专利复审和无效审查决定选编丛书

专利复审和无效审查决定选编

（2006）

电　学（上）

国家知识产权局专利复审委员会　编

知识产权出版社
全国百佳图书出版单位

内容提要

本书汇集了专利复审委员会2006年作出的326个电学专利复审审查决定和116个电学无效审查决定及相关司法判决（根据法律规定需要保密的除外），比较全面地反映了专利复审委员会的审查工作和人民法院专利行政案件审理工作取得的进展，有利于当事人及广大公众对专利复审委员会的审查工作进行监督。

责任编辑：王　欣　　**责任校对**：董志英
文字编辑：龚　卫　　**责任出版**：卢运霞
封面设计：开元图文

图书在版编目（CIP）数据

专利复审和无效审查决定选编. 2006. 电学/国家知识产权局专利复审委员会编. —北京：知识产权出版社，2011.1
ISBN 978－7－5130－0268－4

Ⅰ.①专…　Ⅱ.①国…　Ⅲ.①电学－专利－判决－法律文书－汇编－中国－2006　Ⅳ.①D923.42

中国版本图书馆CIP数据核字（2010）第220826号

专利复审和无效审查决定选编丛书
专利复审和无效审查决定选编（2006）
电　　学（上）
国家知识产权局专利复审委员会　编

出版发行：知识产权出版社
社　　址：北京市海淀区马甸南村1号　　**邮　　编**：100088
网　　址：http://www.ipph.cn　　**邮　　箱**：bjb@cnipr.com
发行电话：010－82000860转8101/8102　　**传　　真**：010－82005070/82000893
责编电话：010－82000860转8116　　**责编邮箱**：wangxin@cnipr.com
印　　刷：知识产权出版社电子制印中心　　**经　　销**：各大网络书店、新华书店及相关销售网点
开　　本：880mm×1230mm　1/16　　**总 印 张**：152.75
版　　次：2014年1月第1版　　**印　　次**：2014年1月第1次印刷
总 字 数：4046千字　　**总 定 价**：780.00元（全三册）
ISBN 978－7－5130－0268－4/D·1125（3208）

前　　言

适逢《国家知识产权战略纲要》施行五周年之际，《专利复审和无效审查决定选编（2006）》出版了。

随着经济全球化和我国国民经济的飞速发展，专利制度在经济活动中的作用和地位越来越突出，国民的专利意识也在不断增强。目前，我国专利申请总量超过1170万件，每年专利复审和无效宣告请求案件已超过2万件，2012年达到20261件。作为专利复审和无效宣告请求案件审查的专属机构，专利复审委员会每年都要作出数以千计的审查决定。与之相应，人民法院每年要作出数百篇司法判决。每一篇审查决定和判决书都凝聚着审查员和审判人员的心血和智慧。通过审查员和审判人员结合具体案情的创作性劳动，生硬的法律条文变得鲜活和丰满，形成一笔宝贵的精神财富和公共资源，并不断有专利代理机构、专利代理人以及审查员希望专利复审委员会能够出版专利复审和无效审查决定，作为学习和工作时的重要参考资料。

除根据法律规定需要保密的外，本选编汇集了专利复审委员会2006年作出的部分审查决定，包括针对相应审查决定的司法判决，以便读者了解审查决定的法律状态并对照阅读和分析。本选编按照技术专业领域将分为8卷，共18分册：机械（上、下）、电学（上、中、下）、通信（上、下）、医药、化学（上、下）、材料（上、下）、光电（上、下）、外观设计（上、中－A、中－B、下）。因此，本选编比较全面地反映了专利复审委员会的审查工作和人民法院专利行政案件审理工作取得的进展。

我们相信，本选编对专利工作者具有一定的借鉴和指导作用，也有利于当事人及广大公众对专利复审委员会的审查工作进行监督。本选编也将为推动专利复审委员会的发展，促进专利代理业务水平的提高，为《国家知识产权战略纲要》进一步实施尽微薄之力。

本书编委会

2013年8月

目　录

复审请求审查决定

无效宣告请求决定

复审请求审查决定

001

交流调速电机案

复审请求审查决定（第7149号）

决　定　号　第7149号
决　定　日　2005年11月8日
发明创造名称　交流调速电机
国 际 分 类 号　H02K 16/00
复 审 请 求 人　田永宁
专 利 申 请 号　98101219.1
申　请　日　1998年3月30日
公　开　日　1999年10月6日
合 议 组 组 长　张　度
主　审　员　朱芳芳
参　审　员　詹靖康

法 律 依 据　专利法第二十六条第三款
决 定 要 点

专利法第二十六条第三款规定：说明书应当对发明或者实用新型作出清楚、完整的说明，以所属技术领域的技术人员能够实现为准。

在这一规定中，所属技术领域的技术人员能够实现，是指所属技术领域的技术人员按照说明书记载的内容，不需要创造性的劳动就能够再现该发明的技术方案，达到其目的，并且具有有益的效果。

一、案由

本复审请求涉及申请日为1998年3月30日、公开日为1999年10月6日、发明名称为“交流调速电机”的发明专利申请，其申请号为98101219.1，申请人为田永宁，其在申请日提交的权利要求书中的独立权利要求1如下：

“1. 一种利用交流电机、变速传动机构和相应供配电系统的组合对具有双转子、双轴结构电机进行控制调速的方法。

本发明具有双轴、双转子结构的，能使旋转磁场转速和机械传动转速相叠加而影响输出轴转速的装置。

其特征是采用交流电机和变速传动机构及相应的供配电系统的组合，通过改变装置中各部分的运行状况，对输出轴转速进行控制调速。”

在实质审查程序中，针对本申请的原始申请文本（下称原始文本），国家知识产权局于2002年9月20日发出第一次审查意见通知书，指出：说明书公开不充分，不符合专利法第二十六条第三款的有关规定；说明书的撰写不符合专利法实施细则第十八条的有关规定；以及权利要求1～2的撰写不符合专利法实施细则第二十条至第二十三条的有关规定。

针对第一次审查意见通知书，申请人于2003年1月10日提交了意见陈述书，并修改原始申请文件，重新提交说明书第1~2页和权利要求第1~2项、并新提交了说明书附图，其中权利要求如下：

"1. 一种利用交流电机、变速传动机构和相应供配电系统的组合对具有双转子、双轴结构电机进行控制调速的方法。

本发明具有双轴、双转子结构的，能使旋转磁场转速和机械传动转速相叠加而影响输出轴转速的装置。

其特征是采用交流电机和变速传动机构的组合对具有双转子、双轴结构的交流电机进行控制，利用相应的供配电系统，通过改变装置中各部分的运行状况，对输出轴转速进行控制调速。"

2003年7月18日，国家知识产权局实质审查部门发出第二次审查意见通知书，指出新提交的修改文本超出了原始说明书和权利要求书记载的范围，不符合专利法第三十三条的规定；同时指出，本申请的说明书仍未对本发明作出清楚、完整的说明，不符合专利法第二十六条第三款的有关规定；以及权利要求1~2描述不清楚，不符合专利法实施细则第二十条第一款的规定。

针对第二次审查意见通知书，申请人于2003年9月15日提交了意见陈述书，并提交了新修改的说明书第1~2页、权利要求第1~6项，其中独立权利要求1如下：

"1. 一种对具有双转子、双轴结构电机进行控制的方法。

将产生旋转磁场的铁芯和绕组安装在可旋转的外壳中，当铁芯和绕组随该外壳作机械转动时，该铁信和绕组产生的旋转磁场的转速就叠加在该旋转的外壳的机械转动的转速上作为外转子，电机的另一个转子作为内转子，内、外转子分别伸出轴，构成电机的双转子、双轴结构，上述双转子、双轴结构的装置成为主装置，对该装置中一个轴实施控制，该轴称为控制轴，另一个带负载的轴称为输出轴。联接控制轴的装置称为辅助装置，由辅助装置确定了控制轴的转速。

其特征是采用交流电机和变速传动机构的组合对具有双转子、双轴结构的交流电机进行控制。利用相应的供配电系统，通过控制本发明电机中各单元电机接线端子与电源的所有各种不同联接改变其运行状况，对具有双转子、双轴结构电机输出轴转速进行控制，获得本发明的多挡转速。"

国家知识产权局于2004年1月2日以本申请说明书不符合专利法第二十六条第三款的规定，作出驳回决定。驳回针对的文本（下称驳回文本）是：2003年9月15日提交的说明书第1~2页、权利要求第1~6项以及申请日提交的说明书摘要。其主要驳回理由是：（1）申请文件中未记载电机单元的每一种运行状态的转换是通过采用公知控制方式即可实现的；（2）申请所涉及的是由特殊结构的主装置……构成的一个系统，现有教材中记载了通用形式的变频电机和交流电机与其配电系统配合从而实现电机运行状态改变的方式，但本申请所述调速方法涉及多个电机单元运行状态的配合，并且其中的变频电机并非通用形式的变频电机，对于"如何与共配电系统配合来实现上述特殊系统中不同电机的工作状态的变化组合?"现有技术并未记载，本申请的说明书也未描述使各电机实现所述运行状态组合（即实现所述调速方法）的具体技术手段和实施方式，例如系统控制装置的电路联接方式或控制程序框图。

申请人（下称复审请求人）对驳回决定不服，于2004年3月13日向专利复审委员会提出了复审请求。其主要复审理由是：（1）认为变速机构的联接使用方法为本领域的公知常识；（2）"双转子双轴结构"以及"使旋转磁场的转速和机械转动的转速相叠加"是申请号为8510060.7的原发明专利的内容，本申请是对原发明申请的充实和提高。

经形式审查合格，专利复审委员会受理了该复审请求，并于2004年4月19日发出了复审请求受理通知书及前置审查通知书。

在前置审查程序中，原实质审查部门仍坚持原驳回决定。

在此基础上，专利复审委员会成立合议组对本案进行了审理。

合议组在仔细阅读了本申请的申请文件以及国家知识产权局作出的驳回决定和请求人的复审请求理由后，于2005年8月8日发出复审通知书，在该复审通知书中指出：在审查该申请的说明书是否充分公开之前，应首先对其修改是否符合专利法第三十三条的规定进行审查，指出请求人于2003年9月15日提交的说明书和权利要求书中存在大量的修改超范围之处，不符合专利法第三十三条的有关规定；同时指出即使克服了上述修改超范围的缺陷，本申请的说明书仍未对发明作出清楚、完整的说明，不符合专利法第二十六条第三款的有关规定。

针对上述复审通知书，请求人于2005年8月17日提交了意见陈述书，并对申请文件进行修改，删除了复审通知书中所指出的修改超范围之处，重新提交了权利要求第1～5项和说明书第1页，其中权利要求书中的独立权利要求1如下：

“1. 一种对具有双转子、双轴结构电机进行控制的方法。

将产生旋转磁场的铁芯和绕组安装在可旋转的外壳中，当铁芯和绕组随该外壳作机械转动时，该铁芯和绕组产生的旋转磁场的转速就叠加在该旋转的外壳的机械转动的转速上作为外转子，电机的另一个转子作为内转子，内、外转子分别伸出轴，构成电机的双转子、双轴结构，上述双转子、双轴结构的装置成为主装置，对该装置中一个轴实施控制，该轴称为控制轴，另一个带负载的轴称为输出轴。联接控制轴的装置称为辅助装置，由辅助装置确定了控制轴的转速。

其特征是采用交流电机和变速传动机构的组合，利用相应的供配电系统，对具有双转子、双轴结构电机输出轴转速进行控制，获得本发明的多挡转速。”

请求人针对说明书公开不充分的主要陈述意见如下：认为本发明申请中的联接交流电机和具有双转子、双轴结构的交流电机的“变速传动机构”并未提出任何超出“传统机械领域中的传递动力使机器或机器部件运动或运转的普通变速传动机构的性能要求。”

在此基础上，合议组认为本案事实已经清楚，可以依法作出本复审请求的审查决定。

二、决定的理由

（一）关于审查文本的认定

复审请求人于2005年8月17日答复复通时，提交了新修改的权利要求第1～5项和说明书第1页，其该修改文本克服了复审通知书中所指出的修改超范围的缺陷，符合专利法第三十三条的规定。因此，以下审理以请求人于2005年8月17日提交的权利要求第1～5项、说明书第1页和申请日提交的说明书摘要作为审查的基础。

（二）关于专利法第二十六条第三款

专利法第二十六条第三款规定：说明书应当对发明或者实用新型作出清楚、完整的说明，以所属技术领域的技术人员能够实现为准。

在这一规定中，所属技术领域的技术人员能够实现，是指所属技术领域的技术人员按照说明书记载的内容，不需要创造性的劳动就能够再现该发明的技术方案，达到其目的，并且具有有益的效果。

本申请的说明书中仅记载了：采用交流电机和变速传动机构的组合对具有双转子、双轴结构的交流电机进行控制，利用相应的供配电系统，对输出轴的转速进行控制调速，以及上述控制所能达到的结果，即，本发明申请中的变速传动机构要与交流电机结合来控制双转子双轴结构的交流电机。但是，说明书中并未描述本发明申请中的变速传动机构的必要构造或工作原理，也未描述该变速传动机构的各构件与交流电机的各部件如何配合以及对哪些部分的运行状况作出怎样的改变，即，未描述出控制双转子双轴结构的交流电机调速的具体技术方案及其实施方式。从而，本领域普通技术人员在不付出创造性劳动的前提下，仅从说明书的记载，无法实施本发明申请中所述的利用交流电机和变速传动机构的组合对双转子双轴结构的交流电机进行变速调控的方法。因此，本发明申请的说明书未能对本发明作出清楚、完整的说明，致使所属领域技术人员无法实现，因此不符合专利法第二十六条第三款的有关规定。

虽然请求人在答复复审通知书时，陈述本申请中的“变速传动机构”为“传统机械领域中的传递动力使机器或机器部件运动或运转的普通变速传动机构”，但是在本发明申请中，“变速传动机构”其如何与交流电机组合、如何利用相应供配电系统以及如何对具有双转子、双轴结构的电机进行控制调速的这些性能显然已超出了常规意义上的“传递动力使机器或机器部件运动或运转的普通变速传动机构”的性能要求，而说明书中也未对此作出清楚、完整的说明，因此请求人的陈述意见不足以证明本专利的说明书符合专利法第二十六条第三款的规定。

基于上述理由，合议组作出下述决定。

三、决定

驳回请求人的复审请求，维持国家知识产权局于2004年1月2日对98101219.1号发明专利申请作出的驳回决定。

请求人如对本复审决定不服的，可根据专利法第四十一条第二款的规定，在收到本决定之日起三个月内向北京市第一中级人民法院起诉。

北京市第一中级人民法院
行政判决书

（2006）一中行初字第107号

原告田永宁，男，汉族，60岁，无业，住北京市西城区展览路葡萄园6号楼303室。

被告国家知识产权局专利复审委员会，住所地北京市海淀区北四环西路9号。

法定代表人廖涛，副主任。

委托代理人朱芳芳，国家知识产权局专利复审委员会审查员。

委托代理人王丽颖，国家知识产权局专利复审委员会审查员。

原告田永宁因专利行政决定一案，不服被告国家知识产权局专利复审委员会（下称专利复审委）第7149号复审请求审查决定（下称第7149号决定），向本院提起行政诉讼。本院受理后，依法组成合议庭，于2006年2月15日公开开庭审理了本案。原告田永宁，被告专利复审委的委托代理人王丽颖到庭参加了诉讼。本案现已审理终结。

2005年11月8日，被告专利复审委以98101219.1号发明专利申请（下称本申请）的说明书未能对本发明作出清楚、完整的说明，致使所属领域技术人员无法实现，不符合《中华人民共和国专利法》（下称《专利法》）第二十六条第三款的规定为由，作出第7149号决定，驳回田永宁的复审请求，维持中华人民共和国国家知识产权局（下称国家知产局）于2004年1月2日对本申请作出的驳回决定（下称驳回决定）。

原告田永宁诉称，1. 本发明中的“变速传动机构”是一个常规变速传动机构，是机械领域极为常用的基础部件，其工作结构、工作原理、使用方法都是机械领域的基本常识，不需要加以特别说明。《专利法》对说明书的要求是“以所属技术领域的技术人员能够实施为准”，并非是要求对具体结构和工作原理进行说明。被告要求在说明书中予以明确，超出了《专利法》的规定。2. 对于“变速传动机构的各构件如何与交流电机的各部件相配合”的问题，在说明书中已进行说明，即“将交流电机通过变速传动机构与主装置控制轴联接”，这种连接方式是唯一的。同时在说明书中也作了范例说明。在机械领域用变速机构连接两个轴是不需要加以过多的说明解释，是所属技术领域的技术人员能够实施的。本申请是获得输出轴多档转速的方法，并不涉及多档转速具体数值的设计，因此，没有必要说明如何设计本发明具体的变速装置及其相应的各部件。3. 本申请在说明书不仅提及“采用交流电机和变速传动机构的组合对具有双转子、双轴结构的交流电机进行控制，利用相应的供配电系统，改变各部分的运行状态，对输出轴转速进行控制调速”和上述控制所能达到的结果，也以实例具体描述了通过上述控制电机获得多档转速的具体技术方案和实施方式，达到说明书中所描述的控制结果，而且所属技术领域的技术人员能够实现本发明。本发明是通过各电机单元的不同运行状态来获得各种输出转速来实现发明目的。电机是有国家标准的基础机电产品，其全部运行状态都有规范的操作。在本发明中，并未改变所使用的电机单元的电气性能及其操作，因此其操作对本领域的技术人员是可以实施并实现的。4. 本申请中的“变速传动机构”是“传统机械领域中的传递动力使机器或机器部件运动或运转的普通变速传动机构”，利用“变速传动机构”与交流电机组合、并利用相应供配电系统以对具有双转子、双轴结构的电机进行控制调速是对本发明系统的整体描述和性能要求，并不是对该变速传动机构的要求。被告关于本申请中使用了“超出了传递动力使机器或机器部件运动或运转的普通变速传动机构的性能要求”的“变速传动机构”的认定结论亦缺乏依据。故请求法院判决撤销第 7149 号决定。

被告专利复审委辩称，本申请的说明书中未描述出控制双转子双轴结构的交流电机调速的具体技术方案及其实施方式，从而，本领域普通技术人员在不付出创造性劳动的前提下，仅从说明书的记载，无法实施本发明申请中所述的利用交流电机和变速传动机构的组合对双转子双轴结构的交流电机进行变速调控的方法；且在本发明申请中，“变速传动机构”其如何与交流电机组合、如何利用相应供配电系统以及如何对具有双转子、双轴结构的电机进行控制调速的这些性能显然已超出了常规意义上的“传递动力使机器或机器部件运动或运转的普通变速传动机构”的性能要求，而说明书中也未对此作出清楚、完整的说明。致使所属领域技术人员无法实现，因此本申请的说明书不符合《专利法》第二十六条第三款的有关规定。原告在起诉书中所陈述的交流电机与变速传动机构的连接方式在本申请的申请文件中并未记载，并且本申请发明目的正是通过将交流电机和变速传动机构的组合构成本发明申请的辅助装置来实现对双转子、双轴结构的电机进行调速，显然将交流电机和变速传动机构的各部件如何组合来实现对双转子、双轴结构的电机进行调速并非所属技术领域的普通技术人员所能够实施的。故请求法院维持第 7149 号决定。

经审理查明，1998 年 3 月 30 日田永宁向国家知产局提出名称为“交流调速电机”的发明专利申请。公开日为 1999 年 10 月 6 日。在实质审查过程中，田永宁分别于 2003 年 1 月 10 日、9 月 15 日先后两次向国家知产局提交了意见陈述书，以及修改后的说明书第 1 ~2 页和权利要求。2004 年 1 月 2 日，国家知产局以田永宁 2003 年 9 月 15 日提交的说明书第 1 ~2 页、权利要求第 1 ~6 项以及申请日提交的说明书摘要作为审查的文本，认为本申请说明书对发明未作出清楚完整的说明，不符合《专利法》第二十六条第三款的规定，故依据《专利法》第三十八条的规定，驳回了本申请。

田永宁不服，认为本申请中“双转子双轴结构”以及“使旋转磁场的转速和机械转动的转速相叠加”，是另一申请号为 8510060. 7 的发明专利的内容，本申请是对该发明申请的充实和提高。变速机构的联接使用方法为本领域的公知常识，不需要特别加以说明。驳回决定中有关“申请文件中未记载各电机单元的每一种运行状态的转换是通过采用公知控制方式即可实现的”的审查意见，违反

《专利法》的有关规定。故于2004年3月13日向专利复审委申请复审。

被告受理后将本申请案卷转送至原审查部门进行前置审查。在前置审查意见书中，原审查部门坚持驳回决定。2005年8月8日专利复审委发出复审通知书，指出田永宁于2003年9月15日提交的说明书和权利要求书中存在大量的修改超范围之处，不符合《专利法》第三十三条第一款的规定。即使克服了上述修改超范围的缺陷，本申请的说明书仍未对发明作出清楚、完整的说明，不符合《专利法》第二十六条第三款的有关规定。2005年8月17日田永宁提交了重新修改的权利要求第1~5项和说明书第1页。针对复审通知书提出的关于本申请的说明书不符合《专利法》第二十六条第三款规定的问题，田永宁提交了意见陈述书，陈述了本发明对辅助装置中的变速传动机构，即联接交流电机和具有双转子、双轴结构的交流电机的"变速传动机构"并未提出任何超出"传统机械领域中的传递动力使机器或机器部件运动或运转的普通变速传动机构的性能要求"，本发明使用传统机械领域中的传递动力使机器或机器部件运动或运转的普通变速传动机构即能实现本发明，而且这也是本发明的一个优点和优势等观点。被告经审查，于2005年11月8日作出被诉决定。原告田永宁不服，在法定期限内向本院提起行政诉讼。

在本院庭审中，原告对被告作出第7149号决定的程序没有异议。

在法定期限内，被告为证明其第7149号决定的合法性，向本院提交了下列证据材料：1. 第7149号复审请求审查决定，2. 原告于2005年8月17日提交的权利要求1~5项、说明书第1页。原告田永宁为支持其诉讼主张，亦向本院提交了证据材料：1. 1998年3月30日递交的原始说明书以及国家知产局审定的说明书，2. 第一次审查意见通知书，3. 2003年1月10日提交的意见陈述书，4. 第二次审查意见通知书，5. 2003年9月15日提交的意见陈述书，6. 驳回决定，7. 复审请求书，8. 复审通知书，9. 2005年8月17日提交的意见陈述书，10. 第7149号决定，证据1-10证明本申请的审查过程，以及原告在实质审查以及复审过程中陈述的意见。11. 另一申请号为8510060.7的发明专利在有关国家取得的专利权证书首页，证明该发明专利已经获得多国的认可。

经庭审质证，双方当事人对对方证据关联性、真实性和合法性均不持异议，但是均认为不能支持对方的观点。经审查，本院对被告的证据1、2，原告的证据1~10关联性、真实性和合法性予以确认；原告的证据11与本案没有关联性，本院不予采纳。上述经本院确认的有效证据以及庭审中当事人无争议的陈述可以作为认定本案事实的依据。

本院认为，由于原告对被告的审查程序不持异议，经书面审理，本院对被告审查程序的合法性予以确认。

说明书是用于清楚、完整地公开发明，以使所属技术领域的技术人员能够理解和实施该发明。因此，说明书应该满足充分公开发明的要求。完整的说明书应当包括发明所要解决的技术问题，以及为解决该技术问题所采用技术方案的具体实施方式等内容。所属技术领域的技术人员按照说明书记载的内容，不需要创造性的劳动，就能够再现该发明的技术方案，解决其技术问题，并且产生预期的技术效果。本申请是属于交流电机的调速方法。在本申请的说明书中仅仅记载了本发明是由主装置（即双转子双轴结构的交流电机）、辅助装置（即交流电机与变速传动机构的组合）、相应的供配电系统组成，将交流电机通过变速传动装置与主装置的控制轴联接，由辅助装置对双转子、双轴结构的交流电机进行控制，利用相应的供配电系统，对输出轴的转速进行控制调速，以及上述控制所能达到的结果等有关内容，但是没有给出双转子、双轴结构的交流电机调速的具体技术方案和实施方式。所属技术领域的技术人员按照说明书记载的内容，不经过创造性劳动不可能再现本申请的技术方案，解决其技术问题，并且产生预期技术效果。因此，本申请的说明书对上述技术内容公开不充分，不符合《专利法》第二十六条第三款的规定。综上所述，被告作出的复审决定认定事实清楚，适用法律正确，程序合法，本院应予维持。原告关于本申请说明书已经对具体技术方案和实施方式进行了描述的诉讼主张，缺乏事实依据，本院不予采纳，其请求本院不予支持。据此，依照《中华人民共和国行政诉讼法》第五十四条第（一）项，判决如下：

维持被告国家知识产权局专利复审委员会二〇〇五年十一月八日作出的第7149号复审请求审查决定。

案件受理费1000元，由原告田永宁负担（已交纳）。

如不服本判决，可在本判决书送达之日起15日内向本院递交上诉状，并按对方当事人的人数提交副本，上诉于北京市高级人民法院。

审 判 长　吴　月
审 判 员　刘景文
代理审判员　何君慧
二〇〇六年三月二十日
书 记 员　郎莉萍

北京市高级人民法院
行政判决书

（2006）高行终字第320号

上诉人（一审原告）田永宁，男，汉族，60岁，无业，住北京市西城区展览路葡萄园6号楼303室。

被上诉人（一审被告）国家知识产权局专利复审委员会，住所地北京市海淀区北四环西路9号。

法定代表人廖涛，副主任。

委托代理人郭健国，男，国家知识产权局专利复审委员会审查员。

一、案由

上诉人田永宁因专利行政决定一案，不服北京市第一中级人民法院（2006）一中行初字第107号行政判决，向本院提起上诉。本院受理后，依法组成合议庭，于2006年9月1日公开开庭审理了本案。上诉人田永宁，被上诉人国家知识产权局专利复审委员会（下称专利复委）的委托代理人郭健国到庭参加了诉讼。本案现已审理终结。

北京市第一中级人民法院（2006）一中行初字第107号行政判决认定，说明书是用于清楚、完整地公开发明，以使所属技术领域的技术人员能够理解和实施该发明。因此，说明书应该满足充分公开发明的要求。完整的说明书应当包括发明所要解决的技术问题以及为解决该技术问题所采用技术方案的具体实施方式等内容。所属技术领域的技术人员按照说明书记载的内容，不需要创造性的劳动，就能够再现该发明的技术方案，解决其技术问题，并且产生预期的技术效果。本申请是属于交流电机的调速方法。在本申请的说明书中仅仅记载了本发明是由主装置（即双转子双轴结构的交流电机）、辅助装置（即交流电机与变速传动机构的组合）、相应的供配电系统组成，将交流电机通过变速传动装置与主装置的控制轴联接，由辅助装置对双转子、双轴结构的交流电机进行控制，利用相应的供配电系统，对输出轴的转速进行控制调速以及上述控制所能达到的结果等有关内容，但是没有给出双转子、双轴结构的交流电机调速的具体技术方案和实施方式。所属技术领域的技术人员按照说明书记载的内容，不经过创造性劳动不可能再现本申请的技术方案，解决其技术问题，并且产生预期技术效果。因此，本申请的说明书对上述技术内容公开不充分，不符合《中华人民共和国专利法》（下称专利法）第二十六条第三款的规定。专利复审委作出的复审决定认定事实清楚，适用法律正确，程序合法，应予维持。

田永宁关于本申请说明书已经对具体技术方案和实施方式进行了描述的诉讼主张，缺乏事实依据，不予采纳，其请求不予支持。依照《中华人民共和国行政诉讼法》第五十四条第（一）项之规定，判决维持专利复审委作出的第7149号复审请求审查决定。

田永宁对上述判决不服，于2006年3月31日向本院提起上诉。田永宁上诉称，1. 对说明书的“理解”是因人而异的，不同的人对同一个事物有不同的理解，这是很正常的，因此，“理解”是一种不确定的因素，不能作为执法、审判的标准。根据《专利法》的规定，说明书是否公开充分唯一的标准，是以该技术领域的技术人员是否能够依据该说明书实施这一发明，并没有要求该领域的技术人员通过说明书理解该发明，因此，一审判决以本申请说明书未提供本发明的具体技术方案和实施方式，使所属技术领域的技术人员按照说明书记载的内容，不经过创造性的劳动不可能再现本申请的技术方案，解决其技术问题，并产生预期技术效果的结论显失公正。2.《专利法》对公开是否充分的唯一标准是，按说明书的陈述，不需要创造性的劳动就能够再现该发明的技术方案解决其技术问题，并产生预期的技术效果。根据本申请说明书的陈述及举例：例如本发明辅助装置中的交流电机为4/8极双速电机，变速传动机构的变速比为5∶2，则控制轴同步转速为600/300r/min，若主装置同步转速为1500r/min，则可在输出轴获得2100，1800，1500，1200，900，600，300，7个同步转速。如按说明书所述，当主装置二轴之间制动，如主装置通直流制动时输出轴同步转速为控制轴转速。当主装置通交流电，其磁场旋转方向和控制轴转速发现相反，则输出轴同步转速为二者之差，若二者方向相同，则为二者之和，当辅助装置制动，则输出轴同步转速为主装置的同步转速。如果辅助装置具有n个同步转速，则本发明输出轴有3n+1个同步转速。在举例中，主装置同步转速为1500r/min，通过相应的供配电系统，可获得其本身具备的1500，0，-1500三个电磁转速。主装置控制轴可获得600，300，0，-300，-600五个机械转速，转速叠加后就可以获得反方向7个同步转速。本发明辅助装置具有2个同步转速，按说明书输出轴可获得2×3+1=7个同步转速，符合上述结果。

综上，按本申请说明书的陈述，不需要创造性的劳动，就能够再现该发明的技术方案，解决其技术问题，并且产生预期的技术效果，完全符合《专利法》公开充分的要求。请求撤销一审判决及第7149号决定，判令专利复审委批准本发明专利申请。

专利复审委答辩称：1. 第7149号决定中已详细指出：本申请的说明书中未描述出控制双转子、双轴结构的交流电机调速的具体技术方案及其实施方式，从而，本领域普通技术人员在不付出创造性劳动的前提下，仅从说明书的记载，无法实施本发明申请中所述的利用交流电机和变速传动机构的组合对双转子双轴结构的交流电机进行变速调控的方法；且在本发明申请中，“变速传动机构”如何与交流电机组合、如何利用相应供配电系统以及如何对具有双转子、双轴结构的电机进行控制调速的这些性能显然已超出了常规意义上的“传递动力使机器或机器部件运动或运转的普通变速传动机构”的性能要求，而说明书中也未对此作出清楚、完整的说明。致使所属领域技术人员无法实现，因此，本申请的说明书不符合《专利法》第二十六条第三款的有关规定。2. 田永宁在上诉状中并未描述出将交流电机和变速传动机构的各个部件如何组合来实现对双转子、双轴结构的电机进行调速的具体技术方案及其实施方式。因此，将交流电机和变速传动机构的各个部件如何组合来实现对双转子、双轴结构的电机进行调速并非所属技术领域的普通技术人员所能实施的。田永宁的上诉请求缺乏事实根据和法律依据，请求法院驳回田永宁的上诉请求，维持第7149号决定。

二、事实认定

经审理查明，1998年3月30日，田永宁向国家知产局提出名称为“交流调速电机”的发明专利申请。公开日为1999年10月6日。其在申请日提交的权利要求书中的独立权利要求为：“1. 一种利用交流电机、变速传动机构和相应供配电系统的组合对具有双转子、双轴结构电极进行调速的方法。本发明具有双轴、双转子结构的，能够使旋转磁场转速和机械传动转速相叠加而影响输出轴转速的装置。其特征是采用交流电机和变速传动机构及相应的供配电系统的组合，通过改变装置中各部分的运行状况，对输出轴转速进行控制调速。”

在实质审查过程中，国家知识产权局于2002年9月20日向其发出第一次审查意见通知书，指出：说明书公开不充分，不符合《专利法》第二十六条第三款的有关规定；说明书的撰写不符合《专利法实施细则》第十八条的有关规定以及权利要求1～2的撰写不符合《专利法实施细则》第二十条、第二十一条、第二十二条、第二十三条的有关规定。田永宁于2003年1月10日提交了意见陈述书，并修改了原始申请文件，重新提交说明书第1至2页和权利要求第1至第2项及说明书附图。同年7月18日，国家知识产权局向其发出第二次审查意见通知书，指出其新提交的修改文本超出了原始说明书和权利要求书记载的范围，不符合《专利法》第三十三条的规定；本申请的说明书仍未对本发明作出清楚、完整的说明，不符合《专利法》第二十六条第三款的规定；权利要求1～2描述不清楚，不符合《专利法实施细则》第二十条第一款的规定。同年9月15日田永宁向国家知产局提交了意见陈述书，以及修改后的说明书第1～2页和权利要求第1～6项。2004年1月2日，国家知产局以田永宁2003年9月15日提交的说明书及申请日提交的说明书摘要不符合《专利法》第二十六条第三款为由，驳回了本申请。田永宁不服，以本申请中“双转子双轴结构”以及“使旋转磁场的转速和机械转动的转速相叠加”，是另一申请号为8510060.7的发明专利的内容，本申请是对该发明申请的充实和提高。变速机构的联接使用方法为本领域的公知常识，不需要特别加以说明。驳回决定中有关“申请文件中未记载各电机单元的每一种运行状态的转换是通过采用公知控制方式即可实现的”的审查意见，违反《专利法》的有关规定为由，于2004年3月13日向专利复审委申请复。专利复审委受理后，将本申请案卷转送至原实质审查部门进行前置审查，原实质审查部门坚持驳回决定中的意见。2005年8月8日专利复审委向其发出复审通知书，指出田永宁于2003年9月15日提交的说明书和权利要求书中存在大量的修改超范围之处，不符合《专利法》第三十三条第一款的规定。即使克服了上述修改超范围的缺陷，本申请的说明书仍未对发明作出清楚、完整的说明，不符合《专利法》第二十六条第三款的有关规定。

针对该复审通知书，田永宁于2005年8月17日提交了重新修改的权利要求第1～5项和说明书第1页，其中权利要求书中独立权利要求1如下：“1. 一种具有双转子、双轴结构电机进行调控的方法。将产生旋转磁场的铁芯和绕组安装在可旋转的外壳中，当铁芯和绕组随该外壳作机械转动时，该铁芯和绕组城市的旋转磁场的转速就叠加在该旋转的外壳的机械转动的转速上作为外转子，电机的另一个转子作为内转子，内、外转子分别伸出轴，构成电机的双转子、双轴结构，上述双转子、双轴结构的装置成为主装置，对该装置的一个轴实施控制，该轴承为控制轴，另一个带负载的轴称为输出轴。联接控制轴的装置称为辅助装置，由辅助装置确定了控制轴的转速。其特征是采用交流电机和变速传动机构的组合，利用相应的供配电系统，对具有双转子、双轴结构电机输出轴转速进行控制，获得本发明的多档转速。”针对说明书公开不充分的问题，田永宁认为：“本发明申请中的联接交流电机和具有双转子、双轴结构的交流电机的‘变速传动机构’并未提出任何超出“传统机械领域中的传递动力使机器或机器部件运动或运转的普通变速传动机构的性能要求，”本发明使用传统机械领域中的传递动力使机器或机器部件运动或运转的普通变速传动机构即能实现本发明，而且这也是本发明的一个优点和优势等。

专利复审委经审查认为，本申请说明书并未描述变速传动机构的必要构造或工作原理，也未描述出控制双转子、双轴结构的交流电机调速的具体技术方案及其实施方式。本领域普通技术人员在不付出创造性劳动的前提下，仅从说明书的记载，无法实施本发明申请中所述的利用交流电机和变速传动机构的组合对双转子、双轴结构的交流电机进行变速调控的方法。以本申请说明书未对本发明作出清楚、完整的说明，致使所属领域技术人员无法实现，不符合《专利法》第二十六条第三款的规定为由，于2005年11月8日作出被诉决定。田永宁不服向一审法院提起行政诉讼。一、二审期间，专利复审委提交了以下证据：1. 第7149号复审请求审查决定；2. 田永宁于2005年8月17日提交的权利要求1～5项、说明书第1页。田永宁提交的证据是：1. 1998年3月30日递交的原始说明书以及国家知产局审定的说明书；2. 第一次审查意见通知书；3. 2003年1月10日提交的意见陈述书；4. 第二次审查意见通知书；5. 2003年9月15日提交的意见陈述书；6. 驳回决定；7. 复审请求书；8. 复审通知书；9. 2005年8月17日提交的意见陈述书；10. 第7149号决定；11. 另一申请号为8510060.7的发明专利在有关国家取得的专利权证书首页。经庭审质证和合议庭审查认为，专利复审委提交的证据1、证据2，田永宁提交的证据1、证据2、证据3、证据4、证据5、证据6、证据7、证据8、证据9、证据10与本案具有关联性，内容真实，来源合法，本院予以确认；田永宁提交的证据11与本案无关，本院不予采纳。

三、判决理由

本院认为，《专利法》第二十六条第三款明确规定：“说明书应当对发明或者实用新型作出清楚、完整的说明，以所属技术领域的技术人员能够实现为准；必要的时候，应当有附图。摘要应当简要说明发明或者实用新型的技术要点。”因本申请说明书未对发明作出清楚、完整的说明，田永宁针对专利复审委发出的复审通知书指出的本申请说明书不符合《专利法》第二十六条第三款规定的问题，于2005年8月17日提交了重新修改的权利要求第1～5项和说明书第1页。专利复审委以此作为审查基础符合法律规定。本申请要求保护的是“交流调速电机”，本申请说明书中仅记载了：采用交流电机和变速传动机构的组合对具有双转子、双轴结构的交流电机进行控制，利用相应的供配电系统，对输出轴的转速进行控制调速以及上述控制所能达到的结果。由于说明书中并未描述出控制双转子双轴结构的交流电机调速的具体技术方案及实施方式，因此，所属技术领域的技术人员按照说明书记载的内容不能实现本发明的目的。专利复审委经审查得出的，说明书没有对本发明作出清楚、完整的说明，本领域普通技术人员在不付出创造性劳动的前提下，仅从说明书的记载，无法实施本发明申请中所述的利用交流电机和变速传动机构的组合对双转子双轴结构的交流电机进行调控的方法的结论是正确的。虽然，田永宁于2005年8月17日提交了新修改的权利要求书和说明书，陈述本申请中的“变速传动机构”为“传统机械领域中的传递动力使机器或机器部件运动或运转的普通变速机构”，但本申请中对“变速传动机构”如何与交流电机组合、如何利用相应供配电系统以及如何对具有双转子、双轴结构的电机进行控制调速未作出清楚、完整的说明，专利复审委经审查认为，田永宁的陈述意见不符合《专利法》第二十六条第三款的规定是正确的。田永宁的上诉理由缺乏事实和法律依据，本院不予支持。

四、判决内容

综上，专利复审委作出的第7149号复审请求审查决定认定事实清楚，适用法律正确，程序合法，一审判决予以维持，符合《中华人民共和国行政诉讼法》的规定，依照《中华人民共和国行政诉讼法》第六十一条第（一）项之规定，判决如下：驳回上诉，维持一审判决。二审案件受理费 1000 元，由上诉人田永宁负担（已交纳）。本判决为终审判决。

审 判 长 张学磊
代理审判员 王 燕
代理审判员 景 滔
判决日期 2006 - 09 - 15
书 记 员 程钰玮

002

电池以及其制造方法案

复审请求审查决定（第7187号）

决　定　号 第7187号
决　定　日 2005年10月21日
发明创造名称 电池以及其制造方法
国 际 分 类 号 H01M 2/02
复 审 请 求 人 松下电器产业株式会社
专 利 申 请 号 98801113.1
申　请　日 1998年8月3日
公　开　日 1999年11月24日
合 议 组 组 长 张　度
主　审　员 孙克良
参　审　员 杜　宇

法 律 依 据 专利法第二十二条第三款
决 定 要 点
在评述创造性时，对于区别技术特征，尤其是对现有技术作出贡献的区别技术特征，不能简单地认定为公知常识。

一、案由

本复审请求涉及申请号为98801113.1、申请日为1998年8月3日、公开日为1999年11月24日、发明名称为“电池以及其制造方法”的发明专利申请（下称本申请），申请人为松下电器产业株式会社。

国家知识产权局实质审查部门于2003年2月14日发出了第一次审查意见通知书，指出权利要求1～3、9不具备新颖性，权利要求4～8、10～12不具备创造性。通知书引用了四篇对比文件：

对比文件1：JP7－99686B2　公开日为1995年10月25日
对比文件2：JP2－150660U　公开日为1990年12月27日
对比文件3：JP7－3395A　公开日为1995年1月6日
对比文件4：JP8－255598 A　公开日为1996年10月1日

申请人于2003年6月30日提交了意见陈述书，并修改了申请文件。

针对修改后的申请文件，国家知识产权局实质审查部门于2003年9月26日发出了第二次审查意见通知书，指出权利要求1～11不具备创造性。

申请人于2003年12月11日提交了意见陈述书，并修改了申请文件，将“电池封口部周边的侧壁厚向着金属外壳的内部而增厚”这一特征增加到权利要求1中。

针对进入中国国家阶段时提交的附图第1～6页、说明书摘要及摘要附图，2003年6月30日提交的说明书第1、2、4~12页，2003年12月11日提交的权利要求第1~11项，说明书第3页，国家知识产权局实质审查部门于2004年3月5日作出了驳回决定。具体理由是：权利要求1~11不具备创造性，不符合专利法第二十二条第三款的规定。

申请人（下称请求人）对上述驳回决定不服，于2004年6月21日向专利复审委员会提出复审请求，并修改了申请文件（将“电池壳内表面的浅沟（7）的深度为0.5~1um”补充到权利要求1和权利要求10）。修改后的独立权利要求1、9、10如下：

1. 一种将发电的主要成份收容于金属外壳（1、10）的电池，其特征在于，上述金属外壳（1、10）是圆筒形、方形或者与其类似形状的底厚与侧壁厚之比为1.5~7.0的有底金属壳（4），该金属外壳（1、10）以铁为主体，至少在其电池内一侧配设有镍层（8）、且其镍层（8）的表面上形成了无数与底面垂直的浅沟（7），并且，对于金属外壳（1、10）的侧壁部（1b、10b）的壁厚来说，电池封口部周边的侧壁厚度至少比其他部分的侧壁厚度加厚10%以上，电池封口部周边的侧壁厚向着金属外壳的内部而增厚，电池壳的内表面的浅沟（7）的深度为0.5~1μm。

9. 一种将发电的主要成分收容于金属外壳（10）的电池，其特征在于，上述金属外壳（10）是具有方形、或者与其类似形状的、底厚与侧壁厚之比为1.5~7.0的有底金属壳（4），该金属外壳（10）以铁为主体，至少在其电池内一侧的表面配设有镍层（8），且该镍层（8）的表面上形成无数与底面垂直的浅沟（7），并且该金属外壳（10）的纵剖面、横剖面上、至少其电池内一侧表面的角落部分呈曲率半径小于0.5mm的弯曲形状的电池，并且，对于金属外壳（1、10）的侧壁部（1b、10b）的壁厚来说，电池封口部周边的侧壁厚度至少比其他部分的侧壁厚度加厚10%以上，电池封口部周边的侧壁厚向着金属外壳的内部而增厚。

10. 一种电池制造方法，其特征在于，将至少一个面上形成镍层（8）的铁系金属板深冲成型为有底筒状，在一个工序中以20%~90%范围内的减薄拉深率对成型为上述有底筒状罐的侧部连续地进行减薄拉深，制作在设于其电池内一侧的镍层（8）上形成无数浅的纵沟（7）的、具有圆筒形、方形或者与其相似形状的、底厚与侧壁厚之比为1.5~7.0的金属外壳（1.10），并且使得相对于金属外壳（1、10）的侧壁部（1b、10b）的壁厚，电池封口部周边的侧壁厚度至少比其他部分的侧壁厚度加厚10%以上，电池封口部周边的侧壁厚向着金属外壳的内部而增厚，电池壳的内表面的浅沟（7）的深度为0.5~1μm，用其制作电池的电池制造方法。

经形式审查合格后，专利复审委员会受理了该复审请求，于2004年7月12日向请求人发出了复审请求受理通知书和前置审查通知书。

原实质审查部门对本案进行了前置审查，原实质审查部门认为：为了使镍层不致破坏又可以起到浅沟槽的作用，浅沟槽的合适深度对本领域的技术人员来说，通过有限次的简单实验就可以确定，不需要付出创造性的劳动，因此修改后的权利要求1~11仍不具备创造性，坚持驳回决定。

专利复审委员会依法成立合议组对本案进行审查。经审查，合议组认为本案事实清楚，可以作出审查决定。

二、决定的理由

1. 决定所依据的文本

本决定所依据的文本为：进入中国国家阶段时提交的附图第1~6页、说明书摘要及摘要附图，2003年6月30日提交的说明书第1、2、4~12页，2003年12月11日提交的说明书第3页，2004年6月21日提交的权利要求第1~11项。

2. 关于独立权利要求1和独立权利要求10

审查员在前置意见中指出：确定“电池壳内表面的浅沟（7）的深度为0.5~1um”不需要创造

性的劳动。对此合议组认为：根据说明书第4页最后一段，浅沟的作用在于，（1）由于形成无数与底垂直的浅沟，产生了能显著减低与容纳于电池内的发电主要成分的接触电阻的效果，（2）由于无数与底面垂直的浅沟是形成于镍层上，因此能够实现以铁作为主体的层面不直接与发电的主要成分接触的构造，故无论应用于哪一种电池都有非常好的耐腐蚀性。而对比文件1所公开的筋的高度（即沟的深度）为5~20um，并且请求人认为，当沟的深度变深，镍的追从性下降，镀镍层会产生裂痕。而权利要求1所规定的上述深度可以防止上述问题。因此审查员的上述结论是没有事实依据的。

3. 关于独立权利要求9

审查员在驳回决定中认为：采用在电池壳体中形成拐角来提高壳体的强度是本领域的公知常识，而选取拐角部分的曲率半径，对于本领域的技术人员来说，通过简单的实验就可以实现。而在前置意见中指出，在圆筒形壳体内侧面形成拐角是本领域的常用技术手段。合议组认为，公知常识应该是公知的教科书或者工具书披露的技术手段或本领域解决技术问题的惯用手段。而根据本申请的说明书，"侧表面的角落部分呈曲率半径小于0.5mm的弯曲形状"即可以谋求薄壁化，也能够维持电池内部的耐压强度。而且，从对比文件1的圆形电池得到具有上述特征的方形电池也不是显而易见的。因此审查员如果认为其是公知常识，那么应该说明依据，而不能主观臆断。

综上所述，合议组认为，在不能为权利要求1、9、10的上述区别特征提供公知常识的证据的情况下，断言独立权利要求1、9、10相对于对比文件1和对比文件2不具备创造性的理由不充分。

在独立权利要求1、9、10具备创造性的基础上，从属权利要求2~8、11相对于对比文件1和2也具备创造性。

鉴于原驳回决定对公知常识的认定缺乏依据，因此审查员基于对比文件和公知常识的结合来评述权利要求1~11不具备创造性的理由缺乏事实根据。

基于上述理由，合议组作出下述决定。

三、决定

撤销国家知识产权局专利局于2004年3月5日作出的驳回98801113.1号申请的决定，由原实质审查部门以进入中国国家阶段时提交的附图第1~6页、说明书摘要及摘要附图，2003年6月30日提交的说明书第1、2、4~12页，2003年12月11日提交的说明书第3页，2004年6月21日提交的权利要求第1~11项为基础继续审查。

003

同轴互连器件及其制造方法案

复审请求审查决定（第7189号）

决　定　号　第7189号
决　定　日　2005年11月7日
发明创造名称　同轴互连器件及其制造方法
国际分类号　H01L 23/48　H01L 23/52
复审请求人　国际商业机器公司
专利申请号　97119572.2
申　请　日　1997年9月24日
公　开　日　1998年5月6日
合议组组长　石　清
主　审　员　孙克良
参　审　员　朱芳芳

法律依据　专利法第二十二条第二款
决定要点　专利申请文件经复审请求人的修改，已克服了驳回决定和复审通知书指出的新颖性缺陷，因此在新文本的基础上撤销驳回决定。

一、案由

本复审请求涉及申请号为97119572.2、申请日为1997年9月24日、优先权日为1996年10月25日、发明名称为“同轴互连器件及其制造方法”的发明专利申请，申请人为国际商业机器公司。

针对本申请，国家知识产权局专利局实质审查部门于2003年6月5日发出了第一次审查意见通知书，指出权利要求20、22相对于对比文件1不具备新颖性，不符合专利法第二十二条第二款的规定；权利要求10、11、15、1、4、7～9、12、14、17、20不符合专利法第三十一条第一款的规定；权利要求25、27～29、42不符合专利法实施细则第二十三条第二款的规定。通知书引用一篇对比文件：

对比文件1：US 5266912 A，公开日：1993年11月30日。

申请人于2003年10月14日提交了意见陈述书，陈述了权利要求20和权利要求22具备新颖性和创造性的理由，将权利要求20和权利要求22中的“安装”修改为“连接”，并对一通中指出的其他问题进行了修改。

针对申请人于2003年10月14日提交的权利要求第1～44项、说明书第1～14页、说明书摘要以及申请日提交的附图第1～9页、摘要附图，国家知识产权局于2003年12月5日作出了驳回决定。具体理由是：权利要求20、22相对于对比文件1不具备新颖性，不符合专利法第二十二条第二款的规定。被驳回的权利要求20和权利要求22的内容如下：

“20. 一种电子互连器件，包括：

一个同轴连接器，它包括一种电介质材料，电介质材料具有一个中心开孔以及隔离开的导电的内和外表面，所述同轴连接器具有第一和第二端部，所述第一端用于连接至一个 PC 板。”

“22. 根据权利要求 20 的电子互连器件，其特征在于：所述同轴连接器第二端部连接至一个 PC 板。”

申请人（下称请求人）对上述驳回决定不服，于 2004 年 3 月 4 日向专利复审委员会提出复审请求，同时提交了修改的权利要求书、说明书及摘要，其中将申请文件中的“中心开孔”修改为“中心通孔”。请求人在请求书中认为对比文件 1 中的电介质材料 45 并不存在中心通孔，并且连接器的两端都是与同类连接器连接的，不是用于连接到 PC 板。因此修改后的权利要求 20、22 相对于对比文件 1 具备新颖性。

经形式审查合格后，专利复审委员会受理了该复审请求，于 2004 年 6 月 1 日发出了复审请求受理通知书和前置审查通知书。

原实质审查部门对本案进行了前置审查，认为对比文件 1 的隔离间隔圈 45 也是通孔的形式，而且该连接器的第一端也可安装到 PC 板 61，因此坚持驳回决定。

专利复审委员会依法成立合议组对本案进行审查，并于 2005 年 5 月 26 日发出了复审通知书，指出权利要求 20、22 相对于对比文件 1 不具备新颖性。

请求人于 2005 年 7 月 11 日和 2005 年 8 月 30 日分别提交了修改的权利要求书，并同时对说明书进行了一致性修改。修改的权利要求书主要是在权利要求 20 中增加了技术特征“所述第一端的所述导电的内和外表面焊接到 PC 板”，而权利要求 22 未做修改。修改后的权利要求 20 的具体内容如下：

“20. 一种电子互连器件，包括：

一个同轴连接器，它包括一种电介质材料，电介质材料具有一个中心通孔以及隔离开的、在该同轴连接器整个长度上延伸的导电的内和外表面，该导电的内表面仍形成通孔，所述同轴连接器具有第一和第二端部，所述第一端部的所述导电的内和外表面用于焊接到 PC 板。”

经审查，合议组认为本案事实清楚，可以作出复审决定。

二、决定的理由

1. 关于文本

复审请求人在 2004 年 3 月 4 日提出复审请求时和 2005 年 8 月 30 日提交的修改文件符合专利法第三十三条和专利法实施细则第六十条的规定，因此合议组以 2005 年 8 月 30 日提交的权利要求第 20 项，说明书第 5 页，2004 年 3 月 4 日提交的权利要求第 1 ~ 19 项、第 21 ~ 44 项、说明书第 1 ~ 4 页、第 6 ~ 14 页、说明书摘要，申请日提交的说明书附图和摘要附图，作为本复审决定所依据的文本。

2. 关于新颖性

根据专利法第二十二条第二款，新颖性，是指在申请日以前没有同样的发明或者实用新型在国内外公开出版物上公开发表过、在国内公开使用过或者以其他方式为公众所知，也没有同样的发明或者实用新型由他人向国务院专利行政部门提出过申请并且记载在申请日以后公布的专利申请文件中。

权利要求 20 要求保护一种同轴连接器，对比文件 1（见说明书第 6 栏第 16 ~ 31 行，第 61 ~ 67 行，及附图 2、4）公开了一种同轴连接端子 27，包括优选为介电材料的中间具有中心通孔的绝缘间隔圈 45，端子的内表面是中心导体，外表面被屏蔽导体包围，同轴连接器具有两个端部，一个端部连接到 PC 板 61，与权利要求 20 相比，对比文件 1 未公开“所述第一端的所述导电的内和外表面焊接到 PC 板”，对比文件 1 中的连接装置中的端子的内表面依靠管脚 41 与 PC 板实现电连接，而不直接用于与 PC 板的连接，因此对比文件 1 中的连接装置与权利要求 20 所要求保护的连接装置的结构不同，它们不属于相同的技术方案，所以权利要求 20 相对于对比文件 1 具备新颖性。

由于权利要求20具备新颖性，因此引用它的权利要求22具备新颖性。

基于上述理由，合议组作出下述决定。

三、决定

撤销国家知识产权局于2003年12月5日作出的驳回97119572.2号申请的决定，由原实质审查部门以2005年8月30日提交的权利要求第20项，说明书第5页，2004年3月4日提交的权利要求第1～19项、第21～44项、说明书第1～4页、第6～14页、说明书摘要，申请日提交的说明书附图和摘要附图为基础，继续审批程序。

004

测量产额损失芯片数目及各类差芯片数目的方法案

复审请求审查决定（第7190号）

决　定　号　第7190号
决　定　日　2005年8月29日
发明创造名称　测量产额损失芯片数目及各类差芯片数目的方法
国际分类号　H01L 21/66
复审请求人　株式会社艾塞米肯
专利申请号　99808921.4
申　请　日　1999年7月20日
公　开　日　2001年10月3日
合议组组长　马志远
主　审　员　孙克良
参　审　员　龙　安

法律依据　专利法第二十六条第三款
决定要点

专利法第二十六条第三款规定，说明书应当对发明或者实用新型作出清楚、完整的说明，以所属技术领域的技术人员能够实现为准。也就是说，说明书应当清楚、完整地记载发明或者实用新型的技术方案，以使所属技术领域的技术人员根据该说明书的记载内容和相关领域的普通技术知识，不需要花费创造性劳动就能够理解、再现该技术方案。

一、案由

本复审请求案涉及申请日为1999年7月20日、公开日为2001年10月3日、优先权日为1998年7月20日、发明名称为“测量产额损失芯片数目及各类差芯片数目的方法”的99808921.4号发明专利申请（下称本申请），申请人为株式会社艾塞米肯和李在根。

国家知识产权局专利局实质审查部门对本申请进行了实质审查，于2003年4月25日发出了第一次审查意见通知书，指出说明书不符合专利法第二十六条第三款的规定，主要理由是：说明书及权利要求书均未对如何确定“异配芯片”作出清楚、完整的说明，而上述确定方式的不同将影响到后续步骤“差芯片”的统计结果。

请求人于2003年9月10日提交了意见陈述书，未修改权利要求。其主要意见是：选择不同的无缺陷芯片虽然会影响差芯片的统计结果，但是，但当进行大量统计时，将会始终在一范围内（有其概率基础）。

针对请求人于申请日提交的权利要求第1～6项，说明书第1～11页和附图第1～6页以及摘要及其附图，国家知识产权局于2003年11月7日驳回了本申请，其理由为本申请的说明书不符合专利法第二十六条第三款的规定。

在驳回决定中，审查员指出：本发明的测量方法很大程度上依赖于"异配芯片"的确定，但本申请并未给出如何选取异配芯片，而不同的选取方式将影响后续步骤中的统计结果。因此，说明书不符合专利法第二十六条第三款的规定。

请求人对上述驳回决定不服，于2004年2月20日向国家知识产权局专利复审委员会提出复审请求，未修改申请文件。其主要理由是：对于小样本的情况，选取方式的不同将影响结果，但对于大量的异配芯片，其结果将趋向于产额损失的精确值。

经形式审查合格后，专利复审委员会受理了该复审请求，于2004年3月15日发出了复审请求受理通知书及前置审查通知书，并由原实质审查部门对本案进行了前置审查。

原实质审查部门在前置审查意见中认为说明书仍然公开不充分，坚持原驳回决定。

专利复审委员会依法成立合议组对本案进行审查。并于2005年6月13日发出复审通知书，指出说明书不符合专利法第二十六条第三款的规定。具体理由是：（1）有效芯片区的选取方法是不清楚的。参考图1，申请人在晶片中画出了一个相对于晶片的中心线不对称的有效芯片区，但是有效芯片区的含义是什么，为什么图1中粗线区域左外侧的一些完整的芯片不是有效芯片？（2）异配芯片的含义是什么？指的是一对芯片吗？如果异配芯片是一对芯片，那么图2中的附图标记15为什么不标在一对芯片上而标在黑实线上？（3）说明书第6页的表1将无缺陷芯片分成好芯片和差芯片，为什么芯片没有缺陷还会成为差芯片？好芯片和差芯片的含义是什么？由于申请日在说明书中并未清楚地说明上述问题，导致本领域的技术人员无法实现本申请中公开的测量方法。

请求人于2005年7月28日提交了意见陈述书，其主要内容是：（1）有效芯片区的选取方法与本发明无关；（2）对异配芯片和好、差芯片做了进一步的解释。

经审查，合议组认为本案事实清楚，可以作出审查决定。

二、决定的理由

本决定所依据的文本与驳回决定依据的文本相同，即申请日提交的权利要求第1～6项，说明书第1～11页和附图第1～6页以及说明书摘要及摘要附图。

根据专利法第二十六条第三款的规定，说明书应当对发明作出清楚、完整的说明，以所属技术领域的技术人员能够实现为准；所属技术领域的技术人员能够实现，是指所属技术领域的技术人员按照说明书记载的内容，不需要创造性劳动，就能够再现该发明的技术方案，解决其技术问题，并且产生预期的技术效果"。

本申请的说明书未对发明作出清楚、完整的说明，以至于本领域的技术人员不能够实现其测量方法。具体表现在如下方面：（1）有效芯片区的选取方法是不清楚的；（2）异配芯片的含义是不清楚的；（3）好芯片和差芯片的含义是不清楚的。

研究了请求人在答复复审通知书中陈述的意见后，合议组认为：

1. 请求人将"有效芯片区"解释为"实际上与本发明无关，仅仅是表示一个在本发明中我们希望观看的区域、并非通常理解的要实际区分有效芯片与其他缺陷芯片的明确界线区域"。然而在说明书中并没有对其给出任何解释和定义，而且由于请求人在意见陈述书中也认为"有效芯片区"不是本领域技术人员通常所能理解的，所以应该在说明书中作出明确的解释。

2. 说明书中虽然记载了"每个有缺陷芯片12与其相邻的无缺陷芯片13配对，在第一晶片图是形成异配芯片15"。但由于在附图中附图标记15指的是一个区，因此本领域技术人员并不能确定异配芯片指的是一对芯片。请求人强调在图2中15由两条实线引出，因此指的是一对芯片，而图3中的15就只有一条实线引出，并指的是一个实线构成的区。因此异配芯片的确切含义在说明书和附图中均没有清楚地表示出来。由于异配芯片的含义不清楚，导致本领域的技术人员无法进行后续步骤的计算。

3. 请求人在请求书中指出“判断一块芯片是否有缺陷是处理过程的预定步骤进行的；而判断芯片是好芯片还是差芯片则是在整个处理过程结束后进行的”，然而本领域的技术人员通过阅读说明书是不能得出上述结论的。另外，在说明书中，也只是说明了有缺陷的芯片通过激光修复成为好芯片，但却从未说明无缺陷的芯片如何会成为差芯片。

4. 虽然请求人在复审请求意见陈述中对异配芯片、好差芯片进行了解释，但上述解释并没有在说明书中明确记载，因此该解释不能作为说明书充分公开的理由。

综上所述，本申请的说明书未对其技术方案作出清楚、完整的说明，导致所属领域的技术人员不能够理解并再现其技术方案。因此合议组认为请求人的复审理由不能成立。

基于上述理由，合议组作出下述决定。

三、决定

维持国家知识产权局于 2003 年 11 月 7 日作出的驳回 99808921.4 号发明专利申请的决定。

请求人对本决定不服的，可以根据专利法第四十一条第二款的规定，自收到本决定之日起三个月内向北京市第一中级人民法院起诉。

005

具有低膨胀张力阴罩的彩色显像管案

复审请求审查决定（第7191号）

决　定　号　第7191号
决　定　日　2005年10月27日
发明创造名称　具有低膨胀张力阴罩的彩色显像管
国际分类号　H01J 29/07
复审请求人　汤姆森许可公司
专利申请号　00805965.9
申　请　日　2000年3月27日
公　开　日　2002年5月22日
合议组组长　张美菊
主　审　员　孙克良
参　审　员　孙治国

法律依据　专利法实施细则第二十条第一款
决定要点
专利申请文件经复审请求人的修改，已克服了驳回决定和复审通知书所指出的缺陷，因此在新文本的基础上撤销驳回决定。

一、案由

本复审请求涉及申请号为00805965.9、申请日为2000年3月27日、优先权日为1999年4月1日、名称为“具有低膨胀张力阴罩的彩色显像管”的发明专利申请（下称本申请），申请人为汤姆森许可公司。

国家知识产权局专利局实质审查部门针对本申请的国际申请的中文译文进行了实质审查，于2003年5月9日发出了第一次审查意见通知书，指出申请人在国际初步审查阶段和提出实审请求阶段的修改超出了原始说明书和权利要求书记载的范围，不符合专利法第三十三条的规定。同时审查员还对原始国际申请的中文译文进行了审查，并指出权利要求中的“显著低”、“阴罩被拉紧以具备90Hz±20Hz的基本谐振频率”、“大约”导致权利要求不清楚的问题。

申请人于2003年9月19日提交了针对第一次审查意见通知书的意见陈述书，并提交了权利要求书及说明书的替换页，其中删去权利要求2中的“大约”，在说明书中加入小标题，并对发明内容做适应性修改。修改的权利要求书如下：

“1. 一种具有一个附加到支持框架（50）两侧（32和24）的张力阴罩（24）的彩色显象管（10），其中：所述张力阴罩由具有比所述框架材料的热膨胀系数低的热膨胀系数的材料构成，所述张力阴罩被以拉紧状态单轴固定，所述张力阴罩被拉紧以具备90Hz±20Hz的基本谐振频率，并且所述90Hz±20Hz的基本谐振频率在所述张力阴罩从室温至所述显像管操作达到的温度范围内被保持。

2. 如权利要求1的彩色显象管（10），其中所述张力阴罩（24）包括多个平行导线束（42），由具有比所述框架（50）材料的热膨胀系数低的热膨胀系数的材料构成，并且导线束内的伸张压力，除以导线束长度的平方，范围是206至321.5克每cm^4。

3. 如权利要求1或2的彩色显象管（10），其中所述阴罩（24）由镍铁合金构成。

4. 如权利要求3的彩色显象管（10），其中所述阴罩（24）由不胀钢构成。

5. 如权利要求4的彩色显象管（10），其中所述框架（50）由钢构成。”

针对申请人于2001年10月8日提交的附图第1～2页以及说明书摘要及摘要附图，2003年9月19日提交的权利要求第1～5项，说明书第1～4页，国家知识产权局于2003年11月7日驳回了本申请，驳回的理由为本申请的修改不符合专利法第三十三条的规定。

驳回决定中指出：说明书替换页第3页第15～16行加入的“其中90Hz ±20Hz的基本谐振频率在张力阴罩从室温至所述显像管操作达到的温度范围内被保持”在原始申请文件中没有记载；权利要求1的“比所述框架材料的热膨胀系数低的热膨胀系数的材料”以及“所述90Hz ±20Hz的基本谐振频率在张力阴罩从室温至所述显像管操作达到的温度范围内被保持”在原申请文件中未记载，权利要求1中的“张力阴罩被以拉紧状态单轴固定”与原始说明书的描述方式不一致，因此说明书和权利要求书不符合专利法第三十三条的规定。

申请人（下称请求人）对上述驳回决定不服，于2004年2月13日向专利复审委员会提出复审请求，并同时修改了申请文件。其主要修改为：将权利要求1、2中的“低的”改为“显著低的”，删除“张力阴罩被以拉紧状态单轴固定”“所述90Hz ±20Hz的基本谐振频率在张力阴罩从室温至所述显像管操作达到的温度范围内被保持”，并对说明书做适应性修改。

经形式审查合格后，专利复审委员会受理了该复审请求，于2004年3月8日向请求人发出了复审请求受理通知书，并请原实质审查部门对本案进行了前置审查。原实质审查部门在前置审查意见中认为请求人的修改虽然克服了超范围的问题，但还存在第一次审查意见通知书指出的不清楚的问题。因此，坚持驳回决定。

专利复审委员会依法成立合议组对本案进行审查。合议组经审查于2005年8月5日发出了复审通知书，指出权利要求1、2中记载的“显著低的”属于含义不清楚的词语，并且请求人应当按照说明书的相应内容进行修改。

请求人于2005年8月27日提交了权利要求书和说明书的替换页，其中修改主要是将权利要求1、2中的“由具有比所述框架材料的热膨胀系数显著低的热膨胀系数的材料构成”的内容改为“由具有比较所述框架而言相对低的热膨胀系数的材料构成”，并对说明书的相应内容进行适应性修改。

此次修改后的权利要求书如下：

“1. 一种具有一个附加到支持框架（50）两侧（32和34）的张力阴罩（24）的彩色显象管（10），其中：所述张力阴罩由具有比较所述框架而言相对低的热膨胀系数的材料构成，和所述张力阴罩被拉紧以具备90Hz ±20Hz的基本谐振频率。

2. 如权利要求1的彩色显象管（10），其中所述张力阴罩（24）包括多个平行导线束（42），由具有比较所述框架而言相对低的热膨胀系数的材料构成，并且上述导线束内的伸张压力，除以导线束长度的平方，范围大约是206～321.5g/cm^4。

3. 如权利要求1或权利要求2的彩色显象管（10），其中所述阴罩（24）由镍铁合金构成。

4. 如权利要求3的彩色显象管（10），其中所述阴罩（24）由不胀钢构成。

5. 如权利要求4的彩色显象管（10），其中所述框架（50）由钢构成。”

至此，合议组认为本案事实清楚，可以作出复审决定。

二、决定的理由

1. 关于文本

由于请求人于2005年8月27日提交的修改后的内容“由具有比较所述框架而言相对低的热膨胀系数的材料构成”与原始的国际申请的中文译文的说明书第3页第4行的内容一致，因此此次修改符合专利法第三十三条及专利法实施细则第六十条的规定，所以，合议组以请求人于2001年10月8日提交的附图第1~2页以及说明书摘要及摘要附图，2005年8月27日提交的权利要求第1~5项，说明书第1~4页，作为复审决定所依据的文本。

2. 关于专利法实施细则第二十条第一款

专利法实施细则第二十条第一款规定：权利要求书应当说明发明或者实用新型的技术特征，清楚、简要地表达请求保护的范围。审查指南第二部分第二章第3.2.2节对权利要求应当清楚做了进一步规定：权利要求中不得使用含义不确定的词语，如“厚”“薄”“强”“弱”“高温”“高压”“很宽范围”等，除非这种用词在特定领域中具有公认的确切含义。

在前置审查意见中认为，请求人在提复审时修改的权利要求1中记载的（1）“比所述框架材料的热膨胀系数显著低的热膨胀系数的材料”，其中“显著低的”是不清楚的；（2）“张力阴罩被拉紧以具备90Hz ± 20Hz的基本谐振频率”不清楚，因为阴罩处于一种温度变化的环境中，对阴罩拉紧后基本谐振频率的限定与阴罩的温度有关，而阴罩被拉紧后具备上述基本谐振频率的温度不清楚。

合议组认为，由于复审请求人针对复审通知书的修改后的权利要求书中已经不再使用导致保护范围不清楚的词语“显著低的”，因此已经克服了前置意见中关于不清楚的意见（1）的缺陷。同时，“由具有比较所述框架而言相对低的热膨胀系数的材料构成”也清楚地描述了构成张力阴罩的材料。另外，“张力阴罩被拉紧以具备90Hz ± 20Hz的基本谐振频率”其含义本身是清楚的，它要说明的是阴罩被拉紧的程度，即要使其具备90Hz ± 20Hz的基本谐振频率，而与阴罩拉紧后具备上述基本谐振频率的温度范围没有关系，修改后的权利要求中也不具有前置意见中所指出的第（2）点关于不清楚的意见。因此，此次修改的权利要求书已经克服了驳回决定中所指出的缺陷。

基于上述理由，合议组作出下述决定。

三、决定

撤销国家知识产权局专利局实质审查部门于2004年11月12日作出的驳回00805965.9号发明专利申请的决定，由原实质审查部门以请求人于2001年10月8日提交的说明书附图第1~2页以及说明书摘要及摘要附图，2005年8月27日提交的权利要求第1~5项，说明书第1~4页为基础继续审批程序。

006

减少移动离子从金属氧化物陶瓷向衬底的扩散案

复审请求审查决定（第7231号）

决　定　号 第7231号
决　定　日 2005年11月17日
发明创造名称 减少移动离子从金属氧化物陶瓷向衬底的扩散
国 际 分 类 号 H01L 27/115、21/02
复 审 请 求 人 因芬尼昂技术股份公司
专 利 申 请 号 99816089. X
申　请　日 1999年12月16日
公　开　日 2002年2月6日
合 议 组 组 长 崔哲勇
主　审　员 骆素芳
参　审　员 朱芳芳

法 律 依 据 专利法第二十二条第三款
决 定 要 点

对于本领域的技术人员而言，如果发明的技术方案相对对比文件是非显而易见的，且能够产生有益的技术效果，则发明具有突出的实质性特点和显著的进步，具备创造性。

一、案由

本复审请求涉及申请号为99816089. X、发明名称为“减少移动离子从金属氧化物陶瓷向衬底的扩散”的发明专利申请（下称本申请）。其申请日是1999年12月16日，进入国家阶段日期是2001年8月8日，公开日是2002年2月6日，申请人是因芬尼昂技术股份公司。

在国家知识产权局专利局的实质审查程序中，实质审查部门于2003年6月6日发出了第一次审查意见通知书，引用了一篇对比文件：

对比文件1：US5751540A，公开日期1998年5月12日。

其中指出本申请的权利要求1～14相对于对比文件1不具备专利法第二十二条第三款规定的创造性。

申请人于2003年9月26日答复了上述审查意见通知书，没有修改申请文件。其陈述的本申请具备创造性的理由主要是：对比文件1的粘合层与本发明中的清除层所要解决的技术问题和所达到的技术效果不同，从对比文件1的粘合层联想到本发明的清除层需要创造性的思维。

国家知识产权局于2003年11月7日以申请不符合专利法第二十二条第三款的规定为由驳回了本申请。驳回依据的文本是：于2001年8月8日进入国家阶段时提交的权利要求第1～14项、说明书第1～13页、附图第1～7页、说明书摘要和摘要附图。

驳回决定针对的权利要求书如下：

"1. 一种制造半导体器件的方法，包括：提供包括部分形成的半导体器件的衬底；在阻挡层上淀积金属氧化物陶瓷；在金属氧化物陶瓷层上淀积清除层；及退火衬底，形成具有良好电特性的金属氧化物陶瓷，其中退火使过量移动物质从金属氧化物陶瓷中扩散，清除层消耗过量移动物质，以减少过量移动物质向下面的衬底的扩散。

2. 根据权利要求 1 所述的方法，其中金属氧化物陶瓷包括 Bi 基金属氧化物陶瓷。

3. 根据权利要求 2 所述的方法，其中过量移动物质包括 Bi。

4. 根据权利要求 3 所述的方法，其中清除层与包括 Bi 的过量移动物质反应。

5. 根据权利要求 4 所述的方法，其中清除层包括金属或金属氧化物，该金属或金属氧化物包括 Bi 的过量移动物质反应。

6. 根据权利要求 5 所述的方法，其中清除层包括钛（Ti）或氧化钛（TiO_2）。

7. 根据权利要求 5 所述的方法，其中清除层包括选自含有锆、钨、铌、钽、钼、钒或铬的组中的一种金属或金属的氧化物。

8. 根据权利要求 5 所述的方法，其中清除层包括选自含 IV、V、VI 族过渡金属的组中的一种金属或金属的氧化物。

9. 根据权利要求 2 所述的方法，还包括在 Bi 基金属氧化物陶瓷淀积后，对其进行预退火，预退火至少将金属氧化物陶瓷部分变成希望的相。

10. 根据权利要求 9 所述的方法，其中预退火包括在较低温度下退火 Bi 基金属氧化物陶瓷，以避免大量过量移动物质从金属氧化物陶瓷扩散，从而避免对下面的器件区的破坏。

11. 根据权利要求 10 所述的方法，其中预退火包括在低于约 750℃的温度下退火 Bi 基金属氧化物陶瓷。

12. 根据权利要求 10 所述的方法，其中预退火包括在约 700 ~ 750℃下退火 Bi 基金属氧化物陶瓷。

13. 根据权利要求 12 所述的方法，其中预退火包括加热 Bi 基金属氧化物陶瓷约 5 ~ 10 分钟。

14. 根据权利要求 10 所述的方法，其中预退火包括在低于约 700℃的温度下退火 Bi 基金属氧化物陶瓷。"

申请人（下称复审请求人）对该驳回决定不服，于 2004 年 2 月 18 日向专利复审委员会提出了复审请求。请求人没有提交修改文本，其陈述的理由主要是：（1）对比文件 1 中没有公开权利要求 1 中形成金属氧化物陶瓷以及清除层的步骤；（2）对比文件 1 中的第二粘合层，作为一个阻挡层，用以防止铁电层中的 Pb 向上电极中扩散，而不是防止 Pb 向下面的衬底 10 扩散，它不具有本发明的清除层的消耗过量移动物质以减少其向衬底扩散的作用。

经形式审查合格，专利复审委员会受理了该复审请求，并于 2004 年 3 月 15 日发出了受理通知书和前置审查通知书。

在前置审查中，国家知识产权局原实质审查部门坚持原驳回决定。

在此基础上，专利复审委员会成立合议组对此案进行审理。合议组在审阅了全部文件后认为，本案事实已清楚，可以作出本复审决定。

二、决定的理由

1. 关于审查所针对的文本

请求人 2004 年 2 月 18 日提出复审请求时没有提交修改文本，因此，本复审决定所针对的文本是驳回决定所依据的文本，即，于 2001 年 8 月 8 日进入国家阶段时提交的权利要求第 1 ~ 14 项、说明书第 1 ~ 13 页、附图第 1 ~ 7 页、说明书摘要和摘要附图。

2. 关于专利法第二十二条第三款

本决定引用国家知识产权局原审查部门在驳回决定中所引用的对比文件1作为最接近的现有技术，即：

对比文件1：US5751540A，公开日期1998年5月12日。

本申请的权利要求1为：一种制造半导体器件的方法，包括：提供包括部分形成的半导体器件的衬底；在阻挡层上淀积金属氧化物陶瓷；在金属氧化物陶瓷层上淀积清除层；及退火衬底，形成具有良好电特性的金属氧化物陶瓷，其中退火使过量移动物质从金属氧化物陶瓷中扩散，清除层消耗过量移动物质，以减少过量移动物质向下面的衬底的扩散。

对比文件1公开了一种具有Rh电极的铁电电容器，并具体披露了以下技术特征：在硅衬底10上形成绝缘层20、粘合层30a和下电极40后，形成铁电层50，进行热退火，使铁电材料产生钙钛矿结构，之后再在铁电层50上依次形成粘合层30b和上电极60（参见对比文件1说明书第3栏第41～64行，图3～6）。

在对比文件1中，粘合层的材料是Ti或RhO_X，RhO_X用作粘合层可以使绝缘层与Rh电极间紧密地粘合，同时也起到防止PZT材料中的Pb扩散的作用（参见对比文件1说明书第2栏16～17行、第3栏6～7行、25行、第4栏30～31行）。其中，由于RhO_X粘合层是一种稳定的材料，它并不具有与过量移动物质反应从而消耗过量物质的特征，因此，在对比文件1中，粘合层是通过阻止移动物质从PZT等铁电材料中扩散出来，从而达到防止扩散的目的。

由此可见，权利要求1的技术方案与对比文件1的区别在于：在权利要求1的技术方案中，退火使过量移动物质从金属氧化物陶瓷中扩散，清除层与扩散出来的过量移动物质发生反应，从而消耗过量移动物质，以减少过量移动物质向下面的衬底的扩散；而对比文件1中，退火步骤发生在将粘合层30b形成到铁电层50上之前，该退火步骤的作用仅是使铁电材料产生钙钛矿结构，不具备使铁电材料中的移动物质向粘合层30b扩散的作用，粘合层30b是通过阻止移动物质从PZT、Y1、BST等铁电材料中扩散出来，从而达到防止扩散的目的。

合议组认为，虽然本发明的清除层的材料可以是Ti，对比文件1中的粘合层材料也可以是Ti，它们的材料相同，但是，由于权利要求1中在形成含有Ti的清除层之后进行了退火步骤，而对比文件1中在形成含Ti的粘合层后并无此退火步骤，因此，Ti清除层在权利要求1的技术方案中所发挥的作用与Ti粘合层在对比文件1的技术方案中实际所起的作用并不相同。另一方面，由于在对比文件1的技术方案中，粘合层30b是要防止移动物质从PZT、Y1、BST等铁电材料中扩散出来，而“退火使过量移动物质从金属氧化物陶瓷中扩散”将适得其反，因此，要把“退火使过量移动物质从金属氧化物陶瓷中扩散”这一技术特征应用到对比文件1的技术方案中，这对于本领域普通技术人员来说是不容易想到的。因此，权利要求1的技术方案对本领域普通技术人员来说是非显而易见的，并且权利要求1的技术方案实现了减少过量移动物质向下面的衬底扩散的技术效果，因此，权利要求1相对于对比文件1具有突出的实质性特点和显著的进步，具备专利法第二十二条第三款规定的创造性。

鉴于权利要求1相对于对比文件1具备创造性，因此，直接或间接引用权利要求1的从属权利要求2～14也都具备专利法第二十二条第三款规定的创造性。

综上所述，本申请的权利要求1～14相对于对比文件1具备专利法第二十二条第三款规定的创造性。至于说明书和权利要求书中是否还存在其他缺陷，均留待后续程序继续审查。

三、决定

撤销国家知识产权局于2003年11月7日对99816089.X号发明专利申请作出的驳回决定，由原实质审查部门在驳回决定所依据的文本，即，于2001年8月8日进入国家阶段时提交的权利要求第1～14项、说明书第1～13页、附图第1～7页、说明书摘要和摘要附图的基础上继续进行审批程序。

007

词义消歧的机器翻译方法和系统案

复审请求审查决定（第7241号）

决　定　号　第7241号
决　定　日　2005年10月21日
发明创造名称　词义消歧的机器翻译方法和系统
国际分类号　G06F 17/28
复审请求人　国际商业机器公司
专利申请号　99126567. X
申　请　日　1999年12月24日
公　开　日　2001年7月4日
合议组组长　张美菊
主　审　员　李韵美
参　审　员　孙治国

法律依据　专利法第二十二条第三款
决定要点

公知常识是指公知的教科书或者工具书披露的技术手段，而本申请中的区别技术特征并不属于上述公知常识，并且其对本领域的普通技术人员是非显而易见的，符合专利法第二十二条第三款的规定。

一、案由

本复审请求涉及申请日为1999年12月24日，申请号是99126567. X，发明名称为“词义消歧的机器翻译方法和系统”的发明专利申请（下称本申请），申请人是国际商业机器公司。

在实质审查程序中，国家知识产权局原实质审查部门发出的第一次审查意见通知书引用了一篇对比文件，即对比文件1（JP10149363A），并且具体指出该申请的权利要求1不符合专利法第二十二条第二款的规定，权利要求2、3、7~9不符合专利法第二十二条第三款的规定，权利要求4、10不符合专利法实施细则第二十条第一款的规定。申请人在答复审查意见通知书的意见陈述书中陈述了上述权利要求相对于对比文件1具备新颖性和创造性的理由。国家知识产权局原实质审查部门对该申请进行了补充检索，并发出了第二次审查意见通知书，指出权利要求1~12相对于对比文件2（EP0399533B1）不具备创造性。申请人在答复第二次审查意见通知书的意见陈述书中陈述了权利要求1~12相对于对比文件2具备创造性的理由。国家知识产权局在2004年7月9日以该申请的权利要求1~12不符合专利法第二十二条第三款的规定为由，作出了驳回决定。驳回决定所依据的对比文件是：

对比文件2：EP0399533B1，公开日为1998年11月11日。

驳回决定所针对的权利要求书为：

“1. 一种词义消歧的机器翻译方法，包括步骤：

在对第一种语言的文本进行翻译时，如果根据上下文无法确定要翻译的字、词在第二种语言中的词义，则判断所述字、词或所述字、词所在的句子是否存在有关超链接的信息；

如果存在有关超链接的信息，则根据有关超链接的信息导出相关文本，基于所述相关文本将所述字、词翻译成第二种语言。

2. 根据权利要求 1 的词义消歧的机器翻译方法，其中所述第一种语言的文本是以 HTML 语言在万维网上公布的网页，而所述有关超链接的信息用于描述网页之间或同一网页各部份之间的联系。

3. 根据权利要求 1 的词义消歧的机器翻译方法，其中所述第一种语言的文本是 PDF 文件、Lotus Notes 文件、Microsoft Word 文件或 Microsoft Windows help 文件。

4. 根据权利要求 1 的词义消歧的机器翻译方法，其中基于相关文本将所述字、词翻译成第二种语言的步骤，进一步包括：

在所述相关文本中寻找包含所述字、词的母词组；

对每一母词组在第二种语言中的词义进行概率分析，选择合适的词义作为所述字、词的翻译结果。

5. 根据权利要求 4 的词义消歧的机器翻译方法，其中所述寻找母词组的步骤包括步骤：

对所述字、词所在句子进行语法分析，得出所述句子的语法结构；

在组合相关语法成份、检索翻译词库的基础上确定母词组；

由所有母词组在翻译词库中对应的相关词条组成临时词库用于后续的翻译步骤。

6 根据权利要求 4 的词义消歧的机器翻译方法，其中所述概率分析包括同义词分析和固定搭配分析。

7. 一种词义消歧的机器翻译系统，用于将第一种语言的文本翻译成第二种语言的文本，所述系统包括：词典、词义分析器、词法分析器、句法分析器、语法分析器、语义分析器以及翻译结果输出器，所述系统的特征在于还包括一个超链接信息处理器，用于在词义分析器根据上下文无法确定要翻译的字、词在第二种语言中的词义时，判断所述字、词或所述字、词所在的句子是否存在有关超链接的信息，如果存在有关超链接的信息，则根据有关超链接的信息取得相关文本，基于所述相关文本将所述字词或句子翻译成第二种语言。

8. 根据权利要求 7 的词义消歧的机器翻译系统，其特征在于所述第一种语言的文本是以 HTML 语言在万维网上公布的网页，而所述有关超链接的信息用于描述网页之间或同一网页各部份之间的联系。

9. 根据权利要求 7 的词义消歧的机器翻译系统，其中所述第一种语言的文本是 PDF 文件、Lotus Notes 文件、Microsoft Word 文件或 Microsoft Help 文件。

10. 根据权利要求 7 的词义消歧的机器翻译系统，其中超链接信息处理器通过以下处理将所述字、词翻译成第二种语言：

在所述相关文本中寻找包含所述字、词的母词组；

对每一母词组在第二种语言中的词义进行概率分析，选择合适的词义作为所述字、词的翻译结果。

11. 根据权利要求 10 的词义消歧的机器翻译系统，其中所述寻找母词组的处理包括：

对所述字、词所在句子进行语法分析，得出所述句子的语法结构；

在组合相关语法成份、检索翻译词库的基础上确定母词组；由所有母词组在翻译词库中对应的相关词条组成临时词库用于后续的翻译。

12. 根据权利要求 10 的词义消歧的机器翻译系统，其中所述概率分析处理包括同义词处理和固定搭配处理。”

申请人国际商业机器公司（下称复审请求人）不服上述驳回决定，于2004年10月25日向国家知识产权局专利复审委员会提出复审请求。复审请求人认为：权利要求1~12所要求保护的技术方案相对于对比文件2具备创造性，符合专利法第二十二条第三款的规定。

专利复审委员会对复审请求人的复审请求经形式审查后，予以受理，并将该复审请求书连同原申请案卷一并送交作出驳回决定的原审查部门进行前置审查，在前置审查意见书中，审查员不同意复审请求人补充陈述的意见，并坚持认为权利要求1~12相对于对比文件2不具备创造性，不符合专利法第二十二条第三款的规定，因而坚持原驳回决定。

针对本复审请求，专利复审委员会依法成立合议组对本复审请求进行了审查，合议组认为本案事实已经清楚，可以作出复审决定。

二、决定的理由

本复审决定所依据的文本是：1999年12月24日即申请日提交的权利要求第1~12项、说明书第1~10页及说明书附图第1~4页、说明书摘要、摘要附图。

权利要求1请求保护一种词义消歧的方法，包括如下步骤：在对第一种语言的文本进行翻译时，如果根据上下文无法确定要翻译的字、词在第二种语言种的词义，则判断该字、词或该字、词所在的句子是否存在有关超链接的信息；如果有有关超链接的信息，则根据该超链接信息到处相关文本，并且基于所述相关文本将所述字、词翻译成第二种语言。该技术方案是对在字、词翻译过程中，如何更准确的消除歧义，提高翻译的准确率的方法。即，在根据上下文的含义进行翻译的情况下，还存在不确定性并且如果该字、词所在句子有相关的超链接的信息，就要根据与该句子相关的超链接中的内容进一步确定该字、词的含义。而对比文件2公开的技术方案是通过对字、词在要翻译的文章中的上下文信息的分析，根据上次翻译的具有明确含义的词将有歧义的词解释为与上次相同的词。在对比文件2的实施例中给出了一个具体的例子（参见对比文件2说明书第6栏第36行至10栏38行，以及图2），在这个实施例中，将翻译处理分为两个过程，在第一翻译处理中确定文章中出现含义明确的词语，并且把它存储在一个文档信息存储器中。在后面执行的第二翻译过程中，如果遇到不确定的词语（具有多个翻译候选项），则参照在文档信息存储器中已经存储的具有明确含义的词语进一步确定其中一个候选项。例如，在第一翻译过程中，在句子“I wrote the paper.”中可以确定“paper”是“论文”而非“纸”的含义，将这个信息存储在文档信息存储器中。在第二翻译处理中，如果遇到“You have this paper.”这样的句子，不能确定其中“paper”一词的含义，则调用存储在文档信息存储器中的含义“论文”来确定在当前句子中的含义。

权利要求1同对比文件2相比，其区别在于，对比文件2中并没有公开技术特征“则判断该字、词或该字、词所在的句子是否存在有关超链接的信息；如果有有关超链接的信息，则根据该超链接信息到处相关文本，并且基于所述相关文本将所述字、词翻译成第二种语言”。正是由于此技术特征，使得本申请的对动态超链接信息的分析确定的歧义的方法，不同于对比文件2中描述的仅根据上下文进行静态分析的方法。如说明书第一页最后一段指出的，本发明适用于用户通过Web浏览器浏览因特网上的网页，因为网页之间存在许多超链接。当翻译系统试图翻译网页时，可以根据对超链接信息的动态分析来选择合适的词义，而对比文件2没有给出使用超链接信息或者其他可以参考相关引用资料进行动态分析的技术启示。国家知识产权局实质审查部门在驳回决定中认为在类似于internet的网络上通过超链接到处相关文本而对词汇或词汇所在的句子或某一对象进行解释已经是公知的了。合议组认为，在因特网上，通过对具有超链接的相关文本的阅读来理解某一个词汇是公知常识，但是并没有教科书或工具书表明利用超链接的相关信息，并基于超链接信息导出的相关文本进行翻译是本领域的公知常识，其并不是机器翻译中经常使用的手段，本申请提出了机器翻译中一种新的确定词义的方法，权利要求1与对比文件2之间存在显著的区别，对本领域的普通技术人员来说不是显而易见的。并且本申请相对于对比文件2获得了更准确提高翻译准确性的技术效果。因此，权利要求1相对于对比文件2具备创造性。

权利要求7是与方法权利要求1相对应的系统权利要求。基于与权利要求1相同的理由，权利要求7相对于对比文件2也具备创造性。

权利要求2至6、8至12分别是独立权利要求1和权利要求7的从属权利要求，鉴于其引用的独立权利要求具备创造性，其从属权利要求2~6、8~12也具备创造性。

基于上述理由，权利要求1~12符合专利法第二十二条第三款的规定，复审请求人的复审请求理由成立。

三、决定

撤销国家知识产权局专利局于2004年7月9日对99126567.X号发明专利申请作出的驳回决定。

由国家知识产权局原实质审查部门依据1999年12月24日提交的权利要求第1~12项、说明书第1~10页、说明书摘要、摘要附图、说明书附图1~4页继续审查程序。

008

热电机案

复审请求审查决定（第7243号）

决　定　号　第7243号
决　定　日　2005年11月16日
发明创造名称　热电机
国际分类号　H02N 11/00　H01L 35/00
复审请求人　张　征
申　请　号　01127719. X
申　请　日　2001年8月9日
公　布　日　2002年2月6日
合议组组长　张　度
主　审　员　周雷鸣
参　审　员　詹靖康

法律依据　专利法第二十二条第四款
决定要点

专利法第二十二条第四款规定，实用性，是指该发明或者实用新型能够制造或使用，并且能够产生积极效果。一项专利是否具有专利法意义上的实用性，关键是要看该专利的技术方案是否能够在产业中实施并且能产生积极效果。

一、案由

本专利申请复审请求涉及申请号为01127719. X、名称为“热电机”、申请日为2001年8月9日、申请人为张征的发明专利申请（下称本申请）。

在国家知识产权局专利局的实质审查过程中，实质审查部门在2003年6月27日发出的第一次审查意见通知书中指出：本申请的技术方案不能实现，因此本申请不符合专利法第二十六条第三款的规定。

针对第一次审查意见通知书，申请人于2003年11月4日提交了意见陈述书，并认为：本申请大规模热电偶作为车载热电动力转换元件的问题，在理论依据和设计试验中都已经得到证实，本申请符合专利法第二十六条第三款的规定。

实质审查部门在2004年1月2日发出的第二次审查意见通知书中指出：权利要求1～10的技术方案不具备专利法第二十二条第四款规定的实用性。

针对第二次审查意见通知书，申请人于2004年3月8日提交了意见陈述书，并认为：本申请符合专利法第二十二条第四款的规定。

国家知识产权局实质审查部门于2004年4月30日以权利要求1～10不符合专利法第二十二条第四款的规定为由驳回了本申请，其具体理由是：对权利要求中“热电偶连接成大规模热电转换网络”

中单个热电偶来说，在燃烧室内它处于同一温度中，因此单个热电偶两端不存在温差，这与热电效应原理相矛盾，无法为车辆提供动力。

申请人（下称复审请求人）对驳回决定不服，于2004年8月9日向国家知识产权局专利复审委员会提交了复审请求及附件，但未修改申请文件，复审请求人的复审理由是：

本申请中大规模热电偶网络设置在燃烧室内，处于同一高温下并不是错误的，而是整个热电回路中的热接点位于热源，冷接点位于分离冷源中，经过若干补偿导线连接成完整的热电回路，与热电效应原理不矛盾，本领域技术人员根据本申请公开的内容能够实现该技术方案并产生积极的效果。

专利复审委员会于2004年9月8日发出了复审请求受理通知书和前置审查通知书。

在前置审查程序中，国家知识产权局实质审查部门仍坚持原驳回决定。

在此基础上，专利复审委员会依法成立合议组对本案进行复审。

合议组认为，本案事实已经清楚，合议组经过合议，作出如下决定。

二、决定的理由

1. 依据文本

本复审决定依据的文本是驳回决定依据的文本，即2001年8月9日提交的说明书第1～5页、说明书附图第1～4页、权利要求第1～10项和说明书摘要及摘要附图。

2. 关于本申请实用性问题

专利法第二十二条第四款规定，实用性，是指该发明或者实用新型能够制造或使用，并且能够产生积极效果。

在由两种导体或半导体连接组成的闭合回路中，如果对一个接点加热，使得两个接点的温度不同，那么回路中就有电流产生，接在回路中的电流表的指针因而发生偏转，这种现象称为温差电效应。

本申请说明书记载了采用热电转换元件和机械电子控制系统、将燃料燃烧产生的热能直接转换为电能、最终通过电动机输出动力的热电机，其中热电机由内设热电偶的燃烧室、冷源装置、电流调节器、电子控制器、高压点火器构成，燃料和空气与燃烧室管道连接，燃烧室内置的热电偶连接成大规模热电转换网络的结构，网络的引出线经过冷源装置后与电流调节器电连接，其中每一个并联热电偶网络有2条引出线，而串联的热电偶网络组不但具有2条引出线，还有若干串联节点，所有引出线和串联节点都需要接入冷源装置，电子控制器分别与电流调节器、输入控制信号采用信号连接、与高压点火器电连接，高压点火器与燃烧室电连接，电流调节器输出的三相交流电供交流电动机输出功率。

本申请权利要求1为："一种热电机，其特征在于主要包括燃烧室、冷源装置、电流调节器、电子控制器、高压点火器；燃烧室内设置的热电偶连接成大规模热电转换网络的结构，网络的引出线经过冷源装置后与电流调节器电连接；电子控制器分别与电流调节器、输入控制信号采用信号连接、与高压点火器电连接，高压点火器与燃烧室电连接，电流调节器输出的三相交流电供交流电动机输出功率。"

合议组认为，本申请满足专利法第二十二条第四款规定的实用性要求，具体理由如下：本申请说明书中明确记载了燃烧室中燃烧产生的高温气流在燃烧室内，热电偶连接成大规模热电转换网络的结构处于燃烧室内，热电偶的连接方法是热电偶网络不但有两条引出线，还有若干串联节点都需要接入冷源装置中，增大与燃烧室内热流的温差。因此说，在热电偶连接成大规模热电网络中，单个热电偶处于同一燃烧室内，热电偶的串联节点处于冷源装置中，则单个热电偶两端存在温差，因此在单个热电偶的两个节点处存在热电势，这完全符合温差电效应原理，具有普遍性和可检验性，经得起按照最基本的科学方法进行的测试和鉴定，将符合基本科学原理的多个这样的热电偶串联连接和并联连接形成的热电网络可以产生大的电流和电压，因此本申请的技术方案能够制造或使用，并且能够产生积极效果。

因此，合议组认为，本申请权利要求1中“燃烧室内设置的热电偶连接成大规模热电转换网络的结构”可以产生大的电流和电压，具备实用性，驳回决定关于本申请权利要求1记载了“燃烧室内设置的热电偶连接成大规模热电转换网络的结构”而不符合专利法第二十二条第四款规定的实用性缺乏依据，从属权利要求2～10引用权利要求1而不具备实用性也缺乏依据。

综上所述，本案合议组认为，本申请权利要求1～10限定的技术方案具备实用性，驳回决定的理由不成立。

三、决定

撤消国家知识产权局专利局于2004年4月30日对01127719.X发明专利申请作出的驳回决定，由原实质审查部门依据本决定所针对的文本继续进行审批程序。

009

程序可分配的组合称重装置和系统案

复审请求审查决定（第7292号）

决　定　号　第7292号
决　定　日　2005年11月9日
发明创造名称　程序可分配的组合称重装置和系统
国 际 分 类 号　G06F 9/06　G01G 19/387
复 审 请 求 人　大和制衡株式会社
专 利 申 请 号　01800343.5
申　请　日　2001年2月23日
公　开　日　2002年8月7日
合 议 组 组 长　张　度
主　审　员　程　华
参　审　员　孙克良

法 律 依 据　专利法第二十二条第三款
决 定 要 点

虽然本案对比文件1所披露的是一种局域网通信装置，但局域网通信网络与广域网、公用线路一样同属于通信网络，同时无论是广域网还是局域网在技术的实现上无本质区别，其中应用的通信技术都是现有技术，所以说将对比文件1所述的称重系统应用到广域网中对本领域普通技术人员来说是很容易想到和实现的；并且对比文件1所述的称重系统也明显具有“在需要更换程序时不必由主管人员亲自到客户处进行程序更换”的优点。因此，本申请权利要求1～12相对于对比文件1不具备创造性，维持原驳回决定。

一、案由

本复审请求涉及申请日为2001年2月23日，2001年10月26日进入国家阶段的，申请号为01800343.5，发明名称为“程序可分配的组合称重装置和系统”的发明专利PCT申请（下称本申请），申请人是大和制衡株式会社。

在国家知识产权局的实质审查过程中，实质审查部门在2003年6月13日发出的第一次审查意见通知书中指出：本申请权利要求1～16不具备专利法第二十二条第三款规定的创造性。

针对实质审查部门发出的第一次审查意见通知书，申请人于2003年10月17日提交了意见陈述书和权利要求书替换页2页（文本1）。申请人认为在修改后的权利要求1和权利要求9中，通信设备通过包含因特网的通信媒体接收预定的控制程序，从而，如说明书中所述，本发明申请的组合称重装置在需要更换程序时，控制程序可通过如因特网那样的通信媒体更换，而不必由主管人员从远处带着更换部件组到客户处进行程序更换，在对比文件1中并没有揭示上述特征：而对比文件2和对比文件3分别涉及通信终端装置和客户服务器系统的客户程序分配管理方法，即，均不涉及组合称重装置，本领域技术人员不能显而易见地把对比文件 2 和对比文件 3 的技术方案与对比文件 1 结合。

国家知识产权局实质审查部门继续审查后，认为文本 1 权利要求 1 ~ 16 仍然不符合专利法第二十二条第三款的规定，于 2004 年 1 月 2 日作出了驳回本申请的决定。驳回决定的主要理由是：文本 1 权利要求 1 ~ 16 相对于审查员引用的对比文件不具备创造性，同时针对申请人的陈述意见做了如下评述：（1）申请人认为对比文件 1 没有披露下述技术特征：控制程序可通过如因特网那样的通信媒体更换，实际上对比文件 1 的说明书摘要及附图中已经披露了下述技术特征：局域网接口电路，相应于本申请中所述的“通信设备”，虽然本申请所述的“通信设备”是通过至少包含因特网的通信媒体进行通信，即一种广域通信网络，但是与对比文件 1 披露的局域网通信网络同属于通信媒体，二者无实质性差别。（2）申请人认为对比文件 2 和对比文件 3 分别涉及通信终端装置和客户服务器系统的客户程序分配管理方法，不涉及组合称重装置，但是对比文件 1、2、和对比文件 3 以及本申请同属于在通信系统中对客户程序进行分配及管理的技术领域，因此将对比文件 1、2、3 结合起来得到本申请中所述的技术方案是显而易见的。

申请人（下称复审请求人）对上述驳回决定不服，于 2004 年 4 月 14 日向专利复审委员会提出复审请求，提交了权利要求书替换页 2 页（文本 2），其主要理由是：复审请求人修改了权利要求书，删除了权利要求 5、6、13、14，将权利要求 5、6、13、14 的特征分别附加到权利要求 1、9，相应的修改了其余权利要求的编号和引用关系；同时坚持对比文件 1 未公开“通信设备通过包含因特网的通信媒体接收预定的控制程序”这一特征及其效果，本领域技术人员也不能显而易见地把对比文件 2 和对比文件 3 的技术方案与对比文件 1 结合。其中修改后的独立权利要求 1、7 的内容如下：

“1. 一种程序可分配组合称重装置，其特征在于，包括：

一个称重设备，包括组成组合称重装置的多个称重单元；

一个通信设备，用于通过至少包括因特网的通信媒体接收一个预定的控制程序；

一个称重设备控制部分，用于按照所述控制程序控制所述称重设备的操作；

用于存储由所述称重设备控制部分执行的控制程序的控制程序存储装置；

用于保存存储在所述控制程序存储装置中的控制程序的控制程序保存装置；

控制程序返回装置，用于将保存在所述控制程序保存装置的控制程序返回到控制程序存储装置。”

“7. 一种组合称重系统，其特征在于包括：

一个组合称重装置，它包括一个具有多个组成组合所述称重装置的称重单元的称重设备，一个用于通过至少包括因特网的通信媒体接收预定程序的通信设备，和一个用于按照所述控制程序控制所述称重设备操作的称重设备控制部分；

一个服务计算机，它包括一个用于实现与所述通信设备通信的中央通信设备，并分配所述控制程序；

一个实现所述通信设备与所述中央通信设备之间通信的通信媒体；

所述这称重装置进一步包括：

用于存储由所述称重设备控制部分执行的控制程序的控制程序存储装置；

用于保存存储在所述控制程序存储装置中的控制程序的控制程序保存装置；

控制程序返回装置，用于将保存在所述控制程序保存装置的控制程序返回到控制程序存储装置。”

在前置审查程序中，国家知识产权局实质审查部门坚持原驳回决定。

专利复审委员会依法成立合议组对本案进行审查，于 2005 年 8 月 26 日发出复审通知书，审查意见主要包括：文本2权利要求1～12相对于对比文件1不具备创造性，不符合专利法第二十二条第三款的规定。

复审请求人于2005年10月9日寄交了对上述复审通知书作出的答复，复审请求人未对申请文件进行修改，但强调对比文件1没有揭示广域网WAN，对比文件1的LAN仅在组合称重装置内进行通信，没有与装置外部进行通信；本申请的程序可分配组合称重装置包含因特网作为通信媒体，用于与装置外部进行通信，通过与装置外部进行通信，本申请的程序可分配组合称重装置具有突出的优点，即，在需要更换程序时，不必由主管人员从远处到客户处进行程序更换。

在上述工作的基础上，合议组认为本案事实清楚，可以作出本复审请求审查决定。

二、决定的理由

复审请求人于2004年4月14日提复审请求时对权利要求书进行了修改，合议组注意到上述修改并未超出原始说明书和权利要求书记载的范围，符合专利法第三十三条和专利法实施细则第六十条的规定，因此本复审决定依据的文本为：进入中国国家阶段时提交的国际申请文件的中文译文中说明书第1～7页，附图第1～8页，说明书摘要及摘要附图，2004年4月14日提交的权利要求第1～12项（即文本2）。

1. 独立权利要求1请求保护一种程序可分配组合称重装置，对比文件1（JP10115544A）公开了一种称重系统，包括多个称重单元11，局域网接口电路22，称重控制单元26，每个称重单元的称重操纵单元12和称重控制单元通过能够执行高速通信的局域网LAN连接，使用LAN可以高速调换、更新或类似地操作称重单元中称重操纵单元的执行程序（参见说明书第2栏第1～15行），称重操纵单元12的执行程序存储在闪存13a中，如果应调换执行程序以执行改订或类似的操作，通过局域网电缆23将已经执行过改订的程序从称重控制部分26a的存储器26d传输到称重操纵单元12的闪存13a中（参见说明书第5栏第36～46行，附图1）。其中多个称重单元就相当于本申请中的“一个称重设备，包括组成组合称重装置的多个称重单元”，局域网接口电路就相当于本申请中的“通信设备”，当需调换执行程序时，局域网接口电路就要通过局域网络接收来自称重控制单元的控制程序，称重控制单元就相当于本申请中的“称重设备控制部分”。

虽然对比文件1中所披露的是一种局域网通信装置，但局域网通信网络也是一种通信媒体，就相当于公开了本申请所述的通信设备是通过通信媒体进行通信的，并且广域网（因特网）、公用线路和局域网同属于通信网络，无论是广域网或是局域网在技术的实现上无本质区别，其中应用的通信技术都是现有技术，将对比文件1所述的称重系统应用到广域网中对本领域普通技术人员来说是很容易想到和实现的；此外，权利要求1的技术方案与对比文件1的区别还在于：用于存储由所述称重设备控制部分执行的控制程序的控制程序存储装置；用于保存存储在所述控制程序存储装置中的控制程序的控制程序保存装置；控制程序返回装置，用于将保存在所述控制程序保存装置的控制程序返回到控制程序存储装置。

对比文件1中具有一称重控制部分26a的存储器26d，其中存储的是称重单元所需的经改订过的程序，但在其上存储有称重控制单元自身执行的控制程序是可以从对比文件1中直接导出的唯一内容，本申请所述“控制程序存储装置”“控制程序保存装置”实质上是闪存上划分的不同存储区域，分别用于存储、保存（实质上也是一种存储过程）称重设备控制部分执行的控制程序，而暂存、缓存、备份存储均是本领域常用的技术手段，同时采用“控制程序存储装置”和“控制程序保存装置”两种存储方式也未能取得任何意料不到的技术效果；控制程序返回装置实质上就是在需要时调用备份的控制程序，这也是本领域常用的技术手段。因此，在对比文件1的基础上结合本领域的常用技术手段得到权利要求1的技术方案对本领域的普通技术人员来说是显而易见的，也未取得意料不到的技术效果。因此，权利要求 1 不具有突出的实质性特点和显著的进步，不符合专利法第二十二条第三款有关创造性的规定。

2. 从属权利要求 2、3、5 的附加技术特征均属于本领域中的公知常识；从属权利要求 4 的附加技术特征“用于存储接收的控制程序的暂时存储装置”也是本领域中常用的一种技术手段；对比文件 1 中的“称重单元中称重操纵单元”就相当于权利要求 6 中的称重单元控制部分，而“通信设备接收的控制程序包括用于控制称重单元的单元控制部分程序”和“称重设备控制部分将由所述通信设备接收的所述单元控制程序分配到各个单元控制部分”对本领域普通技术人员来说是在对比文件 1 的基础上（对比文件 1 中有称重单元中称重操纵单元，从而也就需要相应的控制程序）很容易想到和实现的，因此，在其引用的权利要求不具备创造性的情况下，权利要求 2 ~ 6 也不符合专利法第二十二条第三款有关创造性的规定。

3. 独立权利要求 7 请求保护一种程序可分配组合称重系统，是在权利要求 1 技术方案的基础上增加了一个分配控制程序的服务计算机（包括一个中央通信设备）、一个实现所述通信设备与所述中央通信设备之间通信的通信媒体，对比文件 1 中公开的具体内容及相关评述参见第 1 条审查意见，而“服务计算机及实现设备之间通信的通信媒体”属于本领域中的公知常识，在分布式网络系统中经常采用这种实施方式，在对比文件 1 所述应用于局域网上的称重系统的基础上，本领域普通技术人员很容易想到通过添加服务器、通信设备及通信媒体将其扩展应用于广域网中。因此，权利要求 7 的技术方案相对于对比文件 1 不具有突出的实质性特点和显著的进步，不符合专利法第二十二条第三款有关创造性的规定。

4. 权利要求 8 ~ 12 的附加技术特征分别对应于权利要求 2 ~ 6 的附加技术特征，评述理由参见第 2 条审查意见。因此，在其引用的权利要求不具备创造性的情况下，权利要求 8 ~ 12 也不符合专利法第二十二条第三款有关创造性的规定。

针对复审请求人的意见陈述，本案合议组认为，无论是广域网或是局域网在技术的实现上并无本质区别，其中应用的通信技术都是现有技术，所以说将对比文件 1 所述局域网中的称重系统应用到广域网中从而得到本申请权利要求 1 ~ 12 的技术方案对本领域普通技术人员来说是很容易想到和实现的；并且对比文件 1 所述的称重系统也明显具有“在需要更换程序时不必由主管人员亲自到客户处进行程序更换”的优点。

综上所述，本申请权利要求 1 ~ 12 的技术方案与对比文件 1 相比，不具有突出的实质性特点和显著的进步，不符合专利法第二十二条第三款有关创造性的规定。

三、决定

维持国家知识产权局于 2004 年 1 月 2 日对 01800343. 5 号专利申请所作出的驳回决定。

当事人对本决定不服的，可以根据专利法第四十一条第二款的规定，自收到本决定之日起三个月内向北京市第一中级人民法院起诉。

010

地名表示词典生成方法和地名表示词典生成装置案

复审请求审查决定（第 7293 号）

决　定　号　第 7293 号
决　定　日　2005 年 11 月 7 日
发明创造名称　地名表示词典生成方法和地名表示词典生成装置
国 际 分 类 号　G06F 17/21　G06F 17/28
复 审 请 求 人　株式会社日立制作所
专 利 申 请 号　00133907. 9
申　请　日　2000 年 11 月 10 日
公　开　日　2001 年 5 月 23 日
合 议 组 组 长　焦景梅
主　审　员　程　华
参　审　员　孙治国

法 律 依 据　专利法第二十五条　专利法实施细则第二条第一款
决 定 要 点

本申请对现有技术的改进之处并不在于地名读取装置本身，也不在于对构成地名表示词典生成装置所涉及的接口装置、存储装置等装置的结构、构成上的改进，而在于按照本申请所述的方式生成更为完善的地名表示词典，其实际是通过事先存储的相异表示规则信息（公知的地名构成语法规则和地名变体或异体的表述规则）对标准地名表示（第一地名）进行变换（重构）得到与标准地名表示相异的地名（第二地名），实质上收集同一地址的多种不同表述方式，是一种信息表述方法。因此，本申请权利要求 1 ~7 属于专利法第二十五条第一款第（二）项智力活动的规则和方法所规定的不授予专利权的范围。

一、案由

本复审请求涉及申请日为 2000 年 11 月 10 日、申请号为 00133907. 9、发明名称为“地名表示词典生成方法和地名表示词典生成装置”的发明专利申请（下称本申请），申请人是株式会社日立制作所。

在国家知识产权局的实质审查过程中，实质审查部门在 2003 年 5 月 9 日发出的第一次审查意见通知书中指出：本申请涉及一种用计算机程序来实施词典生成方法和装置，其中词典生成的理论方法包括：字典就是一些字符串的集合，词典生成方法和装置就是定义一些特定范畴的字符串为标准字符串（第一地名），根据标准字符串制定的语法范畴及语法特征，找到与之相同范畴的新的字符串（第二地名），将新的字符串添加到词典中，以完善词典。上述方法实质上是一种信息的表述方法，属于智力活动的范畴；计算机自动实现方法主要是采用计算机程序，按照现有的理论方法即语法规则，对字符串进行处理，得到新的字符串。该方法中，计算机程序仅作为实现所述方法的载体，并且计算机程序本身也属于智力活动的规则和方法。因此，权利要求 1～11 属于专利法第二十五条规定的不授予专利权的范围。

针对实质审查部门发出的第一次审查意见通知书，申请人于 2003 年 9 月 15 日提交了意见陈述书和权利要求书全部的替换页共 2 页，其中申请人将权利要求 1～8 修改为方法权利要求，其主题名称为“一种词典生成方法”，并删除了权利要求 9～11。在意见陈述书中请求人认为本发明所解决的问题和达到的目的是提高字符识别精度，采用的技术手段是“地名表示词典”“相异表示词典”，通过对“第一地名”进行处理生成其相异的表示，并将之使用在字符识别中，而充实字符识别精度。因此，本申请权利要求 1～8 具有可专利性。

国家知识产权局实质审查部门继续审查后，认为本申请权利要求 1～8 仍然属于专利法第二十五条规定的不授予专利权的范围，于 2003 年 10 月 31 日作出了驳回本申请的决定。驳回决定的主要理由是：权利要求的技术方案主要是针对一已知地名通过公知的地名构成语法知识及地名名称知识，重新构成新的地名，其中相异表示所包含规则信息来自于公知的句法范畴，采用的不是技术手段，处理的对象及结果仅仅是信息的表达方式的改变，解决的不是技术问题，获得的是非技术的字符串（第二地名）。申请人申述其发明解决的是技术问题，所达到的目的是提高字符识别精度。然而，权利要求的方案中没有对字符识别技术进行描述，该方法的直接结果仅仅是一地名字符串，没有获得任何技术效果。申请人申述其发明采用了技术手段，通过地名表示词典和相异表示词典来生成与第一地名不同的第二地名，然而，权利要求所述的方法中，第一地名是已知的字符串（标准地名），相异表示规则利用的是公知的地名语法句法（非技术手段），通过语法变换对字符串进行重构，从而得到另一字符串（第二地名），其利用的不是技术手段。

申请人（下称复审请求人）对上述驳回决定不服，于 2004 年 2 月 16 日向专利复审委员会提出复审请求，其主要理由是：复审请求人将原权利要求修改为主题是“地名表示词典生成装置”的权利要求第 1～7 项，并强调本申请所解决的技术问题是提高地名表示读取处理的精度，采用了技术手段，预先存储关于相异表示规则的信息，使用该相异表示规则信息，从输入的第一地名生成第二地名，并将第二地名追加到地名表示词典中，从而充实地名表示词典，其中在存储装置中存储与相异表示规则有关的信息，由相异表示地名生成装置将该信息适用到输入的第一地名上，以生成第二地名。

在前置审查程序中，国家知识产权局原实质审查部门坚持原驳回决定。

专利复审委员会依法成立合议组对本案进行审查，于 2005 年 8 月 4 日发出复审通知书，审查意见主要包括：权利要求 1 中所涉及的接口装置、存储装置均属于本领域中的公知常识，相异表示地名生成装置实质上是将第一地名根据相异表示规则变换成第二地名的变换装置或者就是计算机实现该功能的一段程序。本申请对现有技术的贡献并不在于对接口装置、存储装置等装置在结构、构成上的改进，其实质是通过事先存储的相异表示规则信息（公知的地名构成语法规则和地名变体或异体的表述规则）对标准地名表示（第一地名）进行变换（重构）得到与标准地名表示相异的地名（第二地名），实际上是收集同一地址的多种不同表述方式，是一种信息表述方法。并且从权利要求 1 所述的内容可以明确得知第一地名是已知的字符串，相异表示规则利用的是公知的地名语法句法，通过规则变换得到的是另一字符串（第二地名），其利用的不是技术手段，获得的结果仅仅是一些地名字符串，也没有获得任何技术上的效果。因此，权利要求 1 属于专利法第二十五条第一款第（二）项智力活动的规则和方法规定的不授予专利权的范围。基于与权利要求 1 同样的理由，从属于权利要求 1 的权利要求 2～7 也属于专利法第二十五条第一款第（二）项智力活动的规则和方法规定的不授予专利权的范围。

复审请求人于 2005 年 9 月 7 日对上述复审通知书作出答复，提交了权利要求书替换页第 1～2

页，共7项权利要求，其中权利要求1的内容如下：

“1. 一种地名读取处理装置，包括：

存储地名的表示形式的地名表示词典；和

通过使用所述地名表示词典进行地名读取的地名读取装置，该地名读取装置将字符行图象作为输入、通过与预先存储在地名表示词典中的读取对象的地名的字符串进行比较从而进行地名读取，

其中通过地名表示词典生成装置生成该地名表示词典，该地名表示词典生成装置具有，

从存储在存储装置中、包含保持第一地名的地名表示列表的地名表示词典中输入、输出上述第一地名的接口装置，

存储保持与上述第一地名的表示有关并且包含表示不同的地名、字符不同的地名、能省略的地名、能追加的地名中的某一个地名的相异表示的规则以及其适用条件的信息的地名表示追加用知识的存储装置，以及

相异表示地名生成装置，检测上述第一地名中与包含在上述存储装置中的上述相异表示的规则相对应的部分，判断该检测出的部分是否满足上述条件，当满足该条件时，进行如下处理之一：将上述第一地名的上述检测出的部分变换为上述表示或者字符不同的地名，在是上述能够省略的地名的场合省略该检测出的地名，或者对于上述能追加的地名，追加该地名，从而生成与上述第一地名表示不同的第二地名，将该第二地名输出到上述地名表示词典中，

所述地名读取装置使用所述地名表示词典中存储的第二地名进行地名比较，从而进行上述读取。”

在上述工作的基础上，合议组认为本案事实清楚，可以作出本复审请求审查决定。

二、决定的理由

1. 关于审查文本

合议组审查了复审请求人于2005年9月7日提交的权利要求书替换页第1～2页，认为上述修改文本未超出原说明书和权利要求书记载的范围，符合专利法第三十三条和专利法实施细则第六十条的规定，因此本复审决定依据的文本为：申请日提交的说明书第1～33页、附图第1～17页、说明书摘要和摘要附图，2005年9月7日提交的权利要求第1～7项。

2. 关于专利法第二十五条和专利法实施细则第二条第一款

本申请权利要求1的主题名称为“一种地名读取处理装置”，但从其记载的内容可知，其并不是对地名读取装置本身的结构所作的改进，而主要涉及的是权利要求1中具体限定的地名表示词典生成装置如何生成更为完善的地名表示词典，地名读取装置只是如现有的读取装置将读取的地名与词典中存储的地名进行比较，获得比较结果而已，其本身的结构未发生变化。

正如复审通知书中所指出的，构成地名表示词典生成装置所涉及的接口装置、存储装置均属于本领域中的公知常识，相异表示地名生成装置实质上是将第一地名根据相异表示规则变换成第二地名的变换装置或者就是计算机中实现该功能的一段程序。

也就是说，本申请对现有技术的改进之处并不在于地名读取装置本身，也不在于对构成地名表示词典生成装置所涉及的接口装置、存储装置等装置在结构、构成上的改进，而在于按照本申请所述的方式生成更为完善的地名表示词典，其实际是通过事先存储的相异表示规则信息（公知的地名构成语法规则和地名变体或异体的表述规则）对标准地名表示（第一地名）进行变换（重构）得到与标准地名表示相异的地名（第二地名），本质上是收集同一地址的多种不同表述方式，是一种信息表述方法。因此，权利要求1属于专利法第二十五条第一款第（二）项智力活动的规则和方法所规定的不授予专利权的范围。

从权利要求1所述的内容我们可以明确地知道第一地名是已知的字符串，相异表示规则利用的是公知的地名语法句法，通过规则变换得到的是另一字符串（第二地名），其利用的不是技术手段，获得的结果仅仅是一些地名字符串，也没有获得任何技术上的效果，并不构成一个对产品及其改进提出的新的技术方案，从而权利要求1也不符合专利法实施细则第二条第一款的规定。

基于与权利要求1同样的理由，从属于权利要求1的权利要求2~7也属于专利法第二十五条第一款第（二）项智力活动的规则和方法所规定的不授予专利权的范围，同时也不符合专利法实施细则第二条第一款有关发明定义的规定。

复审请求人在答复复审通知书时强调：本申请“地名表示词典”与现有技术中的“地名表示词典”不同之处仅在于其中存储的数据内容不同，本申请“地名表示词典”中的数据更为完善，本申请的“地名读取装置”使用该完善的“地名表示词典”进行地名读取和识别，从而本申请中的“地名读取装置”成为新的“地名读取装置”。合议组认为，按照本申请所述的方式可以生成更为完善的地名表示词典，但不能由于地名读取装置读取处理的对象扩展变化了，就认为地名读取装置本身发生了变化，并且权利要求1中也并未述及相应于所述的处理对象，所述地名读取装置进行了何种技术上的改进而成为一新的“地名读取装置”。

综上所述，本申请权利要求第1~7项仍然属于专利法第二十五条第一款第（二）项智力活动的规则和方法规定的不授予专利权的范围，同时也不符合专利法实施细则第二条第一款有关发明定义的规定。

三、决定

维持国家知识产权局于2003年10月31日对00133907.9号发明专利申请作出的驳回决定。

复审请求人对本决定不服的，可以根据专利法第四十一条第二款的规定，自收到本决定之日起三个月内向北京市第一中级人民法院起诉。

011

一种为了制备饮料萃取物质的装置案

复审请求审查决定（第7297号）

决　定　号　第7297号
决　定　日　2005年11月14日
发明创造名称　一种为了制备饮料萃取物质的装置
国际分类号　A47J 31/40　A47J 31/06
复审请求人　雀巢制品公司
专利申请号　00812101. X
申　请　日　2000年8月22日
公　开　日　2002年9月25日
合议组组长　马志远
主　审　员　聂春艳
参　审　员　郑　直

法律依据　专利法第二十二条第三款
决定要点

如果权利要求请求保护一种和现有技术相比能够解决相同的技术问题、达到相同的技术效果的新的技术方案，且本领域技术人员在现有技术的基础上并不能不经过创造性的劳动而得到权利要求所述的技术方案，则权利要求相对于现有技术具有突出的实质性特点和显著的进步，即具备创造性。

一、案由

本复审请求涉及国际申请日为2000年8月22日、进入中国国家阶段的日期为2002年2月26日、申请号为00812101. X、名称为“一种为了制备饮料萃取物质的装置”的发明专利PCT申请，其申请人为雀巢制品公司，申请人要求以其于1999年8月31日在欧洲专利局提出的99117107. 5号专利申请为优先权。

2004年2月6日，国家知识产权局实质审查部门以本申请不符合专利法第二十二条第三款的规定为由作出了驳回本申请的决定，具体理由为：权利要求1所述技术方案与对比文件1（US3353474）所公开的技术内容的区别仅在于闭合杆是双臂的，以及所述闭合杆的两个臂固定在位于第二机件两侧的第一枢轴上，但对比文件2（US5794519A）中已公开了双臂的闭合杆，本领域技术人员在对比文件1和对比文件2的基础上得到权利要求1所述的技术方案无需付出创造性的劳动，因此权利要求1相对于对比文件1和对比文件2不具有突出的实质性特点和显著的进步，又由于从属权利要求2所述凹腔的设计对于本领域技术人员而言不需要付出创造性的劳动，从属权利要求3、5、6的附加技术特征是本领域技术人员的常规选择，因此权利要求1~3、5~6相对于对比文件1和对比文件2不具备创造性。该驳回决定所针对的文本是：申请人在本申请进入中国国家阶段时提交的说明书、权利要求书、说明书附图、说明书摘要、摘要附图。

申请人（下称请求人）不服上述驳回决定，于 2004 年 5 月 20 日向专利复审委员会提出复审请求，同时提交权利要求书全文替换页和说明书全文替换页，将原权利要求 3 的附加技术特征写入原权利要求 1，并将说明书中附图标记的括号去除。请求人认为：对比文件 1 和对比文件 2 中均未公开新的权利要求 1 中的技术特征“所述装置还包括闭合和打开……所述垂直面位于容纳萃取物质的所述凹腔的后部”，且该技术特征使得新的权利要求 1 相对于对比文件 1、2 或其结合具有突出的实质性特点和显著的进步，因此新的权利要求 1 及其从属权利要求 2 ~ 5 均具备创造性。

在本复审请求的前置审查中，原审查部门认为修改后的权利要求 1 ~ 5 均不具备创造性。

国家知识产权局专利复审委员会依法成立合议组对本案进行审查。合议组经仔细查阅案卷，认为本案事实已经清楚，可以作出本复审请求审查决定。

二、决定的理由

1. 关于驳回决定所针对的文本

请求人在 2002 年 6 月 1 日提交实质审查请求书时，同时提交了说明书全文替换页，修改了说明书中的个别文字。实质审查部门在发出第一次审查意见通知书时，注意到了该修改，因此第一次审查意见通知书所针对的说明书为“依据专利法实施细则第五十一条规定所提交的修改文件”。请求人在答复第一次审查意见通知书时，未对申请文件进行修改，但实质审查部门在作出驳回决定时所针对的说明书却为“进入中国国家阶段时提交的国际申请文件的文本”，可见，驳回决定所针对的说明书有误。

2. 关于本复审决定所针对的文本

请求人在请求复审时对申请文件的修改未超出原始申请文件的记载范围，符合专利法第三十三条和专利法实施细则第六十条的规定，因此是可以允许的，故本复审决定所针对的文本是：请求人在本申请进入中国国家阶段时提交的国际申请文件的中文译文中的说明书附图、说明书摘要、摘要附图，以及 2004 年 5 月 20 日提交的说明书和权利要求书。

3. 关于对比文件

由于对比文件 1 的公开日为 1967 年 11 月 21 日，对比文件 2 的公开日为 1998 年 8 月 18 日，均早于本申请要求享有的优先权日 1999 年 8 月 31 日，且对比文件 1 和对比文件 2 均涉及一种饮料制备装置，与本申请属于同一技术领域，因此对比文件 1 和对比文件 2 构成本申请的现有技术，可以用于评价本申请的创造性。

4. 关于创造性

请求人在提出复审请求时所提交的权利要求书包括 5 项权利要求，其中独立权利要求 1 如下：

“一种为了制备饮料萃取物质的装置，其包括：

第一固定的机件，和

第二机件，可相对所述第一机件绕一旋转轴转动，所述旋转轴位于所述两个机件的后部，各所述机件的前部设置了凹腔以便容纳被萃取的物质；

所述装置还包括闭合和打开所述两个机件的系统，所述系统具有双臂的闭合杆和两个牵引杆，所述闭合杆的两个臂固定在位于所述第二机件两侧的第一枢轴上并可绕其转动；所述牵引杆固定在位于所述第一机件两侧的第二枢轴上并可绕其转动；所述牵引杆和闭合杆的两个臂的端部通过第三可转动枢轴牢固地固定在一起，以便互相协同动作从而闭合和打开所述装置；

在两个机件的闭合位置，所述第一、第二、和第三枢轴基本上位于同一垂直面，所述垂直面位于容纳萃取物质的所述凹腔的后部。”

对比文件 1（参见其附图 1 - 2 及其相关文字说明）所公开的饮料制备装置也包括一第一固定的

机件62和可相对所述第一机件绕一旋转轴转动的第二机件61，所述旋转轴位于所述两个机件的中部，各所述机件的前部设置了凹腔；所述装置还包括闭合和打开所述两个机件的系统69，所述系统具有单臂的闭合杆和两个牵引杆，所述闭合杆固定在位于所述第二机件上的第一枢轴上并可绕其转动，所述牵引杆固定在位于所述第一机件上的第二枢轴上并可绕其转动，所述单臂闭合杆的中部和两个牵引杆的端部通过第三可转动枢轴固定在一起，以便互相协同动作从而闭合和打开所述装置。

对比文件2（参见其附图4-6及其相关文字说明）所公开的饮料制备装置并不涉及权利要求1所述由三个枢轴及牵引杆和闭合杆组成的闭合和打开两个机件的系统，但其中公开了第一固定机件2和可相对所述第一机件绕一旋转轴转动的第二机件1，所述旋转轴位于两个机件的后部，各机件的前部设置了凹腔，该对比文件还公开了闭合和打开两个机件的系统，其包括一个双臂的闭合杆20，其两臂固定在位于第二机件两侧的第一枢轴上并可绕其转动，和两个牵引杆25，其固定在位于第一机件两侧的第二枢轴上并可绕其转动。

可见，对比文件1和对比文件2中均未公开“所述牵引杆和闭合杆的两个臂的端部通过第三可转动枢轴牢固地固定在一起”和“在两个机件的闭合位置，所述第一、第二、和第三枢轴基本上位于同一垂直面，所述垂直面位于容纳萃取物质的所述凹腔的后部，”而且，对比文件1和对比文件2中也未给出与之相关的技术启示。另外，对比文件1中还未公开权利要求1中的特征“所述旋转轴位于所述两个机件的后部”“双臂的闭合杆”“所述闭合杆的两个臂固定在位于所述第二机件两侧的第一枢轴上并可绕其转动”以及“所述牵引杆固定在位于所述第一机件两侧的第二枢轴上并可绕其转动”。

在这种情况下，尽管对比文件2公开了一个两臂固定在位于第二机件两侧的枢轴上并可绕其转动的双臂的闭合杆20，但是，对比文件2中并不存在可将这种闭合杆用于对比文件1所公开的装置中去的技术启示，更重要的是，由于权利要求1中存在上述未被对比文件1公开的技术特征，尤其是存在上述两个对比文件1和对比文件2均未公开亦未给出相关技术启示的技术特征，因此本领域技术人员并不能在对比文件1所公开的装置的基础上，简单地、不经过创造性的劳动地将对比文件1中单臂的闭合杆改为双臂的闭合杆而得到权利要求1所述的装置，从而也无法使得“在两个机件的闭合位置，所述第一、第二、和第三枢轴基本上位于同一垂直面，所述垂直面位于容纳萃取物质的所述凹腔的后部。”同理，本领域技术人员也不能在对比文件2的基础上结合对比文件1而不付出创造性的劳动地得到权利要求1所述的装置。

因此，尽管对比文件1和对比文件2所公开的技术方案也能够较好地锁死第一机件和第二机件，即也能够解决本申请所提出的技术问题，但是，由于权利要求1请求保护的是一种能够解决相同的技术问题、达到相同的技术效果的新的技术方案，且本领域技术人员在对比文件1和对比文件2的基础上并不能不经过创造性的劳动而得到权利要求1所述的技术方案，因此权利要求1相对于对比文件1和对比文件2的结合具有突出的实质性特点和显著的进步，即具备专利法第二十二条第三款所规定的创造性。

在权利要求1相对于对比文件1和对比文件2的结合具备创造性的情况下，其从属权利要求2~5也相对于对比文件1和对比文件2的结合具备创造性。

综上，驳回决定所针对的说明书有误，并且权利要求1~5相对于对比文件1和对比文件2的结合具备创造性，请求人的复审理由成立。

三、决定

撤销国家知识产权局2004年2月6日对00812101.X号发明专利申请作出的驳回决定，在请求人在本申请进入中国国家阶段时提交的国际申请文件的中文译文中的说明书附图、说明书摘要、摘要附图，以及2004年5月20日提交的说明书和权利要求书的基础上，由原审查部门继续进行审批程序。

012

埋入的金属双重镶嵌板电容器案

复审请求审查决定（第7303号）

决　定　号　第7303号
决　定　日　2005年8月22日
发明创造名称　埋入的金属双重镶嵌板电容器
国际分类号　H01L 21/70、21/283、21/302
复审请求人　国际商业机器公司
专利申请号　01111265.4
申　请　日　2001年3月15日
公　开　日　2001年9月26日
合议组组长　崔哲勇
主　审　员　樊晓东
参　审　员　朱芳芳

法律依据　专利法第二十二条第三款
决定要点

对比文件1和对比文件2并未公开所涉权利要求的全部技术特征，且本领域技术人员在对比文件1和对比文件2的基础上，不能得到实现权利要求技术方案的启示，权利要求相对于对比文件1和对比文件2具备创造性。

一、案由：

本复审请求涉及国家知识产权局于2004年6月11日驳回的、申请号为01111265.4、名称为“埋入的金属双重镶嵌板电容器”的发明专利申请，其申请日为2001年3月15日，优先权日为2000年3月16日，申请人为国际商业机器公司。

国家知识产权局实质审查部门对本申请进行实质审查后，于2004年6月11日以本申请权利要求1不具备专利法第二十二条第三款的规定创造性为由驳回了本申请。驳回决定所针对的权利要求书为申请人2004年1月21日提交的权利要求书1～4页（文本1），其中权利要求1的内容如下：

“1. 在已通过至少一层金属层制成器件的晶片上的金属电容器的制造方法，包括以下步骤：

a）设置第一绝缘层；

b）所述第一绝缘层顶上形成第一金属极板；

c）所述第一金属材板顶上形成介质材料；

d）形成通孔，它延伸通过所述介质材料并接触所述第一金属极板；和

e）在所述通孔中和所述介质材料顶面上淀积金属，形成第二金属极板。”

驳回理由主要是：对比文件1（WO9849722A1）公开了一种集成电路电容器的制造方法，包括：单晶硅构成的衬底和其上的层状结构11，层状结构上最上部的氧化硅层13，金属层15淀积在氧化硅

层上，金属层构图和腐蚀为下部电极17，淀积绝缘层（如氧化硅）层19（即介质材料形成在下电极上），接触孔形成，保形的淀积金属钨层23，权利要求1与对比文件1的区别在于：晶片上至少一层金属层制成的器件。对比文件2（US5926359A，说明书第2栏第5~21行，附图1）公开了在具有可选附加金属层的晶片上制造金属—绝缘层—金属电容器。由于对比文件1和对比文件2的结合公开了权利要求1的全部技术特征，因此权利要求1不具备创造性。

申请人（下称请求人）不服国家知识产权局作出的上述驳回决定，于2004年9月27日向专利复审委员会提出复审请求，同时提交了权利要求书替换页（文本2），与文本1相比，将权利要求1中的“接触”改为“侧面接触”、将权利要求2，7中的“与所述第一金属板接触”改为“侧面与所述第一金属板接触”、将权利要求8，12中的“接触”改为“侧面接触”，其余未变。修改后的权利要求1（文本2）的内容如下：

“1. 在已通过至少一层金属层制成器件的晶片上的金属电容器的制造方法，包括以下步骤：

a）设置第一绝缘层；

b）所述第一绝缘层顶上形成第一金属极板；

c）所述第一金属材板项上形成介质材料；

d）形成通孔，它延伸通过所述介质材料并侧面接触所述第一金属极板；和

e）在所述通孔中和所述介质材料顶面上淀积金属，形成第二金属极板。”

其复审理由主要是：权利要求1与对比文件1的区别，并非仅仅是晶片上至少一层金属层制成的器件；权利要求1中对通孔的金属销是与第二金属板的形成在同一个步骤中完成的，与对比文件1分几个步骤形成不同；另外，权利要求1的通孔是延伸通过介质材料层（29）的，它的侧壁接触第一金属层，如图1所示，而对比文件1的通孔的下端在下部电极上终止。请求人认为由于对比文件1与本发明权利要求的方法有上述区别，因此权利要求1的方法与对比文件相比具备创造性。

在前置审查程序中，国家知识产权局原实质审查部门仍坚持原驳回决定。

专利复审委员会依法成立合议组对本案进行审理。

合议组在审阅了全部文件后认为，本案事实已经清楚，可以作出如下审查决定。

二、决定的理由

1. 关于审查文本

合议组审查后认为，复审请求人于2004年9月27日随复审请求书一同提交的权利要求书修改替换页（文本2）符合专利法第三十三条的规定，因此本复审决定所针对的文本是原始提交的说明书摘要、摘要附图、说明书第1－7页、说明书附图1~11页以及复审请求人于2004年9月27日提交的权利要求书替换页。

2. 关于创造性

本申请涉及半导体晶片上金属层中的电容器的制造。

权利要求1（文本2）所述的在已通过至少一层金属层制成器件的晶片上的金属电容器的制造方法包括以下特征：

a）设置第一绝缘层；

b）所述第一绝缘层顶上形成第一金属极板；

c）所述第一金属材板项上形成介质材料；

d）形成通孔，它延伸通过所述介质材料并侧面接触所述第一金属极板；和

e）在所述通孔中和所述介质材料顶面上淀积金属，形成第二金属极板。

对比文件1公开了一种集成电路中的电容器（参见对比文件1的说明书第5页第27行至第8页

第 7 行）。该电容器的制造包括：在层状结构最上部的氧化硅层 13 上淀积金属层 15，金属层 15 被构图并腐蚀，从而形成下电极 17，在金属层 15 的腐蚀后，淀积由氧化硅构成的绝缘层 19，此后光刻限定接触孔或所谓的通孔 21，淀积金属钨层 23，之后在该结构上淀积介质层 35，淀积的层 35 形成电容器的电容器介质 37，最后淀积第四金属层 41，层 41 用作电容器的第二或上电极 47。

将权利要求 1 与对比文件 1 进行对比可知，权利要求 1 与对比文件 1 存在以下区别：（a）权利要求 1 的金属电容器是制作在通过至少一层金属层制成器件的晶片上；（b）权利要求 1 中通孔形成的位置与对比文件 1 中的不同，权利要求 1 中通孔通过介质材料并侧面接触第一金属极板，而在对比文件 1 中接触孔形成在绝缘层 19 中，通孔的下端部在下电极 17 上终止，并未侧面接触第一金属极板；（c）权利要求 1 中在所述通孔和所述介质材料顶面上淀积金属，形成第二金属极板，因此可以看出对通孔的金属销是与第二金属板的形成在同一步骤中完成的，而对比文件 1 需要经过两个步骤；（d）权利要求 1 中第一介质材料形成在第一金属板顶上，而并非对比文件 1 记载的“绝缘层（19）淀积在第一金属层上”，亦即，权利要求 1 的技术方案省略了“绝缘层淀积在第一金属层上”的步骤，由此可见权利要求 1 的技术方案能减少工艺步骤，从而提高工艺产量。另外，对比文件 2 仅仅公开了上述区别技术特征（a）的内容。综上所述，对比文件 1、2 既未公开上述区别技术特征（b）、（c）、（d），也未给出这样的启示，本领域技术人员根据对比文件 1 和对比文件 2 不能得到权利要求 1 的技术方案，且上述区别技术特征可以使权利要求 1 的技术方案克服现有技术缺陷，从而获得提高生产效率的技术效果。因此权利要求 1 相对于对比文件 1 和对比文件 2 具有突出的实质性特点和显著的进步，符合专利法第二十二条第三款的规定，具备创造性。

三、决定

撤销国家知识产权局于 2004 年 6 月 11 日作出的驳回决定，由原实质审查部门以复审请求人于 2001 年 3 月 15 日提交的说明书摘要、摘要附图、说明书附图第 1 ~ 11 页、说明书第 1 ~ 7 页以及于 2004 年 9 月 27 日提交的权利要求 1 ~ 24 项为基础，继续进行审批程序。

013

用固件仿真代码引导操作系统的方法和系统案

复审请求审查决定（第7306号）

决　　定　　号　第7306号
决　　定　　日　2005年11月22日
发明创造名称　用固件仿真代码引导操作系统的方法和系统
国 际 分 类 号　G06F 12/00
复 审 请 求 人　国际商业机器公司
申　　请　　号　98103842.5
申　　请　　日　1998年2月16日
公　　开　　日　1998年9月23日
合 议 组 组 长　张美菊
主　　审　　员　张　琳
参　　审　　员　张　霞

法 律 依 据　专利法第二十六条第三款
决 定 要 点

本申请没有充分公开本领域技术人员从现有技术中无法得出的而对于实现发明又是必不可少的技术内容，本领域技术人员也不能仅仅根据说明书中提供的设想实现其技术方案，因此本申请说明书公开不充分。

一、案由

本复审请求涉及1998年2月16日由中国国家知识产权局专利局受理、1998年9月23日公开的、申请号为98103842.5、名称由“软只读存储器”变更为“用固件仿真代码引导操作系统的方法和系统”的发明专利申请，申请人为国际商业机器公司。

在实质审查过程中，国家知识产权局专利局实质审查部门于2001年8月31日针对1998年2月16日提交的权利要求第1～17项、说明书第1～5页、说明书附图第1～2页、说明书摘要及摘要附图（文本1）发出第一次审查意见通知书，指出本申请说明书没有对发明作出清楚、完整的说明，所属技术领域的技术人员不能够实现，不符合专利法第二十六条第三款的规定。

针对第一次审查意见通知书，申请人于2001年12月5日提交了意见陈述书和说明书第1页替换页（文本2），陈述了本申请公开充分的理由，认为说明书和附图公开了软固件的具体步骤，本领域的技术人员由此能明白具体的技术手段；本发明并不是针对某个具体硬件平台的，所以不必给出具体的工作过程，在这里对其采用功能描述是必要的；本领域的技术人员只要知道如何实现固件，就知道如何实现这种固件仿真模块。

国家知识产权局原实质审查部门于2003年11月21日对本申请作出了驳回决定。其驳回理由是：本申请由于未对“软固件”和“固件仿真模块”作出清楚地描述，导致本领域普通技术人员根据说明书记载的内容无法具体实施，因此不符合专利法第二十六条第三款的规定。

申请人（下称复审请求人）对该驳回决定不服，于2004年3月8日向国家知识产权局专利复审委员会提交了复审请求书，陈述了本申请公开充分的理由，包括：（1）陈述了现有技术以及本发明目的和解决方法；（2）认为本领域技术人员能够实现“固件”；（3）具体的固件仿真代码的内容不是本发明发明点；（4）认为举例给出固件仿真模块的流程图并不必要。

经形式审查合格后，专利复审委员会受理了该复审请求，并于2004年3月29日发出复审请求受理通知书，同时向原实质审查部门发出前置审查通知书。

在前置审查程序中，国家知识产权局实质审查部门坚持原驳回意见。

专利复审委员会依法成立合议组对本案进行审查，并于2005年7月6日发出复审通知书，指出本申请公开不充分，不符合专利法第二十六条第三款的规定。

针对复审通知书，请求人于2005年10月21日提交了意见陈述书，陈述了本申请公开充分的理由，认为如何区别于现有技术来“设定软固件”并不是本发明要解决的问题；判断“固件是否与预定义的操作系统接口相适应”的条件可以在作为“软固件”的可执行文件中根据具体的情况进行设定，本发明解决的问题不是如何设计这样一个可执行文件，因此没有必要列举条件；如何设计固件仿真代码也只是程序设计的问题，本发明的目的不是设计这样一个固件仿真代码，因此没有必要在说明书中详细说明；本申请工作流程中各个步骤的实现手段本领域的技术人员能够根据具体实现而获知，因此本申请公开充分。

在上述工作的基础上，合议组经仔细查阅案卷，认为本案事实已经清楚，可以作出本复审请求审查决定。

二、决定的理由

1. 关于文本

本决定针对的文本是驳回决定所针对的文本，即1998年2月16日提交的权利要求第1～17项、说明书第2～5页、说明书附图第1～2页、说明书摘要及摘要附图，2001年12月5日提交的说明书第1页。

2. 关于专利法第二十六条第三款

专利法第二十六条第三款规定：“说明书应当对发明或者实用新型作出清楚、完整的说明，以所属技术领域的技术人员能够实现为准；必要的时候，应当有附图。摘要应当简要说明发明或者实用新型的技术要点。”

合议组认为，本申请说明书公开不充分，不符合专利法第二十六条第三款的规定。通过分析说明书，可以看出：本申请通过“软固件”运行其中的“固件仿真模块”引导操作系统的技术手段，实现解决现有技术中操作系统的硬件相关性和固件相关性问题的发明目的，达到使操作系统从固件相关性隔离开，更好实现操作系统的可移植性的技术效果。

“技术手段”部分公开不充分，说明书技术方案部分“（固件仿真代码）给操作系统提供固件缺乏的任何相关性”、“修复固件的缺陷，或甚至为预定义接口解释该固件的功能”都是功能性的描述，没有提供任何实现此功能的具体实施手段，比如，（1）在设定软固件阶段，没有公开如何区别于现有技术根据操作系统的什么参数、有关硬件的什么参数来设定软固件，没有公开如何区别于现有技术以怎样方式组织、设置软固件中的不同预定义接口参数；（2）在执行软固件中固件仿真模块过程阶段，没有公开根据什么条件判断固件和硬件是否与操作系统的预定义接口相适应，如果不相适应，没有公开如何提取相适应的参数或者如何调用判断为缺少的相关性参数。

说明书第4页最后1段至第5页第1段公开了“销售商可以把自己的软固件放在该引导映象中”，

"特殊平台的销售商提供一个软固件以使得固件适应于操作系统的技术特征"，但这样的描述也并没有提供区别于现有技术设置本发明软固件的具体技术手段。

请求人指出在说明书第4页第16~24行描述了技术方案，但这样的描述仅仅是工作流程的描述，没有公开具体通过什么样的技术手段怎样执行各个步骤，即没有公开完整的技术方案。

由此可见，本申请说明书没有充分公开为了达到发明目的的具体技术手段，只是在具体实施方式部分以功能性的说明描述了软固件的功能和所要达到的效果，本领域技术人员通过说明书的内容不能够明白采用什么技术手段，怎样具体实现区别于现有技术的本申请"软固件"上述功能的设置，即不能实现该技术方案。本申请不符合专利法第二十六条第三款的规定。

3. 关于请求人答复复审通知书的意见

依据专利法第二十六条第三款的规定，说明书仅仅给出区别现有技术的新概括性设想而没有给出清楚、完整的实施例的情况下，本领域技术人员不能够仅仅根据说明书的设想从现有技术中得出清楚、完整的技术方案，这样的说明书没有对技术方案进行充分公开，本领域技术人员不能够实现该技术方案。

请求人在复审通知书意见陈述书中所陈述的"具体固件仿真代码的内容不是本发明的发明点，本发明的发明目的是操作系统对固件的依赖影响操作系统可移植性的问题"，合议组认为，说明书中没有必要列出软固件的具体代码，但是应当记载其能解决其技术问题的具体技术手段，固件仿真如何与现有技术固件进行区别性设置是和发明点密切相关的，为了实现发明目的，软固件包括了多种固件信息、在固件与预定义接口不相适应的情况下运行固件仿真模块提供相关固件信息引导操作系统，这个过程需要设置与现有固件信息不同的设置，并且更重要的是执行了现有技术中没有的选择固件信息或者修复固件信息的功能，这与固件仿真的设置方式以及提取方式等有很大关系，这不属于现有技术中的内容，本领域技术人员也不能仅仅根据说明书中提供的设想实现其技术方案。

请求人认为："根据什么条件判断固件和硬件是否与操作系统的预定义接口相适应，取决于具体的实现……可以在作为'软固件'的可执行文件中根据具体的情况进行设定，本发明要解决的问题不是如何设计这样一个可执行文件，因此没有必要列举条件，本领域技术人员能够根据具体情况进行设定"。合议组认为，本领域技术人员不能够通过本说明书直接从现有技术中得出如何判断固件和操作系统不适应的地方、再如何调用相应的适应的固件信息来完成技术方案，请求人所述"根据具体情况而定"只是相对于固件信息内容来说的，但是区别于现有技术的判断标准、设置方法、调用方法在说明书并没有给出，这不属于现有技术中的内容，本领域技术人员也不能仅仅根据说明书中提供的设想实现其技术方案。

请求人认为："如何提取相适应的参数或者调用判断为缺少的参数与本发明技术方案没有直接关系……固件仿真代码的作用相当于一种补丁，其要视具体情况而定，如何设计固件仿真代码只是程序设计问题，本发明目的不是设计这样一个固件仿真代码，没有必要详细说明"。合议组认为，固件仿真代码向操作系统提供系统固件缺少的任何相关性是区别于现有技术的，但是说明书仅仅提出效果而没有公开如何实现该方案，没有公开如何判断、确定、选择、调用相关的软固件信息的技术方案，这不属于现有技术中的内容，本领域技术人员也不能仅仅根据说明书中提供的设想实现其技术方案。

综上所述，本申请没有充分公开本领域技术人员从现有技术中无法得出的而对于实现发明又是必不可少的技术内容，本领域技术人员也不能仅根据说明书中提供的设想实现其技术方案，因此本申请说明书公开不充分，不符合专利法第二十六条第三款的规定。

三、决定

驳回复审请求，维持国家知识产权局专利局原实质审查部门于2003年11月21日作出的驳回

98103842.5 号发明专利申请的决定。

请求人如对本决定不服，可根据中国专利法第四十一条第二款的规定，在收到本决定之日起三个月内向北京市第一中级人民法院起诉。

014

光电耦合倒相电路案

复审请求审查决定（第7315号）

决　　定　　号　第7315号
决　　定　　日　2005年11月9日
发明创造名称　光电耦合倒相电路
国 际 分 类 号　H03F 3/26
复 审 请 求 人　李希强
申　　请　　号　00104609.8
申　　请　　日　2000年3月16日
公　　开　　日　2000年9月6日
合 议 组 组 长　崔哲勇
主　　审　　员　程　华
参　　审　　员　詹靖康

法 律 依 据　专利法第二十二条第三款　专利法实施细则第二十条第一款
决 定 要 点

复审请求人在答复复审通知书时提交的权利要求书中对权利要求所作修改已经克服了复审通知书指出的不清楚的缺陷，并且本申请权利要求1相对于对比文件1具备新颖性、权利要求2相对于对比文件1和对比文件3具备创造性，符合专利法第二十二条第二款、第三款的规定，故在修改文本的基础上撤销原驳回决定。

一、案由

本复审请求涉及申请日为2000年3月16日，申请号为00104609.8，发明名称为“光电耦合倒相电路”的发明专利申请（下称本申请），申请人是李希强。

本申请原始提交的权利要求第1～3项（文本1）内容如下：

“1. 一种光电耦合倒相电路，其特征是：电路中的倒相执行器件为‘光电耦合器’。

2. 一种具有权利要求1的光电耦合倒相电路，其特征是：单端的输入信号被分别同时加到至少一对具有适宜偏置光电耦合器的输入发光二极管的阳极和阴极，经过‘电’—‘光’—‘电’的隔离和转换，由光电耦合器的输出晶体管输出两两幅度相等、但相位相反的输出信号。

3. 一种具有权利要求1和权利要求2的光电耦合倒相电路，其特征是：光电耦合器的输出可根据后级要求的不同而采用双极型晶体管、场效应管或达林顿管等任一种型式。”

在国家知识产权局的实质审查过程中，实质审查部门在2002年6月28日发出第一次审查意见通知书中指出：文本1中权利要求1、2相对于对比文件1（CN87209231U）不具备专利法第二十二条第二款规定的新颖性，权利要求3相对于对比文件1不具备专利法第二十二条第三款规定的创造性。

针对实质审查部门发出的第一次审查意见通知书，申请人于2002年9月27日提交了意见陈述书，说明本申请的倒相电路具有二个基本特征：（1）具有一个输入端 V_i 和一对输出端 V_{01}、V_{02}；（2）输出信号 V_{01} 和 V_{02} 间的关系为：幅度大小相等、相位相反。对比文件1中均未公开上述技术特征，申请人同意删除权利要求3，但未提交权利要求书修改替换页。

由于申请人声明放弃权利要求3，但未提交正式的修改替换页，实质审查部门在指出该问题后，在申请日提交的说明书第1~4页、附图第1~3页和权利要求书中权利要求第1~2项（文本2）的基础上继续审查，并进行了补充检索，于2003年1月10日发出了第二次审查意见通知书，指出：权利要求1相对于对比文件1不具备专利法第二十二条第二款规定的新颖性，权利要求2相对于对比文件1和对比文件2（电子电路百科全书第五卷第273页）不具备专利法第二十二条第三款规定的创造性。

申请人根据第二次审查意见通知书的内容，于2003年3月4日提交了意见陈述书，但仍未提交符合审查指南规定的修改替换页，申请人再次论述了权利要求1、2相对于对比文件1、2具备新颖性和创造性的理由。

针对申请人的陈述意见，实质审查部门补充检索后引入了对比文件3（CN2062133U），在2003年4月18日发出的第三次审查意见通知书中指出：相对于对比文件3，权利要求1不具备新颖性，权利要求2不具备创造性。

针对第三次审查意见通知书，申请人在2003年5月6日提交了意见陈述书，并提交了权利要求书替换页1页，其中说明“倒相电路”指的是一种将一个单端的输入信号转换为一对互为幅度相等、相位相反的输出信号的电路，对比文件3中的光耦器 GD_1 和 GD_2 无法组成一个“倒相电路”，不能产生出一对互为幅度相等、相位相反的输出信号。

国家知识产权局实质审查部门继续审查后，认为本申请权利要求1~2仍然不符合专利法第二十二条第二款、第三款的规定，于2003年7月11日作出了驳回本申请的决定。驳回决定的主要理由是：对比文件3中的光电耦合器 GD_1 和 GD_2 相当于权利要求1中所述的倒相执行器件，权利要求1的全部特征均被对比文件3公开，并且权利要求1要求保护的技术方案和对比文件3属于相同的技术领域，两者采用的技术方案实质相同，达到的技术效果相同，因此权利要求1不具备专利法第二十二条第三款规定的新颖性；权利要求2相对于对比文件1、3不具备专利法第二十二条第三款规定的创造性。

申请人（下称复审请求人）对上述驳回决定不服，于2003年8月11日向专利复审委员会提出复审请求，其主要理由是：对比文件1、2、3中光电耦合器的连接方式均与本申请不同，均不能实现“倒相电路”的功能。同时复审请求人提交了权利要求书第1~3项、说明书第1~4页、附图第1~3页、说明书摘要及摘要附图的替换页，其中权利要求与文本1（即原始文本）权利要求相同。

经形式审查合格，专利复审委员会依法受理了上述复审请求，并于2004年3月24日发出了复审请求受理通知书和前置审查通知书。

在前置审查程序中，国家知识产权局原实质审查部门坚持原驳回决定。

专利复审委员会依法成立合议组对本案进行审查，于2005年6月2日发出复审通知书，审查意见主要包括：（1）权利要求1请求保护一种光电耦合倒相电路，其中记载的是想要实现的功能或达到的效果，对由光电耦合器构成的倒相执行器件的具体构成及连接关系未作出清楚、明确的限定，从而导致了权利要求1的保护范围不清楚，不符合专利法实施细则第二十条第一款的规定。常规的光电耦合器的功能是实现光电转换或是隔去直流，而不是用于倒相；如说明书所述，用光电耦合器来执行或完成倒相的功能，至少需要2个光电耦合器，同时有电源为光电耦合器中的输入发光二极管提供适宜的偏置，从而使两个发光二极管始终处于导通状态，输入信号分别加到两个发光二极管的阳极和阴极上，并且有关的电阻、电容、电压的参数要完全对称，这样才能在两个输出的输出相位相反且幅度相等的两个信号。申请人应当根据说明书附图所示的倒相电路的具体电路结构，改写权利要求1，清楚限定其电路构成、连接关系、信号流传递方式等，以克服上述缺陷；（2）权利要求2对权利要求1做了进一步的限定，也是一个产品权利要求，但其附加技术特征描述的是如何采用光耦器在既使输入、输出间能够在电气上相互隔离的前提下，同时又能使单端的输入信号在光耦器的输出端即可转化为一个互为幅度相等，相位相反输出信号的“倒相”过程，而不是倒相电路构成部件及其连接关系，也就是说，权利要求2仍不能克服其引用的权利要求1存在的不清楚的缺陷。另外，权利要求2在引用权利要求1时表述不清楚（正规的写法应是：“根据权利要求1所述的光电耦合倒相电路”），因此，权利要求2请求保护的光电耦合倒相电路保护范围不清楚，不符合专利法实施细则第二十条第一款的规定；（3）权利要求3不符合专利法实施细则第二十三条第二款的规定。从属权利要求要想引用两项或两项以上权利要求时只能以择一引用的方式引用在前的权利要求，从属权利要求3的引用部分应当写成：“根据权利要求1或2所述的光电耦合倒相电路”。

复审请求人于2005年6月28日对上述复审通知书作出答复，并提交了权利要求书替换页，修改后的权利要求共2项（文本3），其内容如下：

“1. 一种光电耦合倒相电路，其特征是：电路中的倒相执行器件为一对光耦器；这对光耦器的输入发光二极管中的一只的阳极和另一只的阴极分别同时作为信号源的公共输入端，余下二极之一的阳极接输入偏置电源正极、阴极接输入偏置电源负极，二发光二极管有各自适宜的偏置和限流电阻；二只光耦器的输出晶体管与其外围的基极、射极偏置电阻及各自的供电电源分别组成二个结构完全一致的射极输出器。

2. 根据权利要求1所述的光耦合倒相电路，其特征在于：单端的输入信号从这对光耦器中的一只输入发光二极管的阳极作同相输入，通过‘电’—‘光’—‘电’的隔离和和转换，最终在其相应输出晶体管的基极上检得并由发射极输出一个与信号源同相的电信号；同时，单端的输入信号经这对光耦器中的另一只输入发光二极管的阴极作反相输入，通过‘电’—‘光’—‘电’的隔离和转换最终在其输出晶体管的基极上检得并由发射极输出一个与信号源反相的电信号；这二只光耦器及其外围相应的偏置电路参数上相应完全一致，使得这两只输出晶体管发射极上输出的电信号不仅在相位上互为反相，且最终输出信号的幅度也完全相等。”

在上述工作的基础上，合议组认为本案事实清楚，可以作出本复审请求审查决定。

二、决定的理由

1. 审查文本的确定

合议组审查了复审请求人于2005年6月28日提交的权利要求第1~2项（即文本3），由于其是根据原始申请文件中附图和说明书中的相关描述对本申请想要保护的光电耦合倒相电路结构作出的具体限定，所作修改也是为了克服复审通知书指出的缺陷，故上述修改符合专利法第三十三条、专利法实施细则第六十条第一款的规定，本复审决定依据的文本为：2004年3月8日寄交的说明书第1~4页、附图第1~3页，2005年6月28日寄交的权利要求第1~2项。

2. 关于专利法实施细则第二十条第一款

针对合议组在复审通知书中指出的本申请文本1中权利要求1、2存在保护范围不清楚，不符合专利法实施细则第二十条第一款的缺陷，复审请求人根据原始申请文件中附图和说明书中的相关描述修改了权利要求书（即文本3），其中权利要求1、2的技术方案对本申请请求保护的光电耦合倒相电路的结构作出了清楚、明确的限定，即已经克服了复审通知书中所指出的缺陷。

3. 关于新颖性和创造性

对比文件3（CN2062133U）公开了一种脉宽调制开关稳压电源，属于直流变换器的改进，说明书第2页第13～14行记载有“以光电耦合器隔离直流电位，加到大功率V型沟道场效应开关管上，控制其导通与关闭”，也就是说，对比文件3中的光电耦合器执行的是隔直作用；并且从附图2中我们可以明显看出光电耦合器 GD_1 和 GD_2 与外围电路的连接关系与本申请权利要求1中的技术特征所限定的连接关系明显不同，从而合议组认为不能得出由光电耦合器 GD_1 和 GD_2 来产生一组倒相信号的结论。因此，对比文件3并未公开权利要求1所述的技术方案，权利要求1相对于对比文件3具备新颖性。并且，对比文件3中也未给出任何使用光电耦合器来执行倒相功能的技术启示，因此，权利要求1相对于对比文件3具备创造性。

对比文件1公开了一种脉宽调制光电耦合模拟信号隔离器，根据说明书的记载“由互补功率放大器输出的正、负向脉冲驱动两个交替工作的光电耦合器中相应的发光二极管”（参见说明书第4页第13～15行），由此我们可知两个光电耦合器是交替导通的，不是本申请中所述的同时导通；如图2所示，“分别由正、负脉冲馈电的两个发光二极管使输出反相，经电阻R10推动由BG3和BG4构成的另一个互补功率放大器”（参见说明书第6页第7～9行），两个光电耦合器OC1、OC2的输出端直接相连（附图2），由于光电耦合器OC1、OC2是交替导通的，从而它们不可能同时输出幅度相等、相位相反的两个信号，否则两个输出信号由于幅度相等、相位相反而抵消，从而无法驱动由BG3和BG4构成的互补功率放大器，因此，对比文件1未公开权利要求1所述的倒相器。

对比文件3和对比文件1涉及的领域不尽相同，并且两篇对比文件均未给出任何用光电耦合器来执行倒相功能的技术启示，从而对本领域普通技术人员来说在对比文件1和3的基础上要想得到本申请权利要求1的技术方案是非显而易见的，因此，权利要求1相对于对比文件1和3具备创造性。

权利要求2对权利要求1做了进一步的限定，其附件技术特征对倒相过程中信号的变换和外围偏置电路参数做了具体限定，而上述内容在对比文件1和对比文件3中均未公开，因此在其引用的权利要求1相对于对比文件1和对比文件3具备新颖性和创造性的情况下，权利要求2相对于对比文件1和对比文件3也具备新颖性和创造性。

综上所述，鉴于复审请求人2005年6月28日提交的权利要求书中对权利要求所作修改已经克服了复审通知书所指出的缺陷，同时文本3中的权利要求1相对于对比文件1具备新颖性、权利要求1和对比文件2相对于对比文件1和对比文件3具备创造性，符合专利法第二十二条第二三款的规定，故在修改文本的基础上撤销驳回决定。

三、决定

撤销国家知识产权局于2003年7月11日对00104609.8号专利申请所作出的驳回决定，以2004年3月8日寄交的说明书第1～4页、附图第1～3页，2005年6月28日寄交的权利要求第1～2项为基础，由原实质审查部门继续进行审批程序。

015

散热装置案

复审请求审查决定（第7316号）

决　　定　　号　第7316号
决　　定　　日　2005年11月7日
发明创造名称　散热装置
国 际 分 类 号　H01L 23/24　H05K 7/20　G06F 1/20
复 审 请 求 人　宏碁股份有限公司　纬创资通股份有限公司
专 利 申 请 号　00121336.9
申　　请　　日　2000年7月20日
公　　开　　日　2002年2月13日
合 议 组 组 长　马志远
主　　审　　员　程　华
参　　审　　员　邢文飞

法 律 依 据　专利法第二十六条第四款　专利法实施细则第二十条第一款
决 定 要 点

复审请求人在答复复审通知书时提交的权利要求书中已经将存在缺陷的权利要求删除，因此已经克服了驳回决定和复审通知书所指出的缺陷，故在修改文本的基础上撤销驳回决定。

一、案由

本复审请求涉及2000年7月20日提交的申请号为00121336.9、发明名称为“散热装置”的发明专利申请（下称本申请），申请人是宏碁电脑股份有限公司和纬创资通股份有限公司。

在国家知识产权局的实质审查过程中，审查员于2003年4月11日发出了第一次审查意见通知书，所依据的审查文本为申请日提交的原始文本，共有20个权利要求，其中独立权利要求1、19、20的主题名称均为“一种用于电脑晶片的散热装置”，通知书中指出权利要求1～4、7、9、10不具备新颖性，权利要求5、6、8、11～14不具备创造性。

针对上述审查意见通知书，申请人于2003年7月7日提交了意见陈述书和修改后的权利要求书（共33个权利要求），同时论述了修改后的权利要求相对于审查员引用的对比文件具有新颖性和创造性的理由。

经审查，国家知识产权局实质审查部门认为修改后的权利要求18缺乏必要技术特征，不符合专利法实施细则第二十一条第二款的规定，于2003年8月7日与代理人进行了电话会晤，申请人同意修改，并于当日提交了意见陈述书和权利要求替换页，其中修改后的权利要求18内容如下：

“18. 一种用于电脑晶片的散热装置，包括：一底座、一散热单元及一风扇；其特征在于：

底座包括二个表面，电脑晶片固定在第一表面上；

散热单元安装在底座的第二表面上，散热单元包括数个散热片；

风扇倾斜地安装在散热单元的侧边；

所述散热片具有相同倾斜度，以在散热单元侧边形成供风扇放置的一倾斜区域。”

国家知识产权局的实质审查部门于2003年8月22日发出了第二次审查意见通知书，指出权利要求16～18不符合专利法第二十六条第四款的规定，并且权利要求18还存在不符合专利法实施细则第二十一条第二款的规定。

申请人于2003年10月24日提交了针对第二次审查意见通知书的答复意见，其中列举了说明书中的具体出处陈述了权利要求16～18能够得到说明书支持的理由。

国家知识产权局实质审查部门继续审查后，认为本申请权利要求18仍然不符合专利法第二十六条第四款的规定，于2003年11月28日作出了驳回本申请的决定。驳回决定的主要理由是：权利要求18中的“散热片具有相同倾斜度”是指散热片互相平行且与散热底座有大于0度小于90度的夹角。但审查员从说明书实施例部分所对应的附图可看出：散热片垂直于散热底座，仅是在容纳风扇的区域，散热片的顶部才有一具有一定倾斜坡度的倾斜刀切面。因此，权利要求18请求保护的技术方案得不到说明书的支持，不符合专利法第二十六条第四款的规定。申请人在意见陈述书指认为权利要求18得到说明书第3页倒数第4～6行的支持，说明书第3页倒数第4～6行是说明附图2、3的，附图2、3中仅展示了散热片垂直于散热底座，仅是在容纳风扇的区域，散热片的顶部才有一具有一定倾斜坡度的倾斜刀切面一种情况，因此说明书第3页倒数第4～6行不能用于支持权利要求18。

申请人宏基股份有限公司和纬创资通股份有限公司（下称复审请求人）对上述驳回决定不服，于2004年2月12日向专利复审委员会提出复审请求，其主要理由是：如说明书第3～4页所述图3所示的散热单元38由数个矩形散热片46组成，而矩形散热片46以相互平行的方式排列在底座32上。散热片46具有相同的倾斜度，以在散热单元38的旁侧边形成一倾斜区域，使风扇40可以倾斜地安装在散热单元的旁侧边。散热单元38的倾斜区域具有从散热单元38内至外下降的倾斜坡度，因此，风扇40是以向下倾斜的方式安装在散热单元38的倾斜区域。如图2至图3所示，散热单元38的倾斜区域具有从散热单元38内至外下降的倾斜坡度；而如图5至图8所示，散热单元64的倾斜区域为从散热单元64内至外向上升起的倾斜坡度。按照本申请的描述，散热片46互相平行且整体地与散热底座有大于0度小于90度的夹角、或者是如审查员指称的散热片在其底部垂直于散热底座而仅在顶部具有相同的倾斜度，都属于权利要求18的技术方案中所限定的散热片具有相同倾斜度，以在散热单元侧边形成供风扇放置的一倾斜区域的具体实施方式，这两种方式都属于该权利要求所主张的保护范围，权利要求18并未违反专利法第二十六条第四款的规定。

在前置审查程序中，国家知识产权局原实质审查部门坚持原驳回决定。

专利复审委员会依法成立合议组对本案进行审查，于2005年8月4日发出复审通知书，审查意见主要包括：权利要求18中记载的“所述散热片具有相同倾斜度，以在所述散热单元的旁侧边形成供风扇放置的一倾斜区域”未对散热片是如何形成倾斜区域的作出清楚、明确的限定，“散热片具有相同倾斜度”中的“倾斜度”是散热片相对于哪个部件的倾斜也没有记载，从而导致了权利要求18的保护范围不清楚，不符合专利法实施细则第二十条第一款的规定。根据说明书中的记载“矩形散热以相互平行的方式排列在底座上”、图3所示的“散热单元的倾斜区域具有从散热单元内至外下降的倾斜坡度，风扇是以向下倾斜的方式安装在散热单元的倾斜区域”，图4所示的“长条柱形的散热片具有两种不同的高度、以在散热单元的侧边形成一个容纳区域，使风扇可以倾斜地安装在散热单元的侧边，此外长条柱形散热片也可具有数个不同的高度”、图5至8所示的“散热单元的倾斜区域为从散热单元内至外上升的倾斜坡度，风扇是以向上倾斜的方式安装在散热单元的倾斜区域”。复审请求人应结合附图根据说明书中记载的内容修改权利要求18，对其请求保护的技术方案作出清楚、明确的限定。

复审请求人于2005年9月9日对上述复审通知书作出答复，提交了权利要求书第1、2页和说明书第1～6页的替换页，其中删除了权利要求18～33。

在上述工作的基础上，合议组认为本案事实清楚，可以作出本复审请求审查决定。

二、决定的理由

经审查，合议组认为复审请求人于2005年9月9日提交的修改文本未超出原说明书和权利要求书记载的范围，符合专利法第三十三条和专利法实施细则第六十条的规定，因此本复审决定依据的文本为：申请日提交的附图第1～7页、说明书摘要和摘要附图以及复审请求人于2005年9月9日提交的说明书第1～6页、权利要求第1～17项。

鉴于复审请求人2005年9月9日提交的权利要求书中已经删除了原权利要求18～33，因此，本申请的修改文本已经克服了驳回决定和复审通知书所指出的缺陷，即本申请已符合专利法第二十六条第四款和专利法实施细则第二十条第一款的规定，故在修改文本的基础上撤销驳回决定。至于本申请的说明书和权利要求书是否存在其他缺陷则留待后续程序继续审查。

三、决定

撤销国家知识产权局于2003年11月28日对00121336.9号专利申请所作出的驳回决定，以本申请在申请日提交的附图第1～7页、说明书摘要和摘要附图以及2005年9月9日提交的说明书第1～6页、权利要求第1～17项为基础，由原实质审查部门继续进行审批程序。

016

数字化多媒体远程服务/远程工程支持系统案

复审请求审查决定（第7317号）

决　定　号 第7317号
决　定　日 2005年11月25日
发明创造名称 数字化多媒体远程服务/远程工程支持系统
国际分类号 G06F 15/163
复审请求人 同济大学
申　请　号 00127695.6
申　请　日 2000年12月5日
公　开　日 2002年7月10日
合议组组长 张　度
主　审　员 龙　安
参　审　员 孙克良

法律依据 专利法第二十六条第三款
决定要点

说明书必须记载的内容是本领域技术人员从现有技术中无法得出的、且对于实现发明又是不可缺少的技术内容，对于本领域技术人员可从现有技术中直接推知的内容，无需记载在说明书中。

一、案由

该复审请求涉及申请日为2000年12月5日、申请号为00127695.6、名称为“数字化多媒体远程服务/远程工程支持系统”的发明专利申请，其申请人为同济大学。

国家知识产权局实质审查部门经过实审审查后，于2004年7月9日以该申请说明书公开不充分，不符合专利法第二十六条第三款的规定为由，驳回该申请。驳回理由为，说明书未清楚、完整地记载如何实现所述技术方案的具体技术手段，例如所述系统的整体结构。所述系统各部件的结构、功能以及各部件之间进行数据处理的工作流程。说明书虽然有相关说明，但仅是对该发明实现功能的描述，而非对具体技术方案的说明。几种远程控制软件均未在说明书中记载，实现不同技术方案时，TCP/IP等通信协议及在通信协议层上应用的典型远程控制软件等应用程序具有不同的具体应用方式，而说明书并未公开此内容。说明书未对图1、2进行相对应的说明。

申请人（下称复审请求人）对上述驳回决定不服，于2004年9月17日向国家知识产权局专利复审委员会提出复审请求，认为涉案说明书已清楚、完整地记载所述技术方案，符合专利法相关条款规定。其在复审请求书中指出，说明书中没有指明视频会议软件和远程控制软件的名称，但该实现技术采用的是公开的技术，是本申请技术公开的一部分。TCP/IP作为网络协议在本领域是公开技术且其实现技术也是公开的。说明书记载的“通过远程视频会议系统利用多媒体技术、数据压缩技术实现的实时分布式多媒体交互，为分布在异地的人员提供一个包括声音、图象、文本多种媒体在内的协同工作环境”等内容，已说明所述系统的实现方式。图2中的PLC S5－115U已经是完整的PLC设备型号，通过检索可获取该设备详细信息及接口说明。

经形式审查合格，专利复审委员会受理该复审请求，于2004年9月28日发出复审请求受理通知书和前置审查通知书。

前置审查程序中，国家知识产权局原审查部门坚持原驳回决定。

专利复审委员会依法成立合议组，对此案进行审理，在对其进行合议审查的基础上，认为本案事实清楚，可以作出复审决定。

二、决定理由

1. 本决定所依文本为驳回决定依据的文本。

2. 关于说明书是否公开充分的问题

专利法第二十六条第三款规定：说明书应当对发明作出清楚、完整的说明，以所述技术领域的技术人员能够实现为准；必要时，应当有附图。

一份完整的说明书应当包含：帮助理解发明不可缺少的内容；确定发明具备新颖性、创造性和实用性所需的内容，如发明要解决的技术问题，解决其技术问题所用方案及有益效果；再现发明所需的内容，如为解决发明或者实用新型的技术问题而采用的技术方案的具体实施方式。凡是所属技术领域的技术人员不能从现有技术中直接、唯一得出的有关内容，均应在说明书中描述，换言之，所属技术领域的技术人员按照说明书记载的内容，不需要创造性的劳动，就能够再现该发明的技术方案，解决其技术问题，并且产生预期的技术效果。

就此案来讲，合议组认为，说明书已充分说明所采用的技术方案以达到其目的（说明书第1页第3段），即，通过建立与复杂生产设备相联系的数字化多媒体远程服务/远程工程支持系统来进一步缩短复杂生产设备建立、安装和调试时间，设备故障停机时间，减少因设备停机而带来的巨大经济损失，充分发挥设备的生产能力和提高远程服务质量。

为达到所述目的，说明书采用了如下的技术手段：“通过远程视频会议系统利用多媒体技术、数据压缩技术实现的实时分布式多媒体交互，为分布在异地的人员提供一个包括声音、图象、文本多种媒体在内的协同工作环境”，“通过ISDN线和路由器与复杂生产设备监控PC相连，远程服务方通过TCP/IP协议来选定路由器，由于路由器直接与复杂生产设备监控PC相连接由于路由器直接与复杂生产设备监控PC相连接，复杂生产设备监控PC通过与路由器之间的IP地址映射，从而可以被远程服务方的远程控制软件访问并控制，这样，复杂生产设备就象在服务方本地一样可以被实时监控，LAN接口能够通过HUB连接到任何网络设备，如PC、打印机和服务器，ISDN接口和另一个远端ISDN服务建立一个直接的连接。”“通过激活本发明远程服务中的远程视频会议汉化软件进行声音、图象、文本多媒体互换和协同工作；通过以太网上的无线传输，激活远程工程控制软件”，“通过以太网上的无线传输，激活远程工程控制软件，通过PG740编程器，RS232，iBX与六台压机进行通信，实现对六台压机进行实时监控，维护和修理。”因此说明书已清楚、完整地说明了解决技术问题所采用的技术方案。

此外，“复杂生产设备数字化多媒体远程服务/远程工程支持系统通常由三方面参与：客户方、服务方和技术支持方。客户方是指要求提供远程服务的企业实体或公司实体。服务方指系统中提供远程服务功能的企业或公司实体。技术支持方是指提供远程服务系统技术支持或其他方面支持的科研或企业实体。当远程服务系统建立并投入运行后，技术支持方也可从系统中退出。”这部分（说明书第2页第1段）内容已说明所述系统的整体结构、系统各部件结构、功能、及各部件之间数据处理的工作流程。

“激活远程控制软件对生产设备 PC 进行访问和控制，实现对复杂生产设备的远程故障诊断和维护，通过向制造商或特别的服务机构传送设备或机械所特有的状态信息，快速有效地进行在线故障诊断，迅速采取对策进行维护、修理，尽可能使复杂生产设备停顿时间缩短，并迅速恢复生产。激活汉化的视频会议软件，进行远程在线工程支持，支持复杂生产设备的新用户在生产启动阶段的调试、初始化等工作，可以保证操作者能够快速了解复杂生产设备、机械，进而促进生产效率的提高。进行远程人员培训，供货商不必向用户派出教员。”所述“远程控制软件”“汉化的视频会议软件”皆为本领域常用软件，其具体使用方式亦是公知的。

TCP/IP 作为网络协议在本技术领域是公知技术，图 1 中指明所述协议，也就确定了网络的通信方式。

图 1、图 2 中已经清楚标明该系统所包括的各个部件，及连接和通信方式，所述领域普通技术人员据其基本硬件知识，可以实现所述方案。

基于上述原因，说明书记述的内容清楚、完整，本领域普通技术人员在说明书公开内容的基础上能够实现所述技术方案，因此，说明书符合专利法第二十六条第三款的规定。

三、决定

撤销国家知识产权局对该发明专利申请作出的驳回决定，以请求人于 2000 年 12 月 5 日提交的权利要求第 1 项、说明书第 1 ~3 页、附图第 1 ~2 页为基础，由原实质审查部门继续审批程序。

017

彩色阴极射线管的电子枪组件案

复审请求审查决定（第7322号）

决　定　号　第7322号
决　定　日　2005年11月8日
发明创造名称　彩色阴极射线管的电子枪组件
国 际 分 类 号　H01J 29/48
复 审 请 求 人　LG电子株式会社
专 利 申 请 号　01116143.4
申　请　日　2001年5月16日
公　开　日　2001年11月28日
合 议 组 组 长　高　栋
主　审　员　张　霞
参　审　员　左　一

法 律 依 据　专利法第二十六条第三款
决 定 要 点

由于从本申请说明书背景技术部分的描述中能够推知本发明中某些未描述的技术内容属于现有技术，因此不能因说明书未描述能够从所述现有技术中直接得出的内容而认为该申请不符合专利法第二十六条第三款的规定。

一、案由

本复审请求涉及申请日为2001年5月16日、发明名称为“彩色阴极射线管的电子枪组件”、申请号为01116143.4的发明专利申请，申请人为LG电子株式会社。

在实质审查过程中，国家知识产权局实质审查部门于2003年4月18日发出了第一次审查意见通知书，指出：本申请说明书仅记载了四个变量“D”“W”“T”“A”要满足相应的关系式，但是没有说明任何一个变量的需要满足的范围，由于该公式中涉及到四个变量，故必须至少知道其中三个变量的数值范围才能最终确定最后一个变量的数值范围，但是说明书中却并没有就此作任何说明，故本领域普通技术人员无法确定本发明所述的电子枪组件的结构，因此说明书公开不充分，不符合专利法第二十六条第三款的规定。

针对上述审查意见通知书，申请人于2003年9月2日提交了意见陈述书和说明书及权利要求书的修改替换页，删除了权利要求书和说明书中出现的相关单位，并提出本申请的目的在于对四个变量的比例关系进行选择，而不是对每个具体变量的数值范围进行选择，因此修改后的申请文件克服了通知书中所指出的缺陷。

针对申请人于2003年9月2日提交的说明书、权利要求书以及申请日提交的说明书附图、说明书摘要和摘要附图，实质审查部门于2003年11月7日作出了驳回决定，驳回的理由是：本发明要解决的技术问题是要提供一种能够防止电子束聚焦特性的劣化和莫尔条纹现象的彩色阴极射线管的电子枪组件，四个变量“D”“W”“T”“A”与所要解决的技术问题密切相关，而本申请说明书中仅记载了四个变量要满足相应的关系式，未说明其任何一个变量需要满足的范围，故无法确定所述四个变量的取值范围，无法实现本申请的技术方案，因此本申请的说明书公开不充分，不符合专利法第二十六条第三款的规定；申请人对申请文件的修改与通知书所指出的缺陷无关，不能克服说明书公开不充分的缺陷，并且，申请人陈述的本申请的目的是在于对四个变量的比例关系进行选择而不是对具体变量进行选择的理由不成立。

申请人（下称请求人）对上述驳回决定不服，于2004年2月23日向专利复审委员会提出了复审请求，并提交了权利要求书的修改替换页，其复审理由主要是：本发明的目的在于“防止根据电子束聚焦特性的劣化和屏幕整个区域上的莫尔条纹现象，从而实现了高质量的图像”，所述目的是通过设置加速电极的凹槽深度D和凹槽的垂直方向宽度W之间的关系以及电子束通过孔的直径A与第四栅电极的厚度T之间的比值在预定范围内实现的，并且说明书中公开了电子束的纵横比以及水平方向电子束的直径，因此，D/W实际上是一个变量，其与纵横比有关，同理T/A也是一个变量，其与水平方向电子束的大小有关，因而，该关系式D/W + T/A应视为两个变量的和，并且，说明书中也给出了纵横比和水平方向电子束的大小的范围，因此，变量D/W和变量T/A的范围可以确定。

经形式审查，该复审请求符合有关规定，专利复审委员会予以受理，并发出复审请求受理通知书和前置审查通知书。

原实质审查部门在前置审查程序中，仍坚持原驳回决定。

在此基础上，专利复审委员会依法成立合议组对本案进行审查。

经审查，合议组认为本案事实已经清楚，依法作出本决定。

二、决定的理由

1. 本复审决定所依据的文本

请求人在提出复审请求时提交了权利要求书的修改替换页，合议组对上述文本进行了审查，认为该修改文本未超出原说明书和权利要求书记载的范围，符合专利法第三十三条以及专利法实施细则第六十条的规定，因此，本复审决定所依据的文本是请求人在2004年2月23日提交的权利要求书、2003年9月2日提交的说明书以及申请日提交的说明书附图、说明书摘要和摘要附图。

2. 关于专利法第二十六条第三款

专利法第二十六条第三款规定：“说明书应当对发明或者实用新型作出清楚、完整的说明，以所属技术领域的技术人员能够实现为准。”这里包含两层含义：第一，说明书所记载的内容应该清楚、完整；第二，所属技术领域的技术人员按照说明书记载的内容，结合其技术常识或凭借常规的技术手段（其中包括常规的设计、试验方法），不需要创造性的劳动，就能够实现发明。

合议组仔细阅读了本申请的说明书，注意到该申请所要求保护的主题是彩色阴极射线管的电子枪组件，其发明目的之一是改进现有的用于彩色阴极射线管的电子枪组件的部分组成结构，防止电子束聚焦特性的劣化和莫尔条纹现象，从而实现高质量的图像。根据本申请说明书第2页倒数第2段至第3页第1段以及说明书第7页倒数第2段公开的内容，本申请的上述目的是通过设置加速电极的凹槽深度和凹槽的垂直方向宽度之间的比值以及电子束通过孔的直径与第四栅电极的厚度之间的比值在预定范围内实现的，因而，本申请的发明点并不在于对加速电极、通过孔以及第四栅电极的具体结构的选取，而在于对其比例关系的选择；并且，在本申请说明书第1页第2段对背景技术的描述中，也指出本申请的电子枪组件是用在一种通常用于电视接收机、示波器、雷达观测装置等显示装置中的彩色阴极射线管内的，作为本领域的公知常识，用于上述显示装置中的阴极射线管的规格是标准化的，出于制造和组装的需要，阴极射线管中的电子枪组件的规格尺寸也是标准化的。具体而言，说明书背景部分第1页第3段至第2页第4段以及附图1－3中也公开了现有技术中电子枪组件的组成结构（所述电子枪组件18由依次排列的阴极28、控制电极30、加速电极32、第三栅电极44、第四栅电极46、聚焦电极34、阳极36构成），同时，虽然本申请说明书背景部分中列举了日本专利申请公开NO. 昭53－18866来说明对这种电子枪组件曾经进行过改进，但是，正如本申请说明书所公开的（参见说明书第2页第4段以及附图5），这种改进并不是针对电子枪组件本身的排列结构以及外部形状的，仅是对其中一个小部件－加速电极－的某部分形状的改进，就电子枪本身的形状和尺寸来看，上述改进并不会对其产生影响，因而，由本申请背景技术所公开的内容可以得知：在本申请申请日以前，由依次排列的阴极28、控制电极30、加速电极32、第三栅电极44、第四栅电极46、聚焦电极34、阳极36构成并且加速电极32的孔外围形成有凹槽的电子枪结构应是一种结构相对固定并且使用比较广泛的组件，由于其适用于普通的彩色阴极射线管中，因而其外形尺寸也是标准的，本领域普通技术人员可以通过查阅相关的资料得到各个部件的长、宽、高等物理尺寸的具体范围，并不需要花费创造性的劳动；此外，本申请说明书第2页倒数第2段至第3页第4段、以及说明书第5页倒数第1段至第7页倒数第4段还公开了所述四个参数之间的关系和取值范围：加速电极的凹槽深度和凹槽的垂直方向宽度的比值使电子束的纵横比为1.8～2.4，电子束通过孔的直径与第四栅电极的厚度之间的比值使水平方向电子束的大小在0.6mm之内，两个比值之和需要落在2.8到3.2的范围之内，因此，比值D/W和T/A各自的范围都是可以确定。综上所述，由于电子枪组件的结构和尺寸是现有技术中公知的，本领域技术人员可以通过以上描述的比例关系范围的选择结合本申请说明书中的现有内容无需创造性劳动就能实现本申请的电子枪组件的结构。

综上所述，由于从本申请说明书背景技术部分的描述中能够推知本发明中某些未描述的技术内容属于现有技术，因此不能因说明书未描述能够从所述现有技术中直接得出的内容而认为该申请不符合专利法第二十六条第三款的规定。

基于上述理由，复审请求人的复审请求的理由成立。

三、决定

撤销国家知识产权局于2003年11月7日作出的驳回决定，由原实质审查部门在请求人于2004年2月23日提交的权利要求书、2003年9月2日提交的说明书以及申请日提交的说明书附图、说明书摘要和摘要附图的基础上继续进行审批程序。

018

结算处理方法和结算处理系统案

复审请求审查决定（第7323号）

决　定　号　第7323号
决　定　日　2005年11月17日
发明创造名称　结算处理方法和结算处理系统
国际分类号　G06F 17/60　H04B 7/15
复审请求人　株式会社NTT都科摩
专利申请号　01145291.9
申　请　日　2001年12月28日
公　开　日　2002年8月7日
合议组组长　张　度
主　审　员　张　霞
参　审　员　翁晓君

法律依据　专利法第三十八条、第二十二条第二款
决定要点

审查员在作出驳回决定之前，应当将其经实质审查认定的应予驳回所涉及的事实、理由、证据和法律依据通知申请人，并给申请人至少一次陈述意见和/或进行修改的机会，即在作出对当事人不利的行政决定时必须满足听证原则。

本申请权利要求存在对比文件未公开的技术特征，所述特征也未被对比文件隐含公开，因此对比文件不足以破坏本申请权利要求的新颖性。

一、案由

本复审请求涉及申请日为2001年12月28日、优先权日为2000年12月28日、发明名称为“结算处理方法和结算处理系统”、申请号为01145291.9的发明专利申请（下称本申请），申请人为株式会社NTT都科摩。本申请申请日提交的权利要求书为：

“1. 一种结算处理方法，它包括以下步骤：

从发射机发射有关交易结算处理的信息；

由卫星接收所述发射机所发射的信息；

由所述卫星发射所接收的信息；

由通信网络接收来自所述卫星的信息；

由结算装置通过所述网络接收来自所述卫星的信息，以及

由所述结算装置根据所接收的信息处理该交易的结算。

2. 一种结算处理系统，它包括：

发射机，用来发射有关交易的信息；

卫星，用来接收和发射来自所述发射机的信息；

通信网络，用来接收从所述卫星发射的信息；和

结算装置，它连接到所述通信网络、接收所述发射机通过所述卫星和所述通信网络发射的信息、并根据所接收的信息对所述交易进行结算。

3. 如权利要求2所述的结算处理系统，其特征在于，所述发射机配备有：

输入装置，用来输入有关所述交易的结算处理的信息，和

卫星通信装置，它具有能与所述输入装置交换信息的接口并能与所述卫星通信。

4. 如权利要求3所述的结算处理系统，其特征在于，所述卫星通信装置通过所述接口以与所述输入装置相当的通信速率与所述输入装置交换信息。

5. 如权利要求3所述的结算处理系统，其特征在于，所述卫星通信装置是用于卫星通信的便携式移动装置。

6. 如权利要求3所述的结算处理系统，其特征在于，所述发射机在所述输入装置的操作者输入预定的指令时通过所述卫星和所述通信网络开始与所述结算装置的连接操作，并通过在输入所述指令之后由操作者进行的发射操作、发射与所述交易结算处理有关的信息。

7. 如权利要求3所述的结算处理系统，其特征在于，所述结算装置对所述输入装置进行验证。”

在实质审查过程中，国家知识产权局实质审查部门于2003年9月5日发出了第一次审查意见通知书，通知书中引用了一篇对比文件：US5280625A，公开日为1994年1月18日（下称对比文件1），通知书中指出：对比文件1公开了一种通过卫星或广域网连接数据终端和主机的通信系统和方法，该通信系统实现主机——网络——卫星——网络——终端之间的数据传输，对比文件1公开了权利要求1、2的全部技术特征，并且与本申请领域相同、解决的技术问题和产生的技术效果相同，因此权利要求1、2相对于对比文件1不具备专利法第二十二条第二款规定的新颖性；权利要求3、4、6、7的附加技术特征也已被对比文件1公开，因此也不具备专利法第二十二条第二款规定的新颖性；权利要求5的附加技术特征为本领域的公知常识，因此权利要求5所要求保护的技术方案相对于对比文件1不具备专利法第二十二条第三款规定的创造性。

针对上述审查意见通知书，申请人于2003年11月28日提交了意见陈述书以及权利要求书的修改替换页，删除了原权利要求1～7，重新撰写了一个结算系统的权利要求，认为修改后的权利要求书的技术方案没有被对比文件和现有技术所公开，因此具备新颖性和创造性。修改后的权利要求书为：

“1. 一种结算系统，连接到一个带有用于存储多个移动终端的识别代码的移动识别代码数据库的移动分组通信网络，包括多个卫星移动分组终端，和具有用于响应于来自一个移动终端的通信请求而连接所述移动终端到所请求的通信目标的装置，其中该移动终端的识别代码被存储在所述移动识别代码数据库中，所述结算系统包括：

一个用于存储卡结算服务的用户的读卡机的识别代码的数据库；

用于在一个读卡机终端通过一个移动终端被连接到所述结算单元时，执行与所述读卡机终端的结算处理的数据通信的装置，所述读卡机的识别代码存储在所述数据库中，所述移动终端由所述移动分组通信网络所服务。”

针对申请人于申请日提交的说明书第1～13页、说明书附图第1～7页、说明书摘要和摘要附图，以及2003年11月28日提交的权利要求第1项，实质审查部门于2004年1月9日作出了驳回决定，驳回的理由是：对比文件1公开了一种过卫星或广域网连接数据终端和主机的通信系统和方法，该通信系统实现主机——网络——卫星——网络——终端之间的数据传输，其中，数据终端是销售点终

端，卫星发送接收管理装置负责与多个远程卫星发送接收装置通信，每一个远程卫星发送接收装置又连接多个读卡机，读卡机发出与主机确定的某个主机进行通信的请求后，经卫星管理终端等建立与目标主机的连接，其中的数据库为隐含公开，并且对比文件1与本申请领域相同、解决的技术问题和产生的技术效果相同，因此权利要求1相对于对比文件1不具备专利法第二十二条第二款规定的新颖性。

申请人（下称请求人）对上述驳回决定不服，于2004年4月21日向专利复审委员会提出了复审请求，同时提交了新修改的权利要求书，修改后的权利要求书为：

"1. 一种连接到移动分组通信网络的结算单元，所述移动分组通信网络设置有用于存储包括卫星移动分组终端的多个移动终端的识别代码的移动识别代码数据库，和设置有用于响应来自其识别代码被存储在所述移动识别代码数据库中的一个移动终端的通信请求，把所述移动终端连接到所请求的通信目标的装置，所述结算单元包括：

一个用于存储卡结算服务的用户的读卡机终端的识别代码的数据库；

用于在一个读卡机终端通过由所述移动分组通信网络服务的一个移动终端连接到所述结算单元时，与其识别代码存储在所述数据库中的所述读卡机终端执行用于结算处理的数据通信的装置。"

其提出的复审理由主要是：修改后的权利要求1的技术方案中涉及的移动分组通信网络设置有移动识别代码数据库，对比文件1涉及一种广域通信系统，其没有公开权利要求1的技术方案中的数据库，并且没有涉及对移动终端和读卡机进行代码识别的过程，并且，上述内容也非隐含公开，因此，权利要求1的技术方案具有验证移动装置和读卡机的合法性的功能，对比文件1中没有上述内容，二者实质上是不同的，其技术主题、要解决的技术问题、所产生的预期效果也不同，因而修改后的权利要求1的技术方案相对于对比文件1具备了新颖性和创造性。

经形式审查合格后，专利复审委员会受理了该复审请求，并于2004年5月17日向请求人发出了复审请求受理通知书，同时向国家知识产权局原实质审查部门发出了前置审查通知书。

在前置审查程序中，原实质审查部门坚持原驳回决定。

专利复审委员会依法成立合议组，对本复审请求案进行了审查。经审查，合议组认为本案事实已经清楚，依法作出本决定。

二、决定的理由

1. 关于本决定所依据的文本

请求人在2004年4月21日提交复审请求时提交了权利要求书的修改替换页，经合议组审查，所述修改文本符合专利法第三十三条以及专利法实施细则第六十条的规定。因此，本复审决定所依据的文本是：请求人于申请日提交的说明书第1～13页、说明书附图第1～7页、说明书摘要和摘要附图以及2004年4月21日提交的权利要求第1项。

2. 关于专利法第三十八条

专利法第三十八条规定：发明专利申请经申请人陈述意见或者进行修改后，国务院专利行政部门仍然认为不符合本法规定的，应当予以驳回。同时，审查指南（2011年版）第二部分第八章第6.1.1节中关于驳回申请的条件中规定：审查员在作出驳回决定之前，应当将其经实质审查认定申请属于专利法实施细则第五十三条规定的应予驳回情形的事实、理由、证据和法律依据通知申请人，并给申请人至少一次陈述意见和/或进行修改 申请文件的机会。

即国务院专利行政部门在作出驳回决定之前，应当给申请人就驳回所依据的事实、理由等陈述意见和/或修改申请文件的机会。也就是说，行政机关在作出一个不利于当事人的行政决定时应当满足听证原则，给当事人陈述意见和/或修改的机会，只有在程序上合法，方可保证实体的合法。

在实质审查过程中，原实质审查部门在针对本申请原始权利要求书的第一次审查意见通知书中指出了权利要求 1 ~ 7 相对于对比文件 1 不具备专利法第二十二条第二款规定的新颖性或创造性，而后，请求人于 2003 年 11 月 28 日随答复第一次审查意见通知书的意见陈述书提交的新修改的权利要求书中，删除了原权利要求 1 ~ 7，重新撰写了一个权利要求，即权利要求 1，而该权利要求 1 中的特征“一个带有用于存储多个移动终端的识别代码的移动识别代码数据库的移动分组通信网络”“其中该移动终端的识别代码被存储在所述移动识别代码数据库中”“所述结算系统包括：一个用于存储卡结算服务的用户的读卡机的识别代码的数据库；用于在一个读卡机终端通过一个移动终端被连接到所述结算单元时，执行与所述读卡机终端的结算处理的数据通信的装置，所述读卡机的识别代码存储在所述数据库中，所述移动终端由所述移动分组通信网络所服务”并未记载在第一次审查意见通知书所针对的原始权利要求书中，因此新修改的权利要求 1 并不是对原始权利要求书中技术特征的重新组合。原实质审查部门在以不具备新颖性为由驳回该申请时，没有将认为包含上述技术特征的修改后权利要求 1 的新的技术方案仍不具备新颖性时所依据的事实和理由告知请求人，并给予请求人陈述意见和/或修改申请文件的机会，因此，该驳回决定没有满足听证原则，不符合专利法第三十八条的要求。

3. 关于专利法第二十二条第二款

专利法第二十二条第二款规定：“新颖性，是指在申请日以前没有同样的发明或者实用新型在国内外出版物上公开发表过、在国内公开使用过或者以其他方式为公众所知，也没有同样的发明或者实用新型由他人向国务院专利行政部门提出过申请并且记载在申请日以后公布的专利申请文件中。”

合议组在本决定中评判本专利申请的权利要求书时所采用的对比文件与实质审查过程中所引用的对比文件相同，即，对比文件 1：US5280625A，公开日为 1994 年 1 月 18 日。

由于对比文件 1 的公开日为 1994 年 1 月 18 日，早于本申请要求享有的优先权日 2000 年 12 月 28 日，因此，构成了本申请的现有技术，而且该对比文件涉及一种用于通过卫星或广域网连接数据终端和其主机的通信系统，与本申请属于同一技术领域，故可以用于评价本申请权利要求的新颖性。

本申请涉及一种结算处理方法和结算处理系统，其权利要求 1 的技术方案为：“1. 一种连接到移动分组通信网络的结算单元，所述移动分组通信网络设置有用于存储包括卫星移动分组终端的多个移动终端的识别代码的移动识别代码数据库，和设置有用于响应来自其识别代码被存储在所述移动识别代码数据库中的一个移动终端的通信请求，把所述移动终端连接到所请求的通信目标的装置，所述结算单元包括：一个用于存储卡结算服务的用户的读卡机终端的识别代码的数据库；用于在一个读卡机终端通过由所述移动分组通信网络服务的一个移动终端连接到所述结算单元时，与其识别代码存储在所述数据库中的所述读卡机终端执行用于结算处理的数据通信的装置，”该技术方案对应的所要解决的技术问题是在结算业务中可以验证移动装置和读卡机的合法性。

对比文件 1 公开了一种用于通过卫星或广域网连接数据终端和其主机的通信系统，其所要解决的技术问题是不使用电话电路将具有内部或外部调制解调器的诸如读卡机之类的数据终端或销售点终端链接到广域网。根据对比文件 1 说明书第 2 栏第 11 行至第 5 栏第 30 行、第 11 栏第 13 ~ 59 行以及附图 1、6 所公开的内容，所述广域通信系统或网络 10 包括读卡机 12A－1 到 12A－n、12B－1 到 12B－n、12C－1 到 12C－n，所述读卡机 12A－1 到 12A－n 通过广域网调制解调单元 30A、RS－232 接口与远程卫星发射机/接收机 28A 相耦合，读卡机 12B－1 到 12B－n、12C－1 到 12C－n 分别与远程卫星发射机/接收机相耦合，所述远程卫星发射机/接收机与卫星 20 卫星链接，卫星 20 与卫星主发射机/接收机单元 26 链接，卫星主发射机/接收机单元 26 将来自分组切换接口的信号从天线 24 发送到卫星 20 并将来自卫星 20 的信号耦合到分组切换接口 14 主机 18－1 等经过分组切换接口 14 等与卫星 20 通信，在通信过程中，读卡机从插入的卡中读出主机地址，并将其发送给 WAN 调制解调单元，最终与指定主机建立通信连接。

由此可知，对比文件 1 中是读卡机通过从卡中读出主机地址而后经卫星网络传输直接与指定主机建立通信连接的，其技术方案中并没有公开移动终端识别代码数据库和读卡机终端的识别代码数据库，并且该对比文件中也没有公开对移动终端和读卡机进行代码识别的过程，因而所述数据库也不属于对比文件 1 中隐含公开的内容，因此权利要求 1 相对于对比文件 1 具备新颖性。

综上所述，作出驳回决定的时机不符合专利法第三十八条的规定，且依照专利法第二十二条第二款的驳回理由不充分，应予撤销。

三、决定

撤销国家知识产权局于 2004 年 1 月 9 日作出的驳回第 01145291.9 号发明专利申请的决定，由原实质审查部门在请求人于申请日提交的说明书第 1 ~ 13 页、说明书附图第 1 ~ 7 页、说明书摘要和摘要附图以及 2004 年 4 月 21 日提交的权利要求第 1 项的基础上继续进行审批程序。

019

硅/锗硅垂直结型场效应晶体管案

复审请求审查决定（第7328号）

决　定　号　第7328号
决　定　日　2005年11月25日
发明创造名称　硅/锗硅垂直结型场效应晶体管
国际分类号　H01L 29/80、21/337
复审请求人　国际商业机器公司
专利申请号　98104250.3
申　请　日　1998年1月16日
公　开　日　1998年9月16日
合议组组长　崔哲勇
主　审　员　樊晓东
参　审　员　骆素芳

法律依据　专利法第三十三条
决定要点

对专利申请文件修改的内容在原专利申请说明书和权利要求书中应当有相应记载，这种记载不一定要求文字上完全一致，只要不使所属技术领域的技术人员看到的信息与原申请公开的信息不同，那么这种修改就不应该认为超出原申请公开的范围。

一、案由

本复审请求涉及申请日为1998年1月16日，公开日为1998年9月16日，发明名称为“硅/锗硅垂直结型场效应晶体管”的发明专利申请（下称本申请），其申请号是98104250.3，申请人为国际商业机器公司。

应申请人的实审请求，国家知识产权局实质审查部门于2002年5月24日发出了第一次审查意见通知书，其中指出说明书（文本1）不符合专利法第二十六条第三款的规定，权利要求1，3～8，10～13，17，18，20～22不符合专利法实施细则第二十条第一款的规定；申请人于2002年10月8日针对第一次审查意见通知书提交了意见陈述书、权利要求书和说明书的替换页（文本2），国家知识产权局实质审查部门在此基础上继续审查，于2002年12月20日发出第二次审查意见通知书，指出新修改的权利要求1，3，4，11，12，17，19，21，22不符合专利法第二十六条第四款的规定，权利要求1，17不符合专利法实施细则第二十条第一款的规定，申请人于2003年2月25日针对第二次审查意见通知书又提交了意见陈述书、权利要求书和说明书的替换页（文本3），国家知识产权局实质审查部门在此基础上继续审查，于2003年7月4日发出第三次审查意见通知，指出申请人提交的说明书替换页第2页中发明内容部分结晶场效应晶体管中第四、第六半导体层中对应的x、z的取值范围内容的修改超出了原申请文本记载的范围，不符合专利法第三十三条的规定，不能接受，同时指出权利要求1、17不符合专利法第二十六条第四款的规定，申请人于2003年9月16日针对第三次审查意见通知书提交了意见陈述书和说明书的替换页第4、5页（文本4），未对说明书第2页（文本3）作任何修改，而在意见陈述书中指出对于结型场效应晶体管中第四、第六半导体层中对应的x、z的取值范围内容的修改仅仅是措词的改动，符合专利法第三十三条的规定。

国家知识产权局于2003年12月26日以申请的修改不符合专利法第三十三条为由驳回了本申请。驳回的具体理由为：申请人提交的说明书第2页的修改页，将原说明书中发明内容部分结型场效应晶体管的取值范围为0～0.1、0～0.5改为优选的取值范围，所以超出了原申请文本记载的范围。

申请人国际商业机器公司（下称请求人）不服该驳回决定，于2004年4月8日向国家知识产权局专利复审委员会提出复审请求，其具体理由为：x、y的取值范围分别为0～0.1、0～0.5，分别记载在原始申请文件的从属权利要求14和16中，x、y的上述取值范围应当被视为原申请公开的信息；申请人将原来间杂在技术方案中、同时又作为附加技术特征记载在从属原权利要求14和16中的“x为0～0.1”、“y为0～0.15”改为“优选的取值范围”，仅仅是措词的改动，即没有“致使所述领域的人员看到的信息与原申请公开的信息不同”，也不属“不能从原申请公开的信息中毫无异议地导出”的情况，因此符合专利法第三十三条的规定。

形式审查合格后，专利复审委员会受理了该复审请求，并于2004年5月11日向请求人发出复审请求受理通知书，同时将本案送至原实质审查部门进行前置审查，原实质审查部门在前置审查中仍坚持原驳回决定。

针对该复审请求，专利复审委员会依法成立合议组，对本案进行审理。

在研究了驳回决定和复审请求书之后，合议组认为本案事实已经清楚，可以作出复审决定。

二、决定的理由

专利法第三十三条规定申请人可以对其专利申请文件进行修改，但是，对发明和实用新型专利申请文件的修改不得超出原说明书和权利要求书记载的范围。

如果申请的内容通过增加、改变和/或删除其中的一部分，致使所属技术领域的技术人员看到的信息与原申请公开的信息不同，而且修改后的信息又不能从原申请公开的信息中直接、毫无疑问地导出，那么，这种修改是不允许的，反之，则是允许的。

请求人在2003年2月25日提交的说明书替换页第2页（文本3）中增加了“在上述结型场效应晶体管中，优选地，上述第四半导体中的x为0～0.1；上述第五半导体层中的y优选地等于0.15；或者上述第六半导体层的z为0.15降低至0”的内容。在上述修改中，除措词“优选地”以外，其他内容在原权利要求书（参见原权利要求14，16）和说明书（参见原说明书第3页第27行）均有记载，至于其中增加措词“优选地”，合议组认为，从属权利要求所限定的技术方案本身就是其引用的独立权利要求的技术方案的一种“优选”方案，该措词的增加并不会使本申请说明书中增加任何新的实施方式或技术方案，因此该措词的增加不会扩大或改变原申请文本所公开的信息，因此上述修改未超出原说明书和权利要求书记载的范围，符合专利法第三十三条的规定。

故此，本合议组特作出如下决定。

三、决定

撤销国家知识产权局于2003年12月26日对98104250.3号发明专利申请作出的驳回决定，由原实质审查部门在驳回文本的基础上继续进行审批程序。

020

无水电解液蓄电池案

复审请求审查决定（第7331号）

决　定　号　第7331号
决　定　日　2005年11月16日
发明创造名称　无水电解液蓄电池
国际分类号　H01M 10/38
复审请求人　索尼株式会社
专利申请号　95108177.2
申　请　日　1995年6月29日
公　开　日　1996年5月15日
合议组组长　崔哲勇
主　审　员　孙克良
参　审　员　杜　宇

法律依据　专利法第二十二条第二款
决定要点

专利申请文件经复审请求人的修改，已克服了驳回决定指出的新颖性缺陷和复审通知书指出的其他缺陷，因此在新文本的基础上撤销驳回决定。

一、案由

本复审请求案涉及申请日为1995年6月29日、公开日为1996年5月15日、优先权日为1994年6月29日、发明名称为“无水电解液蓄电池”的95108177.2号发明专利申请（下称本申请），申请人为索尼株式会社。

针对本申请的原始申请文件，国家知识产权局实质审查部门对本申请进行了实质审查，于2000年7月21日发出了第一次审查意见通知书，主要指出权利要求1～7相对于对比文件1（EP 0527054 A1，公开日1993年2月10日）而不具备新颖性，不符合专利法第二十二条第二款的规定。

请求人于2000年12月5日陈述了意见，并重新撰写了权利要求书。修改后的权利要求1中描述了一种碳烧结复合正极，其上有无需热塑性粘合剂的导电碳烧结物，并进一步说明碳烧结物的形成。

国家知识产权局实质审查部门于2003年8月8日发出了第二次审查意见通知书，指出修改后的权利要求1～5相对于对比文件1仍不具备新颖性，权利要求6～8相对于对比文件1不具备创造性。

请求人于2003年10月23日陈述了意见，并再一次修改了权利要求。其具体内容为：

“1. 一种无水电解液蓄电池，包括

一个包含作为活性负电极材料的一种碳质材料和一个集电器的负电极，其中所述负电极是由一种在烧结该碳质材料时得到的碳烧结物形成的，

一个正电极，和一种无水电解溶液，

其特征在于所述集电器由在1000℃或更高温度下熔化的金属或一种合金形成，并在所述烧结之前附加到所述碳质材料上。

2. 根据权利要求1所述的无水电解液蓄电池，其中所述集电器由铜、镍、不锈钢、铁或它们的混合物来形成。

3. 根据权利要求1所述的无水电解液蓄电池，其中所述集电器为一个带有许多孔的金属薄板的形式。

4. 根据权利要求3所述的无水电解液蓄电池，其中所述集电器为一个丝网、板网或一个冲孔板的形式。

5. 根据权利要求1所述的无水电解液蓄电池，其中所述碳烧结物具有0.8至1.95g/ml的体积密度。”

针对申请人于申请日提交的说明书第1～16页、附图第1页以及说明书摘要及摘要附图，2003年10月23日提交的权利要求第1～5项，国家知识产权局于2003年12月26日驳回了本申请，驳回的理由为本申请的权利要求1～5不符合专利法第二十二条第二款的规定。

驳回决定在评述权利要求1时主要指出：对比文件1公开了一种锂二次电池，并具体公开了以下技术特征：含正极活性物质的正极，含锂的非水电解液，由碳烧结体和集电体构成的负极，烧结体附加到所述集电体上，此烧结体是通过烧结碳粉末得到的碳烧结材料，集电体由镍、钛或不锈钢制成。由此可见，对比文件1已经公开了权利要求1所要求保护无水电解液电池的全部结构特征。权利要求1中记载的“在烧结之前附加到所述碳质材料上”是方法特征，对产品的结构没有影响，没有限制作用。因此权利要求1不具备新颖性。

申请人（下称复审请求人）对上述驳回决定不服，于2004年4月9日向专利复审委员会提出复审请求，并修改申请文件。其复审请求的主要理由是：所记载的集电器和碳烧结物的具体制造过程在对比文件1中没有记载，因此相对于对比文件1具备新颖性。其修改的权利要求书为：

“1. 一种无水电解液蓄电池，包括

一个包含作为活性负电极材料的一种碳质材料和一个集电极的负电极，其中所述活性负电极是由一种在烧结该碳质材料时得到的碳烧结物形成的，

一个正电极，和一种无水电解溶液，

其特征在于所述集电器由在1000℃或更高温度下熔化的金属或一种合金形成，并在所述烧结之前附加到所述碳质材料上，

碳烧结物是这样得到的：从大约1t至约10t增大的压力模压含有无塑性粘合剂的胶粘树脂的碳原料以形成一成形物，然后在惰性气体中从约500℃至约1000℃的升高温度下烧结该成形物，直至烧结基本上完成。

2. 根据权利要求1所述的无水电解液蓄电池，其中所述集电器由铜、镍、不锈钢、铁或它们的混合物来形成。

3. 根据权利要求1所述的无水电解液蓄电池，其中所述集电器为一个带有许多孔的金属薄板的形式。

4. 根据权利要求3所述的无水电解液蓄电池，其中所述集电器为一个丝网、板网或一个冲孔板的形式。

5. 根据权利要求1所述的无水电解液蓄电池，其中所述碳烧结物具有0.8～1.95g/ml的体积密度。”

经形式审查合格后，专利复审委员会受理了该复审请求，于2004年5月11日向请求人发出了复

审请求受理通知书，并请原审查部门对本案进行了前置审查。

原实质审查部门在前置审查意见中认为：1. 修改后的权利要求1中所增加的“以从约1t至约10t增大的压力”超范围；2. 即使克服该超范围的问题，权利要求1也不具有创造性，坚持原驳回决定。

专利复审委员会依法成立合议组对本案进行审查，并于2005年9月8日发出了复审通知书，指出：1. 2004年4月9日提交的权利要求1中增加了“以从约1t至约10t增大的压力”，而根据原权利要求书和说明书所记载的内容可知，本申请在对含有无塑性粘合剂的粘胶树脂的碳原料进行模压时，分别采用了1t、2t、3t、4t、5t、或10t的压力，而并没有在对碳原料进行同一次模压时采用“约1t至约10t增大的压力”，即本申请仅公开了压力点的值，而未公开可以采用各压力点值之间的连续压力。因此权利要求1中的内容“以从大约1t至约10t增大的压力模压含有无塑性粘合剂的胶粘树脂的碳原料以形成一成形物”超出了原权利要求书和说明书所记载的范围；2. 权利要求1要求保护一种产品，但特征部分“其特征在于所述集电器由在1000℃或更高温度下熔化的金属或一种合金形成，并在所述烧结之前附加到所述碳质材料上，碳烧结物是这样得到的：以从大约1t至约10t增大的压力模压含有无塑性粘合剂的胶粘树脂的碳原料以形成一成形物，然后在惰性气体中从大约500℃至约1000℃的升高温度下烧结该成形物，直至烧结基本完成”不是产品的结构特征，而是方法特征，因此导致该权利要求的保护范围不清楚。3. 权利要求1中还包括“约”“基本上”等导致权利要求保护范围不清楚的词语，应当删除。

针对复审通知书，请求人于2005年10月24日进行了意见陈述并提交了修改的权利要求书，将权利要求1的主题名称修改为一种制造无水电解蓄电池的方法，并用方法特征进行了描述；对超范围的部分进行了修改；删除“约”“基本上”等导致权利要求保护范围不清楚的词语。修改后的独立权利要求1的具体内容如下：

“1. 一种制造无水电解液蓄电池的方法，包括以下步骤：

利用活性正电极材料制成一个正电极；

制备一种无水电解溶液；

利用包含作为活性负电极材料的一种碳质材料和一个集电器通过以下步骤形成负电极：

由在1000℃或更高温度下熔化的金属或一种合金形成所述集电器，并将所述集电器附加到所述碳质材料上；

以1t、2t、3t、4t、5t或10t的压力模压含有无塑性粘合剂的胶粘树脂的碳原料以形成一成形物，然后在惰性气体中从500℃～1000℃的升高温度下烧结该成形物，直到烧结完成，从而形成碳烧结物；

由所述碳烧结物形成负电极。”

经审查，合议组认为本案事实清楚，可以作出复审决定。

二、决定的理由

1. 关于文本

复审请求人在2005年10月24日提交的修改文件符合专利法第三十三条和专利法实施细则第六十条的规定，因此合议组以申请日提交的说明书第1～16页、附图第1页以及说明书摘要及摘要附图，2005年10月24日提交的权利要求第1～5项，作为本复审决定所依据的文本。

2. 关于新颖性

根据专利法第二十二条第二款，新颖性，是指在申请日以前没有同样的发明或者实用新型在国内外公开出版物上公开发表过、在国内公开使用过或者以其他方式为公众所知，也没有同样的发明或者实用新型由他人向国务院专利行政部门提出过申请并且记载在申请日以后公布的专利申请文件中。

权利要求 1 要求保护一种制造无水电解液蓄电池的方法，对比文件 1（见说明书第 4 栏第 32 行到第 9 栏 26 行，实施例 8，权利要求 1 ~ 25）公开了一种制造锂二次电池的方法，并包含了如下技术特征：利用活性正电极材料制成正电极，制备含锂的非水电解液，由碳烧结体和集电体（相当于本申请的集电器）构成负极，碳烧结体附加到所述集电体上，集电体由镍、钛或不锈钢制成，通过均匀混合碳粉和碳粘结剂制造负极的碳模制颗粒，并在 800℃ ~ 1500℃ 和惰性气氛下模制成预定的尺寸和形状，但对比文件 1 未公开权利要求 1 中的特征是：以 1t、2t、3t、4t、5t 或 10t 的压力模压碳原料，因此权利要求 1 的方法与对比文件 1 的方法不同，不属于相同的技术方案，所以权利要求 1 相对于对比文件 1 具备新颖性。

由于权利要求 1 具备新颖性，因此引用它的权利要求 1 ~ 5 具备新颖性。

基于上述理由，合议组作出下述决定。

三、决定

撤销国家知识产权局于 2003 年 12 月 26 日作出的驳回 95108177.2 号申请的决定，由原实质审查部门以申请日提交的说明书第 1 ~ 16 页、附图第 1 页以及说明书摘要及摘要附图，2005 年 10 月 24 日提交的权利要求第 1 ~ 5 项为基础，继续审批程序。

021

保护电脑系统文件安全的方法案

复审请求审查决定（第7333号）

决　定　号　第7333号
决　定　日　2005年11月30日
发明创造名称　保护电脑系统文件安全的方法
国 际 分 类 号　G06F 12/14　G06F 12/16
复 审 请 求 人　神达电脑股份有限公司
专 利 申 请 号　99111056.0
申　请　日　1999年7月29日
公　开　日　2001年2月7日
合 议 组 组 长　张美菊
主　审　员　李韵美
参　审　员　朱芳芳

法 律 依 据　专利法第二十二条第三款
决 定 要 点

尽管对比文件1和对比文件2都是为了解决由于误操作或意外造成的数据丢失、损坏的问题，并且本申请的存储装置也是显而易见的，但是它们的技术方案的原理是不同的，都没有公开在BIOS中专设的备份还原功能。即使将对比文件1与对比文件2结合，也不能获得权利要求1请求保护的技术方案。

一、案由

本复审请求涉及申请日为1999年7月29日，申请号是99111056.0，发明名称为“保护电脑系统文件安全的方法”的发明专利申请（以下简称本申请），申请人是神达电脑股份有限公司。

在实质审查程序中，国家知识产权局实质审查部门发出的第一次审查意见通知书中指出本申请的权利要求1~7相对于对比文件1和对比文件2不具有创造性，不符合专利法第二十二条第三款的规定。申请人在答复审查意见通知书的意见陈述书中认为本申请的主要目的为通过BIOS将计算机操作系统或文件备份，并将备份文件存储于一存储装置，上述存储装置为独立于计算机操作系统之外，非为计算机操作系统可操控，而是通过BIOS进行读写控制。

国家知识产权局在第二次审查意见通知书中指出，对比文件1中的方法实现了当前权利要求1要实现的通过BIOS执行备份功能的目的，且使备份功能独立于操作系统的控制之外的目的，坚持权利要求1~7不具备创造性，不符合专利法第二十二条第三款的规定。申请人在针对第二次审查意见通知书的意见陈述中认为，对比文件1和对比文件2没有揭露本申请的主要技术特征，同时也无法据以推导出本发明的主要技术特征，权利要求1具备创造性，其从属权利要求2~7也具备创造性。

经审查，国家知识产权局在2004年6月4日以本申请的权利要求1~7不符合专利法第二十二条第三款的规定为由，作出了驳回决定。驳回决定所依据的对比文件是：

对比文件1:《自动定时备份技术与实现》,发行日期为1996年8月;

对比文件2:《重新认识Windows98的备份工具》,发行日期为1999年2月。

驳回决定所针对的权利要求书为:

"1. 一种保护电脑系统文件安全的方法,包括:

在上述电脑系统的BIOS设定中至少增设一备分功能,和一还原功能;以及至少提供一个存储装置,该存储装置独立于上述电脑系统的操作系统的控制的外,而可通过上述系统BIOS进行读写的控制;

其中,当在上述BIOS设定中执行上述备分功能时,则将系统硬盘的文件完全复制到上述存储装置上;

当在上述BIOS设定中执行上述还原功能时,则复制到上述存储装置上的文件,将被再复制回到上述硬盘。

2. 如权利要求1所述的方法,其特征是,上述存储装置是一硬盘装置、或是一可读写光盘装置。

3. 如权利要求1所述的方法,其特征是,上述存储装置可以是上述系统硬盘的一个分配区域。

4. 如权利要求1所述的方法,其特征是,将系统硬盘的文件完全复制到上述储存装置上,是使用数位对数位的方式;将上述存储装置上的文件复制回到上述硬盘的方式为数位对数位的方式。

5. 如权利要求1所述的方法,其特征是,在上述BIOS设定中还可增设一压缩/解压功能;当执行上述备分功能时,则先将系统硬盘的文件先行加以压缩后,再复制到上述存储装置上;当执行上述还原功能时,则可解压缩上述存储装置上的压缩文件,再被复制回到上述硬盘。

6. 如权利要求1所述的方法,其特征是,上述BIOS设定中,可以再增设一定时备分功能,使上述BIOS每隔一特定时间就自动执行备分硬盘的功能;以及,一跳过功能,以便用户选择不进行备分硬盘的动作。

7. 如权利要求1所述的方法,其特征是,上述BIOS能够执行驱动上述硬盘和上述存储装置的程序。"

申请人神达电脑股份有限公司(下称复审请求人)不服上述驳回决定,于2004年8月16日向国家知识产权局专利复审委员会提出复审请求,并提交了修改后的权利要求书和说明书。复审请求人认为:修改后的权利要求1~7所要求保护的技术方案相对于对比文件1和对比文件2具备创造性,符合专利法第二十二条第三款的规定。复审请求人提交的修改后的权利要求书为:

"1. 一种保护电脑系统文件安全的方法,包括:

在上述电脑系统的BIOS设定中至少增设一备分功能,和一还原功能;以及至少提供一个存储装置,该存储装置独立于上述电脑系统的操作系统的控制之外,而可通过上述系统BIOS进行读写的控制;

其中,当在上述BIOS设定中执行上述备分功能时,则系统硬盘的文件由备分模式进行处理,并完全复制到上述存储装置上;

当在上述BIOS设定中执行上述还原功能时,则复制到上述存储装置上的文件,将被再复制回到上述硬盘。

2. 如权利要求1所述的方法,其特征是,上述存储装置是一硬盘装置、或是一可读写光盘装置。

3. 如权利要求1所述的方法,其特征是,上述存储装置可以是上述系统硬盘的一个分配区域。

4. 如权利要求1所述的方法,其特征是,将系统硬盘的文件完全复制到上述储存装置上,是使用数位对数位的方式;将上述存储装置上的文件复制回到上述硬盘的方式为数位对数位的方式。

5. 如权利要求1所述的方法,其特征是,在上述BIOS设定中还可增设一压缩/解压功能;当执行上述备分功能时，则先将系统硬盘的文件先行加以压缩后，再复制到上述存储装置上；当执行上述还原功能时，则可解压缩上述存储装置上的压缩文件，再被复制回到上述硬盘。

6. 如权利要求1所述的方法，其特征是，上述BIOS设定中，可以再增设一定时备分功能，使上述BIOS每隔一特定时间就自动执行备分硬盘的功能；以及，一跳过功能，以便用户选择不进行备分硬盘的动作。

7. 如权利要求1所述的方法，其特征是，上述BIOS能够执行驱动上述硬盘和上述存储装置的程序。"

专利复审委员会对复审请求人的复审请求经形式审查，予以受理，并将该复审请求书连同原申请案卷一并送交作出驳回决定的原审查部门进行前置审查。在前置审查意见书中，国家知识产权局实质审查部门认为本申请的发明点在于由BIOS将系统文件按备份模式处理，并且执行还原功能，从而使备份功能独立于操作系统的控制之外；而对比文件1恰恰公开了利用BIOS进行备份和还原的详细方案，并且将现有的如对比文件2所公开的备份和还原方法移植到BIOS中，使BIOS中具有上述如对比文件2所公开的备份和还原功能，并且BIOS在执行该备份功能时，直接将系统硬盘上的文件复制到一存储装置，如：硬盘、磁带机或者其他存储媒体；在执行还原功能时，将存储到上述存储装置上的文件在复制回系统硬盘上，从而得到本申请所请求保护的技术方案对于本领域技术人员来说是显而易见的。因此，本申请不符合专利法第二十二条第三款的规定，因而坚持原驳回决定。

针对本复审请求，专利复审委员会依法成立合议组对本复审请求进行了审查，合议组认为本案事实已经清楚，可以作出复审决定。

二、决定的理由

复审请求人在请求复审时提交的修改文本符合专利法第三十三条和专利法实施细则第六十条的有关规定，合议组予以接受。本复审决定所依据的文本是：2004年8月16日提交的权利要求第1~6项、1999年7月29日提交的权利要求第7项、说明书第1~3页、说明书附图第1页、说明书摘要以及摘要附图。

权利要求1的创造性

权利要求1请求保护一种保护电脑系统文件安全的方法，在上述电脑系统的BIOS设定中至少增设一备分功能，和一还原功能；以及至少提供一个存储装置，该存储装置独立于上述电脑系统的操作系统的控制之外，而可通过上述系统BIOS进行读写的控制；其中，当在上述BIOS设定中执行上述备分功能时，则系统硬盘的文件由备分模式进行处理，并完全复制到上述存储装置上；当在上述BIOS设定中执行上述还原功能时，则复制到上述存储装置上的文件，将被再复制回到上述硬盘。对比文件1公开了一种自动定时备份技术，参见对比文件1第1页的"程序设计原理及实现技术"部分的描述，其程序的设计思想是，利用系统的实时钟，使得系统每隔一定的时间就自动备份一次当前输入的文件。本程序通过修改INT8H和INT16H中断服务程序来完成自动定时备份功能。首先，通过扩展INT8中断（时钟中断）服务程序来完成自动定时备份功能。INT8中断是IBM微机的BIOS中的一个硬件中断。对比文件1公开的程序通过INT8设置时间计数器，在计数器达到一定的值时，就将自动备份标志单元置"1"。然后，通过扩展INT16H中断服务程序来完成自动备份的功能：扩展的INT16H中断服务程序首先检查自动备份标志AUTO的状态，如果没被设置"1"，就转去执行原INT16H中断服务程序，如果已经被置为"1"，就自动把当前输入的（存放在内存中的）文件数据自动写到一个文件中，同时置自动备份标志AUTO为"0"，如因意外停电没能存盘，只要将AUTO.00拷贝出来进行编辑即可。程序可自动生成五个备份文件AUTO.001、AUTO.002、AUTO.003、AUTO.004和AUTO.005，通过检查五个文件的生成日期和时间，就可找到最新备份的文件。从上述描述中可以看出，其程序是依赖于操作系统的，是在操作系统下运行的，它所备份的内容是当前用户输入的数据（被修改的数据，且存放在内存中），并将该数据写入到一个文件中。在执行还原时，根据自动生成的五个备份文件判断最新备份的文件，将该备份文件拷贝出来进行编辑从而恢复。即，对比文件1是通过建立临时文件来进行备份，而权利要求1中的技术方案是通过独立于操作系统的存储装置来进行备份的，它的备份与恢复，都是通过在BIOS中预先设定的功能来完成的，而不需要操作系统的介入。因此，对比文件1与权利要求1请求保护的技术方案的原理是不同的。

对比文件2公开了在Windows98操作系统中进行备份的工具，通过该系统工具可以对硬盘文件进行备份。对比文件2公开的技术方案完全是在操作系统下对硬盘上的内容进行备份的一个系统工具，不涉及通过BIOS控制数据的备份和还原的技术方案。因此，对比文件2与权利要求1请求保护的技术方案的原理也是不同的。

对于请求人在复审请求书中强调的本申请中的存储装置，合议组认为，对比文件1和对比文件2公开的技术方案中都有存储装置，该存储装置为硬盘。尽管对比文件1和对比文件2中存储备份数据的位置是由操作系统控制的硬盘，但是，对本领域的技术人员来讲，为了达到通过BIOS对备份数据进行操作的目的，将备份的数据存储在硬盘以外的存储装置上是容易想到的。举例来说，在安装操作系统之前，就需要利用预先存储在BIOS中的部分指令对硬件进行配置，而这些指令就是独立于操作系统之外且被存储在BIOS中的数据，从而可以想到将其他数据也存储在硬盘以外的存储装置中。因此，合议组认为，对比文件1和对比文件2公开了存储装置，尽管其中公开的存储装置与权利要求1中的存储装置有所不同，即受哪个装置控制不同，但是本领域的普通技术人员在现有技术的基础上能够想到采用独立于操作系统之外的存储装置存储备份的数据。

综上所述，尽管对比文件1和对比文件2都是为了解决由于误操作或意外造成的数据丢失、损坏的问题，并且本申请中的存储装置也是显而易见的，但是它们的技术方案的原理是不同的，都没有公开在BIOS中专设的备份还原功能。即使将对比文件1与对比文件2结合，也不能获得权利要求1请求保护的技术方案。因此，权利要求1相对于对比文件1和对比文件2具备创造性，符合专利法第二十二条第三款的规定。

权利要求2～7的创造性

在权利要求1相对于对比文件1和对比文件2具备创造性的基础上，其从属权利要求2～7也符合专利法第二十二条第三款的规定，具备创造性。

基于上述理由，权利要求1～7均符合专利法第二十二条第三款的规定，具备创造性。

三、决定

撤销国家知识产权局于2004年6月4日对99111056.0号发明专利申请作出的驳回决定。

由国家知识产权局原实质审查部门依据：2004年8月16日提交的权利要求第1～6项、1999年7月29日提交的权利要求第7项、说明书第1～3页及说明书附图第1页、说明书摘要、摘要附图继续审查程序。

022

计算机的数据存储结构以及使用此结构的计算机案

复审请求审查决定（第7403号）

决　定　号　第7403号
决　定　日　2005年11月2日
发明创造名称　计算机的数据存储结构以及使用此结构的计算机
国际分类号　G06F 15/02、17/60
复审请求人　G&G法尔玛株式会社
专利申请号　97115562.3
申　请　日　1997年7月25日
公　开　日　1998年6月24日
合议组组长　崔哲勇
主　审　员　穆丽娟
参　审　员　马志远

法律依据　专利法第二十二条第二款　专利实施细则第二十条第一款
决定要点

复审请求人在答复复审通知书时提交的权利要求书中已经删除了驳回决定所针对的权利要求，因此已经克服了驳回决定以及复审通知书中所指出的缺陷，故在修改文本的基础上撤销驳回决定。

一、案由

本复审请求涉及1997年7月25日申请的，申请号为97115562.3，发明名称为“计算机的数据存储结构以及使用此结构的计算机”的发明专利申请（下称本申请），申请人是G&G法尔玛株式会社。

在实质审查过程中，国家知识产权局实质审查部门在2002年4月5日第一次审查意见通知书中指出：权利要求1不是一个技术方案，同时也是不清楚的，分别引用专利法实施细则第二十一条第二款和第二十条第一款的规定；权利要求2相对于对比文件1（US 5490060A）不具备新颖性，不符合专利法第二十二条第二款的规定。

针对实质审查部门发出的第一次审查意见通知书，申请人于2002年10月21日提交了答复意见，并提交权利要求、说明书替换页，根据说明书内容重新撰写了权利要求书，其中权利要求1~7、9为新权利要求，权利要求8与原始文本的权利要求2大致相同；并且申请人认为：修改后的权利要求是技术方案，不缺少必要技术特征，并且权利要求8相对于对比文件1具备新颖性。

国家知识产权局实质审查部门于2003年6月20日发出了第二次审查意见通知书，指出：权利要求8相对于对比文件1不具备新颖性，不符合专利法第二十二条第二款的规定。

申请人在2003年9月5日提交了意见陈述书中，并提交修改的权利要求1~9项以及说明书第3页替换页，对权利要求8的用语以及语序进行了修改；并且认为：修改后的权利要求8相对于对比文件1具备新颖性。

国家知识产权局实质审查部门继续审查后，认为本申请权利要求 8 仍然不符合专利法第二十二条第二款的规定，于 2003 年 11 月 14 日作出了驳回本申请的决定。驳回决定的主要理由是：申请人针对第二次审查意见通知书的审查意见对权利要求 8 的修改只是表达方式上的修改，其实质内容未变；因此依据与二通相同的理由进行驳回。

申请人 G&G 法尔玛株式会社（下称复审请求人）对上述驳回决定不服，于 2004 年 3 月 1 日向专利复审委员会提出复审请求，同时提交了权利要求书以及说明书第 1 ~6 页的修改文本，其中对原权利要求 8 进行了修改，将权利要求 1 中方法的步骤补充进入权利要求 8，用于装置的功能性限定，并且根据权利要求 2 ~7 重新撰写了权利要求 8 的从属权利要求9 ~14，以及提交了说明书替换页 1 ~6 页；并且据此请求人认为：已经克服了审查员驳回决定中所指出的权利要求 8 的新颖性问题，没有超范围，也不涉及创造性问题。

专利复审委员会于 2004 年 3 月 23 日发出受理通知书，并启动前置审查程序。

在前置审查程序中，国家知识产权局原实质审查部门审查员认为修改后的权利要求 8 ~14 是用方法来限定装置，是不清楚的。

专利复审委员会依法成立合议组对本案进行审查，于 2005 年 4 月 6 日发出复审通知书，审查意见主要包括：请求人在提复审请求时所提交的修改文本中，对权利要求 8 进行了修改，对所述 POS 记算机装置进行功能限定，但是这种限定方法造成修改后的权利要求 8 保护范围不清楚，因为其保护主题为装置，但未使用结构、连接关系等对其限定，属于纯功能性限定的权利要求，不符合专利法实施细则第二十条第一款的有关规定。因此，当前的权利要求 8 是肯定不会被允许的。同时权利要求 9 ~14也存在类似权利要求 8 出现的上述缺陷，因此也是不清楚的，不符合专利法实施细则第二十条第一款的有关规定。但是如果请求人再次将权利要求 8 中方法步骤的限定删除，而改回驳回决定所针对的权利要求，则又必将出现驳回决定中指出的违反专利法第二十二条有关新颖性规定的情况。

复审请求人于 2005 年 5 月 27 日对上述复审通知书作出答复，提交了权利要求书替换页第 1 ~2 页，其中删除了原权利要求 8 ~14，对保留的权利要求重新进行了编号。

在上述工作的基础上，合议组认为本案事实清楚，可以作出本复审请求审查决定。

二、决定的理由

经审查，合议组认为复审请求人在答复复审通知书时提交的修改文本未超出原始说明书和权利要求书记载的范围，符合专利法第三十三条和专利法实施细则第六十条的规定，因此本复审决定依据的文本为：该申请于申请日提交的说明书附图第 1 ~8 页、说明书摘要以及摘要附图，和于 2004 年 3 月 1 日提交的说明书第 1 ~6 页，2005 年 5 月 27 日提交的权利要求第 1 ~8 项。

鉴于复审请求人 2005 年 5 月 27 日提交的权利要求书替换页中已经删除了驳回决定所针对的权利要求 8 ~14，因此，本申请的修改文本已经克服了驳回决定所指出的权利要求 8 不具备新颖性的缺陷，故在修改文本的基础上撤销驳回决定。至于本申请的说明书和新修改的权利要求书是否存在其他缺陷则留待后续程序继续审查。

三、决定

撤销国家知识产权局于 2003 年 11 月 14 日对 97115562. 3 号专利申请所作出的驳回决定，以本申请于申请日提交的说明书附图第 1 ~8 页、说明书摘要以及摘要附图，和于 2004 年 3 月 1 日提交的说明书第 1 ~6 页，2005 年 5 月 27 日提交的权利要求第 1 ~8 项为基础，由原实质审查部门继续进行审批程序。

023

半导体器件用的绝缘薄膜案

复审请求审查决定（第7404号）

决 定 号 第7404号
决 定 日 2005年11月29日
发明创造名称 半导体器件用的绝缘薄膜
国际分类号 H01L 23/532 H01L 23/29
复审请求人 株式会社东芝
专利申请号 97190416.2
申 请 日 1997年4月22日
公 开 日 1998年8月5日
合议组组长 高 栋
主 审 员 李玲玲
参 审 员 苏 青

法律依据 专利法第十八条
决定要点

原实质审查部门在作出驳回决定之前，应就驳回决定中涉及的事实和理由给申请人至少一次陈述意见和/或进行修改的机会，否则，原实质审查部门驳回决定的作出将违反专利法第三十八条的规定。

一、案由

本复审请求涉及进入中国国家阶段的日期为1997年12月23日、优先权日为1996年4月23日、发明名称为"半导体器件用的绝缘薄膜"、申请号为97190416.2的发明专利申请，申请人为株式会社东芝。

在实质审查阶段，国家知识产权局原实质审查部门于2002年7月12日发出第一次审查意见通知书，其中引用了一篇对比文件：即对比文件1：US4692344A，公开日为1987年9月8日，并指出：本申请的独立权利要求1及其从属权利要求2、4、5相对于对比文件1不符合专利法第二十二条第二款有关新颖性的规定，独立权利要求14的从属权利要求15、17、18、20相对于对比文件1不符合专利法第二十二条第二款有关新颖性的规定，独立权利要求23的从属权利要求24、26、27相对于对比文件1不符合专利法第二十二条第二款有关新颖性的规定，独立权利要求30的从属权利要求31和独立权利要求32的从属权利要求33相对于对比文件1不符合专利法第二十二条第二款有关新颖性的规定；独立权利要求1的从属权利要求3、独立权利要求14的从属权利要求16和独立权利要求23的从属权利要求25相对于对比文件1不符合专利法第二十二条第三款有关创造性的规定；权利要求6、7、8、11、14、21、22、23、28、29、30、32的保护范围不清楚，不符合专利法实施细则第二十条第一款的规定。第一次审查意见通知书所涉及的权利要求如下：

"1. 一种具有借助采用包含具有Si－H结合体的气体作为材料气体通过CVD所生成的绝缘薄膜

的半导体器件，其特征在于绝缘薄膜中的 Si－H 结合体的数量为 $0.6\times10^{21}cm^{-3}$或更少。

2. 如权利要求 1 中的器件，其中的绝缘层是层间绝缘薄膜或钝化薄膜。

3. 如权利要求 1 中的器件，其中的绝缘薄膜至少设置于金属互连线上面。

4. 如权利要求 1 中的器件，其中的绝缘薄膜是借助等离子体 CVD 生成的。

5. 如权利要求 1 中的器件，其中的绝缘薄膜是从 SiO^2 薄膜、PSG 薄膜、BSG 薄膜、ASG 薄膜、BPSG 薄膜、GSG 薄膜、Si_3N_4 和 SiOxNy 薄膜中选择的一种。

6. 如权利要求 1 中的器件，其中的绝缘薄膜的折射率为 1.65 或更大。

7. 如权利要求 1 中的器件，其中的绝缘薄膜中的氮的浓度为 $3\times10^{21}cm^{-3}$或更高。

8. 在具有钝化薄膜的半导体器件和覆盖有钝化薄膜的晶片中，钝化薄膜是借助采用包含具有 Si－H 结合体的气体作为材料气体通过 CVD 所生成的，并且钝化薄膜中的 Si－H 结合体的数量为 $0.6\times10^{21}cm^{-3}$或更少。

11. 在具有钝化薄膜的半导体器件和覆盖有钝化薄膜的芯片中，钝化薄膜是借助采用包含具有 Si－H 结合体的气体作为材料气体通过 CVD 所生成的，并且钝化薄膜中的 Si－H 结合体的数量为 $0.6\times10^{21}cm^{-3}$或更少。

14. 在具有半导体衬底、在此半导体衬底上形成的存储器单元和在此存储器单元上面生成的绝缘薄膜的存储器器件中，绝缘薄膜是借助采用包含具有 Si－H 结合体的气体作为材料气体通过 CVD 所生成的，并且绝缘薄膜中的 Si－H 结合体的数量为 $0.6\times10^{21}cm^{-3}$或更少。

15. 如权利要求 14 中的器件，其中的绝缘层是层间绝缘薄膜或钝化薄膜。

16. 如权利要求 14 中的器件，其中的绝缘薄膜至少设置于金属互连线上面。

17. 如权利要求 14 中的器件，其中的绝缘薄膜是借助等离子体 CVD 生成的。

18. 如权利要求 14 中的器件，其中的绝缘薄膜是从 SiO_2 薄膜、PSG 薄膜、BSG 薄膜、ASG 薄膜、BPSG 薄膜、GSG 薄膜、Si_3N_4 和 SiOxNy 薄膜中选择的一种。

20. 如权利要求 14 中的器件，其中的存储器单元是 EEPROM。

21. 如权利要求 14 中的器件，其中的绝缘薄膜的折射率为 1.65 或更大。

22. 如权利要求 14 中的器件，其中的绝缘薄膜中的氮的浓度为 $3\times10^{21}cm^{-3}$或更高。

23. 在具有半导体衬底、在此半导体衬底上形成的 MOS 晶体管和在此 MOS 晶体管上生成的绝缘薄膜的存储器器件中，绝缘薄膜是借助采用包含具有 Si－H 结合体的气体作为材料气体通过 CVD 所生成的，并且绝缘薄膜中的 Si－H 结合体的数量为 $0.6\times10^{21}cm^{-3}$或更少。

24. 如权利要求 23 中的器件，其中的绝缘层是层间绝缘薄膜或钝化薄膜。

25. 如权利要求 23 中的器件，其中的绝缘薄膜至少设置于金属互连线上面。

26. 如权利要求 23 中的器件，其中的绝缘薄膜是借助等离子体 CVD 生成的。

27. 如权利要求 23 中的器件，其中的绝缘薄膜是从 SiO_2 薄膜、PSG 薄膜、BSG 薄膜、ASG 薄膜、BPSG 薄膜、GSG 薄膜、Si_3N_4 和 SiOxNy 薄膜中选择的一种。

28. 如权利要求 23 中的器件，其中的绝缘薄膜的折射率为 1.65 或更大。

29. 如权利要求 23 中的器件，其中的绝缘薄膜中的氮的浓度为 $3\times10^{21}cm^{-3}$或更高。

30. 在一种借助采用包含具有 Si－H 结合体的气体作为材料气体通过 CVD 生成绝缘薄膜的方法中，对具有 Si－H 结合体的气体的流量进行调节而使绝缘薄膜中的 Si－H 结合体的数量成为 $0.6\times10^{21}cm^{-3}$或更少。

31. 如权利要求 30 中的方法，其中的绝缘薄膜是借助等离子体 CVD 生成的。

32. 在一种借助采用包含具有 Si－H 结合体的气体作为材料气体通过 CVD 生成绝缘薄膜的方法

中，对具有 Si－H 结合体的气体以外的气体的流量进行调节而使绝缘薄膜中的 Si－H 结合体的数量成为 $0.6\times10^{21}cm^{-3}$ 或更少。

33. 如权利要求 32 中的方法，其中的绝缘薄膜是借助等离子体 CVD 生成的。”

申请人于 2002 年 11 月 25 日针对第一次审查意见通知书提交了意见陈述书，同时提交了经修改的权利要求书，其中将从属权利要求 7、10、13、22 和 29 的附加技术特征分别补入独立权利要求 1、8、11、14 和 23 中形成新的独立权利要求 1、7、9、11 和 19，然后删除了这些从属权利要求，在独立权利要求 30 和独立权利要求 32 中也补入了同样的技术特征形成新的独立权利要求 25 和独立权利要求 27。申请人认为：由于审查员没有对这些从属权利要求 7、10、13、22 和 29 的新颖性和创造性加以评述，因此修改后的独立权利要求 1、7、9、11、19、25 和独立权利要求 27 具备新颖性和创造性。同时也修改相应权利要求克服了权利要求书中不清楚的缺陷。

国家知识产权局原实质审查部门于 2003 年 1 月 31 日针对申请人于 2002 年 11 月 25 日提交的权利要求第 1～28 项、进入中国国家阶段时提交的说明书第 1～15 页、附图第 1～11 页、说明书摘要和摘要附图驳回了该申请。驳回的理由是：权利要求 1、2、4、5、7、9、11、19 所要求保护的技术方案相对于对比文件 1 不符合专利法第二十二条第二款有关新颖性的规定，权利要求 3 所要求保护的技术方案相对于对比文件 1 不符合专利法第二十二条第三款有关创造性的规定。驳回决定涉及的权利要求如下：

“1. 一种具有借助采用包含具有 Si－H 结合体的气体作为材料气体通过 CVD 所生成的绝缘薄膜的半导体器件，其特征在于绝缘薄膜中的 Si－H 结合体的数量小于等于 $0.6\times10^{21}cm^{-3}$，绝缘薄膜中的氮的浓度大于等于 $3\times10^{21}cm^{-3}$。

2. 如权利要求 1 中的器件，其中的绝缘层是层间绝缘薄膜或钝化薄膜。

3. 如权利要求 1 中的器件，其中的绝缘薄膜至少设置于金属互连线上面。

4. 如权利要求 1 中的器件，其中的绝缘薄膜是借助等离子体 CVD 生成的。

5. 如权利要求 1 中的器件，其中的绝缘薄膜是从 SiO_2 薄膜、PSG 薄膜、BSG 薄膜、ASG 薄膜、BPSG 薄膜、GSG 薄膜、Si_3N_4 和 SiOxNy 薄膜中选择的一种。

7. 一种具有钝化薄膜和覆盖有钝化薄膜的晶片的半导体器件，钝化薄膜是借助采用包含具有 Si－H结合体的气体作为材料气体通过 CVD 所生成的，并且钝化薄膜中的 Si－H 结合体的数量小于等于 $0.6\times10^{21}cm^{-3}$，钝化薄膜中的氮浓度大于等于 $3\times10^{21}cm^{-3}$。

9. 一种具有钝化薄膜和覆盖有钝化薄膜的芯片的半导体器件，钝化薄膜是借助采用包含具有 Si－H结合体的气体作为材料气体通过 CVD 所生成的，并且钝化薄膜中的 Si－H 结合体的数量小于等于 $0.6\times10^{21}cm^{-3}$，钝化薄膜中的氮浓度大于等于 $3\times10^{21}cm^{-3}$。

11. 一种具有半导体衬底、在此半导体衬底上形成的存储器单元和在此存储器单元上面生成的绝缘薄膜的存储器器件，绝缘薄膜是借助采用包含具有 Si－H 结合体的气体作为材料气体通过 CVD 所生成的，并且绝缘薄膜中的 Si－H 结合体的数量小于等于 $0.6\times10^{21}cm^{-3}$，绝缘薄膜中的氮的浓度大于等于 $3\times10^{21}cm^{-3}$。

19. 一种具有半导体衬底、在此半导体衬底上形成的 MOS 晶体管和在此 MOS 晶体管上生成的绝缘薄膜的存储器器件，绝缘薄膜是借助采用包含具有 Si－H 结合体的气体作为材料气体通过 CVD 所生成的，并且绝缘薄膜中的 Si－H 结合体的数量小于等于 $0.6\times10^{21}cm^{-3}$，绝缘薄膜中的氮的浓度大于等于 $3\times10^{21}cm^{-3}$。”

申请人（下称复审请求人）不服该驳回决定，于 2003 年 5 月 8 日向专利复审委员会提出复审请求，复审请求人在复审请求书中认为本申请的权利要求具备新颖性和创造性。

经形式审查合格后，专利复审委员会受理了该复审请求，并于2003年6月2日向复审请求人发出了复审请求受理通知书，同时向原实质审查部门发出了前置审查通知书。

在前置审查意见书中，原实质审查部门坚持驳回决定。

专利复审委员会依法成立合议组，对本复审请求案进行审查。经审查，合议组认为本案事实已经清楚，可依法作出复审决定。

二、决定的理由

（一）审查基础

由于复审请求人在提出复审请求时未对申请文件进行修改，因此本复审决定以驳回决定所依据的文本，即复审请求人于2002年11月25日提交的权利要求第1～28项、进入中国国家阶段时提交的说明书第1～15页、附图第1～11页、说明书摘要和摘要附图为基础。

（二）关于专利法第三十八条

专利法第三十八条规定："发明专利申请经申请人陈述意见或者进行修改后，国务院专利行政部门仍然认为不符合本法规定的，应当予以驳回。"

审查指南（2001年版）第二部分第八章第2.2节实质审查程序中的基本原则规定："（2）听证原则

在实质审查过程中，审查员在作出驳回决定之前，应当给申请人提供至少一次针对驳回理由和证据陈述意见和/或修改申请文件的机会，即审查员作出驳回决定时，决定中涉及的驳回理由和所依据的证据应当在之前的审查意见通知书中已经告知过申请人。"

审查指南（2001年版）第二部分第八章第6.1.1节驳回申请的条件规定："审查员在作出驳回决定之前，应当将其经实质审查认定申请属于专利法实施细则第五十三条规定的应予驳回情形的事实、理由、证据和法律依据通知申请人，并给申请人至少一次陈述意见和/或进行修改申请文件的机会。如果申请人在指定的期限内未提出有说服力的意见和/或证据，也未对申请文件进行符合专利法及其实施细则规定的修改，或者修改后的申请文件中仍然存在足以用已通知过申请人的理由和证据予以驳回的缺陷，则审查员可以作出驳回决定。"

复审请求人在答复第一次审查意见通知书时提交了经修改的权利要求书全文替换页，将原从属权利要求7的附加技术特征补入原独立权利要求1中形成新的独立权利要求1，同时将原从属权利要求10和从属权利要求13的附加技术特征分别补入原独立权利要求8和11中形成新的独立权利要求7和9，将原从属权利要求22和从属权利要求29的附加技术特征分别补入原独立权利要求14和23中形成新的独立权利要求11和19。

国家知识产权局原实质审查部门直接以权利要求1、2、4、5、7、9、11和19相对于对比文件1不具备新颖性、权利要求3相对于对比文件1不具备创造性作出了驳回决定。由于第一次审查意见通知书对原独立权利要求8、11、14、23的技术方案和原从属权利要求7、10、13、22、29的技术方案的新颖性和创造性问题没有进行评述，因此驳回决定中所述的权利要求1、2、4、5、7、9、11、19相对于对比文件1不符合专利法第二十二条第二款的规定、权利要求3相对于对比文件1不符合专利法第二十二条第三款的规定所涉及的事实、理由在第一次审查意见通知书中并未告知申请人，造成申请人失去针对包括原权利要求7的附加技术特征在内的权利要求1～5、包括原权利要求8、10在内的独立权利要求7、包括原权利要求11、13在内的独立权利要求9、包括原权利要求14、22在内的独立权利要求11和包括原权利要求23、29在内的独立权利要求19的技术方案相对于对比文件1是否具备新颖性和创造性陈述意见和/或进行修改的机会，违反了实质审查程序中的第（2）条基本原则——听证原则。因此，原实质审查部门作出驳回决定的程序违反了专利法第三十八条的规定。

三、决定

撤销国家知识产权局于2003年1月31日作出的驳回第97190416.2号发明专利申请的决定，由原实质审查部门在驳回决定所依据的文本的基础上继续进行审批程序。

024

具有分层菜单系统和动态菜单的一种便携式通信装置案

复审请求审查决定（第7406号）

决　定　号　第7406号
决　定　日　2005年11月25日
发明创造名称　具有分层菜单系统和动态菜单的一种便携式通信装置
国际分类号　G06F 3/033　H04M 1/00
复审请求人　艾利森电话股份有限公司
申　请　号　00805170.4
申　请　日　2000年3月10日
公　开　日　2002年4月10日
合议组组长　张美菊
主　审　员　龙　安
参　审　员　杜　宇

法律依据　专利法第二十六条第三款
决定要点

所属领域技术人员能够实现，是指所属领域技术人员根据说明书记载，无需付出创造性劳动就能再现该发明的技术方案，解决其技术问题，并且产生预期技术效果。该发明专利申请中的菜单系统及对其的相关操作皆属所述领域的现有技术，本领域普通技术人员据说明书记载及公知技术无需付出创造性劳动就可实现所述技术方案，达到相应发明目的，实现预期效果。

一、案由

该复审请求涉及申请日为2000年3月10日、优先权日为1999年3月16日、申请号为00805170.4、名称为“具有分层菜单系统和动态菜单的一种便携式通信装置”的发明专利申请，申请人为艾利森电话股份有限公司。

2003年3月7日，国家知识产权局发出第一次审查意见通知书，指出涉案说明书公开不充分，不符合专利法第二十六条第三款的规定。

2003年7月14日，申请人答复上述意见通知书，陈述了其说明书已清楚、完整地公开技术方案的理由。

2004年6月25日，国家知识产权局驳回该发明专利申请，驳回理由为：“本发明想要解决的问题是：‘提供一动态菜单300，其包括一个菜单项目，用来提供一个功能，修改菜单项目的数目’及‘用户可以决定将添加的菜单项放在动态菜单上的任何一个菜单项的位置上’，但是在本发明的说明书中只记载了该菜单的菜单项构成及用户操作方法，并没有记载菜单项目的数目修改（添加、删除，可放在任何位置）功能是由该便携式通信装置的那些组成部分完成以及如何完成的。因此本发明申请只是对要解决这个技术问题给出了一个设想，而未给出任何使所属技术领域的技术人员能够实施的技术手段，使本领域技术人员不能实现，造成申请文本公开不充分，因此不符合专利法第二十六条第三款的有关规定。”

申请人（下称复审请求人）对上述驳回决定不服，于2004年10月10日向国家知识产权局专利复审委员会提出复审请求，随附修改的说明书第1~8页。所述修改主要是在说明书背景技术部分增加了两段原始申请文件中已引用的对比文件GB 2293951 A中的内容，所述内容解释了一般菜单系统如何在设备上操作，而本发明的设备和菜单系统以同样的方式操作，这些特征是一个用于实现本发明的特征部分的平台。复审请求人在复审请求书中指出：说明书第4页第10~15、20~25行及其他部分已详细描述了硬件和软件之间的交互作用，以及软件如何在硬件上执行，以使电话的操作受到操作系统的控制，而操作系统运行工具程序和菜单系统程序，以实现例如修改根据本发明的动态菜单的菜单项目数的功能。因此，说明书符合专利法第二十六条第三款的要求。

经形式审查合格，专利复审委员会受理了该复审请求，于2004年10月28日发出复审请求受理通知书和前置审查通知书。

前置审查程序中，国家知识产权局原实质审查部门坚持原驳回决定。

专利复审委员会依法成立合议组，对此案进行审理，在对其进行合议审查的基础上，认为本案事实清楚，可以作出复审决定。

二、决定理由

1. 确定文本

随复审请求书提交的说明书替换页第1~8页符合专利法第三十三条及专利法实施细则第六十条的规定，可被接受。因此，本决定所依据的文本为：2004年10月10日提交的说明书第1~8页，国际初步审查报告附件的中文译文中的权利要求第1~6项，原始提出的国际申请文件中的附图第1~2页的中文译文。

2. 关于说明书是否公开充分的问题

专利法第二十六条第三款规定：说明书应当对发明作出清楚、完整的说明，以所述技术领域的技术人员能够实现为准。所属技术领域技术人员能够实现，是指所属领域的技术人员依说明书的记载，无需创造性的劳动，就能再现该发明技术方案，解决其技术问题，并且产生预期的技术效果。

就此案而言，合议组认为其说明书已清楚、完整地公开所述技术方案，本领域普通技术人员依说明书的记述及公知技术，可无需花费创造性劳动地实现该方案，达到其发明目的。具体理由如下：

现有无线通信设备的菜单系统中，存在“用户使用所需菜单系统不便”的问题（说明书第2页第21至第3页第1行）。为解决所述问题（说明书第3页第10~13行），该发明专利申请提出一种供移动电话这样的便携式通信装置使用的、改进的菜单系统，以更加方便用户使用。具体而言，所述发明专利申请提供了一种具有可被用户定制的、能容易地从正常的菜单系统进入的动态菜单的便携式通信装置，用户能够用很简单的方式添加和删除菜单项，所述动态菜单还包括一个特殊的菜单项，用户使用该特殊菜单项可以修改动态菜单的内容。

合议组认为：该发明专利申请所针对的、已有的菜单系统可以向用户提供对菜单项目进行增、删、改的基本操作，因此这些操作属于本领域现有技术，而所述便携式通信装置哪些部分完成、如何完成各项操作皆为公知技术。本领域普通技术人员根据最基本的数据结构知识和编程技术，可以容易地实现对菜单系统的修改，即对菜单项目的数目、内容进行增、删、改。该发明专利申请提供的动态菜单是对现有菜单系统结构本身的改进，（说明书第3页第10~22行）通过重新编排菜单系统，提高用户的可操作性。对菜单系统结构的改进，涉及对其内部的条目及其子条目的增、删、改这些基本处理方式，本领域普通技术人员在现有技术的基础上结合本领域的公知常识，根据说明书记载的内容可以不付出创造性劳动地实现所述发明专利申请的技术方案。因此，该发明专利申请的说明书已清楚、完整地公开所述技术方案，符合专利法第二十六条第三款的规定。

三、决定

撤销国家知识产权局于2004年6月25日对00805170.4号发明专利申请作出的驳回决定，以2004年10月10日提交的说明书第1~8页、国际初步审查报告附件的中文译文中的权利要求第1~6项、原始提出的国际申请文件中的附图第1~2页中文译文为基础，由实质原审查部门继续审批程序。

025

由分布式计算机系统的一个硬件元件报告错误的系统案

复审请求审查决定（第7407号）

决　定　号　第7407号
决　定　日　2005年12月2日
发明创造名称　由分布式计算机系统的一个硬件元件报告错误的系统
国际分类号　G06F 11/00
复审请求人　国际商业机器公司
专利申请号　98105711. X
申　请　日　1998年3月17日
公　开　日　1998年10月14日
合议组组长　石　清
主　审　员　朱芳芳
参　审　员　黄毅斐

法律依据　专利法第二十六条第三款
决定要点

专利法第二十六条第三款规定：说明书应当对发明或者实用新型作出清楚、完整的说明，以所属技术领域的技术人员能够实现为准。

在这一规定中，清楚，是指说明书应当写明发明或者实用新型所要解决的技术问题以及解决其技术问题采用的技术方案，并对照现有技术写明发明或者实用新型的有益效果。上述技术问题、技术方案和有益效果应当相互适应，不得出现相互矛盾或不相关联的情形。

一、案由

本复审请求涉及申请日为1998年3月17日、公开日为1998年10月14日、发明名称为“由分布式计算机系统的一个硬件元件报告错误的系统”的发明专利申请，其申请号为98105711. X，申请人为国际商业机器公司。该申请的原始申请文本中公开的独立权利要求1如下：

“1. 在分布式计算机系统中报告错误的一种系统，所述的系统包括：

分布式计算机系统中的一个硬件元件，它适用于在检测到一个错误时生成一个错误信息；并且

所述硬件元件进一步适于从所述的硬件元件将所述错误信息转发到所述分布式计算机系统的第一个指定的处理节点。”

针对本申请的原始申请文本，国家知识产权局实质审查部门于2001年6月15日发出第一次审查意见通知书，指出权利要求1～8得不到说明书支持，不符合专利法第二十六条第四款的有关规定。

申请人于2001年10月30日答复第一次审查意见通知书时，提交了意见陈述书和新修改的权利要求第1～7项，并陈述了权利要求1～8能够得到说明书支持的理由。上述新修改的独立权利要求1如下：

"1. 在分布式计算机系统中报告错误的一种系统，所述的系统包括：

分布式计算机系统中的一个硬件元件，它适用于在检测到一个错误时产生一个服务包，所述服务包包括所述错误信息和一条到一个第一个指定处理节点的路径；并且

所述硬件元件进一步适于从所述的硬件元件将所述服务包转发到所述分布式计算机系统的第一个指定的处理节点。"

2003 年 7 月 18 日，国家知识产权局实质审查部门发出第二次审查意见通知书，再次指出上述新修改的权利要求 1 ~7 得不到说明书的支持，不符合专利法第二十六条第四款的有关规定。

申请人于 2003 年 9 月 27 日答复第二次审查意见通知书时，仅提交了意见陈述书，再次陈述了权利要求 1 ~7 能够得到说明书的支持。

国家知识产权局于 2003 年 11 月 7 日以权利要求 1 ~7 不符合专利法第二十六条第四款的有关规定为由对该申请作出了驳回决定，驳回决定针对的文本是：申请日提交的原始申请文件中的说明书第 1 ~10 页、说明书附图第 1 ~7 页、说明书摘要和摘要附图、以及于 2001 年 10 月 30 日提交的权利要求第 1 ~7 项，具体驳回理由是：权利要求 1 中涉及"硬件元件"以及如何实现其检测和转发错误到指定处理节点的功能，而说明书实施例中只给出了一个开关元件及一个通信适配器，本领域普通技术人员根据现有描述不能得出除实施例之外的其他技术方案。

申请人（下称复审请求人）对驳回决定不服，于 2004 年 2 月 23 日向专利复审委员会提出了复审请求。请求复审的主要理由是：从权利要求 1 的限定可知，硬件元件是能够满足错误检测、错误信息生成以及信息转发的硬件元件。因此权利要求 1 的限定，对于本领域技术人员来讲，已经明确了该硬件元件是怎样的一种硬件元件，比如具有硬件逻辑、输入和输出模块、以及数据存储装置的这样一种硬件元件，而不应认为硬件元件只是实施例中示例的开关元件或通信适配器。

经形式审查合格，专利复审委员会受理了该复审请求，并于 2004 年 3 月 15 日发出了复审请求受理通知书及前置审查通知书。

在前置审查程序中，原实质审查部门仍坚持原驳回决定。

专利复审委员会依法成立合议组对本案进行复审。合议组在仔细阅读了本申请说明书、权利要求书以及国家知识产权局作出的驳回决定和请求人的复审请求后，于 2005 年 5 月 23 日发出复审通知书，指出在审查本申请的权利要求是否符合专利法第二十六条第四款的规定之前，需首先对其说明书是否符合专利法第二十六条第三款的规定进行审查；并指出本申请的说明书存在公开不充分的问题。

请求人于 2005 年 7 月 7 日对上述复审通知书作出答复，仅提交了意见陈述书，其主要陈述意见为：本申请的说明书内容清楚、完整且能够实现；本发明所称的"硬件元件"是相对于现有技术中执行轮询功能的"处理器"而言的，"硬件元件报告错误，而无需软件或处理器逻辑"指的是无需与这种处理器的轮询相关的软件或逻辑；并指出实施例中的"硬件服务逻辑"就是为硬件元件提供错误报告能力的，本领域的技术人员清楚，完全可以将这种"硬件服务逻辑"硬编码在硬件元件中。

在此基础上，合议组认为本案事实已经清楚，可以作出本复审请求的审查决定。

二、决定的理由

1. 关于审查文本的认定

由于请求人在复审程序中没有提交新修改的申请文件，因此，此复审决定依据的是驳回决定所依据的文本，即请求人于申请日提交的原始申请文件中的说明书第 1 ~10 页、说明书附图第 1 ~7 页、说明书摘要和摘要附图以及于 2001 年 10 月 30 日提交的权利要求第 1 ~7 项。

2. 关于专利法第二十六条第三款

专利法第二十六条第三款规定：说明书应当对发明或者实用新型作出清楚、完整的说明，以所属

技术领域的技术人员能够实现为准。

在这一规定中，清楚，是指说明书应当写明发明或者实用新型所要解决的技术问题以及解决其技术问题采用的技术方案，并对照现有技术写明发明或者实用新型的有益效果。上述技术问题、技术方案和有益效果应当相互适应，不得出现相互矛盾或不相关联的情形。

本发明申请的发明名称为“由分布式计算机系统的一个硬件元件报告错误的系统”，在本申请的说明书的技术方案部分，具体记载了“该系统包括该分布式计算机系统的一个硬件元件”，并对该硬件元件采用功能性限定：“该硬件元件适用于在检测到一个错误时产生一个错误信息。该硬件元件还适合于将该错误信息从该硬件元件转发到该分布式计算机系统的第一个指定的处理节点”。而在该申请的说明书实施例中，仅列举出该硬件元件可以是“开关”和“适配器”，并公开了作为硬件元件的“开关”和“适配器”所具备的一些公知的结构特征：“接收器”“发送器”“纵横开关”“路由器”“缓冲器”，除此之外，还记载有该硬件元件为实现上述功能所必须具备的提供本发明的错误报告能力的“硬件服务逻辑”。而根据该申请的说明书中针对图4、5和图7的说明中对该“硬件服务逻辑”的阐述可知，该“硬件服务逻辑”仅是一种逻辑程序，而并非硬件本身的结构特征，这与说明书第2页第11至12行以及第3页第1行至第3行中所记载的本发明要解决的技术问题是“分布式计算机系统的硬件元件将错误状态报告给计算机系统中一个指定的处理节点。硬件元件报告错误，而无需软件或处理器逻辑”相矛盾，即该申请的说明书没有对其所要求保护的发明技术方案作出清楚、完整的说明，以致使在不付出创造性劳动的情况下，本领域普通技术人员无法根据现有的说明书中所记载的内容来实现包括具有上述功能的硬件元件的“在分布式计算机系统中报告错误的一种系统”。

请求人在答复复审通知书时陈述“实施例中（例如图4）的‘硬件服务逻辑’就是为硬件元件提供错误报告能力的。本领域的技术人员清楚，完全可以将这种‘硬件服务逻辑’硬编码在硬件元件中”，由此显然可以看出，请求人已承认本申请中的“硬件元件”包括“硬件服务逻辑”这种逻辑程序，且正是该硬件服务逻辑为硬件元件提供错误报告能力这一事实，然而上述事实显然违背了说明书中所记载的本发明所要解决的技术问题——“硬件元件报告错误，而无需软件或处理器逻辑”，因此，本申请的说明书中所记载的技术方案与其中所提出的本申请要解决的技术问题相互矛盾，即本申请的说明书中所记载的技术方案不能够解决其所提出的技术问题。

综上所述，合议组认为：复审请求人于申请日提交的说明书未对本发明作出清楚完整的说明，不符合专利法第二十六条第三款的有关规定。

三、决定

驳回请求人的复审请求，维持国家知识产权局于2003年11月7日对98105711. X号发明专利申请作出的驳回决定。

请求人如对本复审决定不服的，可根据专利法第四十一条第二款的规定，在收到本决定之日起三个月内向北京市第一中级人民法院起诉。

026

数字逻辑模拟方法案

复审请求审查决定（第7409号）

决　定　号　第7409号
决　定　日　2005年12月2日
发明创造名称　数字逻辑模拟方法
国际分类号　H03K 19/20　H01L 21/66
复审请求人　华邦电子股份有限公司
申　请　号　01119232.1
申　请　日　2001年5月14日
公　开　日　2002年12月18日
合议组组长　张　度
主　审　员　张美菊
参　审　员　詹靖康

法律依据　专利法第二十五条第一款
决定要点

复审请求人对权利要求书的修改克服了复审通知书所指出的权利要求6～38属于智力活动的规则和方法的缺陷，并且保留的权利要求1～5的方案解决了技术问题、采用了技术手段并且能获得技术效果，是一种技术方案，排除了驳回决定中所指出的缺陷。

一、案由

本专利申请复审请求涉及申请号为01119232.1的发明专利申请，其申请日为2001年5月14日，名称为“数字逻辑模拟方法”，申请人是华邦电子股份有限公司，其公开日为2002年12月18日。

在实质审查过程中，国家知识产权局原实质审查部门在2003年12月26日发出的第一次审查意见通知书中指出：权利要求1～38要求保护一种数字逻辑模拟方法，该方法通过对自定义的节点状态作一数字逻辑运算而得到一真值表，再以查表的方式实现数字逻辑的模拟，本发明申请的主题实质上仅仅涉及一种纯数学运算方法本身，未解决技术问题，它所处理的对象和所获得的结果都是非技术的数值，因此权利要求1～38属于专利法第二十五条第一款第（二）项不授予专利权的规定。

针对第一次审查意见通知书，申请人于2004年4月20日提交了意见陈述书，其中陈述了：本申请为了消除数字逻辑模拟器的逻辑模拟运算工作时所造成的假未知状态，以避免产生无法预测的未知输出而造成错误的模拟结果，而提出一种新式的技术来设计数字逻辑模拟器的逻辑模拟运算方法，本申请采用增加一种新的反未知状态以代表未知状态的反相，并且将节点编号附加于未知或反未知状态后，而可使得数字逻辑模拟器得到在正确的输出，其是具有明确的技术内容，且能解决已有手段的缺失并且具有增加模拟精确性及减少修正除错的成本的新功效，因此本申请的技术内容是相当明确的，是属于可给于专利保护的主题。

国家知识产权局原实质审查部门坚持原审查意见，并于2004年12月3日对本申请作出了驳回决定。

驳回决定所针对的权利要求1~38是：

“1. 一种数字逻辑模拟方法，其特征在于，它包含下列步骤：

定义一节点的一节点状态具有四种状态，分别为一高电位、一低电位、所述节点的一未知、所述节点的一反未知状态；

根据所述节点状态，作一数字逻辑运算而得到一真值表；以及对所述真值表以查表的方式实现数字逻辑的模拟。

2. 如权利要求1所述的数字逻辑模拟方法，其特征在于，所述节点状态为高电位状态时，是以阿拉伯数字符号「1」来表示所述节点状态。

3. 如权利要求1所述的数字逻辑模拟方法，其特征在于，所述节点状态为低电位状态时，是以阿拉伯数字符号「0」来表示所述节点状态。

4. 如权利要求1所述的数字逻辑模拟方法，其特征在于，所述节点状态为所述节点的所述未知状态，且所述节点编号为n时，是以符号「Un」来表示所述节点状态。

5. 如权利要求1所述的数字逻辑模拟方法，其特征在于，所述节点状态为所述节点的所述反未知状态，且所述节点编号为n时，是以符号「~Un」来表示所述节点状态。

6. 一种数字模拟的与非门（NAND gate）真值表，其特征在于，所述与非门具有一第一输入节点、一第二输入节点以及一输出节点；其中于，定义所述第一输入节点、所述第二输入节点及所述输出节点的一节点状态具有一高电位、一低电位、所述节点的一未知、所述节点的一反未知四种状态。

7. 如权利要求6所述的数字模拟的与非门真值表，其特征在于，所述输出节点的一节点编号为3、所述第一输入节点的一节点编号为1，而所述第二输入节点的一节点编号为2。

8. 如权利要求6所述的数字模拟的与非门真值表，其特征在于，所述高电位状态是以阿拉伯数字符号「1」来表示。

9. 如权利要求8所述的数字模拟的与非门真值表，其特征在于，所述低电位状态是以阿拉伯数字符号「0」来表示。

10. 如权利要求9所述的数字模拟的与非门真值表，其特征在于，所述节点的一节点编号为n时，所述节点的所述未知状态是以符号「Un」来表示。

11. 如权利要求10所述的数字模拟的与非门真值表，其特征在于，所述节点的一节点编号为n时，所述节点的所述反未知状态是以符号「~Un」来表示。

12. 如权利要求6所述的数字模拟的与非门真值表，其特征在于，所述第一输入节点的所述节点状态为「1」，所述第二输入节点的所述节点状态为「U2」时，所述输出节点的所述节点状态为「~U2」。

13. 如权利要求6所述的数字模拟的与非门真值表，其特征在于，所述第一输入节点的所述节点状态为「0」，所述第二输入节点的所述节点状态为「U2」时，所述输出节点的所述节点状态为「1」。

14. 如权利要求6所述的数字模拟的与非门真值表，其特征在于，当所述第一输入节点的所述节点状态为「U1」，所述第二输入节点的所述节点状态为「U2」时，相应所述第一输入节点与所述第二输入节点为相异的二节点，则所述输出节点的所述节点状态为「U3」。

15. 如权利要求14所述的数字模拟的与非门真值表，其特征在于，当所述第一输入节点的所述节点状态为「U1」，所述第二输入节点的所述节点状态为「U2」时，相应所述第一输入节点与所述

第二输入节点为相同的二节点，则所述输出节点的所述节点状态为「～U1」。

16. 如权利要求6所述的数字模拟的与非门真值表，其特征在于，当所述第一输入节点的所述节点状态为「U1」，所述第二输入节点的所述节点状态为「～U2」时，相应所述第一输入节点与所述第二输入节点为相异的二节点，则所述输出节点的所述节点状态为「U3」。

17. 如权利要求16所述的数字模拟的与非门真值表，其特征在于，当所述第一输入节点的所述节点状态为「U1」，所述第二输入节点的所述节点状态为「～U2」时，相应所述第一输入节点与所述第二输入节点为相同的二节点，则所述输出节点的所述节点状态为「1」。

18. 一种数字模拟的或非门（NOR gate）真值表，其特征在于，所述或非门具有一第一输入节点、一第二输入节点以及一输出节点；其中，定义所述第一输入节点、所述第二输入节点及所述输出节点的一节点状态具有一高电位、一低电位、所述节点的一未知、所述节点的一反未知四种状态。

19. 如权利要求18所述的数字模拟或非门真值表，其特征在于，所述输出节点的一节点编号为3、所述第一输入节点的一节点编号为1，而所述第二输入节点的一节点编号为2。

20. 如权利要求18所述的数字模拟的或非门真值表，其特征在于，所述节点状态为高电位状态时，是以阿拉伯数字符号「1」来表示所述节点状态。

21. 如权利要求20所述的数字模拟的或非门真值表，其特征在于，所述节点状态为低电位状态时，是以阿拉伯数字符号「0」来表示所述节点状态。

22. 如权利要求21所述的数字模拟的或非门真值表，其特征在于，所述节点状态为未知状态，且所述节点的所述节点编号为n时，是以符号「Un」来表示所述节点状态。

23. 如权利要求22所述的数字模拟的或非门真值表，其特征在于，所述节点状态为反未知状态，且所述节点的所述节点编号为n时，是以符号「～Un」来表示所述节点状态。

24. 如权利要求18所述的数字模拟的或非门真值表，其特征在于，所述第一输入节点的所述节点状态为「1」，所述第二输入节点的所述节点状态为「U2」时，所述输出节点的所述节点状态为「0」。

25. 如权利要求18所述的数字模拟的或非门真值表，其特征在于，所述第一输入节点的所述节点状态为「0」，所述第二输入节点的所述节点状态为「U2」时，所述输出节点的所述节点状态为「～U2」。

26. 如权利要求18所述的数字模拟的或非门真值表，其特征在于，当所述第一输入节点的所述节点状态为「U1」，所述第二输入节点的所述节点状态为「U2」时，相应所述第一输入节点与所述第二输入节点为相异的二节点，则所述输出节点的所述节点状态为「U3」。

27. 如权利要求26所述的数字模拟的或非门真值表，其特征在于，当所述第一输入节点的所述节点状态为「U1」，所述第二输入节点的所述节点状态为「U2」时，相应所述第一输入节点与所述第二输入节点为相同的二节点，则所述输出节点的所述节点状态为「～U1」。

28. 如权利要求18所述的数字模拟的或非门真值表，其特征在于，当所述第一输入节点的所述节点状态为「U1」，所述第二输入节点的所述节点状态为「～U2」时，相应所述第一输入节点与所述第二输入节点为相异的二节点，则所述输出节点的所述节点状态为「U3」。

29. 如权利要求28所述的数字模拟的或非门真值表，其特征在于，当所述第一输入节点的所述节点状态为「U1」，所述第二输入节点的所述节点状态为「～U2」时，相应所述第一输入节点与所述第二输入节点为相同的二节点，则所述输出节点的所述节点状态为「0」。

30. 一种数字模拟的非门（NOT gate 或 INV gate）真值表，其特征在于，所述非门具有一输入节点以及一输出节点；其中，定义所述输入节点及所述输出节点的一节点状态具有一高电位、一低电位、所述节点的一未知、所述节点的一反未知四种状态。

31. 如权利要求30所述的数字模拟的非门真值表，其特征在于，所述输入节点的一节点编号为1。

32. 如权利要求30所述的数字模拟的非门真值表，其特征在于，所述输出节点的一节点编号为2。

33. 如权利要求30所述的数字模拟的非门真值表，其特征在于，所述节点状态为高电位状态时，是以阿拉伯数字符号「1」来表示所述节点状态。

34. 如权利要求33所述的数字模拟的非门真值表，其特征在于，所述节点状态为低电位状态时，是以阿拉伯数字符号「0」来表示所述节点状态。

35. 如权利要求34所述的数字模拟的非门真值表，其特征在于，所述节点状态为未知状态，且所述节点的所述节点编号为n时，是以符号「Un」来表示所述节点状态。

36. 如权利要求35所述的数字模拟的非门真值表，其特征在于，所述节点状态为反未知状态，且所述节点的所述节点编号为n时，是以符号「~Un」来表示所述节点状态。

37. 如权利要求30所述的数字模拟的非门真值表，其特征在于，所述输入节点的所述节点状态为「U1」时，所述输出节点的所述节点状态为「~U1」。

38. 如权利要求30所述的数字模拟的非门真值表，其特征在于，所述输入节点的所述节点状态为「~U1」时，所述输出节点的所述节点状态为「U1」。"

申请人（下称复审请求人）对该驳回决定不服，于2005年3月11日向国家知识产权局专利复审委员会提交了复审请求书、权利要求书、说明书和说明书摘要的修改替换页以及中国台湾和美国的授权文本，其中涉及的修改主要是：在权利要求1中对节点增加了限制定语"逻辑电路的复数个"，对节点状态限定为高电位、低电位、未知及反未知四个状态，将真值表限制为"供模拟参考用的真值表"；并且在权利要求6、18、30的各个真值表将"门"改成"栅"，在说明书中进行了适应性的修改。

请求人在请求书陈述：（1）申请人已在修改的独立权利要求1中清楚表述"根据所述高电位、该低电位、该未知电位及该反未知节点状态，作一数字逻辑运算而得到一供模拟参考用的真值表"及"对所述真值表以查表的方式而实现该数字逻辑模拟"等技术内容，本发明的方法就整体而言是在于实现一种新的数字逻辑模拟，其中仅有"数字逻辑运算"一部分属于智力活动的规则，不应当完全排除其获得专利权的可能性，本发明对现有技术的贡献不仅仅在于智力活动的规则和方法部分；（2）本申请解决了技术问题、采用了技术手段并且获得了可以确保模拟的正确性的技术效果，构架出了一种新的计算机系统的内部运行的模拟程序，因此属于可给于专利权保护的客体。

经形式审查合格，专利复审委员会于2005年4月18日发出了复审请求受理通知书以及前置审查通知书。

在前置审查程序中，国家知识产权局原实质审查部门仍坚持原驳回决定。

专利复审委员会依法成立合议组对本案进行复审，并于2005年10月11日发出复审通知书，审查意见主要包括：权利要求6~38分别要求保护与非栅、或非栅、非栅的真值表，其的主题"真值表"属于一种信息表述，并且该"真值表"表示的数学逻辑运算本身也无法解决任何技术问题，因此权利要求6~38属于专利法第二十五条第一款第（二）项规定的智力活动的规则和方法的范围。

复审请求人于2005年11月22日针对上述复审通知书作出了意见陈述以及权利要求书和说明书的修改替换页，其中所涉及的修改是在原权利要求书和说明书中删除了复审通知书中所指出的属于智力活动的规则和方法的权利要求6~38的内容。

修改后的权利要求为：

“1. 一种数字逻辑模拟方法，其特征在于，它包含下列步骤：

定义一逻辑电路的复数个节点个别的节点状态，该复数个节点具有四种状态，分别为一高电位、一低电位、所述节点的一未知、所述节点的一反未知节点状态；

根据所述高电位、该低电位、该未知及该反未知节点状态，作一数字逻辑运算而得到一供模拟参考用的真值表；以及对所述真值表以查表的方式而实现数字逻辑的模拟。

2. 如权利要求1所述的数字逻辑模拟方法，其特征在于，所述节点状态为高电位状态时，是以阿拉伯数字符号「1」来表示所述节点状态。

3. 如权利要求1所述的数字逻辑模拟方法，其特征在于，所述节点状态为低电位状态时，是以阿拉伯数字符号「0」来表示所述节点状态。

4. 如权利要求1所述的数字逻辑模拟方法，其特征在于，所述节点状态为所述节点的所述未知状态，且所述节点编号为n时，是以符号「Un」来表示所述节点状态。

5. 如权利要求1所述的数字逻辑模拟方法，其特征在于，所述节点状态为所述节点的所述反未知状态，且所述节点编号为n时，是以符号「~Un」来表示所述节点状态。”

在上述工作的基础上，合议组认为本案事实清楚，可以作出本复审请求审查决定。

二、决定的理由

1. 审查所依据的文本

复审请求人于2005年11月22日以删除的方式对权利要求和说明书的修改符合专利法第三十三条和专利法实施细则第六十条第一款的规定，因此本复审决定依据的文本是：2005年11月22日提交的权利要求第1~5项、说明书第1~5页，2005年3月11日提交的说明书摘要，原始申请日提交的说明书附图第1~4页和摘要附图。

2. 关于专利法第二十五条

复审请求人于2005年11月22日提交的权利要求书删除了复审通知书所指出的属于智力活动的规则和方法的权利要求6~38，因此复审请求人对权利要求的修改克服了复审通知书所指出的缺陷。

权利要求1~5分别要求保护一种数字逻辑模拟方法。根据说明书，本申请所解决的技术问题是：针对现有模拟技术中的假未知状态而无法判断节点状态从而造成不方便和障碍的问题，而提出了一种数字模拟方法，以解决数字电路模拟时的假未知所衍生的技术问题，以避免逻辑电路模拟时的误判。在权利要求1~5的方法中定义逻辑电路的每个节点具有四个状态，高电位、低电位、未知和反未知，并根据这四个节点状态的真值表实现数字逻辑的模拟。由于对数字逻辑电路的节点引入了未知和反未知的节点状态，消除了会造成假未知状态的逻辑电路模拟中的假未知状态，并获得了增加了模拟精确性并减少了修正除错的成本的技术效果。因此权利要求1~5的所要求保护的方案是一种解决了技术问题、采用了技术手段并且能获得技术效果的技术方案，不属于专利法第二十五条第一款规定的不能授予专利权的智力活动的规则和方法的范围。驳回决定中关于权利要求1~5属于智力活动的规则和方法的驳回理由不成立。

综上所述，复审请求人于2005年11月22日对权利要求书的修改克服了复审通知书所指出的缺陷，并且保留的权利要求1~5也排除了驳回决定中所指出的缺陷。

三、决定

撤销国家知识产权局于2004年12月3日对01119232.1号发明专利申请所作出的驳回决定，以2005年11月22日提交的权利要求第1~5项、说明书第1~5页，2005年3月11日提交的说明书摘要，原始申请日提交的说明书附图第1~4页和摘要附图为审查基础，由原实质审查部门继续进行审批程序。

027

可充电轮流持续工作的方法案

复审请求审查决定（第7411号）

决　定　号 第7411号
决　定　日 2005年11月29日
发明创造名称 可充电轮流持续工作的方法
国际分类号 H02J 7/00
复审请求人 王鸣春
专利申请号 02115476.7
申　请　日 2002年1月25日
公　开　日 2002年7月31日
合议组组长 马　昊
主　审　员 张　霞
参　审　员 张　度

法律依据 专利法第三十三条
决定要点

申请人可以对专利申请文件进行修改，但是如果申请的内容通过增加、改变和/或删除其中的一部分，致使所属技术领域的技术人员看到的信息与原始申请公开的信息不同，而且又不能从原始申请公开的信息中直接地、毫无异议地导出，那么这种修改就是不允许的。

一、案由

本复审请求涉及申请日为2002年1月25日、发明名称为“可充电轮流持续工作的方法”、申请号为02115476.7的发明专利申请，申请人为王鸣春。

在实质审查过程中，国家知识产权局实质审查部门于2003年6月27日发出了第一次审查意见通知书，通知书中引用了一篇对比文件：CN2115600U，公开日：1992年9月9日，通知书中指出：申请人于2002年7月8日提交的修改文件中修改或增加或删除的内容既未明确记录在原始说明书和权利要求书中，也不能由原始说明书和权利要求书所记载的内容直接导出，因此超出了原始说明书和权利要求书记载的范围，不符合专利法第三十三条的规定；权利要求1中“不使用外部充电”的情况违背了“能量守恒”，因而不具备专利法第二十二条第四款规定的实用性；权利要求1中“使用外部充电”的情况下相对于对比文件1不具备专利法第二十二条第二款规定的新颖性。

针对上述审查意见通知书，申请人于2003年8月5日提交了意见陈述书，同意放弃修改超范围的文本，并陈述了本申请具有实用性并相对于对比文件1具备新颖性和创造性的理由。

针对本申请于申请日提交的说明书、权利要求书、说明书附图、说明书摘要以及摘要附图，实质审查部门于2003年10月24日作出了驳回决定，驳回的理由是：权利要求1请求保护一种“可充电轮流持续工作的方法”，其包含了说明书中记载的两种情况，即“使用外部充电”和“不使用外部充电”。在“不使用外部充电”的情况下，当电池的蓄能都转化为热能、磁能耗尽之后，由于没有外部能量的供给/补充，整个系统就不能运行，显然违反了“能量守恒”的自然法则，致使权利要求1所要求保护的方案不可能实现，因此，该权利要求不具备实用性，并且申请人在答复第一次审查意见通知书时只是对其“不使用外部充电”作解释，并未对“违反自然法则”的意见作任何陈述，因而由于申请人的意见陈述理由不充分，因此权利要求1不被允许。

申请人（下称请求人）对上述驳回决定不服，于2004年2月5日向专利复审委员会提出了复审请求，其提出的主要意见是：本申请中能量的供给和补充只能在电池自身以外的外部进行，不可能仅凭电池自身产生和补充能量。本申请是利用消耗附加的发电/充电系统的能量来给另一组电池充电备用。结合附图可知：Q-1、Q-2的电能输出端除供M工作外其实就是一个电池向外供能的输出端口，M为他励式直流电机/发电机，由其启动其他内、外能设备做功后，再由这些设备带动M发电机来给另一组电池充电。电池由Q-3、Q-4的输入端即可接收M的机械能，也可以接收系统外部的其他任何内外能设备。因此请求人认为该申请并不违背自然法则。

经形式审查，该复审请求符合有关规定，专利复审委员会予以受理。

原实质审查部门对本复审请求作出了前置审查，认为请求人在提交复审请求时未提交修改文件，不能克服驳回决定中指出的缺陷，坚持原驳回决定。

专利复审委员会依法组成合议组对本复审请求案进行审查，于2005年4月6日发出复审通知书，指出：请求人在复审请求书中虽然对“利用电池驱动的惯性机械能带动附加的发电/充电系统给另一组电池充电备用”进行了阐述，但是请求人实际上所描述的是本申请中所提及的采用外部充电设备对系统辅助充电的情况，并未针对驳回决定中所提出的不使用外部充电的实施方式违反了能量守恒定律的意见进行争辩，而根据本申请说明书和附图所记载的内容，在不存在外部能量的供给/补充的情况下，电池的蓄能都将转化为热能耗尽，不可能实现周而复始的轮流充电的效果，因此，权利要求1所要求保护的技术方案违背了能量守恒定律，不具备专利法第二十二条第四款所规定的实用性。

针对上述复审通知书，请求人于2005年4月28日提交了意见陈述书和说明书、说明书附图的修改替换页，认为申请文件经修改克服了通知书中所指出的缺陷。

合议组经审查，于2005年7月18日再次发出了复审通知书，指出：请求人于2005年4月28日提交的修改文本超出了原始说明书和权利要求书记载的范围，不符合专利法第三十三条的规定；此外，根据本申请原始说明书所记载的内容，不存在外部能量的供给/补充的情况下，启动能量最终将转化为热能耗尽，不可能实现周而复始的轮流充电的效果，因此，即便是在存在外部启动能量的情况下，权利要求1所要求保护的技术方案也违背了能量守恒定律，而且即使复审请求人对本申请进行修改，上述缺陷也是不能被克服的。

针对该复审通知书，请求人于2005年8月19日提交了意见陈述书，提出将原说明书中第3页第二自然段第二行“电机”改为“电池”，并陈述了本申请修改未超范围和具备实用性的理由。

在上述工作的基础上，合议组认为本案事实已经清楚，依法作出本决定。

二、决定的理由

1. 本决定所依据的文本

专利法实施细则第五十二条规定：发明或者实用新型专利申请的说明书或者权利要求书的修改部分，除个别文字修改或者增删外，应当按照规定格式提交替换页。

专利法实施细则第六十条第二款规定：修改的专利申请文件应当提交一式两份。

本案中，请求人于2005年8月19日提交的意见陈述书中提出“仅对原《说明书》修改一个字：第3页第二自然段第二行“电机”改为“电池”，其余均不作修改”，并未提及放弃请求人于2005年

4 月 28 日提交的说明书和说明书附图，而该文本中说明书第 3 页中并未出现“电机”，因而请求人所提出的这种修改方式不符合专利法实施细则第五十二条以及第六十条第二款的规定，应视为请求人在答复合议组于 2005 年 7 月 18 日发出的复审通知书时未对申请文件进行修改。

因而，本决定所依据的文本为请求人于 2005 年 4 月 28 日提交的说明书和说明书附图，于申请日提交的权利要求书、说明书摘要和摘要附图。

2. 关于专利法第三十三条

专利法第三十三条规定：申请人可以对其专利申请文件进行修改，但是，对发明和实用新型专利申请文件的修改不得超出原说明书和权利要求书记载的范围。

根据上述内容，如果通过对申请内容的增加、改变和/或删除其中的一部分，致使所属技术领域的技术人员看到的信息与原始申请公开的信息不同，而且又不能从原始申请公开的信息中直接地、毫无疑义地导出，那么，这种修改就是不允许的。

本案中，请求人于 2005 年 4 月 28 日提交的修改后的说明书和说明书附图与申请日提交的说明书和说明书附图相比存在如下差别：1）请求人将原始说明书所记载的“利用惯性的机械能（如行走部件或任何能够转动的部件如轮、轴等）带动附加的发电/充电系统给另一组电池充电备用”（见原始说明书第 1 页）改为“利用附加的发电/充电系统给另一组电池充电备用”（见改后说明书第 1 页）；2）将原始说明书中的“当电池充满停充后，发电机多余的能量又反馈到正在做功的电机上，使正在工作的电池得到延长放电工作时间”（见原始说明书第 2 页）改为“当电池充满停充后，发电机多余的能量又反馈到正在做功的电池上，使正在工作的电池得到延长放电工作时间”（见改后说明书第 1 页）；3）将原始说明书中的“第一组可充电电池在能量输出做功过程中利用惯用的机械能带动附加的发电/充电系统给另一组电池充电备用”（见原始说明书第 2 页）改为“第一组可充电电池在能量输出做功过程中利用附加的发电/充电系统给另一组电池充电备用”（见改后说明书第 2 页）；4）在说明书修改文本中增加了“直流电机 M 的触发极与分配的输出部分连接并接受其指令”（见改后说明书第 2 页）；5）将原始说明书中的“A 驱动变速箱和发电机工作；同时 Q4 导通给 B 充电”（见原始说明书第 2 页）改为“A 在输出电能的同时启动附加的发电/充电系统工作后；经 Q4 导通给 B 充电”（见改后说明书第 2 页）；6）将原始说明书中的“待 B 电压充足后 Q4 断开使其处于等待工作状态”（见原始说明书第 2 页）改为“待 B 电压充足后 Q4 断开使附加的发电/充电系统处于等待工作状态”（见改后说明书第 2 页）；7）将原始说明书中的“发电机多余的能量输入到正在工作的电机上”（见原始说明书第 3 页）改为“发电机多余的能量输入到正在工作的电池上”（见改后说明书第 2 页）；8）将原始说明书中的“如用外部充电设备进行充电时”（见原始说明书第 3 页）改为“如系统充电设施工作不正常，临时使用外部充电设备进行充电时”（见改后说明书第 3 页）；9）将原始说明书中的“也可利用电池所驱动的惯性机械能（如行走部件或任何能够转动的部件如轮、轴等）带动附加的发电/充电系统给另一组电池充电备用”（见原始说明书第 3 页）改为“也可利用附加的发电/充电系统给另一组电池充电备用”（见改后的说明书第 3 页）；同时，10）请求人修改了附图 1，改变了电控开关 Q1 - Q4 的结构，增加了电控开关 Q1 - Q4 的开关状态，改变了电能输出方向，增加了电控开关 Q1 与电机 M 之间的连线、电机 M 与分配部分之间连线和电机 M 与电控开关 Q2 之间的连线，去掉了电压检测部分 N1、N2 之间的连线以及该连线与连接电机 M、电控开关 Q3、电控开关 Q4 的连线之间的连接关系，并去掉了电控开关 Q2 与分配部分之间的连线，将原始附图中的文字“直流电输出供蓄电池充电”改为“经分配部分控制，触发他励式电机启动其他内、外能设备做功，并接受这种能带动自身做功，向电池提供能量补充”。

上述内容的变化，使本申请所公开的技术方案不同于申请日所公开的技术方案，而且上述改变和删除也不能从原始申请公开的信息中直接地、毫无异议地导出，因此上述修改超出了原始说明书和权利要求书记载的范围，不符合专利法第三十三条的规定。

因而，根据以上事实和理由，本案合议组作出如下审查决定。

三、决定

驳回复审请求，维持国家知识产权局于 2003 年 10 月 24 日作出的驳回 02115476.7 号发明专利申请的决定。

请求人如对本决定不服，可根据专利法第四十一条第二款的规定，在收到本决定之日起三个月内向北京市第一中级人民法院起诉。

028

太阳能电池组件与太阳能电池整体包敷装置案

复审请求审查决定（第7413号）

决　定　号　第7413号
决　定　日　2005年11月29日
发明创造名称　太阳能电池组件与太阳能电池整体包敷装置
国际分类号　H01L 31/042、31/048、31/05　H01B 3/30　G09K 3/10
复审请求人　佳能株式会社
专利申请号　99100895.2
申　请　日　1999年1月6日
公　开　日　1999年8月11日
合议组组长　熊　婷
主　审　员　张　霞
参　审　员　崔哲勇

法律依据　专利法第二十二条第三款
决定要点

对比文件1～3以及三者的结合没有公开本申请权利要求中所描述太阳能电池整体包敷装置，从而不能解决本申请所提出的解决电导线和太阳能电池组件的底座部件之间长时间接触所引起的劣化问题，不能达到即使电导线与底座部件在室外长期接触，电导线也既不产生银纹也不产生裂纹，使太阳能电池组件具有优异的长期稳定性和可靠性的技术效果，因而本申请权利要求具备创造性。

一、案由

本复审请求涉及申请日为1999年1月6日、发明名称为“太阳能电池组件与太阳能电池整体包敷装置”、申请号为99100895.2的发明专利申请，申请人为佳能株式会社，优先权日为1998年1月6日。

在实质审查过程中，国家知识产权局实质审查部门于2003年3月7日发出了第一次审查意见通知书，通知书中引用了以下三篇对比文件：1. US5589006A，公开于1996年12月31日；2. US4670494A，公开于1987年6月2日；3. US4892683A，公开于1990年1月9日，通知书中指出：权利要求1、2中存在不清楚之处，不符合专利法实施细则第二十条第一款的规定；对比文件1公开了一种太阳能电池组件和使用了该组件的太阳能装置，该太阳能装置包括以连接电缆相连的多个太阳能电池组件，对比文件2和对比文件3分别公开了用作电缆外衣的热塑性材料的组分，因此权利要求1、2相对于对比文件1、2、3的结合不具备专利法第二十二条第三款规定的创造性；权利要求3的附加技术特征为本领域公知常识，因此相对于对比文件1～3也不具备专利法第二十二条第三款规定的创造性；权利要求9～11、22～24中存在不清楚之处，不符合专利法实施细则第二十条第一款的规定；权利要求4～16的位置不当，不符合专利法实施细则第二十三条第二款的规定；权利要求4～29的附加技术特征为所属技术领域中的常规技术，因此上述权利要求相对于对比文件1～3也不具备专利法第二十二条第三款规定的创造性；说明书中存在不清楚之处，不符合专利法实施细则第十八条的规定。

针对上述审查意见通知书，申请人于2003年9月22日提交了意见陈述书以及说明书摘要、权利要求第1~29项、说明书第1、2、3、5、9、12页的修改替换页，认为通知书中指出的大部分形式缺陷均已克服，并且对比文件1~3中没有公开或暗示本发明所公开的将含有特定增塑剂的聚氯乙稀类树脂用作电连接太阳能电池组件的电导线的外包材料，从而体现出防止电导线降解的特定效果，因而本申请独立权利要求及其从属权利要求具备创造性。

针对申请人于2003年9月22日提交的说明书摘要、权利要求第1~29项、说明书第1~3、5、9、12页以及申请日提交的说明书第4、6~8、10、11、13~17页、说明书附图第1~9页，实质审查部门于2003年11月7日作出了驳回决定，驳回的理由是：对比文件1公开了一种太阳能电池组件和使用了该组件的太阳能装置，该太阳能装置包括以连接电缆相连的多个太阳能电池组件，对比文件2和对比文件3分别公开了用作电缆外衣的热塑性材料的组分，因此权利要求1、15相对于对比文件1、2、3的结合不具备专利法第二十二条第三款规定的创造性；权利要求2~14、16~29的附加技术特征为所属技术领域中的常规技术，因此上述权利要求相对于对比文件1~3也不具备专利法第二十二条第三款规定的创造性；对于申请人所陈述的理由，对比文件1中虽然没有公开电缆的外包材料以及其中所含的增塑剂，但是对比文件2、3中均公开了增塑剂组分，本领域普通技术人员在了解上述三篇对比文件的内容之后，自然会将对比文件1~3相组合，得到权利要求1~29的技术方案，因此申请人陈述的理由不具有说服力。

申请人（下称请求人）对上述驳回决定不服，于2004年2月20日向专利复审委员会提出了复审请求，同时提交了新修改的权利要求第1~6项，其复审理由主要是：本发明是基于发明人对导线与底座的独特发现而完成的，根据本发明，通过适当选择电导线的外包材料和底座部件的材料，可提供具有长期可靠性和很小电导线劣化的太阳能电池整体包敷装置。在发明中，选择了如新权利要求1所述的电导线材料，可以防止因增塑剂减少造成电导线硬化并且防止因增塑剂的迁移而造成底座部件的劣化，保证了长期可靠性，提高了太阳能电池组件安装操作性，该太阳能电池整体包敷装置还具有优良的稳定性能，而该三篇对比文件没有公开或教导将选择的用于电导线的外包材料和用于底座部件的材料结合起来达到上述技术效果，因此本申请修改后的权利要求是具备创造性。修改后的独立权利要求为：

"1. 一种太阳能电池整体包敷装置，它包括若干安置在底座部件上的太阳能电池组件，每个组件包括若干串联或并联的太阳能电池元件，该若干太阳能电池组件由电导线串联或并联，其特征在于若干太阳能电池组件由在底座部件与太阳能电池组件之间的电导线电连接，而电导线的外包材料包括聚氯乙稀类树脂，该聚氯乙稀类树脂包含下列材料之一：聚酯类增塑剂，磷酸酯类增塑剂，脂肪酸酯类增塑剂和环氧类增塑剂：所述的底座部件是由从下列材料中选择的材料制成：沥青类树脂，聚氯乙稀类树脂，聚苯乙烯类树脂和聚氨酯类树脂。"

经形式审查，该复审请求符合有关规定，专利复审委员会予以受理，并于2004年3月15日发出了复审请求受理通知书和前置审查通知书。

在前置审查程序中，原实质审查部门坚持原驳回决定。

在上述工作的基础上，合议组认为本案事实已经清楚，依法作出本决定。

二、决定的理由

1. 关于本决定所依据的文本

复审请求人在提交复审请求时提交了权利要求书的修改替换页，经合议组审查，该修改文本未超出原始申请文件所公开的范围，因此合议组予以接受。因此，本复审决定所依据的文本为：请求人于2003年9月22日提交的说明书摘要、说明书第1~3、5、9、12页、2004年2月20日提交的权利要求第1~6项以及申请日提交的说明书第4、6~8、10、11、13~17页、说明书附图第1~9页。

2. 关于专利法第二十二条第三款

专利法第二十二条第三款规定："创造性，是指同申请日以前已有的技术相比，该发明有突出的实质性特点和显著的进步，该实用新型有实质性特点和进步。"

合议组在本决定中评判该专利申请的权利要求书时所采用的对比文件与实质审查过程中所引用的对比文件相同，即，对比文件1：US5589006A，公开于1996年12月31日；对比文件2：US4670494A，公开于1987年6月2日；对比文件3：US4892683A，公开于1990年1月9日。

本申请涉及一种太阳能电池组件与太阳能电池整体包敷装置，其所要解决的技术问题在于提供一种具有具有长期可靠性的太阳能电池整体包敷装置，即使当太阳能电池组件的连接电线与底座部件长时间接触时，连接电线也很少劣化。根据本申请说明书所记载的内容，上述技术问题的解决是通过权利要求1所要求保护的技术方案实现的，权利要求1的特征为：

一种太阳能电池整体包敷装置，它包括若干安置在底座部件上的太阳能电池组件，每个组件包括若干串联或并联的太阳能电池元件，该若干太阳能电池组件由电导线串联或并联，其特征在于若干太阳能电池组件由在底座部件与太阳能电池组件之间的电导线电连接，而电导线的外包材料包括聚氯乙稀类树脂，该聚氯乙稀类树脂包含下列材料之一：聚酯类增塑剂，磷酸酯类增塑剂，脂肪酸酯类增塑剂和环氧类增塑剂：所述的底座部件是由从下列材料中选择的材料制成：沥青类树脂，聚氯乙稀类树脂，聚苯乙烯类树脂和聚氨酯类树脂。

从权利要求1的技术方案可以看出，为了解决其所提出的技术问题，权利要求1采用了除邻苯二甲酸二酯之外的聚酯类增塑剂，磷酸酯类增塑剂，脂肪酸酯类增塑剂和环氧类增塑剂添加于电导线外包材料中。

对比文件1公开了一种太阳能电池组件，其所要解决的技术问题是提供一种太阳能电池组件，所述太阳能电池组件在长时间使用过程中具备相对稳定的特性，从而确保其不会受热而使转换效率降低。根据对比文件1说明书第4~6栏以及附图1所公开的内容，所述太阳能电池组件包括若干个串联或并联的太阳能电池元件以及使该太阳能电池组件与另一太阳能组件进行电连接的连接电缆113。

对比文件1公开了权利要求1中的若干串联或并联的太阳能电池元件以及所述太阳能电池元件之间以电缆进行电连接，但是，对比文件1中并未公开权利要求1中所描述的底座部件，并且，对比文件1中也没有公开权利要求1中所描述的电导线的外包材料和底座部件的选材。

对比文件2公开了一种热塑性材料的组分，其所要解决的技术问题是提供一种基于PVC的热塑性组分，其具有强阻燃性，燃烧过程中不会滴落、烟量少、烟色淡，并且具有良好的工艺特性、韧性和环境抵抗力。根据对比文件2说明书第2~3栏所公开的内容，所述用于电缆的基于PVC的热塑性组分包括选自异癸基二苯基磷酸酯、中高分子量的聚酯类增塑剂、环氧化豆油的增塑剂。

对比文件2公开了权利要求1中的电导线的外包材料，但是，对比文件2中并未公开所述基于PVC的热塑性电缆的适用环境，即并未公开该电缆可适用于太阳能电池组件，并且，对比文件2所要解决的是增加基于PVC的热塑性电缆的阻燃性，韧性和环境抵抗力的技术问题，并没有涉及本申请所提出的减少太阳能电池组件的连接电线与底座部件长时间接触时产生劣化的技术问题，此外，由于对比文件2并未公开其电缆所适用的环境，因而对比文件2中并未公开权利要求1中的包含底座部件及其材料在内的太阳能电池组件结构。

对比文件3公开了一种热塑性材料的组分，其所要解决的技术问题是提供一种基于PVC的热塑性组分，其具有强阻燃性，燃烧过程中不会滴落、烟量少、烟色淡，并且具有良好的工艺特性、韧性和环境抵抗力。根据对比文件2说明书第2~3栏所公开的内容，所述用于电缆的基于PVC的热塑性组分包括选自异癸基二苯基磷酸酯、癸二酸二辛酯的增塑剂。

对比文件3也公开了权利要求1中的电导线的外包材料，但是，对比文件3中并未公开所述基于PVC的热塑性电缆的适用环境，即并未公开该电缆可适用于太阳能电池组件，并且，对比文件3所要解决的是增加基于PVC的热塑性电缆的阻燃性，韧性和环境抵抗力的技术问题，并没有涉及本申请所提出的减少太阳能电池组件的连接电线与底座部件长时间接触时产生劣化的技术问题，另外，由于对比文件3并未公开其电缆所适用的环境，因而对比文件3中并未公开权利要求1中的包含底座部件及其材料在内的太阳能电池组件结构。

由以上的分析比较可以得知，首先，由于对比文件2、3中并未公开其电缆所适用的环境，因此，不能得到将对比文件2、3所公开的电缆应用于对比文件1所公开的太阳能电池组件的启示，其次，由于对比文件1~3中均未出现底座部件以及底座部件的材料，因此，即使将对比文件1~3相结合，也不能公开权利要求1所描述的底座部件的结构和材料，进而形成权利要求1所要求保护的太阳能电池整体包敷装置，从而不能解决本申请所提出的解决电导线和太阳能电池组件的底座部件之间长时间接触所引起的劣化问题，达到即使电导线与底座部件在室外长期接触，电导线也既不产生银纹也不产生裂纹，使太阳能电池组件具有优异的长期稳定性和可靠性的技术效果，因此，相对于对比文件1~3所公开的内容，权利要求1所要求保护的技术方案具备创造性。

在权利要求1具备创造性的前提下，其从属权利要求2~6也应当被认为具备创造性。

三、决定

撤销国家知识产权局于2003年11月7日作出的驳回决定，由原实质审查部门在2003年9月22日提交的说明书摘要、说明书第1~3、5、9、12页、2004年2月20日提交的权利要求第1~6项以及申请日提交的说明书第4、6~8、10、11、13~17页、说明书附图第1~9页的基础上继续进行审批程序。

029

具有改进的报价输入能力的匿名交易系统案

复审请求审查决定（第7414号）

决　定　号　第7414号
决　定　日　2005年11月29日
发明创造名称　具有改进的报价输入能力的匿名交易系统
国际分类号　G06F 17/60
复审请求人　EBS处理对策公司
专利申请号　96196597.5
申　请　日　1996年8月28日
公　开　日　1998年9月30日
合议组组长　马　昊
主　审　员　张　霞
参　审　员　聂春艳

法律依据　专利法第二十五条第一款第（二）项　专利法实施细则第二条第一款
决定要点

如果一项权利要求所述的方案没有解决技术问题和产生技术效果，其改进仅在于商业运作规则，则该方案不构成技术方案，它既不符合专利法实施细则第二条第一款的规定，又属于专利法第二十五条第一款第（二）项规定的智力活动的规则和方法，不能被授予专利权。

一、案由

本复审请求涉及申请日为1996年8月28日、进入中国国家阶段的日期为1998年2月27日、申请号为96196597.5、名称为“具有改进的报价输入能力的匿名交易系统”的发明专利PCT申请，其申请人为EBS处理对策公司。

在本申请的实质审查过程中，针对第三次审查意见通知书，申请人于2003年4月7日提交了意见陈述书和权利要求书的修改替换页，修改了权利要求书中的部分措辞，并在意见陈述书中提出本申请解决了减小消息流量的技术问题，产生了减小发送消息所用的带宽的技术效果，因而权利要求1～18应被允许。修改后的独立权利要求为：

“1. 一种计算机化的交易系统，其中至少某些工作站被设置成交易场，且其中来自至少一个市场制造者工作站的对一种具体的金融证券或商品的报价只能有选择地被提供给有资格接受这些报价的交易场，该计算机化的交易系统包括：

接受者队列装置，用于判定可提供给一个给定的交易场的该报价中的哪些报价可以从该交易场被击中；

报价状态装置，它响应于所述接受者队列装置并用于判定从一个第一市场制造者工作站发出的一个具体的报价是否是当前可从至少一个交易场击中的；

通知装置，它响应于报价状态装置并用于通知该第一市场制造者工作站该具体报价是否是当前可从至少一个交易场击中的；

其特征在于该报价状态装置判定该具体报价是否是目前可从至少预定的多个交易场击中的，且该通知装置只在当前可从至少所述预定的多个交易场击中该具体报价的情况下才通知该第一市场制造者工作站。”

“10. 在一种计算机化的交易系统提供一种通知消息的一种方法，在该系统中至少某些工作站被设置成交易场，且其中来自至少一个市场制造者工作站的对一种具体的金融证券或商品的报价只能有选择地被提供给有资格接受这些报价的交易场，该方法包括：

判定可提供给一个给定的交易场的该报价中的哪些报价可以从该交易场被击中；

利用一个报价状态装置来判定从一个第一市场制造者工作站发出的一个具体的报价是否是当前可从至少一个交易场击中的；

利用一个通知装置向该第一市场制造者工作站提供一个通知消息，以通知该具体报价是否是当前可从至少一个交易场击中的；

其特征在于该报价状态装置判定该具体报价是否是目前可从至少预定的多个交易场击中的，且该通知装置只在当前可从至少所述预定的多个交易场击中该具体报价的情况下才通知该第一市场制造者工作站。”

针对申请人于2003年4月7日提交的权利要求第1~18项、于2002年6月24日提交的说明书第2~7页、于2002年9月26日提交的说明书第1页以及进入中国国家阶段时提交的说明书附图第1~4页、说明书摘要和摘要附图，国家知识产权局实质审查部门于2003年10月24日作出了驳回决定，驳回的理由是：权利要求1请求保护一种计算机化的交易系统，虽然表述上是一种“系统”的形式，但构造该系统的硬件结构和性能都没有在技术上作任何改变，其实质是在公知的计算机网络上，对金融和商业的交易、运营等进行管理和实施方面的改变，即为一种在公知的计算机系统和网络上实现金融和商业交易的方法，因而该交易系统整体上是要保护一种商业实施和经济管理的方法，其解决的不是技术问题，获得的也不是技术效果，属于专利法第二十五条第一款第（二）项规定的智力活动的规则和方法，是不给予专利保护的客体。同理，权利要求2~18也属于专利法第二十五条第一款第（二）项规定的智力活动的规则和方法，是不给予专利保护的客体。并且，实质审查部门认为：申请人所提出的本申请避免了不符合一个判据的消息的传送，阻止了不需要的消息的发送，从而解决了减小消息流量的技术问题，实现了减小发送消息用的带宽这一技术效果是公知计算机网络技术的公知性能，不是该交易系统的设计所决定的。

申请人（下称请求人）对上述驳回决定不服，于2004年2月9日向专利复审委员会提出了复审请求，其复审理由主要是：1. 关于“构造该系统的硬件结构和性能都没有在技术上作任何改变”，审查指南（2001年版）第二部分2.2.4给出了一个示例，其中评述到“本发明专利申请的主题实质上是利用一个计算机程序在公知计算机上对图像数据进行处理以便改善该图像的图像质量。改进图像质量是其要解决的技术问题，获得图像质量的改善是一种技术效果。因此，本发明专利申请属于可给予专利保护的客体。”可见，按照审查指南的规定“硬件结构和性能的改变”不是可获得专利保护的必要条件。2. 关于实质审查部门所提出的本申请解决的不是技术问题，获得的也不是技术效果，（1）不能因为“设定条件来组织非法消息的发送，从而减小流量缩减带宽，是公知计算机网络技术的公知性能”就判定权利要求1“区别于现有技术的仅仅是商业、金融的实施方式的改变”，实质审查部门在驳回理由中没有结合权利要求1的具体内容；（2）实质审查部门对发明的评述既没有结合权利要求1的具体内容，更没有引证具体的现有技术，没有引用任何客观的标准，只能被认为是一种主观的评述，而无法令人信服；（3）“根据多个交易场中命中具体报价作为判据而发送通知，正是商业交易信息判断确定的过程，而不是解决技术问题的技术方案”的评论，实际上是以判据本身是否有技术性作为涉及或包括该判据的整个解决方案是否是技术方案的判断根据，这显然是不对的。

经形式审查，该复审请求符合有关规定，专利复审委员会予以受理。

在前置审查程序中，原实质审查部门坚持原驳回决定。

专利复审委员会依法组成合议组对本复审请求案进行审查，并于2005年4月11日发出复审通知书，指出：权利要求1～9所要求保护的关于计算机化的交易系统的技术方案实际上是利用已有的计算机设备来完成一种商业规则的运作，所解决的问题和所获得的效果均是非技术性的，因此权利要求1所请求保护的方案属于专利法第二十五条第一款第（二）项规定的智力活动的规则和方法，同时也不符合专利法实施细则第二条第一款的规定；权利要求10～18所要求保护的关于方法的技术方案实际上是完成一种商业规则的运作，所解决的问题和所获得的效果均是非技术性的，因此权利要求10～18所请求保护的方案属于专利法第二十五条第一款第（二）项规定的智力活动的规则和方法。

针对上述复审通知书，请求人于2005年7月26日提交了意见陈述书，提出：请求人不否认本申请的提出是出于商业需要，但几乎任何发明都是出于商业需要而作出的，这并不等于这些发明都不解决技术问题和获得技术效果，本申请解决了如何确保只传输有用消息的问题，在解决这一问题的过程中需要考虑相应的商业问题，但不等于所有使用计算机化的系统都是不能被授予专利权的，具体到本申请，所述“报价状态装置”是通过硬件和软件的结合来实现上述技术效果的，因而本申请属于可以给予专利保护的客体。

在上述工作的基础上，合议组认为本案事实已经清楚，故依法作出本决定。

二、决定的理由

1. 决定所依据的文本

本复审决定所依据的文本是实质审查驳回决定所依据的文本，即2002年6月24日提交的说明书第2～7页、2002年9月26日提交的说明书第1页、2003年4月7日提交的权利要求第1～18项以及进入中国国家阶段时提交的说明书附图第1～4页、说明书摘要、摘要附图。

2. 关于专利法第二十五条第一款第（二）项

专利法第二十五条第一款规定：对下列各项，不授予专利权：（一）科学发现；（二）智力活动的规则和方法；（三）疾病的诊断和治疗方法；（四）动物和植物品种；（五）用原子核变换方法获得的物质。

同时，审查指南第二部分第一章第3.2节中规定：“智力活动，是指人的思维运动，它源于人的思维，经过推理、分析和判断产生出抽象的结果，或者必须经过人的思维运动作为媒介才能间接地作用于自然产生结果，它仅是指导人们对信息进行思维、识别、判断和记忆的规则和方法，由于其没有采用技术手段或者利用自然法则，也未解决技术问题和产生技术效果，因而不构成技术方案。它既不符合专利法实施细则第二条第一款的规定，又属于专利法第二十五条第一款第（二）项规定的情形，因此，指导人们进行这类活动的规则和方法不能被授予专利权。”

根据审查指南中的上述内容，对智力活动的规则和方法不授予专利权是由于其没有采用技术手段或者利用自然法则，也未解决技术问题和产生技术效果，因而不构成技术方案。

本案中，权利要求1请求保护一种计算机化的交易系统，该系统包括：接受者队列装置、报价状态装置、通知装置。在权利要求1中并没有对其中的三个装置的结构特征进行描述，而是使用了功能性的语言对其进行了限定：所述“接受者队列装置”判定可提供给一个给定的交易场的该报价中的哪些报价可以从该交易场被击中；所述“报价状态装置”响应于所述接受者队列装置并用于判定报价是否可击中；所述“通知装置”响应于报价状态装置并用于通知该报价是否可击中。分析权利要求1以及相应的说明书内容后可以得知，上述装置实际上是由公知的计算机以及通信网络所构造的计算机化交易系统实现的，即对于本领域技术人员而言，公知的计算机以及通信网络即可实现权利要求1中所请求保护的包含接受者队列装置、报价状态装置、通知装置的计算机化的交易系统，权利要求1实质上仅是利用已有的计算机系统和通信网络来实现向市场制造者提供关于多少交易场将接受他的报价和/或他的报价必须为多少才能由给定数量的交易场击中的定量指示，其要解决的是在计算机化的市场交易过程中，对市场制造者输入的每个报价，确定在大量的交易场中该报价是否等待被“击中”，并根据这种判断来通知商人确认是否发出该报价。由此可见，其所解决的并非是技术问题，由此而产生的效果也仅仅是根据市场制造者输入的每个报价向市场制造者提供关于多少交易场将接受他的报价和/或他的报价必须为多少才能由给定数量的交易场击中的定量显示，向市场制造者提供他的报价在市场是否可同其他报价竞争的信息，故其能够获得的效果也不是遵循自然规律的技术效果。因此，权利要求1所要求保护的方案实际上是利用已有的计算机设备来完成一种商业规则的运作，所解决的问题和所获得的效果均是非技术性的，因此权利要求1所请求保护的方案属于专利法第二十五条第一款第（二）项规定的智力活动的规则和方法。同理，权利要求1也不符合专利法实施细则第二条第一款的规定。

权利要求2～9分别直接或间接地从属于权利要求1，而其各附加技术特征的内容也并非装置结构，而是对商业交易过程的细节的限定，由于权利要求1属于专利法第二十五条第一款第（二）项所规定的智力活动的规则和方法，因此，上述权利要求也属于专利法第二十五条第一款第（二）项规定的智力活动的规则和方法。同理，上述权利要求也不符合专利法实施细则第二条第一款的规定。

权利要求10请求保护在一种计算机化的交易系统提供一种通知消息的一种方法，该方法包括：判定可提供给一个给定的交易场的该报价中的哪些报价可以从该交易场被击中；判定报价是否可击中；通知该报价是否可击中。权利要求10实质上仅是实现向市场制造者提供关于多少交易场将接受他的报价和/或他的报价必须为多少才能由给定数量的交易场击中的定量指示，其要解决的是在计算机化的市场交易过程中，对市场制造者输入的每个报价，确定在大量的交易场中该报价是否等待被“击中”，并根据这种判断来通知商人确认是否发出该报价。由此可见，其所解决的并非是技术问题，由此而产生的效果也仅仅是根据市场制造者输入的每个报价向市场制造者提供关于多少交易场将接受他的报价和/或他的报价必须为多少才能由给定数量的交易场击中的定量显示，向市场制造者提供他的报价在市场是否可同其他报价竞争的信息，故其能够获得的效果也不是遵循自然规律的技术效果。因此，权利要求10所要求保护的方案实际上是完成一种商业规则的运作，所解决的问题和所获得的效果均是非技术性的，因此权利要求10所请求保护的方案属于专利法第二十五条第一款第（二）项规定的智力活动的规则和方法。

基于与上述对权利要求2～9的评述相同的理由，权利要求11～18也属于专利法第二十五条第一款第（二）项规定的智力活动的规则和方法。

关于复审请求人所陈述的意见，合议组并不反对发明大部分是出于商业需要而提出的，并且可以带来商业上的成功，但是，根据我国专利法、专利法实施细则以及审查指南中的相关规定，一项发明必须要同时满足采用技术手段或者利用自然法则、解决技术问题和产生技术效果三个要素，才可能成为专利法保护的客体，因而并不是出于商业需要而作出的所有改进都属于可授予专利权的范围。合议组也并不认为所有计算机化的系统都是不能被授予专利权的，但是如果一项申请仅是利用已有的计算机设备来完成一种商业规则的运作，则对其授予专利权显然与专利法的立法宗旨相背，因而是不能得到专利法的保护的。具体到本申请，请求人提出通过以“报价状态装置”的形式提供了技术手段，实现了减少系统中传输消息的数量的技术效果，而所述“报价状态装置”是通过硬件和软件的结合实现的，因而属于可授予专利权的范围，但是，参考本申请说明书所记载的内容（参见说明书第5页倒数第3段至第7页第3段），所述“报价状态装置”应相应于说明书中提到的仲裁器，在说明书的描述中，并没有提到该仲裁器是采用何种技术方式对报价进行处理和判定从而限制消息的发送的，说明书中仅提到了仲裁器可以根据经验参数、交易状态和双边信用状态之类的信息对报价的可用性进行判定，进而限制消息的发送，这种交易规则的改变显然属于商业方法的一部分，并不能将其视为计算机系统的改进，而复审请求人所强调的减小消息流的效果也正是这种交易规则的改变带来的必然结果。由此可见，本申请仅是利用已有的计算机设备来完成一种商业规则的运作，其不满足采用技术手段或者利用自然法则、解决技术问题和产生技术效果三个要素，因而不符合专利法有关“技术方案”的规定，不属于可授予专利权的客体，请求人所陈述的理由并不具有说服力。

因而，根据以上事实和理由，本案合议组作出如下审查决定。

三、决定

驳回复审请求，维持国家知识产权局于2003年10月24日作出的驳回96196597.5号发明专利申请的决定。

请求人如对本决定不服，可根据专利法第四十一条第二款的规定，在收到本决定之日起三个月内向北京市第一中级人民法院起诉。

030

无绳器具用的电池盒案

复审请求审查决定（第7416号）

决　定　号　第7416号
决　定　日　2005年11月30日
发明创造名称　无绳器具用的电池盒
国际分类号　H01M 2/10
复审请求人　布莱克和戴克公司
专利申请号　94192309.6
申　请　日　1994年3月30日
公　开　日　1996年6月19日
合议组组长　崔哲勇
主　审　员　穆丽娟
参　审　员　马　昊

法律依据　专利法第三十三条　专利法实施细则第二十条第一款
决定要点

复审请求人在答复复审通知书时提交的权利要求书中已经删除了存在缺陷的权利要求以及其从属权利要求，因此已经克服了驳回决定以及复审通知书中所指出的缺陷，故在修改文本的基础上撤销驳回决定。

一、案由

本复审请求涉及1995年11月30日进入国家阶段的，申请号为94192309.6，发明名称为“无绳器具用的电池盒”的发明专利申请（下称本申请），申请人是布莱克和戴克公司。

在实质审查过程中，国家知识产权局实质审查部门在2002年7月5日第一次审查意见通知书中指出：原始申请权利要求1、2~4、12~18相对于对比文件1（GB764049A）不具有创造性，不符合专利法第二十二条第三款的规定。

针对实质审查部门发出的第一次审查意见通知书，申请人于2002年11月12日提交了意见陈述书，并提交权利要求书、说明书替换页，在权利要求1中加入“……与壳体轴线共轴，无论电池盒围绕壳体轴线的角度取向如何，盒端子都可以与无绳器具电连接，”并据此认为：修改后的权利要求相对于对比文件1具备创造性。

国家知识产权局实质审查部门于2003年8月8日发出了第二次审查意见通知书，指出：权利要求1中补充的功能性限定不清楚，没给出具体结构，不符合专利法实施细则第二十条第一款的规定。

申请人在2003年10月21日提交了意见陈述书，并提交修改的权利要求书、说明书替换页，在权利要求1中加入“第一和第二盒端子……基本为圆形”的特征，并据此认为：修改后的权利要求能得到说明书支持，而且是清楚的。

国家知识产权局实质审查部门继续审查后，认为本申请权利要求1仍然不符合专利法实施细则第二十条第一款的规定，于2003年12月26日作出了驳回本申请的决定。驳回决定的主要理由是：（1）当前权利要求1采用了功能性限定，而没有清楚地描述实现该功能所采用的具体结构；（2）审查指南中明确规定：对产品权利要求来说，应当尽量避免使用功能和效果特征来限定，不得利用功能和效果特征任意扩大权利要求的保护范围（参见审查指南2－27第四段），而当前权利要求1则是采用功能性限定任意扩大了保护范围。

申请人布莱克和戴克公司（下称复审请求人）对上述驳回决定不服，于2004年3月17日向专利复审委员会提出复审请求，同时对权利要求1进行了修改，新增加的特征中出现“无绳器具的第一器具端子”“无绳器具的第二器具端子”分别与电池盒的第一和第二盒端子电连接；并且据此请求人认为已经克服了审查员驳回决定中所指出的权利要求1的不清楚问题，同时提出如下意见：（1）说明书中给出七个不同实施例，使得本领域技术人员能够明了如何实现该权利要求，因此这种程度的功能性限定应该是允许的，可以得到说明书的支持；（2）这种概括应该是合适的，申请人想保护的是有这种共性的一类结构，如果仅仅限定为一个实施例，会使申请人的利益受到损害，并且造成权利要求书不简明；这种功能限定更能清楚的反映申请人所要求保护的范围。

专利复审委员会于2004年3月29日发出了复审请求受理通知书和前置审查通知书。

在前置审查程序中，国家知识产权局原实质审查部门认为修改后的权利要求1仍旧没有克服驳回决定所指出缺陷，仍旧是不清楚的，坚持原驳回决定。

专利复审委员会依法成立合议组对本案进行审查，于2005年4月8日发出复审通知书，合议组审查了请求人在请求复审时提交的权利要求书的修改文本，并且将其与原申请文本进行对照后认为：复审请求人在提交复审请求时的修改文本中，对权利要求1进行了修改，其中出现“无绳器具的第一器具端子”“无绳器具的第二器具端子”分别与电池盒的第一和第二盒端子电连接，而原始申请文本的说明书中并没有出现以“无绳器具的第一器具端子”“无绳器具的第二器具端子”为名称的装置；并且根据本申请原始公开的内容，电池盒应当与盒座电连接，而盒座与无绳器具属于两个不同的部件，盒座并非无绳器具的一部分，因此，修改后的权利要求1所限定的技术方案与原始文本中公开的技术方案不一致。因此，复审请求人在提交复审请求时提交的修改文本超出了本申请原始公开的范围，不符合专利法第三十三条的有关规定，该文本是不能被接受的。同时，为了加快审查，合议组还对实质审查驳回决定所针对文本，即申请人于2003年10月21日提交的权利要求书、说明书、和本申请进入中国国家阶段时提交的附图和说明书摘要进行了进一步审查，并具体提出如下审查意见：（1）权利要求1在现有限定情况下是不清楚的。参见审查指南（2001年版）第3.2.2节规定：“产品权利要求应当尽量使用结构特征进行限定，尽量不使用功能性限定”。根据本申请原始公开的七个实施例的内容，其电池盒均与盒座电连接，而盒座与无绳器具属于两个不同的部件，盒座并非无绳器具的一部分，而权利要求1中的功能性限定为“无论电池盒围绕壳体轴线的角度取向如何，盒端子都可以与无绳器具电连接”，这种限定必定使得权利要求1的请求保护范围也包括了电池盒的盒端子不通过盒座而是通过其他技术手段直接与无绳器具电连接的技术方案，因此当前权利要求1采用功能性限定不适当地扩大了保护范围。综上所述，仅依据权利要求当前的限定，本领域普通技术人员不能在不花费创造性劳动的情况下，得出清楚具体并且合理的电池盒结构。因此，合议组认为当前权利要求1是不清楚的，不符合专利法实施细则第二十条第一款的有关规定；（2）申请人陈述意见时提到说明书有七个实施例，这只能作为说明书支持的理由，并不能说明该功能性限定是清楚的限定，因此不能作为当前权利要求1是清楚的理由；（3）如果申请人希望根据本申请实施例技术方案引入“盒座”结构特征对权利要求1进行改写，则由于权利要求1所请求保护的主题为“电池盒”，而电池盒与

"盒座"属于两个不同的装置，该"盒座"并不是"电池盒"的一部分，导致保护主题为"电池盒"的权利要求通过另外一个独立的装置"盒座"特征进行限定的情况发生，也将造成权利要求1的保护范围不清楚。

复审请求人于2005年5月23日提出延长答复期限的请求，延长时间为两个月。

复审请求人于2005年7月25日对上述复审通知书作出答复，提交了权利要求书替换页第1~6页，其中删除了原权利要求1~32以及68~73，对保留的权利要求重新进行了编号。

在上述工作的基础上，合议组认为本案事实清楚，可以作出本复审请求审查决定。

二、决定的理由

经审查，合议组认为复审请求人在答复复审通知书时提交的修改文本未超出原始说明书和权利要求书记载的范围，符合专利法第三十三条和专利法实施细则第六十条的规定，因此本复审决定依据的文本为：本申请进入中国国家阶段时提交的说明书附图第1~7页和说明书摘要，和于2003年10月21日提交的说明书第1~11页以及2005年7月25日提交的权利要求书1~6页。

鉴于复审请求人2005年7月25日提交的权利要求书替换页中已经分别删除了原权利要求1~32以及68~73，因此，本申请的修改文本已经克服了驳回决定和复审通知书所指出本申请权利要求1不符合专利法第三十三条、专利法实施细则第二十条第一款规定的缺陷，故在修改文本的基础上撤销驳回决定。至于本申请的说明书和权利要求书是否存在其他缺陷则留待后续程序继续审查。

三、决定

撤销国家知识产权局于2003年12月26日对94192309.6号专利申请所作出的驳回决定，以本申请进入中国国家阶段时提交的说明书附图第1~7页和说明书摘要，和于2003年10月21日提交的说明书第1~11页以及2005年7月25日提交的权利要求书1~6页为基础，由原实质审查部门继续进行审批程序。

031

具有批量操作用非易失性单元的块选择的标志寄存器的集成电路案

复审请求审查决定（第7417号）

决　定　号　第7417号
决　定　日　2005年12月5日
发明创造名称　具有批量操作用非易失性单元的块选择的标志寄存器的集成电路
国际分类号　G11C 8/00
复审请求人　爱特梅尔股份有限公司
专利申请号　98808790.1
申　请　日　1998年12月4日
公　开　日　2000年10月11日
合议组组长　熊　婷
主　审　员　朱芳芳
参　审　员　骆素芳

法律依据　专利法第二十六条第四款
决定要点

专利法第二十六条第四款中规定："权利要求书应当以说明书为依据，说明要求专利保护的范围。"

权利要求中的每一项权利要求所要求保护的技术方案应当是所属技术领域的技术人员能够从说明书中公开的内容直接得到或者概括得出的技术方案。在判断权利要求是否得到说明书的支持时，应当考虑说明书的全部内容，而不是仅限于具体实施方式或实施例的内容，从说明书的全部内容来看，能说明权利要求的概括是适当的，则应当认为权利要求得到了说明书的支持。

一、案由

本复审请求涉及申请日为1998年12月4日、优先权日为1997年12月8日、公开日为2000年10月11日、发明名称为"具有批量操作用非易失性单元的块选择的标志寄存器的集成电路"的发明专利申请，其申请号为98808790.1，申请人为爱特梅尔股份有限公司。

在实质审查程序中，针对本申请的原始提交的国际申请的中文译文，国家知识产权局于2002年11月1日发出第一次审查意见通知书，指出：权利要求4～17不符合专利法第二十六条第四款的规定；权利要求11不符合专利法实施细则第四条第一款的规定；说明书的撰写不符合专利法实施细则第十八条的规定。

针对第一次审查意见通知书，申请人于2003年5月16日提交了意见陈述书以及权利要求书全文替换页共3页。

国家知识产权局于2003年8月15日发出第二次审查意见通知书，指出：权利要求9、14、15不符合专利法第二十六条第四款的规定；权利要求9不符合专利法实施细则第二十条第一款的规定；说明书不符合专利法实施细则第十八条第一款和第十九条第三款的规定。

针对第二次审查意见通知书，申请人于2003年10月30日提交了意见陈述书以及权利要求书全文替换页共3页、说明书全文替换页共13页、说明书附图第1～2页的替换页以及说明书摘要附图替换页。

国家知识产权局于2004年1月2日以本申请的权利要求9、14、15不符合专利法第二十六条第四款的规定，作出驳回决定。驳回决定针对的文本是：2003年10月30日提交的权利要求第1～17项、说明书第1～13页、说明书附图第1～2页、摘要附图以及进入中国国家阶段时提交的说明书附图第3页和说明书摘要。其主要驳回理由是：（1）权利要求9中的“选择装置”和该选择装置的功能“包括连接到所述指令寄存器、数据寄存器、地址寄存器和标志寄存器中的每一个串行输出，所述指令集还包括指示控制器把以串行方式通过所述串行输入接收的位通过选中的寄存器传送到所述串行输出的流过指令”在说明书的具体实施方式中没有描述；（2）权利要求14中的“在所述批量操作控制器的控制下，把寄存器安装指令交替装入所述集成电路的指令寄存器中……多个集合装入所述寄存器”在说明书的具体实施方式中没有相应的记载；（3）权利要求15引用权利要求14，因此权利要求15没有以说明书为依据。驳回决定所涉及的权利要求的内容如下：

“1. 在一种包含非易失性存储单元的集成电路中，批量操作逻辑电路用于从多个所述非易失性单元的块中选择一个块并对所述选中的块实行指定的操作，其特征在于所述批量操作逻辑电路包括：

响应于模式信号和系统时钟信号的批量操作控制器，用于在集成电路的正常用户状态和批量操作状态之间进行转换，所述控制器在处于所述批量操作状态时提供时钟信号和控制信号，

指令寄存器及相关的解码装置，所述指令寄存器连到串行输入并响应于来自所述控制器的控制信号而经由所述串行输入接收指令集，所述指令经过所述相关解码装置的解码，把所述经解码的指令提供给所述控制器，以及

数据寄存器、地址寄存器和标志寄存器，这些寄存器都连到所述串行输入并响应于来自所述控制器的相应于所述经解码的指令集的控制信号，所述标志寄存器与集成电路的地址解码器交互，以把对所述非易失性单元所执行的批量操作仅限于由所述标志寄存器通过所述串行输入接收到的标志位所指定的所述单元块中的一个选中块。”

“4. 如权利要求1所述的电路，其特征在于可由与所述指令寄存器相关的解码装置解码的指令集包括指示控制器给所述数据、地址和标志寄存器中的一个寄存器装入通过所述串行输入以串行方式接收到的位的寄存器装入指令以及指示控制器对所述非易失性单元执行批量操作的批量操作指令。”

“9. 如权利要求4所述的电路，其特征在于还包括通过选择装置连接到所述指令寄存器、数据寄存器、地址寄存器和标志寄存器中每一个的串行输出，所述指令集还包括指示控制器把以串行方式通过所述串行输入接收的位通过选中的寄存器传送到所述串行输出的流过指令。”

“14. 一种对包含组织成单元块的非易失性存储单元的集成电路进行批量操作的方法，其特征在于所述方法包括：

（a）利用加到所述集成电路的批量操作控制器的模式信号把所述控制器的状态从正常用户状态切换到批量操作状态，

（b）在所述批量操作控制器的控制下，把寄存器安装指令交替装入所述集成电路的指令寄存器中，且响应于所述寄存器安装指令，通过连到所述集成电路的各个标志、地址和数据寄存器的串行输入把标志、地址和数据位的一个或多个集合装入所述寄存器，

（c）把批量操作指令装入所述指令寄存器，以及

（d）执行由所述指令寄存器中的所述批量操作指令所指定的批量操作，所述批量操作仅限于由所述标志寄存器中的标志位所选中的一个或多个单元块，至少一些批量操作使用所述地址和数据寄存器的内容以及所述标志位。

15. 如权利要求 14 所述的方法，其特征在于还包括使所述标志寄存器中的标志位保持不变地重复步骤（b）－（d），至少给所述地址寄存器重新安装用于同一批量操作指令的不同地址位。”

申请人（下称复审请求人）对驳回决定不服，于2004 年4 月16 日向专利复审委员会提出了复审请求，其主要复审理由如下：（1）关于权利要求 9 中的“选择装置”和其功能，说明书附图 1 和说明书附图 2 所示，有一多路复用器 41 连接到指令寄存器、数据寄存器、地址寄存器和标志寄存器中的每一个，说明书第 10 页第 1 段中具体描述了多路复用器在控制逻辑块 17 的控制下执行的选择操作，而多路复用器 41 是本领域内最常见的选择装置之一，本领域内的技术人员根据说明书及附图所示的内容并结合本领域内的公知常识，可以容易地想到除多路复用器以外的选择装置，诸如抽选器或利用软件；（2）关于权利要求 9 中的“串行输出”，在说明书附图 1 和说明书附图 2 中示出一 SDO 端子，且在说明书第 10 页第 1 段中描述了多路复用器 41 将信号提供给 SDO 端子，而 SDO 是“串行数据输出”的缩写；（3）关于权利要求 9 中的“流过指令”，在说明书第 10 页第 1 段中描述了使能将数据从 SDO 端子输出的“FLOWTHRU”指令，而“FLOWTHRU”指令是本领域内公知的流过指令的缩写；（4）关于权利要求 14 中的步骤（b），说明书附图 4 中示出各寄存器的安装指令，且说明书第 11 页第 3 段中具体描述了所述安装指令。此外，在说明书第 9 页第 3 段中描述了在状态机 13 的控制下，指令经输入端移入指令寄存器，响应于这些指令使输入端接收到的数据指向选中的寄存器，在说明书第 3 页第 1 段有关背景技术的描述中指出，指令可包括以串行方式把地址移入地址寄存器、以串行方式把数据移入数据寄存器之一，根据以上描述，可以概括出权利要求 14 中所述的步骤（b）。

经形式审查合格，专利复审委员会受理了该复审请求，并于2004 年5 月17 日发出了复审请求受理通知书及前置审查通知书。

在前置审查程序中，原实质审查部门仍坚持原驳回决定。

在此基础上，专利复审委员会成立合议组对本案进行了审理。合议组在审阅了全部文件后认为，本案事实已经清楚，可以依法做出审查决定。

二、决定的理由

（一）关于审查文本的认定

2004 年4 月16 日，复审请求人在提交复审请求书时没有提交新的修改文本，因此，本复审请求审查决定以驳回决定所针对的文本作为审查的基础，即，2003 年10 月30 日提交的权利要求第 1 ~ 17 项、说明书第 1 ~ 13 页、说明书附图第 1 ~ 2 页、说明书摘要附图以及进入中国国家阶段时提交的说明书附图第 3 页和说明书摘要。

（二）关于专利法第二十六条第四款

专利法第二十六条第四款中规定：“权利要求书应当以说明书为依据，说明要求专利保护的范围。”

权利要求中的每一项权利要求所要求保护的技术方案应当是所属技术领域的技术人员能够从说明书中公开的内容直接得到或者概括得出的技术方案。在判断权利要求是否得到说明书的支持时，应当考虑说明书的全部内容，而不是仅限于具体实施方式或实施例的内容，从说明书的全部内容来看，能说明权利要求的概括是适当的，则应当认为权利要求得到了说明书的支持。

1. 关于权利要求9是否得到说明书的支持

权利要求9为独立权利要求1的间接从属权利要求，其请求保护的主题是“一种包含非易失性存储单元的集成电路”，其附加技术特征分为两部分：（1）“还包括通过选择装置连接到所述指令寄存器、数据寄存器、地址寄存器和标志寄存器中每一个的串行输出”；（2）“所述指令集还包括指示控制器把以串行方式通过所述串行输入接收的位通过选中的寄存器传送到所述串行输出的流过指令”。

关于权利要求9中的附加技术特征（1）

本申请的说明书附图1和说明书附图2是示出本发明的具有批量操作能力的非易示性单元的集成电路所使用的逻辑方框图，附图1和说明书附图2中清楚地示出，该集成电路包括一个SDO端子，该SDO端子通过输出缓冲器43、SDO MUX（多路复用器）41连接到指令寄存器、数据寄存器、地址寄存器和标志寄存器中每一个，“SDO”和“MUX”是本领域公知的英文缩写词，分别表示“串行数据输出”和“多路复用器”的含义，本申请的说明书第3页第6行以及第9页倒数第3行中也记载了这两个英文缩写词的具体含义，此外，说明书第9页倒数第3行至倒数第2行中也以文字形式明确记载了“图1和2的电路还包括多路复用器41、其输出42具有输出缓冲器43连接到串行数据输出（SDO）端子”，由此，可以从本申请的说明书和附图所公开的内容中直接获知——本申请的集成电路包括通过多路复用器41连接到所述指令寄存器、数据寄存器、地址寄存器和标志寄存器中每一个的串行数据输出；

其次，本申请的说明书第9页倒数第1行至第10页第6行中具体描述了多路复用器41在控制逻辑块17的控制下执行的选择操作，且对于本领域技术人员来说，多路复用器是本领域内最常见的选择装置之一，根据说明书及附图所示的内容并结合本领域内的公知常识，很容易想到除多路复用器以外的选择装置，诸如抽选器等，因此，参照与本申请相关的现有技术，将说明书中的“多路复用器”概括为权利要求9中的“选择装置”是适当的。

因此，从本申请的说明书中可以概括得出本申请的集成电路“还包括通过选择装置连接到所述指令寄存器、数据寄存器、地址寄存器和标志寄存器中每一个的串行输出”。

关于权利要求9中的附加技术特征（2）

附加技术特征（2）将权利要求4中的指令集进一步限定为“还包括指示控制器把以串行方式通过所述串行输入接收的位通过选中的寄存器传送到所述串行输出的流过指令”。

说明书第9页倒数第1行至第10页第6行中详细记载了“控制逻辑块17提供线44上的控制信号，以使能（或禁用）输出缓冲器43”以及“当输出缓冲器43被使能时，经过选中的寄存器和多路复用器把SDI端子移入的数据传送到SDO端子”，并且记载了“这种使能发生在响应于FLOWTHRU指令”，而“FLOWTHRU”指令即为本领域公知的流过指令的英文缩写，由此，从上述说明书所公开的内容可以直接得出本申请的指令集“还包括指示控制器把以串行方式通过所述串行输入接收的位通过选中的寄存器传送到所述串行输出的流过指令”。

综上所述，本申请权利要求9能够得到说明书支持，符合专利法第26条第4款的规定。

2. 关于权利要求14和权利要求15是否得到说明书的支持

权利要求14请求保护的主题是“一种对包含组织成单元块的非易失性存储单元的集成电路进行批量操作的方法”，该方法包括步骤（a）-（d）。驳回决定中指出步骤（b）在说明书具体实施方式部分没有记载，也不能由说明书中所给出的具体实施例的内容无疑义的导出，其中，步骤b的具体内容为“在所述批量操作控制器的控制下，把寄存器安装指令交替装入所述集成电路的指令寄存器中，且响应于所述寄存器安装指令，通过连到所述集成电路的各个标志、地址和数据寄存器的串行输入把标志、地址和数据位的一个或多个集合装入所述寄存器。”

然而，在本申请的说明书第 11 页第 3 段中已经结合附图 4 具体描述了各寄存器的安装指令；其次，说明书第 9 页 3 段中也描述了在状态机 13 的控制下，指令经输入端移入指令寄存器，响应于这些指令使输入端接收到的数据指向选中的寄存器；再者，说明书第 3 页第 1 段有关背景技术的描述中指出，指令可包括以串行方式把地址移入地址寄存器、以串行方式把数据移入数据寄存器之一，最后，说明书第 11 页第 4 段至第 13 页第 2 段中详细给出了状态机处于批量操作状态下的一个程序序列实例，并在说明书第 13 页第 2 段中明确记载了"首先安装指令 LOAD FLAG，然后通过把所需的标志数据装入标志寄存器来执行该指令。接着，把指令 LOAD ADDRESS 装入指令寄存器，然后通过把选中的地址装入地址寄存器来执行该指令……"的安装指令的具体步骤顺序，即一个接一个地把各寄存器安装指令装入指令寄存器中。因此，虽然说明书具体实施方式中没有以完整记载的方式给出步骤（b），但是根据上述说明书中所公开的技术内容，本领域技术人员完全可以概括得出权利要求 14 中所述的步骤（b）。

综上所述，本申请权利要求 14 能够得到说明书支持，符合专利法第二十六条第四款的规定。基于相同的理由，引用权利要求 14 的权利要求 15 能够得到说明书支持，符合专利法第二十六条第四款的规定。

基于上述理由，合议组作出下述决定。

三、决定

撤销国家知识产权局于 2004 年 1 月 2 日作出的驳回决定，由原实质审查部门以驳回决定所针对的文本作为审查的基础，即，以 2003 年 10 月 30 日提交的权利要求第 1 ~ 17 项、说明书第 1 ~ 13 页、说明书附图第 1 ~ 2 页、说明书摘要附图以及进入中国国家阶段时提交的说明书附图第 3 页和说明书摘要作为审查的基础，继续审批程序。

032

一种输入/输出总线体系结构案

复审请求审查决定（第7418号）

决　定　号 第7418号
决　定　日 2005年12月2日
发明创造名称 一种输入/输出总线体系结构
国际分类号 G06F 9/445
复审请求人 国际商业机器公司
申　请　号 99104808.3
申　请　日 1999年4月5日
公　开　日 1999年11月10日
合议组组长 崔哲勇
主　审　员 龙　安
参　审　员 孙治国

法律依据 专利法第二十六条第四款
决定要点

对权利要求的概括是否恰当，应当参照与之有关的现有技术进行判断，而且应当考虑说明书的全部内容，不应仅仅依据说明书中的具体实施例的个数来判断。

对于说明书中具有某一特征的技术方案仅给出一个实施例，而且权利要求中该特征是用功能来限定的情形，如果所属技术领域的技术人员能够明了此功能还可以采用说明书中未提到的其他替代方式来完成的话，则权利要求中用功能限定该特征的写法是允许的。

一、案由

该复审请求涉及申请日为1999年4月5日、优先权日为1998年5月6日、申请号为99104808.3、名称为“一种输入/输出总线体系结构”的发明专利申请，其申请人为国际商业机器公司。

国家知识产权局实质审查部门对该申请进行实质审查，于2003年8月29日发出第一次审查意见通知书，指出权利要求1得不到说明书支持，不符合专利法第二十六条第四款的规定。

2004年1月9日，申请人答复上述通知书，陈述权利要求1符合相关法律条款的理由，随所述意见陈述书一起提交了修改的说明书第1～11页。

2004年5月14日，国家知识产权局实质审查部门对针对1999年4月5日提交的权利要求第1～15项、说明书附图第1～7页、说明书摘要及其附图各1页，2004年1月9日提交的说明书第1～11页，作出驳回决定，理由为：权利要求1请求保护的一种输入/输出总线体系结构包括一个连接在所述输入/输出总线上并仍独立于所述主处理器的加载/存储协助引擎，但权利要求1仅从功能或效果对所述引擎加以限定，由于说明书仅一实施例，本领域技术人员根据说明书难以预见除实施例外的其他方式亦能实现该功能，因此权利要求 1 得不到说明书支持，不符合专利法第二十六条第四款的规定。驳回决定针对的独立权利要求 1 如下：

"1. 一种输入/输出总线体系结构，包括：

输入/输出总线；

连接在所述输入/输出总线上的输入/输出设备；

连接在所述输入/输出总线上的主处理器，用于执行对应于所述输入/输出设备的设备驱动程序，所述设备驱动程序为所述输入/输出设备生成加载/存储命令；以及

连接在所述输入/输出总线上并仍独立于所述主处理器的加载/存储协助引擎，用于按照来自所述设备驱动程序的所述加载/存储命令，自或向所述输入/输出设备加载或存储数据，使所述加载/存储协助引擎将所述主处理器从与所述加载/存储命令的执行关联的等待时间上解脱开来。"

申请人（下称复审请求人）对上述驳回决定不服，于2004 年 8 月 27 日向国家知识产权局专利复审委员会提出复审请求，其复审理由主要为：

（1）关于"加载/存储协助引擎"，说明书中并非只有一个实施例。一方面，说明书将"加载/存储协助引擎"称为"协处理器"，这是从与"主处理器"的关系来说，旨在说明其功能。另一方面，说明书还指出"加载/存储协助引擎"可由编程的处理器、可编程逻辑阵列、专用集成电路实现，这是从其本身的实现上来说，旨在说明其可能的结构。

（2）权利要求 1 对"加载/存储协助引擎"的限定，与说明书记载内容相符。

（3）驳回决定的"难以预见除实施例之外的其他方式也能实现该功能"的断言不成立。对"加载/存储协助引擎"可作如下解释：其主要功能在于执行两类 I/O 操作，即按照来自设备驱动程序的加载命令，从 I/O 设备加载数据；按照来自设备驱动程序的存储命令，向 I/O 设备存储数据。加载命令和存储命令是计算机系统的基本 I/O 命令，本领域普通技术人员可以据其限定，实现所述功能，所述引擎并不限于具体的硬件结构。

经形式审查合格，专利复审委员会受理该复审请求，于2004 年 9 月 27 日发出复审请求受理通知书和前置审查通知书。

前置审查程序中，国家知识产权局原实质审查部门坚持原驳回决定。

专利复审委员会依法成立合议组，对此案进行审理，在对其进行合议审查的基础上，认为本案事实清楚，可以作出复审决定。

二、决定理由

1. 本复审决定所依据的文本与驳回决定针对的文本一致。

2. 关于权利要求 1 是否得到说明书支持的问题

根据该申请说明书记载（第 4 页第 23 ~ 28 行），现有计算机技术领域存在的问题是：输入/输出适配器技术的变化非常迅速，与之协同工作的处理器复合体及输入/输出处理器两者都必须适应所述变化。为此，必须为处理器复合体、输入/输出处理器分别设计修正版本，进一步，还须为处理器复合体、输入/输出处理器各自开发诸如编译程序、调试程序等开发工具。为了适应输入/输出适配器的变化，需要开发两套程序，这种双重开发，成本很高。

为解决现存问题，该申请技术方案对现有硬件结构做如下改动（说明书第 4 页第 28 ~ 30 行）：①将输入/输出处理器的设备驱动程序功能从输入/输出处理器的输入/输出适配器交互作用功能分离并移回到处理器复合体中，从而消除双重开发成本。②在将上述"输入/输出处理器的设备驱动程序"移回到处理器复合体的同时，保留原"输入/输出处理器"的位置，代之以"加载/存储协助引擎"（亦称"协处理器"），其工作原理是（说明书第 5 页第 3 ~ 9 行）：所述引擎在处理器复合体外

部，协助执行寄存器加载与存储操作，所述引擎采用报文协议与主机通信。

合议组认为，权利要求 1 中有关“加载/存储协助引擎”的功能性限定可以得到说明书支持，具体原因如下：

根据此申请说明书可知，加载/存储协助引擎的主要功能在于执行两类 I/O 操作，即按照来自设备驱动程序的加载命令，从 I/O 设备加载数据；按照来自设备驱动程序的存储命令，向 I/O 设备存储数据。从设备驱动程序接收命令以及从 I/O 设备加载命令或向 I/O 设备存储数据都是计算机技术领域常见的操作，现有技术中有多种方式可以实现这些功能，例如通过编程的处理器、可编程逻辑阵列或对应于编程的处理器的应用特定的集成电路。本申请的发明要点在于对输入/输出总线体系结构的改进，而不是对具体的加载、存储数据方式的改进，其加载、存储数据的方式均采用了现有技术中的常规手段，因此没有必要描述“加载/存储协助引擎”的具体结构，换言之，该申请权利要求 1 中的所述引擎是利用了现有计算机、通信技术实现常规的数据处理功能，且说明书对该技术进行了列举式说明，因此，在所属领域的普通技术人员能够明此功能还可以采用说明书中未提到的其他替代方式来完成的情况下，允许用功能性描述对权利要求中的该特征加以限定。

基于上述原因，合议组认为，权利要求 1 可以得到说明书的支持，符合专利法第二十六条第四款的规定。

三、决定

撤销国家知识产权局对该发明专利申请作出的驳回决定，以复审请求人于 1999 年 4 月 5 日提交的权利要求第 1 ~ 15 项、说明书附图第 1 ~ 7 页、说明书摘要及其附图各 1 页，2004 年 1 月 9 日提交的说明书第 1 ~ 11 页为基础，由原实质审查部门继续审批程序。

033

与例外处理结合的猜测执行指令取消装置案

复审请求审查决定（第7420号）

决　定　号　第7420号
决　定　日　2005年11月29日
发明创造名称　与例外处理结合的猜测执行指令取消装置
国际分类号　H04R 9/06
复审请求人　胡伟武　王海洋
申　请　号　01141496.0
申　请　日　2001年9月27日
公　开　日　2003年4月16日
合议组组长　熊　婷
主　审　员　詹靖康
参　审　员　孙克良
法律依据　专利法第二十六条第三款

决定要点

所属技术领域的技术人员按照说明书记载的内容，不需要付出创造性的劳动，就能够再现该发明的技术方案，解决其技术问题，并且产生预期的技术效果，则表明说明书对发明作出了完整的说明。

一、案由

本复审请求涉及申请号为01141496.0、名称为“与例外处理结合的猜测执行指令取消装置”的发明专利申请，其申请日为2001年9月27日，申请人为胡伟武、王海洋。

国家知识产权局原审查部门依法对该专利申请进行了实质审查，于2003年12月5日发出第一次审查意见通知书，指出本申请公开不充分，不符合专利法第二十六条第三款的规定。具体的理由是：说明书中没有解释“特殊中断”的含义，也没有描述该特殊中断如何进行指令取消和现场的恢复，没有指出精确中断如何实现现场的精确恢复和如何恢复中断逻辑。

2004年12月24日，申请人针对上述审查意见通知书提交了意见陈述书。申请人指出：根据说明书的上下文“特殊的中断”指的就是预测错误，而“精确中断”是处理器设计的基本概念之一，如何进行精确中断是属于处理器设计的基本技术，因此说明书已充分公开了该发明。

经过上述审查程序后，国家知识产权局原实质审查部门以本申请不符合专利法第二十六条第三款的规定为理由，于2004年3月12日作出了驳回该专利申请的决定。该决定指出：1. 说明书没有公开特殊中断如何进行指令取消和现场恢复；2. 没有公开精确中断如何实现现场的精确恢复和如何恢复中断逻辑；3. 本申请仅仅给出了一种将预测错误变成一种中断的指示，进而实现一种与例外处理结合的猜测执行指令取消装置，只给出了与例外处理结合的猜测执行的指令取消装置所能完成的功能，并未给出指令取消装置的具体结构或上述功能的具体流程。本领域技术人员必须经过创造性的劳动才能实现本发明，因而本申请不符合专利法二十六条第三款的规定，依据专利法第三十八条予以驳回。

申请人（下称复审请求人）不服上述驳回决定，于2004年5月18日向专利复审委员会提出复审请求并提交了教科书《计算机系统结构：一种定量的方法（清华大学出版社出版，第二版）》的复印件共8页作为参考文献。复审请求人认为，本领域普通技术人员能够根据此教科书中的内容实现精确中断，因此本申请的说明书符合专利法二十六条第三款的规定。

在前置审查程序中，原实质审查部门认为说明书仅给出把预测错误变成中断再进行中断处理的指示，没有给出预测错误引起的中断的处理过程，因此仍然坚持原驳回决定。

专利复审委员会依法组成合议组对该复审请求案进行了审理。

本案合议组在仔细审阅了全部案卷后，现作出如下复审请求审查决定。

二、决定的理由

本复审决定所依据的文本是复审请求人于2001年9月27日提交的申请文本。

专利法第二十六条第三款规定，说明书应当对发明或者实用新型作出清楚、完整的说明，以所属技术领域的技术人员能够实现为准。所属技术领域的技术人员能够实现，是指所属技术领域的技术人员按照说明书记载的内容，结合本领域的公知常识，不需要创造性的劳动，就能够再现该发明或者实用新型的技术方案，解决其技术问题，并且产生预期的技术效果。

复审请求人提交的教科书《计算机系统结构：一种定量的方法（清华大学出版社出版，第二版）》第136页指出：异常是指正常的指令执行顺序被改变了的情况、不同机器对异常有不同的描述方法，通常有“中断”、“故障”和“例外”等几种叫法、像在许多机器里那样，我们把它称为“异常”……

根据本申请说明书记载的内容（参见说明书第2页中间部分），本申请中所谓的“特殊中断”实际上是分支错误，也就是预测错误，之所以称之“特殊”，是与本领域常见的其他类型的中断相区别。此处的“特殊中断”处理方式的中断申请、中断响应、中断返回都与普通中断的处理方式相同，是本领域普通技术人员所熟知的。

《计算机系统结构：一种定量的方法（清华大学出版社出版，第二版）》139页倒数第5行提到“如果流水线可以停下来使当前指令之前的指令能执行结束，而当前指令之后的指令都可以重启动，这种流水线被称为精确异常流水线。”精确中断的要求就是发生中断使所有的现场都是精确的。20世纪90年代就已出现了实现精确中断的处理器，可以说精确中断是处理器设计的基本概念之一，这种技术对于本领域技术人员来说属于公知常识。

说明书第3页最后一段具体描述了如何把转移指令猜错作为一种特殊的例外、如何进行指令取消、如何进行现场恢复。具体而言，是转移指令写回时，根据结果形成例外向量并写入操作队列相应项的ex和excode域，把转移指令猜错作为一种特殊的例外。

综上所述，驳回决定中所指出的问题或在说明书中有明确完整的记载，或属于本领域普通技术人员所了解的公知技术，这些问题不足以说明本申请的说明书不符合专利法第二十六条第三款规定。

三、决定

撤销国家知识产权局于2004年3月12日作出的驳回决定。以请求人申请日提交的申请文本为基础，由原实质审查部门继续进行审查程序。

034

字符输入方法和装置案

复审请求审查决定（第7421号）

决　定　号　第7421号
决　定　日　2005年12月6日
发明创造名称　字符输入方法和装置
国际分类号　G06F 3/02
复审请求人　肯伍德公司
申　请　号　00135995.9
申　请　日　2000年12月20日
公　开　日　2001年8月29日
合议组组长　马　昊
主　审　员　龙　安
参　审　员　郑　直

法律依据　专利法第二十二条第二款、第三款
决定要点

若一项现有技术公开了一项权利要求的全部技术特征，则该权利要求没有新颖性，否则该现有技术不影响此项权利要求的新颖性。

一、案由

本复审请求涉及申请日为2000年12月20日、优先权日为2000年2月21日、申请号为00135995.9、名称为"字符输入方法和装置"的发明专利申请，其申请人为肯伍德公司。

2003年1月24日，国家知识产权局实质审查部门发出第一次审查意见通知书，指出权利要求第1~10、12~13、15、21、24~26项相对于对比文件1（CN 1174455A，公开日为1998年2月25日）来说，不符合专利法第二十二条第二款新颖性的规定；权利要求第11、14、16~20、22~23项相对于对比文件1和对比文件2（CN 1064958 A，公开日为1992年9月30日）的结合而言，不具备专利法第二十二条第三款规定的创造性；权利要求第27、28项属于专利法第二十五条第一款第二项所述的不能被授予专利权的情况；权利要求第29项不符合专利法实施细则第二十条第三款的规定。

2003年5月29日，申请人向国家知识产权局提交意见陈述书，指出：本发明技术方案分别相对于对比文件1、2而言具备新颖性。同时，申请人提交了修改的权利要求第1~22项、说明书第1~7页、说明书摘要1页。

2004年1月9日，国家知识产权局实质审查部门作出驳回决定。

驳回决定针对的文本2的权利要求书中，独立权利要求1、14、17、21、22分别为：

"1. 一种从预定字符组选择字符作为输入的方法，该方法包括：

a）从一使用者接收该字符组的一期望字符的一部首部分的第一笔划的一指示，及该字符组的一

期望字符的该部首部分的第二笔划的一指示，作为不同输入；

b）把从该字符组选出的一个或更多字符呈现给该使用者，各个显示的字符具有该部首部分的第一和第二笔划两者；以及

c）接收来自该使用者的一选择指示，指出在步骤b）呈现的该等字符的一子集合。”

“14. 一种用于中文字符的输入方法，该方法包括：

a）从一使用者接收期望的中文字符或其部首部分的第一、第二和最后一笔划的分开的指示，作为输入；及

b）选择具有所述经指出的第一、第二和最后一笔划的一中文字符作为输入。”

“17. 一种用于中文字符的输入方法，该方法包括：

a）从一使用者接收期望的字符的一部首部分的第一和第二笔划的分开的指示作为输入；

b）从该使用者接收该期望字符的其余部分的第一和第二笔划的分开的指示作为输入；及

c）选择具有在步骤a）和b）指出的所述笔划的一字符作为输入。”

“21. 一种电子输入装置，被配置来实施依据权利要求1、2、3、4、5、6、7、8、9、10、11、12、13、14、15、16、17、18、或19的方法。

22. 一种可携式资料终端机，被配置来实施依据权利要求1、2、3、4、5、6、7、8、9、10、11、12、13、14、15、16、17、18、或19的方法。”

其驳回理由为：“1. 对比文件1（CN 1174455 A）涉及一种字元输入装置及方法，其公开了，该处理器的存储器中存储第一套预定的87个初始的（左和顶）即部首部分和第二套预定的625个后续（右和底）部分，该输入方法包括，使用者连续按压要键入的字符笔划相配的字元，以供显示到显示器上，在输入部分字符时，包含该部分字元的若干完整部分就会自动显示出来，以供选择进行输入；而包含该部分字元的若干不完整部分则会自动显示在中间位置上，方便输入。权利要求1请求保护的技术方案与对比文件1所公开的内容相比，所不同的仅仅是文字表达方式上略有差别，其技术方案实质相同，故权利要求1缺乏专利法第二十二条第二款规定的新颖性。

2. 权利要求2～10、12～13、15、21、24～26的附加技术特征均被对比文件1公开，各项权利要求亦不具备新颖性。

3. 权利要求11、14、16～20、22、23的技术方案相对于对比文件1、2的结合而言缺乏专利法第二十二条第三款规定的创造性。

4. 申请人修改的权利要求1就相当于原权利要求13，权利要求14就相当于原权利要求18，权利要求21～22相当于原权利要求25～26。新权利要求1～22仍不具备新颖性或创造性，不符合专利法第二十二条第二三款的规定。”

申请人（下称复审请求人）对上述驳回决定不服，于2004年4月9日向国家知识产权局专利复审委员会提出复审请求，理由是：

1. 一个字符的部首并不是该字符的笔划或习惯上的起笔书写部分，审查员将一个字的左和顶部视为是部首部分，而认为本申请和对比文件1类似是不正确的。

2. 本申请存储数据及搜寻方式与对比文件1并不相同。

3. 对比文件2并未披露本申请的根据字符部首的第一笔划、第二笔划与该字符的最后笔划来决定该字符的特征。故结合对比文件1和对比文件2的技术内容无法得到本发明的技术方案。

请求人随复审请求书提交了修改的权利要求第1～22项。其中独立权利要求1、14、17、21、22分别为：

“1. 一种从预定字符组选择字符作为输入的方法，该方法包括：

a）从一使用者接收该字符组的一期望字符的一部首部分的第一笔划的一指示，及该字符组的一期望字符的该部首部分的第二笔划的一指示，作为不同输入；

b）把从该字符组选出的一个或更多字符呈现给该使用者，各个显示的字符具有部首部分的第一和第二笔划两者及一标示线，表示显示的字符为一不完整的字符；以及

c）接收来自该使用者的一选择指示，指出在步骤 b）呈现的该等字符的一子集合。

14. 一种用于中文字符的输入方法，该方法包括：

a）从一使用者接收期望的中文字符或其部首部分的第一、第二和最后一笔划的分开的指示，作为输入；及

b）选择具有所述经指出的第一、第二和最后一笔划的一中文字符作为输入。

17. 一种用于中文字符的输入方法，该方法包括：

a）从一使用者接收期望的字符的一部首部分的第一和第二笔划的分开的指示作为输入；

b）从该使用者接收该期望字符的其余部分的第一和第二笔划的分开的指示作为输入；及

c）选择具有在步骤 a）和 b）指出的所述笔划的一字符作为输入。”

“21. 一种电子输入装置，被配置来实施依据权利要求 1、2、3、4、5、6、7、8、9、10、11、12、13、14、15、16、17、18、或 19 的方法。

22. 一种可携式资料终端机，被配置来实施依据权利要求 1、2、3、4、5、6、7、8、9、10、11、12、13、14、15、16、17、18、或 19 的方法。”

经形式审查合格，专利复审委员会受理了该复审请求，于 2004 年 4 月 28 日发出复审请求受理通知书和前置审查通知书。

在前置审查程序中，国家知识产权局原实质审查部门坚持驳回决定。

专利复审委员会依法成立合议组，对此案进行审理，在对其进行合议审查的基础上，认为本案事实清楚，可以作出复审决定。

二、决定理由

复审请求人于 2004 年 4 月 9 日提交的权利要求第 1 ~ 22 项符合专利法第三十三条及专利法实施细则第六十条的规定，可被接受。因此，本决定所依文本为：2004 年 4 月 9 日提交的权利要求第 1 ~ 22 项、2003 年 5 月 29 日提交的说明书第 1 ~ 7 页、2000 年 12 月 20 日提交的附图第 1 ~ 2 页。

本决定所引用对比文件是实质审查程序中引用的对比文件，即：对比文件 1（CN 1174455A，公开日为 1998 年 2 月 25 日）、对比文件 2（CN 1064958 A，公开日为 1992 年 9 月 30 日）。

1. 关于权利要求 1 的新颖性

权利要求 1 涉及一种从预定字符组选择字符作为输入的方法，该方法包括 a） - c）三个步骤。

对比文件 1 涉及一种输入表意或者象形字元的方法，具体公开了（说明书第 5 页第 5 段至第 8 页，图 1 - 7F）两套输入模式：①第一模式（说明书第 5 页倒数第 2 段至第 6 页第 2 段，图 5、6A - 6H）中，按照字元的书写顺序，依次键入每一笔划所对应的按键，显示器上显示连续按压的笔划、相配的字元，由用户选择所需字元。②第二模式（说明书第 6 页第 3 段至第 7 页第 4 段，图 5、7A - 7F）中，字元被分成若干连续部分。每一连续部分由若干按序笔划构成，输入第一字元部分时，包含该字元部分的若干完整字元会自动显示在底排上，不完整字元或第一字元部分显示在中间位置，同时，来自第二字元部分的若干被储存的字元部分会显示在顶排以供第二字元部分输入。第二字元部分同样据笔划顺序进行输入，中央处理单元响应笔划键的每个连续按压并且显示相配的字元部分到顶排。

比较上述两个技术方案可以看出，两种输入方法并不相同：

（1）权利要求1中输入法是依次输入字符部首的前两笔（步骤a），而对比文件1中的字元输入法是按字元的书写顺序进行输入。

汉字（字符的一种）部首的前两笔并不等同于汉字的前两笔，换言之，有些汉字的部首并不是该字的起笔笔划（如“部”部首为“阝”、“即”部首为“卩”、“岔”部首为“山”、“熊”部首为“灬”）。

（2）权利要求1中，显示所述两笔划之后，随即显示一标示线，该标示线表示显示字符非一完整字符（步骤b），而对比文件1并不显示有特定含义的标示线。

可见，权利要求1与对比文件1的技术方案实现手段并不相同。因此，权利要求1相对于对比文件1而言，具备专利法第二十二条第二款规定的新颖性。

2. 关于权利要求2~9的新颖性

权利要求2~9在其直接或间接引用的权利要求1具备新颖性的前提下，亦符合专利法第二十二条第二款新颖性的规定。

3. 关于权利要求10的创造性

权利要求10要求保护“一种从预定字符组选择字符作为输入的方法”，包括：

a）从一使用者接收该字符组的一期望字符的一部首部分的第一笔划的一指示，及该字符组的一期望字符的该部首部分的第二笔划的一指示，作为不同输入；

b）把从该字符组选出的一个或更多字符呈现给该使用者，各个显示的字符具有部首部分的第一和第二笔划两者及一标示线，表示显示的字符为一不完整的字符；以及

c）接收来自该使用者的一选择指示，指出在步骤b）呈现的该等字符的一子集合。

d）根据由使用者在步骤c）所作的该选择指示把从第二字符组选出的一个或更多字符呈现给使者；及

e）接收来自使用者的一进一步选择指示，指出在步骤d）指出的该等字符的一子集合。

其中在步骤e）的该进一步选择指示指出在步骤d）呈现的所述字符中的一个。

该进一步成份是该中文字符组的该期望字符的最后一笔划。

权利要求10与对比文件1相比，存在如下区别：

（1）对比文件1并未记载步骤a）-b）的内容（参见评述权利要求1新颖性的相关部分）。

（2）权利要求10中的步骤d）是显示用户从第二字符组选出的字符；由于两者的输入字符方法不同，故对比文件1中，无论是第一模式的字元集合还是第二模式中的字元集合都不可能与该权利要求中的“第二字符组”的字元集合中所包含的字元相同，因此对比文件1不可能向用户提供与该权利要求中的“第二字符组”相同的字元集合。

（3）由于二者输入法具体步骤不相同，所述对比文件无法亦提供如权利要求10步骤e）的功能。

可见，对比文件1与该权利要求的方法并不相同。

对比文件2涉及一种改进结构型汉字编码输入法，具体（说明书第7页第4段）公开：独体字编码按照“第一码取该字的笔画，第二、三码取该字起笔和次笔笔形代码，第四码取该字的收笔笔形代码”的法式进行取码。其与权利要求10的方法及对比文件1所涉及的输入字元的方法均不相同，无法提供任何技术启示与对比文件1结合，评述权利要求10的创造性。

因此，权利要求10相对于对比文件1和对比文件2而言，具备专利法第二十二条第三款规定的创造性。

4. 关于权利要求 11～13 的创造性

因权利要求 11～13 直接或间接引用的权利要求 10 具备创造性，故上述权利要求亦符合专利法第二十二条第三款有关创造性的规定。

5. 关于权利要求 14 的创造性

权利要求 14 要求保护“一种用于中文字符的输入方法”，包括 a）－b）两个步骤。

对比文件 1 公开的输入表意或者象形字元方法（具体公开的内容，参见评述权利要求 1 的相关部分）与该权利要求的中文字符输入法不相同：权利要求 14 是取“中文字符或其部首部分的第一、第二和最后一笔划”，对比文件 1 则是按照字元的书写顺序进行输入。

对比文件 2 涉及的改进结构型汉字编码输入法（技术方案见评述权利要求 10 的相关部分）与权利要求 14 的中文字符输入法及对比文件 1 涉及的输入字元的方法均不同。

对比文件 1、2 均未公开“使用中文字符或其部首部分的第一、第二和最后一笔划作为输入，来输入中文字符的方法”，也没有给出这样输入的技术启示，因此，权利要求 14 与对比文件 1、2 相比，具备专利法第二十二条第三款规定的创造性。

6. 关于权利要求 15、16 的创造性

因权利要求 15、16 直接或间接引用的权利要求 14 具有创造性，所以，上述两项权利要求也具备符合专利法第二十二条第三款规定的创造性。

7. 关于权利要求 17 的新颖性

权利要求 17 涉及一种用于中文字符的输入方法，该方法包括 a）－c）三个步骤。

对比文件 1 涉及一种输入表意或者象形字元的方法（具体公开的内容，参见评述权利要求 1 的相关部分）与权利要求 17 要求保护的输入方法并不相同：

（1）权利要求 17 的输入法是依次输入字符部首的前两笔（步骤 a），而对比文件 1 中的字元输入法是按字元的书写顺序进行输入。

汉字部首的前两笔并不等同于汉字书写的前两笔，换言之，有些汉字的部首并不是该字的起笔笔划（如“敢”部首为“攵”“贪”部首为“贝”）。

（2）权利要求 17 中，接收字符的其余部分的第一和第二笔划的输入（步骤 b），对比文件 1 并非按照“接收除部首后的剩余部分的笔划”这一规律进行取码。

可见，权利要求 17 与对比文件 1 涉及的技术方案实现手段不一样。因此，权利要求 17 相对于对比文件 1 而言，具有专利法第二十二条第二款规定的新颖性。

8. 关于权利要求 18、19 的创造性

参见评述权利要求 17 的相关内容可知，对比文件 1 与所述权利要求 18、19 的技术方案并不相同。对比文件 2 中汉字输入法的独体字输入规则中第四码取收笔笔形，此独体字的输入方法（说明书第 7 页第 4 段）也与权利要求 18、19 的输入方法相异。对比文件 1、2 均无法提供任何技术启示，以结合来实现所述两项权利要求请求保护的方法。因此，权利要求 18、19 也具备专利法第二十二条第三款规定的创造性。

9. 关于权利要求 20～22 的新颖性、创造性

在其引用的权利要求 1～9、17 具备新颖性的情况下，权利要求 20～22 符合专利法第二十二条第二款新颖性的规定。在其引用的权利要求 10～16、18、19 有创造性的前提下，权利要求 20～22 也具备专利法第二十二条第三款规定的创造性。

综上，权利要求 1～22 均符合专利法第二十二条第二三款的相关规定。

三、决定

撤销国家知识产权局对00135995.9号发明专利申请作出的驳回决定，以请求人于2004年4月9日提交的的权利要求第1～22项，2003年5月29日提交的说明书第1～7页、说明书摘要1页，2000年12月20日提交的附图第1～2页及说明书摘要附图1页，为基础，由原实质审查部门继续进行审批程序。

035

调谐锁相环的带宽的方法案

复审请求审查决定（第7429号）

决　定　号　第7429号
决　定　日　2005年11月30日
发明创造名称　调谐锁相环的带宽的方法
国际分类号　H03L 7/08　H03L 7/18
复审请求人　艾利森电话股份有限公司
专利申请号　99809332.7
申　请　日　1999年6月2日
公　开　日　2001年9月26日
合议组组长　黄毅斐
主　审　员　孙治国
参　审　员　朱芳芳

法律依据　专利法实施细则第二条第一款
决定要点

权利要求所要求保护的就是一种为了实现发明目的而采取的技术方案，符合专利法实施细则第二条第一款的规定。

一、案由

本复审请求涉及申请号为99809332.7、名称为“调谐锁相环的带宽的方法”的发明专利申请，其申请日是1999年6月2日，优先权日为1998年6月5日，进入中国国家阶段的日期是2001年2月5日，申请人是艾利森电话股份有限公司。

在实质审查过程中，国家知识产权局实质审查部门于2003年6月27日发出第一次审查意见通知书，指出：权利要求1~7、13、15、16不符合专利法实施细则第二条第一款的规定，权利要求24~26、28~30、35不符合专利法第二十二条第二款的规定，权利要求27、31、32不符合专利法第二十二条第三款的规定，权利要求33、34、36、37不符合专利法第二十六条第四款的规定，权利要求38~42属于专利法第二十五条第一款第（二）项不授予专利权的范围。

针对上述审查意见通知书，申请人于2003年11月12日提交了权利要求书全文替换页、说明书第6、7页的替换页及意见陈述书，其中具体陈述了修改后的权利要求书符合专利法、专利法实施细则相关规定的理由。

2004年2月13日，实质审查部门以本申请权利要求1~7、13、15、16不符合专利法实施细则第二条第一款的规定为由驳回了本申请。具体的驳回理由是：权利要求1~7、13、15、16所记载的仅仅是本发明所要达到的目的或者所要实现的功能，没有反映达到该目的或者实现该功能的技术方案，其中所记载的步骤中“施加”“检测”“调节”仅仅是本发明所要达到的目的或者所要实现的功能的一种指示，是非技术特征，不符合专利法实施细则第二条第一款的规定。

申请人（下称请求人）对上述驳回决定不服，于2004年5月28日向国家知识产权局专利复审委员会提出复审请求，同时还提交了权利要求书的修改替换页共6页（下称文本1），其复审理由主要是：权利要求1所要达到的目的或者所要实现的功能是：调谐锁相环带宽到想要的水平。权利要求1中所记载的各个步骤恰恰是达到该目的或者说实现所述功能而需要的相应技术特征。通过说明书第8页第10行到第9页第12行中关于附图的描述可以清楚地理解权利要求1所述的技术方案。权利要求1~7、13、15、16符合专利法实施细则第二条第一款的规定。

上述文本1的权利要求1的内容如下：

“1. 用于调谐锁相环带宽到想要的水平的方法，包括以下步骤：

（a）在第一频率上在锁相条件下运行锁相环；

（b）通过使得锁相环开始锁定到不同于第一频率的第二频率上，把阶跃响应施加到锁相环；

其特征在于所述方法还包括步骤：

（c）检测与所施加的阶跃响应有关的、表示锁相环带宽是否处在想要的水平的参量；以及

（d）调节锁相环带宽，以及重复进行步骤（a）到（d），直至锁相环带宽成为想要的水平为止。”

经形式审查合格，国家知识产权局专利复审委员会受理了上述复审请求，并于2004年6月21日发出了复审请求受理通知书和前置审查通知书。

在前置审查程序中，原实质审查部门坚持原驳回决定。

专利复审委员会依法成立合议组对本案进行复审，在对本案进行进一步合议审查的基础上，认为本案事实清楚，可以作出如下复审请求审查决定。

二、决定的理由

请求人提交复审请求时对权利要求书的修改符合专利法第三十三条和专利法实施细则第六十条的规定，因此本复审决定所依据的文本是：文本1的权利要求第1~29项、本申请进入中国国家阶段时提交的国际申请文件的说明书第1~5、8~11页、附图第1~10页、说明书摘要和摘要附图，2003年11月12日提交的说明书第6~7页。

专利法实施细则第二条第一款规定：“专利法所称发明，是指对产品、方法或者其改进所提出的新的技术方案。”

本发明的目的是提供用于指示和/或调谐锁相环带宽的方法和装置。权利要求1请求保护一种用于调谐锁相环带宽到想要的水平的方法，该方法由（a）－（d）共四个步骤组成。根据说明书的记载（说明书第8页第10行到第9页第12行），要实现把锁相环带宽调谐到想要的水平这一目的，可以按照下述步骤实现：首先，将锁相环初始化，即步骤（a）；其次，将环路锁定到某一个频率后，把频率阶跃引入到环路，即步骤（b）；再次，检测与所施加的阶跃响应有关的、表示锁相环带宽是否处在想要的水平的参量，即步骤（c）；最后，调节锁相环带宽，重复步骤（a）－（d）直到带宽成为想要的水平为止。

由此可见，步骤（a）－（d）就是为实现发明目的的技术特征，由它们所组成的权利要求1所要求保护的就是一种为了实现发明目的而采取的技术方案，符合专利法实施细则第二条第一款的规定。

从属权利要求2~7、13、15、16在其所引用的权利要求符合专利法实施细则第二条第一款的规定的情况下，也符合专利法实施细则第二条第一款的规定。

综上所述，合议组认为本申请权利要求1~7、13、15、16符合专利法实施细则第二条第一款的

规定，请求人的复审理由成立。至于本申请是否操存在其他缺陷，留待后续审查程序继续审查。

三、决定

撤销国家知识产权局于2004年2月13日对99809332.7号发明专利申请所作出的驳回决定，以本复审决定所依据的文本为基础，由原实质审查部门继续进行审批程序。

036

汉正码汉字编码法及其键盘案

复审请求审查决定（第7430号）

决　定　号　第7430号
决　定　日　2005年11月30日
发明创造名称　汉正码汉字编码法及其键盘
国际分类号　G06F 3/23
复审请求人　刘昌海
专利申请号　00129107.6
申　请　日　2000年9月19日
公　开　日　2002年4月10日
合议组组长　马　昊
主　审　员　孙治国
参　审　员　詹靖康

法律依据　专利法实施细则第二十条第一款
决定要点

对于涉及计算机汉字编码或者汉字输入方法的专利申请，如果其权利要求所请求保护的技术方案已经包括了发明请求保护的计算机汉字输入方法所采用的三个步骤：A. 特定字根作为编码码元的步骤、B. 将码元与键盘上的特定键位相对应的步骤、C. 利用键盘上的特定键位根据汉字编码输入规则输入汉字的步骤，则该项权利要求符合专利法实施细则第二十条第一款的规定。

一、案由

本复审请求涉及申请号为00129107.6、名称为“汉正码汉字编码法及其键盘”的发明专利申请，其申请日是2000年9月19日、公开日是2002年4月10日，申请人是刘昌海。

在实质审查过程中，国家知识产权局实质审查部门于2003年10月10日发出第一次审查意见通知书，指出：权利要求1不符合专利法实施细则第二十条第一款，权利要求2属于专利法第二十五条规定的不授予专利权的范围，并且指出本申请的技术方案相对于对比文件1（CN1133985A）不具备创造性，不符合专利法第二十二条第三款的规定。

针对上述审查意见通知书，申请人于2004年1月15日提交了申请文件全文替换页及意见陈述书。

2004年4月9日，实质审查部门以本申请不符合专利法第二十二条第三款和专利法实施细则第二十条第一款的规定为由驳回了本申请。具体理由是：权利要求1请求保护一种计算机汉字输入方法，其中并没有清楚地写明从组成汉字的所有字根中选择确定数量的特定字根作为编码码元的步骤、将这些编码码元指定到所述特定键盘相应键位上的步骤、利用键盘上的特定键位根据汉字编码输入规则输入汉字的步骤，从而导致权利要求1的保护范围不清楚，不符合专利法实施细则第二十条第一款的规定；说明书的技术方案部分相对于对比文件 1（CN1133985A）不具备创造性，不符合专利法第二十二条第三款的规定。

申请人（下称请求人）对上述驳回决定不服，于 2004 年 7 月 6 日向国家知识产权局专利复审委员会提出复审请求，并且提交了说明书、权利要求书（下称文本 1）、说明书摘要的替换页。在提出复审请求时，请求人认为：对比文件提供的是读写结合的汉字计算机输入方法，而本申请为纯形汉字输入方法，两种输入方法存在着本质的不同，对比文件的汉字输入法不能否定本案申请中纯形汉字输入法的创造性。文本 1 的权利要求 1 如下：

"1. 一种计算机汉字输入方法，其特征在于：依据汉字的空间构形规律将汉字拆分为字块，然后根据各字块的书写笔画，利用特定键盘进行汉字输入，属于一种没有固定字根的计算机汉字输入方法。其步骤如下：

a. 按照汉字的空间构形规律进行逆向拆分，拆分口诀为：

交连不拆离散拆　　形音义块勿破坏

一般拆作一二块　　多元会意依次拆

拆分口诀说明如下：

（1）按照汉字的空间结构关系，将有空间结构间隙的汉字拆分为字块，对交连在一起、没有空间结构间隙的汉字不进行拆分；

（2）象形字不拆分，指示字（数量不多，不过百十个）一般也不宜拆分，只有形声字和会意字可以拆分。形声字只能拆分为两部分，会意字能拆分为三部分以上的只有几十个；

（3）根据汉字的构形特点，在实际使用中只需掌握一个原则：一般汉字要么不拆，要么拆分为两部分；

（4）对于构形单位多于两部分的汉字（会意字），按书写顺序依次拆分，如众、品、疑等；

b. 确定编码码元：取每个字块的前两笔，按照汉字的五种基本笔画按书写顺序组合为如下 25 种编码码元：

一一　一丨　一丿　一丶　一乛

丨一　丨丨　丨丿　丨丶　丨乛

丿一　丿丨　丿丿　丿丶　丿乛

丶一　丶丨　丶丿　丶丶　丶乛

乛一　乛丨　乛丿　乛丶　乛乛

c. 将 25 种编码码元与键盘上除 Z 外特定分区的 25 个英文字母键相对应，口诀为：

一丨丿丶乛组合　　先区后位坐标得

口诀说明如下：

将计算机键盘除 Z 外的 25 个英文字母键分为五个区，分别用一、丨、丿、丶、乛标示；每区五位，也分别用一、丨、丿、丶、乛标示，每种笔画组合的第一笔对应区号，第二笔对应位号，从而使一个英文字母对应一种组合如下：

Q	W	E	R	T	Y	U	I	O	P
丿乛	丿丶	丿丿	丿丨	丿一	丶一	丶丨	丶丿	丶丶	丶乛

A	S	D	F	G	H	J	K	L	M
一乛	一丶	一丿	一丨	一一	丨一	丨丨	丨丿	丨丶	丨乛

X	C	V	B	N
乛乛	乛丶	乛丿	乛丨	乛一

（2）单笔画在各区均取横位，其对应关系是：

一——G、丨——H、丿——T、丶——Y、乛——N。

d、进行汉字输入时，确立的汉字输入编码输入规则为：

四块一二三和末　　（一、二、三、末）
三块尾码来坐客　　（一、二、三、三尾）
二块先首复尾码　　（一、二、一尾、二尾）
单块首尾声尾迭　　（首、尾、尾、尾）

汉字编码输入规则说明如下：

（1）一个汉字最多只有四部分组成，按书写顺序依次编码，如疑——匕、矢、マ、疋，编码为QTCB（此类汉字只有亟、疑等几个，且多为二级编码）；

（2）折分为三部分的汉字，最后一部分补充一个尾码，但在实际应用中很少用到，只有矗——FFFG、鑫——WWWG等几个；

（3）对于拆分为两部分的汉字，每部分各补充一个尾码；

（4）对于不能拆分的汉字，补充一个尾码（只有这类字尾码常用，但数量较少），再叠用尾码；

（5）首码取码原则：

首码字块前两笔　离散重码有位移

首码取码原则说明如下：

（a）．“字块”是指拆分后形成的部分；

（b）．为离散重码，对16个字块进行了位移，除“乂”外（取象形），区号均保持不变：

Q	W	E	R	T	Y	U	I	O	P
		几 ⺈				冖 亠			

A	S	D	F	G	H	J	K	L	M
	木 卄				目	日 刂	口	口 田 皿 罒	

X	C	V	B	N
乂				马

注：“亅”视为折；

（6）尾码取码原则：

尾码字块末尾取　　拆分原则要牢记

单块先从构形看　　特征末笔末两笔

尾码取码原则说明：

（a）取尾码时，若字块仍可拆分，需遵从拆分原则，取最后一个字块的编码，如：啊——口、阿，阿——阝、可，编码为 KBKA；堡——保、土，保——亻、呆，编码为 RFK；圆——口、员，员——口、贝，编码为 LKLM 等；

（b）单块包括不能拆分的汉字和拆分后不能再拆分的部分，如果构形关系明显且不相交，可按构形关系取，如：古——口，足——止等；

（c）分不清或没有结构关系的，或取特征，或取末笔，或取末两笔：

——按特征取的，如：

曲、血、皿——丨丨

业、亚、立——丷

四、西——儿

——取末笔的，如：

马、鸟、鱼、本、丝、册——一

中、半、巾、牛、串、丰、韦——丨

才、矛、尸、少、曳——丿

弋、太、夕、甫、求、戊、长、我、丸——丶

巴、也、事、片、今、弓、气、丐、屯、已——乛

——取末两笔的，如：

大、木、末——丿丶

（d）疑难字尾码编有兼容码。”

“经形式审查合格，国家知识产权局专利复审委员会受理了上述复审请求，并于 2004 年 8 月 20 日发出了复审请求受理通知书和前置审查通知书。

在前置审查程序中，原实质审查部门坚持原驳回决定。

专利复审委员会依法成立合议组对本案进行复审，在对本案进行了进一步合议审查的基础上，认为本案事实清楚，可以作出如下复审请求审查决定。

二、决定的理由

1. 文本认定

由于请求人于 2004 年 7 月 6 日提交的修改文本符合专利法第三十三条和专利法实施细则第六十条的规定，因此本复审决定所依据的文本是请求人于 2004 年 7 月 6 日提交的说明书第 1 ~ 11 页、权利要求第 1 项、说明书摘要。

2. 关于专利法实施细则第二十条第一款

专利法实施细则第二十条第一款规定：“权利要求书应当说明发明或者实用新型的技术特征，清楚、简要地表述请求保护的范围。”

合议组认为文本 1 的权利要求 1 已经包括了本发明请求保护的计算机汉字输入方法所采用的三个步骤：A. 特定字根作为编码码元的步骤、B. 将码元与键盘上的特定键位相对应的步骤、C. 利用键盘上的特定键位根据汉字编码输入规则输入汉字的步骤，因此符合专利法实施细则第二十条第一款的

规定。

本申请权利要求 1 的步骤 A 为：取每个字块的前两笔，按照汉字的五种基本笔画按书写顺序组合为如下 25 种编码码元：

一一 一丨 一丿 一丶 一乛
丨一 丨丨 丨丿 丨丶 丨乛
丿一 丿丨 丿丿 丿丶 丿乛
丶一 丶丨 丶丿 丶丶 丶乛
乛一 乛丨 乛丿 乛丶 乛乛

步骤 B 为：将 25 种编码码元与键盘上除 Z 外特定分区的 25 个英文字母键相对应，口诀为：

一丨丿丶乛组合 先区后位坐标得；

步骤 C 为：进行汉字输入时，确立的汉字输入编码输入规则为：

四块一二三和末　（一、二、三、末）
三块尾码来坐客　（一、二、三、三尾）
二块先首复尾码　（一、二、一尾、二尾）
单块首尾声尾选　（首、尾、尾、尾）

3. 关于专利法第二十二条第三款

根据审查指南的规定，专利法第二十二条第三款所规定的创造性的审查文本应当是申请文件中权利要求所请求保护的技术方案，而不是说明书。因此，实质审查部门针对说明书进行创造性的评述是没有法律依据的，是不正确的。

综上所述，请求人于 2004 年 7 月 6 日提交的权利要求 1 已经克服了驳回决定所指出的缺陷，符合专利法实施细则第二十条第一款的规定，请求人的复审理由成立。至于本申请是否存在其他缺陷，留待后续审查程序继续审查。

三、决定

撤销国家知识产权局于 2004 年 4 月 9 日对 00129107. 6 号发明专利申请所作出的驳回决定，以请求人于 2004 年 7 月 6 日提交的说明书第 1 ~ 11 页、权利要求第 1 项、说明书摘要为基础，由原实质审查部门继续进行审批程序。

037

内容信息管理方法及其装置案

复审请求审查决定（第7431号）

决　　定　　号　第7431号
决　　定　　日　2005年12月2日
发明创造名称　内容信息管理方法及其装置
国 际 分 类 号　G06F 13/00
复 审 请 求 人　株式会社理光
申　　请　　号　02107964.1
申　　请　　日　2002年3月25日
公　　开　　日　2002年11月13日
合 议 组 组 长　马　昊
主　　审　　员　孙治国
参　　审　　员　李韵美

法 律 依 据　专利法第二十五条第一款第（二）项
决 定 要 点

判断某项权利要求是否属于专利法第二十五条第一款第（二）项所规定的不授予专利权的范围，不能仅因为该项权利要求中存在的个别字词、术语而简单地认定其属于专利法第二十五条第一款第（二）项所规定的不授予专利权的范围。而应当从该项权利要求所要求保护的技术方案是否解决了技术问题、采用了技术手段、取得了技术效果这三个方面进行分析、判断，才能得出结论。

一、案由

本复审请求涉及申请号为02107964.1. 名称为“内容信息管理方法及其装置”的发明专利申请，其国际申请日是2002年3月25日，优先权日是2001年3月29日，申请人是株式会社理光。

在实质审查过程中，国家知识产权局实质审查部门于2003年10月24日发出第一次审查意见通知书，指出：权利要求1～16属于专利法第二十五条第一款第（二）项规定的不授予专利权的范围。

针对上述审查意见通知书，申请人于2004年1月9日提交了权利要求书（下称文本1）、说明书、说明书摘要、摘要附图的全文替换页、说明书附图第5页替换页及意见陈述书，具体陈述了本申请不属于专利法第二十五条第一款第（二）项规定的不授予专利权的范围的理由。其中文本1中权利要求1～14如下：

“1. 一种内容信息管理装置，设有：

存储装置，存储与内容ID相关的信息，该内容ID能特定唯一内容；

与网络接续的输入输出装置；

控制装置整体的控制装置；其特征在于：

上述存储装置至少存储与由上述内容ID表示的内容数据输出有关的属性信息；

上述控制装置根据从上述网络通过输入输出装置输入的内容信息要求数据，从上述存储装置检索与上述内容数据输出有关的属性信息，应答上述内容信息的要求方。

2. 根据权利要求 1 中所述的内容信息管理装置，其特征在于：

上述属性信息包括由上述内容 ID 表示的内容数据的输出地装置种类，以及由与该输出地装置种类对应的输出权限信息所构成的输出控制信息；

上述控制装置根据包含在从上述网络通过输入输出装置输入的内容信息要求数据中的输出地装置信息，从上述存储装置检索上述内容数据的输出控制信息，应答上述内容信息的要求方。

3. 根据权利要求 1 中所述的内容信息管理装置，其特征在于：

上述属性信息包括由上述内容 ID 表示的内容数据的输出地装置种类，以及由与该输出地装置种类对应的收费信息所构成的输出控制信息；

上述控制装置根据包含在从上述网络通过输入输出装置输入的内容信息要求数据中的输出地装置信息，从上述存储装置检索上述内容数据的输出控制信息，应答上述内容信息的要求方。

4. 根据权利要求 1 中所述的内容信息管理装置，其特征在于：

上述属性信息包括由上述内容 ID 表示的内容数据的输出地装置种类，以及由与该输出地装置种类对应的交费方信息所构成的输出控制信息；

上述控制装置根据包含在从上述网络通过输入输出装置输入的内容信息要求数据中的输出地装置信息，从上述存储装置检索上述内容数据的输出控制信息，应答上述内容信息的要求方。

5. 根据权利要求 1 - 4 中任一个所述的内容信息管理装置，其特征在于：

上述存储装置存储成为组的内容 ID 组的 ID 以及与 ID 组全体相关的相同的内容管理信息；

上述控制装置根据包含在从上述网络通过输入输出装置输入的内容信息要求数据中的输出地装置信息，从上述存储装置检索上述内容数据的输出控制信息，应答上述内容信息的要求方。

6. 根据权利要求 1 - 5 中任一个所述的内容信息管理装置，其特征在于，上述控制装置根据通过输入输出装置输入的内容信息变更要求，变更存储在上述存储装置中的内容管理信息。

7. 根据权利要求 6 中所述的内容信息管理装置，其特征在于，上述控制装置对通过输入输出装置输入内容信息变更要求的要求者进行认证，根据认证结果，限制变更上述内容管理信息。

8. 一种用于内容信息管理装置的内容信息管理方法，其中该内容信息管理装置设有：

存储装置，存储与内容 ID 相关的信息，该内容 ID 能特定唯一内容；

与网络接续的输入输出装置；

控制装置整体的控制装置；其特征在于，所述方法包括以下步骤：

第一步骤，在上述存储装置存储与由上述内容 ID 表示的内容数据输出有关的属性信息；

第二步骤，通过上述控制装置，根据从上述网络通过输入输出装置输入的内容信息要求数据，从上述存储装置检索与上述内容数据输出有关的属性信息，应答上述内容信息的要求方。

9. 根据权利要求 8 中所述的内容信息管理方法，其特征在于：

上述属性信息包括由上述内容 ID 表示的内容数据的输出地装置种类，以及由与该输出地装置种类对应的输出权限信息所构成的输出控制信息；

上述第二步骤通过控制装置，根据包含在从上述网络通过输入输出装置输入的内容信息要求数据中的输出地装置信息，从上述存储装置检索上述内容数据的输出控制信息，应答上述内容信息的要求方。

10. 根据权利要求 8 中所述的内容信息管理方法，其特征在于：

上述属性信息包括由上述内容 ID 表示的内容数据的输出地装置种类，以及由与该输出地装置种类类对应的收费信息所构成的输出控制信息；

上述第二步骤通过控制装置，根据包含在从上述网络通过输入输出装置输入的内容信息要求数据中的输出地装置信息，从上述存储装置检索上述内容数据的输出控制信息，应答上述内容信息的要求方。

11. 根据权利要求 8 中所述的内容信息管理方法，其特征在于：

上述属性信息包括由上述内容 ID 表示的内容数据的输出地装置种类，以及由与该输出地装置种类对应的交费方信息所构成的输出控制信息；

上述第二步骤通过控制装置，根据包含在从上述网络通过输入输出装置输入的内容信息要求数据中的输出地装置信息，从上述存储装置检索上述内容数据的输出控制信息，应答上述内容信息的要求方。

12. 根据权利要求 8－11 中任一个所述的内容信息管理方法，其特征在于：

上述存储装置存储成为组的内容 ID 组的 ID 以及与 ID 组全体相关的相同的内容管理信息；

上述第二步骤通过控制装置，根据包含在从上述网络通过输入输出装置输入的内容信息要求数据中的输出地装置信息，从上述存储装置检索上述内容数据的输出控制信息，应答上述内容信息的要求方。

13. 根据权利要求 8～12 中任一个所述的内容信息管理方法，其特征在于，进一步包括以下步骤：通过上述控制装置，根据通过输入输出装置输入的内容信息变更要求，变更存储在上述存储装置中的内容管理信息。

14. 根据权利要求 13 中所述的内容信息管理方法，其特征在于，通过上述控制装置对通过输入输出装置输入内容信息变更要求的要求者进行认证，根据认证结果，限制变更上述内容管理信息。”

2004 年 3 月 5 日，实质审查部门以本申请权利要求 1～14 属于专利法第二十五条第一款第（二）项规定的不授予专利权的范围为由驳回了本申请。

申请人（下称请求人）对上述驳回决定不服，于 2004 年 5 月 31 日向国家知识产权局专利复审委员会提出复审请求，并且具体陈述了本申请权利要求 1～14 项不属于专利法第二十五条第一款第（二）项规定的不授予专利权的范围的理由。

经形式审查合格，国家知识产权局专利复审委员会受理了上述复审请求，并于 2004 年 6 月 16 日发出了复审请求受理通知书和前置审查通知书。

在前置审查程序中，原实质审查部门坚持原驳回决定。

专利复审委员会依法成立合议组对本案进行复审，在对本案进行进一步合议审查的基础上，认为本案事实清楚，可以作出如下复审请求审查决定。

二、决定的理由

1. 文本认定

本复审决定所依据的文本与驳回决定所依据的文本相同，即 2004 年 1 月 9 日提交的说明书第 1～17 页、权利要求第 1～14 项、附图第 5 页、摘要及摘要附图，申请日提交的附图第 1～4、6～11 页。

2. 关于权利要求 1～14 项是否属于专利法第二十五条第一款第（二）项规定的不授予专利权的范围

专利法第二十五条规定：“对下列各项，不授予专利权：

（一）科学发现；

（二）智力活动的规则和方法；

（三）疾病的诊断和治疗方法；

（四）动物和植物品种；

（五）用原子核变换方法获得的物质。”

现有技术的信息输入/输出系统不能对输出地装置进行合理控制，因而不能根据不同的输出地装置的属性信息进行不同内容的内容输出。本申请所要解决的技术问题是根据远距离输出时的输出地装置控制内容数据输出，管理用于控制内容数据输出收费的属性数据。为了解决前述的技术问题，本申请提出了文本1中的权利要求1所要求保护的技术方案，即：根据与内容ID表示的内容数据输出有关的属性信息而控制是否允许输出，在该方案中，分别设置有存储装置、与网络接续的输入输出装置和控制装置整体的控制装置，存储与内容ID相关的信息以及与上述内容ID表示的内容数据输出有关的属性信息，而控制装置则从网络通过输入输出装置的内容信息要求数据，从上述存储装置中检索与上述内容数据输出有关的属性信息，根据所述属性信息选择输出地，从而应答上述内容信息的要求方。前述技术方案所取得的技术效果是能够根据远距离输出时的输出地装置控制内容数据的输出、控制是否允许向输出地装置输出以及变更内容信息。因此，权利要求1所要求保护的技术方案解决了技术问题、采用了技术手段、取得了技术效果，不属于专利法第二十五条第一款第（二）项所规定的不授予专利权的范围。

驳回决定中认为：权利要求1请求保护一种内容信息管理装置，是涉及计算机程序的发明。根据说明书的记载，该发明虽然是一种装置，但是由于其硬件结构没有发生任何变化，该发明的实质是在在线网络环境中通过对远距离用户的权限信息或收费信息的管理，对涉及远距离输出费用例如传真送信的通信费或远距离输出系统使用费等进行控制，向用户收费，或向信息提供者收费。因此该发明实质上属于一种商业实施方法，解决的不是技术问题，没有采用技术手段，也没有产生技术效果，因此该发明不能构成技术方案，属于智力活动的规则和方法。所以权利要求1属于专利法第二十五条第一款第二项规定的情形，不能被授权。

合议组认为：权利要求1请求保护的技术方案并不是指导人们对计算机网络中的远距离用户的权限信息或收费信息进行识别、判断，也不是在计算机网络中通过对远距离用户的权限信息或收费信息进行管理来现实合理收费，而是根据属性信息所表示的内容的不同而选择不同的输出地。权利要求1请求保护的技术方案中并不涉及在在线网络环境中通过对远距离用户的权限信息或收费信息的管理、对涉及远距离输出费用例如传真送信的通信费或远距离输出系统使用费等进行控制、向用户收费或向信息提供者收费。因此，权利要求1不属于专利法第二十五条第一款第（二）项所规定的不授予专利权的范围。

由于权利要求2~14所引用的权利要求1不属于专利法第二十五条第一款第（二）项所规定的不授予专利权的范围，所以权利要求2~14也不属于专利法第二十五条第一款第（二）项所规定的不授予专利权的范围。即使权利要求2~14中的某些权利要求（权利要求3、4、10、11）中将上述属性信息具体限定为收费信息或者交费方信息，但是其中并没有涉及对于商品或者服务的交易过程的描述，而仅仅是对代表收费信息或者交费方信息的数据进行处理的技术方案，而通过设置属性信息就可以不必在印刷要求数据保存管理计算机105设置数据变换部1053，从而就可以实现对收费数据的控制以及实现对输出地的选择。因此，这些权利要求所要求保护的方案也不是实现商品或者服务的交易方法，不属于专利法第二十五条第一款第（二）项所规定的不授予专利权的范围。

由此可见，文本1中的权利要求1~14所要求保护的技术方案解决了技术问题、采用了技术手段、取得了技术效果，不属于专利法第二十五条第一款第（二）项所规定的不授予专利权的范围。

综上所述，合议组认为本申请文本1中的权利要求第1~14项不属于专利法第二十五条第一款第（二）项所规定的不授予专利权的范围。

三、决定

撤销国家知识产权局于 2004 年 3 月 5 日对 02107964.1 号发明专利申请所作出的驳回决定，以 2004 年 1 月 9 日提交的说明书第 1～17 页、权利要求第 1～14 项、附图第 5 页、说明书摘要及摘要附图、申请日提交的附图第 1～4、6～11 页为基础，由原实质审查部门继续进行审批程序。

038

高效照明系统案

复审请求审查决定（第7433号）

决　　定　　号　第7433号
决　　定　　日　2005年12月5日
发明创造名称　高效照明系统
国 际 分 类 号　H02J 1/00 H05B 37/00
复 审 请 求 人　尼克斯特克电力系统公司
申　　请　　号　98800656.1
申　　请　　日　1998年3月19日
公　　开　　日　1999年9月22日
合 议 组 组 长　马志远
主　　审　　员　孙治国
参　　审　　员　熊　婷

法 律 依 据　专利法第三十三条　专利法实施细则第二十一条第二款
决 定 要 点

请求人答复复审通知书时提交的修改文本已经克服了驳回决定和复审通知书中所指出的缺陷，因此撤销驳回决定。

一、案由

本复审请求涉及申请号为98800656.1. 名称为“高效照明系统”的发明专利申请，其申请日是1998年3月19日，优先权日为1997年3月19日，进入中国国家阶段的日期是1999年1月18日，申请人是尼克斯特克电力系统公司。

在实质审查过程中，国家知识产权局实质审查部门于2002年1月4日发出第一次审查意见通知书，指出：权利要求8～11、13～14、16～27不符合专利法第二十六条第四款的规定，权利要求1不符合专利法实施细则第二十一条第二款的规定，权利要求2～3、5～7、16～27不符合专利法实施细则第二十一条第三款的规定。

针对实质审查部门的第一次审查意见通知书，申请人于2002年5月18日提交了意见陈述书和权利要求书及说明书的修改替换页。申请人认为：修改后的权利要求1给出的必要组件功能被提供作为功能连接，可以通过回顾图10而得到证实。申请人还具体陈述了权利要求2～3、5～78、11、13～14、16～17、19～21和24～27得到支持的理由，权利要求16～27符合专利法实施细则第二十一条第三款的具体理由。

实质审查部门于2002年12月13日发出了第二次审查意见通知书，其中指出：新提交的权利要求1中“交流连接装置，用于……，以便不间断地维持所述照明灯具的正常照明”的内容超出了原始说明书和权利要求书记载的范围，不符合专利法第三十三条的规定；权利要求2～3、5～7均超出了原始说明书和权利要求书记载的范围，不符合专利法第三十三条的规定；权利要求4、12、15中分别出现了“所述替代DC电源”的内容，但在它们回引的权利要求1中并没有涉及“替代DC电源”的内容，所以权利要求4、12、15不符合专利法实施细则第二十条第一款的规定；权利要求8~11、13~14、16~27不符合专利法第二十六条第四款的规定。

针对实质审查部门的第二次审查意见通知书，申请人于2003年4月25日提交了意见陈述书和说明书第1~10页的替换页、权利要求书的修改替换页（下称文本1）。申请人在意见陈述书中强调了修改后的权利要求1中“替代DC电源”在说明书第3页第5~27行、第7页21~23行得到支持以及权利要求2~3、5~7、8~11、13~14、16~27可以得到说明书支持的具体理由。文本1的权利要求1、28的内容如下：

“1. 一种在高效照明系统中使用的电源控制装置，用于通过利用照明灯具要求直流电源来维持正常的照明用电，所述电源控制装置包含：

交流连接装置，用于由一个网络电源接收交流功率；或作为替代，至少一个直流连接装置，用于接收来自至少一个替代直流电源的直流功率，

输出连接装置，用于将所需的直流电功率输送到所述照明灯具内；

AC变DC直流电压调节变换器，用于将所述交流电功率变为直流电功率；

控制装置，用于控制AC变DC电压调节变换器；

控制装置改变电压调节变换器的电压，以便将来自交流电源或直流电源的电力引到照明负载；

替代直流电源连接装置，用于作为备用所述要求的直流低压电源给所述电源控制装置的替代直流电源；

电池连接装置，用于作为备用电池的所述要求的直流低压电源给所述电源控制装置；

所述电池连接装置和所述变换器相连，用于在从所述网络电源正常提供交流电功率期间当交流电源连接到所述交流连接装置时维持一个被连接的电池于完全充电的状态；以及

所述电源控制装置在交流电源中断期间从所述电池装置向所述照明灯具提供所述需要的直流电源，以便不间断地维持所述照明灯具的正常照明。”

“28. 一种在高效照明系统中使用的电源控制装置，用于通过利用照明灯具要求直流电源来维持正常的照明用电，所述电源控制装置包含：

交流连接装置，用于由一个网络电源接收交流功率；或者作为替代，至少一个直流连接装置，用于接收来自至少一个替代直流电源的直流功率，

输出连接装置，用于将所需的直流电功率输送到所述照明灯具内；

AC变DC直流电压调节变换器，用于将所述交流电功率变为直流电功率；

控制装置，用于控制AC变DC电压调节变换器；

控制装置改变电压调节变换器，以便将来自交流电源或直流电源的电力引到照明负载。”

2003年7月18日，实质审查部门以（1）本申请的上述文本1的权利要求1中的内容“交流连接装置，用于……，以便不间断地维持所述照明灯具的正常照明（交流连接装置、输出连接装置、转换器、电池连接装置、所述电池连接装置和所述转换器相连等）”在原始申请文件中没有记载，不符合专利法第三十三条的规定；（2）存在前述内容的权利要求2~3、5~7、28~30也超出了原始说明书和权利要求记载的范围，不符合专利法第三十三条的规定为由驳回了本申请。

申请人（下称请求人）对上述驳回决定不服，于2003年11月3日向国家知识产权局专利复审委员会提出复审请求，同时还提交了权利要求书的修改替换页（下称文本2），其中以原始提交的权利要求1替换文本1的权利要求1，但是删除了其中的限定特征“所述电源控制装置改变所述经整流变

换的DC输出电压，作为控制由所述替代DC电源输送的功率的一种方式”。同时，请求人删除权利要求1第2段中的“多频率”，在第三段补充限定特征“利用一个将AC电功率调整为DC电功率的调压器”。请求人将权利要求2～3、5～7修改为原始公开的内容，删除文本1说明书第3页第10～25行。请求人认为这样的修改已经克服了修改超范围的问题。文本2的权利要求1的内容如下：

“1. 一种电源系统，适用于照明和其他最终用途应用系统，用以利用常规的照明灯具维持正常的照明用电以及维持需要DC电源的其他最终用途的供电，所述电源系统包含：

电源控制装置，用于由一个电源接收AC交流功率或者由一电源接收替代性直流功率，以及用于提供所需的经调节的低压DC电功率输送到在所述照明灯具内的电压适配的一或多个灯和/或至少一个DC可兼容的最终用途的负载装置；

所述电源控制装置利用一个将AC电功率调整为DC电功率的调压器，将所述AC电功率变为DC调压的电功率；

所述电源控制装置将所述由AC转换为DC调压的电源与所述替代性DC电源组合，用于向至少一个DC可兼容负载供电；以及

所述电源控制装置向一个或多个电负载供电，无论是否利用替代DC电源向所述至少一个DC可兼容负载供电。”

经形式审查合格，国家知识产权局专利复审委员会受理了上述复审请求，并于2004年2月5日发出了复审请求受理通知书和前置审查通知书。

在前置审查程序中，原实质审查部门认为：

1. 文本2的权利要求28～30仍然超出原始申请文件记载的范围，不符合专利法第三十三条的规定，因此坚持原驳回决定。

2. 文本2权利要求2～3、5～7（即原始权利要求2－3、5－7）仍然不符合专利法实施细则第二十一条第三款的规定。

3. 独立权利要求1缺少解决其技术问题的必要技术特征，不符合专利法实施细则第二十一条第二款的规定。

专利复审委员会依法成立合议组对本案进行复审，于2005年8月24日发出了复审通知书，在其中指出：1. 申请人于2003年11月3日提交的权利要求第28～30项中仍然存在“交流连接装置、输出连接装置、变换器”的内容，这些内容仍然超出了原始申请文件记载的范围，不符合专利法第三十三条的规定。2. 独立权利要求1缺少解决其技术问题的必要技术特征，不符合专利法实施细则第二十一条第二款的规定。

请求人于2005年9月30日提交了对上述复审通知书的答复意见，并且参照图10和说明书修改了权利要求1（文本3），在权利要求1中具体描述了构成电源系统的电源控制装置、电压调节装置、功率因数校正装置、DC整流装置、光电池电压调节器和抑制器、蓄电池欠电压遮断装置和电源结合装置。此外，请求人还删除了原权利要求2、3、5～7和28～35，并且将说明书附图10中的“蓄电池电压”修改为“蓄电池欠电压遮断装置”。文本3的权利要求1内容如下：

“1. 一种电源系统，适用于照明和其他最终用途应用系统，用以利用常规的照明灯具维持正常的照明用电以及维持需要DC电源的其他最终用途的供电，所述电源系统包含：

电源控制装置，用于由一个电源接收AC交流电源或者由一电源接收替代DC电源，以及用于提供所需的经调节的低压DC电源输送到在所述照明灯具内的电压适配的一或多个灯和/或至少一个DC可兼容的最终用途的负载装置；

DC整流装置，对输入的AC电压进行整流；

功率因数校正装置，与所述DC整流装置相连，用于在AC输入端得到高的功率因数和低的总谐波畸变；

电源调节装置，与所述电源控制装置相连，对所述DC整流装置输出的电压进行调节，并通过电源结合装置向DC负载提供适合的电压；

蓄电池欠电压遮断装置，与与所述电源结合装置相连，用于在电荷缺乏的情况下断开蓄电池，以便防止过放电；以及

光电池电压调节器和抑制器，与所述电源结合装置相连，用于抑制暂态电压，防止由光电池板向蓄电池过充电，

所述电源控制装置向一个或多个电负载供电，无论是否利用替代DC电源向所述至少一个DC可兼容负载供电。”

合议组在对本案进一步合议审查的基础上，认为本案事实清楚，可以作出如下复审请求审查决定。

二、决定的理由

经审查，请求人提交的文本3均符合专利法第三十三条和专利法实施细则第六十条的规定，因此本复审决定所依据的文本是：2005年9月30日提交的权利要求第1～22项，2003年11月3日提交的说明书第3页，2003年4月25日提交的说明书第1～2、4～10页，进入中国国家阶段时提交的说明书附图第1～11页、说明书摘要及摘要附图。

文本3权利要求1已经记载了构成电源系统的电源控制装置所必需的控制装置、电压调节装置、功率因数校正装置、DC整流装置、光电池电压调节器和抑制器、蓄电池欠电压遮断装置、电源结合装置和前述装置之间以及这些装置与构成该电源系统的其他单元之间必要的相互连接关系，从权利要求1中可以得到一个实现本发明目的的具体完整的电源系统，因此文本3的权利要求1符合专利法实施细则第二十一条第二款的规定。

请求人于2005年9月30日提交的文本3删除了原文本2中权利要求2、3、5～7、28～35的技术方案，克服了复审通知书中所指出的修改超范围的缺陷。

综上所述，文本3的权利要求第1～22项已经克服了驳回决定和复审通知书中所指出的缺陷，至于当前权利要求第1～22项是否存在其他缺陷均留待后续审查程序继续审查。

三、决定

撤销国家知识产权局于2003年7月18日对98800656.1号发明专利申请所作出的驳回决定，由原实质审查部门以2005年9月30日提交的权利要求第1～22项、2003年4月25日提交的说明书第1～2、4～10页、2003年11月3日提交的说明书第3页、进入中国国家阶段时提交的说明书附图第1～11页、说明书摘要以及摘要附图为基础，继续审批程序。

039

避震模块装置案

复审请求审查决定（第7435号）

决　定　号　第7435号
决　定　日　2005年11月29日
发明创造名称　避震模块装置
国 际 分 类 号　G06F 1/16
复审请求人Ⅰ　纬创资通股份有限公司
复审请求人Ⅱ　宏碁股份有限公司
专 利 申 请 号　01125166.2
申　请　日　2001年8月30日
公　开　日　2003年3月19日
合 议 组 组 长　崔哲勇
主　审　员　孙治国
参　审　员　龙　安

法 律 依 据　专利法第二十二条第三款
决 定 要 点

权利要求所要求保护的技术方案与对比文件存在的区别技术特征对于本领域的普通技术人员而言，既不是本领域的公知常识，也不是无需花费创造性的劳动就可以得到的，且权利要求所要求保护的技术方案可以实现强化便携式计算机内电子装置的避震能力、抽换方便的技术效果。因此权利要求相对于对比文件并非显而易见，因此符合专利法第二十二条第三款的规定。

一、案由

本复审请求涉及申请号为01125166.2、名称为“避震模块装置”的发明专利申请，其申请日是2001年8月30日，公开日是2003年3月19日，申请人是纬创资通股份有限公司和宏碁股份有限公司。

在实质审查过程中，国家知识产权局实质审查部门于2004年10月22日发出第一次审查意见通知书，指出：权利要求1-13相对于对比文件1（CN2372712Y）不具备创造性，不符合专利法第二十二条第三款的规定。

针对上述审查意见通知书，申请人于2005年2月28日提交了权利要求书全文替换页共2页、说明书替换页共5页（文本1）以及意见陈述书，其中申请人将原权利要求2的附加技术特征加入到权利要求1中，以克服原权利要求1存在的缺陷。申请人认为，权利要求1与对比文件1的区别在于，本发明具有一种单独一体的托架，利用其本体上的弹片，卡合且承载一硬盘机，而在托架的底部设有避震器，并且将这种结构的托架一并置入一模块化壳体中，以构成完整的避震模块装置，然后将其可抽换式地安装于便携式计算机的容纳槽中，上述技术方案不仅具备避震效果，而且还易于组装。而在对比文件1的背景技术中并未揭露上述结构的支架以及容纳于一种模块化壳体等相关的结构，同样，在对比文件1的发明特征部分也并未公开上述特征，因此也就不具备抽换方便等技术效果。从另一角度来看，如果将本发明的权利要求1的多个特征组合起来，将是区别于对比文件的完整的技术方案，而这种组合对于本领域技术人员来说，并不能从对比文件1得到相关的技术启示，其必须进行创造性的劳动才可得出本发明有关可承载硬盘机的模块化壳体的完整的技术方案，因此权利要求1相对于对比文件1具备创造性，符合专利法第二十二条第三款的规定。基于同样的理由，权利要求2~11相对于对比文件1也具备创造性，符合专利法第二十二条第三款的规定。

2005年4月8日，实质审查部门以本申请文本1的权利要求1~11项不符合专利法第二十二第三款的规定为由驳回了本申请。

申请人（下称请求人）对上述驳回决定不服，于2005年4月30日向国家知识产权局专利复审委员会提出复审请求，并且提交了权利要求书修改替换页共2页（文本2）和说明书修改替换页第1~5页，其修改主要是在权利要求1中增加了技术特征“一定位装置，可以限定该托架在该模块化壳体内的移动”。请求人具体陈述了本申请权利要求1相对于对比文件1具备创造性的理由，认为文本2中的权利要求1符合专利法第二十二条第三款的规定。文本2的独立权利要求1、5、9如下：

“1. 一种使用于一便携式计算机内的避震模块装置，包括：

一托架，以供安置一电子装置于其内，该托架具有至少一弹片，以供将该电子装置卡合于该托架内且防止其脱离该托架；

至少一避震器，该避震器连接至该托架的一底平面，以提供该电子装置避震效果；

一模块化壳体，该模块化壳体提供一空间，以供容纳该托架以及该避震器，其中该模块化壳体可抽换式地安装于该便携式计算机的一容纳槽内；以及一定位装置，以限定该托架在该模块化壳体内的移动。”

“5. 一种使用于一便携式计算机内的硬盘避震模块装置，包括：

一托架，以供安置一硬盘于其内，该托架具有至少一卡合装置，供卡合该硬盘以防止其脱离该托架；

一避震装置，连接于该托架的一底平面，用以吸收作用于该硬盘避震模块装置上的一冲击力；

一壳体，该壳体提供一空间，以供容纳该托架以及该避震装置，其中该壳体可抽换式地安装于该便携式计算机的一容纳槽内；以及

一定位装置，以限定该托架在该壳体内的移动。”

“9. 一种数据处理系统，包括：

一主机，其具有一容纳槽；

一显示装置，耦接至该主机；

一输入装置，耦接至该主机；

一数据存储装置；以及

一避震模块装置，包括：

一托架，以供安置该数据存储装置于其内，该托架具有至少一弹片，以供将该电子装置卡合于该托架内且防止其脱离该托架；

至少一避震器，该避震器连接至该托架的一底平面，用于吸收作用于该数据处理系统的一冲击力，以保护该数据存储装置；

一模块化壳体，该模块化壳体提供一空间，以供容纳该托架以及该避震器，其中该模块化壳体可抽换式地安装于该主机的容纳槽内；以及

一定位装置，以限定该托架在该模块化壳体内的移动。”

经形式审查合格，国家知识产权局专利复审委员会受理了上述复审请求，并于2005年6月7日发出了复审请求受理通知书和前置审查通知书。

在前置审查程序中，原实质审查部门坚持原驳回决定。

专利复审委员会依法成立合议组对本案进行复审，在对本案进行进一步合议审查的基础上，认为本案事实清楚，可以作出如下复审请求审查决定。

二、决定的理由

1. 文本认定

请求人提交复审请求时对文本2权利要求书的修改符合专利法第三十三条和专利法实施细则第六十条的规定，因此本复审决定所依据的文本是：请求人于2005年4月30日提交的文本2的权利要求第1～11项、说明书第1～5页，申请日提交的说明书附图第1～4页、说明书摘要和摘要附图。

2. 关于专利法第二十二条第三款

（1）本复审决定所使用的对比文件与实质审查时所使用的对比文件相同，即对比文件1：CN2372712Y。对比文件1涉及一种具有吸震装置的硬盘机模组件，其中公开了权利要求1的如下技术特征：在该承载部底部有弹性部件101和吸震海绵103（相当于权利要求1的避震器）。

权利要求1与对比文件1还存在下述的四点区别技术特征：（1）对比文件1并没有公开承载部上具有固定电子装置的弹片，而权利要求1中明确说明“该托架供安置一电子装置于其内”、“该托架具有至少一弹片”，因此对比文件1中的承载部102不同于中权利要求1中的技术特征“托架”。（2）中权利要求1中的所述“模块化壳体”可以容纳“托架”和“避震器”，并且可抽换式地安装于便携式计算机的容纳槽内，而对比文件1并没有公开所述的承载壳体也具有该技术特征，因此对比文件1中的承载壳体不同于权利要求1中的特征“模块化壳体”。（3）权利要求1中的技术特征“避震器”连接至该托架的一底平面，而对比文件1并没有与技术特征“托架”相对应的装置或者部件，因而也就没有公开权利要求1中的技术特征“避震器”与“托架”的连接关系。（4）权利要求1中的技术特征“一定位装置，可以限定该托架在该模块化壳体内的移动”也没有在对比文件1中公开，而该特征起到了固定“托架”的作用，有利于改善避震效果。

由此可见，权利要求1与对比文件1还存在上述的四点区别技术特征，而对于本领域的普通技术人员而言，上述四点区别技术特征既不是本领域的公知常识，也不是无需花费创造性的劳动就可以得到的，权利要求1的技术方案相对于对比文件1是非显而易见的，且权利要求1所要求保护的技术方案可以实现强化便携式计算机内电子装置，特别是硬盘等数据存储装置的避震能力，抽换方便的技术效果。因此权利要求1相对于对比文件1而言，具有突出的实质性特点和显著的进步，符合专利法第二十二条第三款的规定。

（2）对比文件1公开了权利要求5的如下技术特征：在该承载部底部有弹性部件101和吸震海绵103（相当于权利要求5的避震装置）。

而权利要求5与对比文件1还存在下述的四点区别技术特征：（1）对比文件1并没有公开承载部上具有固定硬盘的卡合装置，而权利要求1中明确说明“该托架供安置一硬盘于其内”、“该托架具有至少一卡合装置”，因此对比文件1中的承载部102不同于权利要求5中的技术特征“托架”。（2）权利要求5中的所述“壳体”可以容纳“托架”和“避震装置”，并且可抽换式地安装于该便携式计算机的容纳槽内，而对比文件1并没有公开所述的承载壳体也具有该技术特征，因此对比文件1中的承载壳体不同于权利要求5中的技术特征“壳体”。（3）权利要求5中的技术特征“避震装置”连接至该托架的一底平面，而对比文件1并没有与技术特征“托架”相对应的装置或者部件，因而也就没有公开权利要求5中的技术特征“避震器”与“托架”的连接关系。(4)权利要求5中的技术特征“一定位装置，可以限定该托架在该壳体内的移动”也没有在对比文件1中公开，而该特征起到了固定“托架”的作用，有利于改善避震效果。

由此可见，权利要求5与对比文件1还存在上述的四点区别技术特征，而对于本领域的普通技术人员而言，上述四点区别技术特征既不是本领域的公知常识，也不是无需花费创造性的劳动就可以得到的，权利要求5的技术方案相对于对比文件1是非显而易见的，且权利要求5所要求保护的技术方案可以实现强化便携式计算机内电子装置，特别是硬盘等数据存储装置的避震能力，抽换方便的技术效果。因此权利要求5所要求保护的技术方案相对于对比文件1而言，具有突出的实质性特点和显著的进步，符合专利法第二十二条第三款的规定。

(3) 权利要求9所要求保护的数据处理系统包括了“主机”“显示装置”“输入装置”、“数据存储装置”以及权利要求1所要求保护的“避震模块装置”。由于权利要求1所要求保护的“避震模块装置”相对于对比文件1备有创造性，因此权利要求9所要求保护的技术方案相对于对比文件1也具备创造性（具体评述可参见本决定对于权利要求1的评述），符合专利法第二十二条第三款的规定。

(4) 鉴于独立权利要求1、5、9相对于对比文件1具备创造性，符合专利法第二十二条第三款的规定，因此直接或者间接从属于独立权利要求1、5、9的其他权利要求相对于对比文件1也具备创造性，符合专利法第二十二条第三款的规定。

3. 综上所述，合议组认为请求人提交的权利要求第1～11项符合专利法第二十二条第三款有关创造性的规定，克服了驳回决定中指出的缺陷，请求人的复审理由成立。

三、决定

撤销国家知识产权局于2005年4月8日对01125166.2号发明专利申请作出的驳回决定，以请求人于2005年4月30日提交的权利要求第1～11项、说明书第1～5页，申请日提交的说明书附图第1～4页、说明书摘要和摘要附图为基础，由原实质审查部门继续审批程序。

040

防伪机读发票及其专用读写设备案

复审请求审查决定（第7450号）

决　定　号　第7450号
决　定　日　2005年12月1日
发明创造名称　防伪机读发票及其专用读写设备
国际分类号　G06K 5/00　G06K 7/00
复审请求人　严金波 国际安全技术有限公司 深圳市华正联实业有限公司
专利申请号　99117117.9
申　请　日　1999年9月29日
公　开　日　2001年4月4日
合议组组长　石　竞
主　审　员　李韵美
参　审　员　张美菊

法律依据　专利法第二十五条第一款第（二）项
决定要点

本申请权利要求仅涉及一种印有机读码的发票，这是一种在发票上如何显示信息的人为规定，属于专利法第二十五条第一款第（二）项不授予专利权的范围。

一、案由

本复审请求涉及申请日为1999年9月29日，申请号是99117117.9，发明名称为“防伪机读发票及其专用读写设备”的发明专利申请（下称本申请），原始申请人是严金波，后于2004年6月25日变更为严金波、国际安全技术有限公司、深圳市华正联实业有限公司。

在实质审查程序中，国家知识产权实质审查部门据2003年2月14日发出第一次审查意见通知书，其中指出本申请的权利要求1～4属于专利法第二十五条第一款第（二）项规定的不授予专利权的情形；权利要求5～10不符合专利法二十二条第三款的规定。

申请人于2003年5月22日提交了答复审查意见通知书的意见陈述书，提交了权利要求书、说明书、说明书摘要的修改替换页。其主要修改是：将原权利要求2进一步限定的技术特征补充到权利要求1中，增加了“机读发票读写方法”的权利主张，并陈述了修改后的权利要求不属于专利法第二十五条第一款第（二）项规定的不授予专利权的情形且具备创造性。

经审查，国家知识产权局在2003年8月8日针对申请人于2003年5月22日提交的权利要求书、说明书、说明书摘要以及1999年9月29日提交的说明书附图以该申请的权利要求1～3属于专利法第二十五条第一款第（二）项为由，作出了驳回决定。

驳回决定所针对的权利要求书为：

“1. 一种防伪机读发票，其特征在于，在发票上印有机读码，所述机读码记载发票内容、专用打印机编码以及出具发票的单位名称，所述发票内容包括顾客名称、顾客地址、日期、品名规格、货品单位、数量、单价、金额和总金额中的部分或全部。

2. 根据权利要求1所述的防伪机读发票，其特征在于，所述机读码印在所述发票的大写金额区域的一部分或全部。

3. 根据权利要求1或权利要求2所述的防伪机读发票，其特征在于，所述机读码是诸如PDF417码、协调码或其他重叠式、矩阵式的二维条形码。

4. 一种权利要求1～3所述防伪机读发票的读写方法，其特征在于，在写所述机读发票时，包括以下步骤：由接收从键盘输入的发票信息；显示输入信息；存储直接打印部分；将打印机号、开票单位名称与输入的发票内容一起作为对需要机读码打印部分译码成协调码；将协调码图形与存储的直接打印部分进行叠加并打印在发票上；在读所述机读发票时，包括以下步骤：由光学输入装置扫描输入发票的机读码部分，将读出的机读码进行译码，转换成文字数字在显示装置上显示出来或送到通信口或作其他处理。

5. 一种防伪机读发票专用读写设备，其特征在于，包括：带有存储器（8）的微处理器（1）、与微处理器（1）连接有IC卡读写装置（2）、显示装置（3）、键盘输入装置（4）、光学扫描输入装置（5）和打印单元（6），写发票时，通过IC卡读写装置（2）读取IC卡标识信息，确认该IC卡与本装置匹配时，由所述微处理器（1）接收从所述键盘输入装置（5）输入的发票信息并在显示装置（3）中显示输入信息，并将直接打印部分存储在所述存储器（8）中，将打印机号、开票单位名称与输入的发票内容一起作为对需要机读码打印部分译码成协调码，将协调码图形与存储的直接打印部分进行叠加通过打印单元（6）打印在发票上，其中，控制打印单元（6）将机读码打印在发票上的规定位置，通过IC卡读写装置（2）将发票打印内容刷新IC卡；在读发票时，所述微处理器（1）控制光学输入装置（5）扫描输入发票的机读码部分，将读出的机读码进行译码，转换成文字数字在显示装置（3）上显示出来或送到通信口或作其他处理。

6. 根据权利要求5所述防伪机读发票专用读写设备，其特征在于，所述IC卡读写装置（2）将发票打印内容刷新IC卡是指将读出原记录在IC卡上累计打印张数加（1）再写回IC卡，读出IC卡上原有累计打印金额，加上本次打印的金额，再写回IC卡。

7. 根据权利要求5所述防伪机读发票专用读写设备，其特征在于，所述微处理器（1）的存储器预存有文字、数字与机读码的编码转换关系。

8. 根据权利要求5所述防伪机读发票专用读写设备，其特征在于，所述微处理器（1）还接有通信接口（7），用于在通过通信接口（7）与远端计算机连接时，将有关发票打印数据传送出去。

9. 根据权利要求5所述的防伪机读发票专用读写设备，其特征在于，所述打印单元（6）、光学扫描设备（5）和显示器（3）装在一个机壳内。

10. 根据权利要求5所述的防伪机读发票专用读写设备，其特征在于，所述将协调码图形与存储的直接打印部分进行叠加通过打印单元（6）打印在发票上，包括将协调码机读部分与所打印位置的字符数据进行点阵或运算，并将点阵数据与非叠加部分打印合并。”

申请人（下称复审请求人）不服上述驳回决定，于2003年10月24日向国家知识产权局专利复审委员会提出复审请求。复审请求人认为：实质审查程序不合法，违反了听证原则；权利要求1～4所要求保护的技术方案不属于专利法第二十五条第一款第（二）项规定的范围，并且权利要求5～10符合授予专利权的全部条件。

专利复审委员会对复审请求人的复审请求经形式审查，于2003年11月17日发出了复审请求受理通知书，并将该复审请求书连同原申请案卷一并送交作出驳回决定的原审查部门进行前置审查，在前置审查意见书中，原实质审查部门认为当前权利要求 1 ~ 3 仍然属于专利法第二十五条第一款第（二）项的规定情形，并且符合听证原则，因而坚持原驳回决定。

2004 年 5 月 10 日申请人提交了著录项目变更申报书，要求将申请人由严金波变更为严金波、国际安全技术有限公司、深圳市华正联实业有限公司。

国家知识产权局于 2004 年 6 月 25 日发出手续合格通知书将申请人变更为严金波、国际安全技术有限公司、深圳市华正联实业有限公司。

专利复审委员会依法成立合议组对本复审请求进行了审查。于 2005 年 4 月 14 日发出了复审通知书，在通知书中指出，国家知识产权局实质审查部门依据专利法实施细则五十三条驳回申请在程序上合法，并且权利要求 1 ~ 3 属于专利法第二十五条第一款第（二）项规定的不能被授予专利权的范围。

请求人于 2005 年 5 月 24 日提交了针对复审通知书的意见陈述，坚持权利要求 1 ~ 3 不属于第二十五条第一款第（二）项规定的情形并且驳回决定在程序和实体上有问题。请求人认为：即使权利要求 1 ~ 3 存在第二十五条不可专利的可能性，不等于权利要求 4 ~ 10 也不可专利；专利局 2003 年 8 月 8 日作出的驳回决定在程序和实体上都是有问题的；修改后的权利要求 1 ~ 3 不属于专利法第二十五条智力活动的规则；复审意见第三款实际上已经承认权利要求 1 ~ 3 不属于专利法第二十五条所称智力活动规则，否定了驳回决定中对权利要求 1 ~ 3 的驳回理由。

合议组认为本案事实已经清楚，可以作出复审决定。

二、决定的理由

本复审决定所依据的文本是：2003 年 5 月 22 日提交的权利要求第 1 ~ 10 项、说明书第 1 ~ 7 页、说明书摘要 1 页、申请日提交的摘要附图 1 页及说明书附图 1 ~ 6 页。

合议组认为，在实质审查程序中，原实质审查部门作出的驳回决定中明确指出，修改后的权利要求 1 ~ 3 仍然属于专利法第二十五条第一款第（二）项规定的智力活动的方法和规则，并且在驳回决定作出之前，已经在第一次审查意见通知书中指出过相当于驳回决定中权利要求 1 ~ 3 的权利要求 1 ~ 4 属于专利法第二十五条第一款第（二）项规定的不授予专利权的情形。即已经给予申请人对权利要求 1 ~ 3 进行意见陈述和/或修改申请文件的机会，申请人的修改没有克服通知书中指出的缺陷，由于本申请权利要求 1 ~ 3 属于专利法第二十五条第一款（二）项规定的不授予专利权的情形，国家知识产权局原实质审查部门依据专利法实施细则第五十三条驳回申请在程序上是合法的。

其次，合议组认为修改后的权利要求 1 ~ 3 请求保护的内容属于专利法第二十五条第一款第（二）项规定的不能被授予专利权的范围。具体理由如下：（1）权利要求 1 ~ 3 请求保护的是其上记载了若干内容一种防伪机读发票，无论从记载的内容本身，还是从该记载的内容的来源来讲，其本身都是非技术性的，仅仅是信息的表述。虽然请求人认为发票上的信息可以由读取装置读取，从而达到防伪的目的，但是在权利要求 1 ~ 3 记载的技术中没有记载使用了一个什么样的装置将输入发票的内容打印在发票上以及怎样将打印机号、开票单位名称与输入的内容一起进行了什么样的译码，最终成为协调码，机读装置如何读取这些特定的编码、以及如何进行识别匹配，从而判断该信息是否是真实准确的达到防伪目的。这些技术特征才是属于解决技术问题的技术特征，因此权利要求 1 ~ 3 仅仅涉及发票上记载的信息以及希望实现的目的。也就是说，请求人在其意见中辩解的“首次将机读码用在发票上，以人眼不可识别的机读码，对发票进行编码并打印在发票介质上”其实质是将新形式的信息添加在发票所显示的信息中，这是一种关于在发票上显示什么信息的人为规定，即，根据人为规定将如防伪机读码之类的各种图案印制在发票上，因此，权利要求 1 ~ 3 请求保护的内容属于专利法第二十五条第一款（二）项规定的不授予专利权的情形。

请求人也在其于2005年5月24日提交的意见陈述中明确表示，本发明解决的问题是提供一种新形式的发票，在书写过程中采用防伪技术。并且请求人认为，使用什么样的装置将输入发票的内容打印在发票上，即机读码的打印，是现有技术。本发明的发票只要求保护印制了机读码的发票。参见上面的评述，在发票上显示、印刷什么内容的信息是人为规定，属于智力活动的内容。根据审查指南第二部分第一章3.2节中的规定，如果发明对于现有技术的贡献仅仅在于智力活动的规则和方法，不授予其专利权。

基于上述理由，权利要求1~3属于专利法第二十五条第一款第（二）项规定的不能被授予专利权的范围，本申请的权利要求依然具有驳回决定中指出的缺陷。

三、决定

复审请求不成立，维持国家知识产权局专利局于2003年8月8日对99117117.9号发明专利作出的驳回决定。

根据专利法第四十一条第二款的规定，复审请求人对本决定不服的，可以自收到通知之日起三个月内向北京市第一中级人民法院起诉。

041

利用可记录光盘的数据库更新方法及其设备案

复审请求审查决定（第7451号）

决　定　号　第7451号
决　定　日　2005年12月1日
发明创造名称　利用可记录光盘的数据库更新方法及其设备
国际分类号　G06F 17/30　G06F 17/60　G06F 15/16　G06F 9/00
复审请求人　三星电子株式会社
专利申请号　01121036.2
申　请　日　2001年6月15日
优先权日　2000年6月17日
公　开　日　2002年3月6日
合议组组长　石　竞
主　审　员　李韵美
参　审　员　黄毅斐

法律依据　专利法第二十二条第三款
决定要点

尽管权利要求书克服了不清楚和不简明的问题，但权利要求1~6相对于对比文件1不具备创造性。

一、案由

本复审请求涉及申请日为2001年6月15日，优先权日是2000年6月17日，申请号是01121036.2，发明名称为“利用可记录光盘的数据库更新方法及其设备”的发明专利申请（下称本申请），申请人是三星电子株式会社。

在实质审查程序中，国家知识产权局实质审查部门在发出的第一次审查意见通知书中指出本申请的权利要求8不符合专利法第二十二条第二款的规定；权利要求1~7、9~14不符合专利法第二十二条第三款的规定。申请人在答复第一次审查意见通知书的意见陈述书中对权利要求书和说明书进行了修改，陈述了修改后的权利要求1~12都具备创造性的理由。经审查，国家知识产权局在2003年8月8日以修改后的权利要求1~12仍不符合专利法第二十二条第三款的规定为由，作出了驳回决定。驳回决定所依据的对比文件是：

对比文件1：EP0722144A1，公开日为1996年7月17日；

对比文件2：CN1082233A，公开日为1994年2月16日。

申请人三星电子株式会社（下称复审请求人）不服上述驳回决定，于2003年11月18日向国家知识产权局专利复审委员会提出复审请求，并提交了权利要求书的修改替换页，删除了原权利要求1~6，将原权利要求7~12的编号修改为1~6。复审请求人认为：修改后的权利要求1~6所要求保护的技术方案相对于对比文件1和对比文件2具备创造性，符合专利法第二十二条第三款的规定。复审请求人提交的修改后的权利要求书为：

"1. 一种盘记录/再现设备，它安装在用户计算机中并记录/再现可记录盘，该设备包括：

可记录盘，其上记录有可更新的数据库和其更新日期和时间；

输入装置，用于从用户计算机接收数据库的修改/更新数据；

记录装置，用于在盘上记录数据库的修改/更新数据、更新日期和时间、及更新地址表；以及

生成装置，用于生成具有地址的更新地址表，该表的更新内容记录在盘上，并提供更新地址表给记录装置。

2. 如权利要求1所述的设备，其中在所述盘上至少记录用于更新数据库的操作程序，该操作程序试图通过用户计算机和计算机网络接入提供数据库服务的服务器，如果服务器被接入，则从盘上读取上次更新的日期和时间，并提供上次更新的日期和时间给服务器。

3. 如权利要求1所述的设备，其中所述盘具有可再现区域和可记录区域，并在可记录区域中记录数据库的修改/更新数据和其更新的日期和时间。

4. 如权利要求3所述的设备，其中所述盘是光盘。

5. 一种盘记录/再现设备，它安装在用户计算机中并记录/再现可记录盘，该设备包括：

可记录盘，其上记录有可更新的数据库和其更新日期和时间；

用于进行接入和判定的装置，用于通过用户计算机和计算机网络接入提供数据库服务的服务器，判定是否需要更新记录在盘上的数据库，如果判定需要更新记录在盘上的数据库，则请求服务器通过用户计算机和计算机网络发送修改/更新数据；

接收装置，用于通过用户计算机和计算机网络接收从服务器提供的数据库的修改/更新数据；

记录装置，用于在盘上记录数据库的修改/更新数据、更新日期和时间及更新地址表；以及产生和提供装置，用于产生具有地址的更新地址表，其更新内容记录在盘上，并提供更新地址表到记录装置。

6. 如权利要求5所述的设备，其中请求装置包括：

接入装置，试图通过用户计算机和计算机网络接入提供数据库服务的服务器，如果服务器被接入，则接收服务器提供的数据库更新日期和时间；以及判定装置，通过比较服务器的数据库更新日期和时间与记录在盘上的更新日期和时间，判定是否需要更新记录在盘上的数据库。"

专利复审委员会对复审请求人的复审请求经形式审查，予以受理，并将该复审请求书连同原申请案卷一并送交作出驳回决定的原实质审查部门进行前置审查，在前置审查意见书中，原实质审查部门认为，由于新权利要求1~6对应于原权利要求7~12，所以权利要求1~6仍然不符合专利法第二十二条第三款的规定，因而坚持原驳回决定。

针对本复审请求，专利复审委员会依法成立合议组对本复审请求进行了审查，于2005年9月9日发出复审通知书。在该通知书中指出权利要求1~6相对于对比文件1不具备创造性，同时权利要求2和权利要求6还存在不清楚和不简明的问题。请求人于2005年10月24日提交了针对复审通知书的意见陈述书和权利要求书修改替换页，针对复审通知书所指出的不清楚、简明的问题进行了修改，请求人认为修改后的权利要求书克服了复审通知书中指出的不清楚的问题，并且具备创造性。

上述修改后的权利要求书如下：

"1. 一种盘记录/再现设备，它安装在用户计算机中并记录/再现可记录盘，该设备包括：

可记录盘，其上记录有可更新的数据库和其更新日期和时间；

输入装置，用于从用户计算机接收数据库的修改/更新数据；

记录装置，用于在盘上记录数据库的修改/更新数据、更新日期和时间、及更新地址表；以及

生成装置，用于生成具有地址的更新地址表，该表的更新内容记录在盘上，并提供更新地址表给记录装置。

2. 如权利要求1所述的设备，还包括接入装置，用于试图通过用户计算机和计算机网络接入提供数据库服务的服务器，如果服务器被接入，则从盘上读取上次更新的日期和时间，并提供上次更新的日期和时间给服务器。

3. 如权利要求1所述的设备，其中所述盘具有可再现区域和可记录区域，并在可记录区域中记录数据库的修改/更新数据和其更新的日期和时间。

4. 如权利要求3所述的设备，其中所述盘是光盘。

5. 一种盘记录/再现设备，它安装在用户计算机中并记录/再现可记录盘，该设备包括：

可记录盘，其上记录有可更新的数据库和其更新日期和时间；

请求装置，用于如果判定需要更新记录在盘上的数据库，则请求服务器通过用户计算机和计算机网络发送修改/更新数据；

接收装置，用于通过用户计算机和计算机网络接收从服务器提供的数据库的修改/更新数据；

记录装置，用于在盘上记录数据库的修改/更新数据、更新日期和时间及更新地址表；以及

产生和提供装置，用于产生具有地址的更新地址表，其更新内容记录在盘上，并提供更新地址表到记录装置。

6. 如权利要求5所述的设备，其中该请求装置包括：

接入装置，试图通过用户计算机和计算机网络接入提供数据库服务的服务器，如果服务器被接入，则接收服务器提供的数据库更新日期和时间；以及

判定装置，通过比较服务器的数据库更新日期和时间与记录在盘上的更新日期和时间，判定是否需要更新记录在盘上的数据库。”

至此，合议组认为本案事实已经清楚，可以作出复审决定。

二、决定的理由

复审请求人在答复复审通知书时提交的修改文本符合专利法第三十三条和专利法实施细则第六十条的有关规定，合议组予以接受。本复审决定所依据的文本是：2005年10月24日提交的权利要求书第1~6项、2003年4月14日提交的说明书第1~3，3a页、2001年6月15日提交的说明书第4~8页、说明书附图第1~4页、说明书摘要、摘要附图。

合议组认为复审请求人提交的权利要求书修改文本克服了复审通知书中指出的不清楚和不简明的问题，下面针对权利要求1~6的创造性进行评述。

1. 权利要求1不具备创造性

权利要求1请求保护一种盘记录/再现设备，它安装在用户计算机中，包括（1）其上记录有可更新的数据库和更新日期和时间的可记录盘；（2）可以从用户计算机接收数据库的修改/更新数据的输入装置；（3）将修改/更新数据、更新日期和时间及更新地址表记录在盘上的记录装置；（4）生成具有地址的更新地址表的生成装置，生成的表的更新内容记录在盘上，并将更新地址表提供给记录装置。对比文件1中公开了如下技术方案：光盘写装置17将存储在数据库9中的图片数据10写入到光盘19（说明书第5栏的18~9行），个人计算机35具有笔输入设备，还具有光盘读取装置39（说明书第5栏19~21行），光盘读取装置39读取光盘19上的内容，所述内容是通过光盘写装置17每隔预定时间产生的（说明书第5栏22~25行），应用程序13从数据库9中选择相应于数据61的图象编号为63的图像数据，将其存储在工作文件15中（说明书第7栏第1~3行）。从上述描述可见，具有

更新数据的光盘 19 相当于权利要求 1 中的可记录盘（1），光盘读取装置 39 相当于输入装置（2），光盘写装置 17 相当于记录装置和生成装置（3）和（4）。

权利要求 1 同对比文件 1 中公开的技术方案相比，其区别仅在于：第一，对比文件 1 中的光盘写装置 17 同时完成了生成更新数据并且将其记录在光盘中这两个功能，而权利要求 1 中的设备仅从功能上将其划分为分别实现两个功能的装置，即记录装置和生成装置；第二，权利要求 1 的生成装置限定生成的新数据是一个更新地址表。对于第一个区别技术特征，合议组认为，对比文件 1 中的光盘写装置与权利要求 1 中的记录装置和生成装置所起的技术效果完全相同，都是数据的记录和更新，权利要求 1 中的设备仅从功能上将对比文件 1 中的光盘写装置划分为分别实现两个功能的装置，而对本领域的普通技术人员来讲，这种划分可以人为地在现有技术中进行。对于第二个区别技术特征，合议组认为，在对比文件 1 中记载了将存储的工作文件 15 作为传输数据发送到子站，也就是步骤 317（说明书第 7 栏 21 ~ 23 行），在该工作文件 15 中存储的是更新数据，当判断子站的图像数据已经被更新的时候，将来自父站 1 的需要更新的图象数据添加到工作文件中，并且利用工作文件的内容更新图像并显示在个人计算机 35 上（说明书第 7 栏 30 ~ 36 行）。对本领域的普通技术人员来讲，应当很容易想到可以用地址数据代替图像数据本身作为传送的内容。因为在现有技术中最通用的操作系统都是通过寻址对数据库进行操作，利用提供的地址进行寻址操作能够提高传输速度、减少需要传输的数据量，从而达到提高效率的效果也是本领域公知的技术手段，因此，权利要求 1 不具有突出的实质性特点，不符合专利法第二十二条第三款的规定。

2. 权利要求 2 不具备创造性

权利要求 2 进一步限定权利要求 1 的设备中还包括接入装置，用于试图通过用户计算机和计算机网络接入提供数据库服务的服务器，如果服务器被接入，则从盘上读取上次更新的日期和时间，并提供上次更新的日期和时间给服务器。在对比文件 1 的图 44 到图 48 中可以很清楚地看到子站通过调制解调器连接到父站，也就是说调制解调器本身就是本领域最普遍使用的一种网络接入装置，因此，可以认为对比文件 1 图 44 到图 48 中公开的调制解调器就是一个接入装置。并且在对比文件 1（说明书第 1 栏第 49 行）中已经公开了父站具有一个判断装置，接收检索范围和数据和/或从子站传输来的时间，用于比较这两个时间，判断在检索范围内是否存在应当更新的图像数据，因此，权利要求 2 进一步限定的技术特征也已经被对比文件 1 公开了，权利要求 2 也不符合专利法第二十二条第三款的规定。

3. 权利要求 3 不具备创造性

权利要求 3 进一步限定权利要求 1 所述的设备中的盘具有可再现区域和可记录区域，并在可记录区域中记录数据库的修改/更新数据和其更新的日期和时间。对比文件 1 所公开的技术方案中的光盘 19 中存储的就是图象数据（说明书第 5 栏 8 ~ 9 行），并且若该图像数据被更新，则可以在个人计算机 35 上显示添加了该更新图像数据的工作表中的内容，即对比文件 1 中的光盘也具有可以被显示的再现区域，在对权利要求 1 的评述中已经指出，具有更新数据的光盘 19 相当于权利要求 1 中的可记录盘（1），所述的数据库的修改/更新数据和其更新的日期和时间必然存储在该存储设备上，即存储在该光盘上，因此，在权利要求 1 不具备创造性的情况下，权利要求 3 也不符合专利法第二十二条第三款的规定。

4. 权利要求 4 不具备创造性

权利要求 4 进一步限定权利要求 3 中的盘是光盘，如前所述，对比文件 1 已经公开了光盘 19，因此，在权利要求 3 不具备创造性的情况下，权利要求 4 也不符合专利法第二十二条第三款的规定。

5. 权利要求 5 不具备创造性

权利要求 5 请求保护一种盘记录/再现设备，包括（1）其上记录有可更新的数据库和更新日期和时间的可记录盘；（2）请求装置，用于如果判定需要更新记录在盘上的数据库，则请求服务器通过用户计算机和计算机网络发送修改/更新数据；（3）接收服务器提供的数据的修改/更新数据的接收装置；（4）将修改/更新数据、更新日期和时间、及更新地址表记录在盘上的记录装置；（5）产生具有地址的更新地址表，生成的表的更新内容记录在盘上，并将更新地址表提供给记录装置的产生和提供装置。对比文件 1 中公开了如下技术方案：光盘写装置 17 将存储在数据库 9 中的图片数据 10 写入到光盘 19（说明书第 5 栏的 18 ~ 19 行），个人计算机 35 具有笔输入设备，还具有光盘读取装置 39（说明书第 5 栏 19 ~ 21 行），光盘读取装置 39 读取光盘 19 上的内容，所述的内容是通过光盘写装置 17 每隔预定时间产生的（说明书第 5 栏 22 ~ 25 行），应用程序 13 从数据库 9 中选择相应于数据 61 的图象编号为 63 的图像数据，将其存储在工作文件 15 中（说明书第 7 栏第 1 ~ 3 行）。具有更新数据的光盘 19 相当于权利要求 5 中的可记录盘（1），且在对比文件 1（说明书第 1 栏第 49 行）中已经公开了父站具有一个判断装置，接收检索范围和数据和/或从子站传输来的时间，用于比较这两个时间，判断在检索范围内是否存在应当更新的图像数据，即调制解调器和父站的判断装置，相当于权利要求 5 的接入和判定装置（2），光盘写装置 17 相当于记录装置以及产生和提供装置（4）和（5）。

权利要求 5 同对比文件 1 中公开的技术方案相比，其区别仅在于：第一，对比文件 1 中的光盘写装置 17 同时完成了生成更新数据并且将其记录在光盘中这两个功能，而权利要求 5 中的设备将其划分为分别实现两个功能的装置；第二，对比文件 1 没有明确公开一个接收装置（3）。对于第一个区别技术特征，合议组认为，对比文件 1 中的光盘写装置与权利要求 5 中的记录装置所起的技术效果完全相同，都是数据的记录和更新。对于第二个区别技术特征，合议组认为，在对比文件 1 中记载了将存储在工作文件 15 作为传输数据发送到子站，也就是步骤 317（说明书第 7 栏 21 ~ 23 行）。对本领域的普通技术人员来讲，子站必然包含一个接收装置，用来接收发送来的数据。即该技术特征可以从对比文件 1 公开的内容中直接唯一的导出，因此，权利要求 5 不具有突出的实质性特点，不符合专利法第二十二条第三款的规定。

6. 权利要求 6 不具备创造性

权利要求 6 进一步限定的技术特征也已经被公开了，在对比文件 1 的图 44 到图 48 中可以很清楚地看到子站通过调制解调器连接到父站，也就是说调制解调器本身就是本领域最普遍使用的一种网络接入装置，因此，可以认为对比文件 1 图 44 到图 48 中公开的调制解调器就是一个接入装置。并且在对比文件 1（说明书第 1 栏第 49 行）中已经公开了父站具有一个判断装置，接收检索范围和数据和/或从子站传输来的时间，用于比较这两个时间，判断在检索范围内是否存在应当更新的图像数据，上述调制解调器和父站判断装置相当于权利要求 6 的接入装置和判定装置（2）。因此，权利要求 6 不符合专利法第二十二条第三款的规定。

复审请求人答复复审通知书的意见陈述中，认为对比文件 1 没有公开如本发明所述的所有元件都集成在光盘驱动器中的实施例。合议组认为，权利要求 1 中没有记载“所有元件都集成在光盘驱动器中”这一技术特征，即权利要求 1 请求保护的技术方案中并不包含该特征，因此合议组在评述权利要求的创造性时，对该区别技术特征不予考虑。

复审请求人认为对比文件 2 没有公开如何确定该数据库是否需要更新；如何维护数据库中的更新相关的数据、更新时间和地点以及维护与更新相关的数据中的什么。合议组认为，上述内容同样没有记载在权利要求 1 请求保护的技术方案中，因此合议组在评述权利要求的创造性时，对该区别技术特征不予考虑。

综上所述，权利要求 1 ~6 不符合专利法第二十二条第三款的规定。

三、决定

维持国家知识产权局于 2003 年 8 月 8 日作出的驳回决定。

根据专利法第四十一条第二款的规定，复审请求人对本决定不服的，可以自收到通知之日起三个月内向北京市第一中级人民法院起诉。

042

少引线数总线上的存储器事务处理案

复审请求审查决定（第7458号）

决　　定　　号　第7458号
决　　定　　日　2005年12月6日
发明创造名称　少引线数总线上的存储器事务处理
国 际 分 类 号　G06F 13/00
复 审 请 求 人　英特尔公司
申　　请　　号　98811468.2
申　　请　　日　1998年7月7日
优 先 权 日　1997年9月24日
公　　开　　日　2001年1月10日
合议组组长　石　竞
主　　审　　员　王伟艳
参　　审　　员　杜　宇

法 律 依 据　专利法第三十八条
决 定 要 点

在实质审查程序中，审查员在作出驳回决定之前，应当给申请人至少一次针对驳回事实、理由和证据陈述意见和/或修改申请文件的机会，即驳回决定中涉及的驳回事实、理由和所依据的证据应当在之前的审查意见通知书中已经告知过申请人，否则将不符合听证原则。

一、案由

本复审请求涉及申请日为1998年7月7日，优先权日为1997年9月24日，进入国家阶段日期为2000年5月24日、名称为“少引线数总线上的存储器事务处理”、申请号为98811468.2号的发明专利申请，该申请于2001年1月10日公开，并于2001年3月3日根据专利法第三十三条、专利法实施细则第五十一条请求对上述申请进行修改，其权利要求书中包含独立权利要求19和独立权利要求22，分别为：

“19. 一种通过总线在主机和存储设备之间执行存储器事务处理的方法，其总线包含多个传送时分多路复用地址、数据和控制信号的通用信号线和一条单独的控制线，其中存储设备存储系统启动信息，该方法包含以下步骤：

声明控制线上的控制信号，以表示存储器事务处理的开始；

通过该多个通用信号线将第一控制信息从主机写入存储设备，以表示该存储器事务处理包括主机从存储设备读取数据单元；

通过该多个通用信号线将第二控制信息从主机写入存储设备，以表示该数据单元将被读出的存储设备中的地址。

通过该多个通用信号将第三控制信息从主机写入存储设备，以表示将被读取的数据单元的字节数；

将对总线的控制移交给存储设备；

通过该多个通用信号线将第四控制信息从存储设备写入主机，直到该数据单元准备好从存储设备读出；以及

通过该通用信号线将此数据单元从存储设备读出。”

“22. 一种系统，包括

一个总线，该总线具有多个通用信号线，以传送时分多路复用的地址、数据和控制信息，

一个与该总线相耦合的外围设备；以及

一个主机，与总线相耦合，其中该外围设备经过总线与该主机交流等候状态信息。”

在实质审查程序中，审查员于2003年1月10日发出第一次审查意见通知书，指出：对比文件1（US4099231A）公开了权利要求19中所述方法的所有步骤，并且二者所属的技术领域、所要解决的技术问题、所产生的技术效果均相同，因此，权利要求19的技术方案相对于对比文件1缺乏专利法第二十二条第二款规定的新颖性。对于独立权利要求22，对比文件2（US5581745A）公开了一个装置，并具体披露了权利要求22的大部分技术特征，权利要求22与对比文件2的区别在于：对比文件2中没有描述所述总线传送时分多路复用的地址、数据和控制信息，但是，对比文件3（US4811202A）提供了一种为了减少芯片引线数的时分多路复用总线，同时，对比文件3给出了将上述区别技术特征用于对比文件2以解决其技术问题的启示。因此，权利要求22的技术方案相对于对比文件2和对比文件3缺乏专利法第二十二条第三款规定的创造性。

申请人于2003年5月21日针对一通进行答复，提交了修改后的权利要求书替换页和说明书替换页，针对一通所指出的权利要求1、5~8不符合专利法第三十三条以及权利要求17不符合专利法实施细则第二十条第一款的缺陷进行了修改，未修改权利要求19和权利要求22，并针对权利要求19和权利要求22分别提出有新颖性和创造性的理由。

审查员于2003年6月27日发出第二次审查意见通知书，针对申请人陈述的理由，指出：尽管对比文件1公开的总线为数据总线、地址总线和控制总线，而本申请则采用通用时分多路复用地址、数据以及控制总线。但是对于本领域技术人员来讲，在对比文件1所公开内容基础上，用已知时分多路复用总线来等效替代对比文件1所述的总线，不需付出创造性劳动，因此，权利要求19的技术方案相对于对比文件1不具备专利法第22条第3款所述的创造性。针对申请人对于权利要求22具备创造性的答复意见中所陈述的：对比文件2公开的是“将等候状态信息传送到主机设备的外围设备，该传送发生在专用信号线上”，审查员指出尽管该传送发生在专用信号线上而不是发生在用于承载时分多路复用地址、数据以及控制信息的通用信号线上，但对于所属领域的普通技术人员来说，用通用信号总线来替代多条信号线并不需要付出创造性的劳动。权利要求22相对于对比文件2和对比文件3不具备专利法第二十二条第三款规定的创造性。

申请人于2003年9月11日针对二通进行答复，提交了修改后的权利要求书替换页和说明书替换页，未修改权利要求19，修改了权利要求22，并分别提出了二者具备创造性的理由，修改后的权利要求22为：

“22. 一种Z系统，包括

一个总线，该总线具有多个通用信号线，以传送时分多路复用的地址、数据和控制信息；

一个与该总线相耦合的外围设备；以及

一个主机，与总线相耦合，其中该外围设备经过该总线与该主机设备传送等候状态信息。”

2003年12月5日国家知识产权局实质审查部门作出驳回决定，驳回决定所依据的文本为原始提交的国际申请文件的中文译文的说明书第4~21页、附图第1~11页、说明书摘要以及摘要附图，2003年9月11日提交的说明书第1页、权利要求书第1~23项，2003年5月21日提交的说明书第2、3、3a、3b、3c、3d页。驳回决定指出：对比文件1（US4099231A）公开了一种用于数字计算机系统的存储控制系统，并具体披露了权利要求19的大部分技术特征，权利要求19与对比文件1的区别在于：对比文件1中所述的存储器总线是由三条专用信号总线构成，权利要求19所述的总线是用于承载时分多路复用地址、数据和控制信号的通用总线。所述区别技术特征在对比文件3（US4811202A、JP7168783A、US5448568A等）中被披露。对比文件3公开了一种采用时分多路复用技术来进行数据/地址复用的通用总线，该通用总线在对比文件3中所起的作用与在对比文件1中相同，对于本领域技术人员来讲，将对比文件3中披露的总线用于对比文件1中替代所述专用信号总线是显而易见的。虽然对比文件3中的总线是数据、地址复用总线，但对于时分多路复用技术来说，复用两路信号与复用三路信号原理相同，技术效果类似，二者不具有实质性的差异。因此，权利要求19在对比文件1和对比文件3基础上结合公知常识不具备创造性。对于权利要求22，对比文件2（US5581745A）公开了一个系统，并具体披露了权利要求22的大部分技术特征，权利要求22与对比文件2的区别在于：对比文件2中没有描述所述总线传送时分多路复用的地址、数据和控制信息。所述区别技术特征在对比文件3中被披露。对比文件3公开了一种总线能够传送时分多路复用地址、数据信息，该通用总线在对比文件3中所起的作用与在对比文件2中相同，对于本领域技术人员来讲，将对比文件3中披露的总线用于对比文件2中替代所述专用信号总线是显而易见的。基于与评述权利要求19不具备创造性相类似的理由，在对比文件2和对比文件3的基础上结合公知常识形成权利要求22的技术方案不需要付出创造性的劳动。因此，权利要求二十二不具备创造性。

申请人（下称复审请求人）对上述驳回决定不服，于2004年3月22日向专利复审委员会提出了复审请求。

在复审请求中，复审请求人认为对于权利要求19，由于对比文件1没有公开承载时分复用地址、数据和控制信号的具有通用信号线的总线，用于在主机和存储器之间通信信息。而且，对比文件1也未公开直到数据单元已准备从存储设备中读出时从存储设备到主机写控制信息。此外，申请人认为对比文件3公开了时分多路复用（TDM）的概念，但是对比文件3没有公开具有承载时分复用地址、数据和控制信息的通用信号线的总线，以用于在主机和存储器之间通信信息。因此，申请人认为权利要求19相对于对比文件具备创造性。

对于权利要求22，对比文件2没有公开或暗示由通用信号线组成的用于承载时分复用地址、数据和控制信息的总线，尽管其公开了外围设备将等待状态信息通信给主机设备，但是，该通信是发生在专用信号线上而非通过承载时分复用地址、数据和控制信息的通用信号线。对比文件3公开了TDM的概念，但是对比文件3没有公开具有承载时分复用地址、数据和控制信息的通用信号线的总线，以用于在主机和存储器之间通信信息。因此，权利要求22相对于对比文件具有创造性。

经形式审查合格，专利复审委员会受理了该复审请求，并于2004年6月14日发出了受理通知书及前置审查通知书。

在前置审查中，针对请求人的复审理由，原实质审查部门认为：现补充提供“时分多路复用”技术属于公知公用的现有技术的证据两份，即，1.《英汉光纤通信词典》人民邮电出版社1995年7月1日第1版；2.《计算机科学技术百科全书》清华大学出版社1998年8月1日第1版；其中第151页中有关“时分复用”的技术内容是参考1994国防科技大学出版社《计算机通信》一书。因此，坚持原驳回决定。

在上述工作的基础上，合议组作出如下审查决定。

二、决定的理由

1. 关于审查文本的认定

由于请求人在请求复审时未提交权利要求书和说明书的修改文本，因此，此次复审所依据的文本是原始提交的国际申请文件的中文译文的说明书第4~21页、附图第1~11页、说明书摘要以及摘要附图，2003年9月11日提交的说明书第1页、权利要求书第1~23项，2003年5月21日提交的说明书第2、3、3a、3b、3c、3d页。合议组评判该专利申请的权利要求书时所采用的对比文件与驳回决定所引用的对比文件相同，即，对比文件1（US4099231A）、对比文件2（US5581745A）以及对比文件3（US4811202A、JP7168783A、US5448568A等）。

2. 关于专利法第三十八条

根据专利法第三十八条的规定，“发明专利申请经申请人陈述意见或者进行修改后，国务院专利行政部门仍然认为不符合本法规定的，应当予以驳回”。审查指南第二部分第八章第6.1.1节对于驳回申请明确规定，“审查员在作出驳回决定之前，应当将其经实质审查认定申请属于专利法实施细则第五十三条规定的应予驳回情形的事实、理由、证据和法律依据通知申请人，并给申请人至少一次陈述意见和/或进行修改申请文件的机会。”同时在第6.1.4.2节对于驳回理由也规定应“以令人信服的事实和理由作为驳回的依据，而且对于这些事实和理由，已经给了申请人一次发表意见和/或修改申请的机会。”

本案原审查部门在第一次审查意见通知书中指出独立权利要求19相对于对比文件1（US4099231A）缺乏专利法第二十二条第二款规定的新颖性，在第二次审查意见通知书，针对申请人陈述的理由，指出权利要求19相对于对比文件1（US4099231A）不具备专利法第二十二条第三款所述的创造性，在申请人针对第二次审查意见通知书提交了修改后的权利要求书替换页和说明书替换页，但未修改权利要求19的情况下，在驳回决定中又引用对比文件1和对比文件3（US4811202A、JP7168783A、US5448568A等）结合公知常识评述权利要求19的创造性，并没有给予申请人对“权利要求19于对比文件1的区别在于：对比文件1中所述的存储器总线是由三条专用信号总线构成，权利要求19所述的总线是用于承载时分多路复用地址、数据和控制信号的通用总线。所述区别技术特征在对比文件3（US4811202A、JP7168783A、US5448568A等）中被披露。对比文件3公开了一种采用时分多路复用技术来进行数据/地址复用的通用总线，该通用总线在对比文件3中所起的作用与在对比文件1中相同，对于本领域技术人员来讲，将对比文件3中披露的总线用于对比文件1中替代所述专用信号总线是显而易见的。虽然对比文件3中的总线是数据、地址复用总线，但对于时分多路复用技术来说，复用两路信号与复用三路信号原理相同，技术效果类似，二者不具有实质性的差异。权利要求19在对比文件1和对比文件3基础上结合公知常识不具备创造性。”进行意见陈述的机会。因此，上述驳回决定不符合专利法第三十八条的规定，不符合听证原则，违反了法定程序。

另外，对于权利要求22，本案原审查部门在第一次和第二次审查意见通知书中均指出权利要求22相对于对比文件2（US5581745A）和对比文件3（US4811202A）缺乏专利法第二十二条第三款规定的创造性，在驳回决定中又引用对比文件2和对比文件3（US4811202A、JP7168783A、US5448568A等）结合公知常识评述权利要求22的创造性，在作出驳回决定之前，并没有给予申请人对“虽然对比文件3中的总线是数据、地址复用总线，但对于时分多路复用技术来说，复用两路信号与复用三路信号原理相同，技术效果类似，二者不具有实质性的差异。在对比文件2和对比文件3的基础上结合公知常识形成权利要求22的技术方案不需要付出创造性的劳动。”进行意见陈述的机会。因此，上述驳回决定不符合专利法第三十八条的规定，不符合听证原则，违反了法定程序。

3. 由于本决定仅涉及程序问题，合议组不再对其他问题进行审查，因此，并不意味着复审所依据的文本不存在其他问题。但是提醒审查员注意的是，在驳回决定评述权利要求 19 中，审查员认为对比文件 1 公开了“从存储设备写控制信息到主机直到数据将要被读取”这一技术特征，事实上，对比文件 1 只公开了“存储器在读出数据之前发送应答信号（ACKN）”这一技术特征，二者存在区别。其次，申请人针对第二次审查意见通知书提交了修改后的权利要求书替换页，将权利要求 22 中“一个主机，与总线相耦合，其中该外围设备经过总线与该主机交流等候状态信息，”改为“一个主机，与总线相耦合，其中该外围设备经过总线与该主机设备传送等候状态信息”，驳回决定认为二通的答复没有对权利要求 22 进行修改是错误的。

三、决定

撤销国家知识产权局于 2003 年 12 月 5 日对 98811468.2 号发明专利申请作出的驳回决定。在请求人于原始提交的国际申请文件的中文译文的说明书第 4 ~ 21 页、附图第 1 ~ 11 页、说明书摘要以及摘要附图，2003 年 9 月 11 日提交的说明书第 1 页、权利要求书第 1 ~ 23 项，2003 年 5 月 21 日提交的说明书第 2、3、3a、3b、3c、3d 页的基础上，由原实质审查部门继续进行审批程序。

043

程序执行装置的程序执行控制方法案

复审请求审查决定（第7459号）

决　定　号　第7459号
决　定　日　2005年12月6日
发明创造名称　程序执行装置的程序执行控制方法
国际分类号　G06F 13/00
复审请求人　世嘉企业股份有限公司
专利申请号　95102738.7
申　请　日　1995年2月22日
公　开　日　1996年2月28日
合议组组长　崔哲勇
主　审　员　孙治国
参　审　员　龙　安

法律依据　专利法第二十二条第三款
决定要点

本案权利要求中包括的在执行程序前的验证步骤，是为进行程序的控制而采用的技术手段，其解决了软件防伪的技术问题，取得了技术效果，不属于商业方法，是一种技术特征，应当在对权利要求1～6所要求保护的技术方案进行创造性评价时评述该技术特征。

一、案由

本复审请求涉及申请号为95102738.7、名称为“程序执行装置的程序执行控制方法”的发明专利申请，其申请日是1995年2月22日，优先权日为1994年2月22日和1994年2月28日，申请人是世嘉企业股份有限公司。

在实质审查过程中，国家知识产权局实质审查部门于2002年8月2日发出第一次审查意见通知书，指出：权利要求1不符合专利法实施细则第二十条第一款的规定。

针对上述审查意见通知书，申请人于2002年12月17日提交了权利要求书全文替换页共3页、说明书第1～4页替换页及意见陈述书。

2004年1月2日，实质审查部门发出第二次审查意见通知书，指出：本申请权利要求1～16相对于对比文件1（CN1009970B，审定公告日为1990年10月10日）不具备创造性，不符合专利法第二十二条第三款的规定。

针对上述审查意见通知书，申请人于2004年3月16日提交了权利要求书全文替换页（下称文本1）、说明书第1～3页的替换页及意见陈述书，具体说明了本申请相对于对比文件1具备创造性的理由。文本1中权利要求书内容如下：

“1. 一种程序执行装置的程序执行控制方法，该程序执行装置可装卸地装有存储应用程序和表明

发售地区的发售地区信息的存储单元，

其特征在于：

在所述存储单元与所述程序执行装置连接时，所述程序执行装置的处理器执行存储在所述程序执行装置的非易失性存储器中的基本程序；

从所述存储单元读出所述发售地区信息；

将表明存储在所述程序执行装置存储器的所述程序执行装置的发售地区的发售地区信息，和所述读取的发售地区信息加以比较；

根据所述比较结果，判定可否执行存储在所述存储单元中的所述应用程序。

2. 如权利要求1所述的程序执行装置的程序执行控制方法，其特征是，所述处理器根据所述应用程序的执行而将数据送出到视频信号发生器，并变换成视频信号。

3. 如权利要求1所述的程序执行装置的程序执行控制方法，其特征是：

所述处理器读出存储在所述存储单元的多种发售地区信息；

将各个存储在所述存储器多种发售地区信息，和所述各个读出的多种发售地区信息分别进行比较；

根据多个比较结果判定能否执行所述应用程序。

4. 如权利要求1所述的程序执行装置的程序执行控制方法，其特征是，所述处理器在复位或电源接通时判断可否执行所述应用程序。

5. 如权利要求1所述的程序执行装置的程序执行控制方法，其特征是：

在由所述应用程序的执行而显示信息时，所述处理器从具有以各种不同的语言记述存储在所述存储单元的同一内容的信、消息的多个消息信息的应用程序，选择存储在所述存储器的所选择的语言信息的语言的消息信息。

6. 如权利要求5所述的程序执行装置的程序执行控制方法，其特征是：

所述处理器将由输入装置的操作所选择的语言信息存储进所述存储器。”

2004年5月14日，实质审查部门以本申请权利要求第1～6项不符合专利法第二十二第三款的规定为由驳回了本申请。

申请人（下称请求人）对上述驳回决定不服，于2004年8月30日向国家知识产权局专利复审委员会提出复审请求，同时提交了修改后的权利要求第1～6项（下称文本2），以克服驳回决定中指出的缺陷。相对于文本1，请求人对权利要求1进行了修改。文本2中权利要求1的内容如下：

“1. 一种程序执行装置的程序执行控制方法，该程序执行装置可装卸地装有存储游戏程序和表明发售地区的发售地区信息的存储单元，

其特征在于：

在所述存储单元与所述程序执行装置连接时，所述程序执行装置的处理器执行存储在所述程序执行装置的非易失性存储器中的基本程序；

从所述存储单元读出所述发售地区信息；

将表明存储在所述程序执行装置存储器的所述程序执行装置的发售地区的发售地区信息，和所述读取的发售地区信息加以比较；

根据所述比较结果，判定可否执行存储在所述存储单元中的所述游戏用程序；

根据所述比较结果，在所述游戏程序被判定为可执行的情况下，通过连接于所述处理器的显示装置和输入输出单元的操作，以实施进行游戏的所述存储单元中的所述游戏程序；

根据所述比较结果，在所述游戏程序被判定不能执行的情况下，则不执行所述存储单元中的所述

游戏程序，并在所述显示装置上显示游戏程序的不能执行。”

经形式审查合格，国家知识产权局专利复审委员会受理了该复审请求，并于2004年10月8日发出了复审请求受理通知书和前置审查通知书。

在前置审查程序中，原实质审查部门坚持原驳回决定。

至此，合议组认为本案事实已经清楚，可以作出复审决定。

二、决定的理由

1. 关于审查的文本

请求人于2004年8月30日向国家知识产权局专利复审委员会提出复审请求时提交了修改后的权利要求第1~6项，合议组注意到上述修改符合专利法第三十三条和专利法实施细则第六十条的规定。因此，此次复审决定依据的文本是：请求人于2004年8月30日提交的权利要求第1~6项、2004年3月16日提交的说明书第1~3页、2002年12月17日提交的说明书第4页，申请日提交的说明书第5~12页以及1995年4月18日提交的说明书附图第1~10页、说明书摘要和摘要附图各1页。

2. 关于专利法第二十二条第三款

本决定中所采用的对比文件与实质审查过程驳回决定中引用的对比文件相同，即对比文件1：CN1009970B，审定公告日为1990年10月10日。

权利要求1涉及的是程序执行控制方法，其所要解决的技术问题是在执行程序前加入验证步骤，以确保即将执行的程序是合法获得的程序并从而进行程序控制；对比文件1所要解决的技术问题是提供一种存储盒，其大容量单芯片存储器的各地址能为中央处理器所访问而无需增加中央处理器的地址端口数。可见，二者所要解决的技术问题是不同的。

对比文件1中公开了如下技术特征（参见对比文件1说明书第6页第2~5段）：（1）本发明的存储盒可装进有一个能访问较小地址空间的中央处理器的个人计算机的主部件中。本发明的存储盒包括一个装在该电路板上的第一存储器。（2）当中央处理器访问第一存储器一个预定的存储体时，存储在该存储体中的数据就被读出。若该数据包括表示第一存储器下一个待受访问的存储器的数据，则有源器件就根据，例如，该数据，使第一存储器的该存储体正常工常。于是中央处理器用另一个地址空间访问该存储体。若存储盒具有第二存储器，则必要时可将从第一存储器的存储体读取的数据转移到第二存储器中。

上述的技术特征（1）即相当于本申请权利要求1中的技术特征“该程序执行装置可装卸地装有存储游戏程序和表明发售地区的发售地区信息的存储单元”，上述的技术特征（2）即相当于本申请权利要求1中的技术特征“在所述存储单元与所述程序执行装置连接时，所述程序执行装置的处理器执行存储在所述程序执行装置的非易失性存储器中的基本程序”。

也就是说，权利要求1与对比文件1的区别特征在于：（1）在执行程序前的验证步骤，即“将表明存储在所述程序执行装置存储器的所述程序执行装置的发售地区的发售地区信息，和所述读取的发售地区信息加以比较；根据所述比较结果，判定可否执行存储在所述存储单元中的所述游戏用程序；根据所述比较结果，在所述游戏程序被判定为可执行的情况下，通过连接于所述处理器的显示装置和输入输出单元的操作，以实施进行游戏的所述存储单元中的所述游戏程序；”（2）“从所述存储单元读出所述发售地区信息”。

就区别特征（1）而言，实质审查部门也认为其属于本申请权利要求1与对比文件1的区别特征，并认为该区别是一种商业方法。合议组认为：该区别特征是为进行程序的控制而采用的技术手段，其解决了软件防伪的技术问题，取得了技术效果，不属于商业方法，是一种技术特征，应当在对权利要求1~6所要求保护的技术方案进行创造性评价时评述该技术特征。

就区别特征（2）而言，从存储单元读出信息是所属技术领域的一种公知常识。

由于本申请权利要求1和对比文件1所要解决的技术问题不同，对比文件1中不存在技术启示使得本领域普通技术人员能够想到为解决本申请中提出的技术问题而采用权利要求1中的验证技术手段，以实现其软件防伪的技术效果，因此原实质审查部门认为权利要求1相对于对比文件1不具有突出的实质性特点和显著的进步，其理由是不充分的。本申请权利要求1相对于对比文件1具有突出的实质性特点和显著的进步，符合专利法第二十二条第三款的规定。

由于权利要求1相对于对比文件1符合专利法第二十二条第三款的规定，因此其从属权利要求2～6也符合专利法第二十二条第三款的规定。

综上所述，合议组认为本申请权利要求1～6相对于对比文件1具有突出的实质性特点和显著的进步，符合专利法第二十二条第三款的规定。至于说明书和权利要求书是否还存在其他缺陷，均留待后续程序继续审查。

三、决定

撤销国家知识产权局于2004年5月14日对该发明专利申请作出的驳回决定，由原实质审查部门以请求人于2004年8月30日提交的权利要求第1～6项、2004年3月16日提交的说明书第1～3页、2002年12月17日提交的说明书第4页、申请日提交的说明书第5～12页以及1995年4月18日提交的说明书附图第1～10页、说明书摘要和摘要附图为基础，继续审批程序。

044

可减小漂移扩散电容的电荷转移器件和电荷转移方法案

复审请求审查决定（第7492号）

决　定　号　第7492号
决　定　日　2005年12月5日
发明创造名称　可减小漂移扩散电容的电荷转移器件和电荷转移方法
国际分类号　H01L 29/762、21/339
复审请求人　日本电气株式会社
专利申请号　98123537.9
申　请　日　1998年10月27日
公　开　日　1999年5月19日
合议组组长　熊　婷
主　审　员　骆素芳
参　审　员　樊晓东

法律依据　专利法第二十二条第三款
决定要点

当一项权利要求的技术方案解决了现有技术中存在的技术问题，并且，现有技术中并没有给出将该项权利要求区别于现有技术的区别特征应用到现有技术中，以解决上述技术问题的技术启示，则应当认为该项权利要求的技术方案对本领域的技术人员来说是非显而易见的。

一、案由

本复审请求涉及申请号为98123537.9、发明名称为“可减小漂移扩散电容的电荷转移器件和电荷转移方法”的发明专利申请（下称本申请）。其申请日是1998年10月27日，优先权日为：1997年10月31日，公开日是1999年5月19日，申请人是日本电气株式会社。

在实质审查程序中，国家知识产权局实质审查部门于2002年11月29日发出了第一次审查意见通知书，引用了一篇对比文件：

对比文件1：US4698656A 公开日期：1987年10月6日

其中指出权利要求1～4、权利要求7引用权利要求1～4的部分不具备新颖性，权利要求5、6、权利要求7引用权利要求5的部分、8～15不具备创造性。

申请人于2003年3月4日答复上述审查意见通知书时，提交了新的权利要求书，包括权利要求1～12，并陈述了修改后的权利要求具备新颖性和创造性的理由。

国家知识产权局于2003年4月18日发出了第二次审查意见通知书，其中指出权利要求8不具备新颖性，权利要求1～7、9～12不具备创造性。

申请人于2003年6月11日答复上述审查意见通知书时，陈述了本申请具备新颖性和创造性的理由，未提交修改文本。

国家知识产权局于2003年8月22日依据2003年3月4日提交的权利要求第1~12项以及申请日提交的说明书第1~17页、附图第1~10页、说明书摘要和摘要附图驳回了本申请。

驳回针对的权利要求书为：

“1. 一种电荷转移器件，其特征在于包括：

检测信号电荷用的检测MOSFET；

用于在信号电荷被检测后除去该信号电荷的重置MOSFET；

其中所述重置MOSFET包括：

将所述信号电荷转移至其上的浮置扩散层；

将重置电压加于其上的杂质层；以及

将重置信号加于其上的重置栅极；而且

所述检测MOSFET包括与所述浮置扩散层相连的检测栅极；并且所述浮置扩散层包括：

第一半导体区和其杂质浓度低于所述第一半导体区的第二半导体区；并且

其中将所述第一半导体区的杂质浓度设定为当把所述重置信号加给所述重置栅极时，使该第一半导体区在电压低于重置电压情况下不被消耗的浓度；

其中所述第二半导体区的杂质浓度设定为当把所述重置信号加给重置栅极时，使该第二半导体区受到消耗的浓度；以及

其中所述第一半导体区被设置成在所述浮置扩散层中沿所述信号电荷的转移方向伸展；

其中所述浮置扩散层还包括：

第三半导体区，此区的杂质浓度高于所述第一半导体区，并且其中所述检测栅极与该第三半导体区相连。

2. 一种如权利要求1所述的电荷转移器件，其特征在于其中使所述第一半导体区被设置成不与元件分立区接触，并且使所述第二半导体区被设置成与元件分立区接触。

3. 一种如权利要求1所述的电荷转移器件，其特征在于其中所述重置电压设定为这样的值，使得当把所述重置信号加给所述重置栅极时，部分所述第一半导体区和全部所述第二半导体区被消耗。

4. 一种如权利要求1所述的电荷转移器件，其特征在于其中所述第一半导体区和第二半导体区由多数载流子的类型相反的材料制成。

5. 一种如权利要求1所述的电荷转移器件，其特征在于其中所述第一半导体区、第二半导体区和第三半导体区由多数载流子的类型彼此相同的材料制成。

6. 一种如权利要求1所述的电荷转移器件，其特征在于其中所述第一半导体区和第三半导体区由多数载流子的类型彼此相同的材料制成，所述第二半导体区的材料的多数载流子的类型与第一半导体区和第三半导体区相反。

7. 如权利要求1所述的电荷转移器件，其特征在于所述第二半导体区的所述杂质浓度为5×10^{15}原子数/立方厘米。

8. 一种电荷转移器件，包括：

检测信号电荷用的检测MOSFET；

用于在信号电荷被检测后除去该信号电荷的重置MOSFET；

其中所述重置MOSFET包括：

将所述信号电荷转移至其上的浮置扩散层；

将重置电压加于其上的杂质层；以及

将重置信号加于其上的重置栅极；而且

所述检测 MOSFET 包括与所述浮置扩散层相连的检测栅极；并且

所述浮置扩散层包括：

第一半导体区；和

其杂质浓度低于所述第一半导体区的第二半导体区；并且

其中所述第一半导体区的杂质浓度设定为当把所述重置信号加给所述重置栅极时，使该第一半导体区在电压低于重置电压情况下不被消耗的浓度；

所述第二半导体区的杂质浓度设定为当把所述重置信号加给重置栅极时，使该第二半导体区受到消耗的浓度；以及

所述第一半导体区被设置成在所述浮置扩散层中沿所述信号电荷的转移方向伸展；

其中所述第一半导体区和第二半导体区由多数载流子的类型相同的材料制成。

9. 一种电荷转移器件，包括：

检测信号电荷用的检测 MOSFET；

用于在信号电荷被检测后除去该信号电荷的重置 MOSFET；

其中所述重置 MOSFET 包括：

将所述信号电荷转移至其上的浮置扩散层；

将重置电压加于其上的杂质层；以及

将重置信号加于其上的重置栅极；而且

所述检测 MOSFET 包括与所述浮置扩散层相连的检测栅极；并且

所述浮置扩散层包括：

第一半导体区；

其杂质浓度低于所述第一半导体区的第二半导体区；和

其杂质浓度高于所述第一半导体区的第三半导体区；并且

其中所述第一半导体区被设置成不与元件分立区接触，并被设置成在所述浮置扩散层中沿所述信号电荷的转移方向伸展；所述第一半导体区的杂质浓度设定为当把所述重置信号加给所述重置栅极时，使该第一半导体区在电压低于重置电压情况下不被消耗的浓度；

其中所述第二半导体区被设置成与元件分立区接触，所述第二半导体区的杂质浓度设定为当把所述重置信号加给重置栅极时，使该第二半导体区受到消耗的浓度；并且

其中所述第三半导体区设置于靠近所述浮置扩散层中心的位置以使所述第三半导体区的至少一部与所述第一半导体区叠置，并与所述检测栅极相连。

10. 一种电荷转移器件，包括：

用于响应于重置信号使浮置扩散层设置成重置电势的装置；

用于响应重置信号在所述浮置扩散层中形成对应于所述重置电势的势阱的装置；

用于将信号电荷转移到所述势阱的装置；

用于检测转移到所述所述势阱的所述信号电荷的装置；

用于降低所述浮置扩散层中的浮置扩散层电容的装置；和

用于防止所述浮置扩散层在低于所述重置电势的电势下被消耗的装置；

其中用于降低所述浮置扩散层中的浮置扩散层电容的装置包括被设置成不与元件分立区接触的第一半导体区；和被设置成与元件分立区接触的第二半导体区，所述第二半导体区的杂质浓度设置成低

于所述第一半导体区的浓度；

其中所述第一和第二半导体区包括在所述浮置扩散层中；

其中所述第二半导体区的杂质浓度设定为当将所述浮置扩散层设置到所述重置电势时，使该第二半导体区受到消耗的浓度；并且

其中所述第一半导体区被设置成在所述浮置扩散层中沿所述信号电荷的转移方向伸展；并且

其中所述浮置扩散层还包括：

杂质浓度高于所述第一半导体区的第三半导体区。

11. 如权利要求10所述的电荷转移装置，其特征在于所述第一半导体区的杂质浓度设定为当将所述浮置扩散层设置成所述重置电势时，所述第一半导体区在低于所述重置电势的所述电势下不被消耗的浓度。

12. 如权利要求10所述的电荷转移装置，其特征在于所述第一半导体区的杂质浓度设定为当将所述浮置扩散层设置成所述重置电势时，所述第一半导体区的一部分在低于所述重置电势的所述电势下不被消耗，而所述第一半导体区的剩余部分被消耗的浓度。”

驳回的理由主要是：对比文件1公开了独立权利要求8的全部技术特征，权利要求8不具备专利法第二十二条第二款规定的新颖性；独立权利要求1与对比文件1的区别在于：浮置扩散层还包括第三半导体区，此区的杂质浓度高于第一半导体区，并且检测栅极与第三半导体区相连。该区别技术特征是本领域公知的技术，因此，权利要求1不具备专利法第二十二条第三款规定的创造性。独立权利要求9和独立权利要求10与对比文件1的区别技术特征是本领预公知的技术，因此，权利要求9和权利要求10不具备专利法第二十二条第三款规定的创造性。从属权利要求2~7、11、12的附加技术特征被对比文件1公开或是本领域普通技术人员的公知技术，因此，权利要求2~7、11、12也不具备专利法第二十二条第三款规定的创造性。

申请人（下称复审请求人）对该驳回决定不服，于2003年11月13日向专利复审委员会提出了复审请求，同时提交了权利要求书的修改文本，删除了原权利要求8，并将原权利要求重新排序为权利要求1~11。请求人的理由主要是：审查员认为本发明权利要求1中的第一N型半导体区3a对应于对比文件1的N型高浓度区13，而第二N型半导体区3b对应于对比文件1的N－型低浓度区23是不正确的。对比文件1没有公开本发明权利要求1中有关“电荷转移器件包括第二半导体区(3b)，其杂质浓度设置为当将所述重置信号加载给所述重置栅极时，使第二半导体区得到消耗的浓度”的区别技术特征，包含上述区别特征的权利要求1的技术方案解决了减小电荷检测电容，获得高输出传输率的问题，因此本发明具备创造性。

经形式审查合格，专利复审委员会受理了该复审请求，并于2003年12月3日发出了受理通知书和前置审查通知书。

在前置审查中，国家知识产权局原实质审查部门坚持原驳回决定。

在此基础上，专利复审委员会依法成立合议组对此案进行审理。合议组在审阅了本申请全部文件后认为，本案事实已清楚，可以作出本复审请求审查决定。

二、决定的理由

1. 关于审查文本

请求人2003年11月13日提出复审请求时提交了修改文本，包括权利要求第1~11项。经审查，上述修改符合专利法第三十三条和专利法实施细则第六十条的规定，因此，本复审决定所针对的文本是：2003年11月13日提交的权利要求第1~11项、申请日1998年10月27日提交的说明书第1~17页、附图第1－10页、说明书摘要和摘要。

2. 关于创造性

本决定引用原实质审查部门在驳回决定中所引用的对比文件1作为最接近的现有技术，即：对比文件1：US4698656A 公开日期：1987年10月6日

权利要求1请求保护一种电荷转移器件，对比文件1公开了一种电荷耦合器件的输出检测器，并具体公开了以下技术特征：电荷耦合器件包括：检测信号电荷用的检测MOSFET20；用于在信号电荷被检测后除去该电荷的放电MOSFET10；所述放电MOSFET10包括将信号电荷转移至其上的浮置区3，将电源电压加到其上的N+型掺杂区8，将重置信号加在其上的重置栅极；检测MOSFET包括与浮置区3相连的信号栅极SG；浮置区3包括N-低浓度区23，N+高浓度区13，N+高浓度区13连接到信号栅极SG（参见对比文件1说明书第2栏第52行至第3栏第7行，第3栏第41行至第4栏第59行，图1-3）。

对比文件1的发明目的是要提供一种高转移速率、高输出电压值的电荷耦合器件，其中并没有直接说明：当N-低浓度区23在把重置信号加给重置栅极时，该N-低浓度区23是否受到消耗。但是，在对比文件1的技术方案中，如果N-低浓度区23的杂质浓度过低，使得其在低于重置电源电压的条件下受到消耗，则这种消耗将导致重置故障的发生，从而无法获得可以正常工作的电荷耦合器件。并且，对比文件1（说明书第3栏第49~55行）中指出，N-低浓度区23的杂质浓度为10^{16}~$5\times10^{17}cm^{-3}$，优选为$4\times10^{16}cm^{-3}$。因此，不能推出对比文件1的技术方案中的N-低浓度区23实质上也受到消耗，同时，对比文件1中也没有给出使N-低浓度区23受到消耗技术启示。

由此可见，对比文件1中的“N-低浓度区23”是对应于权利要求1中的“第一半导体区”30a；对比文件1中的“N+高浓度区13”对应于权利要求1中的“第三半导体区”30c。因此，权利要求1与对比文件1的区别在于：杂质浓度低于所述第一半导体区的第二半导体区，所述第二半导体区的杂质浓度设定为当把所述重置信号加给重置栅极时，使该第二半导体区受到消耗的浓度。

上述技术特征在权利要求1的技术方案中所起的作用是：在电压低于重置电源电压时，第二半导体区受到消耗，可使耗尽层延伸至浮置扩散层3的侧面，使得耗尽层的宽度变得更宽，从而使P+半导体区2与第二N型半导体区3b之间的结电容C减小。因此，包含了上述技术特征的权利要求1的技术方案解决了降低浮置扩散层杂质浓度以提高检测灵敏度，而杂质浓度降低导致重置故障的技术问题，能够实现减小漂移扩散电容Cfd，改善检测的灵敏度并防止发生重置故障的技术效果。

对比文件1中也没有给出将上述技术特征结合到其中以解决上述技术问题的技术启示，因此，权利要求1的技术方案对本领域的普通技术人员来说是非显而易见的，因此，权利要求1相对于对比文件1具备专利法第二十二条第三款规定的创造性。

鉴于权利要求1相对于对比文件1具备创造性，因此，从属权利要求2~7对于对比文件1也具备专利法第二十二条第三款规定的创造性。

权利要求8请求保护一种电荷转移器件，将权利要求8与对比文件1进行比较，基于以上权利要求1与对比文件1的比较中已陈述的相同的理由，可见，权利要求8与对比文件1的区别在于：“杂质浓度低于所述第一半导体区的第二半导体区，所述第二半导体区被设置成与元件分立区接触，所述第二半导体区的杂质浓度设定为当把所述重置信号加给重置栅极时，使该第二半导体区受到消耗的浓度。”该区别技术特征在权利要求8的技术方案中所起的作用是：在电压低于重置电源电压时，第二半导体区受到消耗，可使耗尽层延伸至浮置扩散层3的侧面，使得耗尽层的宽度变得更宽，从而使P+半导体区2与第二N型半导体区3b之间的结电容C减小。因此，包含了上述技术特征的权利要求8的技术方案解决了降低浮置扩散层杂质浓度以提高检测灵敏度，而杂质浓度降低导致重置故障的技术问题，能够实现减小漂移扩散电容Cfd，改善检测的灵敏度并防止发生重置故障的技术效果。因

此，权利要求8的技术方案对本领域的普通技术人员来说是非显而易见的，权利要求8相对于对比文件1具备专利法第二十二条第三款规定的创造性。

权利要求9请求保护一种电荷转移器件，将权利要求9与对比文件1进行比较，基于以上权利要求1与对比文件1的比较中已陈述的相同的理由，可见，权利要求9与对比文件1的区别在于："被设置成与元件分立区接触的第二半导体区，所述第二半导体区的杂质浓度设置成低于所述第一半导体区的浓度，所述第二半导体区的杂质浓度设定为当将所述浮置扩散层设置到所述重置电势时，使该第二半导体区受到消耗的浓度。"该区别技术特征在权利要求9的技术方案中所起的作用是：在电压低于重置电源电压时，第二半导体区受到消耗，可使耗尽层延伸至浮置扩散层3的侧面，使得耗尽层的宽度变得更宽，从而使P+半导体区2与第二N型半导体区3b之间的结电容C减小。因此，包含了上述技术特征的权利要求9的技术方案解决了降低浮置扩散层杂质浓度以提高检测灵敏度，而杂质浓度降低导致重置故障的技术问题，能够实现减小漂移扩散电容Cfd，改善检测的灵敏度并防止发生重置故障的技术效果。因此，权利要求9的技术方案对本领域的普通技术人员来说是非显而易见的，权利要求9相对于对比文件1具备专利法第二十二条第三款规定的创造性。

鉴于权利要求9相对于对比文件1具备创造性，因此，从属权利要求10和从属权利要求11相对于对比文件1也具备专利法第二十二条第三款规定的创造性。

综上所述，本申请的权利要求1~11相对于对比文件1具备专利法第二十二条第三款规定的创造性。

三、决定

撤销国家知识产权局2003年8月22日作出的驳回98123537.9号发明专利申请的决定，由原实质审查部门在请求人于2003年11月13日提交的修改文本的基础上（即：2003年11月13日权利要求第1~11项、申请日提交的说明书第1~17页、附图第1~10页、说明书摘要和摘要）继续进行审批程序。

045

一种半导体器件的制造方法案

复审请求审查决定（第7494号）

决　定　号　第7494号
决　定　日　2005年12月9日
发明创造名称　一种半导体器件的制造方法
国际分类号　H01L 27/00　G02F 1/136
复审请求人　株式会社半导体能源研究所
专利申请号　01142960.7
申　请　日　1995年2月3日
公　开　日　2002年7月31日
合议组组长　黄毅斐
主　审　员　骆素芳
参　审　员　朱芳芳

法律依据　专利法实施细则第四十三条第一款
决定要点

依照法提出的分案申请，可以保留原申请日，享有优先权的，可以保留优先权日，但是不得超出原申请公开的范围。在判断分案申请是否超出原申请公开的范围时，应将原案的整个说明书作为一个整体来考虑，也就是应从说明书所公开的技术实质内容上去考虑，而不仅仅从字面上去考虑。

一、案由

本复审请求涉及申请号为01142960.7、发明名称为“一种半导体器件的制造方法”的发明专利申请（下称本申请）。本申请是申请号为95102929.0的发明专利申请的分案申请。本申请的申请日是1995年2月3日，分案提交日是2001年11月30日，申请人是株式会社半导体能源研究所。

在实质审查过程中，国家知识产权局实质审查部门针对本申请于分案提交日提交的权利要求第1～14项、说明书第1～19页、附图第1～6页、说明书摘要和摘要附图以及2003年12月2日提交的权利要求第15～21项，于2004年1月30日以本申请权利要求1～21不符合专利法实施细则第四十三条第一款的规定为由驳回了本申请。驳回决定所针对的权利要求书中的独立权利要求1～8的内容如下：

“1. 一种半导体器件，其包括：

基片；

多个像素，每个像素包含在所述基片之上以矩阵形式排列的第一薄膜晶体管；

至少一个用于驱动所述多个像素的驱动电路，其包含多个在所述基片之上形成的第二薄膜晶体管；

包含多个在所述基片之上形成的第三薄膜晶体管的存储器，

其中所述第一、第二和第三薄膜晶体管中的每一个包含沟道，所述沟道含有沿平行于所述基片的方向延伸的结晶硅。

2. 一种半导体器件，其包括：

基片；

多个像素，每个像素包含在所述基片之上以矩阵形式排列的第一薄膜晶体管；

至少一个用于驱动所述多个像素的驱动电路，其包含多个在所述基片之上形成的第二薄膜晶体管；

包含多个在所述基片之上形成的第三薄膜晶体管的校正存储器，

其中所述第一、第二、第三和第四薄膜晶体管中的每一个包含沟道，所述沟道含有沿平行于所述基片的方向延伸的结晶硅。

3. 一种半导体器件，其包括：

基片；

多个像素，每个像素包含在所述基片之上以矩阵形式排列的第一薄膜晶体管；

至少一个用于驱动所述多个像素的驱动电路，其包含多个在所述基片之上形成的第二薄膜晶体管；

中央处理器，其包含多个在所述基片之上形成的第三薄膜晶体管，操作上与所述驱动电路连接，

其中所述第一、第二、第三和第四薄膜晶体管中的每一个包含沟道，所述沟道含有沿平行于所述基片的方向延伸的结晶硅。

4. 一种半导体器件，其包括：

基片；

多个像素，每个像素包含在所述基片之上以矩阵形式排列的第一薄膜晶体管；

至少一个用于驱动所述多个像素的驱动电路，其包含多个在所述基片之上形成的第二薄膜晶体管；

输入端，其包含多个在所述基片之上形成的第三薄膜晶体管，操作上与所述驱动电路连接，

其中所述第一、第二、第三和第四薄膜晶体管中的每一个包含沟道，所述沟道含有沿平行于所述基片的方向延伸的结晶硅。

5. 一种半导体器件，其包括：

基片；

多个像素，每个像素包含在所述基片之上以矩阵形式排列的第一薄膜晶体管；

至少一个用于驱动所述多个像素的驱动电路，其包含多个在所述基片之上形成的第二薄膜晶体管；

存储器，其包含多个在所述基片之上形成的第三薄膜晶体管，

其中所述第一、第二、第三和第四薄膜晶体管中的每一个包含结晶硅，所述结晶硅是通过下列步骤形成的：

在所述基片之上形成非晶硅膜；

通过施加到所述非晶硅的第一能量，形成与所述非晶硅接触或在所述非晶硅之内的晶核；

通过施加到所述基片的第二能量，沿平行于所述基片的方向由所述晶核生长晶体。

6. 一种半导体器件，其包括：

基片；

多个像素，每个像素包含在所述基片之上以矩阵形式排列的第一薄膜晶体管；

至少一个用于驱动所述多个像素的驱动电路，其包含多个在所述基片之上形成的第二薄膜晶体管；

校正存储器，其包含多个在所述基片之上形成的第三薄膜晶体管，

其中所述第一、第二、第三和第四薄膜晶体管中的每一个包含结晶硅，所述结晶硅是通过下列步骤形成的：

在所述基片之上形成非晶硅膜；

通过施加到所述非晶硅的第一能量，形成与所述非晶硅接触或在所述非晶硅之内的晶核；

通过施加到所述基片的第二能量，沿平行于所述基片的方向由所述晶核生长晶体。

7. 一种半导体器件，其包括：

基片；

多个像素，每个像素包含在所述基片之上以矩阵形式排列的第一薄膜晶体管；

至少一个用于驱动所述多个像素的驱动电路，其包含多个在所述基片之上形成的第二薄膜晶体管；

中央处理器，其包含多个在所述基片之上形成的第三薄膜晶体管，操作上与所述驱动电路连接，

其中所述第一、第二、第三和第四薄膜晶体管中的每一个包含结晶硅，所述结晶硅是通过下列步骤形成的：

在所述基片之上形成非晶硅膜；

通过施加到所述非晶硅的第一能量，形成与所述非晶硅接触或在所述非晶硅之内的晶核；

通过施加到所述基片的第二能量，沿平行于所述基片的方向由所述晶核生长晶体。

8. 一种半导体器件，其包括：

基片；

多个像素，每个像素包含在所述基片之上以矩阵形式排列的第一薄膜晶体管；

至少一个用于驱动所述多个像素的驱动电路，其包含多个在所述基片之上形成的第二薄膜晶体管；

输入端，其包含多个在所述基片之上形成的第三薄膜晶体管，操作上与所述驱动电路连接，

其中所述第一、第二、第三和第四薄膜晶体管中的每一个包含结晶硅，所述结晶硅是通过下列步骤形成的：

在所述基片之上形成非晶硅膜；

通过施加到所述非晶硅的第一能量，形成与所述非晶硅接触或在所述非晶硅之内的晶核；

通过施加到所述基片的第二能量，沿平行于所述基片的方向由所述晶核生长晶体。”

驳回决定的主要理由是：权利要求 1 ~ 21 中“具有第三薄膜晶体管的存储器、具有第二薄膜晶体管的驱动电路、具有第三薄膜晶体管的校正存储器、具有第三薄膜晶体管的中央处理器、具有第三薄膜晶体管的输入端、第二和第三薄膜晶体管的沟道含有沿平行于基片的方向延伸的结晶硅”等内容，既未明确记载在原申请文件中，也不能从原说明书和权利要求书唯一地推导得出，因此，本分案申请不符合专利法实施细则第四十三条第一款的规定。

申请人（下称复审请求人）对上述驳回决定不服，于 2004 年 5 月 13 日向专利复审委员会提出了复审请求，请求人陈述的主要意见是：像素、驱动电路、中央处理器、存储器等通过使用本发明的薄膜晶体管集成安装在一个基片上的特征明显可以得到说明书第 11 页实施例 3 的第一段以及第 18 页实施例 7 的第一段支持。第二和第三薄膜晶体管的沟道含有沿平行于基片的方向延伸的结晶硅的特征明显可以得到说明书第 4 页 2 ~ 7 行、第 10 页实施例 1 最后 5 行以及图 2A – 2C 的支持。虽然说明书中

没有直接使用术语“第二”薄膜晶体管、“第三”薄膜晶体管，但使用“第二”和“第三”是为了方便于说明。

经形式审查合格，专利复审委员会受理了该复审请求，并于2004年6月29日发出了复审请求受理通知书和前置审查通知书。

在前置审查意见书中，国家知识产权局原实质审查部门坚持原驳回决定。

在此基础上，专利复审委员会依法成立合议组对本案进行审理。合议组在审阅了本申请全部文件后认为，本案事实已清楚，可以作出本复审请求审查决定。

二、决定的理由

专利法实施细则第四十三条第一款规定：依照本细则第四十二条规定提出的分案申请，可以保留原申请日，享有优先权的，可以保留优先权日，但是不得超出原申请公开的范围。

在判断分案申请是否超出原申请公开的范围时，应将原案的整个说明书作为一个整体来考虑，也就是应从说明书所公开的技术实质内容上去考虑，而不仅仅从字面上去考虑。

本分案申请的说明书以及其原案申请的说明书中，都公开了一种半导体器件的制造方法，其中实施例1和实施例2给出了本发明的非晶硅半导体膜结晶的工艺。实施例3和实施例6给出了用本发明的工艺制造的结晶硅膜制造薄膜晶体管的工艺，同时实施例3中说明这种薄膜晶体管可以用于有源液晶显示器件的象素、用于驱动电路。并且，这种薄膜晶体管不但可以用在液晶显示器件中，而且能用在薄膜集成电路的广泛领域。实施例7是一个本发明的薄膜晶体管的应用的例子，其中记载了一种具有本发明的薄膜晶体管的电光集成器件，该器件的玻璃基片上集成安装有显示器、CPU和存贮器。从图6表示的电光器件的方框图中还显示，该器件具有输入口、校正存储器。

本发明的本质在于提供一种“在非晶硅膜上形成晶核，以晶核为核心进行生长”的结晶方法以及使用这种结晶方法获得的薄膜晶体管，本发明的发明本质在权利要求1的技术方案中体现为“薄膜晶体管中包含沟道，所述沟道含有沿平行于所述基片的方向延伸的结晶硅”。

因此，权利要求1的技术方案实质为：一种半导体器件，该器件包括基片、像素、驱动电路、存储器；其中的象素、驱动电路、存储器中分别包含第一、第二、第三薄膜晶体管；其中的第一、第二、第三薄膜晶体管“包含沟道，所述沟道含有沿平行于所述基片的方向延伸的结晶硅”。

其中，含有沿平行于基片方向延伸的结晶硅的沟道的第一、第二、第三薄膜晶体管，是本申请说明书中实施例中所获得的薄膜晶体管。其中的“第一”、“第二”、“第三”并无实际的含义，仅为表示区别以方便说明。

关于其中的“像素、驱动电路、存储器中分别包含的第一、第二、第三薄膜晶体管”，说明书的实施例3和实施例7中已经记载了本发明的薄膜晶体管可以用在像素、驱动电路、存储器等薄膜集成电路中。

关于其中的“一种半导体器件，该器件包括基片、像素、驱动电路、存储器”，说明书实施例7中记载了本发明的薄膜晶体管在显示器等半导体电光集成电路中的应用。对于显示器等半导体电光集成器件，其中包括有基片、像素、驱动电路、存储器，这是本领域技术人员所公知的。

综上可见，由说明书中上述实施例中所公开的内容，本领域的技术人员能够毫无疑义地导出权利要求1的技术方案，因此，权利要求1的技术方案没有超出原申请公开的范围，符合专利法实施细则第四十三条第一款的规定。

权利要求2、3、4分别用“校正存储器”、“中央处理器”、“输入端”代替了权利要求1中的存储器。对于半导体电光集成器件，其中包括有像素、驱动电路、校正存储器，或是包括有像素、驱动电路、中央处理器，或是包括有像素、驱动电路、输入端，这是本领域的公知常识。因此，由说明书中上述实施例中所公开的内容，本领域的技术人员能够毫无疑义地导出权利要求 2、3、4 的技术方案，因此，权利要求 2、3、4 的技术方案没有超出原申请公开的范围，符合专利法实施细则第四十三条第一款的规定。

权利要求 5、6、7、8 的技术方案分别在权利要求 1、2、3、4 的技术方案中增加了结晶硅的形成步骤："所述结晶硅是通过下列步骤形成的：在所述基片之上形成非晶硅膜；通过施加到所述非晶硅的第一能量，形成与所述非晶硅接触或在所述非晶硅之内的晶核；通过施加到所述基片的第二能量，沿平行于所述基片的方向由所述晶核生长晶体"，该步骤是本领域的技术人员能够由原案申请文件所记载的内容毫无疑异地导出的。因此，权利要求 5、6、7、8 的技术方案也没有超出原申请公开的范围，符合专利法实施细则第四十三条第一款的规定。

从属权利要求 9～21 的附加技术特征在原案说明书中已有记载，因此，权利要求 9～21 的技术方案也没有超出原申请公开的范围，符合专利法实施细则第四十三条第一款的规定。

综上所述，本申请的权利要求 1～21 不存在驳回决定中所指出的不符合专利法实施细则第四十三条第一款的规定的问题，至于说明书和权利要求书中是否还存在其他缺陷，均留待后续程序继续审查。

三、决定

撤销国家知识产权局于 2004 年 1 月 30 日对申请号为 01142960.7 号发明专利申请作出的驳回决定，由原实质审查部门以驳回决定依据的文本为基础继续进行审批程序。

046

先扫描定位后填写打印的装置案

复审请求审查决定（第7498号）

决　　定　　号　第7498号
决　　定　　日　2005年12月1日
发明创造名称　先扫描定位后填写打印的装置
国 际 分 类 号　G06K 15/02
复 审 请 求 人　张自力
专 利 申 请 号　00119597.2
申　　请　　日　2000年8月11日
公　　开　　日　2001年2月28日
合 议 组 组 长　马志远
主　　审　　员　左　一
参　　审　　员　张宗任

法 律 依 据　专利法第二十六条第三款
决 定 要 点

本申请说明书所述的先扫描后打印，是指对某一幅待填写文件而言，而本申请技术方案部分所述的计算机同时控制打印机走纸和光电扫描器，是对本申请装置整体而言，虽然针对的描述主体不同但是在实质上，本申请技术方案与说明书其他部分描述的技术方案并不存在矛盾；且本领域技术人员根据该说明书所公开的内容可以实现本申请，则符合专利法第二十六条第三款的规定。

一、案由

本复审请求涉及申请日为2000年8月11日、优先权日为2000年4月17日、名称为“先扫描定位后填写打印的装置”的专利申请，申请号为00119597.2，申请人为张自力。

在实质审查过程中，国家知识产权局实质审查部门针对本申请人的原始申请文本进行审查，于2003年3月21日发出第一次审查意见通知书，指出本申请说明书不符合专利法第二十六条第三款的规定，具体理由为：说明书对程序中的扫描打印的分支程序的描述前后矛盾，说明书中对附图3即扫描打印的程序的前部分的描述是扫描器已完成了文件的扫描并将文件已显示在屏幕上，并以此图像为背景，对待填写文件进行填写，而说明书以下的打印操作的描述是，打印和扫描是有着紧密联系，在扫描了一定的文件之后，进行打印操作，即该打印根本就是在扫描操作未完成的情况下进行的；此外，并未描述如何得到打印所要填写的数据和位置；且说明书中也未对上部分扫描完成之后得到图像，并进行填写操作之后的文件进行了怎样的打印操作进行描述，所以本领域普通技术人员根据说明书和权利要求书中的技术内容无法实现本申请的内容。

针对上述审查意见通知书，申请人于2003年6月25日提交了意见陈述书，其中主要指出：本申请的操作步骤前后描述并不矛盾，所有的处理都是先扫描得到填写幅面的图像，然后软件才能把填写的内容填写打印；本申请是把扫描步进和打印步进通过一个传送带关联在一起，使显示在计算机屏幕上的图像有定位信息，实现方便填写打印操作，对于已经扫描了的幅面，在其实际位置没有走过打印机打印头，都可以进行填写打印。

国家知识产权局原实质审查部门认为本申请经申请人陈述意见后仍然不符合专利法第二十六条第三款的规定，于2003年8月8日作出驳回决定，该驳回决定所针对的文本是申请日提交的原始申请文本。驳回的理由是：（1）本申请所要解决的问题在于把打印和扫描糅和在一起的处理，但说明书第3页第5～7行描述的技术方案与说明书其他部分描述的技术方案不一致，存在矛盾；（2）说明书中没有描述在打印操作之前，扫描操作之后如何加入填写信息，如何定位填写信息。

申请人（下称复审请求人）对上述驳回决定不服，于2003年11月3日向专利复审委员会提交了复审请求书，其中主要指出本申请涉及的技术知识，结合相关打印机基本常识，对照申请说明书进行了分析。

经形式审查，该复审请求符合规定的形式要求，专利复审委员会于2003年12月18日发出复审请求受理通知书和前置审查通知书。

原实质审查部门对该复审请求进行了前置审查，认为说明书公开不充分，仍然不符合专利法第二十六条第三款的规定。

在此基础上，专利复审委员会依法成立合议组对本案进行审查。

合议组经过合议审查认为本案事实清楚，可以作出本复审决定。

二、决定的理由

1. 审查文本

本决定所依据的文本同驳回决定所依据的文本，即申请日提交的原始申请文本。

2. 关于专利法第二十六条第三款的规定

专利法第二十六条第三款规定：说明书应当对发明或者实用新型作出清楚、完整的说明，以所属技术领域的技术人员能够实现为准。

合议组经过对本申请文件的审查，认为：本申请的目的是提供一种先将目标打印原件扫描输入计算机并成像显示在屏幕上，在屏幕上按需要填写的内容填入文件内，再由计算机实施打印操作的先扫描定位后填写打印的装置。本申请的技术方案是：在普通打印机上安装一光电扫描器和一传送带，将打印机的滚轴和光电扫描器的支撑轴套在传送带中，传送带上有夹持打印纸的夹具，待打印文件固定在传送带上，传送带载着待打印文件，随打印机的滚轴转动而移动，先经过光电扫描器，后经过打印头，经过光电扫描器时被光电扫描器扫描，一接口电路分别与光电扫描器和计算机串行口连接，计算机同时控制打印机走纸和光电扫描器，经扫描的待打印文件成像于显示器屏幕，在显示器屏幕上对待打印文件做填写操作，一系统软件将扫描于显示器屏幕上待打印文件确定位置换算到打印机打印头应正确打印填写的位置，实施打印操作。

说明书第3页第5～7行记载了“光电扫描器A不断对待填写文件扫描，最后一幅完整的待填写文件，成像显示在屏幕上，以此图像为背景，对待填写文件进行填写”，由此可见，上述技术方案是扫描了一相对完整的文件后，在显示屏上对待打印文件做填写，然后打印。但上述内容并没有否认在打印的同时扫描器不可以继续扫描下一待填写文件，而根据说明书图1的内容可以看出，本申请的技术方案恰恰可以一边打印一边扫描下一待填写文件，从而连续处理文件，实现连贯填写打印。本申请说明书所述的先扫描后打印，是指对某一待填写文件而言，本申请装置先对该文件进行扫描，再进行填写打印处理；而本申请发明内容部分所述的计算机同时控制打印机走纸和光电扫描器，即驳回决定中指出的把打印和扫描糅合在一起，是对本申请装置整体而言，该装置可以一边进行填写打印，一边继续扫描接下来的另一幅待打印文件。由此可见，本申请发明内容部分描述的技术方案与说明书其他部分描述的技术方案并不存在矛盾。

此外，说明书第 2 页已经指出："系统软件将扫描于显示器屏幕上待打印文件某确定位置，换算到打印机头应正确打印填写的位置，实施打印操作"，由此可见，本申请在硬件改进的基础上采用现有的计算机软件将需要打印的指令传送给打印机，从而实现定位和填写信息的操作。

综上所述，本申请说明书第 3 页第 5 ~ 7 行所描述的技术方案与说明书中其他部分描述的技术方案不能存在矛盾，且本领域技术人员根据该说明书所公开的内容可以实现这种先扫描定位后填写打印的装置，因此本申请说明书符合专利法第二十六条第三款的规定，复审请求人的复审理由成立。

至于本申请有无其他不符合专利法及其专利法实施细则有关规定的问题有待原实质审查部门继续审查。

三、决定

撤销国家知识产权局于 2003 年 8 月 8 日对申请号为 00119597.2 的发明专利申请作出的驳回决定，由原实质审查部门以复审请求人于申请日提交的原始申请文本为基础继续进行审批程序。

047

提供环境管理信息的系统及方法、记录介质和数据信号案

复审请求审查决定（第7500号）

决 定 号 第7500号
决 定 日 2005年11月30日
发明创造名称 提供环境管理信息的系统及方法、记录介质和数据信号
国际分类号 G06F 17/00
复审请求人 株式会社理光
专利申请号 01137964.2
申 请 日 2001年9月21日
公 开 日 2002年4月10日
合议组组长 黄毅斐
主 审 员 张 霞
参 审 员 孙治国

法律依据 专利法第二十五条第一款第（二）项 专利法实施细则第二条第一款
决定要点

由于本申请没有解决技术问题和产生技术效果，因而不构成技术方案。它既不符合专利法实施细则第二条第一款的规定，又属于专利法第二十五条第一款第（二）项规定的情形，不能被授予专利权。

一、案由

本复审请求涉及申请日为2001年9月21日、优先权日为2000年9月21日、发明名称为“提供环境管理信息的系统及方法、记录介质和数据信号”、申请号为01137964.2的发明专利申请，申请人为株式会社理光。

2003年12月5日国家知识产权局实质审查部门针对申请人于申请日提交的说明书第8～28页、说明书附图第1～19页、摘要附图以及2003年10月24日提交的说明书第1～7页、权利要求第1～17项和说明书摘要作出了驳回决定，驳回的理由是：权利要求1请求保护一种环境管理信息系统，该权利要求请求保护的虽然是一种系统，但由于其硬件结构没有发生任何变化，因此其实质上请求保护的为利用公知计算机对相关的环境影响信息进行管理的信息管理方法，其解决的不是技术问题，获得的也不是技术效果，属于专利法第二十五条第一款第（二）项规定的智力活动的规则和方法，为不给予专利保护的客体。同理，权利要求2～17也属于专利法第二十五条第一款第（二）项规定的智力活动的规则和方法，为不给予专利保护的客体。并且，本申请权利要求所请求保护的内容仅是通过公知的硬件设备对客观存在的环境影响信息进行收集、并对收集到的信息进行处理以达到信息管理

和商业投资的目的，因此申请人所提出的本申请实质并不是管理方法而是为了解决技术问题并能够获得技术效果的技术方案的争辩理由不具有说服力。

申请人（下称请求人）对上述驳回决定不服，于2004年3月17日向专利复审委员会提出了复审请求，其复审理由主要是：对于一件涉及计算机程序的发明，不能仅仅以其硬件结构是否发生变化来判定该发明的实质，根据审查指南（2001年版）第二部分第九章，对于涉及计算机程序的发明，其硬件结构不一定发生变化，只要是为了解决技术问题、利用了技术手段并可以获得技术效果的计算机程序的发明申请都属于可给予专利保护的客体，就本发明而言，本发明可以解决现有技术中存在的环境管理信息系统在管理技术上存在缺陷，不能客观且有效地提供环境管理信息和最小化环境影响的技术问题，本发明的技术特征在于：a）分析关于多个过程的每一个的环境影响信息，并获得环境影响的减少量；b）获得用于环境测量的环境成本；c）根据获得的环境影响的减少量和获得的环境成本来执行环境会计核算，本发明有助于在环境管理上作出适当决定，本申请权利要求1～17即体现了上述技术问题和技术效果，所述权利要求1～17的技术方案是为了解决技术问题而提出的技术方案，在客观上能够达到一定技术效果，并不能以本发明在商业上具有利用价值而否定其属于可给予专利保护的客体。

经形式审查，该复审请求符合有关规定，专利复审委员会予以受理，并于2004年3月29日发出复审请求受理通知书和前置审查通知书。

原实质审查部门在前置审查程序中，仍坚持原驳回决定。

专利复审委员会依法组成合议组对本复审请求案进行审查，于2005年6月6日发出复审通知书，指出：权利要求1～16实质上仅是利用已有的计算机和网络而且必须通过组织中相应部门工作人员的决策来实现信息的获取、采集、分析进而核算出投资数目，其所解决的并非是技术问题，其能够获得的效果也不是遵循自然规律的技术效果，并且，所述系统的实施必须经过公司中相应部门的工作人员的思维运动才能产生结果，并没有利用自然法则，因此，权利要求1～16所要求保护的方案实际上是公司管理策略，其所解决的问题以及所获得的效果均是非技术性的，因此权利要求1所请求保护的方案属于专利法第二十五条第一款第（二）项规定的智力活动的规则和方法。同时，权利要求1～16所要求保护的方案也不是对产品、方法或者其改进所提出的技术方案，因而不符合专利法实施细则第二条第一款的规定；权利要求17实质上仅是利用已有的计算机和网络而且必须通过组织中相应部门工作人员的决策来实现信息的获取、采集、分析进而核算出投资数目，其所解决的并非是技术问题，其能够获得的效果也不是遵循自然规律的技术效果，并且，所述方法的实施必须经过公司中相应部门的工作人员的思维运动才能产生结果，并没有利用自然法则，因此，权利要求17所要求保护的方案实际上是公司管理策略，其所解决的问题以及所获得的效果均是非技术性的，因此权利要求17所请求保护的方案属于专利法第二十五条第一款第（二）项规定的智力活动的规则和方法；对于请求人所提出的复审理由，合议组认为，请求人提出本发明所解决的技术问题主要是客观而有效地基于环境管理信息正确的进行管理决定，而管理技术的改进必须主要取决于相关部门的工作人员的判断、处理，因而本发明所要解决的问题是非技术性的，复审请求人所提出的手段实质上是由计算机、网络和相关部门的工作人员共同完成的，并且主要依赖于相关部分工作人员的思维判断，复审请求人所提出的效果也主要是实现在环境管理上作出适当决定，其主要取决于相关部门的工作人员的判断、选择，因而该效果也是非技术性的，因此，复审请求人所提出理由并不成立。

针对上述复审通知书，请求人于2005年9月20日提交了意见陈述书和权利要求书的修改替换页，修改了原权利要求1、17，删除了原权利要求8、16，并在意见陈述中提出：本发明申请的目的在于有效地降低环境影响并且有助于获得经济利益的活动，环境影响是技术课题，有效的减少环境影响也属于技术效果，并且，本发明申请的技术手段在于：a）通过分别设置在各过程的传感器来取得在多个过程中生成的有关环境影响的环境影响信息；b）通过通信网络收集取得的各过程的环境影响信息；c）对收集到的并存储环境影响信息表中的环境影响信息进行分析并统计环境影响的减少量；d）由终端取得并统计用于环境对策所产生的环境成本；e）通过对统计出的环境影响的减少量和统计出的环境成本进行核实查对并进行统计处理，来核算最佳环境影响减少量。以上说明本发明利用了自然法则，遵循了自然规律，不属于专利法第二十五条规定的智力活动的规则和方法，同时本发明解决了技术问题，采用了技术手段，产生了技术效果，因此也符合专利法实施细则第二条的相关规定。

上述修改后的权利要求书为：

“1. 一种环境管理信息系统，用于掌握环境影响并对环境管理进行支持，包括：

通过分别设置在各过程中的传感器来获得在每一个包括在组织的活动中的多个过程中的关于环境影响的环境影响信息的环境影响信息获得单元（25，27，29，31，33，35）；

通过信息网络来收集由所述环境影响信息获得单元（25，27，29，31，33，35）通过传感器所获得的环境影响信息的环境影响信息收集器（39）；

分析由所述环境影响信息收集器（39）收集并存储在环境影响信息表中的环境影响信息并且统计环境影响的减少量的环境影响信息分析器（39）；

由规定的终端取得并统计用于环境措施所产生的环境成本的环境成本获得单元（37）；

通过对根据由所述环境影响信息分析器（39）统计的环境影响的减少量和由所述环境成本获得单元（37）取得并统计的环境成本进行核实查对并进行统计处理，来核算最佳环境影响减少量的最佳环境影响减少量核算单元（43）。

2. 依据权利要求 1 的环境管理信息系统，还包括：

预先存储关于包括在被用于制造产品的多个将被供应的材料中的化学材料的化学材料信息的化学材料信息存储单元（213，215），并且

其中所述环境影响信息获得单元（25）指定多个被用于制造产品中的每一个将被供应的材料，并且从所述化学材料信息存储单元（213，215）中读出相应于指定的将被供应的材料的化学材料信息。

3. 依据权利要求 1 的环境管理信息系统，其中

所述环境影响信息获得单元（27）测量当制造产品的时候的耗电量，消耗的化石燃料量，消耗的水量，消耗的化学材料量，废气的排放量和废物的排放量。

4. 依据权利要求 1 的环境管理信息系统，其中所述环境影响信息获得单元（29）测量当运输产品的时候的所用燃料量和废气的排放量。

5. 依据权利要求 1 的环境管理信息系统，其中所述环境影响信息获得单元（31）测量表示产品状态的信息。

6. 依据权利要求 1 的环境管理信息系统，其中

所述环境影响信息获得单元（33）测量在为产品执行维修的时候的耗电量，消耗的化石燃料量，用水量，所用的化学材料量，废气的排放量，废物的排放量，和在预定单元中的维修量。

7. 依据权利要求 1 的环境管理信息系统，其中

所述环境影响信息获得单元（35）测量在收集产品的时候的消耗的燃料量和废气的排放量，并且也测量表示收集到的产品的回收状态的信息。

8. 一种环境管理信息系统，包括通过整个内部网/网络系统分别连接的用于管理包括在组织活动中的多个过程管理设备（25，27，29，31，33，35）、环境管理设备（39）、环境成本获得设备（37）

和最佳环境影响减少量核算设备（43），并且其中：

每个所述过程管理设备（25，27，29，31，33，35）通过分别设置在各过程的传感器来获得在每个过程中产生的关于环境影响的环境影响信息；

所述环境管理设备（39）通过网络收集由每个所述过程管理设备（25，27，29，31，33，35）通过传感器获得的环境影响信息，分析所收集并存储在环境影响信息表中的环境影响信息，并且统计环境影响的减少量；

所述环境成本获得设备（37）从规定的终端取得并统计用于环境测量的环境成本；

所述最佳环境影响减少量核算设备（43）根据由所述环境管理设备（39）统计的环境影响的减少量和由所述环境成本获得设备（37）取得并统计的环境成本来进行核实查对并进行统计处理，以核算最佳环境影响减少量。

9. 依据权利要求 8 的环境管理信息系统，其中所述过程管理设备（25）获得关于包括在被用于制造产品的材料中的化学材料的信息。

10. 依据权利要求 8 的环境管理信息系统，其中

所述过程管理设备（27）测量在制造产品的时候的用电量，所用的化石燃料量，用水量，所用的化学材料量，废气的排放量，和废物的排放量。

11. 依据权利要求 8 的环境管理系统，其中

所述过程管理设备（29）测量在运输产品的时候的消耗的燃料量和废气的排放量。

12. 依据权利要求 8 的环境管理信息系统，其中

所述过程管理设备（31）测量表示每个产品的状态的信息。

13. 依据权利要求 8 的环境管理信息系统，其中

所述过程管理设备（33）测量在为产品进行维修的时候的用电量，所用的化石燃料量，用水量，所用的化学燃料量，废气的排放量，废物的排放量，和在预定单元中的维修量。

14. 依据权利要求 8 的环境管理信息系统，其中

所述过程管理设备（35）测量在收集产品的时候消耗的燃料量和废气的排放量和表示所收集产品的回收状态的信息。

15. 一种用于提供环境管理信息的方法，用于掌握环境影响并对环境管理进行支持，所述方法包括步骤：

环境影响信息获得步骤（S2，S3，S4，S5，S6，S7），通过分别设置在各过程中的传感器来在包括在组织活动中的多个过程的每一个中获得关于环境影响的环境影响信息；

环境影响信息收集步骤（S8，S9，S10，S11，S12，S13），通过通信网络来收集在所述环境影响信息获得步骤（S2，S3，S4，S5，S6，S7）中通过传感器获得的各过程的环境影响信息；

环境影响信息分析步骤（S29），在所述环境影响信息收集步骤（S8，S9，S10，S11，S12，S13）中收集并存储在环境影响信息表中的环境影响信息并且统计环境影响的减少量；

环境成本统计步骤（S25），从规定的终端取得并统计用于环境措施所产生的环境成本；

最佳环境影响减少量核算步骤（S30），通过对根据由所述环境影响信息分析步骤（S29）统计的环境影响的减少量和在所述环境成本统计步骤（S25）中统计的环境成本，来执行核实查对并进行统计处理，以核算最佳环境影响减少量。”

在上述工作的基础上，合议组认为本案事实已经清楚，依法作出本决定。

二、决定的理由

1. 决定所依据的文本

请求人在答复复审通知书时提交了权利要求书的修改替换页，合议组对上述文本进行了审查，未发现该修改文本超出原说明书和权利要求书记载的范围，因而符合专利法第三十三条以及专利法实施细则第六十条的规定，因此，本复审决定所依据的文本是请求人于申请日提交的说明书第 8 ~ 28 页、说明书附图第 1 ~ 19 页、说明书摘要附图、2003 年 10 月 24 日提交的说明书第 1 ~ 7 页和说明书摘要以及 2005 年 9 月 20 日提交的权利要求第 1 ~ 15 项。

2、关于专利法第二十五条第一款第（二）项

专利法第二十五条第一款规定：对下列各项，不授予专利权：（一）科学发现；（二）智力活动的规则和方法；（三）疾病的诊断和治疗方法；（四）动物和植物品种；（五）用原子核变换方法获得的物质。

同时，审查指南第二部分第一章第 3. 2 节关于智力活动的规则和方法中规定：智力活动，是指人的思维运动，它源于人的思维，经过推理、分析和判断产生出抽象的结果，或者必须经过人的思维运动作为媒介才能间接地作用于自然产生结果，它仅是指导人们对信息进行思维、识别、判断和记忆的规则和方法，由于其没有采用技术手段或者利用自然法则，也未解决技术问题和产生技术效果，因而不构成技术方案。它既不符合专利法实施细则第二条第一款的规定，又属于专利法第二十五条第一款第（二）项规定的情形，因此，指导人们进行这类活动的规则和方法不能被授予专利权。

根据审查指南中的上述内容，对智力活动的规则和方法不授予专利权是由于其没有采用技术手段或者利用自然法则，也未解决技术问题和产生技术效果，因而不构成技术方案。

本案中，权利要求 1 请求保护一种环境管理信息系统，该系统包括：环境影响信息获得单元、环境影响信息收集器、环境影响信息分析器、环境成本获得单元、最佳环境影响减少量核算单元。在权利要求 1 中并没有对环境影响信息获得单元、环境影响信息收集器、环境影响信息分析器、环境成本获得单元、最佳环境影响减少量核算单元的结构特征进行描述，而是使用了功能性的语言对其进行了限定。所述“环境影响信息获得单元”获得关于环境影响的环境影响信息；所述“环境影响信息收集器”收集获得的环境影响信息；所述“环境影响信息分析器”分析环境影响信息并统计环境影响的减少量；所述“环境成本获得单元”获得用于环境测量的环境成本；所述“最佳环境影响减少量核算单元”根据环境影响的减少量和环境成本来核算最佳环境影响减少量。分析权利要求 1 以及说明书中相应的内容后可以得知，上述装置实际上是由公知的计算机、网络以及相应的操作人员实现的，权利要求 1 实质上仅是利用已有的计算机和网络而且必须通过组织中相应部门工作人员的决策来实现信息的获取、采集、分析进而核算出投资数目。其要解决的是在设计产品和制造产品的过程中，通过利用生态平衡的思想获得在供应材料或者零件的时候和在制作产品的时候的环境影响，客观的进行分析，以期望能够以最小数目的投资实现最大级别的环境保护，进一步能够获得一定的经济利益（见说明书第 1 页）。由此可见，其所解决的并非是技术问题，由此而产生的效果也仅仅是管理者或者执行者通过查阅由负责环境问题的职员所采集的环境报告，考虑所计算的费用和环境效应，找到减少环境影响并且改进组织管理的方法，确定优选的投资计划，从而实现投资数目和环境效应的最大配比。因此，权利要求 1 所要求保护的方案实际上是公司管理策略，其所解决的问题以及所获得的效果均是非技术性的，因此权利要求 1 所请求保护的方案属于专利法第二十五条第一款第（二）项规定的智力活动的规则和方法。同时，权利要求 1 所要求保护的方案也不是对产品、方法或者其改进所提出的技术方案，因而不符合专利法实施细则第二条第一款的规定。

权利要求 2 ~ 7 从属于权利要求 1，而它们所附加的技术特征的内容实质上是对管理方式的限定，由于上述权利要求所分别引用的权利要求 1 属于专利法第二十五条第一款第（二）项的规定，因此，上述权利要求也属于专利法第二十五条第一款第（二）项规定的智力活动的规则和方法。同理，上

述权利要求也不符合专利法实施细则第二条第一款的规定。

权利要求 8 请求保护一种环境管理信息系统，该系统包括：过程管理设备、环境管理设备、环境成本获得设备、最佳环境影响减少量核算设备。在权利要求 8 中并没有对过程管理设备、环境管理设备、环境成本获得设备、最佳环境影响减少量核算单元的结构特征进行描述，而是使用了功能性的语言对其进行了限定。所述“过程管理设备”获得关于环境影响的环境影响信息；所述“环境管理设备”分析环境影响信息并统计环境影响的减少量；所述“环境成本获得设备”取得并统计用于环境测量的环境成本；所述“最佳环境影响减少量核算设备”根据环境影响的减少量和环境成本来核算最佳环境影响减少量。分析权利要求 8 以及说明书中的相应内容后可以得知，上述装置实际上是由公知的计算机、网络以及相应的操作人员实现的，权利要求 8 实质上仅是利用已有的计算机和网络而且必须通过组织中相应部门工作人员的决策来实现信息的获取、采集、分析进而核算出投资数目。其要解决的是在设计产品和制造产品的过程中，通过利用生态平衡的思想获得在供应材料或者零件的时候和在制作产品的时候的环境影响，客观的进行分析，以期望能够以最小数目的投资实现最大级别的环境保护，进一步能够获得一定的经济利益。由此可见，其所解决的并非是技术问题，由此而产生的效果也仅仅是管理者或者执行者通过查阅由负责环境问题的职员所采集的环境报告，考虑所计算的费用和环境效应，找到减少环境影响并且改进组织管理的方法，确定优选的投资计划，从而实现投资数目和环境效应的最大配比。因此，权利要求 8 所要求保护的方案实际上是公司管理策略，其所解决的问题以及所获得的效果均是非技术性的，因此权利要求 8 所请求保护的方案属于专利法第二十五条第一款第（二）项规定的智力活动的规则和方法。同时，权利要求 8 所要求保护的方案也不是对产品、方法或者其改进所提出的技术方案，因而不符合专利法实施细则第二条第一款的规定。

权利要求 9 ~ 14 从属于权利要求 8，而它们所附加的技术特征的内容实质上是对管理方式的限定，由于上述权利要求所分别引用的权利要求 8 属于专利法第二十五条第一款第（二）项的规定，因此，上述权利要求也属于专利法第二十五条第一款第（二）项规定的智力活动的规则和方法。同理，上述权利要求也不符合专利法实施细则第二条第一款的规定。

权利要求 15 请求保护一种用于提供环境管理信息的方法，该方法包括：环境影响信息获得步骤；环境影响信息收集步骤；环境影响信息分析步骤；环境成本统计步骤；最佳环境影响减少量核算步骤。分析权利要求 15 以及说明书中的相应内容后可以得知，权利要求 15 实质上仅是利用已有的计算机和网络而且必须通过组织中相应部门工作人员的决策来实现信息的获取、采集、分析进而核算出投资数目。其要解决的是在设计产品和制造产品的过程中，通过利用生态平衡的思想获得在供应材料或者零件的时候和在制作产品的时候的环境影响，客观的进行分析，以期望能够以最小数目的投资实现最大级别的环境保护，进一步能够获得一定的经济利益。由此可见，其所解决的并非是技术问题，由此而产生的效果也仅仅是管理者或者执行者通过查阅由负责环境问题的职员所采集的环境报告，考虑所计算的费用和环境效应，找到减少环境影响并且改进组织管理的方法，确定优选的投资计划，从而实现投资数目和环境效应的最大配比。因此，权利要求 15 所要求保护的方案实际上是公司管理策略，其所解决的问题以及所获得的效果均是非技术性的，因此权利要求 15 所请求保护的方案属于专利法第二十五条第一款第（二）项规定的智力活动的规则和方法。

3. 关于复审请求人的意见

对于请求人在答复复审通知书时所陈述的理由，合议组认为，首先，虽然所有科学技术都利用了自然界的客观规律，但是对自然界的影响程度的控制并不一定都包含在科学技术中，对人自身的行为方式的控制也可以对自然界产生正面或负面的影响，就本申请而言，本申请说明书背景技术部分就明确指出本申请的提出是建立在对组织活动与环境影响的认识基础上的（参见说明书背景技术部分第 2

段），并非出于技术层面的考虑，并且，本申请在经济利益方面的考虑也是人类思维判断的结果，也非技术层面的原因，因此，本申请的目的并非是为了解决技术问题；其次，请求人提出本申请独立权利要求 1、8、15 中均包含 a）～e）五个技术手段，而根据本申请说明书具体实施方式所记载的内容，所述五个手段均是需要相关部门的工作人员人为决策的，特别是对本申请发明目的起主要作用的手段 c）～e）更是必须通过相关部门的工作人员的判断、处理才可以实现，即，请求人所提出的手段中包括了相关部分工作人员的思维判断，是相关部分工作人员的思维判断的直接结果，上述工作人员的思维判断行为不是利用自然法则的技术手段；再者，本申请的效果也主要是通过在环境管理上作出适当决定来实现对环境影响的减小，其还是主要取决于相关部门的工作人员的判断、选择，因而该效果也是非技术性的。综上所述，本申请要求保护的方案实际上是公司管理策略，同时也未解决技术问题和产生技术效果，复审请求人所提出理由不能被接受。

因而，根据以上事实和理由，本案合议组作出如下审查决定。

三、决定

驳回复审请求，维持国家知识产权局于 2003 年 12 月 5 日对 01137964.2 号发明专利申请作出的驳回决定。

请求人如对本决定不服，可根据专利法第四十一条第二款的规定，在收到本决定之日起三个月内向北京市第一中级人民法院起诉。

048

拖布挤水装置及其拖把案

复审请求审查决定（第7509号）

决　定　号　第7509号
决　定　日　2005年11月30日
发明创造名称　拖布挤水装置及其拖把
国际分类号　A47L 13/59
复审请求人　陈光中
申　请　号　02142302.4
申　请　日　2002年9月15日
公　开　日　2003年5月7日
合议组组长　张宗任
主　审　员　翁晓君
参　审　员　李　卉

法律依据　专利法第二十六条第四款
决定要点

根据说明书中的多个实施例和所属技术领域的技术人员所掌握的常见运动机构，权利要求4对该运动机构的功能性限定已经包括了该运动机构的所有结构方式，并且所属技术领域的技术人员能够明了此功能还可以采用说明书中未提到的其他替代方式来实现该运动机构，所以使用上述功能性特征来概括该运动机构是允许的，因此该权利要求符合专利法第二十六条第四款的规定

一、案由

本复审请求案涉及申请日为2002年9月15日、公开日为2003年5月7日、发明名称为“拖布挤水装置及其拖把”、申请号为02142302.4的发明专利申请（下称本申请），申请人为陈光中。

应申请人的请求，国家知识产权局实质审查部门进行了实质审查，并于2003年8月15日发出了第一次审查意见通知书，其中指出权利要求1中使用的功能性特征“双重运动机构能使容器固定架与棒之间同时进行相对的旋转运动和位移运动”概括了一个较宽的保护范围，依据本申请说明书所记载的内容，所属技术领域的技术人员难于预见该功能性特征所概括的除本申请实施例之外的所有方式均能达到本发明的目的，因此权利要求1没有以说明书为依据，不符合专利法第二十六条第四款的规定；权利要求1中出现的“容器固定架和棒分别与双重运动机构的两端相连接”的描述不清楚，不符合专利法实施细则第二十条第一款的规定；独立权利要求13的技术方案与独立权利要求1的技术方案在技术上互不关联，没有相同或相应的技术特征，不具有单一性，不符合专利法第三十一条第一款的规定；权利要求3中记载的“滑道与机架固定连接”“容器固定架活动设置在机架上”的描述不清楚，不符合专利法实施细则第二十条第一款的规定；权利要求7包括了权利要求4的所有技术特征，权利要求7应写为权利要求4的从属权利要求，以符合专利法实施细则第二十条第一款的规定；

权利要求8中出现的“滑道与机架固定连接”的描述不清楚，不符合专利法实施细则第二十条第一款的规定；权利要求9中出现的“二者之间动配合连接”的描述不清楚，不符合专利法实施细则第20条第1款的规定；权利要求14中的主题名称“拖布挤水装置或其专用的拖把”不清楚，不符合专利法实施细则第二十三条第一款的规定。

申请人于2003年8月21日提交了针对第一次审查意见通知书的意见陈述书及修改后的权利要求书全文、说明书全文及说明书摘要替换页。申请人指出：（1）在本申请说明书中的五个实施例分别以各自的结构形式从不同侧面描述了“双重运动机构”这一功能性特征，通过本说明书中的相关内容，本领域普通技术人员应不难联想到可实现本发明目的的其他可能的“双重运动机构”形式；并且在说明书中也明确指出了“由于本发明采用了双重运动机构，在容器固定架与棒之间发生转动的同时，两者之间又互相靠拢，从而避免了柔性透水容器在绞（挤）水的过程中被拉破”，因此权利要求1以说明书为依据，符合专利法第二十六条第四款的规定；（2）在说明书五个实施例中的相关描述及其相应的附图足以支持权利要求1中关于“容器固定架和棒分别与双重运动机构的两端相连接”的描述是清楚的，符合专利法实施细则第二十条第一款的规定；（3）其他部分根据第一次审查意见通知书的要求进行了相应修改。修改后的权利要求书中的独立权利要求1的内容如下：

“1. 一种拖布挤水装置，包括一个柔性透水容器和一个使柔性透水容器的口子和底部之间进行相对运动的机构，其中，后者包括容器固定架，容器固定架上设置容器固定口，柔性透水容器的口子固定在容器固定口上，其特征是：所述柔性透水容器由材料单元连接分布的片状材料构成，或由材料单元间隙分布的网状材料构成，其材料单元之间的间隙在10毫米以下，或由材料单元连续分布与间隙分布相同的网状材料构成，其网孔面积百分率在70%以下，所述使柔性透水容器的口子和底部之间进行相对运动的机构还包括棒和双重运动机构，棒穿入柔性透水容器的底部，容器固定架和棒分别与双重运动机构的两端相连接，双重运动机构能使容器固定架与棒之间同时进行相对的旋转运动和位移运动，所述容器固定口为非圆容器固定口，非圆容器固定口上沿设置拖布固定架定位面。”

国家知识产权局实质审查部门于2004年9月3日驳回了本申请，其理由是：说明书中的五个实施例涉及的双重运动机构是，容器固定架与棒之一是固定的，另一个以竖直方向为轴旋转，在旋转过程中，两者在竖直方向上相互接近，产生位移，而说明书中的五个实施例中没有说明在其他方向上双重运动机构可以同时进行相对的旋转运动和位移运动，如容器固定架与棒之一是固定，另一个以竖直方向为轴旋转，在旋转过程中，两者在水平方向上相互接近，产生位移，因此新修改的权利要求1中记载的功能性特征“双重运动机构能使容器固定架与棒之间同时进行相对的旋转运动和位移运动”，概括了一个较宽的保护范围，依据本申请文件所记载的内容，所属技术领域的技术人员难于预见该功能性特征所概括的除本申请实施例之外的所有方式均能达到本发明的目的，因此权利要求1没有以说明书为依据，不符合专利法第二十六条第四款的规定。

申请人（下称复审请求人）对上述驳回决定不服，于2004年10月11日向专利复审委员会提出复审请求，并提交了修改后的权利要求书全文替换页。复审请求人将原权利要求3加入到原权利要求1并修改后形成新的权利要求1，将原权利要求1进行修改后形成新的权利要求4，并且认为修改后的权利要求书克服了驳回决定指出的缺陷。修改后的权利要求书中的独立权利要求1和独立权利要求4的内容分别如下：

“1. 一种拖布挤水装置，包括柔性透水容器、容器固定架和机架，容器固定架上设置容器固定口，柔性透水容器的口子固定在容器固定口上，其特征是：所述柔性透水容器由材料单元连接分布的片状材料构成，或由材料单元间隙分布的网状材料构成，其材料单元之间的间隙在10毫米以下，或由材料单元连续分布与间隙分布相同的网状材料构成，其网孔面积百分率在70%以下，所述容器固定口为非圆容器固定口，非圆容器固定口上沿设置拖布固定架定位面，容器固定架可转动地设置在机架上，所述拖布挤水装置还包括一与容器固定架上下相对设置的棒和一个使棒能被动地在垂直方向上向容器固定架靠拢的运动机构，所述运动机构包括滑块、滑道和弹簧，其中，棒的两端设置在滑块上，滑块活动设置在滑道中，滑道与机架固定连接，滑道的轴线与柔性透水容器的轴线平行，弹簧一端设置在棒或滑块上，另一端设置在机架上，棒穿过柔性透水容器的底部。”

“4. 一种拖布挤水装置，包括柔性透水容器、容器固定架和机架，容器固定架上设置容器固定口，柔性透水容器的口子固定在容器固定口上，容器固定架固定在机架上，其特征是：所述柔性透水容器由材料单元连续分布的片状材料构成，或由材料单元间隙分布相同的网状材料构成，其材料单元之间的间隙在10毫米以下，或由材料单元连续分布与间隙分布相同的网状材料构成，其网孔面积百分率在70%以下，所述容器固定口为非圆容器固定口，非圆容器固定口上沿设置拖布固定架定位面，所述拖布挤水装置还包括一与容器固定架上下相对设置的棒和一个使棒在以垂直方向为轴旋转的同时能被动地在垂直方向上向容器固定架靠拢的运动机构，棒穿入柔性透水容器的底部，棒的两端与所述运动机构相连接。”

经形式审查合格后，专利复审委员会受理了该复审请求，于2004年11月16日向请求人发出了复审请求受理通知书，并向原实质审查部门发出了前置审查通知书。

在前置审查意见书中，原实质审查部门认为独立权利要求4中出现的特征“一个使棒在以垂直方向为轴旋转的同时能被动地在垂直方向上向容器固定架靠拢的运动机构”实质上还是使用了功能性限定来限定轴向旋转和垂直运动的运动机构，概括了一个较宽的保护范围，因此权利要求4没有以说明书为依据，仍不符合专利法第二十六条第四款的规定，仍坚持原驳回决定。

专利复审委员会依法成立组成合议组，对本复审请求进行审查。经审查，合议组认为本案事实已经清楚，可以依法作出复审决定。

二、决定的理由

1. 审查基础

请求人于2004年10月11日提交的权利要求书全文替换页，经审查未发现上述修改文本存在超出原始说明书和权利要求书记载的范围之处，符合专利法第三十三条和专利法实施细则第六十条的规定，因此本复审决定依据的文本为：请求人于2004年10月11日提交的权利要求第1～11项，申请人于2003年8月21日提交的说明书第1～7页、说明书摘要以及申请日所提交的说明书附图1～16页、说明书摘要附图。

2. 关于专利法第二十六条第四款

专利法第二十六条第四款规定，权利要求书应当以说明书为依据，说明要求专利保护的范围。并且审查指南（2001年版）第二部分第二章第3.2.1节规定：对于说明书中具有某一特征的技术方案仅给出一个实施例，而且权利要求中该特征是用功能来限定的情形，如果所属技术领域的技术人员能够明了此功能还可以采用说明书中未提到的其他替代方式来完成的话，则权利要求中用功能限定该特征的写法是允许的。

1）关于独立权利要求1

由于请求人在于2004年10月11日提交的权利要求书中已经对独立权利要求1中的运动机构进行了进一步的结构限定，即“所述运动机构包括滑块、滑道和弹簧，其中，棒的两端设置在滑块上，滑块活动设置在滑道中，滑道与机架固定连接，滑道的轴线与柔性透水容器的轴线平行，弹簧一端设置在棒或滑块上，另一端设置在机架上，棒穿入柔性透水容器的底部”，而且所限定的该运动机构所依据的正是本申请说明书实施例中的第二实施例，因此该修改后权利要求1已经克服了驳回决定中所指出的不符合专利法第二十六条第四款的缺陷。

2）关于独立权利要求 4

对于权利要求 4，虽然所述的运动机构仍然没有采用具体的结构来进行限定，即采用功能性特征记载了“一个使棒在以垂直方向为轴旋转的同时能被动地在垂直方向上向容器固定架靠拢的运动机构”，但是在权利要求 4 中记载了技术特征“容器固定架固定在机架上”“棒在以垂直方向为轴旋转”“棒……能被动地在垂直方向上向容器固定架靠拢”，所以所述容器固定架和棒之间的位置关系和相互运动关系与本发明说明书中所记载的五个实施例所公开的内容一致，它们之间不存在其他方向上的运动，而且根据本发明的五个实施例和所属技术领域的技术人员所掌握的常见运动机构，权利要求 4 对该运动机构的功能性限定已经包括了该运动机构的所有结构方式，并且所属技术领域的技术人员能够简单组合所述机械部件来保证在特定方向上的运动，即此功能还可以采用说明书中未提到的其他替代方式来实现该运动机构，所以使用上述功能性特征来概括该运动机构是允许的，因此权利要求 4 符合利法第二十六条第四款的规定。

基于上述理由，合议组认为本申请已经符合专利法第二十六条第四款的规定，至于本申请中是否还存在其他的缺陷，有待于后续程序进一步审查。

三、决定

撤销国家知识产权局于 2004 年 9 月 3 日作出的驳回第 02142302.4 号发明专利申请的决定，由原实质审查部门以请求人于 2004 年 10 月 11 日提交的权利要求第 1 ~ 11 项，申请人于 2003 年 8 月 21 日提交的说明书第 1 ~ 7 页、说明书摘要以及申请日所提交的说明书附图 1 ~ 16 页、说明书摘要附图为基础继续进行审查程序。

049

存储媒体上的数据管理方法、系统和计算机程序案

复审请求审查决定（第7514号）

决　定　号　第7514号
决　定　日　2005年11月30日
发明创造名称　存储媒体上的数据管理方法、系统和计算机程序
国际分类号　G06F 12/02
复审请求人　皇家菲利浦电子有限公司
申　请　号　01801877.7
申　请　日　2001年4月18日
公　开　日　2002年12月4日
合议组组长　熊　婷
主　审　员　张美菊
参　审　员　樊晓东

法律依据　专利法第三十八条、第二十六条第三款
决定要点

如果在作出驳回决定之前，审查部门没有将驳回决定所涉及的属于专利法实施细则第五十三条规定的应予驳回情形的具体事实、理由、证据和法律依据告知申请人，并给申请人至少一次陈述意见和/或修改申请文件的机会，则该驳回决定的作出不符合听证原则。

如果所属技术领域的技术人员按照说明书记载的内容，不需要付出创造性的劳动，就能够再现该发明或者实用新型的技术方案，解决其技术问题，并且产生预期的技术效果，那么该申请的说明书符合专利法第二十六条第三款的规定。

一、案由

本专利申请复审请求涉及申请号为01801877.7的发明专利申请，其申请日为2001年4月18日，名称为“存储媒体上的数据管理方法、系统和计算机程序”，申请人是皇家菲利浦电子有限公司。

在国家知识产权局的实质审查过程中，原实质审查部门在2004年7月9日发出的第一次审查意见通知书中指出：反复在在第一块中变更数据，将导致第一块的磨损程度急剧上升；如果第一块已经不可以进行数据变更，将磨损程度较低的第二块的数据复制到磨损程度较高的第一块中将导致第一块的磨损程度的进一步增加，更何况将磨损程度较低的第二块的数据复制到已经不可以接受进行数据变更的第一块中是不可能的，因此达不到使存储媒体的各个部分的磨损均匀分布，从而延长存储媒体的使用寿命的技术效果，说明书附图中也没有相关说明，因此说明书不符合专利法第二十六条第三款的规定。

针对第一次审查意见通知书，申请人于2004年9月17日提交了意见陈述书和权利要求书的修改替换页，在意见陈述书中陈述了：本申请中在将第二块的内容复制到第一块上时，仅仅进行一次变

更，仅给第一块带来很少的损坏，因此其寿命可被延长，并且第一次审查意见通知书对说明书的理解有误，“可接受”不表示“技术上可能”，而是表示“不会使块的磨损程度增加太多”，本申请符合专利法第二十六第三款的规定。

国家知识产权局原实质审查部门坚持原审查意见，并于2004年11月26日对本申请作出了驳回决定，驳回决定的理由是：将磨损程度较低的块中的数据复制到磨损程度较高的块中，如果是追加复制，磨损程度较高的块中的数据仍然保留在磨损程度较高的块中，由于数据仍然经常变更，以后其磨损程度仍然很高，除非将数据进行例如对调的转移，否则达不到本申请的技术效果；如果是覆盖复制则会使数据丢失，而无法正常使用；并且没有记载、说明对原来包含在数据块中的数据的进一步处理，以及如何对该数据进行转移，导致了复制后块中的数据不确定，也就是说，该解决手段是含糊不清的，导致不能实现本发明，不符合专利法第二十六条第三款的规定。

申请人（下称复审请求人）对该驳回决定不服，于2005年3月1日向国家知识产权局专利复审委员会提交了复审请求书和权利要求书的修改替换页。请求人在请求书中陈述：本申请的理念是，一个过去没有被过多擦除的块，其将来也不大会变化很多，按照本发明，选择第二块作为一个过去没有被过多擦除的块，并且将来自第二块的数据复制到第一块上，一次操作不会使第二块的完全被磨损，之后第一块不会有很多擦除，但第二块的磨损程度会增大，直到其磨损程度等于第一块的磨损程度为止，这种方式使磨损程度均匀化。

经形式审查合格，专利复审委员会发出复审请求受理通知书和前置审查通知书。

在前置审查程序中，国家知识产权局原实质审查部门仍坚持原驳回决定。

在上述工作的基础上，合议组认为本案事实清楚，可以作出本复审请求审查决定。

二、决定的理由

1. 复审请求人于2005年3月1日对权利要求的修改符合专利法第三十三条和专利法实施细则第六十条第一款的规定，因此本复审决定依据的文本是：2005年3月1日提交的权利要求第1~9项、原始提交的国际申请的中文译文的说明书第1~7页、说明书附图第1页、说明书摘要和摘要附图。

2. 关于听证原则

专利法第三十八条规定，发明专利申请经申请人陈述意见或者进行修改后，国务院专利行政部门仍然认为不符合本法规定的，应当予以驳回。

审查指南（2001年版）第二部分第八章第2.2节对实质审查程序中应遵循听证原则作了进一步规定：在实质审查过程中，审查员在作出驳回决定之前，应当给申请人提供至少一次针对驳回理由和证据陈述意见和/或修改申请文件的机会，即审查员作出驳回决定时，决定中涉及的驳回理由和所依据的证据应当在之前的审查意见通知书中已经告知过申请人。

如果在作出驳回决定之前，审查部门没有将驳回决定所涉及的属于专利法实施细则第五十三条规定的应予驳回情形的具体事实、理由、证据和法律依据告知申请人，并给申请人至少一次陈述意见和/或修改申请文件的机会，则该驳回决定的作出不符合听证原则。

就本申请而言，在驳回本申请之前，原实质审查部门的第一次审查意见通知书主要涉及的是，根据第一块的不同状态，将数据复制到第一块上无法使各个部分的磨损程度均匀，而驳回决定的驳回理由涉及的是说明书中没有说明将数据复制到第一块上的复制的方式以及没有说明对原第一块的数据的处理，导致复制后数据块中的数据不确定，技术手段是含糊的。虽然第一次审查意见通知书和驳回决定均涉及专利法第二十六条第三款的条款，但是其具体理由是不同的。在驳回决定之前，原实质审查部门并没有将驳回决定所指出的说明书为何不符合专利法第二十六条第三款的理由通知过申请人。从而没有给予申请人针对驳回决定所依据的理由陈述意见和/或修改申请文件的机会，违反了听证原则，不符合专利法第三十八条的规定。

3. 关于专利法第二十六条第三款

专利法第二十六条第三款规定，说明书应当对发明或者实用新型作出清楚、完整的说明，以所属技术领域的技术人员能够实现为准。

如果所属技术领域的技术人员按照说明书记载的内容，不需要付出创造性的劳动，就能够再现该发明的技术方案，解决其技术问题，并且产生预期的技术效果，那么该申请的说明书符合专利法第二十六条第三款的规定。

根据说明书的记载，本发明的一个目的是提供一种存储媒体上数据管理的方法，延长存储媒体在最大可用容量下的使用寿命。针对此目的，本发明是基于这样的考虑：一个存储媒体通常包括一个程序代码和程序代码所用的数据的混合体，程序代码很少改变，而数据会经常改写，这样，包含程序代码的块的磨损程度要低于包括数据的块，因此本申请所采用的技术方案是确定第一块的磨损程度是否是可接受进行数据变更的，如果是，则在第一块上执行数据变更，否则从块簇中选择一个具有比第一块磨损程度低的一个第二块，和复制该第二块的数据到第一块。

合议组认为：根据说明书第 6 页第 4 段至第 7 页第 2 段记载的内容可以得知，当第一块 22 已经达到不能接受的磨损程度（磨损程度的计数器值大于限定的值）时，选择一个计数器值低（优选的为计数器值最低）的第二块 23，之后控制单元 26 将第一块 22 中的“已写入”状态页复制到另一块 24 中，然后擦除第一块 22，将数据从第二块 23 复制到第一块 22 中，然后控制器 26 擦除第二块 23，这样第二块 23 的空间就可以直接用来存储新的数据了。由此可知，在本申请中，明确地说明了将磨损程度较低的块中的数据复制到磨损程度较高的块中对第一块和第二块的具体操作，并不存在驳回决定中所指出的追加复制、覆盖等不能实现本申请发明目的的实施方式。本申请说明书已经充分公开了能够解决其发明目的的在存储媒体上进行数据管理的方法和系统，本领域的普通技术人员根据说明书的记载不用付出创造性的劳动就可以实现针对本申请发明目的的技术方案，因此本申请说明书符合专利法第二十六条第三款的规定。

4. 本申请的实质审查程序不符合听证原则，并且本申请的说明书也不具有驳回决定中所指出的不符合专利法第二十六条第三款的缺陷，因此合议组可以依法作出撤销原驳回决定的复审请求审查决定。至于本申请的权利要求书和说明书中存在其他缺陷留在后续程序中由原审查部门继续审查。

三、决定

撤销国家知识产权局于 2004 年 11 月 26 日对 01801877.7 号发明专利申请所作出的驳回决定，以 2005 年 3 月 1 日提交的权利要求第 1 ~ 9 项、原始提交的国际申请的中文译文的说明书第 1 ~ 7 页、说明书附图第 1 页、说明书摘要和摘要附图为审查基础，由原实质审查部门继续进行审批程序。

050

镶嵌邮品的漆盘、漆盒、漆板及其制作方法案

复审请求审查决定（第7515号）

决　定　号　第7515号
决　定　日　2005年12月6日
发明创造名称　镶嵌邮品的漆盘、漆盒、漆板及其制作方法
国际分类号　B44C 1/28、5/00
复审请求人　刘夏石
专利申请号　02104163.6
申　请　日　2002年3月14日
公　开　日　2002年9月18日
合议组组长　黄　颖
主　审　员　骆素芳
参　审　员　张　度

法律依据　专利法第二十二条第三款
决定要点

如果发明是用某一公知材料替代公知产品中的某材料，而这种公知材料的类似应用是已知的，且没有产生预料不到的技术效果，则该发明不具备创造性。

一、案由

本复审请求涉及申请号为02104163.6、发明名称为“镶嵌邮品的漆盘、漆盒、漆板及其制作方法”的发明专利申请（下称本申请），其申请日是2002年3月14日，申请人是刘夏石。

在实质审查过程中，国家知识产权局实质审查部门于2003年7月4日发出了第一次审查意见通知书，其中引用了以下对比文件：

对比文件1：CN1062322A 公开日期1992年7月1日；

对比文件2：CN2391742Y 公开日期2000年8月16日；

对比文件3：CN1048193A 公开日期1991年1月2日；

通知书指出权利要求1、2相对于对比文件1、2、3不具备创造性。

申请人于2003年10月29日答复了上述审查意见通知书，未对本申请进行修改，陈述本申请具备创造性的理由主要是：1）对比文件1、对比文件3与权利要求1保护的目标物不同，对比文件1、对比文件3要求保护的是方法，权利要求1保护的是产品。对比文件2与权利要求1保护的目标物不同。2）对比文件2没有公开“粘贴的是邮品”这个区别技术特征。3）涂罩光漆不是常用手段。4）本发明具有显著的进步，表现在本发明获得的产品是新的工艺收藏品、新的漆器品种、新的邮品，极高的艺术、纪念、收藏价值。

国家知识产权局于2004年6月11日以本申请不符合专利法第二十二条第三款的规定为由驳回了

本申请。驳回依据的文本为申请日2002年3月14日提交的权利要求第1~2项、说明书第1~3页、说明书摘要。

驳回针对的权利要求1为：

"1. 一种镶嵌邮品的漆盘、漆盒、漆板，其特征在于，在漆盘、漆盒、漆板的主要表面上粘贴有一张或者多张邮品，在漆盘、漆盒、漆板及邮品表面有罩光漆使邮品与漆盘、漆盒、漆板形成表面光滑的整体。"

申请人（下称复审请求人）对该驳回决定不服，于2004年9月21日向专利复审委员会提出了复审请求，未修改申请文件。请求人陈述的理由主要是：1）对比文件2与本发明不属于相同或相近领域，审查员认定的技术启示不恰当。2）不同意驳回决定中"承托板"的说法，对比文件2中并没有公开该技术特征。3）本发明是独一无二的，是新的漆器品种，新邮品，并举出新闻报道，强调艺术价值。4）驳回决定不完整，申请人答复一通的意见陈述中对独立权利要求的创造性陈述了意见，但驳回决定中未对该意见进行反驳。5）引用的对比文件多达3篇，恰是本发明具备非显而易见性的反证。

经形式审查合格，专利复审委员会受理了该复审请求，并于2004年10月18日发出了受理通知书和前置审查通知书。

在前置审查意见书中，国家知识产权局原实质审查部门仍认为权利要求1不具备创造性，坚持原驳回决定。

在此基础上，专利复审委员会依法成立合议组对此案进行审理。

合议组经合议于2005年8月24日发出了复审通知书，指出：权利要求1相对于对比文件1和对比文件3不具备专利法第二十二条第三款规定的创造性。

请求人于2005年9月29日答复了上述复审通知书，未修改申请文件，陈述权利要求1具有创造性的理由为：1）本发明罩光漆的作用除了"使装饰后的漆器表面光亮、光滑"外，更重要的是起到使漆器和邮品一体化的作用。2）邮品与漆器结合需要克服技术困难，本发明申请日之前，所有的人都不知道在漆器上镶嵌邮品的具体步骤。3）本发明具有意想不到的技术效果，本发明的产品既是邮品，又是漆器，形成一种独特的、前所未有的漆器与邮品结合的新的工艺收藏品。4）质疑：世界上有没有一类新问世的工艺品，尽管此类工艺品从无到有，但它却仅具备新颖性而不具备创造性？

合议组在审阅了本申请全部文件后认为，本案事实已清楚，可以作出本复审请求审查决定。

二、决定的理由

1. 文本认定

请求人在提出复申请求和答复复审通知书时均未修改申请文件，因此，本复审请求审查决定针对的文本是驳回决定所依据的文本，即申请日2002年3月14日提交的权利要求第1~2项、说明书第1~3页、说明书摘要。

2. 关于专利法第二十二条第三款

专利法第二十二条第三款规定："创造性，是指同申请日以前已有的技术相比，该发明有突出的实质性特点和显著的进步，该实用新型有实质性特点和进步。"

要素替代的发明，是指已知产品或方法的某一要素由其他要素替代的发明。

如果发明是用某一公知材料替代公知产品中的某材料，而这种公知材料的类似应用是已知的，且没有产生预料不到的技术效果，则该发明不具备创造性。

合议组对本申请的创造性进行评述时采用的对比文件是实质审查中引用过的下列对比文件：

对比文件1：CN1062322A 公开日期1992年7月1日；

对比文件3：CN1048193A公开日期1991年1月2日；

权利要求1请求保护一种镶嵌邮品的漆盘、漆盒、漆板，对比文件1公开了一种漆器工艺品新的制作工艺方法，其中也公开了一种螺甸、点螺、蛋壳镶嵌漆器工艺品，并具体公开了以下技术特征：在平整的底坯上用胶粘剂粘接螺甸或者点螺、蛋壳，在粘有螺甸、点螺、蛋壳的底坯上喷淋，涂覆不饱和树脂（参见对比文件1第3页最后一段和第4页第1段）。

权利要求1与对比文件1的区别仅仅在于：（1）"在漆盘、漆合、漆板及邮品表面有罩光漆使邮品与漆盘、漆盒、漆板形成表面光滑的整体"；（2）"粘贴有一张或多张邮品"。

对比文件3公开了一种华彩漆器工艺，并具体公开了以下技术特征：具有表面罩涂处理工序：在完成华彩漆器装饰工艺后，做表面罩涂处理，以醇酸清漆进行表面罩涂，并经人工打磨，抛光，净化出光亮（参见对比文件3第6页第1段），该区别技术特征在对比文件3中的作用是使装饰后的漆器表面光亮、光滑，并且该技术特征也具有使镶嵌在其表面的金银粉装饰物与漆器与成为一整体的作用。可见，对比文件3公开了区别技术特征（1）。并且，对比文件1、对比文件3与权利要求1都属于漆器工艺品的领域，因此，对比文件3给出了将上述技术特征结合到对比文件1中以获得表面光滑的整体的技术启示。

对于区别特征（2），邮品本身作为一种邮寄票证，它作为收藏品及装饰品的应用是已知的（申请人在一通答复中也做了相同的陈述）。用邮品作为装饰品，替代对比文件1中的装饰品：螺甸、点螺或蛋壳，并不需要克服任何技术困难——它们都是用胶粘剂粘贴到漆器的表面，之后进行喷淋，涂覆处理以得到光滑表面。并且用邮品替代螺甸、点螺或蛋壳等镶嵌到漆器表面，是利用了邮品本身的已知的性能、价值、用途和漆器本身的已知的价值、用途，对邮品的收藏价值和鉴赏效果是受邮品本身的价值决定的，对邮品的保存、对漆器品种的不同是受邮品本身的性能用途和漆器本身的性能用途决定的，并没有带来任何意想不到的技术效果。

因此，将对比文件3结合到对比文件1中，并且用邮品替代对比文件1中的螺甸、点螺或蛋壳，从而获得的权利要求1的技术方案不具有突出的实质性特点和显著的进步，权利要求1不具备专利法第二十二条第三款规定的创造性。

三、决定

驳回本复审请求，维持国家知识产权局于2004年6月11日对02104163.6号发明专利申请作出的驳回决定。

请求人对本决定不服的，可以根据专利法第四十一条第二款的规定，自收到本决定之日起三个月内向北京市第一中级人民法院起诉。

051

白光光源的制作方法案

复审请求审查决定（第7516号）

决　　定　　号　第7516号
决　　定　　日　2005年11月30日
发明创造名称　白光光源的制作方法
国 际 分 类 号　H01L 33/00　H01J 9/00　H05B 35/00　C09K 11/77
复 审 请 求 人　光宝科技股份有限公司
专 利 申 请 号　01134471.7
申　　请　　日　2001年11月5日
公　　开　　日　2003年5月14日
合 议 组 组 长　熊　婷
主　　审　　员　骆素芳
参　　审　　员　樊晓东

法 律 依 据　专利法第三十三条、第二十二条第二、三款
决 定 要 点

在判断权利要求的修改是否超出原说明书和权利要求书记载的范围时，应将整个说明书作为一个整体来考虑，也就是应从说明书所公开的技术实质内容上去考虑，而不仅仅从字面上去考虑。

修改后的权利要求相对于对比文件存在区别技术特征，则该权利要求具备新颖性。引入上述区别技术特征的权利要求的技术方案相对于对比文件取得了有益的技术效果，则该权利要求相对于该对比文件具备创造性。

一、案由

本复审请求涉及申请号为01134471.7、发明名称为“白光光源的制作方法”的发明专利申请（下称本申请）。其申请日是2001年11月5日，申请人是光宝科技股份有限公司。

经实质审查，国家知识产权局实质审查部门依据2004年8月25日提交的权利要求第1~4项、说明书第2、4页，以及申请日提交的说明书第1、3、5、6页、附图第1~5页、说明书摘要，于2005年3月4日以权利要求1、3、4不符合专利法第二十二条第二款的新颖性的规定、权利要求2不符合专利法第二十二条第三款的创造性的规定为由驳回了本申请。

驳回决定所针对的权利要求书为：

“1. 一种白光光源的制作方法，其特征在于，

提供紫外光源；

借助紫外光源直接激发第一萤光体以产生蓝光；

借助该蓝光激发第二萤光体以产生黄光，使该蓝光与该黄光混合成为白光；

其中第一萤光体选自 $BaMgAl_{10}O_{17}$：Eu、ZnS：Ag 和（Sr、Ca、Ba、Mg）$_{10}$（PO_4）$_6Cl_2$：Eu 所组

成群组的其中之一；

第二萤光体选自 $Y_3Al_5O_{12}$：Ce，Gd、ZnS：Mn 和 $3Cd_3(PO_4)_2CdCl_2$：Mn 所组成群组的其中之一。

2. 如权利要求 1 所述的白光光源的制作方法，其特征在于萤光体是以固态反应法或化学合成法制得。

3. 如权利要求 1 所述的白光光源的制作方法，其特征在于萤光体的混合依不同比例，配合发出紫外光作为激发光源，经封装后施以电流，即可获得一发光特性佳的白光发光组件。

4. 如权利要求 3 所述的白光光源的制作方法，其特征在于封装形式为灯、表面粘着封装或芯片直装电路板。"

驳回的理由主要是：对比文件 1（JP2000－183408A，公开日为 2000 年 6 月 30 日）公开了权利要求 1、3、4 的全部技术特征，权利要求 1、3、4 不具备新颖性，权利要求 2 的附加技术特征是制作荧光材料的常用方法，当其引用的权利要求 1 不具备新颖性，权利要求 2 不具备创造性。

申请人（下称复审请求人）对该驳回决定不服，于 2005 年 6 月 20 日向专利复审委员会提出了复审请求，同时提交了修改文本，包括权利要求第 1～10 项、说明书第 1～6 页的替换页。请求人的理由主要是：本申请中制作白光光源的方法特点在于选择第一荧光材料粉末和第二荧光材料粉末的混合比例。对比文件 1 所公开的白光光源具有层化结构的荧光材料，与本申请所采用的荧光粉混合物结构明显不同，也因而未公开如何确定两种荧光粉混合比例以获得白光的方法。对比文件 1 并未公开或暗示权利要求 1 中的步骤（b）的技术特征。同时提交了美国授权的同族申请 US6641448B2。

修改后的权利要求书为：

"1. 一种白光光源的制作方法，包括：

（a）合成第一荧光材料和第二荧光材料；

（b）按照混合比例将第一荧光材料和第二荧光材料混合成荧光材料混合物，其中所述的混合比例由下列步骤确定：

（1）在第一参照波长处测定第一荧光材料对第一激发波长谱带内多个激发波长的发射响应；

（2）根据步骤（1）测定的发射响应，从第一激发波长谱带中选择出第一激发波长；

（3）在第一发射波长谱带范围内，测定第一荧光材料对第一激发波长的光谱响应；

（4）在色度坐标图中标记与第一发射波长谱带相对应的第一颜色；

（5）在第二参照波长处测定第二荧光材料对第二激发波长谱带内多个激发波长的发射响应；

（6）根据步骤（5）测定的发射响应，从第二激发波长谱带中选择出第二激发波长；

（7）在第二发射波长谱带范围内，测定第二荧光材料对第二激发波长的光谱响应；

（8）在色度坐标图中标记与第二发射波长谱带相对应的第二颜色；

（9）在色度坐标图中画出从第一颜色标记处到第二颜色标记处的连线；

（10）确定第一荧光材料和第二荧光材料的混合比例，使发射的颜色落在色度坐标图的白光区域内；

（c）提供具有第一激发波长的光源；以及

（d）将荧光材料混合物应用到光源中。

2. 根据权利要求 1 所述的白光光源的制作方法，其特征在于，所述的第一激发波长是紫外光波长。

3. 根据权利要求 1 所述的白光光源的制作方法，其特征在于，所述第一荧光材料的第一发射波长与所述第二荧光材料的第二激发波长相对应。

4. 根据权利要求1所述的白光光源的制作方法，其特征在于，所述第一参照波长与所述的第一颜色相对应，而所述第二参照波长与所述第二颜色相对应。

5. 根据权利要求1所述的白光光源的制作方法，其特征在于，所述步骤（10）的混合比例确定步骤包括：

（i）按照相应的多个预定混合比例，将第一荧光材料和第二荧光材料混合成多个荧光材料测试混合物；

（ii）在色度坐标图中标记出与受到第一激发波长激发时各个荧光材料测试混合物的发射光相对应的颜色温度；

（iii）在位于白光区两侧的，与各个荧光材料测试混合物发射光相对应的颜色温度标记值之间运用插值法确定第一荧光材料和第二荧光材料的混合比例。

6. 根据权利要求1所述的白光光源的制作方法，其特征在于，所述的光源是LED、电子束和等离子体中的一种。

7. 根据权利要求1所述的白光光源的制作方法，其特征在于，所述第一颜色是蓝色，而所述第二颜色是黄色。

8. 根据权利要求7所述的白光光源的制作方法，其特征在于，所述第一荧光材料选自 $BaMgAl_{10}O_{17}$：Eu、ZnS：Ag或（Sr、Ca、Ba、Mg）$_{10}$（PO_4）$_6Cl_2$：En，而所述的第二荧光材料选自 $Y_3Al_5O_{12}$：Ce，Cd、ZnS：Mn或 $3Cd_3$（PO_4）$_2CdCl_2$：Mn。

9. 根据权利要求1所述的白光光源的制作方法，其特征在于，所述的第一荧光材料和所述的第二荧光材料由固态反应法或化学合成法制得。

10. 根据权利要求1所述的白光光源的制作方法，其特征在于，所述应用了荧光材料的光源的封装形式为灯、表面粘着封装或芯片直装电路板。”

经形式审查合格，专利复审委员会受理了该复审请求，并于2005年8月4日发出了受理通知书和前置审查通知书。

在前置审查中，国家知识产权局原实质审查部门坚持原驳回决定。理由是：权利要求1的修改超出了原申请的范围，不符合专利法第三十三条的规定。

在此基础上，专利复审委员会成立合议组对此案进行审理。合议组在审阅了全部文件后认为，根据现有文件，可以作出本复审决定。

二、决定的理由

（1）权利要求1的修改没有超出原说明书和权利要求书记载的范围，符合专利法第三十三条的规定，理由如下：

在判断权利要求的修改是否超出原说明书和权利要求书记载的范围时，应将整个说明书作为一个整体来考虑，也就是应从说明书所公开的技术实质内容上去考虑，而不仅仅从字面上去考虑。

权利要求1请求保护的技术方案相应于说明书中记载的实施例，但是实施例中说明了具体的荧光材料、参照波长、激发波长、颜色、光源；而权利要求1中使用“第一”“第二”区分两种荧光材料、参照波长、激发波长和颜色，并且也没有将光源限定为说明书中的“紫外光源”。

合议组认为，虽然从字面上看，权利要求1中的“第一荧光材料”“第一参照波长”“第一激发波长谱带”“第一发射波长谱带”“第一颜色”“第二荧光材料”“第二参照波长”“第二激发波长谱带”“第二发射波长谱带”“第二颜色”“光源”在说明书中没有记载。但是，本领域的普通技术人员在将整个说明书作为一个整体来考虑后、在了解了说明书所公开的技术实质内容后，能够明白，本发明的目的是要获得由两种颜色混合而得的白色光源，它的技术实质内容是：一荧光材料被一光源激发的光，能够激发另一荧光材料，从而获得两种颜色的光，这两种颜色的光按一定比例混合能够得到白光，通过色度坐标图来选择该混合比例。

为了获得白光光源，由哪两种颜色的光混合可以得到白色光，这是本领域所公知的，因此，“第一颜色”和“第二颜色”是确定的；当选定了第一和第二颜色后，哪种荧光材料受激发后可以发出某种颜色的光，这是本领域的普通技术人员可以从已知技术中直接获得的，因此第一和第二荧光材料的选择是确定的；对于选定的荧光材料，它受波长为多少的光源的激发可以发出该颜色的光，这也是本领域的普通技术人员可以从已知技术中直接获得的，因此，“第一参照波长”“第一激发波长谱带”“第二参照波长”“第二激发波长谱带”也都是确定的。

因此，修改后的权利要求1请求保护的“白光光源的制作方法”能够从原申请公开的信息中直接地、毫无异议地导出。权利要求1的修改没有超出原说明书和权利要求书记载的范围，符合专利法第三十三条的规定。

经审查，请求人在提交复审请求时提交的权利要求书和说明书的修改文本也符合专利法实施细则第六十条第一款的规定，因此，本复审决定所依据的文本是：2005年6月20日提交的权利要求第1～10项、说明书第2～7页，申请日2001年11月5日提交的说明书第1页、附图第1～5页和说明书摘要。

（2）权利要求1相对于对比文件1（JP2000－183408A）具备新颖性和创造性，符合专利法第二十二条第二款和第三款的规定，理由如下：

权利要求1请求保护一种白光光源，对比文件1公开了一种制作白光光源的方法，并具体公开了以下技术特征：提供第一荧光材料（6a）和第二荧光材料（6b），紫外光源（1）激发第一荧光材料（6a），使其发出蓝光，第二荧光材料（6b）受其发出蓝光激发发出黄光，调整第一和第二荧光材料的比例，使各荧光混合得到白光（参见对比文件1说明书第4栏第4行至第9栏第12行，附图1－3）。

权利要求1与对比文件1的区别在于：（1）权利要求1中将第一荧光材料和第二荧光材料混合成荧光材料混合物，而对比文件1中是第一荧光体层6a和第二荧光体层6b。（2）对比文件1中没有披露权利要求1的步骤（b）中的确定荧光材料混合物的混合比例的步骤。

因此，权利要求1相对于对比文件1具备专利法第二十二条第二款规定的新颖性。

鉴于权利要求1具备新颖性，其从属权利要求2～10也都具备专利法第二十二条第二款规定的新颖性。

权利要求1相对于对比文件1实际所解决的技术问题及取得的技术效果是：用荧光材料混合物替代层叠的荧光层，并且提供了一种获得白光光源的荧光材料混合物的混合比例的确定方法。并且，对比文件1中没有给出解决上述技术问题的技术启示，因此，权利要求1的技术方案对本领域的普通技术人员来说是非显而易见的，并且该技术方案产生了有益的技术效果，因此，权利要求1相对于对比文件1具备专利法第二十二条第三款规定的创造性。

鉴于权利要求1相对于对比文件1具备专利法第二十二条第三款规定的创造性，其从属权利要求2～10相对于对比文件1也具备专利法第二十二条第三款规定的创造性。

三、决定

撤销国家知识产权局2005年3月4日作出的驳回01134471.7号发明专利申请的决定，请原实质审查部门依据2005年6月20日提交的权利要求第1～10项、说明书第2～7页，申请日2001年11月5日提交的说明书第1页、附图第1～5页和说明书摘要继续进行审批程序。

052

具有垂直层叠跨接的存储单元设计案

复审请求审查决定（第7525号）

决　定　号　第7525号
决　定　日　2005年10月24日
发明创造名称　具有垂直层叠跨接的存储单元设计
国际分类号　H01L 29/76　H01L 29/94　H01L 31/062　H01L 31/113　H01L 31/119　H01L 27/11
复审请求人　英特尔公司
申　请　号　97194710.4
申　请　日　1997年3月20日
公　开　日　1999年7月7日
合议组组长　于　萍
主　审　员　詹靖康
参　审　员　张宗任

法律依据　专利法二十二条第三款
决定要点

本申请的技术方案与一篇对比文件公开的技术方案的区别特征没有被对比另一文件所披露。该另一对比文件中也不存在技术启示将该区别特征应用到最接近的现有技术以解决存在的技术问题。所以权利要求所要保护的技术方案相对于两篇对比文件或它们的其结合具有突出的实质性特点和显著的进步，符合专利法二十二条第三款有关创造性的规定。

一、案由

本专利复审请求涉及申请号为97194710.4、名称为“具有垂直层叠跨接的存储单元设计”的发明专利申请，其优先权日为1996年3月28日，申请日为1997年3月20日，公开日为1999年7月7日，申请人为英特尔公司。其公开时的权利要求书包括三项独立权利要求，该三项独立权利要求的内容如下：

“1. 一种半导体存储单元，包括：

具有第一输入和第一输出的第一反相器；

具有第二输入和第二输出的第二反相器；

包括第一导电层的第一跨接连接，所述第一跨接连接将所述第一输入连接到所述第二输出；以及

包括第二导电层的第二跨接连接，所述第二跨接连接将所述第二输入连接到所述第一输出，其中所述第二跨接连接垂直地层叠在部分所述第一跨接连接的顶部。”

“9. 一种半导体存储单元，包括：

具有第一输入和第一输出的第一逻辑门；

具有第二输入和第二输出的第二逻辑门；

第一跨接连接将所述第一输入连接到所述第二输出，其中所述第一跨接连接包括所述半导体存储单元的第一导电层；以及

第二跨接连接将所述第二输入连接到所述第一输出，其中所述第二跨接连接包括所述半导体存储单元的第二导电层，并且其中所述第二跨接连接的大部分垂直地覆盖所述第一跨接连接。”

“19. 一种半导体存储单元器件－层布线，包括：

具有第一输入和第一输出的第一反相器器件布线；

具有第二输入和第二输出的第二反相器器件布线；

第一跨接连接布线，用于连接所述第一输入和所述第二输出；以及

第二跨接连接布线，用于连接所述第二输入和所述第一输出，其中所述第二跨接连接布线的大部分设置在所述第一跨接连接布线的顶部。”

国家知识产权局实质审查部门依法对本专利申请进行了实质审查，于2003年2月28日发出第一次审查意见通知书，指出对比文件1（US5452247A）公开了以下技术特征：静态随机存储器包括具有第一输入和第一输出的第一CMOS反向器38；具有第二输入和第二输出的第二CMOS反向器39；第四多晶硅栅极层31、34和多晶硅焊盘42a分别将第一输入连接到第二输出以及将第二输入连接到第一输出。对比文件1与权利要求1的区别仅在于权利要求1中的第二跨接连接垂直地层叠在部分第一跨接连接的顶部。对比文件2（US5436506A）公开了以下特征：第一存取晶体管的栅极14形成在第一导电层中，而第一字线30形成在第二导电层中，从顶部观测，第一字线30经由第一绝缘膜28与栅极14交迭，并且第一字线30和栅极14之间通过接触孔1电连接，它们在对比文件2中所起的作用是减少静态随机存储单元的面积，与本申请中所起的作用完全相同，给出了将位于同一层面中的两条互连线变换到不同的层面并使其在竖直方向上相互重叠以减少存储单元面积的技术启示，对于本领域普通技术人员来说，在对比文件1、2的基础上得到权利要求1是显而易见的，因此权利要求1不具备突出的实质性特点和显著的进步，不符合专利法二十二条第三款有关创造性的规定。

权利要求2～7、9～16、19～25相对于对比文件1、2的结合也不符合专利法二十二条第三款有关创造性的规定。

权利要求8、17、18的附加技术特征已在对比文件3（US5485420A）中公开，上述权利要求相对于对比文件1、2、3的结合不具有专利法二十二条第三款规定的创造性。

2003年6月30日，申请人针对上述审查意见通知书提交了意见陈述书和修改文本。申请人重新撰写了权利要求1～25。针对第一次审查意见通知书中指出的创造性问题，申请人指出：对比文件1没有公开“第二跨接连接垂直地叠在第一跨接连接的顶部”；对比文件2中的单元具有一个连接的通过接触孔访问晶体管栅极的字线30以及一个放置在字线30上的电源线52，这是两种执行不同功能的不同类型的线（即，电源线和信号线）。对比文件2的图7、17、27以及说明书第5栏都表明SRAM中的互连都是形成在同一个导电层上的，可见对比文件2没有公开本发明的内容。

修改后的权利要求书的内容如下：

“1. 一种半导体存储单元，包括：

具有第一输入和第一输出的第一反相器；

具有第二输入和第二输出的第二反相器；

形成在第一导电层上的第一跨接连接，所述第一跨接连接直接将所述第一输入连接到所述第二输出；以及

形成在第二导电层上的第二跨接连接，所述第二跨接连接直接将所述第二输入连接到所述第一输出，所述第二跨接连形成在部分所述第一跨接连接的顶部，以便从顶部看去，所述第一和第二跨接

重叠。

2. 根据权利要求 1 的半导体存储单元，其中所述第一反相器包括 n 型的金属氧化物半导体（NMOS）晶体管和 p 型的金属氧化物半导体（PMOS）晶体管。

3. 根据权利要求 1 的半导体存储单元，其中所述第二反相器包括 n 型的金属氧化物半导体（NMOS）晶体管和 p 型的金属氧化物半导体（PMOS）晶体管。

4. 根据权利要求 1 的半导体存储单元，其中所述第一跨接连接包括在局部互连层中的第一互连和在多晶硅层中的第二互连。

5. 根据权利要求 1 的半导体存储单元，其中所述第二导电层是淀积在介质层上的金属层。

6. 根据权利要求 1 的半导体存储单元，其中所述第一导电层是栅层。

7. 根据权利要求 1 的半导体存储单元，其中所述第一导电层是第一金属层，所述第二导电层是第二金属层，并且其中在第一和第二金属层之间设置有介质层。

8. 根据权利要求 1 的半导体存储单元，其中所述第一跨接连接的材料是由从多晶硅、钛、硅化钛、氮化钛和钨组成的组的材料中选出的材料形成的；

所述第二跨接连接的材料是从铝、铜、钛和氮化钛的组的材料中选出的材料形成的。

9. 一种半导体存储单元，包括：

具有第一输入和第一输出的第一逻辑门；

具有第二输入和第二输出的第二逻辑门；

第一跨接连接直接将所述第一输入连接到所述第二输出，其中所述第一跨接连接形成在所述半导体存储单元的第一导电层上；以及

第二跨接连接直接将所述第二输入连接到所述第一输出，其中所述第二跨接连接形成在所述半导体存储单元的第二导电层上，所述第二导电层被放置在形成在所述第一导电层的介质层上，所述第二跨接连接的大部分垂直地覆盖所述第一跨接连接。

10. 根据权利要求 9 的半导体存储单元，其中所述第一逻辑门是互补金属氧化物半导体（CMOS）反相器。

11. 根据权利要求 9 的半导体存储单元，其中所述第二逻辑门是互补金属氧化物半导体（CMOS）反相器。

12. 根据权利要求 9 的半导体存储单元，其中所述第一导电层是栅层。

13. 根据权利要求 9 的半导体存储单元，其中所述第一导电层包括局部互连特征和栅互连特征。

14. 根据权利要求 9 的半导体存储单元，其中所述第二导电层是金属层。

15. 根据权利要求 9 的半导体存储单元，其中所述第一导电层是第一金属层，所述第二导电层是第二金属层。

16. 根据权利要求 12 的半导体存储单元，其中所述第一导电层是多晶硅。

17. 根据权利要求 13 的半导体存储单元，其中所述局部互连特征是由从包括钛、氮化钛和钨组成的组的材料中选出的材料形成的。

18. 根据权利要求 14 的半导体存储单元，其中所述第一和第二导电层是铝。

19. 一种半导体存储单元器件－层布线，包括：

具有第一输入和第一输出的第一反相器器件布线；

具有第二输入和第二输出的第二反相器器件布线；

第一跨接连接布线，用于直接连接所述第一输入和所述第二输出；以及

第二跨接连接布线，用于直接连接所述第二输入和所述第一输出，所述第二跨接连接布线的大部

分设置在所述第一跨接连接布线的顶部。

20. 根据权利要求 19 的器件－层布线，其中所述第一晶体管器件布线是互补金属氧化物半导体（CMOS）反相器。

21. 根据权利要求 19 的器件－层布线，其中所述第二晶体管器件布线是互补金属氧化物半导体（CMOS）反相器。

22. 根据权利要求 19 的器件－层布线，其中所述第一跨接连接布线是栅层。

23. 根据权利要求 19 的器件－层布线，其中所述第一跨接连接布线包括局部互连层和栅层。

24. 根据权利要求 19 的器件－层布线，其中所述第二跨接连接布线在金属层中。

25. 根据权利要求 19 的器件－层布线，其中所述第一跨接连接布线在第一级金属层中，所述第二跨接连接布线在第二级金属层中。"

经过上述审查程序后，国家知识产权局原实质审查部门以本申请权利要求 1～7、9～16、19～25 相对于对比文件 1、2 的结合不符合专利法第二十二条第三款有关创造性的规定；权利要求 8、17、18 相对于对比文件 1、2、3 的结合不具备专利法第二十二条第三款规定的创造性为理由，于 2003 年 8 月 29 日作出了驳回本专利申请的决定。

英特尔公司（下称请求人）不服上述驳回决定，于 2003 年 12 月 15 日向专利复审委员会提出复审请求。请求人坚持认为，对比文件 2 中的第一跨接和第二跨接布局在相同的导电层中，没有公开"在不同导电层中提供第一和第二跨接"的特征。经形式审查合格，专利复审委员会受理了上述请求，并于 2004 年 1 月 6 日发出了复审请求受理通知书，同时要求原实质审查部门对本申请进行前置审查。原实质审查部门对该复审请求作出前置审查意见，仍然坚持原驳回决定。

专利复审委员会依法组成合议组对本复审请求案进行审查。本案合议组在仔细审阅了全部案卷后，认为事实清楚，可以依法作出复审请求审查决定。

二、决定的理由

根据专利法第二十二条第三款的规定，发明创造性是指同申请日以前已有的技术相比，该发明有突出的实质性特点和显著的进步。

本申请涉及具有垂直层叠跨接的存储单元设计，在使用现有的工艺材料、参数和设计规则、不改变半导体工艺的情况下使 SRAM 单元尺寸最小化。本申请的方案将两个跨接连接垂直地层叠在彼此的上部，以减少存储单元布线的面积。

对比文件 1 公开了一种可避免每个存储单元中的晶体管之间断连的立体的静态随机存储器，在说明书第 9 栏第 30 行至第 10 栏第 63 行以及图 1、13、14 具体公开了以下特征：静态随机存取存储器包括具有第一输入和第一输出的第一 CMOS 反相器 55、38；具有第二输入和第二输出的第二 CMOS 反相器 56、39；通过一条导线将第一输入直接或间接连接到第二输出以及通过另一条导线将第二输入直接或间接连接到第一输出。可见对比文件 1 与权利要求 1 的区别在于没有公开特征"第二跨接连形成在部分所述第一跨接连接的顶部，以便从顶部看去，所述第一和第二跨接重叠"、"第一跨接连接形成于第一导电层上"以及"第二跨接连接形成于第二导电层上"。

对比文件 2 公开了一种半导体存储器件及其制造方法，其目的是减少存储单元的大小。其技术手段是将存取晶体管的栅极和字线形成在不同的导电层中，例如，图 31 中的第一字线 30 和第一存取晶体管的栅极 14 形成于不同的导电层中。

对比文件 2 中的第一字线 30 和第一存取晶体管的栅极 14 通过第一连接孔相互接触（说明书第 4 栏 65～66 行）从而一同提供了两个端子间的连接，而本申请权利要求 1 中的每个跨接连接的作用都是提供两个端子之间的连接。因此从以上功能来看，第一字线 30 和第一存取晶体管的栅极 14 相当于本申请中被跨接连接的对象，即，第一反相器的输入端及第二反相器的输出端，而不能分别等同于本申请的一个跨接连接。本申请中的两跨接连接相互间没有直接的连接关系，它们形成在不同的导电层中，相互重叠，从而减小了单元的尺寸。对比文件2的发明目的与本申请相同，也是要减小存储单元的尺寸，但如上所述，它们所采取的技术手段是不相同的。本申请的技术方案与对比文件1的区别特征没有被对比文件2所披露，也不存在技术启示将区别特征应用到最接近的现有技术以解决所述技术问题。考虑到微电子领域对生产工艺的较高要求，本申请的技术方案的实施无需改变工艺材料、参数和设计规则、半导体工艺，充分体现了它的进步之处。权利要求1相对于对比文件1、2及其结合具有突出的实质性特点和显著的进步，符合专利法二十二条第三款有关创造性的规定。

基于同样的理由，相对于对比文件1、2或它们的结合另外两个独立权利要求9和19也具备专利法二十二条第三款规定的创造性。

在独立权利要求1、9、19具备创造性的情况下，它们的从属权利要求2~7、10~16、20~25相对于对比文件1、2来说符合专利法二十二条第三款有关创造性的规定；从属权利要求8、17、18相对于对比文件1、2、3来说具有专利法二十二条第三款规定的创造性。

三、决定

撤销国家知识产权局专利局实质审查部门于2003年8月29日针对97194710.4号发明专利申请作出的驳回决定。以请求人原始提交的说明书、附图以及2003年6月30日提交的权利要求书修改文本为基础，由原实质审查部门继续进行审查。

053

商品防伪条形码网络作业的检测方法案

复审请求审查决定（第7540号）

决　定　号　第7540号
决　定　日　2005年11月29日
发明创造名称　商品防伪条形码网络作业的检测方法
国 际 分 类 号　G06F 17/60
复 审 请 求 人　杨　萌
专 利 申 请 号　00113896.0
申　请　日　2000年8月3日
公　开　日　2001年2月14日
合 议 组 组 长　熊　婷
主　审　员　李韵美
参　审　员　孙克良

法 律 依 据　专利法第二十五条第一款第（二）项
决 定 要 点

如果一项发明就整体而言并不是一种智力活动的规则和方法，但是发明的一部分属于智力活动的规则和方法，则不应当完全排除其获得专利权的可能性，需要具体分析，如果发明对于现有技术的贡献不在于或不仅仅在于属于智力活动的规则和方法的部分，则不能依据专利法第二十五条第一款第（二）项拒绝授予其专利权。

一、案由

本复审请求涉及申请日为2000年8月3日，申请号是00113896.0，发明名称为“商品防伪条形码网络作业的检测方法”的发明专利申请（下称本申请），申请人是杨萌。

在实质审查程序中，国家知识产权局实质审查部门在第一次审查意见通知书中指出该申请的权利要求1～6属于专利法第二十五条第一款第（二）项规定的智力活动的规则和方法。权利要求1～6请求保护的实质是一种通过互联网进行商业实施的方法及制度，并没有采用技术手段，也未解决技术问题和产生技术效果。申请人在答复第一次审查意见通知书的意见陈述书中指出，本发明的主题可以分为两个部分，一是利用互联网进行商品条形码的网上真伪鉴别，二是防止在商品条形码网上真伪鉴别中出现的假冒检测中心（即假冒检测网站或假冒用户终端机）。本发明达到了“提高了商品网上防伪检测可靠性和安全性”“提高了检测输入效率”的技术效果。本发明应属于“可授予专利权的涉及计算机程序的发明专利申请”。申请人没有针对第一次审查意见通知书对申请文本进行修改。

实质审查部门在第二次审查意见通知书中指出权利要求1～6属于专利法第二十五条第一款第（二）项规定的智力活动的规则和方法。权利要求1请求保护一种商品防伪条形码网络作业的检测方法，该方法规定了组成网络的用户终端机（客户机）和中央网站（服务器）中存储的数据库和程序，规定了条形码中的查询信息码组成，并记载了消费者通过运行计算机程序控制公知计算机（用户终端机和中央网站）对数据库中的信息数据进行查询的步骤，该查询结果是一个包括商品是否是真品的鉴定结果、中央网站自身防伪标识和查询时间日期的复合结果，即生成的是数据和符号。消费者进一步将此复合结果与媒体或网上公布的防伪标识进行核对中央网站的真伪，进一步查找相应的时间和日期进行鉴定用户终端机的真伪，这些进一步的操作只是人为规定的操作步骤。该方法虽然用到了用户终端机、中央网站、网络连接器、数据库的检索，但是这些内容都是现有技术，其相对于现有技术有贡献的部分仅在于商业运作过程中利用互联网查询商品真伪的商业实施方法部分，该部分没有采用技术手段，也未解决技术问题和产生技术效果。权利要求 2 ~ 6 也都没有采用技术手段，也没有解决技术问题和产生技术效果。申请人在答复第二次审查意见通知书的意见陈述中认为，本发明的主题是“利用计算机互联网和计算机程序来执行商品条形码的真伪检测和保护检测网站数据库的安全与网站检测的可靠性及简化检测输入操作”的方法，其中保护检测网站的安全及网站检测的可靠性和简化检测输入是本发明的特征部分。本发明对已有技术的贡献部分并不包括“商品的真伪检测”，商品的真伪检测是本发明的必要特征，被列为前序部分。本发明的“商品的真伪检测”、“保证商品真伪检测的安全及可靠性”都不是以营利为目的的，其中“商品的真伪检测”是一种维护商品流通正常秩序的行为，而“保证商品真伪检测的安全及可靠性”是一种维护商品真伪检测领域正常秩序的行为，前者的行为目的是“为了打击假冒商品”，后者的行为目的是“为了打击假冒检测机器”，不是商业实施方法。同时，申请人提交了权利要求书替换页，删除了权利要求 4。

经审查，国家知识产权局在 2004 年 1 月 2 日以该申请的权利要求 1 ~ 5 属于专利法第二十五条第一款第（二）项的规定为由，作出了驳回决定。驳回决定所针对的权利要求书为：

“1. 一种商品防伪条形码网络作业的检测方法，它包括下列步骤：

A. 建立通过网络安全连接器与计算机互联网相联的商品防伪查询服务中央网站和查询用户终端机，

A. a. 在所述的查询用户终端机中设有：

A. a. 1. 中央网站赋予查询用户终端机的身份认证协议文件或用户密码；

A. a. 2. 用户商品防伪查询的自动执行程序，该自动执行程序包括对所输入防伪条形码的格式识别、查询信息的上网发送、对中央网站查询结果的网上自动下载和显示及打印程序；

A. b. 在所述的中央网站中设有：

A. b. 1. 查询用户身份信息数据库、商品防伪信息数据库、网站自身防伪标识实时记录数据库，商品查询全过程记录数据库；

A. b. 2. 中央网站商品防伪检测的自动执行程序，该自动执行程序包括查询用户的身份认证、商品防伪信息的核对、查询事件的标注和查询结果的给出及发送程序；

A. b. 3. 中央网站自身防伪标识的实时产生、显示和记录自动执行程序，其中所产生的防伪标识是一种随时间随机变化的任意图形及字符组合；

A. b. 4. 查询用户登录中央网站的查询全过程记录自动执行程序；

B. 所述的中央网站把在本网站注册的查询用户终端机的身份言息存入中央网站的查询用户身份信息数据库中，所述的身份信息中包括中央网站赋予查询用户终端机的身份认证协议文件或用户密码；

C. 中央网站在工作时间内按照其防伪标识的产生、显示及记录自动执行程序实时产生和显示本万丈的防伪标识，并通过网络和媒体向社会公布，同时名将所产生防伪标识按时间顺序存入中央网站的防伪标识实时记录数据库中，供核查；

D. 以计算机随机编码方式制作条形码，所述条形码中的查询信息码至少包括中央网站的网址代码或网址隐含码、厂商代码、商品分类码、商品防伪密码；将制作好的条形码一方面送给商品生产厂家，并用隐藏的方式制作在商品上，另一方面存入中央网站的商品防伪信息数据库中；

E. 在商品防伪查询操作时，先将商品上隐藏的商品条形码启封，然后将其输入到查询用户终端机，该终端机对所输入的条形码进行格式识别，如果格式不对，则在终端机上显示”该条形码有误“的信息，如果格式正确，则根据所输入条形码中的网址码进行登录中央网站的发送，发送时，中央网站先对登录的查询用户进行身份认证，如果身份不对，则在该终端机上显示”该查询用户有误“的信息，如果身份正确，则向中央网站发送商品防伪查询信息，中央网站根据该查询信息（即厂商代码、商品分类码和商品防伪密码）打开商品防伪信息数据库，进行商品防伪信息的核对，如果所发送的商品防伪信息与该数据库中存入的一致，则得出”该商品是真品“的鉴定结果，同时对数据库进行第一次标注，即在 数据库中该条商品防伪信息的后面标注该次查询事件的信息，再根据”该商品是真品“的鉴定结果给出一个复合结果，即在“该商品是真品”的鉴定结果上至少附加用户查询时刻中央网站所产生的网站自身防伪标识、中央网站的网址和查询电话、用户查询的时间和查询用户终端机的用户名称，最后将复合结果回传给查询用户终端机，查询用户终端机将该复合结果自动进行网上下载和显示及打印给消费者；如果打开数据库后没有找到所要查询的商品防伪信息，则查询用户终端机上显示“该商品是假冒品”；如果打开数据库后，发现所要查询的商品防伪信息之后已被标注，则查询用户终端机上显示“该商品已被查过”的信息，同时，对数据库中该信息进行再次标注，即将该次查询事件标注在前一次查询事件信息之后；

F. 中央网站在工作时间内按登录查询的先后时间顺序将查询的全过程记录在中央网站的查询全过程记录数据库中，供核查；

G. 消费者在得到复合结果单时，可用该复合结果单中的网站自身防伪标识与本网站在媒体或网上公布的所对应查询时刻的防伪标识进行核对来鉴定中央网站的真伪，还可以根据复合结果单中给出的查询日期和时间上网查找中央网站所存储的对应日期和时间的查询全过程记录来鉴定查询用户终端机的真伪。

2. 如权利要求 1 所述的商品防伪条形码网络作业的检测方法，其特征是：所述条形码的查询信息码内容排列和所对应的数字位数是：网址代码或隐含码 0 ~ 3 位、厂商代码和商品分类码 6 ~ 9 位、商品防伪密码 8 ~ 15 位、备用码 1 ~ 3 位，并在所述的信息码条下部相应设有对应的阿拉伯数字。

3. 如权利要求 1 或权利要求 2 所述的商品防伪条形码网络作业的检测方法，其特征是：所述的中央网站的防伪标识由一个本网站的专用徽标与所述的随时间随机变化任意图形及字符复合而成。

4. 如权利要求 1 或权利要求 2 所述的商品防伪条形码网络作业的检测方法，其特征是：所述中央网站查询全过程记录的内容包括所用户终端机发送的查询信息、所查询商品的厂商及商品名称、查询用户名、查询的日期和时间、商品防伪信息核对的结果，用户查询时刻中央网站所产生的防伪标识或该防伪标识的简要信息。

5. 如权利要求 2 所述的商品防伪条形码网络作业的检测方法，其特征是：所述的网址代码是一个用数字表示的明码或数字压缩码，它直接排列在信息码中，所述的网址隐含码是用条形码的特定位数来代表的，该特定位数可以做为启动或调出事先在商品防伪检测自动执行程序中设置的中央网站网址的指令。“

申请人杨萌（下称复审请求人）不服上述驳回决定，于 2004 年 4 月 9 日向国家知识产权局专利复审委员会提出复审请求，在复审请求书中复审请求人重申了在针对第一次和第二次审查意见通知书的意见陈述中的观点，认为本发明对于现有技术的贡献不在于或不仅仅属于智力活动的方法和规则部分，不能依据专利法第二十五条第一款第（二）项拒绝授予其专利权。

专利复审委员会于2204年6月16日向复审请求人发出了复审请求受理通知书，并将该复审请求书连同原申请案卷一并送交作出驳回决定的原实质审查部门进行前置审查。在前置审查意见书中，原实质审查部门认为复审请求人在提交复审请求书时只陈述了不同意审查员的审查意见的理由，没有对申请文件做任何修改；复审请求人在复审意见陈述书中所陈述的意见都是针对驳回决定正文的内容而陈述的，因而坚持原驳回决定。

针对本复审请求，专利复审委员会依法成立合议组对本复审请求进行了审查，合议组认为本案事实已经清楚，可以作出复审决定。

二、决定的理由

本复审决定所依据的文本是：2003年10月22日提交的权利要求第1～5项、说明书第1～8页及说明书附图1～3页、说明书摘要、摘要附图。

合议组认为，权利要求1请求保护的是一种商品防伪条形码网络作业的检测方法，该方法包括步骤A到G，其中通过网络连接器连接商品防伪查询服务中央网站和查询用户终端机，在查询用户终端机和中央网站中分别设有相应的检测程序，能够根据从查询用户终端机输入的身份信息和实时产生和显示的防伪标识进行查询。虽然条形码中的查询信息码的组成是由人为指定的，即包括中央网站的网址代码或网址隐含码、厂商代码、商品分类码、商品防伪密码的条形码的设计以及G步骤中消费者用符合结果单中的网站自身防伪标识与本网站在媒体或网上公布的所对应查询时刻的防伪标识进行核对来鉴定中央网站的真伪这两个特征，完全是源于人的思维，进过推理、分析和判断产生出抽象的结果，不属于专利法意义上的技术特征。但是在权利要求1请求保护的整个技术方案中还包括了上述利用中央网站和查询用户终端机进行查询的方法，在该方法中，通过对从查询用户终端机输入的身份进行认定；以及实时产生和显示的网站的防伪标识，并且将所产生防伪标识按时间顺序存入中央网站的防伪标识实时记录数据库中，以供核查，这些特征采用了技术手段，且采用权利要求1请求保护的技术方案能够解决防伪领域的技术问题，能够达到辨别商品真伪的技术效果。原实质审查部门在没有举证现有技术的情况下，不能认定权利要求1所要求保护的技术方案相对于现有技术的贡献仅在于人为规定的信息，不是通过技术手段而达到保护检测网站数据库的安全与网站检测的可靠性和简化检测输入的目的。因此，本发明就整体而言并不是一种智力活动的规则和方法，虽然发明的一部分属于智力活动的规则和方法，但是对现有技术的贡献不仅仅在于智力活动的规则和方法，不能依据专利法第二十五条第一款第（二）项拒绝授予其专利权。权利要求1不属于专利法第二十五条第一款第（二）项规定的不授予专利权的范围。

由于权利要求1不属于专利法第二十五条第一款第（二）项规定的不授予专利权的范围，对其进行进一步限定的从属权利要求2～5也不属于专利法第二十五条第一款第（二）项规定的不授予专利权的范围。

基于上述理由，权利要求1～5不属于专利法第二十五条第一款第（二）项规定的不授予专利权的范围，复审请求人的复审请求理由成立。

三、决定

撤销国家知识产权局于2004年1月2日对00113896.0号发明专利申请作出的驳回决定。

由国家知识产权局原实质审查部门依据2003年10月22日提交的权利要求第1～6项、说明书第1～8页及说明书摘要、摘要附图、说明书附图1～3页继续审查程序。

054

一种将电脑系统状态挂起的方法案

复审请求审查决定（第7547号）

决　定　号　第7547号
决　定　日　2005年12月13日
发明创造名称　一种将电脑系统状态挂起的方法
国际分类号　G06F 9/28、9/312
复审请求人　神基科技股份有限公司
申　请　号　99111063.3
申　请　日　1999年7月30日
公　开　日　2001年2月7日
合议组组长　崔哲勇
主　审　员　龙　安
参　审　员　樊晓东

法律依据　专利法第二十二条第三款
决定要点

本申请权利要求所限定的技术方案可以为系统内存提供独立电源，从而当系统挂起时，可以完全切断计算机电源模块以节约能源，并减少了计算机处理时间。由于对比文件并未给出采用上述技术手段的启示，因此所述权利要求的技术方案相对于对比文件而言，具有突出的实质性特点和显著的进步，具备创造性。

一、案由

本复审请求涉及申请日为1999年7月30日、申请号为99111063.3、名称为“一种将电脑系统状态挂起的方法”的发明专利申请，其申请人为神基科技股份有限公司。

2003年11月7日，国家知识产权局针对上述文本，发出第一次审查意见通知书，指出权利要求1、2相对于对比文件1（US5485623A，公开日为1996年1月16日）、对比文件2（CN1139771A，公开日为1997年1月8日）的结合，权利要求3相对于对比文件1、2及公知常识的结合，皆缺乏创造性。

2004年3月22日，申请人向国家知识产权局提交意见陈述书，陈述其专利具备创造性的理由，随附修改的权利要求第1～3项。

国家知识产权局于2004年6月11日以该申请不符合专利法第二十二条第三款的规定为由，驳回该申请。具体理由为：关于权利要求1，对比文件1公开一种高速信息处理器，当CPU收到挂起中断信号时，停止当前工作，将当前寄存器状态存入RAM 14的堆栈区域，然后进行挂起事务例程。CPU 101将上述堆栈区域地址写入RAM 104的预定区域。电池管理单元112接收到挂起事务116的电池管理信号后，关闭CPU 101、存储器管理单元102、ROM 103和外部存储设备105的电源，这样信息处理器进入挂起状态。电池管理单元112接收到用于恢复的电池管理信号后，开启CPU 101、存储器管理单元 102、ROM 103 和外部存储设备 105。CPU 读出堆栈区域地址并确定进行恢复事务例程，此恢复事务例程返回 CPU 101 的以上寄存器状态，即读出 RAM 104 的数据并将其存储在先前状态的寄存器中，然后重新开始处理。权利要求 1 与对比文件 1 的区别在于，前者是“将系统内存的存储方式和容量大小存储在 CMOS 中”，“从 CMOS 中读取系统内存的存储方式和容量大小”；前者方案中，除将 CPU 的状态值储存于系统内存，还将 VGA 内存内容、VGA 状态值和所用必要电路装置状态值存于系统内存中后再恢复。所述区别技术特征已由对比文件 2 公开，因此权利要求 1 缺乏创造性。从属权利要求 2、3 亦不具备创造性。

所述驳回决定针对的独立权利要求 1 为：

“1. 一种将电脑系统状态挂起的方法，其特征在于包括以下的步骤：

（1）在电脑系统正常运行时，执行如下的步骤：

将 CPU 的状态值储存于由一独立电源供电的系统内存中；

将系统内存的存储方式和容量大小储存在 CMOS 中；

将 VGA 内存的内容、VGA 的状态值储存于系统内存中；

将所有必要电路装置的状态值储存于系统内存中；以及

关闭系统的电源；

（2）在重新启动系统的电源之后，执行如下的步骤：

从 CMOS 中读取系统内存的存储方式和容量大小；

CPU 进入系统管理模式运行；

恢复所有必要电路装置在系统挂起前的状态值；

恢复在系统挂起之前 VGA 内存的内容以及 VGA 的状态值；

恢复 CPU 的状态值；以及

离开系统管理模式。”

申请人（下称复审请求人）对上述驳回决定不服，于 2004 年 9 月 27 日向国家知识产权局专利复审委员会提出复审请求，其复审理由为：本申请与对比文件 1、2 的区别在于，本申请利用一“独立电源”供应电力给储存所需状态值的储存介质，使得电脑系统在完全关机状态下，该储存介质依然保持激活状态。因此可在按下电源键重启电脑时，快捷地启动系统。

经形式审查合格，专利复审委员会受理了该复审请求，于 2004 年 10 月 25 日发出复审请求受理通知书和前置审查通知书。

前置审查程序中，国家知识产权局原实质审查部门坚持原驳回决定。

专利复审委员会依法成立合议组，对此案进行审理，在对其进行合议审查的基础上，认为本案事实清楚，可以作出复审决定。

二、决定理由

由于复审请求人在提复审请求时未提交修改文本，因此本决定所依据的文本为驳回决定针对的文本。

本复审决定中引用的对比文件与驳回决定中使用的对比文件相同，即，对比文件 1（US5485623A）和对比文件 2（CN11 39771A）。

1. 关于权利要求 1 的创造性

对比文件 1 涉及一种具恢复功能的信息处理器，其公开（第 5 栏第 8～60 行，图 1、2）：

Ⅰ 电脑正常运行时：

（1）当操作者通过输入设备 106 输入挂起命令时，挂起事务开始信号 114 自输入设备 106 传至挂起管理单元 109 。

（2）挂起事务中断信号 115 从接收到信号 114 的挂起管理单元 109 传至 CPU 101。

（3）CPU 101 收到挂起事务中断信号 115 后，停止正在处理的作业，传送当前寄存器状态（即，当作业被挂起至 RAM 104 的堆栈区域时寄存器中的数据）即，在 RAM 104 中存储数据，将处理切换至 ROM 103 中的挂起事务例程。

（4）通过这个例程，CPU 101 在 RAM 104 的预定位置写入前述用于传输的栈区域地址，同时，CPU 101 向电池管理单元 112 发送用于挂起事务 116 的电池管理信号，来切断 CPU 101、存储器管理单元 102、ROM 103 和外部存储器 105 的电源，信息处理器切换至挂起状态。

（5）挂起状态时，电源向输入设备 106 的至少一部分供电，所述输入设备输入恢复命令、电源还向挂起管理单元 109、电池管理单元 112 和 RAM 104 供电（ 电源给最少的电路组件供电，包括 RAM 104 ）。

Ⅱ 输入恢复命令后：

（ 1 ）恢复事务开始信号 118 自输入设备 106 传至挂起管理单元 109。

（ 2 ）用于恢复的电池管理信号 119 自接收到信号 118 的挂起管理单元 109 传至电池管理单元 112。

（ 3 ）接收到电池管理信号 119 的电池管理单元 112 开启 CPU 101、存储器管理单元 102、ROM 103 和外部存储器 105 的电源。

（ 4 ）电源开启后，CPU 101 执行 ROM 103 中的启动事务例程。

（ 5 ）通过这个启动事务例程，CPU 101 读出前述挂起处理执行时写入的用于传输的栈区域地址。

（ 6 ）所述恢复事务例程返回上述 CPU C101 的寄存器状态，即，RAM 104 中的先前状态的数据，将所述数据存入寄存器中，重启所述程序（ 相应于权利要求 1 中的“离开系统管理模式”）。

由上述内容可以看出，权利要求 1 的电脑系统挂起方法与对比文件 1 中的计算机挂起方法存在如下不同：

① 权利要求 1 的技术方案中，当电脑系统挂起时，存储 CPU 状态值的系统内存由独立电源单独供电；而对比文件 1 中，当计算机挂起时，电源不仅向存储 CPU 寄存器状态值的 RAM 104 供电，还向存储器管理单元 102 、ROM 103 、外部存储器 105 这些部件供电。

② 对比文件 1 未公开权利要求 1 中“将 VGA 内存的内容、VGA 的状态值储存于系统内存中”的步骤。

③ 对比文件 1 也没有记载权利要求 1 中“将所有必要电路装置的状态值储存于系统内存中”的步骤。

④ 对比文件 1 还没有权利要求 1 中“将系统内存的存储方式和容量大小储存在 CMOS 中”的步骤。

因两者电脑挂起的方法相异，恢复系统的步骤也相应有所不同。

对比文件 2 中的计算机在挂起状态时，会在关闭电源之前将计算机系统的状态保存至固定磁盘存储器（ 硬盘驱动器 ）31，可以实现上述少量的用电，其具体公开如下内容（ 说明书第 17 页第 13 ~第 18 页第 8 行、第 38 页第 2、3 段）：

（ 1 ）为了进入挂起状态 154，CPU40 中断任何的应用程序并将 CPU 的程序执行控制权转交给电源管理驱动程序。

（ 2 ）电源管理驱动程序确认计算机系统 10 的状态并将该计算机系统的全部状态写至固定磁盘存储器 31。将 CPU 40 的寄存器、CPU 高速缓冲存储器 41、系统 RAM 53、系统高速缓冲存储器 60、视频控制器 56 的寄存器、显示器内存 56 以及其他易失性寄存器的状态均写入固定磁盘驱动器 31。

（3）然后，所述计算机将数据写入非易失性 CMOS 存储器 96 以指示系统被挂起。

（4）CPU 还将以后要写入硬盘驱动器 3 1 的某些信息写至 CMOS NVRAM 。所述信息包括：01H，它表明 CPU40 要转至标号 254 处的挂起例程；02H ，它表明 CPU 40 要转至标号 454 处的继续例程；以及 0FFH，它表明 CPU40 要在 E000H 段数据结构内创建前述特定的 CPU 状态保存区域。

由以上技术方案可知，对比文件 2 并未公开如权利要求 1 中的“用于在系统挂起时单独向系统内存供电的独立电源”，而且其向 CMOS 存储的数据与权利要求 1 中的 CMOS 存储的数据不相同，可见，所述对比文件 2 并没有公开上述区别技术特征 ①~④ 。

因此，对比文件 1、2 未能完全覆盖权利要求 1 的全部技术特征，它们也未对在“将电脑系统状态挂起的方法”中采用上述区别技术特征给出任何启示，而这些区别技术特征的引入对所述方法的使用带来了一定的技术效果，即，由于所述系统内存可由单独电源供电，因此无须将状态值保存在磁盘中，所以可以节省运行处理时间；而且由于储存状态数据的系统内存是由独立的电源供电，所以可以将电脑系统的电源完全切断，从而降低功率消耗。当跳出挂起状态（即重新启动系统电源）时，则从系统内存中读取挂起前的各种状态值，供给各个电路装置，可以快速恢复原系统关机前的操作状态，避免冗长的开机、载入操作系统的过程。因此，权利要求 1 相对于对比文件 1 和对比文件 2 的结合，具有突出的实质性特点和显著的进步，因而具备创造性。

2. 关于权利要求 2、3 的创造性

在其引用的权利要求 1 具备创造的情况下，各项权利要求同样具备创造性。

因此，权利要求 1 ~ 3 相对于对比文件 1 和对比文件 2 的结合，具备专利法第二十二条第三款规定的创造性。

三、决定

撤销国家知识产权局对该发明专利申请作出的驳回决定，以 2004 年 3 月 22 日提交的权利要求第 1 ~ 3 项，1999 年 7 月 30 日提交的说明书第 1 ~ 4 页、附图第 1 ~ 2 页为基础，由原实质审查部门继续审批程序。

055

制造铁电存储器件的方法案

复审请求审查决定（第7550号）

决　定　号　第7550号
决　定　日　2005年12月9日
发明创造名称　制造铁电存储器件的方法
国际分类号　H01L 21/02　H01L 27/115
复审请求人　三星电子株式会社
申　请　号　99109089.6
申　请　日　1999年6月18日
公　开　日　1999年12月29日
合议组组长　石　清
主　审　员　周雷鸣
参　审　员　邢文飞

法律依据　专利法第二十二条第三款
决定要点

如果一项权利要求与现有技术相比存在区别技术特征，该区别技术特征在现有技术中没有启示，并且带来了有益技术效果，则该项权利要求符合专利法第二十二条第三款关于创造性的规定。

一、案由

本复审请求涉及国家知识产权局于2003年12月5日驳回的、名称为"制造铁电存储器件的方法"的发明专利申请（下称本申请），其申请号为99109089.6，申请日为1999年6月18日，优先权日为1998年6月20日，申请人为三星电子株式会社。本申请原始公开的权利要求如下：

"1. 一种在半导体衬底上制造铁电存储器件的方法，所述半导体衬底上具有晶体管，所述晶体管具有源/漏区和栅极，所述方法包括以下步骤：

在所述半导体衬底上形成第一绝缘层；

在所述第一绝缘层上形成铁电电容器，所述铁电电容器由下电极、铁电膜和上电极构成，所述铁电膜包含比锆酸盐量大的钛；

形成第二绝缘层；

腐蚀所述第二绝缘层的选择部分，并形成到达所述下电极的第一开口；

进行热处理，以防止所述下电极和所述铁电膜之间的界面处的反应；

腐蚀所述第二和第一绝缘层，并形成到达所述源/漏区的第二开口；及

在所述第二绝缘层上、所述第一和第二开口中形成接触层，以电连接所述下电极与所述源/漏区。

2. 根据权利要求1的方法，还包括在形成所述第一绝缘层的所述步骤后，形成改善粘附性的粘附层。

3. 根据权利要求 2 的方法，其中所述粘附层包括 TiO_2。

4. 根据权利要求 1 的方法，其中所述下电极选自 Pt、Ir、Rh 和 Ru 。

5. 根据权利要求 1 的方法，其中所述下电极由选自 IrO_2、ITO、RhO_2、RuO_2 和 MoO_3中的层及选自 Pt、Ir、Rh 和 Ru 的另一层的双层结构构成。

6. 根据权利要求 1 的方法，其中所述铁电膜选自 PZT 和 PLZT。

7. 根据权利要求 6 的方法，其中 PZT 的锆酸盐与钛的组分比为 4∶ 6、3∶ 7 或 2∶ 8。

8. 根据权利要求 6 的方法，其中 PLZT 的锆酸盐与钛的组分比为 4∶ 6、3∶ 7 或 2∶ 8。

9. 根据权利要求 1 的方法，其中所述上电极选自 Pt 、Ir 、Ru 和 Rh 。

10. 根据权利要求 1 的方法，其中所述上电极由选自 IrO_2、ITO、RhO_2、RuO_2 和 MoO_3中的层及选自 Pt 、Ir 、Rh 和 Ru 的另一层的双层结构构成。

11. 根据权利要求 1 的方法，还包括形成扩散阻挡层，以防止周围材料扩散到所述铁电电容器。

12. 根据权利要求 11 的方法，其中所述扩散阻挡层包括 TiO_2。

13. 根据权利要求 1 的方法，其中所述热处理利用处理炉和 RTP（快速热处理）其中之一，在约 450℃的温度下，在氧气氛中进行。

14. 根据权利要求 1 的方法，还包括在形成所述第一开口的所述步骤后，形成阻挡层。

15. 根据权利要求 14 的方法，其中所述阻挡层包括 TiN 。

16. 根据权利要求 1 的方法，其中所述导电接触层由依次为 Ti、TiN、Al 和 TiN 的多层结构构成。

17. 一种铁电存储器件，包括：

形成于半导体衬底的有源区上的晶体管，所述晶体管由栅氧化层、带有掩模和侧壁间隔层的栅极及源/漏区构成；

形成于所述晶体管上和所述半导体衬底之上的第一绝缘层；

形成于所述第一绝缘层上的铁电电容器，所述铁电电容器由下电极、铁电膜和上电极构成；

形成于所述铁电电容器上和所述第一绝缘层之上的第二绝缘层；

形成于所述第二绝缘层中到达所述下电极的第一开口；

形成于所述第二和第一绝缘层中到达所述源/漏区的第二开口；

及形成于所述第一和第二开口中及所述第二绝缘层上的接触层，用于所述下电极和所述源/漏区间的电连接。

18. 根据权利要求 17 的铁电存储器件，还包括所述第一绝缘层和所述下电极间的粘附层，用于改善两者间的粘附性。

19. 根据权利要求 17 的铁电存储器件，其中所述铁电膜选自 PZT 和 PLZT。

20. 根据权利要求 19 的铁电存储器件，其中 PZT 的锆酸盐与钛的 组分比为 4∶ 6、3∶ 7 或 2∶ 8。

21. 根据权利要求 19 的铁电存储器件，其中 PLZT 的锆酸盐与钛的组分比为 4∶ 6、3∶ 7 或2∶ 8。”

在国家知识产权局的实质审查过程中，实质审查部门在 2002 年 9 月 13 日发出的第一次审查意见通知书中指出：权利要求 1、2、4、6、9、11、14、17 ~ 19 不符合专利法第二十二条第三款有关创造性的规定，权利要求 1、4 ~ 6、9 ~ 13、15、16、19 不符合专利法实施细则第二十条至二十三条的规定，说明书不符合专利法实施细则第十八条的规定。通知书引用了两篇对比文件，即：

对比文件 1：US5481490A，公开日为 1996 年 1 月 2 日；

对比文件 2：US5475248A，公开日为 1995 年 12 月 12 日。

针对第一次审查意见通知书，申请人于2003年1月28日提交意见陈述书，并提交新的权利要求书和说明书，并指出：新的权利要求书和说明书克服了第一次审查意见通知书中指出的所有缺陷。

实质审查部门在2003年6月20日发出第二次审查意见通知书，并指出：权利要求1～18不符合专利法第二十二条第三款的规定；权利要求15～18不符合专利法实施细则第三十三条的规定，说明书的修改不符合专利法第三十三条的规定。

针对第二次审查意见通知书，申请人于2003年9月5日提交了意见陈述书及新的权利要求第1～18项和说明书第4页，并指出：修改后的权利要求15～18克服了修改超范围的缺陷，同时，权利要求1～18相对于对比文件1和对比文件2具备创造性。其中新的权利要求书的内容如下：

"1. 一种在半导体衬底上制造铁电存储器件的方法，所述半导体衬底上具有晶体管，所述晶体管具有源/漏区和栅极，所述方法包括以下步骤：

在所述半导体衬底上形成第一绝缘层；

在半导体衬底上形成铁电电容器，所述铁电电容器由下电极、铁电膜和上电极构成，所述铁电膜由包括锆钛酸铅（PZT）和钛酸锆酸镧铅（PLZT）的组分组成，其中钛的组分相对地大于锆酸盐的组分；

在所述铁电电容器和所述第一绝缘层上形成第二绝缘层；

腐蚀所述第二绝缘层，以形成露出所述下电极的第一开口；

在所述第一开口中和所述第二绝缘层上形成氮化钛层；

腐蚀所述氮化钛层、第二绝缘层、和第一绝缘层以形成露出所述所述源/漏区的第二开口；

顺序地在所述第二开口上和所述第一开口中的所述氮化钛层上形成钛层和氮化钛层。

2. 根据权利要求1的方法，还包括在形成所述第一绝缘层的所述步骤后，形成改善粘附性的粘附层。

3. 根据权利要求2的方法，其中所述粘附层包括 TiO_2。

4. 根据权利要求1的方法，其中所述下电极选自 Pt、Ir 、Rh 和 Ru 中之一形成所述下电极。

5. 根据权利要求1的方法，其中所述下电极由双层结构组成，下层选自 IrO_2、ITO、RhO_2、RuO_2 和 MoO_3 构成的组，而上层选自 Pt、Ir、Rh 和 Ru 构成的组，其中所述上层堆叠在所述下层上。

6. 根据权利要求1的方法，其中 PZT 的锆酸盐与钛的组分比为 4∶6、3∶7 或 2∶8。

7. 根据权利要求1的方法，其中 PLZT 的锆酸盐与钛的组分比为 4∶6、3∶7 或 2∶8。

8. 根据权利要求1的方法，其中所述上电极选自 Pt、Ir、Ru 和 Rh 中之一形成所述上电极。

9. 根据权利要求1的方法，其中所述上电极由双层结构组成，下层选自 RiO_2、ITO、RhO_2、RuO_2 和 MoO_3 构成的组，而上层选自 Pt、Ir、Rh 和 Ru 构成的组，其中所述上层堆叠在所述下层上。

10. 根据权利要求1的方法，还包括在铁电电容器的下电极和第一绝缘层之间形成扩散阻挡层，以防止周围材料扩散到所述铁电电容器。

11. 根据权利要求10的方法，其中所述扩散阻挡层由 TiO_2 形成。

12. 根据权利要求1的方法，进一步包括：在形成所述第一开口之后，进行热处理以避免在所述下电极和所述铁电膜之间的界面上发生反应，其中在约450℃的温度下，利用处理炉和快速热处理其中之一，在氧气氛中进行所述热处理。

13. 根据权利要求1的方法，还包括在形成所述第一开口的所述步骤后，形成阻挡层。

14. 根据权利要求13的方法，其中 TiN 形成所述阻挡层。

15. 一种铁电存储器件，其包括：

形成于半导体衬底的有源区上的晶体管，所述晶体管具有栅极和源/漏区；

形成于所述晶体管上和所述半导体衬底之上的第一绝缘层；

形成于所述第一绝缘层上的铁电电容器，所述铁电电容器由下电极、铁电膜和上电极构成，所述铁电膜由包括锆钛酸铅（PZT）和钛酸锆酸镧铅（PLZT）的组分组成，钛的组分相对地大于锆酸盐的组分；

在所述铁电电容器和所述第一绝缘层上形成第二绝缘层；

在所述第二绝缘层中形成的第一开口，其连到所述下电极；

在第二和第一绝缘层中形成的第二开口，其连接到所述源/漏区；

在所述第一开口中形成的第一接触层，电连到所述下电极，所述第一接触层包括顺序堆叠的氮化钛曾、钛层和氮化钛层；

和在所述第二开口中形成的第二接触层，电连接到所述源/漏区，所述第二接触层包括顺序堆叠的钛层和氮化钛层。

16. 根据权利要求 15 的铁电存储器件，还包括所述第一绝缘层和所述下电极间的粘附层，用于改善两者间的粘附性。

17. 根据权利要求 15 的铁电存储器件，其中 PZT 的锆酸盐与钛的组分比为4：6、3：7 或2：8。

18. 根据权利要求15 的铁电存储器件，其中 PLZT 的锆酸盐与钛的组分比为4：6、3：7 或2：8。”

国家知识产权局实质审查部门于 2003 年 12 月 5 日以权利要求 1 ~ 18 不符合专利法第二十二条第三款的规定为由驳回了本申请，驳回决定指出：对比文件 1 公开了本申请权利要求 1 的大部分技术特征，权利要求 1 与对比文件 1 相比区别在于：①第一开口和第二开口形成的顺序不同，②开口和绝缘层上的层结构不同。但本申请权利要求 1 的第一开口中的氮化钛/钛/氮化钛层和对比文件 2 中的开口中的氮化钛层作用相同，权利要求 1 中氮化钛/钛/氮化钛层的多层结构仅仅是对比文件 2 中单一层的氮化钛层在层结构上的简单变化，权利要求 1 的第二开口中的钛/氮化钛层与对比文件 2 的源/漏区的开口上的硅化钛层/氮化钛层作用相同，将对比文件 2 中源/漏区开口上的硅化钛层替换为权利要求 1 的开口中的钛层也没有给本发明带来任何预料不到的技术效果，将对比文件 1 和对比文件 2 结合并结合上述简单的变换或替换从而得到权利要求 1 是很容易想到的，因此，权利要求 1 不具备创造性；同理，权利要求 15 也不具备创造性；从属权利要求 2 ~ 14、16 ~ 18 的附加技术特征在对比文件 1、2 中公开，因此从属权利要求 2 ~ 14、16 ~ 18 不具备创造性。

申请人（下称复审请求人）对该驳回决定不服，于 2004 年 3 月 22 日向国家知识产权局专利复审委员会提交了复审请求书，并陈述了本申请具有创造性的主要理由是：本申请为了得到两种开口的接触结构，执行了区别于现有技术的顺序步骤，形成露出下电极的第一开口和形成氮化钛层，然后形成露出源/漏区的第二开口和形成钛层和氮化钛层，开口形成顺序以及接触结构都不同于对比文件 1 和对比文件 2，对比文件 1 和对比文件 2 也没有给出技术启示。

专利复审委员会于 2004 年 4 月 9 日发出了复审请求受理通知书和前置审查通知书。

在前置审查程序中，国家知识产权局原实质审查部门仍坚持原驳回决定。

在此基础上，专利复审委员会依法成立合议组对本案进行复审。

经审查，合议组认为本案事实清楚，可以作出本复审请求审查决定。

二、决定的理由

1. 依据的文本

复审请求人在提出复审请求时没有提交修改文本，因此本复审决定依据的文本是驳回决定所依据的文本，即 1999 年 6 月 18 日提交的说明书附图第 1 ~ 6 页、说明书摘要及摘要附图，2003 年 1 月 28

日提交的说明书第1~3、5~8页和2003年9月5日提交的说明书第4页、权利要求第1~18项。

2. 权利要求1~18的创造性问题

合议组评价权利要求1~18创造性所使用的对比文件与驳回决定使用的对比文件相同，即对比文件1：US5481490A、对比文件2：US5475248A。合议组认为，本申请权利要求1~18的技术方案相对于对比文件1和对比文件2具有突出的实质性特点和显著进步，符合专利法第二十二条第三款有关创造性的规定，具体理由如下：

对比文件1（参见对比文件1说明书第7-12栏，说明书附图1、7）公开了一种铁电存储器，其包括氧化物铁电薄膜电容器和硅器件，在硅衬底2上形成有MOS晶体管，在整个衬底表面上形成BPSG层7，在BPSG层7上形成由PZT材料构成的铁电薄膜电容器8，然后在整个衬底表面上形成绝缘层14，形成开口7a，使源区3和漏区4暴露，形成开口14a，使铁电薄膜电容器下电极10暴露，在上述各开口形成导电连接线15、16、18；该铁电存储器如此构造的目的是为了在减少的大气条件下的MOS烧结步骤中防止铁电薄膜脱离上电极和/或下电极。

对比文件2（参见说明书第5-7栏，说明书附图4）公开了一种具有铁电材料的半导体装置，其中半导体装置的晶体管具有电极、源区和漏区以及在局部氧化膜上形成的铁电电容器，该电容器具有铁电薄膜和将该薄膜夹在中间的上电极、下电极，下电极和源区通过导电反应阻挡薄膜形成的导线相互连接，该薄膜上堆叠有Al线电极，源/漏区的开口中形成降低接触电阻的硅钛层，之后在硅钛层上和电极开口中形成导电性的反应阻挡层；其目的是在第一表面或半导体衬底或半导体内提供带有铁电物质的结构。

对比文件1是与本申请最接近的现有技术。权利要求1与对比文件1的区别为：形成露出下电极的第一开口和氮化钛层，在第一开口和第二绝缘层上形成氮化钛层，然后形成露出源/漏区的第二开口和形成钛层及氮化钛层。对比文件2中没有公开上述区别技术特征，具有上述区别技术特征的权利要求1的技术方案实现了源/漏区接触钛层、下电极接触氮化钛层，具有改进铁电特性的有益效果，例如高温保持性、高读/写持久性。由于对比文件1和对比文件2没有公开权利要求1中先形成露出下电极的第一开口、后形成露出源/漏区的第二开口、在第一开口和第二绝缘层上形成氮化钛层和第一开口中氮化钛层上形成钛层和氮化钛层以及由此带来的技术效果，权利要求1所具有的开口的顺序使得源/漏区和下电极的接触层不同于对比文件1和对比文件2中不同的源/漏区和下电极的接触层，在对比文件1和对比文件2没有给出技术启示的情况下，将权利要求1中的开口顺序、由开口顺序形成的层结构认为是简单的变换缺乏依据。因此，权利要求1请求保护的技术方案相对于对比文件1和对比文件2具备突出的实质性特点和显著进步，具备专利法第二十二条第三款规定的创造性。

从属权利要求2~14均是直接或间接引用权利要求1，鉴于权利要求1具备创造性，引用权利要求1的从属权利要求2~14也具备专利法第二十二条第三款规定的创造性。

权利要求15是与方法权利要求1对应的产品权利要求，基于权利要求1具备创造性的同样理由，权利要求15与对比文件1和对比文件2相比同样具备创造性，符合专利法第二十二条第三款关于创造性的规定。

从属权利要求16~18均是直接或间接引用权利要求15，鉴于权利要求15具备创造性，引用权利要求15的从属权利要求16~18也具备专利法第二十二条第三款规定的创造性。

根据上述事实和理由，本案合议组作出如下决定。

三、决定

撤销国家知识产权局于2003年12月5日对本申请作出的驳回决定，由原实质审查部门依据驳回决定所针对的文本，即 1999 年 6 月 18 日提交的说明书附图第 1 ~ 6 页、说明书摘要及摘要附图、2003 年 1 月 28 日提交的说明书第 1 ~ 3、5 ~ 8 页和 2003 年 9 月 5 日提交的说明书第 4 页、权利要求第 1 ~ 18 项，继续进行审批程序。

056

存储和再现装置案

复审请求审查决定（第7601号）

决　　定　　号　第7601号
决　　定　　日　2005年12月15日
发明创造名称　存储和再现装置
国 际 分 类 号　G06K 7/00　G06K 1/00　G10L 5/02　G11C 7/00
复 审 请 求 人　索尼公司
专 利 申 请 号　98119883. X
申　　请　　日　1998年8月7日
公　　开　　日　1999年7月14日
合 议 组 组 长　黄毅斐
主　　审　　员　熊　婷
参　　审　　员　孙克良

法 律 依 据　专利法实施细则第二十条第一款
决 定 要 点

产品权利要求应尽量采用结构特征来描述，如果权利要求已经清楚地记载了产品的结构特征，而采用功能性描述对结构特征进行进一步限定则是允许的。

一、案由

本复审请求涉及申请日为1998年8月7日、申请号为98119883. X、申请人为索尼公司、发明名称为“存储和再现装置”的发明专利申请（下称本申请）。

在实质审查过程中，国家知识产权局实质审查部门于2003年7月18日发出了第一次审查意见通知书，指出权利要求1、18、24、30不符合专利法第二十六条第四款的规定，权利要求1～10、14、15、18、20、24、30～39、43不符合专利法实施细则第二十条第一款的规定。

针对第一次审查意见通知书，申请人于2003年11月28日提交了意见陈述书以及权利要求书的修改文本。

实质审查部门以新修改文本中的权利要求2～10、14、15、20、31～39、43不符合专利法实施细则第二十条第一款的规定为由，于2004年6月25日作出了驳回本申请的决定，驳回理由主要是：权利要求2请求保护的是一种存储和再现装置，但该权利要求的附加技术特征却是一种装置在使用过程中的具体处理方法，即当前权利要求2用方法限定了装置，因而导致了该权利要求所要求保护的技术方案不清楚，不符合专利法实施细则第二十条第一款的规定；权利要求3～10、14、15、20、31～39、43中同样存在上述缺陷，因而也不符合专利法实施细则第二十条第一款的规定。

驳回决定所针对的权利要求书中的部分权利要求如下：

“1. 一种存储和再现装置，具有装置主体，该装置包括：

一存贮器，用于在其内存储输入的数据和所述输入数据的辅助数据；

一再现部件，用于再现从所述存贮器中读出的数据；

一操作部件，该部件安装在所述装置主体上，所述操作部件具有一旋转操作部件，该旋转操作部件以这样一种方式安装在所述装置主体上，即，所述旋转操作部件能够围绕一旋转中心旋转并且沿着一实际上与所述旋转中心垂直交叉的平面移动；以及

一控制部件，该部件用于根据来自所述操作部件的输入将所述辅助数据写入所述存贮器以及读出存储在所述存贮器中的所述数据，其中所述控制部件根据所述旋转操作部件的旋转方向而从所述存贮器中读出辅助数据，并且当所述旋转操作部件沿所述平面移动时，所述控制部件根据从所述存贮器中读出的辅助数据而从所述存贮器中读出所述数据，所述从所述存贮器读出的数据被所述再现部件再现。

2. 如权利要求1所述的存储和再现装置，其特征在于，当在由所述再现部件执行的再现操作过程中所述旋转操作部件沿所述平面移动时，所述控制部件终止由所述再现部件执行的所述再现操作。

3. 如权利要求1所述的存储和再现装置，其特征在于，当所述旋转操作部件在由所述再现部件执行的再现操作过程中处于沿所述平面的一移动位置达到一预定时间以上时，所述控制部件重复地再现所述再现部件正在再现的数据。

4. 如权利要求1所述的存储和再现装置，其特征在于，当所述旋转操作部件在由所述再现部件执行的一再现开始后或者在一再现进行中而在沿所述平面的移动位置上被旋转时，在所述旋转操作部件处于沿所述平面的所述移动位置的同时，所述控制部件执行由所述再现部件从所述存贮器中读出的数据的高速再现。

5. 如权利要求4所述的存储和再现装置，其特征在于，当所述旋转操作部件从沿所述平面的所述移动位置解除时，所述控制部件切换所述再现部件至正常再现状态。

6. 如权利要求5所述的存储和再现装置，其特征在于，当所述旋转操作部件还处于沿所述平面的所述移动位置达到一预定时期时，所述控制部件重复地再现正在由所述再现部件再现的数据，并且在此之后，如果所述旋转操作部件沿所述平面移动或旋转，则所述控制部件切换所述再现部件至正常再现状态。

7. 如权利要求1所述的存储和再现装置，其特征在于，当所述装置处于停止状态时，如果所述旋转操作部件处于沿所述平面的一移动位置达到一预定时期，则所述控制部件间歇地读出存储在所述存储器中的数据，使得该数据被所述再现部件再现。

8. 如权利要求7所述的存储和再现装置，其特征在于，如果所述旋转操作部件没有处于沿所述平面的移动位置达到该预定时期，则控制部件执行由所述再现部件完成的正常再现。

9. 如权利要求7所述的存储和再现装置，其特征在于，在所述数据被间歇地读出并由所述再现部件再现的同时，如果所述旋转操作部件沿所述平面移动，则所述控制部件控制由所述再现部件执行一正常再现。

10. 如权利要求7所述的存储和再现装置，其特征在于，在所述数据被间歇地读出并由所述再现部件再现的同时，如果所述旋转操作部件被旋转，则所述控制部件根据所述旋转操作部件的旋转量修改从所述存储器中读出的数据并且继续所述的间隔的数据读出以及由所述再现部件进行的再现。”

“14. 如权利要求1所述的存储和再现装置，其特征在于，如果在由所述操作部件执行的再现操作过程中，所述操作部件输入一指令以写另外的数据到所述存贮器中，则所述控制部件中断由所述再现部件执行的再现操作并且开始写入所述另外的数据至所述存贮器中。

15. 如权利要求14所述的存储和再现装置，其特征在于，所述控制部件重写所述辅助数据，使

得写在所述存贮器中的所述另外的数据在其再现已经由所述再现部件中断的数据之后连续地从所述存贮器中读出。

”“18. 一种存储和再现装置，具有装置主体，该装置包括：

一存贮器，用于在其内存贮输入的数据和所述输入数据的管理数据；

一再现部件，用于再现从所述存贮器中读出的数据；

一操作部件，该部件安装在一装置主体上；以及

一控制部件，用于根据自所述操作部件的输入执行所述数据和所述管理数据的写入和执行存贮在所述存贮器中的所述数据的读出，其中，所述控制部件重写所述管理数据，使得写入在所述存贮器中的新数据在已经存入所述存贮器的数据之前被读出。

19. 如权利要求 18 所述的存储和再现装置，其特征在于，所述管理数据包括存储在所述存贮器中的数据的起始地址和结尾地址以及表示再现次序的数据。

20. 如权利要求 18 所述的存储和再现装置，其特征在于，如果在由所述再现部件执行的再现操作过程中由所述操作部件输入一用于写另外的数据至所述存储器中的指令，则所述控制部件中断由所述再现部件执行的再现操作并且开始写入所述另外的数据至所述存贮器中。

”“30. 一种存储和再现装置，具有装置主体，该装置包括：

一信号处理部件，用于将输入的声音信号转换为数字信号；

一存贮器，用于存储从所述信号处理部件输出的所述数字信号和所述数字信号的管理数据；

一再现部件，用于再现从所述存储器读出的所述数字信号；

一操作部件，该部件安装在一装置主体上，所述操作部件具有一旋转操作部件，该旋转操作部件以这样一种方式安装在所述装置主体上，即，所述旋转操作部件能够围绕一旋转中心旋转并且沿着一几乎与所述旋转中心垂直交叉的平面移动；以及

一控制部件，用于根据来自所述操作部件的输入，执行将所述数字信号和所述管理数据写入存贮器以及存贮在所述存贮器中的数字信号和管理数据的读出，其中，所述控制部件根据所述旋转操作部件的旋转方向而从所述存贮器中读出所述管理数据，并且当所述旋转操作部件沿着所述平面移动时，所述控制部件根据从所述存贮器中读出的所述管理数据而从所述存贮器中读出所述数字信号。

31. 如权利要求 30 所述的存储和再现装置，其特征在于，如果在由所述再现部件执行的再现操作过程中所述旋转操作部件沿所述平面移动，则所述控制部件中断由所述再现部件执行的所述再现操作。

32. 根据权利要求 30 所述的存储和再现装置，其特征在于，如果所述旋转操作部件在由所述再现部件执行的再现操作过程中处于一沿所述平面的移动状态达到一预定时期以上，则所述控制部件重复地再现由所述再现部件正在再现的数据。

33. 根据权利要求 30 所述的存储和再现装置，其特征在于，如果所述旋转操作部件在由所述再现部件执行的一再现开始后或者在一再现进行中而在一移动位置上被旋转，则在所述旋转操作部件处于沿所述平面的所述移动位置的同时，所述控制部件执行由所述再现部件完成的从所述存贮器中读出的数据的高速再现。

34. 如权利要求 33 所述的存储和再现装置，其特征在于，当所述旋转操作部件从沿所述平面的所述移动位置解除时，所述控制部件切换所述再现部件至正常再现状态。

35. 如权利要求 34 所述的存储和再现装置，其特征在于，如果所述旋转操作部件还处于该移动位置达到一预定时期，则所述控制部件重复地再现正在由所述再现部件再现的数据，并且在此之后，当所述旋转操作部件沿所述平面移动或旋转时，所述控制部件切换所述再现部件至正常再现状态。

36. 如权利要求30所述的存储和再现装置，其特征在于，如果在所述装置处于停止状态的同时，所述旋转操作部件被移动并且处于一移动位置达到一预定时期，则所述控制部件间歇地读出存储在所述存储器中的数据，使得该数据被所述再现部件再现。

37. 如权利要求36所述的存储和再现装置，其特征在于，如果在所述装置处于停止状态的时候所述旋转操作部件没有处于所述移动位置达到一预定时期，则所述控制部件执行由所述再现部件完成的正常再现。

38. 如权利要求36所述的存储和再现装置，其特征在于，如果在所述数据被间歇地读出而由所述再现部件再现的同时所述旋转操作部件沿所述平面移动，则所述控制部件执行由所述再现部件完成的正常再现。

39. 如权利要求36所述的存储和再现装置，其特征在于，如果在所述数据被间歇地读出而由所述再现部件再现的同时所述旋转操作部件被旋转，则所述控制部件根据所述旋转操作部件的旋转量切换至从所述存贮器中读出的另外的数据并且继续所述的间隔的数据读出以及由所述再现部件进行的再现。”

“43. 如权利要求30所述的存储和再现装置，其特征在于，如果在由所述再现部件执行的再现操作过程中，所述操作部件输入一指令以写另外的数据到所述存贮器中，则所述控制部件中断由所述再现部件执行的再现操作并且开始写入所述另外的数据至所述存贮器中。”

申请人（下称请求人）对上述驳回决定不服，于2004年10月2日向专利复审委员会提出复审请求，请求人未修改文件。其复审理由如下：权利要求2~10、14、15、20、31~39和43都是各自独立权利要求的从属权利要求，在独立权利要求已经限定了构成本发明的装置的所有必要技术特征的前提下，在其从属权利要求中进一步对相关的装置作适当的功能限定是可以允许的。

在前置审查程序中，原实质审查部门仍坚持原驳回决定。

专利复审委员会依法成立合议组对本案进行复审。合议组认为本案事实清楚，可以作出本复审请求审查决定。

二、决定的理由

1. 复审决定所依据的文本。

请求人在提出复审请求时未修改文件，因此，本复审决定所依据的文本是驳回决定所针对的文本，即请求人于申请日提交的说明书第1~19页、1998年11月18日提交的附图第1~15页、说明书摘要及摘要附图，2003年11月28日提交的权利要求1~46项。

2. 关于专利法实施细则第二十条第一款。

专利法实施细则第二十条第一款规定：“权利要求书应当说明发明或实用新型的技术特征，清楚、简要地表述请求保护的范围。”

产品权利要求应尽量采用结构特征来描述，如果权利要求已经清楚地记载了产品的结构特征，而采用功能性描述对结构特征进行进一步限定则是允许的。

权利要求1要求保护一种存储和再现装置，包括一存贮器、再现部件、操作部件和控制部件，权利要求2是权利要求1的从属权利要求，其附加技术特征为：“当在由所述再现部件执行的再现操作过程中所述旋转操作部件沿所述平面移动时，所述控制部件终止由所述再现部件执行的所述再现操作”。由上可知，此附加技术特征通过描述再现部件、旋转操作部件和控制部件之间的具体处理方法，从而更进一步地限定了上述部件的功能及其相互之间的联系。也就是说，权利要求2在已经明确了一种存储和再现装置所包括的部件及其连接关系的前提下，其附加技术特征是限定其中三个部件的功能特征，而且上述功能特征能通过说明书中充分规定的操作直接和肯定地验证，这比仅使用结构特征限定更为清楚。因此，采用功能特征的权利要求2能够清楚地限定请求保护的范围，符合专利法实施细则第二十条第一款的规定。

类似地，采用功能性限定的权利要求3~10、14、15、20、31~39和43也是清楚的，符合专利法实施细则第二十条第一款的规定。

三、决定

撤销国家知识产权局于2004年6月25日对申请号为98119883.X的发明专利申请所作出的驳回决定，以驳回决定所依据的文本，即请求人于申请日提交的说明书1~19页、1998年11月18日提交的附图第1~15页、说明书摘要及摘要附图，2003年11月28日提交的权利要求1~46项为基础，由原实质审查部门继续进行审批程序。

057

电 池 案

复审请求审查决定（第7609号）

决 定 号 第7609号
决 定 日 2005年11月29日
发明创造名称 电 池
国际分类号 H01M 10/30 10/00 H01M 4/64
复审请求人 日本电池株式会社
专利申请号 97119046.1
申 请 日 1997年10月21日
公 开 日 1998年5月6日
合议组组长 熊 婷
主 审 员 孙克良
参 审 员 骆素芳

法律依据 专利法第二十二条第三款
决定要点

公知常识应该是公知的教科书或工具书披露的解决该技术问题的技术手段，或本领域中解决该技术问题的惯用手段。不能在没有足够事实依据的情况下将对现有技术作出贡献的技术特征简单地认定为公知常识。

一、案由

本复审请求案涉及申请日为1997年10月21日、优先权日为1996年10月21日、公开日为1998年5月6日、发明名称为“电池”的97119046.1号发明专利申请（下称本申请），申请人为日本电池株式会社。

国家知识产权局实质审查部门对本申请进行了实质审查，于2003年9月19日发出了第一次审查意见通知书，指出权利要求1~8相对于对比文件1（US2724733A，公开日为1955年11月22日）不具备创造性，不符合专利法第二十二条第三款的规定。

申请人于2004年2月4日陈述了意见并修改了权利要求书，主要是调整从属权利要求的顺序和引用关系。

针对请求人于申请日提交的说明书第1~10页、说明书摘要，1997年12月11日提交说明书附图和摘要附图，2004年2月4日提交的权利要求第1~13项，国家知识产权局于2004年6月11日驳回了本申请，驳回的理由为权利要求1~13不符合专利法第二十二条第三款的规定。

被驳回的权利要求中包括13项权利要求，具体如下：

“1. 电池，正负两方的电极是通过隔板相邻配置的，其中至少任何一方的电极具有用载持活性物质的三维多孔体构成的发电元件，其特征是在载持活性物质的三维多孔体构成的电极极板的50%以上面积上，相邻配置导电性薄板的同时，该导电性薄板的任何一个端部从发电元件的端部突出。

2. 权利要求1所述的电池，其特征是所述导电性薄板在与电极的相接面上具有多个开口孔。

3. 权利要求2所述的电池，其特征是所述导电性薄板是将相接电极的三维多孔体咬入到各开口孔中，整体地进行配置。

4. 权利要求1~3中任何一项所述的电池，其特征是所述导电性薄板是在与电极相接面上，对该电极侧形成多个突起部。

5. 权利要求1~3中任何一项所述的电池，其特征是所述发电元件是通过介入隔板将正负两方电极螺旋状地卷绕，相邻配置所述导电性薄板，相对于相接的电极，配置在卷绕的内周侧，而且，该导电性薄板的开始卷绕端，相对于相接电极开始卷绕端，错位配置在卷入方向的后方。

6. 权利要求5所述的电池，其特征是在所述导电性薄板的开始卷绕附近的卷绕内周侧面上形成绝缘体层。

7. 权利要求1所述的电池，其特征是导电性薄板设置在具有由三维多孔体组成的所述发电元件的所述电极的电极板相接处75%到100%面上。

8. 电池，正负两方的电极是通过隔板相邻配置的，其中至少任何一方的电极具有用载持活性物质的三维多孔体构成的发电元件，其特征是在载持活性物质的三维多孔体构成的电极极板的50%以上面积上，相接配置导电性薄板的同时，在该导电性薄板上形成从其中任何一端部引出到发电元件外部的引线部。

9. 权利要求8所述的电池，其特征是所述导电性薄板在与电极的相接面上具有多个开口孔。

10. 权利要求9所述的电池，其特征是所述导电性薄板是将相接电极的三维多孔体咬入到各开口孔中，整体地进行配置。

11. 权利要求8~10中任何一项所述的电池，其特征是所述导电性薄板是在与电极相接面上，对该电极侧形成多个突起部。

12. 权利要求8~10中任何一项所述的电池，其特征是所述发电元件是通过介入隔板将正负两方电极螺旋状地卷绕，相邻配置所述导电性薄板，相对于相接的电极，配置在卷绕的内周侧，而且，该导电性薄板的开始卷绕端，相对于相接电极开始卷绕端，错位配置在卷入方向的后方。

13. 权利要求12所述的电池，其特征是在所述导电性薄板的开始卷绕附近的卷绕内周侧面上形成绝缘体层。”

在驳回决定中，原实质审查部门在评述独立权利要求1和独立权利要求8时分别指出：

权利要求1请求保护一种电池，对比文件1（参见第1栏47~57行，第3栏第74至第4栏27行，权利要求1~17，附图la-2b）公开了一种碱性蓄电池电极，并具体公开了以下技术特征：电极具有用作活性物质的承载体的三维多孔载体（2或6），在三维多孔载体（2或6）上相邻配置用于加强该多孔载体（2或6）的金属加强构件（1或5），金属加强构件（1或5）的一端上设置有用于连接端子的极耳，由此可见，对比文件1中已经公开了权利要求1的大部分技术特征，与权利要求1的区别仅在于：没有明确公开正、负电极通过隔板相邻配置和金属加强构件（1或5）从端部突出。但电池中的正、负电极通过隔板相邻配置是本领域的公知常识，并且本领域的技术人员在对比文件1已公开了三维多孔载体与金属加强构件相邻配置的基础上、不难想到使金属加强构件从承载了活性物质的三维多孔体的端部突出，因此本领域的技术人员在对比文件1的基础上结合公知常识得到权利要求1请求保护的技术方案是不需要创造性劳动的，因此权利要求1不符合专利法第二十二条第三款有关创造性的规定。

权利要求8请求保护一种电池，对比文件1（参见第1栏47~57行，第3栏第74至第4栏27

行，权利要求1～17，附图1a－2b）公开了一种碱性蓄电池电极，并具体公开了以下技术特征：电极具有用作活性物质的承载体的三维多孔载体（2或6），在三维多孔载体（2或6）上相邻配置用于加强该该多孔载体（2或6）的金属加强构件（1或5），金属加强构件（1或5）的一端上设置有用于连接端子的极耳，由此可见，对比文件1中已经公开了权利要求1的大部分技术特征，与权利要求1的区别仅在于：没有明确公开正、负电极通过隔板相邻配置和在金属加强构件（1或5）的端部上形成从其中任何一端部引出到发电元件外部的引线部。但电池中的正、负电极通过隔板相邻配置以及形成从极板的一端引出到发电元件外部的引线部是本领域的公知常识。因此，本领域的技术人员在对比文件1的基础上结合公知常识、并将经常从极板的一端引出到外部的引线部替换为从相邻极板配置的金属加强构件（1或5）的一端引出，从而得到权利要求2要求保护的技术方案是不需要创造性劳动的，并且这种结合和替换并没有产生任何意想不到的技术效果，因此权利要求8不符合专利法第二十二条第三款有关创造性的规定。

申请人（下称请求人）对上述驳回决定不服，于2004年9月24日向专利复审委员会提出复审请求，未修改申请文件。请求复审的主要理由是：权利要求1所记载的“导电性薄板的任何一个端部从发电元件的端部突出”和权利要求8所记载的“在该导电性薄板上形成从其中任何一端部引出到发电元件外部的引线部”是区别于现有技术的特征，不是公知常识或“不难想到”的。

经形式审查合格后，专利复审委员会受理了该复审请求，于2004年10月13日向请求人发出了复审请求受理通知书和前置审查通知书。

原实质审查部门对本案进行了前置审查，原实质审查部门认为权利要求1～13所记载的技术方案仍不具备创造性，因此，坚持驳回决定。

专利复审委员会依法成立合议组对本案进行审查。

经审查，合议组认为本案事实清楚，可以作出审查决定。

二、决定的理由

1. 关于文本

复审请求人在提出复审请求时未修改专利申请文件，因此合议组仍将驳回决定所针对的文本，即申请日提交的说明书第1～10页、说明书摘要，1997年12月11日提交说明书附图和摘要附图，2004年2月4日提交的权利要求第1～13项，作为复审决定所依据的文本。

2. 关于权利要求1～7

权利要求1请求保护一种电池，对比文件1（参见第1栏47－57，第3栏第74至第4栏27行，权利要求1～17，附图la－2b）公开了一种碱性蓄电池电极，并具体公开了以下技术特征：电极具有用作活性物质的承载体的三维多孔载体（2或6），在三维多孔载体（2或6）上相邻配置用于加强该多孔载体（2或6）的金属加强构件（1或5），金属加强构件（1或5）的一端上设置有用于连接端子的极耳。由此可见，将本申请的权利要求1与对比文件1相比，其区别在于“（1）正负电极是通过隔板相邻配置的；（2）在电极极板的50%以上面积上相邻配置导电性薄板的同时，该导电性薄板的任何一个端部从发电元件的端部突出”。但在驳回决定中不但没有评述“在电极极板的50%以上面积上”这一特征，而且认为：“本领域的技术人员在对比文件1已公开了三维多孔载体与金属加强构件相邻配置的基础上、不难想到使金属加强构件从承载了活性物质的三维多孔体的端部突出”。合议组认为：该第二个区别特征所起的作用是节省除去活性物质的工艺，从而提高生产率。因此区别特征（2）正是本发明对现有技术作出贡献的技术特征，而对比文件1并没有给出解决上述技术问题的启示，所以驳回决定认为该特征是不难想到的论断是缺乏事实依据的。因此如果不能提供证据来证明其区别特征为“节省除去活性物质工艺”所采用的常用技术手段或公知常识，则权利要求1相对于对比文件 1 具备创造性。

在权利要求 1 具备创造性的情况下，直接或间接引用它的从属权利要求 2 ~ 7 也具备创造性。

3. 关于权利要求 8 ~ 13

权利要求 8 请求保护一种电池，对比文件 1（参见第 1 栏 47 ~ 57，第 3 栏第 74 ~ 第 4 栏 27 行，权利要求 1 ~ 17，附图 1a – 2b）公开了一种碱性蓄电池电极，并具体公开了以下技术特征：电极具有用作活性物质的承载体的三维多孔载体（2 或 6），在三维多孔载体（2 或 6）上相邻配置用于加强该该多孔载体（2 或 6）的金属加强构件（1 或 5），金属加强构件（1 或 5）的一端上设置有用于连接端子的极耳。将本申请的权利要求 8 与对比文件 1 相比，其区别在于“（1）正负电极是通过隔板相邻配置的；（2）在电极极板的 50% 以上面积上相邻配置导电性薄板的同时，该导电性薄板上形成从其中任何一端部引出到发电元件外部的引线部”。但驳回决定中不但没有评述“在电极极板的 50% 以上面积上”这一特征，而且认为“该导电性薄板上形成从其中任何一端部引出到发电元件外部的引线部”是本领域的公知常识。然而，该第二个区别特征所起的作用是节省除去活性物质的工艺，从而提高生产率。因此区别特征（2）正是本发明对现有技术作出贡献的技术特征。而驳回决定认为该特征是本领域的公知常识是缺乏事实依据的，因此如果不能提供证据来证明其区别特征（2）为“节省除去活性物质工艺”所采用的公知常识，则权利要求 8 相对于对比文件 1 具备创造性。

在权利要求 8 具备创造性的情况下，直接或间接引用它的从属权利要求 9 ~ 13 也具备创造性。

基于上述理由，合议组作出下述决定。

三、决定

撤销国家知识产权局于 2004 年 6 月 11 日作出的驳回 97119046. 1 号发明专利申请的决定，由原实质审查部门以驳回决定所针对的文本为基础继续审批程序。

058

总线控制系统案

复审请求审查决定（第7613号）

决　定　号 第7613号
决　定　日 2005年12月13日
发明创造名称 总线控制系统
国际分类号 G06F 13/00　G06F 11/34
复审请求人 日本电气株式会社
专利申请号 98125136.6
申　请　日 1998年11月26日
公　开　日 1999年6月30日
合议组组长 黄毅斐
主　审　员 朱明雅
参　审　员 孙治国

法律依据 专利法第二十六条第三款
决定要点

一项申请的说明书中虽然没有描述某一技术手段是如何具体实现的，但是本领域技术人员根据说明书实施例的描述，并结合本领域的公知常识能够知道该技术手段是如何实现的，并且不需要创造性的劳动就能实现含有该技术手段的该申请的技术方案，则可以认为说明书已对该申请作出了清楚、完整的说明，符合专利法第二十六条第三款的规定。

一、案由

本复审请求涉及申请日为1998年11月26日、优先权日为1997年11月28日、名称为“总线控制系统”的发明专利申请（下称本申请），其申请号是98125136.6，申请人为日本电气株式会社。

经实质审查，国家知识产权局实质审查部门针对申请人于2002年5月13日提交的权利要求第1～3项、说明书第1～4页以及说明书摘要，1998年11月26日提交的说明书附图第1、2页以及摘要附图，于2004年3月5日驳回了本申请。

驳回决定指出：本申请的说明书实施例部分只描述了总线监控系统的操作过程，缺乏相应的技术手段，而本发明的目的是提供一种提高可靠性的总线监控系统，用于在评估总线接口外围电路和微处理器板的软件时，更容易地通过总线接口监控微处理器的总线。因此，本申请的总线接口必然与现有技术的总线接口有所不同，而现有的总线接口并不能完成实施例所述的监控过程，因而本申请的技术手段是含糊不清的，本领域技术人员根据说明书的记载无法实现本申请所述的技术方案，本申请的说明书不符合专利法第二十六条第三款的规定。

申请人（下称请求人）对上述驳回决定不服，于2004年5月25日向专利复审委员会提出复审请求。请求人复审请求的理由是：本申请权利要求1所述的技术方案就是图1所示的技术方案，本领域技术人员根据说明书的描述完全可以实现本申请所述的通过总线接口监控微处理器的总线的目的；通用总线接口连接两个或多个总线，且这些总线在格式上不同或执行不同的标准，而本申请的总线接口连接总线是以相同的格式或执行相同的标准，所以本申请的总线接口与现有技术的总线接口的差异非常明显，在阅读本申请的说明书后，本领域技术人员不需要创造性劳动即可实现本申请所述的技术方案，因此，本申请的说明书符合专利法第二十六条第三款的规定。

经形式审查合格后，专利复审委员会受理了该复审请求，并于2004年6月21日向请求人发出了复审请求受理通知书。原实质审查部门对本案进行了前置审查，审查员在前置审查意见书中认为：请求人所强调的“本发明的总线接口是将内部总线重复的总线接口”这个特征，在权利要求1中被描述为“总线接口输出与地址线和数据线上的信号相同的信号到外部总线”，但这种描述仅是“总线接口”所要达到的目的，而如何实现这一目的在申请文件中没有记载，因此，本申请的说明书仍没有克服驳回决定指出的缺陷，故坚持原驳回决定。

专利复审委员会依法成立合议组对本案进行审查，并于2005年9月14日向请求人发出了复审通知书，指出请求人于2002年5月13日答复第一次审查意见通知书时提交的说明书和权利要求书修改超范围：“在总线监控系统中，总线接口可以输出表明地址线上的信号是否被固定的地址探测信号和表明数据线上的信号是否被固定的数据可用信号”这段内容，在原始申请文本中没有记载，并且也无法从原始申请文本中直接地、毫无异义地推导出来，因此请求人的上述修改文本不符合专利法第三十三条的规定。

请求人于2005年11月10日答复上述复审通知书并提交了修改后的说明书和权利要求书。请求人删除了复审通知书所指出的说明书和权利要求书中存在的不符合专利法第三十三条的部分，以克服文本超范围的缺陷。

在上述工作的基础上，合议组认为本案事实已经清楚，可以作出审查决定。

二、决定的理由

1. 关于审查文本的认定

经审查，请求人答复复审通知书时提交的说明书和权利要求书修改文本克服了复审通知书指出的修改超范围的缺陷，因此，本复审决定是以请求人于2005年11月10日提交的权利要求第1～2项、说明书第1～4页，2002年5月13日提交的说明书摘要，1998年11月26日提交的说明书附图第1、2页以及摘要附图作为审查基础。

2. 关于专利法第二十六条第三款

专利法第二十六条第三款规定，说明书应当对发明作出清楚、完整的说明，以所属技术领域的技术人员能够实现为准；必要的时候应当有附图，摘要应当简要说明发明的技术要点。说明书的内容清楚包括主题明确和用词准确两个方面；所属领域的技术人员能够实现，是指所属领域的技术人员按照说明书记载的内容，不需要创造性的劳动，就能够再现该发明的技术方案，解决其技术问题，并且产生预期的技术效果。

合议组认为，一项申请的说明书中虽然没有描述某一技术手段是如何具体实现的，但是本领域技术人员根据说明书实施例的描述，并结合本领域的公知常识能够知道该技术手段是如何实现的，并且不需要创造性的劳动就能实现含有该技术手段的该申请的技术方案，则可以认为说明书已对该申请作出了清楚、完整的说明，符合专利法第二十六条第三款的规定。

通过本申请说明书的描述可知，本申请请求保护的是一种总线监控系统，本申请说明书中的实施例部分以及附图1和附图2，描述了总线接口将与内部总线的地址线和数据线上的信号相同的信号输出到外部总线的操作过程，从而通过监控外部总线达到监控微处理器总线的目的。总线接口是本领域常用的装置，其功能就是在连接两端的总线之间进行转换，以完成不同总线间的信息传送。本申请所述的总线接口所完成的功能也是将内部总线信息传送到外部总线上，与以往总线接口有所不同的是本申请的总线接口仅需将相同的总线信息由内部总线传送至外部总线，而不必进行数据转换。虽然本申请的说明书中没有具体描述本申请的总线接口如何完成向外部总线输出与内部总线地址相同的信息这个过程，但该总线接口与现有技术的总线接口的工作原理和结构是相同的，上述过程对本领域技术人员来说是能够根据说明书的描述而实现的。因此，根据说明书中实施例的描述，本领域技术人员可以实现将与内部总线的地址线和数据线上信号相同的信号输出到外部总线这个技术方案，从而达到监控微处理器总线这个目的。因此，本申请说明书中所描述的技术手段是明确的，并且根据说明书的描述，本领域的技术人员不需要创造性的劳动，就能再现本发明的技术方案。

综上所述，合议组认为，本申请的说明书是清楚、完整的，本领域技术人员根据说明书的记载，无需创造性劳动就能再现本申请所要保护的技术方案，本申请的说明书符合专利法第二十六条第三款的规定。

三、决定

撤销国家知识产权局于2004年3月5日作出的驳回98125136.6号发明专利申请的决定，由原实质审查部门在请求人于2005年11月10日提交的权利要求第1~2项、说明书第1~4页，2002年5月13日提交的说明书摘要，1998年11月26日提交的说明书附图第1、2页以及摘要附图的文本基础上继续审批程序。

059

高对比度气体放电板用电极及其制造方法案

复审请求审查决定（第7614号）

决 定 号 第7614号
决 定 日 2005年12月14日
发明创造名称 高对比度气体放电板用电极及其制造方法
国 际 分 类 号 H01J 17/04 17/49 9/20
复 审 请 求 人 松下电器产业株式会社
专 利 申 请 号 99805804.1
申 请 日 1999年3月9日
公 开 日 2001年6月13日
合 议 组 组 长 黄毅斐
主 审 员 杜 宇
参 审 员 孙克良

法 律 依 据 专利法实施细则第二十条
决 定 要 点

复审请求人提交的申请文件修改文本克服了驳回决定和复审通知书中所指出的缺陷，因此在该修改文本的基础上撤销原驳回决定。

一、案由

本复审请求案涉及申请日为1999年3月9日，优先权日为1998年3月9日，发明名称为“高对比度气体放电板用电极及其制造方法”的申请号为99805804.1的发明专利申请（下称本申请），申请人为松下电器产业株式会社。

在实质审查过程中，国家知识产权局实质审查部门以本申请进入国家阶段时提交的国际申请的中文译文为基础进行审查，并引用了以下对比文件：

对比文件1：US 5628882A，其公开日为1997年5月13日。

国家知识产权局实质审查部门于2002年12月6日发出第一次审查意见通知书，其中指出：独立权利要求1不符合专利法第二十六条第四款有关权利要求书应当以说明书为依据，说明要求专利保护的范围的规定；独立权利要求10未从整体上反映发明的技术方案，记载解决技术问题的必要技术特征，不符合专利法实施细则第二十一条第二款的有关规定；独立权利要求18不符合专利法第二十六条第四款有关权利要求书应当以说明书为依据，说明要求专利保护的范围的规定；独立权利要求19与权利要求1~18不具有单一性，不符合专利法第三十一条第一款有关一件发明专利申请应当限于一项发明的规定，并且对比文件1公开了权利要求19的技术方案，影响其新颖性。

申请人于2003年4月15日针对第一次审查意见通知书提交了意见陈述书，并提交了权利要求书和说明书的替换页（下称文本1）。申请人对独立权利要求1、18、19未进行任何修改，仅在意见陈述书中论述了权利要求1得到说明书支持的理由：本领域技术人员可以合理确定适当的“透明板”、“气体放电电极”、“黑色基质层”；在审查员未给出反例或初步证据、也未给出对比文件的情况下，无需进一步限定“透明板”、“气体放电电极”、“黑色基质层”。另外申请人认为本申请所有权利要求均涉及相同的特定技术特征“铬/碳/氟薄膜”，因此具有单一性。

审查员于2003年6月27日发出第二次审查意见通知书，指出：文本1的独立权利要求1不符合专利法第二十六条第四款的有关规定，并且由于独立权利要求1中“并且包含铬/碳/氟薄膜”限定了一个不清楚的保护范围，因此该权利要求不符合专利法实施细则第二十条第一款的有关规定；独立权利要求10不符合专利法实施细则第二十条第一款的有关规定，权利要求10的从属权利要求11也不符合专利法实施细则第二十条第一款的有关规定；权利要求18、19不符合专利法实施细则第二十条第一款以及专利法第二十六条第四款的有关规定，同时权利要求19与权利要求1~18不具有单一性。

申请人于2003年11月12日针对第二次审查意见通知书提交了意见陈述书，并提交了权利要求书和说明书以及说明书摘要的替换页（下称文本2），修改后的独立权利要求如下：

“1. 一种包含透明板、气体放电电极和黑色基质层的气体放电板，所述黑色基质层位于所述透明板与所述气体放电电极之间，其中所述黑色基质层包含铬/碳/氟薄膜。”

“10. 薄膜叠层，包括起黑色基质层作用的铬/碳/氟薄膜，逐渐变化的铬－碳－氟过渡层和在所述薄膜叠层中的作为粘合层的纯铬膜，其中所述逐渐变化的铬－碳－氟过渡层位于所述铬/碳/氟薄膜和所述纯铬膜之间。”

申请人认为采用所述“铬/碳/氟薄膜”可体现本发明的优点，因此使用开放式的表述是恰当的；本领域技术人员是通晓了本申请的申请日之前的各种现有技术信息，应该知道“气体放电电极”不限于本发明的具体例子。

经审查后，审查员没有接受申请人的观点，于2004年1月9日作出了驳回本申请的决定。驳回决定中指出文本2的独立权利要求1、权利要求11和权利要求13仍不符合专利法实施细则第二十条第一款以及专利法第二十六条第四款的有关规定；权利要求12不符合专利法实施细则第二十条第一款的有关规定。

申请人（下称复审请求人）对上述驳回决定不服，于2004年4月26日向专利复审委员会提出了复审请求，同时提交了权利要求书的替换页（下称文本3），并指出：文本3的权利要求1已修改为使用半开放式限定“基本由——组成”来代替“包含”，该限定仅仅对于少量的其他物质例如杂质和痕量金属是开放的，这符合审查指南的要求。文本3中同时限定了权利要求1中的气体放电电极为铬/铜/铬多层PDP电极。另外，复审请求人还修改了文本2中的权利要求11~13以克服驳回决定所指出的缺陷。

文本3的权利要求1如下：

“1. 一种包含透明板、气体放电电极和黑色基质层的气体放电板，所述黑色基质层位于所述透明板与所述气体放电电极之间，其中所述黑色基质层基本由铬/碳/氟薄膜组成，并且所述气体放电电极为铬/铜/铬多层PDP电极，包含一个铜薄膜形成的导电层，该导电层位于抗氧化的铬层与可以粘合到所述黑色基质层上的铬层之间。”

经形式审查合格，专利复审委员会予以受理，于2004年5月24日发出复审请求受理通知书和前置审查通知书。

国家知识产权局原实质审查部门对该复审请求进行了前置审查，认为文本3的权利要求1、9仍不符合专利法实施细则第二十条第一款的有关规定，坚持原驳回决定。

专利复审委员会依法成立合议组对此案进行审理，并于2005年9月29日向请求人发出了复审通知书，提出如下的复审意见：

文本3的权利要求1中“其中所述黑色基质层基本由铬/碳/氟薄膜组成”限定了所述黑色基质层除了铬/碳/氟薄膜以外可能还具有其他的薄膜或结构，但根据说明书的记载黑色基质层只具有铬/碳/氟薄膜，并不含有其他结构，黑色基质层即是铬/碳/氟薄膜，因此权利要求1中对所述黑色基质层的限定有歧义，造成权利要求1所要求保护的范围不清楚，不符合专利法实施细则第二十条第一款的规定。

权利要求2不符合专利法实施细则第二十条第一款的规定。

权利要求7不符合专利法实施细则第二十三条第二款的规定。

权利要求9没有限定清楚所述第一面和第一部分与黑色基质层以及薄膜叠层的其他结构之间的位置关系，造成权利要求9所要求保护的范围不清楚，因此权利要求9不符合专利法实施细则第二十条第一款的规定。

复审请求人于2005年11月14日提交了意见陈述书以及权利要求书替换页（下称文本4），修改了文本3中的权利要求1、2、7和权利要求8，并删除了权利要求9～13。文本4的权利要求1如下：

“1. 一种包含透明板、气体放电电极和黑色基质层的气体放电板，所述黑色基质层位于所述透明板与所述气体放电电极之间，其中所述黑色基质层由铬、碳和氟薄膜组成，并且所述气体放电电极为铬－铜－铬多层PDP电极，包含一个铜薄膜形成的导电层，该导电层位于抗氧化的铬层与可以粘合到所述黑色基质层上的铬层之间。”

二、决定的理由

1. 本决定所依据的文本

由于复审请求人答复复审通知书时的修改文本4符合专利法第三十三条和专利法实施细则第六十条的规定，因此本复审决定所依据的文本为复审请求人于2005年11月14日提交的权利要求第1～8项（即文本4）；于2003年11月12日提交的文本2的说明书第1～9页以及进入中国国家阶段时提交的附图第1～3页。

2. 关于专利法第二十六条第第四款

文本4的权利要求1将气体放电电极具体限定为铬－铜－铬多层PDP电极，从而权利要求1对气体放电电极的限定与说明书的记载一致，符合专利法第二十六条第四款的规定。

3. 关于专利法实施细则第二十条第一款

文本4的权利要求1限定了其中所述黑色基质层由铬、碳和氟薄膜组成，从而权利要求1能够清楚限定其保护范围，符合专利法实施细则第二十条第一款的规定。

文本4的权利要求2克服了复审通知书中指出的缺陷，符合专利法实施细则第二十条第一款的规定。

复审申请人删除了权利要求9－13，因此原驳回决定和复审通知书涉及的权利要求9、11～13不符合专利法实施细则第二十条第一款的规定的事实已不复存在。

4. 关于专利法实施细则第二十三条第二款

文本4的权利要求7克服了复审通知书中指出的缺陷，符合专利法实施细则第二十三条第二款的规定。

综上所述，合议组认为复审请求人在答复复审通知书时提交的修改文本4已经克服了在驳回决定和复审通知书中指出的所有缺陷。

三、决定

撤销国家知识产权局于2004年1月9日对申请号为99805804.1的发明专利申请作出的驳回决定，由原实质审查部门在以下文本：2005年11月14日提交的权利要求第1~8项；于2003年11月12日提交的说明书第1~9页以及进入中国国家阶段时提交的附图第1~3页的基础上继续进行审批程序。

060

直观编程方法及其系统案

复审请求审查决定（第7617号）

决　定　号　第7617号
决　定　日　2005年12月20日
发明创造名称　直观编程方法及其系统
国际分类号　G06F 9/06
复审请求人　三菱电机株式会社
专利申请号　98800271.X
申　请　日　1998年3月10日
公　开　日　1999年6月9日
合议组组长　熊　婷
主　审　员　孙治国
参　审　员　朱芳芳

法律依据　专利法第二十五条
决定要点

本申请所要求保护的方法以人的意志为转移，且实施本发明的结果也不是唯一和确定的。从实现该方法的整个步骤来看，它是一种教导使用者如何使用带有图形对象的编程软件的操作说明，属于专利法第二十五条第一款（二）项规定的不授予专利权的范围。

一、案由

本复审请求涉及申请号为98800271.X、名称为“直观编程方法及其系统”的发明专利申请，其国际申请日是1998年3月10日，优先权日为1997年3月11日，进入中国国家阶段的日期是1998年11月11日，公开日为1999年6月9日，申请人是三菱电机株式会社。

在实质审查过程中，国家知识产权局实质审查部门于2003年3月21日发出第一次审查意见通知书，指出：权利要求1~45项属于专利法第二十五条规定的不授予专利权的范围。

针对上述审查意见通知书，申请人于2003年6月27日提交了权利要求书全文替换页（下称文本1）及意见陈述书，认为本发明不属于专利法第二十五条规定的不授予专利权的范围，本申请的目的是提供一种编程方法，使得用户只采用有限的编程知识就可以创作出所需的程序。用户所创作的程序的类型是可以根据其自己的个人感觉或经验而改变的。但是，帮助用户的方法是不会根据用户的个人感觉或经验而改变的，而只取决于本发明所公开的步骤。由于本发明提供了使那些从未以计算机进行工作的用户能够在计算机上进行工作，因此，本发明可以看作是针对为改善计算机系统的处理能力的技术手段，并且达到上述效果。文本1的内容如下：

“1. 一种直观编程方法，其特征在于，包含以下步骤：在通过操作直观表示功能的图形对象而进行编程作业的图形编辑程序上显示定义动作的图形对象并从上述图形对象中选择用作对象的图形对象；显示与上述图形对象对应的动作特性并选择所选定的上述图形对象的特性；定义所选定的多个图形对象间的关系；及设定上述选定的图形对象的动作规则。

2. 根据权利要求1所述的直观编程方法，其特征在于：在图形编辑程序上选择图形对象的动作特性的步骤，还包含输入与上述动作特性有关的详细参数的步骤。

3. 根据权利要求1所述的直观编程方法，其特征在于：在图形编辑程序上设定定义动作的图形对象的动作规则的步骤，还包含根据已设定好的动作规则生成未设定的动作规则的步骤。

4. 根据权利要求3所述的直观编程方法，其特征在于：根据已设定好的动作规则生成未设定的动作规则的步骤，还包含显示上述生成的动作规则的步骤。

5. 根据权利要求3所述的直观编程方法，其特征在于：还包含由用户判断所生成和显示出的未设定的动作规则是否正确从而对所生成的动作规则进行变更的步骤。

6. 根据权利要求5所述的直观编程方法，其特征在于：还包含将变更后的动作规则追加于已设定好的动作规则的步骤。

7. 根据权利要求1所述的直观编程方法，其特征在于：还包含根据已设定好的动作规则生成逻辑式的步骤。

8. 根据权利要求1所述的直观编程方法，其特征在于：还包含在图形编辑程序上用图形对象显示各步骤中的编程内容并由用户操作在上述图形编辑程序上显示出的上述图形对象从而进行动作确认的步骤。

9. 根据权利要求1所述的直观编程方法，其特征在于：在进行动作确认的步骤中，还包含生成利用与在图形编辑程序上显示出的程序有关的自然语言语句表达的语句并显示在上述图形编辑程序上的步骤。

10. 一种直观编程方法的系统，备有：对象选择装置，在图形编辑程序上显示用于定义动作的图形对象，并从上述图形对象中选择用作对象的图形对象；动作选择装置，显示与上述图形对象对应的动作特性并选择上述图形对象的特性；相关对象选择装置，定义由上述对象选择装置和上述动作选择装置选定的多个图形对象间的关系；及动作规则设定装置，设定所选定的上述图形对象的动作规则；由用户操作通过直观地表示功能而得到的上述图形对象进行编程。

11. 根据权利要求10所述的直观编程方法的系统，其特征在于：还备有动作参数设定装置，用于在图形编辑程序上输入与由动作选择装置选定的动作有关的详细参数。

12. 根据权利要求10所述的直观编程方法的系统，其特征在于：还备有动作规则生成装置，根据由动作规则设定装置设定好的动作规则在图形编辑程序上生成未设定的动作规则。

13. 根据权利要求12所述的直观编程方法的系统，其特征在于：还备有生成规则显示装置，用于显示由动作规则生成装置生成的动作规则。

14. 根据权利要求13所述的直观编程方法的系统，其特征在于：还备有生成规则变更装置，由用户判断生成规则显示装置显示出的动作规则是否正确，从而可以对所生成的动作规则进行变更。

15. 根据权利要求14所述的直观编程方法的系统，其特征在于：还备有动作规则追加装置，用于将由生成规则变更装置变更后的动作规则追加于已由动作规则设定装置设定好的动作规则中。

16. 根据权利要求10所述的直观编程方法的系统，其特征在于：还备有逻辑式生成装置，根据已设定好的动作规则自动生成逻辑式。

17. 根据权利要求16所述的直观编程方法的系统，其特征在于：还备有动作确认装置，将根据从动作选择装置、动作参数设定装置、及逻辑式生成装置得到的输入数据自动生成的程序用图形对象显示在图形编辑程序上，并由用户对在图形编辑程序上显示出的图形对象进行操作，从而进行动作确认。

18. 根据权利要求 17 所述的直观编程方法的系统，其特征在于：还备有自然语言语句显示装置，用于生成利用与由动作确认装置在图形编辑程序上显示出的程序有关的自然语言语句表达的语句，并将所生成的上述语句显示在上述图形编辑程序上。

19. 一种直观编程方法，其特征在于，还包含：第 1 步骤，在通过操作直观表示功能的图形对象而进行编程作业的图形编辑程序上，生成和显示定义动作的图形对象；第 2 步骤，生成用于配置由用户生成的表示系统各构成构件的图形对象的配置图，并将其显示在与上述第 1 步骤中使用的画面相同的画面上；及第 3 步骤，由上述用户从上述第 1 步骤所显示的定义动作的上述图形对象中选择 1 个图形对象，并将所选定的上述图形对象传送到上述配置图。

20. 根据权利要求 19 所述的直观编程方法，其特征在于：还包含由用户从上述第 1 步骤所显示的定义动作的图形对象中选择 1 个或多个图形对象并将所选定的上述多个图形对象传送到上述配置图的第 4 步骤。

21. 根据权利要求 20 所述的直观编程方法，其特征在于：还包含将在第 4 步骤中传送到的 1 个或多个图形对象显示在配置图上的第 5 步骤。

22. 根据权利要求 19 所述的直观编程方法，其特征在于，还包含：第 6 步骤，生成用于配置由用户生成的表示系统各构成构件的图形对象的配置图，并将其显示在与第 1 步骤中使用的画面不同的画面上；及第 7 步骤，由上述用户从上述第 1 步骤所显示的定义动作的图形对象中选择 1 个图形对象，并将所选定的上述图形对象传送到在上述第 6 步骤中生成并显示的上述配置图上。

23. 根据权利要求 22 所述的直观编程方法，其特征在于：还包含由用户从上述第 1 步骤所显示的定义动作的图形对象中选择多个图形对象并将所选定的上述多个图形对象传送到在上述第 6 步骤中生成的配置图的第 8 步骤。

24. 根据权利要求 22 所述的直观编程方法，其特征在于：还包含由用户从上述第 1 步骤所显示的定义动作的图形对象中选择 1 个或多个图形对象并将所选定的上述多个图形对象传送到在上述第 6 步骤中生成的配置图并显示在上述配置图上的第 9 步骤。

25. 根据权利要求 22 所述的直观编程方法，其特征在于，还包含：第 10 步骤，判别用户选定的图形对象的排列顺序，并当所判定的上述排列顺序存在多个时，对上述各个排列顺序赋予优先级；第 11 步骤，按照在上述第 10 步骤中得到的上述优先级顺序，依次显示多个上述排列顺序；及第 12 步骤，由上述用户从在第 11 步骤中显示出的多个上述排列顺序中选择 1 个排列顺序。

26. 根据权利要求 25 所述的直观编程方法，其特征在于：还包含由上述用户对用户在第 12 步骤中选定的图形对象的排列顺序进行变更的第 13 步骤。

27. 根据权利要求 22 所述的直观编程方法，其特征在于，还包含：第 14 步骤，从用户选定的图形对象检出参数可设定的图形对象中的参数尚未设定的图形对象，并将检出结果通知上述用户；第 15 步骤，对在上述第 14 步骤中通知上述用户的上述图形对象或其他图形对象的选择情况进行检测，并生成和显示进行参数设定的窗口；及第 16 步骤，由上述用户在上述第 15 步骤所显示的上述窗口上进行参数设定。

28. 根据权利要求 22 所述的直观编程方法，其特征在于，还包含：第 17 步骤，从在通过操作直观表示功能的图形对象而进行编程作业的图形编辑程序上显示的图形对象中选择 1 个或多个图形对象；第 18 步骤，根据在上述第 17 步骤中选定的上述图形对象生成新的图形对象，并使其变成可显示状态；及第 19 步骤，将上述新的图形对象显示在上述图形编辑程序上。

29. 根据权利要求 22 所述的直观编程方法，其特征在于，还包含：第 20 步骤，对在通过操作直观表示功能的图形对象而进行编程作业的图形编辑程序上显示的图形对象，设定状态信息；第 21 步骤，由用户根据在上述第 20 步骤中进行的设定，设定上述各图形对象的状态；及第 22 步骤，将上述第 21 步骤中所得到的结果作为动作规则保存。

30. 根据权利要求 29 所述的直观编程方法，其特征在于：还包含将在第 22 步骤中保存的动作规则生成和显示在另一个画面上的第 23 步骤。

31. 根据权利要求 22 所述的直观编程方法，其特征在于，还包含：第 24 步骤，由用户变更图形对象的状态；及第 25 步骤，监视在上述第 24 步骤中设定好的上述图形对象的状态，并对在通过操作直观表示功能的图形对象而进行编程作业的图形编辑程序上显示的图形对象，设定状态信息，当满足上述用户根据所设定的上述状态信息将上述各图形对象的状态设定为动作规则后的动作条件时，从上述用户选定的图形对象检出在参数可设定的图形对象中的参数尚未设定的图形对象，并对上述图形对象或其他图形对象的选择情况进行检测，生成进行参数设定的窗口，由上述用户在所显示的窗口上进行参数设定，并根据所设定的上述参数变更上述图形对象的状态。

32. 根据权利要求 22 所述的直观编程方法，其特征在于：还包含由用户变更图形对象的图案的第 26 步骤。

33. 一种编程系统，其特征在于，备有：显示装置，在通过操作直观表示功能的图形对象而进行编程作业的图形编辑程序上生成用于定义动作的图形对象，将其显示在画面上，并生成用于配置由用户生成的表示系统各构成构件的图形对象的配置图，将其显示在与上述画面相同的画面上；及传送装置，在由上述显示装置显示出的定义动作的上述图形对象内，将由上述用户从中选定的一个图形对象传送到上述配置图。

34. 根据权利要求 33 所述的编程系统，其特征在于：传送装置将由用户从由生成和显示用于定义动作的图形对象的显示装置显示出的上述图形对象中选定的多个图形对象传送到配置图。

35. 根据权利要求 33 所述的编程系统，其特征在于：显示装置，将由传送装置传送到的 1 个或多个图形对象显示在配置图上。

36. 根据权利要求 33 所述的编程系统，其特征在于：显示装置，生成用于配置由用户生成的表示系统各构成构件的图形对象的配置图，并将上述配置图显示在与显示用于配置所生成的定义动作的图形对象的配置图的画面不同的画面上；传送装置，将由上述用户从定义动作的上述图形对象内选定的 1 个图形对象传送到与用于配置表示系统各构成构件的上述图形对象的上述配置图不同的上述配置图。

37. 根据权利要求 36 所述的编程系统，其特征在于：传送装置，将由上述用户从由显示装置显示出的定义动作的图形对象内选定的多个图形对象传送到与用于配置表示系统各构成构件的上述图形对象的上述配置图不同的配置图。

38. 根据权利要求 33 所述的编程系统，其特征在于：显示装置，将由传送装置传送到的 1 个或多个图形对象显示在与用于显示表示系统各构成构件的图形对象的配置图不同的配置图上。

39. 根据权利要求 36 所述的编程系统，其特征在于，备有：判别装置，判别由用户选定的图形对象的排列顺序，并当所判定的上述排列顺序存在多个时，对各个排列顺序赋予优先级；步骤显示装置，按照由上述判别装置赋予的上述优先级顺序，生成和显示排列顺序；及选择装置，由上述用户从由上述步骤显示装置生成和显示的上述排列顺序中选择 1 个排列顺序。

40. 根据权利要求 36 所述的编程系统，其特征在于：还备有由上述用户对由用户选定的图形对象的排列顺序进行变更的变更装置。

41. 根据权利要求 36 所述的编程系统，其特征在于，还备有：通知装置，从由用户选定的图形对象中检出在参数可设定的图形对象内且参数尚未设定的图形对象，并将检出结果通知上述用户；及参数设定装置，对由上述通知装置通知到的上述图形对象或其他图形对象的选择情况进行检测，并由显示装置生成和显示进行参数设定的窗口，由上述用户在上述窗口上进行参数设定。

42. 根据权利要求36所述的编程系统，其特征在于，还备有：选择装置，从在通过操作直观表示功能的图形对象而进行编程作业的图形编辑程序上显示的图形对象中选择1个或多个图形对象；新对象生成装置，根据由上述选择装置选定的1个或多个上述图形对象生成新的图形对象，并使其变成可显示状态；及新对象显示装置，用于显示新的上述图形对象。

43. 根据权利要求36所述的编程系统，其特征在于，还备有：状态信息设定装置，对用户在通过操作直观表示功能的图形对象而进行编程作业的图形编辑程序上显示的上述图形对象，设定状态信息；状态设定装置，由上述用户根据上述状态信息设定装置进行的设定，设定上述各图形对象的状态；及动作规则保存装置，将由上述状态设定装置得到的结果作为动作规则保存。

44. 根据权利要求43所述的编程系统，其特征在于：还备有将由动作规则保存装置保存的动作规则生成和显示在新的画面上的动作规则显示装置。

45. 根据权利要求43所述的编程系统，其特征在于，还备有：状态变更装置，由用户变更图形对象的状态；及状态变更显示装置，监视由上述状态变更装置设定好的上述图形对象的状态，当满足由上述用户根据上述各图形对象的状态信息对所设定的上述各图形对象的状态进行设定的动作条件时，变更并显示参数可设定的图形对象中的参数已设定的上述图形对象的状态。”

2004年2月13日，实质审查部门以本申请权利要求1~45项属于专利法第二十五条第一款（二）项规定的不授予专利权的范围为由驳回了本申请。驳回理由主要是：权利要求1~9、19~32请求保护一种直观编程方法，实质上是利用直观表示功能的图形对象进行直观编程的方法，是利用继电顺序控制的经验法则及逻辑电路知识并通过对构成顺序控制电路的控制装置的符号进行组合而生成程序的面向专家的编程方法，要基于编程人员的主观认识、判断、或经验来确定、教导或告知人们在某个阶段应当插入什么具体步骤或采取等，从而得到功能块FBD图，该方法的实现以人的意志为转移，而且实施该发明的结果不是唯一和确定的，因此属于智力活动的规则和方法，属于专利法第二十五条第一款（二）项规定的不授予专利权的情况。权利要求10~18、33~45请求保护实现直观编程方法的系统，其实质上是请求保护在公知的计算机系统上实现上述直观编程方法，其相对于现有技术的贡献仅仅在于智力活动的规则和方法，也属于专利法第二十五条第一款（二）项规定的不授予专利权的情况。

申请人（下称请求人）对上述驳回决定不服，于2004年5月19日向国家知识产权局专利复审委员会提出复审请求，并且提交了修改后的权利要求1~45项（下称文本2），以克服驳回决定中所指出的缺陷。其中请求人仅修改了独立权利要求1、10、19、33。其中，修改后的独立权利要求1、10、19、33内容如下：

“1. 一种直观编程方法，其特征在于，包含以下步骤：使用者通过输入装置（2）操作直观表示功能的图形对象而进行编程作业在显示装置（1）的画面上显示的图形编辑程序上，在CPU（7）的控制下，在上述显示装置（1）上显示定义动作的图形对象，并由上述用户通过上述输入装置（2）从上述图形对象中选择用作对象的图形对象；在显示装置（1）上显示与上述图形对象对应的动作特性并由上述用户选择所选定的上述图形对象的特性；在CPU（7）的控制下，定义所选定的多个图形对象间的关系；及在存储装置（4）内，设定上述选定的图形对象的动作规则。”

“10. 一种直观编程方法的系统，备有：对象选择装置，在CPU（7）的控制下，在图形编辑程序上将用于定义动作的图形对象，显示在显示装置（1）上，并由用户从上述图形对象中选择用作对象的图形对象；动作选择装置，显示与上述图形对象对应的动作特性从存储装置（4）读出并显示在显示装置（1）上，并由使用者通过输入装置（2）选择上述图形对象的特性；相关对象选择装置，定义通过由上述对象选择装置和上述动作选择装置选定的多个图形对象间的关系；及动作规则设定装置，在存储装置（40）内设定所选定的上述图形对象的动作规则；由用户在显示装置（1）上操作通过直观地表示功能而得到的上述图形对象进行编程。”

“19. 一种直观编程方法，其特征在于，还包含：第1步骤，使用者通过输入装置（2）操作直观表示功能的图形对象而进行编程作业，在显示装置（1）的画面上显示的图形编辑程序上，在CPU（7）的控制下，生成定义动作的图形对象并显示在上述显示装置（1）上；第2步骤，在CPU（7）的控制下，生成用于表示系统的各构成构件的图形对象的配置图，并将其显示在与上述第1步骤中使用的上述画面相同的画面上；及第3步骤，将从上述第1步骤所显示的定义动作的上述图形对象中所选择的1个图形对象，在CPU（7）的控制下，传送到上述配置图并显示在上述画面上。”

“33. 一种编程系统，其特征在于，备有：CPU（7），进行系统全体的控制；存储装置（4），存储直观地表示功能的图形对象等的信息；显示装置，在使用者操作上述图形对象而进行编程作业的图形编辑程序上，在CPU（7）的控制下，生成用于定义动作的图形对象，将其显示在画面上，并生成用于配置表示系统各构成构件的图形对象的配置图，将其显示在与上述画面相同的画面上；及传送装置，在CPU（7）的控制下，在由上述显示装置在上述画面上显示出的定义动作的上述图形对象内，将由使用者所选定的一个图形对象传送到上述配置图，并存储在上述存储装置（4）内。”

经形式审查合格，国家知识产权局专利复审委员会受理了上述复审请求，并于2004年6月22日发出了复审请求受理通知书和前置审查通知书。

在前置审查程序中，原实质审查部门坚持原驳回决定。

专利复审委员会依法成立合议组对本案进行复审，于2005年9月1日发出了复审通知书，指出文本2中的权利要求1~9、19~32所要求保护的方法以人的意志为转移而实现，且实施该发明的结果也不是唯一和确定的。从实现该方法的整个步骤来看，它是一种教导使用者如何使用带有图形对象的编程软件的操作说明，该方法的实现必须经过人的思维运动作为媒介才能间接地作用于自然产生结果，它仅是指导人们对信息进行思维、识别、判断和记忆的规则和方法。因此，本申请权利要求1~9、19~32属于智力活动的规则和方法，属于专利法第二十五条第一款（二）项规定的不授予专利权的范围。权利要求10~18、33~45对现有技术的贡献也仅仅在于前述的智力活动的规则和方法，因此也属于专利法第二十五条第一款（二）项规定的不授予专利权的范围。此外，本申请也不是对产品或者其改进所提出的新的技术方案，因此也不符合专利法实施细则第二条第一款的规定。

请求人于2005年10月14日提交了对上述复审通知书的答复意见，将本申请权利要求1~45重新组合后修改为新的权利要求1~23（下称文本3）。文本3中权利要求1~23内容如下：

“1. 一种直观编程方法，其特征在于，包含以下步骤：

第1步骤，将表示与可编程逻辑控制器的输出端子连接的多个装入构件的图形对象显示；

第2步骤，将表示可编程逻辑控制器的输出端子的输出插脚图标显示；

第3步骤，将用户从在第1步骤中显示的代表多个装入构件的图形对象选择的图形对象，与用户从在第2步骤中所显示的代表输出端子的输出插脚图标选择的图形对象连接，

第4步骤，生成表示用户作成的应用系统的构成构件的图形对象的配置的配置图，并且显示在与第1步骤中使用的画面不同的画面上；

第5步骤，使用户可从上述第1步骤所显示的分别用以定义动作的图形对象中选择1个或多个图

形对象，并将所选定的上述多个图形对象传送到在上述第 4 步骤中生成的配置图并显示在上述配置图上；

第 6 步骤，对各个在用于通过操作直观表示功能的图形对象而进行编程作业的图形编辑程序上显示的图形对象，设定状态信息；

第 7 步骤，使由用户根据在上述第 6 步骤中进行的设定，设定上述各图形对象的状态成为可能；及

第 8 步骤，将上述第 7 步骤中所得到的结果作为动作规则保存。

2. 根据权利要求 1 所述的直观编程方法，其特征在于：还包含由用户从上述第 1 步骤所显示的定义动作的图形对象中选择 1 个或多个图形对象并将所选定的上述多个图形对象传送到上述配置图的第 9 步骤。

3. 根据权利要求 2 所述的直观编程方法，其特征在于：还包含将在第 9 步骤中传送到的 1 个或多个图形对象显示在上述配置图上的第 10 步骤。

4. 根据权利要求 1 所述的直观编程方法，其特征在于，还包含：第 11 步骤，由上述用户从上述第 1 步骤所显示的定义动作的图形对象中选择 1 个图形对象，并将所选定的上述图形对象传送到在上述第 4 步骤中生成并显示的上述配置图上。

5. 根据权利要求 1 所述的直观编程方法，其特征在于：还包含由用户从上述第 1 步骤所显示的各个用以定义动作的图形对象中选择多个图形对象，并将所选定的上述多个图形对象传送到在上述第 4 步骤中生成的上述配置图上的第 12 步骤。

6. 根据权利要求 1 所述的直观编程方法，其特征在于，还包含：第 13 步骤，判别用户选定的图形对象的排列顺序，并当所判定的上述排列顺序存在多个时，对上述各个排列顺序赋予优先级；第 14 步骤，按照在上述第 13 步骤中决定的上述优先级顺序，依次显示多个上述排列顺序；及第 15 步骤，由上述用户从在第 14 步骤中显示出的多个上述排列顺序中选择 1 个排列顺序。

7. 根据权利要求 6 所述的直观编程方法，其特征在于：还包含由上述用户对用户在第 15 步骤中选定的图形对象的排列顺序进行变更的第 16 步骤。

8. 根据权利要求 1 所述的直观编程方法，其特征在于，还包含：第 17 步骤，从用户选定的图形对象检出参数可设定的图形对象中的参数尚未设定的图形对象，并将检出结果通知上述用户；第 18 步骤，对在上述第 17 步骤中通知上述用户的上述图形对象或其他图形对象的选择情况进行检测，并生成和显示用于对上述通知的图形对象或上述其他图形对象进行参数设定的窗口；及第 19 步骤，由上述用户在上述第 18 步骤所显示的上述窗口上进行参数设定。

9. 根据权利要求 1 所述的直观编程方法，其特征在于，还包含：第 20 步骤，从在通过操作直观表示功能的各个图形对象而进行编程作业的图形编辑程序上显示的图形对象中选择 1 个或多个图形对象；第 21 步骤，根据在上述第 20 步骤中选定的上述图形对象生成新的图形对象，并使其变成可显示状态；及第 22 步骤，将上述新的图形对象显示在上述图形编辑程序上。

10. 根据权利要求 1 所述的直观编程方法，其特征在于：还包含将在第 8 步骤中保存的动作规则再生成和显示在另一个画面上的第 23 步骤。

11. 根据权利要求 1 所述的直观编程方法，其特征在于，还包含：第 24 步骤，由用户变更图形对象的状态；及第 25 步骤，监视在上述第 24 步骤中设定好的上述图形对象的状态，并对在通过操作各个直观表示功能的图形对象而进行编程作业的图形编辑程序上显示的图形对象，设定状态信息，当满足上述用户根据所设定的上述状态信息将上述各图形对象的状态设定为动作规则后的动作条件时，从上述用户选定的图形对象检出在参数可设定的图形对象中的参数尚未设定的图形对象，并对上述图

形对象或其他图形对象的选择情况进行检测，生成用于对上述通知的图形对象或上述其他图形对象进行参数设定的窗口，由上述用户在所显示的窗口上进行参数设定，并根据由上述用户设定的上述参数变更上述图形对象的状态。

12. 根据权利要求 1 所述的直观编程方法，其特征在于：还包含由用户变更图形对象的图案的第 26 步骤。

13. 一种编程系统，备有：

显示装置，将表示与可编程逻辑控制器的输出端子连接的多个装入构件的图形对象显示，并且将表示可编程逻辑控制器的输出端子的输出插脚图标显示；和

传送装置，将用户从所显示的表示多个装入构件的图形对象选择的图形对象，与用户从由显示装置所显示的表示输出端子的输出插脚图标选择的图形对象连接，

其特征在于：

上述显示装置，生成将代表用户作成的应用系统的构成构件的图形对象的配置表示的配置图，并将上述配置图显示在与显示用于表示各个定义动作的图形对象的配置的配置图的画面不同的画面上；

上述显示装置，将由传送装置传送到的 1 个或多个图形对象显示在与用于显示表示应用系统的构成构件的图形对象的配置的配置图不同的配置图上；

还具有

状态信息设定装置，对各个在用于通过操作直观表示功能的图形对象而进行编程作业的图形编辑程序上显示的上述图形对象，设定状态信息；

状态设定装置，使由用户根据上述状态信息设定装置进行的设定，设定上述各图形对象的状态成为可能；及

动作规则保存装置，将由上述状态设定装置所产生的结果作为动作规则保存。

14. 根据权利要求 13 所述的编程系统，其特征在于：上述传送装置将由用户从由生成和显示用于定义动作的图形对象的显示装置显示出的上述图形对象中选定的多个图形对象传送到配置图。

15. 根据权利要求 13 所述的编程系统，其特征在于：上述显示装置，将由上述传送装置传送到的 1 个或多个图形对象显示在配置图上。

16. 根据权利要求 13 所述的编程系统，其特征在于：上述传送装置将由上述用户从上述各个定义动作的上述图形对象内选定的 1 个图形对象传送到与用于表示代表应用系统的构成构件的图形对象的上述配置图不同的上述配置图。

17. 根据权利要求 13 所述的编程系统，其特征在于：上述传送装置将由上述用户从由显示装置显示出的定义动作的图形对象内选定的多个图形对象传送到与用于表示代表应用系统的构成构件的上述图形对象的配置图不同的配置图。

18. 根据权利要求 13 所述的编程系统，其特征在于，还备有：判别装置，判别由用户选定的图形对象的排列顺序，并当所判定的上述排列顺序存在多个时，对各个排列顺序赋予优先级；步骤显示装置，按照由上述判别装置赋予的上述优先级所决定的顺序，依次序显示该多个判定的排列顺序；及选择装置，由上述用户从由上述步骤显示装置依次序显示的该多个判定的排列顺序中选择 1 个排列顺序。

19. 根据权利要求 13 所述的编程系统，其特征在于：还备有由上述用户对由用户选定的图形对象的排列顺序进行变更的变更装置。

20. 根据权利要求 13 所述的编程系统，其特征在于，还备有：通知装置，从由用户选定的图形对象中检出在参数可设定的图形对象内且参数尚未设定的图形对象，并将检出结果通知上述用户；及

参数设定装置，对由上述通知装置通知用户的上述图形对象或其他图形对象的选择情况进行检测，并由上述显示装置生成和显示进行参数设定的窗口，由上述用户在上述窗口上进行参数设定。

21. 根据权利要求 13 所述的编程系统，其特征在于，还备有：选择装置，从在通过操作直观表示功能的各个图形对象而进行编程作业的图形编辑程序上显示的图形对象中选择 1 个或多个图形对象；新对象生成装置，根据由上述选择装置选定的 1 个或多个上述图形对象生成新的图形对象，并使其变成可显示状态；及新对象显示装置，用于显示上述新的图形对象。

22. 根据权利要求 13 所述的编程系统，其特征在于：还备有将由上述动作规则保存装置保存的动作规则再生成和显示在新的画面上的动作规则显示装置。

23. 根据权利要求 13 所述的编程系统，其特征在于，还备有：状态变更装置，由用户变更图形对象的状态；及状态变更显示装置，监视由上述状态变更装置设定好的上述图形对象的状态；当满足由上述用户根据上述各图形对象的状态信息对所设定的上述各图形对象的状态进行设定的动作条件时，变更并显示各具有参数可设定的图形对象中的参数已设定的上述图形对象的状态。”

合议组在对本案进行进一步合议审查的基础上，认为本案事实清楚，可以作出如下复审请求审查决定。

二、决定的理由

请求人在答复复审通知书时提交的文本 3 符合专利法第三十三条和专利法实施细则第六十条的规定，因此本复审决定所依据的文本是本申请于 2005 年 10 月 14 日提交的权利要求第 1 ~ 23 项（即文本 3），于 1998 年 11 月 11 日进入中国国家阶段时提交的说明书第 1 ~ 61 页、说明书附图第 1 ~ 46 页、说明书摘要及摘要附图。

合议组仔细审查了原实质审查部门作出的驳回决定、前置审查意见以及请求人提交的复审请求书和文本 3 的权利要求书以及请求人答复复审通知书的意见，认为本申请文本 3 中的权利要求 1 ~ 23 属于专利法第二十五条第一款第（二）项所规定的不授予专利权的范围。具体理由如下：

1. 文本 3 中的权利要求 1 请求保护一种直观编程方法，其仅仅是把文本 2 中的权利要求 1、19、22、24、29 进行了简单的组合，在该直观编程方法中，使用者需要定义“图形对象”“状态信息”“图形对象间的连接”以及“动作规则”，而这些“对象”“规则”都是基于使用者的主观需要而形成的，即这是基于使用者的主观认识、判断或经验而确定的。该方法的实现以人的意志为转移，且实施该发明的结果也不是唯一和确定的。从实现该方法的整个步骤来看，它是一种教导使用者如何使用带有图形对象的编程软件的操作说明，该方法的实现必须经过人的思维运动作为媒介才能间接地作用于自然产生结果，它仅是指导人们对信息进行思维、识别、判断和记忆的规则和方法。因此，本申请权利要求 1 属于智力活动的规则和方法，属于专利法第二十五条第一款（二）项规定的不授予专利权的范围。权利要求 1 的从属权利要求 2 ~ 12 也未能克服上述缺陷，也属于智力活动的规则和方法，属于专利法第二十五条第一款（二）项规定的不授予专利权的范围。

2. 文本 3 中的权利要求 13 ~ 23 请求保护实现直观编程方法的系统，其实质上是请求保护在公知的计算机系统上实现上述直观编程方法，即权利要求 13 – 23 对现有技术的贡献也仅仅在于前述的智力活动的规则和方法，因此也属于专利法第二十五条第一款（二）项规定的不授予专利权的范围。此外，本申请权利要求 13 ~ 23 也不是对产品或者其改进所提出的新的技术方案，因此也不符合专利法实施细则第二条第一款的规定。

此外，本申请说明书中也没有记载任何属于中国专利法保护范围内的技术方案。

综上所述，合议组认为原驳回决定认定事实清楚，适用法律正确，请求人的复审理由不成立。

三、决定

维持国家知识产权局于2004年2月13日对98800271.X号发明专利申请所作出的驳回决定。

当事人对本决定不服的，可以根据专利法第四十一条第二款的规定，自收到本决定之日起三个月内向北京市第一中级人民法院起诉。

061

个人识别装置案

复审请求审查决定（第7618号）

决　　定　　号　第7618号
决　　定　　日　2005年11月28日
发明创造名称　个人识别装置
国 际 分 类 号　G06K 19/00
复 审 请 求 人　三菱电机株式会社
专 利 申 请 号　96103667.2
申　　请　　日　1996年3月29日
公　　开　　日　1996年12月11日
合 议 组 组 长　张　度
主　　审　　员　孙治国
参　　审　　员　张宗任

法 律 依 据　专利法第二十二条第三款
决 定 要 点

对比文件中没有披露本申请权利要求中的某一技术特征，也不存在技术启示使得本领域普通技术人员能够想到并采用该技术特征，以实现本申请所要实现的发明目的，因此该权利要求相对于对比文件具备创造性。

一、案由

本复审请求涉及申请号为96103667.2、名称为“个人识别装置”的发明专利申请，其申请日是1996年3月29日，优先权日为1995年12月13日，申请人是三菱电机株式会社。

在实质审查过程中，国家知识产权局实质审查部门于2002年2月8日发出第一次审查意见通知书，审查员引用对比文件（JP昭64－18893和US5144680A）指出权利要求1～8不符合专利法第二十二条第三款的规定。

针对实质审查部门的第一次审查意见通知书，申请人于2002年6月14日提交了意见陈述书，同时提交了权利要求书的全文替换页，另外主要指出：经修改的权利要求1～6涉及与说明书中记载的实施例1－6相对应的技术方案，而权利要求7和权利要求8则涉及实施例1～4共同技术内容的技术方案。

实质审查部门继续审查，于2002年11月15日发出第二次审查意见通知书，审查员引用对比文件（JP昭64－18893和US5337043A）指出权利要求1～8不符合专利法第二十二条第三款的规定。

针对实质审查部门的第二次审查意见通知书，申请人于2003年2月17日提交了意见陈述书，同时提交了权利要求书的全文替换页以及说明书的全文替换页，其中对权利要求的修改主要有：新修改的独立权利要求1～4中均加入了所述识别号码由大楼号码和个人号码所组成的技术特征，新修改的独立权利要求1中还加入所述用户抹除模式用手指与所述用户登录模式用手指不同的技术特征；新修改的独立权利要求3的技术方案与说明书中记载的实施例3相对应，故将原权利要求3的“读取所述用户指纹图像的指纹读取器”这一非必要技术特征删除；删除了原从属权利要求5~8中包含的新修改的独立权利要求中已作限定的技术特征。

实质审查部门继续审查，于2003年4月18日发出第三次审查意见通知书，审查员引用对比文件（JP7254899和US5144680A）指出权利要求1~8不符合专利法第二十二条第三款的规定。

针对实质审查部门的第三次审查意见通知书，申请人于2003年6月3日提交了意见陈述书，同时提交了权利要求书的全文替换页（下称文本1）、说明书的全文替换页第1~11页，其中对权利要求的修改主要有：新修改的独立权利要求1~4中均加入了有关“结束模式”的技术特征，另外进一步限定了所述用户结束模式用手指与所述用户登录模式用手指和用户抹除模式用手指不同；新修改的独立权利要求2~4中进一步限定了作为登录识别号码前提条件的识别号码中大楼号码和个人号码分别要进行的判别。

文本1中的权利要求1~8的内容如下：

“1. 一种个人识别装置，其特征在于，包括：

读取用户所持的识别卡的读取磁头；

读取所述用户指纹图像的指纹读取器；

用于输入识别号码的数码键；

显示模式种类、判断结果的显示器；

用于存储识别号码的RAM；以及

由所述指纹读取器读取所述用户登录模式用手指指纹时，所述显示器显示为登录模式，由所述读取磁头从所述识别卡当中读取的大楼号码和个人号码所组成的识别号码为规定范围内的数值时，便将从所述识别卡当中读取的识别号码作为允许的识别号码登录到所述RAM中，由所述指纹读取器读取所述用户结束模式用手指指纹时，便取消所述显示器显示中的登录模式，

而由所述指纹读取器读取与所述用户登录模式用手指和结束模式用手指不同的所述用户抹除模式用手指的指纹时，所述显示器显示为抹除模式，由所述数码键输入的欲抹除的识别号码与所述RAM中登录的识别号码一致时，便抹除所述RAM中登录的识别号码，由所述指纹读取器读取所述用户结束模式用手指指纹时，便取消所述显示器显示中的抹除模式的CPU。

2. 一种个人识别装置，其特征在于，包括：

读取用户所持的识别卡的读取磁头；

读取所述用户指纹图像的指纹读取器；

用于输入识别号码的数码键；

显示模式种类、判断结果的显示器；

用于存储识别号码的RAM；以及

由所述指纹读取器读取的所述用户的指纹与所登录的指纹一致，并有登录模式键输入时，所述显示器显示为登录模式，由所述读取磁头从所述识别卡当中读取的大楼号码和个人号码所组成的识别号码中所述读取的大楼号码与所登录的大楼号码一致且所述读取的个人号码为规定范围内的数值时，便将从所述识别卡当中读取的识别号码作为允许的识别号码登录到所述RAM中，由所述指纹读取器读取所述用户结束模式用手指指纹时，便取消所述显示器显示中的登录模式，

而由所述指纹读取器读取的所述用户的指纹与所登录的指纹一致，并有抹除模式键输入时，所述显示器显示为抹除模式，由所述数码键输入的欲抹除的识别号码与所述RAM中登录的识别号码一致

时，便抹除所述 RAM 中登录的识别号码，由所述指纹读取器读取所述用户结束模式用手指指纹时，便取消所述显示器显示中的抹除模式的 CPU。

3. 一种个人识别装置，其特征在于，包括：

读取用户所持的识别卡的读取磁头；

读取所述用户指纹图像的指纹读取器；

用于输入识别号码的数码键；

显示模式种类、判断结果的显示器；

用于存储识别号码的 RAM；以及

由所述读取磁头从管理卡当中读取的识别号码与所登录的识别号码一致时，所述显示器显示为登录模式，由所述读取磁头从所述识别卡当中读取的大楼号码和个人号码所组成的识别号码中所述读取的大楼号码与所登录的大楼号码一致且所述读取的个人号码为规定范围内的数值时，便将从所述识别卡当中读取的识别号码作为允许的识别号码登录到所述 RAM 中，由所述指纹读取器读取所述用户结束模式用手指指纹时，便取消所述显示器显示中的登录模式，

而由所述数码键输入的密码与所登录的密码一致时，所述显示器显示为抹除模式，由所述数码键输入的欲抹除的识别号码与所述 RAM 中登录的识别号码一致时，便抹除所述 RAM 中登录的识别号码，由所述指纹读取器读取所述用户结束模式用手指指纹时，便取消所述显示器显示中的抹除模式的 CPU。

4. 一种个人识别装置，其特征在于，包括：

读取用户所持的识别卡的读取磁头；

读取所述用户指纹图像的指纹读取器；

用于输入识别号码的数码键；

显示模式种类、判断结果的显示器；

用于存储识别号码的 RAM；以及

由所述指纹读取器读取的所述用户的指纹与所登录的指纹一致时，所述显示器显示为登录模式，由所述读取磁头从所述识别卡当中读取的大楼号码和个人号码所组成的识别号码中所述读取的大楼号码与所登录的大楼号码一致且所述读取的个人号码为规定范围内的数值时，便将从所述识别卡当中读取的识别号码作为允许的识别号码登录到所述 RAM 中，由所述指纹读取器读取所述用户结束模式用手指指纹时，便取消所述显示器显示中的登录模式，

而由所述数码键输入的密码与所登录的密码一致时，所述显示器显示为抹除模式，由所述数码键输入的欲抹除的识别号码与所述 RAM 中登录的识别号码一致时，便抹除所述 RAM 中登录的识别号码，由所述指纹读取器读取所述用户结束模式用手指指纹时，便取消所述显示器显示中的抹除模式的 CPU。

5. 如权利要求 1 所述的个人识别装置，其特征在于，

当由所述读取磁头从所述识别卡当中读取的识别号码中的个人号码为奇数或偶数时，所述 CPU 便将从所述识别卡当中读取的识别号码作为允许的识别号码登录到所述 RAM 中。

6. 如权利要求 1 所述的个人识别装置，其特征在于，

当由所述读取磁头从所述识别卡当中读取的识别号码中的个人号码被规定值整除时或余数为规定数值时，所述 CPU 便将从所述识别卡当中读取的识别号码作为允许的识别号码登录到所述 RAM 中。

7. 如权利要求 1 所述的个人识别装置，其特征在于，

当至少由所述读取磁头从所述识别卡当中读取的识别号码中的大楼号码与已登录的大楼号码一致

时，所述 CPU 便将从所述识别卡当中读取的识别号码作为允许的识别号码登录到所述 RAM 中。

8. 如权利要求 1 所述的个人识别装置，其特征在于，

当至少由所述读取磁头从所述识别卡当中读取的识别号码中的个人号码为规定值范围内数值时，所述 CPU 便将从所述识别卡当中读取的识别号码作为允许的识别号码登录到所述 RAM 中。”

2003 年 9 月 1 日，实质审查部门以本申请的上述文本 1 的权利要求 1 ~8 不符合专利法第二十二条第三款的规定为由驳回了本申请。驳回理由主要是：对比文件 JP7254899 中的通信系统可用输入装置输入操作号和索引号进行登录，还可用抹除请求装置根据抹除请求信号抹除用户终端储存的信息，也可抹除 RAM 中存储的数据，而对比文件 US5144680A 中的指纹读出器可读出数字化的指纹信息。因此该两个对比文件结合使所述权利要求 1 ~4 不具备创造性。不言而喻数字化信息是可用来作为操作号和索引号的，而不同的手指指纹可产生出不同的操作号。这些不同的操作号在个人识别装置中可由 CPU 用于登录、抹除的操作。而新增加的技术特征可概括为“CPU 用结束模式手指指纹取消显示器中的登录模式和抹除模式”，未使得权利要求 1 ~4 产生实质性变化，而新权利要求 5 ~8 没有变化，因此权利要求 1 ~8 不符合专利法第二十二条第三款的规定。

申请人（下称请求人）对上述驳回决定不服，于 2003 年 12 月 18 日向国家知识产权局专利复审委员会提出复审请求，其理由主要是：独立权利要求 1 ~4 的技术方案，均是针对个人识别装置的 ID 号码管理使用中缺乏模式设定操作便利性这种问题的，而本发明仅利用指纹对不同模式进行设定这种技术内容，事实上在审查员所引用的对比文件 1 ~3 中均未涉及。

经形式审查合格，国家知识产权局专利复审委员会受理了上述复审请求，并于 2004 年 2 月 9 日发出了复审请求受理通知书和前置审查通知书。

在前置审查程序中，原实质审查部门坚持原驳回决定。

至此，合议组认为本案事实已经清楚，可以依法作出复审决定。

二、决定的理由

1. 关于审查的文本

请求人于 2003 年 6 月 3 日答复第三次审查意见通知书时对权利要求书、说明书进行了修改，合议组注意到上述修改并未超出原说明书和权利要求书记载的范围，符合专利法第三十三条的规定。此外，请求人在提出复审请求时没有对申请文件进行修改。因此，此次复审决定依据的文本同驳回决定所依据的文本，即，2003 年 6 月 3 日提交的权利要求第 1 ~8 项、说明书第 1 ~11 页，申请日提交的说明书摘要以及 1996 年 5 月 15 日提交的说明书附图第 1 －7 页和摘要附图。

2. 关于专利法第二十二条第三款

在本决定中评述本申请的权利要求时所采用的对比文件与实质审查过程中所引用的对比文件相同（即，对比文件 2：US5337043A，公开日为 1994 年 8 月 9 日，对比文件 3：JP7254899，公开日为 1995 年 10 月 3 日）。

本申请涉及一种用识别磁卡（ID 卡）识别个人的装置。其目的是为了克服现有技术中需要管理卡和登录模式开关的问题以及因利用数码键输入并登录 ID 号码而存在操作麻烦以及误输入的问题，提供了一种个人识别装置，用于解决不必用开关等的专用机器设定登录模式，并且能简单登录 ID 号码（见本申请说明书第 1 页第 6、8 段）。

对比文件 2 公开了一种门禁控制系统，涉及的是一利用卡钥匙和机械钥匙与指纹核对一起进行认证的门禁控制系统，当读出卡中编码的磁数据或机械钥匙背面的编码数据时，进行指纹验证，并在验证是许可的指纹时，便允许进人。其所披露的仅仅是采用指纹验证的门禁系统，并没有披露利用指纹对不同模式（登录模式、抹除模式、结束模式）进行设定和处理的技术内容。

对比文件3涉及一种密码通信装置，在该装置中通过如在说明书附图2中所示操作面板15上设置的功能键203来设定用于登录密码键的模式以及用于登录通信对象的模式。而且，可以通过功能键203删除所登录的内容。即，对比文件3披露了通过功能键进行登录和删除的技术内容，但是并没有公开利用指纹对不同模式（登录模式、抹除模式、结束模式）进行设定和处理的技术内容。

从前述分析可以看出：为了解决通过功能键进行登录和删除存在操作麻烦以及误输入的问题，本申请权利要求1~4所请求保护的技术方案中必须具有“可以实现对所设定的不同模式的指纹数据进行处理的CPU”这一技术特征，从而可以由CPU对指纹数据进行处理，而不是通过功能键进行操作。对比文件2和对比文件3均没有披露本申请权利要求1~4中的该技术特征，而且也不存在任何技术启示使得本领域普通技术人员能够将对比文件2和对比文件3相结合以得到该技术特征，从而实现本申请的发明目的。因此本申请权利要求1~8相对于对比文件2和对比文件3相结合具备突出的实质性特点和显著的进步，具有专利法第二十二条第三款所规定的创造性。

综上所述，合议组认为原审查部门使用对比文件2和对比文件3相结合，以本申请权利要求1~8不具备专利法第二十二条第三款所规定的创造性为由作出的驳回决定，应予撤销。至于说明书和权利要求书是否还存在其他缺陷，均留待后续程序继续审查。

三、决定

撤销国家知识产权局于2003年9月1日对96103667.2号发明专利申请作出的驳回决定，由原实质审查部门以请求人于2003年6月3日提交的权利要求第1~8项、说明书第1~11页，申请日提交的说明书摘要以及1996年5月15日提交的说明书附图1~7页和摘要附图为基础，继续审批程序。

062

低型合成材料床垫底座结构案

复审请求审查决定（第7625号）

决　定　号　第7625号
决　定　日　2005年12月12日
发明创造名称　低型合成材料床垫底座结构
国际分类号　A47C 23/02
复审请求人　俄亥俄褥垫公司许可证及组成集团
专利申请号　96194457.9
申　请　日　1996年6月5日
公　开　日　1998年7月1日
合议组组长　张　度
主　审　员　黄毅斐
参　审　员　邢文飞

法律依据　专利法第三十一条第一款　专利法实施细则第二十条第一款
决定要点

请求人在复审程序中修改的权利要求书已经克服了驳回决定和复审通知书指出的部分权利要求不符合专利法第三十一条第一款和专利法实施细则第二十条第一款的规定的缺陷，因此可以在此基础上撤销原驳回决定。

一、案由

本复审请求涉及申请号为96194457.9、名称为“低型合成材料床垫底座结构”的发明专利申请（下称本申请），其申请日为1996年6月5日，优先权日为1995年6月7日，申请人为俄亥俄褥垫公司许可证及组成集团。

在实质审查阶段，国家知识产权局实质审查部门针对申请人于2003年7月23日提交的权利要求第1~28项，以及本申请进入中国国家阶段时提交的国际申请文本的说明书第1~10页、附图第1~12页（下称文本1），于2004年3月26日作出了驳回决定，驳回理由是：独立权利要求28不符合专利法第三十一条第一款的规定；权利要求6、7中的“所述弹簧组件的长度尺寸与将与所述弹簧组件固定的所述内框架部件的长度尺寸在取向上是一致的”含义不清楚，因此该两项权利要求不符合专利法实施细则第二十条第一款的规定；权利要求15中的主题名称与所引用的权利要求1的主题名称不一致，不符合专利法实施细则第二十条第一款的规定。

文本1中的权利要求6、7、15和28内容如下：

“6. 如权利要求2所述的底座，其特征在于，所述弹簧组件的长度尺寸与将与所述弹簧组件固定的所述内框架部件的长度尺寸在取向上是一致的。

7. 如权利要求1所述的底座，其特征在于，所述弹簧组件的长度尺寸与将与所述弹簧组件固定的所述内框架部件的长度尺寸在取向上是垂直的。”

“15. 权利要求 1 所述的弹簧组件与至少一个接合件和至少另一个接合件的组合，其中，所述至少一个接合件结构成将所述弹簧组件与一内框架部件固定，所述至少另一个接合件结构成将所述弹簧组件与所述床垫底座的所述网架固定。”

“28. 一种合成材料弹簧组件，用作床垫底座系统的支撑元件，所述合成材料弹簧组件具有一基本呈直线的结构，并可在一个点与一内框架部件固定和在两个点与一床垫底座的网架固定。”

申请人（下称请求人）对上述驳回决定不服，于 2004 年 6 月 28 日向专利复审委员会提出复审请求，同时提交了修改的权利要求书（下称文本 2），其中将文本 1 中的权利要求 15 修改为从属于权利要求 28（即文本 2 中的权利要求 27），同时修改了文本 1 中权利要求 6、7 的表述方式，并认为该修改后的权利要求书已符合专利法及其专利法实施细则的有关规定。

经过形式审查合格，专利复审委员会于 2004 年 8 月 3 日发出了复审请求受理通知书和前置审查通知书。

在前置审查阶段，原实质审查部门认为由于文本 2 中权利要求 6、7 的附加技术特征仍然不清楚，因此坚持原驳回决定。

专利复审委员会依法成立合议组对本案进行复审，于 2005 年 9 月 19 日发出复审通知书，指出：文本 2 的权利要求 6、7 中的“长度尺寸”一词表示的是长度数值，不具有方向性，因而不存在所谓“长度尺寸”之间或是其取向之间的平行/垂直关系，因此该两项权利要求仍不能清楚地限定弹簧组件与内框架部件之间的结构关系，不符合专利法实施细则第二十条第一款的规定；权利要求 21 要求保护“一种低型底垫床座（应为床垫底座）支撑结构”，但该权利要求中未对所述支撑结构进行限定，而是限定“底座包括：……”，因此该权利要求未清楚地表达要保护具有何结构特征的支撑结构，不符合专利法实施细则第二十条第一款的规定；权利要求 27 中所述“内框架部件”是指何部件中的内框架部件含义不清，因此该权利要求不符合专利法实施细则第二十条第一款的规定；权利要求 22 ~ 25、28 的引用部分分别与其引用的权利要求 21、27 的主题名称不一致，并且权利要求 28 中的“所述至少一个接合件”、“所述至少另一个接合件”在引用的权利要求 27 中未出现，因此上述权利要求不能清楚地表达请求保护的范围，不符合专利法实施细则第二十条第一款的规定。

专利复审委员会于 2005 年 11 月 8 日收到请求人的答复意见以及新修改的权利要求书（下称文本 3），请求人表示已按照复审通知书提出的审查意见修改了权利要求 6、7、21、27，具体地，将文本 2 权利要求 6、7 中的“长度尺寸”一词修改为“长度方向”，将文本 2 权利要求 21 的主题名称改为“一种低型床垫底座”，将文本 2 权利要求 27 中的“内框架部件”进一步限定为“所述内框架部件与所述床垫底座系统的框架连接并位于该框架内”，同时还删除了文本 2 的权利要求 28。

至此，合议组认为，本案事实已清楚，可以作出复审决定。

二、决定理由

请求人随答复复审通知书提交的修改的权利要求书（即文本 3）符合专利法第三十三条和专利法专利法实施细则第六十条的规定，因此本复审决定依据的文本为：文本 3 的权利要求第 1 ~ 27 项以及文本 1 中的说明书第 1 ~ 10 页、附图第 1 ~ 12 页。

文本 3 的独立权利要求 27（对应文本 1 中的权利要求 28）要求保护的弹簧组件是独立权利要求 1、15、21、26 中所包括的一个特定技术特征，因此权利要求 27 符合专利法第三十一条第一款有关单一性的规定。

文本 3 的权利要求 6、7、21 ~ 25、27 均已按照复审通知书的意见对含义不清楚之处或是主题名称进行了修改，例如权利要求 6、7 中的原“长度尺寸”一词已修改为“长度方向”从而使弹簧组件与内框架部件之间的结构关系清楚，因此上述修改后的权利要求均已符合专利法专利法实施细则第二十条第一款的规定。

综上所述，合议组认为文本3的独立权利要求27符合专利法第三十一条第一款有关单一性的规定，并且权利要求6、7、21~25、27已克服驳回决定和复审通知书所指出的不符合专利法专利法实施细则第二十条第一款的规定的缺陷。

三、决定

撤销国家知识产权局于2004年3月26日对96194457.9号发明专利申请的驳回决定，由原实质审查部门以本申请2005年11月8日提交的权利要求第1~27项、进入中国国家阶段时提交的国际申请文本的说明书第1~10页、附图第1~12页为基础继续进行审批程序。

063

具有内在铜离子迁移势垒的低介电常数的介电材料案

复审请求审查决定（第7636号）

决　定　号　第7636号
决　定　日　2005年12月8日
发明创造名称　具有内在铜离子迁移势垒的低介电常数的介电材料
国际分类号　H01L 21/312、21/3205、21/768、21/283
复审请求人　国际商业机器公司
专利申请号　00122701.7
申　请　日　2000年8月8日
公　开　日　2001年5月16日
合议组组长　张美菊
主　审　员　樊晓东
参　审　员　周雷鸣

法律依据　专利法第二十六条第四款
决定要点

在判断权利要求是否得到说明书的支持时，应当考虑说明书的全部内容，而不是仅限于具体实施方式部分的内容。如果说明书的其他部分也记载了有关具体实施方式或实施例的内容，从说明书的全部内容来看，能说明权利要求的概括是适当的，则应当认为权利要求得到了说明书的支持。

一、案由

本复审请求涉及申请号为00122701.7、名称为“具有内在铜离子迁移势垒的低介电常数的介电材料”的发明专利申请（下称本申请），申请人为国际商业机器公司，申请日为2000年8月8日，优先权日为1999年8月10日，公开日为2001年5月16日。

国家知识产权局实质审查部门于2003年7月18日发出第一次审查意见通知书。通知书中指出权利要求1~5、8、11~14、24、27~30得不到说明书的支持，不符合专利法第二十六条第四款有关权利要求书应该以说明书为依据的有关规定；权利要求3、6、7、12、15~18、28、31、32不清楚，不符合专利法实施细则第二十条第一款有关权利要求要清楚的表述请求保护的范围的规定。

申请人于2003年12月1日针对第一次审查意见通知书提交了意见陈述书，并提交了经过修改的权利要求书替换页第1~32项以及说明书第1、4页的修改替换页以及著录项目变更申报书，要求将发明名称变更为“层间介质、半导体结构以及制作半导体结构的方法”。申请人认为，该修改克服了原权利要求中的多处不清楚的缺陷，并指出权利要求1~5、8、11~14、24、27~30概括范围合理，应是符合专利法第二十六条第四款有关权利要求书应该以说明书为依据的有关规定。

国家知识产权局实质审查部门于2004年1月30日发出第二次审查意见通知书，仍指出权利要求1~5、8、11~14、24、27~30得不到说明书的支持，不符合专利法第二十六条第四款有关权利要求书应该以说明书为依据的有关规定。

申请人于2004年4月14日对第二次审查意见通知书提交了意见陈述书，指出权利要求1~5、8、11~14、24、27~30概括范围合理，符合专利法第二十六条第四款的有关规定，未对权利要求作出修改。

2004年7月9日，国家知识产权局以本申请权利要求1~5、8、11~14、24、27~30不符合专利法第二十六条第四款的规定为由驳回了该申请。

驳回决定的具体理由为：在权利要求1中所述的技术特征："介电常数为3.0或更小的介电材料""所述添加剂能够键合铜离子""可溶解在所述介电材料中并基本上均匀地分布在整个所述介电材料中"仅仅是对所述的介电材料和添加剂进行了功能性的描述，而并没有对该介电材料和添加剂进行结构或者成分上的限定，而对本领域普通技术人员来说难以预见除了本申请实施例所述的2，9，16，23－四－叔丁基－29H，31H酞菁作为添加剂的热凝聚芳香醚的结构之外，其所概括的其他介电材料和添加剂都是适用于本发明的，因此这样的概括得不到说明书的支持，不符合专利法第二十六条第四款有关权利要求书应该以说明书为依据的规定；权利要求2~5的概括范围过宽，所述的"有机介电材料""聚酰亚胺""聚酰胺""金刚石""类金刚石碳""含硅的聚合物""聚芳基醚""聚对亚苯基二甲基聚合物""巯基化合物""硫化合物""硫醚化合物""氰化合物""多齿配位体和聚合物""酞菁化合物"包含过多差异性很大的物质，而依据本申请文件所记载的内容，所属技术领域的技术人员难于预见上述所概括的这些物质除本申请实施例所述的2，9，16，23－四－叔丁基－29H，31H酞菁作为添加剂的热凝聚芳香醚的结构之外的所有其他方式均能解决其技术问题，因此这几个权利要求得不到说明书的支持，不符合专利法第二十六条第四款有关权利要求书应该以说明书为依据的规定；同上理由，权利要求8、11~14、24、27~30也是得不到说明书的支持的，不符合专利法第二十六条第四款有关权利要求书应该以说明书为依据的规定。

驳回决定所针对的权利要求1－5、8、11~14、24、27~30的内容如下：

"1. 一种能够降低或消除铜离子迁移的层间介质，它包含介电常数为3.0或更小的介电材料以及添加剂，所述添加剂能够键合铜离子，可溶解在所述介电材料中并基本上均匀地分布在整个所述介电材料中。

2. 权利要求1的层间介质，其中所述介电材料是有机介电材料。

3. 权利要求2的层间介质，其中所述有机介质选自聚酰亚胺、聚酰胺、金刚石、类金刚石碳、含硅的聚合物、聚芳基醚和聚对亚苯基二甲基聚合物构成的组。

4. 权利要求1的层间介质，其中所述添加剂选自巯基化合物、硫化合物、硫醚化合物、氰化合物、多齿配位体和聚合物构成的组。

5. 权利要求4的层间介质，其中所述添加剂是酞菁化合物。"

"8. 一种半导体结构，它包含衬底、制作在所述衬底上的权利要求1的层间介质、以及与所述层间介质接触的铜区域。"

"11. 权利要求8的半导体结构，其中所述介电材料是有机介电材料。

12. 权利要求11的半导体结构，其中所述有机介质选自聚酰亚胺、聚酰胺、金刚石、类金刚石碳、含硅的聚合物、聚芳基醚和聚对亚苯基二甲基聚合物构成的组。

13. 权利要求8的半导体结构，其中所述添加剂选自巯基化合物、硫化合物、硫醚化合物、氰化合物、多齿配位体和聚合物构成的组。

14. 权利要求13的半导体结构，其中所述添加剂是酞菁化合物。”

“24. 一种制作半导体结构的方法。它包含：

在衬底表面上制作权利要求1的层间介质；以及

制作与所述层间介质接触的铜区域。”

“27. 权利要求24的方法，其中所述介电材料是有机介电材料。

28. 权利要求27的方法，其中所述有机介质选自聚酰亚胺、聚酰胺、金刚石、类金刚石碳、含硅的聚合物、聚芳基醚和聚对亚苯基二甲基聚合物构成的组。

29. 权利要求1的方法，其中所述添加剂选自巯基化合物、硫化合物、硫醚化合物、氰化合物、多齿配位体和聚合物构成的组。

30. 权利要求29的方法，其中所述添加剂是酞菁化合物。”

申请人国际机器商业公司（下复审请求人）对上述驳回决定不服，于2004年10月22日向专利复审委员会提交了复审请求，其复审请求的理由为：（1）本申请说明书中给出了介电材料和添加剂的众多实施例，说明书中已明确记载和充分说明，因此权利要求1～5、8、11～14、24、27～30得到说明书支持；（2）原实质审查部门在作出第二次审查意见通知书和驳回决定时均没有改发明名称，请求人至今未收到手续合格或不合格的通知书，因此原实质审查部门的实审程序违法。

形式审查合格后，专利复审委员会受理了该复审请求，并于2004年11月15日向复审请求人发出复审请求受理通知书，同时将本案送至原实质审查部门进行前置审查。

原实质审查部门在前置审查意见书中认为，权利要求1～5、8、11～14、24、27～30仍不符合专利法第二十六条第四款的规定，因而坚持原驳回决定。

专利复审委员会依法成立合议组，对本案进行审查，在认真研究了本案的全部文件后，认为本案事实已经清楚，可以作出本复审请求决定。

二、决定的理由

1. 本复审决定所依据的文本

复审请求人提交复审请求时没有提交修改文本，因此本复审决定所依据的文本是驳回决定所依据的文本，即复审请求人2003年12月1日提交的说明书第1、4页，权利要求第1～32项，2000年8月8日提交的说明书第2、3、5～2页，附图第1～3页，说明书摘要，摘要附图。

2. 关于实审程序违法

审查指南（2001年版）第二部分第八章第6.2.2节规定：

“在发出授予专利权的通知前，允许审查员对准备授权的文本依职权作如下的修改（参见本章第5.2.4.2节）。……”

审查员还应当依次做好下述工作：在案卷封面上填写自己确定的该专利的IPC分类号并交本审查处的分类裁决负责人核定；将整理好的准备授权的文本放入公报袋，同时在公报袋上填写规定的项目并且盖章；填写授予专利权的通知（专用表格），一式两份，盖章后，一份装订在案卷中，另一份放入申请案卷封面里夹；整理好一份完整的案卷，并且在封面和封底填写授权时案卷交接记录和授权发文记录；申请人对发明的名称进行了修改的，或者经核定的IPC分类号相对于原分类号有变化的，还应当填写“著录项目变更通知单”一式两份，一份装订在案卷第一装订条的首页之前，另一份放入案卷封面里夹。

而审查指南第二部分第八章第6.1节关于驳回决定的规定以及第二部分第八章第4.10第4.11.3节关于审查通知书的规定中并没有与著录项目变更相关的规定，即，在实质审查程序中并没有要求在作出审查通知书和驳回决定时要对著录项目进行变更。

由于本申请在实质审查程序中被驳回，而未被授权，因此原实质审查部门在作出第二次审查意见通知书和驳回决定时可以不修改其发明名称，故原实质审查部门的审查程序并未违法。

2. 关于专利法第二十六条第四款

专利法第二十六条第四款规定："权利要求书应当以说明书为依据，说明要求专利保护的范围。"

权利要求书应当以说明书为依据，是指权利要求应当得到说明书的支持。权利要求书不仅应当在表述形式上得到说明书的支持，而且应当在实质上得到说明书的支持。就是说，权利要求书中的每一项权利要求所要求保护的技术方案应当是所属技术领域的技术人员能够从说明书中公开的内容直接得到或者概括得出的技术方案，并且权利要求的范围不得超出说明书记载的内容。

在判断权利要求是否得到说明书的支持时，应当考虑说明书的全部内容，而不是仅限于具体实施方式部分的内容。如果说明书的其他部分也记载了有关具体实施方式或实施例的内容，从说明书的全部内容来看，能说明权利要求的概括是适当的，则应当认为权利要求得到了说明书的支持。

权利要求 1 请求保护"一种能够降低或消除铜离子迁移的层间介质，它包含介电常数为 3.0 或更小的介电材料以及添加剂，所述添加剂能够键合铜离子，可溶解在所述介电材料中并基本上均匀地分布在整个所述介电材料中。"从以上描述可见，权利要求 1 已经限定了"层间介质"的成分，即包含所述的介电材料和添加剂，且权利要求 1 中的添加剂还必须满足：1. 能够键合铜离子；2. 可溶解在所述介电材料中并基本上均匀地分布在整个所述介电材料中。相应地，在说明书中明确指出，"层间介质 12 与现有技术层间介质的差别在于，它包含其数量能够键合铜离子又仍然使添加剂能够溶解在介质母体中的添加剂，具体地说，层间介质 12 包含低介电常数介质和添加剂。此处用术语"低介电常数"来表示介电常数即 k 值为 3.0 或更小，最好是小于 2.6 的介质。"（参见说明书第 4 页第 2 段）；"结合低 K 介质材料使用的添加剂必须满足下面二个条件：（i）必须能够与铜离子形成强键，亦即，必须对铜离子具有高的亲和力，从而与铜离子形成强络合物以及（ii）必须可溶解在低 K 介电材料中，从而基本上均匀地分布在整个介质母体中"（参见说明书第 4 页第 4 段）。由此可见，权利要求 1 的所有技术特征在说明书中都有相应的明确记载，且本领域的技术人员根据本领域的公知常识很容易想到适合的介电材料和添加剂，从而得到权利要求 1 的层间介质，因此如果没有相反证据证明上述概括不适当，则应当认为本申请说明书中记载的上述内容在本申请中是可用的，即权利要求 1 的技术特征可用于本发明并能够获得说明书中所记载的技术效果，因此权利要求 1 的技术特征得到说明书支持，符合专利法第二十六条第四款的规定。

权利要求 2 ~5 的附加技术特征是对权利要求 1 的介电材料和添加剂的进一步限定，其中进一步限定"所述介电材料是有机介电材料"；"所述有机介质选自聚酰亚胺、聚酰胺、金刚石、类金刚石碳、含硅的聚合物、聚芳基醚和聚对亚苯基二甲基聚合物构成的组"；"所述添加剂选自巯基化合物、硫化合物、硫醚化合物、氰化合物、多齿配位体和聚合物构成的组"；"所述添加剂是酞菁化合物"。上述技术特征在本申请说明书中均有记载（参见说明书第 4 页第 3 ~4 段），且根据说明书的记载可知，权利要求 2 ~5 所限定的介电材料和添加剂可以直接用于本发明，而不需要本领域的技术人员进行"判断"或"预料"，因此如果没有相反证据证明上述概括不适当，则应当认为本申请说明书中记载的上述内容在本申请中是可实施的，权利要求 2 ~5 的技术特征得到说明书充分支持，符合专利法第二十六条第四款的规定。

权利要求 8、24 与权利要求 1 相对应，权利要求 11 ~14、权利要求 27 ~30 的附加技术特征与权利要求 2 ~5 的附加技术特征对应，同理，权利要求 8、11 ~14、24、27 ~30 的技术特征也得到说明书充分支持，符合专利法第二十六条第四款的规定。

根据以上事实和理由，本案合议组作出如下审查决定。

三、决定

撤销国家知识产权局于 2004 年 7 月 9 日对 00122701.7 号发明专利申请作出的驳回决定。由原实质审查部门在驳回决定所针对文本的基础上继续进行后续审批程序。

064

电动搓挠案

复审请求审查决定（第7638号）

决　　定　　号　第7638号
决　　定　　日　2005年12月12日
发明创造名称　电动搓挠
国 际 分 类 号　A47K 7/04 A61H 7/00
复 审 请 求 人　苏瑞萍
申　　请　　号　01116743.2
申　　请　　日　2001年4月19日
公　　开　　日　2002年9月4日
合 议 组 组 长　高　栋
主　　审　　员　翁晓君
参　　审　　员　苏　青

法 律 依 据　专利法第三十三条
决 定 要 点

复审请求人提交的修改后的专利申请文件超出了原始申请文件所记载的范围，且在复审通知书指出该缺陷后，仍然坚持该超范围的修改文本的，则其复审请求不成立。

一、案由

本复审请求涉及申请日为2001年4月19日、公开日为2002年9月4日、发明名称为“电动搓挠”、申请号为01116743.2的发明专利申请（下称本申请），申请人为苏瑞萍。

在实质审查阶段，国家知识产权局实质审查部门于2003年12月5日驳回了本申请，其驳回理由是本申请说明书公开不充分，不符合专利法第二十六条第三款的规定。具体理由是：本申请说明书未对本发明作出清楚完整的说明，即没有清楚的说明刷头外罩的材质、构造及其与刷头1、2的组合关系，同时说明书中也没有说明加力时硬毛从何处挺露，刷头怎样自动外移，当洗澡时对刷头加力怎样防止水沫四溅，即说明书没有给出实现功能“加力时硬毛挺露，刷头自动外移，穿衣挠痒时护罩将衣服与刷头分开，洗澡时防止水沫四溅”的技术手段，从而所属领域技术人员根据说明书的记载不能实现本发明。

申请人（下称复审请求人）对上述驳回决定不服，于2004年3月7日向专利复审委员会提出复审请求，并提交了说明书全文的替换页（下称修改文本1）。复审请求人指出修改后的文本未能符合专利法第二十六条第三款的规定，但就其产品本身的设计通过研制试用认为还是不错的。

经形式审查合格后，专利复审委员会受理了复审请求人于2004年3月7日提出的复审请求，并于2004年10月8日向复审请求人发出了复审请求受理通知书，同时向国家知识产权局原实质审查部门发出了前置审查通知书。

在前置审查意见书中，国家知识产权局原实质审查部门仍坚持原驳回决定。

复审请求人又分别于2004年9月18日提交了复审请求书及其说明书全文替换页（下称修改文本2），于2005年3月29日提交了意见陈述书及其说明书和权利要求书全文替换页（下称修改文本3）。

专利复审委员会依法成立合议组对本复审请求案进行审查，于2005年8月31日发出复审通知书，指出：（1）根据专利法实施细则第六十条所规定的“请求人在提出复审请求或者在对专利复审委员会的复审通知书作出答复时，可以修改专利申请文件”，本次复审不接受修改文本2和修改文本3，而是以修改文本1为基础进行审查。（2）合议组对修改文本1进行审查后发现修改超出了原说明书和权利要求书记载的范围，不符合专利法第三十三条的规定。同时合议组提醒请求人，其提交的修改文本2和修改文本3也超出了原说明书和权利要求书记载的范围，也不符合专利法第三十三条的规定。（3）为了节约程序，合议组对实质审查部门作出驳回决定所针对的文本进行复审，认为本申请说明书公开不充分，不符合专利法第二十六条第三款的规定。

复审委员会于2005年9月29日收到复审请求人对上述复审通知书作出的答复，但是请求人并未提交任何修改文本，在意见陈述书中也未提出任何实质性的意见和理由。

经过上述审查程序，合议组认为，本案事实已经清楚，现依法作出复审决定。

二、决定的理由

1. 审查基础

复审请求人在复审程序中提交了修改文本1、2和修改文本3。根据专利法实施细则第六十条所规定的“请求人在提出复审请求或者在对专利复审委员会的复审通知书作出答复时，可以修改专利申请文件”，所以不接受修改文本2和修改文本3，因此本复审决定所依据的文本为：修改文本1，即复审请求人于2004年3月7日提交的说明书第1页，于2001年7月7日提交的权利要求第1~2项，于2003年5月8日提交的说明书附图第1页、说明书摘要。

2. 关于专利法第三十三条

合议组审查了修改文本1后认为，复审请求人对说明书的修改超出了原始申请文件所记载的范围。理由如下：复审请求人在修改的说明书中增加了刷头护罩的材质、构造、及其与刷头的组合关系，以及该电动搓挠的工作原理，但是这些技术内容在原说明书和权利要求书中并没有记载，而且本领域普通技术人员根据本申请原始公开的内容包括附图也不能够推导得出该增加的内容，所以复审请求人对说明书的修改超出了原说明书和权利要求书记载的范围，不符合专利法第三十三条的规定。

由于复审请求人未能消除上述复审通知书所指出的修改超范围的缺陷，因此其复审请求的理由不成立。

三、决定

维持国家知识产权局于2003年12月5日作出的驳回第01116743.2号发明专利申请的决定。

复审请求人对本决定不服的，可以根据专利法第四十一条第二款的规定，自收到本决定之日起三个月内向北京市第一中级人民法院起诉。

065

多区域数据存储系统和方法案

复审请求审查决定（第7640号）

决　定　号　第7640号
决　定　日　2005年6月21日
发明创造名称　多区域数据存储系统和方法
国际分类号　G11C 11/00
复审请求人　日立环球储存科技荷兰有限公司
申　请　号　96121852.5
申　请　日　1996年12月2日
公　开　日　1997年8月20日
合议组组长　马志远
主　审　员　张宗任
参　审　员　熊　婷

法律依据　专利法第二十二条第三款
决定要点

如果一权利要求所要保护的技术方案已被两篇对比文件公开，而且本领域普通技术人员能够容易从两篇对比文件获得结合的技术启示，那么该权利要求所要保护的技术方案不具备创造性，对这种技术方案的修改仅仅是加入显而易见的现有技术特征，是无法克服不具备创造性缺陷的。

一、案由

本复审请求涉及国家知识产权局于1996年12月2日受理，申请号为96121852.5、名称为“多区域数据存储系统和方法”的发明专利申请（下称本申请），申请人是国际商业机器公司。

在实质审查过程中，国家知识产权局实质审查部门针对本发明专利原始申请文件（下称文本1）进行了实质审查，于2002年5月17日发出第一次审查意见通知书，在通知书中指出：本专利权利要求1~19、21、24~26和31~38相对于对比文件1和对比文件2的结合不具备创造性，不符合专利法第二十二条第三款的规定。其中引用了下述对比文件：

US5446606A，公开日为1995年8月29日（下称对比文件1）；

US5166006A，公开日为1992年11月24日（下称对比文件2）。

针对上述第一次审查意见通知书，申请人于2002年9月28日提交了意见陈述书，其中主要指出：（1）权利要求1相对于对比文件1和对比文件2具备创造性；（2）对比文件1和对比文件2没有公开“锁定装置”，所以权利要求26相对于对比文件1和对比文件2具备创造性；（3）权利要求31和对比文件35相对于对比文件1和对比文件2具备创造性。同时提交了权利要求书替换页共4页（下称文本2）。

国家知识产权局实质审查部门认为，文本2的权利要求1~19、21、24~26和31~36仍然不符合专利法第二十二条第三款的规定，并于2002年11月15日作出了驳回本申请的决定。

申请人（下称复审请求人）对上述驳回决定不服，于2003年2月22日向专利复审委员会提出复审请求，并提交了再次修改的权利要求书共3页和说明书替换页共11页（下称文本3）。复审请求的主要理由是：（1）对比文件1中的起飞区与降落区只是简单的将一个区分成两个区，两个区的结构相同，没有教导表面采用不同的纹理结构；（2）对比文件2仅有两个区，光滑的记录区和粗糙各向同性的纹理结构的降落区，没有教导单独设置一个停泊区，并使停泊区与降落区具有不同表面纹理，（3）对比文件1和对比文件2都没有针对起飞/降落和停泊所具有的不同情形和特定目的而单独设置一个停泊区，更没有针对区域的不同将停泊区做成粗糙纹理结构表面，将起飞/降落区做成中等纹理结构表面。文本3的权利要求书内容如下：

“1. 一个数据存储系统包括：

一个具有第一、第二和第三区域的数据存储媒介，第一区域具有一个粗糙纹理结构的表面，第二区域具有一个中等纹理结构的表面，并且第三区域具有一个光滑结构的表面；

一个靠近数据存储媒介放置的换能组件；

一个用来相对于换能组件移动数据存储媒介的移动装置；和

一个可有选择地将换能组件定位到接近第一、第二和第三区域的定位装置。

2. 权利要求1中的系统，其特征为还包括一个连接到移动装置和定位装置的控制装置，用来根据移动装置的速度在第一、第二和第三区域之间移动换能组件。

3. 权利要求1的系统，其特征在于还包括一个连接到移动装置和定位装置的控制装置，用来在移动装置的电源开启和关闭后，根据一个选定的时间段在第一、第二和第三区域之间移动换能组件。

4. 权利要求1中的系统，其特征在于，当换能组件停留于数据存储媒介表面时，第一区域的结构足以防止换能组件和数据存储媒介之间的静摩擦，当换能组件和数据存储媒介之间的相对速度大于零，但小于换能组件在第三区域的工作速度时，第二区域的结构足以防止换能组件和数据存储媒介之间的静摩擦。

5. 权利要求1中的系统，其特征在于还包括一个用来限定定位装置移动，使换能组件保持在第一和第二区域的锁定装置。

6. 权利要求5中的系统，其特征在于，锁定装置还包括一个用来移动定位装置，使换能组件靠近第一区域的偏移装置。

7. 权利要求1中的系统，其特征在于，第二区域位于第一区域和第三区域之间。

8. 权利要求1中的系统，其特征在于，数据存储媒介是一个磁记录盘片。

9. 权利要求1中的系统，其特征在于，换能组件是一个空气支撑的滑片和磁性换能器。

10. 权利要求1中的系统，其特征在于，移动装置是一个主轴电动机。

11. 权利要求1中的系统，其特征在于定位装置是一个转动的致动器。

12. 权利要求1中的系统，其特征在于还包括一个包围数据存储媒介、换能组件、安装装置和定位装置的箱体。

13. 权利要求1中的系统，其特征在于第一和第二区域径向交叉出现。

14. 权利要求5中的系统，其特征在于锁定装置还包括一个锁定杠杆，杠杆具有一个含有一个片簧的凹槽。

15. 权利要求1中的系统，其特征在于，第一、第二和第三区域是同心的，第一区域靠近磁盘内径放置，第三区域位于靠近磁盘外径，第二区域在第一和第三区域之间。

16. 权利要求1中的系统，其特征在于，第一区域具有高度在20～80nm范围内的纹理结构特征。

17. 权利要求1中的系统，其特征在于，第二区域具有高度在10～50nm范围内的纹理结构特征。

18. 权利要求1中的系统，其特征在于还包括一个包围磁盘、换能组件、主轴电动机和致动器的箱体。

19. 一种用来控制数据存储系统的方法，包括步骤：

当换能组件位于第一区域上时，开始转动数据存储磁盘，第一区域具有一个粗糙纹理结构的表面；

当磁盘速度在零与正常工作速度之间时，用致动器将换能组件移到第二区域的位置上，第二区域具有一个中等纹理结构的表面；和

当磁盘以正常工作速度转动时，用致动器将换能组件移到第三区域的位置上，第三区域具有一个光滑结构的表面。

20. 权利要求19中的方法，其特征在于，换能组件在第一和第二区域上的某位置被锁定，而且该方法还包括在换能组件移到第三区域时的解锁步骤。

21. 权利要求20中的方法，其特征在于，锁具有一个推动换能组件到第一区域位置的偏移装置，该过程还包括下列步骤，激励致动器来克服偏移装置的偏移力并将换能组件移到第二区域。

22. 一种用来控制一个数据存储系统的方法，包括步骤：

用致动器将换能组从数据存储磁盘的数据存储区移到第二区域的位置上其中，数据区具有一个光滑的表面结构，第二区域具有一个中等纹理结构的表面；

降低数据存储磁盘的速度；

用致动器将换能组件在磁盘停止转动前移到具有粗糙结构表面的第三区域；

23. 权利要求22中的方法，其特征在于，致动器被锁定在一个位置，使换能组件靠近第一和第二区域，该方法还包括，当换能组件从数据区移到第二和第一区域时，啮合锁的步骤。

24. 权利要求23中的方法，其特征在于，锁具有一个推动换能组件到第三区域的偏移装置，该过程还包括下列步骤，激励致动器来克服偏移装置的偏移力，并将换能组件移到第二区域。”

经形式审查，本复审请求符合规定的形式要求，专利复审委员会予以受理，并于2003年3月12日向复审请求人发出复审请求受理通知书，并同时要求原实质审查部门在规定期限内作出前置审查意见。

在前置审查程序中，国家知识产权局原实质审查部门坚持驳回决定。

复审请求人于2003年12月25日提出著录项目变更申报书，经初审及流程管理部门批准，将复审请求人变更为日立环球储存科技荷兰有限公司

专利复审委员会依法成立合议组对本案进行复审，合议组研究了国家知识产权局作出的驳回决定、复审请求人提交的复审请求书、文本3的说明书和权利要求书以及前置审查意见书后，于2005年4月14日发出复审通知书。其中通知书中主要指出：

1. 请求人在提交复审请求书时提交的文本3，删掉了驳回决定所针对的文本2中的权利要求14～19，25～30，修改了文本2中权利要求1、20、22、23、31，34～36的一些文字表述，并相应修改了文本2中权利要求的引用关系和编号，经审查修改的说明书和权利要求书符合专利法第三十三条和专利法实施细则第六十条的规定，因此本复审以2003年2月22日提交的说明书第1～11页，权利要求1～24，1996年12月2日提交的附图1～6页，说明书摘要及摘要附图。合议组评判该专利申请的权利要求书时所采用的对比文件与实质审查过程中所引用的对比文件相同（即，对比文件1：US5446606A，1995年8月29日公开；对比文件2：US5166006A，1992年11月24日公开）。

2. 文本3权利要求1要求保护一种数据存储系统。对比文件1公开了一种具有分离的降落区和

起飞区的磁盘驱动，并具体公开了以下内容（参见对比文件1说明书第3栏第7～55行，权利要求1～5及附图1～2A）：图2磁盘12的顶视图，示出了起飞区T和降落区L的位置，和典型的数据磁道D（第3栏第45～47行）；每个读写头18包括一个空气轴承滑动触头，该触头携带一个磁性换能器用于读写磁性数据（第3栏第23～26行），磁读写头18附在支撑臂20末端的相对位置（第3栏第39～42行）；磁盘12固定在轴14上，通过一个轴驱动马达16轴绕轴心线30旋转（第3栏第12～14行）；致动器驱动器24围绕着制动器轴心线32控制E～block22，通过绕轴心线32旋转的E－block22，磁头18访问磁盘组件上的不同磁道（第3栏第27～30行），当检测到轴14旋转，控制迂回28使致动器驱动器24移动E－block22，这样磁头18从降落区移动到起飞区（第3栏第63～66行）。

将权利要求1所要保护的技术方案与对比文件1公开的内容相比，它们属于相同的技术领域，对比文件1公开的磁盘也包含三个区；读写头和换能器就是一种换能组件，并且肯定靠近数据存储媒介也就是磁盘放置，可参见附图1；驱动马达16同样是一种移动数据存储媒介即磁盘的移动装置；致动器驱动器24也是一种定位装置。权利要求1的技术方案与对比文件1的区别仅在于：权利要求1进一步限定了第一区域具有一个粗糙结构的表面，第二区域具有一个中等纹理结构的表面，并且第三区域具有一个光滑结构的表面。上述区别技术特征所要解决的技术问题就是解决静摩擦带来的问题。

对比文件2公开了一种在用于薄膜媒介的镍覆盖层基片上形成各向同性纹理的方法，及其所形成的产品，具体公开了以下特征（参见对比文件2说明书第3栏第65行至第4栏第4行，第4栏第44～57行）：对应于薄膜媒介上读写头的降落区，覆盖层具有充分各向同性的纹理，具有选定的粗糙度和最高的密度，优选在对应于媒介记录区的一个或多个环形区各向同性纹理相对较平滑（见第3栏第65行至第4栏第4行），选定各向同性表面粗糙度和最高密度的目的是最小化摩擦的静电系数，或者静摩擦系数，或者读写头起停时与表面的接触。低摩擦静电系数有益于增加磁盘的起停寿命和降低磁头有关磨损的损伤。

将权利要求1所要保护的技术方案与对比文件2公开的内容相比，它们属于相同的技术领域，对比文件2公开了在磁盘的不同区域采取不同的粗糙度的纹理，而且它们的作用和目的也与权利要求1中相关特征相同，上述区别技术特征与对比文件2公开的特征相比，其区别仅在于对比文件2磁盘表面仅指出了两个区，也就是“第二区域具有一个中等纹理结构的表面”。但对比文件1公开了磁盘的三个区划分，对比文件2公开了要解决静摩擦带来的问题采取不同的表面粗糙度，所以在对比文件1的基础上，对比文件2给出了一种解决静摩擦带来问题的采用粗糙表面的技术启示，就是在不同区上采取不同的表面粗糙度，对普通技术人员来说，在对比文件1的基础上，要解决静摩擦所带来的问题，结合对比文件2很容易得到本发明权利要求1的技术方案，而且这种结合也没有产生意想不到的技术效果，因此权利要求1不具有突出实质性特点和显著的进步，不具备专利法第二十二条第三款规定的创造性。

3. 从属权利要求2～18所记载的附加技术特征已经被对比文件1或对比文件2公开，或者是本领域普通技术人员结合现有技术所容易想到的，在权利要求1所要保护的技术方案不具备创造性时，从属权利要求2～18所要保护的技术方案也不符合专利法第二十二条第三款有关创造性的规定。

4. 权利要求19要求保护一种用来控制数据存储系统的方法。对比文件1具体公开了以下内容（参见对比文件1说明书第3栏第56行至第4栏第10行）：当磁盘驱动器10没启动时，磁盘不旋转，磁头停在磁盘表面上的降落区L，磁盘开始转动；当检测到轴14旋转，控制迂回28使致动器驱动器24移动E－block22，这样磁头18从降落区移动到起飞区；当磁盘转动速度足够高时，由于磁头18的空气动力特性，使磁头18从磁盘表面升起，控制电路控制致动器将磁头移至记录区读写数据。

同上面对权利要求 1 的分析对比一样，可以看出对比文件 1 公开了权利要求 19 所要保护的技术方案的各个步骤，其区别仅在于：权利要求 19 的方法中记载了第一区域具有一个粗糙纹理结构的表面，第二区域具有一个中等纹理结构的表面，第三区域具有一个光滑结构的表面。

同上面对权利要求 1 的分析对比一样，在对比文件 1 的基础上，对比文件 2 给出了克服解决静摩擦带来的问题的技术启示，所以得到本专利权利要求 19 所要保护的技术方案不需要创造性劳动，权利要求 19 所要保护的技术方案不具有专利法第二十二条第三款规定的创造性。

5. 从属权利要求 20 ~ 21 所记载的附加技术特征已经被对比文件 1 或对比文件 2 公开，在权利要求 19 所要保护的技术方案不具备创造性时，从属权利要求 20 ~ 21 所要保护的技术方案也不符合专利法第二十二条第三款有关创造性的规定。

6. 权利要求 22 要求保护一种用来控制数据存储系统的方法。该权利要求所要保护的方案的步骤是权利要求 19 所要保护方案步骤的逆过程，根据对比文件 1 和对比文件 2 公开的内容，同上面对权利要求 19 和权利要求 1 的分析对比一样，该权利要求相对于对比文件 1 和对比文件 2 同样不具有突出实质性特点和显著的进步，也没产生意想不到的技术效果，所以也不具备专利法第二十二条第三款规定的创造性。

7. 从属权利要求 23 和从属权利要求 24 分别限定在前的权利要求的方法，相对于对比文件 1 和对比文件 2 同样不具有突出实质性特点和显著的进步，也没产生意想不到的技术效果，所以也不具备专利法第二十二条第三款规定的创造性。

8. 针对请求人在复审请求书中提出的意见，合议组认为：（1）对比文件 1 中的起飞区与降落区只是简单的将一个区分成两个区，两个区的结构相同，但对比文件 2 给出了表面采用不同的纹理结构的技术启示，（2）本领域普通技术人员结合对比文件 1 附图 2 可以明确得出起飞区相当于本专利中的起飞/降落区，降落区 L 相当于本专利中的停泊区，对比文件 2 给出了把不同的区设置成不同的粗糙纹理表面的技术启示，得到本专利的技术方案不需要本领域普通技术人员付出创造性劳动。

针对上述通知书，复审请求人于 2005 年 5 月 3 日提交了意见陈述书，同时提交了权利要求书替换页共 3 页（以下称文本 4）。其中在意见陈述书中主要指出：1）修改了权利要求 6，将原权利要求 6 内容修改后加入权利要求 1 中；2）对比文件 1 和对比文件 2 没有公开：偏移装置使制动器从起飞/降落区域（第二区域）移动到停泊区域（第一区域），但滑片起飞和降落时防止滑片与磁盘之间的静摩擦，并且当滑片停泊在磁盘上时防止滑片与磁盘之间的静摩擦；3）对比文件 1 和对比文件 2 都没有公开：降落以后致动器从第二区域移动到第一区域。文本 4 的权利要求书内容如下：

“ 1. 一个数据存储系统包括：

一个具有第一、第二和第三区域的数据存储媒介，第一区域具有一个粗糙纹理结构的表面，第二区域具有一个中等纹理结构的表面，并且第三区域具有一个光滑结构的表面；

一个靠近数据存储媒介放置的换能组件；

一个用来相对于换能组件移动数据存储媒介的移动装置；

一个可有选择地将换能组件定位到接近第一、第二和第三区域的定位装置；和

一个用来偏移定位装置，使换能组件从第二区域移动到第一区域的偏移装置。

2. 权利要求 1 中的系统，其特征为还包括一个连接到移动装置和定位装置的控制装置，用来根据移动装置的速度在第一、第二和第三区域之间移动换能组件。

3. 权利要求 1 的系统，其特征在于还包括一个连接到移动装置和定位装置的控制装置，用来在移动装置的电源开启和关闭后，根据一个选定的时间段在第一、第二和第三区域之间移动换能组件。

4. 权利要求 1 中的系统，其特征在于，当换能组件停留于数据存储媒介表面时，第一区域的结

构足以防止换能组件和数据存储媒介之间的静摩擦，当换能组件和数据存储媒介之间的相对速度大于零，但小于换能组件在第三区域的工作速度时，第二区域的结构足以防止换能组件和数据存储媒介之间的静摩擦。

5. 权利要求1中的系统，其特征在于还包括一个用来限定定位装置移动，使换能组件保持在第一和第二区域的锁定装置。

6. 权利要求5中的系统，其特征在于，所述偏移装置包括片簧、弹簧或可压缩材料。

7. 权利要求1中的系统，其特征在于，第二区域位于第一区域和第三区域之间。

8. 权利要求1中的系统，其特征在于，数据存储媒介是一个磁记录盘片。

9. 权利要求1中的系统，其特征在于，换能组件是一个空气支撑的滑片和磁性换能器。

10. 权利要求1中的系统，其特征在于，移动装置是一个主轴电动机。

11. 权利要求1中的系统，其特征在于定位装置是一个转动的致动器。

12. 权利要求1中的系统，其特征在于还包括一个包围数据存储媒介、换能组件、安装装置和定位装置的箱体。

13. 权利要求1中的系统，其特征在于第一和第二区域径向交叉出现。

14. 权利要求5中的系统，其特征在于锁定装置还包括一个锁定杠杆，杠杆具有一个含有一个片簧的凹槽。

15. 权利要求1中的系统，其特征在于，第一、第二和第三区域是同心的，第一区域靠近磁盘内径放置，第三区域位于靠近磁盘外径，第二区域在第一和第三区域之间。

16. 权利要求1中的系统，其特征在于，第一区域具有高度在20~80nm范围内的纹理结构特征。

17. 权利要求1中的系统，其特征在于，第二区域具有高度在10~50nm范围内的纹理结构特征。

18. 权利要求1中的系统，其特征在于还包括一个包围磁盘、换能组件、主轴电动机和致动器的箱体。

19. 一种用来控制数据存储系统的方法，包括步骤：

当换能组件位于第一区域上时，开始转动数据存储磁盘，第一区域具有一个粗糙纹理结构的表面；

当磁盘速度在零与正常工作速度之间时，用致动器将换能组件移到第二区域的位置上、第二区域具有一个中等纹理结构的表面；和

当磁盘以正常工作速度转动时，用致动器将换能组件移到第三区域的位置上第三区域具有一个光滑结构的表面。

20. 权利要求19中的方法，其特征在于，换能组件在第一和第二区域上的某位置被锁定，而且该方法还包括在换能组件移到第三区域时的解锁步骤。

21. 权利要求20中的方法，其特征在于，锁具有一个推动换能组件到第一区域位置的偏移装置，该过程还包括下列步骤，激励致动器来克服偏移装置的偏移力并将换能组件移到第二区域。

22. 一种用来控制一个数据存储系统的方法，包括步骤：

用致动器将换能组从数据存储磁盘的数据存储区移到第二区域的位置上其中，数据区具有一个光滑的表面结构，第二区域具有一个中等纹理结构的表面；

降低数据存储磁盘的速度；

用制动器将换能组件在磁盘停止转动前移到具有粗糙结构表面的第一区域；

23. 权利要求22中的方法，其特征在于，致动器被锁定在一个位置，使换能组件靠近第一和第二区域，该方法还包括，当换能组件从数据区移到第二和第三区域时，啮合锁的步骤。

24. 权利要求 23 中的方法，其特征在于，锁具有一个推动换能组件到第三区域的偏移装置，该过程还包括下列步骤，激励致动器来克服偏移装置的偏移力，并将换能组件移到第二区域。”

合议组经过审查后认为，本案事实清楚，可以作出本复审请求审查决定。

二、决定的理由

复审请求人于 2005 年 5 月 3 日提交的文本 4 权利要求书符合专利法第三十三条和专利法实施细则第六十条的规定，本复审决定所依据的文本为：2005 年 5 月 3 日提交的文本 4 的权利要求 1～24 项，2003 年 2 月 22 日提交的文本 3 的说明书第 1～11 页，1996 年 12 月 2 日提交的文本 1 的附图 1～6 页，说明书摘要及摘要附图。合议组评价本申请的权利要求所引用的对比文件与实质审查过程中所引用的对比文件相同（即，对比文件 1：US5446606，公开日为 1995 年 8 月 29 日；对比文件 2：US5166006，公开日为 1992 年 11 月 24 日），上述对比文件属于专利法第二十二条规定的现有技术范畴。

1. 权利要求 1 要求保护一种数据存储系统，包括：

一个具有第一、第二和第三区域的数据存储媒介，第一区域具有一个粗糙结构的表面，第二区域具有一个中等纹理结构的表面，并且第三区域具有一个光滑结构的表面；

一个靠近数据存储媒介放置的换能组件；

一个用来相对于换能组件移动数据存储媒介的移动装置；

一个可有选择地将换能组件定位到接近第一、第二和第三区域的定位装置；和

一个用来偏移定位装置，使换能组件从第二区域移动到第一区域的偏移装置。

对比文件 1 公开了一种具有分离的降落区和起飞区的磁盘驱动，并具体公开了以下内容（参见对比文件 1 说明书第 3 栏第 7～55 行，权利要求 1～5 及附图 1～2A）：图 2 磁盘 12 的顶视图，示出了起飞区 T 和降落区 L 的位置，和典型的数据磁道 D（第 3 栏第 45～47 行）；每个读写头 18 包括一个空气轴承滑动触头，该触头携带一个磁性换能器用于读写磁性数据（第 3 栏第 23～26 行），磁读写头 18 附在支撑臂 20 末端的相对位置（第 3 栏第 39～42 行）；磁盘 12 固定在轴 14 上，通过一个轴驱动马达 16 轴绕轴心线 30 旋转（第 3 栏第 12～14 行）；致动器驱动器 24 围绕着制动器轴心线 32 控制 E－block22，通过绕轴心线 32 旋转的 E－block22，磁头 18 访问磁盘组件上的不同磁道（第 3 栏第 27～30 行），当检测到轴 14 旋转，控制电路 28 使致动器驱动器 24 移动 E－block22，这样磁头 18 从降落区移动到起飞区（第 3 栏第 63～66 行）；当磁盘驱动器 10 不工作时，支架锁定器 26 保持 E－block22 在一预定位置区，本发明的该位置区可以包括分离的降落区和起飞区（第 3 栏第 63～66 行），锁定器 26 把 E－block22 限定在其允许位置一末端的停止区 L 位置（第 4 栏第 15～19 行）。

将权利要求 1 所要保护的技术方案与对比文件 1 公开的内容相比，它们属于相同的技术领域，对比文件 1 公开的磁盘也包含三个区；读写头和换能器就是一种换能组件，并且结合附图 1 可以看出其靠近数据存储媒介也就是靠近磁盘放置；驱动马达 16 同样是一种移动数据存储媒介即磁盘的移动装置；致动器驱动器 24 也是一种定位装置，在各区域定位磁头；对比文件 1 公开的支架锁定器 26 就相当于本申请中的偏移装置，虽然对比文件 1 没有明确指出从起飞区移动到降落区，但本领域普通技术人员根据对比文件 1 中支架锁定器 26 所实现的功能，可以很容易想到换能组件不工作时应固定在降落区或起飞区，而停在降落区就是从起飞区移动到降落区。权利要求 1 的技术方案与对比文件 1 的区别仅在于：权利要求 1 进一步限定了第一区域具有一个粗糙结构的表面，第二区域具有一个中等纹理结构的表面，并且第三区域具有一个光滑结构的表面。上述区别技术特征所要解决的技术问题就是解决静摩擦带来的问题。

对比文件 2 公开了一种在用于薄膜媒介的镍覆盖层基片上形成各向同性纹理的方法，及其所形成

的产品，具体公开了以下特征（参见对比文件2说明书第3栏第65行至第4栏第4行，第4栏第44～57行）：对应于薄膜媒介上读写头的降落区，覆盖层具有充分各向同性的纹理，具有选定的粗糙度和最高的密度，优选在对应于媒介记录区的一个或多个环形区各向同性纹理相对较平滑（见第3栏第65行至第4栏第4行），选定各向同性表面粗糙度和最高密度的目的是最小化摩擦的静电系数，或者静摩擦系数，或者读写头起停时与表面的接触。低摩擦静电系数有益于增加磁盘的起停寿命和降低磁头有关磨损的损伤。

将权利要求1所要保护的技术方案与对比文件2公开的内容相比，它们属于相同的技术领域，对比文件2公开了在磁盘的不同区域采取不同的粗糙度的纹理，而且它们的作用和目的也与权利要求1中相关特征相同，上述区别技术特征与对比文件2公开的特征相比，其区别仅在于对比文件2磁盘表面仅指出了两个区，也就是"第二区域具有一个中等纹理结构的表面"。但对比文件1公开了磁盘的三个区划分，对比文件2公开了要解决静摩擦带来的问题采取不同的表面粗糙度，所以在对比文件1的基础上，对比文件2给出了一种解决静摩擦带来问题的采用粗糙表面的技术启示，就是在不同区上采取不同的表面粗糙度，对普通技术人员来说，在对比文件1的基础上，要解决静摩擦所带来的问题，结合对比文件2很容易得到本发明权利要求1的技术方案，而且这种结合也没有产生意想不到的技术效果，因此权利要求1不具有突出实质性特点和显著的进步，不具备专利法第二十二条第三款规定的创造性。

2. 从属权利要求2和从属权利要求3进一步限定权利要求1的移动装置和定位装置，对比文件1同样公开了这样一种控制电路，该电路连接到致动器驱动器和马达驱动器，从而控制磁头移动在三个区之间移动（见附图1，及说明书第3栏第7～55行），可见对比文件1同样公开了权利要求2和权利要求3的附加技术特征，由于它们引用的权利要求1所要保护的技术方案不具备创造性，所以这两个权利要求所要保护的技术方案也不符合专利法第二十二条第三款有关创造性的规定。

3. 从属权利要求4进一步限定权利要求1的系统，对比文件1具体公开了以下内容（参见对比文件1说明书第3栏第56行至第4栏第10行）：当磁盘驱动器10没启动时，磁盘不旋转，磁头停在磁盘表面上的降落区L，磁盘开始转动；当检测到轴14旋转，控制迂回28使致动器驱动器24移动E－block22，这样磁头18从降落区移动到起飞区；当磁盘转动速度足够高时，由于磁头18的空气动力特性，使磁头18从磁盘表面升起，控制电路控制致动器将磁头移至记录区读写数据。可见该权利要求4与对比文件公开的内容相比区别还在于各区域表面结构所具有的功能，同权利要求1的评述一样，对比文件2公开了这种功能的启示，因此在权利要求1不具备创造性时，该权利要求4也不具备突出实质性特点和显著的进步，不具备专利法第二十二条第三款规定的创造性。

4. 从属权利要求5进一步限定权利要求1的数据存储系统，在对比文件1中公开了当磁盘不工作时，支架锁定器26使E－block22保持在一个预定范围的位置上，本发明位置范围包括降落区和起飞区（说明书第3栏第33～36行），可见对比文件1同样公开了权利要求5的附加技术特征，由于其引用的权利要求1所要保护的技术方案也不具备创造性，所以该权利要求所要保护的技术方案也不符合专利法第二十二条第三款有关创造性的规定。

5. 从属权利要求6进一步限定权利要求5的技术方案，本领域普通技术人员根据对比文件1公开的支架锁定器26可以容易想到采用片簧、弹簧或可压缩材料等具有弹性的东西来实现，不仅本身表现出弹性力来固定其他部件，而且还容易使用其他部件开克服其弹性力来移动其他部件，所以在其引用的权利要求5所要保护的技术方案也不具备创造性时，该权利要求所要保护的技术方案也不具有突出的实质性特点和显著的进步，不符合专利法第二十二条第三款有关创造性的规定。

6. 从属权利要求14进一步限定权利要求5的锁定装置，在对比文件1中公开了一种锁定机制允许磁头在起飞区和降落区上精确地定位以及磁头在降落区上突然停住精确地定位，当磁盘驱动器10在停止时，电磁线圈42被去激励，使锁定器44绕锁定枢纽46转动，这样锁定销52插入锁定孔50，锁定E－block22（说明书第4栏第35～53行），可见锁定枢纽46和锁定孔50分别相当于锁定杠杆和凹槽，对比文件1同样公开了权利要求6和权利要求14的附加技术特征，由于它们引用的权利要求5所要保护的技术方案也不具备创造性，所以这些权利要求所要保护的技术方案也不符合专利法第二十二条第三款有关创造性的规定。

7. 从属权利要求7～11、15进一步限定权利要求1的第二区域、存储媒介、换能组件、移动装置、定位装置以及三个不同区域，在前面论述权利要求1的创造性时，已经指出被对比文件1公开，在所引用的权利要求1不具备创造性时，这些权利要求所要保护的技术方案不具备突出实质性特点和显著的进步，不符合专利法第二十二条第三款的规定。

8. 从属权利要求12、18进一步限定权利要求1的移动装置和定位装置，还包括一个箱体，本领域普通技术人员知道换能组件、定位装置、存储媒介、电动机以及致动器等本身必然要封装起来或选择它们的某些组合再次进行封装，不具备突出实质性特点和显著的进步，也没有意想不到的技术效果，在所引用的权利要求1所要保护的技术方案不具备创造性时，这些权利要求不符合专利法第二十二条第三款的规定。

9. 从属权利要求13进一步限定权利要求1的“第一和第二区域径向交叉出现”，相对于对比文件1和对比文件2公开的内容，不具备突出实质性特点和显著的进步，也没有意想不到的技术效果，同样不具备创造性，不符合专利法第二十二条第三款的规定。

10. 权利要求19要求保护一种用来控制数据存储系统的方法，包括步骤：

当换能组件位于第一区域上时，开始转动数据存储磁盘，第一区域具有一个粗糙纹理结构的表面；

当磁盘速度在零与正常工作速度之间时，用致动器将换能组件移到第二区域的位置上，第二区域具有一个中等纹理结构的表面；和

当磁盘以正常工作速度转动时，用致动器将换能组件移到第三区域的位置上第三区域具有一个光滑结构的表面。

对比文件1具体公开了以下内容（参见对比文件1说明书第3栏第56行至第4栏第10行）：当磁盘驱动器10没启动时，磁盘不旋转，磁头停在磁盘表面上的降落区L，磁盘开始转动；当检测到轴14旋转，控制迂回28使致动器驱动器24移动E－block22，这样磁头18从降落区移动到起飞区；当磁盘转动速度足够高时，由于磁头18的空气动力特性，使磁头18从磁盘表面升起，控制电路控制致动器将磁头移至记录区读写数据。

同上面对权利要求1的分析对比一样，可以看出对比文件1公开了权利要求19所要保护的技术方案的各个步骤，其区别仅在于：权利要求19的方法中记载了第一区域具有一个粗糙纹理结构的表面，第二区域具有一个中等纹理结构的表面，第三区域具有一个光滑结构的表面。

同上面对权利要求1的分析对比一样，在对比文件1的基础上，对比文件2给出了克服解决静摩擦带来的问题的技术启示，所以得到本专利权利要求19所要保护的技术方案不需要创造性劳动，权利要求19所要保护的技术方案不具备专利法第二十二条第三款规定的创造性。

11. 从属权利要求20进一步限定权利要求19的方法，在对比文件1中公开了当磁盘不工作时，支架锁定器26使E－block22保持在一个预定区域的位置上，本发明位置区域包括降落区和起飞区（说明书第3栏第33～36行），控制电路28释放锁定器26，允许E－block22在马达的全部区域上（说明书第4栏第1～5行），可见对比文件1同样公开了权利要求20的附加技术特征，由于其引用的

权利要求 19 所要保护的技术方案也不具备创造性，所以该权利要求所要保护的技术方案也不符合专利法第二十二条第三款有关创造性的规定。

12. 从属权利要求 21 进一步限定权利要求 20 的方法，在对比文件 1 中公开了一种锁定机制允许磁头在起飞区和降落区上精确地定位以及磁头在降落区上突然停住精确地定位，凸缘 56 被保持在一个固定位置，以保持锁定器 44 在一个固定位置，顺时针旋转 E - block22 到最大程度使磁头 18 定位在起飞区 28 上（说明书第 4 栏第 35 ~ 65 行），可见除了在表述方式或角度上有点不同，对比文件 1 同样公开了权利要求 21 的全部附加技术特征，由于其引用的权利要求 20 所要保护的技术方案也不具备创造性，所以该权利要求所要保护的技术方案也不符合专利法第二十二条第三款有关创造性的规定。

13. 权利要求 22 要求保护一种用来控制数据存储系统的方法，包括步骤：

用致动器将换能组件从数据存储磁盘的数据存储区移到第二区域的位置上其中，数据区具有一个光滑的表面结构，第二区域具有一个中等纹理结构的表面；

降低数据存储磁盘的速度；

用致动器将换能组件在磁盘停止转动前移到具有粗糙结构表面的第一区域；

该权利要求所要保护的方案的步骤是权利要求 19 所要保护方案步骤的逆过程，根据对比文件 1 和对比文件 2 公开的内容，同上面对权利要求 19 和权利要求 1 的分析对比一样，该权利要求相对于对比文件 1 和对比文件 2 同样不具备突出实质性特点和显著的进步，也没产生意想不到的技术效果，所以也不具备专利法第二十二条第三款规定的创造性。

14. 从属权利要求 23 和从属权利要求 24 分别限定在前的权利要求的方法，这两个权利要求所要保护的方案的步骤分别是权利要求 20 和权利要求 21 所要保护方案步骤的逆过程，根据对比文件 1 和对比文件 2 公开的内容，同前面对权利要求 20 和权利要求 21 的分析一样，实际上仅仅是对正向过程的一种简单重复，该权利要求相对于对比文件 1 和对比文件 2 同样不具有突出实质性特点和显著的进步，也没产生意想不到的技术效果，所以也不具备专利法第二十二条第三款规定的创造性。

针对请求人在复审请求书中提出的意见合议组认为：（1）复审请求人在意见陈述中指出的都是“致动器”从一区域移动到另一区域，而权利要求中记载的是换能组件从一区域移动到另一区域；（2）对比文件 1 虽然没有明确记载支架锁定器 26 使换能组件从起飞区移动到降落区，但从对比文件 1 中记载的支架锁定器的功能，即将换能组件锁定在降落区，本领域普通技术人员容易想到支架锁定器 26 使换能组件从起飞区移动到降落区，有关锁定器的功能已经在复审通知书中评述权利要求 20 时指出过。

综上所述，本申请权利要求 1 ~ 15、18 ~ 24 所要保护的技术方案不具备创造性，不符合专利法第二十二条第三款的规定。请求人的复审请求理由不成立。

三、决定

驳回本复审请求，维持国家知识产权局于 2002 年 11 月 15 日对 96121852. 5 号发明专利申请所作出的驳回决定。

请求人对本决定不服的，可以根据专利法第四十一条第二款的规定，自收到本决定之日起三个月内向北京市第一中级人民法院起诉。

066

电动吸尘器案

复审请求审查决定（第7641号）

决　定　号　第7641号
决　定　日　2005年12月13日
发明创造名称　电动吸尘器
国际分类号　A47L 5/14、7/04、9/08
复审请求人　东芝泰格有限公司
专利申请号　98802773.9
申　请　日　1998年12月24日
公　开　日　2000年3月22日
合议组组长　徐媛媛
主　审　员　毕艳红
参　审　员　高　栋

法律依据　专利法第二十二条第三款
决定要点
已有技术方案未公开发明对已有技术作出贡献的技术特征，也未对此给出技术启示，发明相对于已有技术具备突出的实质性特点和显著进步。

一、案由

本复审请求涉及申请日为1998年12月24、进入中国国家阶段的日期为1999年8月23日，发明名称为“电动吸尘器”的98802773.9号发明专利申请，申请人为东芝泰格有限公司。申请人要求享有最早优先权日为1997年12月24日在日本提出的353942/97专利申请的优先权。

国家知识产权局原实质审查部门于2004年5月14日驳回了上述发明专利申请，理由是本申请权利要求1~8不具备专利法第二十二条第三款规定的创造性。驳回决定所依据的文本是2003年4月28日提交的权利要求1~8项、说明书第2、3、10、11页，1999年9月3日提交的说明书第1页、1998年12月24日提交的说明书第4~9、12页及说明书附图第1~15页、说明书摘要及摘要附图。驳回决定所依据的对比文件为：

对比文件1：日本公开特许公报JP特开平9~135795A，公开时间1997年5月27日；

对比文件4：日本公开特许公报JP平1~201224A，公开时间1989年8月14日；

对比文件5：日本公开实用新案公报JP实开平8~672U，公开时间1996年4月23日。

驳回决定指出：1. 对比文件1披露了权利要求1大部分的技术特征，而未披露的技术特征是本领域技术人员从对比文件1的附图2、3所公开的结构中可以推导出的结构，故权利要求1相对于对比文件1不具备创造性；此外，权利要求2~5限定部分的技术特征也为对比文件1所披露，故权利要求2~5同样不具备创造性；2. 权利要求6是对权利要求1或4进一步限定，其限定部分的技术特征为对比文件5所披露，且上述技术特征在权利要求6中所起作用与其在对比文件5中所起作用相同，故权利要求5不具备创造性；3. 权利要求7、8限定部分的技术特征为对比文件4披露，且上述技术特征在权利要求7、8中所起作用与其在对比文件4中所起作用相同，故权利要求7、8不具备创造性。

申请人（下称复审请求人）对上述驳回决定不服，于2004年8月26日向专利复审委员会提出复审请求，对权利要求进行了修改，并对修改后的权利要求的创造性陈述了意见。修改后的权利要求书为：

“1. 一种电动吸尘器，具有：吸尘器主体、吸入口体、将所述吸尘器主体与所述吸入口体连接的连接管，

所述连接管具有第1连接管和第2连接管，该第1连接管由同心的内外双层结构的管构成，该第2连接管由可脱卸地与第1连接管连接的同心的内外双层结构的管构成，

所述第1、第2连接管的内管相互连接，连接后的内管作为排气通路和吸入通路中的任一方，且所述第1、第2连接管的外管相互连接，该外管与所述内管之间的空间作为所述排气通路和吸入通路中的另一方，

其特征在于，所述第1、第2连接管中至少一方的内管的前端从外管的前端伸出，以使所述第1、第2连接管的内管之间先于外管之间而相互嵌合。

2. 根据权利要求1所述的电动吸尘器，其特征在于，在所述外管中一方的前端形成台阶部，所述外管之间的插入嵌合部和所述内管之间的插入嵌合部中的一方作锥形嵌合。

3. 根据权利要求2所述的电动吸尘器，其特征在于，所述外管之间的插入嵌合部和所述内管之间的插入嵌合部中的另一方作有间隙的嵌合，同时在所述有间隙的嵌合部夹装密封构件。

4. 根据权利要求1所述的电动吸尘器，其特征在于，所述外管之间的嵌合部与内管之间被连接的嵌合部沿轴线方向错开，且所述外管之间的插入嵌合部与内管之间的嵌合部的一部分位于重叠位置。

5. 根据权利要求1所述的电动吸尘器，其特征在于，所述内管内作为所述吸入通路，且所述内管与外管之间的空间作为所述排气通路，同时将所述内管之间内的插入嵌合部作锥形嵌合。

6. 根据权利要求1或4所述的电动吸尘器，其特征在于，用可挠性吸入软管形成所述吸入通路的至少一部分，用可挠性排气软管形成所述排气通路的至少一部分，

将所述2根软管可分离地相互保持，

将所述2根软管地前端部做成可从所述吸入通路及排气通路脱卸的结构。

7. 根据权利要求1或5所述的电动吸尘器，其特征在于，在所述排气通路中布置导线。

8. 根据权利要求6所述的电动吸尘器，其特征在于，在所述排气通路中布置导线。”

请求人认为：对比文件1的附图3是局部切开图，图中所示出的吸气筒和返回筒的顶部是切断的而不是完整的，图3这样表示只是为了更清楚的说明其双层结构及空气的流向，并不能说明其吸气筒的前端从返回筒伸出。而根据对比文件1说明书的记载，相当于本申请的第1连接管（通风管58）和第2连接管（由返回筒34和吸气筒36构成）是通过接头连接在一起的，也就是说无论外管之间还是内管之间均不是直接相互插入连接。本申请与对比文件1要解决的技术问题、为解决技术问题而采取的技术方案以及所取得技术效果均不相同，因此修改后的权利要求具备新颖性和创造性。

经形式审查合格后，专利复审委员会于2004年9月27日发出了复审请求受理通知书及前置审查通知书，并依法成立合议组对本案进行审查。

本案合议组经审查后认为，本案事实清楚，可以依法作出复审决定。

二、决定的理由

经合议组审查，复审请求人于2004年8月26日对权利要求的修改符合专利法第三十三条的规定，因此本决定所依据的文本是2004年8月26日提交的权利要求1~8项，2003年4月28日提交的说明书第2、3、10、11页，1999年9月3日提交的说明书第1页、1998年12月24日提交的说明书第4~9、12页及说明书附图第1~15页、说明书摘要及摘要附图。

专利法第二十二条第三款规定："创造性，是指同申请日以前已有的技术相比，该发明有突出的实质性特点和显著的进步，该实用新型有实质性特点和进步。"

本申请要解决的技术问题是在吸尘器主体或连接管上方便地装拆吸入口体、在要利用其他附件或吸入口体发生故障时能方便地更换连接管。为解决上述技术问题，权利要求1所要求保护的技术方案是吸尘器主体与吸入口体连接的风路连接部40的两根连接管22与23中至少一根连接管的内管的前端从外管的前端伸出，以使两根连接管的内管之间先于外管之间而相互直接嵌合。

对比文件1请求保护一种吸尘器，并具体公开了如下技术特征（说明书第6栏第23行至第7栏第1行，附图2）：通风管58（对应于本申请的第1连接管）由内管16与外管18构成，对应于本申请的第2连接管由返回筒34与吸气筒36构成，上述第1、2连接管通过套接头连接；另外，返回筒34与吸气筒36均为倒T字型，且吸入口体内的吸气筒36与单根管48连接形成吸气部分。

权利要求1所要求保护的技术方案与对比文件1所披露技术内容的区别技术特征在于：本申请中，所述第1、第2连接管中至少一方的内管的前端从外管的前端伸出，以使所述第1、第2连接管的内管先于外管而相互直接嵌合。对此，合议组认为由于对比文件1采用套接头连接两根连接管，因此无论内管还是外管均不是直接连接的。另外，对比文件1中吸入口体内的倒T形吸气筒36与单根管48连接的结构与本申请中两根管均由双层管构成，且至少一根管的内管的前端从外管的前端伸出的结构是不同的，而且也未给出任何技术启示，同时由本申请的说明书可知，上述区别技术特征又具有在要利用其他附件时或吸入口体发生故障时能方便地更换连接管的技术效果，故本申请的独立权利要求1相对于对比文件1具有突出的实质性特点和显著的进步，具备创造性。

原驳回决定认为在对比文件1的说明书的文字部分虽然没有明确记载权利要求1所述第1、第2连接管中至少一方的内管的前端从外管的前端伸出，以使所述第1、第2连接管的内管之间先于外管之间而相互嵌合"的技术特征，但本领域技术人员从对比文件1的附图2和3所公开的结构中可以推导出上述结构，而不需要花费创造性劳动。对此，合议组认为，对比文件1的附图3是局部切开图，图中所示出的吸气筒和返回筒的顶部是切断的而不是完整的，图3这样表示只是为了更清楚的说明其双层结构及空气的流向，并不能说明其吸气筒的前端从返回筒伸出。即由附图2、3不能推导出本申请的上述结构。

权利要求2~8直接或间接从属于权利要求1，在权利要求1具备创造性的情况下，权利要求2~8同样具备创造性。

综上所述，权利要求1~8相对于对比文件1具备创造性，请求人的复审理由成立。

三、决定

撤销国家知识产权局原实质审查部门于2004年5月14日对该发明专利申请作出的驳回决定，在请求人2004年8月26日提交的权利要求1~8项，2003年4月28日提交的说明书第2、3、10、11页，1999年9月3日提交的说明书第1页、1998年12月24日提交的说明书第4~9、12页及说明书附图第1~15页、说明书摘要及摘要附图的基础上，由原实质审查部门继续审批程序。

067

控制系统中半导体制造设备的预防性维护周期控制方法案

复审请求审查决定（第7650号）

决 定 号 第7650号
决 定 日 2005年12月6日
发明创造名称 控制系统中半导体制造设备的预防性维护周期控制方法
国际分类号 G06F 11/28
复审请求人 三星电子株式会社
专利申请号 98114804.2
申 请 日 1998年6月12日
公 开 日 1999年7月21日
合议组组长 张 度
主 审 员 熊 婷
参 审 员 杜 宇

法律依据 专利法第二十二条第三款
决定要点

本申请与对比文件的技术领域、发明目的、技术效果及技术方案均不同，本领域普通技术人员在不付出创造性劳动的基础上无法从对比文件得到本申请所要求保护的技术方案。

一、案由

本复审请求涉及申请日为1998年6月12日、优先权日为1998年1月14日，申请号为98114804.2、申请人为三星电子株式会社、发明名称为“控制系统中半导体制造设备的预防性维护周期控制方法”的发明专利申请（下称本申请）。

其申请日提交的权利要求书如下：

“1. 一种用于控制设置在控制系统中的半导体制造设备的预防性维护周期的方法，该方法包括如下步骤：

从所述相应的设备中接收运行参数数据；

检索PM周期规格表；

确定所述运行参数数据值是否是在所述PM周期规格表中所给出的以上规格数据值；

如果确定所述这些设备中的某个设备的所述运行参数数据值不是相应于所述某个设备的所述规格数据以上所述值，就改变所述某个设备的变量ID的键值；以及

通过将具有所述改变的键值的所述变量ID加到预定的设备控制信息上并且将带有加载有所述改变的键值的所述变量ID的设备控制信息下载到所述某一个设备中，借此改变所述某一个设备的运行

状态。

2. 根据权利要求 1 所述方法，其特征在于：所述设备控制信息是流函数信息。

3. 根据权利要求 2 所述方法，其特征在于：所述设备控制信息是 S2F15 或 S2F41。

4. 根据权利要求 1 所述方法，其特征在于：所述变量 ID 是 ECID 或 SVID。

5. 根据权利要求 1 所述方法，其特征在于：该方法在将所述设备控制信息下载到所述某个设备中这个步骤之后还包括如下步骤：

将一个报警信息下载到所述某个设备中；以及

将设备运行状态改变信息下载到 O/I PC 中。

6. 根据权利要求 5 所述方法，其特征在于：所述报警信息是流函数信息。

7. 根据权利要求 6 所述方法，其特征在于：所述报警信息是 S10F3 或 S10F5。”

在实质审查过程中，国家知识产权局实质审查部门于 2003 年 3 月 14 日发出了第一次审查意见通知书，指出权利要求 1 ~7 相对于对比文件 1（CN1031612A，公开日为 1989 年 3 月 8 日）不符合专利法第二十二条第三款有关创造性的规定。

针对第一次审查意见通知书，申请人于 2003 年 7 月 29 日提交了意见陈述书以及说明书的修改文本。

实质审查部门以权利要求 1 ~7 不符合专利法第二十二条第三款有关创造性的规定为由，于 2004 年 6 月 25 日作出了驳回该专利申请的决定，驳回理由主要是：

1. 当前权利要求 1 没有创造性

当前权利要求 1 试图谋求保护一种用于控制设置在控制系统中的半导体制造设备的预防性维护周期的方法。对比文件 1 公开了一种通过压力监测对设备、管道及类似装置防爆的方法和装置（参见对比文件 1 摘要及权利要求 1），其具体公开了以下技术特征：其控制装置通过监测潜在爆炸区中按时间顺序连续的系统压力值，将这些压力值与预定压力阈值比较，利用超过该压力阈值作为触发判断以启动防暴设施。对比文件 1 与本发明所公开的技术方案都是控制系统中的控制方法，只是控制的标的物不同，两者都是为了达到预防的目的，都采用了接收系统运行参数→所得参数与预定值进行比较→如果超出预定的范围，则采取一定的预防措施这样的方法。因此，在对比文件 1 的基础上技术启示下得到当前权利要求 1 所要求保护的技术方案，对本领域的技术人员来说并不需要花费创造性的劳动，而且没有产生预料不到的效果，因此该权利要求不具备突出的实质性特点和显著的进步，因而不具备专利法第二十二条第三款所规定的创造性。

2. 当前权利要求 2 ~7 没有创造性

当前权利要求 2 ~7 是权利要求 1 的从属权利要求，它们的附加技术特征是所述领域公知的技术或经常采用的技术手段，这些公知技术的采用对本领域普通技术人员来说是显而易见的，在它们引用的权利要求 1 不具备创造性的情况下，这些权利要求也不具备专利法第二十二条第三款所规定的创造性。

申请人（下称请求人）对上述驳回决定不服，于 2004 年 9 月 27 日向专利复审委员会提出复审请求，请求人未修改文件。其复审理由主要如下：

对比文件 1 所针对的是一种用于防止工厂爆炸的方法。对比文件 1 的发明目的及发明效果是为了改善已有防爆监测系统的响应精度。相反，本发明所涉及的是一种在半导体装置的制造时使用的自动地检测设备的预防性维护周期的方法。本发明的发明目的和所要实现的技术效果是保护设备免受由于操作者在确定预防性维护周期时的错误而造成的损害，自动控制预防性维护周期减少操作者监控这些设备所花的时间并增强运行效率。由此可知，本发明与对比文件 1 的技术领域、发明目的以及所实现的技术效果都是完全不同的。

对比文件 1 没有给出或暗示“搜索 PM 周期规格表”和“确定所述运行参数数据是否大于所述 PM 周期规格表中给出的规格数据值”的步骤，而在本发明的权利要求 1 中描述了上述步骤。因此本领域技术人员不可能通过将对比文件 1 的技术方案应用于本发明来解决本发明的问题以及本发明的技术效果。

因此权利要求 1 具备创造性。引用权利要求 1 的权利要求 2 ~7 与对比文件 1 相比也具备创造性。

在前置审查程序中，实质审查部门仍坚持原驳回决定。

专利复审委员会依法成立合议组对本案进行复审。

至此，合议组认为本案事实清楚，可以作出本复审请求审查决定。

二、决定的理由

请求人在提出复审请求时未修改文件，因此，本复审决定所依据的文本是驳回决定所针对的文本，即请求人于申请日提交的权利要求第 1 ~7 项、说明书附图第 1 ~5 页、说明书摘要及摘要附图，2003 年 7 月 29 日提交的说明书第 1 ~6 页。

合议组评判本申请的权利要求书时所采用的对比文件与实质审查过程中所引用的对比文件相同（即，对比文件 1：CN1031612A）。

创造性，是指同申请日以前已有的技术相比，该发明有突出的实质性特点和显著的进步，该实用新型具有实质性特点和进步。

本申请是一种用于控制设置在控制系统中的半导体制造设备的预防性维护周期的方法，其发明目的是在没有操作者的任何介入的条件下一致地控制那些相应的设备的预防性维护周期来保护设备免受由于操作者在确定预防性维护周期时的错误而造成的损害；另一个目的就是通过利用预防性维护（PM）控制模块自动控制预防性维护周期减少操作者监控这些设备所花的时间并增强运行效率。

本申请权利要求 1 包括如下技术特征：

A. 一种用于控制设置在控制系统中的半导体制造设备的预防性维护周期的方法；

B. 从所述相应的设备中接收运行参数数据；

C. 检索 PM 周期规格表；

D. 确定所述运行参数数据值是否是在所述 PM 周期规格表中所给出的以上规格数据值；

E. 如果确定所述这些设备中的某个设备的所述运行参数数据值不是相应于所述某个设备的所述规格数据以上所述值，就改变所述某个设备的变量 ID 的键值；以及

F. 通过将具有所述改变的键值的所述变量 ID 加到预定的设备控制信息上并且将带有加载有所述改变的键值的所述变量 ID 的设备控制信息下载到所述某一个设备中，借此改变所述某一个设备的运行状态。

对比文件 1 要求保护一种通过压力监测对设备、管道及类似装置防爆的方法和装置（参见摘要及权利要求 1），其具体公开了以下技术特征：通过监测潜在爆炸区中按时间顺序连续的系统压力值，将这些压力值与预定压力阈值比较，利用超过该压力阈值作为触发判断以启动防暴设施。按本发明，压力阈值按当时的系统压力不断更新，而不是预先确定一个常数值。

由此可见，将本申请权利要求 1 所要求保护的技术方案与对比文件 1 相比，其区别在于：对比文件 1 未公开权利要求 1 的技术特征 A ~F。具体如下：

（1）权利要求 1 要求保护一种用于控制设置在控制系统中的半导体制造设备的预防性维护周期的方法；对比文件 1 公开的是一种通过压力监测对设备、管道及类似装置防爆的方法；

（2）权利要求 1 是从所述相应的设备中接收运行参数数据，对比文件 1 监测潜在爆炸区中按时

间顺序连续的系统压力值；也就是说，权利要求 1 与对比文件 1 的监测对象不同；

（3）权利要求 1 是检索 PM 周期规格表，其规格数据值已预存；对比文件 1 将这些压力值与预定压力阈值比较，其压力阈值不断更新；也就是说，权利要求 1 与对比文件 1 所需比较的对象及其设定不同；

（4）权利要求 1 是确定所述运行参数数据值是否是在所述 PM 周期规格表中所给出的以上规格数据值，再通过改变所述某个设备的变量 ID 的键值来改变设备的运行状态；对比文件 1 利用超过该压力阈值作为触发判断以启动防暴设施；也就是说，权利要求 1 与对比文件 1 在（3）的上述比较之后的具体控制方式不同。

因此，本申请权利要求 1 所要求保护的技术方案与对比文件 1 存在显著区别。

综上所述，本申请的技术领域、发明目的、技术效果以及技术方案与对比文件 1 均存在区别，上述区别对本领域普通技术人员来说是非显而易见的，本领域普通技术人员无法从对比文件 1 中获得任何启示从而得到权利要求 1 所要求保护的技术方案。

因此，本申请权利要求 1 相对于对比文件 1 具有突出的实质性特点和显著的进步，符合专利法第二十二条第三款有关创造性的规定。

权利要求 2 ~7 是直接或间接引用权利要求 1 的从属权利要求，在权利要求 1 相对于对比文件 1 具备创造性的情况下，权利要求 2 ~7 相对于对比文件 1 也具备专利法第二十二条第三款所规定的创造性。

三、决定

撤销国家知识产权局于 2004 年 6 月 25 日对申请号为 98114804. 2 的发明专利申请所作出的驳回决定，以请求人于申请日提交的权利要求第 1 ~7 项、说明书附图第 1 ~5 页、说明书摘要及摘要附图，2003 年 7 月 29 日提交的说明书第 1 ~6 页为基础，由原实质审查部门继续进行审批程序。

068

数据错误纠正装置案

复审请求审查决定（第7651号）

决　定　号　第7651号
决　定　日　2005年12月20日
发明创造名称　数据错误纠正装置
国际分类号　G06 F 11/08
复审请求人　松下电器产业株式会社
申　请　号　00102246.6
申　请　日　2000年2月18日
公　开　日　2000年8月23日
合议组组长　熊　婷
主　审　员　龙　安
参　审　员　周雷鸣

法律依据　专利法实施细则第二十条第一款
决定要点

"判断纠错能力大、小"并非权利要求1要求保护的"数据错误纠正装置"需要判断的内容，且权利要求1已经对所述装置的具体结构进行了清楚、明确的说明，权利要求1是清楚的。

一、案由

该复审请求涉及申请日为2000年2月18日、优先权日为1999年2月19日、申请号为00102246.6、名称为"数据错误纠正装置"的发明专利申请，其申请人为松下电器产业株式会社。

2003年4月4日，国家知识产权局针对原始文本，发出第一次审查意见通知书，指出：当前权利要求1描述不清楚；数据错误纠正装置的并发位计算电路由第2常数乘法器和选择器组成，但未从结构上说明它们如何完成相应功能。因此，权利要求1不符合专利法实施细则第二十条第一款的规定。

2003年8月19日，申请人提交意见陈述书及修改的权利要求第1项、说明书第1~8页。申请人在意见陈述书中指出：修改的权利要求1描述清楚；数据错误纠正装置的并发位计算电路具有第2常数乘法器和选择器，已从结构上说明它们如何完成相应的功能。

2003年12月12日，国家知识产权局发出第二次审查意见通知书，再次指出权利要求1不清楚：① 没有清楚说明并发位计算电路如何才是"纠正能力大"，如何才是"纠正能力小"，纠正能力的大和小依据什么来进行比较；② 对第二常数乘法器仅是功能限定，未具体说明第二常数乘法器如何计算出t重错误纠正码的并发位，也未说明如何根据并发位求出伽罗瓦域的元；③ 未说明该延迟器是根据来自加法器的数据进行更新，还是更新来自加法器的数据。

2004年2月27日，申请人针对第二次审查意见通知书，提交了意见陈述书及修改的权利要求第

1 项、说明书第 1 ~ 8 页。在意见陈述书中，申请人指出：（ 1 ）对于前述 ① 指出的问题，没有必要限定如何判断纠错能力的大小及比较，对 DVD - ROM 和 CD - ROM 进行自动认别判断装置是本发明数据纠错装置之外存在的装置，选择装置基于其判断结果，选择第 1 或第 2 常数乘法器，其中 DVD - RMO 重 BCH 纠错码比 CD - ROM 重纠错 BCH 码的纠错能力大是十分明显的，选择装置不特别进行纠错能力大小识别和比较，根据设定自动选择第 1 或第 2 常数乘法器；（ 2 ）修改权利要求 1，明确限定了第二常数乘法器利用伽罗瓦域元计算 t 重错误纠正 BCH 码的并发位，第一常数乘法器利用伽罗瓦域元计算 2t 重错误纠正 BCH 码的并发位，克服了前述 ② 中的问题；（ 3 ）将延迟器限定为：将保持的数据更新为来自上述加法器的数据，以克服前述 ③ 所指缺陷。修改的权利要求 1 已清楚说明其要求保护的范围。

国家知识产权局于 2004 年 5 月 14 日以权利要求 1 不符合专利法实施细则第二十条第一款的规定为由，驳回该申请，具体理由为：该权利要求对并发位计算电路的纠正能力的描述部分仅采用纠正能力大小来进行描述，未清楚说明如何是纠正能力小，如何是纠正能力大，纠正能力的大和小依据什么来进行比较，导致权利要求 1 不清楚。

所述驳回决定针对的权利要求书为：

“ 1. 一种数据错误纠正装置，用于对附加了 2t 重以上的 n 重错误纠正 BCH 码的数据进行错误纠正处理，其中 t 和 n 为 1 以上的整数，其特征在于包括：2n 个以上的并发位计算电路，分别具有：利用伽罗瓦域的元，计算 2t 重以上的 n 重错误纠正 BCH 码的并发位的第 1 常数乘法器；把在该第 1 常数乘法器求得的数据与从输入端子来的输入数据相加的加法器；和将保持的数据更新为来自上述加法器的数据的延迟器，

除上述 2n 个并发位计算电路中的纠正能力小的 2t 个以外的任意 2t 个以上的并发位计算电路具有：

利用伽罗瓦域的元，计算上述 t 重错误纠正 BCH 码的并发位的第 2 常数乘法器，以及

在纠正能力大的 n 重错误 BCH 码的并发位时选择上述第 1 常数乘法器，在计算纠正能力小的 n 重错误 BCH 码的并发位时选择上述第 2 乘法器的选择器。”

申请人（ 下称复审请求人 ）对上述驳回决定不服，于 2004 年 8 月 30 日向国家知识产权局专利复审委员会提出复审请求，在复审意见陈述书中指出：“修改了权利要求 1，将‘除上述 2n 个并发位计算电路中的纠正能力小的 2t 个以外的任意 2t 个以上的并发位计算电路’改为‘在上述 2n 个并发位计算电路中，除规定的 2t 个以外的任意 2t 个以上的并发位计算电路’，将‘在计算纠正能力大的 n 重错误纠正 BCH 码的并发位时选择上述第 1 常数乘法器，在计算纠正能力小的 n 重错误 BCH 码的并发位时选择上述第 2 乘法器的选择器’改为‘在输入附加了 n 重错误纠正 BCH 码的数据时选择上述第 1 常数乘法器，在输入附加了 t 重错误纠正 BCH 码的数据时选择上述第 2 乘法器的选择器’使权利要求 1 的限定描述清楚，符合了专利法实施细则第二十条第一款的规定。修改后的权利要求 1 明确了本发明涉及一种数据错误纠正装置，用于对附加了 n 重错误纠正 BCH 码的数据和附加了 t 重错误纠正 BCH 码的数据进行错误纠正处理，其中 t 、n 为具有 n≥2t 关系的正整数，由选择器在输入附加了 n 重错误纠正 BCH 码的数据时，选择上述第 1 常数乘法器，在输入附加了 t 重错误纠正 BCH 码的数据时，选择上述第 2 乘法器。”

复审请求人随复审请求书同时提交了再次修改的权利要求 1 和说明书第 1 ~ 8 页。所述权利要求书为：

“1. 一种数据错误纠正装置，用于对附加了 n 重错误纠正 BCH 码的数据和附加了 t 重错误纠正 BCH 码的数据进行错误纠正处理，其中 t 、n 为具有 n≥2t 关系的正整数，其特征在于包括：2n 个以

上的并发位计算电路，分别具有：利用伽罗瓦域的元，计算 n 重错误纠正 BCH 码的并发位的第 1 常数乘法器；把在该第 1 常数乘法器求得的数据与从输入端子来的输入数据相加的加法器；和将保持的数据更新为来自上述加法器的数据的延迟器，

在上述 2n 个并发位计算电路中，除规定的 2t 个以外的任意 2t 个以上的并发位计算电路还具有：

利用伽罗瓦域的元，计算上述 t 重错误纠正 BCH 码的并发位的第 2 常数乘法器，以及

在输入附加了 n 重错误纠正 BCH 码的数据时选择上述第 1 常数乘法器，在输入附加了 t 重错误纠正 BCH 码的数据时选择上述第 2 乘法器的选择器。"

经形式审查合格，专利复审委员会受理该复审请求，于 2004 年 9 月 21 日发出复审请求受理通知书和前置审查通知书。

前置审查程序中，国家知识产权局原实质审查部门坚持原驳回决定。

专利复审委员会依法成立合议组，对此案进行审理，在对其进行合议审查的基础上，认为本案事实清楚，可以作出复审决定。

二、决定理由

1. 本决定依据的文本

复审请求人于 2004 年 8 月 30 日提交的权利要求 1 和说明书第 1 ~ 8 页符合专利法第三十三条及专利法实施细则第六十条的规定，可被接受。因此，本决定所依据的文本为：2004 年 8 月 30 日提交的权利要求第 1 项、说明书第 1 ~ 8 页，2000 年 2 月 18 日提交的附图第 1 ~ 3 页、说明书摘要及摘要附图。

2. 权利要求 1 是否清楚的问题

专利法实施细则第二十条第一款规定：权利要求书应当说明发明或者实用新型的技术特征，清楚、简要地表述请求保护的范围。

每项权利要求所确定的保护范围应当清楚，所述范围应当根据其所用词的词义来理解。在特定情况下，如果说明书中指明了某词汇具有特定的含义，在权利要求中使用了该词汇，并且权利要求的范围由于说明书中对该词汇的说明而被限定得足够清楚，这种情况是允许的。

复审请求人在随复审请求书一起提交的权利要求 1 中，①将"除上述 2n 个并发位计算电路中的纠正能力小的 2t 个以外的任意 2t 个以上的并发位计算电路"改为"在上述 2n 个并发位计算电路中，除规定的 2t 个以外的任意 2t 个以上的并发位计算电路"；②将"在计算纠正能力大的 n 重错误纠正 BCH 码的并发位时选择上述第 1 常数乘法器，在计算纠正能力小的 n 重错误 BCH 码的并发位时选择上述第 2 常数乘法器"改为"在输入附加了 n 重错误纠正 BCH 码的数据时选择上述第 1 常数乘法器，在输入附加了 t 重错误纠正 BCH 码的数据时选择上述第 2 乘法器的选择器"。

说明书以"DVD - ROM 的 8 重错误纠正里德索洛蒙码"、"CD - ROM 的 1 重错误纠正里德索洛蒙码"为例，利用所述数据错误纠正装置中使用的并发位计算电路的结构图，详加说明所述数据错误纠正装置的工作情况，该内容已清楚地举例说明何谓"纠正能力大的错误纠正 BCH 码"、何谓"纠正能力小的错误纠正 BCH 码"，DVD - ROM 重 BCH 纠错码比 CD - ROM 重纠错 BCH 码的纠错能力大是十分明显的。更重要的是，对 DVD - ROM 和 CD - ROM 进行自动认别的判断装置是本发明数据纠错装置之外存在的装置，选择装置基于其判断结果，选择第 1 或第 2 常数乘法器，换言之，选择装置不特别进行纠错能力大小识别和比较，根据设定自动选择第 1 或第 2 常数乘法器。因"判断纠错能力大、小"并非权利要求 1 要求保护的"数据错误纠正装置"需要判断的内容，且权利要求 1 已经对所述装置的具体结构进行了清楚、明确的说明，故合议组认为，无论"纠错能力大"、"纠错能力小"这种表述是否出现在权利要求 1 中，所述权利要求都是清楚的。

另外，从“t、n为具有n≥2t关系的正整数”可知，2t的具体数值可以任意指定。因此在“在上述2n个并发位计算电路中，除规定的2t个以外的任意2t个以上的并发位计算电路”的表述中，无需明确指出“哪些并发位计算电路是规定的2t个并发位计算电路”，其表述方式本身就是清楚的，所述并发位计算电路的个数只要满足“2t”的关系即可。

基于上述原因，合议组认为权利要求1已清楚地表述其要求保护的范围，符合专利法实施细则第二十条第一款的规定。

三、决定

撤销国家知识产权局于2004年5月14日对申请号为00102246.6的发明专利申请作出的驳回决定，以复审请求人于2004年8月30日提交的权利要求第1项、说明书第1～8页，2000年2月18日提交的附图第1～3页、说明书摘要及摘要附图为基础，由原实务审查部门继续审批程序。

069

从设备和数据共享方法案

复审请求审查决定（第7652号）

决　定　号　第7652号
决　定　日　2005年12月20日
发明创造名称　从设备和数据共享方法
国际分类号　G06F 1/16　G06F 3/14
复审请求人　三星电子株式会社
申　请　号　00118335.4
申　请　日　2000年6月14日
公　开　日　2000年6月14日
合议组组长　熊　婷
主　审　员　龙　安
参　审　员　孙治国

法律依据　专利法实施细则第二十条第一款、第二十一条第二款
决定要点

属于公知常识的概念本身就是清楚的，无需在权利要求中详加限定。

发明的必要技术特征是指解决其技术问题不可缺少的技术特征，其总和足以构成发明的技术方案，使之区别于背景技术中所述的其他技术方案。

一、案由

该复审请求涉及申请日为2000年6月14日、优先权日为1999年6月19日、申请号为00118335.4、名称为“从设备和数据共享方法”的发明专利申请，其申请人为三星电子株式会社。

2003年3月7日，国家知识产权局实质审查部门发出第一次审查意见通知书，指出：权利要求1、8不清楚，不符合专利法实施细则第二十条第一款的规定；权利要求10得不到说明书支持，不符合专利法第二十六条第四款的规定；权利要求11缺少必要技术特征，不符合专利法实施细则第二十一条第二款的规定。

2003年7月22日，申请人针对上述通知书提交意见陈述书，同时提交修改的权利要求第1~15项、说明书第1~6页。申请人在意见陈述书中陈述权利要求1、8、10、11符合相关法律条款规定的理由。

2003年12月5日，国家知识产权局实质审查部门发出第二次审查意见通知书，再次指出：权利要求1、8不清楚，权利要求11缺少必要技术特征。

2004年2月20日，申请人针对第二次审查意见通知书提交意见陈述书，同时提交再次修改的权利要求第1~15项、说明书第1~6页。申请人在所述意见陈述书中陈述权利要求1、8清楚，权利要求11完整的理由。

国家知识产权局实质审查部门于2004年6月4日驳回该申请，具体理由为：权利要求1中涉及“介质驱动器”“主设备”“文件系统”，权利要求8中涉及“从设备”“文件系统”，但却没有对其进行具体的结构限定，造成保护范围不清楚，不符合专利法实施细则第二十条第一款的规定。权利要求11请求保护一种“主设备和从设备之间的数据共享方法”，然而对于实现其发明目的来说，当前权利要求12~15的附加技术特征也是必不可少的，因此，权利要求11不符合专利法实施细则第二十一条第二款的规定特征。

上述驳回决定针对的独立权利要求1、8、11分别为：

“1. 一种具有存储设备并通过预定的连接装置连接到主设备的从设备，所述从设备包括一个介质驱动器，用于按照预定的协议来执行与主设备的文件系统之间的连接，以使至少有部分所述存储设备用作主设备的存储设备。”

“8. 一种通过预定的连接设备连接到具有存储设备的从设备的主设备，所述主设备包括一个文件系统，用于按照预定的协议来执行与从设备的顶层之间的连接，以使从设备中至少有部分所述存储设备用作主设备的存储设备。”

“11. 一种主设备和从设备之间的连接方法，包括下列步骤：

（a）通过预定的连接装置将主设备物理地连接到从设备

（b）按照从设备的顶层和主设备的文件系统之间的预定协议执行主设备和从设备之间的连接，以使从设备中至少有部分存储设备能够用作主设备的存储设备；以及

（c）主设备通过主设备的文件系统、从设备的顶层和从设备的底层来访问从设备的存储设备。”

申请人（下称复审请求人）对上述驳回决定不服，于2004年9月17日向国家知识产权局专利复审委员会提出复审请求，随附修改的权利要求第1~14项，指出新权利要求1、7、10符合相关条款的规定。理由为：

1. 权利要求1符合专利法实施细则第二十条第一款的规定。（1）“主设备”“从设备”和“文件系统”属于本领域公知常识，其结构公知；（2）新权利要求1限定了本发明的改进技术特征：“从设备”包括“介质驱动器”等部件，而所述“介质驱动器”又包括“控制和纠错单元”等结构；（3）“介质驱动器”按照预定的协议来执行与“主设备”的“文件系统”之间的连接，以使至少有部分所述存储设备用作主设备的存储设备，即上述技术特征限定了“介质驱动器”和“文件系统（主设备）”的连接方式。

2. 权利要求7符合专利法实施细则第二十条第一款的规定。（1）“从设备”本身属于本领域公知常识，其结构公知；（2）新权利要求7限定了本发明的改进技术特征：“主设备”包括“文件系统”等部件，而所述“文件系统”又包括“文件系统驱动层”等结构；（3）所述文件系统，按照预定的协议来执行与从设备的顶层之间的连接，以使从设备中至少有部分所述存储设备用作主设备的存储设备。而所述“文件系统驱动层”可提取在从设备的存储设备中保存的数据。上述技术特征限定所述“文件系统（主设备）”和“从设备”的连接方式。

3. 原权利要求11（权利要求10）符合专利法实施细则第二十一条第二款的规定。据本申请权利要求10所限定的步骤技术特征（a）－（c），在物理层通过预定连接装置连接“主设备”和“从设备”；而在高层通过从设备的顶层和主设备的文件系统之间的预定协议来实现“主设备”和“从设备”之间的连接，从而主设备通过主设备的文件系统、从设备的顶层和从设备的底层来访问从设备的存储设备。因此包括步骤（a）－（c）的技术方案完全可以实现本发明的目的，即“主设备和从设备能够使用通用应用程序来共享从设备的至少部分存储设备”，而在原权利要求12~15中限定的步骤技术特征不是必要技术特征。

修改后的独立权利要求1、7、10分别为：

"1. 一种具有存储设备并通过预定的连接装置连接到主设备的从设备，所述从设备包括一个介质驱动器，用于按照预定的协议来执行与主设备的文件系统之间的连接，以使至少有部分所述存储设备用作主设备的存储设备，

其中，所述介质驱动器包括一个控制和纠错单元，用于控制所述存储设备并检错和纠错。"

"7. 一种通过预定的连接设备连接到具有存储设备的从设备的主设备，所述主设备包括一个文件系统，用于按照预定的协议来执行与从设备的顶层之间的连接，以使从设备中至少有部分所述存储设备用作主设备的存储设备，

其中，所述文件系统包括：

文件系统驱动层，用于提取在从设备的存储设备中保存的数据，以使应用程序能够利用所述逻辑位置信息来访问作为文件的数据。"

10. 一种主设备和从设备之间的连接方法，包括下列步骤：

（a）通过预定的连接装置将主设备物理地连接到从设备；

（b）按照从设备的顶层和主设备的文件系统之间的预定协议执行主设备和从设备之间的连接，以使从设备中至少有部分存储设备能够用作主设备的存储设备；以及

（c）主设备通过主设备的文件系统、从设备的顶层和从设备的底层来访问从设备的存储设备。"

经形式审查合格，专利复审委员会受理该复审请求，于2004年9月27日发出复审请求受理通知书和前置审查通知书。

前置审查程序中，国家知识产权局原实质审查部门坚持原驳回决定。

专利复审委员会依法成立合议组，对此案进行审理，在对其进行合议审查的基础上，认为本案事实清楚，可以作出复审决定。

二、决定理由

复审请求人于2004年9月17日提交的权利要求书符合专利法第三十三条及专利法实施细则第六十条的规定。因此，本决定所依据的文本为：2004年9月17日提交的权利要求第1~14项、2004年2月20日提交的说明书第1~6页、2000年6月14日提交的附图第1~4页、说明书摘要及摘要附图。

1. 权利要求1是否符合专利法实施细则第二十条第一款的规定

据说明书记载（参见第1页第12行），主设备指计算机设备。主设备及其所包括的文件系统皆为本领域公知常识，无需限定二者的具体结构及两者之间的连接方式。

权利要求1中，（1）作为从设备一部分的介质驱动器包括"一个控制和纠错单元，用于控制所述存储设备并检错和纠错"，所述内容已明确了介质驱动器的具体结构；（2）从设备"通过预定的连接装置连接到主设备"，该内容已清晰说明"从设备"和"主设备"的连接关系；（3）"所述从设备包括一个介质驱动器，用于按照预定的协议来执行与主设备的文件系统之间的连接"，其中，"文件系统"是"主设备"的一部分，所述内容清楚的表明"从设备"和"主设备"之间的具体连接关系。

可见，权利要求1所公开的内容已清楚的说明主、从设备的连接方式以实现"至少有部分所述存储设备用作主设备的存储设备"，从而实现数据共享。因所述权利要求中的"介质驱动器""主设备""文件系统"的结构及各装置的连接关系均是清楚的，故权利要求1符合专利法实施细则第二十条第一款的规定。

2. 权利要求7是否符合专利法实施细则第二十条第一款的规定

据说明书记载（参见第 1 页第 12 ~ 13 行），主设备指计算机设备，连接到主设备的诸如终端、ZIP 驱动器、MP3 播放器和数字相机等设备被称作从设备。从设备属现有设备，其结构公知。在该权利要求中无需对其进行限定。

权利要求 7 中，（1）作为主设备一部分的文件系统包括“文件系统驱动层，用于提取在从设备的存储设备中保存的数据，以使应用程序能够利用所述逻辑位置信息来访问作为文件的数据”，所述内容已明确文件系统的结构；（2）主设备“通过预定的连接设备连接到具有存储设备的从设备”，该内容已清晰说明“主设备”和“从设备”的连接关系；（3）“所述主设备包括一个文件系统，用于按照预定的协议来执行与从设备的顶层之间的连接”，所述内容清楚的表明“主设备”和“从设备”之间具体的连接关系。

可见，权利要求 7 所公开的内容已清楚的说明主、从设备的连接方式以实现“从设备中至少有部分所述存储设备用作主设备的存储设备”，从而实现数据共享。所述权利要求中的“从设备”“文件系统”的结构及各装置的连接关系皆是清楚的，因此，权利要求 7 符合专利法实施细则第二十条第一款的规定。

3. 权利要求 10 是否符合专利法实施细则第二十一条第二款的规定

该技术方案的目的（参见说明书第 2 页第 4 ~ 5 行）是提供一种数据共享方法，用于利用一个通用的应用程序来共享从设备的存储设备。据权利要求 10 的记载可知，在物理层通过预定连接装置连接“主设备”和“从设备”；而在高层通过从设备的顶层和主设备的文件系统之间的预定协议来实现“主设备”和“从设备”之间的连接，从而“主设备”可以通过主设备的文件系统、从设备的顶层和从设备的底层来访问“从设备”的存储设备。因此包括步骤（a）–（c）的技术方案完全可以实现本发明的目的，即，主设备和从设备能够使用通用应用程序来共享从设备的至少部分存储设备。

此外，权利要求 11 中的步骤涉及“识别从设备的顶层”，这种识别过程在本领域很常见；权利要求 12 ~ 14 是对权利要求 10 步骤 b 的细化。因此权利要求第 11 ~ 14 项限定部分的内容皆非实现发明目的所需的必要技术特征。

因此，权利要求 10 的步骤可以实现所述发明目的，并不缺乏必要技术特征，符合专利法实施细则第二十一条第二款的规定。

综上所述，权利要求 1、7 符合专利法实施细则第二十条第一款的规定，权利要求 10 符合专利法实施细则第二十一条第二款的规定。

三、决定

撤销国家知识产权局实质审查部门于 2004 年 6 月 4 日对 00118335.4 号发明专利申请作出的驳回决定，以 2004 年 9 月 17 日提交的权利要求第 1 ~ 14 项、2004 年 2 月 20 日提交的说明书第 1 ~ 6 页、2000 年 6 月 14 日提交的附图第 1 ~ 4 页、说明书摘要及摘要附图为基础，由原实质审查部门继续审批程序。

070

半导体存储器案

复审请求审查决定（第7658号）

决 定 号 第7658号
决 定 日 2005年12月12日
发明创造名称 半导体存储器
国际分类号 G11C 11/34 H01L 27/02
复审请求人 三菱电机株式会社
申 请 号 97115435. X
申 请 日 1997年7月23日
公 开 日 1998年6月24日
合议组组长 马志远
主 审 员 高 栋
参 审 员 樊晓东

法律依据 专利法第二十二条第三款
决定要点

如果一篇对比文件中没有给出任何技术启示或教导来实现权利要求与对比文件的区别技术特征，并实现与本申请相同的技术效果，则该权利要求相对于对比文件具有非显而易见性，从而具备创造性。

一、案由

本复审请求涉及国家知识产权局于2002年12月6日驳回的、名称为“半导体存储器”的发明专利申请（下称本申请），其申请号为97115435. X，申请日为1997年7月23日，优先权日为1996年12月19日，申请人为三菱电机株式会社。

国家知识产权局原实质审查部门于2002年12月6日驳回了本申请，其理由是：本申请的权利要求1～8相对于对比文件1（US5272676A，公开日为1993年12月21日）不符合专利法第二十二条第三款的规定，其中原实质审查部门认为独立权利要求1与对比文件1的区别在于权利要求1中的虚设存储器单元是与半导体衬底上形成的存储器单元同样地形成，而对比文件1中的虚设存储器单元只被披露为与实际的存储器单元相同。由于半导体器件是在衬底上进行淀积扩散、刻蚀等加工来制作的，因此对比文件1中的虚设存储器单元必然是与半导体衬底上形成的实际存储器单元同样地形成的。所以在对比文件1的基础上得到权利要求1的技术方案是显而易见的，从而该权利要求1不具备创造性。独立权利要求7中将权利要求1存储器中的各部件限定为至少2组，并相应增加一比较装置，原实质审查部门认为这是本领域的公知常识，因此该权利要求7也不具备创造性。从属权利要求2～6和从属权利要求8的附加技术特征在对比文件1中公开或为公知常识，因此在其引用的独立权利要求1和独立权利要求7不具备创造性的条件下，上述的从属权利要求仍不具备创造性。

申请人（下称请求人）不服原实质审查部门作出的驳回决定，于2003年3月20日向国家知识产权局专利复审委员会提出了复审请求，请求人的复审请求理由是：本申请是为了模拟存储器单元的漏泄电流量，检测与实际的存储器单元相同地形成的虚设存储器单元的漏泄电流，以及对比文件1的图15及其说明仅仅示出了用于半导体集成电路器件中的衬底电压发生器，但不能从中导出本申请中的“虚设存储单元”和“漏泄监测电路”，因此请求人认为与对比文件1相比，本申请是具有专利性的。

经形式审查合格，专利复审委员会受理了该复审请求，并于2003年4月15日发出了受理通知书和前置审查意见通知书。

在前置审查程序中，国家知识产权局原实质审查部门仍坚持原驳回决定。

在此基础上，专利复审委员会依法成立合议组对本案进行审理。请求人在提交复审请求时未修改申请文件，因此本复审决定所依据的申请文件文本为申请日提交的说明书第1～11页、附图第1～4页、权利要求第1～8项，此文本也是原驳回决定所依据的文本，其中独立权利要求的内容为：

“1. 一种半导体存储器，其特征在于，备有：与半导体衬底上形成的存储器单元同样地形成的虚设存储器单元；监测所述虚设存储器单元的漏泄电流，产生对应于所述漏泄量的输出信号的漏泄监测装置；加上所述漏泄监测装置的所述输出信号，控制所述半导体衬底的衬底电压以减少所述存储器单元的漏泄量的衬底电压产生装置。”

“7. 一种半导体存储器，其特征在于，备有：在形成了存储器单元的半导体衬底上与所述存储器单元同样地形成的至少2组虚设存储器单元；分别监测所述至少2组虚设存储器单元的漏泄电流，产生对应于所述漏泄量的输出信号的至少2组漏泄监测装置；将所述至少2组漏泄监测装置的所述输出信号进行比较，产生输出信号的比较装置；加上所述比较装置的输出信号，控制所述半导体衬底的衬底电压以减少所述存储器单元的漏泄量的衬底电压产生装置。”

在上述工作的基础上，合议组认为本案事实清楚，可以作出如下复审请求审查决定。

二、决定的理由

1. 审查基础

由于请求人在提交复审请求时没有修改申请文件，因此本复审决定所依据的文本是原实质审查部门作出驳回决定时依据的文本，也是申请日提交的原始申请文件文本。

2. 关于独立权利要求1的创造性

对比文件1涉及一种半导体集成电路设备，并具体公开了（参见说明书第1栏22行到第2栏33行，第21栏61行到第22栏41行，第23栏33行到第24栏36行以及附图15）如下内容：类似于存储器单元的虚设存储单元，图15是衬底电压发生器的电路图，其中衬底电压发生器VBBG（相当于权利要求1的衬底电压产生装置）响应于电源电压VCC的变化迅速地改变衬底电压VBB，控制电压发生器VBBC只需要产生随电源电压VCC变化的控制电压VC，控制电压发生器具有基本上和衬底电压VBBG相同的电路结构。具体而言，当控制电压VC随电源电压VCC降低时，衬底电压VBB随控制电压VC的改变迅速降低而不提供用于衬底电压的直接漏泄通道。

由此可见，权利要求1和对比文件1的区别在于：虚设存储器单元与半导体衬底上形成的存储器单元同样地形成，监测所述虚设存储器单元的漏泄电流的漏泄监测装置以及该权利要求1中的衬底电压产生装置是通过加上所述漏泄监测装置的所述输出信号来控制所述半导体衬底的衬底电压。

合议组认为：虽然对比文件1仅仅公开了虚设存储单元和实际存储单元，但是由于半导体器件是在衬底上进行淀积扩散、刻蚀等加工来制作的，因此与半导体衬底上形成的存储器单元同样地形成虚设存储器单元，对于本领域普通技术人员来说属于公知的技术手段；对比文件1的图15及其相关文字部分所记载的内容仅仅公开了跟随电源电压变化的衬底电压产生装置，并没有公开漏泄电流监测装置及其控制衬底电压产生装置的连接关系，因此权利要求1的半导体存储器与对比文件1所公开的半导体集成电路设备的结构及功能均不相同；由于对比文件1的目的是提供具有能够跟随电源电压波动的衬底偏置电压同时减小功耗的衬底电压发生器的半导体集成电路，而不提供任何稳定漏泄电流电路，本申请则是通过衬底电压VBB的电平来改变来自存储器单元的漏泄电流，以补救没有更新能力、变成不合格品的器件，从而提高成品率，因此合议组认为对比文件1中也没有给出任何技术启示或教导来提供漏泄电流监测电路并加上该监测电路产生的信号来控制衬底电压发生器以改变漏泄电流，并实现与本申请相同的技术效果，所以权利要求1相对于对比文件1具有非显而易见性，从而具备创造性。

3. 独立权利要求7的创造性

独立权利要求7也请求保护一种半导体存储器，其在独立权利要求1的基础上增加了一比较装置，因此基于对权利要求1的评述，该权利要求7相对于对比文件1也具备创造性。

4. 从属权利要求的创造性

在独立权利要求1和独立权利要求7具备创造性的条件下，其从属权利要求2~6以及从属权利要求8也相应具备创造性。

综上所述，权利要求1~8相对于对比文件1具备专利法第二十二条第三款规定的创造性。

三、决定

撤销国家知识产权局于2002年12月6日对该发明专利申请所作出的驳回决定，在驳回决定所依据文本的基础上，由原实质审查部门继续进行审批程序。

071

游戏装置及控制方法、信息存储介质、游戏配送装置及方法案

复审请求审查决定（第7661号）

决　定　号　第7661号
决　定　日　2005年12月5日
发明创造名称　游戏装置及控制方法、信息存储介质、游戏配送装置及方法
国际分类号　G06F 17/00　G06F 161/00　A63F 13/00
复审请求人　科乐美股份有限公司
申　请　号　01104086.6
申　请　日　2001年2月22日
公　开　日　2001年8月29日
合议组组长　崔哲勇
主　审　员　穆丽娟
参　审　员　石　清

法律依据　专利法第二十二条第三款、第二十六条第四款
决定要点

复审请求人在答复复审通知书时提交的权利要求书中已经删除了得不到说明书支持的独立权利要求，并修改其从属权要求，因此已经克服了复审通知书中所指出的缺陷；并且驳回决定中引用的对比文件1和对比文件2相结合并不能影响本申请权利要求的创造性，故在修改文本的基础上撤销驳回决定。

一、案由

本复审请求涉及2001年2月22日申请的，申请号为01104086.6，发明名称为“游戏装置及控制方法、信息存储介质、游戏配送装置及方法”的发明专利申请（下称本申请），申请人是科乐美股份有限公司。

在实质审查过程中，国家知识产权局实质审查部门在2002年11月22日第一次审查意见通知书中引用对比文件1（EP0974382A1）和对比文件2（CN1244436A），指出权利要求1~8、12相对于对比文件1和对比文件2不具备创造性，不符合专利法第二十二条第三款的规定；并且权利要求9~11属于专利法第二十五条规定的不授予专利权的范围。

针对实质审查部门发出的第一次审查意见通知书，申请人于2003年3月6日提交了答复意见，同时提交权利要求、说明书替换页，其中保留权利要求1~8，删除了权利要求9~12，修改了发明名称，并认为：对比文件1和对比文件2与本申请相比均有很多不同特征，且区别技术特征均可产生有益技术效果；本申请与两篇对比文件相结合相比也具有多个区别技术特征和有益的技术效果，具有突

出的实质性特点和显著的技术进步，因此当前权利要求1～8相对于对比文件1、2具备创造性。

国家知识产权局实质审查部门继续审查后，仍然认为本申请权利要求不符合专利法第二十二条第三款的规定，于2003年11月7日作出了驳回本申请的决定。驳回决定的主要理由是：对比文件1涉及游戏系统根据引导箭头覆盖基准箭头的时机和游戏者踩踏脚踏区域上的箭头所指示区域的时机的重合程度给出分数，因此已经公开了本申请中的“移动分析机构”；对比文件2中虽然没有明确给出能量消耗量算出机构以及累计能量消耗量算出机构，但是本领域普通技术人员将其说明书中内容与公知常识相结合，即可以得出该两个机构。因此，为了使得对比文件1中的游戏系统具有计算并显示运动所消耗的热量这一功能，而将对比文件1和对比文对比文件2相结合，使得对比文件1中的游戏系统判定游戏者的移动步态，根据不同的移动步态对应不同的能量消耗，累计出游戏者所消耗的能量，这对本领域技术人员来说是不需要付出创造性劳动的，因此权利要求1相对于对比文件1和对比文件2不具备创造性。在此基础上从属权利要求2～6以及权利要求7、8也相对于对比文件1和对比文件2不具备创造性。

申请人科乐美股份有限公司（下称复审请求人）对上述驳回决定不服，于2004年1月17日向专利复审委员会提出复审请求，请求人认为：对比文件1中所公开的内容并没有相应的机构（移动分析机构）进行评估，本申请通过该机构可以判定游戏者的脚步移动步态是多个花样中的某一个；对比文件2中公开的呼啦圈的运动只是简单的旋转运动，无法根据移动节拍、移动花样及与单位能量消耗来计算游戏者的能量消耗量；同时，对比文件1和对比文件2对于本申请权利要求的区别技术特征也没有给出任何技术启示，因此本申请的权利要求相对于对比文件1和2是有创造性的。

经形式审查合格，国家知识产权局复审委员会于2004年3月23日发出了受理通知书以及前置审查通知书。

在前置审查程序中，国家知识产权局原实质审查部门仍坚持驳回决定中的审查意见。

专利复审委员会依法成立合议组对本案进行审查，于2005年4月18日发出复审通知书，审查意见主要包括：驳回决定所针对的权利要求1～6、8中请求保护的“游戏装置”，不能得到说明书的支持，不符合专利法第二十六条第四款的规定，理由如下：合议组在详细阅读本申请原始公开文本后发现，本申请说明书中仅公开一种游戏装置的控制方法，以及说明书附图1所示的装置系统，包括CPU，GPU，SPU，CD－ROM读取装置，ROM，RAM等内部部件，但是这些部件均是已有装置，本申请并未对其进行任何结构性的改变。而当前权利要求1～6、8谋求保护的装置涉及“移动分析机构”“能量消耗量算出机构”“累计能量消耗量算出机构”，这些“机构”实际上是申请人根据本申请中的游戏控制方法的步骤对应归纳形成的功能性模块装置，其与说明书中实际公开的CPU、GPU、SPU、CD－ROM读取装置，ROM，RAM等不能明确、清楚、唯一的一一对应，这种情况下，当前权利要求1～6、8谋求保护的装置并不能合理、清楚和唯一地表述本发明实施例中所述的技术方案，因此，当前权利要求1～6、8是得不到说明书支持的。

复审请求人于2005年6月1日对上述复审通知书作出答复，提交了权利要求书替换页第1页以及说明书替换页1～18页，在修改的权利要求书中删除了原权利要求1和8，并将原权利要求2～6修改为原独立权利要求7的从属权利要求。修改的权利要求书内容如下：

“1. 一种游戏装置的控制方法，游戏者一边听着游戏音乐一边享受踏步的乐趣，其特征在于，包含有检测游戏者的脚是否踏在多个踏步位置的各位置上的步骤、根据该检测结果判定游戏者的两脚相对于上述多个踏步位置的移动步态是否属于多个移动花样中的某一个的步骤、根据所判定的移动花样算出因游戏者的两脚的移动所导致的能量消耗量的步骤、对在规定时刻后算出的能量消耗量进行累加而算出累计能量消耗量的步骤、和把所算出的累计能量消耗量报知给游戏者的步骤。

2. 根据权利要求 1 所述的游戏装置的控制方法，其特征在于，还包含有取得游戏者体重的步骤，和根据所取得的体重算出能量消耗量的步骤。

3. 根据权利要求 1 或 2 所述的游戏装置的控制方法，其特征在于，还包含有取得游戏者的两脚相对于上述多个踏步位置移动的移动节拍的步骤，和根据所取得的移动节拍算出能量消耗量的步骤。

4. 根据权利要求 1 或 2 所述的游戏装置的控制方法，其特征在于，还包含有设定游戏者的累计能量消耗量的目标的步骤，和根据所算出的累计能量消耗量把上述目标的达成状况报知给游戏者的步骤。

5. 根据权利要求 4 所述的游戏装置的控制方法，其特征在于，至少以规定食品的摄取量、规定运动量、目标体重或目标减量体重中的某一个为基准设定上述目标。

6. 根据权利要求 5 所述的游戏装置的控制方法，其特征在于，还包括根据在玩过的游戏中的能量消耗状况估计出要完成上述目标所需要的游戏时间并把该游戏时间包含在上述目标的达成状况中报知给游戏者的步骤。”

在上述工作的基础上，合议组认为本案事实清楚，可以作出本复审请求审查决定。

二、决定的理由

1. 审查文本的认定

经审查，复审请求人在答复复审通知书时提交的修改文本未超出原始说明书和权利要求书记载的范围，符合专利法第三十三条和专利法实施细则第六十条的规定，因此本复审决定依据的文本为：该申请于申请日提交的说明书摘要，说明书附图 1 ~ 11 页以及摘要附图，和于 2005 年 6 月 1 日提交的说明书第 1 ~ 18 页以及权利要求书 1 ~ 6 项。

2. 关于复审通知书指出的缺陷

鉴于复审请求人 2005 年 6 月 1 日提交的权利要求书替换页中已经分别删除了原得不到说明书支持的装置权利要求 1 和权利要求 8，并且将原从属权利要求 2 ~ 6 的附加技术特征修改为方法步骤的表达方式，作为原独立权利要求 7（即新的方法权利要求 1）的从属权利要求，同时修改了说明书的相应部分，因此，本申请的修改文本已经克服了复审通知书所指出的缺陷，即本申请已符合专利法第二十六条第四款的规定。

3. 关于驳回决定所指出的缺陷

合议组评价本申请权利要求创造性时使用的对比文件与实质审查过程中使用的对比文件相同。

对比文件 1（参见说明书第 1 页第 1 栏第 39 行至第 2 栏第 27 行；第 6 页第 10 栏第 2 行至第 37 行，附图 2、4、7）公开了一种游戏装置，游戏者可以通过该装置随着音乐的节奏跳舞。该装置包括：多个踏板装置，每个踏板装置都包括一个感应装置，用于判断游戏者是否踏在该踏板装置上；用于判断游戏者的移动步态是否与装置规定的移动花样相同的装置。权利要求 1 与对比文件 1 的技术方案相比的区别在于：权利要求 1 所涉及的游戏装置还包括能量消耗量算出机构、累计能量消耗量算出机构和累计能量消耗量报知机构。

对比文件 2（参见说明书第 2 页第 2 行至第 3 页第 1 行）公开了一种语音韵律呼啦圈，其中包括：通过计算转动呼啦圈的圈数、时间、体重及腰围等数据，计算和显示在此运动中消耗了多少热量。

合议组认为：由于对比文件 2 所请求保护为一呼啦圈，其公开的微处理单元能根据体重、转动数以及时间参数计算出一次转动的能量消耗，但很难将这种能量计算功能在不花费创造性劳动的情况下结合到对比文件 1 的技术方案中，而得到权利要求 1 中所限定的根据脚步移动和花样计算能量消耗的技术方案，因此权利要求 1 的技术方案与对比文件 1 和对比文件 2 的结合相比并非是显而易见的，权利要求1是不具备创造性的。同时在权利要求1具备创造性的情况下其从属权利要求也具备创造性。并且根据与权利要求1相同的理由，权利要求7、8也是具备创造性的。

综上所述，请求人于2005年6月1日提交的修改文本已经克服了复审通知书以及驳回决定所指出的缺陷，故在该修改文本的基础上撤销驳回决定。至于本申请的说明书和权利要求书是否存在其他缺陷则留待后续程序继续审查。

三、决定

撤销国家知识产权局于2003年11月7日对01104086.6号专利申请所作出的驳回决定，以该申请于申请日提交的说明书摘要，说明书附图1~11页以及摘要附图，和于2005年6月1日提交的说明书第1~18页以及权利要求书1~6项为基础，由原实质审查部门继续进行审批程序。

072

万用电源供应系统及方法案

复审请求审查决定（第 7663 号）

决 定 号 第 7663 号
决 定 日 2005 年 12 月 13 日
发明创造名称 万用电源供应系统及方法
国 际 分 类 号 H02J 7/00
复 审 请 求 人 联华电子股份有限公司
申 请 号 01117691.1
申 请 日 2001 年 5 月 16 日
公 开 日 2002 年 12 月 18 日
合 议 组 组 长 马 昊
主 审 员 朱芳芳
参 审 员 周雷鸣

法 律 依 据 专利法第二十二条第二款、第三款
决 定 要 点

在进行新颖性判断时，如果一项发明专利权利要求所请求保护的技术方案与现有技术所公开的技术内容相比存在区别技术特征，不属于相同的技术方案，则现有技术不能破坏该专利的新颖性。如果这些区别技术特征根据现有技术的教导并非是容易引入的，同时由于这些区别技术特征的引入使得该权利要求所请求保护的技术方案具有有益的技术效果，那么该权利要求所述的技术方案具有突出的实质性特点和显著的进步，具备创造性。

一、案由

本复审请求涉及申请日为 2001 年 5 月 16 日、公开日为 2002 年 12 月 18 日、发明名称为“万用电源供应系统及方法”的发明专利申请，其申请号为 01117691.1，申请人为联华电子股份有限公司，其原始申请文件的公开文本中的权利要求书中共 12 项权利要求，其中有 4 项独立权利要求，具体内容如下：

“1. 一种万用电源供应系统，包含：

一元件电路，包括：

一识别码单元，存储该元件电路的一识别码，以及

一电源输入接口，提供该元件电路内部的一所需电源；

一万用电源供应单元，包括：

一供电单元，

一元件识别单元，可检测该元件电路中存储于该识别码单元中的该识别码，以及

一电源控制单元，依该识别码控制该供电单元，提供该所需电源的一电源型态；以及

一标准接口单元连接于该元件电路与该万用电源供应单元之间，以供应该元件电路的该所需电源及传送该识别码。”

“6. 一种万用电源供应器，可经一接口装置，提供一所需电源给一元件电路，包括：

一供电单元；

一元件识别单元，可经该接口装置检测该元件电路的一识别码，以及

一电源控制单元，依据检测到的该识别码，控制该供电单元，经由该接口装置，提供该所需电源给该元件电路。”

“10. 一种万用电源供应系统，包括：

一元件电路；

一万用电源供应单元；以及

一标准接口单元连接于该元件电路与该万用电源供应单元之间，以供应该元件电路一所需电源。

11. 一种提供电源给一元件电路的方法，包括；

预先设定一识别码给该元件电路；

检测该识别码，得知该元件电路所需的一电源型态；

提供一电源装置；以及

依据该电源型态，控制该电源装置，以提供一电源给该元件电路。”

国家知识产权局实质审查部门于2003年6月5日发出第一次审查意见通知书，其中引用对比文件1（US6031353A，其公开日为2000年2月29日）作为最接近的现有技术，指出：权利要求1、6、10~12相对于对比文件1不具备专利法第二十二条第二款规定的新颖性；权利要求2~5、7~9相对于对比文件1不具备专利法第二十二条第三款规定的创造性，并指出本申请不具备授予专利权的前景。

针对第一次审查意见通知书，申请人于2003年10月13日提交了意见陈述书，陈述了权利要求1、6、10~12相对于对比文件1具备新颖性以及权利要求2~5、7~9相对于对比文件1具备创造性的理由。

国家知识产权局于2004年1月9日依据本申请不符合专利法第二十二条的规定对本申请作出了驳回决定，驳回决定针对的文本是：申请日提交的权利要求第1~12项、说明书第1~4页、说明书附图第1页、说明书摘要以及摘要附图，主要驳回理由是：（1）权利要求1、6、10、11相对于对比文件1不符合专利法第二十二条第二款的有关新颖性的规定；（2）权利要求2~5、7~9不符合专利法第二十二条第三款的有关创造性的规定。

申请人（下称复审请求人）对驳回决定不服，于2004年4月5日向专利复审委员会提出了复审请求，并提交新修改的权利要求共12项，其中独立权利要求4项，其具体内容如下：

“1. 一种万用电源供应系统，包含：

一元件电路，包括：

一识别码单元，存储该元件电路的一识别码，以及

一电源输入接口，提供该元件电路内部的一所需电源；

一万用电源供应单元，包括：

一供电单元，

一元件识别单元，可检测该元件电路中存储于该识别码单元中的该识别码，以及

一电源控制单元，依该识别码控制该供电单元，提供该所需电源的一电源型态；以及

一标准接口单元连接于该元件电路与该万用电源供应单元之间，以供应该元件电路的该所需电源

及传送该识别码。”

“6. 一种万用电源供应器，可经一接口装置，提供一所需电源给一元件电路，包括：

一供电单元；

一元件识别单元，可经该接口装置检测该元件电路的一识别码，以及

一电源控制单元，依据检测到的该识别码，控制该供电单元，经由该接口装置，提供该所需电源给该元件电路。”

“10. 一种万用电源供应系统，包括：

一元件电路；

一万用电源供应单元；以及

一标准接口单元连接于该元件电路与该万用电源供应单元之间，以供应该元件电路一所需电源

其中该所需电源是用该万用电源供应单元，经检测该元件电路的一识别码后所决定。

11. 一种提供电源给一元件电路的方法，包括；

预先设定一识别码给该元件电路；

检测该识别码，得知该元件电路所需的一电源型态；

提供一电源装置；以及

依据该电源型态，控制该电源装置，以提供一电源给该元件电路。”

请求人的主要复审理由为：对比文件1为电池组主动发出反复信息信号给通信装置，而通信装置再根据反复信息所得到的特征（电池电量、电池类别）来决定充电方式；而本申请的元件识别电路只储存识别码，并无主动发出信息，必须由元件识别单元发出检测信号后，万用电源供应单元才能根据所得的数据得知元件电路的识别码，以决定供给电源的形态。

经形式审查合格，专利复审委员会受理了该复审请求，并于2004年4月15日发出了复审请求受理通知书及前置审查通知书。

在前置审查程序中，原实质审查部门仍坚持原驳回决定。

专利复审委员会依法成立合议组对本案进行复审。合议组在仔细阅读了本申请的申请文件、国家知识产权局作出的驳回决定以及请求人的复审请求理由后，于2005年9月26日发出复审通知书，指出：（1）本申请的权利要求6、10～12相对于对比文件1不具备专利法第二十二条第二款规定的新颖性，权利要求7～9相对于对比文件1不具备专利法第二十二条第三款规定的创造性；（2）独立权利要求6、10、11中均未记载或体现出请求人在复审请求中所陈述的本申请的识别码是预先存储在识别码单元中而无须主动产生表示电池组类型的识别信号这一区别技术特征。

针对上述复审通知书，请求人于2005年11月11日提交了意见陈述书和新修改的权利要求共12项，其中4项独立权利要求，其具体内容如下：

“1. 一种万用电源供应系统，包含：

一元件电路，包括：

一识别码单元，存储该元件电路的一识别码，以及

一电源输入接口，提供该元件电路内部的一所需电源；

一万用电源供应单元，包括：

一供电单元，

一元件识别单元，可检测该元件电路中存储于该识别码单元中的该识别码，以及

一电源控制单元，依该识别码控制该供电单元，提供该所需电源的一电源型态；以及

一标准接口单元连接于该元件电路与该万用电源供应单元之间，以供应该元件电路的该所需电源

及传送该识别码。”

“6. 一种万用电源供应器，可经一接口装置，提供一所需电源给一元件电路，该元件电路包含一识别码单元，以存储该元件电路的一识别码，包括：

一供电单元；

一元件识别单元，可经该接口装置检测存储在该识别码单元中对应该元件电路的该识别码，以及

一电源控制单元，依据检测到的该识别码，控制该供电单元，经由该接口装置，提供该所需电源给该元件电路。”

“10. 一种万用电源供应系统，包括：

一元件电路，包含一识别码单元，以存储该元件电路的一识别码；

一万用电源供应单元；以及

一标准接口单元连接于该元件电路与该万用电源供应单元之间，以供应该元件电路一所需电源。

11. 一种提供电源给一元件电路的方法，包括；

预先设定一识别码给该元件电路，且该识别码存储在该元件电路的一识别码单元中；

检测该识别码，得知该元件电路所需的一电源型态；

提供一电源装置；以及

依据该电源型态，控制该电源装置，以提供一电源给该元件电路。”

其主要陈述意见为：在权利要求 6、10 和 11 中添加了体现本申请的识别码是预先存储在识别单元中而无须主动产生表示电池组类型的识别信号的区别特征的内容，认为修改后的权利要求已经符合授予专利权利的要求。

在此基础上，合议组认为本案事实已经清楚，可以作出审查决定。

二、决定的理由

（一）关于审查文本的认定和本决定中引用的对比文献

请求人于 2005 年 11 月 11 日答复复审通知书时对权利要求书进行了修改，经合议组审查，上述权利要求的修改并未超出原始说明书和权利要求书记载的范围，符合专利法第三十三条和专利法实施细则第六十的规定，因此，本复审请求审查决定以请求人于 2005 年 11 月 11 日提交的权利要求第 1 ~ 12 项、于申请日提交的说明书第 1 ~ 4 页、说明书附图第 1 页、说明书摘要及摘要附图作为审查的基础，并在本决定中引用原实质审查部门在实审程序中所引用的对比文件 1 作为最接近的现有技术，即 US6031353A，其公开日为 2000 年 2 月 29 日。

（二）关于专利法二十二条第二、三款

专利法第二十二条第二款中规定：“新颖性，是指在申请日以前没有同样的发明或者实用新型在国内外出版物上公开发表过、在国内公开使用过或者以其他方式为公众所知，也没有同样的发明或者实用新型由他人向国务院专利行政部门提出过申请并且记载在申请日以后公布的专利申请文件中。”

在进行新颖性判断时，如果一项发明专利权利要求所要求保护的技术方案与现有技术所公开的技术内容相比存在区别技术特征，不属于相同的技术方案，则该现有技术不能破坏该专利的新颖性。

专利法第二十二条第三款中规定：“创造性，是指同申请日以前已有的技术相比，该发明有突出的实质性特点和显著的进步”。

如果一项权利要求限定的技术方案与现有技术相比存在的区别技术特征根据现有技术的教导并非是容易引入的，同时由于这些区别技术特征的引入使得该权利要求所述的技术方案具有有益的技术效果，那么该权利要求所述的技术方案具有突出的实质性特点和显著的进步，具备创造性。

1. 关于权利要求 1、6、10 ~ 12 的新颖性

（1）关于权利要求 1 的新颖性

权利要求 1 请求保护一种万用电源供应系统，对比文件 1 中（参见说明书第 2 栏第 44 行至第 3 栏第 47 行，附图 1）公开了一种传送电池组信息的装置（相当于权利要求 1 中的万用电源供应系统），并具体公开该传送电池组信息的装置包括下述特征：电池组 100（相当于权利要求 1 中的元件电路），其包含：一电池识别电路 110，用来产生代表电池组类型的识别信号，和多个端子 122、124 和 126（相当于权利要求 1 中的电源输入接口）；无线通信装置 10（相当于权利要求 1 中的万用电源供应单元），通过电路端子 22、24、26（相当于权利要求 1 中的标准接口单元）连接电池组 100 来向其提供所需的电源，其包括：外部电源端子 28（相当于权利要求 1 中的供电单元）、微处理器 16 以及电池充电电路 18（相当于权利要求 1 中的电源控制单元），在微处理器 16 的控制下，无线通信装置 10 根据由电池识别电路产生的识别信号与参考信号的比来识别电池组 100 的类型，并根据所识别的电池组类型来调节电池充电电路 18 的参数，以便将外部电源端子 28 上接收的外部电源转换成合适为电池组 100 充电的形式，以给电池组充电。

权利要求 1 请求保护的技术方案与对比文件 1 中公开的传送电池组信息的装置相比，具有下述区别技术特征：（a）权利要求 1 中的“识别码单元”在功能上不同于对比文件 1 中的“电池识别电路 110”，前者仅预先存储该元件电路的一识别码，并无主动发出信息，必须由元件识别单元发出检测信号后，万用电源供应单元才能根据所得的数据得知元件电路的识别码，以决定供给电源的型态，而后者是其主动产生表示电池组类型的识别信号，然后通信装置中的微处理器 16 根据所产生的识别信号与参考信号的比来得到电池组的类型，从而决定充电方式；（b）权利要求 1 中的“元件识别单元”不同于对比文件 1 中的“微处理器”，前者是用于“检测该元件电路中存储于该识别码单元中的该识别码”，而后者是检测由电池组中的电池识别电路产生的电池组 100 的识别信号。

由于具有上述区别特征，使得权利要求 1 与对比文件 1 相比具备新颖性，符合专利法第二十二条第二款的有关规定。

（2）关于权利要求 6 的新颖性

权利要求 6 请求保护的万用电源供应器与对比文件 1 中公开的传送电池信息的装置相比，也具有上述区别技术特征（a）和（b），因此权利要求 6 与对比文件 1 相比具备新颖性，符合专利法第二十二条第二款的有关规定。

（3）关于权利要求 10 的新颖性

权利要求 10 请求保护的万用电源供应系统与对比文件 1 中公开的传送电池信息的装置相比，具有上述区别技术特征（a），因此权利要求 10 与对比文件 1 相比具备新颖性，符合专利法第二十二条第二款的有关规定。

（4）关于权利要求 11、12 的新颖性

权利要求 11 请求保护一种提供电源给一元件电路的方法，对比文件 1 中（参见说明书第 2 栏第 44 行至第 3 栏第 47 行，附图 1）公开了一种传送电池组信息的方法，并具体公开了下述特征：由识别电路 110 预先产生表示电池组（相当于权利要求 11 中的元件电路）类型的识别信号（相当于权利要求 11 中的识别码），在微处理器 16 的控制下，无线通信装置 10 根据由电池识别电路产生的识别信号与参考信号的比来识别电池组 100 的类型，并根据所识别的电池组类型来调节电池充电电路 18（相当于权利要求 11 中的电源装置）的参数，以便将外部电源端子 28 上接收的外部电源转换成合适为电池组 100 充电的形式，以给电池组充电。

权利要求 11 请求保护的技术方案与对比文件 1 中公开的传送电池组信息的方法相比，具有下述区别技术特征：权利要求 11 的方法中“预先设定一识别码给该元件电路，且该识别码存储在该元件

电路的一识别码单元中”，并通过检测该识别码来得知元件电路所需的电源型态；而对比文件 1 公开的方法中是在充电时由电路识别电路产生识别信号，然后根据所产生的识别信号与参考信号的比来通过通信装置确定电池组的类型，从而决定充电方式。

由于具有上述区别特征，使得权利要求 11 与对比文件 1 相比具备新颖性，符合专利法第二十二条第二款的有关规定。鉴于权利要求 11 具备新颖性，其从属权利要求 12 也具备新颖性。

2. 关于权利要求 2 ~5、7 ~9 的创造性

（1）关于权利要求 2 ~5 的创造性

由于权利要求 2 ~4 为权利要求 1 的直接从属权利要求，权利要求 5 为权利要求 1 的间接从属权利要求，它们分别采用公知常识来对权利要求 1 请求保护的技术方案进一步限定，从而权利要求 2 ~5 请求保护的技术方案包括权利要求 1 的全部技术特征，因此，权利要求 2 ~5 与对比文件 1 的区别技术特征为上述区别技术特征（a）、（b）和公知常识。由于上述区别技术特征（a）和（b）的引入使得权利要求 2 ~5 请求保护的万用电源供应系统通过元件识别单元检测预先存储在识别码单元中的识别码来确定向元件电路供给的电源型态，无须元件电路在被充电时主动产生识别信号；而对比文件 1 中的电池组在被充电时由电池识别电路生成识别信号并主动将此信号发送给通信装置，而后由通信装置来将该识别信号与参考信号对比来识别电池组类型。由此可知，权利要求 2 ~5 请求保护的万用电源供应系统与对比文件 1 中公开的传送电池组信息的装置为确定所需充电电源类型所用的原理和技术方案完全不同。

综上所述，上述区别特征（a）和（b）根据现有技术的教导并非是显而易见引入的，同时由于上述区别技术特征（a）和（b）的引入使得权利要求 2 ~5 所请求保护的技术方案具有区别于现有技术的有益技术效果，因此权利要求 2 ~5 相对于对比文件 1 具有突出的实质性特点和显著的进步，符合专利法第二十二条三款有关创造性的规定。

（2）关于权利要求 7 ~9 的创造性

由于权利要求 7 ~9 为权利要求 6 的直接从属权利要求，它们分别采用公知常识来对权利要求 6 请求保护的技术方案进一步限定，从而权利要求 7 ~9 请求保护的技术方案包括权利要求 6 的全部技术特征，因此，权利要求 7 ~9 与对比文件 1 的的区别技术特征为上述区别技术特征（a）、（b）和公知常识。基于与权利要求 2 ~5 相同的理由，权利要求 7 ~9 相对于对比文件 1 具有突出的实质性特点和显著的进步，符合专利法第二十二条第三款有关创造性的规定。

3. 至于权利要求 1、6、10 ~12 是否具备专利法第二十二条第三款规定的创造性以及本申请是否还存在其他缺陷，合议组没有审查，有待后续程序进一步审查。

基于上述理由，合议组作出下述决定。

三、决定

撤销国家知识产权局于 2004 年 1 月 9 日对 01117691.1 号发明专利申请作出的驳回决定，由原实质审查部门以 2005 年 11 月 11 日提交的权利要求第 1 ~12 项、于申请日提交的说明书第 1 ~4 页、说明书附图第 1 页、说明书摘要及摘要附图作为审查的基础，继续审批程序。

073

信号处理系统和信号处理方法案

复审请求审查决定（第7667号）

决　定　号　第7667号
决　定　日　2005年11月1日
发明创造名称　信号处理系统和信号处理方法
国际分类号　H03M 1/06
复审请求人　皇家菲利浦电子有限公司
申　请　号　98800627.8
申　请　日　1998年2月27日
优先权日　1997年3月21日
公　开　日　1999年8月25日
合议组组长　徐媛媛
主　审　员　杜微科
参　审　员　杜　宇

法律依据　专利法第二十二条第三款
决定要点

由于对比文件1只公开了本申请独立权利要求中的部分技术特征，也没有给出可以将区别技术特征与对比文件1相结合的技术启示，因此本领域技术人员无法在不付出创造性劳动的情况下根据对比文件1获得独立权利要求请求保护的技术方案，因此本申请的独立权利要求1与对比文件1相比具备创造性。

一、案由

本复审请求涉及申请日为1998年2月27日，公开日为1999年8月25日，发明名称为“信号处理系统和信号处理方法”的PCT发明专利申请（下称本申请），其申请号是98800627.8，申请人为皇家菲利浦电子有限公司。

在本申请的实质审查过程中，国家知识产权局实质审查部门于2004年3月12日以本申请的权利要求1～4、7、12～14不符合专利法第二十二条第三款规定的创造性为由驳回了本申请，所依据的对比文件是DE3836823A1，公开日为1990年5月3日，驳回决定所依据的文本是2002年9月25日提交的说明书1～9页，权利要求书第1～15项以及申请时提交的附图1～11页，其中不符合专利法第二十二条三款规定的独立权利要求为：

1. 一种信号处理系统，包括：

一个接收模拟输入信号的系统输入端；

一个提供数字输出信号的系统输出端；

一个处于系统输入端和系统输出端之间的信号处理通道，所述信号处理通道包括：

一个接至系统输入端的模拟信号处理装置，用来处理模拟信号，

一个模数变换器（ADC），它有一个接至模拟信号处理装置、用来接收经处理的模拟信号的 ADC 输入端和一个接至系统输出端、用来提供表示经处理的模拟信号的数字输出信号的 ADC 输出端；

一个补偿装置，用来降低模拟信号处理装置在经处理的模拟信号中引入的偏置电平，所述补偿装置包括：

一个接至系统输入端、用来暂时固定系统输入端上的模拟信号的电平的电平固定装置，

一个接至 ADC 输出端、用来存储与所固定的电平对应的输出信号的存储装置；以及

一个接至存储装置和信号处理通道、在所存储的输出信号控制下影响释放电平后的信号处理的信号处理影响装置。

12. 一种信号处理方法，所述方法包括下列步骤：

接收在一个输入端上的模拟输入信号；

处理所接收的模拟输入信号；

将经处理的模拟输入信号变换成数字输出信号，

所述方法还包括下列步骤：

暂时固定输入端上模拟输入信号的电平；

存储与所固定的电平对应的数字输出信号；

释放电平；以及

在所存储的输出信号控制下影响释放电平后的信号处理。

驳回的具体理由为：

对比文件 1（DE3836823A1）公开了一种在具有直流部分的信号模数转换时提高分辨率的装置和方法，其中对比文件 1 的输入端、输出端、减除放大器 1、ADC4、扫描稳定元件 3、信号计算器 5 的继续提供数字信号部分、（可调放大器 2 + 信号计算器 5 + DAC6）分别相当于权利要求 1 的系统输入端、系统输出端、模拟信号处理装置、ADC、电平固定装置、存储装置、信号处理装置，对比文件 1 和权利要求 1 的区别仅在于扫描稳定元件 3 与电平固定装置所处位置不同，但两者的作用均为稳定输入的模拟信号，因此权利要求 1 与对比文件 1 相比不具备创造性。

对比文件 1 的信号计算器 5 的继续提供数字信号部分、DAC6、可调放大器 2 分别相当于权利要求 2 的作为存储装置的寄存器、DAC、修改电路；对比文件 1 的可调放大器 2 相当于权利要求 3 的放大器；权利要求 4 的附加技术特征在于增加了“第二放大器”，其作用仍是放大，未产生特殊效果；权利要求 7 的附加技术特征已在对比文件 1 中公开，因此当引用的权利要求 1 不具备创造性时，从属权利要求 2 ~ 4、7 也不具备创造性。

对比文件 1 的输入端、减除放大器 1、ADC4、扫描稳定元件 3、信号计算器 5 的继续提供数字信号部分、减除放大器 1、（可调放大器 2 + 信号计算器 5 + DAC6）分别完成权利要求 12 的七个步骤；对比文件 1 的可调放大器 2、（可调放大器 2 + DAC6）分别完成权利要求 13 的两个步骤；对比文件 1 的减除放大器 1、可调放大器 2 完成权利要求 14 的步骤，因此权利要求 12 ~ 14 与对比文件 1 相比不具有创造性。

申请人皇家菲利浦电子有限公司（下称请求人）不服该驳回决定，于 2004 年 6 月 3 日向国家知识产权局专利复审委员会提出复审请求，并对权利要求 1 进行了修改。请求人认为：1. 在修改后的权利要求 1 中，信号处理影响装置与存储装置和电平固定装置都相连，并与信号处理通道相连，用来在所存储的输出信号控制下影响释放电平后的信号处理；2. 现有技术的取样保持电路 3 与本申请的

电平固定装置的位置完全不同；3. 本发明的存储装置存储 ADC 的输出信号，现有技术中并没有具有类似的数字存储能力的元件，从现有技术中不能得出现有技术的任何放大器 2、处理器 5 或 DAC6 具有存储装置；4. 本发明的处理影响装置在所存储的输出信号控制下影响释放电平后的信号处理，现有技术没有类似功能的元件。基于以上原因，修改后的权利要求 1 及其从属权利要求相对于现有技术具有新颖性和创造性，修改后的权利要求 1 为：

"1. 一种信号处理系统，包括：

一个接收模拟输入信号的系统输入端；

一个提供数字输出信号的系统输出端；

一个处于系统输入端和系统输出端之间的信号处理通道，所述信号处理通道包括：

一个接至系统输入端的模拟信号处理装置，用来处理模拟信号，

一个模数变换器（ADC），它有一个接至模拟信号处理装置、用来接收经处理的模拟信号的 ADC 输入端和一个接至系统输出端、用来提供表示经处理的模拟信号的数字输出信号的 ADC 输出端；

一个补偿装置，用来降低模拟信号处理装置在经处理的模拟信号中引入的偏置电平，所述补偿装置包括：

一个接至系统输入端、用来暂时固定系统输入端上的模拟信号的电平的第一装置，

一个接至 ADC 输出端、用来存储与所固定的电平对应的输出信号的第二装置；以及

一个信号处理影响装置，连接至存储装置和电平固定装置，和连接至信号处理通道，用来在所存储的输出信号控制下影响释放电平后的信号处理。"

经形式审查合格后专利复审委员会受理了该复审请求，并于 2004 年 6 月 30 日向请求人发出复审请求受理通知书，同时将本案送至原实质审查部门进行前置审查。

原实质审查部门在前置审查意见书中认为：申请人在提交复审请求时仅仅在权利要求 1 中增加了"一个信号处理影响装置和和电平固定装置连接"，这仍然是对"电平固定装置的位置"的限定，因此上述修改未能克服原驳回决定所指出的缺陷，因此坚持原驳回决定。

在上述工作的基础上，合议组认为本案事实已经清楚，可以依法作出复审决定。

二、决定的理由

（一）复审决定所依据的文本

合议组对请求人于 2002 年 9 月 25 日提交的说明书以及 2004 年 6 月 3 日提交的权利要求书进行了审查，认为请求人对说明书和权利要求书的修改符合专利法第三十三条和专利法实施细则第六十条的规定。因此本复审决定依据的文本为请求人于 1998 年 2 月 27 日提交的说明书附图 1 ~ 13 页、说明书摘要和摘要附图、2002 年 9 月 25 日提交的说明书第 1 ~ 9 页以及 2004 年 6 月 3 日提交的权利要求书 1 ~ 15 项。

（二）关于创造性

专利法第二十二条第三款规定："创造性，是指同申请日以前已有的技术相比，该发明有突出的实质性特点和显著的进步。"

1. 权利要求 1 的创造性

对比文件 1 涉及一种在具有直流部分的信号模数转换时提高分辨率的装置和方法，其中说明书第 5 ~ 7 段以及说明书附图中具体公开了以下技术特征："根据本发明直流部分在模拟时已在转换时补偿，所以交流信号 Us 与模拟数字转换器的性能相适应可以最佳可能地分辨。"模拟的信号混合物通过一个除减放大器 1，一个由信号计算机 5 可以调整的放大器 2，扫描稳定元件 3 达到模拟数字转换

器 4，数字的数值是在信号计算机 5 上继续提供。信号计算机 5 在本发明中控制了可调的放大器 2 而且把数字的数值发送给模拟数字转换器 6，模拟是在减除放大器 1 方面达到的。”“首先可调放大器 2 的放大率 V 是由信号计算机 5 微小地调整，由直流信号 Ug 和交流信号 Us 的混合信号没有超过模拟数字转换器 4 的调控范围，信号计算机由转换的综合信号估计了直流部分的高度，而且把估计的直流部分量子化于数字模拟转换器 6，又以模拟的形式安置于减除放大器，又由混合信号中扣除，所以信号的直流部分按减除放大器 1 降低估计的直流部分”。“直流部分的估计被连续地重复，因此改善了交流信号 Us 的分别率。”“举例如直流部分的估计在综合信号方面是通过一个具有足够低的角频率的数字过滤来达到的。”

根据上述技术内容可知，对比文件 1 解决的技术问题是对减除放大器 1 接收的交、直流混合信号中的直流行号 Ug 进行补偿。其所采取的技术方案是首先将由直流信号 Ug 和交流信号 Us 的混合信号由可调放大器 2 以适当放大率放大，经扫描稳定元件 3 至 ADC4 转化为数字信号并送入信号计算机 5，由信号计算机 5“估计”混合信号中直流信号的幅值，由 DAC6 将与直流信号对应的幅值转化为模拟信号并送入减除放大器 1，由减除放大器 1 完成对直流信号 Ug 的补偿。

本申请的说明书第 3 页倒数第 1 段和附图 1 记载：“系统 100 还包括一个补偿装置 114，用来降低模拟信号处理装置 108 在经处理的模拟信号中引入的偏置电平。补偿装置 114 包括一个接至系统输入端 102 的电平固定装置 116，用来暂时固定系统输入端上的模拟信号的电平。补偿装置 114 还有一个接至 ADC 输出端的存储装置 118，用来存储与所固定电平对应的输出信号。这个输出信号表示了模拟处理部 108 中的模拟信号所引起的偏置。补偿装置 114 还有一个接至存储装置 118 和信号处理通道 106 的信号处理影响装置 120，用来在存储在存储器 118 内的输出信号的控制下影响释放电平后的信号处理，以降低不希望有的偏置影响。”说明书第 5 页第 3 ~ 3 段以及附图 4、5 记载：“接收机 300 在每个信号处理期的开始就进行一次偏置抵消处理。这个抵消处理开始是将放大器 204 或混频器 208 的输入端 402 短路……通过将第二开关 408 设定在适当位置将在电路 306 的第一输入端 406 上的偏置校正信号设置为零。这样，在 ADC218 的输入端现在接收到的信号只是总接收通道的偏置。因此，ADC218 提供一个输出信号，它是这个偏置的数字化表示。这个数字输出信号就存在寄存器 302 内。”“作为由 ADC218 测得的偏置的数字表示送至 DAC304，由它产生一个模拟偏置校正信号。断开第一开关 404，将第二开关 408 设置成连接 DAC304 和第一输入端 406。于是，校正信号就与在信号处理期由放大器 216 送至电路 306 的所接收的经放大、混频、滤波和下变频的信号组合在一起。偏置校正信号在整个信号处理期保持不变。DAC304 的输出等于接收通道的偏置。”

根据说明书和附图的上述记载可知，本申请所要解决的技术问题是“降低模拟信号处理装置在经处理的模拟信号中引入的偏置电平”。相应地，在权利要求 1 请求保护的技术方案中，首先通过电平固定装置固定输入电平，使得在 ADC 的输入端接收到的信号只是总接收通道的偏置，然后通过 ADC 将上述偏置数字化，并将 ADC 输出的数字信号存入寄存器内，最后信号处理影响装置根据寄存器中存储的信号对偏置信号进行补偿。

根据上述分析，权利要求 1 请求保护的技术方案与对比文件 1 公开的相关技术内容相比至少存在以下区别技术特征：

（1）对比文件 1 中没有公开与“电平固定装置”相同或对应的技术特征

本专利中，“电平固定装置”接于系统输入端，通过将系统输入端短路实现电平固定，“在 ADC218 的输入端接收到的信号只是总接收通道的偏置”；对比文件 1 中“扫描稳定元件”接在放大器（相当于权利要求 1 中的模拟信号处理装置）和 ADC 之间，其作用在对比文件 1 中没有明确记载，而根据其字面含义与本领域技术人员的通常理解，其作用应当是稳定并输出所接收的交、直流混合信号。因此二者不仅所处位置不同，而且起到的作用也不相同，驳回决定中有关“扫描稳定元件3与电平固定装置2相对应”、“二者的作用均为稳定输入的模拟信号”的认定与事实不符，不能得到合议组支持。

（2）对比文件1中没有公开与“存储装置”相同或对应的技术特征

权利要求1中的“存储装置”连接至ADC的输出端，信号处理影响装置在存储的数字信号控制下能够在整个信号处理期内对偏置信号进行补偿，因此“存储装置”所起的作用是存储与偏置信号对应的数字信号，使得偏置校正信号在整个信号处理期保持不变。

对比文件1中“信号计算器5的继续提供数字信号部分”所起的作用是将“信号计算器5”估计的直流部分提供给DA转换器6，其作用与“存储装置”不同，对比文件1中也没有公开其他与存储装置作用相同或相似的装置或部件，也没有给出相应的技术启示，因此驳回决定有关“信号计算器5的继续提供数字信号部分与存储装置相对应”的认定与事实不符，不能得到合议组支持。

鉴于对比文件1中没有公开与权利要求1的“存储装置”“电平固定装置”相同或者相应的技术特征，同时对比文件1中也没有给出相应的技术启示，使得本领域技术人员在不付出创造性劳动的情况下无法根据对比文件1获得权利要求1请求保护的技术方案。因此权利要求1与对比文件1相比具备突出的实质性特点和显著的进步，具备创造性。

在引用的权利要求1具备创造性时，权利要求1的从属权利要求2~4、7与对比文件1相比也具备突出的实质性特点和显著的进步，具备创造性。

2. 权利要求12的创造性

独立权利要求12是与权利要求1请求保护的“信号处理系统”对应的方法权利要求，参照上文对权利要求1的分析，可知对比文件1未能公开与权利要求12中“暂时固定输入端上模拟输入信号的电平；存储与所固定的电平对应的数字输出信号；释放电平；以及在所存储的输出信号控制下影响释放电平后的信号处理”等技术特征相同或者相对应的技术特征，同时也没有给出有关的技术启示，因此要在对比文件1的基础上获得权利要求12请求保护的技术方案，本领域技术人员还必须付出创造性的劳动，权利要求12与对比文件1相比具有突出的实质性特点和显著的进步，具备创造性。

在引用的权利要求12具备创造性的情况下，权利要求12的从属权利要求13、14与对比文件1相比也具有突出的实质性特点和显著的进步，具备创造性。

3. 综上所述，鉴于驳回决定中的有关事实认定与实际不符，请求人提出的理由具有事实和法律根据，其复审请求应予支持。

三、决定

撤销国家知识产权局于2004年3月12日作出的驳回决定，由原实质审查部门在1998年2月27日提交的说明书附图1~6页、说明书摘要和摘要附图、2002年9月25日提交的说明书以及2004年6月3日提交的权利要求书的基础上继续本发明专利申请的审查程序。

074

电气噪音吸收装置案

复审请求审查决定（第7668号）

决 定 号 第7668号
决 定 日 2005年12月9日
发明创造名称 电气噪音吸收装置
国际分类号 H03H 1/00
复审请求人 沃思电子股份有限两合公司
申 请 号 99800285.2
申 请 日 1999年3月11日
优 先 权 日 1998年3月13日
公 开 日 2000年6月28日
合议组组长 徐媛媛
主 审 员 杜微科
参 审 员 詹靖康

法律依据 专利法第二十二条第三款
决定要点

权利要求相对于对比文件1存在区别技术特征，并且区别技术特征既没有被对比文件公开，也不是本领域的公知常识，因此权利要求相对于对比文件1具备创造性。

一、案由

本复审请求涉及申请日为1999年3月11日，优先权日为1998年3月13日，公开日为2000年6月28日，发明名称为“电气噪音吸收装置”的PCT发明专利申请（下称本申请），其申请号是99800285.2，申请人为沃思电子股份有限两合公司。

在本申请的实质审查过程中，国家知识产权局实质审查部门于2003年2月14日以本申请的权利要求1～22不具备创造性，不符合专利法第二十二条第三款的规定为由驳回了本申请，所依据的对比文件是WO9713321A1，其公开日为1997年4月10日，驳回决定所依据的文本是：本申请进入中国国家阶段时提交的国际申请文件的说明书第2～5页，附图第1～4页；2002年12月24日提交的说明书第1页，权利要求书第1～22项以及1999年11月12日提交的摘要。

驳回决定针对的独立权利要求为：

“1. 一种电气噪音吸收装置，它具有：

1.1 一个外壳，它具有

1.1.1 两个分别用于容纳一个由防噪音材料制成的元件（19）的半壳（1，2）

1.1.2 并且在组装状态下，它在其两个端壁（5）内分别具有一个用于电缆的通孔（32，33），

1.2 两个由上述材料制成的元件（19），它们

1.2.1 布置在半壳（1，2）中，

1.2.2 并且分别具有一个半圆柱形槽，所述槽

1.2.3 在外壳组装状态下构成了一条用于电缆的圆柱型封闭通道，

1.3 一个用于将由上述材料制成的元件（19）固定在各自的半壳（1，2）中的固定机构。

其中固定机构抓持至少一个铁氧体元件（19）的端侧角边，侧角边垂直于这两个铁氧体元件（19）之间的界面。”

驳回的具体理由为：

对比文件1（说明书第6栏第16行至第7栏第29行，图1~14）公开了一种电噪声的吸收装置，并具体披露了以下技术特征：包括一个外壳（1），该外壳由两半外壳单元（2、3）组成，外壳单元（2、3）中分别装有一个用抑制噪声的材料制成的铁氧体元件（5），外壳（1）有用于电缆通过的孔（4），元件（5）具有半圆形槽（6），在外壳装配好的状态下构成一个电缆用的封闭的圆柱形通孔，一个把元件（5）固定在相应一半罩壳单元（2、3）中的固定装置，对比文件1披露的“固定铁氧体元件的连接件具有向里的凸起，其角度与两个铁氧体元件之间的界面为直角”作用与“侧边角垂直于两个铁氧体元件之间的界面”作用相同，因此本领域普通技术人员容易获得将上述特征结合而得到权利要求1请求保护的技术方案的启示，因此权利要求1与对比文件1相比不具备创造性。

对比文件1公开了从属权利要求2、4、8~17、20~22的附加技术特征，从属权利要求3、5~7、18、19的附加技术特征是本领域技术人员的公知常识，在权利要求1不具备创造性时，从属权利要求2~22也不具备创造性。

申请人沃思电子股份有限两合公司（下称请求人）不服该驳回决定，于2003年6月2日向国家知识产权局专利复审委员会提出复审请求，请求人在提出复审请求时对权利要求1和权利要求2进行了修改，修改后的权利要求1、2为：

“1. 一种电气噪音吸收装置，它具有：

1.1 一个外壳，它具有

1.1.1 两个分别用于容纳一个由防噪音材料制成的元件（19）的半壳（1，2）

1.1.2 并且在组装状态下，它在其两个端壁（5）内分别具有一个用于电缆的通孔（32，33），

1.2 两个由上述材料制成的元件（19），它们

1.2.1 布置在半壳（1，2）中，

1.2.2 并且分别具有一个半圆柱形槽，所述槽

1.2.3 在外壳组装状态下构成了一条用于电缆的圆柱型封闭通道，

1.3 一个用于将由上述材料制成的元件（19）固定在各自的半壳（1，2）中的、并与半壳（1，2）一体地成形型的固定机构。

其特征在于，固定机构形成在半壳（1，2）的端壁（5）与侧壁（4）之间的角部中、并抓持至少一个铁氧体元件（19）的端侧角边，侧角边垂直于这两个铁氧体元件（19）之间的界面。”

2. 如权利要求1所述的装置，其特征在于，固定机构具有至少一个布置在半壳（1，2）一角（14）区域内的且相对该角（14）倾斜的并与铁氧体元件（19）连接的连接片（11）。

请求人在复审请求书中认为：对比文件1中构件9是图3实施例中固定机构的一部分，构件27是图6实施例中固定机构的一部分，位于两边缘的底切部分是图13实施例中固定装置的一部分。对比文件1中元件9或27均为必要的，这些元件必须在铁氧体组件插入壳体后被翻转。对比文件1中铁氧体元件与电缆之间由元件9或27所间隔，必须使用元件9、27来将铁氧体元件固定在半壳中，必须使用强大的力做翻转及尽快闭合半壳。本申请的装置是制为壳体的，两个铁氧体部件插入两个半

壳，它们必须固定在该两个半壳中，铁氧体元件是用在半壳之内的角中处中形成的固定机构，特别是布置在半壳的角区域内、且相对于该角倾斜并与铁氧体元件连接的连接片，因此本发明无需如对比文件1中通过翻转而固定铁氧体元件，无需尽快闭合半壳，因此修改后的权利要求1相对于对比文件1具有突出的实质性特点和显著的进步，具备创造性。

经形式审查合格后，专利复审委员会受理了该复审请求，并于2003年6月24日向请求人发出复审请求受理通知书，同时将本案送至原实质审查部门进行前置审查。

原实质审查部门在前置审查意见书中坚持原驳回决定，并指出在申请人于2003年6月2日提交的权利要求书修改文本中，权利要求1中的技术特征“并与半壳（1，2）一体地成形型的固定机构”在原申请文件中没有记载，因此权利要求1的修改不符合专利法第三十三条的规定。

在上述工作的基础上，合议组认为本案事实已经清楚，可以依法作出复审决定。

二、决定的理由

（一）复审决定所依据的文本

合议组对请求人于2003年6月2日提交的权利要求书进行了审查，修改后的权利要求1中增加了技术特征“并与半壳（1，2）一体地成形型的固定机构”，该特征与说明书第3页倒数第2段记载的技术特征：“连接片11，它们一体地成型于纵侧壁4或端壁5上”相对应，因此请求人对权利要求书的修改没有超出原申请文件的内容，符合专利法第三十三条和专利法实施细则第六十条的规定。本复审决定依据的文本为本申请进入中国国家阶段时提交的国际申请文件的说明书第2～5页，附图第1～4页；2002年12月24日提交的说明书第1页，2003年6月2日提交的权利要求书第1～22项以及1999年11月12日提交的说明书摘要。

（二）关于创造性

专利法第二十二条第三款规定，创造性，是指同申请日以前已有的技术相比，该发明有突出的实质性特点和显著的进步。

对比文件1（WO9713321A1）涉及一种电噪声的吸收装置，其说明书中具体公开了以下技术特征：“一个由两半外壳2、3构成的外壳1，接合后的外壳在其两端面具有一个相互成一条直线的贯通孔4”，“在一半外壳2中，放入一个用铁磁材料制成的元件5，在该元件的一侧上有一个半圆柱形槽6，该槽伸过铁氧体元件5的整个长度。在装配好的状态下，两个铁氧体元件5相互对置成使两半圆柱形的槽构成一个圆柱形通孔（说明书第5页倒数第1段至第6页第1段）。”“固定该铁氧体元件用的连接件具有半圆柱形的形状（说明书第3页第6段）。”

与对比文件1所公开的内容相比，权利要求1请求保护的技术方案具有以下区别技术特征：（1）“并与半壳一体地成形型的固定机构”；（2）“固定机构形成在半壳的端壁与侧壁之间的角部中，并抓持一个铁氧体元件的端侧角边，侧角边垂直于这两个铁氧体元件之间的界面”，对比文件1既未公开上述特征，也没有给出相应的技术启示，同时权利要求1与对比文件1相比具有易于使用（无需翻转连接件）的有益效果，因此权利要求1请求保护的技术方案相对于对比文件1公开的内容并不是显而易见的，在对比文件1的基础上，本领域技术人员必须付出创造性的劳动才能获得权利要求1请求保护的技术方案，权利要求1与对比文件1相比具有突出的实质性特点和显著的进步，具备创造性。

关于审查员在驳回决定中的有关认定，即“对比文件1披露的固定铁氧体元件的连接件具有向里的凸起，其角度与两个铁氧体元件之间的界面为直角作用与侧角边垂直于这两个铁氧体元件之间的界面作用相同”。合议组认为，关于“连接件具有向里的凸起”，对比文件1的说明书中有如下记载：“大致在连接件9纵向的中点处构成一个弹性凸起12，该凸起突进由半管11构成的槽中，且具有两个单独的小齿13（第6页第2段）”，“如果将本发明提出的装置围绕一根电缆合在一起，则凸起

12 便紧贴在电缆外皮上，这样，该装置就整个地通过力连接固定在电缆上（第7页第2段）”，“为了将该装置固定在电缆上，本发明提出至少构成固定装置的一个连接件具有一个向里的凸起，以便固定电缆。该凸起可作成弹性的。同样，两个连接件特别是两个半圆柱体亦可具有这样的一个凸起。这个凸起最好设置在大约中间上（第3页第7段）”。根据上述内容，可知对比文件1中连接件上“凸起”的作用是固定电缆，而权利要求1中“侧角边垂直于这两个铁氧体元件之间的界面”的作用是“抓持铁氧体元件的端侧角边”，二者作用不同；此外，对比文件中没有记载技术特征“其角度与两个铁氧体元件之间的界面为直角”，故审查员的上述主张不能得到合议组的支持。

由于权利要求1相对于对比文件1具备创造性，因此权利要求1的从属权利要求2～22与对比文件1相比具备创造性。

三、决定

撤销国家知识产权局于2003年2月14日对99800285.2发明专利申请作出的驳回决定，由原实质审查部门在本申请进入中国国家阶段时提交的国际申请文件的说明书第2～5页，附图第1～4页；2002年12月24日提交的说明书第1页，2003年6月2日提交的权利要求书第1～22项以及1999年11月12日提交的摘要的基础上继续本发明专利申请的审查程序。

075

半导体器件及其制造方法案

复审请求审查决定（第7673号）

决　定　号　第7673号
决　定　日　2005年12月19日
发明创造名称　半导体器件及其制造方法
国际分类号　H01L 21/20、21/00、29/78
复审请求人　株式会社半导体能源研究所
申　请　号　01133094.5
申　请　日　1993年12月4日
公　开　日　2002年5月8日
合议组组长　崔哲勇
主　审　员　骆素芳
参　审　员　周雷鸣

法律依据　专利法第二十六条第四款、第二十二条第三款　专利法实施细则第二十条第一款
决定要点

如果权利要求中记载的数值范围超出了说明书中所记载的范围，并且本领域的普通技术人员由说明书所记载的内容不能唯一地推知此超出的数值范围，则该权利要求不能得到说明书的支持。

如果权利要求相对于对比文件存在区别技术特征，并且包含上述区别技术特征的权利要求的技术方案相对于该对比文件非显而易见且取得了有益的技术效果，则该权利要求相对于该对比文件具备创造性。

一、案由

本复审请求涉及申请号为01133094.5、发明名称为“半导体器件及其制造方法”的发明专利申请（下称本申请）。本申请的申请日为1993年12月4日，公开日是2002年5月8日，申请人是株式会社半导体能源研究所。本申请是96114412.2号发明专利申请的分案申请，其分案提交日为2001年9月13日，并且，96114412.2号发明专利申请是93121667.2号发明专利申请的分案申请。

在实质审查过程中，国家知识产权局实质审查部门于2003年8月29日发出第一次审查意见通知书，其中引用了一篇对比文件：

对比文件1：JP平2-140915A 公开日：1990年5月30日

通知书中指出权利要求1~6相对于对比文件1不具备创造性，不符合专利法第二十二条第三款的规定。

申请人于2004年1月8日答复了上述审查意见通知书，提交了权利要求书的替换页，包括权利要求第1~5项，并陈述了修改后的权利要求1~5具备创造性的理由。

国家知识产权局于2004年3月5日，依据2004年1月8日提交的权利要求第1~5项，2001年9

月13日提交的说明书第1～30页、附图第1～9页、说明书摘要、摘要附图，驳回了本申请。

驳回决定所针对的权利要求书为：

"1. 在绝缘表面上形成的半导体器件，所述器件包括：

包括结晶硅的一个半导体岛；

在所述半导体岛中形成的源，漏和沟道区；

和所述半导体岛相邻的一个栅电极，有一个栅绝缘膜置于其间；其中所述半导体岛包括一种材料，选自包括Ni，Fe，Co，Ru，Rh，Pd，Os，Ir，Pt，Sc，Ti，V，Cr，Mn，Cu，Zn，Au，和Ag的组，其中包括的所述材料的浓度不高于1原子%。

2. 根据权利要求1所述的半导体器件，其中所述结晶硅进一步包括5原子%或更少的氢。

3. 在绝缘表面上形成的半导体器件，所述器件包括：

包括结晶硅的半导体岛；和

与所述半导体岛相邻的栅电极，有一个置于其间的栅绝缘层，其中，所述半导体岛包括一种能够促进非晶硅的结晶的材料，其中所述材料的浓度不高于1原子%，氢的浓度为5原子%或更低。

4. 根据权利要求3所述的半导体器件，其中所述材料是选自包括Ni，Fe，Co，Ru，Rh，Pd，Os，Ir，Pt，Sc，Ti，V，Cr，Mn，Cu，Zn，Au，和Ag的组的一种金属。

5. 在绝缘表面上形成的半导体器件，所述器件包括：

半导体岛包括掺有5原子%或更低的氢的结晶硅；和

和所述半导体岛相邻的栅电极，具有置于其间的栅绝缘层；

其中所述半导体岛包括一种材料，选自包括Ni，Fe，Co，Ru，Rh，Pd，Os，Ir，Pt，Sc，Ti，V，Cr，Mn，Cu，Zn，Au，和Ag的组，其中包括的所述材料的浓度不高于1原子%。"

驳回的理由主要是：1. 对比文件1公开了权利要求1中的大部分技术特征，权利要求1与对比文件1相比，其区别特征在于："其中包括的所述材料的浓度不高于1原子%。"，该区别特征是本领域的普通技术人员容易想到的，因此权利要求1不具备创造性；2. 权利要求2的附加技术特征是"其中所述结晶硅进一步包括5原子%或更少的氢"，如本申请说明书第8页第3段所述，该技术特征并没有给本发明带来意想不到的技术效果，因此权利要求2不具备创造性；3. 权利要求3～5也都相对于对比文件1不具备创造性。

申请人（下称复审请求人）对该驳回决定不服，于2004年6月19日向专利复审委员会提出了复审请求，请求人的理由主要是：1. "其中包括的所述材料的浓度不高于1原子%"对于半导体膜是非常有利的，可以带来意料不到的技术效果；2. 审查员称，因为催化剂元素的含量需要尽可能的小是本领域的公知常识，对比文件1（JP平2～140915）中半导体器件中结晶硅的浓度也应该小于1原子%，申请人认为审查员的上述观点属于后见之明，本领域技术人员并不能由对比文件1的公开内容中获得在结晶化步骤之后包含在硅膜中的金属元素的浓度；3. 独立权利要求3和独立权利要求5中的"其中所述结晶硅进一步包括5原子%或更少的氢"，对比文件1并未教导或建议在正在结晶的半导体内的氢浓度，因此，权利要求3和权利要求5的技术方案相对于对比文件1应是非显而易见的；4. 提交了本申请的美国同族专利申请的授权专利US5563426。

经形式审查合格，专利复审委员会受理了该复审请求，并于2004年7月13日发出了受理通知书和前置审查通知书。

在前置审查中，国家知识产权局原实质审查部门坚持原驳回决定。

在此基础上，专利复审委员会成立合议组对此案进行审理。

合议组于2005年9月15日向请求人发出了复审通知书，其中指出：1. 权利要求1不能得到说明书的支持，不符合专利法第二十六条第四款的规定；2. 即使经过修改克服上述不能得到支持的缺陷，权利要求 1 仍存在不具备创造性的缺陷；3. 权利要求 2、4、5 请求保护的技术方案实质上相同，权利要求书不简要，不符合专利法实施细则第二十条第一款的规定。

请求人于 2005 年 10 月 19 日答复了复审通知书，提交了权利要求书（包含权利要求第 1～7 项）的替换页。

修改后的权利要求书为：

“1. 在绝缘表面上形成的半导体器件，所述器件包括：

一个半导体岛，包括结晶硅以及 5 原子% 或更少的氢；

在所述半导体岛中形成的源，漏和沟道区；

和所述半导体岛相邻的一个栅电极，有一个栅绝缘膜置于其间；

其中所述半导体岛包括一种材料，选自包括 Ni，Fe，Co，Ru，Rh，Pd，Os，Ir，Pt，Sc，Ti，V，Cr，Mn，Cu，Zn，Au，和 Ag 的组，其中包括的所述材料的浓度高于 0.005 原子% 且低于 1 原子% 。

2. 根据权利要求 1 所述的半导体器件，其中所述栅绝缘膜包括二氧化硅。

3. 根据权利要求 1 所述的半导体器件，其中所述栅电极形成在所述半导体岛上。

4. 根据权利要求 1 所述的半导体器件，还包括覆盖所述栅电极的一个夹层绝缘体。

5. 根据权利要求 4 所述的半导体器件，其中所述夹层缘膜体包含二氧化硅。

6. 根据权利要求 1 所述的半导体器件，其中所述源区和漏区包含磷。

7. 根据权利要求 1 所述的半导体器件，其中该半导体器件构成一个 CMOS 电路。”

鉴于修改后的权利要求书仍存在权利要求 1 不清楚、不符合专利法实施细则第二十条第一款的缺陷以及权利要求 2～7 不符合专利法实施细则第六十条第一款的缺陷，合议组于 2005 年 11 月 21 日将上述审查意见电话通知本案代理人。

2005 年 11 月 25 日复审请求人再次提交了权利要求书的替换页，修改后的权利要求书为：

1. 在绝缘表面上形成的半导体器件，所述器件包括：

一个半导体岛，包括结晶硅，该结晶硅包括 5 原子% 或更少的氢；

在所述半导体岛中形成的源，漏和沟道区；

和所述半导体岛相邻的一个栅电极，有一个栅绝缘膜置于其间；

其中所述半导体岛包括一种材料，选自包括 Ni，Fe，Co，Ru，Rh，Pd，Os，Ir，Pt，Sc，Ti，V，Cr，Mn，Cu，Zn，Au，和 Ag 的组，其中包括的所述材料的浓度高于 0.005 原子% 且低于 1 原子% 。“

经审查，合议组认为本案事实已清楚，可以作出本复审决定。

二、决定的理由

1. 关于审查文本

本复审决定所针对的文本为：2005 年 11 月 25 日提交的权利要求第 1 项，2001 年 9 月 13 日提交的说明书第 1～30 页、附图第 1～9 页、说明书摘要、摘要附图。

2. 关于专利法第二十六条第四款

2005 年 11 月 25 日提交的权利要求 1 将复审通知书中指出的原权利要求 1 中不能得到说明书支持的技术特征”包括的所述材料的浓度不高于 1 原子% ” 修改为“包括的所述材料的浓度高于 0.005 原子% 且低于 1 原子% ”，从而使权利要求 1 能够得到说明书的支持，符合专利法第二十六条第四款的规定。

3. 关于专利法实施细则第二十条第一款

2005 年 11 月 25 日提交的权利要求书中删除了复审通知书中指出的原权利要求书中重复的技术方案：权利要求 4 和权利要求 5，从而克服了复审通知书中指出的不简要、不符合专利法实施细则第二十条第一款的规定的缺陷。

4. 关于专利法第二十二条第三款

权利要求 1 请求保护一种在绝缘表面上形成的半导体器件，对比文件 1（JP 平 2 - 140915A，公开日：1990 年 5 月 30 日）公开了一种半导体装置的制造方法，其中具体公开了以下技术特征：在绝缘性非晶质材料层 101 上形成半导体器件，该器件包括半导体岛，半导体岛为结晶材料，半导体中包括源漏区 107 和沟道区，半导体岛上形成有栅电极 106，栅绝缘膜 108 介于其间，半导体岛中包括选自 Ni，Pt，Ti，Cr，Au 的材料（参见对比文件 1 说明书第 2 页左下栏第 7 行至第 3 页左下栏最后 1 行，第 5 页左上栏第 15 ~ 20 行，图 1），可见，权利要求 1 与对比文件 1 的区别在于：（1）包括的所述材料的浓度高于 0. 005 原子% 且低于 1 原子%；（2）该结晶硅还包括 5 原子% 或更少的氢。

对于区别特征（1）："包括的所述材料的浓度高于 0. 005 原子% 且低于 1 原子%"。由于过量金属元素存在于半导体膜中造成半导体膜的电特性缺陷，因而上述材料在半导体膜中的浓度应当尽可能的低，这是本领域的普通技术人员所公知的，并且，将该浓度具体选择为"高于 0. 005 原子% 且低于 1 原子%"也并没有带来任何意想不到的技术效果。

对于区别特征（2）："该结晶硅包括 5 原子% 或更少的氢"，说明书第 8 页第 3 段中记载了"当氢在作为结晶化起始材料的非晶硅中的浓度更低些，所得到的结果更好些……晶体硅中的氢浓度一般高于 0. 001 原子%，低于 5 原子%"，说明书第 16 页倒数第 4 ~ 2 行中记载"退火 0. 1 ~ 2 小时去氢，把膜内氢的浓度保持在 5 原子% 以下之后，容易使非晶硅膜结晶化"，因此，非晶硅膜中的氢的浓度对结晶化存在影响，当非晶硅膜中氢的浓度保持在 5at% 以下时，能够带来"容易使非晶硅膜结晶化"的技术效果。

可见，包含了上述区别特征（2）的权利要求 1 的技术方案，解决了使非晶硅膜更容易结晶化的技术问题，并取得了有益的技术效果，并且现有技术中并没有给出将区别技术特征（2）应用到对比文件 1 中以解决上述技术问题的启示，因此，权利要求 1 的技术方案相对与对比文件 1 是非显而易见的，因此，权利要求 1 的技术方案相对与对比文件 1 具有突出的实质性特点和显著的进步，具备专利法第二十二条第三款规定的创造性。

综上所述，复审请求人对本申请文件的修改已经克服了驳回决定和复审通知书所指出的缺陷，合议组依法作出以下复审决定。

三、决定

撤销国家知识产权局 2004 年 3 月 5 日作出的驳回 01133094. 5 号发明专利申请的决定，由实质原实质审查部门依据 2005 年 11 月 25 日提交的权利要求第 1 项，2001 年 9 月 13 日提交的说明书第 1 ~ 30 页、附图第 1 ~ 9 页、说明书摘要、摘要附图，继续审批程序。

076

收益归还设备、方法、系统、内容提供设备、方法、系统及存储介质案

复审请求审查决定（第7680号）

决　定　号　第7680号
决　定　日　2005年12月20日
发明创造名称　收益归还设备、方法、系统、内容提供设备、方法、系统及存储介质
国际分类号　G06F 17/60　G06F 15/173　G06F 9/445
复审请求人　索尼公司
申　请　号　01112155.6
申　请　日　2001年3月30日
公　开　日　2001年10月31日
合议组组长　石　清
主　审　员　朱芳芳
参　审　员　张美菊

法律依据　专利法第二十五条第一款第（二）项
决定要点

当一项发明就整体而言并不是一种智力活动的规则和方法，但是发明的一部分属于智力活动规则和方法时，如果发明对于现有技术的贡献仅仅在于属于智力活动的规则和方法的部分，则应将该发明视为智力活动的规则和方法，不授予其专利权。

一、案由

本复审请求涉及申请日为2001年3月30日、公开日为2001年10月31日、发明名称为“收益归还设备、方法、系统、内容提供设备、方法、系统及存储介质”的发明专利申请，其申请号为01112155.6，申请人为索尼公司。

针对本申请的原始申请文本，国家知识产权局实质审查部门于2003年6月13日发出第一次审查意见通知书，指出权利要求1～36属于专利法第二十五条第一款第（二）项规定的不授予专利权的范围，并指出本申请的说明书中也没有记载任何可以授予专利权的实质性内容。

申请人于2003年10月28日答复第一次审查意见通知书时，提交了陈述意见，对申请文件进行修改，其中删除了原权利要求1～24和31～33，将原权利要求25～30和34～36重新编号，并提交了新修改的权利要求第1～9项以及说明书第1～4页和4a页，其中新修改的权利要求书中的独立权利要求如下：

“1. 一种内容提供设备，包含：

内容存储和提供装置，用于在给定存储区域中存储一内容以及一带有广告信息的内容，该带有广

告信息的内容是通过将广告信息附加到所述内容而创建的，并且用于响应于来自一客户机的需求信号而经一网络提供所述内容或者所述带有广告信息的内容；

存储装置，用于从外部接收并存储预置的内容提供条件数据，该内容提供条件数据是为了提供所述内容或者所述带有广告信息的内容而预置的；和

控制装置，用于遵照所述内容提供条件数据，利用所述内容存储和提供装置，向所述客户机提供所述内容或者所述带有广告信息的内容。”

“4. 一种内容提供方法，包含下列步骤：

在给定存储区域中存储一内容以及一带有广告信息的内容，该带有广告信息的内容是通过将广告信息附加到内容存储和提供装置中的所述内容而创建的；

从外部接收并保留内容提供条件数据，该内容提供条件数据是为了提供所述内容或者所述带有广告信息的内容而预置的；

当从客户机接收到需求信号时，遵照所述内容提供条件数据，选择所述内容或者所述带有广告信息的内容；和

经一网络提供在所述选择步骤选择的所述内容或者所述带有广告信息的内容。”

“7. 一种内容提供系统，包含：

一客户机，请求提供一内容；和

一内容提供设备，用于存储所述内容，并且响应于来自所述客户机的所述需求而经一网络将所述内容提供给所述客户机，

其中，所述内容提供设备包含：

内容存储和提供装置，用于在给定存储区域中存储所述内容以及一带有广告信息的内容，该带有广告信息的内容是通过将广告信息附加到所述内容而创建的，并且用于响应于来自所述客户机的所述需求而经所述网络提供所述内容或者所述带有广告信息的内容；

存储装置，用于从外部接收并存储预置的内容提供条件数据，该内容提供条件数据是为了提供所述内容或者所述带有广告信息的内容而预置的；和

控制装置，用于遵照所述内容提供条件数据，利用所述内容存储和提供装置，当所述客户机接收到所述需求时向所述客户机提供所述内容或者所述带有广告信息的内容。”

国家知识产权局于2003年12月5日依据权利要求1~9属于专利法第二十五条第一款第（二）项规定的不授予专利权的范围对本申请作出了驳回决定，驳回针对的文本是：2003年10月28日提交的权利要求第1~9项、说明书第1~4、4a页、以及申请日提交的说明书第5~44页、说明书附图第1~28页、说明书摘要和摘要附图，主要驳回理由是：（1）本发明申请的实质在于一种提供广告的方法，其属于商业实施的方法，没有采用技术手段，也未解决技术问题和产生技术效果；（2）申请人在答复第一次审查意见通知书的陈述书中陈述的“技术问题（广告与内容分离）”“技术手段（原权利要求25，即修改文本中的权利要求1所限定的技术方案）”和“技术效果（方便了用户操作，也简化了主页创作者的操作）”是不能被接受的。

申请人（下称复审请求人）对驳回决定不服，于2004年3月4日向专利复审委员会提出了复审请求。请求复审的主要理由是：（1）现有技术中存在的问题是：由于提供给用户的内容和提供给用户的广告信息是分别提供给用户的，因此不能有效地将广告提供给用户；（2）权利要求1所要求保护的发明通过形成带有广告信息的内容，并根据预置的内容提供条件来提供该带有广告信息的内容而解决了现有技术中的将广告信息与内容分开提供给用户所带来的问题；（3）权利要求1所要求保护的发明所带来的技术效果是，用户不再需要单独点击标语广告就可以观看或收听广告，方便了用户操

作，简化了主页创作者的操作，不再需要遵循复杂的操作来创建带有标语广告的主页；（4）权利要求1所要求保护的发明是为了解决技术问题（广告与内容分离提供），采用了技术手段（权利要求1的全部内容所限定的技术方案），客观上达到了明显的技术效果（方便了用户操作，也简化了主页创作者的操作）。

经形式审查合格，专利复审委员会受理了该复审请求，并于2004年3月15日发出了复审请求受理通知书及前置审查通知书。

在前置审查程序中，原实质审查部门仍坚持原驳回决定。

专利复审委员会依法成立合议组对本案进行复审。合议组在仔细阅读了本申请的申请文件以及国家知识产权局作出的驳回决定和请求人的意见陈述书后，于2005年5月11日发出复审通知书，指出该专利申请的权利要求1～9属于专利法第二十五条第一款第（二）项所规定的不能被授予专利权的情形，主要理由是：本申请的目的和效果都仅仅涉及向用户提供广告的商业活动，其解决的不是技术问题也没有产生技术效果，虽然在说明书中结合公知的计算机硬件描述了向用户提供广告的商业方法的实现，但是在权利要求1～9中仅仅记载包含并使用“内容存储和提供装置”“存储装置”和“控制装置”这些硬件装置，其缺乏与这些硬件装置相结合的具体实现手段，而只是将欲保护的商业方法简单地结合在公知的硬件装置上，并且在其结合的过程中没有引发并解决新的技术问题，也没有使现有的硬件装置的结构和性能得到改善。

请求人于2005年6月27日对上述复审通知书作出答复，其主要陈述意见为：（1）现有技术的问题是由技术上的不足导致的商业和技术两方面的缺陷，商业上表现为广告的效率不够理想，而技术上表现为主页上必须有标语广告，主页创造过于复杂；（2）本申请的技术效果是本发明的广告信息与内容一起提供，既简化了用户的操作，也简化了主页设置，还简化了主页创作者的操作；（3）权利要求1中对硬件装置的限定都是本发明所采用的用于实现广告与内容一并提供或者内容单独提供的技术手段的具体表现；（4）陈述本申请的说明书和附图已经具体给出了解决“广告与内容合并”这一技术问题的充分说明。此外，请求人请求给予其再一次陈述意见或口头审理的机会。

基于请求人的请求，合议组于2005年11月16日向请求人发出复审请求口头审理通知书，定于2005年12月6日对本案进行口头审理。

口头审理于2005年12月6日如期举行，复审请求人的代理人代表复审请求人出席口头审理。复审请求人对合议组成员没有回避请求；复审请求人当庭提交了一份意见陈述书，希望合议组对于请求人于2005年6月27日所陈述的意见与本次口头审理过程中所陈述的意见一并审查。请求人在本次口头审理中陈述的主要意见为：（1）不能以计算机程序所处理的对象是否属于商务数据来判定是否应当授权；（2）不能以硬件结构是否有变化来判定是否属于可专利范围；（3）不能轻易地断定技术手段的相结合仅仅是简单地结合，而如果认定两个信息的合并需要或不需要付出创造性劳动，则属于创造性问题，（4）提出在实审程序和复审程序中都没有引用对比文件，认为在没有引用对比文件的情况下，不能认定本发明与现有技术之间的区别特征，也不能认定区别特征是否属于技术手段，更不可能断定技术手段的结合为简单结合；（5）如果认为技术手段的结合没有在说明书中充分公开，则属于说明书公开是否充分的问题。

在此基础上，合议组认为本案事实已经清楚，可以作出本复审请求的审查决定。

二、决定的理由

1. 关于审查文本的认定

由于请求人在复审程序中没有提交新的修改文件，因此，此次复审决定以驳回决定所依据的文本作为审查的基础，即，2003年10月28日提交的权利要求第1～9项、说明书第1～4、4a页以及申请日提交的说明书第5~44页、说明书附图第1~28页、说明书摘要和摘要附图。

2. 关于专利法二十五条第一款第（二）项

专利法第二十五条第一款规定智力活动的规则和方法不授予专利权。审查指南（2001年版）第二部分第二章第3.2节中规定，如果一项发明就整体而言并不是一种智力活动的规则和方法，但是发明的一部分属于智力活动规则和方法时，如果发明对于现有技术的贡献仅仅在于属于智力活动的规则和方法的部分，则应将该发明视为智力活动的规则和方法，不授予其专利权。

3. 关于权利要求1~9的内容是否属于专利法第二十五条第一款第（二）项规定的不能授予专利权的范围。

已如复审通知书中所指出的那样，本申请权利要求1~3要求保护的主题是“一种内容提供设备”；权利要求4~6要求保护的主题是“内容提供方法”，是与权利要求1~3对应的方法权利要求，权利要求7~9要求保护的主题是“一种内容提供系统”，其包含了权利要求1所要求保护的内容提供设备的所有特征，虽然这些权利要求中包含和使用了“客户机”“内容存储和提供装置”“存储装置”和“控制装置”这些计算机硬件装置，但是本申请的目的和效果都仅仅涉及向用户提供广告的商业活动，其解决的不是技术问题也没有产生技术效果；虽然在说明书中结合公知的计算机硬件描述了上述向用户提供广告的商业方法的实现，但是在权利要求1~9中仅仅记载包含并使用“内容存储和提供装置”“存储装置”和“控制装置”这些硬件装置，其缺乏与这些硬件装置相结合的具体实现手段，而只是将欲保护的商业方法简单地结合在公知的硬件装置上，并且在其结合的过程中没有引发并解决新的技术问题，也没有使现有的硬件装置的结构和性能得到改善，因此这样的权利要求属于专利法第二十五条第一款第（二）项规定的范围。

虽然请求人在答复复审通知书的意见陈述中强调：本申请所要解决的问题是由技术上的不足导致的商业和技术两方面的缺陷，在商业上表现为广告的效率不够理想，而在技术上表现为主页上必须有标语广告，主页创作过于复杂，本申请的技术效果是本发明的广告信息与内容一起提供，既简化了用户的操作，也简化了主页设置。但是本申请现有的申请文件并未记载或体现出任何关于主页创作方面的技术问题，更未记载如何简化主页创作的技术手段，实质上，本申请所要解决的问题仍是基于现有提供广告的手段将内容和广告信息分别提供给用户从而不能有效地将广告提供给用户这样一种商业运作策略问题而提出的，其并非技术问题，而在本申请中为了解决上述现有问题，采用了将广告内容和向用户提供的内容一并提供给用户的策略；请求人在答复复审通知书中强调权利要求1中对硬件装置的限定都是本发明所采用的用于实现广告与内容一并提供或者内容单独提供的技术手段的具体表现，但实质上，权利要求1中记载的整个方案仅仅是将该申请欲保护的向客户机提供广告的商业实施方法简单地结合在公知的计算机硬件结构上，其中并未记载如何实现广告与内容的一并提供的具体技术手段，且并没有清楚地记载出如何将广告附加到内容进而提供带有广告的内容，对于本领域的技术人员来说，可能会采用多种方法，将广告附加到向用户提供的内容中，并且在其具体的实施中还可能会引发如数据合并等新的技术问题，这将需要本领域的技术人员付出创造性的劳动，而在本申请中并没有给出将广告附加到内容的具体实施方式，因此，权利要求1所记载的方案解决不了请求人在复审请求中所声称的技术问题；再者，请求人在答复复审通知书时，陈述本申请的说明书和附图已经具体给出了解决“广告与内容合并”这一技术问题的充分说明，然而在本申请的所有申请文件中，仅说明和示出本申请的内容提供设备的有关硬件设备的功能模块和提供内容的流程步骤，即仅记载了将本申请的商业实施方法在计算机上实现的简单构思，而并未明确记载任何有关如何在计算机上实现广告与内容合并提供的具体技术手段，从而本领域的普通技术人员不能从说明书所表达的内容推导出请求人声称的技术问题及由此获得的技术效果。因此申请人在答复复审通知书中所陈述的使本发明权利要求属于专利法保护范围的理由不能被接受。

请求人在口头审理时，提出不能以计算机程序所处理的对象是否属于商务数据且不能以硬件结构是否有变化来判定是否应当授权，然而就本案而言，合议组并没有以此为依据来判定本申请请求保护的方案属于专利法第二十五条第一款第（二）项所规定的不能被授予专利权的情形；其次，请求人在口头审理时，提出不能轻易地断定技术手段的相结合仅仅是简单地结合，而如果认定两个信息的合并需要或不需要付出创造性劳动，则属于创造性问题，就本案而言，已如复审通知书指出的那样，本申请是将广告和内容合并提供给用户这一商业实施方法简单地结合在公知的硬件装置上，而不存在技术手段的结合，因此与创造性的判定无关；再者，请求人在口头审理时，指出：技术手段的结合没有在说明书中充分公开，则属于说明书公开是否充分的问题，就本案而言，合议组需要强调的是，合议组之所以认定“说明书中也仅记载了这种商业实施方法在计算机上实现的简单构思，而没有明确记载如何在计算机上实现广告与内容合并提供的技术手段”，是旨在告知请求人：本申请欲请求保护的方案仅是一种商业实施方法，而没有涉及具体的技术方案，并且由此可知，上述技术问题并不是本申请所要解决的技术问题；此外，请求人在口头审理时，提出在实审程序和复审程序中都没有引用对比文件，认为在没有引用对比文件的情况下，不能认定本发明与现有技术之间的区别特征，也不能认定区别特征是否属于技术手段，更不可能断定技术手段的结合为简单结合，对此，合议组认为：对于本领域技术人员而言，本申请的权利要求中所限定的客户机、内容存储和提供装置、存储装置、控制装置均属于现有技术中公知的计算机硬件装置，这一点无庸置疑，无须引证对比文件即可确认，在此基础上认定本申请欲请求保护的方案与现有技术之间的区别特征并无不妥，同时这种认定也不违反专利法、专利法实施细则以及审查指南的相关规定。

综上所述，合议组认为：复审请求人于2003年10月28日提交的权利要求1～9请求保护的方案属于专利法第二十五条第一款第（二）项所规定的不能被授予专利权的情形。

三、决定

驳回请求人的复审请求，维持国家知识产权局于2003年12月5日对01112155.6号发明专利申请作出的驳回决定。

请求人如对本复审决定不服的，可根据专利法第四十一条第二款的规定，在收到本决定之日起三个月内向北京市第一中级人民法院起诉。

077

中文三笔数码输入法案

复审请求审查决定（第7689号）

决　定　号　第7689号
决　定　日　2005年12月19日
发明创造名称　中文三笔数码输入法
国际分类号　G06F 3/023
复审请求人　陈清钰
申　请　号　01117624.5
申　请　日　2001年4月28日
公　开　日　2002年12月11日
合议组组长　张美菊
主　审　员　孙治国
参　审　员　骆素芳

法律依据　专利法第三十三条
决定要点

请求人在提出复审请求时提交的申请文件的全文修改替换页中所披露的键位与字根的对应关系以及单字、字根、词汇序号码的编码规则等内容在申请日提交的原始说明书和权利要求书中没有记载，并且上述内容也无法从原始申请文件公开的内容直接且唯一地推导得出，因此上述修改的内容已经超出了原始申请文件公开的范围。

一、案由

本复审请求涉及申请号为01117624.5、名称为“中文三笔数码输入法”的发明专利申请，其申请日是2001年4月28日，申请人是陈清钰。

在实质审查过程中，国家知识产权局实质审查部门于2004年1月2日发出第一次审查意见通知书，指出：（1）独立权利要求1~5缺少“字根字符与键盘的对应关系”和“汉字如何进行构造组成最后输入输出”这两个必要技术特征，不符合专利法实施细则第二十一条第二款的规定；（2）本申请的说明书未对发明作出清楚完整的说明，致使所属技术领域的技术人员不能实现该发明，不符合专利法第二十六条第三款的规定，公开不充分主要表现在字根与键盘的对应关系及汉字是如何进行构造组成最后输入输出。

针对上述审查意见通知书，申请人于2004年4月30日提交了意见陈述书共1页及附件“中文三笔数码输入法”补充说明共2页，说明了提交“中文三笔数码输入法”的字根总图和字、词编码规则。

2005年1月14日，实质审查部门以本申请不符合专利法第二十六条第三款为由驳回了本申请。驳回理由主要是：公开不充分表现在字根与键盘的对应关系及汉字是如何进行构造组成最后输入输出，本申请说明书中既未具体列出所述汉字输入法所用字根，也未对字根与码元和键位的具体对应关系以及如何由码元构成汉字的最终编码作出说明，而这些都属于构成汉字输入法所必不可少的内容。缺少这些内容，使得本领域技术人员无法按照说明书记载的内容，不经创造性劳动而再现发明的技术方案。

申请人（下称请求人）对上述驳回决定不服，于2005年1月19日向国家知识产权局专利复审委员会提交了提出复审请求的信函。2005年3月4日向国家知识产权局专利复审委员会提交了使用正式表格的复审请求书，同时提交了修改后的权利要求第1～8项（下称文本1）、说明书第1～2页、说明书附图第1～2页、说明书摘要第1页及摘要附图第1页。

经形式审查合格，国家知识产权局专利复审委员会受理了该复审请求，并于2005年4月18日发出了复审请求受理通知书和前置审查通知书。

在前置审查程序中，原实质审查部门认为：申请人复审请求时将“中文三笔数码输入法”的内容写入原始说明书中属于修改超范围，专利法第三十三条规定对发明申请文件的修改不得超出原说明书和权利要求书记载的范围，因此不予接受，坚持原驳回决定。

专利复审委员会依法成立合议组对本案进行审查，于2005年9月26日发出复审通知书，指出：请求人在提出复审请求时提交了申请文件的全文修改替换页，但是其中的内容，例如权利要求1～8项、说明书第1～2页、说明书附图第1～2页以及说明书摘要中的键位与字根的对应关系以及单字、字根、词汇序号码的编码规则等内容在申请日提交的说明书和权利要求书中没有记载，并且上述内容也无法有原始申请文件公开的内容直接且唯一的推导得出，上述修改的内容已经超出了原始申请文件公开的范围，因此请求人的本次修改不符合专利法第三十三条的规定，合议组不予接受。合议组依据驳回决定所针对的文本进行审查后，指出：本申请说明书未对发明作出清楚、完整的说明，致使所属技术领域的技术人员不能实现本发明，不符合专利法第二十六条第三款的规定。本申请说明书公开不充分主要表现在：本申请的公开文本中仅仅记载了中文三笔输入法的一种构想，并没有公开本发明的汉字输入法所采用的码元、所述码元与键盘的对应关系以及所采用的输入规则，而这些是本领域的普通技术人员实施该汉字输入方法所必不可少的技术特征。缺少这些技术特征，本领域的技术人员不经过创造性的劳动是无法实现本发明专利申请的。

请求人于2005年10月26日提交了针对复审通知书的意见陈述书，并没有对前述不符合专利法第三十三条的文本进行修改。

至此，合议组认为本案事实已经清楚，可以作出复审决定。

二、决定的理由

1. 复审决定所依据的文本

本复审决定所依据的文本是请求人于2005年3月4日提交的权利要求第1～8项、说明书第1～2页、说明书附图第1～2页、说明书摘要第1页及摘要附图第1页。

2. 关于专利法第三十三条

请求人在提出复审请求时提交了申请文件的全文修改替换页，在考虑了请求人针对复审通知书中的意见陈述后，合议组依然认为其中的内容，例如权利要求1～8项、说明书第1～2页、说明书附图第1～2页以及说明书摘要中的键位与字根的对应关系以及单字、字根、词汇序号码的编码规则等内容在申请日提交的说明书和权利要求书中没有记载，并且上述内容也无法从原始申请文件公开的内容直接且唯一的推导得出，上述修改的内容超出了原始申请文件公开的范围，因此请求人对申请文件的修改依然不符合专利法第三十三条的规定。

综上所述，合议组认为请求人在提出复审请求时提交的申请文件的全文修改替换页不符合专利法

第三十三条的规定，依然存在复审通知书中所指出的缺陷，合议组依法作出如下复审请求审查决定。

三、决定

维持国家知识产权局于2005年1月14日对01117624.5号发明专利申请作出的驳回决定。

当事人对本决定不服的，可以根据专利法第四十一条第二款的规定，自收到本决定之日起三个月内向北京市第一中级人民法院起诉。

078

可以有接点工作或无接点工作的便携式、微处理器支持的数据载体案

复审请求审查决定（第7690号）

决　定　号　第7690号
决　定　日　2005年12月12日
发明创造名称　可以有接点工作或无接点工作的便携式、微处理器支持的数据载体
国际分类号　G06K 19/073
复审请求人　奥格－卡系列股份有限公司
申　请　号　99802635.2
申　请　日　1999年11月13日
公　开　日　2001年3月28日
合议组组长　黄毅斐
主　审　员　樊晓东
参　审　员　张宗任

法律依据　专利法第二十五条第一款
决定要点

如果一项发明就整体而言并不是一种智力活动的规则和方法，则在审查中应当将本发明与现有技术进行比较，只有本发明对于现有技术的贡献仅仅在于属于智力活动的规则和方法的部分时，才将本发明视为专利法第二十五条第一款第（二）项所规定的智力活动的规则和方法。

一、案由

本复审请求涉及的是国家知识产权局于2003年10月10日驳回的、申请号为99802635.2、名称为“可以有接点工作或无接点工作的便携式、微处理器支持的数据载体”的发明专利申请，其申请日为1999年11月13日，进入国家阶段的日期为2000年8月2日，优先权日为1998年12月2日，申请人为奥格－卡系列股份有限公司。

国家知识产权局实质审查部门对本申请进行实质审查后，于2003年2月14日，发出第一次审查意见通知书，指出权利要求1～12属于专利法第二十五条第一款第（二）项所述的智力活动的规则和方法的范围，因此权利要求1～12不能被授予专利权。权利要求1～12的内容如下：

“1. 便携式、微处理器支持的数据载体，它既可有接点工作，也可无接点工作，其中

有接点工作中的数据传输在便携式数据载体与一个有接点工作的数据输入/数据输出装置之间进行，

无接点工作中的数据传输在便携式数据载体与一个无接点工作的数据输入/数据输出装置之间进行，

便携式数据载体具有至少一个划分成不同存储区的存储器，

在便携式数据载体中至少在一个存储区中至少存储了一个存取条件，它规定了在什么条件下对此存储区的存取是被允许的，

其特征在于，

在便携式数据载体中至少在一个存储区中至少存储了一个数据传输专用存取条件，它根据便携式数据载体和数据输入/数据输出装置间的数据传输方式规定允许对此存储区存取的条件。

2. 如权利要求 1 所述的便携式、微处理器支持的数据载体，其特征在于，在至少一个存储区中存在对无接点工作的数据传输专用的存取条件，其在便携式数据载体无接点工作时禁止对此存储区的各个存取（所有存取方式，命令）。

3. 如权利要求 1 或 2 所述的便携式、微处理器支持的数据载体，其特征在于，在至少一个存储区中存在对无接点工作的数据传输专用的存取条件，其在便携式数据载体无接点工作时至少对两个不同的存取方式规定了各自不同的条件，在此条件下允许存取。

4. 如以上权利要求中任一项所述的便携式、微处理器支持的数据载体，其特征在于，对一个存储区的不同存取方式设置无接点工作时不同的数据传输专用的存取条件，其规定了便携式数据载体无接点工作时各个存取方式的条件，在此条件下允许存取。

5. 如以上权利要求中任一项所述的便携式、微处理器支持的数据载体，其特征在于，在至少一个存储区中存在对有接点工作的数据传输专用的存取条件，其在便携式数据载体有接点工作时禁止此存储区的各个存取。

6. 如以上权利要求中任一项所述的便携式、微处理器支持的数据载体，其特征在于，在至少一个存储区中存在对有接点工作的数据传输专用的存取条件，其在便携式数据载体有接点工作时至少对两个不同的存取方式规定了各自不同的条件，在此条件下允许存取。

7. 如以上权利要求中任一项所述的便携式、微处理器支持的数据载体，其特征在于，对一个存储区的不同存取方式设置有接点工作时不同的数据传输专用的存取条件，其规定了便携式数据载体有接点工作时各个存取方式的条件，在此条件下允许存取。

8. 如以上权利要求中任一项所述的便携式、微处理器支持的数据载体，其特征在于，在至少一个存储区中至少存在一个对有接点工作的数据传输专用的存取条件和一个对无接点工作的数据传输专用的存取条件。

9. 如以上权利要求中任一项所述的便携式、微处理器支持的数据载体，其特征在于它是这样设计的：可由授权部门利用加密信息将数据传输专用存取条件输入便携式数据载体的一个可编程非易失性存储器。

10. 如以上权利要求中任一项所述的便携式、微处理器支持的数据载体，其特征在于它是这样设计的：可由授权部门利用加密信息在便携式数据载体中重新编程数据传输专用存取条件。

11. 如权利要求 1 至 8 中任一项所述的便携式、微处理器支持的数据载体，其特征在于，数据传输专用存取条件被存储在便携式数据载体的一个不可更改的只读存储器中。

12. 在一个便携式、微处理器支持的数据载体和一个有接点工作的数据输入/数据输出装置或一个无接点工作的数据输入/数据输出装置间进行通信的方法，其中

便携式数据载体具有至少一个划分成不同存储区的存储器，

在便携式数据载体中至少在一个存储区中至少存储了一个数据传输专用的存取条件，它根据便携式数据载体和数据输入/数据输出装置间的数据传输方式规定允许对此存储区存储的条件，

其特征在于，

在对此存储区存取（执行一条由数据输入/数据输出装置发出的存取命令）之前由便携式数据载体自己借助于一个存储在数据载体内的控制程序读出对应于该存储区的数据传输专用存取条件，并且检验在各个实际的数据传输方式的情况下按照数据传输专用存取条件是否允许所要求的存取命令，然后如果控制程序判定存取是被允许的，则执行此存取命令。"

申请人于2003年8月6日针对第一次审查意见通知书提交了意见陈述书，在意见陈述书中指出本发明本身是一种技术方案，而不是计算机程序，并且解决了技术问题，因此，本发明并不属于不能被授予专利权的情况。

国家知识产权局实质审查部门于2003年10月10日以本申请权利要求所要求保护的方案属于专利法第二十五条规定的不授予专利权的范围为由驳回了本申请，驳回理由与第一次审查意见通知书相同。

申请人（下称复审请求人）对上述驳回决定不服，于2004年1月29日向专利复审委员会提出了复审请求，复审请求的理由为：本发明就整体而言并不是一种智力活动的规则和方法，其对现有技术的贡献也并不仅仅在于计算机程序本身，而是能够构成技术方案，本发明要求保护由微处理器所支持的数据载体，能够将有接点模式和无接点模式结合在一张卡内（如说明书第1页第4段所述），这样比现有的智能卡更方便使用，具有较强的兼容性。另外本发明也采用了技术手段，操作系统必须与硬件（即智能卡载体、微处理器、存储区）相结合才能实现相应的技术效果，这里的卡载体具有导电接点面和天线线圈（如说明书第4页第6~9行所述），可见本发明中存储在卡中的数据并不能由公知的计算机读取，而只能由具有相应的接触点或天线接收线圈的专用读卡机来读取。因此，本发明并不属于专利法第二十五条第一款第（二）项规定的不能被授予专利权的范围。

经形式审查合格，专利复审委员会受理了该复审请求，并于2004年2月23日向原实质审查部门发出了前置审查通知书。

国家知识产权局原实质审查部门于2004年4月21日作出前置审查意见，仍然认为权利要求1~12属于专利法第二十五条第一款所述的智力活动规则和方法的范围，因此坚持原驳回决定。

经审查，合议组认为本案事实清楚，可以依法作出本复审请求审查决定。

二、决定的理由

专利法第二十五条第一款中规定，智力活动的规则和方法不授予专利权，审查指南（2001年版）第二部分第一章第3.2节页中对该条款的适用作出了具体规定。根据审查指南的规定，如果一项发明就整体而言不是一种智力活动的规则和方法，但发明的一部分属于智力活动的规则和方法时，若该发明对于现有技术的贡献仅仅在于属于智力活动的规则和方法的部分，则应当将该发明视为智力活动的规则和方法，不授予专利权。这里，对此种申请不授予专利权的前提条件是该发明与现有技术进行比较后，该发明与现有技术之间的区别性部分，也就是现有技术中所没有披露的发明内容均属于智力活动内容。

驳回决定所针对的权利要求书文本中包括以"便携式、微处理器支持的数据载体"为主题的权利要求1及其从属权利要求，还包括以"在一个便携式、微处理器支持的数据载体和一个有接点工作的数据输入/数据输出装置或一个无接点工作的数据输入/数据输出装置间进行通信的方法"为主题的权利要求12。首先，上述装置和方法的主题本身不属于智力活动规则或方法的范畴。具体到权利要求1所要求保护的产品，它包括便携式数据载体和存储器等多个产品的结构技术特征，这些产品的结构技术特征明显不属于智力活动的规则和方法。类似地，具体到权利要求12所要求保护的方法，它包括读取、检测、执行步骤，这些步骤本身也不属于智力活动的规则和方法的范畴，因此权利要求1、12的技术方案整体上不属于智力活动的规则和方法。

审查员在驳回决定中指出"本申请数据载体本身的物理特征没有发生任何变化，其上存储的是计算机程序本身，即对现有技术作出贡献的部分仅仅在于计算机程序本身，由于计算机程序本身不给予专利保护，所以数据载体也不属于可给予专利保护的客体"，因此认为权利要求1～12属于智力活动的规则和方法，不属于专利保护的范围。

审查员试图以上述权利要求中出现的便携式、微处理器支持的数据载体属于现有技术，来说明本申请技术方案未解决技术问题，因此属于智力活动的规则和方法。但是，在整个实质审查过程中，审查员并没有举证现有技术的便携式、微处理器支持的数据载体的技术方案，也没有将本发明便携式、微处理器支持的数据载体中的上述具体结构特征与现有技术的技术特征一一进行比较，就得出本申请对现有技术作出贡献的部分仅仅在于计算机程序本身的结论。同样地，在实质审查过程中，审查员没有举证现有技术的便携式、微处理器支持的数据载体的数据读取方法，就断定本发明的方法技术方案也属于智力活动的规则和方法。

由此可以看出，在针对本发明的实质审查程序中，首先缺少对现有技术举证的过程，其次缺少将本发明装置和方法中的各个技术特征与现有技术的技术特征逐一进行比较的过程，第三缺少确定本发明装置和方法方案与现有技术内容之间的区别性内容的分析判断过程，第四缺少判断区别性内容不包含任何技术内容而仅仅属于智力活动的规则和方法的过程。总之，在针对本发明的实质审查程序中，仅仅因为本发明的装置是数据载体，就作出了本发明的装置和方法属于专利法第二十五条规定的不授予专利权的范围的结论，因此驳回理由缺少完整的说理过程和必要的证据支持。

请求人所提出的复审理由成立。

三、决定

撤销国家知识产权局于2003年10月10日对99802635.2号发明专利作出的驳回决定。由原实质审查部门在驳回决定所针对的申请文件文本的基础上继续进行后续审批程序。

079

具有双界面的存储卡及其转换模块案

复审请求审查决定（第7691号）

决　定　号　第7691号
决　定　日　2005年12月21日
发明创造名称　具有双界面的存储卡及其转换模块
国际分类号　G06K 19/067　G06F 1/16
复审请求人　姚立和
申　请　号　99125837.1
申　请　日　1999年11月24日
公　开　日　2001年7月18日
合议组组长　蒋　彤
主　审　员　翁晓君
参　审　员　张美菊

法律依据　专利法第二十六条第三款
决定要点

如果本领域的技术人员根据说明书的内容，不需要创造性的劳动，例如结合在说明书中虽未描述但属于本领域技术人员于申请日前应该知晓的公知常识或是由其他证据表明的能够作为申请日前公知技术的内容，就能够实现发明或者实用新型的技术方案，解决其技术问题，并产生预期效果，则可表明说明书已充分公开了其技术方案。

一、案由

本复审请求涉及申请日为1999年11月24日、公开日为2001年7月18日、发明名称为“具有双界面的存储卡及其转换模块”、申请号为99125837.1的发明专利申请（下称本申请），申请人为姚立和。

在实质审查阶段，国家知识产权局实质审查部门于2003年3月21日发出了第一次审查意见通知书，其中指出本申请说明书公开不充分，不符合专利法第二十六条第三款的规定。

申请人于2003年7月21日提交了针对第一次审查意见通知书的意见陈述书，并同时提交了附件1：华硕电脑公司所生产的P4S533-MX主机板的规格简介复印件共2页。

其中申请人指出：（1）由于本发明采用USB作为转换界面，其通信协定是根据USB标准制定的Mass Storage Class标准，支持USB界面的随插即用，不需要另外安装驱动程序；（2）在本申请的说明书附图1的微控单元10中所示，$\overline{\mathrm{CS}}$（Chip Select）接脚上的电平状态即用来判断HOST界面是否在使用中；（3）在本申请的说明书附图1的微控单元10中所示，本申请是根据经由USB界面或HOST界面送入微控单元10的数据，由微处理器11控制存储器组20中各存储器对应接脚的电平，以决定数据的进出。

国家知识产权局实质审查部门于2003年9月19日驳回了本申请，其理由是：(1) 在本申请说明书中没有记载适用于存储卡这一具体设备的具体的体系结构及与其相应的驱动程序，造成本领域普通技术人员无法获知所述现有存储卡的USB接口是如何实现初始化的；(2) 本申请说明书未公开存储卡内部的控制单元如何识别Host界面及USB界面的工作状态，也没有公开通过HOST界面在存储卡和相关产品之间通信或通过USB界面在存储卡和电脑之间通信的通信协议；(3) 本申请说明书没有公开微处理器内置的相关固件如何执行各种数据的进出转换处理，这些都使得本申请公开不充分，不符合专利法第二十六条第三款的规定。

申请人（下称复审请求人）对上述驳回决定不服，于2003年12月25日向专利复审委员会提出复审请求，复审请求人认为：(1) 本申请采用USB作为转换界面，其通信协定是依循USB标准制订的Mass Storage Class标准，该标准对于作为储存装置的USB界面使用的具体指令及传输方式均有完整的规定，就电脑连接而言，目前的电脑主板及微软WINDOWS 98SE以上（包括XP/2000）的操作系统分别在硬件及应用程序上支持USB界面的随插即用，并且参阅答复第一次审查意见通知书时提交的附件1的主机板，配备有4组USB2.0/USB1.0连接端口，是随插即用，不需要另外安装驱动程序，并且无论是作业系统或USB产品本身都根据Mass Storage Class标准建立了可以相容的通信协议，USB官方网站已针对各种版本的USB接口通信协议公布其使用手册，任何人均可到该网站找到该使用手册，以依循其标准，并例举了以USB接口作为通信协议的多篇美国专利作为佐证，以证明没有提供USB驱动程序也能够实现；(2) 在本申请的说明书附图1的微控单元10中所示，$\overline{\text{CS}}$ (Chip Select) 接脚上的电平状态即用来判断HOST界面是否在使用中；(3) 在本申请的说明书附图1的微控单元10中所示，本申请是根据经由USB界面或HOST界面送入微控单元10的资料，由微处理器11控制存储器组20中各存储器对应接脚的电平，以决定资料的进出。

经形式审查合格后，专利复审委员会受理了该复审请求，并于2004年2月10日向复审请求人发出了复审请求受理通知书，同时向国家知识产权局原实质审查部门发出了前置审查通知书。

在前置审查意见书中，国家知识产权局原实质审查部门仍坚持原驳回决定，并指出 (1) 在WINDOWS98系统中，对某些USB接口的硬件仍然需要硬件开发商提供其相应的设备驱动程序，否则便无法在WINDOWS98系统中使用所述的硬件设备；(2) 申请人所例举的美国专利文件均为2001年11月以后公开的申请，晚于本申请的申请日，而此时操作系统早已发展到了WINDOWS 2000，并不是基于WINDOWS 98系统的条件下，因此申请人所提及的美国专利文献对于本申请的审查不具有参考价值。

专利复审委员会依法成立合议组对本复审请求案进行审查，于2005年3月31日发出复审通知书，指出：(1) 本申请说明书公开了双界面存储卡的USB连接器，但未公开此USB连接器的驱动程序，由于本申请的申请日是1999年11月24日，并且具有USB接口随插即用功能的WINDOWS 2000是在2000年之后才出现的，所以现有证据并不能表明此技术属于本申请申请日之前的现有技术，并且请求人也没有提出WINDOWS98SE操作系统支持USB接口随插即用功能的有力证据，因此合议组根据现有证据尚不足以认定在此申请日之前已经出现USB接口能够随插即用的技术，所以开发商必须为采用USB接口的各种产品开发各种相应的驱动程序，从而能够获得实施这一技术方案的具体的技术手段，而且在本发明的说明书中也没有记载这一技术手段，即相应的驱动程序，所以使得本领域技术人员不能够实现本发明，因此使得本申请公开不充分，不符合专利法第二十六条第三款的规定；(2) 虽然请求人在答复原实质审查部门的第一次审查意见通知书时，提交了华硕电脑公司所生产的P4S533－MX主机板的规格简介，并指出在该简介中记载了其配备有4组USB2.0/USB 1.0连接端口供周边设备连接使用，而且是随插即用，不需要另外安装驱动程序，但是在此提交的规格简介中并没有记载此主机板的生产日期和公开销售日期，所以不能够判断此公开日期是否在本申请的申请日之前；并且虽然请求人在复审请求书中列出了几篇美国专利，认为没有提供驱动程序也能够实现，但是上述美国专利均为2001年12月以后的申请，而此时操作系统已经发展到了WINDOWS 2000系统，此时USB接口的随插即用技术已经是公知的技术，因此申请人提交的上述相关文件都不能够证明在本申请的申请日之前本领域技术人员可以不需要USB接口的驱动程序而实现本发明。

复审请求人于2005年5月11日对上述复审通知书作出答复，并同时提交了以下附件：

附件1：微软（Microsoft）公司中国网站的网页资料复印件共4页；

附件2：微软公司官方网站的网页资料复印件共2页；

附件3：Windows Me网页资料复印件共3页；

附件4：微软公司中国网站的网页资料复印件共3页；

附件5：ZL96196318.2号中国发明专利说明书复印件。

其中复审请求人指出：（1）根据附件1~4所公开的内容可以充分证明，微软公司推出的Windows 98第二版以后的操作系统，如Windows Me及Windows 2000是支援USB接口的随插即用功能，且这些操作系统都是在本申请的申请日之前即已公布，换言之，在本申请提出申请前，USB接口的随插即用功能即为一已知技术，而本申请虽未提供驱动程序，仍然能够实现，并无公开不充分的问题；（2）附件5是中国国内已经授权的发明专利案件，它也未提供驱动程序，但并没有被仍为公开不充分；（3）同时指出美国专利第5841424、5914877、6567875号等均为运用USB接口的相关装置，其分别在1997年、1996年及1999年间提出申请，就其公开的说明书及附图内容均未揭露驱动程序，其充分证明了USB接口是一个公知技术。

复审请求人于2005年8月10日再次提交意见陈述书，其内容与上述意见陈述书的内容完全相同。

经过上述工作的基础上，本案合议组经合议后认为，本案事实已经清楚，现依法作出复审决定。

二、决定的理由

1. 审查基础

由于复审请求人在提出复审请求未对申请文件进行修改，因此本决定以原驳回决定所依据的申请文本为基础。

2. 关于专利法第二十六条第三款

专利法第二十六条第三款规定，说明书应当对发明或者实用新型作出清楚、完整的说明，以所属技术领域的技术人员能够实现为准。如果本领域的技术人员根据说明书的内容，不需要创造性的劳动，例如结合在说明书中虽未描述但属于本领域技术人员于申请日前应该知晓的公知常识或是由其他证据表明的能够作为申请日前现有公知的内容，就能够实现发明或者实用新型的技术方案，解决其技术问题，并产生预期效果，则可表明说明书已充分公开了其技术方案。

（1）关于本申请驳回决定中的第一点理由即：在本申请说明书中没有记载适用于存储卡这一具体设备的具体的体系结构及与其相应的驱动程序，造成本领域普通技术人员无法获知所述现有存储卡的USB接口是如何实现初始化的，并且也没有公开通过HOST界面在存储卡和相关产品之间通信或通过USB界面在存储卡和电脑之间通信的通信协议。

合议组认为：本申请要求保护一种具有双界面的存储卡及其转换模块，并且在本申请说明书中记载了双界面存储卡的USB连接器。虽然在本申请说明书中没有公开此USB连接器的驱动程序，但是根据请求人所提交的上述附件1~4可知具有USB接口随插即用功能的WINDOWS 2000预览版英文版是在1999年4月29日就已经公布了，而其中文预览版是在1999年8月23日在中国正式发布，并且由于本申请的申请日是1999年11月24日，所以请求人所提交的证据足以认定在此申请日之前已经出现USB接口能够随插即用的技术，并且由于微软公司的WINDOWS系列操作系统是使用非常普及的计算机操作系统，在WINDOWS 2000预览版公布之后，USB随插即用技术已处于本领域普通技术人员可随时取得使用的状态，已是本申请申请日之前的公知技术，因此在本申请的申请日之前本领域技术人员可以不需要参看本申请中未公开的USB接口驱动程序而实现本发明，所以开发商没有必要为采用USB接口的各种产品开发各种相应的驱动程序和通信协议。因此关于这一点，本申请的说明书已经充分公开，符合专利法第二十六条第三款的规定。

（2）关于本申请驳回决定中的第二点理由即：本申请说明书未公开存储卡内部的控制单元如何识别Host界面及USB界面的工作状态。

合议组认为：如本申请的说明书附图1所示，微控单元10芯片的接脚示意图为本领域普通技术人员所能够认知的，并且根据该示意图本领域普通技术人员可知，微控单元10中的接脚$\overline{\text{CS}}$（Chip Select）的电平状态即用来选择HOST界面还是USB界面处于工作状态。因此关于这一点，本申请的说明书已经充分公开，符合专利法第二十六条第三款的规定；

（3）关于本申请驳回决定中的第三点理由即：本申请说明书没有公开微处理器内置的相关固件如何执行各种数据的进出转换处理。

合议组认为：如本申请的说明书附图1所示，微控单元10芯片和存储器组20芯片的接脚示意图为本领域普通技术人员所能够认知的，并且根据该示意图本领域普通技术人员可知，微控单元10具有接脚$\overline{\text{CE0}}$～$\overline{\text{CE3}}$，并且根据本领域的技术常识可知这些接脚可交替地控制各个存储器进入工作状态，所以经由USB界面或HOST界面送入微控单元10的各种数据，通过微控单元10控制存储器组20中各个存储器对应接脚的电平，以决定各种数据的进出转换处理。因此关于这一点，本申请的说明书已经充分公开，符合专利法第二十六条第三款的规定。

综上，合议组认为本申请符合专利法第二十六条第三款的规定，原驳回决定的驳回理由不能够成立。

至于本申请中是否还存在其他的缺陷，有待于后续程序进一步审查。

三、决定

撤销国家知识产权局于2003年9月19日对第99125837.1号发明专利申请作出的驳回决定，由原实质审查部门以原驳回决定所依据的申请文本为基础继续进行审查程序。

080

高频放大器和放大元件案

复审请求审查决定（第7702号）

决　定　号　第7702号
决　定　日　2005年12月7日
发明创造名称　高频放大器和放大元件
国际分类号　H03F 3/19　H03F 1/32
复审请求人　富士通株式会社
申　请　号　99127094.0
申　请　日　1999年12月29日
公　开　日　2000年8月30日
合议组组长　高　栋
主　审　员　邢文飞
参　审　员　李　卉

法律依据　专利法第二十二条第三款
决定要点

本申请的权利要求与对比文件相比具有区别技术特征，且这些区别技术特征能够带来有益效果，对比文件并没有给出将所述区别技术特征应用到对比文件的技术方案中以得到该项权利要求要求保护的技术方案的启示，因此该项权利要求具有突出的实质性特点和显著的进步，具备专利法第二十二条第三款规定的创造性。

一、案由

本复审请求涉及国家知识产权局于2003年11月7日驳回的、名称为“高频放大器和放大元件”的发明专利申请（下称本申请），其申请号为99127094.0，申请日为1999年12月29日，优先权日为1999年2月25日，申请人为富士通株式会社。

在实质审查程序中，国家知识产权局原实质审查部门于2002年11月29日发出第一次审查意见通知书，指出：（1）权利要求1不清楚，不符合实施细则第二十条第一款的规定；（2）权利要求2与权利要求1是同一发明，不符合实施细则第二十二条第三款的规定；（3）根据审查意见2的分析可知，权利要求6～7也不符合实施细则第二十二条第三款的规定，因此只针对权利要求6给出审查意见，即权利要求6相对于对比文件1（US5712593A，公开日是1998年1月27日）不具备创造性；（4）权利要求13～14不清楚，不符合专利法实施细则第二十条第一款的规定。

2003年4月14日，申请人提交了意见陈述书以及权利要求书第1～2页和说明书摘要的修改替换页和说明书第3～5页的修改替换页，认为修改后的权利要求具有对比文件1所不能实现的技术效果，因此克服了一通中的问题。修改后的权利要求5（原权利要求6）为：

“5. 一种高频放大器，包括：

一个放大装置，用于放大由组合多个独立调制的载波所产生的多载波信号；和

一个滤波装置，与所述放大装置的输出端相连接，具有：

一个拒斥频带，位于所述多载波信号所占有的频带范围之内，

一个通带，具有一个频带，其中分布所述多载波信号的二次谐波，或一个较高通带，包含为其分配的所述频带。”

在此基础上，原实质审查部门与2003年11月7日作出了驳回决定。其驳回理由是修改后的权利要求5相对于对比文件1仍然不具备创造性。具体驳回理由是：对比文件1公开了一种放大器，并具体公开了以下技术特征（参见图1，说明书第3~4列），1）功率放大器12为一放大装置；信号RF IN可以是多载波信号；2）滤波器16为一滤波装置，与功率放大器相连接，可以是拒斥滤波器和通带滤波器等等；3）所述滤波器滤除信号的非期望部分，并通过至少一部分滤波和感兴趣部分的互调频带（滤除一部分信号必然有另一部分信号通过，即通带部分），对比文件1已经公开了权利要求5的大部分特征，只是没有具体指明所滤除部分为“二次谐波”，但对于本领域的普通技术人员来说，可以根据需要将对比文件1中公开的放大器设置为滤除“二次谐波”而得到权利要求5所要求保护的技术方案，因此权利要求5不符合专利法第二十二条第三款有关创造性的规定。

申请人（下称请求人）对上述驳回决定不服，于2004年2月13日向专利复审委员会提出了复审请求，并提交修改的权利要求书第1~2页，其复审请求理由是：修改后的权利要求5清楚记载了本申请与对比文件1之间的区别技术特征，因此权利要求5是具备创造性的。

经形式审查合格，专利复审委员会受理了该复审请求，并于2004年3月9日发出了受理通知书以及前置审查意见通知书。

在前置审查程序中，国家知识产权局原实质审查部门仍坚持原驳回决定。

本案合议组经合议后，认为本案事实清楚，现依法作出审查决定。

二、决定的理由

1. 审查的基础

复审请求人在提出复审请求时提交了权利要求书的修改页，因此以下评述针对1999年12月29提交的说明书第1~2、6~15页、附图第1~14页、说明书摘要附图、2003年4月14日提交的说明书第3~5页、说明书摘要、2004年2月13日提交的权利要求第1~12项。

2. 关于创造性的问题

本申请的权利要求5请求保护一种高频放大器，包括特征（1）放大装置，用于放大由多个独立调制的载波所产生的多载波信号；（2）一个构造为串联谐振器的滤波装置，与所述放大装置的输出端并联连接，其具有（3）一个拒斥频带，位于所述多载波信号所占有的频带范围之内；（4）一个通带，具有一个频带，其中分布所述多载波信号的二次谐波，或一个较高通带，包含为其分配的所述频带。

对比文件1公开了一种用于失真检测的线性功率放大器，并公开了：功率放大器12为一放大装置，信号RF IN是多载波信号；滤波器16是一滤波装置，与取样器14相连接，滤波器16可以是拒斥频带滤波器（带阻滤波器），高通滤波器、低通滤波器和带通滤波器，并滤除信号的非期望部分（参见图1，说明书第3~4列）。由此可见，权利要求5与对比文件1的区别特征在于特征（2）~（4），即对比文件1公开的滤波器16是与取样器连接的，其没有并联连接在放大装置的输出端，且该放大器不具有特征（3）、（4），其次对比文件1也没有公开所述滤波装置构造为一个串联谐振器，而这种结构具有独特的技术效果，是通过放大输出放大并被输出的多载波将不被滤波装置没必要的衰减以及多载波可无衰减地传输到位于放大装置随后级的负载，因此对比文件1未给出任何技术启示结

合本领域的公知常识以容易地想到本申请的技术方案以及实现与本申请相同的技术效果，因此权利要求5的技术方案具有突出的实质性特点和显著的进步，符合专利法第二十二条第三款有关创造性的规定。

至于本申请中是否存在其他不符合专利法和专利法实施细则规定之处，留待后续程序继续审查。

三、决定

撤销国家知识产权局于2003年11月7日作出的驳回决定，由原实质审查部门在1999年12月29提交的说明书第1~2、6~15页、附图第1~14页、说明书摘要附图、2003年4月14日提交的说明书第3~5页、说明书摘要、2004年2月13日提交的权利要求第1~12项的基础上继续进行审批程序。

081

半导体存储器冗余电路案

复审请求审查决定（第7703号）

决　定　号 第7703号
决　定　日 2005年12月21日
发明创造名称 半导体存储器冗余电路
国际分类号 G11C 8/00
复审请求人 西门子公司
申　请　号 98115951.6
申　请　日 1998年7月10日
公　开　日 1999年1月20日
合议组组长 蒋　彤
主　审　员 苏　青
参　审　员 张美菊

法律依据 专利法第三十三条、第二十六条第四款
决定要点

请求人在答复复审通知书时提交了修改文件，克服了原驳回决定和复审通知书指出的本申请不符合专利法第三十三条和专利法第二十六条第四款规定的缺陷。

一、案由

本复审请求涉及申请日为1998年7月10日，申请号为98115951.6，名称为“半导体存储器冗余电路”的发明专利申请（下称本申请），申请人是西门子公司，优先权日是1997年7月10日。

在实质审查过程中，国家知识产权局实质审查部门以申请日提交的原始申请文件为基础进行审查，并于2002年10月25日发出第一次审查意见通知书，指出：该申请的权利要求1相对于对比文件1不具备专利法第二十二条第二款规定的新颖性，权利要求2相对于对比文件1和对比文件2的结合不具备专利法第二十二条第三款规定的创造性。所依据的对比文件是：

对比文件1：CN1076300A，公开日为1993年9月15日；

对比文件2：CN1114456A，公开日为1996年1月3日。

针对第一次审查意见通知书，申请人于2003年3月8日提交了意见陈述书和修改后的权利要求书，其中将原权利要求1和原权利要求2合并为新的权利要求1。申请人在意见陈述书中指出：对比文件1和对比文件2都没有描述修改后的权利要求1中所述的冗余电路的结构，并且也都没有给予本领域技术人员关于如果所施加的行地址与赋予包含冗余字线的给定分段的所述熔丝组的熔融地址一致，就从行地址产生分段选择信号，且重写这个分段地址信号的建议。

国家知识产权局实质审查部门以上述修改文本为基础进行审查，于2003年4月18日发出第二次审查意见通知书，指出：1. 权利要求1中的技术特征“当一个所施加的行地址与从属于一个分段的

熔丝组熔融的地址一致时”超出了原始申请文件的记载范围，不符合专利法第三十三条的规定；2. 即使申请人依据原始申请文件对权利要求进行修改，权利要求 1 也相对于对比文件 1 和对比文件 2 的结合不具备专利法第二十二条第三款规定的创造性。

针对第二次审查意见通知书，申请人于 2003 年 7 月 3 日提交了意见陈述书和修改后的权利要求书。申请人在意见陈述书中指出：修改后的权利要求 1 没有超出原始申请文件的记载范围，并且对比文件 1 和对比文件 2 都没有公开一种带有冗余电路的半导体存储器，当有故障字线出现时用分段间冗余选出冗余字线，修改后的权利要求 1 相对于对比文件 1 和对比文件 2 具备创造性。

修改后的权利要求书如下：

“1. 一种半导体存储器，它具有组成分段的字线、一分段选择信号块、一字线选择信号块以及带有分段间冗余并用于故障字线出现时从半导体存储器的所述分段之一选出冗余字线的冗余电路，其中所述冗余字线从含有所述故障字线的分段或不同分段中选出，所述半导体存储器所改良之处包括：

分配给半导体存储器的各所述分段的多个熔丝组，所述熔丝组输出熔丝组输出信号；

连接于所述熔丝组以估计熔丝组输出信号并输出分段选择信号的装置，根据这样方式估计的熔丝组输出信号，该分段选择信号激活含有故障字线的分段中的冗余字线，或激活不同分段中的冗余字线；以及

连接成接收从所述熔丝组来的熔丝组输出信号的电路，其中，在一个施加行地址与分配给含有所述冗余字线的给定分段的所述熔丝组的熔融地址一致时，所述电路激活一个信号，把该信号分配给所述给定分段的一个地址，重写分段选择信号块中行地址所产生的正常地选择的分段选择信号，

用于接收熔丝组输出信号的所述电路还包括各熔丝组的输出端上的缓冲器，各缓冲器接收各熔丝组的输出信号，因而在这些缓冲器进行检测，以了解是否必须使用一条冗余字线，这是熔丝被激活时的情况。”

2003 年 8 月 22 日，针对上述修改后的申请文件，国家知识产权局实质审查部门以本申请的修改不符合专利法第三十三条的规定为由驳回了本申请，具体理由是权利要求 1 中的“连接于所述熔丝组以估计熔丝组输出信号并输出分段选择信号的装置，根据这样的方式估计熔丝组输出信号”“连接成接收从所述熔丝组来的熔丝组输出信号的电路……所述熔丝组的熔融地址一致时”超出了原说明书和权利要求书的记载范围。

申请人（下称复审请求人）不服上述驳回决定，于 2003 年 11 月 28 日向国家知识产权局专利复审委员会提出复审请求，并提交了修改后的权利要求书。复审请求人认为：修改后的权利要求 1 没有超出原说明书和权利要求书记载的范围，并且对比文件 1 和对比文件 2 都没有公开一种带有冗余电路的半导体存储器，当有故障字线出现时用分段间冗余选出冗余字线，权利要求 1 相对于对比文件 1 和对比文件 2 具备创造性。修改后的权利要求书为：

“1. 一种半导体存储器，它具有组成分段的字线、一分段选择信号块、一字线选择信号块、以及带有分段间冗余并用于故障字线出现时从半导体存储器的所述分段之一选出冗余字线的冗余电路，其中所述冗余字线从含有所述故障字线的分段或不同分段中选出，所述半导体存储器的特征在于包括：

分配给所述半导体存储器的各所述分段的多个熔丝组，所述熔丝组输出熔丝组输出信号；

与所述熔丝组相连接以估计熔丝组输出信号并输出分段选择信号的装置（RPDR），根据这样方式估计的熔丝组输出信号，该分段选择信号激活含有故障字线的分段中的冗余字线，或激活不同分段中的冗余字线；以及

连接成接收从所述熔丝组来的熔丝组输出信号的电路（FRZ），其中，在一个施加行地址与分配给含有所述冗余字线的给定分段的所述熔丝组的熔融地址一致时，所述电路（FRZ）激活一个信号，

把该信号分配给所述给定分段的一个地址，重写分段选择信号块中行地址所产生的正常地选择的分段选择信号，

用于接收熔丝组输出信号的所述电路（FRZ）还包括各熔丝组的输出端上的缓冲器，各缓冲器接收各熔丝组的输出信号，从而在熔丝被激活的情况下，在所述缓冲器中进行检测，以了解是否必须使用一条冗余字线。”

经形式审查合格后，专利复审委员会受理了该复审请求，并于2003年12月23日向复审请求人发出复审请求受理通知书，同时向国家知识产权局原实质审查部门发出前置审查通知书。

国家知识产权局原实质审查部门对复审请求进行了前置审查，在前置审查意见书中坚持原驳回决定，并指出修改后的权利要求1中的部分内容在原始申请的说明书中没有公开，部分内容与原始申请说明书的描述不一致，超出了原始申请公开的范围。

专利复审委员会依法成立合议组对本复审请求进行审查。合议组研究了国家知识产权局实质审查部门作出的驳回决定和复审请求人提交的复审请求书后，于2005年9月28日发出复审通知书，合议组在复审通知书中提出如下审查意见：

1. 复审请求人请求复审的同时提交了权利要求书的替换页，因此此次复审所依据的文本是2003年11月28日提交的权利要求书第1项，申请日提交的原始申请文件的说明书第1～3页、说明书附图第1页、说明书摘要和说明书摘要附图。

2. 权利要求1中的技术特征“与所述熔丝组相连接以估计熔丝组输出信号并输出分段选择信号的装置（RPDR），根据这样方式估计的熔丝组输出信号，该分段选择信号激活含有故障字线的分段中的冗余字线，或激活不同分段中的冗余字线”，根据说明书记载的内容（参见说明书第2页第13行至第29行、第3页第2行至第14行）结合原始权利要求1可知，分段选择信号电路块RPDZ产生的分段选择信号RPDZ激活含有故障字线的分段中的冗余字线或不同分段中的冗余字线，电路块RPDR产生的信号RPDR选择不同分段中的冗余字线，也就是说明书中没有记载信号RPDR激活含有故障字线的分段中的冗余字线，权利要求1的上述技术特征与原申请公开的内容不同，并且不能从原申请公开的内容中直接地、毫不疑义地导出。

权利要求1中的技术特征“用于接收熔丝组输出信号的所述电路（FRZ）还包括各熔丝组的输出端上的缓冲器，各缓冲器接收各熔丝组的输出信号，从而在熔丝被激活的情况下，在所述缓冲器中进行检测，以了解是否必须使用一条冗余字线”，根据说明书记载的内容（参见说明书第2页第8行至第3页第26行）结合原始权利要求1、附图1可知，电路FRZ接收熔丝组输出信号FRX，熔丝组输出信号FRX同时也输送给电路块FRBUF，这些电路块用作熔丝组输出信号FRX的缓冲器，输出信号FRX是低值时，在电路块FRBUF中被检测是否必须起用一个冗余字线，也就是用于接收熔丝组输出信号的电路FRZ和用作缓冲器的电路块FRBUF是两个单独的电路，权利要求1的上述技术特征与原申请公开的内容不同，并且不能从原申请公开的内容中直接地、毫不疑义地导出。

因此修改后的权利要求1的上述内容超出了原始申请文本公开的范围，不符合专利法第三十三条的规定。

3. 权利要求1中的技术特征“熔融地址”，在说明书中相应的描述均为“保护（gefust）的地址”，二者描述不一致且技术含义相去甚远，因此权利要求1得不到说明书的支持，不符合专利法第二十六条第四款规定。

针对上述复审通知书，复审请求人于2005年11月3日提交了意见陈述书和修改后的权利要求第1项，修改后的权利要求书为：

“1. 一种半导体存储器，它具有组成分段的字线、一分段选择信号块、一字线选择信号块、以及

带有分段间冗余并用于故障字线出现时从半导体存储器的所述分段之一选出冗余字线的冗余电路，其中所述冗余字线从含有所述故障字线的分段或不同分段中选出，所述半导体存储器的特征在于包括：

分配给所述半导体存储器的各所述分段的多个熔丝组，所述熔丝组输出熔丝组输出信号；

与所述熔丝组相连接以估计熔丝组输出信号并输出分段选择信号（RPDZ´）的分段选择信号电路块（PRDZ），根据这样方式估计的熔丝组输出信号，该分段选择信号激活含有故障字线的分段中的冗余字线，或激活不同分段中的冗余字线；

电路块（RPDR），该电路块（RPDR）产生的信号（RPDR´）选择不同的分段中的冗余字线；以及

连接成接收从所述熔丝组来的熔丝组输出信号的电路（FRZ），其中，在一个施加行地址与分配给含有所述冗余字线的给定分段的所述熔丝组的保护地址一致时，所述电路（FRZ）激活一个信号，把该信号分配给所述给定分段的一个地址，重写分段选择信号块中行地址所产生的正常地选择的分段选择信号，

用于接收熔丝组输出信号的所述电路块（FRBUF），所述电路块（FRBUF）用作各熔丝组的输出信号（FRX）的缓冲器，从而在熔丝被激活的情况下，在所述电路块（FRBUF）中进行检测，以了解是否必须使用一条冗余字线。”

至此，合议组认为本案事实已经清楚，可以作出复审决定。

二、决定的理由

本复审决定所依据的文本是：2005 年 11 月 3 日提交的权利要求第 1 项，申请日提交的原始申请文件的说明书第 1 ~ 3 页、说明书附图第 1 页、说明书摘要和说明书摘要附图。

复审请求人于 2005 年 11 月 3 日答复复审通知书时对权利要求书进行了修改，合议组注意到上述对权利要求书的修改并未超出原说明书和权利要求书记载的范围，并且复审请求人对权利要求书的修改内容与复审通知书中所指出的相关说明书的公开内容一致，符合专利法第三十三条的规定。

复审请求人将权利要求 1 中的“熔融地址”改为“保护地址”，使之与说明书中采用的术语一致，从而克服了复审通知书指出的权利要求 1 不符合专利法第二十六条第四款的规定的缺陷。

综上所述，合议组认为复审请求人在答复复审通知书时提交的修改文件克服了原驳回决定和复审通知书指出的不符合专利法第三十三条和专利法第二十六条第四款的规定的缺陷，可以作出审查决定。至于说明书和权利要求书是否还存在其他缺陷，均留待后续程序继续审查。

三、决定

撤销国家知识产权局于 2003 年 8 月 22 日对 98115951.6 号发明专利申请作出的驳回决定。

由国家知识产权局原实质审查部门依据 2005 年 11 月 3 日提交的权利要求第 1 项，申请日提交的原始申请文件的说明书第 1 ~ 3 页、说明书附图第 1 页、说明书摘要和说明书摘要附图继续进行审批程序。

082

用于半导体集成电路器件上的通电复位电路案

复审请求审查决定（第7707号）

决　定　号　第7707号
决　定　日　2005年12月23日
发明创造名称　用于半导体集成电路器件上的通电复位电路
国 际 分 类 号　G06F 1/24
复 审 请 求 人　恩益禧电子股份有限公司
申　请　号　98102332.0
申　请　日　1998年6月2日
公　开　日　1998年12月16日
合议组组长　石　清
主　审　员　熊　婷
参　审　员　左　一

法 律 依 据　专利法实施细则第二十条第一款
决 定 要 点

本申请是对公知电路的改进，权利要求已经清楚地限定了所述改进之处，因此本领域普通技术人员能够确定所述权利要求的保护范围。

一、案由

本复审请求涉及申请日为1998年6月2日、优先权日为1997年6月2日、申请号为98102332.0、申请人为恩益禧电子股份有限公司、发明名称为“用于半导体集成电路器件上的通电复位电路”的发明专利申请（下称本申请）。

在实质审查过程中，国家知识产权局实质审查部门于2002年5月31日发出了第一次审查意见通知书，指出权利要求1请求保护主题的类型和所表达的保护范围是不清楚的，不符合专利法实施细则第二十条第一款的规定。

针对第一次审查意见通知书，申请人于2002年10月14日提交了意见陈述书以及权利要求第1~3项、说明书第1~9页的修改文本。新修改的权利要求书内容如下：

“1. 一种通电复位电路，包含：起动电路、稳压器、振荡电路、晶体振荡器和振荡终端检测电路，其特征在于，

所述通电复位电路还包括一个锁存电路，所述锁存电路接收来自振荡终端检测电路的振荡终端检测信号和来自起动电路的开关信号以及来自稳压器的信号并输出消除初始状态的复位消除信号到集成电路的内部电路。

2. 如权利要求1的通电复位电路，其中锁存电路是RS锁存电路，其设置端输入振荡终端检测信号，其复位端输入开关信号。

3. 如权利要求 1 的通电复位电路，其中锁存电路是 D 锁存电路，其时钟端输入振荡终端检测信号，复位端输入开关信号。”

实质审查部门于 2003 年 1 月 31 日发出了第二次审查意见通知书，指出权利要求 1 未写清起动电路、稳压器、振荡电路、晶体振荡器、振荡终端检测电路之间的连接关系，造成权利要求 1 保护范围不清楚，不符合专利法实施细则第二十条第一款的规定。

针对第二次审查意见通知书，申请人于 2003 年 4 月 15 日提交了意见陈述书以及说明书第 4 ~ 5 页的替换页，并陈述了其权利要求 1 保护范围符合专利法实施细则第二十条第一款的规定的具体理由。

针对申请日提交的说明书摘要、摘要附图、说明书附图第 1 ~ 10 页、2002 年 10 月 14 日提交的权利要求第 1 ~ 3 项、说明书第 1 ~ 3、6 ~ 9 页，2003 年 4 月 15 日提交的说明书第 4 ~ 5 页，实质审查部门以权利要求 1 不符合专利法实施细则第二十条第一款的规定为由，于 2003 年 6 月 6 日作出了驳回本申请的决定，驳回理由主要是：

权利要求 1 请求保护一种通电复位电路，包含：起动电路、稳压器、振荡电路、晶体振荡器、振荡终端检测电路和锁存电路，权利要求 1 并未描述起动电路、稳压器、振荡电路、晶体振荡器、振荡终端检测电路之间的连接关系，仅对这五者和锁存电路之间的连接关系作出了描述，因此权利要求 1 还存在不清楚之处，不符合专利法实施细则第二十条第一款的规定。针对申请人答复第二次审查意见通知书时陈述的意见，原实质审查部门认为由于权利要求 1 是针对本申请背景技术所提供的通电复位电路作出的改进，而并非所有的通电复位电路中起动电路、稳压器、振荡电路、晶体振荡器、振荡终端检测电路之间的连接关系都和该申请背景技术一致，因此仅仅列举出该通电复位电路中包含上述起动电路、稳压器、振荡电路、晶体振荡器、振荡终端检测电路仍不能清楚判断其保护范围。

申请人（下称请求人）对上述驳回决定不服，于 2003 年 8 月 1 日向专利复审委员会提出复审请求，请求人未修改文件。其复审理由如下：

申请人通过说明书有关部分和说明书附图 1 ~ 6，提供了与本发明申请最接近的现有技术的详细说明；审查员未提供与独立权利要求 1 前序部分最接近的现有技术文件，这就证明申请人提供的背景技术就是本发明最接近的现有技术，而审查员却只是以为“并非所有的通电复位电路中起动电路、稳压器、振荡电路、静态振荡器、振荡终端检测电路之间的连接关系都和该申请背景技术一致”。因此，审查员的驳回决定违背了“谁主张谁举证”的原则。专利法实施细则第二十二条第一款规定：“前序部分：写明要求保护的发明或者实用新型技术方案的主题名称和发明或者实用新型主题最接近的现有技术共有的必要技术特征”；审查指南（2001 年版）第二部分第二章 3. 3. 1 关于独立权利要求的撰写规定中进一步指出“独立权利要求的前序部分中，除写明要求保护的发明或者实用新型技术方案的主题名称外，仅需要写明那些与发明或者实用新型主题密切相关的、共有的必要技术特征。……独立权利要求的特征部分，应当记载发明或者实用新型的必要技术特征中与最接近现有技术不同的区别技术特征，这些区别技术特征与前序部分中的技术特征一起，构成发明或者实用新型的全部必要技术特征”，而申请人正是按照上述规定撰写了权利要求 1。而且，PCT 初步审查指南第三章 4. 权利要求的清楚及解释的 4. 4 中也规定“对于产品权利要求，如果该产品是公知产品，发明是在于对其某些方面的改进，权利要求只要清楚地表示出该产品，说明改进之处和改进方式就足够了。对设备权利要求亦采用类似的考虑方式。”

在前置审查程序中，实质审查部门仍坚持原驳回决定。

专利复审委员会依法成立合议组对本案进行复审。

至此，合议组认为本案事实清楚，可以作出本复审请求审查决定。

二、决定的理由

（一）复审决定所依据的文本

请求人在提出复审请求时未修改文本，因此本复审决定所依据的文本是驳回决定所针对的文本，即请求人于申请日提交的说明书摘要、摘要附图、说明书附图第1～10页、2002年10月14日提交的权利要求第1～3项、说明书第1～3、6～9页，2003年4月15日提交的说明书第4～5页。

（二）关于权利要求是否清楚

专利法实施细则第二十条第一款规定，权利要求应当说明发明或者实用新型的技术特征，清楚、简要地表达请求保护的范围。

本申请要求保护一种通电复位电路，为了使得当集成电路被接通电源之后电压上升、振荡不稳定、甚至暂时中断的情况下，该通电复位电路能不复位内部电路并且是稳定的，同时，不用增加集成电路的布局面积，本申请对现有的通电复位电路进行了改进，在该电路中增加了一锁存电路。权利要求1中记载了该锁存电路的结构以及其与现有的通电复位电路的各部件的电路（即起动电路、稳压器、振荡电路、晶体振荡器和振荡终端检测电路）之间的连接关系。

由于本申请是在于对公知的通电复位电路的改进，其改进在于增加了一锁存电路，权利要求1中也记载了此锁存电路与通电复位电路其他部件之间的连接关系。而对于本领域技术人员来说，包括起动电路、稳压器、振荡电路、晶体振荡器和振荡终端检测电路的通电复位电路是公知的，组成通电复位电路的上述各组成部分之间的连接关系也是公知的。因此，即便在权利要求1中没有对起动电路、稳压器、振荡电路、晶体振荡器和振荡终端检测电路之间的连接关系进行限定，本领域普通技术人员也能依据本领域公知常识清楚确定上述组成部分彼此之间的连接，从而确定权利要求1的技术方案所要求保护的范围。

因此，权利要求1所要求保护的范围清楚，符合专利法实施细则第二十条第一款。

三、决定

撤销国家知识产权局于2003年6月6日对申请号为98102332.0的发明专利申请所作出的驳回决定，以请求人于申请日提交的说明书摘要、摘要附图、说明书附图第1～10页，2002年10月14日提交的权利要求第1～3项、说明书第1～3、6～9页，2003年4月15日提交的说明书第4～5页为基础，由原实质审查部门继续进行审批程序。

083

用于加工晶片的设备案

复审请求审查决定（第7708号）

决　定　号 第7708号

决　定　日 2005年12月22日

发明创造名称 用于加工晶片的设备

国际分类号 H01L 21/00、21/66　G06F 17/00

复审请求人 西门子公司

申　请　号 00118709.0

申　请　日 2000年5月19日

优先权日 1999年5月19日

公　开　日 2000年12月6日

合议组组长 张　度

主　审　员 毕艳红

参　审　员 翁晓君

法律依据 专利法第二十六条第三款

决定要点

本发明对现有技术作出贡献之处不在于具体的工艺参数和测量装置，而是在晶片加工过程所涉及的具体工艺、设备和测量装置等现有技术的基础上实现工艺参数的时间特性函数的连续测量，由此得出特征参数以控制晶片加工质量。本领域技术人员在说明书所记载内容的基础上结合技术常识或常规的技术手段（其中包括常规的设计、试验方法）能够实现本发明，因此不能认为说明书未对本发明作出清楚完整的说明，本发明的说明书符合专利法第二十六条第三款的规定。

一、案由

本复审请求涉及申请日为2000年5月19日、优先权日为1999年5月19日、发明名称为“用于加工晶片的设备”的00118709.0号发明专利申请（下称本申请），申请人为西门子公司。

国家知识产权局原实质审查部门于2003年1月31日发出第一次审查意见通知书，指出本申请说明书不符合专利法第二十六条第三款的规定。针对第一次审查意见通知书，申请人于2003年6月13日提交了意见陈述书并对申请文件进行了修改。

国家知识产权局原实质审查部门于2003年9月26日驳回了上述发明专利申请，驳回决定所依据的文本是申请人于2003年6月13日提交的说明书第1~7页、权利要求第1~11项，2000年5月19日提交的说明书附图第1~2页、说明书摘要及摘要附图。驳回决定指出，在本申请的说明书中仅笼统的记载了申请人的一些想法，并没有给出具体涉及的生产步骤、生产单元包含的设备、该具体生产步骤所涉及的具体测量装置，这些工艺参数的测量装置如何安装（即与生产单元中原有设备的结构关系）以及相应的通过所测得的特征参数如何控制晶片加工质量等技术手段。同时，在本申请说明书中没有记载任何具体实施例以及试验结果来证明其技术方案可以实施并能够取得预期的技术效果。申请人虽然在该申请说明书中给出了解决问题的技术手段，但是这些技术手段对于所属技术领域的技术人员来说是笼统的、含糊不清的，根据说明书记载的内容无法具体实施本申请的技术方案。因此本申请说明书不符合专利法第二十六条第三款的规定。

申请人（下称复审请求人）不服上述驳回决定，于2003年11月27日向专利复审委员会提出复审请求，未对申请文件进行修改，复审请求的理由是：对于本申请的理解，既不能脱离现有技术而孤立地看待本申请的思想，也无需重复现有技术的内容。因为对于本领域的技术人员来说，晶片加工过程所涉及的具体工艺、设备和测量装置属于现有技术，而本申请是建筑在现有技术的基础之上的。同时，请求人依据说明书的记载具体举例说明了本申请的说明书也并非如“驳回决定”所说的仅笼统地记载了申请人的一些想法或要达到的目的，而没有给出具体的生产步骤、设备、具体的测量装置、以及测量的特征参数如何反馈以进行控制等。根据例举的说明书的具体内容，本领域的技术人员是可以在现有技术的基础上实施本申请的。因此，本申请说明书的内容是符合专利法第二十六条第三款的规定的。

经形式审查合格，专利复审委员会于2003年12月23日发出复审请求受理通知书和前置审查通知书。

在前置审查中原实质审查部门坚持原驳回决定。

专利复审委员会依法成立合议组对本案进行审查，在上述工作的基础上，合议组认为本案事实清楚，可以依法作出如下复审请求审查决定。

二、决定的理由

经审查，合议组未发现请求人于2003年6月13日对说明书和权利要求书的修改超出原始申请文件记载的范围，因此修改符合专利法第三十三条的规定。本复审决定依据的文本是请求人于2003年6月13日提交的说明书第1~7页、权利要求第1~11项，2000年5月19日提交的说明书附图第1~2页、说明书摘要及摘要附图。

专利法第二十六条第三款规定：说明书应当对发明或者实用新型作出清楚、完整的说明，以所属技术领域的技术人员能够实现为准。这里包含两层含义：第一，本领域技术人员通过对说明书的阅读，是否能清楚地理解所要求保护的发明主题；第二，在理解发明主题的基础上，本领域技术人员能否根据说明书的记载或在说明书的基础上结合技术常识或常规的技术手段（其中包括常规的设计、试验方法）实现发明。

合议组仔细阅读了本申请的说明书，注意到本申请所要求保护的主题是一种用于在至少一个净化室中加工晶片的设备，其申请目的是尽可能减少净化室中生产技术设备的开支，并获得尽可能精确和完美的晶片加工质量。也就是说本申请的发明点并不是在于具体的工艺参数和测量装置，而是在于连续测量工艺参数的时间特性函数并由此得出的特征参数来控制晶片加工的质量。为实现本申请的目的，说明书第4页第12行至第5页第18行、附图1、2描述了如下技术方案，即加工晶片的设备包括：1. 多个生产单元，所述生产单元中设有用于完成加工晶片所需的生产步骤，并且不同的生产步骤可以分别设置一个或多个生产单元；及2. 传输系统包括输送系统和存储系统，传输系统连接各个生产单元，通过输送系统可以把预定批量的晶片送入转运箱；储存器具有与生产单元相同类型的加载和卸载站。其中生产单元设有（1）用于完成一个或多个生产步骤的加工装置；（2）多个测量装置，可以测量不同的与完成生产步骤相关的工艺参数，测量装置与计算机单元相连接；（3）每个生产单元设有一个控制单元，控制单元构成与计算机单元并联的工位，控制单元可以特别检查所设备生产单元的不同功能，带有控制单元的生产单元设置在净化室内，可通过净化室的系统分配任务；（4）计算机单元设置在生产单元的控制单元中，除与测量装置相连接外还可以与中央计算机单元相连。由测量装置测定的工艺参数输入到计算机单元中，计算机单元根据这些工艺参数得出用于判断晶片加工质量的特征参数，根据该特征参数判断加工质量合适还是存在误差以及导致误差出现的原因；（5）生产单元具有用于送入和送出带有晶片的转运箱的各加载和卸载站。说明书中除了详细描述了上述净化室中加工晶片设备的结构组成及工作过程之外，说明书第4页第13～16行、第5页第19行至第7页第15行对可能涉及的生产工艺、工艺参数、不同工艺参数下测量装置的构成及由工艺参数计算特征参数的方法进行了详细描述。

由说明书记载的上述内容可知，说明书中已经给出了生产单元所包含的设备以及相应的通过所测得的特征参数控制晶片加工质量的技术内容。而驳回决定所指出的说明书未清楚、完整地给出的技术内容，即在净化室中加工晶片的设备所具体涉及的生产步骤、该具体生产步骤所涉及的具体测量装置、这些工艺参数的测量装置如何安装（即与生产单元中原有设备的结构关系）等是本领域技术人员在说明书的基础上结合本领域技术人员的技术常识或常规的技术手段（其中包括常规的设计、试验方法）可以实现的技术内容，而且实施本申请的技术方案自然能够达到本申请所预期的技术效果。

综上所述，本领域技术人员可以从说明书的整体描述中得到本申请所述的在净化室中加工晶片的设备的技术方案，进而实现本发明，因此本申请符合专利法第二十六条第三款的规定。至于说明书和权利要求书是否还存在其他缺陷，均留待后续程序继续审查。

三、决定

撤销中国国家知识产权局原实质审查部门于2003年9月26日对00118709.0号发明专利申请所作出的驳回决定以请求人于2003年6月13日提交的说明书第1～7页、权利要求第1～11项，2000年5月19日提交的说明书附图第1～2页、说明书摘要及摘要附图为基础，由原实质审查部门继续进行审查程序。

084

文字信息处理装置案

复审请求审查决定（第7714号）

决　定　号 第7714号
决　定　日 2005年12月23日
发明创造名称 文字信息处理装置
国际分类号 G06F 3/023
复审请求人Ⅰ 株式会社吉姆帝王
复审请求人Ⅱ 精工爱普生株式会社
申　请　号 97122490.0
申　请　日 1997年11月14日
公　开　日 1998年8月12日
合议组组长 张美菊
主　审　员 穆丽娟
参　审　员 翁晓君

法律依据 专利法实施细则第二十条第一款
决定要点

复审请求人对原权利要求4~6的文字进行了少量修改，并将其重新编号为新的权利要求1~3，但是并没有克服复审通知书中指出的其限定不清楚的缺陷，仍旧不符合专利法实施细则第二十条第一款的规定。

一、案由

本复审请求涉及1997年11月14日申请的，申请号为97122490.0、名称为"文字信息处理装置"的发明专利申请（下称本申请），申请人是株式会社吉姆帝王和精工爱普生株式会社。

在国家知识产权局的实质审查过程中，实质审查部门在2002年12月6日发出的第一次审查意见通知书中引用对比文件1（CN88100889A，其公开日为1988年10月5日）和对比文件2（JP5020323A，其公开日为1993年1月29日），指出权利要求1~3相对于对比文件1和对比文件2的结合不具备创造性，权利要求4~6相对于对比文件1不具备创造性，不符合专利法第二十二条第三款的规定。

针对实质审查部门发出的第一次审查意见通知书，申请人于2003年4月16日提交了答复意见，认为：对比文件1和对比文件2虽记载了代码和汉字的变换，但都是只考虑1个代码体系，而本申请涉及多个代码体系，因此当前权利要求1~6相对于对比文件1、2具备专利性。

国家知识产权局实质审查部门继续审查后，仍然认为本申请权利要求1~6不符合专利法第二十二条第三款的规定，于2003年11月7日作出了驳回本申请的决定。驳回决定的主要理由是：（1）对比文件1中已经公开了所述装置包括一输入装置，用于输入拼音数据，一电码表，用于将所述的电码与各个汉字相对应，一电码转换部，用于通过检索电码表以便获得与所供给的汉字代码相对应的电码，以及一输出显示装置；对比文件1与权利要求1的区别技术特征在于用于从显示装置的显示屏上选择候选字的选择装置，然而在对比文件2中已经公开了一种字符串转换装置，将其与对比文件1的技术方案相结合而得到权利要求1的技术方案这对本领域技术人员来说是不需要付出创造性劳动的，因此权利要求1相对于对比文件1和对比文件2不具备创造性；在此基础上从属权利要求2~3也不具有突出的实质性特点和显著的进步，相对于对比文件1和对比文件2也不具有创造性；（2）对比文件1在语言描述和实施方式上与权利要求4略有不同，但这对于本领域的普通技术人员来说显然不需要花费创造性的劳动便能得出，因此权利要求4相对于权利要求1不具备创造性；其从属权利要求5和6也不具有突出的实质性特点和显著的进步，也不具备创造性。

申请人（下称复审请求人）对上述驳回决定不服，于2004年2月17日向专利复审委员会提出复审请求，复审请求人认为：在驳回决定中提及的对比文件1和对比文件2都是以1个代码体系为前提的发明，而本申请涉及多个代码体系，同时，对比文件1和对比文件2对于该区别也没有给出任何技术启示，因此本申请的权利要求相对于对比文件1和对比文件2是有创造性的。

经形式审查合格，国家知识产权局复实质审委员会于2004年3月15日发出了受理通知书以及前置审查通知书。

在前置审查程序中，国家知识产权局原实质审查部门仍坚持原驳回决定中的审查意见。

专利复审委员会依法成立合议组对本案进行审查，于2005年10月8日发出复审通知书，审查意见主要包括：（1）权利要求1~3是得不到说明书支持的，因为权利要求1~3所要求保护的装置与说明书中公开的装置的各部件不能一一对应，例如“候选文字检索装置”“选择装置”，说明书附图2和说明书相关部分中均没有记载在本申请的装置中存在“候选文字检索装置”和“选择装置”，因此权利要求1~3得不到说明书支持，不符合专利法第二十六条第四款的有关规定；此外，权利要求1、2中涉及的“多个代码/文字变换表”不属于装置的结构特征，而用来限定装置，致使权利要求1及其从属权利要求2~3保护范围不清楚，不符合专利法实施细则第二十条第一款的规定，同时提请请求人注意，由于权利要求1~3所要求保护的装置在说明书中没有记载，因此只能将其删除；（2）权利要求2、5中涉及“第二表”，其对它限定的文字描述用语混乱，后面语句的文字描述不清楚导致了本领域普通技术人员不能明了该“第二表”中存储了什么代码和文字，导致权利要求2、5保护范围不清楚，不符合专利法实施细则第二十条第一款的规定；（3）权利要求4~6中没有描述清楚如何利用多个不同代码文字变换表进行“检索”以找到多种汉字的候选，并且也没有将各个操作步骤结合具体的装置部件进行描述，造成权利要求4~6保护范围不清楚，不符合专利法实施细则第二十条第一款的规定。

复审请求人于2005年11月19日对上述复审通知书作出答复，提交了权利要求书替换页，在修改的权利要求书中删除了原权利要求1~3，并对原权利要求4~6进行补正并重新编号。修改的权利要求书内容如下：

“1. 一种代码输入方法，用于从多个与不同的代码系统有关的代码/文字变换表的一个中得到所希望的文字，在这些变换表中，一个或多个代码对应于各个不同的文字，而一个或多个文字由各个代码系统中的不同的代码来标志，上述方法包括下述步骤：

在多个代码/文字变换表的一个中输入与所希望的文字对应的代码；

在相应的多个代码/文字变换表中找到并检索由输入代码标志的不同的候选文字；

在显示屏上显示被检索到的候选文字；以及

从被显示的被检索到的候选文字中选择所希望的文字。

2. 权利要求 1 所述的代码输入方法，其中，上述多个代码/文字变换表的第一表包含在第一代码系统中的所有的代码与它们的对应的文字的关系，上述多个代码/文字变换表的第二表只包含在第二代码系统中的特定的代码以及第一代码系统中标志相同的文字的不同的代码的同一性，第二代码系统中的特定的代码标志与由第一代码系统中的相同的代码标志的文字不同的文字；其中，上述找到并检索的步骤包括：

检索在第一代码/文字变换表中所标志的与输入的代码对应的第一候选文字；以及

检索在第一代码/文字变换表中所标志的与一种不同的代码对应的第二候选文字，该不同的代码在第二代码/文字变换表中与该输入的代码相对应而被标志。

3. 权利要求 1 所述的代码输入方法，其特征在于：

在相同的屏幕上显示多个被检索的候选文字，以便由选择步骤进行选择。"

在上述工作的基础上，合议组认为本案事实清楚，可以依法作出本复审请求审查决定。

二、决定的理由

1. 审查文本的认定

经审查，合议组未发现复审请求人在答复复审通知书时提交的修改文本有超出原始说明书和权利要求书记载的范围的内容，因此认为此次修改符合专利法第三十三条和专利法实施细则第六十条的规定。本复审决定依据的文本为：申请日提交的说明书摘要，说明书第 1 ~ 9 页，说明书附图 1 ~ 5 页以及摘要附图，和 2005 年 11 月 19 日提交的权利要求第 1 ~ 3 项。

2. 关于复审通知书指出的权利要求不符合专利法实施细则第二十条第一款的缺陷

复审请求人在2005 年 11 月 19 日提交的权利要求书替换页中删除了得不到说明书支持的原装置权利要求 1 ~ 3，同时对原权利要求 4 ~ 6 的文字进行了少量修改，并将其重新编号为新的权利要求 1 ~ 3。经审查，合议组认为，对相当于原权利要求 5 的新权利要求 2 中涉及的"第二表"，复审请求人只是将文字顺序进行了少量调整，并没有克服复审通知书中指出的其限定不清楚的缺陷，例如"上述多个代码/文字变换表的第二表只包含在第二代码系统中的特定的代码以及第一代码系统中标志相同的文字的不同的代码的同一性，第二代码系统中的特定的代码标志与由第一代码系统中的相同的代码标志的文字不同的文字"，其中"第二表"的限定文字描述仍旧混乱，其语句的文字描述含义仍旧不清楚，导致本领域普通技术人员不能明了该"第二表"中存储了什么代码和文字，因此权利要求 2 保护范围仍然不清楚，不符合专利法实施细则第二十条第一款的规定。

综上所述，复审请求人于 2005 年 11 月 19 日提交的修改文本没有克服复审通知书所指出的缺陷，因此合议组依法作出如下审查决定。

三、决定

维持国家知识产权局于 2003 年 11 月 7 日对 97122490. 0 号发明专利申请所作出的驳回决定。

当事人对本决定不服的，可以根据专利法第四十一条第二款的规定，自收到本决定之日起三个月内向北京市第一中级人民法院起诉。

085

镶嵌邮品的瓷盘、瓷盒、瓷板及其制作方法案

复审请求审查决定（第7729号）

决　定　号　第7729号

决　定　日　2005年10月28日

发明创造名称　镶嵌邮品的瓷盘、瓷盒、瓷板及其制作方法

国际分类号　B44C 1/28、5/00　B44D 5/00

复审请求人　刘夏石

申　请　号　02104162.8

申　请　日　2002年3月14日

公　开　日　2002年9月18日

合议组组长　杨克菲

主　审　员　李玲玲

参　审　员　聂春艳

法律依据　专利法第二十二条第三款

决定要点

如果所有对比文件均未公开权利要求的某一技术特征，本领域技术人员在对比文件的基础上，也不能得到有关该权利要求技术方案的技术启示，且该权利要求的技术方案能够产生有益的技术效果，则该权利要求所要求保护的技术方案对于本领域技术人员来说不是显而易见的，即该权利要求具备创造性。

一、案由

本复审请求涉及申请日为2002年3月14日、公开日为2002年9月18日、发明名称为“镶嵌邮品的瓷盘、瓷盒、瓷板及其制作方法”、申请号为02104162.8的发明专利申请（下称本申请），申请人为刘夏石。

在实质审查阶段，国家知识产权局专利局原实质审查部门于2004年6月11日以申请人于申请日提交的申请文本为基础驳回了该申请，驳回决定所依据的对比文件是：

对比文件1：CN1070371A，公开日为1993年3月31日；

对比文件2：CN2391742Y，公开日为2000年8月16日；

对比文件3：CN2168170Y，公开日为1994年6月8日；

对比文件4：CN1091088A，公开日为1994年8月24日。

驳回的理由是：本申请权利要求1与对比文件1公开的内容相比，区别在于：1）粘贴的是邮品；2）在邮品和瓷板表面有罩光漆。对于区别点1），对比文件2公开了可将邮票镶嵌在挂历承托底板上，构成一种嵌邮票的装饰品，给出了可以在某种承托板面上镶嵌邮票作为装饰品的启示；而对于区别点2），对于本领域技术人员来说是对装饰品表面处理时使用的常用手段，并且在对比文件3中也

公开了在景泰蓝釉层和图案框架的外表面涂透明漆的实例。因此，权利要求 1 相对于对比文件 1 ~ 3 不具备创造性，不符合专利法第二十二条第三款的规定。

权利要求 2 相对于对比文件 1 ~ 4 不具备创造性，不符合专利法第二十二条第三款的规定。具体评述参见第一次审查意见通知书中的第 2 点审查意见。相应的，第一次审查意见通知书中的第 2 点审查意见是：权利要求 2 与对比文件 1 公开的内容相比，区别在于：1）粘贴的是邮品；2）上釉之前在将要粘贴邮品的位置上贴一张形状与邮品相同的薄纸，以使相应的位置不上釉；3）上釉之后，经干燥和上彩后进行烧制；4）镶嵌邮品后，描绘纹饰并喷罩光漆。对于区别点 1)，对比文件 2 中已经公开了，给出了邮品作为饰品的启示；区别点 2）是本领域的常用手段；区别点 3）是本领域的公知常识；区别点 4）对于本领域技术人员来说是常用手段，例如对比文件 3 中公开了在景泰蓝釉层和图案框架的外表面涂透明漆，在对比文件 4 中公开了对烧制成型的瓷盘描绘纹饰。因此，权利要求 2 相对于对比文件 1 ~4 不具备创造性，不符合专利法第二十二条第三款的规定。

申请人刘夏石（下称复审请求人）对上述驳回决定不服，于 2004 年 9 月 21 日向专利复审委员会提出复审请求，复审请求人在复审请求书中陈述的复审理由主要有以下两点：

1. 对比文件 1 ~3 与本申请均不属于相同的技术领域，对比文件 1 勉强算与本申请的技术领域相近，对比文件 2、3 与本申请的技术领域相差甚远；审查员认为“对比文件 1 给出了可以在瓷器表面上镶嵌物品的启示”已经将对比文件 1 的技术启示抽象化和扩大化，贝雕本身是硬的、不易损坏、价格低廉，只是用于作画的一种元素，将粘贴贝雕元素的个案扩大为对镶嵌所有物品的技术启示是说不通的；对比文件 2 虽然公开了“在底板上有若干嵌槽，嵌槽内有邮票“，但对比文件 2 涉及的技术问题是在挂历上设置嵌槽以放邮票，而在瓷器上要制成可放邮票的嵌槽是不可能的，因此也就不存在嵌槽内有邮票的可能性；对比文件 3 中的景泰蓝是用红铜做胎，红铜与油漆可以牢固结合，而由于陶瓷表面与油漆难以牢固结合，所以瓷器表面是不涂漆的，因此审查员使用的对比文件 2 和 3 中也不存在审查员所述的技术启示。因此由对比文件 1、2、3 不能得出权利要求 1 的技术方案。

2. 复审请求人坚持其在对第一次审查意见通知书进行答复时关于独立权利要求 2 的答复意见，即：与对比文件 1 相比，本申请权利要求 2 的基体制作工艺不同、所生产产品的结构不同、生产工艺不同，对比文件 2、3 和 4 不存在相关技术启示，因此由对比文件 1、2、3、4 不能得出权利要求 2 的技术方案。

经形式审查合格后，专利复审委员会受理了该复审请求，并于 2004 年 11 月 8 日向复审请求人发出了复审请求受理通知书，同时向原实质审查部门发出了前置审查通知书。

在前置审查意见书中，原实质审查部门坚持驳回决定中关于权利要求 1 不具备创造性的审查意见。

专利复审委员会依法成立合议组，对本复审请求案进行审查。

经审查，合议组认为本案事实已经清楚，故依法作出复审决定。

二、决定的理由

（一）审查基础

由于复审请求人在提出复审请求时未对申请文件进行修改，因此本复审决定以驳回决定所依据的审查文本，即复审请求人于申请日提交的权利要求第 1 ~2 项、说明书第 1 ~3 页和说明书摘要为基础。其中权利要求书的内容为：

”1. 一种镶嵌邮品的瓷盘、瓷盒、瓷板，其特征在于，在瓷盘、瓷盒、瓷板的主要表面上粘贴有一张或者多张邮品，在瓷盘、瓷盒、瓷板及邮品表面有罩光漆使邮品与瓷盘、瓷盒、瓷板形成表面光滑的整体。

2. 一种镶嵌邮品的瓷盘、瓷盒、瓷板的制作方法，其特征在于，

（1）制作瓷胎；

（2）贴薄纸；在将要粘贴邮品的位置贴一张形状与邮品相同的薄纸；

（3）上釉；

（4）干燥；

（5）上彩；

（6）烧制；

（7）镶嵌邮品；在烧好的盘子或盒子或板子上无釉处镶嵌邮品，选取预先选定的邮品，用透明粘胶剂均匀地涂在邮票的背面，然后平整地贴在瓷盘、瓷盒、瓷板没有釉的相应位置上，通风干燥；

（8）描绘纹饰，对已经镶嵌邮品的盘子或盒子或板子，根据邮品的内容，设计描绘相适应的花纹图案进行装饰，可采用的方法有：描金、鎏金、描金彩绘、单色平涂、多色套配、变涂、针刻、台填、台花、印锦、单色晕染；

（9）喷罩光漆，对画好相应纹饰的盘子或盒子或板子，进行清尘处理，然后喷涂罩光漆至少三遍，每一道漆喷涂后用细水砂纸轻轻打磨，防止损邮品，直至光泽明亮、手感效果好为止。“

（二）关于专利法第二十二条第三款

专利法第二十二条第三款规定：“创造性，是指同申请日以前已有的技术相比，该发明有突出的实质性特点和显著的进步”。

1. 本申请权利要求 1 相对于对比文件 1、2 和对比文件 3 的结合符合专利法第二十二条第三款有关创造性的规定。

本申请权利要求 1 请求保护的主题是一种镶嵌邮品的瓷盘、瓷盒、瓷板。对比文件 1（见其说明书第 1 页倒数第 3 段至第 2 页第 1 段，摘要）公开了一种瓷板贝雕画的制作方法，并具体公开了取陶土调配制成瓷板，在版面上预留嵌衬贝雕的部分，经烧制后在预留嵌衬贝雕的部分均涂粘接剂，粘贴贝雕形成画面，构成瓷板贝雕画。

可见虽然对比文件 1 中唐三彩瓷板相当于权利要求 1 中瓷板，但将权利要求 1 请求保护的技术方案与对比文件 1 公开的内容相比，其区别包括：1）权利要求 1 中包括镶嵌邮品的瓷盘、瓷盒、瓷板，以及在瓷盘、瓷盒、瓷板及邮品表面有罩光漆使邮品与瓷盘、瓷盒、瓷板形成表面光滑的整体；2）权利要求 1 中在瓷盘、瓷盒、瓷板的主要表面上粘贴有一张或者多张成品邮品，而对比文件 1 中公开的是在瓷板上粘贴贝雕以构成瓷板贝雕画。

对比文件 2（见其说明书倒数第 7 ~ 8 行）公开了一种嵌邮票挂历，包括底板，底板上有若干个嵌槽，嵌槽内有邮票。

虽然对比文件 2 中的邮票相当于权利要求 1 中的一张或者多张邮品，但对比文件 2 属于印刷品制造技术领域，与本申请的瓷器制造加工技术领域既不属于相同的技术领域也不属于相近的技术领域；而且对比文件 2 同样没有公开本申请权利要求 1 中的上述区别 1）和 2）；同时，本申请权利要求 1 中上述区别所起的作用是使邮品粘贴到瓷盘、瓷盒、瓷板的表面上并使二者成为一个整体，而对比文件 2 公开的是使邮票放在挂历底板的嵌槽内，两者的功能和效果完全不同。

对比文件 3（参见其说明书第 2 页第 3 ~ 7 行）公开了一种坐放式景泰蓝打火机，包括景泰蓝壳体，在壳体的最外层表面，即景泰蓝釉层和图案框架的外表面涂有透明漆层。

对比文件 3 中的透明漆层相当于权利要求 1 中的罩光漆。对比文件 3 属于金属加工技术领域，与本申请的瓷器制造加工技术领域既不属于相同的技术领域也不属于相近的技术领域；而且，对比文件 3 同样没有公开本申请权利要求 1 中的上述区别 1）和 2），同时，本申请权利要求 1 中上述区别所起

的作用是使邮品粘贴到瓷盘、瓷盒、瓷板的表面上并使二者成为一个整体，而对比文件3公开的透明漆层所起的作用却与之不相同，其在景泰蓝壳体的最外层表面涂有透明漆层是使其具有美感和包覆性及装饰性。

由此可知，对比文件2和对比文件3都不存在任何技术启示使本领域技术人员将其与对比文件1结合以得出权利要求1的技术方案。本申请权利要求1的技术方案产生了如下有益的技术效果：使邮品镶嵌到瓷盘、瓷盒、瓷板上并使二者成为一个整体，从而达到了在瓷器上永久地固定真实的成品邮票的目的，并增加了对邮票的保护。因此，本申请的权利要求1相对于对比文件1、2和对比文件3具有突出的实质性特点和显著的进步，符合专利法第二十二条第三款有关创造性的规定。

2. 本申请权利要求2相对于对比文件1、2、3和对比文件4的结合符合专利法第二十二条第三款有关创造性的规定。

本申请权利要求2请求保护的主题是一种镶嵌邮品的瓷盘、瓷盒、瓷板的制作方法，对比文件1（见其说明书第1页倒数第3段至第2页第1段，说明书摘要）公开了一种瓷板贝雕画的制作方法，并具体公开了唐三彩瓷板画面，以制作松鹤图为例。画面中的石、草、山、松由唐三彩板画面构成，取陶土调配制成板面，在板面的画迹上立线，用冷釉着色，画面中的鹤由贝雕粘贴构成，在预留嵌衬贝雕的部分画出鹤的形态轮廓线，不予着釉，将版画送入窑内烧制。出窑后形成唐三彩画面。将贝雕处理成为一定粒度的颗粒和片状，做为构成鹤形体的基材。粘接剂调配出色调深、浅不同的几种备用。根据画面衔接部的色调涂相应色调的粘接剂，粘贴贝雕形成鹤体画面，构成瓷板贝雕画。自然干燥48小时后，对贝雕表面琢磨、打光，最后涂亮油处理，使唐三彩画面与贝雕画面色泽协调，浑然一体。

本申请权利要求2请求保护的技术方案与对比文件1公开的上述内容的区别在于，权利要求2还包括：步骤（2）“贴薄纸；在将要粘贴邮品的位置贴一张形状与邮品相同的薄纸”、步骤（7）“镶嵌邮品；在烧好的盘子或盒子或板子上无釉处镶嵌邮品，选取预先选定的邮品，用透明粘胶剂均匀地涂在邮票的背面，然后平整地贴在瓷盘、瓷盒、瓷板没有釉的相应位置上，通风干燥”、步骤（8）“描绘纹饰，对已经镶嵌邮品的盘子或盒子或板子，根据邮品的内容，设计描绘相适应的花纹图案进行装饰，可采用的方法有：描金、鎏金、描金彩绘、单色平涂、多色套配、变涂、针刻、台填、台花、印锦、单色晕染”和步骤（9）“喷罩光漆，对画好相应纹饰的盘子或盒子或板子，进行清尘处理，然后喷涂罩光漆至少三遍，每一道漆喷涂后用细水砂纸轻轻打磨，防止损邮品，直至光泽明亮、手感效果好为止”。

根据前面对对比文件2和对比文件3公开内容的描述可知，对比文件2和3也没有公开上述步骤（2）、步骤（7）（8）和步骤（9）。

对比文件4（参见说明书第2页倒数第1~2行）公开了浮雕镶嵌彩釉结合挂盘及其制造工艺，其中高温浮雕镶挂盘烧制成型出窑后，再在浮雕局部上金，在盘子边沿一圈勾金边，在800℃~850℃的低温下烧制，达到美感效果。

可见对比文件4中公开的对烧制成型的挂盘勾金边，还需要进行低温烧制，而本申请权利要求2中的方法在描绘纹饰之后不需要重新烧制，因而对比文件4中对烧制成型的挂盘勾金边与权利要求2中的描绘纹饰的步骤并不相同。可见，对比文件4同样没有公开本申请权利要求2中步骤（2）、步骤（7）（8）和步骤（9）。

由此可知，对比文件2、3和4都不存在任何技术启示使本领域技术人员将其与对比文件1结合以得出权利要求1的技术方案。同时，本申请权利要求2的技术方案产生了如下有益的技术效果：在不上釉的部位贴一张形状与邮品相同的薄纸保证了预留区域的尺寸和位置精度，保证了邮品与瓷盘、瓷盒、瓷板的结合和位置准确性，同时使邮品镶嵌到瓷盘、瓷盒、瓷板上并使二者成为一个整体，从而达到了在瓷器上永久地固定真实的成品邮票的目的，并增加了对邮票的保护。因此，本申请的权利要求 2 相对于对比文件 1、2、3 和对比文件 4 的结合具有突出的实质性特点和显著的进步，符合专利法第二十二条第三款有关创造性的规定。

综上所述，合议组认为本申请符合专利法第二十二条第三款的规定，复审请求人的复审请求理由成立。

三、决定

撤销国家知识产权局专利局原实质审查部门于 2004 年 6 月 11 日作出的驳回第 02104162.8 号发明专利申请的决定，由原实质审查部门以驳回决定所依据的文本为基础继续进行审批程序。

086

分类模型生成方法和记录媒体案

复审请求审查决定（第7739号）

决　定　号　第7739号
决　定　日　2005年12月16日
发明创造名称　分类模型生成方法和记录媒体
国际分类号　G06F 15/18
复审请求人　株式会社山武
申　请　号　97181882.7
申　请　日　1997年11月19日
公　开　日　2000年3月15日
合议组组长　石　竞
主　审　员　邢文飞
参　审　员　马志远

法律依据　专利法第二十五条第一款第二项
决定要点

该申请的权利要求方案没有涉及对具体的物理量的控制，其实质上仍然是数学处理方式，这种情况下，上述权利要求保护的仍然是一种智力活动的规则和方法，不符合专利法第二十五条第一款第二项的规定。

一、案由

本复审请求涉及国家知识产权局于2002年12月13日驳回的、名称为“分类模型生成方法和记录媒体”的发明专利申请（下称本申请），其申请号为97181882.7，申请日为1997年11月19日，申请人为株式会社山武。

针对本申请，原实质审查部门于2002年6月21日发出第一次审查意见通知书指出：（1）权利要求1请求保护一种分类模型生成方法，由于在该方法中，生成分类模型的步骤只是在抽象的数学空间内对该空间的各分割区域进行理论上的处理，而没有采取任何技术手段或者利用自然规则，也没有解决技术问题和产生技术效果，因此属于智力活动的规则和方法，不符合专利法第二十五条第一款第二项的规定；（2）权利要求7请求保护一种记录媒体，该权利要求与现有技术的区别仅在于记录媒体上记录的程序代码，而该程序代码仅仅按照特定的规则排列二进制代码形式的数据，因此该权利要求实质上属于智力活动的规则和方法，不符合专利法第二十五条第一款第二项的规定。

申请人于2002年11月4提交了意见陈述书和权利要求书替换页2页。申请人对独立权利要求1进行了修改，在前序部分增加了特征“用于从模型对象中收集多维数据，用计算机进行分类处理”，然后删除了独立权利要求7。申请人在意见陈述书中认为：本申请的目的在于：对于在过程控制中不能进行线性分离的空间，也为其近似地生成分类模型，而权利要求1的技术方案中所包括的各技术特征的总和就是为了实现上述目的，而由计算机执行的处理，虽然本申请在对这些对象进行处理的过程中采用了对空间的各分割区域进行处理的数学处理方式，但是该数学处理直接作用在属于技术领域的各过程控制对象上，从而使得处理结果能够产生一定的技术效果，因此本发明采用了技术特征，能够解决一定的技术问题，并能产生一定的技术效果，因而具有专利法意义上的可专利性。

国家知识产权局于2002年12月13日针对申请人于申请日提交说明书第1~18页、说明书附图第1~11页、说明书摘要、摘要附图、2002年11月4日提交的权利要求第1~6项（文本1）驳回了本申请，其具体理由是：权利要求1请求保护一种分类模型生成方法，在该方法中，通过计算机处理生成分类模型，尽管申请人强调上述处理步骤是由计算机完成，但实际上所述方法步骤并没有体现如果通过与计算机结合实现上述步骤，而仅仅是描述了在抽象的数学空间内对该空间的分割区域进行处理，也就是说权利要求1对现有技术的贡献仅仅在于提供一种数学理论，而该数学理论部分是属于智力活动的规则和方法，因此权利要求1请求保护的方法属于智力活动的规则和方法，不符合专利法第二十五条第一款第二项的规定。文本1的权利要求1~6内容如下：

“1. 一种分类模型生成方法，用于从模型对象中收集多维数据，用于计算机进行分类处理，其特征在于，通过进行下述处理来生成分类模型：

在由n种变量定义的n维的特征空间内输入属于1个类别并且其位置由上述变量来特定的n维数据时，利用各变量的m分割将上述特征空间分割为m n个分割区域，并在进行分割时认为生成内含数据的个数为1个的分割区域的情况相对于分割数m遵守概率分布，根据统计的有意义的水准决定分割数m的处理；

将内含n维数据的分割区域作为属于上述类别的学习区域，使输入的各个数据与分割区域相对应的处理；

将上述学习区域的周边的分割区域添加到学习区域中使学习区域群膨胀的处理；

和将位于上述学习区域与非学习区域的分割区域的边界的学习区域从学习区域群中除去使学习区域群收缩的处理。

2. 按权利要求1所述的分类模型生成方法，其特征在于：根据对至少生成1个内含数据的个数为1个的分割区域的分割数m的平均和离散，决定与上述在统计上有意义的水准对应的分割数m.

3. 按权利要求1所述的分类模型生成方法，其特征在于：在进行使上述学习区域群膨胀的处理之前，进行将在相邻的区域中1个学习区域也没有的学习区域从学习区域群中除去的处理。

4. 按权利要求1所述的分类模型生成方法，其特征在于：

使上述学习区域群膨胀的处理，是着眼于任意的分割区域，并在与该着眼区域相邻的分割区域中即使存在1个学习区域时也将着眼区域作为学习区域的处理；

使上述学习区域群收缩的处理，是着眼于任意的学习区域，并在与该着眼区域相邻的分割区域中即使存在1个非学习区域时就将着眼区域从学习区域群中除去的处理。

5. 按权利要求1所述的分类模型生成方法，其特征在于：在存在多个上述类别时，在根据上述在统计上有意义的水准对各类别求出分割数后，根据对各类别求出的分割数决定对全部类别共同的分割数，对各类别进行使数据与分割区域相对应的处理和使学习区域群膨胀的处理以及使学习区域群收缩的处理。

6. 按权利要求5所述的分类模型生成方法，其特征在于：在识别为属于某一类别的总数为N的显示区域中，当有e个识别为也属于其他类别的显示区域时，就将e/N作为表示类别间的分离性的误识别率。”

申请人（下称请求人）对上述驳回决定不服，于2003年3月28日向专利复审委员会提出了复审请求，同时提交了权利要求书替换页共5页（文本2），请求人的复审请求理由是：首先，本发明设计由计算机对从被控制对象中得到的多维数据进行分类处理，从而生成对该被控制对象进行控制时所使用的分类模型，生成分类模型的过程中虽然采用了数学算法，但是本发明将该算法与被控制对象的控制结合起来，由计算机运行该生成的模型，并根据该模型对被控制对象进行控制；其次，本申请采用了技术手段，能够解决一定的技术问题，而且能够产生一定的技术效果，因为具有专利法意义上的可专利性；再次，虽然本发明在对这些对象进行处理的过程中采用了对空间的各分割区域进行处理的数学处理方式，但是该数学处理直接作用在属于技术领域的各过程控制对象上，从而使得处理结果能够被在工业控制过程中进行采用，产生一定的技术效果，因此权利要求1及其从属权利要求2～6和作为权利要求1的应用的权利要求7都具有可专利性，权利要求8～14对应于实施例2～5的权利要求，它们都是将本发明应用到具体的技术领域进行控制的技术方案，并分别在这些技术领域产生相应的技术效果，因而也具有可专利性。

文本2的独立权利要求1、7、8、10、11、14的具体内容是：

"1. 一种分类模型生成方法，包括如下步骤：

该从被控制对象收集的、由n种变量定义的n维特征空间内属于1各类别并且其位置由上述变量来特定的n维数据输入计算机，

用计算机通过进行下述分类处理来生成分类模型：

利用各变量的m分割将上述特征空间分割为m n个分割区域，并在进行分割时认为生成内含数据的个数为1个的分割区域的情况相对于分割数m遵守概率分布，根据统计的有意义的水准决定分割数m；

将内含n维数据的分割区域作为属于上述类别的学习区域，使输入计算机的各个数据与分割区域相对应；

将上述学习区域的周边的分割区域添加到学习区域中使学习区域群膨胀；

和将位于上述学习区域与非学习区域的分割区域的边界的学习区域从学习区域群中除去使学习区域群收缩。"

"7. 一种采用权利要求1所生成的分类模型对被控制对象进行控制的方法。

8. 一种控制空调系统的方法，其中通过生成对应于该空调系统内的控制器的控制状态的分类模型来进行控制，包括如下步骤：

该从该空调系统收集的、由n种变量定义的n维特征空间内并且其位置由上述变量来特定的n维数据输入计算机，其中该n种变量至少包含决定上述空调系统的供气温度是否发生波动的变量；

用计算机通过进行下述分类处理来生成分类模型：

利用各变量的m分割将上述特征空间分割为m n个分割区域，并在进行分割时认为生成内含数据的个数为1个的分割区域的情况相对于分割数m遵守概率分布，根据统计的有意义的水准决定分割数m；

将内含n维数据的分割区域作为学习区域，使输入计算机的各个数据与分割区域相对应；

将上述学习区域的周边的分割区域添加到学习区域中使学习区域群膨胀；

和将位于上述学习区域与非学习区域的分割区域的边界的学习区域从学习区域群中除去使学习区域群收缩，

通过使用所生成的分类模型，对上述控制器进行控制，以使供气温度不发生波动。"

"10. 一种控制产品质量的方法，其中通过生成对应于该产品质量的分类模型来进行产品的质量控制，包括如下步骤：

该从该产品收集的、由 n 种变量定义的 n 维特征空间内并且其位置由上述变量来特定的 n 维数据输入计算机，其中该 n 种变量至少包含决定上述产品的质量是否合格的变量；

用计算机通过进行下述分类处理来生成分类模型：

利用各变量的 m 分割将上述特征空间分割为 m n 个分割区域，并在进行分割时认为生成内含数据的个数为 1 个的分割区域的情况相对于分割数 m 遵守概率分布，根据统计的有意义的水准决定分割数 m；

将内含 n 维数据的分割区域作为学习区域，使输入计算机的各个数据与分割区域相对应；

将上述学习区域的周边的分割区域添加到学习区域中使学习区域群膨胀；

和将位于上述学习区域与非学习区域的分割区域的边界的学习区域从学习区域群中除去使学习区域群收缩，

通过使用所生成的分类模型，对产品的生产过程进行控制以生产出合格的产品。

11. 一种对设备的异常进行判断的方法，其中通过生成对应于该该设备的异常状态的分类模型，来进行判断，包括如下步骤：

该从该设备收集的、由 n 种变量定义的 n 维特征空间内并且其位置由上述变量来特定的 n 维数据输入计算机，其中该 n 种变量至少包含决定该设备是否异常的变量；

用计算机通过进行下述分类处理来生成分类模型：

利用各变量的 m 分割将上述特征空间分割为 m n 个分割区域，并在进行分割时认为生成内含数据的个数为 1 个的分割区域的情况相对于分割数 m 遵守概率分布，根据统计的有意义的水准决定分割数 m；

将内含 n 维数据的分割区域作为学习区域，使输入计算机的各个数据与分割区域相对应；

将上述学习区域的周边的分割区域添加到学习区域中使学习区域群膨胀；

和将位于上述学习区域与非学习区域的分割区域的边界的学习区域从学习区域群中除去使学习区域群收缩，

通过使用所生成的分类模型检测设备是否异常。”

“14. 一种对系统的操作过程进行控制的方法，其中通过生成对应于该系统的操作过程中的操作状态的分类模型，来改变操作过程的操作输出，包括如下步骤：

该从操作过程中收集的、由 n 种变量定义的 n 维特征空间内并且其位置由上述变量来特定的 n 维数据输入计算机，其中该 n 种变量至少包含决定上述操作过程的操作输出变量；

用计算机通过进行下述分类处理来生成分类模型：

利用各变量的 m 分割将上述特征空间分割为 m n 个分割区域，并在进行分割时认为生成内含数据的个数为 1 个的分割区域的情况相对于分割数 m 遵守概率分布，根据统计的有意义的水准决定分割数 m；

将内含 n 维数据的分割区域作为学习区域，使输入计算机的各个数据与分割区域相对应；

将上述学习区域的周边的分割区域添加到学习区域中使学习区域群膨胀；

和将位于上述学习区域与非学习区域的分割区域的边界的学习区域从学习区域群中除去使学习区域群收缩，

所生成的分类模型，对操作过程的操作输出进行控制。”

经形式审查合格，专利复审委员会受理了该复审请求，并于 2003 年 4 月 15 日发出了复审请求受理通知书以及前置审查通知书。

在前置审查程序中，国家知识产权局原实质审查部门仍坚持原驳回决定。

在此基础上，专利复审委员会依法成立合议组对本案进行审理。请求人在提交复审请求时提交的权利要求第1~18项符合专利法第三十三条和专利法实施细则第六十条的规定，因此本案合议组于2005年9月14日针对申请日提交的说明书第1~18页、说明书附图第1~11页、说明书摘要和说明书摘要附图。2003年3月28日提交的权利要求第1~14项发出了复审意见通知书，并指出：（1）独立权利要求1请求保护一种分类模型生成方法，即通过计算机进行处理生成分类模型，正如申请人在意见陈述书中所述，本发明在对这些对象进行处理的过程中采用了对空间的各分割区域进行处理的数学处理方式，该数学处理可作用在属于技术领域的各种过程控制对象上，从而使得处理结果能够在工业控制过程中进行采用，但是从权利要求1的描述中，无法得知该权利要求的具体技术领域，该权利要求利用了纯粹的数学处理方式，而且也没有表明该权利要求中的数据代表的具体含义，因而只是抽象的数据处理方法，无法得知该方法解决什么技术问题，达到什么样的技术效果，因此该独立权利要求1属于智力活动的规则和方法，不符合专利法第二十五条第一款第二项的规定；同理，权利要求2~7也不符合专利法第二十五条第一款第二项的规定；（2）独立权利要求8~14分别请求保护制空调系统的方法，控制产品质量的方法，对设备的异常进行判断的方法，以及对系统的操作过程进行控制的方法，其实际上就是将分类模型方法这个数学模型应用到具体的领域，但是却没有将具体参数、具体的变量是如何应用到具体领域进行描述，对于空调控制来说，没有描述出如何根据结果切换PID控制器，只是简单的描述了一下将空调的换气温度和换气湿度应用到该模型上，而且也没有描述出这样做会带来什么样的技术效果，解决了什么样的技术问题，其实质上仍然是数学处理方式，在控制产品质量的方法，对设备的异常进行判断的方法，以及对系统的操作过程进行控制的方法中也存在上述问题，因此上述权利要求仍然是一种智力活动的规则和方法，不符合专利法第二十五条第一款第二项的规定。

请求人于2005年10月31日提交了意见陈述书和权利要求书替换页共4页（文本3），认为：修改后的权利要求1明确了该n种变量至少包含决定上述空调系统的供气温度是否发生波动的变量，并且该n维数据被分类为表示供气温度发生波动的类别或者供气温度不发生波动的类别，该权利要求1的技术手段采用了新的分类学习方法建立分类模型，并且基于新建立的分类模型对于实时输入的变量判断供气温度是否发生波动，从而对空调的温度进行控制，因此修改后的权利要求1不是纯粹的数学运算，其他的独立权利要求也都进行了类似的修改，因此也都不是纯粹的数学运算。文本3的独立权利要求第1、3、4、7项具体内容是：

"1. 一种控制空调系统的方法，其中通过生成对应于该空调系统内的控制器的控制状态的分类模型来进行控制，包括如下步骤：

该从该空调系统收集的、由n种变量定义的n维特征空间内并且其位置由上述变量来特定的n维数据输入计算机，其中该n种变量至少包含决定上述空调系统的供气温度是否发生波动的变量，并且该n维数据被分类为表述供气温度发生波动的类别或者供气温度不发生波动的类别；

用计算机通过进行下述分类处理来生成分类模型：

利用各变量的m分割将上述特征空间分割为m n个分割区域，并在进行分割时认为生成内含数据的个数为1个的分割区域的情况相对于分割数m遵守概率分布，根据统计的有意义的水准决定分割数m；

将内含n维数据的分割区域作为学习区域，使输入计算机的各个数据与分割区域相对应；

将上述学习区域的周边的分割区域添加到学习区域中使学习区域群膨胀；

和将位于上述学习区域与非学习区域的分割区域的边界的学习区域从学习区域群中除去使学习区域群收缩，

通过使用所生成的分类模型，判断表述当前状况的n维数据是否位于表示供气温度发生波动的学习区域，从而对上述控制器进行控制，以使供气温度不发生波动。”

“3. 一种控制产品质量的方法，其中通过生成对应于该产品质量的分类模型来进行产品的质量控制，包括如下步骤：

将从该产品收集的、由n种变量定义的n维特征空间内并且其位置由上述变量来特定的n维数据输入计算机，其中该n种变量至少包含决定上述产品的质量是否合格的变量，并且该n维数据被分类为表示产品的质量不合格的类别或者表示产品的质量合格的类别；

用计算机通过进行下述分类处理来生成分类模型：

利用各变量的m分割将上述特征空间分割为m n 个分割区域，并在进行分割时认为生成内含数据的个数为1个的分割区域的情况相对于分割数m遵守概率分布，根据统计的有意义的水准决定分割数m；

将内含n维数据的分割区域作为学习区域，使输入计算机的各个数据与分割区域相对应；

将上述学习区域的周边的分割区域添加到学习区域中使学习区域群膨胀；

和将位于上述学习区域与非学习区域的分割区域的边界的学习区域从学习区域群中除去使学习区域群收缩，

通过使用所生成的分类模型，判断表示当前状况的n维数据是否位于表示产品的质量不合格的学习区域，从而对产品的生产过程进行控制以生产出合格的产品。

4. 一种对设备的异常进行判断的方法，其中通过生成对应于该该设备的异常状态的分类模型，来进行判断，包括如下步骤：

将从该设备收集的、由n种变量定义的n维特征空间内并且其位置由上述变量来特定的n维数据输入计算机，其中该n种变量至少包含决定该设备是否异常的变量，并且该n维数据是设备正常运行时的数据；

用计算机通过进行下述分类处理来生成分类模型：

利用各变量的m分割将上述特征空间分割为m n 个分割区域，并在进行分割时认为生成内含数据的个数为1个的分割区域的情况相对于分割数m遵守概率分布，根据统计的有意义的水准决定分割数m；

将内含n维数据的分割区域作为学习区域，使输入计算机的各个数据与分割区域相对应；

将上述学习区域的周边的分割区域添加到学习区域中使学习区域群膨胀；

和将位于上述学习区域与非学习区域的分割区域的边界的学习区域从学习区域群中除去使学习区域群收缩，

通过使用所生成的分类模型，计算内含表示现在的状况的变量的分割区域与学习区域的距离，以检测设备是否异常。”

“7. 一种控对系统的操作过程进行控制的方法，其中通过生成对应于该系统的操作过程中的操作状态的分类模型，来改变操作过程的操作输出，包括如下步骤：

该从操作过程中收集的、由n种变量定义的n维特征空间内并且其位置由上述变量来特定的n维数据输入计算机，其中该n种变量至少包含决定上述操作过程的操作输出变量，并且该n维数据是操作模型的操作输出与熟练操作的操作输出的差异打的类别下的数据；

用计算机通过进行下述分类处理来生成分类模型：

利用各变量的m分割将上述特征空间分割为m n 个分割区域，并在进行分割时认为生成内含数据的个数为1个的分割区域的情况相对于分割数m遵守概率分布，根据统计的有意义的水准决定分割数 m；

将内含 n 维数据的分割区域作为学习区域，使输入计算机的各个数据与分割区域相对应；

将上述学习区域的周边的分割区域添加到学习区域中使学习区域群膨胀；

和将位于上述学习区域与非学习区域的分割区域的边界的学习区域从学习区域群中除去使学习区域群收缩，

通过所生成的分类模型，判断当前的操作模型的操作输出与熟练操作员的操作输出的差异是否位于学习区域内，从而对对操作过程的操作输出进行控制。”

至此，合议组认为本案事实清楚，可以作出如下复审请求审查决定。

二、决定的理由

1. 审查的基础

请求人随答复复审通知书提交的修改的权利要求书（即文本 3）符合专利法第三十三条和专利法实施细则第六十条的规定，因此本复审决定依据的文本为：文本 3 的权利要求第 1 ~ 12 项，以及文本 1 中的说明书第 1 ~ 18 页、说明书附图第 1 ~ 11 页、说明书摘要、摘要附图。

2、关于专利法第二十五条第一款第二项

按照专利法第二十五条的规定，对于智力活动的规则和方法不授予专利权。

独立权利要求 1、3、4、7 分别请求保护控制空调系统的方法，控制产品质量的方法，对设备的异常进行判断的方法，以及对系统的操作过程进行控制的方法。权利要求 1 实际上就是将分类模型方法这个数学模型应用到具体的领域，但是却没有将具体参数、具体的变量是如何应用到具体领域进行描述，对于权利要求 1 的空调控制方法来说，没有描述出如何根据结果切换 PID 控制器，只是简单的描述了一下将空调的换气温度和换气湿度应用到该模型上，而且也没有描述出这样做会带来什么样的技术效果，解决了什么样的技术问题，其实质上仍然是数学处理方式。权利要求 3、4、7 的方法中也存在上述问题，因此上述各项权利要求仍然是一种智力活动的规则和方法，不符合专利法第二十五条第一款第二项的规定。

虽然请求人在意见陈述中认为经过权利要求 1 经过修改，明确了具体的变量，以及具体的变量如何应用到控制空调温度，并且限定了如果根据结果控制 PID 控制器。但是合议组认为：请求人虽然在权利要求 1 中增加了特征“其中该 n 种变量至少包含决定上述空调系统的供气温度是否发生波动的变量，并且该 n 维数据被分类为表述供气温度发生波动的类别或者供气温度不发生波动的类别”“判断表述当前状况的 n 维数据是否位于表示供气温度发生波动的学习区域，从而对上述控制器进行控制”，但是在增加的特征中仍然没有增加具体的参数，具体收集什么数据，只是简单的描述数据分类为供气温度发生变动或不发生变动的类别并应用到该模型上，而没有描述出如何将具体的参数进行分类，并如何通过具体的参数对控制器进行控制，因此不知道这样做会带来什么样的技术效果，解决了什么样的技术问题，其实质上仍然是数学处理方式，这种情况下，权利要求 1 仍然是一种智力活动的规则和方法，不符合专利法第二十五条第一款第二项的规定。同理，独立权利要求 3、4、7 也是智力活动的规则和方法，不符合专利法第二十五条第一款第二项的规定。

综上所述，合议组认为本复审请求的理由不能成立。

三、决定

驳回复审请求，维持国家知识产权局于 2002 年 12 月 13 日作出的驳回 97181882.7 号发明专利申请的决定。

请求人如对本决定不服，可以依据专利法第四十一条第二款的规定自收到本决定之日起三个月内向北京市第一中级人民法院起诉。

087

在记录介质上记录数据的装置案

复审请求审查决定（第7743号）

决　定　号　第7743号
决　定　日　2005年12月19日
发明创造名称　在记录介质上记录数据的装置
国际分类号　G06F 12/16
复审请求人　索尼公司
申　请　号　94117657.6
申　请　日　1994年10月27日
公　开　日　1995年10月25日
合议组组长　蒋　彤
主　审　员　何怀燕
参　审　员　张汉国

法律依据　专利法第三十三条
决定要点

鉴于修改后的权利要求删除了在原始申请文件中未公开的技术特征，因此修改文本已克服了驳回决定所指出的缺陷，在修改文本的基础上撤销驳回决定。

一、案由

本复审请求涉及中国专利局于1994年10月27日受理的、申请号为94117657.6、名称为“在记录介质上记录数据的装置”的发明专利申请，其申请人为索尼公司。

2003年12月5日，国家知识产权局实质审查部门以本申请不符合专利法第三十三条的规定为由，作出了驳回本申请的决定。该决定所针对的文本是申请人于申请日提交的说明书第2~26页和说明书摘要、1995年5月2日提交的说明书附图、1995年7月3日提交的说明书第1页和摘要附图、以及2002年1月22日提交的权利要求书，并认为：申请人答复第一次审查意见通知书时在权利要求1中增加的技术特征“管理信息发生设备……”超出了原始申请文件的记载范围。

申请人（下称请求人）不服上述驳回决定，于2004年1月9日向专利复审委员会请求复审，同时提交权利要求书替换页，主要是在权利要求1中增加了有关“再现设备”的技术特征。请求人的复审理由主要是：权利要求1所述的管理信息发生装置可以从说明书附图7及说明书的相关内容导出，因此其对权利要求书的修改符合专利法第三十三条的规定。

在本复审请求的前置审查中，原审查部门坚持原驳回决定。

专利复审委员会本案合议组经合议审查后，于2004年10月19日向请求人发出复审通知书，该通知书指出：附图7及说明书相关内容公开的是U-TOC数据更新操作的方法流程，并没有有关“管理信息发生设备”的描述，而由该方法流程并不能直接推导出一个专门处理该流程的装置及其组成结构，请求人在原始权利要求 1 中增加的技术特征“管理信息发生设备……”在原始申请文件中没有记载，也不能从原始申请文件中直接导出，因此该修改超出了原始申请文件的记载范围，不符合专利法第三十三条的规定。

2004 年 11 月 26 日，请求人提交意见陈述书，同时提交权利要求书全文替换页，删除了权利要求 1 中有关“管理信息发生装置”的内容，将权利要求 1 中的“管理信息”和“发生”修改为“监控信息”和“更新”，以使之与说明书的措辞一致，并对“非易失性存储器”和“控制设备”重新进行了限定。请求人认为，其对权利要求书的修改没有超出原始申请文件的记载范围，并已克服了复审通知书指出的缺陷。

至此，合议组认为，本案事实已经清楚，可以作出本复审请求审查决定。

二、决定的理由

请求人在答复复审通知书时重新撰写的权利要求 1 如下：

“1. 一种记录装置，用于在一个记录媒体上的一个记录区中记录数据以及将表示记录在所述记录媒体管理区中的所述数据内容的监控信息记录在所述记录媒体的管理区，其中所述记录媒体具有预记录的地址，所述记录装置包括：

一个记录设备，用于在所述记录媒体的记录区中记录新的数据，以及在所述记录媒体的管理区中记录监控信息；

一个再现设备，用于从所述记录媒体再现所述预记录的地址；

一个非易失性存储器，用于存储所述监控信息；以及

一个控制设备，用于与所述非易失性存储器一起，根据由所述再现设备提供的所述预记录的地址，在以每一个一定时间间隔进行的记录操作过程中，更新与将要记录在所述记录媒体的记录区中的新数据有关的被更新的监控信息；并且用于确认每当电源被打开时，对所述记录媒体的管理区的被更新的监控信息的记录操作是否已经完成，以使得在电源打开之后而所述记录操作还没有完成的情况下，已经存储在所述非易失性存储器中的被更新的监控信息可以被记录到所述记录媒体的管理区上。”

在此次修改中，请求人删除了权利要求 1 中有关“管理信息发生装置”的内容，因此已经克服了驳回决定和复审通知书指出的缺陷。请求人还将权利要求 1 中的“管理信息”和“发生”修改为“监控信息”和“更新”，以使之与说明书的措辞一致，这显然也符合专利法第三十三条的规定。另外，请求人在上述权利要求 1 中对“非易失性存储器”和“控制设备”的重新限定也能够得到说明书的支持，因此该修改也未超出原始申请文件的记载范围，符合专利法第三十三条的规定。

可见，经过请求人对权利要求书的修改，已经克服了驳回决定和复审通知书指出的缺陷，故在修改后的文本的基础上撤销原驳回决定，由原审查部门继续进行审批程序。修改后的文本是否还存在其他影响授权的缺陷也留待原审查部门继续审查。

三、决定

在请求人于申请日提交的说明书第 2 ~ 26 页和说明书摘要、1995 年 5 月 2 日提交的说明书附图、1995 年 7 月 3 日提交的说明书第 1 页和摘要附图、以及 2004 年 11 月 26 日提交的权利要求书的基础上，撤销原驳回决定，由原审查部门继续进行审批程序。

088

带有可重新组合的程序状态字的微控制器案

复审请求审查决定（第7744号）

决　定　号　第7744号
决　定　日　2005年12月21日
发明创造名称　带有可重新组合的程序状态字的微控制器
国际分类号　G06F 9/32
复审请求人　皇家菲利浦电子有限公司
申　请　号　95190889.8
申　请　日　1995年8月24日
公　开　日　1996年11月13日
合议组组长　蒋　彤
主　审　员　何怀燕
参　审　员　张　度

法律依据　专利法第二十六条第四款
决定要点
权利要求所述技术方案不能从说明书中概括得出，不能得到说明书的支持。

一、案由

本复审请求涉及1995年8月24日受理，1996年5月14日进入中国国家阶段，申请号为95190889.8，名称为“带有可重新组合的程序状态字的微控制器”的发明专利PCT申请，其申请人原为菲利浦电子有限公司，后变更为皇家菲利浦电子有限公司。

2003年5月9日，国家知识产权局审查部门以本申请不符合专利法第二十六条第四款的规定为由，作出了驳回本申请的决定。该决定认为：本申请的说明书中仅仅公开了一个具体的选择与传送装置、读电路和写电路，但权利要求1和权利要求5却采用功能性限定的方式来对其进行限定，而本领域技术人员从说明书的描述并不能预见除了说明书具体描述的选择与传送装置、读电路和写电路以外的其他的装置或电路也能实现本申请的目的，因此权利要求1和权利要求5得不到说明书的支持。

申请人（下称请求人）不服上述驳回决定，于2003年8月20日向专利复审委员会请求复审，同时提交权利要求书替换页，其中删除了原权利要求5。请求人认为权利要求1能够得到说明书的支持，具体为：（1）选择与传送装置响应于微控制器的多个模式而可操作地选择和重新安排PSW的各个位，无论微控制器是处于与现有技术的微控制器指令兼容的模式还是处于所希望的模式，选择与传送装置都会将按照本申请所述的PSW的各个位放置在总线上适于由现有技术的微控制器进行处理的位置，从而允许旧的和新的操作模式同时存在；（2）选择与传送装置还以与现有技术兼容的安排从总线上读取各个位，并且按照本申请的微控制器的安排存储这些位；（3）本申请提供了一种系统，它可以根据微控制器的模式将PSW的各个位放置在适当的位置，并且将较大的PSW转换为适于现有技术的微控制器处理的较小的PSW；（4）本申请的说明书已为本领域技术人员提供了足够的信息。

在本复审请求的前置审查中，原实质审查部门认为修改后的文本仍没有克服驳回决定指出的缺陷，因此坚持原驳回决定。

专利复审委员会依法成立合议组对本案进行复审，合议组经合议审查后，于2004年5月25日向请求人发出复审通知书，该通知书指出：权利要求1中概括的“选择与传送装置”及该选择与传送装置耦合到PSW寄存器的特征只是功能性限定的特征，本领域技术人员从中不能明了选择与传送装置的结构特征，也不能明了实现“耦合”的连接方式，说明书中也没有给出除了实施例部分公开的具体的选择与传送装置和耦合方式以外的其他替代方式，说明书及附图所描述的结构和连接关系对于实现本申请的目的而言是必需的，而权利要求1中缺少对这些结构特征的描述，因此本领域技术人员不能从说明书公开的内容概括得到权利要求1所述的技术方案，权利要求1不符合专利法第二十六条第四款的规定。

2004年6月18日，请求人提交意见陈述书，同时提交权利要求书替换页，将权利要求4的附加技术特征写入权利要求1，并修改了权利要求书中的个别措辞。请求人认为：修改后的权利要求1明确限定了选择与传送装置包括一个解码器和一个多路复用器，因此已限定了选择与传送装置的结构特征，在上述限定的基础上，如何实现具体的连接以及如何实现解码器和多路复用器本身均在本领域技术人员的技术能力的范围之内，说明书实施例的描述只是举例，因此新的权利要求1已符合专利法第二十六条第四款的规定。

2004年8月12日，合议组再次向请求人发出复审通知书，指出权利要求1只概括了多路复用器和解码器的功能，仍没有限定选择与传送装置的结构特征，缺乏对有关读/写操作的各组成部分（如总线接口单元、触发器、门电路等）及其连接关系的描述，根据说明书的记载可知，针对读和写所采用的多路复用器是不同的，多路复用器的数目是不同的，多路复用器是否连接触发器是不同的，因此这些组成部分及其连接关系、信号传送，包括其与解码器和多路复用器的连接关系和信号传送，对于检测、选择和位传送等操作都是必需的，是构成选择与传送装置、解决本申请所提出的技术问题所必需的，而且说明书也没有描述其他可实现相同功能的这些组成部分的替代方式，本领域技术人员不能从说明书中概括得出权利要求1所述的技术方案，因此权利要求1不符合专利法第二十六条第四款的规定。

2004年9月13日，请求人再次提交意见陈述书，未对权利要求书进行修改。请求人的主要意见为：总线接口单元是可以省略的，触发器252、262、274和284虽然有助于控制，但并非必要，控制多路复用器的门电路取决于希望写入和读取的状态符号的类型，本领域技术人员在具体实施时应能够知道需要何种门电路，而且门电路的进一步简化也是可能的，在写电路与微控制器分开连接的情况下，PBWR信号也不是必要的，因此复审通知书所列举的部件对于权利要求1所述技术方案来说不是必要技术特征，权利要求1符合专利法第二十六条第四款的规定。

至此，合议组认为，请求人已充分发表了意见，可以作出本复审请求审查决定。

二、决定的理由

请求人在答复第一次复审通知书时对权利要求书的修改符合专利法第三十三条和专利法实施细则第六十条的规定，本复审决定所针对的文本是请求人在本申请进入中国国家阶段时提交的国际申请文件的中文译文中的说明书、说明书附图、说明书摘要、摘要附图及2004年6月18日提交的权利要求书。

从本申请说明书的记载可知，本申请的核心在于选择与传送装置中的解码器能够检测接收到的地址信息以判定该地址信息涉及的是第一格式的程序状态字还是第二格式的程序状态字，并产生相应的选择信号，然后利用附图 5 所示的读取电路读取 PSW 寄存器中的 PSW，或者利用附图 6 所示的写入电路向 PSW 寄存器写入 PSW ，而其中无论是读操作还是写操作，其所涉及的部件均不仅仅是多路复用器和地址解码器，具体为在读操作中，至少还涉及 8 位三态驱动器 220 和控制其启动的门电路 222 和 224，在写操作中，至少还涉及控制各多路复用器的门电路，这些部件对于信号的选择和位传送操作是必需的。因此，为了确定选择与传送装置的结构特征，对上述部件的限定是必不可少的，权利要求 1 因缺少对这些部件及其与电路的其他部分的连接关系和信号传递关系的限定而概括了一个保护范围过宽的技术方案。而且从说明书的描述可知，读取电路和写入电路所采用的多路复用器是明显不同的，其各自与电路的其他部分的连接关系也是不同的，而且写入电路还需要用到多个多路复用器，因此权利要求 1 将其概括为一个多路复用器也是得不到说明书的支持的。另一方面，尽管本申请中门电路的具体设计对于本领域技术人员来说是容易的，也可能是多种的，但如上所述，门电路本身的存在是必不可少的，而且在说明书中仅仅公开了一个具体的读取电路、一个具体的写入电路、以及一个具体的配套微控制器的体系结构的情况下，与读或写操作对应的选择与传送装置的总体构成也是确定的，本领域技术人员从说明书公开的内容并不能推知其他的可实现相同的读或写功能的选择与传送装置的构成方式，加之与读或写操作对应的选择与传送装置中的多路复用器的构成也是不同的，因此权利要求 1 不分开限定与读或写操作对应的选择与传送装置的总体构成、且不对 8 位三态驱动器和上述相关的门电路进行限定也使得本领域技术人员不能从说明书中概括得出权利要求 1 所述的技术方案。由此可见，权利要求 1 不能得到说明书的支持，不符合专利法第二十六条第四款的规定。

由于请求人有关本复审决定所针对的文本中的权利要求 1 符合专利法第二十六条第四款的规定的争辩并不涉及上述权利要求 1 所存在的缺陷，因此在此不予评述。

综上，请求人的复审理由不能成立。

三、决定

驳回复审请求，维持国家知识产权局 2003 年 5 月 9 日对 95190889. 8 号发明专利申请作出的驳回决定。

请求人如对本决定不服，可以依据专利法第四十一条第三款的规定，自收到本决定之日起的三个月内向北京市第一中级人民法院起诉。

089

可用打开文件操作的计算机备份系统案

复审请求审查决定（第7745号）

决　定　号　第7745号
决　定　日　2005年12月19日
发明创造名称　可用打开文件操作的计算机备份系统
国际分类号　G06F 11/14
复审请求人　切恩尼高科有限公司
申　请　号　96192769.0
申　请　日　1996年3月18日
公　开　日　1998年4月15日
合议组组长　蒋　彤
主　审　员　聂春艳
参　审　员　张美菊

法律依据　专利法实施细则第二十条第一款
决定要点

请求人在答复复审通知书时修改了权利要求书，对驳回决定和复审通知书所指出的不清楚之处进行了清楚的限定。

一、案由

本复审请求涉及1996年3月18日受理，1997年9月23日进入中国国家阶段，申请号为96192769.0，名称为“可用打开文件操作的计算机备份系统”的发明专利PCT申请，其申请人为切恩尼高科有限公司。

2003年7月11日，国家知识产权局实质审查部门以本申请不符合专利法实施细则第二十条第一款的规定为由，作出了驳回本申请的决定。驳回决定所针对的文本是：申请人在本申请进入中国国家阶段时提交的国际申请文件的中文译文中的说明书附图、说明书摘要、摘要附图，以及2002年1月7日提交的说明书和权利要求书。该决定认为：本申请的权利要求1由于将备份读操作和常规读操作对主存储区和辅助存储区的不同操作在同一语句中进行概括，并且没有指明对不同存储区的操作是根据主存储区是否被修改过的判定结果而进行选择的，因而未能清楚地限定请求保护的范围，不符合专利法实施细则第二十条第一款的规定；权利要求5和权利要求6存在和权利要求1类似的缺陷，也不符合专利法实施细则第二十条第一款的规定。

申请人（下称请求人）不服上述驳回决定，于2003年10月27日向专利复审委员会请求复审。请求人未对申请文件进行修改，并认为：驳回决定所认为的权利要求1中不清楚的技术特征包括两个含义，即第1含义，执行常规读操作时，根据对写到存储装置的数据的记录的询问结果选择从主存储区或辅助存储区中读取数据，而执行备份读操作时，从主存储区读取数据，及第2含义，执行备份读操作时，根据对写到存储装置的数据的记录的询问结果选择从主存储区或辅助存储区中读取数据，而执行常规读操作时，从主存储区读取数据，因此权利要求 1 是清楚的，同理，权利要求 5 和权利要求 6 也是清楚的。

经形式审查合格，专利复审委员会受理了上述复审请求，并于 2003 年 12 月 18 日发出复审请求受理通知书和前置审查通知书。

在本复审请求的前置审查中，原审查部门坚持原驳回决定。

专利复审委员会本案合议组经合议审查后，于 2005 年 1 月 7 日向请求人发出复审通知书，该通知书指出：权利要求 1 所概括的技术方案中包含了在执行某一读操作的同时，还有另一种读操作在对主存储区读取数据的情况，这与说明书的记载不符，而且权利要求 1 中也没有明确对“记录”的判断标准，因此权利要求 1 的保护范围不清楚，不符合专利法实施细则第二十条第一款的规定。权利要求 5 和权利要求 6 存在和权利要求 1 类似的缺陷，也不符合专利法实施细则第二十条第一款的规定。

2005 年 2 月 21 日，请求人提交意见陈述书，同时提交了说明书和权利要求书的全文替换页。请求人将权利要求 1、5、6 中的相应技术特征修改为“执行所述读指令，其中当所述读指令是常规读操作时询问所述记录以便根据所述记录从所述辅助存储区读数据，当所述读指令是备份读操作时从所述主存储区读数据”，请求人认为该特征对应于图 3 所示的第一实施例；请求人还撰写了新的独立权利要求 10、14、15 及其从属权利要求，相应的特征表述为：“执行所述读指令，其中当所述读指令是常规读操作时询问所述记录以便根据所述记录从所述主存储区读数据，当所述读指令是备份读操作时从所述辅助存储区读数据”，请求人认为该特征对应于图 4 所示的第二实施例。相应地，请求人对说明书技术方案部分进行了适应性修改。请求人认为修改后的各权利要求所限定的技术方案是清楚的。

2005 年 10 月 8 日，因合议组成员工作变更，专利复审委员会向请求人发出合议组成员告知通知书，告知请求人本复审案变更后的合议组组成人员，并告知请求人如对合议组成员有回避请求，应在收到通知书 7 日内提出。

同日，新成立的合议组向请求人发出复审通知书，指出根据说明书的记载，无论在第一实施例中还是在第二实施例中，在询问记录后常规读操作或者备份读操作从中进行数据读取的区域均不是唯一的，即根据询问的结果有可能从主存储区读数据，也有可能从辅助存储区读数据，因此请求人在答复复审通知书时对权利要求 1、5、6、10、14、15 中相关技术特征的修改超出了原始申请文件的记载范围，不符合专利法第三十三条的规定，是不能允许的。为了节约程序，合议组同时指出：（1）独立权利要求 6 和独立权利要求 15 及其从属权利要求请求保护一种备份系统，但是在本申请的说明书中并未记载相关的装置，特别是其中所谓将存储装置的主存储区和辅助存储区中的对应区域联系起来的装置实际上是一个映象表，根本不存在这样的装置，因此权利要求 6、15 及其从属权利要求得不到说明书的支持，不符合专利法第二十六条第四款的规定，请求人应删除装置权利要求；（2）请求人在请求复审时对驳回决定所针对的权利要求 1、5、6 中相关技术特征所阐述的“第 1 含义”和“第 2 含义”是比较清楚的，不足之处是在“第 1 含义”和“第 2 含义”中仍未明确如何根据对记录的询问结果的不同来确定从主存储区或辅助存储区读数据，针对请求人 2002 年 1 月 7 日提交的权利要求书，合议组认为一方面请求人应分别概括两个实施例所对应的技术方案，因为在两个实施例中对记录的询问内容和依据询问结果所选择的读取区域是不同的，另一方面请求人应在两个技术方案中分别明确对记录的询问内容和依据询问结果的不同所选择的读取区域，这样才能克服驳回决定所指出的权利要求不清楚的缺陷。该通知书告知请求人如果请求人对合议组成员的变更并无异议，则该通知书发生法律效力。

请求人逾期未提出回避请求。

2005 年 11 月 23 日，请求人再次提交意见陈述书，同时提交说明书第 1 ~ 8 页替换页和权利要求书全文替换页。请求人删除了所有的装置权利要求，并按照第一实施例撰写了新的独立权利要求 1 和 5，按照第二实施例撰写了新的独立权利要求 6 和 10，同时对说明书的发明内容部分进行了相应的修改。请求人认为修改后的各权利要求已经清楚地限定了技术方案。

修改后的独立权利要求 1、5、6、10 的具体内容如下：

"1. 一种操作包括着一个指令存储器、一个中央处理机和一个存储装置的基于微处理机的计算机系统的方法，该方法包括以下步骤：

提供在所述计算机系统上运行的备份进程，所述备份进程可操作为发出一个启动信号和一个停止信号并且发出至少一个从所述存储装置读原始数据的备份读指令；

向所述中央处理机提供存储在所述存储器中的第一指令组以使所述中央处理机执行至少一个从所述存储装置读数据的常规读操作；

保持一个写到所述存储装置的数据的记录，以把所述存储装置的主存储区和所述存储装置的辅助存储区中的对应区域联系起来；以及

在接收到所述启动信号之后和接收读指令时判定所述读指令是和备份读操作有关还是和常规读操作有关，执行所述读指令，其中当所述读指令是常规读操作时询问所述记录以判断数据是否已被写入所述辅助存储区，如果数据没有被写入所述辅助存储区，从所述主存储区读取数据，如果数据已被写入所述辅助存储区，从所述辅助存储区读取数据，当所述读指令是备份读操作时从所述存储区读数据；以及

其中判定读指令是和备份读操作有关还是和常规读操作有关的步骤包括检查发出所述读指令的存储器的区域以确定激发所述读指令的程序的身份的步骤。"

"5. 一种在计算机网络中操作包括着一个指令存储器、一个中央处理机和一个存储装置的基于微处理机的计算机系统的方法，该方法包括以下步骤：

提供在所述计算机系统上运行的备份进程，所述备份进程可操作为发出一个启动信号和一个停止信号和发出至少一个从所述存储装置读原始数据的备从读指令；

对所述中央处理机提供存储在所述存储器里的第一指令组以使所述中央处理机执行至少一个从所述存储装置读数据的常规读操作；

保持一个写到所述存储装置的数据的记录，以把所述存储装置的主存储区和所述存储装置的辅助存储区中的对应区域联系起来；以及

在接收到所述启动信号之后和接收读指令时判定所述读指令是和备份读操作有关还是和常规读操作有关，执行所述读指令，其中当所述读指令是常规读操作时询问所述记录以判断数据是否已被写入所述辅助存储区，如果数据没有被写入所述辅助存储区，从所述主存储区读取数据，如果数据已被写入所述辅助存储区，从所述辅助存储区读取数据，当所述读指令是备份读操作时从所述主存储区读数据；以及

为所述备份进程分配一个用户、进程或任务标识，所述判定所述读指令是和备份读操作有关还是和常规读操作有关的步骤包括判定所述读操作是否由带有所述用户、进程或者任务标识的用户或程序请求的步骤。

6. 一种操作包括着一个指令存储器、一个中央处理机和一个存储装置的基于微处理机的计算机系统的方法，该方法包括以下步骤：

提供在所述计算机系统上进行的备份进程，所述备份进程可操作为发出一个启动信号和一个停止信号并且发出至少一个从所述存储装置读原始数据的备份读指令；

向所述中央处理机提供存储在所述存储器中的第一指令组以使所述中央处理机执行至少一个从所述存储装置读数据的常规读操作；

保持一个写到所述存储装置的数据的记录，以把所述存储装置的主存储区和所述存储装置的辅助存储区中的对应区域联系起来；以及

在接收到所述启动信号之后和接收读指令时判定所述读指令是和备份读操作有关还是和常规读操作有关，执行所述读指令，其中当所述读指令是备份读操作时询问所述记录以判断数据是否已被写入所述辅助存储区，如果数据没有被写入所述辅助存储区，从所述主存储区读取数据，如果数据已被写入所述辅助存储区，从所述辅助存储区读取数据，当所述读指令是常规读操作时，从所述主存储区读数据；以及

其中判定读指令是和备份读操作有关还是和常规读操作有关的步骤包括检查发出所述读指令的存储器的区域以确定激发所述读指令的程序的身份的步骤。”

“10. 一种在计算机网络中操作包括着一个指令存储器、一个中央处理机和一个存储装置的基于微处理机的计算机系统的方法，该方法包括以下步骤：

提供在所述计算机系统上运行的备份进程，所述备份进程可操作为发出一个启动信号和一个停止信号和发出至少一个从所述存储装置读原始数据的备份读指令；

对所述中央处理机提供存储在所述存储器里的第一指令组以使所述中央处理机执行至少一个从所述存储装置的读数据的常规读操作；

保持一个写到所述存储装置的数据的记录，以把所述存储装置的主存储区和所述存储装置的辅助存储区中的对应区域联系起来；以及

在接收到所述启动信号之后和接收读指令时判定所述读指令是和备份读操作有关还是和常规读操作有关，执行所述读指令，其中当所述读指令是备份读操作时询问所述记录以判断数据是否已被写入所述辅助存储区，如果数据没有被写入所述辅助存储区，从所述主存储区读取数据，如果数据已被写入所述辅助存储区，从所述辅助存储区读取数据，当所述读指令是常规读操作时，从所述主存储区读数据；以及

为所述备份进程分配一个用户、进程或任务标识，所述判定所述读指令是和备份读操作有关还是和常规读操作有关的步骤包括判定所述读操作是否由带有所述用户、进程或者任务标识的用户或程序请求的步骤。”

至此，合议组认为，本案事实已经清楚，可以作出本复审请求审查决定。

二、决定的理由

经合议组审查，未发现请求人 2005 年 11 月 23 日提交的修改文本不符合专利法第三十三条和专利法实施细则第六十条的规定，因此本复审决定所针对的文本是：请求人在本申请进入中国国家阶段时提交的国际申请文件的中文译文中的说明书附图、说明书摘要、摘要附图，2005 年 2 月 21 日提交的说明书第 9 ~ 19 页，2005 年 11 月 23 日提交的说明书第 1 ~ 8 页和权利要求书。

请求人在 2005 年 11 月 23 日提交的权利要求书中，按照第一实施例撰写了新的独立权利要求 1 和 5，按照第二实施例撰写了新的独立权利要求 6 和 10，并在各独立权利要求中明确了对记录的询问内容和根据询问结果的不同对读取区域的不同选择，因此修改后的权利要求书中已不存在驳回决定和复审通知书所指出的不清楚之处。另外，请求人同时删除了原有的装置权利要求，同时对说明书的发明内容部分进行了相应的修改，合议组未发现请求人此次对申请文件的修改超出原始申请文件的记载范围，因此请求人 2005 年 11 月 23 日提交的申请文件也克服了 2005 年 10 月 8 日发出的复审通知书所指出的原装置权利要求得不到说明书的支持以及请求人 2005 年 2 月 21 日对申请文件的修改超出了

原始申请文件记载范围的缺陷。

因此，经复审请求人修改申请文件后，本申请已克服了原驳回决定和复审通知书所指出的缺陷，故在本决定所依据的文本的基础上撤销原驳回决定。

合议组同时注意到，由本申请的说明书附图3、4及说明书的相关文字说明可知，第一或第二实施例所述的读操作的特定方式分别对应着不同的保持写到存储装置的数据的记录的方式，即保持所述记录的方式是与读操作的方式相互对应的，读操作的特定方式以保持记录的特定方式为前提，但目前的各独立权利要求中仅仅提到了“保持一个写到所述存储装置的数据的记录”，而未限定具体如何保持所述记录，因此目前的各独立权利要求可能还存在不符合专利法实施细则第二十一条第二款的规定的缺陷。针对该问题，请实质审查部门在后续程序中予以审查。

另外，目前的权利要求1中的“当所述读指令是备份读操作时从所述存储区读数据”中明显遗漏了一个“主”字，应为“当所述读指令是备份读操作时从所述主存储区读数据”，权利要求5中的“从所述存储装置读原始数据的备从读指令”应为“从所述存储装置读原始数据的备份读指令”，权利要求10中的“从所述存储装置的读数据的常规读操作”应为“从所述存储装置读数据的常规读操作”，这些问题也请实质审查部门在后续审查中予以注意。

至于本申请是否还存在其他缺陷也留待后续程序继续审查。

三、决定

在请求人在本申请进入中国国家阶段时提交的国际申请文件的中文译文中的说明书附图、说明书摘要、摘要附图，2005年2月21日提交的说明书第9~19页，2005年11月23日提交的说明书第1~8页和权利要求书的基础上，撤销国家知识产权局实质审查部门2003年7月11日对96192769.0号发明专利申请作出的驳回决定，由原实质审查部门继续进行审批程序。

090

便携卡单元处理设备案

复审请求审查决定（第7751号）

决　定　号　第7751号
决　定　日　2005年12月20日
发明创造名称　便携卡单元处理设备
国际分类号　G06K 17/00
复审请求人　富士通株式会社
申　请　号　99816753.3
申　请　日　1999年6月23日
公　开　日　2002年6月5日
合议组组长　张　度
主　审　员　孙克良
参　审　员　张　琳

法律依据　专利法第二十二条第三款
决定要点

在一项权利要求的创造性判断过程中，需要确定现有技术整体上是否存在技术启示，即现有技术中是否给出将区别技术特征应用到最接近现有技术以解决其存在的技术问题的启示，如果现有技术中存在技术启示，则可以将现有技术结合来评述权利要求的创造性。

一、案由

本复审请求案涉及申请人为富士通株式会社、申请日为1999年6月23日、公开日为2002年6月5日、申请号为99816753.3、发明名称为“便携卡单元处理设备”的发明专利申请。

国家知识产权局实质审查部门对本申请进行了实质审查，于2003年3月7日针对原始提交的国际申请文件的中文译文（文本1）发出了第一次审查意见通知书。通知书引用了两篇对比文件：

对比文件1：EP 0820043 A2 公开日为1998年1月21日

对比文件2：CN 1197247 A，公开日为1998年10月28日

通知书指出，权利要求1~8相对于对比文件1和2的结合不具备创造性，不符合专利法第二十二条第三款的规定；权利要求4、7~8不符合专利法实施细则第二十三条第二款的规定。

针对上述审查意见通知书，申请人于2003年9月22日提交了意见陈述书，并提交了经过修改的权利要求书替换页（文本2）。申请人将文本1的权利要求2和3的特征合并到权利要求1中，并对权利要求1做了一些形式上的修改；申请人删除了原权利要求2和3；对权利要求4~8所进行的仅仅是引用关系的相应修改以及权项重新编号为权利要求2~6。申请人认为修改后的权利要求1相对于对比文件1、2具备创造性。修改后的权利要求1的内容如下：

“1. 一种当卡单元（17）连接到便携卡单元处理设备时，用于处理卡单元（17）的存储部分

(17a) 中数据的便携卡单元处理设备，包括：

用于与卡单元（17）通讯的第一通讯部分（23，243）；

用于可拆卸地与外部设备（15）连接的连接部分（14）；

用于经过所述连接部分（14）与外部设备（15）通讯的第二通讯部分（24，244）；

用于显示经过所述第一通讯单元（23，243），至少从卡单元（17）的存储单元（17a）读出的电子货币的显示部分（13）；以及

控制部分（20），包含：

连接确定部分（244），用于根据来自所述连接部分（14）的连接信息信号确定是否外部设备（15）连接到所述连接部分（14）；

第一控制部分，如果所述连接确定部分（244）确定外部设备（15）被连接到了所述连接部分（14），用于控制所述第一通讯部分（23，243）和所述第二通讯部分（24，244），以便在外部设备（15）的控制下，卡单元（17）和外部设备（15）之间传送数据；

第二控制部分，在所述连接确定部分（244）确定外部设备（15）没有被连接到了所述连接部分（14）的同时，用于控制所述第一通讯部分（23，243）和所述显示部分（13），以便从卡单元（17）的存储部分（17a）读出所述电子货币的余额信息，并且将读出的余额信息显示在所述显示部分（13）上。”

针对申请人于进入国家阶段时提交的说明书第1～16页、说明书附图第1～6页、说明书摘要及摘要附图，2003年9月22日提交的权利要求的1～6项，国家知识产权局于2003年12月28日驳回了本申请，驳回的理由为权利要求第1～6项不符合专利法第二十二条第三款的规定。驳回决定中对权利要求第1～6项的评述与第一次审查意见通知书基本相同。

申请人（下称请求人）对上述驳回决定不服，于2004年4月12日向专利复审委员会提出复审请求，并提交了包含权利要求第1～5项的权利要求书替换页（文本3）。所进行的修改主要是将权利要求2的特征补入权利要求1，并将“至少部分信息”修改为“交易的历史信息”。修改后的权利要求1如下：

“1. 一种便携卡单元处理设备，当卡单元（17）连接所述设备时，用于处理卡单元（17）存储部分（17a）中的数据，该便携卡单元处理设备包括：

用于与卡单元（17）通讯的第一通讯部分（23、243）；

用于可拆卸地与外部设备（15）连接的连接部分（14）；

用于经过所述连接部分（14）与外部设备（15）通讯的第二通讯部分（24、244）；

用于显示经过所述第一通讯单元（23，243），从卡单元（17）的存储单元（17a）读出的电子货币的显示部分（13）；

用于保持存储在卡单元（17）存储部分（17a）中的交易历史信息的保留存储部分（30）；以及

控制部分（20），包含：

连接确定部分（244），用于根据来自所述连接部分（14）的连接信息信号，确定是否外部设备（15）是否连接到所述连接部分（14）；

第一控制部分，如果所述连接确定部分（244）确定外部设备（15）被连接到了所述连接部分（14），用于控制所述第一通讯部分（23、243）和所述第二通讯部分（24、244），以便在外部设备（15）的控制下，卡单元（17）和外部设备（15）之间传送数据；

第二控制部分，在所述连接确定部分（244）确定外部设备（15）没有被连接到了所述连接部分（14）的同时，用于控制所述第一通讯部分（23，243）和所述显示部分（13），以便从卡单元（17）

的存储部分（17a）读出所述电子货币的余额信息，并且将读出的余额信息显示在所述显示部分（13）上，还用于控制所述第一通讯部分（23、243），以便从卡单元（17）的存储部分（17a）读出所述交易历史信息，并将所述交易历史信息存储进所述保留存储部分（30）。”

请求复审的主要理由是：对比文件1和2未公开（1）“用于保持存储在卡单元（17）存储部分（17a）中的交易历史信息的保留存储部分（30）”和“控制所述第一通讯部分（23、243），以便从卡单元（17）的存储部分（17a）读出所述交易历史信息，并将所述交易历史信息存储进所述保留存储部分”；（2）“交易历史信息”，因而修改后的权利要求相对于对比文件1和2的结合具备创造性。

经形式审查合格后，专利复审委员会受理了该复审请求，于2004年5月11日向请求人发出了复审请求受理通知书、向实质审查部门发出前置审查通知书。

原实质审查部门对本案进行了前置审查，原实质审查部门认为修改后的权利要求相对于对比文件1和2的结合仍不具备创造性，因此坚持驳回决定。

专利复审委员会依法成立合议组对本案进行审查，并于2005年8月8日发出了复审通知书，指出权利要求1～5相对于对比文件1和对比文件2的结合不具备创造性。

请求人于2005年11月18日提交了意见陈述书，并提交了权利要求书的替换页。其修改主要是对语句的顺序做了调整。请求人认为对比文件1没有公开或提到，当外部设备没有被连接到所述连接部分时，在该外部设备的控制下，传送存在保留存储部分中的交易历史信息并且在卡单元和外部设备之间传送数据。修改后的独立权利要求1如下：

“1. 一种便携卡单元处理设备，当卡单元（17）连接所述设备时，用于处理卡单元（17）存储部分（17a）中的数据，该便携卡单元处理设备包括：

第一通讯部分（23、243），用于与卡单元（17）通讯；

连接部分（14），用于可拆卸地与外部设备（15）连接；

第二通讯部分（24、244），用于经过所述连接部分（14）与外部设备（15）通讯；

显示部分（13），用于显示经过所述第一通讯单元（23，243），从卡单元（17）的存储单元（17a）读出的电子货币；

保留存储部分（30），用于保持存储在卡单元（17）存储部分（17a）中的交易历史信息的；以及

控制部分（20），包含：

连接确定部分（244），用于根据来自所述连接部分（14）的连接信息信号，确定是否外部设备（15）是否连接到所述连接部分（14）；

第一控制部分，如果所述连接确定部分（244）确定外部设备（15）被连接到了所述连接部分（14），用于控制所述第一通讯部分（23、243）和所述第二通讯部分（24、244），以便在外部设备（15）的控制下，卡单元（17）和外部设备（15）之间传送数据；

第二控制部分，在所述连接确定部分（244）确定外部设备（15）没有被连接到了所述连接部分（14）的同时，用于控制所述第一通讯部分（23，243）和所述显示部分（13），以便从卡单元（17）的存储部分（17a）读出所述电子货币的余额信息，并将所述余额信息显示在所述显示部分（13）上，还用于控制所述第一通讯部分（23、243），以便当卡单元（17）连接所述设备时，从卡单元（17）的存储部分（17a）读出所述交易历史信息，并将所述交易历史信息存储进所述保留存储部分（30）。”

经审查，合议组认为本案事实清楚，可以作出审查决定。

二、决定的理由

1. 关于文本

复审请求人在提出答复复审通知书时对申请文件进行的修改符合专利法第三十三条和专利法实施细则第六十条的规定，因此合议组将进入国家阶段时提交的说明书第1~16页、说明书附图第1~6页、说明书摘要及摘要附图，2005年11月18日提交的权利要求的1~5项，作为复审决定所依据的文本。

2. 关于对比文件

本决定引用与驳回决定相同的对比文件，即对比文件1，EP 0820043 A2，公开日为1998年1月21日；对比文件2，CN 1197247 A，公开日为1998年10月28日。由于其公开日均早于本申请的申请日，故可以作为评价本申请的现有技术。

3. 关于权利要求1的创造性

专利法第二十二条第三款规定，发明的创造性是指同申请日以前已有的技术相比，该发明有突出的实质性特点和显著的进步。

在一项权利要求的创造性判断过程中，需要确定现有技术整体上是否存在技术启示，即现有技术中是否给出将区别技术特征应用到最接近现有技术以解决其存在的技术问题的启示，如果现有技术中存在技术启示，则可以将现有技术结合来评述权利要求的创造性。

权利要求1请求保护一种便携卡单元处理设备，对比文件1公开的一种电子钱包，并公开了下面的技术特征：备有IC卡连接装置，用于连接存储电子货币信息的IC卡；IC卡读写装置，用于对该IC卡连接装置所连接的IC卡进行信息的读出或写入；运算控制装置，用于控制对IC卡的电子货币信息的读出或写入；外部设备连接端子，用于与外部设备之间进行电子货币信息的发送接收；显示部，用来显示从存储单元读出的电子货币信息，（见权利要求1，说明书第2栏第28~41行，第5栏第56行至第7栏第8行，第8栏第14~22行，第11栏第5~30行，附图1、2、6）以及“用于判断在外部设备连接端子上是否连接着外部设备的外部设备判断开关”（见说明书第12页第9行至第19行）。权利要求1请求保护技术方案与对比文件1公开内容的区别技术特征为：“保留存储部分，用于保持存储在卡单元存储部分中的交易历史信息；第二控制部分，在所述连接确定部分确定外部设备没有被连接到了所述连接部分的同时，用于控制所述第一通讯部分和所述显示部分，以便从卡单元的存储部分读出所述电子货币的余额信息，并且将读出的余额信息显示在所述显示部分上，还用于控制所述第一通讯部分，以便当卡单元（17）连接所述设备时，从卡单元的存储部分读出所述交易历史信息、并把所述交易历史信息存储进所述保留存储部分。”此区别特征实质上是装置连接或不连接外设时的工作过程。对比文件1也公开了装置含有判断没有连接外部设备的情况，即给出了将没有外部设备的装置应用到对比文件1装置工作的技术启示，而对比文件2公开了一种具有包括存储单元的卡单元的卡单元处理装置（对卡单元进行处理），并披露了如下特征：包括用于和卡单元通信的通信单元，控制单元和用于显示包括通信单元从卡单元的存储单元中读出的数据的显示单元“（见权利要求1、2，说明书第2页第23~27行，附图1），所述卡单元处理装置具有便携余额显示器的功能，通过显示单元显示在存储器中存储的电子货币的余额（见说明书第1页第4行至第2页第22行）以及在所述卡单元上进行处理，其中包括控制单元，用于进行控制操作，其中包括所述显示单元的显示状态控制，和所述卡单元的所述存储单元的数据读写控制（见对比文件2的权利要求1、2，说明书第2页第23~27行），而当卡单元连接所述设备时，从卡单元读出或存储历史信息是本领域的公知常识。对比文件2所述卡单元处理装置并不与外部设备相连接，所以它对卡单元进行处理即为权利要求1所述在外部设备与连接部分没有连接时对卡单元进行的处理。在对比文件1的基础上结合对比文件2与公知常识得出该权利要求1请求保护技术方案对本领域技术人员来说是显而易见的，两者的结合没有产生预料不到的技术效果。所以，权利要求1请求保护技术方案相对于对比文件1和2的结合不具有突出的实质性特点和显著的进步，不符合专利法第二十二条第三款有关创造性的规定。

从属权利要求2、3加入的附加技术特征已在对比文件1中公开：外部设备连接端子，用于与外部设备之间进行电子货币信息的发送接受（参见对比文件1的第2栏第39~41行）。由此可见，在其引用的权利要求不具备创造性的情况下，权利要求2、3也不具备专利法第二十二条第三款所规定的创造性。

从属权利要求4，5加入的附加技术特征是所述技术领域中的通常采用的技术手段，因为便携卡单元处理设备从卡单元读取信息7必然要先存储在其本身的存储器中以供显示，而非易失存储器又是一种常见的存储器，因此它们属于公知常识，由此可见，在其引用的权利要求不具备创造性的情况下，权利要求4、5不具备专利法第二十二条第三款所规定的创造性。

综上所述，权利要求1~5相对于对比文件1和对比文件2的结合不具备专利法第二十二条第三款规定的创造性。

4. 关于请求人的答复意见

请求人于2005年11月18日提交的意见陈述书中陈述了权利要求1中的技术方案“并且控制第二通讯部分（24，244），使之在外部设备（15）的控制下，把存在保留存储部分（30）中的至少部分交易历史信息传送到外部设备（15）”。但在权利要求1中并没有上述技术方案的体现。并且，权利要求1中也没有有关“当外部设备没有被连接到所述连接部分时，在该外部设备的控制下，传送存在保留存储部分中的交易历史信息并且在卡单元和外部设备之间传送数据”的技术方案。

基于上述理由，合议组作出下述决定。

三、决定

1. 维持国家知识产权局于2003年12月28日作出的驳回99816753.3号发明专利申请的决定。

2. 请求人对本决定不服的，可以根据专利法第四十一条第二款的规定，自收到本决定之日起三个月内向北京市第一中级人民法院起诉。

091

延迟线的频率范围微调案

复审请求审查决定（第7752号）

决　　定　　号　第7752号
决　　定　　日　2005年12月1日
发明创造名称　延迟线的频率范围微调
国 际 分 类 号　H03K 5/14　H03L 7/08
复 审 请 求 人　因芬尼昂技术北美公司、国际商业机器公司
申　　请　　号　00104711.6
申　　请　　日　2000年3月23日
优 先 权 日　2000年3月23日
公　　开　　日　2001年1月3日
合 议 组 组 长　石　竞
主　　审　　员　杨存吉
参　　审　　员　穆丽娟

法 律 依 据　专利法第二十二条第三款
决 定 要 点

在权利要求1、8、17的技术方案中，提供给延迟元件的调节电压具有不同幅度，能够使每个延迟元件同时产生不同的延迟，具有很大的灵活性，从而使得原本为低频工作方式设计制造的延迟线也能在在高频工作方式下很好的工作。而这点没有在对比文件2中披露，同时也不能从中获得这种技术启示，所以权利要求1、8、17的技术方案具备创造性。在独立权利具备创造性的前提下，从属权利要求也具备创造性。

一、案由

本复审请求案涉及申请日为2000年3月23日、优先权日为1999年3月23日、发明名称为“延迟线的频率范围微调”、申请号为00104711.6的发明专利申请（下称本申请），本申请的申请人为因芬尼昂技术北美公司和国际商业机器公司。

申请人在申请日提交的权利要求如下：

“1. 一种延迟线，包括：

多个连接着输入和输出的延迟元件，这些延迟元件的作用是：向通过延迟元件的信号引入一延迟；和

电压装置，其用来调节加在该多个延迟元件上的电压，可调节电压装置向延迟元件提供至少一个预定电压，使得根据至少一个预定电压可以改变延迟元件中的延迟。

2. 根据权利要求1的延迟线，其中在所述多个延迟元件中，每一个延迟元件都包含一个延迟单元，而延迟单元是由一对串联的反相器所构成的。

3. 根据权利要求 1 的延迟线，其中可根据一个延迟控制信号对该多个延迟元件进行多路复用，从而可根据延迟控制信号来激活适当数目的延迟元件。

4. 根据权利要求 3 的延迟线，其中电压装置根据延迟控制信号输出至少一个预定电压。

5. 根据权利要求 1 的延迟线，其中电压装置至少提供两个恒定电压。

6. 根据权利要求 1 的延迟线，其中通过调节电压装置可把延迟线从工作频率状态调节到低频状态。

7. 根据权利要求 6 的延迟线，其中其低频大约是其工作频率的二分之一。

8. 一种延迟锁定闭环回路，包括：

连接着一个输入和一个输出的延迟线，该延迟线中有多个延迟元件，这些延迟元件把一延迟引入了通过延迟元件的信号中；

连接着输入和输出的相位比较器，用于把一个控制信号加入到延迟线中，使得延迟线产生的延迟使输出信号和输入信号同步；和

与该多个延迟元件相连接的电压装置，它用来调节加在该多个延迟元件上的电压，可调节该电压装置向延迟元件提供至少一个预定的电压，从而可以根据至少这个预定电压来修正延迟元件中的延迟。

9. 根据权利要求 8 的延迟锁定闭环回路，其中该多个延迟元件的每一个延迟元件都包含一个延迟单元，而每个延迟单元是由一对串联的反相器所构成的。

10. 根据权利要求 8 的延迟锁定闭环回路，其中可根据控制信号对该多个延迟元件进行多路复用，从而可根据延迟控制信号来触发适当数目的延迟元件。

11. 根据权利要求 8 的延迟锁定闭环回路，其中电压装置根据控制信号至少输出一个预定电压。

12. 根据权利要求 8 的延迟锁定闭环回路，其中电压装置至少提供两个恒定电压。

13. 根据权利要求 8 的延迟锁定闭环回路，其中可采用相位比较器来产生一个数字式控制信号。

14. 根据权利要求 8 的延迟锁定闭环回路，还包括连接着输出和相位比较器的延迟元件。

15. 根据权利要求 8 的延迟锁定闭环回路，其中通过调节电压装置可把延迟线从工作频率状态调节到低频状态。

16. 根据权利要求 15 的延迟锁定闭环回路，其中其低频大约是其工作频率的二分之一。

17. 一种时钟电路，包括：

从接收装置接收延迟输入信号的输入节点；

有连接着输入节点和输出节点之延迟线的延迟锁定闭环回路，该延迟线中包含：

连接着输入节点和输出节点的多个延迟元件，这些延迟元件把一延迟引入了通过延迟元件的信号中；和

用来调节加在该多个延迟元件上的电压的电压装置，可调节该电压装置向延迟元件提供一预定电压，从而可根据该预定电压修正延迟元件中的延迟；

与输出节点耦合的相位比较器，提供控制信号的相位比较器用来设定延迟线中的延迟，相位比较器与输入节点相连接；和

由从延迟线输出的时钟信号使能的触发器，以允许数据从触发器传输到驱动装置。

18. 根据权利要求 17 的时钟电路，其中该多个延迟元件的每一个延迟元件都包含一个延迟单元，而每个延迟单元是由一对串联的反相器所构成的。

19. 根据权利要求 17 的时钟电路，其中可根据控制信号对该多个延迟元件进行多路复用，从而可根据控制信号来触发适当数目的延迟元件。

20. 根据权利要求 17 的时钟电路，其中根据控制信号，电压装置输出一个电压。

21. 根据权利要求 17 的时钟电路，其中电压装置提供至少两个恒定电压。

22. 根据权利要求 17 的时钟电路，其中可采用相位比较器来产生一个数字式控制信号。

23. 根据权利要求 17 的时钟电路，其中通过调节电压装置可把延迟线从工作频率状态调节到低频状态。

24. 根据权利要求 23 的时钟电路，其中其低频大约是其工作频率的二分之一。”

本申请于 2001 年 1 月 3 日公开后，国家知识产权局实质审查部门依法对其进行实质审查，并于 2003 年 9 月 5 日发出第一次审查意见通知书，指出：权利要求 1 ~ 8、10、13、15 ~ 17、19、22 ~ 24 不清楚，权利要求 1 ~ 24 不具备创造性。

针对第一次审查意见通知书，申请人于 2004 年 3 月 15 日提交意见陈述书和修改的权利要求书和说明书。其中在说明书中补充了小标题并对附图 9 修改了附图标记，修改后的权利要求为：

“1. 一种延迟线，包括：

多个连接着输入和输出的延迟元件，这些延迟元件的作用是：向通过延迟元件的信号引入一延迟；和

电压装置，其用来调节加在该多个延迟元件上的电压，电压装置同时向延迟线的不同部分分配具有不同幅度的多个电压，用于选择性地改变通过同一延迟线中各个延迟元件的延迟，从而根据不同幅度的电压改变延迟元件中的延迟，其中根据一个延迟控制信号对多个延迟元件进行多路复用，从而根据该延迟控制信号来激活延迟元件。

2. 根据权利要求 1 的延迟线，其中在所述多个延迟元件中，每一个延迟元件都包含一个延迟单元，而延迟单元包括一对串联的反相器。

3. 根据权利要求 1 的延迟线，其中电压装置根据延迟控制信号输出不同幅度的电压。

4. 根据权利要求 1 的延迟线，其中所述不同幅度的电压包括至少两个恒定电压电平。

5. 根据权利要求 1 的延迟线，其中通过调节电压装置把延迟线从工作频率调节到较低频率。

6. 根据权利要求 5 的延迟线，其中所述较低频率是工作频率的一半。

7. 根据权利要求 1 的延迟线，其中还包括连接到延迟线的输出的晶体管电路，该晶体管电路用于调整通过延迟线传递的数据，以便补偿施加到延迟元件上不同幅度的电压。

8. 一种延迟锁定环路，包括：

连接一个输入和一个输出的延迟线，该延迟线中有多个延迟元件，这些延迟元件把一延迟引入了通过延迟元件的信号中；

连接到所述输入和输出的相位比较器，用于向延迟线提供控制信号，使得延迟线提供使输出信号和输入信号同步的延迟；和

连接到该多个延迟元件的电压装置，用来调节加在该多个延迟元件上的电压，电压装置同时向延迟线的不同部分分配具有不同幅度的多个电压，用于选择性地改变通过同一延迟线中各个延迟元件的延迟，从而根据不同幅度的电压改变延迟元件中的延迟，其中根据所述延迟控制信号对多个延迟元件进行多路复用，从而根据该控制信号来激活延迟元件。

9. 根据权利要求 8 的延迟锁定环路，其中在该多个延迟元件的每一个延迟元件都包含一个延迟单元，而每个延迟单元包括一对串联的反相器。

10. 根据权利要求 8 的延迟锁定环路，其中电压装置根据控制信号输出具有不同幅度的电压。

11. 根据权利要求 8 的延迟锁定环路，其中所述不同幅度的电压包括至少两个恒定电压电平。

12. 根据权利要求 8 的延迟锁定环路，其中由相位补偿器以数字方式产生所述控制信号。

13. 根据权利要求 8 的延迟锁定环路，其中还包括连接在输出和相位比较器之间的延迟元件。

14. 根据权利要求 8 的延迟锁定环路，其中通过调节电压装置把延迟线从工作频率调节到较低频率。

15. 根据权利要求 14 的延迟锁定环路，其中所述较低频率是工作频率的一半。

16. 根据权利要求 8 的延迟锁定环路，其中还包括连接到延迟线的输出的晶体管电路，该晶体管电路用于调整通过延迟线传递的数据，以便补偿施加到延迟元件上不同幅度的电压。

17. 一种时钟电路，包括：

从接收装置接收延迟输入信号的输入节点；

延迟锁定环路，它具有连接到输入节点和输出节点的延迟线，该延迟线包括：

连接在输入节点和输出节点之间的多个延迟元件，这些延迟元件用于把一延迟引入到通过延迟元件的信号中；和

用来调节加在该多个延迟元件上的电压的电压装置，电压装置同时向延迟线的不同部分分配具有不同幅度的多个电压，用于选择性地改变通过同一延迟线中各个延迟元件的延迟，从而根据不同幅度的电压改变延迟元件中的延迟，其中根据一个延迟控制信号对多个延迟元件进行多路复用，从而根据该延迟控制信号来激活延迟元件；

连接到输出节点的相位比较器，该相位比较器用于提供控制信号来设定延迟线中的延迟，相位比较器连接到输入节点；和

由从延迟线输出的时钟速率使能的触发器，以允许数据通过该触发器传输到驱动装置。

18. 根据权利要求 17 的时钟电路，其中该多个延迟元件的每一个延迟元件都包含一个延迟单元，而每个延迟单元包括一对串联的反相器。

19. 根据权利要求 17 的时钟电路，其中电压装置根据控制信号输出电压。

20. 根据权利要求 17 的时钟电路，其中具有不同幅度的电压包括至少两个恒定电压电平。

21. 根据权利要求 17 的时钟电路，由相位比较器以数字方式产生所述控制信号。

22. 根据权利要求 17 的时钟电路，其中通过调节电压装置把延迟线从工作频率调节到较低频率。

23. 根据权利要求 22 的时钟电路，其中所述较低频率是工作频率的一半。

24. 根据权利要求 17 的时钟电路，其中还包括连接到延迟线的输出的晶体管电路，该晶体管电路用于调整通过延迟线传递的数据，以便补偿施加到延迟元件上不同幅度的电压。”

针对上述修改文本，原实质审查部门于 2004 年 4 月 23 日发出第二次审查意见通知书，指出修改没有超范围，但是权利要求 1 ~ 24 仍不具备创造性。在第二次审查意见通知书中指出独立权利要求 1 的所有技术特征在对比文件 2（US5646564A）中公开；从属权利要求 2、5、6 的附加技术特征在对比文件 1（US5781055A）中公开；从属权利要求 3、7 的附加技术特征在对比文件 2 中公开；从属权利要求 4 的附加技术特征在对比文件 3（US5012141A）中公开；独立权利要求 8 的所有技术特征在对比文件 2 中公开；从属权利要求 9、12 ~ 15 的附加技术特征在对比文件 1 中公开；从属权利要求 10、16 ~ 17 的附加技术特征在对比文件 2 中公开；从属权利要求 11 的附加技术特征在对比文件 3 中公开；独立权利要求 17 的所有技术特征在对比文件 2 中公开；从属权利要求 18、21 ~ 23 的附加技术特征在对比文件 1 中公开；从属权利要求 19、24 的附加技术特征在对比文件 2 中公开；从属权利要求 20 的附加技术特征在对比文件 3 中公开。

针对第二次审查意见通知书，申请人于 2004 年 6 月 16 日提交意见陈述书，认为权利要求具备新颖性和创造性。申请人在意见陈述书中指出：对比文件 2 提供一种可控的延迟路径，用于在一个时钟分布电路中插入一个可选择的延迟以产生一个总的时钟延迟，该总的时钟延迟等于时钟周期相对于参

考输入时钟信号的整数倍，或者相对于所述参考输入时钟信号产生一个选择的相位关系。对比文件2中限定的延迟路径校正方案是特别正对具有宽范围的可能系统时钟频率和具有时钟信号的可编程路由的电路，该电路具有宽范围的操作延迟。一个参考时钟信号被一个相位检测器接收和送到一些可选择的压控延迟元件上，该相位检测器还接收一个反馈信号，产生一个误差电压调整所述压控延迟元件以产生一个输出时钟信号。而本发明权利要求1的方案是一种延迟线，包括包括：多个连接着输入和输出的延迟元件，这些延迟元件的作用是：向通过延迟元件的信号引入一延迟；和电压装置，其用来调节加在该多个延迟元件上的电压，电压装置同时向延迟线的不同部分分配具有不同幅度的多个电压，用于选择性地改变通过同一延迟线中各个延迟元件的延迟，从而根据不同幅度的电压改变延迟元件中的延迟，其中根据一个延迟控制信号对多个延迟元件进行多路复用，从而根据该延迟控制信号来激活延迟元件。权利要求8和17的技术方案与权利要求1属于同一个发明构思。因此，对比文件2的方案与本发明的方案完全不同，对比文件2不能破坏本申请权利要求1、8、17的新颖性和创造性。

原实质审查部门于2004年8月13日作出驳回决定，理由是权利要求1~24仍不具备创造性。原实质审查部门在该驳回决定指出独立权利要求1、8、17的所有技术特征在对比文件2中公开；从属权利要求2~7、9~16、18~24的附加技术特征也分别在对比文件1、对比文件2和对比文件3中公开。

申请人（下称复审请求人）于2004年11月18日提出复审请求，认为独立权利要求具备新颖性和创造性。复审请求人认为本发明的方案与对比文件2的方案区别之一是：电压装置对延迟线的延迟量的调整方式是不同的，对比文件2中没有公开本申请的电压装置的特征，因此对比文件2的方案与本发明的方案完全不同，不能破坏本申请权利要求的新颖性和创造性。

经形式审查合格后，专利复审委员会受理了该请求，于2004年12月21日向复审请求人发出复审请求受理通知书，同时向原实质审查部门发出前置审查通知书。在前置审查意见书中，原实质审查部门仍然坚持原驳回理由。

专利复审委员会依法组成合议组对本复审请求进行了审查。合议组经合议审查认为本案事实已经清楚，可以依法作出决定。

二、决定的理由

本复审决定所针对的申请文本为：申请日提交的说明书第5~9页、附图第1~5，7~10页、说明书摘要和摘要附图；2004年3月15日提交的权利要求第1~24项、说明书第1~4页和附图第6页。

本复审决定所引用的对比文件同原实质审查部门在驳回决定中所引用的对比文件相同，即：

对比文件1：US5781055A 公开日 1998年7月14日；

对比文件2：US5646564A 公开日 1997年7月8日；

对比文件3：US5012141A 公开日 1991年4月30日；

权利要求1为："一种延迟线，包括：多个连接着输入和输出的延迟元件，这些延迟元件的作用是：向通过延迟元件的信号引入一延迟；和电压装置，其用来调节加在该多个延迟元件上的电压，电压装置同时向延迟线的不同部分分配具有不同幅度的多个电压，用于选择性地改变通过同一延迟线中各个延迟元件的延迟，从而根据不同幅度的电压改变延迟元件中的延迟，其中根据一个延迟控制信号对多个延迟元件进行多路复用，从而根据该延迟控制信号来激活延迟元件。"

对比文件2公开一种可控的延迟路径，用于在一个时钟分布电路中插入一个可选择的延迟以产生一个总的时钟延迟，该总的时钟延迟等于相对于参考输入时钟信号的时钟周期的整数倍，或者产生一个相对于所述参考输入时钟信号的选择的相位关系。锁相环10包括一系列的可选择电压控制延迟单元18，19，20。该电压控制延迟单元产生一个延迟调整输出时钟信号来相应不同的控制电压输入。在电路运行期间，一个参考输入时钟信号在输入端11被输入锁相环电路10。该参考输入时钟信号被一个缓冲器13缓冲并连接到相位探测器15的第一个输入X上，经过缓冲的参考输入时钟信号也提供给一个电压控制延迟单元18和一个复用器21。相位探测器15在一个输入端Y接收一个反馈信号并产生一个误差电压16来表示在该反馈信号和参考输入时钟信号之间的相位差别。该误差电压16连接到电压控制延迟单元18，19和20上。电压控制延迟单元18，19和20连接到一系列相应的复用器21，22，23上，这些复用器由相应的控制单元24，25，26提供的控制信号操作来选择或者不选择特定的延迟单元或者延迟单元的组合。（参见对比文件1的摘要、说明书第4~5栏以及附图1）

从对比文件2公开的内容可以看出：第一，用来调节所述的电压控制延迟单元延迟时间长短的误差电压是由所述的相位探测器提供；第二，由于所有的上述误差电压都是来自同一个所述的相位探测器的同一个输出，所以这些误差电压都是相同的，并具有相同幅度。然而在本申请权利要求1的技术方案中，用来调节延迟元件延迟时间的控制电压是由电压装置提供，并且提供给不同延迟元件的控制电压在同一时间是可以具有不同幅度的。

由此可知，与对比文件2所公开的技术方案相比，权利要求1具有区别技术特征：“电压装置同时向延迟线的不同部分分配具有不同幅度的多个电压，用于选择性地改变通过同一延迟线中各个延迟元件的延迟，从而根据不同幅度的电压改变延迟元件中的延迟”，因此对比文件2并没有公开本申请权利要求1的所有技术特征。正是由于本申请的技术方案中的电压装置可以同时向不同延迟元件提供具有不同幅度的电压，从而可以使得不同的延迟元件在同一时间可以产生不同的延迟，从而使得本申请中的延迟线具有较大的灵活性，可以使得原本是为低频工作方式设计制造的延迟线也能在在高频工作方式下很好的工作。所以，对比文件2中公开的技术方案与本申请权利要求1的技术方案不同，并且本领域普通技术人员不能从对比文件2中获得实现权利要求1技术方案的启示。所以，相对于对比文件2中所公开的内容，本申请权利要求1具有突出的实质性特点和显著的进步，具备专利法第二十二条第三款所规定的创造性。

权利要求2~7为权利要求1的从属权利要求，虽然它们的附加技术特征分别在对比文件1、对比文件2或对比文件3中被公开，但是上述使得权利要求1具备创造性的区别技术特征并没有在对比文件1、对比文件2或对比文件3中被公开，所以权利要求2~7也具备专利法第二十二条第三款所规定的创造性。

权利要求8为：“一种延迟锁定环路，包括：连接着一个输入和一个输出的延迟线，该延迟线中有多个延迟元件，这些延迟元件把一延迟引入了通过延迟元件的信号中；连接到所述输入和输出的相位比较器，用于向延迟线提供控制信号，使得延迟线提供使输出信号和输入信号同步的延迟；和连接到多个延迟元件的电压装置，用来调节加在该多个延迟元件上的电压，电压装置同时向延迟线的不同部分分配具有不同幅度的多个电压，用于选择性地改变通过同一延迟线中各个延迟元件的延迟，从而根据不同幅度的电压改变延迟元件中的延迟，其中根据一个延迟控制信号对多个延迟元件进行多路复用，从而根据该延迟控制信号来激活延迟元件。”

同样可以看出，与对比文件2所公开的技术方案相比，权利要求8具有区别技术特征：“电压装置同时向延迟线的不同部分分配具有不同幅度的多个电压，用于选择性地改变通过同一延迟线中各个延迟元件的延迟，从而根据不同幅度的电压改变延迟元件中的延迟，”因此，对比文件2并没有公开本申请权利要求8的所有技术特征。正是由于该本申请的技术方案中的电压装置可以同时向不同延迟元件提供具有不同幅度的电压，从而可以使得不同的延迟元件在同一时间可以产生不同的延迟，从而使得本申请中的延迟锁定环路具有较大的灵活性，可以使得原本是为低频工作方式设计制造的延迟锁定环路也能在在高频工作方式下很好的工作。所以，对比文件2中公开的技术方案与本申请权利要求8的技术方案不同，并且本领域普通技术人员不能从对比文件2中获得实现权利要求8技术方案的启示。所以，相对于对比文件2中所公开的内容，本申请权利要求8具有突出的实质性特点和显著的进步，具备专利法第二十二条第三款所规定的创造性。

权利要求9~16为权利要求8的从属权利要求，虽然它们的附加技术特征分别在对比文件1、对比文件2或对比文件3中被公开，但是上述使得权利要求8具备创造性的区别技术特征并没有在对比文件1、对比文件2或对比文件3中被公开，所以权利要求9~16也具备专利法第二十二条第三款所规定的创造性。

权利要求17为："一种时钟电路，包括：从接收装置接收延迟输入信号的输入节点；延迟锁定环路，它具有连接到输入节点和输出节点的延迟线，该延迟线包括：连接在输入节点和输出节点之间的多个延迟元件，这些延迟元件用于把一延迟引入到通过延迟元件的信号中；用来调节加在该多个延迟元件上的电压的电压装置，电压装置同时向延迟线的不同部分分配具有不同幅度的多个电压，用于选择性地改变通过同一延迟线中各个延迟元件的延迟，从而根据不同幅度的电压改变延迟元件中的延迟，其中根据一个延迟控制信号对多个延迟元件进行多路复用，从而根据该延迟控制信号来激活延迟元件。"

同样可以看出，与对比文件2所公开的技术方案相比，权利要求17具有区别技术特征："电压装置同时向延迟线的不同部分分配具有不同幅度的多个电压，用于选择性地改变通过同一延迟线中各个延迟元件的延迟，从而根据不同幅度的电压改变延迟元件中的延迟，"因此，对比文件2并没有公开本申请权利要求17的所有技术特征。正是由于该本申请的技术方案中的电压装置可以同时向不同延迟元件提供具有不同幅度的电压，从而可以使得不同的延迟元件在同一时间可以产生不同的延迟，从而使得本申请中的时钟电路具有较大的灵活性，可以使得原本是为低频工作方式设计制造的时钟电路也能在在高频工作方式下很好的工作。所以，对比文件2中公开的技术方案与本申请权利要求17的技术方案不同，并且本领域普通技术人员不能从对比文件2中获得实现权利要求17技术方案的启示。所以，相对于对比文件2中所公开的内容，本申请权利要求17具有突出的实质性特点和显著的进步，具备专利法第二十二条第三款所规定的创造性。

权利要求18至24为权利要求17的从属权利要求，虽然它们的附加技术特征分别在对比文件1、对比文件2或对比文件3中被公开，但是上述使得权利要求17具备创造性的区别技术特征并没有在对比文件1、对比文件2或对比文件3中被公开，所以权利要求18~24也具备专利法第二十二条第三款所规定的创造性。

基于上述理由，合议组作出如下决定。

三、决定

撤销国家知识产权局于2004年8月13日作出的驳回00104711.6号申请的决定，由原实质审查部门以申请日提交的说明书第5~9页、附图第1~5，7~10页、说明书摘要和摘要附图以及2004年3月15日提交的权利要求第1~24项、说明书第1~4页和附图第6页为基础继续进行审批程序。

092

电脑键盘扶手座案

复审请求审查决定（第7773号）

决　定　号　第7773号
决　定　日　2005年12月1日
发明创造名称　电脑键盘扶手座
国际分类号　G06F 3/02
复审请求人　英群企业股份有限公司
申　请　号　97122894.9
申　请　日　1997年12月11日
公　开　日　1999年6月16日
合议组组长　张宗任
主　审　员　郑　直
参　审　员　翁晓君

法律依据　专利法第二十二条第三款　专利法实施细则第二十条第一款
决定要点

为了解决相同的技术问题，可以采用不同的技术手段，采用其中一种技术手段的一种技术方案的公开并不一定直接导致采用另一种技术手段的另一种方案没有创造性。

一、案由

本复审请求涉及申请日为1997年12月11日，公开日为1999年6月16日，名称为“电脑键盘扶手座”的发明专利申请（下称本申请），申请人为英群企业股份有限公司。

原始提交的权利要求书（下称文本1）只有1项权利要求：

“1. 一种电脑键盘扶手座，包括一键盘，其特征是：

所述的键盘在其底缘面两侧分别设有用以嵌接连接片以连接扶手座的长槽；

还包括：

一扶手座，在该扶手座底缘两侧适当位置处分别设置一槽形空间，在该槽形空间的两侧壁面分别设有一长凸板与一短凸板，两凸板互为平行而形成可供连接片滑移的轨道；在该槽形空间内还设有两凸字形的凸座，用于使连接片能在该槽形空间中定位；

一连接片，它呈一平面形状，在该平面形状的连接片前缘两端分别向外凸设有凸轴，用以嵌合在键盘底缘的长槽内，在该两侧凸轴之间的本体上设有两凹槽，以使该两凸轴之间具有一适当的伸张弹性；在该连接片本体后缘端面另设有两凹槽，使本体后端面形成两个侧勾件与一个中勾件，并且在各该勾件的底缘，分别向下凸伸出锥状的勾端。”

应申请人的请求，国家知识产权局实质审查部门对本申请进行了实质审查，于2001年8月17日发出了第一次审查意见通知书，主要指出：权利要求1与对比文件1相比没有创造性，不符合专利法

第二十二条第三款的规定，其中引用了一篇对比文件 1（US5660360），其公开日为 1997 年 8 月 26 日。

申请人于 2002 年 1 月 4 日提交了意见陈述书，同时提交了权利要求书和说明书的修改替换页（下称文本 2），其中将权利要求 1 所要保护的主题由“电脑键盘扶手座”修改为“连接片”。

经审查，实质审查部门于 2003 年 9 月 12 日以文本 2 的权利要求 1 不具备创造性为由驳回了本申请。其具体理由是：对比文件 1 公开了一种电脑扶手架结构，该结构包括一个键盘，键盘底部具有凹洞与扶手架相连；一个扶手架，在前端具有同键盘相连接的连接装置；以及连接装置，用于将键盘和扶手架连接。权利要求 1 与对比文件 1 的区别仅在于用“连接片”代替了“连接装置”，但是上述代替是本领域的常用手段，效果也相同，因此权利要求 1 没有创造性。尽管申请人在文本 2 中将权利要求 1 的保护主题修改为“连接片”，但其内部结构没有变化，因此权利要求 1 没有创造性，不符合专利法第二十二条第三款的规定。

申请人（下称请求人）对上述驳回决定不服，于 2003 年 12 月 29 日向专利复审委员会提出复审请求，请求人认为：对比文件 1 所公开的扶手架结构通过键盘底部的凹洞同扶手架相连，连接装置包括一个 L 形的连接板，连接板的一端设置一连接凸起，该凸起镶嵌在键盘的凹洞中。本申请中的连接片是通过键盘底部的长槽嵌接，连接片呈平面形状，连接片前缘两端分别向外凸设有凸轴，嵌合在键盘底缘的长槽中，接片后端的勾端勾附并止抵于扶手座的槽形空间内的凸座处，形成两端扣合。对比文件 1 所公开的连接装置与本申请中的连接片虽然都是为了连接键盘和扶手架，但二者的结构是完全不同的，连接片和连接装置不是简单的代替，而是完全不同的结构形式，因此本申请的权利要求 1 与对比文件 1 相比是非显而易见的，具备创造性。

经形式审查合格以后，专利复审委员会受理了该复审请求，并于 2004 年 3 月 9 日发出了复审请求受理通知书和前置审查通知书。

实质审查部门在前置审查意见书中坚持原驳回决定。

在此基础上，专利复审委员会依法成立合议组，对本案进行审查。

合议组于 2005 年 7 月 7 日发出复审通知书，该通知书所依据的文本与驳回决定所针对的文本相同，即请求人于 2002 年 1 月 4 日所提交的权利要求第 1 项，说明书第 1 ~ 4 页，说明书摘要，申请日提交的说明书附图第 1 ~ 5 页，以及摘要附图。复审通知书指出：“权利要求 1 没有清楚的记载请求保护的范围，不符合专利法实施细则第二十条第一款的规定。具体为：（1）权利要求 1 请求保护一种连接片，该连接片用于连接键盘和扶手座，而在权利要求 1 中记载的是“一种用于连接电脑键盘扶手座的连接片，包括：一键盘和连接在键盘底缘的连接片……”，该连接片与键盘和扶手座之间不存在包含关系；（2）“所述的扶手座底缘两侧适当位置分别设置一槽形空间”，其中“适当位置”的描述不清楚，根据本发明说明书中的记载，为了使扶手座与键盘相连接，槽形空间的位置不能任意选择，而必须与键盘的长槽相对应，请求人应当将槽形空间的位置描述清楚；（3）“在该槽形空间内还设有两凸字形的凸座”中对凸座的位置也没有清楚明确的描述，其必须设置在一个合适的位置上才能准备卡扣形成连接，因此这也是不清楚的。“

请求人于 2005 年 8 月 22 日提交了意见陈述书，同时提交了权利要求书和说明书的全文修改替换页，以及说明书摘要的修改替换页（下称文本 3）。

请求人于 2005 年 9 月 8 日再次提交了意见陈述书和权利要求书的全文修改替换页，以及说明书第 1 页，说明书摘要（下称文本 4）。

文本 4 的权利要求书的内容如下：

“1. 一种用于连接电脑键盘扶手座的连接片，所述的连接片连接在键盘和扶手座的底缘处；其特征在于：

所述的键盘在其底缘面两侧分别设有用于嵌接连接片以连接扶手座的长槽；

所述的扶手座底缘两侧对应于键盘底缘两侧处分别设有用以嵌接连接片以连接扶手座的一槽形空间，在该槽形空间的两侧壁面分别设有一长凸板与一短凸板，两凸板互为平行而形成可供连接片滑移的轨道；在该槽形空间内还设有两凸字形的凸座，两凸座分别位于槽形空间两侧由一长凸板与一短凸板组成的轨道的内侧，用于使连接片能在该槽形空间中定位；

所述的连接片呈一平面形状，在该平面形状的连接片前缘两端分别向外设有凸轴，用以嵌合在键盘底缘的长槽内，在该两侧凸轴之间的本体上设有两凹槽，以使该两凸轴之间具有一适当的伸张弹性；在该连接片本体后缘端面另设有两凹槽，使本体后端面形成两个侧勾件与一个中勾件，并且在各该勾件的底缘，分别向下凸伸出锥状的勾端。”

至此，合议组认为，本案事实已经清楚，可以依法作出审查决定。

二、决定的理由

1. 关于审查文本

请求人于2005年9月8日提交的权利要求第1项，说明书第1页，摘要附图，以及2005年8月22日提交的说明书第2～5页的修改没有超出原始申请文件公开的范围，符合专利法第三十三条以及专利法实施细则第六十条的规定，因此本复审决定所针对的文本是请求人于2005年9月8日提交的权利要求第1项，说明书第1页，说明书摘要，2005年8月22日提交的说明书第2～5页，申请日提交的说明书附图第1～5页，摘要附图。本决定所引用的对比文件是驳回决定中所引用的对比文件1（US5660360，公开日为1997年8月26日）。

2. 关于不清楚的问题

请求人于2005年9月8日提交了权利要求1的修改替换页，其中对文本2的权利要求1作出了修改，明确记载了“所述的连接片连接在键盘和扶手座的底缘处”“所述的扶手座底缘两侧对应于键盘底缘两侧处分别设有用以嵌接连接片以连接扶手座的一槽形空间”以及“在该槽形空间内还设有两凸字形的凸座，两凸座分别位于槽形空间两侧由一长凸板与一短凸板组成的轨道的内侧，用于使连接片能在该槽形空间中定位”，上述特征清楚的记载了槽形空间以及槽形空间中的凸字形凸块的位置，并且明确了键盘，连接片以及键盘扶手座之间的位置关系，克服了复审通知书中指出的权利要求1不清楚的缺陷，因此权利要求1的保护范围是清楚的，符合专利法实施细则第二十条第一款的规定。

3. 关于创造性问题

权利要求1请求保护一种连接电脑键盘扶手座的连接片，该连接片连接在键盘和扶手座的底缘处。所述键盘在其底缘面两侧分别设有一长槽12；所述扶手座在与键盘底缘上的长槽相对应的位置上具有一用以嵌接连接片以连接扶手座的一槽形空间21，在槽形空间的两侧壁面上分设一长凸板22和一短凸板23，两凸板相互平行而形成可供连接片滑动的轨道，在槽形空间21内还设有两个凸字形凸座24，用以固定连接片；所述的连接片30呈一平面形状，在该平面形状的连接片前缘两端分别向外设有凸轴32，用以嵌合在键盘底缘的长槽12内，在该两侧凸轴32之间的本体上设有两凹槽33，以使该两凸轴之间具有一适当的伸张弹性，在该连接片本体后缘端面另设有两凹槽34，使本体后端面形成两个侧勾件35与一个中勾件36，并且在各该勾件的底缘，分别向下凸伸出锥状的勾端37，以便固定扶手座。

对比文件1公开了一种扶手架结构，具体公开了以下特征（参见说明书第1～2栏，说明书附图2，3，5），该扶手架中具有一个连接装置13，其上有一个L形的连接板16，在连接板的一端设有凸起 17，该凸起恰好与键盘对应位置上设置的凹洞 21 耦合连接。

由此可见，对比文件 1 所公开的扶手架结构虽然也是为了连接键盘和扶手座，但其是通过 L 形的连接板上的凸起与键盘对应位置的凹洞耦合相连接的，而权利要求 1 中的连接是通过平面形的连接片的勾件将设置在键盘两边的长槽与设置在扶手座对应位置上的槽形空间连接起来进行固定的。对比文件 1 中的连接方式与权利要求 1 中的连接方式是不同的，权利要求 1 中通过连接片将键盘与扶手座可拆御地连接在一起，以提供使用者在操作键盘时利用扶手座支撑手腕；同时由于在扶手座底缘设置一槽形空间，因此，当键盘与扶手座分离时能使连接片收藏在该槽形空间处，形成既可相连结以共同使用又可仅选择键盘的两种使用方法；另外，由于在扶手座底缘槽形空间两壁面分别设有平行的两横向凸板，形成可供连接片滑移的轨道，在槽形空间内另设置有两凸字形的凸座，用于将连接片在槽形空间中定位，因此，能方便将扶手座与键盘相连或分离，也便于包装运输；而且，键盘部分仍可延用原有模具制造，只需增加扶手座的模具来制造扶手座，配合连接片，而能将两者组合构成具有扶手座的键盘。对比文件 1 中没有公开上述技术特征，也没有给出相应的技术启示，因此权利要求 1 与对比文件 1 相比具备创造性，符合专利法第二十二条第三款的规定。

三、决定

撤销国家知识产权局于 2003 年 9 月 12 日针对 97122894.9 号发明专利申请作出的驳回决定，由原实质审查部门以请求人于 2005 年 9 月 8 日提交的权利要求第 1 项，说明书第 1 页，说明书摘要，2005 年 8 月 22 日提交的说明书第 2 ~ 5 页，申请日提交的说明书附图第 1 ~ 5 页，说明书摘要附图继续进行审批程序。

093

物流业务管理方法，物流业务管理系统及记录媒体案

复审请求审查决定（第7774号）

决　定　号 第7774号
决　定　日 2005年11月17日
发明创造名称 物流业务管理方法，物流业务管理系统及记录媒体
国际分类号 G06F 17/60
复审请求人 株式会社理光
申　请　号 01143736.7
申　请　日 2001年12月19日
公　开　日 2002年8月21日
合议组组长 马志远
主　审　员 郑　直
参　审　员 高　栋

法律依据 专利法第二十五条第一款之（二）项
决定要点

如果一项发明就整体而言并不是一种智力活动的规则和方法，但是发明的一部分属于智力活动的规则和方法，则要通过检索，将现有技术与本发明进行比较。本申请权利要求中包括多个装置结构，因此各权项的主题并非智力活动的规则和方法，应当经过检索，与现有技术比较才能判断对现有技术作出贡献的部分为智力活动规则和方法。

一、案由

本复审请求涉及申请日为2001年12月19日，公开日为2002年8月21日，发明名称为“物流业务管理方法，物流业务管理系统及记录媒体”的01143736.7号发明专利申请（下称本申请），申请人为株式会社理光。

原始提交的申请文件打印不清晰，申请人应审查员的要求，于2002年3月6日提交了申请文件的替换页，其中的权利要求书（文本1）共有11项权利要求，其中独立权利要求为：

“1. 一种物流业务管理方法，其特征在于：

包括下列步骤：

图像数据作成步骤，作成记载输出或输入物品条件的文书的图像数据；

图像数据存储步骤，将在上述图像数据作成步骤作成的图像数据与上述物品对应存储；

文书数据存储步骤，将记载在上述文书中的文书数据与上述物品对应存储；

识别数据存储步骤，存储用于识别上述物品输出或输入关连当事者的识别数据；

数据输出步骤，若上述当事者指定关于物品的数据，从上述存储数据中取得与该指定数据对应存储的物品数据输出；

在上述识别数据存储步骤中，根据所存储的识别数据，决定可向该当事者输出的数据范围；

在上述数据输出步骤中，取得符合上述决定范围的数据输出。”

“6. 一种物流业务管理系统，其特征在于：

包括：

图像数据作成手段，作成记载输出或输入物品条件的文书的图像数据；

图像数据存储手段，将在上述图像数据作成手段作成的图像数据与上述物品对应存储；

文书数据存储手段，将记载在上述文书中的文书数据与上述物品对应存储；

识别数据存储手段，存储用于识别上述物品输出或输入关连当事者的识别数据；

数据输出手段，若上述当事者指定关于物品的数据，从上述存储数据中取得与该指定数据对应存储的物品数据输出；

上述识别数据存储手段根据所存储的识别数据，决定可向该当事者输出的数据范围；

上述数据输出手段取得符合上述决定范围的数据输出。”

“11、一种记录媒体，记录可由计算机读取的程序，其特征在于，该程序能使计算机具有下列功能：

图像数据作成手段，作成记载输出或输入物品条件的文书的图像数据；

图像数据存储手段，将在上述图像数据作成手段作成的图像数据与上述物品对应存储；

文书数据存储手段，将记载在上述文书中的文书数据与上述物品对应存储；

识别数据存储手段，存储用于识别上述物品输出或输入关连当事者的识别数据，根据所存储的识别数据，决定可向该当事者输出的数据范围；

数据输出手段，若上述当事者指定关于物品的数据，从上述存储数据中取得与该指定数据对应存储、且符合上述决定范围的数据输出。”

应申请人的请求，国家知识产权局实质审查部门对本申请进行了实质审查，并于 2003 年 5 月 9 日发出了第一次审查意见通知书，指出权利要求 1 ~ 5 涉及的是物流业务管理方法，是一种组织管理的方法，属于专利法第二十五条第一款之（二）项规定的智力活动的规则和方法，不能被授予专利权。权利要求 6 ~ 10 涉及的物流业务管理系统，该系统在硬件结构上没有改变，实质上也是一种组织管理的方法，仍属于专利法第二十五条第一款之（二）项规定的智力活动的规则和方法，不能被授予专利权。权利要求 11 请求保护一种记录介质，其实质内容在于其上记录的程序，属于专利法第二十五条第一款之（二）项规定的智力活动的规则和方法，不能被授予专利权。

申请人于 2003 年 9 月 24 日提交了意见陈述书，并且修改了权利要求书（文本 2），其中共有 6 项权利要求，独立权利要求为：

“1. 一种物流业务管理系统，其中通过一个网络连接分别放置在物品分配库中的多个业务服务器、管理从每个业务服务器提供的数据的管理服务器以及用于操作的用户终端，其中

所述每个业务服务器包括：

图像数据产生装置，产生与按照物品分配使用的文书具有相同质量的图像数据；

数据输入装置，输入代表所述图像数据产生装置产生的图像数据中的描述内容的描述数据；以及

数据提供装置，提供所述图像数据产生装置产生的图像数据和所述数据输入装置输入的描述数据到所述管理服务器；

所述管理服务器包括：

数据存储装置，彼此相关联的存储从所述每个业务服务器提供的图像数据和描述数据；

用户信息存储装置，存储识别每个用户的识别信息，及代表每个用户的权限组的权限信息；

权限信息获得装置，按照所述用户终端发送的识别信息获得存储在所述用户信息存储装置中的对应权限信息；

判定装置，响应所述用户终端发送的指定任意图像数据的呈现请求，判定是否允许按照指定的图像数据和所述权限信息获得装置获得的所述权限信息的关系呈现图像数据；和

图像数据获得装置，仅在所述判定装置允许呈现时获得存储在所述数据存储装置中的目标图像数据；

图像数据发送装置，发送所述图像数据获得装置获得的图像数据给所述用户终端，

所述用户终端包括：

呈现请求装置，发送将要操作的用户的识别信息到所述管理服务器，并请求呈现任意图像数据；

图像数据接收装置，在所述管理服务器允许呈现所述呈现请求装置请求的图像数据时，接收所述管理服务发送的图像数据；及

显示装置，显示所述图像数据接收装置接收的图像数据。”

“3. 一种物流业务管理系统，其中通过一个网络连接分别放置在物品分配库中的多个业务服务器、管理从每个业务服务器提供的数据的管理服务器以及用户操作的用户终端，其中

所述每个业务服务器包括：

图像数据产生单元，检索将要用在物品流通中的文书的图像，并产生与该文书具有相同值的特定格式的图像数据；

数据输入单元，输入代表对应于所述图像数据产生单元产生的图像数据的文书的种类的分类数据和代表图像数据中的描述内容的描述数据；以及

数据提供单元，提供所述图像数据产生单元产生的图像数据，和所述数据输入单元输入的分类数据和描述数据到所述管理服务器；

所述管理服务器包括：

数据存储单元，彼此相关联地存储从所述每个业务服务器提供的图像数据、分类数据和描述数据；

用户信息存储单元，存储识别每个用户的识别信息，及代表每个用户的权限组的权限信息；

权限信息获得单元，按照用户终端发送的识别信息获得存储在所述用户信息存储单元中的对应权限信息；

判定单元，响应所述用户终端发送的指定任意分类数据的呈现请求，判定是否允许按照指定的分类数据和所述权限信息获得单元获得的权限信息的关系呈现指定的种类的图像数据；和

图像数据获得单元，仅在所述判定单元允许呈现时，按照指定所述用户终端发送的一部分描述数据的数据，获得存储在所述数据存储单元中的目标图像数据；和

图像数据发送单元，发送所述图像数据获得单元获得的图像数据给所述用户终端，

所述用户终端包括：

呈现请求单元，发送将要操作的用户的识别信息和任意分类数据到所述管理服务器，并请求呈现指定的种类的图像数据；

数据发送单元，当所述管理服务器允许呈现所述呈现请求单元请求的图像数据时发送指定一部分预定的描述数据的数据到所述管理服务器；

图像数据接收单元，响应所述发送单元发送的数据，接收所述管理服务器发送的图像数据；及

显示单元，显示所述图像数据接收单元接收的图像数据。”

“5. 一种物流业务管理方法，其中通过一个网络连接分别设置在物品分配库中的多个业务服务

器、管理从每个业务服务器提供的数据的管理服务器以及用于操作的用户终端，该方法包括：

图像数据产生步骤，产生与按照物品分配使用的文书具有相同值的图像数据；

数据输入步骤，输入代表所述图像数据产生步骤产生的图像数据中的描述内容的描述数据；以及

数据提供步骤，从每个业务服务器提供图像数据产生步骤产生的图像数据和所述数据输入步骤输入的描述数据到所述管理服务器；

数据存储步骤，由管理服务器从每个业务服务器接收图像数据和描述数据，并在预定的存储单元中存储它们；

呈现请求步骤，发送将要操作的用户的识别信息到管理服务器，并请求呈现任意图像数据；

权限信息获得步骤，按照所述用户终端发送的识别信息从管理服务器获得对应的权限信息；

判定步骤，响应所述用户终端发送的呈现请求，判定是否允许按照指定的图像数据和所述权限信息获得步骤获得得所述权限信息的关系呈现图像数据；

图像数据获得步骤，仅在所述判定步骤允许呈现时，按照指定所述用户终端发送的一部分描述数据的数据，获得存储在所述数据存储单元中的目标图像数据；

图像数据发送步骤，从管理服务器发送所述图像数据获得步骤获得的图像数据给所述用户终端；

图像数据接收步骤，在用户终端接收管理服务器发送的图像数据；及

显示步骤，在用户终端以预定的显示单元显示所述图像数据接收步骤接收的图像数据。”

国家知识产权局原实质审查部门于 2003 年 11 月 7 日以文本 2 的权利要求 1 ~ 6 不符合专利法第二十五条第一款之（二）项的规定为由驳回了本申请。

申请人（下称请求人）对上述驳回决定不服，于 2004 年 2 月 23 日向专利复审委员会提出了复审请求，同时提交了权利要求书的修改替换页（文本 3），文本 3 共有 6 项权利要求，其中独立权利要求为：

“1. 一种物流业务管理系统，其中通过一个网络连接分别放置在物品分配库中的多个业务服务器、管理从每个业务服务器提供的数据的管理服务器以及用于操作的用户终端，其中

所述每个业务服务器包括：

图像数据产生装置，从按照物品分配使用的文书原件产生相同价值的图像数据；

暂时存储装置，将所述图像数据产生装置产生的图像数据暂时存储；以及

数据提供装置，提供所述图像数据产生装置产生的图像数据到所述管理服务器；

所述管理服务器包括：

接收装置，接收所述每个业务服务器提供的图像数据；

一致判定装置，判定所述接收装置接收的图像数据与所述业务服务器的暂时存储装置存储的图像数据的一致；

数据存储装置，接收所述每个业务服务器提供的图像数据；

判定装置，响应所述用户终端发送的指定任意图像数据的呈现请求，判定是否允许指定的图像数据的呈现；和

图像数据获得装置，仅在所述判定装置允许呈现时获得存储在所述数据存储装置中的目标图像数据；

图像数据发送装置，发送所述图像数据获得装置获得的图像数据给所述用户终端，

所述用户终端包括：

呈现请求装置，发送将要操作的用户的识别信息到所述管理服务器，并请求呈现任意图像数据；

图像数据接收装置，在所述管理服务器允许呈现所述呈现请求装置请求的图像数据时，接收所述

管理服务发送的图像数据；及

显示装置，显示所述图像数据接收装置接收的图像数据。

2. 一种物流业务管理系统，其中通过一个网络连接分别放置在物品分配库中的多个业务服务器、管理从每个业务服务器提供的数据的管理服务器以及用户操作的用户终端，其中

所述每个业务服务器包括：

图像数据产生装置，从按照物品分配使用的文书原件产生相同价值的图像数据；

数据输入装置，输入表示所述图像数据产生装置产生的图像数据中的描述内容的描述数据；

数据提供装置，提供所述图像数据产生装置产生的图像数据以及所述输入装置输入的描述数据到所述管理服务器；

所述管理服务器包括：

数据存储装置，将所述每个业务服务器提供的图像数据以及描述数据对应存储；

描述数据获得装置，响应所述用户终端发送的指定任意物品的状态呈现请求，获得对应于来自所述存储装置的指定物品的每个文书的描述数据；

规定装置，按照包括在所述描述数据获得装置获得的每个描述数据中的特定日期信息，规定每个库中的物品输送状态；和

状况图像产生装置，产生代表所述规定装置规定的输送状态的图像；

图像数据发送装置，将所述状况图像产生装置产生的图像数据发送到所述用户终端；

所述用户终端包括：

呈现请求装置，请求呈现指定的任意物品的状况；

图像数据接收装置，响应所述呈现请求装置请求的状况呈现，接收所述管理服务器发送的状况图像的图像数据；及

显示装置，显示所述图像数据接收装置接收的图像数据。

3. 一种物流业务管理系统，其中通过一个网络连接分别放置在物品分配库中的多个业务服务器、管理从每个业务服务器提供的数据的管理服务器以及用户操作的用户终端，其中

所述每个业务服务器包括：

图像数据产生单元，检索将要用在物流流通中的文书的图像，并产生与该文书具有相同价值的特定格式的图像数据；

数据输入单元，输入代表对应于所述图像数据产生单元产生的图像数据的文书的种类的分类数据；以及

数据提供单元，提供所述图像数据产生单元产生的图像数据和所述数据输入单元输入的分类数据和描述数据到所述管理服务器；

所述管理服务器包括：

数据存储单元，彼此相关联地存储从所述每个业务服务器提供的图像数据以及分类数据；

用户信息存储单元，存储识别每个用户的识别信息以及代表每个用户设定权限的权限信息；

权限信息获得单元，按照用户终端发送的识别信息获得存储在所述用户信息存储单元中的对应权限信息；

判定单元，响应所述用户终端发送的指定任意分类数据的呈现请求，判定是否允许按照指定的分类数据和所述权限信息获得单元获得的权限信息的关系呈现指定的种类的图像数据；和

图像数据获得单元，仅在所述判定单元允许呈现时，按照指定所述用户终端发送的一部分描述数据的数据，获得存储在所述数据存储单元中的目标图像数据；和

图像数据发送单元，发送所述图像数据获得单元获得的图像数据给所述用户终端，

所述用户终端包括：

呈现请求单元，发送将要操作的用户的识别信息和任意分类数据到所述管理服务器，并请求呈现指定的种类的图像数据；

发送单元，当所述管理服务器允许呈现所述呈现请求单元请求的图像数据时发送指定一部分预定的描述数据的数据到所述管理服务器；

图像数据接收单元，响应所述发送单元发送的数据，接收所述管理服务器发送的图像数据；及

显示单元，显示所述图像数据接收单元接收的图像数据。

4. 一种物流业务管理系统，其中通过一个网络连接分别放置在物品分配库中的多个业务服务器、管理从每个业务服务器提供的数据的管理服务器以及用户操作的用户终端，其中

所述每个业务服务器包括：

图像数据产生单元，检索将要用在物流流通中的文书的图像，并产生与该文书具有相同价值的特定格式的图像数据；

数据输入单元，输入所述图像数据产生单元产生的图像数据中的描述内容的描述数据；以及

数据提供单元，提供所述图像数据产生单元产生的图像数据和所述数据输入单元输入的描述数据到所述管理服务器；

所述管理服务器包括：

数据存储单元，将所述每个业务服务器提供的图像数据以及描述数据对应存储；

描述数据获得单元，响应所述用户终端发送的指定任意物品的状态呈现请求，获得对应于来自所述存储单元的指定物品的每个文书的描述数据；

规定单元，按照包括在所述描述数据获得单元获得的每个描述数据中的特定日期信息，规定每个库中的物品输送状态；和

状况图像产生单元，产生代表所述规定单元规定的输送状态的图像；和

图像数据发送单元，将所述状况图像产生单元产生的图像数据发送到所述用户终端；

所述用户终端包括：

呈现请求装置，请求呈现指定的任意物品的状况；

图像数据接收装置，响应所述呈现请求装置请求的状况呈现，接收所述管理服务器发送的状况图像的图像数据；及

显示装置，显示所述图像数据接收装置接收的图像数据。

5. 一种物流业务管理方法，其中通过一个网络连接分别设置在物品分配库中的多个业务服务器、管理从每个业务服务器提供的数据的管理服务器以及用于操作的用户终端，该方法包括：

图像数据产生步骤，从按照物品流通使用的文书原件在每个业务服务器产生相同价值的图像数据；

暂时存储步骤，将所述图像数据产生步骤产生的图像数据暂时存储在每个业务服务器；以及

数据提供步骤，从每个业务服务器提供图像数据产生步骤产生的图像数据到所述管理服务器；

接收步骤，接收所述每个业务服务器提供的图像数据；

一致判定步骤，判定所述接收步骤接收的图像数据与所述业务服务器暂时存储的图像数据的一致；

数据存储步骤，仅当所述一致判定装置判定为一致时，在预定的存储单元存储所述接收步骤接收的图像数据；

呈现请求步骤，发送将要操作的用户的识别信息到管理服务器，并请求呈现任意图像数据；

权限信息获得步骤，按照用户终端发送的识别信息从管理服务器获得对应的权限信息；

判定步骤，管理服务器响应从用户终端发送的呈现请求，判定是否允许按照指定的图像数据和所述权限信息获得步骤获得的所述权限信息的关系呈现图像数据；

图像数据获得步骤，仅在所述判定步骤允许呈现时，管理服务器获得由所述数据存储步骤存储在存储单元中的目标图像数据；

图像数据发送步骤，从管理服务器发送所述图像数据获得步骤获得的图像数据给所述用户终端；

图像数据接收步骤，在用户终端接收管理服务器发送的图像数据；及

显示步骤，在用户终端以预定的显示单元显示所述图像数据接收步骤接收的图像数据。

6. 一种物流业务管理方法，其中通过一个网络连接分别设置在物品分配库中的多个业务服务器、管理从每个业务服务器提供的数据的管理服务器以及用于操作的用户终端，该方法包括：

图像数据产生步骤，从按照物品流通使用的文书原件在每个业务服务器产生相同价值的图像数据；

数据输入步骤，在每个业务服务器输入表述所述图像数据产生步骤产生的图像数据中的描述内容的描述数据；以及

数据提供步骤，由每个业务服务器提供所述图像数据产生步骤产生的图像数据和所述数据输入步骤输入的描述数据到所述管理服务器；

数据存储步骤，由管理服务器接收所述每个业务管理器提供的图像数据以及描述数据并存储在预定的存储单元；

状况呈现请求步骤，从用户终端向管理服务器请求指定的任何物品的状况呈现请求，

描述数据获得步骤，由管理服务器获得对应于来自所述存储单元的由用户终端状况呈现请求的物品的描述数据的每个文书；

规定步骤，按照包括在所述描述数据获得步骤获得的每个描述数据中的特定日期信息，由管理服务器规定每个库中的物品输送状态；

状况图像产生步骤，由管理服务器产生代表所述规定步骤规定的书送状态的图像；图像数据发送步骤，从管理服务器将所述状况图像产生步骤产生的图像数据发送到所述用户终端；

图像数据接收步骤，在用户终端接收管理服务器发送的图像数据；及

显示步骤，在用户终端以预定的显示单元显示所述图像数据接收步骤接收的图像数据。”

在形式审查合格以后，专利复审委员会受理了该复审请求，并于2004年3月2日向请求人发出了复审请求受理通知书，同时向原实质审查部门发出了前置审查通知书。

在前置审查意见中，原实质审查部门仍坚持原驳回决定。

在此基础上，专利复审委员会依法成立合议组，对本案进行审查。并于2005年6月22日发出了复审通知书，指出文本3的独立权利要求1～4中的“暂时存储装置”“数据提供装置”“一致判定装置”“判定装置”“图像数据获得装置”“图像数据发送装置”“呈现请求装置”“图像数据接收装置”“描述数据获得装置”“规定装置”“状况图像发生装置”“权限信息获得单元”“判定单元”“图像数据获得单元”“图像数据发送单元”“图像数据接收单元”“数据提供单元”“描述数据获得单元”“规定单元”“状况图像产生单元”以及“图像数据发送单元”在说明书中没有原始记载，也无法从说明书的记载中直接的，毫无异议的推导，因此文本3的权利要求1～4的修改超出了原始公开的范围，不符合专利法第三十三条的规定。同时指出文本2的权利要求1～4中记载的“数据提供装置”“权限信息获得装置”“判定装置”“图像数据获得装置”“图像数据发送装置”“呈现请求装

置”“图像数据接收装置”“描述数据获得装置”“规定装置”“状况图像产生装置”“数据提供单元”“权限信息存储单元”“判定单元”“图像数据获得单元”“图像数据发送单元”“呈现请求单元”“数据发送单元”“图像数据接收单元”“描述数据获得单元”“规定单元”以及“状况图像产生单元”在原始公开的说明书中也没有明确的记载，因此文本2的权利要求1~4也超出了说明书原始公开的范围，不符合专利法第三十三条的规定。

请求人于2005年8月5日提交了意见陈述书，并且提交了权利要求书的修改替换页（文本4），其中删除了超出原始公开范围的权利要求1~4，增加了两个从属权利要求，将其重新编号为新的权利要求1~4。

合议组认为本案事实清楚，可以作出审查决定。

二、决定的理由

由于请求人在答复复审通知书时提交的权利要求书的修改替换页（文本4）符合专利法第三十三条以及专利法实施细则第六十条第一款的规定，因此合议组以请求人于2005年8月5日向专利复审委员会提交的权利要求第1~4项，2002年3月6日提交的说明书第1~31页，说明书附图第1~8页，说明书摘要以及摘要附图为基础，对本申请继续进行审查。本复审决定所评价的权利要求书共有4项权利要求：

“1. 一种物流业务管理方法，其中通过一个网络连接分别设置在物品分配库中的多个业务服务器、管理从每个业务服务器提供的数据的管理服务器以及用于操作的用户终端，该方法包括：

图像数据产生步骤，从伴随物品流通使用的文书原件在每个业务服务器产生相同价值的图像数据；

暂时存储步骤，将所述图像数据产生步骤产生的图像数据暂时存储在每个业务服务器；以及

数据提供步骤，从每个业务服务器提供所述图像数据产生步骤产生的图像数据到数据库管理服务器；

接收步骤，接收所述每个业务服务器提供的图像数据；

一致判定步骤，判定所述接收步骤接收的图像数据与各业务服务器暂时存储的图像数据的一致；

数据存储步骤，仅当所述一致判定装置判定为一致时，在数据库存储所述接收步骤接收的图像数据；

呈现请求步骤，从用户终端发送将要操作的用户的识别信息到数据库管理服务器，并请求呈现任意的图像数据；

权限信息获得步骤，按照用户终端发送的识别信息从数据库管理服务器获得对应的权限信息；

判定步骤，数据库管理服务器响应来自用户终端的呈现请求，按照指定的图像数据和所述权限信息获得步骤获得的所述权限信息的关系判定是否允许呈现图像数据；

图像数据获得步骤，仅在所述判定步骤允许呈现时，数据库管理服务器获得由所述数据存储步骤存储在数据库中的目标图像数据；

图像数据发送步骤，从数据库管理服务器发送所述图像数据获得步骤获得的图像数据给所述用户终端；

图像数据接收步骤，在用户终端接收数据库管理服务器发送的图像数据；及

显示步骤，在用户终端以预定的显示单元显示所述图像数据接收步骤接收的图像数据。

2. 如权利要求1所述的物流业务管理方法，其特征在于，

呈现请求步骤发送将要操作的用户的识别信息和密码到数据库管理服务器，并请求呈现图像数据；

所述权限信息获得步骤，按照用户终端发送的识别信息和密码对用户进行认证，并获得对应认证后的用户的权限信息。

3. 一种物流业务管理方法，其中通过一个网络连接分别设置在物品分配库中的多个业务服务器、管理从每个业务服务器提供的数据的管理服务器以及用于操作的用户终端，该方法包括：

图像数据产生步骤，从伴随物品流通使用的文书原件在每个业务服务器产生相同价值的图像数据；

数据输入步骤，在每个业务服务器输入表示所述图像数据产生步骤产生的图像数据中的描述内容的描述数据；数据提供步骤，由每个业务服务器提供所述图像数据产生步骤产生的图像数据和所述数据输入步骤输入的描述数据到所述数据库管理服务器；

数据存储步骤，由数据库管理服务器接收各业务管理器提供的图像数据以及描述数据并存储在数据库；

状况呈现请求步骤，从用户终端向数据库管理服务器请求指定的任何物品的状况呈现，

描述数据获得步骤，由数据库管理服务器从所述数据库获得对应于由用户终端请求状况呈现的物品的所有文书的描述数据；

规定步骤，按照包括在所述描述数据获得步骤获得的每个描述数据中的特定日期信息，由数据库管理服务器规定每个库中的物品输送状态；

状况图像产生步骤，由数据库管理服务器产生表示所述规定步骤规定的输送状态的图像；

图像数据发送步骤，从数据库管理服务器将所述状况图像产生步骤产生的图像数据发送到所述用户终端；

图像数据接收步骤，在用户终端接收数据库管理服务器发送的图像数据；以及

显示步骤，在用户终端以预定的显示单元显示所述图像数据接收步骤接收的图像数据。

4. 如权利要求 3 所述的物流业务管理方法，其特征在于，

所述状况产生步骤，根据所述规定步骤规定的输送状态，产生包含表示至少两个分配库之间的图像和表示物品去向的箭头的图像数据。”

专利法第二十五条第一款中规定，智力活动的规则和方法不授予专利权。审查指南（2001 年版）第二部分第 3.2 节中对该条款的适用作出了具体规定。根据审查指南的内容，如果一项发明整体不是一种智力活动的规则和方法，但发明的一部分属于智力活动的规则和方法，如果该发明对于现有技术的贡献仅仅在于属于智力活动的规则和方法的部分，则应当将该发明视为智力活动，不授予专利权。

本申请的独立权利要求 1 请求保护的是一种通过计算机及网络进行物流管理的方法，在该方法中，首先生成与物品流通中所使用的文书具有同等价值的图像数据，然后利用生成的图像数据作为文书，按照用户的请求，进行管理，在管理过程中，为每个用户设置了权限，通过判定装置来判断请求呈现某个文书的用户是否具有观看该文书的权限，并且仅在判定装置判定出该用户具有该权限时才予以呈现。

独立权利要求 4 请求保护的也是一种通过计算机和网络来进行物流管理的方法，在该方法中，首先生成与物品流通中所使用的文书具有同等价值的图像数据，随后输入与图像数据有关的描述数据，然后利用相应的描述数据进行物品流通的管理，从而可以使用户获得与描述数据相关的内容，例如与特定日期有关的物品输送状况。

原实质审查部门在驳回决定中认为上述物流管理方法涉及的是商业管理方法，只是通过在公知的计算机网络上运行商业管理程序就能够达到管理物流业务的目的，实质上是一种商业组织管理的方法，没有解决技术问题，没有产生技术效果，属于智力活动的规则和方法。

但是在本申请中的权利要求 1，2 中包括生成图像数据的步骤，为用户设置权限的步骤，用户提交呈现请求的步骤，根据权限信息和用户呈现请求的关系判定是否允许呈现的步骤，以及当判定步骤判定出可以呈现时，传送图像和呈现的步骤。在权利要求 3，4 中包括生成图像数据的步骤，输入与图像数据相关的描述数据的步骤，用户提交呈现请求的步骤，获得描述数据的步骤，根据描述数据中含有的特定信息规定物品传送状态的步骤，以及图像数据的传送和呈现的步骤。这些步骤本身涉及图像数据的生成，传送和呈现，只向有权限的用户呈现所管理的每个文书原件的图像和数据，按照管理的每个文书原件的数据呈现物流的进行状况，这些步骤本身并不属于智力活动的方法。

原实质审查部门认为上述物流管理方法实质上就是在公知的计算机和网络上运行物流管理程序就可以实现。但并不是所有的涉及计算机程序的专利申请都属于专利法第二十五条第二款之（二）项所规定的智力活动的规则，关键在于发明对现有技术的贡献是否仅仅在于属于智力活动的规则和方法的部分，审查员在实质审查过程中并没有举证现有的公知计算机和网络如何进行数据传送和管理，所以也就无法比较本申请与现有技术的区别是否只在于物流管理的方法本身，因此无法判断本发明的技术方案是否属于智力活动的规则和方法。

由此可以看出，在针对本发明的实质审查程序中，首先缺少检索与本发明上述方法相关的现有技术的过程，其次缺少将本发明的方法中的各个技术特征与现有技术的技术特征逐一进行比较的过程，第三缺少确定本发明的方法与现有技术之间的区别性内容的分析判断过程，第四缺少判断区别性内容不包含任何技术内容而仅仅属于智力活动的规则和方法的过程。总之，在驳回决定中，仅仅因为本发明的方法被应用于物流管理当中，就作出了本发明的方法违反专利法第二十五条规定的结论，而没有进行完整的举证与推理过程，对本发明的审查程序明显与审查指南所要求的审查程序不符。

三、决定

撤销国家知识产权局于 2003 年 11 月 7 日作出的驳回决定，以请求人于 2005 年 8 月 5 日向专利复审委员会提交的权利要求第 1 ~ 4 项，2002 年 3 月 6 日提交的说明书第 1 ~ 31 页，说明书附图第 1 ~ 8页，说明书摘要以及摘要附图为基础继续进行审批程序。

094

技术支持回答系统以及技术支持方法案

复审请求审查决定（第7776号）

决　定　号　第7776号
决　定　日　2005年11月10日
发明创造名称　技术支持回答系统以及技术支持方法
国际分类号　G06F 17/30、13/14
复审请求人　株式会社日立制作所
申　请　号　01103252.9
申　请　日　2001年2月8日
公　开　日　2001年8月15日
合议组组长　马　昊
主　审　员　郑　直
参　审　员　程　华

法律依据　专利法第二十二条第三款
决定要点

在评价创造性时不仅要考虑发明技术方案本身，还要考虑发明要解决的问题和所产生的技术效果，从而进行整体判断。如果一项权利要求的技术方案不仅在技术内容上与对比文件有显著差别，而且所要解决的技术问题和产生的技术效果也都不同，则该项权利要求具备创造性。

一、案由

本复审专利请求涉及申请日为2001年2月8日，公开日为2001年8月15日，发明名称为“技术支持回答系统以及技术支持方法”的01103252.9号发明专利申请（下称本申请），申请人为株式会社日立制作所。

原始提交的权利要求书（文本1）共有21项权利要求，申请人于2001年12月14日根据专利法实施细则第五十一条的规定对权利要求进行了主动修改（文本2），增加了权利要求22，23。文本2的独立权利要求是：

“1. 一种用于技术支持的回答系统，包括：

寄存用户通过电信网络发送的查询信息的装置；

防止局外人通过所述的电信网络访问被寄存的所述查询信息的装置；

将所述被寄存的查询信息传送给某个信息服务提供商的通信装置；

输入响应所述被传送的查询信息的回答的装置；以及

通过所述的电信网络把所述的输入回答发送给所述用户的装置。”

“7. 一种用于通过电信网络提供技术信息服务的技术支持的回答系统，所述用于技术支持的回答系统包括：

通过因特网接收用户发送的查询信息的网络服务器；

存储已经被所述的网络服务器收到的所述查询的所述信息的查询信息数据库；

防止局外人通过所述的电信网络访问被储存在所述的查询信息数据库里面的所述查询的所述信息的防火墙；

将已经被所述的网络服务器存储的所述查询的所述信息传送给某个信息服务提供商的内部互联网；

输入对已经通过所述的内部互联网传送的所述查询信息，作出反应的回答的输入部件；以及

发送已被所述的输入部件输入的所述查询的所述回答的邮件服务器。”

“16. 一种通过电信网络提供技术信息服务的技术支持方法，所述技术支持方法包括步骤：

通过因特网使用网络服务器接收用户发送的查询信息，其中通过防火墙防止局外人通过所述的电信网络访问所述查询的所述信息；

将已经被所述的网络服务器收到的所述查询的信息存储在查询信息数据库中；

将已经被所述的网络服务器存储的所述查询的所述信息，通过内部互联网传送给信息提供部件；以及

将响应已经被发送到所述信息提供部件的查询信息的回答，通过邮件服务器传送给所述的用户。”

“22. 一种通过电信网络提供与发电厂设备有关的技术信息服务的技术支持方法，其特征在于：

用接收服务器接收由发电厂设备的注册用户通过电信线路发出的与所述发电厂设备相关的查询信息；

把所述接收服务器接收的由所述注册用户发出的查询信息存储在查询历史数据库中；

把所述接收服务器接收的由所述注册用户发出的与发电厂设备有关的所述的查询信息发送给进行技术支持的服务提供商；

针对发送来的来自所述注册用户的查询信息，基于所述服务提供商具有的所述注册用户的所述发电厂设备的技术数据和存储在所述查询历史数据库中的所述发电厂设备的查询信息历史，所述服务提供商产生与技术支持有关的回答；以及

把所述产生的回答从发送服务器发送导所述注册用户。

23. 一种通过电信网络提供与发电厂设备有关的技术信息服务的技术支持系统，其特征在于包括：

接收服务器，用于接收由发电厂设备的注册用户通过电信线路发出的与所述发电厂设备有关的查询信息；

查询历史数据库，存储所述接收服务器接收的由所述注册用户发出的查询信息；以及

检查与技术支持有关的回答的检索系统，该回答是针对所述接收服务器接收的由所述注册用户发出的与所述发电厂设备相关的查询信息，基于所述注册用户的所述发电厂设备的技术数据和存储在所述查询历史数据库中的所述发电厂设备的查询历史信息历史产生的。”

应申请人的请求，国家知识产权局实质审查部门对本申请进行了实质审查，并于 2003 年 2 月 14 日发出了第一次审查意见通知书，指出权利要求 1，3，4，6，7，9～14，16，18～23 与对比文件 1 相比没有创造性，不符合专利法第二十二条第三款的规定，权利要求 2，5，8，15，17 没有以说明书为依据，不符合专利法第二十六条第四款的规定，权利要求 12～15，21 不符合专利法实施细则第二十三条第二款的规定。

申请人于 2003 年 9 月 1 日陈述意见，并且修改了权利要求书（文本 3），其中删除了不符合专利

法第二十六条第四款的权利要求2，5，8，15，17，并对原权利要求1，3，4，6，9～14，16和18～23进行了修改，申请人认为修改后的权利要求具备创造性。

审查员于2003年11月7日作出驳回决定，以文本3的权利要求1～21没有创造性，不符合专利法第二十二条第三款的规定为由驳回了本申请。审查员在驳回决定中指出：本申请所请求保护的技术方案与对比文件1所公开的技术方案相比，区别仅在于本申请要对查询信息和查询历史信息进行存储，但是在现有的网络技术中，将传送的信息进行寄存是惯用的技术手段，因此本申请的权利要求1～21与对比文件1相比没有创造性，不符合专利法第二十二条第三款的规定。

申请人（下称请求人）对上述驳回决定不服，于2004年2月23日提出复审请求，并对权利要求书进行了修改（文本4），用新的权利要求1～7替换原权利要求1～21。请求人认为：修改后的权利要求具有用于用户的回答系统和向用户提供技术支持信息的用于服务提供商的回答系统，上述两个系统中具有查询信息寄存装置和查询历史信息寄存装置，其中用于用户的回答系统还具有检索装置，能够使用户检索自己以前查询过的且寄存在第一历史信息寄存装置中的相关查询历史信息，而对比文件1中仅是简单的借助于代理服务器把浏览器和信息源进行连接，来检索数据信息，没有公开用于用户的回答系统和向用户提供技术支持信息的用于服务提供商的回答系统中的查询信息寄存装置和查询历史信息寄存装置，也没有公开检索装置，对比文件1中的系统不能通过检索过去的查询历史信息来简化查询过程，因此本申请的权利要求1～7具备创造性，符合专利法第二十二条第三款的规定。

经形式审查合格以后，专利复审委员会受理了该复审请求，并于2004年3月16日向请求人发出了复审请求受理通知书，同时由原审查部门进行前置审查。

在前置审查意见中，原实质审查部门坚持原驳回决定。

在此基础上，专利复审委员会依法成立合议组，对本案继续进行审查。合议组认为本案事实清楚，可以作出审查决定。

二、决定的理由

1. 关于审查文本

请求人于2004年2月23日提交的权利要求1～7符合专利法第三十三条以及专利法实施细则第六十条的相关规定，因此合议组以请求人于2004年2月23日提交的权利要求第1～7项，2003年9月1日提交的说明书第1～4，4，页，申请日提交的说明书第5～19页，说明书附图第1～16页，2003年9月1日提交的说明书摘要以及申请日提交的说明书摘要附图为审查基础，以驳回决定所引用的对比文件1：WO9833130A1为依据，对本案继续进行审查。

本复审决定所针对的权利要求书（文本4）共有7项权利要求，其中独立权利要求分别为权利要求1，权利要求3和权利要求6。

2. 关于创造性

本申请涉及通过电信网络为用户提供技术服务的一种技术支持回答系统，在该系统中具有一个位于用户端的用于用户的回答系统，以及一个位于服务提供商一侧的回答系统，上述两个系统中都具有查询信息寄存装置以及查询历史信息寄存装置，用户可以通过因特网与位于远端的服务提供商进行通信，查询相关的技术信息，也可以通过用于用户的回答系统中的检索装置在查询信息寄存装置和查询历史信息寄存装置中检索自己过去曾经查询过的相关信息。

（1）权利要求1请求保护一种技术回答系统，包括：位于用户端的用于用户的回答系统，在该系统中具有查询信息寄存装置，查询历史信息寄存装置，以及检索装置；位于服务提供商侧的回答系统，该系统具有查询信息寄存装置，查询历史信息寄存装置；防止局外人进入用户端的存储装置的防火墙以及防止局外人进入服务提供商侧的存储装置的防火墙；通信装置，将查询信息传送给服务商；

回答装置，对查询信息作出响应，并且作出回答；以及将上述回答传送给用户的装置，其中用户可以通过检索装置检索自己以前曾经查询过的查询历史信息。

在权利要求1中存在双重结构，相关的技术信息既可以存储在用于用户的回答系统中，也可以存储在服务提供商侧的回答系统中，从而使得用户的检索操作和服务提供商对信息的更新可以同时进行。

对比文件1公开了一种通过代理服务器将浏览器的查询发送到信息源，然后从信息源中进行检索的方法和系统，该系统包括一个浏览器，一个信息源，以及一个代理服务器，浏览器，信息源以及代理服务器通过网络相连，对比文件1的发明目的是为了避免接收到不希望的信息，因此在代理服务器上具有一个过滤器，可以对接收到的信息进行过滤。

将权利要求1与对比文件1相比，对比文件1中没有公开权利要求1中的查询信息寄存装置，查询历史信息寄存装置，防火墙，以及检索装置，也没有公开位于用户侧和服务提供商侧的双重结构，而通过对查询信息和查询历史信息进行存储，并通过检索装置在上述存储信息中检索，能够查询自己在先前已经查询过的信息，从而简化查询的过程，通过一个双重的结构能实现用户侧与服务提供侧的同时工作，上述区别使得本申请权利要求1所请求保护的技术方案具有比现有技术中的查询系统更高的效率和安全性能，因此权利要求1所请求保护的技术方案与对比文件1相比具有突出的实质性特点和显著的进步，具备创造性，符合专利法第二十二条第三款的规定。

在权利要求1具备创造性的情况下，其从属权利要求2也具备创造性，符合专利法第二十二条第三款的规定。

（2）权利要求3请求保护一种技术支持回答系统，该系统具有用于接收用户发送的查询信息的第一网络服务器；位于用户端的用于用户的回答系统，在该系统中具有查询信息寄存装置，查询历史信息寄存装置，以及检索装置；装有用于服务提供商的回答系统的第二网络服务器，位于服务提供商侧的回答系统具有查询信息寄存装置，查询历史信息寄存装置；防止局外人访问第一网络服务器的防火墙以及防止局外人进入第二网络服务器的防火墙；将第二网络服务器接收的查询信息传送给服务提供商的内部互联网；输入对查询信息进行回答的输入单元；发送输入单元输入回答的邮件服务器；其中用户可以通过检索装置检索自己以前曾经查询过的查询历史信息。

权利要求3中也存在着存在双重结构，相关的技术信息既可以存储在用于用户的回答系统中，也可以存储在服务提供商侧的回答系统中，从而使得用户的检索操作和服务提供商对信息的更新可以同时进行。

对比文件1公开了一种通过代理服务器将浏览器的查询发送到信息源，然后从信息源中进行检索的方法和系统，该系统包括一个浏览器，一个信息源，以及一个代理服务器，浏览器，信息源以及代理服务器通过网络相连，对比文件1的发明目的是为了避免接收到不希望的信息，因此在代理服务器上具有一个过滤器，可以对接收到的信息进行过滤。

将权利要求3与对比文件1相比，对比文件1中没有公开权利要求3中的查询信息寄存装置，查询历史信息寄存装置，防火墙，检索装置，以及邮件服务器，也没有公开位于用户侧和服务提供商侧的双重结构，而通过对查询信息和查询历史信息进行存储，并通过检索装置在上述存储信息中进行检索，能够查询自己在先前已经查询过的信息，从而简化查询的过程，通过一个双重的结构能实现用户侧与服务提供侧的同时工作，上述区别使得本申请权利要求3所请求保护的技术方案具有比现有技术中的查询系统更高的效率和安全性能，因此权利要求3所请求保护的技术方案与对比文件1相比具有突出的实质性特点和显著的进步，具备创造性，符合专利法第二十二条第三款的规定。

在权利要求3具备创造性的情况下，其从属权利要求4，5也具备创造性，符合专利法第二十二条第三款的规定。

（3）权利要求6请求保护一种技术支持方法，包括以下步骤：通过第一网络服务器接收查询信息，第一网络服务器具有用于用户的回答系统，在该系统中具有查询信息寄存装置，查询历史信息寄存装置，以及检索装置；将第一网络服务器接收到的查询信息寄存在第一查询信息数据库；将第一网络服务器中寄存的查询信息取入到装有用于服务提供商的回答系统的第二网络服务器，位于服务提供商侧的回答系统具有查询信息寄存装置，查询历史信息寄存装置；通过第一和第二防火墙防止局外人访问第一网络服务器以及防止局外人进入第二网络服务器；将第二网络服务器接收的查询信息通过内部互联网传送给服务提供商；将回答信息通过邮件服务器发送给用户，并把用户的查询信息作为查询历史信息寄存在查询历史信息数据库中；其中用户可以通过检索步骤检索自己以前曾经查询过的查询历史信息，并将检索结果发送给用户。

权利要求6中也存在着双重结构，相关的技术信息既可以存储在用于用户的回答系统中，也可以存储在服务提供商侧的回答系统中，从而使得用户的检索操作和服务提供商对信息的更新可以同时进行。

对比文件1公开了一种通过代理服务器将浏览器的查询发送到信息源，然后从信息源中进行检索的方法和系统，该系统包括一个浏览器，一个信息源，以及一个代理服务器，浏览器，信息源以及代理服务器通过网络相连，在该方法中，代理服务器首先接收浏览器发出的查询信息，并将查询信息传送到信息源进行检索，代理服务器接收检索信息，并经过滤器滤出到不希望接收的信息。

将权利要求6与对比文件1相比，对比文件1中没有公开权利要求6中的查询信息寄存步骤，以及检索步骤，也没有公开位于用户侧和服务提供商侧的双重结构，而通过对查询信息和查询历史信息进行存储，并通过检索步骤在上述存储信息中进行检索，能够查询自己在先前已经查询过的信息，从而简化查询的过程，通过一个双重的结构能实现用户侧与服务提供侧的同时工作，上述区别使得本申请权利要求6所请求保护的技术方案具有比现有技术中的查询方法更高的效率和安全性能，因此权利要求6所请求保护的技术方案与对比文件1相比具有突出的实质性特点和显著的进步，具备创造性，符合专利法第二十二条第三款的规定。

在权利要求6具备创造性的情况下，其从属权利要求7也具备创造性，符合专利法第二十二条第三款的规定。

三、决定

撤销国家知识产权局于2003年11月7日作出的驳回决定，由原实质审查部门以请求人于2004年2月23日提交的权利要求第1~7项，2003年9月1日提交的说明书第1~4页，申请日提交的说明书第5~19页，申请日提交的说明书附图第1~16页，2003年9月1日提交的说明书摘要，以及申请日提交的摘要附图为基础继续进行审批程序。

095

用于光学阅读的编码纸案

复审请求审查决定（第7777号）

决　定　号 第7777号
决　定　日 2005年12月8日
发明创造名称 用于光学阅读的编码纸
国际分类号 G06K 1/12　G06K 19/06
复审请求人 阿诺托知识产权许可贸易公司
申　请　号 00813597.5
申　请　日 2000年10月2日
公　开　日 2002年10月30日
合议组组长 黄毅斐
主　审　员 程　华
参　审　员 熊　婷

法律依据 专利法第二十五条第一款
决定要点

本申请对现有技术的贡献就在于产品表面上设置位置编码的特定方式，而这种特定的方式实质上就是一种人为规定的位置信息内容的表述，不属于技术手段，复审请求人所述的通过编码位置的这种特定方式获得的效果也不是通过技术手段获得的技术效果；此外，该产品也未体现出具有除单纯的信息表述之外的附加功能。因此，本申请属于专利法第二十五条第一款第（二）项规定的不授予专利权的范围。

一、案由

本复审请求涉及申请日为2000年10月2日，2002年3月29日进入国家阶段，申请号为00813597.5，发明名称为“用于光学阅读的编码纸”的发明专利PCT申请（下称本申请），申请人是阿诺托股份公司，后于2005年2月24日经国家知识产权局批准变更为阿诺托知识产权许可贸易公司。

在国家知识产权局的实质审查过程中，实质审查部门在2003年4月11日发出的第一次审查意见通知书中指出：国际初步审查报告附件的中文译文（文本1）中权利要求1~20属于专利法第二十五条第一款第（二）项不授予专利权的范围。

针对实质审查部门发出的第一次审查意见通知书，申请人于2003年8月26日提交了答复意见，并提交了权利要求书全文替换页（文本2），其中共19项权利要求，主题名称均为“一种设置有编码图案的产品”。申请人认为权利要求1~19涉及一种包括网格和多个标记的物理产品，标记和网格均是产品的物理特征，网格能通过标记检测到，每个标记沿一根网格线从一个标称位置位移，这也是物理特征；本申请中标记的设置具有技术效果，其使得确定在产品上的位置，这又能在产品上电子记录

（写或画）。

国家知识产权局实质审查部门继续审查后，认为本申请文本 2 中的权利要求 1～19 仍属于专利法第二十五条第一款第（二）项规定的不授予专利权的范围，于 2003 年 10 月 10 日作出了驳回本申请的决定。驳回决定的主要理由是：文本 2 中权利要求 1～19 请求保护一种用于光学阅读的编码纸，其主题名称是一种产品，但如说明书所述，本申请对现有技术作出贡献的特征只是一种编码图案的构成以及定义图案中的标记和标称位置，并没有记载产品的物理结构特征，仅仅是一种人的思维运动，没有借助于自然力，实质上是一种信息表述规则，本申请所解决的不是技术问题，也没有利用自然法则，且所获得的效果也不是技术效果，因此，权利要求 1～19 属于专利法第二十五条第一款第（二）项规定的不授予专利权的范围。

申请人（下称复审请求人）对上述驳回决定不服，于 2004 年 1 月 18 日向专利复审委员会提出复审请求，其主要理由是：本申请的产品权利要求涉及物理产品，其具有网格和多个标记，标记和网格均是产品的物理特征，网格能通过标记检测到，每个标记沿一根网格线从一个标称位置位移，这也是物理特征；本申请中标记的设置具有技术效果，它能使一个装置确定其在产品上的位置，又使得能电子记录产品上的写和画，因此，本申请解决了怎样提供能够用于记录笔迹的产品，事实是每个标记从一个标称位置位移并且每个标记的值由相对于一个标称位置的位置确定，其解决的技术问题是怎样以简单的方式解码编码的图案，更具体地，解码编码图案的装置只检测某一位置中标记的出现。

经形式审查合格，专利复审委员会依法受理了上述复审请求，并于 2004 年 2 月 17 日发出了复审请求受理通知书和前置审查通知书。

在前置审查程序中，国家知识产权局实质审查部门坚持原驳回决定。

专利复审委员会依法成立合议组对本案进行审查，于 2005 年 5 月 9 日发出复审通知书，审查意见主要包括：文本 2 中权利要求 1～19 分别请求保护一种设置有编码图案的产品，但这些权利要求中记载的是编码图案的构成以及对图案中的标记和网格的说明，主要是利用网格上的标记确定具体位置，所述编码也只是用来标识位置，而没有记载产品的构成、连接关系以及功能，其特征仅在于位置信息内容的表述，没有涉及到信息载体、方法或装置的技术特征或功能关系，也未体现出该产品具有除单纯的信息表述之外的附加功能，所述“标记”“网格”均不是对产品结构的具体限定。由于权利要求 1～19 对现有技术的贡献仅在于作为信息内容表述的、人为规定的编码图案，因此其均属于专利法第二十五条第一款第（二）项智力活动的规则和方法的情形，不能被授予专利权。

复审请求人于 2005 年 8 月 23 日对上述复审通知书作出答复，提交了权利要求书替换页共 2 页，包括 20 项权利要求（文本 3），复审请求人将本申请的独立权利要求重新撰写为能电子记录笔迹的产品和用于电子记录笔迹的系统，保持原权利要求 2～19 不变；并强调位置编码图案编码产品表面上的多个位置，使得这些位置能通过笔装置记录并用于确定笔装置在表面上的位置，本申请的技术贡献在于其中位置编码在表面上的特定方式，其所具有的有益技术效果是：通过大量简单和等同的标记构成，图案易于打印，同时由于检测每个标记的重心就足够，因此图案易于解码。文本 3 中独立权利要求 1、20 的内容如下：

“1. 一种能电子记录笔迹的产品，该产品具有设置有可读取的位置编码图案的表面，并编码所述表面上的多个位置，使得在所述表面上移动的笔装置能通过读所述位置编码图案确定其在所述表面上的连续位置，所述位置编码图案包括网格和可以被检测器检测到的多个标记，每个标记都代表至少两个不同值中的一个，其中：所述网格包括在网格点中相交的网格线，每个网格点可以通过标记检测到并用于定义标记的标称位置；每个标记与所述多个标称位置中的一个标称位置相关；每个标记沿一根网格线从一个标称位置位移；每个标记的所述值由标记的位置相对于相关标称位置来确定，以及每个位置通过预定数量的所述标记编码在所述表面上。”

“20. 一种用于电子记录笔迹的系统，该系统包括一种产品，该产品具有设置有可读取的位置编码图案的表面，并编码所述表面上的多个位置，所述位置编码图案包括网格和可以被检测器检测到的多个标记，每个标记都代表至少两个不同值中的一个，其中：所述网格包括在网格点中相交的网格线，每个网格点可以通过标记检测到并用于定义标记的标称位置；每个标记与所述多个标称位置中的一个标称位置相关；每个标记沿一根网格线从一个标称位置位移；每个标记的所述值由标记的位置相对于相关标称位置来确定，以及每个位置通过预定数量的所述标记编码在所述表面上，所述系统还包括具有用于记录位置编码图案的图像的传感器的笔装置以及用于根据位置编码图案的记录来确定笔的连续位置的图像处理装置。”

在上述工作的基础上，合议组认为本案事实清楚，可以作出本复审请求审查决定。

二、决定的理由

本复审决定依据的文本为：本申请在进入中国国家阶段时提交的说明书第1～20页、附图第1～4页，以及复审请求人2005年8月23日提交的权利要求第1～20项。

根据专利法第二十五条的规定，对下列各项，不授予专利权：

（一）科学发现；（二）智力活动的规则和方法；（三）疾病的诊断和治疗方法；（四）动物和植物品种；（五）用原子核变换方法获得的物质。

对前款第（四）项所列产品的生产方法，可以依照本法规定授予专利权。

审查指南（2001年版）第二部分第一章第3.2节中规定，在判断涉及智力活动的规则和方法的发明专利申请是否属于可授予专利权的客体时，应当遵守以下原则：

（1）如果一项发明仅仅涉及智力活动的规则和方法，亦即智力活动的规则和方法本身，则不应当被授予专利权。

（2）如果一项发明就整体而言并不是一种智力活动的规则和方法，但是发明的一部分属于智力活动的规则和方法，则不应当完全排除其获得专利权的可能性，需要具体分析，按下述两种情况区别对待：

（i）如果发明对于现有技术的贡献仅仅在于属于智力活动的规则和方法的部分，则应将该发明视为智力活动的规则和方法，不授予其专利权；

（ii）如果发明对于现有技术的贡献不在于或不仅仅在于属于智力活动的规则和方法的部分，则不能依据专利法第二十五条第一款第（二）项拒绝授予其专利权。

本申请权利要求1～19均请求保护一种能电子记录笔迹的产品，其中记载的主要是编码图案的构成以及对图案中的标记和网格的说明，而没有记载产品自身的构成、连接关系，其特征仅在于一种人为规定的位置信息内容的表述，主要是利用产品表面上的位置编码图案（由网格、网格线、标记构成）来确定笔装置在表面上的位置，所述编码也只是用来标识位置，而“标记”“网格”均不是对产品构成结构的改进。诚如复审请求人在意见陈述书中所述的，本申请的技术贡献就在于位置编码在产品表面上的特定方式，而这种特定的方式实质上就是一种人为规定的位置信息内容的表述，不属于技术手段，从而复审请求人所述的通过编码位置的这种特定方式获得的效果也不是通过技术手段获得的技术效果。此外，该产品也未体现出具有除单纯的信息表述之外的附加功能。由于权利要求1～19对现有技术的贡献仅在于作为信息内容表述的、人为规定的位置编码的特定方式，因此，权利要求1～19均属于专利法第二十五条第一款第（二）项智力活动的规则和方法的情形，不能被授予专利权。

权利要求20请求保护一种用于电子记录笔迹的系统，也就是权利要求1所述产品的一种应用，除包括权利要求1所述能电子记录笔迹的产品之外，还包括笔装置和图像处理装置，显然其对现有技术的改进之处也并不在于用于记录的笔装置或者是图像处理装置，而是在于记录笔迹的产品表面上用于确定记录装置在表面上的位置的位置编码图案，其实质也是一种位置信息内容的表述，与评述权利要求1的理由相同，权利要求20也属于专利法第二十五条第一款第（二）项智力活动的规则和方法的情形，不能被授予专利权。

三、决定

维持国家知识产权局于2003年10月10日对00813597.5号专利申请所作出的驳回决定。

当事人对本决定不服的，可以根据专利法第四十一条第二款的规定，自收到本决定之日起三个月内向北京市第一中级人民法院起诉。

096

因特网服务的模型建立案

复审请求审查决定（第7780号）

决　定　号　第7780号
决　定　日　2005年11月21日
发明创造名称　因特网服务的模型建立
国际分类号　G06F 11/28
复审请求人　安捷伦科技有限公司
申　请　号　98122379.6
申　请　日　1998年12月2日
公　开　日　1999年9月8日
合议组组长　蒋　彤
主　审　员　高　栋
参　审　员　李　卉

法律依据　专利法第三十八条
决定要点

在作出驳回决定之前作为驳回决定所依据的事实和理由，应该给予申请人至少一次陈述意见和/或进行修改申请文件的机会，否则，该驳回决定的作出不符合听证原则。

一、案由

本复审请求涉及国家知识产权局于2003年12月12日驳回的、名称为“因特网服务的模型建立”的发明专利申请（下称为本申请），其申请号为98122379.6，申请日为1998年12月2日，优先权日为1998年3月2日，申请人为惠普公司，并于2000年10月26日变更为艾加伦特技术公司，2004年7月15日变更为安捷伦科技有限公司。

国家知识产权局原实质审查部门于2002年12月6日发出了第一次审查意见通知书，指出：权利要求1~6不符合专利法第二十五条第一款第（二）项的规定并且不符合专利法实施细则第二条第一款关于发明的定义。

申请人于2003年4月21日提交了意见陈述书，并基于修改后的权利要求书（下称文本1）认为：权利要求1~6的技术方案并不属于智力活动的范畴。

针对上述意见陈述，原实质审查部门于2003年6月27日发出了第二次审查意见通知书，指出：申请人在原权利要求1步骤（a）和（b）的基础上增加了步骤（c）~（f），该新增加的步骤也是在定义并构造模型基础和前提下进行的，而且这些步骤为本领域的公知常识，因此，本发明对于现有技术的贡献仅仅在于智力活动的规则和方法，从而权利要求1~6仍属于专利法第二十五条第一款第（二）项所规定的情形。

申请人于2003年10月13日提交了意见陈述书，并且提交了修改后的权利要求书的替换页（下称文本 2），其在意见陈述书中仍然坚持一通答复时的观点，认为：权利要求 1 所要保护的是一个利用一个计算机程序改善公知计算机系统内部运行性能的方法，因此其所要解决的是技术问题，并且由于改善了该性能而取得了技术效果，因此权利要求 1 的主题应属于给予专利保护的客体。

国家知识产权局于 2003 年 12 月 12 日以本申请不符合专利法第二十五条的规定为由作出了驳回决定，其理由是：申请人于答复第二次审查意见通知书时提交的新修改的权利要求书中，将独立权利要求 1、3 的主题名称由“一种对一个计算机服务进行建模和监视的方法”修改为“一种对一个计算机服务进行诊断的方法”，同时将特征“构造该组服务中的成员与所述计算机服务之间的关系的模型”删除。而由上述步骤所构造出的计算机分层模型是诊断出性能异常成员的基础和必要条件，如果缺少构造计算机服务分层模型这一步骤本发明将无法实现，由于申请人不允许的删除导致修改后的权利要求 1、3 不予接受；权利要求 6 中所述的特征“定义装置”“测定装置”“指示装置”“检测装置”以及“确认装置”均没有以说明书为依据，得不到说明书的支持。因此修改后的权利要求 6 也不予接受。基于上述理由，原实质审查部门在驳回决定中认为新提交的文本 2 不予接受，并针对 2004 年 4 月 21 日提交的文本 1 和申请日提交的说明书作出了驳回决定，认为文本 1 的权利要求 1 ~ 6 属于智力活动的规则和方法，因此不符合专利法第二十五条的规定。

申请人（下称请求人）对上述驳回决定不服，于 2004 年 3 月 29 日向专利复审委员会提出了复审请求，但未修改申请文件，请求人的复审请求理由是本申请的主题应属于给予专利保护的客体，不属于智力活动的范畴。

经形式审查合格，专利复审委员会受理了该复审请求，并于 2004 年 4 月 28 日发出了受理通知书以及前置审查意见通知书。

在前置审查程序中，国家知识产权局原实质审查部门仍坚持原驳回决定。

在此基础上，专利复审委员会依法成立合议组对本案进行审理。经审查合议组认为本案事实清楚，可依法作出本决定。

二、决定的理由

1. 关于专利法第三十八条

根据专利法第三十八条的规定，发明专利申请经申请人称述意见或者进行修改后，国务院专利行政部门仍然认为不符合本法规定的，应当予以驳回。

审查指南第二部分第八章第 6.1.1 节对于驳回申请明确规定：“审查员在作出驳回决定之前，应当将其经实质审查认定申请属于专利法实施细则第五十三条规定的应予驳回情形的事实、理由、证据和法律依据通知申请人，并给申请人至少一次陈述意见和/或进行修改申请文件的机会。”同时在第 6.1.4.2 节对于驳回理由也规定应“以令人信服的事实和理由作为驳回的依据，而且对于这些事实和理由，已经给了申请人一次发表意见和/或修改申请的机会”。否则，该驳回决定的作出不符合听证原则。

原实质审查部门在作出驳回决定时，对答复第二次审查意见通知书的文本 2 不予接受，其具体理由是认为：如果缺少构造计算机服务分层模型这一步骤本发明将无法实现，由于申请人不允许的删除导致修改后的权利要求 1、3 不予接受；权利要求 6 中所述的特征“定义装置”“测定装置”“指示装置”“检测装置”以及“确认装置”均没有以说明书为依据，得不到说明书的支持，因此修改后的权利要求 6 也不予接受。因此，合议组认为：驳回决定中的以上理由并没有在作出驳回决定之前通知申请人，而是直接在驳回决定中认定文本 2 不予接受，以文本 1 为依据作出了驳回决定，因此原实质审查部门的审查违反法定程序，以申请人放弃的申请文本（文本 1）或者不要求保护的技术方案（文本 1 记载的技术方案）为依据而作出了驳回决定；其次，在审查程序中没有给予申请人针对驳回决定所认定的事实至少一次陈述意见和/或修改申请文件的机会。综上所述，合议组认为，本驳回决定的作出不符合听证原则，应当发回重审。

三、决定

撤销国家知识产权局于2003年12月12日对该发明专利申请所作出的驳回决定，以申请日提交的说明书和说明书附图以及2003年10月13日提交权利要求书为基础，由原实质审查部门继续进行审批程序。

097

形成半导体器件精细图案的方法案

复审请求审查决定（第7781号）

决　定　号　第7781号
决　定　日　2005年12月8日
发明创造名称　形成半导体器件精细图案的方法
国 际 分 类 号　H01L 21/30
复 审 请 求 人　现代电子产业株式会社
申　请　号　96107116.8
申　请　日　1996年6月24日
公　开　日　1997年2月5日
合 议 组 组 长　黄毅斐
主　审　员　马志远
参　审　员　朱芳芳

法 律 依 据　专利法第二十六条第三款
决 定 要 点

申请人在说明书背景技术部分所引入的现有技术文献，并没有直接描述和记载如何在曝光掩膜上形成小于最小尺寸的虚设图案，更没有记载虚设图案在光致抗蚀膜显影后不形成图案的技术内容。引入上述背景技术内容，并不能使得本申请克服驳回决定所指出的不符合专利法第二十六条第三款的规定的缺陷。

一、案由

本复审请求涉及申请号为96107116.8、发明名称为“形成半导体器件精细图案的方法”的发明专利申请，其申请日为1996年6月24日，优先权日为1995年6月23日，申请人为现代电子产业株式会社。

在实质审查阶段，实质审查部门于2001年6月8日发出了第一次审查意见通知书，该通知书指出，本申请原始提交的（文本1）申请文件没有对发明作出清楚完整的说明，不符合专利法第二十六条第三款的规定。

申请人于2001年10月23日针对第一次审查意见通知书进行了答复。申请人在提交答复意见的同时，对权利要求书和说明书进行了修改（文本2），修改后的文本2说明书共4页、权利要求共7项。

实质审查部门于2003年12月19日发出驳回决定，驳回理由为：本申请说明书不符合专利法第二十六条第三款的规定，具体地，由于现有技术没有教导如何能形成宽度小于不允许光刻成形的临界值的虚设图案，所属领域的技术人员在不付出创造性劳动的基础上无法界定多宽的虚设图形是不允许光刻成形的临界值，因此不能实现本发明。

申请人（以下称为请求人）对于该驳回决定不服，于2004年4月2日提出了复审请求。请求人提出的复审理由为：曝光掩膜具有虚设图案，该虚设图案比最小线的宽度还小，“最小线”就是本申请的“临界值”。曝光掩膜上的图案是否被转移到光致抗蚀膜上，主要取决于曝光处理的光源的波长。掩膜上哪些图案要被转移到光致抗蚀膜上的确定，可以通过对光源波长的控制而容易地完成。事实上，最小线宽度的特定数值（临界值）不需要包括在说明书和权利要求书中，因为该临界值是由处理条件决定的。

专利复审委员会经过形式审查，于2004年4月28日发出复审请求受理通知书，并启动前置审查程序。在前置审查阶段，原审查部门审查员坚持驳回决定的意见。

专利复审委员会依法组成合议组，对本复审请求进行审查。合议组经过对2001年10月23日提交的权利要求第1至7项和说明书第1至4页（文本2）、申请日原始提交的说明书附图第1至4页、说明书摘要及摘要附图（文本1）的审查之后认为本申请说明书存在公开不充分的问题。具体意见如下：在文本2的说明书发明内容部分中提出“在掩膜上另外安置多个虚设图案，其尺寸小到无法在硅衬底上产生接近效应的位置处被显影”；在说明书对图3、4、5所示实施例进行的描述中，也多处提及“参见图3A……随后形成宽度小于不允许光刻成形的临界值的多个虚设图案22,”“参见图4A……接下来形成宽度小于不允许光刻成形的临界值的多个虚设图案32,”“参见图5A……接下来在图案之间设置宽度小于不允许光刻成形的临界值的多个线状虚设图案42,”。但是，在上述说明书发明内容部分和具体实施方式部分既没有具体阐述如何使得虚设图案小到无法被显影，也没有具体阐述如何形成宽度小于不允许光刻成形的临界值的虚设图案22、32、42。合议组认为，由于在曝光掩膜上形成小于临界值的虚设图案为本申请的技术方案实现发明目的的基础，根据本申请说明书记载，形成宽度小于临界值的虚设图案为本申请请求人所独创的改进光刻胶成形精度的方法，由此推断本领域技术人员无法从任何现有技术的内容获得如何形成小于临界值尺寸虚设图案的教导，因此请求人应当按照专利法第二十六条第三款的规定，在说明书内对如何形成该小尺寸的虚设图案作出具体、明确的说明。而当前文本2的说明书并没有包含这样的说明内容，而仅仅提到了形成小于临界值虚设图案的最终结果，因此合议组认为文本2的说明书确实存在驳回决定所指出的公开不充分的问题，这导致该文本2的说明书仍然不符合专利法第二十六条第三款的规定。

请求人于2005年6月6日对复审通知书进行了答复，请求人引用美国专利文献US5340700作为现有技术公知常识的证据材料，并对本申请说明书背景技术部分进行了相应修改，增加了引用上述美国专利文献的内容，修改后的（文本3）说明书共5页。

至此，本复审请求案件事实清楚，请求人已经充分陈述了自己的主张，合议组可以作出复审决定。

二、决定的理由

1）本复审决定的审查基础

请求人在答复实质审查阶段第一次审查意见通知书和答复复审通知书时所提交的文本2权利要求书和文本3说明书的内容没有超出原始提交申请文件的记载范围，符合专利法第三十三条的规定，可以作为审查的基础。本复审决定以文本3说明书第1~5页、文本2权利要求第1~7项、文本1的说明书附图第1~4页为审查基础。

2）关于说明书是否符合专利法第二十六条第三款的规定

专利法第二十六条第三款规定，说明书应当对发明作出清楚、完整的说明，以所属技术领域的技术人员能够实现为准。根据审查指南对该条款的解释，说明书应当从现有技术出发，明确地反映出发明想要做什么和如何去做，例如为解决发明的技术问题而采用的技术方案的具体实施方式。

请求人在提交复审请求的理由中提出，在半导体衬底上形成特定图案（平版印刷术）的过程通常包含四个步骤：（1）在半导体衬底上形成光致抗蚀膜；（2）使用曝光掩膜使该光致抗蚀膜曝光；（3）对该光致抗蚀膜显影以形成光致抗蚀膜图案；（4）将该光致抗蚀膜图案用作蚀刻掩膜对所述的半导体衬底进行蚀刻。其中的曝光掩膜具有虚设图案，该虚设图案比最小线宽度还要小。这些“虚设”图案虽然存在于曝光掩膜之上，但却没有被转移到所述的光致抗蚀膜上。因此，经过蚀刻处理的半导体衬底上不会包括虚设图案。

请求人在答复复审通知书的意见陈述中提出，美国专利文献US5340700中示出了尺寸在某个极值之下的一些图像完全无法分辨，并且该文献还详细阐述了该最小特征（也就是极值）是如何得到的，并给出了该极值的计算公式。由该公式可知，该极值取决于系数k、光源波长以及数字孔径NA。请求人认为，该美国专利文献提供一种将图案从一掩膜转移至一半导体衬底的图案材料时改进平版形成图案的方法，即如何扩大该极值的范围，使得原本无法分辨的图像也能够被分辨。而本发明则是利用了上述美国专利文献中的现象来控制接近相应，从而形成半导体器件精细图案。请求人认为，本申请中的“最小线宽度”对应上述美国专利文献的“极值”。

合议组经过对上述美国专利文献审查，认为该文献中公开了一种形成窄距离边缘的图案的方法（见栏5第50行至栏6第10行），该方法的优点在于边缘之间的间隔可以小于瑞利极限而不产生相邻空间边缘梯度的衍射。在图2A中，来自成像设备12的辐射10被用于对第一特征边缘11曝光。该曝光产生一个边缘梯度14，该梯度曝光一个在半导体衬底20上形成的抗蚀剂层。在图2例子中，使用负片抗蚀剂，产生被曝光的抗蚀剂区域15和未曝光的抗蚀剂区域16。在负片作用的抗蚀剂体系中，被曝光的区域15变成对抗蚀剂显影剂不溶解，而未曝光区域16不变（即区域16保持在显影剂溶液中的溶解性）。在图2B所示的第二曝光步骤中，第二特征边缘13与成像设备12一起使用，以产生边缘梯度17。特征边缘13被有意地相对衬底20偏移用以在光致抗蚀剂层上产生所需要的最小尺寸。第二次曝光之后，仅仅留下一个未曝光区域16，其围绕已曝光区域15相邻侧。在抗蚀剂显影之后，未曝光区域16被显影掉了，留下具有尺寸宽度A的开口21，该宽度小于成像设备12的瑞利极限。

根据上述美国专利文献的记载，该技术方法仅仅教导技术人员如何在光致抗蚀膜层上形成小尺寸的开口，而并没有直接教导如何在光致抗蚀膜层上形成图案而在随后的显影过程中又不在光致抗蚀膜上形成该虚设图案的技术手段。因此，该美国专利文献并没有对本申请中如何产生虚设图案给出教导，本领域技术人员在不经过创造性劳动的基础上，仍然无法实现本申请所述的在曝光掩膜上形成虚设图案而在对光致抗蚀膜进行显影处理后，该虚设图案不显影在光致抗蚀膜层上的具体方法步骤。由此可见，将上述美国专利文献引入本申请说明书作为背景技术内容，仍然无法克服本申请说明书没有清楚、完整记载实现发明目的之技术方案的缺陷。

综上所述，请求人在答复复审通知书时提交的文本3说明书和陈述意见，仍然不能使本申请说明书符合专利法第二十六条第三款的规定。

三、决定

维持国家知识产权局于2003年12月19日针对本申请所作出的驳回决定。

当事人对本复审决定不服，可以按照专利法第四十一条第二款的规定，在收到本复审决定书之日起三个月内向北京市中级人民法院起诉。

098

便携式通信装置案

复审请求审查决定（第7782号）

决　定　号　第7782号
决　定　日　2005年12月6日
发明创造名称　便携式通信装置
国 际 分 类 号　H04M 1/00
复 审 请 求 人　索尼公司
申　请　号　97110248.1
申　请　日　1997年2月26日
公　开　日　1997年12月10日
合 议 组 组 长　马志远
主　审　员　张宗任
参　审　员　焦景梅

法 律 依 据　专利法第二十二条第二款
决 定 要 点

权利要求要求保护一种产品，如果该该产品的结构特征都已经被一篇对比文件公开，即使该权利要求所要保护的产品所实现的功能与对比文件中的产品所实现的功能存在区别，并且这种纯功能上的区别并没有导致权利要求所要保护产品的结构发生任何变化，就会导致该权利要求所要保护的产品与现有技术的这种产品实质相同，那么该权利要求所要保护的产品不具备新颖性。

一、案由

本复审请求涉及国家知识产权局于1997年2月26日受理，申请号为97110248.1、名称为“便携式通信装置”的发明专利申请，申请人是索尼公司。

在实质审查过程中，国家知识产权局实质审查部门针对申请人提交的说明书、权利要求书和说明书摘要，以及申请人于1997年5月29日提交的说明书附图和摘要附图替换页进行了实质审查，于2001年11月2日发出了第一次审查意见通知书，其中指出权利要求1～5、8～11相对于对比文件1（EP0679003A2，1995年10月25日公开）不具备专利法第二十二条第二款规定的新颖性，权利要求2～9中所描述的具有多种功能的数据处理器实际上就是权利要求1所提到的数据处理器，导致这些权利要求不清楚，不符合专利法实施细则第二十条第一款的规定，权利要求6和7所记载的附加技术特征属于公知常识，不具备专利法第二十二条第三款所规定的创造性。

针对上述第一次审查意见通知，申请人于2002年3月6日提交了意见陈述书，其中指出：对比文件1没有公开有关光标控制装置的技术特征，修改后的权利要求1中限定了上述特征。同时提交了权利要求书替换页共1页。

针对经过修改后的申请文件，实质审查部门继续审查，于2002年8月16日发出第二次审查意见通知书，其中指出修改后权利要求1和2相对于对比文件2（GB2278758A，1994年12月7日公开）不具备专利法第二十二条第三款规定的创造性。

针对上述第二次审查意见陈述书，申请人于2002年10月12日提交了意见陈述书，其中指出修改后的权利要求1与对比文件2存在以下区别技术特征：a）权利要求1的技术方案采用一个具有盘状可旋转组件的指示器来指示所期望的选项，而对比文件2只是采用现有技术中公知的键盘来完成用户选择功能；b）权利要求1的技术方案采用了一个指令开关来自动完成显示对应于所述指示器所指示的一个选项的低层选项的功能，而对比文件2不仅未公开上述特征，甚至连显示低层菜单的技术特征也未描述；c）对比文件2中仅仅公开了以不同颜色或方式显示在菜单列表中被激活的菜单，根本未涉及到不同级别选项切换的技术特征。同时提交的权利要求书文本如下：

“1. 一个便携式通信终端，其包括：

显示装置，用于显示由分级排列的多个选项中选出的所希望的一个选项，以及

一个指示器，用于指示由在所述显示器上显示的多个选项中选出的所希望的选项，所述指示器包括一个一个部分地伸出该便携式通信终端主体的可旋转盘状组件；

一个指令开关，用于使得一个对应于所述指示器所指示的一个选项的低层选项被显示在所述显示器上；

一个数据处理器，用于在由所述指示器和开关从第一种格式的高级别选择选项的显示切换到第二种格式的低级别选择选项的显示时改变显示布局，所述第一和第二格式是可辨认地不同的。”

国家知识产权局实质审查部门认为经过意见陈述后，修改的权利要求1相对于对比文件1仍然不具备专利法第二十二条第二款所规定的新颖性，于2002年12月13日作出了驳回本申请的决定。驳回决定的主要理由是：对比文件1公开了权利要求1的全部技术特征，二者的技术领域相同、所要解决的技术问题和技术方案实质上相同，预期效果相同，因此权利要求1不具备专利法第二十二条第二款规定的新颖性。

申请人（下称请求人）对上述驳回决定不服，于2003年3月28日向专利复审委员会提出复审请求。请求人在复审请求书中没有提出新的理由，仅指出参见申请文本以及原第一、二审查意见通知书与相应的答复意见。由于驳回决定与第一次审查意见通知书采用了相同的对比文件，所以应主要参照请求人先前在答复第一次审查意见通知时所提出的意见，其中提出的主要意见是：（1）对比文件1没有公开有关光标控制装置的技术特征，这些特征在说明书中进行了详细描述，申请人在修改后的权利要求1中限定了上述特征；（2）由于加入了上述特征使得本发明相对于对比文件具有突出实质性特点和显著的进步，因此符合专利法第二十二条有关创造性的规定。

经形式审查合格，专利复审委员会予以受理，于2003年5月6日向请求人发出了复审请求受理通知书，同时向国家知识产权局原实质审查部门发出了前置审查通知书。

在前置审查程序中，国家知识产权局原审查部门坚持原驳回决定。

专利复审委员会依法成立合议组，对本案进行审查，合议组研究了国家知识产权局作出的驳回决定和复审请求人提交的复审请求书，以及前置审查意见后，于2004年4月15日发出复审通知书，其中提出了如下审查意见：

1. 请求人在提交复审请求书时未提交修改文本，因此本复审以实质审查驳回决定所依据的文本为基础进行审理。即1997年2月26日提交的说明书第1～17页及说明书摘要，1997年5月29日提交的附图1～17页及摘要附图，2002年10月12日提交的权利要求1。合议组评判该专利申请的权利要求书时所采用的对比文件与实质审查过程中所引用的对比文件相同（即，对比文件1：EP0679003A2，公开日1995年10月25日）。

2. 权利要求 1 要求保护一种便携式通信终端，由对比文件 1 公开的内容可以看出：1）对比文件 1 中的显示器就是一种显示装置，用于显示用户操作或所选的选项；2）光标 K 和微动拨盘一起就相当于本权利要求中所描述的指示器，都有指示显示选项的指示部分，也具有同样结构和位置关系的可旋转的盘状器件；3）滑动开关 SW 同样是一种指令开关，通过按压可旋转的盘状微动拨盘的操作操作该指令开关，使所选选项的包含内容（即所选选项包含的低层选项或内容）显示在显示器上；4）对比文件 1 中的微计算机控制器也是一种数据处理器，用于处理对应于显示器上用户所选选项操作的指令数据处理，当用户选择一个光标 K 指示的高级别的选项时，按下微动拨盘，触动滑动开关 SW，从而使控制器控制显示单元显示高级别选项所包含的低级别选项或具体内容，如图 20 按下微动拨盘时（C）到（D）的显示，（C）中是一种并列的四条显示布局，（D）中是（C）中其中一菜单的低级菜单的序号、名称和具体内容的相关联形式的一种显示布局，是两种明显不同的显示布局格式。对比文件 1 公开了独立权利要求 1 的全部技术特征，仅仅是简单的文字变换，对比文件 1 和权利要求 1 都涉及通信终端的技术领域，使通信终端便于操作的预期效果相同，因此，该权利要求 1 不具备新颖性，不符合专利法第二十二条第二款的规定。

3. 针对请求人的意见，合议组认为：1）对比文件 1 中微动拨盘就是一种用于控制光标的光标控制装置，从对比文件 1 的文字记载和附图上都能明显得知这一特征；2）由于权利要求 1 的全部技术特征都被对比文件 1 公开，所属技术领域和预期效果都相同，所以权利要求 1 不符合专利法第二十二条有关新颖性的规定。根据说明书记载，不论请求人如何限定便携式终端的信息显示方式或操作方式，只要其中的显示装置、指示器、指令开关和数据处理器本身或它们的连接关系没有改变，都不可能为便携式通信终端产品带来新颖性。

针对复审通知，请求人于 2004 年 6 月 28 日提交了意见陈述书，其中指出：本发明的目的是提供一个便携式通信装置，该装置提供在显示多个选项列表的时间内，用户能很容易地从其上找到一个目标选项的显示，为了实现这一目的，多个选项被分成组并形成分级结构，而在显示选项列表时每个级别改变显示布局，从而用户可以通过观察显示布局之间的差别就能够了解当前显示选项的级别，从而可以很容易地找到目标选项，而在对比文件 1 中并不能看出在高和低级别的显示布局有何不同，所以权利要求 1 具备新颖性；请求人还在权利要求补入一个技术特征，并且该特征得到了说明书支持，在对比文件 1 中也未公开或教导，因而权利要求 1 也具备创造性。请求人同时提交了权利要求书替换页，权利要求书内容如下：

“ 1. 一个便携式通信终端，其包括：

显示装置，用于显示由分级排列的多个选项中选出的所希望的一个选项，以及

一个指示器，用于指示由在所述显示器上显示的多个选项中选出的所希望的选项，所述指示器包括一个一个部分地伸出该便携式通信终端主体的可旋转盘状组件；

一个指令开关，用于使得一个对应于所述指示器所指示的一个选项的低层选项被显示在所述显示器上；

一个数据处理器，用于在由所述指示器和开关从第一种格式的高级别选择选项的显示切换到第二种格式的低级别选择选项的显示时改变显示布局，所述第一和第二格式是可辨认地不同的，

其中，所述数据处理器还用于控制所述显示装置，使得当该便携式通信终端被操作，以将在显示装置上的一个光标移动到向所述显示装置上显示的最远端选项之一，并且所述光标对应于和所述最远端选项相邻的一个选项，而所述最远端选项之一不对应于所述组中的第一和最后选项时，所述选项向所述显示装置上的其他最远端选项移位，当所述光标对应于和最远端选项之一相邻的一个选项，并且所述最远端选项之一对应于所述组中的第一和最后的选项时，所述光标移动以和所述显示装置上所述

最远端选项之一相对应。”

在上述工作的基础上，合议组认为本案事实清楚，可以依法作出本复审请求审查决定。

二、决定的理由

复审请求人于2004年6月28日提交的修改文本，符合专利法第三十三条和专利法实施细则第六十条的规定，合议组予以接受，即作出本复审决定所依据的文本是：1997年2月26日提交的说明书第1~17页及说明书摘要，1997年5月29日提交的附图1~17页及摘要附图，2004年6月28日提交的权利要求1。合议组评判该专利申请的权利要求书时所采用的对比文件与实质审查过程中驳回决定所引用的对比文件相同（即，对比文件1：EP0679003A2，公开日1995年10月25日）。

1. 本申请涉及一种便携式通信终端，本申请要解决的技术问题是菜单的多种级别选项以相同方式显示导致的不方便的问题，权利要求1要求保护一个便携式通信终端，包括以下技术特征：

a）显示装置，用于显示由分级排列的多个选项中选出的所希望的一个选项，以及

b）一个指示器，用于指示由在所述显示器上显示的多个选项中选出的所希望的选项，所述指示器包括一个一个部分地伸出该便携式通信终端主体的可旋转盘状组件；

c）一个指令开关，用于使得一个对应于所述指示器所指示的一个选项的低层选项被显示在所述显示器上；

d）一个数据处理器，用于在由所述指示器和开关从第一种格式的高级别选择选项的显示切换到第二种格式的低级别选择选项的显示时改变显示布局，所述第一和第二格式是可辨认地不同的，

e）其中，所述数据处理器还用于控制所述显示装置，使得当该便携式通信终端被操作，以将在显示装置上的一个光标移动到向所述显示装置上显示的最远端选项之一，并且所述光标对应于和所述最远端选项相邻的一个选项，而所述最远端选项之一不对应于所述组中的第一和最后选项时，所述选项向所述显示装置上的其他最远端选项移位，当所述光标对应于和最远端选项之一相邻的一个选项，并且所述最远端选项之一对应于所述组中的第一和最后的选项时，所述光标移动以和所述显示装置上所述最远端选项之一相对应。

对比文件1（EP0679003A2）公开了一种移动电话设备，解决的技术问题是减少按键，减小终端尺寸和使操作更简单方便（参见说明书第1栏第23~52行，第8栏8~37行、第11栏23~36行、第12栏20~54行，第18栏第55行至第20栏第55行，图6、7、14、20、27、28、32），其中包括：显示器35显示的屏幕菜单具有等级结构，通过操作微动拨盘可以进入一更低层（子菜单）（见说明书第18栏第55行至第19栏第1行）；在主体32的一边的微动拨盘36J能分别沿圆周方向或径向操作，由一种圆盘形部件构成，还有一个滑动开关SW，该开关受C方向上的压力控制，（见第11栏23~36行，如图6和14所示）；光标K显示在显示单元35上，可以通过旋转微动拨盘上下垂直移动，从而可以选择显示在显示单元35上的一个条目，在这种情况下，径向按下微动拨盘36J，输出一个读出指令，用于显示有关该条目的详细信息（见说明书第12栏20~29行）；滑动开关SW受C方向上的压力控制，即按压微动拨盘，控制器47基于开关SW的输出信号执行菜单操作给扬声器34发送信号。这样执行菜单操作，（见第12栏46~54行，如图14所示）；含有微计算机的控制器47，通过一个显示驱动电路来控制显示单元35显示消息，所述消息对应于来自操作键的输出指令，控制器根据检测微动拨盘的旋转或按下而进行运行指令操作（见说明书第8栏29~37行、第12栏20~29行）。

由对比文件1公开的内容可以看出：

1）对比文件1中的显示器就是一种显示装置，用于显示用户操作或所选的选项；

2）光标K和微动拨盘一起就相当于本权利要求中所描述的指示器，都有指示显示选项的指示部分，也具有同样结构和位置关系的可旋转的盘状器件；

3）滑动开关 SW 同样是一种指令开关，通过按压可旋转的盘状微动拨盘的操作操作该指令开关，使所选选项的包含内容（即所选选项包含的低层选项或内容）显示在显示器上；

4）对比文件 1 中的微计算机控制器也是一种数据处理器，用于处理对应于显示器上用户所选选项操作的指令数据处理，当用户选择一个光标 K 指示的高级别的选项时，按下微动拨盘，触动滑动开关 SW，从而使控制器控制显示单元显示高级别选项所包含的低级别选项或具体内容，如图 20 按下微动拨盘时（C）到（D）的显示，（C）中是一种并列的四条显示布局，（D）中是（C）中其中一菜单的低级菜单的序号、名称和具体内容的相关联形式的一种显示布局，是两种明显不同的显示布局格式；

5）特征 e）是所述数据处理器所实现的功能的进一步描述，或者说是所述数据处理器所处理的一种方法，这些特征并没有改变便携式通信终端的具体结构。

对比文件 1 公开了独立权利要求 1 的全部结构技术特征，也就是权利要求 1 记载了一种与现有便携式通信终端结构相同的便携式通信终端，对比文件 1 和权利要求 1 都涉及通信终端的技术领域，使通信终端便于操作的预期效果相同，因此，该权利要求 1 不具备新颖性，不符合专利法第二十二条第二款的规定。

针对请求人的意见，合议组认为：本发明的目的是提供一种便携式通信装置，根据说明书记载对现有技术所作出贡献的主要是在这种这种上提供了一种便于用户操作的菜单选择方法，权利要求 1 种记载的实现这种菜单选择方法的便携式通信装置的构成部件，都已经被对比文件 1 公开，权利要求 1 要求保护一种产品而对该产品的结构又没有进行改进，所以权利要求 1 记载的通信装置仍旧是一种现有的装置。

综上所述，对比文件 1 公开了本申请权利要求 1 记载的便携式通信终端，所以权利要求 1 不具备专利法第二十二条第二款所规定的新颖性。

三、决定

驳回本复审请求，维持国家知识产权局于 2002 年 12 月 13 日对申请号为 97110248.1 的发明专利申请所作出的驳回决定。

复审请求人对本决定不服的，可以根据专利法第四十一条第二款的规定，自收到本决定之日起三个月内向北京市第一中级人民法院起诉。

099

多重汉字输入法及其实现方法案

复审请求审查决定（第7783号）

决　定　号　第7783号
决　定　日　2005年6月21日
发明创造名称　多重汉字输入法及其实现方法
国际分类号　G06F 3/023
复审请求人　邓世强
申　请　号　97114315.3
申　请　日　1997年12月8日
公　开　日　1999年6月16日
合议组组长　马志远
主　审　员　张宗任
参　审　员　熊　婷

法律依据　专利法实施细则第二十一条第二款
决定要点

选择码元步骤、键盘与码元对应分类的步骤和根据输入检索输出步骤是构成输入法权利要求不可缺少的三个关键步骤，缺少任意一个都会导致权利要求缺乏必要技术特征。

一、案由

本复审请求涉及国家知识产权局于1997年12月8日受理，申请号为97114315.3、名称为“多重汉字输入法及其实现方法”的发明专利申请（下称本申请），申请人是邓世强。

在实质审查过程中，国家知识产权局实质审查部门针对本发明专利原始申请文件进行了实质审查，于2002年7月12日发出第一次审查意见通知书。其中在通知书中主要指出权利要求1中没有记载保证不需要进行各种编码输入之间切换的技术特征，不符合专利法实施细则第二十一条第二款的规定，权利要求2~7都是对权利要求1的编码的进一步限定，同样没有记载上述技术特征，权利要求8没有说明如何编码和如何输入汉字，不符合实施细则第二十一条第二款的规定，其从属权利要求9~10同样没有说明如何编码和如何输入汉字，说明书没有记载区别于现有技术的技术内容，说明书记载不符合专利法第二十六条的规定。

针对上述第一次审查意见通知，申请人于2002年10月31日提交了意见陈述书，并同时提交了说明书替换页共11页、权利要求书替换页共2页。其中在意见陈述书中指出：“并存”和“并用”就表明了不需要进行各种编码输入之间切换，本领域普通技术人员根据权利要求和说明书中记载的内容能够实现如何编码和如何输入汉字，多种汉字编码共存共用具有突出的实质性特点，并不存在公开不充分的问题。权利要求书的修改文本如下：

“1. 一种多重汉字输入法，其特征在于，任何时刻可用多种编码方法中的任何一种，将欲输入汉字表示成来自26个英文字母及区分符的编码集合中的编码序列并输入到计算机而无需切换输入状态，所述多种编码方法至少包括汉语拼音编码输入、英语单词编码输入、汉字笔画编码输入和拼音加笔画编码输入中的2种。

2. 根据权利要求1所述多重汉字输入法，其特征在于，所述汉语拼音编码输入包括全拼单字输入、二字词全拼组合输入、三字词和四字词各字首声母输入，多字词前3字及末字首声母编码输入。

3. 根据权利要求1所述多重汉字输入法，其特征在于，所述英语单词编码输入包括直接利用英语单词（1至12）码输入任一汉字（词）或短语。

4. 根据权利要求1所述多重汉字输入法，其特征在于，所述汉字笔画编码输入包括利用汉字的前4笔以及末1笔共5笔编码输入，不足5笔补加“o”键结束编码输入。

5. 根据权利要求1所述多重汉字输入法，其特征在于，所述拼音加笔画编码输入包括在输入了汉字的全部拼音后，再加输该汉字的首笔和末笔的笔画代码输入。

6. 根据权利要求1所述多重汉字输入法，其特征在于，所述区分符是”;。

“7. 一种多重汉字输入法的实现方法，其特征在于，包括以下步骤：配备多个独立的常用且易为掌握、其间重码较少的汉字输入编码表，每个编码表包括由（编码、汉字词）组成的有序集合；将所述多个编码表以其编码的字母顺序排列组成一个总编码表，对来自键盘的输入编码，直接检索该总编码表，输出该编码所对应的汉字词。

8. 根据权利要求7所述方法，其特征在于，所述多个独立的汉字输入编码表至少包括（汉语拼音，对应汉字词）码表、（英语单词，对应汉字词）码表、（汉字笔画编码，对应汉字词）3种。

9. 根据权利要求7所述方法，其特征在于，所述多个独立的汉字输入编码表还包括（拼音+笔画编码，对应汉字）码表。

10. 根据权利要求7-9任何一项所述方法，其特征在于，如输入字符序列与多个编码匹配，则通过区分符（;）进行区别，用区分符结束的识别为英文单词编码输入。”

国家知识产权局实质审查部门认为经过意见陈述后，修改后的权利要求仍然不符合专利法有关规定，并于2003年5月9日作出了驳回本申请的决定。驳回决定的主要理由是：权利要求1中未记载实现无需切换的目的而采用的必要的技术手段，不符合专利法实施细则第二十一条第二款的规定，权利要求2~6都是对权利要求1的编码的进一步限定，不符合专利法实施细则第二十条第一款的规定，权利要求7没有记载如何编码以及如何根据该编码方法来输入汉字等必要技术特征，不符合专利法实施细则第二十一条第二款的规定，从属权利要求8~10仍未克服权利要求7的上述缺陷，不符合实施细则第二十条第一款的规定，说明书没有记载区别于现有技术的技术内容，说明书记载不符合专利法第二十六条的规定。

申请人（下称复审请求人）对上述驳回决定不服，于2003年8月12日向专利复审委员会提出复审请求，其中在复审请求书中针对驳回决定理由陈述了符合专利法有关规定的理由。同时复审请求人没有提交修改文件。

经形式审查合格，专利复审委员会予以受理，并于2003年8月26日向复审请求人发出复审请求受理通知书，并同时要求原实质审查部门在规定期限内作出前置审查意见。

在前置审查程序中，国家知识产权局原实质审查部门坚持驳回决定。

专利复审委员会依法成立合议组，对本案进行审查，合议组研究了国家知识产权局作出的驳回决定和复审请求人提交的复审请求书以及前置审查意见书后，发出复审通知书，该通知书以所依据的文本是2002年10月31日提交的说明书第1~11页，2002年10月31日提交的权利要求1~10项，及申请日提交的说明书摘要。在该复审通知书中指出：

1. 权利要求 1 要求保护一种多重汉字输入法，给出的方案是：a）“任何时刻可用多种编码方法中的任何一种，将欲输入汉字表示成来自 26 个英文字母及区分符的编码集合中的编码序列并输入到计算机而无需切换输入状态”；b）“所述多种编码方法至少包括汉语拼音编码输入、英语单词编码输入、汉字笔画编码输入和拼音加笔画编码输入中的 2 种”。

本申请要解决的技术问题是现有技术中使用不同编码方式输入汉字需要切换输入法的操作不方便性。而权利要求 1 的方案中记载的内容 a）仅是本发明所要解决技术问题的等同表述，其次 b）罗列了该方法所包含的一些其他输入方法，并没有给出该权利所要保护并解决所述技术问题的技术方案，所以该权利要求缺少解决所述技术问题的必要技术特征，不符合专利法实施细则第二十一条第二款的规定。本申请的输入法的技术方案应当至少包括以下步骤：

①选择步骤，选择汉语拼音输入法编码码元、英语单词输入法编码码元、汉字笔画输入法编码码元和拼音加笔画输入法编码码元作为基本编码码元；

②分类步骤，所述多种输入法的码元与键盘的对应关系不变，将所述多种输入法的编码表以各编码的字母顺序排列成一个总的编码表；

③输入步骤，根据键盘的每个输入，结合分隔符，构成对应于上述已知编码方法的某些字符的编码，根据这些编码直接检索总编码表，输出所有对应字符。

2. 独立权利要求 7 涉及一种输入法的实现方法，这种输入法的实现方法的独立权利要求要记载的特定技术特征是在计算机内如何对输入的数据进行处理；其与权利要求 1 的特定技术特征（选择码元、确定码元与键盘的对应关系，和在键盘上的输入方法）之间在技术上没有任何相关的内容。因此，这两项权利要求在技术上互不关联，没有相同或相应的特定技术特征，不具备单一性，因此不符合专利法第三十一条第一款的规定。

3. 原审查部门在第一次审查意见通知书中仅仅指出所有从属权利要求由于各自独立权利要求存在的缺陷导致它们也存在缺陷，并没有指出这些权利要求不符合专利法实施细则第二十条第一款的规定，而在驳回决定中直接指出修改后的所有从属权利要求不符合专利法实施细则第二十条第一款的规定，没有给予陈述意见和/或修改申请文件的机会，导致了对这些权利要求的审查不符合听证原则。

针对上述复审通知意见，复审请求人于 2004 年 7 月 22 日提交了意见陈述书，并同时提交了权利要求书替换页，其中在意见陈述书中表示对权利要求进行了修改，没有提出其他意见。修改后的权利要求书内容如下：

“ 1. 一种多重汉字输入法，其特征在于，包括以下步骤：

1）选择两个或两个以上独立的汉字输入法的编码表，每个编码表包括（编码码元、汉字词）组成的有序集合；

2）将两种或两种以上的汉字输入法的（编码码元、汉字词）以编码码元的字母顺序，排列组成一个总编码表；

3）结合分隔符，对来键盘输入的构造对应于上述已知编码方法的字符编码，直接检索总编码表，输出所输入编码对应的汉字词。

2. 根据权利要求 1 所述多重汉字输入法，其特征在于，所述两个或两个以上独立的汉字输入法的每一种可将欲输入汉字表示成来自 26 个英文字母及区分符的有序编码。

3. 根据权利要求 1 或 2 所述的多重汉字输入法，其特征在于，所述两个或两个以上独立汉字输入法包括在汉语拼音编码输入法、英语单词编码输入法、汉字笔画编码输入法和拼音加笔画编码输入法之中。

4. 根据权利要求 3 所述多重汉字输入法，其特征在于，所述汉语拼音编码输入法包括全拼单字输入、二字词全拼组合输入、三字词和四字词各字首声母输入，多字词前 3 字及末字首声母编码输入。

5. 根据权利要求 3 所述多重汉字输入法，其特征在于，所述英语单词编码输入包括直接利用组成英语单词 1 至 12 字母码输入汉字词。

6. 根据权利要求 3 所述多重汉字输入法，其特征在于，所述汉字笔画编码输入包括利用汉字的前 4 笔以及末 1 笔共 5 笔编码输入，不足 5 笔补加“o”键结束编码输入。

7. 根据权利要求 3 所述多重汉字输入法，其特征在于，所述拼音加笔画编码输入包括在输入了汉字的全部拼音后，再加输该汉字的首笔和末笔的笔画代码输入。

8. 根据权利要求 3 所述多重汉字输入法，其特征在于，所述多个独立汉字输入编码表至少包括（汉语拼音，对应汉字词）码表、（英语单词，对应汉字词）码表、（汉字笔画编码，对应汉字词）。

9. 根据权利要求 8 所述多重汉字输入法，其特征在于，所述多个独立汉字输入编码表至少包括（拼音 + 笔画编码，对应汉字）码表。

10. 根据权利要求 3 所述多重汉字输入法，其特征在于，如输入字符列多个编码匹配，则通过区分符进行区别，用区分符结束的识别为英文单词编码输入。”

在上述工作的基础上，合议组认为本案事实清楚，可以作出本复审请求审查决定。

二、决定的理由

复审请求人于 2004 年 7 月 22 日提交的权利要求书修改文本符合专利法第三十三条和专利法实施细则第六十条的有关规定，合议组予以接受。本复审决定所依据的文本是：2002 年 10 月 31 日提交的说明书第 1 ~ 11 页，2004 年 7 月 22 日提交的权利要求第 1 ~ 10 项，及申请日提交的说明书摘要。

权利要求 1 要求保护一种多重汉字输入法，包括以下步骤：

1）选择两个或两个以上独立的汉字输入法的编码表，每个编码表包括（编码码元、汉字词）组成的有序集合；

2）将两种或两种以上的汉字输入法的（编码码元、汉字词）以编码码元的字母顺序，排列组成一个总编码表；

3）结合分隔符，对来键盘输入的构造对应于上述已知编码方法的字符编码，直接检索总编码表，输出所输入编码对应的汉字词。

合议组认为，本申请要解决的技术问题是现有技术中使用不同编码方式输入汉字需要切换输入法的操作不方便性。首先，在权利要求 1 的方案中没有记载编码表的构成的步骤，也就是说没有记载选择汉语拼音输入法编码码元、英语单词输入法编码码元、汉字笔画输入法编码码元和拼音加笔画输入法编码码元作为基本编码码元的选择步骤；其次，仍旧没有记载码元与键盘的对应关系的分类步骤；总之，对于一种输入方法的几个关键步骤在权利要求 1 中都没有记载，导致该权利要求缺少解决所述技术问题的必要技术特征，不符合专利法实施细则第二十一条第二款的规定。

三、决定

驳回本复审请求，维持国家知识产权局于 2003 年 5 月 9 日对 97114315．3 号发明专利专利申请所作出的驳回决定。

请求人对本决定不服的，可以根据专利法第四十一条第二款的规定，自收到本决定之日起三个月内向北京市第一中级人民法院起诉。

北京市第一中级人民法院
行政判决书

（2006）一中行初字第572号

原告邓世强，男，1970年6月15日出生，汉族，户籍所在地广东省罗定市船步镇。

委托代理人郭伟刚，深圳市顺天达专利商标代理有限公司专利代理人。

被告国家知识产权局专利复审委员会，住所地北京市海淀区北四环西路9号银谷大厦。

法定代表人廖涛，副主任。

委托代理人张宗仁，国家知识产权局专利复审委员会审查员。

委托代理人崔国振，国家知识产权局专利复审委员会审查员。

原告邓世强不服被告国家知识产权局专利复审委员会作出的第7783号复审请求审查决定，于2006年4月17日向本院提起行政诉讼。本院受理后，依法组成合议庭，向被告送达了起诉状副本及应诉通知书，于2006年6月7日和12月27日公开开庭审理了本案。原告邓世强及其委托代理人郭伟刚，被告的委托代理人崔国振、张宗仁到庭参加了诉讼。本案现已审理终结。

被告于2005年6月21日作出第7783号复审请求审查决定，维持了中华人民共和国国家知识产权局（下称国知局）于2003年5月9日对原告的“多重汉字输入法及其实现方法”发明专利申请（下称本申请）作出的驳回决定。

为证明被诉决定合法，被告于法定举证期限内向本院提交了以下证据：1. 第97114315.3号发明专利申请（即本申请）公开文本；2. 原告2003年8月7日提交的复审请求书；3. 被告2004年6月27日发出的复审通知书；4. 原告2004年7月22日提交的意见陈述书；5. 被诉决定书。以上证据用以证明第7783号决定事实依据充分，行政程序合法。

原告诉称，被诉决定的决定要点称“选择码元步骤、键盘码元对应分类的步骤和根据输入检索输出步骤是构成输入法权利要求不可缺少的关键步骤，缺少任意一个都会导致权利要求缺乏必要技术特征”。该内容来自审查指南的第二部分第9章的一个“例如”，而对已有的部分汉字输入方法，采用上述的“关键步骤”来描述技术方案是正常的，但不能说，满足上述规定的描述形式是对本发明的汉字输入方法的唯一描述形式；换言之，没有对这些关键步骤的描述，不一定导致权利要求缺乏必要技术特征。更不能以审查指南中的一个例子，来要求不同技术特点的发明专利的技术方案完全满足该例子的式样。同时，审查指南也没有规定以计算机作为手段的汉字输入方法及其实现方法就一定要满足这个“例如”。认定哪些内容属于必要技术特征，取决于发明的目的，即发明要解决的技术问题，技术问题不同，构成技术方案的“关键步骤”不同，是非常正常的，也是符合专利法相关规定的。本申请说明书中说明了本发明的目的是提供一种“会什么，打什么”的多重汉字输入方法，在这个过程中，所谓的输入法三大“关键步骤”并不属于“解决技术问题的必要技术特征”，因为，码元选择也好，键盘码元对应也好，均属于现有技术，例如，英语法输入“苹果”时，码元就是“APPLE”，全拼法输入时，码元就是“PINGGUO”，而码元与键盘的对应本身是一一对应的，本发明中，选择英文输入或拼音输入，或者说拼音输入或英文输入的码表并不是本发明要解决的问题，本发明要解决的问题是无论用哪一种输入方法，都可以直接使用而无须切换。由于本发明要解决的问题不同于一般意义下的汉字输入方法，因此，用一般汉字输入方法的三大“关键步骤”来确定本申请的必要技术特征，是与事实不符的。原告在2004年7月22日，针对复审通知意见，将汉字输入法和汉字输入法实现方法两个独立权利要求缩减为一个即汉字输入法实现方法。本申请的发明目的与审查指南第二部分第9章中的“例如”代表的“汉字输入方法”是不同的，本发明“使原来不能同时运行”多种汉字输入方法成为可能，“产生出若干新的功能”，因此，“属于可给予专利保护的客体”。被诉决定对本申请相关发明目的、技术方案认识上的不足，不适当地以审查指南中的一个“例如”，来代替事实和法律适用而导致错误结论。故请求撤销被诉决定，授予本申请专利权。

原告在本院开庭审理前提交了以下证据：1. 本申请公开文本，证明本申请的技术内容；2. 收件信封复印件，证明起诉在法定期限内。

被告辩称，本申请目的是提供一种新的不需切换的计算机汉字输入方法。任何输入方法在其所实现汉字输入的步骤中，都是要形成编码表，并与键盘按键之间重新形成一种新的对应关系，致使使用特定按键会进行不同的关联检字操作输出特定的汉字，这是计算机键盘汉字输入方法实现汉字输入的基本步骤。本申请并没有提供一种异于常规键盘的输入装置，也没有提供一种不采用编码表就能输入汉字的方法。因此如果发明专利申请的主题涉及一种计算机汉字输入方法，就应当包括从组成汉字的所有字根中选择确定数量的特定字根作为编码码元的步骤、将这些编码码元指定到所述特定键盘相应键位上的步骤、利用键盘上的特定键位根据汉字编码输入规则输入汉字的步骤。综上，被诉决定认定事实清楚、适用法律法规正确，请求予以维持。

在本案审理中，本院还责令被告提交了被诉决定所依据的本申请文本，即原告于2004年7月22日修改后的权利要求书、2002年10月31日提交的说明书。

经庭审质证，本院审查核实，原、被告提交的证据均与本案被诉决定的合法性审查有关，且符合证据合法性的要求、各方当事人对其真实性亦无异议，均为有效证据，本院予以采纳。根据这些证据及双方当事人在庭审中无争议的陈述，本院对本案事实作出如下认定：

1997年12月8日，国知局受理了本申请，申请人为本案原告。国家知识产权局实质审查部门针对本申请原始申请文件进行了实质审查，并于2002年7月12日发出第一次审查意见通知书。该通知书中主要指出权利要求1中没有记载保证不需要进行各种编码输入之间切换的技术特征，不符合《中华人民共和国专利法实施细则》（下称《专利法实施细则》）第二十一条第二款的规定；权利要求2~7对权利要求1的编码作出进一步限定，同样没有记载上述技术特征；权利要求8没有说明如何编码和如何输入汉字，不符合《专利法实施细则》第二十一条第二款的规定，其从属权利要求9~10同样没有说明如何编码和如何输入汉字；说明书没有记载区别于现有技术的技术内容，说明书记载不符合《中华人民共和国专利法》（下称《专利法》）第二十六条的规定。

2002年10月31日，原告提交了意见陈述书，并提交了说明书替换页、权利要求书替换页。其中权利要求书的修改文本如下：“1. 一种多重汉字输入法，其特征在于，任何时刻可用多种编码方法中的任何一种，将欲输入汉字表示成来自26个英文字母及区分符的编码集合中的编码序列并输入到计算机而无需切换输入状态，所述多种编码方法至少包括汉语拼音编码输入、英语单词编码输入、汉字笔画编码输入和拼音加笔画编码输入中的2种。2. 根据权利要求1所述多重汉字输入法，其特征在于，所述汉语拼音编码输入包括全拼单字输入、二字词全拼组合输入、三字词和四字词各字首声母输入，多字词前3字及末字首声母编码输入。3. 根据权利要求1所述多重汉字输入法，其特征在于，所述英语单词编码输入包括直接利用英语单词（1至12）码输入任一汉字（词）或短语。4. 根据权利要求1所述多重汉字输入法，其特征在于，所述汉字笔画编码输入包括利用汉字的前4笔以及末1笔共5笔编码输入，不足5笔补加”o“键结束编码输入。5. 根据权利要求1所述多重汉字输入法，其特征在于，所述拼音加笔画编码输入包括在输入了汉字的全部拼音后，再加输该汉字的首笔和末笔的笔画代码输入。6. 根据权利要求1所述多重汉字输入法，其特征在于，所述区分符是"；"。7. 一种多重汉字输入法的实现方法，其特征在于，包括以下步骤：配备多个独立的常用且易为掌握、其间重码较少的汉字输入编码表，每个编码表包括由（编码、汉字词）组成的有序集合；将所述多个编码表以其编码的字母顺序排列组成一个总编码表，对来自键盘的输入编码，直接检索该总编码表，输出该编码所对应的汉字词。8. 根据权利要求7所述方法，其特征在于，所述多个独立的汉字输入编码表至少包括（汉语拼音，对应汉字词）码表、（英语单词，对应汉字词）码表、（汉字笔画编码，对应汉字词）3种。9. 根据权利要求7所述方法，其特征在于，所述多个独立的汉字输入编码表还包括（拼音+笔画编码，对应汉字）码表。10. 根据权利要求7~9任何一项所述方法，其特征在于，如输入字符序列与多个编码匹配，则通过区分符（；）进行区别，用区分符结束的识别为英文单词编码输入。"根据本申请说明书的记载，本申请的目的"在于提供一种多重汉字输入法，通过这种多重汉字输入法可以克服现有技术的缺点，以多重（多元）汉字编码代替传统的单向编码，具体地说，就是要设计并实现一种包含多种互不冲突、相辅相成、相互取长补短的汉字编码方案的多重汉字输入法，即在一种汉字编码输入状态下，对任一个汉字或词组短语，同时存在多种编码输入途经，从而提供更便利、更高效的编码输入。本发明的另一目的在于提供一种多重汉字输入法的实现方法，它可以使计算机在同一状态下同时接受拼音、英语、笔画、或拼音十笔画编码实现汉字输入，当用户使用其中一种输入方式发生困难不会输入时，无须作任何状态切换，就可以用其他的编码方法完成汉字输入。"

国家知识产权局实质审查部门审查后认为修改后的权利要求仍然不符合《专利法》有关规定，并于2003年5月9日作出了驳回本申请的决定。驳回决定的主要理由是：权利要求1中未记载实现无需切换的目的而采用的必要的技术手段，不符合《专利法实施细则》第二十一条第二款的规定，权利要求2~6都是对权利要求1的编码的进一步限定，不符合《专利法实施细则》第二十条第一款的规定，权利要求7没有记载如何编码以及如何根据该编码方法来输入汉字等必要技术特征，不符合《专利法实施细则》第二十一条第二款的规定，从属权利要求8~10仍未克服权利要求7的上述缺陷，不符合《专利法实施细则》第二十条第一款的规定，说明书没有记载区别于现有技术的技术内容，不符合《专利法》第二十六条的规定。

原告不服该驳回决定，向被告提出复审请求。被告受理后，要求国家知识产权局原实质审查部门在规定期限内作出前置审查意见。在前置审查程序中，国知局原实质审查部门坚持驳回决定。

被告依据原告于2002年10月31日提交的说明书第1~11页，2002年10月31日提交的权利要求1~10项，及申请日提交的说明书摘要向原告发出复审通知书，该通知书指出：1. 权利要求1要求保护一种多重汉字输入法，给出的方案是：a）"任何时刻可用多种编码方法中的任何一种，将欲输入汉字表示成来自26个英文字母及区分符的编码集合中的编码序列并输入到计算机而无需切换输入状态"；b）"所述多种编码方法至少包括汉语拼音编码输入、英语单词编码输入、汉字笔画编码输入和拼音加笔画编码输入中的2种"。本申请要解决的技术问题是现有技术中使用不同编码方式输入汉字需要切换输入法的操作不方便性。而权利要求1的方案中记载的内容a）仅是本发明所要解决技术问题的等同表述，其次b）罗列了该方法所包含的一些其他输入方法，并没有给出该权利所要保护并解决所述技术问题的技术方案，所以该权利要求缺少解决所述技术问题的必要技术特征，不符合《专利法实施细则》第二十一条第二款的规定。本申请的输入法的技术方案应当至少包括以下步骤：①选择步骤，选择汉语拼音输入法编码码元、英语单词输入法编码码元、汉字笔画输入法编码码元和拼音加笔画输入法编码码元作为基本编码码元；②分类步骤，所述多种输入法的码元与键盘的对应关系不变，将所述多种输入法的编码表以各编码的字母顺序排列成一个总的编码表；③输入步骤，根据键盘的每个输入，结合分隔符，构成对应于上述已知编码方法的某些字符的编码，根据这些编码直接检索总编码表，输出所有对应字符。2. 独立权利要求7涉及一种输入法的实现方法，这种输入法的实现方法的独立权利要求要记载的特定技术特征是在计算机内如何对输入的数据进行处理；其与权利要求1的特定技术特征（选择码元、确定码元与键盘的对应关系，和在键盘上的输入方法）之间在技术上没有任何相关的内容。因此，这两项权利要求在技术上互不关联，没有相同或相应的特定技术特征，不具备单一性，因此不符合专利法第三十一条第一款的规定。3. 原审查部门在第一次审查意见通知书中仅仅指出所有从属权利要求由于各自独立权利要求存在的缺陷导致它们也存在缺陷，并没有指出这些权利要求不符合《专利法实施细则》第二十条第一款的规定，而在驳回决定中直接指出修改后的所有从属权利要求不符合《专利法实施细则》第二十条第一款的规定，没有给予原告陈述意见、修改申请文件的机会，导致了对这些权利要求的审查不符合听证原则。

针对上述复审通知意见，原告于2004年7月22日提交了意见陈述书，并同时提交了权利要求书替换页，修改后的权利要求书内容如下：“1. 一种多重汉字输入法，其特征在于，包括以下步骤：1）选择两个或两个以上独立的汉字输入法的编码表，每个编码表包括（编码码元、汉字词）组成的有序集合；2）将两种或两种以上的汉字输入法的（编码码元、汉字词）以编码码元的字母顺序，排列组成一个总编码表；3）结合分隔符，对来键盘输入的构造对应于上述已知编码方法的字符编码，直接检索总编码表，输出所输入编码对应的汉字词。2. 根据权利要求1所述多重汉字输入法，其特征在于，所述两个或两个以上独立的汉字输入法的每一种可将欲输入汉字表示成来自26个英文字母及区分符的有序编码。3. 根据权利要求1或2所述的多重汉字输入法，其特征在于，所述两个或两个以上独立汉字输入法包括在汉语拼音编码输入法、英语单词编码输入法、汉字笔画编码输入法和拼音加笔画编码输入法之中。4. 根据权利要求3所述多重汉字输入法，其特征在于，所述汉语拼音编码输入法包括全拼单字输入、二字词全拼组合输入、三字词和四字词各字首声母输入，多字词前3字及末字首声母编码输入。5. 根据权利要求3所述多重汉字输入法，其特征在于，所述英语单词编码输入包括直接利用组成英语单词1至12字母码输入汉字词。6. 根据权利要求3所述多重汉字输入法，其特征在于，所述汉字笔画编码输入包括利用汉字的前4笔以及末1笔共5笔编码输入，不足5笔补加”o“键结束编码输入。7. 根据权利要求3所述多重汉字输入法，其特征在于，所述拼音加笔画编码输入包括在输入了汉字的全部拼音后，再加输该汉字的首笔和末笔的笔画代码输入。8. 根据权利要求3所述多重汉字输入法，其特征在于，所述多个独立汉字输入编码表至少包括（汉语拼音，对应汉字词）码表、（英语单词，对应汉字词）码表、（汉字笔画编码，对应汉字词）。9. 根据权利要求8所述多重汉字输入法，其特征在于，所述多个独立汉字输入编码表至少包括（拼音+笔画编码，对应汉字）码表。10、根据权利要求3所述多重汉字输入法，其特征在于，如输入字符列多个编码匹配，则通过区分符进行区别，用区分符结束的识别为英文单词编码输入。”

被告针对原告上述修改后的权利要求书及2002年10月31日提交的说明书第1~11页，以及申请日提交的说明书摘要进行了复审。被告认为权利要求1要求保护一种多重汉字输入法，包括以下步骤：1）选择两个或两个以上独立的汉字输入法的编码表，每个编码表包括（编码码元、汉字词）组成的有序集合；2）将两种或两种以上的汉字输入法的（编码码元、汉字词）以编码码元的字母顺序，排列组成一个总编码表；3）结合分隔符，对来键盘输入的构造对应于上述已知编码方法的字符编码，直接检索总编码表，输出所输入编码对应的汉字词。但在权利要求1的方案中没有记载编码表的构成的步骤，也就是说没有记载选择汉语拼音输入法编码码元、英语单词输入法编码码元、汉字笔画输入法编码码元和拼音加笔画输入法编码码元作为基本编码码元的选择步骤，没有记载码元与键盘的对应关系的分类步骤。总之，对于一种输入方法的几个关键步骤在权利要求1中都没有记载，导致该权利要求缺少解决所述技术问题的必要技术特征，不符合《专利法实施细则》第二十一条第二款的规定。据此，被告驳回本申请复审请求，维持国家知识产权局针对本申请作出的驳回决定。原告不服，诉至本院。

本院认为，《专利法实施细则》第二十一条第二款规定："独立权利要求应当从整体上反映发明或者实用新型的技术方案，记载解决技术问题的必要技术特征。"《审查指南》第二部分第二章3.1.2节中对上述条款作出了进一步的规定："必要技术特征是指，发明或者实用新型为解决其技术问题所不可缺少的技术特征，其总和足以构成发明或者实用新型的技术方案，使之区别于背景技术中所述的其他技术方案。"本申请名称为"多重汉字输入法及其实现方法"，其说明书记载了本申请的发明目的。为解决本申请汉字输入必然带来的重码问题，该说明书记载了对重码的处理方案。而在本申请的权利要求中没有记载解决上述技术问题所必要的技术特征，导致本专利权利要求书要求保护的技术方案并不能解决说明书所要解决的问题，不符合上述法规及规章的规定。被诉决定驳回原告的复审请求，维持国家知识产权局驳回本申请的决定并无不妥。原告的诉讼理由根据不足，其诉讼请求本院不予支持。据此，依照最高人民法院《关于执行<中华人民共和国行政诉讼法>若干问题的解释》第五十六条第（四）项，判决如下：

驳回原告邓世强的诉讼请求。

本案案件受理费1000元，由原告邓世强负担（已交纳）。

如不服本判决，可在本判决书送达之日起15日内，向本院递交上诉状，并按对方当事人的人数提出副本，上诉于北京市高级人民法院。

审 判 长　吴　月
审 判 员　刘景文
代理审判员　何君慧
二〇〇六年十二月二十八日
书 记 员　郎莉萍

北京市高级人民法院
行政判决书

（2007）高行终字第195号

上诉人（一审原告）邓世强，男，1970年6月15日出生，汉族，住广东省罗定市船步镇。

委托代理人郭伟刚，男，深圳市顺天达专利商标代理有限公司专利代理人。

被上诉人（一审被告）国家知识产权局专利复审委员会，住所地北京市海淀区北四环西路9号银谷大厦。

法定代表人廖涛，副主任。

委托代理人张宗任，男，国家知识产权局专利复审委员会审查员。

委托代理人杜微科，男，国家知识产权局专利复审委员会审查员。

上诉人邓世强因专利复审请求审查决定一案，不服北京市第一中级人民法院（2006）一中行初字第572号行政判决，向本院提起上诉。本院受理后，依法组成合议庭，于2007年5月21日公开开庭进行了审理。上诉人邓世强及其委托代理人郭伟刚，被上诉人国家知识产权局专利复审委员会（下称专利复审委）的委托代理人张宗任、杜微科到庭参加了诉讼。本案现已审理终结。

2005 年 6 月 21 日，专利复审委以本申请权利要求 1 的方案中没有记载编码表的构成步骤，没有记载码元与键盘的对应关系的分类步骤，导致该权利要求缺少解决所述技术问题的必要技术特征为由，依照《中华人民共和国专利法实施细则》（下称《专利法实施细则》）第二十一条第二款之规定，作出第 7783 号复审请求审查决定（下称第 7783 号决定），驳回本复审请求。邓世强不服，诉至一审法院。

北京市第一中级人民法院（2006）一中行初字第 572 号行政判决认为，《专利法实施细则》第二十一条第二款规定：

“独立权利要求应当从整体上反映发明或者实用新型的技术方案，记载解决技术问题的必要技术特征。”《审查指南》第二部分第二章 3. 1. 2 节中对上述条款作出了进一步的规定：“必要技术特征是指，发明或者实用新型为解决其技术问题所不可缺少的技术特征，其总和足以构成发明或者实用新型的技术方案，使之区别于背景技术中所述的其他技术方案”。本申请名称为”多重汉字输入法及其实现方法”，其说明书记载了本申请的发明目的。为解决本申请汉字输入必然带来的重码问题，其说明书记载了对重码的处理方案。而在本申请的权利要求中没有记载解决上述技术问题所必要的技术特征，导致本专利权利要求书要求保护的技术方案并不能解决说明书所要解决的问题，不符合上述法规及规章的规定。第 7783 号决定驳回原告的复审请求，维持国家知识产权局驳回本申请的决定并无不妥。邓世强的诉讼理由根据不足，其诉讼请求不予支持。依照最高人民法院《关于执行〈中华人民共和国行政诉讼法〉若干问题的解释》第五十六条第（四）项，判决驳回邓世强的诉讼请求。

邓世强对上述判决不服，向本院提起上诉。邓世强上诉称，一审判决与第 7783 号决定所引用的法条均为《专利法实施细则》第二十一条第二款，但是第 7783 号决定认定本申请缺少的必要技术特征与一审判决的认定是不同的。第 7783 决定认定本申请权利要求缺乏的必要技术特征是“从组成汉字所有字根中选择确定数量的特定字根作为编码码元的步骤、将这些编码码元指定到所述特定键盘相应键位上的步骤、利用键盘上的特定键位根据汉字编码输入规则输入汉字的步骤”，而一审判决认为本申请缺少的必要技术特征是 ”本申请的权利要求没有记载解决本申请汉字输入必然带来的重码问题”。因此，一审判决自行认定的事实是错误的。重码问题不是本申请要解决的技术问题，第 7783 号决定对这个问题的理解并没有错误，而一审判决的理解与事实相去甚远。说明书中提到的对重码问题的解决方案与背景技术中所述的其他技术方案的对应部分没有区别，所采用的技术手段与现有汉字输入方法采用的技术手段是相同的，一审判决认定说明书中对此没有记载是完全错误的。故请求二审法院依法改判，并撤销国家知识产权局作出的第 7783 号决定。

专利复审委答辩称，涉案专利要解决的是问题是现有技术中使用不同编码方式输入汉字需要切换输入法操作的不方便性，目的是提供一种新的不需切换的计算机汉字输入方法。首先，不论是一种单一的计算机汉字输入方法，还是多种计算机汉字输入方法组合而成的一种新的输入方法，其所实现汉字输入步骤中，都要形成编码表，每个与键盘按键之间重新形成一种新的对应关系，致使使用特定按键会进行不同关联检字操作输出特定的汉字，这是计算机键盘汉字输入方法实现汉字输入的基本步骤。只有把一种新的编码方式应用到计算机系统中才能产生其技术特征，进而形成一个技术方案。因此，如果发明专利申请的主题涉及一种计算机汉字输入方法，就应当包括从组成汉字的所有字根中选择确定数量的特定字根作为编码码元的步骤，将这些编码码元指定到所述特定键盘相应键位上的步骤、利用键盘上的特定键位根据汉字编码输入规则输入汉字的步骤。第 7783 号决定认定事实清楚，适用法律正确，邓世强的上诉请求没有事实和法律依据，请求二审法院在查明案件事实的基础上，判决驳回上诉，维持第7783号决定。

经审理查明，1997年12月8日，邓世强向国家知识产权局提出了名称为“多重汉字输入法及其实现方法”的发明专利权申请。国家知识产权局经实质审查后，于2002年7月12日向其发出第一次审查意见通知书，指出了本申请权利要求1中没有记载保证不需要进行各种编码输入之间切换的技术特征，不符合《专利法实施细则》第二十一条第二款的规定；权利要求2～7对权利要求1的编码作出进一步限定，同样没有记载上述技术特征；权利要求8没有说明如何编码和如何输入汉字，不符合《专利法实施细则》第二十一条第二款的规定，其从属权利要求9～10同样没有说明如何编码和如何输入汉字；说明书没有记载区别于现有技术的技术内容，说明书记载不符合《专利法》第二十六条的规定。

2002年10月31日，邓世强针对《第一次审查意见通知书》，向国家知识产权局提交了意见陈述书，并提交了说明书替换页、权利要求书替换页、其权利要求书的修改文本如下：1. 一种多重汉字输入法，其特征在于，任何时刻可用于多种编码方法中的任何一种，将欲输入汉字表示成来自26个英文字母及区分符的编码集合中的编码序列并输入到计算机而无需切换输入状态，所述多种编码方法至少包括汉语拼音编码输入、英语单词编码输入、汉字笔画编码输入和拼音加笔画编码输入中的2种。2. 根据权利要求1所述多重汉字输入法，其特征在于，所述汉语拼音编码输入包括全拼单字输入、二字词全拼组合输入、三字词和四字词各字首声母输入，多字词前3字及末字首声母编码输入。3. 根据权利要求1所述多重汉字输入法，其特征在于，所述英语单词编码输入包括直接利用英语单词（1至12）码输入任一汉字（词）或短语。4. 根据权利要求1所述多重汉字输入法，其特征在于，所述汉字笔画编码输入包括利用汉字的前4笔以及末1笔共5笔编码输入，不足5笔补加“o”健结束编码输入。5. 根据权利要求1多重汉字输入法，其特征在于，所述拼音加笔画编码输入包括在输入了汉字的全部拼音后，再加输该汉字的首笔和末笔的笔画代码输入。6. 根据权利要求1所述多重汉字输入法，其特征在于，所述区分符是“；”。7. 一种多重汉字输入法的实现方法，其特征在于，包括以下步骤：配备多个独立的常用且易为掌握、其间重码较少的汉字输入编码表，每个编码表包括由（编码、汉字词）组成的有序集合；将所述多个编码表以其编码的字母顺序排列组成一个总编码表，对来自键盘的输入编码，直接检索该总编码表，输出该编码所对应的汉字词。8. 根据权利要求7所述方法，其特征在于，所述多个独立的汉字输入编码表至少包括（汉语拼音，对应汉字词）码表、（英语单词、对应汉字词）码表、（汉字笔画编码，对应汉字词）3种。9. 根据权利要求7所述方法，其特征在于，所述多个独立的汉字输入编码表还包括（拼音＋笔画编码，对应汉字）码表。10. 根据权利要求7～9任何一项所述方法，其特征在于，如输入字符序列与多个编码匹配，则通过区分符（；）进行区别，用区分符结束的识别为英文单词编码输入。根据本申请说明书的记载，本申请的目的“在于提供一种多重汉字输入法，通过这种多重汉字输入法可以克服现有技术的缺点，以多重（多元）汉字编码代替传统的单向编码，具体地说，就是要设计并实现一种包含多种互不冲突、相辅相成、相互取长补短的汉字编码方案的多重汉字输入法，即在一种汉字编码输入状态下，对任一个汉字或词组短语，同时存在多种编码输入途径，从而提供更便利、更高效的编码输入。本发明的另一目的在于提供一种多重汉字输入法的实现方法，它可以使计算机在同一状态下同时接受拼音、英语、笔画、或拼音＋笔画编码实现汉字输入，当用户使用其中一种输入方式发生困难不会输入时，无须作任何状态切换，就可以用其他的编码方法完成汉字输入。

国家知识产权局经审查后，认为修改后的权利要求仍然不符合《专利法》的有关规定，于2003年5月9日作出了驳回决定，主要理由是：权利要求1中未记载实现无需切换的目的而采取的必要的技术手段，不符合《专利法实施细则》第二十一条第二款的规定，权利要求2～6都是对权利要求1

的编码的进一步限定，不符合《专利法实施细则》第二十条第一款的规定，权利要求7没有记载如何编码及如何根据该编码方法来输入汉字等必要技术特征，不符合《专利法实施细则》第二十一条第二款的规定，从属权利要求8~10仍未克服权利要求7的上述缺陷，不符合《专利法实施细则》第二十条第一款的规定，说明书没有记载区别于现有技术的技术内容，不符合《专利法》第二十六条的规定。

邓世强对该驳回决定不服，向专利复审委提出复审请求。专利复审委受理后，要求国家知识产权局在规定的期限内作出前置审查意见，国家知识产权局经实质审查仍坚持原驳回决定的意见。

2003年8月12日，专利复审委依据邓世强于2002年10月31日提交的说明书第1~11页，权利要求第1~10项及申请日提交的说明书摘要，向邓世强发出复审通知书。该复审通知书指出：1. 权利要求1要求保护一种多重汉字输入法，给出的方案是：a）“任何时刻可用多种编码方法中的任何一种，将欲输入汉字表示成来自26个英文字母及区分符的编码集合中的编码序列输入到计算机而无需切换输入状态”；b）“所述多种编码方法至少包括汉语拼音编码输入、英语单词编码输入、汉字笔画编码输入和拼音+笔画编码输入中的2种”。本申请要解决的技术问题是现有技术中使用不同编码方式输入汉字需要切换输入法的操作不方便性。而权利要求1的方案中记载的内容a）仅是本发明所要解决技术问题的等同表述，其次，b）罗列了该方法所包含的一些其他输入方法，并没有给出该权利要求所要保护并解决所述技术问题的技术方案，所以该权利要求缺少解决所述技术问题的必要技术特征，不符合《专利法实施细则》第二十一条第二款的规定。本申请的输入法的技术方案应当至少包括以下步骤：①选择步骤，选择汉语拼音输入编码码元、英语单词输入法编码码元、汉字笔画输入法编码码元和拼音加笔画输入法编码码元作为基本编码码元；②分类步骤，所述多种输入法的编码码元与键盘的对应关系不变，将所述多种输入法的编码表以各编码的字母顺序排列成一个总的编码表；③输入步骤，根据键盘的每个输入，结合分隔符，构成对应于上述已知编码方法的某些字符的编码，根据这些编码直接检索总编码表，输出所有对应字符。2. 独立权利要求7涉及一种输入法的实现方法，这种输入法的实现方法的独立权利要求记载的特定技术特征是在计算机内如何对输入的数据进行处理；其与权利要求1的特定技术特征（选择码元、确定码元与键盘的对应关系，和在键盘上的输入方法）之间在技术上没有任何相关的内容。因此，这两项权利要求在技术上互不关联，没有相同或相应的特定技术特征，不具备单一性，因此不符合《专利法》第三十一条第一款的规定。3. 原审查部门在第一次审查意见通知书中仅仅指出所有从属权利要求由于各自独立权利要求存在的缺陷导致它们也存在缺陷，并没有指出这些权利要求不符合《专利法实施细则》第二十条第一款的规定，而在驳回决定中直接指出修改后的所有从属权利要求不符合《专利法实施细则》第二十条第一款的规定，没有给予邓世强陈述意见或修改申请文件的机会，导致了对这些权利要求的审查不符合听证原则。

针对专利复审委复审通知书中的意见，邓世强于2004年7月22日提交了意见陈述书，同时提交了权利要求书替换页，并对权利要求进行了修改。修改后的权利要求书内容如下：1. 一种多重汉字输入法，其特征在于，包括以下步骤：1）选择两个或两个以上独立的汉字输入法的编码表，每个编码表包括（编码码元、汉字词）组成的有序集合；2）将两种或两种以上的汉字输入法的（编码码元、汉字词）以编码码元的字母/顷序，排列组成一个总编码表；3）结合分隔符，对来自键盘输入的构造对应于上述已知编码方法的字符编码，直接检索总编码表，输出所输入编码对应的汉字词。2. 根据权利要求1所述多重汉字输入法，其特征在于，所述两个或两个以上独立的汉字输入法的每一种可将欲输入汉字表示成来自26个英文字母及区分符的有序编码。3. 根据权利要求1或2所述的多重汉字输入法，其特征在于，所述两个或两个以上独立汉字输入法包括在汉语拼音编码输入法、英语单词编码输入法、汉字笔画编码输入法和拼音加笔画编码输入法之中。4. 根据权利要求 3 所述多重汉字输入法，其特征在于，所述汉语拼音编码输入法包括全拼单字输入、二字词全拼组合输入、三字词和四字词各字首声母输入，多字词前 3 字及末字首声母编码输入。5. 根据权利要求 3 所述多重汉字输入法，其特征在于，所述英语单词编码输入包括直接利用组成英语单词 1 至 12 字母码输入汉字词。6. 根据权利要求 3 所述多重汉字输入法，其特征在于，所述汉字笔画编码输入包括利用汉字的前 4 笔以及末 1 笔共 5 笔编码输入，不足 5 笔补加“o”健结束编码输入。7. 根据权利要求 .2 所述多重汉字输入法，其特征在于，所述拼音加笔画编码输入包括在输入了汉字的全部拼音后，再加输该汉字的首笔和末笔的笔画代码输入。8. 根据权利要求 3 所述多重汉字输入法，其特征在于，所述多个独立汉字输入编码表至少包括（汉语拼音，对应汉字词）码表、（英语单词，对应汉字词）码表、（汉字笔画编码，对应汉字词）。9. 根据权利要求 8 所述多重汉字输入法，其特征在于，所述多个独立汉字输入编码表至少包括（拼音 + 笔画编码，对应汉字）码表。10. 根据权利要求 3 所述多重汉字输入法，其特征在于，如输入字符列多个编码匹配，则通过区分符进行区别，用区分符结束的识别为英文单词编码输入。

专利复审委针对邓世强修改后的权利要求书及 2002 年 10 月 31 日提交的说明书第 1 ~ 11 页，以及申请日提交的说明书摘要经复审后，以在权利要求 1 的方案中没有记载编码表的构成的步骤，也就是说没有记载选择汉语拼音输入法编码码元、英语单词输入法编码码元、汉字笔画输入法编码码元和拼音加笔画输入法编码码元作为基本编码码元的选择步骤；没有记载码元与键盘的对应关系的分类步骤。总之，对于一种输入方法的几个关键步骤在权利要求 1 中都没有记载，导致该权利要求缺少所述解决所述问题的必要技术特征，不符合《专利法实施细则》第二十一条第二款的规定为由，作出第 7783 号决定。邓世强不服，向一审法院提起行政诉讼。

一审期间，专利复审委向法院提交了以下证据：1. 本申请公开文本；2. 邓世强于 2003 年 8 月 7 日提交的《复审请求书》；3. 专利复审委于 2004 年 6 月 27 日发出的《复审通知书》；4. 邓世强于 2004 年 7 月 22 日提交的《意见陈述书》；并按一审法院的要求提交了邓世强于 2004 年 ~7 月 22 日修改后的权利要求书和 2002 年 10 月 31 日提交的说明书。邓世强向法院提交了：1. 本申请公开文本；2. 收件信封复印件。

上述证据均随案移送本院。经庭审质证及合议庭评议认为，上述证据内容真实，来源合法，与本案具有关联性，能够证明本院查明的事实，本院予以确认。

本院认为，本申请权利要求 1 要求保护的是一种多重汉字输入法，给出的方案是：a）“任何时刻可用多种编码方法中的任何一种，将欲输入汉字表示成来自 26 个英文字母及区分符的编码集合中的编码序列输入到计算机而无需切换输入状态”；b）“所述多种编码方法至少包括汉语拼音编码输入、英语单词编码输入、汉字笔画编码输入和拼音 + 笔画编码输入中的 2 种”。根据《专利法实施细则》第二十一条第二款“独立权利要求应当从整体上反映发明或者实用新型的技术方案，记载解决技术问题的必要技术特征”的规定，作为一种汉字输入法，选择码元步骤、键盘与码元对应分类的步骤和根据输入检索输出步骤是构成输入法权利要求不可缺少的三个关键步骤，缺少任意一个都会导致权利

要求缺乏必要技术特征。由于本申请的输入法的技术方案没有记载上述三个步骤。因此，专利复审委认为在本申请权利要求 1 的方案中并没有记载编码表的构成步骤，也就是说没有记载选择汉语拼音输入法编码码元、英语单词输入法编码码元、汉字笔画输入法编码码元和拼音加笔画输入法编码码元作为基本编码码元的选择步骤，也没有记载码元与键盘的对应关系的分类步骤；总之，对于一种输入方法的几个关键步骤在权利要求 1 中都没有记载，导致该权利要求缺少解决所述技术问题的必要技术特征的结论是正确的，其作出的第 7783 号决定认定事实清楚，适用法律正确，程序合法，应予维

持。邓世强关于本申请要解决的问题不同于一般意义下的汉字输入法，用一般汉字输入方法的三大“关键步骤”来确定本申请的必要技术特征与事实不符的诉讼理由缺乏事实依据和法律依据，本院不予支持。

本申请权利要求 1 要求保护的是一种多重汉字输入法，其要解决的技术问题是现有技术中使用不同编码方式输入汉字需要切换输入法操作的不方便性，并非是解决汉字输入必然带来的重码问题，一审判决以本申请权利要求中没有记载解决对重码问题的技术特征作为判决的理由不妥，本院予以纠正，但其判决驳回邓世强的诉讼请求的结论符合法律规定。

综上，依照《中华人民共和国行政诉讼法》第六十一条第（一）项之规定，判决如下：

驳回上诉，维持一审判决。

二审案件受理费 100 元，由上诉人邓世强负担（已交纳）。本判决为终审判决。

审 判 长 郭 宜

审 判 员 张学磊

审 判 员 王 燕

二〇〇七年十一月二十七日

书 记 员 程钰玮

100

能够提供帮助内容的信息服务案

复审请求审查决定（第7822号）

决　定　号　第7822号
决　定　日　2005年12月21日
发明创造名称　能够提供帮助内容的信息服务
国际分类号　G06F 9/44
复审请求人　赫尔普梅金有限公司
申　请　号　01804691.6
申　请　日　2001年1月31日
优先权日　2000年2月8日
公　开　日　2003年2月19日
合议组组长　黄毅斐
主　审　员　王伟艳
参　审　员　周雷鸣

法律依据　专利法第二十二条第三款
决定要点

权利要求1与对比文件1的区别在于权利要求1是先选择通信的方法再建立链接，对比文件1是先建立链接再技术上允许电话、语音、网络实时文本传送等方法，这种在技术上对不同方法的允许给出了通过选择上述不同通信手段来请求信息的启示，而且这种提供信息服务顺序的改变并不需要本领域技术人员付出创造性的劳动，因此，权利要求1不具备创造性。

一、案由

本复审请求涉及申请日为2001年1月31日，优先权日为2000年2月8日，进入国家阶段日期为2002年8月8日，名称为"能够提供帮助内容的信息服务"的发明专利申请（下称本申请），其申请号是01804691.6，申请人是赫尔普梅金有限公司。

本申请于2003年2月19日公开后，应申请人的实质审查请求，国家知识产权局实质审查部门依法对其进行了实质审查，并于2003年9月12日发出第一次审查意见通知书，指出：权利要求1~6、8~9、11~16相对于对比文件1（GB2329046A，公开日为1999年3月10日），不具备专利法第二十二条第三款规定的创造性。权利要求7相对于对比文件1和对比文件2（US5103498A，公开日为1992年4月7日）的结合不具备专利法第二十二条第三款规定的创造性，权利要求10、12不符合专利法第二十六条第四款的规定。

2004年1月20日申请人提交了答复第一次审查意见通知书的意见陈述书，并陈述了权利要求1~9、11~16具备创造性以及权利要求10、12符合专利法第二十六条第四款规定的理由。

2004年3月5日，国家知识产权局驳回了本申请。驳回理由是本申请权利要求1~9，11~16不符合专利法第二十二条第三款的规定，具体意见与第一次审查意见通知书相同，驳回所针对的文本是申请人原始提交的国际申请文件的中文译文的权利要求书、说明书、说明书附图、说明书摘要及其附图。

申请人（下称复审请求人）对上述驳回决定不服，于2004年6月18日向专利复审委员会提出复审请求。复审请求人在提出复审请求时提交了权利要求书的替换页，修改后的权利要求书如下：

“1. 一种方法，响应用户请求，经远程通信链路向用户提供信息，包括：

提供显示给用户的多个用户可选的选项，每个所述选项涉及不同的请求信息的方法，所述多个选项包含用 e-mail 请求信息的选项、经语音数据链接请求信息的选项和经电话链接请求信息的选项，该方法还包括：

无论用户选哪个选项，在公共路由节点接收用户请求；

按照用户所选的选项将用户请求传递给信息供应商；和

按照用户所选的选项为用户请求提供响应。

2. 根据权利要求 1 的方法，其中，提供响应用户请求的步骤包括产生自动响应。

3. 根据权利要求 1 或 2 的方法，还包括产生多个可能的响应以传递给信息供应商。

4. 根据权利要求 3 的方法，包含将请求与多个可能的响应一起传递给供应商，以帮助选择对用户请求的正确响应。

5. 根据上述权利要求中任何一个的方法，包含按照预定标准传递请求。

6. 根据上述权利要求中任何一个的方法，其中，预定标准包含涉及用户先前请求的信息。

7. 根据上述权利要求中任何一个的方法，其中，用户可选的选项还包含许可经数据网络实时文本通信的选项。

8. 根据上述权利要求中任何一个的方法，还包括为用户提供请求知识数据库搜索的选项。

9. 根据权利要求 8 的方法，包括在与公共路由节点分开的节点接收对知识数据库搜索的请求。

10. 根据权利要求 8 的方法，包括在公共路由节点接收对知识数据库的请求和将所述请求传递给知识数据库。

11. 根据上述权利要求中任何一个的方法，包括经因特网接收用户请求。

12. 一种服务器，用于向客户提供信息服务，其客户服务器构成包括：

用于提供向用户显示的多个用户可选选项的装置，每个所述选项涉及请求信息的不同方法，所述多个选项包含用 e-mail 请求信息的选项、经语音数据链接请求信息的选项和经电话链接请求信息的选项：

公共路由装置，用于无论用户选哪个选项都接收用户请求，其中，所述公共路由装置构成为按照用户所选的选项将请求传递给信息供应商；和

按照用户所选的选项对用户请求提供响应的装置。

13. 根据权利要求 12 的服务器，其中，所述路由装置构成为对用户请求提供自动响应。

14. 根据权利要求 12 或 13 的服务器，还包括用于给用户提供基于知识的信息服务的数据库。”

复审请求的理由是：修改后的权利要求 1 与对比文件 1 的区别技术特征有两个：（1）提供显示给用户的多个用户可选的选项，每个所述选项涉及不同的请求信息的方法，所述多个选项包含 Email 请求信息的选项，经语音数据链接请求信息的选项和经电话链接请求信息的选项。该区别技术特征（1）的作用是提供用户多个可选的选项，每个选项对应于一个不同的建立链接的方法，使用户能够选择得到“通过最适宜该用户的方法的特定方法提供给他们的帮助”。因此，本发明的发明目的体现在权利要求 1 的保护范围内，而对比文件 1 没有公开本申请的优先于建立链接而提供给用户的用户可

选选项。因此，区别技术特征（1）在对比文件1中未存在技术启示，权利要求1具有突出的实质性特点与显著的进步。（2）无论用户选哪个选项，在公共路由节点接收用户请求，按照用户所选的选项将用户请求传递给信息供应商，和按照用户所选的选项为用户请求提供响应。该区别技术特征（2）的作用是与区别技术特征（1）相对应，即按照用户所选的选项为用户提供信息，进而使用户得到“通过最适宜该用户的方法的特定方法提供给他们的帮助”，即使本发明的目的得以实现。并且，该区别技术特征强调了用户选择选项的重要性与在“请求”被路由之前必须先选择选项这一事实。对比文件1并未提示这样一种系统，也不存在技术启示，因此，权利要求1具有突出的实质性特点与显著的进步。基于与修改后的权利要求1同样的理由，修改后的权利要求13，即新权利要求12也具备创造性。

经形式审查合格，专利复审委员会受理了该复审请求，并于2004年7月5日发出了受理通知书及前置审查通知书。

在前置审查意见中，针对复审请求人的复审理由，原审查部门认为：修改后的权利要求1并没有体现“提供用户……选项……通过最适宜该用户的方法的特定方法提供给他们的帮助”这一本发明与对比文件1的区别，因而，坚持原驳回决定。

在此基础上，专利复审委员会依法成立合议组对本案进行审查。合议组于2005年9月28日向复审请求人发出复审通知书，指出：修改后的权利要求1～14不符合专利法第二十二条第三款的规定。同时针对复审请求人的复审理由，合议组认为复审请求人声称的“使用户能够得到通过最适宜该用户的方法的特定方法提供给他们的帮助”这一发明目的，在原始申请文件中并未记载，也不能推导得出。实际上，上述目的是复审请求人针对审查员驳回所依据的对比文件1而重新确定的目的。因此，并不能以此说明本申请权利要求1与对比文件1的目的不同而无可比性。如以上所论述的，在对比文件1的基础上，根据对比文件1给出的允许不同通信手段来请求信息的启示，相应地，按照用户选择的不同通信手段来为用户提供信息，即得到权利要求1的技术方案，这对于本领域的技术人员来说是不需要付出创造性的劳动的。

针对上述复审通知书，复审请求人于2005年11月14日提交了意见陈述书，同时提交了权利要求书全文替换页，其中修改了权利要求1、2以及权利要求12，修改后的权利要求1、2、12内容如下：

“1. 一种方法，响应用户请求，经远程通信链路向用户提供信息，包括：

提供显示给用户的多个用户可选的选项，每个所述选项涉及不同的请求信息的方法，所述多个选项包含用e-mail请求信息的选项、经语音数据链接请求信息的选项和经电话链接请求信息的选项，该方法还包括：

无论用户选哪个选项，在公共路由节点接收用户请求，该用户请求包括从所述多个选项选择的选项；

按照用户所选的选项将用户请求从该公共路由节点传递给信息供应商；和

按照用户所选的选项为用户请求提供响应。

2. 根据权利要求1的方法，其中，提供响应用户请求的步骤包括在该公共路由节点处产生自动响应。”

“12. 一种服务器，用于向客户提供信息服务，其客户服务器构成包括：

用于提供向用户显示的多个用户可选选项的装置，每个所述选项涉及请求信息的不同方法，所述多个选项包含用e-mail请求信息的选项、经语音数据链接请求信息的选项和经电话链接请求信息的选项；

公共路由装置，用于无论用户选哪个选项都接收用户请求，其中，该用户请求包括从所述多个选项选择的选项，所述公共路由装置构成为按照用户所选的选项将请求传递给信息供应商；和

按照用户所选的选项对用户请求提供响应的装置。”

在上述工作的基础上，合议组认为本案事实已经清楚，依法作出如下审查决定。

二、决定的理由

1. 关于审查文本的认定

复审请求人于2005年11月14日提交的修改的权利要求书符合专利法实施细则第六十条以及专利法第三十三条的规定。因此，本复审决定依据的文本是复审请求人于2005年11月14日提交的权利要求第1~14项，原始提交的国际申请文件的中文译文的说明书第1~5页、说明书附图第1~3页、说明书摘要及其附图。

2. 关于专利法第二十二条第三款

合议组评述本申请的创造性时引用的对比文件为实质审查程序中引用的对比文件1和2。

权利要求1请求保护一种方法，响应用户请求，经远程通信链路向用户提供信息。对比文件1公开了一种基于网站的帮助平台，并披露了如下技术特征（说明书第4页第27行至第11页第11行）：提供一网页，包含多个用户可选的可以提供帮助的专家选项，用户可以选择专家列表中的专家也可以选择专家系统来获得帮助。无论用户选择哪个专家，网络服务器在专家个人计算机与用户计算机之间打开一个套接字连接，即无论用户选哪个专家，在公共路由节点接收用户请求，并按照用户的选择将用户请求传递给信息供应商，从而为用户请求提供响应。同时，对比文件1指出（说明书第9页第17行至第11页第11行），在用户与专家建立链接之后，技术上允许用户可以通过电话、语音、网络实时文本传送等手段获取信息。

权利要求1与对比文件1公开的上述内容的区别在于：对比文件1明确了可以选择专家，没有明确提及通信方式的选项，即“选项包含e-mail请求信息的选项，经语音数据链请求信息的选项和经电话链接请求其信息的选项”，权利要求1是先选择通信的方法再建立链接，对比文件1是先建立链接再技术上允许电话、语音、网络实时文本传送等方法。尽管对比文件1没有提供给用户可供选择的通信方法，但公开了允许用户通过电话、语音、文本等手段来获取信息，即给出了通过选择上述不同通信手段来请求信息的启示。再者，对比文件1和权利要求1都是经远程通信链路向用户提供帮助信息，无论是先建立链接再选择通信方法，还是先选择通信方法再进行链接，所实现的技术效果实质上都是相同的，而且这种提供信息服务顺序的改变并不需要本领域的技术人员付出创造性的劳动。因此，在对比文件1的基础上，本领域技术人员不经过创造性的劳动就能够获得权利要求1所要求保护的技术方案。因此，权利要求1不具有突出的实质性特点和显著的进步，不符合专利法第二十二条第三款有关创造性的规定。

对复审请求人针对复通答复意见的评述：复审请求人声称的“在本发明中，建立链接与被选择的选项无关，包括被选择的选项的用户请求都会被发送给公共路由节点，而在对比文件1中，所选的选项立即起作用并且在特定的专家计算机和用户计算机之间建立直接连接。进一步，由于一开始就可以选择专家，实施一个公共路由节点是没有用的，因此对于所属领域的技术人员来讲没有来自对比文件1的实施本发明的动机”的主张，合议组认为，正如在复审通知书以及本决定评价权利要求1的创造性时所指出的，权利要求1与对比文件1的区别在于权利要求1是先选择通信的方法再建立链接，对比文件1是先建立链接再技术上允许电话、语音、网络实时文本传送等方法，而且这种提供信息服务顺序的改变并不需要本领域的技术人员付出创造性的劳动，合议组在评价权利要求1的创造性时并没有将本申请的用户可选的选项对比至对比文件1的用户可选的专家，而是将对比文件1公开的技术

方案与本申请保护的技术方案整体对比，来评价这种顺序的改变是否需要本领域的技术人员付出创造性的劳动。因此，复审请求人在答复意见中所一直强调的对比文件 1 的用户选项与建立连接相关对评价权利要求 1 的创造性并没有意义。尽管对比文件 1 一开始就可以选择专家，但对所属领域技术人员来说，进行最佳路径的选择以及确保传输安全而选择实施一个公共路由节点是本领域的常用方式，因此，合议组对复审请求人的上述主张不予支持。

权利要求 2 的附加技术特征为“提供响应用户请求的步骤包括在公共路由节点处产生自动响应”。对比文件 1 公开了用户还可以选择自动响应并判断用户计算机故障的专家系统（说明书第 4 页第 3 行至第 6 行，第 6 页第 4 行至第 14 行），该专家系统通过将用户的请求与数据库中的常用问题进行比较后提供自动响应，该请求不发送到代理，而提供自动响应是否需要直接根据用户请求以及是否在路由节点处均是本领域技术人员不需付出创造性劳动即可实现的，而且本申请也未记载为此需要克服何种技术困难，因此，在权利要求 1 相对于对比文件 1 不具备创造性的情况下，权利要求 2 相对于对比文件 1 也不具备创造性。

权利要求 3 ~ 5 分别对其引用的权利要求作出了进一步的限定，其限定部分的附加技术特征在对比文件 1 中公开如下：专家系统对用户计算机问题的诊断可能有多个（说明书第 6 页第 4 行至第 14 行、第 7 页第 19 ~ 29 行）（相应于权利要求 3 的附加技术特征）；同时，用户的请求和专家系统的诊断结果都被传送给专家，为专家的故障判断提供辅助信息（第 7 页第 19 ~ 29 行）（相应于权利要求 4 的附加技术特征）。用户发出帮助信息请求以后，由系统为用户建立连接，同时根据一定的规则，决定用户与哪个技术专家建立连接，以及传送请求的顺序（说明书第 8 页第 15 行至第 9 页第 26 行）（相应于权利要求 5 的附加技术特征）。由此可见，权利要求 3 ~ 5 的附加技术特征在对比文件 1 中都有公开。因此，权利要求 3 ~ 5 也不符合专利法第二十二条第三款有关创造性的规定。

权利要求 6 对其引用的权利要求作出了进一步的限定，其限定部分的附加技术特征在对比文件 2 中公开如下：系统根据用户的历史纪录对用户目前的帮助请求进行处理（说明书第 1 栏第 54 行至第 2 栏第 5 行）。同时，这部分特征在对比文件 2 中所起的作用与权利要求 6 的附加技术特征在本申请中所起的作用相同，都是根据历史纪录判断用户的帮助请求。因此，在对比文件 1 的基础上结合对比文件 2，本领域普通技术人员不需创造性劳动就能够得到权利要求 6 请求保护的技术方案。因此，权利要求 6 不符合专利法第二十二条第三款有关创造性的规定。

权利要求 7 ~ 11 分别对其引用的权利要求作出了进一步的限定，其限定部分的附加技术特征在对比文件 1 中公开如下：用户能够通过实时文本通讯与技术专家联系（说明书 9 页第 17 ~ 26 行）（相应于权利要求 7 的附加技术特征）；用户可以通过专家系统搜索知识数据库自动查找其故障（说明书第 6 页第 4 行至第 8 页第 14 行）（相应于权利要求 8 的附加技术特征）；如果用户点击专家系统请求获得帮助，则对知识数据库的请求直接转向知识数据库（说明书第 6 页第 4 行至第 7 页第 29 行），从中可以知道对比文件 1 可以从公共路由节点或与其分开的节点接收请求，而这两种接收请求的路径都是本领域公知的常识（相应于权利要求 9、10 的附加技术特征）；通过因特网接收用户请求（说明书第 6 页第 4 行至第 8 页第 14 行，图 1、图 2A）（相应于权利要求 11 的附加技术特征）。由此可见，权利要求 7 ~ 11 的附加技术特征在对比文件 1 中都有公开。因此，权利要求 7 ~ 11 也不符合专利法第二十二条第三款有关创造性的规定。

权利要求 12、13 是分别与权利要求 1、2 的方法权利要求相对应的产品权利要求，基于与评述权利要求 1、2 相同的理由，权利要求 12、13 也不具备创造性，不符合专利法第二十二条第三款有关创造性的规定。

权利要求 14 对其引用的权利要求做了进一步的限定，其限定部分的附加技术特征在对比文件 1

中公开如下：提供一种自动响应并判断用户计算机故障的、包括故障数据库的专家系统（说明书第4页第3~6行，第6页第4~14行），当用户点击专家系统请求帮助，该系统通过提供知识的信息服务的知识数据库来查找与所提问题匹配的解决方案（相应于权利要求14的附加技术特征）。由此可见，权利要求14的附加技术特征在对比文件1中已公开。因此，当其引用的权利要求不具备创造性时，权利要求14也不符合专利法第二十二条第三款有关创造性的规定。

综上所述，本申请权利要求1~14的技术方案与现有技术相比，均不具备突出的实质性特点和显著的进步，不符合专利法第二十二条第三款有关创造性的规定。

三、决定

驳回对01804691.6号发明专利申请的复审请求，维持原驳回决定。

复审请求人如对本复审决定不服，可根据专利法第四十一条第二款的规定，在收到本决定之日起三个月内向北京市第一中级人民法院起诉。

101

由分布式计算机系统的一个硬件元件报告错误的方法案

复审请求审查决定（第 7823 号）

决 定 号 第 7823 号
决 定 日 2005 年 12 月 12 日
发明创造名称 由分布式计算机系统的一个硬件元件报告错误的方法
国际分类号 G06F 11/00
复审请求人 国际商业机器公司
申 请 号 98105712.8
申 请 日 1998 年 3 月 17 日
公 开 日 1998 年 10 月 28 日
合议组组长 张 度
主 审 员 张美菊
参 审 员 高 栋

法律依据 专利法第二十六条第四款 专利法实施细则第二十条第一款
决定要点

复审请求人修改后的权利要求书对硬件元件的概括是适当的，可以得到说明书的支持，符合专利法第二十六条第四款的规定，并且也克服了复审通知书中所指出的不符合专利法实施细则第二十条第一款的问题。

一、案由

本复审请求涉及申请日为 1998 年 3 月 17 日、申请号为 98105712.8、名称为“由分布式计算机系统的一个硬件元件报告错误的方法”的发明专利申请，申请人是国际商业机器公司，其公开日为 1998 年 10 月 28 日，优先权日为 1997 年 4 月 8 日。

在实质审查过程中，国家知识产权局原实质审查部门在 2001 年 11 月 9 日发出的第一次审查意见通知书中指出：本申请权利要求 1、3～5 相对于对比文件 1（US4660201A，公开日为 1987 年 4 月 21 日）不具备专利法第二十二条第二款规定的新颖性，权利要求 2 相对于对文件 1 和对比文件 2（US477595A，公开日为 1988 年 10 月 11 日）或对比文件 3（US4862461A，公开日为 1989 年 8 月 29 日）不具有专利法第二十二条第三款规定的创造性，权利要求 8 相对于对比文件 1 和对比文件 2 不具有专利法第二十二条第三款规定的创造性。

针对第一次审查意见通知书，申请人于 2002 年 3 月 26 日提交了意见陈述书，认为本申请相对于先有技术在报告错误的机制方面在本质上是不同的，具有新颖性和创造性。

国家知识产权局原实质审查部门在 2002 年 4 月 19 日发出的第二次审查意见通知书中指出：本申

请权利要求1中的“硬件元件”得不到说明书实质上的支持，不符合专利法第二十六条第四款的规定；权利要求1要求保护的方法没有记载具体检测错误的方法，并且缺少具体转发错误信息的步骤，因此缺少必要技术特征，不符合专利法实施细则第二十一条第二款的规定。

针对第二次审查意见通知书，申请人于2002年7月1日提交了意见陈述书，认为：按照本申请的具体实施方式，其他硬件元件的错误报告能力的逻辑对于本领域的技术人员是显而易见的，因此权利要求1得到说明书的支持；权利要求1中对于计算机系统的错误以及由硬件元件检测具体错误的方法对于本领域的技术人员来说是清楚的，对于错误信息转发的具体步骤是本领域的技术人员完全能够根据现有技术实现，因此权利要求1的技术特征是完整的。

国家知识产权局原实质审查部门于2003年2月14日对本申请作出了驳回决定，其驳回理由主要是：根据说明书的记载，硬件元件报告错误的实施例仅有开关元件和通信适配器两个，这两个硬件元件具有能够提供错误报告能力的一些共同特点，因而此硬件元件并非一般意义的硬件元件，而权利要求1中没有限定“硬件元件”的含义，属于上位概念，因此得不到说明书的支持；并且权利要求1缺少错误报告方法的具体步骤，不能体现出“自发地检测错误”的特征，因此权利要求1得不到说明书的支持，不符合专利法第26条第4款的规定。驳回决定所针对的权利要求1为：

“一种在分布式计算机系统中报告错误的方法，所述的方法包括：

当检测到一个错误时，由所述分布式计算机系统中的一个硬件元件生成一个错误信息；并且

将所述错误信息从所述硬件元件转发到所述分布式计算机系统中的第一个指定的处理节点。”

申请人（下称复审请求人）对上述驳回决定不服，于2003年5月30日向国家知识产权局专利复审委员会提出复审请求，其复审请求的主要理由是：（1）本发明是对于分布式计算机系统的错误报告机制的根本性改进，将权利要求1中的硬件元件限制到具体的硬件元件，如开关元件或通信适配器是不合理的；（2）从权利要求1的限定可知，硬件元件是能够满足错误检测、错误信息生成、以及信息转发的硬件元件，因此权利要求1的限定对于本领域的技术人员来说已经明确了该硬件元件是怎样的一种硬件元件，比如具有硬件逻辑、输入和输出模块、以及数据存储装置的这样一种硬件元件，而不应认为只是实施例中示例的开关元件或通信适配器，因此权利要求1是得到说明书的支持的。

复审请求人于2003年7月2日提交了补正书，对复审请求书中引用的驳回日期进行了补正。

经形式审查合格，专利复审委员会对该复审请求予以受理，并于2003年7月10日发出了受理通知书及前置审查通知书。

在前置审查程序中，国家知识产权局原审查部门认为复审请求人所陈述的意见不能成立，仍坚持原驳回决定。

专利复审委员会依法成立合议组对本案进行复审，并于2004年8月13日针对驳回决定所依据的文本发出复审通知书，审查意见主要包括：（1）根据说明书的记载本领域的技术人员难以预见该上位概念所概括的除了本申请说明书实施例之外的硬件元件均能解决其技术问题，权利要求1、3、6得不到说明书的支持，不符合专利法第26条第4款的规定；（2）权利要求1的特征“当检测到一个错误时”，没有清楚的描述该错误是由什么部件的什么结构通过什么方式检测到的，因此造成了权利要求1的不清楚，不符合专利法实施细则第二十条第一款的规定。

复审请求人于2004年9月28日针对上述复审通知书提交了意见陈述书和权利要求书的修改替换页。其修改主要是在权利要求1中增加了技术特征：“所述硬件元件包含能检测到错误的服务器逻辑、接收装置和发送装置”。复审请求人在意见陈述书中认为：修改后权利要求中对硬件元件的限定已经与说明书所述的开关元件及通信适配器的与本申请相关的特征相一致，把本申请限定为开关元件或通信适配器本身是不合理的；修改后的权利要求1已经能没有歧义地表明该错误是由什么部件地什

么结构检测到的，至于通过什么方式，则不是本发明所要解决的问题。修改后的权利要求1为：

"一种在分布式计算机系统中报告错误的方法，所述的方法包括：

当检测到一个错误时，由所述分布式计算机系统中的一个硬件元件生成一个错误信息；并且

将所述错误信息从所述硬件元件转发到所述分布式计算机系统中的第一个指定的处理节点，

其中，所述硬件元件包含能检测到错误的服务逻辑、接收装置和发送装置。"

在上述工作的基础上，合议组认为本案事实清楚，可以作出本复审请求审查决定。

二、决定的理由

1. 关于审查文本

本复审决定所依据的文本为：原始提交的说明书第1~10页、说明书附图第1~7页、说明书摘要、摘要附图以及2004年9月28日提交的权利要求第1~8项。

2. 关于专利法第二十六条第四款

复审请求人于2004年9月28日提交的权利要求1中将硬件元件限定为"所述硬件元件包含能检测到错误的服务逻辑、接收装置和发送装置"，根据说明书的记载，其"开关元件"包括硬件服务逻辑、发送器和接收器，其"通信适配器"包括总线接口硬件逻辑、发送链路逻辑和接收链路逻辑等，因此复审请求人的修改与说明书中所记载的具有报告错误能力的开关元件和通信适配器的结构相一致；并且本领域根据说明书实施例部分所记载的两个实施例，可以明白具有"能检测到错误的服务逻辑、接收装置和发送装置"的硬件元件都可以实现本申请的报告错误的方法的两个步骤：（1）当检测到一个错误时，由所述分布式计算机系统中的一个硬件元件生成一个错误信息，（2）将所述错误信息从所述硬件元件转发到所述分布式计算机系统的一个指定的处理节点。因此复审请求人对硬件元件的上述概括也是适当的，可以得到说明书的支持。

对于驳回决定中，关于权利要求1得不到说明书的支持的另一个理由是：权利要求1缺少错误报告方法的具体步骤，不能体现出"自发地检测错误"的特征。合议组认为，根据说明书的记载，开关元件的硬件服务逻辑通过例如检测到奇偶校验错误、循环冗余校验错误或顺序错误而检测到错误（参见说明书第5页第9~12行），开关元件是自发地检测错误，而通信适配器的总线接口硬件逻辑是通过从其他适配器部件和/或从处理器接收错误信息来检测出致命错误（参见说明书第8页第10、11行），其并不是自己自发地检测错误，而是从其他部件接收错误，因此在本申请中并不一定是由硬件元件"自发地检测错误"，驳回决定中关于权利要求1得不到说明书支持的上述理由是不成立的。

由于权利要求1已经对其中的硬件元件作出了适当的限定，从属于权利要求1的权利要求3、6中的硬件元件含义范围也是适当的，能够得到说明书的支持。

3. 关于专利法实施细则第二十条第一款

复审请求人于2004年9月28日提交的权利要求1中将硬件元件限定为"所述硬件元件包含能检测到错误的服务逻辑、接收装置和发送装置"，并其明确的表示了由硬件元件的服务逻辑检测错误，合议组认为根据本申请说明书的记载可以认为本申请的发明目的是提供一种向处理器报告错误的方法，而不是检测错误的方法，其检测错误的方法可以例如是开关元件的检测到奇偶校验错误、循环冗余校验错误或顺序错误的方式，也可以如通信适配器那样从其他适配器元件和/或处理器接收错误信息来检测出致命错误，因此复审请求人修改后的权利要求1也不存在复审通知书中所指出的不符合专利法实施细则第二十条第一款的规定的缺陷。

4. 综上所述，复审请求人对权利要求书和说明书的修改克服了复审通知书和驳回决定所指出的缺陷。至于本申请说明书和权利要求书中是否还存在的其他的缺陷，留待后续程序由原实质审查部门继续审查。

三、决定

撤销国家知识产权局于2003年2月14日对98105712.8号发明专利申请所作出的驳回决定，以原始提交的说明书第1~10页、说明书附图第1~7页、说明书摘要、摘要附图以及2004年9月28日提交的权利要求第1~8项为基础，由原审查部门继续进行审批程序。

102

表面声波器件和用于它的压电基片案

复审请求审查决定（第7874号）

决　　定　　号　第7874号
决　　定　　日　2005年12月15日
发明创造名称　表面声波器件和用于它的压电基片
国 际 分 类 号　H03H 9/64　H03H 9/54
复 审 请 求 人　TDK株式会社
申　　请　　号　01140659.3
申　　请　　日　2001年9月20日
公　　开　　日　2002年5月8日
合 议 组 组 长　温丽萍
主　　审　　员　周雷鸣
参　　审　　员　石　清

法 律 依 据　专利法第二十二条第三款
决 定 要 点

对本领域的技术人员来说，如果一项权利要求请求保护的技术方案，是能够在现有技术的基础上通过逻辑分析、推理或者有限的试验得到的，则该权利要求的技术方案是显而易见的，不具有突出的实质性特点，不符合中国专利法第二十二条第三款关于创造性的规定。

一、案由

本复审请求涉及国家知识产权局于2003年12月8日驳回的、名称为“表面声波器件和用于它的压电基片”的发明专利申请（下称本申请），其申请号为01140659.3，申请日为2001年9月20日，优先权日为2000年9月20日，申请人为TDK株式会社。驳回决定所依据的权利要求如下：

“1. 一种表面声波器件，包括一个压电基片和形成在压电基片上的叉指状电极，其中：

压电基片具有一种 $Ca_3Ga_2Ge_4O_{14}$型的晶体结构，并且由化学式 $Sr_3NbGa_3Si_2O_{14}$表示；并且

从单晶切出压电基片的切割角、和按照欧拉角（ϕ、θ、ψ）表示的在压电基片上的表面声波的传播方向，在由 $-5°\leqslant\phi\leqslant15°$、$0°\leqslant\theta\leqslant180°$、及 $-50°\leqslant\psi\leqslant50°$ 表示的一个第一区域和由 $15°\leqslant\phi\leqslant30°$、$0°\leqslant\theta\leqslant180°$、及 $-40°\leqslant\psi\leqslant40°$表示的一个第二区域之一中。

2. 根据权利要求1所述的表面声波器件，其中在第一区域中的 θ 在从 $20°\sim120°$的范围内而在第一区域中的 ψ 在从 $-40°\sim40°$的范围内。

3. 根据权利要求1所述的表面声波器件，其中在第一区域中的 ϕ 在从 $-5°\sim5°$的范围内、在第一区域中的 θ 在从 $120°\sim160°$的范围内、及在第一区域中的 ψ 在从 $20°\sim40°$或 $-20°\sim-40°$的范围内。

4. 根据权利要求1所述的表面声波器件，其中在第一区域中的 ϕ 在从 $5°\sim15°$的范围内、在第

一区域中的 θ 在从 120°至 180°的范围内、及在第一区域中的 ψ 在从 0°至 -40°的范围内。

5. 根据权利要求 1 所述的表面声波器件，其中在第二区域中的 θ 在从 20°至 160°的范围内而在第二区域中的 ψ 在从 -20°至 -40°的范围内。

6. 一种用在表面声波器件中的压电基片，其特征在于：

压电基片具有一种 $Ca_3Ga_2Ge_4O_{14}$型的晶体结构，并且由化学式 $Sr_3NbGa_3Si_2O_{14}$表示；并且

从单晶切出压电基片的切割角、和按照欧拉角（ϕ、θ、ψ）表示的在压电基片上的表面声波的传播方向，在由 -5°≤ϕ≤15°、0°≤θ≤180°、及 -50°≤ψ≤50° 表示的一个第一区域和由 15°≤ϕ≤30°、0°≤θ≤180°、及 -40°≤ψ≤40°表示的一个第二区域之一中。

7. 根据权利要求 6 所述的压电基片，其中在第一区域中的 θ 在从 20° ~120°的范国内而在第一区域中的 ψ 在从 -40° ~40°的范围内。

8. 根据权利要求 6 所述的压电基片，其中在第一区域中的 ϕ 在从 -5° ~5°的范围内、在第一区域中的 θ 在从 120° ~160°的范围内、及在第一区域中的 ψ 在从 20° ~40°或 -20°至 -40°的范围内。

9. 根据权利要求 6 所述的压电基片，其中在第一区域中的 ϕ 在从 5° ~15°的范围内、在第一区域中的 θ 在从 120° ~180°的范围内、及在第一区域中的 ψ 在从 0° ~ -40°的范围内。

10. 根据权利要求 6 所述的压电基片，其中在第二区域中的 θ 在从 20° 至 160°的范围内而在第二区域中的 ψ 在从 -20°至 -40°的范围内。”

驳回决定所依据的对比文件如下：WO0016478A1（下称对比文件 1），其公开日为 2000 年 3 月 23 日。驳回决定的理由：①权利要求 1 与对比文件 1 的区别和权利要求 6 与对比文件 1 的区别都是：压电晶体是 $Sr_3NbGa_3Si_2O_{14}$、欧拉角范围略有扩大，但是 $Sr_3TaGa_3Si_2O_{14}$单晶和 $Sr_3NbGa_3Si_2O_{14}$单晶都是常用于表面声波滤波器的单晶，同属于 32 点集结构的单晶晶体，欧拉角范围接近，对比文件 1 所披露的欧拉角度已位于权利要求 1 所述角度的范围内，因此权利要求 1 和 6 都不具备创造性；②权利要求 2 ~5、7 ~10 的附加技术特征在对比文件 1 中公开，因此权利要求 2 ~5、7 ~10 不具备创造性。

申请人（下称复审请求人）对该驳回决定不服，于2004 年2 月 17 日向国家知识产权局专利复审委员会提交了复审请求书，没有对驳回决定依据的文本进行修改。复审请求人陈述了本申请具有创造性的主要理由是：尽管对比文件 1 中公开了 $Sr_3TaGa_3Si_2O_{14}$的最优欧拉角，但是对比文件 1 中没有教导 $Sr_3NbGa_3Si_2O_{14}$的材料参数，本领域的普通技术人员几乎不可能预测 $Sr_3NbGa_3Si_2O_{14}$的最优欧拉角，本领域的技术人员完全理解 $Sr_3TaGa_3Si_2O_{14}$的密度与 $Sr_3NbGa_3Si_2O_{14}$的密度不同，不可能根据对比文件 1 公开的内容得到 $Sr_3NbGa_3Si_2O_{14}$的最优欧拉角。因此对比文件 1 没有公开本申请的内容，对比文件 1 的教导也不能得出本申请的内容，因此本申请的权利要求具备创造性。

经形式审查合格，专利复审委员会于 2004 年 3 月 16 日向复审请求人发出复审请求受理通知书并向实质审查部门发出前置审查通知书。

在前置审查程序中，国家知识产权局实质审查部门仍坚持原驳回决定。

在此基础上，专利复审委员会依法成立合议组对本案进行审查，并于 2005 年 5 月 30 日发出了复审通知书，其中指出：权利要求 1 ~10 相对对比文件 1 不具有突出的实质性特点和显著进步，不符合专利法第二十二条第三款有关创造性的规定。

复审请求人在 2005 年 6 月 29 日提交了意见陈述书，没有对驳回决定所依据的文本进行修改，意见陈述书中主要指出：①对比文件 1 中表述的欧拉角范围和本申请中的欧拉角范围相似，但是本领域普通技术人员清楚的知道具有不同化学式的晶体 $Sr_3TaGa_3Si_2O_{14}$ 和 $Sr_3NbGa_3Si_2O_{14}$ 的最优切割角和（或）最优表面声波在晶体基片上的传播方向是不同的，欧拉角的最优范围是不同的，不可能根据对比文件 1 公开的 $Sr_3TaGa_3Si_2O_{14}$的欧拉角的最优范围来预测 $Sr_3NbGa_3Si_2O_{14}$的欧拉角的最优范围；②与

本申请相对应的美国申请已获授权；③要得到同属于点集 32 的不同晶体的具体欧拉角不通过创造性劳动是不可能的，并非通过逻辑分析、推理或者有限的试验就能够得到，因此是非显而易见的。

经合议，合议组认为本案事实清楚，依法作出本复审请求审查决定。

二、决定的理由

1. 依据文本

复审请求人在提出复审请求和答复复审通知书时均未提交修改文件，因此本复审决定依据的文本是驳回决定所依据的文本，即 2001 年 9 月 20 日提交说明书第 1 ~ 13 页、权利要求第 1 ~ 10 项、说明书附图 1 ~ 9 页、说明书摘要及摘要附图。

2. 关于权利要求 1 ~ 10 的创造性

合议组在评价权利要求 1 ~ 10 的创造性时所使用的对比文件与驳回决定所使用的对比文件相同，即对比文件 1。合议组认为，本申请权利要求 1 ~ 10 的技术方案相对于对比文件 1 不具有突出的实质性特点和显著进步，不符合专利法第二十二条第三款有关创造性的规定，具体理由如下：

对比文件 1（参见说明书第 3 ~ 8 页）涉及一种表面声波装置，其中具体公开了该表面声波装置包括一个压电材料基片 1 和在压电材料基片的表面上形成的两个交叉指状电极 2，其中压电材料基片是由属于点集 32 的、化学式为 $Sr_3TaGa_3Si_2O_{14}$ 的单晶体材料构成，该单晶体为三维晶体，具有对称的晶体结构，欧拉角的配置是等效的，并公开了属于点集 32 的单晶体在右手坐标系中利用 X – 射线衍射仪等精确地将点集 32 的晶体切割成薄片，然后利用示波器等仪器及数学知识确定欧拉角（φ、θ、Ψ），该欧拉角（φ、θ、Ψ）表示 x、y、z 轴和单晶体的结晶轴 X、Y、Z 之间的关系，x 轴表示表面声波的传播方向，在 2 ~ 1 区域满足 φ = –5° ~ 5°、θ = 10° ~ 170°、Ψ = 0° ~ 50°（对应于本申请中的第一区域），在 1 ~ 1 区域满足 φ = 25° ~ 35°、θ = 20° ~ 90°、Ψ = ~ 40° ~ 40°（对应于本申请的第二区域）。

将两者相比较，可以得出，本申请权利要求 1 与对比文件 1 的区别在于：前者的压电晶体材料是 $Sr_3NbGa_3Si_2O_{14}$，而后者的压电晶体材料 $Sr_3TaGa_3Si_2O_{14}$，且两者的欧拉角也略有不同，前者是而后者是 φ = –5° ~ 5°、θ = 10° ~ 170°、Ψ = 0° ~ 50°和 φ = 25° ~ 35°、θ = 20° ~ 90°、Ψ = –40° ~ 40°。在本领域中，点集 32 的晶体 $Sr_3NbGa_3Si_2O_{14}$ 和 $Sr_3TaGa_3Si_2O_{14}$ 都是常用于表面声波器件中压电基片的单晶体材料，在对比文件 1 公开的部分欧拉角范围下 $Sr_3NbGa_3Si_2O_{14}$ 和 $Sr_3TaGa_3Si_2O_{14}$ 都能获得高的机电耦合因数和低的 SAW 速度，对本领域的技术人员来说，这种利用具有相同功能的公知材料 $Sr_3NbGa_3Si_2O_{14}$ 替代公知材料 $Sr_3TaGa_3Si_2O_{14}$ 的技术方案是常用技术手段的替换；而且，不同单晶体材料在较宽通带时具有不同的欧拉角是所属领域的公知常识，本领域的技术人员在现有技术的基础上通过逻辑分析、推理或者有限的试验可以得到范围略有扩大的欧拉角，因而权利要求 1 保护的技术方案是显而易见的，不具有突出的实质性特点和显著的进步。因而，权利要求 1 不符合专利法第二十二条第三款有关创造性的规定。

针对复审请求人陈述的意见，合议组认为：虽然所属领域的技术人员清楚的知道常用于表面声波器件中压电基片的点集 32 的晶体 $Sr_3TaGa_3Si_2O_{14}$ 和 $Sr_3NbGa_3Si_2O_{14}$ 的最优切割角和（或）最优表面声波在晶体基片上的传播方向是不同的，欧拉角的最优范围是不同的，但是在对比文件 1 公开的部分欧拉角范围下 $Sr_3NbGa_3Si_2O$ 14 和 $Sr_3TaGa_3Si_2O_{14}$ 都能获得高的机电耦合因数和低的 SAW 速度，本领域的技术人员在现有技术的基础上通过逻辑分析、推理或者有限的试验可以得到范围略有扩大的欧拉角，因此权利要求 1 的技术方案是显而易见的，不具有突出的实质性特点；另外，任何一件中国专利申请都应当符合中国专利法及其实施细则的有关规定，至于是否已符合其他国家的专利法，则不足为据，因此，复审请求人所称的对应的美国申请已获授权的主张也不足以证明本申请具备专利法第二十二条第三款所规定的创造性。

从属权利要求2～5的附加技术特征是对欧拉角范围的进一步限定，比文件1中具体公开了（参见对比文件1说明书第3、4、6、8页）“单晶体为三维晶体，具有对称的晶体结构，欧拉角的配置是等效的，欧拉角（ϕ、θ、Ψ）区域满足$\phi=-5°\sim5°$、$\theta=25°\sim120°$、$\Psi=0°\sim30°$，$\phi=25°\sim35°$、$\theta=20°\sim90°$、$\Psi=-40°\sim40°$，$\phi=25°\sim35°$、$\theta=20°\sim90°$、$\Psi=-25°\sim25°$，$\phi=-5°\sim5°$、$\theta=130°\sim160°$、$\Psi=15°\sim45°$”。其中，权利要求2～5的附加技术特征所限定的欧拉角的范围与对比文件1中所限定的欧拉角的范围略有不同，但是本领域的技术人员在现有技术的基础上通过逻辑分析、推理或者有限的试验得到属于点集32化学式为$Sr_3NbGa_3Si_2O_{14}$的单晶体材料的欧拉角的范围是显而易见的。因此，从属权利要求2～5相对于对比文件1也不具有突出的实质性特点和显著的进步，不符合专利法第二十二条第三款的规定。

权利要求6请求保护一种表面声波器件中的压电基片，该压电基片与权利要求1保护的表面声波器件的基片相同，合议组认为该压电基片与对比文件1的区别在于：前者的压电晶体材料是$Sr_3NbGa_3Si_2O_{14}$，而后者的压电晶体材料$Sr_3TaGa_3Si_2O_{14}$，前者是而后者是$\phi=-5°\sim5°$、$\theta=10°\sim170°$、$\Psi=0°\sim50°$和$\phi=25°\sim35°$、$\theta=20°\sim90°$、$\Psi=-40°\sim40°$。用具有相同功能的公知材料$Sr_3NbGa_3Si_2O_{14}$替代公知材料$Sr_3TaGa_3Si_2O_{14}$的技术方案是本领域常用技术手段的替换，不同单晶体材料在较宽通带时具有不同的欧拉角是所属领域的公知常识，本领域的技术人员在现有技术的基础上通过逻辑分析、推理或者有限的试验可以得到范围略有扩大的欧拉角，由此可知，权利要求6不符合专利法第二十二条第三款有关创造性的规定。（具体论述参见对权利要求1的评述）

从属权利要求7～10的附加技术特征分别与从属权利要求2～5的附加技术特相同，从属权利要求7～10的附加技术特征所限定的欧拉角的范围与对比文件1中所限定的欧拉角的范围略有不同，但对于本领域的技术人员来说在对比文件1基础上得到权利要求7～10所限定的附加技术特征是显而易见的（具体论述参见对从属权利要求2～5的评述）。因而从属权利要求7～10不符合专利法第二十二条第三款的规定。

综上所述，合议组认为本申请的权利要求1～10不具有突出的实质性特点和显著的进步，不符合专利法第二十二条第三款有关创造性的规定。

根据上述事实和理由，本案合议组作出如下决定。

三、决定

驳回复审请求，维持国家知识产权局原审查部门于2003年12月18日作出的驳回本申请的决定。

复审请求人如不服，可根据中国专利法第四十一条第二款的规定，在收到本决定之日起三个月内向北京市中级人民法院起诉。

103

掩模数目减少的MOS栅控器件生产工艺案

复审请求审查决定（第7875号）

决　定　号　第7875号
决　定　日　2005年12月12日
发明创造名称　掩模数目减少的MOS栅控器件生产工艺
国际分类号　H01L 21/265
复审请求人　国际整流器公司
专利申请号　95195778.3
申　请　日　1995年8月17日
公　开　日　1997年10月8日
合议组组长　张　度
主　审　员　黄毅斐
参　审　员　张宗任

法律依据　专利法第三十三条
决定要点
请求人在复审程序中修改的权利要求书已经删除了驳回决定指出的不符合专利法第三十三条的规定的权利要求，因此可以在此基础上撤销原驳回决定。

一、案由

本复审请求涉及国家知识产权局于2003年6月20日驳回的、名称为“掩模数目减少的MOS栅控器件生产工艺”的发明专利申请（下称该申请），其申请号为95195778.3，申请日为1995年8月17日，优先权日为1994年9月1日，申请人为国际整流器公司。

在实质审查程序中，审查员针对申请人于2002年8月15日答复第一次审查意见通知书时提交的权利要求第1~51项、说明书第1~9页、附图第1、2和6页，以及该申请进入中国国家阶段时提交的国际申请文本的附图第3~5、7页，于2003年6月20日作出驳回决定，其驳回理由是：权利要求22、24~26的修改超出了原始说明书和权利要求书记载的范围，不符合专利法第三十三条的规定。

申请人（下称请求人）对上述驳回决定不服，于2003年9月24日向专利复审委员会提出复审请求，同时随复审请求书提交了修改的权利要求第1~47项、说明书第1~9页、附图第1~7页（下称文本1）。请求人表示已经删除了存在修改超范围的权利要求23、25~27，并论述了上述修改后的权利要求书符合专利法第三十三条的规定和说明书的撰写符合专利法实施细则有关规定的理由。

在前置审查程序中，原实质审查部门的审查员坚持原驳回决定。

专利复审委员会依法成立合议组对本案进行复审，于2004年10月21日向请求人发出了复审通知书，指出：虽然请求人在复审请求书中表示已经删除了驳回决定指出的存在修改超范围问题的权利要求23、25~27，但是由于请求人在答复第一次审查意见通知书时修改了原权利要求书中的编号，因此第一次审查意见通知书中指出的存在修改超范围缺陷的原始权利要求23、25~27的编号已经变为22、24~26（即驳回文本中的权利要求22、24~26），从而在此次随复审请求书提交的文本1的权利要求书中，仍未删除存在修改超范围缺陷的权利要求22、23（对应第一次审查意见通知书中所指的权利要求23、25），因此文本1的权利要求22、23仍然存在驳回决定中指出的有关对扩散区第一区、第二区、第三区的限定、以及增加的权利要求23修改超范围而不符合专利法第三十三条的规定的问题，并且请求人在复审请求书中未对此陈述任何理由。

请求人于2004年11月8日针对上述复审通知书提交了意见陈述书和新修改的权利要求书（下称文本2），表示在驳回文本的权利要求书基础上，删除了权利要求22、24~26、28~32，并将某些位置错误的从属权利要求调整到所从属的独立权利要求之后。

至此，合议组认为，请求人已经充分陈述了意见，可以作出本决定。

二、决定的理由

请求人随答复复审通知书提交的修改权利要求书（即文本2）符合专利法实施细则第六十条的规定，因此本复审决定依据的文本是：文本2的权利要求第1~42项，以及文本1的说明书第1~9页、附图第1~7页。

在请求人随答复复审通知书提交的修改权利要求书（即文本2）中，已经删除了驳回决定指出的存在修改超范围问题的4项权利要求，即驳回文本中的权利要求22、24~26，从而克服了驳回决定指出的该申请权利要求书不符合专利法第三十三条的规定的缺陷。

三、决定

撤销国家知识产权局于2003年6月20日作出的驳回95195778.3号发明专利申请的决定，以请求人于2004年11月8日提交的权利要求第1~42项，以及于2003年9月24日提交的说明书第1~9页、附图第1~7页为基础，由审查部门继续进行审批程序。

104

图像处理方法、装置和记录介质案

复审请求审查决定（第7876号）

决　定　号　第7876号
决　定　日　2005年12月20日
发明创造名称　图像处理方法、装置和记录介质
国际分类号　G06T 5/40
复审请求人　富士胶片株式会社
申　请　号　00137644.6
申　请　日　2000年12月27日
公　开　日　2001年8月8日
合议组组长　熊　婷
主　审　员　张美菊
参　审　员　周雷鸣

法律依据　专利法第二十二条第二款
决定要点

在新颖性的评价中，如果一篇对比文件并未公开一项权利要求的技术方案中的一个或多个技术特征，并且不能确定未公开的技术特征是相关技术特征的惯用手段直接替换，也不能从该对比文件中唯一地推导出来，那么该权利要求相对于该对比文件具备新颖性。

一、案由

本专利申请复审请求涉及申请号为00137644.6的发明专利申请（下称本申请），其申请日为2000年12月27日，优先权日为1999年12月27日和2000年10月27日，名称为“图像处理方法、装置和记录介质”，申请人是富士胶片株式会社。

在国家知识产权局的实质审查过程中，原实质审查部门在2003年12月5日发出的第一次审查意见通知书中指出：对比文件1（《PHOTOSHOP FOR WINDOWS 实用详解》1996年12月出版）中披露了一种在计算机中处理图像的方法，其公开了权利要求1、2的全部技术特征，并且它们的技术领域、达到的技术效果相同、采用的技术手段实质上相同，因此权利要求1、2不具备新颖性，权利要求3要求保护一种计算机可读的记录媒体，其保护的范围不清楚，不符合专利法实施细则第二十条第一款的规定，即使申请人将权利要求3加以修改，权利要求3也相对于对比文件1不具备新颖性，同时本申请与00137642.X号发明专利申请的权利要求书实质上内容相同，不符合专利法实施细则第十三条第一款的规定。

针对第一次审查意见通知书，申请人于2004年6月12日提交了意见陈述书以及权利要求书的修改替换页。其中所涉及的修改主要是：删除了原权利要求3，并在修改后的权利要求1、2中记载了第一和第二区域包括一个预定主题的内容。申请人在意见陈述书中陈述了：在对比文件1中没有公开

或建议“将第二区中的主题的颜色－色调改变为第一区中主题的颜色－色调”的这种特征，修改后的权利要求1、2具备新颖性和创造性。

国家知识产权局原实质审查部门认为申请人的陈述意见不能成立，于2004年8月6日以本申请权利要求1、2相对于对比文件1不具备新颖性为由对本申请作出了驳回决定，其驳回理由主要是：对比文件1中在显示图形或图像中指定一个区域，例如一个椭圆框，相当于权利要求1所述的预定主题的相同类型的第二区域的指定，photoshop图像处理软件提供一个颜料桶，在颜料桶选定所需颜色和色调的颜色框就相当于权利要求1所述的预定主题的第一区域的指定，操作photoshop图像处理软件的颜色填充功能，指定区域就被改成选定的颜色和色调，因此权利要求1的全部技术特征已被对比文件1公开，其技术领域相同，采用的技术方案实质上相同，达到的技术效果相同，因此权利要求1不具备新颖性；同样的理由，权利要求2也不具备新颖性。

申请人（下称复审请求人）对该驳回决定不服，于2004年11月13日向国家知识产权局专利复审委员会提交了复审请求书以及权利要求书的修改替换页，其中涉及的修改主要是：在权利要求1和2中进一步限定“所述预定主题是人的面部”。请求人在请求书陈述：原权利要求1和2缺乏上述特征，因而这样的修改克服了驳回决定指出的缺陷。

此次修改的独立权利要求1、2是：

“1. 一种图像处理方法，包括以下步骤：

接收对显示图像中具有所需颜色－色调的包括一个预定主题的第一区域的指定；

接收对该图像或另一个图像中包括具有与所述预定主题相同类型的另一预定主题的第二区域的指定；以及

将包括第二区域中的主题的所需区域的颜色－色调改成第一区域中预定主题的颜色－色调；

其中所述预定主题是人的面部。

2. 一种图像处理装置，包括：

用于图像显示的显示装置；

区域指定装置，用于在显示装置上显示的图像中指定有所需颜色－色调的包括一个预定主题的第一区域以及该图像或另一图像中包括具有与所述预定主题相同类型的另一预定主体的第二区域；以及

将包括第二区域中的主题的所需区域的颜色－色调转换为第一个区域中预定主题的颜色－色调的转换装置；

其中所述预定主题是人的面部。”

经形式审查合格，专利复审委员会于2005年2月17日向复审请求人发出复审请求受理通知书，并同时发出了前置审查通知书。

在前置审查程序中，国家知识产权局原实质审查部门认为将预定主题限定为人的面部，这属于本领域公知常识中的惯用手段的直接替换，因此仍坚持原驳回决定：。

在上述工作的基础上，合议组认为本案事实清楚，可以作出本复审请求审查决定。

二、决定的理由

1. 审查所依据的文本

复审请求人在提出复审请求时对权利要求的修改符合专利法第三十三条以及专利法实施细则第六十条第一款的规定，因此本复审请求审查决定所依据的文本是：2004年11月13日提交的权利要求第1～2项，原始申请日提交的说明书第1～5页、说明书附图第1～8页、说明书摘要和摘要附图。

2. 新颖性

专利法第二十二条第二款规定：新颖性，是指在申请日以前没有同样的发明或者实用新型在国内

外出版物上公开发表过、在国内公开使用过或者以其他方式为公众所知，也没有同样的发明或者实用新型由他人向国务院专利行政部门提出过申请并且记载在申请日以后公布的专利申请文件中。

在新颖性的评价中，如果一篇对比文件并未公开一项权利要求的技术方案中的一个或多个技术特征，并且不能确定未公开的技术特征是相关技术特征的惯用手段直接替换，也不能从该对比文件中唯一地推导出来，那么该权利要求相对于该对比文件具备新颖性。

权利要求 1 要求保护一种图像处理方法，其技术方案包括以下步骤：

“接收对显示图像中具有所需颜色 - 色调的包括一个预定主题的第一区域的指定；

接收对该图像或另一个图像中包括具有与所述预定主题相同类型的另一预定主题的第二区域的指定；以及将包括第二区域中的主题的所需区域的颜色 - 色调改成第一区域中预定主题的颜色 - 色调；

其中所述预定主题是人的面部。”

对比文件 1（《PHOTOSHOP FOR WINDOWS 实用详解》1996 年 12 月出版）公开了在计算机上利用 photoshop 软件的颜料桶处理图像的方法，其中 Tolerance 值对颜料桶工具的影响的例子的步骤为：利用遮罩工具创建一个椭圆的图像，在其中填充绿色，然后建另一个与先前椭圆部分重叠的椭圆区域，其中填充黑色，根据设定后一椭圆的 Tolerance 值为 32 或 200 的不同，其显示也不同。

合议组认为：对比文件 1 中相关内容涉及的是颜色和 Tolerance 值，而并不涉及颜色 - 色调值；另外，虽然可以将对比文件 1 中的创建椭圆的步骤相当于指定一个第二区域，但是颜料桶的颜色框是 photoshop 提供的一个工具，并不能被看作是一个显示图像中的一部分，其中也不具有人的面部的预定主题，并且其中更不涉及指定显示图像的一个区域的步骤，因此在颜料桶的选定颜色的颜色框并不能相当于本申请中的具有预定主题的第一区域的指定，从而在对比文件 1 中也就不存在“第二区域和第一区域的预定主题的类型相同”的内容，并且也不存在“将第二区域中的主题所需区域的颜色 - 色调改成第一区域中预定主题的颜色 - 色调”的步骤。由于 Photoshop 软件中的颜料桶工具与本申请的对图像的处理方法不同，因此对比文件 1 中并未公开本申请权利要求 1 的各个步骤，不能确定这些未公开的步骤是相关内容的惯用手段直接替换，也不能从该对比文件 1 中唯一地推导出来。因此权利要求 1 相对于对比文件 1 具备新颖性。

权利要求 2 要求保护一种图像处理装置，其是与权利要求 1 对应的装置权利要求，其中硬件结构执行了权利要求 1 的方法的各个步骤，参见上述对权利要求 1 的评述，权利要求 2 也相对于对比文件 1 具备新颖性。

3. 综上所述，本申请权利要求 1、2 相对于对比文件 1 具备新颖性，请求人在提出复审请求时所提交的权利要求书不具有驳回决定中所指出的缺陷，合议组可以依法作出本复审请求审查决定。

三、决定

撤销国家知识产权局于 2004 年 8 月 6 日对 00137644.6 号发明专利申请所作出的驳回决定，以请求人于 2004 年 11 月 13 日提交的权利要求第 1 ~ 2 项，原始申请日提交的说明书第 1 ~ 5 页、说明书附图第 1 ~ 8 页、说明书摘要和摘要附图为基础，由原实质审查部门继续进行审查程序。

105

能推断用户需要的翻译机案

复审请求审查决定（第8033号）

决　　定　　号　第8033号
决　　定　　日　2005年11月29日
发明创造名称　能推断用户需要的翻译机
国 际 分 类 号　G06F 17/28
复 审 请 求 人　夏普公司
申　　请　　号　96112082.7
申　　请　　日　1996年11月6日
公　　开　　日　1997年7月30日
合 议 组 组 长　马　昊
主　　审　　员　范玉霞
参　　审　　员　孙治国

法 律 依 据　专利法第二十六条第四款
决 定 要 点

专利法第二十六条第四款规定，权利要求书应当以说明书为依据，说明要求专利保护的范围。如果所属领域技术人员对于说明书公开的技术内容进行理解的结果能够将该说明书实施例记载的具体技术方案扩展到一项权利要求所请求保护的技术方案，则应认为记载该技术方案的权利要求得到了说明书的支持。

一、案由

本复审请求涉及申请号为96112082.7、发明名称为“能推断用户需要的翻译机”的发明专利申请（下称本申请），其申请日为1996年11月6日，优先权日为1995年11月6日，申请人是夏普公司。其原始提交的权利要求书包括独立权利要求1和从属权利要求2~3。

国家知识产权局实质审查部门依法对本申请进行了实质审查，于2002年1月25日发出第一次审查意见通知书，指出：权利要求1不清楚不简明，不符合专利法实施细则第二十条第一款的规定；权利要求1缺少必要技术特征，不符合专利法实施细则第二十一条第二款的规定；权利要求2不清楚，不符合专利法实施细则第二十条第一款的规定。

申请人针对第一次审查意见通知书，于2002年5月23日提交了意见陈述书，并修改了权利要求书和说明书。

继续审查后，审查员于2002年6月28日发出第二次审查意见通知书，指出权利要求1得不到说明书的支持，不符合专利法第二十六条第四款的规定。具体理由是：当前权利要求1利用功能性语言对所属各组成部件进行了限定，说明书中仅仅以举例的形式列举了其中某些能够实现本发明相应构件特定功能的特定组成构成，如愿望分析器，除此之外不能发现和/或推导出其他能够实现其相应功能的构件。

针对第二次审查意见通知书，申请人认为上述缺陷是由于权利要求1和说明书之间的术语不一致造成的，于2002年9月7日提交了说明书全文替换页，没有修改权利要求书。

国家知识产权局实质审查部门于2004年1月2日以本申请不符合专利法第二十六条第四款的规定为由对本申请作出了驳回决定。具体理由与第二次审查意见通知书中的理由相同。

申请人（下称为复审请求人）对上述驳回决定不服，于2004年4月15日向国家知识产权局专利复审委员会提出复审请求，同时提交了权利要求书的全文替换页。其复审请求的理由是：本发明的翻译机中，多个部件均是通过CPU和相应的软件来实现的，因此采用功能性的限定是恰当的，而且这些功能性限定也不是效果性的限定。

其新修改的权利要求1的内容如下：

“1. 一种翻译机，包括：

一个输入部分，用于由用户以一种第一（源）语言利用含义为”想要做“的短语或任何等效短语向所述翻译机输入一个愿望语句，所述愿望语句作为用户的用于向所述翻译机给出一个初始提示而输入的一个第一动作；

一个会话语句存储器（4），用于根据愿望而以一种第二即目标语言存储会话语句；

一个与翻译相关的信息存储器（5），用于存储与翻译相关的信息；

一个会话语句选择器（7）；和

一个显示部分（9），用于显示由所述会话语句选择器（7）选择的会话语句，

其特征在于：

所述与翻译相关的信息存储器（5）存储包括有关用户愿望的与愿望相关的条件在内的与翻译相关的信息，所述与愿望相关的条件是在翻译过程中根据所述翻译机和用户的互动而从所述愿望语句中提取的；

所述翻译机还包括一个愿望分析器（6），用于分析通过输入部分（1）输入的愿望短语，以根据所述愿望短语澄清用户的愿望的潜在的构成提示的内容和含义，所述愿望分析器包括处境判断装置（S14，S19），用于判断是否可从所述输入的愿望短语具体地确定一个会话处境，并且，当这样的一个处境可被具体地确定时，根据存储在所述与翻译相关的信息存储器（5）中的与愿望相关的条件来判断所述具体确定的处境是否为一个过去已登记的处境；

所述会话语句选择器（7，S27）根据由所述愿望分析器（6）接收的分析结果从以所述第二语言存储在所述会话语句存储器中的会话语句中选择出一个表达所述愿望的澄清的内容的会话语句；并且

所述愿望分析器（6）还包括：

愿望内容判断装置（S22，S26），用于判断所述愿望短语中的一个愿望内容是否可以在由所述处境判断装置具体确定的处境中被具体地确定，并且当被具体确定时，将所述愿望内容作为所述分析结果输出，和

询问装置（S16，S20，S24），用于向用户询问关于当所述处境判断装置（S14，S19）已经判断所述处境不能被具体确定和/或所述愿望内容判断装置已经判断所述用户愿望不能被确定时的具体确定所述会话处境和/或所述愿望内容所需的条件，其中，所述处境判断装置（S14，S19）和所述愿望内容判断装置（S22，S26）根据用户对来自所述询问装置的一个询问的答覆来分别判断所述处境和所述愿望内容是否可被具体地确定。”

经形式审查合格，国家知识产权局专利复审委员会受理了该复审请求，并于2004年5月17日发出了受理通知书和前置审查通知书。

在前置审查中，国家知识产权局实质审查部门坚持原驳回决定。

在此基础上，专利复审委员会成立合议组对本复审请求进行审理。经审查，合议组认为本案事实清楚，现作出本复审请求审查决定。

二、决定的理由

本复审请求所针对的文本为2004年4月15日提交的权利要求第1~2项、2002年9月7日提交的说明书第1~13页、1996年11月6日提交的说明书附图第1~9页和说明书摘要及摘要附图。

专利法第二十六条第四款规定，“权利要求书应当以说明书为依据，说明要求专利保护的范围”。

本申请涉及一种能推断用户需要的翻译机。

说明书背景技术的普通翻译机按照用户的意思逐渐降级，这样检索范围逐步缩小直到检索到目标会话语句为止。但是，在特殊场合用户往往甚至不知道该说什么，即使所需要的会话语句出来了，用户也还有可能判断不了找出来的这个会话语句是否恰当。本申请提供一种只凭启示初步愿望的输入就能推断出用户的需要从而显示出所需要的会话语句的翻译机。

根据申请文件的记载，本领域普通技术人员可以毫无异议地得知：本申请的翻译机是一个包括普通翻译机的硬件组成部件的机器，具体包括：输入部分、存储器、显示部分，而翻译机的其他组成部件，即会话语句选择器、愿望分析器、处境判断装置、愿望内容判断装置等都是通过计算机软件程序和微处理器（CPU）来实现的。而且，请求人在其提出复审请求时也自认“在本发明的多个翻译机中，多个部件（例如愿望分析器、会话语句选择器等）均是通过CPU和相应的软件来实现的”。

审查指南（2011年版）第二部分第二章第3.2.2节规定：通常，对于产品权利要求来说，应当尽量避免使用功能或者效果特征来限定发明。只有在某一技术特征无法用结构特征来限定，或者技术特征用结构特征限定不如用功能或效果特征来限定更为清楚，而且该功能或者效果能通过说明书中充分规定的实验或者操作直接和肯定地验证地情况下，使用功能或者效果特征来限定发明才是允许的。

由于本申请的翻译机是通过CPU和软件程序来实现的，也就是说，其中的软件程序无法用结构特征来限定，属于涉及计算机程序的发明专利申请，所以应当允许其采用功能性语言对其组成部件进行限定。

审查指南第二部分第九章第4.2节规定：涉及计算机程序的发明专利申请的权利要求也可以写成产品权利要求，如果写成装置权利要求，应当具体描述该装置的各个组成部分及其各组成部分之间的关系，并详细描述该计算机程序的各项功能是由哪些组成部件完成以及如何完成这些功能。

本申请的权利要求1不仅罗列了组成翻译机的各个组成部件（输入部分、会话语句存储器、信息存储器、会话语句选择器、显示部分、愿望分析器，其中愿望分析器还进一步包括处境判断装置、愿望内容判断装置和询问装置）；而且明确了各个部件之间的关系，例如“所述愿望分析器包括处境判断装置”；并通过翻译机的数据流向明确了各个组成部件之间的连接关系，例如“所述会话语句选择器根据所述愿望分析器接收的分析结果从所述第二语言存储在所述会话语句存储器中的会话语句中选择出一个表达所述愿望的澄清的内容的会话语句”；同时，权利要求1详细记载了各个组成部分的功能，例如“愿望内容判断装置（S22，S26），用于判断所述愿望短语中的一个愿望内容是否可以在由所述处境判断装置具体确定的处境中被具体地确定，并且当被具体确定时，将所述愿望内容作为所述分析结果输出”，即明确了翻译机的各项功能是由哪些组成部件完成以及如何完成这些功能的。由此可见，本申请的权利要求1的撰写符合审查指南的相关规定。

说明书中以举例的形式列举了其中某些能够实现本发明相应构件特定功能的组成构成，如愿望分析器，而且记载了该愿望分析器所能够实现的功能，参见说明书第6页第3行至第8页第9行，并针对该愿望分析所能够实现的功能举出了当有不同的愿望语句输入时愿望分析器作出不同的分析的具体实例，参见说明书第 8 页第 13 行至第 13 页第 21 行。权利要求 1 对翻译机的各个组成部件的功能性限定也仅限于说明书中发明内容和具体实施方式所记载的能够实现的功能，并没有概括出上述记载无法实现的功能。而且，根据权利要求 1 的记载，本领域技术人员使用任何计算机语言都可以实现一个具有本申请的翻译功能的软件程序，将其附加在一个普通翻译机上即是本申请的能推断用户需要的翻译机，在已经明确本申请是通过 CPU 和计算机程序软件来实现的基础上，并不会将权利要求 1 的技术方案扩展得出其他保护范围。因此，权利要求 1 的采用功能性语言限定出的保护范围并没有超出说明书所记载的范围，即能够得到说明书的支持。

综上所述，合议组认为本申请的权利要求 1 得到了说明书的支持，符合专利法第二十六条第四款的有关规定。

三、决定

撤销国家知识产权局于 2004 年 1 月 2 日对本发明专利申请所作出的驳回决定，在 2004 年 4 月 15 日提交的权利要求第 1 ~ 2 项、2002 年 9 月 7 日提交的说明书第 1 ~ 13 页、1996 年 11 月 6 日提交的说明书附图第 1 ~ 9 页和说明书摘要及摘要附图基础上，由原实质审查部门继续进行审查程序。

106

包括氧化物发射极电极的气体放电灯案

复审请求审查决定（第8065号）

决　定　号　第8065号
决　定　日　2005年12月26日
发明创造名称　包括氧化物发射极电极的气体放电灯
国际分类号　H01J 61/067
复审请求人　皇家菲利浦电子有限公司
专利申请号　00134472.2
申　请　日　2000年11月25日
公　开　日　2001年6月6日
合议组组长　王桂莲
主　审　员　杜　宇
参　审　员　熊　婷

法律依据　专利法第二十二条第三款
决定要点
对比文件给出了技术启示，根据对比文件本领域普通技术人员得到本申请所要求保护的技术方案是显而易见的，本申请相对于对比文件不具有突出的实质性特点和显著的进步，因此本申请不具备创造性。

一、案由

本复审请求案涉及申请日为2000年11月25日，优先权日为1999年11月29日，发明名称为“包括氧化物发射极电极的气体放电灯”的申请号为00134472.2的发明专利申请（下称本申请），申请人为皇家菲利浦电子有限公司。

在实质审查过程中，国家知识产权局实质审查部门以申请日提交的原始申请文件为基础进行审查，并引用了以下对比文件：

对比文件1：CN 86104753A，其公开日为1987年1月14日。

国家知识产权局实质审查部门于2003年7月11日发出第一次审查意见通知书，其中指出：本申请的权利要求1～7均不具备专利法第二十二第三款所规定的创造性，并且权利要求3还不符合专利法实施细则第二十条第一款的规定。

申请人于2003年11月6日针对第一次审查意见通知书提交了意见陈述书以及权利要求书的替换页，并论述了新修改的权利要求1相对于对比文件1具备新颖性和创造性的理由。新修改的权利要求书如下：

“1. 一种包括电极的气体放电灯，所述电极包括选自由钨或含钨的合金组成的组中的一种电极金属的支架和第一电子发射材料的第一涂层，所述电子发射材料包括选自由氧化钙、氧化锶和氧化钡组成的组的碱土金属氧化物和选自由氧化钪、氧化钇和氧化铕组成的组的稀土金属氧化物，其含量 a 在 0.1 ~10wt% 范围内。

2. 根据权利要求 1 的气体放电灯，特征在于在支架和第一涂层之间布置第二电子发射材料的第二涂层，所述第二电子发射材料包括选自由氧化钙、氧化锶和氧化钡组成的组的碱土金属氧化物和选自由氧化钪、氧化钇和氧化铕组成的组的稀土金属氧化物，其含量 b 在 2.0 ~20% wt 范围内。

3. 根据权利要求 2 的气体放电灯，特征在于含量 a < 含量 b。

4. 根据权利要求 1 的气体放电灯，特征在于在支架和第一涂层之间提供第三涂层，所述第三涂层包括选自由铼、钴、镍、钌、钯、铑、铱和铂组成的组的贵重金属。

5. 根据权利要求 1 的气体放电灯，特征在于第一电子发射材料包括氧化锆。

6. 根据权利要求 1 的气体放电灯，特征在于第二电子发射材料包括氧化锆。

7. 根据权利要求 1 的气体放电灯，特征在于第一电子发射材料包括选自由铝、硅、钛、锆、铪、钽、钼、钨及其合金组成的组中的一种金属的金属粉末配置品，该金属粉末配置品含有选自铼、钴、镍、钌、钯、铑、铱和铂组成的组中的贵重金属的粉末涂层。”

原审查部门没有接受申请人的观点，认为新修改的权利要求 1 ~7 相对于对比文件 1 仍然不具备创造性，不符合专利法第二十二条第三款的规定，因此于 2004 年 1 月 9 日作出了驳回本申请的决定。

驳回决定指出：对比文件 1（CN 86104753 A）公开了一种电子管用阴极，其中（参见附图 2 和说明书第 12 页）披露了如下技术特征：所述阴极包括以镍为主要成分的基体（附图标记 1，相应于本申请中的支架）和涂覆在其上的电子发射物质层（附图标记 2），所述电子发射物质层包括由氧化钙、氧化锶和氧化钡组成的碱土金属氧化物和含 0.1% ~20% 重量比的氧化钪、氧化钇等的稀土类金属氧化物（附图标记 12）。权利要求 1 与对比文件 1 的区别仅在于其电极金属母料不相同。对比文件 1 与权利要求 1 同属于热阴极技术领域，两者所要解决的技术问题相同，即都是为提供一种长时间保持稳定的电子发射性能的热阴极，并都采用了含稀土金属的碱土金属氧化物烧结（sinter）形成电子发射材料层的技术。对于本领域技术人员来说，镍和钨都是常用的高熔点金属，对比文件 1 公开的上述技术内容给出了解决权利要求 1 的技术问题的启示，即把对比文件 1 公开的热阴极中的以镍为主要成分的阴极母材替换为以钨为主要成分的阴极母材，就显而易见地得到了权利要求 1 中所述的热阴极。因此权利要求 1 的技术方案相对于对比文件 1 不具备专利法第二十二条第三款规定的创造性。从属权利要求 2 ~7 也不具备创造性。

申请人（下称复审请求人）对上述驳回决定不服，于 2004 年 4 月 21 日向专利复审委员会提出了复审请求，其复审理由主要是：（1）关于镍作为气体放电灯内的电极材料，审查员没有在此方面提出任何证明。再者，对比文件 1 所特别教导的是，作为阴极射线管内电极载体材料来说，镍在其功能上未能替换钨的所有功能，因为镍未能作为一种还原元素，镍作为电极载体的阴极还需要其他还原剂。（2）对比文件 1 未给出任何提示，以指出对比文件 1 所用的电极涂层可用任何其他电极材料来进行。特别是，该对比文件未给出任何提示，指出作为电极材料的钨亦可用作涂层，尽管对比文件 1 所引述的现有技术用钨作为涂层（譬如 DE2626700）。

经形式审查合格，专利复审委员会予以受理，于 2004 年 5 月 31 日发出复审请求受理通知书和前置审查通知书。

国家知识产权局实质审查部门对该复审请求进行了前置审查，仍然坚持原驳回决定。

专利复审委员会依法成立合议组对此案进行审理，并于 2005 年 9 月 1 日给请求人发出了复审通知书，提出如下的复审意见：

权利要求 1 与对比文件 1 的区别是：对比文件 1 披露的是电子管用阴极，并且电极金属母料不相同。但对比文件1与权利要求1属于热阴极技术领域，并且两者所要解决的技术问题相同，都是为了提供一种长时间保持稳定的电子发射性能的热阴极，并且也都采用了在碱土金属氧化物中添加稀土金属氧化物烧结形成电子发射材料层的技术手段。权利要求1在碱土金属氧化物中添加稀土金属氧化物的目的是减少由氧化钨、碱土金属硅化物或碱土金属钨化物的钝化层造成的抑制还原元素在电子发射物质内的扩散的影响，从而保证发射率不降低。对比文件1披露了在碱土金属氧化物中添加稀土金属氧化物的目的与权利要求1相同，同样是为了减少钝化层对发射率的影响。对比文件1中的钝化层与本申请中的高阻界面类似，都是由碱土金属硅化物以及电极金属氧化物形成的，并且在碱土金属氧化物中添加稀土金属氧化物所起到的可以减少电极使用中形成的钝化层的影响，保持良好的电极发射率以及维持足够的碱土金属氧化物的效果，与电极基底采用何种材质无关，同时钨和以镍为基体带有还原元素的材料都是低压放电灯常用的电极材料，因此对比文件1给出了相应的技术启示，根据对比文件1本领域普通技术人员得到权利要求1所要求保护的技术方案是显而易见的，因此权利要求1不符合专利法第二十二条关于创造性的规定。同时，权利要求2~7也不具备创造性。

复审请求人于2005年10月12日提交了针对复审通知书的意见陈述书，并指出：（1）本申请的目的是防止由氧化钨或钨酸盐形成的高电阻层，该目的没有被对比文件1公开；（2）本领域普通技术人员不能预期：防止在镍电极上形成硅酸盐或氧化镁的技术措施，会同时能够防止在钨电极上形成氧化钨或钨酸盐。

至此，合议组认为本案事实已经清楚，可以据此作出本复审决定。

二、决定的理由

1. 本决定所依据的文本

本复审决定是以驳回决定所依据的文本作出的，具体为：2003年11月8日提交的权利要求第1~7项；申请日提交的说明书第1~6页、附图第1页、说明书摘要和摘要附图。

2. 关于本申请的创造性

合议组评述本申请权利要求书时所使用的对比文件与实质审查过程中所引用的对比文件1相同（即CN 86104753A）。

对比文件1涉及一种电子管用阴极（参见说明书第12页，附图2），并具体公开了以下技术特征：所述阴极包括以镍为主要成分的基体1（相当于本申请的电极金属支架）和涂覆在其上的电子发射物质层2（相当于本申请的第一电子发射材料），所述电子发射物质层包括由氧化钙、氧化锶和氧化钡组成的碱土金属氧化物和含0.1% ~20%重量百分比的氧化钪、氧化钇等的稀土金属氧化物（相当于本申请的稀土金属氧化物）。权利要求1与对比文件1的区别是：对比文件1披露的是电子管用阴极，并且电极母料是镍为基体带有还原元素的材料，与权利要求1以钨作为电极材料不同。但对比文件1与权利要求1属于热阴极技术领域，两者所要解决的技术问题相同，都是为了提供一种长时间保持稳定的电子发射性能的热阴极，并且也都采用了在碱土金属氧化物中添加稀土金属氧化物烧结形成电子发射材料层的技术手段。权利要求1在碱土金属氧化物中添加稀土金属氧化物的目的是减少由氧化钨、碱土金属硅化物或碱土金属钨化物的钝化层造成的抑制还原元素在电子发射物质内的扩散的影响，从而保证发射率不降低。对比文件1披露了在碱土金属氧化物中添加稀土金属氧化物的目的与权利要求1相同，并且对比文件1中的钝化层与本申请中的高阻界面类似，都是由碱土金属硅化物以及电极金属氧化物形成的。在对比文件1中稀土金属氧化物的作用是利用稀土金属氧化物的活性比电极金属镍的活性强的特性来防止镍被氧化形成钝化层，同时稀土金属氧化物也防止碱土金属氧化物形成钝化层。对比文件1给出了在热阴极中添加稀土金属氧化物可以防止活性比其低的电极金属被氧化以及防止碱土金属氧化物形成钝化层的技术启示，由于钨与镍都是过渡金属，两者的活性都比稀土金属氧化物弱，即钨的活性也没有稀土金属氧化物的活性强，并且钨和以镍为基体带有还原元素的材料都是低压放电灯常用的电极材料，根据对比文件1给出的技术启示，本领域普通技术人员可以很容易地想到将稀土金属氧化物添加到电极基体是钨的热阴极中，利用其防止钨和碱土金属氧化物形成钝化层影响电子发射性能，因此在对比文件1的基础上，本领域普通技术人员得到权利要求1所要求保护的技术方案是显而易见的，权利要求1不符合专利法第二十二条第三款关于创造性的规定。

对比文件1公开了（参见说明书第24至25页，附图11）一种具有两层电子发射物质层的热阴极，包括基体1和第二电子发射物质层2b（相应于第一涂层）之间的第一电子发射物质层2a（相当于第二涂层），所述第一电子发射物质层包括由氧化钙、氧化锶和氧化钡组成的碱土金属氧化物和重量比在0.1%～20%的氧化钪22。也就是说，对比文件1公开了权利要求2的附加技术特征，因此，当其引用的权利要求1不具备创造性时，权利要求2也不具备专利法第二十二条第三款规定的创造性。

权利要求3的附加技术特征是：含量a < 含量b。对比文件1实施例的描述中（参见说明书第24至25页，附图11），其第一电子发射物质层含有氧化钪而第二电子发射物质层不含氧化钪，并说明了处于基体和外层电子发射层之间的第一电子发射层中氧化钪的作用，即可以生成游离的金属钪以增加电子发射物质层的导电性。对于所属技术领域的技术人员来说，对比文件1公开的以上内容给出了使权利要求3中“含量a < 含量b”的技术启示，也即，使处于基体和外层电子发射材料层之间的电子发射材料层中产生游离的稀土金属元素以增强整个电子发射层的导电性。因此，当其引用的权利要求不具备创造性时，权利要求3不具备专利法第二十二条第三款规定的创造性。

权利要求4的附加技术特征是：在支架和第一涂层之间提供第三涂层，所述第三涂层包括选自铼、钴、镍、钌、钯、铑、铱和铂组成的组的贵重金属。对比文件1实施例中披露了先用镍金属粉末涂层在基体金属上形成烧结层4，然后再在该烧结层上形成电子发射物质层，以提高电子发射层导电性的技术内容（参见说明书第25页，附图12）。对于所属技术领域的技术人员来说由对比文件1得到权利要求4的技术方案是显而易见的。因此，当其引用的权利要求不具备创造性时，权利要求4不具备专利法第二十二条第三款规定的创造性。

对比文件1公开了权利要求5和6的附加技术特征（参见说明书第22页），因此，当其引用的权利要求不具备创造性时，权利要求5和6也不具备专利法第二十二条第三款规定的创造性。

对比文件1披露了其基体金属含有钛、锆、钽、硅、铪、钼、钨等中的一种还原性金属，并还公开了用还原性镍金属粉末涂层在基体金属上形成烧结层的技术内容（参见说明书第1、23、25页，附图12）。对于所属技术领域的技术人员来说，根据对比文件1得到权利要求7的技术方案（形成还原性金属层）是显而易见的。因此，当其引用的权利要求不具备创造性时，权利要求7不符合专利法第二十二条第三款关于创造性的规定。

三、决定

维持国家知识产权局于2004年1月9日对00134472.2号发明专利申请作出的驳回决定。

复审请求人对本决定不服的，可以根据专利法第四十一条第二款的规定，自收到本决定之日起三个月内向北京市第一中级人民法院起诉。

北京市第一中级人民法院
行政判决书

（2006）一中行初字第722号

原告皇家菲利浦电子有限公司，住所地荷兰王国埃因霍温市格鲁内沃德斯路1号。

法定代表人J. L. 范·德·韦尔，皇家菲利浦电子有限公司授权代表。

委托代理人吴玉和，中国专利（香港）有限公司专利代理人。

委托代理人梁永，中国专利（香港）有限公司专利代理人。

被告中华人民共和国国家知识产权局专利复审委员会，住所地中华人民共和国北京市海淀区北四环西路9号银谷大厦10~12层。

法定代表人廖涛，副主任。

委托代理人杜宇，男，中华人民共和国国家知识产权局专利复审委员会审查员。

委托代理人王丽颖，女，中华人民共和国国家知识产权局专利复审委员会审查员。

原告皇家菲利浦电子有限公司因专利行政裁决一案，不服被告中华人民共和国国家知识产权局专利复审委员会作出的第8065号复审宣告请求审查决定（下称复审决定）向本院提起行政诉讼。本院受理后依法组成合议庭，于2006年7月20日公开开庭审理了本案。原告的委托代理人梁永与吴玉和、被告的委托代理人杜宇和王丽颖到庭参加了诉讼。本案现已审理终结。

被告针对原告提出的复审请求于2005年12月26日作出了复审决定，其主要内容如下：

本复审请求案涉及申请日为2000年11月25日，优先权日为1999年11月29日，发明名称为"包括氧化物发射极电极的气体放电灯"的申请号为00134472.2的发明专利申请（下称本申请），申请人为原告。

在实质审查过程中，中华人民共和国国家知识产权局（以下简称知产局）实审部门以申请日提交的原始申请文件为基础进行审查，并引用了以下对比文件：

对比文件1：CN 86104753A，其公开日为1987年1月14日。

知产局实审部门于2003年7月11日发出第一次审查意见通知书，其中指出：本申请的权利要求1~7均不具备《中华人民共和国专利法》（以下简称《专利法》）第二十二第三款所规定的创造性，并且权利要求3还不符合《中华人民共和国专利法实施细则》（以下简称《实施细则》）第二十条第一款的规定。

原告于2003年11月6日针对第一次审查意见通知书提交了意见陈述书以及权利要求书的替换页，并论述了新修改的权利要求1相对于对比文件1具备新颖性和创造性的理由。新修改的权利要求书如下：

1. 一种包括电极的气体放电灯，所述电极包括选自由钨或含钨的合金组成的组中的一种电极金属的支架和第一电子发射材料的第一涂层，所述电子发射材料包括选自由氧化钙、氧化锶和氧化钡组成的组的碱土金属氧化物和选自由氧化钪、氧化钇和氧化铕组成的组的稀土金属氧化物，其含量a在0.1% ~10wt%范围内。

2. 根据权利要求1的气体放电灯，特征在于在支架和第一涂层之间布置第二电子发射材料的第二涂层，所述第二电子发射材料包括选自由氧化钙、氧化锶和氧化钡组成的组的碱土金属氧化物和选自由氧化钪、氧化钇和氧化铕组成的组的稀土金属氧化物，其含量 b 在 2.0% ~20% wt 范围内。

3. 根据权利要求 2 的气体放电灯，特征在于含量 a < 含量 b。

4. 根据权利要求 1 的气体放电灯，特征在于在支架和第一涂层之间提供第三涂层，所述第三涂层包括选自由铼、钴、镍、钌、钯、铑、铱和铂组成的组的贵重金属。

5. 根据权利要求 1 的气体放电灯，特征在于第一电子发射材料包括氧化锆。

6. 根据权利要求 1 的气体放电灯，特征在于第二电子发射材料包括氧化锆。

7. 根据权利要求 1 的气体放电灯，特征在于第一电子发射材料包括选自由铝、硅、钛、锆、铪、钽、钼、钨及其合金组成的组中的一种金属的金属粉末配置品，该金属粉末配置品含有选自铼、钴、镍、钌、钯、铑、铱和铂组成的组中的贵重金属的粉末涂层。

原审查部门没有接受申请人的观点，认为新修改的权利要求 1 ~7 相对于对比文件 1 仍然不具备创造性，不符合《专利法》第二十二条第三款的规定，因此于 2004 年 1 月 9 日作出了驳回本申请的决定。

原告对上述驳回决定不服，于 2004 年 4 月 21 日向被告提出了复审请求，其复审理由主要是：（1）关于镍作为气体放电灯内的电极材料，审查员没有在此方面提出任何证明。再者，对比文件 1 所特别教导的是，作为阴极射线管内电极载体材料来说，镍在其功能上未能替换钨的所有功能，因为镍未能作为一种还原元素，镍作为电极载体的阴极还需要其他还原剂。（2）对比文件 1 未给出任何提示，以指出对比文件 1 所用的电极涂层可用任何其他电极材料来进行。特别是，该对比文件未给出任何提示，指出作为电极材料的钨亦可用作涂层，尽管对比文件 1 所引述的现有技术用钨作为涂层（譬如 DE2626700）。

经形式审查合格，被告予以受理并于 2004 年 5 月 31 日发出复审请求受理通知书和前置审查通知书。

知产局实审部门对该复审请求进行了前置审查，仍然坚持原驳回决定。

被告依法成立合议组对此案进行审理，并于 2005 年 9 月 1 日给请求人发出了复审通知书，提出如下的复审意见：

权利要求 1 与对比文件 1 的区别是：对比文件 1 披露的是电子管用阴极，并且电极金属母料不相同。但对比文件 1 与权利要求 1 属于热阴极技术领域，并且两者所要解决的技术问题相同，都是为了提供一种长时间保持稳定的电子发射性能的热阴极，并且也都采用了在碱土金属氧化物中添加稀土金属氧化物烧结形成电子发射材料层的技术手段。权利要求 1 在碱土金属氧化物中添加稀土金属氧化物的目的是减少由氧化钨、碱土金属硅化物或碱土金属钨化物的钝化层造成的抑制还原元素在电子发射物质内的扩散的影响，从而保证发射率不降低。对比文件 1 披露了在碱土金属氧化物中添加稀土金属氧化物的目的与权利要求 1 相同，同样是为了减少钝化层对发射率的影响。对比文件 1 中的钝化层与本申请中的高阻界面类似，都是由碱土金属硅化物以及电极金属氧化物形成的，并且在碱土金属氧化物中添加稀土金属氧化物所起到的可以减少电极使用中形成的钝化层的影响，保持良好的电极发射率以及维持足够的碱土金属氧化物的效果，与电极基底采用何种材质无关，同时钨和以镍为基体带有还原元素的材料都是低压放电灯常用的电极材料，因此对比文件 1 给出了相应的技术启示，根据对比文件 1 本领域普通技术人员得到权利要求 1 所要求保护的技术方案是显而易见的，因此权利要求 1 不符合《专利法》第二十二条关于创造性的规定。同时，权利要求 2 ~7 也不具备创造性。

原告于 2005 年 10 月 12 日提交了针对复审通知书的意见陈述书，并指出：（1）本申请的目的是防止由氧化钨或钨酸盐形成的高电阻层，该目的没有被对比文件 1 公开；（2）本领域普通技术人员不能预期：防止在镍电极上形成硅酸盐或氧化镁的技术措施，会同时能够防止在钨电极上形成氧化钨或钨酸盐。

被告认为：

1. 本决定所依据的文本

本复审决定是以驳回决定所依据的文本作出的，具体为：2003 年 11 月 8 日提交的权利要求第 1～7项；申请日提交的说明书第 1～6 页、附图第 1 页、说明书摘要和摘要附图。

2. 关于本申请的创造性

被告评述本申请权利要求书时所使用的对比文件与实质审查过程中所引用的对比文件 1 相同（即 CN 86104753A）。

对比文件 1 涉及一种电子管用阴极（参见说明书第 12 页，附图 2），并具体公开了以下技术特征：所述阴极包括以镍为主要成分的基体 1（相当于本申请的电极金属支架）和涂覆在其上的电子发射物质层 2（相当于本申请的第一电子发射材料），所述电子发射物质层包括由氧化钙、氧化锶和氧化钡组成的碱土金属氧化物和含 0.1% ～20% 重量百分比的氧化钪、氧化钇等的稀土金属氧化物（相当于本申请的稀土金属氧化物）。权利要求 1 与对比文件 1 的区别是：对比文件 1 披露的是电子管用阴极，并且电极母料是镍为基体带有还原元素的材料，与权利要求 1 以钨作为电极材料不同。但对比文件 1 与权利要求 1 属于热阴极技术领域，两者所要解决的技术问题相同，都是为了提供一种长时间保持稳定的电子发射性能的热阴极，并且也都采用了在碱土金属氧化物中添加稀土金属氧化物烧结形成电子发射材料层的技术手段。权利要求 1 在碱土金属氧化物中添加稀土金属氧化物的目的是减少由氧化钨、碱土金属硅化物或碱土金属钨化物的钝化层造成的抑制还原元素在电子发射物质内的扩散的影响，从而保证发射率不降低。对比文件 1 披露了在碱土金属氧化物中添加稀土金属氧化物的目的与权利要求 1 相同，并且对比文件 1 中的钝化层与本申请中的高阻界面类似，都是由碱土金属硅化物以及电极金属氧化物形成的。在对比文件 1 中稀土金属氧化物的作用是利用稀土金属氧化物的活性比电极金属镍的活性强的特性来防止镍被氧化形成钝化层，同时稀土金属氧化物也防止碱土金属氧化物形成钝化层。对比文件 1 给出了在热阴极中添加稀土金属氧化物可以防止活性比其低的电极金属被氧化以及防止碱土金属氧化物形成钝化层的技术启示，由于钨与镍都是过渡金属，两者的活性都比稀土金属氧化物弱，即钨的活性也没有稀土金属氧化物的活性强，并且钨和以镍为基体带有还原元素的材料都是低压放电灯常用的电极材料，根据对比文件 1 给出的技术启示，本领域普通技术人员可以很容易地想到将稀土金属氧化物添加到电极基体是钨的热阴极中，利用其防止钨和碱土金属氧化物形成钝化层影响电子发射性能，因此在对比文件 1 的基础上，本领域普通技术人员得到权利要求 1 所要求保护的技术方案是显而易见的，权利要求 1 不符合《专利法》第二十二条第三款关于创造性的规定。

对比文件 1 公开了（参见说明书第 24 至 25 页，附图 11）一种具有两层电子发射物质层的热阴极，包括基体 1 和第二电子发射物质层 2b（相应于第一涂层）之间的第一电子发射物质层 2a（相当于第二涂层），所述第一电子发射物质层包括由氧化钙、氧化锶和氧化钡组成的碱土金属氧化物和重量比在 0.1% ～20% 的氧化钪 22。也就是说，对比文件 1 公开了权利要求 2 的附加技术特征，因此，当其引用的权利要求 1 不具备创造性时，权利要求 2 也不具备《专利法》第二十二条第三款规定的创造性。

权利要求 3 的附加技术特征是：含量 a ＜ 含量 b 。对比文件 1 实施例的描述中（参见说明书第 24 至 25 页，附图 11），其第一电子发射物质层含有氧化钪而第二电子发射物质层不含氧化钪，并说明了处于基体和外层电子发射层之间的第一电子发射层中氧化钪的作用，即可以生成游离的金属钪以增加电子发射物质层的导电性。对于所属技术领域的技术人员来说，对比文件 1 公开的以上内容给出了使权利要求 3 中“含量 a ＜ 含量 b”的技术启示，也即，使处于基体和外层电子发射材料层之间的电子发射材料层中产生游离的稀土金属元素以增强整个电子发射层的导电性。因此，当其引用的权利要求不具备创造性时，权利要求 3 不具备《专利法》第二十二条第三款规定的创造性。

权利要求 4 的附加技术特征是：在支架和第一涂层之间提供第三涂层，所述第三涂层包括选自铼、钴、镍、钌、钯、铑、铱和铂组成的组的贵重金属。对比文件 1 实施例中披露了先用镍金属粉末涂层在基体金属上形成烧结层 4，然后再在该烧结层上形成电子发射物质层，以提高电子发射层导电性的技术内容（参见说明书第 25 页，附图 12）。对于所属技术领域的技术人员来说由对比文件 1 得到权利要求 4 的技术方案是显而易见的。因此，当其引用的权利要求不具备创造性时，权利要求 4 不具备《专利法》第二十二条第三款规定的创造性。

对比文件 1 公开了权利要求 5 和 6 的附加技术特征（参见说明书第 22 页），因此，当其引用的权利要求不具备创造性时，权利要求 5 和 6 也不具备《专利法》第二十二条第三款规定的创造性。

对比文件 1 披露了其基体金属含有钛、锆、钽、硅、铪、钼、钨等中的一种还原性金属，并还公开了用还原性镍金属粉末涂层在基体金属上形成烧结层的技术内容（参见说明书第 1、23、25 页，附图 12）。对于所属技术领域的技术人员来说，根据对比文件 1 得到权利要求 7 的技术方案（形成还原性金属层）是显而易见的。因此，当其引用的权利要求不具备创造性时，权利要求 7 不符合《专利法》第二十二条第三款关于创造性的规定。

据此，被告决定维持知产局于 2004 年 1 月 9 日对本申请作出的驳回决定。

被告为证明复审决定的合法性，在法定举证期限内向本院提交了下列证据：1. 公开号为 CN 86104753A 号专利申请说明书（即对比文件 1）；2. 申请号为第 00134472. 2 号的发明专利申请说明书（即本申请）；3. 复审决定书。

原告诉称，本申请是气体放电灯电极，而对比文件 1 披露的是电子管用阴极，二者属于不同的技术领域，二者结构、功能、使用范围、所要解决的技术问题、发明目的均不同；在阴极射线管中，只能采用在镍基极上涂覆电子发射物质的氧化物电极作为阴极，不适合使用钨丝电极，而在放电灯中，一般只使用涂覆电子发射材料的钨丝作为阴极，不能使用镍为主要成分的电极；无论是阴极射线管领域的技术人员，还是气体放电灯领域的技术人员都不能从对比文件 1 中得到本申请的技术方案或技术启示，本申请具备创造性；复审决定认定本申请没有创造性的证据不足。原告请求撤销复审决定，判令被告重新作出复审决定。

原告在法定举证期限内向本院提交了下列证据，用于证明其在复审程序中陈述意见的情况及复审决定认定事实错误：1. 复审决定书；2. 本申请公告文本；3. 第一次审查意见通知书；4. 第一次意见陈述书；5. 驳回决定书；6. 复审请求书；7. 复审通知书；8. 复审意见陈述书；9. 对比文件 1。

被告辩称，本申请与对比文件 1 都是涉及发射电子的阴极，两者的工作原理相同，都是通过加热使电极中的还原素与电极上的碱土金属氧化物发生反应，产生可以自由活动的碱土金属离子由此产生发生电子；两者结构类似，都是由在电极金属表面上涂覆由碱土金属氧化物和稀土金属氧化物构成的电子发射物质层；两者所要解决的技术问题相同，都是实现减少在阴极使用过程中形成的由碱土金属硅化物以及电极金属氧化物形成的高阻层对电极发射性能的影响；两者采用解决技术问题的手段相同，都是在添加稀土金属氧化物以减少所述高阻层的形成；镍为基体带有还原素的材料是制造放电灯电极时常用的材料；对比文件 1 给出了在热阴极中添加稀土金属氧化物可以防止活性比其低的电极被氧化以及防止碱土金属氧化物形成钝化层的技术启示，由于钨与镍都是过渡金属，两者的活性比都比稀土金属氧化物弱，即钨的活性也没有稀土金属氧化物的活性强，并且钨和以镍为基体带有还原原素的材料都是低压放电灯常用的电极材料，本领域普通技术人员得到将稀土金属氧化物用于防止钨被氧化形成钝化层的技术是显而易见的，且可以很容易想到将稀土金属氧化物添加到电极基体是钨的热阴极中，利用其防止钨和碱土金属氧化物形成钝化层影响电子发射性能。因此，本申请权利要求1相对于对比文件1不符合《专利法》第二十二条第三款关于创造性的规定。复审决定认定的事实清楚、适用法律正确、程序合法。被告请求驳回原告的诉讼请求，维持复审决定。

针对当事人向本院提交的证据，当事人对对方提交证据的关联性、合法性、真实性均没有异议，但对对方当事人的证明作用均持有异议。

经庭审质证，本院认为当事人提交的证据均能够证明本申请、对比文件及原告在复审程序中陈述意见和被告作出复审决定的相关情况，本院对当事人提交证据的关联性、合法性、真实性均予以确认。

依据上述有效证据，本院认定事实如下：

原告于2000年11月25日向知产局申请名称为“包括氧化物发射极电极的气体放电灯”的发明专利，申请号为第00134472.2号（即本申请），优先权日为1999年11月29日。知产局引用了对比文件1并于2003年7月11日向原告发出第一次审查意见通知书，指出本申请的权利要求1~7均不具备《专利法》第二十二第三款所规定的创造性，并且权利要求3还不符合《实施细则》第二十条第一款的规定。原告向知产局提交了意见陈述书以及权利要求书的替换页，知产局认为新修改的权利要求1~7相对于对比文件1仍然不具备创造性，不符合《专利法》第二十二条第三款的规定，知产局于2004年1月9日作出了驳回本申请的决定。原告不服驳回决定向被告提出了复审请求。被告受理复审申请后，于2004年5月31日向原告发出复审请求受理通知书、向知产局发出前置审查通知书。知产局对复审请求进行了前置审查，仍然坚持原驳回决定。被告依法成立合议组对此案进行审理，并向原告发出复审通知书，原告向被告提交了意见陈述书。被告经审查后作出复审决定。

本院认为，根据《专利法》第四十一条第一款的规定，被告具有受理复审请求和作出复审决定的法定职权。经各方当事人确认，本案的争议焦点是：1. 对比文件1相对于本申请是否属于现有技术；2. 本申请权利要求1、2及4~7相对于对比文件1是否符合《专利法》关于创造性的规定。

第一、关于现有技术。

根据《专利法》第二十二条第三款的规定，创造性是指同申请日以前已有的技术相比，该发明有突出的实质性特点和显著的进步。根据《实施细则》第三十条的规定，《专利法》第二十二条第三款所称的已有的技术，是指申请日前在国内外出版物上公开发表、在国内公开使用或者以其他方式为公众所知的技术，即现有技术。根据《审查指南》第二部分第四章关于创造性的规定，在确定最接近的现有技术时，应首先考虑技术领域相同或相近的现有技术。

对比文件1的公开日为1987年1月14日，早于本申请的申请日。本申请与对比文件1都是涉及发射电子的阴极，两者的工作原理相同，都是通过加热使电极中的还原素与电极上的碱土金属氧化物发生反应，产生可以自由活动的碱土金属离子由此产生发生电子；两者结构类似，都是由在电极金属表面上涂覆由碱土金属氧化物和稀土金属氧化物构成的电子发射物质层；两者所要解决的技术问题相同，都是实现减少在阴极使用过程中形成的由碱土金属硅化物以及电极金属氧化物形成的高阻层对电极发射性能的影响；两者采用解决技术问题的手段相同，都是在添加稀土金属氧化物以减少所述高阻层的形成。因此，可以将对比文件1作为本申请的现有技术评价本申请的创造性。

第二、关于本申请权利要求1、2及4~7相对于对比文件1的创造性。

对比文件1涉及一种电子管用阴极，其公开了以下技术特征：所述阴极包括以镍为主要成分的基体1（相当于本申请的电极金属支架）和涂覆在其上的电子发射物质层2（相当于本申请的第一电子发射材料），所述电子发射物质层包括由氧化钙、氧化锶和氧化钡组成的碱土金属氧化物和含0.1%~20%重量百分比的氧化钪、氧化钇等的稀土金属氧化物（相当于本申请的稀土金属氧化物）。

本申请权利要求1与对比文件1的区别是：对比文件1披露的是电子管用阴极，并且电极母料是镍为基体带有还原元素的材料，与权利要求1以钨作为电极材料不同。

对比文件1与权利要求1属于热阴极技术领域，两者所要解决的技术问题相同，都是为了提供一种长时间保持稳定的电子发射性能的热阴极，并且也都采用了在碱土金属氧化物中添加稀土金属氧化物烧结形成电子发射材料层的技术手段。权利要求1在碱土金属氧化物中添加稀土金属氧化物的目的是减少由氧化钨、碱土金属硅化物或碱土金属钨化物的钝化层造成的抑制还原元素在电子发射物质内的扩散的影响，从而保证发射率不降低。对比文件1披露了在碱土金属氧化物中添加稀土金属氧化物的目的与权利要求1相同，并且对比文件1中的钝化层与本申请中的高阻界面类似，都是由碱土金属硅化物以及电极金属氧化物形成的。在对比文件1中稀土金属氧化物的作用是利用稀土金属氧化物的活性比电极金属镍的活性强的特性来防止镍被氧化形成钝化层，同时稀土金属氧化物也防止碱土金属氧化物形成钝化层。对比文件1给出了在热阴极中添加稀土金属氧化物可以防止活性比其低的电极金属被氧化以及防止碱土金属氧化物形成钝化层的技术启示，由于钨与镍都是过渡金属，两者的活性都比稀土金属氧化物弱，即钨的活性也没有稀土金属氧化物的活性强，并且钨和以镍为基体带有还原元素的材料都是低压放电灯常用的电极材料，根据对比文件1给出的技术启示，本领域普通技术人员可以很容易想到将稀土金属氧化物添加到电极基体是钨的热阴极中，利用其防止钨和碱土金属氧化物形成钝化层影响电子发射性能，因此在对比文件1的基础上，本领域普通技术人员得到权利要求1所要求保护的技术方案是显而易见的，权利要求1不符合《专利法》第二十二条第三款关于创造性的规定。

对比文件1公开了一种具有两层电子发射物质层的热阴极，包括基体1和第二电子发射物质层2b（相当于第一涂层）之间的第一电子发射物质层2a（相当于第二涂层），所述第一电子发射物质层包括由氧化钙、氧化锶和氧化钡组成的碱土金属氧化物和重量比在0.1%～20%的氧化钪22。因此，对比文件1公开了本申请权利要求2的附加技术特征，当其引用的权利要求1不具备创造性时，权利要求2也不具备《专利法》第二十二条第三款规定的创造性。

本申请权利要求4的附加技术特征是：在支架和第一涂层之间提供第三涂层，所述第三涂层包括选自铼、钴、镍、钌、钯、铑、铱和铂组成的组的贵重金属。对比文件1实施例中披露了先用镍金属粉末涂层在基体金属上形成烧结层4，然后再在该烧结层上形成电子发射物质层，以提高电子发射层导电性的技术内容。对于所属技术领域的技术人员来说由对比文件1得到权利要求4的技术方案是显而易见的。因此，当其引用的权利要求不具备创造性时，权利要求4不具备《专利法》第二十二条第三款规定的创造性。

对比文件1公开了本申请权利要求5和6的附加技术特征，因此，当其引用的权利要求不具备创造性时，权利要求5和6也不具备《专利法》第二十二条第三款规定的创造性。

对比文件1披露了其基体金属含有钛、锆、钽、硅、铪、钼、钨等中的一种还原性金属，并还公开了用还原性镍金属粉末涂层在基体金属上形成烧结层的技术内容。对于所属技术领域的技术人员来说，根据对比文件1得到本申请权利要求7的技术方案是显而易见的。因此，当其引用的权利要求不具备创造性时，权利要求7不符合《专利法》第二十二条第三款关于创造性的规定。

综上所述，复审决定认定的事实清楚，适用法律、法规、规章正确，程序合法，本院应予支持。原告请求撤销复审决定，判令被告重新作出复审决定的诉讼请求，缺乏事实和法律依据，本院不予支持。据此，本院依照《中华人民共和国行政诉讼法》第五十四条第（一）项的规定，判决如下：

维持被告中华人民共和国国家知识产权局专利复审委员会于二OO五年十二月二十六日作出的第8065号复审请求审查决定。

案件受理费1000元，由原告皇家菲利浦电子有限公司负担（已交纳）。

如不服本判决，原告皇家菲利浦电子有限公司可在本判决书送达之日起30日内、被告中华人民共和国国家知识产权局专利复审委员会可在本判决书送达之日起15日内向本院递交上诉状，并按对方当事人人数提交副本，上诉于中华人民共和国北京市高级人民法院。上诉人在接到人民法院预交诉讼费用通知后7日内未预交又不提出缓交申请的，按自动撤回上诉处理。

审 判 长 张 杰

代理审判员 乔 军

人民陪审员 原 琪

二〇〇六年九月二十日

书 记 员 龙 非

107

用可原位探测晶片背面颗粒的导轨加工晶片的方法和设备案

复审请求审查决定（第 8067 号）

决　定　号　第 8067 号
决　定　日　2005 年 12 月 8 日
发明创造名称　用可原位探测晶片背面颗粒的导轨加工晶片的方法和设备
国际分类号　H01L 21/30　H01L 21/66　H01L 21/00
复审请求人　自由度半导体公司
专利申请号　98118373.5
申　请　日　1998 年 8 月 17 日
公　开　日　1999 年 2 月 24 日
合议组组长　张宗任
主　审　员　张　霞
参　审　员　石　清

法律依据　专利法第二十二条第三款
决定要点

如果权利要求存在与对比文件相区别的技术特征，这些特征未被对比文件公开，也未由对比文件给出相关技术启示，采用这些技术特征能获得有益的技术效果，那么该对比文件不足以导致该权利要求不具备创造性。

一、案由

本复审请求涉及申请日为 1998 年 8 月 17 日、优先权日为 1997 年 8 月 18 日、申请号为 98118373.5、名称为“用可原位探测晶片背面颗粒的导轨加工晶片的方法和设备”的发明专利申请，其申请人为摩托罗拉公司。

在实质审查阶段，申请人分别于 2003 年 1 月 10 日和 2003 年 8 月 29 日针对国家知识产权局实质审查部门发出的第一次审查意见通知书和第二次审查意见通知书两次修改了权利要求书，其中，申请人 2003 年 8 月 29 日修改的权利要求书中包含 10 项权利要求，其中权利要求 1、6、9、10 为独立权利要求，独立权利要求 1、6、9、10 的内容如下：

“1. 一种采用半导体加工设备对半导体晶片进行加工的方法，此方法的特征是下列步骤：

将半导体晶片置于半导体晶片加工设备中的机械臂上；

借助于移动机械臂到加工室，将半导体晶片置于半导体加工设备的加工室中；

在加工室中对半导体晶片进行加工；

用机械臂将半导体晶片移出加工室，在半导体晶片置于机械臂上时，机械臂使半导体晶片的背面

部分暴露；以及

借助于用发源于半导体晶片下方的能源扫描半导体晶片背面部分，在半导体加工设备中由机械臂支持半导体晶片的同时对半导体晶片的背面部分进行沾污物扫描，此沾污物扫描被用来确定半导体晶片背面部分在加工室内的加工过程中是否受到了沾污。”

“6. 一种采用半导体加工设备对半导体晶片进行加工的方法，此方法的特征是下列步骤：

将半导体晶片从固定在半导体加工设备的半导体晶片载体移出；

将半导体晶片置于半导体加工设备的第一加工室，此半导体晶片在第一加工室中被涂覆感光材料；

用遥控系统将半导体晶片移出第一加工室，所述遥控系统构成为暴露半导体晶片的背面；以及

借助于用发源于半导体晶片下方的能源扫描半导体晶片的背面部分，在半导体晶片置于遥控系统上的同时用遥控系统在半导体晶片的暴露的背面上进行沾污物原位探测。”

“9. 一种半导体晶片加工设备，其特征是：

多个加工室；

半导体晶片载体区；

用来在多个加工室和半导体晶片载体区之间传送半导体晶片的遥控系统，此遥控系统至少有一个遥控运动单元，其特征是：

机械臂；

用来支持连接于机械臂的半导体晶片并使激光器在机械臂于多个加工室之间移动时跟随机械臂的装置，此激光器在半导体晶片被支持装置支持时，被用来将激光束引导到半导体晶片背面；

用来移动激光器以便沿支持装置所支持的半导体晶片的背面进行扫描的激光器运动装置；以及

连接于机械臂以便在机械臂于多个加工室之间运动时跟随机械臂的探测器，此探测器在半导体晶片被支持装置支持时，被用来接收来自半导体晶片背面的激光反射；以及

连接于半导体晶片加工设备的用来储存并处理探测器探测到的半导体晶片沾污物数据的计算机装置。”

“10. 一种采用半导体加工设备对半导体晶片进行加工的方法，此方法的特征是下列步骤：

将半导体晶片从固定在半导体加工设备的半导体晶片载体移出；

用遥控系统在半导体晶片的暴露的背面上进行沾污物原位探测，遥控系统构成为暴露半导体晶片的所述背面，其中，在由遥控系统支持半导体晶片的同时在半导体晶片暴露的背面上进行沾污物原位探测；

将半导体晶片置于半导体加工设备的第一加工室，此半导体晶片在第一加工室中被涂覆助粘材料；

用遥控系统将半导体晶片移出第一加工室；

用遥控系统在半导体晶片的暴露的背面上进行沾污物原位探测；

将半导体晶片置于半导体加工设备的第二加工室，此半导体晶片在第二加工室中被涂覆感光材料；

用遥控系统将半导体晶片移出第二加工室；

借助于用发源于半导体晶片下方的能源扫描半导体晶片的背面部分，用遥控系统在半导体晶片的暴露的背面上进行沾污物原位探测；

将半导体晶片置于半导体加工设备的第三加工室，此半导体晶片在第三加工室中被烘焙；

用遥控系统将半导体晶片移出第三加工室；

用遥控系统在半导体晶片的暴露的背面上进行沾污物原位探测；

将半导体晶片置于半导体加工设备的第四加工室，此半导体晶片在第四加工室中被光刻曝光；

用遥控系统将半导体晶片移出第四加工室；以及

用遥控系统在半导体晶片的暴露的背面上进行沾污物原位探测。”

2003 年 10 月 31 日国家知识产权局实质审查部门针对申请人于申请日提交的说明书第 1 ~ 10 页、说明书附图第 1 ~ 5 页、说明书摘要和摘要附图以及 2003 年 8 月 29 日提交的权利要求第 1 ~ 10 项驳回了本申请，驳回的理由是：权利要求 1 ~ 10 相对于对比文件 1（US5274434A，公开日为 1993 年 12 月 28 日）和本领域公知常识的结合不具备创造性，不符合专利法第二十二条第三款的规定。对于申请人所提出的对比文件 1 没有包含任何将颗粒检测机构定位于晶片下方的建议或动机，同时对比文件 1 中既未公开也没有建议颗粒检测机构包括有位于晶片下方的能源、机械臂和机械臂支持晶片的同时进行沾污物扫描的观点，实质审查部门认为在半导体领域中借助于机械臂实现半导体晶片从一个加工室到另一个加工室是本领域普通技术人员的常用技术手段，同样，根据该常用技术手段进行扫描的方式也是容易想到的，并且，根据本发明背景技术中所述，存在对半导体晶片背面进行扫描的需要，因此客观上存在将对比文件 1 中的方案改进为对半导体晶片进行背面扫描的动机，因此对比文件 1 所公开的内容可以用于否定权利要求 1、6、9、10 的创造性。

申请人（下称请求人）对上述驳回决定不服，于 2004 年 2 月 16 日向专利复审委员会提出了复审请求，其复审请求理由主要是：独立权利要求 1、6、10 所要求保护的技术方案中包括机械臂，对比文件 1 中既未公开也未建议包括上述权利要求中的机械臂结构的颗粒检测装置，而且，对比文件 1 既未指教也未建议所述机械臂结构，并且，对比文件 1 是专门用来对半导体晶片的有源表面进行检测的，因此对比文件 1 不包含任何将颗粒检测机构定位于晶片下方的建议或动机，由于不存在通过改进对比文件 1 而得到本发明的建议或动机，因此本发明相对于对比文件 1 具备创造性。

经形式审查，该复审请求符合有关规定，专利复审委员会予以受理，并于 2004 年 3 月 9 日发出了复审请求受理通知书和前置审查通知书。

在前置审查程序中，原实质审查部门坚持原驳回决定。

2004 年 7 月 21 日请求人提交了著录项目变更申报书，请求人由摩托罗拉公司变更为自由度半导体公司。

在上述工作的基础上，合议组认为本案事实已经清楚，可以依法作出审查决定。

二、决定的理由

1. 关于本决定所依据的文本

本复审决定所依据的文本同原驳回决定所依据的文本，即申请日提交的说明书第 1 ~ 10 页、说明书附图第 1 ~ 5 页、说明书摘要和摘要附图，以及 2003 年 8 月 29 日提交的权利要求第 1 ~ 10 项。

2. 关于专利法第二十二条第三款

专利法第二十二条第三款规定：创造性，是指同申请日以前已有的技术相比，该发明有突出的实质性特点和显著的进步，该实用新型有实质性特点和进步。

由于对比文件 1（US5274434A）的公开日为 1993 年 12 月 28 日，早于本申请要求享有的优先权日 1997 年 8 月 18 日，因此构成了本申请的现有技术，可以用于评价本申请权利要求的创造性。

本申请涉及一种用可原位探测晶片背面颗粒的导轨加工晶片的方法和设备，其所要解决的技术问题是克服现有技术中需要以人眼判别的方式或反复将晶片移入测试设备的方式检测晶片背面沾污物所带来的精度效率不高、费工费钱的缺陷，提供一种在加工设备中高效探测并修正晶片背面沾污的自动化方法，上述技术问题的解决是通过权利要求 1、6、9、10 中所述的机械臂或遥控系统以及发源于半导体晶片下方的能源扫描半导体晶片的背面的技术方案来实现的。

对比文件1公开了一种在半导体生产中实时检测外部沾污物的方法和设备，其所要解决的技术问题是提供一种大批量生产线上实时检查杂质粒子或颗粒的方法和装置。根据对比文件1说明书第6栏第3行至第14栏第31行以及附图1~28所公开的内容，杂质粒子检查设备包括半导体加工室10，半导体加工室10包括曝光单元11、蚀刻单元12、清洗单元13、离子注入单元14、喷涂单元15、CVD单元16等，CVD单元包括杂质颗粒监视器101，所述杂质颗粒监视器包括晶片旋转方向检测器201和杂质颗粒检测光学系统202，晶片旋转方向检测器用于确定各照射位置的旋转方向，杂质颗粒检测光学系统202包括斜照光学系统501和检测光学系统502，如图23所示，晶片位于晶片传送装置311上，处于检测光学系统下方，检测光学系统通过在XY方向上进行移动扫描晶片的整个表面。

由此可知，对比文件1是采用检测光学系统对半导体晶片正面进行照射的，杂质颗粒检测光学系统202位于晶片上方，晶片的传送方式采用晶片传送装置，但对比文件1中未具体描述所述晶片传输装置的结构，即对比文件1中并未公开半导体晶片采用机械臂/遥控系统进行夹持、所述机械臂/遥控系统暴露半导体晶片的背面、扫描半导体晶片的能源位于半导体晶片的下方并对机械臂/遥控系统所暴露出的晶片背面进行扫描的特征，并且对比文件1所要解决的技术问题是提供一种大批量生产线上实时检查杂质粒子或颗粒的方法和装置，并未提及背面沾污或者防止晶片背面沾污的重要性，在对比文件1中缺乏将杂质检测光学系统置于晶片下方并采用机械臂/遥控系统作为其传送装置的技术启示，本领域普通技术人员通过对比文件1所公开的内容获得权利要求1、6、9、10所要求保护的技术方案是需要付出创造性劳动的，因此权利要求1、6、9、10相对于对比文件1具备创造性。

在权利要求1、6具备创造性的前提下，它们的从属权利要求2~5、7~8也具备创造性。

3. 综上所述，请求人的复审请求理由成立。

三、决定

撤销国家知识产权局2003年10月31日针对98118373.5号发明专利申请作出的驳回决定。由原实质审查部门在申请日提交的说明书第1~10页、说明书附图第1~5页、说明书摘要和摘要附图，以及2003年8月29日提交的权利要求第1~10项的基础上继续进行审批程序。

108

金属蒸汽放电灯案

复审请求审查决定（第8068号）

决　定　号 第8068号
决　定　日 2005年12月27日
发明创造名称 金属蒸汽放电灯
国际分类号 H01J 61/36
复审请求人 松下电器产业株式会社
专利申请号 00108985.4
申　请　日 2000年5月25日
公　开　日 2000年11月29日
合议组组长 黄毅斐
主　审　员 张　霞
参　审　员 詹靖康

法律依据 专利法第二十二条第三款
决定要点

在对比文件的基础上，本领域普通技术人员不需要花费创造性劳动即可获得本申请权利要求所要保护的技术方案，因此本申请权利要求不具有突出的实质性特点和显著的进步，不符合专利法第二十二条第三款有关创造性的规定。

一、案由

本复审请求涉及申请日为2000年5月25日、优先权日为1999年5月25日、申请号为00108985.4、名称为“金属蒸汽放电灯”的发明专利申请，其申请人为松下电子工业株式会社，后于2001年8月30日经国家知识产权局批准变更为松下电器产业株式会社。

2003年11月28日国家知识产权局实质审查部门针对申请人于申请日提交的说明书第1、3～6页、说明书附图第1～6页、说明书摘要、摘要附图和2003年10月23日提交的权利要求第1～4项、说明书第2页驳回了本申请，驳回的理由是：权利要求1～3相对于对比文件1（US5424609A，公开于1995年6月13日）不具备创造性，不符合专利法第二十二条第三款的规定；对比文件2（CN1128578A，公开于1996年8月7日）和对比文件3（CN1150862A，公开于1997年5月28日）均证明本领域普通技术人员可以根据需要对现有技术公开的多种材料进行选择匹配，因此，权利要求4相对于对比文件1也不具备专利法第二十二条第三款规定的创造性。对于申请人所提出的对比文件1由于不具备在灯的电极指向铅垂方向的状态下使其点亮时液体的发光金属沉入到细管部内的特征而不具备本申请的作用效果的观点，实质审查部门认为本申请的灯的形状已被对比文件1的附图4公开，申请人所提出的技术效果并不是本申请具有锥状部的灯所特有的，因此申请人的意见不具有说服力。

申请人（下称请求人）对上述驳回决定不服，于2004年3月8日向专利复审委员会提出了复审请求，并同时提交了修改的权利要求书，其复审理由主要是：对比文件1没有公开或暗示本发明的具有锥部，并且从线圈的细管部一侧的端部到细管部的放电空间的端面的距离X的规定这一特征，因而没有公开或暗示通过规定距离X，使细管部的放电空间的端面的温度最佳化这一构想，即对比文件1中对积极地控制细管部的放电空间一侧的端面的温度这一技术思想没有任何记载。对比文件1的图4所记载的结构没有使所述细管部的放电空间侧的端面露出于所述放电空间，所以不会产生与本发明同等的效果，因此，修改后的权利要求1及其从属权利要求相对于对比文件1具备创造性。

修改后的权利要求书为：

“1. 一种金属蒸汽放电灯，是具有发光管的金属蒸汽放电灯，上述发光管具有形成封入发光金属的放电空间的透光性陶瓷制发光部、设在上述发光部两端部的细管部、前端具有线圈的一对电极、一端支持上述电极、另一端延伸到上述细管部的与上述放电空间相反一侧的端部的电极支持体和将上述电极支持体封入上述细管部内的密封材料，其特征在于：

上述发光部具有第1筒状部及通过锥状部在第1筒状部的两端上形成的第2筒状部，

上述细管部连接在上述第2筒状部上，

若设灯泡功率为P［W］，设从上述线圈的上述细管部一侧的端部到上述细管部的上述放电空间一侧的端部的距离为X［mm］，则

$X > 0.0056P + 0.394$

的关系成立；

所述细管部的放电空间侧的端面露出于所述放电空间。

2. 权利要求1所述的金属蒸汽放电灯，其特征在于：上述密封材料从上述细管部的与上述放电空间一侧相反一侧的端部一直延伸到上述细管部内。

3. 权利要求1所述的金属蒸汽放电灯，其特征在于：若设从上述细管部的上述放电空间一侧的端部到上述密封材料中的上述放电空间一侧的端部的距离为L［mm］，则

$L < X \times 20.783P - 0.0971$

的关系成立。

4. 权利要求1所述的金属蒸汽放电灯，其特征在于：上述细管部和上述发光部同样是由透光性陶瓷形成，同时，上述电极支持体由热膨胀系数与上述透光性陶瓷大致相等的导电性金属陶瓷形成。”

经形式审查，该复审请求符合有关规定，专利复审委员会予以受理，并于2004年3月29日发出了复审请求受理通知书和前置审查通知书。

在前置审查程序中，原实质审查部门指出请求人增加的特征已在对比文件1的附图3、6中公开，请求人所陈述的理由不具有说服力，因此坚持原驳回决定。

专利复审委员会依法组成合议组对本复审请求案进行审查，于2005年7月5日发出复审通知书，指出：权利要求1～3相对于对比文件1不具备创造性，不符合专利法第二十二条第三款的规定，对比文件2和对比文件3均证明本领域普通技术人员可以根据需要对现有技术公开的多种材料进行选择匹配，因此，权利要求4相对于对比文件1也不具备专利法第二十二条第三款规定的创造性。对于请求人所提出的复审理由，合议组认为，首先，本申请说明书中并未记载请求人所强调的技术效果，其次，请求人所提出的技术问题和技术效果均不是本申请所特有的，虽然对比文件1中没有文字记载通过规定距离X，使细管部的放电空间的端面附近的温度保持某种程度这一构想，但对比文件1也通过调整各部件的位置和距离，达到了好的放电灯性能，而且其所公开的放电灯结构满足本申请公开的P

-X关系，事实上已取得了同样的效果，因此，请求人的上述理由不成立。

针对上述复审通知书，请求人于2005年10月20日提交了意见陈述书，但未对申请文件进行修改。请求人提出：首先，在对比文件1中，没有将图3、6的高压放电灯和图4的构造结合的动机或教导，并且，即使将对比文件1的图3、6的高压放电灯的尺寸使用在图4的构造中，图4的构造也不是细管部的放电空间侧的端面露出于所述放电空间的构造，而且没有这样构造的动机或教导，因此，对比文件没有公开本申请的全部技术特征，也没有给出实现本申请的技术启示，更达不到本申请的技术效果，因而本申请具备创造性。

在上述工作的基础上，合议组认为本案事实已经清楚，依法作出本决定。

二、决定的理由

1. 关于本决定所依据的文本

请求人在答复复审通知书时未修改申请文件，因此，本复审决定所依据的文本是复审通知书所依据的文本，即，本申请于2004年3月8日提交的权利要求第1~4项，2003年10月23日提交的说明书第2页，申请日提交的说明书第1、3~6页、附图第1~6页、摘要和摘要附图。

2. 关于专利法第二十二条第三款

专利法第二十二条第三款规定："创造性，是指同申请日以前已有的技术相比，该发明有突出的实质性特点和显著的进步，该实用新型有实质性特点和进步。"

由于对比文件1（US5424609A）的公开日为1995年6月13日、对比文件2（CN1128578A）的公开日为1996年8月7日、对比文件3（CN1150862A）的公开日为1997年5月28日，均早于本申请要求享有的优先权日1999年5月25日，因此，构成了本申请的现有技术，可以用于评价本申请权利要求的创造性。

（1）独立权利要求1请求保护一种金属蒸汽放电灯。对比文件1公开了一种高压放电灯，其中（见其说明书第8栏第23行至第12栏第14行以及附图1~8）披露了以下技术特征：具有放电管（10，即本申请的发光管），放电管具有形成封入发光金属的放电空间（11）的透光性陶瓷制发光部、设在上述发光部两端部的末端区（30a、30b，即本申请的细管部）、前端具有线圈的一对电极（40a，40b）、一端支持上述电极、另一端延伸到上述末端区的与上述放电空间侧相反一侧的导体（50a，50b，即本申请的电极支持体）和将上述导体封入末端区内的密封材料（32a，32b），上述发光部具有第1筒状部及在第1筒状部的两端上形成的第2筒状部，上述末端区连接在上述第2筒状部上，从附图3、6中可见，发光部两端部的末端区（分别为230a、530a，即本申请的细管部）的放电空间侧的端面均露出于所述放电空间。

对比文件1的附图6中，P=150W，则0.0056 P+0.394=1.234 mm；而从其附图6及说明书中明显可得知，从线圈的末端区一侧的端部到末端区的放电空间一侧的端部的距离，即X，为2.7mm，显然符合X > 0.0056P+0.394的关系。

此外，在对附图3的说明中，导体的一部分（251a）长度为9.5mm，L1长度为8.5 mm，L3为2 mm，而环222a厚度为2 mm（见说明书第8栏第61~62行），电极的钨棒长度为3 mm而线圈长度为0.8 mm（见说明书第8栏第42~46行）；灯泡功率为70W。因此，从线圈的末端区一侧的端部到末端区的放电空间一侧的端部的距离即X为1.2 mm，而0.0056P+0.394=0.786 mm，可见，附图3中的放电灯也符合X > 0.0056P+0.394的关系。

对比文件1公开的高压放电灯的放电空间中封入金属卤化物，是金属蒸汽放电灯。可见，权利要求1所要求保护的金属蒸汽放电灯与对比文件1附图3、6公开的高压放电灯相比，其区别仅在于：权利要求1中发光部的第1筒状部及第2筒状部之间是锥状部。而这种形状的发光部在对比文件1附

图4中已公开。虽然对比文件1没有明确说明要解决的技术问题是通过减少液体的发光金属沉入细管内部的量，而得到持续稳定的特性，但满足这种P－X关系的放电灯结构事实上已达到同样的效果。因此，权利要求1与对比文件1相比，不具有突出的实质性特点和显著的进步，其所要求保护的技术方案不符合专利法第二十二条第三款有关创造性的规定。

（2）权利要求2进一步限定：上述密封材料从上述细管部的与上述放电空间一侧相反的一侧的端部一直延伸到上述细管部内。该附加技术特征已被对比文件1披露（尤其参见附图1～8，附图标记32a～732a）。因此，当其引用的权利要求1不具备创造性时，权利要求2也不符合专利法第二十二条第三款有关创造性的规定。

（3）权利要求3对权利要求1作了进一步限定，设从上述细管部的上述放电空间一侧的端部到上述密封材料中的上述放电空间一侧的端部的距离为L，则$L < X \times 20.783P - 0.0971$。从对比文件1的附图6中及说明书相关描述中可知，其L为4mm，小于$2.7 \times 20.783 \times 150 - 0.0971 = 34.496$mm；而附图3的结构中，其L为8.5mm，小于$1.2 \times 20.783 \times 70 - 0.0971 = 16.509$mm。可见，对比文件1披露的尺寸均符合该权利要求请求保护的关系式，因此，当其引用的权利要求1不具备创造性时，权利要求3也不符合专利法第二十二条第三款有关创造性的规定。

（4）权利要求4对权利要求1作了进一步限定，限定了细管部、发光部、电极支持体的材料。现有技术中多有这样的材料选择和匹配，如对比文件2公开了一种高压金属卤化物灯（尤其参见说明书第4页第1段，附图1、2），其中放电管有陶瓷管壁，陶瓷封闭塞（34，即本申请的细管部），引线组件部分（40、50，即本申请的电极支持体）由膨胀系数与封闭塞陶瓷极为一致的金属制成；对比文件3也公开了一种高压放电灯，其中也披露了材料的选择和匹配（参见说明书第2页至第3页，附图1、2）。可见，将细管部、发光部材料选择为陶瓷材料并将电极支持体选取的材料与其相匹配是本领域的常用技术手段，本领域普通技术人员可以根据需要，对现有技术公开的多种材料进行选择和匹配，而无需付出创造性劳动。因此，当其引用的权利要求1不具备创造性时，权利要求4也不符合专利法第二十二条第三款有关创造性的规定。

3. 关于复审请求人的意见

对于请求人在答复复审通知书时所陈述的理由，合议组认为，根据本申请说明书第2页第4段“通过将从高温放电弧柱和包含线圈的电极前端到细管部的放电空间一侧的端部的距离X设定成满足上式的值，可以使细管部的放电空间侧的端面附近的温度保持某种程度，能够使剩余的发光金属以液体状态的形式存在”以及本申请说明书第4页最后一段“由图3可知，若距离X在1.8mm以上，亮灯时色温度变化非常小。这样，若能确保上述距离有足够的长度，X在1.8mm以上，就能够采用从高温放电弧柱和包含线圈10a、10b的电极腿9a、9b的前端到细管部8a、8b的放电空间一侧的端面的距离。由此，细管部8a、8b的放电空间一侧的端面附近的温度可以保持在某个程度，能够使剩余金属以液体状态存在。沉入细管部8a、8b内的发光金属量变少。结果，亮灯时，能充分保持发光管1内的蒸汽压，能得到稳定的特性”的记载，可知，本申请是利用对P－X关系进行适当选择而使剩余金属以液体状态存在的原理而作出的，满足$X > 0.0056P + 0.394$关系的放电灯结构事实上可以达到请求人所提及的使连续亮灯中的色温度变化小、使稳定的特性持续的技术效果，也就可以解决本申请所提出的通过减少沉入细管部内的发光金属的量，即使长时间连续亮灯色温度变化也小，能够得到持续稳定的特性的技术问题，本申请的发明点并不在于对发光部外形的选择，对比文件1所公开的发光管的各种形状对于本领域普通技术人员来说可以任意地选择，因此，本领域普通技术人员可以将对比文件1图4所示的发光部的锥状结构应用于图3、6的高压放电灯中从而得到本申请所要求保护的放电灯结构，将对比文件1的图3、6中的高压放电灯与图4所示的发光部结构结合并不需要请求人所提及的动机或教导，并且，请求人所提出的“所述细管部的放电空间侧的端面露出于所述放电空间”的结构特征虽未在图4中公开，但该特征已被对比文件1中的图3、6公开，因此，对于本领域普通技术人员而言，将对比文件1中的图3、6与图4所示的结构相结合得到本申请的高压放电灯结构是不需要付出创造性劳动的。因此，请求人所陈述的意见不具有说服力。

因而，根据以上事实和理由，本案合议组作出如下审查决定。

三、决定

驳回复审请求，维持国家知识产权局于2003年11月28日对00108985.4号发明专利申请作出的驳回决定。

请求人如对本决定不服，可根据专利法第四十一条第二款的规定，在收到本决定之日起三个月内向北京市第一中级人民法院起诉。

109

超导能源输出机案

复审请求审查决定（第8114号）

决　　定　　号　第8114号
决　　定　　日　2006年2月9日
发明创造名称　超导能源输出机
国 际 分 类 号　H02K 55/00　H02K 53/00
复 审 请 求 人　高　步
申　　请　　号　99101155.4
申　　请　　日　1999年1月15日
公　　开　　日　1999年7月28日
合 议 组 组 长　张　度
主　　审　　员　周雷鸣
参　　审　　员　穆丽娟

法 律 依 据　专利法第二十二条第四款
决 定 要 点

如果一部机器或机构，在向其输入初始能量后，就无需外界能量而能够不停的运转下去，且在运转过程中所产生的能量大于其输入的能量，则违反了能量守恒定律，从而不符合专利法第二十二条第四款规定的实用性。

一、案由

本专利申请复审请求涉及申请号为99101155.4，名称为“超导能源输出机”的发明专利申请（下称本申请），其申请日为1999年1月15日，申请人为高步。

国家知识产权局实质审查部门于2002年8月23日发出了第一次审查意见通知书，指出本申请的说明书不符合专利法第二十六条第三款和专利法实施细则第十八条的规定，权利要求不符合专利法实施细则第20～23条的规定。

针对第一次审查意见通知书，申请人于2002年12月16日提交了权利要求书、说明书、说明书摘要、说明书附图和摘要附图的替换页，用于克服第一次审查意见中指出的缺陷。

国家知识产权局实质审查部门于2003年5月23日发出了第二次审查意见通知书，指出本申请的说明书和权利要求书记载的技术方案违反了能量守恒定律，因而不具有实用性，本申请不符合专利法第二十二条第四款的规定。

针对第二次审查意见通知书，申请人于2003年7月21日提交了意见陈述书，指出本申请的超导冻结磁通线圈中有预先存储的能量，因而可以输入小能量输出大能量，本申请记载的技术方案不违反能量守恒定律。

国家知识产权局实质审查部门于2003年9月12日以本申请说明书和权利要求1～3不符合专利

第二十二条第四款为由驳回了本申请，其中驳回的理由是：本申请说明书和权利要求中的超导能源输出机是通过一个小功率的电源或电源电机输入电能或动能，大的超导脉冲线圈叠加后使超导失超，实现用小能量产生大能量储存在超导线圈内，以向外提供能量，该技术方案的技术实质是输出能量大于输入能量，因此本申请说明书和权利要求中的技术方案违背了能量守恒定律，不符合专利法第二十二条第四款的规定。

申请人（下称复审请求人）对驳回决定不服，于2003年12月11日向国家知识产权局专利复审委员会提交了复审请求书及其附件，其复审的主要理由是：在本申请的超导能源输出机中，每次用临界磁场三个超导开关给储能线圈励磁，是由三个永久磁体与脉冲磁场叠加使超导板开关打开、关闭，将叠加磁能送入储能线圈内，由于永久磁体与脉冲磁场叠加每次给储能线圈励磁时，永久磁体不用补充能量，因此才有一个小能量就可以在储能线圈内储存一，又可以用输入一个小能量，就可对外输出大能量。

专利复审委员会于2004年4月12日发出了复审请求受理通知书和前置审查通知书。

在前置审查程序中，国家知识产权局实质审查部门仍坚持原驳回决定。

在此基础上，专利复审委员会依法成立合议组对本案进行复审，并于2005年10月20日发出了复审通知书，其中主要内容是：本申请的说明书和权利要求书中记载的主题是超导能源输出机，该机工作时，在一个超导冻结磁通线圈中通入一个小电流，将超导冻结磁通线圈和超导脉冲线圈叠加，利用超导体在低于临界磁场时具有的完全抗磁性和完全导电性，使超导板失超，实现大线圈励磁，用小能量产生大能量，这对超导能源输出机来说，实际上是一种要求能量输出大于输入的机器，这明显不符合能量守恒定律，不符合专利法第二十二条第四款的规定。

复审请求人于2005年11月29日针对复审通知书提交了意见陈述书及其附件，其中附件有复审意见陈述书2页、申请号为20001017691的复审意见陈述书2页、四种超导能源输出机理论9页及其附图1页、诺贝尔化学奖推荐书1页、中国科学院试验报告2页（铌管超导特性测试报告1页和铌箔卷筒超导特性测试报告1页），其主要观点是：① 能量守恒定律在确立时就是错误的；② 30MJ超导储能体对铁芯做功，能够突破能量守恒定律及质量守恒定律，超导能源输出机磁通泵式能量放大装置，叠加磁场型、无可动部分移动磁场磁通泵利用超导临界磁场开关特性可以突破能量守恒定律；③ 30MJ超导储能体对铁芯做功能够突破能量守恒定律及质量守恒定律已经得到鞍山市现代工程技术研究院论证，并推荐申请号为01117967.8的发明专利2005年诺贝尔化学奖。

至此，本案事实已经清楚，合议组经过合议，作出如下决定。

二、决定的理由

1. 依据文本

由于复审请求人在意见陈述过程中没有提交新的修改文本，本决定所针对的文本是复审请求人于2002年12月16日提交的说明书1~5页、权利要求第1~3项、附图第1~4页、说明书摘要和摘要附图。

2. 关于本申请实用性问题

专利法第二十二条第四款规定的实用性是指该发明或者实用新型能够制造或者使用，并且能够产生积极效果。

本申请的权利要求书和说明书（及其附图）所反映的整体技术主题是超导能源输出机，该能源输出机包括发电部分、储能线圈、释能部分，发电部分和储能线圈连接，储能线圈还和释能部分连接，发电部分采用先放置一个大超导冻结磁通线圈，用小超导脉冲线圈与电源连接，接小功率电源，超导冻结磁通线圈和超导脉冲线圈叠加后使超导板失超，使叠加后的大磁场进入超导板，实现大线圈励磁；本申请可以实现输入一个小电流磁场，就可输出一个大电流，用小能量产生大能量的好处。

众所周知，人类在长期征服自然的过程中，发明了各种装置，这些装置在工作中都是进行各种能量间的转换，这些能量的转换是服从热力学第一定律即能量守恒与转换定律的。能量守恒定律是自然科学中最重要、最普遍的定律。能量守恒定律告诉我们，机器所做的功必定是由某一种或数种能量转化来的，机器只能转换能量，不能创造能量。能量不能自行消灭和创生，宇宙中总的能量不变。而本申请的说明书和权利要求书中的超导能源输出机，工作时，在一个超导冻结磁通线圈中通入一个小电流，将超导冻结磁通线圈和超导脉冲线圈叠加，利用超导体在低于临界磁场时具有的完全抗磁性和完全导电性，使超导板失超，实现大线圈励磁，用小能量产生大能量，这对超导能源输出机来说，实际上是一种要求能量输出大于输入的机器，这明显违背了能量守恒定律，违背自然规律的技术方案是不能实施的，因此本申请权利要求和说明书中记载的技术方案不具有实用性，因而本申请不符合专利法第二十二条第四款的规定。

关于复审请求人的理由，本案合议组认为，虽然复审请求人在意见陈述书中列举了能够突破能量守恒的四种超导能源输出机和鞍山现代工程技术研究院推荐申请号为01117967.8的发明专利（下称该专利）诺贝尔化学奖的推荐书以及中国科学院试验报告，但是一项技术发明必须符合一定的基本科学原理，具有普遍性和可检验性，经得起按照最基本的科学方法进行的测试和鉴定，违背自然规律的发明专利是不能实施的，不具有实用性；鞍山现代工程技术研究院不是国家级权威研究和鉴定机构，而且上述推荐书中仅仅是记载推荐该专利诺贝尔化学奖的事实，不是对该专利必然获得诺贝尔化学奖的绝对肯定证明，因而该专利获得诺贝尔化学奖为待证事实，上述报告与本申请违反能量守恒的事实没有客观联系，因此上述推荐书和报告与本申请之间缺少关联性，不足以证明本申请具有实用性。

综上所述，本案合议组认为，本申请不符合专利法第二十二条第四款的规定。

三、决定

维持中国专利局于2003年9月12日对99101155.4号发明专利申请作出的驳回决定。

复审请求人如对本决定不服，可根据专利法第四十一条第二款在收到本通知之日起三个月内向北京市第一中级人民法院起诉。

北京市第一中级人民法院
行政判决书

（2006）一中行初字第702号

原告高步，男，46岁，满族，无业，住辽宁省鞍山市千山区二台子村二台子委02组。

被告国家知识产权局专利复审委员会，住所地北京市海淀区北四环西路9号银谷大厦。

法定代表人廖涛，副主任。

委托代理人周雷鸣，国家知识产权局专利复审委员会审查员。

委托代理人王伟艳，国家知识产权局专利复审委员会审查员。

原告高步不服被告国家知识产权局专利复审委员会第8114号复审请求审查决定（下称第8114号决定），于2006年5月25日向本院提起行政诉讼。本院于2006年5月25日受理后，于2006年6月1日向被告送达起诉状副本及应诉通知书。本院依法组成合议庭，于2006年7月6日公开开庭审理了本案。原告高步，被告的委托代理人周雷鸣、王伟艳到庭参加了诉讼。本案现已审理终结。

2006年2月9日，被告以名称为“超导能源输出机”的99101155.4号发明专利申请（下称本申请）权利要求和说明书中记载的技术方案不具有实用性，本申请不符合《中华人民共和国专利法》（以下简称《专利法》）第二十二条第四款的规定为由，作出第8114号决定，维持国家知识产权局（以下简称国知局）于2003年9月12日对本申请作出的驳回决定。被告在法定举证期限内向本院提交了下列证据：1. 本申请公开说明书复印件；2. 第8114号决定复印件，用以证明第8114号决定认定事实清楚、适用法律正确、审查程序合法。

原告诉称，其申请时提交了申请号为01104806.9的专利申请能源输出机内线圈使用新方法，是用三个接近临界磁场的超导永久磁体。每个超导永久磁体与一个磁通泵串连，使磁场微量变化，使超导板一次失超将磁场迭入超导闭合回路内。其发明的超导能源输出机，由于采用了超导永久磁体微量变化磁场，将有临界磁场的超导开关打开，迭入超导闭合回路内，其根本没有违背能量守恒定律。被告在没有搞清事实的情况下，所作的被诉决定是错误的。请求法院撤销被告所作的第8114号决定，并承担诉讼费用。原告为支持其诉讼主张，在法定举证期限内向本院提交了下列证据：1. 2004年3月24日超导能源输出机技术研讨论证会会议纪要；2. 2003年10月1日原告关于突破能量守恒定律、质量守恒定律以及推翻相对论方程式的陈述意见；3. 1999年1月15日复审意见陈述书；4. 国知局第一次审查意见通知书、第二次审查意见通知书、驳回决定、以及被告发出的复审通知书；5. 申请人是原告的名称为“能源输出机内线圈使用新方法”的01104806.9号发明专利申请公开说明书；6. 原告关于突破能量守恒定律、质量守恒定律、推翻爱因斯坦相对论方程式，重新确立新的方程式的说明；7. 原告撰写的超导能源输出机发明原理；8. 2006年3月8日及5月12日国知局专利申请受理通知书2份以及说明书；9. 原告关于突破能量守恒定律、质量守恒定律、推翻爱因斯坦相对论方程式，重新确立新的方程式的理论与实验研究依据；10. 舒泉生著《超导电工程学》相关章节复印件；11. 中国铁道出版社出版《电工》相关章节复印件；12. 原告撰写的超导能源输出机项目可行性研究报告；13. 鞍山现代工程技术研究院推荐书。

被告辩称，本申请权利要求书和说明书所反映的整体技术主题是超导能源输出机，该机用小能量可产生大能量存在超导线圈内，并将存储在超导闭合回路中的能量释放出来，实际上是一种要求能量输出大于输入的机器，明显违背了能量守恒定律，违背自然规律的技术方案是不能实施的。综上所述，第8114号决定认定事实清楚，适用法律正确，程序合法。请求法院判决维持被诉决定。

经庭审质证，原告对被告提交证据的真实性、合法性、关联性没有异议，但是不同意被告证据的证明作用。被告对原告提交的证据3～5的真实性、合法性、关联性没有异议，认为原告提交的证据8、13与本案没有关联性。证据1、2、6、7、9～12因在复审程序中没有提交，不是作出被诉决定的依据。经审查，本院对被告的证据，原告的证据3、4关联性、真实性和合法性予以确认；原告的证据8、13与被诉决定的合法性审查没有关联性，对该2份证据本院不予评述。原告的证据1、2、6、7、9～12系诉讼中新提交的证据，不能作为评价被诉决定合法性的依据，对上述证据本院不予采纳。根据本院确认的有效证据以及庭审中当事人无争议的陈述，本院认定事实如下：

1999年1月15日，高步向国知局提出名称为“超导能源输出机”的发明专利申请，即本申请。在实质审查过程中，原告分别于2002年12月16日及2003年7月21日提交了权利要求书、说明书、说明书摘要、说明书附图和摘要附图的替换页、意见陈述书。2003年9月12日，国知局认为，本申请说明书和权利要求中的超导能源输出机是通过一个小功率的电源或电源电机输入电能或动能，大的超导脉冲线圈叠加后使超导失超，实现用小能量产生大能量储存在超导线圈内，以向外提供能量，该技术方案的技术实质是输出能量大于输入能量，因此本申请说明书和权利要求中的技术方案违背了能量守恒定律，本申请说明书和权利要求1～3不符合《专利法》第二十二条第四款。故作出了驳回本申请的决定。

原告认为，在本申请的超导能源输出机中，每次用临界磁场三个超导开关给储能线圈励磁，是由三个永久磁体与脉冲磁场叠加使超导板开关打开、关闭，将叠加磁能送入储能线圈内，由于永久磁体与脉冲磁场叠加每次给储能线圈励磁时，永久磁体不用补充能量，因此才有一个小能量就可以在储能线圈内储存，又可以用输入一个小能量，就可对外输出大能量。故于2003年12月11日向被告申请复审。

被告受理后将本申请案卷转送至原审查部门进行前置审查。在前置审查意见书中，原审查部门坚持驳回决定。2005年10月20日被告发出了复审通知书，指出本申请的说明书和权利要求书中记载的主题是超导能源输出机，该机工作时，在一个超导冻结磁通线圈中通入一个小电流，将超导冻结磁通线圈和超导脉冲线圈叠加，利用超导体在低于临界磁场时具有的完全抗磁性和完全导电性，使超导板失超，实现大线圈励磁，用小能量产生大能量，这对超导能源输出机来说，实际上是一种要求能量输出大于输入的机器，这明显不符合能量守恒定律，不符合《专利法》第二十二条第四款的规定。同年11月29日原告针对上述复审意见书，提交了意见陈述书及其附件，陈述了能量守恒定律在确立时就是错误的定律，用30MJ超导储能装置吸铁芯做功，能够突破能量守恒定律，并由鞍山市现代工程技术研究院论证，推荐申请了2005年诺贝尔物理奖及化学奖。超导能源输出机磁通泵式能量放大装置，叠加磁场型、无可动部分移动磁场磁通泵利用超导临界磁场开关特性可以突破能量守恒定律等观点。被告经审查，于2006年2月9日作出被诉决定。原告不服向本院提起行政诉讼。

在本院庭审中，原告对被告作出第8114号决定的程序没有异议。

本院认为，根据《审查指南》第二部分第五章第3.2.2的规定，具有实用性的发明专利申请应当符合自然规律。违背自然规律的发明申请是不能实施的，因此不具备实用性。从本申请的权利要求书和说明书记载的内容看，本申请的技术方案是用小能量产生大能量储存在超导线圈内，再由超导线圈将电能供给外面负载。实际上超导能源输出机是一种能量输入小于输出的机器，这明显违背了能量守恒定律，本申请的技术方案是不能实施的，不符合《专利法》第二十二条第四款的规定。综上所述，被告作出的第8114号决定认定事实清楚，适用法律正确，程序合法，本院应予维持。原告关于超导能源输出机是能够实现，相关证据证明可以突破能量守恒定律等诉讼主张，缺乏依据，本院不予采纳，其诉讼请求本院不予支持。据此，依照《中华人民共和国行政诉讼法》第五十四条第（一）项，判决如下：

维持被告国家知识产权局专利复审委员会二〇〇六年二月九日作出的第8114号复审请求审查决定。

案件受理费1000元，由原告高步负担（已交纳）。

如不服本判决，可在本判决书送达之日起15日内向本院递交上诉状，并按对方当事人的人数提交副本，上诉于北京市高级人民法院。上诉人自提交上诉状之日起七日内，未预交上诉费，又不提出缓交申请的，按自动撤回上诉处理。

审 判 长　吴　月
代理审判员　何君慧
人民陪审员　原　琪
二〇〇六年八月二十五日
书 记 员　郎莉萍

北京市高级人民法院
行政判决书

（2006）高行终字第525号

上诉人（一审原告）高步，男，1961年8月30日出生，满族，无业，住辽宁省鞍山市千山区二台子村二台子委02组。

被上诉人（一审被告）国家知识产权局专利复审委员会，住所地北京市海淀区北四环西路9号银谷大厦。

法定代表人廖涛，副主任。

委托代理人周雷鸣，男，国家知识产权局专利复审委员会审查员。

委托代理人王伟艳，女，国家知识产权局专利复审委员会审查员。

案由

上诉人高步因专利复审请求审查决定，不服北京市第一中级人民法院（2006）一中行初字第702号行政判决，向本院提起上诉。本院受理后，依法组成合议庭审理了本案。本案现已审理终结。北京市第一中级人民法院（2006）一中行初字第702号行政判决认定，根据《审查指南》第二部分第五章第3.2.2的规定，具有实用性的发明专利申请应当符合自然规律。违背自然规律的发明申请是不能实施的，因此不具备实用性。从本申请的权利要求书和说明书记载的内容看，本申请的技术方案是用小能量产生大能量储存在超导线圈内，再由超导线圈将电能供给外面负载。实际上超导能源输出机是一种能量输入小于输出的机器，这明显违背了能量守恒定律，本申请的技术方案是不能实施的，不符合《中华人民共和国专利法》（以下简称《专利法》）第二十二条第四款的规定。综上所述，国家知识产权局专利复审委员会（以下简称专利复委）作出的第8114号复审请求审查决定认定事实清楚，适用法律正确，程序合法，本院应予维持。高步关于超导能源输出机是能够实现，相关证据证明可以突破能量守恒定律等诉讼主张，缺乏依据，本院不予采纳，其诉讼请求本院不予支持。据此，依照《中华人民共和国行政诉讼法》第五十四条第（一）项，判决维持专利复委2006年2月9日作出的第8114号复审请求审查决定。上诉人高步不服上述判决，向本院提起上诉，上诉称：国家知识产权局及专利复审委的专家用现有理论可以证实超导能源输出机的成功，但他们不承认本申请的正确理论。一审法院没有起到监督作用，对本人提交的理论证据及专家论证意见不予采纳。请求二审法院对一审法院的错误判决予以改判。被上诉人专利复审委辩称，本申请权利要求书和说明书所反映的整体技术主题是超导能源输出机，该机用小能量产生大能量存在超导线圈内，并将存储在超导闭合回路中的能量释放出来，这种超导能源输出机实际上是一种要求能量输出大于输入的机器，明显违背了能量守恒定律。违背自然规律的技术方案是不能实施的。本申请不具有实用性，不符合《专利法》第二十二条第四款的规定。一审判决认定事实清楚，适用法律正确，请求二审法院驳回上诉，维持一审判决。

事实认定经审理查明，本案涉及的发明专利申请名称为“超导能源输出机”（以下简称本申请），申请人为高步，申请日为1999年1月15日，申请号为99101155.4。在实质审查过程中，国家知识产权局于2002年8月23日发出第一次审查意见通知书，认为现有申请文件存在不清楚、不完整或公开不充分之处，要求高步进行补正。高步于2002年12月16日提交了权利要求书、说明书、说明书摘要、说明书附图和摘要附图的替换页。2003年5月23日，国家知识产权局发出第二次审查意见通知书，指出本申请的权利要求和说明书存在不具有实用性的缺陷。高步就此提交了意见陈述书。2003年9月12日，国家知识产权局作出驳回决定，认为根据说明书的记载，本申请提供的超导能源输出机，即通过一个小功率的电源或电源电机输入电能或动能，大的超导冻结线圈和小的超导脉冲线圈叠加后使超导失超，从而实现用小能量产生大能量储存在超导线圈内，以便提供能源。超导能源输出机的技术实质是输出能量大于输入能量，违背了能量守恒定律。说明书不具有实用性。权利要求1~3是分别基于说明书所描述的超导能源输出机的三个实施方式提出的，请求保护的超导能源输出机的技术实质是输出能量大于输入能量，违背能量守恒定律，也不具有实用性。因本申请当前文本的说明书及权利要求不符合《专利法》第二十二条第四款的规定，决定驳回本申请。

高步不服上述驳回决定，于2003年12月11日向专利复审委申请复审。专利复审委受理后，将本申请案卷转送至原审查部门进行前置审查。原审查部门仍坚持驳回意见。2005年10月20日，专利复审委发出复审通知书，指出本申请的说明书和权利要求书中记载的主题超导能源输出机实际上是一种要求能量输出大于输入的机器，不符合能量守恒定律，不符合《专利法》第二十二条第四款的规定。高步同年11月29日提交了意见陈述书及其附件，提出能量守恒定律在确立时就是错误的定律；用30MJ超导储能装置吸铁芯做功，能够突破能量守恒定律及质量守恒定律，鞍山现代工程技术研究院对此进行论证并推荐申请2006年诺贝尔物理奖。

专利复审委经审查，于2006年2月9日作出第8114号复审请求审查决定，认为本申请权利要求和说明书记载的技术方案违背能量守恒定律，不具有实用性。依照《专利法》第二十二条第四款的规定，决定维持国家知识产权局作出的驳回决定。高步不服上述复审请求审查决定，向一审法院提起诉讼。二审期间，高步在接受本院询问时承认其尚未实际制造出超导能源输出机。一审期间，专利复审委在法定期限内向一审法院提交了下列证据材料：1. 本申请公开说明书复印件；2. 第8114号决定复印件。高步向一审法院提交了下列证据材料：1. 2004年3月24日超导能源输出机技术研讨论证会会议纪要；2. 2003年10月1日高步关于突破能量守恒定律、质量守恒定律以及推翻相对论方程式的陈述意见；3. 复审意见陈述书；4. 国家知识产权局第一次审查意见通知书、第二次审查意见通知书及驳回决定、专利复审委复审通知书；5. 高步申请的名称为“能源输出机内线圈使用新方法”的01104806.9号发明专利申请公开说明书；6. 高步关于突破能量守恒定律、质量守恒定律、推翻爱因斯坦相对论方程式，重新确立新的方程式的说明；7. 高步撰写的超导能源输出机发明原理；8. 2006年3月8日及5月12日国家知识产权局专利申请受理通知书2份以及说明书；9. 高步关于突破能量守恒定律、质量守恒定律、推翻爱因斯坦相对论方程式，重新确立新的方程式的理论与实验研究依据；10. 舒泉生著《超导电工程学》相关章节复印件；11. 中国铁道出版社出版《电工》相关章节复印件；12. 高步撰写的超导能源输出机项目可行性研究报告；13. 鞍山现代工程技术研究院出具的申请诺贝尔物理奖推荐书。上述证据材料已随卷移送本院。经本院向双方当事人询问，高步对专利复审委提交的证据1的真实性、合法性、关联性没有异议，但是不同意专利复审委主张的该证据的证明作用。专利复审委对高步提交的证据3、证据4、证据5的真实性、合法性、关联性没有异议，认为高步提交的证据8、证据13与本案没有关联性。证据1、证据2、证据6、证据7、证据9、证据10、证据11、证据12因在复审程序中没有提交，不能成为审查被诉决定合法性的依据。经审查，本院认为，专利复审委提交的证据1、高步提交的证据3、证据4与本案有关联，内容真实、合法，予以确认。专利复审委提交的证据2为被诉决定，不属于证据；高步提交的证据材料2、6、7、9属于当事人陈述，其内容违反能量守恒定律，本院不予确认；证据材料5、8、13与本案无关联，本院不予评述；证据材料1、10、11、12未在复审程序中提交，不能成为评价被诉决定合法性的依据，本院亦不采纳。本院根据上述经审查确认的证据及当事人陈述确认本案事实。

判决理由本院认为，具有实用性是发明专利申请能够被授权的法定要件。所谓实用性，是指发明申请的主题必须能够在产业上制造或者使用，并且能够产生积极效果。违背自然规律的发明申请不具有实用性。根据双方当事人提交的证据及当事人所作陈述，能够确认本申请的权利要求书及说明书涉及的超导能源输出机的技术方案的实质是，输入较小的能量产生较大的能量储存在超导线圈内，再由超导线圈将较大的能量输出。专利复审委认定超导能源输出机的实质是一种能量输出大于能量输入的机器，由于超导能源输出机的技术方案不符合能量守恒定律这一自然科学定理，专利复审委认定本申请的技术方案不具有实用性、不符合《专利法》第二十二条第四款的规定正确。高步所持可突破能量守恒定律等上诉理由缺乏依据，且其也没能证明超导能源输出机在产业中能够实际制造，本院对其上诉理由不予采信。

判决内容综上，一审判决认定事实清楚，适用法律正确，程序合法，本院应予维持。据此，依照《中华人民共和国行政诉讼法》第六十一条第（一）项之规定，判决如下：驳回上诉，维持一审判决。二审案件受理费1000元，由上诉人高步负担（已交纳）。本判决为终审判决。

审 判 长 王 燕
代理审判员 朱世宽
代理审判员 朱海宏
判决日期 2006 - 11 - 24
书 记 员 张 怡

110

带密封垫的化妆盒案

复审请求审查决定（第8117号）

决　定　号　第8117号
决　定　日　2006年2月7日
发明创造名称　带密封垫的化妆盒
国际分类号　A45D 33/00
复审请求人　奥里尔公司
专利申请号　98802036. X
申　请　日　1998年10月23日
公　开　日　2000年2月9日
合议组组长　崔哲勇
主　审　员　孙克良
参　审　员　杜　宇

法律依据　专利法第二十二条第三款
决定要点

在一项权利要求的创造性判断过程中，需要确定现有技术整体上是否存在技术启示，即现有技术中是否给出将区别技术特征应用到最接近现有技术以解决其存在的技术问题的启示。如果不存在将区别技术特征应用到该最接近现有技术的启示，而且该区别特征还使权利要求的技术方案具有有益的技术效果，则该权利要求具备创造性。

一、案由

本复审请求案涉及申请日为1998年10月23日、优先权日为1997年10月24日、公开日为2000年2月9日、发明名称为“带密封垫的化妆盒”的98802036. X号发明专利申请（下称本申请），申请人为奥里尔公司。

国家知识产权局实质审查部门对本申请进行了实质审查，于2003年6月6日发出了第一次审查意见通知书，指出权利要求1不符合专利法第二十二条第二款的规定；权利要求2～13不符合专利法第二十二条第三款的规定；权利要求27不符合专利法第二十六条第四款的规定；权利要求1，4，5，7～9，11，13～16，18，20～23，25，26不符合专利法实施细则第二十条的规定；权利要求4～6，9，10，12，14，16，18，19，21，24，27不符合专利法实施细则第二十三条的规定。通知书所引用的对比文件为：

对比文件1：EP 0790017 A1，公开日为1997年8月20日

针对第一次审查意见通知书，申请人于2003年10月17日提交了意见陈述书和权利要求书、说明书的全文替换页。其陈述的主要意见是：在对比文件1中，密封是依赖框架11和施加元件12实现，因此对比文件1没有公开如同权利要求1那样固定于器皿的密封垫。因此权利要求1及其从属权

利要求具备新颖性和创造性。

实质审查部门进行了补充检索，并于2003年11月28日发出第二次审查意见通知书，在第二次审查意见通知书中引用了一篇新的对比文件：

对比文件2：US 5186318 A，公开日为1993年2月16日

第二次审查意见通知书指出权利要求1的修改不符合专利法第三十三条的规定；权利要求1，2，9相对于对比文件2不符合专利法第二十二条第二款的规定；权利要求3～8，10～28相对于对比文件2和1的结合不符合专利法第二十二条第三款的规定；权利要求1～28不符合实施细则第二十三条的规定。

申请人于2004年4月13日提交了意见陈述书和权利要求书、说明书和说明书摘要的替换页。其陈述的主要意见是：对比文件2未公开权利要求1的特征“通孔”，因此权利要求1及其从属权利要求相对于对比文件2具备新颖性和创造性。

实质审查部门于2004年5月28日发出第三次审查意见通知书，指出权利要求1～29相对于对比文件2和1的结合不具备创造性。

申请人于2004年10月12日提交了意见陈述书，认为没有任何教导或技术启示将对比文件1与对比文件2结合，即对比文件2中没有任何教导或者技术启示引导本领域的普通技术人员将对比文件1的通孔加入到对比文件2的容器中。

针对申请人于2004年4月13日提交的说明书第1～10页，权利要求第1～29项，说明书摘要，进入国家阶段时提交的国际申请的中文译文的附图1～8页，摘要附图，国家知识产权局于2004年12月10日驳回了本申请，驳回的理由为权利要求1～29相对于对比文件2和1的结合不符合专利法第二十二条第三款有关创造性的规定。驳回决定所针对的独立权利要求1的内容如下：

“1. 一种化妆盒，包括一个盒盖和一个具有一个通孔的盒体，所述盒体容纳装在一个器皿中的化妆品，所述化妆盒的特征在于，它包括一个密封垫（6、26、46、56、66、86、96），所述密封垫固定在所述器皿（5、25、45、55、65）上，密封垫构造成以密封的方式压靠于所述盒体（2）上，但是没有整个作用在所述盒体上，从而使该密封垫可以弯曲。”

申请人（下称请求人）对上述驳回决定不服，于2005年3月23日向专利复审委员会提出了复审请求，并提交了权利要求书和说明书的全文替换页。将原权利要求1、3、4合并成新的独立权利要求1。修改后的权利要求1的内容如下：

“1. 一种化妆盒，包括一个盒盖和一个具有一个通孔的盒体，所述盒体容纳装在一个器皿中的化妆品，所述化妆盒的特征在于，它包括一个密封垫（6、26、46、56、66、86、96），所述密封垫固定在所述器皿（5、25、45、55、65）上，所述密封垫构造成以密封的方式压靠于所述盒体（2）上，所述密封垫包括一个裙部（9、48、58），该裙部摩擦压靠于在其中放置器皿的盒体（2）的腔（4）的壁上，所述裙部（9）具有围绕其周缘分布的轴向肋（20）。”

请求复审的主要理由是：对比文件1和2都没有公开权利要求1中的特征“所述密封垫包括一个裙部（9、48、58），该裙部摩擦压靠于在其中放置器皿的盒体（2）的腔（4）的壁上，所述裙部（9）具有围绕其周缘分布的轴向肋（20）”，而该特征具有两个优点：1. 保持所述器皿，2. 允许盒体或者器皿有相对较大的制造公差。因此修改后的权利要求1～27相对于对比文件1和对比文件2具备专利法第二十二条第三款所规定的创造性。

经形式审查合格后，专利复审委员会受理了该复审请求，于2005年5月18日发出了复审请求受理通知书和前置审查通知书。

原实质审查部门对本案进行了前置审查，认为修改后的权利要求1即相当于驳回决定针对文本中

的权利要求4，因此坚持原驳回理由。

专利复审委员会依法成立合议组对本案进行审查。

经审查，合议组认为本案事实清楚，可以作出审查决定。

二、决定的理由

1. 关于文本

复审请求人在提出复审请求时对申请文件进行的修改符合专利法第三十三条和专利法实施细则第六十条的规定，因此合议组将2005年3月23日提交的说明书第1～10页，权利要求第1～27项，2004年4月13日提交的说明书摘要，进入国家阶段时提交的国际申请的中文译文的附图1～8页，摘要附图，作为复审决定所依据的文本。

2. 关于权利要求1的创造性

专利法第二十二条第三款规定，创造性是指同申请日以前已有的技术相比，该发明有突出的实质性特点和显著的进步。

权利要求1请求保护一种化妆盒，对比文件2（参见说明书第3栏第9行至第4栏第24行及附图1、2、4）公开了一种化妆盒，具体特征如下：化妆盒（10）包括盒盖（12）和盒体（11），盒体具有凹腔（16），盛装有化妆品的器皿（14）被压配固定在凹腔中；一个与所述器皿为一体结构的突边（23）（相当于密封垫），该突边具有向上延伸的薄壁（24）和向下与所述器皿抵接的唇部（25），当关上盒盖时，所述突边被盒盖压迫而变形，当打开盒盖时，所述突边恢复其原始形状（相当于密封垫构造成以密封的方式压靠于盒体）。

权利要求1与对比文件2的区别在于：1. 盒体具有通孔；2. 密封垫固定在所述器皿上；3. 密封垫的裙部（9）具有围绕其周缘分布的轴向肋（20）。

对比文件1公开了一种化妆盒，并且具体公开了如下特征：盒体5的中心有一圆通形开口3，从盒体5的一侧穿透到另一侧（相当于盒体具有通孔），边缘10在盒体5与物品存储器之间构成密封装置（参见说明书第7栏第31行到第8栏第45行及附图2、3），但对比文件1未公开“密封垫的裙部具有围绕其周缘分布的轴向肋”。而该区别特征使得权利要求1所要求保护的化妆盒具有如下有益的技术效果：1. 轴向肋保证了所述器皿在盒体中的摩擦固定；2. 允许盒体或者器皿有相对较大的制造公差。

所以，权利要求1相对于对比文件1、2的结合具有突出的实质性特点和显著的进步，因而具备创造性。

在权利要求1相对于对比文件1和2具备创造性的情况下，直接或间接引用它的从属权利要求2～27相对于对比文件1和2的结合也具备创造性。

在驳回决定对原权利要求3～5的评述中指出：本领域普通技术人员在对比文件1、2的基础上根据实际结构的改进需要而设置一裙部，所述裙部上设置有分布于其周缘的轴向肋，或是将密封垫密封地压靠于容纳腔的壁，这是很容易想到的。合议组认为：1. 在一项权利要求的创造性判断过程中，需要确定现有技术整体上是否存在技术启示，即现有技术中是否给出将区别技术特征应用到该最接近现有技术以解决其存在的技术问题的启示。而对比文件1和2都未给出将轴向肋应用于密封垫的技术启示；2. 本申请的说明书中也清楚地记载了本发明的有益效果，即：保证了所述器皿在盒体中的摩擦固定和允许盒体或者器皿有相对较大的制造公差。由此可见，权利要求1所要求保护的技术方案相对于对比文件1、2的结合具有突出的实质性特点和显著的进步，因而具备创造性。

基于上述理由，合议组作出下述决定。

三、决定

撤销国家知识产权局于2004年12月10日作出的驳回98802036.X号发明专利申请的决定，由原审查部门以2005年3月23日提交的说明书第1~10页，权利要求第1~27项，2004年4月13日提交的说明书摘要，进入国家阶段时提交的国际申请的中文译文的附图1~8页，摘要附图为基础继续审批程序。

111

多位磁存储元件案

复审请求审查决定（第 8118 号）

决　定　号　第 8118 号
决　定　日　2006 年 2 月 7 日
发明创造名称　多位磁存储元件
国际分类号　G11C 11/15
复审请求人　惠普公司
申　请　号　01111226. 3
申　请　日　2001 年 3 月 9 日
公　开　日　2001 年 10 月 10 日
合议组组长　崔哲勇
主　审　员　骆素芳
参　审　员　孙克良

法律依据　专利法第三十八条
决定要点

如果修改不符合专利法实施细则第五十一条第三款的规定，审查部门应当发出通知书告知申请人该修改不符合专利法实施细则第五十一条第三款的规定，并给予申请人再次修改或陈述意见的机会，否则，审查部门作出的驳回决定在程序上违反了听证原则。

如果申请人针对第一次审查意见通知书对申请文件进行了修改，并在修改后的申请文件中增加了新的技术方案，在此情况下，即便修改后的申请文件仍然存在用已通知过申请人的理由和证据可以驳回的缺陷，但由于驳回所针对的事实已经改变，因此应当给予申请人再一次陈述意见和/或修改申请文件的机会，在此情况下，审查部门作出的驳回决定在程序上违反了听证原则。

一、案由

本复审请求涉及申请号为 01111226. 3、发明名称为“多位磁存储元件”的发明专利申请（下称本申请）。本申请的申请日为 2001 年 3 月 9 日，公开日是 2001 年 10 月 10 日，申请人是惠普公司。

在实质审查过程中，国家知识产权局实质审查部门于 2004 年 1 月 30 日发出第一次审查意见通知书，

所针对的权利要求书为：

“1. 一种存储单元装置包括：

由磁性材料构成的第一和第二数据层；以及

第一和第二不可导的分隔层；

介于第一和第二数据层之间的一个反铁磁耦合基准层对。

2. 如权利要求 1 中所述的装置，其中用高度为 G1 的第一分隔层将第一数据层与第一基准层分隔

开来，用高度为 G2 的第二分隔层将第二数据层与第二基准层分隔开来，且 G1≠G2。

3. 如权利要求 2 中所述的装置，其中每一个分隔层是由不可导的非磁性材料构成的阻挡层。

4. 如权利要求 2 中所述的装置，其中每一个分隔层是由可导的非磁性材料构成。

5. 如权利要求 1、2、3 或 4 中所述的装置，其中第一和第二数据层有不同的矫顽性。

6. 如权利要求 1、2、3 或 4 中所述的装置，其中第一数据层的高度 T1 实质上不同于第二数据层的高度 T2，即 T1≠T2。

7. 如权利要求 6 中所述的装置，其中 T1 > T2，且第二数据层的长度要大于第一数据层的长度。

8. 如权利要求 1、2、3 或 4 中所述的装置，其中反铁磁耦合层对由一个可导的耦合层分隔开来。

9. 一个构造存储单元的方法，包括以下步骤：

a）在半导体衬底上形成第一铁磁层（830）；

b）在第一铁磁层上面形成第二铁磁层（860）；和

c）形成一对反铁磁耦合层（840，844），其中该对层配置在介于第一和第二铁磁层之间。

10. 如权利要求 9 中所述的方法，进一步包括以下步骤：

d）在每一个铁磁层和这对反铁磁耦合层之间形成一个不可导的分隔层（832，850）。”

第一次审查意见通知书中引用了两篇对比文件：

对比文件 1：EP0971423A1 公开日：2000 年 1 月 12 日

对比文件 2：US5930164A 公开日：1999 年 7 月 27 日

通知书中指出权利要求 1 ~ 10 不具备创造性，不符合专利法第二十二条第三款的规定。

申请人于 2004 年 6 月 14 日答复了上述审查意见通知书，并提交了权利要求书的替换页，包括权利要求第 1 ~ 20 项，陈述修改后的权利要求 1 ~ 20 具备创造性的理由主要为：对比文件 1 和对比文件 2 没有公开也没有启示本发明的技术特征“介于第一和第二数据层之间的一个反铁磁耦合基准层对，其中每个数据层通过一个分隔层与反铁磁耦合基准层对分隔开来”。

国家知识产权局于 2004 年 9 月 10 日作出了驳回本申请的决定，驳回决定所依据的文本为：2004 年 6 月 14 日提交的权利要求第 1 ~ 20 项，2001 年 3 月 9 日提交的说明书第 1 ~ 6 页、附图第 1 ~ 4 页、说明书摘要、摘要附图。其中所针对的权利要求书为：

“1. 一种存储单元装置包括：

由磁性材料构成的第一和第二数据层；以及

第一和第二不可导的分隔层；

介于第一和第二数据层之间的一个反铁磁耦合基准层对，其中

每个数据层通过一个分隔层与反铁磁耦合基准层对分隔开来。

2. 如权利要求 1 中所述的装置，其中第一分隔层的高度为 G1，第二分隔层的高度为 G2，且 G1≠G2。

3. 如权利要求 1 中所述的装置，其中每一个分隔层是由不可导的非磁性材料构成的阻挡层。

4. 如权利要求 1 中所述的装置，其中每一个分隔层是由不可导的非金属性材料构成。

5. 如权利要求 1 中所述的装置，其中第一和第二数据层有不同的矫顽性。

6. 如权利要求 1 中所述的装置，其中第一数据层的高度 T1 不同于第二数据层的高度 T2，即 T1≠T2。

7. 如权利要求 6 中所述的装置，其中 T1 > T2，且第二数据层的长度大于第一数据层的长度。

8. 如权利要求 1 中所述的装置，其中反铁磁耦合基准层对由一个可导的耦合层分隔开来。

9. 一种装置包含：

在半导体衬底上形成的多个磁存储单元，其中每一个单元都包含：

第一和第二铁磁数据层；以及

布置在第一和第二数据层之间的一对反铁磁耦合层；和

第一和第二不可导的分隔层，每个数据层通过一个分隔层与反铁磁耦合层对分隔开来。

10. 如权利要求9中所述的装置，其中第一分隔层的高度为G1，第二分隔层的高度为G2，且G1≠G2。

11. 如权利要求9中所述的装置，其中每一个分隔层是由非磁性材料构成。

12. 如权利要求9中所述的装置，其中每一个分隔层是由非金属材料构成。

13. 如权利要求9中所述的装置，其中第一和第二数据层有不同的矫顽性。

14. 如权利要求9中所述的装置，其中第一数据层的高度T1不同于第二数据层的高度T2，即T1≠T2。

15. 如权利要求14中所述的装置，其中第一数据层的长度L1要小于第二数据层的长度L2，即L1 < L2。

16. 如权利要求9中所述的装置，其中这对反铁磁耦合基准层对由一个不可导的耦合层分隔开来。

17. 一个存储单元装置包括：

第一数据层；

第一基准层；

介于第一数据层和第一基准层之间的第一不可导的分隔层；

反铁磁耦合于第一基准层的第二基准层；

第二数据层，其中基准层介于第一数据层和第二数据层之间；以及

一个第二不可导的分隔层，介于第二数据层和第二基准层之间。

18. 如权利要求17中所述的装置，其中至少一个分隔层由非金属性材料构成。

19. 如权利要求17中所述的装置，其中至少一个分隔层是非磁性材料构成。

20. 如权利要求17中所述的装置，其中数据层特别具有下列至少一项属性：矫顽性、高度和长度。”

驳回决定中指出：1. 第一次审查意见通知书中指出原权利要求1~10不具备创造性的具体理由；2. 申请人于2004年6月14日提交了权利要求书替换页。在该替换页中，当前权利要求1是将原始权利要求2中所述技术特征的表述简单地添加到原独立权利要求1中构成的，当前权利要求9是将原始权利要求10中的所述技术特征的表述简单地添加到原独立权利要求9中构成的，而当前权利要求10~20并不是针对第一次审查意见通知书中所指出的缺陷进行的修改，因此，不予接受。3. 对当前权利要求1~9的审查意见与第一次审查意见通知书中陈述的理由相同，权利要求1~9不符合专利法二十二条第三款的规定，因此予以驳回。

申请人（下称复审请求人）对该驳回决定不服，于2004年12月14日向专利复审委员会提出了复审请求，请求人的理由主要是：1. 对比文件1的自旋开关结构包括7个层：2个铁磁层、2个Cu层和3个Co层，而本申请的权利要求1的存储单元装置只包括5个层：第1数据层、第2数据层、第1分隔层、第2分隔层、一个反铁磁耦合基准层。2. 对比文件1的技术方案中“第一自由铁磁层位于一个半导体衬底上”，本申请的权利要求1的方案没有这个限定。3. 对比文件1和对比文件2没有公开也没有启示本发明的技术特征“介于第一和第二数据层之间的一个反铁磁耦合基准层对，其中每个数据层通过一个分隔层与反铁磁耦合基准层对分隔开来”。4. 权利要求11~20的主动修改不

是导致驳回的原因，希望复审委员会在审查后能够允许申请人的修改。

经形式审查合格，专利复审委员会受理了该复审请求，并于 2005 年 1 月 4 日发出了受理通知书和前置审查通知书。

在前置审查中，国家知识产权局原实质审查部门坚持原驳回决定。

在此基础上，专利复审委员会成立合议组对此案进行审理。

合议组在审阅了全部文件后认为，根据现有文件，可以作出本复审决定。

二、决定的理由

1. 关于审查文本

本复审决定所针对的文本为：2004 年 6 月 14 日提交的权利要求第 1 ~ 20 项，2001 年 3 月 9 日提交的说明书第 1 ~ 6 页、附图第 1 ~ 4 页、说明书摘要、摘要附图。

2. 关于听证原则

专利法第三十八条规定：当发明专利申请经申请人陈述意见或者进行修改后，国务院专利行政部门仍然认为不符合本法规定的，应当予以驳回。

审查指南（2001 年版）第二部分第八章 2. 2 节中规定：在实质审查过程中，审查员在作出驳回决定之前，应当给申请人提供至少一次针对驳回理由和证据陈述意见和/或修改申请文件的机会，即审查员作出驳回决定时，决定中涉及的驳回理由和所依据的证据应当在之前的审查意见通知书中已经告知过申请人。

1）在本案的实质审查过程中，复审请求人答复第一次审查意见通知书时提交了权利要求书的替换页，包括权利要求 1 ~ 20。驳回决定中指出其中的权利要求 10 ~ 20 不是针对第一次审查意见通知书中所指出的缺陷进行的修改，因此，不予接受。

审查指南第二部分第八章 5. 2. 1 节中对修改不符合专利法实施细则第五十一条第三款规定的情况下的处理方式进行了相应的规定：如果审查员认为，申请人答复审查意见通知书时提交的经修改的文本中，修改的内容有一部分是按照通知书的要求而另一部分不是按照通知书的要求进行的，则在这种情况下，审查员可以先审查该文本，并根据需要发出审查意见通知书，在提出其他审查意见的同时，要求申请人在指定期限内删除不符合前次通知书要求的修改内容，否则上述修改文本不能接受；并在通知书中告知，到指定期限届满日为止，如果重新提交的修改文本中不删除该修改内容或者出现其他不符合专利法实施细则第五十一条第三款规定的内容，将视为在此指定期限内未对本通知书作出答复，根据专利法第三十七条的规定，申请将被视为撤回。

合议组认为，根据听证原则，如果修改不符合专利法实施细则第五十一条第三款的规定，审查部门应当发出通知书告知申请人该修改不符合专利法实施细则第五十一条第三款的规定，并给与申请人再次修改或陈述意见的机会。就本案而言，在驳回决定之前，审查部门未将修改不予接受的理由和依据告知过申请人，也未按照审查指南相关规定发出审查意见通知书，而是直接作出驳回决定，其审查程序违反了听证原则。

2）在本案审查过程中，审查部门在第一次审查意见通知书中针对原始递交的权利要求书指出权利要求 1 ~ 10 不符合专利法二十二条第三款的规定。复审请求人答复第一次审查意见通知书时提交了权利要求书的替换页，包括权利要求 1 ~ 20。审查部门针对该修改文本驳回本申请，在驳回决定中指出：基于与第一次审查意见通知书中相同的理由，当前的权利要求 1 ~ 9 不能被允许，本申请不符合专利法二十二条第三款的规定，因此予以驳回。

但是，驳回决定所针对的权利要求 9 为“一种装置”，而原始的权利要求 9 为“一个构造存储单元的方法”，它们是两个不同的技术方案，并且原始的权利要求书中没有与驳回所针对的权利要求 9

相同的技术方案；另外，驳回所针对的从属权利要求 4 的附加技术特征为“其中每一个分隔层是由不可导的非金属性材料构成”，在原始的权利要求书中没有与之相同的技术方案，也没有出现过上述技术特征。

合议组认为，在作出驳回决定之前，如果审查部门曾经将驳回所依据的法律条款通知过申请人，但是未将所依据的事实和理由以及必要的证据通知过申请人，在此情况下，审查部门作出驳回决定仍应被认为在程序上违反了听证原则。

就本案而言，驳回决定所针对的权利要求 9 和权利要求 4 是审查部门在审查意见通知书中未涉及过的权利要求，尽管审查部门曾将法律依据通知过申请人，但是，并没有将驳回权利要求 9 和权利要求 4 所依据的事实和理由告知过申请人，并给申请人至少一次陈述意见和/或进行修改的机会。在此情况下，审查部门作出的驳回决定在程序上违反了听证原则。

根据以上事实和理由，本案合议组作出如下审查决定。

三、决定

撤销国家知识产权局 2004 年 9 月 10 日作出的驳回 01111226.3 号发明专利申请的决定，由原审查部门依据 2004 年 6 月 14 日提交的权利要求第 1～20 项，2001 年 3 月 9 日提交的说明书第 1～6 页、附图第 1～4 页、说明书摘要、摘要附图，继续审批程序。

112

大规模集成半导体存储器和制造该半导体存储器的方法案

复审请求审查决定（第8119号）

决 定 号 第8119号
决 定 日 2006年2月22日
发明创造名称 大规模集成半导体存储器和制造该半导体存储器的方法
国 际 分 类 号 H01L 27/115、21/8247
复 审 请 求 人 西门子公司
申 请 号 96199545.9
申 请 日 1996年12月11日
公 开 日 1999年2月3日
合 议 组 组 长 张 度
主 审 员 骆素芳
参 审 员 石 清

法 律 依 据 专利法实施细则第二十一条第二款
决 定 要 点

复审请求人在答复复审通知书时对权利要求书进行了修改，将原审查部门指出的一项权利要求所缺少的必要技术特征加入到该项权利要求中，因此，修改后的该项权利要求克服了驳回决定所指出的缺陷，符合专利法实施细则第二十一条第二款的规定。

一、案由

本复审请求涉及申请号为96199545.9、名称为“大规模集成半导体存储器和制造该半导体存储器的方法”的发明专利国际申请（下称本申请）。其申请日是1996年12月11日，进入中国国家阶段日期是1998年7月6日，申请人是西门子公司。

在实质审查过程中，国家知识产权局于2002年4月5日发出了第一次审查意见通知书，其中指出：权利要求3不符合专利法实施细则第二十一条第二款的规定，权利要求6中限定的内容包含必要技术特征；权利要求3不符合专利法第二十六条第四款的规定；权利要求10不符合专利法实施细则第二十条第一款的规定；权利要求6~9不符合专利法实施细则第二十三条第二款的规定；同时还指出了说明书中存在的形式缺陷。

申请人于2002年8月20日提交了意见陈述书，其中指出：本发明的基本思想是控制栅（15），在权利要求6中定义的柱体4的准备不是本发明的基本部分，而只是一个继续的限定。同时，申请人提交了权利要求书及说明书的修改替换页，以克服第一次审查意见通知书中指出的其他缺陷。

国家知识产权局依据申请人2002年8月20日提交的权利要求第1~10项、说明书第1~7页，以及进入国家阶段日1998年7月6日提交的附图第1~6页、说明书摘要和摘要附图，于2002年9月20日驳回了本申请。

驳回决定针对的权利要求3为：

“3. 按照权利要求1的一种大规模集成半导体存储器的制备方法，在此方法中

a）在一种p+掺杂的衬底（1）上制备各刻蚀掩模（2），

b）用这些刻蚀掩模（2）进行一种用于制备各柱体（4）的各向异性刻蚀，

c）在反刻蚀的衬底区域（6）中进行n^+注入，

d）清洁处理各柱体（4）和在各柱体（4）上以及在位于其间的面上生长氧化物（8），

e）淀积用于形成浮栅的n^+掺杂的多晶硅（9），并且在位于各柱体（4）之间的各表面的区域中的多晶硅（9）通过各向异性的刻蚀重又被除去，

f）在该n^+掺杂的多晶硅（9）上淀积一种共聚电介质（10），

g）淀积一种平面化电介质（11），并且反刻蚀此介质（11）到下部柱体区域，

h）在平面化介质（11）的上方，该共聚电介质（10）和该第一多晶硅层（9）被各向同性地刻蚀，

i）在刻蚀露出的区域上生长一层栅氧化物（12），

j）在其上面淀积一种用于形成控制栅的p^+掺杂的多晶硅层（13），

k）该第二多晶硅层（13）被各向异性地刻蚀，以致于该第二多晶硅层（13）还能将该第一多晶硅层（12）完全地包围。

l）在各柱体（4）的顶端上将原始的刻蚀掩模（2）去除，并且在那里产生接点。”

驳回的理由主要是：本申请所要解决的技术问题是获得一种在亚光刻的尺寸情况下也能高效地、可靠地工作的柱体结构的大规模集成存储器，“在注入后除去保护层的各聚合物”和“再去除平面化介质”是解决上述技术问题的必要技术特征，因为，缺少上述技术特征则无法实现隧道氧化物直接与柱体接触、控制栅在各柱体的下方区域包围浮栅，也就无法解决上述技术问题。因此，权利要求3不符合专利法实施细则第二十一条第二款的规定。

申请人（下称复审请求人）对该驳回决定不服，于2003年1月6日向专利复审委员会提出了复审请求，理由是：在柱体侧壁上的各聚合物的各向异性蚀刻不是本发明的必要技术特征，因为，在侧壁上的聚合物是在步骤b）中的各向异性蚀刻的副产物，这种副产物的产生依赖于所选择的蚀刻方法，完全可以选择一种在蚀刻期间没有形成这种特定副产物的蚀刻方法，所以权利要求6的步骤不是必须的并且只有根据步骤d）的清洁步骤才是必须的，因此，权利要求3并不缺少必要技术特征。

经形式审查合格，专利复审委员会受理了该复审请求，并于2003年2月10日发出了受理通知书和前置审查通知书。

在前置审查中，国家知识产权局原实质审查部门坚持原驳回决定。

在此基础上，专利复审委员会成立合议组对此案进行审理。本案合议组于2003年10月29日向请求人发出了复审通知书，其中指出：尽管复审请求人认为：在侧壁上的聚合物是在步骤b）中的各向异性蚀刻的副产物，这种副产物的产生依赖于所选择的蚀刻方法，完全可以选择一种在蚀刻期间没有形成这种特定副产物的蚀刻方法，所以权利要求6的步骤不是必须的并且只有根据步骤d）的清洁步骤才是必须的。但是，目前的权利要求3并没有体现出复审请求人所述的上述思想，即该项权利要求并不能表明步骤b）中在各向异性蚀刻期间没有在柱体的侧壁上产生任何聚合物，因此，“在注入后除去保护层的各聚合物”和“再去除平面化介质”的步骤是目前权利要求3必不可少的技术特征，目前的权利要求3不符合专利法实施细则第二十一条第二款的规定。

复审请求人于2003年12月15日答复了复审通知书，提交了权利要求书和说明书第3页的修改的替换页，其中，在权利要求3的步骤c）中补入了技术特征“在步骤b）中生成的各侧壁聚合物在该注入之后被各向同性地刻蚀”，删除了原权利要求6，并将权利要求重新排序为权利要求1~9。

合议组经审查后认为，修改后的权利要求3仍旧缺少必要技术特征“再去除平面化介质”，不符合专利法实施细则第二十一条第二款的规定，于2004年5月11日将上述审查意见电话通知了复审请求人。

2004年5月17日复审请求人再次提交了权利要求1~9的修改替换页，其中将技术特征“再去除平面化介质”加入到了权利要求3的步骤h）中。修改后的权利要求3内容如下：

“3. 按照权利要求1的一种大规模集成半导体存储器的制备方法，在此方法中

a）在一种p+掺杂的衬底（1）上制备各刻蚀掩模（2），

b）用这些刻蚀掩模（2）进行一种用于制备各柱体（4）的各向异性刻蚀，

c）在反刻蚀的衬底区域（6）中进行n^+注入，在步骤b）中生成的各侧壁聚合物在该注入之后被各向同性地刻蚀。

d）清洁处理各柱体（4）和在各柱体（4）上以及在位于其间的面上生长氧化物（8），

e）淀积用于形成浮栅的n^+掺杂的多晶硅（9），并且在位于各柱体（4）之间的各表面的区域中的多晶硅（9）通过各向异性的刻蚀重又被除去，

f）在该n^+掺杂的多晶硅（9）上淀积一种共聚电介质（10），

g）淀积一种平面化电介质（11），并且反刻蚀此介质（11）到下部柱体区域，

h）在平面化介质（11）的上方，该共聚电介质（10）和该第一多晶硅层（9）被各向同性地刻蚀，再去除平面化介质，

i）在刻蚀露出的区域上生长一层栅氧化物（12），

j）在其上面淀积一种用于形成控制栅的p^+掺杂的多晶硅层（13），

k）该第二多晶硅层（13）被各向异性地刻蚀，以致于该第二多晶硅层（13）还能将该第一多晶硅层（12）完全地包围。

l）在各柱体（4）的顶端上将原始的刻蚀掩模（2）去除，并且在那里产生接点。”

至此，合议组认为本案事实已经清楚，可以作出复审决定。

二、决定的理由

1. 关于审查所针对的文本

本复审决定所针对的文本是：2004年5月17日提交的权利要求第1~9项，2003年12月15日提交的说明书第3页，2002年8月20日提交的说明书第1、2、4~7页，以及进入国家阶段日1998年7月6日提交的附图第1~6页、说明书摘要和摘要附图。

2. 关于专利法实施细则第二十一条第二款

复审请求人2004年5月17日提交的利要求书的修改替换页中，将技术特征“在步骤b）中生成的各侧壁聚合物在该注入之后被各向同性地刻蚀”补入权利要求3的步骤c）中，并将技术特征“再去除平面化介质”加入权利要求3的步骤h）中。从而，权利要求3中限定了“在步骤b）中生成的各侧壁聚合物在该注入之后被各向同性地刻蚀”以及步骤h）中在该共聚电介质（10）和该第一多晶硅层（9）被各向同性地刻蚀后，“再去除平面化介质”。这样的修改克服了驳回决定以及复审通知书中指出的权利要求3缺少必要技术特征“在注入后除去保护层的各聚合物”和“再去除平面化介质”的缺陷，因此，权利要求3符合专利法实施细则第二十一条第二款的规定，驳回决定所指的缺陷已不存在，应予撤销。

至于说明书和权利要求书中是否还存在其他缺陷，均留待后续程序继续审查。

三、决定

撤销国家知识产权局2002年9月20日作出的驳回96199545.9号发明专利申请的决定，由原审查部门基于2004年5月17日提交的权利要求第1～9项，2003年12月15日提交的说明书第3页，2002年8月20日提交的说明书第1、2、4～7页，以及1998年7月6日提交的附图第1～6页、说明书摘要和摘要附图，继续进行审批程序。

113

半导体器件及其制造方法案

复审请求审查决定（第8188号）

决　定　号　第8188号
决　定　日　2006年2月8日
发明创造名称　半导体器件及其制造方法
国 际 分 类 号　H01L 27/108、21/8242、21/3105
复 审 请 求 人　日本电气株式会社、恩益禧电子股份有限公司
申　请　号　96113417.8
申　请　日　1996年9月14日
公　开　日　1997年6月25日
合 议 组 组 长　黄　颖
主　审　员　骆素芳
参　审　员　崔哲勇

法 律 依 据　专利法第三十三条、专利法实施细则第二十条第一款
决 定 要 点

如果申请的内容通过增加、改变和/或删除其中的一部分，致使所属技术领域的技术人员看到的信息与原申请公开的信息不同，而且又不能从原申请公开的信息中直接地、毫无异议地导出，则这种修改是不允许的。

一、案由

本复审请求涉及申请号为96113417.8、发明名称为“半导体器件及其制造方法”的发明专利申请（下称本申请）。其申请日是1996年9月14日，公开日期是1997年6月25日，申请人是日本电气株式会社、恩益禧电子股份有限公司。

国家知识产权局于2000年6月30日发出第一次审查意见通知书，其中引用了两篇对比文件：

对比文件1：EP0602607A1 公开日期：1994年6月22日；

对比文件2：WO92/06498A 公开日期：1992年4月16日。

通知书中指出，权利要求4不具备专利法第二十二条第二款规定的新颖性，权利要求1～3不具备专利法第二十二条第三款规定的创造性。

申请人于2000年12月21日答复了上述审查意见通知书，提交了权利要求书的修改替换页，其中未对原权利要求1～4进行修改，并增加了新的权利要求5～12。同时陈述了本发明相对于对比文件1具备创造性的理由。

国家知识产权局于2003年8月8日发出第二次审查意见通知书，其中引用了一篇新的对比文件：

对比文件3：US5340774A　公开日期：1994年8月23日

通知书中指出，权利要求5～12不符合专利法第三十三条的规定；权利要求4不具备专利法第二

十二条第二款规定的新颖性，权利要求 1 ~3 不具备专利法第二十二条第三款规定的创造性；权利要求 5、9、12 不符合专利法实施细则第二十条第一款的规定。

申请人于 2003 年 10 月 23 日答复了上述审查意见通知书，提交了权利要求书的替换页，其中将原权利要求 3 中的一些特征补入原权利要求 1 中、同时删去了原权利要求 1 中的一些技术特征，成为新的权利要求 1；删除了原权利要求 4；撰写了新的从属权利要求 3 ~5；其他权利要求重新排序。并陈述了修改后的权利要求相对于对比文件 1 和 3 具备创造性的理由，以及权利要求 6 ~13 并未超出原说明书和权利要求书的范围的理由。

国家知识产权局依据申请人 2003 年 10 月 23 日提交的权利要求第 1 ~13 项，以及申请日 1996 年 9 月 14 日提交的说明书第 1 ~7 页、附图第 1 ~4 页、说明书摘要和摘要附图，于 2003 年 12 月 19 日驳回了本申请。

驳回决定针对的权利要求书为：

“1. 一种半导体器件，包括：

第一部分，装有具一定高度的组件；和

第二部分，没有具一定高度的组件；其特征在于：

所述第一部分有一个层间绝缘膜，其最上面的绝缘膜构成第一层间膜；

所述第二部分的层间绝缘膜由所述第一层间膜和直接敷在所述第一层间膜的第二层间膜组成；

所述第一部分中的所述层间绝缘膜的表面高于所述第二部分中的所述层间绝缘膜；

所述第二部分有一个穿过所述第一层间膜和所述第二层间膜的接触孔；和

一个金属互连件，配置在所述第二层间膜上并通过所述接触孔来与衬底上的扩散层保持连接。

2. 如权利要求 1 所述的半导体器件，其特征在于，所述第一层间膜是未掺杂的氧化硅制成的，所述第二层间膜是掺硼和/或磷的氧化硅制成的。

3. 如权利要求 1 所述的半导体器件，其特征在于，所述半导体期间是一个存储器，并且所述第一部分是一个存储单元部分，而所述第二部分是一个外围电路。

4. 如权利要求 3 所述的半导体器件，其特征在于，所述存储器是一个 DRAM。

5. 如权利要求 1 所述的半导体器件，其特征在于，SUOSHU 第二层间膜的化学机械抛光率大于所述第一层间膜的。

6. 一种半导体器件包括：

装有具有一定高度的部件的半导体器件的第一区域；

所述第一区域包括部件上的第一绝缘层，该部件具有其定表面为第一高度的最顶层第一层间膜；

没有具有一定高度的部件的半导体器件的第二区域；

所述第二区域包括在所述第一层间膜上有第二层间膜的第二绝缘层，所述第二层间膜的顶表面具有低于所述第一高度的第二高度；

所述第二层间膜具有高于所述第一层间膜的化学机械抛光率；和

在所述第二区域中的接触孔，穿过所述第一和第二层间膜，从所述第二高度延伸，和所述第二绝缘层之下的导体层相接触；

所述接触孔的内部周边被导电互连接材料覆盖，所述互连接材料在所述接触孔之上延伸到至少所述第一高度；

其中，如果所述孔从所述第一高度被向下延伸，则所述接触孔的外观率将被从此处降低。

7. 根据权利要求 6 的半导体器件，其中所述第一层间膜由未被掺杂的氧化硅制成，并且所述第二层间膜由被掺了至少硼和磷之一的氧化硅制成。

8. 根据权利要求 6 的半导体器件，其中所述第一和第二高度之间的高度差是所述第一和第二层间膜的化学机械抛光率之差的函数。

9. 根据权利要求 6 的半导体器件，其中半导体器件是 DRAM，并且其中所述第一区域是具有层叠型电容器的存储器区域和所述第二区域是外围电路。

10. 一种 DRAM 包括：

具有一定高度的层叠电容器的存储器区域；

所述存储器区域包括电容器之上的第一绝缘层，所述电容器具有其顶表面为第一高度的最顶层的第一层间绝缘膜；

没有具一定高度的部件的外围电路；

所述外围电路包括在所述第一层间膜之上具有第二层间膜的第二绝缘层，所述第二层间膜的顶表面具有低于所述第一高度的第二高度；

所述第二层间绝缘膜具有高于所述第一层间膜的化学机械抛光率；和

在所述外围电路中的接触孔，从所述第二高度经过所述第一和第二层间膜向下延伸，和所述第二绝缘层之下的导体层相接触；

所述导体孔的内部周边被导电互连材料覆盖，所述互连材料在所述接触孔之上延伸；

其中如果所述孔被从所述第一高度向下延伸，所述接触孔的方向率被从此降低，并且其中所述第一层间膜是 NSG 而所述第二层间膜是 BPSG。

11. 根据权利要求 10 的半导体器件，其中所述第一和第二高度之间有大约 0. 4μm 的间隔。

12. 一种 DRAM 包括：

具有有一定高度的层叠型电容器的存储器小区区域；

所述存储器小区区域包括在所述电容器顶部的第一绝缘层，所述电容器具有其顶表面是一个第一高度的最顶层 NSG 膜；

没有具有一定高度的部件的外围电路区；

所述外围电路区包括具有在所述 NSG 膜之上的 BPSG 膜的第二绝缘层，所述 NSG 膜的顶表面处于低于所述第一高度的第二高度；

在所述外围电路区域中的接触孔，从所述第二高度经过所述 NSG 和 BPSG 膜延伸，和所述第二绝缘层之下的导体层相接触；

所述接触孔，其内部周边被所述铝互连接覆盖，所述互连接在所述接触孔之上延伸到至少所述第一高度；

其中如果所述孔从所述第一高度向下延伸，所述接触孔的方向率从此降低。

13. 根据权利要求 12 的一种 DRAM，其中第一和第二高度之间的高度差是所述 NSG 和 BPSG 膜的化学机械抛光率之差。"

驳回的理由主要是：1. 权利要求 6、10、12 中的"和所述第二绝缘层之下的导体层相接触"在原说明书和权利要求书中没有记载，也不能由原申请文件记载的内容直接推导得出，超出了原说明书和权利要求书记载的范围，不符合专利法第三十三条的规定，申请人陈述的意见不能被接受，因为"扩散层"和"导体层"表示的含义不同；权利要求 6 中的"外观率"、权利要求 10 和 12 中的"方向率"以及权利要求 13 中的"高度差是所述 NSG 和 BPSG 膜的化学机械抛光率之差"不清楚，不符合专利法实施细则第二十条第一款的规定。

申请人（下称复审请求人）对该驳回决定不服，于 2004 年 3 月 12 日向专利复审委员会提出了复审请求，同时提交了权利要求书的替换页，其中将权利要求 6、10、12 中的"外观率""方向率"修改为“深宽比”，将权利要求13中的“高度差是所述NSG和BPSG膜的化学机械抛光率之差”修改为“高度差是所述NSG和BPSG膜的化学机械抛光率之差的函数”。请求人的理由主要是：1. 原始权利要求3中描述了接触孔与在第二绝缘层之下的导电层相连接的技术特征，新的权利要求6没有超出原始权利要求书公开的范围；2. “扩散层”是一种“导电层”，将“扩散层”上位为“导电层”应是适当的，得到说明书支持。

经形式审查合格，专利复审委员会受理了该复审请求，并于2004年4月12日发出了受理通知书和前置审查通知书。

在前置审查中，国家知识产权局原实质审查部门坚持原驳回决定。

在此基础上，专利复审委员会成立合议组对此案进行审理。本案合议组于2005年8月26日向请求人发出了复审通知书。其中指出如下问题：1. 权利要求6、10、12不符合专利法第三十三条的规定，其中的“和所述第二绝缘层之下的导体层相接触”在原始申请文件中没有记载，说明书中相应的记载是“通过互连接触孔11与基片上的扩散层保持接触”，而“扩散层”与“导体层”不相同；2. 对权利要求1的修改，删除了权利要求1的必要技术特征“第二层间膜的抛光率大于所述第一层间膜”，这种删除不能被允许，不符合专利法第三十三条；3. 对权利要求8、13的修改，技术特征“高度差是所述NSG和BPSG膜的化学机械抛光率之差的函数”在原始申请文件中没有记载，也无法从中直接推导得出，不符合专利法第33条；4. 权利要求6、9、10、12不符合专利法实施细则第二十条第一款的规定；5. 以及权利要求书中存在的错别字及明显的错误之处。

复审请求人于2005年12月1日答复了复审通知书，同意合议组意见，对权利要求书进行了修改并提交了权利要求书的替换页，其中，将原权利要求6、10、12中的“导体层”修改为“扩散层”，将原权利要求5的附加技术特征补入权利要求1，将原权利要求8、13中的“所述第一和第二高度之间的高度差是所述第一和第二层间膜的化学机械抛光率之差的函数”修改为“所述第一和第二高度之间的高度差依赖于所述第一和第二层间膜的化学机械抛光率之差”，并且修改了复审通知书中所指出的权利要求书中存在的不清楚的缺陷、错别字以及明显的错误之处。

修改后的权利要求书如下：

“1. 一种半导体器件，包括：

第一部分，装有具一定高度的部件；和

第二部分，没有具一定高度的部件；其特征在于：

所述第一部分有一个层间绝缘膜，其最上面的绝缘膜构成第一层间膜；

所述第二部分的层间绝缘膜由所述第一层间膜和直接敷在所述第一层间膜的第二层间膜组成；

所述第一部分中的所述层间绝缘膜的表面高于所述第二部分中的所述层间绝缘膜；

所述第二部分有一个穿过所述第一层间膜和所述第二层间膜的接触孔；和

一个金属互连件，配置在所述第二层间膜上并通过所述接触孔来与衬底上的扩散层保持连接；

其中上述第二层间膜的化学机械抛光率大于所述第一层间膜的化学机械抛光率。

2. 如权利要求1所述的半导体器件，其特征在于，所述第一层间膜是未掺杂的氧化硅制成的，所述第二层间膜是掺硼和/或磷的氧化硅制成的。

3. 如权利要求1所述的半导体器件，其特征在于，所述半导体器件是一个存储器，并且所述第一部分是一个存储器单元部分，而所述第二部分是一个外围电路。

4. 如权利要求3所述的半导体器件，其特征在于，所述存储器是一个DRAM。

5. 一种半导体器件，包括：

装有具有一定高度的部件的半导体器件的第一区域；

所述第一区域包括在上述部件上的第一绝缘层，上述第一区域具有其顶表面为第一高度的最顶层第一层间膜；

没有具有一定高度的部件的半导体器件的第二区域；

所述第二区域包括在所述第一层间膜上有第二层间膜的第二绝缘层，所述第二层间膜的顶表面具有低于所述第一高度的第二高度；

所述第二层间膜具有高于所述第一层间膜的化学机械抛光率；和

在所述第二区域中的接触孔，穿过所述第一和第二层间膜，从所述第二高度延伸，所述接触孔的互连材料与所述第二绝缘层之下的扩散层电连接；

所述接触孔的内部周边被导电互连接材料覆盖，所述互连接材料在所述接触孔之上延伸到至少所述第一高度。

6. 根据权利要求 5 的半导体器件，其中所述第一层间膜由未被掺杂的氧化硅制成，并且所述第二层间膜由被掺了至少硼和磷之一的氧化硅制成。

7. 根据权利要求 5 的半导体器件，其中所述第一和第二高度之间的高度差依赖于所述第一和第二层间膜的化学机械抛光率之差。

8. 根据权利要求 5 的半导体器件，其中上述半导体器件是 DRAM，并且其中所述第一区域是具有层叠型电容器的存储器单元区域和所述第二区域是外围电路。

9. 一种 DRAM，包括：

具有一定高度的层叠电容器的存储器单元区域；

所述存储器单元区域包括在上述电容器之上的第一绝缘层，所述存储器单元区域具有其顶表面为第一高度的最顶层的第一层间绝缘膜；

没有具一定高度的部件的外围电路；

所述外围电路包括在所述第一层间膜之上具有第二层间膜的第二绝缘层，所述第二层间膜的顶表面具有低于所述第一高度的第二高度；

所述第二层间绝缘膜具有高于所述第一层间膜的化学机械抛光率；和

在所述外围电路中的接触孔，从所述第二高度穿过所述第一和第二层间膜向下延伸，所述接触孔的互连材料与所述第二绝缘层之下的扩散层电连接；

所述接触孔的内部周边被导电互连材料覆盖，所述互连材料在所述接触孔之上延伸；

并且其中所述第一层间膜是 NSG 而所述第二层间膜是 BPSG。

10. 根据权利要求 9 的半导体器件，其中所述第一和第二高度之间有大约 0.4μm 的间隔。

11. 一种 DRAM，包括：

具有有一定高度的层叠型电容器的存储器单元区域；

所述存储器单元区域包括在所述电容器顶部的第一绝缘层，所述存储器单元区域具有其顶表面是一个第一高度的最顶层 NSG 膜；

没有具有一定高度的部件的外围电路区；

所述外围电路区包括具有在所述 NSG 膜之上的 BPSG 膜的第二绝缘层，所述 BPSG 膜的顶表面处于低于所述第一高度的第二高度；

在所述外围电路区域中的接触孔，从所述第二高度经过所述 NSG 和 BPSG 膜延伸，所述接触孔的互连接与所述第二绝缘层之下的扩散层电连接；

所述接触孔的内部周边被所述铝互连接覆盖，所述互连接在所述接触孔之上延伸到所述第一高度。

12. 根据权利要求 11 的 DRAM，其中第一和第二高度之间的高度差依赖于所述 NSG 和 BPSG 膜的化学机械抛光率之差。”

至此，合议组认为本案事实已经清楚，可以作出复审决定。

二、决定的理由

1. 关于审查所针对的文本

复审请求人 2005 年 12 月 1 日答复复审通知书时提交了权利要求书和说明书的替换页。经审查，上述修改符合专利法第三十三条和专利法实施细则第六十条的规定，因此，本复审决定所针对的文本是：2005 年 12 月 1 日权利要求第 1 ~ 12 项、说明书第 1 ~ 8 页，以及申请日 1996 年 9 月 14 日提交的附图第 1 ~ 4 页、说明书摘要和摘要附图。

2. 关于专利法第三十三条

1）复审请求人在答复复审通知书时修改了权利要求书，将原权利要求 6、10、12（现权利要求 5、9、11）中的“导体层”修改为“扩散层”，使之与说明书实施例中的记载相一致，从而克服了驳回决定以及复审通知书中指出的原权利要求 6、10、12 修改超范围，不符合专利法第三十三条的规定的缺陷。

2）修改后的权利要求 1，将原权利要求 5 的技术特征补入原权利要求 1，成为新的权利要求 1，克服了复审通知书中指出的因原权利要求 1 的修改删除了权利要求 1 中的必要技术特征，不符合专利法第三十三条的规定的缺陷。

3）复审请求人将原权利要求 8、13（对应于现权利要求 7、12）中的“所述第一和第二高度之间的高度差是所述第一和第二层间膜的化学机械抛光率之差的函数”修改为“所述第一和第二高度之间的高度差依赖于所述第一和第二层间膜的化学机械抛光率之差”，克服了复审通知书中指出的原权利要求 8、13 不符合专利法第 33 条的规定的缺陷。

3. 关于专利法实施细则第二十条第一款

1）复审请求人在提交复审请求书时提交的权利要求书替换页中，将权利要求 6 中的“外观率”、权利要求 10、12 中的“方向率”修改为“深宽比”，克服了驳回决定中指出的不符合专利法实施细则第二十条第一款的规定的缺陷。

2）复审请求人将驳回决定所针对的权利要求 13 中的“第一和第二高度之间的高度差是所述 NSG 和 BPSG 膜的化学机械抛光率之差”修改为现权利要求 12 中的“所述第一和第二高度之间的高度差依赖于所述第一和第二层间膜的化学机械抛光率之差”，克服了驳回决定中指出的不符合专利法实施细则第二十条第一款的规定的缺陷。

3）复审请求人在答复复审通知书时，将原权利要求 6（现权利要求 5）中的“该部件”修改为“上述第一区域”、将原权利要求 10（现权利要求 9）和原权利要求 12（现权利要求 11）中的“电容器”修改为“存储器单元区域”；将原权利要求 9 和 10（现权利要求 8 和 9）中的“存储器区域”修改为“存储单元区域”、将原权利要求 12（现权利要求 11）中的“存储器小区区域”修改为“存储器单元区域”；将原权利要求 6、10、12（现权利要求 5、9、11）中的效果技术特征删除；将权利要求 3 中的“期间”修改为“器件”、将原权利要求 6（现权利要求 5）中的“定表面”修改为“顶表面”、将权利要求 1 的“组件”修改为“部件”、将原权利要求 10（现权利要求 9）中的“导体孔”修改为“接触孔”，将原权利要求 12（现权利要求 11）第 7 行中的“NSG”修改为“BPSG”。这些修改克服了复审通知书中指出的不符合专利法实施细则第二十条第一款的规定的缺陷。

综上所述，复审请求人对本申请文件的修改已经克服了驳回决定和复审通知书所指出的缺陷，合议组依法作出以下复审决定。

三、决定

撤销国家知识产权局2003年12月19日作出的驳回96113417.8号发明专利申请的决定，由原实质审查部门基于2005年12月1日权利要求第1～12项、说明书第1～8页，以及申请日1996年9月14日提交的附图第1～4页、说明书摘要和摘要附图，继续进行审批程序。

114

太阳能热水瓶案

复审请求审查决定（第8191号）

决　定　号　第8191号
决　定　日　2006年1月18日
发明创造名称　太阳能热水瓶
国际分类号　A47J 41/02　F24 J2/02
复审请求人　卢水生
申　请　号　02102984.9
申　请　日　2002年2月12日
公　开　日　2002年10月9日
合议组组长　黄毅斐
主　审　员　崔哲勇
参　审　员　苏　青

法律依据　专利法第二十二条第三款
决定要点

如果权利要求所限定的技术方案相对于对比文件并非显而易见，且该技术方案能够实现较好的技术效果，则该权利要求具备创造性。

一、案由

本复审请求涉及申请日为2002年2月12日、公开日为2002年10月9日、名称为“太阳能热水瓶”的发明专利申请，其申请号为02102984.9，申请人为卢水生。

在实审过程中，国家知识产权局实质审查部门针对本申请的原始申请文本进行审查，于2003年9月26日发出第一次审查意见通知书，指出权利要求1～3相对于对比文件1和2的结合不符合专利法第二十二条第三款的规定，不具备创造性。

针对上述审查意见通知书，申请人于2003年11月30日提交了意见陈述书，陈述了本申请具备创造性的理由。

针对申请人的上述意见陈述，实审部门进行了补充检索，并于2004年1月9日发出第二次审查意见通知书，指出权利要求1～2相对于对比文件2和3的结合不具备创造性，权利要求3相对于对比文件1～3的结合不具备创造性。

针对第二次审查意见通知书，申请人于2004年2月11日提交了意见陈述书，并提交了权利要求书替换页。

实审部门认为本申请经申请人陈述意见后，修改后的权利要求1～3仍然不符合专利法第二十二条第三款的规定，因此于2004年3月19日作出了驳回本专利申请的决定。驳回决定所针对的权利要求书如下：

“1. 本太阳能热水瓶用长度适当的大管径真空集热管作瓶胆，同形状与规格相合的瓶壳结合而构成。瓶壳的中段用一块有弹性的反光板制作，它围拢即是瓶壳，展开就用作瓶胆的反光板。

2. 权利要求 1 所述的太阳能热水瓶用作瓶胆的大管径真空集热管的管口缩小，并制成管嘴，用隔热瓶塞塞口。

3. 权利要求 1 所述的太阳能热水瓶用作中段壳体的反光板展开的角度，用它背面纵向中轴上与之贴合的横截面为弧形的钢条的宽度来固定。

4. 本太阳能热水瓶壳体上设计支地用的长支脚，挂墙用的挂环，支墙用的短支脚。”

申请人（下称复审请求人）对于上述驳回决定不服，于 2004 年 4 月 12 日向专利复审委员会提出复审请求，其复审理由主要是：（1）对比文件 3 的说明书第 1 页第 9 ~ 10 行明确说明“外壳由铰链连接的弧形片组成”，并未公开反光板为弹性的技术特征，因此对比文件 3 和 2 并未覆盖权利要求 1 的全部技术特征，权利要求 1 相对于对比文件 3 和 2 具备创造性；（2）权利要求 3 的附加技术特征并未在对比文件 1 中公开。

经形式审查，该复审请求符合规定的形式要求，专利复审委员会于 2004 年 7 月 13 日发出复审请求受理通知书和前置审查通知书。

实审部门对该复审请求进行了前置审查，认为对比文件 3 公开“外壳由铰链连接的弧形片组成”，同时还公开了“外壳可打开可关闭，打开后成曲面状，为抛物曲面，圆曲面”，因此已经公开了权利要求 1 中的“弹性反光板”，故此仍坚持原驳回决定。

在此基础上，专利复审委员会依法成立合议组对本案进行审理，并于 2005 年 3 月 17 日发出复审通知书，提出下述意见：（1）权利要求 1 中并未限定出反光板在展开时的形状，该反光板在完全展开时的状态是该申请实现有效会聚光线的必要技术特征，复审请求人应当在独立权利要求 1 中对其明确限定；（2）反光板展开的角度受到钢条宽度的限制，而并非任意角度，复审请求人应当将这种展开角度与钢条宽度之间的这种限制关系补入权利要求 1 中；（3）另外，权利要求书中还存在多处撰写缺陷，应当进行修改。

专利复审委员会于 2005 年 4 月 8 日收到复审请求人于 2005 年 4 月 2 日寄交的针对上述复审通知书的意见陈述书以及权利要求书替换文本。

合议组在审查后发现上述权利要求仍存在一些形式问题，并电话通知复审请求人修改。

复审请求人于 2005 年 11 月 9 日再次提交了意见陈述书和权利要求书替换文本，新提交的权利要求书具体如下：

“1. 一种太阳能热水瓶，它由长度适当的大管径真空集热管作瓶胆，同形状与规格相合的瓶壳结合而构成，其特征在于：瓶壳分为上中下三段，用横截面为弧形的钢条相联；瓶壳的中段用一块有弹性的反光板制作，它围拢即是瓶壳，用以保护瓶胆，展开后为曲面，用作瓶胆的反光板，起聚光作用；弹性反光板展开的角度由它背面纵向中轴上与之贴合的弧形钢条的宽度来决定。

2. 如权利要求 1 所述的太阳能热水瓶，其特征在于：用作瓶胆的大管径真空集热管的管口缩小，并制成管嘴，用隔热瓶塞塞口。

3. 如权利要求 1 所述的太阳能热水瓶，其特征在于：壳体上设计本瓶斜放时支地用的长支脚，挂墙用的挂环，支墙用的短支脚。”

在上述工作的基础上，合议组认为本案事实清楚，可以作出本复审决定。

二、决定的理由

1. 审查文本

复审请求人于 2005 年 11 月 9 日提交的权利要求书符合专利法第三十三条和专利法实施细则第六

十条的规定，因此，本复审决定所针对的文本是复审请求人于申请日提交的说明书第 1 ~ 3 页、说明书附图第 1 页、摘要附图、摘要，以及 2005 年 11 月 9 日提交的权利要求第 1 ~ 3 项。

2. 关于创造性

本复审决定与实质审查驳回决定中引用的对比文件相同，具体为：

对比文件 1：CN85200332U 授权公告日 1985 年 9 月 10 日；

对比文件 2：CN85102356A 授权公告日 1987 年 1 月 10 日；

对比文件 3：CN2325714Y 授权公告日 1999 年 6 月 23 日。

权利要求 1 请求保护一种太阳能热水瓶，包括以下特征：它由长度适当的大管径真空集热管作瓶胆，同形状与规格相合的瓶壳结合而构成，瓶壳分为上中下三段，用横截面为弧形的钢条相联；瓶壳的中段用一块有弹性的反光板制作，它围拢即是瓶壳，用以保护瓶胆，展开后为曲面，用作瓶胆的反光板，起聚光作用；弹性反光板展开的角度由它背面纵向中轴上与之贴合的弧形钢条的宽度来决定。

对比文件 3 公开一种太阳能开水、保温壶（参见说明书和附图 1），该保温壶包括一个双层玻璃真空太阳能集热内胆，一个起固定保护内胆作用的外壳，外壳由铰链连接的弧形片组成，在弧形片的内壁上涂有一层反光膜，外壳可打开可关闭，打开后成曲面状，为抛物曲面、圆曲面或棱面，对太阳光起到反射聚光作用，从而对内胆加热。根据实施例的具体结构，玻璃内胆 5 装持在外壳 2 内，弧形片 4 为四块，左右对称分布，弧形片 4 的连接 6 为铰链连接。

将权利要求 1 与对比文件 3 相比可以发现，权利要求 1 与对比文件 3 存在以下区别：

（1）对比文件 3 与权利要求 1 的技术方案虽然均利用可围拢成外壳且展开成聚光曲面的反光部分来对内胆加热，但对比文件 3 的技术方案中反光部分由多个弧形片构成，这些弧形片由铰链连接，从对比文件 3 的附图中可以看出，由于反光部分的曲面由多个铰连的弧形片构成，因此所形成的曲面并非平滑曲面，而权利要求 1 的技术方案中采用弹性反光板作为反光曲面，其展开后可以形成平滑曲面，因此可以实现更好的聚光效果；

（2）权利要求 1 中利用弧形钢条的宽度来确定弹性反光板展开的角度，从而可以最佳地采集太阳能，对比文件 3 并未公开此特征。

对比文件 1 公开一种太阳能热水瓶，其中太阳能热水瓶可以直接采集太阳能来加热瓶中的水，对比文件 1 中采用的反光板与太阳能热水瓶是独立的两个部分，上述反光板需要利用托架或支架来支撑，该反光板可为渐开线曲面板、加装两个侧反光板的抛物面板或渐开线曲面反光板组架。对比文件 1 所公开的反光板与权利要求 1 所述的可以围拢以保护瓶胆或打开以形成聚光曲面的弹性反光板完全不同。因此，对比文件 1 并未公开上述区别技术特征（1）~（2）。

对比文件 2 公开一种瓶胆太阳能集热器，该瓶胆由双层真空夹层的瓶胆玻璃壳上电镀吸热涂层制成，但对比文件 2 并未公开任何有关反光板的技术特征。因此，对比文件 2 仍然未公开上述区别技术特征（1）~（2）。

综上所述，虽然对比文件 1 ~ 3 均涉及太阳能热水装置，但是对比文件 1 ~ 3 均未能公开权利要求 1 中所限定的太阳能热水瓶结构，尤其未能公开该太阳能热水瓶结构中所采用的围拢可以保护瓶胆而打开可以形成聚光曲面的弹性反光板，因此权利要求 1 的技术方案相对于对比文件 1 ~ 3 并非显而易见，由于上述弹性反光板能够形成较好的聚光曲面，且它与瓶胆之间形成的一体结构具有结构简单、使用方便的优点，因此权利要求 1 相对于对比文件 1 ~ 3 具有突出的实质性特点和显著的进步，符合专利法第二十二条第三款的规定。

在权利要求 1 相对于对比文件 1 ~ 3 具备创造性时，其从属权利要求 2 ~ 3 相对于对比文件 1 ~ 3 也同样具备创造性。

三、决定

撤销国家知识产权局于 2004 年 3 月 19 日对申请号为 02102984. 9 的发明专利申请所作出的驳回决定，由原实质审查部门以复审请求人于申请日提交的说明书第 1 ~3 页、说明书附图第 1 页、摘要附图、摘要、以及 2005 年 11 月 9 日提交的权利要求第 1 ~3 项为基础继续进行审批程序。

115

条形码数据形式扫描及标记的设备和方法案

复审请求审查决定（第8192号）

决　　定　　号　第8192号
决　　定　　日　2006年2月28日
发明创造名称　条形码数据形式扫描及标记的设备和方法
国际分类号　G06K 17/00
复审请求人　符号技术公司
申　　请　　号　96192291.5
申　　请　　日　1996年2月28日
公　　开　　日　1998年3月25日
合议组组长　崔哲勇
主　　审　　员　范玉霞
参　　审　　员　周雷鸣

法律依据　专利法第二十二条第三款
决定要点

专利法第二十二条第三款规定，创造性，是指同申请日以前已有技术相比，该发明有突出的实质性特点和显著的进步。虽然发明与已有技术相比具有区别技术特征，但是当该区别技术特征属于本领域公知常识时，则发明依然不具有突出的实质性特点和显著的进步。

一、案由

本复审请求涉及申请号为96192291.5、发明名称为“条形码数据形式扫描及标记的设备和方法”的发明专利申请（下称本申请），其申请日为1996年2月28日，优先权日为1995年3月1日，进入国家阶段日期是1997年9月1日，申请人是符号技术公司。

国家知识产权局实质审查部门依法对本申请进行了实质审查，于2002年6月7日发出第一次审查意见通知书，指出：权利要求1～30、33～38、53～61分别不具备专利法第二十二条第三款规定的新颖性或者不具备专利法第二十二条第三款规定的创造性，其中引用了1993年7月13日公开的对比文件1（US5227617A）和1995年1月17日公开的对比文件2（US5382779A）；权利要求31～32、40～52不符合专利法第三十一条第一款的规定。

针对第一次审查意见通知书，申请人于2002年10月7日提交了意见陈述书和权利要求书及摘要的替换页。

审查员于2002年11月8日发出第二次审查意见通知书，指出：权利要求1～26不具备专利法第二十二条第三款规定的创造性。

针对第二次审查意见通知书，申请人于2003年1月15日提交了意见陈述书。

国家知识产权局实质审查部门于2003年12月26日以权利要求1～26相对于对比文件1和2不

具备创造性为由对本申请作出驳回决定。驳回决定所针对的文本是：2002 年 10 月 7 日提交的权利要求第 1 ~26 项、说明书摘要，以及 1997 年 9 月 1 日提交的说明书第 1 ~14 页、附图第 1 ~6 页、摘要附图。

申请人（下称复审请求人）对上述驳回决定不服，于 2004 年 4 月 6 日向国家知识产权局专利复审委员会提出了复审请求，未修改申请文件。

经形式审查合格，专利复审委员会受理了该复审请求，并于 2004 年 5 月 11 日发出受理通知书和前置审查通知书。

在前置审查中，国家知识产权局实质审查部门坚持原驳回决定。

在此基础上，专利复审委员会依法成立合议组对本案进行审理。

合议组研究了国家知识产权局实质审查部门作出的驳回决定通知书以及复审请求人提交的复审请求书，于 2005 年 11 月 15 日发出复审通知书，指出权利要求 1 ~26 相对于对比文件 1 和 2 不具备创造性。

针对复审通知书，复审请求人于 2005 年 12 月 13 日提交了意见陈述书，未修改申请文件。主要理由是：对比文件 1 和 2 都没有揭示二维条形码的技术，因此本申请的权利要求具备创造性。

经继续审查，合议组认为本案事实清楚，现作出本复审请求审查决定。

二、决定的理由

1. 审查文本

本复审决定所针对的文本为：2002 年 10 月 7 日提交的权利要求第 1 ~26 项、说明书摘要，以及 1997 年 9 月 1 日提交的说明书第 1 ~14 页、附图第 1 ~6 页、摘要附图。

2. 关于创造性

专利法第二十二条第三款规定："创造性，是指同申请日以前已有技术相比，该发明有突出的实质性特点和显著的进步"。

本复审决定引用的对比文件为 1993 年 7 月 13 日公开的对比文件 1（US5227617A）和 1995 年 1 月 17 日公开的对比文件 2（US5382779A）。

1）权利要求 1 相对于对比文件 1 和 2 不具备创造性。

权利要求 1 请求保护一种为带有条形码数据形式的产品提供二维条形码数据形式的方法，条形码数据形式与该产品有关，该方法的各步骤包括：

a）扫描产品的条形码数据形式；

b）解码所述数据形式以产生与产品有关的解码数据；

c）选择要包括在二维条形码中的数据，所选数据包括至少所述解码数据的一部分和与产品有关的附加数据；

d）编码所述选择数据以产生二维条形码数据形式；以及

e）将二维条形码数据形式打印到要附在产品的标签上。

对比文件 1（US5227617A）公开了一种带有扫描数据和检索选定数据功能的手持式标签机，该标签机执行如下步骤（参见其说明书第 2 栏第 12 行至第 3 栏第 30 行）：扫描器 12 扫描编码记录（相当于权利要求 1 中的步骤 a）；解码芯片 84 识别该记录并将代表扫描编码的数字信号（即编码记录数据，相当于权利要求 1 中的解码数据）发送给处理器 110（步骤 b）；编码记录数据包括信息数据和保护码，保护码表示编码的类型，处理器 110 将信息数据从整个编码记录数据中分离出来储存到 RAM114 中，而保护码则是对应于一种类型的编码只存储一个保护码，通常被扫描的编码记录是标识一件产品的条形码；当接收到打印命令时，处理器 110 选择出信息数据（即部分解码数据）和保护码（步骤 c），然后将信息数据和保护码进行组合（步骤 d），通过将信息数据和不同的保护码组合可以改变条形码的类型；编码组合好之后，处理器打印该组合编码到一个标签上，并将这个标签应用在一个商品上（步骤 e）。

权利要求 1 与对比文件 1 的区别在于：（1）权利要求 1 生成的条形码数据形式是二维的，而对比文件 1 没有记载条形码数据形式是一维码还是二维码；（2）权利要求 1 中的附加数据与产品有关，对比文件 1 中的保护码与商品无关。

关于区别特征（1），一维码和二维码都是本领域的公知技术，而且本领域技术人员都知晓使用二维码相对于一维码可以得到较大信息容量的效果，即根据实际情况的需要选择使用二维码不需要花费创造性劳动；关于区别特征（2），对比文件 2（US5382779A）公开了一种货架上价格标签的验证装置和方法，其中披露了（参见其说明书第 5 栏第 8 ~ 12 行，第 3 栏第 13 ~ 21 行，附图 2）该价格标签上印有标识产品的 UPC 编码 22，其后跟有标识产品价格的附加条码组 23，其中手持验证单元扫描标签，包括标签上的价格，当根据 UPC 编码 22 在数据库中查找到的价格与扫描得到的价格不一致时，可以立即打印包含新价格的标签。由于对比文件 2 中的附加条码组 23 与权利要求 1 中的附加数据都是与产品有关的数据，所起到的作用也都是与旧标签的部分数据重组以产生一个新标签，而且二者同属于对商品标签进行修改的领域，因此对比文件 2 给出了将上述区别特征（2）应用到对比文件 1 中得到权利要求 1 的技术启示。

综上，权利要求 1 相对于对比文件 1 和 2 不具有突出的实质性特点和显著的进步，不符合专利法第二十二条第三款关于创造性的规定。

2）权利要求 2 的限定部分为“至少一部分附加数据是从远离产品地点的一个数据库检索的”。对比文件 2（参见其说明书第 6 栏第 41 ~ 55 行，附图 3）公开了：UPC 编码 22 用于在商店数据库中检索正确的价格，商店数据库 61 和手持验证单元 30 之间是远程连接，即正确价格（附加数据）是从远离产品地点的数据库中检索的。所以当其引用的权利要求 1 不具备创造性时，权利要求 2 不符合专利法第二十二条第三款的规定。

3）权利要求 3 的限定部分为“它包括这样的附加步骤：在产生二维条形码之前提供包含二维条形码数据形式的选择数据的可视表征”。对比文件 1 披露了（参见其说明书第 4 栏第 8 ~ 11 行）：当显示器 16 显示待打印编码记录的信息（即数据的可视表征）时，使用者可激活开关 18 来初始化标签机 10 打印和贴标签的操作。所以当其引用的权利要求 1 不具有创造性时，权利要求 3 不符合专利法第二十二条第三款的规定。

4）权利要求 4 的限定部分为“附加数据包括与涉及产品的销售交易有关的数据”；权利要求 5 的限定部分为“销售交易数据包括销售交易中的产品的销售价格”。对比文件 2（参见其说明书第 2 栏第 12 行至第 3 栏第 30 行）披露的附加条码组 23 是商品价格信息，即是一种销售交易数据。所以当其直接或间接引用的权利要求 1 不具备创造性时，权利要求 4 和 5 不符合专利法第二十二条第三款的规定。

5）权利要求 6 的限定部分为“包括这样的附加步骤：修改选择数据并利用修改的选择数据产生二维条形码数据形式”。对比文件 1 披露了（参见说明书第 3 栏第 21 ~ 24 行）：如果扫描的编码是不允许的类型，贴标签机可拒绝存储信息，或接受扫描的编码而利用其他安全码将其转换成可接受的编码类型，即可以修改安全码（选择数据）并利用修改的安全码产生新的条码数据。所以当其所引用的权利要求 1 不具有创造性时，权利要求 6 不符合专利法第二十二条第三款的规定。

6）权利要求 7 的限定部分为“修改所选数据的步骤包括利用数学公式来修改至少一部分所选的数据”。通过一定的数学关系修改是一种修改数据的惯用技术手段，例如编码和加密都是通过一定的数学公式对数据进行某种运算而达到修改目的的。所以当其引用的权利要求 6 不具备创造性时，权利要求 7 不符合专利法第二十二条第三款的规定。

7）权利要求 8 相对于对比文件 1 和 2 不具备创造性。

权利要求 8 请求保护一种为产品产生二维条形码数据形式的方法，该方法的步骤包括：

a）扫描与产品有关的第一条形码数据形式；

b）解码第一条形码数据形式以产生与产品有关的解码数据；

c）将解码数据存储在存储器中；

d）选择要包含在二维条形码数据形式的数据，该数据包括存储在存储器中的解码数据和与产品有关的附加数据；

e）从存储器中检索所选的解码数据；

f）获取所选的附加数据；

g）根据所选择的数据产生二维条形码数据形式；以及

h）将二维条形码数据形式打印到与产品相关的标签上。

与独立权利要求 1 相比，权利要求 8 增加了三个步骤，即步骤 c）、e）、f），而对比文件 1 公开了（参见其说明书第 5 栏第 48 ~51 行，第 6 栏第 21 ~26 行）：微处理器 110 存储从扫描器 12 出接收到的数据（即解码器 84 解码出的解码数据）到 RAM114 中，以用于选择检索和打印；微处理器 110 重组存储在 RAM114 的位置 N 处的信息数据和安全码，其中安全码是用户根据需要而选择的，也就是说对比文件 1 已经公开了上述三个步骤（具体理由参见对权利要求 1 的评述）。因此，权利要求 8 相对于对比文件 1 和 2 也不具有突出的实质性特点和显著的进步，不符合专利法第二十二条第三款关于创造性的规定。

8）权利要求 9 和 10 的限定部分分别与权利要求 2 和 5 的限定部分相同。因此，当其引用的权利要求 8 不具备创造性时，权利要求 9 和 10 不符合专利法第二十二条第三款的规定（具体理由参见对权利要求 2 和 5 的评述）。

9）权利要求 11 相对于对比文件 1 和 2 不具备创造性。

权利要求 11 请求保护一种利用扫描和标记设备为产品产生二维条形码数据形式的标签的方法，二维条形码数据形式标签含有得自与产品有关的条形码数据形式的解码数据，以及与涉及产品的销售交易有关的数据，该方法的步骤包括：

a）用扫描和标记设备来扫描产品的条形码数据形式标签；

b）解码所扫描的条形码数据形式，并将至少一部分所述与产品有关的解码数据存储在扫描和标记设备的存储器中；

c）为二维条形码选择数据，该数据包括至少部分的所述解码数据和销售交易数据；

d）将所选的数据中所指定的销售交易数据输入到存储器中；

e）从存储器检索所选的数据；

f）根据检索数据产生二维条形码数据形式；以及

g）将二维条形码印在标签上。

对比文件 1 公开了一种带有获取扫描数据和检索选定数据功能的手持式贴标签机，该贴标签机可以扫描标签和打印标签，相当于权利要求 1 中的扫描和标记设备，并具体披露了（参见其说明书第 3 栏第 60 行至第 6 栏第 26 行）：贴标签机 10 的扫描器 12 扫描编码记录（相当于权利要求 1 中的步骤 a）；解码芯片 84 识别该记录并将代表扫描编码的数字信号（即编码记录数据，相当于权利要求 1 中的解码数据）发送给处理器 110，处理器 110 将接收到的数据存储在贴标签机 110 的 RAM114 中（步骤 b)；编码记录数据包括信息数据和保护码，保护码表示编码的类型，对应于一种类型的编码只存储一个保护码，通常被扫描的编码记录是标识一件产品的条形码；当接收到打印命令时，处理器 110 选择出信息数据和保护码（步骤 c)；然后将信息数据和保护码进行组合，通过将信息数据和不同的保护码组合可以改变条形码的类型（步骤 f)；编码组合好之后，处理器打印该组合编码到一个标签上，并将这个标签应用在一个商品上（步骤 g)。

权利要求 11 和对比文件 1 的区别在于：(1) 权利要求 11 的条形码数据形式是二维的，而对比文件 1 没有记载其是一维码还是二维码；(2) 权利要求 11 中的条形码数据包括解码数据和销售交易数据，其中销售交易数据是从扫描和标记设备之外处输入到存储器中（步骤 d）然后再检索出来的（步骤 e)。

关于区别特征（1)，一维码和二维码都是本领域的公知技术，而且本领域技术人员都知晓使用二维码相对于一维码可以得到较大信息容量的效果，即根据实际情况的需要选择使用二维码不需要花费创造性劳动；关于区别特征（2)，对比文件 2 公开了一种货架上价格标签的验证装置和方法，其中披露了（参见其说明书第 5 栏第 8 ~ 12 行，第 3 栏第 13 ~ 21 行，附图 2)：价格标签上印有标识产品的 UPC 编码 22，其后跟有标识产品价格的附加条码组 23，其中手持验证单元 30 扫描标签，包括标签上的价格，将价格数据库从商店数据库 61 下载到手持验证单元 30 的磁盘 35 中（步骤 d)，根据 UPC 编码 22 在数据库中查找正确的价格（步骤 e)，当与扫描得到的价格不一致时，可以立即打印包含新价格的标签。由于对比文件 2 披露的上述特征与区别特征（2）相同，而且所起到的作用也都是从数据库中获得销售交易数据，二者也同属于对商品标签进行修改的领域，因此对比文件 2 给出了将上述区别特征（2）应用到对比文件 1 中得到权利要求 11 的技术启示。

综上，权利要求 11 相对于对比文件 1 和 2 不具有突出的实质性特点和显著的进步，不符合专利法第二十二条第三款关于创造性的规定。

10）权利要求 12 和 13 的限定部分分别为“至少部分销售数据从销售点终端输入到设备的存储器中”和“销售交易数据从一个远方数据库输入到设备的存储器中”。对比文件 2 披露了（参见说明书第 5 栏第 66 ~ 68 行，第 6 栏第 41 ~ 55 行)：手持验证单元 30（设备）的磁盘 35（存储器）用于存储从商店的主计算机（销售点终端）下载（输入）来的价格（销售数据）和商品识别信息；而磁盘 35 和商店计算机 60 之间可以是远程连接，即商店计算机 60 的数据库 61 是远程数据库。所以当其引用的权利要求 11 不具备创造性时，权利要求 12 和 13 不符合专利法第二十二条第三款的规定。

11）权利要求 14 相对于对比文件 1 和 2 不具备创造性。

权利要求 14 请求保护一种为产品产生二维条形码数据形式的条形码扫描和标记设备，该二维条形码数据形式含有选定数据，而所选数据包括由本设备扫描和解码产品的条形码而得到的与产品有关的解码数据，以及与产品有关的附加数据，该设备包括：

a）一个包括数据选择电路的微处理器，该数据选择电路适于从该设备的数据存储装置检索所选数据，并适于将所检索数据装配成适合由编码/解码电路编码为二维条形码的格式；

b）一个电气上连到微处理器的扫描器，它能在启动后扫描条形码数据形式；

c）一个在电气上连到微处理器的编码/解码电路，它包括：

i）解码电路，用于把扫描的条形码数据形式解码成为表征该被扫描条形码的机器可读的解码数据；以及

ii）编码电路，用于对选择数据进行编码而产生二维条形码数据形式，所选数据包括附加数据；

d）连到微处理器的接口装置，用以启动扫描器和规定选择的数据；

e）电气上连到微处理器的通信装置，用以向远程设备发送数据和从远程设备接收数据，至少一

部分附加数据为接收自该远程设备的数据；

f）电气上连到微处理器的数据存储装置，用以存储从扫描的条形码得到的解码数据和从远程设备接收到的数据；以及

h）打印装置，用来将二维条形码数据形式印在标签上。

权利要求14是与方法权利要求8相对应的装置权利要求，其中的组成部件a）~g）分别对应于步骤e）、a）、b）、g）、d）、f）、c）、h）。因此，权利要求14也不符合专利法第二十二条第三款的规定（具体理由参见对权利要求8的评述）。

12）权利要求15的限定部分为"打印装置包括连到外壳的结构，用来支持一卷可分离地粘到一个承载卷筒纸上的压敏标签"。对比文件1披露了（参见其说明书第2栏第12~15行）：该发明的装置包括一个护盖，带有卷筒压敏标签的支持部件，可分离地粘到承载网。所以当其所引用的权利要求14不具备创造性时，权利要求15不符合专利法第二十二条第三款的规定。

13）权利要求16的限定部分为"通信装置包括一个可通过RF数据信号向远程设备发送数据和从远程设备接收数据的收发器"。对比文件2披露了（参见说明书第6栏第41~51行）：使用RF或IR技术，在验证单元30和商店计算机60之间实现远程链接。所以当其引用的权利要求14不具备创造性时，权利要求16不符合专利法第二十二条第三款的规定。

14）权利要求17的限定部分为"该设备包括一个显示装置，用以显示表征从扫描的条形码数据形式得到的解码数据和选择数据的人可识别的数据"；权利要求18的限定部分为"接口装置包括在产生二维条形码数据形式之前确认所显示的选择数据的电路"。对比文件1披露了（参见说明书第4栏第8~11行，第2栏第49~52行）：当显示器16显示待打印编码记录的信息时，用户通过激活开关18来初始化标签机10的打印和贴标签操作；在数据选择操作中显示给用户的是包括字母和数字形式的条形码编码和/或其他商品标识信息。所以当其直接或间接引用的权利要求14不具备创造性时，权利要求17和18不符合专利法第二十二条第三款的规定。

15）权利要求19的限定部分为"扫描装置能够扫描一维和二维的条形码数据形式"。该特征是本领域的公知常识。所以当其引用的权利要求14不具备创造性时，权利要求19不符合专利法第二十二条第三款的规定。

16）权利要求20的限定部分为"微处理器数据选择电路检索存放在数据存储装置中的选出的数据，并使用通信装置检索存放在远程设备中或通过访问它而得到的所选择的数据"。对比文件2披露了（参见说明书第6栏第41~51行）：使用UPC编码在与商店收款处使用的数据库相同的数据库中查找正确的价格，以作比较，而验证单元30和商店计算机60之间的连接可使用RF和IR技术实现远程连。所以当其引用的权利要求14不具备创造性时，权利要求20不符合专利法第二十二条第三款的规定。

17）权利要求21的限定部分为"微处理器包括处理装置，它响应由接口装置输入的命令以修改至少一部分的选择数据，修改的选择数据将加入到二维条形码数据形式中"。对比文件1披露了（参见说明书第7栏第3~12行，附图4，6）：微处理器110将存储在RAM114中指针N指示的信息数据，与相应位置处的保护码重组，或与表示其他可由用户选择的保护码重组（修改选择数据），将扫描码转换至另一类型。所以当其引用的权利要求14不具有创造性时，权利要求21不符合专利法第二十二条第三款的规定。

18）权利要求22的限定部分为"其中接口装置包括一个键盘"。对比文件1披露（参见说明书第4栏第4~8行）：提供键盘14初始化贴标签机10的多种操作。所以当其引用的权利要求14不具有创造性时，权利要求22不符合专利法第二十二条第三款的规定。

19）权利要求 23 的限定部分为“接口装置包括一个应用程序”。对于本领域技术人员来说，很容易从对比文件 1 所公开的完成各个功能的接口必然包括一个应用程序，以完成其所具有的各个功能。所以当其引用的权利要求 14 不具备创造性时，权利要求 23 不符合专利法第二十二条第三款的规定。

20）权利要求 24 相对于对比文件 1 和 2 不具备创造性。

权利要求 24 请求保护一种为带有第一条形码数据形式的物品提供二维条形码数据形式的方法，该方法包括下列步骤：

a）扫描所述物品的数据形式；

b）解码所扫描的数据形式以产生与物品有关的解码数据；

c）选择要包含在二维条形码中的数据，选择的数据包括至少一部分所述解码数据和与物品有关的附加数据；

d）编码选择的数据以产生二维条形码数据形式；以及

e）将二维条形码形式打印在适于附在物品的标签上。

相对于独立权利要求 1，权利要求 24 与其的区别仅仅是将其中的“产品”替换为“物品”。对于本领域技术人员来说，产品和物品都只是标签所依附的实物，而提供二维条形码数据形式的方法并没有发生任何变化，至于给哪种实物提供该条形码则可以根据实际情况的需要任意选择。因此，权利要求 24 也不符合专利法第二十二条第三款的规定（具体理由参见对述权利要求 1 的评述）。

21）权利要求 25 的限定部分为“至少一部分附加的数据是从远离物品地点的一个数据库中检索的”。该限定部分与权利要求 2 的相同，因此，当其引用的权利要求 24 不具有创造性时，权利要求 25 不符合专利法第二十二条第三款的规定（具体理由参见对权利要求 2 的评述）。

22）权利要求 26 的限定部分为“附加数据包括表征对物品所作的改动处理的数据”。对比文件 2 披露了（参见说明书第 3 栏第 13～21 行）：用 UPC 编码在与商店收款处使用的数据库相同的数据库（手持扫描单元中是该数据库的全部或部分拷贝）中查找正确的价格，两个价格作一比较，不一致时，可以立即打印包含新的价格（附加数据）的标签，即附加数据是一种表征商品价格改变的数据，当需要不同的数据存储其中的时候，比如对物品的处理，用该处理数据替换价格数据是显而易见的。所以当其引用的权利要求 24 不具备创造性时，权利要求 26 不符合专利法第二十二条第三款的规定。

23）复审请求人在意见陈述书中强调了对比文件 1 和 2 都没有揭示二维条形码的技术，并因此认为本申请的权利要求具备创造性。合议组认为：在本申请提交之前，一维码和二维码都是本领域的公知技术，而且本领域技术人员都知晓使用二维码相对于一维码可以得到较大信息容量，请求人在提交本申请时也将二维条形码作为现有技术写入“发明的背景”部分，而且明确记载了“一个商人可使用一种叠层的或两维（2D）的条形码数据形式来增加数据容量”，即本领域技术人员都能够从申请文件的记载中很明确地得知请求人仅仅是在使用（应用）二维条形码技术，并非是将其作为本申请的发明点，而且使用二维条形码的主要原因在于其信息容量比较大。因此，对比文件 1 和 2 都没有揭示二维条形码技术并不能成为本发明的权利要求相对于对比文件 1 和 2 具备创造性的理由。

三、决定

驳回复审请求，维持国家知识产权局对 96192291.5 号专利申请所作出的驳回决定。

复审请求人如对本复审决定不服，根据专利法第四十三条第二款的规定，在收到本决定之日起三个月内可以向北京市中级人民法院起诉。

116

无机氢化合物，其分离方法，及其在燃料中的应用案

复审请求审查决定（第8259号）

决　定　号　第8259号
决　定　日　2006年3月21日
发明创造名称　无机氢化合物，其分离方法，及其在燃料中的应用
国际分类号　H01M 4/58　C01B 6/24
复审请求人　布莱克光电有限公司
申　请　号　98807443.5
申　请　日　1998年7月7日
公　开　日　2000年8月30日
合议组组长　张　度
主　审　员　孙克良
参　审　员　朱芳芳

法律依据　专利法第二十二条第四款
决定要点

具有实用性的发明或者实用新型专利申请应当符合自然规律，但不一定必须符合所属领域的技术常识，对于有些发明或者实用新型专利来说，正是为了克服所属领域的常规技术的偏见而作出的，因此不应当将是否违背所属领域的常识作为判断发明或者实用新型专利是否具有实用性的依据。

一、案由

本复审请求案涉及申请日为1998年7月7日、公开日为2000年8月30日、优先权日为1997年7月22日、1997年12月29日、1998年2月9日、1998年1月20日和1998年4月3日、发明名称为“无机氢化合物，其分离方法，及其在燃料中的应用”的98807443.5号发明专利申请（下称本申请），申请人为布莱克光电有限公司。

国家知识产权局实质审查部门于2003年12月5日发出了第一次审查意见通知书，指出：权利要求1~166以及说明书公开了一种包括氢原子的分子，但说明书没有给出任何可以实际应用的实施例，给出的仅仅是申请人想如何应用该物质。唯一给出的可以实用的实施例是燃料电池，但是，在该实施例中是将新型氢作为氧化剂，这与燃料电池领域中的常识是相矛盾的，因此本申请的技术方案无法利用工业手段生产，也不可能在产业上应用，因而不具备实用性，不符合专利法第二十二条第四款的规定。此外，权利要求1~166列举氢原子具有更高的结合能也是不清楚的。

申请人于2004年6月16日提交了意见陈述书，并附上100篇与申请技术相关的文献来证实确实存在低能量氢。申请人在意见陈述书中指出：申请人已经制备出超过40种本发明所要求保护的新型氢物质，这些氢物质已经被实验室、大学和政府机构测试并核实，具体可参见所附的参考文献。另外，在说明书的第38页到53页中描述了新型氢的制备和实际工业应用的多个具体实施例。因此本申

请的技术方案可以实际工业应用和实施，具备实用性。另外，本申请的新型氢作为氧化剂是实际测量的结果，它与审查员认为的普通氢作为燃料是不相关的。

针对进入中国国家阶段时提交的国际申请文件的中文译文，国家知识产权局于2004年12月10日驳回了本申请。在驳回决定中的驳回理由是：权利要求1～166声称其所涉及的氢物质的结合能高于13.598eV，这与本领域的常识是矛盾的；本申请的新型氢用作燃料电池的氧化剂也明显违背了本领域的常识；在说明书第85页的分子结构式中，氢具有两个共价健也违背了本领域的常识。因此，本申请的氢物质违背了本领域技术人员的常识，无法在产业上制造或者使用，因而权利要求1～166不具备专利法第二十二条第四款规定的实用性。

申请人（下称请求人）对上述驳回决定不服，于2005年3月25日向国家知识产权局专利复审委员会提交了复审请求书，并且同时提交了实验证据和参考文件。其请求复审的主要理由是：驳回决定中认为本申请不具有实用性的结论仅仅是审查员的主观臆断，没有事实基础，并且未能指出请求人提供的可靠的实验数据有何种错误。同时，请求人也认为本申请也不是本领域的技术常识，但也正因为如此本发明才具有专利性。

经形式审查合格后，专利复审委员会受理了该复审请求，于2005年7月5日发出了复审请求受理通知书及前置审查通知书，请原审查部门对本案进行了前置审查。

原审查部门在前置审查意见中认为本申请仍不具备专利法第二十二条第四款规定的实用性。

专利复审委员会依法成立合议组对本案进行审查。

经审查，合议组认为本案事实清楚，可以作出审查决定。

二、决定的理由

1. 关于文本

本决定所依据的文本与驳回决定依据的文本相同，即进入中国国家阶段时提交的国际申请文件的中文译文。

2. 关于专利法第二十二条第四款

根据专利法第二十二条第四款的规定，实用性，是指该发明或者实用新型能够制造或者使用，并且能够产生积极效果。

驳回决定认为权利要求1～166所涉及的“结合能增高的氢物质”违背了本领域的常识，因而无法在产业上制造和使用。合议组认为：尽管本申请的技术方案违背了本领域的常识，但根据说明书的描述，其仍然能够制造和使用，因此技术方案是否违背本领域常识与其实用性无关，有些发明正是因为违背了本领域的常识，克服了本领域的偏见，才使之具有了创造性。而且，审查指南（2001年版）规定的是违背自然规律的申请不具有实用性，而不是违背本领域常识的申请不具有实用性。

综上所述，驳回决定中认为本申请的权利要求书和说明书所要求保护的技术方案不符合专利法第二十二条第四款所规定的实用性的理由不成立。

基于上述理由，合议组作出下述决定。

三、决定

撤销国家知识产权局于2004年12月10日作出的驳回98807443.5号发明专利申请的决定，由原实质审查部门以进入中国国家阶段时提交的国际申请文件的中文译文为基础继续审批程序。

117

为有同时截止期和优先级的盘输入/输出子系统提供服务质量案

复审请求审查决定（第8262号）

决　定　号　第8262号
决　定　日　2006年3月15日
发明创造名称　为有同时截止期和优先级的盘输入/输出子系统提供服务质量
国际分类号　G06F13/18
复审请求人　松下电器产业株式会社
申　请　号　01138463.8
申　请　日　2001年9月28日
优先权日　2000年9月28日
公　开　日　2002年7月3日
合议组组长　崔哲勇
主　审　员　李韵美
参　审　员　周雷鸣

法律依据　专利法第二十五条、专利法实施细则第二条第一款
决定要点

权利要求1请求保护的技术方案解决的是技术问题，采用了技术手段，并且获得了技术效果，不能仅因其在申请文本中使用了“算法”和“调度”等词，简单地断定为属于不予保护的客体，本申请不属于专利法第二十五条第一款第二项规定的范围，属于专利法实施细则第二条第一款规定的专利保护客体。

一、案由

本复审请求涉及申请日为2001年9月28日，申请号是01138463.8，发明名称为“为有同时截止期和优先级的盘输入/输出子系统提供服务质量”的发明专利申请（下称本申请），申请人是松下电器产业株式会社，优先权日是2000年9月28日。

在实质审查程序中，国家知识产权局实质审查部门于2003年12月5日发出第一次审查意见通知书，指出本申请涉及一种盘调度和盘访问算法，该算法提供一种只有对一个具有较低优先级并具有严格截止期的请求的服务不会干扰较高优先级请求的截止期限制时才对前者进行服务的方法。其中具体披露了两种算法：一种算法使用了单独队列保留所有请求而不考虑它们的优先级；另一个算法采用了多个队列，每一个队列只保留优先级相同的请求，每个优先级队列中的请求根据截止期分类。上述盘调度和盘访问算法是源于人的思维，经过推理、分析和判断产生出抽象的结果，或者必须经过人的思维运动作为媒介才能间接地作用于自然产生结果，它仅是指导人们对信息进行思维、识别、判断和记忆的规则和方法，属于一种智力活动的规则和方法；由于其没有采用技术手段或者利用自然法则，也

未解决技术问题或产生技术效果，因而不够成技术方案。因此，本申请既不符合专利法实施细则第二条第一款的规定，又属于专利法第二十五条第一款第（二）项所规定的范畴。

申请人于2004年4月20日提交了答复第一次审查意见通知书的意见陈述书，对权利要求1进行了修改并同时提交了权利要求书全文修改替换页。申请人认为，本申请旨在提供一种适用于各种盘访问应用的改进的盘调度算法。为了达到这样的技术效果，使用在与多媒体服务器系统相关的存储器空间中定义的一个或多个队列来实施该算法，到来的盘访问请求在队列中维护。又调度器根据调度算法执行盘访问请求的调度。本领域技术人员可以从说明书的描述中获知基于软件实施的调度器。这样，实现了以自动方式对队列中的盘访问请求进行重新排序，而无须人工干预的技术效果。尽管本申请涉及一种算法，但它不是一种抽象的算法，而是具体到对盘访问请求进行调度的算法，而且算法中所用到的诸如优先级和调度时间等的参数也是盘访问请求调度本身固有的物理参数，而不是人为规定，本申请的算法是用于解决具体技术问题的算法，该算法的实现采用了技术手段，并能获得有益的技术效果。因此，修改后的权利要求书符合专利法关于“技术方案”的规定，而不属于智力活动的规则和方法，是可以给予专利保护的客体。

经审查，国家知识产权局在2005年3月4日以该申请不符合专利法第二十五条第一款第（二）项的规定以及专利法实施细则第二条第一款为由，作出了驳回决定。

驳回决定所针对的权利要求书为：

“1. 一种计算机实施的在多媒体服务器系统中对新的盘访问请求进行调度的方法，包括：

a. 在与服务器系统相关的存储器空间中维护至少一个盘访问请求队列，所述队列中的每个成员由至少记录各成员的截止期优先级和调度时间的一个数据结构表示；

b. 通过基于与所述新请求相关的截止期确定所述新请求的调度时间来处理新的盘访问请求，所述新请求由与所述多媒体服务器系统相关的调度器处理；

c. 通过将所述新的请求的调度时间和优先级同所述队列中的其他成员的调度时间和优先级相比较，扫描所述队列以便定位所述新的请求的插入点，所述插入点的选择使得不会违反优先级比所述新的请求高的成员的截止期；

d. 在步骤C对所述队列进行扫描时，识别队列中优先级比所述新请求低的成员并对其进行标记；

e. 在不违反队列中任何优先级高于所述新请求的成员的截止期的情况下，在所述队列中的所述插入点插入所述新请求，由此对所述队列的成员重新排序；

f. 如果在步骤d识别了一个被标记的成员，且将所述新请求插入所述队列的所述插入点会违反队列中其他优先级高于所述新请求的成员的截止期，则删除所述被标记过的成员，并重复步骤e和f；

g. 如果在步骤d没有识别任何被标记的成员，且在所述队列中的所述插点插入所述新请求将会违反队列中优先级高于所述新请求的成员的截止期，则丢弃所述新请求；

2. 如权利要求1所述方法，其特征在于所述的数据结构记录与从所述盘中读出所述成员相关的传输时间对应的每个成员的服务时间。

3. 如权利要求1所述方法，其特征在于用于确定调度时间的所述步骤b是通过获得与所述新请求相关的一个截止期并从中减去与从所述盘中读出一个成员相关的传输时间执行的。

4. 如权利要求1所述的方法，进一步包括对不同的优先级维护独立的盘访问请求队列。

5. 如权利要求1所述的方法，进一步包括对不同的优先级维护独立的盘访问请求队列，并在决定取较低优先级请求是否违反一个较高优先级请求的截止期的同时合并所述独立的队列。

6. 如权利要求1所述的方法，进一步包括若多个成员有相同的调度时间，则在插入所述新请求的所述步骤e之前更新所述队列中每个成员的调度时间的步骤。

7. 如权利要求6所述的方法，其特征在于所述的更新步骤通过将所述多个中一个的调度时间调节与从所述盘读出成员所涉及的服务时间相关的一个量来执行。

8. 如权利要求6所述的方法，其特征在于所述的更新步骤是这样执行的：首先将所述多个中一个的调度时间调节与从所述盘读出成员所涉及的服务时间相关的一个量，并且迭代地调节那些其调度时间由于所述第一步调整步骤的缘故而发生重叠的其他成员的调度时间。

9. 如权利要求1所述的方法，其特征在于所述成员对应于被分类为帧内、预测和双向帧的MPEG视频帧；和其中所述优先级根据所述成员的帧分类分配给所述成员。

10. 如权利要求1所述的方法，其特征在于所述的队列中每个组成成员由至少四个元素组成：调度时间、优先级、截止期和服务时间。”

申请人松下电器产业株式会社（下称复审请求人）不服上述驳回决定，于2005年6月20日向国家知识产权局专利复审委员会提出复审请求。复审请求人认为：首先，“算法”一词具有狭义和广义两方面的含义。从狭义上说，它是指那些没有任何应用领域的纯数学运算方法，这时，我们可以认为“算法”是智力活动的规则和方法。但从广义上说，“算法”是指处理某种特定问题、执行某个特定任务的方法，这时就要根据具体情况进行判断，而不能简单地将其等同于抽象的数学运算方法。本申请中涉及一种对盘访问请求进行调度的方法或“算法”，由于本申请的算法是具体到盘调度这个特定技术领域中的算法，显然不同于没有任何应用领域、抽象的纯数学运算方法，因此本申请中“算法”一词应当采用其广义含义来解释，也就不能简单地凭“算法”一词认定本申请属于智力活动的方法和规则。其次，本申请中的“调度”并非采用人工方式实现的调度，而是通过由计算机处理盘访问请求本身所具有的物理参数来实现的调度。因此也不能简单地以“调度”一词来否认本申请的技术性。并且本申请本解决了技术问题，采用了技术手段，并获得了能实现自动的盘调度、消除盘调度中的人工干预的技术效果，它当然符合中国专利法有关“技术方案”的规定，而不是以人的思维运动作为媒介，指导人们对信息进行思维、识别、判断和记忆的规则和方法。

专利复审委员会于2005年8月29日向复审请求人发出了复审请求受理通知书，并将该复审请求书连同原申请案卷一并送交作出驳回决定的国家知识产权局实质审查部门进行前置审查，在前置审查意见书中，国家知识产权局实质审查部门认为本申请属于专利法第二十五条第一款第（二）项规定的范畴，同时不符合专利法实施细则第二条第一款的规定，因而坚持原驳回决定。

合议组认为本案事实已经清楚，可以作出复审决定。

二、决定的理由

由于复审请求人在提出复审请求时没有提交修改文本，本复审决定所依据的文本是驳回决定针对的文本。

权利要求1请求保护一种在多媒体服务器系统中对新的盘访问请求进行调度的方法，步骤如下：a. 在与服务器系统相关的存储器空间中维护至少一个盘访问请求队列，所述队列中的每个成员由至少记录各成员的截止期优先级和调度时间的一个数据结构表示；b. 通过基于与所述新请求相关的截止期确定所述新请求的调度时间来处理新的盘访问请求，所述新请求由与所述多媒体服务器系统相关的调度器处理；c. 通过将所述新的请求的调度时间和优先级同所述队列中的其他成员的调度时间和优先级相比较，扫描所述队列以便定位所述新的请求的插入点，所述插入点的选择使得不会违反优先级比所述新的请求高的成员的截止期；d. 在步骤C对所述队列进行扫描时，识别队列中优先级比所述新请求低的成员并对其进行标记；e. 在不违反队列中任何优先级高于所述新请求的成员的截止期的情况下，在所述队列中的所述插入点插入所述新请求，由此对所述队列的成员重新排序；f. 如果在步骤d识别了一个被标记的成员，且将所述新请求插入所述队列的所述插入点会违反队列中其他优先级高于所述新请求的成员的截止期，则删除所述被标记过的成员，并重复步骤 e 和 f；g. 如果在步骤 d 没有识别任何被标记的成员，且在所述队列中的所述插点插入所述新请求将会违反队列中优先级高于所述新请求的成员的截止期，则丢弃所述新请求。

合议组认为，在对多种多媒体对象进行处理时，在具有一个较低优先级并且具有严格截止期的请求的情况下，如果服务器错过了截止期相应该请求，会导致某个相对应的视频帧的传输失败，从而不可避免地会造成数据的丢失。而权利要求 1 中的技术方案则是根据为具有严格截止期的请求提供服务是否会干扰较高优先级请求的截止期限制进行判断，如果不会干扰截止期较晚且优先权较高的请求的情况下，优先处理该优先级较低、截止期严格的请求。权利要求 1 的技术方案解决的是防止在多媒体数据传输中优先级较低的帧的丢失问题，该问题属于技术问题，并且通过权利要求 1 请求保护的技术方案能够获得提高多媒体数据的传输质量，避免帧的传输失败的效果，这种效果显然属于技术效果。同时，从权利要求 1 列出的步骤可以看出，通过对数据的优先权以及截止期这两个参数进行比较判断，从而确定处理帧的顺序同样属于一个技术方案，采用的也是技术手段。因此，权利要求 1 请求保护的技术方案解决的是技术问题，采用了技术手段，并且获得了技术效果，不能仅因其在申请文本中使用了“算法”和“调度”等词，简单地断定为其属于不予保护的客体。

因此，权利要求 1 不属于专利法第二十五条第一款第（二）项规定的范围，符合专利法实施细则第二条第一款的规定。权利要求 1 的从属权利要求 2 ~ 10 是对权利要求 1 的进一步限定，因此，权利要求 2 ~ 10 符合专利法实施细则第二条第一款的规定。

由于权利要求 1 不属于专利法第二十五条第一款第（二）项规定的范围，对其进行进一步限定的权利要求 2 ~ 10 也不属于专利法第二十五条第一款第（二）项规定的范围。

基于上述理由，权利要求 1 ~ 10 不属于专利法第二十五条第一款第（二）项规定的范围，不属于专利法实施细则第二条第一款规定的范围。即，本申请属于可以得到专利权保护的客体。

三、决定

撤销国家知识产权局于 2005 年 3 月 4 日对 01138463.8 号发明专利申请作出的驳回决定。

由国家知识产权局原审查部门依据 2004 年 4 月 20 日提交的权利要求第 1 ~ 10 项、2001 年 9 月 28 日提交的说明书第 1 ~ 11 页、说明书附图第 1 ~ 4 页、摘要、摘要附图继续审查程序。

118

面板涂有防闪光、抗静电暗色涂层的阴极射线管制造工艺案

复审请求审查决定（第8301号）

决　定　号　第8301号
决　定　日　2005年11月30日
发明创造名称　面板涂有防闪光、抗静电暗色涂层的阴极射线管制造工艺
国际分类号　H01J 9/20　C09D 183/02、5/33、C09K 3/16
复审请求人　录像色彩股份公司
专利申请号　96111505. X
申　请　日　1996年8月9日
公　开　日　1997年4月23日
合议组组长　黄毅斐
主　审　员　张　度
参　审　员　左　一

法律依据　专利法第三十三条
决定要点
申请文件的修改不得超出其原始公开范围。

一、案由

本复审决定涉及中国国家知识产权局于1996年8月9日受理、优先权日为1995年8月9日，申请号为96111505. X，名称为“面板涂有防闪光、抗静电暗色涂层的阴极射线管制造工艺”的发明专利申请，申请人为录像色彩股份公司。

国家知识产权局实审部门在实质审查过程中于1999年10月8日发出第一次审查意见通知书，指出原始申请文本（文本1）的独立权利要求1、2不符合专利法实施细则第二十一条第二款、第二十二条第三款和第二十条第一款的规定、权利要求2不符合专利法第二十六条第四款的规定，权利要求4~6和8不符合专利法实施细则第二十条第一款的规定。同时对说明书提出适应性修改建议，并且提请申请人注意修改不得违反专利法第三十三条的规定。

申请人于2000年4月18日提交陈述意见及权利要求书和说明书修改文本（文本2）。

实审部门于2000年6月9日发出第二次审查意见通知书，指出文本2的修改不符合专利法第三十三条的规定。

申请人于2000年8月17日提交陈述意见及权利要求书和说明书修改文本（文本3）。

实审部门于2001年1月5日作出驳回决定。驳回的理由是，文本3中所述“含0.8wt%经锂稳定化的硅溶胶的悬浮液成品”既未明确记载在原说明书和权利要求书中，也不能由原说明书和权利要

求书所记载的内容直接导出，因此超出了原说明书和权利要求书记载的范围，不符合专利法第三十三条的规定。并且指出申请人推算的过程是错误的，由原始公开文本不能得到其所述结果。

申请人（下称请求人）对上述驳回决定不服，于2001年4月20日向专利复审委员会提出复审请求并提交了经修改的说明书和权利要求书（文本4）。

在对复审请求的前置审查中，国家知识产权局原实审部门坚持原驳回决定中的意见。

专利复审委员会依法成立合议组对本案进行审查。

合议组研究了驳回决定和请求人的复审请求，于2005年2月3日发出复审通知书，主要意见如下：

文本4与原始申请文本1相比存在诸多修改超出原始公开范围的问题，“含0.8wt%经锂稳定化的硅溶胶的悬浮液成品”既未明确记载在原说明书和权利要求书中，也不能由原说明书和权利要求书所记载的内容直接导出，文本4的修改超出了原始申请文本的范围，不符合专利法第三十三条的规定。

请求人于2005年3月11日提交意见陈述书，基本上接受复审通知书的意见并提交了权利要求书和说明书的替换页（文本5），文本5的权利要求书如下：

“1. 一种用于制造阴极射线管（21）的方法，该阴极射线管的荧光屏面板（27）的外表面（39）涂有防闪光、抗静电的暗色涂层（37），其特征在于，该方法包括下列步骤：

制取碳料粒和有机载液的原碳悬浮液，其中，所述碳粒料和所述有机载液的重量比在1∶1～1.2∶1的范围内；并且，将足量的所述均相原碳悬浮液与经锂稳定化的硅溶胶的水溶液混合起来，制成适宜涂敷到所述面板上的悬浮液成品，其中，所述原碳悬浮液中和所述悬浮液成品中的所述碳粒料的粒度在0.2至0.3微米的范围。

2. 一种用于制造阴极射线管（21）的方法，该阴极射线管的荧光屏面板（27）的外表面（39）涂有防闪光、抗静电的暗色涂层（37），其特征在于，该方法包括下列步骤：

制取碳粒料和有机载液的原碳悬浮液，其中，所述碳粒料和所述有机载液的重量比在1∶1～1.2∶1的范围内；并且，

将0.6wt%至1.4wt%之间的所述均相原碳悬浮液与2.2wt%的经锂稳定化的硅溶胶和组成其余成分的去离子水混合，制成适宜涂敷到所述面板上的悬浮液成品，其中，所述原碳悬浮液中和所述悬浮液成品中的所述碳粒料的粒度在0.2至0.3微米的范围内。

3. 如权利要求1或2所述的方法，其特征在于，所述原碳悬浮液还包括碱溶液、适量的胶体二氧化硅和去离子水。

4. 如权利要求1或2所述的方法，其特征在于，所述有机载液由分散剂和表面活性剂组成。

5. 如权利要求4所述的方法，其特征在于，所述分散剂与所述表面活性剂的所述重量比为4∶1。

6. 如权利要求1或2所述的方法，其特征在于，所述原碳悬浮液中和所述悬浮液成品中的所述碳粒料的粒度相同。

7. 按权利要求1所述方法制造的阴极射线管（21），其特征在于，所述阴极射线管的荧光屏面板（27）在涂有所述悬浮液成品后的透光率减小19%至37%，光泽值在56至70的范围内。”

至此，本案事实已经清楚，可以作出复审决定。

二、决定的理由

经合议组核实，文本5的修改是在专利法第三十三条允许的范围内进行的，可以作为继续审查的基础。

驳回决定的依据是专利法第三十三条，鉴于请求人在复审阶段提交的经修改的权利要求书和说明

书已经克服了驳回决定指出的缺陷，驳回理由已不存在，应该撤销驳回决定。至于本申请有无其他不符合专利法及其专利法实施细则相关规定的问题留待原审查部门继续审查。

三、决定

撤销国家知识产权局于2001年1月5日对96111505. X号发明专利申请作出的驳回决定。以2005年3月11日提交的权利要求第1~7项和说明书第1~9页，1996年8月9日提交的说明书附图第1~4页以及说明书摘要为基础由原审查部门继续后续审批程序。

119

PLL 电路和降 PLL 电路噪声的装置案

复审请求审查决定（第 8304 号）

决　定　号　第 8304 号
决　定　日　2005 年 11 月 30 日
发明创造名称　PLL 电路和降 PLL 电路噪声的装置
国际分类号　H03L 7/08
复审请求人　日本电气株式会社
申　请　号　96121331.0
申　请　日　1996 年 12 月 14 日
公　开　日　1997 年 10 月 22 日
合议组组长　马　昊
主　审　员　张　度
参　审　员　钱　芸

法律依据　专利法实施细则第二十一条第二款
决定要点
独立权利要求应该记载解决发明技术问题的必要技术特征。

一、案由

本复审决定涉及国家知识产权局专利局于 1996 年 12 月 14 日受理的申请号为 96121331.0，名称为“PLL 电路和降 PLL 电路噪声的装置”，优先权日为 1995 年 12 月 15 日的发明专利申请，申请人为日本电气株式会社。

国家知识产权局实质审查部门经过实质审查后，于 2002 年 11 月 15 日作出了驳回本申请的决定。驳回的依据是本申请经申请人陈述意见后仍然不符合专利法实施细则第二十一条第二款的规定，主要理由是：权利要求 1 缺少解决发明技术问题的必要技术特征，并具体指出了权利要求 1 缺少“与触发器连接的反相器”，因而不符合专利法实施细则第二十一条第二款的规定。导致本申请被驳回的直接原因是申请人没有接受第二次审查意见通知书中要求修改权利要求书的意见，被国家知识产权局专利局依照专利法第三十八条的规定驳回。

申请人（下称复审请求人）对上述驳回决定不服，于 2003 年 1 月 22 日向专利复审委员会提出复审请求。其理由是权利要求 1 中记载了本发明的必要技术特征“触发装置”。

在对复审请求的前置审查中，国家知识产权局原实审部门认为申请人没有提出新的理由和证据，坚持原驳回决定。

专利复审委员会依法成立合议组对本案进行审查。在复审程序中，合议组采用的对比文件与实质审查程序中的对比文件相同。合议组在认真研究了驳回决定、复审请求、以及前置审查意见的基础上于 2004 年 2 月 16 日发出复审通知书，指出请求人在答复第一和第二次审查意见通知书及提出复审请求时陈述的意见前后有矛盾，按照请求人针对创造性问题的辩解，将时钟脉冲倒相的反相器是本申请区别于对比文件2并且体现创造性的特征，既然如此，这种特征就应该作为必要技术特征写入独立权利要求，否则即不符合专利法实施细则第二十一条第二款的规定。

请求人于2004年2月26日针对复审通知书陈述意见并修改了权利要求书，接受复审通知书的意见将“反相器”和相应的“参考时钟倒相”写入相应的独立权利要求。修改后的权利要求书共14项权利要求，内容如下：

“1. 一种PLL电路包括：

压控振荡装置，用于产生并输出相应输入控制电压的频率的信号；

分频装置，由所说压控振荡装置的输出信号的前沿和后沿中的任一个进行触发，用于对所说压控振荡装置的所说输出信号进行分频；

触发装置，由所说压控振荡器装置的所说输出信号的没有被用作所说分频器装置的触发脉冲触发的前沿和后沿之一进行触发，用于得到并输出所说分频装置的所说输出信号；

参考时钟产生装置，用于产生参考频率的参考时钟；以及相位比较装置，用于输出相应所说触发装置的输出信号和所说参考时钟之间的相位差的电压以及与所说触发装置相连的反相器，用于将参考时钟倒相。

2. 权利要求1的PLL电路，还包括平滑装置，用于平滑所说相位比较装置的输出电压，并输出该被平滑的电压作为所说压控振荡装置的控制电压。

3. 一种PLL电路包括：

压控振荡装置，用于产生并输出相应输入控制电压的频率的信号；

预定标器，用于对所说压控振荡装置的所说输出信号进行分频；

分频装置，由所说预定标器的所说输出信号的前沿和后沿中的任一个进行触发，用于分频并输出所说预定标器的所说输出信号；

触发装置，由所说预定标器的所说输出信号的没有被用作所说分频器装置的触发脉冲触发的前沿和后沿之一进行触发，用于得到并输出所说分频装置的所说输出信号；

参考时钟产生装置，用于产生参考频率的参考时钟；以及相位比较装置，用于输出相应所说触发装置的输出信号和所说参考时钟之间的相位差的电压以及

与所说触发装置相连的反相器，用于将参考时钟倒相。

4. 权利要求3的PLL电路，还包括平滑装置，用于平滑所说相位比较装置的输出电压，并输出该被平滑的电压作为所说压控振荡装置的控制电压。

5. 一种PLL电路包括：

压控振荡装置，用于产生并输出相应输入控制电压的频率的信号；

第一分频装置，由所说压控振荡装置的所说输出信号的前沿和后沿中的任一个进行触发，用于对所说压控振荡装置的所说输出信号进行分频；

第一触发装置，由所说压控振荡器装置的所说输出信号的没有被用作所说第一分频器装置的触发脉冲触发的前沿和后沿之一进行触发，用于得到并输出所说第一分频装置的所说输出信号；

参考时钟产生装置，用于产生参考频率的参考时钟；

与所说第一触发装置相连的第一反相器，用于将参考时钟倒相；

第二分频装置，由所说参考时钟的前沿和后沿中的任一个进行触发，用于分频所说参考时钟；

第二触发装置，由来自所说参考时钟产生装置的所说参考时钟的没有被用作所说第二分频装置的触发脉冲触发的前沿和后沿之一进行触发，用于得到并输出所说第二分频装置的所说输出信号；

与所说第二触发装置相连的第二反相器，用于将参考时钟倒相；以及

相位比较装置，用于输出相应所说第一触发装置的输出信号和所说第二触发装置的输出信号之间的相应差的电压。

6. 权利要求5的PLL电路，还包括平滑装置，用于输出所说相位比较装置的输出电压，并输出所说被平滑的电压作为所说压控振荡装置的控制电压。

7. 一种PLL电路包括：

压控振荡装置，用于产生并输出相应输入控制电压的频率的信号；

一预定标器，用于分频并输出所说压控振荡装置的所说输出信号；

第一分频装置，由所说预定标器的所说输出信号的前沿和后沿中的任一个进行触发，用于对所说预定标器的所说输出信号进行分频；

第一触发装置，由所说预定标器的所说输出没有被用作所说第一分频装置的触发脉冲触发的信号的所说前沿和后沿之一进行触发，用于得到并输出所说第一分频装置的所说输出信号；

参考时钟产生装置，用于产生参考频率的参考时钟；

与所说第一触发装置相连的第一反相器，用于将参考时钟倒相；

第二分频装置，由所说参考时钟的前沿和后沿中的任一个进行触发，用于分频并输出来自所说参考时钟产生装置的所说参考时钟；

第二触发装置，由所说来自所说参考时钟产生装置的所说参考时钟的没有被用作所说第二分频装置的触发脉冲触发的所说前沿和后沿之一进行触发，用于得到并输出所说第二分频装置的所说输出信号；

与所说第二触发装置相连的第二反相器，用于将参考时钟倒相；以及

相位比较装置，用于输出相应在所说第一触发装置的所说输出信号和所说第二触发装置的输出信号之间的相位差的电压。

8. 权利要求7的PLL电路，还包括平滑装置，用于平滑所说相位比较装置的所说输出电压并输出所说被平滑的电压作为所说压控振荡装置的控制电压。

9. 一种降低在具有分频器的PLL电路中的噪声的噪声降低方法，所说噪声降低方法包括：

一时钟信号产生步骤，产生相应一输入控制电压的时钟信号；

一分频步骤，在用所说时时钟信号的前沿和后沿中的任一个进行触发的同时分频所说时钟信号并产生第一分频信号；

一延迟步骤，取得所说第一分频信号，并在用所说时钟信号的没有被用作所说分频步骤的触发脉冲的所说前沿和后沿之一进行触发的同时延迟所说分频信号；

一参考时钟产生步骤，产生一参考频率的一参考时钟；

一倒相步骤，用于将参考时钟倒相；以及

一控制电压产生步骤，产生相应在所说被延迟的分频信号和所说参考时钟之间相位差的一控制电压。

10. 权利要求9的噪声降低方法，还包括平滑控制电压步骤。

11. 权利要求9的噪声降低方法，还包括：

一第二分频步骤，在用所说参考时钟的前沿和后沿中的任一个进行触发的同时分频所说参考时钟信号并产生第二分频信号；以及

第二延迟步骤，取得所说第二分频信号，并在用所说参考时钟的没有被用作所说第二分频步骤的触发脉冲的前沿和后沿之一进行触发之后延迟并输出所说第二分频信号以及

其中所说控制电压产生步骤包括产生相应在所说被延迟的第一分频信号和所说被延迟的第二分频信号之间相位差的一控制电压。

12. 一种降低在具有分频器的 PLL 电路中的噪声的噪声降低方法，所说噪声降低方法包括：

一时钟信号产生步骤，产生相应一输入控制电压的时钟信号；

一第一分频步骤，分频所说时钟信号，用于预定标并产生第一分频信号；

一第二分频步骤，在用所说第一分频信号的所说前沿和后沿中的任一个进行触发的同时分频所说第一分频信号，并产生所说第二分频信号；

一延迟步骤，在用所说第二分频信号的没有被用作所说分频步骤的触发脉冲的前沿和后沿之一进行触发的同时延迟所说第二分频信号；

一参考时钟产生步骤，产生一参考频率的一参考时钟；

一倒相步骤，用于将参考时钟倒相；以及

一控制电压产生步骤，产生相应在所说被延迟的第二分频信号和所说参考时钟之间相位差的控制电压。

13. 权利要求 12 的噪声降低方法，还包括平滑控制电压的步骤。

14. 权利要求 12 的噪声降低方法，还包括：

第三分频步骤，在用所说参考时钟信号的所说前沿和后沿中的任一个进行触发的同时分频所说参考时钟，并输出所说第三分频信号；以及

一第二延迟步骤，在用所说参考时钟的没有被用作所说第三分频步骤的触发脉冲的前沿和后沿之一进行触发的同时延迟并输出所说第三分频信号以及

其中所说控制电压产生步骤包括产生相应在所说被延迟的第二分频信号和所说被延迟的第三分频信号之间的相位差的控制电压。”

至此，本案事实已经清楚，依法作出复审决定。

二、决定的理由

复审请求人于 2004 年 2 月 26 日提交的权利要求书修改文本是在专利法第三十三条及专利法实施细则第六十条允许的范围内进行的，可以作为继续审查的基础。

驳回决定的依据是专利法实施细则第二十一条第二款，鉴于请求人在复审阶段提交的经修改的权利要求书已经克服了驳回决定指出的缺陷，驳回理由已不存在，应该撤销驳回决定。至于本申请有无其他不符合专利法及其专利法实施细则相关规定的问题留待原审查部门继续审查。

三、决定

撤销国家知识产权局于 2002 年 11 月 15 日对 96121331.0 号发明专利申请作出的驳回决定。以 2004 年 2 月 26 日提交的权利要求书，2002 年 10 月 8 日提交的说明书 1 ~ 7 页，1997 年 3 月 15 日提交的说明书附图 1、3、4 页，2002 年 6 月 29 日提交的说明书附图 2、5 页以及 1996 年 12 月 14 日提交的说明书摘要为基础由原审查部门继续后续审查程序。

120

用于顺序脉冲串方式的同步动态随机存取存储器结构案

复审请求审查决定（第8377号）

决 定 号 第8377号
决 定 日 2005年12月21日
发明创造名称 用于顺序脉冲串方式的同步动态随机存取存储器结构
国际分类号 G11C 8/00
复审请求人 西门子公司
专利申请号 98125593.0
申 请 日 1998年12月17日
公 开 日 1999年10月13日
合议组组长 蒋 彤
主 审 员 郑 直
参 审 员 孙治国

法律依据 专利法第三十三条
决定要点

权利要求的修改可以从原始公开的申请文件中直接的，毫无异议的推导出来，并且请求人提交的已有证据也表明有关对数学公式的表述方式是本领域技术人员所惯用的，这种修改应当被认为是符合专利法第三十三条有关修改不能超出原始公开范围的规定的。

一、案由

本复审专利请求涉及申请日为1998年12月17日，公开日为1999年10月13日，发明名称为“用于顺序脉冲串方式的同步动态随机存取存储器结构”的98125593.0号发明专利申请（下称本申请），申请人为西门子公司。

原始提交的权利要求书（下称文本1）共有10项权利要求，其中的权利要求1、3、8的内容如下：

“1. 一种存储器器件，包括；

一个具有多个被安置成多个单位的存储器单位的存储器阵列，其中，所述单位被分成具有偶数编址存储器单位的第一部分和具有奇数编址存储器单位的第二部分；

耦合到所述存储器阵列的一个列译码器和一个行译码器，用于选择一定数量的所述多个存储器单位；

耦合到所述存储器阵列的一个读出放大器，用于从所述被选择的存储器单位执行读出和写入操作；和经过多个地址线耦合到所述列译码器的多个地址位，所述地址位的至少一个被分割成两个被分割的位，以经过被分割的地址线用于所述偶数和奇数地址存储器单位，其中，在访问存储器期间，所述被分割的位增加，以用于脉冲串方式中的后续顺序访问。”

“3. 根据权利要求 1 所述的器件，其中将被分割地址位的数量是通过取脉冲串长度值的 2 次方减 1 确定的，其中，所述脉冲串长度值等于对所述器件地址的给定脉冲串长度进行访问的存储器单位数量。”

“8. 一种用于寻址一个存储器器件的方法，所述存储器器件包括具有被安置成多个单位的多个存储器单位的存储器阵列，其中，每个单位被分成仅包括偶数编址存储器单位的第一部分和仅包括奇数编址存储器单位的第二部分，所述方法包括如下步骤：

提供一个最初起始地址；

选择预定数量的所述起始地址的最低有效位；

通过将所述被选择的最低有效位的预定数量加 1 产生一个经过修改的地址；

将所述经过修改的地址施加到所述每个单位的第一部分和将所述起始地址施加到所述每个单位的第二部分，以便同时选择所述每个单位中的一个偶数编址存储器位置和一个奇数编址存储器位置，以用于所述存储器阵列的给定访问周期；和

将所述被选择预定数量的最低有效位加 1，以用于脉冲串方式下的每个后续访问。”

应申请人的请求，国家知识产权局实质审查部门于 2003 年 2 月 14 日发出了第一次审查意见通知书，指出权利要求 1 ~ 10 相对于对比文件 1（US5539696，其公开日为 1996 年 7 月 23 日）和对比文件 2（US5453957，其公开日为 1995 年 9 月 26 日）的结合不具备创造性，不符合专利法第二十二条第三款的规定。权利要求 3 中的附加技术特征“其中将被分割地址位的数量是通过取脉冲串长度值的 2 次方减 1 确定的，其中，所述脉冲串长度值等于对所述器件地址的给定脉冲串长度进行访问的存储器单位数量”与说明书中相应部分的文字记载不一致，不符合专利法第二十六条第四款的规定。

申请人于 2003 年 9 月 1 日陈述意见，并对权利要求书进行了修改（下称文本 2），将原权利要求 3 修改为“其中将被分割地址位的数量是通过以 2 为底脉冲串长度值的对数减 1 确定的，其中，所述脉冲串长度值等于对所述器件地址的给定脉冲串长度进行访问的存储器单位数量”，并将该修改后的内容以及原权利要求 7 加入到原权利要求 1 中，申请人认为修改后的权利要求 1 ~ 7 相对于对比文件 1 和对比文件 2 的结合具备创造性。文本 2 的独立权利要求 1 为：

“1. 一种存储器器件，包括：

一个具有多个被安置成多个单位的存储器单位的存储器阵列，其中，所述单位被分成具有偶数编址存储器单位的第一部分和具有奇数编址存储器单位的第二部分；

耦合到所述存储器阵列的一个列译码器和一个行译码器，用于选择一定数量的所述多个存储器单位；

耦合到所述存储器阵列的一个读出放大器，用于从所述被选择的存储器单位执行读出和写入操作；和

经过多个地址线耦合到所述列译码器的多个地址位，所述地址位的至少一个被分割成两个被分割的位，以经过被分割的地址线用于所述偶数和奇数地址存储器单位，其中，在访问存储器期间，所述被分割的位增加，以用于脉冲串方式中的后续顺序访问；

其中将被分割地址位的数量是通过将以 2 为底脉冲串长度值的对数减 1 确定的，其中，所述脉冲串长度值等于对所述器件地址的给定脉冲串长度进行访问的存储器单位数量；并且该存储器器件还包括一个予取结构。”

实质审查部门于2003年10月10日发出了第二次审查意见通知书，指出权利要求1中的“将被分割地址位的数量是通过将以2为底脉冲串长度值的对数减1确定的”在原始申请文件中没有记载，而且也无法从原始申请文件所记载的内容中直接导出，因此权利要求1超出了原始公开的范围，不符合专利法第三十三条的规定，不能被接受。同时审查员还指出，在不考虑上述超出内容的情况下，权利要求1~7相对于对比文件1和对比文件2的结合仍然不具备创造性，不符合专利法第二十二条第三款的规定。

申请人于2003年12月25日陈述意见，并再次修改了权利要求书（下称文本3），其中仅将文本2中的“予取”改为“预取”。申请人认为：根据$\frac{\log A}{\log B}=\log_B A$，本申请说明书第7页第30行的公式（1）$SB=\frac{\log \text{脉冲串长度}}{\log 2}-1$可以变换为$SB=\log_2 \text{脉冲串长度}-1$，因此权利要求1中的“将被分割地址位的数量是通过将以2为底脉冲串长度值的对数减1确定的”可以从说明书公式（1）中直接导出，因此权利要求1的修改符合专利法第三十三条的规定。

实质审查部门于2004年2月20日作出驳回决定，以文本3的权利要求1不符合专利法第三十三条的规定为由驳回了本申请。审查员在驳回决定中指出：正确的换底公式应该为：$\frac{\log_c A}{\log_c B}-\log_B A$，在本申请说明书中的公式（1）没有记载底数，而换底公式仅当分子和分母中的两个对数的底数相同时才能使用，因此公式（1）不适用换底公式，不能根据公式（1）推导出权利要求1中的“将被分割地址位的数量是通过将以2为底脉冲串长度值的对数减1确定的”，因此权利要求1的修改超出了原始公开的范围，不符合专利法第三十三条的规定。

申请人（下称请求人）对上述驳回决定不服，于2004年5月19日提出复审请求，并提交了一份参考资料，即：1975年在世界范围内公开出版的《PARTIAL DIFFERENTIAL EQUATIONS》。请求人认为：第一，对于本领域的技术人员来说，对数运算符log应当是公知的；第二，在同一公开物中相同的符号表示相同的概念，因此可以认为本申请中的对数运算符的底数是相同的；还有，在上述参考资料中，对数运算符也没有指明底数。因此，根据本申请中的公式（1）可以推导出权利要求1中的修改内容，权利要求1的修改没有超出原始公开的范围。

在形式审查合格以后，专利复审委员会受理了该复审请求，并于2004年5月31日向请求人发出了复审请求受理通知书，同时向原实质审查部门发出了对前置审查通知书。

原实质审查部门在前置审查中坚持原驳回意见。

在此基础上，专利复审委员会依法成立合议组，对本案继续进行审查。

合议组认为本案事实清楚，可以作出审查决定。

一、决定的理由

合议组以请求人于2003年12月25日提交的权利要求第1~7项、说明书第1~9页，申请日提交的说明书附图第1~4页、说明书摘要和摘要附图为审查基础，对本复审请求继续进行审查。本复审决定所评价的权利要求书（文本3）共有7项权利要求，其中独立权利要求1为：

“1. 一种存储器器件，包括：

一个具有多个被安置成多个单位的存储器单位的存储器阵列，其中，所述单位被分成具有偶数编址存储器单位的第一部分和具有奇数编址存储器单位的第二部分；

耦合到所述存储器阵列的一个列译码器和一个行译码器，用于选择一定数量的所述多个存储器单位；

耦合到所述存储器阵列的一个读出放大器，用于从所述被选择的存储器单位执行读出和写入操作；和

经过多个地址线耦合到所述列译码器的多个地址位，所述地址位的至少一个被分割成两个被分割的位，以经过被分割的地址线用于所述偶数和奇数地址存储器单位，其中，在访问存储器期间，所述被分割的位增加，以用于脉冲串方式中的后续顺序访问；

其中将被分割地址位的数量是通过将以 2 为底脉冲串长度值的对数减 1 确定的，其中，所述脉冲串长度值等于对所述器件地址的给定脉冲串长度进行访问的存储器单位数量；并且该存储器器件还包括一个预取结构。”

中国专利法第三十三条规定，申请人可以对其专利申请文件进行修改，但是，对发明专利申请文件的修改不得超出原说明书和权利要求书记载的范围。审查指南中也明确规定：为使公开的发明清楚或者使权利要求完整而补入既不能从原说明书和/或权利要求书中直接明确的导出也不能由所属技术领域技术人员的常识直接获得的信息是不能被允许的。但是，如果对权利要求的修改能够根据说明书记载的内容直接推导出来，应当认为这种修改符合专利法第三十三条的规定。

在本申请中的实质审查过程中，请求人对文本 1 的权利要求 3 进行了修改，构成了文本 2 和文本 3 的独立权利要求 1。

请求人的修改是基于说明书第 7 页第 30 行的公式（1）$SB=\frac{\log 脉冲串长度}{\log 2}-1$ 进行的。尽管在公式（1）中没有给出两个对数符号的底数，但是根据说明书第 8 页第 1～2 行的记载：“将公式（1）用于 8 的脉冲串长度，两个位被分割。当用于整页或 512 的脉冲串长度时，8 个位被分割”。这样的计算结果与（$\log_2$ 脉冲串长度 − 1）的计算结果是吻合的，如果公式（1）中的两个对数符号的底数不同，就不能够进行计算，也无法得出上述结果，相反，在公式（1）中的两个对数符号的底数相同的情况下，SB 的计算结果将与具体的底数值无关，因此根据说明书中记载的内容，可以推导出公式（1）的对数符号的底数相同，可以适用换底公式，即

$$SB=\frac{\log 脉冲串长度}{\log_2}-1=\log_2 脉冲串长度-1$$

而且，这种省略相同底数的表述方式是本领域所经常使用的，正如在 1990 年出版的《剑桥百科全书》中有这样的记载：$\log(ab)=\log a+\log b$，$\log(a/b)=\log a-\log b$，其中省略的底数是相同的。

因此根据说明书中记载的内容，可以推导出“将被分割地址位的数量是通过将以 2 为底脉冲串长度值的对数减 1 确定的”，请求人权利要求 1 的修改没有超出原始公开的范围，符合专利法第三十三条的规定，请求人的复审理由成立。

二、决定

撤销国家知识产权局于 2004 年 2 月 20 日针对 98125593.0 号发明专利申请作出的驳回决定，由原实质审查部门以请求人于 2003 年 12 月 25 日提交的权利要求第 1～7 项、说明书第 1～9 页，申请日提交的说明书附图第 1～4 页、说明书摘要和摘要附图为基础继续进行审批程序。

121

半导体器件的制造方法案

复审请求审查决定（第8384号）

决　　定　　号　第8384号
决　　定　　日　2006年1月27日
发明创造名称　半导体器件的制造方法
国 际 分 类 号　H01L 21/20
复 审 请 求 人　NEC化合物半导体器件株式会社
专 利 申 请 号　98117899.5
申　　请　　日　1998年9月3日
公　　开　　日　1999年3月24日
合 议 组 组 长　黄　颖
主　　审　　员　骆素芳
参　　审　　员　张美菊

法 律 依 据　专利法第三十三条、第二十六条第三、四款、第二十二条第三款　专利法实施细则第二十条第一款

决 定 要 点

如果对申请文件的修改是针对所属技术领域的技术人员能够识别出的明显错误，并且对这些错误的修改是所属技术领域的技术人员能从说明书的整体及上下文看出的唯一的正确答案，则这样的修改是允许的，符合专利法第三十三条的规定。

权利要求的技术方案解决了对比文件中存在的技术问题，并取得了有益的技术效果，则该权利要求相对于该对比文件具备创造性。

一、案由

本复审请求涉及申请号为98117899.5、发明名称为“半导体器件的制造方法”的发明专利申请（下称本申请）。其申请日是1998年9月3日，公开日是1999年3月24日，申请人是NEC化合物半导体器件株式会社。

在实质审查过程中，国家知识产权局于2002年7月12日发出第一次审查意见通知书，其中引用了一篇对比文件：

对比文件1：JP平7~82093A公开日：1995年3月28日；

通知书中指出权利要求1~4相对于对比文件1不具备创造性；说明书存在不清楚的缺陷，不符合专利法第二十六条第三款的规定；以及说明书不符合专利法实施细则第十九条第三款的规定。

申请人于2002年11月26日答复了上述审查意见通知书，提交了权利要求书的替换页、说明书第1~6页的替换页、说明书附图第1、2、5页的替换页、以及说明书摘要和摘要附图的替换页，并陈述了权利要求1~4具备创造性的理由。

国家知识产权局于2003年10月24日发出第二次审查意见通知书，指出：1. 说明书、附图2、附图5和摘要附图的修改超范围，不符合专利法第三十三条的规定；2. 权利要求1～4仍不具备创造性；3. 说明书不清楚，不符合专利法第二十六条第三款的规定。

申请人于2004年1月8日答复了第二次审查意见通知书，要求以原始的权利要求书为审查文本，提交了原始的权利要求书和说明书第1～6页的替换页。陈述了修改后的说明书不超范围且克服了不清楚的缺陷的理由，并陈述了权利要求1～4具备创造性的理由。

国家知识产权局依据1998年9月3日提交的权利要求第1～5项、附图第3、4、6～9页、摘要附图，2002年11月26日提交的说明书摘要、附图第1、2、5页，2004年1月8日提交的说明书第1～6页，于2004年8月20日驳回了本申请。

驳回决定所针对的权利要求书为：

“1. 一种半导体器件的制造方法，其特征在于，在半导体基片上进行多个化合物半导体结晶层的生长的分子线外延生长过程中，在生长包含In的化合物半导体结晶层后，暂时停止包含As的全部供给，在基片温度上升到In的再蒸发开始温度以上后，生长与包含In的所述化合物半导体不同的半导体结晶层。

2. 如权利要求1所述的半导体器件的制造方法，其特征在于，包含In的所述化合物半导体结晶为InGaAs、InAlAs。

3. 如权利要求2所述的半导体器件的制造方法，其特征在于，所述再蒸发开始温度在600℃至630℃的范围内。

4. 一种半导体器件的制造方法，该半导体器件在GaAs基片上有非掺杂GaAs缓冲层、非掺杂InGaAs沟道层、Si掺杂AlGaAs电子供给层，在所述电子供给层上有栅极和Si掺杂GaAs间隔层，在该Si掺杂GaAs间隔层上有源极和漏极，其特征在于，在形成所述非掺杂InGaAs沟道层后，暂时停止包含As的全部供给，在把基片升温到600℃至630℃范围后，形成所述Si掺杂AlGaAs电子供给层。

5. 一种半导体器件的制造方法，该半导体器件在GaAs基片上有非掺杂GaAs缓冲层、非掺杂InGaAs沟道层、非掺杂AlGaAs衬垫层、Si平面掺杂层、非掺杂AlGaAs阻挡层，在所述阻挡层上有栅极和Si掺杂GaAs间隔层，在该Si掺杂GaAs间隔层上有源极和漏极，其特征在于，在形成所述非掺杂InGaAs沟道层后，暂时停止包含As的全部供给，在把基片升温到600℃至630℃范围后，再下降至550℃，形成所述非掺杂AlGaAs衬垫层。”

驳回的理由主要是：1. 说明书关于Si供给的修改和对附图2、附图5和摘要附图的修改超范围，不符合专利法第三十三条的规定；2. 鉴于说明书及附图2、附图5和摘要附图的修改不能予以接受，说明书原来存在的不清楚的缺陷仍然存在，不符合专利法第二十六条第三款的规定；3. 权利要求1～4不具备创造性。

申请人（下称复审请求人）对该驳回决定不服，于2004年12月3日向专利复审委员会提出了复审请求，同时提交了说明书第1～6页的替换页、附图第1页和第5页的替换页。复审请求人的理由主要是：1. 原始说明书第3页第31行中出现的“In”为笔误；2. 图2的修改得到原始说明书第3页第24～25行及原始权利要求4的支持；3. 图5的修改得到原始权利要求5和原始说明书第5页第26～27行的支持；图1退回到原始图1，说明书第3页第19行中的源漏极的附图标记为笔误；4. 关于权利要求1～4的创造性，复审请求人指出对比文件1正是本申请的背景技术，本申请的权利要求是针对对比文件1中存在的技术问题而提出的，其采用的技术手段是“在基片温度达到设定温度后，不执行保持时间就进行下一结晶层的生长”，并取得了明显降低生长停止中累积的碳量的技术效果；原审查部门关于“对所属技术领域的技术人员来说，为了提高In的蒸发率，容易想到或做到暂时停止包括 As 的全部供给”缺乏足够的依据。

经形式审查合格，专利复审委员会受理了该复审请求，并于 2005 年 3 月 21 日发出了受理通知书和前置审查通知书。

在前置审查中，国家知识产权局原实质审查部门坚持原驳回决定。

在此基础上，专利复审委员会成立合议组对此案进行审理。

合议组注意到，在实质审查阶段中，申请人于 1998 年 9 月 16 日提交了附图第 3、4、6 ~ 9 页的替换页，于 2002 年 11 月 26 日提交了摘要附图的替换页。国家知识产权局原实质审查部门的驳回决定所依据的“1998 年 9 月 3 日提交的附图第 3、4、6 ~ 9 页”和“1998 年 9 月 3 日提交的摘要附图”有误。但由于其并不影响本案相关问题的审查，并且为了节约审查程序，合议组继续对本案进行审查，此次审查所依据的文本是：2004 年 1 月 8 日提交的（即，1998 年 9 月 3 日提交原始的）权利要求第 1 ~ 5 项，1998 年 9 月 16 日提交的附图第 3、4、6 ~ 9 页，2002 年 11 月 26 日提交的说明书摘要、附图第 2 页，2004 年 12 月 3 日提交的说明书第 1 ~ 6 页、附图第 1、5 页。

合议组于 2005 年 10 月 31 日向复审请求人发出了复审通知书，其中指出：1. 权利要求 1、4、5 不能得到说明书的支持，不符合专利法第二十六条第四款的规定；2. 权利要求 3 存在不清楚的缺陷，不符合专利法实施细则第二十条第一款的规定；3. 说明书中存在不清楚的缺陷，不符合专利法第二十六条第三款的规定。

复审请求人于 2005 年 12 月 2 日答复了复审通知书，提交了权利要求书（包含权利要求第 1 ~ 5 项）的替换页、说明书第 1 ~ 6 页的替换页、附图第 4、7 页的替换页，并且在提交的意见陈述书中陈述了对申请文件的修改。

修改后的权利要求书为：

“1. 一种半导体器件的制造方法，其特征在于，在半导体基片上进行多个化合物半导体结晶层的生长的分子束外延生长过程中，在生长包含 In 的化合物半导体结晶层后，暂时停止包含 As 的全部供给，在基片温度上升到 In 的再蒸发开始温度以上的设定温度的同时，生长不包含 In 的化合物半导体结晶层。

2. 如权利要求 1 所述的半导体器件的制造方法，其特征在于，包含 In 的所述化合物半导体结晶为 InGaAs、InAlAs。

3. 如权利要求 2 所述的半导体器件的制造方法，其特征在于，所述设定温度在 600℃ ~ 630℃ 的范围内。

4. 一种半导体器件的制造方法，该半导体器件在 GaAs 基片上有非掺杂 GaAs 缓冲层、非掺杂 InGaAs 沟道层、Si 掺杂 AlGaAs 电子供给层，在所述电子供给层上有栅极和 Si 掺杂 GaAs 间隔层，在该 Si 掺杂 GaAs 间隔层上有源极和漏极，其特征在于，在形成所述非掺杂 InGaAs 沟道层后，暂时停止包含 As 的全部供给，在把基片升温到 600℃ 至 630℃ 范围的同时，形成所述 Si 掺杂 AlGaAs 电子供给层。

5. 一种半导体器件的制造方法，该半导体器件在 GaAs 基片上有非掺杂 GaAs 缓冲层、非掺杂 InGaAs 沟道层、非掺杂 AlGaAs 衬垫层、Si 平面掺杂层、非掺杂 AlGaAs 阻挡层，在所述阻挡层上有栅极和 Si 掺杂 GaAs 间隔层，在该 Si 掺杂 GaAs 间隔层上有源极和漏极，其特征在于，在形成所述非掺杂 InGaAs 沟道层后，暂时停止包含 As 的全部供给，在把基片升温到 600℃ 至 630℃ 范围的同时，再下降至 550℃，形成所述非掺杂 AlGaAs 衬垫层。”

合议组在审阅了全部文件后认为，根据现有文件，可以作出本复审决定。

二、决定的理由

1. 关于审查文本

本复审决定所针对的文本为：1998 年 9 月 16 日提交的附图第 3、6、8、9 页，2002 年 11 月 26 日提交的说明书摘要、摘要附图、附图第 2 页，2004 年 12 月 3 日提交的附图第 1、5 页，2005 年 12 月 2 日提交的权利要求第 1 ~5 项、说明书第 1 ~6 页、附图第 4、7 页。

2. 关于专利法第三十三条

本申请是一种半导体器件的制造方法，其所要解决的技术问题是：AlGaAs/InGaAs 延伸界面上大量碳的沉积，造成 fT 下降的问题。本申请的技术方案中，包含了生成 AlGaAs 层和 InGaAs 层的步骤。从说明书整体上看，本领域的普通技术人员能够清楚地知道：为了生成 InGaAs，需要供给的是 In、Ga、As；当生成了 InGaAs 后，进行 AlGaAs 的生成工序，此时需要供给的是 Al、Ga、As，而没有 In；如果需要生成 Si 掺杂 AlGaAs，当然除了供给 Al、Ga、As 外，还需供给 Si。

对于原始说明书第 3 页第 31 ~32 行和原始说明书第 4 页第 22 ~23 行中“如果到达设定温度，那么同时开始 Al、Ga、In、As 的供给，生长 Si 掺杂 AlGaAs 电子供给层 14”，从说明书整体看，此处所要生长的为“Si 掺杂 AlGaAs 层”，它不包含 In，因此供给的材料中不应当有 In，同时该结晶层是 Si 掺杂的，因此供给的材料中还应当包括 Si。因此，本领域的普通技术人员能够清楚地知道，上述记载的“Al、Ga、In、As”存在明显的错误，唯一的正确的记载应为“Al、Ga、Si、As”。对此，在原始说明书第 3 页第 24 ~25 行“开始 Si、Ga、Al、As 的供给，生长 Si 掺杂 AlGaAs 电子供给层 14”，以及原始说明书第 4 页第 12 ~13 行“开始 Ga、Al、As、Si 的供给，生长 45nm 的 Nd =2E18cm^{-3}掺杂的 Si 掺杂 Al0. 2Ga0. 8As 电子供给层 14”中也已给出清楚的记载。

原始图 2 是实施例 1 中原料切换定时图与基片温度之间的关系图，原始说明书第 3 页第 24 ~25 行、第 31 ~32 行、第 4 页第 12 ~13 行、第 22 ~23 行记载了“Ga、Al、As、Si”的供给时间，从说明书整体的记载来看，本领域的普通技术人员能够清楚地知道，Al 和 Si 的供给是从温度达到设定温度时开始的，这是唯一的正确答案，原始图 2 中 Al 和 Si 从非掺杂 InGaAs 生长结束时开始供给的图示存在明显的错误。

对于原始说明书第 5 页第 25 ~27 行“如果到达设定温度，那么同时（保持时间零）开始 Al、Ga、In、As 的供给，生长非掺杂 AlGaAs 衬垫层 24”，从说明书整体看，此处所要生长的为“非掺杂 AlGaAs 衬垫层”，它不包含 In，因此供给的材料中不应当有 In，因此，本领域的普通技术人员能够清楚地知道，上述记载的“Al、Ga、In、As”存在明显的错误，唯一的正确的记载应为“Al、Ga、As”。对此，在原始说明书第 5 页第 13 ~14 行“……开始 Ga、Al、As 的供给，生长 5nm 的非掺杂 AlGaAs 衬垫层 24”中也已给出清楚的记载。

原始图 5 的文字描述“Si 掺杂 AlGaAs”存在明显的错误，说明书的实施例 2 中已经清楚地记载了，生成非掺杂 InGaAs 沟道层 23 后，进行非掺杂 AlGaAs 衬垫层 24 的生成工序，因此，本领域的普通技术人员能够清楚地知道，图 5 中的上述文字描述的唯一的正确的描述应为：“非掺杂 AlGaAs”。

综上可见，说明书中对上述部分的修改，属于对说明书中存在的明显的错误的修改，并且对这些错误的修改是本领域的普通技术人员能从说明书的整体及上下文看出的唯一的正确答案，因此，这样的修改是允许的，符合专利法第三十三条的规定。

3. 关于专利法第二十六条第三款

基于上述理由，说明书中对上述部分的修改是允许的，并且，修改后的说明书及附图克服了驳回决定及复审通知书中所指出的原申请文件中存在多处文字描述与附图表示的内容不一致、从而导致说明书不清楚的缺陷。即，修改后的说明书及附图已经克服了驳回决定和复审通知书中所指出的不符合专利法第二十六条第三款的缺陷。

4. 关于专利法第二十六条第四款

目前的权利要求1、4、5将原权利要求1、4、5中的“在基片温度上升到In的再蒸发开始温度以上后”或“在把基片升温到600℃～630℃范围后”修改为“在基片温度上升到In的再蒸发开始温度以上的设定温度的同时”或“在把基片升温到600℃～630℃范围的同时”；目前的权利要求1将原权利要求1中的“与包含In的所述化合物半导体不同的半导体结晶层”修改为“不包含In的化合物半导体结晶层”，从而克服了复审通知书中指出的原权利要求1、4、5不符合专利法第二十六条第四款的规定的缺陷。

5. 关于专利法实施细则第二十条第一款

目前的权利要求3将原权利要求3中的“所述再蒸发开始温度在600℃至630℃的范围内”修改为“所述设定温度在600℃至630℃的范围内”，从而克服了复审通知书中指出的原权利要求3不符合专利法实施细则第二十条第一款的规定的缺陷。

6. 关于专利法第二十二条第三款

权利要求1请求保护一种半导体器件的制造方法，对比文件1（JP平7～82093A）公开了一种气相成长方法，并具体公开了以下技术特征：在基片温度下降至530℃时，在GaAs基片上进行非掺杂InGaAs沟道层的生长，之后，不断供给As，但停止In和Ga的供给，把基片温度升至In的再蒸发开始温度以上，保持1分钟，然后进行非掺杂AlGaAs的生长（参见对比文件1说明书［0005］至［0012］，图1，图2）。可见，权利要求1与对比文件1的区别在于：（1）权利要求1中，在包含In的化合物半导体结晶层生长后，暂时停止了包括As的全部供给，而对比文件1中仍旧继续As的供给；（2）权利要求1中，在基片温度上升到In的再蒸发开始温度以上的设定温度的同时，生长不包含In的化合物半导体结晶层，而对比文件1中保持1分钟后进行AlGaAs的生长。

上述区别特征（1）在权利要求1的技术方案中的作用是：由于停止As的供给，切断了剩余In与As的结合，使In的蒸发速率提高，能够在短时间去除剩余的In。区别特征（2）在权利要求1的技术方案中的作用是：由于没有保持时间，从而减少了碳在AlGaAs/InGaAs界面的累积。

因此，包含区别特征（1）和（2）的权利要求1的技术方案，解决了对比文件1中的AlGaAs/InGaAs延伸界面上大量碳的沉积，造成fT下降的技术问题，这也正是本申请所要解决的技术问题，并取得了提高AlGaAs/InGaAs延伸界面的陡峭性，减少AlGaAs/InGaAs延伸界面碳的沉积，提高fT的技术效果。

对比文件1中并没有给出解决上述技术问题的启示，因此，权利要求1相对于对比文件1是非显而易见的，并且，权利要求1的技术方案解决了对比文件1中存在的上述技术问题且取得了有益的技术效果，因此，权利要求1相对于对比文件1具备专利法第二十二条第三款规定的创造性。

鉴于权利要求1相对于对比文件1具备创造性，其从属权利要求2、3相对于对比文件1也具备专利法第二十二条第三款规定的创造性。

权利要求4请求保护一种半导体器件的制造方法，其是将权利要求1的方法应用于在非掺杂InGaAs沟道层上生长Si掺杂AlGaAs电子供给层的方法，基于以上权利要求1与对比文件1的比较中已陈述的相同的理由，可见，权利要求4与对比文件1的区别在于：（1）权利要求4中，在非掺杂InGaAs沟道层生长后，暂时停止了包括As的全部供给，而对比文件1中仍旧继续As的供给；（2）权利要求4中，在基片温度上升到600℃至630℃范围的同时，形成所述Si掺杂AlGaAs电子供给层，而对比文件1中保持1分钟后进行AlGaAs的生长。

同样地，包含上述区别技术特征的权利要求4的技术方案，解决了对比文件1中的AlGaAs/In-

GaAs 延伸界面上大量碳的沉积，造成 fT 下降的技术问题，这也正是本申请所要解决的技术问题，并取得了提高 AlGaAs/InGaAs 延伸界面的陡峭性，减少 AlGaAs/InGaAs 延伸界面碳的沉积，提高 fT 的技术效果。

对比文件 1 中并没有给出解决上述技术问题的启示，因此，权利要求 4 相对于对比文件 1 是非显而易见的，并且，权利要求 4 的技术方案解决了对比文件 1 中存在的上述技术问题且取得了有益的技术效果，因此，权利要求 4 相对于对比文件 1 具备专利法第二十二条第三款规定的创造性。

综上所述，复审请求人对本申请的申请文件的修改已经克服了驳回决定和复审通知书所指出的缺陷，合议组依法作出以下复审决定。

三、决定

撤销国家知识产权局 2004 年 8 月 20 日作出的驳回 98117899.5 号发明专利申请的决定，由原审查部门依据 1998 年 9 月 16 日提交的附图第 3、6、8、9 页，2002 年 11 月 26 日提交的说明书摘要、摘要附图、附图第 2 页，2004 年 12 月 3 日提交的附图第 1、5 页，2005 年 12 月 2 日提交的权利要求第 1 ~5 项、说明书第 1 ~6 页、附图第 4、7 页，继续审批程序。

122

半导体器件案

复审请求审查决定（第8424号）

决　定　号　第8424号
决　定　日　2005年11月28日
发明创造名称　半导体器件
国际分类号　H01L 27/10　H01L 21/822　H01G 4/08
复审请求人　松下电器产业株式会社
申　请　号　96107131.1
申　请　日　1996年6月21日
公　开　日　1997年2月26日
合议组组长　马　昊
主　审　员　张美菊
参　审　员　焦景梅

法律依据　专利法第二十二条第三款
决定要点

对于一项权利要求而言，如果其与最接近的对比文件存在区别技术特征，并且其中一些区别技术特征是本领域的公知常识或者对于本领域的普通技术人员来说是显而易见的，而其他区别技术特征在另一篇对比文件中给出了启示，那么该权利要求就不具备创造性。

一、案由

本专利申请复审请求涉及国家知识产权局于1996年6月21日受理、申请号为96107131.1、名称为“半导体器件”的发明专利申请，申请人是松下电器产业株式会社，优先权日为1995年6月22日。

在国家知识产权局的实质审查过程中，实质审查部门于2002年1月18日发出第一次审查意见通知书，其中指出：权利要求1的技术方案的技术特征在对比文件1（FERROELECTRIC MEMORY APPLICATIONS 1989年10月3日公开）中公开，而不具备新颖性；权利要求2~4的附加技术特征也在对比文件1中公开，也不具备新颖性；权利要求5的附加技术特征在对比文件2（EP0574275A1 1993年12月15日公开）中公开了，并且其作用相同，均是减少电介质膜端部的泄漏电流以改善电容元件的电气特性，因此权利要求5的技术方案不具备创造性。

2002年7月26日申请人针对第一次审查意见通知书的提交了意见陈述书和权利要求的修改替换页，其修改主要是：在权利要求1中增加了特征：电容绝缘膜的端部延伸超出所述第一开口的部位，处于上电极下面的电容绝缘膜部分与处于上电极外测的电容绝缘膜部分相比具有更高的结晶性，形成在包围第一开口的电容绝缘膜区域内的第三开口，所述第三开口大于所述第一开口。申请人陈述：在对比文件1中没有披露解决本发明技术问题的发明内容；此外新修改的独立权利要求1还具有了对比文件 1 所没有的第 3 开口，并且对比文件 1 也未披露强电介质膜全部端部均比上电极突出的结构，因而其认为新修改的权利要求 1 具有创造性；对于新修改的独立权利要求 4、5，具有下电极和电容绝缘膜的端部均比上电极突出，而电容绝缘膜的两端部则比下电极的端部突出的特征，这种结构具有其技术效果；对比文件 2 没有公开这种结构，因而权利要求 4、5 与对比文件相比具备创造性。

国家知识产权局于 2002 年 9 月 20 日发出了第二次审查意见通知书，其中认为：权利要求 1 相对于对比文件 1 不具备创造性；权利要求 2 的附加技术特征在对比文件 1 中公开了而不具备创造性，权利要求 3 的附加技术特征在对比文件 2 中公开了，并且其作用相同，因而不具备创造性；独立权利要求 4 的第三开口在对比文件 1 的图 4b 中公开了，而电容绝缘膜的端部延伸超出下电极端部的外测在对比文件 2 中公开了，并且作用相同，因此不具备创造性；权利要求 5 与对比文件 1 的区别技术特征，即，电容绝缘膜的一端部延伸超出下电极的一端部的外侧，在对比文件 2 中公开，因而权利要求 5 不具备创造性。

2002 年 12 月 4 日申请人提交了第二次意见陈述书，并且提交了新修改的权利要求书，其中涉及的修改仅仅在独立权利要求 4、5 中增加了“处于上电极下面的电容绝缘膜部分与处于上电极外测的电容绝缘膜部分相比具有更高的结晶性”的内容。申请人在意见陈述书中依然坚持本申请具有创造性。

国家知识产权局于 2003 年 1 月 10 日作出了驳回决定，驳回决定的理由是：权利要求 1 与对比文件 1 的图 4a、4b 的区别“处于上电极下面的电容绝缘膜部分与处于上电极外测的电容绝缘膜部分相比具有更高的结晶性”是具有强电介质电容绝缘膜的端部超出上电极的端部这样的一种结构的半导体器件的必然结果，因而不具备创造性；权利要求 2 相对于对比文件 1 不具备创造性；权利要求 3 ~ 5 相对于对比文件 1、2 不具备创造性。

申请人（下称复审请求人）于 2003 年 4 月 22 日向专利复审委员会提出了复审请求，并且提交了权利要求的修改替换页，其中的修改主要是：在权利要求 1 中增加了“所述电容绝缘膜其相对的至少 2 处端部延伸超出与之对应的所述下电极的 2 处端部外侧”，删除了权利要求 2、3，相应修改权利要求 4、5 的序号及引用关系。其复审请求的理由主要是：本申请图 5 的结构与对比文件 1 的图 4a、4b 和对比文件 2 的图 4、5 相比具有差别，结晶性的比外部更好的构成使得其电气特性的提高尤其 FERAM 所特有的残留极化在此范围存在急剧变化，这种提高不是显而易见的，并且至少在两侧端部形成到达第一开口部位并延伸超出下电极端部这一结构，不可避免形成产生工艺方面的问题，并且这种结构可以防止电容器从绝缘膜上脱落、剥离，本申请因此具有创造性。

经形式审查合格，专利复审委员会受理了该复审请求，并于 2003 年 5 月 21 日发出了受理通知书及前置审查通知书。

在前置审查程序中，国家知识产权局仍坚持原驳回决定。

在此基础上，专利复审委员会依法成立合议组对本案进行复审。

合议组于 2004 年 3 月 23 日以申请日提交的说明书、说明书附图、说明书摘要、摘要附图以及 2003 年 4 月 22 日提交的权利要求 1 ~ 3 项为审查所依据的文本，发出了复审通知书，主要指出：权利要求 1 ~ 3 与对比文件 1 所公开的内容的区别技术特征在对比文件 1 和对比文件 2 中都给出了启示，权利要求 1 ~ 3 不具有创造性。

复审请求人于 2004 年 4 月 30 日提交了意见陈述书和权利要求书的修改替换页，其中的修改主要是：在权利要求 1 ~ 3 中删除“大介电常数的电介质材料”的内容，增加了“所述电容绝缘膜的端部距离上电极端部 0. 1μm 以上”的内容，同时权利要求书中增加了权利要求 4。复审请求人认为：对权利要求 1 ~ 3 的修改克服了复审通知书指出的不具备创造性的缺陷，并且新增加的权利要求 4 也具备创造性。

合议组于2004年8月3日发出第二次复审通知书，指出：（1）请求人在2004年4月30日提交的权利要求书中增加的权利要求4不是针对第一次复审通知书所作出的修改，因此增加的权利要求4不符合专利法实施细则第六十条第一款的规定，不能被接受；（2）对权利要求1～3的修改对于本领域的普通技术人员来说仍然是显而易见的，修改后权利要求1～3相对于对比文件1、2不具有创造性。

针对第二次复审通知书，复审请求人于2004年9月17日提交了意见陈述书、参考资料以及权利要求书的修改替换页，其中修改替换页中涉及的修改主要是：删除了权利要求4。复审请求人在意见陈述书中认为：本申请中的“所述电容绝缘膜的端部距离上电极端部0.1μm以上”的这种结构不仅剩余极化值不存在特性较差的问题，而且剩余极化值特性与电容元件面积无关，具有无法预期的效果，本申请具备创造性。修改后的权利要求书是：

“1. 一种半导体器件，包括：

一半导体基片；

一形成在该半导体基片上的绝缘膜；

一电容器，其包括：一形成在所述绝缘膜上、其中包括四侧且每一侧具有一相应的端部的下电极；一形成在所述下电极上由强电介质材料制成的、其中包括四侧且每一侧具有一相应的端部的电容绝缘膜；以及一形成在所述电容绝缘膜上、其中包括四侧且每一侧具有一相应的端部的上电极；

一用于覆盖该电容器、具有下电极上方形成的第一开口和上电极上方形成的第二开口的保护膜；以及

分别通过第一开口与下电极连接和通过第二开口与上电极连接的互连布线，

其特征在于，下电极每一端部和电容绝缘膜的每一端部突出到上电极端部的外侧，所述电容绝缘膜的端部距离上电极端部0.1μm以上，所述电容绝缘膜具有基本均匀的厚度，电容绝缘膜的端部延伸超出所述第一开口部位，所述电容绝缘膜其相对的至少2处端部延伸超出与之对应的所述下电极的2处端部外侧，而且处于上电极下面的电容绝缘膜部分与处于上电极外侧的电容绝缘膜部分相比具有更高的结晶性，

所述器件进一步包括一形成在包围第一开口的电容绝缘膜区域内的第三开口，所述第三开口大于所述第一开口。

2. 一种半导体器件，包括：

一半导体基片；

一形成在该半导体基片上的绝缘膜；

一电容器，其包括：一形成在所述绝缘膜上的下电极；一形成在所述下电极上由强电介质材料制成的电容绝缘膜；以及一形成在所述电容绝缘膜上的上电极；

一用于覆盖该电容器、具有下电极上方形成的第一开口和上电极上方形成的第二开口的保护膜；以及

分别通过第一开口与下电极连接和通过第二开口与上电极连接的互连布线，

其特征在于，下电极端部和电容绝缘膜端部均突出到上电极端部的外侧，所述电容绝缘膜的端部距离上电极端部0.1μm以上，所述电容绝缘膜的所述端部延伸超出下电极端部的外侧，所述电容绝缘膜具有基本均匀的厚度，电容绝缘膜的端部延伸超出所述第一开口部位，而且处于上电极下面的电容绝缘膜部分与处于上电极外侧的电容绝缘膜部分相比具有更高的结晶性，

所述器件进一步包括一形成在包围第一开口的电容绝缘膜区域内的第三开口，所述第三开口大于

所述第一开口。

3. 一种半导体器件，包括：

一半导体基片；

一形成在该半导体基片上的绝缘膜；

一电容器，其包括：一形成在所述绝缘膜上的下电极；一形成在所述下电极上由强电介质材料制成的电容绝缘膜；以及一形成在所述电容绝缘膜上的上电极；

一用于覆盖该电容器、具有下电极上方形成的第一开口和上电极上方形成的第二开口的保护膜；以及

分别通过第一开口与下电极连接和通过第二开口与上电极连接的互连布线，

其特征在于，下电极端部和电容绝缘膜端部均突出到上电极端部的外侧，所述电容绝缘膜的端部距离上电极端部 0.1μm 以上，所述电容绝缘膜的一端部延伸超出下电极的一端部的外侧，而且处于上电极下面的电容绝缘膜部分与处于上电极外侧的电容绝缘膜部分相比具有更高的结晶性。”

至此，合议组认为本案事实清楚，可以作出本复审请求审查决定。

二、决定的理由

1. 关于审查所依据的文本

复审请求人于 2004 年 9 月 17 日对权利要求书的修改是根据第二次复审意见删除了权利要求 4，这样的修改符合专利法第三十三条以及专利法实施细则第六十条第一款的规定，因此本复审决定依据的文本为：申请日提交的说明书、说明书附图第页、2004 年 9 月 17 日提交的权利要求 1 ~3 项。

2. 关于所引用的对比文件

合议组评判本申请的权利要求书所采用的对比文件与实质审查过程中所引用的对比文件相同，即，对比文件 1：FERROELECTRIC MEMORY APPLICATIONS（1989 年 10 月 3 日公开），对比文件 2：EP0574275A1（1993 年 12 月 15 日公开）。

3. 关于创造性

创造性是指同申请日以前已有的技术相比，该发明有突出的实质性特点和显著的进步，该实用新型有实质性特点和进步。

对于一项权利要求而言，如果其与最接近的对比文件存在区别技术特征，并且其中一些区别技术特征是本领域的公知常识或者对于本领域的普通技术人员来说是显而易见的，而其他区别技术特征在另一篇对比文件中给出了启示，那么该权利要求就不具有创造性。

（1）独立权利要求 1 的创造性

权利要求 1 要求保护一种半导体器件，其技术方案包括以下技术特征：

一半导体基片；

一形成在半导体基片上的绝缘膜；

一电容器，其包括：一形成在所述绝缘膜上、其中包括四侧且每一侧具有一相应的端部的下电极，一形成在所述下电极上由强电介质材料制成的、其中包括四侧且每一侧具有一相应的端部的电容绝缘膜，以及一形成在所述电容绝缘膜上、其中包括四侧且每一侧具有一相应的端部的上电极；

一用于覆盖该电容器、具有下电极上方形成的第一开口和上电极上方形成的第二开口的保护膜；以及

分别通过第一开口与下电极连接和通过第二开口与上电极连接的互连布线，

其特征在于，下电极每一端部和电容绝缘膜的每一端部突出到上电极端部的外侧，所述电容绝缘膜的端部距离上电极端部 0.1μm 以上，所述电容绝缘膜具有基本均匀的厚度，电容绝缘膜的端部延

伸超出所述第一开口部位，所述电容绝缘膜其相对的至少 2 处端部延伸超出与之对应的所述下电极的 2 处端部外侧，而且处于上电极下面的电容绝缘膜部分与处于上电极外侧的电容绝缘膜部分相比具有更高的结晶性，

所述器件进一步包括形成在包围第一开口的电容绝缘膜区域内的第三开口，所述第三开口大于所述第一开口。

对比文件 1 公开了一种铁电体存储器，其具体公开了以下技术特征（参见对比文件 1 正文第 II 至第 V 部分以及附图 4a、4b）：构成该硅 MOSFET 铁电 RAM 的集成电路包括：硅基片，形成在基片上的绝缘膜，在绝缘膜上形成的由下电极、PZT 薄膜和上电极组成的电容器，在该电容器的上电极上形成一个开口，在该电容器的下电极上形成一个开口，在这些开口中形成金属电极，并且在这些开口上具有保护模，其中电容器的下电极和 PZT 薄膜的每个端部都突出到上电极端部的外侧，PZT 薄膜的厚度基本上是均匀的。

由此可见权利要求 1 的技术方案与对比文件 1 的图 4a 所公开的内容的区别在于：（1）电容绝缘膜的端部延伸超出所述第一开口部位，（2）处于上电极下面的电容绝缘膜部分与处于上电极外侧的电极绝缘膜部分相比具有更高的结晶性，（3）所述电容绝缘膜其相对的至少 2 处端部延伸超出与之对应的所述下电极的 2 处端部外侧，（4）形成在包围第一开口的电容绝缘膜区域内的第三开口，所述第三开口大于所述第一开口，（5）电容绝缘膜由强电介质材料制成，（6）电容绝缘膜的端部距离上电极端部 0.1μm 以上。

对于区别技术特征（1）（4），在对比文件 1 的图 4b 中公开的铁电存储器中电容绝缘膜的端部延伸超出了第一开口部位，并且在下电极上的电极引线外部还有开口，因此对于本领域的技术人员来说为了解决其技术问题，对比文件 1 的图 4b 给出了将强电容绝缘膜延伸超出第一开口的部位以及在第一开口外部再形成第三开口应用到图 4a 中的启示。

对于区别技术特征（2），在本申请的现有技术中，电容器绝缘膜的端部有时会由于干式蚀刻等在刻图形成电容元件形状时受到损伤，或者在形成保护模时与保护模进行反应，从而使电容绝缘膜端部的结晶性劣化。因此在形成电容绝缘膜时要使用比上电极大的光刻掩模干蚀刻绝缘层，其必然会使上电极外侧的电极绝缘膜部分的结晶性劣化，而对比文件 2 中也公开了使用蚀刻法制作出上电极和绝缘膜（参见对比文件 2 说明书第 8 栏第 43 行至第 52 行），可见用蚀刻法形成电极和绝缘膜是本领域的常用技术，因此对于本领域的普通技术人员来说对比文件 1 上电极外侧的电极绝缘膜部分的结晶性比处于上电极下面的电容绝缘膜部分的结晶性要差也是很显而易见的。

对于区别技术特征（3），对比文件 2 中公开了一种具有电容器的半导体设备（参见对比文件 2 说明书第 6 栏第 31 行至第 48 行以及附图 4），该半导体设备的电容器的电容绝缘膜一端超出了与之对应的下电极的一端的外侧，其作用是减少了绝缘膜的该端的漏电流，对于本领域的技术人员来说由对比文件 2 的为了减少绝缘膜的一端的漏电流而使电容绝缘膜的一段超出与之对应的下电极的一端的外测很容易联想到使电容绝缘膜的两端都超出域值对应的下电极的两端的外侧而使整个电容元件的漏电流减小，因此对比文件 2 给出了为了解决其技术问题而将其所公开的内容应用到对比文件 1 中从而得到权利要求 1 的技术方案的启示。

对于区别技术特征（5），合议组认为电容绝缘膜使用强电介质材料或使用大介电常数的电介质材料都是本领域的公知常识，并且对比文件 1 中公开了其电容绝缘膜是 PZT 薄膜，因此此技术特征对于本领域的普通技术人员来说是显而易见的。

对于区别技术特征（6），合议组认为：正如本申请的背景技术中所述，以往一般电容器的绝缘膜与上电极的端部位置相同或者制作精度在 0.1μm 以内的范围中，这表明了电容绝缘膜端部比上电

极端部的位置突出或缩进小于0.1μm的长度，由于对比文件1的图4a已经公开了电容绝缘膜的端部超出上电极端部，因此本领域的普通技术人员明白在对比文件1的技术方案中，为了保证电容绝缘膜的端部超出上电极的端部，自然会使电容绝缘膜的端部距离上电极端部0.1μm以上，因此对比文件1中与本申请的相应的这一构造必然也能带来与申请人所强调的技术效果相同的效果。

因此对比本领域的普通技术人员来说，在对比文件1、2的基础上得到权利要求1的技术方案是不需要付出创造性的劳动的，因此权利要求1所要求保护的技术方案不具备专利法第二十二条第三款规定的创造性。

（2）独立权利要求2、3的创造性

独立权利要求2要求保护一种半导体器件，参照上述对比文件1图1a所公开的内容，权利要求2的技术方案与对比文件1的图4a所公开的内容的区别在于：（1）电容绝缘膜的端部延伸超出所述第一开口部位，（2）处于上电极下面的电容绝缘膜部分与处于上电极外侧的电极绝缘膜部分相比具有更高的结晶性，（3）所述电容绝缘膜的所述端部延伸超出下电极端部的外侧，（4）形成在包围第一开口的电容绝缘膜区域内的第三开口，所述第三开口大于所述第一开口，（5）电容绝缘膜由强电介质材料制成，（6）电容绝缘膜的端部距离上电极端部0.1μm以上。上述区别技术特征（3）与权利要求1的区别技术特征（3）相比，是更笼统、更上位的技术特征，因此同理参照上述对独立权利要求1区别技术特征（1）~（6）的评述，对于本领域的普通技术人员来说，在对比文件1、2的基础上得到权利要求2的技术方案也是不需要付出创造性的劳动的，因此权利要求2所要求保护的技术方案不具备专利法二十二条第三款规定的创造性。

权利要求3要求保护一种半导体器件。参照上述对比文件1图1a所公开的内容，权利要求3的技术方案与对比文件1的图4a所公开的内容的区别在于：（1）所述电容绝缘膜的一端部延伸超出下电极的一端部的外侧，（2）处于上电极下面的电容绝缘膜部分与处于上电极外侧的电极绝缘膜部分相比具有更高的结晶性，（3）电容绝缘膜由强电介质材料制成，（4）电容绝缘膜的端部距离上电极端部0.1μm以上。参照上述对权利要求1的区别技术特征（2）（3）（5）（6）的评述，同理对于本领域的普通技术人员来说，在对比文件1、2的基础上得到权利要求3的技术方案也是不需要付出创造性的劳动的，因此权利要求3所要求保护的技术方案不具有专利法第二十二条第三款规定的创造性。

复审请求人在意见陈述书中陈述了本申请的对比文件1、2都未公开的技术特征“电容绝缘膜的端部距离上电极端部0.1μm以上”为本申请带来了现有技术无法预期的效果，通过将特性变差的强电介质配制到上电极的外侧，可使电容器内部的结晶性成为比外部好的构成，来提高电容元件中强电介质膜的剩余极化特性。合议组认为，首先从本申请说明书中公开的内容来看并不能得出“电容绝缘膜的端部距离上电极端部0.1μm以上”可以为本申请带来无法预期的效果的结论，并且对比文件1中也客观上公开了电容绝缘膜的端部超出上电极端部的技术特征，其也能达到复审请求人所强调的技术效果。因此合议组不能接受复审请求人所陈述的理由。

综上所述，本申请权利要求1~3不符合专利法第二十二条第三款有关创造性的规定。

三、决定

维持国家知识产权局于2003年1月10日对96107131.1号发明专利申请所作出的驳回决定。

当事人对本决定不服的，可以根据专利法第四十一条第二款的规定，自收到本决定之日起三个月内向北京市第一中级人民法院起诉。

123

无损解码器及其方法案

复审请求审查决定（第8425号）

决 定 号 第8425号
决 定 日 2006年3月2日
发明创造名称 无损解码器及其方法
国 际 分 类 号 H03M 7/30 H04B 1/66
复 审 请 求 人 三星电子株式会社
申 请 号 01137891.3
公 开 日 2002年8月21日
合议组组长 黄毅斐
主 审 员 杨存吉
参 审 员 孙治国

法 律 依 据 专利法实施细则第二十一条第二款
决 定 要 点

复审请求人修改了权利要求书，在原独立权利要求1和7中添加了有关“识别信息”的内容，消除了原驳回决定指出的独立权利要求1和7不符合专利法实施细则第二十一条第二款规定的缺陷，并且修改的内容也符合专利法第三十三条和专利法实施细则第六十条的规定。

一、案由

本复审请求案涉及申请日为1999年5月6日、优先权日为1998年5月6日、发明名称为“无损解码器及其方法”、申请号为01137891.3的发明专利申请（下称本申请），本申请的申请人为三星电子株式会社。

申请人在申请日提交的独立权利要求1和7如下：

“1. 一种解码经编码的音频数据的无损解码器，该经编码的音频数据已经按如下顺序被无损压缩编码，其中所述编码的音频数据的一些原始数据单元具有超过最大比特率的数据量，该超过数据量已经被与具有小于最大比特率的数据量的其他原始数据单元相结合，该解码器包括：

还原器，用于还原原始数据单元为音频数据；

缓冲器，用于缓冲超过数据量；和

缓冲器控制器，用于按顺序输出原始数据单元到所述还原器，控制进入和离开所述缓冲器的超过数据量，并将来自所述缓冲器的经缓冲的超过数据量与对应的数据单元相结合，以在按顺序被输出到所述还原器之前重新产生本来具有超过数据量的原始数据单元。”

“7. 一种解码经编码的音频数据的方法，该经编码的音频数据已经按如下顺序被无损压缩编码，其中所述编码的音频数据的一些数据单元具有超过最大比特率的数据量，该超过数据量已经被与具有小于最大比特率的数据量的数据单元相结合，该方法包括下列步骤：

在缓冲器中缓冲超过数据量；和

将经缓冲的超过数据量与本来具有超过数据量的对应的数据单元相结合；和

输出结合的和其他的数据单元作为还原的音频数据。”

本申请于2002年8月21日公开后，国家知识产权局实质审查部门依法对其进行实质审查，并于2004年1月2日发出第一次审查意见通知书，指出：独立权利要求1和7没有对“识别信息”进行描述，从而缺乏必要技术特征，不符合专利法实施细则第二十一条第二款的规定。

针对第一次审查意见通知书，申请人于2004年5月17日提交意见陈述书以及权利要求书、说明书和说明书摘要的修改文本。申请人在修改文本中仅对原说明书的各个部分添加了小标题。申请人在意见陈述中坚持认为独立权利要求1和7的技术方案是完整的，符合专利法实施细则第二十一条第二款的规定。

实质审查部门针对申请人于申请日提交的说明书附图和摘要附图以及于2004年5月17日提交的说明书第1~5页、权利要求第1~12项和说明书摘要，于2004年8月6日作出驳回决定，理由是本申请不符合专利法实施细则第二十一条第二款的规定。

申请人（下称复审请求人）对上述驳回决定不服，于2004年11月22日向专利复审委员会提出复审请求，认为技术特征“识别信息”并非实现本发明的必要技术特征，独立权利要求1和7符合专利法实施细则第二十一条第二款的规定。

经形式审查合格后，专利复审委员会受理了该请求，于2004年12月23日向复审请求人发出复审请求受理通知书，同时向原实质审查部门发出前置审查通知书。在前置审查意见书中，原实质审查部门仍然坚持原驳回理由。

专利复审委员会依法组成合议组对本复审请求进行了审查，并于2005年11月2日发出复审通知书，指出：在编码的过程中需要在相应的数据中设置识别信息，在解码的过程中需要监测识别信息，并根据所监测的识别信息来还原原始的数据，如果在编码和解码过程中离开了识别信息，本发明的技术方案就无法实现本发明的目的，因此“识别信息”是解决本发明技术问题的必要技术特征，应当写入独立权利要求中，所以权利要求1和7由于没有记载有关“识别信息”的必要技术特征而不符合专利法实施细则第二十一条第二款的规定。

针对复审通知书，复审请求人于2005年12月15日提交了意见陈述书和修改的权利要求书，其中把原从属权利要求2和8中有关“识别信息”的技术特征分别加到原独立权利要求1和7中，并删除了原从属权利要求2和8，修改后的独立权利要求为：

“1. 一种解码经编码的音频数据的无损解码器，该经编码的音频数据已经按如下顺序被无损压缩编码，其中所述编码的音频数据的一些原始数据单元具有超过最大比特率的数据量，该超过数据量已经被与具有小于最大比特率的数据量的其他原始数据单元相结合，该解码器包括：

还原器，用于还原原始数据单元为音频数据；

缓冲器，用于缓冲超过数据量；和

缓冲器控制器，用于按顺序输出原始数据单元到所述还原器，控制进入和离开所述缓冲器的超过数据量，并将来自所述缓冲器的经缓冲的超过数据量与对应的数据单元相结合，以在按顺序被输出到所述还原器之前重新产生本来具有超过数据量的原始数据单元；

其中，超过数据量和对应的数据单元还包括识别信息，且

所述缓冲器控制器使用识别信息缓冲在所述的缓冲器中要与对应的数据单元相结合的超过数据量，和使用识别信息将来自所述缓冲器的缓冲的超过数据量与对应的数据单元结合。”

“6. 一种解码经编码的音频数据的方法，该经编码的音频数据已经按如下顺序被无损压缩编码，

其中所述编码的音频数据的一些数据单元具有超过最大比特率的数据量，该超过数据量已经被与具有小于最大比特率的数据量的数据单元相结合，该方法包括下列步骤：

在缓冲器中缓冲超过数据量；和

将经缓冲的超过数据量与本来具有超过数据量的对应的数据单元相结合；和

输出结合的和其他的数据单元作为还原的音频数据；

其中，超过数据量和对应的数据单元还包括识别信息，

所述缓冲步骤包括使用识别信息缓冲要与对应的数据单元相结合的超过数据量，和

所述结合步骤包括使用识别信息结合经缓冲的超过数据量和对应的数据单元。”

至此，合议组经合议审查认为本案事实已经清楚，可以依法作出决定。

二、决定的理由

经合议组审查，复审请求人于2005年12月15日提交的权利要求书符合专利法第三十三条和专利法实施细则第六十条的规定，所以本复审决定所针对的申请文本为：申请日提交的附图第1~2页和摘要附图；2004年5月17日提交的说明书第1~5页和说明书摘要；2005年12月15日提交的权利要求第1~10项。

复审请求人在修改后的独立权利要求1和6中添加了有关“识别信息”的必要技术特征，使修改后的独立权利要求1和6已构成完整的技术方案，从而克服了原驳回决定指出的不符合专利法实施细则第二十一条第二款规定的缺陷。

基于上述理由，合议组作出如下决定。

三、决定

撤销国家知识产权局于2004年8月6日作出的驳回01137891.3号专利申请的决定，由原实质审查部门以申请日提交的附图第1~2页以及摘要附图，2004年5月17日提交的说明书第1~5页和说明书摘要，以及2005年12月15日提交的权利要求第1~10项为基础继续进行审批程序。

124

半导体器件案

复审请求审查决定（第 8461 号）

决 定 号 第 8461 号
决 定 日 2006 年 5 月 8 日
发明创造名称 半导体器件
国 际 分 类 号 H01L 23/48
复 审 请 求 人 株式会社日立制作所
申 请 号 99120218. X
申 请 日 1999 年 9 月 17 日
公 开 日 2000 年 4 月 12 日
合 议 组 组 长 张 度
主 审 员 骆素芳
参 审 员 孙克良

法 律 依 据 专利法第二十二条第三款
决 定 要 点

对权利要求书的修改删除了驳回决定和复审通知书中指出的不具备创造性的权利要求，从而克服了驳回决定和复审通知书中所指出的缺陷，因此，基于修改后的文本撤销驳回决定。

一、案由

本复审请求涉及申请号为 99120218. X、发明名称为“半导体器件”的发明专利申请（下称本申请）。其申请日是 1999 年 9 月 17 日，优先权日是 1998 年 9 月 18 日，公开日是 2000 年 4 月 12 日，申请人是株式会社日立制作所。

经实质审查，国家知识产权局于 2002 年 12 月 27 日发出第一次审查意见通知书，其中引用了一篇对比文件：

对比文件 1：US5798571A 公开日期：1998 年 8 月 25 日；

通知书指出权利要求 1、2 不具备新颖性；权利要求 12、13 不符合专利法第二十六条第四款的规定；权利要求 11 与权利要求 1、2、12、13 之间不具备单一性；权利要求 3 ~ 6、12、13、14、15 不符合专利法实施细则第二十条至第二十三条的规定。

申请人于 2003 年 5 月 12 日答复了上述审查意见通知书，提交了权利要求书全文、说明书全文、说明书摘要的修改替换页。

国家知识产权局于 2003 年 7 月 25 日发出第二次审查意见通知书，其中增加了一篇对比文件：

对比文件 2：US5270253A 公开日期：1993 年 12 月 14 日；

通知书指出权利要求 1、2 不具备专利法第二十二条第三款规定的创造性。

申请人于 2003 年 10 月 9 日答复了上述审查意见通知书，未修改申请文件，陈述权利要求 1、2

具备创造性的理由主要是：1. 权利要求 1、2 的技术方案中的布线方式与对比文件 1 公开的布线方式不同，并且与对比文件相比，权利要求 1、2 的技术方案能够有效地降低电感；2. 对比文件 1 和对比文件 2 都没有公开本发明的与半导体元件连接的焊盘和外部连接端子的构成。

国家知识产权局依据申请人 2003 年 5 月 12 日提交的权利要求第 1 ~ 16 项、说明书第 1 ~ 19 页、说明书摘要，以及于 1999 年 9 月 17 日提交的附图第 1 ~ 18 页、摘要附图，以权利要求 1、2 不具备专利法第二十二条第三款规定的创造性为由驳回了本申请。

驳回决定针对的权利要求 1、2 为：

“1. 一种半导体器件，在具备在一个主面上形成了用于供给电源电位的电源焊盘、用于供给接地电位的接地焊盘和用于输入输出信号的信号焊盘的半导体元件，以及用电源布线与上述电源焊盘相连接的外部连接用的电源凸起、用接地布线与上述接地焊盘相连接的外部连接用的接地凸起和用信号布线与上述信号焊盘相连接的外剖连接用的信号凸起的半导体器件中，特征在于：

上述电源凸起、上述接地凸起和上述信号凸起形成于上述半导体元件的上述主面上，上述电源布线、上述接地布线和上述信号布线在形成于上述半导体元件上的绝缘层中具有配置区域，该配置区域中在上述信号布线的两侧相邻设置上述电源布线或者上述接地布线。

2. 一种半导体器件，在具备在半导体元件的一个主面侧形成了多个焊盘，多个凸起和把上述焊盘与上述凸起连接的多条布线的半导体器件中，特征在于：

上述多个焊盘由电源焊盘、接地焊盘和信号焊盘组成，上述多个凸起由电源凸起、接地凸起和信号凸起组成，上述多条布线由电源布线，接地布线和信号布线组成，

上述电源凸起、上述接地凸起和上述信号凸起形成于上述半导体元件的上述主面上，上述电源布线、上述接地布线和上述信号布线在形成于上述半导体元件上的绝缘层中具有配置区域，该配置区域中上述信号布线的至少一部分的两侧相邻地形成上述电源布线或者上述接地布线。”

申请人（下称复审请求人）对该驳回决定不服，于 2004 年 9 月 20 日向专利复审委员会提出了复审请求，同时提交了权利要求书的修改替换页，复审请求人的理由主要是：1. 本发明的结构与对比文件的结构不同，本发明的结构是“沿形成有半导体元件的半导体芯片上的绝缘膜延伸的布线，具备电源布线或者接地布线在信号布线的两侧延伸的形态”，而对比文件形成有半导体元件的半导体芯片向外延伸的金丝是以预定的排列来形成的，没有公开本发明那样的沿半导体元件上的绝缘膜延伸的布线；本发明能够有效降低接地布线或电源布线的有效电感，而且提高了信号布线与接地布线或电源布线之间的互感从而进一步降低了有效电感，对比文件无法取得本发明那样的作用效果；2. 权利要求 7 中的使电源布线宽度或者接地布线宽度比信号布线宽度宽的形态，对比文件中也没有公开。

修改后的权利要求 1、2 为：

“1. 一种半导体器件，在具备形成有半导体元件的半导体芯片、以及在上述半导体芯片的一个主面上形成的、用于供给电源电位的电源焊盘、用于供给接地电位的接地焊盘、用于输入输出信号的信号焊盘、用电源布线与上述电源焊盘相连接的外部连接用的电源凸起、用接地布线与上述接地焊盘相连接的外部连接用的接地凸起和用信号布线与上述信号焊盘相连接的外剖连接用的信号凸起的半导体器件中，特征在于：

上述电源凸起、上述接地凸起和上述信号凸起形成于上述半导体元件的上述主面上，上述电源布线、上述接地布线和上述信号布线在形成于上述半导体元件上的绝缘层中具有配置区域，该配置区域中在上述信号布线的两侧相邻设置上述电源布线或者上述接地布线。

2. 一种半导体器件，在具备在形成有半导体元件的半导体芯片的一个主面侧形成的多个焊盘，多个凸起和把上述焊盘与上述凸起连接的多条布线的半导体器件中，特征在于：

上述多个焊盘由电源焊盘、接地焊盘和信号焊盘组成，上述多个凸起由电源凸起、接地凸起和信号凸起组成，上述多条布线由电源布线，接地布线和信号布线组成，

上述电源凸起、上述接地凸起和上述信号凸起形成于上述半导体元件的上述主面上，上述电源布线、上述接地布线和上述信号布线在形成于上述半导体元件上的绝缘层中具有配置区域，该配置区域中上述信号布线的至少一部分的两侧相邻地形成上述电源布线或者上述接地布线。"

经形式审查合格，专利复审委员会受理了该复审请求，并于 2004 年 10 月 14 日发出了复审请求受理通知书和前置审查通知书。

在前置审查中，国家知识产权局原实质审查部门坚持原驳回决定。

在此基础上，专利复审委员会成立合议组对此案进行审理。合议组于 2006 年 2 月 7 日向复审请求人发出了复审通知书。其中指出：1. 权利要求 1 和 2 不具备专利法第二十二条第三款规定的创造性；2. 复审请求人在复审请求书中指出本发明的结构与对比文件不同，但该区别是由于"倒装芯片安装"与"引线键合安装"的不同而引起的，在对比文件 1 所公开的降低有效电感的方法的启示下，为了获得降低有效电感的倒装芯片安装式半导体器件，用"倒装芯片安装"替换对比文件 1 中的"引线键合安装"，从而获得权利要求 1 和 2 的技术方案，这对于本领域的普通技术人员来说是很容易想到的；3. 复审请求人在复审请求书中指出的权利要求 7 中的技术特征及其作用效果并不能成为权利要求 1 和 2 具备创造性的理由。

复审请求人于 2006 年 3 月 22 日答复了复审通知书，对权利要求书进行了修改，删除了原权利要求 1、2 及它们的从属权利要求 3 ~ 10，将原权利要求 11 ~ 16 重新编号为新的权利要求 1 ~ 6，并参照说明书的内容对权利要求中的语句做了修改，同时还提交了说明书第 3 ~ 5 页的修改替换页。

至此，合议组认为本案事实已经清楚，可以作出复审决定。

二、决定的理由

1. 关于审查所针对的文本

复审请求人 2006 年 3 月 22 日答复复审通知书时提交了权利要求书和说明书第 3 ~ 5 页的修改替换页，经审查，上述修改符合专利法第三十三条和专利法实施细则第六十条的规定，因此，本复审决定所针对的文本是：2006 年 3 月 22 日提交的权利要求第 1 ~ 6 项、说明书第 3 ~ 5 页，2003 年 5 月 12 日提交的说明书第 1、2、6 ~ 19 页、说明书摘要，以及 1999 年 9 月 17 日提交的附图第 1 ~ 18 页、摘要附图。

2. 关于专利法第二十二条第三款

专利法第二十二条第三款规定：创造性，是指同申请日以前已有的技术相比，该发明有突出的实质性特点和显著的进步。

复审请求人在答复复审通知书时对权利要求书做了修改，删除了驳回决定和复审通知书中指出的不具备专利法第二十二条第三款规定的创造性的权利要求 1 和 2，从而克服了驳回决定和复审通知书中所指出的缺陷。

三、决定

撤销国家知识产权局 2004 年 6 月 4 日作出的驳回 99120218. X 号发明专利申请的决定，由原审查部门基于 2006 年 3 月 22 日提交的权利要求第 1 ~ 6 项、说明书第 3 ~ 5 页，2003 年 5 月 12 日提交的说明书第 1、2、6 ~ 19 页、说明书摘要，以及 1999 年 9 月 17 日提交的附图第 1 ~ 18 页、摘要附图，继续进行审批程序。

125

电器的双用垂悬操控线案

复审请求审查决定（第8462号）

决　定　号　第8462号
决　定　日　2006年5月8日
发明创造名称　电器的双用垂悬操控线
国际分类号　H03K 17/94　H01H 17/08
复审请求人　魏荣宗
申　请　号　01140044.7
申　请　日　2001年11月22日
公　开　日　2003年6月4日
合议组组长　崔哲勇
主　审　员　贾彦飞
参　审　员　周雷鸣

法律依据　专利法第二十六条第三款
决定要点

专利法第二十六条第三款规定：说明书应当对发明或者实用新型作出清楚、完整的说明，以所属技术领域的技术人员能够实现为准。如果所属技术领域的普通技术人员按照说明书记载的内容，结合其技术常识或凭借常规的技术手段（其中包括常规的设计、试验方法），不需要创造性的劳动，就能够实现发明，则应当认为说明书是公开充分的。

一、案由

本复审请求涉及申请日为2001年11月22日，申请号是01140044.7，发明名称为“电器的双用垂悬操控线”的发明专利申请（下称本申请），申请人是魏荣宗。

在实质审查程序中，国家知识产权局实质审查部门于2004年3月26日发出第一次审查意见通知书，指出本申请的发明目的实质上是提供一种既可以采用拉动方式，也可以采用感应方式实现开关切换的组合式开关装置，但是在说明书的技术方案部分和实施例部分都没有记载这种组合式开关装置的具体结构及相关部件的连接方式，申请人请求保护的只是实现本发明目的的一种设想，只表明一种愿望和结果，而未给出任何使本领域技术人员能够实施的技术方案。根据本发明说明书所公开的内容，本领域技术人员在没有付出创造性劳动的前提下，无法实现本申请所公开的技术方案，因此说明书公开不充分，不符合专利法第二十六条第三款的规定。

申请人于2004年9月20日提交了答复第一次审查意见通知书的意见陈述书，对权利要求书、说明书和说明书摘要进行了修改并同时提交了修改替换页。申请人认为，本发明确实存在撰写的缺陷，把本属于“原理”或“方法”的实质技术特征撰写为非常容易引起误解的“装置”的结构。因此，在不违背专利法第三十三条的前提下，根据审查指南第二部分第八章的规定作了必要的修改，并且修改后的申请文件符合专利法第二十六条第三款的规定。

国家知识产权局实质审查部门于2005年8月26日以该申请不符合专利法第二十六条第三款的规

定为由，作出了驳回决定。理由是：本申请的发明目的实质上是通过采用拉动和感应的控制方式实现电器的开关切换。但是在说明书的技术方案和实施例部分，都没有记载这种组合控制方式的“具体”实现方式。即便按照“方法”的方式进行修改，同样无法说明这种组合控制方式是如何“具体”实现的。

申请人魏荣宗（下称复审请求人）不服上述驳回决定，于2005年12月1日向国家知识产权局专利复审委员会提出复审请求，但并未对申请文件进行修改。复审请求人认为：操控线2、机械式开关3和光电式感应器4均是现有技术中已有的装置，并且已经得到广泛应用，本申请的重要的特色不是透过何种控制电路来达成对电器的控制，而是在原有的用于拉动机械式开关的操控线上设置光电式感应器，达到以非拉动方式来控制电器的目的，本申请特别是感应人体的地方即为原来的操控线（拉绳），所以本申请的重点是使操控线具有感应能力，故本申请即使以市面上常见且普遍的感应控制器，将其与操控线连接，就能使操控线成为一感应人体的元件。

专利复审委员会于2006年1月25日向复审请求人发出了复审请求受理通知书，并将该复审请求书连同原申请案卷一并送交作出驳回决定的原审查部门进行前置审查，在前置审查意见书中，国家知识产权局实质审查部门坚持原驳回决定。

针对本复审请求，专利复审委员会依法成立合议组对本复审请求进行审理。

合议组认为本案事实已经清楚，可以作出复审决定。

二、决定的理由

由于复审请求人在提出复审请求时没有提交修改文本，本复审决定所依据的文本是驳回决定针对的文本。

专利法第二十六条第三款规定：说明书应当对发明或者实用新型作出清楚、完整的说明，以所属技术领域的技术人员能够实现为准。这里包含两层含义：第一，说明书所记载的内容应该清楚、完整；第二，所属技术领域的技术人员按照说明书记载的内容，结合其技术常识或凭借常规的技术手段（其中包括常规的设计、试验方法），不需要创造性的劳动，就能够实现发明。

本申请涉及一种控制电器开启或关闭的垂悬操控线，该操控线除衔接于单段或多段的机械式开关上外，且再使操控线又接于光电式感应器上，而令操控线可达机械式或电子式双用或交互控制的目的。以上已经清楚说明了本申请的发明目的，即提供一种机械式和电子式双用控制开关。说明书第2页第30行至第3页第2行记载有“本发明是包含一机械式开关3、一光电式感应器4及一操控线2，而其中操控线2是为一具可挠性的线，且令操控线2的一端是接于机械式开关3上，令操作者将操控线2向下拉动时，就能藉由机械式开关3的切换动作，来达成电器控制的目的；并同时又令操控线2又接设于光电式感应器4上，或于操控线2装设有光电式感应器4，而使操控线2在操作者手部碰触到或接近时，就能产生必须的信号而令电器受到控制，故仅以碰触、拍击或非接触的接近方式，就能完成所预期的控制效果及动作”。以上已经清楚说明了为了实现本申请的发明目的，是将光电式感应器4接设于操控线2上，在拉动操控线2时或者手部触碰、接近光电式感应器4时，均能使开关产生切换动作，使电器受到控制。

合议组认为：本申请是为了提供一种机械式和电子式的双用控制开关，即是将原有的拉动机械式开关的操控线改为能够拉动机械式开关和具有光电感应控制功能的双用操控线，而操控线2、机械式开关3和光电式感应器4均是现有技术中已有的装置，将操控线和机械式开关连接控制电器的开关也是传统的控制方式；并且，由于光电式感应器应用于开关控制的电路属于本领域技术人员容易实现的，本领域技术人员结合技术常识，或凭借常规技术手段，可以实现操控线、机械式开关和光电式感应器之间的连接，因此以上说明书实施例部分公开的内容已经清楚地公开了为达到发明目的所采用的技术方案。

综上所述，由于本领域普通技术人员按照说明书记载的内容，结合其技术常识或凭借常规的技术手段（其中包括常规的设计、试验方法），不需要创造性的劳动，就能够实现发明，所以合议组认为本申请的说明书是公开充分的，符合专利法第二十六条第三款的规定。

合议组仅仅针对驳回决定所依据的理由进行了审查，至于本申请是否存在其他缺陷由原审查部门在本决定的基础上继续审查。

三、决定

撤销国家知识产权局于2005年8月26日对01140044.7号发明专利申请作出的驳回决定。

由国家知识产权局原审查部门依据2004年9月20日提交的权利要求第1～3项、说明书第1～3页、说明书摘要及申请日提交的其他申请文件继续审查程序。

126

从半导体晶片中分离半导体器件的装置案

复审请求审查决定（第 8463 号）

决 定 号 第 8463 号
决 定 日 2006 年 3 月 31 日
发明创造名称 从半导体晶片中分离半导体器件的装置
国 际 分 类 号 H01L 21/78
复 审 请 求 人 因芬尼昂技术股份公司
申 请 号 00136488. X
申 请 日 2000 年 12 月 21 日
公 开 日 2001 年 8 月 29 日
合 议 组 组 长 张 度
主 审 员 朱芳芳
参 审 员 骆素芳

法 律 依 据 专利法第二十二条第三款
决 定 要 点

如果一项发明申请是针对其说明书背景技术引用的文件中公开的现有技术所存在的技术缺陷而作出的改进，且该改进之处正是本发明申请与该文件中公开的现有技术之间所存在的区别，则在没有足够的证据证明该区别也属于现有技术、也未给出将该区别应用到该文件中所公开的现有技术以克服其现存的技术缺陷的技术启示的情况下，不应当仅采用该文件作为对比文件来直接评述本发明申请不具备创造性。

一、案由

本复审请求涉及申请日为 2000 年 12 月 21 日、优先权日为 1999 年 12 月 21 日、公开日为 2001 年 8 月 29 日、发明名称为“从半导体晶片中分离半导体器件的装置”的发明专利申请，其申请号为 00136488. X，申请人为因芬尼昂技术股份公司。

针对申请人于申请日提交的原始申请文件的权利要求第 1 ~ 4 项、说明书第 1 ~ 5 页、说明书摘要、以及于 2001 年 4 月 9 日提交的说明书附图第 1 页和摘要附图，国家知识产权局实质审查部门于 2003 年 3 月 28 日发出第一次审查意见通知书，其中引用本申请背景技术中所引用的专利文献 EP0806795A2（下称对比文件 1，其公开日为 1997 年 11 月 12 日）作为最接近的现有技术，并指出：本申请的权利要求 1 ~ 4 相对于对比文件 1 不符合专利法第二十二条第三款有关创造性的规定。

申请人于 2003 年 8 月 8 日答复第一次审查意见通知书时，仅提交了意见陈述书，其主要陈述意见为：按照本发明，在半导体器件和划痕框的过渡范围内的绝缘层中设置用于减薄绝缘层 3 的、与最上部金属平面和其下部金属平面之间的连接孔一起置入的一个附加的凹槽 5，由此在锯开半导体晶片的同时可靠地避免了裂纹的形成，而生产巧克力时，绝不会考虑和设置与连接孔一起形成的凹槽，对比文件1中也没有提供在绝缘层中设置与金属表面之间的连接孔一起附加的凹槽的启示。

国家知识产权局实质审查部门于2003年10月24日针对申请人于申请日提交的原始申请文件的权利要求第1～4项、说明书第1～5页、说明书摘要、以及于2001年4月9日提交的说明书附图第1页和摘要附图驳回了本申请，其主要驳回理由是：本发明申请中的设置在半导体器件和划痕框的过渡范围内的绝缘层中的用于减薄绝缘层3的附加的凹槽属于公知常识，如同大块巧克力的各小块之间的便于小块巧克力分离的凹槽，权利要求1～4相对于对比文件1不符合专利法第二十二条第三款有关创造性的规定。其中驳回决定所针对的权利要求如下：

"1. 用于从半导体晶片中沿划痕框（R）分离半导体器件的一种装置，在此装置上在半导体晶片上安排了在其中构成了多个金属化平面（M0、M1、M2）的一个绝缘层（3），在这些金属化平面中一个最上面的金属化平面（M2），是经连接孔中的连接层（C2）与一个位于其下的金属化平面（M1）电气连接的，

其特征在于，

在半导体器件和划痕框（R）之间的过渡范围中，用于减薄绝缘层（3）的，与连接孔一起置入的一个附加的凹槽（5）是安排到绝缘层（3）中的。

2. 按权利要求1的装置，

其特征在于，

在半导体本体（1）和划痕框（R）之间的凹槽（5）的范围中，在半导体本体（1）上仅安排了绝缘层（3）。

3. 按权利要求1或2的装置，

其特征在于，

过渡范围大约为3μm宽。

4. 按权利要求1至3之一的装置，

其特征在于，

与过渡范围中的附加的凹槽（5）一起，绝缘层（3）是通过其他的凹槽减薄的。"

申请人（下称复审请求人）对驳回决定不服，于2004年1月29日向专利复审委员会提出了复审请求，同时对原独立权利要求1进行修改并提交了新的权利要求1～4，具体内容如下：

"1. 一种用于从半导体晶片中沿划痕框（R）分离半导体器件的装置，在此装置上在半导体晶片上安排了在其中构成了多个金属化平面（M0，M1，M2）的一个绝缘层（3），在这些金属化平面中一个最上面的金属化平面（M2），是经连接孔中的连接层（C2）与一个位于其下的金属化平面（M1）电气连接的，

其特征在于，

在半导体器件和划痕框（R）之间的过渡范围中，一个用于减少绝缘层（3）的厚度的、与连接孔一起置入的附加的凹槽（5）被安排到绝缘层（3）中。

2. 按照权利要求1所述的装置，

其特征在于，

在半导体本体（1）和划痕框（R）之间的凹槽（5）的范围中，在半导体本体（1）上仅安排了绝缘层（3）。

3. 按照权利要求1或2所述的装置，

其特征在于，

过渡范围大约为3μm宽。

4. 按照权利要求 1 至 3 之一所述的装置，

其特征在于，

与过渡范围中的附加的凹槽（5）一起，绝缘层（3）是通过其他的凹槽减薄的。”

其复审请求的主要理由是：（1）本申请的权利要求 1 保护的主题与对比文件 1 的现有技术之间的区别在于，在半导体器件和划痕框之间的过渡范围中安排了用于减薄绝缘层的凹槽；（2）半导体本体用金刚石钻沿划痕框被分成芯片，在锯断时，在半导体本体上形成精细的细纹，细纹的扩展通过层的厚度的减薄或者说减少被继续抑制；（3）将大块巧克力分成小块巧克力和用金刚石钻锯断半导体晶片加以类比，这样的逻辑推断是令人难以理解的。

经形式审查合格，专利复审委员会受理了该复审请求，并于 2004 年 2 月 23 日发出了复审请求受理通知书及前置审查通知书。

在前置审查程序中，原审查部门仍坚持原驳回决定。并坚持认为：本申请中用于减少绝缘层厚度的附加凹槽与巧克力上的预制分离沟类比，设置如此的附件凹槽对于本领域技术人员来说是显而易见的。

在此基础上，专利复审委员会成立合议组对本案进行了审理。合议组在审阅了全部文件后认为，本案事实已经清楚，可以作出审查决定。

二、决定的理由

1. 关于审查文本的认定

复审请求人于 2004 年 1 月 29 日提交复审请求时对权利要求书进行了修改，经合议组审查，上述权利要求的修改符合专利法第三十三条和专利法实施细则第六十的规定，因此，本复审请求审查决定以复审请求人于 2004 年 1 月 29 日提交的权利要求第 1 ~4 项、于申请日提交的原始申请文件中的说明书第 1 ~5 页、说明书摘要、以及于 2001 年 4 月 9 日提交的说明书附图第 1 页和摘要附图作为审查的基础。

2. 关于专利法第二十二条第三款

专利法第二十二条第三款规定：创造性，是指同申请日以前已有的技术相比，该发明有突出的实质性特点和显著的进步。

如果一项发明申请是针对其说明书背景技术引用的文件中公开的现有技术所存在的技术缺陷而作出的改进，且该改进之处正是本发明申请与该文件中公开的现有技术之间所存在的区别，则在没有足够的证据证明该区别也属于现有技术、也没有足够的证据能证明将该区别与该文件中所公开的现有技术相结合是显而易见的的情况下，不应当仅采用该文件作为对比文件来直接评述本发明申请不具备创造性。

在本复审决定中引用原审查部门在驳回决定中所引用的对比文件 1 作为最接近的现有技术，即：

对比文件 1：EP0806795A2，公开日为 1997 年 11 月 12 日。

（1）关于权利要求 1 的创造性

权利要求 1 请求保护一种用于从半导体晶片中沿划痕框（R）分离半导体器件的装置。对比文件 1 中（参见说明书第 2 栏第 35 行至第 3 栏第 42 行，附图 1、2）公开了一种从半导体基体上沿划痕框分离半导体器件的装置，并公开了下述具体特征：半导体晶片上有多个金属化平面（M0，M1，M2）构成的层；在这些金属化平面中，最上面的金属化平面（M2）是经连接孔中的连接层（C2）与一个位于其下面的金属化层（M1）电气连接。该权利要求请求保护的技术方案与对比文件 1 所公开的技术方案相比，其区别在于：在半导体器件和划痕框（R）的过渡范围中，一个用于减少绝缘层（3）的厚度的，与连接孔一起置入的附加的凹槽（5）被安排到绝缘层（3）中。

对比文件 1 中公开的技术方案存在下述缺陷：在通过在划痕框处锯断半导体晶片从而将其分割成各个半导体芯片时候，在半导体本体上形成裂纹，当裂纹扩展到半导体器件中时会导致半导体器件不能使用。本发明申请要解决的技术问题正是要克服对比文件 1 中所存在的上述技术缺陷，即避免在锯开半导体晶片时形成裂纹。而独立权利要求 1 正是通过上述区别特征，即通过在半导体器件和划痕框的过渡范围中的一个与连接孔一起被设置于绝缘层中的附加的凹槽，来减薄半导体器件和划痕框的过渡范围中的绝缘层的厚度，从而实现避免在从划痕框处锯开半导体晶片时形成危害半导体器件的裂纹的这一发明目的，而对比文件 1 没有公开上述区别技术特征，并且也没有给出在形成半导体器件的连接孔的同时在半导体和划痕框的过渡范围中的绝缘层中形成一个用于减薄绝缘层厚度的附加凹槽的这一技术启示。

尽管原实质审查部门在评价权利要求 1 的创造性时候，引入生活领域常识，即设置于大巧克力块上的各小块之间的便于小块巧克力分离的凹槽。但是，巧克力中的凹槽与权利要求 1 中的“附加凹槽”有着显著不同：首先，二者领域不同，巧克力制作和半导体制作差别甚大，前者通过简单的模具就可一体成型，而后者需要精细工艺来在绝缘层中形成连接孔的同时形成附加凹槽；此外，二者实际位置和所起作用也互不相同，巧克力中的凹槽设置于小块巧克力之间，通过在该凹槽处掰分实现小块巧克力的分离，而权利要求 1 中的“附加凹槽”是设置于半导体器件与划痕框之间的过渡范围中的绝缘层中，通过在划痕框处而非“附加凹槽”处锯开半导体晶片来实现半导体器件的分离，且因此，二者实际解决的技术问题也互不相同，巧克力中的凹槽仅用来实现小块巧克力的容易掰分这一目的，而权利要求 1 中的“附加凹槽”是通过减薄绝缘层的厚度来抑制在锯割半导体本体时形成裂纹，从而保护半导体器件免受裂纹的危害。

由此可知，即使在对比文件 1 的基础上结合上述生活领域常识，也无法获得权利要求 1 所要求保护的技术方案。因此，独立权利要求 1 相对于对比文件 1 具有突出的实质性特点和显著的进步，从而具备专利法第二十二条第三款规定的创造性。

（2）关于权利要求 2 ~4 的创造性

权利要求 2 ~4 是权利要求 1 的从属权利要求，由于权利要求 1 相对于对比文件 1 具备创造性，则对其作进一步限定的从属权利要求 2 ~4 相对于对比文件 1 也具备创造性。

综上所述，合议组认为：复审请求人于2004 年 1 月 29 日提交的权利要求 1 ~4 相对于对比文件 1 符合专利法第二十二条第三款有关创造性的规定。

三、决定

撤销国家知识产权局于 2003 年 10 月 24 日作出的驳回决定，由原审查部门基于复审请求人于 2004 年 1 月 29 日提交的权利要求第 1 ~4 项、于申请日提交的原始申请文件中的说明书第 1 ~5 页、说明书摘要、以及于 2001 年 4 月 9 日提交的说明书附图第 1 页和摘要附图，继续审批程序。

127

半导体存储器件案

复审请求审查决定（第8464号）

决　定　号 第8464号
决　定　日 2006年5月8日
发明创造名称 半导体存储器件
国际分类号 G11C 16/00　G11C 17/00　H01L 27/10
复审请求人 株式会社东芝
申　请　号 02141617.6
申　请　日 2002年9月6日
公　开　日 2003年3月26日
合议组组长 崔哲勇
主　审　员 李　熙
参　审　员 贾彦飞

法律依据 专利法实施细则第二十条第一款
决定要点

对于权利要求1中出现的“自动数据线”这一词汇，说明书中给出了明确的说明，本领域的普通技术人员站在所属技术领域的角度，结合说明书中的描述和应具备的专业知识，完全可实现这样的自动数据线；而且修改后的权利要求1已经明确了多条数据读取线沿着第二方向延伸，因此本申请已克服了原驳回决定中指出的不符合专利法实施细则第二十条第一款规定的缺陷。

一、案由：

本复审请求涉及国家知识产权局于2002年9月6日受理的、申请号为02141617.6、名称为“半导体存储器件”的发明专利申请（下称本申请），申请人为株式会社东芝，优先权日为2001年9月7日。

在实质审查过程中，国家知识产权局实质审查部门于2004年8月27日发出第一次审查意见通知书，该通知书中指出：权利要求1~8不符合专利法实施细则第二十条第一款的规定；摘要附图不符合专利法实施细则第二十四条第二款的规定；以及申请人需要对说明书中的部分措词进行修改。

针对第一次审查意见通知书，申请人于2005年3月2日提交了意见陈述书以及说明书第7页和摘要附图的替换页，在该意见陈述书中申请人陈述了权利要求1~8的保护范围清楚、符合专利法实施细则第二十条第一款的规定的理由。

国家知识产权局实质审查部门于2005年5月13日以权利要求1~8不符合专利法实施细则第二十条第一款的规定为由驳回了本申请。驳回决定指出：本申请权利要求1中提到的“自动数据线”含义不确定，说明书中只给出了自动数据线用于读出处于写入/擦除操作的存储单元中的数据的功能性描述，并没有给出该自动数据线本身的确切含义，因此，该“自动数据线”的含义不确定，导致权利要求1请求保护的范围不清楚；并且权利要求1中所述的“由第二布线层形成的多条数据读取线”中的多条数据读取线的延伸方向不确定，导致其与其他部件间的连接关系不确定，同样导致权利要求1请求保护的范围不清楚。因此，权利要求1不符合专利法实施细则第二十条第一款的规定。

驳回决定针对的权利要求1为：

“一种半导体存储器件，包括：

设置于第一方向的多个存储单元块，各存储单元块包括以矩阵形式排列的多个存储单元，多个存储单元为MOS结构和可进行数据电重写；

由多个布线层形成的多条副数据线，多个第一布线层在多个存储单元块上沿第一方向延伸并与多个存储单元块连接；

至少包含多个存储单元块和多条副数据线的第一存储体区；

在垂直于第一方向的第二方向上配置的至少一个第二存储体区，第二存储体区具有与第一存储体区相同的结构；

由第二布线层形成且设置于第一和第二存储体区上的多条数据读取线，配置该多条数据读取线，以便借助在第一操作模式中选择的第一和第二存储体区中的一个存储体区的多个存储单元的多条数据线进行数据读取；

连接到多条数据读取线的多个第一放大电路；

在第一和第二存储体区的多个存储单元块之外的区域上沿第二方向延伸的多条自动数据线，配置该多条自动数据线，以便在第二操作模式中借助在第一操作模式中选择的存储体区中的多个存储单元的多条副数据线进行数据读取；

连接到多条自动数据读取线的多个第二放大电路；

对应于第一和第二存储体区的多个存储单元块的多个开关电路，配置该多个开关电路，以便根据第一和第二操作模式在连接状态与非连接状态之间切换第一和第二存储体区的多条副数据线和多条数据读出线，

其中，即使在从多个第二放大电路读取第一存储体区的多个存储单元中的数据时，也可从多个第一放大电路读取第二存储体区的多个存储单元中的数据”。

申请人（下称复审请求人）对上述驳回决定不服，于2005年8月9日向专利复审委员会提出了复审请求并提交了权利要求书替换页，其中对权利要求1进行了修改。其复审理由主要是：（1）说明书第12页第7～11行参照附图2对自动主数据线的功能进行了说明，说明书第13页第4～6行对自动主数据线的配置进行了说明。对于本领域普通技术人员来说“自动主数据线”的含义是明确的，而且权利要求1中的“自动数据线”对应于说明书中的“自动主数据线”，申请人认为权利要求1的保护范围是清楚的。（2）新修改的权利要求1明确了多条数据读取线是沿第二方向延伸的。

经形式审查合格后，专利复审委员会受理了该复审请求，于2005年9月7日向复审请求人发出复审请求受理通知书，同时向国家知识产权局原实质审查部门发出前置审查通知书。

国家知识产权局实审部门对该复审请求进行了前置审查，仍然坚持原驳回决定。

在此基础上，专利复审委员会依法成立合议组对本案进行审理。

复审请求人于2006年4月3日提交了补正书，对权利要求书进行了修改，其主要修改为：将从属权利要求6删除。

经审查，合议组认为本案事实已经清楚，可以依法作出本复审请求审查决定。

二、决定的理由

1. 依据的文本

复审请求人于2006年4月3日提交了新修改的权利要求书，合议组认为该修改符合专利法第三

十三条的规定，因此，本复审决定所依据的文本是复审请求人于2006年4月3日提交的权利要求第1~7项，于2002年9月6日提交的说明书第1~6页及第8~13页、说明书附图第1~6页、说明书摘要，以及于2005年3月2日提交的说明书第7页，摘要附图。其中，权利要求1如下：

"1. 一种半导体存储器件，包括：

设置于第一方向的多个存储单元块，各存储单元块包括以矩阵形式排列的多个存储单元，多个存储单元为MOS结构和可进行数据电重写；

由多个布线层形成的多条副数据线，多个第一布线层在多个存储单元块上沿第一方向延伸并与多个存储单元块连接；

至少包含多个存储单元块和多条副数据线的第一存储体区；

在垂直于第一方向的第二方向上配置的至少一个第二存储体区，第二存储体区具有与第一存储体区相同的结构；

由第二布线层形成的、沿第二方向延伸且设置于第一和第二存储体区上的多条数据读取线，配置该多条数据读取线，以便借助在第一操作模式中选择的第一和第二存储体区中的一个存储体区的多个存储单元的多条数据读取线进行数据读取；

连接到多条数据读取线的多个第一放大电路；

在第一和第二存储体区的多个存储单元块之外的区域上沿第二方向延伸的多条自动数据线，配置该多条自动数据线，以便在第二操作模式中借助在第一操作模式中选择的存储体区中的多个存储单元的多条副数据线进行数据读取；

连接到多条自动数据读取线的多个第二放大电路；

对应于第一和第二存储体区的多个存储单元块的多个开关电路，配置该多个开关电路，以便根据第一和第二操作模式在连接状态与非连接状态之间切换第一和第二存储体区的多条副数据线和多条数据读出线，

其中，即使在从多个第二放大电路读取第一存储体区的多个存储单元中的数据时，也可从多个第一放大电路读取第二存储体区的多个存储单元中的数据"。

2. 关于专利法实施细则第二十条第一款

专利法实施细则第二十条第一款规定：权利要求书应当说明发明或者实用新型的技术特征，清楚、简要地表述请求保护的范围。

（1）审查指南第二部分第二章第3.2.2节针对权利要求书是否清楚进一步指出：在特定情况下，如果说明书中指明了某词汇具有特定的含义，在权利要求中使用了该词汇，并且权利要求的范围由于说明书中对该词汇的说明而被限定得足够清楚，这种情况是允许的。

权利要求1请求保护一种半导体存储器件，其中第14~15行描述了"在第一和第二存储体区的多个存储单元块之外的区域上沿第二方向延伸的多条自动数据线"。本申请说明书第12页第7~11行公开了："在存储体区域外（或避开上述块电路组BA0~BAi上的区域），设置j条自动主数据线MDL_ Aj和j个自动放大电路SA_ Aj，自动主数据线通过上述j条副数据线和j个数据线切换电路DLSW0~DLSWk读出处于写入/擦除操作（第二工作模式）的上述存储单元中的数据，而自动放大电路连接到该自动主数据线MDL_ Aj"，说明书第13页第4~6行公开了："自动主数据线MDL_ Aj在各存储体BNK0~BNKk的电源解码器VD0~VDk和数据线切换电路DLSW0~DLSWk上或其旁边沿第二方向由M3层或M2层形成"。根据说明书中公开的整体技术方案，尤其是以上公开的内容可以看出，权利要求1中的自动数据线也就是说明书中的MDL_ Aj数据线，其在各存储体BNK0~BNKk的电源解码器VD0~VDk和数据线切换电路DLSW0~DLSWk上或其旁边沿第二方向由M3层或M2

层形成，其与 j 个自动放大电路 SA_ Aj 相连接，并通过 j 条副数据线和 j 个数据线切换电路 DLSW0 ~DLSWk 读出处于写入/擦除操作（第二工作模式）的上述存储单元中的数据，其在说明书中的表述清楚、含义确定。由此可见，对于权利要求 1 中出现的“自动数据线”这一词汇，说明书中给出了明确的说明，本领域的普通技术人员站在所属技术领域的角度，结合说明书的描述和应具备的专业知识，采用常规手段完全可实现这样的自动数据线，从而实现本发明权利要求 1 请求保护的技术方案。因此，合议组认为所属技术领域的技术人员根据权利要求 1 记载的内容能够明白无误地得出权利要求 1 的技术方案，权利要求 1 的保护范围是清楚的。

（2）修改后的权利要求 1 已经明确了多条数据读取线沿着第二方向延伸，从而清楚明确地限定了该多条数据读取线的延伸方向。

综上所述，合议组认为本申请独立权利要求 1 中的“自动数据线”含义确定，并且多条数据读取线的延伸方向清楚。因此权利要求 1 ~7 均符合专利法第二十条第一款的规定，已不存在驳回决定中指出的缺陷。

基于上述理由，合议组作出如下决定。

三、决定

撤销国家知识产权局于 2005 年 5 月 13 日对申请号为 02141617. 6 的发明专利申请作出的驳回决定。由原实质审查部门根据复审请求人于 2006 年 4 月 3 日提交的权利要求 1 ~7 项，于 2002 年 9 月 6 日提交的说明书第 1 ~6 页及第 8 ~13 页、说明书附图第 1 ~6 页、说明书摘要，于 2005 年 3 月 2 日提交的说明书第 7 页，摘要附图继续审查程序。

128

选择性禁用时钟分配的方法和设备案

复审请求审查决定（第 8467 号）

决　定　号　第 8467 号
决　定　日　2006 年 3 月 29 日
发明创造名称　选择性禁用时钟分配的方法和设备
国际分类号　H03L 7/095　G06F 1/10　G06F 1/32
复审请求人　英特尔公司
申　请　号　00818933. 1
申　请　日　2000 年 12 月 5 日
优先权日　1999 年 12 月 15 日
公　开　日　2003 年 8 月 6 日
合议组组长　徐媛媛
主　审　员　王伟艳
参　审　员　詹靖康

法律依据　专利法第二十二条第三款
决定要点

对比文件 1 公开的技术方案给解决本申请“在 PLL 获取过程中禁止时钟分配，以减少电磁干扰和 RF 干扰”的技术问题带来了技术启示。

本复审请求涉及申请日为 2000 年 12 月 5 日，优先权日为 1999 年 12 月 15 日，进入国家阶段日期为 2002 年 8 月 12 日，名称为“选择性禁用时钟分配的方法和设备”的发明专利申请，其申请号为 00818933. 1 ，申请人是英特尔公司。

经实质审查，国家知识产权局于 2004 年 9 月 17 日驳回了上述发明专利申请（下称本申请）。驳回理由是本申请不符合专利法第二十二条第三款的规定，驳回决定所依据的对比文件是：US5406590A（下称对比文件 1，其公开日为 1995 年 4 月 11 日）以及 WO9850846A1（下称对比文件 2，其公开日为 1998 年 11 月 12 日），所针对的文本是进入中国国家阶段时提交的国际申请文件的说明书第 1 ~4 页、附图第 1 ~5 页以及说明书摘要，2004 年 7 月 27 日提交的修改文本的权利要求第 1 ~9项，其中的权利要求书如下：

“1. 一种时钟分配网络系统，其特征在于包含：

产生时钟和锁定检测信号的定时源；

多个时钟缓冲器；

响应包括所述锁定检测信号的适当信号起动所述多个时钟缓冲器所选择的缓冲器，所述选择的缓冲器驱动与缓冲器组合的负载；

响应所述锁定检测信号被撤销而禁止所述适当信号的禁止电路，以减少在系统中产生的电磁干扰。

2. 权利要求 1 的系统，其特征在于还包含：

产生将所述时钟传递给所选择负载的适当信号的起动发生器。

3. 权利要求 1 的系统，其特征在于还包含：

将所述时钟传递给所述多个缓冲器的时钟分配电路，使得所述时钟的传递与包括所述锁定检测信号的所述适当信号同步。

4. 权利要求 1 的系统，其特征在于，所述的锁定检测信号在定时源的快速的频率获取过程中被撤销。

5. 权利要求 4 的系统，其特征在于，所述定时源是锁相环路时钟。

6. 一种计算机系统，其特征在于包含：

提供准确时钟信号和锁定检测信号的锁相环路；

具有时钟分配网的处理器，所述网络操作分配所述的锁相环路的时钟信号，所述网络包括：

多个接收所述时钟信号的缓冲器，所述缓冲器具有依赖于处理器中不同单元的输出，

响应于起动信号和所述锁定检测信号启动所选的缓冲器的起动电路，所述选择的缓冲器驱动所述的不同单元，

响应所述锁定检测信号所禁止所述时钟信号分配的分配禁止电路，以减少在系统中产生的电磁干扰；

配置成存储数据的存储器；

操作以从处理器和存储器发送和接收数据的输入/输出（I/O）设备；

与所述处理器、存储器和 I/O 设备相结合的总线系统，配置所述总线系统以起动这些设备之间的数据传送，所述的数据与由所述时钟分配网分配的时钟信号同步。

7. 权利要求 6 的系统，其特征在于还包含：

起动发生器，工作时产生所述起动信号，该信号将所述时钟信号传递给所选择的时钟负载。

8. 权利要求 6 的系统，其特征在于还包含：

时钟分配电路，工作时将所述时钟信号传递给与所述起动信号和所述锁定检测信号同步的所述缓冲器。

9. 权利要求 6 的系统，其特征在于，所述锁定检测信号在锁相环路的快速的频率获取过程中被撤销。”

审查员在驳回决定中指出的主要内容：（1）权利要求 1 请求保护一种时钟分配网络系统，对比文件 2 公开了一种在低功耗的状态下工作的集成电路，并具体公开了权利要求 1 的定时源、多个时钟缓冲器、缓冲器驱动等技术特征，权利要求 1 与对比文件 2 的区别在于：权利要求 1 的技术方案还包括一个禁止电路，但是该区别技术特征已被对比文件 1 公开，同时对比文件 1 给出了将上述区别技术特征用于对比文件 2 以解决其技术问题的启示。权利要求 1 相对于对比文件 1 和对比文件 2 的结合不具备创造性，不符合专利法第二十二条第三款的规定。

（2）权利要求 2～5 直接或间接从属于权利要求 1，其附加技术特征或被对比文件 1 或 2 公开或属于公知常识，因此，当其所引用的权利要求 1 不具备创造性时，它们同样不具备创造性，不符合专利法第二十二条第三款的规定。

（3）独立权利要求 6 请求保护一种计算机系统，对比文件 2 公开了权利要求 6 的大部分技术特征，其与对比文件 2 的区别在于：其还包括一个所述的禁止电路。这一区别技术特征已被对比文件 1 公开，并且对比文件 1 给出了将上述区别技术特征用于该对比文件 2 以解决其技术问题的启示。权利要求 6 相对于对比文件 1 和对比文件 2 的结合不具备创造性。此外，从属于权利要求 6 的权利要求 7～9

限定部分的技术特征已在对比文件 1 和对比文件 2 中公开，或属于所属技术领域的公知常识，故其同样不具备创造性，不符合专利法第二十二条第三款的规定。

申请人（下称复审请求人）对上述驳回决定不服，遂于 2005 年 1 月 4 日向专利复审委员会提出复审请求。复审请求人在提出复审请求时对其权利要求 1 进行了修改，并提交了权利要求书替换页第 1 页，同时陈述了修改后的权利要求 1 具备创造性的理由，其主要观点如下：

（1）本申请与对比文件 1 二者发明目的不同。本申请发明目的是减少系统中的电磁干扰，而对比文件 1 的发明目的是纠正在多倍 PLL 电路中的边沿相位误差。（2）对比文件 1 并未揭示对比文件 2 中未予披露的“响应所述锁定检测信号被撤销而禁止所述适当信号的禁止电路”这一技术特征，而该技术特征又是实现本申请发明目的的必要技术特征。故本领域技术人员在对比文件 2 基础上结合对比文件 1 得到权利要求 1 的技术方案需要付出创造性的劳动。此外，复审请求人认为权利要求 2 ~9 相对于对比文件 1 和 2 同样具备创造性。

修改后的权利要求 1 为：

“1. 一种时钟分配网络系统，其特征在于包含：

产生时钟和锁定检测信号的定时源；

多个时钟缓冲器；

分配电路，响应包括所述锁定检测信号的适当信号起动所述多个时钟缓冲器所选择的缓冲器，所述选择的缓冲器驱动与缓冲器组合的负载；

响应所述锁定检测信号被撤销而禁止所述适当信号的禁止电路，以减少在系统中产生的电磁干扰。”

经形式审查合格后，专利复审委员会受理了该请求，于 2005 年 2 月 22 日向复审请求人发出复审请求受理通知书，同时向原实质审查部门发出前置审查通知书。在前置审查意见书中，原审查部门主要意见为：（1）申请人在提出复审请求时提交修改文本，仅是将 2003 年 11 月 27 日提交的文本中的从属权利要求 5 中的附加技术特征“分配电路”加入了原权利要求 1 中，参见一通中对该权利要求 5 的评述可知该特征已经在对比文件 2 中公开了；此外，没有对原权利要求 2 ~9 作出任何修改，故权利要求 1 ~9 仍然不具备创造性。（2）申请人认为对比文件 1 所揭示的技术方案的目的不是减少电磁干扰，但是所用到的对比文件 1 中所揭示的技术方案中的相应的特征客观上也能起到减少电磁干扰的作用。（3）申请人认为对比文件 1 未公开“禁止电路”，但是对比文件 1 所公开的装置中，由部件 19、20、22、26、28 组成的电路相当于权利要求 1 中的分配禁止电路。因此，仍然坚持原驳回理由。

在此基础上，专利复审委员会依法成立合议组对本案进行审查。合议组于 2005 年 10 月 8 日向复审请求人发出复审通知书，主要指出：修改后的权利要求 1 ~9 不符合专利法第二十二条第三款的规定。同时针对复审请求人的复审理由，合议组认为复审请求人声称的“对比文件 1 的发明目的是纠正在多倍 PLL 电路中的边沿相位误差，未给出结合之技术启示”这一主张不能成立。合议组认为，本领域技术人员可以从对比文件 1 公开的技术方案及其背景技术的描述中得到技术启示；不能因为对比文件 1 声称的发明目的与本申请实际所要解决的技术问题不同，就否认了其技术方案所公开的技术特征和实现的功能以及所达到的技术效果。另外，针对请求人认为“对比文件 1 中的缓冲器只由锁定检测信号起动，而且也不具备‘禁止电路’这一未在对比文件 2 中公开的区别技术特征”的主张，合议组认为，在对比文件 1 的锁定指示器 19 与对比文件 2 的起动电路的基础上，本领域的技术人员无需付出创造性劳动即可实现该申请的与门禁止电路，因此，对该主张也不予支持。

针对上述复审通知书，复审请求人于 2005 年 11 月 23 日提交了意见陈述书，同时提交了权利要求书第 1 页替换页，其中仅修改了权利要求 1，修改后的权利要求书内容如下：

“1. 一种时钟分配网络系统，其特征在于包含：

产生时钟和锁定检测信号的定时源；

多个时钟缓冲器；

分配电路，响应包括所述锁定检测信号的适当信号起动所述多个时钟缓冲器所选择的缓冲器，所述选择的缓冲器驱动与缓冲器组合的负载；

响应所述被撤销的锁定检测信号而禁止所述适当信号的禁止电路，以减少在系统中产生的电磁干扰。

2. 权利要求1的系统，其特征在于还包含：

产生将所述时钟传递给所选择负载的适当信号的起动发生器。

3. 权利要求1的系统，其特征在于还包含：

将所述时钟传递给所述多个缓冲器的时钟分配电路，使得所述时钟的传递与包括所述锁定检测信号的所述适当信号同步。

4. 权利要求1的系统，其特征在于，所述的锁定检测信号在定时源的快速的频率获取过程中被撤销。

5. 权利要求4的系统，其特征在于，所述定时源是锁相环路时钟。

6. 一种计算机系统，其特征在于包含：

提供准确时钟信号和锁定检测信号的锁相环路；

具有时钟分配网的处理器，所述网络操作分配所述的锁相环路的时钟信号，所述网络包括：

多个接收所述时钟信号的缓冲器，所述缓冲器具有依赖于处理器中不同单元的输出，

响应于起动信号和所述锁定检测信号启动所选的缓冲器的起动电路，所述选择的缓冲器驱动所述的不同单元，

响应所述锁定检测信号所禁止所述时钟信号分配的分配禁止电路，以减少在系统中产生的电磁干扰；

配置成存储数据的存储器；

操作以从处理器和存储器发送和接收数据的输入/输出（I/O）设备；

与所述处理器、存储器和I/O设备相结合的总线系统，配置所述总线系统以起动这些设备之间的数据传送，所述的数据与由所述时钟分配网分配的时钟信号同步。

7. 权利要求6的系统，其特征在于还包含：

起动发生器，工作时产生所述起动信号，该信号将所述时钟信号传递给所选择的时钟负载。

8. 权利要求6的系统，其特征在于还包含：

时钟分配电路，工作时将所述时钟信号传递给与所述起动信号和所述锁定检测信号同步的所述缓冲器。

9. 权利要求6的系统，其特征在于，所述锁定检测信号在锁相环路的快速的频率获取过程中被撤销。”

请求人在意见陈述书中要求对本案进行口头审理，合议组根据本案案情于2005年12月26日向申请人发出了口头审理通知书，定于2006年2月20日对本案进行口头审理。

2006年2月20日口头审理如期进行。在口头审理过程中，请求人对合议组成员无回避请求。请求人认为本申请与对比文件2的区别技术特征仅在于禁止电路，同时对比文件1对该区别技术特征又未予以披露，因而本领域的技术人员在对比文件2基础上结合对比文件1得到本申请的技术方案是需要付出创造性劳动的。

在上述工作的基础上，合议组认为本案事实已经清楚，可以依法对本案作出审查决定。

二、决定的理由

1. 关于审查文本的认定

复审请求人于2005年11月23日提交的经修改的权利要求书符合专利法第三十三条及专利法实施细则第六十条的规定。因此，本复审决定依据的文本是复审请求人于2005年11月23日提交的权利要求第1~9项，进入中国国家阶段时提交的国际申请文件的说明书第1~4页、说明书附图第1~5页、说明书摘要及2002年12月20日提交的摘要附图。

2. 关于专利法第二十二条第三款

根据专利法第二十二条第三款的规定，创造性是指同申请日以前已有的技术相比，该发明有突出的实质性特点和显著的进步。

本申请权利要求1请求保护一种时钟分配网络系统，对比文件2公开了一种在低功耗的状态下工作的集成电路，并具体披露了以下技术特征（参见说明书第4页第2行至第25行，第5页第18行至第12页第18行，附图1~6），在这个装置中包括NAND门143和144（相当于权利要求1中的缓冲器），锁相环115（相当于权利要求1中的定时源）向母时钟中心提供主时钟，Stop Grant逻辑117可以通过禁止时钟信号的供应来使FUB50、53和34断电，Quick Start逻辑116通过发出的信号控制NAND门144从而有选择的起动或禁止FUB51、38、32和33，每一个FUB通过NAND门143和144接收时钟信号，（相当于权利要求1中的分配电路）。这里，FUB50、53、34、51、38、32、33相当于权利要求1中的负载。

通过上述分析可知，权利要求1与对比文件2的区别仅在于：权利要求1的技术方案还包括一个禁止电路。对此，请求人在口头审理过程中也予以认可。同时由说明书披露的技术内容可知，上述技术特征具有在锁相环稳定时间内禁止时钟分配，以减少高电流微分噪声在系统中引起的电磁干扰和射频干扰的作用。

对比文件1公开了一种校正边缘相位误差的方法和装置，并具体披露了以下技术特征（参见说明书第4栏第4行至第9栏第53行，附图1~5），在这个装置中，当锁定指示器19声明LOCK信号为高，输出电路8被起动，高频输出缓冲器20和22从一个三态的状态转换为一个起动的状态。高频输出缓冲器20和22是三态缓冲器，使用LOCK来起动或禁止的。低频输出器26和28也是以同样的方式通过LOCK来起动或禁止的。LOCK信号的作用为在PLL电路稳定的时间内阻止时钟分配。上述特征在对比文件1所起的作用为有选择地禁止时钟信号的分配，以减少系统中的电磁干扰，由此可见，其给出了将上述特征用于对比文件2以解决其技术问题的技术启示。如果将锁定指示器19与对比文件2中的起动电路结合，用两个信号共同实现逻辑控制缓冲器，本领域的技术人员很容易就能想到用与门使这两个信号共同实现逻辑控制功能。故本领域的技术人员在对比文件2基础上结合对比文件1得到权利要求1要求保护的技术方案无需付出创造性的劳动，权利要求1不具备创造性，不符合专利法第二十二条第三款的规定。

针对请求人认为对比文件1的发明目的是纠正在多倍PLL电路中的边沿相位误差，而未给出结合之技术启示的观点，合议组认为，首先，不能因为对比文件1声称的发明目的与本申请实际所要解决的技术问题不同，就否认了其技术方案所公开的技术特征和实现的功能以及所达到的技术效果。其次，同属相同技术领域的对比文件1的“背景技术”部分的第二段描述了现有技术中存在这种干扰的缺陷，对比文件1将高频信号产生更多的电磁干扰作为本领域技术人员公知的常识，同时，在其公开的技术方案中也包括了用于在PLL电路稳定的时间内阻止时钟分配的锁定指示器19，来防止外围设备接收超过规定的或者快速变化的时钟信号（说明书第9栏第45~49行）。因此，本领域的技术人员可从对比文件1公开的锁定指示器19，推导出其具有减少高电流微分噪声在系统中引起的电磁干扰和射频干扰的作用，即与区别技术特征在本申请中为解决技术问题所起的作用相同，可见，本领域的技术人员能够从对比文件1得到技术启示。因此，合议组对请求人的这种主张不予支持。

其次，针对请求人认为“对比文件1没有可以如权利要求1中所述的分配电路，而且对比文件1也并未揭示或启示如权利要求1中所述的的禁止电路，或包括与权利要求1中所述的的禁止电路作用相同的信号或模块”的主张，合议组认为，分配电路在对比文件2中已经披露，并且如上所述对比文件1与对比文件2具有结合的技术启示。如果将锁定指示器19与对比文件2中的起动电路结合，也就是要用两个信号共同实现逻辑控制缓冲器，本领域的技术人员是不需付出创造性的劳动即可实现该申请的与门禁止电路的。因此，合议组对请求人的这种主张不予支持。

再次，针对请求人认为“对比文件1中，所描述的电路用于产生在已分配主时钟之后计算机系统各个部件所需要的本地时钟（见对比文件1第2栏54行至64行）”的主张，合议组认为，从对比文件1第2栏54行至64行以及全文公开的内容可知，其所描述的电路使用较低频率的主时钟用于产生高频本地时钟，与申请人的上述主张不同，因此，合议组对请求人的这种主张不予支持。

权利要求6请求保护一种计算机系统，对比文件文件2中公开了一种在低功耗的状态下工作的集成电路，并具体披露了以下技术特征（参见说明书第4页第2行至第25行，第5页第18行至第12页第18行，附图1～6）：在这个装置中包括处理器14（相当于权利要求6中的处理器），I/O端口21（相当于权利要求6中的输入/输出设备），系统总线22（相当于权利要求6中的总线系统）以及存储器17、18和20（相当于权利要求6中的存储器），其中处理器14中包括了：NAND门143和144（相当于权利要求6中的缓冲器），Stop Grant逻辑117可以通过禁止时钟信号的供应来使FUB50、53和34断电，Quick Start逻辑116通过发出的信号可以有选择的启动或禁止FUB51、38、32和33（相当于权利要求6中的起动电路），锁相环115（相当于权利要求6中的锁相环路），锁相环115向母时钟中心150提供锁定的核心时钟，每一个FUB通过NAND门143和144来接收时钟信号，（相当于权利要求6中的时钟分配网）。这里，FUB50、53、34、51、38、32以及33相当于权利要求6中的不同单元。

权利要求6与对比文件2的区别在于：权利要求6的技术方案还包括一个禁止电路，用于在锁相环稳定时间内禁止时钟分配，以减少高电流微分噪声在系统中引起的电磁干扰和射频干扰。基于与评述权利要求1的创造性同样的理由，权利要求6也不具备创造性，不符合专利法第二十二条第三款的规定。

从属权利要求2、5、7分别对其引用的权利要求作出了进一步的限定，其限定部分的附加技术特征在对比文件2中公开如下：Stop Grant逻辑117可以通过禁止时钟信号的供应来使FUB50、53和34断电，Quick Start逻辑116通过发出的信号可以有选择的启动或禁止FUB51、38、32和33（对应于权利要求2、7的附加技术特征）。锁相环115向母时钟中心150提供锁定的核心时钟（对应于权利要求5的附加技术特征）。由此可见，上述权利要求的全部附加技术特征均已在对比文件2中公开，因此，在其所引用的独立权利要求不具备创造性的情况下，上述权利要求也不具备专利法第二十二条第三款所规定的创造性。

权利要求3、8的限定部分的附加技术特征是所述技术领域中的公知常识，对所属技术领域的技术人员来说，将时钟传递给时钟分配电路，使得时钟的传递与所述信号同步，是不需要创造性的劳动的，因此，在其所引用的独立权利要求不具备创造性的情况下，上述权利要求也不具备专利法第二十二条第三款所规定的创造性。

权利要求4、9分别对其引用的权利要求作出了进一步的限定，其限定部分的附加技术特征在对比文件 1 中公开如下：通过延迟向这些装置提供 PLCK 和 HCLK 信号，直到生成器芯片 604 中的 PLL 稳定下来该装置才接收到不是迅速变化的时钟信号。由此可见，上述权利要求的全部附加技术特征均已在对比文件 1 中公开，因此，在其所引用的独立权利要求不具备创造性的情况下，上述权利要求也不具备专利法第二十二条第三款所规定的创造性。

综上所述，本申请的全部权利要求所限定的技术方案与现有技术相比，不具有突出的实质性特点和显著的进步，不符合专利法第二十二条第三款有关创造性的规定。

三、决定

驳回对 00818933.1 号发明专利申请的复审请求，维持原驳回决定。

复审请求人如对本复审决定不服，可根据中国专利法第四十一条第二款的规定，在收到本决定之日起三个月内向北京市第一中级人民法院起诉。

129

无损解码器及其方法案

复审请求审查决定（第8468号）

决　定　号　第8468号
决　定　日　2006年4月4日
发明创造名称　无损解码器及其方法
国际分类号　H03M 7/30、H04B 1/66
复审请求人　三星电子株式会社
申　请　号　01137892.1
申　请　日　1999年5月6日
优 先 权 日　1998年5月6日
公　开　日　2002年8月21日
合议组组长　徐媛媛
主　审　员　王伟艳
参　审　员　詹靖康

法律依据　专利法实施细则第二十一条第二款
决定要点

修改后的各项独立权利要求补充了具体技术特征，能够从整体上反映发明的技术方案。这样的修改使各项独立权利要求满足了专利法实施细则第二十一条第二款的规定。

一、案由

本复审请求涉及申请日为1999年5月6日，优先权日为1998年5月6日，名称为“无损解码器及其方法”的发明专利申请，其申请号是01137892.1，申请人是三星电子株式会社。

本申请于2002年8月21日公开后，根据申请人的请求，国家知识产权局实质审查部门依法对其进行了实质审查，并于2004年1月2日发出第一次审查意见通知书，指出：权利要求1、6都没有对“识别信息”进行描述，而本申请技术方案是将“识别信息”添加到第一预定数据单元和第二预定数据单元的数据上，从而在解码时利用所添加的“识别信息”将两部分数据合成为分割之前的数据，因此，权利要求1、6缺少必要技术特征，不符合专利法实施细则第二十一条第二款的规定。

针对上述审查意见通知书，申请人于2004年5月17日提交了意见陈述书，提交了权利要求书和说明书及其摘要的替换页，但未对权利要求书和说明书作出实质修改。申请人认为“识别信息”属于现有技术，可以不加入权利要求中，目前的权利要求1、6符合专利法实施细则第二十一条第二款的规定。

2004年8月6日，国家知识产权局驳回了上述发明专利申请（下称本申请）。驳回理由是本申请独立权利要求1、6缺少解决技术问题的必要技术特征“识别信息”，不符合专利法实施细则第二十一条第二款的规定，驳回决定所针对的文本是申请日提交的说明书附图第1～2页、摘要附图，2004

年5月17日提交的权利要求第1～10项、说明书第1～5页及说明书摘要，其独立权利要求1、6如下：

“1. 一种解码经编码的音频数据的无损解码器，该经编码的音频数据包括小于预定大小的数据单元，该解码器包括：

第一缓冲器，用于缓冲第一数据单元的第一部分，该第一部分包括加到第一原始数据单元以产生第一数据单元的编码音频数据；

缓冲器控制器，用于结合来自所述第一缓冲器的缓冲的第一部分和按顺序位于第一数据单元之后的第二数据单元，以重新产生第二原始数据单元，其中第一部分被从超过预定大小的第二原始数据单元中移除以产生在预定大小范围内的第二数据单元；和

还原器，用于按顺序接收和还原第一和第二原始数据单元。”

“6. 一种解码经编码的音频数据的方法，该经编码的音频数据包括小于预定大小的数据单元，该方法包括下列步骤：

缓冲第一数据单元的第一部分，该第一部分包括加到第一原始数据单元以产生第一数据单元的编码的音频数据；

结合经缓冲的第一部分与第二数据单元，以重新产生第二原始数据单元，其中第一部分在编码期间被从超过预定大小的第二原始数据单元中移除以产生在预定大小范围内的第二数据单元；和

按顺序还原第一和第二原始数据单元。”

申请人（下称复审请求人）对上述驳回决定不服，遂于2004年11月22日向专利复审委员会提出复审请求。复审请求人在提出复审请求时未修改权利要求。

复审请求的理由是：审查员所述的技术特征“识别信息”并非实现本发明的必要技术特征。

经形式审查合格后，专利复审委员会受理了该请求，于2004年12月23日向复审请求人发出复审请求受理通知书，同时向原实质审查部门发出前置审查通知书。在前置审查意见书中，原审查部门仍然坚持原驳回理由。

在此基础上，专利复审委员会成立合议组对本案进行审查。合议组于2005年10月18日向请求人发出复审通知书，主要指出：独立权利要求1和6分别请求保护一种解码经编码的音频数据的无损解码器及其方法，说明书公开的技术方案是把编码音频数据分为具有超过最大比特率的数据量的第一数据和具有低于最大比特率的数据量的第二数据，再把第一数据分成第三数据和第四数据两部分，在解码时，利用“识别信息”把第四数据还原到与其对应的第三数据上以还原原来的第一数据。由此可以看出，在解码过程中需要检测该识别信息，并根据该识别信息来还原原始的数据，如果在解码过程中离开了该识别信息，就无法还原第一数据，解码就无法完成，本发明的技术方案就无法实现。因此，“识别信息”属于解决该技术问题的必要技术特征，应当写入独立权利要求1、6中。基于类似的理由，合议组认为权利要求1还缺少必要技术特征“第二缓冲器”，权利要求6还缺少必要技术特征“缓冲经编码的音频数据”。另外，合议组还在复审通知书中指出：权利要求1、6中“预定大小范围内”包含多种解释，不符合专利法第二十六条第四款的规定。

针对上述复审通知书，请求人于2005年12月2日提交了意见陈述书，同时提交了权利要求书全文替换页，修改了权利要求1、5、6，修改后的权利要求书内容如下：

“1. 一种解码经编码的音频数据的无损解码器，该经编码的音频数据包括小于预定大小的数据单元，该解码器包括：

第一缓冲器，用于缓冲第一数据单元的第一部分，该第一部分包括加到第一原始数据单元以产生第一数据单元的编码音频数据；

第二缓冲器，用于按顺序接收和缓冲包含第一和第二原始数据单元的编码的音频数据；

缓冲控制器，用于结合来自所述第一缓冲器的缓冲的第一部分和按顺序位于第一数据单元之后的第二数据单元，以重新产生第二原始数据单元，其中第一部分被从超过预定大小的第二原始数据单元中移除以产生小于预定大小的第二数据单元；和

还原器，用于按顺序接收和还原第一和第二原始数据单元；

其中，所述第一数据单元的第一部分和第二数据单元中含有识别信息。

2. 如权利要求 1 所述的无损解码器，其中，当所述缓冲器控制器结合经缓冲的第一部分和第二数据单元以重新产生第二原始数据单元时，所述还原器还原第一原始数据单元。

3. 如权利要求 1 所述的无损解码器，其中，在第一和第二原始数据单元的还原之间还原另外的数据单元。

4. 如权利要求 1 所述的无损解码器，其中，所述缓冲器控制器还：

检测在经缓冲的第一部分中的识别信息；

检测在第二数据单元中的识别信息；和

根据检测的识别信息，结合经缓冲的第一部分和第二数据单元以重新产生第二原始数据单元。

5. 如权利要求 1 所述的无损解码器，其中，所述缓冲器控制器控制所述第二缓冲器和所述第一缓冲器，以输出包括第一和第二原始数据单元的编码的音频数据到所述还原器，以便按顺序还原。

6. 一种解码经编码的音频数据的方法，该经编码的音频数据包括小于预定大小的数据单元，该方法包括下列步骤：

缓冲第一数据单元的第一部分，该第一部分包括加到第一原始数据单元以产生第一数据单元的编码的音频数据；结合经缓冲的第一部分与第二数据单元，以重新产生第二原始数据单元，其中第一部分在编码期间被从超过预定大小的第二原始数据单元中移除以产生小于预定大小的第二数据单元；

缓冲包含第一和第二原始数据单元的编码的音频数据；和

按顺序还原第一和第二原始数据单元；

其中，所述第一数据单元的第一部分和第二数据单元中含有识别信息。

7. 如权利要求 6 所述的方法，其中，在所述结合缓冲的第一部分和第二数据单元期间执行所述还原第一原始数据单元的步骤。

8. 如权利要求 6 所述的方法，还包括在所述还原第一和第二原始数据单元之间还原另外的数据单元的步骤。

9. 如权利要求 6 所述的方法，其中所述结合步骤还包括下列步骤：

检测在经缓冲的第一部分中的识别信息，

检测在第二数据单元中的识别信息，和

根据检测的识别信息，结合经缓冲的第一部分和第二数据单元以重新产生第二原始数据单元。

10. 如权利要求 6 所述的方法，还包括下列步骤：

在所述缓冲第一部分和所述结合第一部分和第二数据单元之前按顺序接收包括第一和第二数据单元的编码的音频数据；

按顺序缓冲编码的音频数据；和

输出缓冲的包括第一和第二原始数据的编码的音频数据，以便按顺序还原。”

在上述工作的基础上，合议组作出如下审查决定。

二、决定的理由

1. 关于审查文本的认定

请求人于 2005 年 12 月 2 日提交的修改的权利要求书未超出原始说明书和权利要求书记载的范围，符合专利法第三十三条的规定，并且所作修改是针对复审通知书所指出的缺陷进行的修改，符合专利法实施细则第六十条的规定。因此，本复审决定依据的文本是请求人于 2005 年 12 月 2 日提交的权利要求第 1 ~ 10 项，2004 年 5 月 17 提交的说明书摘要以及说明书第 1 ~ 5 页，申请日提交的说明书附图第 1 ~ 2 页以及摘要附图。

2. 关于专利法实施细则第二十一条第二款

根据专利法实施细则第二十一条第二款规定，独立权利要求应当从整体上反映发明或者实用新型的技术方案，记载解决技术问题的必要技术特征。根据审查指南的规定，必要技术特征是指，发明或者实用新型为解决其技术问题所不可缺少的技术特征，其总和足以构成发明或者实用新型的技术方案，使之区别于背景技术中所述的其他技术方案。

修改后的权利要求 1 添加了有关“识别信息”的技术特征，从而使本申请的无损解码器可以在解码时根据第一部分和第二数据单元中含有的识别信息还原原始数据；修改后的权利要求 1 添加了有关“第二缓冲器”的技术特征，从而使本申请的无损解码器在解码过程中可以按顺序接收和缓冲经编码的音频数据，为后续结合第一部分和第二数据单元提供缓冲。同样道理，修改后的权利要求 6 添加了有关“识别信息”以及“缓冲包含第一和第二原始数据单元的编码的音频数据”的技术特征，构成了完整的技术方案。综上所述，修改后的独立权利要求 1、6 已经符合专利法实施细则第二十一条第二款的规定，并且克服了驳回决定以及复审通知书中所指出的缺陷。

基于上述理由，合议组作出如下决定。

三、决定

撤销专利局于 2004 年 8 月 6 日对 01137892. 1 号发明专利申请作出的驳回决定。在请求人于 2005 年 12 月 2 日提交的权利要求第 1 ~ 10 项，2004 年 5 月 17 提交的说明书摘要以及说明书第 1 ~ 5 页，申请日提交的说明书附图第 1 ~ 2 页以及摘要附图的基础上，由原审查部门继续进行审批程序。

130

金属卤素化合物无电极照明灯案

复审请求审查决定（第8490号）

决　定　号 第8490号
决　定　日 2005年12月20日
发明创造名称 金属卤素化合物无电极照明灯
国 际 分 类 号 H01J 65/04、7/02
复审请求人Ⅰ LG电子株式会社
复审请求人Ⅱ 尤利·博罗德斯基
申　请　号 01110830.4
申　请　日 2001年1月19日
公　开　日 2001年8月1日
合 议 组 组 长 王桂莲
主　审　员 杜　宇
参　审　员 崔哲勇

法 律 依 据 专利法第三十三条
决 定 要 点

如果申请的内容由于增加、改变和/或删除其中的一部分，致使所属技术领域的技术人员看到的信息与原申请公开的信息不同，而且又不能从原申请公开的信息中直接地、毫无疑义地导出，那么这种修改就是不允许的。

一、案由

本复审请求案涉及申请日为2001年1月19日、优先权日为2000年1月19日、发明名称为“金属卤素化合物无电极照明灯”的、申请号为01110830.4的发明专利申请（下称本申请），申请人为LG电子株式会社，尤利·博罗德斯基。

在实质审查过程中，国家知识产权局实质审查部门以申请日提交的原始申请文件为基础进行审查。

国家知识产权局实质审查部门于2003年1月3日发出第一次审查意见通知书，其中指出：本申请的权利要求1~23均不具备专利法第二十二第三款所规定的创造性。并引用了以下对比文件：

对比文件1：CN 1149755A，其公开日为1997年5月14日；

对比文件2：US 5256940A，其公开日为1993年10月26日；

对比文件3：GB 1205844A，其公开日为1970年9月16日。

申请人于2003年7月16日针对第一次审查意见通知书提交了意见陈述书以及权利要求书和说明书的替换页，并论述了新修改的权利要求1相对于对比文件1、2和3具备创造性的理由。

原审查部门于2003年8月22日发出第二次审查意见通知书，指出：说明书对本申请未作出清楚、完整的说明，不符合专利法第二十六条第三款的规定以及权利要求1~3未以说明书为依据，说明请求保护的范围，不符合专利法第二十六条第四款的规定。

申请人于2003年11月6日针对第二次审查意见通知书提交了意见陈述书，并指出：（1）虽然本申请说明书第三实施例中存在打字错误，出现了上下文描述不一致的情况，但本申请原始说明书第3页所记载的内容可使本领域的技术人员清楚地了解到具体实施方式中明确包括了"SnI_2、$AlBr_3$和BiI_3"的实施例及"$SnBr_2$、AlI_2和BiI_3"的实施例；（2）本申请的所有实施例中"SnI_2、$AlBr_3$"和"$SnBr_2$、AlI_3"是可以替换的；（3）说明书第三实施例中的上下文不一致的问题所导致的唯一后果是不能够清楚地判定附图4具体是哪个实施例的光谱曲线，但光谱曲线仅仅体现实施例的技术效果，与如何实施发明不相关联，该问题不会导致本领域技术人员无法实施本申请，权利要求1~3可以得到说明书的支持。

经审查后，原审查部门没有接受申请人的观点，于2004年3月12日作出了驳回本申请的决定。驳回决定中指出：说明书对发明未作出清楚、完整的说明，不符合专利法第二十六条第三款的规定：说明书第6页的第三实施例中有关于混合填充物包括锡、铝和铋的卤化物的内容含糊不清，本领域技术人员无法了解其具体采用的卤化物以及具体实施过程及效果，本领域技术人员根据说明书所记载的内容，无法具体实施，因此说明书的上述内容公开不充分；权利要求1~3未以说明书为依据，说明请求保护的范围，不符合专利法第二十六条第四款的规定：权利要求1~3请求保护的技术方案只在说明书的第三实施例中有记载，但第三实施例的记载本身不清楚，无法支持权利要求1~3的技术方案。

申请人（下称复审请求人）对上述驳回决定不服，于2004年6月10日向专利复审委员会提出了复审请求，同时提交了权利要求书和说明书第3、6页的替换页，其复审理由主要是：复审请求人对第三实施例中的打字错误进行了修改，这样，在第三实施例中填充混合物包含"SnI_2、$AlBr_3$和BiI_3"，其对应附图4同样是针对包含"SnI_2、$AlBr_3$和BiI_3"的填充混合物。

经形式审查合格，专利复审委员会予以受理，于2004年6月22日发出复审请求受理通知书和前置审查通知书。

国家知识产权局原实审部门对该复审请求进行了前置审查，坚持原驳回决定。

专利复审委员会依法成立合议组对此案进行审理，并于2005年9月16日向复审请求人发出了复审通知书，提出如下的复审意见：

复审请求人在提交复审请求书时修改了权利要求书和说明书第3、6页，将第三实施例中$SnBr_2$、AlI_3和BiI_3（说明书第6页第17行）修改成了SnI_2、$AlBr_3$和BiI_3，但本领域普通技术人员不能从原始说明书中记载的内容毫无异议地导出$SnBr_2$、AlI_3应分别为SnI_2、$AlBr_3$，故复审请求人的修改超出了原权利要求书和说明书的范围，因此不符合专利法第三十三条的规定。复审请求人在提出复审请求时提交的说明书和权利要求替换页不能被接受。另外复审通知书以驳回时所依据的文本为基础提出如下意见：

本申请说明书未对发明作出清楚、完整的说明。在第三实施例中（说明书第6页第16~25行）首先描述填充物采用SnI_2、$AlBr_3$和BiI_3，但具体公开含量是针对$SnBr_2$、AlI_3和BiI_3的填充混合物，同时第三实施例的文字部分记载附图4的光谱曲线是针对包含$SnBr_2$、AlI_3和BiI_3的填充混合物的，但在说明书的附图说明中（说明书第3页第26~28行）记载的附图4是针对包含SnI_2、$AlBr_3$和BiI_3的填充混合物的。由于说明书文字部分的前后不一致，本领域普通技术人员无法毫无异议地确定第三实施例所针对填充混合物的基本成分及其含量，同时由于第三实施例与附图无法对应，本领域普通技术人员不能确定第三实施例中公开具体含量的$SnBr_2$、AlI_3和BiI_3组合物的技术效果，因而本申请说明书中第三实施例中混和填充物包含的锡、铝、铋的卤化物的记载前后不一致，造成说明书不清楚，本领域普通技术人员无法了解其采用的混和填充物的具体成分以及具体实施过程和效果，因此说明书没有充分公开，不符合专利法第二十六条第三款的规定。

同时，由于说明书的第三实施例是说明书中唯一用来支持权利要求 1～3 的技术方案的实施例，但第三实施例本身不清楚，没有公开充分，从而导致权利要求 1～3 得不到说明书实质上的支持，因此权利要求 1～3 不符合专利法第二十六条第四款的规定。

复审请求人于 2005 年 10 月 26 日提交了针对复审通知书的意见陈述书及说明书第 3 页替换页，将附图说明针对附图 4 和 5 的部分中“本发明第一实施例”分别修改成“本发明第二实施例”和“本发明第三实施例”。其具体意见为：填充在放电管中的金属卤化物应该是 SnI_2、$AlBr_3$ 和 BiI_3，而 $SnBr_2$、AlI_3 和 BiI_3 是一个打字错误，这种显而易见的错误是可以修改的。同时，复审请求人没有对复审通知书中指出的说明书中不符合专利法第三十三条的内容进行修改。

在以上审查工作的基础上，合议组认为本案事实已经清楚，可以作出本复审请求审查决定。

二、决定的理由

1. 本决定所依据的文本

本复审决定所依据的文本为复审请求人于 2004 年 6 月 10 日提交的权利要求第 1～2 项；于 2003 年 7 月 16 日提交的说明书第 1～2、4～5、7 页；于 2004 年 6 月 10 日提交的说明书第 6 页；于 2005 年 10 月 26 日提交的说明书第 3 页；以及申请日提交的附图第 1～4 页。

2. 关于专利法第三十三条

专利法第三十三条规定：“申请人可以对其专利申请文件进行修改，但是，对发明和实用新型专利申请文件的修改不得超出原说明书和权利要求书记载的范围。”

如果申请的内容由于增加、改变和/或删除其中的一部分，致使所属技术领域的技术人员看到的信息与原申请公开的信息不同，而且又不能从原申请公开的信息中直接地、毫无异议地导出，那么，这种修改就是不允许的。

复审请求人在提交复审请求时将说明书第 6 页中的第三实施例中具体卤化物成分由“$SnBr_2$ - 0.4 mg/cm，AlI_3 - 1.0 mg/cm，BiI_3 - 0.7 mg/cm”修改为“SnI_2 - 0.4 mg/cm，$AlBr_3$ - 1.0 mg/cm，BiI_3 - 0.7 mg/cm”（说明书第 6 页第 17 行），但复审请求人的上述修改在原说明书和权利要求书中没有记载，而本领域普通技术人员又不能从原始说明书中记载的内容毫无异议地导出第三实施例中具体公开含量的卤化物 $SnBr_2$、AlI_3 可以用 SnI_2、$AlBr_3$ 替换，故复审请求人的上述修改超出了原说明书和权利要求书的范围，因此不符合专利法第三十三条的规定。

在本案审理中，合议组在复审通知书中指出了上述缺陷。复审请求人在答复复审通知书时提交了修改文件，但并未针对复审通知书中指出的缺陷部分进行修改，从而没有克服复审通知书中指出的缺陷。

综上所述，本案合议组作出如下审查决定。

三、决定

维持国家知识产权局于 2004 年 3 月 12 日对 01110830.4 号发明专利申请作出的驳回决定。

复审请求人对本决定不服的，可以根据专利法第四十一条第二款的规定，自收到本决定之日起三个月内向北京市第一中级人民法院起诉。

131

在便携终端上提供多媒体电子邮件服务的系统和方法案

复审请求审查决定（第8530号）

决 定 号 第8530号
决 定 日 2006年7月27日
发明创造名称 在便携终端上提供多媒体电子邮件服务的系统和方法
国际分类号 G06F 17/00
复审请求人 三星电子株式会社
申 请 号 01140876.6
申 请 日 2001年9月25日
公 开 日 2002年10月2日
合议组组长 马 昊
主 审 员 范玉霞
参 审 员 樊晓东

法律依据 专利法第二十二条第三款
决定要点

一项权利要求虽然相对于对比文件具有区别特征，但是该区别特征不足以使得权利要求所记载的技术方案相对于现有技术具有突出的实质性特点和显著的进步，则该项权利要求所记载的技术方案不具备创造性。

一、案由

本复审请求涉及申请号为01140876.6、发明名称为“在便携终端上提供多媒体电子邮件服务的系统和方法”的发明专利申请（下称本申请），其申请日为2001年9月25日，优先权日为2001年2月19日，申请人为三星电子株式会社。其原始提交的权利要求书包括独立权利要求1、4、7和从属权利要求2~3、5~6、8~9。

国家知识产权局实质审查部门依法对本申请进行了实质审查，于2003年7月4日发出第一次审查意见通知书，指出：权利要求1、4、7相对于对比文件1不符合专利法第二十二条第三款关于创造性的规定；权利要求2~3、5~6、8~9相对于对比文件1和对比文件2不符合专利法第二十二条第三款关于创造性的规定。其中，对比文件1是1998年9月15日公开的美国专利文献US5809512A，对比文件2是1999年2月出版的《计算机应用》第19卷第2期中的《一种多媒体服务器的技术方案》。

针对第一次审查意见通知书，申请人于2003年12月19日提交了意见陈述书，同时提交了权利要求书和说明书的全文替换页，对权利要求1和4的文字做了调整，含义不变。

国家知识产权局实质审查部门于2004年3月5日以权利要求1~9相对于对比文件1和对比文件2不符合专利法第二十二条第三款关于创造性的规定为由对本申请作出驳回决定，驳回决定的主要理由是：权利要求1与对比文件1的区别在于前者包括电子邮件服务器，但是该区别技术特征是本领域的现有技术，对于本领域技术人员来说在对比文件1的基础上结合公知常识得到权利要求1的技术方案无需付出创造性劳动；独立权利要求4和7分别与权利要求1相应，基于同样的理由而不具备创造性；从属权利要求2、5、8的附加技术特征被对比文件1和2公开，从属权利要求3、6、9的附加技术特征是公知常识，即从属权利要求也均不具备创造性。此外，实质审查部门还针对申请人的意见陈述阐述了审查意见。

驳回决定所针对的独立权利要求内容如下：

“1. 一种通过具有无线英特网存取功能的便携终端提供电子邮件服务的系统，包括：

多媒体服务器，用于接收包括将要被发送到该便携终端的多媒体数据和电子邮件数据的多媒体电子邮件，然后将该多媒体数据存储在本机内部存储器中，并且将URL作为预定格式串添加到该电子邮件内容中；

电子邮件服务器，用于从该多媒体服务器接收该电子邮件，并将该电子邮件的到达通知接收的便携终端；以及

该便携终端从该电子邮件服务器接收电子邮件，然后分析该电子邮件的内容，并且如果确认了该预定的格式串，则显示带有多媒体链接消息的该电子邮件消息。”

“4. 一种在具有连接到英特网的多媒体服务器和电子邮件服务器的系统中、通过具有无线英特网存取功能的便携终端提供电子邮件服务的方法，包括步骤：

接收包括将要被发送到该便携终端的多媒体数据和电子邮件数据的多媒体电子邮件，然后将该多媒体数据存储在本机内部存储器中，将URL作为预定格式串添加到该电子邮件消息中，并且将该电子邮件消息发送给多媒体服务器中的电子邮件服务器；

从该多媒体服务器接收该电子邮件消息，并将电子邮件服务器中的该电子邮件的消息到达通知接收的便携终端；以及

从该电子邮件服务器接收电子邮件消息，然后分析该电子邮件消息，并且如果在便携终端中确认了该预定的格式串，则显示带有多媒体链接信息的该电子邮件消息。”

“7. 一种在具有无线英特网存取功能的便携终端中提供电子邮件服务的方法，包括步骤：

如果通知了电子邮件的到达消息，并且调用了电子邮件功能，则从多媒体服务器接收电子邮件消息；以及

如果确认了该链接信息是预定格式串，则显示带有多媒体链接信息的该电子邮件消息。”

申请人（下称复审请求人）对上述驳回决定不服，于2004年6月18日向国家知识产权局专利复审委员会提出了复审请求，同时提交了权利要求书和说明书的全文替换页，并陈述了修改后的权利要求1~9相对于对比文件1和对比文件2具备创造性的理由。复审请求人请求复审的具体理由是：权利要求1相对于对比文件1和2具备区别（a）本发明权利要求1涉及一种系统，用于由普通电子邮件服务来接收和再现多媒体数据，而不需要用于存储所接收多媒体数据的本地存储器；（b）本发明权利要求1中，电子邮件服务器将具有多媒体URL信息的电子邮件消息发送给便携终端，而对比文件1和2并未公开这样的“电子邮件服务器”；（c）本发明权利要求1中，当接收电子邮件消息时，便携终端分析该电子邮件消息，确认链接信息，即多媒体URL信息是预定格式串；而对比文件1和2并未公开便携终端，而且没有公开便携终端接收电子邮件消息，确认附加的电子邮件消息的多媒体URL信息，连接至多媒体服务器并接收和再现多媒体数据。复审请求人认为本申请解决了“在传统

便携终端之间交换多媒体信息时，需要提供用于存储接收的多媒体数据的大容量存储器，而且，除了普通电子邮件服务之外，还需要提供多媒体传输和接收服务”的技术问题，取得了“便携终端无需本机存储器，同时，可以通过发送包括诸如音频数据、视频数据和文本消息等多媒体数据的邮件来交换”的有益效果。

其中，修改后的权利要求书内容如下：

“1. 一种通过具有无线英特网存取功能的便携终端提供电子邮件服务的系统，包括：

多媒体服务器，用于接收包括将要被发送到该便携终端的多媒体数据和电子邮件数据的多媒体电子邮件消息，然后将该多媒体数据存储在本机内部存储器中，并且将 URL 信息作为预定格式串添加到该电子邮件消息中；

电子邮件服务器，用于从该多媒体服务器接收该电子邮件消息，并将该电子邮件消息的达到通知接收便携终端；以及

该便携终端从该电子邮件服务器接收电子邮件消息，然后分析该电子邮件消息，并且如果确认了该预定的格式串，则显示带有多媒体链接消息的该电子邮件消息，如果所述便携终端的用户选择了多媒体服务器，则连接至多媒体服务器，然后至多媒体 URL，并接收和再现相应的多媒体数据。

2. 根据权利要求 1 的系统，其中在请求存储在多媒体服务器的多媒体数据时，将该多媒体数据以流文件格式发送，并且该便携终端接收、再现和输出该多媒体数据。

3. 根据权利要求 2 的系统，其中多媒体服务器是 VOD 服务器。

4. 一种在具有连接到英特网的多媒体服务器和电子邮件服务器的系统中、通过具有无线英特网存取功能的便携终端提供电子邮件服务的方法，包括步骤：

接收包括将要被发送到该便携终端的多媒体数据和电子邮件数据的多媒体电子邮件消息，然后将该多媒体数据存储在本机内部存储器中，将 URL 信息作为预定格式串添加到该电子邮件中，并且将该电子邮件消息发送给多媒体服务器中的电子邮件服务器；

从该多媒体服务器接收该电子有间消息，并将电子邮件服务器中的该电子邮件消息的到达通知接收便携终端；

从该电子邮件服务器接收电子邮件消息，然后分析该电子邮件消息，并且如果在便携终端中确认了该预定的格式串，则显示带有多媒体链接信息的该电子邮件消息；和

如果所述便携终端的用户选择了多媒体服务，则将便携终端连接至多媒体服务器，然后至多媒体 URL，并在所述便携终端中接收和再现相应的多媒体数据。

5. 根据权利要求 4 的方法，还包括步骤：

在请求存储在多媒体服务器中的多媒体数据时，以流文件格式发送该多媒体数据；以及

在所述便携终端中接收和再现该多媒体数据。

6. 根据权利要求 5 的方法，其中多媒体数据是 VOD 数据。

7. 一种在具有无线英特网存取功能的便携终端中提供电子邮件服务的方法，包括步骤：

如果通知了电子邮件的到达消息，并且调用了电子邮件功能以及将为多媒体链接信息的 URL 信息作为预定格式串添加到所述电子邮件消息，则从多媒体服务器接收电子邮件消息；以及

如果确认了该链接信息是预定格式串，则显示带有多媒体链接信息的该电子邮件消息；和

如果所述便携终端的用户选择了多媒体服务，则将所述便携终端连接至所述多媒体服务器，然后至多媒体 URL，并在所述便携终端中接收、再现相应的多媒体数据。

8. 根据权利要求 7 的方法，还包括步骤：

其中所述接收的多媒体数据是流文件格式。

9. 根据权利要求 8 的方法，其中多媒体数据是 VOD 数据。”

经形式审查合格，专利复审委员会受理了该复审请求，并于 2004 年 6 月 29 日发出受理通知书和前置审查通知书。

在前置审查中，国家知识产权局原实质审查部门坚持了原驳回决定。

在此基础上，专利复审委员会依法成立合议组对此案进行审理，并于 2006 年 3 月 37 日发出复审通知书，指出权利要求 1、4、7 相对于对比文件 1 不符合专利法第二十二条第三款关于创造性的规定，权利要求 2、3、5、6、8、9 相对于对比文件 1 和 2 不符合专利法第二十二条第三款关于创造性的规定，并针对复审请求人的意见陈述作出了答复。

针对复审通知书，请求人于 2006 年 5 月 11 日提交了意见陈述书，进一步陈述了本申请权利要求 1 ~ 9 相对于对比文件 1 和对比文件 2 具备创造性的理由，而针对上述复审通知书中合议组所给出的答复意见没有任何意见陈述。

经审查，合议组认为本案事实清楚，现作出本复审请求审查决定。

二、决定的理由

1. 决定文本

复审请求人提出复审请求时修改了权利要求书和说明书，上述修改符合专利法第三十三条的规定和专利法实施细则第六十条的规定。因此本复审决定所依据的文本是：2004 年 6 月 18 日提交的说明书第 1 ~ 6 页、权利要求第 1 ~ 9 项，2001 年 9 月 25 日提交的说明书附图第 1 ~ 8 页、说明书摘要及其附图。

2. 关于创造性

权利要求 1 请求保护一种通过具有无线英特网存取功能的便携终端提供电子邮件服务的系统，其中包括：（A）多媒体服务器，用于接收包括将要被发送到该便携终端的多媒体数据和电子邮件数据的多媒体电子邮件消息，然后将该多媒体数据存储在本机内部存储器中，并且将 URL 信息作为预定格式串添加到该电子邮件消息中；（B）电子邮件服务器，用于从该多媒体服务器接收该电子邮件消息，并将该电子邮件消息的到达通知接收便携终端；（C）该便携终端从该电子邮件服务器接收电子邮件消息，然后分析该电子邮件消息，并且如果确认了该预定的格式串，则显示带有多媒体链接消息的该电子邮件消息，如果所述便携终端的用户选择了多媒体服务器，则连接至多媒体服务器，然后至多媒体 URL，并接收和再现相应的多媒体数据。

对比文件 1（US5809512A，参见其说明书第 54 栏第 3 行至第 55 栏第 27 行、第 60 栏第 9 ~ 67 行，附图 32 ~ 39、52 ~ 53）公开了一种能够基于显示的超文本信息通过交互输入而选择播放多媒体的信息提供装置，该装置可以在客户终端和网络之间交换邮件，即可以通过网络存取功能向客户终端提供电子邮件服务，具体包括：超视频邮件处理部分 170 和超视频数据服务部分 150（相当于权利要求 1 中的多媒体服务器），用于接收超视频电子邮件，该电子邮件包括超视频数据（多媒体数据）和目的地地址、主题等（电子邮件数据），并将接收到的超视频电子邮件临时存储到本地存储器 171，然后将超视频数据从电子邮件中分离出来存储到超视频数据服务部分 150（多媒体服务器）的超视频数据存储器 151，并将电子邮件数据升级即在其中加入超视频数据的存储地址（地址信息，相当于 URL 信息），然后存储到 WWW 数据服务部分 130（邮件服务器）的 WWW 数据存储器 131 中；其中客户终端 120 上网浏览电子邮件时（即接收到电子邮件后），先访问他的电子邮件页面，然后通过超链接（即上述地址信息）访问超视频内容，连接至超视频数据服务部分 150 选定并播放超视频数据（接收和再现相应的多媒体数据）。由于每种数据传输都具有一定的协议和相应的格式，因此超视频数据的存储地址（地址信息，相当于 URL 信息）也具有某种预定格式。

权利要求1与对比文件1的区别在于：（1）权利要求1是通过便携终端无线接收电子邮件消息和访问多媒体数据；对比文件1披露的是通过客户终端（即计算机）访问电子邮件和多媒体数据。（2）权利要求1的电子邮件服务器能够发送电子邮件消息到便携终端和便携终端对电子邮件消息分析和显示该消息并接收和再现多媒体数据，其中包括分析和显示电子邮件的WWW信息并接收和再现多媒体数据。（3）权利要求1的电子邮件服务器和多媒体服务器分开设置，对比文件1的多媒体数据服务部分和WWW数据服务部分没有分开设置，只是把多媒体数据和WWW数据分开存储。

关于区别特征（1）和（2），在便携终端之间收发电子邮件是本领域的现有技术，例如CDMA2000就可以提供多媒体数据的传输和接收，而在此技术中，服务器向便携终端发送消息，便携终端接收消息、分析和显示该消息，并接收和再现多媒体数据都是必备的，因此权利要求1将对比文件1中的客户终端替换为便携终端不需要花费创造性劳动；关于区别特征（3），无论电子邮件服务器和多媒体服务器是否分开设置都可以实现将多媒体邮件中的多媒体信息和文本信息（WWW信息）分离的目的，两个服务器是否分开设置在技术实现和效果上都没有太大差别，本领域技术人员只需要根据实际情况的需要选择即可，也不需要花费创造性劳动。

综上，权利要求1相对于对比文件1不具有突出的实质性特点和显著的进步，不符合专利法第二十二条第三款关于创造性的规定。

权利要求2记载了“根据权利要求1的系统，其中在请求存储在多媒体服务器的多媒体数据时，将该多媒体数据以流文件格式发送，并且该便携终端接收、再现和输出该多媒体数据”。其中，“该便携终端接收、再现和输出该多媒体数据”在权利要求1中已经记载，具体评述参见对权利要求1的评述；“多媒体数据以流文件格式发送”在对比文件2已经公开，对比文件2（《计算机应用》中的《一种多媒体服务器的技术方案》，参见第50页第1.2节）公开了：“流”机制（相当于权利要求2中的流文件格式）可以实现一旦客户端可利用的数据量足够大时就允许客户启动播放所选择的视频文件（多媒体数据）。本申请的方案用于解决现有技术中先下载存储后播放多媒体所带来的需要大容量存储器的技术问题，所采用的手段即是直接接收和再现多媒体数据，而对比文件2所披露的“多媒体数据以流文件格式传输视频”的技术即是用来实现将接收的数据直接再现而不用在本机存储器中存储的具体实施方式（即“流”机制），本领域技术人员很容易想到将对比文件2披露的上述技术应用到对比文件1中，从而结合得到权利要求2请求保护的技术方案。因此，当其引用的权利要求1不具备创造性时，权利要求2不符合专利法第二十二条第三款的规定。

权利要求3记载了“根据权利要求2的系统，其中多媒体服务器是VOD服务器”。对比文件1中（参见其说明书第54栏第3行至第55栏第27行）的超视频数据服务部分150（多媒体服务器）用于存储超视频和供客户机有选择的再现超视频，其实质就是一个VOD（视频点播）服务器。因此，当其引用的权利要求2不具备创造性时，权利要求3不符合专利法第二十二条第三款的规定。

权利要求4请求保护一种在具有连接到英特网的多媒体服务器和电子邮件服务器的系统中、通过具有无线英特网存取功能的便携终端提供电子邮件服务的方法，包括步骤：

接收包括将要被发送到该便携终端的多媒体数据和电子邮件数据的多媒体电子邮件消息，然后将该多媒体数据存储在本机内部存储器中，将URL信息作为预定格式串添加到该电子邮件中，并且将该电子邮件消息发送给多媒体服务器中的电子邮件服务器；

从该多媒体服务器接收该电子有间消息，并将电子邮件服务器中的该电子邮件消息的到达通知接收便携终端；

从该电子邮件服务器接收电子邮件消息，然后分析该电子邮件消息，并且如果在便携终端中确认了该预定的格式串，则显示带有多媒体链接信息的该电子邮件消息；和如果所述便携终端的用户选择了多媒体服务，则将便携终端连接至多媒体服务器，然后至多媒体URL，并在所述便携终端中接收和再现相应的多媒体数据。

权利要求4请求保护的方法与权利要求1请求保护的系统相对应，其中的方法步骤与系统的组成部件的功能一一对应。同理，权利要求4相对于对比文件1不具有突出的实质性特点和显著的进步，不符合专利法第二十二条第三款的规定（具体理由参见对权利要求1的评述）。

权利要求5引用权利要求4，其限定部分内容与权利要求2的相同。因此，当其引用的权利要求4不具备创造性时，权利要求5也不符合专利法第二十二条第三款的规定（具体理由参见对权利要求2的评述）。

权利要求6引用权利要求5，其限定部分内容“多媒体数据是VOD数据”与权利要求3的“多媒体服务器是VOD服务器”实质相同。因此，当其引用的权利要求5不具备创造性时，权利要求6也不符合专利法第二十二条第三款的规定（具体理由参见对权利要求3的评述）。

权利要求7请求保护一种在具有无线英特网存取功能的便携终端中提供电子邮件服务的方法，包括步骤：

如果通知了电子邮件的到达消息，并且调用了电子邮件功能以及将为多媒体链接信息的URL信息作为预定格式串添加到所述电子邮件消息，则从多媒体服务器接收电子邮件消息；

如果确认了该链接信息是预定格式串，则显示带有多媒体链接信息的该电子邮件消息；和

如果所述便携终端的用户选择了多媒体服务，则将所述便携终端连接至所述多媒体服务器、然后至多媒体URL，并在所述便携终端中接收、再现相应的对媒体数据。

可见，权利要求7和权利要求4相比而言，权利要求4请求保护的是一种在具有连接到英特网的多媒体服务器和电子邮件服务器的系统中、通过具有无线英特网存取功能的便携终端提供电子邮件服务的方法，其特征部分记载了整个系统中的各个部件（包括邮件服务器和便携终端）所要执行的方法步骤，其中包括便携终端所执行的方法步骤；而权利要求7请求保护的是一种在具有无线英特网存取功能的便携终端中提供电子邮件服务的方法，其特征部分只记载了便携终端所要执行的方法步骤，而该步骤与权利要求4中记载的便携终端执行的方法步骤相同，即权利要求7请求保护的方案是权利要求4所记载的方案的一部分。因此，权利要求7也不符合专利法第二十二条第三款的规定（具体理由参见对权利要求4的评述）。

权利要求8引用权利要求7，其限定部分内容“所接收的多媒体数据是流文件格式”与权利要求2中的“该多媒体数据以流文件格式发送”实质相同。因此，当其引用的权利要求7不具备创造性时，权利要求8也不符合专利法第二十二条第三款的规定（具体理由参见对权利要求2的评述）。

权利要求9引用权利要求8，其限定部分内容“多媒体数据是VOD数据”与权利要求3的“多媒体服务器是VOD服务器”实质相同。因此，当其引用的权利要求8不具备创造性时，权利要求9也不符合专利法第二十二条第三款的规定（具体理由参见对权利要求3的评述）。

请求人在答复复审通知书时陈述了：对比文件1并没有公开本发明的“当接收到包括多媒体数据以及由文本组成的电子邮件数据的多媒体电子邮件消息时，多媒体服务器仅仅从多媒体电子邮件消息中提取多媒体数据，存储所提取的数据，并且添加多媒体数据的链接信息到电子邮件数据中并且发送该电子邮件数据”，即对比文件1没有公开本发明的“多媒体服务器”；本发明中，电子邮件服务器接收到电子邮件消息时将该电子邮件消息的达到通知接收便携终端，而对比文件1中是使用WWW数据服务部分130包含WWW数据，并且由超视频邮件处理部分170根据所接收的超视频邮件项的存储位置、主题内容和目的地来更新相应的WWW数据，即对比文件1没有公开本发明的“电子邮件服务器”；本发明的“便携终端”和对比文件1的“客户终端”也不同。对比文件2也没有公开上述

区别技术特征。因此，本发明的独立权利要求 1 与对比文件 1 和 2 相比具有实质性的区别技术特征，并且解决了不同的技术问题，产生了有益的技术效果，具备创造性。

合议组认为：根据本发明说明书第 54 栏第 3 行至第 55 栏第 27 行的记载可以看出，超视频邮件处理部分 170 和超视频数据服务部分 150 接收超视频电子邮件（包括超视频数据和目的地地址、主题等的电子邮件）时，将接收到的超视频电子邮件临时存储到本地存储器 171，然后将超视频数据从电子邮件中分离出来（相当于提取出多媒体数据）存储到超视频数据服务部分 150 的超视频数据存储器 151 中（相当于存储所提取的数据），并将电子邮件数据升级即在其中加入超视频数据的存储地址（相当于添加多媒体数据的链接信息到电子邮件数据中），然后存储到 WWW 数据服务部分 130 的 WWW 数据存储器 131 中（相当于发送电子邮件数据）。因此，本发明的超视频邮件处理部分 170 和超视频数据服务部分 150 即相当于权利要求 1 中的多媒体服务器。合议组也注意到本发明的邮件服务器以及终端与对比文件 1 的相应设备的不同，并且在复审通知书已经针对该区别技术特征进行评述：使用电子邮件服务器将电子邮件消息发送给便携终端，和使用便携终端连接至多媒体服务器并接收和再现多媒体数据都是本领域的公知常识，例如 CDMA2000 可以接收电子邮件消息，分析并显示电子邮件，包括多媒体数据，即这些技术都是现有的，本领域技术人员只需要将便携终端配置为达到上述要求即可，并不需要花费创造性劳动。在答复复审通知书时，请求人并没有针对上述评述陈述任何意见。因此合议组坚持认为本发明权利要求 1 相对于对比文件 1 不具备创造性。

三、决定

复审请求不成立，维持国家知识产权局对 01140876.6 号专利申请所作出的驳回决定。复审请求人如对本复审决定不服，根据专利法第四十一条第二款的规定，在收到本决定之日起三个月内可以向北京市第一中级人民法院起诉。

132

利用延迟稀释、混合和过滤按需提供各种定制新鲜调制咖啡的方法和系统案

复审请求审查决定（第8566号）

决 定 号 第8566号
决 定 日 2006年3月23日
发明创造名称 利用延迟稀释、混合和过滤按需提供各种定制新鲜调制咖啡的方法和系统
国际分类号 A47J 31/00、31/40 A23F 5/24 G07F 13/06
复审请求人 宝洁公司
专利申请号 00814098.7
申 请 日 2000年8月14日
公 开 日 2002年11月6日
合议组组长 熊 婷
主 审 员 骆素芳
参 审 员 詹靖康

法律依据 专利法第二十二条第三款
决定要点
如果权利要求相对于对比文件的区别特征是本领域的普通技术人员通过常规的选择可以获得的，并且也没有产生意料不到的技术效果，则该权利要求相对于该对比文件不具备创造性。

一、案由

本复审请求涉及申请号为00814098.7. 发明名称为“利用延迟稀释、混合和过滤按需提供各种定制新鲜调制咖啡的方法和系统”的发明专利国际申请（下称本申请）。其申请日是2000年8月14日，优先权日是1999年8月14日，进入国家阶段日是2002年4月10日，申请人是宝洁公司。

在实质审查过程中，国家知识产权局于2003年3月7日发出了第一次审查意见通知书，其中引用了以下对比文件：

对比文件1：US3582351A 公开日期1971年6月1日；

对比文件2：EP0893065A2 公开日期1999年1月27日；

对比文件3：US3536496A 公开日期1970年10月27日；

对比文件4：EP0886249A1 公开日期1998年12月23日；

对比文件5：EP0079235A2 公开日期1983年5月18日；

通知书中指出：（1）权利要求1～15相对于对比文件1～5之一不具备创造性；（2）权利要求1～4、6～12不符合专利法实施细则第二十条第一款的规定；（3）权利要求16～54与权利要求1～15之间不具有专利法第三十一条第一款规定的单一性。

申请人于2003年9月22日答复上述审查意见通知书，并提交了权利要求书的修改替换页，其中将原权利要求4的内容补入权利要求1，删去了原权利要求4，删除原权利要求1～4、6～12中的“约”，删去了不符合单一性的权利要求16～54，将权利要求重新排序为权利要求1～14。

申请人陈述的意见主要为：本发明提供了在开始调制提取物之后至少5分钟至多48小时延迟稀释所述饮料提取物。相比之下，对比文件1～5都没有指出或建议该延迟最少时间。

申请人不同意审查员关于上述时间的选择是本领域普通技术人员可以通过常规的选择而得到的论述。

国家知识产权局于2003年11月28日发出了第二次审查意见通知书，通知书中指出：权利要求1～14不具备创造性。

申请人于2004年4月13日答复了上述审查意见通知书，未对本申请进行修改，陈述本申请具备创造性的理由主要是：延迟时间的选择对饮料调制产生显著的进步，可以就在配送之前定制所需的咖啡，而没有许多自动系统那种预定的特性和浓度，“延迟稀释”可以在很少的调制周期中准备出多杯各人定制的咖啡饮料，而且，这些定制的咖啡饮料都可即点即饮。

国家知识产权局于2004年8月6日以本申请不符合专利法第二十二条第三款的规定为由驳回了本申请。驳回依据的文本为2003年9月22日提交的权利要求1～14项，进入国家阶段日2002年4月10日提交的说明书第1～35页、附图第1～9页、说明书摘要和摘要附图。

驳回决定针对的权利要求书为：

“1. 一种制作定制调制咖啡饮料产品的系统，它包括以下步骤中的一个或多个，顺序不限：

a）在开始调制提取物之后至少5分钟至多48小时延迟稀释所述咖啡提取物；

b）在开始调制提取物之后至少5分钟至多48小时延迟混合所述咖啡提取物；和

c）在开始调制提取物之后至少5分钟至多48小时延迟过滤所述咖啡提取物。

2. 如权利要求1所述的制作定制调制咖啡饮料产品的系统，其特征在于：在开始调制所述提取物之后至少15分钟进行一个或多个上述a)、b）或c）步骤，顺序不限。

3. 如权利要求2所述的制作定制调制咖啡饮料产品的系统，其特征在于：在开始调制所述提取物之后至少30分钟进行一个或多个上述a)、b）或c）步骤，顺序不限。

4. 如权利要求1所述的制作定制调制咖啡饮料产品的系统，其特征在于：在开始调制所述提取物之后至多24小时进行一个或多个上述a)、b）或c）步骤，顺序不限。

5. 如权利要求4所述的制作定制调制咖啡饮料产品的系统，其特征在于：在开始调制所述提取物之后至多12小时进行一个或多个上述a)、b）或c）步骤，顺序不限。

6. 如权利要求1所述的系统，其特征在于：所述调制物/水的稀释比从零到1：15。

7. 如权利要求1所述的系统，其特征在于：所述调制物/水的稀释比从零到1：15。

8. 如权利要求1所述的系统，其特征在于：所述调制饮料为咖啡饮料，并且所述咖啡提取物的提取物固体少于10%。

9. 如权利要求8所述的系统，其特征在于：所述咖啡提取物的提取物固体少于5%。

10. 如权利要求9所述的系统，其特征在于：所述咖啡提取物的提取物固体少于4%。

11. 如权利要求10所述的系统，其特征在于：所述咖啡提取物的提取物固体少于3.5%。

12. 如权利要求1所述的系统，其特征在于：所述调制饮料为咖啡饮料，并且所述咖啡提取物的最少提取物固体多于1.2%。

13. 如权利要求12所述的系统，其特征在于：所述咖啡提取物的最少提取物固体多于1.5%。

14. 如权利要求13所述的系统，其特征在于：所述咖啡提取物的最少提取物固体多于2%。”

驳回的理由主要是：对比文件1公开了“一种调制咖啡的方法，其中，利用咖啡调制系统，首先调制出浓咖啡（相当于本申请的提取物），然后通过加气保存一定时间，最后根据不同的口味调制咖啡（相当于本申请的饮料）”，权利要求1与对比文件1的区别仅在于权利要求1限定了延迟过滤的具体时间。在实际调制时需要一定的延迟时间之后再进行稀释，这是咖啡调制过程中必然包括的步骤，而该时间的具体选择是本领域普通技术人员可通过常规的选择得到的，也没有产生意料不到的技术效果，因此权利要求1不具备创造性。权利要求2～5的附加技术特征是延迟过滤的最少或最多的延迟时间，这些选择都是本领域技术人员的常规选择；权利要求6～14的附加技术特征为稀释的比例或固体物的含量，这是本领域普通技术人员在可能的、有限的范围内，可通过常规手段得到的选择。因此权利要求2～14也都不具备创造性。

申请人（下称复审请求人）对该驳回决定不服，于2004年11月22日向专利复审委员会提出了复审请求，并提交了权利要求书的修改替换页，将主题名称修改为“一种制作定制调制咖啡饮料产品的方法”，此外，还做了一些文字上的修改。

修改后的权利要求书为：

“1. 一种制作定制调制咖啡饮料产品的方法，它包括以下步骤中的一个或多个，顺序不限：

a）在开始调制提取物之后至少5分钟时间至多48小时时间延迟稀释所述咖啡提取物；

b）在开始调制提取物之后至少5分钟时间至多48小时时间延迟混合所述咖啡提取物；和

c）在开始调制提取物之后至少5分钟时间至多48小时时间延迟过滤所述咖啡提取物。

2. 如权利要求1所述的制作定制调制咖啡饮料产品的方法，其特征在于：在开始调制所述提取物之后以至少15分钟时间左右进行上述a)、b）或c）步骤中的一个或多个，顺序不限。

3. 如权利要求2所述的制作定制调制咖啡饮料产品的方法，其特征在于：在开始调制所述提取物之后以至少30分钟时间左右进行上述a)、b）或c）步骤中的一个或多个，顺序不限。

4. 如权利要求1所述的制作定制调制咖啡饮料产品的方法，其特征在于：在开始调制所述提取物之后以至多24小时时间左右进行上述a)、b）或c）步骤中的一个或多个，顺序不限。

5. 如权利要求4所述的制作定制调制咖啡饮料产品的方法，其特征在于：在开始调制所述提取物之后以至多12小时时间左右进行上述a)、b）或c）步骤中的一个或多个，顺序不限。

6. 如权利要求1所述的制作定制调制咖啡饮料产品的方法，其特征在于：所述调制物/水的稀释比从零到大约1：15.34。

7. 如权利要求1所述的制作定制调制咖啡饮料产品的方法，其特征在于：所述调制物/水的稀释比从零到大约1：15。

8. 如权利要求1所述的制作定制调制咖啡饮料产品的方法，其特征在于：所述调制饮料为咖啡饮料，并且所述咖啡提取物的调制物固体少于约10%。

9. 如权利要求8所述的制作定制调制咖啡饮料产品的方法，其特征在于：所述咖啡提取物的调制物固体少于约5%。

10. 如权利要求9所述的制作定制调制咖啡饮料产品的方法，其特征在于：所述咖啡提取物的调制物固体少于约4%。

11. 如权利要求10所述的制作定制调制咖啡饮料产品的方法，其特征在于：所述咖啡提取物的调制物固体少于约3.5%。

12. 如权利要求1所述的制作定制调制咖啡饮料产品的方法，其特征在于：所述调制饮料为咖啡饮料，并且所述咖啡提取物的最少调制物固体多于约1.2%。

13. 如权利要求12所述的制作定制调制咖啡饮料产品的方法，其特征在于：所述咖啡提取物的最少调制物固体多于约1.5%。

14. 如权利要求13所述的制作定制调制咖啡饮料产品的方法，其特征在于：所述咖啡提取物的最少调制物固体多于约2.0%。”

复审请求人陈述的主要意见是：（1）对比文件1没有教导存储提取物达到5分钟到48小时之间，相反，对比文件1教导了在咖啡调制之后将碳酸化后的“浓咖啡”存储起来，指出“碳酸化防止浓咖啡质量在储存期间腐坏”，因此复审请求人不同意审查员“本领域的普通技术人员从对比文件1的内容来得到权利要求1~14是显而易见的”的说法。（2）对比文件1没有教导本发明所述的在用户制备咖啡饮料的时候由用户定制咖啡饮料。这样的“定制”特征是很重要的，是本申请所要求保护的特征。（3）对比文件1中为了保持浓咖啡的质量，要有把咖啡保存在加压存储缸内的附加步骤，这样，对比文件1中要取得高品质的咖啡饮料必须在调制后立刻将其碳酸化，将咖啡存储在加压存储缸内。对比文件1没有教导或提示：本发明所述的调制咖啡提取物，将所述提取物存储在调制器本身内达到5分钟至48小时之间（无需碳酸化），或者借助延迟稀释提供由用户/顾客在咖啡提取物的调制之后的某一时刻上进行定制的能力。

经形式审查合格，专利复审委员会受理了该复审请求，并于2004年12月24日发出了受理通知书，于2004年12月27日发出了前置审查通知书。

在前置审查意见书中，国家知识产权局原实质审查部门坚持原驳回决定。

在此基础上，专利复审委员会依法成立合议组对此案进行审理。

合议组经合议于2005年11月1日发出了复审通知书，指出：权利要求1~14相对于对比文件1不具备专利法第二十二条第三款规定的创造性。

复审请求人于2005年12月7日答复了上述复审通知书，未修改申请文件，陈述权利要求1~14具备创造性的理由为：（1）本发明仅将现有的提取物在稀释、混合或过滤之前加以制备及存储，选用某种程度的冷藏处理，对比文件1要求碳酸化处理以延长保留时间。复审请求人认为不用碳酸化处理而使提取物有延长的保留时间的做法是非显而易见的，具体地，不用碳酸化处理而将提取物在大约5分钟到48小时内保留的做法是非显而易见的。（2）对比文件1中所述的浓咖啡是以预定体积的水来稀释的（参阅对比文件1第1栏第15行），对比文件1没有教导本发明的由用户定制咖啡饮料的特征。（3）对比文件1没有公开或提示从属权利要求6~14的附加技术特征。（4）本申请所记载的延迟稀释的主要好处是：无需将咖啡保持在可饮用的状态。本发明教导了：将提取物存储在冷藏状态下，就能进一步减轻变质。

合议组在审阅了本申请全部文件后认为，本案事实已清楚，可以作出本复审请求审查决定。

二、决定的理由

1. 文本认定

本复审请求审查决定针对的文本是：2004年11月22日提交的权利要求第1~14项，进入国家阶段日2002年4月10日提交的说明书第1~35页、附图第1~9页、说明书摘要和摘要附图。

2. 关于专利法第二十二条第三款

合议组对本申请的创造性进行评述时采用的对比文件是实质审查中引用过的下列对比文件：

对比文件1：US3582351A 公开日期1971年6月1日。

权利要求1请求保护一种制作定制调制咖啡饮料产品的方法，它包括以下步骤中的一个或多个，顺序不限：a）在开始调制提取物之后至少5分钟时间至多48小时时间延迟稀释所述咖啡提取物；b）在开始调制提取物之后至少5分钟时间至多48小时时间延迟混合所述咖啡提取物；和c）在开始调制提取物之后至少5分钟时间至多48小时时间延迟过滤所述咖啡提取物。

对比文件1公开了一种调制咖啡的方法，并具体公开了以下技术特征：首先，取新鲜的咖啡粉末，在咖啡提取器中加入预定数量的热水，调制成浓咖啡（参见对比文件1说明书第1栏14~20行，第2栏第10~13行）；然后对浓咖啡进行碳酸化处理，并储存在压力存储容器（参见对比文件1说明书第2栏第18~50行）；从混合阀中取出“浓咖啡”，与适量热水混合，以获得适当浓度和温度的咖啡饮料（参见对比文件1说明书第2栏第53~62行）。其中的“浓咖啡”相当于权利要求1中的“提取物”。在对比文件1的技术方案中，调制出浓咖啡后将其储存，当需要时取出浓咖啡，可以在很短的时间内，通过稀释，很方便地获得咖啡饮料，即相当于权利要求1中的“延迟稀释”。

权利要求1的方法包括步骤a)、b)、c)中的一个或多个且顺序不限，因此权利要求1包含了多个技术方案。

对于只包含步骤a)的技术方案，它与对比文件1的区别在于：对延迟的时间具体限定为至少5分钟至至多48小时。对比文件1中公开了“延迟稀释”，对于延迟的具体的时间，本领域普通技术人员可通过常规的选择得到，并且，将延迟时间限定为5分钟至48小时也没有产生意料不到的技术效果，因此该技术方案不具备专利法第二十二条第三款规定的创造性。

对于除了上述只包含步骤a)的技术方案外的其他技术方案，其与对比文件1的区别在于：(1)对比文件1中没有公开延迟混合步骤b)和/或延迟过滤步骤c)；(2)对延迟的时间具体限定为至少5分钟至至多48小时。对于区别特征(1)，咖啡在实际调制过程中的混合和过滤步骤，对于本领域普通技术人员来说是公知常识。在对比文件1给出的延迟稀释的启示下，延迟混合和延迟过滤是本领域的普通技术人员很容易想到的。对于区别特征(2)，该时间的具体选择是本领域普通技术人员可通过常规的选择得到的，也没有产生意料不到的技术效果，因此上述技术方案不具备专利法第二十二条第三款规定的创造性。

因此，权利要求1不具备专利法第二十二条第三款规定的创造性。

复审请求人认为权利要求1与对比文件1的区别在于：a)对比文件1中所述的浓咖啡是以预定体积的水来稀释的（参阅对比文件1第1栏第15行），对比文件1没有教导本发明的由用户定制咖啡饮料的特征。b)本发明仅将现有的提取物在稀释、混合或过滤之前加以制备及存储，选用某种程度的冷藏处理，对比文件1要求碳酸化处理以延长保留时间。请求人认为不用碳酸化处理而使提取物有延长的保留时间的做法是非显而易见的，具体地，不用碳酸化处理而将提取物在大约5分钟到48小时内保留的做法是非显而易见的。

对于上述第a)点，复审请求人所指出的对比文件1第1栏第15行中所公开的内容是用预定体积的水与咖啡粉末混合以调制浓咖啡的步骤，而并非将浓咖啡稀释以获得咖啡饮料的步骤。对比文件1第2栏第54~56行中公开了“将浓咖啡与适量热水混合，以获得适当浓度和温度的最终消费用的咖啡饮料”，可见，该技术方案中将“浓咖啡”的调制与咖啡饮料的稀释步骤分开，能够允许消费者对咖啡浓度的选择，实际上达到了“定制”的效果。

对于上述第b)点，虽然本申请说明书中记载了对延迟稀释的调制提取物可进行冷却或冷藏处理，不同于对比文件1的技术方案中的要求碳酸化处理，但是，权利要求1所请求保护的技术方案只限定了延迟，而并没有限定是否采用保鲜处理，也没有限定采用何种方式的保鲜处理。对比文件1中已经公开了上述延迟稀释的技术特征，基于以上已经陈述的理由，权利要求1相对于对比文件1不具备创造性。即使将上述说明书中记载的技术特征补入权利要求1中，权利要求1也不具备创造性，因为，当需要短时间（如几小时）的延迟时，采用冷藏方法进行保鲜处理，这是本领域的公知常识。

权利要求2、4引用权利要求1，权利要求3、5分别引用权利要求2、4，它们的附加技术特征是对延迟时间的进一步限定，但是其中对时间的具体选择是本领域普通技术人员可通过常规的选择得到的，也没有产生意料不到的技术效果，因此，鉴于权利要求 1 不具备创造性，权利要求 2、4 也都不具备专利法第二十二条第三款规定的创造性；鉴于权利要求 2、4 不具备创造性，权利要求 3、5 也都不具备专利法第二十二条第三款规定的创造性。

权利要求 6~8、12 引用权利要求 1，权利要求 9、10、11 分别引用权利要求 8、9、10，权利要求 13、14 分别引用权利要求 12、13，它们的附加技术特征是对稀释比例和固体物含量的选择。这都是本领域的普通技术人员以及普通的咖啡饮用者根据自己的口味需要可以选择的，是本领域的普通技术人员以及普通的咖啡饮用者很容易想到的。鉴于权利要求 1 不具备创造性，权利要求 6~8、12 也都不具备专利法第二十二条第三款规定的创造性；鉴于权利要求 8、12 不具备创造性，权利要求 9、13 也都不具备专利法第二十二条第三款规定的创造性；鉴于权利要求 9、13 不具备创造性，权利要求 10、14 也都不具备专利法第二十二条第三款规定的创造性；鉴于权利要求 10 不具备创造性，权利要求 11 也不具备专利法第二十二条第三款规定的创造性。

综上所述，权利要求 1-14 都不具备专利法第二十二条第三款规定的创造性。

三、决定

驳回本复审请求，维持国家知识产权局于 2004 年 8 月 6 日对 00814098.7 号发明专利申请作出的驳回决定。

请求人对本决定不服的，可以根据专利法第四十一条第二款的规定，自收到本决定之日起三个月内向北京市第一中级人民法院起诉。

133

查询兑奖促销防伪方法及其兑奖券案

复审请求审查决定（第8567号）

决　定　号　第8567号
决　定　日　2006年4月10日
发明创造名称　查询兑奖促销防伪方法及其兑奖券
国际分类号　G06F 17/60
复审请求人　海南哈哈兑奖网络有限公司
专利申请号　03121378.2
申　请　日　2003年3月27日
公　开　日　2004年1月21日
合议组组长　崔哲勇
主　审　员　哈雅坤
参　审　员　贾彦飞

法律依据　审查指南第二部分第八章第2节、第四部分第二章第7节
决定要点

依照请求原则，实质审查部门只能根据申请人依法正式呈请审查的申请文件进行审查。对于实质审查部门以申请人放弃的申请文件为依据作为驳回决定的情形，专利复审委员会应以审查违反法定程序为由撤销该驳回决定。

一、案由

本复审请求涉及发明名称为“查询兑奖促销防伪方法及其兑奖券”的申请号为03121378.2的发明专利申请（下称本申请），申请日为2003年3月27日，优先权日为2002年7月15日，申请人为海南哈哈兑奖网络有限公司。

2004年4月9日，国家知识产权局向申请人发出了发明专利申请进入实质审查程序通知书。2004年9月6日，申请人向国家知识产权局提交了权利要求书的补正文本，但此次补正形审不合格，被视为未提出；申请人又于2004年9月9日再次向国家知识产权局提交了上述补正文本，此次补正形审合格。

国家知识产权局实质审查部门对本申请进行了实质审查，于2004年12月31日发出了第一次审查意见通知书，该通知书所依据的文本为：申请日提交的说明书第1~8页、附图第1~2页、说明书摘要和摘要附图以及2004年9月6日提交的权利要求第1~8项，其中指出：权利要求1~6属于专利法第二十五条第一款第二项所规定的智力活动的规则和方法，不属于专利法保护的客体，权利要求7~8不符合专利法实施细则第二条第一款的规定，不属于专利法保护的客体。

2005年1月27日，申请人针对第一次审查意见通知书提交了意见陈述书，并提交了权利要求书替换页及说明书第1~2页的修改替换页，同时陈述了新修改的权利要求第1~2项所请求保护方案不

属于专利法第二十五条第一款第二项所规定的“智力活动的规则和方法”并且能够带来技术贡献的理由，其中修改后的权利要求书如下：

“1. 一种查询兑奖促销防伪方法，它在产品上设置具有唯一性、随机性的防伪电码，将防伪电码存储备案到为消费者提供鉴别服务的、计算机防伪查询系统数据库中，消费者可利用电话、上网电脑等通讯工具，将产品上的防伪电码输入到计算机防伪查询系统，与存储备案在数据库中的防伪电码进计比对，来鉴别产品真伪，其特征在于，它包括以下步骤：

a. 建立促销奖品计算机数据库，并将其促销奖品计算机数据库与计算机防伪查询系统连通；

b. 选用能够在通讯网或金融网使用的、具有一定价值的、通讯卡或金融卡的、卡号和密码作为促销奖品，将其卡号或/和密码，存储于促销奖品计算机数据库中；

c. 消费者兑奖时，输入产品上的防伪电码到计算机防伪查询系统，计算机防伪查询系统将之与存储备案的防伪电码进行比对验证，如果消费者所输入的防伪电码正确，且是首次被查询，则，计算机防伪查询系统从促销奖品计算机数据库中、调取通讯卡或金融卡的、卡号或/和密码信息，作为促销奖品反馈给消费者。

2. 按照权利要求 1 所述的查询兑奖促销防伪方法，其特征在于，它还包括以下步骤：

a. 将所述通讯卡或金融卡的卡号、或/和防伪电码印刷到印刷材料上，制成一种缺少密码的通讯卡或金融卡；

b. 将所述通讯卡或金融卡设置到产品上。”

2005 年 4 月 15 日，原审查部门针对前次审查意见通知书所针对的申请文件以及上述意见陈述书中所附的经修改的申请文件替换页进行继续审查，发出了第二次审查意见通知书，其中指出：1）申请人新提交的修改文件超出了原始说明书和权利要求书记载的范围，不能被接受；2）申请人所提交的修改文件除了因超范围问题而不能允许外，本申请的方案仍是非技术性的。

2005 年 4 月 22 日，申请人针对第二次审查意见通知书提交了意见陈述书，陈述了答复第一次审查意见通知书时所提交的修改文本没有超出原始说明书和权利要求书记载范围的理由，还陈述了新修改的权利要求是技术方案的理由。

2005 年 8 月 19 日，原审查部门以本申请的修改文件不符合专利法第三十三条的规定为由驳回了本申请。驳回决定所针对的申请文件为：申请日提交的说明书第 1 ~ 8 页、附图第 1 ~ 2 页、说明书摘要和摘要附图；以及 2004 年 9 月 6 日提交的权利要求第 1 ~ 8 项。驳回决定所针对的权利要求书如下：

1. 一种查询兑奖促销防伪方法，它在产品上设置防伪电码，其特征在于，它包括以下步骤：当消费者通过电话、上网电脑等通讯工具输入的防伪电码被首次验证正确时，反馈一张（或多张）通讯卡或金融卡的卡号或/和密码信息给该消费者。

2. 按照权利要求 1 所述的查询兑奖促销防伪方法，其特征在于：所述防伪电码和卡号为同一数码；或者，防伪电码和卡号为一对具有对应关系的数码。

3. 按照权利要求 1 或 2 所述的查询兑奖促销防伪方法，其特征在于：所述一些或每件产品配设有一张某种面额的缺少密码的通讯卡或金融卡。

4. 按照权利要求 3 所述的查询兑奖促销防伪方法，其特征在于，它包括以下步骤：当其密码被首次播发给查询者后，再向金融卡的账户里转入存款、开放使用权。

5. 按照权利要求 3 所述的查询兑奖促销防伪方法，其特征在于，它包括以下步骤：防伪电码查询核对正确后，防伪系统还提示查询者输入身份证号码，并将身份证号码记录在数据库中。

6. 按照权利要求 3 所述的查询兑奖促销防伪方法，其特征在于，它包括以下步骤：防伪电码或卡号被首次查询后，在数据库中记录下来电号码。

7. 一种如权利要求1至6所述的任何一种查询兑奖促销防伪方法所使用的兑奖券，其特征在于：所述兑奖券为一种缺少密码的通讯卡或金融卡。

8. 按照权利要求7所述的兑奖券，其特征在于：所述兑奖券上印刷有可索取密码的电话号码或网址。”

原审查部门在驳回决定中认为：申请人于2005年1月27日所提交的修改文件超出了原始说明书和权利要求书所记载的范围，因此，本驳回决定所针对的申请文件与第一次审查意见通知书相同，即针对该案申请日所提交的说明书第1~8页、附图1~2页、说明书摘要及摘要附图、以及2004年9月6日提交的权利要求第1~8项。

申请人（下称复审请求人）对上述驳回决定不服，于2005年11月21日向专利复审委员会提出复审请求，再次重申了答复第一次审查意见通知书时所提交的修改文本没有超出原始说明书和权利要求书记载范围的理由，还陈述了新修改的权利要求是技术方案的理由。

2005年12月22日，经形式审查合格后，专利复审委员会受理了该请求，向复审请求人发出了复审请求受理通知书，并将本案送至原审查部门进行前置审查。原实质审查阶段审查员在前置审查意见书中坚持原驳回决定。

专利复审委员会本案合议组认真研究了国家知识产权局专利局作出的驳回决定及其理由和复审请求人所提交的复审请求书，认为本案事实已经清楚，可以作出以下决定。

二、决定理由

审查指南第四部分第二章第7节中规定：复审请求的理由成立，撤销原驳回决定的复审决定包括下列情形：（i）驳回决定适用法律、法规错误的；（ii）驳回理由缺少必要的证据支持的；（iii）审查违反法定程序，例如，驳回决定以申请人放弃的申请文本或者不要求保护的技术方案为依据，在审查程序中没有给予申请人针对驳回决定所采用的理由、证据或者认定的事实陈述意见的机会，驳回决定没有评价申请人所提交的与驳回理由有关的证据等，以致可能影响公正审理的；（iv）驳回理由不成立的其他情形。

依照审查指南第二部分第八章第2.2节规定的请求原则，国家知识产权局实质审查部门只能根据申请人依法正式呈请审查（包括提出申请时、依法提出修改时或者答复审查意见通知书时）的申请文件进行审查。因此，对于国家知识产权局作出的驳回决定以申请人放弃的申请文件为依据以致可能影响公正审理的情形，专利复审委员会应以审查违反法定程序为由撤销该驳回决定。

在针对本案的实质审查程序中，存在违反法定程序之处，具体理由如下：

2004年12月31日，原审查部门对本申请进行了实质审查，针对申请日提交的原始申请文件的说明书第1~8页、附图第1~2页、说明书摘要和摘要附图以及2004年9月6日提交的权利要求第1~8项发出了第一次审查意见通知书。

2005年1月27日，申请人针对第一次审查意见通知书，提交了经修改的权利要求第1~2项以及说明书第1~2页替换页，该申请文件应当是申请人依法正式呈请审查的申请文件，且由于上述新申请文件的出现，致使申请人在此之前、即于2004年9月6日提交的权利要求第1~8项以及于申请日所提交的说明书第1~2页成为被放弃的申请文件。

2005年4月15日，原审查部门针对前次审查意见通知书所针对的申请文件以及上述意见陈述书中所附的经修改的申请文件替换页进行继续审查，发出了第二次审查意见通知书，其中指出：新提交的修改文件超出了原始说明书和权利要求书记载的范围，不能被接受。

2005年4月22日，申请人针对第二次审查意见通知书提交了意见陈述书，并没有对申请文件进行修改，而是陈述了答复第一次审查意见通知书时所提交的修改文本没有超出原始说明书和权利要求书记载范围的理由，可见申请人仍然坚持其在2005年1月27日所提交的经修改的申请文件，换言之申请人在此之前、即于2004年9月6日提交的权利要求第1~8项以及于申请日所提交的说明书第1~2页仍是已被放弃的申请文件。

鉴于上述事实，2005年8月19日，原审查部门针对申请人已经放弃的申请文件，即2004年9月6日提交的权利要求第1~8项以及申请日所提交的说明书第1~2页，依据专利法第三十三条驳回了本申请。

基于上述理由，上述驳回决定的作出违反了法定程序。

三、决定

撤销国家知识产权局于2005年8月19日对第03121378.2号发明专利申请作出的驳回决定。由原实质审查部门根据2005年1月27日提交的权利要求第1~2项、说明书第1~2页以及申请日提交的说明书第3~8页、附图第1~2页、说明书摘要和摘要附图继续审查程序。

134

插补电路和 DLL 电路及半导体集成电路案

复审请求审查决定（第 8576 号）

决　定　号　第 8576 号
决　定　日　2006 年 6 月 14 日
发明创造名称　插补电路和 DLL 电路及半导体集成电路
国 际 分 类 号　G06F 1/00
复 审 请 求 人　尔必达存储器株式会社
专 利 申 请 号　02131644. 9
申　请　日　2002 年 9 月 12 日
公　开　日　2003 年 3 月 26 日
合 议 组 组 长　黄毅斐
主　审　员　哈雅坤
参　审　员　骆素芳

法 律 依 据　专利法实施细则第二十条第一款
决 定 要 点
本申请的权利要求所请求保护的技术方案清楚、明确地限定了其保护范围，因此符合专利法实施细则第二十条第一款的规定。

一、案由

本复审请求涉及发明名称为"插补电路和 DLL 电路及半导体集成电路"的申请号为 02131644. 9 的发明专利申请，其申请日为 2002 年 9 月 12 日，优先权日为 2001 年 9 月 19 日，申请人为尔必达存储器株式会社。

国家知识产权局实质审查部门对本申请进行了实质审查，于 2005 年 1 月 28 日针对本申请的原始申请文件发出了第一次审查意见通知书，其中指出：本申请权利要求 1、2、4、12、14、15 不符合专利法实施细则第二十条第一款有关权利要求应当清楚的规定；权利要求 21、22 不符合专利法实施细则第二十条第一款有关权利要求应当简明的规定；权利要求 7 不符合专利法实施细则第二十二条第三款有关从属权利要求都应当写在其引用的独立权利要求之后的规定。

2005 年 6 月 1 日，申请人针对第一次审查意见通知书提交了意见陈述书，并提交了权利要求书替换页、说明书替换页及说明书摘要替换页，同时对实质审查部门所提出的审查意见逐一进行意见陈述，申请人主要认为：权利要求 2 中"根据前述控制信号生成其电流值的比与前述内分比相对应的第 1 电流和第 2 电流的装置"这一句的语义清楚，即清楚地限定了：根据前述控制信号生成第 1 电流和第 2 电流的装置，其中该第 1 电流和第 2 电流的电流值的比与前述内分比相对应，因此权利要求 2 所请求保护的范围是清楚的，符合专利法实施细则第二十条第一款的规定。

实质审查部门针对本申请于 2005 年 6 月 1 日提交的权利要求第 1 ~ 37 项、说明书第 1 ~ 29 页和说明书摘要，以及于申请日提交的附图第1～13页和摘要附图，于2005年7月8日以权利要求2不符合专利法实施细则第二十条第1款的规定为由驳回了本申请。具体理由为：权利要求2中描述“根据前述控制信号生成其电流值的比相应对应的第1电流和第2电流的装置”其意义不清楚，并不能等同于申请人在意见陈述书中提到的“根据前述控制信号生成第1电流和第2电流的装置，其中，该第1电流和第2电流的电流值的比与前述内分比相对应”。

该驳回决定所针对的权利要求2如下：

“2. 一种插补电路，输入第1信号和第2信号，利用所输入的控制信号设定的内分比对前述第1信号和前述第2信号的相位差进行分配，然后生成并输出与分配后的数值相对应的相位的输出信号，其特征在于，该插补电路包括波形合成单元和偏置控制单元，

前述波形合成单元包括：

第1开关器件，插入在与输出前述输出信号的输出端子相连接的接点和第1电源之间；

控制装置，当前述第1信号和前述第2信号均为第1逻辑值时，使前述第1开关器件呈导通状态；

第1串联电路，第1电流源与当前述第1信号为第2逻辑值时呈导通状态的第2开关器件呈串联连接方式；和

第2串联电路，第2电流源与当前述第2信号为第2逻辑值时呈导通状态的第3开关器件呈串联连接方式；

前述波形合成单元，其前述第1串联电路和前述第2串联电路被相互并联连接在与前述输出端子相连接的接点和第2电源之间；

前述偏置控制单元，它又包括：根据前述控制信号生成其电流值的比与前述内分比相对应的第1电流和第2电流的装置，和使前述第1电流和前述第2电流的电流值相对应的电流分别流向前述波形合成单元的前述第1电流源和前述第2电流源的控制装置。”

申请人（下称复审请求人）对上述驳回决定不服，于2005年10月24日向专利复审委员会提出复审请求，陈述了权利要求2符合专利法实施细则第二十条第一款的规定的理由，未修改申请文件。复审请求人认为：审查员对于权利要求2的理解不正确，很显然，在第一次审查意见通知书和驳回决定中，审查员所引用的权利要求2的内容一直是错误的，权利要求2的正确内容限定的是：“根据前述控制信号生成第1电流和第2电流的装置，其中该第1电流和第2电流的电流值的比与前述内分比相对应”。

经形式审查合格后，专利复审委员会于2005年11月17日受理了该请求，向复审请求人发出了复审请求受理通知书，并将本案送至原审查部门进行前置审查。原实质审查部门的审查员在前置审查意见书中坚持原驳回决定，其理由为：权利要求2的描述“根据前述控制信号生成其电流值的比相应对应的第1电流和第2电流的装置”本身就是一个有歧义的句子，因而无法没有歧义地得到复审请求人所述的“根据前述控制信号生成第1电流和第2电流的装置，其中该第1电流和第2电流的电流值的比与前述内分比相对应”这种含义。

专利复审委员会本案合议组在对本案进行进一步合议审查的基础上，认为本案事实已经清楚，可以作出以下决定。

二、决定的理由

专利法实施细则第二十条第一款规定：“权利要求书应当说明发明或者实用新型的技术特征，清楚、简要地表述请求保护的范围。”

合议组针对驳回理由以及复审请求人所提出的复审请求理由进行审查后认为：实质审查部门在指

出权利要求 2 不符合专利法实施细则第二十条第一款的规定的情况下，其所指出的权利要求 2 中意义不清的内容为“根据前述控制信号生成其电流值的比相应对应的第 1 电流和第 2 电流的装置”，这与权利要求 2 实际记载的内容“根据前述控制信号生成其电流值的比与前述内分比相对应的第 1 电流和第 2 电流的装置”不一致。权利要求 2 中的技术特征“根据前述控制信号生成其电流值的比与前述内分比相对应的第 1 电流和第 2 电流的装置”清楚地限定了“根据前述控制信号生成第 1 电流和第 2 电流的装置”，并且清楚地限定了第 1 电流和第 2 电流的电流值之间的关系为“第 1 电流和第 2 电流的电流值的比与前述内分比相对应”，因此上述技术特征对于本领域的普通技术人员来说具有清楚、确定的含义，不会产生歧义，故该权利要求 2 符合专利法实施细则第二十条第一款的规定。

综上所述，权利要求 2 所请求保护的技术方案不存在驳回决定中所指出的“不符合专利法实施细则第二十条第一款”的缺陷。

基于上述理由，复审请求人所提出的复审理由成立。

三、决定

撤销国家知识产权局于 2005 年 7 月 8 日针对 02131644.9 号发明专利申请所作出的驳回决定。

由原实质审查部门在复审请求人于 2005 年 6 月 1 日提交的权利要求书第 1～37 项、说明书第 1～29 页和说明书摘要，以及于申请日 2002 年 9 月 12 日提交的附图第 1～13 页和摘要附图的基础上继续进行审批程序。

135

包括钨侵蚀抑制剂的抛光组合物案

复审请求审查决定（第8579号）

决　定　号　第8579号
决　定　日　2006年5月30日
发明创造名称　包括钨侵蚀抑制剂的抛光组合物
国 际 分 类 号　H01L 21/00　B44C 1/22　C09G 1/00
复 审 请 求 人　卡伯特微电子公司
专 利 申 请 号　98809580.7
申　请　日　1998年7月27日
公　开　日　2000年11月1日
合 议 组 组 长　黄　颖
主　审　员　骆素芳
参　审　员　熊　婷

法 律 依 据　专利法第三十三条、第二十六条第三款、第四款
决 定 要 点

权利要求对说明书的内容的概括应当适当，当说明书给出的情报不充分，所属领域的普通技术人员用常规的实验或者分析方法不足以把说明书记载的内容扩展到权利要求所述的保护范围时，该权利要求不能得到说明书的支持；当权利要求所要求保护的技术方案是所属技术领域的技术人员能够从说明书中公开的内容直接得到或者概括得出的技术方案，该权利要求能够得到说明书的支持。

一、案由

本复审请求涉及申请号为98809580.7.发明名称为“包括钨侵蚀抑制剂的抛光组合物”的发明专利国际申请（下称本申请）。其国际申请日是1998年7月27日，进入国家阶段日期是2000年3月28日，公开日期是2000年11月1日，申请人是卡伯特微电子公司。

国家知识产权局于2002年6月28日发出第一次审查意见通知书，其中引用了一篇对比文件：

对比文件1：JP平8－83780A公开日期：1996年3月26日。

通知书中指出，权利要求1～6，14，16～18，27～29，35不具备专利法第二十二条第二款规定的新颖性，权利要求9～11，37～38，49，51～52，55～57，60～61不具备专利法第二十二条第三款规定的创造性，权利要求2～4，8，12～13，41，45，47，50，62不符合专利法第二十六条第四款的规定，权利要求3～9，12，13，15～22，25～35，37～42，44，45，47～50，52～66不符合专利法实施细则第二十条至第二十三条的规定。

申请人于2002年11月12日答复了上述审查意见通知书，提交了权利要求书的修改替换页以及说明书第6页的修改替换页，同时陈述了修改后的权利要求相对于对比文件1具有新颖性和创造性的理由，以及权利要求得到说明书支持的理由。

国家知识产权局于2002年12月13日发出第二次审查意见通知书，通知书中指出，权利要求47不具备专利法第二十二条第3款规定的创造性，权利要求1~3，5~7，39~46，48不符合专利法第二十六条第四款的规定，权利要求1，3，5，12，39，40，64不符合专利法实施细则第二十条至第二十三条的规定。

申请人于2003年4月28日答复了上述审查意见通知书，提交了权利要求书的修改替换页以及说明书第12页的修改替换页，同时陈述权利要求得到说明书支持的理由，以及权利要求47具备创造性的理由。

国家知识产权局于2003年7月25日发出第三次审查意见通知书，通知书中指出，权利要求1~3的修改不符合专利法实施细则第五十一条第三款的规定，权利要求1~5，7~9，13~43，46，48~58，60~61，63不具备专利法第二十二条第三款规定的创造性，权利要求1~4，9，11，42，44，46，60不符合专利法第二十六条第四款的规定，权利要求1~3，5，6，10，18，24，34，37~39，41，42，45~47，57，60，61，63不符合专利法实施细则第二十条第一款的规定。

申请人于2003年12月9日答复了上述审查意见通知书，提交了权利要求书的修改替换页，同时陈述了修改后的权利要求具备创造性以及得到说明书支持的理由。

国家知识产权局于2004年1月30日发出第四次审查意见通知书，通知书中指出，权利要求64的修改不符合专利法第三十三条的规定，权利要求1~5，7~9，13~43，46，48~58，60~61，63、64不具备专利法第二十二条第三款规定的创造性，权利要求1~4，9，11，38，39，42，44，46，47、60，64不符合专利法第二十六条第四款的规定，权利要求38，39，42不符合专利法实施细则第二十条第一的规定。

申请人于2004年4月14日答复了上述审查意见通知书，提交了权利要求书的修改替换页以及说明书第14页的修改替换页，同时陈述了新修改的权利要求具备创造性以及得到说明书支持的理由。

国家知识产权局于2004年7月2日依据申请人2004年4月14日提交的权利要求第1~65项、说明书第14页，2002年11月12日提交的说明书第6页，2003年4月28日提交的说明书第12页，以及进入国家阶段日2000年3月28日提交的说明书第1~5，7~11，13，15页、说明书摘要驳回了本申请。

驳回决定针对的权利要求1、2、3、5、46、63、64、65为：

“1. 一种化学机械抛光组合物，包括：

能侵蚀钨的化合物；和

至少一种钨侵蚀抑制剂，

其中钨侵蚀抑制剂选自：（i）包括至少一种官能基的化合物，该官能基选自没有氮－氢键的含氮杂环、硫化物、或含氮杂环和硫化物的组合；（ii）包括含氮官能团的化合物，其选自具有形成烷基铵离子的三个或更多的碳原子的化合物、具有三个或更多碳原子的烷基胺化合物、和除了含硫氨基酸的氨基酸，条件是所述的钨侵蚀抑制剂不为吡唑、吡啶和2，5－二巯基－1，3－噻二唑；

并且其中该组合物的pH为5或更低。

2. 权利要求1的化学机械抛光组合物，其中钨侵蚀抑制剂为包括含氮官能基的化合物，该官能基选自没有氮－氢键的含氮杂环、具有形成烷基铵离子的三个或更多的碳原子的化合物、具有三个或更多碳原子的烷基胺化合物、和除了含硫氨基酸的氨基酸、和其组合。

3. 权利要求1的化学机械抛光组合物，其中含氮官能团的化合物为没有氮－氢键的含氮杂环，其选自2、3、5－三甲基吡嗪、喹喔啉、哒嗪、吡嗪、和其组合。”

“5. 权利要求1的化学机械抛光组合物，其中钨侵蚀抑制剂是包括烷基铵离子官能团的化合物，这些化合物选自异硬脂酰基乙基亚氨基鎓、氢氧化十六烷基三甲基铵、2－十七烷基－4－乙基－2 噁唑啉4－甲醇、氯化三辛基甲基铵）、4、4－二甲基噁唑烷、氢氧化四丁基铵、十二烷基胺、氢氧化四甲基铵和其组合。”

“46. 一种抛光包括至少一层金属层的基材的方法，包括下列步骤：

（a）将至少一种能侵蚀钨的化合物、至少一种钨侵蚀抑制剂和去离子水掺混以制备化学机械抛光组合物；

（b）将该化学机械抛光组合物涂于基材上；和

（c）通过垫片与基材接触并使垫片相对于基材运动除去至少一部分钨层；

其中钨侵蚀抑制剂选自：（i）包括至少一种官能基的化合物，该官能基选自没有氮－氢键的含氮杂环、硫化物、或含氮杂环和硫化物的组合；（ii）包括含氮官能团的化合物，其选自具有形成烷基铵离子的三个或更多的碳原子的化合物、具有三个或更多碳原子的烷基胺化合物、和除了含硫氨基酸的氨基酸，条件是所述的钨侵蚀抑制剂不为吡唑、吡啶和2、5－二巯基－1、3－噻二唑；

其中该组合物的 pH 为5 或更低。”

“63. 权利要求46 的抛光包括至少一层钨层的基材的方法，包括下列步骤：

（a）将0.5 至15.0 重量% 的二氧化硅；0.001 至0.2 重量% 的硝酸铁催化剂；0.5 至10.0 重量% 的过氧化氢，每催化剂离子有1－15 分子的丙二酸，和0.01 至0.5 重量% 的至少一种钨侵蚀抑制剂和去离子水掺混，制备化学机械抛光浆料；

（b）将该化学机械抛光浆料涂于基材上；和

（c）通过垫片与基材接触并使垫片相对于基材运动除去至少一部分钨层；

其中钨侵蚀抑制剂选自：（i）包括至少一种官能基的化合物，该官能基选自没有氮－氢键的含氮杂环、硫化物、或含氮杂环和硫化物的组合；（ii）包括含氮官能团的化合物，其选自具有形成烷基铵离子的三个或更多的碳原子的化合物、具有三个或更多碳原子的烷基胺化合物、和除了含硫氨基酸的氨基酸，条件是所述的钨侵蚀抑制剂不为吡唑、吡啶和2、5－二巯基－1、3－噻二唑；其中该组合物的 pH 为5 或更低。

64. 权利要求1 的一种化学机械抛光组合物，包括：

能侵蚀钨的化合物；和至少一种钨侵蚀抑制剂，

其中钨侵蚀抑制剂选自：

2、3、5－三甲基吡嗪、2－乙基－3、5－二甲基吡嗪、喹喔啉、2－乙酰基吡咯、哒嗪、组氨酸、吡嗪、还原的胱甘肽、2－巯基－苯并咪唑、噻吩、巯基 N－氧吡啶、盐酸硫胺、四乙基二硫化四烷基秋兰姆、异硬脂酰基乙基酰亚铵、氢氧化鲸蜡基三甲基铵、2－十七烷基－4－乙基－2－噁唑啉－4－甲醇）、三辛基甲基氯化铵、4、4－二甲基噁唑啉、四丁基氢氧化铵、十二烷基胺、四甲基氢氧化铵、赖氨酸、酪氨酸、谷酰胺、谷氨酸、甘氨酸、丝氨酸、氨基丙基硅氧烷、氨基丙基甲硅烷醇、苯丙氨酸、3，5－二甲基吡唑、3，3－二硫代丙酸、2，5－二苯基－1，6，6a－三硫杂戊烷、和其组合，其中该组合物的 pH 为5 或更低。

65. 权利要求1 的一种化学机械抛光组合物，其中钨侵蚀抑制剂选自：2、3、5－三甲基吡嗪、2－乙基－3，5－二甲基吡嗪、喹喔啉、乙酰基吡咯、哒嗪、组氨酸、苯并咪唑、还原的胱甘肽、半胱氨酸、2－巯基－苯并咪唑、胱氨酸、巯基 N－氧吡啶、盐酸硫胺、四乙基二硫化四烷基秋兰姆、异硬脂酰基乙基酰亚铵、氢氧化鲸蜡基三甲基铵、2－十七烷基－4－乙基－2－噁唑啉－4－甲醇、三辛基甲基氯化铵、4，4－二甲基噁唑啉、四丁基氢氧化铵、十二烷基胺、赖氨酸、酪氨酸、谷酰胺、谷氨酸、甘氨酸、丝氨酸、氨基丙基硅氧烷、氨基丙基甲硅烷醇、3，3－二硫代丙酸、2，5－二苯基－

1，6，6a－三硫杂戊烷、或其组合。”

驳回的理由主要是：1. 权利要求5、64、65不符合专利法第三十三条的规定，其中的4、4－二甲基噁唑烷、氨基丙基甲硅烷、还原的胱甘肽、乙酰基吡咯在原始文本中没有记载；2. 权利要求1～3、46、63不符合专利法第二十六条第四款的规定，其中的含氮杂环、硫化物、含氮官能团的化合物没有得到说明书的支持。

申请人（下称复审请求人）对该驳回决定不服，于2004年10月18日向专利复审委员会提出了复审请求，同时提交了权利要求书的修改替换页，将权利要求5、64、65中的化学名称的翻译进行了修改，将权利要求3、4、6、8、11的内容补入权利要求1中对钨侵蚀抑制剂作具体限定，对权利要求38、46和63做了与权利要求1相同的修改，删除了权利要求2。驳回决定所针对的权利要求1、5、46、63、64、65分别对应于修改后的权利要求1、2、37、54、55、56，原权利要求38对应于修改后的权利要求32。

修改后的权利要求1、2、32、37、54、55、56为：

“1. 一种化学机械抛光组合物，包括：

能侵蚀钨的化合物；和

至少一种钨侵蚀抑制剂，

其中钨侵蚀抑制剂选自：2、3、5－三甲基吡嗪、喹喔啉、哒嗪、吡嗪；

还原的谷胱甘肽、噻吩、巯基N－氧吡啶、盐酸硫胺、四乙基二硫化四烷基秋兰姆；

在pH小于9时形成烷基铵离子的化合物，

甘氨酸，

氨基丙基甲硅烷醇、氨基丙基硅氧烷，或氨基丙基甲硅烷醇和氨基丙基硅氧烷的混合物；

和其组合。

2. 权利要求1的化学机械抛光组合物，其中钨侵蚀抑制剂选自包括烷基铵离子官能团的化合物，这些化合物选自异硬脂酰基乙基亚氨基鎓、氢氧化十六烷基三甲基铵、2－十七烷基－4－乙基－2噁唑啉4－甲醇、氯化三辛基甲基铵、4、4－二甲基噁唑啉、氢氧化四丁基铵、十二烷基胺、氢氧化四甲基铵和其组合。”

“32. 一种化学机械抛光组合物，包括：

1.0至15.0重量%的二氧化硅；

0.001至0.2重量%的硝酸铁；

1.0至10.0重量%的过氧化氢；

至少一种稳定剂，和

0.001至1.0重量%的至少一种钨侵蚀抑制剂；

其中钨侵蚀抑制剂选自：2、3、5－三甲基吡嗪、喹喔啉、哒嗪、吡嗪；

还原的谷胱甘肽、噻吩、巯基N－氧吡啶、盐酸硫胺、四乙基二硫化四烷基秋兰姆；

在pH小于9时形成烷基铵离子的化合物，

甘氨酸，

氨基丙基甲硅烷醇、氨基丙基硅氧烷，或氨基丙基甲硅烷醇和氨基丙基硅氧烷的混合物；

和其组合。”

“37. 一种抛光包括至少一层金属层的基材的方法，包括下列步骤：

（a）将至少一种能侵蚀钨的化合物、至少一种钨侵蚀抑制剂和去离子水掺混以制备化学机械抛光组合物；

（b）将该化学机械抛光组合物涂于基材上；和

（c）通过垫片与基材接触并使垫片相对于基材运动除去至少一部分钨层；

其中钨侵蚀抑制剂选自：2、3、5-三甲基吡嗪、喹喔啉、哒嗪、吡嗪；

还原的谷胱甘肽、噻吩、巯基N-氧吡啶、盐酸硫胺、四乙基二硫化四烷基秋兰姆；

在pH小于9时形成烷基铵离子的化合物，

甘氨酸，

氨基丙基甲硅烷醇、氨基丙基硅氧烷，或氨基丙基甲硅烷醇和氨基丙基硅氧烷的混合物；

和其组合。”

“54. 权利要求37的抛光包括至少一层钨层的基材的方法，包括下列步骤：

（a）将0.5至15.0重量%的二氧化硅；0.001至0.2重量%的硝酸铁催化剂；0.5至10.0重量%的过氧化氢；每催化剂离子有1-15分子的丙二酸，和0.01至0.5重量%的至少一种钨侵蚀抑制剂和去离子水掺混，制备化学机械抛光浆料；

（b）将该化学机械抛光浆料涂于基材上；和

（c）通过垫片与基材接触并使垫片相对于基材运动除去至少一部分钨层；

其中钨侵蚀抑制剂选自：2、3、5-三甲基吡嗪、喹喔啉、哒嗪、吡嗪；

还原的谷胱甘肽、噻吩、巯基N-氧吡啶、盐酸硫胺、四乙基二硫化四烷基秋兰姆；

在pH小于9时形成烷基铵离子的化合物，

甘氨酸，

氨基丙基甲硅烷醇、氨基丙基硅氧烷，或氨基丙基甲硅烷醇和氨基丙基硅氧烷的混合物；

和其组合。

55. 权利要求1的一种化学机械抛光组合物，包括：

能侵蚀钨的化合物；和至少一种钨侵蚀抑制剂，

其中钨侵蚀抑制剂选自：

2、3、5-三甲基吡嗪、2-乙基-3、5-二甲基吡嗪、喹喔啉、2-乙酰基吡咯、哒嗪、组氨酸、吡嗪、还原的谷胱甘肽、2-巯基-苯并咪唑、噻吩、巯基N-氧吡啶、盐酸硫胺、四乙基二硫化四烷基秋兰姆、异硬脂酰基乙基酰亚铵、氢氧化鲸蜡基三甲基铵、2-十七烷基-4-乙基-2-噁唑啉-4-甲醇、三辛基甲基氯化铵、4、4-二甲基噁唑啉、四丁基氢氧化铵、十二烷基胺、四甲基氢氧化铵、赖氨酸、酪氨酸、谷酰胺、谷氨酸、甘氨酸、丝氨酸、氨基丙基硅氧烷、氨基丙基甲硅烷醇吡唑、苯丙氨酸、3、5-二甲基吡唑、3、3-二硫代丙酸、2、5-二苯基-1，6，6a-三硫杂戊烷、和其组合，其中该组合物的pH为5或更低。

56. 权利要求1的一种化学机械抛光组合物，其中钨侵蚀抑制剂选自：

2、3、5-三甲基吡嗪、2-乙基-3、5-二甲基吡嗪、喹喔啉、2-乙酰基吡咯、哒嗪、组氨酸、苯并咪唑、还原的胱甘肽、半胱氨酸、2-巯基-苯并咪唑、胱氨酸、巯基N-氧吡啶、盐酸硫胺、四乙基二硫化四烷基秋兰姆、异硬脂酰基乙基酰亚铵、氢氧化鲸蜡基三甲基铵、2-十七烷基-4-乙基-2-噁唑啉-4-甲醇、三辛基甲基氯化铵、4、4-二甲基噁唑啉、四丁基氢氧化铵、十二烷基胺、赖氨酸、酪氨酸、谷酰胺、谷氨酸、甘氨酸、丝氨酸、氨基丙基硅氧烷、氨基丙基甲硅烷醇、3、3-二硫代丙酸、2、5-二苯基-1，6，6a-三硫杂戊烷、或其组合。”

经形式审查合格，专利复审委员会受理了该复审请求，并于2004年10月27日发出了受理通知书和前置审查通知书。

在前置审查中，国家知识产权局原实质审查部门坚持原驳回决定。

在此基础上，专利复审委员会依法成立合议组对此案进行审理。本案合议组于2005年10月31日向请求人发出了复审通知书。其中指出如下问题：1. 表1、表2、表3中记载的实验数据显示各种化合物对浆料的侵蚀速率的影响迥异，从说明书的记载，不能明白其中哪些化合物是能够起到解决本发明所要解决的问题的作用，因此，说明书不清楚，并且权利要求1～3、5、32、37、38、48～56中记载的化合物也不能得到说明书实质上的支持；2. 权利要求1、32、37、38、54中“在ph小于9时形成烷基铵离子的化合物”不能得到说明书实质上的支持；3. 权利要求1、32、37中没有限定各组分所占的百分比，不能得到说明书实质上的支持；4. 权利要求32和52中的“抛光组合物”与说明书中的“抛光组合物”不一致，不能得到说明书的支持。

复审请求人于2006年2月15日答复了复审通知书，对权利要求书进行了修改并提交了权利要求书的替换页，其中，将权利要求1、32、37、38、54中“在ph小于9时形成烷基铵离子的化合物”进一步限定为说明书第6页第5－8行记载的具体化合物；将各组分的含量限定到权利要求1和37中，并说明原权利要求32中已有组分含量的限定；将权利要求32和52的主题修改为“抛光浆料”。原权利要求1、32、37、52、54相应于修改后的权利要求1、31、36、51、53。

复审请求人陈述的理由主要为：表1所列的化合物均能实施本发明，只是一些化合物比另一些化合物在0.04wt%浓度下更明显有效，考虑到抑制剂的浓度因素后，本领域的普通技术人员能理解本发明的技术方案，本发明的说明书是清楚的。

修改后的权利要求1、31、36、51、53如下：

“1. 一种化学机械抛光组合物，包括：

能侵蚀钨的化合物；和

至少一种钨侵蚀抑制剂，

其中钨侵蚀抑制剂选自：2、3、5－三甲基吡嗪、喹喔啉、哒嗪、吡嗪；

还原的谷胱甘肽、噻吩、巯基N－氧吡啶、盐酸硫胺、四乙基二硫化四烷基秋兰姆；

异硬脂酰基乙基亚氨基鎓、氢氧化十六烷基三甲基铵、2－十七烷基－4－乙基－2－噁唑啉－4－甲醇、氯化三辛基甲基铵、4、4－二甲基噁唑啉、氢氧化四丁基铵、十二烷基胺、氢氧化四甲基铵和其组合；

甘氨酸，

氨基丙基甲硅烷醇、氨基丙基硅氧烷，或氨基丙基甲硅烷醇和氨基丙基硅氧烷的混合物；

和其组合；且

其中该能够侵蚀钨的化合物在总化学机械抛光组合物中的存在量为0.5～50.0重量%，且该钨侵蚀抑制剂在该组合中的存在量为0.001～2.0重量%。”

“31. 一种化学机械抛光浆料，包括：

1.0至15.0重量%的二氧化硅；

0.001至0.2重量%的硝酸铁；

1.0至10.0重量%的过氧化氢；

至少一种稳定剂，和

0.001至1.0重量%的至少一种钨侵蚀抑制剂；

其中钨侵蚀抑制剂选自：2、3、5－三甲基吡嗪、喹喔啉、哒嗪、吡嗪；

还原的谷胱甘肽、噻吩、巯基N－氧吡啶、盐酸硫胺、四乙基二硫化四烷基秋兰姆；

异硬脂酰基乙基亚氨基鎓、氢氧化十六烷基三甲基铵、2－十七烷基－4－乙基－2－噁唑啉－4－甲醇、氯化三辛基甲基铵、4、4－二甲基噁唑啉、氢氧化四丁基铵、十二烷基胺、氢氧化四甲基铵和

其组合；甘氨酸，

氨基丙基甲硅烷醇、氨基丙基硅氧烷，或氨基丙基甲硅烷醇和氨基丙基硅氧烷的混合物；

和其组合。”

“36. 一种抛光包括至少一层金属层的基材的方法，包括下列步骤：

（a）将至少一种能侵蚀钨的化合物、至少一种钨侵蚀抑制剂和去离子水掺混以制备化学机械抛光组合物；

（b）将该化学机械抛光组合物涂于基材上；和

（c）通过垫片与基材接触并使垫片相对于基材运动除去至少一部分钨层；

其中钨侵蚀抑制剂选自：2、3、5－三甲基吡嗪、喹喔啉、哒嗪、吡嗪；

还原的谷胱甘肽、噻吩、巯基N－氧吡啶、盐酸硫胺、四乙基二硫化四烷基秋兰姆；

异硬脂酰基乙基亚氨基鎓、氢氧化十六烷基三甲基铵、2－十七烷基－4－乙基－2－噁唑啉－4－甲醇、氯化三辛基甲基铵、4、4－二甲基噁唑啉、氢氧化四丁基铵、十二烷基胺、氢氧化四甲基铵和其组合；

甘氨酸，

氨基丙基甲硅烷醇、氨基丙基硅氧烷，或氨基丙基甲硅烷醇和氨基丙基硅氧烷的混合物；

和其组合，

该能够侵蚀钨的化合物在总化学机械抛光组合物中的存在量为0.5～50.0重量%，且该钨侵蚀抑制剂在该组合中的存在量为0.001－2.0重量%。

51. 权利要求36的抛光包括至少一层钨层的基材的方法，包括下列步骤：

（a）将0.5至15.0重量%的二氧化硅；0.001至0.2重量%的硝酸铁催化剂；0.5至10.0重量%的过氧化氢；至少一种稳定剂，和0.001至1.0重量%的甘氨酸和去离子水掺混，制备pH2.0～5.0化学机械抛光浆料；

（b）将该化学机械抛光浆料涂于基材上；和

（c）通过垫片与基材接触并使垫片相对于基材运动除去至少一部分钨层。

53. 权利要求36的抛光包括至少一层钨层的基材的方法，包括下列步骤：

（a）将0.5至15.0重量%的二氧化硅；0.001至0.2重量%的硝酸铁催化剂；0.5至10.0重量%的过氧化氢；每催化剂离子有1－15分子的丙二酸，和0.01至0.5重量%的至少一种钨侵蚀抑制剂和去离子水掺混，制备化学机械抛光浆料；

（b）将该化学机械抛光浆料涂于基材上；和

（c）通过垫片与基材接触并使垫片相对于基材运动除去至少一部分钨层；

其中钨侵蚀抑制剂选自：2、3、5－三甲基吡嗪、喹喔啉、哒嗪、吡嗪；

还原的谷胱甘肽、噻吩、巯基N－氧吡啶、盐酸硫胺、四乙基二硫化四烷基秋兰姆；

异硬脂酰基乙基亚氨基鎓、氢氧化十六烷基三甲基铵、2－十七烷基－4－乙基－2－噁唑啉－4－甲醇、氯化三辛基甲基铵、4、4－二甲基噁唑啉、氢氧化四丁基铵、十二烷基胺、氢氧化四甲基铵和其组合；

甘氨酸，

氨基丙基甲硅烷醇、氨基丙基硅氧烷，或氨基丙基甲硅烷醇和氨基丙基硅氧烷的混合物；

和其组合。”

至此，合议组认为本案事实已经清楚，可以作出复审决定。

二、决定的理由

1. 关于专利法第三十三条

复审请求人在提出复审请求时，修改了权利要求5、64、65，将其中的4、4－二甲基噁唑烷、氨基丙基甲硅烷醇、还原的胱甘肽、乙酰基吡咯分别修改为：4、4－二甲基噁唑啉、氨基丙基甲硅烷醇吡唑、还原的谷胱甘肽、2－乙酰基吡咯，克服了驳回决定中所指出的权利要求5、64、65不符合专利法第三十三条的规定的缺陷。

复审请求人2006年2月15日答复复审通知书时提交了权利要求书和说明书的替换页。经审查，上述修改符合专利法第三十三条和专利法实施细则第六十条的规定，因此，本复审决定所针对的文本是：2006年2月15日提交的权利要求第1～55项，2004年4月14日提交的说明书第14页，2003年4月28日提交的说明书第12页，2002年11月12日提交的说明书第6页，以及进入国家阶段日2000年3月28日提交的说明书第1～5，7～11，13，15页、说明书摘要。

2. 关于专利法第二十六条第三款

说明书的表1中给出了30种浆料的实验数据，其中添加剂在浆料中的含量均为0.04%重量。在0.04重量百分比的浓度下，不同的抑制剂对速率的抑制作用显现不同的效果。这种不同的效果是受浓度影响的，并非所有这些抑制剂都在0.04%的浓度下显现有益的效果，对于不同的抑制剂，本领域的普通技术人员可以通过常规的实验，改变抑制剂的浓度，从而获得有益的效果的浆料。同样，对于表2、表3以及说明书其他处列举的可以作为抑制剂的化合物，本领域的普通技术人员也都能够通过常规的实验，调整抑制剂的浓度，获得具有有益效果的浆料。因此，说明书是清楚的，符合专利法第二十六条第三款的规定。

3. 关于专利法第二十六条第四款

复审请求人在提交复审请求时对权利要求进行了修改，用说明书中记载的具体的化合物替代驳回决定所针对的权利要求1、46、63中上位概括的含氮杂环、硫化物、含氮官能团的化合物。在答复复审通知书时，复审请求人对权利要求做了进一步的修改：1）用说明书中记载的具体的化合物替代了复审通知书所针对的权利要求1、32、37、54中的“在ph小于9时形成烷基铵离子的化合物”；2）在复审通知所针对的权利要求1、37中补入了组分含量的技术特征；3）将复审通书书所针对的权利要求32和52中的“抛光组合物”修改为“抛光浆料”。上述修改克服了驳回决定以及复审通知书中所指出的权利要求不符合专利法第二十六条第四款的规定的缺陷。

综上所述，复审请求人对本申请文件的修改已经克服了驳回决定和复审通知书所指出的缺陷，至于说明书和权利要求书中是否还存在其他缺陷，由原审查部门继续审查。

三、决定

撤销国家知识产权局2004年7月2日作出的驳回98809580.7号发明专利申请的决定，由原实质审查部门基于2006年2月15日提交的权利要求第1～55项，2004年4月14日提交的说明书第14页，2003年4月28日提交的说明书第12页，2002年11月12日提交的说明书第6页，以及进入国家阶段日2000年3月28日提交的说明书第1～5，7～11，13，15页、说明书摘要，继续进行审批程序。

136

中频放大器案

复审请求审查决定（第8616号）

决　　定　号　第8616号
决　　定　日　2006年6月13日
发明创造名称　中频放大器
国 际 分 类 号　H03F 3/72
复 审 请 求 人　皇家菲利浦电子有限公司
专 利 申 请 号　99802554.2
申　　请　日　1999年9月17日
优 先 权 日　1998年10月5日
公　　开　日　2001年3月28日
合 议 组 组 长　崔哲勇
主　　审　员　贾彦飞
参　　审　员　李　熙

法 律 依 据　专利法第二十二条第三款
决 定 要 点

如果权利要求与对比文件存在区别技术特征且对比文件并未给出相关技术启示以实现该区别技术特征的技术效果，则权利要求所限定的技术方案与所述对比文件相比较具有突出的实质性特点和显著的进步，则权利要求具有中国专利法第二十二条第三款规定的创造性。

一、案由

本复审请求涉及申请日为1999年9月17日，申请号是99802554.2，发明名称为“中频放大器”的发明专利申请（下称本申请），申请人是皇家菲利浦电子有限公司，优先权日是1998年10月5日。

在实质审查程序中，国家知识产权局实质审查部门于2002年7月5日发出第一次审查意见通知书，指出本申请的权利要求1～5相对于对比文件1（CN1122972A，其公开日为1996年5月22日）不具备创造性，不符合专利法第二十二条第三款的规定。

申请人于2002年11月4日提交了针对第一次审查意见通知书的意见陈述书，并同时提交了修改替换页，申请人认为：在对比文件1中，切换是作用于电压控制的振荡器VCO的，而该振荡器VCO连接至混频器Mi的输入端，在本申请中，切换是作用于混频振荡器的输出端的，由此可见，两种技术方案在电路结构和信号流上是完全不同的；并且，本申请的在对称输出模式和不对称输出模式之间的切换与对比文件1的在模拟输出信号和数字输出信号之间的切换是完全不同的概念，因此修改后的权利要求1～4相对于对比文件1具备创造性，符合专利法第二十二条第三款的规定。

经审查，国家知识产权局实质审查部门在2002年12月20日以该申请的权利要求1～4不符合专利法第二十二条第三款的规定为由，作出了驳回决定。驳回决定所依据的对比文件是：

对比文件1：CN1122972A，公开日为1996年5月22日。

驳回决定所针对的权利要求书为：

"1. 一种调谐器，包括一个混频振荡器级，所述混频振荡器级包括一个中频放大器，其特征在于，所述混频振荡器级还包括：

切换装置，用于将所述混频振荡器级在一个对称输出模式和一个不对称输出模式之间进行切换，在该两种输出模式下，所述中频放大器的第一输出端连接至所述混频振荡器级的第一输出端，在所述对称模式下，所述中频放大器的第二输出端连接至所述混频振荡器级的第二输出端，而在所述不对称模式下，所述切换装置将所述混频振荡器级的所述第二输出端连接至一个基准电压；和

控制装置，用于控制所述切换装置。

2. 根据权利要求1所述的调谐器，其特征在于，所述中频放大器是一个可切换的中频放大器。

3. 根据权利要求1所述的调谐器，其特征在于，所述中频放大器包括一个第一和一个第二放大装置，由此使所述第一放大装置在所述对称输出模式下工作，所述第二放大装置在所述不对称模式下工作。

4. 一种集成电路，包括一个混频振荡器级，所述混频振荡器级包括一个中频放大器，其特征在于，所述混频振荡器级还包括：

切换装置，用于将所述混频振荡器级在一个对称输出模式和一个不对称输出模式之间进行切换，在该两种输出模式下，所述中频放大器的第一输出端连接至所述混频振荡器级的第一输出端，在所述对称模式下，所述中频放大器的第二输出端连接至所述混频振荡器级的第二输出端，而在所述不对称模式下，所述切换装置将所述混频振荡器级的所述第二输出端连接至一个基准电压；和

控制装置，用于控制所述切换装置。"

申请人皇家菲利浦电子有限公司（下称复审请求人）不服上述驳回决定，于2003年2月27日向国家知识产权局专利复审委员会提出复审请求，但并未对申请文件进行修改。复审请求人认为：本申请中，切换是作用于混频振荡器的输出端的，即本申请涉及的电路位置与对比文件1完全不同；本申请提供一种切换装置，用于在对称输出模式和不对称输出模式之间进行切换，而对比文件1不具备对称输出模式和不对称输出模式；对比文件1提供的技术方案也不能解决本申请所要解决问题，即提供一种包括调谐器、IF放大器和混频振荡器在内的集成电路，它既可用于对称输出模式也可用于不对称输出模式。

专利复审委员会于2003年3月17日向复审请求人发出了复审请求受理通知书，并将该复审请求书连同原申请案卷一并送交作出驳回决定的原审查部门进行前置审查，在前置审查意见书中，国家知识产权局实质审查部门认为权利要求1～4相对于对比文件1不具备创造性，不符合专利法第二十二条第三款的规定，因而坚持原驳回决定。

针对本复审请求，专利复审委员会依法成立合议组对本复审请求进行审理。

合议组认为本案事实已经清楚，可以作出复审决定。

二、决定的理由

复审请求人在请求复审时未提交修改文本，本复审决定所依据的文本是：2002年11月4日提交的权利要求第1～4项及进入中国国家阶段时提交的国际申请文件的中文译文中的说明书第1～4页、说明书附图第1页、说明书摘要、摘要附图。

合议组评判本申请的权利要求所采用的对比文件与实质审查过程中所引用的对比文件相同（即，对比文件1：CN1122972A）。

权利要求1请求保护一种调谐器，包括一个混频振荡器级，所述混频振荡器级包括一个中频放大

器，其中混频振荡器级进一步包括如下技术特征：

（1）切换装置，用于将混频振荡器级在一个对称输出模式和一个不对称输出模式之间进行切换；

（2）在该两种输出模式下，所述中频放大器的第一输出端连接至所述混频振荡器级的第一输出端；

（3）在所述对称模式下，所述中频放大器的第二输出端连接至所述混频振荡器级的第二输出端；

（4）在所述不对称模式下，所述切换装置将所述混频振荡器级的所述第二输出端连接至一个基准电压；

（5）控制装置，用于控制所述切换装置。

对比文件 1 公开了一种处理数字和模拟输入信号的方法，实现该方法的电路为一基于锁相环原理工作的中频放大器，其用于使数字和模拟输入信号能在同一个电路中得以处理。对比文件 1 具体公开了中频放大器电路 V 的如下技术特征：输入信号 ES 经过控制放大器 1 并在用于载波矫正的相位比较器 K 中与可控振荡发生器 VCO 信号进行比较，比较器 K 的输出通过开关 S1 连通至回路滤波器 F，回路滤波器 F 通过开关 S2 连接到 VCO 上，因此，可控振荡发生器 VCO 的相位随输入信号的改变而变化；可控振荡发生器 VCO 的输出连接到混频器 Mi，经过放大器 1 的输入信号 ES 也送入混频器 Mi，当开关 S2 处于“O”位置时，开关 S2 将外部信号连通到可控振荡发生器 VCO 上（参见说明书第 3 页第 12 行至第 21 行、附图 2）。当输入信号 ES 为模拟信号时，开关 S1 和 S2 处于位置“I”，来自回路滤波器 F 的信号经开关 S2 送入可控振荡发生器 VCO，来自相位比较器 K 的信号也通过开关 S1 送入可控振荡发生器 VCO，可控振荡发生器 VCO 的输出通过相位转换器 6 送入混频器 Mi，混频器 Mi 将来自相位转换器 6 的信号与来自放大器 1 的信号混频输出；当输入信号 ES 为数字信号时，开关 S1 和 S2 处于位置“O”，通过开关 S2 将外部信号送入可控振荡发生器 VCO，此时，可控振荡发生器 VCO 进行与输入信号 ES 无关的振荡，并将输出通过相位转换器 6 送入混频器 Mi，混频器 Mi 将来自相位转换器 6 的信号与来自放大器 1 的信号混频输出（参见说明书第 3 页第 23 行至第 4 页第 11 行，附图 2）。

将权利要求 1 与对比文件 1 公开的内容对比可知，对比文件 1 中公开的是在输入信号不同时，通过切换开关 S1 和 S2，使得输入可控振荡发生器 VCO 的信号不同，从而使得可控振荡发生器 VCO 的输出信号不同，进而使得由 VCO 输入混频器 Mi 的可控振荡信号不同，由此使得混频器 Mi 根据输入的 VCO 输出信号和通过放大器 1 放大的输入信号 ES 产生不同的输出信号；而权利要求 1 则是通过切换装置使得混频振荡器级在对称模式和不对称模式之间切换，并且此切换是通过在两种模式下控制中频放大器的输出端的连接来实现的。对比文件 1 中开关 S1 和 S2 是通过对输入 VCO 的信号的控制来产生对 VCO 输出的信号的控制，而使得输入到混频器 Mi 的 VCO 输出信号不同，从而达到混频器 Mi 既能处理模拟信号，又能处理数字信号的功能。合议组认为，本申请在对称和非对称两种输出模式之间的切换并不能简单等同于对比文件 1 的模拟输入信号和数字输入信号之间的切换，合议组并不认同驳回决定中有关本申请与对比文件 1“两者都是通过简单的转换装置用来在两种不同模式之间进行切换，它们所能产生的效果、具有的功能应当是一致的”结论，相反，合议组认为，对比文件 1 并未给出技术启示将对比文件 1 中的开关装置用于混频振荡器级的输出端控制来达到控制混频振荡器级的对称模式和非对称模式，并且本领域普通技术人员在对比文件 1 的基础上不经过创造性劳动也无法得到权利要求 1 请求保护的技术方案，并且本申请取得的技术效果是得到了一种能够在对称模式和不对称模式之间切换的混频振荡器级，其也不同于对比文件 1 所取得的使数字和模拟信号能在同一放大器中得以处理的技术效果。综上所述，相对于对比文件 1，权利要求 1 所要保护的技术方案具备创造性，符合专利法第二十二条第三款的规定。

在权利要求1具备创造性的情况下，引用权利要求1的从属权利要求2~3也具备创造性。

独立权利要求4请求保护一种集成电路，其进一步限定的技术特征与权利要求1中限定的调谐器的技术特征相同，以上已经具体评述了权利要求1具备创造性理由，因此，与权利要求1具创造性的理由相同，权利要求4也是具备创造性的，符合专利法第二十二条第三款的规定。

基于上述理由，权利要求1~4符合专利法第二十二条第三款的规定。

三、决定

撤销国家知识产权局于2002年12月20日对99802554.2号发明专利申请作出的驳回决定。

由国家知识产权局原审实质查部门依据2002年11月4日提交的权利要求第1~4项及进入中国国家阶段时提交的国际申请文件的中文译文中的说明书第1~4页、说明书附图第1页、说明书摘要、摘要附图继续审查程序。

137

具有绕组间隙的鞍形偏转绕组案

复审请求审查决定（第8625号）

决　定　号　第8625号
决　定　日　2006年3月23日
发明创造名称　具有绕组间隙的鞍形偏转绕组
国际分类号　H01J 29/76
复审请求人　汤姆森管及展示有限公司
专利申请号　97181658.1
申　请　日　1997年12月19日
公　开　日　2000年2月23日
合议组组长　张　度
主　审　员　孙治国
参　审　员　崔哲勇

法律依据　专利法第二十二条第三款
决定要点

如果发明是其所属技术领域的技术人员在现有技术的基础上通过逻辑分析、推理或者有限的试验可以得到的，则该发明是显而易见的，也就不具有突出的实质性特点和显著的进步。

一、案由

本复审请求涉及申请号为97181658.1. 名称为“具有绕组间隙的鞍形偏转绕组”的发明专利申请，其申请日是1997年12月19日，优先权日为1996年12月20日和1997年5月2日，进入中国国家阶段的日期是1999年8月3日，申请人是汤姆森管及展示有限公司。

在实质审查过程中，实质审查部门于2002年7月26日发出第一次审查意见通知书，指出：权利要求1～15不具备专利法第二十二条第三款规定的创造性。其中引用的对比文件如下：对比文件1（EP0569079A，公开日为1993年11月10日）、对比文件2（EP0425747A，公开日为1991年5月8日）、对比文件3（EP0366196A，公开日为1990年5月2日）。

针对实质审查部门的第一次审查意见通知书，申请人于2003年2月10日提交了意见陈述书以及权利要求第1～15项的修改替换页共3页，在其意见陈述书中，申请人具体论述了权利要求1～15相对于审查员在第一次审查意见通知书中所引用的对比文件1～3具备创造性的理由：本发明涉及一种能够校正彗形变形、几何变形和颜色会聚变形的偏转装置，无需使用任何可能引起偏转线圈变热的磁或分路。权利要求1涉及绕组间隙26中的角部42的定位，权利要求1具体限定了角部42比绕组的后端线匝部分更接近荧光屏，相差的距离在窗口18的长度尺寸的10%之内，审查员所引的任何一篇对比文件或其任意组合都没有公开这种结构。权利要求9涉及绕组间隙26和21"的角部60和42的定位，其中鞍形绕组侧部之一中的第一（26）和第二（21"）绕组间隙影响互补的相对方向中的彗形抛物线误差，审查员所引的任何一篇对比文件或其任意组合都没有公开或暗示本发明这一方面的内容。而权利要求 13 涉及绕组间隙 26 的部分的定位，限定了校正电子束着陆误差的绕组间隙 26，形成一个区域，包括接近绕组的后端线匝部分的第一部分，以及一个比绕组窗口的后部离荧光屏远的较小的区段部分，审查员所引用的任何一篇对比文件或其任意组合都没有公开或建议上述特征。

实质审查部门于 2003 年 3 月 21 日发出了第二次审查意见通知书，其中指出：虽然申请人修改了权利要求 1 ~ 15 项，但修改后的权利要求 1 ~ 15 项仍然不具备专利法第二十二条第三款规定的创造性。

针对实质审查部门的第二次审查意见通知书，申请人于 2003 年 8 月 5 日提交了意见陈述书以及权利要求第 1 ~ 12 项的修改替换页共 2 页，其主要修改是删除了原权利要求 13 ~ 15。申请人在意见陈述书中强调：权利要求 1 中所限定的具体尺寸提供了所需的校正而无需磁性设备的帮助，对比文件 1 中没有教导也没有暗示这个目的。无论对比文件 1 或 2 都没有教导或公开本发明权利要求 9 所限定的，无需磁性设备的帮助就能实现校正。

2003 年 10 月 10 日，实质审查部门以本申请权利要求 1 ~ 12 不符合专利法第二十二条第三款为由驳回了本申请。

申请人（下称请求人）对上述驳回决定不服，于 2004 年 1 月 29 日向国家知识产权局专利复审委员会提出复审请求，同时还提交了权利要求书的修改替换页共 2 页（下称文本 1），其中权利要求 1 ~ 12 的内容如下：

“1. 一种视频显示偏转装置，包括：

鞍形的第一偏转线圈，所述第一偏转线圈产生偏转场，以使电子束沿阴极射线管显示荧光屏的第一轴扫描，所述第一偏转线圈包括形成一对侧边部分、接近所述荧光屏的前端线匝部分和接近所述管的电子枪的后端线匝部分的多个绕组线匝，所述侧边部分构成在其间无导线的绕组窗口，由所述前端线匝部分与所述后端线匝部分之间的距离限定该窗口的长度尺寸，至少一个所述侧边部分有用于校正电子束着屏误差的第一绕组间隙，所述第一绕组间隙在从接近所述后端线匝部分的约为所述窗口第一端的纵向坐标与更接近于所述荧光屏所述窗口的所述长度的 10% 的距离的纵向坐标之间的纵向坐标范围内选择的位置处有第一角部；

第二偏转线圈，用于使所述电子束沿所述荧光屏的第二轴扫描以形成光栅；和

可渗磁的磁芯，与所述第一和第二偏转线圈一起构成偏转系统。

2. 根据权利要求 1 所述的偏转装置，其特征在于：所述第一绕组间隙延伸到比所述窗口第一端距所述荧光屏更远的纵向坐标处。

3. 根据权利要求 1 所述的偏转装置，其特征在于：所述至少一个侧边部分包括第二绕组间隙，第二绕组间隙在一纵向坐标处有第二角部，所述纵向坐标距离所述前端线匝部分与后端线匝部分之间的所述窗口中心的纵向坐标比距离所述前端和后端线匝部分的每一个都更近。

4. 根据权利要求 3 所述的偏转装置，其特征在于：所述第二绕组间隙从所述窗口第二端的纵向坐标延伸到比所述窗口中心坐标距所述荧光屏更远的纵向坐标处。

5. 根据权利要求 3 所述的偏转装置，其特征在于：所述第一绕组间隙和第二绕组间隙产生在相反方向上且相互进行补偿的彗形抛物线误差的相应分量。

6. 根据权利要求 3 所述的偏转装置，其特征在于：所述一个侧边部分包括第一绕组线束和与所述第一绕组线束分开的第二绕组线束，第一绕组线束有所述第二角部并包括所述一个侧边部分的大部分绕组导线，第二绕组线束不包括第二角部，且构成所述绕组窗口的侧边边界。

7. 根据权利要求 6 所述的偏转装置，其特征在于：包括所述第二角部的所述第一绕组线束有在

零与30度角之间的导线绕组。

8. 根据权利要求3所述的偏转装置，其特征在于：所述第一和第二绕组间隙的每一个提供对会聚误差和彗形象差的校正。

9. 一种视频显示偏转装置，包括：

鞍形的第一偏转线圈，所述第一偏转线圈产生偏转场，以使电子束沿阴极射线管显示荧光屏的第一轴扫描，所述第一偏转线圈包括形成一对侧边部分、接近所述荧光屏的前端部分和接近所述管的电子枪的后端部分的多个绕组线匝，所述侧边部分构成在其间无导线的绕组窗口，所述窗口有在所述前端线匝部分与所述后端线匝部分之间延伸的长度尺寸，至少一个所述侧边部分包括一对分别有第一角部和第二角部的第一绕组间隙和第二绕组间隙，所述角部设置在所述前端线匝部分与所述后端线匝部分之间，用于影响在相反方向上的相互补偿的彗形抛物线误差；

第二偏转线圈，用于使所述电子束沿所述荧光屏的第二轴扫描以形成光栅；和

可渗磁的磁芯，与所述第一和第二偏转线圈一起构成偏转系统。

10. 根据权利要求9所述的偏转装置，其特征在于：所述绕组间隙的每一个正增加由所述第一偏转线圈产生的场的二次系数和四次系数。

11. 根据权利要求9所述的偏转装置，其特征在于：所述第一角部的位置选自一个纵向坐标范围，该纵向坐标范围从接近所述后端线匝部分的近似等于所述窗口第一端纵向坐标的纵向坐标延伸到更接近所述荧光屏约为所述窗口长度的10%的纵向坐标。

12. 根据权利要求9所述的偏转装置，其特征在于：所述第二角部的位置距离所述端部线匝部分之间的中心的纵向坐标比距离所述端部线匝部分中的一个更近。”

经形式审查合格，国家知识产权局专利复审委员会受理了上述复审请求，并于2004年2月23日发出了复审请求受理通知书和前置审查通知书。

在前置审查程序中，原实质审查部门坚持原驳回决定。其具体理由是：在对比文件1（EP0569079）的基础上，本领域技术人员在绕制线圈以得到第一绕组间隙时，必然会对角部的位置确定一定的取值范围，尽管其范围的大小会影响误差校正效果，但通过简单的调整试验就可以得到一个效果较好的取值范围，而且将该范围限定为10%并未产生意想不到的技术效果。

专利复审委员会依法成立合议组对本案进行复审，于2005年7月8日发出了复审通知书，在其中指出本申请权利要求1～12不符合专利法第二十二条第三款的规定，并且进一步告知请求人：“说明书第4页中并未对角部位置的取值范围进行说明，而且从上述说明书的内容也无法推出公式与角部位置之间的计算关系。因而，请求人认为角部位置的取值范围设定需经过复杂数学计算的复审理由不成立。”

请求人于2005年10月24日提交了对上述复审通知书的答复意见。请求人认为：权利要求1中具体记载了在绕组的侧部中的绕组间隙用于校正光束着屏误差，该绕组间隙在更接近于所述屏幕所述窗口的所述长度10%的距离的纵向坐标的位置处具有第一角部。这种设计提供了抛物线彗形误差校正。然而在对比文件1中根本没有教导如何校正抛物线彗形失真。因此，很显然在复审通知书中所建议的简单的试验不能得到权利要求1所给出的技术方案。请求人对于复审通知书中声称本领域技术人员可以修改对比文件1来确定该绕组间隙的角部位置的取值范围持有不同意见。对比文件1所涉及的是针对自会聚、线彗形象差的校正以及线象散建立枕形和桶状场。然而在对比文件1中没有做如何补偿抛物线彗形校正的尝试。即便本领域技术人员调整对比文件1中的各个销钉21、22、23、24、25、27、28、30、31、32，也不能获得本发明，因为对比文件1没有考虑抛物线彗形校正。对比文件1只考虑了自会聚、线彗形象差的校正以及线象散，本领域技术人员会调整对比文件1的销钉位置来优化

会聚、线彗形象差以及线象散，而不是抛物线彗形校正。对比文件 1 中没有提供任何对抛物线彗形校正进行补偿的教导。权利要求 1 符合专利法第二十二条第三款的规定。

对比文件 2 所考虑的只是会聚、水平彗形误差以及几何误差，没有考虑到彗形抛物线误差。而对于彗形误差的校正并不能影响到彗形抛物线误差。由于对比文件 1 和对比文件 2 均没有考虑到彗形抛物线误差的校正，因此权利要求 9 符合专利法第二十二条第三款的规定。

合议组在对本案进行进一步合议审查的基础上，认为本案事实清楚，可以作出如下复审请求审查决定。

二、决定的理由

请求人提出复审请求时提交的文本 1 符合专利法第三十三条和专利法实施细则第六十条的规定。因此本复审决定所依据的文本是：本申请于 2004 年 1 月 29 日提交的权利要求第 1 ~ 12 项，申请日提交的说明书第 1 ~ 10 页、附图第 1 ~ 7 页、摘要及摘要附图。

权利要求 1 ~ 12 不符合专利法第二十二条第三款有关创造性的规定，理由如下：

1. 权利要求 1 请求保护一种视频显示偏转装置，对比文件 1（EP0569079A1）公开了一种彩色显像管装置，其中（附图 1 – 2 及说明书第 4 栏第 3 行至第 5 栏第 58 行）包括行偏转线圈系统 11、11’（相当于权利要求 1 的第一偏转线圈），其安装在支撑件 8 内侧，产生偏转磁场，对电子束在行方向上进行偏转（相当于权利要求 1 中使电子束沿阴极射线管显示荧光屏的第一轴扫描），该行偏转线圈系统一对侧边部分和接近荧光屏的前端线匝部分和接近电子枪后端线匝部分的多个绕组线匝，所述侧边部分构成在其间无导线的中间部分（见销钉 27、28 中间的部分）（相当于权利要求 1 中的绕组窗口），该部分的长度由前端线匝部分与后端线匝部分的距离限定；一对侧边部分具有绕组间隙（见销钉 31 处的部分）（相当于权利要求 1 中的第一绕组间隙），该绕组间隙在接近后端线匝部分的无导线中间部分的一端与荧光屏之间有一角部，场偏转线圈系统 12、12’（相当于权利要求 1 的第二偏转线圈），其安装在支撑件 8 外侧，环形磁芯（相当于权利要求 1 的可导磁的磁芯）。由此可见，权利要求 1 请求保护的技术方案与对比文件 1 相比，其区别在于：所述第一绕组间隙在从接近所述后端线匝部分的约为所述窗口第一端的纵向坐标与更接近于所述荧光屏所述窗口的所述长度的 10% 的距离的纵向坐标之间的纵向坐标范围内选择的位置处有第一角部。本领域技术人员在绕制线圈以得到第一绕组间隙时，必然会对角部的位置确定一定的取值范围，尽管其范围的大小会影响误差校正效果，但通过简单的调整试验就可以得到一个效果较好的取值范围，而且将该范围限定为 10% 并未产生意想不到的技术效果。即，本发明权利要求 1 是其所属技术领域的技术人员在现有技术的基础上通过逻辑分析、推理或者有限的试验可以得到的，权利要求 1 的技术方案是显而易见的，不具有突出的实质性特点。因此，权利要求 1 请求保护的技术方案是容易想到的，其请求保护的技术方案不具有突出的实质性特点和显著的进步，不符合专利法第二十二条第三款有关创造性的规定。

2. 权利要求 2 是权利要求 1 的从属权利要求，其进一步限定的附加技术特征是：所述第一绕组间隙延伸到比所述窗口第一端坐标距所述荧光屏更远的纵向坐标处。对比文件 1 亦披露了这一技术特征（参见同上），同时，从图 2 中可以看到，销钉 31 处的绕组间隙的一端向远离荧光屏的方向延伸，因此，当权利要求 1 没有创造性时，权利要求 2 所要求保护的技术方案也不具备专利法第二十二条第三款所规定的创造性。

3. 权利要求 3 对权利要求 1 进一步限定的附加技术特征是：所述至少一个侧边部分包括第二绕组间隙，第二绕组间隙在一纵向坐标处有第二角部，所述纵向坐标距离所述前端线匝部分与后端线匝部分之间的所述窗口中心的纵向坐标比距离所述前端线匝部分和后端线匝部分的每一个更近。对比文件 1 亦披露了这一技术特征（参见同上），销钉 30 处形成的绕组间隙的角部更接近所述端部线匝部分之间的中心的纵向坐标，因此，当权利要求1没有创造性时，权利要求3所要求保护的技术方案也不具备专利法第二十二条第三款所规定的创造性。

4. 权利要求4是权利要求3的从属权利要求，其进一步限定的附加技术特征是：所述第二绕组间隙从所述窗口第二端的纵向坐标延伸到比所述窗口中心坐标距所述荧光屏更远的纵向坐标处。对比文件1亦披露了这一技术特征（参见同上），同时，从图2中可以看到，销钉30处的绕组间隙的一端向远离荧光屏并远离所述窗口中心坐标的方向延伸，因此，当权利要求3没有创造性时，权利要求4所要求保护的技术方案也不具备专利法第二十二条第三款所规定的创造性。

5. 权利要求5对权利要求3进一步限定的附加技术特征是：所述第一绕组间隙和第二绕组间隙产生在相反方向上且相互进行补偿的彗形抛物线误差的相应分量。对比文件2（EP0425747A1）披露了如下技术特征（参见附图3A－3D及第4栏第31行至第5栏第14行）：间隙100主要用来校正会聚误差，但亦可校正彗形误差，只是能力比间隙30弱，间隙30主要用来校正彗形误差，间隙20主要用来校正枕形失真。对于本领域普通技术人员而言，在对比文件1公开的内容的基础上，进一步结合对比文件2所公开的内容，将一个绕组间隙制成在一个方向上校正彗形误差，并将另一个绕组间隙制成在另一个方向上校正彗形误差，使其相互配合以校正彗形抛物线误差也是容易想到的，因此，当权利要求3没有创造性时，权利要求5所要求保护的技术方案也不具备专利法第二十二条第三款所规定的创造性。

6. 权利要求6对权利要求3进一步限定的附加技术特征是：所述一个侧边部分包括第一绕组线束和与第一绕组线束分开的第二绕组线束，第一绕组线束有所述第二角部并包括所述一个侧边部分的大部分绕组导线，第二绕组线束不包括第二角部，且构成所述绕组窗口的侧边边界。对比文件1亦披露了这一技术特征（参见同上），外部构成侧边的绕组线束包括第二角部，中间构成绕组窗口的绕组线束不包括第二角部，因此，当权利要求3没有创造性时，权利要求6所要求保护的技术方案也不具备专利法第二十二条第三款所规定的创造性。

7. 权利要求7对权利要求6进一步限定的附加技术特征是：包括所述第二角部的所述第一绕组线束有在零与30度之间的导线绕组。对比文件3（EP0366196A1）图4披露了上述技术特征，它们在对比文件3及在权利要求7中所起的作用相同，因此权利要求7请求保护的技术方案是容易想到的，权利要求7所要求保护的技术方案也不具备专利法第二十二条第三款所规定的创造性。

8. 权利要求8对权利要求3进一步限定的附加技术特征是：所述第一和第二绕组线间隙的每一个提供对会聚误差和彗形象差的校正。对比文件2披露了如下技术特征（参见同上）：线圈10的进口部分对彗形象差校正，中间部分对会聚误差校正，间隙100主要用来校正会聚误差，但亦可校正彗形误差，间隙30主要用来校正彗形误差，有此可知，绕组间隙可以对彗形象差和会聚误差同时校正，只是因其位置的不同而有所侧重，因此，当权利要求3没有创造性时，权利要求8也不具备专利法第二十二条第三款所规定的创造性。

9. 权利要求9请求保护一种视频显示偏转装置，对比文件1公开了一种彩色显像管装置，其中（附图1－2及第4栏第3行至第5栏第58行）包括行偏转线圈系统11、11’（相当于权利要求9的第一偏转线圈），其安装在支撑件8内侧，产生偏转磁场，对电子束在行方向上进行偏转（相当于权利要求9中使电子束沿阴极射线管显示荧光屏的第一轴扫描），该行偏转线圈系统一对侧边部分和接近荧光屏的前端线匝部分和接近电子枪后端线匝部分的多个绕组线匝，所述侧边部分构成在其间无导线的中间部分（见销钉27、28中的部分）（相当于权利要求9中的绕组窗口），该部分有在前端线匝部分与后端线匝部分之间延伸的长度；一对侧边部分具有绕组间隙（见销钉31的部分）（相当于权利要求9中的第一绕组间隙），在接近后端线匝部分的无导线中间部分的一端与荧光屏之间有前后两个角部，所述角部位于前端线匝部分和后端线匝部分之间，销钉 30 处的绕组间隙相当于权利要求 9 中的第二绕组间隙，场偏转线圈系统 12、12’（相当于权利要求 9 的第二偏转线圈），其安装在支撑件 8 外侧，环形磁芯（相当于权利要求 9 的可导磁的磁芯）。由此可见，权利要求 9 请求保护的技术方案与对比文件 1 相比，其区别在于：用于影响在相反方向上的相互补偿的彗形抛物线误差。对比文件 2 披露了这一个区别技术特征（参见附图 3A－3D 及第 4 栏第 31 行至第 5 栏第 14 行），其中，间隙 100 主要用来校正会聚误差，间隙 30 主要用来校正彗形误差，间隙 20 主要用来校正枕形失真，间隙 30 前后有两个角部，可在相反的方向上改变彗形误差，上述技术特征在对比文件 2 中所起的作用与在权利要求 9 中所起的作用相同，本领域普通技术人员可以从中获得将这些技术特征结合到对比文件 1 中以获得权利要求 9 请求保护的技术方案的启示，因此，权利要求 9 请求保护的技术方案是容易想到的，不具有突出的实质性特点和显著的进步，不符合专利法第二十二条第三款有关创造性的规定。

10. 权利要求 10 对权利要求 9 进一步限定的附加技术特征是：所述绕组间隙的每一个正增加由所述第一偏转线圈产生的场的二次系数和四次系数。对比文件 3（图 4）披露了绕组有在零与 30 度之间的导体绕组这一技术特征，当导线位于 0～30 度之间时，可以局部引入所有都为正的场的有意义的正二次系数以及场的正四次系数，其在对比文件 3 及在权利要求 10 中所起的作用相同，因此，当权利要求 9 没有创造性时，权利要求 10 所要求保护的技术方案也不具备专利法第二十二条第三款所规定的创造性。

11. 权利要求 11 对权利要求 9 进一步限定的附加技术特征是：所述第一角部的位置选自一个纵向坐标范围，该纵向坐标范围从接近所述后端线匝部分的近似等于所述窗口第一端纵向坐标的纵向坐标延伸到更接近所述荧光屏约为所述窗口长度的 10% 的纵向坐标。本领域技术人员在绕制线圈以得到第一绕组间隙时，必然会对角部的位置确定一定的取值范围，尽管其范围的大小会影响误差校正效果，但通过简单调整试验就可以得到一个效果较好的取值范围，而且将该范围限定为 10% 并未产生意想不到的技术效果；因此，当权利要求 9 没有创造性时，权利要求 11 请求保护的技术方案不具备突出的实质性特点和显著的进步，不符合专利法第二十二条第三款有关创造性的规定。

12. 权利要求 12 对权利要求 9 进一步限定的附加技术特征是：所述第二角部的位置距离所述端部线匝部分之间的中心的纵向坐标比距离所述端部线匝部分中的一个更接近。对比文件 1 亦披露了这一技术特征（参见同上），销钉 30 处形成的绕组间隙的角部更接近所述端部线匝部分之间的中心的纵向坐标，因此，当权利要求 9 没有创造性时，权利要求 12 所要求保护的技术方案也不具备专利法第二十二条第三款所规定的创造性。

对于复审请求人在答复复审通知书时的意见，合议组认为：本发明专利申请公开说明书第 5 页第 2 段中已经明确指出“由于该控制电子束会聚的方法引入了大的彗形抛物线误差，因而必须如后面所要说明的那样校正该彗形抛物线误差”。即，在校正会聚、线彗形象差以及线象散后，客观上就会引入大的彗形抛物线误差。正如请求人在答复复审通知书中所述的，对比文件 1 所涉及的是针对自会聚、线彗形象差的校正以及线象散建立枕形和桶状场，在客观上必然会引入大的彗形抛物线误差，对比文件 1 已经给出了对彗形抛物线误差进行补偿的教导。而在实施对比文件 1 的技术方案时，客观上需要解决这一技术问题，此时本领域技术人员无需花费创造性的劳动就会想到通过有限次的试验来调整角部的位置而进一步补偿彗形抛物线误差。即，本发明是其所属技术领域的技术人员在现有技术的基础上通过逻辑分析、推理或者有限的试验可以得到的，本发明是显而易见的，不具有突出的实质性特点和显著的进步。请求人在答复复审通知书时的理由是不能成立的。

综上所述，合议组认为原驳回决定认定事实清楚，适用法律正确，请求人的复审理由不成立。

三、决定

维持国家知识产权局于2003年10月10日对97181658.1号发明专利申请所作出的驳回决定。

当事人对本决定不服的，可以根据专利法第四十一条第二款的规定，自收到本决定之日起三个月内向北京市第一中级人民法院起诉。

138

手持涡轮动力吸尘器吸咀案

复审请求审查决定（第8631号）

决　定　号　第8631号
决　定　日　2006年6月1日
发明创造名称　手持涡轮动力吸尘器吸咀
国际分类号　A47L 9/02
复审请求人　真空吸尘器公司
申　请　号　97108741.5
申　请　日　1997年12月19日
公　开　日　1999年4月28日
合议组组长　聂春艳
主　审　员　翁晓君
参　审　员　左　一

法律依据　专利法第三十三条
决定要点

对权利要求的修改，无论增加还是减少技术特征，所形成的新的技术方案如果能够从原说明书中公开的内容直接或者概括得出，则该修改并未超出原申请文本所记载的范围。

一、案由

本复审请求案涉及申请日为1997年12月19日、公开日为1999年4月28日、发明名称为“手持涡轮动力吸尘器吸咀”的97108741.5号发明专利申请（下称本申请），申请人为真空吸尘器公司。

在本申请的实质审查程序中，国家知识产权局实质审查部门于2002年10月11日发出了第一次审查意见通知书，其中针对的权利要求书（下称文本1）为申请人于1999年8月5日提交的，其中的独立权利要求1的内容如下：

“1. 一种具有至少一个动力刷的小型手持吸尘器吸咀包括：

一个清洁液喷洒器，

一个吸管，吸尘器吸咀安装在其一端上，

吸口附近的至少一个绕垂直轴转动的擦洗刷，

一个位于擦洗刷和管子之间的气动涡轮，该涡轮具有至少一个与周围大气联通的涡轮入口，和一个与吸管联通的涡轮出口；和

齿轮系驱动地将刷子和涡轮连接在一起。”

审查员在第一次审查意见通知书中指出：独立权利要求11、16、21、25、31分别与独立权利要求1之间不具有单一性，不符合专利法第三十一条第一款的规定。同时指出权利要求11、15、26不符合专利法第二十六条第四款的规定，权利要求1~3、6、8~11、14~16、18、20~25、29、31、35

~38、42 不符合专利法实施细则第二十条至第二十三条的规定，说明书的撰写不符合专利法实施细则第十八条的规定。

申请人于 2003 年 2 月 14 日提交了针对第一次审查意见通知书的意见陈述书及权利要求书全文和说明书第 3 页的修改替换页。其中修改后的权利要求书（下称文本 2）中的独立权利要求 1 的内容如下：

"1. 一种手持吸尘器吸咀包括：

一个吸管，吸口安装在其一端上，

其特征在于：一个位于一个搅动器和吸管之间的气动涡轮，该涡轮具有至少一个与周围大气联通的涡轮入口，和一个与吸管连通的涡轮出口；和

涡轮可驱动地与搅动器连接在一起。"

在该意见陈述书中，申请人认为已经按照审查员的要求删去了不具有单一性的独立权利要求 11、16、21、25、31，并保留了原权利要求 1，同时克服了审查员指出的权利要求书和说明书中的其他缺陷。

实质审查部门继续对本申请进行实质审查，并于 2003 年 6 月 27 日发出第二次审查意见通知书，其中指出申请人将文本 1 中的独立权利要求 1 修改成了文本 2 中的独立权利要求 1，但修改后的技术方案不同于原来公开的吸尘器吸咀，存在实质性的区别，不能由原说明书和权利要求书所记载的内容直接导出，超出了原权利要求书和说明书的记载范围，不符合专利法第三十三条的规定；同时指出权利要求 4、5、11、13、19 的技术方案中存在不清楚之处，不符合专利法实施细则第二十条第一款的规定。

申请人于 2003 年 8 月 21 日提交了针对第二次审查意见通知书的意见陈述书及权利要求书的全文修改替换页（下称文本 3），其中文本 3 中的独立权利要求 1 与文本 2 中的独立权利要求 1 完全相同，同时申请人根据审查员的第二次审查意见对文本 2 中的权利要求 4、5、11、13、19 进行了修改。申请人在意见陈述书中指出：本申请的原权利要求书包含了多个与原优选实施例相对应的多个独立权利要求，为了保护这些实施例而又克服单一性问题，故申请人在答复第一次审查意见时修改了权利要求书，其中修改后的权利要求 1 并不是指一个优选实施例而是本申请的发明中的一个保护范围较宽的实施例，而且该权利要求 1 中已包含了实施本发明的必要的技术特征，因此这样的修改并未超出原申请文本公开的范围。

国家知识产权局实质审查部门于 2004 年 7 月 9 日驳回了本申请，其理由是：申请人从独立权利要求 1 中删除了在原申请中明确认定为本发明所必要的技术特征，即技术特征"吸尘器吸咀包括一个位于擦洗刷和管子之间的气动涡轮，涡轮通过齿轮系的传动，驱动绕垂直轴旋转的擦洗刷"，使得修改后的技术方案不同于原来公开的吸尘器吸咀，有实质性的区别，不能由原说明书和权利要求书所记载的内容直接导出，超出了原权利要求书和说明书的记载范围，不符合专利法第三十三条的规定。驳回决定所针对的文本是：申请人于 2003 年 8 月 21 日提交的权利要求第 1 ~20 项，1997 年 12 月 19 日提交的说明书第 1、2、4 ~9 页、附图第 1 ~4 页、说明书摘要及摘要附图，2003 年 2 月 14 日提交的说明书第 3 页。

申请人真空吸尘器公司（下称请求人）对上述驳回决定不服，于 2004 年 10 月 25 日向专利复审委员会提出复审请求，并提交了权利要求书的全文替换页（下称文本 4），其中文本 4 与文本 3 的内容完全相同。请求人指出，权利要求书中限定的技术特征已经公开在原说明书和权利要求书中，尽管有些特征不同于原权利要求书，但已公开在原说明书中或可从原说明书导出，因此该权利要求书符合专利法第三十三条的规定。

经形式审查合格后，专利复审委员会受理了该复审请求，于2004年11月16日向请求人发出了复审请求受理通知书，并向原实质审查部门发出了前置审查通知书。

在前置审查意见书中，国家知识产权局原实质审查部门坚持原驳回决定。

专利复审委员会依法成立合议组，对本复审请求案进行审查。合议组于2006年3月13日发出复审通知书，审查意见主要包括：

1. 在权利要求1中记载了技术特征“搅动器”，但是在说明书所记载的多个实施例中，只公开了擦洗刷，而并没有公开其他类型的搅动器也能适用于该种吸尘器吸咀，并且所属技术领域的普通技术人员也难于从该实施例中推导出擦洗刷之外的其他搅动器也适用于本申请所述技术方案，所以从本申请所记载的多个实施例中并不能概括得出该吸尘器吸咀包括搅动器，而只能是包括实施例中所记载的擦洗刷，因此将权利要求1中的“擦洗刷”修改为“搅动器”超出了原权利要求书和说明书所记载的范围，不符合专利法第三十三条的规定。

2. 在权利要求1中记载了技术特征：“涡轮可驱动地与搅动器连接在一起”，但是在说明书所记载的多个实施例中，仅仅公开了使用齿轮系来驱动地将刷子和涡轮连接在一起，而并没有公开其他类型的驱动装置也能适用于该种吸尘器吸咀，并且所属技术领域的普通技术人员也难于从实施例中推导出齿轮系驱动之外的其他驱动类型也适用于本申请所述技术方案，所以从本申请所记载的多个实施例中并不能概括得出“涡轮可驱动地与搅动器连接在一起”，而只能是使用齿轮系将刷子和涡轮连接在一起，因此将权利要求1中的“齿轮系驱动地将刷子和涡轮连接在一起”修改为“涡轮可驱动地与搅动器连接在一起”超出了原权利要求书和说明书所记载的范围，不符合专利法第三十三条的规定。

请求人于2006年4月28日提交了针对上述复审通知书的意见陈述书及权利要求书的全文替换页。其中修改后的权利要求书（下称文本5）中的独立权利要求1的内容如下：

“1. 一种手持吸尘器吸咀包括：

吸管，吸口安装在其一端上，

其特征在于：位于擦洗刷和吸管之间的气动涡轮，该涡轮具有至少一个与周围大气联通的涡轮入口，和与吸管连通的涡轮出口；和

齿轮系，其驱动地将擦洗刷和涡轮连接在一起。”

请求人指出：按照复审通知书的要求，将权利要求1中的技术特征“搅动器”修改为“擦洗刷”，将技术特征“涡轮可驱动地与搅动器连接在一起”修改为“齿轮系，其驱动地将擦洗刷和涡轮连接在一起”，因此修改后的权利要求1符合专利法第三十三条的规定。

至此，合议组认为本案事实已经清楚，依法作出审查决定。

二、决定的理由

1. 审查基础

合议组审查了请求人于2006年4月28日提交的权利要求书全文替换页，上述文本5未超出原说明书和权利要求书记载的范围，符合专利法第三十三条专利法和实施细则第六十条的规定，因此本复审决定所依据的文本为：请求人于2006年4月28日提交的权利要求第1~19项，1997年12月19日提交的说明书第1、2、4~9页、说明书附图第1~4页、说明书摘要和摘要附图，以及2003年2月14日提交的说明书第3页。

2. 关于专利法第三十三条

专利法第三十三条规定：“申请人可以对其专利申请文件进行修改，但是，对发明专利申请文件的修改不得超出原说明书和权利要求书记载的范围。”对权利要求的修改，无论增加还是减少技术特征，所形成的新的技术方案如果能够从原说明书中公开的内容直接或者概括得出，则该修改并未超出

原申请文本所记载的范围。

本申请的原始权利要求书包含了多个与说明书优选实施例相对应的多个独立权利要求，并且由于该权利要求书中存在单一性的问题，所以请求人对权利要求书进行了修改。请求人提交的文本5中的独立权利要求1并不对应某一个优选实施例，而是对原说明书所公开的多个实施例的重新概括，而且该权利要求1所要求保护的技术方案已经包含了实施本申请所必要的全部技术特征。并且在请求人提交的文本5中，请求人将权利要求1中的技术特征“搅动器”修改为“擦洗刷”，将技术特征“涡轮可驱动地与搅动器连接在一起”修改为“齿轮系，其驱动地将擦洗刷和涡轮连接在一起”，即已经克服了原驳回决定和复审通知书所指出的不符合专利法第三十三条规定的缺陷。

基于上述理由，合议组认为本申请已经符合专利法第三十三条的规定，故在修改文本基础上撤销原驳回决定。

至于本申请中是否还存在其他的缺陷，有待于后续程序进一步审查。

三、决定

撤销国家知识产权局于2004年7月9日作出的驳回第97108741.5号发明专利申请的决定，由原审查部门以请求人于2006年4月28日提交的权利要求第1~19项，1997年12月19日提交的说明书第1、2、4~9页、说明书附图第1~4页、说明书摘要和摘要附图，以及2003年2月14日提交的说明书第3页为基础继续进行审批程序。

139

带具有整体型风扇的外部转子的由微处理机控制的单相电动机案

复审请求审查决定（第8654号）

决　定　号　第8654号

决　定　日　2006年6月23日

发明创造名称　带具有整体型风扇的外部转子的由微处理机控制的单相电动机

国际分类号　H02P 6/08　H02P 6/20

复审请求人　通用电气公司

申　请　号　00800400.5

申　请　日　2000年3月27日

公　开　日　2001年5月30日

合议组组长　张　度

主　审　员　周雷鸣

参　审　员　孙克良

法律依据　专利法第二十六条第四款

决定要点

通过修改权利要求书，使该权利要求书得到了说明书的支持，该申请的权利要求书符合专利法第二十六条第四款的规定。

一、案由

本复审请求涉及国家知识产权局于2005年4月22日驳回的、名称为“带具有整体型风扇的外部转子的由微处理机控制的单相电动机”的发明专利申请（下称本申请），其申请号为00800400.5，申请日为2000年3月27日，优先权日为1999年3月25日，申请人为通用电气公司。

国家知识产权局实质审查部门于2004年5月14日发出第一次审查意见通知书，指出：原始申请文件的权利要求4～6、8、10、14、15、17～19、23不符合专利法第二十六条第四款的规定，权利要求第1～3、9、13、16、20～22不符合专利法第二十二条第三款的规定，权利要求第2、7、9、11、13、19～21不符合专利法第三十一条第一款的规定，权利要求第3、4、7、11、12、22不符合专利法第二十条第一款的规定，说明书不符合专利法实施细则第十八条的规定。

针对第一次审查意见通知书，申请人于2004年9月23日提交了意见陈述书和权利要求书第1～6页、说明书第1～19页及说明书附图第12页的替换页，其陈述的理由是：新修改的权利要求1～22是清楚的，并且相对于对比文件具备创造性，同时符合单一性的规定；新的说明书符合专利法实施细则第十八条的规定。

国家知识产权局实质审查部门于2004年11月19日发出第二次审查意见通知书，指出：新修改的权利要求1、8、9、14.15、17、22不符合专利法第二十六条第四款的规定，权利要求第5、6、20、21不符合专利法第二十二条第三款的规定，权利要求第1、5、10、12、13、19~22不符合专利法第三十一条第一款的规定，权利要求第1、3、6、10、13、15不符合专利法实施细则第二十条第一款的规定。

针对第二次审查意见通知书，申请人于2005年2月2日提交了意见陈述书和权利要求书第1~4页的替换页，其陈述的理由是：将多个独立权利要求修改为从属于权利要求1的从属权利要求，只保留独立权利要求1和22，权利要求1~4、8、9、22都得到说明书支持，因此克服了通知书中指出的缺陷。其中权利要求1的内容是：

“1. 一种电动机，包括：

一具有一单相绕组的定子；

一电源开关电路，具有可选择地将直流电源接到该单相绕组的电源开关；

一个相对所述定子为磁耦合的永久磁铁转子；

一在上述定子上的位置传感器，用来感知所述转子的位置并提供表示探测到的位置的位置信号；

一个包括一微处理器的控制电路，可对所述的位置信号作出响应，并连接到上述电源开关电路，用来以上述位置信号为函数，可选择地换向电源开关，以对该单相绕组换向；

所述控制电路被编程，使得电动机可选择地避免永久磁铁转子的转动速度在发生谐振而导致振动增大的一预定范围工作。”

国家知识产权局实质审查部门于2005年4月22日发出驳回决定，驳回决定所依据的文本是：申请人于2004年9月23日提交的说明书第1~19页、说明书附图第16页，2005年2月2日提交的权利要求第1~22项，2000年11月24日提交的说明书附图1~15、17~22页和说明书摘要及摘要附图；驳回决定的理由是：权利要求1中技术特征“所述控制电路被编程，使得电动机可选择地避免……导致振动增大的一预定范围工作”使用功能性技术特征，概括了一个较宽的保护范围，依据本申请文件记载的内容，本领域的技术人员难于预见该功能性特征所概括的除本申请实施方式之外的所有方式均能解决其技术问题，导致权利要求1得不到说明书支持，不符合专利法第二十六条第四款的规定；本申请是通过对微处理器或者控制电路进行特定的编程来实现电动机可选择性地避免永久磁铁转子的转动速度在发生谐振而导致振动增大的一预定范围工作，并不是对微处理器或者控制电路进行的所有编程都可以达到上述功能；而且本申请的说明书中是对微处理器或者电动机的操作进行的特定编程，而不是对控制电路编程，控制电路应该由具体的结构特征来限定等。

申请人（下称复审请求人）对该驳回决定不服，于2005年8月5日提交了复审请求书和权利要求第1~4页的替换页，复审的理由是新修改的权利要求1克服了驳回决定所指出的缺陷，权利要求1的内容是：

“1. 一种电动机，包括：

一具有一单相绕组的定子；

一电源开关电路，具有可选择地将直流电源接到该单相绕组的电源开关；

一个相对所述定子为磁耦合的永久磁铁转子；

一在上述定子上的位置传感器，用来感知所述转子的位置并提供表示探测到的位置信号；

一个包括一微处理器的控制电路，可对所述的位置信号作出响应，并连接到上述电源开关电路，用来以上述位置信号为函数，可选择地换向电源开关，以对该单相绕组换向；

所述控制电路控制所述的电动机，使得电动机可选择性地避免永久磁铁转子的转动速度在发生谐振而导致振动增大的一预定范围工作。”

经形式审查合格，专利复审委员会于2005年9月6日向复审请求人发出复审请求受理通知书并向实质审查部门发出前置审查通知书。

在前置审查程序中，国家知识产权局实质审查部门仍坚持原驳回决定。

在此基础上，专利复审委员会依法成立合议组对本案进行审查，并于2006年3月14日发出了复审通知书，其中指出：权利要求1特征“所述控制电路控制所述的电动机，使得电动机可选择性地避免永久磁铁转子的转动速度在发生谐振而导致振动增大的一预定范围工作”中涉及的所述控制电路没有用具体的结构特征或方法特征来限定，而是使用了功能性限定，覆盖了实现电动机可选择性地避免永久磁铁转子的转动速度在发生谐振而导致振动增大的一预定范围工作功能的所有电动机控制电路，因此上述功能性技术特征概括了一个较宽的保护范围，而本申请是通过微处理器进行特定的编程使用特定的控制方法来实现电动机可选择性地避免永久磁铁转子的转动速度在发生谐振而导致振动增大的一预定范围工作，依据本申请文件记载的内容，所属技术领域的技术人员难于预见该功能性特征所概括的除本申请实施例之外的所有方式均能达到本申请的目的，权利要求1所请求保护的技术方案范围超出了说明书记载的内容，权利要求1不符合专利法第二十六条第四款的规定。

复审请求人在2006年4月29日提交了意见陈述书和权利要求书第1~22项的替换页，意见陈述书中的主要内容是：将权利要求中功能性限定的技术特征删除，并增加了新的技术特征等。其中权利要求1的内容是：

“1. 一种电动机，包括：

一具有一单相绕组的定子；

一电源开关电路，具有可选择地将直流电源接到该单相绕组的电源开关；

一个相对所述定子为磁耦合的永久磁铁转子；

一在上述定子上的位置传感器，用来感知所述转子的位置并提供表示探测到的位置的位置信号；

一个包括一微处理器的控制电路，可对所述的位置信号作出响应，并连接到上述电源开关电路，用来以上述位置信号为函数，可选择地换向电源开关，以对该单相绕组换向；

所述微处理器被编程并以不同的速率来换向所述开关，但排除至少一个对应于会引起谐振的速率。”

经合议，合议组认为本案事实清楚，依法作出本复审请求审查决定。

二、决定的理由

1. 依据文本

复审请求人在答复复审通知书时提交的修改文件符合专利法第三十三条和专利法实施细则第六十条一款的规定，因此本复审决定依据的文本是复审请求人2004年9月23日提交的说明书第1~19页、说明书附图第12页，2006年4月29日提交的权利要求第1~22项，2000年11月24日提交的说明书附图1~11、13~22页和说明书摘要及摘要附图。

2. 关于驳回文本

在实质审查过程中，作出驳回决定应当遵守法定程序。本驳回决定依据的文本将复审请求人于2004年9月23日提交的说明书附图第12页的替换页误写为附图第16页，但鉴于替换页中的附图与被替换的附图表达的内容基本一致，对审查权利要求1是否符合专利法第二十六条第四款的规定没有造成影响，因此合议组继续对实体内容进行了审查。

3. 关于权利要求1

专利法第二十六条第四款规定，权利要求书应当以说明书为依据，说明要求专利保护的范围。权利要求书应当以说明书为依据，是指权利要求应当得到说明书的支持。权利要求通常由公开的一个或者多个实施例概括而成。对于概括是否适当的判断，应当以说明书的全部内容为基础，而不是仅限于具体实施例部分的内容，并且还要参照相关的现有技术。

本申请的目的是：提供一种可编程的且构件少的微处理器控制的单向电机，提供一种采用结构简单、成本低及可靠的电源开关网络的微处理器控制的单向电动机等；本申请所采用的技术手段是：由直流电源驱动的电动机包括单相绕组的定子和永久磁铁转子、可选择地将直流电源接到单相绕组的电源开关的电源开关电路、感知转子位置并提供位置信号的位置传感器、对位置信号作出响应并用该位置信号为函数以及可选择地换向电源开关以对该单相绕组换向的微处理器的控制电路、以不同的速率来换向开关的被编程的微处理器等。其中权利要求 1 的技术特征“微处理器被编程并以不同的速率来换向所述开关，但排除至少一个对应于会引起谐振的速率“是编程的处理器以不同的速率来控制换向开关，并对速率进行了限定，说明书第 14、15 页”微处理器 514 可以以可变速率对开关进行换向……相当接近公差时”等对上述技术特征进行了具体说明；并且在说明书中已经清楚的描述了：微处理器的控制电路可对位置传感器的位置信号作出响应，并连接到上述电源开关电路，用来以上述位置信号为函数，可选择地换向电源开关，说明书和附图中对整个技术方案进行了详细的说明；权利要求 1 符合专利法第二十六条第四款的规定。

合议组认为：权利要求 1 中删除了驳回决定中指出的功能性限定的技术特征“所述控制电路被编程，使得电动机可选择地避免永久磁铁转子的转动速度在发生谐振而导致振动增大的一预定范围工作”，补入技术特征“所述微处理器被编程并以不同的速率来换向所述开关，但排除至少一个对应于会引起谐振的速率”，因此权利要求 1 的技术方案具体描述了各个组成部分及其各组成部分之间的关系，根据本申请说明书及其附图以及现有技术可以明确认定权利要求 1 对直流电源驱动的电动机技术方案的限定得到了说明书的支持，因此权利要求 1 克服了驳回决定指出的权利要求 1 不符合专利法第二十六条第四款规定的缺陷。

综上所述，合议组认为本申请的权利要求 1 符合专利法第二十六条第四款的规定，在这种情况下，请求人提出的复审请求的理由成立。原审查部门应当在本决定的基础上，对本申请继续进行审查。

根据上述事实和理由，本案合议组作出如下决定。

三、决定

撤消国家知识产权局于 2005 年 4 月 22 日作出的驳回决定。

由国家知识产权局原实质审查部门以复审请求人于 2004 年 9 月 23 日提交的说明书第 1 ~ 19 页、说明书附图第 12 页，2006 年 4 月 29 日提交的权利要求第 1 ~ 22 项，2000 年 11 月 24 日提交的说明书附图 1 ~ 11、13 ~ 22 页和说明书摘要及摘要附图基础继续审查程序。

140

超导能源输出机案

复审请求审查决定（第8657号）

决　定　号 第8657号
决　定　日 2006年3月23日
发明创造名称 超导能源输出机
国 际 分 类 号 H02K 55/00　H02K 53/00
复 审 请 求 人 高　步
申　请　号 00101727.6
申　请　日 2000年1月17日
公　开　日 2000年6月21日
合 议 组 组 长 张美菊
主　审　员 周雷鸣
参　审　员 骆素芳

法 律 依 据 专利法第三十三条、第二十二条第四款
决 定 要 点

如果说明书中增加的内容不能够从原始说明书和权利要求书的记载中唯一地、毫无疑义地得到，则修改后的说明书不符合专利法第三十三条的规定。

如果一部机器或机构在向其输入初始能量后，就无需外界能量而能够不停的运转下去，且在运转过程中所产生的能量大于其输入的能量，则违反了能量守恒定律，从而不符合中国专利法第二十二条第四款规定的实用性。

一、案由

本专利申请复审请求涉及申请号为00101727.6，名称为“超导能源输出机”的发明专利申请（下称本申请），其申请日为2000年1月17日，申请人为高步。

国家知识产权局实质审查部门于2004年2月13日发出了第一次审查意见通知书，指出原始申请文件的说明书和权利要求1不符合专利法第二十二条第四款有关实用性的规定。

针对第一次审查意见通知书，申请人于2004年4月26日提交了意见陈述书和说明书摘要、说明书、权利要求书的替换页及其修改页等，其中的主要理由是：超导能源输出机是利用了永久磁体、超导板、超导开关等特性，使用一个小能量线圈将大能量永久磁场叠加进储能闭合回路线圈内，没有违反和超出能量守恒定律等。

申请人于2004年6月13日提交了意见陈述书，重申了超导能源输出机没有违反和超出能量守恒定律等。

国家知识产权局实质审查部门于2004年9月3日以本申请说明书和权利要求1不符合专利法第二十二条第四款为由驳回了本申请，其中驳回的理由是：本申请的技术方案中超导板处于失超状态

时，电流流过正常态导体会产生焦耳热的损耗，而且位于随时间突变的磁场中的超导板会产生电磁损耗，当系统处于失超态时，说明书中所述的“所存储的磁能无损耗地持久保存、在闭合回路2中有一个不衰减的永久电流持续的流着”是无法实现的，本申请说明书和权利要求中描述的技术方案违背了能量守恒定律，不符合专利法第二十二条第四款的规定。

申请人（下称复审请求人）对驳回决定不服，于2004年12月3日向国家知识产权局专利复审委员会提交了复审请求书及其附件，其复审的主要理由是：本申请既没有违反能量守恒定律，又可以用输入一个小能量，就可对外输出大能量。

专利复审委员会于2005年1月18日发出了复审请求受理通知书和前置审查通知书。

在前置审查程序中，国家知识产权局实质审查部门仍坚持原驳回决定。

在此基础上，专利复审委员会依法成立合议组对本案进行复审，并于2005年9月28日发出了复审通知书，认为：复审请求人于2004年4月26日提交的说明书第1、2页增加的内容“在已公开的发明专利，申请号9910115、4中在三个超导磁体一面……反复失超与恢复超导态后，磁体内磁能就不可能减少。”说明书第2、3页增加的内容“本发明的好处是……可以随时提取的能源”和说明书第3、4页增加的内容“在已公开的中华人民共和国……储存的能量就消耗在外部负载上，向外界输出能量。”是不能从原说明书（包括附图）和/或权利要求书中直接明确地导出也不能由所属技术领域技术人员的常识直接获得的信息，因此说明书不符合专利法第三十三条规定。2004年4月26日提交的权利要求1的技术方案是基于原始申请文件所记载，该权利要求1与原始申请文件所反映的整体技术主题是超导能源输出机在一个超导线圈中通入小电能，就可以在另外两个线圈中产生比通入电能大的电能，这对超导能源输出机来说，实际上是一种要求能量输出大于输入的机器，这明显不符合能量守恒定律，不符合专利法第二十二条第四款的规定。

复审请求人于2005年11月7日针对复审通知书提交了意见陈述书及其附件，其中附件有复审意见陈述书2页、2001017276意见陈述书2页、复审请求人撰写的四种超导能源输出机理论9页及其附图1页、诺贝尔物理奖推荐书复印件1页、中国科学院试验报告复印件2页，其主要观点是：① 能量守恒定律在确立时就是错误的；② 30MJ超导储能体对铁芯做功，能够突破能量守恒定律及质量守恒定律，超导能源输出机磁通泵式能量放大装置，叠加磁场型、无可动部分移动磁场磁通泵利用超导临界磁场开关特性可以突破能量守恒定律；③ 本申请已经得到鞍山市现代工程技术研究院论证，并推荐申请了2005年诺贝尔物理奖及诺贝尔化学奖。

至此，本案事实已经清楚，合议组经过合议，作出如下决定。

二、决定的理由

1. 依据文本

由于复审请求人在答复复审通知书时没有提交新的修改文本，本决定所针对的文本是复审请求人于2004年4月26日提交的权利要求第1项、说明书第1~4页、说明书摘要，2000年1月17日提交的说明书附图第1~3页和摘要附图。

2. 关于超范围的问题

据专利法第三十三条规定，申请人可以对其专利申请文件进行修改，但是，对发明专利申请文件的修改不得超出原说明书和权利要求书记载的范围。

修改的专利文件是否超出原说明书和权利要求书的记载范围，是将修改后的文本与原始提交的说明书（及其附图）和权利要求书进行比较，找出增加、改动或删除的内容，如果这些增加、改动或删除后的内容与原始的申请文件中明确记载的内容一致或者这些增加、改动或删除后的内容能够从原始的申请文件中直接地、毫无疑义地导出，则这种修改没有超出原说明书和权利要求书的记载范围；

否则，这种修改超出原说明书和权利要求书的记载范围。

复审请求人2004年4月26日提交的说明书第1、2页中增加的内容“在已公开的发明专利，申请号9910115、4中在三个超导磁体一面……反复失超与恢复超导态后，磁体内磁能就不可能减少。”说明书第2、3页增加的内容“本发明的好处是……可以随时提取的能源”和说明书第3、4页增加的内容“在已公开的中华人民共和国……储存的能量就消耗在外部负载上，向外界输出能量。”是不能从原说明书（包括附图）和权利要求书中直接明确地导出也不能由所属技术领域技术人员的常识直接获得，因此说明书不符合专利法第三十三条规定。

3. 关于本申请实用性问题

专利法第二十二条第四款规定的实用性是指该发明或者实用新型能够制造或者使用，并且能够产生积极效果。

本申请的权利要求1所反映的整体技术主题是超导能源输出机，该能源输出机包括发电部分、储能线圈、释能部分，其中发电部分和储能线圈连接，储能部分和释能部分连接，发电部分中两个超导板中间有三个超导体三相半波整流线圈，线圈内有永磁体，超导板与超导储能线圈连接；根据原申请文件的记载，该能源输出机的工作原理是：永磁体所产生的磁场小于超导板失超磁场，超导线圈产生磁场接三相半波整流电源产生磁场与永磁体产生的磁场依次叠加进到超导板与超导储能线圈的闭合回路内，超导板依次失超和恢复超导态，由一个线圈产生的磁场依次进入到另外两个线圈的闭合回路中，这样只需要外界送一个小电能就可以对外界输出一个大电能。

合议组认为，人类在长期征服自然的过程中，发明了各种装置，这些装置在工作中都是进行各种能量间的转换，这些能量的转换是服从热力学第一定律即能量守恒与转换定律的。能量守恒定律是自然科学中最重要、最普遍的定律。能量守恒定律告诉我们，机器所做的功必定是由某一种或数种能量转化来的，机器只能转换能量，不能创造能量。能量不能自行消灭和创生，宇宙中总的能量不变。而本申请权利要求1中的超导能源输出机利用永磁体以及超导体超导和失超的特性，在一个超导线圈中通入小电能，就可以在另外两个线圈中产生比通入电能大的电能，这对超导能源输出机来说，实际上是一种要求能量输出大于输入的机器，这明显违背了能量守恒定律，违背自然规律的技术方案是不能实施的，因此该权利要求1的技术方案不具有实用性，不符合专利法第二十二条第四款的规定。

关于复审请求人的理由，本案合议组认为，一项技术发明必须符合一定的基本科学原理，具有普遍性和可检验性，经得起按照最基本的科学方法进行的测试和鉴定，违背自然规律的发明专利不具有实用性；虽然复审请求人在意见陈述书中列举了能够突破能量守恒的四种超导能源输出机和推荐与本申请相关的30MJ超导储能磁体对铁芯做功装置申请诺贝尔物理奖的推荐书复印件以及中国科学院试验报告复印件，但是中国科学院的试验报告仅仅是分别针对铌管和铌箔卷筒超导特性测试的报告，而不是对本申请超导能源输出机所做的测试报告，因而该报告与本申请具有实用性之间不具有关联性；该推荐书是一个地方研究院对申请号为01117967.8的超导能源输出机申请诺贝尔物理奖的推荐书，推荐书中提出了与本申请名称相同的装置，但是没有说明推荐书中装置的结构和工作原理，因而无法认定推荐书中的装置与本申请中的装置完全相同，并且该推荐书仅仅是推荐该装置申请诺贝尔物理奖的证明，且该装置是否能够获得诺贝尔奖属于待证事实，因此该推荐书与本申请具有实用性之间不具有关联性。因此，该报告和推荐书不能证明本申请具有实用性。

综上所述，本案合议组认为，本申请不符合专利法第三十三条和专利法第二十二条第四款的规定。

三、决定

维持国家知识产权局于2004年9月3日对00101727.6号发明专利申请作出的驳回决定。

复审请求人如对本决定不服，可根据专利法第四十一条第二款在收到本决定之日起三个月内向北京市第一中级人民法院起诉。

141

用于访问旅行服务的方法与系统案

复审请求审查决定（第8658号）

决　定　号　第8658号
决　定　日　2006年6月21日
发明创造名称　用于访问旅行服务的方法与系统
国际分类号　G06F 17/60　G06F 153/02
复审请求人　西尔弗布鲁克研究股份有限公司
专利申请号　00811159.6
申　请　日　2000年6月30日
公　开　日　2002年9月4日
合议组组长　崔哲勇
主　审　员　哈雅坤
参　审　员　樊晓东

法律依据　专利法第二十二条第三款
决定要点

如果一项权利要求的技术特征未被对比文件完全覆盖，同时对比文件的结合也不能显而易见地得出该权利要求所请求保护的技术方案，则该权利要求相对于所述对比文件具有突出的实质性特点。

一、案由

本复审请求涉及发明名称为“用于访问旅行服务的方法与系统”的申请号为00811159.6的发明专利申请，申请日为2000年6月30日，最早优先权日为1999年6月30日，进入中国国家阶段的日期为2002年1月31日，申请人为西尔弗布鲁克研究股份有限公司。

2004年6月18日，应申请人的实质审查请求，国家知识产权局实质审查部门针对原始提交的国际申请文件的中文译文的说明书第1~79页、权利要求第1~45项、附图第38~76页以及依据专利法实施细则第五十一条规定所提交的修改文件的附图第1~37页发出第一次审查意见通知书。该通知书中指出：权利要求1~26不具备专利法第二十二条第三款所规定的创造性；权利要求27~45不具备专利法第二十二条第三款所规定的创造性。该通知书中引用了一篇对比文件，即：

对比文件1：GB2306669A，其公开日为1997年5月7日。

2004年11月3日，申请人针对第一次审查意见通知书提交了意见陈述书以及权利要求书修改替换页和说明书第1~5页的修改替换页，并且陈述了修改后的权利要求1~45相对于对比文件1具备创造性的理由。申请人认为：对比文件1并未公开或暗示“有关使用表格上的编码数据来生成有关传感器装置的位置的数据的内容”，因为在对比文件1中是使用加速计或红外三角来确定笔的位置的，而对比文件1并未描述或提示用打印在表格上的编码数据来确定传感器装置相对于表格的位置。

2005年2月18日，国家知识产权局原实质审查部门以本申请权利要求1~45不符合专利法第二十二条第三款为由驳回了本申请。驳回决定所针对的申请文件为：原始提交的国际申请文件的中文译文的说明书第6～79页；2004年11月3日提交的说明书替换页第1～5页、权利要求第1～45项；原始提交的国际申请文件的中文译文的附图第38～76页以及依据专利法实施细则第51条规定所提交的修改文件的附图第1～37页。该驳回决定指出：在"第一次审查意见通知书"的评述及其引用对比文件1的部分中，明确记载"在每页上打印数字编码的信息以便手控工具能用来读取标识页格式和CB页所跨越的有效时间段的相关数字编码"，因此，根据每个时间段，则能感知传感装置相对于表格的移动，来自手控工具的多传感器输出信号是以电子形式，最好是二维条码数据，输出信号包括表示手控工具写入信息的光学数据和表示用于识别位置数据的专用信号的辅助数据信号，由此可见，可以使用编码数据来产生自身相对于表格的移动的数据和相对于表格的位置的数据的这一特征实际上已经在对比文件中公开。关于权利要求4、5、30和31中所加入的"至少一个参考点"，这一特征在"第一次审查意见通知书"中，针对权利要求1已经评述过，并且在"第一次审查意见通知书"中对权利要求4、5、30和31的评述时提出参见对权利要求1的评述，而其他权利要求的修改仅仅在于文字表达方式略有不同，其保护范围实质上无任何改变。驳回决定所针对的权利要求1的内容如下：

"1. 一种使得能够访问旅行服务的方法，本方法包括下列各步骤：

向可能的购买者提供一份表格，其中含有涉及旅行服务交易的信息，该表格含有编码数据，表示该表格的一种标识，以及该表格的至少一个参考点；

在计算机系统中，接收来自一个传感装置的指示数据，该指示数据涉及该表格的标识以及传感装置相对于该表格的位置，当将传感装置放置在相对于该表格的一个操作位置上时，该传感装置使用至少某些编码数据来产生指示数据；以及

在计算机系统中以及从指示数据中，识别涉及旅行服务交易的至少一项参数。"

申请人（下称为复审请求人）对上述驳回决定不服，于2005年6月6日向专利复审委员会提出复审请求，并且提交了权利要求书替换页。该复审请求人所提出的复审理由是：对比文件1没有公开包含指示多个映射参考的编码数据的交互式纸张。对比文件1中记载的数字编码只是对页面格式和/或一段日历时间进行编码，而根本未曾提到对页面上的多个映射参考进行编码的数字编码。在对比文件1中明确记载是利用陀螺仪或红外三角等手段来确定笔的位置的，而使用对比文件1中所述的数字编码根本不能确定其相对位置。此外，使用编码的映射参考来确定笔位置使得本发明与现有技术相比具有更强的多功能性和更高的可靠性。而且，对比文件1并未公开或暗示修改其编码数据，以使笔能够通过感知编码数据来确定其位置。新修改后的权利要求书如下：

"1. 一种使得能够访问旅行服务的方法，本方法包括下列各步骤：

向可能的购买者提供一份表格，其中含有涉及旅行服务交易的信息，该表格含有编码数据，表示该表格的一种标识，以及该表格上的多个映射参考；

在计算机系统中，接收来自一个传感装置的指示数据，该指示数据涉及该表格的标识以及传感装置相对于该表格的位置，当将传感装置放置在相对于该表格的一个操作位置上时，该传感装置使用至少某些编码数据来产生指示数据；以及

在计算机系统中以及从指示数据中，识别涉及旅行服务交易的至少一项参数。

2. 根据权利要求1所述的方法，其中，所述涉及旅行服务交易的至少一项参数跟表格中的至少一个区域有关，并且其中，本方法包括在计算机系统中以及从传感装置相对于其定位的区域中，识别所述至少一项参数。

3. 根据权利要求2所述的方法包括：

在计算机系统中，接收涉及传感装置相对于表格的移动的数据，传感装置使用至少某些编码数据

来感知它相对于表格的移动；以及

在计算机系统中以及从至少部分地处于所述至少一个区域内的所述移动中，识别旅行服务交易的所述至少一项参数。

4. 一种使得能够访问旅行服务的方法，本方法包括下列各步骤：

向可能的购买者提供一份表格，其中含有涉及旅行服务交易的信息，该表格含有编码数据，表示旅行服务交易的至少一项参数和表格上的多个映射参考；

在计算机系统中，接收来自一个传感装置的数据，该数据涉及所述至少一项参数，并涉及传感装置相对于该表格的移动，当传感装置相对于表格移动时，使用至少某些编码数据来产生涉及所述至少一项参数的数据，并使用至少某些编码数据来产生涉及它本身相对于该表格的移动的数据；以及

在计算机系统中，解释传感装置在与所述至少一项参数相关时的所述移动。

5. 一种使得能够访问旅行服务的方法，本方法包括下列各步骤：

向可能的购买者提供一份表格，其中含有编码数据，表示该表格的一个标识和表格上的多个映射参考；

在计算机系统中，接收来自传感装置的数据，该数据涉及可能的购买者的标识，表格的标识，以及传感装置相对于表格的位置，所述传感装置合有涉及可能的购买者的标识的数据，使用至少某些编码数据来产生涉及表格标识的数据，并使用至少某些编码数据来产生涉及传感装置相对于该表格的位置的数据；以及

在计算机系统中以及从涉及可能的购买者的标识和表格标识的数据中，识别一项旅行服务交易。

6. 根据权利要求5所述的方法，其中，编码数据也表示旅行服务交易的至少一项参数，并且本方法包括，在计算机系统中，接收来自传感装置的、涉及旅行服务交易的至少一项参数的指示数据，传感装置使用至少某些编码数据来感知指示数据。

7. 根据权利要求6所述的方法，其中包括在计算机系统中，接收来自传感装置的、涉及传感装置相对于表格的移动的数据，传感装置产生涉及它本身相对于表格的移动的数据。

8. 根据权利要求2、4或6中任何一项所述的方法，其中，该参数是旅行服务交易的一项动作参数，本方法包括，在计算机系统中，实现一种相对于该动作参数的操作。

9. 根据权利要求8所述的方法，其中，旅行服务交易的动作参数是从包括下列各项的组中选出的：

搜索一种旅行产品，请求涉及一种旅行产品的信息，选择一种旅行产品以便购买，确认对一种旅行产品的支付；搜索一次航班，请求涉及一次航班的信息，选择一次航班以便购买，确认对一次航班的支付；搜索一种汽车租赁，请求涉及一种汽车租赁的信息，选择一种汽车租赁以便购买，确认对一种汽车租赁的支付；搜索旅馆接待，请求涉及旅馆接待的信息，选择旅馆接待以便购买，确认对旅馆接待的支付；请求涉及一种度假套餐的信息，请求涉及一种度假套餐的报价，选择一种度假套餐以便购买，确认对一种度假套餐的支付；请求涉及一种旅行保险的信息，请求涉及一种旅行保险的报价，选择一种旅行保险以便购买，确认对一种旅行保险的支付。

10. 根据权利要求3、4或7中任何一项所述的方法，其中，该参数是旅行服务交易的一个选项参数，本方法包括，在计算机系统中，识别，能的购买者已经借助于传感装置输入了一个手画的标记，并且在计算机系统中，实现一种与该选项参数相关的操作。

11. 根据权利要求10所述的方法，其中，该选项参数跟下列各项中的至少一项有关：

搜索一种旅行产品，请求涉及一种旅行产品的信息，选择一种旅行产品以便购买，确认对一种旅行产品的支付；搜索一次航班，请求涉及一次航班的信息，选择一次航班以便购买，确认对一次航班

的支付；搜索一种汽车租赁，请求涉及一种汽车租赁的信息，选择一种汽车租赁以便购买，确认对一种汽车租赁的支付；搜索旅馆接待，请求涉及旅馆接待的信息，选择旅馆接待以便购买，确认对旅馆接待的支付；请求涉及一种度假套餐的信息，请求涉及一种度假套餐的报价，选择一种度假套餐以便购买，确认对一种度假套餐的支付；请求涉及一种旅行保险的信息，请求涉及一种旅行保险的报价，选择一种旅行保险以便购买，确认对一种旅行保险的支付；旅行的等级，费用的类型，一家航空公司，一种付费卡类型，一种汽车类型，一个汽车设备选项，一种付费卡，一种旅馆性质类型，一种设施条件选项，一种旅行保险覆盖类型，以及一种旅行保险的目的地区域。

12. 根据权利要求3、4或7中任何一项所述的方法，其中，该参数是旅行服务交易的一项文本参数，本方法包括，在计算机系统中，识别可能的购买者已经借助于传感装置输入了手写的文本数据，并且在计算机系统中，实现一种与该文本参数相关的操作。

13. 根据权利要求12所述的方法，其中包括，在计算机系统中，将手写文本数据转换为计算机文本。

14. 根据权利要求13所述的方法，其中，文本参数微下列各项中至少一项有关：

旅行出发地，旅行目的地，旅行者人数，航空公司，承运人，经常乘坐者会员编号，旅行者姓名，旅行者地址，旅行者电话号码，旅行者年龄，付费持卡人姓名，付费卡号码，付费卡失效日期，汽车租赁取车地点，汽车租赁还车地点，汽车租赁取车日期，汽车的样式，城市，入住日期，宾客人数，房间数目，旅馆连锁店，旅馆名称，离开日期，以及旅行费用。

15. 根据权利要求3、4或7中任何一项所述的方法，其中，该参数是旅行服务交易的一项授权参数，本方法包括，在计算机系统中，识别可能的购买者已经借助于传感装置输入了一个手写的签名，并且在计算机系统中，实现一种与该授权参数相关的操作。

16. 根据权利要求15所述的方法，其中包括，在计算机系统中，验证该签名是该可能的购买者的签名。

17. 根据权利要求16所述的方法，其中，该授权参数跟支付授权有关。

18. 根据权利要求1、4或5中任何一项所述的方法，其中，该表格含有涉及下列各项中至少一项的信息：

搜索一种旅行产品，请求涉及一种旅行产品的信息，选择一种旅行产品以便购买，确认对一种旅行产品的支付，接受对一种旅行产品的订单、一次航班、汽车租赁、旅馆接待、度假套餐以及旅行保险。

19. 根据权利要求1、4或5中任何一项所述的方法，其中包括按需打印表格。

20. 根据权利要求19所述的方法，其中包括，在一种表面限定装置的表面上打印表格，在打印表格的同时，在该表面上打印编码数据。

21. 根据权利要求20所述的方法，其中包括，所打印的编码数据在可见光谱的范围内基本上是不可见的。

22. 根据权利要求1或5所述的方法，其中包括，为已产生的每一份表格保留一份可检索的记录，可以使用被包含在其编码数据之中的该表格的标识来检索该表格。

23. 根据权利要求1、4或5所述的方法，其中包括，混合使用多点与定点通信协议来分发表格。

24. 根据权利要求1或4所述的方法，其中，传感装置含有一个识别装置，它向传感装置赋予一个唯一的标识，并且将它标识为属于一个特定的可能的购买者，并且其中，本方法包括在计算机系统中，对所述标识进行监控。

25. 根据权利要求1、4或5中任何一项所述的方法，其中包括，在表格中提供涉及旅行服务交易的所有必需的信息，以消除对一个单独的显示装置的需求。

26. 根据权利要求1、4或5中任何一项所述的方法，其中，该表格被打印在许多页面上，并且其中，本方法包括对各页面进行装订。

27. 一个使得能够访问旅行服务的系统，本系统包括：

一份表格，其中含有涉及旅行服务交易的信息，该表格含有编码数据，表示该表格的一个标识以及该表格上的多个映射参考；以及

一个计算机系统，用于接收来自一个传感装置的指示数据，该指示数据用于识别涉及旅行服务交易的至少一项参数，该指示数据还表示该表格的标识以及传感装置相对于该表格的位置，该传感装置使用至少某些编码数据来产生该指示数据。

28. 根据权利要求27所述的系统，其中，所述涉及旅行服务交易的至少一项参数跟该表格的至少一个区域有关。

29. 根据权利要求27所述的系统，其中包括传感装置，该传感装置使用至少某些编码数据来感知它相对于该表格的移动。

30. 一个使得能够访问旅行服务的系统，本系统包括：

一份表格，其中含有涉及旅行服务交易的信息，该表格合有编码数据，表示旅行服务交易的至少一项参数和表格上的多个映射参考；

以及

一个计算机系统，用于接收来自一个传感装置的数据，该数据涉及所述至少一项参数，还涉及传感装置相对于该表格的移动，并且用于解释传感装置在与所述至少一项参数相关时的所述移动，当传感装置相对于该表格移动时，使用至少某些编码数据来产生涉及所述至少一项参数的数据，并使用至少某些编码数据来产生涉及它本身相对于该表格的移动的数据。

31. 一个使得能够访问旅行服务的系统，本系统包括：

一份表格，其中含有编码数据，表示该表格的一个标识和表格上的多个映射参考；以及

一个计算机系统，用于接收来自一个传感装置的数据，该数据涉及可能的购买者的标识，表格的标识以及传感装置相对于表格的位置，并且用于从所述接收数据中识别一项旅行服务交易，该传感装置含有涉及可能的购买者的标识的数据，使用至少某些编码数据来产生涉及表格标识的数据，并且使用至少某些编码数据来产生涉及传感装置相对于表格的位置的数据。

32. 根据权利要求31所述的系统，其中，编码数据也表示旅行服务交易的至少一项参数，计算机系统接收来自传感装置的、涉及旅行服务交易的至少一项参数的指示数据，并且传感装置使用至少某些编码数据来感知该指示数据。

33. 根据权利要求31所述的系统，其中包括传感装置，该传感装置感知它相对于表格的移动。

34. 根据权利要求27、30或32中任何一项所述的系统，其中所述旅行服务交易的至少一项参数是从含有下列各项的组中选出的：旅行服务交易的一项动作参数，旅行服务交易的一项选项参数，旅行服务交易的一项文本参数，旅行服务交易的一项授权参数，以及旅行服务交易的一项图画参数。

35. 根据权利要求34所述的系统，其中，旅行服务交易的动作多数是从含有下列各项的组中选出的：

搜索一种旅行产品，请求涉及一种旅行产品的信息，选择一种旅行产品以便购买，确认对一种旅行产品的支付；搜索一次航班，请求涉及一次航班的信息，选择一次航班以便购买，确认对一次航班的支付；搜索一种汽车租赁，请求涉及一种汽车服务的信息，选择一种汽车租赁以便购买，确认对一种汽车租赁的支付；搜索旅馆接待，请求涉及旅馆接待的信息，选择旅馆接待以便购买，确认对旅馆

接待的支付；请求涉及一种度假套餐的信息，请求涉及一种度假套餐的报价，选择一种度假套餐以便购买，确认对一种度假套餐的支付；请求涉及一种旅行保险的信息，请求涉及一种旅行保险的报价，选择一种旅行保险以便购买，确认对一种旅行保险的支付。

36. 根据权利要求 34 所述的系统，其中，选项参数跟下列各项中至少一项有关：

搜索一种旅行产品，请求涉及一种旅行产品的信息，选择一种旅行产品以便购买，确认对一种旅行产品的支付；搜索一次航班，请求涉及一次航班的信息，选择一次航班以便购买，确认对一次航班的支付；搜索一种汽车租赁，请求涉及一种汽车租赁的信息，选择一种汽车租赁以便购买，确认对一种汽车租赁的支付；搜索旅馆接待，请求涉及旅馆接待的信息，选择旅馆接待以便购买，确认对旅馆接待的支付；请求涉及一种度假套餐的信息，请求涉及一种度假套餐的报价，选择一种度假套餐以便购买，确认对一种度假套餐的支付；请求涉及一种旅行保险的信息，请求涉及一种旅行保险的报价，选择一种旅行保险以便购买，确认对旅行保险的支付；旅行的等级，费用的类型，一家航空公司，一种付费卡类型，一种汽车类型，一个汽车设备选项，一种付费卡，一种旅馆性质类型，一种设施条件选项，一种旅行保险覆盖类型，以及一种旅行保险的目的地区域。

37. 根据权利要求 34 所述的系统，其中，文本参数跟下列各项中至少一项有关：

旅行出发地，旅行目的地，旅行者人数，航空公司，承运人，经常乘坐者会员编号，旅行者姓名，旅行者地址，旅行者电话号码，旅行者年龄，付费持卡人姓名，付费卡号码，付费卡失效日期，汽车租赏取车地点，汽车租赁还车地点，汽车租赁取车日期，汽车样式，城市，入住日期，宾客人数，房间数目，旅馆连锁店，旅馆名称，离开日期，以及旅行费用。

38. 根据权利要求 34 所述的系统，其中，授权参数跟支付授权有关。

39. 根据权利要求 29、30 或 33 中任何一项所述的系统，其中，传感装置包括一个标记笔尖。

40. 根据权利要求 29 或 30 所述的系统，其中，传感装置包括一个识别装置，它向传感装置赋予一个唯一的标识，并且将其标识为属于一个特定的可能的购买者。

41. 根据权利要求 27、30 或 31 所述的系统，其中，在一个表面限定装置的表面上打印该表格，并且其中，本系统包括一部打印机，用于按需打印表格。

42. 根据权利要求 41 所述的系统，其中，打印机在表面限定装置上打印表格的同时，打印编码数据。

43. 根据权利要求 27、30 或 31 所述的系统，其中，编码数据在可见光谱中基本上是不可见的。

44. 根据权利要求 27 或 31 所述的系统，其中包括一个数据库，用以为每一份已产生的表格保留一份可检索的记录，可以使用被包含在其编码数据之中的该表格的标识来检索每一份表格。

45. 根据权利要求 41 所述的系统，其中，为了适应一份表格被打印在许多页面上的情形，打印机包括一个装订装置，用于对各页面进行装订。”

经形式审查合格后，专利复审委员会受理了该请求，并于 2005 年 6 月 29 日向请求人发出了复审请求受理通知书，并将本案送至原审查部门进行前置审查。在前置审查意见书中原审查部门坚持原驳回决定。

专利复审委员会依法成立合议组对本案进行审理。

合议组认真研究了国家知识产权局作出的驳回决定及其理由和复审请求人所提交的复审请求书之后，认为本案事实已经清楚，可以依法作出以下决定。

二、决定的理由

1. 依据的文本

复审请求人提出复审请求时提交了权利要求书替换页，经审查该修改文本符合专利法第三十三条及专利法实施细则第六十条第一款的规定，合议组予以接受。本决定所依据的文本是：原始提交的国际申请文件的中文译文的说明书第 6～79 页、说明书摘要和摘要附图；2004 年 11 月 3 日提交的说明书替换页第 1～5 页；2005 年 6 月 6 日提交的权利要求第 1～45 项；原始提交的国际申请文件的中文译文的附图第 38～76 页以及依据专利法实施细则第五十一条规定所提交的修改文件的附图第 1～37 页。

2. 关于专利法第二十二条第三款所规定的创造性

专利法第二十二条第三款规定：创造性，是指同申请日以前已有的技术相比，该发明有突出的实质性特点和显著的进步。

（1）独立权利要求 1 请求保护一种用于访问旅行服务的方法，对比文件 1 公开了一种电子文档操作和处理系统，其中以“日历簿（CB）”的操作和处理作为实施例披露了提供日历簿上信息的过程：其根据用户需要和选择提供分为多种时间段的日历簿（参见对比文件 1 说明书第 8 页 7～20 行），日历簿具有一定格式，并允许用户按照选择的信息将每一天的日历打印在物理纸页 20 上（参见对比文件 1 说明书第 8 页 21～23 行及附图 1），打印在纸页 20 上的信息中条码标识符 13、区域 21 和矩形栏 22、22’，条码标识符 13 用来标识数据（年、月、日）和用户 ID，数据（年选择）也打印在区域 21 上，矩形栏 22、22’用于通过在适当矩形内输入合适的标记来选择和标识时间（参见对比文件 1 说明书第 8 页第 23 行至第 9 页第 4 行及附图 1），传感器用于感知用户写下的数据并读出预先打印的数字编码，通过通信线路将这些传感器数据传送给基本单元 92（参见对比文件 1 说明书第 3 页 12～17 行），文档每一页上打印有数字编码信息，从而笔装置可用于读出有关的数字编码，该数字编码标识页面格式和 CB 页所跨越的日历时间段（参见对比文件 1 说明书第 8 页 17～20 行），在基本单元中接收传感器数据，用于文档识别和用户所写信息的确定（参见对比文件 1 说明书第 3 页 18～22 行）。在该对比文件中还公开了传感器感知笔装置（PI）位置的方式：包括位置检测器 210，通过陀螺仪提供惯性参考系统；回转状态传感器（自由陀螺仪）用作二次自由陀螺仪，其可以提供 PI 三个状态平面：斜度、偏转和滚动（或 x、y 和 z 轴）中每两个的输出；表示 CB 页平面两个轴的变化率用于解释与 PI 使用相关的移动和相对位置；通过加速度信号的二重积分，加速计也可以用作位置检测器；当 PI 装配有红外（IR）探测器时，两个或多个外部 IR 的重数可通过使用三角测量技术用于跟踪 PI 的位置；可替换地，PI 可以装配有 IR 发射器，并且位于指定位置的两或多个外部扫描接收器可以通过三角测量跟踪 PI 的位置。

通过对比文件 1 所披露的上述内容可知，对比文件 1 虽然公开了权利要求 1 的大部分技术特征，但是对比文件 1 所公开的内容与权利要求 1 请求保护的技术方案之间仍然存在区别技术特征，即在权利要求 1 中具体限定了这样的技术特征：“该文档包括编码数据，表示该表格的一种标识，以及该表格上的多个映射参考”，而且通过本申请说明书所记载的内容可知，本申请中的传感装置正是利用上述多个映射参考来感知其自身相对于文档的位置的。虽然在对比文件 1 中提到了数字编码，但其中仅提到了该数字编码标识页面格式和 CB 页所跨越的一段日历时间，并未提及该数字编码能够辅助传感器确定笔装置的位置，可见对比文件 1 中的编码数据仅是诸如像二维条形码（参见对比文件 1 说明书第 8 页第 23 行“条码标识符 13”）之类的简单数字编码，其作用仅仅是标识页面格式和 CB 页所跨越的一段日历时间，并不能用来确定笔相对于表格的移动，也不能辅助传感器确定笔的位置，也就是说，对比文件 1 中的数字编码与本申请中的编码数据所起的作用是不同的。实际上，在对比文件 1 中已经明确记载了利用位置检测器（陀螺仪、加速计）或者红外探测器来感知笔装置的位置，而且对比文件 1 中的数字编码并不包含“文档上的多个映射参考”，就这一点而言，对比文件 1 中的数字编码也与本申请所述的编码数据有所不同。综上所述，本申请的权利要求 1 所请求保护的技术方案与对比文件1的技术方案存在区别技术特征，并且这种区别技术特征对于本领域的普通技术人员来说并不是一种公知常识，因此在对比文件1的基础上得出本申请的权利要求1所请求保护的技术方案仍需要付出创造性的劳动。原驳回决定认为上述区别技术特征实际已被对比文件1公开缺少证据支持。鉴于上述理由，合议组认为权利要求1符合专利法第二十二条第三款关于创造性的规定。

基于与上述相同的理由，独立权利要求4、5也符合专利法第二十二条第三款关于创造性的规定。

（2）独立权利要求27、30、31分别是与独立权利要求1、4、5所述的“使得能够访问旅行服务的方法”相对应的装置权利要求，基于与上述第（1）点相同的理由，合议组同样认为本申请的权利要求27、30、31所请求保护的技术方案与对比文件1的技术方案存在区别技术特征，并且这种区别技术特征对于本领域的普通技术人员来说并不是一种公知常识，因而在对比文件1的基础上得出本申请的权利要求27、30、31所请求保护的技术方案仍需要付出创造性的劳动。因此，合议组认为权利要求27、30、31也符合专利法第二十二条第三款关于创造性的规定。

（3）在独立权利要求1、4、5、27、30、31相对于对比文件1均具备创造性的前提下，分别直接或间接引用上述各项独立权利要求的各项从属权利要求也均符合专利法第二十二条第三款关于创造性的规定。

综上，复审请求人在提出复审请求时所提交的权利要求书替换页已经克服了原驳回决定中所指出的缺陷，故复审请求的理由成立。

三、决定

撤销国家知识产权局于2005年2月18针对00811159.6号发明专利申请所作出的驳回决定。由原审查部门在复审请求人于2005年6月6日提交的权利要求第1~45项、原始提交的国际申请文件的中文译文的说明书第6~79页、2004年11月3日提交的说明书替换页第1~5页、原始提交的国际申请文件的中文译文的附图第38~76页、依据专利法实施细则第五十一条规定所提交的修改文件的附图第1~37页、以及原始提交的国际申请文件的中文译文的说明书摘要和摘要附图的基础上继续审批程序。

142

稀土/铁/硼基永磁体合金组合物案

复审请求审查决定（第8659号）

决　定　号　第8659号
决　定　日　2006年6月23日
发明创造名称　稀土/铁/硼基永磁体合金组合物
国际分类号　H01F 1/053
复审请求人　信越化学工业株式会社
专利申请号　99126171.2
申　请　日　1999年12月15日
公　开　日　2000年6月28日
合议组组长　黄毅斐
主　审　员　杜　宇
参　审　员　龙　安

法律依据　专利法第二十二条第二款
决定要点
根据对比文件的记载，其既未公开权利要求1所具有的特定成分的具体含量的实施例，本领域普通技术人员也无法从中直接地、毫无疑义地推导出该特定成分的具体含量，因此对比文件与权利要求1所保护的技术方案存在区别，对比文件不能影响该权利要求1的新颖性。

一、案由

本复审请求涉及申请日为1999年12月15日、优先权日为1998年12月15日、发明名称为“稀土/铁/硼基永磁体合金组合物”的、申请号为99126171.2的发明专利申请（下称本申请），其申请人为信越化学工业株式会社。

原始申请文件的权利要求书如下：

“1. 一种稀土/铁/硼基永磁体合金组合物，其组成是：
（a）28－35wt%的稀土元素，选自钕、镨、镝、铽和钬；
（b）0.1－3.6wt%的钴；
（c）0.9－1.3wt%的硼；
（d）0.05－1.0wt%的铝；
（e）0.02－0.25wt%的铜；
（f）0.02－0.3wt%的锆或铬；
（g）0.03－0.1wt%的碳；
（h）0.1－0.8wt%的氧；
（I）0.002－0.2wt%的氮；和

（j）满足 100wt% 的余量是铁和不可避免的杂质元素。

2. 根据权利要求 1 的稀土/铁/硼基永磁体合金组合物，其中，成分（f）是锆，其含量在 0.03 ~ 0.3wt% 的范围。

3. 根据权利要求 1 的稀土/铁/硼基永磁体合金组合物，其中，成分（f）是铬，其含量在 0.02 ~ 0.25wt% 的范围。”

国家知识产权局实质审查部门于 2003 年 11 月 21 日发出第一次审查意见通知书，主要指出：本申请的权利要求 1 ~ 3 均不具备专利法第二十二第二款所规定的新颖性，并引用了以下对比文件：

对比文件 1：CN 1251464 A，其申请日为 1999 年 10 月 14 日；优先权日为 1998 年 10 月 14 日；公开日为 2000 年 4 月 26 日，申请人是日立金属株式会社。

2004 年 6 月 1 日申请人针对第一次审查意见通知书提交了意见陈述书，陈述了权利要求 1 ~ 3 相对于对比文件 1 具备新颖性和创造性的理由。

实质审查部门于 2004 年 7 月 9 日发出第二次审查意见通知书，仍认为权利要求 1 ~ 3 不符合专利法第二十二第二款关于新颖性的规定。

2004 年 11 月 15 日申请人针对第二次审查意见通知书提交了意见陈述书，再次陈述了权利要求 1 ~ 3相对于对比文件 1 具备新颖性和创造性的理由。

实质审查部门没有接受申请人的观点，仍认为权利要求 1 ~ 3 相对于对比文件 1 不具备新颖性，不符合专利法第二十二条第二款关于新颖性的规定，因此于 2005 年 3 月 18 日作出了驳回本申请的决定。

驳回决定主要指出：对比文件 1 是一份由日立金属株式会社向中国专利局提出的发明专利申请，其申请日为 1999 年 10 月 14 日，优先权日为 1998 年 10 月 14 日，公开日为 2000 年 4 月 26 日，该文件公开了一种 R－T－B 系烧结型永磁体，并具体公开了以下技术特征（权利要求 1 ~ 5，说明书第 3 页最后一行至第 8 页表 1），该组合物的重量百分比的组成是：Nd：29%；钴：1%；硼：1%；铝：0.1%；铜：0.1%；Nb：0.2%；（可以用锆或铬代替）碳：在 0.07%；氧：在 0.17%；氮：在 0.05%；余量是铁（或铁或钴）以及不可避免的杂质。由此可知，权利要求 1 的全部技术特征都已被对比文件 1 公开，二者属于相同的技术领域，采用了相同的技术方案解决同一技术问题，并能取得相同的技术效果。因此对比文件 1 构成了本申请的抵触申请，从而使权利要求 1 相对于对比文件 1 不符合专利法第二十二条第二款有关新颖性的规定。对比文件 1 公开了权利要求 2 和 3 的附加技术特征，因此权利要去 2 和 3 也不符合专利法第二十二条第二款有关新颖性的规定。

申请人（下称复审请求人）对上述驳回决定不服，于 2005 年 7 月 4 日向专利复审委员会提出了复审请求，其复审理由主要是：对比文件 1 中对 M1 元素的泛泛公开并不能破坏对其中具体元素选择的技术方案的新颖性，在对比文件 1 的组合物中，M1 元素仅仅是优选元素，而不是对比文件 1 组合物的必要成分，对比文件 1 中的 M1 元素的范围较宽，可以选自 9 种元素，锆和铬仅仅是其中一种选择而已，对比文件 1 中没有关于锆和铬的具体实施例。

经形式审查合格，专利复审委员会受理了该复审请求，于 2005 年 8 月 24 日发出复审请求受理通知书和前置审查通知书。

国家知识产权局原审查部门对该复审请求进行了前置审查，仍然坚持原驳回决定。

在以上审查工作的基础上，合议组认为本案事实已经清楚，可以作出本复审请求审查决定。

一、决定的理由

1. 本决定所依据的文本

本复审决定是以驳回决定所依据的文本作出的，即，申请日提交的权利要求第 1 ~ 3 项、说明书第1~9页、附图第1~4页、说明书摘要。

2. 关于专利法第二十二条第二款

对比文件1公开的技术方案为（说明书第3页最后一行至第8页表1）：永磁体组合物由：Nd：29wt%；钴：1wt%；硼：1wt%；铝：0.1wt%；铜：0.1wt%；Nb：0.2wt%；碳：在0.07wt%；氧：0.17wt%；氮：0.05wt%；余量是铁（或铁或钴）以及不可避免的杂质构成。

权利要求1与对比文件1的区别是：权利要求1所要求保护的技术方案中锆或铬有具体含量（锆或铬的含量为0.02wt% -0.3wt%），而对比文件1没有公开具有锆或铬具体含量的实施例。

虽然对比文件1中记载了Nb可以被锆或铬代替，并且对比文件1中公开的Nb的具体含量（0.02wt%）落入了权利要求1所要求保护的范围内，但对比文件1没有记载有关Nb与锆或铬可以进行等量替换的内容，也没有给出任何相关启示。

并且虽然Nb、锆和铬都是构成永磁体的常用成分，但由于它们的化学性质并不完全相同，它们的添加量通常是不相同的，本领域普通技术人员无法得知Nb与锆或铬是否可以等量替换，即无法得知在永磁体中添加与Nb等量的锆或铬来代替Nb，该与Nb等量的锆或铬是否能起到与Nb相同的效果，从而使永磁体具有良好的磁性能。

基于上述理由，本领域普通技术人员不能得出或推导出对比文件1公开或隐含公开了上述区别特征的结论，由于对比文件1公开的技术方案与权利要求1所要求保护的技术方案并不相同，因此对比文件1不能影响权利要求1的新颖性，权利要求1符合专利法第二十二条第二款关于新颖性的规定。

由于权利要求1具备新颖性，所以引用其的权利要求2和3也符合专利法第二十二条第二款关于新颖性的规定。

综上所述，本申请权利要求1~3相对于对比文件1，具备专利法第二十二条第二款规定的新颖性。

三、决定

撤销国家知识产权局于2005年3月18日对申请号为99126171.2的发明专利申请作出的驳回决定，由原审查部门以驳回决定所针对的文本：申请日提交的权利要求第1~3项、说明书第1~9页、附图第1~4页、说明书摘要为基础继续进行审批程序。

143

碱性蓄电池及其制造方法案

复审请求审查决定（第8660号）

决　定　号 第8660号
决　定　日 2006年6月23日
发明创造名称 碱性蓄电池及其制造方法
国际分类号 H01 M4/26　H01M 10/28　H01M 10/30
复审请求人 松下电器产业株式会社
申　请　号 02143530.8
申　请　日 2002年9月27日
公　开　日 2003年4月9日
合议组组长 崔哲勇
主　审　员 傅　玉
参　审　员 贾彦飞

法律依据 专利法第二十二条第三款
决定要点

在进行创造性判断时，首先应当将本申请权利要求所述技术方案和最接近的现有技术相比较，找出它们之间的区别技术特征，然后再考察现有技术是否对上述区别技术特征给出技术启示；同时还要考察此区别技术特征的引入是否带来有益的技术效果。

一、案由

本复审请求涉及国家知识产权局于2005年11月18日驳回的、名称为“碱性蓄电池及其制造方法”的发明专利申请（下称本申请），其申请号为02143530.8，申请日为2002年9月27日，优先权日为2001年9月28日，申请人为松下电器产业株式会社。

国家知识产权局实质审查部门在2004年12月3日发出的第一次审查意见通知书中指出：权利要求1、2相对于对比文件1（CN1277466A，公开日：2000年12月20日）不具备专利法第二十二条第二款规定的新颖性，权利要求3相对于对比文件1不具备专利法第二十二条第三款规定的创造性。

针对第一次审查意见通知书，申请人于2005年4月18日提交了意见陈述书，未对申请文件进行修改，并在意见陈述书中陈述了权利要求1、2具备新颖性、权利要求3具备创造性的主要理由：对比文件1的两个海绵层通过粘合剂或熔融电镀结合，因此在界面附近将形成具有不同结构的骨架，而本发明在填充活性材料后将两层压制，不存在对比文件1所产生的在界面附近形成不同结构骨架的缺陷。

国家知识产权局实质审查部门依据申请人申请日提交的权利要求第1~3项、说明书第1~7页、说明书附图第1~2页、说明书摘要以及摘要附图，于2005年11月18日以权利要求1、2不具备专利法第二十二条第二款规定的新颖性，权利要求3不具备专利法第二十二条第三款规定的创造性为由驳回了本申请。

驳回决定所针对的权利要求书的内容如下：

“1. 一种碱性蓄电池，包括装在容器中的电极组件，所述电极组件包括正极板、负极板和隔膜，此正极板是将含有氢氧化镍作为主要成分的活性材料填充到具有三维连续空间的金属多孔体基底中、然后压制而成的，正极板与负极板彼此相对，隔膜放置在正负极板之间，其中所采用的所述正极板由下述方式制备：将活性材料填充到多个基底上，接着将至少两个所得的正极板层叠地放置，将它们压制成单个正极板。

2. 根据权利要求 1 的碱性蓄电池，其中金属多孔体是发泡金属镍。

3. 一种用于制造碱性蓄电池的方法，包括：通过将含有氢氧化镍作为主要成分的活性材料与水和粘合剂一起捏和而制成的活性材料膏或者含有氢氧化镍作为主要成分的活性材料粉末填充到具有三维连续空间的金属多孔体基底中以形成正极板的活性材料填充步骤；将至少两个如上获得的正极板彼此层叠地放置并且将它们压制成单个正极板的步骤；将得到的正极板与负极板彼此相对放置并将隔膜设置在它们之间的电极组件形成步骤；将电极组件装入容器中的步骤。”

驳回决定中指出：（1）尽管权利要求 1、2 中限定的碱性蓄电池正极板的制备方法与对比文件 1 所公开的不同，但最终得到结构特征却是相同的，因此权利要求 1、2 不具备新颖性。（2）申请人对于对比文件 1 所述方法能否得到预期性能的怀疑没有任何证据，对比文件 1 公开的技术方案能产生与本发明相同的技术效果，由于辊压粘合属于本领域的常用技术手段，因此，权利要求 3 的区别特征对本领域技术人员来说是很容易想到的，因此权利要求 3 不具备创造性。

申请人（下称复审请求人）对该驳回决定不服，于 2006 年 3 月 2 日向国家知识产权局专利复审委员会提出了复审请求，并提交了新权利要求书，其中删除了原权利要求 1、2，同时将原权利要求 3 上升为新权利要求 1。修改后的权利要求书为：

“1. 一种用于制造碱性蓄电池的方法，包括：通过将含有氢氧化镍作为主要成分的活性材料与水和粘合剂一起捏和而制成的活性材料膏或者含有氢氧化镍作为主要成分的活性材料粉末填充到具有三维连续空间的金属多孔体基底中以形成正极板的活性材料填充步骤；将至少两个如上获得的正极板彼此层叠地放置并且将它们压制成单个正极板的步骤；将得到的正极板与负极板彼此相对放置并将隔膜设置在它们之间的电极组件形成步骤；将电极组件装入容器中的步骤。”

复审的主要理由是：（1）本发明与对比文件 1 所要解决的技术问题及其发明目的是不同的，因而对比文件 1 不能构成技术启示；（2）说明书对比例的数据表明本发明带来了预料不到的技术效果，因此修改后的权利要求 1 具有突出的实质性特点和显著进步，因而具备创造性。

经形式审查合格后，专利复审委员会于 2006 年 4 月 6 日发出了复审请求受理通知书和前置审查通知书。

在前置审查程序中，国家知识产权局实质审查部门仍坚持原驳回决定，其主要理由是：（1）对比文件 1 与本发明的技术领域相同，属于本发明最接近的现有技术，尽管所要解决的技术问题不同，但本领域技术人员在对比文件 1 的基础上能够实现本发明的发明目的；（2）将活性材料先填充单个金属多孔体，再辊压成正极板的方式是本领域惯用的技术手段，因此，在对比文件 1 的基础上结合本领域常用技术手段得到权利要求 1 的技术方案对本领域技术人员来说是显而易见的；（3）由于复审请求人针对的现有技术并非最接近的现有技术，因此复审请求人声称的效果不能被接受。

专利复审委员会依法成立合议组对本案进行审理。

合议组经合议审查后认为本案事实已经清楚，可以依法作出审查决定。

二、决定的理由

1. 决定针对的文本

由于请求人在提交复审请求时提交了修改的权利要求书，且该修改符合专利法第三十三条和专利法实施细则第六十条的规定，因此，复审决定所依据的文本是：2006 年 3 月 2 日提交的权利要求第 1 项、2002 年 9 月 27 日提交的说明书第 1 ~ 7 页、附图第 1 ~ 2 页、说明书摘要及摘要附图。

2. 关于创造性

根据专利法第二十二条第三款的规定，创造性是指同申请日以前已有的技术相比，该发明有突出的实质性特点和显著的进步。

本申请的权利要求 1 涉及一种用于制造碱性蓄电池的方法，包括：

（a）通过将含有氢氧化镍作为主要成分的活性材料与水和粘合剂一起捏和而制成的活性材料膏或者含有氢氧化镍作为主要成分的活性材料粉末填充到具有三维连续空间的金属多孔体基底中以形成正极板的活性材料填充步骤；

（b）将至少两个如上获得的正极板彼此层叠地放置并且将它们压制成单个正极板的步骤；

（c）将得到的正极板与负极板彼此相对放置并将隔膜设置在它们之间的电极组件形成步骤；将电极组件装入容器中的步骤。

对比文件 1（参见说明书第 2 页第 15 ~ 19 行，第 4 页第 11 ~ 30 行，图 1）也公开了一种用于制造碱性蓄电池的方法，将网眼数不同的聚氨酯海绵等发泡体重叠，运送至电镀装置，赋予导电性后进行电镀，或者用粘合剂粘合，然后通入烧结炉中进行烧结，获得金属多孔体 1。将第二金属发泡体层 2 和第一金属发泡体层 3 组成的金属多孔体 1 制成厚度约为 1.5mm 的薄型连续片状物，再卷成线圈状。将氢氧化镍等活性物质提供给卷成线圈状的金属多孔体 1 后，用轧辊加压填充入活性物质，制得厚度约为 0.7mm 的基板，最后组装电池。

由此可见，权利要求 1 与对比文件 1 的区别在于，权利要求 1 中活性材料粉末先填充进入单个金属多孔体，再辊压成正极板（以下称为 B 技术手段），而对比文件 1 为直接制备出相互连接的多个金属多孔体，再填充活性材料粉末，最后再辊压成正极板（以下称为 A 技术手段）。也就是说，权利要求 1 在活性材料填充及多孔体的连接顺序上与现有技术不同。

从本申请说明书第 1 页倒数第 6 行至第 2 页第 7 行可以知道，权利要求 1 所述的蓄电池制造方法是在解决“当增加金属多孔体厚度时，在正极板制备步骤中就容易发生金属多孔的破裂和折断以及活性材料的脱落和分离，并且由于当金属多孔体厚度增加时降低了活性材料膏的填充均匀性”的技术问题时而采用的技术手段；而从对比文件 1 说明书第 2 页第 13 ~ 14 行可以知道，对比文件 1 中的蓄电池制造方法是在解决“卷成螺旋状时不产生较深龟裂而导致断裂，且能够顺利的卷取，并在填充活性物质时不使搬运速度下降”的技术问题时而采用的技术手段，因此可以看出，本申请权利要求 1 所述方法与对比文件 1 所述方法在步骤上并不相同，并且本申请和对比文件 1 所要解决的技术问题也不相同，本领域技术人员无法从对比文件 1 中得到其可以实现“避免金属多孔体的破裂和折断，并使活性材料填充均匀”的技术启示，因此，对比文件 1 中的 A 技术手段不能实现与权利要求 1 中 B 技术手段相同的技术效果，即，对比文件 1 中并未对上述区别技术特征给出技术启示，本领域技术人员在对比文件 1 的基础上要得到本申请权利要求 1 所要求保护的技术方案并非显而易见的；此外，在本申请说明书第 6 页的表 1 中，给出了解决其技术问题“避免金属多孔体的破裂和折断，并使活性材料填充均匀”而采用权利要求 1 的技术方案后所带来有益的技术效果。因此权利要求 1 具有突出的实质性特点和显著的进步，具备专利法第二十二条第三款所规定的创造性。

三、决定

撤消国家知识产权局于2005年11月18日作出的驳回02143530.8号发明专利申请的决定，由原实质审查部门以2006年3月2日提交的权利要求第1项、2002年9月27日提交的说明书第1~7页、附图第1~2页、说明书摘要及摘要附图的文本继续进行审批程序。

144

广告时段交易方法及其系统案

复审请求审查决定（第8662号）

决　定　号　第8662号
决　定　日　2006年5月8日
发明创造名称　广告时段交易方法及其系统
国际分类号　G06F 17/60　H04N 7/173
复审请求人　株式会社电通
专利申请号　01813717.2
申　请　日　2001年10月11日
优先权日　2000年11月13日
公　开　日　2003年10月1日
合议组组长　张　度
主　审　员　哈雅坤
参　审　员　李韵美

法律依据　专利法第二十五条第一款第（二）项
决定要点

如果一项发明整体而言并不是一种智力活动的规则和方法，则在审查中应当举证现有技术，并将现有技术与本发明进行比较，仅仅在本发明与现有技术的区别之处全部属于智力活动的规则和方法时，才可以适用专利法第二十五条第一款第（二）项。在针对本案发明的审查过程中，缺少了举证现有技术、与现有技术进行比较、认定本发明与现有技术之间区别部分的性质的步骤。

一、案由

本复审请求涉及发明名称为“广告时段交易方法及其系统”的申请号为01813717.2的发明专利申请，申请日为2001年10月11日，优先权日为2000年11月13日，申请人为株式会社电通。

实质审查部门对本申请进行了实质审查，于2004年4月9日针对原始提交的国际申请的中文译文发出了第一次审查意见通知书，其中指出：权利要求1～7所谋求保护的广告时段交易系统属于专利法第二十五条第一款第（二）项规定的智力活动的规则和方法，属于不授予专利权的情形；权利要求8～14所谋求保护的广告时段交易方法属于专利法第二十五条第一款第（二）项规定的智力活动的规则和方法，属于不授予专利权的情形。

2004年10月14日，申请人针对第一次审查意见通知书提交了意见陈述书，并对权利要求书进行了修改，删除了原权利要求8～14，保留原权利要求1～7，同时陈述了原权利要求1～7不属于专利法第二十五条第一款第（二）项所规定的“智力活动的规则和方法”的理由。申请人认为：本发明针对的是一种用于解决与现有技术中用于广告技术领域中的系统或装置有关的技术问题的系统或装置。尽管广告本身被认为是人的活动，但是实际上本发明所公开的是一种使用计算机系统和/或 Internet 的非常先进的信息通信技术。

2004 年 12 月 10 日，实质审查部门以权利要求 1 ~ 7 属于专利法第二十五条第一款第（二）项所规定的不授予专利权的范围为由驳回了本申请。驳回决定所针对的申请文件为：进入国家阶段时提交的国际申请文件的说明书第 1 ~ 14 页；2004 年 10 月 14 日提交的修改文本的权利要求第 1 ~ 7 项；进入国家阶段时提交的国际申请文件的附图第 1 ~ 9 页；以及进入国家阶段时提交的国际申请文件的说明书摘要和摘要附图。实质审查部门仍坚持认为权利要求 1 ~ 7 属于专利法第二十五条第一款第（二）项所规定的情形。

申请人（下称复审请求人）对上述驳回决定不服，于2005 年 3 月 24 日向专利复审委员会提出复审请求，对权利要求书重新进行了修改，删除了权利要求 1 ~ 7，并根据说明书的记载重新撰写了权利要求 1 ~ 16，同时陈述了新修改后的权利要求 1 ~ 16 不属于专利法第二十五条第一款第（二）项所规定的智力活动的规则和方法的理由。其中指出：修改后的权利要求 1 ~ 16 是基于计算机技术的广告时段交易系统或方法，是不属于专利法第二十五条第一款第（二）项所规定情形的。复审请求人认为广告是可以通过互联网、电视和/或无线电广播、报纸、杂志等分发的图片和/或文字和/或音乐组成或构成的数据的产品。换句话说，复审请求人认为广告可以被看作是通信系统中的“信息数据”。因此，为了更有效和更好地处理广告，需要采用基于计算机的技术来处理广告时段交易。本发明是涉及这方面的技术，因此公开的是处理数据通信的技术。修改后的相关部分的独立权利要求如下：

“1. 一种广告时段交易系统，包括：

广告商终端，包括：用于为广告信息分配广告收看对价的分配装置；

观众终端，包括：用于显示所述广告信息的显示单元和用于指定是否将收看分配了所述广告收看对价的广告信息的指定装置；以及

改变装置，用于当所述指定装置已经指定是否收看所述广告信息时，根据所述指定装置指定的结果，实时改变所述广告信息的广告收看对价，

其中所述分配装置包括：

广告信息数据库，用于分别存储多个广告信息以及对应于所述广告信息的广告收看对价信息；

匹配广告选择装置，用于根据给定的情况，从所述广告信息数据库中选择与使用所述观众终端的观众相匹配的广告信息以及对应于所述广告信息的广告收看对价信息；以及

广告选择屏幕产生装置，用于根据给定的信息产生广告选择屏幕并指示所述观众终端在所述显示单元上显示所述广告选择屏幕。”

“7. 一种在广告时段交易系统中的广告时段交易方法，所述系统包括：包括分配装置的广告商终端；以及包括显示单元和指定装置的观众终端，所述方法包括以下步骤：

通过在广告商终端中提供的分配装置，为广告信息分配广告收看对价；

通过显示单元显示所述广告信息，以及通过指定装置指定是否将收看分配了所述广告收看对价的广告信息；以及

当指定是否收看所述广告信息时，根据所述指定的结果，实时改变所述广告信息的广告收看对价，

其中所述分配步骤包括以下步骤：

在广告信息数据库中分别存储多个广告信息以及对应于所述广告信息的广告收看对价信息；

根据给定的情况，从所述广告信息数据库中选择与观看所述广告信息的观众相匹配的广告信息以及对应于所述广告信息的广告收看对价信息；以及

根据给定的信息产生广告选择屏幕并指示所述观众终端在所述显示单元上显示所述广告选择

屏幕。”

“13. 一种广告时段交易系统，包括：

观众终端，包括：用于显示广告选择屏幕的显示单元和用于指定是否选择在所述广告选择屏幕上显示的广告的指定装置；

广告商终端，用于为广告信息分配广告收看对价；以及

改变装置，包括：

广告信息数据库，用于分别存储多个广告信息以及对应于所述广告信息的广告收看对价；

匹配广告选择装置，用于根据给定的情况，从所述广告信息数据库中选择与所述观众终端的观众相匹配的广告信息以及对应于所述广告信息的广告收看对价信息；以及

广告选择屏幕产生装置，用于根据给定的信息产生广告选择屏幕并指示所述观众终端在所述显示单元上显示其上的所述广告选择屏幕，

其中所述改变装置进一步包括：

广告收看状态搜索装置，用于搜索关于所述观众终端的所述广告的收看记录信息；

修改装置，用于修改所述广告的所述广告收看对价以便以与需求和供给匹配的价格进行交易；以及

修改广告选择屏幕产生装置，用于产生对应于由所述修改装置修改的所述广告的所述广告收看对价的信息，并指示所述观众终端在所述显示单元的所述广告选择屏幕上实时显示所述信息。”

2005 年 5 月 11 日，经形式审查合格后，专利复审委员会受理了该复审请求，向复审请求人发出了复审请求受理通知书，并将本案送至原审查部门进行前置审查。原审查部门在前置审查意见书中坚持原驳回决定，具体理由为：本申请虽然涉及了计算机和网络技术，但其仅是在现有计算机和网络的基础上实现一种广告时段交易方法的运作，其中将广告作为通信系统中的信息数据进行传输和处理，而在对上述广告数据进行传输和处理的过程中并未产生有关数据传输和处理方面的任何有异于现有技术的改进，即其对现有技术作出的贡献仅仅是广告时段交易方法的非技术部分。本申请解决的不是技术问题，而是在广告交易中产生的商业问题。虽然复审请求人认为本申请是通过利用计算机技术更有效和更好地处理数据（即，广告），但本申请并不是通过对现有的数据处理技术进行改进而产生的更好地处理数据这一效果，而是通过对广告时段交易的运作而产生的能更有效和更好地交易广告的效果，即其对现有技术的贡献是非技术性的。

专利复审委员会本案合议组认真研究了国家知识产权局作出的驳回决定及其理由和复审请求人所提交的复审请求书，认为本案事实已经清楚，可以作出以下决定。

二、决定的理由

专利法第二十五条第一款中规定，智力活动的规则和方法不授予专利权。审查指南第二部分第一章第 3.2 节中对该条款的适用作出了具体规定。根据审查指南的内容，如果一项发明整体不是一种智力活动的规则和方法，但发明的一部分属于智力活动的规则和方法，该发明对于现有技术的贡献仅仅在于属于智力活动的规则和方法的部分，则应当将该发明视为智力活动，不授予专利权。这里，对此种申请不授予专利权的前提条件是该发明与现有技术进行比较后，该发明与现有技术之间的区别性部分，也就是现有技术中所没有披露的发明内容均属于智力活动内容。从审查指南的规定可以看出，审查员在得出整体上不是智力活动规则和方法的一项发明属于智力活动的规则和方法之前，首先应当举证现有技术，然后将该发明与现有技术方案进行比较，寻找出二者的区别，最后判断该发明中没有被现有技术所公开的内容是否全部都属于智力活动，如果该发明对于现有技术的贡献仅仅在于属于智力活动的规则和方法的部分，这时才可以引用专利法第二十五条规定驳回该发明专利申请。

在本案发明专利申请中，驳回决定所针对的权利要求书中包括以“广告时段交易系统”为主题的产品权利要求，即独立权利要求 1、13 及其从属权利要求，还包括以“广告时段交易方法”为主题的方法权利要求，即独立权利要求 7 以及其从属权利要求。由上述产品权利要求 1 和 13 中可知，所述广告时段交易系统包括：“广告商终端”“观众终端”“显示单元”“广告信息数据库”“指定装置”“改变装置”“匹配广告选择装置”“广告选择屏幕产生装置”“广告收看状态搜索装置”“修改装置”“修改广告选择屏幕产生装置”等多个结构特征，这些结构特征都是技术特征，明显不属于智力活动的规则和方法。同样，由上述方法权利要求 7 可知，所述广告时段交易方法包括：“通过在广告商终端中提供的分配装置，为广告信息分配广告收看对价”“通过显示单元显示所述广告信息，以及通过指定装置指定是否将收看分配了所述广告收看对价的广告信息”“当指定是否收看所述广告信息时，根据所述指定的结果，实时改变所述广告信息的广告收看对价”“在广告信息数据库中分别存储多个广告信息以及对应于所述广告信息的广告收看对价信息”“根据给定的情况，从所述广告信息数据库中选择与观看所述广告信息的观众相匹配的广告信息以及对应于所述广告信息的广告收看对价信息”“根据给定的信息产生广告选择屏幕并指示所述观众终端在所述显示单元上显示所述广告选择屏幕”等多个步骤，这些步骤本身涉及数据信息的传输存储和处理（例如，修改、选择、显示）以及软件界面的生成等多方面的技术内容，也不属于智力活动的规则和方法。

实质审查部门在驳回决定以及前置审查意见当中，均试图以上述权利要求中出现的计算机和网络技术均属于公知的现有技术，来说明本申请所谋求保护的方案未解决技术问题，因而属于智力活动的方法和规则。但是，在整个实质审查过程中，并没有对现有技术中的计算机和网络的技术方案进行举证，也没有将本发明所述广告时段交易系统当中的上述具体结构技术特征与现有技术的技术特征逐一进行比较，就作出了所有这些技术特征相对于现有技术没有贡献的结论。同样，也没有举证现有技术中的数据传输、存储和处理方法，没有将本发明所述广告时段交易方法当中所限定的上述各个具体步骤逐一地与现有技术的各个步骤进行比较，就断定本发明的方法所谋求保护的方案也全部属于智力活动的规则和方法。

由此可以看出，在针对本发明的实质审查程序中，第一，缺少举证与本发明上述系统和方法相关的现有技术的过程，第二，缺少将本发明上述系统和方法当中的各个技术特征与现有技术的技术特征逐一进行比较的过程，第三，缺少确定本发明上述系统和方法所谋求保护的方案与现有技术内容之间的区别内容的分析判断过程，第四，缺少判断该区别内容不包含任何技术内容或者不包含任何技术手段上的改进而仅属于“用于广告交易的商业实施方法及制度”这一智力活动的规则和方法的过程。综上，在针对本发明的实质审查程序中，实质审查部门仅仅因为本发明上述系统和方法被应用于广告时段交易领域，就作出了本发明的系统和方法属于专利法第二十五条所规定的情形的结论，而没有履行完整的举证与分析过程，对本发明的审查程序明显与审查指南所要求的审查程序不符。

三、决定

撤销国家知识产权局于 2004 年 12 月 10 日针对本申请所作出的驳回决定。

以复审请求人于 2005 年 3 月 24 日提交的权利要求书以及驳回决定所针对的说明书、附图、说明书摘要和摘要附图为依据，由实质审查部门继续进行审查程序。

145

图像验证设备、图像验证方法及图像验证程序案

复审请求审查决定（第8665号）

决　定　号　第8665号
决　定　日　2006年6月21日
发明创造名称　图像验证设备、图像验证方法及图像验证程序
国际分类号　G06F 3/00　G06F 9/44　G06F 7/08
复审请求人　佳能株式会社
专利申请号　03157523.4
申　请　日　2003年9月23日
公　开　日　2004年5月19日
合议组组长　黄毅斐
主　审　员　李　熙
参　审　员　哈雅坤

法律依据　专利法第二十五条第一款第（二）项
决定要点

本申请权利要求1~10均能够解决技术问题，采用了技术手段，并具有可预见的技术效果，因此，本申请不属于专利法第二十五条第一款第（二）项所规定的情形，属于专利法保护的客体。

一、案由

本复审请求涉及申请日为2003年9月23日、申请号为03157523.4. 名称为“图像验证设备、图像验证方法及图像验证程序”的发明专利申请（下称本申请），申请人为佳能株式会社，优先权日为2002年9月24日。

在实质审查过程中，国家知识产权局实质审查部门于2005年1月21日发出第一次审查意见通知书，指出：本申请权利要求1~18属于专利法第二十五条第一款第（二）项规定的不授予专利权的范围。

针对第一次审查意见通知书，申请人于2005年8月5日提交了意见陈述书，并提交了权利要求书替换页、说明书第1~2页替换页以及说明书摘要替换页，申请人陈述的理由主要是：首先，本申请的图像验证系统包括了进行图像验证所需要的硬件和软件，符合关于涉及计算机程序的发明的有关规定。其次，修改后的权利要求1~4的图像验证系统以及权利要求5~8的图像验证方法并非计算机中运行的控制分类处理和显示处理的程序，它们均属于可授予专利权的客体。

国家知识产权局实质审查部门于2005年9月23日对本申请作出了驳回决定。该驳回决定是针对申请人于申请日提交的说明书第3~6页、说明书附图第1~4页、摘要、摘要附图以及2005年8月5日提交的权利要求第1~8项、说明书第1~2页作出的，驳回理由主要是：权利要求1实质仍然是对

图像（仅作为数据）进行程序上的数据处理，虽然涉及图像，但却仅是对图像这种程序数据进行处理，与其他任何程序数据没有区别，因此，其实质仍然是一种计算机程序，仍然属于智力活动的范围，属于专利法第二十五条第一款第（二）项规定的智力活动。其他权利要求与上述情况相类似，也不能授予专利权。

申请人（下称复审请求人）对上述驳回决定不服，于2005年12月26日向专利复审委员会提出了复审请求，并提交了权利要求书的修改替换页，其复审理由主要是：1. 本申请解决了技术问题，采用了包括选择装置和控制装置的图像验证系统这样的技术手段，并能够达到“用户能够容易地了解对应于各图像文件内的图像数据的验证数据的类型”和“用户能够及时了解与所选择的图像文件相关的信息”的技术效果，因此本申请并非智力活动的规则和方法；2. 按照审查指南中关于“用于外部数据处理的涉及计算机程序的发明专利申请”的有关规定，本申请属于可给予专利保护的客体。

复审请求人提交的修改的权利要求书如下：

“1. 一种图像验证系统，包括：

选择装置，选择要验证的图像文件；和

控制装置，将由上述选择装置选择出的上述图像文件，分类到与包含在上述图像文件中的验证数据的类型对应的组，使用上述验证数据验证上述图像文件是否被改变，在与将上述图像文件进行了分类后的组对应的显示区域，显示关于上述图像文件的信息，

关于上述图像文件的信息，包括上述图像文件的验证结果。

2. 根据权利要求1所述的图像验证系统，

关于上述图像文件的信息，包括缩略图像、文件名、以及表示生成了上述图像文件的数字照相机中所固有的识别符的照相机ID中的至少一个。

3. 根据权利要求1或2所述的图像验证系统，

上述控制装置，在上述验证数据是使用公共密钥加密方式而生成的情况下，将上述图像文件组成第1组，在上述验证数据是使用公开密钥加密方式而生成的情况下，将上述图像文件组成第2组。

4. 根据权利要求1或2所述的图像验证系统，其特征在于：

上过控制装置，在上述显示装置显示属于各组的图像文件的总数。

5. 一种图像验证方法，包括：

选择步骤，选择要验证的图像文件；

分类步骤，将在上述选择步骤选择出的上述图像文件，分类到与包含在上述图像文件中的验证数据的类型对应的组；

验证步骤，使用上过验证数据验证上述图像文件是否被改变；以及

显示步骤，在与将上述图像文件进行了分类后的组对应的显示区域，显示关于上述图像文件的信息，

关于上述图像文件的信息，包括上述图像文件的验证结果。

6. 根据权利要求5所述的图像验证方法，关于上述图像文件的信息，包括缩略图像、文件名、以及表示生成了上述图像文件的数字照相机中所固有的识别符的照相机ID中的至少一个。

7. 根据权利要求5或6所述的图像验证方法，

在上述分类步骤，在上述验证数据是使用公共密钥加密方式而生成的情况下，将上述图像文件分类到第1组，在上过验证数据是使用公开密钥加密方式而生成的情况下，将上述图像文件分类到第2组。

8. 根据权利要求5或6所述的图像验证方法，在上述显示步骤，还显示属于对上述图像文件进

行了分类后的组的图像文件的总数。”

经形式审查合格，专利复审委员会受理了该复审请求，于2006年1月25日向复审请求人发出了复审请求受理通知书，并向国家知识产权局原实质审查部门发出了前置审查通知书。

在前置审查意见书中，国家知识产权局原实质审查部门坚持原驳回决定。

专利复审委员会本案合议组研究了国家知识产权局作出的驳回决定及复审请求人所提交的复审请求书，认为本案事实已经清楚，可以作出以下复审决定。

二、决定的理由

1. 依据的文本

经审查，复审请求人随复审请求书提交的权利要求书修改文本符合专利法第三十三条及实施专利法细则第六十条的规定，因此，本复审决定是以2005年12月26日提交的权利要求第1~8项，2005年8月5日提交的说明书第1~2页、说明书摘要，及2003年9月23日提交的说明书第3~6页、说明书附图第1~4页以及摘要附图为基础作出的。

2. 关于专利法第二十五条第一款第（二）项

专利法第二十五条第一款第（二）项规定：智力活动的规则和方法不授予专利权。审查指南第二部分第九章第2节中对“涉及计算机程序的发明专利申请的审查”作出了具体规定：如果一件涉及计算机程序的发明专利申请是为了解决技术问题，利用了技术手段和能够产生技术效果，就不应仅仅因为该发明专利申请涉及计算机程序而否定该发明专利申请属于可给予专利保护的客体。当一件涉及计算机程序的发明专利申请是为了解决技术问题，利用了技术手段和能够产生技术效果时，表明该专利申请属于可给予专利保护的客体。

（1）本申请的权利要求1请求保护一种图像验证系统。由于“在至今为止的图像验证系统中，没有考虑到简单并且容易使用的用户接口的系统”（参见本申请说明书第1页第12~13行），所以本申请在验证图像文件内的图像数据有无改变的系统中，“为用户提供一种简单并容易使用的用户接口”（参见本申请说明书第1页第15~16行），本申请解决的是技术问题。为了解决上述技术问题，权利要求1的技术方案包括有选择装置和控制装置，选择装置，用于选择要验证的图像文件；控制装置，用于将由上述选择装置选择出的上述图像文件，分类到与包含在上述图像文件中的验证数据的类型对应的组，使用上述验证数据验证上述图像文件是否被改变，在与将上述图像文件进行了分类后的组对应的显示区域，显示关于上述图像文件的信息。权利要求1中所限定的上述图像验证系统并不仅仅是计算机程序本身，其中采用了诸如文件选择、文件分类、数据验证、图像显示之类的技术手段。通过以上技术手段的实施，该权利要求1能够达到使用户容易地了解对应于各图像文件内的图像数据的验证数据的类型以及使用户能够及时了解与所选择的图像文件相关的信息的技术效果。因此，该权利要求1所请求保护的图像验证系统虽然涉及计算机程序，但是其能够解决技术问题、采用了技术手段并能够获得技术效果，不属于专利法第二十五条第一款第（二）项所规定的智力活动的规则和方法的范畴，属于专利法保护的客体。

（2）权利要求2~4从属于独立权利要求1，基于与上述相同的理由，它们也均采用了技术手段、能够解决技术问题并获得技术效果，从属权利要求2~4同样属于专利法保护的客体。

（3）权利要求5请求保护一种图像验证方法，由于现有的图像验证系统中没有简单并且容易使用的用户接口，所以权利要求5的技术方案旨在为用户提供一种简单易用的用户接口的图像验证方法，其解决的是技术问题。为了解决上述技术问题，权利要求5的技术方案包括有选择步骤、分类步骤、验证步骤和显示步骤这些方法流程，选择步骤，选择要验证的图像文件；分类步骤，将在上述选择步骤选择出的上述图像文件，分类到与包含在上述图像文件中的验证数据的类型对应的组；验证步骤，使用上过验证数据验证上述图像文件是否被改变；显示步骤，在与将上述图像文件进行了分类后的组对应的显示区域，显示关于上述图像文件的信息。权利要求1中所限定的上述图像验证方法步骤并不是凭借抽象的思维活动得出的，也不仅仅是计算机程序本身，其中采用了诸如文件选择、文件分类、数据验证、图像显示之类的技术手段。通过以上技术手段的实施，该权利要求5能够达到使用户容易地了解对应于各图像文件内的图像数据的验证数据的类型以及使用户能够及时了解与所选择的图像文件相关的信息的技术效果。因此，该权利要求5所请求保护的图像验证方法虽然涉及计算机程序，但是其能够解决技术问题、采用了技术手段并能够获得技术效果，不属于专利法第二十五条第一款第（二）项所规定的智力活动的规则和方法的范畴，属于专利法保护的客体。

（4）权利要求6～8从属于独立权利要求5，基于与上述相同的理由，它们也均采用了技术手段、能够解决技术问题并获得技术效果，从属权利要求6～8同样属于专利法保护的客体。

综上所述，本申请权利要求1～8均能够解决技术问题，采用了技术手段，并具有可预见的技术效果，因此，本申请权利要求1～8均属于专利法保护的客体，不属于专利法第二十五条第一款第（二）项规定的智力活动的规则和方法的情形。

至于本申请是否存在不符合专利法及其专利法实施细则的规定的其他缺陷，则需原实质审查部门在本决定的基础上继续审批。

三、决定

撤销国家知识产权局于2005年9月23日作出的驳回决定，由原实质审查部门在2005年12月26日提交的权利要求第1～8项，2005年8月5日提交的说明书第1～2页、说明书摘要，及2003年9月23日提交的说明书第3～6页、说明书附图第1～4页以及摘要附图的基础上继续进行审批程序。

光电子元件和制造方法案

复审请求审查决定（第8670号）

决 定 号 第8670号
决 定 日 2006年5月9日
发明创造名称 光电子元件和制造方法
国际分类号 H01L 31/0203、31/0232 33/00
复审请求人 奥斯兰姆奥普托半导体有限责任公司
专利申请号 01809280.2
申 请 日 2001年5月11日
公 开 日 2003年8月27日
合议组组长 马 昊
主 审 员 朱芳芳
参 审 员 周雷鸣

法律依据 专利法第二十二条第三款
决定要点

如果一项权利要求的技术方案同现有技术相比具有区别技术特征，现有技术对该区别技术特征也未给出任何技术启示，并且该区别技术特征使得该技术方案具有与现有技术相比更好的技术效果，则该项权利要求具备创造性。

一、案由

本复审请求涉及申请日为2001年5月11日、优先权日为2000年5月12日、公开日为2003年8月27日、发明名称为“光电子元件和制造方法”的发明专利申请，其申请号为01809280.2，申请人为奥斯兰姆奥普托半导体有限责任公司。

针对申请人原始提交的国际申请的中文译文，国家知识产权局实质审查部门于2004年5月14日发出第一次审查意见通知书，其中引用美国专利文献US4727457A（下称对比文件1，其公开日为1988年2月23日）和US5450513A（下称对比文件2，其公开日为1995年9月12日），并指出：独立权利要求1、10与独立权利要求16不符合专利法第三十一条有关单一性的规定；权利要求1~5、10、11不符合专利法第二十二条第三款有关创造性的规定；权利要求9、13不符合专利法第二十六条第四款的规定；权利要求2、4~10、12~14不符合专利法实施细则第二十条至第二十三条的规定。

申请人于2004年8月18日答复第一次审查意见通知书时，对原权利要求书、说明书和摘要进行修改，其中删除了原权利要求16~18，重新提交了新的权利要求1~17，同时提交了意见陈述书，指出：对比文件1描述了一种在一绝缘衬底上的光电元件，为了相对于该光电元件调节球形棱镜至规定的位置，在衬底的表面安装了一环形隔件，为了固定该球形棱镜，在该环形隔件和该棱镜之间的间隙中填满透明胶，与本发明不同，对比文件1中，在该透明层的顶部没有附加的粘接层；对比文件2中没有公开独立权利要求 10 的阳离子硬化环氧树脂，并认为对比文件 2 公开的“紫外照射从而使环氧树脂硬化”包括无照射的硬化机理的环氧树脂。

国家知识产权局实质审查部门于 2004 年 11 月 12 日依据本申请不符合专利法第二十二条第三款的规定对本申请作出了驳回决定，驳回针对的文本是：于 2004 年 8 月 18 日提交的权利要求第 1 ~ 17 项、说明书第 1 ~ 5 页、说明书摘要，进入中国国家阶段时提交的国际申请文件中的说明书附图第 1 ~ 2 页和摘要附图；其主要驳回理由是：（1）权利要求 12 和 13 相对于对比文件 1 和对比文件 2 不符合专利法第二十二条第三款有关创造性的规定；（2）对比文件 2 中（见说明书第 7 栏第 22 行至第 27 行）公开了在环氧树脂中加入紫外辐射引发剂 UVI – 6974，而本申请说明书中也提到：作为阳离子硬化的光引发剂，例如用 UVI6974（CIBA SC），因此对比文件 2 已经公开了阳离子硬化环氧树脂。其中驳回决定所针对的文本中的部分权利要求如下：

“ 12. 一种用于配合精确地粘贴光电子元件的透明部件的方法，有下列步骤：

将一阳离子引发的硬化环氧树脂的薄树脂层涂覆到所要粘贴的透明部件表面；

将其他透明部件在树脂层上安装和校正；

进行紫外线或光照射使树脂层硬化；

树脂层完全硬化。

13. 按权利要求 12 所述的方法，其特征在于，树脂层的完全硬化在高温下进行。”

申请人（下称复审请求人）对驳回决定不服，于 2005 年 2 月 18 日向专利复审委员会提出了复审请求，其复审请求的主要理由是：（1）紫外线照射硬化机理包括阳离子硬化和无照射硬化，术语“无照射”和“阳离子”涉及树脂的聚合反应，而“紫外线”则涉及引发剂的活化机理，而对比文件 1 涉及的是可硬化环氧树脂的紫外线，而在“无照射”和“阳离子”的硬化机理之间没有区别；（2）本申请的权利要求 12 中是“将一阳离子引发的硬化环氧树脂的薄树脂层涂敷到所要粘贴的透明部件表面，其优点是透明部件可以按简单的方法校准，这样就减少了制造光电元件的时间和费用；而对比文件 1 描述的是在由基片 1 的上表面 2 所限定的环形间隙 21 的整个内部间隙用粘接剂填满，这一方法的缺点是透镜的准确校正非常困难，对比文件 2 的技术方案是将粘接剂 14、14a 注射到漏斗形区域中，而不是按薄膜涂敷在要粘接的部件的表面上。

经形式审查合格，专利复审委员会受理了该复审请求，并于 2005 年 2 月 28 日发出了复审请求受理通知书及前置审查通知书。

在前置审查程序中，原审查部门仍坚持原驳回决定。

在此基础上，专利复审委员会成立合议组对本案进行了审理。合议组在审阅了全部文件后认为，本案事实已经清楚，可以作出审查决定。

二、决定的理由

1. 关于审查文本的认定

由于请求人在提交复审请求时未提交任何修改文本，因此，本复审决定依据的文本为驳回决定所依据的文本，即：于 2004 年 8 月 18 日提交的权利要求第 1 ~ 17 项、说明书第 1 ~ 5 页、说明书摘要；进入中国国家阶段时提交的国际申请文件中的说明书附图第 1 – 2 页和摘要附图。

2. 关于专利法第二十二条第三款

专利法第二十二条第三款规定：创造性，是指同申请日以前已有的技术相比，该发明有突出的实质性特点和显著的进步。

如果一项权利要求的技术方案同现有技术相比具有区别技术特征，现有技术对该区别技术特征也未给出任何技术启示，并且该区别技术特征使得该技术方案具有与现有技术相比更好的技术效果，则该项权利要求具备创造性。

在本决定中引用原实质审查部门在驳回决定中所引用的对比文件 1 和对比文件 2 作为现有技术，即：

对比文件 1：US4727457A，公开日为 1988 年 2 月 23 日；

对比文件 2：US5450513A，公开日为 1995 年 9 月 12 日，

其中，对比文件 1 作为最接近的现有技术。

（1）关于独立权利要求 12 的创造性

独立权利要求 12 请求保护一种用于配合精确地粘贴光电子元件的透明部件的方法，其包含下列步骤：a. 将一阳离子引发的硬化环氧树脂的薄树脂层涂覆到所要粘贴的透明部件表面；将其他透明部件在树脂层上安装和校正；b. 进行紫外线或光照射使树脂层硬化；c. 树脂层完全硬化。

对比文件 1（参见说明书第 2 栏第 34 行至第 4 栏第 38 行以及说明书附图 1－2）公开了一种表面安装光电子器件的方法，并具体公开了下述技术特征：基版 1 上安装在光电子元件 20，借助于填充在由基板 1 的上表面所限定的环形间隙 21 的内部空间的透明胶 22，将球形透镜 40（相当于独立权利要求 12 中的“其他透明部件”）相对于光电子元件 20 固定，并且使得光电子元件 20 的发光轴尽可能地通过球形透镜的中心（相当于将独立权利要求 12 中的“安装和校正”），其中，透明胶 22 硬化后即形成了粘接层。

独立权利要求 12 请求保护的技术方案与对比文件 1 公开的技术方案相比，其区别在于：a. 将阳离子引发的硬化环氧树脂的薄树脂层涂敷在所要粘贴的透明部件表面；c. 进行紫外线或光照射使树脂层硬化；d. 树脂层完全硬化。

对比文件 2（参见说明书第 3 栏第 12 行至第 8 栏第 3 行以及附图 1－4）公开了一种经硅烷处理的光学部件，并具体公开了下述技术特征：将含有光引发剂 UVI－6974 的 UV 可硬化环氧树脂粘接剂 14/14a 注入到光学试管 6 的漏斗形区域 6a 和 6g 中以及孔 15 内，然后对其进行紫外线照射以便于硬化环氧树脂，并且使其粘住覆盖漏斗区域 6a 和 6g 的玻璃表面的表面预处理层 12 和未被覆盖的光学纤维部分 2a 和 2a’与 4a 和 4a’。

虽然对比文件 2 公开了上述区别技术特征 c 和 d，但未公开将环氧树脂粘接剂作成薄树脂层来涂敷到光学元件表面，而是通过将其注入到漏斗形区域来实现与试管和光学纤维的接触粘接，即未公开上述区别技术特征 a。

本发明申请实际所要解决的技术问题为：克服现有技术中由于用于塑料层的透明填料硬化时间长（通常达数十分钟和数小时）而导致诸如透镜的光学元件必须在硬化期间相对于基座保持定位，从而使得光学元件的准确校正非常困难的技术缺陷。本申请的发明目的是：提供一种可以简单、精确地固定光学元件的方法。

独立权利要求 12 请求保护的技术方案正是通过上述区别技术特征 a，即通过涂敷在透明部件表面的环氧树脂薄层来固定诸如透镜的光学元件，由于环氧树脂薄层在紫外线照射下的硬化时间极短（通常几秒钟）来简单、精确地校正光电子元件的光学元件，而不需要透镜保持长时间的定位，因此显著节省了工艺时间。然而，对比文件 1 公开的技术内容为本发明申请的现有技术，即采用填充在由基板 1 的上表面所限定的环形间隙 21 的内部空间的透明胶 22 来实现透镜相对于光电子元件 20 的固定，因此存在校正复杂和工艺时间长的技术问题；而在对比文件 2 中，环氧树脂粘接剂仅起到粘接作用，以增强光学元件与光学纤维的附着性。由此可知，对比文件 1 和 2 都没有公开上述区别技术特征 a，也没有给出利用在透明部件上涂敷的环氧树脂薄层固定光电子元件的光学元件从而实现简单、精确、快速地校正光电子元件的光学元件的启示。因此，独立权利要求 12 与对比文件 1 和 2 相比，具

有区别技术特征，且对于该区别技术特征，对比文件1和2均未给出任何技术启示，同时该区别技术特征的存在使得独立权利要求12请求保护的技术方案具有区别于现有技术的有益效果，因此，独立权利要求12相对于对比文件1和2具有突出的实质性特点和显著的进步，从而具备专利法第二十二条第三款规定的创造性。

（2）关于从属权利要求13的创造性

从属权利要求13是独立权利要求12的从属权利要求，由于独立权利要求12具备创造性，则对其作进一步限定的从属权利要求13同样具备创造性。

综上所述，合议组认为：复审请求人于2004年8月18日提交的权利要求12、13相对于对比文件1和2符合专利法第二十二条第三款有关创造性的规定。至于本申请是否还存在其他缺陷，有待后续程序进一步审查。

基于上述理由，合议组作出下述决定。

三、决定

撤销国家知识产权局于2004年11月12日对申请号为01809280.2的专利申请作出的驳回决定，由原审查部门以驳回决定所依据的文本，即请求人于2004年8月18日提交的权利要求第1~17项、说明书第1~5页、说明书摘要以及进入中国国家阶段时提交的国际申请文件中的说明书附图第1~2页和摘要附图作为审查基础，继续审批程序。

147

隐藏型密码编码与识别方法案

复审请求审查决定（第8672号）

决　定　号　第8672号
决　定　日　2006年5月26日
发明创造名称　藏型密码编码与识别方法
国际分类号　06F 17/30　G06K 9/18
复审请求人　蔡长林
申　请　号　03135416.5
申　请　日　2003年7月15日
合议组组长　黄毅斐
主　审　员　傅　玉
参　审　员　詹靖康

法律依据　专利法第二十五条
决定要点

本申请并不仅仅是单纯的信息表述方法，其是为了解决密码操作使用时易被窥窃或破译的技术问题，采用设置特定的密码编码规则、进行从干扰数据密码中分离正码的编码数据处理、并实现对数据的比较和识别的技术手段，产生了计算机输入键盘的输入速度提高和防窃视的技术效果。因此，本申请属于可给予专利保护的客体。

一、案由

本复审请求涉及国家知识产权局于2005年4月29日驳回的、申请号为03135416.5、名称为“隐藏型密码编码与识别方法”的发明专利申请（下称本申请），申请人为蔡长林。

针对申请人于申请日提交的申请文本，国家知识产权局实质审查部门于2004年12月31日发出第一次审查意见通知书，指出，本申请的权利要求1~9属于一种信息表述方法，属于专利法第二十五条第一款第（二）项规定的智力活动的规则和方法，不能被授予专利权。

申请人于2005年1月14日提交了意见陈述书，认为：（1）权利要求1~9的技术方案解决了密码操作使用时易被窥窃或破译的技术问题，产生了技术效果，不属于纯粹的信息表达方式；（2）密码编码虽然是人为规定，但利用了公知计算机处理编码数据，从用户的带干扰数据的密码中分离出正码，判定其合法身份而使密码在输入操作中不被窥窃或破译，获得了技术效果。

经上述审查程序，针对本申请的原始申请文本，国家知识产权局于2005年4月29日以本申请属于专利法第二十五条第一款第（二）项规定的不授予专利权的范围为由作出驳回决定。

驳回理由主要为：（1）权利要求1仅仅涉及一种密码的编码规则与识别方法，该方法依赖于人的主观思维活动，仅仅是按人为制定的规则对数字/字母字符串进行排列组合，因此这种方法本身属于一种信息表述方法，从属权利要求2~9也属于信息表述方法；

（2）本申请没有涉及硬件结构、功能的改变，因此不是利用自然规律和自然力的技术方案；（3）本申请产生的效果没有涉及任何物理实体技术属性的改善，因此不具有技术含义，不是遵循自然规律的技术效果。

驳回决定所针对的权利要求书的内容如下：

“1. 隐藏型密码编码与识别方法，包括以下步骤：

（1）每一组密码分为三部分：正码、副码和干扰码，正码即计算机认可的真正密码，由数字或字母组成；干扰码是用户在输入正码的过程中同时随机输入的数据；副码由数字或字母组成，用来识别正码在带有干扰码数据的密码中的位置，正码、副码和副码使用规则均事先存入计算机数据库中，

（2）使用时，用户向计算机输入一组带干扰数据的密码。

（3）计算机从数据库中查找出该用户的正码和副码。

（4）计算机通过数据库中的副码以及副码使用规则，从用户输入的带干扰数据的密码中分离出正码。

（5）将用户输入的已分离出的正码，与数据库中原存有的正码进行比较，由此判定用户身份的合法性。

2. 根据权利要求1所述的方法，其特征在于正码字符串可分为若干组，集中或分散隐藏在干扰码之中。

3. 根据权利要求1所述的方法，其特征在于副码数据或字符串可分为若干组，可集中或分散使用。

4. 根据权利要求1或3所述的方法，其特征在于副码的使用规则有两大类，一类是副码要出现在带干扰数据的密码中；另一类是副码不出现在带干扰数据的密码中。

5. 根据权利要求4所述的方法，其特征在于副码出现在带干扰数据的密码中，副码可以重复出现，正码分为若干组，每一组正码紧跟在副码后面或副码前面或夹在一对副码中间，其他位置是干扰数据。

6. 根据权利要求4所述的方法，其特征在于副码不出现在带干扰数据的密码中，副码由几组数据构成，正码与副码都各自分为相同的组数，每一组副码的值是一个数，它限定了每一组正码子串前面随机输入的干扰数据的个数。

7. 根据权利要求1所述的方法，其特征在于每个用户可以拥有两个正码，一个是常用正码，另一个是报警码，两个正码的使用方法相同，但每次只能使用一个正码，一旦使用报警码，计算机系统会自动启动秘密监控和警报装置。

8. 根据权利要求1所述的方法，其特征在于将密码的长度存入计算机，用户向计算机输入一组带干扰数据的密码后，计算机判断密码长度是否达到规定长度，如果没有达到规定长度，则视为不合法。

9. 根据权利要求1所述的方法，其特征在于用户通过密码认证进入计算机系统后，用户修改正码、副码采用所述带干扰数据的密码编码方法。”

申请人（下称请求人）对上述驳回决定不服，于2005年7月6日向专利复审委员会提出复审请求，其复审理由主要是：（1）权利要求1除了涉及密码的编码规则外，还涉及计算机对密码数据的处理，因此不属于纯粹的信息表达方式；（2）本申请虽然没有涉及硬件结构的改变，但利用了自然力和自然规律，硬件结构的改变并不是授予专利权的必要条件；（3）本申请涉及了硬件功能的改变，即涉及物理实体技术属性的改善，使计算机输入键盘的输入速度和防窃视的属性显著提高，产生了遵循自然规律的技术效果。

经形式审查合格后，专利复审委员会于2005年9月6日发出了复审请求受理通知书和前置审查通知书。国家知识产权局原实质审查部门经过前置审查后仍然坚持原驳回决定，其主要理由是：（1）权利要求1确实涉及了计算机程序，但其作用是根据编码规则与识别方法进行编程，对密码进行识别处理，程序只是编码规则的一种表现形式，并不影响本发明的实质仅仅是一种编码方法本身；（2）本发明仅仅涉及密码的编码规则与识别方法本身，没有涉及与硬件设备的有机结合，更没有对硬件设备整体上的结构或性能产生影响；（3）请求人所声称的“键盘输入速度和防窃视属性”不能利用自然规律进行量化表示，显然不是键盘本身的技术属性，权利要求1所述方案请求保护的仅仅是编码方法本身，不可能影响到键盘的属性，因此不能接受。

专利复审委员会依法成立合议组对本案进行审理。

合议组经合议审查后认为本案事实已经清楚，可以依法作出审查决定。

二、决定的理由

1. 决定针对的文本

由于请求人在提交复审请求时未修改申请文件，因此，复审决定所依据的文本是驳回决定依据的文本，即请求人于2003年7月15日提交的说明书第1~7页、附图第1~2页、权利要求第1~9项、说明书摘要及摘要附图。

2. 关于智力活动的规则和方法

根据专利法第二十五条第一款第（二）项的规定，对智力活动的规则和方法不授予专利权。因此，如果涉及计算机程序的发明专利申请的方案仅在于执行智力活动的规则和方法，则其不属于专利法保护的客体，例如，该方案仅仅是执行一种算法或数学计算规则。但是，当涉及计算机程序的发明专利申请构成技术方案时，其属于专利法保护的客体，例如，执行计算机程序的目的解决了技术问题，在计算机上运行计算机程序从而对外部或内部对象进行了控制或处理所反映的是遵循自然法则的技术手段，并且由此获得了符合自然规律的技术效果。

合议组认为，本申请权利要求1~9请求保护的是一种隐藏型密码编码与识别方法，其要求保护的方案并不仅仅涉及人为制定的密码的编码规则（例如，副码使用规则），而且还包括了利用计算机从输入的带干扰数据的密码中分离出正码的编码数据处理、以及与数据库中原存有的正码比较来判定用户身份合法性的比较识别的技术特征，解决了用户在密码操作使用时容易被窥窃或破译的技术问题，并由此获得了在密码输入时计算机输入键盘的输入速度提高和防窃视的技术效果，因而权利要求1~9并不仅仅是纯粹的信息表述方法。

另外需要指出的是，涉及计算机程序的发明专利申请并不要求对执行计算机程序的硬件结构作出改进，这也正是该类申请的特点之一，因此并不能以硬件结构是否有改变作为判断该类申请是否属于专利保护客体的依据。

综上所述，本发明专利申请利用了技术手段，解决了技术问题，并获得了技术效果，不属于专利法第二十五条规定的不授予专利权的范围。

三、决定

撤销国家知识产权局于2005年4月29日作出的驳回03135416．5号发明专利申请的决定，由实质审查部门以驳回决定依据的文本继续进行审批程序。

148

磁记录元件、磁存储器、磁记录方法、用于制作磁记录元件的方法以及用于制作磁存储器的方法案

复审请求审查决定（第8673号）

决　定　号　第8673号
决　定　日　2006年6月22日
发明创造名称　磁记录元件、磁存储器、磁记录方法、用于制作磁记录元件的方法以及用于制作磁存储器的方法
国际分类号　G11C 11/15
复审请求人　北海道大学
申　请　号　2120239.7
申　请　日　2002年5月21日
公　开　日　2002年12月25日
合议组组长　张美菊
主　审　员　傅　玉
参　审　员　贾彦飞

法律依据　专利法第二十二条第三款
决定要点

在权利要求中存在着区别于现有技术的技术特征，该区别技术特征既不是本领域普通技术人员惯用的技术手段，也不能从现有技术中得到技术启示，并且为该权利要求带来了有益效果，则该权利要求所述的技术方案相对于现有技术而言是非显而易见的，具有突出的实质性特点和显著的进步，符合专利法第二十二条第三款的规定，具备创造性。

一、案由

本复审请求涉及国家知识产权局于2005年7月8日驳回的、申请号为02120239.7.名称为“磁记录元件、磁存储器、磁记录方法、用于制作磁记录元件的方法以及用于制作磁存储器的方法”的发明专利申请（下称本申请），申请人为北海道大学，优先权日为2001年5月21日。

针对申请人于申请日提交的申请文本，国家知识产权局实质审查部门于2004年12月10日发出第一次审查意见通知书，指出，本申请的权利要求1~10，14~17相对于对比文件1（CN1083250A，公开日：1994年3月2日）不具备专利法第二十二条第三款规定的创造性，权利要求11、18相对于对比文件1和对比文件2（CN1244017A，公开日：2000年2月9日）不具备专利法第二十二条第三款规定的创造性，权利要求12，13不符合专利法实施细则第二十条第一款的规定。

申请人于2005年4月22日提交了意见陈述书和修改后的权利要求书，并指出：(1) 根据对比文件1，薄膜层43和47的磁化形成为平行于所述层的表面，因此，层43和47的磁化之间的相对位置

关系不同于平面内磁化的相对位置，在对比文件1中，在薄膜层中不产生垂直磁化；（2）修改后的权利要求12清楚限定了保护范围，克服了第一次审查意见通知书指出的缺陷。

国家知识产权局原实质审查部门依旧认为对比文件1公开了第一磁膜和第二磁膜之间的垂直磁化，并于2005年7月8日以本申请权利要求1～11，14～18不符合专利法第二十二条第三款的规定为由作出驳回决定。驳回决定所针对的权利要求书的内容如下：

"1. 一种磁记录元件，包括：

第一磁膜，用于通过外部磁场生成旋转涡流，以及

第二磁膜，在所述第一磁膜上，在其中央具有实质上垂直于其表面的磁化。

2. 如权利要求1所述的磁记录元件，其中所述第一磁膜以圆盘形形成。

3. 如权利要求1所述的磁记录元件，其中所述第一磁膜由坡莫合金组成。

4. 如权利要求1所述的磁记录元件，其中所述第一磁膜的直径被设置在0.05－50μm范围内。

5. 如权利要求1所述的磁记录元件，其中所述第一磁膜的厚度被设置为1μm或以下。

6. 如权利要求1所述的磁记录元件，其中所述第二磁膜由Co组成。

7. 如权利要求1所述的磁记录元件，其中所述第二磁膜的厚度被设置为1μm或以下。

8. 如权利要求1所述的磁记录元件，进一步包括在所述第一磁膜和所述第二磁膜之间的绝缘膜。

9. 如权利要求8所述的磁记录元件，其中所述绝缘层的厚度设置在1－10nm范围内。

10. 一种磁存储器，包括如权利要求1－9中任何一个所述的多个磁记录元件，所述多个磁记录元件被配置在平面中一指定基片上。

11. 如权利要求10所述的磁存储器，进一步包括配置一些导线以便分别环绕所述磁记录元件。

12. 一种磁记录方法，包括步骤：

在平面中在一指定基片上配置多个如权利要求1－9中任何一个所述的磁记录元件，

在所述基片上配置许多导线以便分别环绕所述磁记录元件，

在正向方向上，在至少一根导线中流过电流以生成正向的旋转涡流，并因此在至少一个所述磁记录元件中生成一正向磁化，以及

在所述正向磁化上可磁化地写入指定数据。

13. 如权利要求12所述的磁记录方法，进一步包括步骤：

在所述至少一根导线中在与所述正向方向相反的反向方向中流过电流，以便生成反向向后的旋转涡流并因此在所述至少一个磁记录元件中生成反向的磁化，该磁化与所述正向的磁化相反，以及

在所述反向磁化上可磁化地重新写入所述已经写入的数据。

14. 一种用于制作磁记录元件的方法，包括步骤：

在指定基片上均匀地形成电阻膜，

暴露并扩展所述电阻膜来制作具有孔的抗蚀图，在该孔处，所述基片的主表面被暴露，以及

经所述抗蚀图，依次形成通过外部磁场生成旋转涡流的第一磁膜以及具有垂直于其表面的磁化的第二磁膜，来制作在所述孔内包括所述第一磁膜和所述第二磁膜的磁记录元件。

15. 如权利要求14所述的制作方法，进一步包括在所述第一磁膜和所述第二磁膜之间形成一绝缘层的步骤。

16. 一种用于制作磁存储器的方法，包括步骤：

在指定基片上均匀地形成电阻膜，

暴露并扩展所述电阻膜，来制作具有多个孔的抗蚀图，在这些孔处，所述基片的主表面被暴露，以及

经所述抗蚀图，依次形成通过外部磁场生成旋转涡流的第一磁膜以及具有在其中央垂直于其表面的磁化的第二磁膜，来分别制作在所述孔内包括所述第一磁膜和所述第二磁膜的多个磁记录元件。

17. 如权利要求16所述的制作方法，进一步包括在所述第一磁膜和所述第二磁膜之间形成一绝缘层的步骤。

18. 如权利要求16所述的制作方法，进一步包括形成许多导线以便分别环绕所述磁记录元件的步骤。”

申请人（下称请求人）对上述驳回决定不服，于2005年10月24日向国家知识产权局专利复审委员会提出复审请求，其复审理由主要是：（1）根据对比文件1，薄膜层43和47的磁化方向形成得与所述层的表面平行，即在平面内磁化薄膜层，结果，所述薄膜层与所述层的表面不具有垂直的磁化方向；（2）对比文件2并没有教导使用围绕磁记录元件的导线的电流流动方法。

经形式审查合格后，专利复审委员会于2005年12月1日发出了复审请求受理通知书和前置审查通知书。国家知识产权局实质审查部门经过前置审查后仍然坚持原驳回决定。

专利复审委员会依法成立合议组对本案进行审理。

合议组经合议审查后认为本案事实已经清楚，可以依法作出审查决定。

二、决定的理由

1. 决定针对的文本

由于请求人在提交复审请求时未修改申请文件，因此，复审决定所依据的文本是驳回决定依据的文本，即请求人于申请日提交的说明书第1~7页、附图第1~3页、说明书摘要、摘要附图以及2005年4月22日提交的权利要求第1~18项。

2. 关于创造性的问题

（1）独立权利要求1请求保护一种磁记录元件，包括：第一磁膜，用于通过外部磁场生成旋转涡流，以及第二磁膜，在所述第一磁膜上，在其中央具有实质上垂直于其表面的磁化。但是，对比文件1公开了一种磁阻传感器（参见图2，说明书第6页第2段），并公开了特征：一个MR传感器30包含有一个诸如玻璃、陶瓷或半导体之类的合适的衬底31；在它的上面淀积上一层软铁磁材料的第一薄膜层33（相当于第一磁膜）、一层非磁性金属材料的薄膜层35和一层铁磁材料的第二薄膜层37（相当于第二磁膜）；两个铁磁材料层33、37的磁化方向在不存在外加磁场的情况下取向如图中的箭头32和38所示，相互间有着约90度的夹角。从图2中可以看出，是在铁磁材料层33、37的表面平面内磁化薄膜层，其中所述的约90度的夹角指的是在铁磁材料层33、37的表面平面内的磁化方向约90度的夹角，铁磁材料层37的磁化方向是平行于铁磁材料层37的，而不是铁磁材料层37具有与铁磁材料层37平面的垂直方向上的磁化。因此特征第二磁膜“在其中央具有实质上垂直于其表面的磁化”并没有在对比文件1中公开，本领域普通技术人员也不能从对比文件1的其他部分中得到技术启示，而且也没有证据表明该特征是本领域普通技术人员惯用的技术手段，因而，权利要求1所述的技术方案相对于对比文件1而言是非显而易见的。此外，权利要求1的技术方案通过采用该特征，改进了磁记录元件由于如MR比率不够满意而导致需要读出数据“0”和“1”的要求，从而实现了实际可用的MRAM，上述区别特征为权利要求1的技术方案带来了有益的技术效果。综上所述，权利要求1的技术方案具有突出的实质性特点和显著的进步，符合专利法第二十二条第三款有关创造性的规定。

（2）权利要求2~9是独立权利要求1的从属权利要求，由于权利要求1相对于对比文件1具备创造性，故权利要求2~9也相对对比文件1具备创造性，符合专利法第二十二条第三款的规定。

（3）独立权利要求10请求保护一种磁存储器，包括如权利要求1~9中任何一个所述的多个磁记录元件，由于权利要求1~9所要求保护的磁记录元件相对于对比文件1具备创造性，那么，包含了权利要求1~9的装置的磁存储器也相对于对比文件1具备创造性，故权利要求10相对于对比文件1具备创造性，符合专利法第二十二条第三款的规定。

（4）权利要求11是独立权利要求10的从属权利要求，其附加技术特征为：进一步包括配置一些导线以便分别环绕所述磁记录元件。对比文件2的权利要求7虽然公开了如下技术特征：一种磁存储器器件，包括写入导线，所述写入导线包括以第一方向对中且最靠近所述第一铁磁层的第一导体段和以基本上与第一方向正交的第二方向对中且最靠近所述第二铁磁层的第二导体段（相当于权利要求11的附加技术特征）。但对比文件2并没有公开特征第二磁膜“在其中央具有实质上垂直于其表面的磁化”，本领域普通技术人员也不能从对比文件2中得到相应的技术启示，因此，权利要求11相对于对比文件1和对比文件2的结合具备创造性，符合专利法第二十二条第三款的规定。

（5）独立权利要求14请求保护一种用于制作磁记录元件的方法，其是与权利要求1相对应的方法权利要求，参见上述对权利要求1的评述，由于特征“具有垂直于其表面的磁化的第二磁膜”并没有在对比文件1中公开或给出技术启示，而且也无证据表明该特征是本领域普通技术人员惯用的技术手段，因此本领域普通技术人员不经过创造性劳动无法得到权利要求14所限定的技术方案，即，权利要求14相对对比文件1具备创造性，符合专利法第二十二条第三款有关创造性的规定。

（6）权利要求15是独立权利要求14的从属权利要求，由于权利要求14相对对比文件1具备创造性，故权利要求15也相对对比文件1具备创造性，符合专利法第二十二条第三款的规定。

（7）独立权利要求16请求保护一种用于制作磁存储器的方法，其各步骤分别与权利要求14的特征相对应，因此特征“具有在其中央垂直于其表面的磁化的第二磁膜”也没有在对比文件1中公开或给出技术启示，而且也没有证据表明该特征是本领域普通技术人员惯用的技术手段，因此本领域普通技术人员不经过创造性劳动无法得到权利要求16所限定的技术方案，即，权利要求16相对对比文件1具备创造性，符合专利法第二十二条第三款有关创造性的规定。

（8）权利要求17是独立权利要求16的从属权利要求，由于权利要求16相对对比文件1具备创造性，故权利要求17相对对比文件1也具备创造性，符合专利法第二十二条第三款的规定。

（9）权利要求18是独立权利要求16的从属权利要求，其附加技术特征为：进一步包括形成许多导线以便分别环绕所述磁记录元件的步骤。虽然对比文件2的权利要求7公开了如下技术特征：一种磁存储器器件，包括写入导线，所述写入导线包括以第一方向对中且最靠近所述第一铁磁层的第一导体段和以基本上与第一方向正交的第二方向对中且最靠近所述第二铁磁层的第二导体段（相当于权利要求18的附加技术特征）。但对比文件2并没有公开特征“具有在其中央垂直于其表面的磁化的第二磁膜”，本领域普通技术人员也不能从对比文件2中得到相应的技术启示，因此，权利要求18相对于对比文件1和对比文件2的结合具备创造性，符合专利法第二十二条第三款的规定。

综上所述，国家知识产权局原实质审查部门针对本申请所作出的驳回决定中所依据的理由不成立。

至于本申请中是否存在其他不符合专利法和专利法实施细则规定的问题，由后续程序继续审查。

三、决定

撤销国家知识产权局于2005年7月8日作出的驳回02120239.7号发明专利申请的决定，由国家知识产权局原实质审查部门以驳回决定依据的文本继续进行审批程序。

149

平面阴极射线管用张力罩总成案

复审请求审查决定（第8676号）

决　　定　　号　第8676号
决　　定　　日　2006年6月27日
发明创造名称　平面阴极射线管用张力罩总成
国 际 分 类 号　H01J 29/07
复 审 请 求 人　LG电子株式会社
专 利 申 请 号　00117941.1
申　　请　　日　2000年6月1日
公　　开　　日　2000年12月6日
合 议 组 组 长　崔哲勇
主　　审　　员　杜　宇
参　　审　　员　朱芳芳

法 律 依 据　专利法第二十二条第三条
决 定 要 点

复审请求人补充入权利要求1中的技术特征在对比文件中没有公开，且对比文件没有给出相应的技术启示，同时该新补入的技术特征产生了有益的技术效果，因此权利要求1相对于对比文件具有突出的实质性特点和显著的进步，具备创造性。

一、案由

本复审请求案涉及申请日为2000年6月1日、优先权日为1999年6月1日、发明名称为“平面阴极射线管用张力罩总成”的、申请号为00117941.1的发明专利申请（下称本申请），申请人为LG电子株式会社。

在实质审查过程中，国家知识产权局实质审查部门于2003年6月20日发出第一次审查意见通知书，主要指出：本申请的权利要求1~6均不具备专利法第二十二第三款所规定的创造性。并引用了以下对比文件：

对比文件1：JP平10-302662A，其公开日为1998年11月13日；

对比文件2：JP平9-82232A，其公开日为1997年3月28日；

对比文件3：JP平9-82237A，其公开日为1997年3月28日；

对比文件4：US5111107A，其公开日为1992年5月5日。

申请人于2003年11月6日提交了第一次意见陈述书以及修改文本，并指出对比文件1是本申请的背景技术，对比文件2、3不涉及张力荫罩型CRT，对比文件4公开了本申请的现有技术，修改后权利要求1~7具备创造性。新修改的权利要求书如下：

“1. 一种用于平面阴极射线管的张力罩总成，其包括：一个张力罩，该张力罩被设在与一个荧光屏面内侧形成的荧光面相距一定间隔的位置并用于鉴别电子束的颜色；形成在上述张力罩的有效面上的、具有沟槽或圆点形状的、用作电子束穿透孔的格栅孔；通过在上述张力罩的长边和短边两端施加一个预定张力而受到支撑的一条轨道；一个支架，该支架被包括在一个支撑弹簧和一个阻尼线中、具有设在所述张力罩附近的一个顶壁、与所述张力罩相对地设置的底壁、以及侧壁，该支架通过沿着与所述轨道交叉的一个方向设置，而支撑所述轨道的两端，所述张力罩总成还包括：

一个张力调节部件，该张力调节部件沿着所述支架的一个外壁的纵向方向延伸并且具有比所述支架的热膨胀系数更大的热膨胀系数。

2. 根据权利要求1的张力罩总成，其中所述张力调节部件的一个内表面或一个出口表面包括用于固定上述支撑弹簧的弹簧固定部和用于固定上述阻尼线和支架固定部。

3. 根据权利要求1~2中任一权利要求的张力罩总成，其中所述张力调节部件的沿着一个长度方向的中心部被保持在相对于上述支架的一个中心部位的一个位置。

4. 根据权利要求1的张力罩总成，其中所述支架的热膨胀系数是1.2×10 -5 mm/℃，上述张力调节部件的热膨胀系数是2.0×10 -5 mm/℃。

5. 一种用于平面阴极射线管的张力罩总成，其包括：一个张力罩，该张力罩被设在与一个荧光屏面内侧形成的荧光面相距一定间隔的位置并用于鉴别电子束的颜色；形成在上述张力罩的有效面上的、具有沟槽或圆点形状的、用作电子束穿透孔的格栅孔；通过在上述张力罩的长边和短边两端施加一个预定张力而受到支撑的一条轨道；一个支架，该支架被包括在一个支撑弹簧和一个阻尼线中、具有设在所述张力罩附近的一个顶壁、与所述张力罩相对地设置的底壁、以及侧壁，该支架通过沿着与所述轨道交叉的一个方向设置，而支撑所述轨道的两端，所述张力罩进一步包括：

一个张力调节部件，该张力调节部件沿着所述支架的一个内壁的纵向方向延伸并具有比所述支架的热膨胀系数低的一个热膨胀系数。

6. 根据权利要求5的张力罩总成，其中所述张力调节部件的一个内表面或一个出口表面包括用于固定上述支撑弹簧的弹簧固定部和用于固定上述阻尼线和支架固定部。

7. 根据权利要求5或6的张力罩总成，其中所述张力调节部件的沿着一个长度方向的中心部被保持在相对于上述支架的一个中心部位的一个位置。”

经审查后，原实质审查部门没有接受申请人的观点，于2004年1月9日作出了驳回本申请的决定。驳回决定中主要指出：

对比文件1公开了一种平面阴极射线管用张力罩总成，权利要求1所要求保护的张力罩总成与对比文件1公开的张力罩总成相比，其区别在于：将张力调节部件设置在支架外壁上。也就是说权利要求1与对比文件1的张力罩总成的区别仅在于张力调节部件在支架上的位置不同。而本领域普通技术人员完全可以根据需要，将张力调节部件设置在支架长度方向的底壁或侧壁等合适的位置，根本无需付出创造性劳动。

此外，如对比文件2、对比文件3公开了将与支架不同热膨胀系数的基板设置在支架的不同壁上，由此可知，权利要求1与对比文件1和2相比，不具有突出的实质性特点和显著的进步，其所要求保护的技术方案不符合专利法第二十二条第三款有关创造性的规定。

对比文件1公开了权利要求2和3的附加技术特征，因此当它们所引用的权利要求不具备创造性时，上述权利要求也不符合专利法第二十二条第三款有关创造性的规定。

对比文件1公开了权利要求4的附加技术特征，因此权利要求4也不符合专利法第二十二条第三款有关创造性的规定。

基于与评价独立权利要求1完全相同的理由，权利要求5不具有突出的实质性特点和显著的进步，其所要求保护的技术方案不符合专利法第二十二条第三款有关创造性的规定。

对比文件1公开了权利要求6和7的附加技术特征，因此当它们所引用的权利要求不具备创造性时，上述权利要求也不符合专利法第二十二条第三款有关创造性的规定。

申请人（下称复审请求人）对上述驳回决定不服，于2004年4月19日向专利复审委员会提出了复审请求，其复审理由主要是：对比文件1披露了一种CRT张力罩，其中的张力调节部件位于支架的一个脚壁中，其属于本申请中提到的现有技术；对比文件2和3所涉及的是具有似球面的显像管阴罩的CRT，对比文件2和3不涉及张力罩类型的CRT，它们与本发明完全不相同；对比文件4所公开的也属于本发明的背景技术中提到的现有技术，即对比文件4所公开的张力控制部件也位于支架的一个脚壁中。本申请权利要求1中限定的区别技术特征"一个张力调节部件，该张力调节部件沿着所述支架的一个纵向方向延伸并且具有比所述支架的热膨胀系数更大的热膨胀系数"在上述对比文件1~4中都没有公开，因此权利要求1相对于对比文件1~4具备专利法第二十二条第二款规定的新颖性，并且上述对比文件1~4均没有给出将上述区别技术特征应用到现有技术中来解决阻止了显像管阴罩的栅格孔在制造过程中的破裂和松动的有益启示，并且对比文件2和3中所公开的似球面罩属于非张力罩，本领域普通技术人员很难会想到将本不属于相同技术领域的对比文件2或3中公开的技术方案应用到上述对比文件1或4中来克服上述技术难关，综上可以看出权利要求1符合专利法第二十二条第三款有关创造性的规定。相应地，独立权利要求1的从属权利要求也具备新颖性和创造性。基于同样的理由，权利要求5~7也具备新颖性和创造性。

经形式审查合格，专利复审委员会予以受理，于2004年5月11日发出复审请求受理通知书和前置审查通知书。

国家知识产权局原实质审查部门对该复审请求进行了前置审查，坚持原驳回决定。

专利复审委员会依法成立合议组对此案进行审理，并于2005年9月29日向复审请求人发出了复审通知书，提出如下的复审意见：

本申请涉及设置于平面阴极射线管的荧光屏内侧的，具有支撑结构的张力罩结构。本申请有两个目的：1. 防止因热膨胀引起的格栅破损及永久塑性变形，从而防止电子束偏离路径现象；2. 简化支撑张力罩的支撑结构体的构造减少零件数量和简化工艺流程，降低制作成本。

权利要求1记载的技术方案可以实现本申请所要实现的第一个目的，即防止因热膨胀引起的格栅破损及永久塑性变形，从而防止电子束偏离路径现象。但权利要求1没有限定张力调节部件的具体结构，根据权利要求1所要求保护的技术方案，本领域普通技术员不能实现本申请所要实现的第二个目的，即简化支撑张力罩的支撑结构体的构造减少零件数量和简化工艺流程，降低制作成本，由于权利要求1没有记载如何减少如何简化张力罩的支撑结构体构造的技术特征，因此权利要求1缺少解决第二个技术问题的必要技术特征，复审请求人应将权利要求2的附加技术特征补充到权利要求1中，以符合专利法实施细则第二十一条第二款的规定。

权利要求1"将张力调节部件沿着所述支架的一个外壁的纵向方向延伸"没有限定清楚张力调节部件具体在所述支架上的位置，造成权利要求1所要求保护的范围不清楚，复审请求人应修改成"将张力调节部件沿着所述支架的外侧壁的纵向方向延伸"，以符合专利法实施细则第二十条第一款的规定。

对比文件1公开了（见说明书第1栏第36行至第5栏第48行，附图1、7）：一种用于阴极射线管的具有支撑结构的张力罩结构：一个张力罩40，该张力罩被设置在与一个荧光屏面内侧形成的荧光面相距一定间隔的位置并用于选择电子束的颜色；形成在上述张力罩的有效面上的、具有沟槽或圆点形状的，用作电子束穿透孔的格栅孔39；通过在上述张力罩的长边和短边两端施加一个预定张力而收到支撑的一条轨道 32、33；一个支架 34、35，该支架被包括在一个支撑弹簧和一个阻尼线 42 中，具有设在所述张力罩附近的一个顶壁、与所述张力罩相对地设置的底壁、以及侧壁，该支架通过沿着与所述轨道交叉的一个方向设置，而支撑所述轨道的两端，所述张力罩结构还包括一个温度自补偿板 48（相当于张力调节部件），该温度自补偿板沿着所述支架的一个底壁的纵向方向延伸并且具有比所述支架的热膨胀系数更大的热膨胀系数。权利要求 1 与对比文件 1 的区别仅在于张力调节部件设置在支架上的位置略有不同。但两者均是通过将一个热膨胀系数比支架大的张力调节部件设置在支架上，实现抑止张力罩上张力的增大，防止格栅孔的损坏，因此，从本申请第一个目的出发，本领域普通技术员很容易在对比文件 1 的基础上可以根据需要将张力调节部件设置在支架的底壁或侧壁等适当的位置上，因此本领域普通技术人员得到权利要求 1 所要求保护的技术方案是显而易见的，权利要求 1 不具有突出的实质性特点和显著的进步，因此不符合专利法第二十二条第三款关于创造性的规定。

权利要求 5 存在同样上述缺陷。

复审请求人于 2006 年 1 月 16 日提交了针对复审通知书的意见陈述书及权利要求书替换页，修改后的权利要求书如下：

“1. 一种用平面阴极射线管的张力罩总成，其包括：一个张力罩，该张力罩被设在与一个荧光屏面内侧形成的荧光面相距一定间隔的位置并用于鉴别电子束的颜色；形成在上述张力罩的有效面上的、具有沟槽或圆点形状的、用作电子束穿透孔的格栅孔；通过在上述张力罩的长边和短边两端施加一个预定张力而受到支撑的一条轨道；一个支架，该支架被包括在一个支撑弹簧和一个阻尼线中、具有设在所述张力罩附近的一个顶壁、与所述张力罩相对地设置的底壁、以及侧壁，该支架通过沿着与所述轨道交叉的一个方向设置，而支撑所述轨道的两端，所述张力罩总成还包括：

一个张力调节部件，该张力调节部件沿着所述支架的一个外侧壁的纵向方向延伸并且具有比所述支架的热膨胀系数更大的热膨胀系数；

其中，所述张力调节部件的一个内表面或一个出口表面包括用于固定上述支撑弹簧的弹簧固定部和用于固定上述阻尼线的支架固定部。

2. 根据权利要求 1 的张力罩总成，其中所述张力调节部件的沿着一个长度方向的中心部被保持在相对于上述支架的一个中心部位的一个位置。

3. 根据权利要求 1 中任一权利要求的张力罩总成，其中所述支架的热膨胀系数是 1.2×10^{-5} mm/℃，上述张力调节部件的热膨胀系数是 2.0×10^{-5} mm/℃。

4. 一种用于平面阴极射线管的张力罩总成，其包括：一个张力罩，该张力罩被设在与一个荧光屏面内侧形成的荧光面相距一定间隔的位置并用于鉴别电子束的颜色；形成在上述张力罩的有效面上的、具有沟槽或圆点形状的、用作电子束穿透孔的格栅孔；通过在上述张力罩的长边和短边两端施加一个预定张力而受到支撑的一条轨道；一个支架，该支架被包括在一个支撑弹簧和一个阻尼线中、具有设在所述张力罩附近的一个顶壁、与所述张力罩相对地设置的底壁、以及侧壁，该支架通过沿着与所述轨道交叉的一个方向设置，而支撑所述轨道的两端，所述张力罩进一步包括：

一个张力调节部件，该张力调节部件沿着所述支架的一个内侧壁的纵向方向延伸并具有比所述支架的热膨胀系数低的一个热膨胀系数；

其中，所述张力调节部件的一个内表面或一个出口表面包括用于固定上述支撑弹簧的弹簧固定部和用于固定上述阻尼线的支架固定部。

5. 根据权利要求 4 的张力罩总成，其中所述张力调节部件的沿着一个长度方向的中心部被保持在相对于上述支架的一个中心部位的一个位置。”

在以上审查工作的基础上，合议组认为本案事实已经清楚，可以作出本复审请求审查决定。

二、决定的理由

1. 本决定所依据的文本

由于复审请求人答复复审通知书时提交的修改文本符合专利法第三十三条和专利法实施细则第六十条的规定，因此本复审决定所依据的文本为复审请求人于2006年1月16日提交的权利要求第1~5项；于2003年11月6日提交的说明书第1~9页；申请日提交的的说明书附图第1~5页、摘要及摘要附图。

2. 关于专利法实施细则第二十一条第二款

复审请求人修改了原独立权利要求1和5，分别将原权利要求2和6的附加技术特征补充入原权利要求1和5，以形成新的独立权利要求1和4，从而使新的权利要求1和4所要求保护的技术方案可以实现复审请求人所要实现的发明目的，因此修改后的权利要求1和4符合专利法实施细则第二十一条第二款的规定。

3. 关于专利法实施细则第二十条第一款

复审请求人修改后的权利要求1中已将原权利要求1"将张力调节部件沿着所述支架的一个外壁的纵向方向延伸"修改为"将张力调节部件沿着所述支架的外侧壁的纵向方向延伸"，从而克服了不符合专利法实施细则第二十条第一款的规定的缺陷。

复审请求人修改后的权利要求4已将原权利要求4"将张力调节部件沿着所述支架的一个内壁的纵向方向延伸"修改为"将张力调节部件沿着所述支架的内侧壁的纵向方向延伸"，从而克服了不符合专利法实施细则第二十条第一款的规定的缺陷。

4. 关于专利法第二十二条第三款

根据复审通知书中的评述，权利要求1与对比文件1的区别为：该张力调节部件沿着所述支架的一个外侧壁的纵向方向延伸，并且所述张力调节部件的一个内表面或一个出口表面包括用于固定上述支撑弹簧的弹簧固定部和用于固定上述阻尼线的支架固定部。通过上述技术特征，权利要求1所要求保护的技术方案要实现的两个目的：1）防止因热膨胀引起的格栅破损及永久塑性变形，从而防止电子束偏离路径现象；2）简化支撑张力罩的支撑结构体的构造减少零件数量和简化工艺流程，降低制作成本。虽然对比文件1公开的将热膨胀系数比支架大的张力调节部件设置在支架上，起到了抑止张力罩上张力的增大，防止格栅孔的损坏的作用，但对比文件1没有公开将弹簧固定部和支架固定部设置在张力调节部件上，也没有给出任何与其相关的技术启示，本领域普通技术人员不能根据对比文件1得到与权利要求1所要求保护的具有弹簧固定部和支架固定部的张力调节部件的结构相同或相似的结构，故对比文件1公开的技术方案不能实现权利要求1所要求保护的技术方案所要实现的第二个目的，即简化支撑张力罩的支撑结构体的构造减少零件数量和简化工艺流程，降低制作成本。因此相对于对比文件1，权利要求1具有突出的实质性特点和显著的进步，符合专利法第二十二条第三款的规定。

对比文件2和3中所公开的似球面阴罩属于非张力型阴罩，与权利要求1所要求保护的张力型阴罩在结构上并不相同，本领域普通技术人员不能从对比文件2和3公开非张力型阴罩中得到技术启示，并将其应用到张力型阴罩的技术方案中，因此对比文件1、2和3不能结合用以评价权利要求1是否符合专利法第二十二条第三款的规定。

同样，权利要求1的从属权利要求2和3也符合专利法第二十二条第三款有关创造性的规定。

相应的权利要求4与对比文件1的区别为：该张力调节部件沿着所述支架的一个内侧壁的纵向方向延伸，该张力调节部件的热膨胀系数比所述支架低，并且所述张力调节部件的一个内表面或一个出口表面包括用于固定上述支撑弹簧的弹簧固定部和用于固定上述阻尼线的支架固定部。通过上述技术特征，权利要求 1 所要求保护的技术方案要显示两个目的：1）防止因热膨胀引起的格栅破损及永久塑性变形，从而防止电子束偏离路径现象；2）简化支撑张力罩的支撑结构体的构造减少零件数量和简化工艺流程，降低制作成本。虽然对比文件 1 给出了将一个热膨胀系数与支架不同的张力调节部件设置在支架上，使张力调节部件向内收缩实现抑止张力罩上张力的增大，以防止格栅孔的损坏的启示，但对比文件 1 没有公开将弹簧固定部和支架固定部设置在张力调节部件上，也没有给出任何与其相关的技术启示，本领域普通技术人员不能根据对比文件 1 得到与权利要求 4 所要求保护的具有弹簧固定部和支架固定部的张力调节部件的结构相同或相似的结构，故对比文件 1 公开的技术方案不能实现权利要求 4 所要求保护的技术方案所要实现的第二个目的，即简化支撑张力罩的支撑结构体的构造减少零件数量和简化工艺流程，降低制作成本。因此相对于对比文件 1，权利要求 4 具有突出的实质性特点和显著的进步，符合专利法第二十二条第三款的规定。

对比文件 2 和 3 中所公开的似球面阴罩属于非张力型阴罩，与权利要求 4 所要求保护的张力型阴罩在结构上并不相同，本领域普通技术人员不能从对比文件 2 和 3 公开非张力型阴罩中得到技术启示，并将其应用到张力型阴罩的技术方案中，因此对比文件 1、2 和 3 不能结合用以评价权利要求 4 是否符合专利法第二十二条第三款的规定。

同样，权利要求 4 的从属权利要求 5 也符合专利法第二十二条第三款有关创造性的规定。

综上所述，合议组认为复审请求人在答复复审通知书时提交的修改文本已经克服了在驳回决定和复审通知书中指出的所有缺陷。

三、决定

撤销国家知识产权局于 2004 年 1 月 9 日对申请号为 00117941.1 的发明专利申请作出的驳回决定，由原实质审查部门根据以下文本：2006 年 1 月 16 日提交的权利要求第 1 ~5 项；于 2003 年 11 月 6 日提交的说明书第 1 ~9 页；申请日提交的的说明书附图第 1 ~5 页、说明书摘要及摘要附图为基础继续进行审批程序。

150

晶片保持架案

复审请求审查决定（第8679号）

决　定　号　第8679号
决　定　日　2006年5月12日
发明创造名称　晶片保持架
国 际 分 类 号　H01L 21/22、21/205
复 审 请 求 人　三菱住友硅晶株式会社、三井造船株式会社、株式会社真空技研
专 利 申 请 号　00801885.5
申　请　日　2000年8月29日
公　开　日　2001年11月7日
合 议 组 组 长　石　清
主　审　员　骆素芳
参　审　员　李　卉

法 律 依 据　专利法第三十三条、第二十二条　专利法实施细则第二十条第一款
决 定 要 点

如果一项权利要求的技术方案解决了现有技术中存在的技术问题，并且，现有技术中并没有给出将该项权利要求区别于现有技术的区别特征应用到现有技术中，以解决上述技术问题的技术启示，则应当认为该项权利要求的技术方案对本领域的技术人员来说是非显而易见的。

一、案由

本复审请求涉及申请号为00801885.5. 发明名称为“晶片保持架”的发明专利申请（下称本申请）。其申请日是2000年8月29日，优先权日是1999年9月3日，进入中国国家阶段日期是2001年4月30日，申请人是三菱住友硅晶株式会社、三井造船株式会社、株式会社真空技研。

经实质审查，国家知识产权局依据申请人2003年6月24日提交的权利要求第1～7项，以及进入国家阶段日提交的说明书第1～16页、附图第1～7页，于2003年9月26日以权利要求1～7不符合专利法第二十二条第三款有关创造性的规定为由驳回了本申请。

驳回决定针对的权利要求书为：

“1. 一种晶片保持架，具有在上面载置晶片（22、27）的保持架本体（23），上述保持架本体（23）插入到形成于热处理炉（10）内的支承件（12）上的多个保持架用凹槽（14），水平地得到保持；其特征在于：上述保持架本体（23）形成为没有切口的圆板状，在保持架本体（23）的外周缘形成朝上方凸出的凸状环（26），在上述凸状环（26）的内侧的保持架本体（23）形成以该保持架本体（23）的轴线为中心沿周向延伸并朝上方凸出的直径不等的多个环状凸起（24a，24b），上述多个凸起（24a，24b）都形成得比上述凸状环（26）低，最外侧的凸起（24a）最高，而且越往内侧越低，上述晶片（22、27）接触上述多个凸起（24a，24b）中的任一个的上面地载置于上述保持架本

体（23）上，当上述晶片（22、27）的直径为D时，上述多个凸起（24a，24b）中的任一个的外径形成在0.5D－0.98D的范围内，上述晶片（22、27）的外周缘不接触上述凸起（24a，24b）。

2. 如权利要求1所述的晶片保持架，其特征在于：凸起（24）的上面被进行平面加工。

3. 如权利要求2所述的晶片保持架，其特征在于：在凸起（24）的上面周缘形成倒角。

4. 如权利要求1～3中任何一项所述的晶片保持架，其特征在于：在保持架本体（23）中心形成柱塞（28）可动配合地插入的通孔（23a），该柱塞（28）用于在保持架本体（23）载置晶片（22、27）和使上述晶片（22、27）从上述保持架本体（23）脱离。

5. 如权利要求1～3中任何一项所述的晶片保持架，其特征在于：上述凸起（74）的高度H形成为2.0～20mm，在上述凸状环（76）的一部分形成可插入晶片输送用叉（77）的叉用凹部（76a），上述叉用凹部（76a）的底壁与上述凸状环（76）周围的保持架本体（73）在同一平面上。

6. 如权利要求1－3中任何一项所述的晶片保持架，其特征在于：上述凸起（94）的高度H形成为2.0～20mm，在上述凸状环（96）的一部分和上述凸起（94）的一部分形成可插入晶片输送用叉（97）的多个叉用凹部（96a、93a、93b），上述叉用凹部（96a、93a、93b）的底壁与上述凸状环（96）和凸起（94）周围的保持架本体（93）在同一平面上。

7. 如权利要求6所述的晶片保持架，其特征在于：在凸起（94）的两端部形成倒角。”

驳回的理由主要是：权利要求1相对于对比文件1和2不具备专利法第二十二条第三款规定的创造性，权利要求2相对于对比文件1和2不具备创造性，权利要求3相对于对比文件1、2和3不具备创造性，权利要求4相对于对比文件1 、2、3和4不具备创造性，权利要求5、6、7相对于对比文件1 、2、3和5不具备创造性。其中所引用的5篇对比文件分别是：

对比文件1：JP平10－50626A　公开日期：1998年2月20日；

对比文件2：JP平5－291166A　公开日期：1993年11月5日；

对比文件3：JP平9－260296A　公开日期：1997年10月3日；

对比文件4：US5275521A　公开日期：1994年1月4日；

对比文件5：US5820367A　公开日期：1998年10月13日。

申请人（下称复审请求人）对该驳回决定不服，于2003年12月24日向专利复审委员会提出了复审请求，同时提交了权利要求书的替换页（下称为修改文本1），其中将原从属权利要求5和6的内容加入到原权利要求1中，成为修改后的独立权利要求1。请求人的理由主要是：对比文件5中的切口8a是向支撑装置8的平坦部的内部深处延伸的，因此，由于该切口部8a的存在，支撑装置8存在容易弯曲的缺陷。而修改后的权利要求1即便形成了叉用凹部，保持架本体也不会弯曲。因此，修改后的权利要求1与对比文件1～5相比具有实质性的区别特征，并由该区别特征产生了积极的技术效果，因此具备突出的实质性特点和显著的进步，具备创造性。

修改文本1的权利要求书的内容为：

“1. 一种晶片保持架，具有在上面载置晶片（22、27）的保持架本体（73、93），上述保持架本体（73、93）插入到形成于热处理炉（10）内的支承件（12）上的多个保持架用凹槽（14），水平地得到保持；其特征在于：上述保持架本体（73、93）形成为没有切口的圆板状，在上述保持架本体（73、93）的外周缘形成朝上方凸出的凸状环（76、96），在上述凸状环（76、96）的内侧的保持架本体（73、93）形成以该保持架本体（73、93）的轴线为中心沿圆周方向延伸并朝上方凸出的单一的环状凸起（74）或直径不等的多个环状凸起（94a，94b），上述凸起（74、94a、94b）都形成得比上述凸状环（76、96）低，上述多个凸起（94a、94b）中的最外侧的凸起（94a）最高，而且越往内侧越低，上述晶片（22、27）接触上述单一的突起（74）或上述多个凸起（94a，94b）中的任一个突起的上面地载置于上述保持架本体（73、93）上，当上述晶片（22、27）的直径为D时，上述单一的突起（74）或上述多个凸起（94a，94b）中的任一个突起的外径形成在0.5D－0.98D的范围内，上述晶片（22、27）的外周缘不接触上述凸起（74、94a、94b），上述凸起（74、94）的高度H形成为2.0－20mm，在上述凸状环（76、96）的一部分及上述突起（94）的一部分形成可插入晶片输送用叉（77、97）的一个、两个或两个以上的叉用凹部（76a、96a、93a、93b），上述叉用凹部（76a、96a、93a、93b）的底壁与上述凸状环（76、96）周围的保持架本体（73、93）在同一平面上。

2. 如权利要求1所述的晶片保持架，其特征在于：凸起（74、94a、94b）的上面被进行平面加工。

3. 如权利要求2所述的晶片保持架，其特征在于：在凸起（74、94a、94b）的上面周缘形成倒角。

4. 如权利要求1－3中任何一项所述的晶片保持架，其特征在于：在保持架本体（73）中心形成柱塞（28）可动配合地插入的通孔（73a），该柱塞（28）用于在保持架本体（73）载置晶片（22）和使上述晶片（22）从上述保持架本体（73）脱离。

5. 如权利要求1所述的晶片保持架，其特征在于：在凸起（94）的两端部形成倒角。”

经形式审查合格，专利复审委员会受理了该复审请求，并于2004年1月18日发出了受理通知书和前置审查通知书。

在前置审查中，国家知识产权局原实质审查部门坚持原驳回决定。理由是：修改后的权利要求1是将原权利要求5和6加入到原权利要求1中而得的。将切口开设在本案所述的凹部是容易想到的。

在此基础上，专利复审委员会成立合议组对此案进行审理。合议组于2004年11月3日向请求人发出了复审通知书。其中指出如下问题：

1. 权利要求1的修改超出了原说明书和权利要求书记载的范围，不符合专利法第三十三条的规定。理由为：权利要求1中的技术特征“在上述凸状环（76、96）的一部分及上述突起（94）的一部分形成可插入晶片输送用叉（77、97）的一个、两个或两个以上的叉用凹部（76a、96a、93a、93b）”和“上述叉用凹部（76a、96a、93a、93b）的底壁与上述凸状环（76、96）周围的保持架本体（73、93）在同一平面上”与说明书中的记载不一致。

2. 权利要求1中的“突起”和“凸起”不清楚，造成权利要求1不清楚，不符合专利法实施细则第二十条第一款的规定。

请求人于2004年12月13日答复了复审通知书，对权利要求书进行了修改，并提交了权利要求书的替换页（下称为修改文本2），其中，将修改文本1的权利要求1所包含的两个技术方案分别根据说明书的实施例2和3的记载，撰写为新的权利要求1和权利要求2，并将修改文本1的权利要求1的从属权利要求的从属关系作了相应的调整。同时，将“突起”一词均修改为说明书中记载的“凸起”。

修改文本2如下：

“1. 一种晶片保持架，具有在上面载置晶片（22）的保持架本体（73），上述保持架本体（73）插入到形成于热处理炉（10）内的支承件（12）上的多个保持架用凹槽（14），水平地得到保持；其特征在于：上述保持架本体（73）形成为没有切口的圆板状，在上述保持架本体（73）的外周缘形成朝上方凸出的凸状环（76），在上述凸状环（76）的内侧的保持架本体（73）形成以该保持架本体（73）的轴线为中心沿圆周方向延伸并朝上方凸出的单一的环状凸起（74），上述凸起（74）形成得比上述凸状环（76）低，上述晶片（22）接触上述单一的凸起（74）的上面地载置于上述保持架本体（73）上，当上述晶片（22）的直径为D时，上述单一的凸起（74）的外径形成在0.5D～0.98D的范围内，上述晶片（22）的外周缘不接触上述凸起（74），上述凸起（74）的高度H形成为2.0～20mm，在上述凸状环（76）的一部分形成可插入晶片输送用叉（77）的叉用凹部（76a），上述叉用凹部（76a）的底壁与上述凸状环（76）周围的保持架本体（73）在同一平面上。

2. 一种晶片保持架，具有在上面载置晶片（27）的保持架本体（93），上述保持架本体（93）插入到形成于热处理炉（10）内的支承件（12）上的多个保持架用凹槽（14），水平地得到保持；其特征在于：上述保持架本体（93）形成为没有切口的圆板状，在上述保持架本体（93）的外周缘形成朝上方凸出的凸状环（96），在上述凸状环（96）的内侧的保持架本体（93）形成以该保持架本体（93）的轴线为中心沿圆周方向延伸并朝上方凸出的直径不等的多个环状凸起（94a，94b），上述凸起（94a、94b）都形成得比上述凸状环（96）低，上述多个凸起（94a、94b）中的最外侧的凸起（94a）最高，而且越往内侧越低，上述晶片（27）接触上述多个凸起（94a，94b）中的任一个凸起的上面地载置于上述保持架本体（93）上，当上述晶片（27）的直径为D时，上述多个凸起（94a，94b）中的任一个凸起的外径形成在0.5D～0.98D的范围内，上述晶片（27）的外周缘不接触上述凸起（94a，94b），上述凸起（94a，94b）的高度H形成为2.0～20mm，在上述凸状环（96）的一部分及上述凸起（94a，94b）的一部分形成可插入晶片输送用叉（97）的多个叉用凹部（96a、93a、93b），上述叉用凹部（96a、93a、93b）的底壁与上述凸状环（96）及凸起（94a，94b）周围的保持架本体（93）在同一平面上。

3. 如权利要求1或2所述的晶片保持架，其特征在于：凸起（74、94a、94b）的上面被进行平面加工。

4. 如权利要求3所述的晶片保持架，其特征在于：在凸起（74、94a、94b）的上面周缘形成倒角。

5. 如权利要求1、3或4所述的晶片保持架，其特征在于：在保持架本体（73）中心形成柱塞（28）可动配合地插入的通孔（73a），该柱塞（28）用于在保持架本体（73）载置晶片（22）和使上述晶片（22）从上述保持架本体（73）脱离。

6. 如权利要求2所述的晶片保持架，其特征在于：在凸起（94）的两端部形成倒角。”

至此，合议组认为本案事实已经清楚，可以作出复审决定。

二、决定的理由

1. 关于审查文本

请求人于2004年12月13日答复复审通知书时提交了权利要求书的替换页，包括权利要求第1～6项。经审查，上述修改符合专利法第三十三条和专利法实施细则第六十条的规定，因此，本复审决定所针对的文本是：请求人于2004年12月13日提交的权利要求第1～6项，以及进入国家阶段日2001年4月30日提交的说明书第1～16页、附图第1～7页、说明书摘要、摘要附图。

2. 关于专利法第三十三条

请求人在答复复审通知书时修改了权利要求书，将原权利要求1所包含的两个技术方案分别撰写为新的权利要求1和权利要求2，它们分别相对应于说明书的实施例2和实施例3，由此，修改后的权利要求1和2克服了复审通知书中指出的修改文本1的权利要求1与原说明书的记载不一致而不符合专利法第三十三条的缺陷。

3. 关于专利法实施细则第二十条第一款

请求人在答复复审通知书时提交的权利要求书替换页中，将“突起”一词均修改为说明书中记载的“凸起”，由此，克服了复审通知书中指出的不符合专利法实施细则第二十条第一款的规定的缺陷。

4. 关于专利法第二十二条第三款

合议组评价权利要求 1～6 的创造性所使用的对比文件与实质审查过程中使用的对比文件相同，即：

对比文件 1：JP 平 10－50626A　公开日期：1998 年 2 月 20 日；

对比文件 2：JP 平 5－291166A　公开日期：1993 年 11 月 5 日；

对比文件 3：JP 平 9－260296A　公开日期：1997 年 10 月 3 日；

对比文件 4：US5275521A　公开日期：1994 年 1 月 4 日；

对比文件 5：US5820367A　公开日期：1998 年 10 月 13 日。

权利要求 1 相对于对比文件 1～5 具备创造性，符合专利法第二十二条第三款的规定，理由如下：

权利要求 1 请求保护一种晶片保持架，对比文件 1 公开了一种晶片的支持装置，并具体公开了以下技术特征（参见对比文件 1 说明书第 4 栏第 1 行至第 5 栏第 36 行，图 1－5）：一晶片支持装置 10，具有在其上放置晶片 22 的晶片支持环 30，晶片支持环 30 插入热处理炉内的支柱 14 的多个沟 18 内，水平地得到保持；晶片支持环 30 为圆环状；在晶片支持环 30 的外侧环周上有向上凸起的环 32，在晶片支持环 30 的内侧环周上有向上凸起的晶片支持部 38，晶片支持部 38 形成得比环 32 低，晶片 22 接触上述的晶片支持部 38 的上面，放置在晶片支持环 30 上；晶片支持部 38 的半径相当于晶片 22 的约 0.7 倍，晶片 22 的外周缘不接触晶片支持部 38。

可见，权利要求 1 与对比文件 1 的区别在于：在上述凸状环（76）的一部分形成可插入晶片输送用叉（77）的叉用凹部（76a），上述叉用凹部（76a）的底壁与上述凸状环（76）周围的保持架本体（73）在同一平面上。

对比文件 2. 对比文件 3 公开了一种晶片保持装置，对比文件 4 公开了一种晶片传送装置，其中都没有公开上述叉用凹部（76 a）。

对比文件 5 中公开了以下技术内容：切口 8a 以足以使输送叉臂 83 进入的大小，形成在被凸墙 82 所围绕着的、支撑装置 8 的环形部分 80 中（参见对比文件 5 说明书第 7 栏第 9－16 行，图 8）。可见，权利要求 1 中的凹部 76a 与对比文件 5 中的切口 8a 形成的位置不同。对比文件 5 的切口 8a 形成在支撑装置 8 的环形部分 80 中，使支撑装置 8 的支撑部分出现了两个从支撑装置的上面到支撑装置的下面被切穿透的切口。由于该切口的存在，支撑装置 8 容易弯曲变形。而权利要求 1 中的叉用凹部 76a 是形成在保持架本体 73 的外周缘上凸出的凸状环 76 的一部分中，使保持架本体 73 形成为没有切口的圆板状，从而不容易弯曲变形。因此，对比文件 5 中的“切口 8a”也不同于权利要求 1 中的“叉用凹部（76 a）”。

因此，权利要求 1 与对比文件 1 的上述区别特征没有被对比文件 2－5 披露，包含上述区别特征的权利要求 1 的技术方案解决了现有技术中的支撑装置容易弯曲的问题，并且，现有技术中并没有给出将上述区别技术特征应用到对比文件 1 中，以解决上述技术问题的技术启示，因此，权利要求 1 的技术方案对本领域的技术人员来说是非显而易见的，权利要求 1 具有突出的实质性特点和显著的进步，相对于对比文件 1～5 具备专利法第二十二条第三款规定的创造性。

同样地，权利要求 2 与对比文件 1 的区别技术特征是：“在上述凸状环（96）的一部分及上述凸起（94a，94b）的一部分形成可插入晶片输送用叉（97）的多个叉用凹部（96a、93a、93b），上述叉用凹部（96a、93a、93b）的底壁与上述凸状环（96）及凸起（94a，94b）周围的保持架本体（93）在同一平面上”，这些区别技术特征同样未被对比文件 2－5 公开，包含上述区别技术特征的权利要求 2 的技术方案解决了现有技术中的支撑装置容易弯曲的问题，并且，现有技术中并没有给出将上述区别技术特征应用到对比文件1中，以解决上述技术问题的技术启示，因此，权利要求2的技术方案对本领域的技术人员来说是非显而易见的，权利要求2相对于对比文件1~5具备专利法第二十二条第三款规定的创造性。

鉴于权利要求1和2相对于对比文件1~5具备创造性，它们的从属权利要求3~6也都相对于对比文件1~5具备专利法第二十二条第三款规定的创造性。

因此，请求人提交的修改文本2已经克服了驳回决定所指出的缺陷。

三、决定

撤销国家知识产权局2003年9月26日作出的驳回00801885.5号发明专利申请的决定，由原实质审查部门基于2004年12月13日提交的权利要求第1~6项，以及进入国家阶段日2001年4月30日提交的说明书第1~16页、附图第1~7页、说明书摘要、摘要附图，继续进行审批程序。

151

平衡的输入输出压电滤波器案

复审请求审查决定（第8684号）

决　定　号　第8684号
决　定　日　2006年6月24日
发明创造名称　平衡的输入输出压电滤波器
国际分类号　H03H 9/46
复审请求人　株式会社村田制作所
专利申请号　00122466.2
申　请　日　2000年7月31日
公　开　日　2001年2月7日
合议组组长　石　清
主　审　员　郭　琼
参　审　员　张　琳

法律依据　专利法第二十二条第三款
决定要点
如果对比文件未公开一项权利要求的所有技术特征，也未给出将区别技术特征应用于该对比文件的任何启示，则该权利要求具有突出的实质性特点和显著的进步，符合专利法第二十二条第三款规定的创造性。

一、案由

本复审请求涉及申请号为00122466.2. 发明名称为“平衡的输入输出压电滤波器”的发明专利申请（下称本申请），其申请日是2000年7月31日，公开日是2001年2月7日，优先权日是1999年7月29日，申请人是株式会社村田制作所。

在实质审查审过程中，国家知识产权局实质审查部门于2003年9月26日以权利要求1~16不符合专利法第二十二条第三款规定的创造性为由驳回了本申请。驳回决定所针对的权利要求1如下：

“1. 一种平衡输入输出压电滤波器，其特征在于包含：

包含两个主表面的压电基片；

设置在所述压电基片内的接地电极；

分别设置在所述压电基片的两个主表面上的至少一个输入电极和至少一个输出电极，以便与所述接地电极相对，其间有所述压电基片，由此确定一平衡电路连接电极；

其中，压电基片以厚度扩展振动模式振动。”

驳回决定指出：对比文件1公开了本申请权利要求1的所有特征，虽然申请人辩称“对比文件1的图8虽然示出了分别位于压电体12的上下主表面上的分开的电极13a、13b、14a和14b，但是如对比文件1第6栏第4段所述，电极13a和14a连在一起而用作一输入电极，而电极13b和14b连在一起而用作一输入电极，从以上描述可以看出对比文件1所揭示的技术方案实际上只包含一个输入电极和一个输出电极，因此本领域的技术人员根据对比文件1所述的技术方案并不能得出如权利要求1所述的具有平衡输入电路连接电极的平衡输入输出滤波器”，但是对比文件1已经公开了不将电极13a和14a连在一起的情况，并且将电极13a和14a分别用作输入电极，将电极13b和14b分别用作输出电极是本领域技术人员很容易想到的，因此权利要求1所要求保护的技术方案不具备专利法第二十二条第三款规定的创造性。从属权利要求2～16相对于对比文件1而言，也不具备专利法第二十二条第三款规定的创造性。

申请人（下称请求人）对国家知识产权局驳回本申请的决定不服，于2004年1月12日向国家知识产权局专利复审委员会提出了复审请求，并且未对权利要求书进行修改。请求人的复审理由为：（1）对比文件1所公开任一示例的压电滤波器中，无论压电滤波器包含几个输入电极和输出电极，该压电滤波器都只有一个输入端和一个输出端，所述一个输入端和输出端不能构成一平衡电路；而权利要求1中的技术方案，设置在压电基片两个主表面上的输入电极和输出电极构成一平衡电路连接电极，即使对比文件1公开了电极13a和14a，以及13b和14b分开的情况，其中并未揭示将分开的电极13a和14a分别用作平衡输入电极而形成构成平衡电路连接的两个输入端，以及将分开的电极13b和14b分别用作平衡输出电极而形成构成平衡电路连接的两个输出端。而是，根据对比文件1的内容，分开的电极中的一个电极构成输入或输出端，另一个接地。如上所述，本领域技术人员要从对比文件1所述的完全不平衡结构想到本申请的平衡电路连接结构是困难的，对比文件1中并未给出权利要求1所述的具有平衡电路连接电极的压电谐振器的技术启示。（2）由于权利要求1所要求保护的滤波器采用了平衡电路连接结构，与传统的具有不平衡输入输出的压电滤波器相比，提高了压电滤波器的电压利用率，并可抑制传统压电滤波器中用于不平衡所产生的共模噪声。而对比文件1所要解决的问题是利用厚度延伸振动模式中的较高次谐波，从而可在较高频率范围内使用，与权利要求1的技术效果完全不同。

经形式审查合格，专利复审委员会受理了上述复审请求，于2004年2月16日发出了复审请求受理通知书和前置审查通知书。

在本复审请求的前置审查中，国家知识产权局原实质审查部门坚持原驳回决定。

专利复审委员会依法成立合议组对本案进行审查。在研究了原实质审查部门作出的驳回决定和请求人提交的复审请求书后，合议组认为本案事实已经清楚，可以作出审查决定。

二、决定的理由

1. 关于审查文本

请求人在提出复审请求时未提交修改文本，本次复审决定所依据的文本是国家知识产权局实质审查部门作出驳回决定时所针对的文本，即，2003年7月8日提交的权利要求第1～16项、说明书第1～4页，以及申请日提交的说明书附图第1～4页、说明书摘要、摘要附图。

2. 关于证据

本复审决定评价权利要求的创造性所使用的对比文件与实质审查过程中所使用的对比文件相同，即对比文件1：US5057801A，其公开日为1991年10月15日，早于本申请的申请日和优先权日。

3. 关于专利法第二十二条第三款

专利法第二十二条第三款规定：创造性，是指同申请日以前已有的技术相比，该发明有突出的实质性特点和显著的进步。

权利要求1请求保护一种平衡输入输出压电滤波器，该滤波器包含：包含两个主表面的压电基片；设置在所述压电基片内的接地电极；分别设置在所述压电基片的两个主表面上的至少一个输入电极和至少一个输出电极，以便与所述接地电极相对，由此确定一个平衡电路连接电极；并且压电基片以厚度扩展振动模式振动。

对比文件1（说明书第6栏第26行至第58行、附图8）中公开了一种压电滤波器，该压电滤波器的物理结构与本申请权利要求1请求保护的压电滤波器结构和电极分布基本相同，其具体公开了一种能陷型压电滤波器，该滤波器具有压电陶瓷基片12，设置在压电陶瓷基片12内部通过电连接部分17与地相连接的电极15，设置在压电基片12一个表面上的电极13a和13b，设置在压电基片12另一个表面上的电极14a和14b，其中将电极13a和14a相连作为输入电极而形成滤波器电路连接的一个输入端，将电极13b和14b相连作为输出电极而形成滤波器电路连接的一个输出端，压电基片以厚度扩展振动模式振动。

本申请权利要求1所要求保护的平衡输入输出压电滤波器与对比文件1所公开的能陷型压电滤波器相比，不同点在于本申请权利要求1所要求保护的是一种平衡输入输出压电滤波器，其要解决的技术问题是提供一种平衡输入输出压电滤波器，以改进电压利用率。虽然对比文件1中也给出了不将电极13a和14a连在一起的其他实施例，比如附图6、7、11所公开的实施例，但是并未揭示将分开的电极13a和14a分别用作平衡输入电极而形成平衡电路连接的两个输入端，以及将分开的电极13b和14b分别用作平衡输出电极而形成平衡电路连接的两个输出端的情况，而都是将分开的电极中的一个电极构成输入或输出端，另一个接地。因此对比文件1所示的都是单端输入输出的不平衡输入输出结构滤波器，并未给出权利要求1所述的具有平衡电路连接电极的压电滤波器的技术启示，本领域技术人员要从对比文件1公开的完全不平衡结构想到本申请的平衡电路连接结构是要付出创造性劳动的，而且该未披露的技术特征使得权利要求所述的技术方案具有有益的技术效果，因此该对比文件尚不足以破坏本申请权利要求1的创造性。

由于从属权利要求2～16均直接或间接引用了权利要求1，故从属权利要求2～16相对于对比文件1而言，也具备专利法第二十二条第三款规定的创造性。

三、决定

撤销国家知识产权局于2003年9月26日对00122466.2号发明专利申请作出的驳回决定。在请求人于2003年7月8日提交的权利要求第1～16项和说明书第1～4页，以及申请日提交的说明书附图第1～4页、说明书摘要、摘要附图的基础上，由原实质审查部门继续进行审批程序。

复审请求人对本决定不服的，可以根据专利法第四十一条第二款的规定，自收到本决定之日起三个月内向北京市第一中级人民法院起诉。

152

用于信息处理装置的电池盒和该信息处理装置案

复审请求审查决定（第8695号）

决　　定　　号　第8695号
决　　定　　日　2006年6月19日
发明创造名称　用于信息处理装置的电池盒和该信息处理装置
国 际 分 类 号　G06F 1/16
复 审 请 求 人　富士通株式会社
专 利 申 请 号　02108735.0
申　　请　　日　2002年3月29日
公　　开　　日　2003年3月26日
合 议 组 组 长　张美菊
主　　审　　员　熊　婷
参　　审　　员　骆素芳

法 律 依 据　专利法第二十二条第三款　专利法实施细则第二十条第一款
决 定 要 点

本申请与对比文件的发明目的、电池盒的形状及其位置设置均不相同，本领域普通技术人员在对比文件的基础上需要付出创造性劳动才能得到权利要求所要求保护的技术方案。

一、案由

本复审请求涉及申请日为2002年3月29日、优先权日为2001年9月18日、申请号为02108735.0、申请人为富士通株式会社、发明名称为“用于信息处理装置的电池盒和该信息处理装置”的发明专利申请（下称本申请）。

在实质审查过程中，国家知识产权局实质审查部门于2004年2月27日发出了第一次审查意见通知书，指出权利要求1～12相对于对比文件1（CN2377614Y，授权公告日为2000年5月10日）不符合专利法第二十二条第三款的规定。

针对第一次审查意见通知书，申请人于2004年6月18日提交了意见陈述书以及权利要求书的修改文本，申请人在意见陈述书中陈述了新修改的权利要求1～12具备创造性的理由。

针对申请日提交的说明书第1～6页、说明书附图第1～6页、说明书摘要和摘要附图，2004年6月18日提交的权利要求第1～12项，实质审查部门以权利要求1～12不符合专利法第二十二条第三款的规定为由，于2004年8月6日作出了驳回该专利申请的决定，其针对权利要求1的驳回理由为：

权利要求1要求保护一种可拆卸地连接到信息处理装置上的电池盒，对比文件1公开了一种带有外接电池匣的笔记本电脑，并具体公开了权利要求1的如下技术特征：笔记本电脑包括一个本体部分和一个由本体部支撑的显示元件；该显示元件可以相对于本体部分打开和关闭（以上参见图8）；该笔记本可以外接一个或多个电池盒，针对外接多个电池盒的情况，可以看出，多个电池盒通过连接装置成为一个整体，在这一个整体中包含若干能够容纳电池的腔室，每个腔室的外表面 30 呈类似于英文字母“D”的形状，这样若干腔室连接在一起时，就在其连接处的上表面形成了一个空体部分，并且该空体部分面向显示元件关闭时的一个端部（图 8）。对比文件 1 没有指明腔室外表面为何呈“D”形状，也没有对腔室连接部分的空体作用作出进一步说明，但是，本领域普通技术人员根据其基本常识不难想到呈“D”形的外表面是为了给电池盒及电脑本体的连接部留出空隙方便人手指尖的活动，这也是目前引用的大部分电池盒呈圆形而不是方形的原因之一，而且同样可推知多个腔室连接部的空隙也有方便人手指动作的功能。

驳回决定所针对的权利要求 1 ~ 12 如下：

“1. 一种可拆卸地连接到信息处理装置上的电池盒，其中，该信息处理装置包括一个本体部分和一个由本体部分支承的显示元件，因此该显示元件可以相对于本体部分打开和关闭，该电池盒包括一个带空体部的腔室体，电池可以安放在该腔室体内，

其特征在于：电池盒设在显示元件的前端部，设置成朝向显示元件的前端部。

2. 权利要求 1 所述的电池盒，其特征在于：多个电池可以安放在该腔室体内。

3. 如权利要求 1 所述的电池盒，其特征在于：空体部在宽度方向上与腔室体等长。

4. 如权利要求 1 所述的电池盒，其特征在于：腔室体具有上表面和下表面，空体部处于该上表面和下表面上。

5. 如权利要求 1 所述的电池盒，其特征在于：空体部有一个凹面形结构。

6. 如权利要求 2 所述的电池盒，其特征在于：腔室体包括一个第一电池管道腔室和一个第二电池管道腔室，在它们中可以分别放置柱状的电池；该第一电池管道腔室和第二电池管道腔室沿腔室体的宽度方向平行设置；该腔室体具有适合于电池形状的构造；空体部设置于第一电池管道腔室和第二电池管道腔室之间。

7. 一种信息处理装置，包括：

一个本体部分，用于处理信息的信息处理元件安置在该本体部分内；和

一个由本体部分支承的显示元件，因此显示元件可以相对于本体部分打开和关闭；

一个可拆卸地连接到信息处理装置上的电池盒，其包括一个带空体部的腔室体，电池可以安放在该腔室体内；

其特征在于：电池盒设在显示元件的前端部，设置成朝向显示元件的前端部。

8. 如权利要求 7 所述的信息处理装置，其特征在于：多个电池可以安放在该腔室体内。

9. 如权利要求 7 所述的信息处理装置，其特征在于：空体部在宽度方向上与腔室体等长。

10. 如权利要求 7 所述的信息处理装置，其特征在于：该腔室体具有上表面和下表面，空体部处于该上表面和下表面上。

11. 如权利要求 7 所述的信息处理装置，其特征在于：空体部有一个凹面形结构。

12. 如权利要求 8 所述的信息处理装置，其特征在于：腔室体包括一个第一电池管道腔室和一个第二电池管道腔室，在它们中可以分别放置柱状的电池；该第一电池管道腔室和第二电池管道腔室沿腔室体的宽度方向平行设置；该腔室体具有适合于电池形状的构造；空体部设置于第一电池管道腔室和第二电池管道腔室之间。”

申请人（下称请求人）对上述驳回决定不服，于 2004 年 11 月 9 日向专利复审委员会提出复审请求，请求人同时提交了权利要求的修改文本，其中修改了权利要求 1 和 7。其复审理由如下：在本发明中，该空体部分不是通过将电池盒连接到信息处理装置上形成的，本发明的空体部分在电池盒上已经形成，在权利要求 1 中清楚地指出“该电池盒包括一个带空体部分的腔室体”；本发明的电池盒设

置在显示元件的前端部，空体部设置成朝向显示元件的前端部，从而操作者的手指可由电池盒上的空体部接纳，可很容易地把住显示元件的前端部来打开显示元件，以达到本发明的目的；而对比文件1既未公开也未建议该特征，它的电池盒是装在显示元件的后端部，其发明目的也不是用来易于打开显示元件的，而是减小电脑的厚度。

修改后的权利要求1和7为：

“1. 一种可拆卸地连接到信息处理装置上的电池盒，其中，该信息处理装置包括一个本体部分和一个由本体部分支承的显示元件，本体部分连接到显示元件的后端部分上，因此该显示元件可以相对于本体部分打开和关闭，该电池盒包括一个带空体部的腔室体，电池可以安放在该腔室体内，

其特征在于：该电池盒设在显示元件的前端部，该设置电池盒的前端部位于上述后端部分的相对侧，当显示元件关闭时，空体部设置成朝向显示元件的前端部。”

“7. 一种信息处理装置，包括：

一个本体部分，用于处理信息的信息处理元件安置在该本体部分内；和

一个由本体部分支承的显示元件，本体部分连接到显示元件的后端部分上，因此显示元件可以相对于本体部分打开和关闭；

一个可拆卸地连接到信息处理装置上的电池盒，其包括一个带空体部的腔室体，电池可以安放在该腔室体内；

其特征在于：电池盒设在显示元件的前端部，该设置电池盒的前端部分位于上述后端部分的相对侧，当显示元件关闭时，设置成朝向显示元件的前端部。”

经形式审查合格，专利复审委员会受理了该复审请求，于2004年12月27日发出受理通知书和前置审查通知书。

在前置审查程序中，实质审查部门仍坚持原驳回决定。

专利复审委员会依法成立合议组对本案进行复审。

合议组于2006年1月5日发出复审通知书，其中指出：权利要求1中“该电池盒设在显示元件的前端部，该设置电池盒的前端部位于上述后端部分的相对侧”有歧义，导致权利要求不清楚，不符合专利法实施细则第二十条第一款的规定；同样，权利要求7也存在类似的问题。

请求人于2006年2月16日对上述复审通知书作出答复，同时提交了权利要求书替换页，其中修改后的权利要求1和7如下：

“1. 一种可拆卸地连接到信息处理装置上的电池盒，其中，该信息处理装置包括一个本体部分和一个由本体部分支承的显示元件，本体部分连接到显示元件的后端部分上，因此该显示元件可以相对于本体部分打开和关闭，该电池盒包括一个带空体部的腔室体，电池可以安放在该腔室体内，

其特征在于：该电池盒设在本体部分上，当显示元件关闭时，显示元件的前端部对准该电池盒，以及当显示元件关闭时，空体部位于朝向显示元件的前端部的位置处。”

“7. 一种信息处理装置，包括：

一个本体部分，用于处理信息的信息处理元件安置在该本体部分内；和

一个由本体部分支承的显示元件，本体部分连接到显示元件的后端部分上，因此显示元件可以相对于本体部分打开和关闭；

一个可拆卸地连接到信息处理装置上的电池盒，其包括一个带空体部的腔室体，电池可以安放在该腔室体内；

其特征在于：该电池盒设在本体部分上，当显示元件关闭时，显示元件的前端部对准该电池盒，以及当显示元件关闭时，空体部位于朝向显示元件的前端部的位置处。”

经过仔细研究，合议组认为本案事实清楚，可以作出如下复审请求审查决定。

二、决定的理由

（一）复审决定所依据的文本

请求人在答复复审通知书时提交了修改的权利要求书，上述修改符合专利法第三十三条和专利法实施细则第六十条第一款的规定，因此，本复审决定所依据的文本是请求人于申请日提交的说明书第1～6页、说明书附图第1～6页、说明书摘要及摘要附图，2006年2月16日提交的权利要求第1～12项。

（二）关于权利要求是否清楚

复审请求人在答复复审通知书时修改了权利要求1和7，修改后的权利要求1限定了“该电池盒设在本体部分上，当显示元件关闭时，显示元件的前端部对准该电池盒，以及当显示元件关闭时，空体部位于朝向显示元件的前端部的位置处”，即修改后的权利要求1根据说明书的描述明确了电池盒的位置，从而消除了原权利要求的歧义，因此修改后的权利要求1符合专利法实施细则第二十条第一款有关权利要求清楚的规定；权利要求7也做了相同的修改，因此权利要求7也符合专利法实施细则第二十条第一款的规定。

（三）关于权利要求1～6是否具有创造性

本申请的发明目的是电池盒有一个容纳操作者的指尖部分的空体部，从而指尖部分可以容易地扣住信息处理装置的显示元件的前端部分来打开显示元件。

权利要求1要求保护一种可拆卸地连接到信息处理装置上的电池盒，包括如下技术特征：

A. 该信息处理装置包括一个本体部分和一个由本体部分支承的显示元件；

B. 本体部分连接到显示元件的后端部分上；

C. 因此该显示元件可以相对于本体部分打开和关闭；

D. 该电池盒包括一个带空体部的腔室体；

E. 电池可以安放在该腔室体内；

F. 其特征在于：该电池盒设在本体部分上，当显示元件关闭时，显示元件的前端部对准该电池盒；

G. 以及当显示元件关闭时，空体部位于朝向显示元件的前端部的位置处。

对比文件1公开了一种带有外接电池匣的笔记本电脑，（参照说明书第1页第4～7行）藉由在笔记本电脑本体的一侧直接接设电池匣的方式，以增加所接设之电池容量，再者，电池匣并可再扩充接设另一电池匣，更增加了笔记本电脑可使用的电池容量。

对比文件1具体公开了如下技术特征：

I.（参照图4、图8）笔记本电脑本体10包括一个本体部分和一个由本体部分支撑的显示元件；

II.（参照图4、图8）本体部分连接到显示元件的后端部分上；

III.（参照图4、图8）因此该显示元件可以相对于本体部分打开和关闭；

IV.（参照图4、图8）电池匣的形状为类D形；

V.（参照说明书第1页第23行，图4、图8）该电池匣内容置有可提供电脑电源的电池；

VI.（参照说明书第5页第2～3行）该电脑本体10的一侧设有一凹陷部12，该凹陷部12内设有一第一电连接座14，该笔记本电脑本体10在凹陷部12周缘并设有一活动扣合体；（参照说明书第5页第24～25行，图8）该电脑本体10接设一电池匣30后，该电池匣30可再接设至少一个电池匣30，以增加笔记本电脑可携带的电池供应量。

由此可见，对比文件1的技术特征I、II、III、V分别相当于权利要求1的技术特征A、B、C、

E。与对比文件 1 相比，权利要求 1 中的技术特征 D、F 和 G 为区别技术特征。

对比文件 1（参见对比文件 1 技术特征 IV、VI）中电池匣为类 D 形，设置在笔记本电脑的后端部，为了增加笔记本电脑可携带的电池供应量，还可再连接多个电池匣；对比文件 1 中未公开电池形状的作用，但合议组认为根据常识其形状设置是为了安装拆卸电池匣时人手容易把持，而不是为打开其附近的部件。而权利要求 1（参见权利要求 1 技术特征 D、F 和 G）中电池盒包括一个带空体部的腔室体，设置在本体部分上，关闭的显示元件的前端部对准该电池盒，为了让操作者更容易打开显示元件，其电池盒的空体部位于朝向关闭的显示元件的前端部的位置处。由此可见，对比文件 1 与权利要求 1 中电池盒的形状、设置电池盒的位置及目的不同，采用权利要求 1 所述的带空体部电池盒及其位置设置，使得操作者指尖部分可以容易地扣住信息处理装置的显示元件的前端部分来打开显示元件，而对比文件 1 并未给出此技术启示。

综上所述，本申请权利要求 1 与对比文件 1 的发明目的、电池盒的形状及其位置设置均不相同，并且对比文件 1 也未给出上述区别的技术启示，权利要求 1 相对于对比文件 1 具有突出的实质性特点和显著的进步，本领域普通技术人员在对比文件 1 的基础上需要付出创造性劳动才能得到权利要求 1 所要求保护的技术方案，因此，权利要求 1 相对于对比文件 1 具备专利法第二十二条第三款所规定的创造性。

权利要求 2 ~ 6 是直接或间接引用权利要求 1 的从属权利要求，在权利要求 1 相对于对比文件 1 具备创造性的情况下，权利要求 2 ~ 6 相对于对比文件 1 也具备专利法第二十二条第三款所规定的创造性。

（三）关于权利要求 7 ~ 12 是否具有创造性

权利要求 7 要求保护一种具有如权利要求 1 所述的电池盒的信息处理装置，当所述电池盒相对于对比文件 1 具备创造性的情况下，根据相同的理由，所述信息处理装置相对于对比文件 1 也具备创造性，符合专利法第二十二条第三款的规定。

权利要求 8 ~ 12 是直接或间接引用权利要求 7 的从属权利要求，在权利要求 7 相对于对比文件 1 具备创造性的情况下，权利要求 8 ~ 12 相对于对比文件 1 也具备专利法第二十二条第三款所规定的创造性。

三、决定

撤销国家知识产权局于 2004 年 8 月 6 日对申请号为 02108735.0 的发明专利申请所作出的驳回决定，以请求人于申请日提交的说明书第 1 ~ 6 页、说明书附图第 1 ~ 6 页、说明书摘要及摘要附图，2006 年 2 月 16 日提交的权利要求第 1 ~ 12 项为基础，由原实质审查部门继续进行审批程序。

153

一种传输计价器税控信息的方法案

复审请求审查决定（第8699号）

决　定　号　第8699号
决　定　日　2006年6月13日
发明创造名称　一种传输计价器税控信息的方法
国际分类号　G06F 13/00　H04Q 7/38
复审请求人　厦门雅迅网络股份有限公司
专利申请号　01134137.8
申　请　日　2001年10月31日
公　开　日　2003年5月14日
合议组组长　熊　婷
主　审　员　汤　锷
参　审　员　李韵美

法律依据　专利法第二十五条第一款第（二）项
决定要点

如果要求保护的方案与现有技术相比，不同之处不仅仅在于商业规则，还确实采用了新的技术手段，并且由此在解决的问题和获得的效果方面对现有技术所作出的贡献是技术性的，满足了三要素均为技术性的条件，则这种方案属于能够完成一种商业规则运作的技术方案，不属于专利法第二十五条第一款第（二）项所列的智力活动的规则和方法。

一、案由

本复审请求涉及申请日为2001年10月31日，申请号是01134137.8，发明名称为“一种传输计价器税控信息的方法”的发明专利申请（下称本申请），申请人是厦门雅迅网络股份有限公司。

在实质审查程序中，国家知识产权局实质审查部门于2003年12月5日发出的第一次审查意见通知书指出，本申请权利要求1~3所要解决的问题和所获得的效果都仅仅是出租车运营公司对出租车每次交易的运营数据或信息进行管理，其解决的问题和获得的效果都是非技术性的，不属于技术范畴，也不构成技术方案，因此，本申请的权利要求1~3所要求保护的内容属于专利法第二十五条第一款第（二）项规定的不授予专利权的范围。

申请人于2004年4月14日提交了答复第一次审查意见通知书的意见陈述书，对权利要求书和说明书进行了修改并同时提交了修改替换页，申请人认为，本申请涉及对出租车计价器的数据传输、储存、处理、控制，解决的问题和获得的效果都是技术性的，构成了一个完整的技术方案，属于可授予专利权的客体。

经审查，国家知识产权局在2005年4月8日以本申请的权利要求1~3属于专利法第二十五条第一款第（二）项规定的不授予专利权的客体为由，作出了驳回决定。

驳回决定所针对的权利要求书为：

“1. 一种传输计价器税控信息的方法，其特征在于其步骤如下：

1）出租车计价器采集所需的数据；

2）将存入出租车计价器的数据通过 RS232 通讯接口传送至车载移动终端；

3）按指令将传至车载移动终端的数据逐条按无线数字蜂窝电话短信息传送；或将传至车载移动终端的数据存入其内部存储器，再根据设定指令将车载移动终端内部存储器中的数据逐条取出，并按无线数字蜂窝电话短信息传送；

4）根据短信通讯器控制指令将按短信息处理的数据逐条传送至 GSM 系统的短信息服务器；

5）由 GSM 系统的短信息服务器将数据通过 DDN 专线转发到监控中心短信前置机，并存入存储器；

6）根据指令对存入存储器的数据进行处理。

2. 如权利要求 1 所述的一种传输计价器税控信息的方法，其特征在于步骤 3）中的设定指令为短信传输所间隔的时间或存储的数据量。”

驳回决定的具体理由为：

本申请权利要求 1 ~ 3 所要解决的问题和所获得的效果都仅仅是出租车运营公司对出租车每次交易的运营数据或信息进行管理，其解决的问题和获得的效果都是非技术性的，不属于技术范畴，也不构成技术方案，因此，本申请的权利要求 1 ~ 3 所要求保护的内容属于专利法第二十五条第一款第（二）项规定的不授予专利权的范围。

申请人（下称复审请求人）不服上述驳回决定，于 2005 年 7 月 20 日向国家知识产权局专利复审委员会提出复审请求，没有对申请文件作出修改。复审请求人主要认为：本申请是为了解决出租车计价器的数据传输、储存、处理、控制等具体的技术问题，利用了现代的技术手段，包括技术设备和按照方法流程的步骤，给出了各项功能和如何完成这些功能，最终获得了技术效果，即把出租车计价器的数据经过传输储存、处理、控制等技术过程后转发到所需的终端，其发明目的和效果都是技术性的，它构成了一个完整的技术方案，属于可给予专利保护的客体。

专利复审委员会于 2005 年 9 月 7 日向复审请求人发出了复审请求受理通知书，并将该复审请求书连同原申请案卷一并送交作出驳回决定的原审查部门进行前置审查，在前置审查意见书中，国家知识产权局实质审查部门坚持原驳回决定。

针对本复审请求，专利复审委员会依法成立合议组对本复审请求进行审理，经过认真研究后，合议组认为本案事实已经清楚，可以作出复审决定。

二、决定的理由

1. 审查文本

复审请求人在请求复审时没有对申请文件作出修改，因此，本复审决定所依据的文本是驳回决定所针对的文本，即：2004 年 4 月 14 日提交的权利要求第 1 ~ 2 项、说明书第 1 ~ 2 页及 2001 年 10 月 31 日提交的说明书摘要。

2. 关于专利法第二十五条第一款第（二）项规定

专利法第二十五条第一款第（二）项规定，智力活动的规则和方法不属于专利法保护的客体。如果要求保护的方案与现有技术相比，不同之处不仅仅在于商业规则，还确实采用了新的技术手段，并且由此在解决的问题和获得的效果方面对现有技术所作出的贡献是技术性的，满足了三要素均为技术性的条件，则这种方案属于能够完成一种商业规则运作的技术方案，不属于专利法第二十五条第一款第（二）项所列的智力活动的规则和方法，不应排斥在专利法保护客体之外。

本申请权利要求1要求保护一种传输计价器税控信息的方法，其中，将存入出租车计价器的数据通过RS232通讯接口传送至车载移动终端；按指令将传至车载移动终端的数据逐条按无线数字蜂窝电话短信息传送；或将传至车载移动终端的数据存入其内部存储器，再根据设定指令将车载移动终端内部存储器中的数据逐条取出，并按无线数字蜂窝电话短信息传送；根据短信通讯器控制指令将按短信息处理的数据逐条传送至GSM系统的短信息服务器；由GSM系统的短信息服务器将数据通过DDN专线转发到监控中心短信前置机，并存入存储器。而现有技术中是将运营数据记录在IC卡上，司机和管理部门通过交递IC卡来了解出租车运营情况，这种方法使得出租车运营管理部门不能及时和全面地获得税控信息，并且给司机增加了许多不便。权利要求1采用了由车载移动终端、RS232接口、无线数字蜂窝电话短信通信器等组成的系统来可靠、及时、全面、有效地管理相关运营数据，脱离了司机的人为作业，使得获取的数据更客观而全面。由此可见，要求保护的传输计价器税控信息的方法所做的贡献在于，采用了由车载移动终端、RS232接口、无线数字蜂窝电话短信通信器等组成的系统这样的技术手段，并且该技术手段不是本领域惯用技术的简单叠加或拼凑，同时解决了在出租车计价器运营数据传输管理中确保数据可靠、准确、及时的这一技术问题，由此所产生的效果也是技术性的。因此，权利要求1所要求保护的传输计价器税控信息的方法不属于专利法第二十五条第一款第（二）项所述的智力活动的规则和方法，是专利法保护的客体。

权利要求2进一步限定权利要求1中步骤3）中的设定指令为短信传输所间隔的时间或存储的数据量。这是对权利要求1技术方案的技术特征的限定，基于同样的理由，权利要求2也不属于专利法第二十五条第一款第（二）项所述的智力活动的规则和方法，是专利法保护的客体。

三、决定

撤销国家知识产权局于2005年4月8日对01134137.8号发明专利申请作出的驳回决定。

由国家知识产权局原实质审查部门依据2004年4月14日提交的权利要求第1~2项、说明书第1~2页及2001年10月31日提交的说明书摘要继续审查程序。

根据专利法第四十一条的规定，复审请求人对本决定不服的，可以自收到通知之日起三个月内向北京市第一中级人民法院起诉。

154

一种同步清洗方法案

复审请求审查决定（第8701号）

决　定　号　第8701号
决　定　日　2006年6月26日
发明创造名称　一种同步清洗方法
国际分类号　D06F 27/00、35/00
复审请求人　梁浩东
专利申请号　01127662.2
申　请　日　2001年7月27日
公　开　日　2002年3月27日
合议组组长　黄毅斐
主　审　员　哈雅坤
参　审　员　樊晓东

法律依据　专利法第二十二条第三款
决定要点

本申请与现有技术相比，不具有突出的实质性特点和显著的进步，因而本申请不符合专利法第二十二条第三款有关创造性的规定。

一、案由

本复审请求涉及发明名称为“一种同步清洗方法”的申请号为01127662.2的发明专利申请（下称本申请），其申请日为2001年7月27日，申请人为梁浩东。

原实质审查部门对本申请进行了实质审查，于2003年11月7日，针对申请日提交的权利要求第1项、2003年1月21日提交的说明书第1~2页以及申请日提交的说明书摘要发出了第一次审查意见通知书，其中指出：权利要求1相对于对比文件1不具备创造性，不符合专利法第二十二条第三款的规定。原实质审查部门认为：对于本领域普通技术人员，通过洗衣槽的这种往复运动以及惯性的原因，显然能够实现“清洗容器的运动方向与容器内的被清洗物和水的运动方向相反”和“清洗容器内的被清洗物件和水同方向同步运动”，因此权利要求1不具备创造性。在该第一次审查意见通知书中引用的对比文件为：

对比文件1：CN1087693A，其公开日为1994年6月8日。

2004年2月27日，申请人针对第一次审查意见通知书提交了意见陈述书，陈述了本申请权利要求1具备创造性的理由。申请人认为：本申请的同步清洗方法主要是通过衣物和水一起跟洗涤桶发生不断的碰撞挤压使污垢脱离衣物。此外，申请人还在意见陈述书中以图示结合说明的方式举例说明了本申请所述同步清洗方法的工作方式为：1）洗涤桶从静止开始快速向上运动，衣物和水一起随洗涤桶快速向上运动；2）洗涤桶到达最高点并立即快速向下运动；3）洗涤桶快速下落过程中，由于惯性衣物和水一起继续快速向上运动并跟反方向快速下落的洗涤桶发生碰撞，碰撞后衣物和水一起随洗涤桶快速向下运动；4）洗涤桶到达最低点并立即快速向上运动；5）洗涤桶快速上升过程中，由于惯性衣物和水一起继续快速向下运动并跟反方向快速上升的洗涤桶发生碰撞，碰撞后衣物和水一起随洗涤桶快速向上运动；6）洗涤桶又到达最高点并立即快速向下运动，开始下一个往复运动周期。这种工作方式比已往的清洗方式更好，并且具有省水、省时、作用力大以及衣物磨损小的效果。而对比文件1中的往复式洗衣槽无论怎样的往复运动都不会出现“清洗容器的运动方向与容器内的被清洗物件和水的运动方向相反，清洗容器做往复运动而清洗容器内的被清洗物件和水同方向同步运动”的同步清洗方法的技术方案特征，这是其与本申请的区别所在。

2004年4月9日，原实质审查部门针对第一次审查意见通知书所依据的申请文本进行继续审查，发出了第二次审查意见通知书，其中指出：1）申请人于2003年1月21日提交的主动修改的说明书不符合专利法实施细则第五十一条第一款的规定，因此不能被接受；2）权利要求1不具备创造性，理由与第一次审查意见通知书中的理由相同。

2004年6月16日，申请人针对第二次审查意见通知书提交了意见陈述书，并且再次陈述了本申请具备创造性的理由。申请人指出：对比文件1所公开的洗衣机，虽然其中的洗衣槽作往复运动也是利用惯性的原理，但该洗衣槽内的衣物和水并不是同方向同步运动的关系，同样也并不存在该洗衣槽的运动方向与该洗衣槽内的衣物和水的运动方向相反的关系。本领域的普通技术人员通过洗衣槽的这种往复运动以及惯性的原理，显然不能实现“清洗容器的运动方向与容器内的被清洗物和水的运动方向相反”和“清洗容器内的被清洗物件和水同方向同步运动”。另外，申请人还进一步指出：机械力是洗衣机洗涤过程中的一大要素。同步清洗方法主要是通过衣物和水一起跟洗涤桶发生不断的碰撞挤压使污垢脱离衣物。它所使用的机械力主要是撞击力，而把摩擦力降到最小。现在，洗衣机普遍使用的机械力都是以摩擦力为主。

此后，申请人于2004年12月24日再次针对第二次审查意见通知书提交了意见陈述书，其中未提及有关该案本身的内容，而是告请有关审查部门尽早批复本发明。

2005年2月18日，原实质审查部门针对申请日提交的原始申请文件的权利要求第1项、说明书第1~2页以及说明书摘要，以权利要求1不符合专利法第二十二条第三款的规定为由驳回了本申请。驳回决定所引用的对比文件为：

对比文件1：CN1087693A，其公开日为1994年6月8日。

在驳回决定中，原实质审查部门强调：对比文件1也能产生“利用衣物和水撞击侧壁达到清洗的目的”这一效果，这是因为：在对比文件1中，洗衣槽作往复运动，会带动水和衣物运动，然而当其变向时，由于水和衣物的惯性原因，必然出现“清洗容器的运动方向与容器内的被清洗物和水的运动方向相反”和“清洗容器内的被清洗物和水同方向同步运动”；即便是洗衣槽内部存在凸棱，由于衣物为软质体，不可能整个衣物随洗衣槽变向，由于其自身惯性，必然会产生撞击侧壁的现象。该驳回决定所针对的权利要求1为：

“1. 一种同步清洗方法，其特征在于清洗容器的运动方向与容器内的被清洗物件和水的运动方向相反，清洗容器做往复运动而清洗容器内的被清洗物件和水同方向同步运动。”

申请人（下称复审请求人）对上述驳回决定不服，于2005年5月19日向专利复审委员会提出复审请求，没有对申请文件进行修改，而是陈述了本申请权利要求1具备创造性的理由。复审请求人认为：如果洗衣槽内的衣物的运动方向与洗衣槽的运动方向相反，洗衣槽内的衣物应该是做绕洗衣槽的中轴与洗衣槽反方向往复摆动的运动，那衣物就不可能与侧壁产生撞击，但事实是衣物必然会产生撞击侧壁的现象，从这可以证明，对比文件1洗衣槽内的衣物的运动方向与洗衣槽的运动方向并没有相反。本申请要求整个衣物要跟洗衣槽变向，而对比文件 1 的技术特征是“不可能整个衣物随洗衣槽变向”。因此，对比文件 1 与本申请是两种有本质区别的洗衣技术方案。此外，请求人还认为：驳回的理由 1 和理由 2 前后有矛盾之处。此外，请求人还以表格的方式将对比文件 1 与本申请进行了对比，列出三个主要区别点：1）撞击的方式不同；2）水的运动情况不同；3）机械作用力和磨损率不同。

2005 年 8 月 11 日，经形式审查合格后，专利复审委员会受理了该请求，向复审请求人发出了复审请求受理通知书，并将本案送至原审查部门进行前置审查。原审查部门在前置审查意见书中坚持原驳回决定。

根据复审请求人于 2005 年 5 月 19 日提交的复审请求书，国家知识产权局专利复审委员会依法成立合议组对本案的复审请求进行审理，并于 2006 年 3 月 17 向复审请求人发出了复审通知书。在此次复审通知书中，合议组指出：本申请权利要求 1 所请求保护的技术方案相对于对比文件 1 不具有突出的实质性特点和显著的进步，也没有产生任何意想不到的技术效果，故而不具备专利法第二十二条第三款规定的创造性。

2006 年 4 月 29 日，复审请求人针对复审通知书提交了意见陈述书，且一并提交附件 1 - 3 作为证明材料。其中附件 1 是《家用洗衣机的工作原理与维修技术》〖修订版〗；附件 2 是《洗衣机》（姚舜封编写）；附件 3 是《家用洗衣机原理、使用与维修》。复审请求人认为：对比文件 1 洗衣槽内的衣物和水在凸棱的往复摆动下，再加上惯性的原因，必然会出现不规则的运动，根本不存在“清洗容器内的被清洗物件和水同方向同步运动”的时刻或时间段，同样也根本不会存在“清洗容器的运动方向与容器内的被清洗物件和水的运动方向相反”的时刻或时间段。此外，现有的大多数洗衣机也根本不存在“清洗容器内的被清洗物件和水同方向同步运动”以及“清洗容器的运动方向与容器内的被清洗物件和水的运动方向相反”的时刻或时间段。

2006 年 5 月 25 日，复审请求人再次针对复审通知书提交了意见陈述书，且一并提交附件 1 ~ 4 作为证明材料。其中附件 1 - 3 与复审请求人于 2006 年 4 月 29 日提交的附件 1 - 3 相同，另外又增加了附件 4（即，三张电脑磁盘）作为证明材料。此外，复审请求人此次提交的陈述意见与 2006 年 5 月 10 日提交的陈述意见内容相同。

专利复审委员会本案合议组认真研究了国家知识产权局作出的驳回决定、复审请求人所提交的复审请求书以及复审请求人答复复审通知书时所提交的意见陈述书，认为，复审请求人已充分地陈述了意见，本案事实已经清楚，可以对本复审请求作出审查决定。

二、决定的理由

专利法第二十二条第三款规定：创造性，是指同申请日以前已有的技术相比，该发明有突出的实质性特点和显著的进步。

本申请的权利要求 1 请求保护一种同步清洗方法，而对比文件 1 公开了一种洗衣机，并具体公开了以下技术特征：（1）在洗衣桶内设置一个钟摆式洗衣槽或称单摆式洗衣槽、往复式洗衣槽、来复式洗衣槽（图一），该洗衣槽使洗涤物在洗涤过程中不作正反旋转运动而作往复摆动，使洗涤物处于揉搓状态（参见说明书第 1 页最后一段），为了使洗衣槽往复摆动，在洗衣槽下端设置一转轴（附图标记 2），转轴与电机之间用一往复式运动的传递装置连接（图二），当电机旋转时往复运动的传递装置带动洗衣槽作往复摆动（参见说明书第 2 页第 3 ~ 5 行）；（2）洗衣槽具有内、外两个带有凸棱（附图标记 6）的圆形装置构成的槽（图一），当洗衣槽来回摆动时，内、外壁上的凸棱及洗衣槽底部的凸棱带动洗涤液与衣物同时摆动，由于凸棱的作用使全部洗涤液和衣物同时摆动（参见说明书第 2 页第 13 ~ 16 行）。

将权利要求 1 与对比文件 1 相比可知，两者的区别仅在于对比文件 1 没有明确记载“清洗容器的运动方向与容器内的被清洗物和水的运动方向相反”和“清洗容器内的被清洗物件和水同方向同步运动”这样的运动状态。

然而，合议组认为：虽然在对比文件 1 中没有明确记载上述区别技术特征，但是对于本领域普通技术人员而言，由于对比文件 1 的洗衣槽带有凸棱，因而在洗涤过程中，洗衣槽作往复运动，会带动水和衣物一起运动，必然存在“清洗容器内的被清洗物和水同方向同步运动”的时刻或时间段；而当洗衣槽变向时，由于衣物为软质体，因此即使是衣物在凸棱的作用下会随洗衣槽一起运动，但也不可能整个衣物都瞬间随洗衣槽变向，而是因其自身的惯性以及水自身的惯性原因，会出现“清洗容器的运动方向与容器内的被清洗物和水的运动方向相反”的时刻或时间段，同时也会由此而产生撞击侧壁的现象。也就是说，通过洗衣槽的这种往复运动以及衣物和水自身的惯性原因，必然存在“清洗容器的运动方向与容器内的被清洗物和水的运动方向相反”以及“清洗容器内的被清洗物件和水同方向同步运动”这样的时刻或时间段，而并非如复审请求人在答复意见中所说的“根本不存在清洗容器的运动方向与容器内的被清洗物和水的运动方向相反”以及“同样也根本不会出现清洗容器内的被清洗物件和水同方向同步运动”。因此，根据该对比文件 1 公开的洗衣机的洗涤方式，本领域的普通技术人员很容易想到利用其上述运动状态构成的权利要求 1 的清洗方法，这是不需要花费创造性劳动就可以实现的。因而该权利要求 1 所请求保护的技术方案相对于对比文件 1 不具备突出的实质性特点和显著的进步，故不具备专利法第二十二条第三款规定的创造性。

合议组需要进一步指出的是：复审请求人仅仅反复强调本申请所述的同步清洗方法能够产生“清洗容器的运动方向与容器内的被清洗物和水的运动方向相反”以及“清洗容器内的被清洗物件和水同方向同步运动”这样的运动状态，但是在权利要求 1 和说明书当中均没有分别具体、明确地限定和记载能够达到上述这种运动状态的洗衣机清洗原理和洗衣槽的特殊机械构造。而在对比文件 1 中已经清楚地介绍了其洗衣机的工作原理和机械构造，通过分析可知，对比文件 1 所涉及的洗衣机能够在运转的过程中，必然会在某一瞬间出现“清洗容器的运动方向与容器内的被清洗物和水的运动方向相反”以及“清洗容器内的被清洗物件和水同方向同步运动”这样的运动状态。因此本申请的权利要求 1 所请求保护的技术方案同对比文件 1 相比，不具有突出的实质性特点和显著的进步，因而不具备创造性。

三、决定

维持国家知识产权局于 2005 年 2 月 18 日针对 01127662. 2 号发明专利申请作出的驳回决定。

复审请求人如对本决定不服，可根据专利法第四十一条第二款的规定，在收到本决定之日起三个月内向北京市第一中级人民法院起诉。

155

表面声波装置案

复审请求审查决定（第8702号）

决 定 号 第8702号
决 定 日 2006年6月23日
发明创造名称 表面声波装置
国际分类号 H03H 9/25
复审请求人 株式会社东芝
申 请 号 01811770．8
申 请 日 2001年5月1日
公 开 日 2003年8月27日
合议组组长 马 昊
主 审 员 涂洪文
参 审 员 孙治国

法律依据 专利法实施细则第二条第一款
决定要点

如果一件发明专利申请要求保护的方案提出了要解决的技术问题，采取了技术手段，获得了技术效果，则该方案是一种技术方案，属于专利法意义上的保护客体，符合专利法实施细则第二条第一款的规定。

一、案由

本复审请求涉及国家知识产权局于2005年5月27日驳回、申请号为01811770．8、名称为" 表面声波装置" 的发明专利申请（下称本申请），申请人为株式会社东芝。

在实质审查过程中，国家知识产权局实审部门于2004年8月6日发出第一次审查意见通知书，指出虽然权利要求1～4请求保护一种表面声波装置，但是其发明目的主要是解决该装置的塑料壳体和基部颜色相同很难分辨正反面的问题，使其采用不同颜色用以区分，解决的不是技术问题，而且，其中也没有利用技术手段对表面声波装置的结构作出改变，也没有指出采用何种技术手段使基部和盖具有互不相同的颜色，而且所产生的效果也不是技术效果，因此权利要求1～4所请求保护的方案不是一个技术方案，不符合专利法实施细则第二条第一款的规定。

针对第一次审查意见通知书，申请人于2005年2月18日提交了意见陈述书以及权利要求书的全文替换，申请人认为，尽管本申请权利要求1中的方案与现有技术的区别点在于材料的颜色，但是这种表面声波装置壳体颜色的设置不是出于美观的需要，而是解决了实质性的技术问题，因此，权利要求1所要求保护的技术方案符合专利法实施细则第二条第一款的规定。同理权利要求2～4也符合专利法实施细则第二条第一款的规定。

国家知识产权局审查部门于2005年5月27日驳回了本申请，驳回文本为进入中国国家阶段时

(2002年12月26日) 提交的说明书附图第1～2页、说明书摘要及摘要附图以及2005年2月18日提交的权利要求书第1～4项和说明书的第1～6页。

驳回决定所针对的权利要求1请求保护的方案如下:

"1. 一种表面声波装置，该声波装置包括:

一表面声波元件，该表面声波元件带有形成在一压电基底上的若干金属电极，从而激发表面声波;

一塑料壳体基部，该塑料壳体基部可在一壳体内容纳表面声波元件；以及

一塑料盖，该塑料盖密封壳体内的一个中空部分;

塑料壳体基部和塑料盖两者都至少部分地出现在表面声波装置的一侧面上，塑料壳体基部和塑料盖的相互间的材料颜色是不同的。"

驳回决定中除了与一通中相同的理由之外还指出：以颜色的不同来区别正、背面对于本领域的技术人员来说不是技术性的，而且本申请未采用技术手段对表面声波装置的结构作出改变，也没有指出采用何种手段使基部和盖具有不同的颜色，对权利要求1所作的修改也未能针对上述缺陷作出实质性的改变，因此权利要求1～4仍然不符合专利法实施细则第二条第一款的规定。

2005年9月12日，申请人日本株式会社东芝（下称请求人）不服上述驳回决定，向专利复审委员会提出复审请求。请求人认为本申请权利要求1中的方案可以通过颜色不同使人容易区分正面、背面，从而防止包装插入方向错误，因此认为权利要求1～4符合专利法实施细则第二条第一款的规定，所请求保护的方案属于技术方案的范畴。

形式审查合格后，专利复审委员会受理了该复审请求，并于2005年10月25日向请求人发出复审请求受理通知书，随后将本申请移交原审查部门进行前置审查。

原审查部门对本复审请求进行了前置审查，坚持驳回决定。

专利复审委员会成立合议组对本复审请求进行审理。

经审查，合议组认为本案事实已经清楚，现作出本复审请求审查决定。

二、决定的理由

1. 文本认定

鉴于复审请求人在提出复审请求时，没有提交新修改文本，因此本复审所依据的审查文本是驳回决定的文本，即：进入国家阶段日（2002年12月26日）提交的说明书附图第1～2页、说明书摘要及摘要附图以及2005年2月18日提交的权利要求书第1～4项和说明书的第1～6页。

2. 关于专利法实施细则第二条第一款

专利法实施细则第二条第一款规定：专利法所称发明，是指对产品、方法或者其改进所提出的新的技术方案。根据该规定，如果一件发明专利申请要求保护的方案提出了要解决的技术问题，采取了技术手段，获得了技术效果，则该方案是一种技术方案，属于专利法意义上的保护客体。符合专利法实施细则第二条第一款的规定。

权利要求1请求保护的方案如下:

" 1. 一种表面声波装置，该声波装置包括:

一表面声波元件，该表面声波元件带有形成在一压电基底上的若干金属电极，从而激发表面声波;

一塑料壳体基部，该塑料壳体基部可在一壳体内容纳表面声波元件；以及

一塑料盖，该塑料盖密封壳体内的一个中空部分;

塑料壳体基部和塑料盖两者都至少部分地出现在表面声波装置的一侧面上，塑料壳体基部和塑料

盖的相互间的材料颜色是不同的。"

合议组认为：权利要求 1 所请求保护的主题是表面声波装置，属于产品权利要求，其请求保护的是一种产品/装置的结构，其中描述了必要的结构特征如表面声波元件、塑料壳体基部、塑料盖等，并且也已经描述了该装置各部件之间必要的位置关系。该方案要解决的技术问题是提供一种具有容易分辨正面和背面的塑料封装的表面声波装置，其达到的技术效果是使人们在观察塑料封装的一侧便足以区分开塑料壳体的基部和塑料盖，容易识别出表面声波装置的正面和背面，可以抑制封装插入方向的错误。虽然本申请的发明点仅在于在现有的表面声波装置上作出部分改进，也就是使塑料壳体的基部和塑料盖之间的颜色不同，但是该改进并不是出于美观上的需要，而是用于解决实际操作中面临正反面容易混淆容易安装错误的问题，因此其解决了技术问题；权利要求 1 请求保护的方案使装配该表面声波装置时容易区分其正反面，因此也获得了技术效果。由此可见，权利要求 1 请求保护的方案属于技术方案的范畴，符合专利法实施细则第二条第一款的规定。

同理，权利要求 2 ~4 也能够构成技术方案，符合专利法实施细则第二条第一款的规定。

综上所述，合议组认为，本申请权利要求 1 ~4 中记载的方案符合专利法实施细则第二条第一款的规定。

三、决定

撤销国家知识产权局于 2005 年 5 月 27 日对本发明专利申请所作出的驳回决定，在进入中国国家阶段时（2002 年 12 月 26 日）提交的说明书附图第 1 ~2 页、说明书摘要及摘要附图以及 2005 年 2 月 18 日提交的权利要求书第 1 ~4 项和说明书的第 1 ~6 页的基础上，由原审查部门继续对本申请进行其他审查程序。

156

电纹防伪方法案

复审请求审查决定（第8706号）

决 定 号 第8706号
决 定 日 2006年6月26日
发明创造名称 电纹防伪方法
国际分类号 G06F 17/60　G06F 7/58　G07F 7/10
复审请求人 李　婕
专利申请号 02153295.8
申 请 日 2002年11月26日
公 开 日 2003年5月14日
合议组组长 张美菊
主 审 员 贾彦飞
参 审 员 樊晓东

法律依据 专利法第二十五条第一款第（二）项
决定要点

对电纹防伪标签的结构特征的限定不能认为是属于智力活动的规则和方法；并且判断相对于现有技术的贡献方面，应当在检索现有技术的基础上认定。

一、案由

本复审请求涉及申请日为2002年11月26日，申请号是02153295.8，发明名称为“电纹防伪方法”的发明专利申请（下称本申请），申请人是李婕。

在实质审查程序中，申请人在提出实质审查请求书的三个月内的2003年7月17日提交了说明书第3页的修改替换页。国家知识产权局实质审查部门于2005年1月7日发出第一次审查意见通知书，指出本申请的权利要求1~9均要求保护一种电纹防伪方法，其实质仅仅是对所述防伪对象上选用的结构特征，以及如何表述选用的结构特征的一种人为的限定，是一种智力活动的规则和方法，属于专利法第二十五条第一款第（二）项限定的范畴。

申请人于2005年1月28日提交了答复第一次审查意见通知书的意见陈述书，对权利要求书进行了修改并同时提交了修改替换页。申请人对权利要求的修改主要是：将原权利要求6、7并入权利要求1，删除了原权利要求3、4、5、8，保留原权利要求2、9并进行了修改。申请人认为，修改后权利要求对防伪方法的贡献在于：它直接提供了一种生产电纹防伪产品的方法，该方法不是对所述防伪对象选用的结构特征，它包括了如何将具有识别特征的物质进行制备，产生一个识别信息载体的全过程，因此修改后的权利要求1符合了发明专利关于采用技术手段解决技术问题和产生技术效果的要求，不属于专利法第二十五条第一款第（二）项的范围。

经审查，国家知识产权局在2005年4月1日以该申请的权利要求1~3属于专利法第二十五条第一款第（二）项规定的不授予专利权的范围为由，作出了驳回决定。其驳回理由主要是：本申请的权利要求 1－3 均要求保护一种电纹防伪方法，其实质仅仅是对所述防伪对象上选用的结构特征，以及如何表述选用的结构特征的一种人为的限定，是一种智力活动的规则和方法，属于专利法第二十五条第一款第（二）项规定的不能被授予专利权的范畴。

申请人（下称复审请求人）不服上述驳回决定，于 2005 年 6 月 6 日向国家知识产权局专利复审委员会提出复审请求，并提交了修改后的权利要求书。复审请求人认为：本专利申请公开的一种电纹防伪方法，对于现有技术的贡献是提供了一种作为电子防伪技术的识别物的制作方法，该制作方法是利用于在纸浆中掺入或涂布时用风喷洒一定比例的两种或两种以上不同形状或颜色的颗粒、纤维状识别物，制成纸张、塑膜或复合材料层；或利用掺杂物或/和气泡于塑料、玻璃或陶瓷中，产生防伪信息载体的识别物。复审请求人提交的修改后的权利要求书为：

“1. 一种电纹防伪方法，在防伪对象上设置防伪信息载体，选定载体上的防伪信息，以编码的形式存储到与电话网或国际互联网连接的计算机识别系统的数据库中，待消费者调取该防伪信息来验证；其特征在于载体设置防伪信息的步骤如下：

利用在纸浆中掺入或涂布时用风喷洒一定比例的两种或两种以上不同形状或颜色的颗粒、纤维状识别物，制成纸张、塑膜或复合材料层；或利用掺杂物或/和气泡于塑料、玻璃或陶瓷中，产生防伪信息载体的识别物。

2. 如权利要求 1 所述的电纹防伪方法，其特征在于防伪信息载体上的防伪信息识别物是随机产生，通过扫描仪摄取成图像，再通过编码设备将其转换成编码信息，供计算机系统存储。

3. 如权利要求 1 所述的电纹防伪方法，其特征在于：所述防伪信息载体的防伪信息区域内，每一种类的识别物质数量不超过九个。”

经形式审查合格后，专利复审委员会于 2005 年 8 月 29 日向复审请求人发出了复审请求受理通知书，并将该复审请求书连同原申请案卷一并送交作出驳回决定的原审查部门进行前置审查，在前置审查意见书中，国家知识产权局实质审查部门仍然坚持原驳回决定。

在此基础上，专利复审委员会依法成立合议组对本复审请求进行审理。

经审查，合议组认为本案事实已经清楚，可以作出复审决定。

二、决定的理由

1、关于审查文本

复审请求人在请求复审时对权利要求的修改符合专利法第三十三条和专利法实施细则第六十条第一款的有关规定，合议组予以接受。本复审决定所依据的文本是：2002 年 11 月 26 日提交的说明书第 1－2、4 页、说明书附图第 1 页、说明书摘要、摘要附图，2003 年 7 月 17 日提交的说明书第 3 页以及 2005 年 6 月 6 日提交的权利要求第 1－3 项。

2. 关于专利法第二十五条第一款第（二）项

专利法第二十五条第一款第（二）项中规定：智力活动的规则和方法不授予专利权。审查指南第二部分第 2－4 页对该法条的具体第一章规定是：智力活动，是指人的思维活动，它源于人的思维，经过推理、分析和判断产生出抽象的结果，或者必须经过人的思维运动作为媒介才能间接地作用于自然产生结果，它仅是指导人们对信息进行思维、识别、判断和记忆的规则和方法，由于其没有采用技术手段或者利用自然法则，也未解决技术问题和产生技术效果，因而不构成技术方案。

本申请的独立权利要求 1 请求保护一种电纹防伪方法，从独立权利要求 1 所限定的内容中可以得知，本申请提供一种电纹防伪技术，根据说明书的记载，权利要求 1 请求保护的方案所要解决的问题是为了获得一种可以通过标识物的结构随机图形、随机颜色、随机数量特征进行防伪的防伪技术，这是一种技术问题；从采用的手段来看，本申请所采用的手段是在防伪对象上设置防伪信息载体，利用在纸浆中掺入或涂布时用风喷洒一定比例的两种或两种以上不同形状或颜色的颗粒、纤维状识别物，制成纸张、塑膜或复合材料层；或利用掺杂物或/和气泡于塑料、玻璃或陶瓷中，产生防伪信息载体的识别物，选定载体上的防伪信息，以编码的形式存储到与电话网或国际互联网连接的计算机识别系统的数据库中，待消费者调取该防伪信息来验证，其使用了制作信息载体的各技术步骤并利用了电话网和计算机系统的技术手段；从取得的技术效果上来看，其取得了电纹防伪的技术效果。因此，在独立权利要求1限定的内容中，并没有需要通过人的思维来完成推理、分析或判断产生出抽象结果的过程，也没有需要通过人的思维运动作为媒介才能间接地作用于自然产生结果，所以其不应当属于智力活动的范围，本申请的独立权利要求1已经构成了专利法意义上的技术方案，不属于专利法第二十五条第一款第（二）项规定的范围。

驳回决定中认为“本发明对于现有技术的贡献，仅仅在于对所述特定的结构特征进行了人为的限定”，并且在前置审查意见中认为“即使本发明整体而言并不是一种智力活动的规则和方法，但由于本发明对现有技术的贡献，仅仅在于对所述特定的添加物的结构特征进行了人为的限定”。合议组认为，在没有通过检索而得到具体现有技术的情况下，而认定本申请相对于现有技术的贡献仅仅在于对所述特定的添加物的结构特征进行人为的限定的理由是不充分的；并且对添加物的结构特征进行限定也不属于智力活动的范围。

综上，合议组认为，本申请独立权利要求1的技术方案不属于专利法第二十五条第一款第（二）项规定的不能授予专利权的范围，相应的，其从属权利要求2、3也不属于专利法第二十五条第一款第（二）项规定的不能授予专利权的范围。

需要提醒原审查部门注意的是，申请人在2003年7月17日对说明书的修改超出了原说明书和权利要求书公开的范围，不符合专利法第三十三条的规定。

故此，复审请求人的复审请求理由成立，本案合议组作出如下审查决定。

三、决定

撤销国家知识产权局于2005年4月1日对02153295.8号发明专利申请作出的驳回决定。

由国家知识产权局原审查部门依据2005年6月6日提交的权利要求第1~3项、2003年7月17日提交的说明书第3页及2002年11月26日提交的说明书第1、2、4页，说明书附图第1页，说明书摘要和摘要附图继续审查程序。

157

半导体集成电路装置及其制造方法案

复审请求审查决定（第8707号）

决　定　号　第8707号
决　定　日　2006年6月23日
发明创造名称　半导体集成电路装置及其制造方法
国 际 分 类 号　H01L 27/108、27/10、21/8242、21/822、21/768
复 审 请 求 人　株式会社日立制作所
专 利 申 请 号　97102023. X
申　请　日　1997年1月10日
公　开　日　1997年10月22日
合 议 组 组 长　石　清
主　审　员　樊晓东
参　审　员　高　栋

法 律 依 据　专利法第二十六条第四款　专利法实施细则第二十条第一款
决 定 要 点

"权利要求书应当以说明书为依据，说明要求专利保护的范围"是指权利要求书应当得到说明书的支持。就是说，每一项权利要求所要求保护的技术方案应当在说明书中被充分公开，即权利要求的范围不得超出说明书记载的内容。

一、案由

本复审请求涉及申请号为97102023. X、名称为"半导体集成电路装置及其制造方法"的发明专利申请（下称本申请），其申请日为1997年1月10日，优先权日为1996年1月12日，申请人为株式会社日立制作所。

应申请人提出的实质审查请求，国家知识产权局于1999年2月12日发出发明专利申请进入实质审查程序通知书。

申请人于2001年2月8日主动提交了权利要求书第6页修改替换页。

国家知识产权局实质审查部门对本申请进行实质审查，于2002年6月14日发出第一次审查意见通知书，指出申请人于2001年2月8日提交的修改的权利要求不符合专利法实施细则第51条有关主动修改时机的规定，因此该修改不能接受，此次审查意见是针对1997年1月10日提交的原始文本（下称文本1）作出的；权利要求1、2、5、10、13不具备专利法第二十二条第二款规定的新颖性；权利要求3、6－9、11、12、14、15不具有专利法第二十二条第三款规定的创造性；权利要求1、10、13、16、26、28－31、33不符合专利法第二十六条第四款的规定；权利要求1、3、10、13、16、26、28～31、33不符合专利法实施细则第二十条至第二十三条的规定；说明书的撰写不符合专利法实施细则第十八条的规定。

申请人于2002年10月24日答复第一次审查意见通知书并同时提交权利要求书的全文替换页（下称文本2）共3页、说明书第8、12和24~26的修改替换页。

国家知识产权局实质审查部门于2002年11月29日发出第二次审查意见通知书，指出权利要求1，9，15不符合专利法第二十六条第四款的规定；权利要求4、6、9、11、14、15和18不清楚，不符合专利法实施细则第二十条第一款的规定；权利要求9缺少必要技术特征，不符合专利法实施细则第二十一条第二款的规定；权利要求19和20应提至权利要求9和10之间的位置上，以符合专利法实施细则第二十三条第二款的规定。

申请人于2003年4月8日答复第二次审查意见通知书时，再一次提交了权利要求书的全文替换页（下称文本3）共4页、说明书第1~8和11页的修改替换页以及说明书摘要的替换页。

国家知识产权局于2003年6月27日以权利要求1、6、8、9、11、20、24、26和27不符合专利法第二十六条第四款的规定为由驳回了本申请，主要理由为：权利要求1中的“每一条所述字线包括……氮化钨和氮化钛膜中的至少一种”概括了一个较宽泛的范围；权利要求11中的“与存储器单元选择用MISFET的栅电极整体形成多条字线”与说明书中记载的内容不一致；权利要求6和24的附加技术特征“所述第二难熔金属包括在所述钨膜或硅化钛膜下方形成的所述氮化钨膜或氧化钛膜”，权利要求8和26的附加技术特征“所述互连包括所述第二难熔金属膜”以及权利要求9和27的附加技术特征“所述互连包括在所述钨膜或硅化钛膜下方形成的所述氮化钨膜或氮化钛膜”均概括了较宽的保护范围而没有以说明书为依据；权利要求20的附加技术特征与说明书记载的内容不一致。驳回决定所针对的权利要求（文本3）1、6、8、9、11、20、24、26和27的内容如下：

“1. 一种半导体集成电路装置，包括：

多条位线；

多条字线；

各具有MISFET和耦连于其上的电容器元件的多个存储器单元，各存储器单元连接于一条所述位线和一条所述字线；

设置于所述字线和所述位线之间的第一绝缘膜；以及

设置于所述位线和所述电容器元件之间的第二绝缘膜，

其中，每一条所述字线包括多晶硅膜、所述多晶硅膜上的包括钨膜或硅化钛膜的第一难熔金属膜以及所述多晶硅膜和所述难熔金属膜之间的包括氮化钨膜或硅化钛膜的势垒金属膜，

每一条所述位线包括第二难熔金属膜，所述第二难熔金属膜包括钨膜、硅化钛膜或氮化钨膜和氮化钛膜中的至少一种，

所达电容器元件位于一条所述位线上方，

所述MISFET具有源区和漏区，

一条所述位线通过第一导电层连接于所述源区和漏区之一，所述第一导电层包括在所述第一绝缘膜中形成的多晶硅层，以及

一个所述电容器元件通过第一导电层和第三导电层连接于所述源区和漏区的另一个，所述第二导电层包括在所述第一绝缘膜中形成的多晶硅层，所述第三导电层形成于所述第二绝缘膜中。”

“6. 按照权利要求1的半导体集成电路装置，其中所述第二难熔金属膜包括在所述钨膜或硅化钛膜下方形成的所述氮化钨膜或氮化钛膜。”

“8. 按照权利要求7的半导体集成电路装置，其中各所述互连包括所述第二难熔金属膜。

9. 按照权利要求8的半导体集成电路装置，其中所述互连包括在所述钨膜或硅化钛膜下方形成的所述氮化钨膜或氮化钛膜。”

“11. 一种半导体集成电路装置的制造方法，包括下述步骤：

（a）与存储器单元选择用 MISFET 的栅电极整体形成多条字线，所述 MISFET 具有源区和漏区并形成于半导体衬底上，

（b）在所述字线上形成第一绝缘膜，

（c）形成在所述第一绝缘膜中与所述源区和漏区之一耦连的第一导电层，

（d）形成在所述第一绝缘膜中与所述第一导电层耦连的多条位线，

（e）在所述位线上形成第二绝缘膜，

（f）在所述第二绝缘膜中形成第二导电层，以及

（g）在所述第二绝缘膜上形成通过所述第一和第二导电层与所述源区和漏区之一耦连的多个电容器，

其中，所述字线包括多晶硅膜、所述多晶硅膜上的包括钨膜或硅化钛膜的第一难熔金属膜以及所述多晶硅膜和所述难熔金属膜之间的包括氮化钨膜或硅化钛膜的势垒金属膜，以及

所述位线包括第二难熔金属膜，所述第二难熔金属膜包括钨膜、硅化钛膜、氮化钨膜和氮化钛膜中的至少一种。”

“20. 按照权利要求 17 的方法，其中将一个在与第三互连层相同的步骤中形成的虚设互连配置在连接第二互连层和第一互连层的上述第三栓之下。”

“24. 按照权利要求 11 的方法，其中所述第二难熔金属膜包括在所述钨膜或硅化钛膜下方形成的氮化钨膜或氮化钛膜。”

“26. 按照权利要求 25 的方法，其中所述互连包括所述第二难熔金属膜。

27. 按照权利要求 11 的方法，其中所述互连包括在所述钨膜或硅化钛膜下方形成的所述氮化钨膜或氮化钛膜。”

申请人（下称复审请求人）对上述驳回决定不服，于 2003 年 10 月 17 日向专利复审委员会提出了复审请求并同时提交权利要求书的全文替换页（下称文本 4）共 4 页，并且对整个权利要求书的修改进行如下说明：1. 具体限定了权利要求 1 和 11 中字线和位线的结构，明确了字线兼用作栅电极且字线的结构为按顺序层叠的薄膜，并且更正了其中存在的其他形式缺陷，上述修改能够得到说明书第 13 页第 11 ~ 20 行和第 15 页倒数第 4 ~ 10 行的支持，权利要求 1 和 11 中栓的构成材料能够得到说明书第 16 页倒数第 2 段和附图 20 的支持；2. 具体限定了其他权利要求中较宽的概括内容；3. 将权利要求 20 中的“之下”修改为“之上”；4. 删除原权利要求 6、9 ~ 10、24、27 ~ 28，并且将剩余权利要求重新顺序编号为新权利要求 1 ~ 22。

经形式审查合格，专利复审委员会受理了该复审请求，并于 2003 年 11 月 12 日发出复审请求受理通知书，并将本申请送至原实质审查部门进行前置审查。

国家知识产权局原实质审查部门于 2004 年 7 月 10 日作出前置审查意见，认为权利要求 1、8 仍不符合专利法第二十六条第四款的规定，权利要求 1 中的“由钨膜、多晶硅膜或氧化钛膜和钨膜的组合模构成的栓”意味着此栓是由钨膜、多晶硅膜或氧化钛膜、钨膜这三层构成的一种组合膜，而说明书记载了该栓可由钨制成、也可由多晶硅膜制成、或者是由氮化钛膜和钨膜这两层膜的组合膜构成，而依据该申请文件所记载的内容，本领域普通技术人员难以预见该权利要求所记载的栓是否也能达到该发明的目的，权利要求 1 没有以说明书为依据，权利要求 8 也存在上述问题，因此仍坚持原驳回决定。

在此基础上，国家知识产权局专利复审委员会依法成立合议组对本案进行审理。

经审查，合议组于 2005 年 10 月 9 日向复审请求人发出了复审通知书，提出如下复审意见：

权利要求1、8不清楚，不符合专利法实施细则第二十条第一款的规定。其中，权利要求1中记载的“由钨膜、多晶硅膜或氧化钛膜和钨膜的组合膜构成的栓（参见权利要求书第1页第18行、权利要求8的第10行）”中连续使用的“、”“或”及“和”是容易产生歧义的措辞，由上述措辞不能清楚地确定由那些膜及其组合来构成栓，因此导致了该权利要求的保护范围不清楚，不符合专利法实施细则第二十条第一款的规定。请求人应当删除上述措辞或者改用其他表达方式，清楚、明确地限定构成栓的部分，如改用其他表达方式，请求人应当注意该表达方式在原申请文件中要有所记载。

2005年11月28日，请求人提交了意见陈述书和权利要求书的全文替换页（下称文本5），其中将权利要求1、8“由钨膜、多晶硅膜或氧化钛膜和钨膜的组合膜构成的”修改为“由氮化钛膜和钨膜的组合膜、钨膜或多晶硅膜构成的”，在提交的文本5中，与驳回决定所涉及的权利要求1、8、11、20、26对应的权利要求1、7、8、17、22的内容如下：

“1. 一种半导体集成电路装置，包括：

多条位线；

多条字线；

各具有MISFET和耦连于其上的电容器元件的多个存储器单元，各存储器单元连接于一条所述位线和一条所述字线；

设置于所述字线和所述位线之间的第一绝缘膜；以及

设置于所述位线和所述电容器元件之间的第二绝缘膜，

其中，作为所述MISFET栅电极的每一条所述字线由多晶硅膜、所述多晶硅膜上的氮化钨膜或氮化钛膜以及所述氮化钨膜或氮化钛膜上的钨膜或硅化钛膜顺序构成，

每一条所述位线由氮化钛膜、氮化钨膜和所述氮化钨膜或氮化钛膜上的钨膜或硅化钛膜顺序构成，

所达电容器元件位于一条所述位线上方，

所述MISFET具有源区和漏区，

一条所述位线通过在所述第一绝缘膜中形成的多晶硅栓连接于所述源区和漏区之一，以及

一个所述电容器元件通过在所述第一绝缘膜中形成的多晶硅栓和由氮化钛膜和钨膜或多晶硅膜构成的栓连接于所所述源区和漏区的另一个。”

“7. 按照权利要求6的半导体集成电路装置，其中各所述互连由氮化钛膜、氮化钨膜和所述氮化钨膜或氮化钛膜上的钨膜或硅化钛膜构成。

8. 一种半导体集成电路装置的制造方法，包括下述步骤：

（a）形成兼作存储器单元选择用MISFET的栅电极的多条字线，所述MISFET具有源区和漏区并形成于半导体衬底上，

（b）在所述字线上形成第一绝缘膜，

（c）在所述第一绝缘膜中形成与所述源区和漏区连接的多个多晶硅栓，

（d）在所述第一绝缘膜上形成与所述多个多晶硅栓之一连接的多条位线，

（e）在所述位线上形成第二绝缘膜，

（f）在所述第二绝缘膜中形成由氮化钛膜和钨膜的组合膜、钨膜或多晶硅膜构成的、与所述多个多晶硅栓的另一个连接的栓，以及

（g）形成与所述栓连接的多个电容器元件，

其中，作为所述MISFET栅电极的每一条字线由多晶硅膜、所述多晶硅膜上氮化钨膜或氮化钛膜

以及所述氮化钨膜或氮化钛膜上的钨膜或硅化钛膜顺序构成，

每一条所述位线由氮化钛膜或氮化钨膜和所述氮化钨膜或氮化钛膜上的钨膜或硅化钛膜顺序构成。”

“17. 按照权利要求 14 的方法，其中将一个与在第一互连层相同的步骤中形成的虚设互连配置在连接第二互连层和第一互连层的上述第三栓之上。”

“22. 按照权利要求 21 的方法，其中所述互连由氮化钛膜、氮化钨膜和所述氮化钨膜或氮化钛膜上的钨膜或硅化钛膜构成。”

在上述工作的基础上，合议组认为本案事实已经清楚，可以作出复审决定。

二、决定的理由

1. 关于审查文本

请求人在答复复审通知书时修改了权利要求书，该修改符合专利法第三十三条和专利法实施细则第六十条第一款的规定，合议组予以接受。因此，本复审决定所依据的文本是 2003 年 4 月 8 日提交的说明书第 1 ~ 8、11 页，说明书摘要；1997 年 1 月 10 日提交的说明书第 9、10、13 ~ 23、27、28 页，附图第 1 ~ 58 页；2002 年 10 月 24 日提交的说明书第 12、24 ~ 26 页以及 2005 年 11 月 28 日提交的权利要求第 1 ~ 22 项。

2. 关于权利要求 7、17、22

复审请求人在提交复审请求时对驳回决定所针对的权利要求 8、20、26（文本 3）的内容进行了修改，分别对应于新的权利要求 7、17、22（文本 4 或文本 5），其中将原权利要求 9（文本 3）中的“各所述互连包括所述第二难熔金属膜”修改为“各所述互连由氮化钛膜、氮化钨膜和所述氮化钨膜或氮化钛膜上的钨膜或硅化钛膜构成”；将原权利要求 20（文本 3）中的“将一个在与第三互连层相同的步骤中形成的虚设互连配置在连接第二互连层和第一互连层的上述第三栓之下”修改为“将一个与在第一互连层相同的步骤中形成的虚设互连配置在连接第二互连层和第一互连层的上述第三栓之上”以及将原权利要求 26 中的“所述互连包括所述第二难熔金属膜”修改为“所述互连由氮化钛膜、氮化钨膜和所述氮化钨膜或氮化钛膜上的钨膜或硅化钛膜构成”。修改后的权利要求 7、17、22 已克服驳回决定所指出的缺陷，满足专利法第二十六条第四款的规定。

3. 关于权利要求 1 和 8

专利法第二十六条第四款规定，权利要求书应当以说明书为依据，说明要求专利保护的范围。权利要求书应当以说明书为依据是指权利要求书应当得到说明书的支持。

专利法实施细则第二十条第一款规定：权利要求书应当说明发明或者实用新型的技术特征，清楚、简要地表述请求保护的范围。

在答复复审通知书时，复审请求人提交了权利要求书的修改替换页，其中将权利要求 1、8 的“由钨膜、多晶硅膜或氧化钛膜和钨膜的组合膜构成的栓”修改为“由氮化钛膜和钨膜的组合膜、钨膜或多晶硅膜构成的栓”，上述措词可以无歧义地理解为：1）栓由氮化钛膜和钨膜的组合膜构成、2）栓由钨膜构成或 3）栓由多晶硅膜构成等三种情况，与说明书中记载的“栓可以由钨制成、也可由多晶硅膜制成、或由氮化钛和钨膜的组合膜制成”相一致，因此权利要求 1、8 已克服驳回决定所指出的得不到说明书支持的缺陷，并且克服复审通知书所指出的不清楚的缺陷。

基于上述理由，由于复审请求人新提交的权利要求书已克服驳回决定和复审通知书中指出的缺陷，本案合议组特作出如下决定。

三、决定

撤销国家知识产权局于 2003 年 6 月 27 日针对 97102023. X 号发明专利申请作出的驳回决定，以复审请求人于2005年11月28日提交的权利要求第1～22项；2003年4月8日提交的说明书第1～8、11页，说明书摘要；1997年提交的说明书第9、10、13～23、27、28页，附图第1～58页；2002年10月24日提交的说明书第12、24～26页为基础，由国家知识产权局原实质审查部门继续进行审批程序。

158

钡镁铝酸盐磷光体案

复审请求审查决定（第8708号）

决　定　号　第8708号
决　定　日　2006年6月15日
发明创造名称　钡镁铝酸盐磷光体
国际分类号　H01J 17/49　H01J 61/44　C09K 11/64　C09K 11/80
复审请求人　电灯专利信托有限公司
专利申请号　98812516.1
申　请　日　1998年12月11日
公　开　日　2001年2月7日
合议组组长　高　栋
主　审　员　李玲玲
参　审　员　邢文飞

法律依据　专利法第二十六条第四款
决定要点

如果请求人修改后的权利要求中参数的范围以及该范围的端点值均得到了说明书及其附图的支持，则该权利要求是以说明书为依据的，符合专利法第二十六条第四款的规定。

一、案由

本复审请求涉及申请日为1998年12月11日、进入中国国家阶段日期为2000年6月22日、公开日为2001年2月7日、发明名称为“钡镁铝酸盐磷光体”、申请号为98812516.1的PCT发明专利申请（下称本申请），申请人为电灯专利信托有限公司。

2003年8月8日，国家知识产权局原实质审查部门针对申请人于2003年5月12日提交的权利要求第1~21项、2000年6月22日提交的说明书第1~8页、附图第1~3页、说明书摘要和摘要附图作出驳回本申请的决定。驳回理由是，本申请权利要求1、12、15、16、18、21不符合专利法第二十六条第四款的规定。

申请人（下称复审请求人）对上述驳回决定不服，于2003年10月27日向专利复审委员会提出复审请求，同时提交了权利要求书全文替换页，包括权利要求第1~19项。复审请求人在复审请求书中提出的复审请求理由主要是：在范围$0.01 \leqslant \delta \leqslant 0.05$以外的技术方案的效果是渐进式变化的，e也一样，因此，权利要求中参数范围的概括是合理的。

经形式审查合格后，专利复审委员会受理了该复审请求，并向复审请求人发出了复审请求受理通知书，同时向原审查部门发出了前置审查通知书。

在前置审查意见书中，原审查部门认为：独立权利要求12、14、16、19中关于上述两参数的范围并未作与权利要求1相同的修改或未作修改，因此独立权利要求12、14、16、19未克服驳回决定中所指出的缺陷，仍坚持原驳回决定。

专利复审委员会依法成立合议组，对本复审请求案进行审查。合议组于2006年2月21日向复审请求人发出口头审理通知书，定于2006年3月29日在广东省广州市先烈中路100号大院广东省知识产权局对本案进行口头审理。

口头审理于2006年3月29日如期举行。复审请求人的委托代理人出席了口头审理。在口头审理中，复审请求人明确表示相应于独立权利要求1对独立权利要求12、14、16、19进行相应修改，并表示于口头审理之后提交修改后的权利要求书。

复审请求人于2006年4月13日提交了意见陈述书以及权利要求书全文替换页，其中独立权利要求1、12、14、16、19的内容为：

"1. 一种磷光体，由下式表示：

$Ba_{1-e}Eu_eMn_mMg_{1+\delta-m}Al_{10+2f}O_{17+\delta+3f}$

其中：

$0.06 \leqslant e \leqslant 0.2$；

$0 \leqslant m \leqslant 0.3$；

$0.01 \leqslant \delta \leqslant 0.05$；

$0 \leqslant f \leqslant 1$；并且

$e + m > 0$。"

"12. 一种磷光体混合物，包含如权利要求1所定义的第一种磷光体；

所说的磷光体混合物还含有第二种磷光体，其由下式所代表：

$Y_{1-a-b}Gd_aEu_bB_{1+2f}O_{3+3f}$，其中：

$0 \leqslant a \leqslant 0.99$；

$0.01 \leqslant b \leqslant 0.3$；

$a + b \leqslant 1$；

$0 \leqslant f \leqslant 0.2$；

以及

由下式所代表的第三种磷光体：

$La_{1-a-b}Ce_aTb_bP_{1+2f}O_{4+5f}$其中：

$0 \leqslant a \leqslant 0.6$；

$0.05 \leqslant b \leqslant 0.5$；

$a + b \leqslant 1$

$0 \leqslant f \leqslant 0.1$。"

"14. 一种磷光体混合物，其包含如权利要求1所定义的第一种磷光体；以及由下式表示的第二种磷光体：

$Y_{3-a}Ce_aAl_{5+2f}O_{12+3f}$

其中：$0.01 \leqslant a \leqslant 0.5$；并且

$0 \leqslant f \leqslant 0.5$。"

"16. 一种包含权利要求1定义的磷光体的荧光灯。"

"19. 一种包含权利要求1定义的磷光体的等离子体显示板。"

在上述工作的基础上，合议组认为本案事实已经清楚，可依法作出复审请求审查决定。

二、决定的理由

（一）审查基础

复审请求人在口头审理后于2006年4月13日提交了权利要求第1～19项的修改替换页。经合议组审查，未发现上述修改文本不符合专利法第三十三条和专利法实施细则第六十条第一款的规定之处。因此本复审决定以复审请求人于2006年4月13日提交的权利要求第1～19项、2000年6月22日提交的说明书第1～8页、附图第1～3页、说明书摘要和摘要附图为基础。

（二）关于专利法第二十六条第四款

专利法第二十六条第四款规定："权利要求书应当以说明书为依据，说明要求专利保护的范围。"

本申请独立权利要求1中参数δ和e的范围分别限定为：$0.01 \leqslant \delta \leqslant 0.05$、$0.06 \leqslant e \leqslant 0.2$，上述参数范围以及上述范围的端点值均得到了说明书第2页第30行至第3页第1行、说明书第4页第12～24行以及说明书附图1～3的支持。本申请独立权利要求12、14、16、19也都相应修改为"包含如权利要求1所定义的"磷光体。因此，由于本申请独立权利要求1得到说明书的支持，则修改后的权利要求12、14、16、19也均以说明书为依据，符合专利法第二十六条第四款的规定。修改后的权利要求书克服了驳回决定所指出的缺陷，复审请求人复审请求的理由成立。

三、决定

撤销国家知识产权局于2003年8月8日作出的驳回第98812516.1号发明专利申请的决定，由原实质审查部门在复审请求人于2006年4月13日提交的权利要求第1～19项、2000年6月22日提交的说明书第1～8页、附图第1～3页、说明书摘要和摘要附图的基础上继续进行审批程序。

159

用于保密和安全的金融交易的系统和方法案

复审请求审查决定（第8711号）

决　定　号　第8711号
决　定　日　2006年6月2日
发明创造名称　用于保密和安全的金融交易的系统和方法
国际分类号　G06F 17/60、12/14　HO4L 9/00
复审请求人　奥瑟内蒂夫公司
专利申请号　01143367.1
申　请　日　2001年11月3日
公　开　日　2002年7月10日
合议组组长　石　清
主　审　员　马志远
参　审　员　李　卉

法律依据　专利法第二十五条
决定要点

对比文件1所针对的应用场合与本申请不同，对比文件1的系统在应用中并不涉及用户身份确认、交易授权等功能，自然就没有披露本申请权利要求1技术方案中与上述功能直接相关的结构技术特征，而且本申请技术方案中的上述技术特征也不属于公知常识范围，导致对比文件1不能破坏本申请的创造性。

一、案由

本复审请求涉及申请号为01143367.1.发明名称为“用于保密和安全的金融交易的系统和方法”的发明专利申请，其申请日为2001年11月3日，优先权日为2000年11月3日，申请人为奥森图雷公司，后变更为奥瑟内蒂夫公司。

在实质审查阶段，实质审查部门于2003年5月9日发出了第一次审查意见通知书，该通知书指出，本申请原始提交申请文件（文本1）的权利要求书中，权利要求23～33不具备专利法第二十二条第三款规定的创造性、权利要求1～22和34～55属于专利法第二十五条规定的不授予专利权的范围。第一次审查意见通知书所引用的现有技术资料为公开号CN1158526A的中国发明专利申请公开说明书（以下称为对比文件1）。

申请人于2003年9月24日针对第一次审查意见通知书进行了答复。申请人在提交答复意见的同时，提交了权利要求书和说明书修改替换页（文本2），修改后的文本2权利要求书包括共55项权利要求。

实质审查部门于2004年1月9日发出驳回决定，驳回理由为：文本2的权利要求1～22和权利要求34～55属于专利法第二十五条规定的不予保护的客体，权利要求23～33相对于对比文件1所代表的现有技术不符合专利法第二十二条第三款有关创造性的规定。

申请人（以下称为请求人）对国家知识产权局的上述决定不服，于2004年4月12日提出复审请求，并同时提交了再次修改的权利要求第1~18项和说明书第1~23页（以下称为文本3）。请求人在复审请求书中提出：文本3权利要求1解决了技术问题、采用了技术手段，取得了相应的技术效果，属于专利法保护的客体，权利要求2~10为权利要求1的从属权利要求，也属于专利法保护的客体；文本3的权利要求11与对比文件1相比具备突出的实质性特点和显著的进步，具备创造性，权利要求11的从属权利要求12至18也具备创造性。

专利复审委员会经过形式审查，于2004年4月28日发出复审请求受理通知书，并启动前置审查程序。在前置审查阶段，原审查部门审查员坚持驳回决定的意见。

专利复审委员会依法组成合议组，对本复审请求进行审查。合议组经过对请求人于2004年4月12日提交的权利要求第1~18项和说明书第1~23页、申请日原始提交的说明书附图第1~12页、说明书摘要及摘要附图的审查之后认为申请文件存在修改超出原始申请文件公开范围的问题，具体为：在文本3的权利要求11和说明书发明内容部分中描述了三层结构的系统，而在原始提交说明书技术方案中仅仅包含由连接装置、中央处理单元等模块组成的单层结构系统，该系统技术方案被记载在说明书图9所示的实施例中，这导致文本3的权利要求书和说明书不符合专利法第三十三条的规定。另外，文本3权利要求1~10属于专利法第二十五条规定的不予保护客体。为节约程序，合议组在此复审通知书中还针对文本2权利要求不符合专利法第二十五条和第二十二条第三款的缺陷进行了评述。

请求人于2005年8月8日对复审通知书进行了答复，同时对说明书和权利要求书进行了修改（文本4）。修改后的文本4权利要求书中公开了以安全交易数据处理系统为主题的总计13项权利要求，其中权利要求1为独立权利要求，权利要求2~13为从属权利要求。文本4权利要求1技术方案包括全球时钟模块、数据库、通信接口、身份验证模块、交易标志生成模块、身份验证文件生成模块、授权文件生成模块、监控模块，上述技术方案以说明书图9所示实施例为基础。

文本4独立权利要求1的内容如下：

“一种进行安全交易的数据处理系统，包括：

全球时钟模块（902），用于提供全球时钟并使该系统中的多个程序模块的时间同步；

数据库，用于存储交易中涉及的数据；

通信接口，用于和与财务账号持有者相关的第一通信装置建立通信对话；

身份验证程序模块（502、503、505、507），用于执行身份验证对话，以验证所述财务账号持有者的身份；

交易标志生成模块（905），当所述财务账号持有者的身份得到验证时，产生一包括字母和数字的交易标志，该交易标志不包含所述财务账号持有者的私人信息，并将该产生的交易标志提供给所述第一通信装置；

身份验证文件生成模块（904），用于在将包括字母和数字的交易标志提供给所述第一通信装置的同时，在所述数据库中生成身份验证记录，该身份验证记录包括在具有一预计交易的身份验证期间收集的所述财务账号持有者的信息，所述预计交易包括在生成该身份验证记录时（TX1）的预计交易时间和预计交易量；

授权文件生成模块（903），用于响应于与第二通信装置相关的销售点位置处的当事人的请求建立一授权对话，所述授权文件生成模块在接收到与所述财务账号持有者相关的第一通信装置提供给与该销售点位置处当事人相关的第二通信装置的、用于所述财务账号持有者的包括字母和数字的交易标志时，在所述数据库中生成授权记录，该授权记录包括在生成该授权记录时（TX2）的当前交易标志、实际交易量、和实际交易时间；以及监控程序模块（901），用于从所述生成该身份验证记录的时间（TX1）起，在一个合理的执行预计交易的时间（T－INT）内，在数据库中查找与所述身份验证记录对应的授权记录，其中如果找到该授权记录并且该授权记录的生成时间（TX2）与所述身份验证记录的生成时间（TX1）的间隔小于所述合理的执行预计交易的时间（T－INT），该授权对话继续。”

至此，本复审请求案件事实清楚，请求人已经充分陈述了自己的主张，合议组可以作出复审决定。

二、决定的理由

1）本复审决定的审查基础

请求人在答复复审通知书时所提交的文本4权利要求书和说明书的内容没有超出原始提交申请文件的记载范围，符合专利法第三十三条的规定，可以作为审查的基础。本复审决定以文本4说明书第1～23页和权利要求第1～13项、文本1的说明书附图第1～12页为审查基础。

2）关于本申请权利要求是否属于专利法第二十五条规定的不予保护客体

专利法第二十五条规定智力活动的规则和方法不授予专利权。文本4权利要求1的主题为数据处理系统，该系统由全球时钟模块、数据库、通信接口、身份验证模块、交易标志生成模块、身份验证文件生成模块、授权文件生成模块、监控模块等结构组分所组成，驳回决定所依据的对比文件1中并没有公开上述全部结构技术特征，也没有其他证据表明上述结构特征属于公知常识，因此该权利要求1属于专利法所规定的产品类型权利要求，其中所述的数据处理系统属于专利法保护客体。

3）关于本申请是否符合专利法第二十二条第三款的规定

合议组经过对对比文件1进行审查，认为该文献中公开了一种非接触式IC卡刷卡系统，该系统主要由无源无线IC卡和读写控制器组成，其中IC卡进一步包括接收电路、发射电路、数据提取电路、电源转换电路、存储器电路、处理器等，而读写控制器进一步包括器接收电路、器发射电路、通信接口、电源电路、器存储电路、处理器等。

根据上述对比文件1的记载，其技术方法仅仅涉及非接触式IC卡和配套的读写控制器，该系统仅仅用于不需要复杂身份确认和授权的简易交易过程，例如公交车付费、公共电话付费等。由于该对比文件1技术方案的应用领域并不是需要身份确认、授权确认的电子商务系统，因此该对比文件技术方案自然不涉及销售点终端与银行主机之间或账户持有者与银行主机之间的身份确认、授权、记帐等功能，也就不会包含本申请权利要求1技术方案中的身份验证模块、交易标志生成模块、身份验证文件生成模块、授权文件生成模块等结构技术特征，而本申请的这些结构技术特征使得本申请技术方案能够保障交易过程中与账户相关联的用户个人私密信息不被销售终端操作者获得，进而实现用户金融安全的目的。而权利要求1中的上述结构技术特征既没有在对比文件1中公开，也不属于公知常识范畴，本领域技术人员无法在对比文件1技术方案的基础上，不经过创造性劳动就获得上述权利要求1的技术方案并实现相应的技术效果。因此，仅仅根据对比文件1所公开的现有技术内容，无法得出该权利要求不具备创造性的结论。在权利要求1具备创造性基础上，其从属权利要求也都具备创造性。

综上所述，请求人在答复复审通知书时提交的文本4权利要求书中各项权利要求不属于专利法第二十五条第一款所规定的客体范围，同时也已经符合专利法第二十二条第三款的规定，从而克服了驳回决定和复审通知书所指出的缺陷。

三、决定

撤销国家知识产权局于2004年1月9日针对本申请所作出的驳回决定。

由原实质审查部门以请求人2005年8月8日提交的说明书第1～23页和权利要求第1～13项、申请人原始提交的说明书附图第1～12页为审查基础，继续进行审查程序。

160

影投公司及影资金投资法案

复审请求审查决定（第8715号）

决　定　号　第8715号
决　定　日　2006年6月13日
发明创造名称　影投公司及影资金投资法
复审请求人　秦桂亭
申　请　号　200410010388.X
申　请　日　2004年7月6日
合议组组长　崔哲勇
主　审　员　涂洪文
参　审　员　詹靖康

法律依据　专利法第二十五条第一款第（二）项
决定要点

如果一个方案仅仅涉及商业方法的实施运作，而没有采用技术手段或利用自然法则，也未解决技术问题和产生技术效果，则属于智力活动的规则和方法，不能被授予专利权。

一、案由

本复审请求涉及国家知识产权局于2005年1月14日驳回、申请号为200410010388.X、名称为“影投公司及影资金投资法”的发明专利申请（下称本申请），申请人为秦桂亭。

在初审过程中，国家知识产权局实质审查部门于2004年10月29日发出审查意见通知书，指出该申请明显属于专利法第二十五条第（二）项规定的不授予专利权的情形。

申请人于2004年12月5日提交了意见陈述书。申请人认为本申请与通知书中所指情形不同。本发明的对象是一种“投资工具”，是对现有“投资工具”和“投资方法”的一种创新，与智力活动没有直接关系。本申请利用了“资金流”这一自然规律和自然现象；本申请所述的“影投公司”确是一种实实在在的大众“投资工具”，它涉及发明的产品，利用了自然规则和法则。

国家知识产权局原实质审查部门于2005年1月14日依据专利法第二十五条第一款第（二）项驳回了该申请。驳回所针对的文本是申请人于2004年9月17日提交的说明书1~8页以及2004年7月6日提交的权利要求书和摘要。所驳回的文本的权利要求书内容为：

“1. 一种新型的投资工具和方法—“影投资公司”及“影资金投资法”。它使用技术开发转让合同、定期存单、承兑汇票等银行结算票据作为支付手段，来换取风险项目的开发使用权。

本发明的技术特征是：“影投公司”使用“影投资金”对所选取的风险项目进行市场检测，向该项目投入的一笔巨额资金是一种受票人不能立即使用，不符合公司提出的指标要求可即刻撤回的“影投资金”。用合同方式规定了资金的各种用途。并经过公证。

2. 根据权利要求1所述的“影投公司”和“影投方法”，注册成立带“影投”字样或性质的公司的命名权、公司章程、影投章程、运作规划。

3. 根据权利要求1、2所述的公司和方法所获得的“影投资技术合作开发合同书”。

4. 根据权利要求1、3所述的“影投方法”和合同，用于支付的银行结算票据均著名有“影投资金，抵押转让无效，到期撤回”字样。

5. 根据权利要求1所述的公司和方法，所需印制、雕刻的合同文本、单证、协议、符号、编号、名片、图章、标牌、公司标志、宣传用品。”

其具体理由是：本申请属于专利法第二十五条第一款第（二）项规定中的智力活动的规则和方法，是商业实施和经济管理的方法及制度，不能被授予专利权，其中涉及的“影投公司及影资金投资法”是人们进行思维、推理、分析和判断的规则和方法，属于抽象的智力活动，不具有利用自然力的技术方面的特征。申请人提到的“影投公司”和“资金流”并非自然事物或自然现象，且“影投公司”对所拥有巨额资金的管理和支配也取决于管理人的主管意念和判断能力。因此，本申请权利要求书中的方案是进行商业活动的方法，明显属于专利法第二十五条第一款第（二）项的内容，不能被授予专利权。

2005年3月10日，申请人秦桂亭（下称请求人）不服上述驳回决定，向专利复审委员会提出复审请求，并提交了说明书的全文修改。请求人对驳回决定中陈述的四条理由均不接受，认为：

1. 在驳回决定中的理由1没有说服力，因为本申请中的“影投公司”是一种投资工具，既然是工具，专利法就没有不授予专利权的道理；2. “影投公司”和“资金流”是自然事物或自然现象；3. 认为专利法是鼓励任何领域中的发明创造活动的，其中也应该包括投资领域。

形式审查合格后，专利复审委员会受理了该复审请求，并于2005年9月20日向请求人发出复审请求受理通知书，随后将本申请移交原审查部门进行前置审查。

原审查部门对本复审请求进行了前置审查，坚持原驳回决定。

专利复审委员会成立合议组对本复审请求进行审理。

2006年2月23日，专利复审委员会发出了复审通知书，其中指出本申请权利要求1~5仍然属于智力活动的规则和方法，属于专利法第二十五条第一款第二项规定的不能授予专利权的主题。

2006年3月21日，请求人针对复审通知书作出了答复并提出如下意见：1. 本申请请求保护的是“投资工具”，与物理工具有区别，认为是对现有投资工具的创新和改进。2. “影投公司”是一个投资实体，并非虚拟的公司，认为将“影子”看成社会事务或社会现象而不是自然现象有违常识。3. 在投资的技术手段上，它用合同的方式把“试错过程”前移了一步，在投资的技术手段上是一种改进和创新。4. 认为要求保护的是“……合同书”和带有“影投”字样的图章、标牌、标记等具体物品，这些物品本来就属于专利法保护范围。

经审查，合议组认为本案事实已经清楚，现作出本复审请求审查决定。

二、决定的理由

1. 文本认定

请求人于2005年3月10日提出复审请求时对说明书进行了修改，合议组注意到上述修改并未超出原说明书和权利要求书记载的范围，因此，本复审通知书针对的文本是请求人2005年3月10日提交的说明书1~8页以及2004年7月6日提交的权利要求书和摘要。

2. 专利法第二十五条规定：

对下列各项，不授予专利权：

（一）科学发现；

（二）智力活动的规则和方法；

（三）疾病的诊断和治疗方法；

（四）动物和植物品种；

（五）用原子核变换方法获得的物质。

对前款第（四）项所列产品的生产方法，可以依照本法规定授予专利权。

如果一个方案仅仅是涉及商业方法的实施运作，而没有采用技术手段或利用自然法则，也未解决技术问题和产生技术效果，属于智力活动的规则和方法，指导人们进行这类活动的规则和方法不能被授予专利权。

本申请权利要求1请求保护一种工具和方法——“影投公司”及“影资金投资法”，虽然其中出现了所谓的“工具”的字眼，但是该方案并不是对一种确实存在的物理工具所进行的技术性改进，该方案中也没有采用任何技术手段，当然也更不可能取得技术上的效果。另外权利要求中所描述的“影投公司”和“资金流”属于社会事物或社会现象，而不是自然现象，其中没有采用任何技术手段，也没有技术性的改进，没有解决任何技术问题或产生任何技术效果，权利要求1的方案仅仅是人为制定的指导人们进行商业活动的规则和方法，其实质是请求保护一种商业投资方法，而该投资方法明显是一种商业活动，属于智力活动的范畴，属于专利法第二十五条第一款第（二）项规定的不能授权的主题。

同理，权利要求2~5所请求保护的方案也与权利要求1所请求保护的方案一样，属于专利法第二十五条第一款第（二）项规定的不能授权的主题。

3. 专利法并没有限定“投资领域”的发明不能被授予专利权，但是针对本申请而言，由于本申请权利要求中请求保护的方案属于人为制定的商业活动的规则和方法，审查指南（2001版）第二部分第一章中明确指出组织、生产、商业实施和经济管理的方法及制度属于智力活动的规则和方法，即属于专利法第二十五条第一款第（二）项规定的不能授权的主题。

综上所述，合议组认为，本申请权利要求1~5中记载的方案是智力活动的规则和方法，属于专利法第二十五条第一款第（二）项规定的不能被授予专利权的主题。

三、决定

维持国家知识产权局于2005年1月14日对本发明专利申请所作出的驳回决定。

复审请求人对本决定不服的，可以根据专利法第四十一条第二款的规定，自收到本决定之日起三个月内向北京市第一中级人民法院起诉。

161

提供文档中信息的方法和系统案

复审请求审查决定（第 8717 号）

决　定　号 第 8717 号
决　定　日 2006 年 5 月 16 日
发明创造名称 提供文档中信息的方法和系统
国 际 分 类 号 G06F 17/60
复 审 请 求 人 西尔弗布鲁克研究股份有限公司
专 利 申 请 号 00810173.6
申　请　日 2000 年 5 月 24 日
公　开　日 2002 年 7 月 24 日
合 议 组 组 长 张美菊
主　审　员 李　熙
参　审　员 孙治国

法 律 依 据 专利法第二十二条第二款
决 定 要 点

当对比文件所公开的内容与权利要求的技术方案存在区别，并且该权利要求的区别技术特征并不能从对比文件中直接导出，也不能被认为是惯用手段的直接置换时，该权利要求具备专利法第二十二条第二款规定的新颖性。

一、案由

本专利申请复审请求涉及 2000 年 5 月 24 日申请、2002 年 1 月 10 日进入中国国家阶段、申请号为 00810173.6. 名称为“提供文档中信息的方法和系统”的发明专利申请（下称本申请），申请人为西尔弗布鲁克研究股份有限公司，该申请的优先权日为 1999 年 5 月 25 日和 1999 年 6 月 30 日。

在实质审查过程中，国家知识产权局实质审查部门在 2004 年 6 月 18 日发出的第一次审查意见通知书中指出：权利要求 1、4、10 ~ 13、15 ~ 16、20、26 ~ 33 不具备专利法第二十二条第二款所规定的新颖性，权利要求 2、3、5 ~ 9、14、17 – 19、21 ~ 25、34 ~ 35 不具备专利法第二十二条第三款所规定的创造性。通知书中引用了一篇对比文件，即：

对比文件 1：GB2306669A，其公开日为 1997 年 5 月 7 日。

针对第一次审查意见通知书，申请人于 2004 年 11 月 3 日提交了意见陈述书以及权利要求书替换页，申请人对权利要求的修改主要是将原权利要求 10 ~ 12 和 26 ~ 28 的附加技术特征分别并入原权利要求 1 和权利要求 20 中，并陈述了修改后的权利要求 1 ~ 29 具备新颖性、创造性的理由。

国家知识产权局实质审查部门于 2005 年 2 月 18 日以权利要求 1 和 17 不具备专利法第二十二条第二款所规定的新颖性为由驳回了本申请。驳回决定指出：权利要求 1 和权利要求 17（相当于原权利要求 12 和 28）限定传感装置使用编码数据来感知其相对于文档的移动，但这一点已经在对比文件

1 中公开，并且在“第一次审查意见通知书”的评述及其引用对比文件 1 的部分中公开“在每页上打印数字编码的信息以便手控工具能用来读取标识页格式和 CB 页所跨越的有效时间段的相关数字编码”，因此，根据每个时间段，则能感知传感装置相对于表格的移动，因此，该特征实际上已经在对比文件中公开。因此，当前权利要求 1 和权利要求 17 仍然不具备专利法第二十二条第二款所规定的新颖性。

申请人（下称复审请求人）对上述驳回决定不服，于 2005 年 6 月 6 日向专利复审委员会提出了复审请求并提交了权利要求书替换页，其中涉及的修改主要是将原先并入权利要求 1、17 中的内容提出来形成新的从属权利要求，并在原权利要求 1 和 17 中加入了编码数据指出“文档上的多个映射参考”的内容。复审理由主要是：新修改的权利要求书进一步限定“编码数据表示文档的多个映射参考”，使用编码的映射参考来确定笔的位置使本申请的方法和系统有更强的多功能性并且更高的可靠性；而对比文件 1 与本申请的不同之处在于其未公开包含指示多个映射参考的编码数据的交互纸张，没有这种在纸张上编码的映射参考，对比文件 1 根本不可能使用编码数据确定其相对位置；对比文件 1 中的笔能够确定其相对于纸张的移动的仅有途径是通过加速计或者红外三角测量；由于对比文件 1 未公开或暗示本申请的系统和方法，因此本申请相对于对比文件 1 具备新颖性和创造性，符合专利法第二十二条第二三款的规定。其中，权利要求 1、19（分别相当于驳回决定所针对的权利要求 1、17）为：

“1. 一种提供文档中信息的方法，包括：

建立个性化用户内容优选信息；

选择和格式化与内容优选信息对应的信息；以及

打印带有至少一个用户交互元素的文档中的格式化信息，该交互式元素使用户能利用传感装置通过与该元素的交互作用指出对文档中相关信息的响应，该传感装置适于把指示数据传送给一个计算机系统；

其中该文档包括编码数据，所述编码数据指出该文档的标识和文档上的多个映射参考，并且其中该方法包括在计算机系统中接收来自传感装置的指示数据，以便识别该文档并确定何时该传感装置被用于与该交互元素进行交互作用，所述指示数据是关于该文档的标识以及传感装置相对于该文档的位置。”

“19. 一种提供文档中信息的系统，包括：

一个计算机系统，带有出版服务器适用于访问个性化的用户内容优选信息，并根据该优选信息选择和格式化信息；

一个打印机，用于从出版服务器接收格式化信息，并打印带有至少一个交互元素的文档中的信息，所述交互元素使得用户能指出对该文档中相关联信息的响应，所述文档包括指示文档的标识和文档上的多个映射参考的编码数据；以及

一个传感装置，用于指出该响应并适于将指示数据传送到该计算机系统，所述传感装置使用编码数据感知其自身相对于文档的位置；

其中该计算机系统适于从所述传感装置接收关于文档的标识以及传感装置相对于文档的位置的指示数据，并在其与所述至少一个元素相关时解释所述指示数据。”

经形式审查合格后，专利复审委员会受理了该复审请求，于 2005 年 6 月 29 日向复审请求人发出复审请求受理通知书，同时向国家知识产权局原实质审查部门发出前置审查通知书。

国家知识产权局实审部门对该复审请求进行了前置审查，仍然坚持原驳回决定。

在此基础上，专利复审委员会依法成立合议组对本案进行审理。

经审查，合议组认为本案事实已经清楚，可以依法作出本复审请求审查决定。

二、决定的理由

1. 依据的文本

复审请求人于2005年6月6日在提交复审请求的同时提交了新修改的权利要求书，合议组认为该修改符合专利法第三十三条和专利法实施细则第六十条的规定，因此，本复审决定所依据的文本是复审请求人于2002年1月10日提交的国际申请文本的中文译文的说明书第1~69页、说明书附图第1~40页、说明书摘要、摘要附图以及于2005年6月6日提交的权利要求第1~33项。

2. 关于专利法第二十二条第二款

权利要求1请求保护一种提供文档中信息的方法，对比文件1（GB2306669A，其公开日为1997年5月7日）中公开了一种电子文档操作和处理系统，其中以“日历簿（CB）”的操作和处理作为实施例披露了提供日历簿上信息的过程：其根据用户需要和选择提供分为多种时间段的日历簿（参见对比文件1说明书第8页7~20行），日历簿具有一定格式，并允许用户按照选择的信息将每一天的日历打印在物理纸页20上（参见对比文件1说明书第8页21~23行及附图1），打印在纸页20上的信息中条码标识符13. 区域21和矩形栏22、22′，条码标识符13用来识别数据（年、月、日）和用户ID，数据（年选择）也打印在区域21上，矩形栏22、22′用于通过在适当矩形内输入合适的标记来选择和识别时间（参见对比文件1说明书第8页第23行至第9页第4行及附图1），传感器用于感知用户写下的数据并读出预先打印的数字编码，通过通信线路将这些传感器数据传送给基本单元92（参见对比文件1说明书第3页12~17行），文档每一页上打印有数字编码信息，从而笔装置可用于读出有关的数字编码，该数字编码识别页面格式和跨越CB页的一段日历时间（参见对比文件1说明书第8页17~20行），在基本单元中接收传感器数据，用于文档识别和用户所写信息的确定（参见对比文件1说明书第3页18~22行）。在该对比文件中还公开了传感器感知笔装置（PI）位置的方式：包括位置检测器210，通过陀螺仪提供惯性参考系统；回转状态传感器（自由陀螺仪）用作二次自由陀螺仪，其可以提供PI三个状态平面：斜度、偏转和滚动（或x、y和z轴）中每两个的输出；表示CB页平面两个轴的变化率用于解释与PI使用相关的移动和相对位置；通过加速度信号的二重积分，加速计也可以用作位置检测器；当PI装配有红外（IR）探测器时，两个或多个外部IR的重数可通过使用三角测量技术用于跟踪PI的位置；可替换地，PI可以装配有IR发射器，并且位于指定位置的两或多个外部扫描接收器可以通过三角测量跟踪PI的位置。

通过对比文件1中公开的以上内容可知，对比文件1虽然公开了权利要求1的大部分技术特征，但是对比文件1所公开的内容与权利要求1请求保护的技术方案之间仍存在一定差异：权利要求1中具体限定“该文档包括编码数据，所述编码数据指出该文档的标识和文档上的多个映射参考”，而且本申请中传感装置利用上述多个映射参考感知其自身相对于文档的位置。对比文件1中虽然也提到了编码数据，但其中仅提到了该数字编码识别页面格式和跨越CB页的一段日历时间这些数据，并未提及该数字编码能指出文档中的多个映射参考并能够辅助传感器确定笔装置的位置。由此可见，对比文件1中所述的编码数据仅仅是诸如二维条形码之类（参见对比文件1说明书第8页第23行“条码标识符13”）的简单数字编码，其作用仅为识别页面格式和跨越CB页的一段日历时间，从中并不能毫无疑义地推导出该数字编码包含“文档上的多个映射参考”并能用来确定笔相对于表格的移动以及辅助传感器确定笔的位置。事实上对比文件1中利用位置检测器（陀螺仪、加速计）或者红外探测器来感知笔装置的位置，而这种感知笔装置位置的装置也没有证据能认为与权利要求1中利用映射参考感知笔的位置是惯用手段的直接置换。因此，本申请的权利要求1与对比文件1的技术方案并不完全相同，权利要求1与对比文件1相比较，具备专利法第二十二条第二款所规定的新颖性。

权利要求 19 是与权利要求 1 所述“提供文档中信息的方法”对应的装置权利要求，其中也包含了“所述文档包括指示文档的标识和文档上的多个映射参考的编码数据”的技术内容，基于与上述第 1 点相同的理由，合议组同样认为本申请的权利要求 19 与对比文件 1 的技术方案并不完全相同，权利要求 19 与对比文件 1 相比较，具备专利法第二十二条第二款所规定的新颖性。

综上所述，在原驳回决定中，国家知识产权局实质审查部门认为对比文件 1 中公开“在每页上打印数字编码的信息以便手控工具能用来读取标识页格式和 CB 页所跨越的有效时间段的相关数字编码”，因此，根据每个时间段，则能感知传感装置相对于表格的移动，而合议组认为根据对比文件 1 所公开的上述内容并不能明确得出或者直接导出所述的编码数据“根据每个时间段，能感知传感装置相对于表格的移动”。因此，原驳回决定认为原权利要求 1 和 17 相对于对比文件 1 不具备新颖性的理由不成立。

三、决定

撤销国家知识产权局于 2005 年 2 月 18 日对 00810173.6 号发明专利申请作出的驳回决定，由原实质审查部门依据 2002 年 1 月 10 日提交的国际申请中文译文的说明书第 1 ~ 69 页、说明书附图第 1 ~ 40 页、说明书摘要、摘要附图以及 2005 年 6 月 6 日提交的权利要求第 1 ~ 33 项继续进行审批程序。

162

电子购票系统案

复审请求审查决定（第 8718 号）

决　定　号　第 8718 号
决　定　日　2006 年 6 月 21 日
发明创造名称　电子购票系统
国际分类号　G06F 17/30　G06F 9/30　G07F 19/00
复审请求人　杭州义盛祥通信技术有限公司
专利申请号　03130620.9
申　请　日　2003 年 5 月 12 日
公　开　日　2004 年 3 月 3 日
合议组组长　崔哲勇
主　审　员　李　熙
参　审　员　詹靖康

法律依据　专利法第二十五条第一款
决定要点

如果一项发明对于现有技术的贡献仅仅在于属于智力活动的规则和方法，则应将该发明视为智力活动的规则和方法，不授予其专利权。

一、案由

本复审请求涉及发明名称为“电子购票系统”的申请号为 03130620.9 的发明专利申请，其申请日为 2003 年 5 月 12 日，申请人为杭州义盛祥通信技术有限公司。原始申请文件的权利要求书为：

“1. 一种电子购票系统，其特征是至少包括通信终端、CTI 信息处理中心、通信信道、票务数据库、银行结算系统及取票机。

2. 根据权利要求 1 所述的电子购票系统，其特征是：通信终端用于客户信息传输及菜单显示，CTI 信息处理中心在 CTI 系统软件的支撑下，接受通信终端、票务数据库、银行结算系统、取票机指令，并根据指令进行数据检索、数据传输及数据处理，通信信道用于数据传输，票务数据库根据 CTI 信息处理中心指令提供票务数据信息，银行结算系统根据通信终端客户确认的购票金额从客户帐户中结算，取票机根据 CTI 指令打印出票或根据客户输入的订票信息选择打印出票。

3. 根据权利要求 1 所述的电子购票系统，其特征是：通信终端通过通信信道将客户的订票信息传至 CTI 信息处理中心，CTI 信息处理中心根据通信终端提供的信息通信信道对票务数据库进行检索，将客户所需的票务信息反馈至通信终端，客户在通信终端确定所购买的票务信息后，其购票付款额经通信信道至银行结算系统，银行结算系统从客户帐户上直接扣除票款后，其付款信息传至 CTI 信息处理中心、票务数据库记载，CTI 信息处理中心指令取票机出票。

4. 根据权利要求 1 所述的电子购票系统，其特征是：通信终端通过通信信道将客户的订票信息传至 CTI 信息处理中心，CTI 信息处理中心根据通信终端提供的信息通过通信信道对票务数据库进行检索，将客户所需的票务信息反馈至通信终端，客户在通信终端确定所购买的票务信息后，其购票付款额经通信信道至银行结算系统，银行结算系统从客户帐户上直接扣除票款后，其付款信息传至 CTI 信息处理中心、票务数据库记载、CTI 信息处理中心指令通信终端记录取票信息。

5. 根据权利要求 1 所述的电子购票系统，其特征是：通信终端指无线手机、固定电话和键盘输入显示通信终端。

6. 根据权利要求 1 所述的电子购票系统，其特征是：票务数据库指铁路、公路、航空、航运票务数据库。

7. 根据权利要求 1 所述的电子购票系统，其特征是：银行结算系统指银行为客户开设的蓄储卡、信用卡数据库。

8. 根据权利要求 1 所述的电子购票系统，其特征是：CTI 系统软件包括通信模块、数据存取模块。

9. 根据权利要求 1 所述的电子购票系统，其特征是：CTI 系统软件还包客户对车站、价格的选择，出发地和目的地的选择，日期选择，车次、时间选择等。

10. 根据权利要求 1 所述的电子购票系统，其特征是：取票机至少由键盘输入显示通信终端、票据打印机及壳体构成。”

在实质审查过程中，国家知识产权局针对原始申请文本进行审查，于 2004 年 9 月 10 日发出第一次审查意见通知书，该通知书未引用对比文件。通知书中指出：独立权利要求 1 及其从属权利要求 2 ~ 10请求保护的虽然是一种系统，但该系统中所包括的各个部件均为现有的硬件设备，且利用该系统完成电子购票功能所采用的数据检索、数据通信等技术手段均为现有技术，因此权利要求 1 ~ 10 对现有技术的贡献仅在于采用现有的技术手段、对现有硬件设备进行整合以完成电子购票的方法的部分，这种电子购票的方法解决的不是技术问题，所获得的效果也不是技术效果，属于专利法第二十五条第一款第（二）项规定的智力活动的规则和方法，不能授予专利权。

针对第一次审查意见通知书，申请人于 2004 年 12 月 27 日进行了意见陈述，没有对申请文件进行修改，其陈述的主要理由是：1. 本申请是将现有、相互独立的单个技术方案根据人们生活的需要，而创新的一种无需经过人的思维即可实现电子购票的系统，它不属于智力活动的范畴；2. 本申请在使用过程中无需经过人脑的思考、判断，而是依据其所设计的技术方案实现票务的自动销售；3. 本申请提供了一种用电话或网络实现自动订票的系统，它解决了技术问题，利用了技术手段，并能获得票务自动购买这个技术效果；因此，本申请权利要求 1 ~ 10 所记载的方案不属于智力活动的规则和方法，不属于专利法第二十五条第一款第（二）项规定的情形。

国家知识产权局于 2005 年 3 月 11 日作出了驳回决定，该驳回决定是针对申请人于申请日提交的原始申请文件作出的，其驳回理由主要是：本申请采用的硬件设备均为现有的硬件设备，也未对有关数据检索、传输等手段作任何有异于现有技术的描述和改进，而仅是利用现有的硬件设备和已有的数据处理手段来解决票务销售自动化的问题，本申请请求保护的方案虽然实现了计算机自动化，但上述效果仅是普通计算机软件在计算机中运行所能够产生的公知效果，而并非由本申请采用有异于现有的技术手段所实现的。因此，权利要求 1 ~ 10 所记载的技术方案属于专利法第二十五条第一款第（二）项规定的情形，不能授予专利权。

申请人（下称复审请求人）对上述驳回决定不服，于 2005 年 6 月 6 日向专利复审委员会提出了复审请求，但没有对申请文件进行修改，复审请求的主要理由是：本申请所记载的技术方案是将现有、相互独立的单个技术方案构成一个完整电子购票系统；在该系统中，用户购票的过程不依赖于人的大脑思维，而是依据该系统所设定的提示及用户银行卡的支付能力来确定的；其利用了技术手段并能够解决技术问题、获得技术效果，因此不属于智力活动的范畴。

经形式审查合格，专利复审委员会受理了该复审请求，于2005年9月7日向复审请求人发出了复审请求受理通知书，并向国家知识产权局原审查部门发出了前置审查通知书。

原审查部门在前置审查意见书中指出，复审请求人在复审请求书中的意见陈述与答复一通的意见陈述相同，坚持原驳回决定。

专利复审委员会组成合议组，对本复审请求案进行了审理。

合议组于2006年3月31日发出复审通知书，指出：1. 复审请求人为了回避其申请的实质在于商业规则这个问题，在独立权利要求1及其从属权利要求5～10中仅仅罗列了该系统所包含的各个硬件设备本身，未包含体现这些硬件设备对完成商业运作所起的作用和功能的限定特征，因此上述各权利要求均得不到说明书的支持，不符合专利法第二十六条第四款的规定；2. 权利要求2～4所采用的设备以及各个设备之间的数据传输及数据处理手段均是公知的，其未对现有技术作出任何技术上的改进和贡献，仅仅将现有的公知系统应用于电子售票领域，未解决技术问题，也未获得技术效果，因此权利要求2～4属于专利法第二十五条第一款第（二）项规定的智力活动的情形。

针对上述复审通知书，复审请求人于2006年5月10日提交了意见陈述书，并提交了新修改的权利要求书，将原权利要求1、2合并形成新的独立权利要求1，原从属权利要求3～10分别引用新的独立权利要求1，并将标号改为权利要求2～9。复审请求人主要陈述理由为：1. 权利要求1、5～10符合专利法第二十六条第四款的规定；2. 本申请将“通信终端、CTI信息处理中心、通信通道、票务数据库、银行结算系统及取票机”构成电子购票系统的本身不仅是对现有技术的改进，而且是对现有技术的进一步提升，使其本身的技术效果得到了增值，并能达到方便旅客买票的目的，因此权利要求2～5不属于专利法第二十五条第一款第（二）项规定的智力活动的情形。

本案合议组经合议后认为本案事实清楚，现依法作出复审决定。

二、决定的理由

1. 文本认定

本复审决定针对的文本是复审请求人于申请日2003年5月12日提交的说明书第1～5页、说明书附图第1～4页、说明书摘要、摘要附图，以及2006年5月10提交的权利要求书第1～9项。

2. 关于专利法第二十五条第一款第（二）项

专利法第二十五条第一款第（二）项规定：智力活动的规则和方法不授予专利权。审查指南第二部分第一章第3.2节对该条款的适用作出了具体规定：如果一项发明就整体而言并不是一种智力活动的规则和方法，但是发明的一部分属于智力活动的规则和方法，则不应当完全排除其获得专利权的可能性，需要具体分析：如果发明对于现有技术的贡献仅仅在于属于智力活动的规则和方法的部分，则应将该发明视为智力活动的规则和方法，不授予其专利权。

（1）权利要求1请求保护一种电子购票系统，该系统包括通信终端、CTI信息处理中心、通信信道、票务数据库、银行结算系统及取票机这些设备，通信终端用于客户信息传输及菜单显示，CTI信息处理中心在CTI系统软件的支撑下，接受通信终端、票务数据库、银行结算系统、取票机指令，并根据指令进行数据检索、数据传输及数据处理，通信信道用于数据传输，票务数据库根据CTI信息处理中心指令提供票务数据信息，银行结算系统根据通信终端客户确认的购票金额从客户帐户中结算，取票机根据CTI指令打印出票或根据客户输入的订票信息选择打印出票。

首先，对于该电子购票系统中所使用的各个设备，正如本申请说明书第2页第11至12行所述的：该电子购票系统中使用的“数据库、银行结算系统、通信手段、通信网络以及CTI信息处理中心这些设备和手段均系成熟技术”。在现有技术中，“通信终端”一般都具有客户信息传输及菜单显示的功能。现有的“CTI信息处理中心”也完全能够在CTI系统软件的支撑下，接收与其连接的其他设备的指令，并根据指令进行数据检索、数据传输及数据处理的功能。同样，正如本领域众所周知的，通信信道的主要作用就是数据传输，而数据库的主要功能就在于能够根据相关指令提供数据信息。另外，本申请权利要求1中所采用的银行结算系统以及取票机也均是现有技术，现有的银行结算系统已经能够完成根据通信终端客户确认的金额从客户帐户中结算的功能，现有的取票机也能够完成根据相关指令打印出票的功能。由此可见，该权利要求1中所利用的各个设备均是公知设备，所采用的技术手段均系成熟技术。

其次，对于复审请求人一再强调的上述各个设备的整合利用，事实上，将通信终端、CTI信息处理中心、通信信道、票务数据库、银行结算系统及取票机这些设备组合起来进行使用，也已为本领域所公知公用的技术。在本申请的申请日之前众多电信运营商已经在向广大用户提供丰富的网络增值业务，这其中就包括电信运营商与铁路运营商、信用卡中心联手提供的远程购票业务。例如，2000年中国南方航空公司率先在国内推出电子机票服务，允许用户通过网络终端登陆南航网上销售系统，登陆后选择起始城市、到达城市及航班日期，并在远程服务器查询票务数据库检索到相应航班信息后，由用户在“航班选择”页面上确定具体的航班、价格、旅客人数，并在确定后的15分钟内通过网上签约银行完成票款支付。又如，2002年6月成都铁路网站开通了网上订票的服务，同年12月成都铁路网和建设银行合作推出网上龙卡支付功能，2003年02月其和中国工商银行合作推出工商银行牡丹卡网上支付功能，该服务利用网络通信终端、通信信道、铁路部门已建立的客票发售系统、客票数据库、取票机并与银行结算系统进行整合，从而为铁路旅客提供电子订票、取票的服务。另外，本申请的申请日以前众多火车站、机场等均提供有电话、短信售票业务平台，使得移动、联通、小灵通用户、有短信功能的固定电话用户都可以通过打电话或者发短信（SMS、WAP、USSD或固网短信）的方式通过CTI信息处理中心查询车票剩余，实现订票，并最终实现交易。因此，对于复审请求人在2006年5月10日提交的意见陈述书正文第1页第14~16行所述的“本申请将‘通信终端、CTI信息处理中心、通信信道、票务数据库、银行结算系统及取票机’进行组合，这种将某些技术方案的组合，构成的是至今尚未有的新的技术方案”的观点，合议组不能认可。合议组认为，权利要求1中所述的：信息处理中心检索数据库、数据库根据信息处理中心指令提供数据信息、银行系统根据终端确认信息进行结算以及取票机根据CTI指令或用户指令打印出票，这些设备的整合使用以及各个设备之间的网络通信和数据传输处理手段也均属于现有技术。

综上所述，该权利要求1所要求保护的技术方案与现有技术相比，其区别仅在于将现有的公知系统应用于电子售票领域，这种区别仅仅是给公知的设备赋予了特定的数据处理对象——车票和票款信息。换句话说，本申请所请求保护的虽然是一种电子购票系统，但由于该系统本身的构成属于现有技术的范畴，因此本申请的实质仍在于利用现有的公知系统从事车票购买这种商业活动。正如复审请求人在2006年5月10日提交的意见陈述书正文第2页第18~20行所述的“本申请正是利用‘通信终端、CTI信息处理中心、通信信道、票务数据库、银行结算系统及取票机’达到方便旅客买票的目的”。本申请以改进购票过程这种商业活动为目的，并不以改进现有技术为目的，实施该系统所获得的效果也仅仅是方便旅客购票从而节约时间免去买票排队之苦。因此，权利要求1解决的不是技术问题，所获得的效果也不是技术效果，属于专利法第二十五条第一款第（二）项所述的智力活动的范畴，不属于可给予专利保护的客体。

（2）权利要求2中所使用的设备及各个设备之间的数据通信手段同样也是公知的，基于与评述权利要求1的相同理由，从属权利要求2同样属于专利法第二十五条第一款第（二）项所述的智力活动的范围，不属于可给予专利保护的客体。

（3）权利要求3中所使用的设备及各个设备之间的数据通信手段也均是公知的，基于与评述权利要求1的相同理由，从属权利要求3同样属于专利法第二十五条第一款第（二）项所述的智力活动的范围，不属于可给予专利保护的客体。

（4）权利要求4为权利要求1的从属权利要求。无线手机、固定电话和键盘输入显示通信终端这些均是常见的通信终端，权利要求4中所使用的设备及各个设备之间的数据通信手段也均是公知的，基于与评述权利要求1的相同理由，从属权利要求4同样属于专利法第二十五条第一款第（二）项所述的智力活动的范围，不属于可给予专利保护的客体。

（5）权利要求5为权利要求1的从属权利要求。铁路、公路、航空、航运票务数据库均是常见的票务数据库类型，权利要求5中所使用的设备、各个设备之间的数据通信手段以及数据库均是公知的，基于与评述权利要求1的相同理由，从属权利要求5同样属于专利法第二十五条第一款第（二）项所述的智力活动的范围，不属于可给予专利保护的客体。

（6）权利要求6为权利要求1的从属权利要求。银行为客户准备的储蓄卡、信用卡数据库均是常见的银行结算系统的组成部分，权利要求6中所使用的设备、各个设备之间的数据通信手段以及所使用的银行结算系统均是公知的，基于与评述权利要求1的相同理由，权利要求6同样属于专利法第二十五条第一款第（二）项所述的智力活动的范围，不属于可给予专利保护的客体。

（7）权利要求7为权利要求1的从属权利要求。现有的CTI系统软件通常也包括有通信模块和数据存取模块。权利要求7中所使用的设备及各个设备之间的数据通信手段均是公知的，基于与评述权利要求1的相同理由，从属权利要求7同样属于专利法第二十五条第一款第（二）项所述的智力活动的范围，不属于可给予专利保护的客体。

（8）权利要求8为权利要求1的从属权利要求。现有的铁路、航空等客运服务软件通常也包含有对车站、价格的选择，出发地和目的地的选择，日期选择，车次、时间选择等等一些选项。因此权利要求8中所使用的设备、各个设备之间的数据通信手段均是公知的，基于与评述权利要求1的相同理由，从属权利要求8同样属于专利法第二十五条第一款第（二）项所述的智力活动的范围，不属于可给予专利保护的客体。

（9）权利要求9为权利要求1的从属权利要求，现有的取票机通常也由键盘输入显示终端、票据打印机及壳体构成。因此权利要求9中所使用的设备、各个设备之间的数据通信手段均是公知的，基于与评述权利要求1的相同理由，从属权利要求9同样属于专利法第二十五条第一款第（二）项所述的智力活动的范围，不属于可给予专利保护的客体。

另外，合议组认为有必要说明：1. 审查指南第二部分第四章第4.2节所说的组合发明，是指将某些技术方案进行组合，构成一项新的技术解决方案，以解决现有技术客观存在的技术问题。本申请将通信终端、CTI信息处理中心、通信信道、票务数据库、银行结算系统及取票机进行组合，但是正如上述分析的，这些设备组合构成的是公知公用的网络系统，并不构成新的技术方案，而且也没有解决技术问题，因此本申请不属于组合发明。2. 对于本申请能够实现票务自动购买的问题，合议组认为，正是由于本申请利用了计算机及网络这种自动化的手段，其必然能够实现票务的自动购买，本申请通过自动售票的实施来节约购票时间，这种效率的提高完全是由计算机和网络的固有特性带来的，本申请并没有给计算机和网络等自动化手段带来任何改进，如上所述，本申请的实质仍在于利用现有的计算机和网络手段从事车票购买这种商业活动。

综上所述，本申请权利要求1~9均属于专利法第二十五条第一款第（二）项规定的智力活动的情形，不属于专利法保护的客体。

基于上述理由，合议组作出如下决定。

三、决定

维持国家知识产权局于 2005 年 3 月 11 日对 03130620.9 号发明专利申请作出的驳回决定。

复审请求人对本决定不服的，可以根据专利法第四十一条第二款的规定，自收到本决定之日起三个月内向北京市第一中级人民法院起诉。

163

可对图像区域外围的边界区域做平滑处理的图像处理方法案

复审请求审查决定（第8720号）

决　　定　　号　第8720号
决　　定　　日　2006年4月29日
发明创造名称　可对图像区域外围的边界区域做平滑处理的图像处理方法
国 际 分 类 号　G06T 11/40
复 审 请 求 人　明基电通股份有限公司
申　　请　　号　00102289. X
申　　请　　日　2000年2月22日
公　　开　　日　2001年8月29日
合 议 组 组 长　张美菊
主　　审　　员　范玉霞
参　　审　　员　骆素芳

法 律 依 据　专利法第二十二条第三款
决 定 要 点

根据专利法第二十二条第三款规定，发明的创造性是指同申请日以前已有的技术相比，该发明有突出的实质性特点和显著的进步。如果一项权利要求与对比文件相比，区别在于为解决某一技术问题提供了一种不同构思的技术方案，而对比文件中也没有给出这种技术方案的启示，则该项权利要求相对于对比文件具有显著的进步。

一、案由

本复审请求涉及申请号为00102289. X、发明名称为“可对图像区域外围的边界区域做平滑处理的图像处理方法”的发明专利申请（下称本申请），其申请日为2000年2月22日，申请人是明基电通股份有限公司。

国家知识产权局实质审查部门依法对本申请进行了实质审查，于2003年7月4日发出第一次审查意见通知书，指出：权利要求1~9不具备专利法第二十二条第三款规定的创造性，其中引用了1994年10月18日公开的对比文件US5357583A（下称对比文件1）。

针对第一次审查意见通知书，申请人于2003年11月5日提交了意见陈述书，并修改了权利要求书、说明书以及说明书摘要，其中对权利要求的修改是：将原从属权利要求2和5的限定部分并入权利要求1，将从属权利要求7的限定部分并入权利要求6，形成新权利要求1~6。申请人认为修改后的权利要求相对于对比文件1具备创造性。

国家知识产权局实质审查部门依据申请人2003年11月5日提交的说明书第1~4页、权利要求第1~6项、说明书摘要和2000年2月22日提交的说明书附图第1~3页、摘要附图，于2004年1月16日以本申请权利要求1~6相对于对比文件1不符合专利法第二十二条第三款关于创造性的规定为由对本申请作出驳回决定。

驳回决定所依据的独立权利要求内容如下：

"1. 一种在图像处理系统中执行的图像处理方法，该图像处理系统包含有一存储器用来存储程序及一待处理的图形图像，以及一处理器用来执行该存储器内所存的程序，该图形图像包含有多个像素，该图像处理方法包含有：

在寻找该图像区域时，在该图形图像内找出至少一具有肤色特征的图像区域；

沿每一图像区域的边界外围选定距离该边界外围一固定距离内的区域为该图像区域外围的边界区域；以及

依据一预定的色彩参数调整方法来调整该图形图像的每一图像区域内的像素，并以一预定的平滑方式在每一图像区域外围的边界区域内的像素做不同但相似的色彩参数调整，以使每一图像区域内的色彩参数调整得以以该预定的平滑方式衍生至每一图像区域外围的边界区域。"

"4. 一种在图像处理系统中执行的图像处理方法，该图像处理系统包含有一存储器，用来存储程序及一待处理的图形图像，以及一处理器，用来执行该存储器内所存的程序，该图形图像包含有多个像素，该图像处理方法包含有：

在寻找该图像区域时，在该图形图像内找出至少一具有肤色特征的图像区域；

依据一预定的色彩参数调整方法来调整该图形图像的每一图像区域内的像素；以及

依据一预定的平滑方式对位于每一图像区域外围的像素做与该色彩参数调整方法不同但相似的色彩参数调整，以使每一图像区域内的色彩参数调整得以该平滑方式衍生至每一图像区域的外围。"

申请人（以下称为复审请求人）对上述驳回决定不服，于2004年4月16日向国家知识产权局专利复审委员会提出复审请求，未修改申请文件。提出复审请求的主要理由是：（1）权利要求1中的"具有肤色特征的图像区域"和对比文件1披露的"预定的亮度级别"是不同的技术特征，而且申请人不认同第一次审查意见通知书中指出的"肤色特征不是技术特征"；（2）权利要求1中的特征"沿每一图像区域的边界外围选定距离该边界外围一固定距离内的区域为该图像区域外围的边界区域"与对比文件1中的"步骤S208中检测一个图像的边缘是否在扫描线上"不同；（3）在没有对比文件披露的前提下，认为权利要求1最后一个步骤记载的特征"依据一预定的色彩参数调整方法来调整该图形图像的每一图像区域内的像素，并以一预定的平滑方式在每一图像区域外围的边界区域内的像素做不同但是相似的色彩参数调整，以使每一图像区域内的色彩参数调整得以以该预定的平滑方式衍生至每一图像区域外围的边界区域"属于本领域公知常识的意见是不能接受的，认为应对此举证。

经形式审查合格，国家知识产权局专利复审委员会受理了该复审请求，并于2004年5月10日发出了受理通知书和前置审查通知书。

在前置审查中，国家知识产权局实质审查部门坚持原驳回决定。具体理由是：（1）权利要求的修改仅仅是合并，合并之后的技术方案在第一次审查意见通知书中已经评述过；（2）坚持认为"肤色特征"不属于技术特征的范畴；（3）实质审查程序中所认定的公知常识是"以预定的平滑方式衍生至图像边界"，而不是复审请求中所称的权利要求1中的最后一个步骤。

在此基础上，专利复审委员会成立合议组对本复审请求进行审理。经审查，合议组认为本案事实清楚，现作出本复审请求审查决定。

二、决定的理由

本复审决定所针对的文本为2003年11月5日提交的权利要求第1~6项、说明书第1~4页、说明书摘要和2000年2月22日提交的说明书附图第1~3页、摘要附图。

根据专利法第二十二条第三款的规定，发明的创造性是指同申请日以前已有技术相比，该发明有突出的实质性特点和显著的进步。

1. 权利要求1相对于对比文件1符合专利法第二十二条第三款关于创造性的规定。

权利要求1请求保护一种在图像处理系统中执行的图像处理方法，该图像处理系统包含有一存储器用来存储程序及一待处理的图形图像，以及一处理器用来执行该存储器内所存的程序，该图形图像包含有多个像素，该图像处理方法包含有：

在寻找该图像区域时，在该图形图像内找出至少一具有肤色特征的图像区域；

沿每一图像区域的边界外围选定距离该边界外围一固定距离内的区域为该图像区域外围的边界区域；以及

依据一预定的色彩参数调整方法来调整该图形图像的每一图像区域内的像素，并以一预定的平滑方式在每一图像区域外围的边界区域内的像素做不同但相似的色彩参数调整，以使每一图像区域内的色彩参数调整得以以该预定的平滑方式衍生至每一图像区域外围的边界区域。

对比文件1（US5357583A）公开了一种平滑图像边缘的图像处理装置（参见其发明名称，相当于权利要求1中的图像处理系统），其中附图1A和1B是用于解释传统图像处理装置的反混淆处理的图示（即对比文件1的背景技术），附图41A－41C是用于附图38所示的装置执行的电子束功率调制的图示（即对比文件1的第四实施例）。

首先，说明书的背景技术记载了（参见对比文件1的第1栏第12~35行、附图1A和1B）：在计算机图像处理系统中，当图像要输出到CRT显示设备或打印机时，反混淆技术用于平滑输出图像的边缘。当对图像施行了反混淆处理，图1A所示的图像边缘的不规则阶梯将被消除，从而得到如图1B所示的图像的平滑边缘部分。现有技术中的反混淆技术包括平均数技术、滤波技术和预滤波技术。显然，背景技术虽然记载了通过反混淆技术来平滑图像边缘，但是并没有记载任何具体的操作实施步骤，也没有记载权利要求1中的任何特征。

其次，说明书的第四实施例（参见对比文件1的第22栏第39行至第24栏第21行、附图38－41C）主要公开了如下内容：

说明书第22栏第39~64行和附图38公开了：该装置包括CPU801（处理器），用于执行ROM802（存储器）中存储的控制程序；字符发生器804，用于生成一个表示字符代码中的文本图像的点阵；I/F接口805，用于从外部接收待处理的图像；页面存储器806（存储器），用于存储通过I/F接口805接收到的图像数据的一页；线缓冲器807，用于从页面存储器806下载预定大小的点阵；比较器808，用于在线缓冲器807中的点阵和预先存储的标准图像一致时生成一个补偿数据；信号发生器809，用于接收补偿数据并对目标像素生成一个补偿信号；激光二极管驱动器810，用于根据补偿信号放射激光束；图像形成单元811，用于执行图像形成程序，其中根据激光束生成一个静电潜像。

说明书第23栏第8~44行和附图39A－39C解释了附图38中的装置执行的反混淆过程，并具体公开了：比较器808根据目标像素生成一个补偿数据SS和一个选择信号S1，其中补偿数据SS包括一个指示一像素内激光束功率开始调制的的位置数据和一个指示激光束功率调制持续时间的数据，选择信号S1用于指示是采用脉冲位置调制还是激光束功率调制。信号发生器809根据补偿数据SS和选择信号S1生成补偿信号，根据该信号将目标像素确定为激光束功率调制的起点，从该位置处开始，针对多个连续像素激光二极管的激光束功率从最小级别调制到最大级别，从而控制这多个连续像素显示点的直径大小。其结果如图39B所示。

说明书第23栏第45～68行和附图40A－40C公开了与上述相似的调制方法，不同之处仅在于目标像素作为激光束功率调制的终点，针对多个连续像素激光二极管的激光束功率从最大级别调制到最小级别，其结果如图40B所示。而附图41A图示了脉冲位置调制程序，附图41B图示了激光束功率调制程序，附图41C图示了将激光束功率调制用于本发明第四实施例时所得到效果。

将权利要求1与对比文件1进行比较可见，对比文件1虽然与本申请同属于对图像边缘进行平滑处理的技术领域，并披露了权利要求1中的存储器和处理器，但权利要求1与对比文件1存在如下区别：(1) 权利要求1中的图像区域“具有肤色特征”；(2) 权利要求1定义一个距离图像区域边界一固定距离的边界区域，对比文件1根据矢量线与扫描线的交叉点确定图像边界；(3) 权利要求1通过调整色彩参数，“以该预定的平滑方式衍生至每一图像区域外围的边界区域”从而使得图像边缘平滑，而对比文件1是通过调整图像边缘的点的大小（点的直径）使得图像边缘平滑。因此，对比文件1披露的图像处理装置对图像边缘的平滑处理方法与本申请权利要求1记载的技术方案不同。

虽然对比文件1与权利要求1所要解决的技术问题都是对图像区域外围的边界区域做平滑处理，但是区别特征(2)(3)使得权利要求1的图像边缘平滑方法不同于对比文件1中所披露的图像处理装置执行的图像边缘平滑方法，公开的现有技术中并没有给出结合上述区别特征(2)(3)以解决上述技术问题的技术启示，包括区别特征(2)(3)的权利要求1的技术方案为解决同一技术问题提供了一种不同构思的技术方案。因此，权利要求1相对于对比文件1具有突出的实质性特点和显著的进步，符合专利法第二十二条第三款关于创造性的规定。

2. 权利要求4相对于对比文件1符合专利法第二十二条第三款关于创造性的规定。

权利要求4请求保护一种在图像处理系统中执行的图像处理方法，该图像处理系统包含有一存储器，用来存储程序及一待处理的图形图像，以及一处理器，用来执行该存储器内所存的程序，该图形图像包含有多个像素，该图像处理方法包含有：

在寻找该图像区域时，在该图形图像内找出至少一具有肤色特征的图像区域；

依据一预定的色彩参数调整方法来调整该图形图像的每一图像区域内的像素；以及

依据一预定的平滑方式对位于每一图像区域外围的像素做与该色彩参数调整方法不同但相似的色彩参数调整，以使每一图像区域内的色彩参数调整得以该平滑方式衍生至每一图像区域的外围。

与权利要求1相比，权利要求4除了删除步骤“沿每一图像区域的边界外围选定距离该边界外围一固定距离内的区域为该图像区域外围的边界区域”，并将最后一个步骤中的“边界区域的像素”修改为“图像区域外围的像素”外，仅对文字进行了修改，即对于图像区域内像素的处理方法来说，权利要求4与权利要求1的技术方案的原理及基本步骤是相同的。因此权利要求4与对比文件1的区别在于：(1) 权利要求4中的图像区域“具有肤色特征”；(2) 权利要求4通过调整色彩参数，“以该预定的平滑方式衍生至每一图像区域外围的边界区域”从而使得图像边缘平滑，而对比文件1是通过调整图像边缘的点的大小（点的直径）使得图像边缘平滑。因此，基于评述权利要求1的相同理由，包含上述区别特征的权利要求4的技术方案为解决同一技术问题提供了一种不同构思的技术方案，因而权利要求4相对于对比文件1具备突出的实质性特点和显著的进步，符合专利法第二十二条第三款关于创造性的规定。

3. 权利要求2～3和权利要求5～6相对于对比文件1符合专利法第二十二条第三款关于创造性的规定。

权利要求2～3和权利要求5～6分别直接或间接从属于独立权利要求1和4，由于权利要求1和4相对于对比文件1具备创造性，因此，权利要求2～3和权利要求5～6相对于对比文件1也符合专利法第二十二条第三款关于创造性的规定。

综上所述，本申请的修改文本不存在驳回决定中所指出的缺陷，本申请权利要求 1 ~6 相对于对比文件 1 符合专利法第二十二条第三款关于创造性的规定。

三、决定

撤销国家知识产权局于 2004 年 1 月 16 日对本发明专利申请所作出的驳回决定，在驳回决定所依据的文本，即 2003 年 11 月 5 日提交的权利要求第 1 ~6 项、说明书第 1 ~4 页、说明书摘要，2000 年 2 月 22 日提交的说明书附图第 1 ~3 页和摘要附图的基础上，由原审查部门继续进行审查程序。

164

使用遥控器设置高亮窗口的方法及其装置案

复审请求审查决定（第8721号）

决　定　号　第8721号
决　定　日　2006年6月16日
发明创造名称　使用遥控器设置高亮窗口的方法及其装置
国际分类号　G06F 3/00　G06T 5/00　G06T 5/50
复审请求人　三星电子株式会社
专利申请号　03149164.2
申　请　日　2003年5月29日
公　开　日　2004年1月21日
优先权日　2002年5月29日
合议组组长　张　度
主　审　员　哈雅坤
参　审　员　涂洪文

法律依据　专利法第二十六条第三款
决定要点

本申请的说明书已对本发明作出了清楚、完整的说明，所属技术领域的技术人员根据说明书所公开的内容能够实现本发明，因而本申请符合专利法第二十六条第三款的规定。

一、案由

本复审请求涉及发明名称为“使用遥控器设置高亮窗口的方法及其装置”的申请号为03149164.2的发明专利申请（下称本申请），其申请日为2003年5月29日，公开日为2004年1月21日，优先权日为2002年5月29日，申请人为三星电子株式会社。

原审查部门对本申请进行了实质审查，针对原始申请文件，于2004年12月31日发出了第一次审查意见通知书，其中指出：本申请的说明书未对发明作出清楚、完整的说明，不符合专利法第二十六条第三款的规定，公开不充分具体表现为：在本申请公开的技术方案中，通过图像处理单元在屏幕上产生对应高亮设置值的窗口，通过高亮信号改变单元控制由图像处理单元产生的包括在窗口中的解码的输入视频数据的参数。但是说明书中并未清楚完整的公开该图像处理单元和高亮信号改变单元是如何完成上述功能的。

2005年5月16日，申请人针对第一次审查意见通知书提交了意见陈述书，并陈述了本申请符合专利法第二十六条第三款的规定的理由。申请人认为：本发明与现有技术的区别技术特征（即，本发明的发明点）在于“使用遥控器代替用户控制面板”，从而可以从在远离图像再现装置的位置上设置屏幕上的高亮特定区域；而审查员所说的“图像处理单元和高亮信号改变单元”的工作原理以及具体实现功能都是本领域的公知常识，无需对其进行详述。

2005 年 9 月 9 日，原审查部门以本申请不符合专利法第二十六条第三款为由驳回了本申请。驳回决定所针对的申请文件为：申请日提交的原始申请文件的权利要求第 1 ~ 27 项、说明书第 1 ~ 4 页、附图第 1 ~ 3 页、说明书摘要和摘要附图。驳回的具体理由为：为实现发明目的，“图像处理单元和高亮信号改变单元”的原理及具体功能的实现是实现本发明的关键，原始说明书中并未记载上述技术方案，“上述技术特征为公知常识”的答复意见不成立。

申请人（下称复审请求人）对上述驳回决定不服，于 2005 年 12 月 9 日向专利复审委员会提出复审请求，并进一步陈述了本申请符合专利法第二十六条第三款的理由，同时提交了一份证明材料（US6462746B1）。其中复审请求人认为：上述“图像处理单元和高亮信号改变单元”的工作原理及具体功能的实现属于公知常识，而且在说明书中已经描述了“图像处理单元和高亮信号改变单元”是如何实现其功能的（见说明书第 3 页第 2 ~ 7 行），并且该篇证明材料中也描述了与“图像处理单元和高亮信号改变单元”相关的技术。

2006 年 1 月 17 日，经形式审查合格后，专利复审委员会受理了该请求，向复审请求人发出了复审请求受理通知书，并将本案送至原审查部门进行前置审查。

原审查部门在前置审查意见书中坚持原驳回决定，其具体理由为：申请人提供的参考资料 US6462746B1 中仅给出了高亮显示的一种方法，但是本发明的发明点为使用遥控器进行高亮窗口的设置，实现本发明技术方案的与遥控器相关联的高亮信号改变单元和图像处理单元的原理及具体功能的实现是实现本发明的关键，原始说明书中并未记载上述技术方案，参考资料也没有公开上述内容，申请人将上述技术特征归为公知常识的答复意见也不能成立。

专利复审委员会本案合议组认真研究了国家知识产权局作出的驳回决定及其理由和复审请求人所提交的复审请求书，认为本案事实已经清楚，可以作出以下决定。

二、决定理由

1. 依据的文本

本复审决定是以申请日提交的原始申请文件的权利要求第 1 ~ 27 项、说明书第 1 ~ 4 页、附图第 1 ~ 3 页、说明书摘要和摘要附图为依据作出的。

2. 关于专利法第二十六条第三款

专利法第二十六条第三款规定：说明书应当对发明作出清楚、完整的说明，以所属技术领域的技术人员能够实现为准。这里的“清楚”是指主题明确且用词准确，这里的完整是指（1）说明书应当包含帮助理解发明不可缺少的内容；（2）确定发明具有新颖性、创造性和实用性所需的内容以及再现发明所需的内容”，这里的“所属技术领域的技术人员能够实现”是指“所属技术领域的技术人员按照说明书记载的内容，不需要创造性的劳动，就能够再现该发明的技术方案，解决其技术问题，并且产生预期的技术效果”（参见审查指南第二部分第二章第 2.1.1 节 – 2.1.3 节）。

根据说明书的记载，本申请的发明目的在于提供一种使用遥控器设置高亮窗口的方法和装置，以便解决在已有的图像再现装置中通过用户控制面板设置高亮窗口所带来的操作用户控制面板困难等问题。

在说明书第 6 页第 19 行至第 7 页第 9 行描述了根据本发明的一个实施例的用于设置高亮窗口的装置（图像再现装置）的结构组成。其中所述装置包括：遥控单元 110、遥控传感器 120、控制单元 130、图像处理单元 140、高亮信号改变单元 150、面板驱动单元 160。并且在该部分的描述中已经具体给出了上述装置的各组成部分的功能及工作原理，其中图像处理单元 140 解码视频信号，并对应控制单元 130 中产生的高亮窗口的尺寸和位置（x，y），产生方框形状的在屏显示（OSD）；高亮信号改变单元 150 通过使用在控制单元 130 中产生的高亮窗口的尺寸和位置（x，y），调整通过由图像处理单元140产生的OSD的视频信号的参数，换句话说，高亮信号改变单元150调整高亮窗口中的视频信号的偏移或增益，以便加重包含在高亮窗口中的视频信号（参见说明书第7页第2行至第9行）。

对于所属技术领域的技术人员来说，OSD（On Screen Display）也称为屏上显示或在屏显示或屏幕显示，OSD技术是图像再现领域中已经广泛公知的技术，在一般的成像系统或图像再现系统（例如，诸如像多媒体系统、DVD、VCD、数字录像机、数字电视等之类的数字视频系统）中，通常都带有屏幕显示（OSD）信号电路，其功能就是根据某些特定参数（例如，水平尺寸、垂直尺寸、位置参数等）来产生屏幕显示信号（即，OSD信号），并且所述屏幕显示信号的形状可以是矩形、方形、圆形等等，而且其电路结构也是本领域所公知的。另外，对于所属技术领域的技术人员来说，在一般的数字视频系统中，都带有数字视频编码器，而数字视频编码器一般都具备诸如像亮度信号处理单元和色度信号处理单元等之类的组成部分，其中亮度信号处理单元的功能就是“调节亮度信号的增益和偏置，将同步信号和所调节的亮度信号相叠加以及滤波亮度信号的低频带分量并输出滤波后的信号以作为数字亮度信号”，而数字亮度信号本身就是一种数字视频信号。

本申请所涉及的“图像处理单元140”的作用就是根据诸如高亮窗口的尺寸和位置之类的特定参数来产生方框形状的在屏显示（OSD），可见其功能与现有技术当中所用的OSD信号电路的功能相同，而本申请所涉及的“亮度信号改变单元150”的作用实际上就是通过调节高亮窗口中的视频信号的偏移或增益，以便加重包含在高亮窗口中的视频信号，从而达到调节通过由图像处理单元140产生的OSD的视频信号的参数的目的。综上所述，从功能上讲，本申请所涉及的“图像处理单元140”和“亮度信号改变单元150”分别相当于现有技术中的“OSD信号电路”和“亮度信号处理单元”，而且正如复审请求人在意见陈述书中所述的那样，它们的功能、工作原理及电路配置结构都是所属技术领域中公知的。换言之，本申请中所涉及的“图像处理单元”和“亮度信号改变单元”并不涉及本发明的发明点，因而不属于专利法第二十六条第三款所规定的必须具体详细公开的内容。

合议组认为，本申请的说明书已对发明本身作出了清楚、完整的说明，所属技术领域的技术人员根据说明书所记载的内容，无需付出创造性劳动就能够再现本发明所述的技术方案，所以本申请的说明书符合专利法第二十六条第三款的规定。

至于本申请中是否还存在其他不符合专利法及专利法实施细则有关规定的缺陷，留待后继程序继续审查。

三、决定

撤销国家知识产权局于2005年9月9日针对本申请所作出的驳回决定。

以申请日提交的原始申请文件的权利要求第1~27项、说明书第1~4页、附图第1~3页、说明书摘要和摘要附图为依据，由原审查部门继续进行审批程序。

165

基板、连接结构和电子设备案

复审请求审查决定（第8725号）

决　定　号　第8725号
决　定　日　2006年6月23日
发明创造名称　基板、连接结构和电子设备
国际分类号　G06F 1/16
复审请求人　富士通株式会社
专利申请号　02158830.9
申　请　日　2002年12月25日
优先权日　2002年4月15日
公　开　日　2003年10月29日
合议组组长　马　昊
主　审　员　唐向阳
参　审　员　李韵美

法律依据　专利法实施细则第二条第一款
决定要点

技术方案是申请人对其要解决的技术问题所采取的技术措施的集合，如果一件专利申请为了解决技术问题而提出了新的技术措施的集合，并获得了相应的技术效果，构成了技术方案，则符合专利法实施细则第二条第一款的规定。

一、案由

本复审请求涉及申请日为2002年12月25日、优先权日为2002年4月15日、申请号为02158830.9.名称为“基板、连接结构和电子设备”的发明专利申请（下称本申请），申请人为富士通株式会社。

在实质审查过程中，国家知识产权局实审部门以本申请原始提交的文本为基础进行审查，于2004年10月29日发出第一次审查意见通知书，认为本申请的权利要求1~17都不是技术方案，没有写出解决其要解决的问题的具体实现方式，当前记载仅仅是一种指示，没有为了达到这种目的而应当采取怎样的具体手段，没有对现有技术作出任何技术上的贡献，不符合专利法实施细则第二条第一款的规定。

针对第一次审查意见通知书，申请人于2005年3月10日提交了意见陈述书以及权利要求第1~17项的修改替换页，为权利要求中出现的各个技术特征增加了附图标记。申请人认为本申请的独立权利要求1、2、3、9、10、11基于所限定的技术特征，通过与电子布线图案不同的电连接到第一接触部分和第二接触部分的一个或多个电连接体、或利用第一接触部分和第二接触部分通过与电子布线图案不同的一个或多个电连接体而电连接，由此不占用在基板上为各种布线和印刷线路所提供的空

间，从而可以减小该电子设备的尺寸，并实现满足对于在基板上的印刷线路的各种限制，保证相对较大的布线自由度，以及把在该基板上的一部分电连接到另一部分，同时满足减小电子设备的成本和尺寸的要求。即权利要求1、2、3、9、10、11已经记载了实现本发明技术目的的所有技术特征，符合专利法实施细则第二条第一款的规定。

国家知识产权局实质审查部门认为，本申请经陈述意见后，经修改后的权利要求1~17仍不符合专利法实施细则第二条第一款的规定，因此，于2005年5月13日作出了驳回本申请的决定。

申请人（下称复审请求人）对上述驳回决定不服，于2005年8月29日向专利复审委员会提出了复审请求，提交了意见陈述书以及权利要求第1~13项的修改替换页，修改后的权利要求书如下：

“1. 一种用于连接第一电连接体（21）和第二电连接体（22）的连接结构，所述第一电连接体具有电连接到被提供在基板（19）的第一表面上的一个或多个电子部件的第一接触部分、以及第二接触部分（211）；所述第二电连接体具有向外电连接到该基板的第一接触部分、以及第二接触部分（221），所述连接结构包括：

一个连接部件（23），其被提供在该基板上，在与该基板的第一表面分隔开预定距离（h7）的一个高度位置处，电连接该第一电连接体的第二接触部分和第二电连接体的第二接触部分，

其中，所述连接部件包括一个衬垫（231），在该衬垫上暂时连接第一电连接体（21）的第二接触部分（211）和第二电连接体（22）的第二接触部分（221）中的一个接触部分，该第一电连接体的第二接触部分和第二电连接体的第二接触部分中的另一个接触部分插入到所述衬垫中。

2. 根据权利要求1所述的连接结构，其特征在于，所述第一电连接体（21）具有沿着该基板（19）的第一表面和与该第一表面相反的该基板的第二表面延伸的部分。

3. 根据权利要求1所述的连接结构，其特征在于，所述第一电连接体（21）进一步具有第三接触部分（211-3）。

4. 一种用于连接第一电连接体（21）和第二电连接体（22）的连接结构，所述第一电连接体具有电连接到被提供在基板（19）的第一表面上的一个或多个电子部件的第一接触部分、以及第二接触部分（211）；所述第二电连接体具有向外电连接到该基板的第一接触部分、以及第二接触部分（211），所述连接结构包括：

一个连接部件（23），其被提供在该基板上，在与该基板的第一表面分隔开预定距离（h7）的一个高度位置处，电连接该第一电连接体的第二接触部分和第二电连接体的第二接触部分，

其中，该预定距离（h7）被设置为大于被提供在该基板（19）的第一表面上在所述连接部件（23）附近的最高部件的高度（h6）。

5. 根据权利要求4所述的连接结构，其特征在于，所述第一电连接体（21）具有沿着该基板（19）的第一表面和与该第一表面相反的该基板的第二表面延伸的部分。

6. 根据权利要求4所述的连接结构，其特征在于，所述第一电连接体（21）进一步具有第三接触部分（211-3）。

7. 一种电子设备，包括：

内部具有一个基板（19）和第一电连接体（21）的主体（10），所述第一电连接体具有电连接到提供在该基板的第一表面上一个或多个电子部件（20，31，32，34，51-54）的第一接触部分，以及第二接触部分（211）；

相对于该主体打开和闭合的盖子（11）；

电连接到该盖子和基板的第二电连接体（22），所述第二电连接体具有电连接到该盖子的第一接触部分，以及第二接触部分（221）；以及

一个连接部件（23），其被提供在该基板上，在与该基板的第一表面分隔开预定距离（h7）的高度位置电连接到该第一电连接体的第二接触部分以及第二电连接体的第二接触部分。

8. 根据权利要求7所述的电子设备，其特征在于，所述连接部件（23）包括一个衬垫（231），在该衬垫上暂时连接第一电连接体（21）的第二接触部分（211）和第二电连接体（22）的第二接触部分（221）中的一个接触部分，该第一电连接体的第二接触部分和第二电连接体的第二接触部分中的另一个接触部分插入到所述衬垫中。

9. 根据权利要求7所述的电子设备，其特征在于，所述第一电连接体（21）具有沿着该基板（19）的第一表面和该基板的与该第一表面相反侧上的第二表面延伸的部分。

10. 根据权利要求7所述的电子设备，其特征在于，该预定距离（h7）被设置为大于被提供在该基板（19）的第一表面上在所述连接部件附近的最高部件的高度（h6）。

11. 根据权利要求7所述的电子设备，其特征在于，所述第一电连接体（21）进一步具有第三接触部分（211-3）。

12. 根据权利要求7所述的电子设备，其特征在于，所述第一电连接体（21）在被提供于该基板（19）的第一表面上的一个部件上方延伸，并且具有比通过从提供于该基板第一表面上的最高部件的高度（h6）减去所述第一电连接体的厚度（t）所得的差值更小的高度。

13. 根据权利要求7所述的电子设备，其特征在于，所述盖子（11）内部具有一个显示部分（11A），被提供在该基板（19）上的其中一个电子部件是一个图像大规模集成电路（34），并且第一电连接体（21）的第一接触部分电连接到该图像大规模集成电路。”

其复审理由主要是：新的独立权利要求、甚至原始的任一权利要求都明确记载了连接第一电连接体和第二电连接体的连接结构，其中利用基板上的连接部件在与基板第一表面分隔开预定距离的一个高度位置处电连接该第一电连接体和第二电连接体，由此很明显这些独立权利要求都利用了技术特征，并实现了说明书中所述的技术问题，因此符合专利法实施细则第二条第一款的规定。

经形式审查合格后，专利复审委员会受理了该复审请求，于2005年10月11日向复审请求人发出复审请求受理通知书，同时向国家知识产权局原实质审查部门发出前置审查通知书。

国家知识产权局实审部门对该复审请求进行了前置审查，仍然坚持原驳回决定。

在以上审查工作的基础上，合议组认为本案事实已经清楚，可以依法作出本复审决定。

二、决定的理由

1. 文本认定

复审请求人在提出复审请求时提交的修改文本符合专利法第三十三条和专利法实施细则第六十条的规定，本复审决定是以复审请求人于2005年8月29日提交的权利要求第1~13项，以及申请日提交的说明书第1~11页、说明书附图第1~10页、说明书摘要和摘要附图为基础作出的。

2. 专利法实施细则第二条第一款

专利法实施细则第二条第一款规定：专利法所称的发明是指对产品、方法或者其改进所提出的新的技术方案。

技术方案是申请人对其要解决的技术问题所采取的技术措施的集合，判断发明专利申请是否为技术方案，就要具体分析该申请是否针对其所要解决的技术问题提出了新的技术措施的集合，以及是否获得了相应的技术效果。

（1）权利要求1涉及一种用于连接第一电连接体和第二电连接体的连接结构，其要解决的技术问题是要满足对于在基板上的印刷线路的各种限制，保证相对较大的布线自由度，以及把在该基板上的一部分电连接到另一部分，同时满足减小电子设备的成本和尺寸的要求（参见说明书第2页第27

行至第3页第1行)。在权利要求1中，所述第一电连接体具有“第一接触部分”和“第二接触部分(211)”，所述第二电连接体具有“第一接触部分”和“第二接触部分(221)”，所述连接结构包括“一个连接部件(23)”，所述连接部件包括“一个衬垫(231)”，这就明确记载了连接第一电连接体和第二电连接体的具体连接结构；并且，权利要求1中对该连接结构的具体连接关系作出了限定，“所述第一电连接体具有电连接到被提供在基板(19)的第一表面上的一个或多个电子部件的第一接触部分”，“所述第二电连接体具有向外电连接到该基板的第一接触部分”，连接部件(23)“被提供在该基板上，在与该基板的第一表面分隔开预定距离(h7)的一个高度位置处，电连接该第一电连接体的第二接触部分和第二电连接体的第二接触部分”，“在该衬垫上暂时连接第一电连接体(21)的第二接触部分(211)和第二电连接体(22)的第二接触部分(221)中的一个接触部分，该第一电连接体的第二接触部分和第二电连接体的第二接触部分中的另一个接触部分插入到所述衬垫中”，而这些对连接结构和连接关系的限定都是本申请为了解决其技术问题而采取的技术措施。

由此可见，权利要求1是针对其要解决的技术问题采用的新的技术措施的集合，并获得了相应的技术效果，所以权利要求1符合专利法实施细则第二条第一款的规定。

权利要求2、3分别从属于权利要求1，同样符合专利法实施细则第二条第一款的规定。

(2)权利要求4涉及一种用于连接第一电连接体和第二电连接体的连接结构，其要解决的技术问题是要满足对于在基板上的印刷线路的各种限制，保证相对较大的布线自由度，以及把在该基板上的一部分电连接到另一部分，同时满足减小电子设备的成本和尺寸的要求。在权利要求4中，所述第一电连接体具有“第一接触部分”和“第二接触部分(211)”，所述第二电连接体具有“第一接触部分”和“第二接触部分(221)”，所述连接结构包括“一个连接部件(23)”，这就明确记载了连接第一电连接体和第二电连接体的具体连接结构；并且，权利要求4中对该连接结构的具体连接关系作出了限定，“所述第一电连接体具有电连接到被提供在基板(19)的第一表面上的一个或多个电子部件的第一接触部分”，“所述第二电连接体具有向外电连接到该基板的第一接触部分”，连接部件(23)“被提供在该基板上，在与该基板的第一表面分隔开预定距离(h7)的一个高度位置处，电连接该第一电连接体的第二接触部分和第二电连接体的第二接触部分”，“该预定距离(h7)被设置为大于被提供在该基板(19)的第一表面上在所述连接部件(23)附近的最高部件的高度(h6)”，而这些对连接结构和连接关系的限定都是本申请为了解决其技术问题而采取的技术措施。

由此可见，权利要求4是针对其要解决的技术问题采用新的技术措施的集合，并获得了相应的技术效果，所以权利要求4符合专利法实施细则第二条第一款的规定。

权利要求5、6分别是对权利要求4的进一步限定，同样符合专利法实施细则第二条第一款的规定。

(3)权利要求7涉及一种电子设备，其要解决的技术问题是要满足对于在基板上的印刷线路的各种限制，保证相对较大的布线自由度，以及把在该基板上的一部分电连接到另一部分，同时满足减小电子设备的成本和尺寸的要求。在权利要求7中，所述电子设备包括具有“一个基板(19)”和“第一电连接体(21)”的“主体(10)”，所述第一电连接体具有“第一接触部分”和“第二接触部分(211)”，该电子设备还包括“相对于该主体打开和闭合的盖子(11)”，具有“第一接触部分”和“第二接触部分(221)”的第二电连接体，以及“一个连接部件(23)”，这就明确记载了该电子设备的具体连接结构；并且，权利要求7中对该电子设备的具体连接关系作出了限定，“所述第一电连接体具有电连接到提供在基板的第一表面上一个或多个电子部件(20，31，32，34，51－54)的第一接触部分”，“第二电连接体”电连接到该盖子的基板”，连接部件(23)“被提供在该基板上，在与该基板的第一表面分隔开预定距离(h7)的高度位置电连接到该第一电连接体的第二接触部分和第二电连接体的第二接触部分”，而这些对连接结构和连接关系的限定都是本申请为了解决其技术问题而采取的技术措施。

由此可见，权利要求 7 是针对其要解决的技术问题采用新的技术措施的集合，并获得了相应的技术效果，所以权利要求 7 符合专利法实施细则第二条第一款的规定。

权利要求 8～13 分别是对权利要求 7 的进一步限定，同样符合专利法实施细则第二条第一款的规定。

驳回决定认定本申请并非是一个技术方案、没有写出解决其要解决的问题的具体实现方式、记载的仅仅是一种指示或者一种人为的规定，没有具体分析本申请是否解决了技术问题、是否采用了技术手段以及是否获得了技术效果。

合议组认为：为了保证布线自由度、节约物理空间和减小电子设备的尺寸，本领域技术人员对电子设备中的电连接结构、连接关系或布线方式作出具体限定，正是本领域技术人员在解决上述技术问题时可能采用的技术手段。电连接体的结构、连接关系或布线方式不属于专利法及专利法实施细则和审查指南中所规定的属于智力活动的规则和方法的情形。

基于上述事实和理由，合议组作出如下决定。

三、决定

撤销国家知识产权局于 2005 年 5 月 13 日对 02158830.9 号发明专利申请作出的驳回决定。由原实质审查部门以 2005 年 8 月 29 日提交的权利要求第 1～13 项，以及申请日提交的说明书第 1～11 页、说明书附图第 1～10 页、说明书摘要和摘要附图为基础继续审查程序。

166

发电机案

复审请求审查决定（第8726号）

决　定　号　8726号
决　定　日　2006年6月26日
发明创造名称　发电机
国际分类号　H02K 53/00　H02K 57/00　H02K 17/22
复审请求人　玄研究室股份有限公司
申　请　号　95191788.9
申　请　日　1995年1月5日
公　开　日　1997年1月29日
合议组组长　张　度
主　审　员　周雷鸣
参　审　员　石　清

法律依据　第二十二条第四款
决定要点

一项发明必须符合一定的基本科学原理，具有普遍性和可检验性，经得起按照最基本的科学方法进行的测试和鉴定，违背自然规律的发明专利不具有实用性，不符合中国专利法第二十二条第四款的规定。

一、案由

申请人玄研究室股份有限公司不服国家知识产权局于2001年8月24日作出的关于申请号为95191788.9.发明名称为“发电机”的发明专利申请的驳回决定，于2001年11月9日向国家知识产权局专利复审委员会（下称复审委员会）提出复审请求。

在实质审查程序中，国家知识产权局实质审查部门于2001年3月16日发出了第一次审查意见通知书，指出原始申请文件的权利要求1～16不符合专利法第二十二条第四款有关实用性的规定。

针对第一次审查意见通知书，申请人于2001年7月10日提交了意见陈述书和JEMIC的鉴定报告等，其中的主要理由是：JEMIC是日本国际贸易和工业部指定的鉴定机构，报告中可以看出，发电机的输出确实比输入大得多等。

国家知识产权局实质审查部门于2001年8月24日以本申请权利要求1～16不符合专利第二十二条第四款为由驳回了本申请，其中驳回的理由是：上述检测报告中不能看出其与本申请权利要求1～16中装置的关系；说明书中记载了“感应到二次绕组16的总电力必然大于供给一次绕组15的电力”等，由说明书可以知道，本申请的权利要求所要求的发电机是输出功率大于输入功率，本申请中描述的技术方案违背了能量守恒定律，因此权利要求不符合专利法第二十二条第四款的规定。

申请人（下称复审请求人）对驳回决定不服，于2001年11月9日向国家知识产权局专利复审委员会提交了复审请求书，其复审的主要理由是：本申请的产品已经生产出来了，并且在许多国家已经获得专利，希望能够通过演示样机，以证明本申请是可以实现的，具有实用性。

经形式审查合格，专利复审委员会于2001年12月13日发出了复审请求受理通知书和前置审查通知书。

在前置审查程序中，国家知识产权局实质审查部门仍坚持原驳回决定。

在此基础上，专利复审委员会依法成立合议组对本案进行复审，并于2003年7月1日发出了复审请求口头审理通知书，定于2003年8月21日在专利复审委员会进行口头审理。口头审理如期举行，复审请求人参加了口头审理。口头审理中记录了以下事项：（1）本次样机的演示在计量方式上无法确认，合议组认为应将发电机的负载由本次演示的有源负载改变为无源负载，例如灯泡，并应在统一量纲下对输入、输出功率进行测试，并能证明能自激发电；（2）应申请人请求，合议组同意申请人在2003年12月23日重新出示样机进行演示；（3）申请人代表玄清委托手续不合格，应在一个月内补交合格的委托手续，如未在指定期限提交，视为未参加口头审理。

复审请求人于2003年9月10日提交了委托书和意见陈述书，其中陈述的主要理由是：本申请发电机中一次绕组利用两相以上的交流电，除了产生通常的交变磁场之外，还得到其他相通过互感产生的旋转磁场；二次绕组中通过电磁感应得到旋转磁场的感应能量产生的电能和由交变磁场的感应能量产生的电能。交变磁场的感应能量产生的电能约为输入电能的80%～95%，旋转磁场的感应能量产生的电能也能达到输入电能的40%～50%，因此总的输出电能大于输入电能等。

合议组于2003年10月8日发出了复审请求口头审理通知书，定于2003年12月23日在专利复审委员会进行口头审理。口头审理如期举行，复审请求人参加了口头审理。口头审理中记录了以下事项：（1）本次演示与上次演示没有本质区别，不能说明本发明具有输出功率大于输入功率的效果；（2）应请求人的请求，再次给予请求人演示样机的机会，下次演示应直接检测样机的输入、输出功率，以三相AC交流电源为直接输入电源，输出负载为纯电阻性负载，并证明能够在不输入电能的情况下，能输出电能驱动纯电阻负载。

合议组于2004年3月15日发出了复审请求口头审理通知书，定于2004年4月28日在专利复审委员会进行口头审理。口头审理如期举行。口头审理中记录了以下事项：（1）请求人申请放弃此次口审及其演示实验，其代理人到庭陈述了意见；（2）合议组告之其人员变更，其代理人对合议组成员没有异议，不申请回避；（3）合议组同意请求人于2004年7月8日前提交修改文本；（4）请求人表示接受驳回决定的驳回理由，准备删去说明书中关于违反能量守恒定律的描述。

复审请求人于2004年6月17日提交了权利要求书第1～2页的替换页和说明书第1～14页的替换页。将发明主题“发电机”改为“变压器”，在说明书及权利要求中做了相应修改；删除了原始申请中说明书第2页第10～12行“所以，在二次侧绕组感应出比供给一次绕组的电力更大的电动势（一个交变磁场产生的电动势加上运动磁场），产生的电动势发生自激发电”、第2页第15～17行“如果将在二次绕组……进而自本身发出电来”，第3页第14～16行“根据本发明……不需要外界提供能量”、第6页第8～10行“其结果……自激发电”、第7页第14～15行“如上所述……的电力”、第12页第10～11行“用这种结构……的电力”等。

专利复审委员会于2006年1月18日向请求人发出合议组成员告知通知书，指出：如对合议组成员有回避请求的，请于收到本通知书之日起7日内提交书面的请求书，逾期未答复，视为无回避请求。

请求人逾期未答复。

至此，本案事实已经清楚，合议组经过合议，作出如下决定。

二、决定的理由

1. 依据文本

复审请求人在复审过程中提交的新文本仅仅是将“发电机”修改为“变压器”和删除了部分内容等，将“发电机”修改为“变压器”仅仅是将发明产品的名称改变，发明内容没有实质性变化，上述的删除也是为了克服口审中指出的缺陷，因此新提交的文本符合专利法第三十三条和专利法实施细则第六十条的规定。

由于复审请求人在答复复审通知书时提交了新的修改文本，本决定所针对的文本是复审请求人于2004年6月17日提交的权利要求第1～16项、说明书第1～14页，申请日提交的说明书附图第1～17页和说明书摘要及摘要附图。

2. 关于本申请实用性问题

专利法第二十二条第四款规定的实用性是指该发明或者实用新型能够制造或者使用，并且能够产生积极效果。

具备实用性的发明或者实用新型专利申请应当符合自然规律，违背能量守恒定律的发明或者实用新型专利必然不具备实用性。

本申请的权利要求1～16所反映的整体技术主题是变压器，该变压器包括除了产生一个交变磁场外还产生一个运动磁场的一次绕组；和一个与由一次绕组所建立的交变磁场和运动磁场相交链的二次绕组；一次绕组和二次绕组作为一次侧，设置一个二次侧，该二次侧由运动磁场所感应的电流使其相对一次侧运动等。

本申请的说明书第8页第16、17行记载了“用此方法，在二次绕组45中感应的电动势大于供给一次绕组43的电能，如第一实施例”，说明书第12页第8、9行记载了“一次和二次绕组81，82作为定子，并且在二次绕组82中感应的电动势大于供给一次绕组81的电力”，说明书第13页第25、26行记载了“如前所述，在二次绕组103中感应出的电动势大于供给一次绕组102的电力”。而根据说明书第2页第9～11行记载的“电动势大体等于为了使励磁电流流过一次绕组所供给的电力减去铜损，铁损等一些损耗”，以及同页第26行记载的“二次绕组所感应的电动势的电压和电流”等，可以知道，说明书中所述的“电动势”是电力或电能。因此可以知道，本申请说明书记载的变压器工作过程中，二次绕组中感应的电力（或电能）大于供给一次绕组的电力（或电能），即，本申请的变压器输出能量大于输入能量。

合议组认为，人类在长期征服自然的过程中，发明了各种装置（机器），这些装置在工作中都是进行各种能量间的转换，这些能量的转换是服从热力学第一定律即能量守恒定律的。能量守恒定律是自然科学中最重要、最普遍的定律。能量守恒定律告诉我们，机器所做的功必定是由某一种或数种能量转化来的，机器只能转换能量，不能创造能量。能量不能自行消灭和创生，宇宙中总的能量不变。而本申请权利要求1～16中变压器具有二次绕组中感应的电动势（即电力或电能）大于供给一次绕组的电力（或电能）的效果，明显违背了能量守恒定律，违背自然规律的技术方案是不能实施的，因此该权利要求1～16的技术方案不具备实用性，不符合专利法第二十二条第四款的规定。

关于复审请求人的理由和口头审理的意见陈述，本案合议组认为，（1）一项发明必须符合一定的基本科学原理，经得起按照最基本的科学方法进行的测试和鉴定，违背自然规律的发明专利不具有实用性，而如上所述，本申请的变压器违背了能量守恒定律；（2）虽然复审请求人声称本申请的样机已经制造出来，并在两次口头审理中演示了声称是本申请样机的变压器，但是演示过程中不能说明该变压器具有输出功率大于输入功率的效果，复审请求人放弃第3次演示，也就是说，复审请求人通过演示机会，并没有证明本申请可以实现“二次绕组中感应的电动势大于供给一次绕组的电力”的积极效果；（3）虽然复审请求人声称本专利已经在许多国家获得专利权，但是复审请求人没有提交获得专利权的证明，而且中华人民共和国专利法规定，授予专利权的发明应当具备实用性，在复审请求人不能证明本申请具有实用性的情况下，任何发明都不能被授予专利权。

综上所述，本案合议组认为，本申请权利要求1～16不符合专利法第二十二条第四款的规定。

三、决定

维持国家知识产权局于2001年8月24日对95191788.9号发明专利申请作出的驳回决定。

复审请求人如对本决定不服，可根据专利法第四十一条第二款自收到本决定之日起三个月内向北京市第一中级人民法院起诉。

北京市第一中级人民法院
行政判决书

（2006）一中行初字第1395号

原告玄研究室股份有限公司，住所地日本大阪市西区立壳一丁目TARO大厦3F。

法定代表人玄清，董事长。

委托代理人吴玉和，男，中国专利代理（香港）有限公司专利代理人。

委托代理人梁永，男，中国专利代理（香港）有限公司专利代理人。

被告中华人民共和国国家知识产权局专利复审委员会，住所地中华人民共和国北京市海淀区北四环西路9号银谷大厦。

法定代表人廖涛，副主任。

委托代理人周雷鸣，男，中华人民共和国国家知识产权局专利复审委员会审查员。

委托代理人杨存吉，男，中华人民共和国国家知识产权局专利复审委员会审查员。

原告玄研究室股份有限公司不服被告中华人民共和国国家知识产权局专利复审委员会作出的复审请求审查决定，向本院提起行政诉讼。本院受理后依法组成合议庭，于2006年12月4日公开开庭审理了本案。原告的委托代理人吴玉和、梁永，被告的委托代理人周雷鸣、杨存吉到庭参加诉讼。本案现已审理终结。

2006年6月26日，被告作出第8726号复审请求审查决定（以下简称第8726号决定），维持中华人民共和国国家知识产权局（以下简称国知局）于2001年8月24日作出的关于申请号为95191788.9.发明名称为“发电机”的发明专利申请（以下简称本申请）的驳回决定。

为证明被诉行为认定事实清楚，行政程序合法，被告于法定举证期限内向本院提交了以下证据：1.第8726号决定；2.本专利的公开文本；3.原告于2004年6月17日提交的意见陈述和修改文本替换页。

原告诉称，其已经制造出能够实现本申请的样机，经试验，能够实现本发明的技术效果，本申请具有实用性，虽然本发明与能量守恒定律不一致，但科学是在不断进步和发展的，过去的定律或公理在现在或将来可能会改变。因此被告不应仅以本申请的发明方案是否符合能量守恒定律来判断该方案是否具有实用性。本申请的修改文本已经克服了驳回决定所指出的缺陷。本申请中所述“电动势”应指电压或电流，有时也可以指电能，被告将本申请中的电动势解释为电能，致使本申请的内容不符合能量守恒定律。如果能量守恒定律是一个基本的普遍定律，那么应将“电动势”合理理解为电压或电流。因此，被告对本申请内容的上述解释与其坚持的发明内容不能违反能量守恒定律是矛盾的。综上，请求撤销第8726号决定，判令被告重新作出复审决定书。

原告在开庭审理前，为证明其诉讼主张向本院提交了以下证据：1. 第8726号决定；2. 本申请原始公开的说明书；3. 实审阶段的第一次审查意见通知书；4. 原告第一次意见陈述书；5. 国知局的驳回决定；6. 原告复审请求书；7. 2003年9月10日原告在复审程序中提交的意见陈述书；8. 2004年6月17日原告在复审程序中提交的意见陈述书及修改文本。

被告辩称，本申请的权利要求1～16所反映的整体技术主题是变压器，该变压器包括除了产生一个交变磁场外还产生一个运动磁场的一次绕组；和一个与由一次绕组所建立的交变磁场和运动磁场相交链的二次绕组；本申请说明书记载的变压器工作过程中，二次绕组中感应的电力（或电能）大于供给一次绕组的电力（或电能），即，本申请的变压器输出能量大于输入能量，明显违背了能量守恒定律。权利要求1－16中记载的技术方案是基于申请文件所记载的违背了能量守恒定律的技术方案而提出的，违背自然规律的技术方案是不能实施的，因此该权利要求1～16的技术方案不具有实用性，不符合《中华人民共和国专利法》（以下简称《专利法》）第二十二条第四款的规定。综上，第8726号决定认定事实清楚、适用法律正确、审理程序合法，请求予以维持。

经庭审质证，本院审查核实，被告及原告证据与本案具有关联，且合法、真实，本院均予以确认。

经审理查明，原告向国知局提出了本申请，申请号为95191788.9。2001年3月16日，国知局实质审查部门针对本申请发出了第一次审查意见通知书，指出原始申请文件的权利要求1～16不符合《专利法》第二十二条第四款有关实用性的规定。2001年7月10日，原告提交了意见陈述书和JEMIC的鉴定报告等，其中的主要理由是：JEMIC是日本国际贸易和工业部指定的鉴定机构，报告中可以看出，发电机的输出确实比输入大得多等。2001年8月24日国知局实质审查部门作出驳回决定，驳回理由是：上述检测报告中不能看出其与本申请权利要求1～16中装置的关系；原告希望本申请涉及的发电机输出的功率大于输入的功率，例如，说明书第6页第9、10行中记载了“感应到二次绕组16的总电力必然大于供给一次绕组15的电力”，以及说明书第9页第14行记载了“使二次绕组中感应的电动势大于供给一次绕组的电能”，上述描述的技术方案违背了能量守恒定律，因此本申请不符合《专利法》第二十二条第四款的规定。

原告不服，向被告提出复审请求，其复审的主要理由是：本申请的产品已经生产出来了，并且在许多国家已经获得专利，希望能够通过演示样机，以证明本申请是可以实现的，具有实用性。经形式审查合格，被告于2001年12月13日发出了复审请求受理通知书和前置审查通知书。在前置审查程序中，国知局实质审查部门仍坚持原驳回决定。

2003年7月1日，被告发出了复审请求口头审理通知书，同年8月21日口头审理如期举行，原告参加了口头审理。口头审理中记录了以下事项：（1）本次样机的演示在计量方式上无法确认，合议组认为应将发电机的负载由本次演示的有源负载改变为无源负载，例如灯泡，并应在统一量纲下对输入、输出功率进行测试，并能证明能自激发电；（2）应原告请求，被告同意原告在2003年12月23日重新出示样机进行演示；（3）原告代表玄清委托手续不合格，应在一个月内补交合格的委托手续，如未在指定期限提交，视为未参加口头审理。2003年9月10日原告提交了委托书和意见陈述书，其中陈述的主要理由是：本申请发电机中一次绕组利用两相以上的交流电，除了产生通常的交变磁场之外，还得到其他相通过互感产生的旋转磁场；二次绕组中通过电磁感应得到旋转磁场的感应能量产生的电能和由交变磁场的感应能量产生的电能。交变磁场的感应能量产生的电能约为输入电能的80%～95%，旋转磁场的感应能量产生的电能也能达到输入电能的40%～50%，因此总的输出电能大于输入电能等。

2003 年 10 月 8 日，被告第二次发出了复审请求口头审理通知书，同年 12 月 23 日口头审理如期举行，原告参加了口头审理。口头审理中记录了以下事项：（1）本次演示与上次演示没有本质区别，不能说明本发明具有输出功率大于输入功率的效果；（2）应请求人的请求，再次给予请求人演示样机的机会，下次演示应直接检测样机的输入、输出功率，以三相 AC 交流电源为直接输入电源，输出负载为纯电阻性负载，并证明能够在不输入电能的情况下，能输出电能驱动纯电阻负载。

2004 年 3 月 15 日，被告第三次发出了复审请求口头审理通知书，2004 年 4 月 28 日，口头审理如期举行，原告参加了口头审理。口头审理中记录了以下事项：（1）原告申请放弃此次口审及其演示实验，其代理人到庭陈述了意见；（2）被告说明其合议组人员变更，原告代理人对合议组成员没有异议，不申请回避；（3）原告同意请求人于 2004 年 7 月 8 日前提交修改文本；（4）原告表示接受驳回决定的驳回理由，准备删去说明书中关于违反能量守恒定律的描述。

2004 年 6 月 17 日，原告提交了权利要求书第 1～2 页的替换页和说明书第 1～14 页的替换页。将发明主题“发电机”改为“变压器”，在说明书及权利要求中做了相应修改；删除了原始申请中说明书第 2 页第 10～12 行“所以，在二次侧绕组感应出比供给一次绕组的电力更大的电动势（一个交变磁场产生的电动势加上运动磁场），产生的电动势发生自激发电”，第 2 页第 15～17 行“如果将在二次绕组……进而自本身发出电来”，第 3 页第 14～16 行“根据本发明……不需要外界提供能量”，第 6 页第 8～10 行“其结果……自激发电”，第 7 页第 14～15 行“如上所述……的电力”，第 12 页第 10～11行“用这种结构……的电力”等。

2006 年 1 月 18 日，被告向原告发出合议组成员告知通知书，指出：如对合议组成员有回避请求的，请于收到本通知书之日起 7 日内提交书面的请求书，逾期未答复，视为无回避请求。原告逾期未答复。

针对原告于 2004 年 6 月 17 日提交的修改后的权利要求第 1～16 项、说明书第 1～14 页，申请日提交的说明书附图第 1～17 页和说明书摘要及摘要附图，被告经审查认为，本申请的权利要求 1～16 所反映的整体技术主题是变压器，该变压器包括除了产生一个交变磁场外还产生一个运动磁场的一次绕组；和一个与由一次绕组所建立的交变磁场和运动磁场相交链的二次绕组；一次绕组和二次绕组作为一次侧，设置一个二次侧，该二次侧由运动磁场所感应的电流使其相对一次侧运动等。本申请的说明书第 8 页第 16、17 行记载了“用此方法，在二次绕组 45 中感应的电动势大于供给一次绕组 43 的电能，如第一实施例”，说明书第 12 页第 8、9 行记载了“一次和二次绕组 81，82 作为定子，并且在二次绕组 82 中感应的电动势大于供给一次绕组 81 的电力”，说明书第 13 页第 25、26 行记载了“如前所述，在二次绕组 103 中感应出的电动势大于供给一次绕组 102 的电力”。而根据说明书第 2 页第 9～11 行记载的“电动势大体等于为了使励磁电流流过一次绕组所供给的电力减去铜损，铁损等一些损耗”，以及同页第 26 行记载的“二次绕组所感应的电动势的电压和电流”等，可以知道，说明书中所述的“电动势”是电力或电能。因此，本申请说明书记载的变压器工作过程中，二次绕组中感应的电力（或电能）大于供给一次绕组的电力（或电能），即，本申请的变压器输出能量大于输入能量。本申请权利要求 1～16 中变压器具有二次绕组中感应的电动势（即电力或电能）大于供给一次绕组的电力（或电能）的效果，明显违背了能量守恒定律，违背自然规律的技术方案是不能实施的，因此该权利要求 1～16 的技术方案不具备实用性，不符合《专利法》第二十二条第四款的规定。

综上，被告作出第 8726 号决定，原告不服，诉至本院。

本院认为，《专利法》第二十二条第四款规定，实用性是指该发明或者实用新型能够制造或者使用，并且能够产生积极效果。因此，具备实用性的发明或者实用新型专利申请应当符合一定的基本科学原理，能够通过最基本的科学方法进行的测试和鉴定，符合基本自然规律。

本案中，国知局实审部门以举例的方式说明了本申请存在违背能量守恒定律的情形，原告在复审的第三次口头审理中亦表示接受并准备删去本申请说明书中有关违反能量守恒定律的描述。但在其修改后提交的文本中仍然存在上述缺陷，未针对被告举例所涉及的本申请原始说明书中违背能量守恒定律的描述全部进行修改，对此原告在庭审中亦予认可。因此被告在第8726号决定中的有关认定事实依据充分，原告认为其对本申请权利要求及说明书的修改符合《中华人民共和国专利法实施细则》第六十条第一款规定的诉讼意见本院不予支持。由于在本申请复审程序中，被告应原告的要求允许原告进行了两次样机的演示，给予原告充分的陈述意见和证明本申请具备实用性的机会，但原告通过演示仍不能说明本申请具有输出功率大于输入功率的效果，即没有证明本申请可以实现“二次绕组中感应的电动势大于供给一次绕组的电力”的积极效果。因此原告关于本申请样机已经作出，本申请具有实用性的主张本院不予支持。原告认为被告认定本申请说明书中叙述的“电动势”为“电力或电能”属理解错误之意见缺乏足够的证据佐证，本院亦不予支持。

综上，被告作出的第8726号决定认定事实清楚，适用法律正确，行政程序合法，本院应予维持。依照《中华人民共和国行政诉讼法》第五十四条第（一）项的规定，判决如下：

维持被告中华人民共和国国家知识产权局专利复审委员会于二OO六年六月二十六日作出的第8726号复审请求审查决定。

一审案件受理费1000元，由原告玄研究室股份有限公司负担（已交纳）。

如不服本判决，原告可在判决书送达之日起30日内，被告可在判决书送达之日起15日内向本院递交上诉状，并按对方当事人的人数提出副本，预交上诉案件受理费1000元，上诉于北京市高级人民法院。上诉人在上诉期满后7日内未预交，又不提出缓交申请的，按自动撤回上诉处理。

审 判 长　梁　菲
代理审判员　强刚华
代理审判员　贾志刚
二〇〇六年十二月二十二日
书 记 员　李铁萌

167

有机燃料电池及其运行方法和电极制作方法案

复审请求审查决定（第8727号）

决　定　号　第8727号
决　定　日　2006年6月15日
发明创造名称　有机燃料电池及其运行方法和电极制作方法
国际分类号　H01M 8/22
复审请求人　南加州大学
　　　　　　　加州理工学院
申　请　号　94195212.6
申　请　日　1994年10月18日
公　开　日　1997年12月10日
合议组组长　熊　婷
主　审　员　高海燕
参　审　员　樊晓东

法律依据　专利法第二十二条第二款、第三款
决定要点

如果一项权利要求与现有技术的技术方案存在区别技术特征，且该区别技术特征也不能从该现有技术的技术方案直接得出，从而导致二者的技术方案不同，则该权利要求具备新颖性；如果现有技术也没有给出上述区别技术特征的技术启示，本领域技术人员在现有技术的基础上得到该权利要求的技术方案需要付出创造性劳动，则该权利要求具备创造性。

一、案由

本复审请求涉及的是申请日为1994年10月18日、申请号为94195212.6.名称为“有机燃料电池及其运行方法和电极制作方法”的发明专利申请，其进入国家阶段的日期为1997年6月12日，申请人是南加州大学和加州理工学院。

在实质审查程序中，国家知识产权局原实质审查部门于2001年2月23日针对原始提交的国际申请的中文译文发出了第一次审查意见通知书，通知书引用一篇对比文件（US4390603A，公开日为1983年6月28日），并指出：权利要求1～3、6、7、16和50的所有技术特征已经被对比文件公开，不具备新颖性；权利要求8、51～53相对于对比文件不具备创造性；权利要求32不符合专利法第二十六条第四款的规定，权利要求2～14、32、33、37、38、47～49不符合专利法实施细则第二十条至第二十三条的规定。

申请人于2001年8月30日针对第一次审查意见通知书提交了意见陈述书，以及权利要求书全文替换页、说明书第5～7页、第16～18页的替换页和说明书摘要，申请人在意见陈述书中认为：对比文件中阳极电解液是含溶解的电解质离子，特别是甲醇和硫酸，而本发明在阳极侧面使用没有硫酸的

燃料溶液，因此，修改后的所有权利要求都不是对比文件可以预见的。

国家知识产权局原实质审查部门于2003年12月26日作出驳回决定，指出：虽然对比文件着重谈了阳极电解液为甲醇和硫酸的情况，但并未将阳极电解液仅限定为这种情况，且对比文件中也公开了利用“Nafion”膜作为阳离子交换树脂膜的情况，因此，权利要求1、5、6和15仍然不具备新颖性，权利要求7、43～45仍然不具备创造性。

申请人（下称复审请求人）对上述驳回决定不服，于2004年2月7日向专利复审委员会提出了复审请求，请求人认为：对比文件使用了酸电解质、没有使用有机燃料循环装置以及没有使用二甲氧基甲烷等作为有机燃料，从而本发明与对比文件的区别技术特征不是显而易见的，因此本发明的权利要求1、5、6、7、15和43～45均具备新颖性和创造性。

经形式审查合格，专利复审委员会受理了该复审请求，并于2004年3月15日发出了受理通知书，同时发出了前置审查意见通知书。

原实质审查部门于2004年4月21日作出前置审查意见书，在前置审查意见书中原审查部门坚持原驳回决定意见。

在此基础上专利复审委员会依法成立合议组，对本案进行审查。合议组于2005年9月12日针对驳回决定所依据的文本发出复审通知书，指出：本申请的独立权利要求可分为四组权利要求：权利要求1和15；权利要求16、30和31；权利要求32、33、40、41和42；权利要求43和45，该四组权利要求之间不具备相同或相应的特定技术特征，因此，它们之间不具备单一性，不符合专利法第三十一条的规定。

针对复审通知书，请求人于2005年10月27日提交了意见陈述书以及权利要求书的全文替换页，其中保留第一组权利要求，即权利要求1～15，并修改了独立权利要求1，其中，独立权利要求1和15以及权利要求1的从属权利要求7的内容如下：

“1. 一种液体供料直接燃料电池，它具有一个阳极、一个阴极、一种电解质、使有机燃料经过阳极进行循环的装置和使氧气流过阴极的装置，其中改进包括：

所说电解质包括一种固体聚合物氢离子传导膜；和

所说有机燃料不含酸电解质。”

“7. 权利要求1的燃料电池，其中所说的有机燃料选自二甲氧基甲烷、三甲氧基甲烷和三噁烷。”

“15. 一种液体供料燃料电池，包括：

一个阳极；

一个阴极；

一种位于所说的阳极和所说的阴极之间的阳离子交换的固体聚合物电介质膜；

使液体有机燃料和水的溶液不含硫酸；和

使氧气流过所说的阴极的装置。”

本案合议组经合议后，认为本案事实清楚，现依法作出审查决定。

二、决定的理由

1. 关于审查文本

请求人于2005年10月27日提交的权利要求1～15符合专利法第三十三条和专利法实施细则第六十条的规定，因此，本复审决定以请求人于2005年10月27日提交的权利要求第1～15项、于2001年8月30日提交的说明书第5～7页、第16～18页和说明书摘要、原始提交的国际申请的中文译文的摘要附图、说明书第1～4页、第8～15页、第19～24页和说明书附图第1～13页为审查文本。

2. 关于新颖性

权利要求1请求保护一种液体供料直接燃料电池，对比文件（US4390603A）公开了一种甲醇燃料电池（尤其参见说明书第1栏第61行至第2栏第6行，附图1），包括：阳极2、阴极1、固体聚合物氢离子传导膜3（相对于权利要求1中的电解质）、包含硫酸和甲醇的电解质4（相当于权利要求1中的有机燃料）、电解质供给口6和碳酸气体释放口7. 空气或氧气等的氧化剂室8. 使氧气流过阳极的氧化剂供给口9和氧化剂释放口10以及电池箱体5，其中，包含硫酸和甲醇的电解质4经过电解质供给口6进入箱体5中与阴极1相邻的燃料室，氧气经过氧化剂供给口9进入与阳极2相邻的氧化剂室8，并从氧化剂释放口10流出，因此，对比文件中的电池包括氧气流过阳极的装置，但不包括使有机燃料经过阳极进行循环的装置，且对比文件中的有机燃料包括硫酸。由此可见，权利要求1与对比文件的区别在于：对比文件未公开权利要求1中的特征"使有机燃料经过阳极进行循环的装置和使氧气流过阴极的装置，以及有机燃料不含酸电解质"。且由于对比文件电池的结构与本申请电池的结构不同，因此上述区别技术特征也不能从对比文件中直接唯一得出，从而导致权利要求1的技术方案与对比文件的技术方案不同，因此，权利要求1相对于对比文件具备新颖性，符合专利法第二十二条第二款的规定。

权利要求15请求保护一种液体供料燃料电池，如上所述，对比文件公开了一种甲醇燃料电池（尤其参见说明书第1栏第61行至第2栏第6行，附图1），将权利要求15与对比文件对比可知，权利要求15与对比文件的区别在于：对比文件未公开权利要求1中的特征"使液体有机燃料和水的溶液不含硫酸，和使氧气流过所说的阴极的装置"。且由于对比文件电池的结构与本申请电池的结构不同，因此上述区别技术特征不能从对比文件中直接唯一得出，从而导致权利要求15的技术方案与对比文件的技术方案不同，因此，权利要求15相对于对比文件具备新颖性，符合专利法第二十二条第二款的规定。

由于权利要求1具备新颖性，其从属权利要求5和6也具备新颖性，符合专利法第二十二条第二款的规定。

2. 关于创造性

权利要求7的技术方案为：一种液体供料直接燃料电池，它具有一个阳极、一个阴极、一种电解质、使有机燃料经过阳极进行循环的装置和使氧气流过阴极的装置，其中改进包括：所说电解质包括一种固体聚合物氢离子传导膜，所说有机燃料不含酸电解质，所说的有机燃料选自二甲氧基甲烷、三甲氧基甲烷和三噁烷。

如上所述，对比文件公开了一种甲醇燃料电池（尤其参见说明书第1栏第61行至第2栏第6行，附图1），将权利要求7与对比文件对比可知，权利要求7与对比文件的区别在于：对比文件未公开权利要求7中的特征"使有机燃料经过阳极进行循环的装置和使氧气流过阴极的装置，以及有机燃料不含酸电解质，所说的有机燃料选自二甲氧基甲烷、三甲氧基甲烷和三噁烷"。且由于对比文件电池的结构与本申请电池的结构不同，因此对比文件也没有给出上述区别技术特征的技术启示，从而本领域技术人员在对比文件的基础上得到权利要求7的技术方案是需要付出创造性劳动的，因此，权利要求7相对于对比文件具备创造性，符合专利法第二十二条第三款的规定。

三、决定

撤销国家知识产权局于2003年12月26日对94195212.6号发明专利申请作出的驳回决定，由原实质审查部门以请求人于2005年10月27日提交的权利要求第1～15项、于2001年8月30日提交的说明书第5～7页、第16～18页和说明书摘要、原始提交的国际申请的中文译文的摘要附图、说明书第1～4页、第8～15页、第19～24页和说明书附图第1～13页为基础继续进行审批程序。

168

二合变动机案

复审请求审查决定（第 8728 号）

决　　定　　号　第 8728 号
决　　定　　日　2006 年 6 月 19 日
发明创造名称　二合变动机
国 际 分 类 号　H02K 19/00　H02K 53/00
复 审 请 求 人　万德明
申　　请　　号　00106369.3
申　　请　　日　2000 年 6 月 12 日
公　　开　　日　2001 年 12 月 26 日
合 议 组 组 长　张　度
主　　审　　员　周雷鸣
参　　审　　员　朱芳芳

法 律 依 据　专利法第二十二条第四款
决 定 要 点

一项技术发明必须符合一定的基本科学原理，具有普遍性和可检验性，经得起按照最基本的科学方法进行的测试和鉴定，违背自然规律的发明创造是不能实施的，不具有实用性，不符合中国专利法第二十二条第四款的规定。

一、案由

本专利申请复审请求涉及申请号为 00106369.3，名称为“二合变动机”的发明专利申请（下称本申请），其申请日为 2000 年 6 月 12 日，申请人为万德明。

国家知识产权局实质审查部门于 2003 年 3 月 7 日发出了第一次审查意见通知书，指出本申请权利要求 1 ~ 4 不符合专利法第二十二条第四款的规定。

针对第一次审查意见通知书，申请人于 2003 年 4 月 6 日提交了意见陈述书，陈述了二合变动机具有总输入功率与总输出功率之比为 1∶1.5 ~ 1∶1.9 的具体理由。

申请人于 2003 年 4 月 18 日提交了附页，请求更正上述意见陈述书中 6 处失误。

申请人于 2003 年 7 月 4 日提交了意见陈述书，其中附页是修改后的本申请的说明书第 1 ~ 5 页、权利要求书第 1 ~ 4 项、附图第 1 页、说明书摘要。

申请人于 2003 年 7 月 28 日提交了陈述意见，论述了二合变动机与能量守恒定律，提出了总输出功率与总输出功率之比为 1∶1.5 ~ 1∶1.9 的理由等。

国家知识产权局实质审查部门于 2004 年 7 月 9 日以本申请权利要求 1 ~ 4 不符合专利法第二十二条第四款为由驳回了本申请，其中驳回的理由是：申请人陈述的理由不成立，本申请中二合变动机具有电动机输出功率及效率的同时，又感应出与输入功率近似的电能，说明书中记载了总输入功率与总输出功率之比为1∶1.5～1∶1.9，因此本申请的二合变动机违反了能量守恒定律，权利要求1～4不符合专利法第二十二条第四款的规定。

申请人（下称复审请求人）对驳回决定不服，于2004年9月15日向国家知识产权局专利复审委员会提交了复审请求书及其附件，其复审的主要理由是：通过试验确定二合变动机具有电动机和变压器的双重功能，输入功率相同的同步电动机的输出功率及效率，同时又像变压器一样感应出与输入功近似的电能，总输出功率大于输入功率等。

复审请求人于2004年9月28日提交了二合变动机与其发明有关的参考资料，其主要内容是：二合变动机的原理及其有关的参考资料等。

专利复审委员会于2004年11月17日发出了复审请求补正通知书，告知复审请求人对复审请求书中缺陷进行补正。

专利复审委员会于2004年12月7日收到复审请求人的补正书。

专利复审委员会于2005年6月8日发出了复审请求受理通知书和前置审查通知书。

在前置审查程序中，国家知识产权局实质审查部门仍坚持原驳回决定。

专利复审委员会于2005年7月19日收到复审请求人的请求是否托运样品的信函，于2005年9月7日收到复审请求人提交的甘肃省平凉电机制造有限责任公司检测二合变动机纪录复印件，于2005年9月13收到复审请求人提交的平凉市科技局对二合变动机进行现场试验报告复印件，于2005年9月14日收到关于对二合变动机两点疑问的答复信函。

在此基础上，专利复审委员会依法成立合议组对本案进行复审，并于2005年9月27日发出了复审通知书，其中主要内容是：本申请的权利要求书、说明书（及其附图）所反映的整体技术主题是二合变动机，其由变压器和同步电动机合理组装而成，其特征是二合变动机的定子是由同步电动机定子组成，定子原、副绕组由变压器副绕组组成，转子由发电机或同步电动机转子组成；在外电源向二合变动机输入电能时，具有输入功率相同的同步电动机的输出功率及效率，同时又感应出与输入功率近似的电能，实现总输入功率与总输出功率比为1∶1.5～1.9，这对二合变动机来说，实际上是一种能量输出大于输入的机器，是明显违反能量守恒定律，不可能实现的，因此本申请不符合专利法第二十二条第四款的规定。

复审请求人于2005年10月26日针对复审通知书提交了意见陈述书，其中陈述的主要观点是：二合变动机具有变压器和电动机的双重功能，具有输入功率相同的同步电动机的输出功率及效率，同时不能像变压器一样感应出与输出功率近似值的电能，该机总输入功率与总输出功率之比达到了1∶1.15～1.9（感应出的电能、电机的机械能）。

复审请求人2005年11月16日提交了补正书，其主要内容是：将陈述意见中的“同时不能像变压器一样”修改为“同时又能像变压器一样”，陈述了二合变动机输入功率小于输出功率等。

至此，本案事实已经清楚，合议组经过合议，作出如下决定。

二、决定的理由

1. 依据文本

由于复审请求人在复审中没有提交新的修改文本，本决定所针对的文本是复审请求人2003年7月4日提交的说明书第1～5页、权利要求书第1～4项、附图第1页、说明书摘要。

2. 关于实用性

专利法第二十二条第四款规定的实用性是指该发明或者实用新型能够制造或者使用，并且能够产生积极效果。

本申请的权利要求书、说明书（及其附图）所反映的整体技术主题是二合变动机，其由变压器和同步电动机合理组装而成，其特征是二合变动机的定子是由同步电动机定子组成，定子原、副绕组由变压器副绕组组成，转子由发电机或同步电动机转子组成；在外电源向二合变动机输入电能时，具有输入功率相同的同步电动机的输出功率及效率，同时又感应出与输入功率近似的电能，实现总输入功率与总输出功率比为1∶1.5~1.9。

众所周知，人类在长期征服自然的斗争中发明了各种机器，这些机器需要从自然力、燃料或者电力等持续的供给能量转化为机械能，这些能量的转换是服从热力学第一定律即能量守恒与转换定律的。能量守恒定律是自然科学中最重要、最普遍的定律。能量守恒定律告诉我们，机器所做的功必定是由某一种或数种能量转化来的，机器只能转换能量，不能创造能量。能量不能自行消灭和创生，宇宙中总的能量不变。然而从本申请说明书和权利要求书所给出的整体技术内容看，利用二合变动机可以使总的输出能量（变压器输出的能量和电动机输出的能量的总和）大于二合变动机的输入能量，这是明显违反能量守恒定律的，是不可能实现的。专利法第二十二条第四款规定的实用性是指该发明或者实用新型能够制造或者使用，并且能够产生积极效果。由于本申请的技术主题不可能实现，因此不可能产生专利法要求的积极效果，故本申请不符合专利法第二十二条第四款的规定，不具有实用性。

针对复审请求人提出的理由，本案合议组认为，一项技术发明必须符合一定的基本科学原理，具有普遍性和可检验性，经得起按照最基本的科学方法进行的测试和鉴定，违背自然规律的发明创造是不能实施的，不具有实用性，复审请求人提交的各种理由和证据都是用于说明本申请的二合变动机输入电能时实现总输入功率小于总输出功率，即输出能量大于输入能量这一事实，而机器放大能量是违反能量守恒定律而不能实现的，因此复审请求人的理由不成立。

综上所述，本案合议组认为，本申请不符合专利法第二十二条第四款的规定。

三、决定

维持国家知识产权局于2004年7月9日对00106369.3号发明专利申请作出的驳回决定。

复审请求人如对本决定不服，可根据专利法第四十一条第二款的规定在收到本决定之日起三个月内向北京市第一中级人民法院起诉。

169

金属卤化物灯案

复审请求审查决定（第8730号）

决　定　号　第8730号
决　定　日　2006年6月21日
发明创造名称　金属卤化物灯
国际分类号　H01J 61/82
复审请求人　皇家菲利浦电子有限公司
专利申请号　00800082.4
申　请　日　2000年1月10日
公　开　日　2002年8月14日
合议组组长　黄毅斐
主　审　员　樊晓东
参　审　员　龙　安

法律依据　专利法第二十二条第二款、第三款
决定要点

如果对比文件的每个实施例均没有单独公开一项权利要求的全部技术特征，应当认为该权利要求具备新颖性。

驳回决定中对从属权利要求不具备创造性的评述均是在其引用的独立权利要求不具备新颖性的前提下得出的，若独立权利要求不具备新颖性的认定事实有误，那么从属权利要求不具备创造性的评述就失去了事实基础。

一、案由

本复审请求涉及申请日为2000年1月10日，优先权日为1999年1月28日，进入国家阶段的日期为2000年9月27日，公开日为2002年8月14日，发明名称为“金属卤化物灯”的发明专利申请（下称本申请），其申请号是00800082.4，申请人为皇家菲利浦电子有限公司。

根据申请人提出的实质审查请求，国家知识产权局实质审查部门对本申请进行了实质审查，于2003年7月25日发出了第一次审查意见通知书，该通知书中主要指出本申请的权利要求第1~5项相对于对比文件1（WO98/25294 A1，公开日为1998年6月11日）不具备新颖性，不符合专利法第二十二条第二款的规定；权利要求1，3~5不符合专利法实施细则第二十条的规定；权利要求4~5不符合专利法实施细则第二十三条的规定。

针对第一次审查意见通知书，申请人于2004年1月21日提交了意见陈述书及权利要求书的全文替换页，删除了原权利要求1、3、5中的括号和权利要求4中“最好”字样，将原权利要求4、5修改为仅引用权利要求1或2。申请人指出对比文件1公开的灯不包括灯的电压在45V和130V之间的灯，也不包括最高电压为100V的灯，对比文件1也没有公开灯电压Vla≥110V，申请人还认为虽然

对比文件1公开了“EA/Di>5”，但没有公开本申请的“EA/Di≥2”，申请人根据上述理由认为审查员的认定有误，权利要求1～5具备新颖性和创造性。

国家知识产权局实质审查部门经审查后，于2004年7月2日发出了第二次审查意见通知书，指出权利要求1～2，5不具备新颖性，权利要求3、4不具备创造性。

针对第二次审查意见通知书，申请人于2004年9月10日提交了意见陈述书，未对申请文件作出修改，申请人认为对比文件1的说明书第7页第27～32行公开的放电灯的放电空间包括的填充物不包括Hg，由此认为权利要求1～5具备新颖性和创造性。

国家知识产权局于2004年12月24日以本申请权利要求1，2，5不符合专利法第二十二条第二款有关新颖性的规定、权利要求3、4不符合专利法第二十二条第三款有关创造性的规定为由，驳回了本申请。驳回决定中认为权利要求1不具备新颖性的主要理由是：对比文件1公开的金属卤化物灯具有陶瓷壁密封的放电管3，放电管内具有放电空间11，所述放电空间11包含可电离的填充物，填充物包括Na卤化物；放电管3两端具有相隔距离为EA=66mm的电极4、5，放电管3=2.6mm具有内径Di，关系式EA/Di=25.4，在所述金属卤化物灯正常工作时，所述金属卤化物灯的两端上的灯电压为119V，所述EA/Di的比值和加在灯的两端上的灯的电压的数值分别落入权利要求1所限定的范围，虽然该实施例没有具体公开所述填充物含有Hg，但是对比文件1（说明书第4页第25行至31行）披露放电灯的填充物通常含有Hg，以调整放电灯的电压从而获得所期望的电压，对比文件1隐含公开了其所记载的放电灯的填充物中含有Hg，因此对比文件1公开了权利要求1的全部技术特征，权利要求1不具备新颖性。

驳回决定所针对的权利要求书的内容如下：

“1. 一种用于运行在电子镇流器上的金属卤化物灯，其包括：一具有陶瓷壁以封闭一放电空间的放电管，该放电空间容纳一可电离的填充物，该填充物除了汞外还包括一定量的钠卤化物；两个带有被配置为相隔距离EA之顶头的电极以及该放电管具有一至少通过距离EA之范围上的内直径Di，其特征在于：

要满足关系式EA/Di≥2；在灯的正常工作期间，在灯的两端子上提供一满足关系式Vla≥110V的灯电压Vla。

2. 按权利要求1所述的灯，其特征在于：

该灯电压Vla最高400V。

3. 按权利要求1或2所述的灯，其特征在于：

在正常工作期间，灯具有一个满足关系式30≤Wla<70W/cm2的壁负荷Wla。

4. 按权利要求1或2所述的灯，其特征在于：

比率EA/Di≤5.5。

5. 按权利要求1或2所述的灯，其特征在于：

放电管也包括铈卤化物。”

申请人皇家菲利浦电子有限公司（下称复审请求人）不服该驳回决定，于2005年3月16日向国家知识产权局专利复审委员会提出复审请求，其复审理由为：在对比文件1的第7页第27～32行没有记载甚至也没有暗示Hg，对比文件第1页第25～31行中把Hg作为填充物的一部分仅仅是可选项；在对比文件1中由审查员指出电灯的填充物除了Xe，只有NaI和CeI3，没有Hg；在对比文件1中只有在第6页一个地方涉及Hg作为放电容器的灯的一部分；在第7、8页的所有实施例中公开的灯都没有Hg，因此权利要求1具备新颖性和创造性，基于此，权利要求2～5也具备新颖性和创造性。

形式审查合格后，专利复审委员会受理了该复审请求，并于2005年4月18日向复审请求人发出复审请求受理通知书，同时将本案送至原实质审查部门进行前置审查。

原审查部门在前置审查意见中仍坚持原驳回决定。

针对该复审请求，专利复审委员会组成合议组，对本案进行审理。经审查，合议组认为本案事实已经清楚，可以作出复审决定。

二、决定的理由

1. 审查的基础

复审请求人在提出复审请求时未提交修改文本，因此本决定的审查文本为驳回决定所针对的文本。

2. 关于新颖性

专利法第二十二条第二款规定，新颖性是指在申请日以前没有同样的发明或者实用新型在国内外出版物上公开发表过、在国内公开使用过或者以其他方式为公众所知，也没有同样的发明或者实用新型由他人向国务院专利行政部门提出过申请并且记载在申请日以后公布的专利申请文件中。

如果一项发明或者实用新型专利申请与现有技术的相关内容相比，其技术领域、所要解决的技术问题和技术方案实质上相同、预期效果相同，则认为两者为同样的发明或实用新型。

下面针对驳回决定所依据的对比文件 1，对本申请的权利要求 1 ~ 5 的新颖性和创造性进行评述。

本申请权利要求 1 请求保护一种运行在电子镇流器上的金属卤化物灯，包含如下技术特征：

a. 一具有陶瓷壁以封闭一放电空间的放电管，

b. 该放电空间容纳一可电离的填充物，

c. 该填充物除了汞外还包括一定量的钠卤化物；

d. 两个带有被配置为相隔距离 EA 之顶头的电极以及该放电管具有一至少通过距离 EA 之范围上的内直径 Di，

e. 要满足关系式 EA/Di≥2；

f. 在灯的正常工作期间，在灯的两端子上提供一满足关系式 Vla≥110V 的灯电压 Vla。

对比文件 1 涉及一种金属卤化物灯，其公开了金属卤化物灯的三种实施方案，在第一实施方案中（参见说明书第 5 页第 3 至第 6 页第 12 行），金属卤化物灯具有陶瓷侧壁的放电腔 3，侧壁环绕着包含可电离填充物的放电空间 11，放电腔的内径 Di 至少要大于间距 EA；在第二实施方案中（参见说明书第 6 页第 13 至第 7 页第 19 行），金属卤化物灯具有陶瓷壁密封的放电管 3，放电管 3 具有放电腔 11，该放电腔中的可电离填充物包含 0.7mg Hg（ $<1.6mg/cm^3$ ）和 8mgNa 和 Ce 摩尔比为 7:1 的碘盐，Hg 用来确保灯电压处于 80v 和 100v 之间，电极头间距 EA 为 32mm，内径 Di 为 4mm，因此比值 EA/Di = 8；在第三实施方案中（参见说明书第 7 页第 11 行至第 8 页第 20 行），该灯不含 Hg，电极间隔 EA 为 32mm、内径 Di 为 4mm，其改进几何形状的灯（电极头间距 EA 为 32mm，内径 Di 为 4mm）的第一实施例的填充物包含 8mg 摩尔比 7:1 的 NaJ 和 CeJ_3，灯电压为 119v，其第二实施例中 Na 盐和 Ce 盐的摩尔比为 3:1，灯电压为 130V，在另一试验中，制作了四盏功率为 150W，添加物为 Zn 的灯，所有灯都包含摩尔比为 7:1 的 NaJ 和 CeJ_3。

将权利要求 1 与对比文件 1 的第一实施方案相比较，可以看到该实施方案没有公开权利要求 1 的“灯两端电压 V1a 满足关系式 V1a≥110V”“填充物除汞之外还包括一定量的纳卤化物”以及“满足关系式 EA/Di≥2”等的技术特征，即没有公开权利要求 1 的特征 c、e 和 f；将权利要求 1 与对比文件 1 的第二实施方案的金属卤化物灯相比较，该实施例没有公开权利要求 1 的“在灯的正常工作期间，在灯的两端子上提供一满足关系式 Vla≥110V 的灯电压 Vla”的技术特征，即，没有公开权利要求 1 的技术特征 f；至于对比文件 1 的第三实施方案，尽管包括灯的几何形状相同和灯的几何形状改变的几个实施例，但是该实施方案在开始就明确记载了该灯没有汞，且在第三实施方案的几个实施例中并没有隐含公开所记载的放电灯包含 Hg，因此该实施方案没有公开权利要求 1 的技术特征 c。至于对比文件 1 的说明书第 4 页第 25 ~ 31 行公开的“电灯的填充物通常含有汞”，是说明把 Hg 作为填充物的一部分仅仅是可选项，在上述第三实施方案中已经明确表示其放电灯不含 Hg 的前提下，就不应该认为该实施方案隐含公开了其放电灯包含 Hg。鉴于以上事实，对比文件 1 的三种实施方案的每一种方案都没有公开权利要求 1 的全部技术特征，因此权利要求 1 相对于对比文件 1 具备新颖性。

在独立权利要求 1 具备新颖性的基础上，其从属权利要求 2、5 也具备新颖性。

驳回决定中对从属权利要求 3、4 不具备创造性的评述均是在其引用的权利要求 1 不具备新颖性的前提下得出的，而权利要求 1 不具备新颖性的认定是因为对比文件 1 中的上述第三实施方案中隐含公开该金属卤化物灯包含汞这一技术特征而得出的，如上文所述，由于所述认定不能成立，因此对权利要求 3、4 不具备创造性的评述就失去了事实基础。

因此，本案合议组作出如下审查决定。

三、决定

撤销国家知识产权局于 2004 年 12 月 24 日对 00800082.4 号发明专利申请作出的驳回决定，由原实质审查部门在驳回文本的基础上继续进行审批程序。

170

芯片拾取装置及其制造方法以及半导体制造装置案

复审请求审查决定（第8731号）

决　定　号　第8731号
决　定　日　2006年6月14日
发明创造名称　芯片拾取装置及其制造方法以及半导体制造装置
国 际 分 类 号　H01L 21/50　H05K 13/00
复 审 请 求 人　夏普株式会社
专 利 申 请 号　03103138.2
申　请　日　2003年1月30日
公　开　日　2003年8月20日
合 议 组 组 长　熊　婷
主　审　员　樊晓东
参　审　员　骆素芳

法 律 依 据　专利法第二十二条第三款
决 定 要 点

本申请的权利要求与对比文件具有明显区别，其区别技术特征不是本领域的技术人员容易想到的，而且该区别技术特征能够带来显著的技术效果，因此采用该对比文件不能否定本申请权利要求的创造性。

一、案由

本复审请求涉及申请日为2003年1月30日，公开日为2003年8月20日，发明名称为“芯片拾取装置及其制造方法以及半导体制造装置”的发明专利申请（下称本申请），其申请号是03103138.2，优先权日为2002年2月6日，申请人为夏普株式会社。

应申请人的实质审查请求，国家知识产权局实质审查部门于2004年7月16日发出第一次审查意见通知书，指出权利要求1、5~7、11不具备新颖性，权利要求2~11不具备创造性，权利要求3、11不符合专利法实施细则第二十条第1款的规定，权利要求5~8不符合专利法实施细则第二十三条的规定。该通知书引用了如下两篇对比文件：

对比文件1 JP10-92907A 公开日为1998年4月10日

对比文件2 JP11-274181A 公开日为1999年10月8日

针对第一次审查意见通知书，申请人于2004年11月29日提交了意见陈述书及权利要求书和说明书的全文替换页，其中将原权利要求3中的“在上下方向”修改为“沿针突出的方向”、调整了原权利要求5~8和11的引用关系、将原权利要求2全部技术特征补充到权利要求1中，形成新的独立权利要求1。申请人还在意见陈述书中论述了修改后的权利要求1~10相对于对比文件1和2具备新颖性和创造性的理由。

针对上述意见陈述及新修改的文本，国家知识产权局实质审查部门于2005年2月4日以权利要求1～10不符合专利法第二十二条第三款为由驳回了本申请。驳回的具体理由为：独立权利要求1、9与对比文件1的区别在于：载物台包括竖直设置的筒状体和配制在该筒状体内的针保持体，在针保持体的外周设有垫片，通过该垫片在筒状体的内周和针保持体的外周间形成间隙，在筒状体的内周和针保持体的上端面放置纸，在针保持体上形成使针突出的针孔，将筒状体的内周和针保持体的外周间的间隙用作空气的吸引通气孔。在对比文件1中的载物台包括竖直设置的筒状体和配制在该筒状体内的针孔，在筒状体的侧壁内形成有空气吸引通气孔，在筒状体的上端面放置纸，因此，权利要求1中的载物台只是结构上的简单改变，相对于对比文件1公开的技术方案不具有突出的实质性特点和显著的进步，对本领域技术人员来说想到在针保持体的外周形成垫片，通过垫片在筒状体的内周和针保持体的外周间形成间隙以形成吸引通气孔来代替对比文件1中的载物台是显而易见的，权利要求1所要求保护的技术方案不符合专利法第二十二条第三款有关创造性的规定；从属权利要求2、7、8的附加技术特征为公知常识，权利要求3的附加技术特在对比文件2中已经公开，对比文件4～6的附加技术特征在对比文件1中已经公开，因此，当其引用的权利要求不具备创造性时，权利要求2～8也不具备创造性；独立权利要求10要求保护一种半导体装置，具有权利要求1或2所述的芯片拾取装置，因此当其引用的权利要求相对于对比文件1不具备创造性时，该权利要求也不具备创造性。

驳回决定所针对的权利要求1～10的内容如下：

"1. 一种芯片拾取装置，用针通过纸将粘贴在纸上的芯片顶起，从而将芯片从纸上剥离，其特征在于，

在放置纸的载物台上，分离形成使针突出的针孔和用于将纸吸附到载物台上的空气吸引通气孔，

并且其中载物台包括竖立设置的筒状体和配置在该筒状体内的针保持体；以及

在针保持体的外周设有垫片，通过该垫片在筒状体的内周和针保持体的外周间形成间隙，在筒状体和针保持体的上端面放置纸，在针保持体上形成使针突出的针孔，将筒状体的内周和针保持体的外周间的间隙用作空气的吸引通气孔。

2. 根据权利要求1所述的芯片拾取装置，其特征在于，沿针突出的方向分离配置有多个垫片。

3. 根据权利要求1或2所述的芯片拾取装置，其特征在于，载物台上的吸引通气孔的形状被设定成使利用吸引通气孔通过纸吸引芯片的区域尺寸小于该芯片尺寸。

4. 根据权利要求1或2所述的芯片拾取装置，其特征在于，吸引通气孔相对于针孔具有对称形状。

5. 根据权利要求1或2所述的芯片拾取装置，其特征在于，多个吸引通气孔相对于针孔配置成对称形状。

6. 根据权利要求1或2所述的芯片拾取装置，其特征在于，载物台上的针孔尺寸小于芯片尺寸。

7. 根据权利要求1或2所述的芯片拾取装置，其特征在于，针的前端是平坦的。

8. 根据权利要求7所述的芯片拾取装置，其特征在于，针的平坦前端的尺寸小于芯片尺寸。

9. 一种芯片拾取装置的制造方法，其中在该芯片拾取装置中，用针通过纸将粘贴在纸上的芯片顶起，使芯片从纸上剥离，该制造方法的特征在于，

在针保持体的外周设有垫片，使针保持体嵌合到筒状体的内侧，将垫片夹在筒状体的内周和针保持体的外周之间，在这之间形成间隙，在针保持体上形成使针突出的针孔，将筒状体的内周和针保持体的外周间的间隙用作真空吸附纸的吸引通气孔。

10. 一种半导体制造装置，其特征在于，具有权利要求1或2所述的芯片拾取装置。"

申请人夏普株式会社（下称复审请求人）不服该驳回决定，于2005年5月18日向国家知识产权

局专利复审委员会提出复审请求，其主要理由为：对比文件1公开了在向中央突起的销的孔11的周边分别形成多个吸附孔9，并公开了具有球面形状的上表面12的载物台8。显然，对比文件1仅仅公开了权利要求1的“在放置纸的载物台上，使针突出的针孔和用于将纸吸附到载物台上的空气吸引通气孔分离形成”技术特征。对比文件1中形成突起销的孔11及多个吸附孔9的载物台8是一体形成的，而并不是本发明中的针孔和吸引通气孔分离形成的构造，因此利用对比文件1的技术方案很难将针孔和吸引通气孔在分离的同时又靠近的状态下设置；其次，利用本发明构造的载物台，使针突出的针孔和用于将纸吸附到载物台上的空气吸引通气孔分离形成，因此，在通过吸引通气孔将纸吸附到载物台上的状态下，可以用针顶起芯片并使其从纸上剥离，不必另外调节针的顶起行程和载物台的位置，因此，与对比文件1的芯片拾取装置相比，本发明权利要求1具备创造性，在权利要求1具备创造性的基础上从属权利要求2~8也具备创造性，同理，权利要求9、10也具备创造性。

形式审查合格后，专利复审委员会受理了该复审请求，并于2005年6月23日向请求人发出复审请求受理通知书，同时将本案送至原实质审查部门进行前置审查。

原审查部门在前置审查意见书中仍坚持原驳回决定。

针对该复审请求，专利复审委员会组成合议组，对本案进行审理。经过审查，合议组认为本案事实已经清楚，可以作出复审决定。

二、决定的理由

1. 本决定所依据的文本

在提交复审请求时，复审请求人未修改文本，因此本复审决定是以驳回决定所依据的文本作出的，具体为：申请日提交的附图第1~6页、说明书摘要、摘要附图；2004年11月29日提交的权利要求第1~10项、说明书第1~12页。

2. 关于本申请的创造性

根据中国专利法第二十二条第三款的规定，创造性，是指同申请日以前已有的技术相比，该发明有突出的实质性特点和显著的进步，该实用新型有实质性特点和进步。

合议组评判本申请的权利要求所采用的对比文件与实质审查过程中所引用的对比文件相同（即，对比文件1（JP10-92907A）和对比文件2 JP11-274181A）。

对比文件1公开了一种半导体芯片拾取装置，并具体披露了以下技术特征（参见对比文件说明书第3栏第13行-第14栏第18行及附图1、2）：载物台8，放置半导体芯片2的纸带3，通过针6将粘贴在纸带3上的芯片顶起，从而将芯片2从纸上剥离，形成有用于使针6突出的针孔11，在针孔11周围形成多个吸附孔9（相对于权利要求1的吸引通气孔）。

经比较，合议组认为，权利要求1与对比文件1相比，其区别在于对比文件1没有公开：“载物台包括竖直设置的筒状体和配制在该筒状体内的针保持体，在针保持体的外周设有垫片，通过该垫片在筒状体的内周和针保持体的外周间形成间隙，在筒状体的内周和针保持体的上端面放置纸，在针保持体上形成使针突出的针孔，将筒状体的内周和针保持体的外周间的间隙用作空气的吸引通气孔”的技术特征。

在对比文件1中，形成突起销的孔11及多个吸附孔9是一体形成的，与权利要求1中的针孔和吸气通孔分离形成的构造不同，即，在对比文件1的半导体芯片拾取装置中，只有竖直设置的筒状体，而没有配制在筒状体内的针保持体和在针保持体外周设置的垫片。由于权利要求1中针孔和吸气通孔分离形成，通过垫片在筒状体的内周和针保持体的外周形成间隙，筒状体的内周和针保持体的外周间的间隙用作空气的吸引通气孔，因此在针孔处空气不会被吸引，纸不会因空气吸引而被密接到针的前端，所以可以带来可以容易地从纸上剥离芯片的效果。而对于本领域的技术人员来说，筒状体的分离式结构与一体式结构是两种截然不同的结构，且该分离式结构并不是本领域的常规设计，也不是经过简单推理就可由一体式结构可得出的结构，在不付出创造性劳动的基础上，并不能由对比文件1的一体设置的筒状体得到本发明权利要求1的针孔和吸气通孔分离形成的构造，因此权利要求1相对于对比文件1具有突出的实质性特点和显著的进步，故具备专利法第二十二条第三款规定的创造性。

在权利要求1相对于对比文件1具备创造性的基础上，直接或间接引用该权利要求的从属权利要求2、4~8、10相对于对比文件1也具备创造性。

对比文件2公开了一种芯片拾取装置，其中载物台上的吸引通气孔的形状被决定成使利用吸引通气孔通过纸吸引芯片的区域尺寸小于该芯片尺寸（参见其说明书第1栏第22行至50行，图6）。对比文件2没有公开上述区别技术特征，也没有给出将上述区别技术特征与对比文件1结合的启示，鉴于权利要求3引用的权利要求1和2相对于对比文件1具备创造性，因此权利要求3相对于对比文件1和2的结合具备创造性。

权利要求9要求保护一种芯片拾取装置的制造方法。对比文件1公开了一种半导体芯片拾取装置，并具体披露了以下技术特征（参见对比文件说明书第3栏第13行至第14栏第18行及附图1、2）：通过针6将粘贴在纸带3上的芯片顶起，从而将芯片2从纸上剥离，形成有用于使针6突出的针孔11，在针孔11周围形成多个吸附孔9（相对于权利要求9的吸引通气孔）。将权利要求9与对比文件1相比，其区别在于对比文件1没有公开“在针保持体的外周设有垫片，使针保持体嵌合到筒状体的内侧，将垫片夹在筒状体的内周和针保持体的外周之间，在这之间形成间隙，在针保持体上形成使针突出的针孔，将筒状体的内周和针保持体的外周间的间隙用作真空吸附纸的吸引通气孔”的技术特征。

在对比文件1中，形成突起销的孔11及多个吸附孔9是一体形成的，与权利要求9中的针孔和吸气通孔分离形成的构造不同，即，在对比文件1的半导体芯片拾取装置中，只有竖直设置的筒状体，而没有配制在筒状体内的针保持体和在针保持体外周设置的垫片。由于权利要求1中针孔和吸气通孔分离形成，通过垫片在筒状体的内周和针保持体的外周形成间隙，筒状体的内周和针保持体的外周间的间隙用作空气的吸引通气孔，因此在针孔处空气不会被吸引，纸不会因空气吸引而被密接到针的前端，所以可以带来可以容易地从纸上剥离芯片的效果。而对于本领域的技术人员来说，筒状体的分离式结构与一体式结构是两种截然不同的结构，且该分离式结构并不是本领域的常规设计，也不是经过简单推理就可由一体式结构可得出的结构，在不付出创造性劳动的基础上，并不能由对比文件9的一体设置的筒状体得到本发明权利要求1的针孔和吸气通孔分离形成的构造，因此权利要求9相对于对比文件1具有突出的实质性特点和显著的进步，故具备专利法第二十二条第三款规定的创造性。

故此，本合议组作出如下决定。

三、决定

撤销国家知识产权局于2005年2月4日对03103138.2号发明专利申请作出的驳回决定，由原实质审查部门在驳回决定所针对的文本的基础上继续进行审批程序。

171

生成随机数的方法和装置案

复审请求审查决定（第8732号）

决　定　号　第8732号
决　定　日　2006年5月11日
发明创造名称　生成随机数的方法和装置
国际分类号　H03K 3/84
复审请求人　AEA技术上市公司
专利申请号　97197102.1
申　请　日　1997年8月6日
公　开　日　1999年9月1日
合议组组长　张　度
主　审　员　樊晓东
参　审　员　张美菊

法律依据　专利法第三十三条
决定要点
如果申请的内容通过增加、改变和/或删除其中的一部分，致使所属技术领域的技术人员看到的信息与原申请公开的信息不同，而且又不能从原申请公开的信息中直接、毫无异议地导出，那么，这种修改是不允许的，反之，则是允许的。

一、案由

本复审请求涉及申请日为1997年8月6日、进入国家阶段的日期为1999年2月5日、公开日为1999年9月1日、发明名称为“生成随机数的方法和装置”的发明专利申请（下称本申请），其申请号是97197102.1，申请人为AEA技术上市公司。

国家知识产权局实质审查部门于2002年8月9日发出第一次审查意见通知书，指出权利要求（文本1）1~9、11~17不符合专利法第二十二条第三款有关创造性的规定；权利要求10（文本1）不符合专利法第二十二条第二款有关新颖性的规定；权利要求（文本1）5~9，15~17不符合专利法实施细则第二十三条第二款的规定。该通知书引用如下的两篇对比文件：

对比文件1：JP6－154411A 公开日1994年6月3日

对比文件2：JP6－291620A 公开日1994年10月18日

针对第一次审查意见通知书，申请人于2003年2月24日提交了意见陈述书和修改后的权利要求书和说明书（文本2），在意见陈述书中论述了修改后的权利要求（文本2）1~9，11~17具备创造性的理由和权利要求（文本2）10具备新颖性和创造性的理由。

针对上述意见陈述书和修改后的权利要求书和说明书，国家知识产权局实质审查部门于2003年3月28日发出了第二次审查意见通知书，指出：修改后的权利要求（文本2）1、2和10的内容超出原说明书和权利要求书记载的范围，不符合专利法第三十三条的规定。修改后的说明书（文本2）的内容超出了原说明书和权利要求书记载的范围，不符合专利法第三十三条的规定。

2003年8月12日，申请人再次提交意见陈述书，认为原申请的说明书和权利要求书的内容已经披露了第二次审查意见通知书所指出的超范围部分的内容，因此权利要求（文本2）1、2和10内容未超出原始申请公开的范围。

国家知识产权局实质审查部门于2003年9月26日以本申请不符合专利法第三十三条的规定为由驳回了本申请。驳回的具体理由为：修改后的权利要求（文本2）1中的“将检测的事件于一个或多个选择的输出进行比较”“一个或多个的选择”“其中或者连续的或者同时的生成的多个所述的第一和/或第二信号形成一代表一个随机数的串”；权利要求（文本2）2中的“一个或多个的选择”；权利要求（文本2）10中的“用于将这些检测的事件与一个或多个选择的输出进行比较；由此确定该时间周期以使对应于该一个或多个选择的输出进行比较；由此确定该时间周期以使对应于该一个或多个选择的输出的输出的检测的事件的概率基本上等于对应于该一个或多个选择的输出之外的一输出的检测的事件的概率”“一个或多个的选择”以及修改后的说明书（文本2）第1页倒数第1行到第3页第8行“本发明提供一种生成随机数的方法……一个随机数的串。”一节中，有多处提到“一个或多个选择的输出”，这些内容在原始申请文件中没有记载，也不能由原始申请文件所记载的内容直接导出，因此超出了原始申请文件的记载范围，不符合专利法第三十三条的规定。

驳回决定所针对的权利要求（文本2）1，2和10的内容如下：

“1. 一种生成随机数的方法，包括：在一预定时间周期期间检测放射性衰变事件；

将检测的事件与一个或多个选择的输出进行比较；并

在这些检测的事件对应于该一个或多个选择的输出时生成一第一信号而且在这些检测的事件对应于除该一个或多个选择的输出之外的一输出时生成一第二信号，其中该时间周期被确定以使对应于该一个或多个选择的输出的检测的事件的概率基本上等于对应于除该一个或多个选择的输出之外的一输出的检测的事件的概率，而且其中或者连续地或者同时地生成的多个所述的第一和/或第二信号形一代表一个随机数的一串。

2. 根据权利要求1所述的方法，其中这些检测放射件衰变事件、将这些检测的事件与一个或多个选择的输出进行比较并生成第一或第二信号的步骤被循环地重复以产生一串第一和第二信号。”

“10. 用于生成随机数的装置，包括：

一衰变检测器，用于检测放射性衰变事件；

一定时器，用于控制通过该衰变检测器检测衰变事件的时间周期；

一比较器装置，用于将这些检测的事件与一个或多个选择的输出进行比较；由此确定该时间周期以使对应于该一个或多个选择的输出的检测的事件的概率基本上等于对应于除该一个或多个选择的输出之外的一输出的检测的事件的概率；和

一数发生器，用于在这些检测的事件对应于该一个或多个选择的输出时生成一第一信号且在这些检测的事件对应于除该一个或多个选择的输出之外的一输出时生成一第二信号，而且用于集聚或者连续地或者同时地生成的多个第一和/或第二信号成为一代表一个随机数的串。”

申请人AEA技术上市公司（下称请求人）不服该驳回决定，于2004年1月9日向国家知识产权局专利复审委员会提出复审请求并同时提交修改后的权利要求书，其中涉及的修改仅仅是将权利要求1中的“其中或者连续地或者同时地生成的多个所述的第一和/或第二信号形成一代表一个随机数的串”改为“其中或者连续地或者同时地生成的多个所述的第一和/或第二信号形成一串，生成一随机数”，请求复审的理由为：权利要求1中的“一个或多个选择的输出”和“或者连续的或者同时的生

成的多个所述的第一和/或第二信号形成一串，生成一个随机数”以及权利要求2、10和说明书中出现的“一个或多个选择的输出”的内容均得到原说明书的支持，因此修改后的权利要求书克服了驳回决定中所指出的缺陷，满足专利法第三十三条的要求。

形式审查合格后，专利复审委员会受理了该复审请求，并于2004年2月9日向请求人发出复审请求受理通知书，同时将本案送至原实质审查部门进行前置审查。

原审查部门在前置审查意见书中仍坚持原驳回决定。

针对该复审请求，专利复审委员会依法成立合议组，对本案进行审理。

经审查，合议组认为本案事实清楚，可以作出审查决定。

二、决定的理由

本复审决定所依据的文本为2004年1月9日提交的权利要求第1~17项、2003年2月24日提交的说明书第1~9页以及进入中国国家阶段时提交的国际申请文本的中文译文中的说明书附图第1页、说明书附图、摘要和摘要附图。

专利法第三十三条规定，申请人可以对其专利申请文件进行修改，但是，对发明和实用新型专利申请文件的修改不得超出原说明书和权利要求书记载的范围，对外观设计专利申请文件的修改不得超出原图片或者照片表示的范围。

具体来说，如果申请的内容通过增加、改变和/或删除其中的一部分，致使所属技术领域的技术人员看到的信息与原申请公开的信息不同，而且又不能从原申请公开的信息中直接地、毫无异义地导出，那么，这种修改就是不允许的。

就本申请而言，国家知识产权局于2003年9月26日以申请人对申请文件的修改不符合专利法第33条规定为由作出了驳回决定；在驳回决定中指出其修改超出原权利要求书和原说明书范围的技术特征有：权利要求1、2、10以及说明书第1页倒数第1行到第3页第8行中多处提到的“一个或多个选择的输出”（该黑体部分下面称为特征a）；权利要求1中的“或者连续地或者同时地（该黑体部分下面称为特征b）生成的所述的第一和/或（该黑体部分下面称为特征c）第二信号形成一代表一个随机数的串（该黑体部分下面称为特征d）”。

请求人在提交复审请求时再次提交修改后的权利要求书（文本3），其中将权利要求1中的“或者连续地或者同时地生成的所述的第一和/或第二信号形成一代表一个随机数的串”改为“或者连续地或者同时地生成的多个所述的第一和/或第二信号形成一串，生成一个随机数”（该黑体部分下面称为特征d'）。合议组认为请求人这样的修改并没有对特征d进行实质内容的修改，其仅仅是文字形式的修改。

关于特征（a），尽管在原说明书和权利要求书中没有“一个或多个选择的输出”这样的描述，但原说明书公开了如下内容：“例如该PRG生成0或1作为选择的输出的概率”（参见原说明书第3页最后1行）、“自然意味着脉冲输出还提供对于该RPG在该固定时间内生成非0或1（即2或更大）的一输出的1/2的概率”以及“从上将清楚看到可为任一选择的输出确定平均脉冲输出，其中正生成的这（些）选择的输出的概率为1/2”（参见原说明书第4页第4~7行）。由此可见，上述的“这（些）选择的输出”既包括一个，也包括多个的情况，例如，“一个或多个选择的输出”可以为0或1，“除该一个或多个选择的输出之外的一输出”为非0或1，反之亦然。因此，特征a没有超出原申请文本记载的范围。

关于特征（b）、（c），原说明书（参见原说明书第6页第12行至第7页第13行）公开了“该RPG输出被反复计数，导致该控制芯片生成一连续的‘0’和‘1’的随机流”以及“替代在一流中序列地生成二进制数的位，可采用一排RPG，各生成该二进制数的一各自的随机位... 这样可基本上同时生成该二进制数的这些位”，此外，对于本领域的普通技术人员来说，可以推导出0和1是随机产生的，所以生成的数字串有可能由0和1组成，也有可能只生成0或只生成1，由此可见，原说明书的记载可以得出连续地或同时地生成第一和/或第二信号的特征。

关于特征（d’），原说明书（参见原说明书第6页第12行~第7页第13行）公开了“导致该控制芯片生成一连续的‘0’和‘1’的随机流”以及“替代在一流中序列地生成二进制数的位，可采用一排RPG，各生成二进制数的一各自的随机位……这样可基本上同时生成该二进制数的这些位”，由此可见原说明书记载了第一和/或第二信号形成一串，生成一个随机数的特征。

由此可见，该权利要求书和说明书的修改并没有超出原始说明书和权利要求书所记载的范围。

基于上述理由，本合议组作出如下决定。

三、决定

撤销国家知识产权局于2003年9月26日对97197102.1号发明专利申请作出的驳回决定，由原实质审查部门在复审请求人1999年2月5日提交的说明书附图、说明书摘要和摘要附图，2003年2月24日提交的说明书第1~9页，以及2004年1月9日提交的权利要求第1~17项的基础上继续审查程序。

172

用于生成序列号的方法和装置案

复审请求审查决定（第8733号）

决 定 号 第8733号
决 定 日 2006年6月22日
发明创造名称 用于生成序列号的方法和装置
国际分类号 G06F 11/10　G06F 7/58
复审请求人 三星电子株式会社
专利申请号 03106377.2
申 请 日 2003年2月26日
公 开 日 2003年12月3日
合议组组长 张美菊
主 审 员 哈雅坤
参 审 员 李　熙

法律依据 专利法第二十六条第三款
决定要点

专利法第二十六条第三款规定，说明书应当对发明作出清楚、完整的说明，以所属技术领域的技术人员能够实现为准。如果所属领域的技术人员在说明书文字及附图记载的内容的基础上，结合本领域的公知常识，不需要创造性劳动就能够实现说明书记载的技术方案，则该说明书是清楚、完整的，符合专利法第二十六条第三款的规定。

一、案由

本复审请求涉及发明名称为“用于生成序列号的方法和装置”、申请号为03106377.2的发明专利申请，其申请日为2003年2月26日，优先权日为2002年5月25日，申请人为三星电子株式会社。

原审查部门对本申请进行了实质审查，于2004年9月10日针对原始申请文件发出了第一次审查意见通知书，其中指出：本申请的说明书未对发明作出清楚、完整的说明，不符合专利法第二十六条第三款的规定。

2005年1月25日，申请人针对第一次审查意见通知书提交了意见陈述书，陈述了说明书公开充分的理由。申请人认为：1）说明书（图1－3）及其相关描述中已经清楚地公开了与产生序列号相关的数据之间的关系；2）虽然参数长度是可变的，但是可以对其长度进行规定以达到本发明的目的；3）加密和散列函数是公知算法，解密确认过程也是本领域公知的，属于现有技术；4）对于本领域普通技术人员来说，很容易实现该生成序列号的装置，例如，只要简单地将输入到MAC数据生成器的ID码数据以及规则数据直接输出到加密器即可，并不需要任何创造性的劳动。

2005年7月22日，原审查部门以本申请不符合专利法第二十六条第三款为由驳回了本申请。驳回决定所针对的申请文件为申请日提交的原始申请文件。其中针对申请人在其意见陈述书中的理由，特别指出：首先，作为序列号算法的最为关键步骤的加密过程并未清楚完整的公开；其次，申请人在意见陈述书中提出可以对“ID码数据、规则数据以及MAC数据”这三种数据的长度进行规定，以适应相应密钥和加密算法的要求，但是这需要该领域的技术人员付出创造性的劳动，借由他们的经验和知识，根据密钥和加密算法的类型以及其他相应的要求来规定数据合适的长度；再者，解密过程并不公知，针对特定的需要解密的数据，必然会采取某些契合这些数据特点的方法或手段等。

申请人（下称复审请求人）对上述驳回决定不服，于2005年10月24日向专利复审委员会提出复审请求，陈述了本申请符合专利法第二十六条第三款的理由。复审请求人在意见陈述书中指出：本申请的发明点在于将规则数据包含于序列号中，而不在于具体的加密或解密算法，由于将规则数据包含于序列号中，显然就可以达到说明书所列举的技术效果，而使得序列号不容易被破解。

经形式审查合格后，专利复审委员会受理了该请求，并于2005年11月18日向复审请求人发出了复审请求受理通知书，并将本案送至原审查部门进行前置审查。原审查部门在前置审查意见书中坚持了原驳回决定。

专利复审委员会本案合议组认真研究了国家知识产权局作出的驳回决定和复审请求人所提交的复审请求书，认为本案事实已经清楚，可以作出以下决定。

二、决定的理由

本复审决定所依据的文本为驳回决定所针对的文本，即复审请求人于申请日提交的原始申请文件。

专利法第二十六条第三款规定，说明书应当对发明作出清楚、完整的说明，以所属技术领域的技术人员能够实现为准。如果所属领域的技术人员在说明书文字及附图记载的内容的基础上，结合本领域的公知常识，不需要创造性劳动就能够实现说明书记载的技术方案，则该说明书是清楚、完整的，符合专利法第二十六条第三款的规定。

根据说明书的记载，本申请的发明目的在于“提供一种用于生成序列号的方法和装置，其中现有的序列号、用户定义的规则数据和各种加密算法被结合在一起（参见说明书第1页第16～17行）”，由此可知，本发明所要解决的技术问题就在于将用户定义的规则数据包含于序列号中，以防序列号被仿造或非法复制。具体而言，根据说明书的记载，本发明所述的生成序列号的方法的流程归纳如下：第一，生成识别码数据（即，ID码数据）（参见说明书第2页第26～27行）；第二，由用户或软件商设置（或称“定义”）规则码数据（参见说明书第2页第28行至第3页第3行）；第三，将识别码数据和规则数据代入预定的散列函数生成MAC数据（参见说明书第3页第4～7行）；第四，使用预定的加密密钥和加密算法来编码识别码数据、规则数据和MAC数据以生成本发明的序列号，其中预定的加密密钥和加密算法都是本领域所公知的（参见说明书第3页第12～13行）。同时，本申请所述的生成序列号的装置所完成的功能与本申请所述的生成序列号的方法所完成的功能相对应（参见说明书第3页第20～27行），在此不作赘述。

针对原审查部门在驳回决定中的驳回理由以及复审请求人所提出的复审理由，合议组认为：第一，本申请的说明书中所提及的加密算法和预定的加密密钥并不需要针对本申请的技术问题而采用特定方法和手段，其是本领域所公知的各种方法中的一种，虽然识别码数据、规则数据和由前面两者所产生出的MAC数据可能在数据长度上是不同的或可变的，但这在具体实施时根据所使用的加密算法的参数要求来选择性地规定其参数的数据长度即可，本领域的普通技术人员完全能够依照说明书所公开的内容或指示并依具体情况实施；第二，与之相应地，本申请所使用的解密算法也并不是特定的，也是本领域所公知的，在选定所用的加密算法且该加密算法为本领域所公知的前提下，本领域的普通技术人员很容易利用与上述加密算法相对应的解密算法来鉴证序列号；第三，本领域的普通技术人员无需付出创造性劳动就能够对识别码数据、规则数据和 MAC 数据这三种数据的长度进行规定，以使其适应所使用的密钥和加密算法的参数要求，同时 MAC 数据生成器实际上只是一个虚拟装置而非物理装置，本领域的普通技术人员只需将 MAC 数据生成器中产生的 MAC 数据连同所用到的识别码数据及规则数据一起提供到加密器进行加密即可，同样也无需花费创造性劳动就可以实现。综上所述，本申请所用的加密/解密算法以及密钥可根据需要进行选择，现有技术中已知的加密/解密算法都可以根据需要选择应用到本申请中，而具体使用哪一种加密/解密算法也并不影响本申请发明目的的实现。

综上所述，本申请的说明书已经清楚、完整地描述了本申请所使用的加密算法以及如何通过加密过程来生成本申请的序列号，也能够根据说明书的描述获知如何实现鉴定序列号的解密过程。换句话说，根据说明书的记载，本领域的普通技术人员能够在不付出任何创造性劳动的情况下再现本申请所述加密器“使用预定的加密密钥将识别码数据、规则数据和 MAC 数据加密来生成序列号”的功能。因此，本申请符合专利法第二十六条第三款有关说明书应充分公开的规定。

故复审请求人所提出的复审理由成立。

三、决定

撤销国家知识产权局于 2005 年 7 月 22 日针对 03106377.2 号发明专利申请所作出的驳回决定。由原审查部门在申请日提交的原始申请文件的基础上继续进行审批程序。

173

异步电机变频调速中含有基变量的参数的观测方法案

复审请求审查决定（第8734号）

决　定　号　第8734号
决　定　日　2006年2月15日
发明创造名称　异步电机变频调速中含有基变量的参数的观测方法
国 际 分 类 号　H02P 7/36、7/628
复 审 请 求 人　卢　骥
专 利 申 请 号　01106851.5
申　请　日　2001年1月23日
公　开　日　2002年9月4日
合 议 组 组 长　王桂莲
主　审　员　杜　宇
参　审　员　黄毅斐

法 律 依 据　专利法第二十五条第一款
决 定 要 点

本申请相对于现有技术作出贡献的部分为经过数学演绎、推理及分析得来的公式，源于人的思维的上述公式没有采用技术手段，不能解决技术问题和也无法产生技术效果，本申请属于人类智力活动的规则和方法。

一、案由

本复审请求案涉及申请日为2001年1月23日，发明名称为“异步电机变频调速中含有基变量的参数的观测方法”的申请号为01106851.5的发明专利申请（下称本申请），申请人为卢骥。

国家知识产权局实审部门针对本申请于申请日提交的说明书第1～3页、权利要求第1～9项和附图第1～3页，于2003年12月5日发出第一次审查意见通知书，主要指出权利要求1的内容对于现有技术的贡献仅仅在于经过推理、分析和判断产生的抽象的结果，而不是一种利用自然力的技术方案，属于专利法第二十五条第一款所述的智力活动的规则和方法的范围，不能被授予专利权，权利要求2～9也不符合专利法第第二十五条第一款的规定。

上述权利要求书具体内容如下：

“1. 一种异步电机变频调速中含有基变量的参数的观测方法，包括含有座标变换单元或定子磁链计算单元在内的以及含有脉宽调制单元或电压空间矢量调制单元在内的变频调速器，其特征是：基变量（Z）观测式为Z＝WG/（IK×L1×W1），WG为电机的相无功功率，IK为电机的相定子电流（I1）的平方值，L1为电机的定子绕组的相电感，W1为定子角频率，基变量进一步供观测其他参数之用。

2. 根据权利要求 1 所述的观测方法，其特征是：定子磁链（ψ1Z）观测式为

$\psi 1Z = L1 \times I1 \times \sqrt{(1+B0) \times Z - BO}$，B0 为漏磁系数。

3. 根据权利要求 1 所述的观测方法，其特征是：转子磁链（ψ2Z）观测式为

$\psi 2Z = M \times I1 \times \sqrt{(Z-B0)/(1-B0)}$，M 为定子绕组和转子绕组之间相间的互感，B0 为漏磁系数。

4. 根据权利要求 1 所述的观测方法，其特征是：负载角正切值（TδZ）观测式为

$T\delta Z = \sqrt{(1-Z)/(Z-B0)}$，B0 为漏磁系数。

5. 根据权利要求 1 所述的观测方法，其特征是：电磁转矩（MEZ）观测式为

$MEZ = 1.5 \times P \times IK \times L1 \times \sqrt{(Z-B0)(1-Z)}$，

P 为磁极对数，B0 为漏磁系数。

6. 根据权利要求 1 所述的观测方法，其特征是：在电压及电流静座标系中，

$IK = I1\alpha \times I1\alpha + I1\beta \times I1\beta$，

WG 的等效式为 $WG = V1\beta \times I1\alpha - V1\alpha \times I1\beta$，

V1α 及 V1β 分别为相定子电压在 α 轴及 β 轴上的分量，

I1α 及 I1β 分别为相定子电流在 α 轴及 β 轴上的分量。

7. 根据权利要求 1 所述的观测方法，其特征是：在定子电压定向同步座标系中，

$IK = I1D \times I1D + I1Q \times I1Q$，

WG 的等效式为 $WG = V1 \times I1D$，V1 为相定子电压且与 Q 轴同轴，

I1D 及 I1Q 分别为相定子电流在 D 轴及 Q 轴上的分量。

8. 根据权利要求 1 所述的观测方法，其特征是：在定子磁链定向同步座标系中，

$IK = I1D \times I1D + I1Q \times I1Q$，

WG/W1 的等效式为 $WG/W1 = \Psi 1 \times I1D$，

I1D 及 I1Q 分别为相定子电流在 D 轴及 Q 轴上的分量，

ψ1 为设置的相定子磁链并与 D 轴同轴。

9. 根据权利要求 1 所述的观测方法，其特征是：在磁链及电流静座标系中，

$IK = I1\alpha \times I1\alpha + I1\beta \times I1\beta$，

WG/W1 的等效式为 $WG/W1 = \psi 1\beta \times I1\beta + \Psi 1\alpha \times I1\alpha$，

ψ1α 及 ψ1β 分别为相定子磁链在 α 轴及 β 轴上的分量，

I1α 及 I1β 分别为相定子电流在 α 轴及 β 轴上的分量。”

申请人于 2004 年 2 月 10 日针对第一次审查意见通知书仅提交了意见陈述书。申请人在意见陈述书中的主要意见是：本申请利用自然力实现各参数观测具体值的技术方案不但都具有可观、可测及可控的现实存在，而且是利用自然力首次解决了各参数观测具体值自身不受电机运行温度变化影响的老大难问题，因而具有突出的实质性特点和显著的进步。

经审查后，审查员没有接受申请人的观点，于 2004 年 3 月 26 日以本申请属于专利法第二十五条规定的不授予专利权的范围为由作出了驳回本申请的决定。

申请人（下称复审请求人）对上述驳回决定不服，于 2004 年 6 月 22 日向国家知识产权局专利复审委员会提出了复审请求，其复审理由主要是：描述异步电机的电磁基本关系是公认的派克方程，不同的新的控制方法和新的电机参数观测方法可归结为如何用新的方法去求解上述方程，为此在遵守和

利用自然法则的前提下，通过数学演绎、推理及分析的方法将派克方程或现有的方程形式或现有的矢量图进一步演化成各种不同的方程形式或得出不同的矢量图以利于用新的方法去求解，本申请所作的数学演绎、推理及分析，其整个过程始终是在遵守和利用自然法则的前提下进行的，因而所得结果和提出的技术方案是遵守和利用自然法则的。

经形式审查合格，专利复审委员会予以受理，于2004年8月2日发出复审请求受理通知书和前置审查通知书。

国家知识产权局原实质审查部门对该复审请求进行了前置审查，仍然坚持原驳回决定。

专利复审委员会依法成立合议组对此案进行审理，并于2005年9月21日向复审请求人发出了复审通知书，提出如下的复审意见：

权利要求1～9要求保护一种异步电机变频调速中含有基变量的参数的观测方法。但权利要求1～9所要求保护的内容对现有技术作出贡献的部分是根据电机基本电磁公式经过数学演绎、推理及分析得来的公式，其中所述与电阻参数无关的基变量也是由申请人根据电机学异步电机矢量图通过数学演绎、推理得出的一种公式，因此权利要求1～9所记载的内容属于专利法第二十五条第一款第二项中规定的智力活动的规则和方法中的演绎、推理和运筹的方法，是不能被授予专利权的客体。

复审请求人于2005年10月18日提交了意见陈述书以及权利要求书替换页，并指出：本申请遵照自然法则，所产生的结果都是具体的而不是抽象的，且采取技术手段（单片计算机）并解决了技术问题，产生了技术效果，因而构成技术方案。

修改后的权利要求书如下：

“1. 一种异步电机变频调速中含有基变量的参数的观测方法，包括含有座标变换单元或定子磁链计算单元在内的以及含有脉宽调制单元或电压空间矢量调制单元在内的变频调速器，其特征是：定子磁链ψ1Z的观测式为 $\psi 1Z = L1 \times I1 \times \sqrt{(1+B0)\times Z - B0}$；在观测式中，基变量Z = WG/（IK×L1×W1），WG为电机的相无功功率，IK为电机的相电流I1的平方值，L1为电机的定子绕组的相电感，W1为定子角频率，B0为漏磁系数。

2. 一种异步电机变频调速中含有基变量的参数的观测方法，包括含有座标变换单元或定子磁链计算单元在内的以及含有脉宽调制单元或电压空间矢量调制单元在内的变频调速器，

其特征是：转子磁链ψ2Z的观测式为 $\psi 2Z = M \times I1 \times \sqrt{(Z - B0)/1 - B0)}$；在观测式中，基变量Z = WG/（IK×L1×W1），WG为电机的相无功功率，IK为电机的相电流I1的平方值，L1为电机的定子绕组的相电感，M为定子绕组和转子绕组之间相间的互感，W1为定子角频率，B0为漏磁系数。

3. 一种异步电机变频调速中含有基变量的参数的观测方法，包括含有座标变换单元或定子磁链计算单元在内的以及含有脉宽调制单元或电压空间矢量调制单元在内的变频调速器，

其特征是：电磁转矩MEZ的观测式为 $MEZ = 1.5 \times P \times IK \times L1 \times \sqrt{(Z - B0)\times(1 - Z)}$；在观测式中，基变量Z = WG/（IK×L1×W1），WG为电机的相无功功率，IK为电机的相电流I1的平方值，L1为电机的定子绕组的相电感，P为磁极对数，W1为定子角频率，B0为漏磁系数。

4. 一种异步电机变频调速中含有基变量的参数的观测方法，包括含有座标变换单元或定子磁链计算单元在内的以及含有脉宽调制单元或电压空间矢量调制单元在内的变频调速器，其特征是：

负载角正切值TδZ的观测式为 $T\delta Z = \sqrt{(1 - Z)/(Z - B0)}$；

在观测式中，基变量Z = WG/（IK×L1×W1），WG为电机的相无功功率，IK为电机的相电流I1的平方值，L1为电机的定子绕组的相电感，W1为定子角频率，B0为漏磁系数。

5. 一种异步电机变频调速中含有基变量的参数的观测方法，包括含有座标变换单元或定子磁链计算单元在内的以及含有脉宽调制单元或电压空间矢量调制单元在内的变频调速器，其特征是：

基变量Z 的观测式为 Z = WG/（IK × L1 × W1）；在观测式中，WG 为电机的相无功功率，IK 为电机的相电流 I1 的平方值，L1 为电机的定子绕组的相电感，W1 为定子角频率。”

至此，合议组认为本案事实已经清楚，可以据此作出本复审决定。

二、决定的理由

1. 本决定所依据的文本

由于复审请求人答复复审通知书时提交的修改文本符合专利法第三十三条和专利法实施细则第六十条的规定，因此本复审决定所依据的文本为复审请求人于2005 年10 月18 日提交的权利要求第1 ~ 5 项；于申请日提交的说明书第1 ~ 3 页、附图第1 ~ 3 页、说明书摘要及摘要附图。

2. 关于专利法第二十五条第一款第二项

权利要求1 ~ 5 要求保护一种异步电机变频调速中含有基变量的参数的观测方法。但权利要求1 ~ 5所要求保护的内容对于现有技术的贡献仅是根据电机基本电磁公式经过数学演绎、推理及分析得来的公式，其中所述与电阻参数无关的基变量也是由复审请求人根据电机学异步电机矢量图通过数学演绎、推理得出的一种公式，这些源于人的思维通过数学演绎、推理及分析得来的公式只是抽象的结果，并且权利要求所要求保护的技术方案中没有记载任何应用上述公式以产生具体结果的技术手段，而仅仅凭借这些抽象的公式无法解决技术问题和产生技术效果。

另外，虽然复审请求人在意见陈述书中指出本申请使用了单片计算机作为技术手段，但权利要求中并没有记载关于如何使用单片计算机将上述公式应用于调速控制过程中以产生技术效果的内容，因此并不能认为权利要求所要求保护的技术方案记载了可以使上述公式产生具体结果的技术手段。

综上所述，权利要求1 ~ 5 所记载的内容对于现有技术作出贡献的上述公式属于专利法第二十五条第一款第二项中规定的智力活动的规则和方法中的演绎、推理和运筹的方法，是不能被授予专利权的客体。

三、决定

维持国家知识产权局于2004 年3 月26 日对01106851.5 号发明专利申请作出的驳回决定。

复审请求人如对本复审决定不服，可根据专利法第四十一条第二款的规定，在收到本决定之日起三个月内向北京市第一中级人民法院起诉。

174

在客户－服务器系统中处理扩展事务的方法和服务器案

复审请求审查决定（第8736号）

决　定　号　第8736号
决　定　日　2006年6月27日
发明创造名称　在客户－服务器系统中处理扩展事务的方法和服务器
国际分类号　G06F 17/60　G06F 9/46　G06F 17/30
复审请求人　国际商业机器公司
申　请　号　97182460.6
申　请　日　1997年11月28日
公　开　日　2000年12月6日
合议组组长　蒋　彤
主　审　员　高海燕
参　审　员　崔哲勇

法律依据　专利法第二十五条、专利法实施细则第二条第一款
决定要点

智力活动仅是指导人们对信息进行思维、识别、判断和记忆的规则和方法，由于其没有采用技术手段或者利用自然法则，也未解决技术问题和产生技术效果，因而不是技术方案，不能被授予专利权。

一、案由

本复审请求涉及的是申请日为1997年11月28日、申请号为97182460.6. 名称为“在客户机－服务器系统中处理扩展事务的方法和服务器”的发明专利申请，申请人是国际商业机器公司。

在实质审查程序中，国家知识产权局原实质审查部门于2002年7月5日发出了第一次审查意见通知书，指出：权利要求1～4、5～13分别要求保护一种在客户－服务器数据处理系统中处理一个终端用户数种类型的扩展事务的方法和服务器，其中扩展事务是出售房屋、购买戏票等事务，其内容是一种经营管理的方法，而不是一种利用自然规律和自然力的技术方案，属于专利法第二十五条第一款之（二）项所述的智力活动的规则和方法的范围，因此不能被授予专利权；权利要求14请求保护一种计算机程序产品，主题类型不清楚，不符合专利法实施细则第二十条第一款的规定。

申请人于2002年11月20日针对第一次审查意见通知书提交了意见陈述书，以及权利要求书全文替换页第1～4页和说明书全文替换页第1～10页，其中主要进行了如下修改：将说明书和权利要求书中出现的术语“仓库”改为“数据库”，以及删除了权利要求14。申请人在意见陈述书中认为：说明书中虽然以出售房屋和购买保险为例来解释所谓扩展事务的含义，但实际上所谓扩展业务是指在

一个扩展的时间内采取多项动作的操作，本发明的技术方案解决商业交易中存在的技术问题，其目的在于使被中断的操作得到恢复，而且还可以有其他用户恢复被中断的操作，其利用了技术手段，并获得了技术效果，因此不是用于商业交易的智力活动规则。

国家知识产权局原实质审查部门于2003年9月12日作出驳回决定，指出：本申请的目的是不允许在一些长期动作的商务事务中可能发生的完全切断客户连接和损失有关状态信息，且说明书中已经明确指出“商务事务是一个商务交易”，因此，本发明解决的仍然是商业交易问题，而不是专利意义上的发明，属于专利法第二十五条第一款之（二）不授予专利权的情形。

申请人（下称复审请求人）对上述驳回决定不服，于2003年12月29日向专利复审委员会提出了复审请求，同时提交权利要求书全文替换页第1~4页和说明书全文替换页第1~10页，其中主要进行了如下修改：将说明书和权利要求书中出现的术语“客户”改为“客户机”，修改了权利要求1和5中关于扩展事务的描述文字。请求人认为：本发明解决的技术问题是在客户机-服务器环境中，如何从一个不同的客户机重新启动一个（以前被另一个客户机启动，然后已经被中断一段时间的）扩展事务，其技术方案采用的技术手段包括在服务器上存储状态信息和提供与用户标识符对应的状态信息，并实现了其技术效果，因此驳回决定认为权利要求的主题属于智力活动的方法和规则缺乏依据。修改后的独立权利要求1和5如下：

“1. 一种在一个客户机-服务器数据处理系统中处理一个终端用户的数种类型的扩展事务的方法，所述客户机-服务器数据处理系统包括一个服务器和多个客户机，扩展事务是由针对一个终端用户为了一个共同目标的各事务交互操作所构成的事务，其中一个终端用户趋向一个公共目标，其处理可以挂起一个不固定期限并在以后恢复，每个客户机能够建立与所述服务器的通信，用于处理所述终端用户事务交互操作；

该方法包括服务器中的以下步骤：

初始地从所述客户机之一接收（102）一个终端用户识别符；

将所述数种类型的扩展事务的菜单呈现（104）给所述客户机以供选择；

从所述客户机接收（104）一个扩展事务的选择；

开始处理（111）所述所选扩展事务；

存储（112）用于标示所述所选事务进展的状态信息；

将所述终端用户识别符（105）与所述所选事务的所述状态信息关联起来；

在停止（116）与所述一个客户机的通信之后停止处理所述所选事务；

在停止处理所述事务后，第二次从另一个所述客户机接收（102）所述终端用户识别符；

响应于第二次接收所述识别符，为所述扩展事务之一的所述客户机的第二次选择（107，108）向所述另一个客户机呈现（106）该终端用户的所有现有扩展事务；及

响应于所述第二次选择，从由所选事务的所述所存状态信息所确定的位置处恢复处理（110，111）所述事务。

5. 一种用于在客户机-服务器数据处理系统中处理一个终端用户的数种类型的扩展事务的服务器（10），所述客户机-服务器数据处理系统包括多个客户机（5），扩展事务是由针对一个终端用户为了一个共同目标的各事务交互操作所构成的事务，其处理可以挂起一个不固定期限并在以后恢复，每个客户机能够建立与所述服务器的通信，用于处理所述终端用户事务交互操作；

该服务器包括：

事务处理装置（29，30）；及

用于将客户机（5）连至事务处理装置以便实现它们之间的通信的装置（20，26，27，28）；

该事务处理装置响应于来自一个终端用户识别符的所述客户机之一的第一次通信而向所述客户机呈现所述数种类型的扩展事务的菜单以供选择，并且响应于一个扩展事务的所述客户机的选择，开始处理所选扩展事务和生成用于标示所选扩展事务进展的状态信息；

该服务器还包括一个用于存放与所述终端用户识别符相关联的所述事务状态信息的数据库（41）；

该事务处理装置响应于在停止与所述一个客户机的通信后停止处理所选事务，并且响应于第二次从另一个所述客户机接收所述终端用户识别符，为所述扩展事务之一的所述另一个客户机的第二次选择向所述另一个客户机呈现该终端用户的所有现有扩展事务；以及

响应于所述第二次选择，从由所述数据库中的所选事务的所述所存状态信息所确定的位置处恢复处理所述事务。”

经形式审查合格，专利复审委员会受理了该复审请求，并于2004年2月24日发出了复审请求受理通知书，同时发出了前置审查通知书。

原实质审查部门于2004年4月28日作出前置审查意见书，在前置审查意见书中原审查部门坚持原驳回决定意见。

在此基础上专利复审委员会依法成立合议组，对本案进行审查。合议组于2005年10月8日针对请求人于2003年12月29日提复审请求时提交的权利要求第1～13项、说明书第1～10页以及原始提交的附图第1～4页发出复审通知书，指出：权利要求1的技术方案与现有技术相比仅体现为将现有技术中传输、处理的数据用于与扩展事务相关的内容，以及由于为实现恢复处理扩展事务的目的将状态信息与用户识别符关联的步骤。上述区别并未体现出其解决了技术问题，也无法体现出与此相关的技术效果，其仅仅是用于恢复处理商务事务，是通过已有技术实现商业目的，因此，该技术方案的实质是商业实施的方法，属于专利法第二十五条第一款第二项规定的智力活动的规则和方法；从属权利要求2、3和4也属于专利法第二十五条第一款第（二）项规定的智力活动的规则和方法；权利要求5请求保护一种用于在客户机－服务器数据处理系统中处理一个终端用户的数种类型的扩展事务的服务器，该服务器本身是现有技术，仅是其执行的动作体现为进行商务事务的数据处理，以实现恢复处理商务事务的目的，上述目的的实现并非是基于对现有技术的装置进行技术改进而得以实现，而仅仅是出于恢复处理商务事务的需要，是通过已有技术实现商业目的，因此其没有解决技术问题，也没有产生技术效果，属于专利法第二十五条第一款第（二）项规定的智力活动的规则和方法，同时，其也不是对产品或者其改进所提出的新的技术方案，不符合专利法实施细则第二条第一款的规定；从属权利要求6～13也属于专利法第二十五条第一款第二项规定的智力活动的规则和方法，同时也不符合专利法实施细则第二条第一款的规定。

针对复审通知书，请求人于2005年11月22日提交了意见陈述书，但是未对权利要求书进行修改。请求人仍然坚持其提复审请求时的意见，并进一步强调：本发明的扩展事务“是由针对一个终端用户为了一个共同目标的各事务交互操作所构成的事务”，其不仅限于商业事务，本发明要解决的技术问题是，在客户机－服务器环境中，如何从一个不同的客户机重新启动一个（以前被另一个客户机启动，然后已经被中断一段时间的）扩展事务，其技术方案采用的技术手段包括在服务器上存储状态信息和提供与用户标识符对应的状态信息，其技术效果是用户能在不同的客户机上恢复对扩展事务的处理，因此，复审通知书关于权利要求1～13的技术方案属于专利法第二十五条第一款第二项规定的智力活动的规则和方法的意见缺乏证据，理由不充分，关于权利要求5～13的技术方案不符合专利法实施细则第二条第一款的规定的意见缺乏证据，理由不充分。

本案合议组经合议后，认为本案事实清楚，现依法作出审查决定。

二、决定的理由

1. 关于审查文本

请求人于2003年12月29日提复审请求时提交的权利要求第1～13项、说明书第1～10页符合专利法第三十三条和专利法实施细则第六十条的规定，因此，本复审决定以请求人于2003年12月29日提复审请求时提交的权利要求第1～13项、说明书第1～10页以及原始提交的附图第1～4页、说明书摘要和摘要附图为审查文本。

2. 关于专利法第二十五条第一款第（二）项规定的智力活动的规则和方法

智力活动仅是指导人们对信息进行思维、识别、判断和记忆的规则和方法，由于其没有采用技术手段或者利用自然法则，也未解决技术问题和产生技术效果，因而不是技术方案，不能被授予专利权。

权利要求1请求保护一种在一个客户机－服务器数据处理系统中处理一个终端用户的数种类型的扩展事务的方法，其中，客户机和服务器为计算机终端，每个客户机与服务器通过因特网通信，扩展事务为涉及在一个扩展时间内采取多项动作的商务事务，该处理扩展事务的方法通过服务器中的如下步骤实现：从所述客户机之一接收用户识别符、向客户机呈现扩展事务菜单、接收客户机对扩展事务的选择、处理所选扩展事务、存储所选事务进展的状态信息、将所述状态信息与用户识别符关联、在停止与客户机通信后停止处理事务、第二次从另一个客户机接收所述用户识别符、响应于第二次接收该用户识别符向该另一个客户机呈现所有现有扩展事务、响应第二次选择从所存状态信息所确定的位置处恢复处理所述事务。上述步骤中，服务器从不同的客户机接收信息、向客户机呈现交互界面、接收客户机信息等步骤本身均为本领域公知的服务器和客户机通过因特网的通信过程，服务器处理数据、存储数据、在停止与客户机通信后停止处理数据等步骤本身也为公知的服务器处理数据和存储数据的过程，本申请的方案与现有技术相比仅体现为将现有技术中的传输、处理数据用于与扩展事务相关的内容，以及由于为实现恢复处理扩展事务的目的将状态信息与用户识别符关联的步骤。然而，上述区别并未体现出其解决了技术问题，也无法体现出与此相关的技术效果，其仅仅是用于恢复处理商务事务，是通过已有技术实现商业目的，因此，该技术方案的实质仍然是商业实施的方法，属于专利法第二十五条第一款第二项规定的智力活动的规则和方法。

权利要求2的附加技术特征进一步限定了生成与状态信息关联的标记并利用该标记恢复处理事务的步骤，权利要求3的附加技术特征进一步限定了利用标记和用户操作响应恢复处理所述事务的步骤，权利要求4的附加技术特征进一步限定了服务器中提供中性信息以及将中性信息转换为客户机专用形式的步骤，上述附加技术特征的实质仍然在于恢复处理商务事务本身，由于权利要求1实质是商业实施的方法，属于专利法第二十五条第一款第（二）项规定的智力活动的规则和方法，因此，引用权利要求1的权利要求2～4也属于专利法第二十五条第一款第二项规定的智力活动的规则和方法。

权利要求5请求保护一种用于在客户机－服务器数据处理系统中处理一个终端用户的数种类型的扩展事务的服务器，其中，客户机和服务器为计算机终端，每个客户机与服务器通过因特网通信，扩展事务为涉及在一个扩展时间内采取多项动作的商务事务，该服务器包括事务处理装置、通信装置和数据库，该事务处理装置响应来自一个客户机的用户标识符向客户机呈现扩展事务菜单，并响应客户机的选择处理扩展事务和生成扩展事务进展的状态信息，该数据库存放该状态信息，该事务处理装置在停止与客户机通信后，响应于来自另一个客户机的上述用户识别符从所存状态信息所确定的位置处恢复处理扩展事务。包括数据处理装置、通信装置和数据库的服务器是本领域技术人员已知的，因此，该申请的装置本身是现有技术，仅是其执行的动作体现为进行商务事务的数据处理，以实现恢复处理商务事务的目的，上述目的的实现并非是基于对现有技术的装置进行技术改进而得以实现，而仅仅是出于恢复处理商务事务的需要，是通过已有技术实现商业目的，因此其没有解决技术问题，也没有产生技术效果，属于专利法第二十五条第一款第（二）项规定的智力活动的规则和方法。同时，其也不是对产品或者其改进所提出的新的技术方案，不符合专利法实施细则第二条第一款的规定。

权利要求6~13的附加技术特征实质仍然在于恢复处理商务事务，由于权利要求5属于专利法第二十五条第一款第二项规定的智力活动的规则和方法，同时也不符合专利法实施细则第二条第一款的规定，因此，引用权利要求5的权利要求6~13也属于专利法第二十五条第一款第（二）项规定的智力活动的规则和方法，同时也不符合专利法实施细则第二条第一款的规定。

复审请求人在答复复审通知书时强调，本发明的扩展事务“是由针对一个终端用户为了一个共同目标的各事务交互操作所构成的事务”，其不仅限于商业事务，本发明要解决的技术问题是，在客户机－服务器环境中，如何从一个不同的客户机重新启动一个（以前被另一个客户机启动，然后已经被中断一段时间的）扩展事务，其采用的技术手段包括在服务器上存储状态信息和提供与用户标识符对应的状态信息，其技术效果是用户能在不同的客户机上恢复对扩展事务的处理。然而，如上所述，本发明的扩展事务实质上是在一个扩展的时间内采取多项动作的商务事务（见本发明说明书第1页第4~6行），其所解决的恢复处理扩展事务的问题是出于处理扩展事务的需要，不是技术问题，其采用的是公知的计算机存储功能和网上用户识别方法，而用户标识符与状态信息的对应也是出于恢复处理扩展事务的目的，其达到的效果也不是技术效果。如前所述，本发明的实质仍然是利用现有计算机、因特网等技术恢复处理商务事务，是商业实施的方法，其间并未体现为对现有技术的技术改进，因此属于专利法第二十五条第一款第（二）项规定的智力活动的规则和方法。

三、决定

维持国家知识产权局于2003年9月12日对97182460.6号申请作出的驳回决定。

当事人对本决定不服的，可以根据专利法第四十六条第二款的规定，自收到本决定之日起三个月内向北京市第一中级人民法院起诉。

175

提供路边单元的信道信息的系统和方法案

复审请求审查决定（第8737号）

决　定　号　第8737号
决　定　日　2006年6月23日
发明创造名称　提供路边单元的信道信息的系统和方法
国 际 分 类 号　G06F 17/60
复 审 请 求 人　LG电子株式会社
专 利 申 请 号　02141956.6
申　请　日　2002年8月29日
公　开　日　2003年3月19日
合 议 组 组 长　黄毅斐
主　审　员　李　熙
参　审　员　李韵美

法 律 依 据　专利法第二十五条第一款第（二）项
决 定 要 点
本申请权利要求1~10均能够克服现有技术中的缺陷和不足，采用了技术手段，能够解决技术问题，并具有可预见的技术效果，所以，本申请属于专利法保护的客体。

一、案由

本复审请求涉及申请人于2002年8月29日申请的、申请号为02141956.6.名称为“提供路边单元的信道信息的系统和方法”的发明专利申请（下称本申请），其申请人为LG电子株式会社，优先权日为2001年8月29日。原始申请文件的权利要求书为：

“1.一种提供路边单元（RSU）的信道信息的方法，包括：

由与OBU通信的当前RSU和与当前RSU连接的服务器中的一个预测车载单元（OBU）的行进方向；

向OBU发送将要与该OBU通信的下一个RSU的信息；以及

当OBU进入下一个RSU的通信区域时，使用所发送的信息在OBU和下一个RSU之间进行通信。

2.根据权利要求1所述的方法，其中所发送的信息包括下一个RSU的信道信息和下一个RSU提供的服务信息中的至少一个。

3.根据权利要求2所述的方法，其中当前RSU至少知道下一个RSU的信道信息和服务信息中的一个，或者这些信息由管理当前RSU和下一个RSU的服务器发出。

4.根据权利要求1所述的方法，其中当前RSU包括相邻RSU的信道信息和服务信息中的至少一个。

5.根据权利要求1所述的方法，其中由OBU、先前RSU、和与先前RSU连接的服务器中的至少一个发出先前 RSU 的信息，以预测 OBU 的行进方向。

6. 一种提供路边单元（RSU）的信道信息的方法，包括：

搜索当前通信区域之前的通信区域；

利用先前通信区域的 RSU 和当前通信区域的 RSU 中至少一个的信息，来预测车载单元（OBU）的行进方向；以及

得到将要管理 OBU 的下一个 RSU 的信息。

7. 根据权利要求 6 所述的方法，其中每个通信区域包含一个 RSU，先前通信区域包含当前 RSU 之前的至少一个 RSU。

8. 根据权利要求 6 所述的方法，其中先前通信区域的 RSU 的信息来自 OBU、先前通信区域的 RSU、和与先前通信区域的 RSU 连接的服务器中的至少一个，先前通信区域的 RSU 的信息用来预测 OBU 的行进方向。

9. 一种提供路边单元（RSU）的信道信息的方法，包括：

由当前与 OBU 通信的当前 RSU 和与当前 RSU 连接的服务器中的至少一个来预测车载单元（OBU）的行进方向；

确定预计将要管理 OBU 的下一个 RSU，并至少搜索下一个 RSU 的信道信息和服务信息中的一个；

把搜索到的下一个 RSU 的信息从当前 RSU 发送给 OBU；以及

当 OBU 进入下一个 RSU 的通信区域时，使用所发送的信息在 OBU 和下一个 RSU 之间进行通信。

10. 根据权利要求 9 所述的方法，其中由 OBU、先前 RSU、和与先前 RSU 连接的服务器中的至少一个发出先前 RSU 的信息，以预测车辆的行进方向。”

在实质审查过程中，国家知识产权局实质审查部门于 2003 年 12 月 19 日发出第一次审查意见通知书，指出：权利要求 1 请求保护一种提供路边单元的信道信息的方法，该方法对现有技术的贡献仅仅在于通过当前的路边单元 1 预测车载单元的行进方向，以便于提前预测出下一个将要为车载单元提供信息服务的路边单元 2，并且实现通信。由于该方法未解决技术问题，也未获得技术效果，属于智力活动的规则和方法，因此，权利要求 1 所要保护的内容属于专利法第二十五条第一款第（二）项规定的不授予专利权的范围。基于同样的理由，本申请权利要求 2 ~ 10 也均属于专利法第二十五条第一款第（二）项规定的不授予专利权的范围。

针对第一次审查意见通知书，申请人于 2004 年 4 月 22 日提交了意见陈述书并阐述了本申请的各项权利要求的可专利性，没有对申请文件进行修改，申请人陈述的理由主要是：在独立权利要求 1 的提供路边单元的信道信息的方法中，所包括的技术特征“由与 OBU 通信的当前 RSU 和与当前 RSU 连接的服务器中的一个预测车载单元（OBU）的行进方向”“向 OBU 发送将要与该 OBU 通信的下一个 RSU 的信息”；以及“当 OBU 进入下一个 RSU 的通信区域时，使用所发送的信息在 OBU 和下一个 RSU 之间进行通信”都是技术手段。而且，对于本领域的普通技术人员而言，通过阅读说明书可以了解，采用权利要求 1 的技术方案显然可以达到解决现有技术中的技术问题的目的。权利要求 1 的技术方案采用了技术手段，解决了技术问题，因而是可专利的。同样，权利要求 2 ~ 10 也都采用了技术手段，解决了现有技术中存在的技术问题，也是可专利的。

国家知识产权局实质审查部门于 2005 年 2 月 18 日对本申请作出了驳回决定。该驳回决定是针对申请人于申请日提交的原始申请文件作出的，驳回理由主要是：1. 权利要求 1 ~ 10 分别请求保护的提供路边单元（RSU）的信道信息的方法，它们对现有技术的贡献均仅仅在于通过当前的路边单元 1 预测车载单元的行进方向，以便于提前预测出下一个将要为车载单元提供信息服务的路边单元 2，进

行通信。由于该方法未解决技术问题，也未获得技术效果，属于智力活动的规则和方法，因此，权利要求1～10所要保护的内容属于专利法第二十五条第一款第（二）项规定的不授予专利权的范围。

2. 本申请的方法是运用公知服务器与终端进行通信，其通信方式未有任何改进，仅仅是将通信内容人为限定为道路信息，就其发明目的和实施该发明所获得的效果而言，都不是技术性的，未能同时满足采用技术手段、解决技术问题和产生技术效果，不符合专利法实施细则第二条第一款的规定，又属于智力活动的规则和方法。

申请人（下称复审请求人）对上述驳回决定不服，于2005年6月6日向专利复审委员会提出了复审请求，认为本申请所解决的问题是技术问题，并且能够获得预期的技术效果。

经形式审查合格，专利复审委员会受理了该复审请求，并于2005年8月29日发出了复审请求受理通知书，并向原审查部门发出了前置审查通知书。

在前置审查程序中，国家知识产权局原审查部门仍然坚持原驳回决定。

复审请求人于2005年12月1日提交了意见陈述书，再次陈述了：本申请采用技术手段来解决现有技术中存在的技术问题，并能够获得提高通信效率的技术效果。

本案合议组经合议后认为本案事实清楚，现依法作出复审决定。

二、决定的理由

1. 文本认定

本复审决定是以驳回决定所针对的原始申请文件，即2002年8月29日提交的权利要求第1～10项、说明书第1～10页、说明书附图第1～5页以及说明书摘要、摘要附图为基础作出的。

2. 关于专利法第二十五条第一款第（二）项

专利法第二十五条第一款第（二）项规定：智力活动的规则和方法不授予专利权。审查指南第二部分第一章第3.2节对该条款的适用作出了具体规定："智力活动，是指人的思维运动，它源于人的思维，经过推理、分析和判断产生出抽象的结果，或者必须经过人的思维运动作为媒介才能间接地作用于自然产生结果，它仅是指导人们对信息进行思维、识别、判断和记忆的规则和方法，由于其没有采用技术手段或者利用自然法则，也未解决技术问题和产生技术效果，因而不构成技术方案。它既不符合专利法实施细则第二条第一款的规定，又属于专利法第二十五条第一款第（二）项规定的情形，因此，指导人们进行这类活动的规则和方法不能被授予专利权。"

本申请涉及一种提供路边单元的信道信息的系统和方法，按照说明书第4页第1～18行所记载的内容：本申请的目的是解决现有技术中搜索信道耗时长、易出错的问题和/或不足，并提供一些优点。本申请的另一个目的是提供一种提供路边单元（RSU）的信道信息的系统和方法，它通过从当前RSU把下一个RSU的信道信息和/或服务信息发送给车载单元（OBU），从而减少信道搜索时间。本申请的另一个目的是提供一种从一个RSU提供另一个RSU的信道信息的方法，通过使当前RSU能把下一个RSU的信道信息发送给OBU，从而不需要搜索信道，OBU就可以顺利地知道下一个RSU的信道信息，这样可以减少通信错误，并可以有效地使用通信时间。

（1）为了实现上述发明目的，本申请的权利要求1请求保护的技术方案采用了如下步骤：由与OBU通信的当前RSU和与当前RSU连接的服务器中的一个预测OBU的行进方向；向OBU发送将要与该OBU通信的下一个RSU的信息；当OBU进入下一个RSU的通信区域时，使用所发送的信息在OBU和下一个RSU之间进行通信。在上述步骤中，利用了路边单元、车载单元、与路边单元连接的服务器、通信信道等硬件设备，同时采用了信息发送、远程通信等通信手段，以上这些特征都属于技术特征，它们不是凭借抽象的思维活动得出的，也不是单纯的人的思维运动，因此权利要求1采用了技术手段。通过以上技术手段的实施，权利要求1能够克服现有技术中车辆进入新的RSU通信区域后才开始搜索信道、再建立通信的不足，也能够解决由于 RSU 通信区域短而车速快、没有接收到完整的 FCMC 数据从而无法搜索信道的问题。并且，权利要求 1 能够获得减少甚至省略信道搜索时间、有效利用通信时间提高通信效率、并减少通信错误的技术效果。因此，权利要求 1 能够解决技术问题、采用了技术手段并能够获得技术效果，不属于专利法第二十五条第一款第（二）项所规定的智力活动的范畴，属于专利法保护的客体。

（2）权利要求 2 ~5 从属于独立权利要求 1，其附加技术特征对权利要求 1 的技术方案进行了进一步限定，它们也均采用了技术手段、能够解决技术问题并获得技术效果，基于与上述相同的理由，从属权利要求 2 ~5 同样属于专利法保护的客体。

（3）权利要求 6 请求保护一种提供路边单元的信道信息的方法，包括如下步骤：搜索当前通信区域之前的通信区域；利用先前通信区域的 RSU 和当前通信区域的 RSU 中至少一个的信息，来预测 OBU 的行进方向；以及得到将要管理 OBU 的下一个 RSU 的信息。在上述步骤中，利用了路边单元、车载单元等硬件设备，同时采用了信息管理、信息预测、远程通信等通信手段，以上这些特征都属于技术特征，它们不是凭借抽象的思维活动得出的，也不是单纯的人的思维运动，因此权利要求 6 采用了技术手段。通过以上技术手段的实施，权利要求 6 能够克服现有技术中车辆进入新的 RSU 通信区域后才开始搜索信道、再建立通信的不足，也能够解决由于 RSU 通信区域短而车速快、没有接收到完整的 FCMC 数据从而无法搜索信道的问题。并且权利要求 6 能够获得减少甚至省略信道搜索时间、有效利用通信时间提高通信效率、并减少通信错误的技术效果。因此权利要求 6 能够解决技术问题、采用了技术手段并能够获得技术效果，不属于专利法第二十五条第一款第（二）项所规定的智力活动的范畴，属于专利法保护的客体。

（4）从属权利要求 7、8 的附加技术特征对权利要求 6 的技术方案进行了进一步限定，它们也均采用了技术手段、能够解决技术问题并获得技术效果，基于与上述相同的理由，从属权利要求 7、8 同样属于专利法保护的客体。

（5）权利要求 9 请求保护一种提供路边单元的信道信息的方法，包括如下步骤：由当前与 OBU 通信的当前 RSU 和与当前 RSU 连接的服务器中的至少一个来预测车载单元（OBU）的行进方向；确定预计将要管理 OBU 的下一个 RSU，并至少搜索下一个 RSU 的信道信息和服务信息中的一个；把搜索到的下一个 RSU 的信息从当前 RSU 发送给 OBU；当 OBU 进入下一个 RSU 的通信区域时，使用所发送的信息在 OBU 和下一个 RSU 之间进行通信。在上述步骤中，利用了路边单元、车载单元、服务器等硬件设备，同时采用了信息搜索、信息发送、远程通信等通信手段，以上这些特征都属于技术特征，它们不是凭借抽象的思维活动得出的，也不是单纯的人的思维运动，因此权利要求 9 采用了技术手段。通过以上技术手段的实施，权利要求 9 能够克服现有技术中车辆进入新的 RSU 通信区域后才开始搜索信道、再建立通信的不足，也能够解决由于 RSU 通信区域短而车速快、没有接收到完整的 FCMC 数据从而无法搜索信道的问题。并且权利要求 9 能够获得减少甚至省略信道搜索时间、有效利用通信时间提高通信效率、并减少通信错误的技术效果。因此，权利要求 9 能够解决技术问题、采用了技术手段并能够获得技术效果，不属于专利法第二十五条第一款第（二）项所规定的智力活动的范畴，属于专利法保护的客体。

（6）从属权利要求 10 的附加技术特征对权利要求 9 的技术方案进行了进一步限定，其也采用了技术手段、能够解决技术问题并获得技术效果，基于与上述相同的理由，从属权利要求 10 同样属于专利法保护的客体。

综上所述，本申请权利要求 1 ~10 均能够克服现有技术中的缺陷和不足，采用了技术手段，能够解决技术问题，并具有可预见的技术效果，因此，本申请权利要求 1 –10 均属于专利法保护的客体，不属于专利法第二十五条第一款第（二）项规定的智利活动的情形。至于本申请是否存在不符合专利法及其实施细则的其他缺陷，由后续程序继续审批。

基于上述理由，合议组作出如下决定。

三、决定

撤销国家知识产权局于2005年2月18日作出的驳回决定，由原审查部门在驳回决定所依据的文本的基础上继续进行审批程序。

专利复审和无效审查决定选编丛书

专利复审和无效审查决定选编

(2006)

电 学(下)

国家知识产权局专利复审委员会 编

知识产权出版社
全国百佳图书出版单位

内容提要

本书汇集了专利复审委员会2006年作出的326个电学专利复审审查决定和116个电学无效审查决定及相关司法判决（根据法律规定需要保密的除外），比较全面地反映了专利复审委员会的审查工作和人民法院专利行政案件审理工作取得的进展，有利于当事人及广大公众对专利复审委员会的审查工作进行监督。

责任编辑：王 欣　　责任校对：董志英
文字编辑：龚 卫　　责任出版：卢运霞
封面设计：开元图文

图书在版编目（CIP）数据

专利复审和无效审查决定选编．2006．电学/国家知识产权局专利复审委员会编．—北京：知识产权出版社，2011．1
ISBN 978－7－5130－0268－4

Ⅰ．①专…　Ⅱ．①国…　Ⅲ．①电学－专利－判决－法律文书－汇编－中国－2006　Ⅳ．①D923．42

中国版本图书馆CIP数据核字（2010）第220826号

专利复审和无效审查决定选编丛书
专利复审和无效审查决定选编（2006）
电　　学（下）
国家知识产权局专利复审委员会　编

出版发行：知识产权出版社
社　　址：北京市海淀区马甸南村1号　　邮　　编：100088
网　　址：http://www.ipph.cn　　邮　　箱：bjb@cnipr.com
发行电话：010－82000860转8101/8102　　传　　真：010－82005070/82000893
责编电话：010－82000860转8116　　责编邮箱：wangxin@cnipr.com
印　　刷：知识产权出版社电子制印中心　　经　　销：各大网络书店、新华书店及相关销售网点
开　　本：880mm×1230mm　1/16　　总 印 张：152．75
版　　次：2014年1月第1版　　印　　次：2014年1月第1次印刷
总 字 数：4046千字　　总 定 价：780．00元（全三册）

ISBN 978－7－5130－0268－4/D·1125（3208）

本书编委会

前　　言

适逢《国家知识产权战略纲要》施行五周年之际，《专利复审和无效审查决定选编（2006）》出版了。

随着经济全球化和我国国民经济的飞速发展，专利制度在经济活动中的作用和地位越来越突出，国民的专利意识也在不断增强。目前，我国专利申请总量超过1170万件，每年专利复审和无效宣告请求案件已超过2万件，2012年达到20261件。作为专利复审和无效宣告请求案件审查的专属机构，专利复审委员会每年都要作出数以千计的审查决定。与之相应，人民法院每年要作出数百篇司法判决。每一篇审查决定和判决书都凝聚着审查员和审判人员的心血和智慧。通过审查员和审判人员结合具体案情的创作性劳动，生硬的法律条文变得鲜活和丰满，形成一笔宝贵的精神财富和公共资源，并不断有专利代理机构、专利代理人以及审查员希望专利复审委员会能够出版专利复审和无效审查决定，作为学习和工作时的重要参考资料。

除根据法律规定需要保密的外，本选编汇集了专利复审委员会2006年作出的部分审查决定，包括针对相应审查决定的司法判决，以便读者了解审查决定的法律状态并对照阅读和分析。本选编按照技术专业领域将分为8卷，共18分册：机械（上、下）、电学（上、中、下）、通信（上、下）、医药、化学（上、下）、材料（上、下）、光电（上、下）、外观设计（上、中－A、中－B、下）。因此，本选编比较全面地反映了专利复审委员会的审查工作和人民法院专利行政案件审理工作取得的进展。

我们相信，本选编对专利工作者具有一定的借鉴和指导作用，也有利于当事人及广大公众对专利复审委员会的审查工作进行监督。本选编也将为推动专利复审委员会的发展，促进专利代理业务水平的提高，为《国家知识产权战略纲要》进一步实施尽微薄之力。

本书编委会

2013年8月

目　录

复审请求审查决定

无效宣告请求决定

008

可收纳接收器的无线装置案

无效宣告请求审查决定（第7911号）

决　定　号　第7911号
决　定　日　2005年12月19日
发明创造名称　可收纳接收器的无线装置
国际分类号　G06F 3/033
无效请求人Ⅰ　廖　素
无效请求人Ⅱ　童敏昌
专　利　权　人　派登科技股份有限公司
专　利　号　02241174.7
申　请　日　2002年7月8日
授权公告日　2003年7月9日
合议组组长　石　清
主　审　员　翁晓君
参　审　员　聂春艳

法律依据　专利法第二十二条第二款、第三款　专利法实施细则第十三条第一款、第二十条第一款

决定要点

在判断一项实用新型专利权利要求所保护的技术方案是否具备创造性时，首先应当确定与该权利要求所述技术方案最接近的现有技术方案，然后将该权利要求所述的技术方案与最接近的现有技术方案进行技术特征对比分析，找出二者的区别技术特征，如果这些区别技术特征是本领域的技术人员根据现有技术的教导而容易引入的，则该权利要求所保护的技术方案不具备创造性。

一、案由

本无效宣告请求涉及国家知识产权局专利局于2003年7月9日授权公告的，名称为“可收纳接收器的无线装置”的实用新型专利（下称本专利），其申请号是02241174.7，授权公告日是2003年7月9日，专利权人是派登科技股份有限公司（下称被请求人）。

本专利授权公告的权利要求书如下：

“1. 一种可收纳接收器的无线装置，包括有输入装置及接收器所组成，而输入装置于一上壳体及下壳体所组成的外壳体内容置有电路板及感测组，其特征在于：该输入装置于底部具有一容置空间，且供收纳一接收器，于输入装置的容置空间内设有一定位机构。

2. 根据权利要求1所述的可收纳接收器的无线装置，其特征在于：该接收器一侧具有一插接部。

3. 根据权利要求1所述的可收纳接收器的无线装置，其特征在于：该电路板为第一电路板及第二电路板所构成。

4. 根据权利要求 3 所述的可收纳接收器无线装置，其特征在于：该第一电路板对应于感测组具有复数感测元件。

5. 根据权利要求 3 所述的可收纳接收器的无线装置，其特征在于：该第二电路板一侧设有对接部，而第一电路板一侧形成有复数插接端子，且插接端子插接对应的插接部形成一电性连接。

6. 根据权利要求 3 所述的可收纳接收器的无线装置，其特征在于：该第二电路板具有一电源开关。

7. 根据权利要求 1 所述的可收纳接收器的无线装置，其特征在于：该输入装置的容置空间一侧形成可收容电池的容室，且容置空间与容室的间枢设有一电池盖。

8. 根据权利要求 1 所述的可收纳接收器的无线装置，其特征在于：该定位机构具有一基部，此基部一侧形成有一露出于容置空间一侧形成凹槽的按压部。

9. 根据权利要求 8 所述的可收纳接收器的无线装置，其特征在于：该按压部的勾部为勾设有一弹性元件的一端且弹性元件另端则勾设于下壳体对应的勾部内。

10. 根据权利要求 1 所述的可收纳接收器的无线装置，其特征在于：该定位机构于基部两端分别横向延设有一悬臂，并于基部上纵向形成有扣持部，且供扣持接收器定位。

11. 根据权利要求 1 所述的可收纳接收器的无线装置，其特征在于：该下壳体于容置空间的另端定位有控制钮，且控制钮利用一弹性元件抵持一动作件。

12. 根据权利要求 1 所述的可收纳接收器的无线装置，其特征在于：该输入装置为滑鼠、键盘或摇杆的硬体装置。”

针对上述专利权，廖素（下称第一请求人）于 2004 年 4 月 30 日向专利复审委员会提出无效宣告请求（下称无效请求 1），其理由是本专利的权利要求 1 ~ 12 不符合专利法第二十二条第二款和专利法实施细则第十三条第一款的规定、权利要求 1 不符合专利法第二十二条第三款的规定；与此同时，第一请求人提交了如下附件作为证据：

附件 1：日本专利特开 2000 – 75972 原文、英文译本及其摘要的中文译本，其公开日为 2000 年 3 月 14 日；

附件 2：日本专利特开 2000 – 35855 原文、英文译本及其摘要的中文译本，其公开日为 2000 年 2 月 2 日；

附件 3：美国专利 US6225981B1 原文及其摘要的中文译文，其公开日为 2001 年 5 月 1 日；

附件 4：日本专利特开 2000 – 267806 号原文、摘要的英文译本及其摘要的中文译本，其公开日为 2000 年 9 月 29 日；

附件 5：中国实用新型专利说明书 CN2537046Y，其名称为“可收纳接收器的无线输入装置”，申请日为 2002 年 4 月 1 日，授权公告日为 2003 年 2 月 19 日，专利权人为派登科技股份有限公司。

第一请求人指出：（1）权利要求 1 所述的全部技术特征在本专利的申请日之前已经被附件 1 所记载的内容全部公开，使得本专利权利要求 1 不具备专利法第二十二条第二款规定的新颖性；（2）本专利权利要求 1 相对于附件 2 和附件 4 的组合不具备创造性，权利要求 1 相对于附件 3 和附件 4 的组合也不具备创造性；（3）本专利与附件 5 相比，该两项专利的技术领域、所要解决的技术问题和技术方案实质上相同，预期效果相同，因此可以认定该两项专利的权利要求所要求保护的实用新型相同。

第一请求人于 2004 年 5 月 28 日向专利复审委员会补充提交了附件 1 至 4 全文的中文译文。

经形式审查合格后，专利复审委员会受理了第一请求人提出的上述无效宣告请求，于 2004 年 6 月 14 日向双方当事人发出了无效宣告请求受理通知书，并将无效宣告请求书及所附证据材料副本转给了被请求人，要求其在指定的期限内答复。

被请求人于2004年7月22日提交了针对上述无效宣告请求的答复意见以及修改后的权利要求书。被请求人在意见陈述书中指出：（1）附件1中的可携式电子设备是在其底部设置一无线模块，但其是利用无线模块的小基板及小基板上的连接器与电子设备主基板上的连接器结合，再经由电子设备上的基板与天线连接，以供电子设备接收外界的无线讯号，在使用过程中不必取出无线模块，并且在使用过程中无线模块需构成电子设备的基本设备构件，而本专利是在输入装置底部设置一接收器，该接收器在使用时需从输入装置中移出，与主机连接器连接，该接收器在位于输入装置的容置空间时利用一定位机构定位，同时可将电池的电源切断，达到省电的功效，与附件1相比，权利要求1所述技术方案所要解决的技术问题、技术方案在实质上不同，且预期达到的效果也不相同，因此附件1不能影响本专利权利要求1的新颖性；（2）从附件2和附件4的结合及附件3和附件4的结合中不能获得启示，并且本专利获得了更好的效果，因此修改后的权利要求1具备创造性；（3）比较附件5与本专利权利要求书可以发现，附件5权利要求1中的特征是输入装置具有一容置空间，而本专利权利要求1中的特征是输入装置于底部设有一容置空间，两者的保护范围不同，并且从两专利的附图中明显看出容置空间所在位置不同，因此本专利与附件5不属于专利法实施细则第十三条第一款所规定的同样的发明创造。

针对上述专利权，童敏昌（下称第二请求人）于2004年9月30日向专利复审委员会提出无效宣告请求（下称无效请求2），其理由是本专利的权利要求1、2不符合专利法第二十二条第三款的规定，权利要求3、5不符合专利法实施细则第二十条第一款的规定。与此同时，第二请求人提交了如下证据：

证据1：日本实用新型登录第3082807号原文，其公开日为2001年10月10日；

证据2：日本专利特开2002-91698原文，其公开日为2002年3月29日；

证据3：美国专利US6225981B1原文，其公开日为2001年5月1日。

第二请求人指出：（1）本专利权利要求1相对于证据1和证据2的组合、证据1和证据3的组合不具备创造性，权利要求2相对于证据1和证据2的组合不具备创造性；（2）本专利权利要求3和5中并无任何技术特征的描述，因此不符合专利法实施细则第二十条第一款的规定。

经形式审查合格后，专利复审委员会受理了第二请求人提出的上述无效宣告请求，于2004年11月29日向双方当事人发出了无效宣告请求受理通知书，并将无效宣告请求书及所附证据材料副本转给了被请求人，要求其在指定的期限内答复。

第二请求人于2004年10月29日向专利复审委员会补充提交了证据2和证据3的中文译文，并且提出了补充理由和证据，其补充理由是本专利的权利要求不符合专利法实施细则第十三条第一款的规定、权利要求1、2、6~9、12不符合专利法第二十二条第三款的规定，同时再次指出权利要求3和权利要求5不符合专利法实施细则第二十条第一款的规定。与此同时，第二请求人补充提交了如下证据：

证据4：中国专利CN2537046Y，其名称为“可收纳接收器的无线输入装置”，其公开日为2003年2月19日；

证据5：日本实用新型登录第3082807号原文及其对应的第510544号中国台湾地区专利公告文本，其中日本实用新型的公开日为2001年10月10日；

证据6：日本专利特开2002-91698原文及其中文译文，其公开日为2002年3月29日；

证据7：中国台湾地区专利公报第438008号，其公告日为2001年5月25日；

证据8：美国专利US6225981B1原文及其中文译文，其公告日为2001年5月1日；

证据9：中国台湾地区新型专利公告第291986号（公告本中无公告日）。

第二请求人指出：（1）本专利与证据4相比，该两项专利的技术领域、所要解决的技术问题和技术方案实质上相同，预期效果相同，因此可以认定该两项专利的权利要求所要求保护的实用新型相同；（2）本专利权利要求1和权利要求12相对于证据5和证据6的组合不具备创造性，权利要求1相对于证据7不具备创造性，权利要求1相对于证据5和证据8的组合不具备创造性，权利要求2相对于证据5和证据6的组合不具备创造性，权利要求6相对于证据5、证据6和证据9的组合不具备创造性，权利要求7相对于证据5和证据8的组合不具备创造性，权利要求8相对于证据5和证据6的组合不具备创造性，权利要求9相对于证据5和证据6的组合不具备创造性；（3）本专利权利要求3和权利要求5中并无任何技术特征的描述，因此不符合专利法实施细则第二十条第一款的规定。

被请求人于2004年12月31日提交了针对第二请求人于2004年9月30日提出的上述无效宣告请求的答复意见，被请求人认为：（1）本专利权利要求书已对要求保护的技术方案作出了清楚、简要的表述；（2）从证据文件的形式上看，证据1~3没有没有提交中文译文，不符合相关规定，不应予以采纳，并且指出所提供证据的技术内容并未揭示本专利权利要求1的技术方案，因此本专利权要求1及其从属权利要求的技术方案都具备创造性。

在上述事实的基础上，依据审查指南的有关规定，合议组决定将无效请求1和无效请求2两个请求进行合案审理。合议组于2005年4月19日向各方当事人发出了口头审理通知书，定于2005年6月2日对上述两个无效宣告请求进行合案审理，同时随口审通知书将被请求人于2004年7月22日提交的针对无效宣告请求1的意见陈述书及修改后的权利要求书转给第一请求人，将第二请求人于2004年10月29日提交的意见陈述书及证据转给被请求人；同时要求第二请求人应当在收到本通知书之日起一个月内补交证据1的中文译文，期满未补交的，该外文证据视为未提交。

口头审理如期举行，各方当事人均参加了口头审理。在口头审理中，各方当事人对合议组成员无回避请求，对对方出庭人员的身份无异议。第一请求人当庭明确表示放弃在第一请求中使用附件4。第一请求人对权利要求书的修改方式有异议，被请求人放弃该修改，合议组当庭告知各方当事人此次口审以授权公告文本为审查基础。被请求人对第一请求中的附件1、附件2、附件3、附件5的真实性没有异议，对附件1~3的中文译文的准确性没有异议。被请求人对第二请求中的证据4、证据5、证据6、证据7、证据8的真实性没有异议，对证据5、6、8的中文译文的准确性没有异议。被请求人当庭表示因证据9没有公告日而对其真实性有异议，但如果能够核实证据9的公告日在本专利的申请日之前，则没有异议。第二请求人明确在证据5中使用中国台湾地区第510544号公告文本作为日本实用新型登录第3082807号的中文译文，被请求人明确表示对此没有异议。第一请求人增加有关本专利权利要求1~12不符合专利法第二十六条第四款、专利法实施细则第二十条第一款、专利法实施细则第二十一条第二款的无效理由，合议组依据专利法实施细则第六十六条的规定，当庭告知请求人对新增理由不予考虑，第一请求人对此有异议；第一请求人当庭明确表示放弃权利要求2~12不符合专利法第二十二条第二款的无效理由，放弃权利要求3~11不符合专利法实施细则第十三条第一款的无效理由。第一请求人明确其无效理由为：本专利权利要求1、2、12分别相对于附件5的权利要求1、4、8不符合专利法实施细则第十三条第一款的规定；本专利权利要求1相对于附件1不具备新颖性、创造性；本专利权利要求1相对于附件2、3的结合不具备创造性。第二请求人增加有关本专利权利要求1~12不符合专利法第二十六条第四款、专利法实施细则第二十一条第二款的无效理由，合议组依据专利法实施细则第六十六条的规定，当庭告知请求人对新增理由不予考虑，第二请求人对此有异议；第二请求人当庭明确表示放弃权利要求3~11不符合专利法实施细则第十三条第一款的无效理由。第二请求人明确其无效理由为：本专利权利要求3、5不符合专利法实施细则第二十条第一款的规定；本专利权利要求1、2、12分别相对于证据4的权利要求1、4、8不符合专利法实施细则第十三条第一款的规定；本专利权利要求1相对于证据7或相对于证据6和证据5的结合不具备创造性；本专利权利要求2、3、8、9、12相对于证据6、5的结合不具备创造性；本专利权利要求6相对于证据6、5、9的结合不具备创造性；本专利权利要求7相对于证据5、8的结合不具备创造性。

专利复审委员会于2005年6月10日收到第二请求人于2005年5月24日补交的证据1的中文译文。

合议组于2005年7月6日向第二请求人发出了转送文件通知书，将被请求人于2004年12月31日提交的意见陈述书转送给第二请求人。第二请求人在上述转送文件通知书中所规定的答复期限内未作出答复。

至此，合议组认为本案事实已经清楚，依法作出审查决定。

二、决定的理由

1. 审查的基础

鉴于请求人对被请求人于2005年7月22日提交的修改的权利要求书有异议，同时被请求人表示放弃其修改，因此对本无效宣告请求案的审理，以原授权公告的权利要求书为基础。

2. 关于无效宣告请求的审查范围

在口头审理中，第一请求人增加有关本专利权利要求1～12不符合专利法第二十六条第四款、专利法实施细则第二十条第一款、专利法实施细则第二十一条第二款的无效理由。依据专利法实施细则第六十六条的规定："在专利复审委员会受理无效宣告请求后，请求人可以在提出无效宣告请求之日起1个月内增加理由或者补充证据。逾期增加理由或者补充证据的，专利复审委员会可以不予考虑"，由于第一请求人增加上述理由的日期已经超过了规定的期限，因此合议组对该新增加的理由不予考虑。因此对于第一请求，本案审查的范围是第一请求人在口头审理中明确的无效理由，即：本专利权利要求1、2、12分别相对于附件5的权利要求1、4、8不符合专利法实施细则第十三条第一款的规定；本专利权利要求1相对于附件1不具备新颖性、创造性；本专利权利要求1相对于附件2、3的结合不具备创造性。

在口头审理中，第二请求人增加有关本专利权利要求1～12不符合专利法第二十六条第四款、专利法实施细则第二十一条第二款的无效理由。同样，由于第二请求人增加上述理由的日期已经超过了规定的期限，因此合议组对该新增加的理由不予考虑。因此对于第二请求，本案审查的范围是第二请求人在口头审理中明确的无效理由，即：本专利权利要求3、5不符合专利法实施细则第二十条第一款的规定；本专利权利要求1、2、12分别相对于证据4的权利要求1、4、8不符合专利法实施细则第十三条第一款的规定；本专利权利要求1相对于证据7或相对于证据6和证据5的结合不具备创造性；本专利权利要求2、3、8、9、12相对于证据6、5的结合不具备创造性；本专利权利要求6相对于证据6、5、9的结合不具备创造性；本专利权利要求7相对于证据5、8的结合不具备创造性。

3. 关于无效宣告请求的证据

第一请求人已经明确表示放弃附件4，合议组对该附件不再评述。附件1和附件2为日本专利文献，附件3为美国专利说明书，附件5为中国实用新型专利说明书，被请求人认可这些附件的真实性，并且对附件1～3的中文译文的准确性没有异议，且附件1～3的公告日均早于本专利的申请日，故构成本专利的现有技术，可以用于评价本专利的新颖性和创造性，附件5为被请求人的另一份在本专利申请日之前申请、在本专利申请日之后授权的实用新型专利，可以用于判断本专利是否符合专利法实施细则第十三条第一款的规定。

第二请求人所提交的证据4即第一请求人所提交的附件5，证据5和证据6分别为与证据1、2相同的日本专利文献，证据7为中国台湾专利说明书，证据8与证据3相同，同时也与第一请求人所提交的附件3相同，被请求人认可这些证据的真实性，并且对证据5、6、8的中文译文的准确性没有异议，且这些附件的公开日/公告日均早于本专利的申请日，故构成本专利的现有技术，可以用于评价本专利的新颖性和创造性。证据9为中国台湾专利公告第291986号说明书，在所提交的说明书中没有记载该专利的公告日，经合议组核实，该台湾专利的公告日为1996年11月21日，早于本专利的申请日，并且被请求人在口审中已明确表示如果能够核实证据9的公告日在本专利申请日之前则对证据9的真实性无异议，故证据9构成本专利的现有技术，可以用于评价本专利的新颖性和创造性。

4. 关于专利法实施细则第十三条第一款

专利法实施细则第十三条第一款规定："同样的发明创造只能被授予一项专利"。

第一、二请求人均认为：本专利权利要求1、2、12分别相对于附件5（即证据4）的权利要求1、4、8不符合专利法实施细则第十三条第一款的规定。

合议组认为，本专利权利要求1中包含技术特征："该输入装置于底部具有一容置空间，且供收纳一接收器，于输入装置的容置空间内设有一定位机构"，而附件5中的权利要求1所包含的对应技术特征为："该输入装置具有一容置空间，该容置空间内收纳一接收器，且利用一定位机构定位"，根据上述特征的记载，本专利权利要求1中限定的容置空间位于输入装置的底部，且一定位机构设于该容置空间内，而在附件5的权利要求1中，并没有对容置空间和定位机构的位置进行具体限定，因此本专利权利要求1的技术方案与附件5的权利要求1的技术方案并不相同。由于本专利权利要求2和权利要求12是权利要求1的从属权利要求，附件5的权利要求4和权利要求8是权利要求1的从属权利要求，而且这些权利要求均未涉及容置空间和定位机构的具体位置，所以当本专利权利要求1的技术方案与附件5的权利要求1的技术方案不相同的情况下，本专利权利要求2的技术方案与附件5的权利要求4的技术方案、本专利权利要求12的技术方案与附件5的权利要求8的技术方案也不相同。因此本专利权利要求1、2、12符合专利法实施细则第十三条第一款的规定。

5. 关于专利法实施细则第二十条第一款

专利法实施细则第二十条第一款规定："权利要求书应当说明发明或者实用新型的技术特征，清楚、简要地表述请求保护的范围"。

第二请求人认为：权利要求3中仅将电路板一分为二，而并没有记载它们之间的连接关系如何；权利要求5中仅罗列了无线装置包括哪些部件，而没有说明具体的连接关系，因此权利要求3和权利要求5所要求保护的技术方案不清楚，不符合专利法实施细则第二十条第一款的规定。

合议组认为，权利要求3已经对附加技术特征进行了清楚的限定，即根据所限定的技术特征能够清楚地知道是通过第一电路板和第二电路板来构成电路板的，而且权利要求3的保护范围也仅涉及电路板的构成，而并没有涉及第一电路板和第二电路板的连接关系，所以权利要求3对于电路板的构成的限定是清楚的，符合专利法实施细则第二十条第一款的规定。

合议组认为，在权利要求5中，不仅记载了第一电路板一侧的复数插接端子和第二电路板一侧的对接部，而且也清楚地记载了它们之间的连接关系，即插接端子插接对应的插接部形成一电性连接，因此权利要求5所要求保护的技术方案是清楚的，符合专利法实施细则第二十条第一款的规定。

6. 关于新颖性

专利法第二十二条第二款规定："新颖性，是指在申请日以前没有同样的发明或者实用新型在国内外出版物上公开发表过、在国内公开使用过或者以其他方式为公众所知，也没有同样的发明或者实用新型由他人向国务院专利行政部门提出过申请并且记载在申请日以后公布的专利申请文件中"。

第一请求人认为：本专利权利要求1相对于附件1不具备新颖性，不符合专利法第二十二条第二款的规定。

权利要求1要求保护一种可收纳接收器的无线装置，其中包括以下技术特征：

（a）包括有输入装置及接收器所组成；

（b）输入装置于一上壳体及下壳体所组成的外壳体内容置有电路板及感测组；

（c）该输入装置于底部具有一容置空间，且供收纳一接收器；

（d）于输入装置的容置空间内设有一定位机构。

附件1公开了一种可携式电子设备，主要公开了以下相关内容（参见附件1的说明书中文译文的第3页第1行至第6行、第11行至第20行及附图1、2）：具有键盘的笔记型计算机1的本体部2，进行无线收发讯号的无线模块5，设于本体底部的增设盖4，在次模块9增设、取下时要卸下增设盖4；并且从附图1的说明书附图1中可以看出在笔记本计算机1的本体部2中存在一个放置具有无线模块5的次模块9的空间（图1中的虚线部分）。

将本专利权利要求1与附件1相比较可知，附件1公开的本体部2和无线模块5分别相当于本专利权利要求1中的输入装置和接收器，并且根据上述公开的内容以及结合附图1、2可知，附件1所公开的上述空间位于本体部2的底部。可见，附件1公开了本专利权利要求1中的特征（a）和特征（c），但是没有公开特征（b）和特征（d），而且上述特征（b）和特征（d）也不能从附件1中直接唯一地推导出来，因此二者所记载的技术方案不同，根据新颖性的判断原则，本专利权利要求1所要保护的技术方案相对于附件1具备新颖性。

7. 关于创造性

专利法第二十二条第三款规定："创造性，是指同申请日以前已有的技术相比，该发明有突出的实质性特点和显著的进步，该实用新型有实质性特点和进步"。

在判断一项实用新型专利权利要求所保护的技术方案是否具备创造性时，首先应当确定与该权利要求所述技术方案最接近的现有技术方案，然后将该权利要求所述的技术方案与最接近的现有技术方案进行技术特征对比分析，找出二者的区别技术特征，如果这些区别技术特征是本领域的技术人员根据现有技术的教导而容易引入的，则该权利要求所保护的技术方案不具备创造性。

（1）第二请求人认为：本专利权利要求1相对于证据6、5的结合不具备创造性，不符合专利法第二十二条第三款的规定。

合议组认为，证据6公开了一种鼠标，主要公开了以下相关特征：鼠标本体1（参见证据6的说明书附图1）；"缆线类的储存部3"，存储部3"具有可收纳缆线6的前端的连接部7和连接器8的广度"（参见证据6的说明书中文译文的第4页第13~16行及说明书附图1）；"在储存部3安装可自由开闭的开闭盖9"（参见证据6的说明书中文译文的第4页第27行及说明书附图1）；"开闭盖9并不限定在侧面，亦可如第9图所示打开底板4的一部分，作为可开闭的方式"（参见证据6的说明书中文译文的第4页第21行至第22行及附图9）；"在此开闭盖9，配设作为卡合机构的突起12，变成与在本体外壳2的开口部侧面设置的卡合爪13卡合"（参见证据6的说明书中文译文的第30行至第31行及附图2和4）。

将本专利权利要求1与证据6相比较可知，证据6所公开的鼠标本体1相当于本专利权利要求1中的特征（a）中的输入装置，所公开的开闭盖和卡合机构相当于特征（d），所公开的储存部3相当于特征（c）中的输入装置底部的容置空间，另外，作为鼠标装置，证据6中的鼠标本体1的外壳体显然是由上壳体和下壳体组成的，且外壳体内必然存在电路板和感测组，用于感测鼠标的移动并实现信号的传送，即证据6已经公开了特征（b），所以本专利权利要求1与证据6所公开的技术方案的区别在于，证据6中没有公开特征（a）中的接收器和特征（c）中的容置空间供收纳一接收器，其所公开的存储部用于收纳一带有缆线的连接器。

而证据5公开了一种无线滑鼠接收器结构，主要公开了以下相关内容（参见证据5的中国台湾地区专利公告文本的说明书第5页第16行及说明书附图2）：无线滑鼠2和无线滑鼠接收器3，即证据5公开了特征（a）中的接收器。由于在证据5中公开了分体的两个部件：无线滑鼠2和无线滑鼠接收器3，而且如上所述，在证据6中已经公开了一种将带有缆线的连接器收纳在储存部3中的技术方案，所以本领域普通技术人员很容易想到在证据5所公开的无线滑鼠接收器中设置如证据6中公开的储存部3那样的容置空间，以便把总是与之共同使用的无线鼠标接收器3收纳其中，以在不使用接收器时有效减少占用体积空间，因此在证据6和证据5的基础上得到本专利权利要求1所要求保护技术方案对本领域技术人员来说是显而易见的，且该技术方案也没有产生意想不到的技术效果，因此权利要求1所保护的技术方案相对于证据6和证据5的结合不具备专利法第二十二条第三款所规定的创造性。

（2）第二请求人认为：本专利权利要求2相对于证据6、5的结合不具备创造性，不符合专利法第二十二条第三款的规定。

合议组认为，权利要求2从属于权利要求1，其附加技术特征为："该接收器一侧具有一插接部"。此技术特征已在证据5中公开（参见证据5中国台湾地区专利公告文本的说明书第5页第23行及附图5B）：无线滑鼠接收器3的一端具有连接头341。所以当权利要求1相对于证据6、5的结合不具备创造性时，权利要求2相对于证据6、5的结合也同样不具备创造性，不符合专利法第二十二条第三款的规定。

（3）第二请求人认为：本专利权利要求3相对于证据6、5的结合不具备创造性，不符合专利法第二十二条第三款的规定。

合议组认为，权利要求3从属于权利要求1，其附加技术特征为："该电路板为第一电路板及第二电路板所构成"，它是对电路板的进一步限定。虽然在证据5和证据6中都没有公开电路板的具体结构如何，但是由两个电路板来构成总的电路板是本领域所惯用的，所以当权利要求1相对于证据6、5的结合不具备创造性时，权利要求3相对于证据6、5的结合也同样不具备创造性，不符合专利法第二十二条第三款的规定。

（4）第二请求人认为：本专利权利要求6相对于证据6、5、9的结合不具备创造性，不符合专利法第二十二条第三款的规定。

合议组认为，权利要求6从属于权利要求3，其附加技术特征为："该第二电路板具有一电源开关"。证据9公开了一种退卡结构，并公开了以下相关技术内容（参见证据9的说明书第11页第22行至第24行、第12页第14行至第17行）：当卡片插入插卡框时，电源切换部45与电路板21的电源接部25相贴合，则呈通电状态；当卡片退出插卡框时，电源切换部45偏离电路板21的电源接部25，则呈断电状态。根据证据9所公开的上述内容及该证据说明书第6页第8行至第7页第8行所述的发明目的可知，在证据9中设置电源切换部的主要目的是为了在插入、退出卡片时自动通、断电，而根据本专利的说明书可知，本专利通过容置空间、接收器、电源开关以及控制钮、弹性元件等相关元件的配合来实现在节省空间的同时省电的目的，同时证据9与本专利的技术领域也相差较远，所以证据9所公开的电源切换部并不能相当于本专利权利要求6中的电源开关，并且证据6和证据5也没有给出任何相关的技术启示，因此本专利权利要求6相对于证据6、5、9的结合具有实质性特点和进步，具备专利法第二十二条第三款所规定的创造性。

（5）第二请求人认为：本专利权利要求7相对于证据5、8的结合不具备创造性，不符合专利法第二十二条第三款的规定。

合议组认为，证据5公开了一种无线滑鼠接收器结构，主要公开了以下相关内容（参见证据5中国台湾地区专利公告文本的说明书第5页第16行及说明书附图2）：无线滑鼠2和无线滑鼠接收器3。将本专利权利要求7与证据5相比较可知，证据5所公开的无线滑鼠2相当于本专利权利要求7中的输入装置，证据5所公开的无线滑鼠接收器3相当于本专利权利要求7中的接收器。

证据8公开了一种计算机无线鼠标，主要公开了以下相关特征：鼠标主体2（参见证据8的说明书附图2）；设于鼠标底部的容纳电池的电池室212（参见证据8的说明书中文译文的第3页第17行及附图2）；起定位作用的定位板31（参见证据8的说明书中文译文的第3页第13行至第16行及附图2）。将本专利权利要求7与证据8相比较可知，证据8所公开的鼠标主体相当于本专利权利要求7中的输入装置，证据8所公开的电池室相当于本专利权利要求7中的可收容电池的容室。

可见，证据5和证据8中都没有公开权利要求7中的下述技术特征：位于输入装置底部的供收纳接收器的容置空间、设于容置空间内的定位机构、容置空间与容室之间枢设有一电池盖，以及收纳电池的容室位于容置空间的一侧，并且证据5和证据8也没有给出任何相关的技术启示，所以相对于证据5和证据8的结合而言，本专利权利要求7所要求保护的技术方案对于本领域技术人员来说是需要付出创造性劳动才能获得的，并且权利要求7的技术方案具有可有效减少占用体积空间，且达到握持良好及不易囤积灰尘的有益效果，因此本专利权利要求7相对于证据5、8的结合具有实质性特点和进步，具备专利法第二十二条第三款所规定的创造性。

（6）第二请求人认为：本专利权利要求8、9相对于证据6、5的结合不具备创造性，不符合专利法第二十二条第三款的规定。

合议组认为，权利要求8从属于权利要求1，权利要求9从属于权利要求8，它们的附加技术特征分别为："该定位机构具有一基部，此基部一侧形成有一露出于容置空间一侧形成凹槽的按压部"和"该按压部的勾部为勾设有一弹性元件的一端且弹性元件另端则勾设于下壳体对应的勾部内"，它们是对定位机构具体结构的进一步限定。而证据6中所公开的定位机构由开闭盖9、操作扣14和相互配合的突起12、卡合爪13所构成（参见证据6的说明书中文译文的第4页第30行至第32行及附图2和4），它与上述附加技术特征中所记载的定位机构并不相同，并且在证据6和证据5中也未给出任何使用权利要求8和权利要求9所述定位机构的技术启示，所以权利要求8、9相对于证据6、5的结合具备创造性，符合专利法第二十二条第三款的规定。

（7）第二请求人认为：本专利权利要求12相对于证据6、5的结合不具备创造性，不符合专利法第二十二条第三款的规定。

合议组认为，权利要求12从属于权利要求1，其附加技术特征为："该输入装置为滑鼠、键盘或摇杆的硬体装置"，它是对输入装置的进一步限定。如前所述，在证据5和证据6中都公开了输入装置为一种滑鼠，并且使用键盘或摇杆的硬体装置作为输入装置是本领域所公知的，而且使用键盘或摇杆的硬体装置作为输入装置也没有带来任何意想不到的技术效果，所以当权利要求1相对于证据6、5的结合不具有创造性，权利要求12相对于证据6、5的结合也同样不具备创造性，不符合专利法第二十二条第三款的规定。

（8）由于本专利权利要求1相对于证据6和证据5的结合不具备创造性，因此对于请求人有关本专利权利要求1不具备创造性的其他证据组合不再进行评述。

因此，基于以上事实和理由，合议组作出如下决定。

三、决定

宣告02241174.7号实用新型专利权利要求1～3、12无效，在权利要求4～11的基础上维持该专利权部分有效。

当事人对本决定不服的，可以根据专利法第四十六条第二款的规定，自收到本决定之日起三个月内向北京市第一中级人民法院起诉。根据该款规定，一方当事人起诉后，另一方当事人应当作为第三人参加诉讼。

009

具有涡卷式双向伸缩插头连接线的鼠标案

无效宣告请求审查决定（第7940号）

决　定　号　第7940号
决　定　日　2005年12月20日
发明创造名称　具有涡卷式双向伸缩插头连接线的鼠标
国际分类号　G06F 3/033
无效请求人　陈　宇
专利权人　郭进昌　张文汉
专　利　号　01275246.0
申　请　日　2001年12月3日
授权公告日　2002年9月11日
合议组组长　马　昊
主　审　员　穆丽娟
参　审　员　张　度

法律依据　专利法第二十二条第三款　专利法实施细则第二十一条第二款
决定要点

如果两篇对比文件属于相近的技术领域，相结合得出权利要求的技术方案是很容易的，并且两者的结合没有产生意料不到的技术效果，那么该权利要求所要求保护的技术方案不具有实质性特点和进步，不具备创造性。

一、案由

本无效宣告请求涉及国家知识产权局专利局于2002年9月11日授权公告、申请号为01275246.0的实用新型专利（下称本专利）的专利权，名称为“具有涡卷式双向伸缩插头连接线的鼠标”，申请日为2001年12月3日，专利权人是郭进昌、张文汉（下称被请求人）。

本专利授权公告的权利要求书如下：

“1. 一种具有涡卷式双向伸缩插头连接线的鼠标，包括插头连接线（1），其特征在于，在所述插头连接线中部设置有涡卷式双向伸缩装置（2），所述伸缩装置包括上盖（22）、下盖（23）及装有涡卷式绕制弹簧片（242）的转盘（24），所述连接线（1）绕制在所述转盘（24）的外壳上。

2. 根据权利要求1所述的鼠标，其特征在于，在所述下盖（23）上设置有转盘（24）的中轴（233），在所述中轴（233）上竖直设置有直口（247），在所述转盘（24）的外壳上设置有开口（246），所述弹簧片（242）的内端固定在所述中轴（233）的直口（247）的下部，其外端固定在所述开口（246）处。

3. 根据权利要求1所述的鼠标，其特征在于，在所述转盘（24）的上表面设置有滚珠轨道（243）及与其配合的滚珠（244），所述滚珠轨道（243）设置有限位端（245）。

4. 根据权利要求1、2所述的鼠标，其特征在于，在所述上盖（22）上设置有与所述中轴（233）对应的中孔（221）及设置有与所述滚珠（244）配合的限位槽（222），所述限位槽的一端与所述中孔连接。

5. 根据权利要求1所述的鼠标，其特征在于，在所述下盖（23）的两端分别设置有榫头（231）及榫槽（232），在所述上盖22的两端分别设置有与所述榫头（231）及榫槽（232）对应的榫槽与榫头。”

针对上述实用新型专利权，陈宇（下称请求人）于2005年2月5日向专利复审委员会提出了宣告本专利权无效的请求，其理由是本专利不符合专利法第二十二条第三款的有关创造性的规定，所提供的证据如下：

证据1：本专利的授权文本；

证据2（对比文件1）：申请日为1999年10月6日的中国台湾地区专利公开文件，公告日为2001年5月25日，公告号为438168；

证据3（对比文件2）：专利号为5796047，申请号为897602，公开日为1998年8月18日的美国专利文件及其相关译文。

请求人认为，（1）对比文件1与本专利权利要求1进行技术特征对比后，区别仅在于本专利权利要求1的技术方案中涡卷式双向伸缩装置具有上盖和下盖，而对比文件1中的卷线盒具有一个外壳；以及本专利权利要求1的技术方案中涡卷式绕制弹簧片设置于转盘内部并且连接线绕在转盘的外部，对比文件1中没有公开这两个技术特征。而该两区别技术特征已经全部被对比文件2公开，由于在对比文件1中采用了引述的方式公开了对比文件2相应的技术内容，因此将对比文件1的技术方案与对比文件2的技术方案相结合从而得到本专利权利要求1的技术方案是不需要花费创造性劳动的，因此权利要求1相对于对比文件1和对比文件2的结合不具备创造性。（2）权利要求2的附加技术特征已经在对比文件2中公开，因此权利要求2相对于对比文件1和对比文件2的结合也是不具备创造性的。（3）权利要求3~5的附加技术特征为本领域普通技术人员常用的技术手段，因此权利要求3~5相对于对比文件1和对比文件2的结合也是不具备创造性的。

经形式审查合格，专利复审委员会受理了上述请求，并于2005年3月2日向双方当事人发出无效宣告请求受理通知书，并将无效宣告请求书及其附件的副本转送被请求人。

本案合议组于2005年8月19日向双方当事人发出口头审理通知书，定于2005年9月26日上午举行口头审理。

请求人于2005年9月1日寄交了口头审理通知书回执，表示参加口头审理。被请求人于2005年9月14日寄交了口头审理通知书回执，表示不参加口头审理。

口头审理于2005年9月26日如期举行，请求人出席口头审理，被请求人未出席口头审理。

请求人当庭增加新的无效理由：专利法实施细则第二十条第一款、专利法实施细则第二十一条第二款。

此外，请求人明确其无效理由为：以证据2（对比文件1）作为最接近的现有技术，结合公知常识或者证据3（对比文件2）评述本专利权利要求1~5不具备创造性；以及本专利权利要求3不符合专利法实施细则第二十一条第二款，本专利权利要求4不符合专利法实施细则第二十一条第二款、专利法实施细则第二十条第一款。

口审结束后，合议组于2005年9月26日将口审时请求人提出的无效理由，包括新增加的无效理由转发给被请求人。被请求人期满未答复。

至此，合议组认为本案的事实已清楚，作出如下决定。

二、决定的理由

1. 关于现有技术

对比文件 1 和对比文件 2 的公开日期早于本专利的申请日，因此两对比文件记载的内容构成本专利的现有技术。

对比文件 1（参见说明书第 6 页至第 7 页，以及附图 6）中公开了一种带有卷线盒的鼠标，包括一卷线盒，其包括通讯线材、外壳、转盘以及涡形卷簧；并且通讯线材两端伸出该卷线盒。

对比文件 2（参见说明书第 1 栏第 52 行至第 55 行，第 58 行至第 66 行，第 2 栏第 16 行到第 55 行以及附图 1）中公开了一种用于连接电话听筒和话机的电子盒，包括一个卷线盒，该卷线盒包括有以下组件：底壳、顶盖、旋转组件、螺旋弹簧以及线缆，在底壳底部设置有一轴和设置于轴外围且具有开口的短管，同时旋转组件上设置有一外围的缺口；螺旋弹簧容置于旋转组件的底部圆形空间，其两端分别有一内部钩形端和一外部钩形端，且内部钩形端和外部钩形端与开口和缺口分别连接，固定该螺旋弹簧。

2. 权利要求 1

将本专利的权利要求 1 的技术方案与对比文件 1 公开的内容相比较，对比文件 1 中没有公开如下特征：（a）涡卷式双向伸缩装置具有上盖和下盖；（b）涡卷式绕制弹簧片设置于转盘内部并且连接线绕在转盘的外部。

对比文件 2 为对比文件 1 背景技术部分引述的一篇文献，公开了一种用于连接电话听筒和话机的电子盒。上述两区别技术特征已经全部被对比文件 2 公开（参见说明书第 1 栏第 52 行到第 55 行，第 58 行到第 66 行，第 2 栏第 16 行到第 55 行以及附图 1）。

由此可见，对比文件 1 和对比文件 2 相结合已经披露了权利要求 1 的全部技术特征。由于对比文件 1 和对比文件 2 属于相近的技术领域，并且对比文件 1 在背景技术部分采用引述的方式公开了对比文件 2 中相应的技术内容，因此在对比文件 1 的基础上结合对比文件 2 得出权利要求 1 的技术方案是很容易的，并且两者的结合没有产生意料不到的技术效果，因此，权利要求 1 所要求保护的技术方案不具有实质性特点和进步，不符合专利法第二十二条第三款所规定的创造性。

3. 权利要求 2

权利要求 2 直接从属于权利要求 1，其附加技术特征为：在所述下盖（23）上设置有转盘（24）的中轴（233），在所述中轴（233）上竖直设置有直口（247），在所述转盘（24）的外壳上设置有开口（246），所述弹簧片（242）的内端固定在所述中轴（233）的直口（247）的下部，其外端固定在所述开口（246）处。这些技术特征也全部被对比文件 2 所公开（参见说明书第 1 栏第 52 行到第 55 行，第 58 行到第 66 行，第 2 栏第 16 行到第 55 行以及附图 1）。因此，权利要求 2 所要求保护的技术方案也不具有实质性特点和进步，不符合专利法第二十二条第三款所规定的创造性。

4. 权利要求 3

权利要求 3 中公开了滚珠轨道以及滚珠的技术特征，但却没有涉及与所述滚珠轨道相配合使用的中孔和限位槽的技术特征，但是该技术特征是实现其插头连接线能够自动定位和自动复位的发明目的所必不可少的，因此权利要求 3 缺少必要技术特征，不符合专利法实施细则第二十一条第二款的有关规定。

由于权利要求 3 已经因上述理由不能被接受，因此，合议组对于请求人认为权利要求 3 不具备创造性的无效理由不再进行评述。

5. 权利要求 4

权利要求 4 分别从属权利要求 1、2，是由两个技术方案构成，这两个技术方案中均公开了与中轴对应的中孔以及与滚珠配合的限位槽的技术特征，但却没有涉及与所述滚珠和限位槽相配合使用的滚珠轨道以及限位端的技术特征，但是该技术特征是实现其插头连接线能够自动定位和自动复位的发明目的所必不可少的，因此权利要求 4 的两个技术方案均缺少必要技术特征，不符合专利法实施细则第二十一条第二款的有关规定。

由于权利要求 4 已经因上述理由不能被接受，因此，合议组对于请求人认为权利要求 4 不清楚以及不具备创造性的无效理由不再进行评述。

6. 权利要求 5

权利要求 5 的附加技术特征为在所述下盖（23）的两端分别设置有椎头（231）及椎槽（232），在所述上盖（22）的两端分别设置有与所述椎头（231）及椎槽（232）对应的椎槽与椎头。该技术特征对于本领域普通技术人员来说属于公知常识，本领域普通技术人员很容易在不花费创造性劳动的基础上为了固定上盖和下盖而将该公知常识与对比文件 1 和对比文件 2 的技术方案相结合从而得到权利要求 5 的技术方案，因此，相对于对比文件 1 和对比文件 2 以及公知常识的结合，权利要求 5 是不具备创造性的，不符合专利法第二十二条第三款的有关规定。

三、决定

宣告 01275246.0 号实用新型专利权全部无效。

当事人对本决定不服的，可以根据专利法第四十六条第二款的规定，自收到本决定之日起三个月内向北京市第一中级人民法院起诉。根据该款的规定，一方当事人起诉后，另一方当事人应当作为第三人参加诉讼。

010

进出接线紧固端子案

无效宣告请求审查决定（第7952号）

决　定　号　第7952号
决　定　日　2005年11月29日
发明创造名称　进出接线紧固端子
国际分类号　H01 H 1/58　H01 R 4/38
无效请求人　天津市百利电气有限公司
专利权人　刘慧君
专　利　号　02240632.8
申　请　日　2002年6月24日
授权公告日　2003年5月14日
合议组组长　张荣彦
主　审　员　龙　安
参　审　员　崔哲勇

法律依据　专利法第二十二条第三款
决定要点

当庭出示的产品非原始状态，即使有销售证明，也不能作为使用公开的证据使用。

证人证言为复印件，且证言出具人并未到庭接受询问，因此对其真实性不能认定。

若权利要求与对比文件的"区别技术特征"是本领域的常用技术手段，则权利要求要求保护的技术方案不具备创造性。

一、案由

该无效宣告请求涉及国家知识产权局专利局于2003年5月14日授权公告的02240632.8号实用新型专利，名称为"进出接线紧固端子"，专利权人为刘慧君。其授权公告时的权利要求书为：

"1. 一种进出接线紧固端子，其特征在于塑壳基座（1）的下方底部设置紧固螺母（3），静触头（5）相对平行设置在塑壳基座（1）的底部，静触头（5）的一端部设置内六方紧固螺栓（2），内六方紧固螺栓（2）与塑壳基座（1）的下方底部设置的紧固螺母（3）紧固联接。

2. 根据权利要求1所述的进出接线紧固端子，其特征在于静触头（5）的一端部设置连接板（4）的一端部，连接板（4）的一端部设置内六方紧固螺栓（2），内六方紧固螺栓（2）与塑壳基座（1）的下方底部设置的紧固螺母（3）紧固联接，连接板（4）的另一端部设置内六方紧固螺栓（2）。

3. 根据权利要求2所述的进出接线紧固端子，其特征在于静触头（5）的一端部相对平行固定设置连接板（4），静触头（5）的一端部设置内六方紧固螺栓（2），内六方紧固螺栓（2）与塑壳基座（1）的下方底部设置的紧固螺母（3）紧固联接，连接板（4）的另一端部设置内六方紧固螺栓

(2)。”

针对所述实用新型专利，天津市百利电气有限公司（下称请求人）于2005年2月6日向专利复审委员会提出宣告该专利权无效的请求，理由为此专利缺乏新颖性、创造性。同时提供如下证据：

证据1：请求人声称的、天津市低压开关厂2000年7月生产的“DZ20Y－400W/3300、315 A无飞弧塑壳断路器”产品及天津低压开关厂2001年9月生产的“TM30－100W、32 A无飞弧塑壳断路器”产品照片一张；

证据2：天津市低压开关厂“TM30S－100W塑料外壳式断路器2TD. 256. 418. 1－32”生产图纸复印件一张；

证据3：原天津市低压开关厂技术人员王英出具的关于TM30系列产品“改进设计”的证言复印件一张。

经形式审查合格，专利复审委员会受理了上述无效宣告请求，于2005年2月6日发出受理通知书并将所述专利权无效宣告请求书及证据转送给专利权人刘慧君（下称被请求人）。

2005年3月4日请求人提交意见陈述书，对前述意见进行补充，同时提交如下补充证据：

证据4：浙江电器开关厂（上海华通开关厂五分厂）“SE－630塑料外壳式断路器”图纸复印件一张；

证据5：浙江电器开关厂（上海华通开关厂五分厂）“8WKS. 946. 001螺母”图纸复印件一张；

证据6：天津市低压电器公司向江苏连云港供电局开关厂、天津化工设计院电力设备厂及北京天低开电器销售中心等单位销售DZ20Y、TM30塑壳式断路器转账凭证、销货清单和增值发票等资料复印件共11页；

证据7：国家知识产权局专利检索咨询中心关于“进出接线紧固端子ZL02240632. 8”的检索报告及其相关文献1、2和3；

文献1——92235955. 5号实用新型专利说明书，授权公告日1993年10月27日（下称对比文件1）；

文献2——01230216. 3号实用新型专利说明书，授权公告日2002年4月3日（下称对比文件2）；

文献3——01232100. 1号实用新型专利说明书，授权公告日2002年3月27日（下称对比文件3）；

证据8：（2005）浙温鹿证字第008092号公证书复印件。

2005年3月19日，被请求人向专利复审委员会提交意见陈述书，陈述其专利具备新颖性、创造性的理由，同时对证据1、2的真实性表示质疑，并否认证据3的有效性。随附证明材料的复印件一份。

专利复审委员依法成立合议组，合议组于2005年8月11日向双方当事人发出口头审理通知书，随转被请求人于2005年3月19日提交的意见陈述书及证明材料给请求人、请求人于2005年3月4日提交的补充意见陈述书及补充证据4～8给被请求人。因故取消该次口头审理后，合议组于2005年9月29日再次向双方当事人发出无效宣告请求口头审理通知书，定于2005年11月16日对此案进行口头审理。

口头审理如期举行，双方均出席此次审理。审理中：① 请求人出示证据1照片中的实物；② 请求人提交证据2、4、5的图纸；③ 证人甄晓琦出具证据6的原件；④ 请求人详述权利要求第1～3项相对于证据1～8缺乏新颖性、创造性的理由。被请求人指出：① 证据1的实物已开封，非原始状态；② 证据2、4、5不是硫酸纸原图，对所述三份证据的真实性有异议；③ 承认证据6的复印件与原件相符；④ 权利要求1～3相对于证据7中的对比文件1～3具备新颖性、创造性；⑤ 对证据1、2、4、5的公开时间和真实性质疑，认为其无法评述所述权利要求的新颖性、创造性。

至此，合议组认为此案事实已清，可以作出审查决定。

二、决定理由

1. 关于证据

证据 1：请求人口审时出示了“DZ 20 Y”、“TM 30 无飞弧塑壳断路器”实物。经确认，照片与实物相符，被请求人指出所述产品已开封、非原始状态，产品上面的铭牌颜色有出入。合议组认为，鉴于产品非原始状态，难以确认其上标签及其结构的真实性，故对证据 1 不予考虑。

证据 2：请求人当庭提交的“TM 30 无飞弧塑壳断路器”图纸蓝图不是硫酸纸原图，且图纸明细表上下两部分字体大小差异明显。合议组对该证据的真实性不予认可。

证据 3：该证人证言为复印件，且证言出具人并未到庭接受询问，因此对该证言的内容的真实性不能认定。

证据 4、5：两份图纸均非硫酸图纸原图，无法认定其真实性。

证据 6：转账凭证、销货清单和增值发票等资料经核对，与原件相符，可认定其真实性。

证据 7：三份专利文献属实，其公开日期均在本专利申请日之前，可作为评价该专利新颖性、创造性的依据。

证据 8：公证书仅证明“浙江电器开关有限公司”印签属实，没有对“情况说明”中内容的真实性进行公证。故对所述公证书中的“情况说明”的真实性不予认定。

2. 关于新颖性

（1）证据 4、5、8 结合。

因证据 4、5 的真实性不能确认，加之证据 8 公证书中“情况说明”中记载的内容无法认定其真实性，故所述证据结合不能支持请求人提出的“权利要求 1 缺乏新颖性”的主张。

（2）证据 1、3、6 结合。

因不能确定证据 1、3 的真实性，所以二者结合证据 6 以证明“权利要求 1 不具备新颖性”的理由不能成立。

（3）证据 7 中的对比文件 1。

对比文件 1 涉及一种接线端子，包括（说明书第 1 页第 4 段至第 2 页，图 1～3）：绝缘座 6 下方设置螺母 5（相应于“塑壳基座（1）的下方底部设置紧固螺母（3）”），导电连片 4 设置在绝缘座 6 底部（相应于“静触头（5）相对平行设置在塑壳基座（1）的底部”），导电连片 4 端部设置螺丝 1（相应于“静触头（5）的一端部设置内六方紧固螺栓（2）”），螺丝 1 下部螺纹连接有螺母 5（相应于“内六方紧固螺栓（2）与塑壳基座（1）的下方底部设置的紧固螺母（3）紧固联接”）。

权利要求 1 与所述对比文件 1 区别在于，权利要求 1 中的螺栓 2 为内六方形，对比文件 1 中的螺丝 1 为“一”字型。可见对比文件 1 与权利要求 1 的技术方案存在区别技术特征，因此权利要求 1 相对于对比文件 1 而言具备专利法第二十二条第二款规定的新颖性。

（4）证据 7 中的对比文件 2。

对比文件 2 涉及一种抗干扰接线端子，包括（说明书第 1 页最后 1 行至第 2 页第 2 行，图 1、2）：接线端子连片 2 下方设置螺母（图 1 无标号）（相应于“塑壳基座（1）的下方底部设置紧固螺母（3）”），线端子 6 设置在接线端子连片 2 底部（相应于“静触头（5）相对平行设置在塑壳基座（1）的底部”），线端子 6 端部设置螺丝 1（相应于“静触头（5）的一端部设置内六方紧固螺栓（2）”），螺丝 1 下部连接有螺母（相应于“内六方紧固螺栓（2）与塑壳基座（1）的下方底部设置的紧固螺母（3）紧固联接”）。

权利要求 1 与所述对比文件 2 区别在于，前者的螺栓 2 为内六方形，后者的螺丝 1 为“一”字型。可见对比文件 1 与权利要求 1 的技术方案并非完全相同，因此权利要求 1 相对于对比文件 2 而言具备新颖性。

（5）证据7中的对比文件3。

对比文件3涉及一种低压负荷隔离开关，与权利要求1的技术方案涉及不同的产品，且并无与权利要求1相应的结构特征，因此所述权利要求相对于对比文件1而言亦具备新颖性。

3. 关于创造性

（1）权利要求1。

对比文件1涉及一种接线端子，包括（说明书第1页至第4段至第2页，图1~3）：绝缘座6下方设置螺母5（相应于“塑壳基座（1）的下方底部设置紧固螺母（3）”），导电连片4设置在绝缘座6底部（相应于“静触头（5）相对平行设置在塑壳基座（1）的底部”），导电连片4端部设置螺丝1（相应于“静触头（5）的一端部设置内六方紧固螺栓（2）”），螺丝1下部螺纹连接有螺母5（相应于“内六方紧固螺栓（2）与塑壳基座（1）的下方底部设置的紧固螺母（3）紧固联接”）。

权利要求1与所述对比文件1区别在于，前者的螺栓2为内六方形，后者的螺丝1为“一”字型。“一”字形或内六方形的螺钉都是本领域的常用紧固件，“GB70－85内六角圆柱头螺钉”是国家1985年制定出的标准连接件。所属领域普通技术人员在现有技术基础上，很容易想到利用不同的螺栓（丝）作为紧固件用于所需要的场合，不需付出创造性劳动。故权利要求1不具备专利法第二十二条第三款规定的创造性。

（2）权利要求2。

该权利要求的附加技术特征为：静触头（5）的一端部设置连接板（4）的一端部，连接板（4）的一端部设置内六方紧固螺栓（2），内六方紧固螺栓（2）与塑壳基座（1）的下方底部设置的紧固螺母（3）紧固联接，连接板（4）的另一端部设置内六方紧固螺栓（2）。如上所述，内六方螺栓在该紧固端子中的使用无需付出创造性劳动，该权利要求中的其他结构是本领域的常用结构，为所属领域技术人员熟知，在权利要求2引用的权利要求1缺乏创造性的情况下，该权利要求同样不具备创造性。

（3）权利要求3。

该权利要求的附加技术特征为：静触头（5）的一端部相对平行固定设置连接板（4），静触头（5）的一端部设置内六方紧固螺栓（2），内六方紧固螺栓（2）与塑壳基座（1）的下方底部设置的紧固螺母（3）紧固联接，连接板（4）的另一端部设置内六方紧固螺栓（2）。如上所述，内六方螺栓在该紧固端子中的使用无需付出创造性劳动，该权利要求中的其他结构是本领域的常用结构，为所属领域技术人员熟知，在权利要求3引用的权利要求2没有创造性的情况下，该权利要求同样缺乏创造性。

综上，权利要求1~3没有实质性特点和进步，不符合专利法第二十二条第三款创造性的规定。

三、决定

宣告02240632.8号实用新型专利权全部无效。

当事人如对本决定不服，可以根据专利法第四十六条第二款的规定，自收到本决定之日起三个月内向北京市第一中级人民法院起诉。根据该款的规定，一方当事人起诉后，另一方当事人应当作为第三人参加诉讼。

011

扩充功能键的键盘装置案

无效宣告请求审查决定（第7956号）

决 定 号 第7956号
决 定 日 2005年12月21日
发明创造名称 扩充功能键的键盘装置
国 际 分 类 号 G06F 3/023
无效请求人Ⅰ 东莞清溪德丽电子厂
无效请求人Ⅱ 北京京联特科技有限责任公司
无效请求人Ⅲ 北京振远兴业贸易有限公司
专 利 权 人 光宝科技股份有限公司
专 利 号 96220743.8
申 请 日 1996年8月28日
授 权 公 告 日 1998年5月13日
合 议 组 组 长 张 度
主 审 员 黄毅斐
参 审 员 蒋 彤

法 律 依 据 专利法第二十六条第三款、第四款、第二十二条第二款、第三款 专利法实施细则第二十条第一款、第二十一条第二款

决 定 要 点

如果将两篇对比文件相结合而得到一项权利要求所保护的技术方案对于所属领域的技术人员来说是显而易见的，并且也未产生预料不到的技术效果，则该项权利要求不具有实质性特点和进步。

一、案由

本无效宣告请求涉及国家知识产权局专利局于1998年5月13日授权公告的、专利号为96220743.8、名称为“扩充功能键的键盘装置”的实用新型专利（下称本专利），其专利权人为旭丽股份有限公司，后于2003年12月18日变更为光宝科技股份有限公司（下称被请求人）。本专利授权公告的权利要求书如下：

“1. 一种扩充功能键的键盘装置，包括一个人计算机用标准键盘和用于该标准键盘的扫描矩阵，其特征在于，还包括：

在所述标准键盘上嵌设的扩增的功能键；

在所述扫描矩阵外增添的行线或列线，其中，所述行线或列线与所述标准键盘内部电路结构中微处理器的特定I/O线配合，以与所述扩增功能键对应。

2. 如权利要求1所述的扩充功能键的键盘装置，其特征在于，还包括直接在所述扫描矩阵内未定义的阵点上定义的扩增的功能键。”

针对上述专利权，东莞清溪德丽电子厂（下称第一请求人）于2001年7月4日向专利复审委员会提出无效宣告请求，认为本专利不符合专利法第二十二条第二款、第三款以及第二十六条第三款、第四款的规定。其具体理由是：（1）本专利说明书没有公开和提示制造本专利键盘的方法，对权利要求中的区别特征没有作清楚、完整的充分公开，某些限定概念不清楚；（2）权利要求1的技术方案不同于说明书中的技术方案，缺少关于说明书中教导的实现本专利目的所必需的“新扫描矩阵”的限定，权利要求2与说明书内容相矛盾，或者说其内容在说明书中没有描述；（3）本专利相对于对比文件1~1不具备新颖性，相对于对比文件1~1和对比文件1~2的结合不具备创造性，对比文件1~3至1~13单独或其结合或与对比文件1~1结合均破坏本专利的专利性。

第一请求人在提出无效宣告请求时提交的对比文件1~1至1~13如下：

对比文件1-1：“Apple Adjustable Keyboard User’s Guide”英文手册复印件5页，@ Apple Computer，Inc.，1992；

对比文件1-2：《微电脑导论》复印件，全华科技图书公司出版，再版日期1980年11月；

对比文件1-3：“Microsoft Developer Network”（DISC6，Win32 SDK）内容复印件，发行日期1996年7月；

对比文件1-4：《整合计算机大辞典》复印件，台湾东华书局股份有限公司出版，初版日期1994年9月；

对比文件1-5：WO96/06486A1专利文件及其国际检索报告中所引述的对比文件，公开日期1996年2月29日；

对比文件1-6：WO92/09039 A1专利文件及其国际检索报告中所引述的对比文件，公开日期1992年5月29日；

对比文件1-7：US4484826专利文件，公开日期1984年11月27日；

对比文件1-8：ZL95218262.9专利文件，授权公告日1996年8月14日；

对比文件1-9：ZL94206717.7专利文件，授权公告日1995年4月12日；

对比文件1-10：从ftp：// ftp. cs. princeton. edu/pub/typing-injury/apple-press下载的2页内容；

对比文件1-11：FCC IDENTIFIER为“BCGM1242”的“GRANT OF EQUIPMENT AUTHORIZATION”1页；

对比文件1-12：从http：//www. angel. ne. jp/~ikeda/appletribe/parts_ ke/keyboard_ 06. html下载的4页内容；

对比文件1-13：“UMC UM6868 Keyboard Controller”复印件。

经形式审查合格，专利复审委员会于2001年7月16日受理了第一请求人的无效宣告请求，并将无效宣告请求书及其所附对比文件1-1至1-13的副本转送被请求人。

专利复审委员会于2001年8月30日收到被请求人针对第一请求人的无效宣告请求书提交的答辩意见，被请求人认为：（1）对比文件1-1、1-3不属于“公开出版物”，也无证据证明其产品在本专利申请日前已在国内公开使用或销售，因此也不构成“在国内公开使用”或“为公众所知”；（2）对比文件1-2没有真正披露与本专利要求保护的技术特征相关的内容，在目的、功能和技术效果等方面均与本专利不同；（3）对比文件1-4只是对HotKey热键的含义进行了解释，没有公开清晰、完整的技术方案内容，无法与本专利进行对比；（4）对比文件1-8、1-9不能覆盖本专利权利要求1的区别技术特征；（5）对比文件1-10至1-13不属于“公开出版物”和“为公众所知”；（6）本专利的说明书及附图清楚、完整地公开了本专利的技术方案，权利要求书是以说明书为依据的；（7）由于对比文件1－1至1－13存在多处不合法问题，如未提交外文证据的中文译文等，因此不再对本专利的新颖性和创造性进行针对性答复。

被请求人还于2002年8月13日提交了请求加快审查的意见陈述书及相关侵权纠纷案件审理通知书的复印件。

第一请求人于2001年8月3日又提交了意见陈述书和新补充的对比文件1－14至1－21以及原对比文件1－10至1－12的公证书复印件（出证日期为2001年7月4日），增加了本专利不符合专利法实施细则第二十条第一款和第二十一条第二款的规定的无效理由，认为：本专利权利要求中存在含义不清楚的特征，并且权利要求还缺乏必要技术特征，没有从整体上说明本专利的技术方案；另外，对比文件1－1、对比文件1－3至1－10、对比文件1－13至1－20中的任何一篇均披露了扩增功能键的键盘技术，权利要求1相对于对比文件1－1或1－17不具备新颖性，权利要求1和2相对于对比文件1－1、对比文件1－3至1－10、对比文件1－13至1－20中的任何一篇或其组合不具备创造性。

第一请求人新补充的对比文件1－14至1－21如下：

对比文件1－14：US4698618专利文件，公开日期1987年10月6日；

对比文件1－15：US4583092专利文件，公开日期1986年4月15日；

对比文件1－16：US5181029专利文件，公开日期1993年1月19日；

对比文件1－17："UMC UM6868 Keyboard Controller"复印件（即对比文件1－13）及其中文译文、英群企业股份有限公司的品名为"英群BTC 5131C CHINESE"的出货单和发票的复印件、盖有联华电子股份有限公司收据专用章的UMC UM6868－03的四份收据复印件；

对比文件1－18：1993年3月刊MACWORLD杂志封面及"NEWS"第81页的复印件；

对比文件1－19："Apple Design"封面、封底以及第162页的复印件；

对比文件1－20：Sun Microsystems计算机公司的"Sun Type 5c Keyboard and Type 5 Mouse Product Notes"手册，1994年7月修订版A的复印件和"Using Your Sun Keyboard"手册，1992年7月修订版A的复印件，以及2幅键盘照片复印件；

对比文件1－21：FCC IDENTIFIER为"C9SKB8703"的"GRANT OF EQUIPMENT AUTHORIZATION"1页，以及从互联网下载的"Software Library Download Details：REFFIUP00420200"和FCC IDENTIFIER分别为"E5XKBM10510"、"C9SKB8703"的"GRANT OF EQUIPMENT AUTHORIZATION"的文件的公证书复印件共3页，出证日期为2001年7月16日。

第一请求人再次于2002年10月4日提交了意见陈述书以及对比文件1－1、1－5、1－6、对比文件1－10至1－12、1－14、1－18、1－20、1－21有关内容的中文译文，其补充意见是：本专利权利要求1和权利要求2相对于对比文件1－1、1－4至1－6、1－14、1－18和对比文件1－20中的任何一篇均不具备新颖性，且相对于对比文件1－1、1－4至1－6、1－14、1－18和对比文件1－20中的任何一篇与本领域技术常识或必然手段的结合不具备创造性，另外对比文件1－10证实了由于使用公开而使本专利不具备新颖性；说明书中由于没有对"标准键盘"和用于该标准键盘的"扫描矩阵"、以及"扩增的功能键"和与之对应的"增添的行线或列线"、"特定I/O线"这些技术术语进行定义，其含义不清而使所属技术领域的技术人员不经过创造性劳动就难以实现其技术方案；权利要求1和权利要求2中关于扫描矩阵的限定特征实际上是重复限定，因此不简明；权利要求1和权利要求2中缺少新扫描矩阵、对上述含义不清的技术术语的必要的澄清性限定以及有关驱动软件的必要技术特征。

专利复审委员会本案合议组于2004年6月3日向第一请求人发出外文证据处理通知书，要求请求人提交对比文件1－7、1－15和对比文件1－16所使用部分的中文译文。

第一请求人于2004年7月15日提交了对比文件1－7、1－15和对比文件1－16的中文译文。

针对该专利权，北京京联特科技有限责任公司（下称第二请求人）于2002年10月4日向专利复审委员会提出无效宣告请求，认为本专利不符合专利法第二十二条第二款、第三款，第二十六条第三款、第四款以及专利法实施细则第二十条第一款和第二十一条第二款的规定。其具体理由是：（1）本专利权利要求1、2相对于对比文件2－1至2－3、2－5、2－8至2－12中的任何一篇均不具备新颖性，另外，对比文件2－4证实了由于使用公开而使本专利不具备新颖性；（2）本专利权利要求1、2相对于对比文件2－1至2－3、2－8至2－12中的任何一篇与本领域技术常识或必然手段的结合不具备创造性。此外，第二请求人关于本专利不符合专利法第二十六条第三款、第四款以及专利法实施细则第二十条第一款和第二十一条第二款的规定的理由与第一请求人相同，因此合议组在此不再引述。

第二请求人在提出无效宣告请求时提交的对比文件2－1至2－15如下（其中括号内的数字为相同证据在第一无效宣告请求案中的编号）：

对比文件2－1（1－4）：《整合计算机大辞典》复印件，台湾东华书局股份有限公司出版，初版日期1994年9月；

对比文件2－2（1－1）："Apple Adjustable Keyboard User' s Guide"英文手册复印件5页，Apple Computer，Inc.，1992以及相关中文译文；

对比文件2－3（1－18）：1993年3月刊MACWORLD杂志封面及"NEWS"第81页的复印件以及相关中文译文；

对比文件2－4：从http：//gullfoss2. fcc. gov…/Grant_ Form. htsapplication_ id = 24380&mode = COPY&fcc_ id = BCGM124下载的FCC IDENTIFIER为"BCGM1242"的"GRANT OF EQUIPMENT AUTHORIZATION"1页（1－11）、从ftp：// ftp. cs. princeton. edu/pub/typing－injury/apple－press下载的2页内容（1－10）和从http：//www. angel. ne. jp/ ~ ikeda/appletribe/parts_ ke/keyboard_ 06. html下载的4页内容（1－12）的公证书复印件以及相关中文译文，出证日期为2001年7月4日；

对比文件2－5（1－20）：Sun Microsystems计算机公司的"Sun Type 5c Keyboard and Type 5 Mouse Product Notes"手册1994年7月修订版A的复印件和"Using Your Sun Keyboard"手册1992年7月修订版A的复印件以及相关中文译文，2幅键盘照片复印件；

对比文件2－6（1－21）：从http：//www. pbnec. nl/support/itemnr/REFFIUP00420200. html下载的"Software Library Download Details：REFFIUP00420200"、从http：// gullfoss2. fcc …/ Grant_ Form. htsapplication_ id = 49233&mode = COPY&fcc_ id = E5XKBM1051下载的FCC IDENTIFIER为"E5XKBM10510"的"GRANT OF EQUIPMENT AUTHORIZATION"1页和从http：//gullfoss2. fcc. g…/Grant_ Form. hts application_ id = 36570&mode = COPY&fcc_ id = C9SKB870下载的FCC IDENTIFIER为"C9SKB8703"的"GRANT OF EQUIPMENT AUTHORIZATION"1页的公证书复印件以及相关中文译文，出证日期为2001年7月16日；

对比文件2－7：国立台湾科技大学林其禹教授2002年8月20日作出的关于GATEWAY 2000（CMYKPQ7119）键盘之键盘矩阵测试报告以及2001年10月2日作出的关于SUN键盘（C9SKB8703）之键盘矩阵测试报告的复印件；

对比文件2－8：1996年5月刊PC WORLD杂志的复印件；

对比文件2－9：US5375165专利文件，公开日期1994年12月20日，以及相关中文译文；

对比文件2－10（1－14）：US4698618专利文件，公开日期1987年10月6日，以及相关中文译文；

对比文件 2－11（1－6）：WO92/09039A1 专利文件及其国际检索报告中所引述的对比文件，公开日期 1992 年 5 月 29 日，以及相关中文译文；

对比文件 2－12（1－5）：WO96/06486 A1 专利文件及其国际检索报告中所引述的对比文件，公开日期 1996 年 2 月 29 日，以及相关中文译文；

对比文件 2－13（1－2）：《微电脑导论》复印件，全华科技图书公司出版，再版日期 1980 年 11 月；

对比文件 2－14：本专利的美国同族专利 US5986586 的审查意见通知书以及相关中文译文；

对比文件 2－15：本专利的中国台湾地区和美国同族专利，以及其美国专利权利要求 1 的相关中文译文。

第二请求人还于 2002 年 11 月 1 日提交了如下补充对比文件 2－16 至 2－18：

对比文件 2－16：台湾“台北地方法院”所属民间公证人陈永星事务所出具的从 http://www.geocities.com/SiliconValley/Campus/1671/docs/keyboard.htm 下载的网页内容的公证书复印件，出证时间 2002 年 10 月 22 日；

对比文件 2－17：《微电脑周边设备》封面、封底和第 173～186 页的复印件，台湾儒林图书有限公司出版，再版日期 1992 年 7 月；

对比文件 2－18：《微电脑界面技术与实作》封面、封底、版权页和第 11－2～11－21 页的复印件，台湾碁峰资讯股份有限公司发行，1991 年 11 月初版，2001 年 2 月初版 21 刷。

第二请求人另于 2002 年 11 月 25 日提交了对比文件 2－16 的中文译文。

经形式审查合格，专利复审委员会于 2002 年 12 月 9 日受理了第二请求人的无效宣告请求，并将无效宣告请求书及其所附对比文件 2－1 至 2－15，以及对比文件 2－16 至 2－18 和对比文件 2－16 的中文译文的副本转送被请求人。

专利复审委员会于 2003 年 1 月 14 日收到被请求人针对第二请求人的无效宣告请求书的答辩意见，被请求人认为：（1）对比文件 2－1 属于境外出版物，对比文件 2－8 无中文译文；（2）对比文件 2－2、2－5 不属于公开出版物，也不能作为使用公开而影响本专利的新颖性；（3）对比文件 2－4、2－6、2－7、2－14 和对比文件 2－16 不能作为评价本专利的新颖性和创造性的合法证据；（4）第二请求人提供的多篇对比文件中的任何一篇均没有完全覆盖本专利权利要求 1 的技术方案，因此本专利具备新颖性；（5）第二请求人对本专利与对比文件之间的区别技术特征是本领域普通技术人员根据公知技术可以推知的论断没有法律依据，应从整体上综合评价区别技术特征是否具有实质性特点和进步，第二请求人所认为的在标准键盘上增加扩充功能键必然要增加扫描矩阵的行线/列线，而且所增加的行线/列线必然要与键盘内部电路结构中微处理器的特定 I/O 线配合，并与所述扩充功能键相对应的观点是一种明显的主观推论，属于“事后诸葛亮”式评价，另外，多篇对比文件中虽然也存在附加功能键的功能，但都不具有本专利的技术效果，因此本专利具备创造性；（6）本专利是对 IBM 标准键盘的形状和构造的改进，没有必要再描述该标准键盘的制造方法，在本专利说明书附图 2 中可以清晰地区分出与增添的行线 111 相对应的微处理器上的特定输入/输出接脚 P8，因此本专利中的“特定”一词含义清晰、准确，因此本专利说明书已充分公开，也不存在权利要求书没有得到说明书支持的问题；（7）第二请求人指出的所谓不清楚的术语在说明书中都有明确解释，例如说明书中清楚说明了所谓标准键盘是指个人计算机的键盘（具有可设定按键的内定码有 128 个，一般采用 8×16 扫描矩阵和相应的微处理器），因此本专利权利要求书符合专利法实施细则第二十条第一款的规定，另外本专利权利要求书也符合专利法实施细则第二十一条第二款的规定。

专利复审委员会本案合议组于2004年9月23日向上述三方当事人发出口头审理通知书，定于2004年11月4日对本案进行合案审理，并随口审通知书将第一请求人于2001年8月3日、2002年10月4日提交的意见陈述书及其补充对比文件1－14至1－21和对比文件1－10至1－12的公证书、对比文件1－1、1－5、1－6、1－10至1－12、1－14、1－18、1－20、1－21相关内容的中文译文，以及于2004年7月15日提交的对比文件1－7、1－15、1－16的中文译文转送被请求人，将被请求人于2001年8月30日和2002年8月13日提交的针对第一请求人的无效宣告请求的意见陈述书转送第一请求人，将被请求人2003年1月14日提交的针对第二请求人的无效宣告请求的意见陈述书转送第二请求人。

口头审理于2004年11月4日如期举行，三方当事人的代理人均出席了口头审理。在口头审理中，第一和第二请求人均明确其无效理由是本专利不符合专利法第二十二条第二款、第三款，第二十六条第三款、第四款，专利法实施细则第二十条第一款、第二十一条第二款的规定。第一请求人声明放弃对比文件1－3和对比文件1－19，并当庭提交了对比文件1－1、1－13、1－17和对比文件1－20的原件，以及对比文件1－2、1－4和对比文件1－18的原件和公证书，同时新提交了作为公知常识证据使用的由电子科技大学出版社出版的《微型计算机组成原理》一书的封面、版权页和第314～324页的复印件以及对该书的封面及第314～324页进行公证的公证书，合议组当庭将该书的上述复印件转交被请求人。第二请求人当庭提交了对比文件2－8、2－16和对比文件2－17的原件及公证书，但没有提交对比文件2－7的原件，同时也将上述《微型计算机组成原理》作为公知常识证据使用。另外，第一和第二请求人当庭提交了“北京市公证员协会”出具给专利复审委员会的公函，其中指明将海基会寄来的江雪玉的认证书副本共6件转给专利复审委员会，但其中并未指明所附6件副本的编号；被请求人对认证书的真实性没有异议，但对上述公函与第一、二请求人所称的公证副本（对比文件1－2（即对比文件2－13）、1－4（即对比文件2－1）、1－18（即对比文件2－3）以及2－8、2－16、2－17）是否存在关联性有异议。

被请求人对第一和第二请求人提交的所有专利文件的真实性和所有外文证据的中文译文的准确性均没有异议。被请求人认为对比文件1－1（即对比文件2－2）、1－13和对比文件1－20（即对比文件2－5）均是没有经公证认证的域外证据，并且不是公开出版物，它们都是随产品销售而获得的证据。被请求人还认为对比文件1－10至1－12（即对比文件2－4）、对比文件1－21（即对比文件2－6）和对比文件2－16都属于内容不确定、易修改的网上证据，其内容虽经公证但仍对其真实性持有异议。

第一和第二请求人均明确使用对比文件1－6（即对比文件2－11）评价本专利权利要求1和权利要求2的新颖性，用对比文件1－6（即对比文件2－11）作为与本专利最接近的对比文件，结合对比文件1－2（即对比文件2－13）或是当庭提交的《微型计算机组成原理》来评价本专利权利要求1和2的创造性。

在口头审理中，第一和第二请求人均只对上述对比文件的结合方式陈述了意见，对于其他对比文件的使用方式没有发表具体意见，声明以口审前提交的书面意见为准。

第一和第二请求人均没有提交口审前的书面意见中所提及的对比文件1－5（即对比文件2－12）和1－6（即对比文件2－11）的检索报告中引述的对比文件。

被请求人承认本专利权利要求2的技术方案在说明书中没有记载，但认为本领域普通技术人员根据本专利说明书中的启示容易实现，因此权利要求2的技术方案能够得到说明书的支持。

鉴于第一和第二请求人当庭新提交的公知常识类证据《微型计算机组成原理》一书复印件的版权页不清楚，仅能分辨出版次为第1版，印次为第4次印刷，而且公证书中缺少对上述版权页的证明，此外，“北京市公证员协会”出具的公函中没有指明所附6件副本（即，对比文件1－2（即对比文件2－13）、1－4（即对比文件2－1）、1－18（即对比文件2－3）和2－8、2－17、2－18的公证书）的编号，因此合议组告知第一和第二请求人应在口审之日起十天之内提交《微型计算机组成原理》的具有版权页的公证文件，以及应提交由“北京市公证员协会”出具的表明其公函与所附6件副本的关联性的公函。

第一和第二请求人于2004年11月17日提交了已写明所附6件认证书副本的编号的“北京市公证员协会”的公函（出具时间为2003年3月19日），以及对《微型计算机组成原理》一书的封面、封底、书名页、版权页、出版说明页、前言、目录、第314～324页进行公证的公证书，其中上述版权页记载了所公证的《微型计算机组成原理》的版次为1995年11月第1版，印次为1995年11月第1次印刷。

该公函经被请求人的代理人于2005年2月22日核实被确认无误。

在对第一和第二请求人提出的无效宣告请求进行上述口头审理之后，专利复审委员会收到北京振远兴业贸易有限公司（下称第三请求人）于2005年1月4日提出的针对本专利权的无效宣告请求，其无效理由和所涉及的事实与第一和第二请求人相同，依据的证据与第一和第二请求人提交的以下对比文件相同：

1. 对比文件1－6（即对比文件2－11）；

2. 对比文件2－9；

3. 第一和第二请求人口审后提交的公证书所进行公证的版次为1995年11月第1版，印次为1995年11月第1次印刷的《微型计算机组成原理》一书的封面、封底、版权页、目录以及第314～324页的复印件共19页；

4. 对比文件1－4（即对比文件2－1）；

5. 对比文件1－2（即对比文件2－13）。

对于第三请求人提出的该无效宣告请求，专利复审委员会于2005年2月25日发出无效宣告请求受理通知书并随该通知书将第三请求人的无效宣告请求书及其附件清单中所列附件的副本转送被请求人，同时在上述通知书中要求被请求人在收到该通知之日起一个月内陈述意见。被请求人在上述指定期限内未进行答复，而是于2005年7月5日提交了意见陈述书，其主要答辩意见是：（1）本专利说明书充分介绍了本专利产品的构造，即其已公开了“该标准键盘的扫描矩阵外增添行或列线，并使之与所述标准键盘内部电路结构中微处理器的特定I/O线配合以与其扩增功能键对应”的技术方案，已能使本领域普通技术人员通过阅读说明书后实施本专利；本专利说明书在背景技术中已明确描述本专利是在IBM标准键盘的原有矩阵电路基础上进行的改进，本专利的发明点是在原标准键盘的扫描矩阵外增添行或列线，即如图2所示的行或列线111，图2中的标号2即为与增添的行或列线对应的扩增的功能键，图2中对应微处理器的P8接脚的线即为特定I/O线，且附图同样为本专利说明书的一部分，因此本专利中的术语“标准键盘”“扫描矩阵”“扩增的功能键”“增添的行线或列线”以及“特定的I/O线”含义清楚，本专利说明书符合专利法第二十六条第三款的规定；（2）权利要求1中虽未写明形成新的扫描矩阵的字眼，但其技术特征的结合的唯一解释是形成了新的扫描矩阵，因此权利要求1得到了说明书的支持；权利要求2的技术方案虽然在说明书中未记载，但不表明本领域普通技术人员根据其公知常识和本专利所记载的内容无法实施该技术方案，且没有任何规定要求说明书必须记载所有的实施例；（3）权利要求1、2符合专利法实施细则第二十条第一款和第二十一条第二款的规定，已清楚地公开了实现本专利目的的结构特征，不需要功能性特征去进行限定，同时与软件相配合的特征也非实用新型的保护范畴；（4）本专利与对比文件1－6（即对比文件2－11）、对比文件2－9在解决的技术问题、采用的技术方案的实质手段和预期达到的效果上均不同，因此本专利权利要求1、2相对于上述两篇对比文件具备新颖性；（5）本专利与对比文件1－6（即对比文件2－11）、对比文件2－9之间的区别技术特征是：本专利的扩增功能键是嵌设在标准键盘之扫描矩阵外增添的行或列线上，且此增添的行或列线是与标准键盘内部电路结构中微处理器的特定I/O线配合而与所述的扩增功能键对应，由于《微型计算机组成原理》一书和对比文件1－2（即对比文件2－13）均未提及或教导上述区别技术特征，而对比文件1－4（即对比文件2－1）只公开了热键的名词，并未公开针对热键的相应技术手段，并且对比文件1－6（即对比文件2－11）、对比文件2－9所欲解决问题的动机并不足以将该两篇对比文件分别与《微型计算机组成原理》一书和/或对比文件1－2（即对比文件2－13）结合，因此本领域普通技术人员不经过创造性劳动无法得到本专利权利要求1的技术方案，并且权利要求1的技术方案产生了可大幅增加标准键盘的操作功能等意料不到的技术效果，因此权利要求1、2具备创造性。

另外，被请求人在上述意见陈述书中未要求对第三请求人提出的无效宣告请求进行口头审理。

在上述工作的基础上，合议组认为各方当事人已经充分发表了意见，本案事实已清楚，可以依法作出无效宣告请求审查决定。

二、决定的理由

（一）对于第一和第二请求人的无效宣告请求

1. 关于专利法第二十六条第三款

专利法第二十六条第三款规定："说明书应当对发明或者实用新型作出清楚、完整的说明，以所属技术领域的技术人员能够实现为准"。也就是说，说明书应该满足充分公开发明或者实用新型的要求。

第一和第二请求人认为，在本专利的说明书中没有公开和提示制造本专利键盘装置的方法，也没有教导任何在"标准键盘的扫描矩阵"外增添行线或列线，并使之与所述标准键盘内部电路结构中微处理器的特定I/O线配合以与其扩增功能键对应的相关技术信息；而且说明书中对权利要求的所谓特征的说明不清楚，没有对"标准键盘"和用于该标准键盘的"扫描矩阵""扩增的功能键""特定I/O线"以及"增添的行线或列线"这些技术术语进行定义，从而使所属技术领域的技术人员难以实现本专利的技术方案。

对此，合议组认为：根据本专利说明书第1页第2段和第2页第15、16行的描述，本专利的"标准键盘"是指可设定按键的内定码有128个、扣除在各国语种中使用的按键数和系统命令码以外则最多可使用的按键码数只有8个、扫描矩阵为8×16的键盘，从附图1所示可见，本专利正是对普通PC机标准键盘（101键键盘）的改进，而与之相配的"扫描矩阵"则是本领域的公知概念，其含义清楚。同样从说明书的上述描述中可以获知，现有的一般计算机系统的"标准键盘"上存在功能键，并且未定义的可由用户来定义的功能键最多为8个，与此相应，且根据说明书第2页实施例部分的描述和参照附图2所示，当用户需要增加的功能键多于8个时，需要在已有8×16扫描矩阵外另外增加行线或列线，并利用作为键盘内部电路结构中的微处理器上除用于8×16扫描矩阵的I/O线外的剩余I/O线才能实现功能键的增加和对其的扫描识别处理，因而本领域技术人员完全可以直接、无疑义地明确这些增加的行线或列线（图2所示的线111）以及与之配合的I/O线（图2所示的P8端引出线）就是说明书技术方案部分所称的"特定I/O线"、"增添的行线或列线"，以及该"标准键盘"上尚未定义的8个功能键连同利用增加行线或列线而得到的功能键即是"扩增的功能键"。

因此，虽然本专利说明书中没有使用文字定义方式来说明"标准键盘"和用于该标准键盘的"扫描矩阵"、"扩增的功能键"、"特定I/O线"以及"增添的行线或列线"这些技术术语，但是本领域技术人员根据说明书和附图的描述，完全可以清楚其含义，从而清楚、正确地理解本专利、再现本专利的技术方案。

对于第一和第二请求人认为本专利由于没有公开键盘装置的制造方法以及有关在“标准键盘的扫描矩阵”外增添行线或列线，并使之与所述标准键盘内部电路结构中微处理器的特定 I/O 线配合以与其扩增功能键对应的相关技术内容，从而导致本领域技术人员无法不经过创造性劳动而实现本专利技术方案的理由，合议组认为：本专利预期解决的并不是在制造键盘时所针对的技术问题，本专利对现有技术的改进在于直接利用现有“标准键盘”的 8 × 16 扫描矩阵上未定义的键作为“扩增的功能键”，或是在该扫描矩阵外增加行线或列线来实现扩增功能键，本领域技术人员根据说明书实施例以及附图的记载内容，利用现有技术中已充分揭示的键盘制造方法，无需付出创造性劳动就能再现本专利的技术方案，解决其技术问题，并产生预期的技术效果。

综上，合议组认为第一和第二请求人关于本专利不符合专利法第二十六条第三款规定的无效理由不能成立。

2. 关于专利法第二十六条第四款

专利法第二十六条第四款规定，“权利要求书应当以说明书为依据，说明要求专利保护的范围”。即，权利要求应当得到说明书的支持，每一项权利要求所要求保护的技术方案应当是所属技术领域的技术人员能够从说明书中公开的内容直接得到或者概括得出的技术方案，并且权利要求的范围不得超出说明书记载的内容。

第一和第二请求人认为：（1）权利要求 1 中的键盘装置缺乏“新扫描矩阵”的限定，而在说明书中记载了原键盘扫描矩阵与增添的行或列线一起形成一新扫描矩阵，且该特征是实现本专利目的所必需的，因此权利要求 1 的技术方案由于不同于说明书记载的技术方案而得不到说明书的支持；（2）权利要求 2 的技术方案在说明书中没有公开，没有以说明书为依据。

对于上述第（1）点，合议组认为：根据说明书第 1 页第 27 ~ 30 行和第 2 页第 14 ~ 16 行的描述可知，本专利中的“新扫描矩阵”是指由原键盘扫描矩阵与增添的行或列线一起所形成的一个矩阵，并且所述增添的行或列线对应于扩增的功能键。基于此，权利要求 1 中虽然没有出现有关“新扫描矩阵”的限定，但是其中记载了“用于该标准键盘的扫描矩阵”以及“在所述扫描矩阵外增添的行线或列线”，并且增添的行线或列线是“与所述扩增功能键对应”，因此权利要求 1 中已经限定了构成说明书所述“新扫描矩阵”的原扫描矩阵以及在该矩阵外增添的行或列线，其技术方案与说明书中公开的技术方案实质上是一致的，符合专利法第二十六条第四款的规定。

对于上述第（2）点，合议组认为：本专利说明书中记载了非此即彼的两种实现扩充功能键的键盘装置的技术方案（见说明书第 1 页第 21 行至第 2 页第 1 行），第一种是在原键盘扫描矩阵外增添行或列线以扩充功能键，这正是权利要求 1 限定的技术方案；第二种是在当原键盘扫描矩阵上定义的按键数目较少时，直接在原扫描矩阵内未定义的阵点上定义扩增功能键而不必另外增添行或列线。此外，说明书中并没有记载将上述第一和第二两种技术方案相结合得到如权利要求 2 所限定的技术方案的内容，即，除了在原扫描矩阵内未定义的阵点上定义扩增功能键外，还再增添行或列线来扩充功能键，并且本领域技术人员从说明书公开的内容中也无法概括得出权利要求 2 的技术方案。因此，权利要求 2 记载的技术方案得不到说明书的支持，不符合专利法第二十六条第四款的规定。

对于被请求人认为虽然权利要求 2 的技术方案在说明书中没有记载，但本领域技术人员根据说明书的启示容易实现该技术方案，因此权利要求 2 得到说明书支持的争辩理由，合议组认为，如前所述，判断一项权利要求是否得到说明书支持所依据的原则是：每一项权利要求所要求保护的技术方案应当是所属技术领域的技术人员能够从说明书中公开的内容直接得到或者概括得出的技术方案，并且权利要求的范围不得超出说明书记载的内容，显然，上述判断原则与本领域技术人员是否能够容易实现该技术方案无关。

由于权利要求 2 不符合专利法第二十六条第四款的规定，因此合议组对下面的涉及权利要求 2 的无效理由不再进行评述。

3. 关于专利法实施细则第二十条第一款

第一和第二请求人认为：权利要求 1 和 2 中的技术术语“标准键盘”和用于该标准键盘的“扫描矩阵”、“扩增的功能键”、“特定 I/O 线”以及“增添的行线或列线”含义不清楚，导致权利要求的保护范围不清楚；而且，对于矩阵式键盘而言，键盘的按键与支持其功能的其内部行线或列线的扫描矩阵及其定义阵点是必然对应的，因此权利要求 1 和权利要求 2 中关于扫描矩阵的限定特征是重复限定，导致权利要求不简明。

对于权利要求 1，合议组认为：如前面决定理由第 3 点的论述，本专利说明书中对“标准键盘”和用于该标准键盘的“扫描矩阵”“扩增的功能键”“特定 I/O 线”以及“增添的行线或列线”已作出清楚的说明，因此上述技术术语含义清楚，此外从权利要求 1 本身的描述已明确限定“扫描矩阵”是“用于该标准键盘的”，“增添的行线或列线”是“在所述扫描矩阵外”增添的，因此权利要求 1 的保护范围清楚。而权利要求 1 中并未对扫描矩阵进行重复限定，而是限定了扩增功能键与在该扫描矩阵外所增添的行线或列线之间的对应关系，并不导致权利要求 1 不简明。因此，第一和第二请求人的理由不足以说明权利要求 1 不符合专利法实施细则第二十条第一款的规定。

4. 关于专利法实施细则第二十一条第二款

第一和第二请求人认为：（1）权利要求 1 缺少实现本专利目的的必要技术特征“原键盘扫描矩阵与增添的行线或列线一起形成一新扫描矩阵”，而且没有对不清楚的技术术语“标准键盘”和用于该标准键盘的“扫描矩阵”、“扩增的功能键”、“特定 I/O 线”以及“增添的行线或列线”作出必要的澄清性限定；（2）权利要求 1 和 2 缺少与软件相关的技术特征，因此不符合专利法实施细则第二十一条第二款的规定。

合议组认为，第一和第二请求人的上述第（1）点理由涉及的事实与其提出的本专利不符合专利法第二十六条第四款规定的第（1）点理由和权利要求 1 不符合专利法实施细则第二十条第一款规定的理由所涉及的事实相同，权利要求 1 中限定了“增添的行线或列线”，由此可以无疑义地理解为“原键盘扫描矩阵与增添的行线或列线一起形成一新扫描矩阵”，不存在缺少该必要技术特征的缺陷，关于不清楚的技术术语，合议组已在前面相应的部分进行了论述，因此在此不再赘述。

对于上述第（2）点理由，即权利要求 1 和权利要求 2 缺少与软件相关的技术特征的理由，合议组认为：本专利的目的在于在现有标准键盘上增设功能键，即提供一种扩充功能键的键盘装置，从而使操作者能直接利用键盘上的功能键来操控外设，而非对现有技术的视窗系统应用程序和功能键驱动程序的处理流程进行改进，在权利要求 1 中已经完整写明了实现本专利目的的键盘装置所必需的结构改进特征，因此权利要求 1 并不因缺少有关软件程序的特征而不符合专利法实施细则第二十一条第二款的规定。

综上，第一和第二请求人关于本专利不符合专利法实施细则第二十一条第二款规定的无效理由不能成立。

5. 关于现有技术

被请求人认为对比文件 1－1（即对比文件 2－2）、1－13（1－17）和对比文件 1－20（即对比文件 2－5）属于域外证据，并且不属于公开出版物，均是随产品销售而获得的。对此第一和第二请求人既未提供能够在国内单独获得上述对比文件或是随上述对比文件所记载的键盘和芯片在国内的销售行为从而获得上述对比文件的任何证据，也未提交作为域外证据时所应办理的公证认证文件。同时被请求人对这些对比文件的真实性也提出异议，因此上述对比文件不具有证据效力，在本案中不予采信。

对比文件 1－10 至 1－12（即对比文件 2－4）、1－21（即对比文件 2－6）、2－16 是在本专利申请日后从网页下载的内容，上述网页内容虽经公证，但该公证书所证明的只是在本专利申请日后的网页内容，而无法证明其就是在本专利申请日前网页所显示的内容，因此对比文件 1－10 至 1－12（即对比文件 2－4）、1－21（即对比文件 2－6）、2－16 不能作为影响本专利的现有技术。

由于第二请求人没有提供对比文件 2－7 的原件，因此该对比文件不具有证据效力。

第一和第二请求人在口审后提交的《微型计算机组成原理》的公证书中所公证的版权页与其当庭提交的相同书名的一书的版权页复印件所记载的印次不相同，也就是说，第一和第二请求人在口审后提交的公证书所公证的并不是其口审时提交的印次为“第 4 次印刷”的《微型计算机组成原理》一书。由于第一和第二请求人未能提交其口审时作为公知常识证据使用的印次为“第 4 次印刷”的《微型计算机组成原理》一书的版权页公证证明，也就无法证明该“第 4 次印刷”的《微型计算机组成原理》的公开日期，因此合议组不再考虑该份证据。

对比文件 2－14 和 2－15 是有关本专利的中国台湾地区和美国同族专利及其审查情况的文件，与本案的审查无关。

由于第一和第二请求人在口审后提交了已写明所附 6 件认证书副本（即，对比文件 1－2（即对比文件 2－13）、1－4（即对比文件 2－1）、1－18（即对比文件 2－3）和 2－8、2－17、2－18 的公证书）的编号的“北京市公证员协会”的公函，因此合议组认为可以确认上述对比文件的真实性，在此基础上，由于上述对比文件的公开时间均在本专利申请日之前，因此能够作为评价本专利的现有技术。

对比文件 1－5（即对比文件 2－12）至 1－9、1－14（即对比文件 2－10）至 1－16（即对比文件 2－11）以及 2－9 均是在本专利申请日之前公开的专利文件，因此能够作为评价本专利的现有技术。同时，鉴于被请求人对请求人提交的上述对比文件中的外文证据的中文译文的准确性没有异议，合议组在进行新颖性和创造性的评述中将直接引用其中文译文的相关段落。

6. 关于新颖性

本专利权利要求 1 所保护的扩充功能键的键盘装置包括以下技术特征：

a. 一个人计算机用标准键盘和用于该标准键盘的扫描矩阵；

b. 在所述标准键盘上嵌设的扩增的功能键；

c. 在所述扫描矩阵外增添的行线或列线，其中，所述行线或列线与所述标准键盘内部电路结构中微处理器的特定 I/O 线配合，以与所述扩增功能键对应。

对比文件 1－6（即对比文件 2－11）涉及一个设有多个能够执行独立于一个应用程序的功能的功能键的改进系统，该独立功能键可在不受到应用程序或 TSR 程序影响或者影响应用程序或 TSR 程序的情况下操作（见译文说明书第 2 页第 2 段），其中具体公开了以下内容（见译文说明书第 2 页第 3 段、第 6 页第 4、5 段、附图 5 和 7）：包括具有一组常规的字母数字键和功能键，并且还具有至少一个附加的功能键 Fn 的键盘；键盘控制器可与键盘结合成一个单元，可利用内部键盘微处理器控制键盘控制器，内部键盘微处理器为键盘产生列示出信号，键盘是接触开关的矩阵，接触开关以多行和多列的形式电设置；键盘微处理器可确定是否通过顺序地启动列输出并且读出行输入使开关被闭合以检测其中一个行线是否被启动，键盘微处理器使用行信号和目前的启动列信号以唯一识别键盘上被压下的按键，利用扫描码以常规方式识别键。将对比文件 1－6（即对比文件 2－11）公开的上述技术内容与权利要求1相比较可见，对比文件1-6（即对比文件2-11）已经公开了权利要求1在具有扫描矩阵的计算机键盘上嵌设扩增功能键的技术，并且附加功能键Fn与键盘上其他按键一样，设置在键盘内部电路结构中微处理器I/O口所连行线与列线形成的交叉阵点上。但是，对比文件1-6（即对比文件2-11）中并未说明其键盘为权利要求1特征a中所述的“个人计算机用标准键盘”，相应地，键盘扫描矩阵是“用于该标准键盘的扫描矩阵”，也未进一步描述采用何种结构来扩充功能键Fn，即Fn是设置在原扫描矩阵尚未定义的阵点上（如本专利说明书第1页第30~31行记载的技术方案），还是需要如权利要求1特征c中所述的在原扫描矩阵外另外增添行线或列线，且所述增添的行或列线与键盘微处理器的特定I/O线配合。因此，由于对比文件1-6（即对比文件2-11）没有公开权利要求1的全部技术特征，其不能影响权利要求1的新颖性，即，权利要求1相对于对比文件1-6（即对比文件2-11）具备新颖性。

另外，对比文件1-4（即对比文件2-1）、1-5（即对比文件2-12）、1-7至1-9、1-14（即对比文件2-10）、1-18（即对比文件2-3）、2-8以及2-9也均未公开权利要求1的全部技术特征，其不能影响权利要求1的新颖性。

由于第一请求人未针对对比文件1-16评述本专利不具备新颖性提出具体理由，因此对比文件1-16也不能够影响权利要求1的新颖性。

7. 关于创造性

对比文件1-2（即对比文件2-13）第四章涉及微电脑周边装置与界面，其4.5节介绍了有关键盘的矩阵结构，列举了一个简单的4×3的12键矩阵，并指出通常键盘都排成列和行的形式，有n×m个键的结构，利用扫描方式检查被按下的键（见第61页）。根据对比文件1-2（即对比文件2-13）的上述内容可知，键盘矩阵的大小是可变的，随着按键数目的增加，可以通过在原键盘矩阵结构的基础上增添行线和列线的方式来扩大原键盘矩阵以得到更多的用于扩增按键的可定义阵点。由于上述内容并没有提出对n和m有何特殊限制，显然，n和m可是任意正整数，因此选择只增添行线或列线，或是同时增添行线和列线的方式来实现键盘矩阵的扩大均是本领域技术人员根据实际情况可采取的具体扩大方式，只增添行线或列线的方式也未较同时增添行线和列线的方式存在特殊的技术问题。因此，在对比文件1-6（即对比文件2-11）公开的设置扩增功能键Fn的基础上，本领域技术人员根据对比文件1-2（即对比文件2-13）的上述教导，采用在原键盘矩阵外增添行线或列线，并使该增添的行线或列线与键盘内部电路结构中微处理器的特定I/O线配合的方式以扫描识别按键Fn，即如权利要求1特征c所述的结构来实现扩增功能键Fn是显而易见的。至于权利要求1特征a所限定的本专利键盘是“标准”的以及相应的，其扫描矩阵是“用于该标准键盘的扫描矩阵”的特征，合议组认为，键盘是否标准对于权利要求1的技术方案无任何实质影响，换言之，将对比文件1-6（即对比文件2-11）中的键盘及其扫描矩阵更换为本专利所述的标准键盘及其扫描矩阵对于设置功能键Fn来说不存在任何技术上的困难，更未带来预料不到的技术效果。

基于以上理由，将对比文件1-6（即对比文件2-11）与对比文件1-2（即对比文件2-13）相结合而得到权利要求1的技术方案对于本领域技术人员来说是显而易见的，并且权利要求1的技术方案也未取得预料不到的技术效果，因此权利要求1的技术方案不具有实质性特点和进步，不符合专利法第二十二条第三款有关创造性的规定。

鉴于对比文件1-6（即对比文件2-11）与对比文件1-2（即对比文件2-13）的结合已构成影响权利要求1的创造性的组合，因此合议组对于对比文件的其他组合方式不再予以评述。

综上所述，本专利权利要求1不符合专利法第二十二条第三款的规定，权利要求2不符合专利法第二十六条第四款的规定，第一和第二请求人关于本专利不具备创造性的无效理由成立。

（二）.对于第三请求人在合议组对第一和第二请求人提出的无效宣告请求进行口头审理之后提出的无效宣告请求

鉴于第三请求人的无效理由和所涉及的事实与第一和第二请求人相同，所依据的证据亦包括合议组在评述本专利的新颖性和创造性时所采用的对比文件1-6（即对比文件2-11）、对比文件2-9、对比文件1-4（即对比文件2-1）和对比文件1-2（即对比文件2-13），因此参见以上对第一和第二请求人提出的无效理由进行的评述，其关于本专利不具有创造性的无效理由成立。

三、决定

宣告96220743.8号实用新型专利权全部无效。

当事人如对本决定不服，可依据专利法第四十六条第二款的规定，自收到本决定之日起三个月内向北京市第一中级人民法院起诉。根据该款的规定，一方当事人起诉后，另一方当事人应当作为第三人参加诉讼。

北京市第一中级人民法院
行政判决书

（2006）一中行初字第784号

原告光宝科技股份有限公司，住所地中华人民共和国台湾省台北市内湖区瑞光路392号22楼。

法定代表人宋恭源，董事长。

委托代理人王玉双，隆天国际知识产权代理有限公司专利代理人。

委托代理人高龙鑫，隆天国际知识产权代理有限公司专利代理人。

被告国家知识产权局专利复审委员会，住所地中华人民共和国北京市海淀区北四环西路9号银谷大厦。

法定代表人廖涛，副主任。

委托代理人黄毅斐，女，国家知识产权局专利复审委员会审查员。

委托代理人高雪，女，国家知识产权局专利复审委员会审查员。

第三人东莞清溪德丽电子厂，住所地中华人民共和国广东省东莞市清溪镇青湖工业园富士工业城。

第三人北京振远兴业贸易有限公司，住所地中华人民共和国北京市海淀区中关村甲331楼1单元601号。

第三人北京京联特科技有限责任公司。

一、案由

原告光宝科技股份有限公司（下称光宝公司）因专利行政决定一案，不服被告国家知识产权局专利复审委员会第7956号无效宣告请求审查决定（下称第7956号决定），向本院提起行政诉讼。本院受理后，依法组成合议庭，在法定期限内向被告送达了起诉书副本及应诉通知书。依照《中华人民共和国行政诉讼法》第二十七条的规定，本院通知东莞清溪德丽电子厂（下称德丽电子厂）、北京京联特科技有限责任公司（下称京联特公司）、北京振远兴业贸易有限公司（下称振远公司）作为第三人参加诉讼，并于2007年2月26日公开开庭审理了本案。原告光宝公司的委托代理人，被告的委托代理人黄毅斐、高雪，第三人德丽电子厂、振远公司的共同委托代理人吴玉和到庭参加了诉讼，本院经公告送达开庭传票，但第三人京联特公司未到庭参加诉讼。本案现已审理终结。

2005 年 12 月 21 日，被告作出第 7956 号决定。该决定认为，原告拥有的名称为“扩充功能键的键盘装置”的第 96220743.8 的实用新型专利（下称本专利）的权利要求 2 不符合《中华人民共和国专利法》（下称《专利法》）第二十六条第四款的规定，权利要求 1 不符合《专利法》第二十三条第三款关于创造性的规定，故宣告本专利权全部无效。在法定举证期限内，为证明被诉决定的合法性，被告向本院提交了下列证据：1. 本专利授权公告文本复印件；2. 第 7956 号决定；3. 公开日期为 1992 年 5 月 29 日的 WO92/09039A1 专利文件及其中文译文（下称对比文件 1－6）；4.《微电脑导论》的封面、版权信息页以及第 60～63 页复印件（下称对比文件 1－2）；5. 台湾“台北地方法院”所属民间公证人陈永星事务所出具的公证书及北京市公证员协会出具的公函复印件；6. 口头审理记录表复印件。

原告诉称，一、被告关于本专利权利要求 2 不符合《专利法》第二十六条第四款规定的决定存在认定事实不清。根据《审查指南》对权利要求是否得到说明书的支持的判断标准的规定，本专利说明书虽然记载了两种扩增功能键的方法，但是这两种方法之间并非排他性的，本领域技术人员在两个独立的技术方案基础上，通过常规的实验方法即简单的叠加手段即可实现两方案的结合，因而本专利所属技术领域的技术人员通过常规的实验手段足以将说明书的内容扩展到权利要求 2 所述的保护范围，故本专利权利要求 2 符合《专利法》第二十六条第四款规定。二、被告关于本专利权利要求 1 相比对比文件有关新颖性认定中关于对比文件 1－6 公开了本专利权利要求 1 的相应技术特征的认定存在事实不清，因而导致被告在认定本专利相比两篇对比文件的结合不具创造性的决定中认定事实亦不清。对比文件 1－2 所公开的 n×m 结构矩阵并非可以为任意正整数，在本专利申请日之前的技术背景下，无法突破微软 8×16 标准矩阵的限制。被告认定对比文件 1－2 存在技术教导属于认定事实不清。在十年前，克服微软操作系统所设置的技术瓶颈是一个难题，本领域技术人员不加创造性的劳动是无法将对比文件 1－6 结合对比文件 1－2 得到本专利权利要求 1 的技术方案。综上所述，请求法院判决撤销第 7956 号决定。

在法定举证期限内，原告为支持其诉讼主张，除向本院提交了与被告提交的证据 1、证据 2、证据 3、证据 4 相同的证据外，还提交了德丽电子厂、京联特公司的无效宣告请求书及本专利原权利人旭丽股份有限公司（下称旭丽公司）针对无效宣告请求所作的意见陈述作为证据。

被告辩称，《专利法》第二十六条第四款要求权利要求在表述形式和实质上均应当得到说明书的支持，每一项权利要求所要求保护的技术方案应当是所属技术领域的技术人员能够从说明书中公开的内容直接得到或者概括得出的技术方案，并且权利要求的范围不得超出说明书记载的内容。本专利说明书中没有记载权利要求 2 所述的技术方案。权利要求 2 是将说明书中所记载的两种技术方案进行组合后而形成的一个新的技术方案，因此该权利要求不属于依据说明书公开的技术内容而进行扩展的上位概念是否概括适当的问题。至于本领域技术人员是否能够容易实现权利要求 2 的技术方案，与判断该权利要求是否得到说明书的支持无关。原告所主张的本专利的扩增功能键与对比文件 1－6 中功能键在功能上的区别，在其权利要求中没有体现，并且说明书中也未说明其扩增功能键具有区别于本领域基本含义的特别含义。对比文件 1－2 已经公开了改变扫描矩阵大小，从而可获得更多的可定义阵点的技术内容，在对比文件 1－6 公开的基础上，本领域技术人员根据对比文件 1－2 的教导，采用在原键盘矩阵外增添行线或列线的具体技术手段来扩增功能键是显而易见的。故请求法院判决维持第 7956 号决定。

第三人德丽电子厂、振远公司述称，第 7956 号决定结论正确，请求法院驳回原告的诉讼请求，维持被诉决定。第三人京联特公司未向本院陈述意见。三第三人均未向本院提交证据。

二、事实认定

经庭审质证，原告、被告对对方提交证据的关联性、合法性、真实性均没有异议，但不同意对方的证明作用。第三人德丽电子厂、振远公司对原告、被告提交证据的关联性、合法性、真实性均没有异议，但不同意原告证据的证明作用。

经审查本院认为，被告提交的证据1、证据2、证据3、证据4、证据5、证据6、原告提交的证据与本案审查的第7956号决定有关，且符合合法性、真实性的要求，本院予以采纳。根据上述确认的有效证据以及当事人当庭无争议的陈述，本院认定事实如下：1996年8月28日，旭丽公司向国家知识产权局（下称国知局）提出名称为“扩充功能键的键盘装置”的实用新型专利申请。1998年5月13日国知局授予其专利权，即本专利。2003年12月18日专利权人变更为原告。本专利授权公告的权利要求书如下：1. 一种扩充功能键的键盘装置，包括一个人计算机用标准键盘和用于该标准键盘的扫描矩阵，其特征在于，还包括：在所述标准键盘上嵌设的扩增的功能键；在所述扫描矩阵外增添的行线或列线，其中，所述行线或列线与所述标准键盘内部电路结构中微处理器的特定I/O线配合，以与所述扩增功能键对应。2. 如权利要求1所述的扩充功能键的键盘装置，其特征在于，还包括直接在所述扫描矩阵内未定义的阵点上定义的扩增的功能键。2001年7月4日德丽电子厂以本专利不符合《专利法》第二十二条第二款、第三款、第二十六条第三款、第四款的规定为由，向被告提出无效宣告请求，并提交了包括对比文件1－2、对比文件1－6在内的13份证据作为对比文件。同年8月3日德丽电子厂又增加了本专利不符合《中华人民共和国专利法实施细则》（以下简称《专利法实施细则》）第二十条第一款、第二十一条第二款规定的无效理由，并提交了意见陈述书和新补充的8份证据材料，以及出证日期为2001年7月4日的公证书复印件。2002年10月4日德丽电子厂又提交了部分证据材料有关内容的中文译文。2002年10月4日京联特公司以本专利不符合《专利法》第二十二条第二款、第三款，第二十六条第三款、第四款以及《专利法实施细则》第二十条第一款和第二十一条第二款的规定为由，向被告提出无效宣告请求，并提交了包括对比文件1－6、对比文件1－2在内的15份证据材料。同年11月1日，京联特公司补充提交了3份证据。同月25日，京联特公司又提交了相关证据的中文译文。被告受理上述无效宣告请求后，将有关文件转送给旭丽公司，并于2004年11月4日举行了口头审理。在口头审理中，德丽电子厂、京联特公司均明确其无效理由是本专利不符合《专利法》第二十二条第二款、第三款，第二十六条第三款、第四款，《专利法实施细则》第二十条第一款和第二十一条第二款的规定。德丽电子厂当庭提交了由电子科技大学出版社出版的《微型计算机组成原理》一书的封面、版权页和第314～324页的复印件以及对该书的封面及第314～324页进行公证的公证书作为公知常识证据，合议组当庭将该书的复印件转交给原告。京联特公司亦将该书作为公知常识证据使用。同时，德丽电子厂和京联特公司均明确使用对比文件1－6评价本专利权利要求1和权利要求2的新颖性，用对比文件1－6作为与本专利最接近的对比文件，结合对比文件1－2或是《微型计算机组成原理》来评价本专利权利要求1和2的创造性。

2005年1月4日振远公司向被告提出无效宣告请求，所依据的无效理由与德丽电子厂、京联特公司相同，并提交了包括对比文件1－6、对比文件1－2在内的4份证据材料作为对比文件。

被告受理后，进行了转文。原告针对振远公司的无效请求提交了意见陈述，但未提出对振远公司所提无效宣告请求进行口头审理的请求。经审查，被告认为，虽然本专利说明书中没有使用文字定义方式来说明“标准键盘”和用于该标准键盘的“扫描矩阵”、“扩增的功能键”、“特定I/O线”以及“增添的行线或列线”这些技术术语，但是本领域技术人员根据说明书和附图的描述，完全可以清楚其含义，从而清楚、正确地理解本专利、再现本专利的技术方案。本专利预期解决的并不是在制造键盘时所针对的技术问题，本专利对现有技术的改进在于直接利用现有“标准键盘”的8×16扫描矩阵上未定义的键作为“扩增的功能键”，或是在该扫描矩阵外增加行线或列线来实现扩增功能键，本领域技术人员根据说明书实施例以及附图的记载内容，利用现有技术中已充分揭示的键盘制造方法，无需付出创造性劳动就能再现本专利的技术方案，解决其技术问题，并产生预期的技术效果。故德丽电子厂和京联特公司关于本专利不符合《专利法》第二十六条第三款规定的无效理由不能成立。

根据说明书的描述可知，本专利中的“新扫描矩阵”是指由原键盘扫描矩阵与增添的行或列线一起所形成的一个矩阵，并且所述增添的行或列线对应于扩增的功能键。基于此，权利要求1中虽然没有出现有关“新扫描矩阵”的限定，但是其中记载了“用于该标准键盘的扫描矩阵”以及“在所述扫描矩阵外增添的行线或列线”，并且增添的行线或列线是“与所述扩增功能键对应”，因此权利要求1中已经限定了构成说明书所述“新扫描矩阵”的原扫描矩阵以及在该矩阵外增添的行或列线，其技术方案与说明书中公开的技术方案实质上是一致的，符合《专利法》第二十六条第四款的规定。本专利说明书中记载了非此即彼的两种实现扩充功能键的键盘装置的技术方案，第一种是在原键盘扫描矩阵外增添行或列线以扩充功能键；第二种是在当原键盘扫描矩阵上定义的按键数目较少时，直接在原扫描矩阵内未定义的阵点上定义扩增功能键而不必另外增添行或列线。说明书中并没有记载将上述两种技术方案相结合得到如权利要求2所限定的技术方案的内容，并且本领域技术人员从说明书公开的内容中也无法概括得出权利要求2的技术方案。因此，权利要求2记载的技术方案得不到说明书的支持，不符合《专利法》第二十六条第四款的规定。由于权利要求2不符合《专利法》第二十六条第四款的规定，因此，被告对涉及到权利要求2的其他无效理由不再进行评述。

本专利说明书中对“标准键盘”和用于该标准键盘的“扫描矩阵”、“扩增的功能键”、“特定I/O线”以及“增添的行线或列线”已作出清楚的说明，因此上述技术术语含义清楚。从权利要求1本身的描述已明确限定“扫描矩阵”是“用于该标准键盘的”，“增添的行线或列线”是“在所述扫描矩阵外”增添的，因此权利要求1的保护范围清楚。而权利要求1中并未对扫描矩阵进行重复限定，而是限定了扩增功能键与在该扫描矩阵外所增添的行线或列线之间的对应关系，并不导致权利要求1不简明。因此，德丽电子厂、京联特公司关于权利要求1不符合《专利法实施细则》第二十条第一款规定的无效理由不能成立。

本专利的目的在于在现有标准键盘上增设功能键，即提供一种扩充功能键的键盘装置，从而使操作者能直接利用键盘上的功能键来操控外设，而非对现有技术的视窗系统应用程序和功能键驱动程序的处理流程进行改进，在权利要求1中已经完整写明了实现本专利目的的键盘装置所必需的结构改进特征，因此权利要求1符合《专利法实施细则》第二十一条第二款的规定。

德丽电子厂、京联特公司在口审后提交了已写明包括对比文件1-2在内的所附6件认证书副本的编号的“北京市公证员协会”的公函，可以确认上述对比文件的真实性，在此基础上，由于上述对比文件的公开时间均在本专利申请日之前，因此能够作为评价本专利的现有技术。由于包括对比文件1-6在内的8份对比文件均是在本专利申请日之前公开的专利文件，因此能够作为评价本专利的现有技术。同时，鉴于原告对德丽电子厂、京联特公司提交的上述对比文件中的外文证据的中文译文的准确性没有异议，因此可以直接引用该中文译文的相关段落对本专利的新颖性和创造性进行评述。德丽电子厂和京联特公司在口审后提交的《微型计算机组成原理》的公证书中所公证的版权页与其在口审当庭提交的相同书名的一书的版权页复印件所记载的印次不相同，无法证明口审中提交的《微型计算机组成原理》的公开日期，因此被告对该份证据不予考虑。此外，被告对于德丽电子厂、京联特公司提交的其他证据是否采信均作出了认定。对比文件1-6涉及一个设有多个能够执行独立于一个应用程序的功能的功能键的改进系统，该独立功能键可在不受到应用程序或TSR程序影响或者影响应用程序或TSR程序的情况下操作，具体公开了以下内容：包括具有一组常规的字母数字键和功能键，并且还具有至少一个附加的功能键Fn的键盘；键盘控制器可与键盘结合成一个单元，可利用内部键盘微处理器控制键盘控制器，内部键盘微处理器为键盘产生列示出信号，键盘是接触开关的矩阵，接触开关以多行和多列的形式电设置；键盘微处理器可确定是否通过顺序地启动列输出并且读出行输入使开关被闭合以检测其中一个行线是否被启动，键盘微处理器使用行信号和目前的启动列信号以唯一识别键盘上被压下的按键，利用扫描码以常规方式识别键。与权利要求1相比较可见，对比文件1－6已经公开了权利要求1在具有扫描矩阵的计算机键盘上嵌设扩增功能键的技术，并且附加功能键Fn与键盘上其他按键一样，设置在键盘内部电路结构中微处理器I/O口所连行线与列线形成的交叉阵点上。但是，对比文件1－6中并未说明其键盘为权利要求1中所述的“个人计算机用标准键盘”，也未进一步描述采用何种结构来扩充功能键Fn，即Fn是设置在原扫描矩阵尚未定义的阵点上，还是需要如权利要求1所述的在原扫描矩阵外另外增添行线或列线，且所述增添的行或列线与键盘微处理器的特定I/O线配合。因此，对比文件1－6没有公开权利要求1的全部技术特征，权利要求1相对于对比文件1－6具备新颖性。其他对比文件也均未公开权利要求1的全部技术特征，亦不能影响权利要求1的新颖性。对比文件1－2第四章涉及微电脑周边装置与界面，其4.5节介绍了有关键盘的矩阵结构，列举了一个简单的4×3的12键矩阵，并指出通常键盘都排成列和行的形式，有n×m个键的结构，利用扫描方式检查被按下的键。根据对比文件1－2的上述内容可知，键盘矩阵的大小是可变的，随着按键数目的增加，可以通过在原键盘矩阵结构的基础上增添行线和列线的方式来扩大原键盘矩阵以得到更多的用于扩增按键的可定义阵点。由于上述内容并没有提出对n和m有何特殊限制，显然，n和m可是任意正整数，因此选择只增添行线或列线，或是同时增添行线和列线的方式来实现键盘矩阵的扩大均是本领域技术人员根据实际情况可采取的具体扩大方式，只增添行线或列线的方式也未较同时增添行线和列线的方式存在特殊的技术问题。因此，在对比文件1－6公开的设置扩增功能键Fn的基础上，本领域技术人员根据对比文件1－2的上述教导，采用在原键盘矩阵外增添行线或列线，并使该增添的行线或列线与键盘内部电路结构中微处理器的特定I/O线配合的方式以扫描识别按键Fn，即如权利要求1特征c所述的结构来实现扩增功能键Fn是显而易见的。至于权利要求1所限定的本专利键盘是“标准”的以及其扫描矩阵是“用于该标准键盘的扫描矩阵”的特征，因键盘是否标准对于权利要求1的技术方案无任何实质影响，将对比文件1－6中的键盘及其扫描矩阵更换为本专利所述的标准键盘及其扫描矩阵对于设置功能键Fn来说不存在任何技术上的困难，更未带来预料不到的技术效果。

综上，将对比文件1－6与对比文件1－2相结合而得到权利要求1的技术方案对于本领域技术人员来说是显而易见的，并且权利要求1的技术方案也未取得预料不到的技术效果，因此权利要求1的技术方案不具有实质性特点和进步，不符合《专利法》第二十二条第三款有关创造性的规定。鉴于对比文件1－6与对比文件1－2的结合已构成影响权利要求1的创造性的组合，因此对于对比文件的其他组合方式不再予以评述。鉴于振远公司的无效理由和所涉及的事实与德丽电子厂和京联特公司相同，所依据的证据亦包括以上评述本专利的新颖性和创造性时所采用的对比文件1－6、对比文件1－2等，因此参见以上对德丽电子厂和京联特公司提出的无效理由进行的评述，振远公司关于本专利不具备创造性的无效理由成立。故被告于2005年12月21日作出第7956号决定，宣告本专利权全部无效。

原告不服该决定，向本院提起行政诉讼。在本院庭审中，原告、第三人德丽电子厂、振远公司对被告作出第7956号决定的程序以及被诉决定对于德丽电子厂、京联特公司、振远公司提交的证据的认证结论没有异议。原告、第三人德丽电子厂、振远公司对于被诉决定关于本专利符合《专利法》

第二十六条第三款的规定，权利要求1符合《专利法》第二十六条第四款、《专利法实施细则》第二十条第一款、第二十一条第二款规定以及权利要求1具备新颖性的认定结论不持异议。原告对于被告在无效程序中使用的对比文件1－6译文的准确性不持异议。此外，原告认为对比文件1－2中所公开的“通常的键盘”系特指标准键盘，对此被告及第三人德丽电子厂、振远公司不予认可。

三、判决理由

本院认为，原告、第三人德丽电子厂、振远公司对于被诉决定作出的关于本专利符合《专利法》第二十六条第三款的规定，本专利权利要求1符合《专利法》第二十六条第四款、《专利法实施细则》第二十条第一款、第二十一条第二款规定，以及本专利权利要求1具备新颖性的认定结论不持异议，本院经审查，认同被告的上述认定结论。

根据《专利法》第二十六条第四款的规定，权利要求应当得到说明书的支持，每一项权利要求所要求保护的技术方案在说明书中都应当有清楚充分的记载，都应当是所属技术领域的技术人员能够从说明书中公开的内容直接得到或者概括得出的技术方案，并且权利要求的范围不得超出说明书记载的内容。本专利说明书中记载了两种实现扩充功能键的技术方案，本领域技术人员根据说明书记载的上述技术方案的内容无法概括得出权利要求2所保护的技术方案，因此，被告关于本专利权利要求2不符合《专利法》第二十六条第四款规定的认定结论正确。原告认为，本领域技术人员在两个独立的技术方案基础上，通过常规的实验方法即简单的叠加手段即可实现两方案的结合，足以将说明书的内容扩展到权利要求2所述的保护范围。并以此为由提出本专利权利要求2符合《专利法》第二十六条第四款规定的主张，缺乏法律依据，本院不予采纳。根据《专利法》第二十二条第三款的规定，判断实用新型是否具备创造性主要看该实用新型所要保护的技术方案相对于现有技术是否是非显而易见的以及是否具有有益的技术效果。本案中，对比文件1－6与本专利权利要求1所保护技术方案相比，对比文件1－6未公开权利要求1中所述的“个人计算机用标准键盘”、“用于该标准键盘的扫描矩阵”以及采用何种结构来扩充功能键Fn。在对比文件1－2中公开了通常键盘都排成列和行的形式，有n×m个键的结构，利用扫描方式检查被按下的键等技术内容。从上述公开的技术内容看，并没有对n和m作特殊的限制。本领域技术人员在对比文件1－6公开的设置扩增功能键Fn的基础上，根据对比文件1－2的上述教导，采用在扫描矩阵外增添的行线或列线，并与键盘内部电路结构中微处理器的特定I/O线配合，对应扩增功能键来实现扩增功能键Fn是显而易见的。权利要求1所限定的标准键盘的技术特征，对于权利要求1所保护的技术方案没有实质的影响，本领域技术人员将对比文件1－6中的键盘及其扫描矩阵更换为本专利所述的标准键盘及其扫描矩阵对于设置功能键Fn来说不存在任何技术上的困难，更未带来预料不到的技术效果。因此被告关于本专利权利要求1不具有创造性的认定正确，本院应予支持。原告关于对比文件1－2所公开的键盘为标准键盘，因此n、m只能是固定数值的主张缺乏依据，其关于本专利相对于两篇对比文件的结合具备创造性的主张，亦缺乏依据，本院均不予采纳。

四、判决内容

综上，第7956号决定认定事实清楚，适用法律正确，审查程序合法，本院予以维持。原告的诉讼理由缺乏事实及法律依据，其诉讼请求本院不予支持。据此，依照《中华人民共和国行政诉讼法》第五十四条第（一）项的规定，判决如下：维持国家知识产权局专利复审委员会于二〇〇五年十二月二十一日作出的第7956号无效宣告请求审查决定。

案件受理费1000元，由原告光宝科技股份有限公司负担（已交纳）。如不服本判决，原告光宝科技股份有限公司可在本判决书送达之日起30日内，被告国家知识产权局专利复审委员会、第三人东莞清溪德丽电子厂、北京京联特科技有限责任公司、北京振远兴业贸易有限公司可在本判决书送达之日起15日内，向本院递交上诉状，并按对方当事人人数提出副本，上诉于中华人民共和国北京市高级人民法院。

审 判 长 吴 月
代理审判员 刘景文
代理审判员 何君慧
判 决 日 期 二〇〇六年十二月二十七日
书 记 员 郎莉萍

012

真空开关案

无效宣告请求审查决定（第7967号）

决　定　号　第7967号
决　定　日　2005年12月22日
发明创造名称　真空开关
发明创造名称　H01H 35/34
无效请求人Ⅰ　北汽福田汽车股份有限公司
无效请求人Ⅱ　北京丰盛伟业汽车配件厂
专 利 权 人　吴三立
专　利　号　96238582.4
申　请　日　1996年9月26日
授权公告日　1998年7月15日
合议组组长　马　昊
主　审　员　高　栋
参　审　员　崔哲勇

法 律 依 据　专利法第二十二条第三款
决 定 要 点

本领域普通技术人员在对比文件公开本专利权利要求大部分技术特征的基础上，对于区别技术特征“变更活动触点的位置并在其上或其他适当的位置上设置通气孔”是很容易想到的，且本专利相对于现有技术并没有带来预料不到的技术效果，不具有实质性特点和进步，从而该权利要求不符合专利法第二十二条第三款有关创造性的规定。

一、案由

本无效宣告请求涉及国家知识产权局专利局于1998年7月15日授权公告的、名称为“真空开关”的实用新型专利（下称本专利），其申请日为1996年9月26日，申请号为96238582.4，专利权人为吴三立。该专利授权公告的权利要求书是：

“1. 真空开关包括机体6，其特征在于固定触点10通过绝缘体8固定于机体6上，具有通气孔2的活动触点1外为螺纹9，活动触点1通过弹簧3同机体6的膜片5上的导电体7相连接。

2. 根据权利要求1所述的真空开关，其特征在于相应于弹簧3的导电体7上设置有凹槽4。”

针对上述专利权，北汽福田汽车股份有限公司（下称第一请求人）于2003年7月1日向专利复审委员会提出了无效宣告请求，其理由是本专利不符合专利法第二十二条第二款、第三款有关新颖性和创造性的规定；同时指出本专利不符合专利法实施细则第二条第二款的规定。第一请求人提交的证据如下：

证据1－1：第89108717.6号中国发明专利申请审定说明书扉页、说明书摘要、权利要求书，审定公告日为 1991 年 11 月 6 日；

证据 1 - 2：第 95118524.1 号中国发明专利说明书扉页、说明书摘要、权利要求书，授权公告日为 2001 年 11 月 28 日；

证据 1 - 3：第 96236615.3 号中国实用新型专利说明书扉页，授权公告日为 1998 年 12 月 2 日；

证据 1 - 4：题目为“汽车用真空报警开关技术条件”文章第 1 ~ 4 页及附图 2 页的复印件。

第一请求人认为，根据查询的专利文献资料得知，在本专利技术之前已有相关的专利技术。同时，根据汽车用真空开关技术条件，本专利的真空开关不具备新颖性、创造性。

经形式审查合格，专利复审委员会受理了上述请求，并于 2003 年 7 月 2 日发出无效宣告请求受理通知书，并将请求书及其附件的副本转送专利权人（下称被请求人）。

被请求人于 2003 年 7 月 28 日寄交了意见陈述书，并提交了以下附件：

附件 1：辽宁省知识产权局专利纠纷处理决定书，辽知法字（2002）第 1 号；

附件 2：“中华优秀专利技术精选”入选荣誉证书复印件；

附件 3：中国西北科学技术联合委员会关于新优技术产品博览会获奖通知复印件；

附件 4：粤港科贸联合会关于专利技术与企业交流会获奖通知；

附件 5：澳大利亚“金鳄鱼杯”新技术与产品国际评估委员会金奖证书；

附件 6：澳大利亚“金鳄鱼杯”新技术与产品国际评估委员会高级发明家证书；

附件 7：“世界优秀专利技术成果精品库”入选通知；

附件 8：实用新型专利检索报告；

附件 9：二次计算机检索软盘收费发票复印件。

并指出：第一请求人提交的证据 1 - 1 到 1 - 3 与本专利技术存在实质性区别，不能作为无效宣告的证据；证据 1 - 4 的制作时间无法确定；附件 2 ~ 7 说明本专利在 1998 年起多次获得国内外各种奖项。

本案合议组于 2005 年 5 月 9 日将被请求人于 2003 年 7 月 28 提交的意见陈述书及其附件清单所列附件的副本转送给第一请求人。

针对上述专利权，北京丰盛伟业汽车配件厂（下称第二请求人）于 2004 年 1 月 6 日向专利复审委员会提出了无效宣告请求，其理由是本专利不符合专利法第二十二条第二款、第三款有关新颖性和创造性的规定；同时指出本专利不符合专利法实施细则第二条第二款的规定。第二请求人提交的证据如下：

证据 2 - 1：北京市丰盛汽车警报器厂的“真空度报警器”全套生产图纸复印件；

证据 2 - 2：北京市丰盛汽车警报器厂的“真空度报警器开关装配工艺”和“真空度报警器开关产品零件关键部位检测项目”复印件；

证据 2 - 3：北京汽车仪表厂出具的试验报告复印件；

证据 2 - 4：北京市丰盛汽车警报器厂的《真空度报警器检验标准》复印件；

证据 2 - 5：五十铃汽车国产化配件配套计划复印件；

证据 2 - 6：《技术协议书》的复印件；

证据 2 - 7：编号为 5016 的《五十铃 N 系列汽车产品试制协议书》的复印件；

证据 2 - 8：编号为 520 的《技术协议书》的复印件；

证据 2 - 9：编号为 5033 的《技术协议书》的复印件；

证据 2 - 10：增值税专用发票（6 张）复印件。

第二请求人认为：北京丰盛伟业汽车配件厂所生产的真空开关是机动车辆真空助力器的蓄气缸附

件，与本专利的公共特征都在于固定的触点通过绝缘体固定于机体上，活动触点通过弹簧与带有通气孔的调整螺丝连接于机体上。该厂于1989年11月已经具备完整的生产该产品技术方案，为五十铃汽车国产化配件配套做准备，形成了配套计划，并在北京轻型汽车有限公司提供样品和技术支持的条件下对生产真空度报警器出具了技术方案、形成了总装图、装配工艺和检验标准，该厂的研制、生产和销售具有相应的合同、协议和销售发票可以证明。由此可见，北京丰盛伟业汽车配件厂生产的该产品所含的技术远远早于本专利的申请日，因此本专利的技术方案应当属于申请日前的公知技术，所以本专利不具备新颖性。

经形式审查合格，专利复审委员会受理了上述请求，并于2004年1月19日发出无效宣告请求受理通知书，并将第二请求人的请求书及其附件的副本转送专利权人（下称被请求人）。

第二请求人于2004年2月26日提交了意见陈述书以及以下证据：

证据2－11：真空度报警器图纸复印件；

证据2－12：《真空度报警开关装配工艺》复印件；

证据2－13：真空度报警器《试验报告》复印件；

证据2－14：《真空度报警器检验标准》复印件；

证据2－15：销售增值税发票复印件；

证据2－16：第96238582.4号中国实用新型专利说明书；

证据2－17：增值税发票复印件；

证据2－18：［2003］沈民四知初字第35号民事判决书复印件；

证据2－19：请求人营业执照复印件；

证据2－20：转让协议复印件。

并在意见陈述书中指出：北京丰盛汽车警报器厂自1989年开始设计、生产真空度报警开关，本产品的结构特征与本专利的技术特征完全相同；司法权力机关（证据2－18的民事判决书）认定两产品技术特征相同；第二请求人生产真空开关的技术来源于北京丰盛汽车警报器厂，2002年1月，丰盛汽车警报器厂将其全部技术、工艺转让与第二请求人，因此，本专利技术在申请日以前已在国内公开使用，已丧失新颖性。

被请求人于2004年2月28日提交了意见陈述书以及以下附件：

附件10：辽宁省知识产权局专利纠纷处理决定书；

附件11："中国优秀专利技术精选"摘64页；

附件12：中国西北科学技术联合委员会新优技术产品博览会获奖通知；

附件13：粤港科贸联合会关于专利技术与企业交流会获奖通知；

附件14：澳大利亚"金鳄鱼杯"新技术产品国际评估委员会金奖证书；

附件15：澳大利亚"金鳄鱼杯"新技术产品国际评估委员会高级发明家证书；

附件16："世界优秀专利技术成果精品库"入选通知；

附件17：实用新型专利检索报告；

附件18：二次计算机检索软盘收费发票；

附件19：复审、无效程序中意见陈述书（案件W55147号）；

附件20：复审、无效程序中意见陈述书（案件W55603号）；

附件21：两次无效宣告受理资料及申请人产品目录和营业执照资料1～12。

被请求人坚持认为本专利是具备新颖性和创造性的。

本案合议组于2005年5月9日将被请求人于2004年2月28日提交的意见陈述书及其附件清单

中所列的附件副本转送给第二请求人，以及将第二请求人于2004年2月26日提交的意见陈述书及其附件清单中所列的附件副本转送给被请求人。

被请求人于2005年6月6日再次寄交了意见陈述书以及以下附件：

附件22：被请求人先后收到的七份通知书复印件；

附件23：特快专递邮件收据复印件；

附件24：北京工商经济信息中心证明复印件；

附件25：转让协议复印件；

附件26：北汽福田汽车股份有限公司和北京丰盛伟业汽车配件厂的营业执照复印件；

附件27：北京丰盛伟业汽车配件厂的产品目录复印件；

附件28：针对北京福田汽车股份有限公司二审上诉交于辽宁省高级人民法院的民事答辩状复印件；

附件29：辽宁省高法终审判决书复印件；

附件30：辽宁省沈阳市中级人民法院民事判决书复印件。

并在意见陈述书中指出：2004年3月8日从北京工商经济信息中心查询，北京丰盛汽车报警器厂在工商局未有信息记录；对“转让协议”的真实性有异议；北京丰盛伟业汽车配件厂成立于2001年11月，其印制的产品目录5、6有两种完全不同的真空度报警器。

针对上述专利权，第一请求人北汽福田汽车股份有限公司于2004年12月6日向专利复审委员会再次提出了无效宣告请求，其理由是本专利不符合专利法第二十二条第二款、第三款有关新颖性和创造性的规定。第一请求人提交的证据如下：

证据1-5：《汽车仪表》，刘友钦编，第201~206页复印件，人民交通出版社，1983年9月第1版（下称对比文件1）。

并指出：对比文件1公开的油压报警器是一种由流体压力变化、薄膜动作操作的开关，与本专利属于同一技术领域，其公开的技术方案与本专利进行对比不难发现，第一，两者都是以外界压力（气压或油压）变化导致膜片变形，从而使所连接的电路中起开关作用的装置；第二，都具有一个绝缘体8（盖体8）和含通气孔2（油孔）的机体6（座体1）的连接壳体，在绝缘体和机体上各有一个连接点，即一个固定触点和一个活动触点；第三，预置压力均采用螺钉的结构实现，且螺钉均是构成电路回路的一部分。本专利与对比文件1的差别在于弹簧设置位置的变化，请求人对此认为：弹簧位置的变化并没有改变弹簧作为预置气（油）压和导电的两个功能，相反却导致作为调节螺钉的结构复杂化，除了完成调节弹簧、导电的作用之外，还需要在其上开孔，以使气或油能进入到装置内，该作用在对比文件1中由座体完成；此外，本专利所称的活动触点在电连接中不能实现，因为对比文件1中的油压报警器和本专利的真空开关都是装在汽车发动机上，触点位置只能在机体6或座体1上，不可能设想位于机体6内的活动触点1越过机体6实现电连接，因此两者的技术方案实质上相同。权利要求2的附加技术特征在于“便于弹簧3同导电体7充分接触”，防止弹簧3从导电体7上滑出，而对比文件1公开的碗形导电件6、10的碗形结构也是此目的。

经形式审查合格，专利复审委员会受理了上述请求，并于2004年12月6日发出无效宣告请求受理通知书，并将请求书及其附件的副本转送专利权人（下称被请求人）。

针对上述专利权，第一请求人北汽福田汽车股份有限公司于2004年11月19日向专利复审委员会再次提出了无效宣告请求，其理由是本专利不符合专利法第二十二条第二款、第三款有关新颖性和创造性的规定。请求人提交的证据如下：

证据1-5'：《汽车仪表》，刘友钦编，第201~206页复印件，人民交通出版社，1983年9月第

1版（下称对比文件1）。

经形式审查合格，专利复审委员会受理了上述请求，并于2004年12月17日发出无效宣告请求受理通知书，并将请求书及其附件的副本转送被请求人。

合议组注意到第一请求人在第二和第三次无效宣告请求时所提交的证据以及意见陈述的内容完全一样，对此这里不必再重复第一请求人的意见陈述。

被请求人于2005年1月16日寄交了针对第一请求人的第二和第三次无效宣告请求的意见陈述书以及以下附件：

附件31：给复审委员会的信；

附件32：五次收到的北汽福田股份有限公司无效宣告请求受理通知书；

附件33：前两次陈述书复印件；

附件34：本次意见陈述书，包括对比文件1中的图与本专利附图的对比；

附件35：二院二审判决书；

附件36：检索报告。

并指出：对比文件1是安装在发动机缸体主油道上的，以监测发动机内机油压力变化同时等量的传给感应塞报警器进行报警，其工作原理是通过发动机主油道进入机油压力报警器的油压，来调解橡胶膜片的位移，使得机体腔内的二触点开合移动达到报警的目的，其结构复杂，且对橡胶膜片的耐油性要求严格。本专利的真空开关是安装在车辆真空助力器蓄气缸上的附件，属于汽车制动系统的零部件，用于监测汽车真空助力器各密封件有无出现漏气的部件。活动触点除了调整压力和通气功能之外，活动触点的外为螺纹9很紧密地同机体6连接在一起，它能够起到触点的作用，这一个元件要素的位移起到三种作用，且减少了整个部件的复杂性，因此本专利具备新颖性和创造性。

本案合议组于2005年5月9日将被请求人于2005年1月16日提交的意见陈述书以及附件清单中所列附件的副本转送给第一请求人。

第一请求人于2005年6月8日提交意见陈述书，指出："油压报警器"和"真空开关"均是一种车辆上用的电连接开关，前者利用两个触点的断开或接触实现油压的报警，后者是利用两个触点的断开或接触通过电路的开或关，实现告知"蓄气缸"的真空状态。其中，"油压报警器"设置在电路通路中，主要包括：座体1、顶芯2、橡皮膜片3、碗形导电件6和10、弹簧9、绝缘盖体8、为固定触点的接线螺钉13以及活动触点（在座体1上），它利用传媒介质的液体"油"的压力变化导致导电件是否接触来实现电路的开关，本专利利用气体作为传媒介质，二者只是名称不同，传媒介质不同，其工作原理和结构以及实现的效果相同。因此本专利权利要求1、2涉及的"真空开关"的技术方案、目的和作用均与对比文件1中的"油压报警器"在实质上是相同的，从而不符合专利法第二十二条第二款、第三款的规定。

被请求人于2005年8月20日寄交了意见陈述书，其中陈述的意见与被请求人于2005年1月16日寄交的意见陈述部分相同，因此这里不再重复其内容，其新增加的意见是：对比文件1的油压报警器与本专利的真空开关相比，首先是结构复杂；其次，在设计方案和结构上有较大差异；再者，使用范围不同，对比文件1中的油压报警器是用在汽车发动机主油道上，而真空开关却是车辆制动系统真空蓄气缸上的附件，因此其产生功能不同，即对比文件1是用于油压报警，而本专利是用于真空额定负压报警。

合议组根据审查指南第四部分第三章第3.5节的规定，"对一项专利权提出了多个无效宣告请求的，应当尽可能合案审查，其中所有的请求人均为当事人。"因此本案合议组根据该规定将请求1～4进行合案审查。

本案合议组于2005年8月9日向三方当事人发出口头审理通知书，定于2005年9月26日下午举行口头审理，同时将第一请求人2005年6月8日提交的意见陈述书转送给被请求人。

口头审理如期举行，第一、第二请求人出席口头审理并陈述了意见，被请求人未参加口头审理。请求人对合议组成员无回避请求；第一请求人当庭提交《汽车仪表》一书的原件；第一请求人明确无效理由是专利法第二十二条第三款，仅保留证据《汽车仪表》，放弃其余无效理由和证据；第二请求人放弃全部证据和理由；合议组当庭将被请求人于2005年6月6日提交的意见陈述书让请求人阅览，第一、第二请求人当庭表示对该意见陈述书及其附件不再需要复印一份；应请求人要求，合议组给予请求人十五日的时间就当庭转交的被请求人于2005年8月20日提交的意见陈述书提交书面意见。

请求人于2005年10月12日提交了口审后的综合意见陈述，并指出：对比文件1中公开的座体1等同于权利要求1的机体6，座体1本身就是固定触点，座体1的中心为通油孔，该固定触点外为螺纹，活动触点11、12、13通过与弹簧9接触的并通过顶芯2与膜片4连接的碗形导电件6相连接，并且公开了导电压紧弹簧9的碗形导电件6上具有供弹簧接触的定位的凹槽（对应于权利要求2的附加技术特征）。从以上公开内容可以得出：本专利的活动触点与对比文件1中活动触点的位置不同以及权利要求1的活动触点的中心是通气孔，对比文件1的固定触点的中心是通气孔，请求人认为这种不同仅仅是该技术特征位置设置的不同，并没有使本专利相对于现有技术产生预料不到的技术效果，这种变换属于审查指南第二部分第四章第4.5节第（1）规定的“要素变更的发明”，因此本专利不具备创造性。

本案合议组于2005年10月24日将请求人于2005年10月12日提交的意见陈述书转送给被请求人。

被请求人于2005年11月18日寄交了意见陈述书，并认为“真空开关”的结构与对比文件1“油压报警器”的结构存在很大程度的不同，其使用范围也不同，在不装真空助力器的车辆上不用真空开关，不是请求人所述的“均是一种车辆上用的电连接开关”。另外，本专利利用不同的传媒介质“真空”来实现工作目的，其中活动触点这一要素的位移起到了电连接的技术效果，因此对比文件1不能成为本专利无效宣告的证据。

在上述工作的基础上，合议组认为双方当事人已经充分发表意见，本案事实清楚，可以依法作出决定。

二、决定的理由

1. 关于证据

由于第一和第二请求人已经在口审中放弃了除对比文件1之外的所有其他证据，因此合议组对已放弃的证据不予考虑。对比文件1属于本专利申请日之前的公开出版物，且被请求人对其真实性也无异议，因此可以作为评价本专利创造性的现有技术。

2. 关于权利要求1的创造性

权利要求1包括以下特征：

（1）真空开关包括机体6，

（2）固定触点10通过绝缘体8固定于机体6上，

（3）具有通气孔2的活动触点1外为螺纹9，

（4）活动触点1通过弹簧3同机体6的膜片5上的导电体7相连接。

合议组认为：对比文件1（参见第204页第2、3段以及第205页第1、2段的文字说明以及图189）涉及一种橡皮膜片的油压报警器，它是一种由流体压力变化、薄膜动作操作的开关，与本专利属于同一技术领域，并具体公开了以下内容：它的油腔由橡皮膜片3（对应于权利要求1中的膜片）、限制圈4、密封垫圈5以及上部的盖体8（对应于权利要求1的绝缘体8）组合件等零件与座体1（对应于权利要求1的机体，即对比文件1公开了特征（1））相铆合而成，座体1的中心为油孔（对应于权利要求1中的油孔），并且从图189也可以看出座体1的外为螺纹；橡皮膜片上顶着一个绝缘顶芯2，它穿过限制圈4的孔和碗形导电件6相铆合；碗形导电件6上托装有导电压紧弹簧9，上部有一个碗形导电件10压住弹簧9，两导电件可在盖体8的中间孔中滑动；弹簧的压紧力通过调节螺钉11（对应于权利要求1的活动触点）调节；油压报警器电路的通断是表面镀银的限制圈4与碗形导电件6是否接触来控制的，即当油腔中没有油压时，碗形导电件6与紧靠着限制圈4，从而组成电路回路，反之则电路中断。

请求人认为对比文件1中的座体1本身就是固定触点，但是合议组注意到与座体1通过绝缘体即盖体相铆合的起到固定触点作用的是接线螺钉13，这一点与第一请求人于2005年6月8日提交的意见陈述书中所陈述的内容相同，因此对比文件1也公开了权利要求1的特征（2）；由于调节螺钉11在对比文件1中起调节作用，其必然外为螺纹；对比文件1还公开了调节螺钉11和碗形导电件10一起通过导电压紧弹簧9同和橡皮膜片上的顶芯相铆合的碗形导电件6相连接，即对比文件1公开了特征（4）。由此可见，权利要求1与对比文件1的区别技术特征在于：所述特征（3）。

针对该区别技术特征，请求人认为：本专利的活动触点与对比文件1中活动触点的位置不同，以及权利要求1的活动触点的中心是通气孔，对比文件1的座体中心是通油孔，这种不同仅仅是该技术特征位置设置的不同，并没有使本专利相对于现有技术产生预料不到的技术效果，这种变换属于审查指南第二部分第四章第4.5节第（1）规定的“要素变更的发明”；并且权利要求1的这种设置使得调节螺钉的结构复杂化，除了完成调节弹簧、导电的作用之外，还需要在其上开孔，以使气或油能进入到装置内，该作用在对比文件1中在座体上实现。

被请求人认为：本专利利用不同的传媒介质“真空”来实现工作目的，活动触点除了调整压力和通气功能之外，活动触点的外为螺纹9很紧密地同机体6连接在一起，活动触点这一要素的位移起到了电连接的技术效果，这一个元件要素的位移起到三种作用，且减少了整个部件的复杂性。

合议组则认为：首先，“油压报警器”和“真空开关”均是一种车辆上用的电连接开关，两者都是以外界压力（气压或油压）变化导致膜片变形，从而使所连接的电路中起开关作用的装置，因此就其工作原理、实现的效果来说不存在实质性区别；其次，对比文件1中的调节螺钉在组成回路中同样起着电连接的作用，这种电连接的作用没有因为其设置位置的不同而发生变化，即活动触点设置位置的不同并没有带来预料不到的技术效果。综上所述，合议组认为本领域普通技术人员在对比文件1公开本专利权利要求1大部分技术特征的基础上，变更活动触点的位置并在其上或其他适当的位置上设置通气孔是很容易想到的，即对比文件1公开的油压报警器给出了实现本专利技术方案的技术启示，且本专利相对于现有技术并没有带来预料不到的技术效果，不具有实质性特点和进步，从而权利要求1不符合专利法第二十二条第三款有关创造性的规定。

2. 关于权利要求2的创造性

权利要求2的附加技术特征是“相应于弹簧3的导电体7上设置有凹槽4。”

对比文件1图189已经明显公开了导电压紧弹簧9的碗形导电件6上具有供弹簧接触定位的凹槽，其结构和作用与本专利权利要求2的附加技术特征完全相同，因此在其引用权利要求1不具备创造性的条件下，该权利要求2也不具有实质性特点和进步，不符合专利法第二十二条第三款的规定。

三、决定

宣告第96238582.4号实用新型专利权全部无效。

当事人对本决定不服的，可以根据专利法第四十六条第二款的规定，自收到本决定之日起三个月内向北京市第一中级人民法院起诉。根据该款的规定，一方当事人起诉后，另一方当事人应当作为第三人参加诉讼。

013

按键开关案

无效宣告请求审查决定（第 7973 号）

决　定　号　第 7973 号
决　定　日　2005 年 11 月 8 日
发明创造名称　按键开关
发明创造名称　H01H 13/10　H01H 13/12
无效请求人　台湾莫仕股份有限公司
专 利 权 人　富金精密工业（深圳）有限公司　鸿海精密工业股份有限公司
申　请　号　99236284. 9
申　请　日　1999 年 6 月 7 日
授权公告日　2000 年 5 月 24 日
合议组组长　张跃平
主　审　员　孙克良
参　审　员　张　度

法 律 依 据　专利法实施细则第二十一条第二款、第二条第二款　专利法第二十二条第三款
决 定 要 点

独立权利要求应当记载解决技术问题的必要技术特征，并不是要求记载构成其主题名称的所有技术特征。

实用新型保护的客体是形状、结构或其结合，但其权利要求中存在方法特征也是允许的。

一、案由

本无效宣告请求涉及国家知识产权局专利局于 2000 年 5 月 24 日授权公告的、名称为“按键开关”的 99236284. 9 号实用新型专利（下称本专利），其申请日为 1999 年 6 月 7 日，共同专利权人为富金精密工业（深圳）有限公司和鸿海精密工业股份有限公司。其授权公告的权利要求为：

“1. 一种按键开关，焊设于电路板上，用以提供电性切换功能，该按键开关包括一绝缘本体、一第一端子组、一第二端子组及至少一导电片，其特征在于：该绝缘本体在一侧面上形成有至少一凹穴；该第一端子组包括至少一第一接触部、一第一焊接部，以及一第一连结部，该第一焊接部用以焊设于电路板上，而该第一连结部则用以连接第一接触部与第一焊接部；该第二端子组包括至少一端子体，该端子体具有一第二接触部、一第二焊接部及一第二连结部，该第二焊接部用以焊设于电路板上，而该第二连结部则用以连接第二接触部与第二焊接部；该导电片对应收容于绝缘本体的凹穴内，用以提供电性切换功能，该导电片的部份区域与第一端子组的第一接触部持续接触。

2. 如权利要求 1 所述的按键开关，其特征在于：该第一端子组及第二端子组是以封埋模造方式与绝缘本体形成一体。

3. 如权利要求 1 或 2 所述的按键开关，其特征在于：该绝缘本体的凹穴略呈圆形，且具有特定

的尺寸规格，以供第一端子组的第一接触部与第二端子组端子体的第二接触部适当外露，而该导电片的尺寸规格则大致上与凹穴对应配合。

4. 如权利要求1或2所述的按键开关，其特征在于：该第一端子组与第二端子组是由薄片状金属冲压制成。

5. 如权利要求1或2所述的按键开关，其特征在于：该绝缘本体在一侧面上形成有三个大致上等距离间隔分布的凹穴，用以对应收容三个导电片，且第一端子组包括三个第一接触部，而第二端子组则包括三支端子体。

6. 如权利要求5所述的按键开关，其特征在于：该第一端子组的第一连结部为长条状，而该三个第一接触部则分别自第一连结部的中央及两端附近延伸而出。

7. 如权利要求6所述的按键开关，其特征在于：该第一接触部略呈半圆环形，且其末端以一缺口而与第一连结部相分离。

8. 如权利要求7所述的按键开关，其特征在于：该位于两端附近的第一接触部，其半圆环形的开口方向是彼此相向，而位于中央附近的第一接触部，其半圆环形的开口方向则与其中一端的第一接触部相同。

9. 如权利要求7所述的按键开关，其特征在于：该端子体的第二接触部略呈圆形，且其位于半圆环形第一接触部的范围内，与第一接触部共平面但未接触。

10. 如权利要求1或2所述的按键开关，其特征在于：该导电片由弹性较佳的金属制成圆顶状，其包括一顶部及若干个由顶部周缘向外对称延伸的扣爪状结合部，且该结合部是与第一端子组的第一接触部持续接触。

11. 如权利要求10所述的按键开关，其特征在于：该结合部利用导电胶直接粘贴固定于第一端子组的第一接触部上。

12. 如权利要求10所述的按键开关，其特征在于：该顶部供按压使用，以在外力作用下与第二端子组端子体的第二接触部形成接触。

13. 如权利要求1或2所述的按键开关，其特征在于：该第一端子组的第一焊接部与第二端子组端子体的第二焊接部皆略呈‘U’字形，且彼此排列于同一直线上。

14. 如权利要求13所述的按键开关，其特征在于：该第一焊接部与第二焊接部皆以末端部份焊设于电路板上。

15. 如权利要求1或2所述的按键开关，其特征在于：该绝缘本体略呈长形板状，且在相对于形成凹穴的另一侧面上形成有六个定位突起，定位突起之间并形成有固定沟槽，用以收容第一端子组的第一焊接部及第二端子组端子体的第二焊接部于其中。

16. 如权利要求1或2所述的按键开关，其特征在于：其使用粘胶薄膜粘着覆盖该导电片，通过粘胶薄膜同时粘贴于导电片及绝缘本体上，可防止导电片自绝缘本体的凹穴内掉出。”

针对上述专利权，台湾莫仕股份有限公司（下称请求人）于2005年1月31日向专利复审委员会提出了无效宣告请求，其理由是：（1）权利要求1~16相对于附件1~3不符合专利法第二十二条第三款所规定的创造性；（2）权利要求1不符合专利法实施细则第二十一条第二款的规定；（3）权利要求2、4、14不符合专利法实施细则第二条第二款的规定。请求人提交了如下附件作为证据：

附件1：美国专利US5399823号及其使用部分的中文译文（下称对比文件1）；

附件2：美国专利US4803321号及其使用部分的中文译文（下称对比文件2）；

附件3：美国专利US5898147号及其使用部分的中文译文（下称对比文件3）；

附件4：实用新型专利第ZL99236284.9号授权公告文本。

经形式审查合格，专利复审委员会受理了上述请求，于2005年4月4日向双方当事人发出无效宣告请求受理通知书，并将无效宣告请求书及其附件的副本转送专利权人（下称被请求人）。

被请求人于2005年5月18日向专利复审委员会提交了意见陈述书，并修改了权利要求书。被请求人认为，修改后的权利要求相对于对比文件1~3具备创造性，并满足专利法实施细则第二十一条第二款的规定；权利要求2、4、14用方法来限定产品的某个形状、构造使得该形状构造更加清楚的前提下，用方法来限定产品的某个形状、构造是允许的。

修改后的权利要求如下：

“1. 一种按键开关，焊设于电路板上，用以提供电性切换功能，该按键开关包括一绝缘本体、一第一端子组、一第二端子组及至少一导电片，其特征在于：该绝缘本体在一侧面上形成有至少一凹穴；该第一端子组包括至少一第一接触部、一第一焊接部，以及一第一连结部，该第一焊接部用以焊设于电路板上，而该第一连结部则用以连接第一接触部与第一焊接部；该第二端子组包括至少一端子体，该端子体具有一第二接触部、一第二焊接部及一第二连结部，该第二焊接部用以焊设于电路板上，而该第二连结部则用以连接第二接触部与第二焊接部；该第一端子组及第二端子组是以封埋模造方式与绝缘本体形成一体，该导电片对应收容于绝缘本体的凹穴内，用以提供电性切换功能，该导电片的部份区域与第一端子组的第一接触部持续接触。

2. 如权利要求1所述的按键开关，其特征在于：该绝缘本体的凹穴略呈圆形，且具有特定的尺寸规格，以供第一端子组的第一接触部与第二端子组端子体的第二接触部适当外露，而该导电片的尺寸规格则大致上与凹穴对应配合。

3. 如权利要求1所述的按键开关，其特征在于：该第一端子组与第二端子组是由薄片状金属冲压制成。

4. 如权利要求1所述的按键开关，其特征在于：该绝缘本体在一侧面上形成有三个大致上等距离间隔分布的凹穴，用以对应收容三个导电片，且第一端子组包括三个第一接触部，而第二端子组则包括三支端子体。

5. 如权利要求4所述的按键开关，其特征在于：该第一端子组的第一连结部为长条状，而该三个第一接触部则分别自第一连结部的中央及两端附近延伸而出。

6. 如权利要求5所述的按键开关，其特征在于：该第一接触部略呈半圆环形，且其末端以一缺口而与第一连结部相分离。

7. 如权利要求6所述的按键开关，其特征在于：该位于两端附近的第一接触部，其半圆环形的开口方向是彼此相向，而位于中央附近的第一接触部，其半圆环形的开口方向则与其中一端的第一接触部相同。

8. 如权利要求6所述的按键开关，其特征在于：该端子体的第二接触部略呈圆形，且其位于半圆环形第一接触部的范围内，与第一接触部共平面但未接触。

9. 如权利要求1所述的按键开关，其特征在于：该导电片由弹性较佳的金属制成圆顶状，其包括一顶部及若干个由顶部周缘向外对称延伸的扣爪状结合部，且该结合部是与第一端子组的第一接触部持续接触。

10. 如权利要求9所述的按键开关，其特征在于：该结合部利用导电胶直接粘贴固定于第一端子组的第一接触部上。

11. 如权利要求9所述的按键开关，其特征在于：该顶部供按压使用，以在外力作用下与第二端子组端子体的第二接触部形成接触。

12. 如权利要求1所述的按键开关，其特征在于：该第一端子组的第一焊接部与第二端子组端子体的第二焊接部皆略呈‘U’字形，且彼此排列于同一直线上。

13. 如权利要求12所述的按键开关，其特征在于：该第一焊接部与第二焊接部皆以末端部份焊设于电路板上。

14. 如权利要求1所述的按键开关，其特征在于：该绝缘本体略呈长形板状，且在相对于形成凹穴的另一侧面上形成有六个定位突起，定位突起之间并形成有固定沟槽，用以收容第一端子组的第一焊接部及第二端子组端子体的第二焊接部于其中。

15. 如权利要求1所述的按键开关，其特征在于：其使用粘胶薄膜粘着覆盖该导电片，通过粘胶薄膜同时粘贴于导电片及绝缘本体上，可防止导电片自绝缘本体的凹穴内掉出。”

本案合议组于2005年7月8日向双方当事人发出口头审理通知书，定于2005年8月15日上午举行口头审理，同时将被请求人于2005年5月18日提交的意见陈述书及其附件转送给请求人。

口头审理如期举行，双方当事人均出席了口头审理。被请求人对对比文件1、2、3的真实性及其中文译文的准确性没有异议。合议组在核实身份时指出两个被请求人的委托书只有其中之一盖章，被委托人表示将在7日内提交符合要求的委托书。由于被请求人在收到请求人的无效宣告请求后修改了权利要求，因此请求人重新明确了无效宣告理由：（1）权利要求1不符合专利法实施细则第二十一条第二款的规定；（2）权利要求1、3、11不符合专利法实施细则第二条第二款的规定。（3）权利要求1～15分别相对于对比文件1－3不符合专利法第二十二条第三款所规定的创造性，权利要求2～15相对于对比文件2与对比文件1结合或对比文件3与对比文件1结合的技术方案不具备创造性。然后双方当事人针对事实问题进行意见陈述和辩论。

在上述工作的基础上，合议组认为双方当事人已经充分发表了意见。

至此本案事实清楚，可以作出本决定。

二、决定的理由

1. 关于文本

被请求人于2005年5月18日提交的修改文本符合专利法第三十三条和专利法实施细则第六十条的规定。因此本决定所依据的文本为：2005年5月18日提交的权利要求第1～15项，申请日提交的说明书第1～4页、说明书附图第1～5项、说明书摘要、摘要附图。

2. 关于证据

对比文件1～3为专利文献，属于公开出版物，且其公开日在本专利的申请日之前，并且被请求人对对比文件1～3的真实性和中文译文的准确性无异议，因此对比文件1～3公开的内容构成了本专利的现有技术，能够用于评价本专利的创造性。

3. 关于专利法实施细则第二十一条第二款

专利法实施细则第二十一条第二款规定，独立权利要求应当从整体上反映发明或实用新型的技术方案，记载解决技术问题的必要技术特征。

请求人认为，独立权利要求1缺少如下必要技术特征：（1）第一、二端子组的各部件以及凹穴的位置关系；（2）为了防止静电和阻止灰尘和水汽进入，导电片上必须有薄膜。

合议组认为，第一、二端子组的各部件以及凹穴的位置关系是本领域的技术人员根据按键开关的功能，结合本领域的公知常识，是不需要创造性的劳动就能够确定的，例如第一接触部和第二接触部只要适当分开就能够完成开关的功能，而不必具体描述其位置。另外，本专利所要解决的一个技术问题是：薄膜覆盖于绝缘本体上时，极易发生相对位置不够准确的情形，导致薄膜上的导电物质无法与两接脚准确对准，从而两端子无法正常导电。而要解决上述问题，并不需要附加防止静电和阻止灰尘和水汽进入的保护薄膜。由此可见，权利要求1已经记载了解决技术问题的必要技术特征，符合专利法实施细则第二十一条第二款的规定。

4. 关于专利法实施细则第二条第二款

专利法实施细则第二条第二款规定：专利法所称的实用新型，是指对产品的形状、结构或者其结合所提出的适于实用的新的技术方案。

请求人认为，修改后的权利要求 1 中的"封埋模造方式"、权利要求 3 中的"薄片状金属冲压制成"以及权利要求 11 中的"在外力作用下与第二端子组的第二接触部形成接触"都属于工艺步骤或工作过程，因此不是实用新型保护的对象，不符合专利法实施细则第二条第二款规定。

合议组认为，本专利所有的权利要求要求保护的是一种按键开关，并且记载了按键开关的形状和结构，因此属于实用新型保护的客体，因而符合专利法实施细则第二条第二款规定。如果权利要求中记载了非形状、结构特征，只是在评述创造性时只考虑该技术特征所导致的产品形状、构造或其结合的变化，而不考虑该非形状、构造技术特征本身。技术方案中的那些不导致产品的形状、构造或者其结合产生变化的技术特征在评价创造性时视为不存在。

5. 关于专利法第二十二条第三款

根据专利法第二十二条第三款的规定，创造性是指同申请日以前已有的技术相比，该发明有突出的实质性特点和显著的进步，该实用新型有实质性特点和进步。

权利要求 1 要求保护一种按键开关，对比文件 2 公开了一种按键开关，并公开了以下技术特征（参见对比文件 2 的图 2、3 及说明书第 2 栏第 46 ~ 64 行）：按键开关设在印刷电路板的上表面 39 上，按键开关包括一绝缘本体 12，一侧端子 16（相当于第一端子），一中央端子 14（相当于第二端子组）和一开关元件 22（相当于导电片），绝缘本体 12 的一侧面上形成有一个凹穴 18，该侧端子包括一个第一接触部、一个第一焊接部 B，以及一个第一连接部 A，第一焊接部设在电路板 39 上，该中央端子包括一个端子体，该端子体具有一个第二接触部、一个第二焊接部 C，以及一个第一连接部 D，第二焊接部设在电路板 39 上，侧端子 16 与中央端子 14 与绝缘本体 12 形成一体，开关元件 22 收容于绝缘本体 12 的凹穴内，用以提供电切换功能，开关元件 22 的一端与侧端子 16 的第一接触部保持持续接触。权利要求 1 所要求保护的技术方案与对比文件 2 的区别在于权利要求 1 的按键开关具有第一端子组和第二端子组，而对比文件 2 的开关中只有一个中心端子和侧端子，而这种区别只是简单的数量增加，根据实际应用，本领域的技术人员无需创造性的劳动就可以在对比文件 2 的绝缘本体上设置多个端子（即端子组），因此权利要求 1 相对于对比文件 2 不具备实质性特点和进步，因而不具备创造性。

从属权利要求 2 引用权利要求 1，其附加技术特征已在对比文件 2 中公开（参见说明书第 2 栏第 46 ~ 64 行及附图 2、3）：绝缘本体的凹穴 18 成圆形，并使中心端子和侧端子的接触部外露，开关元件 22 的尺寸与凹穴 18 对应配合。由此可见，在其引用的权利要求 1 不具备创造性的情况下，权利要求 2 也不具备专利法第二十二条第三款所规定的创造性。

从属权利要求 3 引用权利要求 1，其附加技术特征已在对比文件 2 中公开（参见说明书附图 3）：中心端子和侧端子为薄片状金属。而冲压制成属于制造方法，在评价创造性时该特征视为不存在。由此可见，在其引用的权利要求 1 不具备创造性的情况下，权利要求 3 也不具备专利法第二十二条第三款所规定的创造性。

从属权利要求 4 引用权利要求 3，其附加技术特征实质上是将端子、凹穴及导电片的数量限定为 3 个，但和对比文件 2 的技术方案的区别只是简单的数量增加，根据实际应用，本领域的技术人员无需创造性的劳动就可以将对比文件 2 的上述部件分别设置成三个。由此可见，在其引用的权利要求 3 不具备创造性的情况下，权利要求 4 也不具备专利法第二十二条第三款所规定的创造性。

从属权利要求5引用权利要求4，其附加技术特征“第一端子组的第一连结部为长条状，而该三个第一接触部则分别自第一连结部的中央及两端附近延伸而出”实质上是对第一连接部的具体形状和第一接触部的具体位置进行了进一步的限定，对比文件1中的外缘开关垫组32与本专利的第一端子组相对应，每一开关垫与本专利的第一接触部相对应，这些开关垫从与其电连接的导线中延伸而出。本领域的技术人员根据实际需要结合对比文件1不需要创造性劳动就可得出权利要求5所限定的技术方案，因此在其引用的权利要求4不具备创造性的情况下，权利要求5也不具备专利法第二十二条第三款所规定的创造性。

从属权利要求6引用权利要求5，其附件技术特征已在对比文件2中公开（参见附图3）：侧端子16的接触部呈半圆环形，其末端一缺口而与第一连接部A分离。因此在权利要求5不具备创造性的情况下，权利要求6也不具备专利法第二十二条第三款所规定的创造性。

从属权利要求7引用权利要求6，其附加技术特征实质上是对第一接触部的半圆环形的开口方向进行了进一步的限定，而本领域的技术人员根据实际需要对其进行选择是不需要创造性劳动的，因此在其引用的权利要求6不具备创造性的情况下，权利要求7也不具备专利法第二十二条第三款所规定的创造性。

从属权利要求8引用权利要求6，其附加技术特征已在对比文件1中公开（参见附图2、3）：中央端子14的第二接触部为圆形，并在半圆环形的第一接触部的范围内，与第一接触部共面但未接触。因此在权利要求6不具备创造性的情况下，权利要求8也不具备专利法第二十二条第三款所规定的创造性。

从属权利要求9引用权利要求1，其附加技术特征已在对比文件1中公开（参见说明书附图3）：导电弹性膜24具有向上凸起的中心圆形部分和由其周缘向下突爪25，并且结合部与侧端子的第一接触部持续接触。并且导电弹性膜的作用也与本发明完全相同（使第一接触部和第二接触部导电），由此可见，本领域的技术人员在对比文件2的基础上结合对比文件1和公知常识得到权利要求9的技术方案是不需要创造性劳动的，因此权利要求9不具有突出的实质性特点和显著的进步，不符合专利法第二十二条第三款所规定的创造性。

从属权利要求10引用权利要求9，其附加技术特征是“结合部用导电胶直接粘结固定于第一端子组的第一接触部上”。但用导电胶粘结固定导电部件是所述技术领域中的通常采用的技术手段，属于公知常识，由此可见，在其引用的权利要求9不具备创造性的情况下，权利要求10也不具备专利法第二十二条第三款所规定的创造性。

从属权利要求11引用权利要求9，其附加技术特征已在对比文件1中公开（参见说明书附图3）：导电弹性膜24具有向上凸起的中心圆形部分供按压使用，以在外力的作用下与中心端子的接触部形成接触。由此可见，在其引用的权利要求9不具备创造性的情况下，权利要求11也不具备专利法第二十二条第三款所规定的创造性。

从属权利要求12引用权利要求1，其附加技术特征涉及两个端子的焊接部的具体形状和排布，但本领域的技术人员根据实际应用，无需创造性的劳动就可以得到权利要求12的技术方案。由此可见，在其引用的权利要求1不具备创造性的情况下，权利要求12也不具备专利法第二十二条第三款所规定的创造性。

从属权利要求13引用权利要求12，其附加技术特征已在对比文件2中公开（参见说明书附图2）：侧端子的焊接部末端B与中心端子的末端焊接部C焊接在电路板的上表面39上。由此可见，在其引用的权利要求12不具备创造性的情况下，权利要求13也不具备专利法第二十二条第三款所规定的创造性。

从属权利要求14引用权利要求1，其附加技术特征涉及绝缘体的具体形状和结构，但本领域的技术人员根据实际应用，无需创造性的劳动就可以对其进行选择，从而得到权利要求14的技术方案。由此可见，在其引用的权利要求1不具备创造性的情况下，权利要求14也不具备专利法第二十二条第三款所规定的创造性。

从属权利要求15引用权利要求1，其附加技术特征已在对比文件2中公开（参见说明书附图2）：膜34覆盖于开关元件22，并粘贴于开关元件22和绝缘本体38上，可防止开关元件22从绝缘本体掉出。由此可见，在其引用的权利要求1不具备创造性的情况下，权利要求15也不具备专利法第二十二条第三款所规定的创造性。

综上所述，本专利的权利要求1～15不具备专利法第二十二条第三款有关创造性的规定。

三、决定

宣告99236284.9号实用新型专利权全部无效。

当事人对本决定不服的，可以根据专利法第四十六条第二款的规定，自收到本决定之日起三个月内向北京市第一中级人民法院起诉。根据该款的规定，一方当事人起诉后，另一方当事人应当作为第三人参加诉讼。

中华人民共和国
北京市第一中级人民法院
行政判决书

（2006）一中行初字第567号

原告富金精密工业（深圳）有限公司，住所地中华人民共和国广东省深圳市宝安区龙华镇油松第十工业区东环二路2号。

法定代表人郭台成，董事长。

委托代理人颜潇，男，富士康科技集团职员。

委托代理人陈志国，男，富士康科技集团职员。

被告中华人民共和国国家知识产权局专利复审委员会，住所地中华人民共和国北京市海淀区蓟门桥西土城路6号。

法定代表人廖涛，副主任。

委托代理人孙克良，男，中华人民共和国国家知识产权局专利复审委员会行政诉讼处复审员。

委托代理人杜微科，男，中华人民共和国国家知识产权局专利复审委员会行政诉讼处复审员。

第三人台湾莫仕股份有限公司，住所地中华人民共和国台湾省台北县淡水镇下圭柔山100之三号。

法定代表人陈天来，总经理。

委托代理人王玉双，隆天国际知识产权代理有限公司律师、专利代理人。

委托代理人高龙鑫，隆天国际知识产权代理有限公司专利代理人。

第三人鸿海精密工业股份有限公司，住所地中华人民共和国台湾省台北县土城市中山路66号。

法定代表人郭台铭，董事长。

原告富金精密工业（深圳）有限公司不服被告中华人民共和国国家知识产权局专利复审委员会

作出第7973号无效宣告请求审查决定，于2006年4月10日向本院提起行政诉讼。本院于2006年4月14日受理后，依法组成合议庭，通知台湾莫仕股份有限公司（下称莫仕公司）、鸿海精密工业股份有限公司作为第三人参加诉讼，并于2006年6月13日公开开庭审理了本案。原告的委托代理人颜潇、陈志国，被告的委托代理人杜微科、孙克良，第三人台湾莫仕股份有限公司的委托代理人王玉双到庭参加了诉讼。本案现已审理终结。

第三人莫仕公司针对于2000年5月24日授权公告的、名称为“按键开关”的99236284.9号实用新型专利（下称本专利）向被告提出无效宣告请求。2005年11月8日，被告作出第7973号无效宣告请求审查决定（下称无效决定）。认定：

1. 关于文本。莫仕公司于2005年5月18日提交的修改文本符合《中华人民共和国专利法》（下称《专利法》）第三十三条和《〈中华人民共和国专利法〉实施细则》（下称《实施细则》）第六十条的规定。因此无效宣告决定所依据的文本为：2005年5月18日提交的权利要求第1～15项，申请日提交的说明书第1～4页、说明书附图第1～5项、说明书摘要、摘要附图。

2. 关于证据。美国专利US5399823号及其使用部分的中文译文（下称对比文件1）、美国专利US4803321号及其使用部分的中文译文（下称对比文件2）、美国专利US5898147号及其使用部分的中文译文（下称对比文件3）为专利文献，属于公开出版物，且其公开日在本专利的申请日之前，并且被请求人对对比文件1～3的真实性和中文译文的准确性无异议，因此对比文件1～3公开的内容构成了本专利的现有技术，能够用于评价本专利的创造性。

3. 关于《实施细则》第二十一条第二款（记载解决技术问题的必要技术特征）。第一、二端子组的各部件以及凹穴的位置关系是本领域的技术人员根据按键开关的功能，结合本领域的公知常识，是不需要创造性的劳动就能够确定的，例如第一接触部和第二接触部只要适当分开就能够完成开关的功能，而不必具体描述其位置。另外，本专利所要解决的一个技术问题是：薄膜覆盖于绝缘本体上时，极易发生相对位置不够准确的情形，导致薄膜上的导电物质无法与两接脚准确对准，从而两端子无法正常导电。而要解决上述问题，并不需要附加防止静电和阻止灰尘和水汽进入的保护薄膜。由此可见，权利要求1已经记载了解决技术问题的必要技术特征，符合《实施细则》第二十一条第二款的规定。

4. 关于《实施细则》第二条第二款（适于实用的新的技术方案）。本专利所有的权利要求要求保护的是一种按键开关，并且记载了按键开关的形状和结构，因此属于实用新型保护的客体，因而符合《实施细则》第二条第二款规定。如果权利要求中记载了非形状、结构特征，只是在评述创造性时只考虑该技术特征所导致的产品形状、构造或其结合的变化，而不考虑该非形状、构造技术特征本身。技术方案中的那些不导致产品的形状、构造或者其结合产生变化的技术特征在评价创造性时视为不存在。

5. 关于《专利法》第二十二条第三款（创造性）。权利要求1要求保护一种按键开关，对比文件2公开了一种按键开关，并公开了以下技术特征（参见对比文件2的图2、3及说明书第2栏第46～64行）：按键开关设在印刷电路板的上表面39上，按键开关包括一绝缘本体12，一侧端子16（相当于第一端子），一中央端子14（相当于第二端子组）和一开关元件22（相当于导电片），绝缘本体12的一侧面上形成有一个凹穴18，该侧端子包括一个第一接触部、一个第一焊接部B，以及一个第一连接部A，第一焊接部设在电路板39上，该中央端子包括一个端子体，该端子体具有一个第二接触部、一个第二焊接部C，以及一个第一连接部D，第二焊接部设在电路板39上，侧端子16与中央端子14与绝缘本体12形成一体，开关元件22收容于绝缘本体12的凹穴内，用以提供电切换功能，开关元件22的一端与侧端子16的第一接触部保持持续接触。权利要求1所要求保护的技术方案与对比文件 2 的区别在于权利要求 1 的按键开关具有第一端子组和第二端子组，而对比文件 2 的开关中只有一个中心端子和侧端子，而这种区别只是简单的数量增加，根据实际应用，本领域的技术人员无需创造性的劳动就可以将对比文件 2 的绝缘本体上设置多个端子（即端子组），因此权利要求 1 相对于对比文件 2 不具备实质性特点和进步，因而不具备创造性。

从属权利要求 2 引用权利要求 1，其附加技术特征已在对比文件 2 中公开（参见说明书第 2 栏第 46~64 行及附图 2、3）：绝缘本体的凹穴 18 成圆形，并使中心端子和侧端子的接触部外露，开关元件 22 的尺寸与凹穴 18 对应配合。由此可见，在其引用的权利要求 1 不具备创造性的情况下，权利要求 2 也不具备《专利法》第二十二条第三款所规定的创造性。

从属权利要求 3 引用权利要求 1，其附加技术特征已在对比文件 2 中公开（参见说明书附图 3）：中心端子和侧端子为薄片状金属。而冲压制成属于制造方法，在评价创造性时该特征视为不存在。由此可见，在其引用的权利要求 1 不具备创造性的情况下，权利要求 3 也不具备《专利法》第二十二条第三款所规定的创造性。

从属权利要求 4 引用权利要求 3，其附加技术特征实质上是将端子、凹穴及导电片的数量限定为 3 个，但和对比文件 2 的技术方案的区别只是简单的数量增加，根据实际应用，本领域的技术人员无需创造性的劳动就可以将对比文件 2 的上述部件分别设置成三个。由此可见，在其引用的权利要求 3 不具备创造性的情况下，权利要求 4 也不具备《专利法》第二十二条第三款所规定的创造性。

从属权利要求 5 引用权利要求 4，其附加技术特征“第一端子组的第一连结部为长条状，而该三个第一接触部则分别自第一连结部的中央及两端附近延伸而出”实质上是对第一连接部的具体形状和第一接触部的具体位置进行了进一步的限定，对比文件 1 中的外缘开关垫组 32 与本专利的第一端子组相对应，每一开关垫与本专利的第一接触部相对应，这些开关垫从与其电连接的导线中延伸而出。本领域的技术人员根据实际需要结合对比文件 1 不需要创造性劳动就可得出权利要求 5 所限定的技术方案，因此在其引用的权利要求 4 不具备创造性的情况下，权利要求 5 也不具备《专利法》第二十二条第三款所规定的创造性。

从属权利要求 6 引用权利要求 5，其附加技术特征已在对比文件 2 中公开（参见附图 3）：侧端子 16 的接触部呈半圆环形，其末端一缺口而与第一连接部 A 分离。因此在权利要求 5 不具备创造性的情况下，权利要求 6 也不具备《专利法》第二十二条第三款所规定的创造性。

从属权利要求 7 引用权利要求 6，其附加技术特征实质上是对第一接触部的半圆环形的开口方向进行了进一步的限定，而本领域的技术人员根据实际需要对其进行选择是不需要创造性劳动的，因此在其引用的权利要求 6 不具备创造性的情况下，权利要求 7 也不具备《专利法》第二十二条第三款所规定的创造性。

从属权利要求 8 引用权利要求 6，其附加技术特征已在对比文件 1 中公开（参见附图 2、3）：中央端子 14 的第二接触部为圆形，并在半圆环形的第一接触部的范围内，与第一接触部共面但未接触。因此在权利要求 6 不具备创造性的情况下，权利要求 8 也不具备《专利法》第二十二条第三款所规定的创造性。

从属权利要求 9 引用权利要求 1，其附加技术特征已在对比文件 1 中公开（参见说明书附图 3）：导电弹性膜 24 具有向上凸起的中心圆形部分和由其周缘向下突爪 25，并且结合部与侧端子的第一接触部持续接触。并且导电弹性膜的作用也与本发明完全相同（使第一接触部和第二接触部导电），由此可见，本领域的技术人员在对比文件 2 的基础上结合对比文件 1 和公知常识得到权利要求 9 的技术方案是不需要创造性劳动的，因此权利要求 9 不具有突出的实质性特点和显著的进步，不符合《专利法》第二十二条第三款所规定的创造性。

从属权利要求 10 引用权利要求 9，其附加技术特征是“结合部用导电胶直接粘结固定于第一端子组的第一接触部上”。但用导电胶粘结固定导电部件是所述技术领域中的通常采用的技术手段，属于公知常识，由此可见，在其引用的权利要求 9 不具备创造性的情况下，权利要求 10 也不具备《专利法》第二十二条第三款所规定的创造性。

从属权利要求 11 引用权利要求 9，其附加技术特征已在对比文件 1 中公开（参见说明书附图 3）：导电弹性膜 24 具有向上凸起的中心圆形部分供按压使用，以在外力的作用下与中心端子的接触部形成接触。由此可见，在其引用的权利要求 9 不具备创造性的情况下，权利要求 11 也不具备《专利法》第二十二条第三款所规定的创造性。

从属权利要求 12 引用权利要求 1，其附加技术特征涉及到两个端子的焊接部的具体形状和排布，但本领域的技术人员根据实际应用，无需创造性的劳动就可以得到权利要求 12 的技术方案。由此可见，在其引用的权利要求 1 不具备创造性的情况下，权利要求 12 也不具备《专利法》第二十二条第三款所规定的创造性。

从属权利要求 13 引用权利要求 12，其附加技术特征已在对比文件 2 中公开（参见说明书附图 2）：侧端子的焊接部末端 B 与中心端子的末端焊接部 C 焊接在电路板的上表面 39 上。由此可见，在其引用的权利要求 12 不具备创造性的情况下，权利要求 13 也不具备《专利法》第二十二条第三款所规定的创造性。

从属权利要求 14 引用权利要求 1，其附加技术特征涉及绝缘体的具体形状和结构，但本领域的技术人员根据实际应用，无需创造性的劳动就可以对其进行选择，从而得到权利要求 14 的技术方案。由此可见，在其引用的权利要求 1 不具备创造性的情况下，权利要求 14 也不具备《专利法》第二十二条第三款所规定的创造性。

从属权利要求 15 引用权利要求 1，其附加技术特征已在对比文件 2 中公开（参见说明书附图 2）：膜 34 覆盖于开关元件 22，并粘贴于开关元件 22 和绝缘本体 38 上，可防止开关元件 22 从绝缘本体掉出。由此可见，在其引用的权利要求 1 不具备创造性的情况下，权利要求 15 也不具备《专利法》第二十二条第三款所规定的创造性。

综上，被告认为本专利的权利要求 1～15 不具备《专利法》第二十二条第三款有关创造性的规定，故决定：宣告 99236284.9 号实用新型专利权全部无效。

被告在法定的举证期限内向本院提交了以下证据，用于证明无效决定作出程序合法、认定事实清楚、适用法律正确：1. 本专利说明书；2. 对比文件 1 及其使用部分中文译文；3. 对比文件 2 及其使用部分中文译文；4. 原告于 2005 年 5 月 18 日提交的权利要求书修改文本；5. 口头审理记录表。

原告富金精密工业（深圳）有限公司诉称：一、无效宣告程序不合法。被告违反请求原则审查超出请求人请求的范围。莫仕公司明确指出三份对比文件中对比文件 1 是与本专利最接近的现有技术，而无效宣告决定将对比文件 2 作为与本专利最接近的现有技术。在对比文件 2 中，莫仕公司仅引用说明书第 2 栏第 46～64 行，而在无效宣告决定中引用了电路板、电路板上表面 39 及电路板与按键开关的关系等译文部分明显未记载的内容作为证据。二、证据不充分。对本专利相对于对比文件 2 不具备创造性的事实认定有误。本专利权利要求 1 相对于对比文件 2 区别之处并非是简单的数量的增加，而是从形状和构造上发生本质的变化，具有实质性的特点和进步。这种形状与构造上的改变属于实用新型保护的客体，并且这种构造的改变需要本领域的技术人员付出创造性的劳动。本专利权利要求 1 相对于对比文件 2 具备创造性。薄膜开关与本专利的金属弹片开关不属于同一技术领域，因此对比文件 1 不可作为判断本专利创造性的证据。即使对比文件 2 与对比文件 1 可结合作为证据，本专利仍具备创造性。被告在无效决定中使用“本领域的技术人员无需创造性的劳动”及“公知常识”等字眼，而未提供任何支持该论调的证据。原告请求法院撤销无效决定，诉讼费用由被告承担。

原告在法定的举证期限内向本院提交了以下证据，用于证明其主张：1. 本专利说明书；2. 专利权无效宣告请求书；3. 复审、无效程序中意见陈述书。

被告中华人民共和国国家知识产权局专利复审委员会辩称，无效宣告决定中认定权利要求1～15不具备创造性的依据是请求人提出的权利要求1～15不具备创造性的理由和证据，符合无效程序的请求原则。被告作出权利要求1～15不具备创造性的结论所依据的理由是《专利法》第二十二条第三款，证据是对比文件1和对比文件2，没有超出请求人所提交证据的范围，而认定的事实即对比文件1和对比文件2公开的内容已在口头审理中经过了双方当事人充分的陈述和辩论，无效宣告决定所依据的理由、证据和认定的事实均已告知过原告，符合听证原则。原告所述单一按键与按键组的区别显然不能构成体现权利要求1创造性的区别特征。被告判定权利要求1不具备创造性是有充分依据的。关于对比文件1的薄膜开关与对比文件2的金属弹片开关相结合的技术启示，这两种开关都属于开关器件领域最常用的类型，PCT分类号可以作为相同技术领域的依据，本领域普通技术人员在对比文件1的基础上结合对比文件2得到权利要求1的技术方案不存在任何技术上的困难。被告请求法院维持无效宣告决定。

第三人莫仕公司陈述：一、无效决定程序合法。莫仕公司向被告提出了无效宣告理由和对比文件1、2、3，并且在口头审理中明确对比文件的对比方式及结合方式和最接近的对比文件，被告以对比文件2作为最接近的对比文件结合对比文件1评价本专利的创造性，符合请求原则。被告在口审中给予了请求双方充分陈述意见的机会，被告的决定符合听证原则。二、被告的决定认定事实清楚。被告认定本专利权利要求1中端子组与对比文件2的端子的区别仅为数量简单增加属于认定事实清楚。原告所主张的内容属于其说明书的具体实施例的内容，该内容并未记载该特征，而且根据权利要求1的内容，本领域技术人员也不能唯一导出其说明书的实施例的结构。原告的主张与事实不符。本领域技术人员根据对比文件1的教导不加创造性劳动即可选择出本专利权利要求1的技术方案。被告有关权利要求1相比对比文件2不具备创造性的认定事实清楚。

莫仕公司在法定的举证期限内未向本院提交证据。

第三人鸿海精密工业股份有限公司声明不参加与本专利相关的无效行政纠纷一案，同意原告在上述行政纠纷案中所表示的全部意见，并且在法定的举证期限内未向本院提交证据。

经庭审质证，各方当事人对原告、被告提交的证据的真实性均没有异议。经审查，本院认为：被告及原告的证据能够证明案件事实，本院均予以确认。

根据上述有效证据及各方当事人在庭审中无争议的陈述，本院确认如下事实：

本专利申请日为1999年6月7日，共同专利权人为原告和第三人鸿海精密工业股份有限公司。其授权公告的权利要求为：

“1. 一种按键开关，焊设于电路板上，用以提供电性切换功能，该按键开关包括一绝缘本体、一第一端子组、一第二端子组及至少一导电片，其特征在于：该绝缘本体在一侧面上形成有至少一凹穴；该第一端子组包括至少一第一接触部、一第一焊接部，以及一第一连结部，该第一焊接部用以焊设于电路板上，而该第一连结部则用以连接第一接触部与第一焊接部；该第二端子组包括至少一端子体，该端子体具有一第二接触部、一第二焊接部及一第二连结部，该第二焊接部用以焊设于电路板上，而该第二连结部则用以连接第二接触部与第二焊接部；该导电片对应收容于绝缘本体的凹穴内，用以提供电性切换功能，该导电片的部份区域与第一端子组的第一接触部持续接触。

2. 如权利要求1所述的按键开关，其特征在于：该第一端子组及第二端子组是以封埋模造方式与绝缘本体形成一体。

3. 如权利要求 1 或 2 所述的按键开关，其特征在于：该绝缘本体的凹穴略呈圆形，且具有特定的尺寸规格，以供第一端子组的第一接触部与第二端子组端子体的第二接触部适当外露，而该导电片的尺寸规格则大致上与凹穴对应配合。

4. 如权利要求 1 或 2 所述的按键开关，其特征在于：该第一端子组与第二端子组是由薄片状金属冲压制成。

5. 如权利要求 1 或 2 所述的按键开关，其特征在于：该绝缘本体在一侧面上形成有三个大致上等距离间隔分布的凹穴，用以对应收容三个导电片，且第一端子组包括三个第一接触部，而第二端子组则包括三支端子体。

6. 如权利要求 5 所述的按键开关，其特征在于：该第一端子组的第一连结部为长条状，而该三个第一接触部则分别自第一连结部的中央及两端附近延伸而出。

7. 如权利要求 6 所述的按键开关，其特征在于：该第一接触部略呈半圆环形，且其末端以一缺口而与第一连结部相分离。

8. 如权利要求 7 所述的按键开关，其特征在于：该位于两端附近的第一接触部，其半圆环形的开口方向是彼此相向，而位于中央附近的第一接触部，其半圆环形的开口方向则与其中一端的第一接触部相同。

9. 如权利要求 7 所述的按键开关，其特征在于：该端子体的第二接触部略呈圆形，且其位于半圆环形第一接触部的范围内，与第一接触部共平面但未接触。

10. 如权利要求 1 或 2 所述的按键开关，其特征在于：该导电片由弹性较佳的金属制成圆顶状，其包括一顶部及若干个由顶部周缘向外对称延伸的扣爪状结合部，且该结合部是与第一端子组的第一接触部持续接触。

11. 如权利要求 10 所述的按键开关，其特征在于：该结合部利用导电胶直接粘贴固定于第一端子组的第一接触部上。

12. 如权利要求 10 所述的按键开关，其特征在于：该顶部供按压使用，以在外力作用下与第二端子组端子体的第二接触部形成接触。

13. 如权利要求 1 或 2 所述的按键开关，其特征在于：该第一端子组的第一焊接部与第二端子组端子体的第二焊接部皆略呈‘U’字形，且彼此排列于同一直线上。

14. 如权利要求 13 所述的按键开关，其特征在于：该第一焊接部与第二焊接部皆以末端部份焊设于电路板上。

15. 如权利要求 1 或 2 所述的按键开关，其特征在于：该绝缘本体略呈长形板状，且在相对于形成凹穴的另一侧面上形成有六个定位突起，定位突起之间并形成有固定沟槽，用以收容第一端子组的第一焊接部及第二端子组端子体的第二焊接部于其中。

16. 如权利要求 1 或 2 所述的按键开关，其特征在于：其使用粘胶薄膜粘着覆盖该导电片，通过粘胶薄膜同时粘贴于导电片及绝缘本体上，可防止导电片自绝缘本体的凹穴内掉出。”

2005 年 1 月 31 日，莫仕公司针对本专利权向被告提出了无效宣告请求，其理由是：1. 权利要求 1～16 相对于附件 1～3 不符合《专利法》第二十二条第三款所规定的创造性；2. 权利要求 1 不符合《实施细则》第二十一条第二款的规定；3. 权利要求 2、4、14 不符合《实施细则》第二条第二款的规定。其提交的《专利权无效宣告请求书》中记载：“参见对比文件 2 附图 2、3 及说明书第 2 栏 46～64 行，对比文件 2 公开一种按键开关 10，其焊设于印刷电路电路板的上表面 39，……”但对比文件 2 附图 2、3 及说明书第 2 栏 46～64 行，没有关于“电路板 39”的记载。另提交了如下附件作为证据：

附件1：对比文件1；

附件2：对比文件2；

附件3：对比文件3；

附件4：实用新型专利第ZL99236284.9号授权公告文本。

被告受理无效请求后，依法进行了转文。2005年5月18日，原告向被告提交了意见陈述书，并修改了权利要求书。认为，修改后的权利要求相对于对比文件1～3具备创造性，并满足《实施细则》第二十一条第二款的规定；权利要求2、4、14用方法来限定产品的某个形状、构造使得该形状构造更加清楚的前提下，用方法来限定产品的某个形状、构造是允许的。修改后的权利要求如下：

“1. 一种按键开关，焊设于电路板上，用以提供电性切换功能，该按键开关包括一绝缘本体、一第一端子组、一第二端子组及至少一导电片，其特征在于：该绝缘本体在一侧面上形成有至少一凹穴；该第一端子组包括至少一第一接触部、一第一焊接部，以及一第一连结部，该第一焊接部用以焊设于电路板上，而该第一连结部则用以连接第一接触部与第一焊接部；该第二端子组包括至少一端子体，该端子体具有一第二接触部、一第二焊接部及一第二连结部，该第二焊接部用以焊设于电路板上，而该第二连结部则用以连接第二接触部与第二焊接部；该第一端子组及第二端子组是以封埋模造方式与绝缘本体形成一体，该导电片对应收容于绝缘本体的凹穴内，用以提供电性切换功能，该导电片的部份区域与第一端子组的第一接触部持续接触。

2. 如权利要求1所述的按键开关，其特征在于：该绝缘本体的凹穴略呈圆形，且具有特定的尺寸规格，以供第一端子组的第一接触部与第二端子组端子体的第二接触部适当外露，而该导电片的尺寸规格则大致上与凹穴对应配合。

3. 如权利要求1所述的按键开关，其特征在于：该第一端子组与第二端子组是由薄片状金属冲压制成。

4. 如权利要求1所述的按键开关，其特征在于：该绝缘本体在一侧面上形成有三个大致上等距离间隔分布的凹穴，用以对应收容三个导电片，且第一端子组包括三个第一接触部，而第二端子组则包括三支端子体。

5. 如权利要求4所述的按键开关，其特征在于：该第一端子组的第一连结部为长条状，而该三个第一接触部则分别自第一连结部的中央及两端附近延伸而出。

6. 如权利要求5所述的按键开关，其特征在于：该第一接触部略呈半圆环形，且其末端以一缺口而与第一连结部相分离。

7. 如权利要求6所述的按键开关，其特征在于：该位于两端附近的第一接触部，其半圆环形的开口方向是彼此相向，而位于中央附近的第一接触部，其半圆环形的开口方向则与其中一端的第一接触部相同。

8. 如权利要求6所述的按键开关，其特征在于：该端子体的第二接触部略呈圆形，且其位于半圆环形第一接触部的范围内，与第一接触部共平面但未接触。

9. 如权利要求1所述的按键开关，其特征在于：该导电片由弹性较佳的金属制成圆顶状，其包括一顶部及若干个由顶部周缘向外对称延伸的扣爪状结合部，且该结合部是与第一端子组的第一接触部持续接触。

10. 如权利要求9所述的按键开关，其特征在于：该结合部利用导电胶直接粘贴固定于第一端子组的第一接触部上。

11. 如权利要求 9 所述的按键开关，其特征在于：该顶部供按压使用，以在外力作用下与第二端子组端子体的第二接触部形成接触。

12. 如权利要求 1 所述的按键开关，其特征在于：该第一端子组的第一焊接部与第二端子组端子体的第二焊接部皆略呈‘U’字形，且彼此排列于同一直线上。

13. 如权利要求 12 所述的按键开关，其特征在于：该第一焊接部与第二焊接部皆以末端部份焊设于电路板上。

14. 如权利要求 1 所述的按键开关，其特征在于：该绝缘本体略呈长形板状，且在相对于形成凹穴的另一侧面上形成有六个定位突起，定位突起之间并形成有固定沟槽，用以收容第一端子组的第一焊接部及第二端子组端子体的第二焊接部于其中。

15. 如权利要求 1 所述的按键开关，其特征在于：其使用粘胶薄膜粘着覆盖该导电片，通过粘胶薄膜同时粘贴于导电片及绝缘本体上，可防止导电片自绝缘本体的凹穴内掉出。”

2005 年 8 月 15 日，被告进行了口头审理。在被告提交的口头审理记录表中第 4 项记载，莫仕公司当庭明确仅使用对比文件 1 ~ 3 中有中文翻译的中文部分及附图。同时，莫仕公司重新明确了无效宣告理由：1. 权利要求 1 不符合《实施细则》第二十一条第二款的规定；2. 权利要求 1、3、11 不符合《实施细则》第二条第二款的规定。3. 权利要求 1 ~ 15 分别相对于对比文件 1 ~ 3 不符合《专利法》第二十二条第三款所规定的创造性，权利要求 2 ~ 15 相对于对比文件 2 与对比文件 1 结合或对比文件 3 与对比文件 1 结合的技术方案不具备创造性。

2005 年 11 月 8 日，被告作出无效决定。原告对无效决定不服，向本院提起行政诉讼。

本院认为，请求宣告专利权无效的，应当向专利复审委员会提交专利权无效宣告请求书和必要的证据。在无效宣告程序中，合议组通常仅针对当事人提出的无效宣告请求的范围、理由和提交的证据进行审查。《审查指南》第四部分第一章第 14 节规定：“当事人提交外文证据的，应当在提交该外文证据的同时提交所使用部分的中文译文。提交外文证据的当事人未提交中文译文的，该外文证据视为未提交。”当事人提交外文证据的，中文译文可以以注明译文附页的形式提交，也可以在意见陈述书中记载。但如果是第二种情况，就必须注明是外文证据译文并载明其出处，否则对方当事人无法分清是意见陈述还是译文，从而无法行使对译文证据质证的权利。本案中，莫仕公司提交的对比文件 2 的中文译文附页中没有关于“电路板 39”的内容，其无效宣告请求书中记载了对比文件 2 公开了“电路板 39”的内容，但未注明是译文，况且其注明的原文出处即“对比文件 2 附图 2、3 及说明书第 2 栏第 46 ~ 64 行”也没有 39 系电路板的记载；并且莫仕公司在口头审理中明确仅使用对比文件 1 ~ 3 中有中文翻译的中文部分及附图，被告应认定请求人主张使用的部分。但是，在无效决定中被告引用了对比文件 2 原文的其他内容，从而认定对比文件 2 的技术特征，其超出部分没有依据。综上，无效决定认定的事实，缺乏依据，应予撤销。原告要求撤销无效决定的主张，本院予以支持。依照《中华人民共和国行政诉讼法》第五十四条第（二）项第一目之规定，判决如下：

撤销被告中华人民共和国国家知识产权局专利复审委员会作出的第 7973 号无效宣告请求审查决定。

案件受理费 1000 元，由被告中华人民共和国国家知识产权局专利复审委员会负担（于本判决生效后七日内交纳）。

如不服本判决，原告富金精密工业（深圳）有限公司、被告中华人民共和国国家知识产权局专利复审委员会可于本判决书送达之日起 15 日内，第三人台湾莫仕股份有限公司、鸿海精密工业股份有限公司可于本判决书送达之日起 30 日内，向本院递交上诉状，并按对方当事人的人数提交副本，上诉于中华人民共和国北京市高级人民法院。上诉人在接到人民法院预交诉讼费用的通知后7日内未预交又不提出缓交申请的，按自动撤回上诉处理。

审 判 长 娄宇红

审 判 员 李纪红

代理审判员 司品华

二〇〇六年九月十九日

书 记 员 许 纯

014

牙 刷 案

无效宣告请求审查决定（第7998号）

决　定　号　第7998号
决　定　日　2005年12月14日
发明创造名称　牙刷
国际分类号　A46B 9/04
无效请求人　王向农
专 利 权 人　狮王株式会社
专　利　号　93109040.7
申　请　日　1993年6月22日
授权公告日　1999年3月3日
合议组组长　张　度
主　审　员　聂春艳
参　审　员　熊　婷

法律依据　专利法第二十六条第四款、第二十二条第三款
决定要点

虽然本专利说明书中通过一些例子说明了各种尺寸之间的关系，但这些关系属于生产牙刷必须考虑的因素，其尺寸参数的选择方法、原则、手段也是本领域公知的，且本专利中对上述尺寸的选择范围也未产生预料不到的技术效果。因此，本专利相关权利要求所述技术方案相对于现有技术不具有突出的实质性特点和显著的进步，不具备专利法第二十二条第三款规定的创造性。

一、案由

本无效宣告请求涉及国家知识产权局专利局于1999年3月3日授权公告的、专利号为93109040.7、名称为"牙刷"的发明专利（下称本专利）。该专利的申请日为1993年6月22日，优先权日为1992年6月22日和1992年11月6日，专利权人为狮王株式会社，其授权公告的权利要求书如下：

"1. 一种牙刷，包括：

填充物，它由一种合成长丝材料制成，该填充物的每一根在其一端形成一种尖锥形，该填充物扎成许多束；以及一个手柄，在其一远端设置有一个填充物安插座，该填充物安插座由多个填充物安插孔形成，该填充物的这些束插在这些孔中，使该每一根填充物的该尖锥形端部向外伸出，该填充物安插孔平行于该手柄的纵向排列成几行；

其特征在于，

该每一根填充物的该尖锥形端部的长度是4~8mm，该每一根填充物的一个非锥形段具有0.16~0.20mm的最大直径；

该每一根填充物安插孔的直径是1.5~2.0mm并在该手柄的纵向上与其他孔间隔1.0~1.2mm。

2. 根据权利要求1所述的一种牙刷，其特征在于：该每一根填充物的该尖锥形端部的长度是4~7mm，

该每一根填充物的该非锥形段的最大直径是0.17~0.18mm，

该每一根填充物安插孔的直径是1.5~1.9mm并在该手柄的纵向上与其他孔间隔1.0~1.2mm。

3. 根据权利要求1所述的一种牙刷，其特征在于：该每一根填充物在其两端均形成一种尖锥形，并且该填充物的该每一束在其中间部分弯折，该中间部分插入该填充物安插孔的相应的一个孔中。

4. 根据权利要求2所述的一种牙刷，其特征在于：该每一根填充物在其两端均形成一种尖锥形，并且该填充物的该每一束在其中间部分弯折，该中间部分插入该填充物安插孔的相应的一个孔中。

5. 一种牙刷，包括：

填充物，它由一种合成长丝材料制成，该填充物的每一根在其一端形成一种尖锥形，该填充物扎成许多束；

一个手柄，在其一远端设置有一个填充物安插座，该填充物安插座由多个填充物安插孔形成，该填充物的这些束插在这些孔中，使该每一根填充物的该尖锥形端部向外伸出，该填充物安插孔平行于该手柄的纵向排列成至少一行；

其特征在于，

该每一根填充物的该锥形端部形成这样一种形状：在与该填充物的尖端相距1mm、3mm、5mm和8mm处，该填充物的该锥形端部的直径分别设置为该填充物的基部段的直径的25%至35%、55%至70%、80%至90%和90%至100%。

6. 根据权利要求5所述的一种牙刷，其特征在于：该填充物具有这样的由偏转力计算值表征的硬度：在与该填充物的尖端相距1mm、3mm、5mm和8mm处，根据国际标准ISO8627测量和计算的计算值分别是0.5至2.0牛顿/平方毫米、2.5至4.5牛顿/平方毫米、3.5至5.5牛顿/平方毫米和6至15牛顿/平方毫米。

7. 根据权利要求6所述的一种牙刷，其特征在于：该每一根填充物的该锥形端部的长度是8至15mm，该填充物的该基部段的最大直径是0.15~0.25mm。

该每一个填充物安插孔的直径是1.5~2.2mm并在该手柄的纵向上与其他孔间隔1.0~1.4mm。

8. 根据权利要求7所述的一种牙刷，其特征在于：该由一种合成单丝制成的每一根填充物在其两端均形成一种锥形，

该填充物的该每一束在其中间部分弯折，该中间部分插入该填充物安插孔的相应的一个孔中。"

针对上述专利权，王向农（下称请求人）于2004年3月31日向专利复审委员会提出无效宣告请求，同时提交了以下证据：

对比文件1：美国专利US4729142及其译文，其公开日为1988年3月8日；

对比文件2：日本实用新型公报JP昭57-65632U的著录项目页及其简要译文，其公开日为1982年4月19日；

对比文件3：日本实用新型公报JP昭57-12934U的著录项目页及其简要译文，其公开日为1982年1月22日；

对比文件4：中华人民共和国轻工业部部标准SG405-85复印件，其发布日为1985年11月15日。

请求人认为：（1）权利要求1相对于对比文件1和对比文件2的结合或者对比文件4和对比文件2的结合不具备创造性，权利要求2相对于对比文件1和对比文件2的结合不具备创造性，权利要求

3 相对于对比文件 1、对比文件 2 和对比文件 3 的结合或者对比文件 4、对比文件 2 和对比文件 3 的结合不具备创造性，权利要求 4 相对于对比文件 1、对比文件 2 和对比文件 3 的结合不具备创造性，权利要求 5 ~ 7 相对于对比文件 1 和对比文件 2 的结合不具备创造性，权利要求 8 相对于对比文件 1、对比文件 2 和对比文件 3 的结合不具备创造性，不符合专利法第二十二条第三款的规定。（2）从说明书第 7 页第 21 ~ 23 行所记载的填充物的长度为 10 ~ 13mm 可推知，尖锥形端部的长度应至多为 13mm，因此权利要求 7 所限定的“尖锥形端部的长度是 8 ~ 15mm”得不到说明书的支持，不符合专利法第二十六条第四款的规定。

经形式审查合格，专利复审委员会受理了上述请求，并于 2004 年 4 月 6 日向双方当事人发出无效宣告请求受理通知书，并将无效宣告请求书及其附件副本转送给专利权人（下称被请求人）。

2004 年 5 月 18 日，被请求人提交意见陈述书，对请求人的无效宣告请求进行了反驳。被请求人认为：（1）对比文件 1 没有提到刷毛安装孔的间隔，对比文件 2 虽然公开了锥形刷毛可用于化妆刷、油漆刷、清洁刷等，但并未提到将锥形刷毛用于牙刷，且对比文件 1、对比文件 2 和对比文件 4 均未限定填充物的尖锥形端部的具体形状，因此权利要求 1 相对于对比文件 1 和对比文件 2 的结合或对比文件 4 和对比文件 2 的结合具备创造性；（2）权利要求 2 附加技术特征所限定的参数加强了本发明的优点；（3）由于对比文件 1 和对比文件 2 均未教导或暗示填充物的具体形状，因此权利要求 5 相对于对比文件 1 和对比文件 2 的结合具备创造性；（4）权利要求 6 附加技术特征所限定的硬度所带来的技术效果已在说明书中列明；（5）权利要求 7 所限定的数值范围已在说明书中公开，填充物的长度为 10 ~ 13mm 是实施例中的数据，该数据是在权利要求 7 所限定的数值范围中选择的，因此权利要求 7 是能够得到说明书的支持的。被请求人同时提交了对比文件 2 的原文全文供合议组参考。

2005 年 3 月 9 日，合议组向双方当事人发出口头审理通知书，定于 2005 年 4 月 20 日进行口头审理，同时将被请求人 2004 年 5 月 18 日提交的意见陈述书转送给请求人。

口头审理如期举行，双方均出席口头审理并陈述了意见。在口审中，请求人未提交对比文件 4 的原件，被请求人对对比文件 1 ~ 3 的真实性及其译文均无异议，但对对比文件 4 的真实性有异议，请求人还明确了其无效理由与其书面意见完全一致。

2005 年 5 月 7 日，请求人提交补正书，提交了经中国轻工总会标准化研究所情报研究室盖章证明的对比文件 4 的复印件。

2005 年 6 月 6 日，被请求人的代理人到专利复审委员会核实了经盖章证明的对比文件 4 的复印件，认可了对比文件 4 的真实性。

至此，合议组认为本案事实已经清楚，可以作出审查决定。

二、决定的理由

1. 关于证据

对比文件 1 ~ 4 均为公开出版物性质的证据，其公开日均早于本专利的优先权日，被请求人对其真实性亦均无异议，因此上述证据构成本专利的现有技术，可以用于评价本专利的创造性。

2. 关于权利要求 7 能否得到说明书的支持

权利要求 7 间接从属于权利要求 5，在说明书第 7 页对与权利要求 5 对应的技术方案进行了描述，其中指出每根填充物的长度 Y 为 10 ~ 13mm，因此可以推知，尖锥形端部 14 的长度应不大于 13mm，而权利要求 7 所限定的尖锥形端部的长度为 8 ~ 15mm，包括了大于 13mm 的范围，因此权利要求 7 不能得到说明书的支持，不符合专利法第二十六条第四款的规定。

在权利要求 7 得不到说明书的支持的情况下，其从属权利要求 8 也不能得到说明书的支持，不符合专利法第二十六条第四款的规定。

3. 关于权利要求 1～6 的创造性

对比文件 1 公开了一种牙刷，该牙刷具有填充物，填充物为由合成长丝材料制成的刷毛，填充物扎成许多束，牙刷手柄前端有刷毛孔，其中，刷毛长度为 7.9～14.3mm，最好为 11.1mm，刷毛直径为 0.15～0.3mm，最好为 0.18mm。

对比文件 2 公开了一种刷毛用的纤维，其纤维两端呈尖锥形，且两端部的直径为锥形刷毛最大直径的 3/4 以下。

对比文件 3 公开了一种用于刷子的刷毛，所述刷毛两端部呈尖锥形，刷毛对折后放入刷毛孔中。

对比文件 4 为牙刷的部颁标准，其中，刷毛可用无毒塑料、尼龙丝、聚酯丝及消毒猪鬃，刷毛高度为 9.50～13.00mm 或 8.50～12.00mm，孔距为 2.20mm 以上，孔径为 2.10mm 或 1.80mm 以下，刷毛直径为 0.3mm 或 0.25mm 以下。

请求人认为，本专利权利要求 1 所述技术方案相对于对比文件 1 和对比文件 2 的结合不具备创造性。本专利权利要求 1 中的孔间隔的数值范围是牙刷制造中的常用数值范围，其他数值范围可以从对比文件 1 公开的有关数值范围中推出或已被对比文件 1 所公开。

被请求人认为，对比文件 2 并未提到将锥形刷毛用于牙刷，且对比文件 1 和对比文件 2 均未公开本专利权利要求 1 所限定的填充物尖锥形端部的具体形状。

根据对比文件 1 和对比文件 2 所公开的技术内容，结合双方当事人的意见陈述，合议组认为，本专利权利要求 1 所述技术方案中的技术特征“填充物尖锥形端部的长度 4～8mm”“填充物安插孔直径 1.5～2.0mm”和“孔间隔 1.0～1.2mm”未记载在对比文件 1、2 中。但对于牙刷来说，刷毛的长度一般 10mm 左右，如果将刷毛一端设置成锥形，以便有效地清洁牙缝，其长度的选择应与牙缝的深度、牙齿宽度和刷毛材料及粗细相配合或相适应，此外，根据对比文件 2 或 3 图示的尖锥形刷毛的尖锥形部分与刷毛长度的比例关系，将刷毛锥形端部长度选择为 4～8mm 长，对于本领域技术人员来说是显而易见的。关于填充物安插孔直径和孔间隔数值选择范围的技术特征，属于本领域的公知常识。从对比文件 4 部颁标准中也可以看出，本专利中孔径为 1.5～2.0mm，而标准中规定的孔径在 2.10mm 以下，且儿童用牙刷的孔径在 1.80mm 以下，因此，本专利孔径尺寸的选择范围在对比文件 4 公开范围之内。本专利中孔间隔为 1.0～1.2mm，而对比文件 4 中公开的孔距为 2.20mm 以上，根据最大孔径和最小孔距之间的关系可以推出，其最小孔间隔为 0.1mm 以上，虽然对比文件 4 中规定了最小孔间隔，但这是一个极限值，根据本领域技术常识及我们实际生活经验，孔间隔尺寸的选择与刷头材料和牙刷刷毛疏密相关，因而选择 1.0～1.2mm 的孔间隔也是不难预料到的。虽然本专利说明书中通过一些例子来说明各种尺寸之间的关系，但都属于生产牙刷必须考虑的因素，其尺寸参数的选择方法、原则、手段也是本领域公知的，且本专利中对上述尺寸的选择范围也未产生预料不到的技术效果。因此，本专利权利要求 1 所述技术方案，本领域普通技术人员通过对比文件 1、2 的技术教导，结合本领域公知技术不需要花费创造性劳动就可获得，不具有突出的实质性特点和显著的进步，不具备专利法第二十二条第三款规定的创造性。

本专利权利要求 2 所附加的技术特征是对权利要求 1 中有关填充物尖锥形端部的长度、非锥形段最大直径、填充物安插孔直径和孔间隔范围作了进一步限定，基于上述相同理由，本专利权利要求 2 所述技术方案与现有技术相比，不具有突出的实质性特点和显著的进步，不符合专利法第二十二条第三款规定的创造性。

本专利权利要求 3 和权利要求 4 分别从属于权利要求 1 和权利要求 2，其附加的技术特征是将刷毛制成两端部呈尖锥形，对折后插入安插孔中，而该技术特征被对比文件 3 所公开，因此，本专利权利要求 3 和权利要求 4 所述技术方案与现有技术相比，不具有突出的实质性特点和显著的进步，不符合专利法第二十二条第三款规定的创造性。

本专利权利要求5是一项独立权利要求，其前序部分基本与独立权利要求1相同，不同的是独立权利要求5限定的填充物安插孔为至少一行，而独立权利要求1限定的是几行，两者没有本质的区别，且被对比文件1所公开；其特征部分所限定的技术特征与独立权利要求1所限定的技术特征不同在于，它对填充物锥形端部的锥度变化作了进一步的限定。从其限定的数值可以看出，其锥度变化可以是连续的，也可以是不连续的，但都是逐步增大的。在本专利权利要求1不具备创造性的情况下，对其填充物锥形端部的锥度变化作进一步限定也是不具备创造性的。从对比文件2公开的锥形端部的直径为最大直径的3/4以下可以推算出，在与填充物尖端相距1mm处，其直径应在25%（1/4）左右，且也是逐步增大的。因此，本专利权利要求5所述技术方案与现有技术相比，不具有突出的实质性特点和显著的进步，不符合专利法第二十二条第三款规定的创造性。

本专利权利要求6从属于权利要求5所述技术方案，其进一步限定填充物锥形端部的硬度变化数值范围。在对比文件2公开的刷毛锥形端部直径变化规律可以看出，其硬度也是逐步增大的，具体的硬度大小与所选择的刷毛材料有关。因此，本专利权利要求6所述技术方案与现有技术相比，不具有突出的实质性特点和显著的进步，不符合专利法第二十二条第三款规定的创造性。

4. 决定总结

综上所述，本专利权利要求7～8不符合专利法第二十六条第四款的规定，权利要求1～6不符合专利法第二十二条第三款的规定。对于请求人的其他无效理由及其证据组合不再进行评述。

三、决定

宣告第93109040.7号发明专利权全部无效。

当事人如对本决定不服，可以根据专利法第四十六条第二款的规定，自收到本决定之日起三个月内向北京市第一中级人民法院起诉。根据该款的规定，一方当事人起诉后，另一方当事人应当作为第三人参加诉讼。

中华人民共和国
北京市第一中级人民法院
行政判决书

（2006）一中行初字第1418号

原告狮王株式会社，住所地日本国东京都墨田区本所1丁目3番7号。

法定代表人大部一夫，董事长。

委托代理人李江，男，中国专利代理（香港）有限公司专利代理人。

委托代理人崔幼平，男，中国专利代理（香港）有限公司专利代理人。

被告中华人民共和国国家知识产权局专利复审委员会，住所地中华人民共和国北京市海淀区北四环西路9号银谷大厦10～12层。

法定代表人廖涛，副主任。

委托代理人李卉，女，中华人民共和国国家知识产权局专利复审委员会审查员。

委托代理人王伟艳，女，中华人民共和国国家知识产权局专利复审委员会审查员。

第三人王向农。

原告狮王株式会社不服被告中华人民共和国国家知识产权局专利复审委员会（下称专利复审委）作出的无效宣告请求审查决定，向本院提起行政诉讼。本院受理后，依法组成合议庭，并依法通知与被诉具体行政行为有利害关系的王向农参加诉讼。本院于2007年3月12日公开开庭审理了本案。原告狮王株式会社的委托代理人李江、崔幼平，被告专利复审委的委托代理人李卉、王伟艳到庭参加了诉讼，第三人王向农经公告传唤，未到庭参加诉讼。本案现已审理终结。

2005年12月14日，被告依据《中华人民共和国专利法》（下称《专利法》）第二十六条第四款、第二十二条第三款的规定，作出第7998号无效宣告请求审查决定（下称第7998号决定），宣告93109040.7号发明专利权全部无效。

被告于答辩期内向本院提交了作出被诉具体行政行为的证据材料：1. 本专利说明书复印件；2. 美国专利US4729142及其译文复印件（即被诉第7998号决定中的对比文件1）；3. 日本实用新型公报JP昭57－65632U的著录项目页及其简要译文复印件（即被诉第7998号决定中的对比文件2）；4. 日本实用新型公报JP昭57－12934U的著录项目页及其简要译文复印件（即被诉第7998号决定中的对比文件3）；5. 中华人民共和国轻工业部部标准sG405－85复印件（即被诉第7998号决定中的对比文件4）；6. 口头审理记录表附页复印件，上述证据用以证明被诉决定认定事实清楚，适用法律正确，审理程序合法。

原告狮王株式会社诉称：一、被告事实认定不清，本专利权利要求7符合《专利法》第二十六条第四款之规定，完全得到了说明书的支持。在本专利中，每根填充物的长度Y为10～13mm与每一根填充物的该锥形端部的长度为8～15mm并不矛盾，当填充物在其中间部分对折时，将这样的填充物设置在填充物安插座是可能的。这一点在本专利的原始说明书中，已经做了充分的描述，参见本专利的说明书第5页第2～3行，其中有这样的描述“每一根填充物12包括一个置于两个尖锥形端部14之间的非锥形中间段或基部段16”，而在该页的第9～12行进一步描述有“按上述方式形成的许多根填充物12扎成多个束，然后弯折每一束的中间部分形成一个U型。相应的填充物束的弯折的中间部分插入相应的填充物安插孔22中，产生如图4所示的装配好的牙刷。”只要在本专利所确定的尺寸范围内，填充物的锥形部分的一部分有可能会嵌入到填充物安插座中。原告认为，上面的描述清楚地说明了长度为8～15mm应当是两个尖锥形端部14的总长度。对于本领域技术人员而言，其完全可以基于本专利说明书的描述直接得到填充物锥形尖端的长度，权利要求所限定的尺寸实质上得到了说明书的支持。因此，被告和第三人所得出的结论是不正确的，本专利的权利要求7完全得到了说明书的支持。二、被告认定事实错误，本专利权利要求书所限定的技术方案与对比文件存在显著的、实质性区别，符合《专利法》第二十二条第三款之规定，具备创造性。1. 本专利的发明目的和解决的技术问题与对比文件不同；2. 本专利权利要求1～8所限定的技术方案相对于对比文件或其组合具备创造性；3. 本专利权利要求1～8所限定的技术方案产生并实现了对比文件所无法实现的、良好的技术效果。三、被告在第7998号决定中适用法律错误。1. 被告采用了一种“事后诸葛亮”式的判断创造性的方法，不符合《审查指南》第二部分第四章第5.2节的规定。无论是在评价独立权利要求1还是评价独立权利要求5的部分中，被告都采用在预知本专利的技术方案的情况下以按图索骥的方式来评价本专利。例如根据对比文件4的孔距，推断本专利的孔间隔的尺寸，以及根据对比文件2的最大直径比，推断本专利的直径比。超越现有事实依据，随意进行推断，被告推断对比文件4中适用于普通牙刷的尺寸标准能应用于本专利的带有尖锥形端部的刷毛的特定类型牙刷，混淆了不同种类的牙刷适用范围。这种随意推断的判断方法不符合《审查指南》有关创造性的判断标准；2. 采用多个对比文件结合推理来评价本专利的创造性，背离了《审查指南》所规定的有关创造性的判断标准；3. 被告的结论忽略了本专利之特定技术方案所带来的特殊技术效果，违反了《审查指南》第二部分第四章第3.1节和第4.3节的规定；4. 被告的结论是在有意挑选现有技术的类似特征单独评价本专利之技术方案的个别技术特征的基础上得出的，未对本专利权利要求1和权利要求5所限定的技术方案的整体所产生的突出的实质性特点和显著进步进行考察，违反了《审查指南》第二部分第四章第5.4节的规定。综上，第7998号决定错误，请求法院予以撤销。

原告向法院提交了如下证据：1. 第7998号决定书复印件；2. 本专利说明书复印件；3. 美国专利US4729142及其译文复印件（即被诉第7998号决定中的对比文件1）；4. 日本实用新型公报JP昭57－65632U的著录项目页及其简要译文复印件（即被诉第7998号决定中的对比文件2）；5. 日本实用新型公报JP昭57－12934U的著录项目页及其简要译文复印件（即被诉第7998号决定中的对比文件3）；6. 中华人民共和国轻工业部部标准SG405—85复印件（即被诉第7998号决定中的对比文件4），上述证据用以证明被诉决定认定错误。

被告专利复审委辩称：一、根据《专利法》第四十六条第二款的规定，当事人自收到行政决定之日三个月内向北京市第一中级人民法院起诉。第7998号决定是2005年12月27日以邮寄方式寄送给双方当事人，至2006年11月23日收到法院转送的应诉通知书及原告提交的诉讼材料副本，已经超过法定起诉期限，故请求法院对原告的起诉时间予以核查。二、关于本专利权利要求7～8不符合《专利法》第二十六条第四款以及权利要求1～6不符合《专利法》第二十二条第三款的事实和理由，仍坚持被诉决定中的意见。综上，第7998号决定认定事实清楚、适用法律法规正确、审理程序合法，请求法院维持该决定。

经庭审质证，原告对被告证据的关联性、真实性、合法性没有异议，对证明作用有异议；被告对原告证据的关联性、真实性、合法性没有异议，对证明作用有异议。

经审查，被告及原告提交的证据与本案具有关联性，且合法、真实，本院予以确认。

经审理查明，本无效宣告请求涉及中华人民共和国专利局于1999年3月3日授权公告的、专利号为9310904 0.7、名称为“牙刷”的发明专利（即本专利）。该专利的申请日为1993年6月22日，优先权日为1992年6月22日和1992年11月6日，专利权人为本案原告，其授权公告的权利要求书如下：

“1. 一种牙刷，包括：填充物，它由一种合成长丝材料制成，该填充物的每一根在其一端形成一种尖锥形，该填充物扎成许多束；以及一个手柄，在其一远端设置有一个填充物安插座，该填充物安插座由多个填充物安插孔形成，该填充物的这些束插在这些孔中，使该每一根填充物的该尖锥形端部向外伸出，该填充物安插孔平行于该手柄的纵向排列成几行；其特征在于，该每一根填充物的该尖锥形端部的长度是4～8mm，该每一根填充物的一个非锥形段具有0.16～0.20mm的最大直径；该每一根填充物安插孔的直径是1.5～2.0mm并在该手柄的纵向上与其他孔间隔1.0～1.2mm。

2. 根据权利要求1所述的一种牙刷，其特征在于：该每一根填充物的该尖锥形端部的长度是4～7mm，该每一根填充物的该非锥形段的最大直径是0.17～0.18mm，该每一根填充物安插孔的直径是1.5～1.9mm并在该手柄的纵向上与其他孔间隔1.0～1.2mm。

3. 根据权利要求1所述的一种牙刷，其特征在于：该每一根填充物在其两端均形成一种尖锥形，并且该填充物的该每一束在其中间部分弯折，该中间部分插入该填充物安插孔的相应的一个孔中。

4. 根据权利要求2所述的一种牙刷，其特征在于：该每一根填充物在其两端均形成一种尖锥形，并且该填充物的该每一束在其中间部分弯折，该中间部分插入该填充物安插孔的相应的一个孔中。

5. 一种牙刷，包括：

填充物，它由一种合成长丝材料制成，该填充物的每一根在其一端形成一种尖锥形，该填充物扎成许多束；一个手柄，在其一远端设置有一个填充物安插座，该填充物安插座由多个填充物安插孔形成，该填充物的这些束插在这些孔中，使该每一根填充物的该尖锥形端部向外伸出，该填充物安插孔平行于该手柄的纵向排列成至少一行；其特征在于，该每一根填充物的该锥形端部形成这样一种形状：在与该填充物的尖端相距1mm、3mm、5mm和8mm处，该填充物的该锥形端部的直径分别设置为该填充物的基部段的直径的25%至35%、55%至70%、80%至90%和90%至100%。

6. 根据权利要求5所述的一种牙刷，其特征在于：该填充物具有这样的由偏转力计算值表征的硬度：在与该填充物的尖端相距1mm、3mm、5mm和8mm处，根据国际标准IS08 6 2 7测量和计算的计算值分别是0.5至2.0牛顿/平方毫米、2.5至4.5牛顿/平方毫米、3.5至5.5牛顿/平方毫米和6至15牛顿/平方毫米。

7. 根据权利要求6所述的一种牙刷，其特征在于：该每一根填充物的该锥形端部的长度是8～15mm，该填充物的该基部段的最大直径是0.15～0.25mm。该每一个填充物安插孔的直径是1.5～2.2mm并在该手柄的纵向上与其他孔间隔1.0～1.4mm。

8. 根据权利要求7所述的一种牙刷，其特征在于：该由一种合成单丝制成的每一根填充物在其两端均形成一种锥形，该填充物的该每一束在其中间部分弯折，该中间部分插入该填充物安插孔的相应的一个孔中。”

针对上述专利权，第三人于2004年3月31日向被告提出无效宣告请求，同时提交了以下证据：

对比文件1：美国专利US4729142及其译文，其公开日为1988年3月8日；

对比文件2：日本实用新型公报JP昭57－65632U的著录项目页及其简要译文，其公开日为1982年4月19日；

对比文件3：日本实用新型公报JP昭57－12934U的著录项目页及其简要译文，其公开日为1982年1月22日；

对比文件4：中华人民共和国轻工业部部标准SG405－85复印件，其发布日为1985年11月15日。

第三人认为：(1) 权利要求1相对于对比文件1和对比文件2的结合或者对比文件4和对比文件2的结合不具备创造性，权利要求2相对于对比文件1和对比文件2的结合不具备创造性，权利要求3相对于对比文件1、对比文件2和对比文件3的结合或者对比文件4、对比文件2和对比文件3的结合不具备创造性，权利要求4相对于对比文件1、对比文件2和对比文件3的结合不具备创造性，权利要求5～7相对于对比文件1和对比文件2的结合不具备创造性，权利要求8相对于对比文件1、对比文件2和对比文件3的结合不具备创造性，不符合《专利法》第二十二条第三款的规定。(2) 从说明书第7页第21～23行所记载的填充物的长度为10～13mm可推知，尖锥形端部的长度应至多为13mm，因此权利要求7所限定的“尖锥形端部的长度是8～15mm”得不到说明书的支持，不符合《专利法》第二十六条第四款的规定。

经形式审查合格，被告受理了上述请求，并于2004年4月6日向双方当事人发出无效宣告请求受理通知书，并将无效宣告请求书及其附件副本转送给原告。

2004年5月18日，原告提交意见陈述书，对第三人的无效宣告请求进行了反驳。原告认为：(1) 对比文件1没有提到刷毛安装孔的间隔，对比文件2虽然公开了锥形刷毛可用于化妆刷、油漆刷、清洁刷等，但并未提到将锥形刷毛用于牙刷，且对比文件1、对比文件2和对比文件4均未限定填充物的尖锥形端部的具体形状，因此权利要求1相对于对比文件1和对比文件2的结合或对比文件4和对比文件2的结合具备创造性；(2) 权利要求2附加技术特征所限定的参数加强了本发明的优点；(3) 由于对比文件1和对比文件2均未教导或暗示填充物的具体形状，因此权利要求5相对于对比文件1和对比文件2的结合具备创造性；(4) 权利要求6附加技术特征所限定的硬度所带来的技术效果已在说明书中列明；（5）权利要求7所限定的数值范围已在说明书中公开，填充物的长度为10～13mm是实施例中的数据，该数据是在权利要求7所限定的数值范围中选择的，因此权利要求7是能够得到说明书的支持的。原告同时提交了对比文件2的原文全文供合议组参考。

2005年3月9日，被告向双方当事人发出口头审理通知书，定于2005年4月20日进行口头审理，同时将原告2004年5月18日提交的意见陈述书转送给第三人。

口头审理如期举行，双方均出席口头审理并陈述了意见。在口审中，第三人未提交对比文件4的原件，原告对对比文件1～3的真实性及其译文均无异议，但对对比文件4的真实性有异议，第三人还明确了其无效理由与其书面意见完全一致。

2005年5月7日，第三人提交补正书，提交了经中国轻工总会标准化研究所情报研究室盖章证明的对比文件4的复印件。

2005年6月6日，原告的代理人到被告处核实了经盖章证明的对比文件4的复印件，认可了对比文件4的真实性。

被告经审查认为：

1. 关于证据

对比文件1～4均为公开出版物性质的证据，其公开日均早于本专利的优先权日，原告对其真实性亦均无异议，因此上述证据构成本专利的现有技术，可以用于评价本专利的创造性。

2. 关于权利要求7能否得到说明书的支持

权利要求7间接从属于权利要求5，在说明书第7页对与权利要求5对应的技术方案进行了描述，其中指出每根填充物的长度Y为10～13mm，因此可以推知，尖锥形端部14的长度应不大于13mm，而权利要求7所限定的尖锥形端部的长度为8～15mm，包括了大于13mm的范围，因此权利要求7不能得到说明书的支持，不符合《专利法》第二十六条第四款的规定。

在权利要求7得不到说明书的支持的情况下，其从属权利要求8也不能得到说明书的支持，不符合《专利法》第二十六条第四款的规定。

3. 关于权利要求1～6的创造性

对比文件1公开了一种牙刷，该牙刷具有填充物，填充物为由合成长丝材料制成的刷毛，填充物扎成许多束，牙刷手柄前端有刷毛孔，其中，刷毛长度为7.9～14.3mm，最好为11.1mm，刷毛直径为0.15～0.3mm，最好为0.18mm。

对比文件2公开了一种刷毛用的纤维，其纤维两端呈尖锥形，且两端部的直径为锥形刷毛最大直径的3/4以下。

对比文件3公开了一种用于刷子的刷毛，所述刷毛两端部呈尖锥形，刷毛对折后放入刷毛孔中。

对比文件4为牙刷的部颁标准，其中，刷毛可用无毒塑料、尼龙丝、聚酯丝及消毒猪鬃，刷毛高度为9.50～13.00mm或8.50～12.00mm，孔距为2.20mm以上，孔径为2.10mm或1.80mm以下，刷毛直径为0.3或0.25mm以下。

第三人认为，本专利权利要求1所述技术方案相对于对比文件1和对比文件2的结合不具备创造性。本专利权利要求1中的孔间隔的数值范围是牙刷制造中的常用数值范围，其他数值范围可以从对比文件1公开的有关数值范围中推出或已被对比文件1所公开。

原告认为，对比文件2并未提到将锥形刷毛用于牙刷，且对比文件1和对比文件2均未公开本专利权利要求1所限定的填充物尖锥形端部的具体形状。

根据对比文件1和对比文件2所公开的技术内容，结合双方当事人的意见陈述，合议组认为，本专利权利要求1所述技术方案中的技术特征“填充物尖锥形端部的长度4～8mm”、“填充物安插孔直径1.5～2.0mm”和“孔间隔1.0～1.2mm”未记载在对比文件1、2中。但对于牙刷来说，刷毛的长度一般10mm左右，如果将刷毛一端设置成锥形，以便有效地清洁牙缝，其长度的选择应与牙缝的深度、牙齿宽度和刷毛材料及粗细相配合或相适应，此外，根据对比文件2或3图示的尖锥形刷毛的尖锥形部分与刷毛长度的比例关系，将刷毛锥形端部长度选择为4～8mm长，对于本领域技术人员来说是显而易见的。关于填充物安插孔直径和孔间隔数值选择范围的技术特征，属于本领域的公知常识。从对比文件4部颁标准中也可以看出，本专利中孔径为1.5～2.0mm，而标准中规定的孔径在2.10mm以下，且儿童用牙刷的孔径在1.80mm以下，因此，本专利孔径尺寸的选择范围在对比文件4公开范围之内。本专利中孔间隔为1.0～1.2mm，而对比文件4中公开的孔距为2.20mm以上，根据最大孔径和最小孔距之间的关系可以推出，其最小孔间隔为0.1mm以上，虽然对比文件4中规定了最小孔间隔，但这是一个极限值，根据本领域技术常识及我们实际生活经验，孔间隔尺寸的选择与刷头材料和牙刷刷毛疏密相关，因而选择1.0～1.2mm的孔间隔也是不难预料到的。虽然本专利说明书中通过一些例子来说明各种尺寸之间的关系，但都属于生产牙刷必须考虑的因素，其尺寸参数的选择方法、原则、手段也是本领域公知的，且本专利中对上述尺寸的选择范围也未产生预料不到的技术效果。因此，本专利权利要求1所述技术方案，本领域普通技术人员通过对比文件1、2的技术教导，结合本领域公知技术不需要花费创造性劳动就可获得，不具有突出的实质性特点和显著的进步，不具备《专利法》第二十二条第三款规定的创造性。

本专利权利要求2所附加的技术特征是对权利要求1中有关填充物尖锥形端部的长度、非锥形段最大直径、填充物安插孔直径和孔间隔范围作了进一步限定，基于上述相同理由，本专利权利要求2所述技术方案与现有技术相比，不具有突出的实质性特点和显著的进步，不符合《专利法》第二十二条第三款规定的创造性。

本专利权利要求3和权利要求4分别从属于权利要求1和权利要求2，其附加的技术特征是将刷毛制成两端部呈尖锥形，对折后插入安插孔中，而该技术特征被对比文件3所公开，因此，本专利权利要求3和权利要求4所述技术方案与现有技术相比，不具有突出的实质性特点和显著的进步，不符合《专利法》第二十二条第三款规定的创造性。

本专利权利要求5是一项独立权利要求，其前序部分基本与独立权利要求1相同，不同的是独立权利要求5限定的填充物安插孔为至少一行，而独立权利要求1限定的是几行，两者没有本质的区别，且被对比文件1所公开；其特征部分所限定的技术特征与独立权利要求1所限定的技术特征不同在于，它对填充物锥形端部的锥度变化作了进一步的限定。从其限定的数值可以看出，其锥度变化可以是连续的，也可以是不连续的，但都是逐步增大的。在本专利权利要求1不具备创造性的情况下，对其填充物锥形端部的锥度变化作进一步限定也是不具备创造性的。从对比文件2公开的锥形端部的直径为最大直径的3/4以下可以推算出，在与填充物尖端相距1mm处，其直径应在25%（1/4）左右，且也是逐步增大的。因此，本专利权利要求5所述技术方案与现有技术相比，不具有突出的实质性特点和显著的进步，不符合《专利法》第二十二条第三款规定的创造性。

本专利权利要求6从属于权利要求5所述技术方案，其进一步限定填充物锥形端部的硬度变化数值范围。在对比文件2公开的刷毛锥形端部直径变化规律可以看出，其硬度也是逐步增大的，具体的硬度大小与所选择的刷毛材料有关。因此，本专利权利要求6所述技术方案与现有技术相比，不具有突出的实质性特点和显著的进步，不符合《专利法》第二十二条第三款规定的创造性。

4. 决定总结

综上所述，本专利权利要求7～8不符合《专利法》第二十六条第四款的规定，权利要求1～6不符合《专利法》第二十二条第三款的规定。对于第三人的其他无效理由及其证据组合不再进行评述。

综上，被告作出第7998号决定，原告不服，诉至本院。

本院认为，根据《审查指南》第五部分第六章第2.3.2节的规定，专利代理机构经专利局同意在指定地点接收通知和决定的，自交付日起满15日推定为专利代理机构收到通知和决定之日。本案原告代理机构中国专利代理（香港）有限公司接收通知和决定即采用上述规定的方式。第7998号决定发文日期为2005年12月27日，原告代理机构接收该决定最早日期为2005年12月27日，如按该日作为接收日计算，推定收到日为2006年1月11日。原告于2006年4月10日向本院提起行政诉讼，并未超过法定的起诉期限。

《专利法》第二十六条第四款规定，权利要求书应当以说明书为依据，说明要求专利保护的范围。

上述规定所要解决的是权利要求是否得到说明书支持的问题。判断权利要求是否得到说明书支持时，不能仅凭说明书中简单的文字描述，必要时还应当结合说明书附图综合判断。本案中，权利要求7间接从属于权利要求5，其限定的技术特征为“该每一根填充物的该锥形端部的长度是8～15mm”。在说明书对权利要求5对应的技术方案进行的描述中指出每根填充物12长度Y是10～13mm。结合本专利说明书附图4可以看出，Y仅表明露出牙刷柄安插座平面的部分的长度，并非填充物12的总长度。按照上述理解，本领域技术人员可以基于本专利说明书的描述理解权利要求7所限定的技术方案。因被告对说明书中填充物总长度的认定有误，故其关于权利要求7不能得到说明书的支持，进而其从属权利要求8亦得不到说明书的支持，不符合《专利法》第二十六条第四款规定的认定缺乏事实依据，主要证据不足，本院应予撤销。据此，依据《中华人民共和国行政诉讼法》第五十四条第（二）项第1目之规定，判决如下：

撤销被告中华人民共和国国家知识产权局专利复审委员会于二〇〇五年十二月十四日作出的第7998号无效宣告请求审查决定。

案件受理费人民币1000元，由被告中华人民共和国国家知识产权局专利复审委员会负担（于本判决生效后7日内交纳）。

如不服本判决，原告狮王株式会社可在本判决书送达之日起30日内，被告中华人民共和国国家知识产权局专利复审委员会、第三人王向农可在本判决书送达之日起15日内，向本院递交上诉状，并按对方当事人人数提出副本，上诉于中华人民共和国北京市高级人民法院。上诉人在上诉期限满后7日内未提交上诉案件受理费又不提交缓交申请的，按自动撤回上诉处理。

审 判 长 梁 菲

代理审判员 贾志刚

人民陪审员 董葆霖

二〇〇八年一月十五日

书 记 员 赵 锋

015

电磁铁式空气断路器闭合机构案

无效宣告请求审查决定（第8001号）

决　定　号　第8001号
决　定　日　2005年12月19日
发明创造名称　电磁铁式空气断路器闭合机构
国 际 分 类 号　H01H 71/68
无 效 请 求 人　唐山正泰成套设备有限公司
专 利 权 人　韩明泽
专　利　号　00263201.2
申　请　日　2000年12月7日
授 权 公 告 日　2001年10月31日
合 议 组 组 长　张跃平
主　审　员　孙克良
参　审　员　张美菊

法 律 依 据　专利法第二十六条第三款　专利法实施细则第二条第二款、第二十条第一款、第二十一条第二款

决 定 要 点

如果本领域的普通技术人员根据说明书及其附图记载的技术方案不能再现本发明的技术方案，则说明书的公开不充分。

一、案由

本无效宣告请求涉及国家知识产权局专利局于2001年10月31日授权公告的、名称为“电磁铁式空气断路器闭合机构”的00263201.2号实用新型专利（下称本专利），其申请日为2000年12月7日，专利权人为韩明泽。其授权公告的权利要求为：

“1. 一种电磁铁式空气断路器闭合机构，包括附加防重合与调压电路的交流模拟牵引电磁铁1、调节螺杆2、支架3、纵拉板4、拐臂5、拐臂销轴6、横拉板7，其特征在于：

a. 电磁铁1固定在支架3上部，其衔铁通过锁紧螺母9与调节螺杆2一端相联，该调节螺杆2的另一端与纵拉板4一端相联，该纵拉板4的另一端与拐臂5一端相联，该拐臂5的另一端与横拉板7一端相联，该横拉板7的另一端与断路器操作机构动配合，所说的拐臂5通过拐臂销轴6及其衬套8固定于支架3下部；

b. 电路模块装于电磁铁内部，其电路构成包括防重合电路、调压电路、同步电路、衔铁位置检测电路、控制电路、主电路和电源电路，其中防重合电路、调压电路、同步电路、衔铁位置检测电路的输出端与控制电路的输入端相联，控制电路的输出端与主电路的输入端相联，电源电路分别与控制电路和同步电路的电源输入端相联。

2. 根据权利要求 1 所述的电磁铁式空气断路器闭合机构，其特征在于防重合电路由二管 D1 - D2、电阻器 R1 - R4、和电容器 C1 组成。

3. 根据权利要求 1 所述的电磁铁式空气断路器闭合机构，其特征在于调压电路由二管 D3 - D5、电阻器 R5 - R7 和电容器 C2 组成。

4. 根据权利要求 1 所述的电磁铁式空气断路器闭合机构，其特征在于同步电路由二极管 D8 - D11、电阻器 R9 - R11、电容器 C4 和三极管 V1 组成。

5. 根据权利要求 1 所述的电磁铁式空气断路器闭合机构，其特征在于衔铁位置检测电路由检测绕组 L2、电阻器 R12 - R13、二极管 D12 - D14 和电容器 C5 组成。

6. 根据权利要求 1 所述的电磁铁式空气断路器闭合机构，其特征在于控制电路由集成电路 ICI、电阻器 R14 - R17、二极管 D15 - D20、电容器 C6 和三极管 V2 组成。

7. 根据权利要求 1 所述的电磁铁式空气断路器闭合机构，其特征在于主电路由二极管 D18 - D24、电阻器 R18 - R22、电容器 C7 - C9、集成电路 IC2 和可控硅 S1 - S3 组成一电子开关。”

针对上述专利权，唐山正泰成套设备有限公司（下称请求人）于 2005 年 3 月 29 日向专利复审委员会提出了无效宣告请求，其理由是：（1）说明书不符合专利法第二十六条第三款所规定的充分公开的要求；（2）权利要求 1 ~ 7 不符合专利法实施细则第二十条第一款的有关规定；（3）权利要求 1 不符合专利法实施细则第二十一条第二款的规定。请求人提交了如下附件作为证据：

附件 1：实用新型专利 00263201.2（本专利）。

经形式审查合格，专利复审委员会受理了上述请求，于 2005 年 3 月 30 日向双方当事人发出无效宣告请求受理通知书，并将无效宣告请求书及其附件的副本转送专利权人（下称被请求人）。

被请求人于 2005 年 4 月 26 日向专利复审委员会提交了意见陈述书。被请求人认为，（1）本专利的说明书清楚、完整，所属领域的技术人员能够实现；（2）本专利的每项权利要求的类型清楚、所确定的保护范围清楚、并且简明，因此符合专利法实施细则第二十条第一款的有关规定；（3）“信号流向”并不是权利要求 1 所要求保护的产品的结构特征，因此不应记载在权利要求 1 中，因此权利要求 1 符合专利法实施细则第二十一条第二款的规定。

本案合议组于 2005 年 7 月 8 日向双方当事人发出口头审理通知书，定于 2005 年 8 月 17 日上午举行口头审理，同时将被请求人提交的意见陈述书及其附件转送给请求人。

口头审理如期举行，双方当事人均出席了口头审理。请求人在口审中要求在无效请求书中的三个理由的基础上增加两个无效宣告理由：（1）权利要求 1 不符合专利法第二十二条第二款的规定；（2）权利要求书不符合专利法实施细则第二条第二款的规定。合议组根据专利法实施细则及审查指南的有关规定，对不需要新证据支持的新理由，合议组予以考虑，当庭宣布不接受专利法第二十二条第二款的理由，但接受专利法实施细则第二条第二款的无效理由。然后双方当事人针对上述无效理由进行意见陈述和辩论。口头审理中合议组告知双方当事人：请求人应在口审之日起七日内，向合议组提交当庭陈述意见的代理词；被请求人在收到由合议组转发的请求人的代理词后一个月内陈述意见并提交其认为属于公知常识的证据原件。

请求人于 2005 年 8 月 22 日提交了请求人口头审理代理词，合议组于当日将其转送给被请求人。该代理词中提出的无效理由是：（1）说明书不符合专利法第二十六条第三款的规定；（2）权利要求书不符合专利法实施细则第二条第二款的规定；（3）权利要求书不符合专利法实施细则第二十条第一款的规定；（4）权利要求 1 不符合专利法实施细则第二十一条第二款的规定。代理词中还对所提出的每项无效宣告理由进行了具体陈述。

被请求人于 2005 年 9 月 17 日提交了针对请求人口头审理代理词的陈述意见，并同时提交了机械部分公知技术的补充证据11页和电气部分公知技术的补充证据10页。合议组经仔细核对后，确认这些证据的复印件与原件一致。被请求人未针对请求人代理词所提出的技术问题逐一进行答复。

在上述工作的基础上，合议组认为双方当事人已经充分发表了意见。

至此本案事实清楚，可以作出本决定。

二、决定的理由

1. 关于专利法实施细则第二条第二款

专利法实施细则第二条第二款规定：专利法所称的实用新型，是指对产品的形状、结构或者其结合所提出的适于实用的新的技术方案。

本专利所有的权利要求要求保护的是一种电磁铁式空气断路器闭合结构，并且记载了该机构的形状和结构，因此属于实用新型保护的客体，因而符合专利法实施细则第二条第二款规定。

2. 关于专利法第二十六条第三款

根据专利法第二十六条第三款的规定，说明书应当对发明或者实用新型作出清楚、完整的说明，以所属技术领域的技术人员能够实现为准；必要的时候，应当有附图。

所属技术领域的技术人员能够实现，是指所属技术领域的技术人员按照说明书记载的内容，不需要创造性劳动，就能够再现该实用新型的技术方案，解决其技术问题，并且产生预期的技术效果。

附图的作用在于用图形补充说明书文字部分的描述，如果专利说明书没有清楚完整地记载所要求保护的技术方案，并且本领域的普通技术人员根据附图仍然不能再现其技术方案，则认为说明书不能满足充分公开的要求。

（1）在本专利中，如图1所示，横拉板7的运动轨迹是绕轴转动。根据说明书的记载，“拐臂5的另一端与横拉板7一端相联，该横拉板7的另一端与断路器操作机构动配合”，而说明书中没有描述拐臂与横拉板之间的连接关系。根据附图，横拉板7没有做横向运动，而只有转动，本领域的技术人员也无法确定如何使横拉板转动。因此根据说明书及附图的记载，本领域的技术人员是无法确定横拉板7和拐臂5是固定连接还是围绕轴转动，横拉板7是做横向运动还是做转动。因此，本领域普通技术人员无法实现根据本发明说明书记载的和图1所示的机械结构。

（2）在本专利的说明书中仅仅记载了各个电路都具有二极管，并没有记载这些二极管的连接方式，根据图2所示的连接方式，D2、D4、D5、D7、D9、D12、D14等为普通二极管的标记，然而，若上述元器件均为普通二极管，按照图2电流就不能流通，例如相反方向的二极管D1与D2所在的支路和相反方向的D3与D4所在的支路都不可能有电流通过，因而本领域的技术人员不可能实现调压电路和位置检测电路。

（3）说明书描述主电路包括二极管D18－24，但主电路结构示意图（附图3）却包含D21－26，因此本领域的普通技术人员不清楚D18－20在主电路中该如何连接。

虽然被请求人在口审后向合议组提交了手册及教科书等参考文献，但本专利的机械部分和电器部分与参考文献的内容并不相同，从参考文献中并不能获得解决本专利所要解决的技术问题的任何信息，因此不能证明本专利的机械部分和各个电路都是本领域公知的内容。

3. 关于专利法实施细则第二十一条第二款和第二十条第一款

根据专利法实施细则第二十一条第二款的规定，独立权利要求应当从整体上反映发明或实用新型的技术方案，记载解决技术问题的必要技术特征。

根据专利法实施细则第二十条第一款的规定，权利要求书应当说明发明或者实用新型的技术特征，清楚、简要地表述请求保护的范围。

独立权利要求1中的电路部分未记载组成每个电路中的元器件及其之间的连接关系，尤其是调压电路和防重合电路中元器件的组件及其连接关系，而上述连接关系是构成本发明的必要技术特征，否则本领域的技术人员就不能完成其电路部分，从而不能解决其技术问题。由于权利要求 1 没有记载解决技术问题的必要技术特征，导致各个电路部分的组成及其之间的连接关系不清楚，因此权利要求 1 不符合专利法实施细则第二十一条第二款和第二十条第一款的规定。

三、决定

宣告 00263201. 2 号实用新型的权利要求全部无效。

当事人对本决定不服的，可以根据专利法第四十六条第二款的规定，自收到本决定之日起三个月内向北京市第一中级人民法院起诉。根据该款的规定，一方当事人起诉后，另一方当事人应当作为第三人参加诉讼。

016

免用电池的无线电子装置案

无效宣告请求审查决定（第8035号）

决　定　号　第8035号
决　定　日　2005年12月6日
发明创造名称　免用电池的无线电子装置
国际分类号　H02J 17/00
无效请求人　林昭廷
专利权人　海欧科技股份有限公司
专　利　号　03239806.9
申　请　日　2003年2月28日
授权公告日　2004年4月21日
合议组组长　温丽萍
主　审　员　周雷鸣
参　审　员　张　度

法律依据　专利法第二十二条第二款、第三款
决定要点

将一项实用新型权利要求所保护的技术方案与现有技术相对比，如果该技术方案相对于现有技术是显而易见的，并且该技术方案所产生的效果是本领域技术人员可以预见的，则该权利要求不具有实质性特点和进步，不具备创造性。

一、案由

本无效宣告请求涉及的是国家知识产权局专利局于2004年4月21日授权公告的03239806.9号实用新型专利（下称本专利），名称为“免用电池的无线电子装置”，申请日为2003年2月28日，专利权人（下称被请求人）为海欧科技股份有限公司。

本专利授权公告的权利要求书如下：

“1. 一种免用电池的无线电子装置，其特征是包括：

一电磁感应线圈，是设于该无线电子装置的电路上；

一垫体，该垫体的夹层中设有一另一电磁感应线圈，该另一电磁感应线圈并与一电源相连接，令该另一电磁感应线圈可将该电源提供的电流，转换成一对应的电磁。

2. 根据权利要求1所述的免用电池的无线电子装置，其特征是：其中该无线电子装置的电路上尚包括一高容量的电容器，该电容器分别与该电磁感应线圈和该电路相连接。

3. 根据权利要求2所述的免用电池的无线电子装置，其特征是：其中该无线电子装置的电路上尚包括一交流/直流转换电路。

4. 根据权利要求3所述的免用电池的无线电子装置，其特征是：其中该垫体内层安装有一层或

多层的绝缘层。

5. 根据权利要求 1 所述的免用电池的无线电子装置，其特征是：其中该无线电子装置为一无线鼠标。

6. 根据权利要求 5 所述的免用电池的无线电子装置，其特征是：其中该垫体为一鼠标垫。

7. 根据权利要求 1 所述的免用电池的无线电子装置，其特征是：其中该无线电子装置为一无线键盘。

8. 根据权利要求 1 所述的免用电池的无线电子装置，其特征是：其中该无线电子装置为一无线摇杆。

9. 根据权利要求 1 所述的免用电池的无线电子装置，其特征是：其中该另一电磁感应线圈的面积相等于该垫体的面积。

10. 根据权利要求 3 所述的免用电池的无线电子装置，其特征是：其中该垫体为一供放置该电子装置的置放架，而该另一电磁感应线圈则设于该置放架的底面内层，且该置放架安装于一电脑的一侧边上。”

2004 年 11 月 4 日，林昭廷（下称请求人）向专利复审委员会提出了宣告本专利无效的请求，其理由是本专利不符合专利法第二十二条关于新颖性和创造性的规定。请求人所提交的附件如下：

附件 1：03239806.9 号实用新型专利，即本专利；

附件 2（下称对比文件 1）：中国台湾 00374465 号专利公告本复印件，其上记载有申请日是 1997 年 1 月 3 日，公告日期为 1999 年 11 月 11 日。

经形式审查合格，专利复审委员会受理了该无效宣告请求，并于 2005 年 1 月 10 日将无效宣告请求书及其附件清单中所列附件的副本转给被请求人，要求被请求人在指定期限内陈述意见。

被请求人逾期没有答复。

复审委员会于 2005 年 8 月 5 日向双方当事人发出口头审理通知书，定于 2005 年 9 月 13 日举行口头审理。

2005 年 9 月 13 日口头审理如期举行。被请求人未出席口头审理。请求人明确“对比文件 1 第 1 页是从网站上下载的，对比文件 1 全文是从台湾的事务所传来的”，并明确表示在口头审理之日起 1 个星期内向合议组提交经国家知识产权局文献馆核实后的对比文件 1，以消除合议组对此文献真实性的质疑。请求人明确无效宣告请求的理由与事实为：对比文件 1 评述权利要求 1 ~ 6 不具备新颖性；对比文件 1 结合公知常识评述权利要求 7 ~ 10 不具备创造性。

专利复审委员会于 2005 年 9 月 16 日收到请求人提交的盖有“国家知识产权局专利局检索咨询中心副本认证专用章”的中国台湾 00374465 号专利说明书公告本复印件，经核实该复印件的内容与对比文件 1 除第 1 页之外的其他页的内容相同。但是，由于未记载该台湾专利的公开日期等著录项目，合议组又从国家知识产权局专利局检索咨询中心获取了中国台湾 00374465 号专利的公报全文的复印件。

至此，合议组经过合议，认为本案事实已经清楚，据此作出审查决定。

二、决定的理由

1. 关于证据

对比文件 1 专利公报全文中记载该专利的公告日为 1999 年 11 月 11 日，在本专利的申请日之前，合议组对对比文件 1 的真实性已经查实，因此对比文件 1 可以用于评价本专利的新颖性和创造性。

2. 新颖性与创造性

专利法第二十二条第二款规定：新颖性，是指申请日以前没有同样的发明或者实用新型在国内外出版物上公开发表过、在国内公开使用过或者以其他方式为公众所知，也没有同样的发明或者实用新型由他人向国务院专利行政部门提出过申请并且记载在申请日以后公布的专利申请文件中。

专利法第二十二条第三款规定：创造性，是指同申请日以前已有的技术相比，该发明具有突出的实质性特点和显著进步，该实用新型有实质性特点和进步。

（1）关于权利要求1。

权利要求1请求保护一种免用电池的无线电子装置，其特征是包括：一电磁感应线圈，是设于该无线电子装置的电路上；一垫体，该垫体的夹层中设有一另一电磁感应线圈，该另一电磁感应线圈并与一电源相连接，令该另一电磁感应线圈可将该电源提供的电流，转换成一对应的电磁。

对比文件1与本专利的技术领域相同，在对比文件1（参见对比文件1第5、6页和图1－3）中具体公开了一种感应式无线滑鼠（对应于本专利的无线电子装置），无线滑鼠（1）的电路上有线圈（L2）（对应于本专利的一电磁感应线圈和电磁感应线圈设于无线电子装置的电路上），控制主机（2）（对应于本专利的垫体）的B、C两端有电源输入，控制主机的内部具有线圈（L1）（对应于本专利的另一电磁感应线圈和垫体的夹层中设有另一感应线圈），控制主机一有启动电源即产生振荡，经线圈传入无线滑鼠（对应于另一电磁感应线圈可将该电源提供的电流转换成一对应的电磁），利用变压器原理完成无线滑鼠的功能。将权利要求1的技术方案与对比文件1所公开的技术内容相比，对比文件1已经公开了权利要求1的全部技术特征，并能产生相同的技术效果。因此该权利要求相对于对比文件1不具备新颖性，不符合专利法第二十二条第二款关于新颖性的规定。

（2）关于权利要求2。

权利要求2的附加技术特征为：其中该无线电子装置的电路上尚包括一高容量的电容器，该电容器分别与该电磁感应线圈和该电路相连接。对比文件1（参见对比文件1中图3）公开了下述技术特征：无线滑鼠（1）的电路中有与线圈（L2）连接的充、放电的大容量电容。可见该附加技术特征已经在对比文件1中公开，因此权利要求2不具备新颖性。

（3）关于权利要求3。

权利要求3的附加技术特征为：其中该无线电子装置的电路上尚包括一交流/直流转换电路。对比文件1（参见对比文件1第5页和图3）公开了下述技术特征：无线滑鼠的线圈（L2）感应到控制主机线圈（L1）的电流，经桥式整流后供给滑鼠。可见该附加技术特征已经在对比文件1中公开，因此权利要求3不具备新颖性。

（4）关于权利要求4。

权利要求4的附加技术特征为：其中该垫体内层安装有一层或多层的绝缘层。对比文件1中的控制主机（滑鼠垫）的内部具有多个电路和线圈（L1）（参见对比文件1图1、2），控制主机必然带有绝缘层。权利要求4与对比文件1的区别技术特征是：绝缘层为一层或多层。为了满足绝缘性能和控制主机的机械性能，选择一层或多层的绝缘层也是所属领域的公知常识，对本领域的技术人员来说在对比文件1的基础上结合本领域的公知常识得出权利要求4的技术方案是容易的，因此权利要求4不具备实质性特点和进步，不符合专利法第二十二条第三款关于创造性的规定。

（5）关于权利要求5。

权利要求5的附加技术特征为："其中该无线电子装置为一无线鼠标"。对比文件1中公开了一种无线滑鼠（参见对比文件第5页和图1）。因此，权利要求2不具备新颖性。

（6）关于权利要求6。

权利要求6的附加技术特征为："其中该垫体为一鼠标垫"。对比文件1公开了控制主机即滑鼠垫（参见对比文件1第5页和图2）。因此，权利要求6不具备新颖性。

（7）关于权利要求 7。

权利要求 7 与对比文件 1 的区别技术特征为：无线电子装置是无线键盘。对比文件 1（参见对比文件 1 第 5 页和图 2、3）中公开了感应式无线滑鼠。合议组认为，线圈（L2）、控制主机（2）和线圈（L1）在对比文件 1 和本专利中所起的作用相同，所属技术领域技术人员很容易想到将对比文件 1 中感应式无线滑鼠包括的线圈（L2）、控制主机（2）和线圈（L1）及其连接方式用于键盘，得到免用电池的无线键盘。因此，在对比文件 1 的基础上得出权利要求 7 所要求保护的技术方案，对所属技术领域的技术人员来说是显而易见的，因此权利要求 7 不具备创造性。

（8）关于权利要求 8。

权利要求 8 与对比文件 1 的区别技术特征为：无线电子装置是无线摇杆。对比文件 1（参见对比文件 1 第 5 页和图 2、3）中公开了感应式无线滑鼠。合议组认为，所属技术领域技术人员很容易想到将对比文件 1 中感应式无线滑鼠包括的线圈（L2）、控制主机（2）和线圈（L1）及其连接方式用于键盘，得到免用电池的无线键盘。因此，在对比文件 1 的基础上得出权利要求 8 所要求保护的技术方案，对所属技术领域的技术人员来说是显而易见的，因此权利要求 8 不具备创造性。

（9）关于权利要求 9。

权利要求 9 与对比文件 1 的区别技术特征为：另一电磁感应线圈的面积相等于该垫体的面积。该区别技术特征的作用是电子装置的使用位置不被受限于某一区域，而使用与垫体面积相等的电磁感应线圈实现电子装置不受限于垫体的某一区域对本领域的技术人员来说是容易想到的，在对比文件 1 的基础上得出权利要求 9 的技术方案无需付出任何创造性劳动，因此权利要求 9 不具有实质性特点和进步，不具备创造性。

（10）关于权利要求 10。

权利要求 10 的附加技术特征为："其中该垫体为一供放置该电子装置的置放架，而该另一电磁感应线圈则设于该置放架的底面内层，且该置放架安装于一电脑的一侧边上"。权利要求 10 与对比文件 1 的区别为：垫体为一供放置该电子装置的置放架，置放架安装于一电脑的一侧边上，另一电磁感应线圈则设于该置放架的底面内层。将垫体设置成安装在电脑一侧边上的置放架仅仅是对垫体形状和放置位置的变化，对解决本专利减少电池消耗的问题没有进步，上述变化是本技术领域的技术人员容易想到的；电磁感应线圈设于该置放架的底面内层与对比文件 1 中控制主机（对应于本专利的垫体）内部放置线圈（L1）实现的技术效果相同，都是用于线圈绝缘和防止裸露等，对本领域的技术人员来说将电磁感应线圈放置在置放架的底面内层是容易想到的；因此对本技术领域的技术人员来说根据对比文件 1 公开的技术内容得出权利要求 10 所要求保护的技术方案是容易的，权利要求 10 不具有实质性特点和进步，不具备创造性。

综上，本专利的权利要求 1 ~ 3、5、6 均不具备专利法第二十二条第二款所规定的新颖性，本专利的权利要求 4、7 ~ 10 不具备专利法第二十二条第三款所规定的创造性。

三、决定

宣告 03239806.9 号实用新型专利权全部无效。

当事人对本决定不服的，可以根据专利法第四十六条第二款的规定，自收到本决定之日起三个月内向北京市第一中级人民法院起诉。根据该款的规定，一方当事人起诉后，另一方当事人应当作为第三人参加诉讼。

017

四柱铁芯三相互不干扰的组合变压器案

无效宣告请求审查决定（第8042号）

决　定　号　第8042号
决　定　日　2005年12月13日
发明创造名称　四柱铁芯三相互不干扰的组合变压器
国际分类号　H01F 30/12
无效请求人　李澍霖
专利权人　李淑芹
专　利　号　98250258.3
申　请　日　1998年12月18日
授权公告日　2000年2月9日
合议组组长　马　昊
主　审　员　崔哲勇
参　审　员　高　雪

法律依据　专利法第二十二条第二款、第三款　专利法实施细则第二条第二款
决定要点

对比文件2作为教科书仅公开了三相四柱式变压器结构的零序磁通原理，但并没有公开可以利用三相四柱式变压器结构解决三相互不干扰这一技术问题，因此不能简单地认为对比文件2中的原理性描述给出了将三相四柱式变压器结构应用于对比文件1中以解决其实际技术问题的启示，因此本专利权利要求的技术方案相对于对比文件1和对比文件2具备创造性。

一、案由

本无效宣告请求涉及国家知识产权局专利局于2000年2月9日授权公告、申请号为98250258.3、名称为“四柱铁芯三相互不干扰的组合变压器”的实用新型专利权（下称本专利），其申请日为1998年12月18日、专利权人为李淑芹（下称被请求人）。本专利授权公告的权利要求书如下：

“1. 一种四柱铁芯三相互不干扰的组合变压器，它主要由变压器铁芯、A相原线圈（5）和A相付线圈（8）等部分组成，其特征在于：变压器铁芯由柱铁（1）、柱铁（2）、柱铁（3）、柱铁（4）四柱铁芯组成，A相原线圈（5）绕制在柱铁（1）上，A相原线圈（5）的两端头连接有熔断器（11）并与B相原线圈（6）和C相原线圈（7）的一端头连接；B相原线圈（6）绕制在柱铁（2）上，B相原线圈（6）的两端头连接有熔断器（11）并与C相原线圈（7）的一端头连接；C相原线圈（7）绕制在柱铁（3）上，C相原线圈（7）的两端头连接有熔断器（11），变压器铁芯柱铁（1）、柱铁（2）和柱铁（3）分别绕制有A相付线圈（8）、B相付线圈（9）和C相付线圈（10）。

2. 根据权利要求1所述的四柱铁芯三相互不干扰的组合变压器，其特征还在于：变压器铁芯柱铁（1）、柱铁（2）、柱铁（3）和柱铁（4）四柱铁芯的断面形状相同、面积相等。

3. 根据权利要求1所述的四柱铁芯三相互不干扰的组合变压器，其特征还在于：A相原线圈（5）、B相原线圈（6）、C相原线圈（7）、A相付线圈（8）、B相付线圈（9）和C相付线圈（10）的绕行方向完全相同。”

针对上述专利权，李澍霖（下称请求人）于2003年2月28日向专利复审委员会提出了无效宣告请求，理由是本专利不符合专利法第二十二条第一款、专利法实施细则第二条第二款的规定，并提交了以下附件：

附件1.1：98250258.3号实用新型专利说明书，授权公告日为2000年2月9日（即本专利）；

附件1.2：97200554.4号实用新型专利说明书，授权公告日为1998年4月29日；

附件1.3：《电力系统分析》（上），扉页、第116~118页复印件；

附件1.4：《电机学》（上册）扉页、第228页复印件；

附件1.5：四柱铁芯与五柱铁芯等同且四柱铁芯劣化分析。

请求人认为：本专利附图与附件1.2所述技术特征完全相同，而四柱或五柱铁芯都是公知的、等同的磁旁路结构（如附件1.3所公开），而且本专利所述的目的、接线方式和效果与附件1.2完全相同，因此本专利权利要求1和权利要求2既无新颖性也无创造性；本专利权利要求3的附加技术特征已经被附件1.4公开，也是公知技术，因此也无新颖性；四柱或五柱铁芯都是公知的、等同的磁旁路结构，但是四柱铁芯是劣化的方案。

经形式审查合格，专利复审委员会受理了上述无效宣告请求，并于2003年3月25日将该无效宣告请求书及其附件的副本转送被请求人。

专利复审委员会于2003年9月10日收到请求人提交的对99215239.9专利权的撤销审查决定书以及99215239.9实用新型专利说明书复印件（下称附件1.6）。

国家知识产权局专利复审委员会于2003年11月10日向双方当事人发出口头审理通知书，定于2004年1月12日对本案进行口头审理。

口头审理于2004年1月12日如期举行，口审中请求人明确了无效理由是专利法第二十二条第二款、第三款及专利法实施细则第二条第二款，放弃专利法第二十二条第四款作为无效理由；请求人明确本专利不符合专利法实施细则第二条第二款的规定是指本专利权利要求1、2不是新的技术方案；无效范围具体为权利要求1相对于附件1.2不具备新颖性，权利要求1、2相对于附件1.3不具备新颖性，权利要求1~3相对于附件1.2、附件1.3和附件1.4的结合不具备创造性。请求人出示了附件1.2~1.4的原件，被请求人对附件1.2~1.4的真实性无异议。双方当事人在口头审理中就本专利是否符合专利法第二十二条第二款、第三款和专利法实施细则第二条第二款的规定充分陈述了意见，被请求人在口审之日提交了《变压器的理论基础与工程计算（五）》（下称附件2.1）和证明人李昭泽出具的《证明书》复印件（下称附件2.2），被请求人的证人刘泽沛在口审中证明“四柱比五柱变压器不差”，请求人对附件2.1的真实性无异议。

被请求人在口头审理之后提交了供合议组参考的书面陈述意见以及附件如下：

附件2.3：被请求人于2004年1月16日提交的《受托人补充意见》；

附件2.4：被请求人于2004年2月11日提交的《受委托人补充意见（续）》以及《特种变压器理论与设计》第95~100页复印件；

附件2.5：被请求人于2004年2月16日提交的文章《采用瞬时法分析三相五柱配电变压器磁通分布》（2004年1月第1期变压器杂志）；

附件2.6：被请求人于2004年3月1日提交的《补充意见》以及国家变压器质量监督检测中心出具的《检测报告》。

被请求人在以上意见陈述和所提交的附件主要论述了：（1）附件 1.2～1.4 均未公开权利要求 2 的附加技术特征；（2）四柱变压器与五柱变压器的优劣性分析；（3）附件 1.3 中仅公开四柱铁芯变压器的零序主磁通的磁路。

2004 年 5 月 20 日，合议组将被请求人于 2004 年 2 月 11 日和 2004 年 3 月 1 日提交的意见陈述书及其附件转送给请求人。

2004 年 6 月 21 日，请求人针对上述转文提交了意见陈述书以及如下附件：

附件 1.7：请求人李澍霖作为原告的“民事起诉状”，北京二中院“受理通知书”；

附件 1.8：李澍霖与张旭俊所著的“关于五柱与四柱磁路”；

附件 1.9：王祥珩证词“我的意见”；

附件 1.10：审查指南 2001 年版第二部分有关章节；

附件 1.11：GB2128422A“整流变压器”英文文本及部分中文译文；

附件 1.12：专利复审委员会转送文件通知书的邮封。

合议组于 2004 年 7 月 1 日将上述意见陈述书及其附件转送给被请求人。

2004 年 8 月 9 日，被请求人针对上述转文再次提交了意见陈述书以及如下附件：

附件 2.7：国家变压器质量监督检测中心出具的五柱铁芯三相干式变压器（等截面）的检验报告原件；

附件 2.8：对比表 1；

附件 2.9：国家变压器质量监督检测中心出具的四柱铁芯三相干式变压器（不等截面和等截面）的检验报告原件；

附件 2.10：对比表 2；

附件 2.11：被请求人提交的检验报告清单；

附件 2.12：被请求人提交的证据清单；

附件 2.13：情况说明。

合议组于 2004 年 8 月 26 日将上述意见陈述书以及附件转送给请求人。

2004 年 10 月 12 日，专利复审委员会再次收到请求人针对上述转文提交的意见陈述书以及如下附件：

附件 1.13：审查指南 2001 年版第二部分有关章节；

附件 1.14：最高人民法院关于审理专利纠纷案件适用法律问题的若干规定；

附件 1.15：《电力系统分析》1984 年 6 月版（节选复印件）；

附件 1.16：王祥珩证词“我的意见”；

附件 1.17：《ZL97200554.4 三相互不干扰配电变压器、开关组合装置》权利要求书；

附件 1.18：《四柱铁芯与五柱铁芯等同且四柱铁芯劣化分析》；

附件 1.19：《ZL97200554.4》专利产品器身照片（复印件）及模拟试品照片（复印件）；

附件 1.20：《供配电设计手册》1999 年 7 月版（节选复印件）；

附件 1.21：五柱铁芯与四柱铁芯结构产品样本（节选复印件）；

附件 1.22：《GB2128422A“整流变压器”》英文文本及选用段中文译文（复印件）；

附件 1.23：对被请求人提供的实验数据剖析、存疑和汇总；

附件 1.24：《撤销专利权请求的审查决定书》（复印件）；

附件 1.25：复审委员会转送文件通知书的邮封。

鉴于本案双方当事人提交的证据数量较大，案情较为复杂，专利复审委员会本案合议组决定再次举行口头审理，并于2005年3月2日发出口头审理通知书，定于2005年4月18日举行口头审理，同时将被请求人于2004年1月16日提交的意见陈述书及其附件转送给请求人。

被请求人于2005年3月3日从专利复审委员会面取了上述2005年10月12日收到的意见陈述书以及附件以及上述口头审理通知书。

2005年4月4日，专利复审委员会收到被请求人提交的意见陈述书。

口头审理于2005年1月12日如期举行，口审中双方当事人对合议组成员没有回避请求，但请求人请求被请求人的代理人林建军回避，请求人对被请求人其他代理人出庭身份没有异议，被请求人对请求人的出庭身份没有异议。合议组经过合议认为，请求人曾就委托林建军代理提起被请求人侵犯请求人所拥有的ZL97200554.4号实用新型专利的侵权诉讼进行过咨询，但最终并未签订委托合同，由于上述侵权诉讼所涉及的ZL97200554.4号实用新型专利与本无效请求所涉及的实用新型专利ZL98250258.3并不相同，且该请求人与林建军之间并未形成法律上的委托关系，因此代理人林建军与被请求人在本案中的委托关系并不违反专利代理条例第十条的规定，代理人林建军可以作为被请求人的代理人出席口头审理。请求人明确其无效理由为权利要求1～3不符合专利法第二十二条第二款、第三款的规定、权利要求1不符合专利法二十二条第四款和专利法实施细则第二条第二款的规定。请求人仅保留附件1.2和附件1.3作为证据，放弃其他所有证据。请求人使用附件1.2评述新颖性，用附件1.2和附件1.3的结合评述创造性，其中附件1.2为最接近的现有技术。被请求人仅保留证据1：1978年第2期变压器杂志中的文章《变压器的理论基础与工程计算（五）》，证据2：2004年1月第1期变压器杂志中的文章《采用瞬时法分析三相五柱配电变压器磁通分布》，并当庭提交了证据3：《供电生产常用指导性技术文件及标准》第二册，第1135、1138、1139、1149、1150页复印件；证据4：电力变压器计算（修订版），第44～47页复印件；证据5：干式电力变压器理论与计算，第32～34页复印件，并放弃所有其他证据。合议组当庭将被请求人提交的证据1～5以及专利复审委员会于2005年4月4日收到的被请求人的意见陈述转送给请求人。双方当事人均对对方提交的证据的真实性没有异议。

基于上述的工作，合议组认为双方当事人已经充分发表意见，本案事实已经清楚，可以作出本决定。

二、决定的理由

1. 证据认定

在请求人仅保留附件1.2和附件1.3作为证据的情况下，由于被请求人对请求人提交的上述附件的真实性无异议，且附件1.2和附件1.3均为本专利申请日之前公开的公开出版物，因此附件1.2和附件1.3可以作为评判本专利新颖性和创造性的现有技术，下文中将其分别称为对比文件1和对比文件2。

2. 关于专利法实施细则第二条第二款

专利法实施细则第二条第二款规定：专利法所称的实用新型，是指对产品的形状、构造或者其结合所提出的适于实用的新的技术方案。

请求人主张权利要求1不符合专利法实施细则第二条第二款的规定，其具体理由是：本专利的发明目的在于实现三相互不干扰变压器，但权利要求1中并未针对变压器常态、暂态的特征进行说明。

本专利权利要求1请求保护一种四柱铁芯三相互不干扰的组合变压器，其具体特征包括：它主要由变压器铁芯、A相原线圈（5）和A相付线圈（8）等部分组成；变压器铁芯由柱铁（1）、柱铁（2）、柱铁（3）、柱铁（4）四柱铁芯组成；A相原线圈（5）绕制在柱铁（1）上，A相原线圈（5）的两端头连接有熔断器（11）并与B相原线圈（6）和C相原线圈（7）的一端头连接；B相原线圈

（6）绕制在柱铁（2）上，B 相原线圈（6）的两端头连接有熔断器（11）并与 C 相原线圈（7）的一端头连接；C 相原线圈（7）绕制在柱铁（3）上，C 相原线圈（7）的两端头连接有熔断器（11）；变压器铁芯柱铁（1）、柱铁（2）和柱铁（3）分别绕制有 A 相付线圈（8）、B 相付线圈（9）和 C 相付线圈（10）。

合议组认为，独立权利要求 1 中限定的四柱三相互不干扰组合变压器主要是利用四柱铁芯结构配合特定的绕组方式和熔断器连接来实现互不干扰技术效果的，虽然本专利中未对该组合变压器的常态、暂态特征进行说明，但是在权利要求已经完整地限定了该组合变压器的构造结构的情况下，本领域技术人员根据所属技术领域的技术常识或通过实验必然能够获得上述变压器的常态、暂态工作特征，因此，由于本专利所限定的四柱三相组合变压器本身属于专利法实施细则第二条第二款规定的实用新型保护客体，且其常态、暂态工作特征并不影响本领域技术人员实现该组合变压器，因此权利要求 1 所限定的组合变压器符合专利法实施细则第二条第二款的规定，请求人的上述主张不能成立。

3. 关于实用性

请求人认为本专利权利要求 1 不符合专利法第二十二条第四款规定的实用性，具体理由包括：（1）附图 1 中仅在变压器 A 相中示出了熔断器 11，而在 B 相和 C 相中并未示出，因此说明书内容与权利要求 1 不符；（2）附图中变压器各相的首尾端同时具有熔断器 11，可能发生绕组短路。

合议组经过审查后认为：（1）本专利附图中虽然仅在变压器 A 相中的熔断器上标注了附图标记 11，但在 B 相和 C 相上同样示出了与 A 相上相同的熔断器图形表示，由于电路图中特定电路元件的图形表示作为工程语言同样具有确定无疑的含义，因此虽然附图中并未在 B 相和 C 相上的熔断器标注附图标记，该附图仍然明确表示出 B 相和 C 相上具有熔断器，因此本专利说明书与权利要求的描述相符；（2）本专利附图中示出变压器各相的首尾端均具有熔断器，虽然它们均采用附图标记 11 来表示，但并不代表每相首尾端的熔断器就是一体结构，实际上在专利申请文件中，将相同的电路元件标注为相同的附图标记是经常使用的标注方法，这仅代表这些具有相同附图标记的元件是相同的结构，不会引起歧义，因此本专利权利要求 1 符合专利法第二十二条第四款规定的实用性。

4. 关于新颖性

本专利权利要求 1 所述的四柱铁芯三相互不干扰的组合变压器包括如下特征：

（a）它主要由变压器铁芯、A 相原线圈（5）和 A 相付线圈（8）等部分组成；

（b）变压器铁芯由柱铁（1）、柱铁（2）、柱铁（3）、柱铁（4）四柱铁芯组成；

（c）A 相原线圈（5）绕制在柱铁（1）上，A 相原线圈（5）的两端头连接有熔断器（11）并与 B 相原线圈（6）和 C 相原线圈（7）的一端头连接；B 相原线圈（6）绕制在柱铁（2）上，B 相原线圈（6）的两端头连接有熔断器（11）并与 C 相原线圈（7）的一端头连接；C 相原线圈（7）绕制在柱铁（3）上，C 相原线圈（7）的两端头连接有熔断器（11）；

（d）变压器铁芯柱铁（1）、柱铁（2）和柱铁（3）分别绕制有 A 相付线圈（8）、B 相付线圈（9）和 C 相付线圈（10）。

对比文件 1 公开一种三相互不干扰配电变压器、开关组合装置（见图 1、2），它具有三相五柱磁路结构的变压器铁芯，其中的三个芯柱上分别绕制三相高压线圈和低压线圈，其中低压线圈的接线为 Y0 方式，高压线圈的接线为 Δ 方式，且每相高压线圈的两端都串接有高压熔断器。

将权利要求 1 的技术方案与对比文件 1 对比可知，对比文件 1 中的高压线圈和低压线圈分别对应于权利要求 1 中的原、付线圈，对比文件 1 中的高压熔断器对应于权利要求 1 中的熔断器 11，而且对比文件 1 中高压线圈、低压线圈的绕制方法以及它们与熔断器的电路连接方式均与权利要求 1 的技术方案相同，因此对比文件 1 公开了权利要求 1 中的特征（a）（c）（d），但对比文件 1 并未公开权利要求1中的特征（b），即特征“变压器铁芯由柱铁（1）、柱铁（2）、柱铁（3）、柱铁（4）四柱铁芯组成”，由于该特征（b）决定权利要求1技术方案与对比文件1具有不同的磁路结构，属于不同的技术方案，因此权利要求1相对于对比文件1具备新颖性。

在权利要求1具备新颖性的前提下，其从属权利要求2～3也符合专利法第二十二条第二款的规定，具备新颖性。

5. 关于创造性

根据上面对新颖性的评述，权利要求1与对比文件1的区别在于特征（b），即特征“变压器铁芯由柱铁（1）、柱铁（2）、柱铁（3）、柱铁（4）四柱铁芯组成”。

对比文件2作为教科书公开了三相四柱式变压器的铁芯结构及零序励磁磁通的路径，具体公开了以下内容（见图6－8的（b）图）：该三相四柱式变压器包括四个芯柱，其中三个柱上以Y形接法绕制线圈，三个相柱绕组产生的零序磁通可以通过第四柱形成回路。

合议组认为：

（1）判断实用新型是否具有实质性特点，需要判断现有技术是否给出将权利要求与最接近现有技术的区别技术特征应用到最接近现有技术中以解决其实际存在的技术问题的启示，并且通常认为当所述区别特征为相同或相近技术领域中的另一篇对比文件中批露的相关技术手段，该技术手段在该对比文件中所起的作用与该区别特征在权利要求技术方案中为解决该技术问题所起的作用相同时，该另一篇对比文件给出了上述技术启示。

（2）对比文件2作为教科书仅公开了三相四柱式变压器的零序磁通磁路，其中所示的三相四柱变压器并不具有通常变压器所具有的原/副线圈以及相关结构。因此对比文件2仅能证明在变压器理论原理上具有一种三相四柱式变压器的结构，但并不能证明可以利用这种三相四柱式变压器零序磁路实现一种三相互不干扰变压器，换句话说，对比文件2作为教科书仅公开了三相四柱式变压器结构的零序磁通原理，并没有公开可以利用三相四柱式变压器结构解决三相互不干扰这一技术问题，因此不能认为对比文件2中的原理性描述给出了将三相四柱式变压器结构应用于对比文件1中以解决三相互不干扰这一实际技术问题的启示。因此本领域技术人员在不花费创造性劳动的基础上，不可能将对比文件2所公开的原理性三相四柱式变压器结构应用到对比文件1所公开的三相五柱式变压器结构从而获得权利要求1所限定技术方案，因此权利要求1相对于对比文件1和对比文件2具有实质性特点。同时由于权利要求1的技术方案达到了三相互不干扰的技术效果，因此具有技术上的进步。

综上所述，权利要求1相对于对比文件1和对比文件2具备专利法第二十二条第三款规定的创造性。

在权利要求1具备创造性的前提下，其从属权利要求2～3也符合专利法第二十二条第三款的规定，具备创造性。

三、决定

维持第98250258.3号实用新型专利权有效。

当事人对本决定不服的，可以根据专利法第四十六条第二款的规定，自收到本决定之日起三个月内向北京市第一中级人民法院起诉。根据该款的规定，一方当事人起诉后，另一方当事人应当作为第三人参加诉讼。

北京市第一中级人民法院
行政判决书

（2006）一中行初字第566号

原告李澍霖，男，汉族，1940年1月13日出生，上海明昱科技发展有限公司总经理，住上海市长宁区安化路115号204室。

委托代理人任虎成，国浩律师集团（北京）事务所律师。

被告国家知识产权局专利复审委员会，住所地北京市海淀区北四环西路9号银谷大厦10～12层。

法定代表人廖涛，副主任。

委托代理人崔哲勇，该委员会审查员。

委托代理人徐洁玲，该委员会审查员。

第三人李淑芹，女，汉族，1938年8月26日出生，住北京市朝阳区安定路12号院7号楼3B门302号。

一、案由

原告李澍霖不服被告国家知识产权局专利复审委员会（下称专利复审委员会）于2005年12月13日作出的第8042号无效宣告请求审查决定（下称第8042号决定），于法定期限内向本院提起诉讼。本院于2006年4月14日受理本案后，依法组成合议庭，并按照法律有关规定通知李淑芹作为第三人参加诉讼，于2006年6月15日公开开庭进行了审理。原告李澍霖及其委托代理人任虎成，被告专利复审委员会的委托代理人崔哲勇、徐洁玲，第三人李淑芹的委托代理人林建军到庭参加了诉讼。本案现已审理终结。

2003年2月28日，原告李澍霖针对第三人李淑芹拥有的名称为"四柱铁芯三相互不干扰的组合变压器"的第98250258.3实用新型专利（下称本案专利）向被告专利复审委员会提出无效宣告请求。2005年12月13日，被告作出第8042号决定，认为：1. 证据认定。李淑芹对李澍霖提交的对比文件1和对比文件2的真实性无异议，且对比文件1和对比文件2均为本案专利申请之前公开的公开出版物，因此对比文件1和对比文件2可以作为评判本案专利新颖性和创造性的现有技术。2. 关于专利法实施细则第二条第二款。李澍霖主张本案专利权利要求1不符合专利法实施细则第二条第二款的规定，其具体理由是：本案专利的发明目的在于实现三相互不干扰变压器，但权利要求1中并未针对变压器常态、暂态的特征进行说明。本案专利的独立权利要求1中限定的四柱三相互不干扰组合变压器主要是利用四柱铁芯结构配合特定的绕组方式和熔断器连接来实现互不干扰技术效果的，虽然本案专利中未对该组合变压器的常态、暂态特征进行说明，但是在权利要求已经完整地限定了该组合变压器的构造结构的情况下，本领域技术人员根据所属技术领域的技术常识或通过实验必然能够获得上述变压器的常态、暂态工作特征，因此，由于本案专利所限定的四柱三相组合变压器本身属于专利法实施细则第二条第二款规定的实用新型保护客体，且其常态、暂态工作特征并不影响本领域技术人员实现该组合变压器，因此权利要求1所限定的组合变压器符合专利法实施细则第二条第二款的规定。3. 关于实用性。李澍霖认为本案专利权利要求1不符合专利法第二十二条第四款规定的实用性，具体理由包括：（1）附图中仅在变压器A相中示出了熔断器11，而在B相和C相中并未示出，因此说明书内容与权利要求1不符；（2）附图中变压器各相的首尾端同时具有熔断器11，可能发生绕组短路。本案专利附图中虽然仅在变压器 A 相中的熔断器上标注了附图标记 11，但在 B 相和 C 相上同样示出了与 A 相上相同的熔断器图形表示，由于电路图中特定电路元件的图形表示作为工程语言同样具有确定无疑的含义，因此虽然附图中并未在 B 相和 C 相上的熔断器标注附图标记，该附图仍然明确表示出 B 相和 C 相上具有熔断器，因此本案专利说明书与权利要求的描述相符；本案专利附图中示出变压器各相的首尾端均具有熔断器，虽然它们均采用附图标记 11 来表示，但并不代表每相首尾端的熔断器就是一体结构，实际上在专利申请文件中，将相同的电路元件标注为相同的附图标记是经常使用的标注方法，这仅代表这些具有相同附图标记的元件是相同的结构，不会引起歧义，因此本案专利权利要求 1 符合专利法第二十二条第四款规定的实用性。4. 关于新颖性。对比文件 1 公开一种三相互不干扰配电变压器、开关组合装置，它具有三相五柱磁路结构的变压器铁芯，其中的三个芯柱上分别绕制三相高压线圈和低压线圈，其中低压线圈的接线为 YO 方式，高压线圈的接线为△方式，且每相高压线圈的两端都串接有高压熔断器。将权利要求 1 的技术方案与对比文件 1 对比可知，对比文件 1 中的高压线圈和低压线圈分别对应于权利要求 1 中的原、副线圈，对比文件 1 中的高压熔断器对应于权利要求 1 中的熔断器 11，而且对比文件 1 中高压线圈、低压线圈的绕制方法以及它们与熔断器的电路连接方式均与权利要求 1 的技术方案相同，但对比文件 1 并未公开权利要求 1 中的特征“变压器铁芯由柱铁（1）、柱铁（2）、柱铁（3）、柱铁（4）四柱铁芯组成”，由于该特征决定权利要求 1 技术方案与对比文件 1 具有不同的磁路结构，属于不同的技术方案，因此权利要求 1 相对于对比文件 1 具备新颖性。在权利要求 1 具备新颖性的前提下，其从属权利要求 2 ~ 3 也符合专利法第二十二条第二款的规定，具备新颖性。5. 关于创造性。根据上面对新颖性的评述，权利要求 1 与对比文件 1 的区别在于“变压器铁芯由柱铁（1）、柱铁（2）、柱铁（3）、柱铁（4）四柱铁芯组成”。对比文件 2 作为教科书公开了三相四柱式变压器的铁芯结构及零序磁通磁路，其中所示的三相四柱变压器并不具有通常变压器所具有的原/副线圈以及相关结构。因此对比文件 2 仅能证明在变压器理论原理上具有一种三相四柱式变压器的结构，但并不能证明可以利用这种三相四柱式变压器零序磁路实现一种三相互不干扰变压器，换句话说，对比文件 2 作为教科书仅公开了三相四柱式变压器结构的零序磁通原理，并没有公开可以利用三相四柱式变压器结构解决三相互不干扰这一技术问题，因此不能认为对比文件 2 中的原理性描述给出了将三相四柱式变压器结构应用于对此文件 1 中以解决三相互不干扰这一实际技术问题的启示。因此本领域技术人员在不花费创造性劳动的基础上，不可能将对比文件 2 所公开的原理性三相四柱式变压器结构应用到对比文件 1 所公开的三相五柱式变压器结构从而获得权利要求 1 所限定技术方案，因此权利要求 1 相对于对比文件 1 和对比文件 2 具有实质性特点。同时由于权利要求 1 的技术方案达到了三相互不干扰的技术效果，因此具有技术上的进步。综上所述，权利要求 1 相对于对比文件 1 和对比文件 2 具备专利法第二十二条第三款规定的创造性。在权利要求 1 具备创造性的前提下，其从属权利要求 2 ~ 3 也符合专利法第二十二条第三款的规定，具备创造性。

基于上述理由，专利复审委员会作出第 8042 号决定，维持本案专利权有效。

原告李澍霖不服该决定，在法定期限内向本院提起诉讼，称：1. 专利复审委员会认定对比文件 2 没有给出技术启示是错误的。首先，对比文件 2 明确给出了将三相四柱式铁芯结构用于解决三相互不干扰技术问题的技术启示。其次，第 8042 号决定与国家知识产权局于 2002 年 7 月 12 日作出的撤销专利权请求的审查决定书的结论截然相反，该决定书在第 99215239. 9 号实用新型专利权同样要求保护“三相四柱电压互不干扰箱式变压器”的情况下，认定本领域的普通技术人员根据本案对比文件 1 和对比文件 2 的技术教导，不难得出该实用新型修改后的权利要求 1 所要求保护的技术方案，无需付出创造性劳动，因此，第 99215239. 9 号实用新型的权利要求 1 不具备创造性。再次，将本案专利与第 99215239. 9 号实用新型专利相继申请专利的情形联系起来看，也可以确信对比文件 2 存在上述技术启示。2. 专利复审委员会认定本案专利权利要求1的技术方案具有技术上的进步是错误的。首先，在耗材方面，五柱式铁芯比四柱式铁芯更节材；其次，在提供零序主磁通回路的效果方面，五柱式铁芯比四柱式铁芯更优越；再次，与四柱式铁芯相比，五柱式铁芯可以使变压器的高度下降，体积缩小。由此可见，本案专利权利要求1采用四柱式铁芯取代对比文件1的五柱式铁芯，虽然也能够实现三相互不干扰，但是该技术方案相对于对比文件1的技术方案只是一个改劣方案，不但不可能取得更好的技术效果，即使连对比文件1已经达到的技术效果也不可能达到。3. 在本案专利权利要求1不具备创造性的前提下，本案专利权利要求2、3也不具备创造性。4. 本案专利权利要求1的技术方案不能实现三相互不干扰。本案专利权利要求1的文字叙述与附图不符，说明书实施例的文字叙述与权利要求1的文字叙述不符、与附图也不符，且附图中存在多处绘图和标识错误，因此本案专利权利要求1～3、附图及说明书均不能实现“三相互不干扰”。另外，权利要求1不能实现“三相互不干扰”的目的。权利要求1没有给出三个副线圈（8）、（9）、（10）的联结组。综上所述，李澍霖请求法院撤销第8042号决定，宣告本案专利权无效。

被告专利复审委员会辩称：李澍霖诉状所涉的撤销专利权请求的审查决定书与第8042号决定并未针对相同专利权，且我国并非判例法国家，因此，撤销专利权请求的审查决定书对本案的审理并无约束力。本案的焦点在于对比文件2是否给出应用三相四柱变压器结构解决三相互不干扰这一技术问题的启示。对比文件2仅公开了三相四柱式变压器的零序磁通磁路，其中所示的三相四柱变压器并不具有通常变压器所具有的原/副线圈以及相关结构，亦没说明可以利用这种三相四柱式变压器零序磁路实现一种三相互不干扰变压器，更不能据此认定三相四柱铁芯与三相五柱铁芯在零序主磁通的磁路问题上完全等同，因此，对比文件2并未给出相应的技术启示。李澍霖在诉状中认为本案专利权利要求存在撰写问题，超出无效审查中所涉及的无效理由，故不应当审理。综上，第8042号决定认定事实清楚，适用法律正确，审查程序合法。原告的诉讼请求既无事实依据又无法律依据，请求人民法院驳回原告的诉讼请求，维持第8042号决定。

第三人李淑芹认为，对比文件2未给出解决实际问题的技术启示，五柱铁芯与四柱铁芯是不同的磁路结构，存在本质区别，四柱铁芯可以降低附加损耗和噪音；《撤销专利权请求的审查决定书》所涉专利与本案专利不相同，故该决定与本案无关；本案专利的权利要求1具备新颖性和创造性，且完全能够实现三相互不干扰。因此，第8042号决定认定事实清楚、适用法律正确，请求人民法院驳回原告诉讼请求，维持第8042号决定。

二、事实认定

经审理查明本案涉及的争议专利系名称为“四柱铁芯三相互不干扰的组合变压器”的第98250258.3号实用新型专利权（即本案专利），其申请日为1998年12月18日，授权公告日为2000年2月9日，专利权人为李淑芹。

本案专利授权公告的权利要求书如下：“1. 一种四柱铁芯三相互不干扰的组合变压器，它主要由变压器铁芯、A相原线圈（5）和A相付线圈（8）等部分组成，其特征在于：变压器铁芯由柱铁（1）、柱铁（2）、柱铁（3）、柱铁（4）四柱铁芯组成，A相原线圈（5）绕制在柱铁（1）上，A相原线圈（5）的两端头连接有熔断器（11）并与B相原线圈（6）和C相原线圈（7）的一端头连接；B相原线圈（6）绕制在柱铁（2）上，B相原线圈（6）的两端头连接有熔断器（11）并与C相原线圈（7）的一端头连接；C相原线圈（7）绕制在柱铁（3）上，C相原线圈（7）的两端头连接有熔断器（11），变压器铁芯柱铁（1）、柱铁（2）和柱铁（3）分别绕制有A相付线圈（8）、B相付线圈（9）和C相付线圈（10）。2. 根据权利要求1所述的四柱铁芯三相互不干扰的组合变压器，其特征还在于：变压器铁芯柱铁（1）、柱铁（2）、柱铁（3）和柱铁（4）四柱铁芯的断面形状相同、面积相等。3. 根据权利要求1所述的四柱铁芯三相互不干扰的组合变压器，其特征还在于：A相原线圈（5）、B相原线圈（6）、C相原线圈（7）、A相付线圈（8）、B相付线圈（9）和C相付线圈（10）的绕行方向完全相同。”本案专利说明书载明“本实用新型与现有技术相比：它结构简单，体积小，重量轻，动热稳定性电流大，而且具有一相故障其余两相照常运行或两相故障另一相照常运行的互不干扰的特点。”“本实用新型变压器的另一特点是在线圈中设置了熔断器11，当变压器付线圈发生单相短路时或原线圈产生故障，使一相线圈中的熔断器11熔断（例如A相熔断），此时B、C两相磁路流过的磁通不变，由于A相激磁电流为0，ΦA为0，使ΦB、ΦC之和不为0，它们通过第四柱铁芯形成回路，使付线圈UB、UC保持原来的电压大小不变，正常不变，正常供电，同理其他两相或一相熔断也有同样的效果，所以本产品深受广大用户的欢迎。”本案专利的附图在变压器A相中的熔断器上标注了附图标记11，在B相和C相上标注了与A相上相同的熔断器图形，但未作附图标记符号。2003年2月28日，李澍霖针对本案专利向专利复审委员会提出无效宣告请求，认为本案专利附图与对比文件1所述技术特征完全相同，而四柱或五柱铁芯都是公知的、等同的磁旁路结构，且四柱铁芯是劣化的方案，本案专利所述的目的、接线方式和效果与对比文件1完全相同，因此本案专利权利要求1和2既无新颖性也无创造性；本案专利权利要求3的附加技术特征已经被附件1.4公开，也是公知技术，因此也无新颖性。为此，李澍霖提交了数份附件，其中：对比文件1：97200554.4号实用新型专利说明书，授权公告日为1998年4月29日；该专利摘要载明“三相互不相扰配电变压器、开关组合装置，它具有三相五柱磁路结构的变压器铁芯，中间的三个芯柱上分别绕有三相高压线圈和低压线圈，其中低压线圈的接线为YO方式。”该专利说明书载明“本实用新型的目的，是提出一种配电变压器、开关的组合装置，使其配电变压器无论使用在中点接地还是中点不接地的电力系统中，都能在一相或两相发生故障高压熔断器熔断时，保证不影响其他各相的正常供电，只有故障相处于完全断电状态，即成为一种三相互不相扰的配电变压器、开关组合装置。”对比文件2：《电力系统分析》（上），扉页、第116～118页复印件；该对比文件公开了三相四柱式变压器的铁芯结构及零序励磁磁通的路径，该三相四柱式变压器包括四个芯柱，其中三个柱上以YO形接法绕制线圈，三个相柱绕组产生的零序磁通可以通过第四柱形成回路。该书第117页载明“对于三相四柱式（或五柱式）变压器，零序主磁通也能在铁芯中形成回路，磁阻很小，因而零序励磁电抗的数值很大。以上两种变压器，在短路计算中都可以当作$X_m0\approx\infty$，即忽略励磁电流，把励磁支路断开。”

2003年3月25日，专利复审委员会将无效宣告请求书及附件副本转送给李淑芹。2004年1月12日，专利复审委员会进行了口头审理。此后，李淑芹向专利复审委员会提交了2次意见陈述及数份附件，李澍霖向专利复审委员会也提交了2次意见陈述和数份附件。专利复审委员会于2005年4月18日举行了第2次口头审理。在此次口头审理中，李澍霖明确其无效理由为本案专利权利要求1～3不符合专利法第二十二条第二款、第三款的规定，权利要求1不符合专利法第二十二条第四款和专利法实施细则第二条第二款的规定。李澍霖明确使用对比文件1评述新颖性，使用对比文件1和对比文件2的结合评述创造性，其中对比文件1为最接近的现有技术，并表示放弃其他证据。2005年12月13日，专利复审委员会作出第8042号决定。诉讼中，李澍霖向本院提交了《ZL 98250258.3专利权利要求1、说明书实施例与附图不符的图示对比》（下称对比图），但未提供相应证据佐证对比图所涉图形的对应性和正确性。上述事实，有第8042号决定、对比文件1、对比文件2、第99215239.9号实用新型专利说明书及其撤销专利权请求的审查决定书、当事人的陈述在案佐证。

三、判决理由

本院认为，本案系专利行政案件，仅限于审查专利复审委员会所做的具体行政行为即第8042号决定的合法性，李澍霖提交的第99215239.9号实用新型专利说明书及其撤销专利权请求的审查决定书并非专利复审委员会所作的第8042号决定的依据，故上述证据不属于本院审理的范围，本院不予采信。本案专利附图所呈现的变压器A相中的熔断器有附图标记符号11，而B相和C相中的熔断器虽然与A相上的熔断器图形相同，却未作附图标记符号，但本领域技术人员从本案专利附图中显然能够知道B相和C相亦具有熔断器，故专利复审委员会认定本案专利权利要求的描述与说明书相符并无不当。李澍霖用对比图来说明本案专利权利要求1的文字叙述与附图和说明书实施例的文字叙述均不相符，且附图中存在多处绘图和标识错误，故本案专利权利要求1~3、附图及说明书均不能实现“三相互不干扰”，因该对比图未在无效宣告审查程序中提交，且上述理由并非第8042号决定的审查范围，故本院对李澍霖的上述主张不予理。本案专利权利要求1与对比文件1的区别在于“变压器铁芯由柱铁（1）、柱铁（2）、柱铁（3）、柱铁（4）四柱铁芯组成”。三相四（五）柱式变压器的工作原理为：变压器正常工作时，由于三相对称，变压器的磁路只在绕有线圈的三个铁芯柱中形成，这时，未绕线圈的铁芯柱不起作用，当一相（或两相）电路发生短路或故障时，该相线圈失去电压，其他两个绕线圈的非故障相的铁芯柱和未绕线圈的铁芯柱之间形成磁通回路，使非故障相的二次侧输出相的电压维持在正常的额定值，保证受电设备不受损坏，从而达到“三相互不干扰”的目的。基于上述磁路原理系本领域普通技术人员所拥有的基本常识，能够认定本案三相四柱式变压器与对比文件1三相五柱式变压器的工作原理相同，即“未断相通过未绕线圈的铁芯柱形成闭合磁路，减小未断相的二次侧输出变化”，因而本领域普通技术人员在对比文件1的基础上，用三相四柱式变压器替换三相五柱式变压器解决三相互不干扰的技术问题是显而易见的，不需要创造性劳动，因此，本案专利权利要求1相对于对比文件1，没有实质性特点和进步，不具备创造性。第8042号决定关于本案权利要求1相对于对比文件1和对比文件2具备创造性的认定错误。基于本案专利权利要求1不具备创造性，专利复审委员会应当重新作出决定，评述本案专利权利要求2和权利要求3是否具备创造性。

四、判决内容

综上所述，被告专利复审委员会作出的第8042号决定认定事实错误，应予撤销。依照《中华人民共和国行政诉讼法》第五十四条第（二）项之规定，判决如下：1. 撤销被告国家知识产权局专利复审委员会作出的第8042号无效请求审查决定；2. 被告国家知识产权局专利复审委员会针对原告李澍霖就98250258.3号实用新型专利提出的无效宣告请求重新作出决定。案件受理费1000元，由被告国家知识产权局专利复审委员会负担（于本判决生效之日起7日内交纳）。如不服本判决，各方当事人可于本判决送达之日起15日内，向本院提交上诉状及其副本，并交纳上诉案件受理费1000元，上诉于北京市高级人民法院。

审 判 长　任　进
代理审判员　彭文毅
代理审判员　江建中
判决日期　二〇〇六年一月八日
书 记 员　万　晶

北京市高级人民法院
行政判决书

（2007）高行终字第48号

上诉人（原审第三人）李淑芹，女，汉族，1938年8月26日出生，住北京市朝阳区安定路12号院7号楼3B门302号。

委托代理人林建军，男，汉族，1963年10月9日出生，北京金之桥知识产权代理有限公司专利代理人，住北京市海淀区双榆树知春路49号院A座108号。

委托代理人嘉陵松琦，男，汉族，1938年11月6日出生，北京新华都特种变压器有限公司总工程师，住北京市朝阳区兴隆家园16号楼1002号。

上诉人（原审被告）国家知识产权局专利复审委员会，住所地北京市海淀区北四环西路9号银谷大厦10～12层。

法定代表人廖涛，副主任。

委托代理人崔哲勇，该委员会审查员。

委托代理人徐洁玲，该委员会审查员。

被上诉人（原审原告）李澍霖，男，汉族，1940年1月13日出生，上海明昱科技发展有限公司总经理，住上海市长宁区安化路115号204室。

委托代理人任虎成，北京市岳成律师事务所律师。

上诉人李淑芹、国家知识产权局专利复审委员会（下称专利复审委员会）因专利无效行政纠纷一案，不服北京市第一中级人民法院（2006）一中行初字第566号行政判决，向本院提起上诉。本院2007年2月5日受理后，依法组成合议庭，于2007年3月27日公开开庭进行了审理。上诉人李淑芹的委托代理人林建军，上诉人专利复审委员会的委托代理人崔哲勇、徐洁玲，被上诉人李澍霖及其委托代理人任虎成到庭参加了诉讼。本案现已审理终结。

本案涉及的争议专利系名称为“四柱铁芯三相互不干扰的组合变压器”的第98250258.3号实用新型专利权（下称本专利），专利权人为李淑芹。2003年2月28日，李澍霖针对本案专利向专利复审委员会提出无效宣告请求，无效理由为本案专利权利要求1～3不符合专利法第二十二条第二款、第三款的规定，权利要求1不符合专利法第二十二条第四款和专利法实施细则第二条第二款的规定。2005年12月13日，专利复审委员会作出第8042号决定，维持本专利权有效。李澍霖不服第8042号决定，向北京市第一中级人民法院提起诉讼。

北京市第一中级人民法院认为，本案专利权利要求1与对比文件1的区别在于“变压器铁芯由柱铁（1）、柱铁（2）、柱铁（3）、柱铁（4）四柱铁芯组成”。三相四（五）柱式变压器的工作原理为：变压器正常工作时，由于三相对称，变压器的磁路只在绕有线圈的三个铁芯柱中形成，这时，未绕线圈的铁芯柱不起作用，当一相（或两相）电路发生短路或故障时，该相线圈失去电压，其他两个绕线圈的非故障相的铁芯柱和未绕线圈的铁芯柱之间形成磁通回路，使非故障相的二次侧输出相的电压维持在正常的额定值，保证受电设备不受损坏，从而达到“三相互不干扰”的目的。基于上述磁路原理系本领域普通技术人员所拥有的基本常识，能够认定本案三相四柱式变压器与对比文件1三相五柱式变压器的工作原理相同，即“未断相通过未绕线圈的铁芯柱形成闭合磁路，减小未断相的二次侧输出变化”，因而本领域普通技术人员在对比文件1的基础上，用三相四柱式变压器替换三相五柱式变压器解决三相互不干扰的技术问题是显而易见的，不需要创造性劳动，因此，本案专利权利要求1相对于对比文件1，没有实质性特点和进步，不具备创造性。第8042号决定关于本案权利要求1相对于对比文件1和对比文件2具有创造性的认定错误。基于本案专利权利要求1不具备创造性，专利复审委员会应当重新作出决定，评述本案专利权利要求2和权利要求3是否具备创造性。

综上，北京市第一中级人民法院依照《中华人民共和国行政诉讼法》第五十四条第（二）项之规定，判决：（一）撤销专利复审委员会作出的第8042号无效请求审查决定；（二）专利复审委员会针对李澍霖就98250258.3号实用新型专利提出的无效宣告请求重新作出决定。

李淑芹、专利复审委员会不服原审判决，向本院提起上诉，请求撤销原审判决，维持专利复审委员会第8042号决定。李淑芹的上诉理由为：第一，原审判决认定权利要求1不具备创造性是错误的。首先，三相四柱变压器与三相五柱变压器属于不同的磁路结构，属于不同的技术方案；其次，对本文件1也从未给出将三相互不干扰技术应用到四柱变压器中的任何技术启示，对于本领域技术人员是非显而易见的。第二，原审判决超出被上诉人的主张。被上诉人的主张是对比文件2给出技术启示，从而与对比文件1结合后，本专利不具备创造性。专利复审委员会的决定及相关答辩也都主要围绕对比文件2是否给出技术启示而能够与对比文件进行结合影响本专利的创造性。可见从被上诉人、专利复审委员会和上诉人三方都围绕着对比文件2是否给出技术启示二与对比文件1进行结合的问题展开争辩。但原审判决竟然抛开三方主要围绕的争辩问题而直接认定本专利相对于对比文件1没有创造性，超出了被上诉人在行政起诉状中的主张，损害了上诉人的合法权益。本专利相对于对比文件1是具备创造性的，而对比文件2没有给出任何三相四柱互不相扰的技术启示。专利复审委员会的上诉理由主要为：第一，原审判决是一种典型的事后诸葛亮的分析过程，其分析过程的起点是完全错误的。第二，原审判决认定“三相四（五）柱式变压器的工作原理是本领域技术人员所拥有的基本常识”是没有任何事实依据。李澍霖服从原审判决。

本院经审理查明，本案涉及的争议专利系名称为“四柱铁芯三相互不干扰的组合变压器”的第98250258.3号实用新型专利权（即本案专利），其申请日为1998年12月18日，授权公告日为2000年2月9日，专利权人为李淑芹。

本案专利授权公告的权利要求书如下：“1. 一种四柱铁芯三相互不干扰的组合变压器，它主要由变压器铁芯、A相原线圈（5）和A相付线圈（8）等部分组成，其特征在于：变压器铁芯由柱铁（1）、柱铁（2）、柱铁（3）、柱铁（4）四柱铁芯组成，A相原线圈（5）绕制在柱铁（1）上，A相原线圈（5）的两端头连接有熔断器（11）并与B相原线圈（6）和C相原线圈（7）的一端头连接；B相原线圈（6）绕制在柱铁（2）上，B相原线圈（6）的两端头连接有熔断器（11）并与C相原线圈（7）的一端头连接；C相原线圈（7）绕制在柱铁（3）上，C相原线圈（7）的两端头连接有熔断器（11），变压器铁芯柱铁（1）、柱铁（2）和柱铁（3）分别绕制有A相付线圈（8）、B相付线圈（9）和C相付线圈（10）。

2. 根据权利要求1所述的四柱铁芯三相互不干扰的组合变压器，其特征还在于：变压器铁芯柱铁（1）、柱铁（2）、柱铁（3）和柱铁（4）四柱铁芯的断面形状相同、面积相等。

3. 根据权利要求1所述的四柱铁芯三相互不干扰的组合变压器，其特征还在于：A相原线圈（5）、B相原线圈（6）、C相原线圈（7）、A相付线圈（8）、B相付线圈（9）和C相付线圈（10）的绕行方向完全相同。”

本案专利说明书载明“本实用新型与现有技术相比：它结构简单，体积小，重量轻，动热稳定性电流大，而且具有一相故障其余两相照常运行或两相故障另一相照常运行的互不干扰的特点。”

"本实用新型变压器的另一特点是在线圈中设置了熔断器11，当变压器付线圈发生单相短路时或原线圈产生故障，使一相线圈中的熔断器11熔断（例如A相熔断），此时B、C两相磁路流过的磁通不变，由于A相激磁电流为0，FA为0，使FB、FC之和不为0，它们通过第四柱铁芯形成回路，使付线圈UB、UC保持原来的电压大小不变，正常不变，正常供电，同理其他两相或一相熔断也有同样的效果，所以本产品深受广大用户的欢迎。"

2003年2月28日，李澍霖针对本案专利向专利复审委员会提出无效宣告请求，认为本案专利附图与对比文件1所述技术特征完全相同，而四柱或五柱铁芯都是公知的、等同的磁旁路结构，且四柱铁芯是劣化的方案，本案专利所述的目的、接线方式和效果与对比文件1完全相同，因此本案专利权利要求1和权利要求2既无新颖性也无创造性；本案专利权利要求3的附加技术特征已经被附件1.4公开，也是公知技术，因此也无新颖性。为此，李澍霖提交了数份附件，其中：

对比文件1：97200554.4号实用新型专利说明书，授权公告日为1998年4月29日；该专利摘要载明"三相互不相扰配电变压器、开关组合装置，它具有三相五柱磁路结构的变压器铁芯，中间的三个芯柱上分别绕有三相高压线圈和低压线圈，其中低压线圈的接线为YO方式。"该专利说明书载明"本实用新型的目的，是提出一种配电变压器、开关的组合装置，使其配电变压器无论使用在中点接地还是中点不接地的电力系统中，都能在一相或两相发生故障高压熔断器熔断时，保证不影响其他各相的正常供电，只有故障相处于完全断电状态，即成为一种三相互不相扰的配电变压器、开关组合装置。"

对比文件2：《电力系统分析》（上），扉页、第116~118页复印件；该对比文件公开了三相四柱式变压器的铁芯结构及零序励磁磁通的路径，该三相四柱式变压器包括四个芯柱，其中三个柱上以YO形接法绕制线圈，三个相柱绕组产生的零序磁通可以通过第四柱形成回路。该书第117页载明"对于三相四柱式（或五柱式）变压器，零序主磁通也能在铁芯中形成回路，磁阻很小，因而零序励磁电抗的数值很大。以上两种变压器，在短路计算中都可以当作 $X_{m0} \approx \infty$，即忽略励磁电流，把励磁支路断开。"

2003年3月25日，专利复审委员会将无效宣告请求书及附件副本转送给李淑芹。

2004年1月12日，专利复审委员会进行了口头审理。此后，李淑芹向专利复审委员会提交了2次意见陈述及数份附件，李澍霖向专利复审委员会也提交了2次意见陈述和数份附件。

专利复审委员会于2005年4月18日举行了第2次口头审理。在此次口头审理中，李澍霖明确其无效理由为本案专利权利要求1-3不符合专利法第二十二条第二款、第三款的规定，权利要求1不符合专利法第二十二条第四款和专利法实施细则第二条第二款的规定。李澍霖明确使用对比文件1评述新颖性，使用对比文件1和对比文件2的结合评述创造性，其中对比文件1为最接近的现有技术，并表示放弃其他证据。

2005年12月13日，专利复审委员会作出第8042号决定，认为：

1. 证据认定

李淑芹对李澍霖提交的对比文件1和对比文件2的真实性无异议，且对比文件1和对比文件2均为本案专利申请之前公开的公开出版物，因此对比文件1和对比文件2可以作为评判本案专利新颖性和创造性的现有技术。

2. 关于专利法实施细则第二条第二款

李澍霖主张本案专利权利要求1不符合专利法实施细则第二条第二款的规定，其具体理由是：本案专利的发明目的在于实现三相互不干扰变压器，但权利要求1中并未针对变压器常态、暂态的特征进行说明。

本案专利的独立权利要求 1 中限定的四柱三相互不干扰组合变压器主要是利用四柱铁芯结构配合特定的绕组方式和熔断器连接来实现互不干扰技术效果的，虽然本案专利中未对该组合变压器的常态、暂态特征进行说明，但是在权利要求已经完整地限定了该组合变压器的构造结构的情况下，本领域技术人员根据所属技术领域的技术常识或通过实验必然能够获得上述变压器的常态、暂态工作特征，因此，由于本案专利所限定的四柱三相组合变压器本身属于专利法实施细则第二条第二款规定的实用新型保护客体，且其常态、暂态工作特征并不影响本领域技术人员实现该组合变压器，因此权利要求 1 所限定的组合变压器符合专利法实施细则第二条第二款的规定。

3. 关于实用性

李澍霖认为本案专利权利要求 1 不符合专利法第二十二条第四款规定的实用性，具体理由包括：(1) 附图中仅在变压器 A 相中示出了熔断器 11，而在 B 相和 C 相中并未示出，因此说明书内容与权利要求 1 不符；(2) 附图中变压器各相的首尾端同时具有熔断器 11，可能发生绕组短路。

本案专利附图中虽然仅在变压器 A 相中的熔断器上标注了附图标记 11，但在 B 相和 C 相上同样示出了与 A 相上相同的熔断器图形表示，由于电路图中特定电路元件的图形表示作为工程语言同样具有确定无疑的含义，因此虽然附图中并未在 B 相和 C 相上的熔断器标注附图标记，该附图仍然明确表示出 B 相和 C 相上具有熔断器，因此本案专利说明书与权利要求的描述相符；本案专利附图中示出变压器各相的首尾端均具有熔断器，虽然它们均采用附图标记 11 来表示，但并不代表每相首尾端的熔断器就是一体结构，实际上在专利申请文件中，将相同的电路元件标注为相同的附图标记是经常使用的标注方法，这仅代表这些具有相同附图标记的元件是相同的结构，不会引起歧义，因此本案专利权利要求 1 符合专利法第二十二条第四款规定的实用性。

4. 关于新颖性

对比文件 1 公开一种三相互不干扰配电变压器、开关组合装置，它具有三相五柱磁路结构的变压器铁芯，其中的三个芯柱上分别绕制三相高压线圈和低压线圈，其中低压线圈的接线为 YO 方式，高压线圈的接线为△方式，且每相高压线圈的两端都串接有高压熔断器。

将权利要求 1 的技术方案与对比文件 1 对比可知，对比文件 1 中的高压线圈和低压线圈分别对应于权利要求 1 中的原、付线圈，对比文件 1 中的高压熔断器对应于权利要求 1 中的熔断器 11，而且对比文件 1 中高压线圈、低压线圈的绕制方法以及它们与熔断器的电路连接方式均与权利要求 1 的技术方案相同，但对比文件 1 并未公开权利要求 1 中的特征“变压器铁芯由柱铁（1）、柱铁（2）、柱铁（3）、柱铁（4）四柱铁芯组成”，由于该特征决定权利要求 1 技术方案与对比文件 1 具有不同的磁路结构，属于不同的技术方案，因此权利要求 1 相对于对比文件 1 具备新颖性。

在权利要求 1 具备新颖性的前提下，其从属权利要求 2－3 也符合专利法第二十二条第二款的规定，具备新颖性。

5. 关于创造性

根据上面对新颖性的评述，权利要求 1 与对比文件 1 的区别在于“变压器铁芯由柱铁（1）、柱铁（2）、柱铁（3）、柱铁（4）四柱铁芯组成”。

对比文件 2 作为教科书公开了三相四柱式变压器的铁芯结构及零序磁通磁路，其中所示的三相四柱变压器并不具有通常变压器所具有的原/付线圈以及相关结构。因此对比文件 2 仅能证明在变压器理论原理上具有一种三相四柱式变压器的结构，但并不能证明可以利用这种三相四柱式变压器零序磁路实现一种三相互不干扰变压器，换句话说，对比文件 2 作为教科书仅公开了三相四柱式变压器结构的零序磁通原理，并没有公开可以利用三相四柱式变压器结构解决三相互不干扰这一技术问题，因此不能认为对比文件 2 中的原理性描述给出了将三相四柱式变压器结构应用于对比文件 1 中以解决三相互不干扰这一实际技术问题的启示。因此本领域技术人员在不花费创造性劳动的基础上，不可能将对比文件2所公开的原理性三相四柱式变压器结构应用到对比文件1所公开的三相五柱式变压器结构从而获得权利要求1所限定技术方案，因此权利要求1相对于对比文件1和2具有实质性特点。同时由于权利要求1的技术方案达到了三相互不干扰 的技术效果，因此具有技术上的进步。

综上所述，权利要求1相对于对比文件1和2具备专利法第二十二条第三款规定的创造性。

在权利要求1具备创造性的前提下，其从属权利要求2～3也符合专利法第二十二条第三款的规定，具备创造性。

基于上述理由，专利复审委员会作出第8042号决定，维持本案专利权有效。

上述事实，有第8042号决定、对比文件1、对比文件2、第99215239.9号实用新型专利说明书及其撤销专利权请求的审查决定书、当事人的陈述在案佐证。

本院认为，本案的核心问题在于相对于对比文件，本专利是否具有创造性。根据专利法第二十二条第三款的规定，授予专利权的实用新型应当具有创造性，即同申请日以前已有的技术相比，该实用新型有实质性特点和进步。本案中，本专利权利要求1与对比文件1的区别在于“变压器铁芯由柱铁（1）、柱铁（2）、柱铁（3）、柱铁（4）四柱铁芯组成”，这一点各方当事人均无异议，本院予以认定。对比文件1的技术方案是采用三相五柱式变压器来解决三相互不干扰的技术问题。三相五柱式变压器的出现是为了解决三柱铁芯变压器在大型变压器中高度过高，造成运输困难的问题。因此，为了降低高度，将三柱铁芯的横轭截面减低。为了解决三柱铁芯中的磁通在高度降低后的平衡，在原来基础上增加两个铁芯，构成三相五柱式变压器。因此，在正常工作时，五柱铁芯的旁轭有磁通流过。而本专利权利要求1的四柱铁芯的旁轭中没有磁通通过。就该区别技术特征可以看出，对比文件1公开的技术方案与本专利权利要求1的技术方案并不等同。但是，评价本专利是否具备创造性的标准在于本领域技术人员在现有技术的基础上是否无需创造性劳动即可得到本专利的技术方案。对比文件1的工作原理在于当一相或两相发生故障时，该一相或两相线圈失去电压，其他两个绕线圈的非故障相的铁芯柱和未绕线圈的铁芯柱之间形成磁通回路，使非故障相的二次侧输出相的电压维持在正常的额定值，保证受电设备不受损坏，从而达到“三相互不干扰”的目的。在对比文件技术方案的基础上，本领域技术人员无需创造性劳动即可想到在现有技术的三相五柱变压器的基础上，减少一个旁柱形成本专利的三相四柱式变压器的技术方案以解决三相互不干扰的技术问题，因此，本专利相对于对比文件1的技术方案不具备创造性。原审判决关于本专利权利要求1不具有创造性的的认定正确，本院予以支持。上诉人李淑芹和专利复审委员会关于本专利具有创造性的上诉主张没有事实和法律依据，本院不予支持。

关于原审判决以对比文件1评价本专利创造性从而改变了无效程序中的争议内容一节，本院认为，人民法院审理专利确权纠纷案件，应当根据专利无效程序中无效请求人和专利权人的争议内容以及专利复审委员会的审理内容进行审查。原审法院在评价本专利创造性时没有按照无效程序中专利复审委员会确定的以对比文件1和对比文件2的组合是否能够破坏本专利创造性的审理内容进行审查，而是仅仅以对比文件1来评价本专利创造性的做法确属不当，应予纠正。但是，由于原审判决的认定未影响本案的实体审理结果，亦未损害当事人的合法权益，本院予以维持。

综上，原审判决认定事实清楚，适用法律正确，应当予以维持。上诉人李淑芹、专利复审委员会的上诉主张缺乏事实及法律依据，本院不予支持。依照《中华人民共和国行政诉讼法》第六十一条第（一）项之规定，判决如下：

驳回上诉，维持原判。

一审案件受理费1000元，由国家知识产权局专利复审委员会负担（于本判决生效之日起七日内交纳）；二审案件受理费 1000 元，由李淑芹与国家知识产权局专利复审委员会各负担 500 元（已交纳）。

本判决为终审判决。

审 判 长 刘继祥
代理审判员 钟 鸣
代理审判员 焦 彦
二〇〇七年六月二十日
书 记 员 孙 娜

018

面板结构案

无效宣告请求审查决定（第8043号）

决　定　号　第8043号
决　定　日　2005年6月9日
发明创造名称　面板结构
国际分类号　G06F 1/16
无效请求人　优仕达实业（深圳）有限公司
专利权人　龙桥股份有限公司
专　利　号　01259648.5
申　请　日　2001年9月6日
授权公告日　2002年5月22日
合议组组长　马　昊
主　审　员　崔哲勇
参　审　员　李　卉

法律依据　专利法第二十二条第三款
决定要点

请求人提出的证据与本专利相差甚远，不能破坏本专利的权利要求的创造性，请求人的无效宣告请求不能成立。

一、案由

本无效宣告请求案涉及国家知识产权局专利局于2001年9月6日受理、申请号为01259648.5、名称为“面板结构”的实用新型专利（下称本专利），专利权人为龙桥股份有限公司（下称被请求人）。

2002年5月22日授权公告的权利要求书如下：

“1. 一种面板结构，其为一种计算机面板，其特征是，该结构包括有：

一容置槽，为由一通风板及二挡板所形成的空间，该通风板设有数个通风槽孔；

一滤网架，装置在该容置槽内，并装设有滤网；及

一轴接部，是在具有缺口的轴接槽内装设两个轴及一弹性组件，

其特征是，该轴接槽为一体成型连接在该容置槽一侧，而该弹性组件设置在二轴之间，且该二轴在近顶端及尾端处各设有一凸块，并露出于该轴接槽的缺口。

2. 如权利要求1所述的面板结构，其特征是，该滤网架设有卡榫，并在容置槽的挡板上设有与该卡榫相配合的卡榫孔。

3. 如权利要求1所述的面板结构，其特征是，该滤网架设有嵌扣片，使滤网固定在滤网架。

4. 如权利要求1所述的面板结构，其特征是，该容置槽与一挡板连接处凹设有卡固槽。

5. 如权利要求 4 所述的面板结构，其特征是，该卡固槽与计算机外壳的旋扣件相扣合而固定计算机面板于该计算机外壳。

6. 如权利要求 1 所述的面板结构，其特征是，该容置槽向外连接一门把。

7. 如权利要求 1 所述的面板结构，其特征是，该轴接部的弹性组件为弹簧。”

针对本实用新型专利权，优仕达实业（深圳）有限公司（下称请求人）于 2005 年 1 月 5 日向专利复审委员会提出无效宣告请求，理由是本专利不符合专利法第二十二条第一款中有关新颖性和创造性的规定，同时请求人提交了以下附件：

附件 1：ZL01262742. 9 实用新型专利说明书首页复印件；

附件 2：ZL98327566. 1 外观设计专利公报主视图复印件；

附件 3：ZL00234015. 1 实用新型专利说明书首页复印件；

附件 4：ZL99117182. 9 发明专利说明书首页复印件。

经形式审查合格，专利复审委员会受理了该无效宣告请求，并将无效宣告请求书及有关文件的副本转送给被请求人，要求被请求人在指定期限内陈述意见。

2005 年 2 月 25 日，专利复审委员会收到被请求人于 2005 年 2 月 6 日提交的意见陈述书，在该意见陈述书中，被请求人认为本专利权利要求 1 ~7 相对于请求人提交的证据具备新颖性和创造性。

专利复审委员会于 2005 年 3 月 11 日向双方当事人发出口头审理通知书，定于 2005 年 4 月 28 日对本案进行口头审理。

口头审理如期举行。双方当事人的委托代理人均参加了口头审理。在口头审理中，请求人明确其无效理由仅为权利要求 1 ~7 不具备创造性，放弃其他无效理由；请求人明确仅使用其提出无效宣告请求时提交的附件 1 ~4 各 1 页作为证据；请求人在口审中未就使用附件 2 ~4 评价权利要求创造性发表意见；被请求人对附件 1 ~4 的真实性无异议。

至此，双方当事人已充分发表了意见，合议组认为本案事实已经清楚，可以作出本审查决定。

二、决定的理由

1. 关于证据

附件 1 是他人在本专利申请日之后向国家知识产权局提出申请的实用新型专利，附件 4 是他人在本专利申请日之前向国家知识产权局提出并在申请日以后授权公告的发明专利说明书，因此均不能作为评价本专利创造性的现有技术。附件 2 ~3 均为在先公开的中国专利文献，且被请求人对其真实性无异议，因此可以作为评价本专利创造性的现有技术。

2. 关于创造性

本专利权利要求 1 请求保护一种面板结构，其为一种计算机面板，其特征是，该结构包括有：

一容置槽，为由一通风板及二挡板所形成的空间，该通风板设有数个通风槽孔；

一滤网架，装置在该容置槽内，并装设有滤网；及

一轴接部，是在具有缺口的轴接槽内装设两个轴及一弹性组件，

其特征是，该轴接槽为一体成型连接在该容置槽一侧，而该弹性组件设置在二轴之间，且该二轴在近顶端及尾端处各设有一凸块，并露出于该轴接槽的缺口。

附件 2 为 ZL98327566. 1 号外观设计专利公报正视图，该外观设计专利涉及计算机前盖，从图中仅能看出该计算机前盖上具有通风孔。

附件 3 为 ZL00234015. 1 实用新型专利说明书首页，其中公开机架式配线面板结构的改良，根据其说明书摘要内容可知，该机架式配线面板结构的改良是由一上盖机架、一面板插座、一下盖机架所构成；上盖机架其两侧设有等距勾槽，且上方亦设相对应的复数枢槽；面板插座，其面板上有复数接

合孔，一面焊接复数端子，端子一侧设有卡槽，一面焊接复数插座，且在插座间嵌入卡榫；下盖机架，其两侧设有复数凸柱，距两侧间置有盖合部，盖合部两侧各设复数卡榫卡入前述面板插座的端子一侧的卡槽；以上结构具有防尘，不易损坏插座内底部的触片。

将附件 2、3 与权利要求 1 进行比较可知，附件 2 仅公开权利要求 1 中通风槽孔的技术特征，未公开其余技术特征；附件 3 未公开权利要求 1 的全部技术特征。因此附件 2 和附件 3 没有公开权利要求 1 的大部分技术特征，也未给出相应的技术启示，权利要求 1 相对于附件 2、3 具有实质性特点，并且能够实现本专利所述的技术效果，因此权利要求 1 相对于附件 2、3 具备创造性。

在独立权利要求 1 具备创造性时，其从属权利要求 2 ~ 7 也具备创造性。

三、决定

维持 01259648. 5 号实用新型专利权有效。

当事人对本决定不服的，可以根据专利法第四十六条第二款的规定，自收到本决定之日起三个月内向北京市第一中级人民法院起诉。根据该款的规定，一方当事人起诉后，另一方当事人应当作为第三人参加诉讼。

019

起动磁电机案

无效宣告请求审查决定（第8089号）

决　定　号　第8089号
决　定　日　2005年12月5日
发明创造名称　起动磁电机
国际分类号　H02K 23/52　H01R 39/02
无效请求人　重庆海泉工贸有限公司
专利权人　毛世伦　邓先登
专　利　号　98202143.7
申　请　日　1998年3月13日
授权公告日　1999年6月9日
合议组组长　张荣彦
主　审　员　龙　安
参　审　员　熊　婷

法律依据　专利法实施细则第二十一条第二款
决定要点

根据说明书中的技术方案可知，必须使用“柱销”来达到发明目的，虽然一种不含有“柱销”的技术方案的确可以实现所述发明目的，但是说明书并未公开一种不含“柱销”的技术方案，本领域普通技术人员也无法不付出创造性劳动在该专利说明书所记载的、含有“柱销”的技术方案的基础上得到所述不含“柱销”的技术方案。在说明书仅公开了使用“柱销”这一技术方案的情况下，应当认定“柱销”是该技术方案中解决其技术问题不可缺少的技术特征。

一、案由

该无效宣告请求涉及国家知识产权局专利局于1999年6月9日授权公告的98202143.7号实用新型专利，名称为“起动磁电机”，专利权人为毛世伦、邓先登。其授权公告时的权利要求书为：

“1. 一种起动磁电机，定子座13固定在发动机体15上，铁心11固定在定子座13上，铁心11上有绕组x1、y1、x2、y2，换向器16固定在铁心11上，曲轴14和转子9由紧固螺母18固定，转子9上有永磁体10，转子9上安装有离心块2，离心块2的一端压靠在碳刷1上，离心块2的另一端与弹簧7相连，弹簧7的另一端与转子9相连，其特征在于碳刷1经碳刷架5安装在转子9上，碳刷1之间作短路电连接。

2. 根据权利要求1中所述的起动磁电机，其特征是碳刷1之间经导线3作短路电连接。

3. 根据权利要求1中所述的起动磁电机，其特征是碳刷1之间经转子9作短路电连接。

4. 根据权利要求1、2、或3中所述的起动磁电机，其特征是碳刷1的数量可以为2至8个。”

针对上述实用新型专利，重庆海泉工贸有限公司（下称请求人）于2005年5月26日向专利复审委员会提出宣告该专利权无效的请求，理由为：

（1）权利要求1缺少必要技术特征，不符合专利法实施细则第二十一条第二款的规定；

（2）权利要求第1～3项缺乏专利法第二十一条第三款规定的创造性。

同时提供如下证据的复印件：

证据1：《实用电工技术问答》第1283～1285页，1992年内蒙古人民出版社出版；

证据2：《电机修理技术》第46～52页，1983年12月山东科技出版社出版。

形式审查合格后，专利复审委员会受理了上述无效宣告请求，并将上述专利权无效宣告请求书及证据复印件转送给专利权人毛世伦、邓先登（下称被请求人），同时成立合议组审理此案。

2005年6月21日，被请求人向专利复审委员会提交意见陈述书，陈述权利要求1符合专利法实施细则第二十一条第二款的规定的理由；并对证据1、2的真实性提出质疑，陈述其专利相对于所述证据具备创造性的理由。

专利复审委员会于2005年9月7日向双方当事人发出无效宣告请求口头审理通知书，定于2005年11月2日进行口头审理，随转被请求人的意见陈述书给请求人。

口头审理如期举行，双方均出席此次审理。请求人当庭宣布放弃创造性的无效理由及相应的证据1、2，同时提交书面形式的口审代理词，详述该专利权利要求第1～4项缺少五个必要技术特征，不符合专利法实施细则第二十一条第二款的规定。所述五个特征分别为：

（1）离心块2与转子9之间“活动连接”；

（2）离心块2压靠在碳刷1的那一端的质量（重量）大于其另一端质量（重量）；

（3）具体安装离心块2的部件“柱销6”，以及“柱销6设在离心块2的中部位置”；

（4）“碳刷1活动安装在碳刷架5中”，即碳刷1应能在碳刷架5中移动；

（5）碳刷1的一端与换向器16的换向片17相接触。

被请求人认为：

（1）权利要求1中“离心块2的一端压靠在碳刷1上，离心块2的另一端与弹簧7相连，弹簧7的另一端与转子9相连”已很清楚说明连接关系；

（2）离心块2与碳刷1可用拉簧或压簧连接，如何连接与质量及弹簧均有关系，无需限定各端质量；

（3）该发明的目的是减少碳刷和换向器的磨损，无需写明离心块2与转子9的具体连接方式；

（4）对权利要求的理解，需参考说明书的解释，说明书已说明碳刷1可以远离换向片，说明碳刷1必然是活动的；

（5）碳刷1与换向片17不能总是接触。

2005年11月7日请求人提交“无效宣告程序中放弃部分证据、部分理由的声明”，声明在2005年11月2日举行的口头审理中，当庭放弃证据1、证据2，不将其作为证据使用；同时放弃将不符合专利法第二十一条第三款有关创造性的规定作为无效理由。

至此，合议组认为此案事实已清楚，可以作出审查决定。

二、决定理由

1. 关于权利要求1是否缺乏必要技术特征的问题

专利法实施细则第二十一条第一款规定，独立权利要求应当从整体上反映发明或者实用新型的技术方案，记载解决技术问题的必要技术特征。必要技术特征是指，发明或者实用新型为解决其技术问题所不可缺少的技术特征，其总和足以构成一个完整的技术方案，使之能够实现其发明目的。

在口头审理的过程中，双方当事人都承认存在一种不带有“柱销”（仅包括离心块和弹簧）的技术方案。根据这一事实，被请求人认为：由于不带“柱销”的方案同样可以实现其发明目的（即，提供一种起动磁电机，其能使碳刷和换向器不易磨损，从而提高工作可靠性），所以“柱销”并非该专利技术方案的必要技术特征，故权利要求1符合专利法实施细则第二十一条第二款的规定。请求人则认为：不带“柱销”的技术方案虽然也可以实现其发明目的，但所述技术方案并未记载在该专利的说明书中。在这种情况下，权利要求1将“柱销”这一技术特征省略掉，实际上就意味着这种不含有“柱销”的技术方案也属于其专利保护的范围，其结果是导致涉案专利的保护范围被不合理地扩大。

对此，合议组认为：判断一项技术特征是否为必要技术特征，应当以说明书公开的技术内容为依据。涉案专利说明书为了达到“减少起动磁电机的碳刷和换向器之间不必要的磨损”的目的，公开了如下内容：离心块2沿着圆周方向安装在转子9上，所述离心块2的一端压靠在碳刷1上，另一端通过弹簧7固定在转子9上，该离心块2可与转子9同步转动，适当安排离心块9的配重和弹簧7的弹力，可使离心块2在起动磁电机工作后由于转动离心力的作用以适当转速解除对碳刷1的压靠，同时，碳刷1也在离心力的作用下与换向片17（换向器16上有换向片17）分离。这样可以减少碳刷1和换向器16之间不必要的磨损。在这个过程中，离心块2在重力和离心力的作用下会远离碳刷1，随着起动磁电机的继续转动，离心块2仅能通过弹簧7悬挂在转子9上，此后，很难再控制离心块使其压靠在碳刷1的正上方，而无法顺利地实现“需要时，离心块2挤压碳刷1，引起碳刷和换向器接触；不需要时，所述离心块不挤靠碳刷，使碳刷与换向器分离，从而减少碳刷和换向器之间不必要的磨损”的发明目的。说明书采用“柱销6”来防止这类情况的发生，所述柱销安设在离心块2的中部位置来固定连接离心块2与转子9，这样可以避免在起动磁电机转动时离心块2因过度远离碳刷而无法回到正常位置（说明书第2页倒数第3行，图1、2）。可见按照该说明书所提供的技术方案，必须用“柱销”将离心块2固定于转子9上，才可以实现发明目的。虽然一种不含有“柱销”的技术方案的确可以实现所述发明目的（对该事实双方当事人均认同），但是这种不含有“柱销”的技术方案并未记载在说明书中，本领域技术人员也不能由此直接地、毫无疑义地联想到这种不带“柱销”的技术方案。如果所述不含“柱销”的技术方案已被涉案专利说明书所公开或隐含，则可以不将“柱销”认定为必要技术特征。但实际情况是所述说明书并没有公开一种不含“柱销”的技术方案，本领域普通技术人员也不可能不花费创造性劳动在该专利说明书所记载的含有“柱销”的技术方案的基础上得到所述不含“柱销”的技术方案。在说明书仅公开了使用“柱销”这一技术方案的情况下，应当认定“柱销”是该技术方案必不可少的技术特征。

基于上述原因，权利要求1不符合专利法实施细则第二十一条第二款的规定。

2. 其他权利要求

因权利要求2~4也缺乏所述“柱销6及相应的安放位置”的记载，即便将其提升为独立权利要求，同样不符合专利法实施细则第二十一条第二款的规定。

综上所述，合议组认为，权利要求1缺乏必要技术特征，不符合专利法实施细则第二十一条第二款的规定。从属权利要求2~4也未记载该必要技术特征，即使将其修改为独立权利要求，亦不符合所述条款的规定。

三、决定

宣告98202143.7号实用新型专利权全部无效。

当事人对本决定不服的，可以根据专利法第四十六条第二款的规定，自收到本决定之日起三个月内向北京市第一中级人民法院起诉。根据该款的规定，一方当事人起诉后，另一方当事人应当作为第三人参加诉讼。

北京市第一中级人民法院
行政判决书

（2006）一中行初字第637号

原告邓先登，男，汉族，1941年4月4日出生，住重庆市北碚区北温泉街道梅花村农民组4号。

委托代理人朱世东，北京金言诚信知识产权代理有限公司专利代理人。

委托代理人冯光义，男，汉族，1961年5月12日出生，重庆先登科技有限公司执行董事，住重庆市北碚区解放路41号2单元1－1。

被告国家知识产权局专利复审委员会，住所地北京市海淀区北四环西路9号银谷大厦10～12层。

法定代表人廖涛，副主任。

委托代理人龙安，国家知识产权局专利复审委员会审查员。

委托代理人王伟艳，国家知识产权局专利复审委员会审查员。

第三人重庆海泉工贸有限公司，住所地重庆市沙坪坝区凤凰镇五福村三社。

一、案由

原告邓先登不服被告国家知识产权局专利复审委员会（下称专利复审委员会）2005年12月5日作出的第8089号无效宣告请求审查决定（下称第8089号决定），于法定期限内向本院提起诉讼。本院于2006年5月16日受理本案后，依法组成合议庭，并通知重庆海泉工贸有限公司（下称海泉工贸公司）作为第三人参加诉讼，于2006年6月28日公开开庭进行了审理。原告邓先登的委托代理人朱世东、冯光义，被告专利复审委员会的委托代理人龙安、王伟艳，第三人海泉工贸公司的委托代理人李晓兵到庭参加了诉讼，本案现已审理终结。

第8089号决定系专利复审委员会就海泉工贸公司针对邓先登和毛世伦享有的专利号为98202143.7名称为“起动磁电机”的实用新型专利（下称本专利）所提出的无效宣告请求作出的。专利复审委员会在第8089号决定中认定：1. 专利法实施细则第二十一条第一款规定，独立权利要求应当从整体上反映发明或者实用新型的技术方案，记载解决技术问题的必要技术特征。必要技术特征是指，发明或者实用新型为解决其技术问题所不可缺少的技术特征，其总和足以构成一个完整的技术方案，使之能够实现其发明目的。在口头审理的过程中，双方当事人都承认存在一种不带有“柱销”（仅包括离心块和弹簧）的技术方案。根据这一事实，被请求人认为：由于不带“柱销”的方案同样可以实现其发明目的，即，提供一种起动磁电机，其能使碳刷和换向器不易磨损，从而提高工作可靠性，所以“柱销”并非该专利技术方案的必要技术特征，故权利要求1符合专利法实施细则第二十一条第二款的规定。请求人则认为：不带“柱销”的技术方案虽然也可以实现其发明目的，但所述技术方案并未记载在该专利的说明书中。在这种情况下，权利要求1将“柱销”这一技术特征省略掉，实际上就意味着这种不含有“柱销”的技术方案也属于其专利保护的范围，其结果是导致本专利的保护范围被不合理地扩大。对此，合议组认为：判断一项技术特征是否为必要技术特征，应当以说明书公开的技术内容为依据。本专利说明书为了达到减少起动磁电机的碳刷和换向器之间不必要的磨损的目的，公开了如下内容：离心块沿着圆周方向安装在转子上，所述离心块的一端压靠在碳刷上，另一端通过弹簧固定在转子上，该离心块可与转子同步转动，适当安排离心块的配重和弹簧的弹力，可使离心块在起动磁电机工作后由于转动离心力的作用以适当转速解除对碳刷的压靠，同时，碳刷也在离心力的作用下与换向片分离。这样可以减少碳刷和换向器之间不必要的磨损。在这个过程中，离心块在重力和离心力的作用下会远离碳刷，随着起动磁电机的继续转动，离心块仅能通过弹簧悬挂在转子上，此后，很难再控制离心块使其压靠在碳刷的正上方，而无法顺利地实现需要时离心块挤压碳刷，引起碳刷和换向器接触；不需要时所述离心块不挤靠碳刷，使碳刷与换向器分离，从而减少碳刷和换向器之间不必要的磨损的发明目的。说明书采用“柱销”来防止这类情况的发生，所述“柱销”安设在离心块的中部位置来固定连接离心块与转子，这样可以避免在起动磁电机转动时离心块因过度远离碳刷而无法回到正常位置。可见按照该说明书所提供的技术方案，必须用“柱销”将离心块固定于转子上，才可以实现发明目的。虽然一种不含有“柱销”的技术方案的确可以实现所述发明目的，但是这种不含有“柱销”的技术方案并未记载在说明书中，本领域技术人员也不能由此直接地、毫无疑义地联想到这种不带“柱销”的技术方案。如果所述不含“柱销”的技术方案已被本专利说明书所公开或隐含，则可以不将“柱销”认定为必要技术特征。但实际情况是所述说明书并没有公开一种不含“柱销”的技术方案，本领域普通技术人员也不可能不花费创造性劳动在该专利说明书所记载的含有“柱销”的技术方案的基础上得到所述不含“柱销”的技术方案。在说明书仅公开了使用“柱销”这一技术方案的情况下，应当认定“柱销”是该技术方案必不可少的技术特征。2. 因权利要求 2 ~4 也缺乏所述“柱销”及相应的安放位置的记载，即便将其提升为独立权利要求，同样不符合专利法实施细则第二十一条第二款的规定。综上所述，权利要求 1 缺乏必要技术特征，不符合专利法实施细则第二十一条第二款的规定。从属权利要求 2 ~4 也未记载该必要技术特征，即使将其修改为独立权利要求，亦不符合所述条款的规定。故宣告本专利专利权全部无效。原告邓先登不服第 8089 号决定，向本院起诉称：本专利的发明目的是“提供一种起动磁电机，它不仅具有起动和发电两种功能，还具有减少碳刷和换向器之间不必要磨损的作用，从而提高工作可靠性。”为实现上述发明目的，本专利权利要求 1 限定了一个完整的技术方案，本领域的技术人员根据说明书的描述和权利要求 1 限定的技术方案，可以容易地实现所述起动磁电机。第 8089 号决定认为：依说明书提供的技术方案，必须使用“柱销”定位离心块才可以实现发明目的。虽然一种不含“注销”的技术方案也可以实现发明目的，但本专利说明书没有隐含或公开此方案。因此，认定“柱销”是本专利技术方案中实现发明目的必不可少的技术特征。我们认为第 8089 号决定认定是错误的。本专利权利要求 1 转子上安装有离心块的描述就能实现发明目的。具体安装的方式多种多样，说明书列举“柱销”方案来对安装加以说明。不论是被告和第三人均承认不含“柱销”的滑槽安装定位方式或原告证据 4 中部分实施例示意图所列压块滚珠式、压块簧片式、半圆定位支撑式等安装方式，均是公知的安装定位技术，本领域的普通技术人员甚至普通技术工人，不必付出创造性劳动都可在本专利说明书记载的“柱销”技术方案基础上得到上述的安装技术方案，而并非第 8089 号决定认为的不花费创造性劳动，本领域技术人员不能由此直接地、毫无疑义地联想到上述的技术方案。第 8089 号决定的错误在于将权利要求 1 安装的方式限定为“柱销”，将附图标记理解为对权利要求的限制，这违反了专利法实施细则第二十条第四款附图标记不得解释为对权利要求的限制的规定。专利法实施细则第二十一条第二款关于独立权利要求规定，一般都是对说明书记载的一个或多个具体技术方案的概括，这样的概括是允许的解释。本专利权利要求 1 限定的就是一个完整的技术方案，能够得到说明书的支持。故本专利完全符合专利法关于专利有效的规定，请求撤销第 8089 号决定，判令被告重新作出审查决定。

被告专利复审委员会辩称：本专利说明书为了达到减少起动磁电机的碳刷和换向器之间不必要的磨损的目的，公开了如下内容：离心块沿着圆周方向安装在转子上，所述离心块的一端压靠在碳刷上，另一端通过弹簧固定在转子上，该离心块可与转子同步转动，适当安排离心块的配重和弹簧的弹力，可使离心块在起动磁电机工作后由于转动离心力的作用以适当转速解除对碳刷的压靠，同时碳刷也在离心力的作用下与换向片分离。这样可以减少碳刷和换向器之间不必要的磨损。在这个过程中，离心块在重力和离心力的作用下会远离碳刷，随着起动磁电机的继续转动，离心块仅能通过弹簧悬挂在转子上，此后，很难再控制离心块使其压靠在碳刷的正上方，而无法顺利地实现需要时离心块挤压碳刷，引起碳刷和换向器接触；不需要时所述离心块不挤靠碳刷，使碳刷与换向器分离，从而减少碳刷和换向器之间不必要的磨损的发明目的。说明书采用“柱销”来防止这类情况的发生，所述“柱销”安设在离心块的中部位置来固定连接离心块与转子，这样可以避免在起动磁电机转动时离心块因过度远离碳刷而无法回到正常位置。可见，在说明书提供的技术方案中，必须有“柱销”将离心块固定于转子上，所述“柱销”与离心块作为一个整体，相互配合，方可实现发明目的。换言之，在说明书仅仅公开了这样一种离心块与弹簧、转子和碳刷的位置关系的情况下，“柱销”是实现该发明、达到所述发明目的必不可少的技术特征。原告在起诉状中指出，权利要求中没有限定离心块是什么样的结构，也没有限定弹簧在转子上的具体位置以及弹簧的工作状态，显然只要能够实现上述的安装和压靠的功能就可以了，因此，在权利要求1中就没有必要限定使用“柱销”的具体结构。对此，我委认为：判断一项技术特征是否为必要技术特征，应当以说明书公开的技术内容为依据。虽然一种不含有“柱销”的技术方案的确可以实现所述发明目的，但是这种不含有“柱销”的技术方案并未记载在说明书中，本领域的技术人员也不能由此直接地、毫无疑义地联想到这种不带“柱销”的技术方案。如果所述不含“柱销”的技术方案已被本专利说明书所公开或隐含，则可以不将“柱销”认定为必要技术特征。但实际情况是所述说明书并没有公开一种不含“柱销”的技术方案，本领域普通技术人员也不可能不花费创造性劳动地在该专利说明书所记载的含有“柱销”的技术方案的基础上得到所述不含“柱销”的技术方案。在说明书仅公开了使用“柱销”这一技术方案的情况下，应当认定“柱销”是该技术方案必不可少的技术特征。综上所述，第8089号决定认定事实清楚，适用法律正确，程序合法，原告在起诉状中所述事实和理由不能成立，提请法院驳回原告的诉讼请求，维持第8089号决定。

第三人海泉工贸公司述称：对第8089号决定的结论无异议，但第8089号决定仅对本专利权利要求1中的一个必要技术特征进行评述不妥，还应对其余四个必要技术特征进行审查，并作出认定。

二、事实认定

经本院审理查明：邓先登、毛世伦于1998年3月13日向中国专利局提出了名称为“起动磁电机”的实用新型专利申请，1999年6月9日被授权公告，专利号为98202143.7。

授权公告的权利要求如下：1. 一种起动磁电机，定子座固定在发动机体上，铁心固定在定子座上，铁心上有绕组x1、y1、x2、y2，换向器固定在铁心上，曲轴和转子由紧固螺母固定，转子上有永磁体，转子上安装有离心块，离心块的一端压靠在碳刷上，离心块的另一端与弹簧相连，弹簧的另一端与转子相连，其特征在于碳刷经碳刷架安装在转子上，碳刷之间作短路电连接。2. 根据权利要求1中所述的起动磁电机，其特征是碳刷之间经导线作短路电连接。3. 根据权利要求1中所述的起动磁电机，其特征是碳刷之间经转子作短路电连接。4. 根据权利要求1、2、或3中所述的起动磁电机，其特征是碳刷的数量可以为2至8个。

针对本专利，海泉工贸公司于2005年5月26日向专利复审委员会提出宣告该专利权无效的请求，理由为：（1）权利要求1缺少必要技术特征，不符合专利法实施细则第二十一条第二款的规定；（2）权利要求第1～3项缺乏专利法第二十二条第三款规定的创造性。同时提供如下证据的复印件：证据1：《实用电工技术问答》第1283～1285页，1992年内蒙古人民出版社出版。证据2：《电机修理技术》第46～52页，1983年12月山东科技出版社出版。2005年6月21日，邓先登、毛世伦向专利复审委员会提交意见陈述书，陈述权利要求1符合专利法实施细则第二十一条第二款的规定的理由；并对证据1、证据2的真实性提出质疑，陈述其专利相对于所述证据具备创造性的理由。

专利复审委员会于2005年11月2日进行口头审理，海泉工贸公司当庭放弃创造性的无效理由及相应的证据1、证据2，同时提交书面形式的口头审理代理词，详述该专利权利要求第1~4项缺少五个必要技术特征，不符合专利法实施细则第二十一条第二款的规定。所述五个特征分别为：（1）离心块与转子之间“活动连接”；（2）离心块压靠在碳刷的那一端的质量（重量）大于其另一端质量（重量）；（3）具体安装离心块的部件“柱销”，以及““柱销”设在离心块的中部位置”；（4）“碳刷活动安装在碳刷架中”，即碳刷应能在碳刷架中移动；（5）碳刷的一端与换向器的换向片相接触。邓先登、毛世伦认为：（1）权利要求1中“离心块的一端压靠在碳刷上，离心块的另一端与弹簧相连，弹簧的另一端与转子相连”已很清楚说明连接关系；（2）离心块与碳刷可用拉簧或压簧连接，如何连接与质量及弹簧均有关系，无需限定各端质量；（3）该发明的目的是减少碳刷和换向器的磨损，无需写明离心块与转子的具体连接方式；（4）对权利要求的理解，需参考说明书的解释，说明书已说明碳刷可以远离换向片，说明碳刷必然是活动的；（5）碳刷与换向片不能总是接触。2005年11月7日，海泉工贸公司提交了“无效宣告程序中放弃部分证据、部分理由的声明”，声明在2005年11月2日举行的口头审理中，当庭放弃证据1、证据2，不将其作为证据使用；同时放弃将不符合专利法第二十二条第三款有关创造性的规定作为无效理由。2005年12月5日，专利复审委员会作出第8089号决定，宣告本专利全部无效。上述事实，有本专利权利要求书、说明书、附图、第8089号决定、“无效宣告程序中放弃部分证据、部分理由的声明”、口头审理记录表以及当事人陈述等证据在案佐证。

二、判决理由

本院认为：

本案争议焦点仅限于本专利权利要求1是否符合专利法实施细则第二十一条第二款关于独立权利要求应当从整体上反映发明或者实用新型的技术方案，记载解决技术问题的必要技术特征。因此有必要对本专利的独立权利要求进行界定。根据权利要求书的记载，权利要求1的文字表述内容为：一种起动磁电机，定子座固定在发动机体上，铁心固定在定子座上，铁心上有绕组x1、y1、x2、y2，换向器固定在铁心上，曲轴和转子由紧固螺母固定，转子上有永磁体，转子上安装有离心块，离心块的一端压靠在碳刷上，离心块的另一端与弹簧相连，弹簧的另一端与转子相连，其特征在于碳刷经碳刷架安装在转子上，碳刷之间作短路电连接。从上述文字表述的内容可以看出，其前序部分为一种起动磁电机，该起动磁电机由定子、铁心、绕组线圈、换向器、曲轴、转子、永磁体、离心块、碳刷、弹簧组成，与必要技术特征碳刷经碳刷架安装在转子上，碳刷之间作短路电连接构成一个技术方案。权利要求2~4均是对权利要求1的进一步限定。根据说明书记载，其发明目的为使该起动磁电机不仅具有起动和发电的功能，还能使碳刷和换向器不易磨损，从而提高工作的可靠性。从权利要求1前序部分的表述中可以看出，离心块的一端是压靠在碳刷上的，而另一端则与弹簧相连。该表述提示了为使离心块产生离心效果，必须在离心块延伸臂进行轴心固定，使离心块可以上下移动，弹簧则起到使离心块回位的作用。本领域普通技术人员根据前序部分的提示在与技术特征碳刷经碳刷架安装在转子上的方案结合，并结合说明书的文字及附图的提示，完全可以导出轴心固定的结论，不需进行任何创造性的劳动。而采用销栓、“柱销”、定位销、卡销固定的方式均为本领域惯用的技术手段，因此可以得出如下结论，即本案当事人争议的“柱销”并非本专利的必要技术特征。由于海泉工贸公司并未对第8089号决定提起诉讼，故本院对其陈述中除柱销以外的其他理由不予涉及。

四、判决内容

综上所述，被告专利复审委员会所作的第8089号决定认定事实错误，应予撤销。被告应对其他无效理由进一步评述，并作出审查决定。原告邓先登的诉讼请求于法有据，本院予以支持。依照《中华人民共和国行政诉讼法》第五十四条第（二）项之规定，判决如下：1. 撤销被告国家知识产权局专利复审委员会第 8089 号无效宣告请求审查决定；2. 被告国家知识产权局专利复审委员就 98202143.7 号名称为“起动磁电机”的实用新型专利重新作出无效宣告审查决定。案件受理费 1000 元，由被告国家知识产权局专利复审委员会负担（本判决生效之日起 7 日内交纳）。如不服本判决，各方当事人可于本判决送达之日起 15 日内，向本院提交上诉状及其副本，并交纳上诉案件受理费 1000 元，上诉于北京市高级人民法院。

审 判 长　刘海旗
代理审判员　周云川
代理审判员　李　渤
判 决 日 期　二○○六年八月十一日
书 记 员　高　颖

北京市高级人民法院
行政判决书

（2006）高行终字第 462 号

上诉人（原审被告）国家知识产权局专利复审委员会，住所地北京市海淀区北四环西路 9 号银谷大厦 10 ~ 12 层。

法定代表人廖涛，副主任。

委托代理人龙安，该委员会审查员。

委托代理人王伟艳，该委员会审查员。

被上诉人（原审原告）邓先登，男，汉族，1941 年 4 月 4 日出生，住重庆市北碚区北温泉街道梅花村农民组 4 号。

委托代理人冯光义，男，汉族，1961 年 5 月 12 日出生，重庆先登科技有限公司执行董事，住重庆市北碚区解放路 41 号 2 单元 1 楼 1 号。

原审第三人重庆海泉工贸有限公司，住所地重庆市沙坪坝区凤凰镇五福村三社。

一、案由

上诉人国家知识产权局专利复审委员会（下称专利复审委员会）因不服北京市第一中级人民法院（2006）一中行初字第 637 号行政判决，向本院提出上诉。本院 2006 年 10 月 17 日受理本案后，依法组成合议庭，于 2006 年 11 月 14 日公开开庭进行了审理。上诉人专利复审委员会的委托代理人龙安、王伟艳，被上诉人邓先登及其委托代理人冯光义到庭参加了诉讼。经本院合法传票传唤，原审第三人重庆海泉工贸有限公司（下称海泉工贸公司）没有说明理由，未到庭。本案现已审理终结。

北京市第一中级人民法院认定，邓先登、毛世伦是名称为“起动磁电机”的实用新型专利（下称本专利）的专利权人。针对本专利权，海泉工贸公司于 2005 年 5 月 26 日向专利复审委员会提出宣告该专利权无效的请求。2005 年 12 月 5 日，专利复审委员会作出第 8089 号无效宣告请求审查决定（下称第 8089 号决定），宣告本专利权全部无效。北京市第一中级人民法院认为，根据本专利权利要求 1 表述的内容可以看出，前序部分为一种起动磁电机，该起动磁电机由定子、铁心、绕组线圈、换向器、曲轴、转子、永磁体、离心块、碳刷、弹簧组成，与必要技术特征碳刷经碳刷架安装在转子上，碳刷之间作短路电连接构成一个技术方案。本专利权利要求 2 ~4 均是对权利要求 1 的进一步限定。根据说明书记载，其发明目的为使该起动磁电机不仅具有起动和发电的功能，还能使碳刷和换向器不易磨损，从而提高工作的可靠性。从权利要求 1 前序部分的表述中可以看出，离心块的一端是压靠在碳刷上的，而另一端则与弹簧相连。该表述提示了为使离心块产生离心效果，必须在离心块延伸臂进行轴心固定，使离心块可以上下移动，弹簧则起到使离心块回位的作用。本领域普通技术人员根据前序部分的提示在与技术特征碳刷经碳刷架安装在转子上的方案结合，并结合说明书的文字及附图的提示，完全可以导出轴心固定的结论，不需进行任何创造性的劳动。而采用销栓、柱销、定位销、卡销固定的方式均为本领域惯用的技术手段，因此可以得出如下结论，即本案当事人争议的柱销并非本专利的必要技术特征。专利复审委员会所做的第 8089 号决定认定事实错误，应予撤销。专利复审委员会应对其他无效理由进一步评述，并作出审查决定。北京市第一中级人民法院依照《中华人民共和国行政诉讼法》第五十四条第（二）项之规定，判决：（一）撤销专利复审委员会第 8089 号决定；（二）专利复审委员会就本专利重新作出无效宣告请求审查决定。

专利复审委员会不服原审判决，向本院提出上诉，请求撤销原审判决，维持第 8089 号决定。其理由是：原审判决认定事实错误，隐含公开、未明确记载的“轴心固定”这一技术特征是达到发明目的必不可少的技术特征。在其专利说明书中仅公开了一种含有“柱销”的技术方案的情况下，“轴心固定”就应当被理解为“柱销”及其等同物，本领域普通技术人员不花费创造性劳动不可能得到所述不含“柱销”的技术方案，因此，“柱销”就是该专利的必要技术特征。邓先登、海泉工贸公司服从原审判决。

二、事实认定

经审理查明，邓先登、毛世伦于 1998 年 3 月 13 日向中国专利局提出了名称为“起动磁电机”的实用新型专利申请，1999 年 6 月 9 日被授权公告，专利号为 98202143.7。授权公告的权利要求如下：“1. 一种起动磁电机，定子座固定在发动机体上，铁心固定在定子座上，铁心上有绕组 x1、y1、x2、y2，换向器固定在铁心上，曲轴和转子由紧固螺母固定，转子上有永磁体，转子上安装有离心块，离心块的一端压靠在碳刷上，离心块的另一端与弹簧相连，弹簧的另一端与转子相连，其特征在于碳刷经碳刷架安装在转子上，碳刷之间作短路电连接。2. 根据权利要求 1 中所述的起动磁电机，其特征是碳刷之间经导线作短路电连接。3. 根据权利要求 1 中所述的起动磁电机，其特征是碳刷之间经转子作短路电连接。4. 根据权利要求 1、2、或 3 中所述的起动磁电机，其特征是碳刷的数量可以为 2 至 8 个。”本专利说明书记载：“本实用新型的目的，是要提供一种起动磁电机，它不仅具有起动和发电两种功能，还能使碳刷和换向器不宜磨损，从而提高工作可靠性。”“图 5 为本实用新型提出的起动磁电机的一个实施例的电连接原理图，……其中，柱销 6 为安装离心块 2 用。”

针对本专利权，海泉工贸公司于 2005 年 5 月 26 日向专利复审委员会提出宣告该专利权无效的请求，理由为：（1）权利要求 1 缺少必要技术特征，不符合专利法实施细则第二十一条第二款的规定；（2）权利要求 1、2 及 3 缺乏专利法第二十二条第三款规定的创造性。同时提供如下证据的复印件：证据 1：《实用电工技术问答》第 1283 ~1285 页，1992 年内蒙古人民出版社出版。证据 2：《电机修理技术》第 46 ~52 页，1983 年 12 月山东科技出版社出版。2005 年 6 月 21 日，邓先登、毛世伦向专利复审委员会提交意见陈述书，陈述权利要求 1 符合专利法实施细则第二十一条第二款的规定的理由；并对证据 1、证据 2 的真实性提出质疑，陈述其专利相对于所述证据具备创造性的理由。专利复审委员会于 2005 年 11 月 2 日进行口头审理，海泉工贸公司当庭放弃创造性的无效理由及相应的证据

1、证据2，同时提交书面形式的口头审理代理词，详述该专利权利要求第1~4项缺少五个必要技术特征，不符合专利法实施细则第二十一条第二款的规定。所述五个特征分别为：（1）离心块与转子之间“活动连接”；（2）离心块压靠在碳刷的那一端的质量（重量）大于其另一端质量（重量）；（3）具体安装离心块的部件“柱销”，以及“柱销设在离心块的中部位置”；（4）“碳刷活动安装在碳刷架中”，即碳刷应能在碳刷架中移动；（5）碳刷的一端与换向器的换向片相接触。邓先登、毛世伦认为：（1）权利要求1中“离心块的一端压靠在碳刷上，离心块的另一端与弹簧相连，弹簧的另一端与转子相连”已很清楚说明连接关系；（2）离心块与碳刷可用拉簧或压簧连接，如何连接与质量及弹簧均有关系，无需限定各端质量；（3）该发明的目的是减少碳刷和换向器的磨损，无需写明离心块与转子的具体连接方式；（4）对权利要求的理解，需参考说明书的解释，说明书已说明碳刷可以远离换向片，说明碳刷必然是活动的；（5）碳刷与换向片不能总是接触。2005年11月7日，海泉工贸公司提交了无效宣告程序中放弃部分证据、部分理由的声明，声明在2005年11月2日举行的口头审理中，当庭放弃证据1、证据2，不将其作为证据使用；同时放弃将不符合专利法第二十二条第三款有关创造性的规定作为无效理由。

2005年12月5日，专利复审委员会作出第8089号决定，宣告本专利权全部无效。其理由是：1. 专利法实施细则第二十一条第二款规定，独立权利要求应当从整体上反映发明或者实用新型的技术方案，记载解决技术问题的必要技术特征。必要技术特征是指，发明或者实用新型为解决其技术问题所不可缺少的技术特征，其总和足以构成一个完整的技术方案，使之能够实现其发明目的。在口头审理的过程中，双方当事人都承认存在一种不带有“柱销”（仅包括离心块和弹簧）的技术方案。根据这一事实，被请求人认为：由于不带“柱销”的方案同样可以实现其发明目的，即提供一种起动磁电机，其能使碳刷和换向器不易磨损，从而提高工作可靠性，所以“柱销”并非该专利技术方案的必要技术特征，故权利要求1符合专利法实施细则第二十一条第二款的规定。请求人则认为：不带“柱销”的技术方案虽然也可以实现其发明目的，但所述技术方案并未记载在该专利的说明书中。在这种情况下，权利要求1将“柱销”这一技术特征省略掉，实际上就意味着这种不含有“柱销”的技术方案也属于其专利保护的范围，其结果是导致本专利的保护范围被不合理地扩大。对此，合议组认为：判断一项技术特征是否为必要技术特征，应当以说明书公开的技术内容为依据。本专利说明书为了达到减少起动磁电机的碳刷和换向器之间不必要的磨损的目的，公开了如下内容：离心块沿着圆周方向安装在转子上，所述离心块的一端压靠在碳刷上，另一端通过弹簧固定在转子上，该离心块可与转子同步转动，适当安排离心块的配重和弹簧的弹力，可使离心块在起动磁电机工作后由于转动离心力的作用以适当转速解除对碳刷的压靠，同时，碳刷也在离心力的作用下与换向片分离。这样可以减少碳刷和换向器之间不必要的磨损。在这个过程中，离心块在重力和离心力的作用下会远离碳刷，随着起动磁电机的继续转动，离心块仅能通过弹簧悬挂在转子上，此后，很难再控制离心块使其压靠在碳刷的正上方，而无法顺利地实现需要时离心块挤压碳刷，引起碳刷和换向器接触；不需要时所述离心块不挤靠碳刷，使碳刷与换向器分离，从而减少碳刷和换向器之间不必要的磨损的发明目的。说明书采用“柱销”来防止这类情况的发生，所述“柱销”安设在离心块的中部位置来固定连接离心块与转子，这样可以避免在起动磁电机转动时离心块因过度远离碳刷而无法回到正常位置。可见按照该说明书所提供的技术方案，必须用“柱销”将离心块固定于转子上，才可以实现发明目的。虽然一种不含有“柱销”的技术方案的确可以实现所述发明目的，但是这种不含有“柱销”的技术方案并未记载在说明书中，本领域技术人员也不能由此直接地、毫无疑义地联想到这种不带“柱销”的技术方案。如果所述不含“柱销”的技术方案已被本专利说明书所公开或隐含，则可以不将“柱销”认定为必要技术特征。但实际情况是所述说明书并没有公开一种不含“柱销”的技术方案，本领域普通技术人员也不可能不花费创造性劳动地在该专利说明书所记载的含有“柱销”的技术方案的基础上得到所述不含“柱销”的技术方案。在说明书仅公开了使用“柱销”这一技术方案的情况下，应当认定“柱销”是该技术方案必不可少的技术特征。2. 因权利要求 2 ~4 也缺乏所述“柱销”及相应的安放位置的记载，即便将其提升为独立权利要求，同样不符合专利法实施细则第二十一条第二款的规定。综上所述，权利要求 1 缺乏必要技术特征，不符合专利法实施细则第二十一条第二款的规定。从属权利要求 2 ~4 也未记载该必要技术特征，即使将其修改为独立权利要求，亦不符合所述条款的规定。故专利复审委员会宣告本专利权全部无效。以上事实有本专利权利要求书、说明书及附图、第 8089 号决定、口头审理记录表等证据以及当事人陈述在案证明。

三、判决理由

本院认为，实用新型的独立权利要求应当从整体上反映技术方案，记载解决技术问题的必要技术特征。权利要求书是对说明书中公开的内容中得到或概括得到的技术方案，如果所属技术领域的技术人员可以合理预测说明书给出的实施方式的所有等同替代方式或明显变型方式都具备相同的性能或用途，则应当允许专利权人将权利要求的保护范围概括至覆盖所有的等同替代或明显变型的方式。本专利的发明目的是提供一种起动磁电机，它不仅具有起动和发电两种功能，还能使碳刷和换向器不宜磨损，从而提高工作可靠性。从本专利权利要求 1 的内容可以看出，其前序部分为一种起动磁电机，该起动磁电机由定子、铁心、绕组线圈、换向器、曲轴、转子、永磁体、离心块、碳刷、弹簧组成，与区别技术特征碳刷经碳刷架安装在转子上，碳刷之间作短路电连接构成一个技术方案。权利要求 2 ~4 均是对权利要求 1 的进一步限定。从权利要求 1 前序部分的表述中可以看出，离心块的一端是压靠在碳刷上的，而另一端则与弹簧相连。本领域普通技术人员通过该表述的提示结合本领域的公知常识可以得知，为使离心块产生离心效果，必须在离心块延伸臂进行轴心固定，使离心块可以上下移动，弹簧则起到使离心块回位的作用。说明书及其附图中所涉及的用“柱销”这一零件进行固定，是其中的一种具体实施方式，不应作为对权利要求的限制。本领域普通技术人员根据前序部分的提示在与技术特征碳刷经碳刷架安装在转子上的方案结合，并结合说明书的文字及附图的提示，完全可以导出轴心固定的结论。各方当事人均认可不含“柱销”的技术方案也可以实现本专利的发明目的，而采用“柱销”固定或其他方式固定属于本技术领域惯用的技术手段替代，本领域技术人员不需付出创造性的劳动。因此，“柱销”并非本专利技术方案的必要技术特征。

四、判决内容

综上，专利复审委员会的上诉理由缺乏事实和法律依据，不能成立，其上诉请求本院不予支持。原审判决认定事实清楚，适用法律正确。依照《中华人民共和国行政诉讼法》第六十一条第（一）项之规定，判决如下：

驳回上诉，维持原判。一审案件受理费 1000 元，由国家知识产权局专利复审委员会负担（于本判决生效之日起 7 日内交纳）；二审案件受理费 1000 元，由国家知识产权局专利复审委员会负担（已交纳）。本判决为终审判决。

审 判 长 刘 辉
代理审判员 岑宏宇
代理审判员 张冬梅
判 决 日 期 二〇〇六年十一月二十八日
书 记 员 耿巍巍

020

负离子发生器案

无效宣告请求审查决定（第 8114 号）

决　定　号　第 8114 号
决　定　日　2006 年 2 月 20 日
发明创造名称　负离子发生器
国际分类号　H01T 23/00　A61L 9/22
无效请求人　美国高超明智公司
专利权人　陈金凤　邓晓玲
专　利　号　01215248. X
申　请　日　2001 年 2 月 20 日
授权公告日　2001 年 12 月 12 日
合议组组长　黄毅斐
主　审　员　石　清
参　审　员　熊　婷

法律依据　专利法第二十二条第二款、第三款　专利法实施细则第二十条第一款
决定要点

如果在一项权利要求中包括对比文件所没有公开的技术特征，在对比文件中也不存在获得该技术特征的相关技术启示，同时，该权利要求的技术方案与对比文件相比获得了有益的技术效果，则该权利要求具备创造性。

一、案由

本无效宣告请求涉及国家知识产权局专利局于 2001 年 12 月 12 日授权公告、申请号为 01215248. X、名称为“负离子发生器”的实用新型专利（下称本专利），其申请日是 2001 年 2 月 20 日，专利权人是陈金凤，共同专利权人是邓晓玲。本专利授权公告的权利要求书如下：

“1. 一种负离子发生器，包括高压产生电路和放电架（3），其特征在于：所述的放电架（3）由两个金属片（b）和一根导电丝（a）构成，两金属片（b）互相平行对称相隔，导电丝（a）位于两金属片（b）之间所形成空间的中心，且与金属片平行，金属片（b）和导电丝（a）都固定于非导电物件上，两金属片（b）共同与高压产生电路的一个输出端相连，导电丝（a）与高压产生电路的另一个输出端相连。

2. 根据权利要求 1 所述的负离子发生器，其特征在于：两金属片（b）与高压输出端的连接处用弹簧片弹压接触，两金属片（b）与非导电物件为活动连接。

3. 根据权利要求 1 或 2 所述的负离子发生器，其特征在于：所述的金属片（b）与导电丝（a）等长，长度都为 10mm 至 400mm，金属片（b）的厚度为 0. 2mm 至 5mm，导电丝（a）的直径为 0. 4mm 至 1. 5mm，两金属片（b）平行分隔的距离为 3mm 至 25mm。

4. 根据权利要求1所述的负离子发生器，其特征在于：所述的高压产生电路包括由双向导通二极管（D1）、电容（C1）组成的振荡回路（1），高压变压器（T）和由高压二极管（D2、D3）、电容器（C2、C3）组成的倍压回路（2），输入220V的交流电压由振荡回路（1）和高压变压器（T）产生交流高压，再经倍压回路（2）后成直流高压输出。”

针对上述专利权，美国高超明智公司（下称请求人）于2004年8月20日向专利复审委员会提出无效宣告请求，其无效理由为，本专利不具备新颖性和创造性，违反了专利法第二十二条第二款、第三款的规定。请求人同时提交了如下附件：

附件1：本专利说明书；

附件2：美国US6176977B1号专利说明书，其公开日是2001年1月23日（下称对比文件1）；

附件3：美国US4789801号专利说明书，其公开日是1988年12月6日（下称对比文件2）；

附件4：中国CN1331614A号发明专利申请公开说明书，其申请日是1999年11月5日，公开日是2002年1月16日，申请人是夏珀影像公司（下称对比文件3）。

请求人认为，对比文件1在其附图2A、2B和图3中示出了一种负离子发生器160，该负离子发生器包括高压产生电路170和放电架220，所述放电架由两个金属片242和一根导电丝232构成，并且两金属片242互相平行对称相隔，导电丝232位于两金属片242之间所形成的空间中心，与金属片平行，两金属片242共同与高压产生电路170的一个输出端相连且导电丝232与高压产生电路的另一个输出端相连。因此，对比文件1已公开了权利要求1的全部技术特征，从技术效果看，对比文件1也具有本专利所述的全部效果。因此与对比文件1相比，权利要求1不具备新颖性，也不具备创造性。对比文件3是对比文件1在中国的同族专利，其申请日在本专利申请日之前，而公开日在本专利申请日之后，对本专利构成了专利法意义上的抵触申请，也破坏权利要求1的新颖性。对比文件2公开了一种可用作负离子发生器的装置，该负离子发生器包括一个放电架（框架20和电极的组合体）和高压产生电路12，所述放电架包括四金属片52’和三根导电丝50’，这些金属片相互平行对称相隔，且这些导电丝位于相邻两金属片之间所形成的空间的中心并与金属片平行，这些金属片和导电丝都固定于由不导电材料构成的框架20上，这些金属片共同与高压产生电路的一个输出端相连，这些导电丝与高压产生电路的另一个输出端相连。除了在导电丝数量和金属片数量方面有区别外，对比文件2已公开了权利要求1的全部技术特征，而这样的区别特征只是部件数量的简单增减，况且在对比文件2中明确提到金属片和导电丝的如图所示数量只是举例性的，因此，与对比文件2相比，权利要求1不具备创造性。另外，对比文件2也能够与对比文件1结合破坏权利要求1的创造性。与对比文件1或对比文件1和2的结合相比，权利要求2~4也不具备创造性。

专利复审委员会于2004年10月12日受理了上述无效宣告请求，将上述无效宣告请求书及所附附件的副本转交被请求人。

请求人于2004年9月20日提交了补充意见陈述，其中进一步陈述了权利要求4不具备创造性的理由，并补充有关本专利权利要求4不符合专利法实施细则第二十条第一款规定的无效理由，同时提交了对比文件1和对比文件2的中文译文以及以下附件：

附件5：由人民教育出版社出版的《电工学》的复印页2页，1978年4月第1版，1980年8月第8次印刷；

附件6：由科学出版社出版的《电子器件基础》的复印页3页，1981年2月第1版，1981年6月第2次印刷；

附件7：声称由西安交通大学出版社出版的《电子工程师手册》复印页35页。

针对请求人于2004年8月20日提出的上述无效宣告请求，陈金凤和邓晓玲（下称被请求人）于

2004 年 11 月 27 日寄交了意见陈述书，其中表示将权利要求 1、2、3、4 合并成一项权利要求，并进一步对权利要求作出限制，在此基础上被请求人陈述了本专利符合专利法第二十二条第二款、第三款规定的理由，同时请求人提交如下附件：

附件 1A：本专利授权公告的权利要求书；

附件 2A：本专利权利要求书的修改替换页。

本案合议组于 2005 年 3 月 10 日向双方当事人发出口头审理通知书，定于 2005 年 4 月 28 日对本案进行口头审理，并将被请求人 2004 年 11 月 27 日寄交的意见陈述书及其附件的副本转给请求人，将请求人于 2004 年 9 月 20 日提交的补充意见陈述书及其附件的副本转给被请求人。

口头审理如期举行。双方当事人都出席了口头审理。在口头审理中，双方当事人对对方出庭人员的身份均无异议，请求人当庭出示附件 5、附件 6 的原件，未出示附件 7 的原件，被请求人对附件 5 ~7的真实性没有异议，对对比文件 1、2 的真实性没有异议，对对比文件 1、2 中文译文的准确性有异议。合议组告知被请求人可以在口审之日起 15 日内提交对比文件 1、2 的中文译文，逾期未提交，视为对请求人提交的对比文件 1、2 的中文译文无异议。被请求人当庭明确表示放弃对权利要求书的修改，本次口头审理以授权公告的权利要求书为基础。请求人明确无效理由为：本专利权利要求 1 相对于对比文件 1 不具备新颖性，对比文件 3 作为抵触申请破坏权利要求 1 的新颖性；用对比文件 1、2 分别评述权利要 1 不具备创造性，用对比文件 1 作为最接近的对比文件，结合对比文件 2 评述权利要求 1 不具备创造性；用对比文件 1 评述权利要求 2、3、4 不具备创造性；用对比文件 1 作为最接近的对比文件，结合对比文件 2 评述权利要求 2、3、4 不具备创造性；将附件 5、6、7 作为公知常识的证据使用；请求人还指出权利要求 4 中的振荡回路和倍压回路只提到了组成部件，没有振荡回路、倍压回路、变压器之间的连接关系，以及振荡回路、倍压回路内部的连接关系，从而导致权利要求 4 的保护范围不清楚，不符合专利法实施细则第二十条第一款的规定。被请求人则认为对比文件 1 没有公开权利要求 1 中“导电丝位于两金属片之间所形成空间的中心，且与金属片平行”的特征，而权利要求 4 中的振荡回路内部的连接关系是公知常识。

在上述工作的基础上，合议组认为本案事实已经清楚，可以作出审查决定。

二、决定的理由

1. 关于现有技术

对比文件 1、2 均为公开日在本专利申请日之前的专利文献，被请求人对于对比文件 1、2 的真实性没有异议，对于对比文件 1、2 译文的准确性虽有异议，但没有在合议组指定的期限内提交对比文件 1、2 的译文，在口头审理中合议组已告知被请求人在此情况下视为其对对比文件 1、2 译文的准确性没有异议，因此对比文件 1、2 可以用作评价本专利新颖性和创造性的现有技术；对比文件 3 为由他人在本专利申请日之前申请、在本专利申请日之后公开的中国专利文献，可以用于评价本专利的新颖性；附件 5 ~7 分别为书籍《电工学》、《电子器件基础》和《电子工程师手册》的相关复印页，在口头审理中请求人出示了附件 5、6 的原件，未出示附件 7 的原件，被请求人对附件 5 ~7 的真实性均无异议，因此合议组对附件 5 ~7 予以采信。

2. 审查基础

鉴于被请求人在口头审理中已明确表示放弃其对权利要求书的修改，因此，本决定以本专利授权公告的权利要求书为基础。

3. 关于权利要求 4 是否符合专利法实施细则第二十条第一款的规定

权利要求 4 是权利要求 1 的从属权利要求，其附加技术特征对高压产生电路进行了具体限定。其中，振荡回路、倍压回路均为本领域常用的电路，即使不限定其各构成元件的连接关系，本领域技术人员也应能够明了如何实现这些电路；另外，由振荡回路、高压变压器和倍压回路构成的高压产生电路同样是本领域常用的电路，同时权利要求4也通过“输入220V的交流电压由振荡回路和高压变压器产生交流高压，再经倍压回路后成直流高压输出”清楚限定了通过振荡回路、高压变压器和倍压回路依次连接而构成高压产生电路。因此，对于请求人关于权利要求4因没有记载振荡回路、倍压回路、变压器之间连接关系以及振荡回路、倍压回路内部连接关系而导致保护范围不清楚，不符合专利法实施细则第二十条第一款规定的理由，合议组不予支持。

4. 关于权利要求1的新颖性

本专利的目的在于提供一种产生的负离子量高、结构简单而且放电时无声无光的负离子发生器。权利要求1所限定的技术方案中包括以下技术特征：

（1）一种负离子发生器，包括高压产生电路和放电架（3）；

（2）所述的放电架（3）由两个金属片（b）和一根导电丝（a）构成，两金属片（b）互相平行对称相隔；

（3）导电丝（a）位于两金属片（b）之间所形成空间的中心，且与金属片平行；

（4）金属片（b）和导电丝（a）都固定于非导电物件上；

（5）两金属片（b）共同与高压产生电路的一个输出端相连，导电丝（a）与高压产生电路的另一个输出端相连。

对比文件1公开了一种动电空气输送器——调节系统100，该系统机身102内是离子发生装置160，离子发生单元160包括高压发生器单元170，机身102的顶面有一个用户使用的提升手柄112，由一个第一电极阵列230和一个第二电极阵列240组成的电极组合220装在其上；第一电极阵列230由电极232组成，第二电极阵列240由电极242组成，第一电极阵列和第二电极阵列是在离子发生装置160的输出终端间串联耦合的，提升手柄112的作用是便于接近构成电极组合的电极，以便清洗、更换（参见对比文件1的图2、图3以及译文第4页第36段到第5页第40段）。另外，对比文件1还记载了输出净剩余的负离子的内容（参加对比文件1译文第52段），图3示出了分别与高压发生器单元170的两个输出端相连的第一和第二电极阵列230和240，图4a、4b均示出了彼此平行的片状金属制作的电极242和与电极242对称设置的钨丝电极232。

比较本专利权利要求1与对比文件1所公开的内容，可以看出：权利要求1中的负离子发生器、高压产生电路、放电架、金属片和导电丝分别对应于对比文件1中的离子发生装置160、高压发生器单元170、电极组合220、电极242和电极232，权利要求1中的非导电物件对应于对比文件1中装有电极组合的提升手柄112。因此，对比文件1公开了权利要求1中的上述特征（1）、（2）、（4）、（5）。

请求人认为对比文件1同样公开了权利要求1的特征（3）。对此，合议组认为，权利要求1中所限定的“两金属片之间所形成的空间”的范围应理解为限于相邻两金属片所夹的空间范围以内，不包括从平行于两金属片表面的方向上看位于两金属片之间、而从垂直于金属片表面的方向上看未被两金属片表面所覆盖的部分。在对比文件1中，从图2B可以大致看出电极232位于两电极242之间，但不能确知电极232与电极242之间的位置关系以及电极242是否为片状，同时根据译文第3、4页对各附图的简要说明以及译文第7页第53段的记载可知，附图2、3及其相关内容只是一般性地描述了其所公开的技术方案的各个方面，图4A到4K则展示了电极组合220的优选实施例，而在图4所公开的全部有关电极组合的实施例中，甚至在作为现有技术记载的图1所示的电极组合中，电极232和电极242之间的位置关系都不同于权利要求1的特征（3）所限定的内容。例如从清楚示出电极232和电极242之间位置关系的图4B可以看到，钨丝电极232虽然与片状电极242平行且对称设置，但其所处位置在相邻两片状电极 242 之间所夹的空间之外，与权利要求 1 所限定的“导电丝位于两金属片之间所形成空间的中心”不符。因此，对比文件 1 没有公开权利要求 1 的全部技术特征。因而与对比文件 1 相比，权利要求 1 具备新颖性。

对比文件 3 是对比文件 1 的同族专利，其公开的内容与对比文件 1 基本相同，仍然没有公开权利要求 1 的特征（3）。

综上，对比文件 1、3 均无法破坏本专利权利要求 1 的新颖性。

5. 关于权利要求 1 的创造性

对比文件 2 公开了一种动电转换装置，其中，图 1A－1D 具体公开了一种扩音器 10，包括由绝缘材料形成的框架 20，用于保持电极阵列 14 和 16，图 2 显示了适用于改进的空气离子发生器的电极阵列对结构，其包括微区电极阵列 50 和宏区电极阵列 52，其至少包括三个微区电极 50’ 和四个宏区电极 52’，微区电极和宏区电极分别与激励电路 12 的正、负输出端相连。

比较权利要求 1 和对比文件 2 所公开的上述内容可以看到，对比文件 2 同样没有公开权利要求 1 的特征（3）。

如上所述，对比文件 1、2 均未公开权利要求 1 的特征（3），也没有给出任何可引导本领域技术人员获得权利要求 1 的特征（3）的技术启示，同时，根据本专利说明书的记载，本专利权利要求 1 所限定的包括特征（3）的技术方案获得了结构简单、制作方便，在导电丝和金属片之间高压放电时无光无声等效果。因此，无论是单独与对比文件 1、2 相比，还是与对比文件 1 和对比文件 2 的结合相比，本专利权利要求 1 都具有实质性特点和进步，具备创造性。

在权利要求 1 具备创造性的基础上，其从属权利要求 2～4 也具备创造性。

综上，本专利权利要求 4 符合专利法实施细则第二十条第一款的规定，权利要求 1～4 符合专利法第二十二条第二款、第三款的规定。请求人的无效宣告请求理由不能成立。

三、决定

维持 01215248. X 号实用新型专利权有效。

当事人对本决定不服的，可以根据专利法第四十六条第二款的规定，自收到本决定之日起三个月内向北京市第一中级人民法院起诉。根据该款的规定，一方当事人起诉后，另一方当事人应当作为第三人参加诉讼。

021

电池装置和用于电池装置的安装装置案

无效宣告请求审查决定（第8122号）

决 定 号 第8122号
决 定 日 2005年6月9日
发明创造名称 电池装置和用于电池装置的安装装置
国际分类号 H01M 2/10
无效请求人 深圳市宝安区观澜柏力电子二厂
被请求人 索尼公司
专 利 号 95117112.7
申 请 日 1995年9月2日
授权公告日 2002年9月4日
合议组组长 石 清
主 审 员 崔哲勇
参 审 员 孙治国

法律依据 专利法第二十二条第二款、第三款 专利法实施细则第二十一条第二款
决定要点

如果一项专利申请的权利要求所述技术方案由对比文件公开，而且它们的发明目的、技术领域和技术效果相同，那么该专利申请的权利要求不具备新颖性。

发明专利的权利要求所限定的技术方案与现有技术相比不具有突出的实质性特点和显著的进步，则该权利要求不具备创造性。

如果本领域普通技术人员根据独立权利要求记载的技术内容，可以解决该发明所要解决的技术问题，那么就应当认为该独立权利要求记载了解决技术问题的必要技术特征。

一、案由

本无效宣告请求涉及国家知识产权局专利局于2002年9月4日授权公告、申请号为95117112.7、名称为“电池装置和用于电池装置的安装装置”的发明专利（下称本专利），其申请日为1995年9月2日、优先权日为1994年9月2日、专利权人为索尼公司（下称被请求人）。本专利授权公告的权利要求书包括9项权利要求，其中权利要求1～9如下：

“1. 一种电池装置，它包括：

一壳体，其内设置有电池盒单元，并且在其外部周围的侧表面上具有装载表面部分，所述装载表面部分可与主装置的安装表面部分相连接，和装在所述壳体内的所述电池盒单元内的电池；其特征是所述壳体的装载表面部分具有识别槽，该槽在接合表面上具有敞开的开口端，并且在主装置上以平行于装载方向的方向由所述开口端延伸，所述接合表面以与装载表面部分成直角的方向在壳体的装载表面上形成。

2. 如权利要求 1 的电池装置，其特征是电池盒单元是通过具有拱形截面的连续内壁部分所限定的空间而形成，用以固定多节电池，其每节具有基本上为圆形的截面，并且所述识别槽是在内壁部分加厚部分的装载表面部分上形成。

3. 如权利要求 2 的电池装置，其特征是至少一对导引槽是在壳体的两侧表面部分上形成，并在壳体的外部周围以与平行于装载方向的装载表面部分成直角而延伸，所述识别槽位于相对于装载表面部分的中心线偏置的位置上，并且导引槽的起始端要比识别槽的终端更靠近所述接合表面。

4. 如权利要求 1 的电池装置，其特征是还包括与所述识别槽平行的安装槽，并且充电识别元件面向安装槽而可移动地安装，用以指示电池是非充电或充电的。

5. 如权利要求 1 的电池装置，其特征是壳体在带有识别槽开口端的侧表面两端上具有连接端子，所述端子连接于装在电池盒单元内的电池上。

6. 一种用于电池装置的安装装置，它包括：一壳体，其内有电池盒单元，并且在其外部周围的侧表面上具有装载表面部分，所述装载表面部分可连接于主装置的安装表面部分，并且电池可安装在所述壳体的所述电池盒单元内，其特征是所述壳体的装载表面部分具有识别槽，该槽在接合表面上具有敞开的开口端，并且在主装置上由平行于装载方向的所述开口端延伸，所述接合表面是在壳体的装载表面上以与装载表面部分成直角的方向而形成，和一主装置，它具有壳体，其在外部周围的侧表面上具有连续的安装表面部分，用以将电池装置安装其上，所述壳体还具有棱形识别凸耳，其一端固定在接合表面上，该表面是在与其直角的安装表面部分上形成，所述识别凸耳是与安装表面部分整体地形成，所述主装置上的识别凸耳可拆地接合于电池装置的所述识别槽中。

7. 如权利要求 6 的用于电池装置的安装装置，其特征是电池装置在其侧表面上具有至少一对导引槽，该表面与平行于装载方向延伸的装载表面部分成直角而延伸，识别槽相对于装载表面部分的中心线偏置，导引槽的起始端要比识别槽的终端更靠近于接合表面，主装置在安装表面部分的两侧表面上具有至少一导引壁部分以与安装表面部分成直角而延伸，在导引壁部分的内壁部分上形成有导引凸起，并且识别凸起在相对于安装表面部分中心线偏置的位置上整体地形成，其导引凸起的起始端要比识别凸起的终端更靠近于接合表面，并且其中在初始装载状态下，其中可将在主装置上提供的导引凸起插入电池装置上所形成的导引槽中，在将电池装置装在主装置上的过程中，可将识别凸起插入到识别槽中。

8. 如权利要求 6 或 7 的用于电池装置的安装装置，其特征是电池装置具有相互平行的识别槽和安装槽，并且充电识别元件面向安装槽而可移动地安装，用以指示电池是否充电或非充电，并且其中主装置在识别凸起的邻接端上具有致动部分，用以向内移动电池装置上所带的充电识别元件。

9. 如权利要求 8 的用于电池装置的安装装置，其特征是充电识别元件具有面向主装置安装表面部分的切开槽，主装置包括接合凸起，它可接合到在充电识别元件上形成而与致动部分对齐的切开槽中，并且其中接合凸起当将电池装置装载表面部分由主装置安装表面部分上拆下时接合到切开槽中，用以抽出和移动充电识别元件。”

专利复审委员会于 2004 年 11 月 22 日收到深圳市宝安区观澜柏力电子二厂（下称请求人）就本专利提交的无效宣告请求书以及提交的以下附件：

附件 1：ZL93107208.5 号发明专利说明书复印件，其申请日为 1993 年 5 月 29 日、授权公告日为 2001 年 1 月 24 日（下称对比文件 1）。

请求人提出的无效理由是：本专利权利要求 1 不符合专利法实施细则第二十一条第二款的规定，权利要求 1 ~ 5 不符合专利法第二十二条的规定，对比文件 1 的公开日为 1994 年 2 月 23 日，早于本专利的优先权日，因此可以作为评价本专利的证据使用，并在此基础上详细论述了权利要求 1、2、

3、5 相对于对比文件 1 不具备新颖性的理由。

经形式审查合格，专利复审委员会受理了上述无效宣告请求，并于 2004 年 11 月 22 日将该无效宣告请求书及其附件的副本转送被请求人。

被请求人于 2005 年 1 月 7 日提交意见陈述书和权利要求书修改替换页，该权利要求书修改文本将原权利要求 3 的一部分的附加技术特征并入权利要求 1 中，并将原权利要求 4 ~ 9 修改为新的权利要求 3 ~ 8，被请求人认为上述修改属于审查指南中所述的合并权利要求的方式，其中修改后的权利要求 1 如下：

“1. 一种电池装置，它包括：

一壳体，其内设置有电池盒单元，并且在其外部周围的侧表面上具有装载表面部分，所述装载表面部分可与主装置的安装表面部分相连接，和装在所述壳体内的所述电池盒单元内的电池；至少一对导引槽，形成在壳体的侧表面部分上，并与所述装载表面部分成直角而平行于壳体外部周围上的装载方向延伸，其中所述壳体的装载表面部分具有识别槽，该槽在接合表面上具有敞开的开口端，并且在壳体上以平行于装载方向的方向由所述开口端延伸，所述识别槽位于相对于装载表面部分的中心线偏置的位置上，所述接合表面以与装载表面部分成直角的方向在壳体的装载表面上形成，以及其中所述导引槽相对所述主装置上电池的装载方向的起始端比所述识别槽的终端更靠近所述接合表面。”

被请求人于 2005 年 1 月 28 日再次提交意见陈述书，表示由于经研究认为对比文件 1 不能破坏本专利授权公告的权利要求的新颖性和创造性，因此希望撤回于 2005 年 1 月 7 日提交的对权利要求书的修改，仍然以本专利授权公告的权利要求书为基础进行审查。

专利复审委员会本案合议组于 2005 年 3 月 11 日向双方当事人发出口头审理通知书，定于 2005 年 5 月 16 日对本案进行口头审理。2005 年 4 月 7 日，专利复审委员会发出转送文件通知书，将被请求人于 2005 年 1 月 7 日和 2005 年 1 月 28 日提交的意见陈述书及其附件转送给请求人。

2005 年 5 月 11 日，专利复审委员会收到请求人提交的意见陈述书，请求人认为被请求人在 2005 年 1 月 7 日主动对权利要求书进行了合并修改，但又于 2005 年 1 月 28 日要求撤回上述修改，这种行为不符合法律程序所应当遵循的禁止反悔原则，是不能接受的；另外，请求人针对被请求人的意见陈述书进一步论述了其无效理由。

口头审理于 2005 年 5 月 16 日如期举行，口审中双方当事人对合议组成员没有回避请求，对对方出庭人员的身份没有异议；合议组当庭将 2005 年 5 月 11 日收到的请求人的意见陈述书转送给被请求人；请求人当庭提交了对比文件 1 的公开文本的首页和权利要求书以及说明书第 6 页，证明对比文件 1 的公开日期在本专利申请日之前；合议组当庭告知双方当事人，被请求人修改的权利要求书不符合审查指南第四部分第三章第 5.4 节的规定，合议组不予接受，并告知双方当事人口头审理以本专利授权公告的权利要求书为审查基础；被请求人对对比文件 1 的真实性没有异议，并认可对比文件 1 的授权文本和公告文本记载的说明书内容一致，因此认可对比文件 1 的授权文本中记载的内容已经在本专利优先权日之前公开；请求人明确其无效理由为：本专利独立权利要求 1 不符合专利法实施细则第二十一条第二款的规定；本专利权利要求 1、2、5 不具备新颖性，本专利权利要求 3 不具备创造性。

2005 年 5 月 27 日，专利复审委员会收到请求人提交的代理词，其中针对口审中被请求人的观点，重申了本专利权利要求 1 不符合专利法实施细则第二十一条第二款的理由。

基于上述的工作，合议组认为双方当事人已经充分发表意见，本案事实已经清楚，可以作出审查决定。

二、决定的理由

1. 证据认定

请求人提交的对比文件 1 为 ZL93107208.5 号发明专利的授权文本，其授权公告日晚于本专利优先权日，但是请求人在口审中提交了对比文件1的公开文本，其公开日为1994年2月23日，早于本专利优先权日，由于被请求人在口审中认可对比文件1的授权文本和公开文本记载的说明书内容一致，并认可对比文件1的授权文本中记载的内容已经在本专利优先权日之前公开。在此情况下，对比文件1可以作为评价本专利权利要求新颖性、创造性的现有技术。

2. 审查文本

被请求人于2005年1月7日提交了权利要求书修改替换页，被请求人在意见陈述书中说明该权利要求书修改文本将本专利授权公告的权利要求3的特征并入权利要求1中，并将原权利要求4~9修改为新的权利要求3~8，由于权利要求2、3分别为权利要求1、2的从属权利要求，因此上述修改属于审查指南第四部分第三章第5.4节中所规定的合并权利要求的修改方式。合议组在审查上述权利要求书修改文本后认为，上述修改并非如被请求人描述的那样仅是将授权公告的权利要求3的附加技术特征补入权利要求1中，具体来说，修改后的权利要求1中将授权权利要求1中的特征“并且在主装置上以平行于装载方向的方向由所述开口端延伸”和授权权利要求3中的特征“所述识别槽位于相对于装载表面部分的中心线偏置的位置上”修改为“并且在壳体上以平行于装载方向的方向由所述开口端延伸，所述识别槽位于相对于装载表面部分的中心线偏置的位置上”，并在权利要求1的最后一段中增加了“相对所述主装置上电池的装载方向”这一限定特征。因此上述修改并不符合审查指南上述部分中规定的合并权利要求的修改方式，合议组对上述修改不予接受，仍然以本专利授权公告的权利要求书为审查基础。

3. 关于专利法实施细则第二十一条第二款

专利法实施细则第二十一条第二款规定，独立权利要求应当从整体上反映发明或者实用新型的技术方案，记载解决技术问题的必要技术特征。

请求人认为本专利的发明目的在于“实现在电池装置装入主装置前能够清楚确定电池装置的类型，用以阻止不正确电池类型的电池错误地安装于主装置上”，并认为本专利中的充电识别元件7可以实现不同容量电池的识别，因此请求人认为本专利权利要求1缺少如下必要技术特征：

(1) 一对引导槽是在壳体的两侧表面部分上形成，并在壳体的外部周围以与平行于装载方向的装载表面部分成直角而延伸，并且引导槽的起始端要比识别槽的终端更靠近所述接合表面；

(2) 与所述识别槽平行的安装槽，并且充电识别元件面向安装槽而可移动地安装；

(3) 主装置识别凸起与电池装置的识别槽的相互作用关系；

(4) 识别凸起5上所形成的致动部分8与充电识别元件的相互作用关系。

被请求人认为本专利的发明目的在于通过在特定类型的电池外壳上形成识别槽，并在主装置的安装表面上形成识别凸耳，从而可以防止具有不同外形的不同类型电池错误安装于主装置上，充电识别元件7对识别不同容量电池并无贡献。

合议组审查本专利说明书后认为：

(1) 根据本专利背景部分的描述，在现有技术中充电识别元件仅用于指示电池的充电状态，而检测电池容量是由操作元件54（推拉开关）来完成的，因此可以毫无疑义地导出该充电识别元件并没有识别电池容量的功能；虽然本专利说明书背景部分中描述了现有技术中在不同容量电池被设计成具有相同外形结构时，存在错误安装电池而导致主装置损坏的缺陷，但并不能就此认为本专利必然要在不同容量电池具有相同外形结构的前提下解决这种错误安装问题，实际上本专利在说明书中描述的实施例正是通过改变电池外形结构，在特定容量电池外壳上形成识别槽，并在主装置的安装表面上形成识别凸耳，从而可以防止具有不同外形的不同类型电池错误安装于主装置上，同样可以实现本专利“能够清楚可靠地确定电池装置的类型，用于阻止不正确的电池类型错误地安装于主装置上”的发明目的；

（2）本专利中的引导槽用于将电池装置锁紧在主装置上，该引导槽与实现上述发明目的无关，不属于实现上述发明目的的必要技术特征；

（3）本专利中的安装槽仅用于安装充电识别元件7，由于上面已经认定该充电识别元件7与实现上述发明目的无关，因此也不属于实现上述发明目的的必要技术特征；

（4）本专利中的识别凸起和致动部件都是主装置上的部件，不属于权利要求1所要求保护的电池装置的组成部分，因此也不构成权利要求1的必要技术特征。

综上所述，合议组不能支持请求人关于本专利权利要求1缺少实现本发明目的的必要技术特征的无效理由，由于本专利权利要求1已经对利用识别槽区分不同类型电池的技术方案进行了清楚、完整的说明，因此符合专利法实施细则第二十一条第二款的规定。

4. 关于新颖性

权利要求1请求保护一种电池装置，它包括：

（1）一壳体，其内设置有电池盒单元，并且在其外部周围的侧表面上具有装载表面部分，所述装载表面部分可与主装置的安装表面部分相连接，和

（2）装在所述壳体内的所述电池盒单元内的电池；

（3）所述壳体的装载表面部分具有识别槽，该槽在接合表面上具有敞开的开口端，并且在主装置上以平行于装载方向的方向由所述开口端延伸，所述接合表面以与装载表面部分成直角的方向在壳体的装载表面上形成。

对比文件1公开一种具有检查误使用的槽与/或隐蔽式端子的电池盒，其中（参见说明书第9页）电池组10包括壳体18，电池组10内有两排圆柱形电池，如图10所示，在电池组10具有基本为矩形的底面，可以与主装置的安装表面部分相连接。另外如图14所示，在电池组10的底面上形成凹陷部分114，该凹陷部分114基本为槽状，在电池组的前端表面具有开口端，并且在电池组上以平行于装载方向的方向由所述开口端延伸，该电池组的前端表面与电池组的底面部分垂直。如对比文件1第12页对图15A所示例子的描述，电器设备的电池容纳部分90包括一个突起部分90A，当电池组10沿箭头L的方向移动且它与电池容纳部分90的底面接触时，突起部分90A就与滑片118的伸出部分118B接合，借此使滑片118向里推进，其中滑片118为电池组10的凹陷部分114中的移动件。

将权利要求1与对比文件1比较可以发现，对比文件1中的电池组10、壳体18、电池、底面、前端面分别对应于权利要求1中的电池盒、壳体、电池、装载表面和接合表面，对比文件1中的槽状凹陷部分114与权利要求1中的识别槽的结构、位置完全一致，而且对比文件1中通过槽状凹陷部分14与电器设备上的突起部分90A相配合，也同样可以实现防止不具有该凹陷部分的电池组安装在电器设备上的作用，因此对比文件1已经公开了本专利权利要求1中的全部技术特征（a）－（c），由于对比文件1公开的电池组10与本专利权利要求1所限定的电池装置属于相同的技术领域、具有相同的结构，并能解决相同的技术问题、实现相同的技术效果，因此权利要求1相对于对比文件1不具备新颖性。

权利要求2的附加技术特征是：电池盒单元是通过具有拱形截面的连续内壁部分所限定的空间而形成，用以固定多节电池，其每节具有基本上为圆形的截面，并且所述识别槽是在内壁部分加厚部分的装载表面部分上形成。

如对比文件1图7所示和说明书第9页的说明，该电池组10也是由具有拱形截面的连续内壁部分所限定的空间而形成，其中容纳有两排圆柱形电池，在电池组底面形成有槽状凹陷部分114。另外要在电池底面形成该槽状凹陷部分，必然需要在相应底面部分加厚，本领域技术人员从对比文件1附

图13A所示内容可以直接导出这种技术手段。因此对比文件1已经公开了权利要求2中的全部附加技术特征，在权利要求1相对于对比文件1不具备新颖性时，其从属权利要求2相对于对比文件1也不具备新颖性。

权利要求5的附加技术特征是：壳体在带有识别槽开口端的侧表面两端上具有连接端子，所述端子连接于装在电池盒单元内的电池上。

如对比文件1第9页和图7所述，在下壳体16的前端部16－1的两端上形成凹陷部分80、82，组合电池的第一、第二电极36、38位于凹陷部分80、82的底面上。由于容纳电池第一、第二电极的凹陷部分80和82与槽状凹陷部分114开口端同样位于电池组的前端面的两端上，因此对比文件1已经公开了权利要求5的附加技术特征，在权利要求1相对于对比文件1不具备新颖性时，其从属权利要求5相对于对比文件1也不具备新颖性。

3. 关于创造性

权利要求3的附加技术特征是：至少一对导引槽是在壳体的两侧表面部分上形成，并在壳体的外部周围以与平行于装载方向的装载表面部分成直角而延伸，所述识别槽位于相对于装载表面部分的中心线偏置的位置上，并且导引槽的起始端要比识别槽的终端更靠近所述接合表面。

如对比文件1的图11B所示和第10页的描述，在壳体的两侧表面上形成孔120、122、124和126，并以与平行于装载方向的装载表面部分成直角而延伸，用于接收电器设备的电池容纳部分上的相应突起部分。经过比较可以看出，对比文件1中的孔120、122、124和126的结构和功能都与权利要求3中的导引槽相同，但是对比文件1并未公开权利要求3中与识别槽、导引槽的位置相关的技术特征。

对此合议组认为：（1）对比文件1中的凹陷部分114与权利要求3中的识别槽都可以实现区分电池组外形的技术效果，但是上述结构所处位置是否偏移电池组的底面中心线对实现该技术效果并无影响；（2）根据被请求人在口审中的说明，权利要求3中所限定的“导引槽的起始端要比识别槽的终端更靠近所述接合表面”的作用仅是为了避免由于识别突起过短而导致不具有识别槽的电池组件也能被强行安装到主装置上，由于如对比文件1的图11C已经示出上述孔的起始端和凹陷部分114的终端与电池组的前端面16－1的距离基本相同，因此对比文件1公开的技术方案与权利要求3的技术方案并无实质性区别，其区别是本领域技术人员利用常识可以很容易实现的技术手段。因此权利要求3相对于对比文件1并不具有突出的实质性特点的显著的进步，不符合专利法第二十二条第三款关于创造性的规定。

三、决定

宣告权利要求1～3、5无效。

在权利要求4、6～9的基础上维持第95117112.7号发明专利权有效。

当事人对本决定不服的，可以根据专利法第四十六条第二款的规定，自收到本决定之日起三个月内向北京市第一中级人民法院起诉。根据该款的规定，一方当事人起诉后，另一方当事人应当作为第三人参加诉讼。

北京市第一中级人民法院
行政判决书

（2006）一中行初字第862号

原告索尼公司，住所地日本东京都品川区北品川6丁目7番35号。

法定代表人中钵良治，代表执行董事。

委托代理人刘芳，北京同立钧成知识产权代理有限公司专利代理人。

委托代理人丁琛，北京同立钧成知识产权代理有限公司专利代理人。

被告中华人民共和国国家知识产权局专利复审委员会，住所地北京市海淀区北四环西路9号银谷大厦10~12层。

法定代表人廖涛，副主任。

委托代理人崔哲勇，中华人民共和国国家知识产权局专利复审委员会电学申诉处审查员。

委托代理人张鹏，中华人民共和国国家知识产权局专利复审委员会行政诉讼处审查员。

第三人深圳市保安区观澜柏力电子二厂，住所地广东省深圳市保安区观澜镇黎光村工业区。

一、案由

原告索尼公司不服被告中华人民共和国国家知识产权局专利复审委员会（下称专利复审委员会）于2006年3月13日作出的第8122号无效宣告请求审查决定（下称第8122号决定），于法定期限内向本院提起行政诉讼。本院于2006年7月11日受理后，依法组成合议庭，并通知第8122号决定的相对方深圳市保安区观澜柏力电子二厂（下称柏力电子二厂）作为本案第三人参加诉讼。本院于2006年9月21日公开开庭审理了本案。原告索尼公司的委托代理人丁琛，被告专利复审委员会的委托代理人张鹏、崔哲勇，第三人柏力电子二厂的委托代理人王志明到庭参加了诉讼。本案现已审理终结。

第8122号决定系被告专利复审委员会针对第三人柏力电子二厂就原告索尼公司拥有的第95117112.7号、名称为"电池装置和用于电池装置的安装装置"的发明专利（下称本专利）提起的无效宣告请求所作出。该决定认定：1. 由于本专利权利要求1已经对利用识别槽区分不同类型电池的技术方案进行了清楚、完整的说明，因此符合专利法实施细则第二十一条第二款的规定。2. 对比文件1可以作为评价本专利权利要求新颖性、创造性的现有技术。对比文件1已经公开了本专利权利要求1中的全部技术特征，对比文件1公开的电池组10与本专利权利要求1所限定的电池装置属于相同的技术领域、具有相同的结构，并能解决相同的技术问题、实现相同的技术效果，因此权利要求1相对于对比文件1不具备新颖性。对比文件1已经公开了权利要求2、5中的全部附加技术特征，在权利要求1相对于对比文件1不具备新颖性时，其从属权利要求2、5相对于对比文件1也不具备新颖性。对比文件1公开的技术方案与权利要求3的技术方案并无实质性区别，其区别是本领域技术人员利用常识可以很容易实现的技术手段。因此权利要求3相对于对比文件1并不具有突出的实质性特点的显著的进步，不符合专利法第二十二条第三款关于创造性的规定。基于上述理由，被告作出第8122号决定，宣告本专利权利要求1、2、3、5无效，在权利要求4、6、7、8、9的基础上维持本专利权有效。

原告索尼公司不服第8122号决定，依法向本院提起行政诉讼称：1. 被告在评述本专利权利要求1新颖性时，对于该技术方案与对比文件1所要解决的技术问题、技术方案实质、预期效果的事实认定错误，导致混淆了对比对象，进行了错误的事实认定，得出错误的结论。本专利权利要求1要解决的技术问题、技术效果与对比文件1所要解决的技术问题、技术效果完全不同。对比文件1的凹陷部分114与本专利权利要求1的识别槽4是完全不同的技术特征，对比文件1并没有公开本专利权利要求1的全部技术特征。因此，本专利权利要求1相对于对比文件1是一个实质不同的技术方案，完全符合专利法第二十二条第二款关于新颖性的规定。2. 被告在评述本专利权利要求2、5的新颖性时，同样没有考虑所要解决的技术问题、技术方案实质、预期效果，导致混淆了对比对象，认定没有客观事实依据，导致事实认定错误，并且审查基准违反审查指南的规定，最终得出错误结论。在权利要求1具备新颖性的前提下，其从属的权利要求2、5也具备新颖性。从对比文件1中不仅不能够直接地、唯一地推导出与权利要求2相同的技术内容，从对比文件1附图中也无法推测出该内容。何况，从附图中推测的内容不应该作为公开的内容。被告在评述权利要求5时，先将对比文件1凹陷部分114误认为识别槽，再根据凹陷部分的两侧设置了电极，认定权利要求5被对比文件1公开，得出该权利要求不具有新颖性的错误结论。对比文件1不存在与本专利权利要求2、5全部相同的特征，也没有公开本专利权利要求2、5的技术方案。因此，本专利权利要求2、5相对于对比文件1是一个实质不同的技术方案，完全符合专利法第二十二条第二款关于新颖性的规定。3. 被告针对本专利权利要求3的创造性评述，没有考虑所要解决的技术问题、技术方案实质、预期效果，导致混淆了对比对象。被告仅审查了权利要求3的附加技术特征，未对其所引用的权利要求1、2的全部技术特征进行比对审查，而直接认定权利要求3整体技术方案与对比文件1相比无实质性区别，并且主观地得出了两者的区别是本领域技术人员利用常识很容易实现的结论。针对权利要求3的区别特征，被告在没有任何技术教导的前提下，仅仅依据从对比文件1附图中主观推测出的公开内容，来评价本权利要求的创造性，导致明显的错误结论。本专利权利要求3与对比文件1事实上所披露的技术内容相比，相应的技术特征存在本质上的区别，具有突出的实质性特点和显著的进步，具备专利法第二十二条第三款规定的创造性。4. 被告在无效审理过程存在程序违法，该程序错误导致实体结论的错误。原告在本次无效宣告请求审查过程中，并没有收到第三人关于权利要求3不具备创造性的书面意见陈述。第三人在无效宣告请求中仅对权利要求1、2、3、5不具备新颖性进行了意见陈述。虽然原告在提交意见陈述时曾对自行修改后的权利要求的创造性陈述了意见，但这并不能够免去第三人提交针对原告权利要求3不具备创造性的书面意见陈述的责任，也不能够剥夺原告针对权利要求3创造性意见陈述的合理时间。被告在程序上的错误，尤其是在被告作出对于原告不利结论的情况下，明显损害原告合法权益，并导致审查结论错误。综上，原告请求依法撤销被告作出的第8122号决定，维持本专利权全部有效。

被告专利复审委员会辩称，其坚持第8122号决定的基本观点，并认为：1. 申请人在起诉状中的论述，实质上是将说明书实施例引入到权利要求1中，具体地说，是用说明书中同时具有识别槽和安装槽的技术方案来替换权利要求1中限定的仅具有一个槽——识别槽的技术方案，这是不能允许的。2. 根据审查指南第二部分第三章第3.1节的规定，在判断新颖性时，应当遵循以下原则：（1）权利要求所限定的技术方案与对比文件公开的技术方案进行对比；（2）由本领域技术人员在看过两者的技术方案后，来确定两者是否能够适用于相同的技术领域，解决相同的技术问题，并具有相同的预期效果。3. 我委认定权利要求1中仅限定了一个槽——识别槽，而并非限定同时具有两个槽——识别槽和安装槽；而这个识别槽实现电池识别的原理其实很简单，就是通过判断是否能和主设备上的识别凸起相配合来判断电池是否和主设备兼容。而对比文件1中已经公开了上述的槽和凸起的配合结构，而且本领域技术人员很明显可以确定：如果上述槽和凸起不能配合的话，电池与主设备之间就不可能组装在一起，因此对比文件1中的结构必然同样可以实现相同的识别技术效果，因此权利要求1相对于对比文件1不具备新颖性，上述事实认定和法律适用准确无误。上述意见同样适用于权利要求2、3、5、4。关于原告认为本次无效宣告请求审查中没有收到第三人关于权利要求3不具备创造性的书面意见陈述，因而剥夺了原告对权利要求3具备创造性的答辩机会的问题，我委现提供口审记录表，其中明确记录在口审中柏力电子二厂明确其理由为权利要求3不具备创造性，以此为据可以认定口审当日双方当事人已经对本专利权利要求3是否具备创造性进行了充分的辩论和意见陈述，我委并未剥夺原告合法的意见陈述权利。综上，被告认为第8122号决定认定事实清楚、适用法律正确、审理程序合法，原告的诉讼理由不能成立，请求维持第8122号决定。

第三人柏力电子二厂未提交书面陈述意见，其在庭审中表示同意被告的答辩意见，请求维持第8122号决定。

二、事实认定

经审理查明：本专利的申请日为1995年9月2日、优先权日为1994年9月2日、授权公告日为2002年9月4日、专利权人为索尼公司。本专利授权公告的权利要求书包括9项权利要求，其中权利要求1～9如下："1. 一种电池装置，它包括：一壳体，其内设置有电池盒单元，并且在其外部周围的侧表面上具有装载表面部分，所述装载表面部分可与主装置的安装表面部分相连接，和装在所述壳体内的所述电池盒单元内的电池；其特征是所述壳体的装载表面部分具有识别槽，该槽在接合表面上具有敞开的开口端，并且在主装置上以平行于装载方向的方向由所述开口端延伸，所述接合表面以与装载表面部分成直角的方向在壳体的装载表面上形成。2. 如权利要求1的电池装置，其特征是电池盒单元是通过具有拱形截面的连续内壁部分所限定的空间而形成，用以固定多节电池，其每节具有基本上为圆形的截面，并且所述识别槽是在内壁部分加厚部分的装载表面部分上形成。3. 如权利要求2的电池装置，其特征是至少一对导引槽是在壳体的两侧表面部分上形成，并在壳体的外部周围以与平行于装载方向的装载表面部分成直角而延伸，所述识别槽位于相对于装载表面部分的中心线偏置的位置上，并且导引槽的起始端要比识别槽的终端更靠近所述接合表面。4. 如权利要求1的电池装置，其特征是还包括与所述识别槽平行的安装槽，并且充电识别元件面向安装槽而可移动地安装，用以指示电池是非充电或充电的。5. 如权利要求1的电池装置，其特征是壳体在带有识别槽开口端的侧表面两端上具有连接端子，所述端子连接于装在电池盒单元内的电池上。6. 一种用于电池装置的安装装置，它包括：一壳体，其内有电池盒单元，并且在其外部周围的侧表面上具有装载表面部分，所述装载表面部分可连接于主装置的安装表面部分，并且电池可安装在所述壳体的所述电池盒单元内，其特征是所述壳体的装载表面部分具有识别槽，该槽在接合表面上具有敞开的开口端，并且在主装置上由平行于装载方向的所述开口端延伸，所述接合表面是在壳体的装载表面上以与装载表面部分成直角的方向而形成，和一主装置，它具有壳体，其在外部周围的侧表面上具有连续的安装表面部分，用以将电池装置安装其上，所述壳体还具有棱形识别凸耳，其一端固定在接合表面上，该表面是在与其直角的安装表面部分上形成，所述识别凸耳是与安装表面部分整体地形成，所述主装置上的识别凸耳可拆地接合于电池装置的所述识别槽中。7. 如权利要求6的用于电池装置的安装装置，其特征是电池装置在其侧表面上具有至少一对导引槽，该表面与平行于装载方向延伸的装载表面部分成直角而延伸，识别槽相对于装载表面部分的中心线偏置，导引槽的起始端要比识别槽的终端更靠近于接合表面，主装置在安装表面部分的两侧表面上具有至少一导引壁部分以与安装表面部分成直角而延伸，在导引壁部分的内壁部分上形成有导引凸起，并且识别凸起在相对于安装表面部分中心线偏置的位置上整体地形成，其导引凸起的起始端要比识别凸起的终端更靠近于接合表面，并且其中在初始装载状态下，其中可将在主装置上提供的导引凸起插入电池装置上所形成的导引槽中，在将电池装置装在主装置上的过程中，可将识别凸起插入到识别槽中。8. 如权利要求6或7的用于电池装置的安装装置，其特征是电池装置具有相互平行的识别槽和安装槽，并且充电识别元件面向安装槽而可移动地安装，用以指示电池是否充电或非充电，并且其中主装置在识别凸起的邻接端上具有致动部分，用以向内移动电池装置上所带的充电识别元件。9. 如权利要求 8 的用于电池装置的安装装置，其特征是充电识别元件具有面向主装置安装表面部分的切开槽，主装置包括接合凸起，它可接合到在充电识别元件上形成而与致动部分对齐的切开槽中，并且其中接合凸起当将电池装置装载表面部分由主装置安装表面部分上拆下时接合到切开槽中，用以抽出和移动充电识别元件。”

专利复审委员会于 2004 年 11 月 22 日收到柏力电子二厂就本专利提交的无效宣告请求书以及附件（简称对比文件 1）：ZL93107208. 5 号发明专利说明书复印件，其申请日为 1993 年 5 月 29 日、授权公告日为 2001 年 1 月 24 日。柏力电子二厂提出的无效理由是：本专利权利要求 1 不符合专利法实施细则第二十一条第二款的规定；对比文件 1 的公开日为 1994 年 2 月 23 日，早于本专利的优先权日，因此可以作为评价本专利的证据使用，权利要求 1、2、3、5 相对于对比文件 1 不具备新颖性。经形式审查合格，专利复审委员会受理了上述无效宣告请求，并于 2004 年 11 月 22 日将该无效宣告请求书及其附件的副本转送索尼公司。索尼公司提交意见陈述书，认为对比文件 1 不能破坏本专利权利要求的新颖性和创造性。2005 年 5 月 16 日，专利复审委员会就本案举行口头审理。口审中，柏力电子二厂当庭提交了对比文件 1 的公开文本的首页和权利要求书以及说明书第 6 页，证明对比文件 1 的公开日期在本专利申请日之前；索尼公司对对比文件 1 的真实性没有异议，并认可对比文件 1 的授权文本和公告文本记载的说明书内容一致，因此认可对比文件 1 的授权文本中记载的内容已经在本专利优先权日之前公开；柏力电子二厂明确其无效理由为：本专利独立权利要求 1 不符合专利法实施细则第二十一条第二款的规定；本专利权利要求 1、2、5 不具备新颖性，本专利权利要求 3 不具备创造性。基于上述事实，专利复审委员会作出了第 8122 号决定。

另查明：对比文件 1 公开一种具有检查误使用的槽与/或隐蔽式端子的电池盒。由其说明书第 9 页载明的内容可知：电池组 10 包括壳体 18，电池组 10 内有两排圆柱形电池；由图 10 所示可知：在电池组 10 具有基本为矩形的底面，可以与主装置的安装表面部分相连接；由图 14 所示可知：在电池组 10 的底面上形成凹陷部分 114，该凹陷部分 114 基本为槽状，在电池组的前端表面具有开口端，并且在电池组上以平行于装载方向的方向由所述开口端延伸，该电池组的前端表面与电池组的底面部分垂直；由第 12 页对图 15A 所示例子的描述内容可知：电器设备的电池容纳部分 90 包括一个突起部分 90A，当电池组 10 沿箭头 L 的方向移动且它与电池容纳部分 90 的底面接触时，突起部分 90A 就与滑片 118 的伸出部分 118B 接合，借此使滑片 118 向里推进，其中滑片 118 为电池组 10 的凹陷部分 114 中的移动件；由图 7 所示和说明书第 9 页的说明内容可知：电池组 10 是由具有拱形截面的连续内壁部分所限定的空间而形成，其中容纳有两排圆柱形电池，在电池组底面形成有槽状凹陷部分 114，在下壳体 16 的前端部 16 - 1 的两端上形成凹陷部分 80、82，组合电池的第一、第二电极 36、38 位于凹陷部分 80、82 的底面上；由图 11B 所示和说明书第 10 页的描述内容可知：在壳体的两侧表面上形成孔 120、122、124 和 126，并以与平行于装载方向的装载表面部分成直角而延伸，用于接收电器设备的电池容纳部分上的相应突起部分；由图 11C 所示可以看出：上述孔的起始端和凹陷部分 114 的终端与电池组的前端面 16 - 1 的距离基本相同。经过比较可以看出，对比文件 1 中的孔 120、122、124 和 126 的结构和功能与本专利权利要求 3 中的导引槽相同，但是对比文件 1 并未公开权利要求 3 中与识别槽、导引槽的位置相关的技术特征。上述事实有本专利授权公告说明书、对比文件 1、第 8122 号决定、口审记录表及当事人陈述等证据在案佐证。

三、判决理由

本院认为：

（一）关于程序违法问题

被告提供的有各方代理人签字确认的口审记录表可以证明，在行政审查的口审中，柏力电子二厂明确其理由为权利要求3不具备创造性，原告在当时对此是很清楚的，现并无证明其当时拒绝对此进行陈述的证据，因此，可以认定口审当日原告已经对本专利权利要求3是否具备创造性进行了充分的辩论和意见陈述，被告并没有剥夺原告针对权利要求3创造性陈述意见的合理时间。被告在第8122号决定中对本专利权利要求3是否具备创造性的评判并不属于“突然袭击”，也未损害原告的正当权利，故原告关于程序违法的主张，不能成立，本院不予支持。

（二）关于新颖性、创造性评判的问题

根据审查指南第二部分第三章第3.1节的规定，在判断新颖性时，“如果专利申请与对比文件公开的内容相比，其权利要求所限定的技术方案与对比文件公开的技术方案实质上相同，所属技术领域的技术人员根据两者的技术方案可以确定两者能够适用于相同的技术领域，解决相同的技术问题，并具有相同的预期效果，则认为两者为同样的发明或者实用新型。”以此规定，在新颖性判断中，并不要求对比文件中明确撰写其技术方案解决的技术问题和达到的预期技术效果与权利要求的技术方案相同，而只要本领域技术人员判断二者技术方案后，确定二者能够适用于相同的技术领域，解决相同的技术问题，并具有相同的预期效果，就可以判断二者属于相同的发明或实用新型。发明或者实用新型专利权的保护范围应当以其权利要求的内容为准，说明书和附图可以用于解释权利要求，但是不能将说明书和附图的内容引入权利要求中。本专利权利要求1中仅限定了一个槽——识别槽，而并非如原告所称“同时具有两个槽——识别槽和安装槽”。原告的该主张，在实质上已将本专利说明书实施例的技术方案引入到本专利权利要求1所限定的技术方案之中，这是相关法律规定所不能允许的。对比文件1可以作为评价本专利权利要求新颖性、创造性的现有技术。对此，各方当事人均无异议。将本专利权利要求1与对比文件1进行比较可知，对比文件1中的电池组10、壳体18、电池、底面、前端面分别对应于权利要求1中的电池盒、壳体、电池、装载表面和接合表面，对比文件1中的槽状凹陷部分114与本专利权利要求1中的识别槽的结构、位置完全一致，该槽状凹陷部分114与电器设备上的突起部分90A相配合，同样可以实现防止不具有该凹陷部分的电池组安装在电器设备上的作用，因此对比文件1已经公开了本专利权利要求1中的全部技术特征，二者技术方案实质相同，本领域技术人员能够确定对比文件1公开的电池组10与本专利权利要求1所限定的电池装置属于相同的技术领域、具有相同的结构，并能解决相同的技术问题、实现相同的技术效果，因此权利要求1相对于对比文件1不具备新颖性。由于在电池底面形成上述槽状凹陷部分，必然需要在相应底面部分加厚，这是本领域普通技术人员根据对比文件1附图13A所示内容可以直接导出的技术手段。因此对比文件1已经公开了权利要求2中的全部附加技术特征，在权利要求1相对于对比文件1不具备新颖性时，其从属权利要求2相对于对比文件1也不具备新颖性。对比文件1第9页和图7所示，在下壳体16的前端部16-1的两端上形成凹陷部分80、82，组合电池的第一、第二电极36、38位于凹陷部分80、82的底面上。由于容纳电池第一、第二电极的凹陷部分80和82与槽状凹陷部分114开口端同样位于电池组的前端面的两端上，因此对比文件1已经公开了权利要求5的附加技术特征，在权利要求1相对于对比文件1不具备新颖性时，其从属权利要求5相对于对比文件1也不具备新颖性。虽然对比文件1未公开本专利权利要求3中与识别槽、导引槽的位置相关的技术特征，但是对比文件1中的凹陷部分114与权利要求3中的识别槽都可以实现区分电池组外形的技术效果，该结构所处位置是否偏移电池组的底面中心线对实现该技术效果并无影响，而且本领域技术人员凭借一般常识选择电池组底面的合适部位设置识别槽并不需要付出创造性劳动。因此对比文件1公开的技术方案与权利要求3的技术方案并无实质性区别，权利要求3相对于对比文件1并不具有突出的实质性特点和显著的进步，不符合专利法第二十二条第三款关于创造性的规定。

四、判决内容

综上所述，原告索尼公司的诉讼理由及其请求缺乏事实与法律根据，本院不予支持。专利复审委员会作出的第8122号决定，认定事实清楚，审查程序合法，适用法律正确，应予维持。依据《中华人民共和国行政诉讼法》第五十四条第（一）项之规定，本院判决如下：维持被告中华人民共和国国家知识产权局专利复审委员会作出的第8122号无效宣告请求审查决定。案件受理费1000元，由原告索尼公司负担（已交纳）。如不服本判决，原告索尼公司可在本判决送达之日起30日内，其他当事人可在本判决送达之日起15日内，向本院递交上诉状及副本，并交纳上诉案件受理费1000元，上诉于中华人民共和国北京市高级人民法院。上诉期满后7日内未交纳上诉案件受理费的，按自动撤回上诉处理。

审 判 长 赵 静
代理审判员 江建中
代理审判员 于立彪
判 决 日 期 二〇〇五年十二月十日
书 记 员 吴 江

中华人民共和国
北京市高级人民法院
行政判决书

（2007）高行终字第289号

上诉人（原审原告）（日本国）索尼公司，住所地日本东京都港区港南一丁目7番1号。

法定代表人中钵良治，代表执行董事。

委托代理人刘芳，北京同立钧成知识产权代理有限公司专利代理人。

委托代理人丁琛，北京同立钧成知识产权代理有限公司专利代理人。

被上诉人（原审被告）中华人民共和国国家知识产权局专利复审委员会，住所地中华人民共和国北京市海淀区北四环西路9号银谷大厦10～12层。

法定代表人廖涛，副主任。

委托代理人孙治国，该复审委员会审查员。

委托代理人张鹏，该复审委员会审查员。

第三人深圳市宝安区观澜柏力电子二厂，住所地中华人民共和国广东省深圳市宝安区观澜街道黎光社区黎新路2号。

负责人何燕娴。

委托代理人王志明，深圳睿智专利事务所所长。

上诉人索尼公司因专利无效行政纠纷一案，不服中华人民共和国北京市第一中级人民法院（下称北京市第一中级人民法院）（2006）一中行初字第862号行政判决，向本院提起上诉。本院2007年5月29日受理后，依法组成合议庭，于2007年6月25日公开开庭审理了本案。上诉人索尼公司的委托代理人刘芳，被上诉人中华人民共和国国家知识产权局专利复审委员会（下称专利复审委员会）的委托代理人张鹏、孙治国，第三人深圳市宝安区观澜柏力电子二厂（下称柏力电子二厂）的委托代理人王志明到庭参加了诉讼。本案现已审理终结。

本案涉及授权公告日为2002年9月4日、名称为“电池装置和用于电池装置的安装装置”的发明专利（下称本专利），专利权人为索尼公司，专利号为95117112.7号，申请日为1995年9月2日。

2004年11月22日，柏力电子二厂以本专利不符合专利法的有关规定为由，向专利复审委员会提出无效宣告请求。2006年3月13日，专利复审委员会作出第8122号无效宣告请求审查决定（下称第8122号决定），宣告本专利权利要求1、2、3、5无效，在权利要求4、6、7、8、9的基础上维持本专利权有效。索尼公司不服该决定，向北京市第一中级人民法院提起诉讼，请求撤销专利复审委员会作出的第8122号决定，维持本专利权全部有效。

北京市第一中级人民法院认为：在行政审查程序中，柏力电子二厂明确其理由为权利要求3不具备创造性，索尼公司在当时对此是很清楚的，因此，可以认定口审当日索尼公司已经对本专利权利要求3是否具备创造性进行了充分的辩论和意见陈述。专利复审委员会在第8122号决定中对本专利权利要求3是否具备创造性的评判并不属于“突然袭击”，也未损害索尼公司的正当权利，故索尼公司关于程序违法的主张不能成立。

本专利权利要求1中仅限定了一个槽——识别槽，而并非如索尼公司所称“同时具有两个槽——识别槽和安装槽”。索尼公司的该主张，在实质上已将本专利说明书实施例的技术方案引入到本专利权利要求1所限定的技术方案之中，这是相关法律规定所不能允许的。

对比文件1已经公开了本专利权利要求1中的全部技术特征，二者技术方案实质相同，因此权利要求1相对于对比文件1不具备新颖性。

对比文件1已经公开了权利要求2中的全部附加技术特征，在权利要求1相对于对比文件1不具备新颖性时，其从属权利要求2相对于对比文件1也不具备新颖性。对比文件1已经公开了权利要求5的附加技术特征，在权利要求1相对于对比文件1不具备新颖性时，其从属权利要求5相对于对比文件1也不具备新颖性。

对比文件1公开的技术方案与权利要求3的技术方案并无实质性区别，权利要求3相对于对比文件1并不具有突出的实质性特点和显著的进步，不符合专利法第二十二条第三款关于创造性的规定。

综上所述，北京市第一中级人民法院依据《中华人民共和国行政诉讼法》第五十四条第（一）项之规定，判决：维持专利复审委员会作出的第8122号决定。

索尼公司不服原审判决，向本院提起上诉，请求撤销原审判决及专利复审委员会第8122号决定，由专利复审委员会重新作出无效宣告请求审查决定。其主要理由是：一、本专利权利要求1具备新颖性。专利复审委员会在评述本专利权利要求1的新颖性时，对于该技术方案与对比文件1所要解决的技术问题、技术方案、预期效果的认定过程中，错误地运用新颖性评价标准作出本专利权利要求1相对于对比文件1不具有新颖性的决定。在本专利权利要求1具备新颖性的前提下，从属权利要求2、5也具备新颖性。1. 本专利权利要求1的识别槽4和对比文件1凹陷部分的技术特征在结构上、功能上不同；2. 权利要求1的技术方案不包含“滑片118”；3. 凸起5与突起部分90A的结构不同说明了识别槽和凹陷部分的不同，不能达到权利要求1的识别槽技术方案的发明目的。二、本专利权利要求3具备创造性。权利要求3的技术特征为至少一对引导槽是在壳体的两侧表面部分上形成，并在壳体的外部周围以与平行于装载方向的装载表面部分成直角而延伸，所述识别槽位于相对于装载表面部分的中心线偏置的位置上，并且引导槽的起始端比识别槽的终端更靠近所述结合表面。上述技术特征不仅能够较早地发现电池与主设备不匹配的错误，还能更好地保护主设备上的各种部件。

专利复审委员会、柏力电子二厂服从原审判决。

经审理查明：名称为“电池装置和用于电池装置的安装装置”的发明专利（即本专利）的申请日为1995年9月2日、优先权日为1994年9月2日、授权公告日为2002年9月4日、专利权人为索尼公司。本专利授权公告的权利要求书包括9项权利要求，其中权利要求1～9如下：

“1. 一种电池装置，它包括：一壳体，其内设置有电池盒单元，并且在其外部周围的侧表面上具有装载表面部分，所述装载表面部分可与主装置的安装表面部分相连接，和装在所述壳体内的所述电池盒单元内的电池；其特征是所述壳体的装载表面部分具有识别槽，该槽在接合表面上具有敞开的开口端，并且在主装置上以平行于装载方向的方向由所述开口端延伸，所述接合表面以与装载表面部分成直角的方向在壳体的装载表面上形成。

2. 如权利要求1的电池装置，其特征是电池盒单元是通过具有拱形截面的连续内壁部分所限定的空间而形成，用以固定多节电池，其每节具有基本上为圆形的截面，并且所述识别槽是在内壁部分加厚部分的装载表面部分上形成。

3. 如权利要求2的电池装置，其特征是至少一对导引槽是在壳体的两侧表面部分上形成，并在壳体的外部周围以与平行于装载方向的装载表面部分成直角而延伸，所述识别槽位于相对于装载表面部分的中心线偏置的位置上，并且导引槽的起始端要比识别槽的终端更靠近所述接合表面。

4. 如权利要求1的电池装置，其特征是还包括与所述识别槽平行的安装槽，并且充电识别元件面向安装槽而可移动地安装，用以指示电池是非充电或充电的。

5. 如权利要求1的电池装置，其特征是壳体在带有识别槽开口端的侧表面两端上具有连接端子，所述端子连接于装在电池盒单元内的电池上。

6. 一种用于电池装置的安装装置，它包括：一壳体，其内有电池盒单元，并且在其外部周围的侧表面上具有装载表面部分，所述装载表面部分可连接于主装置的安装表面部分，并且电池可安装在所述壳体的所述电池盒单元内，其特征是所述壳体的装载表面部分具有识别槽，该槽在接合表面上具有敞开的开口端，并且在主装置上由平行于装载方向的所述开口端延伸，所述接合表面是在壳体的装载表面上以与装载表面部分成直角的方向而形成，和一主装置，它具有壳体，其在外部周围的侧表面上具有连续的安装表面部分，用以将电池装置安装其上，所述壳体还具有棱形识别凸耳，其一端固定在接合表面上，该表面是在与其直角的安装表面部分上形成，所述识别凸耳是与安装表面部分整体地形成，所述主装置上的识别凸耳可拆地接合于电池装置的所述识别槽中。

7. 如权利要求6的用于电池装置的安装装置，其特征是电池装置在其侧表面上具有至少一对导引槽，该表面与平行于装载方向延伸的装载表面部分成直角而延伸，识别槽相对于装载表面部分的中心线偏置，导引槽的起始端要比识别槽的终端更靠近于接合表面，主装置在安装表面部分的两侧表面上具有至少一导引壁部分以与安装表面部分成直角而延伸，在导引壁部分的内壁部分上形成有导引凸起，并且识别凸起在相对于安装表面部分中心线偏置的位置上整体地形成，其导引凸起的起始端要比识别凸起的终端更靠近于接合表面，并且其中在初始装载状态下，其中可将在主装置上提供的导引凸起插入电池装置上所形成的导引槽中，在将电池装置装在主装置上的过程中，可将识别凸起插入到识别槽中。

8. 如权利要求6或7的用于电池装置的安装装置，其特征是电池装置具有相互平行的识别槽和安装槽，并且充电识别元件面向安装槽而可移动地安装，用以指示电池是否充电或非充电，并且其中主装置在识别凸起的邻接端上具有致动部分，用以向内移动电池装置上所带的充电识别元件。

9. 如权利要求8的用于电池装置的安装装置，其特征是充电识别元件具有面向主装置安装表面部分的切开槽，主装置包括接合凸起，它可接合到在充电识别元件上形成而与致动部分对齐的切开槽中，并且其中接合凸起当将电池装置装载表面部分由主装置安装表面部分上拆下时接合到切开槽中，用以抽出和移动充电识别元件。”

2004 年 11 月 22 日，柏力电子二厂就本专利向专利复审委员会提出无效宣告请求，其无效理由为：本专利独立权利要求 1 不符合专利法实施细则第二十一条第二款的规定；本专利权利要求 1、2、5 相对于对比文件 1 不具备新颖性，本专利权利要求 3 不具备创造性。柏力电子二厂提交了相关证据材料，其中：

对比文件 1：ZL93107208.5 号发明专利说明书复印件，其申请日为 1993 年 5 月 29 日、授权公告日为 2001 年 1 月 2 4 日。对比文件 1 公开了一种具有检查误使用的槽与/或隐蔽式端子的电池盒。其说明书第 9 页载明的内容为：电池组 10 包括壳体 18，电池组 10 内有两排圆柱形电池；由图 10 所示可知：在电池组 10 具有基本为矩形的底面，可以与主装置的安装表面部分相连接；由图 14 所示可知：在电池组 10 的底面上形成凹陷部分 114，该凹陷部分 114 基本为槽状，在电池组的前端表面具有开口端，并且在电池组上以平行于装载方向的方向由所述开口端延伸，该电池组的前端表面与电池组的底面部分垂直；由第 12 页对图 15A 所示例子的描述内容可知：电器设备的电池容纳部分 90 包括一个突起部分 90A，当电池组 10 沿箭头 L 的方向移动且它与电池容纳部分 90 的底面接触时，突起部分 90A 就与滑片 118 的伸出部分 118B 接合，借此使滑片 118 向里推进，其中滑片 118 为电池组 10 的凹陷部分 114 中的移动件；由图 7 所示和说明书第 9 页的说明内容可知：电池组 10 是由具有拱形截面的连续内壁部分所限定的空间而形成，其中容纳有两排圆柱形电池，在电池组底面形成有槽状凹陷部分 114，在下壳体 16 的前端部 16－1 的两端上形成凹陷部分 80、82，组合电池的第一、第二电极 36、38 位于凹陷部分 80、82 的底面上；由图 11B 所示和说明书第 10 页的描述内容可知：在壳体的两侧表面上形成孔 120、122、124 和 126，并以与平行于装载方向的装载表面部分成直角而延伸，用于接收电器设备的电池容纳部分上的相应突起部分；由图 11C 所示可以看出：上述孔的起始端和凹陷部分 114 的终端与电池组的前端面 16－1 的距离基本相同。经过比较可以看出，对比文件 1 中的孔 120、122、124 和 126 的结构和功能与本专利权利要求 3 中的导引槽相同，但是对比文件 1 并未公开权利要求 3 中与识别槽、导引槽的位置相关的技术特征。

2006 年 3 月 13 日，专利复审委员会作出第 8122 号决定。该决定认定：1. 本专利符合专利法实施细则第二十一条第二款的规定。2. 对比文件 1 已经公开了本专利权利要求 1 中的全部技术特征，对比文件 1 公开的电池组 10 与本专利权利要求 1 所限定的电池装置属于相同的技术领域、具有相同的结构，并能解决相同的技术问题、实现相同的技术效果，因此权利要求 1 相对于对比文件 1 不具备新颖性。对比文件 1 已经公开了权利要求 2、5 中的全部附加技术特征，在权利要求 1 相对于对比文件 1 不具备新颖性时，其从属权利要求 2、5 相对于对比文件 1 也不具备新颖性。对比文件 1 公开的技术方案与权利要求 3 的技术方案并无实质性区别，其区别是本领域技术人员利用常识可以很容易实现的技术手段。因此权利要求 3 相对于对比文件 1 并不具有突出的实质性特点和显著的进步，不符合专利法第二十二条第三款关于创造性的规定。基于上述理由，决定：宣告本专利权利要求 1、2、3、5 无效，在权利要求 4、6、7、8、9 的基础上维持本专利权有效。

上述事实有本专利授权公告说明书、对比文件 1、第 8122 号决定、口审记录表及当事人陈述等证据在案佐证。

本院认为：在判断发明专利新颖性时，如果专利申请与对比文件公开的内容相比，其权利要求所限定的技术方案与对比文件公开的技术方案实质上相同，所属技术领域的技术人员根据两者的技术方案可以确定两者能够适用于相同的技术领域，解决相同的技术问题，并具有相同的预期效果，则认为两者为同样的发明或者实用新型。因此，在新颖性判断中并不要求对比文件中明确记载有其技术方案解决的技术问题和达到的预期效果与本专利权利要求的技术方案相同，故专利复审委员会在评述本专利权利要求 1 的新颖性时对新颖性的评价标准是正确的。

将本专利权利要求 1 与对比文件 1 进行比较可知，对比文件 1 中的槽状凹陷部分 114 与本专利权利要求 1 中识别槽的结构、位置完全一致，该槽状凹陷部分 114 与电器设备上的突起部分 90A 相配合，同样可以实现防止不具有该凹陷部分的电池组安装在电器设备上的作用，因此对比文件 1 已经公开了本专利权利要求 1 中的全部技术特征。发明或者实用新型专利权的保护范围应当以其权利要求的内容为准。本专利权利要求 1 中并没有要求保护识别槽的具体结构，因此索尼公司关于本专利凸起 5 与对比文件 1 突起部分 90A 的结构不同、识别槽技术方案不包含对比文件 1 中的滑片 118、对比文件 1 不能达到权利要求 1 的识别槽技术方案的发明目的的主张不能成立。故本专利权利要求 1 与对比文件 1 的技术方案实质相同，本领域技术人员能够确定对比文件 1 公开的电池组 10 与本专利权利要求 1 所限定的电池装置属于相同的技术领域、具有相同的结构，并能解决相同的技术问题、实现相同的技术效果，因此权利要求 1 相对于对比文件 1 不具备新颖性。

由于权利要求 1 相对于对比文件 1 不具备新颖性，索尼公司关于在本专利权利要求 1 具备新颖性的前提下，从属权利要求 2、5 也具备新颖性的主张亦不能成立。

虽然对比文件 1 未公开本专利权利要求 3 中与识别槽、导引槽的相关位置的技术特征，但是对比文件 1 中的凹陷部分 114 与权利要求 3 中的识别槽均可以实现区分电池组外形的技术效果，该结构所处位置是否偏移电池组的底面中心线对实现该技术效果并无影响。此外，由于对比文件 1 的图 11C 已经显示上述孔的起始端和凹陷部分 114 的终端与电池组的前端面 16－1 的距离基本相同，因此对比文件 1 公开的技术方案与权利要求 3 公开的技术方案并无实质性区别，权利要求 3 相对于对比文件 1 并不具有突出的实质性特点和显著的进步，不符合专利法第二十二条第三款关于创造性的规定。

综上，专利复审委员会作出的第 8122 号决定及原审判决认定事实清楚，审查程序合法，适用法律正确，应予维持。索尼公司的上诉理由不能成立，其上诉请求本院不予支持。依据《中华人民共和国行政诉讼法》第六十一条第（一）项之规定，判决如下：

驳回上诉，维持原判。

一、二审案件受理费各 1000 元，均由索尼公司负担（已交纳）。

本判决为终审判决。

审 判 长　张　冰
代理审判员　钟　鸣
代理审判员　刘晓军
二〇〇七年十二月十一日
书 记 员　迟雅娜
书 记 员　张见秋

022

分流铜线卡案

无效宣告请求审查决定（第8149号）

决　定　号　第8149号
决　定　日　2006年3月9日
发明创造名称　分流铜线卡
国际分类号　H02G 3/08　H02G 3/16　H01R 11/00　H01R 4/38
无效请求人　重庆锐利电力发展有限公司
专利权人　黄可楼
申　请　号　01238868.8
申　请　日　2001年4月12日
授权公告日　2002年3月13日
合议组组长　张　度
主　审　员　高海燕
参　审　员　周雷鸣

法律依据　专利法第二十二条第三款
决定要点

如果一项权利要求的技术方案与现有技术的技术方案相比存在区别技术特征，且现有技术对上述区别技术特征也没有给出任何技术启示，本领域技术人员在现有技术的基础上得出该权利要求的技术方案需要付出创造性劳动，则该权利要求具备创造性。

一、案由

本无效宣告请求涉及国家知识产权局专利局于2002年3月13日授权公告的01238868.8号实用新型专利（下称本专利），其名称为“分流铜线卡”，申请日为2001年4月12日，专利权人为黄可楼（下称被请求人）。

授权公告的权利要求书如下：

“1. 一种分流铜线卡，包括基座、上盖及母线压板组件，其特征在于：所述基座（1）上设有两条或两条以上互相隔离的母线定位槽（2），基座（1）上还固定设有相同数目的导电基体（3），每条导电基体（3）与一条母线定位槽（2）对应，一端与对应的母线定位槽（2）相接，导电基体（3）的另一端从与其相交的其他母线定位槽（2）下方引至基座（1）边缘，端部并设有分流线夹紧机构，导电基体（3）与相交的其他母线定位槽（2）相互绝缘，导电基体（3）上与对应的母线定位槽（2）相接的一端设有凹槽（4）构成母线位槽（2）中的一部分，凹槽（4）上设有母线压板机构。

2. 根据权利要求1所述的分流铜线卡，其特征在于：所述导电基体（3）对应与其他母线定位槽（2）相交的位置厚度较薄，表面设有绝缘层（17）及与其相交的其他母线定位槽（2）中的一部分。

3. 根据权利要求 1 或 2 所述的分流铜线卡，其特征在于：所述分流线夹紧机构由设于端面上的分流线定位孔（6）、压紧螺丝（7）、卡板（8）、卡板复位弹簧（9）及螺钉（10）构成，卡板（8）设在分流线定位孔（6）内及压紧螺丝（7）的下方，分流线定位孔（6）上方设有与分流线定位孔（6）联通的垂直通孔（11）及螺孔（18），压紧螺丝（7）通过螺孔（18）压紧分流线，螺钉（10）上套设卡板复位弹簧（9）后前端穿过通孔（11）与卡板（8）联接；所述的母线压板机构由螺柱（12）、母线压板（5）螺帽（13）及垫片（14）构成，在导电基体（3）上邻近凹槽（4）处设有垂直通孔（15），基座（1）对应通孔（15）处垂直固定设有螺柱（12），螺柱（12）穿过通孔（15），螺柱（12）上动配合设有母线压板（5），并可由垫片（14）和螺帽（13）压紧。

4. 根据权利要求 1 或 2 所述的分流铜线卡，其特征在于：所述母线定位槽（2）相互平行，导电基体（3）也相互平行且与母线定位槽（2）垂直，分流线夹紧机构设于基座（1）的同一侧。

5. 根据权利要求 3 所述的分流铜线卡，其特征在于：所述母线定位槽（2）相互平行，导电基体（3）也相互平行且与母线定位槽（2）垂直，分流线夹紧机构设于基座（1）的同一侧。”

针对上述专利权，重庆锐利电力发展有限公司（下称请求人）于 2005 年 6 月 20 日向专利复审委员会提出无效宣告请求，其理由是本专利权利要求 1 ~ 5 不具备创造性，不符合专利法第二十二条第三款的规定。请求人同时提交了下列附件作为证据：

附件 1：中国实用新型专利 CN2158138Y（下称对比文件 1），授权公告日为 1994 年 3 月 2 日。

请求人另于 2005 年 6 月 27 日、2005 年 7 月 5 日、2005 年 7 月 20 日补充提交意见陈述书以及下列附件 4 ~ 6 作为证据：

附件 4：中国实用新型专利 CN2414536Y（下称对比文件 2），授权公告日为 2001 年 1 月 10 日；

附件 5：中国实用新型专利 CN2346081Y（下称对比文件 3），授权公告日为 1999 年 10 月 27 日；

附件 6：中国实用新型专利 CN2412296Y（下称对比文件 4），授权公告日为 2000 年 12 月 27 日。

请求人在 2005 年 6 月 20 日提交的无效宣告请求书和 2005 年 6 月 27 日、2005 年 7 月 5 日补充提交的意见陈述书中认为：权利要求 1 ~ 5 不具备创造性，不符合专利法第二十二条第三款的规定。请求人在 2005 年 7 月 20 日补充提交的意见陈述书中认为：权利要求 1 ~ 5 不具备创造性，具体理由为：权利要求 1 与对比文件 3 的区别在于对比文件 3 的线夹只能用于一条母线，而权利要求 1 可以用于两条母线，因此，权利要求 1 所公开的专利为拼凑专利，不具备创造性；权利要求 2 的附加技术特征不需要创造性劳动即可实现，权利要求 2 不具备创造性；权利要求 3 与对比文件 3 和对比文件 4 相比结构基本相同，不具备创造性；权利要求 4 和权利要求 5 的附加技术特征在对比文件 1 中已经全部公开，不具备创造性。

经形式审查合格，专利复审委员会于 2005 年 8 月 11 日受理了上述无效宣告请求，同日将请求人提交的专利权无效宣告请求书及其附件清单中所列附件副本以及 2005 年 6 月 27 日、2005 年 7 月 5 日、2005 年 7 月 20 日补充提交的意见陈述书及其附件副本转交被请求人，要求其在指定的期限内答复。

针对上述无效宣告请求，被请求人于 2005 年 9 月 22 日提交了意见陈述书。在该意见陈述书中，被请求人认为：（1）请求人提交的所有对比文件，尤其是对比文件 1 和对比文件 3 均未公开权利要求 1 中的“母线定位槽”和“母线压板机构”等特征，也没有给出任何技术启示，因此权利要求 1 具备创造性，权利要求 2 ~ 5 也具备创造性。

合议组于 2005 年 9 月 27 日向双方当事人发出口头审理通知书，定于 2005 年 11 月 9 日举行口头审理，并于 2005 年 10 月 8 日将被请求人的上述意见陈述转交请求人。

口头审理如期举行。双方当事人均参加了口头审理。在口头审理中，双方当事人对对方出庭人员的身份没有异议；对合议组成员没有回避请求；请求人明确表示以2005年7月20日提交的第4次意见陈述为主；请求人明确表示对比文件2与对比文件3等同；请求人明确其无效理由为：权利要求1~5不符合专利法第二十二条第三款的规定，评价创造性的具体方式为：以对比文件3为最接近的对比文件，以对比文件1结合对比文件3评价权利要求1~5的创造性，以对比文件4结合对比文件3和对比文件1评价权利要求3的创造性；被请求人对对比文件1~4的真实性有异议。

至此，合议组认为本案事实已经清楚，现依法作出审查决定。

二、决定的理由

1. 关于证据

请求人提交的对比文件1~4均为本专利申请日前公开的中国专利文件，合议组经核实后予以认可，因此，对比文件1~4可作为现有技术的证据使用。

2. 关于权利要求1~5相对于对比文件1和3的结合是否具备创造性

专利法第二十二条第三款规定的创造性是指：同申请日以前已有的技术相比，该发明具有突出的实质性特点和显著的进步，该实用新型有实质性特点和进步。

权利要求1请求保护一种分流铜线卡，其包括基座、上盖及母线压板组件，其特征在于：所述基座（1）上设有两条或两条以上互相隔离的母线定位槽（2），基座（1）上还固定设有相同数目的导电基体（3），每条导电基体（3）与一条母线定位槽（2）对应，一端与对应的母线定位槽（2）相接，导电基体（3）的另一端从与其相交的其他母线定位槽（2）下方引至基座（1）边缘，端部并设有分流线夹紧机构，导电基体（3）与相交的其他母线定位槽（2）相互绝缘，导电基体（3）上与对应的母线定位槽（2）相接的一端设有凹槽（4）构成母线位槽（2）中的一部分，凹槽（4）上设有母线压板机构。

对比文件3公开了一种带防护罩的接户线夹（见说明书及其附图1~3），该接户线夹由线夹底板4、线夹压板2以及紧固螺丝1组成，线夹外设有薄壁8（相当于权利要求1的基座），薄壁8上设有线夹底板4，线夹底板4（相当于权利要求1的导电基体）与压板2（相当于权利要求1的母线压板机构）之间设有线槽（相当于权利要求1的母线定位槽）供导线3压接用，线夹底板4上相对线槽的纵向位置设有插线孔及紧定螺钉5，插接线7插入插线孔后由紧定螺钉5（相当于权利要求1的分流线加紧机构）固定并使其与底板4保持良好接触。将权利要求1与对比文件3相比可知，对比文件3没有公开权利要求1的“基座上设有两条或两条以上互相隔离的母线定位槽，基座上设有相同数目（即两条或两条以上）的导电基体，导电基体的一端与对应的母线定位槽相接，另一端从与其相交的其他母线定位槽（2）下方引至基座（1）边缘，导电基体（3）与相交的其他母线定位槽（2）相互绝缘，导电基体（3）上与对应的母线定位槽（2）相接的一端设有凹槽（4）构成母线位槽（2）中的一部分”等特征。

对比文件1公开了一种T形接线盒（见说明书及其附图1和2），其中，上盖体1与下盖体2用铰链铰接在一起，上盖体1与下盖体2的接合面上开有装金属片4的两两相通的线槽，在下盖体2上，一条线槽从另一条线槽下通过，以免短路，上盖体2上装有螺纹连接的压紧螺钉。使用时，将两根导线非端头部位接线处割出一段不长于横向线槽尺寸的裸线，分别搭接在下盖体2上的两条横向线槽内的金属片4上，将所要接的两根电线端头割出一段裸线，搭接在下盖体纵向线槽的金属片4上，旋紧压紧螺钉，就能接通导线。对比文件1中的装金属片4的线槽可承载导线，该线槽即相当于母线定位槽，金属片4则相当于导电基体。由于对比文件1中采用金属片4作为导电基体，而该金属片4上不具有另外的凹槽构成线槽的一部分，因此对比文件1没有公开上述区别技术特征中的特征“导电基体（3）上与对应的母线定位槽（2）相接的一端设有凹槽（4）构成母线位槽（2）中的一部分”，同时，对比文件 1 也没有给出将上述区别技术特征应用于对比文件 3 以得出权利要求 1 的技术方案的技术启示，本领域技术人员在对比文件 3 的基础上结合对比文件 1 得出权利要求 1 的技术方案需要付出创造性劳动，并且权利要求 1 的技术方案也具有通过将多条母线与各自对应的分流线分别由母线压板机构和分流线夹紧机构压接在导电基体上，从而实现母线与分流线接触可靠等的技术效果，因此，权利要求 1 相对于对比文件 1 和对比文件 3 的结合具备创造性，符合专利法第二十二条第三款的规定。

由于权利要求 1 相对于对比文件 1 和 3 的结合具备创造性，引用权利要求 1 的权利要求 2～5 相对于对比文件 1 和 3 的结合也具备创造性，符合专利法第二十二条第三款的规定。

3. 权利要求 3 相对于对比文件 1、3 和对比文件 4 的结合是否具备创造性

权利要求 3 引用权利要求 1 时的技术方案为：一种分流铜线卡，其包括基座、上盖及母线压板组件，其特征在于：所述基座（1）上设有两条或两条以上互相隔离的母线定位槽（2），基座（1）上还固定设有相同数目的导电基体（3），每条导电基体（3）与一条母线定位槽（2）对应，一端与对应的母线定位槽（2）相接，导电基体（3）的另一端从与其相交的其他母线定位槽（2）下方引至基座（1）边缘，端部并设有分流线夹紧机构，导电基体（3）与相交的其他母线定位槽（2）相互绝缘，导电基体（3）上与对应的母线定位槽（2）相接的一端设有凹槽（4）构成母线位槽（2）中的一部分，凹槽（4）上设有母线压板机构，所述分流线夹紧机构由设于端面上的分流线定位孔（6）、压紧螺丝（7）、卡板（8）、卡板复位弹簧（9）及螺钉（10）构成，卡板（8）设在分流线定位孔（6）内及压紧螺丝（7）的下方，分流线定位孔（6）上方设有与分流线定位孔（6）联通的垂直通孔（11）及螺孔（18），压紧螺丝（7）通过螺孔（18）压紧分流线，螺钉（10）上套设卡板复位弹簧（9）后前端穿过通孔（11）与卡板（8）联接；所述的母线压板机构由螺柱（12）、母线压板（5）螺帽（13）及垫片（14）构成，在导电基体（3）上邻近凹槽（4）处设有垂直通孔（15），基座（1）对应通孔（15）处垂直固定设有螺柱（12），螺柱（12）穿过通孔（15），螺柱（12）上动配合设有母线压板（5），并可由垫片（14）和螺帽（13）压紧。

将对比文件 3 与权利要求 3 比较可知，对比文件 3 没有给出权利要求 3 中的“两条以上的母线定位槽”、“两条以上的导电基体”、“导电基体上与对应的母线定位槽相接的一端设有凹槽构成母线位槽中的一部分”、“分流线夹紧机构”等技术特征，对比文件 1 和对比文件 4 中也没有公开权利要求 3 中的“导电基体上与对应的母线定位槽相接的一端设有凹槽构成母线位槽中的一部分”、“分流线夹紧机构”等特征，且对比文件 1 和对比文件 4 也没有给出将上述区别技术特征应用于对比文件 3 以得出权利要求 3 的技术方案的技术启示，本领域技术人员在对比文件 3 的基础上结合对比文件 1 和对比文件 4 得出权利要求 3 的技术方案需要付出创造性劳动，因此，权利要求 3 相对于对比文件 1、3 和对比文件 4 的结合具备创造性，符合专利法第二十二条第三款的规定。

由于权利要求 2 引用权利要求 1，权利要求 3 引用权利要求 2 的技术方案包含权利要求 3 引用权利要求 1 的技术方案的所有技术特征，因此，当权利要求 3 引用权利要求 1 的技术方案相对于对比文件 1、3 和对比文件 4 的结合具备创造性时，权利要求 3 引用权利要求 2 的技术方案相对于对比文件 1、3 和对比文件 4 的结合也具备创造性，符合专利法第二十二条第三款的规定。

综上所述，权利要求 1～5 相对于对比文件 1 和 3 的结合具备创造性，符合专利法第二十二条第三款的规定，权利要求 3 相对于对比文件 1、3 和对比文件 4 的结合也具备创造性，符合专利法第二十二条第三款的规定。

三、决定

维持 01238868. 8 号实用新型专利权有效。

当事人对本决定不服的，可以根据专利法第四十六条第二款的规定，自收到本决定之日起三个月内向北京市第一中级人民法院起诉。根据该款的规定，一方当事人起诉后，另一方当事人应当作为第三人参加诉讼。

023

自动排水卫生地漏案

无效宣告请求审查决定（第8151号）

决　　定　　号　第8151号
决　　定　　日　2006年2月24日
发明创造名称　自动排水卫生地漏
国 际 分 类 号　E03C 1/282　E03C 1/298
无 效 请 求 人　高　茭
专 利 权 人　赵富萍
申　　请　　号　01241744.0
申　　请　　日　2001年5月25日
授 权 公 告 日　2002年7月31日
合 议 组 组 长　张跃平
主　　审　　员　孙克良
参　　审　　员　张美菊

法 律 依 据　专利法第二十二条第三款
决 定 要 点

如果权利要求中除公知常识之外的技术特征分别被对比文件公开，并且对比文件之间具有结合的技术启示，则权利要求不具备创造性。

一、案由

本无效宣告请求案涉及国家知识产权局专利局于2002年7月31日授权公告的、名称为“自动排水卫生地漏”的实用新型专利权（下称涉案专利），其申请号是01241744.0，申请日是2001年5月25日，专利权人是赵富萍（下称被请求人）。该专利授权公告时的权利要求书如下：

“1. 一种自动排水卫生地漏，其特征在于：在固定外壳（2）上装有方形上盖（3），在方形上盖（3）上盖有栅网状圆形上盖（4），在固定外壳（2）上具有卡槽，在卡槽上装有内壳（1），在内壳（1）上端设有固定套头（16），在固定套头（16）上固定连接固定套管（9），在固定套管（9）对称两侧装有转动轴（15），在转动轴（15）上具有小齿轮（8），在小齿轮（8）的一侧与固定套管（9）内的双面齿条（18）相啮合，另一侧面与配重箱（5）上的齿条（17）相啮合，在双面齿条（18）的下端装有一个橡胶皮碗（13），橡胶皮碗（13）通过垫片由螺钉（14）固定在双面齿条（18）的一端，在配重箱（5）的底端装有底盖（7），在配重箱（5）内装有配重块（6），在配重箱（5）的上下两端装有橡胶垫圈（10）、（12）。”

针对上述专利权，高茭（下称请求人）于2005年4月18日向专利复审委员会提出无效宣告请求，其提交的作为证据使用的附件如下：

附件1：公开日为2000年3月16日的PCT专利文献WO 00/14345（下称对比文件1），及与对比文件 1 相应的 99801762.0 号中国发明专利申请公开说明书；

附件 2：93209080.X 号中国实用新型专利说明书，其授权公告日为 1994 年 2 月 2 日（下称对比文件 2）；

附件 3：99224421.8 号中国实用新型专利说明书，其授权公告日为 2000 年 6 月 14 日（下称对比文件 3）；

附件 4：《机械工程手册》1996 年 9 月第二版的部分内容复印件共 3 页（下称对比文件 4）。

请求人将 99801762.0 号中国发明专利申请作为对比文件 1 的中文译文，并认为：权利要求 1 与对比文件 1 相比仅具有两个区别技术特征：即“1. 在配重箱 5 的上下两端装有橡胶垫圈 10、12”和“2. 方形上盖 3”。而上述两个区别特征均被对比文件 2 和对比文件 3 公开，因此对比文件 1 结合对比文件 2 或对比文件 1 结合对比文件 3 都可以破坏涉案专利的创造性。而且，对比文件 4 可以证明在轴和孔之间加装密封圈是公知常识。

经形式审查合格，专利复审委员会依法受理了上述无效宣告请求，并于 2005 年 6 月 2 日将无效宣告请求书及其附件清单中所列附件的副本转送给被请求人，要求其在指定的期限内答复。

被请求人逾期没有答复。

专利复审委员会依法成立合议组对本无效宣告请求进行审理，并于 2005 年 10 月 9 日向双方当事人发出无效宣告请求口头审理通知书，指出本案合议组定于 2005 年 11 月 11 日对本无效宣告请求进行口头审理。

口头审理如期举行，被请求人未参加口头审理。

在口头审理中，请求人明确：（1）权利要求 1 中的“方形上盖”和“在配重箱的上下两端装有橡胶垫圈”为本专利与对比文件 1 的区别技术特征；（2）对比文件 1 结合对比文件 2 或对比文件 1 结合对比文件 3 都可以破坏权利要求 1 的创造性；（3）对比文件 4 可以进一步证明在轴和孔之间加装密封圈是公知常识。

2005 年 12 月 15 日，请求人向合议组提交了对比文件 4 的原件，经合议组核实，对比文件 4 与原件一致。

2005 年 12 月 15 日，合议组向被请求人发出无效宣告审查通知书，要求被请求人在指定期限内核实原件，否则视为对对比文件 4 的真实性无异议。

被请求人未在指定的期限内核实原件。

至此，合议组认为本案事实清楚，现依法作出审查决定。

二、决定的理由

1. 关于对比文件 1 ~ 4

请求人提交的对比文件 1 ~ 3 都是专利文献，并且公开（公告）日均在涉案专利的申请日之前，因此可以作为现有技术使用。对于请求人要求使用与对比文件 1 相对应的 PCT 在中国的专利申请作为对比文件 1 的中文译文，被请求人既未提交任何意见陈述，也未参加口头审理，因此视为被请求人没有异议，因此合议组认为 99801762.0 号中国发明专利申请公开说明书可以作为对比文件 1 的中文译文使用。

对比文件 4 为《机械工程手册》的复印件，请求人向合议组提交了经核实与对比文件 4 一致的原件，其上显示为 1996 年 9 月第 2 版，且出版日在涉案专利的申请日之前，对比文件 4 为一本技术手册，因此可以为公知常识提供佐证。

2. 涉案专利权利要求 1 的创造性

创造性，是指同申请日以前已有的技术相比，该发明有突出的实质性特点和显著的进步，该实用新型具有实质性特点和进步。

涉案专利的权利要求1要求保护一种自动排水卫生地漏，包括如下技术特征：

在固定外壳（2）上装有方形上盖（3），在方形上盖（3）上盖有栅网状圆形上盖（4），在固定外壳（2）上具有卡槽，在卡槽上装有内壳（1），在内壳（1）上端设有固定套头（16），在固定套头（16）上固定连接固定套管（9），在固定套管（9）对称两侧装有转动轴（15），在转动轴（15）上具有小齿轮（8），在小齿轮（8）的一侧与固定套管（9）内的双面齿条（18）相啮合，另一侧面与配重箱（5）上的齿条（17）相啮合，在双面齿条（18）的下端装有一个橡胶皮碗（13），橡胶皮碗（13）通过垫片由螺钉（14）固定在双面齿条（18）的一端，在配重箱（5）的底端装有底盖（7），在配重箱（5）内装有配重块（6），在配重箱（5）的上下两端装有橡胶垫圈（10）、（12）。

对比文件1公开了一种防止下水道倒流的设备，并具体公开了如下技术特征（参见对比文件1译文的说明书第3页倒数第8行至第6页第17行，附图3-6）：

外体21上具有圆形上盖，圆形上盖上盖有滤网24，25，在外体21上设有螺纹（相当于卡槽），通过螺纹安装内体26，将导向件30安装在滤网25上（相当于套头），而导向件30具有圆筒形导管31（相当于固定套管），在导管31的对称两侧具有转动轴，转动轴上具有小齿轮33，在小齿轮的一侧与导管31内的双面齿条52啮合，另一侧面与开关装置启动件40的齿条44啮合，在齿条52的下端有弹性件56（相当于橡胶皮碗），弹性件通过垫片由螺钉固定在齿条52的一端，在开关装置启动件40的下端装有底盖，在开关装置启动件40内装有平衡块42。

将权利要求1的技术方案与对比文件1相比，对比文件1未公开下列技术特征：（1）“方形上盖”和（2）“在配重箱的上下两端装有橡胶垫圈”。其中特征（1）被对比文件2公开（附图2），其公开了一种方形地漏，并具体公开了本体（1）具有方形的四边；区别特征（2），即为了在轴和孔之间加强密封而在上下两端装有密封圈属于公知常识（见对比文件4第11~35页），而且，对比文件1与对比文件2属于相同的技术领域，并且对比文件2的方形本体与权利要求1中的方形上盖的作用相同（支撑滤网或栅网），很容易将二者结合起来，因此在对比文件1和对比文件2的基础上结合公知常识得到涉案专利权利要求1所要求保护的技术方案是不需要付出创造性劳动的，因此权利要求1不具备突出的实质性特点和显著的进步，因而不符合专利法第二十二条第三款有关创造性的规定。

三、决定

宣告01241744.0号实用新型专利权全部无效。

当事人对本决定不服的，可以根据专利法第四十六条第二款的规定，自收到本决定之日起三个月内向北京市第一中级人民法院起诉。根据该款的规定，一方当事人起诉后，另一方当事人应当作为第三人参加诉讼。

024

真空断路器案

无效宣告请求审查决定（第8155号）

决　定　号　第8155号
决　定　日　2006年3月13日
发明创造名称　真空断路器
国际分类号　H01H 33/66
无效请求人　镇江市诚翔电器有限责任公司
专利权人　赵学文
专　利　号　97247757.8
申　请　日　1997年11月11日
授权公告日　1999年5月19日
合议组组长　张　度
主　审　员　崔哲勇
参　审　员　熊　婷

法律依据　专利法第二十二条第三款
决定要点

如果一项权利要求与最接近对比文件的区别技术特征已经在第二篇对比文件中公开，且上述第二篇对比文件给出了将上述区别技术特征应用于最接近对比文件以解决其技术问题的启示，则该权利要求的技术方案相对于上述对比文件的结合是显而易见的，同时也不能实现任何新的技术进步，该权利要求的技术方案不具备创造性。

一、案由

本无效宣告请求涉及国家知识产权局专利局于1999年5月19日授权公告、专利号为97247757.8、名称为“真空断路器”的实用新型专利（下称本专利），其申请日为1997年11月11日、专利权人为赵学文（下称被请求人）。本专利授权公告的权利要求书如下：

“1. 一种真空断路器，由箱体支架、操动机构、真空灭弧室等部分组成，其特征在于：所说真空灭弧室上安装一真空度检测报警装置。

2. 根据权利要求1所述的真空断路器，其特征在于：所说的真空度检测报警装置包括一波纹管、一弹簧、一位移显示表，所说波纹管上端密封，下端与真空灭弧室的顶部密封联接，且与真空灭弧室内腔相通，所说弹簧压套在波纹管的顶面板与真空灭弧室之间，所说位移显示表安装于波纹管的顶面上。

3. 根据权利要求2所述的真空断路器，其特征在于：所说的真空度检测报警装置还包括一触杆及报警开关，所说触杆的一端安装于波纹管的顶面与位移显示表的触端之间，另一端与报警开关联接。

4. 根据权利要求 2 所述的真空断路器，其特征在于：所说的显示表为一千分表。

5. 根据权利要求 2 所述的真空断路器，其特征在于：所说的波纹管顶部穿过一抗震板的孔。

6. 根据权利要求 1 所述的真空断路器，其特征在于：所说的真空度检测报警装置为一真空表。”

针对上述专利权，镇江市诚翔电器有限责任公司（下称请求人）于 2003 年 5 月 4 日向专利复审委员会提出了无效宣告请求，理由是本专利不符合专利法第二十二条第二款、第三款，第二十六条第三款、第四款、专利法实施细则第二十一条第二款、第三款的有关规定，并提交了以下附件：

附件 1：ZL94230139.0 号实用新型专利说明书复印件，申请日为 1994 年 8 月 31 日、授权公告日为 1995 年 9 月 6 日；

附件 2：ZL88216679.4 号实用新型专利申请说明书复印件，申请日为 1988 年 7 月 15 日，授权公告日为 1989 年 3 月 8 日。

请求人于 2003 年 6 月 3 日向专利复审委员会提交了两份意见陈述书，补充陈述其意见并提供附件如下：

附件 3：国家知识产权局出具的查新检索报告复印件；

附件 4：请求人声称《真空开关电器》第 23 页复印件 1 页；

附件 5：请求人声称《真空开关》第 233 ~ 235 页复印件 3 页；

附件 6：ZL94230139.0 号实用新型专利说明书复印件，申请日为 1994 年 8 月 31 日，授权公告日为 1995 年 9 月 6 日（即附件 1）。

经形式审查合格，专利复审委员会受理了上述无效宣告请求，并于 2003 年 6 月 25 日将该无效宣告请求书及其附件的副本转送被请求人。

被请求人于 2003 年 7 月 25 日提交了针对上述无效请求的意见陈述，其具体理由为：请求人提交的附件不能破坏本专利的新颖性和创造性，本专利也不存在不具备实用性和公开不充分的问题，且所有权利要求均是以说明书为依据的。至于请求人提出以专利法实施细则第二十一条第三款作为无效理由，被请求人认为该项条款不是专利法规定的无效宣告理由。

专利复审委员会原合议组于 2004 年 3 月 1 日向双方当事人发出口头审理通知书，定于 2004 年 4 月 21 日对本案进行口头审理。口头审理如期举行，请求人在口审中明确无效理由是本专利权利要求 6 不符合专利法第二十二条第四款、专利法第二十六条第三款、第四款的规定，权利要求 1 ~ 5 相对于附件 1 不符合专利法第二十二条第二款，权利要求 1 ~ 5 相对于附件 1 与本专利背景技术的结合或附件 1 和附件 2 的结合不符合专利法第二十二条第三款的规定。请求人未提交附件 3 ~ 5 的原件，被请求人对附件 3 ~ 5 的真实性有异议。

在此基础上，专利复审委员会原合议组于 2004 年 6 月 3 日作出第 6131 号无效宣告请求审查决定：在权利要求 6 的基础上维持 97247757.8 号实用新型专利有效。决定中认为权利要求 6 符合专利法第二十二条第四款、专利法第二十六条第三款、第四款的规定，权利要求 1 ~ 5 符合专利法第二十二条第二款的规定，权利要求 1 ~ 5 相对于附件 1 和附件 2 的结合不符合专利法第二十二条第三款的规定。

被请求人对上述无效宣告请求审查决定不服，遂于法定起诉期内向北京市第一中级人民法院提起诉讼。北京市第一中级人民法院作出（2004）一中行初字第 1019 号行政判决，判决维持国家知识产权局专利复审委员会第 6131 号无效宣告请求决定。

被请求人对上述判决不服，遂于法定上诉期内向北京市高级人民法院提出上诉。2005 年 12 月 14 日，北京市高级人民法院作出（2005）高行终字第 351 号行政判决书，认为：对本专利权利要求与对比文件存在多处明显的区别技术特征，专利复审委员会在无效决定中没有进行评述，导致认定事实不清。因此，撤销北京市第一中级人民法院（2004）一中行初字第1019号行政判决书和专利复审委员会作出的第6131号无效宣告请求审查决定书，由专利复审委员会重新作出无效宣告请求审查决定。

在此前提下，专利复审委员会重新成立合议组，对上述无效宣告请求重新进行审查，于2005年12月26日向双方当事人发出口头审理通知书，定于2006年3月2日进行口头审理。口头审理如期举行，口审中请求人明确其无效理由是：本专利权利要求1～5相对于附件1和附件2的结合或附件1与本专利背景技术的结合不符合专利法第二十二条第三款有关创造性的规定，并放弃其他无效理由；被请求人承认附件2和本专利背景技术均公开了权利要求1前序部分中的特征“箱体支架”和“操动机构”，并且明确权利要求5中的抗震板用于防止波纹管水平方向的震动，进而防止显示表的震动。

基于上述工作，合议组认为双方当事人已经充分发表意见，本案事实已经清楚，可以作出本决定。

二、决定的理由

1. 证据认定

请求人提交的附件1和附件2为中国国家知识产权局公告的专利文献，经合议组核实，附件1、2均为真实的，且其公开日均早于本专利的申请日，因此可以作为评价本专利新颖性和创造性的现有技术。附件3～5均为复印件，由于请求人在口审之前未提交附件3～5的原件，且请求人在明确的无效理由中并未使用上述附件，因此合议组对于附件3～5不予考虑。

2. 关于创造性

本专利权利要求1请求保护一种真空断路器，具体包括以下特征：

（1）由箱体支架、操动机构、真空灭弧室等部分组成，

（2）所说真空灭弧室上安装一真空度检测报警装置。

附件2同样公开一种真空断路器，并具体公开以下技术内容（参见说明书第1页第6段）：该真空断路器由安装在底座35上的真空灭弧室24、操动机构、操作面板和开关构成。因此，将权利要求1的技术方案与附件2公开的技术内容进行对比可知，附件2中公开的底座、操动机构和真空灭弧室分别对应于本专利权利要求1中的箱体支架、操动机构和真空灭弧室，被请求人在口审中对此也予以认可，因此附件2已经公开了权利要求1中的特征（1），权利要求1与附件2的区别在于还包括特征（2）。

附件1公开一种高压真空断路器真空度保护和检测装置，根据说明书第1～2页的描述，其技术效果为能在运行中直接观测真空度，当真空度达到一定限度时能自动报警。使用时，将本装置安装在真空管一端，并与真空管相通，这样真空管被抽成真空后形成负压，吸住波纹管，当真空管内的真空度下降后，管内的负压降低，正压增大，迫使波纹管上升。为了测量方便，在波纹管外套装一个灵敏度很高的弹簧。这样当波纹管及弹簧上升时就会通过触杆，也就是传感装置到达计量表，这样就能直观地看出真空管内的真空度变化。如产生漏气现象时，真空度的变化就会很大，管内压力值突然增大，这时波纹管就会迫使触杆上升，并通过连杆机构使滑杆1向左伸出，触动工作台上设置的触块使报警线路接通，及时报警，避免事故的发生。

由于附件1中公开的高压真空断路器真空度保护和检测装置同样安装在真空管一端，并与真空管相通，因此在真空管内的真空度变化时，该装置通过波纹管、触杆和计量表的配合工作能够直观地看出真空管内的真空度变化；并当产生漏气现象而导致真空度变化很大时，能够通过波纹管、触杆、连杆机构、滑杆的配合工作实现报警。因此合议组认为附件1已经公开了一种安装在真空管上的真空度保护和检测装置，该装置同样可以实现在运行中直接观测真空度，当真空度达到一定限度时自动报警

的技术效果，从而已经给出了对于本专利权利要求1中特征（2）的技术启示。由于附件1与本专利同属于一个技术领域，并且已经给出了相应的技术启示，因此本领域技术人员很容易将附件1中的真空度保护和检测装置应用于附件2中公开的真空断路器的公知结构，从而实现本专利权利要求1所描述的技术方案，并实现其相应的技术效果。因此权利要求1相对于附件1和附件2的结合并不具有实质性特点和进步，不符合专利法第二十二条第三款有关创造性的规定。

在口审中针对权利要求1的创造性进行辩论时，被请求人强调以下两个观点：（a）附件1中的真空管与本专利权利要求1中的真空灭弧室不同；（b）本专利权利要求1的特征（2）表明真空灭弧室与真空度检测报警装置为直接连接安装关系，而附件1对此并无描述。

对此合议组认为，（1）由于附件1公开了一种高压真空断路器真空度保护和检测装置，本领域技术人员可以毫无疑义地确定附件1中实现真空断路的器件必然是所述的真空管，附件1中的真空管与本专利权利要求1中所述的真空灭弧室仅是文字表达上的差异，实质完全相同。（2）对于被请求人的观点（b）不予支持，首先，权利要求1中的特征（2）并没有文字限定真空灭弧室与真空度检测报警装置为直接连接安装关系；其次，根据本专利附图1所示，真空灭弧室3与波纹管4的连接结构之间仍然存在板状结构，该附图所示结构不能支持被请求人的观点（b）；再次，附件1中说明书第2页最后一段已经公开“将本装置安装在真空管一端，并与真空管相通”，上述文字所表明的真空度保护和检测装置与真空管的连接关系与本专利权利要求1中特征“所说真空灭弧室上安装一真空度检测报警装置”所表明的连接关系相同。

基于上述理由，被请求人在口审中的上述观点不能成立。

权利要求2的附加技术特征包括：

（1）所说的真空度检测报警装置包括一波纹管、一弹簧、一位移显示表，

（2）所说波纹管上端密封，下端与真空灭弧室的顶部密封联接，且与真空灭弧室内腔相通，

（3）所说弹簧压套在波纹管的顶面板与真空灭弧室之间，

（4）所说位移显示表安装于波纹管的顶面上。

附件1说明书第1~2页公开了以下技术内容：该高压真空断路器真空度保护和检测装置包括波纹管9、弹簧10、计量表4，该波纹管9安装在真空管一端，并与真空管相通。另外，根据说明书中对该装置使用状态的描述“使用时，将该装置安装在真空管一端，并与真空管相通，这样真空管被抽成真空后形成负压，吸住波纹管”可以唯一确定，该波纹管与真空管之间为密封连接，且该波纹管的上端密封。因此，附件1已经公开了权利要求2的附加技术特征（1）和（2）。

附件1中说明书第1页最后一段公开如下内容：波纹管9的外表面套装有一根弹簧10，压盖3被螺母固定在波纹管9上，计量表4通过触杆7与波纹管上端接触。且从附图中可以看出，该波纹管9安装在真空管的上端，弹簧10处于压盖3与真空管之间。另外根据说明书中对装置使用状态的描述“当真空管内的真空度下降后，管内的负压降低，正压增大，迫使波纹管上升。为了测量方便，在波纹管外套装一个灵敏度很高的弹簧。这样当波纹管及弹簧上升时就会通过触杆，也就是传感装置到达计量表，这样就能直观的看出真空管内的真空度变化”可以确定，该弹簧10处于压缩状态，从而当真空管中的真空度下降时迫使波纹管上升。由于附件1中的压盖3通过螺母固定在波纹管9的上端上，因此合议组认为附件1中的压盖3与权利要求2中所述的“波纹管的顶面板”实质相同，均起到了限制弹簧上端位移的作用，该弹簧10实质压套在压盖3和真空管之间，因此附件1已经公开了权利要求2中的附加技术特征（3）。

权利要求2的附加技术特征与附件1公开的技术方案的不同之处仅在于：权利要求2中的位移显示表安装于波纹管的顶面上，而附件1中计量表4通过触杆7与波纹管上端接触，即附加技术特征

(4)。合议组认为，参照本专利附图可以看出，当本专利真空度检测报警装置要实现报警功能时，同样需要在波纹管的顶面和位移显示表之间安装触杆，此时波纹管通过触杆向位移显示表传递作用力；而附件 1 中使用刚性触杆 7 实现的波纹管 9 和计量表 4 的间接连接同样可以实现将波纹管 9 的位移传递到计量表 4 显示出来的作用，这种连接方式和力的传递方式与本专利实现报警功能时采用的技术方案完全相同。即使被请求人认为本专利权利要求 2 所限定的技术方案中位移显示表直接安装于波纹管顶面上从而与附件 1 存在区别，但本领域技术人员在附件 1 的基础上，很容易根据是否需要实现报警功能以及所需装置高度去除附件 1 中的触杆 7，从而实现权利要求 2 所限定的技术方案，并实现其技术效果。因此权利要求 2 相对于附件 1 和附件 2 不具有实质性特点和进步，不符合专利法第二十二条第三款有关创造性的规定。

权利要求 3 的附加技术特征为：所说的真空度检测报警装置还包括一触杆及报警开关，所说触杆的一端安装于波纹管的顶面与位移显示表的触端之间，另一端与报警开关联接。

附件 1 中说明书第 1 ~2 页公开以下技术内容，在所说的计量表的触杆上通过销轴与一个连杆机构 2 相连。连杆机构左端连接有一根用来触动行程开关的滑杆 1。如产生漏气现象时，真空度的变化就会很大，管内压力值突然增大，这时波纹管就会迫使触杆上升，并通过连杆机构使滑杆 1 向左伸出，触动工作台上设置的触块使报警线路接通，及时报警，避免事故的发生。

合议组认为，由于附件 1 中的连杆机构 2 与触杆相连，因此当由于真空度变化而使波纹管上升，并随之使与该波纹管连接的触杆产生向上位移时，该连杆机构 2 将随着触杆的移动而向左伸出，从而触动工作台上设置的触块使报警线路接通。很明显，附件 1 中的连杆机构 2 和触块分别对应于权利要求 3 中的触杆和报警开关，它们利用相同的技术原理并实现了相同的技术效果。虽然附件 1 中的连杆机构 2 并非位于波纹管顶面和计量表之间，并由波纹管顶面直接推动位移，而是借助于触杆 7 实现与波纹管运动的间接运动关联，但是，合议组认为本领域技术人员根据报警开关的触发方式以及真空度检测报警装置的高度等实际情况的需要，将附件 1 中借助触杆和连杆机构实现的间接连接和触发方式改变为权利要求 3 所述的由波纹管顶面直接推动触杆这种直接连接方式是很容易实现的，因此在其引用的权利要求 2 相对于附件 1 和附件 2 的结合不具备创造性时，权利要求 3 相对于附件 1 和附件 2 不具有实质性特点和进步，不符合专利法第二十二条第三款有关创造性的规定。

权利要求 4 的附加技术特征为：所说的显示表为一千分表。

附件 1 中采用计量表来指示真空管内的真空度变化，并举例采用百分表作为计量表。合议组认为虽然附件 1 中并未直接给出采用千分表作为计量表的实施例，但是本领域技术人员在附件 1 已经给出采用百分表作为计量表的情况下，根据检测精度的需要采用千分表作为计量表是很容易作出的选择。因此在其引用的权利要求 2 相对于附件 1 和附件 2 的结合不具备创造性时，权利要求 4 相对于附件 1 和附件 2 不具有实质性特点和进步，不符合专利法第二十二条第三款有关创造性的规定。

权利要求 5 的附加技术特征为：所说的波纹管顶部穿过一抗震板的孔。根据被请求人在口审中的陈述，该抗震板可以防止波纹管发生水平震动。

附件 1 说明书第 1 页最后一段公开以下技术内容：罩体 8 内有一根波纹管 9，压盖 3 被螺母固定在波纹管 9 上。参照附图 1 可以发现，该压盖 3 的外周边与罩体 8 的内表面间距很小。合议组在认真研究上述技术内容后认为，附件 1 中的压盖 3 与波纹管 9 通过螺母实现了刚性连接，因此当附件 1 中的波纹管 9 发生水平震动时必然导致压盖 3 发生水平震动，而由于该压盖 3 的外周边与罩体 8 的内表面间距很小，因此该罩体 8 可以抑制压盖 3 的水平震动进而抑制波纹管 9 的水平震动。因此附件 1 中的罩体 8 与权利要求 5 中所述的抗震板可以实现相同的技术效果，在其引用的权利要求 2 相对于附件 1 和附件 2 的结合不具备创造性时，权利要求 5 相对于附件 1 和 2 不具有实质性特点和进步，不符合专利法第二十二条第三款有关创造性的规定。

综上所述，本专利权利要求 1 ~5 相对于附件 1 和附件 2 的结合不具备专利法第二十二条第三款规定的创造性。

三、决定

宣告 97247757.8 号实用新型专利权利要求 1 ~5 无效，在权利要求 6 的基础上维持有效。

维持有效的权利要求书如下：

“1. 一种真空断路器，由箱体支架、操动机构、真空灭弧室等部分组成，其特征在于：所说真空灭弧室上安装一真空度检测报警装置，所说的真空度检测报警装置为一真空表。”

当事人对本决定不服的，可以根据专利法第四十六条第二款的规定，自收到本决定之日起三个月内向北京市第一中级人民法院起诉。根据该款的规定，一方当事人起诉后，另一方当事人应当作为第三人参加诉讼。

北京市第一中级人民法院
行政判决书

（2006）一中行初字第 636 号

原告赵学文，男，汉族，1941 年 4 月 28 日出生，住江苏省镇江市丁卯桥路 93 幢 412 室。

委托代理人毛依星，江苏圣典律师事务所律师。

被告国家知识产权局专利复审委员会，住所地北京市海淀区北四环西路 9 号银谷大厦 10 ~12 层。

法定代表人廖涛，副主任。

委托代理人崔哲勇，国家知识产权局专利复审委会审查员。

委托代理人王伟艳，国家知识产权局专利复审委会审查员。

第三人镇江市诚翔电器有限责任公司，住所地江苏省镇江市丁卯桥路 81 号。

一、案由

原告赵学文不服被告国家知识产权局专利复审委员会（下称专利复审委员会）于 2006 年 3 月 13 日作出的第 8155 号无效宣告请求审查决定（下称第 8155 号决定），于法定期限内向本院提起行政诉讼。本院于 2006 年 5 月 12 日受理后，依法组成合议庭，并通知镇江市诚翔电器有限责任公司（下称诚翔公司）作为第三人参加本案诉讼，于 2006 年 7 月 11 日公开开庭进行了审理。原告赵学文的委托代理人毛依星，被告专利复审委员会的委托代理人崔哲勇、王伟艳，第三人诚翔公司的委托代理人樊文红到庭参加了诉讼。本案现已审理终结。第 8155 号决定系专利复审委员会针对诚翔公司就赵学文所拥有的 97247757.8 号实用新型专利（下称本专利）所提出的无效宣告请求而作出的。

专利复审委员会在第 8155 号决定中认定：

（一）关于证据。94230139.0 号实用新型专利（下称附件 1）和 88216679.4 号实用新型专利（下称附件 2）可以作为评价本专利新颖性和创造性的现有技术。

（二）关于本专利权利要求 1 ~6 的创造性。1. 本专利权利要求 1 请求保护一种真空断路器，具体包括以下特征：（1）由箱体支架、操动机构、真空灭弧室等部分组成，（2）所说真空灭弧室上安装一真空度检测报警装置。权利要求 1 与附件 2 的区别是特征（2），附件 1 公开了一种安装在真空管上的真空度保护和检测装置，该装置同样可以实现在运行中直接观测真空度，当真空度达到一定限度时自动报警的技术效果，从而已经给出了对于本专利权利要求1中特征（2）的技术启示。因此权利要求1相对于附件1和附件2不具备创造性。针对赵学文强调的两个观点，专利复审委员会认为：（1）附件1中的真空管与本专利权利要求1中所述的真空灭弧室仅是文字表达上的差异，实质完全相同。（2）首先，权利要求1中的特征（2）并没有文字限定真空灭弧室与真空度检测报警装置为直接连接安装关系；其次，根据本专利附图1所示，真空灭弧室3与波纹管4的连接结构之间仍然存在板状结构，该附图所示结构不能支持赵学文的观点；再次，附件1中说明书第2页最后一段已经公开"将本装置安装在真空管一端，并与真空管相通"，上述文字所表明的真空度保护和检测装置与真空管的连接关系与本专利权利要求1中特征"所说真空灭弧室上安装一真空度检测报警装置"所表明的连接关系相同。2. 附件1中的压盖3与权利要求2中所述的"波纹管的顶面板"实质相同，均起到了限制弹簧上端位移的作用，该弹簧10实质压套在压盖3和真空管之间，因此附件1已经公开了权利要求2中的附加技术特征"所说弹簧压套在波纹管的顶面板与真空灭弧室之间"。权利要求2与附件1的区别在于：权利要求2中的位移显示表安装于波纹管的顶面上，而附件1中计量表4通过触杆7与波纹管上端接触。本领域技术人员在附件1的基础上，很容易根据是否需要实现报警功能以及所需装置高度去除附件1中的触杆7，从而实现权利要求2所限定的技术方案，并实现其技术效果。因此权利要求2相对于附件1和附件2不具备创造性。3. 本领域技术人员将附件1中借助触杆和连杆机构实现的间接连接和触发方式改变为权利要求3所述的由波纹管顶面直接推动触杆这种直接连接方式是很容易实现的，因此权利要求3不具备创造性。4. 本领域技术人员在附件1已经给出采用百分表作为计量表的情况下，根据检测精度的需要采用千分表作为计量表是很容易做出的选择，因此权利要求4不具备创造性。5. 附件1中的压盖3与波纹管9通过螺母实现了刚性连接，因此当附件1中的波纹管9发生水平震动时必然导致压盖3发生水平震动，而由于该压盖3的外周边与罩体8的内表面间距很小，因此该罩体8可以抑制压盖3的水平震动进而抑制波纹管9的水平震动，因此附件1中的罩体8与权利要求5中所述的抗震板可以实现相同的技术效果，权利要求5不具备创造性。

据此，专利复审委员会作出第8155号决定，宣告本专利权利要求1~5无效，在权利要求6的基础上维持本专利权有效。

原告赵学文不服，向本院提起行政诉讼，其诉称：1. 关于权利要求1。（1）权利要求1中所述的真空灭弧室并非附件1中所述的真空管，无任何技术常识教导我们，真空灭弧室就是真空管；（2）权利要求1中真空度检测报警装置的安装位置是在"真空灭弧室上"，强调的是一种顶部的直接连接方式；而附件1中并未公开这种特定的连接安装方式。2. 关于权利要求2。权利要求2公开了"所说弹簧压套在波纹管的顶面板与真空灭弧室之间"这一技术特征，显然附件1没有公开这一特定的技术特征。3. 关于权利要求3。权利要求3的附加技术特征并没有被附件1所披露，二者存在本质区别。4. 关于权利要求4。权利要求2有创造性，权利要求4自然有创造性。5. 关于权利要求5。附件1中的压盖3的外周边与罩体8的内表面之间存在很大的间距，不能抑制压盖3的水平震动进而抑制波纹管9的水平震动，附件1中的罩体不会给出技术启示，达到权利要求5中所述的抗震板可以实现的技术效果。综上所述，被告作出的第8155号决定错误，请求人民法院予以撤销。

被告专利复审委员会辩称：保证真空断路器显示表正确地显示真空度的变化，是真空断路器具有实用性的客观需要，而由于波纹管在实际工作中的水平震动是客观存在的，因此对于采用了基本相同的技术手段的本专利和附件1来说，必然均需要采用必要技术手段来克服波纹管水平震动来使显示表客观、真实地表达真空度变化。附件1的说明书文字部分中虽然没有说明罩体8的技术作用，但从附图1中可以看出，罩体8与波纹管没有直接刚性连接关系，因此它不会随着波纹管的震动而震动。在这种情况下，如果波纹管9在水平震动时与该罩体8发生接触，则该罩体8客观上必然可以抑制波纹管9的水平震动。至于原告怀疑附图1中罩体8与压盖3之间的间距是否足够小以至于能够抑制波纹管的水平震动，被告认为从上面分析得出的“解决波纹管水平震动对显示精确度影响是真空度断路器必然需要实现的技术效果”出发，本领域技术人员在附图1所示的技术内容教导下，必然要对上述间距进行合理设置以实现上述技术效果，原告不能以附图1中表示出来的间距是大还是小来简单判断认为罩体8与压盖3之间的间距不足以抑制波纹管的水平震动。因此，本专利权利要求5不具备创造性。关于权利要求1~4的评述，坚持第8155号决定中的意见，总之，第8155号决定认定事实清楚、适用法律正确、审查程序合法，原告的诉讼请求不能成立，请求人民法院维持该决定。

第三人诚翔公司未向本院提交书面陈述意见，其在开庭时称：第8155号决定认定正确，请求法院驳回原告诉讼请求，维持第8155号决定。

二、事实认定

本院经审理查明：本案涉及的是国家知识产权局专利局于1999年5月19日授权公告的名称为“真空断路器”的实用新型专利（即本专利），其申请日为1997年11月11日，专利号为97247757.8，专利权人为赵学文。授权公告时的权利要求书如下：“1. 一种真空断路器，由箱体支架、操动机构、真空灭弧室等部分组成，其特征在于：所说真空灭弧室上安装一真空度检测报警装置。2. 根据权利要求1所述的真空断路器，其特征在于：所说的真空度检测报警装置包括一波纹管、一弹簧、一位移显示表，所说波纹管上端密封，下端与真空灭弧室的顶部密封联接，且与真空灭弧室内腔相通，所说弹簧压套在波纹管的顶面板与真空灭弧室之间，所说位移显示表安装于波纹管的顶面上。3. 根据权利要求2所述的真空断路器，其特征在于：所说的真空度检测报警装置还包括一触杆及报警开关，所说触杆的一端安装于波纹管的顶面与位移显示表的触端之间，另一端与报警开关联接。4. 根据权利要求2所述的真空断路器，其特征在于：所说的显示表为一千分表。5. 根据权利要求2所述的真空断路器，其特征在于：所说的波纹管顶部穿过一抗震板的孔。6. 根据权利要求1所述的真空断路器，其特征在于：所说的真空度检测报警装置为一真空表。”本专利说明书中记载：本实用新型涉及一种高压开关设备。真空断路器是现行越来越得到广泛应用的高压供配电线路控制设备，其中真空灭弧室是最关键的工作元件，其室腔内真空度的高低将直接影响灭弧的效果，若在线运行中真空度下降，轻则影响高压电器开关的开断性能，重则会影响整个高压供配线路的安全，甚至造成重大事故，抗震板8的作用在于操作时防止波纹管以及显示表的震动。

针对本专利，诚翔公司于2003年5月4日向专利复审委员会提出无效宣告请求，其理由是本专利不符合专利法第二十二条第二款、第三款，第二十六条第三款、第四款、专利法实施细则第二十一条第二款、第三款的有关规定，并提交了6份证据，其中：附件1：专利号为ZL 94230139.0的实用新型专利说明书，授权公告日为1995年9月6日。附件1公开了一种高压真空断路器真空度保护和检测装置。其中载明：本实用新型属于电器保护装置。高压真空断路器是电器产品的一个重要器件，能有效地保证电路的安全。现有技术中的真空断路器有很多种，品种不一。但所有的真空断路器对真空度要求都非常高。如果在运行中一旦漏气或由于其他原因造成真空度下降，就会影响其性能，严重的会造成重大事故。本实用新型提供了一种能在运行中直接观测真空度，当真空度达到一定限度时能自动报警的高压真空断路器真空度保护和检测装置。本实用新型有一个罩体8，在罩体8内有一根波纹管9，波纹管9外表面套装有一根弹簧10，压盖3被螺母固定在波纹管9上，一块计量表4、通常是百分表通过触杆7与波纹管上端接触。在罩体上端连接有一个密封壳体5，在所说的计量表的触杆上通过销轴与一个连杆机构2相连。连杆机构左端连接有一根用来触动行程开关的滑杆1。在连杆与密封壳体间有一根复位弹簧6。使用时，将本装置安装在真空管一端，并与真空管相通，这样真空管被抽成真空后形成负压，吸住波纹管，当真空管内的真空度下降后，管内的负压降低，正压增大，迫使波纹管上升。为了测量方便，在波纹管外套装一个灵敏度很高的弹簧。这样当波纹管及弹簧上升时就会通过触杆，也就是传感装置到达计量表，这样就能直观地看出真空管内的真空度变化。如产生漏气现象时，真空度的变化就会很大，管内压力值突然增大，这时波纹管就会迫使触杆上升，并通过连杆机构使滑杆 1 向左伸出，触动工作台上设置的触块使报警线路接通，及时报警，避免事故的发生。附件 2：申请号为 88216679.4 的实用新型专利申请说明书，公告日为 1989 年 3 月 8 日。附件 2 公开了一种真空断路器，由安装在底座 35 上的真空灭弧室 24、操动机构、操作面板和开关构成。2004 年 6 月 3 日，专利复审委员会以权利要求 1 ~5 相对于附件 1 和附件 2 的结合不符合专利法第二十二条第三款为由，作出第 6131 号无效宣告请求审查决定（下称第 6131 号决定），在权利要求 6 的基础上维持本专利权有效。2004 年，北京市第一中级人民法院作出（2004）一中行初字第 1019 号行政判决，维持第 6131 号决定。

2005 年 12 月 14 日，北京市高级人民法院作出（2005）高行终字第 351 号行政判决，认为：对本专利权利要求与对比文件存在多处明显的区别技术特征，专利复审委员会在无效决定中没有进行评述，导致认定事实不清。因此，撤销北京市第一中级人民法院（2004）一中行初字第 1019 号行政判决和第 6131 号决定，由专利复审委员会重新作出无效宣告请求审查决定。专利复审委员会重新审理了本案，并于 2006 年 3 月 2 日进行了口头审理，在口头审理过程中，诚翔公司明确其无效理由是：本专利权利要求 1 ~5 相对于附件 1 和附件 2 的结合或附件 1 与本专利背景技术的结合不符合专利法第二十二条第三款有关创造性的规定，并放弃其他无效理由；赵学文承认附件 2 和本专利背景技术均公开了权利要求 1 前序部分中的特征“箱体支架”和“操动机构”，并且确认权利要求 5 中的抗震板用于防止波纹管水平方向的震动，进而防止显示表的震动。2006 年 3 月 13 日，专利复审委员会作出了第 8155 号决定。

在本案庭审中，赵学文主张真空管是真空灭弧室的上位概念，上位概念的披露不导致下位概念的创造性丧失。

上述事实有本专利权利要求书、说明书、第 8155 号决定、附件 1、附件 2、口头审理记录表及当事人陈述等证据在案佐证。

三、判决理由

本院认为：根据专利法第二十二条第三款的规定，实用新型的创造性是指同申请日以前已有的技术相比，该实用新型具有实质性特点和进步。1. 关于本专利权利要求 1 的创造性。附件 1 涉及一种高压真空度断路保护和检测装置。其中所述的真空管与本专利中所述的真空灭弧室都是真空断路器的关键部件，都是在真空下起到灭弧的作用，从而具有切断高压线路的功能，均属于电器保护装置，真空管虽是真空灭弧室的上位概念，但在本专利说明书中并未明确说明真空灭弧室与真空管的区别，以及起到何种作用，故附件 1 中所述的真空管相当于本专利权利要求 1 中的真空灭弧室。赵学文关于本专利权利要求 1 中的真空灭弧室并非附件 1 中的真空管的主张缺乏事实依据，本院不予支持。另外，本专利权利要求 1 中特征“所说真空灭弧室上安装一真空度检测报警装置”限定了真空度检测报警装置的安装位置是在“真空灭弧室上”，但没有限定为一种顶部的直接连接方式。附件 1 中载明：“将本装置安装在真空管一端，并与真空管相通”，即附件 1 已经披露了本专利权利要求 1 中特征“所说真空灭弧室上安装一真空度检测报警装置”。赵学文关于附件 1 没有公开权利要求 1 中特定的连接方式的主张，缺乏事实依据，本院不予支持。鉴于赵学文的上述主张均不成立，因此，权利要求 1 不具有创造性。2. 关于本专利权利要求 2 的创造性。附件 1 公开了“波纹管外面套装有一根弹簧，压盖被螺母固定在波纹管上”，附件 1 中的压盖与权利要求 2 中的顶面板均起到限制弹簧上端的作用，即压盖相当于顶面板，从附件 1 附图可以看出，波纹管安装在真空管的上端，弹簧处于压盖与真空管之间，根据附件 1 中记载“当波纹管及弹簧上升时就会通过触杆，也就是传感装置到达计量表，这样就能直观的看出真空管内的真空度变化”，弹簧是压套在压盖和真空管之间，因此附件 1 披露了权利要求 2 中的特征“弹簧压套在波纹管的顶面板与真空灭弧室之间”。赵学文关于权利要求 2 的上述特征没有被披露的主张缺乏事实依据，本院不予支持。因此，本专利权利要求 2 不具备创造性。3. 关于本专利权利要求 3 的创造。附件 1 中载明：如产生漏气现象时，真空度的变化就会很大，管内压力值突然增大，这时波纹管就会迫使触杆上升，并通过连杆机构使滑杆 1 向左伸出，触动工作台上设置的触块使报警线路接通，及时报警，避免事故的发生。由上可知，附件 1 中的报警触发连接结构是波纹管通过触杆带动连杆机构使滑杆触动触块报警。本领域技术人员在附件 1 的基础上，实现波纹管直接通过触杆触发报警开关的连接机构不需要付出创造性的劳动，即对本领域技术人员来说本专利权利要求 3 的附加技术特征是容易实现的。赵学文关于本专利权利要求 3 具有创造性的主张缺乏事实依据，本院不予支持。4. 关于本专利权利要求 4 的创造性。附件 1 披露了用百分表测量真空度的变化，本领域技术人员根据测量精度的需要，选择千分表测量真空度变化不需要付出创造性劳动，在权利要求 4 引用的权利要求 2 没有创造性时，权利要求 4 也没有创造性。5. 于本专利权利要求 5 的创造性。附件 1 的文字部分虽然没有说明罩体 8 的作用，但从附图 1 显示的相对比例中，可以看出压盖 3 与罩体 8 间距较小，压盖 3 与波纹管固定在一起，罩体 8 客观上可以抑制压盖 3 的水平震动进而抑制波纹管 9 的水平震动。波纹管的水平震动是客观存在的，为了抑制波纹管水平震动，本领域技术人员无需经过创造性劳动就容易想到用抗震板来实现上述技术效果，因此权利要求 5 不具备创造性。赵学文关于附件 1 中的压盖 3 的外周边与罩体 8 的内表面之间存在很大的间距，不能抑制压盖 3 的水平震动进而抑制波纹管 9 的水平震动，达到权利要求 5 中所述的抗震板可以实现的技术效果的主张缺乏事实依据，本院不予支持。

四、判决内容

综上，被告作出的第 8155 号决定认定事实清楚，适用法律正确，程序合法，应予维持。原告请求撤销该决定的理由不能成立，本院不予支持。依照《中华人民共和国行政诉讼法》第五十四条第（一）项之规定，本院判决如下：维持被告国家知识产权局专利复审委员会作出的第 8155 号无效宣告请求审查决定。案件受理费 1000 元，由原告赵学文负担（已交纳）。如不服本判决，各方当事人可于本判决送达之日起 15 日内，向本院提交上诉状及其副本，并交纳上诉案件受理费 1000 元（开户行：中国工商银行北京分行黄楼支行，户名：北京市第一中级人民法院，账号：144537－48），上诉于北京市高级人民法院。

审 判 长　仪　军
代理审判员　侯占恒
代理审判员　陈　源
判 决 日 期　二〇〇五年十一月三十日
书 记 员　朱　平

北京市高级人民法院
行政判决书

（2007）高行终字第14号

上诉人（原审原告）赵学文，男，汉族，1941年4月28日出生，住江苏省镇江市丁卯桥路93幢42室。

委托代理人毛依星，江苏圣典律师事务所律师。

被上诉人（原审被告）国家知识产权局专利复审委员会，住所地北京市海淀区北四环西路银谷大厦10~12层。

法定代表人廖涛，副主任。

委托代理人崔哲勇，该委员会审查员。

委托代理人王伟艳，该委员会审查员。

原审第三人镇江市诚翔电器有限责任公司，住所地江苏省镇江市丁卯桥路81号。

法定代表人朱立荣，董事长。

委托代理人樊文红，女，汉族，1966年12月22日出生，南京知识律师事务所专利代理人，住江苏省南京市下关区江沿村78号三单元401室。

委托代理人殷春雷，女，汉族，1969年4月3日出生，南京知识律师事务所专利代理人，住江苏省镇江市京口区中营街87号102室。

上诉人赵学文因实用新型专利权无效行政纠纷一案，不服北京市第一中级人民法院（2006）一中行初字第636号行政判决，向本院提起上诉。本院2007年1月4日受理后，依法组成合议庭，于2007年2月5日公开开庭进行了审理。上诉人赵学文的委托代理人毛依星，被上诉人国家知识产权局专利复审委员会（下称专利复审委员会）的委托代理人王伟艳、崔哲勇，原审第三人镇江市诚翔电器有限责任公司（下称诚翔电器公司）的委托代理人樊文红、殷春雷到庭参加了诉讼。本案现已审理终结。

北京市第一中级人民法院认定，赵学文是"真空断路器"实用新型专利（下称本专利）的专利权人。诚翔电器公司于2003年5月4日，以本专利不符合专利法第二十二条第二款、第三款，第二十六条第三款、第四款、专利法实施细则第二十一条第二款、第三款的有关规定为由，向专利复审委员会提出宣告本专利权无效的请求。

专利复审委员会经审查，于2004年6月3日以本专利权利要求1~5不具备创造性为由，作出第6131号无效宣告请求审查决定（下称第6131号无效决定），宣告在本专利权利要求6的基础上维持本专利权有效。2004年，北京市第一中级人民法院作出（2004）一中行初字第1019号行政判决，维持第6131号无效决定。2005年12月14日，本院作出（2005）高行终字第351号行政判决，认为：对本专利权利要求与对比文件相比存在的多处明显区别技术特征，专利复审委员会在无效决定中没有进行评述，导致认定事实不清。判决撤销北京市第一中级人民法院（2004）一中行初字第1019号行政判决和专利复审委员会作出的第6131号无效决定，由专利复审委员会重新作出无效宣告请求审查决定。

专利复审委员会于2006年3月13日重新作出第8155号无效宣告请求审查决定（下称第8155号

无效决定)，以本专利权利要求 1 ~5 不具备创造性为由，宣告本专利权 1 ~5 无效，在本专利权利要求 6 的基础上维持本专利权有效。

北京市第一中级人民法院认为，真空管是真空灭弧室的上位概念，在本专利说明书中并未明确说明真空灭弧室与真空管的区别，以及起到何种作用，故附件 1 中所述的真空管相当于本专利权利要求 1 中的真空灭弧室。赵学文关于本专利权利要求 1 中的真空灭弧室并非附件 1 中的真空管的主张缺乏事实依据。本专利权利要求 1 限定了真空度检测报警装置的安装位置，但没有限定为一种顶部的直接连接方式。附件 1 披露了本专利权利要求 1 中特征“所说真空灭弧室上安装一真空度检测报警装置”。赵学文关于附件 1 没有公开本专利权利要求 1 中特定的连接方式的主张，缺乏事实依据。本专利权利要求 1 不具备创造性。

附件 1 披露了权利要求 2 中的特征“弹簧压套在波纹管的顶面板与真空灭弧室之间”。赵学文关于权利要求 2 的上述特征没有被披露的主张缺乏事实依据。本专利权利要求 2 不具备创造性。

本领域技术人员在附件 1 的基础上，实现波纹管直接通过触杆触发报警开关的连接机构不需要付出创造性的劳动，本专利权利要求 3 的附加技术特征是容易实现的。赵学文关于本专利权利要求 3 具有创造性的主张缺乏事实依据。

本领域技术人员根据测量精度的需要，选择千分表测量真空度变化不需要付出创造性劳动，在本专利权利要求 4 引用的权利要求 2 没有创造性时，本专利权利要求 4 也没有创造性。

阅读附件 1 附图，可以看出压盖与罩体、压盖与波纹管之间的位置和连接关系，罩体客观上可以抑制压盖的水平震动进而抑制波纹管的水平震动。为了抑制波纹管水平震动，本领域技术人员无需经过创造性劳动就容易想到用抗震板来实现上述技术效果，因此权利要求 5 不具有创造性。

北京市第一中级人民法院依据《中华人民共和国行政诉讼法》第五十四条第（一）项之规定，判决：维持专利复审委员会作出的第 8155 号无效决定。

赵学文不服一审判决，向本院提起上诉。理由是：本专利权利要求 1 中的真空灭弧室不是附件 1 中的真空管，附件 1 中也没有公开本专利权利要求 1 中的真空度检测报警装置的安装位置；本专利权利要求 2、3 记载的附加技术特征并未被相应的附件公开；本专利权利要求 4 从属于权利要求 2，权利要求 2 具备创造性，权利要求 4 也具备创造性；第 8155 号无效决定中关于由于压盖、罩体、波纹管之间的相互位置、连接方式，使罩体与本专利权利要求 5 中记载的抗震板实现的技术效果相同的认定错误。请求撤销一审判决；撤销第 8155 号无效决定；改判本专利权全部有效；一、二审诉讼费由专利复审委员会、诚翔电器公司承担。

在本院审理过程中，赵学文放弃涉及本专利权利要求 1 ~4 的上诉理由，仅坚持涉及本专利权利要求 5 的上诉理由。

专利复审委员会、诚翔电器公司服从一审判决。

经审理查明，赵学文是名称为“真空断路器”实用新型专利的专利权人，本专利申请日是 1997 年 11 月 11 日。1999 年 5 月 19 日被国家知识产权局公告授权，专利号是 97247757. 8。本专利权利要求是：

“1. 一种真空断路器，由箱体支架、操动机构、真空灭弧室等部分组成，其特征在于：所说真空灭弧室上安装一真空度检测报警装置。

2. 根据权利要求 1 所述的真空断路器，其特征在于：所说的真空度检测报警装置包括一波纹管、一弹簧、一位移显示表，所说波纹管上端密封，下端与真空灭弧室的顶部密封联接，且与真空灭弧室内腔相通，所说弹簧压套在波纹管的顶面板与真空灭弧室之间，所说位移显示表安装于波纹管的顶面上。

3. 根据权利要求2所述的真空断路器，其特征在于：所说的真空度检测报警装置还包括一触杆及报警开关，所说触杆的一端安装于波纹管的顶面与位移显示表的触端之间，另一端与报警开关联接。

4. 根据权利要求2所述的真空断路器，其特征在于：所说的显示表为一千分表。

5. 根据权利要求2所述的真空断路器，其特征在于：所说的波纹管顶部穿过一抗震板的孔。

6. 根据权利要求1所述的真空断路器，其特征在于：所说的真空度检测报警装置为一真空表。"

本专利说明书中记载："……抗震板8的作用在于操作时防止波纹管以及显示表的震动。"

诚翔电器公司于2003年5月4日向专利复审委员会提出宣告本专利权无效的请求。诚翔电器公司的无效理由是本专利不符合专利法第二十二条第二款、第三款，第二十六条第三款、第四款、专利法实施细则第二十一条第二款、第三款的有关规定。诚翔电器公司向专利复审委员会提交了6份附件作为证据，其中：

附件1：专利号为ZL94230139.0的实用新型专利说明书，授权公告日为1995年9月6日。附件1公开了一种高压真空断路器真空度保护和检测装置。其中记载：本实用新型属于电器保护装置。高压真空断路器是电器产品的一个重要器件，能有效地保证电路的安全。现有技术中的真空断路器有很多种，品种不一。但所有的真空断路器对真空度要求都非常高。如果在运行中一旦漏气或由于其他原因造成真空度下降，就会影响其性能，严重的会造成重大事故。本实用新型提供了一种能在运行中直接观测真空度，当真空度达到一定限度时能自动报警的高压真空断路器真空度保护和检测装置。本实用新型有一个罩体8，在罩体8内有一根波纹管9，波纹管9外表面套装有一根弹簧10，压盖3被螺母固定在波纹管9上，一块计量表4、通常是百分表通过触杆7与波纹管上端接触。在罩体上端连接有一个密封壳体5，在所说的计量表的触杆上通过销轴与一个连杆机构2相连。连杆机构左端连接有一根用来触动行程开关的滑杆1。在连杆与密封壳体间有一根复位弹簧6。使用时，将本装置安装在真空管一端，并与真空管相通，这样真空管被抽成真空后形成负压，吸住波纹管，当真空管内的真空度下降后，管内的负压降低，正压增大，迫使波纹管上升。为了测量方便，在波纹管外套装一个灵敏度很高的弹簧。这样当波纹管及弹簧上升时就会通过触杆，也就是传感装置到达计量表，这样就能直观的看出真空管内的真空度变化。如产生漏气现象时，真空度的变化就会很大，管内压力值突然增大，这时波纹管就会迫使触杆上升，并通过连杆机构使滑杆1向左伸出，触动工作台上设置的触块使报警线路接通，及时报警，避免事故的发生。

附件2：申请号为88216679.4的实用新型专利申请说明书，公告日为1989年3月8日。附件2公开了一种真空断路器，由安装在底座35上的真空灭弧室24、操动机构、操作面板和开关构成。

2004年6月3日，专利复审委员会以本专利权利要求1~5相对于附件1和附件2的结合不符合专利法第二十二条第三款为由，作出第6131号无效决定，宣告本专利权利要求1~5无效，在本专利权利要求6的基础上维持本专利权有效。

赵学文不服专利复审委员会作出的第6131号无效决定，向北京市第一中级人民法院提起诉讼。北京市第一中级人民法院经审理，作出（2004）一中行初字第1019号行政判决，维持了第6131号无效决定。赵学文不服，向本院提起上诉。本院经审理认为：对本专利权利要求与对比文件存在多处明显的区别技术特征，专利复审委员会在无效决定中没有进行评述，导致认定事实不清。本院于2005年12月14日作出（2005）高行终字第351号行政判决，撤销北京市第一中级人民法院（2004）一中行初字第1019号行政判决和专利复审委员会作出的第6131号无效决定，由专利复审委员会重新作出无效宣告请求审查决定。

专利复审委员会重新组成合议组，对诚翔电器公司针对本专利权提出的无效宣告请求进行审查，于2006年3月2日进行了口头审理。在口头审理过程中，诚翔电器公司明确其无效理由是：本专利权利要求1~5相对于附件1和附件2的结合或附件1与本专利背景技术的结合不符合专利法第二十二条第三款有关创造性的规定，并放弃其他无效理由；赵学文承认附件2和本专利背景技术均公开了权利要求1前序部分中的特征“箱体支架”和“操动机构”，并且确认权利要求5中的抗震板用于防止波纹管水平方向的震动，进而防止显示表的震动。

2006年3月13日，专利复审委员会作出了第8155号无效决定，宣告本专利权利要求1~5无效，在本专利权利要求6的基础上维持本专利权有效。专利复审委员会认为：

附件1和附件2可以作为评价本专利新颖性和创造性的现有技术。1. 本专利权利要求1请求保护一种真空断路器，具体包括以下特征：（1）由箱体支架、操动机构、真空灭弧室等部分组成，（2）所说真空灭弧室上安装一真空度检测报警装置。权利要求1与附件2的区别是特征（2），附件1公开了一种安装在真空管上的真空度保护和检测装置，该装置同样可以实现在运行中直接观测真空度，当真空度达到一定限度时自动报警的技术效果，从而已经给出了对于本专利权利要求1中特征（2）的技术启示。因此权利要求1相对于附件1和附件2不具备创造性。针对赵学文强调的两个观点，专利复审委员会认为，（1）附件1中的真空管与本专利权利要求1中所述的真空灭弧室仅是文字表达上的差异，实质完全相同。（2）首先，权利要求1中的特征（2）并没有文字限定真空灭弧室与真空度检测报警装置为直接连接安装关系；其次，根据本专利附图1所示，真空灭弧室3与波纹管4的连接结构之间仍然存在板状结构，该附图所示结构不能支持赵学文的观点；再次，附件1中说明书第2页最后一段已经公开“将本装置安装在真空管一端，并与真空管相通”，上述文字所表明的真空度保护和检测装置与真空管的连接关系与本专利权利要求1中特征“所说真空灭弧室上安装一真空度检测报警装置”所表明的连接关系相同。2. 附件1中的压盖3与权利要求2中所述的“波纹管的顶面板”实质相同，均起到了限制弹簧上端位移的作用，该弹簧10实质压套在压盖3和真空管之间，因此附件1已经公开了权利要求2中的附加技术特征“所说弹簧压套在波纹管的顶面板与真空灭弧室之间”。权利要求2与附件1的区别在于：权利要求2中的位移显示表安装于波纹管的顶面上，而附件1中计量表4通过触杆7与波纹管上端接触。本领域技术人员在附件1的基础上，很容易根据是否需要实现报警功能以及所需装置高度去除附件1中的触杆7，从而实现权利要求2所限定的技术方案，并实现其技术效果。因此权利要求2相对于附件1和2不具备创造性。3. 本领域技术人员将附件1中借助触杆和连杆机构实现的间接连接和触发方式改变为权利要求3所述的由波纹管顶面直接推动触杆这种直接连接方式是很容易实现的，因此权利要求3不具备创造性。4. 本领域技术人员在附件1已经给出采用百分表作为计量表的情况下，根据检测精度的需要采用千分表作为计量表是很容易做出的选择，因此权利要求4不具有创造性。5. 附件1中的压盖3与波纹管9通过螺母实现了刚性连接，因此当附件1中的波纹管9发生水平震动时必然导致压盖3发生水平震动，而由于该压盖3的外周边与罩体8的内表面间距很小，因此该罩体8可以抑制压盖3的水平震动进而抑制波纹管9的水平震动，因此附件1中的罩体8与权利要求5中所述的抗震板可以实现相同的技术效果，权利要求5不具备创造性。基于以上理由，专利复审委员会作出第8155号无效决定。

赵学文不服专利复审委员会作出的第8155号无效决定，在法定期限内向北京市第一中级人民法院提起诉讼。

以上事实有本专利权利要求书、说明书、第8155号无效决定、诚翔电器公司提交的附件1和附件2、专利复审委员会口头审理记录表及当事人陈述等证据在案佐证。

本院认为，实用新型的创造性是指同申请日以前已有的技术相比，该实用新型具有实质性特点和进步。

本案中，由于赵学文放弃了涉及本专利权利要求 1 ~ 4 的上诉理由，其已认可了一审判决对本专利权利要求 1 ~ 4 的认定，故本院对此予以认可。

本专利所属技术领域中，本专利权利要求 5 中所记载的波纹管会发生水平震动，对这种震动必须予以克服。附件 1 中虽未记载如何抑制波纹管的水平震动，其中的文字部分也未记载所述罩体 8 的作用，但根据附件 1 附图的记载，附件 1 所述压盖 3 与罩体 8 之间间距较小。压盖 3 与波纹管固定在一起，由于附件 1 所述罩体 8 与压盖 3 之间的位置关系，罩体 8 客观上可以抑制压盖 3 的水平震动进而抑制波纹管 9 的水平震动。由于本专利权利要求 5 中记载的波纹管会发生水平震动，为了抑制波纹管水平震动，本领域技术人员通过阅读附件 1，无需经过创造性劳动就容易想到使用抗震板来抑制波纹管的水平震动，故本专利权利要求 5 与附件 1 相比没有实质性特点和进步，不具备创造性。

赵学文的上诉理由不能成立，其上诉请求本院不予支持。

综上，一审判决认定事实清楚，适用法律正确。依据《中华人民共和国行政诉讼法》第六十一条第（一）项的规定，判决如下：

驳回上诉，维持原判。

一审案件受理费 1000 元，由赵学文负担（自本判决生效之日起 7 日内交纳）；二审案件受理费 1000 元，由赵学文负担（已交纳）。

本判决为终审判决。

审　判　长　刘　辉
代理审判员　岑宏宇
代理审判员　张冬梅
二〇〇七年三月二日
书　记　员　陈　明

025

软线开关外壳案

无效宣告请求审查决定（第8160号）

决　定　号　第8160号
决　定　日　2006年3月10日
发明创造名称　软线开关外壳
国际分类号　H01H 9/02
无效请求人　刘惠英
专利权人　江门市江海区汇聪电器厂
专　利　号　99238813.9
申　请　日　1999年9月21日
授权公告日　2000年9月27日
合议组组长　张　度
主　审　员　孙克良
参　审　员　朱芳芳

法律依据　专利法第二十二条第三款
决定要点
在权利要求的创造性的评判过程中，在确定区别技术特征时，应该客观地将权利要求所记载的每一个特征与现有技术逐一对比，而不能主观地认为某个技术特征因不具有技术效果而将其忽略。

一、案由

本无效宣告请求涉及国家知识产权局专利局于2000年9月27日授权公告的、名称为“软线开关外壳”的99238813.9号实用新型专利（下称本专利），其申请日为1999年9月21日，专利权人为江门市江海区汇聪电器厂。其授权公告的权利要求书如下：

“1. 一种软线开关外壳，包括底壳（1）和面壳（4）以及布置在壳体内四角的底壳联接柱（2）和面壳联接柱（5），壳体内还有相应的线槽和按钮孔（10），其特征在于：底壳联接柱（2）和面壳联接柱（5）均有中空孔，其大小不同，其中有大中空孔（7）的联接柱套在有小中空孔（6）的联接柱相应大中空孔（7）尺寸的柱端上，把底面壳联接起来。

2. 根据权利要求1所述的软线开关外壳，其特征在于：有大中空孔（7）的联接柱的中心还有一根实心柱（3）使大中空孔（7）形成环柱孔，实心柱（3）可插入有小中空孔（6）联接柱的小中空孔（6）内。

3. 根据权利要求1所述的软线开关外壳，其特征在于：有大中空孔（7）的联接柱的孔壁上有环形凹槽（8），插入该孔的联接柱柱端外壁上相应位置有环形凸缘（9）。

4. 根据权利要求1所述的软线开关外壳，其特征在于：有大中空孔（7）的联接柱的孔壁上有环形凸缘（9），插入该孔的联接柱柱端外壁上相应位置有环形凹槽（8）。”

针对上述专利权，刘惠英（下称请求人）于2004年9月2日向专利复审委员会提出了无效宣告请求，其理由是：（1）权利要求1、3、4相对于附件2不符合专利法第二十二条第二款所规定的新颖性；（2）权利要求1～4相对于附件2不符合专利法第二十二条第三款所规定的创造性；（3）权利要求1、3、4相对于附件3不符合专利法第二十二条第二款所规定的新颖性；（4）权利要求1～4相对于附件3不符合专利法第二十二条第三款所规定的创造性。（5）权利要求1～4相对于附件2和附件3的结合不符合专利法第二十二条第三款所规定的创造性。请求人提交了如下附件作为证据：

附件1：中国实用新型专利第ZL99238813.9号授权公告文本（本专利）；

附件2：中国实用新型专利第ZL96241574.X号授权公告文本（下称对比文件1），授权公告日为1998年7月8日；

附件3：中国实用新型专利第ZL96209893.0号授权公告文本（下称对比文件2），授权公告日为1998年4月8日；

经形式审查合格，专利复审委员会受理了上述请求，于2004年9月22日向双方当事人发出无效宣告请求受理通知书，并将无效宣告请求书及其附件的副本转送专利权人（下称被请求人）。

被请求人于2004年11月2日向专利复审委员会提交了意见陈述书，并修改了权利要求书。被请求人认为，修改后的权利要求1、2相对于对比文件1、2及其结合具备新颖性和创造性。被请求人还提交了本专利产品及对比文件产品的检验报告以及相关国家标准和国际标准。

修改后的权利要求如下：

“1. 一种软线开关外壳，包括底壳（1）和面壳（4）以及布置在壳体内四角的底壳联接柱（2）和面壳联接柱（5），壳体内还有相应的线槽和按钮孔（10），底壳联接柱（2）和面壳联接柱（5）均有中空孔，其大小不同，其中有大中空孔（7）的联接柱套在有小中空孔（6）的联接柱相应大中空孔（7）尺寸的柱端上，把底面壳联接起来，其特征在于：有大中空孔（7）的联接柱的中心还有一根实心柱（3）使大中空孔（7）形成环柱孔，实心柱（3）可插入有小中空孔（6）联接柱的小中空孔（6）内。

2. 根据权利要求1所述的软线开关外壳，其特征在于：有大中空孔（7）的联接柱的孔壁上有环形凹槽（8）或者环形凸缘（9），插入该孔的联接柱柱端外壁上相应位置有相应的环形凸缘（9）或者环形凹槽（8）。”

本案合议组于2006年1月5日向双方当事人发出口头审理通知书，定于2006年2月14日下午14：00举行口头审理，同时将被请求人于2004年11月2日提交的意见陈述书及其附件转送给请求人。

口头审理如期举行，双方当事人均出席了口头审理。被请求人当庭表示对对比文件1、2的真实性没有异议。由于被请求人在收到请求人的无效宣告请求后修改了权利要求，因此请求人重新明确了无效宣告理由：（1）权利要求1和2分别相对于对比文件1或2不符合专利法第二十二条第三款所规定的创造性；（2）权利要求2的修改不符合专利法实施细则第六十八条的规定。然后双方当事人针对事实问题进行意见陈述和辩论。

在上述工作的基础上，合议组认为双方当事人已经充分发表了意见。

至此本案事实清楚，可以作出本决定。

二、决定的理由

1. 关于文本

请求人认为被请求人于2004年11月2日提交的修改后的权利要求2包含了4个技术方案，即1. 有大中空孔（7）的联接柱的孔壁上有环形凹槽（8），插入该孔的联接柱柱端外壁上相应位置有相应的环形凸缘（9）；2. 有大中空孔（7）的联接柱的孔壁上有环形凹槽（8），插入该孔的联接柱柱端外壁上相应位置有相应的环形凹槽（8）；3. 有大中空孔（7）的联接柱的孔壁上有环形凸缘（9），插入该孔的联接柱柱端外壁上相应位置有相应的环形凸缘（9）；4. 有大中空孔（7）的联接柱的孔壁上有环形凸缘（9），插入该孔的联接柱柱端外壁上相应位置有相应的环形凹槽（8）。而原专利只记载了其中的两个技术方案，因此修改后的权利要求 2 扩大了原专利的保护范围，不符合专利法实施细则第六十八条的规定。合议组认为：本领域的普通技术人员不会将修改后的权利要求 2 中记载的“有大中空孔（7）的联接柱的孔壁上有环形凹槽（8）或者环形凸缘（9），插入该孔的联接柱柱端外壁上相应位置有相应的环形凸缘（9）或者环形凹槽（8）”理解为包含上述的四个技术方案，因为凹槽不可能插入凹槽，凸缘也不可能插入凸缘。因此，修改后的权利要求 2 实质上只可能包括技术方案 1 和 4，其符合专利法第三十三条和专利法实施细则第六十八条的规定。因此本决定所依据的文本为：2004 年 11 月 2 日提交的权利要求第 1 ~ 2 项，申请日提交的说明书第 1 ~ 3 页、说明书附图第 1 ~ 3 页、说明书摘要、摘要附图。

2. 关于证据

对比文件 1、2 为专利文献，属于公开出版物，且其公开日在本专利的申请日之前，并且被请求人对对比文件 1、2 的真实性无异议，因此对比文件 1、2 公开的内容构成了本专利的现有技术，能够用于评价本专利的创造性。

3. 关于专利法第二十二条第三款

根据专利法第二十二条第三款的规定，创造性是指同申请日以前已有的技术相比，该发明有突出的实质性特点和显著的进步，该实用新型有实质性特点和进步。

修改后的权利要求 1 要求保护一种软线开关外壳，并包括如下技术特征：①底壳（1）和面壳（4）以及布置在壳体内四角的底壳联接柱（2）和面壳联接柱（5），②壳体内还有相应的线槽和按钮孔（10），③底壳联接柱（2）和面壳联接柱（5）均有中空孔，其大小不同，其中有大中空孔（7）的联接柱套在有小中空孔（6）的联接柱相应大中空孔（7）尺寸的柱端上，把底面壳联接起来，有大中空孔（7）的联接柱的中心还有一根实心柱（3）使大中空孔（7）形成环柱孔，实心柱（3）可插入有小中空孔（6）联接柱的小中空孔（6）内。

对比文件 1 公开了一种摇板式线上开关，并公开了以下技术特征（参见对比文件 1 的图 1、6 及说明书第 2 页第 8 行到第 3 页第 2 行）：包括底座 10、罩盖 20、通孔 22，导槽 14 可提供导线置放，四个角落各往上延伸一嵌固柱 18，罩盖 20 相对底座 10 的嵌固柱 18 亦设一盲孔 26，提供嵌固柱 18 嵌固，使该底座 10 及罩盖 20 相对卡固。即公开了技术特征 a 和 b。

与对比文件 1 相比，权利要求 1 的区别技术特征为：底壳联接柱（2）和面壳联接柱（5）均有中空孔，其大小不同，其中有大中空孔（7）的联接柱套在有小中空孔（6）的联接柱相应大中空孔（7）尺寸的柱端上，有大中空孔（7）的联接柱的中心还有一根实心柱（3）使大中空孔（7）形成环柱孔，实心柱（3）可插入有小中空孔（6）联接柱的小中空孔（6）内（即实现了双重配合）。而上述区别特征的技术效果是：底壳和面壳的连接方式比对比文件 1 的单重啮合更加牢固。

请求人认为本专利的权利要求 1 中记载的小中空孔这一特征不具有技术效果，是可以忽略的。合议组认为：在权利要求的创造性的评判过程中，在确定区别技术特征时，应该客观地将权利要求所记载的每一个特征与现有技术逐一对比，而不能主观地认为某个技术特征因不具有技术效果而将其忽略。针对本案，如图 2 所示，首先连接柱 5 与大中空孔 7 配合，再通过小中空孔 6 与实心柱 3 配合则实现了底壳和面壳的双重配合，而双重配合的技术效果是使底壳和面壳的配合更加牢固。因此合议组对请求人的上述意见不予支持。

由此可见，权利要求 1 的技术方案相对于对比文件 1 具有实质性特点和进步，因而具备专利法第二十二条第三款所规定的创造性。

在权利要求 1 相对于对比文件 1 具备创造性的情况下，其从属权利要求 2 也相对于对比文件 1 具备专利法第二十二条第三款所规定的创造性。

对比文件 2 公开了一种摇板式接线开关，并公开了以下技术特征（参见对比文件 2 的图 2、及说明书第 2 页第 23 行到第 5 页第 19 行）：包括底壳 12、罩盖 14、通孔 88，导线 70 可容置于导槽 34 内，罩盖 14 亦呈矩形，其内面的四角落处分别设有一往下延伸的中空圆柱 76，而该底壳 12 容纳空间的四角落处亦分别设有与该中空圆柱 76 相向的一凸柱 78，经由各中空圆柱 76 与该凸柱 78 卡合，使该罩盖 14 与底壳 12 卡接。即也公开了权利要求 1 中的特征①、②。

与对比文件 2 相比，权利要求 1 的区别技术特征为：底壳联接柱（2）和面壳联接柱（5）均有中空孔（对比文件 2 只有面壳连接柱为中空孔），其大小不同，其中有大中空孔（7）的联接柱套在有小中空孔（6）的联接柱相应大中空孔（7）尺寸的柱端上，有大中空孔（7）的联接柱的中心还有一根实心柱（3）使大中空孔（7）形成环柱孔，实心柱（3）可插入有小中空孔（6）联接柱的小中空孔（6）内（即实现了双重配合）。而上述区别特征的技术效果是：底壳和面壳的连接方式比对比文件 2 的单重啮合更加牢固。

由此可见，权利要求 1 的技术方案相对于对比文件 2 具有实质性特点和进步，因而具备专利法第二十二条第三款所规定的创造性。

在权利要求 1 相对于对比文件 2 具备创造性的情况下，其从属权利要求 2 也相对于对比文件 2 具备专利法第二十二条第三款所规定的创造性。

综上所述，本专利的权利要求 1、2 分别相对于对比文件 1 或 2 符合专利法第二十二条第三款有关创造性的规定。

三、决定

在被请求人于 2004 年 11 月 2 日提交的修改后的权利要求书的基础上维持 99238813.9 号实用新型专利权有效，该修改后的权利要求书如下：

“1. 一种软线开关外壳，包括底壳（1）和面壳（4）以及布置在壳体内四角的底壳联接柱（2）和面壳联接柱（5），壳体内还有相应的线槽和按钮孔（10），其特征在于：底壳联接柱（2）和面壳联接柱（5）均有中空孔，其大小不同，其中有大中空孔（7）的联接柱套在有小中空孔（6）的联接柱相应大中空孔（7）尺寸的柱端上，把底面壳联接起来，其特征在于：有大中空孔（7）的联接柱的中心还有一根实心柱（3）使大中空孔（7）形成环柱孔，实心柱（3）可插入有小中空孔（6）联接柱的小中空孔（6）内。

2. 根据权利要求 1 所述的软线开关外壳，其特征在于：有大中空孔（7）的联接柱的孔壁上有环形凹槽（8）或者环形凸缘（9），插入该孔的联接柱柱端外壁上相应位置有相应的环形凸缘（9）或者环形凹槽（8）。”

当事人对本决定不服的，可以根据专利法第四十六条第二款的规定，自收到本决定之日起三个月内向北京市第一中级人民法院起诉。根据该款的规定，一方当事人起诉后，另一方当事人应当作为第三人参加诉讼。

026

具有补强体的弹性元件案

无效宣告请求审查决定（第8180号）

决　定　号　第8180号
决　定　日　2006年2月28日
发明创造名称　具有补强体的弹性元件
国际分类号　G06F 3/023
无效请求人　深圳市宝安区松岗文麦电子厂
专利权人　群光电子股份有限公司
专　利　号　98240877.3
申　请　日　1998年9月25日
授权公告日　2000年1月12日
合议组组长　马　昊
主　审　员　詹靖康
参　审　员　高　栋

法律依据　专利法第二十二条第二款、第三款
决定要点

无效宣告请求程序中请求人提供的域外形成的证据，应当按照《最高人民法院关于行政诉讼证据若干问题的规定》办理公证认证手续；请求人未提交原件的证据，按照《最高人民法院关于行政诉讼证据若干问题的规定》的规定，不能作为单独定案的依据。

一、案由

本无效宣告请求涉及国家知识产权局专利局于2000年1月12日授权公告的、名称为“具有补强体的弹性元件”的实用新型专利（下称本专利），其申请日为1998年9月25日，申请号为98240877.3，专利权人为群光电子股份有限公司（下称被请求人）。其授权公告的权利要求书为：

“1. 一种具有补强体的弹性元件，它具有中空状的弹性本体；该弹性本体向上延伸设有连结部；弹性本体内部垂直方向朝离开连结部的方向设有触动体；弹性本体向下延伸设有基部；其特征在于在所述的弹性本体与连结部衔接处设有位于弹性本体内部的复数个一体成型的补强体。

2. 根据权利要求1所述的具有补强体的弹性元件，其特征在于所述的补强体呈凸柱状。

3. 根据权利要求1所述的具有补强体的弹性元件，其特征在于所述的补强体呈长条状。”

针对上述专利权，深圳市宝安区松岗文麦电子厂（下称请求人）于2004年9月22日向专利复审委员会提出了无效宣告请求，其理由是本专利权利要求1～3不符合专利法第二十二条的规定。请求人所提交的证据如下：

附件1：德国19529492号专利说明书，公开日为1997年2月13日（下称证据1）。

请求人在无效宣告请求书中指出，相对于对比文件1，权利要求1不符合专利法第二十二条第二

款有关新颖性的规定，权利要求 1～3 不符合专利法第二十二条第三款有关创造性的规定。

经形式审查合格，专利复审委员会受理了上述请求，于 2004 年 9 月 22 日向请求人及被请求人发出无效宣告请求受理通知书，并将无效宣告请求书及其附件的副本转送被请求人。与此同时，专利复审委员会成立合议组对本案进行审查。

被请求人于 2004 年 11 月 9 日提交了意见陈述书指出：本专利与对比文件 1 的技术内容是完全不同的两个技术方案，所产生的功能和效果也完全不同，因此权利要求 1～3 相对于对比文件 1 具备新颖性和创造性。

依据专利法实施细则第六十六条的规定，请求人于 2004 年 10 月 22 日增加了无效理由，认为本专利在申请以前就已有相同结构的产品在国内公开销售和使用，本专利不具备专利法第二十二条第二款、第三款规定的新颖性和创造性；请求人补充了附件 15 份，具体如下：

附件 1－1：德国 19529492 号专利说明书的中文译文；

附件 2：声称为委托试验报告书的复印件 3 页（下称证据 2）；

附件 3：声称为文麦股份有限公司样品检讨/承认书的复印件 3 页（下称证据 3）；

附件 4：声称为美国 FCC 安全规格认证书的复印件 49 页（下称证据 4）；

附件 5：声称为中国农业银行苏州分行出具的 ABC103LC950099 号信用证的复印件 2 页（下称证据 5）；

附件 6：声称为对 ABC103LC950099 号信用证中交货日期修改的修改函的复印件 2 页（下称证据 6）；

附件 7：声称为文麦股份有限公司向盟贸企业有限公司出货的第 016031－016033 号送货单的复印件 3 页（下称证据 7）；

附件 8：声称为证据 7 的文麦股份有限公司出货的出口报单的复印件 2 页（下称证据 8）；

附件 9：声称为证据 7、8 的文麦股份有限公司出具的 XT07890405 号统一发票的复印件 1 页（下称证据 9）；

附件 10：声称为盟贸企业公司将证据 7 中货物销售给张家港三川公司所出具的预售发票及出货清单的复印件 4 页（下称证据 10）；

附件 11：声称为证据 10 中货物依据证据 5、6 信用证而出货至张家港的该货物提单的复印件 1 页（下称证据 11）；

附件 12：声称为香港上海汇丰银行有限公司通知盟贸公司依 ABC103LC950099 号信用证费用进入该行的通知书的复印件 1 页（下称证据 12）；

附件 13：声称为盟贸公司账户存折相关页的复印件 2 页（下称证据 13）；

附件 14：声称为第 01057258 号江苏省增值税专用发票的复印件 1 页（下称证据 14）；

附件 15：声称为第 0053974 号江苏省张家港市企事业单位通用发票的复印件 1 页（下称证据 15）。

本案合议组于 2005 年 6 月 27 日向双方当事人发出口头审理通知书，定于 2005 年 8 月 8 日举行口头审理，同时将请求人于 2004 年 10 月 22 日提交的意见陈述书及附件的副本转送给被请求人。

口头审理如期举行。双方当事人均参加了口头审理。

双方当事人对对方出庭人员的身份没有异议。双方当事人对合议组成员没有回避请求。被请求人对证据 1（德国第 19529492A1 号早期公开专利说明书）的真实性，对证据 1 中文译文的准确性没有异议。请求人当庭出示证据 2（委托试验报告书）的加盖有案号为 4293 的台湾公证、证据 3（文麦股份有限公司样品检讨/承认书）的加盖有案号为 7416 的台湾公证、证据 8（证据 7 的文麦股份有限公司出货的出口报单）的加盖有案号为7567的台湾公证、证据9（证据7、8的文麦股份有限公司出具的XT07890405号统一发票）的加盖有案号为7567的台湾公证、证据14（第0053974号江苏省张家港市企事业单位通用发票）的盖有“中外合资苏州乙太电子技术有限公司”红章的编号为01057258的江苏省增值税专用发票发票联复印件。请求人当庭明确表示放弃使用证据4（美国FCC安全规格认证书）。被请求人对证据2、证据3、证据5（中国农业银行苏州分行出具的ABC103LC950099号信用证）、证据6（对ABC103LC950099号信用证中交货日期修改的修改函）、证据7（文麦股份有限公司向盟贸（MTRADE）企业有限公司出货的第016031－016033号送货单）、证据8、证据9、证据10（盟贸企业公司将证据7中货物销售给张家港三川公司所出具的预售发票及出货清单）、证据11（证据10中货物依证据5、6信用证而出货至张家港的该货物提单）、证据12（香港上海汇丰银行有限公司通知盟贸公司依ABC103LC950099号信用证费用进入该行的通知书）、证据13（盟贸公司账户存折相关页）、证据14（第01057258号江苏增值税专用发票）、证据15（第0053974号江苏省张家港市企事业单位通用发票）的真实性有异议。

请求人明确其无效理由为：证据1评述本专利权利要求1不具备新颖性、创造性，本专利权利要求2、3不具备创造性；证据2、3、14评述权利要求1、2不具备新颖性、创造性，权利要求3不具备创造性；证据2、3、5～15评述权利要求1、2不具备新颖性、创造性，权利要求3不具备创造性。

在上述工作的基础上，合议组认为本案事实清楚，可以作出本决定。

二、决定的理由

1. 关于证据

专利法实施细则第三十条指出，“已有技术”是指申请日（有优先权的，指优先权日）前在国内外出版物上公开发表、在国内外公开使用或者以其他方式为公众所知的技术，即现有技术。审查指南规定，现有技术公开方式有出版物公开、使用公开和其他方式公开。出版物是指记载有技术或设计内容的独立存在的有形传播载体，并且应当表明其发表者或出版者以及公开发表或出版时间。

证据1是德国19529492号专利说明书，属于公开出版物，公开日为1997年2月13日，早于本专利的申请日，其中公开的内容构成了本专利的已有技术，能够用于评价本专利的新颖性和创造性。

《最高人民法院关于行政诉讼证据若干问题的规定》第十六条规定：当事人向人民法院提供的在中华人民共和国领域外形成的证据，应当说明来源，经所在国公证机关证明，并经中华人民共和国驻该国使馆认证，或履行中华人民共和国与证据所在国订立的有关条约中规定的证明手续。当事人提供的在中华人民共和国香港特别行政区、澳门特别行政区和台湾地区内形成的证据，应当具有按照有关规定办理的证明手续。

证据7文麦股份有限公司向盟贸企业有限公司出货的第016031－016033号送货单的形成地是中国台湾地区；证据10盟贸企业公司将证据7中货物销售给张家港三川公司所出具的预售发票及出货清单的形成地是中华人民共和国香港特别行政区；证据12香港上海汇丰银行有限公司通知盟贸公司依ABC103LC950099号信用证费用进入该行的通知书以及证据13盟贸公司账户存折相关页的形成地是中华人民共和国香港特别行政区。对于上述证据，请求人没有提供符合《最高人民法院关于行政诉讼证据若干问题的规定》的证明手续，不符合法律规定的法定的形式要求，故合议组对上述该证据不予采信。

请求人当庭出示的证据2（委托试验报告书）的加盖有案号为4293的台湾公证、证据3（文麦股份有限公司样品检讨/承认书）的加盖有案号为7416的台湾公证、证据8（证据7的文麦股份有限公司出货的出口报单）的加盖有案号为7567的台湾公证、证据9（证据7、8的文麦股份有限公司出具的XT07890405号统一发票）的加盖有案号为7567的台湾公证均未经中国公证员协会或省、自治区、直辖市公证员协会（或公证员协会筹委会）的查证，合议组对上述该证据不予采信。

《最高人民法院关于行政诉讼证据若干问题的规定》第十条规定："根据行政诉讼法第三十一条第一款第（一）项的规定，当事人向人民法院提供书证的，应当符合下列要求：（一）提供书证的原件，原本、正本和副本均属于书证的原件。提供原件确有困难的，可以提供与原件核对无误的复印件。照片、节录本；（二）提供有有关部门保管的书证原件的复制件、影印件或者抄录件的，应当注明出处，经该部门核对无异后加盖其印章；……"

《最高人民法院关于行政诉讼证据若干问题的规定》第五十七条规定："下列证据材料不能作为定案证据：……（六）当事人无正当理由拒不提供原件、原物，又无其他证据印证，且对方当事人不予认可的证据的复制件或者复制品；……"

对于本案中的证据5（中国农业银行苏州分行出具的ABC103LC950099号信用证复印件）、证据6（对ABC103LC950099号信用证中交货日期修改的修改函复印件）、证据10（盟贸企业公司将证据7中货物销售给张家港三川公司所出具的预售发票及出货清单复印件）、证据11（证据10中货物依证据5、6信用证而出货至张家港的该货物提单复印件）、证据14（第01057258号江苏增值税专用发票复印件）、证据15（第0053974号江苏省张家港市企事业单位通用发票复印件），请求人没有提供《最高人民法院关于行政诉讼证据若干问题的规定》所定义的原件，请求人没有提出未提交原件的正当理由。上述证据得不到其他证据的佐证，被请求人对上述证据的真实性也提出了异议。综上所述，合议组对上述证据不予采信。

请求人于2004年9月22日提出本无效宣告请求，至2005年8月8日口头审理举行，共计十月有余，在此期间请求人于2004年10月22日依据《中华人民共和国专利法实施细则》第六十六条的规定增加了无效理由，并补交了证据1的中文译文。以上事实表明，请求人知晓自己的权利和义务，而且有足够的时间准备证据。为了维护审理的公正性，提高审理效率，合议组在口审中明确告知双方当事人口头审理之后不再接受任何证据。

综上所述，合议组予以采信可以作为决定依据的证据仅有证据1。

2. 关于新颖性

专利法第二十二条第二款规定：新颖性是指在申请日以前没有相同的发明在国内外出版物上公开发表过、在国内公开使用或者以其他方式为公众所知，也没有同样的发明由他人向专利局提出过申请并且记载在申请日以后（含申请日）公布的专利申请文件中。

证据1是德国19529492号专利说明书，属于公开出版物，公开日为1997年2月13日，早于本专利的申请日，被请求人对其真实性无异议，该证据构成本专利的现有技术。

请求人认为证据1公开了一个可稳定运作的简化键盘橡胶皮，且该证据公开了本专利权利要求1的全部技术特征：具有弹性元件、具有中空状的弹性本体、本体向上延伸有连结部、本体内部垂直方向朝离开连结部A的方向设有触动体、弹性本体向下延伸设有基部、弹性本体与连结部A衔接处设有位于弹性本体内部的一体成型的补强体。因此，本专利权利要求1相对于证据1不具备专利法第二十二条第二款规定的新颖性。被请求人认为证据1与本专利是明显不同的技术方案，具备新颖性。

合议组认为，证据1的技术方案与本专利的技术方案存在下述区别：从证据1的附图2（剖视图）中可以看到请求人所称的"补强体"画有阴影，根据机械制图常识可知此处画有阴影的"补强体"是一个圆盘，数量是一个；本专利权利要求1明确限定其补强体有复数个。本专利权利要求1的技术方案中，弹性本体与连接部衔接处设有补强体，而证据1中的"补强体"设置于橡胶弹性体10上方水平方向设置的肩部下侧，与弹性体10之间有一定的间隔。如上所述，证据1与本专利权利要求1的技术方案存在明显区别，上述区别不属于惯用手段的直接置换。证据1的技术方案在保持键盘橡胶片的性能稳定的前提下减少了橡胶用量，降低了制造费用，本专利的技术方案则是解决了连结部易断的问题，可见它们要解决的技术问题不同。综上所述，本专利权利要求1相对于证据1而言，其要解决的技术问题、技术方案都不相同，存在较大差异，因而具备专利法第二十二条第二款规定的新颖性。

在本专利权利要求1具备新颖性的情况下，其从属权利要求2、3也具备新颖性，符合专利法第二十二条第二款的规定。

3. 关于创造性

专利法第二十二条第三款规定：实用新型的创造性是指同申请日以前已有的技术相比，该实用新型有实质性特点和进步。

请求人认为证据1公开了本专利权利要求1的全部技术特征：具有弹性元件、具有中空状的弹性本体、本体向上延伸有连结部、本体内部垂直方向朝离开连结部A的方向设有触动体、弹性本体向下延伸设有基部、弹性本体与连结部A衔接处设有位于弹性本体内部的一体成型的补强体，本专利权利要求1相对于证据1不具备专利法第二十二条第三款规定的创造性。

合议组认为，证据1中没有请求人所称的“补强体”的任何相关文字描述，也没有关于上述圆盘的功能的描述。本技术领域的普通技术人员不能根据证据1显而易见地导出上述特征。本专利权利要求1中的技术方案解决了连接部容易断裂的问题，具有有益的技术效果。本专利权利要求1所描述的结构相对于证据1所公开的内容而言是非显而易见的，在技术上具有进步性。可见，本专利权利要求1相对于证据1具备专利法第二十二条第三款规定的创造性。

在本专利权利要求1具备创造性的情况下，其从属权利要求2、3也具备创造性，符合专利法第二十二条第三款的规定。

三、决定

维持98240877.3号实用新型专利权有效。

当事人对本决定不服的，可以根据专利法第四十六条第二款的规定，自收到本决定之日起三个月内向北京市第一中级人民法院起诉。根据该款的规定，一方当事人起诉后，另一方当事人应当作为第三人参加诉讼。

北京市第一中级人民法院
行政判决书

（2006）一中行初字第876号

原告深圳市宝安区松岗文麦电子厂，住所地广东省深圳市宝安区松岗镇塘下涌村工业区。

法定代表人黄伟华，厂长。

委托代理人胡子骐，广东三环汇华律师事务所律师。

委托代理人王广华，广东三环汇华律师事务所律师。

被告国家知识产权局专利复审委员会，住所地北京市海淀区北四环西路9号银谷大厦10～12层。

法定代表人廖涛，副主任。

委托代理人詹靖康，国家知识产权局专利复审委员会审查员。

委托代理人张华，国家知识产权局专利复审委员会审查员。

第三人群光电子股份有限公司，住所地台湾省台北县五股乡五工六路25号。

法定代表人许昆泰，董事长。

委托代理人杨宝鉴，群光电子股份有限公司法务室法务经理。

委托代理人赖濠焜，群光电子股份有限公司法务室法务专员。

原告深圳市宝安区松岗文麦电子厂（下称文麦电子厂）不服被告国家知识产权局专利复审委员会（下称专利复审委员会）于2006年4月6日作出的第8180号无效宣告请求审查决定（下称第8180号决定），于法定期限内向本院提起行政诉讼。本院于2006年7月14日受理后，依法组成合议庭，并通知第8180号决定的相对方群光电子股份有限公司（下称群光公司）作为本案第三人参加诉讼。本院于2006年12月1日公开开庭审理了本案。原告文麦电子厂的委托代理人胡子骐、王广华，被告专利复审委员会的委托代理人詹靖康、张华，第三人群光公司的委托代理人杨宝鉴、赖濠焜到庭参加了诉讼。本案现已审理终结。

第8180号决定系被告专利复审委员会针对原告文麦电子厂就第三人群光公司拥有的第98240877.3号、名称为“具有补强体的弹性元件”的实用新型专利（下称本专利）提起的无效宣告请求所作出。该决定认定：一、关于证据：证据1属于公开出版物，公开日早于本专利的申请日，其中公开的内容构成了本专利的已有技术，能够用于评价本专利的新颖性和创造性。对于证据7、10、12、13，文麦电子厂没有提供符合《最高人民法院关于行政诉讼证据若干问题的规定》的证明手续，不符合法律规定的法定的形式要求，故不予采信。文麦电子厂当庭出示的证据2、证据3、证据8、证据9的台湾公证均未经中国公证员协会或省、自治区、直辖市公证员协会（或公证员协会筹委会）的查证，故不予采信。文麦电子厂没有按照《最高人民法院关于行政诉讼证据若干问题的规定》提供证据5、6、10、11、14、15的原件，也没有提出未提交原件的正当理由。上述证据得不到其他证据的佐证，群光公司对上述证据的真实性也提出了异议。故对上述证据均不予采信。二、关于新颖性：证据1的技术方案与本专利的技术方案存在下述区别：从证据1的附图2（剖视图）中可以看到文麦电子厂所称的“补强体”画有阴影，根据机械制图常识可知此处画有阴影的“补强体”是一个圆盘，数量是一个；本专利权利要求1明确限定其补强体有复数个。本专利权利要求1的技术方案中，弹性本体与连接部衔接处设有补强体，而证据1中的“补强体”设置于橡胶弹性体10上方水平方向设置的肩部下侧，与弹性体10之间有一定的间隔。证据1与本专利权利要求1的技术方案存在的上述明显区别不属于惯用手段的直接置换。证据1的技术方案在保持键盘橡胶片的性能稳定的前提下减少了橡胶用量降低了制造费用，本专利的技术方案则是解决了连结部易断的问题，可见它们要解决的技术问题不同。因此，本专利权利要求1相对于证据1而言，其要解决的技术问题、技术方案都不相同，存在较大差异，因而具备专利法第二十二条第二款规定的新颖性。在本专利权利要求1具备新颖性的情况下，其从属权利要求2、3也具备新颖性，符合专利法第二十二条第二款的规定。三、关于创造性：证据1中没有文麦电子厂所称的“补强体”的任何相关文字描述，也没有关于上述圆盘的功能的描述。本技术领域的普通技术人员不能根据证据1显而易见地导出上述特征。本专利权利要求1中的技术方案解决了连接部容易断裂的问题，具有有益的技术效果。本专利权利要求1所描述的结构相对于证据1所公开的内容而言是非显而易见的，在技术上具有进步性。可见，本专利权利要求1相对于证据1具备专利法第二十二条第三款规定的创造性。在本专利权利要求1具备创造性的情况下，其从属权利要求2、3也具备创造性，符合专利法第二十二条第三款的规定。基于上述理由，被告作出第8180号决定，维持本专利权全部有效。

原告文麦电子厂不服第8180号决定，依法向本院提起行政诉讼称：一、第8180号决定认为原告的证据1中的补强体不是设置在连结部与弹性本体的连接处，这种认定是错误的。根据本专利权利要求中所述，连结部是由弹性本体向上延伸设置，这意味着，连结部与弹性本体是上下连接关系，而不是左右连接关系。因此，连结部与弹性本体的连接处是指连结部正下方与弹性本体相连接的部位。本案中，证据1的补强体正是设置在连接部底部与弹性本体相连接的部位的正下方区域内，因此，证据1的补强体是设置在连接部与弹性本体的连接处，完全揭示了本专利权利要求1所界定的相应技术特征。二、第8180号决定认为原告的证据1中，对图中的“补强体”没有文字描述，而不是补强体，这种认定是错误的。由证据1中图式上可清楚看到，该“补强体”在连结部与弹性本体连接处的正下方区域内，从工艺设计的角度考虑，在这特定的位置设置该构件，其目的显然是出于保护弹性本体长期、经常性的受力变形/回复过程中，最易疲劳折断的部位而设计的，具体来说，就是当弹性本体受力变形再到不受力回复原状的整个过程中，该“补强体”必然会在该连结部与弹性本体连接处提供力的补偿和缓冲，而延缓该连接处的疲劳损伤。这是工艺设计者所公知的。也正因为这是公知常识，因此，证据1不必加以任何文字性描述，读者均可获知该技术内容。因此，证据1的“补强体”完全起到本专利中补强体的作用，二者是相同的。三、第8180号决定认为证据1“补强体”是个圆盘，只有一个，这种认定有失偏颇。事实上，证据1的图式所揭示的补强体的设计不仅仅可以是一个圆环形补强体结构，其也可以是本专利中第二实施例“三个条状补强体”的设计结构，也可以是类似于本专利第二实施例、但设计为“两个条状补强体”的设置。也就是说，证据1的补强体可以是一个，也可以是复数个。四、相对于证据1，第三人的专利不具备创造性。有前述三点可知，事实上本专利与证据1唯一的区别仅在于，证据1未明确揭示该补强体的数目的多少，而本专利明确界定为是“复数个”。显然，在本案中，从本专利说明书中的技术背景、到发明目的，再到实施方案和有益效果，都可知道，补强体设置数目的多少，这并不是其重点，也就是说“补强体设置为复数个”并不能给本专利带来实质性特点和进步，因此，本专利不具备创造性。五、被告不采纳原告所提供的有关国内公开销售的证据是不妥的。原告向被告提供了从证据2、3、5~15共13份证据，这些证据主要是为了证明在本专利申请日以前，已有相同的产品在国内公开销售。虽然在专利无效的口头审理前，原告未能完全提供上述所有证据的原件或公证认证材料，但就原告已提交的材料中，其中部分主要证据已作公证手续，依照有关法律的规定，对于主要证据已有原件的情况下，其他辅助证据仅有复印件的，若这些证据能形成完整的证据链，则仍是可以采纳的。被告全盘否定原告所提供的这13份证据，显然是不妥的。综上，原告认为被告所作出的第8180号决定在事实认定等方面有着较大的错误或偏差，因此，原告请求法院撤销第8180号决定，并判决宣告本专利权全部无效。

被告专利复审委员会辩称，其坚持第8180号决定的认定结论及其理由，认为其作出的第8180号决定认定事实清楚、适用法律正确、审理程序合法，原告的诉讼理由不能成立，请求法院维持第8180号决定。

第三人柏力电子二厂未提交书面陈述意见，其在庭审中表示同意被告的答辩意见，请求维持第8180号决定。

本院经审理查明：

本专利的申请日为1998年9月25日，2000年1月12日被授权公告，专利号为98240877.3，专利权人为群光公司。其授权公告的权利要求书为：

“1. 一种具有补强体的弹性元件，它具有中空状的弹性本体；该弹性本体向上延伸设有连结部；弹性本体内部垂直方向朝离开连结部的方向设有触动体；弹性本体向下延伸设有基部；其特征在于在所述的弹性本体与连结部衔接处设有位于弹性本体内部的复数个一体成型的补强体。

2. 根据权利要求1所述的具有补强体的弹性元件，其特征在于所述的补强体呈凸柱状。

3. 根据权利要求1所述的具有补强体的弹性元件，其特征在于所述的补强体呈长条状。”

针对上述专利权，文麦电子厂于2004年9月22日向专利复审委员会提出了无效宣告请求，其理由是本专利权利要求1~3不符合专利法第二十二条的规定。文麦电子厂所提交的证据为：

附件1：德国19529492号专利说明书，公开日为1997年2月13日（下称证据1）。

依据《专利法实施细则》第六十六条的规定，文麦电子厂于2004年10月22日增加了无效理由，认为本专利在申请以前就已有相同结构的产品在国内公开销售和使用，本专利不具备专利法第二十二条第二款、第三款规定的新颖性和创造性。文麦电子厂同时补充了如下15份证据：

附件1-1：德国19529492号专利说明书的中文译文（即证据1的中文译文）；

附件2：声称为委托试验报告书的复印件3页（下称证据2）；

附件3：声称为文麦股份有限公司样品检讨/承认书的复印件3页（下称证据3）；

附件4：声称为美国FCC安全规格认证书的复印件49页（下称证据4）；

附件5：声称为中国农业银行苏州分行出具的ABC103LC950099号信用证的复印件2页（下称证据5）；

附件6：声称为对ABC103LC950099号信用证中交货日期修改的修改函的复印件2页（下称证据6）；

附件7：声称为文麦股份有限公司向盟贸企业有限公司出货的第016031-016033号送货单的复印件3页（下称证据7）；

附件8：声称为证据7的文麦股份有限公司出货的出口报单的复印件2页（下称证据8）；

附件9：声称为证据7、8的文麦股份有限公司出具的XT07890405号统一发票的复印件1页（下称证据9）；

附件10：声称为盟贸企业公司将证据7中货物销售给张家港三川公司所出具的预售发票及出货清单的复印件4页（下称证据10）；

附件11：声称为证据10中货物依据证据5、6信用证而出货至张家港的该货物提单的复印件1页（下称证据11）；

附件12：声称为香港上海汇丰银行有限公司通知盟贸公司依ABC103LC950099号信用证费用进入该行的通知书的复印件1页（下称证据12）；

附件13：声称为盟贸公司账户存折相关页的复印件2页（下称证据13）；

附件14：声称为第01057258号江苏省增值税专用发票的复印件1页（下称证据14）；

附件15：声称为第0053974号江苏省张家港市企事业单位通用发票的复印件1页（下称证据15）。

被告于2005年6月27日向双方当事人发出口头审理通知书，定于2005年8月8日举行口头审理。口头审理中，群光公司对证据1的真实性及其中文译文的准确性没有异议。文麦电子厂当庭出示证据2的加盖有案号为4293的台湾公证、证据3的加盖有案号为7416的台湾公证、证据8的加盖有案号为7567的台湾公证、证据9的加盖有案号为7567的台湾公证、证据14的盖有“中外合资苏州乙太电子技术有限公司”红章的编号为01057258的江苏省增值税专用发票发票联复印件。文麦电子厂当庭明确表示放弃使用证据4。群光公司表示对证据2、3、证据5~15的真实性有异议。文麦电子厂明确其无效理由为：证据1评述本专利权利要求1不具备新颖性、创造性，本专利权利要求2、3不具备创造性；证据2、3、14评述权利要求1、2不具备新颖性、创造性，权利要求3不具备创造性；证据2、3、5~15评述权利要求1、2不具备新颖性、创造性，权利要求3不具备创造性。

基于上述事实，专利复审委员会作出了第8180号决定。

另查明：

证据1公开了一种可稳定运作的简化键盘橡胶片5，在橡胶弹性体10之间的空白凹进处16之间，以一个网状结构形成，其中的橡胶弹性体10与本专利的具有补强体的弹性元件10都是用于键盘的按键中，利用其弹性使按键回复原位。证据1中的橡胶弹性体同样具有中空状的弹性本体，该弹性本体向上延伸设有连结部；弹性本体内部垂直方向朝离开连结部的方向设有触动体；弹性本体向下延伸设有基部；在连结部下方的弹性本体与触动体之间设有位于弹性本体内部的一体成型的橡胶件。

本专利与证据1相比的区别之处在于：证据1中没有明确记载位于弹性本体内部的一体成型的橡胶件是补强体，也没有明确该补强体的数量多少。

上述事实有本专利授权公告说明书、证据1、证据2、证据3、证据5~15、第8180号决定、口审记录表及当事人陈述等在案佐证。

本院认为：

（一）关于13份证据应否采信的问题

《最高人民法院关于行政诉讼证据若干问题的规定》第十六条规定：当事人向人民法院提供的在中华人民共和国领域外形成的证据，应当说明来源，经所在国公证机关证明，并经中华人民共和国驻该国使馆认证，或履行中华人民共和国与证据所在国订立的有关条约中规定的证明手续。当事人提供的在中华人民共和国香港特别行政区、澳门特别行政区和台湾地区内形成的证据，应当具有按照有关规定办理的证明手续。原告在无效程序中提交的13份证据，以证据2、3、14和证据2、3、5~15分别组成两组证据链予以证明本专利产品在先公开销售和使用，两组证据链中都包含有意欲证明在先销售产品名称及规格型号的证据2、3，因口审前直至口审中原告都没有提交证据2、3的相应查证手续证明，不符合该条规定中的“具有按照有关规定办理的证明手续”要件，故不具有证据的合法性，不能作为定案证据予以采信。同理，证据8、9也因此原因不能作为定案证据予以采信。由于证据7、10、12、13的形成地分别为中国台湾地区和香港特别行政区，因口审前直至口审中原告都没有提交符合该条法律规定的证明手续，故不具有证据的合法性形式要件，被告作出不予采信的认定具有事实和法律依据。

依据《最高人民法院关于行政诉讼证据若干问题的规定》第五十七条第六款的规定，“当事人无正当理由拒不提供原件、原物，又无其他证据印证，且对方当事人不予认可的复印件或复制品”不能作为定案证据。本案中，因群光公司在口审中对这13份证据的真实性均表示有异议，故对只有复印件的证据5、6、10、11、14、15，被告作出不予采信的认定具有事实和法律依据。

此外，由查明事实可知，原告于2004年9月22日就提起了本无效宣告请求案，原告以这13份证据证明其于2004年10月22日增加的无效理由及其主张，被告于2005年8月8日才举行口头审理，期间长达十月有余，但原告仍不能全部提交这些证据的相关证明手续。被告在给予原告足够的准备证据时间的前提下，出于维护审理的公正性及提高审理效率的目的，在口审中明确告知双方当事人口头审理之后不再接受任何证据，并没有给原告造成程序上的不可补救的损失。原告作为无效请求人，在拿到这些证明手续后完全可以再行就本专利提起无效请求。

综上，因原告提交的13份予以证明本专利产品在先公开销售和使用的证据，均不具备合法的形式要件，故不能作为评判本专利的合法有效证据。被告对此的认定是正确的。原告关于此的诉讼主张及其理由，因缺乏事实与法律依据，本院不予支持。

（二）关于证据1公开事实的认定以及权利要求1的新颖性问题

证据1中公开了橡胶弹性体10，从其附图2中可明显看出，在其连结部下方的弹性本体与触动体11之间，也就是橡胶弹性体的强度最薄弱的部位设有一体成型的橡胶件。该橡胶件在连结部与弹性本体连接处的正下方区域内。从工艺设计的角度考虑，在该特定位置设置橡胶件显然能够起到在频繁的受力变形/回复原位的过程中保护弹性本体最易疲劳损坏的部位。具体来说，就是当弹性本体受力变形再到不受力回复原位的过程中，该橡胶件必然会在该连结部与弹性本体连接处提供补偿和缓冲，进而延缓该连接处的疲劳损伤。因此，虽然证据1没有关于“补强体”的任何明确的文字性记载，但这属于本领域技术人员的基本常识。原告文麦电子厂关于证据1所揭示的橡胶件相当于本专利中补强体的主张成立，本院予以支持。

由于证据1中仅有图2涉及该起补强作用的橡胶件，在没有其他附图进一步公开该橡胶件形状和数量的情况下，根据证据1中附图2公开的内容，得出该橡胶件的形状为圆环柱形且数量是一个的结论符合本领域技术人员的基本制图常识。可见，从证据1中不能直接地、毫无疑义地得出一体成型的补强体的数量是复数个的结论，因此本专利相对于证据1具备新颖性，符合专利法第二十二条第二款的规定。原告文麦电子厂关于证据1所揭示的补强体可以是一个，也可以是复数个的主张缺乏事实依据，本院不予支持。

（三）关于权利要求1~3的创造性问题。

由前述分析可知，本专利与证据1相比的区别之处在于：本专利中补强体的数量是复数个，而证据1中为1个。对于本领域技术人员而言，将证据1的圆柱橡胶件沿圆周壁以一定间隙间隔分成多个部分属于常规设计手段的选择，其目的是节省材料、降低制造成本。因此，在证据1的基础上结合本领域技术人员的常规设计手段进而得到本专利权利要求1所要求保护的技术方案是显而易见的，并且“补强体设置为复数个”也未给本专利带来实质性特点和进步。因此，本专利权利要求1不具有实质性特点和进步，不符合专利法第二十二条第三款关于创造性的规定。

权利要求2、3对补强体的形状作了进一步的限定，而将证据1的圆柱补强体沿圆周壁以一定间隙间隔分成少量的几个，如大于60度的部分，或更多数量时，如小于15度的部分后所形成的各补强体的形状要么是长条状，要么是凸柱状，对于本领域技术人员而言，这是显而易见的。在其引用的权利要求1不具备创造性的情况下，权利要求2、3也不具有实质性特点和进步，不符合专利法第二十二条第三款关于创造性的规定。

综上所述，原告关于本专利不具备创造性的起诉理由成立，对其诉讼请求，本院予以支持。被告专利复审委员会作出的第8180号决定认定事实及适用法律均有错误，本院予以纠正。依照《中华人民共和国行政诉讼法》第五十四条第（二）项第2目的规定，判决如下：

1. 撤销被告中华人民共和国国家知识产权局专利复审委员会作出的第8180号无效宣告请求审查决定。

2. 宣告ZL98240877.3号实用新型专利权全部无效。

案件受理费1000元，由被告国家知识产权局专利复审委员会负担（自本判决生效之日起7日内交纳）。

如不服本判决，第三人群光电子股份有限公司可在本判决送达之日起30日内，其他当事人可在本判决送达之日起15日内，向本院递交上诉状及副本，并交纳上诉案件受理费1000元，上诉于北京市高级人民法院。上诉期满后7日内未交纳上诉案件受理费的，按自动撤回上诉处理。

审 判 长 赵 静
审 判 员 苏 杭
人民陪审员 于立彪
二〇〇六年十二月二十日
书 记 员 吴 江

中华人民共和国
北京市高级人民法院
行政判决书

（2007）高行终字第170号

上诉人（原审被告）国家知识产权局专利复审委员会，住所地北京市海淀区北四环西路9号银谷大厦10～12层。

法定代表人廖涛，副主任。

委托代理人詹靖康，该委员会审查员。

委托代理人张华，该委员会审查员。

上诉人（原审第三人）群光电子股份有限公司，住所地台湾省台北县五股乡五工六路25号。

法定代表人许昆泰，董事长。

委托代理人宋义兴，中国商标专利事务所有限公司专利代理人，住北京市西城区百万庄大街21号4楼2门21号。

被上诉人（原审原告）深圳市宝安区松岗文麦电子厂，住所地广东省深圳市宝安区松岗镇塘下涌村工业区。

负责人黄伟华，厂长。

委托代理人胡子骐，广东三环汇华律师事务所律师。

上诉人国家知识产权局专利复审委员会（下称专利复审委员会）、群光电子股份有限公司（下称群光公司）因实用新型专利无效行政纠纷一案，不服中华人民共和国北京市第一中级人民法院（2006）一中行初字第876号行政判决，向本院提出上诉。本院2007年4月2日受理本案后，依法组成合议庭，于2007年6月26日公开开庭进行了审理。上诉人专利复审委员会的委托代理人詹靖康、张华，上诉人群光公司的委托代理人宋义兴，被上诉人深圳市宝安区松岗文麦电子厂（下称文麦电子厂）的委托代理人胡子骐到庭参加了诉讼。本案现已审理终缮。

北京市第一中级人民法院认定，群光公司是98240877.3号“具有补强体的弹性元件”实用新型专利（下称本专利）的专利权人。针对本专利权，文麦电子厂于2004年9月22日向专利复审委员会提出无效宣告请求，理由是本专利权利要求1～3不符合专利法第二十二条的规定，专利复审委员会作出第8180号无效宣告请求审查决定（下称第8180号决定），维持本专利权有效。

北京市第一中级人民法院认为，因文麦电子厂提交的13份证明本专利产品在先公开销售和使用的证据，均不具备合法的形式要件，故不能作为评判本专利的合法有效证据。文麦电子厂关于证据1所揭示的橡胶件相当于本专利中补强体的主张成立，法院予以支持。从证据1中不能直接地、毫无疑义地得出一体成型的补强体的数量是复数个的结论，因此，本专利相对于证据1具备新颖性，符合专利法第二十二条第二款的规定。对于本领域技术人员而言，将证据1的圆柱橡胶件沿圆周壁以一定间隙间隔分成多个部分属于常规设计手段的选择，因此，在证据1的基础上结合本领域技术人员的常规设计手段进而得到本专利权利要求1所要求保护的技术方案是显而易见的，本专利权利要求1不符合专利法第二十二条第三款关于创造性的规定。权利要求2、3对补强体的形状作了进一步的限定，在其引用的权利要求1不具备创造性的情况下，权利要求2、3也不符合专利法第二十二条第三款关于创造性的规定。专利复审委员会作出的第8180号决定认定事实及适用法律均有错误，应予纠正。

北京市第一中级人民法院依照《中华人民共和国行政诉讼法》第五十四条第（二）项第2目的规定，判决：一、撤销专利复审委员会作出的第8180号决定。二、宣告本专利权全部无效。

专利复审委员会、群光公司不服原审判决，向本院提出上诉，请求撤销原审判决，维持第8180号决定。专利复审委员会的上诉理由是：第8180号决定并未对本专利权利要求2、3的创造性进行评价，一审法院直接宣告本专利权利要求2、3无效，超出了可法审查的范围，程序上不合法。一审法院认定事实、适用法律错误，本专利是实用新型专利，其发明点就在于“弹性补强体”，在其独立权利要求有包括发明点在内的数个特征没有被一篇对比文件明确公开的情况下，直接认定该权利要求不具备创造性的作法是违背专利法所规定的实用新型专利创造性判断标准的。从属权利要求2、3对弹性补强体作出了进一步的限定，同样未被证据1公开，一审法院认定本专利权利要求2、3不具备创造性违背了专利法所规定的实用新型创造性的判断标准。群光公司的上诉理由与专利复审委员会相同。文麦电子厂服从原审判决。

经审理查明，本专利为“具有补强体的弹性元件”实用新型专利，申请日为1998年9月25日，申请号为98240877.3，2000年1月12日被国家知识产权局公告授权，专利权人为群光公司。其授权公告的权利要求书为：

“1. 一种具有补强体的弹性元件，它具有中空状的弹性本体；该弹性本体向上延伸设有连结部；弹性本体内部垂直方向朝离开连结部的方向设有触动体；弹性本体向下延伸设有基部；其特征在于在所述的弹性本体与连结部衔接处设有位于弹性本体内部的复数个一体成型的补强体。

2. 根据权利要求1所述的具有补强体的弹性元件，其特征在于所述的补强体呈凸柱状。

3. 根据权利要求1所述的具有补强体的弹性元件，其特征在于所述的补强体呈长条状。”

针对本专利权，文麦电子厂于2004年9月22日向专利复审委员会提出了无效宣告请求，其理由是本专利权利要求1~3不符合专利法第二十三条的规定。文麦电子厂所提交的证据为：

附件1：德国19529492号专利说明书，公开日为1997年2月13日（下称证据1）。

依据《专利法实施细则》第六十六条的规定，文麦电子厂于2004年10月22日增加了无效理由，认为本专利在申请以前就已有相同结构的产品在国内公开销售和使用，本专利不具有专利法第二十二条第二款、第三款规定的新颖性和创造性。文麦电子厂同时补充了如下15份证据：

附件1-1：德国19529492号专利说明书的中文译文（即证据1的中文译文）；

附件2：声称为委托试验报告书的复印件3页（下称证据2）；

附件3：声称为文麦股份有限公司样品检讨/承认书的复印件3页（下称证据3）；

附件4：声称为美国FCC安全规格认证书的复印件49页（下称证据4）；

附件5：声称为中国农业银行苏州分行出具的ABC103LC950099号信用证的复印件2页（下称证据5）；

附件6：声称为对ABCl03LC950099号信用证中交货日期修改的修改函的复印件2页（下称证据6）；

附件7：声称为文麦股份有限公司向盟贸企业有限公司出货的第016031-016033号送货单的复印件3页（下称证据7）；

附件8：声称为证据7的文麦股份有限公司出货的出口报单的复印件2页（下称证据8）；

附件9：声称为证据7、8的文麦股份有限公司出具的XT07890405号统一发票的复印件1页（下称证据9）；

附件10：声称为盟贸企业公司将证据7中货物销售给张家港三川公司所出具的预售发票及出货

清单的复印件4页（下称证据10）；

附件11：声称为证据10中货物依据证据5、6信用证而出货至张家港的该货物提单的复印件1页（下称证据11）；

附件12：声称为香港上海汇丰银行有限公司通知盟贸公司依ABC103LC950099号信用证费用进入该行的通知书的复印件1页（下称证据12）；

附件13：声称为盟贸公司账户存折相关页的复印件2页（下称证据13）；

附件14：声称为第01057258号江苏省增值税专用发票的复印件1页（下称证据14）；

附件15：声称为第0053974号江苏省张家港市企事业单位通用发票的复印件1页（下称证据15）。

专利复审委员会于2005年8月8日举行口头审理。口头审理中，群光公司对证据1的真实性及其中文译文的准确性没有异议。文麦电子厂当庭出示证据2的加盖有案号为4293的台湾公证、证据3的加盖有案号为7416的台湾公证、证据8的加盖有案号为7567的台湾公证、证据9的加盖有案号为7567的台湾公证、证据14的盖有“中外合资苏州乙太电子技术有限公司”红章的编号为01057258的江苏省增值税专用发票的发票联复印件。文麦电子厂当庭明确表示放弃使用证据4。群光公司表示对证据2、3、证据5～15的真实性有异议。文麦电子厂明确其无效理由为：证据上评述本专利权利要求1不具备新颖性、创造性，本专利权利要求2、3不具备创造性；证据2、3、14评述权利要求1、2不具备新颖性、创造性，权利要求3不具备创造性；证据2、3、5～15评述权利要求1、2不具备新颖性、创造性，权利要求3不具备创造性。

专利复审委员会于2006年4月6日作出第8180号决定，认定：一、关于证据。证据1属于公开出版物，公开日早于本专利的申请日，其中公开的内容构成了本专利的已有技术，能够用于评价本专利的新颖性和创造性。对于证据7、10、12、13，文麦电子厂没有提供符合《最高人民法院关于行政诉讼证据若干问题的规定》的证明手续，不符合法律规定的法定的形式要求，故不予采信。文麦电子厂当庭出示的证据2、证据3、证据8、证据9的台湾公证均未经中国公证员协会或省、自治区、直辖市公证员协会（或公证员协会筹委会）的查证，故不予采信。文麦电子厂没有按照《最高人民法院关于行政诉讼证据若干问题的规定》提供证据5、6、10、11、14、15的原件，也没有提出未提交原件的正当理由。上述证据得不到其他证据的佐证，群光公司对上述证据的真实性也提出了异议。故对上述证据均不予采信。二、关于新颖性：证据1的技术方案与本专利的技术方案存在下述区别：从证据1的附图2（剖视图）中可以看到文麦电子厂所称的“补强体”画有阴影，根据机械制图常识可知此处画有阴影的“补强体”是一个圆盘，数量是一个；本专利权利要求1明确限定其补强体有复数个。本专利权利要求1的技术方案中，弹性本体与连接部衔接处设有补强体，而证据1中的“补强体”设置于橡胶弹性体10上方水平方向设置的肩部下侧，与弹性体10之间有一定的间隔。证据1与本专利衩利要求1的技术方案存在的上述明显区别不属于惯用手段的直接置换。证据1的技术方案在保持键盘橡胶片的性能稳定的前提下减少了橡胶用量，降低了制造费用，本专利的技术方案则是解决了连结部易断的问题，可见它们要解决的技术问题不同。因此，本专利权利要求1相对于证据1而言，其要解决的技术问题、技术方案都不相同，存在较大差异，因而具有专利法第二十二条第二款规定的新颖性。在本专利权利要求1具备新颖性的情况下，其从属权利要求2、3也具备新颖性，符合专利法第二十二条第二款的规定。三、关于创造性：证据1中没有文麦电子厂所称的“补强体”的任何相关文字描述，也没有关于上述圆盘的功能的描述。本技术领域的普通技术人员不能根据证据1显而易见地导出上述特征。本专利权利要求1中的技术方案解决了连接部容易断裂的问题，具有有益的技术效果。本专利权利要求1所描述的结构相对于证据1所公开的内容而言是非显而易见的，在技术上具有进步性。可见，本专利权利要求 1 相对于证据 1 具备专利法第二十二条第三款规定的创造性。在本专利权利要求 1 具备创造性的情况下，其从属权利要求 2、3 也具备创造性，符合专利法第二十二条第三款的规定。基于上述理由，专利复审委员会维持本专利权全部有效。

另查明：

证据 1 公开了一种可稳定运作的简化键盘橡胶片 5，在橡胶弹性体 10 之间的空白凹进处 16 之间，以一个网状结构形成，其中的橡胶弹性体 10 与本专利的具有补强体的弹性元件 10 都是用于键盘的按键中，利用其弹性使按键回复原位。证据 1 中的橡胶弹性体同样具有中空状的弹性本体，该弹性本体向上延伸设有连结部，弹性本体内部垂直方向朝离开连结部的方向设有触动体；弹性本体向下延伸设有基部；在连结部下方的弹性本体与触动体之间设有位于弹性本体内部的一体成型的橡胶件。

本专利与证据 1 相比的区别之处在于：证据 1 中文字部分没有明确记载位于弹性本体内部的一体成型的橡胶件是补强体，也没有明确该补强体的数量多少。

上述事实有本专利授权公告说明书、证据 1、证据 2、证据 3、证据 5 ~ 15、第 8180 号决定、口审记录表及当事人陈述等在案佐证。

本院认为，原审判决已认定本专利权利要求 1 与现有技术相比具备新颖性，其从属权利要求 2、3 也具备新颖性。本案争议的焦点在于：本专利权利要求 1 是否具备创造性；一审法院对权利要求 2、3 的创造性进行评判是否违反了法定程序。

本专利与证据 1 相比的区别之处在于：本专利权利要求 1 中补强体的数量是复数个，而证据 1 中橡胶弹性体为 1 个，二者均是环绕键帽设置的橡胶体。本专利权利要求 1 中的补强体的作用是提高最容易断裂、破损的衔接处的强度，使弹性元件具有较长的使用寿命。而证据 1 中公开了橡胶弹性体 10，从附图 2 中可以看出，该橡胶弹性体位于弹性本体与键帽头 11 之间，可以在二者连接处提供补偿和缓冲，进而提高该连接处的强度，起到与本专利权利要求 1 中的补强体同样的加强筋作用。本专利权利要求 1 中的补强体与证据 1 中的橡胶弹性体 10 的位置、作用均相同。本领域技术人员将证据 1 的圆柱橡胶件沿圆周壁以一定间隙间隔分成多个部分属于常规设计手段的选择，在证据 1 的基础上结合本领域技术人员的常规设计手段进而得到本专利权利要求 1 所要求保护的技术方案是显而易见的，“补强体设置为复数个”未给本专利带来实质性特点和进步。因此，本专利权利要求 1 不具有实质性特点和进步，不符合专利法第二十二条第三款关于创造性的规定。本专利权利要求 2、3 对补强体的形状作了进一步的限定，并未带来实质性的特点和进步，因此，不符合专利法第二十二条第三款关于创造性的规定。

在行政程序中当事人对本专利权利要求 2、3 的创造性，由于进行了实质性诉辩，专利复审委员会基于独立权利要求与从属权利要求之间的逻辑关系认定权利要求 2、3 也具备创造性，所以专利复审委员会对此进行了审理和判定。在一审法院审理过程中，针对原告的起诉请求和理由，被告与第三人均陈述了意见，故一审法院对本专利权利要求 2、3 的创造性进行认定，在审理程序上并无不当。

综上所述，专利复审委员会、群光公司的上诉理由不充分，其上诉请求本院不予支持。原审判决认定事实清楚，适用法律正确。依照《中华人民共和国行政诉讼法》第六十一条第（一）项之规定，判决如下：

驳回上诉，维持原判。

一审案件受理费 1000 元，由国家知识产权局专利复审委员会负担（自本判决生效之日起 7 日内交纳）；二审案件受理费 1000 元，由国家知识产权局专利复审委员会负担 500 元（已交纳），由群光电子股份有限公司负担500元（已交纳）。

本判决为终审判决。

审　判　长　刘　辉
代理审判员　岑宏宇
代理审判员　张冬梅
二〇〇七年十一月十六日
书　记　员　耿巍巍

027

多键并击式汉字输入键盘案

无效宣告请求审查决定（第8205号）

决　定　号　第8205号
决　定　日　2006年3月6日
发明创造名称　多键并击式汉字输入键盘
国际分类号　G06F 3/023
无效请求人　北京晓军办公设备有限公司
专利权人　刘永森
专　利　号　02257286.4
申　请　日　2002年10月10日
授权公告日　2003年10月1日
合议组组长　马志远
主　审　员　郑　直
参　审　员　张宗任

法律依据　专利法第二十二条第三款
决定要点

如果权利要求所请求保护的技术方案与对比文件所公开的技术方案存在区别技术特征，而该区别技术特征又给权利要求所要保护的技术方案带来了有益效果，本领域技术人员不能从对比文件中得到采用该区别特征解决同样技术问题并产生同样技术效果的技术启示，则该权利要求所要求保护的技术方案相对于对比文件具备创造性。

一、案由

本无效宣告请求涉及国家知识产权局专利局于2003年10月1日授权公告，申请日为2002年10月10日，名称为“多键并击式汉字输入键盘”的第02257286.4号实用新型专利（下称本专利），该专利的专利权人为刘永森（下称被请求人）。

本专利授权公告的权利要求书共有9项权利要求，其中独立权利要求为：

“1. 多键并击式汉字输入的键盘，该键盘由左键盘（8）、右键盘（9）和中间键（6）组成，其中左键盘（8）和右键盘（9）对应于中间键（6）左右对称，并且分别为12个键，其特征在于：所述的左键盘（8）和右键盘（9）分别由5列键组成，5列键彼此平行，左键盘（8）的5列键与右键盘（9）的5列键分别向中间键（6）倾斜，对应的左键盘（8）和右键盘（9）的5列键的延长线的交点在中间键（6）的上方，它们之间的夹角为20°至30°，5列键从左键盘（8）和右键盘（9）的外侧依次向内侧排列，它们依次由一个第一列键（1）、两个第二列键（2.1，2.2）、三个第三列键（3.1，3.2，3.3）、三个第四列键（4.1，4.2，4.3）和三个第五列键（5.1，5.2，5.3）组成，5列键中的每一列键，从键盘的上面向键盘的下面依次排列。”

2005 年 5 月 24 日，北京晓军办公设备有限公司（下称请求人）针对该专利权向专利复审委员会提出无效宣告请求，其理由是本专利的权利要求 1 ~ 9 与证据 2 相比没有创造性，不符合专利法第二十二条第三款的规定。请求人提交了下列证据：

证据 1：ZL02257286.4 号实用新型专利说明书（即本专利），授权公告日为 2003 年 10 月 1 日，名称为“多键并击式汉字输入键盘”；

证据 2：ZL95119425.9 号发明专利说明书，公开日为 1996 年 9 月 18 日，名称为“多键并击式汉字编码输入方法及键盘”。

经形式审查合格以后，专利复审委员会予以受理，并于 2005 年 6 月 7 日向双方当事人发出了无效宣告请求受理通知书，并将无效宣告请求书及其附件清单所列附件的副本转送给被请求人，并要求被请求人于指定期限内陈述意见。

请求人于 2005 年 6 月 27 日再次提交了意见陈述书及补充证据：

证据 3：ZL93117018.4 号发明专利说明书，授权公告日为 2000 年 7 月 12 日，名称为“一种计算机汉字输入专用键盘及其汉字输入方法”；

证据 4：CN85100588B 号发明专利申请审定说明书，审定公告日为 1985 年 9 月 10 日，名称为“声韵式全音节同步输入电脑键盘”。

在此基础上，专利复审委员会依法成立合议组，对本无效宣告请求进行审查。

合议组于 2005 年 8 月 18 日将上述意见陈述书的副本以及相关证据材料转送给被请求人。

被请求人于 2005 年 6 月 29 日提交了意见陈述书，其中指出本专利的权利要求 1 ~ 9 与证据 2 相比具备创造性，符合专利法第二十二条第三款的规定。

合议组于 2005 年 8 月 18 日将上述意见陈述书的副本转送给请求人，并于同日向双方当事人发出了口头审理通知书，定于 2005 年 10 月 12 日进行口头审理。

口头审理如期举行，双方当事人均参加了口头审理。在口头审理过程中，合议组告知请求人：根据专利法实施细则第六十六条的规定，请求人于 2005 年 6 月 27 日提交的意见陈述书以及相关的证据材料超出了自提出无效宣告请求之日起一个月的补充证据期限，合议组不予接受。在口头审理中，被请求人指出，本专利的权利要求 1 所请求保护的技术方案与证据 2 所公开的技术方案相比，区别仅在于左右键盘“分别为 12 个键”，“它们之间的夹角为 20°至 30°”，以及“它们依次由一个第一列键（1）、两个第二列键（2.1，2.2）、三个第三列键（3.1，3.2，3.3）、三个第四列键（4.1，4.2，4.3）和三个第五列键（5.1，5.2，5.3）组成，5 列键中的每一列键，从键盘的上面向键盘的下面依次排列”，这些特征在证据 2 中没有公开，并且特别强调第一列只有一个键，可以减小打字过程中丢键和错键的错误率，具有操作舒适，减少手指的疲劳感，增加准确性的优点等特点。而请求人认为，左右键盘“分别为 12 个键”、“它们之间的夹角为 20°至 30°”，是一种公知常识，而对于键盘的键数分配是对证据 2 中的键数分配方案的简单替换。

至此，双方当事人已经充分陈述了意见，合议组认为本案事实清楚，可以依法作出审查决定。

二、决定的理由

（一）关于证据

请求人于 2005 年 6 月 27 日提交了补充的意见陈述书以及证据 3，4，由于此次提交的时间超出了自 2005 年 5 月 24 日提交无效宣告请求之日起一个月的期限，因此上述提交的证据合议组不予接受。

被请求人对请求人于 2005 年 5 月 24 日提交的证据 1、2 的真实性无异议，证据 2 的授权公告日为 1996 年 9 月 18 日，早于本专利的申请日 2002 年 10 月 10 日，可以作为现有技术的证据使用。

（二）关于创造性

专利法第二十二条第三款规定：创造性是指同申请日以前已有的技术相比，该实用新型具有实质性特点和进步。

权利要求1请求保护一种多键并击式键盘，该键盘由左键盘（8）、右键盘（9）和中间键（6）组成，其中左键盘（8）和右键盘（9）对应于中间键（6）左右对称，并且分别为12个键，其特征在于：所述的左键盘（8）和右键盘（9）分别由5列键组成，5列键彼此平行，左键盘（8）的5列键与右键盘（9）的5列键分别向中间键（6）倾斜，对应的左键盘（8）和右键盘（9）的5列键的延长线的交点在中间键（6）的上方，它们之间的夹角为20°至30°，5列键从左键盘（8）和右键盘（9）的外侧依次向内侧排列，它们依次由一个第一列键（1）、两个第二列键（2.1，2.2）、三个第三列键（3.1，3.2，3.3）、三个第四列键（4.1，4.2，4.3）和三个第五列键（5.1，5.2，5.3）组成，5列键中的每一列键，从键盘的上面向键盘的下面依次排列。

证据2公开了一种多键并击式输入键盘（参见附图2及其相应的文字说明），该键盘包括左键盘、右键盘，左右键盘左右对称，分别为11个键；左键盘和右键盘分别由5列键组成，5列键互相平行；左键盘的5列键和右键盘的5列键分别向内线倾斜，并依次由二个第一列键，两个第二列键，三个第三列键，三个第四列键，二个第五列键组成，5列键中的每一列键从键盘的上面向键盘的下面依次排列。权利要求1与证据2相比，其区别仅在于：左右键盘上的键数不同；证据2没有具体公开键盘的倾斜角度；以及第一，第三，第五列键数不同。

合议组认为：根据人体工程学原理，人的小手指所完成的工作仅占人手功能的10%左右，人的小手指最不灵活，应当尽量避免小手指的使用率，因此将小手指所控制的键减少为一个，可以减小丢键和错键的错误率，提高准确性。本专利的权利要求1所请求保护的技术方案根据上述人体工程学原理在第一列设置了1个键。证据2没有公开在第一列采用1个键的技术方案，也没有给出相应的技术启示，而在第1列键中使用1个键，能够实现减小小手指操作的错误率，提高准确性的技术效果，因此本专利的权利要求1与证据2相比具备创造性，符合专利法第二十二条第三款的规定。

在权利要求1具备创造性的情况下，其从属权利要求2~9也具备创造性，符合专利法第二十二条第三款的规定。

三、决定

维持02257286.4号实用新型专利权有效。

当事人对本决定不服的，可以根据专利法第四十六条第二款的规定，自收到本决定之日起三个月内向北京市第一中级人民法院起诉。根据该款的规定，一方当事人起诉后，另一方当事人应当作为第三人参加诉讼。

028

无底自撑蚊帐案

无效宣告请求审查决定（第 8211 号）

决　定　号　第 8211 号
决　定　日　2006 年 3 月 13 日
发明创造名称　无底自撑蚊帐
国 际 分 类 号　A47C 29/00
无 效 请 求 人　刘金洪
专 利 权 人　卢福同
专　利　号　03229539. 1
申　请　日　2003 年 3 月 19 日
授 权 公 告 日　2004 年 3 月 31 日
合 议 组 组 长　张　度
主　审　员　孙治国
参　审　员　李韵美

法 律 依 据　专利法第二十六条第四款
决 定 要 点

本专利权利要求 1 将下位概念概括为一个上位概念，而所属技术领域的技术人员无法从说明书公开的内容直接得到或者概括得出权利要求 1 所要求保护的技术方案，即这样的权利要求没有以说明书为依据，不符合专利法第二十六条第四款的规定。

一、案由

本无效宣告请求案涉及国家知识产权局专利局 2004 年 3 月 31 日授权公告的申请号为 03229539. 1 号实用新型专利（下称本专利），其名称为“无底自撑蚊帐”，申请日为 2003 年 3 月 19 日，专利权人为卢福同（下称被请求人）。

本专利授权公告的权利要求书如下：

“1. 一种无底自撑蚊帐，包括：

一帐体（10），它由前、后、左、右侧面帐页及上顶、下底帐页组成，帐体（10）侧面帐页上开设至少一个帐门，

一用以将帐体（10）绷撑为罩体的弹性支撑架（20），该弹性支撑架（20）可脱卸地穿置在帐体（10）的帐页边套内；

其特征在于：所述的帐体（10）的下底帐页（13）为一非密闭体。

2. 根据权利要求 1 所述的无底自撑蚊帐，其特征在于：所述帐体（10）的下底帐页（13）呈一中部挖空、四周窄边连接而成的一框架形。

3. 根据权利要 2 所述的无底自撑蚊帐，其特征在于：所述的帐体（10）的框架形底面为一矩形，

其四周窄边的宽度范围是10公分至25公分。

4. 根据权利要求3所述的无底自撑蚊帐，其特征在于：所述的帐体（10）下底帐页（13）在其矩形框架的四角处分别设有一连接部（130）。

5. 根据权利要求1所述的无底自撑蚊帐，其特征在于：所述的帐体（10）在其前、后、左、右侧面帐页下部围设一隔蚊段（14）。

6. 根据权利要求5所述的无底自撑蚊帐，其特征在于：在所述的隔蚊段（14）上设有化学涂料层。

7. 根据权利要求5所述的无底自撑蚊帐，其特征在于：所述的隔蚊段（14）的宽度范围是15公分至40公分。

8. 根据权利要求1所述的无底自撑蚊帐，其特征在于：所述的弹性支撑架（20）为一由两组支杆组成的X形架体，各支杆组的端部分别设有一固定件（21）。

9. 根据权利要求1所述的无底自撑蚊帐，其特征在于：所述的弹性支撑架（20）顶部挂设一微型风扇。

10. 根据权利要求1所述的无底自撑蚊帐，其特征在于：所述的帐门（10）的左、右、下边沿分别与侧面帐页的左、右、下边沿重合呈隐形门。”

针对上述实用新型专利权，刘金洪（下称请求人）于2005年4月25日向专利复审委员会提出无效宣告请求，其无效理由为本专利权利要求1~10相对于附件2至附件5不符合专利法第二十二条第二款、第三款有关新颖性、创造性的规定，权利要求1~10不符合专利法实施细则第二十条第一款的规定，权利要求1~10不符合专利法第九条的规定，所提交的证据材料为：

附件1：03229539.1号中国实用新型专利说明书复印件（下称本专利）；

附件2：公告号为2053467U的中国实用新型专利说明书复印件，公告日为1990年2月28日；

附件3：02266438.6号中国实用新型专利说明书复印件，授权公告日为2003年10月29日；

附件4：01253247.9号中国实用新型专利说明书复印件，授权公告日为2002年7月24日；

附件5：99237996.2号中国实用新型专利说明书复印件，授权公告日为2000年9月13日。

经形式审查合格后，专利复审委员会受理了上述无效宣告请求，于2005年4月26日向双方当事人发出了无效宣告请求受理通知书，并将请求人的无效宣告请求书及其附件清单中所列附件副本转寄被请求人。

专利复审委员会于2005年6月2日收到被请求人的意见陈述书，被请求人认为：本专利的新颖性是无可非议的，本专利具备创造性的理由是自撑蚊帐结构本身就是对传统蚊帐的重大改进，本专利又针对现有自撑蚊帐的底页作了改进，请求人拿传统的外挂蚊帐来作对比显然是不能成立的。本专利的最主要特征就如权利要求1所述的自撑蚊帐的底页为一非封闭体。实际上本专利蚊帐并非没有底页面，只不过将底页面设计为留有开口的不封闭形。

本案合议组于2005年7月6日向双方当事人发出口头审理通知书，定于2005年9月1日进行口头审理，并且随口头审理通知书将2005年6月2日收到的被请求人的意见陈述书副本转送请求人。

请求人于2005年8月15日针对本专利权再次提出无效宣告请求，其无效理由为本专利权利要求1~10相对于附件2'~6'不符合专利法第二十二条第二款、第三款有关新颖性、创造性的规定，权利要求1、6~10不符合专利法实施细则第二十条第一款的规定，权利要求1不符合专利法第二十六条第四款的规定，所提交的证据材料为：

附件1'：本专利；

附件2'：94231636.3号中国实用新型专利说明书复印件，授权公告日为1995年7月26日；

附件3'：95241022.2号中国实用新型专利说明书复印件，授权公告日为1996年10月2日；

附件4'：01253247.9号中国实用新型专利说明书复印件，授权公告日为2002年7月24日；

附件5'：99237996.2号中国实用新型专利说明书复印件，授权公告日为2000年9月13日；

附件6'：02266438.6号中国实用新型专利说明书复印件，授权公告日为2003年10月29日。

经形式审查合格后，专利复审委员会受理了上述无效宣告请求，于2005年8月18日向双方当事人发出了无效宣告请求受理通知书，并将请求人的无效宣告请求书及其附件清单中所列附件副本转寄被请求人。

鉴于请求人再次提出了无效宣告请求并且提交了相应的证据，在征得双方当事人同意后，合议组于2005年8月18日向双方当事人发出口头审理通知书，决定将案件编号为5W06679和5W07015的两个无效宣告请求案合案审理，将口头审理时间定于2006年1月5日，同时将原定于2005年9月1日下午2：00举行的口头审理取消。

口头审理于2006年1月5日如期举行。在口头审理中，双方当事人对合议组成员无回避请求，对对方出庭人员的身份没有异议。请求人当庭表示放弃使用附件2、2'，以2005年8月15日提交的附件3'、4'、5'、6'作为证据进行评述。被请求人对附件3'、4'、5'、6'的真实性没有异议。请求人当庭明确其无效理由是：（1）本专利权利要求1不符合专利法第九条的规定；（2）本专利权利要求1中"可脱卸"和"非密闭体"的描述不符合专利法实施细则第二十条第一款的规定，并且"非密闭体"的描述不符合专利法第二十六条第三款、第四款的规定，导致从属权利要求2～10也不符合专利法实施细则第二十条第一款、专利法第二十六条第三款、第四款的规定；（3）本专利权利要求1、5、7、9相对于附件6'不具备新颖性，本专利权利要求1、8、9相对于附件4'不具备新颖性，本专利权利要求1、2相对于附件3'不具备新颖性，本专利权利要求3、4相对于附件3'结合公知常识不具备创造性，本专利权利要求6相对于附件6'结合公知常识不具备创造性，本专利权利要求10相对于附件3'结合附件5'不具备创造性。

被请求人认为请求人的无效理由均不成立，本专利符合专利法及专利法实施细则相关条款的规定。

在上述审查工作的基础上，合议组经研究后认为本案事实已经清楚，可以作出审查决定。

二、决定的理由

1. 关于请求人提交的附件材料

鉴于请求人已当庭放弃使用附件2、2'，因此合议组对这些附件不再予以评价。

由于附件3'、4'、5'均为本专利申请日（2003年3月19日）之前公开的专利文献，因此可以作为现有技术用来评述本专利的创造性。

专利法第二十二条第二款中所称的"他人"是指不同的申请人，在涉及多个申请人的情况下，如果在先申请与在后申请的申请人不完全相同，也属于不同的申请人。在本无效宣告请求案中，附件6'的申请人为卢福同和支国慧，其申请日为2002年8月21日，授权公告日为2003年10月29日，而本专利的申请人为卢福同，申请日为2003年3月19日，授权公告日为2004年3月31日。由于附件6'的申请人还包括支国慧，与本专利的申请人不完全相同，因此，本专利与附件6'是由不同的申请人提出的两件专利申请。另外，由于附件6'相对于本专利是由他人在先申请并公开在本专利申请日之后的实用新型专利申请，因而可以以抵触申请的形式用于评价本专利的新颖性，但是不能用来评述本专利的创造性。

2. 关于专利法实施细则第二十条第一款

权利要求1请求保护的是一种无底自撑蚊帐，包括如下3个技术特征：

（1）一帐体（10），它由前、后、左、右侧面帐页及上顶、下底帐页组成，帐体（10）侧面帐页上开设至少一个帐门；

（2）一用以将帐体（10）绷撑为罩体的弹性支撑架（20），该弹性支撑架（20）可脱卸地穿置在帐体（10）的帐页边套内；

（3）所述的帐体（10）的下底帐页（13）为一非密闭体。

请求人认为：本专利权利要求1的技术特征（2）中的“可脱卸”限定得不清楚，并且权利要求1中采用“非密闭体”表示产品的结构，导致产品保护范围不清，不符合专利法实施细则第二十条第一款的规定。

合议组认为：①“可脱卸”表示“弹性支撑架（20）”与“帐体（10）的帐页边套”的连接关系，即“弹性支撑架（20）”与“帐体（10）的帐页边套”并不是连为一体的，而是可以拆装的，其限定是清楚的。②“非密闭体”表示所述帐体（10）的下底帐页（13）是一种不密闭的结构，是对产品形状、结构的限定，并不会导致产品的保护范围不清楚。

因此，合议组认为在上述两点上，权利要求1符合专利法实施细则第二十条第一款的规定。鉴于权利要求1在上述两点上已经符合专利法实施细则第二十条第一款的规定，其从属权利要求2～10也符合专利法实施细则第二十条第一款的规定。

3. 关于专利法第二十六条第三款、第四款

请求人认为：在说明书中没有对“非密闭体”进行详细说明，不符合专利法第二十六条第三款的规定；而使用“非密闭体”使得权利要求概括的范围太大，其限定的范围包括了所有非密闭的结构，如网状结构、条缝结构、孔状结构等均属非密闭体，而这些并没有得到说明书的支持，不符合第二十六条第四款的规定。

被请求人认为：从本专利说明书附图可以清楚地看出底部挖空，四角如何连接，而且说明书积极效果部分也阐述了这一点。

合议组认为：

①本专利说明书第2页第10段中明确记载“本实用新型无底自撑蚊帐由于将现有技术密闭蚊帐帐体的下底帐页设置呈为非封闭形，即中部挖空、四周窄边连接形成一框架形”。从说明书可以看出，此处的“非封闭形”完全体现了权利要求1中的“非密闭体”在本专利中的含义。由此可见，本专利说明书已经对“非封闭形”进行了说明，将“非封闭形”限定为“中部挖空、四周窄边连接形成一框架形”，说明书已经对本发明的“非封闭形”这一技术特征作出清楚、完整的说明，所属技术领域的技术人员在阅读说明书后完全可以理解“非封闭形”的含义。本专利符合专利法第二十六条第三款的规定。

②根据前述引用的本专利说明书第2页第10段的部分及说明书附图3可知，本专利仅仅给出了“所述的帐体（10）的下底帐页（13）为中部挖空、四周窄边连接形成一框架形”的实施例，但是本专利权利要求1中的技术特征（3）却将下位概念“所述的帐体（10）的下底帐页（13）为中部挖空、四周窄边连接形成一框架形”概括为一个上位概念“非密闭体”，其限定的范围包括了所有非密闭的结构，如在本专利说明书中未提及的网状结构、条缝结构、孔状结构等，以及本领域普通技术人员所不能明了的其他非密闭的结构，即该权利要求没有以说明书为依据，扩大了其保护范围，不符合专利法第二十六条第四款的规定。

③本专利权利要求5～10均是权利要求1的直接或间接从属权利要求，其附加技术特征并没有对前述的“非密闭体”作出进一步的限定，这些权利要求仍然没有以说明书为依据，扩大了该权利要求的保护范围，不符合专利法第二十六条第四款的规定。

4. 关于新颖性

新颖性，是指在申请日以前没有同样的发明或者实用新型在国内外出版物上公开发表过、在国内公开使用过或者以其他方式为公众所知，也没有同样的发明或者实用新型由他人向国务院专利行政部门提出过申请并且记载在申请日以后公布的专利申请文件中。

由于本专利权利要求1、5~10均不符合专利法第二十六条第四款的规定，应予无效，因此有关新颖性的评述仅涉及本专利权利要求2~4。请求人所提出的涉及权利要求2~4新颖性的理由仅有一个，即本专利权利要求2相对于附件3’不具备新颖性。

本专利权利要求2~4的内容如下：

“2. 一种无底自撑蚊帐，包括：

一帐体（10），它由前、后、左、右侧面帐页及上顶、下底帐页组成，帐体（10）侧面帐页上开设至少一个帐门，

一用以将帐体（10）绷撑为罩体的弹性支撑架（20），该弹性支撑架（20）可脱卸地穿置在帐体（10）的帐页边套内；

其特征在于：所述的帐体（10）的下底帐页（13）呈一中部挖空、四周窄边连接而成的一框架形。

3. 根据权利要2所述的无底自撑蚊帐，其特征在于：所述的帐体（10）的框架形底面为一矩形，其四周窄边的宽度范围是10公分至25公分。

4. 根据权利要求3所述的无底自撑蚊帐，其特征在于：所述的帐体（10）下底帐页（13）在其矩形框架的四角处分别设有一连接部（130）。”

关于权利要求2相对于附件3’是否具备新颖性的问题。附件3’公开了一种自撑蚊帐，其中公开了如下技术特征：

①一种自撑蚊帐，其特征在于它由一个大矩形网纱面（1）、小矩形布质顶面（2）、两个半圆形网纱面（3）和两条布质底面拉筋（4）组成（参见附件3’权利要求1及说明书附图1、2）；该部分已经公开了本专利权利要求2中的下述技术特征“一帐体（10），它由前、后、左、右侧面帐页及上顶、下底帐页组成，帐体（10）侧面帐页上开设至少一个帐门”。

②本实用新型的大矩形网纱面（1）对角线上的弹性钢丝（5）在其交点处连接在一起，且该交叉处弹性钢丝（5）穿出网纱面（1）对角线处的布质套管，使得它们自然弯曲绷紧位于网纱面（1）的顶部。大矩形网纱面（1）的两端边穿弹性钢丝（5）的布质套管向外伸出，为一渐宽形式的套管，使得两底边弹性钢丝（5）能自然弯曲绷紧。当白天不用时，将蚊帐从床上取下，然后对折再交叉呈“8”字形折叠弹性钢丝（5），就可将蚊帐收叠成一个小圆形体，最后装入包装袋即可（参见附件3’说明书第2页第4~5段及说明书附图1、2）；附件3’中的折叠弹性钢丝（5）就相当于本专利权利要求1中的“弹性支撑架（20）”，可见，该部分已经公开了本专利权利要求2中的下述技术特征“一用以将帐体（10）绷撑为罩体的弹性支撑架（20），该弹性支撑架（20）可脱卸地穿置在帐体（10）的帐页边套内”。

本专利权利要求2与附件3’的区别在于：本专利中所述的帐体（10）的下底帐页（13）呈一中部挖空、四周窄边连接而成的一框架形。

综上所述，本专利权利要求2相对于附件3’具备新颖性，符合专利法第二十二条第二款的规定。

由于权利要求2相对于附件3’具备新颖性，其从属权利要求3、4相对于附件3’也具备新颖性，符合专利法第二十二条第二款的规定。

5. 关于创造性

创造性，是指同申请日以前已有的技术相比，该发明有突出的实质性特点和显著的进步，该实用新型有实质性特点和进步。

如上所述，本专利权利要求2与附件3’的区别在于：本专利中所述的帐体（10）的下底帐页（13）呈一中部挖空、四周窄边连接而成的一框架形。

正如本发明在背景技术部分所描述的，“现有技术自撑蚊帐的结构一般都是由一弹性支撑架支撑一个由前、后、左、右、上、下帐页围成的封闭型帐体，并在其中一帐页上开门，形成收缩自如且进出方便的自撑蚊帐。现有技术自撑蚊帐虽然具有使用、收储、洗涤方便的优点，但是由于帐体为具有蚊帐底页的封闭型蚊帐，使蚊帐内不易铺设床上用品，并且若直接睡在纱网上，不仅不够舒适，而且因床上用品的色彩质地与蚊帐不同，因而不够协调与美观。”

而采用本专利权利要求2的蚊帐，由于其下底帐页（13）呈一中部挖空、四周窄边连接而成的一框架形，因而可以克服前述现有技术中的缺陷，本实用新型专利的无底自撑蚊帐既可省去下底页面的底料，更重要的是免去了在蚊帐内铺设床单等不便，也可避免人体直接接触蚊帐纱网面料的不舒适；同时使床单床罩等床上用品没有下底帐页的遮挡，使它们之间的色彩质地更县协调，因而更美观。

综上所述，本专利权利要求2相对于附件3’具有实质性特点和进步，符合专利法第二十二条第三款的规定。

6. 关于重复授权

由于本专利权利要求1不符合专利法第二十六条第四款的规定，应予无效，因此合议组不再就该权利要求是否符合专利法第九条作出评述。

三、决定

宣告03229539.1号实用新型专利权权利要求1、5~10无效，维持该专利权权利要求2~4有效。合议组现依职权将权利要求2~4的编号变更为权利要求1~3，维持有效的权利要求书如下：

“1. 一种无底自撑蚊帐，包括：

一帐体（10），它由前、后、左、右侧面帐页及上顶、下底帐页组成，帐体（10）侧面帐页上开设至少一个帐门，

一用以将帐体（10）绷撑为罩体的弹性支撑架（20），该弹性支撑架（20）可脱卸地穿置在帐体（10）的帐页边套内；

其特征在于：所述的帐体（10）的下底帐页（13）呈一中部挖空、四周窄边连接而成的一框架形。

2. 根据权利要1所述的无底自撑蚊帐，其特征在于：所述的帐体（10）的框架形底面为一矩形，其四周窄边的宽度范围是10公分至25公分。

3. 根据权利要求2所述的无底自撑蚊帐，其特征在于：所述的帐体（10）下底帐页（13）在其矩形框架的四角处分别设有一连接部（130）。”

当事人对本决定不服的，可以根据专利法第四十六条第二款的规定，自收到本决定之日起三个月内向北京市第一中级人民法院起诉。根据该款的规定，一方当事人起诉后，另一方当事人应当作为第三人参加诉讼。

029

一种防倾倒开关案

无效宣告请求审查决定（第8218号）

决　定　号　第8218号
决　定　日　2006年3月17日
发明创造名称　一种防倾倒开关
国际分类号　H01H 35/02
无效请求人　栾润玉
专利权人　卢刚华
申　请　号　200420046035.0
申　请　日　2004年5月24日
授权公告日　2005年5月18日
合议组组长　黄毅斐
主　审　员　孙克良
参　审　员　崔哲勇

法律依据　专利法第二十二条第二款
决定要点

如果一项权利要求的技术方案与申请日前由他人向专利局提出申请、并在申请日后（含申请日）公布的发明或实用新型专利申请文件中的相关内容相比，其技术领域、所要解决的技术问题和技术方案实质上相同、预期效果相同，则该权利要求不具备新颖性。

一、案由

本无效宣告请求涉及国家知识产权局专利局于2005年5月18日授权公告的、名称为“一种防倾倒开关”的200420046035.0号实用新型专利（下称本专利），其申请日为2004年5月24日，专利权人为卢刚华。其授权公告的权利要求书为：

“1. 一种防倾倒开关，包括：外壳，其特征在于：所述外壳内设有空腔，所述空腔内下方设有导槽，空腔中设有滚珠，所述滚珠和所述导槽口配合，所述导槽内设有杠杆，所述杠杆的承重端和滚珠配合，所述杠杆另一端和外壳活动连接，所述外壳的下端设有微动开关，所述微动开关的按钮设于所述杠杆的下端并和所述杠杆配合。

2. 根据权利要求1所述的防倾倒开关，其特征在于：所述杠杆的上方设置微型弹簧。

3. 根据权利要求1或2所述的防倾倒开关，其特征在于：在所述杠杆的承重端设置滚珠支架。”

针对上述专利权，栾润玉（下称请求人）于2005年7月1日向专利复审委员会提出了无效宣告请求，并同时提交了如下附件作为证据：

附件1：ZL200320120575.4中国实用新型专利说明书，申请日为2003年11月7日，授权公告日为2004年11月3日，申请人为栾润玉（下称对比文件1）。

请求人的无效理由是：对比文件1已经公开了权利要求1～3的技术方案，因此权利要求1～3相对于对比文件1不具备新颖性，由此本专利的权利要求1～3不符合专利法第九条、专利法实施细则第十三条第一款及专利法第二十二条第二款的规定。

经形式审查合格，专利复审委员会受理了上述请求，于2005年8月11日向双方当事人发出无效宣告请求受理通知书，并将无效宣告请求书及其附件的副本转送专利权人（下称被请求人），要求其在收到本通知书之日起一个月内对该无效宣告请求陈述意见。在上述指定期限届满后，专利复审委员会未收到被请求人的答复意见。

本案合议组于2006年1月18日向双方当事人发出口头审理通知书，定于2006年3月6日上午举行口头审理。

口头审理如期举行，被请求人未出席口头审理。请求人当庭表示放弃专利法第九条和专利法实施细则第十三条第一款的无效宣告理由，并且明确了无效宣告理由为权利要求1～3不符合专利法第二十二条第二款的规定。请求人对其主张的事实和理由进行了充分的意见陈述。

至此，合议组认为本案事实清楚，可以依法作出本审查决定。

二、决定的理由

1. 关于证据

对比文件1是由他人在本专利申请日之前向国务院专利行政部门提出、并且在本专利申请日以后公告的专利申请文件，因此对比文件1可以用于评价本专利的新颖性。

2. 关于专利法第二十二条第二款

根据专利法第二十二条第二款的规定，新颖性，是指在申请日以前没有同样的发明或者实用新型在国内外出版物上公开发表过、在国内公开使用过或者以其他方式为公众所知，也没有同样的发明或者实用新型由他人向国务院专利行政部门提出过申请并且记载在申请日以后公布的专利申请文件中。

本专利权利要求1要求保护一种防倾倒开关，其技术方案包括如下技术特征：外壳，所述外壳内设有空腔，所述空腔内下方设有导槽，空腔中设有滚珠，所述滚珠和所述导槽口配合，所述导槽内设有杠杆，所述杠杆的承重端和滚珠配合，所述杠杆另一端和外壳活动连接，所述外壳的下端设有微动开关，所述微动开关的按钮设于所述杠杆的下端并和所述杠杆配合。

对比文件1公开了一种全封闭式防倾倒开关，并公开了以下技术特征（参见对比文件1的说明书第2页倒数第3行到第3页最后一行及附图5、6）：包括壳体1（相当于权利要求1的外壳），壳体1中设有上腔体1－6（相当于权利要求1的空腔），其下方设有腔道1－7（相当于权利要求1的导槽），上腔体1－6内装有球体2（相当于权利要求1的滚珠），球体2与腔道1－7配合，腔道1－7内设有压片4（相当于权利要求1的杠杆），压片的承重端与球体2配合，压片4的另一端和壳体1活动连接，壳体1的下端设有微动开关6，微动开关的按钮设于压片的下端并和压片配合。

由此可见，对比文件1已经公开了权利要求1的全部技术特征，并且两者的技术领域都是防倾倒开关，所要解决的技术问题都是为了提供瞬动性好、安全可靠的防倾倒开关，预期效果也相同，因此权利要求1相对于对比文件1不具备专利法第二十二条第二款规定的新颖性。

权利要求2的附加技术特征是：所述杠杆的上方设置微型弹簧。该技术特征也被对比文件1公开（参见说明书第3页倒数第6行及附图5）：压片4的两侧分别与复位弹簧5（相当于权利要求2的微型弹簧）和微动开关6的触头相接。由此可见，在权利要求1相对于对比文件1不具备新颖性的情况下，其从属权利要求2相对于对比文件1也不具备新颖性。

权利要求3的附加技术特征是：在所述杠杆的承重端设置滚珠支架。该技术特征也被对比文件1公开（参见说明书第3页倒数第5行及附图5）：压片4的另一端装有托盘3（相当于权利要求3的滚珠支架）。由此可见，在权利要求1、2相对于对比文件1不具备新颖性的情况下，其从属权利要求3相对于对比文件1也不具备新颖性。

综上所述，本专利的权利要求1~3不符合专利法第二十二条第二款有关新颖性的规定。

三、决定

宣告200420046035.0号实用新型专利权全部无效。

当事人对本决定不服的，可以根据专利法第四十六条第二款的规定，自收到本决定之日起三个月内向北京市第一中级人民法院起诉。根据该款的规定，一方当事人起诉后，另一方当事人应当作为第三人参加诉讼。

030

一种具有检查误使用的槽与/或隐藏式端子的电池盒案

无效宣告请求审查决定（第8242号）

决 定 号 第8242号
决 定 日 2006年3月27日
发明创造名称 一种具有检查误使用的槽与/或隐藏式端子的电池盒
无效请求人 深圳市宝安区观澜柏力电子二厂
被 请 求 人 索尼公司
专 利 号 93107208.5
申 请 日 1993年5月29日
授权公告日 2001年1月24日
合议组组长 张 度
主 审 员 黄毅斐
参 审 员 高海燕

法律依据 专利法第二十二条第三款
决定要点

在对比文件没有公开一项权利要求的区别技术特征，并且现有技术中也未给出将上述区别技术特征应用于对比文件1而得到该权利要求所述技术方案的启示的情况下，该权利要求的技术方案对于本领域技术人员来说是非显而易见的。

一、案由

本无效宣告请求涉及国家知识产权局专利局于2001年1月24日授权公告的、名称为“一种具有检查误使用的槽与/或隐藏式端子的电池盒”的93107208.5号发明专利（下称本专利），其申请日为1993年5月29日，优先权日为1992年5月29日，专利权人为索尼公司。授权公告的权利要求书中的权利要求1~4、8、9内容如下：

“1. 一种里面容纳电池的电池组，其特征在于，包括：

用于在其内容纳所述电池的壳体，以及沿所述壳体的底面中心线形成的一个检验孔。

2. 如权利要求1所述的电池组，其特征在于，进一步包括在所述检验孔附近形成的一个锁定孔，以垂直于所述中心线方向为宽度，所述检验孔的宽度小于所述锁定孔的宽度。

3. 如权利要求1所述的电池组，其特征在于，在所述壳体内容纳两排圆柱形电池，所述检验孔沿所述底面中心线设置在所述两排电池之间。

4. 如权利要求2所述的电池组，其特征在于，在所述壳体内容纳两排圆柱形电池，所述检验孔沿所述底面中心线设置在所述两排电池之间。”

“8. 如权利要求1所述的电池组，其特征在于，

所述壳体具有上部和下部；

在所述壳体下部形成的一组电极，用来与所述电池进行电连接，当所述电池组连接到充电器上时，所述电极作为充电电极，当所述电池组连接到电气设备上时，所述的电极作为电源电极；以及

沿所述壳体的所述底部的底面的中心线形成的一个检测孔，用来检测何时所述电池组在充电器中被正确地定位。

9. 如权利要求8所述的电池组，其特征在于，在所述壳体中分两排容纳一组圆柱形电池，每排沿着所述底面的中心线的一侧布置，其中所述检测孔在所述两排之间沿所述中心线形成。”

针对上述专利权，深圳市宝安区观澜柏力电子二厂（下称请求人）于2004年11月22日向专利复审委员会提出无效宣告请求，请求宣告本专利部分无效，并同时提交了如下附件作为对比文件：

附件1：昭59－98451号日本公开特许公报，公开日为1984年6月6日（下称对比文件1）；

附件2：GB2190235A英国专利申请文件，公开日为1987年11月11日（下称对比文件2）。

请求人的无效理由是：对比文件1的图4和对比文件2的图1公开了权利要求1的全部技术特征，因此权利要求1不具备新颖性；权利要求1相对于本专利说明书中所描述的背景技术不具备创造性；在权利要求1不具备创造性的情况下，其从属权利要求2～4、8、9相对于本专利说明书中所描述的背景技术和公知常识也不具备创造性。

经形式审查合格，专利复审委员会依法受理了该无效宣告请求，于2004年11月22日向双方当事人发出无效宣告请求受理通知书，并将请求书及其附件清单中所列附件的副本转送给专利权人（下称被请求人）。

请求人于2004年12月21日提交了由广东省公证处于2004年12月9日分别出具的证明对比文件1和对比文件2的中文译本与日文本和英文本内容相符的（2004）粤公证内字第74024号和第74025号公证书的复印件。

被请求人于2004年12月30日提交了针对无效宣告请求书的答辩意见，主要认为：对比文件1和对比文件2中都没有公开本专利权利要求1中“检验孔”的特征，因此不能影响权利要求1的新颖性和创造性；同时，由于请求人没有提供有关本专利背景技术的证据材料，并且该背景技术中也没有公开关于“检验孔”的特征，因此本专利具备新颖性和创造性。

专利复审委员会依法成立本案合议组，于2006年1月12日向双方当事人发出口头审理通知书，定于2006年3月16日对本案进行口头审理，并随本通知书将被请求人于2004年12月30日提交的答辩意见转送请求人，将请求人于2004年12月21日提交的经公证的对比文件1和对比文件2的中文译文转送被请求人。

请求人针对合议组随口头审理通知书转送的被请求人的答辩意见，于2006年2月20日提交了意见陈述书，重新论述了本专利权利要求1不具备创造性的理由，认为：对比文件1的图11中的挂槽31c与电器主体10容纳电池的腔体内壁的棘轮相配合，其作用是防止其他类型的电池误插入，与本专利检验孔所实现的功能和获得的效果完全相同，二者的区别仅在于本专利的检验孔是位于壳体的底面中心线上，但该区别特征是本领域显而易见的公知常识，因此权利要求1相对于对比文件1和公知常识不具备创造性。另外，请求人还增加了权利要求1、2不符合专利法实施细则第二十一条第二款的规定以及权利要求3、4不符合专利法实施细则第二十一条第三款的规定的无效理由。

被请求人的代理人于2006年3月7日面取请求人的上述意见陈述书。

口头审理于2006年3月16日如期举行，双方当事人的代理人均参加了口头审理。合议组当庭告知请求人由于其关于本专利不符合专利法实施细则第二十一条第二款、第三款的规定的无效理由是自提出无效宣告请求之日起一个月后增加的新理由，根据专利法实施细则第六十六条的规定，合议组不予考虑。口审中，请求人表示放弃新颖性的无效理由，放弃使用对比文件2，明确其无效理由是本专

利权利要求 1 相对于对比文件 1 不具备创造性，其中对比文件 1 的图 11 所示实施例中的挂槽 31c 对应于本专利中的检验孔，同样起到防止误插的作用，权利要求 2 ~4、8、9 的技术方案是显而易见的，同样不具备创造性。被请求人表示对对比文件 1 的真实性及其中文译文的准确性均无异议。

被请求人于 2006 年 3 月 22 日提交了口审代理词。

在上述工作的基础上，合议组认为双方当事人已充分发表意见，本案事实已经清楚，可以依法做出审查决定。

二、决定的理由

对比文件 1 是在本专利优先权日之前公开的日本专利文件，被请求人对其真实性及其译文的准确性无异议，因此可作为现有技术评价本专利的创造性。

权利要求 1 要求保护一种里面容纳电池的电池组，包括：用于在其内容纳所述电池的壳体，以及沿所述壳体的底面中心线形成的一个检验孔。

对比文件 1 涉及一种用于闪光灯的电源收纳装置，其图 11 所示的实施例公开了以下技术内容（参见图 11 及其相应的文字说明）：电源收纳装置 30 的主体构成有：两个半盒体 31A、31B 叠合在一起形成中空柱状的盒体 31，其内收纳 12 节电源电池；该电源收纳装置 30 上分别形成了防止误插入用的纵槽 31a、31b 及棘轮用的挂槽 31c。

请求人认为，对比文件 1 中的盒体 31 对应于权利要求 1 中的壳体，挂槽 31c 则对应于权利要求 1 中的检验孔，同样起到防止误插的作用。

合议组认为，将权利要求 1 与对比文件 1 公开的上述技术内容相比较可见，对比文件 1 中的盒体 31 即对应于权利要求 1 中的壳体，但是挂槽 31c 设置于电源收纳装置上端部上的四角，是为了起到与闪光灯主体内的棘轮配合以将电源收纳装置临时性固定到闪光灯主体的作用，这与权利要求 1 中检验孔的作用显然不同。并且，在对比文件 1 中已经明确说明了图 11 所示的实施例与图 3 –8 所示的实施例的电源收纳装置是相同的，因此该实施例中的纵槽 31a、31b 应与图 4 中纵向槽 21d、21e 的作用相同，即通过与在卡紧筒部 13 的内侧形成的突条协调动作而起到防止电源收纳装置向闪光灯误安装的作用（见对比文件 1 译文第 8 页第 13 ~15 行、第 3 页倒数第 9 ~11 行）。通过简单分析可知，在误安装时，由于上述突条无法卡入纵向槽内，已使得电源收纳装置无法装入卡紧筒部 13，此时，根本无法通过检验设置于电源收纳装置上端部的挂槽 31c 是否与闪光灯主体上的棘轮相正确配合来确定电源收纳装置是否被正确安装定位，因此请求人所认为的在将电源收纳装置误插入闪光灯主体内时，因挂槽 31c 无法与闪光灯主体内的棘轮相配合从而可以得知电源收纳装置是否被正确安装定位的理由缺乏事实依据，合议组对此不予支持。

综上，由于对比文件 1 没有公开权利要求 1 中的区别技术特征“沿所述壳体的底面中心线形成的一个检验孔”，并且现有技术中也未给出将上述技术特征应用到对比文件 1 中而得到权利要求 1 的技术方案的启示，因此权利要求 1 的技术方案对于本领域技术人员来说是非显而易见的，并且权利要求 1 限定的技术方案能够产生容易检查电池组是否正确连接到充电器上的技术效果，因此，权利要求 1 具备专利法第二十二条第三款所规定的创造性。

在权利要求 1 具备创造性的前提下，其从属权利要求 2 ~4、8、9 也相应地具备创造性。

三、决定

维持 93107208.5 号发明专利权有效。

当事人如对本决定不服，可依据专利法第四十六条第二款的规定，自收到本决定之日起三个月内向北京市第一中级人民法院起诉。根据该款的规定，一方当事人起诉后，另一方当事人应当作为第三人参加诉讼。

031

一种改进的碳纤维发热管案

无效宣告请求审查决定（第8304号）

决　定　号　第8304号
决　定　日　2006年6月5日
发明创造名称　一种改进的碳纤维发热管
国际分类号　H05B 3/58
无效请求人　佛山市顺德区北滘镇桥宏照明电器有限公司
专利权人　潘韵松
专　利　号　200420043533. X
申　请　日　2004年3月15日
授权公告日　2005年3月23日
合议组组长　马　昊
主　审　员　孙克良
参　审　员　杜　宇

法律依据　专利法第二十二条第三款
决定要点
如果一项权利要求所要求保护的技术方案与现有技术中的一个技术方案相比，其区别技术特征是本领域中具有相同功能的已知手段的等效替代，那么该权利要求所要求保护的技术方案相对于现有技术不具备创造性。

一、案由

本无效宣告请求涉及申请号为200420043533. X、申请日为2004年3月15日、授权公告日为2005年3月23日的实用新型专利（下称本专利），发明名称为"一种改进的碳纤维发热管"，专利权人为潘韵松。其授权公告的权利要求为：

"1. 一种改进的碳纤维发热管，包括石英管、碳纤维发热体和电极，碳纤维发热体置于石英管内，其特征是：所述电极（3）一端形成压环结构，碳纤维发热体（1）的端头插入该压环中并通过压缩该压环使之相互紧密接触。

2. 根据权利要求1所述的改进的碳纤维发热管，其特征是：所述的压环结构为可压缩开口的环状结构（31），碳纤维发热体（1）的端头紧插入该环状结构（31）中。

3. 根据权利要求1所述的改进的碳纤维发热管，其特征是：由钼材料制成的连接杆（5）、电极接片（4）和电极（3）组成电极连接件。"

针对上述专利权，佛山市顺德区北滘镇桥宏照明电器有限公司（下称请求人）于2005年10月8日向专利复审委员会提出了无效宣告请求，其理由是：（1）权利要求1相对于附件3不具备新颖性；（2）权利要求1、2相对于附件2不具备创造性；（3）权利要求3相对于附件2与附件1的结合不具备创造性。请求人提交了如下附件作为证据：

附件1：CN2502480Y，公告日为2002年7月24日；

附件2：CN2571104Y，公告日为2003年9月3日；

附件3：CN2631174Y，公告日为2004年8月4日。

经形式审查合格，专利复审委员会受理了上述请求，于2005年10月8日向双方当事人发出无效宣告请求受理通知书，并将无效宣告请求书及其附件的副本转送专利权人（下称被请求人）。

被请求人于2005年11月30日提交了意见陈述书，具体陈述了本专利的权利要求1相对于附件3和附件2分别具备新颖性和创造性以及权利要求3相对于附件2和附件1的结合具备创造性的理由。

本案合议组于2006年1月5日向双方当事人发出口头审理通知书，定于2006年2月14日上午举行口头审理，同时将被请求人于2005年11月30日提交的意见陈述书转送请求人。

口头审理如期举行，双方当事人均出席了口头审理。被请求人对证据1、2、3的真实性没有异议。请求人明确了无效宣告理由为：用附件2、3分别评述本专利的权利要求1、2的新颖性；用附件2评述本专利的权利要求2的创造性；用附件2结合附件1评述本专利的权利要求3的创造性。然后双方当事人针对具体事实问题进行意见陈述和辩论。

针对上述专利权，佛山市顺德区北滘镇桥宏照明电器有限公司（鉴于两次无效宣告请求人均相同，固统称为请求人）于2006年3月3日向专利复审委员会再次提出了无效宣告请求，其理由是：权利要求1~3相对于附件1不具备新颖性和创造性。请求人提交了如下附件作为证据：

附件1：CN2593514Y，公告日为2003年12月17日（下称证据1）；

附件2：CN2688012Y，申请日为2005年3月23日（本专利）。

经形式审查合格，专利复审委员会受理了上述请求，于2006年3月3日向双方当事人发出无效宣告请求受理通知书，并将无效宣告请求书及其附件的副本转送给被请求人。

根据审查指南第四部分第三章3.5合案审查原则，合议组将本次无效宣告请求与请求人2005年10月8日提出的无效宣告请求合案审理。并于2006年3月15日向双方当事人发出合议组成员告知通知书。

请求人于2006年3月27日补充提交了附件3：CN2571104Y，公告日为2003年9月3日（下称证据2）。请求人用证据1否定本专利权利要求1~3的新颖性和创造性，用证据2否定本专利权利要求1、2的新颖性和创造性，用证据2与证据1结合否定本专利权利要求3的创造性。

合议组于2005年4月3日向被请求人发出转送文件通知书，转送请求人于2006年3月27日提交的意见陈述书及其附件副本。

被请求人于2006年5月16日提交了意见陈述书，其陈述的主要意见是：证据1和证据2都没有公开本专利权利要求1中的"所述电极（3）一端形成压环结构，碳纤维发热体（1）的端头插入该压环中并通过压缩该压环使之相互紧密接触"的技术特征，由于上述区别技术特征，使得压环结构和发热体紧密接触，解决了固定状电极与软性碳纤维发热体结合不牢的问题，因此权利要求1分别相对于证据1、2具备新颖性；并且相对于证据1、2及其结合具备创造性。

至此合议组认为本案事实清楚，可以依法作出本审查决定。

二、决定的理由

1. 关于证据

证据1为公开出版物，其出版日期在本专利的申请日之前，经合议组核实，证据1与原件一致，因此证据1公开的内容构成了本专利的现有技术，能够用于评价本专利的创造性。

2. 关于专利法第二十二条第三款

专利法第二十二条第三款规定：创造性，是指同申请日以前已有的技术相比，该发明有突出的实质性特点和显著的进步，该实用新型有实质性特点和进步。

本专利权利要求1要求保护一种碳纤维发热管，其技术方案包括如下技术特征：（1）石英管、碳纤维发热体和电极，碳纤维发热体置于石英管内；（2）所述电极（3）一端形成压环结构，碳纤维发热体（1）的端头插入该压环中并通过压缩该压环使之相互紧密接触。

证据1公开了一种碳素电热管，并公开了以下技术特征（参见证据1的说明书第2页第10行到第20行附图1）：它由石英波管（1）、碳素纤维（2）和钼弹簧接口（4）与钼箔封接材料的连接部分（相当于电极）组成，碳素纤维置于石英波管中，碳素纤维的端头插入钼弹簧接口（4）并通过弹簧的弹力与发热体紧密接触。

权利要求1所要求保护的技术方案与证据1的技术方案相比，其区别在于：权利要求1的技术方案使用压环与碳纤维发热体接触，而证据1的技术方案是使用钼弹簧与碳纤维接触。

合议组认为：压环结构不是本领域部件名称的常规用语，说明书中也没有特别定义，对于本领域的技术人员来讲，只要是环状的、起到压紧作用的部件均可称之为压环结构。而证据1中的钼弹簧也为环状结构，并且对碳纤维发热体形成压力，因此钼弹簧与压环可以解决相同的技术问题，即电极与碳纤维连接的问题，并具有相同的技术效果，即连接得更牢固。因此二者属于相同功能的已知手段的等效替代。所以权利要求1所要求保护的技术方案相对于证据1不具有实质性特点和进步，从而不具备专利法第二十二条第三款所规定的创造性。

从属权利要求2的附加技术特征是：所述的压环结构为可压缩开口的环状结构（31），碳纤维发热体（1）的端头紧插入该环状结构（31）中，而证据1的钼弹簧也为环状结构，并且碳纤维插入其中（参见附图1），二者的区别在于权利要求2的压环具有可压缩的开口。但由于二者具有相同的功能，并且没有产生预料不到的技术效果（具体参见权利要求1的评述）。由此可见，在其引用的权利要求1不具备创造性的情况下，从属权利要求2也不具备创造性。

从属权利要求3的附加技术特征是：由钼材料制成的连接杆（5）、电极接片（4）和电极（3）组成电极连接件，而该特征被证据1公开（参见附图1）：由钼弹簧接口（4）（其包括连接杆）、钼箔封接材料（5）和钼杆引出线（6）构成电极连接件。由此可见，在其引用的权利要求1不具备创造性的情况下，从属权利要求3也不具备创造性。

请求人认为证据1未公开“所述电极（3）一端形成压环结构，碳纤维发热体（1）的端头插入该压环中并通过压缩该压环使之相互紧密接触”的技术特征。合议组认为：虽然证据1的钼弹簧与权利要求1中的压环的名称不同，但二者具有相同的功能和作用，并且采用上述压环的方式来连接端子与导线也是本领域已知的技术手段，因此属于相同功能的已知手段的等效替换。因而本专利的权利要求1～3不具备创造性。

综上所述，本专利的权利要求1～3相对于证据1不具备专利法第二十二条第三款所规定的创造性。

鉴于请求人提供的证据1已使得本专利的权利要求1～3不具备创造性，故对其他证据不再予以评述。

三、决定

宣告第200420043533. X号实用新型专利权全部无效。

当事人如对本决定不服，可依据专利法第四十六条第二款的规定，自收到本决定之日起三个月内向北京市第一中级人民法院起诉。根据该款的规定，一方当事人起诉后，另一方当事人应当作为第三人参加诉讼。

北京市第一中级人民法院
行政判决书

（2006）一中行初字第1111号

原告潘韵松，男，汉族，1970年9月9日出生，住广东省佛山市顺德区容桂街道风祥大街3号。

委托代理人蔡蔚毅，广州市南锋专利事务所有限公司专利代理人。

委托代理人欧阳锦添，广东达声律师事务所律师。

被告国家知识产权局专利复审委员会，住所地北京市海淀区北四环西路9号银谷大厦。

法定代表人廖涛，副主任。

委托代理人孙克良，男，国家知识产权局专利复审委员会审查员。

委托代理人张鹏，男，国家知识产权局专利复审委员会审查员。

第三人佛山市顺德区北滘镇桥宏照明电器有限公司，住所地广东省佛山市顺德区北滘镇西滘工业区北区二路东8号。

法定代表人陈伟良，经理。

委托代理人李潮瑞，男，汉族，1959年11月14日出生，住广州市天河区六运六街50号201房。

委托代理人汪登潮，男，汉族，1949年9月24日出生，佛山市粤顺知识产权代理事务所专利代理人，住广东省佛山市顺德区大良街道文秀路三株松8号。

原告潘韵松不服被告国家知识产权局专利复审委员会专利无效宣告审查决定，于2006年9月6日向本院提起诉讼。本院受理后，依法组成合议庭并通知被诉具体行政行为的利害关系人佛山市顺德区北滘镇桥宏照明电器有限公司（下称桥宏公司）作为第三人参加诉讼。本院于2006年11月16日公开开庭审理了本案。原告的委托代理人蔡蔚毅、欧阳锦添，被告的委托代理人孙克良、张鹏，第三人的委托代理人李潮瑞、汪登潮到庭参加了诉讼。本案现已审理终结。

2006年6月5日，被告作出第8304号无效宣告审查决定（下称第8304号决定），依据《中华人民共和国专利法》（下称《专利法》）第二十二条第三款，宣告原告的200420043533. X号名称为“一种改进的碳纤维发热管”的实用新型专利权（下称本专利）全部无效。

被告在法定的举证期限内向本院提交并经庭审质证的证据有：1. 本专利的公告文本。2. 第CN2593514Y号实用新型的公告文本（即无效程序中的证据1）。以上证据用以证明被诉决定认定事实清楚，适用法律正确、审查程序合法。

原告诉称，一、第8304号决定对压环结构技术特征理解片面，压环结构应该是环状的，在压缩前压环结构的口径大于碳纤维发热体，而在压缩后压环结构的口径小于碳纤维发热体。二、第8304号决定忽略了用方法特征来限定产品的形状构造这一技术特征，在钼弹簧和碳素纤维之间连接结构上，本专利与证据1存在区别，本专利紧固成一体，无接触电阻，电接触效果好，证据1是塞在一起，有接触电阻，电接触效果差。三、第8304号决定没有依照《审查指南》的规定判断创造性。既然在《审查指南》中权利要求允许用方法特征来限定产品的某个形状、构造，那么再判断创造性时，就应当考虑“碳纤维发热体（1）的端头插入该压环中并通过压缩该压环使之相互紧密接触”这一技术特征在本技术方案中所起的作用。第8304号决定仅仅将“压环结构”与“钼弹簧”单独进行对比从而得出两者属于相同的已知手段等效替换，显然是错误的。四、权利要求2具备创造性。假如在权利要求 1 具备不创造性的前提下，权利要求 2 也具备创造性。权利要求 2 中“压环结构为可压缩开口的环状结构”，强调“有开口”这一技术特征，既方便连接装配，又使得连接紧固，产生了意想不到的技术效果。而证据 1 则无该技术特征，两者不具有相同的功能。综上所述，本专利不但技术特征压环结构与证据 1 的技术特征钼弹簧不同，而且本专利的压环结构与碳纤维发热体之间连接结构与证据 1 的钼弹簧和碳素纤维之间连接结构不同，解决的技术问题也不相同，产生的技术效果也不同，因此具备创造性。故请求法院撤销第 8304 号决定。原告向法庭提交如下证据：1. 第 8304 号无效决定。2. 广东省东莞市检测报告复印件。

被告辩称，1. 关于压环结构。压环结构不是本领域部件名称的常规用语，说明书中也没有特别定义，对于本领域的技术人员来讲，只要是环状的、起到压紧作用的部件均可称之为压环结构。而证据 1 中的钼弹簧也为环状结构，并且对碳纤维发热体形成压力（如果没有压力，那么钼弹簧与碳素纤维将无法保持连接）。因此证据 1 中的钼弹簧与本专利的压环只是名称不同，但作用是相同的。2. 关于解决的技术问题和技术效果。由于本专利的“压环结构”与证据 1 的“钼弹簧”都可以使电极与碳纤维保持连接，因此它们可以解决相同的技术问题，即连接的问题，并具有相同的技术效果，即通过对碳纤维施加压力而使连接得更牢固。3. 关于相同功能的已知手段的等效替换原告认为钼弹簧与碳纤维连接不是公知常识，二者的连接不是相同功能的已知手段的等效替代。但根据审查指南第二部分第四章第 4. 6. 2 节的规定，只要发明是相同功能的已知手段（不必须是公知常识）的替代，则该发明就不具备创造性。综上所述，第 8304 号决定认定事实清楚，适用法律正确，审理程序合法，原告的诉讼请求无法律和事实依据，请求人民法院在查明事实的基础上，依法驳回原告的诉讼请求、维持第 8304 号决定。

第三人桥宏公司同意被告意见，认为第 8304 号决定认定事实清楚，审理程序合法，请求法院驳回原告的诉讼请求。第三人未向本院提供相关证据。

经庭审质证，被告当庭提交的证据与被诉第 8304 号决定有关，且合法，各方当事人对其真实性均无异议，能够证明本案的事实，本院予以采纳。原告提交的证据 1 为被诉第 8304 号决定书，属于本案被诉行政行为，不属于本案证据范围；证据 2 为其在行政程序后所形成的证据，系在诉讼程序中提供的、被告在行政程序中未作为具体行政行为依据的证据，按照《最高人民法院关于行政诉讼证据若干问题的规定》第六十条第（三）项规定，本院不予接受。

根据上述有效证据及各方当事人在庭审中无争议的陈述，本院确认如下事实：

本专利申请号为 200420043533. X、申请日为 2004 年 3 月 15 日、授权公告日为 2005 年 3 月 23 日，名称为“一种改进的碳纤维发热管”，专利权人为潘韵松。其授权公告的权利要求为：

“1. 一种改进的碳纤维发热管，包括石英管、碳纤维发热体和电极，碳纤维发热体置于石英管内，其特征是：所述电极（3）一端形成压环结构，碳纤维发热体（1）的端头插入该压环中并通过压缩该压环使之相互紧密接触。

2. 根据权利要求 1 所述的改进的碳纤维发热管，其特征是：所述的压环结构为可压缩开口的环状结构（31），碳纤维发热体（1）的端头紧插入该环状结构（31）中。

3. 根据权利要求 1 所述的改进的碳纤维发热管，其特征是：由钼材料制成的连接杆（5）、电极接片（4）和电极（3）组成电极连接件。”

针对上述专利权，第三人桥宏公司于 2005 年 10 月 8 日向被告提出了无效宣告请求，其理由是：1. 本专利权利要求 1 相对于附件 3 不具备新颖性；2. 本专利权利要求 1、2 相对于附件 2 不具备创造性；3. 本专利权利要求 3 相对于附件 2 与附件 1 的结合不具备创造性。第三人同时提交了如下附件作为证据：附件 1：CN2502480Y，公告日为 2002 年 7 月 24 日；附件 2：CN2571104Y，公告日为

2003 年 9 月 3 日；附件 3：CN2631174Y，公告日为 2004 年 8 月 4 日。

被告受理该无效宣告请求后，向原告进行转文。要求原告在一个月内陈述意见。

原告于 2005 年 11 月 30 日提交了意见陈述书，具体陈述了本专利的权利要求 1 相对于附件 3 和附件 2 分别具备新颖性和创造性以及权利要求 3 相对于附件 2 和附件 1 的结合具备创造性的理由。

被告将举行口头审理的通知发给双方当事人，同时将原告提交的意见陈述书转送第三人。

双方当事人均出席了口头审理。原告对附件 1、2、3 的真实性没有异议。第三人明确了无效宣告理由为：用附件 2、3 分别评述本专利的权利要求 1、2 的新颖性；用附件 2 评述本专利的权利要求 2 的创造性；用附件 2 结合附件 1 评述本专利的权利要求 3 的创造性。

针对上述专利权，第三人于 2006 年 3 月 3 日向被告再次提出了无效宣告请求，其理由是：本专利权利要求 1 ~3 相对于下述附件 1 不具备新颖性和创造性。第三人提交了如下附件作为证据：附件 1：CN2593514Y，公告日为 2003 年 12 月 17 日（下称证据 1）；附件 2：CN2688012Y，申请日为 2005 年 3 月 23 日。

被告受理该无效宣告请求后，于 2006 年 3 月 3 日向双方当事人发出无效宣告请求受理通知书，并将无效宣告请求书及其附件的副本转送给原告。

被告将本次无效宣告请求与第三人 2005 年 10 月 8 日提出的无效宣告请求合案审理。并于 2006 年 3 月 15 日向双方当事人发出合议组成员告知通知书。

第三人于 2006 年 3 月 27 日补充提交了附件 3：CN2571104Y，公告日为 2003 年 9 月 3 日（下称证据 2）。第三人用证据 1 否定本专利权利要求 1 ~3 的新颖性和创造性，用证据 2 否定本专利权利要求 1、2 的新颖性和创造性，用证据 2 与证据 1 结合否定本专利权利要求 3 的创造性。被告向原告进行转文。

原告于 2006 年 5 月 16 日提交了意见陈述书，其陈述的主要意见是：证据 1 和证据 2 都没有公开本专利权利要求 1 中的“所述电极（3）一端形成压环结构，碳纤维发热体（1）的端头插入该压环中并通过压缩该压环使之相互紧密接触”的技术特征，由于上述区别技术特征，使得压环结构和发热体紧密接触，解决了固定状电极与软性碳纤维发热体结合不牢的问题，因此权利要求 1 分别相对于证据 1、2 具备新颖性；并且相对于证据 1、2 及其结合具备创造性。

关于证据，被告认为，证据 1 为公开出版物，其出版日期在本专利的申请日之前，经核实，证据 1 与原件一致，因此证据 1 公开的内容构成了本专利的现有技术，能够用于评价本专利的创造性。

关于本专利的创造性，被告认为，本专利权利要求 1 要求保护一种碳纤维发热管，其技术方案包括如下技术特征：1. 石英管、碳纤维发热体和电极，碳纤维发热体置于石英管内；2. 所述电极（3）一端形成压环结构，碳纤维发热体（1）的端头插入该压环中并通过压缩该压环使之相互紧密接触。证据 1 公开了一种碳素电热管，并公开了以下技术特征（参见证据 1 的说明书第 2 页第 10 行到第 20 行附图 1）：它由石英波管（1）、碳素纤维（2）和钼弹簧接口（4）与钼箔封接材料的连接部分（相当于电极）组成，碳素纤维置于石英波管中，碳素纤维的端头插入钼弹簧接口（4）并通过弹簧的弹力与发热体紧密接触。权利要求 1 所要求保护的技术方案与证据 1 的技术方案相比，其区别在于：权利要求 1 的技术方案使用压环与碳纤维发热体接触，而证据 1 的技术方案是使用钼弹簧与碳纤维接触。

被告认为，压环结构不是本领域部件名称的常规用语，说明书中也没有特别定义，对于本领域的技术人员来讲，只要是环状的、起到压紧作用的部件均可称之为压环结构。而证据 1 中的钼弹簧也为环状结构，并且对碳纤维发热体形成压力，因此钼弹簧与压环可以解决相同的技术问题，即电极与碳纤维连接的问题，并具有相同的技术效果，即连接得更牢固。因此二者属于相同功能的已知手段的等效替代。所以权利要求1所要求保护的技术方案相对于证据1不具有实质性特点和进步，从而不具备《专利法》第二十二条第三款所规定的创造性。

关于从属权利要求2、3的创造性，被告认为，从属权利要求2的附加技术特征是：所述的压环结构为可压缩开口的环状结构（31），碳纤维发热体（1）的端头紧插入该环状结构（31）中，而证据1的钼弹簧也为环状结构，并且碳纤维插入其中（参见附图1），二者的区别在于权利要求2的压环具有可压缩的开口。但由于二者具有相同的功能，并且没有产生预料不到的技术效果（具体参见权利要求1的评述）。由此可见，在其引用的权利要求1不具备创造性的情况下，从属权利要求2也不具备创造性；从属权利要求3的附加技术特征是：由钼材料制成的连接杆（5）、电极接片（4）和电极（3）组成电极连接件，而该特征被证据1公开（参见附图1）：由钼弹簧接口（4）（其包括连接杆）、钼箔封接材料（5）和钼杆引出线（6）构成电极连接件。由此可见，在其引用的权利要求1不具有创造性的情况下，从属权利要求3也不具有创造性。

关于证据1未公开“所述电极（3）一端形成压环结构，碳纤维发热体（1）的端头插入该压环中并通过压缩该压环使之相互紧密接触”的技术特征一节。被告认为，虽然证据1的钼弹簧与权利要求1中的压环的名称不同，但二者具有相同的功能和作用，并且采用上述压环的方式来连接端子与导线也是本领域已知的技术手段，因此属于相同功能的已知手段的等效替换。因而本专利的权利要求1~3不具备创造性。

综上所述，被告认为，本专利的权利要求1~3相对于证据1不具备《专利法》第二十二条第三款所规定的创造性。鉴于第三人提供的证据1已使得本专利的权利要求1~3不具备创造性，故对其他证据不再予以评述。并作出第8304号决定，宣告第200420043533. X号实用新型专利权全部无效。

本院认为，《专利法》第二十二条规定，授予专利权的实用新型，应当具备创造性。实用新型的创造性是指同申请日以前已有的技术相比，该实用新型有实质性特点和进步。

本案中，对比文件（证据1）与本专利权利要求1相比，两者的区别包括，权利要求1的技术方案使用压环与碳纤维发热体接触，而证据1的技术方案是使用钼弹簧与碳纤维接触。但两者可以解决相同的技术问题，并具有相同的技术效果，两者属于相同功能的已知手段的等效替代，权利要求1所要求保护的技术方案不具有实质性特点和进步。关于从属权利要求2、3的创造性问题，对比文件与从属权利要求2的区别在于，权利要求2的压环具有可压缩的开口。但由于二者具有相同的功能，权利要求2也没有产生预料不到的技术效果，在其引用的权利要求1不具备创造性的情况下，从属权利要求2也不具备创造性；从属权利要求3的附加技术特征与对比文件公开的技术特征没有实质性的区别，在其引用的权利要求1不具备创造性的情况下，从属权利要求3也不具备创造性。被告据此作出的第8304号决定，认定事实清楚，对证据的判断与使用适当，适用法律正确，符合法定程序，本院应予维持。

原告所强调的第8304号决定对压环结构技术特征理解片面、忽略了用方法特征来限定产品的形状构造这一技术特征，以及权利要求2中“有开口”这一技术特征，既方便连接装配，又使得连接紧固，产生了意想不到的技术效果等观点，未能提供充分的事实和法律依据，其诉讼请求本院不予支持。

综上所述，依照《中华人民共和国专利法》第二十二条第三款、《中华人民共和国行政诉讼法》第五十四条第（一）项，判决如下：

维持被告国家知识产权局专利复审委员会于二〇〇六年六月五日作出的第8304号无效宣告请求审查决定。

案件受理费1000元，由原告潘韵松负担（已交纳）。

如不服本判决，可在判决书送达之日起15日内，向本院递交上诉状，并按对方当事人的人数提出副本，预交上诉案件受理费1000元，上诉于北京市高级人民法院。

审 判 长 吴 月

审 判 员 刘景文

代理审判员 何君慧

二〇〇六年十二月二十六日

书 记 员 郎莉萍

032

活动收放桌架案

无效宣告请求审查决定（第8308号）

决　定　号　第8308号
决　定　日　2006年5月8日
发明创造名称　活动收放桌架
国 际 分 类 号　A47B 3/00、3/06
无 效 请 求 人　易心金
专 利 权 人　童心敏
专　利　号　02221871.8
申　请　日　2002年3月15日
授 权 公 告 日　2003年2月5日
合 议 组 组 长　石　清
主　审　员　朱芳芳
参　审　员　熊　婷

法 律 依 据　专利法第二十二条第二款和第三款
决 定 要 点

判断一项权利要求的新颖性时，应将权利要求记载的内容与对比文件中公开的相关的技术内容单独地进行比较，如果其技术方案相同，且属于相同的技术领域，解决的技术问题相同，带来相同的技术效果，则该权利要求不具备新颖性，否则，该权利要求具备新颖性。

在判断一项实用新型专利权利要求的创造性时，应当将权利要求限定的技术方案与现有技术中最接近的对比文件中公开的技术方案相对比，找出其区别技术特征，如果所述区别技术特征为所属领域的公知常识，并且未使该权利要求所限定的技术方案具有预想不到的技术效果，则该权利要求不具备创造性。

一、案由

本无效宣告请求涉及国家知识产权局于2003年2月5日授权公告的申请号为02221871.8的实用新型专利（下称本专利），名称为活动收放桌架，申请日为2002年3月15日，专利权人是童心敏（下称被请求人）。

本专利授权公告的权利要求书如下：

“1. 一种活动收放桌架，包括脚架（1）、连接相邻两脚架（1）的横梁，其特征在于：相邻两脚架（1）间的横梁作为导杆（2、3）与此两脚架（1）一起构成活动的双导杆机构，导杆（2、3）上端分别与两脚架（1）定位活动连接，下端交叉地与相邻的脚架（1）滑动活动连接，在脚架（1）长度方向可作上下移动。

2. 根据权利要求1所述的活动收放桌架，其特征在于：导杆（2、3）上下两端分别经一连接套

（4、5）与脚架（1）连接，导杆（2、3）与连接套（4、5）铰链连接，两导杆（2、3）的交叉处铰链连接。

3. 根据权利要求1或2所述的活动收放桌架，其特征在于：位于导杆（2、3）上端的连接套为固定连接套（4）与脚架（1）上端固定连接，下端的连接套为活动连接套（5）与脚架（1）滑动连接。

4. 根据权利要求1所述的活动收放桌架，其特征在于：还包括限制活动连接套（5）滑动的定位机构。

5. 根据权利要求1所述的活动收放桌架，其特征在于：脚架（1）底部设置有调节脚架（1）高度的可调式脚垫（6）。"

针对上述实用新型专利权，易心金（下称请求人）于2005年3月17日向国家知识产权局专利复审委员会提出了宣告本专利权无效的请求，其无效理由是本专利不符合专利法第二十二条第二款的有关新颖性的规定，所提供的证据如下：

附件1（下称对比文件1）：授权公告号为CN2473992Y的中国实用新型专利说明书，授权公告日为2002年1月30日。

请求人认为：（1）对比文件1公开的的折叠式多用娱乐桌与本专利的权利要求1所要求保护的活动收放桌架结构相同，均是采用平面连杆机构的原理连接四个桌腿，使得桌腿部分具有收缩折叠功能，且连接方式相同，本专利的"导杆"与对比文件1中的"连接架"只是表述方法不同，由此权利要求1相对于对比文件1不具有专利法第二十二条第二款规定的新颖性；（2）本专利的权利要求2~4的附加技术特征也被对比文件1公开，而权利要求5的附加技术特征"脚架安装可调式脚垫"是一种非常普遍的常规技术，根据需要安装可调式脚垫是一种常识性应用，且在本专利的发明创造中没有产生技术效果，因此在权利要求1不具有新颖性的情况下，引用权利要求1的权利要求2~5相对于对比文件1不具备新颖性。

经形式审查合格，专利复审委员会受理了上述请求，并将请求书及其相关文件的副本转寄给被请求人，并要求其在指定的期限内答复。

被请求人于2005年4月27日提交了意见陈述书，在意见陈述书中指出对比文件1所要解决的技术问题与本专利不同，对比文件1更多的是为解决"携带、存放、稳定"，而本专利主要是在携带方便稳定的情况下为解决"收放自如、操作灵活"，因此采取的技术手段中，有着明显的区别即"固定连接"与"活动连接"的区别，这一区别主要体现在：（1）本专利的技术方案中的所述导杆上端与脚架之间的连接关系为活动连接，导杆上下两端能分别向上和向下以导杆铰接点为圆心四向收拢或张开，这与对比文件1完全不同；（2）对比文件1中"上部的连接轴套（4）由定位螺钉（7）固定在桌腿（2）上"，而本专利中的所述连接套（4）与脚架（1）为活动连接；（3）对比文件1中"由限位螺钉8限制其上升位置"，而本专利文件中"定位机构包括限制活动连接套5向上运动和向下运动两部分，……位于脚架1顶端的桌垫吸盘在与桌面搭接后可限制活动连接套5向下运动"，因此，对比文件1所述的限位螺钉与本专利文件所述的定位机构在组成、结构、位置、连接关系以及所达到的功能作用方面完全不同。

本案合议组于2005年9月27日向双方当事人发出口头审理通知书，定于2005年11月9日对本案进行口头审理，同时随口审通知书将被请求人于2005年4月27日提交的意见陈述书转送给请求人。

口头审理于2005年11月9日如期举行，请求人当庭提交了无效宣告请求口头审理通知书回执，被请求人未出席口头审理。请求人对合议组成员没有回避请求。

请求人当庭明确其无效理由为：本专利的权利要求1～5相对于对比文件1不符合专利法第二十二条第二款有关新颖性的规定；且当庭增加本专利的权利要求5相对于对比文件1不符合专利法第二十二条第三款有关创造性的规定的无效理由。

本案合议组于2005年11月10日向双方当事人发出无效宣告请求审查通知书，将本案口头审理的过程事实告知被请求人。

被请求人于2005年12月9日针对上述无效宣告请求审查通知书提交意见陈述书，认为：本专利的权利要求1～5相对于对比文件1符合专利法第二十二条第二款有关新颖性的规定；在没有其他对比文件情况下，不能仅依据对比文件1否定权利要求5的创造性；请求人在提出无效宣告请求之日起1个月以后增加理由或补充证据的，专利复审委员会可不予考虑，而请求人的该理由需要提供新的证据予以支持，因此认为合议组对该理由应不予考虑。

至此，合议组认为本案的事实已清楚，作出如下决定。

二、决定的理由

1. 关于现有技术

对比文件1是公开日期早于本专利申请日的中国专利文献，且被请求人对其真实性未提出异议，所以其上记载的内容构成本专利的现有技术。

2. 关于请求人增加的有关权利要求5不符合专利法第二十二条第三款规定的无效理由

被请求人认为：请求人在提出无效宣告请求之日起1个月以后增加理由或补充证据的，专利复审委员会可不予考虑，而请求人的该理由需要提供新的证据予以支持，因此认为合议组对该理由应不予考虑。然而，根据审查指南第四部分第三章的有关规定，对请求人在提出无效宣告请求之日起1个月后提出的需要新的证据支持的新的无效宣告理由，合议组不予考虑。然而对于本案，无效请求人在口审时当庭提出的权利要求5不具备创造性的新的无效理由，并未使用新的证据来支持，而是采用原有的对比文件1结合所属领域的公知常识来评价本专利的权利要求5的创造性，因此合议组可以接受该新增加的无效理由。

3. 关于新颖性

专利法第二十二条第二款规定：新颖性是指在申请日以前没有同样的发明或者实用新型在国内外出版物上公开发表过、在国内公开使用过或者以其他方式为公众所知，也没有同样的发明或者实用新型由他人向国务院专利行政部门提出过申请并且记载在申请日以后公布的专利申请文件中。

判断一项权利要求的新颖性时，应将权利要求记载的内容与对比文件中公开的相关的技术内容单独地进行比较，如果其技术方案相同，且属于相同的技术领域，解决的技术问题相同，带来相同的技术效果，则该权利要求不具备新颖性，否则，该权利要求具备新颖性。

（1）权利要求1不符合专利法第二十二条第二款有关新颖性的规定。

权利要求1请求保护一种活动收放桌架，对比文件1（CN2473992Y）中（参见说明书1页第1行至第2页14行以及附图1－4）公开了一种折叠式多用娱乐桌，并具体公开了下述特征：该娱乐桌的构成包括桌腿2（相当于本专利的脚架）；在相邻桌腿2之间有可收缩的连接架（相当于本专利的横梁）；该连接架由二片铰接的连接片3（相当于本专利的导杆）以及与连接片3的端部铰接的可插入桌腿2的连接套4构成，上部的连接套4由定位螺钉7固定在桌腿2上，下部的连接套4不固定，可以在桌腿（2）的长度方向上作上下移动。由此可知，对比文件1已经公开了权利要求1的全部技术特征，且对比文件1所公开的技术方案与权利要求1所要求保护的技术方案均属于涉及桌子构造的领域，并且均采用平面连杆机构的原理连接四个桌腿，使得桌腿部分具有收缩折叠的功能，因此权利要求1所要求保护的技术方案相对于对比文件1不具备新颖性。

被请求人认为对比文件1没有公开权利要求1中的“双导杆机构”这一技术特征，然而事实上，对比文件1中公开的相邻的两个桌腿2与其之间的连接架也构成了一种双导杆机构，以使得桌腿部分可以收缩折叠；被请求人认为对比文件1中没有公开权利要求1中的“定位活动”技术特征，然而事实上，对比文件1中公开了与连接片3的端部铰接的上部连接套4由定位螺钉7固定在桌腿2上，因此可以必然看出，对比文件1中的连接片3与桌腿2采用的也是定位活动连接。由此可知，权利要求1相对于对比文件1不存在任何实质上的区别技术特征。对于被请求人提出的本专利能够保证在具体应用中，由于导杆上下两端能分别向上和向下以导杆铰接点为圆心四向收拢或张开，从而能真正的达到收放自如、操作灵活的效果，合议组认为：由于对比文件1中的连接片3的端部与连接套（4）铰接，从而连接片3的上下两端也能够分别向上和向下以连接片铰接点为圆心四向收拢或张开，因此，对比文件1公开的技术方案也能实现收放自如、操作灵活的效果。因此，被请求人关于权利要求1具备新颖性的陈述理由不能够被接受。

（2）从属权利要求2不符合专利法第二十二条第二款有关新颖性的规定。

从属权利要求2的附加技术特征是“导杆（2、3）上下两端分别经一连接套（4、5）与脚架（1）连接，导杆（2、3）与连接套（4、5）铰链连接，两导杆（2、3）的交叉处铰链连接”。对比文件1中（参见说明书第1页第1行至第2页14行以及附图1-4）已经公开了连接片3的上下两端经由连接套4与桌腿2连接，连接片3与连接套4铰接，两片连接片3的交叉处铰接。由此可知，对比文件1公开了从属权利要求2的全部附加技术特征，因此在权利要求1相对于对比文件1不具备新颖性的情况下，从属权利要求2所要求保护的技术方案相对于对比文件1不具备新颖性。

被请求人认为对比文件1中“上部的连接套（4）由定位螺钉（7）固定在桌腿（2）上”，而权利要求2没有采用定位螺钉，但是事实上，对比文件1中已经公开了连接套4与桌腿2连接，至于连接方式，权利要求2中也没有以文字形式明确记载上部的连接套（4）与铰架（1）之间没有采用定位螺钉，由此可知对比文件1所公开的技术内容完全可以破坏权利要求2的新颖性。因此，被请求人关于权利要求2具备新颖性的陈述理由不能够被接受。

（3）从属权利要求3不符合专利法第二十二条第二款的有关新颖性的规定。

从属权利要求3的附加技术特征是“位于导杆（2、3）上端的连接套为固定连接套（4）与脚架（1）上端固定连接，下端的连接套为活动连接套（5）与脚架（1）滑动连接”。对比文件1中（参见说明书第1页第1行至第2页14行以及附图1-4）已经公开了连接片3的端部与连接套4铰接，连接套4插入桌腿2，且上部的连接套4由定位螺钉7固定在桌腿2上，下部的连接套4不固定，结合附图1和2可以看出，下部连接套4可以在桌腿2上上下滑动。由此可知，对比文件1公开了从属权利要求3的全部附加技术特征，因此在权利要求1相对于对比文件1不具备新颖性的情况下，从属权利要求3所要求保护的技术方案相对于对比文件1不具备新颖性。

（4）从属权利要求4不符合专利法第二十二条第二款的有关新颖性的规定。

从属权利要求4的附加技术特征是“还包括限制活动连接套（5）滑动的定位机构”。对比文件1中已经公开了下部的连接套4不固定，由限位螺钉8（相当于从属权利要求4中的定位机构）限制其上升位置。由此可知，对比文件1公开了从属权利要求4的全部附加技术特征，因此在权利要求1相对于对比文件1不具备新颖性的情况下，从属权利要求4所要求保护的技术方案相对于对比文件1不具备新颖性。

被请求人认为本专利文件中“定位机构包括限制活动连接套5向上运动和向下运动的两部分……；位于脚架1顶端的桌垫吸盘在与桌面搭接后可限制活动连接套5向下运动（说明书中第4页17-20行）”，但上述技术特征均未记载在从属权利要求4的附加技术特征中。因此被请求人关于权利要求 4 具有新颖性的陈述理由不能够被接受。

（5）从属权利要求 5 符合专利法第二十二条第二款的有关新颖性的规定。

从属权利要求 5 的附加技术特征是“脚架（1）底部设置有调节脚架（1）高度的可调式脚垫(6)”。对比文件 1 中公开了桌腿 2 的下部有防滑脚垫 6，但未公开该脚垫 6 具有可调节桌腿 2 高度的功能，即未公开从属权利要求 5 的附加技术特征，因此权利要求 5 相对于对比文件 1 具备新颖性。

4. 关于创造性

专利法第二十二条第三款规定：创造性是指同申请日以前已有的技术相比，该发明有突出的实质性特点和显著的进步，该实用新型有实质性特点和进步。

在判断一项实用新型专利权利要求的创造性时，应当将权利要求限定的技术方案与现有技术中最接近的对比文件中公开的技术方案相对比，找出其区别技术特征，如果所述区别技术特征为所属领域公知常识，并且未使该权利要求所限定的技术方案具有预想不到的技术效果，则该权利要求不具备创造性。

从属权利要求 5 不符合专利法第二十二条第三款有关创造性的规定。

虽然对比文件 1 中仅公开了桌腿 2 的下部有防滑脚垫 6，而未公开该脚垫 6 具有可调节桌腿 2 高度的功能，即未公开从属权利要求 5 的附加技术特征，但是在桌子构造领域中，防滑脚垫和可调式脚垫都是本领域常见的脚垫类型，而脚垫本身具有增加桌腿高度的功能，且将脚垫设置成可以调节桌腿高度是常用的技术手段，即为本领域公知常识。由此可知，在对比文件 1 的基础上结合上述公知常识而得出从属权利要求 5 的技术方案，对于所属技术领域的普通技术人员来说是显而易见的，且上述结合并未带来任何意想不到的技术效果。因此从属权利要求 5 相对于对比文件 1 不符合专利法第二十二条第三款有关创造性的规定。

三、决定

宣告 02221871.8 号实用新型专利权全部无效。

当事人对本决定不服的，可以根据专利法第四十六条第二款的规定，自收到本决定之日起三个月内向北京市第一中级人民法院起诉。根据该款的规定，一方当事人起诉后，另一方当事人应当作为第三人参加诉讼。

033

密封推拉窗案

无效宣告请求审查决定（第8350号）

决　定　号　第8350号
决　定　日　2006年5月15日
发明创造名称　密封推拉窗
国际分类号　E06B 3/46
无效请求人　三河和平铝材厂有限公司
专利权人　王广武
专利号具备　ZL96226073.8
申　请　日　1996年4月29日
授权公告日　1997年9月3日
合议组组长　张　度
主　审　员　范玉霞
参　审　员　孙克良

法律依据　专利法第二十二条第二款、第三款
决定要点

如果权利要求所限定的技术方案与对比文件1的区别特征已经被对比文件2公开，而且该区别特征在对比文件2中的作用与在权利要求所限定的技术方案中的作用相同，则本领域技术人员在对比文件所给出的技术启示或教导下，无需付出创造性的劳动就可得到权利要求所限定的技术方案。

一、案由

本无效宣告请求涉及国家知识产权局专利局于1997年9月3日授权公告的、名称为“密封推拉窗”的实用新型专利，其专利号为ZL96226073.8，申请日为1996年4月29日，专利权人是王广武。授权公告的权利要求书如下：

“1. 一种密封推拉窗由窗框、窗扇、窗附件、密封材料组成，其特征是：在窗框与窗扇侧立挺相邻凹槽内设有镶装密封材料11的凸台槽2，凸台槽2的外端部设有挡风台3，窗扇侧立挺4与窗框相邻部位设有凸台台肩5或立筋挡板5’，关闭推拉窗扇时，窗扇侧立挺端部插进窗框凹槽内，窗框凸台槽2内的密封条11与窗扇侧立挺4接触密封，窗扇侧立挺凸台台肩5或立筋挡板5’插进凸台槽2外端部的挡风台3内，窗扇侧立挺凸台台肩5端面或立筋挡板5’的侧平面与凸台槽2相邻，窗扇侧立挺凸台台肩5的侧面或立筋挡板5’的端面与挡风台3相邻，窗扇侧立挺凸台台肩5或立筋挡板5’与凸台槽2端部的缝隙由挡风台3遮蔽。”

针对上述实用新型专利（下称本专利），三河和平铝材厂有限公司（下称请求人）于2005年11月23日向国家知识产权局专利复审委员会提出无效宣告请求，其理由是本专利不符合专利法第二十二条第二款和第三款的规定。同时提交如下附件作为证据：

附件1：91207462.0号实用新型专利申请说明书（公告号为CN2100463U，下称对比文件1）；

附件2：94229106.9号实用新型专利说明书（公告号为CN2198370Y，下称对比文件2）；

附件3：本专利的实用新型检索报告（由国家知识产权局专利检索资讯中心做出）。

经形式审查合格后，专利复审委员会依法受理了该无效宣告请求，并将无效宣告请求书以及相关文件副本转给了专利权人（下称被请求人）。

被请求人于2005年12月14日提交了意见陈述书，主要理由是：对比文件1与本专利的目的不同、权利要求不同、结构不同；对比文件1说明书中没有记载本专利权利要求1的内容，缺少挡风台3和立筋挡板5'；对比文件1的附图中没有具备防风、防雨功能的挡风台结构，也没有密封材料。对比文件2是被请求人的在先专利，不具备本专利的挡风台3。

专利复审委员会本案合议组于2006年3月27日向双方当事人发出了口头审理通知书，定于2006年5月10日在专利复审委员会举行本案的口头审理。

口头审理如期举行，双方当事人均参加了口头审理。在口审过程中，被请求人表示对对比文件1和对比文件2的真实性没有异议。请求人明确其无效理由为：本专利权利要求1相对于对比文件1不具备新颖性，相对于对比文件1和对比文件2的结合不具备创造性。被请求人当庭承认对比文件2中的“加强筋”相当于本专利权利要求1中的“立筋挡板”。双方当事人在口审过程中已充分陈述了意见。

被请求人于2006年5月19日提交了“关于2006年5月10日口头审理的陈述”，其中的意见在口头审理中均已陈述过。

在上述工作的基础上，合议组认为本案事实已经清楚，可以依法作出审查决定。

二、决定的理由

1. 法律依据

新颖性，是指在申请日以前没有同样的发明或者实用新型在国内外出版物上公开发表过、在国内公开使用过或者以其他方式为公众所知，也没有同样的发明或者实用新型由他人向国务院专利行政部门提出过申请并且记载在申请日以后公布的专利申请文件中。

创造性，是指同申请日以前已有的技术相比，该发明有突出的实质性特点和显著的进步，该实用新型有实质性特点和进步。

2. 证据认定

对比文件1和对比文件2都是实用新型专利文件，属于公开出版物，公告日分别为1992年4月1日和1995年5月24日，均早于本专利的申请日，构成了本专利申请日前的已有技术，可以用来评价本专利的新颖性和创造性。

3. 新颖性

权利要求1涉及一种密封推拉窗，使用连接词“或”限定出了两个并列技术方案。

技术方案1包括特征：（A）由窗框、窗扇、窗附件、密封材料组成，（B）在窗框与窗扇侧立挺相邻凹槽内设有镶装密封材料11的凸台槽2，（C）凸台槽2的外端部设有挡风台3，（D）窗扇侧立挺4与窗框相邻部位设有凸台台肩5，（E）关闭推拉窗扇时，窗扇侧立挺端部插进窗框凹槽内，窗框凸台槽2内的密封条11与窗扇侧立挺4接触密封，窗扇侧立挺凸台台肩5插进凸台槽2外端部的挡风台3内，窗扇侧立挺凸台台肩5端面与凸台槽2相邻，窗扇侧立挺凸台台肩5的侧面与挡风台3相邻，窗扇侧立挺凸台台肩5与凸台槽2端部的缝隙由挡风台3遮蔽。

技术方案2包括特征：（A）由窗框、窗扇、窗附件、密封材料组成，（B）在窗框与窗扇侧立挺相邻凹槽内设有镶装密封材料11的凸台槽2，（C）凸台槽2的外端部设有挡风台3，（D'）窗扇侧立挺4与窗框相邻部位设有立筋挡板5’，（E’）关闭推拉窗扇时，窗扇侧立挺端部插进窗框凹槽内，窗框凸台槽2内的密封条11与窗扇侧立挺4接触密封，窗扇侧立挺立筋挡板5’插进凸台槽2外端部的挡风台3内，窗扇侧立挺立筋挡板5’的侧平面与凸台槽2相邻，窗扇侧立挺立筋挡板5’的端面与挡风台3相邻，窗扇侧立挺立筋挡板5’与凸台槽2端部的缝隙由挡风台3遮蔽。

对比文件1涉及一种简便式铝合金推拉窗，结合对比文件1的附图5和附图6可以看出该推拉窗包括窗框、窗扇和窗附件，对比文件1的说明书第2页披露了“型材端面所有丁字凹槽都有按放毛条起密封作用的”，其中的毛条相当于本专利权利要求1中的密封材料，即对比文件1公开了本专利权利要求1的特征（A）；对比文件1的说明书第2页的“型材端面所有丁字凹槽都有按放毛条起密封作用的”还公开了本专利权利要求1的特征（B）；对比文件1附图6上部的窗框后挡板与本专利权利要求1的“挡风台3”位置相同、结构相同，相当于本专利权利要求1的特征（C），虽然被请求人声称二者长度不同，但是根据本专利说明书附图所示无法确定“挡风台3”的长度，本专利权利要求1也没有记载其长度，而且窗框后挡板也可以起到挡风雨和遮盖侧立挺台肩与丁字凹槽之间的缝隙的作用，因而相当于本专利权利要求1的特征（C）；对比文件1附图6左侧的侧立挺台肩相当于本专利权利要求1的特征（D），虽然被请求人声称本专利说明书附图中的凸台台肩5还包括台肩上的凸起，但是该特征没有记载入本专利权利要求1，因此对比文件1附图6左侧的侧立挺台肩相当于本专利权利要求1的所记载的“凸台台肩”；在关闭推拉窗时，对比文件1附图6左侧的侧立挺台肩一边与后挡板（挡风台）相邻，另一边与丁字凹槽（凸台槽）相邻，窗框后挡板遮盖侧立挺台肩与丁字凹槽之间的缝隙，相当于公开了本专利权利要求1的特征（E）。

由此可见，对比文件1完全公开了本专利权利要求1的技术方案1的全部技术特征，而且与本专利同属于推拉窗的技术领域，都解决了“密封”问题，并具有相同的技术效果。因此，本专利权利要求1的技术方案1相对于对比文件1不具备新颖性，不符合专利法第二十二条第二款的规定。

但是，对比文件1并没有公开本专利权利要求1的技术方案2的特征（D’）和（E’）。虽然请求人强调“立筋挡板5’”与“凸台台肩5”的功能相同，但是二者的位置不同、结构不同，不能视为等同的技术特征。因此，本专利权利要求1的技术方案2相对于对比文件1具有新颖性，符合专利法第二十二条第二款的规定。

4. 创造性

根据上述对新颖性的评述可以得知，本专利权利要求1的技术方案2相对于对比文件1的区别在于对比文件1没有公开技术方案2的特征（D’）和（E’）。对比文件2公开了加强筋2，加强筋2的位置、结构与本专利权利要求1的技术方案2中的“立筋挡板5’”相同，也与之具有相同的作用，即与凸台槽及挡风台相邻形成密封，因此相当于公开了特征（D’）和（E’）。被请求人也承认对比文件2中的“加强筋”相当于本专利权利要求1的技术方案2中的“立筋挡板”。而且，对比文件2与本专利同属于推拉窗的技术领域。因此，本领域技术人员在对比文件1的基础上结合对比文件2得到本专利权利要求1的技术方案2不需要花费创造性劳动，本专利权利要求1的技术方案2相对于对比文件1和对比文件2的结合不符合专利法第二十二条第三款关于创造性的规定。

综上所述，本专利权利要求1的技术方案1相对于对比文件1不符合专利法第二十二条第二款关于新颖性的规定，技术方案2相对于对比文件1和对比文件2的结合不符合专利法第二十二条第三款关于创造性的规定。

三、决定

宣告ZL96226073.8号实用新型专利权全部无效。

当事人对本决定不服的，可以根据专利法第四十六条第二款的规定，自收到本决定通知书之日起三个月内向北京市第一中级人民法院起诉。根据该款的规定，一方当事人起诉后，另一方当事人应当作为第三人参加诉讼。

034

密封推拉窗案

无效宣告请求审查决定（第8351号）

决　定　号 第8351号
决　定　日 2006年5月17日
发明创造名称 密封推拉窗
国际分类号 E06B3/46、3/263
无效请求人 三河和平铝材厂有限公司
专利权人 王广武
专　利　号 98200203.3
申　请　日 1998年1月5日
授权公告日 1999年6月16日
合议组组长 张　度
主　审　员 范玉霞
参　审　员 孙克良

法律依据 专利法第二十二条第三款
决定要点

当实用新型专利的权利要求是将某些技术方案进行组合而形成时，如果组合的各技术特征在功能上彼此互相支持，并取得了新的技术效果，或者说组合后的技术效果比每个技术特征效果的总和更优越，则这种组合具有实质性特点和进步，该实用新型的权利要求具备创造性。

一、案由

本无效宣告请求涉及国家知识产权局于1999年6月16日授权公告的、名称为“密封推拉窗”的实用新型专利，其专利号为ZL98200203.3，申请日为1998年1月5日，专利权人是王广武。授权公告的权利要求书如下：

“1. 一种密封推拉窗是由窗框、窗扇、密封件、窗附件组成，其特征是：扇中立挺主型腔为直角型，在主型腔的一个直角边为玻璃镶嵌槽，在主型腔另一个直角边沿玻璃镶嵌槽方向有一中密封板，在中密封板与主型腔直角边所夹凹槽内和中密封板方向型材侧壁上设有密封条镶嵌槽，槽内装密封条。

2. 如权利要求1所述的密封推拉窗，其特征是：侧框型材上设有密封条镶嵌槽和侧挡台，密封条镶嵌槽内镶密封条，扇侧立挺两侧设有密封侧挡板，在扇侧立挺玻璃镶嵌槽相对端设密封条镶嵌槽，槽内装密封条，关闭推拉窗扇时，密封侧挡板插进框侧挡台内，侧框上的密封条与扇侧立挺侧面接触，扇侧立挺端部玻璃镶嵌槽内的密封条与侧框接触。

3. 如权利要求1所述的密封推拉窗，其特征是：下框型材下滑道两侧平面采用阶梯结构，其下部是矩形腔，矩形腔内设联接立筋。

4. 如权利要求1所述的密封推拉窗，其特征是：在扇中立挺相临的上框型材和下框型材上安装密封块。”

针对上述实用新型专利（下称本专利），三河和平铝材厂有限公司（下称请求人）于2005年11月23日向专利复审委员会提出了无效宣告请求，其理由是本专利不符合专利法第二十二条第三款的规定。同时提交如下附件作为证据：

附件1：94229106.9号实用新型专利说明书（公告号为CN2198370Y，公告日为1995年5月24日）；

附件2：96226073.8号实用新型专利说明书（公告号为CN2261494Y，公告日为1997年9月3日）；

附件3：92210708.4号实用新型专利申请说明书（公告号为CN2120167U，公告日为1992年10月28日）；

附件4：93237137.X号实用新型专利说明书（公告号为CN2184066Y，公告日为1994年11月30日）；

附件5：94225397.3号实用新型专利说明书（公告号为CN2184068Y，公告日为1994年11月30日）；

附件6：91206549.4号实用新型专利申请说明书（公告号为CN2090866U，公告日为1991年12月18日）；

附件7：本专利的实用新型检索报告（由国家知识产权局专利检索咨询中心做出）；

经形式审查合格后，专利复审委员会依法受理了该无效宣告请求，并将无效宣告请求书以及相关文件副本转给了专利权人（下称被请求人）。

被请求人于2005年12月14日提交了意见陈述书，主要理由是：附件1-6都没有记载本专利权利要求1中的“扇中立挺主型腔为直角型结构”和“在中密封板与主型腔直角边所夹凹槽内和中密封板方向型材侧壁上设有密封条镶嵌槽”；附件2的密封条镶嵌槽设置在端部，而本专利设置在型材的侧壁上。

专利复审委员会本案合议组于2006年3月27日向双方当事人发出了口头审理通知书，定于2006年5月10日在专利复审委员会举行本案的口头审理，并随口审通知书将被请求人于2005年12月14日提交的意见陈述书转送给请求人。

口头审理如期举行，双方当事人都参加了口头审理。在口审过程中，被请求人表示对附件1-6的真实性没有异议。请求人当庭提交了附件8-10作为公知常识证据，被请求人当庭核实并表示复印件与原件一致，但表示对上述证据原件的真实性有异议，并将于口审后亲自核实，合议组当庭告知，被请求人如果在口审之日起7日内不发表意见，则表示认可其真实性。请求人明确其无效理由为：附件1结合附件2或附件6及公知常识评述本专利权利要求1的创造性；附件1、2结合附件4或公知常识评述本专利权利要求2的创造性；附件1、2、3结合附件4或公知常识评述本专利权利要求2的创造性；附件1、2或附件1、2结合公知常识评述本专利权利要求3的创造性；附件1、2结合附件5或公知常识评述本专利权利要求4的创造性。

请求人当庭提交的证据复印件如下：

附件8：《国家建筑标准设计铝合金门窗合订本JH（九）》，中国建筑标准设计研究所出版，1994；

附件9：《国家建筑标准设计94SJ714门窗用铝型材截面及几何参数图集》，中国建筑标准设计研究所；

附件 10：《中华人民共和国有色金属行业标准 YS/T 436－2000 铝合金建筑型材图样图册》，中国有色金属工业协会发布，2000－10－25 发布。

请求人于 2006 年 5 月 18 日提交了《门窗用铝型材截面及几何参数图集》的目录页复印件，其图集号是 94SJ714（即对应于附件 9），实行日期是一九九四年十二月，还提交了《铝合金门窗》的目录页复印件，其图集号是 92SJ605、606、607、712、713，该图集号与附件 7 每页所示的图集号 92SJ606 或 92SJ713 一致（即对应于附件 7），同时请求人出示了附件 7 和附件 9 的原件，经合议组核实，该《门窗用铝型材截面及几何参数图集》和《铝合金门窗》的目录页复印件与原件内容一致。

被请求人于 2006 年 5 月 19 日提交了"关于 2006 年 5 月 10 日口头审理的陈述"，并于 2006 年 5 月 23 日提交了"关于 2006 年 5 月 10 日口头审理的陈述（2）"，其中的意见在口头审理中均已陈述过。

在给定期限内被请求人针对上述证据 8－10 原件的真实性没有提出异议，合议组视为被请求人对附件 8－10 原件的真实性没有异议。

在上述工作的基础上，合议组认为本案事实已经清楚，可以依法作出审查决定。

二、决定的理由

1. 法律依据

创造性，是指同申请日以前已有的技术相比，该发明有突出的实质性特点和显著的进步，该实用新型有实质性特点和进步。

2. 证据认定

附件 1－6 都是中国实用新型专利文件，属于国内公开出版物，其公告日均早于本专利的申请日，构成了本专利申请日前的已有技术，可以用来评价本专利的创造性。附件 8 和附件 9 都是中国建筑标准设计研究所出版的《国家建筑标准设计》，附件 8 的出版日期是 1994 年，附件 9 的实行日期是 1994 年 12 月，属于行业技术手册，可以作为用于评述本专利创造性的公知常识证据；附件 10 的发布日期晚于本专利的申请日，不能作为用于评述本专利创造性的公知常识证据。

3. 关于创造性

本专利的权利要求 1 保护一种密封推拉窗，并具体公开了如下技术特征：（A）一种密封推拉窗是由窗框、窗扇、密封件、窗附件组成；（B）扇中立挺主型腔为直角型；（C）在主型腔的一个直角边为玻璃镶嵌槽；（D）在主型腔另一个直角边沿玻璃镶嵌槽方向有一中密封板；（E）在中密封板与主型腔直角边所夹凹槽内设有密封条镶嵌槽，槽内装密封条；（F）在中密封板方向型材侧壁上设有密封条镶嵌槽，槽内装密封条。

附件 1 涉及一种节材、密封铝合金推拉窗，并具体公开了（参见附件 1 的说明书第 3 页第 12～19 行，以及附图 1 和附图 2）：该推拉窗包括窗框、窗扇、窗附件，以及密封条 6（相当于本专利权利要求 1 中的密封件），相当于公开了本专利权利要求 1 的特征（A）；窗扇中挺型材 7 的主型腔是矩型；窗扇中挺型材 7 的右侧是玻璃镶嵌槽，相当于公开了本专利权利要求 1 的特征（C）；窗扇中挺型材 7 的左下部是外直角密封插板 10，相当于本专利权利要求 1 的"中密封板"，即公开了本专利权利要求 1 的特征（D）；窗扇中挺型材 7 的下部侧壁上有密封条镶嵌槽 11，槽内有密封条 6，相当于本专利权利要求 1 的特征（F）。

本专利权利要求 1 与附件 1 的区别在于：（1）本专利权利要求 1 还包括特征（E）；（2）本专利权利要求 1 的特征（B）是扇中立挺主型腔为直角型，而附件 1 的主型腔是矩型。

请求人认为：附件 2 涉及一种密封推拉窗，附件 2 的附图 2 的该密封条镶嵌槽的设置与本专利权利要求 1 的特征（E）的位置相同、结构相同、功能相同，相当于公开了上述区别特征（1）；附件 6

涉及一种单层双玻密封保温窗，关闭推拉窗时，U 型密封板 25 相互扣合，U 型密封板 25 的一个侧板端部与密封条 7 相接触，起到密封作用，也相当于公开了上述区别特征（1）。而且，附件 8 的第 68 页下部的附图和附件 9 第 36 页右上部的附图都披露了推拉窗的中立挺型材主型腔为直角型，即上述区别特征（2）是本领域的公知常识。

合议组认为：本专利权利要求 1 的技术方案中的技术特征却是被 2 篇现有技术外加公知常识（附件 1 + 附件 2 + 附件 8 或附件 9，附件 1 + 附件 6 + 附件 8 或 9）分别披露的，即该技术方案是将多篇现有技术和公知常识组合而形成的。组成该技术方案的各个特征之间在结构上相互配合，在功能上彼此支持，其中，特征（E）和（F）的组合实现了“主型腔直角边所夹凹槽内的密封条镶嵌槽”和“中密封板方向型材侧壁上的密封条镶嵌槽”的相互配合，增加了中立挺处的密封次数，从而增强其密封效果；特征（B）是采用直角型的主型腔，特征（E）和特征（F）分别将密封条镶嵌槽及其内的密封条设置在主型腔的特定位置上，使得密封条镶嵌槽及其内的密封条与该直角型腔在结构上相互配合。由于直角型腔具有不易变形的特性，所以采用直角型腔可以降低推拉窗中立挺型材的变形，使得密封条镶嵌槽中的密封条与相邻的中密封板以及中立挺平面的接触不易变形，即密封效果更好。通过将这些现有技术和公知常识的组合，权利要求 1 的技术方案能够达到的密封效果比每个技术特征的密封效果的总和更优越。因此，这种组合具有实质性特点和进步，符合专利法第二十二条第三款关于实用新型的创造性的规定。

本专利权利要求 2 ~ 4 均从属于本专利权利要求 1，由于权利要求 1 具备创造性，权利要求 2 ~ 4 也具备创造性，符合专利法第二十二条第三款关于创造性的规定。

三、决定

维持 98200203.3 号实用新型专利权有效。

当事人对本决定不服的，可以根据专利法第四十六条第二款的规定，自收到本决定通知书之日起三个月内向北京市第一中级人民法院起诉。根据该款的规定，一方当事人起诉后，另一方当事人应当作为第三人参加诉讼。

035

综合配电柜案

无效宣告请求审查决定（第8352号）

决　定　号 第8352号
决　定　日 2006年6月14日
发明创造名称 综合配电柜
国际分类号 H02B 1/28　H02B 1/26
无效请求人 青州市开关厂有限公司临清分公司
专利权人 李庆一　朱应杰　辛宗军
专　利　号 01243654.2
申　请　日 2001年6月26日
授权公告日 2002年8月14日
合议组组长 张　度
主　审　员 周雷鸣
参　审　员 熊　婷

法律依据 专利法第二十二条第三款、第二十六条第三款
决定要点

如果一项权利要求与现有技术相比存在区别技术特征，该区别技术特征在现有技术中没有启示，并且带来了有益技术效果，则该项权利要求符合专利法第二十二条第三款关于创造性的规定。

说明书应当对发明或者实用新型作出清楚、完整的说明，以所属领域的技术人员能够实现为准；必要的时候，应当有附图。

一、案由

本无效宣告请求涉及国家知识产权局于2002年8月14日授权公告的01243654.2号实用新型专利权（下称本专利），其名称为“综合配电柜”，申请日为2001年6月26日，专利权人（下称被请求人）为李庆一、朱应杰、辛宗军。

本专利授权公告的权利要求书如下：

“1. 综合配电柜，它是巨形，壳体（1）四周与底板（2）和顶盖（7）相连封闭，其特征在于：顶盖（7）为双层结构，壳体的前面安装门（4），门（4）上安装锁盒（5）。

2. 根据权利要求1所述的综合配电柜，其特征在于：顶盖（7）的底层为平面，顶层为两个斜面，两斜面相交于顶层中心线。

3. 根据权利要求1所述的综合配电柜，其特征在于：顶盖（7）的前后边沿向下弯拆出防水沿（11）。

4. 根据权利要求1所述的综合配电柜，其特征在于：顶盖（7）与壳体（1）四周相接触处开设网罩式通风孔（10）。

5. 根据权利要求1所述的综合配电柜，其特征在于：壳体（1）的前沿处设置向上弯折的防雨槽（12）。

6. 根据权利要求1所述的综合配电柜，其特征在于：锁盒（5）内安装活动式锁栓（16）及固定式锁栓（15）。

7. 根据权利要求1所述的综合配电柜，其特征在于：顶盖（7）与壳体（1）的连接处开孔（9）。

8. 根据权利要求1所述的综合配电柜，其特征在于：壳体（1）上设置独立式电能计量箱（3）。"

2005年9月8日，青州市开关厂有限公司临清分公司（下称请求人）向专利复审委员会提交了无效宣告请求书和附件，其中无效宣告请求的理由是本专利权利要求1、5、7、8不符合专利法第二十二条第三款的规定，权利要求2、3、4不符合专利法第二十二条第二款的规定，权利要求6不符合专利法第二十六条第三款的规定等，提交的附件如下：

附件1：2002年10月第一版第一次印刷的《10kV开闭所 配电站 箱式变电站 电缆分接箱 典型方案图集》出版信息页、第163～166、184页的复印件，共7页；

附件2：2001年3月第一版，2003年4月第二次印刷的《10kV及以下配电装置工程图集》出版信息页、第25～29、157页的复印件，共8页；

附件3：2005年1月第1版第一次印刷的《供电所电工图表手册》出版信息页、第343～354、第521页的复印件，共15页。

经形式审查合格，专利复审委员会受理了该无效宣告请求，并于2005年9月9日向双方当事人发出无效宣告请求受理通知书，并将无效宣告请求书及其附件的副本转给被请求人，要求被请求人在指定期限内陈述意见。

请求人于2005年10月8日提交了补充证据说明及附件，附件为第99252010.X号中国专利（下称附件4）复印件，补充的理由是：01243654.2号专利的权利要求5与附件4的权利保护要求完全一样。

专利复审委员会于2005年11月7日收到被请求人的意见陈述书，其主要理由是：从附件2的内容提要可知，室内外变电站装置与电杆架设装置的结构完全不同，本专利的产品是不占用土地的电杆架设悬空安装的产品，本领域的技术人员均知，用于电力设计的产品是非常严格的，变电站室、电杆架设产品等每一种产品都有严格的要求，将变电站室的结构不经过创造性劳动不可能用于电杆架设的产品上，请求人用变电室结构图、安装工艺图与本专利对比，显然不具有可比性，附件2中没有显示本专利权利要求的结构，也得不到启示，本专利具备新颖性和创造性。

2006年1月5日专利复审委员会向双方当事人发出口头审理通知书，定于2006年3月7日在专利复审委员会举行口头审理，并随口头审理书转送被请求人的意见陈述书给请求人，转送请求人的补充证据说明及附件给被请求人。

2006年3月7日口头审理如期举行。请求人、被请求人均出席了口头审理。在口头审理中，（1）双方当事人对合议组成员无回避请求，双方当事人对对方出庭人员的身份无异议；（2）请求人当厅明确放弃附件1（《10kV开闭所 配电站 箱式变电站 电缆分接箱 典型方案图集》）和附件3（《供电所电工图表手册》）；（3）请求人明确其无效理由为：权利要求1～8不具备创造性，权利要求6不符合专利法第二十六条第三款的规定；（4）被请求人当庭表示对附件2、附件4的真实性没有异议；（5）请求人应当自口审之日起7天内补充附件2的第一次印刷版本（下称附件5），否则视为未提交附件2。

请求人按期向复审委员会提交了附件5原件，合议组于2006年3月20日将其相关页的复印件转送被请求人，并告知被请求人在收到本通知之日起一个月内到国家知识产权局专利复审委员会进行证据核实，否则，视为对证据的真实性无异议。被请求人在一个月内未对该证据提出异议。

至此，合议组经过合议，认为双方当事人已经充分地陈述了意见，本案事实已经清楚，依法作出如下审查决定。

二、决定的理由

1. 无效理由和证据的认定

鉴于请求人放弃了附件1、3，合议组不再对涉及附件1、3的内容进行评述。

鉴于请求人按期提交了附件5，被请求人未对附件5的真实性提出异议，附件5的印刷日是2001年3月，合议组核实附件5的相关内容与附件2的相关内容一致，因此附件5可以用于评述本专利的创造性。

附件4的公开日为2000年11月15日，早于本专利的申请日，可以用于评述本专利的创造性。

合议组审查本专利无效证据的适用和无效理由及范围是：权利要求1~8不具备创造性，权利要求6不符合专利法第二十六条第三款的规定。

2. 专利法第二十六条第三款的规定

专利法第二十六条第三款规定：说明书应当对发明或者实用新型作出清楚、完整的说明，以所属领域的技术人员能够实现为准；必要的时候，应当有附图。摘要应当简要说明发明或者实用新型的技术要点。

权利要求6的内容是：根据权利要求1所述的综合配电柜，其特征在于：锁盒（5）内安装活动式锁栓（16）及固定式锁栓（15）。

合议组认为，权利要求6中记载了锁盒中安装有活动式锁栓和固定式锁栓等两种锁栓，所属领域的技术人员根据说明书第2页和附图3中对所述两种锁栓的结构和连接方式的描述，可以实现锁盒，因此请求人有关权利要求6不清楚、完整、所属领域的技术人员不能够实现的理由不成立。

3. 创造性

专利法第二十二条第三款规定：创造性，是指同申请日以前已有的技术相比，该发明有突出的实质性特点和显著的进步，该实用新型有实质性特点和进步。

（1）关于权利要求1的创造性

权利要求1公开的内容是："综合配电柜，它是巨形，壳体（1）四周与底板（2）和顶盖（7）相连封闭，其特征在于：顶盖（7）为双层结构，壳体的前面安装门（4），门（4）上安装锁盒（5）"。

附件5（参见第157页）公开了户外低压综合配电箱外形及安装示意图等，其中综合配电箱的外形近似为矩形，外壳和框架、顶盖相连接，正面带有门，顶盖的上面为两个斜面，斜面的交界位于配电箱的上面等；附件5中（参见第25~29页）公开了JZBW系列组合变电站变压器室示意图、JZBW系列组合变电站高、低压室示意图、JZBW系列组合变电站巡检入口及围栏安装工艺图，JZBW系列组合变电站六部位安装工艺图（一）和（二）等。

附件5与本专利最接近，将权利要求1和附件5相对比，权利要求1和附件5的区别在于：（1）权利要求1中顶盖为双层，附件5中不能看出顶盖的具体层数；（2）权利要求1中综合配电柜带有与壳体连接的底板，而附件5与壳体的下周连接的是槽钢，不能看出其该配电柜是否带有底板；（3）权利要求1中的门上安装锁盒，而从附件5中无法得出户外低压综合配电箱带有锁盒。权利要求1与附件5存在较多的区别技术特征，并且双层房顶具有密封性好等有益效果，附件5中没有给出使用双层结构的顶盖、底板和锁盒的技术启示的情况下，本领域的技术人员由附件5得到权利要求1的技术方案需要付出创造性劳动，因此权利要求1具有实质性特点和进步，符合专利法第二十二条第三款有关创造性的规定。

对于请求人的陈述理由：顶盖为双层结构和我国居民房屋的房顶外形相似，配电柜带有底板和配电柜的门上安装有锁盒是常规技术等。合议组认为，居民房屋和配电柜用途不同，属于不同的技术领域，用我国居民房屋作为现有技术评述配电柜的创造性缺乏依据；在不能提供相关现有技术证据的情况下，简单的将区别技术特征视为常规技术或现有技术，无事实根据，因此请求人的理由不成立。

（2）关于权利要求5的创造性

附件4（参见说明书第1、2页及附图）公开了一种密封钣金箱柜，其包括箱柜体、箱柜门及设在它们之间的密封条，箱柜体的框口及箱柜门均为一种双折边结构等。

附件4公开了权利要求5限定部分的附加技术特征，但是附件4与本专利权利要求1之间也存在上述区别（1）、（2）、（3）等，因此权利要求5相对于附件4具备创造性。

（3）关于权利要求2~4、6~8的创造性

权利要求2~4、6~8是权利要求1的从属权利要求，在权利要求1具备创造性的前提下，权利要求2~4、权利要求6~8也具备创造性，符合专利法第二十二条第三款的规定。

综上所述，本专利权利要求1~8具备专利法第二十二条第三款所规定的创造性，权利要求6符合专利法第二十六条第三款的规定，因此请求人提出的关于权利要求1~8的无效理由不成立。

三、决定

维持01243654.2号实用新型专利权有效。

当事人对本决定不服的，可以根据专利法第四十六条第二款的规定，自收到本决定之日起三个月内向北京市第一中级人民法院起诉。根据该款的规定，一方当事人起诉后，另一方当事人应当作为第三人参加诉讼。

北京市第一中级人民法院
行政判决书

（2006）一中行初字第1104号

原告青州市开关厂有限公司临清分公司，住所地山东省临清市日本工业园内。

法定代表人王际江，经理。

委托代理人邵璞，男，汉族，1965年10月19日出生，青州市开关厂有限公司临清分公司法律顾问，住山东省临清市鼓楼南街。

被告国家知识产权局专利复审委员会，住所地北京市海淀区北四环西路9号银谷大厦10~12层。

法定代表人廖涛，副主任。

委托代理人周雷鸣，国家知识产权局专利复审委员会审查员。

委托代理人崔国振，国家知识产权局专利复审委员会审查员。

第三人李庆一，男，汉族，1951年7月1日出生，住山东省夏津县夏津镇马道街。

第三人朱英杰，男，汉族，1966年6月24日出生，住山东省夏津县夏津镇北关街。

第三人辛宗军，男，汉族，1967年10月14日出生，住山东省夏津县夏津镇南城街。

委托代理人宋永丽，女，汉族，1958年6月14日出生，住山东省济南市市中区玉函路39号。

原告青州市开关厂有限公司临清分公司（简称临清分公司）不服被告国家知识产权局专利复审

委员会（简称专利复审委员会）2006 年 6 月 14 日作出的第 8352 号无效宣告请求审查决定（简称第 8352 号决定），于法定期限内向本院提起诉讼。本院于 2006 年 9 月 12 日受理后，依法组成合议庭，并通知李庆一、朱英杰、辛宗军作为第三人参加本案诉讼。本院于 2006 年 11 月 9 日公开开庭审理了本案，原告临清分公司的委托代理人邵璞，被告专利复审委员会的委托代理人周雷鸣、崔国振，第三人李庆一、朱英杰、辛宗军的委托代理人宋永丽到庭参加了诉讼。本案现已审理终结。

第 8352 号决定系专利复审委员会就临清分公司针对李庆一、朱英杰、辛宗军所享有的名称为“综合配电柜”的 01243654. 2 号实用新型专利（简称本专利）提出的无效宣告请求而作出的，该决定认定：

1. 无效理由和证据的认定

附件 4 及附件 5 可以用于评述本专利的创造性。

本专利无效理由为，权利要求 1 ~ 8 不具备创造性，权利要求 6 不符合专利法第二十六条第三款的规定。

2. 权利要求 6 是否符合专利法第二十六条第三款的规定

权利要求 6 中记载了锁盒中安装有活动式锁栓和固定式锁栓等两种锁栓，所属领域的技术人员根据说明书第 2 页和附图 3 中对所述两种锁栓的结构和连接方式的描述，可以实现锁盒，因此临清分公司有关权利要求 6 不清楚、不完整、所属领域的技术人员不能够实现的理由不成立。

3. 本专利是否符合专利法第二十二条第三款有关创造性的规定

（1）对于权利要求 1 的创造性

附件 5 与本专利最接近，将权利要求 1 和附件 5 相对比，区别在于：（1）权利要求 1 中顶盖为双层，附件 5 中不能看出顶盖的具体层数；（2）权利要求 1 中综合配电柜带有与壳体连接的底板，而附件 5 与壳体的下周连接的是槽钢，不能看出其该配电柜是否带有底板；（3）权利要求 1 中的门上安装锁盒，而从附件 5 中无法得出户外低压综合配电箱带有锁盒。权利要求 1 与附件 5 存在较多的区别技术特征，并且双层房顶具有密封性好等有益效果，在附件 5 中没有给出使用双层结构的顶盖、底板和锁盒的技术启示的情况下，本领域的技术人员由附件 5 得到权利要求 1 的技术方案需要付出创造性劳动，因此权利要求 1 具有实质性特点和进步，符合专利法第二十二条第三款有关创造性的规定。

对于临清分公司的陈述理由：顶盖为双层结构和我国居民房屋的房顶外形相似，配电柜带有底板和配电柜的门上安装有锁盒是常规技术等。专利复审委员会认为，居民房屋和配电柜用途不同，属于不同的技术领域，用我国居民房屋作为现有技术评述配电柜的创造性缺乏依据；在不能提供相关现有技术证据的情况下，简单的将区别技术特征视为常规技术或现有技术，无事实根据，因此该理由不成立。

（2）对于权利要求 5 的创造性

附件 4 公开了权利要求 5 限定部分的附加技术特征，但是附件 4 与本专利权利要求 1 之间也存在上述三个区别技术特征，因此权利要求 5 相对于附件 4 具有创造性。

（3）关于权利要求 2 ~ 4、权利要求 6 ~ 8 的创造性

权利要求 2 ~ 4、权利要求 6 ~ 8 是权利要求 1 的从属权利要求，在权利要求 1 具备创造性的前提下，权利要求 2 ~ 4、权利要求 6 ~ 8 也具备创造性，符合专利法第二十二条第三款的规定。

综上所述，本专利权利要求 1 ~ 8 具备专利法第二十二条第三款所规定的创造性，权利要求 6 符合专利法第二十六条第三款的规定，因此临清分公司提出的关于权利要求 1 ~ 8 的无效理由不成立。

综上，专利复审委员会作出第 8352 号决定，维持本专利有效。

临清分公司不服第 8352 号决定，于法定期限内向本院提起诉讼，其理由为：1. 本专利权利要求

1与附件5第157页中的图形基本一致，亦具有双层顶盖及底板，且该结构与我国北方民居结构基本相同，据此，权利要求1不具备创造性，在此基础上，权利要求2－8亦不具备创造性；同时，权利要求5相对于附件4亦不具备创造性。2. 本专利权利要求6不符合专利法第二十六条第三款的规定，公开不充分，本领域技术人员无法实现。因此，原告请求法院撤销被告专利复审委员会作出的第8352号决定。

被告专利复审委员会辩称：1. 本专利权利要求1所保护的综合配电柜与我国北方民房属于不同的技术领域，并且两者之间存在壳体四周与底板连接以及顶盖为双层结构的区别；而且权利要求1与附件5第157页记载的图形存在明显的区别技术特征，权利要求1具备创造性，权利要求2～8属于权利要求1的从属权利要求，因此权利要求2～8同样具备创造性和新颖性；2. 本专利权利要求6符合专利法第二十六条第三款有关公开充分的规定。综上，被告专利复审委员会认为8352号决定认定事实清楚，适用法律正确，审理程序合法，请求法院驳回原告的诉讼请求。

第三人李庆一、朱英杰、辛宗军述称：原告的起诉理由均不能成立，8352号决定认定事实清楚，适用法律正确，审理程序合法，请求法院驳回原告的诉讼请求。

本院经审理查明：

本专利为2002年8月14日授权公告的、名称为“综合配电柜”的实用新型专利，其专利号为01243654.2，申请日为2001年6月26日，专利权人是李庆一、朱英杰、辛宗军。本专利授权公告的权利要求书如下：

“1. 综合配电柜，它是矩形，壳体（1）四周与底板（2）和顶盖（7）相连封闭，其特征在于：顶盖（7）为双层结构，壳体的前面安装门（4），门（4）上安装锁盒（5）。

2. 根据权利要求1所述的综合配电柜，其特征在于：顶盖（7）的底层为平面，顶层为两个斜面，两斜面相交于顶层中心线。

3. 根据权利要求1所述的综合配电柜，其特征在于：顶盖（7）的前后边沿向下弯拆出防水沿（11）。

4. 根据权利要求1所述的综合配电柜，其特征在于：顶盖（7）与壳体（1）四周相接触处开设网罩式通风孔（10）。

5. 根据权利要求1所述的综合配电柜，其特征在于：壳体（1）的前沿处设置向上弯折的防雨槽（12）。

6. 根据权利要求1所述的综合配电柜，其特征在于：锁盒（5）内安装活动式锁栓（16）及固定式锁栓（15）。

7. 根据权利要求1所述的综合配电柜，其特征在于：顶盖（7）与壳体（1）的连接处开孔（9）。

8. 根据权利要求1所述的综合配电柜，其特征在于：壳体（1）上设置独立式电能计量箱（3）。”

本专利说明书第1页记载：“本实用新型的目的是，提供一种综合配电柜，它有如下优点：可全天候使用、密封性好、客房雨雪、防晒、防锈蚀、通风好、不占土地、造价低等。”

说明书第2页记载：“锁盒5内安装活动式锁栓16及固定式锁栓15... 活动式锁栓16可沿轴17转动，他做锁栓使用的同时，可做开门时的把手。”本专利附图3是锁盒5的放大结构示意图（详见附图）。

针对本专利，临清分公司于2005年9月8日向专利复审委员会提出了无效宣告请求，其理由是本专利权利要求1、5、7、8不符合专利法第二十二条第三款的规定，权利要求2、3、4不符合专利法第二十二条二款的规定，权利要求 6 不符合专利法第二十六条第三款的规定。

临清分公司作为无效请求人在无效审查阶段提交了五份证据，其中：

附件 4 为第 99252010. X 号中国专利复印件。附件 4（参见说明书第 1、2 页及附图）公开了一种密封钣金箱柜，其包括箱柜体、箱柜门及设在它们之间的密封条，箱柜体的框口及箱柜门均为一种双折边结构等。

附件 5 为 2001 年 3 月第一版第一次印刷的《10kV 及以下配电装置工程图集》出版信息页、第 25 ~29 页、157 页的复印件，共 8 页。附件 5 第 157 页（详见附图）公开了户外低压综合配电箱外形及安装示意图等，其中综合配电箱的外形近似为矩形，外壳和框架、顶盖相连接，正面带有门，顶盖的上面为两个斜面，斜面的交界位于配电箱的上面等；附件 5 第 25 ~29 页公开了 JZBW 系列组合变电站变压器室示意图、JZBW 系列组合变电站高、低压室示意图、JZBW 系列组合变电站巡检入口及围栏安装工艺图，JZBW 系列组合变电站六部位安装工艺图（一）和（二）等。

在专利复审委员会举行的口头审理过程中，临清分公司明确放弃了附件 1 和附件 3，并明确其无效理由为：权利要求 1 ~8 不具备创造性，权利要求 6 不符合专利法第二十六条第三款的规定。

庭审中，各方均认可附件 5 是本专利的最接近的现有技术。临清分公司同时指出本专利权利要求 1 与附件 5 第 157 页的图形基本一致，该图形中的配电柜亦具有双层顶盖及底板。

以上事实有第 8352 号决定、本专利授权公告文本、附件 4、附件 5、口头审理记录表及庭审笔录在案佐证。

本院认为，结合当事人各方的诉辩主张，本案涉及如下焦点：

一、本专利权利要求 1 ~8 是否符合专利法第二十二条第三款有关创造性的规定。

专利法第二十二条第三款规定，创造性，是指同申请日以前已有的技术相比，该发明有突出的实质性特点和显著的进步，该实用新型有实质性特点和进步。

对于临清分公司认为权利要求 1 与我国北方民居结构基本相同，故其不具有创造性这一理由，本院认为，因居民房屋和配电柜用途不同，两者所属的技术领域相差很大，不属于相类似、相近或相关的技术领域。故不能将居民房屋的结构认定为本领域的现有技术，据此，临清分公司的该理由不能成立，本院不予支持、

对于临清分公司认为附件 5 第 157 页的配电柜亦具有双层顶盖及底板这一理由，本院认为，引用对比文件所记载的内容判断本专利的创造性时，如果对比文件中包括附图，可以引用附图，但只有能够从附图中明显看出的技术特征才属于公开的内容，由附图中推测的内容不应当作为已公开的内容。附件 5 第 157 页中共有三幅示意图，即侧面图、正面图和基础槽钢图。就侧面图而言，其仅能看出具有顶盖，但无法看出内部的具体结构，亦看不出顶盖的具体层数；就正面图而言，其仅能看出配电箱的外侧轮廓，无法看出是否有底板，结合基础槽钢图亦仅可看出该配电箱是安装在基础槽钢之上的，而无法看出是否具有底板；此外，从基础槽钢图中亦看不出其门上安装锁盒。据此，本院认为，从该图中无法明显看出该配电柜亦具有双层顶盖及底板，故临清分公司的该理由不能成立，本院不予支持。

鉴于权利要求 1 相对于附件 5 具有上述区别技术特征，并且双层房顶具有密封性好等有益效果，设置底板具有可不占土地、可移动等技术效果，故在附件 5 中没有给出使用双层结构的顶盖、底板和锁盒的技术启示的情况下，本领域的技术人员由附件 5 得到权利要求 1 的技术方案需要付出创造性劳动，因此权利要求 1 具有实质性特点和进步，符合专利法第二十二条第三款有关创造性的规定。

附件 4 虽公开了权利要求 5 的附加技术特征，但鉴于权利要求 5 是对于权利要求 1 的进一步限定，故在权利要求 1 具备创造性的情况下，权利要求 5 亦具备创造性。

鉴于权利要求2~4、6~8均是对于权利要求1的进一步限定，故在权利要求1具备创造性的情况下，权利要求2~8亦具备创造性，符合专利法第二十二条第三款的规定。

二、本专利权利要求6是否符合专利法第二十六条第三款的规定。

专利法第二十六条第三款规定：说明书应当对发明或者实用新型作出清楚、完整的说明，以所属领域的技术人员能够实现为准；必要的时候，应当有附图。摘要应当简要说明发明或者实用新型的技术要点。

权利要求6中记载了综合配电柜的锁盒（5）内安装活动式锁栓（16）及固定式锁栓（15）这一结构。鉴于锁盒并非本专利的发明点，其属于常规技术，且说明书及附图中对于锁盒、活动式锁栓及固定式锁栓之间的结构、位置关系亦进行了描述，故本领域普通技术人员在阅读说明书及附图的基础上，能够实现权利要求6所记载技术特征。据此，权利要求6符合专利法第二十六条第三款的规定。

综上，临清分公司的起诉理由均不能成立，本院不予支持。专利复审委员会作出的第8352号决定认定事实清楚，适用法律正确，程序合法，本院予以维持。依照《中华人民共和国行政诉讼法》第五十四条第（一）项之规定，本院判决如下：

维持被告国家知识产权局专利复审委员会作出的第8352号无效宣告请求审查决定。

案件受理费1000元，由原告青州市开关厂有限公司临清分公司负担（已交纳）。

如不服本判决，各方当事人可于本判决送达之日起15日内，向本院提交上诉状及其副本，并交纳上诉案件受理费1000元，上诉于北京市高级人民法院。

审 判 长 赵 静

代理审判员 芮松艳

人民陪审员 于立彪

二〇〇六年十二月二十二日

书 记 员 王 晫

北京市高级人民法院
行政判决书

（2007）高行终字第66号

上诉人（原审原告）青州市开关厂有限公司临清分公司，住所地山东省临清市1日本工业园内。

负责人王际江，经理。

委托代理人邵璞，男，汉族，1965年10月19日出生，该分公司法律顾问，住山东省临清市鼓楼南街197号。

被上诉人（原审被告）国家知识产权局专利复审委员会，住所地北京市海淀区北四环西路9号银谷大厦10~12层。

法定代表人廖涛，副主任。

委托代理人周雷鸣，该委员会审查员。

委托代理人高雪，该委员会审查员。

被上诉人（原审第三人）李庆一，男，汉族，1951年7月1日出生，住山东省夏津县夏津镇马道街。

被上诉人（原审第三人）朱英杰，男，汉族，1966年6月24日出生，住山东省夏津县夏津镇北关街。

被上诉人（原审第三人）辛宗军，男，汉族，1967年10月14日出生，住山东省夏津县夏津镇南城街。

上诉人青州市开关厂有限公司临清分公司（简称临清分公司）不服北京市第一中级人民法院（2006）一中行初字第1104号行政判决，向本院提起上诉。本院2007年3月5日受理后，依法组成合议庭，于2007年4月4日公开开庭审理了本案，上诉人临清分公司的委托代理人邵璞，被上诉人国家知识产权局专利复审委员会（简称专利复审委员会）的委托代理人周雷鸣、高雪到庭参加了诉讼。被上诉人李庆一、朱英杰、辛宗军书面申请不出庭，本院予以准许。本案现已审理终结。

北京市第一中级人民法院查明：李庆一、朱英杰、辛宗军享有名称为“综合配电柜”的实用新型专利（简称本专利），该专利2002年8月14日授权公告，专利号为01243654.2。

针对本专利，临清分公司于2005年9月8日向专利复审委员会提出了无效宣告请求，其理由是本专利权利要求1、5、7、8不符合专利法第二十二条第三款的规定，权利要求2、3、4不符合专利法第二十二条二款的规定，权利要求6不符合专利法第二十六条第三款的规定。2006年6月14日，专利复审委员会作出第8352号无效宣告请求审查决定（简称第8352号决定），维持本专利有效。临清分公司不服该决定，向法院提起诉讼，请求撤销专利复审委员会第8352号决定。其理由是：1. 本专利权利要求11与附件5第157页中的图形基本一致，亦具有双层顶盖及底板。且该结构与我国北方民居结构基本相同，据此，权利要求1不具备创造性，在此基础上，权利要求2~8亦不具备创造性；同时，权利要求5相对于附件4亦不具有创造性。2. 本专利权利要求6不符合专利法第二十六条第三款的规定，公开不充分，本领域技术人员无法实现。

北京市第一中级人民法院认为，附件5第157页中共有三幅示意图，即侧面图、正面图和基础槽钢图。在附件5中没有给出使用双层结构的顶盖、底板和锁盒的技术启示的情况下，本领域的技术人员由附件5得到权利要求1的技术方案需要付出创造性劳动，因此权利要求1具有实质性特点和进步，符合专利法第二十二条第三款有关创造性的规定。

附件4虽公开了权利要求5的附加技术特征，但鉴于权利要求5是对于权利要求1的进一步限定，故在权利要求1具备创造性的情况下，权利要求5亦具备创造性。

鉴于权利要求2~4、6~8均是对于权利要求1的进一步限定，故在权利要求1具备创造性的情况下，权利要求2~8亦具有创造性，符合专利法第十二条第三款的规定。

锁盒并非本专利的发明点，其属于常规技术，且说明书及附图中对于锁盒、活动式锁栓及固定式锁栓之间的结构、位置关系亦进行了描述，故本领域普通技术人员在阅读说明书及附图的基础上，能够实现权利要求6所记载技术特征。据此，权利要求6符合专利法第二十六条第三款的规定。

据此，北京市第一中级人民法院依照《中华人民共和国行政诉讼法》第五十四条第（一）项之规定，判决：维持专利复审委员会第8352号决定。

临清分公司不服原审判决，向本院提起上诉，请求撤销原审判决及专利复审委员会第8352号决定。主要理由是：一、附件5公开的户外低压综合配电箱外形及安装示意图结合文字说明可以看出该综合配电箱是矩形封闭箱体，预盖是由一个双坡斜面和一个平面构成的双层结构（文字说明：单面操作双面维护）；正面设门，并且加装锁具；该综合配电箱有底板封闭，能够支撑箱体不变形。二、原审判决没有讲明认定权利要求2~4、6~8是权利要求1的从属权利要求的事实依据。

专利复审委员会、李庆一、朱英杰、辛宗军服从原审决。

经审理查明：本专利为2002年8月14日授权公告的、称为“综合配电柜”的实用新型专利，其专利号01243654.2，申请日为2001年6月26日，专利权人为李庆朱英杰、辛宗军，本专利授权公告的权利要求书如下：

“1. 综合配电柜，它是矩形，壳体（1）四周与底板和顶盖（7）相连封闭，其特征在于：顶盖（7）为双层结构，体的前面安装门（4），门（4）上安装锁盒（5）。

2. 根据权利要求1所述的综合配电柜，其特征在于顶盖（7）的底层为平面，顶层为两个斜面，两斜面相交于层中心线。

3. 根据权利要求1所述的综合配电柜，其特征在于顶盖（7）的前后边沿向下弯拆出防水沿（11）。

4. 根据权利要求1所述的综合配电柜，其特征在于顶盖（7）与壳体（1）四周相接触处开设网罩式通风孔（10）。

5. 根据权利要求1所述的综合配电柜，其特征在于壳体（1）的前沿处设置向上弯折的防雨槽（12）。

6. 根据权利要求1所述的综合配电柜，其特征在于锁盒（5）内安装活动式锁栓（16）及固定式锁栓（15）。

7. 根据权利要求1所述的综合配电柜，其特征在于顶盖（7）与壳体（1）的连接处开孔（9）。

8. 根据权利要求1所述的综合配电柜，其特征在于壳体（1）上设置独立式电能计量箱（3）。”

本专利说明书第1页记载：“本实用新型的目的是，供一种综合配电柜，它有如下优点：可全天候使用、密封性好、雨雪、防晒、防锈蚀、通风好、不占土地、造价低等。”

说明书第2页记载：“锁盒5内安装活动式锁栓16及固定式锁栓15……活动式锁栓16可沿轴17转动，它做锁栓使用的同时，可做开门时的把手。”本专利附图3是锁盒5的放大结构示意图。（详见附图）。

针对本专利，临清分公司于2005年9月8日向专利复审委员会提出了无效宣告请求，其理曲是本专利权利要求1、5、7、8不符合专利法第二十二条第五款的规定，权利要求2、3、4不符合专利法第二十二条二款的规定，权利要求6不符合专利法第二十六条第三款的规定，并提交了五份证据，其中：

附件4为第99252010. X号中国专利复印件。附件4（参见说明书第1、2页及附图）公开了一种密封钣金箱柜，其包括箱柜体、箱柜门及设在它们之间的密封条，箱柜体的框口及箱柜门均为一种双折边结构等。

附件5为2001年3月第一版第一次印刷的《10kV及以下配电装置工程图集》出版信息页、第25~29页、157页的复印件，共8页。附件5第157页（详见附图）公开了户外低压综合配电箱外形及安装示意图等。其中综合配电箱的外形近似为矩形，外壳和框架、顶盖相连接，正面带有门，顶盖的上面为两个斜面，斜面的交界位于配电箱的上面等。安装示意图载明：单面操作双面维护；计量室能够铅封或闭锁。附件5第25~29页公开了JZBW系列组合变电站变压器室示意图、JZBW系列组合变电站高、低压室示意图、JZBW系列组合变电站巡检入口及围栏安装工艺图，JZBW系列组合变电站六部位安装工艺图（一）和（二）等。

在专利复审委员会举行的口头审理过程中，临清分公司明确放齐附件1和附件3，并明确其无效理曲为：权利要求1~8不具备创造性，权利要求6不符合专利法第二十六条第三款的规定。

2006年6月14日，专利复审委员会作出第8352号决定，该决定认定：附件4及附件5可以用于评述本专利和创造性。本专利无效理由为，权利要求1~8不具备创造性，权利要求6不符合专利法

第二十六条第三款的规定。

权利要求6中记载了锁盒中安装有活动式锁栓和固定式锁栓等两种锁栓，所属领域的技术人员根据说明书第2页和附图3中对所述两种锁栓的结构和连接方式的描述，可以实现锁盒，因此临清分公司有关权利要求6不清楚、不完整、所属领域的技术人员不能够实现的理由不成立。

附件5与本专利最接近，将权利要求1和附件5相对比，区别在于：（1）权利要求1中顶盖为双层，附件5中不能看出顶盖的具体层数；（2）权利要求1中综合配电柜带有与壳体连接的底板，而附件5与壳体的下周连接的是槽钢，不能看出其该配电柜是否带有底板；（3）权利要求1中的门上安装锁盒，而从附件5中无法得出户外低压综合配电箱带有锁盒、在附件5中没有给出使用双层结构的顶盖、底板和锁盒的技术启示的情况下，本领域的技术人员由附件5得到权利要求1的技术方案需要付出创造性劳动，因此权利要求1符合专利法第二十二条第三款有关创造性的规定。

附件4公开了权利要求5限定部分的附加技术特征，但是附件4与本专利权利要求1之间也存在上述三个区别技术特征，因此权利要求5相对于附件4具备创造性。

权利要求2～4、6～8是权利要求1的从属权利要求，在权利要求1具备创造性的前提下，权利要求2～4、6～8也具备创造性，符合专利法第二十二条第三款的规定。

综上，专利复审委员会作出第8352号决定，维持本专利有效。

原审庭审中，各方均认可附件5是本专利的最接近的现有技术。临清分公司同时指出本专利权利要求1与附件5第157页的图形基本一致，该图形中的配电柜亦具有双层顶盖及底板。

以上事实有第8352号决定、本专利授权公告文本。附件4、附件5、口头审理记录表及庭审笔录、当事人陈述等在案佐证。

本院认为：专利法第二十二条第三款规定，创造性，是指同申请日以前已有的技术相比，该发明有突出的实质性特点和显著的进步，该实用新型有实质性特点和进步。

对于临清分公司认为附件5公开的户外低压综合配电箱外形及安装示意图结合文字说明，可以看出该综合配电箱是矩形封闭箱体，顶盖是由一个双坡斜面和一个平面构成的双层结构；正面设门并且加装锁具；该配电箱有底板，方能够支撑箱体不变形。本院认为，引用对比文件所记载的内容判断本专利的创造性时，如果对比文件中包括附图，可以引用附图，但只有能够从附图中明显看出的技术特征才属于公开的内容，由附图中推测的内容不应当作为已公开的内容。附件5第157页中共有三幅示意图，即侧面图、正面图和基础槽钢图。就侧面图而言，其载明的是具有双斜坡顶盖的矩形箱体；就正面图而言，其载明的是配电箱的外侧轮廓及正面设置有两个门；基础槽钢图载明的是该配电箱在其上的安装尺寸。上述三个视图并未给出该配电柜具有双层顶盖及底板的结构。此外，安装示意图的文字说明“单面操作双面维护”亦不能得出该配电柜具有双层顶盖的结论。因此，从附图5及安装示意文字说明中均无法明显看出该配电柜亦具有双层顶盖及底板，故临清分公司的上诉理由不能成立，本院不予支持。原审判决关于权利要求1相对于附件5具有上述区别技术特征，本领域的技术人员由附件5得到权利要求1的技术方案需要付出创造性劳动，因此权利要求1具有实质性特点和进步，符合专利法第二十三条第三款有关创造性规定的认定正确。

根据专利法实施细则第二十三条的规定：发明或者实用新型的从属权利要求应当包括引用部分和限定部分，引用部分写明引用的权利要求的编号及其主题名称；限定部分写明发明或者实用新型附加的技术特征。从属权利要求只能引用在前的权利要求。因此，原审判决确认本案权利要求2～8为权利要求1的从属权利于法有据，临清分公司有关原审判决没有讲明认定权利要求2～4、6～8是权利要求1的从属权利要求的事实依据的主张不能成立。

综上，原审判决认定事实清楚，适用法律正确，应予维持。临清分公司的上诉理由不能成立，其上诉请求本院不予支持。依照《中华人民共和国行政诉讼法》第六十一条第（一）项之规定，判决如下：

驳回上诉，维持原判。

一、二案件受理费各1000元，均由青州市开关厂有限公司临清分公司负担（已交纳）。

本判决为终审判决。

审 判 长 张 冰
代理审判员 焦 彦
代理审判员 钟 鸣
二〇〇七年五月八日
书 记 员 张见秋

036

泵浦主体与自吸桶结合构造案

无效宣告请求审查决定（第8358号）

决　定　号 第8358号
决　定　日 2006年5月30日
发明创造名称 泵浦主体与自吸桶结合构造
国际分类号 F04B 41/06
无效请求人 深圳市宝龙发机械设备有限公司
专利权人 黄朝胜
专　利　号 99225915.0
申　请　日 1999年3月11日
授权公告日 2000年3月15日
合议组组长 张荣彦
主　审　员 田　华
参　审　员 王丽颖

法律依据 专利法第二十二条第二款
决定要点

如果一专利的权利要求与对比文件相比，二者的技术领域、所要解决的技术问题及达到的技术效果相同，仅在技术特征的表述上与对比文件不同，只要其要求保护的技术方案与对比文件的技术方案实质上是相同的，二者还是属于同样的实用新型，该权利要求也就不具备新颖性。

一、案由

本无效宣告请求涉及国家知识产权局于2000年3月15日授权公告的99225915.0号实用新型专利权，名称为“泵浦主体与自吸桶结合构造”，申请日为1999年3月11日，专利权人为黄朝胜。授权公告的权利要求书如下：

“1. 一种泵浦主体与自吸桶结合构造，由在一泵浦主体前端设置的一第一结合部与一自吸桶的一第二结合部接合固定构成；其特征在于：

所述泵浦主体，其第一结合部的外形呈长八边形状，使第一结合部的上下两端均对称向内收束，该第一结合部周缘左右对称设有数螺孔；

所述自吸桶，其第二结合部的外形与泵浦主体的第一结合部的外形一致，在自吸桶第二结合部的周缘对应泵浦主体第一接合部的接合孔的部位设有数穿孔，供螺栓螺置入，以将自吸桶与泵浦主体接合固定。”

针对本专利权，深圳市宝龙发机械设备有限公司（下称请求人）于2005年12月20日向专利复审委员会提出无效宣告请求，其理由是本实用新型专利不具备新颖性，不符合专利法第二十二条第二款的规定，同时不符合专利法实施细则第二条第一款、第二款、第三十条的规定。请求人同时提交了下列证据：

附件1：第98205952.3号实用新型专利说明书，申请日为1998年6月17日，授权公告日为1999年9月8日，专利权人为张文源；

附件2："塑宝"牌自吸式耐酸碱泵浦产品介绍图册的复印件。

经形式审查合格，专利复审委员会受理了上述请求，并于2005年12月23日将宣告专利权无效宣告请求书及其他有关文件副本转送给了专利权人（下称被请求人），要求其在指定的期限内答复。

被请求人在指定期限内未予答复。

2006年4月4日，专利复审委员会向双方当事人发出了口头审理通知书，定于2006年5月29日进行口头审理。

双方当事人都寄交了口头审理回执，表示参加口头审理。

口头审理如期举行。双方当事人均出席了口头审理。双方当事人对对方出庭人员的身份和资格无异议，对合议组成员无回避请求。请求人当庭声明放弃附件2，放弃以专利法实施细则第二条第一款、第二款、第三十条为无效理由。

至此，合议组认为本案事实已经清楚，在此基础上作出如下结论。

二、决定的理由

1. 关于证据

请求人提交的证据共2份。

附件1是申请日在本实用新型专利的申请日之前、公开日在本实用新型专利的申请日之后、由他人向国家知识产权局局提出的专利申请，只能用于评价本实用新型专利的新颖性。

附件2是"塑宝"牌自吸式耐酸碱泵浦产品介绍图册的复印件，请求人在口审时声明放弃。因此，合议组对附件2不予评述。

2. 关于新颖性

本专利的权利要求1要求保护一种泵浦主体与自吸桶结合构造，该结合构造用于抽取酸、碱溶液的泵浦。附件1公开了一种改良前封盖的自吸式耐酸泵，与本专利的技术领域相同。该自吸式耐酸泵包括泵的主体（9）、主体通孔（92）前侧长方形型凸缘（99）、长方形凸缘贴接一衬垫（500）后锁接一盖体（600）、此盖体设有一入液口（700），从该自吸式耐酸泵的立体分解示意图中可以看到，长方形凸缘与盖体、衬垫的外形一致，并且对称设有数个螺孔，方便用螺拴固结。

将本专利权利要求1与附件1公开的上述内容进行对比，本专利的"一种泵浦主体与自吸桶结合构造，由在一泵浦主体前端设置的第一结合部与自吸桶的第二结合部固定构成"与附件1的"主体前侧长方形凸缘、盖体（包含有第二结合部及自吸桶）"相对应，本专利的"第一结合部周缘左右对称设有数螺孔、自吸桶的第二结合部的外形与泵浦主体的第一结合部的外形一致，在自吸桶第二结合部的周缘对应泵浦主体第一结合部的接合孔的部位设有数穿孔，供螺拴螺置入，以将自吸桶与泵浦主体结合固定"与附件1中的"长方形凸缘与盖体、衬垫的外形一致，并且对称设有数个螺孔，方便用螺拴固结"相对应。

本专利与附件1相比，其区别在于：泵浦主体第一结合部的外形呈长八边形状，使第一结合部的上下两端均对称向内收束。

合议组认为，附件1中的长方形凸缘实质上也是八边形状（将其八个螺孔的圆心相连，将排成一个八边形），而且螺孔向外凸起也意味着八边形是向内收束的，因此，附件1的技术方案与本专利的技术方案实质上是相同的。本专利解决的技术问题是提供一种具有拆装简便、结合牢靠的泵浦主体与自吸桶结合构造，达到将原来的内埋螺拴放在自吸桶的外部，不受化学溶液锈蚀、且泵浦主体与自吸桶的结合或拆卸只须将螺拴松开或紧固即可的技术效果。附件1的结构特征也是为了解决同一技术问题，并且也达到了无内埋螺栓、拆装方便的技术效果。

综上所述，附件1所公开的技术内容与与本专利权利要求1所要求保护的技术方案相比较，二者的技术领域相同，所要解决的技术问题，技术解决方案及达到的技术效果实质上相同，因此，本专利权利要求1不具备专利法第二十二条第二款规定的新颖性。

三、决定

宣告第99225915.0号实用新型专利权无效。

当事人对本决定不服的，可以根据专利法第四十六条第二款的规定，自收到本决定之日起三个月内向北京市第一中级人民法院起诉。根据该款的规定，一方当事人起诉后，另一方当事人应当作为第三人参加诉讼。

037

仿真眉毛及其制作方法案

无效宣告请求审查决定（第8363号）

决　定　号　第8363号
决　定　日　2006年5月31日
发明创造名称　仿真眉毛及其制作方法
国 际 分 类 号　A41G 5/02
无 效 请 求 人　广州市东山区艺成美发用品经营部
被 请 求 人　杨　树
申　请　号　03110815.6
申　请　日　2003年1月6日
授 权 公 告 日　2005年5月25日
合 议 组 组 长　马　昊
主　审　员　范玉霞
参　审　员　崔哲勇

法 律 依 据　专利法第二十二条第三款
决 定 要 点

如果权利要求所限定的技术方案与对比文件存在区别特征，而且权利要求所限定的包括该区别特征的技术方案相对于现有技术是非显而易见的，且具有技术进步，则该权利要求相对于现有技术具备创造性。

一、案由

本无效宣告请求涉及国家知识产权局于2005年5月25日授权公告、申请号为03110815.6、发明名称为“仿真眉毛及其制作方法”的发明专利（下称本专利），其申请日是2003年1月6日，专利权人是杨树（下称被请求人）。其授权公告的权利要求书如下：

“1. 仿真眉毛由眉毛（1）、眉片（2）组成，其特征在于：眉毛（1）按生理走向种植在透明或肉色的眉片（2）上，然后用无毒防水的美容用胶固定住；该眉毛为棕色、栗棕、浅棕色；该眉片厚为0.08～0.15mm厚。

2. 仿真眉毛的制作方法，其特征在于：首先选择眉型，将选择好的眉型制成眉型板，在大块的眉片上整体压出不断裂的眉型，然后将0.04～0.08mm粗细、8～15mm长短的眉毛按眉头眉尾稀，中间密的生理走向将逐个眉型上的眉毛种眉110～150根，同时用胶粘牢固，使其眉片的背面光滑并涂一层胶，眉型长度为45～55mm。”

针对上述专利权，广州市东山区艺成美发用品经营部（下称请求人）于2006年1月17日向国家知识产权局专利复审委员会提出无效宣告请求，其无效理由为，本专利权利要求1～2相对于对比文件一（即附件1）不具备新颖性和创造性，相对于对比文件一（即附件1）和对比文件二（即附件

3）的结合不具备创造性。并提交了如下附件：

附件1：《人发产品制作培训手册》P10～11复印件；

附件2：香港人发业发品业商会有限公司证明复印件；

附件3：《壹周刊》第39期复印件共4页；

附件4：张氏投资有限公司宣传册P14，封面复印件。

专利复审委员会于2006年1月19日受理了上述无效宣告请求，将无效宣告请求书及其附件的副本转给被请求人。

针对上述无效宣告请求，被请求人于2006年3月5日提交了意见陈述书和证据1～3。被请求人的主要意见是：请求人的附件2是伪证，其记载的内容与被请求人提交的证据1的内容相矛盾，从而认定请求人的附件1是杜撰出来的；附件3的真伪有待鉴别，而且附件3"一没有说清是什么产品，二是在头皮上编植的，三用胶将毛发粘成型。和本专利没有关联性"，并认为附件3不符合专利法对公开出版物的严格定义。其证据1～3具体如下：

证据1："香港人发业发品业商会有限公司"2006年3月1日证明材料复印件；

证据2：专利权人赴香港调查后取得的资料清单"文件其他附件清单"复印件；

证据3："香港人发业发品业商会有限公司"公司注册处查册服务单复印件。

本案合议组于2006年3月28日向双方当事人发出了口头审理通知书，定于2006年5月17日对上述无效宣告请求进行口头审理，同时随口头审理通知书将被请求人于2006年3月5日提交的意见陈述书和证据转给请求人。

口头审理如期举行，双方当事人均参加了口头审理。

在口头审理中，请求人当庭表示放弃使用附件1、附件2、附件4。请求人当庭表示放弃新颖性的无效理由。请求人当庭提交附件3（《壹周刊》第39期）的原件及相关的公证认证，被请求人当庭核实并表示对附件3的真实性没有异议。被请求人当庭表示放弃使用其所提交的证据1～3。请求人明确其无效理由为：本专利权利要求1、2相对于附件3不具备创造性。被请求人认为眉毛的颜色也属于必要技术特征。被请求人强调本专利采用"种植"，而附件3采用"编植"，两者不同；请求人认为无区别。

2006年5月27日被请求人提交意见陈述书，认为请求人口审时补交新证据（附件3《壹周刊》的公证书）属于超出了无效宣告请求日起一个月期限的新证据，合议组应当不予考虑。

在上述工作的基础上，合议组认为本案事实已经清楚，可以作出审查决定。

二、决定的理由

1. 法律依据

请求人提出的无效理由是本专利不具备创造性，不符合专利法第二十二条第三款的规定。

专利法第二十二条第三款规定：创造性，是指同申请日以前已有的技术相比，该发明有突出的实质性特点和显著的进步，该实用新型有实质性特点和进步。

2. 证据认定

附件3是香港的《壹周刊》第39期随刊附送的广告，其中包括《新年奉献全新推出假发及体毛产品》的广告，请求人于口审时当庭提交了附件3的公证认证，经合议组核实，符合香港地区形成的证据的相关证明手续。该《壹周刊》第39期于1990年12月7日出版，早于本专利的申请日，构成了本专利的已有技术，可以用来评价本专利的创造性。关于请求人于口审时提交的附件3的公证认证，合议组认为：该公证认证是用来证明附件3的真实性和合法性的证据，不应视为新证据，应当予以考虑。

3. 关于创造性

权利要求1涉及一种仿真眉毛，由眉毛、眉片组成，其特征在于：眉毛按生理走向种植在透明或肉色的眉片上，然后用无毒防水的美容用胶固定住；该眉毛为棕色、粟棕、浅棕色；该眉片厚为0.08~0.15mm厚。

附件3（下称对比文件1）是一种假发及体毛产品的广告，其广告词公开了“产品采用100%真人毛发”，结合该广告下部的附图EB-01、EB-02、EB-03，可以看出该真人毛发包括眉毛；对比文件1还公开了“在超薄透气的人造头皮上编植”，结合对比文件1的附图EB-01、EB-02、EB-03可以得知对比文件1所记载的“人造头皮”包括用于在其上编植眉毛的人造皮肤，而本专利说明书（参见第2页23~25行）对“眉片”的解释是“这种眉片具有皮肤特性，能透气、透水、韧性强、抗腐蚀，佩戴舒适，一般由天然橡胶复合而成”，可见本专利权利要求1中的眉片也是人造皮肤的一种，即对比文件1披露的“人造头皮”相当于公开了本专利权利要求1中的“眉片”；从对比文件1的附图EB-01、EB-02、EB-03可以看出，对比文件1的眉毛是按照生理走向编植的；对比文件1还公开了“再配合特殊的粘胶工序将毛发固定成型”，相当于公开了本专利权利要求1中的“然后用无毒防水的美容用胶固定住”。

由此可见，本专利权利要求1与对比文件1的区别特征在于：（1）本专利权利要求1的眉毛是“种植”在眉片上的，而对比文件1的眉毛是“编植”在人造头皮上的；（2）本专利权利要求1还公开了“该眉毛为棕色、粟棕、浅棕色；该眉片厚为0.08~0.15mm厚”。

虽然请求人认为：由于本专利所保护的是一种仿真眉毛，眉毛的颜色以及眉片的厚度按照人的生理特征来设计对于本领域技术人员来说是公知常识（即上述区别特征（2）是本领域的公知常识），不需要花费创造性劳动。

但是关于上述区别特征（1），根据本专利说明书的记载（参见第2页第26~28行），种植是“用专业再植眉毛针，按着眉毛的生理结构和生长方向，一根根再植在眉片上，形成自然逼真的仿真眉毛”。被请求人在口审中强调本专利所采用“种植”而与附件3所采用“编植”不同，“种植”的眉毛更自然逼真，并具体解释了“编植”是用编织的手段将眉毛植在带有网眼的眉片上。虽然请求人在口审中声称“种植”和“编植”是相同的，但是没有提供充分的理由和证据。合议组认为：“种植”和“编植”是两种不同的将眉毛植在眉片上的方式，既然“编植”是用编织的手段将眉毛植在带有网眼的眉片上，则眉毛与眉片结合部位有挽扣痕迹是显而易见的，而“种植”使用再植眉毛针植眉毛，在眉毛与眉片的结合部位不需要挽扣，没有挽扣痕迹，使得仿真眉毛更加自然逼真，即与最接近的现有技术相比具有更好的技术效果。

因此，权利要求1相对于对比文件1具备突出的实质性特点和显著的进步，具备创造性，符合专利法第二十二条第三款的规定。

权利要求2涉及一种仿真眉毛的制作方法，该方法包括步骤：（A）首先选择眉型，将选择好的眉型制成眉型板，在大块的眉片上整体压出不断裂的眉型，（B）然后将0.04~0.08mm粗细、8~15mm长短的眉毛按眉头眉尾稀，中间密的生理走向将逐个眉型上的眉毛种眉110~150根，（C）同时用胶粘牢固，使其眉片的背面光滑并涂一层胶，（D）眉型长度为45~55mm。

对比文件1是一种假发及体毛产品的广告，其广告词是“产品采用100%真人毛发，在超薄透气的人造头皮上编植后，再配合特殊的粘胶工序将毛发固定成型”，结合该广告下部的图EB-01、EB-02、EB-03可以得知，对比文件1只公开了本专利权利要求1的特征（B）中的将眉毛植在眉型上和特征（C）中的“用胶粘牢固”，即权利要求2相对于对比文件1的区别特征包括本专利权利要求2的特征（A）（D）和特征（B）（C）的部分内容。

虽然请求人认为：其中的眉毛的粗细、长短、根数以及眉型长度这些参数都是根据人的生理特征来设计的，可以被认为属于本领域的公知常识，而且根据产品就能够得知其制作过程包括本专利权利要求 1 的步骤。但是合议组认为：对比文件 1 没有公开“选择眉型”“制成眉型板”“压出不断裂的眉型”“在眉型上种眉”的步骤，而且“在眉型上种眉”和“将毛发编植在人造头皮上”是两种不同的将眉毛植在眉片上的方式，“在眉型上种眉”与“将毛发编植在人造头皮上”相比使得仿真眉毛更加自然逼真，本领域技术人员在对比文件 1 的基础上得到本专利权利要求 2 的仿真眉毛的制作方法需要花费创造性劳动。因此，权利要求 2 相对于对比文件 1 具有突出的实质性特点和显著的进步，具备创造性，符合专利法第二十二条第三款的规定。

三、决定

维持 03110815. 6 号专利权有效。

当事人对本决定不服的，可以根据专利法第四十六条第二款的规定，自收到本决定之日起三个月内向北京市第一中级人民法院起诉。根据该款的规定，一方当事人起诉后，另一方当事人应当作为第三人参加诉讼。

038

一种棉纱筋竹凉席案

无效宣告请求审查决定（第8396号）

决　定　号 第8396号
决　定　日 2006年6月21日
发明创造名称 一种棉纱筋竹凉席
国际分类号 A47G 9/00　A47C 21/04
无效请求人 刘会华
专利权人 龚永青
专　利　号 03221632.7
申　请　日 2003年4月28日
授权公告日 2004年5月26日
合议组组长 崔哲勇
主　审　员 傅　玉
参　审　员 骆素芳

法律依据 专利法第九条、第二十二条
决定要点

同样的发明创造是指两份申请要求保护的发明创造相同，当其权利要求的内容不同时，应当认为所要求保护的发明创造不同。

当权利要求区别于现有技术的特征带来的效果为视觉上的美感时，这种视觉上的美感并不是技术上的效果，作为本领域普通技术人员，为了增加竹凉席外观的多样性，很容易想到对小竹块的形状进行相应的改变，因此，在现有技术的基础上结合公知常识而得到权利要求所限定的技术方案并不需要付出创造性劳动，故权利要求不具备专利法第二十二条第三款规定的创造性。

一、案由

本无效宣告请求涉及国家知识产权局于2004年5月26日授权公告的03221632.7号实用新型专利，该实用新型名称为"一种棉纱筋竹凉席"，申请日是2003年4月28日，专利权人是龚永青（下称被请求人）。授权公告的权利要求书如下：

"1. 一种棉纱筋竹凉席，由小竹块、主筋和副筋构成，其特征在于：所述小竹块的边缘呈曲线波浪状，且其纵向设有两个小孔，主筋设于两纵向相邻的小竹块间，副筋贯穿于两小孔及主筋中。

2. 根据权利要求1所述的一种棉纱筋竹凉席，其特征在于：所述主筋由棉纱绳带制成，副筋由弦线材料制成。

3. 根据权利要求1所述的一种棉纱筋竹凉席，其特征在于：所述小竹块的间距为2～4mm。"

针对上述实用新型专利权（下称本专利），刘会华（下称请求人）于2005年8月1日向专利复审委员会提出无效宣告请求，其无效理由是：本专利与请求人三件在先中国实用新型专利相同相仿，

因此，本专利不符合专利法第九条的规定，也不符合专利法第二十二条的规定。为此，请求人提交了如下附件作为证据：

附件1：专利产品经销协议复印件，共1页；

附件2：福建省知识产权局口头审理通知书复印件，共1页；

附件3：01227628.6号实用新型专利说明书，公告日为2002年10月2日，下称对比文件1，共5页；

附件4：98244661.6号实用新型专利说明书，公告日为1999年9月22日，下称对比文件2，共4页；

附件5：00242009.0号实用新型专利说明书，公告日为2001年6月20日，下称对比文件3，共4页；

附件6：03221632.7号实用新型专利说明书，即本实用新型专利说明书，共6页。

经形式审查合格后，专利复审委员会受理了该无效宣告请求，并将无效宣告请求书及其附件的副本转送给被请求人，要求其在指定期限内陈述意见。

被请求人在规定期限内未进行任何意见陈述。

国家知识产权局专利复审委员会依法成立合议组对本案审查，并于2006年3月21日向双方当事人发出口头审理通知书，定于2006年4月26日对本案进行口头审理。

请求人于2006年3月29日提交了无效宣告请求口头审理通知书回执，表示不能参加2006年4月26日的口头审理，同时提交了意见陈述书，请求依据专利无效宣告请求书中无效宣告请求的理由及证据宣告本专利无效。

被请求人未提交无效宣告请求口头审理通知书回执，也未参加口头审理。

在上述工作的基础上，合议组认为本案事实已经清楚，可以依法作出审查决定。

二、决定的理由

1. 关于证据

由于请求人提供的对比文件1~3均为专利文件，属于公开出版物，且其公开日均在本专利的申请日之前，可以作为评价本专利的新颖性和创造性的证据。

2. 关于专利法第九条

专利法第九条指出“两个以上的申请人分别就同样的发明创造申请专利的，专利权授予最先申请的人。”

审查指南第二部分第三章第6.1节中规定，“同样的发明创造”是指两份申请要求保护的发明创造相同。在判断时，应当对两份发明或者实用新型申请或者专利的权利要求书的内容进行比较，说明书及其附图可用于解释权利要求。两份申请或者专利的说明书的内容相同，但其权利要求的内容不同的，应当认为所要求保护的发明创造不同。

对比文件1的权利要求书为：

“1. 一个由竹块（1），纵向尼龙细线（2），横向纤维绳（3）组成的竹块柔软睡席，其特征是用纵向尼龙细线（2）穿过竹块（1）的两小孔，再与横向纤维绳（3）垂直相接触连接。

2. 按权利要求1所述的竹块柔软睡席，其特征是制作横向纤维绳（3）的材料是纤维物质。

3. 按权利要求1所述的竹块柔软睡席，其特征是竹块（1）纵排之间相隔1~9mm的距离。”

对比文件2的权利要求书为：

“1. 一个由竹块1，纵向纤维线2，横向纤维绳3组成的竹块不夹发枕席，其特征是竹块1被纵向纤维线2穿过与横向纤维绳3，垂直相接触连接。

2. 按权利要求1所述的竹块不夹发枕席，其特征是制作横向纤维绳3，纵向纤维线2的材料是纤维物质。

3. 按权利要求1所述的竹块不夹发枕席，其特征是竹块纵排之间相隔2~4mm的距离。”

对比文件3的权利要求书为：

“1. 一个由竹块1，纵向尼龙细线2，横向纤维绳3组成的竹块柔软座靠垫，其特征是竹块1被纵向尼龙细线2穿过与横向纤维绳3，垂直相接触连接。

2. 按权利要求1所述的竹块柔软座靠垫，其特征是制作横向纤维绳3的材料是纤维物质。

3. 按权利要求1所述的竹块柔软座靠垫，其特征是竹块纵排之间相隔2~4mm的距离。”

而本专利的权利要求书为：

“1. 一种棉纱筋竹凉席，由小竹块、主筋和副筋构成，其特征在于：所述小竹块的边缘呈曲线波浪状，且其纵向设有两个小孔，主筋设于两纵向相邻的小竹块间，副筋贯穿于两小孔及主筋中。

2. 根据权利要求1所述的一种棉纱筋竹凉席，其特征在于：所述主筋由棉纱绳带制成，副筋由弦线材料制成。

3. 根据权利要求1所述的一种棉纱筋竹凉席，其特征在于：所述小竹块的间距为2~4mm。”

对比文件1的各权利要求中均没有包含本专利的独立权利要求1中的特征“小竹块的边缘呈曲线波浪状”，对比文件2、3权利要求的主题与本专利权利要求的主题不同，由此可以判断，请求人提交的对比文件1~3的权利要求书的内容与本专利权利要求书的内容并不相同，因而对比文件1~3与本专利并不属于“同样的发明创造”，故请求人所提出的“本专利不符合专利法第九条的规定”的理由不能成立。

3. 关于专利法第二十二条第三款

创造性，是指同申请日以前已有的技术相比，该发明有突出的实质性特点和显著的进步，该实用新型有实质性特点和进步。

1）权利要求1涉及一种棉纱筋竹凉席，其特征在于：

（a）由小竹块、主筋和副筋构成，

（b）所述小竹块的边缘呈曲线波浪状，

（c）小竹块的纵向设有两个小孔，

（d）主筋设于两纵向相邻的小竹块间，副筋贯穿于两小孔及主筋中。

对比文件1公开了一种竹块柔软睡席，其通过如下方法制成：把经过加工两侧钻有小孔、表面光滑的竹块1，用纵向尼龙细线穿过竹块两孔，再与横向纤维绳3垂直穿过而连接，按此反复将竹块和横向纤维绳相连，穿完纵向一排再穿第二排、第三排……所穿竹块1纵向之间的距离在1~9mm，直到穿到睡席所需的大小（参见说明书第2页第3~6行、说明书附图）。

将权利要求1与对比文件1进行比较可知，对比文件1中的竹块1、纵向尼龙细线2、横向纤维绳3分别对应于权利要求1中的竹块、主筋和副筋，并且对比文件1中“用纵向尼龙细线穿过竹块两孔，再与横向纤维绳3垂直穿过而连接”与本专利权利要求1中“主筋设于两纵向相邻的小竹块间，副筋贯穿于两小孔及主筋中”只是表述方式的不同，所表明的主筋、副筋以及小竹块之间的位置关系是相同的。因此对比文件1已经公开了权利要求1中的特征（a）（c）（d）。

权利要求1与对比文件1的区别在于还包括特征（b），即小竹块的边缘呈曲线波浪状。

合议组认为：对于特征（b），由于在对比文件1第3段中已经指出竹块1纵排之间有一定空间距离的互相关系，因而具有一定距离的矩形竹块也能达到增强透气性的效果，而且当波浪状的竹块和矩形的竹块之间间隔的距离相同时，其对应的透气空间也是相同的，那么其透气性的效果也是相同的，因而波浪状的竹块相比矩形的竹块只是外形上的改变，这种改变增加了小竹块的美感，但是这种视觉上的美感带来的并不是技术上的效果，作为本领域普通技术人员，为了增加竹凉席外观的多样性，很容易想到对小竹块的形状进行相应的改变，因此，在对比文件1的基础上结合公知常识而得到权利要求1所限定的技术方案并不需要付出创造性劳动，权利要求1不具有实质性特点和进步，不符合专利法第二十二条第三款有关创造性的规定。

2）权利要求2是对权利要求1的进一步限定，其附加技术特征为：所述主筋由棉纱绳带制成，副筋由弦线材料制成。对比文件1第3、4段已经公开了“竹块1与横向纤维绳3相连是硬质与软质的相连关系”，其中，纵向的尼龙细线2即为硬质的相连，柔软的横向纤维绳线3即为软质的相连，而尼龙细线是弦线材料的下位特征，即相当于对比文件1已经公开了副筋由弦线材料制成的特征，可见，权利要求2与对比文件1的区别在于权利要求2中主筋采用的是棉纱绳带，而对比文件1中横向纤维绳线3采用的是纤维绳线。由于纤维包括棉纤维、尼龙纤维等，因而从纤维绳线中有选择地选出棉纱绳带用作主筋、以起到柔软和吸汗作用是本领域普通技术人员很容易想到的，故在其引用的权利要求1不具备创造性时，权利要求2也不具备创造性，不符合专利法第二十二条第三款的规定。

3）权利要求3是对权利要求1的进一步限定，其附加技术特征为：所述小竹块的间距为2～4mm。但是，在对比文件2的权利要求3中已经公开了竹块纵排之间相隔2～4mm的距离的特征，并且该特征所起的作用与权利要求3的附加技术特征所起的作用相同，都是用于限定竹块间的间距，以达到凉爽、舒适的目的。因此，对比文件2给出了将该特征应用于对比文件1的技术启示，并且该结合对于本领域的普通技术人员来说是显而易见的。故在其引用的权利要求1不具备创造性时，权利要求3也不具备创造性，不符合专利法第二十二条第三款的规定。

综上，本专利的权利要求1～3都不具备创造性，不符合专利法第二十二条第三款的规定。

三、决定

宣告第03221632.7号实用新型专利权全部无效。

当事人对本决定不服的，可以根据专利法第四十六条第二款的规定，自收到本决定之日起三个月内向北京市第一中级人民法院起诉。根据该款的规定，一方当事人起诉后，另一方当事人应当作为第三人参加诉讼。

039

带附加冷端管的节能灯管案

无效宣告请求审查决定（第 8402 号）

决　定　号 第 8402 号
决　定　日 2006 年 6 月 15 日
发明创造名称 带附加冷端管的节能灯管
国际分类号 H01J 61/30
无效请求人 上海振欣电子工程有限公司
专利权人 赖勇清　关福民
专　利　号 02255145. X
申　请　日 2002 年 9 月 21 日
授权公告日 2004 年 1 月 14 日
合议组组长 张　度
主　审　员 朱芳芳
参　审　员 熊　婷

法律依据 专利法第二十二条第三款　专利法实施细则第二条第二款
决定要点

如果一项实用新型权利要求所要求保护的产品是具有一定形状和构造的产品，则其属于专利法所称实用新型的保护对象的范畴。

在判断一项实用新型专利权利要求的创造性时，应当将权利要求限定的技术方案与现有技术中最接近的对比文件中公开的技术方案相对比，找出其区别技术特征，如果所述区别技术特征为所属领域的公知常识，并且未使该权利要求所限定的技术方案具有预想不到的技术效果，则该权利要求不具备创造性。

一、案由

本无效宣告请求涉及中华人民共和国国家知识产权局于 2004 年 1 月 14 日授权公告的申请号为 02255145. X 的实用新型专利（下称本专利）的专利权，名称为带附加冷端管的节能灯管，申请日为 2002 年 9 月 21 日，专利权人是赖勇清，共同专利权人是关福民（下称被请求人）。

本专利授权公告的权利要求书如下：

“1. 一种带附加冷端管的节能灯管，主要包括导丝（1）、芯柱（2）、灯管（3）、冷端玻璃管（4），其特征在灯管（3）的内侧面连接有一根作为冷端用的直的或弯曲的端面封闭的冷端玻璃管（4）。

2. 根据权利要求 1 所述的带附加冷端管的节能灯管，其特征是灯管（3）的结构是螺旋形灯管、U 形灯管、环形灯管、双 D 形灯管。

3. 根据权利要求 1 所述的带附加冷端管的节能灯管，其特征是冷端玻璃管（4）可以是一根空玻璃管或用以装载金属汞丸或汞齐的玻璃管。”

针对上述专利权，上海振欣电子工程有限公司（下称请求人）于2005年7月26日向国家知识产权局专利复审委员会提出了宣告本专利权无效的请求，同时，请求人提交了如下证据：

附件1（下称对比文件1）：专利号为99211264.8的中国实用新型专利说明书复印件，公开日为2000年5月17日。

请求人的主要无效理由是：（1）本专利的发明点在于附加于灯管内侧面的冷端玻璃管，从而来保证光通量，对比文件1中公开了与灯管相连的起冷端作用的外接玻璃管，二者技术方案相同，又属于同一照明灯具领域，因此认为本专利的权利要求1~3相对于对比文件1不符合专利法第二十二条第二款、第三款有关新颖性和创造性的规定；（2）认为冷端玻璃管之所以能冷凝汞蒸汽，保证光通量的作用，是其材料决定的，其次才是它的形状，因此认为本专利的权利要求1~3不符合专利法实施细则第二条第二款的有关规定。

对于上述无效宣告请求，专利复审委员会经形式审查合格，于2005年10月19日向双方当事人发出无效宣告请求受理通知书，同时将无效宣告请求书及其附件清单中所列附件的副本转寄给被请求人。

被请求人于2006年2月21日提交意见陈述书，其主要陈述意见为：（1）对比文件1中公开的是“一种低压汞蒸汽放电灯的冷端装置”，没有公开本专利的权利要求1限定的“一种带附加冷端管的节能灯管”的全部技术特征，特别没有公开本专利权利要求1限定的“灯管（3）的内侧面连接有一根作为冷端用的直的或弯曲的端面封闭的冷端玻璃管（4）”；（2）本专利中的冷端玻璃管可连接在不同结构的灯管的内侧面，由于这样的冷端玻璃管的尺寸可根据灯管功率、管径大小及应用要求而设置，保证了灯管输出最大的光通量，而且安置在内侧面，不占用冷端玻璃管安装空间和不影响灯管整体造型；（3）本专利权利要求1是对“一种带附加冷端管的节能灯管”的形状、构造或者其结合提出的适于实用的新的技术方案，符合专利法实施细则第二条第二款的规定。

合议组于2006年2月27日向双方当事人发出口头审理通知书，定于2006年4月11日对本案进行口头审理，同时随口审通知书将被请求人于2006年2月21日提交的对该无效请求的意见陈述书转送给请求人。

口头审理于2006年4月11日如期举行，请求人当庭提交了无效宣告请求口头审理通知书回执，双方当事人均出席了口头审理。双方当事人对合议组成员没有回避请求，对合议组成员的变更没有异议。双方当事人对对方出庭人员的身份没有异议。被请求人当庭表示对对比文件1（专利号为99211264.8的中国专利文献）的真实性没有异议。

请求人当庭明确其无效理由为：本专利的权利要求1~3相对于对比文件1不符合专利法第二十二条第二至三款有关新颖性和创造性的规定；且本专利权利要求1~3不符合专利法实施细则第二条第二款的规定。

至此，合议组认为本案的事实已清楚，作出如下决定。

二、决定的理由

1. 关于专利法实施细则第二条第二款的规定

专利法实施细则第二条第二款中对作为专利法保护的对象的实用新型作了规定，即专利法所称的实用新型，是指对产品的形状、构造或者其结合所提出的实用于实用的新的技术方案。

合议组认为，本专利的权利要求1~3中记载的特征属于节能灯管的结构特征，即其要求保护的产品是具有一定形状和构造的产品，属于专利法所称实用新型的保护对象的范畴，因此本专利的权利要求1~3符合专利法实施细则第二条第二款的规定。

2. 关于现有技术

对比文件1是公开日期早于本专利申请日的中国专利文献，且被请求人对其真实性未提出异议，所以其上记载的内容构成本专利的现有技术。

3. 关于新颖性

专利法第二十二条第二款规定：新颖性是指在申请日以前没有同样的发明或者实用新型在国内外出版物上公开发表过、在国内公开使用过或者以其他方式为公众所知，也没有同样的发明或者实用新型由他人向国务院专利行政部门提出过申请并且记载在申请日以后公布的专利申请文件中。

判断一项权利要求的新颖性时，应将权利要求记载的内容与对比文件中公开的相关的技术内容单独地进行比较，如果其技术方案相同，且属于相同的技术领域，解决的技术问题相同，带来相同的技术效果，则该权利要求不具备新颖性，否则，该权利要求具备新颖性。

（1）权利要求1符合专利法第二十二条第二款有关新颖性的规定。

权利要求1请求保护一种带附加冷端管的节能灯管，其包括下述技术特征：a、导丝（1）；b、芯柱（2）；c、灯管（3）；d、冷端玻璃管（4）；e、在灯管（3）的内侧面连接有一根作为冷端用的直的或弯曲的端面封闭的冷端玻璃管（4）。

对比文件1中（参见说明书第1页第1行至第4页2行以及附图1～3）公开了一种具有低压汞蒸汽放电灯的冷端装置的有罩节能灯1，该节能灯1具体包括下述特征：灯管3，该灯管3包括一经管壁接入口8连接且与灯管内部相通及与外界隔绝的外接玻璃管4（相当于权利要求1中的冷端玻璃管），该外接玻璃管4作为冷端用，且可以呈“L”形。虽然对比文件1中没有以文字形式记载下述技术特征：a、导丝（1）；b、芯柱（2），但是，在节能灯领域中，作为一个完整的节能灯，其必然包括导丝和芯柱，这是唯一且可以必然推知的，即对于本领域普通技术人员是不言而喻的。

权利要求1的带附加冷端管的节能灯管与对比文件1中公开的具有低压汞蒸汽放电灯的冷端装置的有罩节能灯1相比，其区别仅在于：权利要求1中的冷端玻璃管（4）连接于灯管（3）的内侧面，而对比文件1中的外接玻璃管4连接于U型灯管3的侧表面。

由于具有上述区别特征，使得权利要求1与对比文件1相比具备新颖性，符合专利法第二十二条第二款的有关规定。

（2）从属权利要求2和权利要求3符合专利法第二条第二款有关新颖性的规定。

基于权利要求1具备新颖性，引用其的从属权利要求2和权利要求3也具备新颖性，符合专利法第二十二条第二款的有关规定。

4. 关于创造性

专利法第二十二条第三款规定：创造性是指同申请日以前已有的技术相比，该发明有突出的实质性特点和显著的进步，该实用新型有实质性特点和进步。

在判断一项实用新型专利权利要求的创造性时，应当将权利要求限定的技术方案与现有技术中最接近的对比文件中公开的技术方案相对比，找出其区别技术特征，如果所述区别技术特征为所属领域公知常识，并且未使该权利要求所限定的技术方案具有预想不到的技术效果，则该权利要求不具备创造性。

（1）权利要求1不符合专利法第二十二条第三款有关创造性的规定。

合议组认为，虽然权利要求1与对比文件具有上述区别技术特征，即，权利要求1中的冷端玻璃管（4）连接于灯管（3）的内侧面，而对比文件1中的外接玻璃管4连接于U型灯管3的侧表面，但上述区别技术特征没有给权利要求1的技术方案带来实质性特点和进步，因此权利要求1不具备创造性，具体评述理由如下：

根据专利说明书的记载，本专利要解决的技术问题是，克服现有技术中的节能灯管的冷端都是直接在灯管的某部为直接吹制形成，由于这种冷端结构受灯管结构的限制，难以达到足够的尺度，而且冷端的作用受灯管燃点位置的严重影响，对于大功率的灯管，由于管流大、管壁温度高，按现有结构的冷端无法起到提高灯管光通量的目的。为了解决上述技术问题，本专利所采用的冷端玻璃管附加在节能灯管上，其可连接在不同结构的灯管的内侧面，这样的冷端由于冷端尺寸可根据灯管功率、管径大小及应用要求而设置，从而保证灯管输出最大的光通量，而且安置在内侧面，不占用冷端玻璃管安装空间且不影响灯管整体造型。基本专利的带附加冷端管的节能灯可以实现提高光通量并且减少冷端玻璃管的占用空间以不影响灯管整体造型。

而对比文件 1（参见说明书第 2 页第 1 行至 18 行）公开的具有低压汞蒸汽放电灯的冷端装置的节能灯也是通过调节作为冷端的外接玻璃管 4 的长度和位置来获得最佳冷端温度，从而使节能灯输出较大的光通量。

由此可见，由于对比文件 1 公开的节能灯中的外接玻璃管 4 与本专利的冷端玻璃管都是采用外接方式，因此均可以通过调整其尺寸和位置来实现提高光通量的目的。

虽然，对比文件 1 中的外接玻璃管 4 连接于 U 型灯管 3 的侧表面，而非连接于灯管 3 的内侧面，但是从对比文件 1 的附图 3 可以看出，该外接玻璃管 4 位于该“U”型灯管的中间位置，并在该“U”型灯管的中间的空心部分延伸，因此，也避免了外接玻璃管额外地占用空间且不会影响灯管的造型。

综上所述，虽然权利要求 1 请求保护的技术方案与对比文件 1 公开的技术方案存在有区别，但是该区别并未给权利要求 1 请求保护的技术方案带来任何实质的特点和进步。因此，合议组认为：权利要求 1 相对于对比文件 1 不符合专利法第二十二条第三款有关创造性的规定。

（2）从属权利要求 2 不符合专利法第二十二条第三款有关创造性的规定。

从属权利要求 2 的附加技术特征是“灯管（3）的结构是螺旋形灯管、U 形灯管、环形灯管、双 D 形灯管”。对比文件 1 中（参见附图 3）公开了灯管 3 的结构为近似“U”型的结构。对于本领域技术人员来说，螺旋形灯管、U 形灯管、环形灯管、双 D 形灯管都是本领域常见的灯管结构，即为本领域公知常识。由此可知，在对比文件 1 的基础上结合上述公知常识而得出从属权利要求 2 的技术方案，对于本技术领域的普通技术人员来说是显而易见的，且上述结合并未带来任何意想不到的技术效果。因此从属权利要求 2 相对于对比文件 1 不符合专利法第二十二条第三款有关创造性的规定。

（3）从属权利要求 3 不符合专利法第二十二条第三款有关创造性的规定。

从属权利要求 3 的附加技术特征是“冷端玻璃管（4）可以是一根空玻璃管或用以装载金属汞丸或汞齐的玻璃管”。对比文件 1 中（参见说明书第 3 页第 13 行）公开了本实用新型的低压汞蒸汽放电灯的冷端上存放的汞合金位于外接玻璃管 4 的末端 10 处。

本领域技术人员熟知，在冷端末端放置汞合金是为了更好地吸收灯管内的汞蒸汽，且是否在冷端末端放置汞合金取决于灯管本身是否需要。而对于无汞节能灯来说，必然不需要在冷端处再放入汞合金，这是本领域的公知常识。由此可知，在对比文件 1 的基础上结合上述公知常识而得出从属权利要求 3 的技术方案，对于本技术领域的普通技术人员来说是显而易见的，且上述结合并未带来任何意想不到的技术效果。因此从属权利要求 3 相对于对比文件 1 不符合专利法第二十二条第三款有关创造性的规定。

综上所述，权利要求 1 ~ 3 不符合专利法第二十二条第三款有关创造性的规定。

三、决定

宣告 02255145. X 号实用新型专利权全部无效。

当事人对本决定不服的，可以根据专利法第四十六条第二款的规定，自收到本决定之日起三个月内向北京市第一中级人民法院起诉。根据该款的规定，一方当事人起诉后，另一方当事人应当作为第三人参加诉讼。

北京市第一中级人民法院
行政判决书

（2006）一中行初字第 1199 号

原告赖勇清，男，47 岁，汉族，福州永德吉光电有限公司总经理，住福建省福州市仓山区观海路太平洋城 12 座 1802 室。

原告关福民，男，68 岁，汉族，上海豪迈照明有限公司董事长，住上海市锦绣路 300 弄 14 号 302 室。

二原告之共同委托代理人刘道臣，北京市汉鼎联合律师事务所律师。

二原告之共同委托代理人谢兆敏，北京市汉鼎联合律师事务所律师。

被告国家知识产权局专利复审委员会，住所地北京市海淀区北四环西路 9 号银谷大厦 10 层 ~ 12 层。

法定代表人廖涛，副主任。

委托代理人朱芳芳，女，国家知识产权局专利复审委员会电学申诉处审查员。

委托代理人杨存吉，男，国家知识产权局专利复审委员会行政诉讼处审查员。

第三人上海振欣电子工程有限公司，住所地上海市松江区泗泾镇望东南路 139 号。

法定代表人严兆陵，总经理。

委托代理人宋征宇，男，上海振欣电子工程有限公司知识产权及法律顾问。

原告赖勇清、关福民不服被告国家知识产权局专利复审委员会（下称专利复审委）作出的无效宣告请求审查决定，于 2006 年 9 月 22 日向本院提起行政诉讼，本院受理后，依法组成合议庭，并依法通知与被诉具体行政行为有利害关系的上海振欣电子工程有限公司（下称振欣公司）参加诉讼。本院于 2006 年 11 月 23 日公开开庭审理了本案。原告赖勇清、关福民及其委托代理人刘道臣、谢兆敏，被告专利复审委的委托代理人朱芳芳、杨存吉，第三人振欣公司的委托代理人宋征宇到庭参加了诉讼。本案现已审理终结。

2006 年 6 月 27 日，被告作出第 8402 号无效宣告请求审查决定（下称第 8402 号决定），决定宣告 02255145. X 号实用新型专利权（下称本专利）全部无效。

被告于答辩期内向本院提交了作出被诉具体行政行为的证据材料：1. 第 8402 号决定；2. 本专利说明书复印件；3. 第 99211264. 8 号实用新型专利说明书（即对比文件 1）复印件。

原告赖勇清、关福民诉称：一、第 8402 号决定适用了错误的创造性审查基准。区别特征未使专利技术具有预想不到的技术效果不得作为否定专利创造性的依据。根据《审查指南》的规定，实用新型创造性审查可以参考有关发明创造性的审查原则，但要考虑实用新型的特殊性，最重要的就是实用新型创造性的标准低于发明的创造性的标准。如果直接适用，那么所有的实用新型都可以被宣告无效。根据《审查指南》规定，发明是否取得预想不到的技术效果是发明是否符合创造性的辅助性审查基准。取得预想不到的技术效果的发明专利肯定具备创造性，而未取得预想不到的技术效果的发明专利不一定不具备创造性。对于创造性要求较高的发明尚且如此，对实用新型更是如此。第 8402 号决定把未取得预想不到的技术效果作为不符合创造性的依据，是对《审查指南》上述规定的极端误解，其结果是大大提高了创造性的标准。如果与公开的技术方案相比，区别技术特征为公知常识，此实用新型专利必然不具有实质性特点和进步。因为没有区别技术特征是公知常识，而又有预想不到的技术效果的专利技术。二、第8402号决定对本专利不具备创造性的评述理由不成立。决定书确定发明的区别技术特征的内容不完整。决定书仅把本专利与对比文件的某些技术特征进行比较，确定的区别特征是不完整的，被告不能依此进行“是否显而易见”的判定，从而得出本专利没有“带来实质性特点”的结论。决定中认为冷端玻璃管位置可以调整是错误的。冷端玻璃管连接在灯管的内侧与外侧面的位置是本专利与对比文件的区别技术特征，外接玻璃管与灯管的结合位置是不可调整的。由于审查员依据错误，使他重新确定的本专利解决的技术问题变得无任何意义。决定书中关于对比文件的外接冷端玻璃管所处的空间描述是错误的，是审查员没有看懂附图就作出的错误判断。决定书中提到的“而对于无汞节能灯来说……这是本领域的公知常识。”这是被告为了判决的需要，无中生有，捏造公知常识用作论据。第8402号决定认为从属权利要求2、3属于“显而易见”，且不具备“意想不到”的技术效果，适用了错误的标准。综上，第8402号决定违反了《中华人民共和国专利法》（以下简称《专利法》）和《审查指南》的规定，请求法院撤销该决定。

原告向法院提交了如下证据：1.《照明手册》科学出版社第131页复印件、《光源与照明》复旦大学出版社第91页复印件，用以证明节能灯都是有汞的，不存在无汞节能灯；2. 用户对专利产品的评价，用以证明产品获得了商业成功；3. 部分节能灯样品，用以证明节能灯的若干技术特征。

被告专利复审委辩称：一、关于审查基准，本案中，在判断本专利是否具备创造性时，被告引用的对比文件与本专利属于相同的节能灯管领域，且仅采用一篇对比文件作为现有技术来评价其创造性。此外，被告并未把“区别特征未使专利技术方案具有预想不到的技术效果”作为唯一评判实用新型创造性的依据，而是在认定区别技术特征为所属领域的公知常识的前提下，当将该公知常识与对比文件1公开的技术方案结合而得到本实用新型要求保护的技术方案时，进一步判断上述结合是否会给本实用新型要求保护的技术方案带来预想不到的技术效果，即是否具有实质性特点和进步。由此可知，被告严格按照《审查指南》中规定的实用新型创造性的审查标准来评判本实用新型的创造性，并未违反《专利法》及其实施细则以及《审查指南》的相关规定。二、关于创造性，被诉决定认定是清楚的，本专利不具备创造性。原告的诉讼请求既无事实根据又无法律依据，故请求法院维持第8402号决定，驳回原告的诉讼请求。

第三人振欣公司同意第8402号决定，请求法院驳回原告的诉讼请求。

第三人未向法院提交证据。

经庭审质证，原告对被告证据关联性、合法性、真实性无异议，但不同意其证明作用。第三人对被告证据无异议。被告及第三人认为原告证据未在行政程序中提交，不应予以认可。

经审查，被告提交的证据与本案具有关联性，且合法、真实，能够证明本案事实，本院予以确认。原告提交的证据系行政程序中未提交的证据，不能作为审查被诉决定合法性的依据，本院不予采纳。

经审理查明，本案涉及中华人民共和国国家知识产权局于2004年1月14日授权公告的申请号为02255145. X的实用新型专利的专利权，名称为带附加冷端管的节能灯管，申请日为2002年9月21日，专利权人是赖勇清，共同专利权人是关福民。

本专利授权公告的权利要求书如下：

“1. 一种带附加冷端管的节能灯管，主要包括导丝（1）、芯柱（2）、灯管（3）、冷端玻璃管（4），其特征在灯管（3）的内侧面连接有一根作为冷端用的直的或弯曲的端面封闭的冷端玻璃管（4）。

2. 根据权利要求1所述的带附加冷端管的节能灯管，其特征是灯管（3）的结构是螺旋形灯管、U形灯管、环形灯管、双D形灯管。

3. 根据权利要求1所述的带附加冷端管的节能灯管，其特征是冷端玻璃管（4）可以是一根空玻璃管或用以装载金属汞丸或汞齐的玻璃管。”

针对上述专利权，本案第三人于2005年7月26日向被告提出了宣告本专利权无效的请求，同时，第三人提交了如下证据：

附件1（即对比文件1）：专利号为99211264.8的中国实用新型专利说明书复印件，公开日为2000年5月17日。

第三人的主要无效理由是：（1）本专利的发明点在于附加于灯管内侧面的冷端玻璃管，从而来保证光通量，对比文件1中公开了与灯管相连的起冷端作用的外接玻璃管，二者技术方案相同，又属于同一照明灯具领域，因此认为本专利的权利要求1～3相对于对比文件1不符合《专利法》第二十二条第二、三款有关新颖性和创造性的规定；（2）认为冷端玻璃管之所以能冷凝汞蒸汽，保证光通量的作用，是其材料决定的，其次才是它的形状，因此认为本专利的权利要求1～3不符合《中华人民共和国专利法实施细则》（以下简称《实施细则》）第二条第二款的有关规定。

对于上述无效宣告请求，被告经形式审查合格，于2005年10月19日向双方当事人发出无效宣告请求受理通知书，同时将无效宣告请求书及其附件清单中所列附件的副本转寄给原告。

原告于2006年2月21日提交意见陈述书，其主要陈述意见为：（1）对比文件1中公开的是“一种低压汞蒸汽放电灯的冷端装置”，没有公开本专利的权利要求1限定的“一种带附加冷端管的节能灯管”的全部技术特征，特别没有公开本专利权利要求1限定的“灯管（3）的内侧面连接有一根作为冷端用的直的或弯曲的端面封闭的冷端玻璃管（4）”；（2）本专利中的冷端玻璃管可连接在不同结构的灯管的内侧面，由于这样的冷端玻璃管的尺寸可根据灯管功率、管径大小及应用要求而设置，保证了灯管输出最大的光通量，而且安置在内侧面，不占用冷端玻璃管安装空间和不影响灯管整体造型；（3）本专利权利要求1是对“一种带附加冷端管的节能灯管”的形状、构造或者其结合提出的适于实用的新的技术方案，符合《实施细则》第二条第二款的规定。

被告于2006年2月27日向双方当事人发出口头审理通知书，定于2006年4月11日对本案进行口头审理，同时随口审通知书将原告于2006年2月21日提交的对该无效请求的意见陈述书转送给第三人。

口头审理于2006年4月11日如期举行，第三人当庭提交了无效宣告请求口头审理通知书回执，双方当事人均出席了口头审理。双方当事人对合议组成员没有回避请求，对合议组成员的变更没有异议。双方当事人对对方出庭人员的身份没有异议。原告当庭表示对对比文件1的真实性没有异议。

第三人当庭明确其无效理由为：本专利的权利要求1～3相对于对比文件1不符合《专利法》第二十二条第二、三款有关新颖性和创造性的规定；且本专利权利要求1～3不符合《实施细则》第二条第二款的规定。

经审查被告认为：

1. 关于《实施细则》第二条第二款的规定

《实施细则》第二条第二款中对作为专利法保护的对象的实用新型作了规定，即专利法所称的实用新型，是指对产品的形状、构造或者其结合所提出的适用于实用的新的技术方案。

被告认为，本专利的权利要求1～3中记载的特征属于节能灯管的结构特征，即其要求保护的产品是具有一定形状和构造的产品，属于专利法所称实用新型的保护对象的范畴，因此本专利的权利要求 1 ~3 符合《实施细则》第二条第二款的规定。

2. 关于现有技术

对比文件 1 是公开日期早于本专利申请日的中国专利文献，且原告对其真实性未提出异议，所以其上记载的内容构成本专利的现有技术。

3. 关于新颖性

《专利法》第二十二条第二款规定：新颖性是指在申请日以前没有同样的发明或者实用新型在国内外出版物上公开发表过、在国内公开使用过或者以其他方式为公众所知，也没有同样的发明或者实用新型由他人向国务院专利行政部门提出过申请并且记载在申请日以后公布的专利申请文件中。

判断一项权利要求的新颖性时，应将权利要求记载的内容与对比文件中公开的相关的技术内容单独地进行比较，如果其技术方案相同，且属于相同的技术领域，解决的技术问题相同，带来相同的技术效果，则该权利要求不具备新颖性，否则，该权利要求具备新颖性。

（1）权利要求 1 符合《专利法》第二十二条第二款有关新颖性的规定。

权利要求 1 请求保护一种带附加冷端管的节能灯管，其包括下述技术特征：a. 导丝（1）；b. 芯柱（2）；c. 灯管（3）；d. 冷端玻璃管（4）；e. 在灯管（3）的内侧面连接有一根作为冷端用的直的或弯曲的端面封闭的冷端玻璃管（4）。

对比文件 1 中公开了一种具有低压汞蒸汽放电灯的冷端装置的有罩节能灯 1，该节能灯 1 具体包括下述特征：灯管 3，该灯管 3 包括一经管壁接入口 8 连接且与灯管内部相通及与外界隔绝的外接玻璃管 4（相当于权利要求 1 中的冷端玻璃管），该外接玻璃管 4 作为冷端用，且可以呈“L”形。虽然对比文件 1 中没有以文字形式记载下述技术特征：a. 导丝（1）；b. 芯柱（2），但是，在节能灯领域中，作为一个完整的节能灯，其必然包括导丝和芯柱，这是唯一且可以必然推知的，即对于本领域普通技术人员是不言而喻的。

权利要求 1 的带附加冷端管的节能灯管与对比文件 1 中公开的具有低压汞蒸汽放电灯的冷端装置的有罩节能灯 1 相比，其区别仅在于：权利要求 1 中的冷端玻璃管（4）连接于灯管（3）的内侧面，而对比文件 1 中的外接玻璃管 4 连接于 U 型灯管 3 的侧表面。

由于具有上述区别特征，使得权利要求 1 与对比文件 1 相比具备新颖性，符合《专利法》第二十二条第二款的有关规定。

（2）从属权利要求 2 和从属权利要求 3 符合《专利法》第二十二条第二款有关新颖性的规定。

基于权利要求 1 具备新颖性，引用其的从属权利要求 2 和从属权利要求 3 也具备新颖性，符合《专利法》第二十二条第二款的有关规定。

4. 关于创造性

《专利法》第二十二条第三款规定：创造性是指同申请日以前已有的技术相比，该发明有突出的实质性特点和显著的进步，该实用新型有实质性特点和进步。

在判断一项实用新型专利权利要求的创造性时，应当将权利要求限定的技术方案与现有技术中最接近的对比文件中公开的技术方案相对比，找出其区别技术特征，如果所述区别技术特征为所属领域公知常识，并且未使该权利要求所限定的技术方案具有预想不到的技术效果，则该权利要求不具备创造性。

（1）权利要求 1 不符合《专利法》第二十二条第三款有关创造性的规定。

被告认为，虽然权利要求 1 与对比文件具有上述区别技术特征，即权利要求 1 中的冷端玻璃管（4）连接于灯管（3）的内侧面，而对比文件 1 中的外接玻璃管 4 连接于 U 型灯管 3 的侧表面，但上述区别技术特征没有给权利要求 1 的技术方案带来实质性特点和进步，因此权利要求 1 不具备创造性，具体评述理由如下：

根据专利说明书的记载，本专利要解决的技术问题是，克服现有技术中的节能灯管的冷端都是直接在灯管的某部位直接吹制形成，由于这种冷端结构受灯管结构的限制，难以达到足够的尺度，而且冷端的作用受灯管燃点位置的严重影响，对于大功率的灯管，由于管流大、管壁温度高，按现有结构的冷端无法起到提高灯管光通量的目的。为了解决上述技术问题，本专利所采用的冷端玻璃管附加在节能灯管上，其可连接在不同结构的灯管的内侧面，这样的冷端由于冷端尺寸可根据灯管功率、管径大小及应用要求而设置，从而保证灯管输出最大的光通量，而且安置在内侧面，不占用冷端玻璃管安装空间且不影响灯管整体造型。

而对比文件1公开的具有低压汞蒸汽放电灯的冷端装置的节能灯也是通过调节作为冷端的外接玻璃管4的长度和位置来获得最佳冷端温度，从而使节能灯输出较大的光通量。

由此可见，由于对比文件1公开的节能灯中的外接玻璃管4与本专利的冷端玻璃管都是采用外接方式，因此均可以通过调整其尺寸和位置来实现提高光通量的目的。

虽然，对比文件1中的外接玻璃管4连接于U型灯管3的侧表面，而非连接于灯管3的内侧面，但是从对比文件1的附图3可以看出，该外接玻璃管4位于该“U”型灯管的中间位置，并在该“U”型灯管的中间的空心部分延伸，因此，也避免了外接玻璃管额外地占用空间且不会影响灯管的造型。

综上所述，虽然权利要求1请求保护的技术方案与对比文件1公开的技术方案存在区别，但是该区别并未给权利要求1请求保护的技术方案带来任何实质的特点和进步。因此，权利要求1相对于对比文件1不符合《专利法》第二十二条第三款有关创造性的规定。

（2）从属权利要求2不符合《专利法》第二十二条第三款有关创造性的规定。

从属权利要求2的附加技术特征是“灯管（3）的结构是螺旋形灯管、U形灯管、环形灯管、双D形灯管”。对比文件1中（参见附图3）公开了灯管3的结构为近似“U”型的结构。对于本领域技术人员来说，螺旋形灯管、U形灯管、环形灯管、双D形灯管都是本领域常见的灯管结构，即为本领域公知常识。由此可知，在对比文件1的基础上结合上述公知常识而得出从属权利要求2的技术方案，对于本技术领域的普通技术人员来说是显而易见的，且上述结合并未带来任何意想不到的技术效果。因此从属权利要求2相对于对比文件1不符合《专利法》第二十二条第三款有关创造性的规定。

（3）从属权利要求3不符合《专利法》第二十二条第三款有关创造性的规定。

从属权利要求3的附加技术特征是“冷端玻璃管（4）可以是一根空玻璃管或用以装载金属汞丸或汞齐的玻璃管”。对比文件1中公开了本实用新型的低压汞蒸汽放电灯的冷端上存放的汞合金位于外接玻璃管4的末端10处。

本领域技术人员熟知，在冷端末端放置汞合金是为了更好地吸收灯管内的汞蒸汽，且是否在冷端末端放置汞合金取决于灯管本身是否需要。而对于无汞节能灯来说，必然不需要在冷端处再放入汞合金，这是本领域的公知常识。由此可知，在对比文件1的基础上结合上述公知常识而得出从属权利要求3的技术方案，对于本技术领域的普通技术人员来说是显而易见的，且上述结合并未带来任何意想不到的技术效果。因此从属权利要求3相对于对比文件1不符合《专利法》第二十二条第三款有关创造性的规定。

综上所述，权利要求1~3不符合《专利法》第二十二条第三款有关创造性的规定。

据此，被告作出第8402号决定。原告不服，诉至本院。

本院认为，各方当事人对于第8402号决定中关于本专利是否符合《实施细则》第二条第二款规定的认定、关于现有技术的认定及本专利是否具备新颖性的认定无异议。经审查，被告对上述部分内容的评判符合法律规定，本院予以确认。

本案焦点问题是本专利是否符合《专利法》第二十二条第三款有关创造性的规定。

《专利法》第二十二条第三款规定：创造性是指同申请日以前已有的技术相比，该发明有突出的实质性特点和显著的进步，该实用新型有实质性特点和进步。

将本专利与对比文件1相比较，二者的区别技术特征在于冷端玻璃管连接在灯管的位置不同。本专利权利要求1中的冷端玻璃管连接于灯管的内侧面，而对比文件1中的外接玻璃管连接于U型灯管的侧表面。为解决现有的技术问题，本专利所采用的冷端玻璃管附加在节能灯管上，其可连接在不同结构的灯管的内侧面，这样的冷端由于冷端尺寸可根据灯管功率、管径大小及应用要求而设置，从而保证灯管输出最大的光通量，而且安置在内侧面，不占用冷端玻璃管安装空间且不影响灯管整体造型。对比文件1的说明书明确记载了冷端装置可以通过外接玻璃管的长度以及玻璃管密封末端位置加以调解，尽可能远离热源，故而可以获得最佳冷端温度。通过对本专利及对比文件1技术手段比较可以看出，本专利与对比文件的冷端装置都是可以根据灯管功率、管径大小及应用的不同要求，通过调整其尺寸和位置来实现提高光通量的目的。虽然对比文件1中的外接玻璃管连接于U型灯管的侧表面，但是其不会额外地占用空间亦不会影响灯管的造型。因此，本专利权利要求1与对比文件1公开技术方案所存在的区别技术特征未给权利要求1的技术方案带来实质性特点和进步。权利要求1相对于对比文件1不具备创造性。

针对原告提出的对比文件1中的冷端装置的端点必须远离热源，而本专利不必要求冷端必须远离热源的诉讼主张，本院认为，专利请求保护的范围应当以权利要求书记载的要求保护的技术范围为标准。本案中，原告所提本专利冷端不需要远离热源的技术特征在本专利权利要求书中未加以描述。因此，该技术特征不是本专利所要求保护的技术范围。故原告所提上述诉讼主张缺乏事实及法律依据，本院不予支持。

本专利从属权利要求2的附加技术特征是“灯管（3）的结构是螺旋形灯管、U形灯管、环形灯管、双D形灯管”。对于本领域技术人员来说，螺旋形灯管、U形灯管、环形灯管、双D形灯管都是本领域常见的灯管结构。对于本技术领域的普通技术人员来说，采用何种结构灯管的技术方案不需要付出创造性劳动即可获得。因此，本专利从属权利要求2不具备创造性。

本专利从属权利要求3的附加技术特征是“冷端玻璃管（4）可以是一根空玻璃管或用以装载金属汞丸或汞齐的玻璃管”。而对比文件1中公开了低压汞蒸汽放电灯的冷端上存放的汞合金位于外接玻璃管4的末端10处的技术特征。因此，对比文件1已经公开了在冷端玻璃管放置汞合金的技术特征。此外，对于无汞节能灯，冷端玻璃管内无需放置汞合金是本领域的公知技术。因此，本领域普通技术人员通过现有公知技术并结合对比文件1，能够得到本专利方案的技术启示，故本专利从属权利要求3不具备创造性。

综上，被告认定本专利不符合《专利法》第二十二条第三款的规定正确，第8402号决定认定事实清楚，适用法律正确，行政程序合法，本院应予维持。原告的诉讼主张缺乏事实和法律依据，本院不予支持。据此，依照《中华人民共和国行政诉讼法》第五十四条第（一）项之规定，判决如下：

维持被告国家知识产权局专利复审委员会于二〇〇六年六月二十七日作出的第8402号无效宣告请求审查决定。

案件受理费1000元，由原告赖勇清、关福民负担（已交纳）。

如不服本判决，可在本判决书送达之日起15日内，向本院提交上诉状，并按对方当事人人数提出副本，上诉于北京市高级人民法院。上诉人在接到人民法院预交诉讼费用通知后7日内未预交又不提出缓交申请的，按自动撤回上诉处理。

审 判 长 强刚华
代理审判员 贾志刚
人民陪审员 杨一平
二〇〇六年十二月二十二日
书 记 员 赵 锋

北京市高级人民法院
行政判决书

（2007）高行终字第151号

上诉人（一审原告）赖勇清，男，1959年2月1日出生，汉族，住福建省福州市仓山区观海路太平洋城12座1802室。

上诉人（一审原告）关福民，男，1938年9月2日出生，汉族，住上海市锦绣路300弄14号302室。

二上诉人之共同委托代理人刘道臣，北京市汉鼎联合律师事务所律师。

二上诉人之共同委托代理人谢兆敏，北京市汉鼎联合律师事务所律师。

被上诉人（一审被告）国家知识产权局专利复审委员会，住所地北京市海淀区北四环西路9号银谷大厦10层~12层。

法定代表人廖涛，副主任。

委托代理人熊婷，女，国家知识产权局专利复审委员会电学申诉处审查员。

委托代理人杨存吉，男，国家知识产权局专利复审委员会行政诉讼处审查员。

被上诉人（一审第三人）上海振欣电子工程有限公司，住所地上海市松江区泗泾镇望东南路139号。

法定代表人严兆陵，总经理。

委托代理人宋征宇，男，上海振欣电子工程有限公司知识产权及法律顾问。

上诉人赖勇清、关福民因专利无效宣告请求审查决定一案，不服北京市第一中级人民法院（2006）一中行初字第1199号行政判决，向本院提起上诉。本院受理后，依法组成合议庭，于2007年5月17日公开开庭审理了本案。上诉人赖勇清及赖勇清、关福民的委托代理人刘道臣、谢兆敏，被上诉人国家知识产权局专利复审委员会（下称专利复审委）的委托代理人熊婷、杨存吉，被上诉人上海振欣电子工程有限公司（下称振欣公司）的委托代理人宋征宇到庭参加了诉讼。本案现已审理终结。

北京市第一中级人民法院经审理认为，将本专利与对比文件1相比较，二者的区别技术特征在于冷端玻璃管连接在灯管的位置不同。通过对本专利及对比文件1技术手段比较可以看出，本专利与对比文件的冷端装置都是可以根据灯管功率、管径大小及应用的不同要求，通过调整其尺寸和位置来实现提高光通量的目的。虽然对比文件1中的外接玻璃管连接于U型灯管的侧表面，但是其不会额外地占用空间亦不会影响灯管的造型。因此，权利要求1相对于对比文件1不具备创造性。

本专利从属权利要求2的附加技术特征是“灯管（3）的结构是螺旋形灯管、U形灯管、环形灯管、双D形灯管”。对于本领域技术人员来说，螺旋形灯管、U形灯管、环形灯管、双D形灯管都是本领域常见的灯管结构。对于本领域的普通技术人员来说，采用何种结构灯管的技术方案不需要付出创造性劳动即可获得。因此，本专利从属权利要求2不具备创造性。

本专利从属权利要求3的附加技术特征是“冷端玻璃管（4）可以是一根空玻璃管或用以装载金属汞丸或汞齐的玻璃管”。而对比文件1中公开了低压汞蒸汽放电灯的冷端上存放的汞合金位于外接玻璃管4的末端10处的技术特征。因此，对比文件1已经公开了在冷端玻璃管放置汞合金的技术特征。此外，对于无汞节能灯，冷端玻璃管内无需放置汞合金是本领域的公知技术。因此，本领域普通技术人员通过现有公知技术并结合对比文件1，能够得到本专利方案的技术启示，故本专利从属权利要求3不具备创造性。

综上，第8402号决定认定事实清楚，适用法律正确，行政程序合法。依照《中华人民共和国行政诉讼法》第五十四条第（一）项之规定，判决维持专利复审委于二〇〇六年六月二十七日作出的第8402号决定。

上诉人赖勇清、关福民不服上述一审判决上诉称，一、一审法院应当采纳两上诉人在一审期间提交的证据。二、第8402号决定在适用审查基准方面错误。区别特征未使专利技术具有预想不到的技术效果不得作为否定专利创造性的依据。三、第8402号决定错误地概括了本专利与对比文件的区别技术特征。本专利与对比文件除具有冷端位置不同的区别外，还具有本专利不要求冷端远离热源，而对比文件的要求远离热源这样的区别技术特征。四、第8402号决定中认为冷端玻璃管尺寸和位置可以调整是错误的，事实是本专利和对比文件的冷端玻璃管的连接位置都是固定的。五、第8402号决定中认为对比文件的外接冷端玻璃管不会占用额外的空间是错误的。六、第8402号决定中认为“而对于无汞节能灯来说，必然不需要在冷端处再放入汞合金，这是本领域的公知常识”是错误的，客观情况是所有节能灯都是有汞的。本专利相对于对比文件1具有创造性。请求撤销（2006）一中行初字第1199号行政判决，撤销被诉的第8402号无效宣告请求审查决定。

被上诉人专利复审委辩称：一、上诉人在一审期间提交的证据是其在无效程序中未提交的证据，一审法院不作为审查第8402号决定合法性的依据的认定正确。二、关于审查基准。专利复审委并未把“区别特征未使专利技术方案具有预想不到的技术效果”作为唯一评判实用新型创造性的依据，而是在认定区别技术特征为所属领域的公知常识的前提下，当将该公知常识与对比文件1公开的技术方案结合而得到本实用新型要求保护的技术方案时，进一步判断上述结合是否会给本实用新型要求保护的技术方案带来预想不到的技术效果，即是否具有实质性特点和进步。三、本专利权利要求1中未限定“冷端玻璃管不要远离热源”，第8402号决定概括的区别技术特征正确。四、对比文件的外接玻璃管4位于该“U”型灯管的中间位置，并在该“U”型灯管的中间的空心部分延伸，因此，也避免了外接玻璃管额外地占用空间且不会影响灯管的造型。五、在冷端末端放置汞合金是为了更好地吸收灯管内的汞蒸汽，且是否在冷端末端放置汞合金取决于灯管本身是否需要。而对于无汞节能灯来说，必然不需要在冷端处再放入汞合金，这是本领域的公知常识。第8402号决定认定事实清楚，程序合法，适用法律正确。请求驳回上诉，维持（2006）一中行初字第1199号行政判决，维持被诉的第8402号无效宣告请求审查决定。

被上诉人振欣公司同意专利复审委的意见，请求驳回上诉，维持（2006）一中行初字第1199号行政判决，维持被诉的第8402号无效宣告请求审查决定。

经审理查明，本专利是申请日为2002年9月21日，授权公告日为2004年1月14日，名称为

“带附加冷端管的节能灯管”，专利权人是赖勇清，共同专利权人是关福民的实用新型专利。本专利授权公告的权利要求书如下：

“1. 一种带附加冷端管的节能灯管，主要包括导丝（1）、芯柱（2）、灯管（3）、冷端玻璃管（4），其特征在灯管（3）的内侧面连接有一根作为冷端用的直的或弯曲的端面封闭的冷端玻璃管（4）。

2. 根据权利要求1所述的带附加冷端管的节能灯管，其特征是灯管（3）的结构是螺旋形灯管、U形灯管、环形灯管、双D形灯管。

3. 根据权利要求1所述的带附加冷端管的节能灯管，其特征是冷端玻璃管（4）可以是一根空玻璃管或用以装载金属汞丸或汞齐的玻璃管。”

针对本专利，振欣公司于2005年7月26日向复审委提出了宣告本专利权无效的请求，同时，振欣公司提交了如下证据：

附件1（即对比文件1）：专利号为99211264.8的中国实用新型专利说明书复印件，公开日为2000年5月17日。

振欣公司的主要无效理由是：（1）本专利的发明点在于附加于灯管内侧面的冷端玻璃管，从而来保证光通量，对比文件1中公开了与灯管相连的起冷端作用的外接玻璃管，二者技术方案相同，又属于同一照明灯具领域，因此认为本专利的权利要求1~3相对于对比文件1不符合《中华人民共和国专利法》（下称《专利法》）第二十二条第二、三款有关新颖性和创造性的规定；（2）认为冷端玻璃管之所以能冷凝汞蒸汽，保证光通量的作用，是其材料决定的，其次才是它的形状，因此认为本专利的权利要求1~3不符合《中华人民共和国专利法实施细则》（下称《实施细则》）第二条第二款的有关规定。

对于上述无效宣告请求，专利复审委于2005年10月19日向双方当事人发出无效宣告请求受理通知书，同时将无效宣告请求书及其附件清单中所列附件的副本转寄给上诉人。

上诉人于2006年2月21日提交意见陈述书，其主要陈述意见为：（1）对比文件1中公开的是“一种低压汞蒸汽放电灯的冷端装置”，没有公开本专利的权利要求1限定的“一种带附加冷端管的节能灯管”的全部技术特征，特别没有公开本专利权利要求1限定的“灯管（3）的内侧面连接有一根作为冷端用的直的或弯曲的端面封闭的冷端玻璃管（4）”；（2）本专利中的冷端玻璃管可连接在不同结构的灯管的内侧面，由于这样的冷端玻璃管的尺寸可根据灯管功率、管径大小及应用要求而设置，保证了灯管输出最大的光通量，而且安置在内侧面，不占用冷端玻璃管安装空间和不影响灯管整体造型；（3）本专利权利要求1是对“一种带附加冷端管的节能灯管”的形状、构造或者其结合提出的适于实用的新的技术方案，符合《实施细则》第二条第二款的规定。

专利复审委于2006年2月27日向双方当事人发出口头审理通知书，定于2006年4月11日对本案进行口头审理，同时随口审通知书将上诉人于2006年2月21日提交的对该无效请求的意见陈述书转送给振欣公司。

口头审理于2006年4月11日如期举行，振欣公司当庭提交了无效宣告请求口头审理通知书回执，双方当事人均出席了口头审理。双方当事人对合议组成员没有回避请求，对合议组成员的变更没有异议。双方当事人对对方出庭人员的身份没有异议。赖勇清、关福民当庭表示对对比文件1的真实性没有异议。

振欣公司当庭明确其无效理由为：本专利的权利要求1~3相对于对比文件1不符合《专利法》第二十二条第二、三款有关新颖性和创造性的规定；且本专利权利要求1~3不符合《实施细则》第二条第二款的规定。

经审查专利复审委认为：

1. 关于《实施细则》第二条第二款的规定

《实施细则》第二条第二款中对作为专利法保护的对象的实用新型作了规定，即专利法所称的实用新型，是指对产品的形状、构造或者其结合所提出的适用于实用的新的技术方案。

本专利的权利要求1~3中记载的特征属于节能灯管的结构特征，即其要求保护的产品是具有一定形状和构造的产品，属于专利法所称实用新型的保护对象的范畴，因此本专利的权利要求1~3符合《实施细则》第二条第二款的规定。

2. 关于现有技术

对比文件1是公开日期早于本专利申请日的中国专利文献，且上诉人对其真实性未提出异议，所以其上记载的内容构成本专利的现有技术。

3. 关于新颖性

《专利法》第二十二条第二款规定：新颖性是指在申请日以前没有同样的发明或者实用新型在国内外出版物上公开发表过、在国内公开使用过或者以其他方式为公众所知，也没有同样的发明或者实用新型由他人向国务院专利行政部门提出过申请并且记载在申请日以后公布的专利申请文件中。

判断一项权利要求的新颖性时，应将权利要求记载的内容与对比文件中公开的相关的技术内容单独地进行比较，如果其技术方案相同，且属于相同的技术领域，解决的技术问题相同，带来相同的技术效果，则该权利要求不具备新颖性，否则，该权利要求具备新颖性。

（1）权利要求1符合《专利法》第二十二条第二款有关新颖性的规定。

权利要求1请求保护一种带附加冷端管的节能灯管，其包括下述技术特征：a. 导丝（1）；b. 芯柱（2）；c. 灯管（3）：d. 冷端玻璃管（4）；e. 在灯管（3）的内侧面连接；有一根作为冷端用的直的或弯曲的端面封闭的冷端玻璃管（4）。

对比文件1中公开了一种具有低压汞蒸汽放电灯的冷端装置的有罩节能灯1，该节能灯1具体包括下述特征：灯管3，该灯管3包括一经管壁接入口8连接且与灯管内部相通及与外界隔绝的外接玻璃管4（相当于权利要求1中的冷端玻璃管），该外接玻璃管4作为冷端用，且可以呈“L”形。虽然对比文件1中没有以文字形式记载下述技术特征：a. 导丝（1）；b. 芯柱（2），但是，在节能灯领域中，作为一个完整的节能灯，其必然包括导丝和芯柱，这是唯一且可以必然推知的，即对于本领域普通技术人员是不言而喻的。

权利要求1的带附加冷端管的节能灯管与对比文件1中公开的具有低压汞蒸汽放电灯的冷端装置的有罩节能灯1相比，其区别仅在于：权利要求1中的冷端玻璃管（4）连接于灯管（3）的内侧面，而对比文件1中的外接玻璃管4连接于U型灯管3的侧表面。

由于具有上述区别特征，使得权利要求1与对比文件1相比具有新颖性，符合《专利法》第二十二条第二款的有关规定。

（2）从属权利要求2和3符合《专利法》第二十二条第二款有关新颖性的规定。

基于权利要求1具备新颖性，引用其的从属权利要求2和3也具备新颖性，符合《专利法》第二十二条第二款的有关规定。

4. 关于创造性

《专利法》第二十二条第三款规定：创造性是指同申请日以前已有的技术相比，该发明有突出的实质性特点和显著的进步，该实用新型有实质性特点和进步。

在判断一项实用新型专利权利要求的创造性时，应当将权利要求限定的技术方案与现有技术中最接近的对比文件中公开的技术方案相对比，找出其区别技术特征，如果所述区别技术特征为所属领域公知常识，并且未使该权利要求所限定的技术方案具有预想不到的技术效果，则该权利要求不具备创造性。

（1）权利要求1不符合《专利法》第二十二条第三款有关创造性的规定。

虽然权利要求1与对比文件具有上述区别技术特征，即权利要求1中的冷端玻璃管（4）连接于灯管（3）的内侧面，而对比文件1中的外接玻璃管4连接于U型灯管3的侧表面，但上述区别技术特征没有给权利要求1的技术方案带来实质性特点和进步，因此权利要求1不具备创造性，具体评述理由如下：

根据专利说明书的记载，本专利要解决的技术问题是，克服现有技术中的节能灯管的冷端都是直接在灯管的某部位直接吹制形成，由于这种冷端结构受灯管结构的限制，难以达到足够的尺度，而且冷端的作用受灯管燃点位置的严重影响，对于大功率的灯管，由于管流大、管壁温度高，按现有结构的冷端无法起到提高灯管光通量的目的。为了解决上述技术问题，本专利所采用的冷端玻璃管附加在节能灯管上，其可连接在不同结构的灯管的内侧面，这样的冷端由于冷端尺寸可根据灯管功率、管径大小及应用要求而设置，从而保证灯管输出最大的光通量，而且安置在内侧面，不占用冷端玻璃管安装空间且不影响灯管整体造型。

而对比文件1公开的具有低压汞蒸汽放电灯的冷端装置的节能灯也是通过调节作为冷端的外接玻璃管4的长度和位置来获得最佳冷端温度，从而使节能灯输出较大的光通量。

由此可见，由于对比文件1公开的节能灯中的外接玻璃管4与本专利的冷端玻璃管都是采用外接方式，因此均可以通过调整其尺寸和位置来实现提高光通量的目的。

虽然，对比文件1中的外接玻璃管4连接于U型灯管3的侧表面，而非连接于灯管3的内侧面，但是从对比文件1的附图3可以看出，该外接玻璃管4位于该“U”型灯管的中间位置，并在该“U”型灯管的中间的空心部分延伸，因此，也避免了外接玻璃管额外地占用空间且不会影响灯管的造型。

综上所述，虽然权利要求1请求保护的技术方案与对比文件1公开的技术方案存在区别，但是该区别并未给权利要求1请求保护的技术方案带来任何实质的特点和进步。因此，权利要求1相对于对比文件1不符合《专利法》第二十二条第三款有关创造性的规定。

（2）从属权利要求2不符合《专利法》第二十二条第三款有关创造性的规定。

从属权利要求2的附加技术特征是“灯管（3）的结构是螺旋形灯管、U形灯管、环形灯管、双D形灯管”。对比文件1中（参见附图3）公开了灯管3的结构为近似“U”型的结构。对于本领域技术人员来说，螺旋形灯管、U形灯管、环形灯管、双D形灯管都是本领域常见的灯管结构，即为本领域公知常识。由此可知，在对比文件1的基础上结合上述公知常识而得出从属权利要求2的技术方案，对于本技术领域的普通技术人员来说是显而易见的，且上述结合并未带来任何意想不到的技术效果。因此从属权利要求2相对于对比文件1不符合《专利法》第二十二条第三款有关创造性的规定。

（3）从属权利要求3不符合《专利法》第二十二条第三款有关创造性的规定。

从属权利要求3的附加技术特征是“冷端玻璃管（4）可以是一根空玻璃管或用以装载金属汞丸或汞齐的玻璃管”。对比文件1中公开了本实用新型的低压汞蒸汽放电灯的冷端上存放的汞合金位于外接玻璃管4的末端10处。

本领域技术人员熟知，在冷端末端放置汞合金是为了更好地吸收灯管内的汞蒸汽，且是否在冷端末端放置汞合金取决于灯管本身是否需要。而对于无汞节能灯来说，必然不需要在冷端处再放入汞合金，这是本领域的公知常识。由此可知，在对比文件1的基础上结合上述公知常识而得出从属权利要求 3 的技术方案，对于本技术领域的普通技术人员来说是显而易见的，且上述结合并未带来任何意想不到的技术效果。因此从属权利要求 3 相对于对比文件 1 不符合《专利法》第二十二条第三款有关创造性的规定。

综上所述，权利要求 1 ~3 不符合《专利法》第二十二条第三款有关创造性的规定。

据此，专利复审委于 2006 年 6 月 27 日作出第 8402 号决定，宣告本专利全部无效。赖勇清、关福民不服第 8402 号决定，在法定期限内向北京市第一中级人民法院提起行政诉讼。北京市第一中级人民法院经审理判决维持被诉的第 8402 号决定，赖勇清、关福民不服一审判决上诉至本院。

专利复审委在法定期限内向一审法院提交了如下证据：1. 第 8402 号决定；2. 本专利说明书复印件；3. 第 99211264. 8 号实用新型专利说明书（即对比文件 1）复印件。

上诉人向一审法院提交了如下证据：1.《照明手册》科学出版社第 131 页复印件、《光源与照明》复旦大学出版社第 91 页复印件；2. 用户对专利产品的评价；3. 部分节能灯样品。

被上诉人振欣公司未向法院提交证据。

上述证据均已随案移送本院，经本院审查认为，专利复审委提交的证据与本案具有关联性，且合法真实，能够证明本案的事实，一审法院予以认定正确，本院应予确认。上诉人在一审期间提交的证据系其在行政程序中未提交的证据，依据最高人民法院《关于行政诉讼证据若干问题的规定》第五十九条的规定，一审法院不予采纳正确。

本院认为：各方当事人对于第 8402 号决定中关于本专利是否符合《实施细则》第二条第二款规定的认定、关于现有技术的认定及本专利是否具有新颖性的认定无异议。经审查，专利复审委对上述部分内容的评判符合法律规定，对此本院予以确认。本案争议的焦点问题是本专利是否符合《专利法》第二十二条第三款有关创造性的规定。

《专利法》第二十二条三款规定，创造性，是指同申请日以前已有的技术相比，该发明有突出的实质性特点和显著的进步，该实用新型有实质性特点和进步。

本专利与对比文件均属于节能灯管领域，二者的技术领域相同。依照《专利法》第五十六条的规定，实用新型专利权保护的范围以其权利要求的内容为准，说明书及附图可以用于解释权利要求。本专利权利要求 1 中未限定“冷端玻璃管不需要远离热源”，说明书也未对冷端玻璃管是否需要远离热源进行说明，因此，上诉人关于本专利还具有“冷端玻璃管不需要远离热源”这一区别技术特征的主张，缺乏事实和法律依据。本专利权利要求 1 与对比文件相比的区别技术特征仅在于“权利要求 1 中的冷端玻璃管（4）连接于灯管（3）的内侧面，而对比文件 1 中的外接玻璃管 4 连接于 U 型灯管 3 的侧表面”。

为解决现有的技术问题，本专利所采用的冷端玻璃管附加在节能灯管上，其可连接在不同结构的灯管的内侧面，这样的冷端由于冷端尺寸可根据灯管功率、管径大小及应用要求而设置，从而保证灯管输出最大的光通量，而且安置在内侧面，不占用冷端玻璃管安装空间且不影响灯管整体造型。对比文件 1 的说明书明确记载了冷端装置可以通过外接玻璃管的长度以及玻璃管密封末端位置加以调整，尽可能远离热源，故而可以获得最佳冷端温度。将权利要求 1 与对比文件相比较可知，对比文件的外接玻璃管与本专利的冷端玻璃管都是采用外接方式，均可以通过调整其尺寸和位置来实现提高光通量的目的。同时，对比文件 1 中的外接玻璃管 4 虽然连接于 U 型灯管 3 的侧表面，但该外接玻璃管 4 位于该“U”型灯管的中间位置，并在该“U”型灯管的中间的空心部分延伸，因此，其也避免了外接玻璃管额外地占用空间，且不会影响灯管的造型。因此，本专利权利要求 1 与对比文件 1 公开技术方案所存在的区别技术特征未给权利要求 1 的技术方案带来实质性特点和进步。权利要求 1 相对于对比文件 1 不具有创造性。

本专利从属权利要求 2 的附加技术特征是“灯管（3）的结构是螺旋形灯管、U 形灯管、环形灯管、双 D 形灯管”。对于本领域技术人员来说，螺旋形灯管、U 形灯管、环形灯管、双 D 形灯管都是本领域常见的灯管结构，即上述灯管结构是本领域公知常识。对比文件 1 公开了近似“U”型的灯管结构，在对比文件的基础上结合上述公知常识而得出从属权利要求 2 的技术方案，对于本技术领域的普通技术人员来说是显而易见的，且上述结合并未带来任何意想不到的技术效果。因此，本专利从属权利要求 2 不具备创造性。

本专利从属权利要求 3 的附加技术特征是“冷端玻璃管（4）可以是一根空玻璃管或用以装载金属汞丸或汞齐的玻璃管”。对比文件 1 中公开了低压汞蒸汽放电灯的冷端上存放的汞合金位于外接玻璃管 4 的末端 10 处的技术特征。因此，对比文件 1 已经公开了在冷端玻璃管放置汞合金的技术特征。同时，本领域技术人员熟知，在冷端末端放置汞合金是为了更好地吸收灯管内的汞蒸汽，且是否在冷端末端放置汞合金取决于灯管本身是否需要。因此，本领域普通技术人员通过现有公知技术并结合对比文件，能够得到权利要求 3 的技术方案的技术启示，故本专利从属权利要求 3 不具备创造性。

综上所述，本专利权利要求 1 ~ 3 相对于对比文件 1 不具备创造性。专利复审委作出的第 8402 号决定认定事实清楚，适用法律正确，行政程序合法，一审法院予以维持正确。上诉人赖勇清、关福民的上诉主张没有事实和法律依据，依法应当被驳回。据此，依照《中华人民共和国行政诉讼法》第六十一条第（一）项的规定，判决如下：

驳回上诉，维持原判。

二审案件受理费人民币 1000 元，由上诉人赖勇清、关福民负担（已交纳）。

本判决为终审判决。

审 判 长 朱海宏
代理审判员 景 滔
代理审判员 任全胜
二〇〇七年六月七日
书 记 员 王 芳

040

直流电磁推动器案

无效宣告请求审查决定（第8404号）

决　定　号　第8404号
决　定　日　2006年5月16日
发明创造名称　直流电磁推动器
国际分类号　H02K 33/02　F25D 23/00
无效请求人　东芝株式会社
专利权人　黄岩恒光制冷配件厂
专　利　号　00235314.8
申　请　日　2000年5月20日
授权公告日　2001年3月21日
合议组组长　蒋　彤
主　审　员　崔哲勇
参　审　员　张　度

法律依据　专利法第二十二条第二款
决定要点

同样的发明或实用新型由他人在申请日之前向专利局提出过申请并且记载在申请日以后公布的专利申请文件中，构成本专利的抵触申请，据此，应当宣告本专利无效。

一、案由

本无效宣告请求涉及国家知识产权局于2001年3月21日授权公告、申请号为00235314.8、名称为“直流电磁推动器”的实用新型专利权（下称本专利），其申请日为2000年5月20日、专利权人为黄岩恒光制冷配件厂（下称被请求人）。本专利授权公告的权利要求书如下：

“1. 直流电磁推动器，其特征在于有一个壳体，壳体内安装线圈部件（5），线圈部件壁上制有绝缘层（13），在线圈部件内孔中安装铁芯部件（2），铁芯部件的头部与被推动物体（12）相配合，在铁芯部件的另一头安装回复弹簧（10），线圈部件联接电源电路。

2. 如权利要求1所述的直流电磁推动器，其特征在于所述的电源电路是整流电路、滤波电路、控制电路、熔断器、线圈部件所组成。

3. 如权利要求2所述的直流电磁推动器，其特征在于所述的整流电路是二极管电桥整流（D）。

4. 如权利要求2所述的直流电磁推动器，其特征在于所述的控制电路（21）是按钮开并或者固态继电器。

5. 如权利要求1所述的直流电磁推动器，其特征在于铁芯部件（2）的头部安装缓冲套（1），缓冲套与被推动物体相配合。

6. 如权利要求1所述的直流电磁推动器，其特征在于线圈部件的绝缘层（13）与铁芯部件（2）

之间安装导套（6）。”

针对上述专利权，东芝株式会社（下称请求人）于2003年11月18日向国家知识产权局专利复审委员会提出了无效宣告请求，理由是本专利不符合专利法第二十二条第二款、第三款的规定，并提交了以下附件：

附件1：中国00124181.8号发明专利申请公开说明书，申请日2000年8月17日，公开日2001年2月21日，其优先权文件和优先权日分别为：

JP230541/1999 1999年8月17日

JP235418/1999 1999年8月23日

JP260305/1999 1999年9月14日

经形式审查合格，专利复审委员会受理了上述无效宣告请求，并于2003年12月12日将该无效宣告请求书及其附件的副本转送被请求人。

专利复审委员会依法成立合议组对本案进行审理，并于2004年2月18日向请求人发出无效宣告请求审查通知书，要求请求人提交附件1的优先权文件及其中文译文。

请求人于2004年4月7日提交意见陈述书，并提交了JP1999－230541和JP1999－260305优先权证明文件原件以及JP230541/1999、JP235418/1999、JP260305/1999优先权证明文件的复印件和中文译文，并表示由于JP1999－235418优先权证明文件涉及分案申请，将延迟提交。

专利复审委员会于2004年4月13日将请求人提交的上述意见陈述书和上述三个优先权证明文件的复印件和中文译文转送给被请求人。

请求人于2004年5月14日再次提交意见陈述书，并提交了JP1999－235418优先权证明文件原件。

国家知识产权局专利复审委员会于2005年1月31日向双方当事人发出口头审理通知书，定于2005年4月4日对本案进行口头审理。

口头审理于2005年4月4日如期举行，被请求人未出席口头审理。请求人对合议组成员没有回避请求，并当庭明确放弃有关创造性的无效理由，请求人明确其无效理由为本专利权利要求1～6相对于附件1不具备新颖性。

专利复审委员会于2005年4月5日发出转送文件通知书，将请求人于2004年5月14日提交的意见陈述书及附件副本转送被请求人，并指出被请求人如对专利复审委员会两次转送的优先权证明文件证明附件1的优先权是否成立持有异议，或者对上述优先权证明文件的中文译文内容持有异议，应当在收到通知书之日起一个月内提出反对意见和具体理由，否则视为当事人无异议。被请求人在规定期限内未予答复。

基于上述的工作，合议组认为双方当事人已经充分发表意见，本案事实已经清楚，可以作出本决定。

二、决定的理由

1. 证据认定

由于（1）合议组审查后确定转送给被请求人的JP230541/1999、JP235418/1999、JP260305/1999优先权证明文件复印件与原件相符，（2）被请求人未在规定期限内对专利复审委员会转送的上述优先权证明文件复印件的内容构成附件1的优先权提出异议，也未对上述优先权证明文件的中文译文准确性提出异议，（3）合议组审查后确认附件1中请求保护的主题已经记载在上述优先权证明文件中，因此对上述优先权证明文件构成附件1的优先权基础予以确认。鉴于附件1的优先权日早于本专利申请日，而其公开日晚于本专利申请日，且附件1为他人向中国专利局提交的专利申请，因此附件1可以作为评价本专利新颖性的证据使用。

2. 关于新颖性

本专利独立权利要求 1 请求保护一种直流电磁推动器，包括以下特征：

（1）有一个壳体，

（2）壳体内安装线圈部件（5），

（3）线圈部件壁上制有绝缘层（13），

（4）在线圈部件内孔中安装铁芯部件（2），

（5）铁芯部件的头部与被推动物体（12）相配合，在铁芯部件的另一头安装回复弹簧（10），线圈部件联接电源电路。

附件 1 中的说明书第 4 ~ 14 页以及附图 1 – 11 描述了用于冰箱冷藏室的电动开门单元 109 的一个实施例，（参见说明书第 5 页第 26 行）该电动开门单元 109 包括树脂制成的壳体 110，该壳体 110 中装有电磁螺线管 111，（参见说明书第 6 页第 2 ~ 10 行）该电磁螺线管 111 的整体为圆筒状，主要包括矩形框状的轭铁组 113 构成的线圈单元 112 以贯穿该线圈单元 112 和轭铁组 113 的状态设于该线圈单元 112 内的磁性体制成的插棒式铁心 114 以及相对该插棒式铁心 114 为同轴状固定的非金属推杆 115，如图 4 所示，该线圈单元 112 是在圆筒状树脂线圈骨架 112a 的周围绕上导线形成线圈 112b，再用不饱和聚酯树脂对该线圈 112b 进行模注从而形成外壳 112c（参见说明书第 8 页第 2、3 段）。在插棒式铁心 114 的周围，卷绕状安装有施加伸长作用力的、由压缩螺旋弹簧构成的复位用弹簧 125。上述这样构成的电磁螺线管 111 在其通电状态下（向线圈单元 112 的线圈 112b 通电的状态下），插棒式铁心 114 及推杆 115 靠向图 3 及 4 中的箭头 A 方向，当该通电停止时，由于复位用弹簧 125 的弹簧力，插棒式铁心 114 及推杆 115 返回原位置。（参见说明书第 9 页第 10 行）上述电动开门单元 109 内的电磁螺线管 111 利用直流电源电路 129 的输出，经上述温度保险丝 117 由直流电进行驱动。

将权利要求 1 与附件 1 进行比较，附件 1 中的壳体 110、线圈 112b、树脂线圈骨架 112a、插棒式铁心 114、复位用弹簧 125 和直流电源电路 129 分别对应于权利要求 1 中的壳体，线圈部件（5），绝缘层（13），铁芯部件（2），回复弹簧（10）和电源电路，且它们之间的连接关系也均相互对应。因此，附件 1 公开了权利要求 1 中的全部特征（1） – （5），即已经完全公开了权利要求 1 的技术方案，由于附件 1 与本申请的技术方案均涉及直流电磁推动器，其技术领域实质相同，并均能实现电磁推动开门装置的技术效果。因此权利要求 1 相对于附件 1 不具备新颖性，不符合专利法第二十二条第二款的规定。

权利要求 2 的附加技术特征为：所述的电源电路是整流电路、滤波电路、控制电路、熔断器、线圈部件所组成。附件 1 的附图 9 公开了附件 1 上述实施例的电路图（参见说明书第 9 页第 10 – 20 行），电磁螺线管 111 利用直流电源电路 129 的输出，经上述温度保险丝 117，由直流电进行驱动。直流电源电路 129 由全波整流电路 130 和接受其整流输出的平滑电容器 131 构成，全波整流电路 130 的一个交流输入端子通过抑制突发性电流用的保护电阻 133 及常开型控制用开关 134，与商用交流电源 135 的一个端子连接。附件 1 中的全波整流电路 130、平滑电容器 131、常开型控制用开关 134、温度保险丝 117、电磁螺线管 111 分别对应于权利要求 1 中的整流电路、滤波电路、控制电路、熔断器、线圈部件。因此附件 1 已经全部公开了权利要求 2 的附加技术特征，在其引用的权利要求 1 相对于附件 1 不具备新颖性时，权利要求 2 相对于附件 1 也不具备新颖性，不符合专利法第二十二条第二款的规定。

权利要求 3 的附加技术特征为：所述的整流电路是二极管电桥整流（D）。附件 1 中附图 9 所示的整流电路 130 也是二极管电桥整流电路。因此附件 1 已经全部公开了权利要求 3 的附加技术特征，在其引用的权利要求 2 相对于附件 1 不具备新颖性时，权利要求 3 相对于附件 1 也不具备新颖性，不符合专利法第二十二条第二款的规定。

权利要求 4 的附加技术特征为：所述的控制电路（21）是按钮开并或者固态继电器。参见说明书第 9 页第 17 ~ 24 行，附件 1 中使用了常开型控制用开关 134，由于所述按钮开关、固态继电器与上述开关 134 为惯用手段的直接置换，因此附件 1 已经全部公开了权利要求 4 的附加技术特征，在其引用的权利要求 2 相对于附件 1 不具备新颖性时，权利要求 4 相对于附件 1 也不具备新颖性，不符合专利法第二十二条第二款的规定。

权利要求 5 的附加技术特征为：铁芯部件（2）的头部安装缓冲套（1），缓冲套与被推动物体相配合。参见附件 1 中附图 4 和说明书第 7 页第 24 ~ 25 行，该推杆 115 的顶端部安装有包覆推压片 115a 的橡胶制成的帽子（相当于缓冲件）。因此附件 1 已经全部公开了权利要求 5 的附加技术特征，在其引用的权利要求 1 相对于附件 1 不具备新颖性时，权利要求 5 相对于附件 1 也不具备新颖性，不符合专利法第二十二条第二款的规定。

权利要求 6 的附加技术特征为：线圈部件的绝缘层（13）与铁芯部件（2）之间安装导套（6）。参见附件 1 中附图 4 和说明书第 7 页第 16 ~ 17 行，在线圈骨架 112a 内侧配置有穿插插棒式铁心 114 用的圆筒状的套筒 123（相当于权利要求 6 所述的安装导套 6）。因此附件 1 已经全部公开了权利要求 6 的附加技术特征，在其引用的权利要求 1 相对于附件 1 不具备新颖性时，权利要求 6 相对于附件 1 也不具备新颖性，不符合专利法第二十二条第二款的规定。

三、决定

宣告第 00235314.8 号实用新型专利权全部无效。

当事人对本决定不服的，可以根据专利法第四十六条第二款的规定，自收到本决定之日起三个月内向北京市第一中级人民法院起诉。根据该款的规定，一方当事人起诉后，另一方当事人应当作为第三人参加诉讼。

041

拉丝效果鞋跟案

无效宣告请求审查决定（第 8407 号）

决　定　号　第 8407 号
决　定　日　2006 年 6 月 14 日
发明创造名称　拉丝效果鞋跟
国际分类号　A43B 21/00
无效请求人Ⅰ　黄星强
无效请求人Ⅱ　钱　阳
专 利 权 人　陈金龙
专　利　号　03267403.1
申　请　日　2003 年 7 月 9 日
授权公告日　2004 年 8 月 11 日
合议组组长　张　度
主　审　员　朱芳芳
参　审　员　杜　宇

法律依据　专利法第二十二条第二款、第三款
决定要点

使用公开是指在国内通过制造、使用、销售、进口或者演示等方式使公众能够了解其技术内容，达到任何一个人如果愿意就可以知晓该技术方案的状态。如果要以使用公开为理由来宣告一项专利权无效，那么无效宣告请求人就负有举证责任，若其证据不能组成完整的证据链证明在申请日之前所述专利的技术内容已由于使用公开而处于公众想得知就能得知的状态，则未完成举证责任，应承担其举证不能的后果。

在缺乏有关公知常识的证据的情况下，简单认定本专利所采用的技术内容是本领域普通技术人员的公知常识的理由是不充分的。

一、案由

本无效宣告请求涉及中华人民共和国国家知识产权局于 2004 年 8 月 11 日授权公告的申请号为 03267403.1 的实用新型专利的专利权，其名称为拉丝效果鞋跟，申请日为 2003 年 7 月 9 日，专利权人是陈金龙（下称被请求人）。

本专利授权公告的权利要求书如下：

“1. 一种拉丝效果鞋跟，其特征是：在塑料鞋跟（1）的可视外表面上设有至少一层涂层，其中的外层为拉丝状涂层（2）。

2. 根据权利要求 1 所述的鞋跟，其特征是：在拉丝状涂层（2）外设有一层透明 UV 涂料面层（3）。”

针对上述专利权（下称本专利），黄星强（下称第一请求人）于2005年2月28日向国家知识产权局专利复审委员会提出了宣告本专利权无效的请求，其无效理由是：本专利不符合专利法第二十二条第一至三款的规定，并提交了如下证据的复印件：

附件1：具有拉丝效果的鞋跟样板的十六个实物的图片；

附件2：提货单复印件15份；

附件3：证明复印件12份；

附件4：收款收据复印件58份；

附件5：提（付）货清单及提货对账单复印件5份。

对于上述无效宣告请求，专利复审委员会经形式审查合格，受理上述无效请求，同时将无效宣告请求书及其附件清单中所列附件的副本转寄给被请求人，要求被请求人在指定期限内进行意见陈述。

被请求人在指定期限内没有提交书面意见陈述书。

针对本专利，钱阳（下称第二请求人）于2005年3月14日向国家知识产权局专利复审委员会提出了宣告本专利权无效的请求，其无效理由是：本专利不符合专利法第二十二条第一至三款的规定，并提交了如下附件作为证据：

证据1：请求人共提交两套发货单：

第一套：发货单和出货单复印件共26份；

第二套：发货单和出货单复印件共25页；

证据2：美莉佳清款单复印件6页、传真件（晋泰鞋厂发给美莉佳）复印件6页（证据清单中的所写的7页传真与事实不符）；

证据3：生产技术要求单复印件2页。

对于上述无效宣告请求，专利复审委员会经形式审查合格，受理上述无效请求，同时将无效宣告请求书及其附件清单中所列附件的副本转寄给被请求人，要求被请求人在指定期限内进行意见陈述。

被请求人在指定期限内没有提交书面意见陈述书。

根据审查指南的相关规定，合议组决定对上述两个无效请求合案审理。合议组于2005年12月30日向各方当事人发出口头审理通知书，定于2006年2月15日对本案进行口头审理。

口头审理如期举行，各方当事人均参加了口头审理。各方当事人对合议组成员没有回避请求。各方当事人对对方出庭人员没有异议。

第一和第二请求人分别当庭提交了以下证据原件。具体原件清单如下：

由第一请求人提供的证据原件：

编号为No. 0020731、No. 0003661、No. 0022587、No. 0020441、No. 0005602、No. 0005404、No. 0005226、No. 0028938、No. 0022270、No. 0023133、No. 0002068、No. 0001563、No. 0020922的提货单以及编号不详、客户名称为康达、日期为2003年3月12日的提货单，共14份；

由广州白云区江高金时鞋厂、广州市福成兰迪鞋业有限公司、中山市康达鞋业有限公司、广州市嘉芙莲鞋业有限公司、原顺德市兴龙鞋业皮具有限公司现更名为顺德市龙江镇大明鞋材厂、佛山市高明港星鞋业有限公司、南海区和顺创意图鞋厂、鹤山市诚达鞋材有限公司、南海儒溪现代鞋业有限公司、鹤山市创意鞋厂、黄岐缤姿鞋厂和广州美璐达鞋业公司出具的12份书面证言原件；

编号为No. 0004330、No. 0004001、No. 0002400、No. 0004283、No. 003620、No. 0002393、No. 003613、No. 0002384、No. 0004346、No. 0004035、No. 0002346、No. 0002361、No. 003606、No. 0002370、No. 0004198、No. 0004927、No. 003586、No. 0004478、No. 0004429、No. 0004460、No. 0004405、No. 0004990、No. 0004562、No. 0004430、No. 0004770、No. 0004567、No. 0004816、No. 0004570、

No. 0004818、No. 0004575、No. 0004824、No. 0004580、No. 0004835、No. 0003816、No. 0004624、No. 0004619、No. 0003289、No. 0004618、No. 0003316、No. 0004607、No. 0003308、No. 0000495、No. 0000442、No. 0000479、No. 0000430、No. 0000469、No. 0000416、No. 0004741、No. 0004695、No. 0004596、No. 0004664、No. 0004583、No. 0004837、No. 0003848、No. 0002456 的收据，共 55 份；

由第二请求人提供的证据原件：

编号为：No. 0002374、No. 0001576、No. 0001577、No. 0001517、No. 0001116、No. 0001875、No. 0001880、No. 0002005、No. 0002004、No. 0000153、No. 0000159、No. 0000160、No. 0000161、No. 0000162、No. 0000163、No. 0000164、No. 000170 的发货单或出货单，共 17 份；以及 6 页清款单原件、6 页传真页原件和 2 页生产技术要求单。

第一和第二请求人当庭明确其无效理由为：本专利在申请日之前已经公开使用，不具备新颖性。

被请求人当庭表示：请求人所提交的实物图片没有日期；提货清单和收款收据上所填写的日期随意性强，不能确认；证明中的图章无营业执照，并且没有法人代表签名；对账单是传真件，日期在传真机上可调，不能确认；提货清单无原件；发货单和出货单上所填写的日期随意性强，不能确认；被请求人对请求人所提交的证据的真实性均有异议。

至此，合议组认为本案的事实已清楚，作出如下决定。

二、决定的理由

（一）关于使用公开

1. 相关法律规定

专利法第二十二条第二款规定：新颖性是指在申请日以前没有同样的发明或者实用新型在国内外出版物上公开发表过、在国内公开使用过或者以其他方式为公众所知，也没有同样的发明或者实用新型由他人向国务院专利行政部门提出过申请并且记载在申请日以后公布的专利申请文件中。

使用公开是指在国内通过制造、使用、销售、进口或者演示等方式使公众能够了解其技术内容，达到任何一个人都可以知晓该技术方案的状态。如果要以使用公开为理由来宣告一项专利权无效，那么无效宣告请求人就负有举证责任，若其证据不能组成完整的证据链证明在申请日之前所述专利的技术内容已由于使用公开而处于公众想得知就能得知的状态，则未完成举证责任，应承担其举证不能的后果。

2. 关于证据和证人证言的认定

（1）关于第一请求人提供的证据和证人证言的认定

第一请求人提交的附件 1 为具有拉丝效果的鞋跟样板的十六个实物的图片，以证明第一请求人在 2003 年 7 月 9 日之前就已经开发出并批量生产并公开销售具有拉丝效果的鞋跟。合议组认为该证据存在如下不足之处：上述图片没有日期，无法证明在本专利申请日之前生产如图所示的拉丝鞋跟；且无法证明公开销售的事实。

第一请求人提交的附件 2 为请求人经营的原南海市九江镇下北联丰五金塑料厂的 15 份提货单的复印件，并且当庭出示了原件，其中未提交编号为 No. 0036037 的提货单原件；附件 3 是分别由广州白云区江高金时鞋厂、广州市福成兰迪鞋业有限公司、中山市康达鞋业有限公司、广州市嘉芙莲鞋业有限公司、原顺德市兴龙鞋业皮具有限公司现更名为顺德市龙江镇大明鞋材厂、佛山市高明港星鞋业有限公司、南海区和顺创意图鞋厂、鹤山市诚达鞋材有限公司、南海儒溪现代鞋业有限公司、鹤山市创意鞋厂、黄岐缤姿鞋厂和广州美璐达鞋业公司出具的 12 份书面证言复印件，且当庭出示了原件；附件 4 是 58 份收款收据的复印件，并且当庭出示了原件，其中未提交编号为 No. 0002440、No. 0004644、No. 0003808 的收款收据的原件；以证明：（1）由十二个以上的成鞋生产厂家知道已有人公开使用并且要求开发、生产具有拉丝效果的鞋跟；（2）请求人经营的原南海市九江镇下北联丰五金塑料厂曾于2002年12月16日开始至2003年7月6日间大量生产并销售具有拉丝效果的鞋跟。

对于上述这些证据，被请求人在口头审理中对上述证据的真实性提出异议，并提出如下质疑：提货单和收款收据上所填写的日期随意性强，不能确认；出具书面证言的单位没有提供营业执照，并且书面证言中没有法人代表签名。

合议组认为上述证据存在如下缺陷：首先，第一请求人提交的提货单和收款收据均为存根联，同时也未提交与其相对应的客户联作为佐证来证明，因此，无法对被请求人针对提货单和收款收据上填写的日期所提出的质疑进行合理的解释；其次，第一请求人提交的12份书面证言属于单位法人出具的证人证言，其书面证言上没有法人代表或自然人的签章，而证人证言应是由有记忆能力的自然人凭记忆对以前所发生事实的回忆，而企业法人不具有自然人所特有的记忆能力，故仅有单位签章的证人证言是不充分的，况且，证人证言应经双方庭审质证才能确认其真实性，未经质证的证人证言不能单独作为认定事实的依据，因此即使证据经公证，证人证言的真实性也须经庭审双方质证才能确认其真实性。而在口头审理中，除广东省鹤山市诚达鞋材有限公司之外，其他证人证言的出具单位均未出庭作证。故合议组对于由广州白云区江高金时鞋厂、广州市福成兰迪鞋业有限公司、中山市康达鞋业有限公司、广州市嘉芙莲鞋业有限公司、原顺德市兴龙鞋业皮具有限公司现更名为顺德市龙江镇大明鞋材厂、佛山市高明港星鞋业有限公司、南海区和顺创意图鞋厂、南海儒溪现代鞋业有限公司、鹤山市创意鞋厂、黄岐缤姿鞋厂和广州美璐达鞋业公司出具的11份证人证言不予采信。

虽然在口头审理中，证人梁达安声称自己为广东省鹤山市诚达鞋材有限公司总经理，并出庭作证。但是，合议组认为：该证人当庭陈述的证言与其所要证明的书面证言都是人脑对过去所见所闻的事物事后追忆的产物，其真实性、可靠性必然受到人的生理能力，例如：听力、视力及记忆力的制约，更容易受到主观因素的深刻影响，例如：有无利害关系，有无人为因素的影响等情形。由于证言的客观真实性受到上述主、客观方面的双重制约，若要这种证言作为判定专利权无效的证言，请求人或证人就必须证明其证言内容符合客观事实。而在本案中，请求人和证人均未能证明其证言属实，证言的客观性方面存在下述缺陷：只有主观断言而看不到客观依据，证人与本案有直接的利害关系。因此，合议组认为，由广东省鹤山市诚达鞋材有限公司出具的书面证言缺少佐证支持，其陈述内容的真实性不确定，合议组不予采信。

因此，上述这些存在疑点的证据，合议组不予采信。

第一请求人提交的附件5为提（付）货清单及提货对账单的复印件共5份，以证明佛山市南海区九江镇强兴鞋材厂在2003年7月9日之前就已经批量生产并公开销售具有拉丝效果的鞋跟，并且在口头审理时，佛山市南海区九江镇强兴鞋材厂的经营者张志强出庭作证。

合议组认为上述证据存在如下缺陷：首先，第一请求人未提交提（付）货清单的原件；其次，提货对账单为传真件，而未公证，因此，对于附件5的真实性，合议组不予采信。

（2）关于第二请求人的证据的认定

第二请求人提交的证据1为广州市美莉佳鞋材公司的26份发货单和出货单的复印件，并且当庭出示了原件，其中未提交编号为No. 0001878、No. 000165、No. 000168的发货单原件；以证明：在2002年11月3日至2003年5月间，应众多成鞋生产厂家的要求，已经公开提供大量具有拉丝效果的鞋跟。

对于上述这些证据，被请求人在口头审理中对上述证据的真实性提出异议，并提出如下质疑：发货单和出货单上所填写的日期随意性强，不能确认。

合议组认为上述证据存在如下缺陷：首先，第一请求人提交的发货单为存根联，同时也未提交与其相对应的客户联作为佐证来证明，因此，无法对被请求人针对发货单上填写的日期所提出的质疑进行合理的解释。因此，对于上述有疑点的证据，合议组不予采信。

第二请求人提交的证据2为美莉佳清款单6页和传真件6页，并且当庭出示了原件，其中仅第1页标注有“2/10－03.6/5”字样的日期，第2至6页中没有标注任何日期，且第1页和第4页为第三联，即清款联，第2页和第5页为第一联，存根联，第3页和第6页为第二联，即客户联，以证明：从2002年11月7日起，开始公开向晋泰厂提供各种具有拉丝效果的鞋跟，并且批量生产。

合议组认为：首先，上述清款单中的日期标注不明确，且清款联、存根联和客户联彼此相互不对应，在被请求人对其真实性提出异议的情况下，第二请求人未作出合理的解释，也未提供佐证来证明；其次在被请求人对传真件的真实性提出异议的情况下，第二请求人未作出合理的解释，同时也未提供佐证来证明，因此，证据2的真实性不确定，合议组不予采信。

第二请求人提交的证据3为生产技术要求单2页，以证明早在2003年2～3月份，有关的生产技术已经十分成熟并正常、公开使用。

合议组认为：上述证据3为单位内部的资料，在被请求人对其真实性提出异议的情况下，第二请求人未作出合理的解释，也未提出佐证，因此其真实性不确定，合议组不予采信。

基于上述分析，合议组认为，第一和第二请求人提交的证据均不能构成完整有效的证据链，不足以证明本专利不符合专利法第二十二条第二款的有关规定。请求人对其提出的请求宣告专利权无效的主张有责任提供充分的证据，如果其提供的证据不够充分，请求人应承担其主张不能成立的法律后果。

（二）关于创造性

专利法第二十二条第三款规定：创造性是指同申请日以前已有的技术相比，该发明有突出的实质性特点和显著的进步，该实用新型有实质性特点和进步。

第一和第二请求人均提出以下观点：作出这种拉丝效果方法简单多种，既可以使用沙纸、砂石，又可以使用钢丝球、钢丝网，还可以使用铜网等随意擦拭油漆面即可达到拉丝效果，这种方法已广泛应用于五金加工、木制家具表面处理等行业，并不具备任何创造性。

合议组认为：在缺乏有关公知常识的证据的情况下，简单认定本专利所采用的技术内容是本领域普通技术人员的公知常识的理由是不充分的。因此，合议组对于请求人的上述主张不予支持。

三、决定

维持03267403.1号实用新型专利权有效。

当事人对本决定不服的，可以根据专利法第四十六条第二款的规定，自收到本决定之日起三个月内向北京市第一中级人民法院起诉。根据该款的规定，一方当事人起诉后，另一方当事人应当作为第三人参加诉讼。

042

电缆管案

无效宣告请求审查决定（第8437号）

决　定　号　第8437号
决　定　日　2006年6月26日
发明创造名称　电缆管
国际分类号　H02G 9/06
无效请求人　青岛元鼎非金属制品有限责任公司
专利权人　河北省吴桥天马纤维水泥制品有限公司
专　利　号　00253753.2
申　请　日　2000年9月30日
授权公告日　2001年8月15日
合议组组长　马　昊
主　审　员　周雷鸣
参　审　员　樊晓东

法律依据　专利法第二十二条第二款、第二十二条第三款
决定要点

现有技术与本专利属于相同的技术领域，已经公开了权利要求的全部技术特征，并且其所要解决的问题实质上相同、产生的技术效果相同，则该权利要求不具备新颖性；否则，该权利要求具备新颖性。

如果一项权利要求与现有技术相比存在区别技术特征，该区别技术特征在现有技术中没有启示，并且带来了有益技术效果，则该项权利要求符合专利法第二十二条第三款关于创造性的规定。

一、案由

本无效宣告请求涉及国家知识产权局于2001年8月15日授权公告的00253753.2号实用新型专利权（下称本专利），其名称为“电缆管”，申请日为2000年9月30日，专利权人（下称被请求人）为河北省吴桥天马纤维水泥制品有限公司。

本专利授权公告的权利要求书如下：

“1. 一种电缆管，其特征在于电缆管在管壁中沿纵向分布有金属条。

2. 根据权利要求1所述的电缆管，其特征在于金属条为钢条。

3. 根据权利要求1或2所述的电缆管，其特征在于金属条为多条。

4. 根据权利要求1或2所述的电缆管，其特征在于金属条等间距分布在管壁中。

5. 根据权利要求1或2所述的电缆管，其特征在于金属条与金属条间沿管壁环向用绳或其他连接物捆扎连接。”

针对上述专利权，2005年9月5日，青岛元鼎非金属制品有限责任公司（下称请求人）向专利

复审委员会提交了无效宣告请求书和附件，其中无效宣告请求的理由是本专利权利要求1～10不符合专利法第二十二条第二款的规定和专利法第二十二条第三款的规定，提交的附件如下：

附件1:《混凝土》，1983年4月第1版第一次印刷，版权页、第204～219页的复印件，共5页；

附件2:《钢筋混凝土离心管结构》，1977年12月第一版第一次印刷，首页、版权页、第15、31、51～56、112、113页的复印件，共12页；

附件3:《建筑材料辞典》，1981年7月第一版第一次印刷，首页、版权页、第262、263、300、301、322、323页的复印件，共5页；

附件4:《建筑材料手册》，1982年年6月第1版，1983年7月第2次印刷，首页、版权页、第538、597页的复印件，共5页；

附件5：中华人民共和国国家标准《环形钢筋混凝土电杆GB396－84》，上面印有“国家标准局1984年7月30日发布”的字样，第119、170～175页的复印件，共7页；

附件6：中华人民共和国国家标准《环形预应力混凝土电杆GB4623－84》，上面印有“国家标准局1984年7月30日发布”的字样，第191～199页的复印件，共9页；

附件7：中华人民共和国国家标准《混凝土和钢筋混凝土排水管GB11836－89》，上面印有“国家技术监督局1989年11月30日批准”的字样，1990年8月1日实施，第1－8页的复印件，共8页；

附件8：98249498.X号中国实用新型专利说明书，授权公告日2000年2月9日，复印件，共4页；

附件9：85105541号中国发明专利申请审定说明书，审定公告日1987年9月16日，复印件，共12页；

附件10：90209822.5号中国实用新型专利申请说明书，公告日1991年4月17日，复印件，共5页；

附件11：93234477.1号中国实用新型专利说明书，授权公告日1994年7月27日，复印件，共6页。

经形式审查合格，专利复审委员会受理了该无效宣告请求，并于2005年9月7日向双方当事人发出无效宣告请求受理通知书，并将无效宣告请求书及其附件的副本转给被请求人，要求被请求人在指定期限内陈述意见。

专利复审委员于2005年10月24日收到被请求人的意见陈述书及其附件1－4，其主要理由是：本专利独立权利要求1是电缆管，其与请求人提供的电杆、排水用的混凝土管等不同；该电缆管所用的材料是海泡石纤维、玻璃纤维等各种纤维做增强材料的产品，而不是请求人所理解的钢筋混凝土管；权利要求1的电缆管仅在纵向分布有金属条，不同于请求人证据中具有纵向、环向钢筋，与请求人证据中的产品与本专利的外观结构形状、使用领域和效果不同；因此独立权利求1具备新颖性和创造性；从属权利要求也具备创造性；其提交的附件1－4是：

附件1（下称附件12）：中华人民共和国建材行业标准JC537－538－94《石棉水泥电缆管、落水管、排污管及其接头》，上面印有“国家建筑材料工业局1994年2月11日发布”的字样，复印件，共14页；

附件2（下称附件13）：中华人民共和国国家标准GB/T11836－1999《混凝土和钢筋混凝土排水管》，上面印有“国家技术监督局1999年7月30日发布”的字样，复印件，共14页；

附件3（下称附件14）：中华人民共和国建材行业标准JC448－91《钢筋混凝土井管》，上面印有“国家建筑材料工业局1991年11月11日发布”的字样，复印件，共8页；

附件4（下称附件15）：中华人民共和国国家标准GB396－94《环形钢筋混凝土电杆》，上面印有“国家技术监督局1994年12月22日发布”的字样，原件，共14页；

2006年1月5日专利复审委员会向双方当事人发出口头审理通知书，定于2006年3月2日在专利复审委员会举行口头审理，并随口头审理书转送被请求人的意见陈述书及其附件副本给请求人。

2006年3月2日口头审理如期举行。请求人、被请求人同时出席了口头审理。在口头审理中，（1）请求人对合议组成员无回避请求，双方当事人对对方出庭人员的身份无异议；（2）合议组当庭转给被请求人由请求人当庭提交的意见陈述书；（3）请求人当庭出示附件1、附件2、附件3、附件4的原件，请求人未当庭出示附件5、附件6、附件7的原件；（4）被请求人当庭核实上述原件并表示复印件与原件一致，当庭表示对附件1、附件2、附件3、附件4、附件8、附件9、附件10、附件11的真实性没有异议；对附件5、6、7的真实性有异议；（5）被请求人自称当庭出示附件13、14、15的原件；请求人当庭核实上述证据的原件，对附件13、15的真实性没有异议，请求人认为出示的附件14不是原件；（6）请求人明确其无效理由为：附件8作为评述新颖性的最接近的对比文件，附件8评述本专利权利要求1、2的新颖性；附件1、2、4、5、6、7、9、10、11分别评述权利要求1～5的新颖性；附件8作为评述创造性的最接近的对比文件，附件8评述权利要求1、2的创造性，附件8分别结合附件2、4、5、6、7、9、10评述权利要求3的创造性；附件8分别结合附件2、5、6、9、10评述权利要求4的创造性；附件8分别结合附件5、6、10、11评述权利要求5的创造性。

至此，合议组经过合议，认为双方当事人已经充分地陈述了意见，本案事实已经清楚，依法作出如下审查决定。

二、决定的理由

1. 无效理由和证据

请求人未能出示附件5、附件6、附件7的原件，也未能证明附件5、附件6、附件7的真实性，被请求人对其真实性有异议，因此合议组对附件5、附件6、附件7不予采信。

被请求人未能出示附件12、附件14的原件，也未能证明附件12、附件14的真实性，请求人对其真实性有异议，因此合议组对附件12、附件14不予采信。

合议组可采信的证据是：附件1、附件2、附件3、附件4、附件8、附件9、附件10、附件11、附件13、附件15。附件1、附件2、附件3、附件4、附件8、附件9、附件10、附件11的公开日均在本专利的申请日之前，可以用于评价本专利的新颖性和创造性。

请求人主张：附件8作为评述新颖性的最接近的对比文件，评述本专利权利要求1、2的新颖性，附件1、2、3、4、9、10、11分别评述权利要求1～5的新颖性；附件8评述权利要求1、2的创造性，附件8分别结合附件2、4、9、10评述权利要求3的创造性；附件8分别结合附件2、9、10评述权利要求4的创造性；附件8分别结合附件10、11评述权利要求5的创造性。

2. 新颖性和创造性

专利法第二十二条第二款规定：新颖性，是指申请日以前没有同样的发明或者实用新型在国内外出版物上公开发表过、在国内公开使用过或者以其他方式为公众所知，也没有同样的发明或者实用新型由他人向国务院专利行政部门提出过申请并且记载在申请日以后公布的专利申请文件中。

新颖性的审查基准是：“同样的发明创造或者实用新型，是指技术领域、所要解决的技术问题和技术方案实质上相同，预期效果相同的发明或者实用新型。”

专利法第二十二条第三款规定：创造性，是指同申请日以前已有的技术相比，该发明有突出的实质性特点和显著的进步，该实用新型有实质性特点和进步。

（1）关于权利要求1的新颖性

权利要求1的技术方案是：“一种电缆管，其特征在于电缆管在管壁中沿纵向分布有金属条。”

附件8（参见说明书第1页）中公开了一种电缆排管（对应于权利要求1的电缆管），该管的形状为长方立柱形，顺向排列有多个圆柱，顺立柱的实体中还铺设有钢筋（对应于权利要求1的金属条）。

权利要求1的技术方案与附件8相比，附件8与本专利的技术领域相同，附件8已经公开了权利要求1的全部技术特征，并能产生相同的技术效果，因此该权利要求相对于附件8不具备新颖性，不符合专利法第二十二条第二款关于新颖性的规定。

对于被请求人的理由：“电缆管所用的材料是海泡石纤维、玻璃纤维等各种纤维做增强材料的产品，其与请求人提供的电杆、排水用的混凝土管等不同”、“请求人证据中的产品与本专利的外观结构形状、使用领域和效果不同”，合议组认为，权利要求1中没有记载电缆管具体使用的材料、电缆管的外观结构形状等相关内容，而附件8中公开的电缆排管与权利要求1的电缆管都是用于放置、保护电缆的管，两者属于相同的技术领域，产生的效果相同，因此被请求人的理由不成立。

（2）关于权利要求2的新颖性

权利要求2是权利要求1的从属权利要求，其附加技术特征是：“金属条为钢条”。

附件8（参见说明书第1页倒数第2、3行）中公开了顺立柱的实体中还铺设有钢筋（对应于权利要求1的金属条为钢条）。因此，附件8已经公开了权利要求1的全部技术特征，并能产生相同的技术效果，因此该权利要求相对于附件8不具备新颖性，不符合专利法第二十二条第二款关于新颖性的规定。

鉴于权利要求1和权利要求2相对于附件8不具备新颖性，合议组不再评述请求人针对权利要求1和权利要求2提出的其他无效理由和其他证据。

（3）关于权利要求3的新颖性

权利要求3是权利要求1、2的从属权利要求，其附加技术特征是：“ 金属条为多条”。

附件1（参见附件1全文）公开的是混凝土预制管，其中按照特殊要求设计的预制管可使用在有孔电缆管等。附件1中没有公开权利要求3的附加技术特征“金属条为多条”，因此本专利权利要求3的技术方案与附件1不相同，因此本专利权利要求3相对于附件1具备新颖性，符合专利法第二十二条第二款关于新颖性的规定。

附件2（参见附件2全文）中公开的是钢筋混凝土离心管结构，其中管结构杆件的钢筋骨架，由纵向主筋和环向箍筋构成，圆管柱的纵向钢筋不少于6根，沿环形管的周边均匀配置有钢筋等。附件2中没有公开上述钢筋混凝土离心管可用做电缆管，因此附件2与本专利的技术方案实质上不同，因此权利要求3相对于附件2具备新颖性，符合专利法第二十二条第二款关于新颖性的规定。

附件3（参见附件3全文）中公开的是管，其中按承受内压的能力可分为压力管和无压管（电缆管等），石棉水泥管采用不同的石棉配料与工艺可制成压力管和无压管，无压管可用做电缆管等。附件3中没有公开权利要求3的附加技术特征“金属条为多条”，因此本专利权利要求3的技术方案与附件3不相同，因此本专利权利要求3相对于附件3具备新颖性，符合专利法第二十二条第二款关于新颖性的规定。

附件4（参见附件4全文）中公开的是砼电杆和钢筋砼下水管等。砼电杆是用于架空线路，钢筋砼下水管用于输送水等是本领域的公知常识。附件4中的砼电杆和钢筋砼下水管与电缆管属于不同的技术领域，因此权利要求3相对于附件4具备新颖性，符合专利法第二十二条第二款关于新颖性的规定。

附件9（参见附件9全文）中公开的是一种均匀分布的钢丝加强的普通混凝土管，其中输送压力流体所用的混凝土管可分为：普通混凝土钢筋混凝土管和加预应力的钢筋混凝土管，均匀分布的钢丝加强的普通混凝土管基本上是以普通钢筋混凝土制成的，其特点是加强筋由细钢丝构成，对钢丝不加拉力，金属加强筋彼此靠得很紧并分布在整个混凝土基体中，其中的钢丝加强筋由一定数量的圆周加强筋和纵向加强筋组成。附件9中的均匀分布的钢丝加强的普通混凝土管与电缆管属于不同的技术领域，因此权利要求3相对于附件9具备新颖性，符合专利法第二十二条第二款关于新颖性的规定。

附件10（参见附件10全文）中公开的是一种波形钢丝环形混凝土电杆，该电杆用于架空线路。附件10中的电杆与电缆管属于不同的技术领域，因此权利要求3相对于附件10具备新颖性，符合专利法第二十二条第二款关于新颖性的规定。

附件11（参见附件11全文）中公开的是混凝土管道构件，是一种排放屋面雨水和厨房、卫生间污水园管形状的下水管道。附件11中的混凝土下水管与本专利的电缆管属于不同的技术领域，因此权利要求3相对于附件11具备新颖性，符合专利法第二十二条第二款关于新颖性的规定。

（4）关于权利要求4的新颖性

权利要求4是权利要求1、2的从属权利要求，其附加技术特征是："金属条等间距分布在管壁中"。

附件1中没有公开权利要求4的附加技术特征"金属条等间距分布在管壁中"，因此本专利权利要求4的技术方案与附件1不相同，因此本专利权利要求4相对于附件1具备新颖性，符合专利法第二十二条第二款关于新颖性的规定。

附件2公开的是钢筋混凝土离心管结构，没有公开钢筋混凝土离心管可用做电缆管，因此附件2与本专利的技术方案实质上不同，因此权利要求4相对于附件2具备新颖性，符合专利法第二十二条第二款关于新颖性的规定。

附件3公开的是管，其中没有公开权利要求4的附加技术特征"金属条等间距分布在管壁中"，因此本专利权利要求4的技术方案与附件3不相同，因此本专利权利要求4相对于附件3具备新颖性，符合专利法第二十二条第二款关于新颖性的规定。

附件4公开的是砼电杆和钢筋砼下水管等，砼电杆和钢筋砼下水管与电缆管属于不同的技术领域，因此权利要求4相对于附件4具备新颖性，符合专利法第二十二条第二款关于新颖性的规定。

附件9公开的是一种均匀分布的钢丝加强的普通混凝土管，其中均匀分布的钢丝加强的普通混凝土管与电缆管属于不同的技术领域，因此权利要求4相对于附件9具备新颖性，符合专利法第二十二条第二款关于新颖性的规定。

附件10公开的是一种波形钢丝环形混凝土电杆，其中的电杆与电缆管属于不同的技术领域，因此权利要求4相对于附件10具备新颖性，符合专利法第二十二条第二款关于新颖性的规定。

附件11公开的是混凝土管道构件，其中的混凝土下水管与本专利的电缆管属于不同的技术领域，因此权利要求4相对于附件11具备新颖性，符合专利法第二十二条第二款关于新颖性的规定。

（5）关于权利要求5的新颖性

权利要求5是权利要求1、2的从属权利要求，其附加技术特征是："金属条与金属条间沿管壁环向用绳或其他连接物捆扎连接"。

附件1中没有公开权利要求5的技术特征"金属条与金属条间沿管壁环向用绳或其他连接物捆扎连接"，因此本专利权利要求5的技术方案与附件1不相同，因此本专利权利要求5相对于附件1具备新颖性，符合专利法第二十二条第二款关于新颖性的规定。

附件2公开的是钢筋混凝土离心管结构，没有公开钢筋混凝土离心管可用做电缆管，因此附件2

与本专利的技术方案实质上不同，因此权利要求5相对于附件2具备新颖性，符合专利法第二十二条第二款关于新颖性的规定。

附件3公开的是管，其中没有公开权利要求5的技术特征“金属条与金属条间沿管壁环向用绳或其他连接物捆扎连接”，因此本专利权利要求5的技术方案与附件3不相同，因此本专利权利要求5相对于附件3具备新颖性，符合专利法第二十二条第二款关于新颖性的规定。

附件4公开的是砼电杆和钢筋砼下水管等，砼电杆和钢筋砼下水管与电缆管属于不同的技术领域，因此权利要求5相对于附件4具备新颖性，符合专利法第二十二条第二款关于新颖性的规定。

附件9公开的是一种均匀分布的钢丝加强的普通混凝土管，其中均匀分布的钢丝加强的普通混凝土管与电缆管属于不同的技术领域，因此权利要求5相对于附件9具备新颖性，符合专利法第二十二条第二款关于新颖性的规定。

附件10公开的是一种波形钢丝环形混凝土电杆，其中的电杆与电缆管属于不同的技术领域，因此权利要求5相对于附件10具备新颖性，符合专利法第二十二条第二款关于新颖性的规定。

附件11公开的是混凝土管道构件，其中的混凝土下水管与本专利的电缆管属于不同的技术领域，因此权利要求5相对于附件11具备新颖性，符合专利法第二十二条第二款关于新颖性的规定。

鉴于权利要求3~5相对于请求人提交的相关附件具备新颖性，合议组继续评述权利要求3~5的创造性。

（6）关于权利要求3的创造性

权利要求3从属于权利要求1或2，其附加技术特征是：“金属条为多条”。

附件2（参见附件2第31页）公开了钢筋混凝土离心管的圆管柱的纵向钢筋不少于6根（对应于权利要求3的多条），方管柱的纵向钢筋不少于4根（对应于权利要求3的多条）。附件2公开了权利要求3的附加技术特征，附件8公开了权利要求1和2的全部技术特征，并且附件2和附件8公开的管都是钢筋混凝土管，属于相近或相关领域，权利要求3和附件2的管中放置多根纵向钢筋所起的作用相同，都是提高管的抗弯折能力和抗压性能等，因此附件2给出了将多根钢筋用于混凝土管的技术启示，对本领域的技术人员来说，将附件2和附件8结合得到权利要求3的技术方案是显而易见的，因而权利要求3相对于附件2和8不具有实质性特点和进步，权利要求3不符合专利法第二十二条第三款有关创造性的规定。

鉴于权利要求3相对于附件8和附件2的结合不具备创造性，合议组不再评述请求人针对权利要求3提出的其他无效理由和其他证据。

（7）关于权利要求4的创造性

权利要求4从属于权利要求1或权利要求2，其附加技术特征是：“金属条等间距分布在管壁中”。

附件2（参见附件2第51~55页）公开了沿管壁周边均匀配筋（对应于权利要求4的金属条等间距分布在管壁中）。附件2公开了权利要求4的附加技术特征，附件8公开了权利要求1和2的全部技术特征，并且附件2和附件8公开的管都是钢筋混凝土管，本专利和附件2的管中均匀放置钢筋所起的作用相同，因此附件2给出了将多根钢筋等间距放置在混凝土管的技术启示，对本领域的技术人员来说，将附件2和附件8结合得到权利要求4的技术方案是显而易见的，因而权利要求4相对于附件2和8不具有实质性特点和进步，权利要求4不符合专利法第二十二条第三款有关创造性的规定。

鉴于权利要求4相对于附件8和附件2的结合不具备创造性，合议组不再评述请求人针对权利要求4提出的其他无效理由和其他证据。

（8）关于权利要求 5 的创造性

权利要求 5 从属于权利要求 1 或 2，其附加技术特征是："金属条与金属条间沿管壁环向用绳或其他连接物捆扎连接"。

权利要求 5 与附件 8 相比，区别技术特征是"金属条与金属条间沿管壁环向用绳或其他连接物捆扎连接"。

附件 10（参见说明书第 1、2 页，附图 1、2）公开的是一种波形钢丝环形混凝土电杆，配以架立圈 3 扎成电杆骨架，扎好的钢筋骨架装入电杆钢模中浇灌混凝土制成电杆。

对比可知，（A）附件 10 是涉及的是架空线路的电杆，权利要求 5 是用于内部放置并保护电缆的管，附件 10 中的电杆与权利要求 5 的电缆管的技术领域不同，也不相近似或者相关；（B）附件 10 中"配以架立圈 3 扎成电杆骨架，扎好的钢筋骨架装入电杆钢模中浇灌混凝土制成电杆"所解决的技术问题是提高电杆的平均抗弯强度等，而权利要求 5 中"金属条与金属条间沿管壁环向用绳或其他连接物捆扎连接"所解决的技术问题是环向不产生电涡流，不影响电缆管中电缆的电气性能等，附件 10 和权利要求 5 所解决的技术问题不同，采用的技术手段所产生的技术效果不同。因此所属领域的技术人员不能结合附件 8 和附件 10 得出权利要求 5 的技术方案，因而权利要求 5 相对于附件 8 和附件 10 具有实质性特点和进步，符合专利法第二十二条第三款有关创造性的规定。

附件 11（参见附件 11 全文）中公开的是混凝土管道构件，是一种排放屋面雨水和厨房、卫生间污水的下水管道，为圆管形状，在管壁中，顺着管的轴线方向均布着数根用钢筋或尼龙绳制成的纵筋和横向箍筋；即，附件 11 公开了两个技术方案，其一是混凝土下水管道管壁中顺着管的轴线方向均布着数根用钢筋制成的纵筋和横向箍筋，其二是混凝土下水管道管壁中顺着管的轴线方向均布着数根用尼龙绳制成的纵筋和横向箍筋。

对比可知，（A）附件 11 的技术方案一与权利要求 5 的附加技术特征的区别在于：附件 11 是纵向钢筋由横向钢筋连接，而权利要求 5 是金属条间是绳或其他连接物捆扎连接；附件 11 的技术方案二与权利要求 5 的附加技术特征的区别在于：附件 11 是横向尼龙绳连接纵向尼龙绳间，而权利要求 5 是环向用绳或其他连接物捆扎连接金属条；即附件 11 没有公开上述区别技术特征；（B）附件 11 解决的技术问题是：铸铁排水管价格昂贵且易锈蚀，塑料管价格高、强度低、容易老化等，发明目的是提供一种造价低廉、安装方便，不易锈蚀和老化变形的混凝土下水管，采用技术手段"在管壁中，顺着管的轴线方向均布着数根用钢筋或尼龙绳制成的纵筋和横向箍筋"实现的技术效果是"较高的抗折强度和抗内水压能力等"；权利要求 5 中"金属条与金属条间沿管壁环向用绳或其他连接物捆扎连接"所解决的技术问题是提高电缆管抗弯折性能和抗压强度，同时环向不产生电涡流，不影响电缆管中电缆的电气性能等。由此可见，附件 11 和权利要求 5 所解决的技术问题不同，所采用的技术手段产生的技术效果也不同，因此附件 11 没有给出不产生电涡流、影响管内电缆电气性能的技术启示，附件 8 和附件 11 不能结合得出权利要求 5 的技术方案，因而权利要求 5 相对于附件 8 和附件 11 具有实质性特点和进步，符合专利法第二十二条第三款有关创造性的规定。

关于请求人的无效理由，合议组认为，如果权利要求的技术方案与现有技术不属于相同的技术领域，且采用的技术手段存在区别，所解决的技术问题不同、产生的技术效果不同，在现有技术中没有启示，并且带来了有益技术效果，则该项权利要求符合专利法第二十二条第三款关于创造性的规定。

综上所述，本专利权利要求 1、2 不具备专利法第二十二条第二款所规定的新颖性，权利要求 3、4 不具备专利法第二十二条第三款所规定的创造性，请求人提出的关于权利要求 5 的无效理由不成立。

三、决定

宣告第 00253753.2 号实用新型专利权中权利要求 1、2、3、4 无效，在权利要求 5 的基础上维持该专利权有效。

当事人对本决定不服的，可以根据专利法第四十六条第二款的规定，自收到本决定之日起三个月内向北京市第一中级人民法院起诉。根据该款的规定，一方当事人起诉后，另一方当事人应当作为第三人参加诉讼。

043

交流电机电子制动器案

无效宣告请求审查决定（第8438号）

决　定　号　第8438号
决　定　日　2006年6月15日
发明创造名称　交流电机电子制动器
国际分类号　H02P 3/24
无效请求人　沈阳新东电子工业设备有限公司
专利权人　沈阳东宇工业技术研究院（有限公司）
专　利　号　02292216.4
申　请　日　2002年12月30日
授权公告日　2003年12月31日
合议组组长　温丽萍
主　审　员　周雷鸣
参　审　员　黄毅斐

法律依据　专利法第二十二条第三款
决定要点

如果一项权利要求与现有技术相比存在区别技术特征，并且现有技术没有给出将上述区别技术特征应用到最接近现有技术以解决其存在的技术问题的启示，而且具有该区别技术特征的权利要求的整体技术方案产生有益技术效果，则该权利要求具有实质性特点和进步，符合专利法第二十二条第三款关于创造性的规定。

一、案由

本无效宣告请求涉及国家知识产权局于2003年12月31日授权公告的02292216.4号实用新型专利权（下称本专利），其名称为"交流电机电子制动器"，申请日为2002年12月30日，专利权人（下称被请求人）为沈阳东宇工业技术研究院（有限公司）。

本专利授权公告的权利要求书如下：

"1. 一种交流电机电子制动器，它包括有两块电路板及外壳端子，其特征是其中的一块电路板为控制电路板，该控制电路板由单片机控制电路及依次与单片机控制电路相连接的指令输入电路、继电器控制电路、过零检测电路、可控硅触发电路构成；另一块为强电驱动板，该强电驱动板由可控硅调压与整流电路、控制电源电路构成。

2. 根据权利要求1所述的交流电机电子制动器，其特征在于：指令输入电路是指24v高电平信号经光电耦合器隔离后送入单片机后使制动器开始制动过程的开关。

3. 根据权利要求1所述的交流电机电子制动器，其特征在于：在单片机控制电路的输入端还连接有测速电路。

4. 根据权利要求3所述的交流电机电子制动器，其特征在于：测速电路是指将电机未加电流的空余线圈在经励磁后感应到的电压信号进行分析处理所得到电机速度信息的电路。

5. 根据权利要求1所述的交流电机电子制动器，其特征在于：继电器输出电路由单片机（I/O）口输出经光耦隔离后的控制信号在三极管放大后直接驱动继电器；一路继电器用于控制制动接触器，另一路用于控制主回路联锁。

6. 根据权利要求1所述的交流电机电子制动器，其特征在于：过零检测电路由整流桥、光耦、整形电路组成。

7. 根据权利要求1所述的交流电机电子制动器，其特征在于：在单片机控制电路上还连接有一状态指示电路。

8. 根据权利要求7所述的交流电机电子制动器，其特征在于：状态指示电路由分别指示5v、24v电源状态和运行、制动继电器状态的四个发光二极管构成。

9. 根据权利要求1所述的交流电机电子制动器，其特征在于：可控硅触发电路是指实现单片机直接控制可控硅导通时刻的光耦及其周边电路构成。

10. 根据权利要求1所述的交流电机电子制动器，其特征在于：控制电源电路是指电源变压器，具体为220v\9v变压器。"

针对上述专利权，2005年4月30日，沈阳新东电子工业设备有限公司（下称请求人）向专利复审委员会提交了无效宣告请求，其中无效宣告请求的理由是本专利权利要求1~10不符合专利法实施细则第二条第二款的规定和专利法第二十二条第二款、第三款的规定，请求人提交的附件如下：

附件1：声称为1996年3月出版的《棉纺织技术》第10、64页的复印件2页；

附件2：声称为1990年第1期的电子机械工程杂志第60~63页的复印件；

附件3：美国专利US4195255A，其公开日是1980年3月25日；

附件4：美国专利US4937509A，其公开日是1990年6月26日；

附件5：2000年第9期《新技术新工艺》第6~7页的复印件；

附件6：《技术改造》第20页的复印件；

附件7：1994年第5期《机床电器》第49~50页的复印件；

附件8：2000年第3期《山东电子》第22~23页的复印件；

附件9：MOTORTRONICS Solid State AC Motor Controls的说明书复印件4页；

附件10：声称为《单片机原理与应用教程》第128、196、197页的复印件；

附件11：1999年第3期《黑龙江电子技术》第39、40页的复印件；

附件12：2002年第1期《自动化与仪器仪表》第32、33、10页的复印件。

2005年5月27日，专利复审委员会收到请求人提交的意见陈述书及其补充附件1-6（下称附件13-18），其中的主要意见是：在2005年4月30提交的申请资料及证据的基础上补充提交证据，提交的补充证据能够说明权利要求2、权利要求4和权利要求10没有新颖性和创造性，其中补充的附件为：

附件13：附件3的摘要和说明书第1栏第1行到第4栏第54行的中文译文；

附件14：附件4的中文译文；

附件15：附件9的4页说明书的中文译文；

附件16：声称为《单片机原理与应用教程》第144、145页的复印件；

附件17：声称为《电机学与拖动基础》第301~305页的复印件；

附件18：声称为《单片机原理与应用教程》第209页的复印件。

经形式审查合格，专利复审委员会受理了该无效宣告请求，并于2005年5月31日向双方当事人发出无效宣告请求受理通知书，并将无效宣告请求书及其附件的副本和2005年5月27日收到的请求人的补充意见及其附件副本转给被请求人，要求被请求人在指定期限内陈述意见。

被请求人逾期未答复。

2005年9月14日专利复审委员会向双方当事人发出口头审理通知书，定于2005年10月25日在专利复审委员会举行口头审理。

口头审理如期举行。请求人出席口头审理，被请求人缺席口头审理。在口头审理中，（1）请求人对合议组成员无回避请求；（2）请求人当庭未能出示附件1、附件2、附件5、附件6、附件7、附件8、附件9、附件17的原件，当庭表示放弃使用附件4、附件11、附件12，当庭提交了《单片机原理与应用教程》一书的原件；（3）合议组当庭告知请求人，由于请求人当庭未能出示附件1、附件2、附件5、附件6、附件7、附件8、附件9、附件17的原件，合议组无法确定上述附件的真实性，因此合议组不予采信，本次口审针对附件3、附件10与附件16、18进行对比；（4）请求人当庭放弃专利法实施细则第二条第二款、专利法第二十二条第二款的无效理由；请求人明确其具体结合方式为：以附件3作为最接近的对比文件，结合《单片机原理与应用教程》第144、145、196、197、209页评述本专利权利要求1-6、9、10的创造性，结合公知常识评述权利要求7、8的创造性。之后，请求人充分陈述了权利要求1-10不具备创造性的意见。

至此，合议组经过合议，认为当事人均已有机会充分陈述意见，本案事实已经清楚，依法作出如下审查决定。

二、决定的理由

1. 关于证据

鉴于请求人未能出示附件1、附件2、附件5、附件6、附件7、附件8、附件9、附件17的原件，合议组无法确认上述附件的真实性，因此合议组对上述附件不予采信。

请求人当庭表示放弃使用附件4、附件11、附件12作为证据，因此合议组对附件4、附件11、附件12不予评述。

由于请求人提交了《单片机原理与应用教程》一书，合议组核实附件10、16、18与原件一致，并且《单片机原理与应用教程》一书的公开日为2002年2月，在本专利的申请日之前，因此上述附件可以用于评价本专利的创造性。

请求人提交了附件3及其中文译文即附件13，合议组核实了附件3的真实性，由于附件3的公开日在本专利申请日之前，因此可以用于评述本专利的创造性。附件13是附件3的摘要和说明书第1栏第1行到第4栏第54行的中文译文，被请求人未对该译文提出异议，因此合议组在下面的评述中引用附件3的中文译文。

2. 创造性

专利法第二十二条第三款规定：创造性，是指同申请日以前已有的技术相比，该发明有突出的实质性特点和显著的进步，该实用新型有实质性特点和进步。

附件3公开了用于交流电机电子制动的电路（对应于交流电机电子制动器）（参见摘要和说明书第1栏第1行到第4栏第54行的中文译文），其中该电路包括一个可以产生直流电给电机的受控整流电路（对应于强电驱动板）和一个控制电路（对应于控制电路板）控制电机电源断开后整流电路电源接入电机，制动器电路包括可以断开电机10上交流电源的模块12，可变电阻14和通过该电阻从直流电压源18充电的定时电容16，通过改变该电阻可以改变电容16的充电率，直流电源18由整流二极管和限流电阻44串联以及由稳压二极管46和滤波电源48并联的电路组成；制动器电路还包括受控整流模块20，它是一个晶体管开关，用以将交流电整流成直流电，可控硅模块22包括由变压器34通过开关36供电的继电器32，控制模块24等，本发明用于解决电机频繁起停时，使用机械制动面临的由于磨损和发热引起的问题，以及解决依赖电容的老化和可控硅特性的方案来改变电机制动所需要的时间间隔等问题。

附件10中公开了继电器和包括过零检测电路和触发脉冲输出电路的可控硅触发电路等。

附件16中公开了开关量输入原理和含状态指示的开关量输入电路等。

附件18中公开了变压、整流、稳压电路等。

将附件3和本专利权利要求1相对比，可以知道，权利要求1和附件3的区别在于：（1）权利要求1中的强电驱动板由可控硅调压与整流电路、控制电源电路构成，而附件3中的供电部分为直流电源和包括变压器34通过开关36供电的继电器32的可控硅模块22，而没有公开可控硅调压电路；（2）权利要求1中的控制电路板由单片机控制电路及依次与单片机控制电路相连接的指令输入电路、继电器控制电路、过零检测电路、可控硅触发电路构成，而附件3中没有公开控制电路板中的单片机控制电路及其指令输入电路、过零检测电路、可控硅触发电路。

虽然附件10公开了继电器和包括过零检测电路和触发脉冲输出电路的可控硅触发电路，附件16中公开了含状态指示的开关量输入电路，附件18中公开了变压、整流、稳压电路，但是权利要求1中单片机控制电路及依次与单片机控制电路相连接的指令输入电路、继电器控制电路、过零检测电路、可控硅触发电路功能上彼此相互支持，权利要求1中各个电路的组合构成的整体技术方案，实现了电机的状态检测、工作流程控制和强电回路触发的功能和交流电机的电子制动，克服了交流电机机械制动的缺陷，解决了现有技术中交流电机机械制动的问题，产生了电机电子制动的技术效果，并且附件10、16、18没有给出上述部件的组合实现交流电机电子制动器功能的技术启示，对于所属技术领域的普通技术人员来讲，根据已有技术不经过创造性地劳动无法得出权利要求1交流电机电子制动器的整体技术方案，因此权利要求1相对于附件3和附件10、16、18具有实质性特点和进步，符合专利法第二十二条第三款有关创造性的规定。

请求人认为，单片机控制电路及各种与单片机相连接的外围接口电路在本专利之前可以在单片机的教材及单片机的应用相关的公开文献中查到，这些电路不具备新颖性；可控硅调压与整流电路、控制电源电路构成的电路在本专利之前可以在电力电子技术方面的教材及相关文献中查到，因此权利要求1不具备创造性。合议组认为，虽然相关文献中公开了上述各个电路，但是没有给出将上述电路应用到交流电机电子制动器中的技术启示，并且权利要求1构成的整体技术方案中使用的相关电路在功能上相互支持，实现了交流电机的电子制动，克服了交流电机机械制动等缺陷，带来了电机电子制动的技术效果，所属领域的技术人员根据已有技术得到权利要求1的技术方案需要付出创造性的劳动，因此请求人的无效理由不成立。

本专利从属权利要求2～10均是直接或间接从属于权利要求1的，在权利要求1具备创造性的前提下，权利要求2～10也具备创造性。

综上，本专利权利要求1～10相对于附件3和10、16、18具备专利法第二十二条第三款所规定的创造性，请求人提出的无效理由不成立。

三、决定

维持02292216.4号实用新型专利权有效。

当事人对本决定不服的，可以根据专利法第四十六条第二款的规定，自收到本决定之日起三个月内向北京市第一中级人民法院起诉。根据该款的规定，一方当事人起诉后，另一方当事人应当作为第三人参加诉讼。

044

一种散热鳍片成形结构案

无效宣告请求审查决定（第8440号）

决　定　号　第8440号
决　定　日　2006年6月26日
发明创造名称　一种散热鳍片成形结构
国际分类号　H01L23/473
无效请求人　奇宏电子（深圳）有限公司
专利权人　超众科技股份有限公司
专　利　号　01219113.2
申　请　日　2001年4月6日
授权公告日　2002年4月3日
合议组组长　马　昊
主　审　员　樊晓东
参　审　员　朱芳芳

法律依据　专利法第二十二条第三款
决定要点

如果一项权利要求的技术方案与一篇对比文件的区别技术特征已被另一篇对比文件披露，且该特征在对比文件中所起到的作用与在该权利要求的技术方案中所起的作用相同，所带来的技术效果相同，则该权利要求的技术方案与现有技术相比没有实质性特点和进步，不具备专利法第二十二条第三款规定的创造性。

一、案由

本无效宣告请求涉及国家知识产权局于2002年4月3日授权公告的第01219113.2号实用新型专利（下称本专利）的专利权，名称为“一种散热鳍片成形结构”，申请日为2001年4月6日，专利权人为超众科技股份有限公司（下称被请求人）。本专利授权公告的权利要求书如下：

“1. 一种散热鳍片成形结构，其特征是包括：

一热管；以及至少一片以上金属制成的鳍片，该鳍片上设有穿孔，穿孔上的一侧延伸出接合部，并于穿孔上缘设有一口径较小的细孔，该鳍片经穿孔套接于该热管上，还包括一金属丝置入于散热鳍片上缘的细孔中，以热熔的金属丝将热管与散热鳍片接合成为一体。

2. 如权利要求1所述的散热鳍片成形结构，其特征是，该热管为铜所构成。

3. 如权利要求1所述的散热鳍片成形结构，其特征是，金属丝为银、锡或铜丝所构成。

4. 如权利要求1所述的散热鳍片成形结构，其特征是，该鳍片穿孔上缘的细孔，可依热管的管径变化来决定其大小。”

针对上述专利权，奇宏电子（深圳）有限公司（下称请求人）于2005年8月12日向专利复审委员会提出无效宣告请求（案件编号为5W07110），其理由是本实用新型专利不符合专利法实施细则第十三条第一款的规定、不符合专利法第二十六条第四款的规定、不符合专利法实施细则第二十条第一款的规定以及本专利不具备专利法第二十二条第二三款规定的新颖性、创造性。请求人同时提交了以下附件：

附件1－1：中国专利第01219113.2号的授权公告文本复印件，其公告日为2002年4月3日（每份各10页）；

附件1－2（证据1）：中国专利第99243628.1号的授权公告文本复印件，其公告日为2000年7月26日（每份各7页）；

附件1－3（证据2）：台湾专利第449514号的公告文本复印件，其公告日为2001年8月11日（每份各4页）；

附件1－4（证据3）：美国专利第3216095号的公告文本复印件，其公告日为1965年11月9日（每份各3页）；

附件1－5（证据4）：美国专利第3189087号的公告文本复印件，其公告日为1965年6月15日（每份各5页）；

附件1－6（证据5）：美国专利第2216778号的公告文本复印件，其公告日为1940年10月8日（每份各3页）。

请求人指出本专利不符合专利法实施细则第十三条第一款的规定，本专利的结构与证据1的相同，属于相同的发明创造，应当予以无效；本专利的权利要求书中，“其散热鳍片2细孔6中置入金属丝5，并以热熔的金属丝5将热管1与散热鳍片2接合成一体”，在其完成后，整体结构看不到金属丝5，因此该权利要求得不到说明书支持，不符合专利法第二十六条第四款的规定；本专利的技术方案所要保护的产品结构是“热熔的金属丝5将热管1与散热鳍片2接合成一体”，这实质上是一种工艺方法，不属于实用新型保护的客体，因此导致其权利要求保护范围不清楚，不符合专利法实施细则第二十条第一款的规定；本专利的权利要求分别与证据1－5相对比，不符合专利法第二十二条第二三款的规定，即不具备新颖性和创造性。

经形式审查合格，专利复审委员会于2005年10月19日受理了上述无效宣告请求，同日将宣告专利权无效请求书及其附件清单所列的文件副本转送给被请求人，要求其在指定的期限内答复。

针对上述无效宣告请求，被请求人于2005年12月5日提交了意见陈述书。在该意见陈述书中，被请求人认为本专利权利要求1的技术方案与证据1的技术方案不同，两者不属于同样的发明创造；本领域的技术人员完全能够从说明书和附图所公开的这些内容中直接得到或概括得出本专利权利要求的技术方案，因此本专利符合专利法第二十六条第四款的规定；本专利要求保护的并不是一种工艺方法，而是一种产品结构，其中权利要求书的撰写能够从整体上反映本实用新型的技术方案的目的，因此是清楚的，符合专利法实施细则第二十条第一款的规定。请求人还论述了本专利相对于证据1－5具备新颖性、创造性的理由。

2005年9月12日，请求人再次提交意见陈述书，并补交三份外文证据（证据3－5）的部分中文译文。

2006年1月24日，合议组向双方当事人发出口头审理通知书，定于2006年3月10日举行口头审理，并随口审通知书向请求人转送被请求人于2005年12月5日提交的意见陈述书副本，向被请求人转送请求人于2005年9月12日提交的意见陈述书及附件副本，同时要求被请求人若对请求人提交的外文证据译文的具体内容有异议的，应当在指定的期限内对有异议的部分提交中文译文。

2006年3月10日口头审理如期举行，双方当事人均出席口头审理。在口头审理中，双方当事人对合议组成员没有回避请求；双方当事人对对方出庭人员的身份没有异议；请求人当庭明确表示放弃新颖性的理由，放弃使用证据2（中国台湾专利449514）；被请求人当庭表示对证据1（99243628.1实用新型专利）、证据3（美国专利3216095）、证据4（美国专利3189087）、证据5（美国专利2216778）的真实性没有异议，对证据3、4、5中文译文的准确性没有异议。请求人明确其无效理由为：本专利不符合专利法实施细则第十三条第一款的规定；本专利不符合专利法实施细则第二十条第一款；本专利不符合专利法第二十六条第四款；证据1、3、4、5分别评述本专利权利要求1~4不符合专利法第二十二条第三款的规定。在口头审理中，双方当事人充分发表了意见。

针对上述专利权，请求人于2006年2月28日再次提出无效宣告请求（案件编号为5W07606），其理由是本专利与附件2-2和附件2-3相比，不具备专利法第二十二条第二三款规定的创造性。请求人同时提交了以下附件：

附件2-1：中国专利第01219113.2号的授权公告文本（本专利）复印件，授权公告日为2002年4月3日；

附件2-2：中国专利第99243628.1号的授权公告文本复印件，授权公告日为2000年7月26日（每份各7页）；

附件2-3：日本专利昭54-83650号的公开文本复印件及其中文译文，公开日为1979年7月3日（每份各5页）。

经形式审查合格，专利复审委员会于2005年3月22日受理了上述无效宣告请求，同日将宣告专利权无效请求书及其他有关文件副本转送给了被请求人，要求其在指定的期限内答复。根据审查指南第四部分第三章第3.5节的规定，合议组决定对上述两项无效宣告请求5W07110和5W07606合案进行审查。

2006年4月21日，合议组向双方当事人发出口头审理通知书，定于2006年5月31日举行口头审理。同日向无效宣告请求人发出外文证据处理通知书，指出请求人提交的外文证据日本特许公报昭54-83650的中文译文不是标准的简体汉字，请求人应当在一个月内补交简体汉字的中文译文，逾期未补交该外文证据视为未提出。

2006年4月29日，请求人补交了外文证据日本特许公报昭54-83650的中文译文。

2006年5月8日，被请求人针对第二次无效宣告请求（案件编号为5W07606）提交了意见陈述书，指出附件2-2（中国专利99243628.1）的技术方案不包括本专利权利要求1中所述的“穿孔上缘的细孔”，“置入于散热鳍片上缘的细孔金属丝”以及“以热熔的金属丝将热管与散热鳍片接合成为一体”这些结构特征，由于上述结构上的差异，本专利相对于权利要求1具备创造性；附件2-3（日本专利申请公开公报 昭54-83650）是一种应用于热水器中的热交换器的制造方法，而本专利涉及的是用于计算机等电气设备内部用于电子元器件散热的热管与鳍片的结合结构，两者是截然不同的两个领域，国际分类号也不相同，再有对比文件2并没有给出对本专利所解决问题的技术方案的“技术启示”，因此本专利相对于对比文件2具备创造性。

2006年5月31日口头审理如期举行，双方当事人均出席口头审理。在口头审理中，双方当事人对合议组成员没有回避请求；双方当事人对对方出庭人员的身份没有异议；被请求人对请求人提交的附件2-3的中文译文准确性没有异议，对附件2-2、2-3的真实性没有异议；请求人明确其无效理由为本专利权利要求1~4相对于附件2-2（中国专利99243628.1）和附件2-3（JP 54-83650）的结合不具备创造性，不符和专利法第二十二条第三款的规定，其中以附件2-2作为最接近的现有技术。

至此，经过双方当事人充分陈述意见和提交证明其主张的详实证据，合议组认为本案事实已经清楚，现依法作出审查决定。

二、决定的理由

1. 关于证据和现有技术

在针对案件编号为5W07606的无效宣告请求的口头审理过程中，被请求人对附件2-2，2-3的真实性没有异议，附件2-2，2-3均是在本专利申请日前公开的专利文献，因此可以作为本专利的现有技术，用于评价本专利的创造性。

2. 关于创造性

专利法第二十二条第三款规定：创造性，是指同申请日以前已有的技术相比，该发明有突出的实质性特点和显著的进步，该实用新型具有实质性特点和进步。

如果一项权利要求的技术方案与一篇对比文件的区别技术特征已被另一篇对比文件披露，且该特征在对比文件中所起到的作用与在该权利要求的技术方案中所起的作用相同，所带来的技术效果相同，则该权利要求的技术方案与现有技术相比没有实质性特点和进步，不具备专利法第二十二条第三款规定的创造性。

本专利涉及一种散热鳍片成形结构，其目的是以紧配合固定于热管上的方式具有较佳的密合度，且散热鳍片与热管间不借导电胶胶合，无接口热阻，热传导效率更佳。本专利权利要求1包括如下技术特征：1）一热管；2）至少一片以上金属制成的鳍片；3）该鳍片上设有穿孔；4）穿孔上的一侧延伸出接合部；5）并于穿孔上缘设有一口径较小的细孔；6）该鳍片经穿孔套接于该热管上；7）还包括一金属丝置入于散热鳍片上缘的细孔中；8）以热熔的金属丝将热管与散热鳍片接合成为一体。

附件2-2公开了一种热管鳍片一体式散热装置，其目的是提供一种散热效果较好的热管鳍片一体式散热装置，解决现有技术热传导效果差，散热效率低的问题。具体公开了：一热管及鳍片20，该等鳍片上各设有一穿孔21，并于穿孔21延伸出一接合部22，该等鳍片20借穿孔21及接合部22套接于热管10上，该等鳍片20为以银、锡或铜合金金属制成（参见其说明书第1页最后1段，附图1-3）。

由于附件2-2所解决的技术问题和所采用的技术手段与本专利相同，因此合议组认为附件2-2构成本专利最接近的现有技术。将本专利权利要求1的技术方案与附件2-2相比，附件2-2公开了本专利权利要求1的技术特征1）、2）、3）、4）以及6），两者之间的区别在于附件2-2没有公开“穿孔上缘设有一口径较小的细孔”、“还包括一金属丝置于散热鳍片上缘的细孔中，以热熔的金属丝将热管与散热鳍片接合成为一体”等技术特征，即没有公开本专利权利要求1的技术特征5）、7）和8）。

附件2-3公开了一种热交换器的制造方法，其采用将硬焊合金料熔融，填入孔和导管之间，冷却凝固而达到两者一体化的结果，从而防止由硬焊合金料插入孔漏出排放气体，或空气进入，可以得到安定良好的燃烧运转过程。具体公开了：“于鳍片c上形成导管贯通孔e和从此孔e的孔缘所成之硬焊合金料插入孔f，硬焊合金料于硬焊合金料插入孔f，分别插入贯通与加热炉相通，使上述硬焊合金料，填入孔e和导管d的间隙，让两者一体化”（参见其附图1-3及其中文译文第1页倒数第22~25行）。由此可见附件2-3公开了上述区别技术特征5）、7）和8）。

附件2-3提供了在导管通孔缘设置插入孔、将插入其中的硬焊合金料热熔以将导管与鳍片连接为一体的技术启示，所属领域的普通技术人员应当清楚地理解，这与散热鳍片和导管分开的情况相比，必然会提高热传导效率，即附件2-3给出了将上述区别技术特征应用到附件2-2的结构中以解决其存在的技术问题（热传导效率不佳的问题）的启示，由此，所属领域的技术人员在附件2-2的基础上结合附件2-3从而得到本专利权利要求1的技术方案是显而易见的，因此权利要求1相对于附件 2－2 和 2－3 的结合不具有实质性特点和进步，不符合专利法第二十二条第三款的规定。

被请求人认为，附件 2－3 公开的是一种应用于热水器的热交换器的制造方法，而本专利涉及的是用于计算机等电气设备内部用于电子元器件散热的热管与鳍片的结合结构，两者的国际分类号完全不同，因此技术领域也不相同。合议组认为，尽管附件 2－3 与本专利的分类号不同，但是两者都涉及热量交换，都具有将热管中的热量迅速热传递到鳍片的效果，因此两者是相近的技术领域，本领域的技术人员在附件 2－2 的基础上，为了使热管与散热鳍片更紧密地结合，促进热量更快地散逸，很容易想到将附件 2－3 的技术方案应用到附件 2－2 中，从而得到权利要求 1 的技术方案，因此权利要求 1 不具有实质性特点和进步，因而不符合专利法第二十二条第三款的规定。

权利要求 2 是权利要求 1 的从属权利要求，其附加技术特征为"该热管为铜所构成"。附件 2－3 公开了"以铜制成的导管"（参见其中文译文第 1 页倒数第 10 行），因此附件 2－3 已经公开了权利要求 2 的技术特征，在其引用的权利要求 1 不具有创造性的基础上，权利要求 2 也不具备创造性，不符合专利法第二十二条第三款的规定。

权利要求 3 是权利要求 1 的从属权利要求，其附加技术特征为"金属丝为银、锡或铜丝"。附件 2－3 公开了"铜制成的熔点低、例如磷铜合金制成的线状硬焊合金料 6"（参见其中文译文第 1 页倒数第 9 行），因此附件 2－3 已经公开了权利要求 3 的"金属丝为铜"的技术特征，至于银和锡是众所周知的低熔点金属，因此在其引用的权利要求 1 不具备创造性的基础上，权利要求 3 也不具备创造性，不符合专利法第二十二条第三款的规定。

权利要求 4 是权利要求 1 的从属权利要求，其附加技术特征为：该鳍片穿孔上缘的细孔，可依热管的管径变化来决定其大小。尽管附件 2－2、2－3 的说明书部分未对所述硬焊合金插入孔的口径问题进行说明，但是热管管径越大，与鳍片的接触面积越大，填充其间隙所需的金属丝料越多，必然金属丝的直径就越大，鳍片穿孔上缘的细孔就越大，这对本领域的普通技术人员来说是容易的。因此权利要求 4 相对于附件 2－2、2－3 的结合仍不具备创造性，不符合专利法第二十二条第三款的规定。

综上所述，本专利独立权利要求 1 及其从属权利要求 2－4 所述的散热鳍片成形结构，与附件2－2 和2－3 的结合相比，不具有实质性特点和进步，不符合专利法第二十二条第三款关于创造性的规定。

由于根据上述附件 2－2、2－3 已经可以对本案作出结论，合议组对请求人提出的请求宣告该专利权无效的其他理由和其他证据，均不再评述。

三、决定

宣告 01219113.2 号实用新型专利权全部无效。

当事人对本决定不服的，可以根据专利法第四十六条第二款的规定，自收到本决定之日起三个月内向北京市第一中级人民法院起诉。根据该款的规定，一方当事人起诉后，另一方当事人应当作为第三人参加诉讼。

北京市第一中级人民法院
行政判决书

（2006）一中行初字第 1420 号

原告超众科技股份有限公司，住所地中华人民共和国台湾省台北县三重市兴德路 123 之 1 号 12 楼。

法定代表人吴宗，董事长。

委托代理人方挺，男，北京英赛嘉华知识产权代理有限责任公司专利代理人。

委托代理人黄剑飞，男，北京英赛嘉华知识产权代理有限责任公司专利代理人。

被告中华人民共和国国家知识产权局专利复审委员会，住所地中华人民共和国北京市海淀区北四环西路9号银谷大厦10~12层。

法定代表人廖涛，副主任。

委托代理人樊晓东，男，中华人民共和国国家知识产权局专利复审委员会审查员。

委托代理人张华，男，中华人民共和国国家知识产权局专利复审委员会审查员。

第三人奇宏电子（深圳）有限公司，住所地中华人民共和国深圳市宝安区沙井街道辛养社区西部工业园1、2、3、4栋。

法定代表人沈金蝉，董事长。

委托代理人陈庆彬，男，北京科龙寰宇知识产权代理有限责任公司专利代理人。

原告超众科技股份有限公司不服专利无效宣告请求审查决定诉被告中华人民共和国国家知识产权局专利复审委员会一案，本院受理后，依法组成合议庭，并通知利害关系人奇宏电子（深圳）有限公司作为本案第三人参加诉讼。2006年12月4日，本院依法公开开庭进行了审理，原告的委托代理人方挺、黄剑飞，被告的委托代理人樊晓东、张华，第三人的委托代理人陈庆彬到庭参加了诉讼。现本案已经审理终结。

2006年6月6日，被告根据第三人的无效宣告请求，对专利号为01219113.2，专利权人为原告，名称为“一种散热鳍片成形结构”的实用新型专利（下称本专利）进行审查，依据《中华人民共和国专利法》（下称《专利法》）第二十二条第三款的规定，作出第8440号无效宣告请求审查决定（以下简称被诉决定）：宣告本专利全部无效。理由如下：

第一、在针对案件编号为5W07606的无效宣告请求的口头审理过程中，原告对附件2-2（即：中国专利第99243628.1号的授权公告文本复印件，授权公告日为2000年7月26日）、附件2-3（即：日本专利昭54-83650号的公开文本复印件及其中文译文，公开日为1979年7月3日）的真实性没有异议，均是在本专利申请日前公开的专利文献，因此可以作为本专利的现有技术，用于评价本专利的创造性。

第二、本专利独立权利要求1及其从属权利要求2-4所述的散热鳍片成形结构，与附件2-2和2-3的结合相比，不具有实质性特点和进步，不符合《专利法》第二十二条第三款关于创造性的规定。

第三、根据附件2-2、2-3已经可以对本案作出结论，故对第三人提出的请求宣告该专利权无效的其他理由和其他证据，均不再评述。

原告诉称：第一、附件2-3与本专利并不属于“相近的技术领域”，应用领域不同以及热管与水管在工作原理（热交换原理与传热方向）和结构特征方面均不同。而且，两者不属于同一技术领域的问题还体现在国际专利分类不同、说明书的技术内容不同。

第二、关于创造性的问题，附件2-2中热管和散热鳍片是通过烧结结合的，并不像被告认定的“散热鳍片与热管分开的情况”，而在附件2-3中根本就没有提及热管的技术特征，也没有给出关于“热管”的任何启示。因此，本领域技术人员从附件2-2与2-3的组合得到本专利权利要求1的技术方案并不是显而易见的。而且，即使本领域的普通技术人员要将附件2-3中的那些技术特征应用到附件2-2中来得出本专利权利要求1所记载的技术方案，这种将跨度很大的不同技术领域中的技术手段相结合的本身也体现了一种创造性的劳动。从附件2-3公开之日至本实用新型专利申请日也有二十多年的时间。在此期间，本领域技术人员始终在努力研究以不断改进热管与散热鳍片结合程度和热传导率，但并未有与本实用新型相同或相似的技术方案提出。而且，市面上有应用到本专利技术之散热领域的产品，其产品的推出日期也晚于本专利的申请日。这也说明，本领域技术人员在解决本专利的技术问题时，并不能够容易地想到从属于不同技术领域的附件2-3中获得本专利技术方案的启示，其原因也正是由于附件2-3与本专利以及附件2-2之间的这种技术领域的差距。

综上所述，无论从两者所属的技术领域而言，还是从相应技术特征在各自的技术方案中所起的实际作用而言，本领域的普通技术人员要想到和实现将附件2-2和2-3结合以得到权利要求1的技术方案都不是轻而易举的。因此，被告认定权利要求1不具备创造性的结论错误。由于独立权利要求1具备新颖性和创造性，因此其从属权利要求2~4也应具备新颖性和创造性。基于以上法律和事实，请求法院查清事实，判决撤销被诉决定。

被告辩称：我委作出的被诉决定认定事实清楚，适用法律正确，审理程序合法，原告的诉讼理由既无事实根据又无法律依据，请求人民法院在查明事实的基础上，依法判决驳回原告的诉讼请求，维持被诉决定。具体理由如下：

第一、关于原告认为无效决定中对涉案专利权利要求1~4的创造性认定有误的问题，我委认为被诉决定中已经就涉案专利权利要求1~4相对于无效程序中请求人提交的附件2-2（对比文件1）和2-3（对比文件2）不具备创造性的具体事实和理由进行了详细的分析，所作结论的依据即是《专利法》及《审查指南》的相应规定，原告主张的事实有悖于《审查指南》关于创造性的规定。

第二、原告的诉讼理由特别强调了对比文件1和对比文件2的技术领域不同或不相近似。关于这一点，我委认为，对比文件1涉及一种热管鳍片一体式散热装置，而对比文件2涉及一种热交换器，就“产品”而言，两者的确属于不同的产品，国际分类号也不相同，无效决定中已经注意到且并未否认这一事实，但是考虑“相同或相近的技术领域”不应当狭义地理解为“名称相同的产品”或“相同的国际分类号”，而是应当根据其要解决的技术问题进行分析，就本案而言，对比文件1涉及热管10与鳍片20结合成一体，在两者之间进行热量交换，促使热量更快地散逸，而对比文件2涉及导管d和c籍由硬焊合金料插入孔和硬焊合金料结合为一体，进行热交换（参见其译文第1页，第11~29行，附图1-5)，由此可见，两者都涉及热管（或导管）与鳍片结合为一体，从而有效的进行热量交换，因此它们应当属于相近的技术领域。

第三、(2001版）审查指南第四部分第六章第2.2节关于实用新型的创造性审查标准规定：对于实用新型而言，一般着重于考虑该实用新型所属的技术领域，同时考虑其类似、相近或相关的技术领域。鉴于被诉决定作出时仍适用（2001版）审查指南，因此无效决定中将对比文件1和2相结合评价涉案专利权利要求1~4的创造性并没有违反审查指南的规定。

第三人未提供书面陈述意见，在开庭审理中，口头表示同意被诉决定。

在法定期限内，被告向本院提交了如下证据，用以证明被诉决定程序合法，认定事实和适用法律是正确的：1. 本专利授权公告文本；2. 附件2-2；3、附件2-3。原告和第三人对被告的证据没有争议。

原告提供了中国专利第01219113.2号公告文本复印件（即被诉决定的附件2-1）以及附件2-2、附件2-3，用于支持其诉讼主张。被告和第三人对原告的举证没有异议。

第三人没有向法院提交证据。

经审查，上述证据属于行政程序中的有效证据，本院对被告的证据予以确认；对原告提供的附件2-1尚不是本案中用于对比的证据，本院不予评述。

根据上述有效证据和当事人无争议的车书，本院认定事实如下：

本专利的授权公告日为2002年4月3日，授权公告号为第01219113.2号，申请日为2001年4月6日，授权公告的权利要求书内容如下：

"1. 一种散热鳍片成形结构，其特征是包括：一热管；以及至少一片以上金属制成的鳍片，该鳍片上设有穿孔，穿孔上的一侧延伸出接合部，并于穿孔上缘设有一口径较小的细孔，该鳍片经穿孔套接于该热管上，还包括一金属丝置入于散热鳍片上缘的细孔中，以热熔的金属丝将热管与散热鳍片接合成为一体。

2. 如权利要求1所述的散热鳍片成形结构，其特征是，该热管为铜所构成。

3. 如权利要求1所述的散热鳍片成形结构，其特征是，金属丝为银、锡或铜丝所构成。

4. 如权利要求1所述的散热鳍片成形结构，其特征是，该鳍片穿孔上缘的细孔，可依热管的管径变化来决定其大小。"

针对上述专利权，第三人于2005年8月12日向被告提出无效宣告请求（案件编号为5W07110），同时提交了本专利授权公告文本及5份证据（略）。经形式审查合格，被告于2005年10月19日予以受理，同日将请求书及其附件副本向原告转送。同年9月12日，第三人再次提交意见陈述书，并补交三份外文证据的部分中文译文。之后，被告将上述意见书和附件向原告转送。2006年3月10日，被告进行口头审理，明确表示放弃新颖性的理由和证据2（即第449514号中国台湾专利）等内容。

针对本专利，第三人于2006年2月28日再次向被告提出无效宣告请求（案件编号为5W07606），同时提交了3份附件（即：附件2-1、2-2、2-3），其理由是本专利与附件2-2、附件2-3相比，不具备《专利法》第二十二条第二款、第三款的规定。经形式审查合格，被告予以受理并将请求书及文件副本向原告转送。同时，被告根据《审查指南》第四部分第三章第3.5节的规定，将上述两项无效宣告请求（即：5W07110和5W07606）合案进行审查。

2006年4月21日，被告向第三人发出外文证据处理通知书，指出第三人提交的附件2-3的中文译文不是标准的简体汉字，第三人应当在一个月内补交简体汉字的中文译文。

同年4月29日，第三人补交了相应的中文译文。

2006年5月8日，原告针对第二次无效宣告请求提交了意见陈述书。指出本专利和对比文件2国际分类号也不相同，是截然不同的两个领域，而且对比文件2并没有给出对本专利所解决问题的技术方案的"技术启示"，因此本专利相对于对比文件2具备创造性。

2006年5月31日，被告进行口头审理，原告和第三人均出席口头审理。在口头审理中，原告和第三人发表了各自的意见，原告对第三人提交的附件2-3中文译文的准确性没有异议，对附件2-2、2-3的真实性没有异议；第三人明确其无效理由为本专利权利要求1~4相对于附件2-2、2-3的结合不具备创造性，不符和《专利法》第二十二条第三款的规定，并明确将附件2-2作为最接近的现有技术。

被告经过审理后，于2006年6月26日作出被诉决定，并于同年6月28日向原告和第三人邮寄送达。原告收到被诉决定后不服，在法定期限内向本院起诉，请求撤销被诉决定。

在开庭审理中，原告和被告对以下问题没有异议：

1. 被告的行政职权；

2. 被告的行政审查程序；

3. 被诉决定"案由"部分记载的内容；

4. 被告确定本专利具有8项技术特征，被告将附件2-2公开的技术方案与本专利进行对比，确定了本专利的特征5、7、8没有被公开；

5. 附件2-3公开的技术方案。

在被诉决定中，被告认定了以下内容，其中第一、本专利的技术特征包括：1. 一热管；2. 至少一片以上金属制成的鳍片；3. 该鳍片上设有穿孔；4. 穿孔上的一侧延伸出接合部；5. 并于穿孔上缘设有一口径较小的细孔；6. 该鳍片经穿孔套接于该热管上；7. 还包括一金属丝置入于散热鳍片上缘的细孔中；8. 以热熔的金属丝将热管与散热鳍片接合成为一体。

第二、附件2-2公开了："一热管及鳍片20，该等鳍片上各设有一穿孔21，并于穿孔21延伸出一接合部22，该等鳍片20借穿孔21及接合部22套接于热管10上，该等鳍片20为以银、锡或铜合金金属制成（参见其说明书第1页最后1段，附图1-3）"。

第三、附件2-3公开了："于鳍片c上形成导管贯通孔e和从此孔e的孔缘所成之硬焊合金料插入孔f，硬焊合金料于硬焊合金料插入孔f，分别插入贯通与加热炉相通，使上述硬焊合金料，填入孔e和导管d的间隙，让两者一体化（参见其附图1-3及其中文译文第1页倒数第22~25行）"。

同时，原告表示附件2-3与本专利不是相同的技术领域，不能作为本案的现有技术使用。如果法院认为附件2-3有效，其对被诉决定中关于本专利权利要求1及其从属权利2~4不具备创造性的认定内容不持相反意见。

本院认为：根据当事人无争议的陈述，本院经过书面审查，对被诉决定对上述无争议内容作出认定的合法性予以确定。被告根据《专利法》和《审查指南》的相关规定，将有效证据作为本专利的现有技术是合法的。在此基础上，本案将围绕被告评述本专利具备创造性是否合法进行审查。

根据《专利法》第二十二条第三款的规定，实用新型的创造性应当是指同申请日以前已有的技术相比，该实用新型有实质性特点和进步。同时，还可以参照《审查指南》的有关规定。

首先，关于现有技术的问题。

根据《审查指南》（2001版）第四部分第六章第2.2节的规定，实用新型的创造性审查标准规定："对于实用新型而言，一般着重于考虑该实用新型所属的技术领域，同时考虑其类似、相近或相关的技术领域。"本专利的国际分类号为F28D 15/04、G06F1/20，与附件2-2的国际分类号相同，两者属于相同技术领域。虽然，附件2-3的国际分类号B 21 D，B 23 K 1/12，F 28 F 1/32，与本专利的国际分类号不同，但是，在涉及热量交换技术的方面，附件2-2涉及热管与鳍片结合成一体，在两者之间进行热量交换，促使热量更快地散逸，而附件2-3涉及导管d和c籍由硬焊合金料插入孔和硬焊合金料结合为一体，进行热交换。据此，被告认定两者都涉及热管（或导管）与鳍片结合为一体，从而有效的进行热量交换，两者属于相近的技术领域。因此，被告将附件2-2、2-3作为本专利的现有技术，评价本专利的创造性没有违反法律的规定。同时，被告根据第三人的主张，将附件2-2作为本专利作为接近的现有技术是合法的。

其次，关于被诉决定认定本专利不具备创造性的结论是否合法的问题。

根据当事人无争议的陈述，能够认定本专利与附件2-2的区别技术特征在于附件2-2没有公开"穿孔上缘设有一口径较小的细孔"、"还包括一金属丝置于散热鳍片上缘的细孔中，以热熔的金属丝将热管与散热鳍片接合成为一体"等技术特征（即被诉决定中认定的权利要求1的技术特征5、7和8）为此，被告将附件2-3种中公开的热交换器的制作方法与上述区别技术特征进行对比，认定附件2-3公开了上述3项区别技术特征。同时，被告还认定将附件2-3公开的"在导管通孔缘设置插入孔、将插入其中的硬焊合金料热熔以将导管与鳍片连接为一体"与附件2-2结合，从而得出权利要求1的技术方案的主要证据充分。

因此，被告在上述事实认定的基础上，认定本专利权利要求1不具备创造性的事实清楚。

由于权利要求2、3、4分别是权利要求1的从属权利要求，被诉决定认定上述从属权利要求均不具备创造性。根据原告在庭审中的陈述，本院对被诉决定关于从属权利要求2、3、4相对于附件2-

2、2－3 不具备创造性，以及被告对第三人在行政程序中提出的其他理由和其他证据不再评述的结论予以确认。

综上，被诉决定的事实清楚，程序合法，适用法律准确，本院应予维持。故，依照《中华人民共和国行政诉讼法》第五十四条第（一）项，判决如下：

维持中华人民共和国国家知识产权局专利复审委员会于二〇〇六年六月二十八日作出的第 8440 号专利无效宣告请求审查决定。

案件受理费 1000 元，由原告超众科技股份有限公司负担（已交纳）。

如不服本判决，原告超众科技股份有限公司可在判决书送达之日起 30 日内，被告中华人民共和国国家知识产权局专利复审委员会可在判决书送达之日起 15 日内，向本院递交上诉状，并按对方当事人的人数提出副本，上诉于中华人民共和国北京市高级人民法院。

审 判 长　饶亚东
代理审判员　张靛卿
代理审判员　司品华
二〇〇六年十二月二十日
书 记 员　王　丽

045

酒瓶（一帆风顺）案

无效宣告请求审查决定（第8441号）

决　定　号 第8441号
决　定　日 2006年6月23日
发明创造名称 酒瓶（一帆风顺）
国际分类号 09-01
无效请求人 四川省宜宾五粮液集团有限公司
专利权人 北方佳宾集团有限公司
专　利　号 01338844.4
申　请　日 2001年12月27日
授权公告日 2002年11月27日
合议组组长 马　昊
主　审　员 樊晓东
参　审　员 骆素芳
附　　　图 2页

法律依据 专利法第九条
决定要点

如果外观设计专利与对比外观设计的产品的外观之间的区别足以使得普通消费者将两者清楚地区分为两种不同的外观设计产品，则应认为两者属于不相同或不相近似的外观设计。

一、案由

本无效宣告请求涉及国家知识产权局于2002年11月27日授权公告的01338844.4号外观设计专利（下称本专利）的专利权，名称为“酒瓶（一帆风顺）”，申请日为2001年12月27日，专利权人为北方佳宾集团有限公司（下称被请求人）。

针对上述专利权，四川省宜宾五粮液集团有限公司（下称请求人）于2005年11月2日向专利复审委员会提出无效宣告请求，其理由是本专利与请求人于2001年8月16日申请的01336008.6号、名称为“酒瓶（一帆风顺）”的外观设计专利属于相同的外观设计专利，不符合专利法第九条的规定。请求人同时提交了下列附件作为证据：

附件1：中国01338844.4号专利的授权公告文本复印件，申请日为2001年12月27日，公告日为2002年11月27日（共1页）；

附件2：中国01336008.6号专利的授权公告文本复印件，申请日为2001年8月16日，公告日为2002年4月10日（共1页）。

经形式审查合格，专利复审委员会于2006年1月17日受理了上述无效宣告请求，同日将宣告专利权无效请求书及附件的；副本转送给了被请求人，要求其在指定的期限内答复。

针对上述无效宣告请求，被请求人于2006年2月13日寄交了意见陈述书。在该意见陈述书中，被请求人认为：请求人提供的申请专利的公告是在本专利申请以后公告的，并不是申请日以前在国内外出版物上公开发表过或者国内公开使用过的外观设计，不符合专利法规定的作为对比文件的资格；即使请求人能够提供对比文件的产品的销售证据，该产品也不能构成对本申请专利性的威胁。本专利产品具有造型优美的凸出式球形带托的瓶盖，从六面视图上都可以清楚的区别于对比文件的平顶上盖结构。对比文件的瓶颈由完全透明的两段构成。而本专利文件显示的外观设计产品的瓶颈由三段构成，而且第二段和第三段之间具有不透明的白色环形凸起，两者明显不同。对比文件的产品中间的可见部分为三段的不透明白色帆影，没有文字标注，左视图和右视图相同。本专利文件显示的外观设计产品的外部和内部为全透明结构，并在内部的四断式透明船帆上，在第一行、第二行和第四行分别标注了美丽的不透明的艺术字“一”“帆”“风顺”字样，并且，由于每段的结合部是倾斜的，所以左右视图并不相同，本专利的产品整体晶莹剔透，并具有连接帆两侧的弧形透明柱。本外观设计的产品与请求人申请的作为对比文件的专利，具有不同图案和形状，对比文件提供的是一种瓶体外表面带有图案，平顶，并且中间具有左右对称的不透明的三层帆形的酒瓶。而本专利提供的是一种具有美丽的球盖、中间的四层帆形不但为透明而且中间标有一帆风顺字样、并且帆形左右倾斜的、通体透明的、经过光学分光设计处理的、在光线通过能分光的酒瓶。两者形状和图案均不相同，属于不同的外观设计。不属于专利法第九条所称的重复授权。

2006年5月8日，合议组向双方当事人发出口头审理通知书，定于2006年6月14日举行口头审理，并随口审通知书向请求人转送被请求人提交的意见陈述书副本。

2006年6月14日口头审理如期举行，双方当事人均出席口头审理。在口头审理中，双方当事人对合议组成员没有回避请求，对对方出庭人员的身份没有异议，被请求人当庭明确表示对证据的真实性没有异议，双方当事人还针对请求人提出的无效理由充分发表了意见。

至此，合议组认为本案事实已经清楚，可以作出审查决定。

二、决定的理由

专利法第九条规定：“两个以上的申请人分别就同样的发明创造申请专利的，专利权授予最先申请的人”。

审查指南第4部分第6章第3节规定：“同样的发明创造”对于外观设计而言，是指外观设计相同或者相近似。

1. 关于请求人提交证据的可采性

请求人提交的附件2是01336008.6号中国外观设计专利公报，其申请日为2001年8月16日，申请日在本专利申请日之前，其授权公告日为2002年4月10日，公告日在本专利申请日之后，可以作为以专利法第九条为无效宣告理由所依据的证据，故合议组对该证据予以采纳。

2. 本专利与附件2的在先申请外观设计的比较

本专利公告有6幅视图，即主视图、左视图、右视图、俯视图、仰视图、后视图。从视图可知，本专利整体形状设计为酒瓶，其瓶体为回转体，且整个瓶体采用透明的材料制成，瓶体的上部为细长的柱状瓶颈，中间为球形的容腔，下部为锥形的底座，在瓶颈的上部设置有球状的瓶塞，在瓶体中间的容腔中设置有柱状的透明罩，上述透明罩中安置有帆船形状的装饰物，该帆船装饰物由四段组成，在第一、第二行和第四行分别标注了不透明的艺术字“一”“帆”“风顺”字样。（详见附图）。

附件2的专利公报有5幅视图，即主视图、左视图、后视图、俯视图和仰视图。从视图可知，对比专利公告中公开的酒瓶的瓶体为回转体，且整个瓶体采用透明的材料制成，瓶体的上部为细长的柱状瓶颈，中间为球形的容腔，下部为锥形的底座，在瓶体中间的容腔中设置有柱状的透明罩，上述透

明罩中安置有帆船形状的装饰物，该帆船装饰物由 3 段组成。（详见附图）

由上述可知，本专利与附件 2 相比较，两者的相同点是：瓶体的整体形状设计均为回转体，整个瓶体采用透明的材料制成，瓶体的上部为细长的柱状瓶颈，中间为球形的容腔，下部为锥形的底座，在瓶体中间的容腔中设置有柱状的透明罩，透明罩中安装有帆船形状的装饰物。

两者的主要不同点在于：本专利的瓶颈上设有球形瓶盖，其透明罩中设置的帆船装饰物由四段构成，在第一、第二行和第四行分别标注了不透明的艺术字“一”“帆”“风顺”字样，而附件 2 的帆船装饰物形状由三段组成，且没有“一”“帆”“风顺”的字样。

根据整体观察、综合判断的原则，合议组将本专利与附件 2 进行比较后认为，虽然本专利与附件 2 的外观设计存在上述共同点，但对于一般消费者来说，酒瓶的设计要部和吸引消费者注意的部分在于瓶体部分，特别是瓶体中的帆船装饰物，本专利的透明罩中设置的帆船装饰物由四段构成，在第一、第二行和第四行分别标注了醒目的、不透明的艺术字“一”“帆”“风顺”字样，该显著的区别必然会给予一般消费者以深刻的印象，即上述区别的存在足以使一般消费者购买时对两者产生明显不同的视觉差别而不会将两者加以混同，即能够将其清楚地区分为两种不同的酒瓶。故合议组认为本专利与附件 2 的酒瓶的外观设计不相同且不相近似，两者不属于“同样的发明创造”。因此，合议组认为本专利符合专利法第九条的规定，请求人的上述无效宣告请求不能成立。

三、决定

维持 01338844. 4 号外观设计专利权有效。

当事人对本决定不服的，可以根据专利法第四十六条第二款的规定，自收到本决定之日起三个月内向北京市第一中级人民法院起诉。根据该款的规定，一方当事人起诉后，另一方当事人应当作为第三人参加诉讼。

主视图

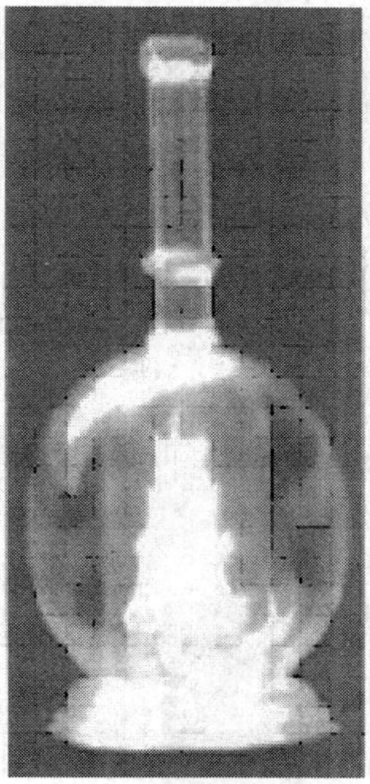

左视图

仰视图

后视图

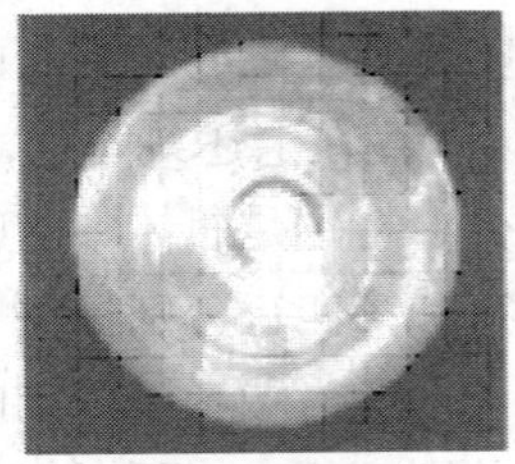

俯视图

附件 2

左视图

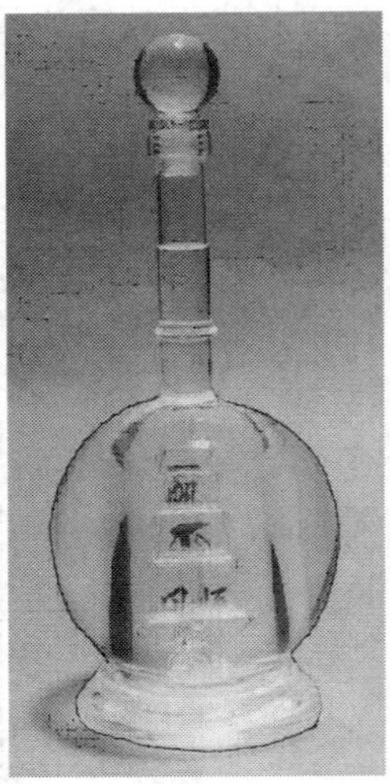

主视图

右视图

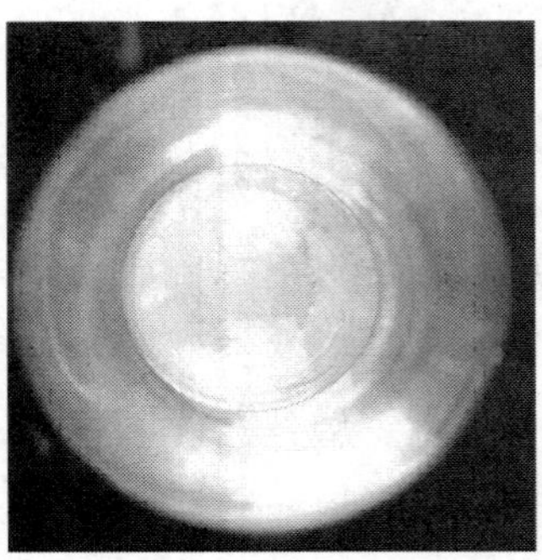

仰视图

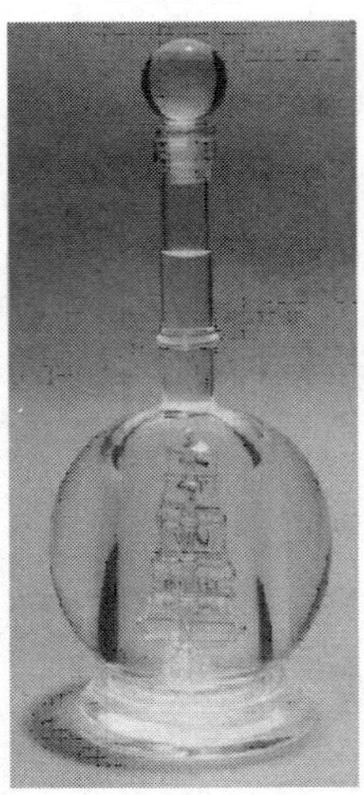

后视图

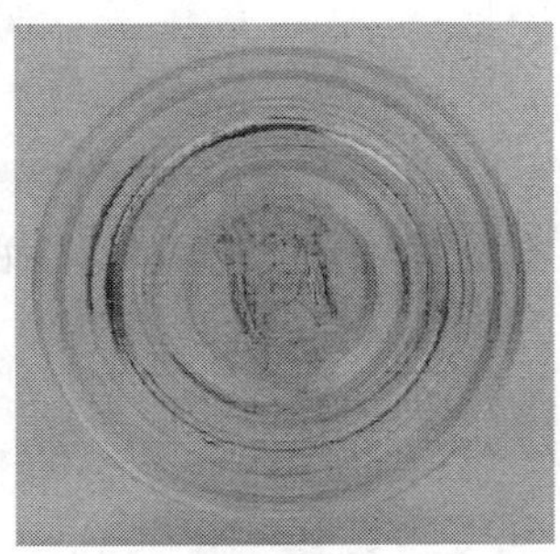

俯视图

本专利

046

建筑工程用上、下水消音管接头案

无效宣告请求审查决定（第8444号）

决　定　号　第8444号
决　定　日　2006年6月19日
发明创造名称　建筑工程用上、下水消音管接头
国际分类号　E03C 1/00
无效请求人　沈阳平和实业有限公司
专利权人　姜成旭
专利申请号　98238250.2
申　请　日　1998年7月15日
授权公告日　1999年9月8日
合议组组长　张　度
主　审　员　樊晓东
参　审　员　周雷鸣

法律依据　专利法第二十二条第三款
决定要点

如果一项实用新型的技术方案与最接近的对比文件相比，其存在的区别技术特征已在该对比文件中给出，且该对比文件还给出了采用该区别技术特征解决本专利所提出的技术问题的启示，则该实用新型的技术方案不具有实质性特点和进步。

一、案由

本无效宣告请求涉及国家知识产权局于1999年9月8日授权公告的第98238250.2号实用新型专利（下称本专利）的专利权，名称为“建筑工程用上、下水消音管接头”，申请日为1998年7月15日，专利权人为姜成旭（下称被请求人）。授权公告的权利要求书如下：

“1. 建筑工程用上、下水管接头，它包括由主回路及支回路组成的管体，其特征是支回路管体的中心线与主回路管体的内壁圆弧相切。

2. 根据权利要求1所说的管接头，其特征是主回路管体的上端直径大于下端直径。”

针对上述专利权，沈阳平和实业有限公司（下称请求人）于2005年9月7日向专利复审委员会提出无效宣告请求（案件编号为5W07092），其理由是在本专利申请日前，该产品已在国内外出版物上公开发表过（见附件2或3），在国内公开销售并为公众所知（见附件2或3），因此不具备新颖性以及本专利与申请日前的已有技术相比，没有实质性特点和进步（见附件2和3，附件4和5），因此本专利不具备创造性，不符合中国专利法第二十二条的规定。请求人同时提交了下列附件：

附件1：中国专利98238250.2的授权公告文本复印件，授权公告日为1999年9月8日（每份各5页）；

附件2：《PPI 特殊单立管排水系统上海会议纪要》的复印件4页（第一页印有一九九八年三月九日字样）；

附件3：韩国平和塑料工业株式会社产品样本复印件（每份各6页）；

附件4：中国专利95222011.3的授权公开文本复印件，授权公告日为1996年7月17日（每份各9页）；

附件5：中国工程建设标准化协会标准《建筑排水用硬聚氯乙烯螺旋管管道工程设计、施工及验收规程》的封面（上面印有“1997 北京”字样）、前言以及第33、34页的复印件（每份各3页）。

经形式审查合格，专利复审委员会于2005年9月7日受理了上述无效宣告请求，随无效宣告受理通知书将专利权无效宣告请求书及其附件清单中所列的文件副本转送给了被请求人，并要求其在指定的期限内答复。

针对上述无效宣告请求，被请求人于2005年9月27日寄交了意见陈述书。在该意见陈述书中，被请求人认为98238250.2号专利具备专利法意义上的专利性，请求人曾于2002年11月21日以附件4、5（当时称为对比文件1和对比文件2）作为对比文件启动无效宣告程序（案件编号为5W04840），专利复审委员会2003年8月9日经审理，作出了无效宣告请求审查决定（第5243号），明确指出：对比文件1、2（即本案的附件4、5）不影响98238250.2号专利的新颖性和创造性；被请求人还认为附件1也不影响98238250.2号专利的新颖性；附件3既无中文译文，又无出版日期，不具备作为对比文件的条件，因此98238250.2号专利具备专利法规定的新颖性和创造性，应予维持有效。被请求人同时提交以下证据，以证明本实用新型具备新颖性和创造性：

证据1：第5243号无效宣告请求审查决定的复印件（每份各4页）；

证据2：实用新型专利检索报告的复印件（每份各1页）。

请求人于2005年9月27日寄交了意见陈述书，进一步陈述本实用新型专利不具备新颖性和创造性的理由，并补交如下附件：

附件6：中国专利96210084.6的授权公告文本复印件，授权公告日为1997年6月18日（每份各8页）；

附件7：中国专利85205418的授权公告文本复印件，公告日为1987年11月11日（10页）；

附件8：公证文件及韩国原“平和塑料工业株式会社”1996年7月1日印制的产品样本复印件（包括相关部分的中文译文）（每份各16页）；

附件9：2005年9月7日提交的附件3的中文译文及说明（每份各1页）。

请求人于2005年10月25日补交附件8的样本及公证文件的复印件（每份各12页）及其中文译文（每份各12页）、附件3的彩色复印件1份（共6页）及其中文译文（共10页）。

针对上述专利权，请求人于2005年12月19日再次向专利复审委员会提出无效宣告请求（案件编号为5W07376），认为98238250.2号专利权的授予不符合专利法第二十二条的规定，其理由是：在本专利申请日前该产品已在国内出版物上公开发表过，在国内公开销售并使用在建筑工程上为公众所知，因此不具备新颖性；本专利与申请日前的已有技术相比，没有实质性特点和进步，因此不具备创造性。并提交如下附件作为证据：

附件10：中国专利98238250.2的授权公告文本复印件，授权公告日为1999年9月8日（每份各5页）；

附件11：中国工程建设标准化协会标准《特殊单立管排水系统设计规程》的复印件（每份各16页），封面印有1996上海字样；

附件12：中国工程建设标准化协会标准《建筑排水用硬聚乙烯螺旋管管道工程设计、施工及验收规程》的复印件（每份各 3 页），封面印有 1997 年字样。

经形式审查合格，专利复审委员会于 2005 年 12 月 22 日受理了上述无效宣告请求，同日随无效宣告受理通知书将专利权无效宣告请求书及其附件清单中所列的文件副本转送给了被请求人，并要求其在指定的期限内答复。

根据审查指南第四部分第三章第 3.5 节的规定，合议组决定对上述两项无效宣告请求 5W07092 和 5W07376 进行合案审查。

2006 年 1 月 9 日，合议组向双方当事人发出口头审理通知书，定于 2006 年 2 月 28 日举行口头审理，并随口审通知书向请求人转送被请求人于 2005 年 9 月 27 日提交的意见陈述书及附件副本，向被请求人转送请求人分别于 2005 年 9 月 27 日、2005 年 10 月 25 日提交的意见陈述书及附件副本。

2006 年 2 月 28 日口头审理如期举行，双方当事人均出席口头审理。在口头审理中，双方当事人充分发表了意见。双方当事人对合议组成员没有回避请求；双方当事人对对方出庭人员的身份没有异议；请求人当庭出示无效案（5W07092）的附件 2（PPI 特殊单位立管排水系统上海会议纪要）、附件 3（韩国平和塑料工业株式会社 96 年 11 月印制的产品样本）、附件 5（中国工程建设标准化协会标准）、附件 8（公证文件及韩国平和塑料工业株式会社 1996 年 7 月 1 日印制的产品样本）的原件，被请求人当庭核实上述原件，并当庭表示对附件 2、5 的真实性没有异议，对附件 3、8 的真实性有异议；请求人当庭核实由被请求人带来的“韩国平和塑料工业株式会社产品样本”原件（其内容对应于附件 3、8，但封底没有日期），并当庭表示其内容与附件 3、8 的内容一致；合议组当庭告知双方当事人，依照最高人民法院《关于民事诉讼证据使用的若干规定》，因附件 3、8 没有履行驻外使领馆的公证认证手续，在本案中不予采信；请求人当庭明确表示放弃无效请求（5W07092）中有关新颖性的理由；请求人明确其无效理由为：附件 6（96210084.6 号专利）作为最接近的现有技术，分别结合附件 2、附件 4（952220113 号专利公告文本）、附件 5、附件 7（85205418 号专利）评述本专利权利要求 1 的创造性；附件 6、5 结合评述本专利权利要求 2 的创造性；请求人当庭出示无效案（5W07376）的附件 2（总附件 11）（1996 年中国工程建设标准化协会标准《特殊单立管排水系统设计规程》）、附件 3（总附件 12）（1997 年中国工程建设标准化协会标准《建筑排水用硬聚乙烯螺旋管管道工程设计、施工及验收规程》）的原件；被请求人当庭核实上述原件，并当庭表示对附件 2、3 的真实性没有异议；请求人当庭明确表示放弃无效请求（5W07376）中有关新颖性的理由；请求人当庭表示无效案（5W07376）中有关创造性的理由以书面意见为准。

至此，经过双方当事人充分陈述意见和提交证明其主张的详实证据，合议组认为本案事实已经清楚，现依法作出审查决定。

二、决定的理由

1. 关于现有技术

根据最高人民法院《关于民事诉讼证据使用的若干规定》，因附件 3、8 没有履行驻外使领馆的公证认证手续，在本案中合议组不予考虑；附件 2 是《PPI 特殊单立管排水系统上海会议纪要》，被请求人对其真实性没有异议，该会议日期为 1998 年 3 月 9 日；附件 4、6、7 是本专利申请日以前公开的专利文献；附件 5 是中国工程建设标准化协会标准《建筑排水用硬聚氯乙烯螺旋管管道工程设计、施工及验收规程》，附件 11 是中国工程建设标准化协会标准《特殊单立管排水系统设计规程》，附件 12 是中国工程建设标准化协会标准《建筑排水用硬聚乙烯螺旋管管道工程设计、施工及验收规程》，被请求人对附件 5、11、12 的真实性均没有异议，因此附件 2、4 – 7、11、12 可以作为证据使用，同时附件 2，4 – 7、11、12 的公开日期均在本专利的申请日之前，因此可以作为现有技术评价本专利的创造性。

2. 请求人在口头审理时放弃了无效宣告请求案5W07092和5W07376中的本专利不具备新颖性的无效宣告请求理由。因此，本决定对该理由不再进行评述。

3. 关于创造性

专利法第二十二条第三款规定：创造性，是指同申请日以前已有的技术相比，该发明有突出的实质性特点和显著的进步，该实用新型具有实质性特点和进步。

本专利权利要求1请求保护的技术方案为："建筑工程用上、下水管接头，它包括由主回路及支回路组成的管体，其特征是支回路管体的中心线与主回路管体的内壁圆弧相切"。

附件5公开了旋转进水型管件，具体公开了：其配套的三通、四通管件接入口的中线偏向立管中线接入方向的右侧，可使横管排入立管的水流沿管壁的切线方向流入，形成水流旋转力避免了进水水流与立管及立管水流的碰撞，保证了立管水流螺旋状下落，因而也降低了管道系统的噪音（参见其前言部分），由该产品的结构示意图可以明显看出它是由支路管体（横管）与主回路管体（立管）构成。

经比较，合议组认为，附件5可以作为本申请最接近的现有技术。将本专利权利要求1与附件5所公开的技术特征相比较，其区别之处仅在于附件5没有明确公开权利要求1的"支回路管体的中心线与主回路管体的内壁圆弧相切"的技术特征。

但是，在附件6中公开了上述区别技术特征。附件6公开了一种油-水混合液预分离水力旋流器，具体公开了：该旋流器包括由上往下分为有一中心轴线的等径腔室段1、大、小锥室段2，3（相当于主回路）和较细的出液尾段4，注入管道8（相当于支路回路），注入管道8的中心轴线与水力旋流器上部腔室段1的腔壁相切（参见其说明书第3页第1段，附图1-3），从其附图3可以明显看出腔室段1的内壁是圆弧形的。

合议组认为，尽管附件6与本申请权利要求1所涉及的产品不一致，权利要求1涉及的是建筑工程用的上、下水接头，解决的技术问题是克服噪音降低，而附件6是用于油-水预分离的旋流器，解决的问题是使油水分离，但是从大的范围来说，两者的技术内容都涉及流体力学的技术，并且附件6给出了"采用具有一定压力的油-水混合液在切向上注入水力旋流器里产生旋转涡流（参见其说明书第1页倒数第2段）"的技术启示，而对于从事流体力学的技术人员来说，随着旋转涡流的产生，必然会减少水流间的摩擦，从而带来降低噪音的效果，因此两者所解决的技术问题有相同之处，两者属于相近的领域。对于本领域的技术人员来说，在附件5的基础上结合附件6所公开的"注入管道8的中心轴线与水力旋流器上部腔室段1的腔壁相切"的技术特征，从而得到权利要求1的技术方案是显而易见的，因此权利要求1相对于附件5和附件6的结合不具有实质性特点和进步，因而不具备创造性，不符合专利法第二十二条第三款的规定。

从属权利要求2的附加技术特征是"主回路管体的上端直径大于下端直径"。上述技术特征在附件5中已经公开，由附件5的附图可以明显看出主回路管体（立管）的上端直径大于下端直径。因此，在其引用的权利要求1不具备创造性的基础上，该权利要求也不具备创造性，不符合专利法第二十二条第三款的规定。

由于根据上述附件5、6已经可以对本案作出结论，合议组对请求人提出的请求宣告该专利权无效的其他理由和其他证据，均不再评述。

三、决定

宣告98238250.2号实用新型专利权全部无效。

当事人对本决定不服的，可以根据专利法第四十六条第二款的规定，自收到本决定之日起三个月内向北京市第一中级人民法院起诉。根据该款的规定，一方当事人起诉后，另一方当事人应当作为第三人参加诉讼。

北京市第一中级人民法院
行政判决书

（2006）一中行初字第926号

原告姜成旭，男，朝鲜族，1959年12月29日出生，住辽宁省沈阳市苏家屯区芙蓉街2号2－7－1门。

委托代理人吴世民，男，汉族，1951年11月25日出生，辽宁省知识产权局退休干部，住沈阳市和平区北五经街一号。

被告国家知识产权局专利复审委员会，住所地北京市海淀区北四环西路9号银谷大厦。

法定代表人廖涛，副主任。

委托代理人樊晓东，国家知识产权局专利复审委员会审查员。

委托代理人郭健国，国家知识产权局专利复审委员会审查员。

第三人沈阳平和实业有限公司，住所地沈阳市于洪区黄河北大街206～249号。

法定代表人金龙在，总经理。

委托代理人甄玉荃，沈阳维特专利商标事务所专利代理人。

原告姜成旭不服被告国家知识产权局专利复审委员会专利无效宣告审查决定，于2006年7月25日向本院提起诉讼。本院受理后，依法组成合议庭并通知被诉具体行政行为的利害关系人沈阳平和实业有限公司（下称平和公司）作为第三人参加诉讼。本院于2006年9月26日公开开庭审理了本案。原告姜成旭及其委托代理人吴世民，被告的委托代理人樊晓东、郭健国，第三人的委托代理人甄玉荃到庭参加了诉讼。本案现已审理终结。

2006年6月19日，被告作出第8444号无效宣告审查决定（下称第8444号决定），依据《中华人民共和国专利法》（下称《专利法》）第二十二条第三款，宣告原告的98238250.2号名称为“建筑工程用上、下水消音管接头”的实用新型专利权（下称本专利）全部无效。

被告在法定的举证期限内向本院提交并经庭审质证的证据有：1. 第98238250.2号实用新型专利说明书（即为本专利）；2. 中国工程建设标准化协会标准《建筑排水用硬聚氯乙烯螺旋管管道工程设计、施工及验收规程》（即为无效决定中的附件5）；3. 中国专利96210084.6号实用新型专利说明书（即为无效决定中的附件6）；以上证据用以证明被诉决定认定事实清楚，适用法律正确、审查程序合法。

原告诉称，第8444号决定不符合《专利法》关于创造性的规定和审查基准中对创造性判定的具体标准，致使第8444号决定决定错误。附件5对具体技术的描述不存在言不达意的问题，并且其对技术的描述充分反映了该行业当时对相关技术的认识，该种认识并没有公开本专利权利要求1所描述的技术结构，对此，被告在之前作出的第5243号决定中明确指出，对比文件1、2（即第8444号决定中的附件4、5）不影响本专利的新颖性和创造性。原告认为第5243号决定的含义应当理解为对比文件1、2分别单独使用不能影响本专利的新颖性，合并使用不影响本专利的创造性。而被告在第8444号决定却称本专利与附件5“其区别之处仅在于附件5没有明确公开权利要求1的‘支回路管体的中心线与主回路管体内壁圆弧相切’的技术特征”，该内容似乎是说附件5因表达问题，将该说的没有说出来，被告有责任“提升”其技术状态，使其满足第三人无效请求的要求。原告认为，附件5

不影响本专利的新颖性已成定论，也就是该对比文件没有完全覆盖本专利的技术方案和技术特点，被告没有权力在这一结论的基础上将其拔高，定性为“仅在于没有明确公开”。《审查指南》规定的是将“一份或者多份对比文件中的不同技术内容组合在一起进行评定”“没有明确公开”的技术内容不在对比之列。第 8444 号决定用事后诸葛亮的方式，自行无根据地认为“仅在于没有明确公开”显然是错误的，是没有法律根据的，也是有悖《专利法》的立法宗旨的。在附件 6 中描述的技术结构不是管道与腔室段的结构状态，而是混合液注入管道的中心轴线与腔室段的结构状态；既然附件 6 文字中没有直接描述管道与腔室段的结构，而管道与腔室段的结构在图中又有明确的显示，被告还将其牵强的解释为管道中心线与腔室段内壁相切显然是错误的。同时，第 8444 号决定“从大的范围来说，两者的技术内容都涉及流体力学的技术”的这一提法是没有根据的。两件专利技术从大的专业分类上讲，一个属于工农建专业，一个属于石油化工专业，两者相距甚远，是属两个完全不同的专业。而《专利法》及其实施细则和《审查指南》中没有“大范围”的说法是错误的。本领域的技术人员如果不能理解附件 5 中没有明确公开的“技术内容”，如果本领域的技术人员不能在“大范围”内了解如此远行业的已知技术，本专利是有创造性的。换句话说，能够从本专利了解到未公开的技术，又跨行业了解与本专利完全不同的结构，并从中组合成本专利，一定是本领域的“技术人员”不能具备和能够做到的。能够完成这样的拼接，怎能是专利法意义上通过两件已知技术，不进行创造性劳动，就能简单拼凑出一件技术的标准“技术人员”？故本专利是有创造性的。综上，附件 5、6 分别没有公开本专利的技术内容，而且也不能通过简单的拼接，组成本专利，故本专利具备专利法意义上的创造性，请求法院撤销被诉第 8444 号决定，维持本专利有效。原告在起诉提交的证据与被告提交的证据相同。

被告辩称，一、关于涉案专利权利要求 1 的创造性，第 8444 号决定中已经就本专利权利要求 1 相对于无效程序中平和公司提交的附件 5、6 不具备创造性的具体事实和理由进行了详细的分析，所作结论的依据即是《专利法》及《审查指南》的相应规定，我委仍然坚持无效决定中的意见，在此不再赘述。二、附件 5 是本专利的现有技术，附件 5 公开了本专利权利要求 1 的前序部分的附加技术特征是毋庸置疑的，因此在无效决定中指出附件 5 没有明确公开权利要求 1 的“支回路管体的中心线与主回路管体的内壁圆弧相切”是将本专利权利要求 1 和附件 5 相比较后而得出的客观和准确的描述，并未“提升”其技术状态，这种描述并无不妥。三、关于附件 6 的技术领域的问题。本专利涉及一种管接头，附件 6 涉及一种水力旋流器，就“产品”而言，两者的确属于不同的产品，无效决定中也并未否认这一事实，但是考虑“相同的技术领域”不应当狭义地理解为“相同的产品”，而是应当根据其要解决的技术问题进行分析，固然附件 6 中旋转涡流的产生是为了提高其油 - 水混合液的分离效果，但是对于从事流体力学的技术人员很清楚：随着涡流的产生，必然减小水流间的摩擦，从而带来降低噪音的效果，因此上述产品的改进内容都涉及流体力学的技术，它们应当属于相近的技术领域。另外，《审查指南》（2001 版）第四部分第六章第 2. 2 节关于实用新型的创造性审查标准规定：对于实用新型而言，一般着重于考虑该实用新型所属的技术领域，同时考虑其类似、相近或相关的技术领域。鉴于此，第 8444 号决定中将附件 5 和附件 6 相结合评价本专利权利要求 1、2 的创造性并没有违反《审查指南》的规定。综上所述，第 8444 号决定认定事实清楚，适用法律正确，审理程序合法，原告的诉讼请求无法律和事实依据，请求人民法院在查明事实的基础上，依法驳回原告的诉讼请求、维持第 8444 号决定。

第三人平和公司认为，本专利不具备《专利法》第二十二条第三款所规定的创造性，其事实和理由通过对比文件附件 5 和 6 已经很清楚了，同意被告的观点，请求维持第 8444 号决定，驳回原告的诉讼请求。第三人未向法庭提交证据。

经庭审质证，被告及原告庭前提交并经当庭质证的证据与被诉第8444号决定的合法性审查有关，且合法，各方当事人对其真实性均无异议，能够证明本案的事实，本院予以采纳。

根据上述证据及各方当事人在庭审中无争议的陈述，本院确认如下事实：

本专利申请日为1998年7月15日，授权公告日为1999年9月8日，专利权人为姜成旭。

本专利授权公告的权利要求书如下：

“1. 建筑工程用上、下水管接头，它包括由主回路及支回路组成的管体，其特征是支回路管体的中心线与主回路管体的内壁圆弧相切。

2. 根据权利要求1所说的管接头，其特征是主回路管体的上端直径大于下端直径。”

针对本专利权，第三人于2005年9月7日向被告提出无效宣告请求（案件编号为5W07092），其理由是在本专利申请日前，该产品已在国内外出版物上公开发表过，在国内公开销售并为公众所知，因此不具备新颖性以及本专利与申请日前的已有技术相比，没有实质性特点和进步，因此本专利不具备创造性，不符合《专利法》第二十二条的规定。并提交了如下附件作为证据：附件1：本专利授权公告文本复印件；附件2：《PPI特殊单立管排水系统上海会议纪要》的复印件（第一页印有一九九八年三月九日字样）；附件3：韩国平和塑料工业株式会社产品样本复印件；附件4：中国专利95222011.3的授权公开文本复印件，授权公告日为1996年7月17日；附件5的封面、前言以及第33、34页的复印件。

被告受理该无效宣告请求后，向原告进行转文。要求原告在一个月内陈述意见。

原告于2005年9月27日寄交了意见陈述书，认为本专利具备专利法意义上的专利性，第三人曾于2002年11月21日以附件4、5（当时称为对比文件1和对比文件2）作为对比文件启动无效宣告程序（案件编号为5W04840），被告于2003年8月9日经审理，作出了无效宣告请求审查决定（第5243号），明确指出：对比文件1、2不影响本专利的新颖性和创造性；原告同时认为附件1也不影响本专利的新颖性；附件3既无中文译文，又无出版日期，不具备作为对比文件的条件，因此本专利具备专利法规定的新颖性和创造性，应予维持有效。原告同时提交以下证据，以证明本实用新型具备新颖性和创造性：证据1：第5243号无效宣告请求审查决定的复印件；证据2：实用新型专利检索报告的复印件。

第三人于2005年9月27日寄交了意见陈述书，进一步陈述本专利不具备新颖性和创造性的理由，并补交如下附件：附件6；附件7：中国专利85205418的授权公告文本复印件，公告日为1987年11月11日；附件8：公证文件及韩国原“平和塑料工业株式会社”1996年7月1日印制的产品样本复印件（包括相关部分的中文译文）；附件9：附件3的中文译文及说明。

原告于2005年10月25日补交附件8的样本及公证文件的复印件及其中文译文、附件3的彩色复印件1份及其中文译文。

针对上述专利权，第三人于2005年12月19日再次向被告提出无效宣告请求（案件编号为5W07376），认为本专利专利权的授予不符合《专利法》第二十二条的规定，其理由是：在本专利申请日前该产品已在国内出版物上公开发表过，在国内公开销售并使用在建筑工程上为公众所知，因此不具备新颖性；本专利与申请日前的已有技术相比，没有实质性特点和进步，因此不具备创造性。并提交如下附件作为证据：附件10：本专利授权公告文本复印件；附件11：中国工程建设标准化协会标准《特殊单立管排水系统设计规程》的复印件，封面印有1996上海字样；附件12：中国工程建设标准化协会标准《建筑排水用硬聚乙烯螺旋管管道工程设计、施工及验收规程》的复印件，封面印有1997年字样。

经形式审查合格，被告受理了上述无效宣告请求，并随无效宣告受理通知书将专利权无效宣告请求书及其附件清单中所列的文件副本转送给了原告。同时决定对上述两项无效宣告请求 5W07092 案和 5W07376 案进行合案审查。

被告将举行口头审理的通知发给双方当事人，同时向第三人转送原告于 2005 年 9 月 27 日提交的意见陈述书及附件副本，向原告转送平和公司分别于 2005 年 9 月 27 日、2005 年 10 月 25 日提交的意见陈述书及附件副本。

原告及第三人的代理人均参加了口头审理。在口头审理中，双方当事人充分发表了意见。第三人当庭出示无效案（5W07092）的附件 2、附件 3、附件 5、附件 8 的原件，原告当庭表示对附件 2、5 的真实性没有异议，对附件 3、8 的真实性有异议；第三人当庭核实由原告带来的“韩国平和塑料工业株式会社产品样本”原件（其内容对应于附件 3、8，但封底没有日期），并当庭表示其内容与附件 3、8 的内容一致；第三人当庭明确表示放弃无效请求中有关新颖性的理由，并明确其无效理由为：附件 6 作为最接近的现有技术，分别结合附件 2、附件 4、附件 5、附件 7 评述本专利权利要求 1 的创造性；附件 6、5 结合评述本专利权利要求 2 的创造性；第三人当庭出示无效案（5W07376）的附件 2（总附件 11）、附件 3（总附件 12）的原件；原告当庭表示对附件 2、3 的真实性没有异议；第三人当庭表示无效案（5W07376）中有关创造性的理由以书面意见为准。

被告经审查认为，关于现有技术，因附件 3、8 没有履行驻外使领馆的公证认证手续，在本案中不予考虑；附件 2 是《PPI 特殊单立管排水系统上海会议纪要》，原告对其真实性没有异议，该会议日期为 1998 年 3 月 9 日；附件 4、6、7 是本专利申请日以前公开的专利文献；原告对附件 5、11、12 的真实性均没有异议，因此附件 2、4 - 7、11、12 可以作为证据使用，同时附件 2，4 - 7、11、12 的公开日期均在本专利的申请日之前，因此可以作为现有技术评价本专利的创造性。第三人在口头审理时放弃了本专利不具备新颖性的无效宣告请求理由。因此，本决定对该理由不再进行评述。

关于本专利的创造性，被告认为，附件 5 公开了旋转进水型管件，具体公开了：其配套的三通、四通管件接入口的中线偏向立管中线接入方向的右侧，可使横管排入立管的水流沿管壁的切线方向流入，形成水流旋转力避免了进水水流与立管及立管水流的碰撞，保证了立管水流螺旋状下落，因而也降低了管道系统的噪音（参见其前言部分），由该产品的结构示意图可以明显看出它是由支路管体（横管）与主回路管体（立管）构成。附件 5 可以作为本申请最接近的现有技术。将本专利权利要求 1 与附件 5 所公开的技术特征相比较，其区别之处仅在于附件 5 没有明确公开权利要求 1 的“支回路管体的中心线与主回路管体的内壁圆弧相切”的技术特征。但是，在附件 6 中公开了上述区别技术特征。附件 6 公开了一种油 - 水混合液预分离水力旋流器，具体公开了：该旋流器包括由上往下分为有一中心轴线的等径腔室段 1、大、小锥室段 2，3（相当于主回路）和较细的出液尾段 4，注入管道 8（相当于支路回路），注入管道 8 的中心轴线与水力旋流器上部腔室段 1 的腔壁相切（参见其说明书第 3 页第 1 段，附图 1 - 3），从其附图 3 可以明显看出腔室段 1 的内壁是圆弧形的。尽管附件 6 与本专利权利要求 1 所涉及的产品不一致，权利要求 1 涉及的是建筑工程用的上、下水接头，解决的技术问题是克服噪音降低，而附件 6 是用于油 - 水预分离的旋流器，解决的问题是使油水分离，但是从大的范围来说，两者的技术内容都涉及流体力学的技术，并且附件 6 给出了“采用具有一定压力的油 - 水混合液在切向上注入水力旋流器里产生旋转涡流（参见其说明书第 1 页倒数第 2 段）”的技术启示，而对于从事流体力学的技术人员来说，随着旋转涡流的产生，必然会减少水流间的摩擦，从而带来降低噪音的效果，因此两者所解决的技术问题有相同之处，两者属于相近的领域。对于本领域的技术人员来说，在附件 5 的基础上结合附件 6 所公开的“注入管道 8 的中心轴线与水力旋流器上部腔室段 1 的腔壁相切”的技术特征，从而得到权利要求 1 的技术方案是显而易见的，因此权利要求 1 相对于附件 5 和附件 6 的结合不具有实质性特点和进步，因而不具备创造性，不符合《专利法》第二十二条第三款的规定。从属权利要求 2 的附加技术特征是“主回路管体的上端直径大于下端直径”。上述技术特征在附件 5 中已经公开，由附件 5 的附图可以明显看出主回路管体（立管）的上端直径大于下端直径。因此，在其引用的权利要求 1 不具备创造性的基础上，该权利要求也不具备创造性，不符合《专利法》第二十二条第三款的规定。

综上所述，被告认为，由于根据上述附件 5、6 已经可以对本案作出结论，对于平和公司的其他无效宣告理由和证据不再进行评述，并据此作出第 8444 号决定。

本院认为，《专利法》第二十二条第三款规定，授予专利权的实用新型，应当具备创造性。实用新型的创造性是指同申请日以前已有的技术相比，该实用新型有实质性特点和进步。本案中，被告指出，如果一项实用新型的技术方案与最接近的对比文件相比，其存在的区别技术特征已在该对比文件中给出，且该对比文件还给出了采用该区别技术特征解决本专利所提出的技术问题的启示，则该实用新型的技术方案不具备实质性特点和进步。将本专利权利要求 1 与附件 5 所公开的技术特征相比较，其区别之处仅在于附件 5 没有明确公开权利要求 1 的“支回路管体的中心线与主回路管体的内壁圆弧相切”的技术特征。但在附件 6 中公开了“注入管道 8 的中心轴线与水力旋流器上部腔室段 1 的腔壁相切”这一区别技术特征。尽管附件 6 与本专利权利要求 1 所涉及的产品不一致，而从流体力学的角度来说，随着旋转涡流的产生，必然会减少水流间的摩擦，从而带来降低噪音的效果，因此两者所解决的技术问题有相同之处，两者属于相近的领域。对于本领域的技术人员来说，在附件 5 的基础上结合附件 6 所公开的技术特征，从而得到权利要求 1 的技术方案是显而易见的，因此权利要求 1 相对于附件 5 和 6 的结合不具有实质性特点和进步，因而不具备创造性；从属权利要求 2 的附加技术特征是“主回路管体的上端直径大于下端直径”，上述技术特征在附件 5 中已经公开，因此，在其引用的权利要求 1 不具有创造性的基础上，该权利要求也不具有创造性，不符合《专利法》第二十二条第三款的规定，故作出第 8444 号决定。该决定认定事实清楚，对证据的判断与使用适当，适用法律正确，符合法定程序，本院应予维持。

原告以被告认为附件 5“仅在于没有明确公开”相应的技术特征，并“提升”其技术状态，有悖专利法的立法宗旨；附件 6 与本专利的结构不同且属两个完全不同的专业等为由，提出第 8444 号决定结合附件 5、6 否定本专利的创造性的理由不成立等观点，缺乏事实和法律依据，其诉讼请求本院不予支持。

综上所述，依照《专利法》第二十二条第三款、《中华人民共和国行政诉讼法》第五十四条第（一）项，判决如下：

维持被告国家知识产权局专利复审委员会于二〇〇六年六月十九日作出的第 8444 号无效宣告请求审查决定。

案件受理费 1000 元，由原告姜成旭负担（已交纳）。

如不服本判决，可在判决书送达之日起 15 日内，向本院递交上诉状，并按对方当事人的人数提出副本，预交上诉案件受理费 1000 元，上诉于北京市高级人民法院。

审 判 长 吴 月
审 判 员 刘景文
人民陪审员 李志军
二〇〇六年十一月十六日
书 记 员 郎莉萍

047

煮沸水器皿的热敏控制器案

无效宣告请求审查决定（第8448号）

决　定　号　第8448号
决　定　日　2006年6月26日
发明创造名称　煮沸水器皿的热敏控制器
国际分类号　H05B 1/02　A47J 27/21
无效请求人　浙江家泰电器有限公司
专利权人　施特里克斯有限公司
专　利　号　00103897.4
申　请　日　1995年6月9日
授权公告日　2004年3月24日
合议组组长　张　度
主　审　员　高海燕
参　审　员　孙治国

法律依据　专利法第二十二条第二款、第三款　专利法实施细则第十三条第一款
决定要点

如果两项权利要求之间存在区别特征，导致该两项权利要求的保护范围不同，则此两项权利要求属于不同的发明创造，该两项权利要求的授权符合专利法实施细则第十三条第一款的规定。

如果一项权利要求的某些技术特征未被现有技术披露，现有技术中也未给出相关的技术启示，本领域技术人员在现有技术的基础上得到该权利要求的技术方案需要付出创造性劳动，则该项权利要求具备创造性。

一、案由

本无效宣告请求涉及国家知识产权局于2004年3月24日授权公告的、名称为“煮沸水器皿的热敏控制器”的发明专利（下称本专利），其申请日为1995年6月9日，优先权日为1994年6月9日和1994年10月7日，申请号为00103897.4，专利权人为施特里克斯有限公司（下称被请求人）。

本专利授权公告的权利要求书如下：

“1. 一种整体的热敏过热保护控制器组件，用于以热接触的方式安装在一个煮沸水器皿的盛水容器的底部，它包括：

一个模塑的控制器体；

一对相互隔开的热敏可复位过热保护双金属致动器，安装在控制器体一个面上相互隔开的位置，以便在使用中与所述底部有相等的良好热接触，并在器皿的加热器由于器皿无水但开关接通或水煮干而产生过热时能够致动，但在器皿正常煮水时则不致动；

两组设于控制器体的开关接点，每组与一相应的致动器相联系，并在该致动器致动时可将其打

开，从而切断器皿加热器的电源；

所述两个致动器在基本相同的温度下致动。

2. 如权利要求 1 所述的组件，其特征在于，所述双金属致动器安装在一个安装在控制器体上的板上。

3. 如权利要求 1 所述的组件，其特征在于，所述致动器安装在所述控制器组件的一个周边部分上。

4. 如权利要求 2 所述的组件，其特征在于，所述致动器安装在所述板的一个周边部分上。

5. 如权利要求 1，2，3 或 4 所述的组件，其特征在于，所述两组开关接点分别安装在器皿加热器的两个电源极上。

6. 如权利要求 5 所述的组件，其特征在于，各致动器的致动可打开两组开关接点。

7. 如权利要求 6 所述的组件，其特征在于，所述致动器的致动可使一弹簧加载机构跳脱，该弹簧加载机构保持开关接点打开直至使用者使其复位。

8. 如权利要求 7 所述的组件，其特征在于，所述弹簧加载机构包括一个枢轴安装在所述控制器体上的跳脱杠杆，还具有一个响应所述致动器的致动而动作以跳脱该杠杆的第一臂，和一个当杠杆跳脱开时将开关接点打开的第二臂。

9. 如权利要求 1 所述的组件，其特征在于，它还包括一个无线电气连接器，用于使用时与加热器的电源接合。

10. 如权利要求 1 所述的组件，其特征在于，它还包括一个可人工复位的煮沸控制器。

11. 如权利要求 10 所述的组件，其特征在于，所述煮沸控制器打开与所述热敏致动器所打开的相同的开关接点。

12. 如权利要求 10 所述的组件，其特征在于，所述煮沸控制器将一个弹簧加载机构跳脱，所述过热保护致动器也将所述弹簧加载机构跳脱。

13. 如权利要求 12 所述的组件，其特征在于，所述煮沸控制器包括一个双金属致动器，它作用于所述弹簧加载机构的一个跳脱杠杆的一端，所述热敏过热保护致动器作用于所述跳脱杠杆的远离上述端的各臂上。

14. 一种煮沸水器皿，其特征在于，它包括一个如权利要求 1 所述的控制器组件，该组件以良好热接触的方式安装在所述器皿的盛水容器底部的下面。

15. 一种煮沸水器皿，其特征在于，它包括一个如权利要求 1 所述的控制器组件，该组件以良好热接触的方式安装在所述器皿的盛水容器底部的下面，以及一个煮沸控制器，它在器皿中的液体煮沸时可动作以切断加热器的电源。

16. 如权利要求 14 或 15 所述的煮沸水器皿，其特征在于，所述器皿的底部设有一个套装的加热元件，所述元件绕所述底部伸展。

17. 如权利要求 16 所述的煮沸水器皿，其特征在于，所述控制器组件径向安装在所述加热元件之内，所述控制器组件的致动器的位置与所述加热元件紧密相邻。

18. 如权利要求 14 或 15 所述的煮沸水器皿，其特征在于，所述煮沸水器皿的底部设有一印刷电路加热元件。”

针对上述专利权，浙江家泰电器有限公司（下称请求人）于 2005 年 6 月 1 日向专利复审委员会提出无效宣告请求，理由是本专利不符合专利法第二十二条第三款、专利法实施细则第十三条第一款的规定。请求人同时提交了以下附件作为证据：

附件 1：GB2042269A 号专利说明书，公开日为 1980 年 9 月 17 日；

附件2：CN2041436U号专利说明书，公告日为1989年7月19日；

附件3：CN1065406C号专利说明书，授权公告日为2001年5月2日。

经形式审查合格，专利复审委员会于2005年7月4日受理了上述无效宣告请求，同日将请求人提交的专利权无效宣告请求书及其附件清单中所列附件副本转交被请求人。

请求人另于2005年6月30日补充提交意见陈述书，并同时提交以下附件作为证据：

附件6：US4539468号专利说明书，公开日为1985年9月3日；

附件7：CN1035750A号专利说明书，公开日为1989年9月20日。

请求人另于2005年9月6日提交对比文件1的部分中文译文。

请求人在2005年6月1日提交的无效宣告请求书、2005年6月30日补充提交的意见陈述书中认为：（1）权利要求1相对于附件1和2的结合不具备创造性，权利要求2~18相对于附件1和2的结合也不具备创造性；（2）权利要求1与附件6的区别在于权利要求1的技术方案具有一与连接角度无关的电气连接器，该区别为公知常识，因此，权利要求1相对于附件6和公知常识的结合不具备创造性；（3）附件7公开了两只不同位置的双金属片在到达相同的温度时致动，权利要求1相对于附件6和7的结合不具备创造性；（4）附件3的权利要求1和权利要求7与本专利权利要求1实质相同，因此，本专利权利要求1不符合专利法实施细则第十三条第一款的规定。

针对请求人的无效宣告请求，被请求人于2005年8月19日提交了意见陈述书，被请求人认为：（1）附件1没有给出本专利的“两个工作在基本相同温度下的过热保护机制”，附件2的双金属片是在设备正常运作时起作用，而本专利的双金属片是在热容器过热时才起作用，即在设备非正常工作时起保护作用，因此，附件1和附件2无法结合，从而本专利具备创造性；（2）附件3的权利要求1和7结合后与本专利仍然存在“整体的无线电气连接器和热敏控制器组件”等区别特征，因此本专利符合专利法实施细则第十三条第一款的规定。

合议组于2005年9月27日向双方当事人发出口头审理通知书，定于2005年11月10日举行口头审理，同时将请求人于2005年6月30提交的意见陈述书及其附件、2005年9月6日提交的对比文件1的部分中文译文转交被请求人，将被请求人于2005年8月19日提交的意见陈述书转交请求人。

请求人另于2005年10月11日提交附件6的中文译文。

合议组于2005年10月14日将请求人于2005年10月11日提交的附件6的中文译文转交被请求人。

口头审理如期举行。审理中，双方当事人对对方出庭人员的身份没有异议；对合议组成员没有回避请求；请求人当庭明确表示放弃附件1（GB2042269A）和附件2（CN2041436U）；被请求人对附件3、6和附件7的真实性无异议，对附件6中文译文的准确性无异议，请求人明确其无效理由为：权利要求1相对于附件3不符合专利法实施细则第十三条第一款的规定；权利要求1、14和附件15相对于附件6不具备新颖性；权利要求1~18不具备创造性，具体评述方式为：最接近的对比文件是附件6，附件6单独或者结合公知常识，或者附件6结合附件7评价权利要求1、14和15的创造性；其他权利要求的附加技术特征为公知常识，不具备创造性。

在上述工作的基础上，合议组认为本案事实已清楚，可以依法作出审查决定。

二、决定的理由

1. 关于证据

请求人明确表示放弃使用附件1和附件2，被请求人对附件3、6和7的真实性无异议，对附件6中文译文的准确性无异议，且附件6和附件7的公开日均早于本专利最早的优先权日，因此，附件3、6、7以及附件6的中文译文可以作为本专利现有技术的证据使用。

2. 关于专利法实施细则第十三条第一款

专利法实施细则第十三条第一款规定，同样的发明创造只能被授予一项专利权。

请求人认为：附件 3 的权利要求 1 和权利要求 7 与本专利权利要求 1 实质相同，因此，本专利权利要求 1 不符合专利法实施细则第十三条第一款的规定。

合议组认为：附件 3 的权利要求 1 为："一种整体的无线电气连接器和热敏控制器组件，用于安装在一个煮沸水器皿的盛水容器的底部下方，该底部设有一电气加热元件，所述整体的连接器和控制器组件包括有：

一个无线电气连接器，其类型为一种可与相应的连接器零件接合的连接器，而不论它们相互的角度方向；

一对热敏双金属致动器，安装在控制器面上横向离开连接器中央轴线的相隔开位置处，所述致动器安装或与盛水容器底部或电加热元件有良好的热接触，从而使用时的温度能被盛水容器底部或电加热元件上相隔开位置的各致动器感测到；

与每个致动器相联系并用偶连装置与其可运作地偶连的电气开关接点，所述电气开关接点及其相联系的偶连装置安装在无线电气连接器的一侧，其安装要使得两个致动器当因盛水容器无水而加热或烧干水而产生过热时能相互独立地运作以打开相连系的接点而切断电源，但在容器正常烧水时则不会运作。"

附件 3 的权利要求 2、3、4 和 5 分别在权利要求 1 的基础上对"连接装置""模塑件"和"致动器"等特征进行进一步限定。

附件 3 的权利要求 7 为："如权利要求 1、2、3、4 或 5 所述的组件，其特征在于，所述一对双金属致动器基本上在相同温度下运作。"

将本专利权利要求 1 的技术方案与附件 3 的权利要求 1 和 7 的技术方案进行对比可知，本专利权利要求 1 未包括附件 3 的权利要求 1 和 7 中的"整体的无线电气连接器和热敏控制器组件""底部设有一电气加热元件""一个无线电气连接器，其类型为一种可与相应的连接器零件接合的连接器，而不论它们相互的角度方向"等特征，附件 3 的权利要求 1 和 7 未包括本专利权利要求 1 中的"模塑的控制器体""两组设于控制器体的开关接点"等特征，使得本专利权利要求 1 与附件 3 的权利要求 1 和 7 所保护的技术方案实质不同，因而本专利权利要求 1 与附件 3 的权利要求 1 和 7 不属于相同的发明创造，因此，本专利权利要求 1 相对于附件 3 的权利要求 1 和 7 符合专利法实施细则第十三条第一款的规定。

3. 关于新颖性

专利法第二十二条第二款规定的新颖性是指，在申请日以前没有同样的发明或者实用新型在国内外出版物上公开发表过、在国内公开使用过或者以其他方式为公众所知，也没有同样的发明或者实用新型由他人向国务院专利行政部门提出过申请并且记载在申请日以后公布的专利申请文件中。

请求人认为：权利要求 1、14 和权利要求 15 相对于附件 6 不具备新颖性，不符合专利法第二十二条第二款的规定。

合议组认为：权利要求 1 请求保护"一种整体的热敏过热保护控制器组件"，附件 6 公开了一种带发热器和主副温控保护装置的煮水容器（尤其参见附件 6 译文第 3 页第 12 行 ~ 第 8 页第 9 行，附图 1 ~ 5），其第一实施方案中，保护装置包括塑件 1 和 2（相当于模塑的控制器体）、主和副铜触片 11 和 12、以及分别使主和副触片 11 和 12 工作的主和副金属片 31 和 32（相当于双金属致动器），在塑件 1 底部上的孔可安装通电和接地片 7、8 和 9，主触片 11 包括固定的连接部位 13 和活动的连接部位 14（相当于开关接点），副触片 12 包括固定的连接片 23 和可移动的铜片 24（相当于开关接点），固定的连接片 23 合适安装通电接片 8 的头部，主和副金属片 31 和 32 位于塑件 2 上，且主金属片 31 焊接在铜片 33 上，副金属片 32 安装在铜片 33 的后面，主金属片 31 处在发热器前端的发热区，可灵敏快速的传热，副金属片 32 另外传递热量，二金属片 31 和 32 必须选择不同的跳动特性，保证在过热的情况下，副金属片 32 慢于主金属片 31 的切断，当温度上升或下降时，主副金属片 31 和 32 自动循环工作，带动触片 11 和 12 循环工作，从而当主副金属片 31 和 32 循环工作时，切断电源；其第二实施方案中，金属片 69 和 70 提供的主副干烧保护与金属片 31 和 32 的描述是相同的。

由此可见，附件 6 没有公开权利要求 1 中的“一对双金属致动器安装在控制器体一个面上相互隔开的位置，以便在使用中与煮沸水器皿的盛水容器的底部有相等的良好热接触”和“所述两个致动器在基本相同的温度下致动”等特征，且上述特征也不能从附件 6 直接导出，因此，权利要求 1 相对于附件 6 具备新颖性，符合专利法第二十二条第二款的规定。

权利要求 14 和 15 均包括如权利要求 1 所述的控制器组件，由于权利要求 1 相对于附件 6 具备新颖性，因此权利要求 14 和 15 相对于附件 6 也具备新颖性，符合专利法第二十二条第二款的规定。

4. 关于创造性

专利法第二十二条第三款规定的创造性是指：同申请日以前已有的技术相比，该发明有突出的实质性特点和显著的进步，该实用新型有实质性特点和进步。

请求人认为：权利要求 1～18 不具备创造性，具体评述方式为：最接近的对比文件是附件 6，附件 6 单独，或者结合公知常识，或者附件 6 结合附件 7 评价权利要求 1、14 和 15 的创造性；其他权利要求的附加技术特征为公知常识，不具备创造性。

合议组认为：如上所述，附件 6 没有公开权利要求 1 中的“一对双金属致动器安装在控制器体一个面上相互隔开的位置，以便在使用中与煮沸水器皿的盛水容器的底部有相等的良好热接触”和“所述两个致动器在基本相同的温度下致动”等特征。且附件 6 也没有给出应用上述区别技术特征的技术启示，本领域技术人员在附件 6 的基础上得到权利要求 1 的技术方案需要付出创造性劳动，因此，权利要求 1 相对于附件 6 具备创造性，符合专利法第二十二条第三款的规定。

此外，请求人没有提出充分的理由和证据来支持其认为权利要求 1 与附件 6 的区别技术特征属于公知常识的论点，合议组对附件 6 结合公知常识否定权利要求 1 创造性的无效请求理由不予支持。

附件 7 公开了一种带有过热降压电路的电子荧光灯（尤其参见附件 7 说明书第 5 页第 16 行至第 7 页最后一行，附图 1－5），其中，由两只分别安装于三极管 BG1、BG2 散热片上的双金属片温控开关 10 串联后与二极管 D1、电容 C2 并联，组成过热降压电路。由此可见，附件 7 仍然没有公开上述权利要求 1 与附件 6 区别特征中的特征“一对双金属致动器安装在控制器体一个面上相互隔开的位置，以便在使用中与煮沸水器皿的盛水容器的底部有相等的良好热接触”，且附件 7 与本专利技术领域不同，其也没有给出将上述特征应用于附件 6 以得到权利要求 1 技术方案的技术启示，本领域技术人员在附件 6 的基础上结合附件 7 得到权利要求 1 的技术方案需要付出创造性劳动，因此，权利要求 1 相对于附件 6 和附件 7 的结合具备创造性，符合专利法第二十二条第三款的规定。

权利要求 14 和 15 均包括如权利要求 1 所述的控制器组件，在权利要求 1 相对于附件 6、附件 6 结合公知常识、附件 6 结合附件 7 具备创造性的前提下，权利要求 14 和 15 也具备创造性，符合专利法第二十二条第三款的规定。

权利要求 2～13、16～18 均直接或间接引用权利要求 1，在权利要求 1 相对于附件 6，或者附件 6 结合公知常识，或者附件 6 结合附件 7 具备创造性的前提下，权利要求 2～13、16～18 也具备创造性，符合专利法第二十二条第三款的规定。

综上所述，权利要求 1 符合专利法实施细则第十三条第一款的规定；权利要求 1、14 和 15 具备新颖性，符合专利法第二十二条第二款的规定；权利要求 1～18 具备创造性，符合专利法第二十二条第三款的规定。

三、决定

维持 00103897.4 号发明专利的权利要求 1～18 有效。

当事人对本决定不服的，可以根据专利法第四十六条第二款的规定，自收到本决定之日起三个月内向北京市第一中级人民法院起诉。根据该款的规定，一方当事人起诉后，另一方当事人应当作为第三人参加诉讼。

管夹件案

无效宣告请求审查决定（第8449号）

决　　定　　号　第8449号
决　　定　　日　2006年6月26日
发明创造名称　管夹件
国 际 分 类 号　F16L 3/10
无 效 请 求 人　普兰贝勒有限公司
专 利 权 人　吴　健
专　　利　　号　01266403.0
申　　请　　日　2001年11月2日
授 权 公 告 日　2002年8月7日
合 议 组 组 长　黄毅斐
主　　审　　员　聂春艳
参　　审　　员　樊晓东

法 律 依 据　专利法第二十六条第三款、第二十二条第三款
决 定 要 点

如果本领域技术人员根据其所掌握的知识以及说明书和附图的记载能够明了某一技术方案如何具体实施，则说明书对该技术方案的公开是充分的。

如果某一权利要求所述技术方案与对比文件的结合相比其区别技术特征为本领域技术人员的惯用技术手段，则该权利要求相对于对比文件的结合不具备创造性。

一、案由

本无效宣告请求涉及国家知识产权局于2002年8月7日授权公告的、专利号为01266403.0、名称为“管夹件”的实用新型专利（下称本专利），其申请日为2001年11月2日，专利权人为吴健，其授权公告的权利要求书如下：

“1. 一种管夹件，有将管件夹在中间的、分为两件的主体，及将两件主体锁紧的螺栓，其特征在于：主体的内侧有辅助夹紧管件的夹紧结构，其中一主体上有带内螺纹的拉伸孔。

2. 根据权利要求1所述的管夹件，其特征在于：在主体上的螺孔和/或与锁紧螺栓间有防螺栓松脱结构。

3. 根据权利要求1所述的管夹件，其特征在于：防螺纹松脱结构为主体螺孔边缘冲制成型的突出耳，和/或螺栓颈部的环形凹槽。

4. 根据权利要求1或2、3所述的管夹件，其特征在于：主体内侧的辅助夹紧管件的夹紧结构为主体内侧两边边缘的点状突起。

5. 根据权利要求1或2、3所述的管夹件，其特征在于：主体内侧两边边缘的点状突起每边有两

个或两个以上。”

针对上述专利权，普兰贝勒有限公司（下称请求人）于2004年10月20日向专利复审委员会提出无效宣告请求，同时提交以下对比文件：

对比文件1：法国专利公报FR2643438B1，其公开日为1991年5月3日；

对比文件2：法国专利申请公报FR2776357A1，其公开日为1999年9月24日。

请求人认为：（1）本专利说明书没有清楚地阐明“突出耳”的构造，也没有描述“防螺栓松脱结构”是如何实现的，因此不符合专利法第二十六条第三款的规定；（2）权利要求1~5相对于对比文件1和对比文件2的结合不具备创造性，不符合专利法第二十二条第三款的规定。

经形式审查合格，专利复审委员会受理了上述请求，并于2004年12月24日向双方当事人发出无效宣告请求受理通知书，并将无效宣告请求书及其附件副本转送给专利权人（下称被请求人）。

2005年2月3日，被请求人提交意见陈述书，认为请求人的无效理由不能成立，并指出对比文件1和对比文件2组合后仍不能覆盖技术特征“拉伸孔”“防螺栓松脱结构”“突出耳”“环形凹槽”以及“点状突起每边有两个或两个以上”，因此对比文件1和对比文件2的结合不能破坏权利要求1~5的创造性。

2005年3月8日，主审员向请求人发出外文证据处理通知书，要求其于收到通知一个月内提交对比文件1、2所使用部分的中文译文。同日，合议组向双方当事人发出口头审理通知书，定于2005年4月25日进行口头审理，同时将被请求人于2005年2月3日提交的意见陈述书一并转给请求人。

2005年4月15日，请求人提交了对比文件1、2的中文译文。

口头审理如期举行，双方均出席口头审理并对合议组成员的变更没有异议。请求人对被请求人方出庭人员的身份没有异议，被请求人对请求人方专利代理人的出庭身份没有异议，但对其两名公司代表的出庭身份有异议。在口头审理中，请求人要求增加权利要求1~5不符合专利法第二十六条第四款和专利法实施细则第二十条第一款的规定的无效理由，合议组当庭告知请求人根据专利法实施细则第六十六条的规定，对于上述新增的无效理由不予考虑。请求人明确其无效理由为：本专利说明书不符合专利法第二十六条第三款的规定；本专利权利要求1~5相对于对比文件1、2的结合不具备创造性，不符合专利法第二十二条第三款的规定。合议组当庭将请求人2005年4月15日提交的对比文件1、2的中文译文转给被请求人，被请求人表示对对比文件1、2的真实性没有异议，并表示将在口审后7日内提交有关对比文件1、2中文译文的准确性的意见陈述。合议组要求请求人在口审之日起60日内提交有关其两名公司代表的授权委托书的公证认证手续，被请求人同意由合议组核实相关公证认证手续。

2005年4月28日，请求人提交意见陈述书，再次重申了其在口头审理中发表的意见。

2005年9月7日，专利复审委员会收到了请求人提交的有关其两名公司代表的授权委托书的公证认证手续。

至此，合议组认为本案事实已经清楚，可以作出审查决定。

二、决定的理由

1. 关于证据

对比文件1、2均为专利文献，其公开日均早于本专利的申请日，被请求人对其真实性无异议，因此对比文件1、2构成了本专利的现有技术，可以用于评价本专利的创造性。被请求人未在口头审理后对对比文件1、2中文译文的准确性提出异议，合议组对请求人提交的中文译文予以认可。

2. 关于专利法第二十六条第三款

请求人认为本专利说明书公开不充分的理由在于：本专利说明书及附图均未详细说明突出耳的结

构，并且由于突出耳的结构描述不清楚，导致防螺栓松脱结构也不清楚。

对此合议组认为：在本专利说明书附图1中已经清楚地示出了颈部带有环形凹槽9的螺栓4、5，螺栓4、5的自由端从主体3上的螺孔穿过，本专利说明书附图3则示出了突出耳8，同时，本专利说明书指出，突出耳8是在主体3的螺孔边缘冲制成型的，并与环形凹槽9一起构成防螺栓松脱结构。可见，本专利说明书已经以图示和文字相结合的方式说明了突出耳的结构，并且在突出耳的结构已清楚的情况下，本领域技术人员根据其掌握的知识和本专利说明书及附图的记载完全能够明了突出耳和环形凹槽是如何相互配合从而实现防止螺栓的松脱的。因此，请求人所述本专利说明书的公开不充分之处并不存在，本专利说明书符合专利法第二十六条第三款的规定。

3. 关于专利法第二十二条第三款

权利要求1所述管夹件包括以下技术特征：有将管件夹在中间的、分为两件的主体，及将两件主体锁紧的螺栓，其特征在于：主体的内侧有辅助夹紧管件的夹紧结构，其中一主体上有带内螺纹的拉伸孔。

对比文件1涉及一种将管路、管子或电缆固定于其中的固定加强箍，与本专利属于同一技术领域，其具体公开了以下技术特征（参见其中文译文及说明书附图）：将管子等夹在中间的两个半加强箍1、4，及将两个半加强箍锁紧的螺钉10和螺母8，半加强箍1上镶嵌有一个带内螺纹的螺纹连轴管2。

可见，对比文件1所公开的两个半加强箍即为权利要求1中所述的两件主体，对比文件1所公开的固定加强箍与权利要求1所述管夹件的区别在于：（1）对比文件1中采用螺钉和螺母的配合来锁紧两个半加强箍，本专利中采用的是螺栓；（2）对比文件1中其中一半加强箍上镶嵌有一个带内螺纹的螺纹连轴管，本专利中一主体上有带内螺纹的拉伸孔；（3）对比文件1所公开的固定加强箍的主体内侧没有辅助夹紧管件的夹紧结构。

对比文件2涉及一种用于固定管道的固定圈，与本专利也属于同一技术领域，其具体公开了以下技术特征（参见其附图1-3及相关中文译文）：该固定圈包括固定半圈1和移动半圈2，其中在固定半圈的内侧设有突起部17、18，用于辅助固定管道。可见，对比文件2所公开的固定半圈和移动半圈即为权利要求1所述的两件主体，其中固定半圈内侧的突起部即为主体内侧辅助夹紧管件的夹紧结构，即对比文件2公开了区别技术特征（3）。

而对于区别技术特征（1），采用螺钉和螺母的配合来锁紧主体或采用螺栓来锁紧主体均为本领域技术人员惯用的技术手段；对于区别技术特征（2），采用在主体上镶嵌一个带内螺纹的螺纹连轴管或在主体上设置一个带内螺纹的拉伸孔来固定主体也都是本领域技术人员惯常采用的技术手段。因此，权利要求1所述技术方案与对比文件1和对比文件2的结合相比，其区别技术特征仅在于惯用技术手段的直接置换，故权利要求1与对比文件1和对比文件2的结合相比不具备实质性特点和进步，不符合专利法第二十二条第三款有关实用新型创造性的规定。

对比文件1同时还公开了以下技术特征（参见其中文译文及附图）：螺钉10的螺纹上的攻丝部分14的直径大于非攻丝部分15的直径，滑片11A、11B的切口形成开口9，滑片的两个彼此远离的底基不切开，将非攻丝部分15稳定于滑片的两个彼此相对的自由端13A、13B之间，使得螺钉更加稳定，不易丢失，其中自由端13A、13B的末端可以是平行的边缘，也可以具有与螺钉非攻丝部分的直径密切配合的半圆形的边缘。将对比文件1公开的上述技术内容与本专利权利要求2、3相比后可知，对比文件1中的滑片即为权利要求3所述的突出耳，螺钉的非攻丝部分即为权利要求3所述的环形凹槽，并且滑片和螺钉的非攻丝部分相互配合用以防止螺钉的脱落，即滑片和螺钉的非攻丝部分构成了权利要求2、3中所述的防螺纹松脱结构。可见，对比文件1公开了权利要求2和权利要求3的附加技术特征，在权利要求 1 相对于对比文件 1 和对比文件 2 的结合不具备创造性的前提下，其从属权利要求 2、3 也相对于对比文件 1 和对比文件 2 的结合不具备创造性，不符合专利法第二十二条第三款的规定。

对比文件 2 同时还公开了以下技术特征（参见其附图 1 – 3 及相关中文译文）：用于辅助固定管道的结构为固定半圈内侧两边边缘的点状突起部 17、18，其中点状突起部每边至少有一个，优选为每边两个。可见，对比文件 2 已公开了权利要求 4 和权利要求 5 的附加技术特征，在权利要求 1、2、3 均相对于对比文件 1 和对比文件 2 的结合不具备创造性的前提下，引用权利要求 1、2、3 的权利要求 4、5 也相对于对比文件 1 和对比文件 2 的结合不具备创造性，不符合专利法第二十二条第三款的规定。

综上，本专利权利要求 1 – 5 均相对于对比文件 1 和对比文件 2 的结合不具备创造性，不符合专利法第二十二条第三款的规定。

三、决定

宣告 01266403.0 号实用新型专利权全部无效。

当事人如对本决定不服，可以根据专利法第四十六条第二款的规定，自收到本决定之日起三个月内向北京市第一中级人民法院起诉。根据该款的规定，一方当事人起诉后，另一方当事人应当作为第三人参加诉讼。

049

多功能电子书案

无效宣告请求审查决定（第8456号）

决　定　号　第8456号
决　定　日　2006年5月31日
发明创造名称　多功能电子书
国 际 分 类 号　G06K 19/00
无 效 请 求 人　跳蛙企业股份有限公司
专 利 权 人　深圳市高智通实业有限公司
专　利　号　01242809.4
申　请　日　2001年7月18日
授 权 公 告 日　2002年4月17日
合 议 组 组 长　马　昊
主　审　员　张宗任
参　审　员　高海燕

法 律 依 据　专利法第二十二条第二款、第三款
决 定 要 点

一项权利要求的技术方案与对比文件存在区别技术特征，导致两者技术方案实质不同，那么该权利要求具备新颖性；如果没有证据表明所述区别技术特征是本领域公知常识，同时也不是本领域普通技术人员所容易想到的，那么该权利要求具备创造性。

一、案由

本无效宣告请求涉及国家知识产权局于2002年4月17日授权公告的01242809.4号实用新型专利权（下称本专利），名称为“多功能电子书”，申请日为2001年7月18日，专利权人为深圳市高智通实业有限公司。本专利授权公告的权利要求书内容如下：

“1. 一种多功能电子书，其特征在于，包括一个可打开的壳体（206），壳体（206）中设有可容纳彩图书的图书框（205）、图书框底部设有电子感应板（105）、壳体中还设有与所述电子感应板电连接的控制和存贮装置（101），还包括一支通过点触所述电子感应板，向所述控制和存贮装置发出控制信号的电子笔（107）。

2. 根据权利要求1所述多功能电子书，其特征在于，还包括放置在所述图书框中的彩图书（106），所述彩图书（106）上具有多个功能图标。

3. 根据权利要求1或权利要求2所述多功能电子书，其特征在于，所述电子感应板包括两条沿纵向和横向设置的碳阻条、所述碳阻条上连接有多根平行设置的导线，两条碳阻条上的多根导线垂直交叉并相互隔开设置，所述碳阻条分别与所述控制和存贮装置（101）电连接。

4. 根据权利要求1或权利要求2所述多功能电子书，其特征在于，所述电子笔包括笔前端的导

电橡胶、与所述导电橡胶连接的导电接头，所述导电接头与所述控制和存贮装置（101）电连接。

5. 根据权利要求 1 或权利要求 2 所述多功能电子书，其特征在于，所述控制和存贮装置包括语音合成及主控电路、与主控电路连接的多个功能按键、电子笔数值控制电路和存贮卡读写电路，与电子笔数值处理电路连接的信号处理电路，还包括与存贮卡读写电路连接的存贮卡及接插口。

6. 根据权利要求 1 或权利要求 2 所述多功能电子书，其特征在于，所述控制和存贮装置包括语音合成及主控电路、与主控电路连接的多个功能按键、电子笔数值控制电路和存贮卡读写电路，与电子笔数值处理电路连接的信号处理电路，还包括与存贮卡读写电路连接的存贮卡及接插口，可与外部计算机连接的接插口。

7. 根据权利要求 5 所述多功能电子书，其特征在于，所述多功能按键包括选书按键（204）、电源按键（202）和讲故事按键（203）。

8. 根据权利要求 2 所述多功能电子书，其特征在于，所述功能图标包括页号、音量、停止、重复、帮助、说讲、故事、拼读、提问和算术等图标。

9. 根据权利要求 5 所述多功能电子书，其特征在于，所述语音合成及主控电路所采用的集成电路型号为 W2000、电子笔数值控制电路所采用的集成电路型号为 W2001. 信号处理电路所采用的集成电路型号为 TL074。

10. 根据权利要求 5 所述多功能电子书，其特征在于，所述存贮卡包括 ROM 型存贮卡和 FLASH 型存贮卡。”

针对上述专利权，跳蛙企业股份有限公司（下称请求人）于2004 年6 月18 日向专利复审委员会提出无效宣告请求，其理由是本专利权利要求 1 ~ 10 都不符合专利法第二十二条第二款、第三款的规定。请求人同时提交的作为证据的附件如下：

附件 1：盖有国家图书馆报纸第三阅览室章的报纸信息资料复印件 3 页，其上注明报刊名称为星导日报、日期为 2001 年 3 月 1 日；

附件 2：US005485176A 号专利文献及其说明书的中文译文，公开日为 1996 年 1 月 16 日；

附件 3：US005739814A 号专利文献及其说明书的中文译文，公开日为 1998 年 4 月 14 日；

附件 4：CN1205493A 号专利文献，公开日为 1999 年 1 月 20 日。

请求人具体指出：（1）附件 1 表明与本专利相同的多功能电子书已被在先公开销售，导致本专利不具有新颖性；（2）附件 2 公开了本专利权利要求 1 ~ 4 的全部技术特征，所属技术领域、采用的技术手段和达到的技术效果完全相同，导致本专利权利要求 1 ~ 4 不具备新颖性；（3）本专利权利要求 1 ~ 4 相对于附件 2 不具备创造性，权利要求 5、7 ~ 9 相对于附件 2 和公知常识的结合不具备创造性，权利要求 6 相对于附件 2、附件 3 和公知常识的结合不具备创造性，权利要求 10 相对于附件 2、附件 4 和公知常识的结合不具备创造性。

经形式审查合格，专利复审委员会受理了上述请求，于 2004 年 7 月 5 日向双方当事人发出了无效宣告请求受理通知书，同时将无效宣告请求书及其附件清单中所列附件副本转送给专利权人（下称被请求人），要求其在指定的期限内答复。

请求人于 2004 年 7 月 5 日提交了补正书，重新提交了国家知识产权局专利检索咨询中心确认与原件相同的附件 2 ~ 4 的专利文献副本。

2004 年 8 月 19 日被请求人寄交了意见陈述书，其中主要指出：（1）附件 1 作为一张境外发行的消息/广告不能证明所标注产品在国内已经公开使用，同时附件 1 与本专利所要保护产品仅仅是外观上的局部相似，没有公开本专利技术方案的内容；（2）本专利权利要求 1 的技术方案与附件 2 公开的相比，在结构上存在区别技术特征，尤其是本专利中电子感应板与附件 2 中的位置检测系统不同，因而权利要求 1～10 都具备新颖性和创造性。

2005 年 6 月 21 日专利复审委员会向双方当事人发出了口头审理通知书，定于 2005 年 8 月 9 日进行口头审理，同时将被请求人于 2004 年 8 月 19 日提交的意见陈述书副本转送请求人。

口头审理于 2005 年 8 月 9 日如期举行，其中仅请求人参加了口头审理。口头审理中，请求人明确对合议组成员没有回避请求，并当庭提交了加盖国家图书馆报纸第三阅览室红章的报纸信息资料复印件 3 页。

至此，合议组认为本案事实已经清楚，在此基础上作出如下决定。

二、决定的理由

1. 关于已有技术

请求人提交的附件 1 为报纸复印资料，并当庭提交了附件 1 的原件，报纸名称为星导日报，出版日期为 2001 年 3 月 1 日；被请求人认为附件 1 为一张境外发行的消息/广告，不能证明所标注产品在国内已经公开使用；由于附件 1 是经国家图书馆报纸第三阅览室确认的馆藏文献，被请求人也没有怀疑其真实性，因此可以确定附件 1 是真实的。请求人明确指出采用附件 1 来证明与本专利相同的多功能电子书已被在先公开销售，合议组认为虽然附件 1 是真实的，但是请求人没有提供相关证据进一步证明其上记载的广告内容也是真实的，因此仅凭附件 1 不能证明附件 1 的报纸所广告的产品在国内已经公开销售，所以附件 1 不能作为评价本专利是否具备新颖性的证据。

附件 2～4 为专利文献，由于被请求人未提出异议，经合议组核实，附件 2～4 三篇专利文献的公开日均早于本专利申请日，可以作为本专利的已有技术。

2. 关于新颖性

专利法第二十二条第二款规定：新颖性，是指在申请日以前没有同样的发明或者实用新型在国内外出版物上公开发表过、在国内公开使用过或者以其他方式为公众所知，也没有同样的发明或者实用新型由他人向国务院专利行政部门提出过申请并且记载在申请日以后公布的专利申请文件中。

权利要求 1 要求保护一种多功能电子书，包括以下技术特征：一个可打开的壳体（206），壳体中设有可容纳彩图书的图书框（205）、图书框底部设有电子感应板（105）、壳体中还设有与所述电子感应板电连接的控制和存贮装置（101），一支通过点触所述电子感应板向所述控制和存贮装置发出控制信号的电子笔（107）。

附件 2 公开了一种电子书，具体公开了：一电子书 100 设置在玩具壳体的一可枢转的背盖 102 的凹部中，该玩具壳体的底部 101 装有操作者控制装置和一触摸板 106，触摸板 106 可使用位置检测系统来确定一具体位置，工作时，使用者可使用棒或笔 103（参见译文第 5 页第 3～13 行）；该书纸张表面具有各种信息如图像、字母、代码等（参见译文第 1 页第 30～31 行）；在该实施例中位置检测系统使用一电磁感应系统（参见译文第 4 页第 2～3 行）；图 6 为图 1 实施例的一种变种，其中一 ROM86 直接装在电子书 2 中，此时用一接插件 88 连接 ROM86 与控制电路 18，其他部件与图 1 实施例相同（参见译文第 4 页第 41～43 页）；电子书的左上部有一位置检测系统 6，电子书的右下部有一页面检测系统 8，位置检测系统和页面检测系统的输出分别传给一绝对位置检测电路 14（参见译文第 3 页第 29～31 行）；控制电路可从 ROM 中的地址中检索出信息后使用它们驱动一视频或音频电路，所述 ROM 远离电子书，也可以装在电子书中（参见译文第 3 页第 37～39 行），图 2 为一种位置检测系统 6 的示意图，一拾取传感器 44 包括一可传感作用在平板 36 上的电磁信号的线圈，拾取传感器 44 靠近平板 36 时可传感分别作用在电极线 32 和 34 上的垂直电磁信号和水平电磁信号，这些信号迭加后传给一接收电路 46，确定靠近平板 36 的拾取传感器 44 的位置（参见译文第 4 页第 2～12 行）。

可以看出附件 2 也公开了一种电子书，其与本专利属于相同的技术领域；其中附件 2 公开的玩具壳体的背盖是可枢转的，表明折叠后是可以打开的，所以与权利要求 1 中的壳体一样都是可打开的；附件 2 中背盖上有放置电子书的凹部，可见是书框的一种更具体的形式，所以附件 2 中同样是壳体上的一种书框，不同在于附件 2 中没有指出可容纳彩图书，也就是能不能阅读彩图书；附件 2 中位置检测系统可以是一种电磁感应系统，同时在对电磁感应系统进行说明时指出包括平板 36，由于本专利也没有记载一种与现有电子感应系统结构不同的电子感应系统，所以附件 2 中电磁感应系统相当于本专利的电子感应板，由于附件 2 中图 1 没有示出，从文字记载位置检测系统在电子书的左上部，可以得出附件 2 没有公开位置检测系统可设置在图书框的下面；结合图 6 可以得出通过绝对位置检测电路 14，位置检测系统与控制电路和 ROM 相连接，如果 ROM 远离电子书时，控制电路和 ROM 必然也是设置在壳体中；图 2 中所示的拾取传感器 44 就是一种电子笔，靠近平板时感应出电磁信号，必然是向控制电路输入该电磁信号，以使控制电路控制从 ROM 中的地址中检索出信息。综上所述附件 2 没有明确公开权利要求 1 中的以下技术特征：图书框可容纳彩图书，电子感应板设置在图书框的底部。由于附件 2 未公开包含上述技术特征的技术方案，导致二者的技术方案实质不同，因此权利要求 1 相对于附件 2 具备新颖性，符合专利法第二十二条第二款的规定。

在权利要求 1 相对于附件 2 具备新颖性的情况下，其从属权利要求 2 ~ 4 相对于附件 2 也相应具备新颖性。

3. 关于创造性

专利法第二十二条第三款规定：创造性，是指同申请日以前已有的技术相比，该发明有突出实质性特点和显著的进步，该实用新型有实质性特点和进步。

1. 关于权利要求 1 ~ 4 与附件 2 相比是否具备创造性

在第 2 部分，已经得出附件 2 没有明确公开权利要求 1 中的以下技术特征：图书框可容纳彩图书，电子感应板设置在图书框的底部。

附件 2 公开了书的纸张表面具有各种信息如图像、字母、代码等（见译文第 1 页第 30 ~ 31 行），本领域普通技术人员根据附件 2 公开的图像，能够容易想到该图像不是黑白图像就是彩色图像，当是黑白图像时，只需将输出装置更改成彩色显示器就可以显示存储在 ROM 中的彩色图书信息，因此图书框可容纳彩图书是本领域普通技术人员所容易想到的（参见附件 3 译文第 2 页第 28 行“颜色信息”）；虽然附件 2 只提到了位置检测系统设置在电子书的左上部，但本领域普通技术人员能够容易想到为了方便使用，位置检测系统可设置在书本的下面，也就是本专利中电子感应板设置在图书框的底部。综上可以得出在附件 2 的基础上本领域普通技术人员能够容易得到本专利权利要求 1 的技术方案，因此权利要求 1 相对于附件 2 不具备创造性，不符合专利法第二十二条第三款的规定。

权利要求 2 引用权利要求 1，其附加技术特征为：所述多功能电子书还包括放置在所述图书框中的彩图书（106），所述彩图书（106）上具有多个功能图标。

附件 2 仅指出是一种电子书 100，但能够阅读彩图书是本领域普通技术人员所能够容易想到的；虽然附件 2 指出书张表面具有各种信息如图像、字母、代码等，但这些都是书本的内容信息，或称为信息图标，而非功能图标；在彩图书上设置多个功能图标可方便产生不同的教学功能（参见本专利说明书第 5 页），从而方便使用，仅从附件 2 不能够获得采用上述技术特征的技术启示，因此权利要求 2 相对于附件 2 具备创造性，符合专利法第二十二条第三款的规定。

权利要求 3 引用权利要求 1 或权利要求 2，其附加技术特征为：所述电子感应板包括两条沿纵向和横向设置的碳阻条、所述碳阻条上连接有多根平行设置的导线，两条碳阻条上的多根导线垂直交叉并相互隔开设置，所述碳阻条分别与所述控制和存贮装置（101）电连接。

结合附件 2 的附图 2 可以看出位置检测系统包括两条沿纵向和横向设置的解码器，解码器上连接有多根平行设置的电极线 32、34，两条解码器上的多根电极线垂直交叉并相互隔开设置，在权利要求 1 与附件 2 的对比过程中已经得出附件 2 的位置检测系统与控制电路和 ROM 是电连接的，那么作为位置检测系统核心的解码器必然也是与控制电路和 ROM 电连接；采用碳阻条作为解码器是本领域普通技术人员所容易想到的，因此在权利要求 1 不具备创造性的情况下，权利要求 3 引用权利要求 1 的技术方案相对于附件 2 同样不具备创造性，不符合专利法第二十二条第三款的规定；由于权利要求 2 具备创造性，当权利要求 3 引用权利要求 2 时，权利要求 3 相对于附件 2 也相应具备创造性，符合专利法第二十二条第三款的规定。

权利要求 4 引用权利要求 1 或权利要求 2，其附加技术特征为：所述电子笔包括笔前端的导电橡胶、与所述导电橡胶连接的导电接头，所述导电接头与所述控制和存贮装置（101）电连接。

为了接触安全，在电子表的头上应用一种导电橡胶是本领域普通技术人员所容易想到的，那么电子笔也必然会包括一个连接导电橡胶的导电接头，在权利要求 1 与附件 2 的对比过程中已经得出附件 2 的电子笔与控制电路和 ROM 电连接，那么导电接头必然也要与控制电路和 ROM 电连接，因此在权利要求 1 不具备创造性时，权利要求 4 引用权利要求 1 的技术方案相对于附件 2 也不具备创造性；由于权利要求 2 具备创造性，当权利要求 4 引用权利要求 2 时，权利要求 4 相对于附件 2 也相应具备创造性，符合专利法第二十二条第三款的规定。

2. 关于权利要求 5、7 ~ 9 与附件 2 结合公知常识相比是否具备创造性

权利要求 5 引用权利要求 1 或 2，其附加技术特征为：所述控制和存贮装置包括语音合成及主控电路、与主控电路连接的多个功能按键、电子笔数值控制电路和存贮卡读写电路，与电子笔数值处理电路连接的信号处理电路，还包括与存贮卡读写电路连接的存贮卡及接插口。

附件 2 中公开的控制电路也用于系统控制，其相当于本专利的主控电路，附件 2 的附图 7 所示的 111 为三个控制按钮，虽然附件 2 没有指出控制按钮与控制电路连接，但作为电子书控制的按钮，其必然与控制电路连接；附件 2 中公开的接插件 88 是连接 ROM 和控制电路的，与本专利供插卡的接插口不同；附件 2 没有公开控制电路和 ROM 的具体结构，因此除了 ROM 本身就是一种存储卡，以及 ROM 必然有一个读写电路外，权利要求 5 中控制和存储装置所包含的电子笔数值控制电路、与电子笔数值处理电路连接的信号处理电路和接插口在附件 2 中都没有公开，虽然本领域普通技术人员知道电子笔数值控制电路和信号处理电路用处理器就可以简单实现，以及很多电器上都有接插口，但是在电子书上采用控制电子笔数值的处理电路、接插口构成控制和存储装置并不是本领域普通技术人员所容易想到的，同时也没有证据表明在电子书中采用上述一些部件属于本领域的公知常识；采用所述一系列部件的控制和存储装置，使电子书能够更换存储卡，进而更换教学内容；因此权利要求 5 相对于附件 2 具备创造性，符合专利法第二十二条第三款的规定。

权利要求 8 引用权利要求 2，其附加技术特征为：所述功能图标包括页号、音量、停止、重复、帮助、说讲、故事、拼读、提问和算术等图标。

由于附件 2 未公开权利要求 8 的附加技术特征所述的各种功能图标，在彩图书上应用所述图标也不是本领域普通技术人员所容易想到的，同时也没有证据表明在彩图书上采用所述功能图标属于本领域的公知常识；在彩图书上设置多个功能图标可方便产生不同的教学功能，方便使用，因此权利要求 8 相对于附件 2 具备创造性，符合专利法第二十二条第三款的规定。

由于权利要求 5 具备创造性，因此其从属权利要求 7 和 9 相对于附件 2 具备创造性，符合专利法第二十二条第三款的规定。

3. 关于权利要求 6 与附件 2、附件 3 结合公知常识相比是否具备创造性

权利要求 6 引用权利要求 1 或权利要求 2，其附加技术特征为：所述控制和存贮装置包括语音合

成及主控电路、与主控电路连接的多个功能按键、电子笔数值控制电路和存贮卡读写电路，与电子笔数值处理电路连接的信号处理电路，还包括与存贮卡读写电路连接的存贮卡及接插口，可与外部计算机连接的接插口。

附件3公开了一种基于电脑的娱乐系统交互的电子书，同样也涉及一种电子书，与本专利属于相同的技术领域，具体公开了以下与权利要求6的附加技术特征相关的技术特征：ROM经接插件和插座与电脑的CPU相连（参见附件3的译文第3页第26~27行）。

可见附件3公开了电子书可以通过接口与计算机相连的技术手段，但权利要求6中控制和存储装置所包含的电子笔数值控制电路、与电子笔数值处理电路连接的信号处理电路和接插口在附件2和3中都没有公开，虽然本领域普通技术人员知道电子笔数值控制电路和信号处理电路用处理器就可以简单实现，以及很多电器上都有接插口，但是在电子书上采用控制电子笔数值的处理电路、接插口构成控制和存储装置并不是本领域普通技术人员所容易想到的，同时也没有证据表明在电子书中采用上述一些部件属于本领域的公知常识；采用所述一系列部件的控制和存储装置，使电子书能够更换存储卡，进而更换教学内容；因此权利要求6相对于附件2和附件3具备创造性，符合专利法第二十二条第三款的规定。

4. 关于权利要求10与附件2、附件4结合公知常识相比是否具备创造性

权利要求10引用权利要求5，其附加技术特征为：所述存贮卡包括ROM型存贮卡和FLASH型存贮卡。

附件4公开了一种基于电脑的娱乐系统交互的电子书，同样也涉及一种电子书，与本专利属于相同的技术领域，具体公开了以下与权利要求10的技术方案相关的技术特征：信息存储器件的存储单元是可拆卸的（参见附件4的译文第3页第26~27行），更换存储单元ROM（参见附件4的译文第6页第14~16行）。

可见附件4也没有公开采用Flash型存储卡，Flash存储器是本领域常用的存储介质，但是在电子书上使用Flash型存储卡也不是本领域普通技术人员所容易想到的，同时也没有证据表明在电子书中采用Flash型存储卡属于本领域的公知常识；权利要求10限定的技术方案，使电子书能够更换存储卡，更换教学内容；因此权利要求10相对于附件2和附件4具备创造性，符合专利法第二十二条第三款的规定。

综上所述，相对于请求人提交的证据，本专利权利要求1、引用权利要求1的权利要求3和4不具备创造性，权利要求2、引用权利要求2的权利要求3和4、权利要求5~10具备创造性。

三、决定

宣告01242809.4号实用新型专利的权利要求1、引用权利要求1的权利要求3和权利要求4无效，维持权利要求2、引用权利要求2的权利要求3和权利要求4以及权利要求5~10有效。

当事人对本决定不服的，可以根据专利法第四十六条第二款的规定，自收到本决定之日起三个月内向北京市第一中级人民法院起诉。根据该款的规定，一方当事人起诉后，另一方当事人应当作为第三人参加诉讼。

北京市第一中级人民法院
行政判决书

（2007）一中行初字第4号

原告跳蛙企业股份有限公司，住所地美利坚合众国加利福尼亚州依美利威老，河利斯街6401号150室。

授权代表彼得·王。

委托代理人程伟，男，北京纪凯知识产权代理有限公司专利代理人。

委托代理人王锦阳，男，北京纪凯知识产权代理有限公司专利代理人。

被告中华人民共和国国家知识产权局专利复审委员会，住所地中华人民共和国北京市海淀区北四环西路9号银谷大厦10～12层。

法定代表人廖涛，副主任。

委托代理人张华，男，中华人民共和国国家知识产权局专利复审委员会审查员。

委托代理人高海燕，女，中华人民共和国国家知识产权局专利复审委员会审查员。

第三人深圳市高智通实业有限公司。

原告跳蛙企业股份有限公司不服被告中华人民共和国国家知识产权局专利复审委员会作出的第8456号无效宣告请求审查决定（下称被诉决定）一案，向本院起诉。本院受理后，依法组成合议庭，并依法通知利害关系人深圳市高智通实业有限公司作为本案第三人参加诉讼。2007年2月6日，本院依法公开开庭进行了审理，原告的委托代理人王锦阳，被告的委托代理人张华、高海燕到庭参加了诉讼。经合法传唤，第三人未指派代理人参加诉讼，也未说明理由。根据《最高人民法院关于执行〈中华人民共和国行政诉讼法〉若干问题的解释》第四十九条第三款的规定，第三人未到庭的行为不影响本案的审理。现本案已审理终结。

2004年12月21日，被告根据原告的无效宣告请求，对专利号为01242809.4，专利权人为第三人，名称为“多功能电子书”的实用新型专利权（下称本专利）进行审查，依据《中华人民共和国专利法》（下称《专利法》）第二十二条第二款、第三款的规定，于2006年5月31日作出被诉决定：宣告本专利权利要求1、引用权利要求1的权利要求3和权利要求4无效，维持权利要求2、引用权利要求2的权利要求3和权利要求4，以及权利要求5～10有效。具体理由如下：

第一，关于已有技术：附件1（即：盖有国家图书馆报纸第三阅览室章的报纸信息资料复印件3页，其上注明报刊名称为星导日报、日期为2001年3月1日）真实，但因原告没有提供相关证据进一步证明其上记载的广告内容也是真实的，仅凭附件1不能证明附件1的报纸所广告的产品在国内已经公开销售，所以附件1不能作为评价本专利是否具备新颖性的证据。附件2～4为专利文献，公开日均早于本专利申请日，可以作为本专利的已有技术。

第二，关于新颖性：附件2（即：US005485176A号专利文献及其说明书的中文译文，公开日为1996年1月16日）也公开了一种电子书，其与本专利属于相同的技术领域，但未公开权利要求1中的图书框可容纳彩图书、电子感应板设置在图书框的底部的技术方案，导致二者的技术方案实质不同，因此相对于附件2权利要求1具备新颖性。在权利要求1相对于附件2具备新颖性的情况下，其从属权利要求2～4相对于附件2也相应具备新颖性。

第三，关于创造性：相对于原告提交的证据，本专利权利要求1、引用权利要求1的权利要求3和权利要求4不具备创造性，权利要求2、引用权利要求2的权利要求3和权利要求4、权利要求5～10具备创造性。

在法定期限内，被告向本院提交了如下证据，用以证明被诉决定合法：1. 附件1；2. 附件2；3. 附件3（即：US005739814A号专利文献及其说明书的中文译文，公开日为1998年4月14日)；4. 附件4（即：CNl205493A号专利文献，公开日为1999年1月20日)；5. 本专利的授权公告文本。

原告诉称：被诉决定的结论不正确，缺乏事实依据，违背了《审查指南》的相关规定，请求法院查明事实，撤销被诉决定。具体理由如下：

第一，关于权利要求1的新颖性问题。

权利要求1的技术特征是“壳体中设有可容纳彩图书的图书框”。即使证据2没有披露图书框可容纳彩图书，但是其确实披露了权利要求1的图书框。这里，作为技术特征进行对比的应该是图书框，而不是彩图书。权利要求1的图书框的技术特征用“设在壳体中”和“容纳图书”，已经清楚地限定了其形状、构造特征，而彩图书只是对所容纳图书的关于颜色的功能性限定。从本专利申请文件的全部公开内容中找不到图书的颜色特征对该实用新型的任何影响和限定，也都没有说明“可容纳彩图书的图书框”与容纳非彩图书的图书框在技术方案、达到的目的以及产生的技术效果上有什么差别。因此，证据2披露了权利要求1的“壳体中设有可容纳彩图书的图书框”的技术特征。而且，证据2还列出了三种位置检测系统的具体实施例，被告认定证据2的图2的电磁感应系统相当于本专利的电子感应板是正确的，并指出其包括平板36。但被告毫无理由地认定位置检测系统在电子书的左上部，这是明显地认定事实不当。本领域技术人员公知的是，作为电磁感应系统，必须将信号拾取器（电子笔）靠近感应系统（的感应板）来取得信号。电子笔要指向图书上众多内容中的某个内容并同时从配置的电磁感应系统中拾取对应书上这个被指定内容的位置信号，而书又是一个平面，这时电磁感应系统的电子感应板除了配置在书的下面以外，不可能配置在书的任何别的方向，这是技术原理和常识决定的，没有人能举出反例。本领域技术人员都会这样理解，如果图书框用来容纳书，电磁感应系统就一定是在图书框的底部。因此，证据2披露了权利要求1的电子感应板设置在图书框的底部的技术特征。

因此，证据2披露了权利要求1的全部技术特征，权利要求1相对于证据2不具备新颖性。

第二，关于权利要求2的新颖性和创造性的问题。

被告以证据2中的“书张表面具有各种信息如图像、字母、代码等”，就得出“仅从附件2不能够获得采用上述技术特征的技术启示”的判断，然后再据此得出权利要求2相对于附件2具备创造性的结论，属于认定事实不当。权利要求2的“功能图标”是一个上位概念，在权利要求中没有具体限定的情况下，该上位概念概括的范围应该被本领域技术人员理解为：可以用来触发/执行该电子书所有功能的图标。而证据2对于用标记或控件来触发/执行电子书的功能是有披露的。尽管与证据2有差别，但专利权人在权利要求2中要求了一个涵盖所有电子书功能的上位的保护范围“功能图标”。因此，证据2中对于执行电子书具体功能的图标的披露，破坏了权利要求2的新颖性。所以，证据2对通过各种标记来触发/执行该电子书所有功能的相关记载，对权利要求2的“具有多个功能图标”的技术特征给出了对本领域技术人员来说足够的技术启示。因此，权利要求2相对于证据2也不具备创造性。

第三，关于权利要求5和权利要求10的创造性问题。

电子书与“电子笔数值控制电路、信号处理电路以及接插口”三个上述常用技术手段不是属于不相同或不相近的技术领域，上述三个常用技术手段在涉案专利的电子书中被用来解决的技术问题也就是这三个技术手段通常被用来解决的技术问题，在本专利中并没有特别之处。而且，只要是应用涉案专利中的电子笔的地方，必定要有相应的电子笔控制电路和信号处理电路，这是公知的技术原理，否则无法拾取与处理信号，与该电子笔是否应用在电子书上无关。至于将公知的接插口应用在电子书上也是本领域普通技术人员不容易想到的，就更不值得一驳了，本专利并没有指出该接插口在解决的技术问题和产生的技术效果上与公知的接插口有什么不同。若如此，该电子书上的任何东西全都有创造性了。

综上所述，原告认为，被告关于权利要求5创造性的上述推理和结论都是十分牵强的。将本领域技术人员都知道的上述三个常用技术手段用在电子书上，以解决使用这三个常用技术手段常被用来解决的技术问题，对于本领域普通技术人员来说是不需要创造性劳动就容易想到的。因此，权利要求5不具备创造性。被告使用相同的推理认为权利要求10也有创造性，也是不正确的。

综上，在权利要求1、2、5不具备创造性情况下，其他从属权利要求也不具备创造性。

原告在开庭之前向本院也提供了上述证据1~3，用以支持其诉讼主张。

被告辩称：根据《审查指南》的规定，引用对比文件判断发明或者实用新型的新颖性和创造性时，应当以对比文件公开的技术内容为准。该技术内容不仅包括明确记载在对比文件中的内容，而且包括对于所属技术领域的技术人员来说，隐含的且可直接地、毫无疑义地确定的技术内容。但是，原告随意将证据2的内容进行了扩大，从证据2中不能直接、毫无疑义地推导出其所述内容。

另外在新颖性的对比过程中应考虑权利要求所记载的所有技术特征，而不论是否为必要技术特征或是否为功能性特征。综上，被诉决定对权利要求的认定并无不当。

综上所述，我委认为被诉决定认定事实清楚，适用法律法规正确，原告的诉讼请求没有事实依据和法律依据，请求人民法院在查明事实的基础上，依法驳回原告的诉讼请求，维持被诉决定。

第三人提交的书面意见如下：基本认可被诉决定的内容，但是对于宣告无效的部分，不同意被告的认定。理由是：

第一，我公司的创新产品解决了以下两个问题：1. 提供具有多功能的主机；2. 提供与主机相配合的彩图书，实现电子书内容的不断更新。对比原告提供的证据2、3的两个专利文件，电磁感应技术已属于通用技术，不属于原告专利的保护范围。

第二，我公司认为原告的起诉理由不成立。存储介质改动仅是一种形式，更重要的是我们利用flash存储卡能在线改写教育内容的功能，实现了我公司产品具有了计算机网络下载功能，其优越性是使用ROM存储卡的产品不可比拟的。

第三人未向本院提供证据。

在庭审质证中，原告对上述证据的真实性没有争议，但对被告的举证主张有争议。被告不同意原告的举证主张。经审查，上述证据均是行政程序中的有效证据，本院予以确认。

根据有效证据以及当事人无争议的陈述，本院确认事实如下：

本专利的授权公告日为2002年4月17日，授权公告的专利号为01242809.4，授权公告的权利要求书内容如下：

“1. 一种多功能电子书，其特征在于，包括一个可打开的壳体（206），壳体（206）中设有可容纳彩图书的图书框（205）、图书框底部设有电子感应板（105）、壳体中还设有与所述电子感应板电连接的控制和存储装置（101），还包括一支通过点触所述电子感应板，向所述控制和存储装置发出控制信号的电子笔（107）。

2. 根据权利要求1所述多功能电子书，其特征在于，还包括放置在所述图书框中的彩图书（106），所述彩图书（106）上具有多个功能图标。

3. 根据权利要求 1 或 2 所述多功能电子书，其特征在于，所述电子感应板包括两条沿纵向和横向设置的碳阻条、所述碳阻条上连接有多根平行设置的导线，两条碳阻条上的多根导线垂直交叉并相互隔开设置，所述碳阻条分别与所述控制和存储装置（101）电连接。

4. 根据权利要求 1 或 2 所述多功能电子书，其特征在于，所述电子笔包括笔前端的导电橡胶、与所述导电橡胶连接的导电接头，所述导电接头与所述控制和存储装置（101）电连接。

5. 根据权利要求 1 或 2 所述多功能电子书，其特征在于，所述控制和存储装置包括语音合成及主控电路、与主控电路连接的多个功能按键、电子笔数值控制电路和存储卡读写电路，与电子笔数值处理电路连接的信号处理电路，还包括与存储卡读写电路连接的存储卡及接插口。

6. 根据权利要求 1 或 2 所述多功能电子书，其特征在于，所述控制和存储装置包括语音合成及主控电路、与主控电路连接的多个功能按键、电子笔数值控制电路和存储卡读写电路，与电子笔数值处理电路连接的信号处理电路，还包括与存储卡读写电路连接的存储卡及接插口，可与外部计算机连接的接插口。

7. 根据权利要求 5 所述多功能电子书，其特征在于，所述多功能按键包括选书按键（204）、电源按键（202）和讲故事按键（203）。

8. 根据权利要求 2 所述多功能电子书，其特征在于，所述功能图标包括页号、音量、停止、重复、帮助、说讲、故事、拼读、提问和算术等图标。

9. 根据权利要求 5 所述多功能电子书，其特征在于，所述语音合成及主控电路所采用的集成电路型号为 W2000、电子笔数值控制电路所采用的集成电路型号为 W2001、信号处理电路所采用的集成电路型为 TL074。

10. 根据权利要求 5 所述多功能电子书，其特征在于，所述存储卡包括 ROM 型存储卡和 FLAsH 型存储卡。”

针对上述专利权，原告于 2004 年 6 月 18 日向被告提出无效宣告请求，其认为本专利权利要求 1 ~ 10 都不符合《专利法》第二十二条第二款、第三款的规定。同时其提交附件 1 ~ 4 作为证据。其理由如下：

1. 附件 1 表明与本专利相同的多功能电子书已被在先公开销售，导致本专利不具备新颖性；

2. 附件 2 公开了本专利权利要求 1 ~ 4 的全部技术特征，所属技术领域、采用的技术手段和达到的技术效果完全相同，导致本专利权利要求 1 ~ 4 不具有新颖性；

3. 本专利权利要求 1 ~ 4 相对于附件 2 不具备创造性，权利要求 5、7 ~ 9 相对于附件 2 和公知常识的结合不具备创造性，权利要求 6 相对于附件 2、附件 3 和公知常识的结合不具备创造性，权利要求 10 相对于附件 2、附件 4 和公知常识的结合不具备创造性。

经形式审查合格，被告受理，并于 2004 年 7 月 5 日将无效宣告请求书及其附件清单中所列附件副本转送给第三人，要求其在指定的期限内答复。

原告于 2004 年 7 月 5 日提交了补正书，重新提交了国家知识产权局专利检索咨询中心确认与原件相同的附件 2 ~ 4 的专利文献副本。

2004 年 8 月 19 日，第三人寄交了意见陈述书，指出：

1. 附件 1 作为一张境外发行的消息、广告不能证明所标注产品在国内已经公开使用，同时附件 1 与本专利所要保护产品仅仅是外观上的局部相似，没有公开本专利技术方案的内容；

2. 本专利权利要求 1 的技术方案与附件 2 公开的相比，在结构上存在区别技术特征，尤其是本专利中电子感应板与附件 2 中的位置检测系统不同，因而权利要求 1 ~ 10 都具备新颖性和创造性。

2005 年 6 月 21 日，被告将该意见陈述书向第三人送达。

2005 年 8 月 9 日，被告进行口头审理，原告参加了口头审理，原告当庭提交了加盖国家图书馆报纸第三阅览室红章的报纸信息资料复印件 3 页，用以证明附件 1 真实。

2006 年 5 月 31 日，被告认定附件 1 不能证明其中的广告产品已经在国内公开销售，不能作为评价本专利是否具备新颖性的证据。附件 2 ~ 4 是专利文献，其公开日均早于本专利申请日，可以作为本专利的现有技术。据此，被告于 2006 年 5 月 31 日作出被诉决定，并于同年 6 月 28 日向原告和第三人邮寄送达。原告不服，在法定期限内，向本院起诉。

在开庭审理中，原告对以下内容没有争议：1. 被告的审查职责和审查程序；2. 被诉决定中“案由”部分记载的内容；3. 被诉决定认定附件 1 不能作为评价本专利是否具有新颖性的证据，附件 2 ~ 4 可以作为本专利的现有技术；4. 被诉决定对附件 2 公开的内容；5. 被诉决定宣告本专利权利要求 1 和引用权利要求 1 的权利要求 3 和 4 无效的内容。

本院认为：根据当事人无争议的陈述，本院经书面审查，对上述无争议的内容予以确认。在此基础上，本院将围绕被诉决定认定本专利具备新颖性和部分权利要求具备创造性进行合法性审查。

首先，在对新颖性的判断方面，应根据《专利法》第二十二条第二款、《审查指南》第二部分第三章关于新颖性的规定，对本专利与附件进行对比。附件 2 和附件 3 均公开了一种电子书，其与本专利属于相同的技术领域，可以与本专利进行对比。

由于原告对被诉决定认定的附件 2 公开的内容没有争议，被告在被诉决定中将本专利权利要求 1 的技术特征与附件 2 进行对比，认定附件 2 没有明确公开本专利权利要求 1 中的图书框可容纳彩图书、电子感应板设置在图书框的底部的技术特征的事实清楚。因此，被告认为本专利权利要求 1 相对于附件 2 具备新颖性，符合《专利法》第二十二条第二款规定的结论正确，本院应予支持。

其次，关于对本专利创造性的判断方面，应根据《专利法》第二十二条第三款、《审查指南》关于创造性的规定，基于原告对被诉决定宣告本专利权利要求 1 和引用权利要求 1 的权利要求 3 和权利要求 4 的技术方案无效的内容不持异议，本案针对被告维持权利要求 2、引用权利要求 2 的权利要求 3、4 的技术方案以及权利要求 5 ~ 10 有效的结论进行合法性审查。

一、关于权利要求 2 及其从属权利要求是否具备创造性的问题

权利要求 2 引用权利要求 1，其附加技术特征为：所述多功能电子书还包括放置在所述图书框中的彩图书（106），所述彩图书（106）上具有多个功能图标。根据本专利说明书的记载，“在彩图书中还设有卡通图标一是除功能图标以外的所有形象、文字、符号都统称为卡通，点触这些卡通会发出各种对话、声音或音乐”。

在附件 2 的翻译件第一页中记载了：“一种能阅读图书纸张上的内容的电子书阅读系统和信息存储系统，该书纸张表面具有各种信息如图像、字母、代码等。”

据此，被告认定权利要求 2 的上述技术内容是在彩图书上设置多个功能图标方便产生不同的教学功能，而附件 2 的上述内容是书本的内容信息或信息图标，而不是功能图标，因此认为附件 2 对权利要求 2 没有技术启示，从而认定权利要求 2 相对于附件 2 具备创造性的结论正确。

权利要求 3、4 分别引用了权利要求 1 和权利要求 2，在权利要求 2 具备创造性的前提下，被告认定引用权利要求 2 的权利要求 3 和权利要求 4 的技术方案相对于附件 2 也相应具备创造性的结论正确。

权利要求 8 是权利要求 2 的从属权利，在权利要求 2 具备创造性的前提下，被告认定权利要求 8 相对于附件 2 也具备创造性的结论正确。

二、关于权利要求 5 及其从属权利要求的创造性问题

1. 针对权利要求 5 的创造性

权利要求 5 引用权利要求 1 或 2，其附加技术特征为：所述控制和存储装置包括语音合成及主控

电路、与主控电路连接的多个功能按键、电子笔数值控制电路和存储卡读写电路，与电子笔数值处理电路连接的信号处理电路，还包括与存储卡读写电路连接的存储卡及接插口。

权利要求5在权利要求2具备创造性的前提下，被告认定权利要求2的从属权利5相对于附件2也相应具备创造性的结论正确。

为此，本案争议的是权利要求5引用权利要求1时与附件2并结合公知常识是否具备创造性。

虽然附件2公开了控制电路也用于系统控制，相当于本专利的主控电路，附件2的附图7中有3个控制按钮，这些控制按钮与控制电路连接是必然的。但是，将附件2与权利要求5的技术方案进行对比，附件2的插件连接ROM和控制电路与本专利供插卡的接插口不同；附件2没有公开控制电路和ROM的具体结构；附件2没有公开权利要求5中控制和存储装置所包含的电子笔数值控制电路、与电子笔数值处理电路连接的信号处理电路和接插口。

同时，也没有证据表明在电子书中采用控制电子笔数值的处理电路、接插口构成控制和存储装置，使电子书能够更换存储卡，进而更换教学内容的技术方案。因此，在电子书上采用控制电子笔数值的处理电路、接插口构成控制和存储装置并不是本领域普通技术人员所容易想到的情况下，被告认定权利要求5相对于附件2并结合公知常识具备创造性的事实清楚，结论正确。

2. 针对权利要求5的从属权利要求7、9、10的创造性

权利要求7、9、10是权利要求5的从属权利要求，在权利要求5具备创造性的前提下，被告认定其权利要求7、9、10相对于附件2和公知常识也具备创造性的结论正确。

权利要求10引用权利要求5，其附加技术特征为：所述存储卡包括ROM型存储卡和FLASH型存储卡。

附件4没有公开采用Flash型存储卡，虽然Flash存储器是本领域常用的存储介质，但是在电子书上使用Flash型存储卡也不是本领域普通技术人员所容易想到的，同时也没有证据表明在电子书中采用Flash型存储卡属于本领域的公知常识；权利要求10限定的技术方案，使电子书能够更换存储卡，更换教学内容。因此，被告认定权利要求10相对于附件4也具有创造性的结论正确。

三、关于权利要求6的创造性问题

权利要求6引用权利要求1或2，其附加技术特征为：所述控制和存储装置包括语音合成及主控电路、与主控电路连接的多个功能按键、电子笔数值控制电路和存储卡读写电路，与电子笔数值处理电路连接的信号处理电路，还包括与存储卡读写电路连接的存储卡及接插口，可与外部计算机连接的接插口。

权利要求6在权利要求2具备创造性的前提下，被告认定权利要求2的从属权利6相对于附件2也相应具备创造性的结论正确。

为此，本案争议的是权利要求6引用权利要求1时相对于附件2、3并结合公知常识是否具备创造性。

虽然在附件3中公开了电子书可以通过接口与计算机相连的技术手段，但是，附件2、3没有公开权利要求6中的在电子书上采用控制电子数据值的处理电路、接插口构成控制盒存储装置的技术方案，同时没有证据证明这些部件应用到电子书上，是本领域的公知常识。因此，被告认定权利要求6采用上述一系列部件的控制和存储装置，使电子书能够更换存储卡，进而更换教学内容相对于附件2和附件3具备创造性的结论正确。

因此，被告认定权利要求2、引用权利要求2的权利要求3、4以及权利要求5~10具备创造性的事实清楚。

综上所述，被诉决定的主要证据充分，适用法律正确，程序合法，本院应予维持。故，依照

《中华人民共和国行政诉讼法》）第五十四条第（一）项，判决如下：

维持中华人民共和国国家知识产权局专利复审委员会于二〇〇六年五月三十一日作出的第 8456 号专利无效宣告请求审查决定。

案件受理费 1000 元，由原告跳蛙企业股份有限公司负担（已交纳）。

如不服本判决，原告跳蛙企业股份有限公司可在判决书送达之日起 30 日内，被告中华人民共和国国家知识产权局专利复审委员会与第三人深圳市高智通实业有限公司可在判决书送达之日起 15 日内，向本院递交上诉状，并按对方当事人的人数提出副本并预交上诉费，上诉于中华人民共和国北京市高级人民法院。

本判决为终审判决。

审　判　长　饶亚东

审　判　员　刘景文

人民陪审员　谢冬伟

二〇〇七年六月十五日

书　记　员　蒋利玮

050

一种改进的灯具电容器案

无效宣告请求审查决定（第8459号）

决　定　号 第8459号
决　定　日 2006年6月27日
发明创造名称 一种改进的灯具电容器
国际分类号 H01G 4/40　H01G 4/224
无效请求人 佛山市顺德区容桂松柏电器有限公司
专利权人 陈　真
专　利　号 98224059.7
申　请　日 1998年5月20日
授权公告日 1999年9月8日
合议组组长 黄　颖
主　审　员 骆素芳
参　审　员 孙克良

法律依据 专利法第二十二条第二款、第三款
决定要点

在判断权利要求的创造性时，对权利要求的理解，应当以权利要求的内容为准，说明书及附图可以用于解释权利要求中的某一技术特征，也可用于解释权利要求的整个技术方案；对于权利要求中的技术术语，说明书中有解释的，以说明书的解释为准，说明书中没有解释的，以本领域的常规理解为准；不能为了使权利要求区别于对比文件而对权利要求中的技术术语或技术特征做脱离于说明书的记载以及本领域的常规理解的其他解释。

一、案由

本无效宣告请求涉及中华人民共和国国家知识产权局于1999年9月8日授权公告的名称为"一种改进的灯具电容器"的98224059.7号实用新型专利（下称本专利），其申请日为1998年5月20日，专利权人为陈真。授权公告的权利要求书为：

"1. 一种改进的灯具电容器。主要包括有外壳5，芯管3和伸出于外壳的一对电极，芯管3的外部为有机介质薄膜绕制体，其特征是在电容器外壳5内中心轴线位置上，即芯管3中间设置有一热熔管2，热熔管2的一端直接与芯管3的底部端面4相连接，另一端与电极引出铜片1相连接。

2. 如权利要求1中所述的一种改进的灯具电容器，其特征是电容器外壳5为塑料质外壳。

3. 如权利要求1或权利要求2中所述的一种改进的灯具电容器，其特征是热熔管2与芯管3的管壁紧密接触。"

针对上述专利权，佛山市顺德区容桂松柏电器有限公司（下称请求人）于2005年7月18日向专利复审委员会提出无效宣告请求，理由是本专利的权利要求1-3不符合专利法第二十二条和专利法

实施细则第二条第二款的规定。其提供的证据如下：

附件1：美国US4791529专利说明书全文，公开日为1988年12月13日（下称对比文件1），及其中文译文复印件12页；

附件2：申请号为89205451.4的中国实用新型专利申请说明书扉页、权利要求书第1页、说明书第1－3页和附图第1页，其申请日为1989年10月23日，公开日为1991年2月13日（下称对比文件3）；

附件3：专利号为95227538.4的中国实用新型专利说明书全文，其申请日为1995年11月22日，公开日为1997年10月29日（下称对比文件2）。

经形式审查合格后，专利复审委员会受理了上述无效宣告请求，于2005年7月18日向双方当事人发出无效宣告请求受理通知书，并将上述专利权无效宣告请求书及其证据副本转送给专利权人陈真（下称被请求人），要求被请求人在一个月内陈述意见。

2005年8月11日请求人提交了补充陈述，认为本专利不符合专利法第二十二条、专利法第二十六条第三款、专利法实施细则第二十条第一款和第二十一条第二款的规定。同时再次提交了对比文件1的中文译文12页及其附图第1～2页。

针对请求人的无效宣告请求，被请求人于2005年9月21日提交了意见陈述书，认为：1. 本专利符合专利法实施细则第二条第二款的规定、符合专利法第二十六条第三款的规定；2. 本实用新型与对比文件1存在实质性差异，权利要求1保护的技术方案相对于对比文件1具备新颖性和创造性；对比文件1中的铝箔筒是其塑壳的必要条件，对比文件1中的塑壳与本实用新型的塑壳有本质上的区别。

2006年3月28日，本案合议组向双方当事人发出口头审理通知书，告知双方本案拟定于2006年5月16日进行口头审理。同时将请求人于2005年8月11日提交的意见陈述书及其附件副本转给被请求人，并告知被请求人对请求人提交的中文译文具体内容有异议的，应当在口审开始时对有异议的部分提交中文译文；将被请求人于2005年9月21日提交的意见陈述书副本转给请求人。

2006年4月28日，请求人提交了补充材料说明及其附件，附件包括：

附件A：对比文件2全文；

附件B：对比文件3全文；

附件C：补充陈述；

附件D－1：综合评述；

附件D－2：中华人民共和国国家标准GB12747－91《自愈式低电压并联电容器》，首页及第1－3页的复印件，发布日期为1991年3月21日；

附件D－3：中华人民共和国国家标准GB9816－1998《热熔断体的要求和应用导则》，首页及第Ⅰ、Ⅱ、Ⅳ、Ⅴ页和第1页的复印件，发布日期为1998年8月24日；

附件D－4：复旦大学出版社《电气照明设计》，周太明等编著，封面及第295、296页复印件；

附件D－5：《用于HID高强度气体放电灯的电感镇流器》（出处不详）复印件1页；

附件D－6：对比文件1的中文译文的第7、8页复印件；

附件D－7：通用电气照明系统——通用电气照明系统镇流器线路图及工作特性（出处不详），第43页复印件。

口头审理如期举行，双方当事人均到庭参加口头审理，对合议组成员没有回避请求，并对对方出庭人员的身份没有异议，合议组在此情况下就本无效宣告请求案进行了庭审调查：

1）合议组当庭将请求人于2006年4月28日提交的补充材料说明及其附件的副本转给被请求人，

被请求人对附件的真实性没有异议。

2）请求人当庭明确以2005年8月11日提交的对比文件1的中文译文为准。

3）被请求人对对比文件1、对比文件2、对比文件3的真实性没有异议，对对比文件1中文译文的准确性没有异议。

4）被请求人当庭提交答辩意见作为证据使用，合议组当庭转给请求人。

5）请求人明确其无效理由是：1. 本专利权利要求1～3相对于对比文件1不具备专利法第二十二条第二款、第三款规定的新颖性、创造性；2. 本专利权利要求1～3相对于对比文件1和对比文件2的结合不具备专利法第二十二条第三款规定的创造性；3. 本专利权利要求1～3相对于对比文件1和对比文件3的结合不具备专利法第二十二条第三款规定的创造性；4. 权利要求1不符合专利法实施细则第二十一条第二款的规定。放弃专利法第二十二条第四款、第二十六条第三款、专利法实施细则第二条第二款、第二十条第一款的无效宣告理由。

6）被请求人认为，本专利权利要求1中的“热熔管的一端与芯管的底部端面相连接，另一端与电极引出铜片相连接”是本领域常规的连接方式。被请求人认为，权利要求1与对比文件1的区别在于：权利要求1中是“热熔管”，而对比文件1中是“热保护器”。

2005年5月21日，请求人主动提交了口审后补充意见陈述，其中所陈述的意见与请求人在口审过程中发表的意见基本一致。

至此，合议组认为，本案事实已经清楚，可以作出审查决定。

二、决定的理由

1. 关于审查的文本

被请求人未修改本专利，因此，本决定所依据的审查文本是本专利授权公告的权利要求第1～3项、说明书第1～3页、附图第1页、说明书摘要和摘要附图。

2. 关于证据认定

对比文件1为外国专利文献，其公开日早于本专利的申请日，与本专利技术领域相同，并且被请求人对其真实性无异议，因此，对比文件1可以作为本专利的现有技术；请求人于2005年7月18日提出无效宣告请求时提交了对比文件1的中文译文，并于1个月内，即2005年8月11日再次提交了对比文件1的中文译文，口审时请求人明确以2005年8月11日提交的中文译文为准，被请求人对此份中文译文的准确性无异议，合议组经审查认为可以采用请求人于2005年8月11日提交的中文译文的内容作为对比文件1公开的内容来评述本专利的新颖性和创造性。

对比文件2、3均为专利文献，其公开日早于本专利的申请日，与本专利技术领域相同，并且被请求人对其真实性无异议，合议组经审查认定对比文件2、3可以作为本专利的现有技术；请求人于2005年7月18日提出无效宣告请求时提交了对比文件2全文及对比文件3的扉页、权利要求书第1页、说明书第1～3页和附图第1页；2006年4月28日请求人再次提交了对比文件2的全文并补交了对比文件3的全文，由于在提出无效宣告请求时，请求人已经明确提出以对比文件3作为证据使用，并提交了对比文件3的部分内容，合议组认为，请求人补交的对比文件3的全文，不视为新证据。

3. 关于新颖性和创造性

专利法第二十二条第二款规定，新颖性，是指在申请日以前没有同样的发明或者实用新型在国内外出版物上公开发表过、在国内公开使用过或者以其他方式为公众所知，也没有同样的发明或者实用新型由他人向国务院专利行政部门提出过申请并且记载在申请日以后公布的专利申请文件中。

专利法第二十二条第三款规定，创造性，是指同申请日以前已有的技术相比，该实用新型有实质性特点和进步。

（1）关于权利要求1～3的新颖性

权利要求1为：

A. 一种改进的灯具电容器，

B. 主要包括有外壳5，芯管3和伸出于外壳的一对电极，芯管3的外部为有机介质薄膜绕制体，

C. 其特征是在电容器外壳5内中心轴线位置上，即芯管3中间设置有一热熔管2，热熔管2的一端直接与芯管3的底部端面4相连接，

D. 另一端与电极引出铜片1相连接。

对比文件1公开了一种安全盒式金属化薄膜电容器，并具体公开了以下技术特征：该发明属金属化薄膜电容器，与高强度放电镇流器、电机运行用电容器等一起使用（参见对比文件1中文译文第3页最后“该发明的概要”部分的第1～2行，所公开的技术特征表明对比文件1的电容器可用作灯具电容器，因此，对比文件1公开了权利要求1的特征A）；电容器单元10有一塑料盒12，一塑料盖14，包含一金属化薄膜电容器元件或金属化聚丙烯卷筒16，带有一中心空心部分；电容器元件16有金属接点或端面18，20，导线22，24电气和机械上都固定在此（参见对比文件1中文译文说明书第4页“优选装置的说明”部分的第3～5行，其中的塑料盒12相当于权利要求1的外壳5，金属化聚丙烯卷筒16相当于权利要求1的管芯3，导线22、24相当于权利要求1的一对电极，可见对比文件1公开了权利要求1的特征B）；第二个导线24拼接成24a、24b两部分；24a部分的一端电接到第二个接头端20，处于电容器元件16的对端；一端接热保护器34，接在24a部分另一端与第二条导线24，部分24b一端之间；导线24然后连通电容器元件16的中心空芯，这样热保护器34约处于中心空芯17的两端中心（参见对比文件1中文译文说明书第5页倒数第2行～第6页第3行及图1，其中热保护器34相当于权利要求1的热熔管2，第二个接头20相当于权利要求1的底部端面4，可见对比文件1公开了权利要求1的特征C）；第二个导线部分24b继续通过空芯17到顶部，然后引出盒12到一合适的点上（参见对比文件1中文译文说明书第6页第3～4行及图1）。

由此可见，对比文件1公开了权利要求1的特征A、B、C，权利要求1与对比文件1的区别仅在于：权利要求1中引出电极为“引出铜片”，而对比文件1中为导线。

鉴于权利要求1相对于对比文件1存在区别技术特征，因此，权利要求1相对于对比文件1具备专利法第二十二条第二款规定的新颖性。鉴于权利要求1相对于对比文件1具备新颖性，其从属权利要求2、3也都相对于对比文件1具备专利法第二十二条第二款规定的新颖性。

（2）关于权利要求1～3的创造性

如上所述，权利要求1与对比文件1的区别仅在于：权利要求1中引出电极为“铜片”，而对比文件1中为导线。请求人主张，以“铜片”作为引出电极或导线是本领域的公知常识，合议组经审查认为，铜作为良导体，且容易获得并价格较低廉，被普遍地用于导线或电极片等，这是电学领域的公知常识，因此，在对比文件1的基础上，以“铜片”作为引出盒12到一合适的点上的导线，从而得到权利要求1的技术方案，这对于本领域的普通技术人员来说不需要花费创造性的劳动，因此，权利要求1相对于对比文件1不具有实质性特点和进步，不符合专利法第二十二条第三款创造性的规定。

被请求人认为本专利权利要求1中的“热熔管”不同于对比文件1中的“热保护器”，本专利在工作原理上与对比文件1有着实质性的不同。

依据专利法第五十六条的规定，“发明或者实用新型专利权的保护范围以其权利要求的内容为准，说明书及附图可以用于解释权利要求。”

合议组认为，在判断权利要求的创造性时，对权利要求的理解，应当以权利要求的内容为准，说

明书及附图可以用于解释权利要求中的某一技术特征，也可用于解释权利要求的整个技术方案。对于权利要求中的技术术语，说明书中有解释的，以说明书的解释为准，说明书中没有解释的，以本领域的常规理解为准。不能为了使权利要求区别于对比文件而对权利要求中的技术术语或技术特征做脱离于说明书的记载以及本领域的常规理解的其他解释。

在本专利的说明书第2页第5~10行以及第2页倒数第2行至第3页第4行中记载了与热熔管相关的描述，上述部分描述了热熔管的连接关系为：在芯管3中间设置有一热熔管2，热熔管2的一端直接与芯管3的底部端面4相连接，另一端与电极引出铜片1相连接。热熔管的工作原理为：当电容器芯管内温度超出上限工作温度时，热熔管自动断路，切断电流，也就是切断了热源，从而阻止芯管继续发热以至燃烧爆裂，起到了阻燃防爆的安全作用。除此之外，本专利的权利要求书及说明书中没有对热熔管有更多的描述。

对比文件1中，热保护器34的位置及连接关系为：24a部分的一端电接到第二个接头端20，处于电容器元件16的对端。一端接热保护器34，接在24a部分另一端与第二条导线24，部分24b一端之间。导线24然后连通电容器元件16的中心空芯，这样热保护器34约处于中心空芯17的两端中心。第二个导线部分24b继续通过空芯17到顶部，然后引出盒12到一合适的点上（参见对比文件1中文译文说明书第5页倒数第2行~第6页第4行及图1），可见，在对比文件1中，热保护器34位于空芯17的两端中心，一端连接到底部的接头端，另一端与引出电极连接。由此可见，对比文件1中的热保护器34与本专利权利要求1中的热熔管的位置及连接关系相同。

对比文件1中文译文第4页第2~4行中记载了“若电流涌进很低，低到拉不出熔断器，低电流使电容器温度升高，高到热防护器被激活的点上，防止塑料外壳着火或熔化”，第8页表下第1行记载了“当内部温度达到大约117C时，该一次性的过热保护器将使电流中断”，可见，对比文件1中的热保护器的工作方式也是在温度升高到一定温度时，切断电流，以防止塑料外壳着火或熔化。由此可见，对比文件1中的热保护器34与本专利的热熔管的作用相同。

综上所述，权利要求1中的热熔管的位置及连接关系及其作用均与对比文件1的热保护器相同，其区别仅是名称不同，因此，被请求人的上述主张不能得到支持。

权利要求2进一步限定的附加技术特征为：“电容器外壳5为塑料质外壳”，对比文件1中公开了以下技术特征：电容器单元10有一塑料盒12（参见对比文件1中文译文第4页优选装置的说明部分的第3行）；第一申报（合议组注：“申报”为翻译错误，应译为“权利要求”，本决定以下涉及该内容的评述使用正确的译文）中的电容器，其外壳为塑料所制（参见对比文件1中文译文第10页第1行）。可见，对比文件1公开了权利要求2的附加技术特征，并且由于二者均为电容器外壳，选择塑料材质所起的作用也必然是相同的，鉴于其引用的权利要求1不具备创造性，从属权利要求2也不具备专利法第二十二条第三款规定的创造性。

被请求人认为本专利与对比文件1在结构设计和工艺上有着实质性的区别，对比文件1中的圆周铝箔筒38是塑壳12的必要条件，而本专利不需要铝箔筒。

对比文件1中文译文第5页倒数第5行中记载了“如果盒12和盖14是金属的，铝箔38可以不要”，但这并不表明如果盒12和盖14是塑料的，铝箔38就是必要的。事实上，从对比文件1的权利要求书中可以看出，其独立权利要求1（参见对比文件1中文译文第9页第2行至最后一行）中没有限定外壳的材料，也不包含作为热反射片的铝箔；权利要求2（参见对比文件1中文译文第10页第1行）的内容为“权利要求1中的电容器，其外壳为塑料所制”；权利要求2作为一个完整的技术方案，即为一个塑壳电容器而不具有热反射片的实例，可见，对比文件1公开了不需要铝箔筒的塑壳电容器的实例。因此，铝箔筒并非对比文件1中的塑壳电容器的必要条件，被请求人的上述主张不能得到支持。

权利要求3进一步限定的附加技术特征为："热熔管2与芯管3的管壁紧密接触"，为使热熔管更好地感应管壁的温度而使其与管壁紧密接触，这是本领域的普通技术人员很容易想到的，鉴于其引用的权利要求1和权利要求2都不具备创造性，权利要求3也不具备专利法第二十二条第三款规定的创造性。

综上所述，权利要求1~3不具备专利法第二十二条第三款规定的创造性。请求人的无效宣告请求理由成立。鉴于此，对于请求人的其他无效宣告理由、证据以及口审后补充意见不再进行评述。

在此基础上，本案合议组依法作出如下决定。

三、决定

宣告98224059.7号实用新型专利权全部无效。

当事人对本决定不服的，可以根据专利法第四十六条第二款的规定，自收到本决定之日起三个月内向北京第一中级人民法院起诉。根据该款的规定，一方当事人起诉后，另一方当事人应当作为第三人参加诉讼。

北京市第一中级人民法院
行政判决书

（2006）一中行初字第1147号

原告陈真，男，1951年2月10日出生，汉族，794厂工程师，住北京市海淀区翠微东里11号楼432号。

被告国家知识产权局专利复审委员会，住所地北京市海淀区北四环西路9号银谷大厦10~12层。

法定代表人廖涛，副主任。

委托代理人汤锷，男，国家知识产权局专利复审委员会审查员。

委托代理人张鹏，男，国家知识产权局专利复审委员会审查员。

第三人佛山市顺德区容桂松柏电器有限公司，住所地广东省佛山市顺德区容桂外村大兴路6号。

法定代表人梁国常，董事。

委托代理人詹仲国，男，广州三环专利代理有限公司专利代理人，住广东省佛山市绿景一路37号五座505号。

委托代理人姚心海，男，佛山市顺德区容桂松柏电器有限公司董事。

原告陈真不服被告国家知识产权局专利复审委员会作出的第8459号无效宣告请求审查决定，向本院提起行政诉讼。本院受理后，依法组成合议庭，并通知无效请求人佛山市顺德区容桂松柏电器有限公司作为本案第三人参加诉讼，于2006年10月31日公开开庭审理了本案。原告陈真，被告的委托代理人汤锷、张鹏，第三人的委托代理人詹仲国、姚心海到庭参加了诉讼。现本案已审理终结。

2006年6月27日，被告针对第三人提出的宣告名称为"一种改进的灯具电容器"的98224059.7号实用新型专利权（下称本专利）无效的请求，依据《中华人民共和国专利法》（下称《专利法》）第二十二条第二款、第三款的规定，作出被诉决定，宣告本专利全部无效。

原告不服，诉称：本专利与以前技术的实质性区别在于：本专利只需采用一只热熔管与电容芯管串联就实现了防爆阻燃的作用，以前的技术需采用两种以上的保护器（或保护器组）与电容芯管串联，实现防爆阻燃的作用。故本专利具备了新颖性、创造性和进步性，并满足充分公开的要求。本专利省去了对比文件1（公开日为1988年12月13日的美国US4791529专利说明书全文及其中文译文复印件12页）中的熔断器30、热保护器34和铝箔筒38，还省去了铝箔筒38的安装工序，并实现了更符合照明行业要求的防爆阻燃的安全型灯具电容器，具备创造性。目前在具有防爆阻燃设施的灯具电容器中，采用本专利仅用一只热熔管技术措施的覆盖率为60%以上，因此它在技术和商业上都是成功的，具备了创造性。被诉决定随意删改本专利热熔管实施特点的关键词句“管芯中的”，忽略创新构思，肢解对比文件1中热保护器34和热反射器38的组合，忽略熔断器30，这些都是违背客观事实和双方发明者本意的。综上，被告取证有误，认证过程随意性强，依法办案原则性弱，被诉决定内容违法，请求法院判决撤销被诉决定。

被告辩称：我委坚持被诉决定中关于权利要求1～3不具备创造性的观点，根据在电容器中的位置、连接关系和作用，对比文件1中的热保护器34与本专利的热熔管是相同的，因此，对比文件1公开了权利要求1中的热熔管，同理本专利未省去对比文件1中的热保护器34。而对比文件1的权利要求2作为一个完整的技术方案，其中没有限定包含热反射片，可见热反射片并非对比文件1的塑壳电容器的必要条件。铝箔是“热反射片”的下位概念，故，本专利并未省去对比文件1中作为热反射片的铝箔。关于对比文件1中的熔断器30，其作用是“保护电容器单元10免遭过流”，它是一个过流保护元件。本专利热熔管是一种过热保护，不具备过流保护的功能。因此，本专利省略了熔断器后，其过流保护的功能也必然会消失。综上所述，被诉决定认定事实清楚、适用法律正确、审理程序合法，原告的诉讼理由不能成立，请求法院驳回原告请求，维持被诉决定。

第三人陈述意见：同意被诉决定中的观点，对比文件1～3均公开了本专利权利要求1中的热熔管，本专利缺少对比文件的熔断器，但随之损失了过流保护的功能，被告已对对比文件1中的热反射片为非必要要求及本专利不属于要素省略发明作了详细的说明，故不再重复。对原告将公知技术据为己有，损害公众利益的行为应当给予制止，请求法院维持被诉决定。

法定期限内，各方当事人为支持各自的诉讼主张，均向本院提供了证据，其中被告的证据如下：本专利说明书、对比文件1及其中文译文、口头审理记录表。原告亦提供了本专利说明书和对比文件1，同时另提供了本专利的检索报告一份。此外，原告于开庭审理中提供了以下3组证据：1. 热熔管产品实物三种及相关说明书；2. 1998年8月24日发布的中华人民共和国国家标准GB9816－1998《热熔断体的要求和应用导则》（下称GB9816－1998）共15页、广东省中山市华声热保护器有限公司的证明、原告购买电容器的发票及送货单；3. 原告自制的本专利热熔管与对比文件中的热保护器的结构区别图及实物。第三人提供了图表一份。

经庭审质证，原告认为被告提供的口头审理记录表内容不全面，对被告的其余证据不持异议。第三人对被告的证据不持异议。被告及第三人对原告在法定期限内提供的证据未提出异议；关于原告于开庭审理中提供的3组证据，被告及第三人认可第2组证据中的GB9816－1998中有5页系第三人在无效审查程序中提交的证据，除此之外的其余证据均未在被诉决定作出之前提交，被告还认为原告提交这些证据已超过举证期限，故不应被采用。原、被告对第三人的证据不持异议。庭审后，被告向本院提出书面意见，认为GB9816－1998是在本专利申请日后发布和实施的，不能作为评价本专利创造性的证据使用。

经审查，本院认为，各方当事人于法定期限内提供的证据与本案具有关联性且真实、合法，本院予以采信。原告于庭审中提供的GB9816－1998，虽然其中部分内容与第三人在无效宣告程序中的相应证据相同，但由于该国家标准的发布日期为1998年8月24日，晚于本专利的申请日期1998年5月20日，故不能作为对本专利创造性判断的依据；原告于庭审中提供的其他证据，因其已超过法定举证期限，故对该部分证据不予采信。

根据以上有效证据及当事人在庭审中无争议的陈述，本院认定事实如下：

本专利申请日为1998年5月20日，授权公告日为1999年9月8日，专利权人为原告。授权公告的权利要求书为：

“1. 一种改进的灯具电容器。主要包括有外壳5，芯管3和伸出于外壳的一对电极，芯管3的外部为有机介质薄膜绕制体，其特征是在电容器外壳5内中心轴线位置上，即芯管3中间设置有一热熔管2，热熔管2的一端直接与芯管3的底部端面4相连接，另一端与电极引出铜片1相连接。

2. 如权利要求1中所述的一种改进的灯具电容器，其特征是电容器外壳5为塑料质外壳。

3. 如权利要求1或2中所述的一种改进的灯具电容器，其特征是热熔管2与芯管3的管壁紧密接触。”

2005年7月18日，第三人向被告提出无效宣告请求，理由是本专利不符合《专利法》第二十二条和《中华人民共和国专利法实施细则》（下称《专利法细则》第二条第二款的规定，提供了包括对比文件1在内的3份对比文件。被告受理后，向原告进行了文件转送，并要求原告在1个月内陈述意见。同年8月11日，第三人提交了补充陈述，认为本专利不符合《专利法》第二十二条、第二十六条第三款，《专利法细则》第二十条第一款、第二十一条第二款的规定，同时再次提交了对比文件1的中文译文12页及其附图第1~2页。同年9月21日，原告提交了意见陈述书，认为本专利符合《专利法细则》第二条第二款、《专利法》第二十六条第三款的规定，与对比文件1存在实质性差异，具备新颖性和创造性，对比文件1中的铝箔筒是其塑壳的必要条件，其塑壳与本专利的塑壳有本质上的区别等。被告再次向原告及第三人转送对方提交的文件材料。2006年4月28日，第三人提交了补充材料说明及包括GB9816－1998部分内容在内的多份附件。

同年5月16日，被告举行口头审理并当庭进行文件转送。口头审理中，第三人当庭表示以2005年8月11日提交的对比文件1的中文译文为准，并明确了无效理由是：本专利相对于对比文件1或与其他对比文件的结合不具备新颖性和创造性，亦不符合《专利法细则》第二十一条第二款的规定，同时放弃其他无效宣告理由。原告对第三人提交的对比文件和附件的真实性及对比文件的中文译文不持异议，认为本专利权利要求1与对比文件1的区别在于：本专利权利要求1中是“热熔管”，而对比文件1中是“热保护器”，同时认为本专利权利要求1中的“热熔管的一端与芯管的底部端面相连接，另一端与电极引出铜片相连接”是本领域常规的连接方式。同年5月21日，第三人提交了口审后补充意见陈述。

被告在上述事实的基础上，认为可以采用第三人于2005年8月11日提交的中文译文的内容作为对比文件1公开的内容，来评述本专利的新颖性和创造性。主要审查意见如下：

一、关于权利要求1~3的新颖性

权利要求1为：

A. 一种改进的灯具电容器，

B. 主要包括有外壳5，芯管3和伸出于外壳的一对电极，芯管3的外部为有机介质薄膜绕制体，

C. 其特征是在电容器外壳5内中心轴线位置上，即芯管3中间设置有一热熔管2，热熔管2的一端直接与芯管3的底部端面4相连接，

D. 另一端与电极引出铜片1相连接。

对比文件1公开了一种安全盒式金属化薄膜电容器，并具体公开了以下技术特征：该发明属金属化薄膜电容器，与高强度放电镇流器、电机运行用电容器等一起使用（参见对比文件1中文译文第3页最后“该发明的概要”部分的第1~2行，所公开的技术特征表明对比文件1的电容器可用作灯具

电容器，因此，对比文件1公开了权利要求1的特征A）；电容器单元10有一塑料盒12，一塑料盖14，包含一金属化薄膜电容器元件或金属化聚丙烯卷筒16，带有一中心空心部分；电容器元件16有金属接点或端面18，20，导线22，24电气和机械上都固定在此（参见对比文件1中文译文说明书第4页“优选装置的说明”部分的第3~5行，其中的塑料盒12相当于权利要求1的外壳5，金属化聚丙烯卷筒16相当于权利要求1的管芯3，导线22、24相当于权利要求1的一对电极，可见对比文件1公开了权利要求1的特征B）；第二个导线24拼接成24a、24b两部分；24a部分的一端电接到第二个接头端20，处于电容器元件16的对端；一端接热保护器34，接在24a部分另一端与第二条导线24，部分24b一端之间；导线24然后连通电容器元件16的中心空芯，这样热保护器34约处于中心空芯17的两端中心（参见对比文件1中文译文说明书第5页倒数第2行至第6页第3行及图1，其中热保护器34相当于权利要求1的热熔管2，第二个接头20相当于权利要求1的底部端面4，可见对比文件1公开了权利要求1的特征C）；第二个导线部分24b继续通过空芯17到顶部，然后引出盒12到一合适的点上（参见对比文件1中文译文说明书第6页第3~4行及图1）。

由此可见，对比文件1公开了权利要求1的特征A、B、C，权利要求1与对比文件1的区别仅在于：权利要求1中引出电极为“引出铜片”，而对比文件1中为导线。

鉴于权利要求1相对于对比文件1存在区别技术特征，因此，权利要求1相对于对比文件1具备新颖性。鉴于权利要求1相对于对比文件1具备新颖性，其从属权利要求2、3也都相对于对比文件1具备新颖性。

二、关于权利要求1的创造性

权利要求1与对比文件1的区别仅在于：权利要求1中引出电极为“铜片”，而对比文件1中为导线。由于铜作为良导体，且容易获得并价格较低廉，被普遍地用于导线或电极片等，这是电学领域的公知常识，因此，在对比文件1的基础上，以“铜片”作为引出盒12到一合适的点上的导线，从而得到权利要求1的技术方案，这对于本领域的普通技术人员来说不需要花费创造性的劳动，因此，权利要求1相对于对比文件1不具备实质性特点和进步，不符合《专利法》第二十二条第三款创造性的规定。

关于原告认为本专利权利要求1中的“热熔管”不同于对比文件1中的“热保护器”，本专利在工作原理上与对比文件1有着实质性不同的意见，被告认为在本专利的说明书第2页第5~10行以及第2页倒数第2行至第3页第4行中记载了与热熔管相关的描述，上述部分描述了热熔管的连接关系为：在芯管3中间设置有一热熔管2，热熔管2的一端直接与芯管3的底部端面4相连接，另一端与电极引出铜片1相连接。热熔管的工作原理为：当电容器芯管内温度超出上限工作温度时，热熔管自动断路，切断电流，也就是切断了热源，从而阻止芯管继续发热以至燃烧爆裂，起到了阻燃防爆的安全作用。除此之外，本专利的权利要求书及说明书中没有对热熔管有更多的描述。

对比文件1中，热保护器34的位置及连接关系为：24a部分的一端电接到第二个接头端20，处于电容器元件16的对端。一端接热保护器34，接在24a部分另一端与第二条导线24，部分24b一端之间。导线24然后连通电容器元件16的中心空芯，这样热保护器34约处于中心空芯17的两端中心。第二个导线部分24b继续通过空芯17到顶部，然后引出盒12到一合适的点上（参见对比文件1中文译文说明书第5页倒数第2行至第6页第4行及图1），可见，在对比文件1中，热保护器34位于空芯17的两端中心，一端连接到底部的接头端，另一端与引出电极连接。由此可见，对比文件1中的热保护器34与本专利权利要求1中的热熔管的位置及连接关系相同。

对比文件1中文译文第4页第2~4行中记载了“若电流涌进很低，低到拉不出熔断器，低电流使电容器温度升高，高到热防护器被激活的点上，防止塑料外壳着火或熔化”，第8页表下第1行记载了“当内部温度达到大约117℃时，该一次性的过热保护器将使电流中断”，可见，对比文件1中的热保护器的工作方式也是在温度升高到一定温度时，切断电流，以防止塑料外壳着火或熔化。由此可见，对比文件1中的热保护器34与本专利的热熔管的作用相同。

综上所述，权利要求1中的热熔管的位置及连接关系及其作用均与对比文件1的热保护器相同，其区别仅是名称不同。

三、关于权利要求2的创造性

权利要求2进一步限定的附加技术特征为：“电容器外壳5为塑料质外壳”，对比文件1中公开了以下技术特征：电容器单元10有一塑料盒12（参见对比文件1中文译文第4页优选装置的说明部分的第3行）；第一权利要求中的电容器，其外壳为塑料所制（参见对比文件1中文译文第10页第1行）。可见，对比文件1公开了权利要求2的附加技术特征，并且由于二者均为电容器外壳，选择塑料材质所起的作用也必然是相同的，鉴于其引用的权利要求1不具备创造性，从属权利要求2也不具备创造性。

关于原告认为本专利与对比文件1在结构设计和工艺上有着实质性的区别，对比文件1中的圆周铝箔筒38是塑壳12的必要条件，而本专利不需要铝箔筒的意见。被告认为对比文件1中文译文第5页倒数第5行中记载了“如果盒12和盖14是金属的，铝箔38可以不要”，但这并不表明如果盒12和盖14是塑料的，铝箔38就是必要的。事实上，从对比文件1的权利要求书中可以看出，其独立权利要求1（参见对比文件1中文译文第9页第2行至最后一行）中没有限定外壳的材料，也不包含作为热反射片的铝箔；权利要求2（参见对比文件1中文译文第10页第1行）的内容为“权利要求1中的电容器，其外壳为塑料所制”；权利要求2作为一个完整的技术方案，即为一个塑壳电容器而不具有热反射片的实例，可见，对比文件1公开了不需要铝箔筒的塑壳电容器的实例。因此，铝箔筒并非对比文件1中的塑壳电容器的必要条件，原告的上述主张不能得到支持。

四、关于权利要求3的创造性

权利要求3进一步限定的附加技术特征为：“热熔管2与芯管3的管壁紧密接触”，为使热熔管更好地感应管壁的温度而使其与管壁紧密接触，这是本领域的普通技术人员很容易想到的，鉴于其引用的权利要求1和权利要求2都不具备创造性，权利要求3也不具备创造性。

综上所述，权利要求1~3不具备创造性，第三人的无效宣告请求理由成立。鉴于此，对于第三人的其他无效宣告理由、证据以及口审后补充意见不再进行评述。

同年6月27日，被告作出被诉决定，次日向原告及第三人送达。原告不服，在法定期限内向本院提起行政诉讼。在庭审中，原告及第三人对被告的审查程序不持异议。原告对被诉决定中关于“由于铜作为良导体，且容易获得并价格较低廉，被普遍地用于导线或电极片等，这是电学领域的公知常识，在对比文件1的基础上，以“铜片”作为引出盒12到一合适的点上的导线，从而得到权利要求1的技术方案，这对于本领域的普通技术人员来说不需要花费创造性的劳动”的认定表示认可。

本院认为：一、关于被告的审查程序

因原告及第三人对被告的审查程序不持异议，经书面审理，本院对被告审查程序的合法性予以确认。

二、关于本专利的新颖性

根据《专利法》第五十六条的规定，发明或者实用新型专利权的保护范围以其权利要求的内容为准，说明书及附图可以用于解释权利要求。

经审查对比文件1的内容，被诉决定中关于对比文件1公开的技术特征、“热保护器34”的位置、连接关系及作用的描述是准确的。根据本专利权利要求1中记载的技术特征以及说明书中关于

“热熔管”的连接关系、工作原理及作用的内容，被告认定本专利权利要求1中的“热熔管”与对比文件1的“热保护器”相同亦是正确的。虽然本专利说明书第2页第8行部分内容为“热熔管就自动断路，切断管芯中电流……”，被诉决定第6页第12行对该部分内容的描述为“热熔管自动断路，切断电流，……”，文字上少了“管芯中”三个字，但由于本专利的电容器与管芯构成一个整体的回路，“切断电流”与“切断管芯中电流”实质上是相同的，故少“管芯中”三个字并不影响被诉决定认定“热熔管”与对比文件1的“热保护器”相同这一结论。经过将本专利权利要求1与对比文件1公开的内容对比，被诉决定认定权利要求1与对比文件1的区别仅在于权利要求1中引出电极为“引出铜片”，而对比文件1中为导线是正确的。

由于权利要求1相对于对比文件1存在区别技术特征，被诉决定认定本专利权利要求1～3相对于对比文件1具备新颖性正确。

三、关于本专利的创造性

由于权利要求1与对比文件1的区别仅是在于：权利要求1中引出电极为“铜片”，而对比文件1中为导线。而铜作为良导体，且容易获得并价格较低廉，被普遍地用于导线或电极片等，是电学领域的公知常识，原告在庭审中对此亦表示认可，故被诉决定认定权利要求1相对于对比文件1不具备创造性正确。

从属权利要求2附加技术特征为“电容器外壳5为塑料质外壳”，根据对比文件1中公开的电容器单元10有一塑料盒12、第一权利要求中的电容器外壳为塑料所制的内容，被诉决定中关于对比文件1公开了权利要求2的附加技术特征，并且二者选择塑料材质所起的作用也相同，从属权利要求2不具备创造性的认定是正确的。

从属权利要求3的附加技术特征为“热熔管2与芯管3的管壁紧密接触”，由于为使热熔管更好地感应管壁的温度而使其与管壁紧密接触，是本领域的普通技术人员很容易想到的，被诉决定认定该从属权利要求也不具备创造性亦是正确的。

《审查指南》第二部分第四章第4.5节的第（3）点规定，如果发明省去一项或多项要素后其功能也相应地消失，则该发明不具备创造性。根据对比文件1中文译文第4页第1行“如果电流冲击很高，会使电容器盒急骤破裂，熔断器则用作保护装置，防止这种故障”、第5页第10～11行和17行“用一熔断器防止高电流的涌进”“熔断器30保护电容器单元10免遭过流”等的描述，可以认定对比文件1中的“熔断器”是一个过流保护元件，其功能是防止过高电流涌进而出现故障。从本专利说明书中记载的内容可以看出，本专利“热熔管”的功能作用是过热保护，所以，本专利虽然省去了对比文件1中的“熔断器”，但该元件的功能也相应地消失。由于对比文件1中公开了不包括“热反射片”的完整的技术方案，“铝箔”是“热反射片”的下位概念，所以本专利并未省去作为热反射片的铝箔。而本专利的“热熔管”与对比文件1的“热保护器”相同。原告关于“本专利省略了对比文件1中的熔断器30、热保护器34和铝箔筒38，还省去了铝箔筒38的安装工序，并实现了更符合照明行业要求的防爆阻燃的安全型灯具电容器，具备创造性”的主张缺乏事实依据。由于原告未能提供证据证明本专利在商业上获得成功、该成功系本专利的技术特征直接导致的，故原告以本专利在技术和商业上都是成功的为由认为本专利具备创造性缺乏事实依据。原告的其他诉讼理由亦因缺乏事实依据而不能成立。

综上，被诉决定认定事实清楚，程序合法，适用法律正确，本院应予维持。原告的诉讼理由缺乏事实及法律依据，其诉讼请求本院不予支持。依照《中华人民共和国行政诉讼法》第五十四条第（一）项，判决如下：

维持国家知识产权局专利复审委员会于二〇〇六年六月二十七日作出的第8459号无效宣告请求

审查决定。

案件受理费1000元，由原告陈真负担（已交纳）。

如不服本判决，可在判决书送达之日起15日内，向本院递交上诉状，并按对方当事人的人数提出副本，上诉于北京市高级人民法院。

审 判 长 吴 月
代理审判员 张靛卿
人民陪审员 杨 旭
二〇〇六年十二月二十二日
书 记 员 王 丽

北京市高级人民法院
行政判决书

（2007）高行终字第148号

上诉人（一审原告）陈真，男，1951年2月10日出生，汉族，794厂工程师，住北京市海淀区翠微东里11号楼432号。

委托代理人房波，男，1951年8月2日出生，汉族，退休，住北京市海淀区西三环中路19号综合楼。

委托代理人康海，男，1951年4月23日出生，汉族，退休，住北京市海淀区西三环中路19号综合楼。

被上诉人（一审被告）国家知识产权局专利复审委员会，住所地北京市海淀区北四环西路9号银谷大厦10~12层。

法定代表人廖涛，副主任。

委托代理人骆素芳，女，国家知识产权局专利复审委员会审查员。

委托代理人张鹏，男，国家知识产权局专利复审委员会审查员。

被上诉人（一审第三人）佛山市顺德区容桂松柏电器有限公司，住所地广东省佛山市顺德区容桂外村大兴路6号。

法定代表人梁国常，董事。

委托代理人詹仲国，男，广州三环专利代理有限公司佛山分公司专利代理人。

委托代理人白孟铣，男，佛山市顺德区容桂松柏电器有限公司总经理。

上诉人陈真因专利无效决定，不服北京市第一中级人民法院（2006）一中行初字第1147号行政判决，向本院提起上诉。本院受理后依法组成合议庭，公开开庭进行了审理。上诉人陈真及其委托代理人房波、康海，被上诉人国家知识产权局专利复审委员会（下称专利复审委）的委托代理人骆素芳、张鹏，被上诉人佛山市顺德区容桂松柏电器有限公司（下称松柏电器公司）的委托代理人詹仲国、白孟铣到庭参加了诉讼。本案现已审理终结。

2006年6月27日，专利复审委作出第8459号专利无效宣告请求审查决定（下称第8459号决定），宣告名称为“一种改进的灯具电容器”的98224059.7号实用新型专利权（下称本专利）全部无效。陈真不服该决定，向北京市第一中级人民法院提起行政诉讼。

北京市第一中级人民法院经审理认为，因陈真及松柏电器公司对专利复审委的审查程序不持异议，经书面审理，对专利复审委的审查程序的合法性予以确认。

关于本专利的新颖性。经审查对比文件1的内容，第8459号决定中关于对比文件1公开的技术特征、“热保护器34”的位置、连接关系及作用的描述是准确的。根据本专利权利要求1中记载的技术特征以及说明书中关于“热熔管”的连接关系、工作原理及作用的内容，专利复审委认定本专利权利要求1中的“热熔管”与对比文件1的“热保护器”相同亦是正确的。虽然本专利说明书第2页第8行部分内容为“热熔管就自动断路，切断管芯中电流……”，第8459号决定第6页第12行对该部分内容的描述为“热熔管自动断路，切断电流……”，文字上少了“管芯中”三个字，但由于本专利的电容器与管芯构成一个整体的回路，“切断电流”与“切断管芯中电流”实质上是相同的，故少“管芯中”三个字并不影响被诉决定认定“热熔管”与对比文件1的“热保护器”相同这一结论。经过将本专利权利要求1与对比文件1公开的内容对比，第8459号决定认定权利要求1与对比文件1的区别仅在于权利要求1中引出电极为“引出铜片”，而对比文件1中为导线是正确的。

由于权利要求1相对于对比文件1存在区别技术特征，被诉决定认定本专利权利要求1~3相对于对比文件1具备新颖性正确。

关于本专利的创造性。由于权利要求1与对比文件1的区别仅是在于：权利要求1中引出电极为“铜片”，而对比文件1中为导线。而铜作为良导体，且容易获得并价格较低廉，被普遍地用于导线或电极片等，是电学领域的公知常识，陈真在庭审中对此亦表示认可，故第8459号决定认定权利要求1相对于对比文件1不具备创造性正确。

从属权利要求2附加技术特征为“电容器外壳5为塑料质外壳”，根据对比文件1中公开的电容器单元10有一塑料盒12、第一权利要求中的电容器外壳为塑料所制的内容，被诉决定中关于对比文件1公开了权利要求2的附加技术特征，并且二者选择塑料材质所起的作用也相同，从属权利要求2不具备创造性的认定是正确的。

从属权利要求3的附加技术特征为“热熔管2与芯管3的管壁紧密接触”，由于为使热熔管更好地感应管壁的温度而使其与管壁紧密接触，是本领域的普通技术人员很容易想到的，第8459号决定认定该从属权利要求也不具备创造性亦是正确的。

根据对比文件1中文译文第4页第1行“如果电流冲击很高，会使电容器盒急骤破裂，熔断器则用作保护装置，防止这种故障”、第5页第10~11行和17行“用一熔断器防止高电流的涌进”、“熔断器30保护电容器单元10免遭过流”等的描述，可以认定对比文件1中的“熔断器”是一个过流保护元件，其功能是防止过高电流涌进而出现故障。从本专利说明书中记载的内容可以看出，本专利“热熔管”的功能作用是过热保护，所以，本专利虽然省去了对比文件1中的“熔断器”，但该元件的功能也相应地消失。由于对比文件1中公开了不包括“热反射片”的完整的技术方案，“铝箔”是“热反射片”的下位概念，所以本专利并未省去作为热反射片的铝箔。而本专利的“热熔管”与对比文件1的“热保护器,，相同。陈真关于“本专利省略了对比文件1中的熔断器30、热保护器34和铝箔筒38，还省去了铝箔筒38的安装工序，并实现了更符合照明行业要求的防爆阻燃的安全型灯具电容器，具备创造性”的主张缺乏事实依据。由于陈真未能提供证据证明本专利在商业上获得成功、该成功系本专利的技术特征直接导致的，故其以本专利在技术和商业上都是成功的为由，认为本专利具备创造性缺乏事实依据。陈真的其他诉讼理由亦因缺乏事实依据而不能成立。

综上，第8459号决定认定事实清楚，程序合法，适用法律正确，应予维持。陈真的诉讼理由缺乏事实及法律依据,、其诉讼请求不予支持。依照《中华人民共和国行政诉讼法》第五十四条第

（一）项，判决维持了第 8459 号决定。

陈真不服一审判决，提起上诉。陈真认为，一审判决认定事实不清，采信证据有失公平，适用法律不当。

根据《审查指南》的规定，专利复审委通常仅针对当事人提出的无效请求的范围、理由和提交的证据进行审查，不承担全面审查的义务。在本案中松柏电器公司未提交相关部门的检测或鉴定报告，仅陈述了相关理由和主张，片面的引证了国标和违反公知常识的事实，专利复审委对热保护器和热熔断体未加区别，对松柏电器公司将二者混淆的观点给予支持是错误的。一审法院采纳专利复审委关于热保护器的国标因系本专利申请日后发布实施的，不能作为评价本专利创造性的证据使用的意见也是错误的。因本人不熟悉行政程序，超过举证期限当庭举证，而未被采信。根据法律规定法庭应依职权主动调取或要求专利复审委提交证据，以保护弱势群体的利益。

对比文件 1 直接明白的阐述了铝箔在这个保护系统中发挥了最大价值，是该发明三个主要元件之一，它与热保护器一起运行，免遭过热，它的作用是向热保护器反射热量，保障热保护器在事故发生前开启，第一申报和第二申报中的电容器还包含铝箔。但专利复审委却断章取义，认为对比文件 1 没有限定外壳的材料，也不包含作为热反射片的铝箔。

关于本专利因技术在商业上的成功与本专利的创造性问题，曾提交了国内非授权厂家生产的应用本专利技术的灯具电容器 4 中品牌等侵权证据，但专利复审委及一审法院均未采纳，导致错误认定事实。

本专利与对比文件 1 虽然结果都是防爆、阻燃，但构思和技术方案截然不同。对比文件 1 是一种传统和常规思路，把事故的起因归结为过流、超温或超压等，其通过采用熔断器控制过流实现防爆的作用，通过采用热保护器组控制超温实现阻燃。但本专利采用热熔管进行有效控制，当温度达到上限工作温度时，“切断管芯中的电流，即切断了热源，从而阻止了芯管的继续发热以至燃烧爆裂，起到安全阻燃防爆的作用”，采用了同一元件，控制了两种能量信息，对事故的控制自然更简便、有效、及时。故本专利克服了传统上分而治之的偏见，具有省略了对比文件 1 的热保护器、熔断器、铝箔筒等部件的实质性特点和进步，属要素省略的发明，应适用《审查指南》第二部分第四章第 4.6.3 节的规定。但二审法院和专利复审委均未依据上述规定和《专利法》第二十二条第三款、《实施细则》第三十条的规定对本专利的创造性进行审查判断，属适用法律不当。综上，要求撤销一审判决和第 8459 号决定。

专利复审委答辩坚持在第 8459 号决定中关于本专利权利要求 1～3 不具备创造性的观点。同时认为，鉴于本专利权利要求书及说明书对热熔管在电容器中的位置、连接关系和作用的描述与对比文件 1 中公开的热保护器在电容器中的位置、连接关系和作用，因此本专利的权利要求 1 中的热熔管与对比文件 1 公开的热保护器实质上相同，它们之间只是名称不同。

国标 GB9816－1998 的发布、实施日期均晚于本专利的申请日，不属于本专利申请日前的公知技术，不能用于解释本专利的热熔管。

关于热反射片是否是对比文件 1 技术方案的必要要素、条件问题。由于对比文件 1 的权利要求 2 作为一个完整的技样方案，它是一个外壳为塑料所制的电容器，其中没有限定包含热反射片。可见，热反射片并非对比文件 1 的塑壳电容器的必要条件。对比文件 1 的权利要求 3 是权利要求 1 和 2 的从属权利要求，它是其所引用的权利要求的技术方案的一种优选方案，它的附加技术特征并不是其所引用的权利要求的技术万案的必要要素或条件。

关于陈真提交的证据。在无效程序中，陈真提交了证据 1～6 和证据 7 的首页及第Ⅰ、Ⅱ、Ⅳ、Ⅴ页和第 1 页之外，没有提交其他证据，且在无效程序中，对其举证的权利已经给予充分保障。故其在无效程序中未提交的证据不能作为评价第 8459 号决定的依据。综上，要求维持第 8459 号决定和一审判决。

松柏电器公司答辩表示一审判决及第 8459 号决定认定事实清楚，程序合法，适用法律正确，要求予以维持。

一审法院审理期间，专利复审委提交了：本专利说明书、对比文件 1 及其中文译文、口头审理记录表。

陈真提交了本专利说明书和对比文件 1 的同时，另外提供了本专利的检索报告一份。一审庭审中，陈真提供了以下 3 组证据：1. 热熔管产品实物三种及相关说明书；2. 1998 年 8 月 24 日发布的中华人民共和国国家标准 GB9816—1998《热熔断体的要求和应用导则》（下称 GB9816 - 1998）共 15 页、广东省中山市华声热保护器有限公司的证明、陈真购买电容器的发票及送货单；3. 陈真自制的本专利热熔管与对比文件中的热保护器的结构区别图及实物。

松柏电器公司提供了图表一份。

上述证据均随案移送本院。二审期间，陈真补充提交了 1996 年发布的国家标准 GB14536 - 1996《家用和类似用途电动自动控制器管形荧光灯镇流器热保护器的特殊要求》、中国知识产权研究会咨询部对本专利的鉴定报告。

经审查，专利复审委提交的证据来源及提交符合法律规定，内容真实，能够反映第 8459 号决定确认的相关事实，应予采信。陈真提交的 GB9816 - 1998 国家标准的发布日期为 1998 年 8 月 24 日，晚于本专利的申请日期，不能作为对本专利创造性判断的依据；陈真于一、二审中提交的其他证据，因其已超过法定举证期限，该部分证据不应予以接纳。松柏电器公司在诉讼期间提交的图表因超过举证期限，亦应不予接纳。

经审理查明，本专利系陈真于 1998 年 5 月 20 日申请，1999 年 9 月 8 日被授权公告。授权公告的权利要求书为：

“1. 一种改进的灯具电容器。主要包括有外壳 5，芯管 3 和伸出于外壳的一对电极，芯管 3 的外部为有机介质薄膜绕制体，其特征是在电容器外壳 5 内中心轴线位置上，即芯管 3 中间设置有一热熔管 2，热熔管 2 的一端直接与芯管 3 的底部端面 4 相连接，另一端与电极引出铜片 1 相连接，

2. 如权利要求 1 中所述的一种改进的灯具电容器，其特征是电容器外壳 5 为塑料质外壳。

3. 如权利要求 1 或 2 中所述的一种改进的灯具电容器，其特征是热熔管 2 与芯管 3 的管壁紧密接触。”

2005 年 7 月 18 日，松柏电器公司以本专利不符合《专利法》第二十二条和《中华人民共和国专利法实施细则》（下称《实施细则》）第二条第二款的规定为由，向专利复审委提出无效宣告请求，同时提交了：

附件 1：1988 年 12 月 13 日公开的美国 US4791529 专利说明书全文及中文译文（下称对比文件 1）；

附件 2：1989 年 10 月申请、1991 年 2 月 13 日公开的申请号为 89205451. 4 中国实用新型专利说明书扉页、权利要求书第 1 页、说明书第 1 ~ 3 页、附图第 1 页；

附件 3：1995 年 11 月 22 日申请、1997 年 10 月 29 日公开的专利号为 95227538. 4 的中国实用新型专利说明书全文（下称对比文件 2）。

专利复审委受理后，将上述文件转交给陈真，并要求其在 1 个月内陈述意见。同年 8 月 11 日，松柏电器公司提交了补充陈述，认为本专利不符合《专利法》第二十二条、第二十六条第三款，《专利法细则》第二十条第一款、第二十一条第二款的规定，并提交了对比文件 1 的中文译文 12 页及其

附图第 1 ~2 页。同年 9 月 21 日，陈真提交了意见陈述书，认为本专利与对比文件 1 存在实质性差异，具备新颖性和创造性，对比文件 1 中的铝箔筒是其塑壳的必要条件。其塑壳写本专利的塑壳有本质上的区别等。专利复审委再次向双方当事人转交了上述材料。2006 年 4 月 28 日，松柏电器公司提交了补充材料说明及包括 GB9816—1998 部分内容在内的多份附件。

同年 5 月 16 日，专利复审委就本案进行了口头审理并当庭进行文件转送。口头审理中，松柏电器公司当庭表示以 2005 年 8 月 11 日提交的对比文件 1 的中文译文为准，并明确了无效理由是：本专利相对于对比文件 1 或与其他对比文件的结合不具备新颖性和创造性，亦不符合《实施细则》第三十一条第二款的规定，放弃其他无效宣告理由。陈真对松柏电器公司提交证据的真实性及中文译文不持异议；认为本专利权利要求 1 与对比文件 1 的区别在于：本专利权利要求 1 中是“热熔管”，而对比文件 1 中是“热保护器”，同时认为本专利权利要求 1 中的“热熔管的一端与芯管的底部端面相连接，另一端与电极引出铜片相连接”是本领域常规的连接方式。同年 5 月 21 日，松柏电器公司提交了口审后补充意见陈述。

专利复审委经审查，采用松柏电器公司于 2005 年 8 月 11 日提交的中文译文的内容作为对比文件 1 公开的内容，来评述本专利的新颖性和创造性。

该委认为，权利要求 1 的特征为：A. 一种改进的灯具电容器，B. 主要包括有外壳 5，芯管 3 和伸出于外壳的一对电极，芯管 3 的外部为有机介质薄膜绕制体，C. 其特征是在电容器外壳 5 内中心轴线位置上，即芯管 3 中间设置有一热熔管 2，热熔管 2 的一端直接与芯管 3 的底部端面 4 相连接，D. 另一端与电极引出铜片 1 相连接。

对比文件 1 公开了一种安全盒式金属化薄膜电容器，并具体公开了以下技术特征：该发明属金属化薄膜电容器，与高强度放电镇流器、电机运行用电容器等一起使用（参见对比文件 1 中文译文第 3 页最后“该发明的概要”部分的第 1 ~2 行，所公开的技术特征表明对比文件 1 的电容器可用作灯具电容器，因此，对比文件 1 公开了权利要求 1 的特征 A）；电容器单元有一塑料盒，一塑料盖，包含一金属化薄膜电容器元件或金属化聚丙烯卷筒，带有一中心空芯部分；电容器元件有金属接点或端面，导线，电气和机械上都固定在此（参见对比文件 1 中文译文说明书第 4 页“优选装置的说明”部分的第 3 ~5 行，其中的塑料盒相当于权利要求 1 的外壳，金属化聚丙烯卷筒相当于权利要求 1 的管芯，导线相当于权利要求 1 的一对电极，可见对比文件 1 公开了权利要求 1 的特征 B）；第二个导线拼接成 a、b 两部分；a 部分的一端电接到第二个接头端，处于电容器元件的对端；一端接热保护器，接在 a 部分另一端与第二条导线部分 b 一端之间；导线连通电容器元件的中心空芯，这样热保护器约处于中心空芯的两端中心（参见对比文件 1 中文译文说明书第 5 页倒数第 2 行至第 6 页第 3 行及图 1，其中热保护器相当于权利要求 1 的热熔管，第二个接头相当于权利要求 1 的底部端面，可见对比文件 1 公开了权利要求 1 的特征 C）；第二个导线部分 b 继续通过空芯到顶部，然后引出盒到一合适的点上（参见对比文件 1 中文译文说明书第 6 页第 3 ~4 行及图 1）。

由此可见，对比文件 1 公开了权利要求 1 的特征 A、B、C，权利要求 1 与对比文件 1 的区别仅在于：权利要求 1 中引出电极为“引出铜片”，而对比文件 1 中为导线。

鉴于权利要求 1 相对于对比文件 1 存在区别技术特征，因此，权利要求 1 相对于对比文件 1 具备新颖性。鉴于权利要求 1 相对于对比文件 1 具备新颖性，其从属权利要求 2、3 也都相对于对比文件 1 具备新颖性。

权利要求 1 与对比文件 1 的区别仅在于：权利要求 1 中引出电极为“铜片”，而对比文件 1 中为导线。由于铜作为良导体，且容易获得并价格较低廉，被普遍地用于导线或电极片等，这是电学领域的公知常识，因此，在对比文件 1 的基础上，以“铜片”作为引出盒到一合适的点上的导线，从而得到权利要求1的技术方案，这对于本领域的普通技术人员来说不需要花费创造性的劳动，因此，权利要求1相对于对比文件1不具备实质性特点和进步，不符合《专利法》第二十二条第三款创造性的规定。

针对陈真认为本专利权利要求1中的“热熔管”不同于对比文件1中的“热保护器”，本专利在工作原理上与对比文件1有着实质性不同的意见，专利复审委认为在本专利的说明书第2页第5~10行以及第2页倒数第2行至第3页第4行中记载了与热熔管相关的描述，上述部分描述了热熔管的连接关系为：在芯管中间设置有一热熔管，热熔管的一端直接与芯管的底部端面相连接，另一端与电极引出铜片相连接。热熔管的工作原理为：当电容器芯管内温度超出上限工作温度时，热熔管自动断路，切断电流，也就是切断了热源，从而阻止芯管继续发热以至燃烧爆裂，起到了阻燃防爆的安全作用。除此之外，本专利的权利要求书及说明书中没有对热熔管有更多的描述。

对比文件1中，热保护器的位置及连接关系为：a部分的一端电接到第二个接头端，处于电容器元件的对端。一端接热保护器接在a部分另一端与第二条导线部分b一端之间。导线然后连通电容器元件的中心空芯，这样热保护器约处于中心空芯的两端中心。第二个导线部分b继续通过空芯到顶部，然后引出盒到一合适的点上（参见对比文件1中文译文说明书第5页倒数第2行至第6页第4行及图1），可见，在对比文件1中，热保护器位于空芯的两端中心，一端连接到底部的接头端，另一端与引出电极连接。由此可见，对比文件1中的热保护器与本专利权利要求1中的热熔管的位置及连接关系相同。

对比文件1中文译文第4页第2~4行中记载了“若电流涌进很低，低到拉不出熔断器，低电流使电容器温度升高，高到热防护器被激活的点上，防止塑料外壳着火或熔化”，第8页表下第1行记载了“当内部温度达到大约117℃时，该一次性的过热保护器将使电流中断”，可见，对比文件1中的热保护器的工作方式也是在温度升高到一定温度时，切断电流，以防止塑料外壳着火或熔化。由此可见，对比文件1中的热保护器34与本专利的热熔管的作用相同。

综上所述，权利要求1中的热熔管的位置及连接关系及其作用均与对比文件1的热保护器相同，其区别仅是名称不同。

权利要求2进一步限定的附加技术特征为：“电容器外壳为塑料质外壳”，对比文件1中公开了以下技术特征：电容器单元有一塑料盒（参见对比文件1中文译文第4页优选装置的说明部分的第3行）；第一权利要求中的电容器，其外壳为塑料所制（参见对比文件1中文译文第10页第1行）。可见，对比文件1公开了权利要求2的附加技术特征，并且由于二者均为电容器外壳，选择塑料材质所起的作用也必然是相同的，鉴于其引用的权利要求1不具备创造性，从属权利要求2也不具备创造性。

关于陈真认为本专利与对比文件1在结构设计和工艺上有着实质性的区别，对比文件1中的圆周铝箔筒是塑壳的必要条件，而本专利不需要铝箔筒的意见。专利复审委认为对比文件1中文译文第5页倒数第5行中记载了“如果盒和盖是金属的，铝箔可以不要”，但这并不表明如果盒和盖是塑料的，铝箔就是必要的。事实上，从对比文件1的权利要求书中可以看出，其独立权利要求1（参见对比文件1中文译文第9页第2行至最后一行）中没有限定外壳的材料，也不包含作为热反射片的铝箔；权利要求2（参见对比文件1中文译文第10页第1行）的内容为“权利要求1中的电容器，其外壳为塑料所制”；权利要求2作为一个完整的技术方案，即为一个塑壳电容器而不具有热反射片的实例，可见，对比文件11公开了不需要铝箔筒的塑壳电容器的实例。因此，铝箔筒并非对比文件1中的塑壳电容器的必要条件，陈真的上述主张不能得到支持。

权利要求3进一步限定的附加技术特征为：“热熔管2与芯管3的管壁紧密接触”，为使热熔管更好地感应管壁的温度而使其与管壁紧密接触，这是本领域的普通技术人员很容易想到的，鉴于其引用的权利要求1和2都不具备创造性，权利要求3也不具备创造性。

综上所述，权利要求1~3不具备创造性，松柏电器公司的无效宣告请求理由成立。鉴于此，对于该公司的其他无效宣告理由、证据以及口审后补充意见不再进行评述。

同年6月27日，专利复审委作出第8459号决定。

一审庭审中，陈真及松柏电器公司对专利复审委的审查程序不持异议。陈真对第8459号决定中关于“由于铜作为良导体，且容易获得并价格较低廉，被普遍地用于导线或电极片等，这是电学领域的公知常识，在对比文件1的基础上，以“铜片”作为引出盒到一合适的点上的导线，从而得到权利要求1的技术方案，这对于本领域的普通技术人员来说不需要花费创造性的劳动”的认定表示认可。

本院认为，鉴于陈真、松柏电器公司就第8459号决定关于本专利权利要求1~3相对于对比文件1具备新颖性的确认及无效审查程序并无异议，经本院就上述内容进行的书面审查，未发现违法事实，故本院就上述内容的合法性予以确认。以下仅就各方争议事实的合法性给予评述。

关于证据采信问题。《实施细则》《审查指南》及《中华人民共和国行政诉讼法》（下称《行政诉讼法》）、《行政诉讼证据问题的若干规定》均就当事人的举证原则和期限作了明确规定，其目的是在保障行政程序中对专利权人和无效请求人双方的举证和申辩权利公平行使的同时保障行政程序的秩序和效率，同时衔接了行政程序和诉讼程序中对证据审查、确认，确定了对行政机关就具体行政行为作出时所依据的证据进行审查的基本原则。根据上述法律、法规等的规定，陈真及松柏电器公司在法定举证期限后及诉讼期间补充提交的证据因不属补强证据，故专利复审委及人民法院对该部分补充证据均不应予以接纳和采信。同时，根据《实施细则》和《审查指南》的规定，能够用于专利新颖性和创造性审查的证据，应当是在被审查专利申请日前已经公开的相关证据，故专利复审委认为于本专利申请日后公布的国标GB9816—1998不能作为对本专利创造性审查的依据符合相关规定。

关于本专利的权利要求1中的热熔管与对比文件1公开的热保护器的作用是否同一的问题。本专利权利要求1关于热熔管的记载为“其特征是在电容器外壳内中心线轴位置上，及芯管的位置中间设置有一热熔管，热熔管的一端直接与芯管的底部端面相连接，另一端与电极引出铜片相连接”。说明书也记载了该热熔管的工作原理为“芯管内温度超出上限工作温度时，热熔管就自动断路，切断管芯中的电流，也就是切断了热源，从而阻止芯管的继续发热以至燃烧爆裂，起到阻燃防爆的作用”。对比文件1在其发明概要中对热保护器的记载为“热保护器电气上接入一导线，位于电容器薄膜卷筒芯里，提高其对温度变化的灵敏度”，其连接关系是将热防护器位于空芯的两端中心，一端连接到底部的接头端，另一端与引出电极连接。专利复审委依据上述文件记载的热熔管和热保护器各自的连接关系、工作原理及作用均相同的技术特征，确认对比文件1的热保护器相当于本专利权利要求1的热熔管的理由充分。

关于热反射片是否是对比文件1技术方案的必要要素及条件的问题，专利复审委根据对比文件1权利要求1没有限定外壳的材料，且权利要求2也记载了一个塑壳电容器而不需要热反射片的实例，确认对比文件1公开了电容器不是以铝箔筒为必要条件。该事实认定清楚。

关于本专利是否为省略发明的问题。根据对比文件1说明书的记载，该发明是将保险丝与过热保护器两者结合使用……电容器热防护器和熔断器串联接起来。……如果电流冲击很高，会使电容器急骤破裂，熔断器则用做保护装置，防止这种故障。另一方面，若电流涌进很低，低到拉不出熔断器，低电流使电容器温度升高，高到热防护器被激活的点上，防止塑料外壳着火或熔化。上述记载说明了对比文件1具有过流保护和过热保护两种功能；但本专利仅为过热保护，在其省略了热保护器、熔断器等过流保护装置后，其技术功效也必然随之减少。故专利复审委未将其作为省略发明给予确认在本专利和对比文件各自的技术文本上是有依据的。

由于对比文件 1 的权利要求 2 作为一个完整的技术方案，它是一个外壳为塑料所制的电容器，其中没有限定包含热反射片。可见，热反射片并非对比文件 1 的塑壳电容器的必要条件。对比文件 1 的权利要求 3 是权利要求 1 和 2 的从属权利要求，它是其所引用的权利要求的技术方案的一种优选方案，它的附加技术特征并不是其所引用的权利要求的技术方案的必要要素或条件。

综上，第 8459 号决定认定事实清楚，适用法律正确，审查程序合法；一审法院判决维持符合《行政诉讼法》第五十四条第（一）项的规定；陈真的上诉理由不能成立。据此，依据《行政诉讼法》第六十一条第（一）项的规定，判决如下：

驳回上诉，维持一审判决。

二审案件受理费人民币 1000 元由上诉人陈真负担（已交纳）。

本判决为终审判决。

审 判 长 郭 宜

审 判 员 张学磊

代理审判员 朱海宏

二〇〇七年六月十九日

书 记 员 程钰玮

051

变压器线轴接脚结构案

无效宣告请求审查决定（第 8462 号）

决 定 号 第 8462 号
决 定 日 2006 年 6 月 26 日
发明创造名称 变压器线轴接脚结构
国际分类号 H01F 27/28
无效请求人 品翔电子塑胶制品（东莞）有限公司
专 利 权 人 许文豪
专 利 号 02241229.8
申 请 日 2002 年 7 月 3 日
授权公告日 2003 年 7 月 9 日
合议组组长 张 度
主 审 员 朱芳芳
参 审 员 李韵美

法律依据 专利法第二十二条第三款
决定要点

在判断一项实用新型专利权利要求的创造性时，当权利要求限定的技术方案的结构技术特征完全被与本专利属于相同领域的对比文件 1 和 2 公开，且对比文件 2 给出了可以与对比文件 1 结合的启示，则对于本领域技术人员来说，在对比文件 1 的基础上结合对比文件 2 从而得到与该权利要求限定的技术方案的结构特征完全相同的组合技术方案是容易实现的，虽然该权利要求中存在着效果特征，但对于本领域技术人员来说，二者结构特征完全相同，则该组合技术方案必然能够实现与该权利要求限定的技术方案相同的技术效果。

一、案由

本无效宣告请求涉及中华人民共和国国家知识产权局于 2003 年 7 月 9 日授权公告的申请号为 02241229.8 的实用新型专利（下称本专利）的专利权，名称为变压器线轴接脚结构，申请日为 2002 年 7 月 3 日，专利权人是许文豪（下称被请求人）。

本专利授权公告的权利要求书如下：

“1. 一种变压器线轴接脚结构，它包括：

绝缘本体，该绝缘本体内有复数固定座；

线圈，线圈固定在绝缘本体内的复数固定座上，而线圈上的线则接合固设在绝缘本体两侧的复数接脚上；

其特征在于：所述复数接脚固设在绝缘本体复数凹槽内，复数接脚缩短了向外延伸的距离，并结合绝缘本体的横向面积，从而成为组装时占用面积小的一种变压器线轴接脚结构。

2. 如权利要求 1 所述的变压器线轴接脚结构，其特征在于：所述的绝缘本体呈立方凹体，并由绝缘材料制成。

3. 如权利要求 1 所述的变压器线轴接脚结构，其特征在于：所述的绝缘本体为 H 形状的绝缘本体。

4. 如权利要求 3 所述的变压器线轴接脚结构，其特征在于：在位于 H 形状的绝缘本体上的复数凹槽内固设复数接脚。”

针对上述专利权，品翔电子塑胶制品（东莞）有限公司（下称请求人）于 2005 年 3 月 10 日向国家知识产权局专利复审委员会提出了宣告本专利权无效的请求，同时，请求人提交了如下证据：

附件 1（下称对比文件 1）：专利号为 98218220.1 的中国实用新型专利说明书复印件，其授权公告日为 1999 年 9 月 15 日；

附件 2（下称对比文件 2）：美国专利 US6，369，681B1 的专利说明书复印件，其授权公告日为 2002 年 4 月 9 日；

附件 3（本专利）：专利号为 02241229.8 的中国实用新型专利说明书复印件。

请求人的主要无效理由是：对比文件 1 公开了一种变压器线轴结构，并具体公开了以下技术特征：“线轴本体（相当于权利要求 1 的绝缘本体）可呈凹槽状，绕线（相当于权利要求 1 的线圈）可组装于线轴本体的凹槽状内部”；对比文件 2 公开了一种迷你变压器，并具体公开了以下技术特征：“复数接脚固设在绝缘本体复数凹槽内，缩短了向外延伸的距离，该接脚结构组装时占用面积小”，由此可见，对比文件 1 和 2 披露了权利要求 1 的全部技术特征，此外对比文件 2 还公开了从属权利要求 2、3、4 的附加技术特征，因此本专利的权利要求 1 ~ 4 相对于对比文件 1 和 2 不符合专利法第二十二条第二三款有关新颖性和创造性的规定。

对于上述无效宣告请求，专利复审委员会经形式审查合格，于 2005 年 6 月 6 日向双方当事人发出无效宣告请求受理通知书，同时将无效宣告请求书及其附件清单中所列附件的副本转寄给被请求人。

合议组于 2006 年 1 月 17 日向请求人发出外文证据处理通知书，通知请求人于 2005 年 3 月 10 日提交外文证据附件 2：美国专利 US6，369，681B1 的同时未提交所使用部分的中文译文。

请求人于 2006 年 1 月 25 日提交美国专利 US6，369，681B1 的外文译文。

合议组于 2006 年 2 月 21 日向双方当事人发出口头审理通知书，定于 2006 年 4 月 18 日对本案进行口头审理，同时随口审通知书将请求人于 2006 年 1 月 25 日提交的美国专利 US6，369，681B1 的外文译文转送给被请求人。

被请求人于 2006 年 3 月 13 日针对上述无效宣告请求提交意见陈述书，并仅提交了其附件清单中所列的附件 1（专利权无效宣告程序授权委托书）和附件 5（速易达公司法定代表人李苍生在台壁任职的证明书），其主要陈述意见为：（1）本专利的权利要求 1 相对于对比文件 1 和 2 具有两个区别特征：A、所述复数接脚是固设在绝缘本体的复数凹槽内；B、复数接脚缩短了向外延伸的距离；（2）上述区别特征 A 可使本专利的接脚与绝缘本体的组装方便、简单，而且组装快捷，且由于本专利的区别特征 B 可使线轴结构在横向的长度缩小，因而其组装后的面积小，因此其所需的共面度可较易控制在较狭小的范围，其在射出成型及组装时所需使用的模具较现有技术的线轴少。

合议组于 2006 年 3 月 28 日向请求人发出转送文件通知书，将被请求人于 2006 年 3 月 13 日提交的意见陈述书及其附件清单中所列的附件 1 和 5 的副本转送给请求人。

口头审理于 2006 年 4 月 18 日如期举行，双方当事人均出席了口头审理。双方当事人对合议组成员没有回避请求，对合议组成员的变更没有异议。双方当事人对对方出庭人员的身份没有异议。

请求人当庭表示放弃专利法第二十二条第二款的无效理由。

被请求人当庭表示对对比文件1（专利号为98218220.1的中国专利文献）、对比文件2（美国专利US6369681B1）的真实性没有异议，对对比文件2的中文译文的准确性没有异议。

请求人当庭明确其无效理由为：本专利的权利要求1~4相对于对比文件1和2的结合不符合专利法第二十二条第三款有关创造性的规定。

至此，合议组认为本案的事实已清楚，作出如下决定。

二、决定的理由

1. 关于现有技术

对比文件1是公开日期早于本专利申请日的中国专利文献，对比文件2是公开日期早于本专利申请日的美国专利文献，且被请求人对其真实性未提出异议，对对比文件2的中文译文未提出异议，所以对比文件1和2上记载的内容构成本专利的现有技术。

2. 关于创造性

专利法第二十二条第三款规定：创造性是指同申请日以前已有的技术相比，该发明有突出的实质性特点和显著的进步，该实用新型有实质性特点和进步。

在判断一项实用新型专利权利要求的创造性时，当权利要求限定的技术方案的结构技术特征完全被与本专利属于相同领域的对比文件1和2公开，且对比文件2给出了可以与对比文件1结合的启示，则对于本领域技术人员来说，在对比文件1的基础上结合对比文件2从而得到与该权利要求限定的技术方案的结构特征完全相同的组合技术方案是容易实现的，虽然该权利要求中存在着效果特征，但对于本领域技术人员来说，二者结构特征完全相同，则该组合技术方案必然能够实现与该权利要求限定的技术方案相同的技术效果。

（1）权利要求1不符合专利法第二十二条第三款有关创造性的规定。

权利要求1请求保护一种变压器线轴接脚结构，其包括下述技术特征：绝缘体本体，该绝缘体本体内有复数固定座；线圈，线圈固定在绝缘本体内的复数固定座上，而线圈上的线则接合固设在绝缘本体两侧的复数接脚上；所述复数接脚固设在绝缘本体复数凹槽内，复数接脚缩短了向外延伸的距离，并结合绝缘本体的横向面积，从而成为组装时占用面积小的一种变压器线轴接脚结构。

对比文件1中（参见说明书第2页第9行至第34行以及附图3-5）公开了一种变压器线轴结构，该变压器线轴结构具体包括下述特征：线轴本体10（相当于权利要求1的绝缘本体），该线轴本体10呈凹槽状，绕线30预先绕设完成，而后在组装于线轴本体10的凹槽状内部，绕线30的端部31绕于接脚20的支架25上，并予以焊接固定，该接脚20结合于本体10的两侧。

通过将本专利权利要求1保护的技术方案与对比文件1公开的技术方案对比，合议组认为：本专利权利要求1与对比文件1相比：存在以下区别技术特征：所述复数接脚固设在绝缘本体复数凹槽内，复数接脚缩短了向外延伸的距离，并结合绝缘本体的横向面积，从而成为组装时占用面积小的一种变压器线轴接脚结构。

被请求人在于2006年3月13日提交的意见陈述书中也自认：本专利权利要求1与对比文件1存在两个区别特征：A. 所述复数接脚固设在绝缘本体复数凹槽内；B. 复数接脚缩短了向外延伸的距离。

对比文件2中（参见其中文译文的说明书摘要和权利要求书以及该专利文献的附图3和4）公开了一种微小型变压器，该微小型变压器具体包括下述技术特征：线圈、绝缘本体、埋设在绝缘本体底部的塑料管脚内的数个第一接脚和第二接脚。虽然对比文件2中没有以文字形式记载在绝缘本体的塑料管脚内设有多个凹槽，但是，由于第一接脚和第二接脚埋设在绝缘本体底部的塑料管脚内，则塑料管脚内必然存在用于容纳接脚的凹槽，且该接脚必然固定于塑料管脚的凹槽内，这是可以从对比文件

2 中唯一且必然推知的，即对于本领域普通技术人员是不言而喻的。

虽然对比文件 2 没有公开权利要求 1 中的“复数接脚缩短了向外延伸的距离，并结合绝缘本体的横向面积，从而成为组装时占用面积小的一种变压器线轴接脚结构”功能效果特征，然而，对比文件 1 和 2 已经公开了权利要求 1 的所有结构技术特征，且对比文件 1 与对比文件 2 均属于相同的技术领域，对比文件 2 给出了与对比文件 1 结合的技术启示，因此对于本领域技术人员来说，将对比文件 1 和 2 公开的上述技术特征组合从而得到与权利要求 1 所要求保护的技术方案的结构特征完全相同的组合技术方案是显而易见的，且由于二者的结构特征完全相同，则该组合技术方案必然能够实现接脚所向外延伸的距离缩小、与绝缘本体的横向面积结合以及组装时占用面积小的技术效果。

综上所述，合议组认为：权利要求 1 相对于对比文件 1 和对比文件 2 的结合不符合专利法第二十二条第三款有关创造性的规定。

（2）从属权利要求 2 不符合专利法第二十二条第三款有关创造性的规定。

从属权利要求 2 的附加技术特征是“所述的绝缘本体呈立方凹体，并由绝缘材料制成”。对比文件 2 中（参见其中文译文的说明书摘要和权利要求书以及该专利文献的附图 3 和 4）公开了绝缘本体 21，对于本领域技术人员，绝缘本体的构成材料必然是绝缘材料，这是不言而喻的。由此可知，在对比文件 1 的基础上结合上对比文件 2 而得出从属权利要求 2 的技术方案，对于本技术领域的普通技术人员来说是显而易见的，且上述结合并未带来任何意想不到的技术效果。因此从属权利要求 2 相对于对比文件 1 和 2 的结合不符合专利法第二十二条第三款有关创造性的规定。

（3）从属权利要求 3 不符合专利法第二十二条第三款有关创造性的规定。

从属权利要求 3 的附加技术特征是“所述的绝缘本体为 H 形状的绝缘本体”。对比文件 1 中（参见参见说明附图 3 –5）公开了线轴本体 10（相当于该权利要求的绝缘本体）呈 H 形，且对于本领域技术人员来说，H 形绝缘本体是本领域常见的一种绝缘本体类型。因此从属权利要求 3 相对于对比文件 1 和对比文件 2 的结合不符合专利法第二十二条第三款有关创造性的规定。

（4）从属权利要求 4 不符合专利法第二十二条第三款有关创造性的规定。

从属权利要求 4 的附加技术特征是“在位于 H 形状的绝缘本体上的复数凹槽内固设复数接脚”。对比文件 1 中（参见参见说明附图 3 –5）公开了线轴本体 10（相当于该权利要求的绝缘本体）呈 H 形，且对于本领域技术人员来说，H 形绝缘本体是本领域常见的一种绝缘本体类型。对比文件 2 中（参见其中文译文的说明书摘要和权利要求书以及该专利文献的附图 3 和 4）公开了第一接脚和第二接脚被埋设在绝缘本体底部的塑料管脚内。虽然对比文件 2 中没有以文字形式记载在绝缘本体的塑料管脚内设有多个凹槽，但是，由于第一接脚和第二接脚埋设在绝缘本体底部的塑料管脚内，则塑料管脚内必然存在用于容纳接脚的凹槽，且该接脚必然固定于塑料管脚的凹槽内，这是可以从对比文件 2 中唯一且必然推知的，即对于本领域普通技术人员是不言而喻的。

由此可知，在对比文件 1 的基础上结合上对比文件 2 而得出从属权利要求 4 的技术方案，对于本技术领域的普通技术人员来说是显而易见的，且上述结合并未带来任何意想不到的技术效果。因此从属权利要求 4 相对于对比文件 1 和 2 的结合不符合专利法第二十二条第三款有关创造性的规定。

综上所述，权利要求 1 ~4 不符合专利法第二十二条第三款有关创造性的规定。

三、决定

宣告 02241229. 8 号实用新型专利权全部无效。

当事人对本决定不服的，可以根据专利法第四十六条第二款的规定，自收到本决定之日起三个月内向北京市第一中级人民法院起诉。根据该款的规定，一方当事人起诉后，另一方当事人应当作为第三人参加诉讼。

052

跌落式高压熔断器的绝缘支撑体案

无效宣告请求审查决定（第8468号）

决　定　号　第8468号
决　定　日　2006年4月30日
发明创造名称　跌落式高压熔断器的绝缘支撑体
国际分类号　H01H 85/20
无效请求人　丹东电力设备厂
专利权人　杜玉庆
专　利　号　00210536.5
申　请　日　2000年1月5日
授权公告日　2000年10月25日
合议组组长　张跃平
主　审　员　孙克良
参　审　员　熊　婷

法律依据　专利法第二十二条第二款、第三款
决定要点

如果权利要求的技术方案相对于最接近的现有技术的区别特征对本领域的普通技术人员来说是显而易见的，那么该权利要求相对于现有技术不具备创造性。

一、案由

本无效宣告请求涉及申请号为00210536.5、申请日为2000年1月5日、授权公告日为2000年10月25日的实用新型专利（下称本专利），发明名称为“跌落式高压熔断器的绝缘支撑体”，专利权人为杜玉庆。

国家知识产权局专利复审委员会于2003年3月25日作出了对本专利的无效宣告请求审查决定。该决定维持的权利要求书如下：

“1. 一种跌落式高压熔断器的绝缘支撑体，其特征在于绝缘支撑体（3）上静触头（1）安装处和中部固定安装板（4）安装处各设有一安装凸台（2、5），且两安装凸台（2、5）设置于绝缘支撑体（3）上部1/2纵向中心截面的对角处，下静触头（7）的安装处与上静触头（1）同侧设有一与绝缘支撑体（3）为一整体的安装凸台（6）。”

针对上述专利权，丹东电力设备厂（下称请求人）于2005年6月6日向专利复审委员会提出了无效宣告请求，其理由是：对比文件公开的“耐久跌落式熔断器”公开了权利要求1的所有技术特征，因此权利要求1相对于附件1：CN2303379Y（公告日为1999年1月6日）不具备新颖性。

经形式审查合格，专利复审委员会受理了上述请求，于2005年6月6日向双方当事人发出无效宣告请求受理通知书，并将无效宣告请求书及其附件的副本转送专利权人（下称被请求人）。

被请求人于2005年7月4日提交了意见陈述书，指出请求人所用的附件1已经作为证据在上次无效程序中提交并在专利复审委员会第5010号决定中涉及，因此根据一事不再理原则，请求专利复审委员会驳回请求人的无效宣告请求。

请求人于2005年6月23日又向专利复审委员会提交了一份新证据和补充意见陈述。请求人对其使用的证据进行了重新编号：

附件1：中国国家机械工业局主管的大型月刊《机电新产品导报》1999.9－10合刊（下称证据1）；

附件2：实用新型专利CN 2303379Y公告日为1999年1月6日（下称证据2，与提出无效宣告请求时提交的证据相同）。

请求人在意见陈述书中指出：（1）证据1公开了一种户外高压跌落式熔断器，并公开了如下技术特征：在绝缘体上静触头安装处和中部固定安装板安装处各设有一安装凸台，两安装凸台设置在绝缘体轴线相对两侧的位置上，且设置在绝缘体上部1/2对角处，下静触头的安装处与上静触头同侧设有一与绝缘体为一整体的安装凸台，由此证据1已经公开了权利要求1的所有技术特征，因此权利要求相对于证据1不具备新颖性和创造性；（2）证据2公开了一种耐久跌落式熔断器，并具体公开了如下技术特征：该熔断器包括上、下静触头1、6，塔体8以及安装板9等，其中上、下静触头和安装板9与塔体8可通过在塔内预埋的螺栓紧固，塔体由塑料注塑成空芯，因此本专利的技术方案相对于证据2不具有实质性差别，因而权利要求相对于证据2不具备创造性。

本案合议组于2005年9月7日向双方当事人发出口头审理通知书，定于2005年10月19日举行口头审理，后因故取消。与此同时，将请求人于2005年6月23日提交的意见陈述书及其附件转送给被请求人。合议组于2005年10月9日又向双方当事人发出口头审理通知书，定于2005年11月3日上午举行口头审理。

口头审理如期举行，双方当事人均出席了口头审理。双方当事人对合议组成员没有回避请求；双方当事人对对方出庭人员的身份没有异议；请求人当庭出示证据1的原件，被请求人当庭核实证据1的原件，对证据1的真实性没有异议；请求人当庭表示：本专利权利要求1中“1/2”是中间的安装板与上下安装位置的距离是总的安装距离的1/2完全对称，从而保证重心在中间位置，并且上下触点距中间安装板绝缘爬距相等，电压完全对称，所以在“1/2”处是必然形式，属于公知常识；请求人明确了无效宣告理由为：证据1、证据2分别评述本专利的权利要求不具有新颖性、创造性；请求人当庭提交本专利的检索报告文件，其结论是：本专利权利要求1、2都不具备新颖性，而且提交了其引用的三份对比文件供合议组参考；被请求人当庭表示不包括伞在内的绝缘支撑体叫杆体；被请求人认为证据1的三个安装部位不是凸台，而属于杆体部分；被请求人当庭表示证据2在生效判决中已经有相关的认定，根据一事不再理原则不应当对此进行审查；请求人认为专利复审委员会第5010号决定只是对证据2的文字部分进行评述，而未对附图1进行实质性分析；请求人认为专利复审委员会第5010号决定中涉及的证据2是原第一请求人提供，第二请求人只提供证据2～5。然后双方当事人针对具体事实问题进行意见陈述和辩论。

在上述工作的基础上，合议组认为双方当事人已经充分发表了意见。

至此合议组认为本案事实清楚，可以依法作出本审查决定。

二、决定的理由

1. 关于证据

证据1为国内公开出版物，其出版日期在本专利的申请日之前，并且被请求人对证据1的真实性无异议，因此证据1可以作为本专利的对比文件，用于评价本专利的新颖性和创造性。

证据2是中国实用新型公告文本，经核实，合议组认为其是真实的，可以作为本专利的对比文件。在专利复审委员会第5010号决定中涉及如下理由和事实，即该证据没有披露权利要求中的“在绝缘支撑体的上静触头安装处以及中部固定安装板安装处分别设置的安装凸台及其相对位置”，因此该证据不能破坏原权利要求1的新颖性。此次无效请求又以同样的理由和证据在此提出本专利不具备新颖性，因此根据一事不再理原则，合议组对证据2涉及的这一理由和事实不予考虑。

2. 关于新颖性

根据专利法第二十二条第二款的规定，新颖性，是指在申请日以前没有同样的发明或者实用新型在国内外出版物上公开发表过、在国内公开使用过或者以其他方式为公众所知，也没有同样的发明或者实用新型由他人向国务院专利行政部门提出过申请并且记载在申请日以后公布的专利申请文件中。

本专利权利要求1要求保护一种跌落式高压熔断器的绝缘支撑体，其技术方案包括如下技术特征：1）绝缘支撑体（3）上静触头（1）安装处和中部固定安装板（4）安装处各设有一安装凸台（2、5）；2）两安装凸台（2、5）设置于绝缘支撑体（3）上部1/2纵向中心截面的对角处；3）下静触头（7）的安装处与上静触头（1）同侧设有一与绝缘支撑体（3）为一整体的安装凸台（6）。

证据1公开了一种户外高压跌落式熔断器，并公开了以下技术特征（参见证据1的第164页样品彩照）：1）、绝缘支撑体上静触头安装处和中部固定安装板安装处各设有一安装凸台，3）、下静触头的安装处与上静触头同侧设有一与绝缘支撑体为一整体的安装凸台。

将权利要求1所要求保护的技术方案与证据1相比，证据1未公开权利要求1的技术特征2）：即，两安装凸台（2、5）设置于绝缘支撑体（3）上部1/2纵向中心截面的对角处。因此权利要求1相对于证据1具备新颖性。

3. 关于创造性

根据专利法第二十二条第三款的规定，创造性是指同申请日以前已有的技术相比，该发明有突出的实质性特点和显著的进步，该实用新型有实质性特点和进步。

从上述有关新颖性的评述中可以看出，证据1未披露该专利权利要求1中的技术特征2）：两安装凸台（2、5）设置于绝缘支撑体（3）上部1/2纵向中心截面的对角处。

合议组认为，两安装凸台（2、5）设置于绝缘支撑体（3）上部1/2纵向中心截面的对角处是指中部安装凸台（5）与上下安装凸台（2、6）的距离相等，且与上下安装凸台位于绝缘支撑体（3）的相对两侧，以保证上下静触点距中间安装板的绝缘爬距最大，并且爬距相等，从而保证绝缘效果和电压的对称性。在证据1公开的技术方案中，中部安装凸台与上下安装凸台均为环绕绝缘支撑本体的圆柱形状，中部凸台上的安装板与上下静触头位于绝缘支撑体的相对两侧，同样能保证上下静触头距中部安装板绝缘爬距最大且相等的技术效果。由此，证据1公开的技术方案与权利要求1要求保护的技术方案的区别仅在于证据1中的上下中部安装凸台为环绕绝缘支撑本体的圆柱形状，而权利要求1中的相应凸台仅是一个安装凸台。但证据1的圆柱形凸台安装上下静触头的凸台部分同样设置于绝缘支撑体（3）上部1/2纵向中心截面对角处。因此，由证据1中披露的圆柱形的上、中、下安装凸台及其上安装的上静触头、固定安装板和下静触头的相对位置很容易想到权利要求1要求保护的技术方案。因此，权利要求1的技术方案相对于证据1不具有实质性特点和进步，因而不具备创造性。

三、决定

宣告第00210536.5号实用新型专利权全部无效。

当事人如对本决定不服，可依据专利法第四十六条第二款的规定，自收到本决定之日起三个月内向北京市第一中级人民法院起诉。根据该款的规定，一方当事人起诉后，另一方当事人应当作为第三人参加诉讼。

北京市第一中级人民法院
行政判决书

（2006）一中行初字第1142号

原告杜玉庆，男，汉族，1964年3月29日出生，住辽宁省丹东市振安区盘道岭。

委托代理人王欣，男，汉族，1976年8月16日出生，住辽宁省沈阳市沈河区金觉寺街。

委托代理人鲍林德，男，汉族，1943年4月19日出生，住辽宁省丹东市振兴区人民街。

被告国家知识产权局专利复审委员会，住所地北京市海淀区北四环西路9号银谷大厦10－12层。

法定代表人廖涛，副主任。

委托代理人孙克良，国家知识产权局专利复审委员会审查员。

委托代理人杜微科，国家知识产权局专利复审委员会审查员。

第三人丹东电力设备厂，住所地辽宁省丹东市振安区鸭绿江办事处武营街。

法定代表人朱有胜，厂长。

委托代理人杨勇骏，男，汉族，1965年6月4日出生，丹东电力设备厂法律顾问，住辽宁省丹东市振兴区二街二委26组。

委托代理人刘君，男，汉族，1959年1月30日出生，丹东电力设备厂总工程师，住辽宁省丹东市元宝区兴东前街。

原告杜玉庆不服被告国家知识产权局专利复审委员会（下称专利复审委员会）作出的第8468号无效宣告请求审查决定（下称第8468号决定），于法定期限内向本院提起诉讼。本院于2006年9月21日受理后，依法组成合议庭，并通知丹东电力设备厂作为第三人参加本案诉讼。本院于2006年11月15日公开开庭审理了本案，原告杜玉庆及其委托代理人王欣、鲍林德，被告专利复审委员会的委托代理人孙克良、杜微科，第三人丹东电力设备厂的法定代表人朱有胜及委托代理人杨勇骏、刘君到庭参加了诉讼。本案现已审理终结。

第8468号决定系专利复审委员会就丹东电力设备厂针对第00210536.5号名称为“跌落式高压熔断器的绝缘支撑体”的实用新型专利（下称本专利）提出的无效宣告请求而作出的，该决定认定：

1. 关于证据

证据1为国内公开出版物，因其出版日期在本专利的申请日之前，且杜玉庆对其真实性无异议，故证据1可以作为本专利的对比文件，用于评价本专利的新颖性和创造性。

对于证据2，鉴于在专利复审委员会作出的第5010号无效宣告审查决定（下称第5010号决定）已认定该证据不能破坏原权利要求1的新颖性。故此次无效请求又以同样的理由和证据提出本专利不具备新颖性，不符合一事不再理原则，专利复审委员会对证据2涉及的这一理由和事实不予考虑。

2. 关于新颖性

将权利要求1所要求保护的技术方案与证据1相比，证据1未公开权利要求1的技术特征2）：即，两安装凸台（2、5）设置于绝缘支撑体（3）上部1/2纵向中心截面的对角处。因此权利要求1相对于证据1具备新颖性。

3. 关于创造性

从上述有关新颖性的评述中可以看出，证据1未披露该专利权利要求1中的技术特征2）：两安装凸台（2、5）设置于绝缘支撑体（3）上部1/2纵向中心截面的对角处。

专利复审委员会认为，两安装凸台（2、5）设置于绝缘支撑体（3）上部1/2纵向中心截面的对角处是指中部安装凸台（5）与上下安装凸台（2、6）的距离相等，且与上下安装凸台位于绝缘支撑体（3）的相对两侧，以保证上下静触点距中间安装板的绝缘爬距最大，并且爬距相等，从而保证绝缘效果和电压的对称性。在证据1公开的技术方案中，中部安装凸台与上下安装凸台均为环绕绝缘支撑本体的圆柱形状，中部凸台上的安装板与上下静触头位于绝缘支撑体的相对两侧，同样能保证上下静触头距中部安装板绝缘爬距最大且相等的技术效果。由此，证据1公开的技术方案与权利要求1要求保护的技术方案的区别仅在于证据1中的上下中部安装凸台为环绕绝缘支撑本体的圆柱形状，而权利要求1中的相应凸台仅是一个安装凸台。但证据1的圆柱形凸台安装上下静触头的凸台部分同样设置于绝缘支撑体（3）上部1/2纵向中心截面对角处。因此，由证据1中披露的圆柱形的上、中、下安装凸台及其上安装的上静触头、固定安装板和下静触头的相对位置很容易想到权利要求1要求保护的技术方案。因此，权利要求1的技术方案相对于证据1不具有实质性特点和进步，因而不具备创造性。

综上，专利复审委员会宣告本专利权无效。

杜玉庆不服第8468号决定，于法定期限内向本院提起诉讼，其诉称：（1）鉴于第8468号决定中的证据1与第5010号无效审查程序中请求人已提交过的附件2~6中温州伏尔特电器公司产品宣传单中的出口型18KV（B1L125KV）产品结构相同，专利复审委员会对证据1的使用为重复使用，且我方在口头审理前并未收到该份证据，故专利复审委员会在本次无效宣告程序中将该证据作为对比文件使用是错误的。（2）第8468号决定中有关本专利不具有创造性的认定错误。首先，由证据1可以看出，其绝缘支撑体的三处安装结合部为凹陷的，因其形状而导致极大缩短了电极间的爬距，从而导致使用寿命短。且因凹陷的部份需要二次烧铸后才可安装配件，故其制作工艺复杂。相比而言，本专利的绝缘支撑体上的三处安装凸台解决了上述缺陷，增长了爬距，延长了使用寿命，且制作工艺简单，可直接安装配件。其次，本专利权利要求中明确了三个安装凸台的固定位置，但证据1中并未披露安装部位的固定位置。综上，本专利具有创造性，第8468号决定认定错误，据此，请求法院撤销第8468号决定，维持本专利有效。

被告专利复审委员会辩称：1. 关于证据1。因专利复审委员会已将证据1《机电新产品导报》于2005年9月9日随口头审理通知书一起寄给原告，并在口头审理通知书的第6项予以注明。且在之前的第5010号决定并未使用该证据，对证据1不存在重复使用的问题，故对于证据1的使用并无不当。2. 关于创造性。杜玉庆认为本专利相对于证据1的产品可以增加爬距，但是其权利要求书中并未记载用来增加爬距的任何技术特征，因此导致本专利相对于证据1不具备创造性。对于两安装凸台（2、5）设置于绝缘支撑体（3）上部1/2纵向中心截面的对角处这一技术特征的创造性评价，专利复审委员会仍坚持第8468号决定中的认定，认为其不具有创造性。综上，第8468号决定认定事实清楚、适用法律正确、审理程序合法，请求法院予以维持。

第三人丹东电力设备厂述称：首先，专利复审委员会对于证据1的使用不属于重复使用，杜玉庆的委托代理人在口头审理中对该证据亦无异议，故专利复审委员会对该证据的使用并无不当。其次，相对于证据1，本专利并不具备创造性，第8468号决定认定事实清楚，符合法律规定，应予维持。

本院经审理查明：

本案所涉专利为申请号为00210536.5、申请日为2000年1月5日、授权公告日为2000年10月25日、名称为“跌落式高压熔断器的绝缘支撑体”的实用新型专利（下称本专利），专利权人为杜玉庆。

专利复审委员会于2003年3月25日做出了针对本专利的第5010号决定。该决定维持的权利要求书如下：

"1. 一种跌落式高压熔断器的绝缘支撑体，其特征在于绝缘支撑体（3）上静触头（1）安装处和中部固定安装板（4）安装处各设有一安装凸台（2、5），且两安装凸台（2、5）设置于绝缘支撑体（3）上部1/2纵向中心截面的对角处，下静触头（7）的安装处与上静触头（1）同侧设有一与绝缘支撑体（3）为一整体的安装凸台（6）。"

本专利的说明书中记载，本实用新型的发明目的在于提供一种延长电极间的绝缘爬距、增加其整体抵御侵蚀能力的、新结构的跌落式高压熔断器的绝缘支撑体。

针对本专利，丹东电力设备厂于2005年6月6日向专利复审委员会提出了无效宣告请求，其理由是：权利要求1相对于附件1实用新型专利CN2303379Y不具备新颖性。

2005年6月6日，专利复审委员会受理了上述请求，并向杜玉庆送达了无效宣告请求受理通知书及附件1。

杜玉庆在其2005年7月4日提交的意见陈述书中指出，附件1已经作为证据在上次无效程序中提交并在专利复审委员会第5010号决定中涉及，因此根据一事不再理原则，请求专利复审委员会驳回丹东电力设备厂的无效宣告请求。

2005年6月23日丹东电力设备厂补充提交了一份新证据，并对其使用的证据进行了重新编号：

附件1：中国国家机械工业局主管的大型月刊《机电新产品导报》1999.9-10合刊第164页的RW10-10F（W）户外高压跌落式熔断器（即证据1）；

附件2：实用新型专利CN2303379Y公告日为1999年1月6日（即证据2，与提出无效宣告请求时提交的附件1相同）。

丹东电力设备厂认为本专利相对于证据1不具备新颖性及创造性，相对于证据2不具备创造性。

证据1公开了一种户外高压跌落式熔断器（具体结构详见附图）。

专利复审委员会于2005年9月9日向双方当事人发出口头审理通知书，定于2005年10月19日举行口头审理，后因故取消。该通知书第6项显示"随本通知转送请求人新的无效宣告请求书及证据"。专利复审委员会于2005年10月9日再次向双方当事人发出口头审理通知书，定于2005年11月3日上午举行口头审理。

在口头审理中，丹东电力设备厂出示证据1的原件，杜玉庆当庭核实后对该证据的真实性不持异议。专利复审委员会经审理于2006年4月30日作出第8468号无效决定，宣告本专利权无效。

另查，杜玉庆在第8468号无效宣告程序中的委托代理人原为徐枫燕，后在未告知专利复审委员会的情况下，杜玉庆对委托代理人进行了变更，杜玉庆对此予以认可。在专利复审委员会提交的2006年9月9日的交寄大宗挂号邮件清单中，有针对本专利向徐枫燕寄送邮件的记录。

杜玉庆主张本次无效程序中的证据1与第5010号无效程序的附件2~6中温州伏尔特电器公司产品宣传单中的出口型18KV（B1L125KV）产品结构相同。经查，在第5010号无效程序中，请求人放弃使用附件2~6作为对比文件，专利复审委员会在第5010号决定中亦未使用附件2~6作为对比文件评价本专利的新颖性及创造性。杜玉庆对该事实予以认可。

上述事实有第8468号决定、证据1《机电新产品导报》1999.9-10合刊第164页的RW10-10F（W）户外高压跌落式熔断器、第5010号决定、温州伏尔特电器公司的产品单、专利复审委员会提交的交寄大宗挂号邮件清单及庭审笔录在案佐证。

本院认为，结合当事人各方的诉辩主张，本案主要涉及如下焦点：

一、证据1在本次无效程序中是否可以作为对比文件使用

虽然杜玉庆主张本次无效程序中的证据1（即《机电新产品导报》1999.9－10合刊第164页）与第5010号无效程序中的附件2－6［即温州伏尔特电器公司产品宣传单中的出口型18KV（B1L125KV）］产品结构相同，但鉴于证据1与附件2－6在形式上并不相同，且第5010号无效程序中请求人对附件2－6已放弃使用，而第5010号决定亦未采用该证据作为对比文件，故专利复审委员会在第8468号决定中将证据1作为对比文件使用，不属于对该证据的重复使用，杜玉庆认为第8468号决定中对于证据1的使用属于重复使用的理由于法无据，本院不予支持。

对于杜玉庆认为其未在口头审理前收到证据1故该证据不能使用这一理由，本院认为，鉴于杜玉庆并未告知专利复审委员会其已变更委托代理人，故专利复审委员会于2006年9月9日向杜玉庆的原委托代理人徐枫燕寄送文件的行为应属正当有效，向该代理人送达证据的行为应视为向杜玉庆送达。因专利复审委员会于2006年9月9日向徐枫燕寄送了口头审理通知书，而该通知书第6项明确标明已寄送新证据，且丹东电力设备厂在提起无效请求之后仅提交过一份新证据，即证据1，故由此可认定专利复审委员会已向杜玉庆寄送了证据1。在此基础上，结合考虑杜玉庆变更后的委托代理人已参加了2006年11月3日的口头审理，且其在口头审理中亦对证据1的真实性予以认可，本院认为杜玉庆已收到证据1，据此，杜玉庆的上述理由不能成立，本院不予支持。

综上，杜玉庆主张证据1不能作为对比文件使用的理由均不成立，专利复审委员会将证据1作为本专利对比文件使用并无不当。

二、本专利是否符合专利法第二十二第三款的规定

专利法第二十二条第三款规定，创造性是指同申请日以前已有的技术相比，该发明有突出的实质性特点和显著的进步，该实用新型有实质性特点和进步。

对于杜玉庆认为证据1绝缘支撑体的三处安装结合部是凹陷形状而非凸台结构，故证据1未公开绝缘支撑体上有三处安装凸台这一技术特征的主张，本院认为，由本专利权利要求书的表述可知，本专利对于凸台的限定是其位于绝缘支撑体的上、下静触头及中部固定安装板安装处。鉴于说明书中未对凸台进行解释，故应按其通常含义理解为高出绝缘支撑体的凸起结构。由证据1的图中可以看出，该绝缘支撑体的上中下三部分有高出于绝缘支撑体的三个圆柱形结构，该结构应被视为凸台，故证据1亦公开了凸台这一结构。同时，由于证据1中的三个凸台亦位于上、下静触头及中部固定安装板安装处，故证据1公开了位于绝缘支撑体的上、下静触头及中部固定安装板安装处有三个安装凸台这一技术特征。

将本专利与证据1相比，因证据1的三个凸台均为环绕绝缘支撑本体的圆柱形状，故证据1未公开如下技术特征：两安装凸台设置于绝缘支撑体上部1/2纵向中心截面的对角处。该技术特征是指中部安装凸台与上下安装凸台的距离相等，且与上下安装凸台位于绝缘支撑体的相对两侧，其作用在于保证上下静触点距中间安装板的绝缘爬距最大且相等，从而保证绝缘效果和电压的对称性。由证据1公开的技术方案可知，其圆柱形凸台上安装上静触头的部分与中部凸台安装安装板的部分同样设置于绝缘支撑体上部1/2纵向中心截面对角处，且中部凸台上的安装板与上下静触头位于绝缘支撑体的相对两侧。鉴于证据1中的该技术特征亦能达到保证上下静触点距中间安装板的绝缘爬距最大且相等，从而保证绝缘效果和电压的对称性这一技术效果。故由证据1的上述技术特征很容易想到权利要求1要求保护的技术方案。据此，权利要求1的技术方案相对于证据1不具有实质性特点和进步，因而不具备创造性。

综上，杜玉庆的起诉理由不能成立，本院不予支持。专利复审委员会作出的第8468号决定认定事实清楚，适用法律正确，程序合法，本院予以维持。依照《中华人民共和国行政诉讼法》第五十

四条第（一）项之规定，本院判决如下：

维持被告国家知识产权局专利复审委员会作出的第 8468 号无效宣告请求审查决定。

案件受理费 1000 元，由原告杜玉庆负担（已交纳）。

如不服本判决，各方当事人可于本判决送达之日起 15 日内，向本院提交上诉状及其副本，并交纳上诉案件受理费 1000 元，上诉于北京市高级人民法院。

审　判　长　姜　颖
代理审判员　芮松艳
人民陪审员　于立彪
二〇〇七年一月十二日
书　记　员　瞿文伟

北京市高级人民法院
行政判决书

（2007）高行终字第 71 号

上诉人（原审原告）杜玉庆，男，汉族，1964 年 3 月 29 日出生，住辽宁省丹东市振兴区六经街 23 号 3 单元 1105 室。

委托代理人王欣，男，汉族，1976 年 8 月 16 日出生，丹东宇光供电设备厂法律顾问，住辽宁省沈阳市沈河区金觉寺街。

委托代理人鲍林德，男，汉族，1943 年 4 月 19 日出生，丹东宇光供电设备厂工程师，住辽宁省丹东市振兴区人民街 127－2 号 2 单元 103 室。

被上诉人（原审被告）国家知识产权局专利复审委员会，住所地北京市海淀区北四环西路 9 号银谷大厦 10～12 层。

法定代表人廖涛，副主任。

委托代理人孙克良，该委员会审查员。

委托代理人杜微科，该委员会审查员。

被上诉人（原审第三人）丹东电力设备厂，住所地辽宁省丹东市振安区鸭绿江办事处武营街。

法定代表人朱有胜，厂长。

委托代理人杨勇骏，男，汉族，1965 年 6 月 4 日出生，丹东电力设备厂法律顾问，住辽宁省丹东市振兴区二街二委 26 组二经街。

委托代理人刘君，男，汉族，1959 年 1 月 30 日出生，丹东电力设备厂总工程师，住辽宁省丹东市元宝区江城大街 180 号 3 单元 710 室。

上诉人杜玉庆因专利无效行政纠纷，不服北京市第一中级人民法院（2006）一中行初字第 1142 号行政判决，向本院提起上诉。本院于 2007 年 3 月 5 日受理后，依法组成合议庭，于 2007 年 4 月 11 日公开开庭审理了本案。上诉人杜玉庆及其委托代理人王欣、鲍林德，被上诉人国家知识产权局专利复审委员会（下称专利复审委员会）的委托代理人孙克良、杜微科，被上诉人丹东电力设备厂的法定代表人朱有胜及委托代理人杨勇骏、刘君到庭参加诉讼。本案现已审理终结。

杜玉庆系00210536.5号“跌落式高压熔断器的绝缘支撑体”实用新型专利的专利权人。丹东电力设备厂于2005年6月6日请求专利复审委员会宣告该专利权无效，专利复审委员会经审查于2006年4月30日作出第8468号无效决定，宣告杜玉庆的00210536.5号实用新型专利权无效。杜玉庆不服，向北京市第一中级人民法院提起行政诉讼。

北京市第一中级人民法院经审理认为，证据1与附件2~6在形式上并不相同，且第5010号无效程序中请求人对附件2~6已放弃使用，而第5010号无效决定亦未采用该证据作为对比文件，故专利复审委员会在第8468号无效决定中将证据1作为对比文件使用，不属于对该证据的重复使用。鉴于杜玉庆并未告知专利复审委员会其已变更委托代理人，故专利复审委员会于2006年9月9日向杜玉庆的原委托代理人徐枫燕寄送文件的行为应属正当有效。在此基础上，结合考虑杜玉庆变更后的委托代理人已参加了2006年11月3日的口头审理，且其在口头审理中亦对证据1的真实性予以认可，故应认为杜玉庆已收到证据1。由本专利权利要求书的表述可知，本专利对于凸台的限定是其位于绝缘支撑体的上、下静触头及中部固定安装板安装处。鉴于说明书中未对凸台进行解释，故应按其通常含义理解为高出绝缘支撑体的凸起结构。由证据1的图中可以看出，该绝缘支撑体的上中下三部分有高出于绝缘支撑体的三个圆柱形结构，该结构应被视为凸台，故证据1亦公开了凸台这一结构。同时由于证据1中的三个凸台亦位于上、下静触头及中部固定安装板安装处，故证据1公开了位于绝缘支撑体的上、下静触头及中部固定安装板安装处有三个安装凸台这一技术特征。将本专利与证据1相比，因证据1的三个凸台均为环绕绝缘支撑体的圆柱形状，故证据1未公开两安装凸台设置于绝缘支撑体上部1/2纵向中心截面的对角处这一技术特征。由证据1公开的技术方案可知，其圆柱形凸台上安装上静触头的部分与中部凸台安装安装板的部分同样设置于绝缘支撑体上部1/2纵向中心截面对角处，且中部凸台上的安装板与上下静触头位于绝缘支撑体的相对两侧。鉴于证据1中的该技术特征亦能达到保证上下静触点距中间安装板的绝缘爬距最大且相等，从而保证绝缘效果和电压的对称性这一技术效果，故由证据1的上述技术特征很容易想到权利要求1要求保护的技术方案。权利要求1的技术方案相对于证据1不具有实质性特点和进步，不具备创造性。依照《中华人民共和国行政诉讼法》第五十四条第（一）项之规定，判决维持专利复审委员会第8468号无效决定。

杜玉庆不服一审判决，向北京市高级人民法院提起上诉，请求撤销一审判决和专利复审委员会第8468号无效决定，维持00210536.5号实用新型专利权有效。杜玉庆上诉称：第一，一审判决并未理解本专利的发明点，本专利的发明点在于绝对位置的新型安装凸台和凸台上安装处的安装位置，这一技术达到了延长电极间绝缘爬距的效果。第二，我方无效宣告程序中并未变更委托代理人，一审判决却认定我方变更了代理人。第三，代为我方申请专利的徐枫燕并未收到证据1和口头审理通知书，证据1应属无效证据。专利复审委员会、丹东电力设备厂服从原审判决。

经审理查明：2000年1月5日杜玉庆向中国专利局申请了00210536.5号“跌落式高压熔断器的绝缘支撑体”实用新型专利，该专利申请于2000年10月25日被授予实用新型专利权，专利权人杜玉庆，经授权的权利要求共有2项。2002年2月20日和2002年9月26日，丹东锦龙电器有限公司和丹东电力设备厂分别请求专利复审委员会宣告该专利权无效。丹东电力设备厂共提交了7份证据，其中证据5为印刷于1997年的河南农电系统《电工产品管理目录》第48页的河南永城高压电器厂产品图样。专利复审委员会经审查认为，相对于证据5，00210536.5号实用新型专利之权利要求1不具有创造性，并据此作出第5010号无效决定，宣告权利要求1无效。00210536.5号实用新型专利经部分无效后的权利要求为：“1. 一种跌落式高压熔断器的绝缘支撑体，其特征在于绝缘支撑体上静触头安装处和中部固定安装板安装处各设有一安装凸台，且两安装凸台设置于绝缘支撑体上部 1/2 纵向中心截面的对角处，下静触头的安装处与上静触头同侧设有一与绝缘支撑体为一整体的安装凸台。”2005 年 6 月 6 日丹东电力设备厂再次请求专利复审委员会宣告该专利权无效，认为该专利不具有创造性。丹东电力设备厂共提交了两份证据，证据 1 为国家机械工业局主管的大型月刊《机电新产品导报》1999 年 9 ~ 10 月合刊，其中第 164 页涉及了一种户外高压跌落式熔断器，公开了以下技术内容：绝缘支撑体上静触头安装处和中部固定安装板安装处各设有一安装凸台，下静触头的安装处与上静触头同侧设有一与绝缘支撑体为一整体的安装凸台。专利复审委员会经审查认为，证据 1 未披露权利要求 1 中的如下技术特征：两安装凸台设置于绝缘支撑体上部 1/2 纵向中心截面的对角处，即指中部安装凸台与上下安装凸台的距离相等，且与上下安装凸台位于绝缘支撑体的相对两侧，以保证上下静触点距中间安装板的绝缘爬距最大，并且爬距相等，从而保证绝缘效果和电压的对称性。在证据 1 公开的技术方案中，中部安装凸台与上下安装凸台均为环绕绝缘支撑体的圆柱形状，中部凸台上的安装板与上下静触头位于绝缘支撑体的相对两侧，同样能保证上下静触头距中部安装板绝缘爬距最大且相等的技术效果。证据 1 公开的技术方案与权利要求 1 的区别仅在于证据 1 中的上下中部安装凸台为环绕绝缘支撑体的圆柱形状，而权利要求 1 中的相应凸台仅是一个安装凸台。证据 1 的圆柱形凸台安装上下静触头的凸台部分同样设置于绝缘支撑体上部 1/2 纵向中心截面的对角处。由证据 1 中披露的圆柱形上、中、下安装凸台及其上安装的上静触头、固定安装板和下静触头的相对位置很容易想到权利要求 1 技术方案。权利要求 1 相对证据 1 不具有创造性。2006 年 4 月 30 日专利复审委员会作出第 8468 号无效决定，宣告杜玉庆的 00210536.5 号实用新型专利权全部无效。另查明，杜玉庆在第 8468 号无效宣告程序中的委托代理人原为徐枫燕，故专利复审委员会于 2005 年 9 月 9 日向徐枫燕寄送了口头审理通知书及相关证据，后杜玉庆委托了新的代理人，并与新的代理人共同出席了 2005 年 11 月 3 日的口头审理。

上述事实，有专利复审委员会第 5010 号、第 8468 号无效决定，证据 1 及当事人陈述等在案佐证。

本院认为，徐枫燕原系代为杜玉庆申请专利的专利代理人，无效宣告审查程序启动后，专利复审委员会向徐枫燕送达口头审理通知书和证据 1，后杜玉庆更换了委托代理人亦未告知专利复审委员会。从实际情况看，杜玉庆参加了口头审理并对证据 1 进行了质证，其权益并未受到损害，专利复审委员会向徐枫燕送达有关文件并无不当之处，专利复审委员会第 8468 号无效决定审理程序合法。证据 1 系合法有效证据，应当予以采信。本案争议专利权利要求 1 与证据 1 相比仅两安装凸台设置于绝缘支撑体上 1/2 纵向中心截面的对角处这一技术特征未被披露，该特征实质上意味着中部安装凸台与上下安装凸台的距离相等，且与上下安装凸台位于绝缘支撑体的相对两侧，这样才能保证上下静触点距中间安装板的绝缘爬距最大并且相等，保证绝缘效果和电压的对称性。证据 1 中的技术方案与本案争议专利权利要求 1 的实质性区别在于，前者的安装凸台为环绕绝缘支撑体的圆柱形状，而后者则仅是一个安装凸台。由证据 1 中的安装凸台及上静触头、固定安装板和下静触头的相对位置，本领域技术人员很容易得到权利要求 1 技术方案，故权利要求 1 相对于证据 1 不具有实质性特点和进步，缺乏创造性。综上，专利复审委员会第 8468 号无效决定及一审判决认定事实清楚、适用法律正确、审理程序合法，本院应予维持。上诉人杜玉庆的上诉理由不能成立，其上诉请求不予支持。据此，依照《中华人民共和国行政诉讼法》第六十一条第（一）项之规定，判决如下：

驳回上诉，维持原判。

一、二审案件受理费共计2000元，由杜玉庆负担（均已交纳）。

本判决为终审判决。

审 判 长 刘继祥

审 判 员 莎日娜

代理审判员 焦 彦

二〇〇七年四月三十日

书 记 员 孙 娜

053

一种电池导电端子接头及其锂离子电池案

无效宣告请求审查决定（第8469号）

决　定　号　第8469号
决　定　日　2005年12月21日
发明创造名称　一种电池导电端子接头及其锂离子电池
国际分类号　H01M2/20、H01M10/38
无效请求人　哈尔滨光宇电源股份有限公司
专利权人　深圳市比亚迪锂电池有限公司
专　利　号　01215571.3
申　请　日　2001年3月12日
授权公告日　2002年1月2日
合议组组长　蒋　彤
主　审　员　李韵美
参　审　员　樊晓东

法律依据　专利法第二十二条第二款、第三款
决定要点

若权利要求的全部技术特征都已经被一篇对比文件公开，则该权利要求缺乏新颖性；若权利要求请求保护的技术方案与最接近的现有技术的区别技术特征已被另一篇对比文件公开，且该区别技术特征在所述另一篇对比文件中所起的作用与其在该权利要求中的技术方案中所起的作用相同，则本领域技术人员无需付出创造性劳动，即可将所述区别技术特征结合到最接近的现有技术中，即该权利要求缺乏创造性。

一、案由

本无效宣告请求案涉及国家知识产权局于2002年1月2日授权公告、名称为“一种电池导电端子接头及其锂离子电池”的ZL01215571.3号实用新型专利（下称本专利），本专利的申请日为2001年3月12日、专利权人是深圳市比亚迪锂电池有限公司（下称被请求人）。本专利授权公告的权利要求书为：

“1. 一种电池导电端子接头，其特征在于所述接头包括一个设置于电池金属壳的密封盖板（1）上的开孔（2）、一个以开孔（2）为中心通过机械冲压而形成的下凹（3）、包夹下凹的绝缘件（4）及在其中的开孔嵌入的金属件（5）。

2. 根据权利要求1所述的接头，其特征在于所述下凹（3）的横截面图选自椭圆形、圆形、方形、正多边形及上述图形的简单变形中任一种。

3. 根据权利要求1所述的接头，其特征在于所述绝缘件（4）由塑料或橡胶材料制成，通过压注等方法使绝缘材料包夹下凹（3）而成为一体化结构。

4. 根据权利要求1所述的接头，其特征在于所述金属件（5）为一个凸T型铆钉，其钉的形状、大小与绝缘件（4）的开孔相适应，铆接使铆钉、绝缘件（4）、盖板（1）形成一种密封结构。

5. 根据权利要求1所述的接头，其特征在于所述金属件（5）为一个凹T型铆钉（5b）和一个凸T型铆钉（5a）组合而成，其中凹T型铆钉的形状、大小与绝缘件（4）的开孔相适应并嵌入开孔，凸T型铆钉嵌入凹T型铆钉并铆接以使铆钉、绝缘件（4）、盖板（1）形成一种密封结构。

6. 根据权利要求5所述的接头，其特征在于所述凹T型铆钉（5b）和凸T型铆钉（5a）为异质金属，其中凹T型铆钉（5b）为铝金属。

7. 一种具有如权利要求1所述接头的锂离子电池，还包括一端开口的电池金属壳、由金属壳与密封盖板（1）组成的电池容器中装有的由正极、隔膜、负极叠置组成的电芯、电解液，及电极端子，其特征在于所述接头包括一个设置于电池金属壳的密封盖板（1）上的开孔（2）、一个以开孔（2）为中心通过机械冲压而形成的下凹（3）、包夹下凹的绝缘件（4）、及在其中的开孔嵌入的金属件（5）。

8. 根据权利要求7所述锂离子电池，其特征在于所述金属件（5）为一个凸T型铆钉（5a），其钉的形状、大小与绝缘件（4）的开孔相适应，铆接使铆钉、绝缘件（4）、盖板（1）形成一种密封结构。

9. 根据权利要求7所述的锂离子电池，其特征在于所述金属件（5）为一个凹T型铆钉（5b）和一个凸T型铆钉（5a）组合而成，其中凹T型铆钉的形状、大小与绝缘件（4）的开孔相适应并嵌入开孔，凸T型铆钉嵌入凹T型铆钉并铆接以使铆钉、绝缘件（4）、盖板（1）形成一种密封结构。

10. 根据权利要求9所述的锂离子电池，其特征在于所述凹T型铆钉（5b）和一个凸T型铆钉（5a）为异质金属，其中凹T型铆钉（5b）为铝金属。”

针对上述专利权，哈尔滨光宇电源股份有限公司（下称请求人），于2004年3月29日向专利复审委员会提出无效宣告请求。请求人所提交的证据为：

附件1：制图日期为2000年3月29日、名称为“HBN083448G-1FeCAN”的日方图纸复印件；制图日期为2003年3月29日、名称为“HBN-80Fe-UP SUSPlate”的日方图纸复印件；制图日期为2000年5月31日、名称为“HBN083448G-2-1FeCAP”的日方图纸复印件；制图日期为2000年3月29日、名称为“HBN-80Fe-LP ALPlate”的日方图纸复印件；

附件2：制图日期为2000年4月29日、名称为“HBN063467L-1ALCAN”的日方图纸复印件；制图日期为2000年5月31日、名称为“HBN063467L.2-1ALCAN”的日方图纸复印件；

附件3：制图日期为2000年4月29日、名称为“HBN063048L-1ALCAN”的日方图纸复印件；制图日期为2000年4月29日、名称为“HBN063048L.2-1ALCAP”的日方图纸复印件；

附件4：日本东芝照明技术资料复印件及译文；

附件5：编号为000529、日期为2000年5月29日的订货合同复印件及译文；

附件6：编号为000613、日期为2000年6月13日的订货合同复印件及译文；

附件7：编号为VEX417、日期为2000年7月11日的订货合同复印件及译文；编号为VEX417（R-2）、日期为2000年8月23日的订货合同复印件及译文；

附件8：编号为VEX417（R-1）、日期为2000年7月25日的供货单复印件；编号为VEX417（R-2）、日期为2000年8月23日的供货单复印件；编号为VEX427（R-1）、日期为2000年7月25日的供货单复印件；

附件9：编号为VEX427、日期为2000年7月21的订货合同复印件及译文订货合同复印件及译文；

附件10：国家知识产权据专利信息中心于2004年3月29日出具的检索报告复印件。

请求无效的理由是：本专利权利要求不符合专利法第二十二条规定的新颖性和创造性，以及不符合专利法第五条的规定。

请求人于2004年4月28日提交了补充意见陈述书正文，同时提交了如下新证据：

对比文件1：美国专利US－6132900A及译文，公开日为2000年10月17日；

对比文件2：日本公开特许公报特开平8－180849及译文，公开日为1996年7月12日；

对比文件3：日本公开特许公报特开平7－183018及译文，公开日为1995年7月21日；

对比文件4：日本公开特许公报特开平10－289697及译文，公开日为1998年10月27日；

对比文件5：日本公开特许公报特开平7－235289及译文，公开日为1995年9月5日；

对比文件6：日本公开特许公报特开2000－113865及译文，公开日为2000年4月21日；

对比文件7：日本公开特许公报昭62－93855及译文，公开日为1987年4月30日；

对比文件8：日本公开特许公报特开平9－7558及译文，公开日为1997年1月10日；

对比文件9：日本公开特许公报特开平4－92360及译文，公开日为1992年3月25日；

对比文件10：日本公开特许公报特开平7－211305及译文，公开日为1995年8月11日。

请求人认为：本专利权利要求2中技术特征"及上述图形的简单变形中任一种"及权利要求3种技术特征"通过压注等方法使……一体化结构"中的"上述图形的简单变形""任一种"和"等"用语均属含义不清词语，这类用语会在一项权利要求中限定出不同的保护范围，或者使保护范围不清楚，被请求人在本专利的说明书中也没有对上述词语给出任何实施例或解释说明，故不满足专利法实施细则第二十条第一款的规定；专利权人披露的技术内容在2000年前后就已经被请求人掌握，请求人从日本进口了导电端子，并由日方出具了相关的导电端子接头图纸。并且在2000年起，同行业的很多企业就已掌握了此项技术的全部内容，也在生产使用该导电端子的锂电池。对比文件1～10为"国家知识产权局专利信息中心检索报告"中提及的专利文件，公开日均在申请日之前。本专利的权利要求1～10相对于对比文件1～10不具备新颖性和创造性。

经形式审查合格，专利复审委员会受理了上述无效宣告请求，并于2004年5月25日发出了无效宣告请求受理通知书，并将该无效宣告请求书及其附件清单中所列附件副本，以及请求人于2004年4月28日递交的补充意见及其附件清单中所列附件副本转送被请求人。

针对上述无效宣告请求，被请求人于2004年7月9日向专利复审委员会提交了意见陈述书，主要内容如下：

1. 请求人在无效宣告请求书中提出的证据附件1～10中，附件1～9为请求人的内部图纸资料及订货合同文件，不是对外公开的技术资料和文件，既没有在申请日之前在国内外出版物上公开发表，也没能证明在国内公开使用，又不能证明以其他方式为公众所知，因此不管这些证据所包含的内容是否与本专利的权利要求内容相同还是不同，都不能破坏本专利的新颖性和创造性。另外，无法认定附件1～4的真实性，尤其是这些文件中所标明的日期的真实性无法认定。附件10为国家知识产权局专利信息中心的检索报告，该检索报告没有注明是针对本专利ZL01215571.3作出，因此无法确认该检索报告与本专利的关连性。

2. 被请求人认为证据对比文件1～10相对于本案权利要求1～10，不能破坏其新颖性和创造性。独立权利要求中有两个重要的技术特征，一是"一个以开孔（2）为中心通过机械冲压而形成的下凹（3）"，二是"包夹下凹的绝缘件（4）"。上述两个特征相结合，使得绝缘件（4）中的开孔（2）在嵌入金属件后的密封完全能够满足最大耐压范围为5～20kg/cm^{2}要求，由于绝缘件（4）能从三维方向上与下凹和外凸件紧密贴合和箍住（就像盐水瓶的橡胶瓶盖一样），确保非水电解液无法从密封处渗漏。成为结构简单，又密封性好（能达到耐压要求）的导电端子接头。现有技术中未发现与其相同的技术，在请求人提出的无效请求提供的证据中，也没有与权利要求 1 相同的技术方案，不能破坏其新颖性，也不能破坏其创造性。

3. 被请求人提交了修改的权利要求，本专利授权公告的权利要求 1 是“1. 一种电池导电端子接头，其特征在于所述接头包括一个设置于电池金属壳的密封盖板（1）上的开孔（2）、一个以开孔（2）为中心通过机械冲压而形成的下凹（3）、包夹下凹的绝缘件（4）及在其中的开孔嵌入的金属件（5）。”修改后的权利要求 1 为“1. 一种电池导电端子接头，其特征在于所述接头包括一个设置于电池金属壳的密封盖板（1）上的开孔（2）、一个以开孔（2）为中心通过机械冲压而形成的下凹（3）和垂直下凸、包夹下凹和下凸的绝缘件（4）、及在其中的开孔嵌入的金属件（5）。”修改后的权利要求书如下：

“1. 一种电池导电端子接头，其特征在于所述接头包括一个设置于电池金属壳的密封盖板（1）上的开孔（2）、一个以开孔（2）为中心通过机械冲压而形成的下凹（3）和垂直下凸、包夹下凹和下凸的绝缘件（4）、及在其中的开孔嵌入的金属件（5）。

2. 根据权利要求 1 所述的接头，其特征在于所述下凹（3）的横截面图选自椭圆形、圆形、方形、正多边形及上述图形的简单变形中任一种。

3. 根据权利要求 1 所述的接头，其特征在于所述绝缘件（4）由塑料或橡胶材料制成，通过压注等方法使绝缘材料包夹下凹（3）和下凸而成为一体化结构。

4. 根据权利要求 1 所述的接头，其特征在于所述金属件（5）为一个凸 T 型铆钉，其钉的形状、大小与绝缘件（4）的开孔相适应，铆接使铆钉、绝缘件（4）、盖板（1）形成一种密封结构。

5. 根据权利要求 1 所述的接头，其特征在于所述金属件（5）为一个凹 T 型铆钉（5b）和一个凸 T 型铆钉（5a）组合而成，其中凹 T 型铆钉的形状、大小与绝缘件（4）的开孔相适应并嵌入开孔，凸 T 型铆钉嵌入凹 T 型铆钉并铆接以使铆钉、绝缘件（4）、盖板（1）形成一种密封结构。

6. 根据权利要求 5 所述的接头，其特征在于所述凹 T 型铆钉（5b）和凸 T 型铆钉（5a）为异质金属，其中凹 T 型铆钉（5b）为铝金属。

7. 一种具有如权利要求 1 所述接头的锂离子电池，还包括一端开口的电池金属壳、由金属壳与密封盖板（1）组成的电池容器中装有的由正极、隔膜、负极叠置组成的电芯、电解液，及电极端子，其特征在于所述接头包括一个设置于电池金属壳的密封盖板（1）上的开孔（2）、一个以开孔（2）为中心通过机械冲压而形成的下凹（3）和垂直下凸、包夹下凹和下凸的绝缘件（4）、及在其中的开孔嵌入的金属件（5）。

8. 根据权利要求 7 所述锂离子电池，其特征在于所述金属件（5）为一个凸 T 型铆钉（5a），其钉的形状、大小与绝缘件（4）的开孔相适应，铆接使铆钉、绝缘件（4）、盖板（1）形成一种密封结构。

9. 根据权利要求 7 所述的锂离子电池，其特征在于所述金属件（5）为一个凹 T 型铆钉（5b）和一个凸 T 型铆钉（5a）组合而成，其中凹 T 型铆钉的形状、大小与绝缘件（4）的开孔相适应并嵌入开孔，凸 T 型铆钉嵌入凹 T 型铆钉并铆接以使铆钉、绝缘件（4）、盖板（1）形成一种密封结构。

10. 根据权利要求 9 所述的锂离子电池，其特征在于所述凹 T 型铆钉（5b）和一个凸 T 型铆钉（5a）为异质金属，其中凹 T 型铆钉（5b）为铝金属。”

本案合议组于 2005 年 2 月 3 日向双方当事人发出口头审理通知书，定于 2005 年 3 月 30 日进行口头审理，并随该口头审理通知书向请求人转被请求人于 2004 年 7 月 9 日提交的意见陈述书以及修改权利要求书的副本，双方当事人在规定期限内未对合议组成员提出回避请求。

请求人于2005年2月28日提交了补充意见，请求人认为被请求人对权利要求书的修改，即增加了对技术特征的限定性词语，违反了审查指南中关于专利权人在复审委员会指定的答复期限届满后修改权利要求书的规定。

口头审理于2005年3月30日如期举行，双方当事人均参加了口头审理。在口头审理中，双方当事人对合议组成员没有回避请求；双方当事人对对方出庭人员的身份没有异议；合议组当庭明确告知被请求人修改的权利要求不符合专利法和专利法实施细则及审查指南的相关规定，当庭宣布口审以授权公告的权利要求书为基础；请求人当庭明确放弃使用附件1~9，附件10仅供合议组参考使用；放弃专利法第五条的无效理由；被请求人对对比文件1~10的真实性没有异议；对对比文件1（US-6132900A）的中文译文第12页第15~16行"drawing"有异议，被请求人认为应是"拉延"；对比文件6（特开平2000-113865）的中文译文第7页［0027］段至第9页第7行的译文属于排版错误，不是原文的相应译文，请求人当庭明确同意删除此部分内容；请求人明确其无效理由为：（1）本专利权利要求2中"任一种"、权利要求3中"等"措辞不清楚，不符合专利法实施细则第二十条第一款的规定，被请求人当庭明确表示将权利要求3中"等"删除；（2）本专利权利要求1、7相对于对比文件1不具备新颖性；（3）本专利权利要求2相对于对比文件1结合对比文件2~4中任意一篇没有创造性；权利要求3相对于对比文件1没有创造性；权利要求4相对于对比文件1结合对比文件5或6没有创造性；权利要求5、6、9、8、10相对于对比文件1结合对比文件5没有创造性；（4）对比文件7~10作为参考，具体意见同书面意见陈述。

基于上述的工作，合议组认为本案事实已经清楚，可以作出本决定。

二、决定的理由

关于审查的基础

专利法实施细则第六十八条规定，在无效宣告请求的审查过程中，发明或者实用新型专利的专利权人可以修改其权利要求书，但是不得扩大原专利的保护范围。2001年版审查指南第四部分第三章5.4无效宣告程序中专利文件的修改中明确规定：对发明或者实用新型专利文件的修改仅限于权利要求书，其原则包括"一般不得增加未包含在授权的权利要求书中的技术特征。修改权利要求书的具体方式一般是指权利要求的删除、合并和技术方案的删除。"

被请求人在权利要求1特征部分增加了"以开孔（2）为中心通过机械冲压而形成的垂直下凸"的技术特征；在对绝缘件（4）的限定中增加了"包夹下凸"的技术特征。上述增加的技术特征未记载在授权公告的权利要求书中，这种增加未包含在授权的权利要求书中的技术特征的修改是不允许的，因此，作出本无效宣告决定的基础是本专利的授权公告文本。

关于证据

请求人在口头审理过程中，当庭明确放弃使用附件1~9，附件10仅供合议组参考。被请求人对对比文件1（US-6132900）的中文译文第12页第15~16行"drawing"一词的翻译有异议，被请求人认为应该翻译成"拉延"。合议组认为，就对比文件1的技术内容而言，"drawing"一词翻译成"拉延"更为确切。对比文件1至10是公开日在本专利的申请日之前的专利文献，且被请求人对对比文件1~10的真实性无异议，因此，对比文件1~10可以用作评价本专利新颖性和创造性的现有技术。

关于权利要求的新颖性

1. 权利要求1的新颖性

权利要求1请求保护一种电池导电端子接头，其特征在于所述接头包括一个设置于电池金属壳的密封盖板（1）上的开空（2）、一个以开孔（2）为中心通过机械冲压而形成的下凹（3）、包夹下凹的绝缘件（4）、及在其中的开孔嵌入的金属件（5）。对比文件 1 公开的是薄型和棱柱型锂离子二次电池（参见对比文件 1 译文第 4 页最后一行至第 5 页第 1 行），与本专利属于相同的技术领域；如图 1 所示，一个由铝制成的密封板 2 配合在底部方形的电池槽 1 的开口上部周边（参见对比文件 1 译文第 5 页 1 ~ 2 行），相当于电池壳和密封盖板；电绝缘衬垫 4 由合成树脂制造，由沥青吹制的混合物组成的密封剂敷层（参见对比文件 1 译文第 5 页第 4 ~ 5 行），相当于绝缘件；镍或镀镍的钢铆钉 5 作为负极插入衬垫 4（参见对比文件 1 译文第 5 ~ 6 行），镍或镀镍的钢铆钉是金属件的一种，是金属件的下位概念，并且从对比文件 1 的附图 1 中可以明显看出电绝缘衬垫 4 是将密封板 2 的下凹部分完全包围，与权利要求 1 中描述的绝缘件的包夹相同；冲压一个孔用来插入铆钉（参考对比文件 1 译文第 12 页第 15 ~ 16 行），可见对比文件 1 中用来插入铆钉的孔也是冲压形成的。因此，对比文件 1 已经公开了权利要求 1 的全部技术特征，并且对比文件 1 中的技术方案与权利要求 1 的技术方案所要解决的技术问题也相同，能够获得相同的技术效果。因此，权利要求 1 相对于对比文件 1 不具备新颖性。

2. 权利要求 7 的新颖性

权利要求 7 请求保护一种具有如权利要求 1 所述接头的锂离子电池，还包括一端开口的电池金属壳、由金属壳与密封盖板（1）组成的电池容器中装有的由正极、隔膜、负极叠置组成的电芯、电解液，及电极端子，其特征在于所述接头包括一个设置于电池金属壳的密封盖板（1）上的开孔（2）、一个以开孔（2）为中心通过机械冲压而形成的下凹（3）、包夹下凹的绝缘件（4）、及在其中的开孔嵌入的金属件（5）。对比文件 1 公开的是薄型和棱柱型锂离子二次电池（参见对比文件 1 译文第 4 页最后一行至第 5 页第 1 行）；如图 1 所示，一个由铝制成的密封板 2 配合在底部方形的电池槽 1 的开口上部周边（参见对比文件 1 译文第 5 页 1 ~ 2 行），相当于一端开口的电池金属壳和密封盖板；对比文件 1 中的电池有极群负极和正极、隔板，电池槽装存极群非水电解液（对比文件 1 译文第 4 页 3 ~ 4行），相当于本案权利要求 1 中的负极叠置组成的电芯、正极、隔膜、电解液；金属铆钉作为端子插入和固定在密封极中（对比文件 1 译文第 4 页第 4 行），相当于本案权利要求 1 中的电极端子；电绝缘衬垫 4 由合成树脂制造，由沥青吹制的混合物组成的密封剂敷层（参见对比文件 1 译文第 5 页第 4 ~ 5 行），相当于绝缘件；镍或镀镍的钢铆钉 5 作为负极插入衬垫 4（参见对比文件 1 译文第 5 ~ 6 行），镍或镀镍的钢铆钉是金属件的一种，是金属件的下位概念，并且从对比文件 1 的附图 1 中可以明显看出电绝缘衬垫 4 是将密封板 2 的下凹部分完全包围，与权利要求 1 中描述的绝缘件的包夹相同；冲压一个孔用来插入铆钉（参考对比文件 1 译文第 12 页第 15 ~ 16 行），可见对比文件 1 中用来插入铆钉的孔也是冲压形成的。因此，对比文件 1 已经公开了权利要求 7 的全部技术特征，权利要求 7 相对于对比文件 1 不具备新颖性。

关于权利要求的创造性

1. 权利要求 2 的创造性

权利要求 2 进一步限定权利要求 1 中的接头的下凹（3）的横截面图选自椭圆形、圆形、方形、正多边形及上述图形的简单变形中任一种。首先，对比文件 2 也公开了与电池或双层电容等的电气化学元件的防爆有关的结构（参见对比文件 2 译文第 2 页［0002］段），其所要解决的技术问题也是为了在内压上升而且温度上升时，能够进行排气（参见对比文件 2 译文第 1 页［目的］段）。其译文［0037］段对附图 1 进行了如下说明：封口板 12 向下方突出，同时，其头端向内侧方向形成弯曲的轮毂部 12a，这个轮毂部 12a 内圆，即对比文件 2 公开了圆形的情况。权利要求 2 与对比文件 2 的区别在于，对比文件 2 没有公开方形、正多边形、椭圆形及其简单变形的情况。合议组认为，在对比文件 2 已经公开了圆形的下凹横截面的情况下，即使下凹的横截面是方形或正多边形、椭圆形或其他简单变形，也不能因其形状的不同而产生预料不到的不同的技术效果，也就是说，无论下凹的横截面是何种形状，都不影响请求保护的电池导电端子接头所产生的技术效果。对比文件2同本专利属于相同的技术领域，所要解决的技术问题也相同，因此，对比文件2存在将上述区别技术特征应用到权利要求1请求保护的技术方案中的启示，且它们的结合不能产生预料不到的技术效果，权利要求2请求保护的技术方案相对于对比文件1结合对比文件2不具有实质性特点和进步，不符合专利法第二十二条第三款的规定，不具备创造性。

2. 权利要求3的创造性

权利要求3进一步限定了权利要求1中的绝缘件（4）由塑料或橡胶材料制成，通过压注等方法使绝缘材料包夹下凹（3）而成为一体化结构。对比文件1公开了如下内容：电绝缘衬垫4由合成树脂制造，由沥青吹制的混合物组成的密封剂敷层（对比文件1译文第5页第4～5行）；衬垫4由铸模和电池密封板用铸模一体而成（对比文件1译文第5页第4～5行）。可见，权利要求3与现有技术的区别仅在于现有技术中公开的衬垫4是由合成树脂制造，而权利要求3中的绝缘件是由塑料或橡胶材料制成。塑料和橡胶均是常见的“合成树脂”这一上位概念的下位概念，且权利要求3请求保护的技术方案不能由于其采用了塑料和橡胶而产生意想不到的技术效果。因此，权利要求3请求保护的技术方案不具有实质性特点和进步，不符合专利法第二十二条第三款的规定，不具备创造性。

3. 权利要求4的创造性

权利要求4进一步限定了权利要求1中的所述金属件（5）为一个凸T型铆钉，其钉的形状、大小与绝缘件（4）的开孔相适应，铆接使铆钉、绝缘件（4）、盖板（1）形成一种密封结构。对比文件5的说明书附图4、6、8分别是密封电极端子的三个实施例，附图3、5、7是这三个实施例的分解图，从其中可以明显看出使用了凸T型铆钉和凹T型铆钉的结合进行密封。对本领域的普通技术人员来讲，从上述附图中，为了简化结构而只采用凹T型铆钉或者只采用凸T型铆钉中的一种进行密封是容易想到的，也就是说本领域的普通技术人员可以从上述附图中获得使用凸T型铆钉的技术启示，并将凸T型铆钉应用到对比文件1的技术方案中，因此，权利要求4不具有实质性特点和进步，不符合专利法第二十二条第三款的规定，不具备创造性。

4. 权利要求5的创造性

权利要求5进一步限定了权利要求1中的金属件（5）为一个凹T型铆钉（5b）和一个凸T型铆钉（5a）组合而成，其中凹T型铆钉的形状、大小与绝缘件（4）的开孔相适应并嵌入开孔，凸T型铆钉嵌入凹T型铆钉并铆接以使铆钉、绝缘件（4）、盖板（1）形成一种密封结构。对比文件5译文第6页［0023］段中描述了附图3（分解图）和图4所示的电池端子，在电池外侧配有第1电池销2，在电池内侧配有第2电池销3。根据上述说明结合附图3和4可以清楚地得出凹T型和凸T型铆钉相互插接构成密封件的结构，可见，对比文件5已经公开了上述特征。对本领域的普通技术人员来讲，将对比文件5的结构应用到对比文件1的技术方案中，从而得到权利要求5请求保护的技术方案是容易想到的，因此，权利要求5不具有实质性特点和进步，不符合专利法第二十二条第三款的规定，不具备创造性。

5. 权利要求6的创造性

权利要求6进一步限定了权利要求5中的凹T型铆钉（5b）和凸T型铆钉（5a）为异质金属，其中凹T型铆钉（5b）为铝金属。对比文件5译文第5页第［0016］段中描述了在电池内侧装配第1电极销2适合采用铝、铝合金、或含有钛、钼等特殊的不锈钢特别是铝合铝合金，电气的特性，加工性的优越，廉价，也最适宜。另外在电池的外侧装配的第2电极销的材质是镍、镀镍铜、镀镍钢板为宜。根据上述说明可知，对比文件5中的凹T型铆钉和凸T型铆钉为异质金属，且形状为凹T型的电极销可以采用铝合金，即对比文件5已经公开了上述特征，因此，权利要求6请求保护的技术方案不具有实质性特点和进步，不符合专利法第二十二条第三款的规定，不具备创造性。

6. 权利要求8的创造性

权利要求8进一步限定了权利要求7中的所述金属件（5）为一个凸T型铆钉（5a），其钉的形状、大小与绝缘件（4）的开孔相适应，铆接使铆钉、绝缘件（4）、盖板（1）形成一种密封结构。对比文件5的说明书附图4、6、8分别是密封电极端子的三个实施例，附图3、5、7是这三个实施例的分解图，从其中可以明显看出使用了凸T型铆钉和凹T型铆钉的结合进行密封，对本领域的普通技术人员来讲，为了简化结构而只采用凹T型铆钉或者只采用凸T型铆钉中的一种进行密封是容易想到的，也就是说本领域的普通技术人员可以从上述附图中获得使用凸T型铆钉的技术启示，将凸T型铆钉应用到对比文件1的技术方案中，因此，权利要求8不具有实质性特点和进步，不符合专利法第二十二条第三款的规定，不具有创造性。

7. 权利要求9的创造性

权利要求9进一步限定了权利要求1中的金属件（5）为一个凹T型铆钉（5b）和一个凸T型铆钉（5a）组合而成，其中凹T型铆钉的形状、大小与绝缘件（4）的开孔相适应并嵌入开孔，凸T型铆钉嵌入凹T型铆钉并铆接以使铆钉、绝缘件（4）、盖板（1）形成一种密封结构。对比文件5译文第6页［0023］段中描述了附图3（分解图）和图4所示的电池端子，在电池外侧配有第1电池销2，在电池内侧配有第2电池销3。由上述说明结合参看附图3和4可以清楚地得出凹T型和凸T型铆钉相互插接构成密封件的结构，即对比文件5已经公开了上述特征，对本领域的普通技术人员来讲将该结构应用到对比文件1的技术方案中，从而得到权利要求9请求保护的技术方案是容易想到的，因此，权利要求9不具有实质性特点和进步，不符合专利法第二十二条第三款的规定，不具备创造性。

8. 权利要求10的创造性

权利要求10进一步限定了权利要求5中的凹T型铆钉（5b）和凸T型铆钉（5a）为异质金属，其中凹T型铆钉（5b）为铝金属。对比文件5译文第5页第［0016］段中描述了在电池内侧装配第1电极销2适合采用铝、铝合金、或含有钛、钼等特殊的不锈钢特别是铝合铝合金，电气的特性，加工性的优越，廉价，也最适宜。另外在电池的外侧装配的第2电极销的材质是镍、镀镍铜、镀镍钢板为宜。从上述说明可知，对比文件5中的凹T型铆钉和凸T型铆钉为异质金属，且形状为凹T型的电极销可以采用铝合金，即对比文件5已经公开了上述技术特征，因此，权利要求10请求保护的技术方案不具有实质性特点和进步，不符合专利法第二十二条第三款的规定，不具备创造性。

关于其他无效宣告理由

由于请求人有关本专利权利要求1~10不具备新颖性和创造性的无效理由全部成立，合议组不再对其他无效理由进行评述。

三、决定

宣告ZL01215571.3号实用新型全部专利权无效。

当事人对本决定不服的，可以根据专利法第四十六条第二款的规定，自收到本决定之日起三个月内向北京市第一中级人民法院起诉。根据该条款的规定，一方当事人起诉后，另一方当事人应当作为第三人参加诉讼。

北京市第一中级人民法院
行政判决书

（2006）一中行初字第 1220 号

原告深圳市比亚迪锂电池有限公司，住所地广东省深圳市龙岗区葵涌镇延安路比亚迪工业园 A2 栋第一层。

法定代表人李绍华，董事长。

委托代理人周建秋，男，北京润平知识产权代理有限公司专利代理人。

委托代理人朱业刚，男，深圳市比亚迪锂电池有限公司职工。

被告国家知识产权局专利复审委员会，住所地北京市海淀区北四环西路 9 号银谷大厦 10～12 层。

法定代表人廖涛，副主任。

委托代理人李韵美，女，国家知识产权局专利复审委员会第二申诉处审查员。

委托代理人杜微科，男，中华人民共和国国家知识产权局专利复审委员会行政诉讼处审查员。

第三人哈尔滨光宇电源股份有限公司，住所地黑龙江省哈尔滨市开发区迎宾路集中区太湖南路 8 号。

法定代表人李延平，董事长。

委托代理人张杰，男，北京三聚阳光知识产权代理有限公司专利代理人。

委托代理人陈红，女，北京三聚阳光知识产权代理有限公司专利代理人。

原告深圳市比亚迪锂电池有限公司不服专利无效宣告请求审查决定诉国家知识产权局专利复审委员会一案，本院受理后，依法组成合议庭，并通知无效请求人哈尔滨光宇电源股份有限公司作为本案第三人参加诉讼，于 2006 年 11 月 22 日公开开庭审理了本案。原告的委托代理人周建秋、朱业刚，被告的委托代理人李韵美、杜微科，第三人的委托代理人张杰、陈红到庭参加了诉讼。现本案已审理终结。

2005 年 12 月 21 日，被告针对第三人提出的宣告名称为“一种电池导电端子接头及其锂离子电池”的 ZL01215571. 3 号实用新型专利权（下称本专利）无效的请求，以本专利的授权公告文本为审查基础，认定权利要求 1、7 相对于对比文件 1（美国专利 US－6132900A 及译文，公开日为 2000 年 10 月 17 日）不具备新颖性，权利要求 2～6、8～10 相对于对比文件 1、对比文件 2（日本公开特许公报特开平 8－180849 及译文，公开日为 1996 年 7 月 12 日）、对比文件 5（日本公开特许公报特开平 7－235289 及译文，公开日为 1995 年 9 月 5 日）不具备创造性，依据《中华人民共和国专利法》（下称《专利法》）第二十二条第二款、第三款的规定，作出第 8469 号无效宣告请求审查决定（下称被诉决定），宣告本专利全部无效。其中关于审查基础和权利要求 1、7 不具备新颖性的主要理由如下：

一、关于审查基础

《中华人民共和国专利法实施细则》（下称《专利法细则》）第六十八条规定，在无效宣告请求的审查过程中，发明或者实用新型专利的专利权人可以修改其权利要求书，但是不得扩大原专利的保护范围。在 2001 年《审查指南》第四部分第三章 5. 4 无效宣告程序中专利文件的修改中明确规定：对发明或者实用新型专利文件的修改仅限于权利要求书，其原则包括“一般不得增加未包含在授权的权利要求书中的技术特征。修改权利要求书的具体方式一般是指权利要求的删除、合并和技术方案的删除。”

原告在权利要求1特征部分增加了“以开孔（2）为中心通过机械冲压而形成的垂直下凸”的技术特征；在对绝缘件（4）的限定中增加了“包夹下凸”的技术特征。上述增加的技术特征未记载在授权公告的权利要求书中，这种增加未包含在授权的权利要求书中的技术特征的修改是不允许的，因此，作出被诉决定的基础是本专利的授权公告文本。

二、关于权利要求1的新颖性

权利要求1请求保护一种电池导电端子接头，其特征在于所述接头包括一个设置于电池金属壳的密封盖板（1）上的开孔（2）、一个以开孔（2）为中心通过机械冲压而形成的下凹（3）、包夹下凹的绝缘件（4）、及在其中的开孔嵌入的金属件（5）。对比文件1公开的是薄型和棱柱型锂离子二次电池（参见对比文件1译文第4页最后一行至第5页第1行），与本专利属于相同的技术领域；如图1所示，一个由铝制成的密封板2配合在底部方形的电池槽1的开口上部周边（参见对比文件1译文第5页1~2行），相当于电池壳和密封盖板；电绝缘衬垫4由合成树脂制造，由沥青吹制的混合物组成的密封剂敷层（参见对比文件1译文第5页第4~5行），相当于绝缘件；镍或镀镍的钢铆钉5作为负极插入衬垫4（参见对比文件1译文第5~6行），镍或镀镍的钢铆钉是金属件的一种，是金属件的下位概念，并且从对比文件1的附图1中可以明显看出电绝缘衬垫4是将密封板2的下凹部分完全包围，与权利要求1中描述的绝缘件的包夹相同；冲压一个孔用来插入铆钉（参考对比文件1译文第12页第15~16行），可见对比文件1中用来插入铆钉的孔也是冲压形成的。因此，对比文件1已经公开了权利要求1的全部技术特征，并且对比文件1中的技术方案与权利要求1的技术方案所要解决的技术问题也相同，能够获得相同的技术效果。因此，权利要求1相对于对比文件1不具备新颖性。

三、关于权利要求7的新颖性

权利要求7请求保护一种具有如权利要求1所述接头的锂离子电池，还包括一端开口的电池金属壳、由金属壳与密封盖板（1）组成的电池容器中装有的由正极、隔膜、负极叠置组成的电芯、电解液，及电极端子，其特征在于所述接头包括一个设置于电池金属壳的密封盖板（1）上的开孔（2）、一个以开孔（2）为中心通过机械冲压而形成的下凹（3）、包夹下凹的绝缘件（4）、及在其中的开孔嵌入的金属件（5）。对比文件1公开的是薄型和棱柱型锂离子二次电池（参见对比文件1译文第4页最后一行至第5页第1行）；如图1所示，一个由铝制成的密封板2配合在底部方形的电池槽1的开口上部周边（参见对比文件1译文第5页1~2行），相当于一端开口的电池金属壳和密封盖板；对比文件1中的电池有极群负极和正极、隔板，电池槽装存极群非水电解液（对比文件1译文第4页3~4行），相当于本案权利要求1中的负极叠置组成的电芯、正极、隔膜、电解液；金属铆钉作为端子插入和固定在密封极中（对比文件1译文第4页第4行），相当于本案权利要求1中的电极端子；电绝缘衬垫4由合成树脂制造，由沥青吹制的混合物组成的密封剂敷层（参见对比文件1译文第5页第4~5行），相当于绝缘件；镍或镀镍的钢铆钉5作为负极插入衬垫4（参见对比文件1译文第5~6行），镍或镀镍的钢铆钉是金属件的一种，是金属件的下位概念，并且从对比文件1的附图1中可以明显看出电绝缘衬垫4是将密封板2的下凹部分完全包围，与权利要求1中描述的绝缘件的包夹相同；冲压一个孔用来插入铆钉（参考对比文件1译文第12页第15~16行），可见对比文件1中用来插入铆钉的孔也是冲压形成的。因此，对比文件1已经公开了权利要求7的全部技术特征，权利要求7相对于对比文件1不具备新颖性。

原告不服，诉称：一、关于审查基础。原告在无效程序中对权利要求书的修改（下称原告的修改），是将授权公告的权利要求1（下称原权利要求1）中的“一个以开孔（2）为中心通过机械冲压而形成的下凹（3）、包夹下凹的绝缘件（4）”修改为“一个以开孔（2）为中心通过机械冲压而形成的下凹（3）和垂直下凸、包夹下凹和下凸的绝缘件（4）”，是为了使原权利要求1中已有的特征“下凹（3）”更明确化。根据本专利说明书的明确记载和图2、3所示，这种通过机械冲压而形成的“下凹”结构实际上具有垂直下凹和垂直下凸的台阶形状，并非增加新的技术特征。故原告的修改并未扩大原权利要求的保护范围，既未违反《专利法细则》第六十八条的规定，也未违反《审查指南》第四部分第三章第5.4节规定的修改原则。被告不认可原告的修改而将授权公告文本作为审查基础，属于认定事实不清。

二、关于权利要求1、7的新颖性和创造性。本专利权利要求1的技术特征与对比文件1的最大区别在于本专利的密封盖板（1）是通过机械冲压而形成的垂直下凹和垂直外凸，对比文件1的内凹是倒椎形，二者的结构不同。本专利垂直筒状下凹、垂直柱状下凸与绝缘件（4）相结合，可有效地增强盖板的密封性。而对比文件1的倒椎形下凹结构，在金属件（5）受力的情形下，无法有效地解决绝缘衬垫（4）受力移动问题，明显不如本专利的密封性好。另外，本专利权利要求1是在开孔嵌入金属件，该金属件并不起夹住绝缘件（4）的作用，而对比文件1中嵌入中部通孔中的必须是凹T型铆钉，起着夹住绝缘衬垫（4）的作用，这一结构两者也是不相同的。本专利权利要求1与对比文件1相比具备新颖性和创造性。同理，权利要求7也具备新颖性和创造性。

三、关于权利要求2~6、8~10新颖性和创造性。在权利要求1、7具备新颖性和创造性的情况下，其余相应的从属权利要求也具备新颖性和创造性。

综上，被诉决定认定事实不清，请求法院判决撤销被诉决定。

被告辩称：一、关于原告提交的修改文本是否应当接受。《审查指南》第四部分第三章规定了无效宣告程序中专利文件的修改方式，原告没有采用该规定中的权利要求的删除、合并和技术方案的删除这三种修改方式中的任何一种，而是修改了权利要求的技术特征，增加了没有记载在原权利要求书中的技术特征，因此，该修改不符合《专利法细则》第六十八条的规定，不能被接受。

二、关于独立权利要求1和7的新颖性。原告强调本专利与对比文件1的区别在于权利要求1中盖板的下表面形成垂直外凸，而对比文件1中公开的形状是内凹的倒锥形。但权利要求1和7中均没有要求保护下表面形成“垂直”外凸，而在权利要求1和7中记载相应特征为形成“下凹”和包夹“下凹”；对比文件1的文字说明部分并未公开其技术方案中的盖板形状为“内凹的倒锥形”，参见对比文件1的附图1也可以明显看出，尽管在盖板向下延伸的过程中，在最上端部分有略厚于下部的情况，但从比例上看该略厚的部分所占比例很小，且仅仅是内侧部分略有突出，从附图标号为5的整体盖板结构上看，其仍然是形成下凹，与权利要求1中的特征的描述完全相同。权利要求1和7中均未记载该嵌入的金属件的作用，而仅仅公开了“在其开孔嵌入的金属件”这一结构上的特征，对比文件1中的开孔中也具有嵌入的金属件，可见对比文件1已经公开了该特征。

三、关于从属权利要求2~6、8~10的创造性。原告认为从属权利要求2~6、8~10具备创造性的理由是基于其相应的独立权利要求1、7符合新颖性、创造性的规定。被告坚持被诉决定中关于从属权利要求2~6、8~10不具备创造性的理由。

综上所述，被诉决定认定事实清楚，原告的诉讼请求无法律和事实依据，请求驳回原告的诉讼请求。

第三人陈述意见认为：被诉决定关于审查基础的认定完全符合《审查指南》的规定，在原告的修改不能被允许的前提下，权利要求1、7的全部技术特征已被对比文件1公开，因此不具有新颖性，其余权利要求相对于对比文件1、2、5不具有创造性。请求驳回原告的诉讼请求。

在法定期限内，被告向本院提供并当庭出示了本专利说明书、对比文件1、2，用以证明被诉决定合法。经庭审质证，原告、第三人对被告的证据不持异议。经审查本院认为，被告的证据与本案具有关联性且真实、合法，本院予以确认。

根据上述有效证据及当事人在庭审中无争议的陈述，本院认定事实如下：

本专利的申请日为2001年3月12日，授权公告日为2002年1月2日，专利权人为原告，授权公告的权利要求书中共有10项权利要求。其中权利要求1、7的内容如下：

“1. 一种电池导电端子接头，其特征在于所述接头包括一个设置于电池金属壳的密封盖板（1）上的开孔（2）、一个以开孔（2）为中心通过机械冲压而形成的下凹（3）、包夹下凹的绝缘件（4）、及在其中的开孔嵌入的金属件（5）。”

“7. 一种具有如权利要求1所述接头的锂离子电池，还包括一端开口的电池金属壳、由金属壳与密封盖板（1）组成的电池容器中装有的由正极、隔膜、负极叠置组成的电芯、电解液，及电极端子，其特征在于所述接头包括一个设置于电池金属壳的密封盖板（1）上的开孔（2）、一个以开孔（2）为中心通过机械冲压而形成的下凹（3）、包夹下凹的绝缘件（4）、及在其中的开孔嵌入的金属件（5）。”

针对上述专利权，第三人于2004年3月29日向被告提出无效宣告请求，理由是本专利不符合《专利法》第五条、第二十二条的规定，并提交了10份附件，其中附件1～9是图纸和订货合同的复印件，附件10是国家知识产权局专利信息中心2004年3月29日出具的检索报告复印件。同年4月28日，第三人提交了补充意见陈述书正文，同时提交了包括对比文件1、2、5在内的10份对比文件，主要认为本专利权利要求2、3中的“任一种”和“等”用语均属含义不清词语，不满足《专利法细则》第二十条第一款的规定；权利要求1～10相对于对比文件1～10不具备新颖性和创造性。

被告受理后，向当事人发出无效宣告请求受理通知书，进行文件转送、指定答复期限。原告于2004年7月9日提交了意见陈述书，主要内容如下：1. 第三人提出附件1～9为第三人的内部图纸资料及订货合同文件，不是对外公开的技术资料和文件，不能破坏本专利的新颖性和创造性，附件1～4的真实性也无法认定。附件10未注明是针对本专利作出的，因此无法确认其与本专利的关连性。2. 对比文件1～10相对于本案权利要求1～10，不能破坏其新颖性和创造性。独立权利要求中有两个重要的技术特征，一是“一个以开孔（2）为中心通过机械冲压而形成的下凹（3）”，二是“包夹下凹的绝缘件（4）”。上述两个特征相结合，使得绝缘件（4）中的开孔（2）在嵌入金属件后的密封完全能够满足最大耐压范围为5～20kg/cm^{2}要求，由于绝缘件（4）能从三维方向上与下凹和外凸件紧密贴合和箍住（就像盐水瓶的橡胶瓶盖一样），确保非水电解液无法从密封处渗漏。成为结构简单，又密封性好（能达到耐压要求）的导电端子接头。现有技术中未发现与其相同的技术，在第三人提出的无效请求提供的证据中，也没有与权利要求1相同的技术方案，不能破坏其新颖性，也不能破坏其创造性。3. 原告提交了修改的权利要求。原告将原权利要求1修改为“1. 一种电池导电端子接头，其特征在于所述接头包括一个设置于电池金属壳的密封盖板（1）上的开孔（2）、一个以开孔（2）为中心通过机械冲压而形成的下凹（3）和垂直下凸、包夹下凹和下凸的绝缘件（4）及在其中的开孔嵌入的金属件（5）。”

被告再次进行转文，并向双方发出口头审理通知书。2005年2月28日，第三人提交了补充意见，认为原告的修改增加了对技术特征的限定性词语，违反了《审查指南》中关于专利权人在被告指定的答复期限届满后修改权利要求书的规定。2005年3月30日，被告进行口头审理，原告及第三人均参加了口头审理。

在口头审理中，被告当庭告知原告修改的权利要求不符合《专利法》和《专利法细则》及《审查指南》的相关规定，并宣布口审以授权公告的权利要求书为基础；第三人当庭明确放弃使用附件

1～9，附件10仅供合议组参考使用；同时放弃本专利不符合《专利法》第五条规定的无效理由；原告对对比文件1～10的真实性没有异议，但认为对比文件1中的“drawing”应是“拉延”，对比文件6的部分译文排版错误，第三人当庭明确同意删除此部分内容；第三人明确其无效理由为：（1）本专利权利要求2中“任一种”、权利要求3中“等”措辞不清楚，不符合《专利法细则》第二十条第一款的规定，原告当庭明确表示将权利要求3中“等”删除；（2）本专利权利要求1、7相对于对比文件1不具备新颖性；（3）本专利权利要求2相对于对比文件1结合对比文件2～4中任意一篇没有创造性；权利要求3相对于对比文件1没有创造性；权利要求4相对于对比文件1结合对比文件5或6没有创造性；权利要求5、6、9、8、10相对于对比文件1结合对比文件5没有创造性；（4）对比文件7～10作为参考。

经审查，被告认定权利要求1、7不具备新颖性，权利要求2～6、8～10不具备创造性。同时被告认为由于第三人有关本专利权利要求1～10不具备新颖性和创造性的无效理由全部成立，故不再对其他无效理由进行评述。2005年12月21日，被告作出被诉决定，并于2006年6月28日向当事人邮寄送达。

原告不服，在法定期限内向本院提起行政诉讼。在庭审中，原告和第三人对被告的审查程序、被诉决定中“案由”部分记载的内容和对比文件1公开内容的认定均不持异议。此外，原告坚持本专利权利要求1、7中的“下凹”这一技术特征是包括上表面为垂直下凹和下表面为垂直下凸的结构，与对比文件1是倒锥形下凹结构不同，同时表示除此之外，对被告认定权利要求1、7中的其他特征已被对比文件1公开没有争议，在权利要求1、7不具备新颖性的前提下，认可被诉决定中关于权利要求2～6、8～10不具备创造性的认定。第三人对被告关于“由于本专利权利要求1～10不具备新颖性和创造性的无效理由全部成立，故不再对其他无效理由进行评述”的意见不持异议。

本院认为：

一、关于被告的审查程序。因原告及第三人对被告的审查程序不持异议，经书面审理，本院对被告审查程序的合法性予以确认。

二、关于审查基础。《专利法细则》第六十八条规定，在无效宣告请求的审查过程中，发明或者实用新型专利的专利权人可以修改其权利要求书，但是不得扩大原专利的保护范围。《审查指南》第四部分第三章第5.4节对无效宣告程序中专利文件的修改的原则和修改方式作了规定，其中原则之一是“一般不得增加未包含在授权的权利要求书中的技术特征”。修改方式一般是指权利要求的删除、合并和技术方案的删除。由于原告的修改是对原权利要求1中的特征“一个以开孔（2）为中心通过机械冲压而形成的下凹（3）”增加了“以开孔（2）为中心通过机械冲压而形成的垂直下凸”的技术特征，在对“绝缘件（4）”的限定中增加了“包夹下凸”的技术特征。这两个增加的技术特征未包含在授权公告的权利要求书中，不符合上述修改原则和方式。被告认为这种修改是不允许并以授权公告文本作为审查基础是正确的。

三、关于权利要求1、7的新颖性。根据原告的诉状和庭审中的陈述，原告主要认为被诉决定中认定对比文件1公开了本专利权利要求1、7中的“通过机械冲压而形成的下凹（3）”这一技术特征持有异议。原告认为，本专利权利要求1、7中的“下凹”是“通过机械冲压而形成的”，包括上表面垂直下凹和下表面垂直下凸。根据《专利法》第五十六条的规定，发明或者实用新型专利权的保护范围以其权利要求书的内容为准，说明书及附图可以用于解释权利要求。虽然本专利说明书附图中显示的“下凹（3）”的上面是垂直下凹，下面有垂直下凸，但该特征并未记载在权利要求1、7中。而在一般情况下，“通过机械冲压”形成的“下凹”的形状取决于冲压模具的形状，经过不同形状的冲压模具冲压形成的“下凹”形状是不同的，故由权利要求1中“通过机械冲压”这一描述也不必然唯一形成“垂直下凹”形状。而在对比文件1的附图1中明显可以看出密封板2有下凹，故被告认定对比文件1公开权利要求1、7中的“通过机械冲压而形成的下凹（3）”结果正确。而本专利权利要求1、7中的其余技术特征也已被对比文件1公开，被诉决定认定权利要求1、7不具备新颖性正确。

四、关于权利要求2～6、8～10的创造性。因原告在庭审中表示，在权利要求1、7不具备新颖性的前提下，其认可被诉决定中关于权利要求2～6、8～10不具备创造性的认定。经书面审查，本院对被诉决定中关于权利要求2～6、8～10不具备创造性的审查意见不持反对意见。

综上，原告请求撤销被诉决定的诉讼主张因缺乏事实及法律依据，本院不予支持。依照最高人民法院《关于执行〈中华人民共和国行政诉讼法〉若干问题的解释》第五十六条第（四）项，判决如下：

驳回原告深圳市比亚迪锂电池有限公司的诉讼请求。

案件受理费1000元，由原告深圳市比亚迪锂电池有限公司负担（已交纳）。

如不服本判决，可在判决书送达之日起15日内，向本院递交上诉状，并按对方当事人的人数提出副本，上诉于北京市高级人民法院。

审 判 长 饶亚东

代理审判员 张靛卿

人民陪审员 付勇军

二〇〇六年十二月七日

书 记 员 王 丽

054

建筑地面清灰机刨盘系统案

无效宣告请求审查决定（第8473号）

决　定　号 第8473号
决　定　日 2006年6月23日
发明创造名称 建筑地面清灰机刨盘系统
国际分类号 E01H 15/00
无效请求人 青岛泰晟达机电有限公司
专利权人 蔡尚喜
专　利　号 200420053137.5
申　请　日 2004年8月17日
授权公告日 2005年10月19日
合议组组长 温丽萍
主　审　员 张　华
参　审　员 郭健国

法律依据 专利法第二十二条第三款
决定要点

若一项实用新型专利与最接近的现有技术相比存在“区别技术特征”，该区别技术特征未在另一篇对比文件中公开，亦非“公知常识”，且现有技术没有给出任何结合的技术启示，则该实用新型专利所要保护的技术方案相对于现有技术具有实质性特点和进步，符合专利法第二十二条第三款规定的创造性。

一、案由

本无效宣告请求涉及国家知识产权局于2005年10月19日授权公告的200420053137.5号实用新型专利，名称为“建筑地面清灰机刨盘系统”，申请日为2004年8月17日，专利权人为蔡尚喜。该专利授权公告的权利要求书如下：

“1. 一种建筑地面清灰机刨盘系统，由前后两个工区构成，其特征在于：后工区的固定安装轴承座与前工区的固定安装轴承座，纵向不在同一条直线上，后工区的两个固定安装轴承座将后工区刨刀分成三段，其两个外段分别与前工区的固定安装轴承座纵向在同一条直线上。

2. 根据权利要求1所述的建筑地面清灰机刨盘系统，其特征在于：每个刨刀盘两面的外沿上安装有多个可拆卸凸出的刨刀。”

针对上述专利权，青岛泰晟达机电有限公司（下称请求人）于2005年12月23日向专利复审委员会提出无效宣告请求（案件编号5W07385），其理由是本专利不符合专利法第二十二条第二三款的规定，并提交了如下附件作为证据：

附件1：专利号为200420020918.4的实用新型专利说明书，申请日为2004年3月12日，授权公告日为2005年5月18日，专利权人为卢春祥；

附件2：专利号为03232432.4的实用新型专利说明书，申请日为2003年6月20日，授权公告日为2004年7月28日；

附件3：德国第3301460A1号专利说明书，公开日为1984年7月26日；

附件4：美国第4163329号专利说明书，公开日为1979年8月7日；

附件5：专利号为98244495.8实用新型专利说明书，授权公告日为1999年12月8日；

请求人的具体无效宣告请求的理由是：（1）附件1公开了权利要求1所述的全部技术特征，因此，权利要求1不具备专利法第二十二条第二款规定的新颖性；（2）附件2与附件3结合公开了权利要求1的全部技术特征，因此，权利要求1不具备专利法第二十二条第三款规定的创造性；（3）附件2与附件4结合公开了权利要求1的全部技术特征，因此，权利要求1不具备专利法第二十二条第三款规定的创造性；（4）附件2、附件3和附件5结合公开了权利要求2的全部技术特征，因此，权利要求2不具备专利法第二十二条第三款规定的创造性；（5）附件2、附件4和附件5结合公开了权利要求2的全部技术特征，因此，权利要求2不具备专利法第二十二条第三款规定的创造性。

经形式审查合格，专利复审委员会于2005年12月26日受理了上述请求，并于同日向双方当事人发出无效宣告请求受理通知书，将无效宣告请求书及其他有关文件的副本转送给被请求人，要求其在指定的期限内答复。

专利复审委员会于2006年1月24日收到请求人提交的附件3、4的中文译本，于2006年2月6日收到了被请求人提交的意见陈述书。被请求人的答辩意见主要如下：（1）附件1与本专利解决的技术问题不相同，且技术方案与独立权利要求1所要求保护的技术方案不同，因此，本专利权利要求1相对于附件1具备新颖性。（2）附件3和附件4为外文证据，且未提交中文译本，应视为未提交；且附件3和附件4与本专利不属于相同和相近技术领域，不能用来评价本专利的创造性；此外，附件2和附件3的结合、附件2和附件4的结合都未公开本专利权利要求1所要求保护技术方案的技术特征；因此，它们的结合不能否定本专利权利要求1的创造性。（3）同理，附件2、3、5的结合和附件2、4、5的结合也都能不影响本专利权利要求2的创造性。

2006年3月21日，专利复审委员会本案合议组向双方当事人发出口头审理通知书，定于2006年5月23日进行口头审理。并随口头审理通知书将复审委员会于2006年1月24日收到的意见陈述及其附件的副本转交给被请求人；将被请求人于2006年2月6日提交的意见陈述及其附件的副本转交给请求人。

针对请求人提交的中文译本，被请求人于2006年4月29日寄交了意见陈述书。被请求人的答辩意见主要如下：（1）附件3和附件4是二份外文证据，其中文译本的提交日期超过了审查指南规定的一个月的举证期限，因此，可以不予考虑，它们不能用来评价本专利的创造性；并再次具体陈述争议专利权利要求1~2相对于请求人提交的附件具备新颖性和创造性的理由。

口头审理如期进行，双方当事人参加了口头审理。合议组当庭向请求人转交了被请求人于2006年4月29日提交的答辩意见。在口头审理中，双方当事人对对方出庭人员的身份和资格无异议；对合议组成员没有回避请求。请求人当庭放弃了针对争议专利权利要求1不具备专利法第二十二条第二款规定的新颖性的无效理由，并放弃了对附件3和附件4及其中文译本的使用。同时，请求人当庭提出了新的证据组合方式，即：以附件2为最接近对比文件，将附件2和附件1结合，评价争议专利权利要求1的创造性；将附件2、附件1和附件5结合，评价争议专利权利要求2的创造性。被请求人对这种结合方式没有异议，并对附件1、附件2和附件5的真实性无异议。口审中，双方当事人均认可权利要求1的前序部分已经被对附件2所公开。同时，合议组告知双方当事人如有和解愿望应于口审后一周内告知专利复审委员会。口审后一周内专利复审委员会未收到双方有关和解的意见。

至此，合议组认为本案事实已经清楚，现依法作出审查决定。

二、决定的理由

1. 关于证据

附件2和附件5的公开日均在争议专利的申请日之前，且被请求人对附件2和附件5的真实性无异议，因此附件2和附件5可为本案的现有技术证据使用。

附件1的申请日在争议专利的申请日之前，公开日在争议专利的申请日之后，为他人向专利局提出的申请，因此其仅能评价争议专利的新颖性，在评价争议专利的创造性时不能使用。由于请求人放弃了新颖性的无效理由，故在本案评述权利要求1~2的创造性中附件1不能作为现有技术使用。

2. 关于专利法第二十二条第三款规定的创造性

专利法第二十二条第三款规定的创造性是指：是指同申请日以前已有的技术相比，该发明有突出的实质性特点和显著的进步，该实用新型有实质性特点和进步。

请求人认为权利要求1－2不符合专利法第二十二条第三款的规定，具体为：权利要求1与附件2和附件1相比，不具备创造性；权利要求2与附件2、附件1和附件5的结合相比，不具备创造性。

请求人认为：（1）附件2公开了一种清灰机，其技术领域、技术效果与争议专利接近，为争议专利的最接近现有技术。（2）附件2公开了争议专利权利要求1中“清灰机刨盘系统，由前后两个工区构成”的技术特征，附件1公开了争议专利权利要求1中“后工区的两个固定安装轴承座将后工区刨刀组分为三段”的技术特征。（3）虽然附件2未给出争议专利权利要求1中“后工区的固定安装轴承座与前工区的固定安装轴承，纵向不在同一条直线上”和“其两个外段分别与前工区的固定安装轴承座纵向在同一条直线上”的技术特征，但是，由于附件2是通过在后滚刀轮轴设置两个凸出的外段，以清除墙角的遗漏区，本领域普通技术人员阅读附件2后容易得到技术启示，并结合本领域的公知常识得到争议专利权利要求1所要求保护的技术方案。因此，权利要求1相对于附件1和附件2不具备创造性。（4）附件5的说明书第1页第14行和附图1描述的“动配合”的技术特征公开了权利要求2的附加技术特征，因此，在其引用的独立权利要求1不具备创造性的情况下，其从属权利要求2也不具备创造性。

被请求人认为：（1）附件2和5与本专利不属于相同的技术领域，不能用来评价争议专利。（2）附件2的发明目的是为了清除墙角的遗漏区，其与争议专利的发明目的不同；且附件2未公开权利要求1中“后工区的固定安装轴承座与前工区的固定安装轴承，纵向不在同一条直线上”和“其两个外段分别与前工区的固定安装轴承座纵向在同一条直线上”的技术特征。因此，附件2所述技术方案仍然未解决现有技术前后工区形成遗漏区的问题。（3）附件5中“动配合”技术特征与争议专利权利要求2的附加技术特征不相同。

合议组认为：（1）审查指南第四部分第六章2.2部分规定：对于实用新型而言，一般着重于考虑该实用新型所属的技术领域，同时考虑其类似、相近或相关的技术领域。附件2和5属于与争议专利的相关技术领域的对比文件，可以考虑作为对比文件评价争议专利的创造性。附件1不能用来评价争议专利的创造性。（2）附件2涉及一种地面清灰机，其目的是为了提供一种效率高、清灰彻底、使用寿命长、维修方便的地面清灰机。根据说明书实施例部分描述和附图2所示，其具有前后两组滚动轮组件（该两组滚动轮组件即相当于权利要求1中的前后两个工区），且双方当事人均认可附件2已经公开了权利要求1的前序部分的特征。由此可见，附件2未公开争议专利权利要求1中“后工区的固定安装轴承座与前工区的固定安装轴承，纵向不在同一条直线上”和“其两个外段分别与前工区的固定安装轴承座纵向在同一条直线上”的技术特征。并且，附件2由前后两个工区构成的目的与争议专利的发明目的不同，并非为了解决清除前后工区形成的遗漏区，附件2所公开的技术方案仍然存在现有技术中无法清除前后工区形成的遗漏区这一缺陷。本领域技术人员阅读附件2后，不能轻易想到将后排滚刀轮轴承座与前排滚刀轮轴承座错位，使其不在一条直线上，从而解决前后工区遗漏区的问题。也就是说，对比文件的发明目的、技术方案、技术效果与争议专利均不相同，因此，可以认为附件2未给出任何技术启示，使得本领域技术人员能够得到争议专利权利要求1所要求保护的技术方案。因此，争议专利权利要求1所要求保护的技术方案相对于附件2具有实质性特点和进步，符合专利法第二十二条第三款规定的创造性。（3）附件5公开了一种城市路面破冰机，其未公开权利要求2引用部分的技术特征，并且附件5的发明目的不涉及“遗漏区”的问题，附件5与争议专利权利要求2的发明目的、技术方案、技术效果均不相同，因此，可以认为现有技术未给出任何技术启示，使得本领域技术人员将附件2和附件5结合，以得到争议专利权利要求2所要求保护的技术方案。因此，争议专利权利要求2所要求保护的技术方案相对于附件2和附件5具有实质性特点和进步，符合专利法第二十二条第三款规定的创造性。

三、决定

维持200420053137.5号实用新型专利权有效。

当事人对本决定不服的，可以根据专利法第四十六条第二款的规定，自收到本决定之日起三个月内向北京市第一中级人民法院起诉。根据该款的规定，一方当事人起诉后，另一方当事人应当作为第三人参加诉讼。

北京市第一中级人民法院
行政判决书

（2006）一中行初字第1212号

原告青岛泰晟达机电有限公司，住所地山东省即墨市经济开发区辛戈庄工业园。

法定代表人刘磊，经理。

委托代理人刘守宪，男，青岛泰晟达机电有限公司法律顾问。

委托代理人刘振方，男，青岛泰晟达机电有限公司职员。

被告国家知识产权局专利复审委员会，住所地北京市海淀区北四环西路9号银谷大厦10～12层。

法定代表人廖涛，副主任。

委托代理人张华，男，国家知识产权局专利复审委员会审查员。

委托代理人徐洁玲，女，国家知识产权局专利复审委员会审查员。

第三人蔡尚喜，男，52岁，汉族，农民，住山东省即墨市通济街道办事处西北关村477号。

委托代理人姜福海，山东文鼎律师事务所律师。

原告青岛泰晟达机电有限公司不服被告国家知识产权局专利复审委员会作出的第8473号无效宣告请求审查决定（下称被诉决定），向本院提起行政诉讼。本院受理后，依法组成合议庭，并依法通知与本案被诉决定存在法律上利害关系的蔡尚喜作为本案第三人参加诉讼。2006年11月13日，本院依法公开开庭审理了本案，原告的委托代理人刘守宪，被告的委托代理人张华、徐洁玲及第三人蔡尚喜的委托代理人姜福海到庭参加了诉讼。本案现已审理终结。

被告根据原告的无效请求，针对专利权人为第三人、申请日为2004年8月17日、授权公告日为2005年10月19日、名称为“建筑地面清灰机刨盘系统”的200420053137.5号实用新型专利（下称本专利），认定：本专利权利要求1相对于附件2（即：专利号为03232432.4的实用新型专利说明书，申请日为2003年6月20日，授权公告日为2004年7月28日。以下简称附件2）具有创造性；本专利权利要求2相对于附件2与附件5（即：专利号为98244495.8实用新型专利说明书，授权公告日为1999年12月8日。以下简称附件5）的结合具有创造性。故，被告于2006年6月23日作出被诉决定：维持本专利权有效。

原告诉称：被诉决定认定事实不清。首先，附件2涉及一种地面清灰机，其目的是为了提供一种效率高、清灰彻底、使用寿命长、维修方便的地面清灰机。根据附件2说明书实施例部分描述和附图2所述，其已充分公开本专利的权利要求1的前序部分技术特征。本专利的权利要求1中“后工区的固定安装轴承座与前工区的固定安装轴承座，纵向不在同一条直线上，后工区的两个固定安装轴承座将后工区刨刀分为三段，其两个外段分别与前工区的固定安装轴承座纵向在同一条直线上”技术特征虽然未在附件2中描述，但根据本领域的经验和常识，把后工区或前工区的固定安装轴承座设计在刨刀组中间，不需创造性的劳动即可得到本专利权利要求1的技术方案。故，本专利权利要求1不具备创造性。其次，附件5的说明书第1页第14行和附图1描述的“动配合”的技术特征，已给本领域的技术人员提供了技术启示，本领域技术人员无需创造性劳动即可在附件2的基础上形成本专利的权利要求2的技术方案。本专利的权利要求2的发明目的是便于更换刨刀，而附件5中公开的破冰刀“动配合”也是为了更换破冰刀，其目的一样，技术方案和技术效果也一样。故本专利权利要求2也不具有创造性。综上，请求法院撤销被诉决定。

被告辩称：被诉决定认定事实清楚、适用法律正确、审查程序合法，坚持被诉决定中关于本专利权利要求1、2创造性的判断；原告的诉讼请求缺乏事实及法律依据。综上，请求法院维持被诉决定，驳回原告的诉讼请求。

第三人未向本院提交书面意见，诉讼中表示同意被诉决定，请求法院维持被诉决定。

在法定期限内，被告为证明被诉决定合法，向本院提交了以下证据：附件2、附件5及口头审理记录表。

原告与第三人未向本院提交证据。

经庭审质证，原告与第三人对于被告证据的关联性、真实性、合法性均无异议，但原告认为上述证据不能证明被诉决定合法。

本院经审查认为，被告的证据均与本案具有关联性，且真实、合法，本院均予确认。

根据上述有效证据及各方当事人无争议的陈述，本院认定事实如下：

本专利权利要求如下：

“1. 一种建筑地面清灰机刨盘系统，由前后两个工区构成，其特征在于：后工区的固定安装轴承座与前工区的固定安装轴承座，纵向不在同一条直线上，后工区的两个固定安装轴承座将后工区刨刀分成三段，其两个外段分别与前工区的固定安装轴承座纵向在同一条直线上。

2. 根据权利要求1所述的建筑地面清灰机刨盘系统，其特征在于：每个刨刀盘两面的外沿上安装有多个可拆卸凸出的刨刀。”

针对本专利权，原告于2005年12月23日向被告提出无效宣告请求，其理由是本专利不符合《中华人民共和国专利法》（下称《专利法》）第二十二条第二款、第三款的规定，并提交了包括附件2、附件5在内的5份证据，并详细陈述了其无效理由。

经形式审查合格，被告受理了该无效请求。后，被告将原告与第三人提交的材料，依法进行了转文，其中包括原告提交的附件3、附件4的中文译文及第三人对该译文发表的意见。

2006年5月23日，原告与第三人参加了被告举行的口头审理。被告当庭向原告转交了第三人于2006年4月29日提交的答辩意见。在口头审理中，原告与第三人对对方出庭人员的身份和资格无异议；对被告合议组成员没有回避请求。原告当庭放弃了针对本专利权利要求1不具备《专利法》第二十二条第二款规定的新颖性的无效理由，并放弃了对附件3和附件4及其中文译本的使用。同时，原告当庭提出了新的证据组合方式，即：以附件2为最接近对比文件，将附件2和附件1（即：专利号为200420020918.4的实用新型专利说明书，申请日为2004年3月12日，授权公告日为2005年5月18日，专利权人为卢春祥。以下简称附件1）结合，评价本专利权利要求1的创造性；将附件2、附件1和附件5结合，评价本专利权利要求2的创造性。第三人对这种结合方式无异议，并对附件1、附件2和附件5的真实性无异议。口头审理中，原告与第三人均认可本专利权利要求1的前序部分已经被附件2所公开。同时，被告告知原告与第三人如有和解愿望应于口审后一周内告知被告。口审后一周内被告未收到原告与第三人有关和解的意见。

基于上述事实，被告作出被诉决定，主要理由如下：

1. 关于证据

附件2和附件5的公开日均在本专利的申请日之前，且第三人对附件2和附件5的真实性无异议，因此附件2和附件5可作为本案的现有技术证据使用。

附件1的申请日在本专利的申请日之前，公开日在本专利的申请日之后，为他人向专利局提出的申请，因此其仅能评价本专利的新颖性，在评价本专利的创造性时不能使用。由于原告放弃了新颖性的无效理由，故在本案评述权利要求1~2的创造性中附件1不能作为现有技术使用。

2. 关于《专利法》第二十二条第三款规定的创造性

《审查指南》第四部分第六章2.2部分规定：对于实用新型而言，一般着重于考虑该实用新型所属的技术领域，同时考虑其类似、相近或相关的技术领域。附件2和5属于与本专利的相关技术领域的对比文件，可以考虑作为对比文件评价本专利的创造性。附件1不能用来评价本专利的创造性。

附件2涉及一种地面清灰机，其目的是为了提供一种效率高、清灰彻底、使用寿命长、维修方便的地面清灰机。根据说明书实施例部分描述和附图2所示，其具有前后两组滚动轮组件（该两组滚动轮组件即相当于权利要求1中的前后两个工区），且原告与第三人均认可附件2已经公开了权利要求1的前序部分的特征。由此可见，附件2未公开本专利权利要求1中“后工区的固定安装轴承座与前工区的固定安装轴承座，纵向不在同一条直线上”和“其两个外段分别与前工区的固定安装轴承座纵向在同一条直线上”的技术特征。并且，附件2由前后两个工区构成的目的与本专利的发明目的不同，并非为了解决清除前后工区形成的遗漏区，附件2所公开的技术方案仍然存在现有技术中无法清除前后工区形成的遗漏区这一缺陷。本领域技术人员阅读附件2后，不能轻易想到将后排滚刀轮轴承座与前排滚刀轮轴承座错位，使其不在一条直线上，从而解决前后工区遗漏区的问题。也就是说，对比文件的发明目的、技术方案、技术效果与本专利均不相同，因此，可以认为附件2未给出任何技术启示，使得本领域技术人员能够得到本专利权利要求1所要求保护的技术方案。因此，本专利权利要求1所要求保护的技术方案相对于附件2具有实质性特点和进步，符合《专利法》第二十二条第三款规定的创造性。

附件5公开了一种城市路面破冰机，其未公开权利要求2引用部分的技术特征，并且附件5的发明目的不涉及“遗漏区”的问题，附件5与本专利权利要求2的发明目的、技术方案、技术效果均不相同，因此，可以认为现有技术未给出任何技术启示，使得本领域技术人员将附件 2 和附件 5 结合，以得到本专利权利要求 2 所要求保护的技术方案。因此，本专利权利要求 2 所要求保护的技术方案相对于附件 2 和附件 5 具有实质性特点和进步，符合《专利法》第二十二条第三款规定的创造性。

原告不服，在法定期限内向本院提起行政诉讼。在庭审过程中，原告与第三人明确表示对于下列内容无异议：被告的行政程序；被诉决定“案由”部分的内容；被诉决定关于对比文件的确定；被诉决定关于本专利与对比文件各自特征的描述。

本院认为：对于被诉决定中原告与第三人不持异议的内容，本院经书面审查，对其合法性予以确认。在此基础上，本院将针对被诉决定对本专利权利要求 1、2 创造性评价的合法性进行审查。

首先，关于本专利权利要求 1 的创造性问题。附件 2 涉及一种地面清灰机，其目的是为了提供一种效率高、清灰彻底、使用寿命长、维修方便的地面清灰机。根据其说明书实施例部分描述和附图 2 所示的内容可知，其具有前后两组滚动轮组件（该两组滚动轮组件即相当于权利要求 1 中的前后两个工区），且原告与第三人均认可附件 2 已经公开了权利要求 1 的前序部分的特征。由此可见，附件 2 未公开本专利权利要求 1 中“后工区的固定安装轴承座与前工区的固定安装轴承座，纵向不在同一条直线上”和“其两个外段分别与前工区的固定安装轴承座纵向在同一条直线上”的技术特征。并且，附件 2 由前后两个工区构成的目的与本专利的发明目的不同，并非为了解决清除前后工区形成的遗漏区，附件 2 所公开的技术方案仍然存在现有技术中无法清除前后工区形成的遗漏区这一缺陷。本领域技术人员阅读附件 2 后，不能轻易想到将后排滚刀轮轴承座与前排滚刀轮轴承座错位，使其不在一条直线上，从而解决前后工区遗漏区的问题。也就是说，对比文件的发明目的、技术方案、技术效果与本专利均不相同。因此，被告认为附件 2 未给出任何技术启示，使得本领域技术人员能够得到本专利权利要求 1 所要求保护的技术方案，本专利权利要求 1 所要求保护的技术方案相对于附件 2 具有实质性特点和进步，符合《专利法》第二十二条第三款规定的创造性，是正确的。原告认为根据本领域的经验和常识，把后工区或前工区的固定安装轴承座设计在刨刀组中间，不需创造性的劳动即可得到本专利权利要求 1 的技术方案，缺乏证据支持。

其次，关于本专利权利要求 2 的创造性的问题。附件 5 公开了一种城市路面破冰机，其未公开权利要求 2 引用部分的技术特征，并且附件 5 的发明目的不涉及“遗漏区”的问题，附件 5 与本专利权利要求 2 的发明目的、技术方案、技术效果均不相同。因此，被告认为现有技术未给出任何技术启示，使得本领域技术人员将附件 2 和附件 5 结合，以得到本专利权利要求 2 所要求保护的技术方案，本专利权利要求 2 所要求保护的技术方案相对于附件 2 和附件 5 具有实质性特点和进步，也符合《专利法》第二十二条第三款规定的创造性，亦是正确的。原告认为本专利的权利要求 2 的发明目的是便于更换刨刀，而附件 5 中公开的破冰刀“动配合”也是为了更换破冰刀，因此二者目的一样，技术方案和技术效果也一样，亦缺乏相应证据支持。

故，被诉决定认定事实清楚，适用法律正确，审查程序合法，本院应予维持。原告的诉讼请求缺乏事实依据，本院不予支持。

综上，依照《中华人民共和国行政诉讼法》第五十四条第（一）项，判决如下：

维持国家知识产权局专利复审委员会于二〇〇六年六月二十三日作出的第 8473 号无效宣告请求审查决定。

一审案件受理费 1000 元，由原告青岛泰晟达机电有限公司负担（已交纳）。

如不服本判决，各方当事人可在判决书送达之日起 15 日内，向本院递交上诉状，并按对方当事人人数提出副本，上诉于北京市高级人民法院。上诉人在接到人民法院预交上诉费用的通知后 7 日内未预交，又不提出缓交申请的，按自动撤回上诉处理。

审　判　长　饶亚东
代理审判员　司品华
人民陪审员　张燕宾
二〇〇六年十一月二十一日
书　记　员　蒋利玮

北京市高级人民法院
行政判决书

（2007）高行终字第157号

上诉人（一审原告）青岛泰晟达机电有限公司，住所地山东省即墨市经济开发区辛戈庄工业园。

法定代表人刘磊，经理。

委托代理人刘守宪，男，39岁，北京三聚阳光知识产权有限公司职工，身份证住址山东省沂南县人民路22号4号楼1单元402室。

被上诉人（一审被告）国家知识产权局专利复审委员会，住所地北京市海淀区北四环西路9号银谷大厦10～12层。

法定代表人廖涛，副主任。

委托代理人张华，国家知识产权局专利复审委员会审查员。

委托代理人郭鹏鹏，国家知识产权局专利复审委员会审查员。

被上诉人（一审第三人）蔡尚喜，男，52岁，汉族，农民，住山东省即墨市通济街道办事处西北关村477号。

委托代理人姜福海，山东文鼎律师事务所律师。

上诉人青岛泰晟达机电有限公司（下称泰晟达公司）因专利行政决定一案，不服北京市第一中级人民法院（2006）一中行初字第1212号行政判决，向本院提起上诉。本院依法组成合议庭，公开开庭审理了本案。上诉人泰晟达公司的委托代理人刘守宪，被上诉人国家知识产权局专利复审委员会（下称专利复审委员会）的委托代理人张华、郭鹏鹏，被上诉人蔡尚喜的委托代理人姜福海出庭参加了诉讼。本案现已审理终结。

2006年6月23日，专利复审委员会以名称为“建筑地面清灰机刨盘系统”的200420053137.5号实用新型专利（下称本专利）的权利要求1相对于附件2（03232432.4号实用新型专利说明书）具有创造性；本专利权利要求2相对于附件2与附件5（98244495.8号实用新型专利说明书）的结合具有创造性为由，依照《中华人民共和国专利法》（下称《专利法》）第二十三条第三款的规定，作出第8473号无效宣告请求审查决定，维持本专利有效。泰晟达公司不服该决定，向北京市第一中级人民法院提起行政诉讼。

北京市第一中级人民法院判决认为，第8473号无效宣告请求审查决定中，泰晟达公司与蔡尚喜不持异议的内容，经书面审查，对其合法性予以确认。在此基础上，针对第8473号无效宣告请求审查决定对本专利权利要求1、2创造性评价的合法性进行审查。

首先，关于本专利权利要求1的创造性问题。附件2涉及一种地面清灰机，其目的是为了提供一种效率高、清灰彻底、使用寿命长、维修方便的地面清灰机。根据其说明书实施例部分描述和附图2所示的内容可知，其具有前后两组滚动轮组件（该两组滚动轮组件即相当于权利要求1中的前后两个工区），且泰晟达公司与蔡尚喜均认可附件2已经公开了权利要求1的前序部分的特征。由此可见，附件2未公开本专利权利要求1中“后工区的固定安装轴承座与前工区的固定安装轴承座，纵向不在同一条直线上”和“其两个外段分别与前工区的固定安装轴承座纵向在同一条直线上”的技术特征。并且，附件2由前后两个工区构成的目的与本专利的发明目的不同，并非为了解决清除前后工区形成的遗漏区，附件2所公开的技术方案仍然存在现有技术中无法清除前后工区形成的遗漏区这一缺陷。本领域技术人员阅读附件2后，不能轻易想到将后排滚刀轮轴承座与前排滚刀轮轴承座错位，使其不在一条直线上，从而解决前后工区遗漏区的问题。也就是说，附件2的发明目的、技术方案、技术效果与本专利均不相同。因此，专利复审委员会认为附件2未给出任何技术启示，使得本领域技术人员能够得到本专利权利要求1所要求保护的技术方案，本专利权利要求1所要求保护的技术方案相对于附件2具有实质性特点和进步，符合《专利法》第二十二条第三款规定的创造性，是正确的。泰晟达公司认为根据本领域的经验和常识，把后工区或前工区的固定安装轴承座设计在刨刀组中间，不需创造性的劳动即可得到本专利权利要求1的技术方案，缺乏证据支持。

其次，关于本专利权利要求2的创造性的问题。附件5公开了一种城市路面破冰机，其未公开权利要求2引用部分的技术特征，并且附件5的发明目的不涉及“遗漏区”的问题，附件5与本专利权利要求2的发明目的、技术方案、技术效果均不相同。因此，专利复审委员会认为现有技术未给出任何技术启示，使得本领域技术人员将附件2和附件5结合，以得到本专利权利要求2所要求保护的技术方案，本专利权利要求2所要求保护的技术方案相对于附件2和附件5具有实质性特点和进步，也符合《专利法》第二十二条第三款规定的创造性，亦是正确的。泰晟达公司认为本专利的权利要求2的发明目的是便于更换刨刀，而附件5中公开的破冰刀“动配合”也是为了更换破冰刀，因此二者目的一样，技术方案和技术效果也一样，亦缺乏相应证据支持。

第8473号无效宣告请求审查决定认定事实清楚，适用法律正确，审查程序合法。泰晟达公司的诉讼请求缺乏事实依据。综上，依照《中华人民共和国行政诉讼法》第五十四条第（一）项，判决维持第8473号无效宣告请求审查决定。

泰晟达公司不服一审法院判决，向本院提起上诉。上诉人泰晟达公司认为，1. 本专利权利要求1不具备创造性。附件2涉及一种地面清灰机，其目的是为了提供一种效率高、清灰彻底、使用寿命长、维修方便的地面清灰机。根据附件2说明书实施例部分描述和附图2所述，其已充分公开本专利权利要求1的前序部分技术特征。本专利权利要求1中“后工区的固定安装轴承座与前工区的固定安装轴承座，纵向不在同一条直线上，后工区的两个固定安装轴承座将后工区刨刀分为三段，其两个外段分别与前工区的固定安装轴承座纵向在同一条直线上”技术特征虽然未在附件2中描述，但根据本领域技术人员的经验和常识，把后工区或前工区的固定安装轴承座设计在刨刀组中间，不需创造性的劳动即可得到本专利权利要求1的技术方案。本专利权利要求1的技术方案对本领域的技术人员来说是显而易见的。2. 本专利权利要求2也不具备创造性。附件5的说明书第1页第14行和附图1描述的“动配合”的技术特征，已给本领域的技术人员提供了技术启示，本领域技术人员无需创造性劳动即可在附件2的基础上形成本专利权利要求2的技术方案。本专利权利要求2的发明目的是便于更换刨刀，而附件5中公开的破冰刀“动配合”也是为了更换破冰刀，其目的一样，技术方案和技术效果也一样。故一审判决认定事实错误，请求撤销一审判决发回重审，或依法改判。

被上诉人专利复审委员会答辩认为，第8473号无效宣告请求审查决定对本专利权利要求1、2相对于附件2和附件5具有创造性进行了全面的分析和认定，该决定认定事实清楚、适用法律正确、审查程序合法。泰晟达公司的诉讼请求缺乏事实及法律依据，请求驳回泰晟达公司的诉讼请求，维持无效宣告请求审查决定。

被上诉人蔡尚喜答辩认为，其同意专利复审委员会关于本专利权利要求1、2具备创造性的认定，并对本专利权利要求2相对于附件5具备创造性补充说明如下：1. 本专利的刀头与刀盘在工作中是相对静止的，而且要保证是相对静止的，否则无法工作；而附件5的破冰刀与刀盘在工作中是相对运动的，而且要保证这种相对运动，否则地面就要被破坏。2. 本专利采用了拆卸的结构，目的是为了能够更换；而附件5采用了可拆卸的结构，是为了保证工作中相对运动。本专利没有从附件5中得到任何启示。泰晟达公司的上诉理由不能成立，请求法院依法裁判。

经审理查明：本专利系名称为"建筑地面清灰机刨盘系统"的200420053137.5号实用新型专利，其申请日为2004年8月17日，授权公告日为2005年10月19日，专利权人为蔡尚喜。本专利授权公告的权利要求如下：

"1. 一种建筑地面清灰机刨盘系统，由前后两个工区构成，其特征在于：后工区的固定安装轴承座与前工区的固定安装轴承座，纵向不在同一条直线上，后工区的两个固定安装轴承座将后工区刨刀分成三段，其两个外段分别与前工区的固定安装轴承座纵向在同一条直线上。

2. 根据权利要求1所述的建筑地面清灰机刨盘系统，其特征在于：每个刨刀盘两面的外沿上安装有多个可拆卸凸出的刨刀。"

本专利的发明目的是为解决目前地面清灰机前后工区固定安装轴承座纵向是在同一条直线上，形成遗漏区，需多次反复加工的技术问题，提供了一种前后工区固定安装轴承座纵向不在同一条直线上的地面清灰机刨盘系统。

针对本专利，泰晟达公司于2005年12月23日向专利复审委员会提出无效宣告请求，理由是本专利不符合《专利法》第二十二条第二、三款的规定，并详细陈述了其无效理由。同时，泰晟达公司提交了5份附件作为证据，其中：

附件1：专利号为200420020918.4的实用新型专利说明书，申请日为2004年3月12日，授权公告日为2005年5月18日，专利权人为卢春祥。

附件2：专利号为03232432.4的实用新型专利说明书，申请日为2003年6月20日，授权公告日为2004年7月28日。附件2涉及一种地面清灰机，其目的是为了提供一种效率高、清灰彻底、使用寿命长、维修方便的地面清灰机。根据说明书实施例部分描述和附图2所示，其具有前后两组滚动轮组件，且前后两组滚动轮组件纵向排列在同一直线上。

附件5：专利号为98244495.8实用新型专利说明书，授权公告日为1999年12月8日。附件5公开了一种城市路面破冰机，其发明目的在于解决北方城市冬季人工铁铲破冰的落后现状，提供一种方便实用的城市路面破冰机械。

经形式审查合格，专利复审委员会受理后依法进行了转文，并于2006年5月23日举行了口头审理。口头审理中，泰晟达公司当庭放弃了针对本专利权利要求1不具备《专利法》第二十二条第二款规定的新颖性的无效理由，并放弃了对附件3和附件4及其中文译本的使用。同时，泰晟达公司当庭放弃了关于本专利权利要求1不具备《专利法》第二十二条第二款规定的新颖性的无效理由，并放弃了对附件3和附件4及其中文译本的使用，同时，提出了新的证据组合方式，即：以附件2为最接近对比文件，将附件2和附件1结合，评价本专利权利要求1的创造性；将附件2、附件1和附件5结合，评价本专利权利要求2的创造性。蔡尚喜对这种结合方式无异议，并对附件1、附件2和附件5的真实性无异议。口头审理中，泰晟达公司与蔡尚喜均认可本专利权利要求1的前序部分已经被附件2所公开。

在此基础上，专利复审委员会经审查认为：

1. 关于证据

附件2和附件5的公开日均在本专利的申请日之前，可作为本案的现有技术证据使用。

附件1的申请日在本专利的申请日之前，公开日在本专利的申请日之后，为他人向专利局提出的申请，因此其仅能评价本专利的新颖性，在评价本专利的创造性时不能使用。由于泰晟达公司放弃了新颖性的无效理由，故在本案评述权利要求1~2的创造性中附件1不能作为现有技术使用。

2. 关于《专利法》第二十二条第三款规定的创造性

《审查指南》第四部分第六章2.2部分规定：对于实用新型而言，一般着重于考虑该实用新型所属的技术领域，同时考虑其类似、相近或相关的技术领域。附件2和5属于与本专利的相关技术领域的对比文件，可以考虑作为对比文件评价本专利的创造性。附件1不能用来评价本专利的创造性。

附件2涉及一种地面清灰机，其目的是为了提供一种效率高、清灰彻底、使用寿命长、维修方便的地面清灰机。根据说明书实施例部分描述和附图2所示，其具有前后两组滚动轮组件（该两组滚动轮组件即相当于权利要求1中的前后两个工区），且泰晟达公司与蔡尚喜均认可附件2已经公开了权利要求1的前序部分的特征。由此可见，附件2未公开本专利权利要求1中“后工区的固定安装轴承座与前工区的固定安装轴承座，纵向不在同一条直线上”和“其两个外段分别与前工区的固定安装轴承座纵向在同一条直线上”的技术特征。并且，附件2由前后两个工区构成的目的与本专利的发明目的不同，并非为了解决清除前后工区形成的遗漏区，附件2所公开的技术方案仍然存在现有技术中无法清除前后工区形成的遗漏区这一缺陷。本领域技术人员阅读附件2后，不能轻易想到将后排滚刀轮轴承座与前排滚刀轮轴承座错位，使其不在一条直线上，从而解决前后工区遗漏区的问题。也就是说，对比文件的发明目的、技术方案、技术效果与本专利均不相同，因此，可以认为附件2未给出任何技术启示，使得本领域技术人员能够得到本专利权利要求1所要求保护的技术方案。因此，本专利权利要求1所要求保护的技术方案相对于附件2具有实质性特点和进步，符合《专利法》第二十二条第三款规定的创造性。

附件5公开了一种城市路面破冰机，其未公开权利要求2引用部分的技术特征，并且附件5的发明目的不涉及“遗漏区”的问题，附件5与本专利权利要求2的发明目的、技术方案、技术效果均不相同，因此，可以认为现有技术未给出任何技术启示，使得本领域技术人员将附件2和附件5结合，以得到本专利权利要求2所要求保护的技术方案。因此，本专利权利要求2所要求保护的技术方案相对于附件2和附件5具有实质性特点和进步，符合《专利法》第二十二条第三款规定的创造性。

2006年6月23日，专利复审委员会根据上述理由，依照《专利法》第二十三条第三款的规定，作出第8473号无效宣告请求审查决定，维持本专利有效。

泰晟达公司不服，向北京市第一中级人民法院提起行政诉讼。

一审法院审理期间，专利复审委员会为证明其行为的合法性提交了下列证据：附件2、附件5及口头审理记录表。泰晟达公司与蔡尚喜未提交证据。

上述证据均随案移送本院，经本院审查核实，一审法院关于专利复审委员会提交的证据与本案具有关联性，且真实、合法的认证意见正确，本院予以确认。

本院认为，附件2和附件5属于与本专利相关的技术领域，其公开日均在本专利的申请日之前，可作为本案的现有技术证据使用。附件1的申请日在本专利的申请日之前，公开日在本专利的申请日之后，不能作为现有技术用以评价本专利的创造性。专利复审委员会关于证据的上述认定符合法律规定。

关于本专利的创造性，专利复审委员会经审查认为，附件 2 与本权利要求 1 相比存在两个区别技术特征：附件 2 不具有本专利权利要求 1 中“后工区的固定安装轴承座与前工区的固定安装轴承座，纵向不在同一条直线上”和“其两个外段分别与前工区的固定安装轴承座纵向在同一条直线上”的技术特征。附件 2 由前后两个工区构成的目的与本专利的发明目的不同，并非为了解决清除前后工区形成的遗漏区，附件 2 所公开的技术方案仍然存在现有技术中无法清除前后工区形成的遗漏区这一缺陷。本领域技术人员阅读附件 2 后，不能轻易想到将后排滚刀轮轴承座与前排滚刀轮轴承座错位，使其不在一条直线上，从而解决前后工区遗漏区的问题。专利复审委员会据此认为，附件 2 的发明目的、技术方案、技术效果与本专利均不相同，附件 2 未给出任何技术启示，使得本领域技术人员能够得到本专利权利要求 1 所要求保护的技术方案。本专利权利要求 1 所要求保护的技术方案相对于附件 2 具备创造性。在本专利权利要求 1 具备创造性的基础上，专利复审委员会进一步认定权利要求 2 具备创造性。专利复审委员会的上述认定与本院查明事实相符，本院予以认可。

综上，第 8473 号无效宣告请求审查决定认定事实清楚、适用法律正确、审查程序合法。一审判决维持正确。泰晟达公司的上诉请求缺乏事实依据，本院不予支持。依照《中华人民共和国行政诉讼法》第六十一条第（一）项之规定，判决如下：

驳回上诉，维持一审判决。

二审案件受理费人民币 1000 元，由上诉人青岛泰晟达机电有限公司负担（已缴纳）。

本判决为终审判决。

审　判　长　任全胜
代理审判员　景　滔
代理审判员　朱海宏
二〇〇七年六月八日
书　记　员　王　芳

055

用于非线性负载的高效率转换器电路案

无效宣告请求审查决定（第8474号）

决　定　号　第8474号
决　定　日　2006年6月26日
发明创造名称　用于非线性负载的高效率转换器电路
国际分类号　H02M 7/48
无效请求人　美国芯源股份有限公司
专利权人　英属开曼群岛凹凸微系国际有限公司
专　利　号　200420001507.0
申　请　日　2004年1月2日
授权公告日　2005年7月13日
合议组组长　马　昊
主　审　员　张　鹏
参　审　员　郭健国

法律依据　专利法第二十二条第二款、第三款、第二十六条第四款　专利法实施细则第二十条第一款

决定要点

针对某项权利要求是否符合专利法第二十二条第二款有关新颖性、专利法第二十二条第三款创造性的规定，以及是否符合专利法第二十六条第四款和专利法实施细则第二十条第一款的规定时，都应当以本领域普通技术人员的角度进行判断。

一、案由

本无效宣告请求涉及国家知识产权局于2005年7月13日授权公告的，名称为“用于非线性负载的高效率转换器电路”的实用新型专利，其专利号是200420001507.0，申请日是2004年1月2日，专利权人是英属开曼群岛凹凸微系国际有限公司（下称被请求人）。本实用新型授权时的权利要求如下：

“1. 一种用于可控制的传送功率给负载的直流/交流转换器电路，其特征在于，该直流/交流转换器电路包括：

与一个电压选择性相连的多个开关；

用来控制所述多个开关导通状态的驱动电路；

一个有一个初级线圈和次级线圈的变压器，所述初级线圈以交替方式与所述电压相连；和

一个在所述负载和所述驱动电路之间的反馈环电路，所述反馈环电路提供一个表示供给所述负载的功率的反馈信号。

2. 根据权利要求1所述的直流/交流转换器电路，其特征在于当所述反馈信号超过一个预先设定

的范围时，所述驱动电路控制开关导通状态，从而减小所述负载的功率至第一电平。

3. 根据权利要求 2 所述的直流/交流转换器电路，其特征在于所述多个开关为重叠开关。

4. 根据权利要求 3 所述的直流/交流转换器电路，其特征在于该电路还包括第二多个重叠开关，其中所述第一多个开关和所述第二多个开关选择性的与所述电压相连，且所述第一多个重叠开关定义第一导通路径，所述第二多个重叠开关定义第二导通路径。

5. 根据权利要求 2 所述的直流/交流转换器电路，其特征在于所述第一电平为零。

6. 根据权利要求 2 所述的直流/交流转换器电路，其特征在于所述第一电平是一个大于零的值。

7. 根据权利要求 2 所述的直流/交流转换器电路，其特征在于所述反馈信号是一个表示流经所述负载的电流的信号。

8. 根据权利要求 2 所述的直流/交流转换器电路，其特征在于所述反馈信号是一个表示跨在所述负载上的电压的信号。

9. 根据权利要求 1 所述的直流/交流转换器电路，其特征在于当所述反馈信号表示开路状态时，所述驱动电路控制开关导通状态，从而减小所述负载的功率至第一电平。

10. 根据权利要求 9 所述的直流/交流转换器电路，其特征在于所述第一电平为零。

11. 根据权利要求 9 所述的直流/交流转换器电路，其特征在于所述第一电平是一个大于零的值。

12. 根据权利要求 1 所述的直流/交流转换器电路，其特征在于当所述反馈信号表示负载的阻值大于一个特定值时，所述驱动电路控制开关导通状态，从而减小所述负载的功率至第一电平。

13. 根据权利要求 12 所述的直流/交流转换器电路，其特征在于所述第一电平为零。

14. 根据权利要求 12 所述的直流/交流转换器电路，其特征在于所述第一电平是一个大于零的值。

15. 根据权利要求 12 所述的直流/交流转换器电路，其特征在于所述特定值是一个大于 130 千欧姆的阻值。

16. 根据权利要求 1 所述的直流/交流转换器电路，其特征在于当所述反馈信号表示短路状态时，所述驱动电路控制开关导通状态，从而减小所述负载的功率至第一电平。

17. 根据权利要求 1 所述的直流/交流转换器电路，其特征在于该电路还包括一个与所述次级线圈相连的一个冷阴极荧光灯（CCFL）负载。

18. 根据权利要求 1 所述的直流/交流转换器电路，其特征在于该电路还包括一个提供所述电压的输入电压源。

19. 根据权利要求 18 所述的直流/交流转换器电路，其特征在于该电路还包括一个与所述次级线圈相连的一个冷阴极荧光灯（CCFL）控制板负载。

20. 根据权利要求 19 所述的直流/交流转换器电路，其特征在于该电路还包括一块与所述冷阴极荧光灯（CCFL）控制板负载相连的母板。"

针对上述专利权（下称本专利），美国芯源科技股份有限公司（下称请求人）于 2005 年 11 月 2 日向专利复审委员会提出无效宣告请求，其理由是本专利与对比文件相比不具备新颖性和创造性，权利要求 2～16、19、20 未得到说明书支持，权利要求 2～16、19、20 不符合专利法第二十六条第四款和专利法实施细则第二十条第一款的规定。请求人提交了以下证据：

证据 1：01102605.7 号发明专利公开说明书，公开日为 2002 年 9 月 11 日。

请求人认为，第一、权利要求 2～16、19、20 未得到说明书支持并且不清楚。1. 本专利的原始申请文件中记载的"第一电平"含义不清楚，并且"功率"和"电平"之间不具有可比性，因此权利要求 2～4，6～9，11～12，14，16 得不到说明书支持，不符合专利法第二十六条第四款的规定；

同时基于同样的理由上述权利要求不清楚，不符合专利法实施细则第二十条第一款的规定；2. “第一电平为零”在原始申请文件中没有记载，并且“第一电平”含义不清楚以及“功率”和“电平”之间不具有可比性，因此权利要求5，10，13得不到说明书支持，不符合专利法第二十六条第四款的规定；同时基于同样的理由上述权利要求不清楚，不符合专利法实施细则第二十条第一款的规定；3. 权利要求15中的“所述特定值为一个大于130千欧姆的阻值”在原始申请文件中没有记载，并且“第一电平”含义不清楚以及“功率”和“电平”之间不具有可比性，因此权利要求15得不到说明书支持，不符合专利法第二十六条第四款的规定；同时基于同样的理由上述权利要求不清楚，不符合专利法实施细则第二十条第一款的规定；4. 权利要求19中“冷阴极荧光灯控制板负载”含义不清楚，因此权利要求19得不到说明书支持，不符合专利法第二十六条第四款的规定；同时基于同样的理由上述权利要求不清楚，不符合专利法实施细则第二十条第一款的规定；5. 权利要求20中“母板”含义不清楚，因此权利要求19得不到说明书支持，不符合专利法第二十六条第四款的规定；同时基于同样的理由上述权利要求不清楚，不符合专利法实施细则第二十条第一款的规定。第二、权利要求1不具备新颖性和创造性，结合证据1的权利要求1及说明书和附图2，证据1中公开了：（1）一种直流/交流转换器电路，用以可控制地将功率输送至一负载，该电路包含以下部分；（2）被选择地连接至该电压源的第一多个重叠开关及第二个重叠开关；（3）所述驱动电路交替控制该第一及第二多个开关的导通状态；（4）一具有一次侧及二次侧的变压器，所述一次侧以交替方式连接至该电源；（5）在所说负载及驱动电路之间的反馈环电路，该反馈环电路提供指示被施加至所说负载的功率的反馈信号。权利要求2～20也被证据1公开。

专利复审委员会于2006年1月6日受理了上述无效宣告请求，同日向双方当事人发出受理通知书，并将无效宣告请求书及相关材料转送给被请求人，要求其在指定期限内答复。

被请求人于2006年2月23日向专利复审委员会提交了答辩意见，被请求人认为：第一、请求人法律适用错误，判断权利要求是否得到说明书支持应当适用专利法第二十六条第四款而非专利法实施细则第二十一条第二款；第二、有关“在本专利的原始申请文件中没有记载‘第一电平’及其传送至负载的‘功率’之间的比较关系”：根据本专利说明书第16页倒数第5行至第17页第5行和附图2、2a－2f的描述，“减小所述负载的功率至第一电平”是指“减小所述负载的功率至第一电平所对应的负载功率”，最小电压V_{min}就是“第一电平”；第三、有关“所述第一电平为零在其原始申请文本中也未记载”：原始说明书说明“第一电平”即“最小电压V_{min}”是可编程的，根据本领域的公知常识可知，最小电压V_{min}当然可以选择零；第四、有关“所述特定值为一个大于130千欧姆的阻值”在原始说明书中未记载：原始说明书第15页第7、8行记载“CCFL阻抗降低至其正常的工作值（例如约100 k欧姆至130 k欧姆）”，并且原始说明书第19页倒数第3行至第20页第8行以及附图4a－4f描述了使用130k欧姆灯阻抗工作的过程，因此本领域技术人员根据上述记载可以明确知晓当所述反馈信号表示负载的阻值大于130k欧姆时将减少所述负载的功率；第五、有关未记载“冷阴极荧光灯控制板负载”的特征：说明书第11页第4、5行中，“以下的详细说明将参考CCFL屏作为本实用新型电路的负载加以描述”，因此本专利中的“冷阴极荧光灯控制板负载”就是指“CCFL屏负载”；第六、有关“与所述冷阴极荧光灯屏负载相连的母板”：具有与控制板负载相连的主机板这一部件以提供所述转换器电路所需的相关信号是公知常识；第七、请求人关于本专利不具备新颖性和创造性的主张不能成立。

本案合议组于2006年4月18日向双方当事人发出口头审理通知书，定于2006年6月22日在专利复审委员会举行口头审理，同时将被请求人的上述意见转给了请求人。

口头审理如期举行，双方当事人均参加了口头审理，并对出席口头审理人员的资格无异议，对合议组成员没有回避请求。请求人明确无效理由为本专利权利要求 2～16、19～20 未得到说明书支持并且不清楚；权利要求 1 至 20 相对于证据 1 不具备新颖性和创造性。被请求人对于证据 1 的真实性没有异议。

在以上工作的基础上，合议组认为本案事实清楚，可以依法作出决定。

二、决定的理由

1. 证据认定

证据 1 系 01102605.7 号发明专利公开说明书，公开日为 2002 年 9 月 11 日，被请求人对其真实性没有异议，其所记载的内容构成本专利的现有技术。

2. 有关专利法第二十六条第四款和专利法实施细则第二十条第一款

专利法第二十六条第四款规定，权利要求书应当以说明书为依据，说明要求专利保护的范围。

专利法实施细则第二十条第一款规定，权利要求书应当说明发明或者实用新型的技术特征，清楚、简要地表述请求保护的范围。

鉴于请求人主张本专利不符合上述两条款所涉及的具体内容相同，合议组将其一并评述。

第一、权利要求 2～4，6～9，11～12，14，16

请求人认为，“第一电平”含义不清楚，并且“功率”和“电平”之间不具有可比性，因此权利要求 2～4，6～9，11～12，14，16 得不到说明书支持并且不清楚。

合议组认为，根据本专利说明书第 16 页倒数第 5 行至第 17 页第 5 行和附图 2、2a－2f 的描述，当反馈信号的值在预先设定的范围之外时，开关 38 向比较器 28 提供最小电压 V_{min}。本领域技术人员在上述描述的基础上，可以得知“减小所述负载的功率至第一电平”是指“减小所述负载的功率至第一电平所对应的负载功率”，并且可以得知“第一电平”是指开关 38 向比较器 28 提供的信号 24，因此对于本领域技术人员而言，权利要求 2～4，6～9，11～12，14，16 得到说明书支持并且清楚，符合专利法第二十六条第四款和专利法实施细则第二十条第一款的规定。

第二、权利要求 5，10，13

请求人认为，第一电平为零”在原始申请文件中没有记载，并且“第一电平”含义不清楚以及“功率”和“电平”之间不具有可比性，因此权利要求 5，10，13 得不到说明书支持并且不清楚。

合议组认为，说明书第 17 页第 1 行至第 2 行记载了“第一电平”即“最小电压 V_{min}”是可编程的，并且附图 2 中电源 12 的接地电压为 0，因此对本领域技术人员而言从说明书公开的技术方案可以得出第一电压为 0 的技术方案，从而权利要求 5，10，13 得到说明书支持并且清楚，符合专利法第二十六条第四款和专利法实施细则第二十条第一款的规定。

第四、权利要求 15

请求人认为，“所述特定值为一个大于 130 千欧姆的阻值”在原始申请文件中没有记载，并且“第一电平”含义不清楚以及“功率”和“电平”之间不具有可比性，因此权利要求 15 得不到说明书支持并且不清楚。

合议组认为，说明书第 15 页第 7、8 行记载“CCFL 阻抗降低至其正常的工作值（例如约 100K 欧姆至 130K 欧姆）”，并且说明书第 19 页倒数第 3 行至第 20 页第 8 行以及附图 4a－4f 给出了使用 130K 欧姆灯阻抗工作的过程，因此本领域技术人员在此基础上可以得出当反馈信号表示负载的阻值大于 130K 欧姆时将减少负载的功率。因此，权利要求 15 得到说明书支持并且清楚，符合专利法第二十六条第四款和专利法实施细则第二十条第一款的规定。

第五、权利要求 19

请求人认为，权利要求 19 中“冷阴极荧光灯控制板负载”含义不清楚，因此权利要求 19 得不到说明书支持并且不清楚。

合议组认为，说明书第 11 页第 4、5 行中，“以下的详细说明将参考 CCFL 屏作为本实用新型电路的负载加以描述”，从而本专利中的“冷阴极荧光灯控制板负载”就是指“CCFL 屏负载”。因此，权利要求 19 得到说明书支持并且清楚，符合专利法第二十六条第四款和专利法实施细则第二十条第一款的规定。

第六、权利要求 20

请求人认为，权利要求 20 中“母板”含义不清楚，因此权利要求 20 得不到说明书支持并且不清楚。

合议组认为，对于转换器电路而言，为了实现对于冷阴极荧光灯的控制，具有与控制板负载相连的主机板这一部件以提供所述转换器电路所需的相关信号是公知常识。并且本专利说明书第 16 页第 3 段第 4、5 行中“该参考值可以是可编程的，和/或为用户自定义的”，因此与该参考值相应的参考信号必然是经系统控制的，从而相应的信号必然来自与控制板负载相连的主机板。因此，权利要求 20 得到说明书支持并且清楚，符合专利法第二十六条第四款和专利法实施细则第二十条第一款的规定。

3. 有关专利法第二十二条第二款和专利法第二十二条第三款

专利法第二十二条第二款规定，新颖性，是指在申请日以前没有同样的发明或者实用新型在国内外出版物上公开发表过、在国内公开使用过或者以其他方式为公众所知，也没有同样的发明或者实用新型由他人向国务院专利行政部门提出过申请并且记载在申请日以后公布的专利申请文件中。

专利法第二十二条第三款规定，创造性，是指同申请日以前已有的技术相比，该发明有突出的实质性特点和显著的进步，该实用新型有实质性特点和进步。

根据本专利说明书第 1 页第 1 段的描述，本专利涉及一种直流/交流功率转换器电路，本专利要解决的技术问题在于高效精确控制；根据本专利说明书第 3 页第 2 段的描述，本专利所达到的技术效果在于对各种 LCD 屏负载的最佳工作，从而提高系统的可靠性。根据证据 1 的说明书第 1 页第 1 段的描述，证据 1 公开了一种直流至交流功率转换器电路，其所要解决的技术问题是高效精确控制；根据证据 1 的说明书第 2 页第 3 段的描述，证据 1 所达到的技术效果在于对各种 LCD 控制板负载的最佳工作，从而提高系统的可靠性。由此可见，本专利与证据 1 所属技术领域相同，所要解决的技术问题相同，达到了相同的技术效果。

第一、权利要求 1 不具备新颖性

本专利权利要求 1 的技术方案具有下述技术特征：A. 一种用于可控制的传送功率给负载的直流/交流转换器电路，其特征在于，该直流/交流转换器电路包括：B. 与一个电压选择性相连的多个开关；C. 用来控制所述多个开关导通状态的驱动电路；D. 一个有一个初级线圈和次级线圈的变压器，所述初级线圈以交替方式与所述电压相连；和 E. 一个在所述负载和所述驱动电路之间的反馈环电路，所述反馈环电路提供一个表示供给所述负载的功率的反馈信号。

证据 1 的说明书第 2 页第 20 行至第 3 页第 5 行以及说明书第 6 页第 23 行至第 11 页 24 行和附图 2 公开了如下技术特征：a. 一种直流/交流转换器电路，用以可控制地将功率传送至负载，其包含：b. 可选择地连接至该电压源的第一多个重叠开关及第二多个重叠开关；c. 驱动电路接收该脉冲信号并控制该第一及第二多个开关的导通状态；d. 具有一次侧及二次侧的一变压器，该一次侧以交替方式可选择地通过第一导通路径或者第二导通路径连接至该电压源；e. 在负载及驱动电路之间具有一反馈环电路，该反馈电路提供指示施加于负载的功率的反馈信号。

将本专利权利要求 1 的技术方案和证据 1 附图 2 及说明书相应部分公开的技术方案（下称对比实

施例）相比，技术特征 A 描述了一种用于可控制的传送功率给负载的直流/交流转换器电路，技术特征 a 描述了一种直流/交流转换器电路并且其用以可控制地将功率传送至负载，可见二者只是表述的顺序不同，内容相同；技术特征 B 中描述了多个开关以及多个开关与一个电压选择性相连，技术特征 b 中也是描述了多个开关并且多个开关可选择地连接至电压源，因此技术特征 B 与技术特征 b 相同；技术特征 C 描述了用来控制所述多个开关导通状态的驱动电路，技术特征 c 描述了驱动电路控制该多个开关的导通状态，因此技术特征 C 与技术特征 c 相同；技术特征 D 描述了一个有一个初级线圈和次级线圈的变压器并且初级线圈以交替方式与所述电压相连，技术特征 d 描述了具有一次侧及二次侧的变压器并且一次侧以交替方式连接至该电压源，并且本领域技术人员可以得知技术特征 d 中的“一次侧”和“二次侧”与技术特征 D 中的“初级线圈”和“次级线圈”含义相同，因此技术特征 D 与技术特征 d 相同；技术特征 E 描述了一个在所述负载和所述驱动电路之间的反馈环电路并且所述反馈环电路提供一个表示供给所述负载的功率的反馈信号，而技术特征 e 描述了在负载及驱动电路之间具有一反馈环电路并且该反馈电路提供指示施加于负载的功率的反馈信号，因此技术特征 E 和技术特征 e 相同。综上所述，本专利权利要求 1 的技术方案中的技术特征 A－E 分别被证据 1 中对比实施例的技术特征 a－e 公开，因此权利要求 1 不具备专利法第二十二条第二款规定的新颖性。

第二、权利要求 2 不具备新颖性

权利要求 2 是权利要求 1 的从属权利要求，其附加技术特征在于：“当所述反馈信号超过一个预先设定的范围时，所述驱动电路控制开关导通状态，从而减小所述负载的功率至第一电平”。根据证据 1 的说明书第 10 页第 18 行至第 23 行和附图 2、2a－2f 的描述，当反馈信号的值在预先设定的范围之外（开路或者短路状态）时，则电流检测比较器的输出为 0（或低），禁止 CMP 信号流经开关，直到电流检测比较器只是可允许流经 Rs 的电流，才由开关 38 向比较器 28 提供最小电压 V_{min}。由此可见，权利要求 2 的上述技术特征在证据 1 的对比实施例中也得以公开，因此，权利要求 2 不具备专利法第二十二条第二款规定的新颖性。

第三、权利要求 3 不具备新颖性

权利要求 3 是权利要求 2 的从属权利要求，其附加技术特征在于：“所述多个开关为重叠开关”，根据证据 1 的说明书第 2 页第 21 行至第 23 行以及说明书第 6 页第 23 行至第 11 页 24 行和附图 2 的描述，可选择地连接至该电压源的第一多个开关及第二多个开关是重叠开关。由此可见，权利要求 3 的上述技术特征在证据 1 的对比实施例中也得以公开，因此，权利要求 3 不具有专利法第二十二条第二款规定的新颖性。

第四、权利要求 4 不具备新颖性

权利要求 4 是权利要求 3 的从属权利要求，其附加技术特征在于：“该电路还包括第二多个重叠开关，其中所述第一多个开关和所述第二多个开关选择性的与所述电压相连，且所述第一多个重叠开关定义第一导通路径，所述第二多个重叠开关定义第二导通路径”。根据证据 1 的说明书第 2 页第 21 行至第 23 行以及说明书第 6 页第 23 行至第 11 页 24 行和附图 2 的描述，可选择地连接至该电压源的第一多个开关及第二多个开关是重叠开关，该第一多个重叠开关定义第一导通路径，该第二多个重叠开关定义第二导通路径。由此可见，权利要求 4 的上述技术特征在证据 1 的对比实施例中也得以公开，因此，权利要求 4 不具有专利法第二十二条第二款规定的新颖性。

第五、权利要求 5 不具备创造性

权利要求 5 是权利要求 2 的从属权利要求，其附加技术特征在于：“所述第一电平为零”。证据 1 的说明书说明书“第一电平”即“最小电压 V_{min}”是可编程的，本领域技术人员根据本领域的公知常识可知，最小电压 V_{min} 当然可以选择零。因此，本领域技术人员在证据 1 对比实施例的技术启示下结合本领域的公知常识可以不经过创造性劳动得出权利要求5的技术方案，从而，权利要求5不具备专利法第二十二条第三款规定的创造性。

第六、权利要求6不具备创造性

权利要求6是权利要求2的从属权利要求，其附加技术特征在于："所述第一电平是一个大于零的值"。证据1的说明书说明书"第一电平"即"最小电压 V_{min}"是可编程的，本领域技术人员根据本领域的公知常识可知，最小电压 V_{min} 当然可以选择大于零的值。因此，本领域技术人员在证据1对比实施例的技术启示下结合本领域的公知常识可以不经过创造性劳动得出权利要求6的技术方案，从而，权利要求6不具备专利法第二十二条第三款规定的创造性。

第七、权利要求7不具备新颖性

权利要求7是权利要求2的从属权利要求，其附加技术特征在于："所述反馈信号是一个表示流经所述负载的电流的信号"。如证据1的对比实施例所示，证据1公开了负载反馈信号为流经该负载的电流的测量值。由此可见，权利要求7的上述技术特征在证据1的对比实施例中也得以公开，因此，权利要求7不具备专利法第二十二条第二款规定的新颖性。

第八、权利要求8不具备新颖性

权利要求8是权利要求2的从属权利要求，其附加技术特征在于："所述反馈信号是一个表示跨在所述负载上的电压的信号"。证据1的说明书第11页第6~7行以及附图2公开了"电路60包含一保护比较器62，其将信号CMP与一由负载20导出的电压信号66相比较"。由此可见，权利要求8的上述技术特征在证据1的对比实施例中也得以公开，因此，权利要求8不具备专利法第二十二条第二款规定的新颖性。

第九、权利要求9不具备新颖性

权利要求9是权利要求1的从属权利要求，其的附加技术特征在于："当所述反馈信号表示开路状态时，所述驱动电路控制开关导通状态，从而减小所述负载的功率至第一电平"。根据证据1的说明书第10页第18行至第23行和附图2、2a-2f的描述，当反馈信号的值在预先设定的范围之外（开路或者短路状态）时，则电流检测比较器的输出为0（或低），禁止CMP信号流经开关，直到电流检测比较器只是可允许流经Rs的电流，才由开关38向比较器28提供最小电压 V_{min}。由此可见，权利要求9的上述技术特征在证据1的对比实施例中也得以公开，因此，权利要求9不具备专利法第二十二条第二款规定的新颖性。

第十、权利要求10不具备创造性

权利要求10是权利要求9的从属权利要求，其的附加技术特征在于："所述第一电平为零"。与上述对于权利要求5的论述同理，权利要求10同样不具有专利法第二十二条第三款规定的创造性。

十一、权利要求11不具备创造性

权利要求11是权利要求9的从属权利要求，其的附加技术特征在于："所述第一电平是一个大于零的值"。与上述对于权利要求6的论述同理，权利要求11同样不具备专利法第二十二条第三款规定的创造性。

十二、权利要求12不具备新颖性

权利要求12是权利要求1的从属权利要求，其附加技术特征在于："当所述反馈信号表示负载的阻值大于一个特定值时，所述驱动电路控制开关导通状态，从而减小所述负载的功率至第一电平"。根据证据1的说明书第10页第18行至第23行和附图2、2a-2f的描述，当反馈信号的值在预先设定的范围之外（开路或者短路状态）时，则电流检测比较器的输出为0（或低），禁止CMP信号流经开关，直到电流检测比较器只是可允许流经Rs的电流，才由开关38向比较器28提供最小电压 V_{min}。

由此可见，权利要求 12 的上述技术特征在证据 1 的对比实施例中也得以公开，因此，权利要求 12 不具备专利法第二十二条第二款规定的新颖性。

十三、权利要求 13 不具备创造性

权利要求 13 是权利要求 12 的从属权利要求，其附加技术特征在于："所述第一电平为零"。与上述对于权利要求 5 的论述同理，权利要求 13 同样不具备专利法第二十二条第三款规定的创造性。

十四、权利要求 14 不具备创造性

权利要求 14 是权利要求 12 的从属权利要求，其附加技术特征在于："所述第一电平是一个大于零的值"。与上述对于权利要求 6 的论述同理，权利要求 14 同样不具备专利法第二十二条第三款规定的创造性。

十五、权利要求 15 不具备创造性

权利要求 15 是权利要求 12 的从属权利要求，其附加技术特征在于："所述特定值是一个大于 130 千欧姆的阻值"。证据 1 的说明书第 9 页第 13、14 行记载"CCFL 阻抗降低至其正常的工作值（例如约 100 k 欧姆至 130 k 欧姆）"，并且证据 1 的说明书第 13 页第 4 行至第 16 行以及附图 4a－4f 描述了使用 130k 欧姆灯阻抗工作的过程，因此本领域技术人员根据上述记载可以明确知晓当所述反馈信号表示负载的阻值大于 130k 欧姆时将减少所述负载的功率；从而，本领域技术人员在证据 1 中对比实施例的技术启示下可以不经过创造性劳动得出权利要求 15 的技术方案，从而，权利要求 15 不具备专利法第二十二条第三款规定的创造性。

十六、权利要求 16 不具备新颖性

权利要求 16 是权利要求 1 的从属权利要求，其附加技术特征在于："当所述反馈信号表示短路状态时，所述驱动电路控制开关导通状态，从而减小所述负载的功率至第一电平"。根据证据 1 的说明书第 10 页第 18 行至第 23 行和附图 2、2a－2f 的描述，当反馈信号的值在预先设定的范围之外（开路或者短路状态）时，则电流检测比较器的输出为 0（或低），禁止 CMP 信号流经开关，直到电流检测比较器只是可允许流经 Rs 的电流，才由开关 38 向比较器 28 提供最小电压 V_{min}。由此可见，权利要求 16 的上述技术特征在证据 1 的对比实施例中也得以公开，因此，权利要求 16 不具备专利法第二十二条第二款规定的新颖性。

十七、权利要求 17 不具备新颖性

权利要求 17 是权利要求 1 的从属权利要求，其附加技术特征在于："该电路还包括一个与所述次级线圈相连的一个冷阴极荧光灯（CCFL）负载"。根据证据 1 第 3 页第 22 行至第 23 行的描述，转换器电路用以输送功率至一 CCFL 负载。结合附图 2 可知，权利要求 17 的上述技术特征在证据 1 的对比实施例中得以公开，因此，权利要求 17 不具备专利法第二十二条第二款规定的新颖性。

十八、权利要求 18 不具备新颖性

权利要求 18 是权利要求 1 的从属权利要求，其附加技术特征在于："该电路还包括一个提供所述电压的输入电压源"。根据证据 1 第 3 页第 23 行至第 24 行的描述，该转换器电路包含一电压源。结合附图 2 可知，权利要求 18 的上述技术特征在证据 1 的对比实施例中得以公开，因此，权利要求 18 不具备专利法第二十二条第二款规定的新颖性。

十九、权利要求 19 不具备新颖性

权利要求 19 是权利要求 18 的从属权利要求，其附加技术特征在于："该电路还包括一个与所述次级线圈相连的一个冷阴极荧光灯（CCFL）控制板负载"。根据证据 1 第 6 页第 7 行至第 8 行的描述："以下的详细说明将参考 CCFL 控制板作为本发明电路的负载加以进行"。结合附图 2 可知，权利要求 19 的上述技术特征在证据 1 的对比实施例中得以公开，因此，权利要求 19 不具备专利法第二十二条第二款规定的新颖性。

二十、权利要求20不具备创造性

权利要求20是权利要求19的从属权利要求，其附加技术特征在于："该电路还包括一块与所述冷阴极荧光灯（CCFL）控制板负载相连的母板"。对于转换器电路而言，为了实现其对CCFL的控制，必须有与控制板负载相连的主机板这一部件以提供所述转换器电路所需的相关信号，这是本领域的公知常识。根据证据1说明书第10页第13行至第14行的描述，"此基准值可以是能编程的，及/或为使用者可定义的"。这一记载表明，与该基准值相应的信号必然是经系统控制的，也就是说，相应的信号必定来自与所述冷阴极荧光灯控制板负载相连的主机板即母板。结合附图2可知，权利要求20的上述技术特征在证据1的对比实施例中得以公开，因此，权利要求20不具备专利法第二十二条第三款规定的创造性。

被请求人认为，第一、证据1的说明书和本专利的说明书存在下述不同：（1）附图1不完全相同；（2）证据1的说明书第3页第3、4段的内容在本专利说明书中不存在；（3）证据1说明书第7页第2段中为"任务周期脉冲信号"，而本专利第8页第2段中为"脉冲信号"。第二、本专利相对于证据1是要素省略的发明，因此本发明具备新颖性和创造性，但请求人未说明本专利省略了哪些要素。

合议组认为，第一、证据1的说明书附图1和本专利的说明书附图1均为背景技术的附图，对所公开的技术方案的内容没有影响；证据1的说明书第3页第3、4段的内容系控制一零电压切换电路以向负载输送功率的方法的描述，对所公开的电路结构没有影响；证据1说明书第7页第2段中为"任务周期脉冲信号"和本专利第8页第2段中为"脉冲信号"没有实质性的不同；第二、根据审查指南第2部分第4章第4.5节的规定，要素省略的发明是指省去已知产品或者方法中的某一项或者多项要素的发明，而由本专利说明书以及附图2和证据1的说明书以及附图2可知，本专利说明书实施例及其附图都与证据1的说明书实施例及其附图相同。本专利技术方案和证据1的技术方案相比，没有省略某一项或者多项要素，不构成要素省略的发明。

三、决定

宣告200420001507.0号实用新型专利权全部无效。

当事人对本决定不服的，可以根据专利法第四十六条第二款的规定，自收到本决定之日起三个月内向北京市第一中级人民法院起诉。根据该款规定，一方当事人起诉后，另一方当事人应当作为第三人参加诉讼。

056

电加热器案

无效宣告请求审查决定（第8483号）

决　定　号　第8483号
决　定　日　2006年3月15日
发明创造名称　电加热器
国际分类号　H05B3/82　H05B1/02　A47J27/21
无效请求人　萨尔顿香港有限公司
专利权人　施特里克斯有限公司
专　利　号　99803814.8
申　请　日　1999年3月17日
优先权日　1998年3月17日
授权公告日　2004年5月5日
合议组组长　张　度
主　审　员　李韵美
参　审　员　詹靖康

法律依据　专利法第二十二条第三款
决定要点

若权利要求请求保护的技术方案与最接近的现有技术的区别技术特征已被另一篇对比文件公开，且该区别技术特征在所述另一篇对比文件中所起的作用与其在该权利要求中的技术方案中所起的作用相同，则本领域技术人员无需付出创造性劳动，即可将所述区别技术特征结合到最接近的现有技术中，即该权利要求缺乏创造性。

一、案由

本无效宣告请求案涉及国家知识产权局2004年5月5日授权、名称为“电加热器”的99803814.8号发明专利（下称本专利），本专利的申请日为1999年3月17日，优先权日为1998年3月17日，专利权人是施特里克斯有限公司。本专利授权公告时的权利要求书为：

“1. 一种液体加热装置，其中，它包括一个加热器，该加热器具有一个主加热装置，用来在加热器最初通电期间通电，从而将装置中的液体加热到一预定温度，以及一个辅助加热装置，它在那个温度被探测到之后通上电，所述辅助加热装置在当装置中的液体处于预定温度时具有一个与液体加热装置的热量散失速率大致相等的功率输出。

2. 如权利要求1所述的装置，其中，加热器是一种厚膜加热器，其相应的加热装置是采用电阻加热轨迹的形式。

3. 如权利要求2所述的装置，其中，组成主和辅助加热装置的电阻加热轨迹是具有不同电阻率的材料。

4. 如权利要求 1 ~3 的任一项所述的装置，其中，辅助加热装置包括一个电阻加热轨迹的辅助部分，该部分比主加热装置的电阻要高并与主加热装置串联。

5. 如权利要求 1 ~3 任一项中所述的装置，其中，辅助加热装置的热量输出比将容器中液体保持沸腾所需要的热量要稍微高一些。

6. 如权利要求 5 所述的装置，其中，辅助加热装置的加热效果是局部化的，这样就能看见从加热器上升的一串局部的气泡流。

7. 如权利要求 6 所述的装置，其中，装置的液体容器是透明的或具有一个透明的部分。

8. 如权利要求 1 ~3 任一项中所述的装置，其中，该装置的加热器是根据该装置的一个起动运动而被通上电的。"

针对上述专利权，萨尔顿香港有限公司（下称请求人），于 2005 年 2 月 6 日向专利复审委员会提出无效宣告请求。请求人所提交的证据为：

附件 1：DE3833293A1 号德国专利，公开日为 1989 年 4 月 20 日；

附件 2：EP0485211A1 号欧洲专利，公开日为 1992 年 5 月 13 日；

附件 3：WO9526176 号国际申请，公开日为 1995 年 10 月 5 日；

附件 4：附件 1 全文译文，共 3 页（下称对比文件 1）；

附件 5：附件 2 相关部分译文，共 3 页（下称对比文件 2）；

附件 6：附件 3 全文译文，共 16 页（下称对比文件 3）；

附件 7：ZL98803814. 8 号发明专利（本专利）；

附件 8：委托书。

提出的无效的理由为：

权利要求 1 ~8 不符合专利法实施细则第二十条第一款的规定。请求人认为，（1）独立权利要求 1 中两次提到了"预定温度"，但是该权利要求并没有清楚地限定出这两个预定温度之间的关系，即不清楚这两个温度指的是同一温度还是不同的温度，由于权利要求 1 不清楚，造成引用权利要求 1 的权利要求 2 ~8 的保护范围不清楚；权利要求仅用功能性限定的方式描述了权利要求 1 请求保护的加热装置，没有记载实施这些功能的结构，主加热装置和辅助加热装置之间的连接方式不清楚，辅助加热装置和主加热装置是如何切换的不清楚。（2）权利要求 4 进一步限定的技术特征在引用权利要求 1 ~3 时，造成保护范围不清楚。（3）权利要求 8 中提到的"起动运动"并不是本领域的技术术语，因此权利要求 8 不清楚。

本专利说明书不符合专利法第二十六条第三款的规定。请求人认为，在实践中，液体加热装置的热量散失速率受各种各样因素的影响，这些因素可以是：环境温度、环境大气压、液体加热装置的液体容器的加热水量（例如加热半容器谁和整个容器的水）等等。在应用本专利时，当上述某个因素或某几个因素发生变化时，热量散失速率一定是变化的。当上述某几个因素组合发生变化时，热量散失速率的变化会更复杂。而在本专利的说明书中，辅助加热装置的功率输出时钟保持预定的值。因此通过使用固定的电阻值设定固定数值的功率输出不能实现本专利所称的技术效果，即当装置中的液体处于预定温度时辅助加热装置的功率输出大致等于液体加热装置的热量散失速率。由于在说明书中并没有给出如何根据热量散失速率的变化而相应地对辅助加热装置的功率输出进行调整的实施方式，以至于本领域的普通技术人员无法根据说明书披露的内容实现本专利。

本专利权利要求 3 不符合专利法第二十六条第四款的规定。请求人认为权利要求 3 中限定了主加热装置的电阻加热轨迹的电阻率既可以高于也可以低于辅助加热装置的电阻加热轨迹的电阻率。而在本专利说明书中仅提到了主加热装置的电阻加热轨迹的电阻率低于辅助加热装置的电阻加热轨迹的电阻率，而没有对主加热装置的电阻加热轨迹的电阻率可以高于辅助加热装置的电阻加热轨迹的电阻率的情况进行说明。因此，权利要求3得不到说明书的支持，不符合专利法第二十六条第四款的规定。

本专利权利要求1~8相对于对比文件1~3或不具备新颖性或不具备创造性，不符合专利法第二十二条第二款和第三款的规定。权利要求1相对于对比文件1、2、3不具备新颖性或创造性；在权利要求1不具备新颖性或创造性的前提下，权利要求2相对于对比文件1、2、3不具备新颖性或创造性；在权利要求2不具备新颖性或创造性的前提下，权利要求3相对于对比文件1、2、3不具备新颖性或创造性；在权利要求1~3不具备新颖性或创造性的前提下，权利要求4相对于对比文件1、2、3不具备新颖性或创造性；在权利要求1~3不具备新颖性或创造性的前提下，权利要求5相对于对比文件1、2、3以及公知常识不具备创造性；在权利要求5不具备创造性的前提下，权利要求6也不具备创造性；在权利要求6不具备创造性的前提下，权利要求7也不具备创造性；在权利要求1~3不具备新颖性或创造性的前提下，权利要求8相对于对比文件1、2、3不具备新颖性或创造性。

经形式审查合格，专利复审委员会于2005年3月25日向双方当事人发出了无效宣告请求受理通知书，并将该无效宣告请求书及其附件清单中所列附件副本转送专利权人（下称被请求人）。

被请求人于2005年5月9日针对请求人的无效请求提交了意见陈述书，并提交了权利要求1~8的修改替换页，认为本专利符合专利法的规定。被请求人于2005年5月9日提交的修改的权利要求1~8中，将原权利要求4的引用关系从引用权利要求1~3改成引用权利要求2~3，修改后的权利要求如下：

"1. 一种液体加热装置，其中，它包括一个加热器，该加热器具有一个主加热装置，用来在加热器最初通电期间通电，从而将装置中的液体加热到一预定温度，以及一个辅助加热装置，它在那个温度被探测到之后通上电，所述辅助加热装置在当装置中的液体处于预定温度时具有一个与液体加热装置的热量散失速率大致相等的功率输出。

2. 如权利要求1所述的装置，其中，加热器是一种厚膜加热器，其相应的加热装置是采用电阻加热轨迹的形式。

3. 如权利要求2所述的装置，其中，组成主和辅助加热装置的电阻加热轨迹是具有不同电阻率的材料。

4. 如权利要求2~3的任一项所述的装置，其中，辅助加热装置包括一个电阻加热轨迹的辅助部分，该部分比主加热装置的电阻要高并与主加热装置串联。

5. 如权利要求1~3任一项中所述的装置，其中，辅助加热装置的热量输出比将容器中液体保持沸腾所需要的热量要稍微高一些。

6. 如权利要求5所述的装置，其中，辅助加热装置的加热效果是局部化的，这样就能看见从加热器上升的一串局部的气泡流。

7. 如权利要求6所述的装置，其中，装置的液体容器是透明的或具有一个透明的部分。

8. 如权利要求1~3任一项中所述的装置，其中，该装置的加热器是根据该装置的一个起动运动而被通上电的。"

在该意见陈述书中，被请求人针对请求人提出的四点无效理由陈述了意见，主要观点如下：

说明书可以用来解释权利要求，按照说明书中实施例的描述，权利要求1中辅助加热装置通电之前的温度和通电之后的温度是同一温度。对于修改后的权利要求4的主、辅加热装置之间的关系是清楚的，当期望将容器中的液体加热到预定温度时，仅仅使用主加热轨迹23，并且仅仅在达到该预定温度时接通辅助加热轨迹87与主加热轨迹23串联。因此在权利要求4的附加技术特征中，辅助加热装置的确包括电阻加热轨迹的辅助部分87，而不是由电阻加热轨迹的辅助部分87所组成。权利要求

8 中的用词是清楚的，为了给装置的加热器通上电，需要一些起动方式，如说明书第 12 页第 1 ~ 10 行中所公开的内容，这可以是由于装置围绕垂直轴的旋转，或者该装置的线位移运动。

权利要求 1 具体限定了辅助加热装置的功率输出在当装置中的液体处于该预定温度时应当大致等于液体加热装置的热量散失速率。权利要求 1 没有具体限定在特定的加热器功率，而仅仅是与预定温度下的热量散失大致相同。在工作条件的典型范围下，液体加热容器的热量散失不会差异太大。装置的设计者将选取装置合适的标准工作条件，确定在那个条件下的热量散失，并且确定所需的辅助加热器功率以补偿该热量散失。在实践中，装置可以工作在略微不同的工作条件下并因此具有略微不同的热量散失，但是并不影响辅助加热装置的功率被选择成匹配预定温度下热量散失的效果。

加热轨迹的电阻取决于轨迹的电阻率和它的长度，通过改变这些参数中的任一个或者两者，能够得到期望的电阻。因此，权利要求 3 覆盖了主和辅助加热装置是具有不同电阻率的轨迹的可能性，从而允许每一个获得合适的电阻。说明书第 10 也第 26 ~ 28 行的内容足以支持上述特征。

权利要求 1 相对于对比文件 1 至少具有以下区别技术特征：以及一个辅助加热装置，它在那个温度被探测到之后通上电，所述辅助加热装置在当装置中的液体处于预定温度时具有一个与液体加热装置的热量散失速率大致相等的功率输出。在对比文件 1 中，高阻值电阻元件（12；32）用于加热双金属元件（11；31）而不是用于加热液体，它并不对应于辅助加热装置。对比文件 1 公开发明的目的是提供一种在超过某个温度时关断并且在较长的操作期间避免持续打开或关断的加热元件，该文件与将容器中的液体保温绝对没有任何关系。对比文件 1 中公开的各个加热装置与将容器中的液体保温没有任何方式的关联性，而仅仅是防止在控制操作之后双金属元件的重新接通，此外，对比文件 1 也没有公开提供给辅助加热器的功率通过任何方式能够将容器中的液体保持在预定温度。对比文件 2 仅披露了单一加热装置，它被电子调控来提供需要的加热，其中需要复杂控制，与本发明完全不同。对比文件 3 公开了一种蜡浴槽，通过厚膜加热器加热水，从而在水体之上蜡熔化，该加热器包括两个独立的导电轨迹，一个是 2000 瓦，另一个是 200 瓦。当浴槽中的水达到 63℃ ±3 时，至少 2000 瓦的加热器关断并且于是水的温度下降至 49℃左右，此时 200 瓦元件工作在短脉冲形式下 20 秒左右的持续时间，以便将浴槽中的水保持在合适的温度。因此辅助加热装置不是具有大致等于液体加热装置的热量散失速率的功率输出，而是显著地高于该热量散失速率。

本案合议组于 2005 年 10 月 18 日向双方当事人发出口头审理通知书，定于 2005 年 12 月 13 日进行口头审理，并随该口头审理通知书将被请求人于 2005 年 5 月 9 日提交的意见陈述书转给请求人，双方当事人在规定期限内未对合议组成员提出回避请求。

口头审理于 2005 年 12 月 13 日如期举行，双方当事人均参加了口头审理。在口头审理中，双方当事人对合议组成员没有回避请求；双方当事人对对方出庭人员的身份没有异议；被请求人当庭明确表示对对比文件 1（德国专利 DE3833293A1）、对比文件 2（欧洲专利 EP0485211）、对比文件 3（专利 WO9526176）的真实性没有异议，对对比文件 1 ~ 3 中文译文的准确性没有异议；请求人明确其无效理由为：本专利权利要求 1 ~ 8 不符合专利法实施细则第二十条第一款的规定；本专利说明书不符合专利法第二十六条第三款的规定；本专利权利要求 3 不符合专利法第二十六条第四款的规定；本专利权利要求 1 ~ 8 分别相对于对比文件 1 ~ 3 不具备新颖性；对比文件 1、2、3 分别结合公知常识评述本专利权利要求 1 ~ 8 的创造性；被请求人于 2005 年 5 月 9 日提交修改后的权利要求 1 ~ 8，将原权利要求 4 的引用关系从引用权利要求 1 ~ 3 改成引用权利要求 2 ~ 3；本次口审依据的文本以修改后的权利要求 1 ~ 8 为审理基础。双方均充分陈述了意见。

被请求人于 2005 年 12 月 27 日补交了无效宣告程序授权委托书。

基于上述的工作，合议组认为本案事实已经清楚，可以作出本决定。

二、决定的理由

关于文本

被请求人于2005年5月9日提交修改后的权利要求第1~8项，将原权利要求4的引用关系从引用权利要求1~3改成引用权利要求2~3，即删除了原权利要求4引用权利要求1的技术方案，以上修改符合专利法第三十三条和专利法实施细则第六十八条的规定。本决定依据的权利要求书以2005年5月9日提交的权利要求第1~8项为审理基础。

关于证据

对比文件1~3的公开日均早于本专利的申请日，构成现有技术，被请求人对其译文，即对比文件1~3的准确性无异议，使用对比文件1~3可以评价本专利的新颖性和创造性。

关于专利法实施细则第二十条第一款

针对请求人提出的权利要求1~8不清楚的问题，合议组认为，（1）权利要求1中两次提及的“预定温度”采用了相同的描述，并未进行区别描述（例如第一温度、第二温度等方式），应当认为是同一温度，并且相同的预定温度也能够得到说明书的支持，因此，两次提及的“预定温度”是清楚的，符合专利法实施细则第二十条第一款的规定。

因此，引用权利要求1的权利要求2~8也是清楚的。

（2）权利要求2请求保护的液体加热装置包括加热器，该加热器也包括主加热装置和辅助加热装置，其中的加热器是一种厚膜加热器，其相应的加热装置（即主加热装置和辅助加热装置）采用电阻加热轨迹的形式。权利要求4在引用权利要求2时，是对权利要求2请求保护的技术方案中的相应的加热装置（即主加热装置和辅助加热装置）中的辅助加热装置的进一步限定，将其进一步限定为比主加热装置的电阻要高并与主加热装置串联，上述描述对本领域的技术人员来讲是清楚的。权利要求4在引用权利要求3时，也是对权利要求3请求保护的技术方案中的相应的加热装置（即主加热装置和辅助加热装置）中的辅助加热装置的进一步限定，进一步限定辅助加热装置的电阻要高于主加热装置，并且与主加热装置串联，上述描述对本领域的技术人员来讲是清楚的。因此，权利要求4在引用权利要求2或3时构成的技术方案都是清楚的，符合专利法实施细则第二十条第一款的规定。

（3）在本专利说明书第13页第11~18行中描述了一个旋转安装的容器的通断电的工作方式，并且在19~23行对起动运动进行了如下详细说明：“最好起动运动是一个旋转的运动，……采用旋转运动，就可以通过将容器先在一个方向旋转然后在另一个方向上旋转从而获得一个相当大的加速度，当改变运动方向时，可以获得最大的加速度。”。根据上述说明，可以看出液体加热容器绕着连接器的轴部分旋转，对本领域的普通技术人员来讲，上述描述是清楚的，因此，权利要求8符合专利法实施细则第二十条第一款的规定。

关于专利法第二十六条第三款

合议组认为，在实践中，装置可以工作在略微不同的工作条件下，并由此具有略微不同的热量散失。但在工作条件的典型范围下，液体加热容器的热量散失不会有太大差异，即，在本领域通常的条件状态下，例如温度、海拔、气压等环境因素下，能够实现本专利的技术方案。请求人所称的生活环境温度极低、高原地区等影响热量散失速率的条件为日常生活中不常见的极端条件，不影响所属技术领域的技术人员按照说明书中记载的内容再现该发明的技术方案，解决其技术问题，并产生预期的技术效果，并且本领域的技术人员不需要付出创造性的劳动。因此，本专利的说明书符合专利法第二十六条第三款的规定。

关于专利法第二十六条第四款

合议组认为，电阻的计算公式为：$R = \rho L/S$，电阻率是影响电阻的因素之一，长度与横截面积都可以影响电阻的大小，因此，权利要求3进一步限定的是主、辅加热装置具有不同的电阻率，即，限定的是不同的材料特征，而不是限定二者具有不同的电阻。本专利说明书第13页27~18行进行了如下描述，电阻加热轨迹构成了主和辅助加热装置，它们最好是采用不同的材料。可见，上述相关描述能够支持权利要求3进一步限定的技术特征，即，权利要求3能够得到说明书的支持，符合专利法第二十六条第四款的规定。

关于新颖性

权利要求1~8相对于对比文件1的新颖性

权利要求1请求保护一种液体加热装置，其中，它包括一个加热器，该加热器具有一个主加热装置，用来在加热器最初通电期间通电，从而将装置中的液体加热到一预定温度，以及一个辅助加热装置，它在那个温度被探测到之后通上电，所述辅助加热装置在当装置中的液体处于预定温度时具有一个与液体加热装置的热量散失速率大致相等的功率输出。该技术方案包括4个技术特征：（1）该装置是用于加热液体的装置；（2）该加热装置包括一个加热器；（3）具有一个主加热装置，用来在加热器最初期间通电，由此将装置中的液体加热到一个预定温度；（4）该装置具有一个辅助加热装置，在探测到已经达到预定温度后通电，使在所述的预定温度下，其输出功率大致等于液体加热装置的热量散失速率。

对比文件1公开了一种加热元件，用在例如煮蛋或者煮咖啡的装置中（对比文件1说明书摘要），对比文件1也是一种用于加热液体的元件，可见，对比文件1已经公开了第（1）和第（2）个技术特征。对比文件1第2页倒数第三自然段进行了如下描述，加热元件或电阻元件（2，3，4）将电能转变为热，热通过板或一部分板（不导电的部分）传导并且可以加热装水的容器，在电阻带（2，3，4）处，可以通过带有连接接头（5，6）的导线（7，8，9）施加电压。倒数第二自然段进行了如下描述，当板（1）的温度超过预定值，例如130摄氏度时，将通过恒温元件（10）的在该温度弯曲的双金属元件（11）断开带（8）和（9）之间的电连接。根据上述倒数第二、三自然段的描述可知，对比文件1中的加热元件也是将电阻带通电，将电能转换为热能，并且在将水加热达到一个预定温度后，将断开电连接，停止加热，对比文件1已经公开了第（3）个技术特征。合议组认为，对比文件1并没有公开第（4）个技术特征，即，对比文件1中没有公开加热器还包括一个辅助加热装置，在探测到已经达到预定温度后通电，使其输出功率大致等于液体加热装置的热量散失速率。因此，对比文件1与权利要求1存在区别技术特征，权利要求1相对于对比文件1具备新颖性，符合专利法第二十二条第二款的规定。

由于权利要求1相对于对比文件1具备新颖性，其从属权利要求2~8相对于对比文件1也具备新颖性，符合专利法第二十二条第二款的规定。

权利要求1~8相对于对比文件2的新颖性

权利要求1请求保护一种液体加热装置，技术方案如上所述。

对比文件2公开了一种加热设备，水壶130包括容器131，水壶利用加热设备134（相当于加热器）加热（第1页最后一段），根据上述描述可知，对比文件2也是一个加热液体的装置，并且也具有加热器，对比文件2公开了权利要求1的第（1）（2）两个特征。介电层75带有一个导电轨迹形式的加热元件（对比文件第2第2页第1自然段），并且在第5自然段进行了如下描述，在水文火模式，相应检测到的温度通过调节进过加热元件10的电流将温度控制在90摄氏度。根据上述说明可知，对比文件2中也具有将液体加热到预定温度的加热装置，该装置相当于权利要求1中的主加热装置，即对比文件2公开了权利要求1的第（3）个技术特征。合议组认为，对比文件2并没有公开第（4）个技术特征，即，对比文件2中没有公开加热器还包括一个辅助加热装置，在探测到已经达到预定温度后通电，使其输出功率大致等于液体加热装置的热量散失速率。因此，对比文件2与权利要求1存在区别技术特征，权利要求1相对于对比文件2具备新颖性，符合专利法第二十二条第二款的规定。

由于权利要求1相对于对比文件2具备新颖性，其从属权利要求2～8相对于对比文件2也具备新颖性，符合专利法第二十二条第二款的规定。

权利要求1～8相对于对比文件3的新颖性

权利要求1请求保护一种液体加热装置，技术方案如上所述。

对比文件3公开了一种蜡浴槽，它提供一种加热装置能够把所述的液体加热到蜡的熔点以上的温度（对比文件3第2页第15～16行），可见，对比文件3已经公开了权利要求1的第（1）和第（2）个技术特征；所述的加热装置包括厚膜印刷电路形式的电阻加热装置（对比文件3第3页第26行），所述的厚膜印刷电路设有两条独立的导电轨迹，从而当使用蜡浴槽时用温度传感器控制对轨迹的操作，使得当探测到的液体温度在蜡熔点温度以下时同时启动两条轨迹，随后当探测到的液体温度在第一温度水平或以上时至少关闭一条轨迹，这种状态一直持续到探测到的液体温度在第二温度水平为止，这时操作两条轨迹中的一条轨迹使得液体保持在第二温度水平或其附近（对比文件3第3页第30行至第4页第5行），并且在实施例（参考图7）中进行了如下具体说明，当蜡层是固体并且水温处于室温时，这时的温度通常低于蜡的熔点，即低于45℃，为了快速加热蜡28，控制单元以便单独运行具有较高功率2000W的导电轨迹和200W的导电轨迹，传感器14探测到的水26的温度就大致升高到60℃。随后在传感器14探测到的温度时63±3℃时，至少关掉元件的2000W导电轨迹，并且允许水26的温度及蜡28的温度降低到大约49℃，200W的元件会继续运行把蜡温保持在49℃左右（对比文件3第9页27行至第10页7行）。如果发现水26的温度在45℃以上49℃以下，那么就操作200W的元件轨迹以提高水温并由此提高蜡温，把蜡温保持在49+1℃（对比文件3第10页24～25行）。根据上说描述可知，尽管对比文件3中也包括两个部分的加热装置（相当于权利要求1中的主和辅助加热装置），但是，辅助加热装置所保持的温度与主加热装置在开始加热时达到温度是两个不同的温度，2000W的轨迹加热到的第一温度是63±3℃，而200W的加热轨迹在水温降低到45℃～49℃之间时启动，将水温提高，使蜡温保持在49+1℃。权利要求1中的辅助装置是在与主加热装置加热后的温度相同的温度下，使其输出功率大致等于液体加热装置的热量散失速率的，可见二者存在区别。因此，权利要求1相对于对比文件3符合专利法第二十二条第二款的规定，具备新颖性。

由于权利要求1相对于对比文件3具备新颖性，其从属权利要求2～8相对于对比文件3也具备新颖性，符合专利法第二十二条第二款的规定。

关于创造性

权利要求1～8相对于对比文件1～3的创造性

如上文所述，权利要求1与对比文件3的区别仅在于辅助加热装置开始工作的温度不同，并且对比文件3中没有明确指出辅助加热装置的输出功率大致等于液体加热装置的热量散失速率。合议组认为，对比文件3已经明确指出，200W的元件会继续运行把蜡温保持在49℃左右（对比文件3第9页27行至第10页7行）。如果发现水26的温度在45℃以上49℃以下，那么就操作200W的元件轨迹以提高水温并由此提高蜡温，把蜡温保持在49+1℃（对比文件3第10页24～25行）。对本领域的普通技术人员来讲，将液体温度保持在一个特定的温度时，输出的功率必然大致等于热量散失速率，只有保持二者的一致，才能使温度稳定在一个预定值，因此，“辅助加热装置的输出功率大致等于液体加热装置的热量散失速率”这一特征属于本领域的公知常识。辅助加热装置开始工作时的温度条件是由温度检测装置决定的，对本领域的技术人员来讲，将其设置为主加热装置加热到预定的温度相同的温度，从而使温度一直保持在预定的温度，而不是保持在一个比预定温度低的第二温度，是容易想到的，不需要付出创造性的劳动，因此，权利要求 1 相对于对比文件 3 不具有突出的实质性特点和显著的进步，不符合专利法第二十二条第三款的规定。

权利要求 2 进一步限定加热器是一种厚膜加热器，其相应的加热装置是采用电阻加热轨迹的形式。对比文件 3 已经公开了权利要求 2 的附加技术特征：所述的加热装置包括厚膜印刷电路形式的电阻加热装置（对比文件 3 第 3 页第 26 行），所述的厚膜印刷电路设有两条独立的导电轨迹（对比文件 3 第 3 页第 30 行）。对比文件 3 已经公开了权利要求 2 进一步限定的技术特征，因此，权利要求 2 相对于对比文件 3 不符合专利法第二十二条第三款的规定，不具备创造性。

权利要求 3 进一步限定组成主和辅助加热装置的电阻加热轨迹是具有不同电阻率的材料。对比文件 3 中公开了 2000W 和 200W 两种电阻值不同的导电轨迹，对本领域的技术人员来讲，通过采用不同电阻率的材料，使得电阻加热轨迹的电阻不同，是通用的技术手段，因此，权利要求 3 不具有突出的实质性特点和显著的进步，不符合专利法第二十二条第三款的规定，不具备创造性。

权利要求 4 进一步限定主加热装置是辅助加热装置的一部分，辅助加热装置包括一个电阻加热轨迹的辅助部分，该部分比主加热元件的电阻要高并与主加热元件串联。对比文件 1 中公开的电阻轨迹或电阻带通过所述接头分别与恒温元件串连联结（对比文件 1 第 3 页第 5 行），其中电阻轨迹或电阻带相当于权利要求 4 的主加热装置，恒温元件（30）下面提供轨迹（32）（对比文件 1 第 3 页第 6 行），其中恒温元件相当于辅助加热装置，可见，电阻轨迹或电阻带与恒温元件的轨迹之间实际上是串连的，即两个加热部分之间也是串连。对比文件 1 还公开了如下内容：轨迹（32）的阻值相对于带（23，24，26 ~ 29）如此之高，可见恒温元件 30 的轨迹 32 的阻值高于带的阻值，即辅助加热装置的阻值高于主加热装置的阻值。因此，对比文件 1 已经公开了权利要求 4 进一步限定的技术特征，权利要求 4 相对于对比文件 3 结合对比文件 1 不符合专利法第二十二条第三款的规定，不具备创造性。

权利要求 5 进一步限定辅助加热器的热量输出比将容器中液体保持沸腾所需要的热量要稍微高一些。对本领域的普通技术人员来讲，要使容器中的液体保持沸腾的状态同时又不产生过多的热量损失，使辅助加热装置的热量输出尽可能地比将容器中液体保持沸腾所需要的热量要稍微高一些，是本领域的公知常识。因此，权利要求 5 不符合专利法第二十二条第三款的规定，不具备创造性。

权利要求 6 进一步限定辅助加热装置的加热效果是基本局部化的，这样就能看见从加热器上升的一串局部的气泡流。对比文件 1 公开了恒温元件（30）下面提供轨迹（32）（对比文件 1 第 3 页第 6 行）。从附图 3 中也可以明显看出，对比文件 1 中的高阻值电阻元件（32）也是位于加热装置的底部，其加热同样也是局部化的，而上升的局部的起泡流是局部化加热所必然产生的效果。因此，权利要求 6 相对于对比文件 3 结合对比文件 1 不符合专利法第二十二条第三款的规定，不具备创造性。

权利要求 7 进一步限定装置的液体容器是透明的或具有一个透明的部分。对本领域的普通技术人员来讲，液体容器采用透明或者局部透明的方式，以便于从外部可以直接观察到内容的情况，是本领域的公知常识，也是非常容易想到的。因此，权利要求 7 相对于对比文件 3 结合对比文件 1 不符合专利法第二十二条第三款的规定，不具备创造性。

权利要求 8 进一步限定该装置的加热器是根据该装置的一个起动运动而被通上电的。对本领域的普通技术人员来讲，加热装置都需要通过一个类似于开关的装置启动电源，开始对液体进行加热，该特征属于本领域的公知常识，也是非常容易想到的。因此，权利要求 7 相对于对比文件 3 不符合专利法第二十二条第三款的规定，不具备创造性。

鉴于权利要求 1 ~ 8 相对于上述对比文件不具备创造性，合议组不再对其他评价方式进行评述。

三、决定

宣告第99803814.8号专利权全部无效。当事人对本决定不服的，可以根据专利法第四十六条第二款的规定，自收到本决定之日起三个月内向北京市第一中级人民法院起诉。根据该条款的规定，一方当事人起诉后，另一方当事人应当作为第三人参加诉讼。

北京市第一中级人民法院
行政判决书

（2006）一中行初字第1324号

原告施特里克斯有限公司，住所地英国人岛。

法定代表人麦克·詹姆斯·斯考特，集团技术总监。

委托代理人董巍，北京市德恒律师事务所律师。

委托代理人李亚非，中国专利代理（香港）有限公司专利代理人。

被告中华人民共和国国家知识产权局专利复审委员会，住所地中华人民共和国北京市海淀区北四环西路9号银谷大厦10~12层。

法定代表人廖涛，副主任。

委托代理人李韵美，女，中华人民共和国国家知识产权局专利复审委员会审查员。

委托代理人张华，男，中华人民共和国国家知识产权局专利复审委员会审查员。

第三人萨尔顿香港有限公司，住所地香港特别行政区。

法定代表人英格尔博特·乔纳斯·威勒姆斯·詹森·冯·登·多马棱，董事。

委托代理人车文，中原信达知识产权代理有限责任公司专利代理人。

委托代理人韩旭，女，1967年2月7日出生，蒙古族，中原信达知识产权代理有限责任公司法务人员，住北京市崇文区广渠门内大街88号楼7单元1502号。

原告施特里克斯有限公司因专利行政裁决一案，不服被告中华人民共和国国家知识产权局专利复审委员会作出的第8483号无效宣告请求审查决定（下称无效决定），于2006年9月28日向本院提起行政诉讼。本院受理后依法组成合议庭，根据《中华人民共和国行政诉讼法》第二十七条、《中华人民共和国专利法》（下称《专利法》）第四十六条第二款的规定，通知萨尔顿香港有限公司作为第三人参加诉讼。本院于2006年12月7日公开开庭审理了本案。原告的委托代理人董巍、被告的委托代理人李韵美和张华、第三人的委托代理人车文和韩旭到庭参加了诉讼。本案现已审理终结。

被告于2006年3月15日针对第三人提出的无效宣告请求作出了无效决定，其主要内容如下：

本无效宣告请求案涉及国家知识产权局2004年5月5日授权、名称为“电加热器”的99803814.8号发明专利（下称本专利），本专利的申请日为1999年3月17日，优先权日为1998年3月17日，专利权人是原告。

针对上述本专利，第三人于2005年2月6日向被告提出无效宣告请求。第三人向被告提交了下列证据：

附件1：DE3833293A1号德国专利，公开日为1989年4月20日；

附件2：EP0485211A1号欧洲专利，公开日为1992年5月13日；

附件3：WO9526176号国际申请，公开日为1995年10月5日；

附件4：附件1全文译文，共3页（下称对比文件1）；

附件5：附件2相关部分译文，共3页（下称对比文件2）；

附件6：附件3全文译文，共16页（下称对比文件3）；

附件7：ZL98803814.8号发明专利（即本专利）；

附件8：委托书。

经形式审查合格，被告于2005年3月25日向双方当事人发出了无效宣告请求受理通知书，并将该无效宣告请求书及其附件清单中所列附件副本转送原告。

原告针对第三人的无效请求提交了意见陈述书，并提交了权利要求1～8的修改替换页。原告于2005年5月9日提交的修改的权利要求1～8中，将原权利要求4的引用关系从引用权利要求1～3改成引用权利要求2～3，修改后的权利要求如下：

1. 一种液体加热装置，其中，它包括一个加热器，该加热器具有一个主加热装置，用来在加热器最初通电期间通电，从而将装置中的液体加热到一预定温度，以及一个辅助加热装置，它在那个温度被探测到之后通上电，所述辅助加热装置在当装置中的液体处于预定温度时具有一个与液体加热装置的热量散失速率大致相等的功率输出。

2. 如权利要求1所述的装置，其中，加热器是一种厚膜加热器，其相应的加热装置是采用电阻加热轨迹的形式。

3. 如权利要求2所述的装置，其中，组成主和辅助加热装置的电阻加热轨迹是具有不同电阻率的材料。

4. 如权利要求2～3的任一项所述的装置，其中，辅助加热装置包括一个电阻加热轨迹的辅助部分，该部分比主加热装置的电阻要高并与主加热装置串联。

5. 如权利要求1～3任一项中所述的装置，其中，辅助加热装置的热量输出比将容器中液体保持沸腾所需要的热量要稍微高一些。

6. 如权利要求5所述的装置，其中，辅助加热装置的加热效果是局部化的，这样就能看见从加热器上升的一串局部的气泡流。

7. 如权利要求6所述的装置，其中，装置的液体容器是透明的或具有一个透明的部分。

8. 如权利要求1～3任一项中所述的装置，其中，该装置的加热器是根据该装置的一个起动运动而被通上电的。

2005年12月13日举行了口头审理，原告和第三人均参加了口头审理。在口头审理中，双方当事人对被告合议组成员没有回避请求；双方当事人对对方出庭人员的身份没有异议；原告当庭明确表示对对比文件1（德国专利DE3833293A1）、对比文件2（欧洲专利EP0485211）、对比文件3（专利WO9526176）的真实性没有异议，对对比文件1～3中文译文的准确性没有异议；第三人明确其无效理由为：本专利权利要求1～8不符合《中华人民共和国专利法实施细则》（下称《实施细则》）第二十条第一款的规定；本专利说明书不符合《专利法》第二十六条第三款的规定；本专利权利要求3不符合《专利法》第二十六条第四款的规定；本专利权利要求1～8分别相对于对比文件1～3不具备新颖性；对比文件1、2、3分别结合公知常识评述本专利权利要求1～8的创造性；原告于2005年5月9日提交修改后的权利要求1～8，将原权利要求4的引用关系从引用权利要求1～3改成引用权利要求2～3；本次口审依据的文本以修改后的权利要求1～8为审理基础。双方均充分陈述了意见。

被告认为：

1. 关于文本

原告于2005年5月9日提交修改后的权利要求第1～8项，将原权利要求4的引用关系从引用权利要求 1 ~3 改成引用权利要求 2 ~3，即删除了原权利要求 4 引用权利要求 1 的技术方案，以上修改符合《专利法》第三十三条和《实施细则》第六十八条的规定。本决定依据的权利要求书以 2005 年 5 月 9 日提交的权利要求第 1 ~8 项为审理基础。

2. 关于证据

对比文件 1 ~3 的公开日均早于本专利的申请日，构成现有技术，原告对其译文，即对比文件1 ~3 的准确性无异议，使用对比文件 1 ~3 可以评价本专利的新颖性和创造性。

3. 关于《实施细则》第二十条第一款

针对第三人提出的权利要求 1 ~8 不清楚的问题，被告认为：

（1）权利要求 1 中两次提及的“预定温度”采用了相同的描述，并未进行区别描述（例如第一温度、第二温度等方式），应当认为是同一温度，并且相同的预定温度也能够得到说明书的支持，因此，两次提及的“预定温度”是清楚的，符合《实施细则》第二十条第一款的规定。因此，引用权利要求 1 的权利要求 2 ~8 也是清楚的。

（2）权利要求 2 请求保护的液体加热装置包括加热器，该加热器也包括主加热装置和辅助加热装置，其中的加热器是一种厚膜加热器，其相应的加热装置（即主加热装置和辅助加热装置）采用电阻加热轨迹的形式。权利要求 4 在引用权利要求 2 时，是对权利要求 2 请求保护的技术方案中相应的加热装置（即主加热装置和辅助加热装置）中的辅助加热装置的进一步限定，将其进一步限定为比主加热装置的电阻要高并与主加热装置串联，上述描述对本领域的技术人员来讲是清楚的。权利要求 4 在引用权利要求 3 时，也是对权利要求 3 请求保护的技术方案中相应的加热装置（即主加热装置和辅助加热装置）中的辅助加热装置的进一步限定，进一步限定辅助加热装置的电阻要高于主加热装置，并且与主加热装置串联，上述描述对本领域的技术人员来讲是清楚的。因此，权利要求 4 在引用权利要求 2 或 3 时构成的技术方案都是清楚的，符合《实施细则》第二十条第一款的规定。

（3）在本专利说明书第 13 页第 11 ~18 行中描述了一个旋转安装容器通断电的工作方式，并且在第 19 ~23 行对起动运动进行了如下详细说明：“最好起动运动是一个旋转的运动，……采用旋转运动，就可以通过将容器先在一个方向旋转然后在另一个方向上旋转从而获得一个相当大的加速度，当改变运动方向时，可以获得最大的加速度。”。根据上述说明，可以看出液体加热容器绕着连接器的轴部分旋转，对本领域的普通技术人员来讲，上述描述是清楚的，因此，权利要求 8 符合《实施细则》第二十条第一款的规定。

4. 关于《专利法》第二十六条第三款

被告认为，在实践中，装置可以工作在略微不同的工作条件下，并由此具有略微不同的热量散失。但在工作条件的典型范围下，液体加热容器的热量散失不会有太大差异，即，在本领域通常的条件状态下，例如温度、海拔、气压等环境因素下，能够实现本专利的技术方案。第三人所称的生活环境温度极低、高原地区等影响热量散失速率的条件为日常生活中不常见的极端条件，不影响所属技术领域的技术人员按照说明书中记载的内容再现该发明的技术方案，解决其技术问题，并产生预期的技术效果，并且本领域的技术人员不需要付出创造性的劳动。因此，本专利的说明书符合《专利法》第二十六条第三款的规定。

5. 关于《专利法》第二十六条第四款

被告认为，电阻的计算公式为：$R = \rho L/S$，电阻率是影响电阻的因素之一，长度与横截面积都可以影响电阻的大小，因此，权利要求 3 进一步限定的是主、辅加热装置具有不同的电阻率，即，限定的是不同的材料特征，而不是限定二者具有不同的电阻。本专利说明书第 13 页第 27 ~18 行进行了如下描述，电阻加热轨迹构成了主和辅助加热装置，它们最好是采用不同的材料。可见，上述相关描述能够支持权利要求3进一步限定的技术特征，即，权利要求3能够得到说明书的支持，符合《专利法》第二十六条第四款的规定。

6. 关于新颖性

权利要求1~8相对于对比文件1的新颖性：

权利要求1请求保护一种液体加热装置，其中，它包括一个加热器，该加热器具有一个主加热装置，用来在加热器最初通电期间通电，从而将装置中的液体加热到一预定温度，以及一个辅助加热装置，它在那个温度被探测到之后通上电，所述辅助加热装置在当装置中的液体处于预定温度时具有一个与液体加热装置的热量散失速率大致相等的功率输出。该技术方案包括4个技术特征：（1）该装置是用于加热液体的装置；（2）该加热装置包括一个加热器；（3）具有一个主加热装置，用来在加热器最初期间通电，由此将装置中的液体加热到一个预定温度；（4）该装置具有一个辅助加热装置，在探测到已经达到预定温度后通电，使在所述的预定温度下，其输出功率大致等于液体加热装置的热量散失速率。

对比文件1公开了一种加热元件，用在例如煮蛋或者煮咖啡的装置中（对比文件1说明书摘要），对比文件1也是一种用于加热液体的元件，可见，对比文件1已经公开了第（1）和第（2）个技术特征。对比文件1第2页倒数第三自然段进行了如下描述，加热元件或电阻元件（2，3，4）将电能转变为热，热通过板或一部分板（不导电的部分）传导并且可以加热装水的容器，在电阻带（2，3，4）处，可以通过带有连接接头（5，6）的导线（7，8，9）施加电压。倒数第二自然段进行了如下描述，当板（1）的温度超过预定值，例如130摄氏度时，将通过恒温元件（10）的在该温度弯曲的双金属元件（11）断开带（8）和（9）之间的电连接。根据上述倒数第二、三自然段的描述可知，对比文件1中的加热元件也是将电阻带通电，将电能转换为热能，并且在将水加热达到一个预定温度后，将断开电连接，停止加热，对比文件1已经公开了第（3）个技术特征。被告认为，对比文件1并没有公开第（4）个技术特征，即，对比文件1中没有公开加热器还包括一个辅助加热装置，在探测到已经达到预定温度后通电，使其输出功率大致等于液体加热装置的热量散失速率。因此，对比文件1与权利要求1存在区别技术特征，权利要求1相对于对比文件1具有新颖性，符合《专利法》第二十二条第二款的规定。

由于权利要求1相对于对比文件1具备新颖性，其从属权利要求2~8相对于对比文件1也具备新颖性，符合《专利法》第二十二条第二款的规定。

权利要求1~8相对于对比文件2的新颖性：

权利要求1请求保护一种液体加热装置，技术方案如上所述。

对比文件2公开了一种加热设备，水壶130包括容器131，水壶利用加热设备134（相当于加热器）加热（第1页最后一段），根据上述描述可知，对比文件2也是一个加热液体的装置，并且也具有加热器，对比文件2公开了权利要求1的第（1）、（2）两个特征。介电层75带有一个导电轨迹形式的加热元件（对比文件第2页第1自然段），并且在第5自然段进行了如下描述，在水文火模式，相应检测到的温度通过调节进过加热元件10的电流将温度控制在90摄氏度。根据上述说明可知，对比文件2中也具有将液体加热到预定温度的加热装置，该装置相当于权利要求1中的主加热装置，即对比文件2公开了权利要求1的第（3）个技术特征。被告认为，对比文件2并没有公开第（4）个技术特征，即，对比文件2中没有公开加热器还包括一个辅助加热装置，在探测到已经达到预定温度后通电，使其输出功率大致等于液体加热装置的热量散失速率。因此，对比文件2与权利要求1存在区别技术特征，权利要求1相对于对比文件2具备新颖性，符合《专利法》第二十二条第二款的规定。

由于权利要求 1 相对于对比文件 2 具备新颖性，其从属权利要求 2～8 相对于对比文件 2 也具备新颖性，符合《专利法》第二十二条第二款的规定。

权利要求 1～8 相对于对比文件 3 的新颖性：

权利要求 1 请求保护一种液体加热装置，技术方案如上所述。

对比文件 3 公开了一种蜡浴槽，它提供一种加热装置能够把所述的液体加热到蜡的熔点以上的温度（对比文件 3 第 2 页第 15～16 行），可见，对比文件 3 已经公开了权利要求 1 的第（1）和第（2）个技术特征；所述的加热装置包括厚膜印刷电路形式的电阻加热装置（对比文件 3 第 3 页第 26 行），所述的厚膜印刷电路设有两条独立的导电轨迹，从而当使用蜡浴槽时用温度传感器控制对轨迹的操作，使得当探测到的液体温度在蜡熔点温度以下时同时启动两条轨迹，随后当探测到的液体温度在第一温度水平或以上时至少关闭一条轨迹，这种状态一直持续到探测到的液体温度在第二温度水平为止，这时操作两条轨迹中的一条轨迹使得液体保持在第二温度水平或其附近（对比文件 3 第 3 页第 30 行至第 4 页第 5 行），并且在实施例（参考图 7）中进行了如下具体说明，当蜡层是固体并且水温处于室温时，这时的温度通常低于蜡的熔点，即低于 45℃，为了快速加热蜡 28，控制单元以便单独运行具有较高功率 2000W 的导电轨迹和 200W 的导电轨迹，传感器 14 探测到的水 26 的温度就大致升高到 60℃。随后在传感器 14 探测到的温度时 63±3℃时，至少关掉元件的 2000W 导电轨迹，并且允许水 26 的温度及蜡 28 的温度降低到大约 49℃，200W 的元件会继续运行把蜡温保持在 49℃左右（对比文件 3 第 9 页 27 行至第 10 页 7 行）。如果发现水 26 的温度在 45℃以上 49℃以下，那么就操作 200W 的元件轨迹以提高水温并由此提高蜡温，把蜡温保持在 49+1℃（对比文件 3 第 10 页第 24～25 行）。根据上说描述可知，尽管对比文件 3 中也包括两个部分的加热装置（相当于权利要求 1 中的主和辅助加热装置），但是，辅助加热装置所保持的温度与主加热装置在开始加热时达到温度是两个不同的温度，2000W 的轨迹加热到的第一温度是 63±3℃，而 200W 的加热轨迹在水温降低到 45～49℃之间时启动，将水温提高，使蜡温保持在 49+1℃。权利要求 1 中的辅助装置是在与主加热装置加热后的温度相同的温度下，使其输出功率大致等于液体加热装置的热量散失速率的，可见二者存在区别。因此，权利要求 1 相对于对比文件 3 符合《专利法》第二十二条第二款的规定，具备新颖性。

由于权利要求 1 相对于对比文件 3 具备新颖性，其从属权利要求 2～8 相对于对比文件 3 也具备新颖性，符合《专利法》第二十二条第二款的规定。

7. 关于创造性

权利要求 1～8 相对于对比文件 1～3 的创造性。

如上文所述，权利要求 1 与对比文件 3 的区别仅在于辅助加热装置开始工作的温度不同，并且对比文件 3 中没有明确指出辅助加热装置的输出功率大致等于液体加热装置的热量散失速率。被告认为，对比文件 3 已经明确指出，200W 的元件会继续运行把蜡温保持在 49℃左右（对比文件 3 第 9 页 27 行至第 10 页 7 行）。如果发现水 26 的温度在 45℃以上 49℃以下，那么就操作 200W 的元件轨迹以提高水温并由此提高蜡温，把蜡温保持在 49+1℃（对比文件 3 第 10 页第 24～25 行）。对本领域的普通技术人员来讲，将液体温度保持在一个特定的温度时，输出的功率必然大致等于热量散失速率，只有保持二者的一致，才能使温度稳定在一个预定值，因此，“辅助加热装置的输出功率大致等于液体加热装置的热量散失速率”这一特征属于本领域的公知常识。辅助加热装置开始工作时的温度条件是由温度检测装置决定的，对本领域的技术人员来讲，将其设置为主加热装置加热到预定的温度相同的温度，从而使温度一直保持在预定的温度，而不是保持在一个比预定温度低的第二温度，是容易想到的，不需要付出创造性的劳动，因此，权利要求 1 相对于对比文件 3 不具有突出的实质性特点和显著的进步，不符合《专利法》第二十二条第三款的规定。

权利要求2进一步限定加热器是一种厚膜加热器，其相应的加热装置是采用电阻加热轨迹的形式。对比文件3已经公开了权利要求2的附加技术特征：所述的加热装置包括厚膜印刷电路形式的电阻加热装置（对比文件3第3页第26行），所述的厚膜印刷电路设有两条独立的导电轨迹（对比文件3第3页第30行）。对比文件3已经公开了权利要求2进一步限定的技术特征，因此，权利要求2相对于对比文件3不符合《专利法》第二十二条第三款的规定，不具备创造性。

权利要求3进一步限定组成主和辅助加热装置的电阻加热轨迹是具有不同电阻率的材料。对比文件3中公开了2000W和200W两种电阻值不同的导电轨迹，对本领域的技术人员来讲，通过采用不同电阻率的材料，使得电阻加热轨迹的电阻不同，是通用的技术手段，因此，权利要求3不具有突出的实质性特点和显著的进步，不符合《专利法》第二十二条第三款的规定，不具备创造性。

权利要求4进一步限定主加热装置是辅助加热装置的一部分，辅助加热装置包括一个电阻加热轨迹的辅助部分，该部分比主加热元件的电阻要高并与主加热元件串联。对比文件1中公开的电阻轨迹或电阻带通过所述接头分别与恒温元件串连联结（对比文件1第3页第5行），其中电阻轨迹或电阻带相当于权利要求4的主加热装置，恒温元件（30）下面提供轨迹（32）（对比文件1第3页第6行），其中恒温元件相当于辅助加热装置，可见，电阻轨迹或电阻带与恒温元件的轨迹之间实际上是串连的，即两个加热部分之间也是串连。对比文件1还公开了如下内容：轨迹（32）的阻值相对于带（23，24，26~29）如此之高，可见恒温元件30的轨迹32的阻值高于带的阻值，即辅助加热装置的阻值高于主加热装置的阻值。因此，对比文件1已经公开了权利要求4进一步限定的技术特征，权利要求4相对于对比文件3结合对比文件1不符合《专利法》第二十二条第三款的规定，不具备创造性。

权利要求5进一步限定辅助加热器的热量输出比将容器中液体保持沸腾所需要的热量要稍微高一些。对本领域的普通技术人员来讲，要使容器中的液体保持沸腾的状态同时又不产生过多的热量损失，使辅助加热装置的热量输出尽可能地比将容器中液体保持沸腾所需要的热量要稍微高一些，是本领域的公知常识。因此，权利要求5不符合《专利法》第二十二条第三款的规定，不具备创造性。

权利要求6进一步限定辅助加热装置的加热效果是基本局部化的，这样就能看见从加热器上升的一串局部的气泡流。对比文件1公开了恒温元件（30）下面提供轨迹（32）（对比文件1第3页第6行）。从附图3中也可以明显看出，对比文件1中的高阻值电阻元件（32）也是位于加热装置的底部，其加热同样也是局部化的，而上升的局部的起泡流是局部化加热所必然产生的效果。因此，权利要求6相对于对比文件3结合对比文件1不符合《专利法》第二十二条第三款的规定，不具备创造性。

权利要求7进一步限定装置的液体容器是透明的或具有一个透明的部分。对本领域的普通技术人员来讲，液体容器采用透明或者局部透明的方式，以便于从外部可以直接观察到内容的情况，是本领域的公知常识，也是非常容易想到的。因此，权利要求7相对于对比文件3结合对比文件1不符合《专利法》第二十二条第三款的规定，不具备创造性。

权利要求8进一步限定该装置的加热器是根据该装置的一个起动运动而被通上电的。对本领域的普通技术人员来讲，加热装置都需要通过一个类似于开关的装置启动电源，开始对液体进行加热，该特征属于本领域的公知常识，也是非常容易想到的。因此，权利要求7相对于对比文件3不符合《专利法》第二十二条第三款的规定，不具备创造性。

鉴于权利要求1~8相对于上述对比文件不具备创造性，被告不再以其他评价方式进行评述。

被告依照《专利法》第二十二条第三款决定宣告本专利全部无效。

被告在法定举证期限内向本院提交了下列证据，用以证明无效决定认定的事实清楚、适用法律正确：1. 本专利授权公告文本；2. 对比文件 3 公开文本及译文；3. 无效决定书。

原告诉称，被告关于“辅助加热装置的输出功率大致等于液体加热装置的热量散失速率这一特征属于本领域的公知常识”的认定，没有证据佐证，该技术特征并非本领域公知常识，且正是本专利区别于对比文件 3 而具备创造性的技术特征。原告请求法院判决撤销无效决定。

原告在法定举证期限内向本院提交了下列证据，用于证明本专利具有创造性：1. 无效决定书；2. 本专利公告文本；3. 对比文件 3 公开文本及译文。

被告辩称，无效决定认定的事实清楚、适用法律正确、程序合法、审查结论正确，被告坚持无效决定的理由，请求法院判决维持无效决定。

第三人同意被告意见，请求法院判决维持无效决定。同时，第三人提出本专利说明书中没有给出如何根据热量散失速率的变化而相应地对辅助加热装置的功率输出进行调整的实施方式，以至于本领域的普通技术人员无法根据说明书披露的内容实现本专利，无效决定认定本专利符合《专利法》第二十六条第三款的规定，与事实不符。

第三人在法定举证期限内向本院提交了科学出版社于 1964 年 7 月出版的《热应力》，用于证明热传导的基本公式是公知常识。

针对被告和原告提交的证据，各方当事人对其关联性、合法性、真实性没有异议，原告和被告对对方的证明作用持有异议，第三人同意被告的质证意见。针对第三人提交的证据，原告认为与本案无关，被告对该证据没有异议，被告提出第三人在行政程序中曾经提出过该证据，但被告未予采用。

经庭审质证，本院根据《最高人民法院关于行政诉讼证据若干问题的规定》，对当事人提交的证据认证如下：被告和原告提交的证据，符合关联性、合法性、真实性的要求，且可以证明被诉具体行政行为、本专利及对比文件的情况，本院予以确认；第三人提交的证据，属于参考书，并非技术词典、技术手册、教科书等公知常识，本院不予确认。

依据上述有效证据，本院认定事实如下：原告于 1999 年 3 月 17 日向国家知识产权局申请名称为“电加热器”的 99803814.8 号发明专利（即本专利），2004 年 5 月 5 日授权公告，优先权日为 1998 年 3 月 17 日，专利权人是原告。针对本专利，第三人于 2005 年 2 月 6 日向被告提出无效宣告请求并提交了相关证据。经形式审查合格，被告受理了该无效宣告请求，被告将该无效宣告请求书及其附件的副本转送原告。原告向被告提交了意见陈述书，并于 2005 年 5 月 9 日提交了权利要求 1 ~ 8 的修改替换页。被告经转文、口头审理后，作出无效决定，以本专利相对于对比文件 3 不具备创造性为由，宣告本专利全部无效。原告不服无效决定，向本院提起行政诉讼。

本院认为，根据《专利法》第四十六条第一款的规定，被告具有受理无效请求和作出无效决定的法定职权。经各方当事人确认，本案的争议焦点是本专利权利要求 1 相对于对比文件 3 是否具有创造性。

根据《专利法》第二十二条第三款的规定，创造性是指同申请日以前已有的技术相比，该发明有突出的实质性特点和显著的进步。

本专利权利要求 1 请求保护一种液体加热装置，其中，它包括一个加热器，该加热器具有一个主加热装置，用来在加热器最初通电期间通电，从而将装置中的液体加热到一预定温度，以及一个辅助加热装置，它在那个温度被探测到之后通上电，所述辅助加热装置在当装置中的液体处于预定温度时具有一个与液体加热装置的热量散失速率大致相等的功率输出。该技术方案包括 4 个技术特征：（1）该装置是用于加热液体的装置；（2）该加热装置包括一个加热器；（3）具有一个主加热装置，用来在加热器最初期间通电，由此将装置中的液体加热到一个预定温度；（4）该装置具有一个辅助加热装置，在探测到已经达到预定温度后通电，使在所述的预定温度下，其输出功率大致等于液体加热装置的热量散失速率。

对比文件3公开了一种蜡浴槽，它提供一种加热装置能够把所述的液体加热到蜡的熔点以上的温度，所述的加热装置包括厚膜印刷电路形式的电阻加热装置，所述的厚膜印刷电路设有两条独立的导电轨迹，从而当使用蜡浴槽时用温度传感器控制对轨迹的操作，使得当探测到的液体温度在蜡熔点温度以下时同时启动两条轨迹，随后当探测到的液体温度在第一温度水平或以上时至少关闭一条轨迹，这种状态一直持续到探测到的液体温度在第二温度水平为止，这时操作两条轨迹中的一条轨迹使得液体保持在第二温度水平或其附近，并且在实施例中进行了如下具体说明，当蜡层是固体并且水温处于室温时，这时的温度通常低于蜡的熔点，即低于45℃，为了快速加热蜡28，控制单元以便单独运行具有较高功率2000W的导电轨迹和200W的导电轨迹，传感器14探测到的水26的温度就大致升高到60℃。随后在传感器14探测到的温度时63±3℃时，至少关掉元件的2000W导电轨迹，并且允许水26的温度及蜡28的温度降低到大约49℃，200W的元件会继续运行把蜡温保持在49℃左右（对比文件3第9页27行至第10页7行）。如果发现水26的温度在45℃以上49℃以下，那么就操作200W的元件轨迹以提高水温并由此提高蜡温，把蜡温保持在49+1℃（对比文件3第10页第24~25行）。

将本专利权利要求1与对比文件3相比，其区别仅在于辅助加热装置开始工作的温度不同，并且对比文件3中没有明确指出辅助加热装置的输出功率大致等于液体加热装置的热量散失速率。

根据对比文件3的记载，200W的元件会继续运行把蜡温保持在49℃左右。如果发现水26的温度在45℃以上49℃以下，那么就操作200W的元件轨迹以提高水温并由此提高蜡温，把蜡温保持在49+1℃。相对于本领域的普通技术人员，将液体温度保持在一个特定的温度时，输出的功率必然大致等于热量散失速率，只有保持二者的一致，才能使温度稳定在一个预定值。只要在相同的时间内及时补充与散失的热量相当的能量就可以保持一定的温度属于生活基本常识，属于公知的能量守恒。因此，“辅助加热装置的输出功率大致等于液体加热装置的热量散失速率”这一特征属于本领域的公知常识。辅助加热装置开始工作时的温度条件是由温度检测装置决定的，相对于本领域的技术人员，将其设置为主加热装置加热到与预定的温度相同的温度，从而使温度一直保持在预定的温度，而不是保持在一个比预定温度低的第二温度，不需要付出创造性的劳动。因此，权利要求1相对于对比文件3不具有突出的实质性特点和显著的进步，不符合《专利法》第二十二条第三款的规定。原告关于本专利权利要求1相对于对比文件3具备创造性的诉讼主张，缺乏事实及法律依据，本院不予支持。

第三人关于本专利的说明书不符合《专利法》第二十六条第三款规定的诉讼主张，经本院审查，亦缺乏事实依据，本院亦不予支持。

综上所述，无效决定认定的事实清楚，适用法律、法规、规章正确，程序合法，本院应予支持。原告的诉讼请求缺乏事实和法律依据，本院不予支持。据此，本院依照《中华人民共和国行政诉讼法》第五十四条第（一）项的规定，判决如下：

维持被告中华人民共和国国家知识产权局专利复审委员会于二〇〇六年三月十五日作出的第8483号无效宣告请求审查决定。

案件受理费1000元，由原告施特里克斯有限公司负担（已交纳）。

如不服本判决，原告施特里克斯有限公司、第三人萨尔顿香港有限公司可在本判决书送达之日起30日内，被告中华人民共和国国家知识产权局专利复审委员会可在本判决书送达之日起15日内，向本院递交上诉状，并按对方当事人的人数提交副本，上诉于中华人民共和国北京市高级人民法院。

上诉人在接到人民法院预交诉讼费用通知后7日内未预交又不提出缓交申请的，按自动撤回上诉处理。

审 判 长 张 杰
代理审判员 乔 军
代理审判员 刘井玉
二〇〇六年十二月二十日
书 记 员 张 涵

北京市高级人民法院
行政判决书

(2007) 高行终字第216号

上诉人（一审原告）施特里克斯有限公司，住所地英国人岛。

法定代表人麦克·詹姆斯·斯考特，集团技术总监。

委托代理人董巍，北京市德恒律师事务所律师。

委托代理人顾珊，北京市德恒律师事务所职员。

被上诉人（一审被告）中华人民共和国国家知识产权局专利复审委员会，住所地中华人民共和国北京市海淀区北四环西路9号银谷大厦10～12层。

法定代表人廖涛，副主任。

委托代理人李韵美，女，中华人民共和国国知识产权局专利复审委员会审查员。

委托代理人张华，男，中华人民共和国国家知识产权局专利复审委员会审查员。

被上诉人（一审第三人）萨尔顿香港有限公司，住所地中华人民共和国香港特别行政区。

法定代表人英格尔博特·乔纳斯·威勒姆斯·詹森·冯·登·多马梭，董事。

委托代理人车文，中原信达知识产权代理有限责任公司专利代理人。

委托代理人韩旭，女，1967年2月7日出生，蒙古族，中原信达知识产权代理有限责任公司法务人员，住中华人民共和国北京市崇文区广渠门内大街88号楼7单元1502号。

上诉人施特里克斯有限公司（下称上诉人）因专利行政裁决一案，不服中华人民共和国北京市第一中级人民法院（2006）一中行初字第1324号行政判决，向本院提起上诉，本院受理后，依法组成合议庭，于2007年6月12日公开开庭进行了审理。上诉人施特里克斯有限公司的委托代理人董巍、顾珊，被上诉人中华人民共和国国家知识产权局专利复审委员会（下称专利复审委）的委托代理人李韵美、张华，被上诉人萨尔顿香港有限公司（下称萨尔顿香港公司）的委托代理人车文、韩旭到庭参加了诉讼。本案现已审理终结。

中华人民共和国北京市第一中级人民法院（2006）一中行初字第1324号行政判决认为，本专利权利要求1请求保护一种液体加热装置，其中，它包括一个加热器，该加热器具有一个主加热装置，用来在加热器最初通电期间通电，从而将装置中的液体加热到一预定温度，以及一个辅助加热装置，它在那个温度被探测到之后通上电，所述辅助加热装置在当装置中的液体处于预定温度时具有一个与液体加热装置的热量散失速率大致相等的功率输出。该技术方案包括4个技术特征：（1）该装置是用于加热液体的装置；（2）该加热装置包括一个加热器；（3）具有一个主加热装置，用来在加热器最初期间通电，由此将装置中的液体加热到一个预定温度；（4）该装置具有一个辅助加热装置，在探测到已经达到预定温度后通电，使在所述的预定温度下，其输出功率大致等于液体加热装置的热量散失速率。

对比文件3公开了一种蜡浴槽，它提供一种加热装置能够把所述的液体加热到蜡的熔点以上的温度，所述的加热装置包括厚膜印刷电路形式的电阻加热装置，所述的厚膜印刷电路设有两条独立的导电轨迹，从而当使用蜡浴槽时用温度传感器控制对轨迹的操作，使得当探测到的液体温度在蜡熔点温度以下时同时启动两条轨迹，随后当探测到的液体温度在第一温度水平或以上时至少关闭一条轨迹，这种状态一直持续到探测到的液体温度在第二温度水平为止，这时操作两条轨迹中的一条轨迹使得液体保持在第二温度水平或其附近，并且在实施例中进行了如下具体说明，当蜡层是固体并且水温处于室温时，这时的温度通常低于蜡的熔点，即低于45℃，为了快速加热蜡28，控制单元以便单独运行具有较高功率2000W的导电轨迹和200W的导电轨迹，传感器14探测到的水26的温度就大致升高到60℃。随后在传感器14探测到的温度时63±3℃时，至少关掉元件的2000W导电轨迹，并且允许水2 6的温度及蜡2 8的温度降低到大约49℃，200W的元件会继续运行把蜡温保持在49℃左右（对比文件3第9页27行至第10页7行）。如果发现水26的温度在45℃以上49℃以下，那么就操作200W的元件轨迹以提高水温并由此提高蜡温，把蜡温保持在49+1℃（对比文件3第10页24至25行）。

将本专利权利要求1与对比文件3相比，其区别仅在于辅助加热装置开始工作的温度不同，并且对比文件3中没有明确指出辅助加热装置的输出功率大致等于液体加热装置的热量散失速率。

根据对比文件3的记载，200W的元件会继续运行把蜡温保持在49℃左右。如果发现水26的温度在45℃以上49℃以下，那么就操作200W的元件轨迹以提高水温并由此提高蜡温，把蜡温保持在49+1℃。相对于本领域的普通技术人员，将液体温度保持在一个特定的温度时，输出的功率必然大致等于热量散失速率，只有保持二者的一致，才能使温度稳定在一个预定值。只要在相同的时间内及时补充与散失的热量相当的能量就可以保持一定的温度属于生活基本常识，属于公知的能量守恒。因此，“辅助加热装置的输出功率大致等于液体加热装置的热量散失速率”这一特征属于本领域的公知常识。辅助加热装置开始工作时的温度条件是由温度检测装置决定的，相对于本领域的技术人员，将其设置为主加热装置加热到与预定的温度相同的温度，从而使温度一直保持在预定的温度，而不是保持在一个比预定温度低的第二温度，不需要付出创造性的劳动。因此，权利要求1相对于对比文件3不具有突出的实质性特点和显著的进步，不符合《专利法》第二十二条第三款的规定。原告关于本专利权利要求1相对于对比文件3具备创造性的诉讼主张，缺乏事实及法律依据，本院不予支持。

第三人关于本专利的说明书不符合《中华人民共和国专利法》（下称《专利法》）第二十六条第三款规定的诉讼主张，经本院审查，亦缺乏事实依据，本院亦不予支持。依照《中华人民共和国行政诉讼法》第五十四条第（一）项的规定，判决维持专利复审委作出的第8483号无效宣告请求审查决定。

上诉人对上述判决不服，于2007年1月10日向本院提起上诉。

上诉人上诉称，本专利权利要求1与对比文件3的区别特征在于辅助加热装置开始工作的温度不同。对比文件3没有明确地指出辅助加热装置的输出功率大致等于液体加热装置的热量散失速率。但专利复审委在没有任何证据佐证的情况下，认定上述区别特征属于本领域的公知常识，并错误地认为，“辅助加热装置开始工作的温度条件是由温度检测装置决定的，对本领域的技术人员来讲，将其设置为主加热装置加热到预定的温度相同的温度，从而使温度一直保持在预定的温度，而不是保持在一个比预定温度低的第二温度，是容易想到的，不需要付出创造性的劳动”。上诉人认为，这些区别特征并非是本领域的公知常识，也并非是本领域技术人员容易想到的。相反，它们正是本专利区别于对比文件 3 的创造性所在。理由是：本专利仅通过设置辅助加热装置，使辅助加热装置的输出功率与液体的热量散失率大致相匹配，就可以实现保温功能，而不需要任何其他复杂的控制装置。而对比文件 3 中采用了一个功率为 200W 的辅助加热装置并配合相应的控制电路来实现保温，在对比文件 3 中没有任何关于无需控制装置即可实现保温的建议，也没有任何关于选择辅助加热装置的功率使之与液体热量散失速率相匹配的建议。本专利中的预定温度是指一恒定温度，而对比文件 3 中的第二温度是指具有一定范围的温度，这对于本领域技术人员来说并非是显而易见的。对比文件 3 实现保温功能所采用的技术手段与本专利是截然不同的，这正是本专利和对比文件 3 所针对不同的技术问题和不同的发明目的所导致的。相比于对比文件 3，本专利是以一种更为简单有效的方式实现保温，这使得生产过程更为简单，产品成本得到了降低，并使废品率大大下降。这是本专利相对于对比文件 3 具有创造性之所在。此外，在对比文件 3 中，第二加热装置的输出功率必然大于热量散失速率，这与本专利的“辅助加热装置的输出功率与液体加热装置的热量散失速率大致相等”是不一致的。综上，第 8483 号决定认定事实错误，导致了错误的结论，一审判决认定事实亦错误。请求二审法院撤销一审判决，撤销第 8483 号决定。

专利复审委答辩认为，首先，《审查指南》第二部分第二章第 3.2.2 节中明确规定：权利要求的保护范围应当根据其所用词语的含义来理解。一般情况下，权利要求中的用词应当理解为相关技术领域通常具有的含义。根据上述规定，我委认为，对本领域的技术人员来讲，权利要求 1 中的特征“辅助加热装置的输出功率大致等于液体加热装置的热量散失率”的含义是，若要将加热后的液体保持在一定的温度，则需要给予与散失的热量相当的热量，也就是通过辅助加热装置的输出功率设定得与液体加热装置的热量散失速率大致相同，就可以实现保温的目的。针对上述对该特征的理解，我委认为，第 8483 号决定中“将液体温度保持在一个特定的温度时，输出功率必然大致等于热量散失率，只有保持二者的一致，才能使温度稳定在一个预定值”这样的认定不仅是本领域技术人员的判断，同时，作为有基本生活知识的人都能理解只要相同的时间内，及时补充与散失的热量相当的能量，就可以保持一定的温度。其次，对比文件 3 给出了相应的技术启示，施特里克斯公司在起诉状中也承认“对比文件 3 采用了功率为 200W 的辅助加热装置，并且对比文件 3 也进一步印证了将液体保温可以采用多种不同的方式，保温装置可以具有各种不同的功率输出值”。显然，对比文件 3 已经给出可以采用不同的输出功率对液体进行保温，对于本领域的技术人员来讲，除了输出功率不等于加热液体的热量散失速率的情况，与之相应的另一种情况就是输出功率等于加热液体的热量散失速率。本领域的技术人员可以根据需要采用某一种输出功率对液体进行保温，最常见的也就是散失了多少就补充多少，也就是输出的功率大致等于热量散失速率的这种方式。一审判决认定事实清楚，施特里克斯公司的诉讼请求无事实和法律依据，请求二审法院判决驳回上诉，维持一审判决。

萨尔顿香港公司认为，在本专利与对比文件 3 中，热量的散失主要是以热传导的方式进行的，而其他方式如热辐射和热对流等对热量散失速率的影响可以忽略不计。热传导的基本公式为：$Q = K \times A \times (T_1 - T_2) / \triangle L$，其中：Q 为单位时间传导的热量；K 为材料的热传导系数；A 为传热的面积；T_1 和 T_2 为热传导两端的温度；和 $\triangle L$ 为热传导路径的长度。在本专利中，Q 即为热量散失速率；K 为液体加热装置材料的热传导系数；A 为液体加热装置内壁的总面积；T_1 和 T_2 分别为液体加热装置内部液体的温度，例如沸水的温度，和液体加热装置的外部温度，例如室温；和 $\triangle L$ 为液体加热装置的壁厚。

对于本专利特定的液体加热装置来说，K、A 和 $\triangle L$ 均为恒定值，T_1 作为液体的温度，例如沸水的温度在特定的环节下也为恒定的值，如果作为室温的 T_2 假定也为恒定值的话，最终得出的热量散失速率 Q 即为恒定值。

本专利正是基于假定上述公式中等式右边的各个参数，尤其是 T_2 为恒定值，从而热量散失速率为恒定值的前提下作出的。相应的，本专利的专利权人设置固定阻值的主加热装置，使之具有一固定的加热功率，该阻值的大小恰好使得电加热器的加热功率等于液体的热量散失速率。这一点在本专利说明书中可以看出："例如该组合的加热轨迹的输出功率大约等于从沸腾温度的液体加热容器中的散热速率。所需的输出功率可以凭经验来决定，例如大约 30W"。

本专利的专利权人正是基于上述考虑而得出了权利要求 1 的以下技术特征："所述辅助加热装置在当装置中的液体处于预定温度时具有一个与液体加热装置的热量散失率大致相等的功率输出"，从而声称在将液体加热至一预定温度后可以将液体保持在同样的预定温度上。

对比文件 3 的蜡浴槽的热量散失率的计算同样适用于上述公式。在与本专利的液体加热装置使用条件相同的情况下，如果想要使液体温度保持在一恒定的温度，只要使热量散失率等于加热轨迹的功率输出即可。

根据本专利说明书所述"所需要的输出功率可以凭经验来决定"，并利用上述公式加以佐证，必然得出专利复审委作出的结论"辅助加热装置开始工作的温度条件是由温度检验装置决定的，对本领域的技术人员来讲，将其设置为主加热装置加热到预定温度相同的温度，从而使温度一直保持在预定温度，而不是一直保持在一个比预定温度低的第二温度，是容易想到的，不需要付出创造性的劳动"。

无论是本专利还是对比文件 3，它们均将液体保持在一个恒定的温度，尽管该温度与最初的加热预定温度相同或不同，但是在保持该温度下，液体加热装置的热量散失率显然等于加热器的功率输出，否则温度无法保持恒定。因此，专利复审委所作出的结论是正确的。

专利复审委在其所作的无效决定中对本专利符合《专利法》第二十六条第三款的决定，因其事实认定错误而得出了错误的结论，一审判决因其认定事实错误而作出的对萨尔顿香港公司关于本专利说明书不符合《专利法》第二十六条第三款的诉讼主张不予支持也是错误的。

鉴于一审判决维持了专利复审委作出的无效决定中宣告本专利全部无效的决定是正确的，萨尔顿香港公司在此仅要求二审法院对上述错误予以纠正，但维持宣告本专利全部无效的决定。

经审理查明，上诉人于 1999 年 3 月 17 日向国家知识产权局申请名称为"电加热器"的 99803814.8 号发明专利（即本专利），2004 年 5 月 5 日授权公告，优先权日为 1998 年 3 月 17 日。针对本专利，萨尔顿香港公司于 2005 年 2 月 6 日以本专利权利要求 1 ~ 8 不符合《中华人民共和国专利法实施细则》（下称《实施细则》）第二十条第一款；本专利说明书不符合《专利法》第二十六条第三款；本专利权利要求 3 不符合《专利法》第二十六条第四款；本专利权利要求 1 ~ 8 相对于对比文件 1 ~ 3 或不具备新颖性或创造性为由，向专利复审委提出无效宣告请求并提交了以下证据：1. 公开日为 1989 年 4 月 20 日，专利号为 DE3833293A1 的德国专利；2. 公开日为 1992 年 5 月 13 日，专利号为 EP0485211A1 的欧洲专利；3. 公开日为 1955 年 10 月 5 日，专利号为 WO9526l76 的国际申请；4. 对比文件 1（证据 1 的全文译文）；5. 对比文件 2（证据 2 的相关部分译文）；6. 对比文件 3（证据 3 的全文译文）。

经形式审查合格，专利复审委受理了该无效宣告请求，并将该无效宣告请求书及其附件的副本进行了转送。上诉人向专利复审委提交了意见陈述书，并于 2005 年 5 月 9 日提交了权利要求 1 ~ 8 的修改替换页。上诉人 2005 年 5 月 9 日提交的权利要求 1 ~ 8 的修改替换页中，将原权利要求 4 的引用关系从引用权利要求 1 ~ 3 改成引用权利要求 2 ~ 3，修改后的权利要求如下：

1. 一种液体加热装置，其中，它包括一个加热器，该加热器具有一个主加热装置，用来在加热器最初通电期间通电，从而将装置中的液体加热到一预定温度，以及一个辅助加热装置，它在那个温度被探测到之后通上电，所述辅助加热装置在当装置中的液体处于预定温度时具有一个与液体加热装置的热量散失速率大致相等的功率输出。

2. 如权利要求1所述的装置，其中，加热器是一种厚膜加热器，其相应的加热装置是采用电阻加热轨迹的形式。

3. 如权利要求2所述的装置，其中，组成主和辅助加热装置的电阻加热轨迹是具有不同电阻率的材料。

4. 如权利要求2~3的任一项所述的装置，其中，辅助加热装置包括一个电阻加热轨迹的辅助部分，该部分比主加热装置的电阻要高，并与主加热装置串联。

5. 如权利要求1~3任一项中所述的装置，其中，辅助加热装置的热量输出比将容器中液体保持沸腾所需要的热量要稍微高一些。

6. 如权利要求5所述的装置，其中，辅助加热装置的加热效果是局部化的，这样就能看见从加热器上升的一串局部的气泡流。

7. 如权利要求6所述的装置，其中，装置的液体容器是透明的或具有一个透明的部分。

8. 如权利要求1~3任一项中所述的装置，其中，该装置的加热器是根据该装置的一个起动运动而被通上电的。

专利复审委经转文，于2005年12月13日进行了口头审理。上诉人在口审中明确表示对对比文件1、对比文件2、对比文件3的真实性没有异议，对对比文件1~3中文译文的准确性没有异议；萨尔顿香港公司明确其无效理由为：本专利权利要求1~8不符合《实施细则》第二十条第一款的规定；本专利说明书不符合《专利法》第二十六条第三款的规定；本专利权利要求3不符合《专利法》第二十六条第四款的规定；本专利权利要求1~8分别相对于对比文件1~3不具备新颖性；对比文件1、2、3分别结合公知常识评述本专利权利要求1~8的创造性；上诉人于2005年5月9日提交修改后的权利要求1~8，将原权利要求4的引用关系从引用权利要求1~3改成引用权利要求2~3；本次口审依据的文本以修改后的权利要求1~8为审理基础。双方均充分陈述了意见。

专利复审委在口审的基础上，于2006年3月15日作出第8483号无效宣告请求审查决定。该决定主要内容为：

1. 关于文本

上诉人于2005年5月9日提交修改后的权利要求第1~8项，将原权利要求4的引用关系从引用权利要求1~3改成引用权利要求2~3，即删除了原权利要求4引用权利要求1的技术方案，以上修改符合《专利法》第三十三条和《实施细则》第六十八条的规定。本决定依据的权利要求书以2005年5月9日提交的权利要求第1~8项为审理基础。

2. 关于证据

对比文件1~3的公开日均早于本专利的申请日，构成现有技术，上诉人对其译文，即对比文件1~3的准确性无异议，使用对比文件1~3可以评价本专利的新颖性和创造性。

3. 关于《实施细则》第二十条第一款

针对萨尔顿香港公司提出的权利要求1~8不清楚的问题，专利复审委认为：

（1）权利要求1中两次提及的“预定温度”采用了相同的描述，并未进行区别描述（例如第一温度、第二温度等方式），应当认为是同一温度，并且相同的预定温度也能够得到说明书的支持，因此，两次提及的“预定温度”是清楚的，符合《实施细则》第二十条第一款的规定。因此，引用权利要求1的权利要求2~8也是清楚的。

（2）权利要求2请求保护的液体加热装置包括加热器，该加热器也包括主加热装置和辅助加热装置，其中的加热器是一种厚膜加热器，其相应的加热装置（即主加热装置和辅助加热装置）采用电阻加热轨迹的形式。权利要求4在引用权利要求2时，是对权利要求2请求保护的技术方案中相应的加热装置（即主加热装置和辅助加热装置）中的辅助加热装置的进一步限定，将其进一步限定为比主加热装置的电阻要高，并与主加热装置串联，上述描述对本领域的技术人员来讲是清楚的。权利要求4在引用权利要求3时，也是对权利要求3请求保护的技术方案中相应的加热装置（即主加热装置和辅助加热装置）中的辅助加热装置的进一步限定，进一步限定辅助加热装置的电阻要高于主加热装置，并且与主加热装置串联，上述描述对本领域的技术人员来讲是清楚的。因此，权利要求4在引用权利要求2或3时构成的技术方案都是清楚的，符合《实施细则》第二十条第一款的规定。

（3）在本专利说明书第13页第11～18行中描述了一个旋转安装容器通断电的工作方式，并且在第19～23行对起动运动进行了如下详细说明："最好起动运动是一个旋转的运动，……采用旋转运动，就可以通过将容器先在一个方向旋转，然后在另一个方向上旋转，从而获得一个相当大的加速度，当改变运动方向时，可以获得最大的加速度。"根据上述说明，可以看出液体加热容器绕着连接器的轴部分旋转，对本领域的普通技术人员来讲，上述描述是清楚的，因此，权利要求8符合《实施细则》第二十条第一款的规定。

4. 关于《专利法》第二十六条第三款

专利复审委认为，在实践中，装置可以工作在略微不同的工作条件下，并由此具有略微不同的热量散失。但在工作条件的典型范围下，液体加热容器的热量散失不会有太大差异，即，在本领域通常的条件状态下，例如温度、海拔、气压等环境因素下，能够实现本专利的技术方案。萨尔顿香港公司所称的生活环境温度极低、高原地区等影响热量散失速率的条件为日常生活中不常见的极端条件，不影响所属技术领域的技术人员按照说明书中记载的内容再现该发明的技术方案，解决其技术问题，并产生预期的技术效果，并且本领域的技术人员不需要付出创造性的劳动。因此，本专利的说明书符合《专利法》第二十六条第三款的规定。

5. 关于《专利法》第二十六条第四款

专利复审委认为，电阻的计算公式为：$R = p\ L/s$，电阻率是影响电阻的因素之一，长度与横截面积都可以影响电阻的大小，因此，权利要求3进一步限定的是主、辅加热装置具有不同的电阻率，即，限定的是不同的材料特征，而不是限定二者具有不同的电阻。本专利说明书第13页第27～28行进行了如下描述，电阻加热轨迹构成了主和辅助加热装置，它们最好是采用不同的材料。可见，上述相关描述能够支持权利要求3进一步限定的技术特征，即，权利要求3能够得到说明书的支持，符合《专利法》第二十六条第四款的规定。

6. 关于新颖性

权利要求1～8相对于对比文件1的新颖性：

权利要求1请求保护一种液体加热装置，其中，它包括一个加热器，该加热器具有一个主加热装置，用来在加热器最初通电期间通电，从而将装置中的液体加热到一预定温度，以及一个辅助加热装置，它在那个温度被探测到之后通上电，所述辅助加热装置在当装置中的液体处于预定温度时具有一个与液体加热装置的热量散失速率大致相等的功率输出。该技术方案包括4个技术特征：（1）该装置是用于加热液体的装置；（2）该加热装置包括一个加热器；（3）具有一个主加热装置，用来在加热器最初期间通电，由此将装置中的液体加热到一个预定温度；（4）该装置具有一个辅助加热装置，在探测到已经达到预定温度后通电，使在所述的预定温度下，其输出功率大致等于液体加热装置的热量散失速率。

对比文件1公开了一种加热元件，用在例如煮蛋或者煮咖啡的装置中（对比文件1说明书摘要），对比文件1也是一种用于加热液体的元件，可见，对比文件1已经公开了第（1）和第（2）个技术特征。对比文件1第2页倒数第三自然段进行了如下描述，加热元件或电阻元件（2，3，4）将电能转变为热，热通过板或一部分板（不导电的部分）传导并且可以加热装水的容器，在电阻带（2，3，4）处，可以通过带有连接接头（5，6）的导线（7，8，，9）施加电压。倒数第二自然段进行了如下描述，当板（1）的温度超过预定值，例如130摄氏度时，将通过恒温元件（10）的在该温度弯曲的双金属元件（11）断开带（8）和（9）之间的电连接。根据上述倒数第二、三自然段的描述可知，对比文件1中的加热元件也是将电阻带通电，将电能转换为热能，并且在将水加热达到一个预定温度后，将断开电连接，停止加热，对比文件1已经公开了第（3）个技术特征。被告认为，对比文件1并没有公开第（4）个技术特征，即，对比文件1中没有公开加热器还包括一个辅助加热装置，在探测到已经达到预定温度后通电，使其输出功率大致等于液体加热装置的热量散失速率。因此，对比文件1与权利要求1存在区别技术特征，权利要求1相对于对比文件1具备新颖性，符合《专利法》第二十二条第二款的规定。

由于权利要求1相对于对比文件1具备新颖性，其从属权利要求2~8相对于对比文件1也具备新颖性，符合《专利法》第二十二条第二款的规定。

权利要求1~8相对于对比文件2的新颖性：

权利要求1请求保护一种液体加热装置，技术方案如上所述。

对比文件2公开了一种加热设备，水壶130包括容器131，水壶利用加热设备134（相当于加热器）加热（第1页最后一段），根据上述描述可知，对比文件2也是一个加热液体的装置，并且也具有加热器，对比文件2公开了权利要求1的第（1）、（2）两个特征。介电层75带有一个导电轨迹形式的加热元件（对比文件第2页第1自然段），并且在第5自然段进行了如下描述，在水文火模式，相应检测到的温度通过调节进过加热元件10的电流将温度控制在90摄氏度。根据上述说明可知，对比文件2中也具有将液体加热到预定温度的加热装置，该装置相当于权利要求1中的主加热装置，即对比文件2公开了权利要求1的第（3）个技术特征。专利复审委认为，对比文件2并没有公开第（4）个技术特征，即，对比文件2中没有公开加热器还包括一个辅助加热装置，在探测到已经达到预定温度后通电，使其输出功率大致等于液体加热装置的热量散失速率。因此，对比文件2与权利要求1存在区别技术特征，权利要求1相对于对比文件2具备新颖性，符合《专利法》第二十二条第二款的规定。

由于权利要求1相对于对比文件2具备新颖性，其从属权利要求2~8相对于对比文件2也具备新颖性，符合《专利法》第二十二条第二款的规定。

权利要求1~8相对于对比文件3的新颖性：

权利要求1请求保护一种液体加热装置，技术方案如上所述。

对比文件3公开了一种蜡浴槽，它提供一种加热装置能够把所述的液体加热到蜡的熔点以上的温度（对比文件3第2页第15~16行），可见，对比文件3已经公开了权利要求1的第（1）和第（2）个技术特征；所述的加热装置包括厚膜印刷电路形式的电阻加热装置（对比文件3第3页第26行），所述的厚膜印刷电路设有两条独立的导电轨迹，从而当使用蜡浴槽时用温度传感器控制对轨迹的操作，使得当探测到的液体温度在蜡熔点温度以下时同时启动两条轨迹，随后当探测到的液体温度在第一温度水平或以上时至少关闭一条轨迹，这种状态一直持续到探测到的液体温度在第二温度水平为止，这时操作两条轨迹中的一条轨迹使得液体保持在第二温度水平或其附近（对比文件3第3页第30行至第4页第5行），并且在实施例（参考图7）中进行了如下具体说明，当蜡层是固体并且水温处于室温时，这时的温度通常低于蜡的熔点，即低于45℃，为了快速加热蜡28，控制单元以便单独运行具有较高功率2000W的导电轨迹和200W的导电轨迹，传感器14探测到的水26的温度就大致升高到60℃。随后在传感器14探测到的温度时63±3℃时，至少关掉元件的2000W导电轨迹，并且允许水26的温度及蜡28的温度降低到大约49℃，200W的元件会继续运行把蜡温保持在49℃左右（对比文件3第9页27行至第10页7行）。如果发现水26的温度在45℃以上49℃以下，那么就操作200W的元件轨迹以提高水温并由此提高蜡温，把蜡温保持在49+1℃（对比文件3第10页24~25行）。根据上说描述可知，尽管对比文件3中也包括两个部分的加热装置（相当于权利要求1中的主和辅助加热装置），但是，辅助加热装置所保持的温度与主加热装置在开始加热时达到温度是两个不同的温度，2000W的轨迹加热到的第一温度是63±3℃，而200W的加热轨迹在水温降低到45~49℃之间时启动，将水温提高，使蜡温保持在49+1℃。权利要求1中的辅助装置是在与主加热装置加热后的温度相同的温度下，使其输出功率大致等于液体加热装置的热量散失速率的，可见二者存在区别。因此，权利要求1相对于对比文件3符合《专利法》第二十二条第二款的规定，具备新颖性。

由于权利要求1相对于对比文件3具备新颖性，其从属权利要求2~8相对于对比文件3也具备新颖性，符合《专利法》第二十二条第二款的规定。

7. 关于创造性

权利要求1~8相对于对比文件1~3的创造性。

如上文所述，权利要求1与对比文件3的区别仅在于辅助加热装置开始工作的温度不同，并且对比文件3中没有明确指出辅助加热装置的输出功率大致等于液体加热装置的热量散失速率。专利复审委认为，对比文件3已经明确指出，200W的元件会继续运行把蜡温保持在49℃左右（对比文件3第9页27行至第10页7行）。如果发现水26的温度在45℃以上49℃以下，那么就操作200W的元件轨迹以提高水温并由此提高蜡温，把蜡温保持在49+1℃（对比文件3第10页第24~25行）。对本领域的普通技术人员来讲，将液体温度保持在一个特定的温度时，输出的功率必然大致等于热量散失速率，只有保持二者的一致，才能使温度稳定在一个预定值，因此，“辅助加热装置的输出功率大致等于液体加热装置的热量散失速率”这一特征属于本领域的公知常识。辅助加热装置开始工作时的温度条件是由温度检测装置决定的，对本领域的技术人员来讲，将其设置为主加热装置加热到预定的温度相同的温度，从而使温度一直保持在预定的温度，而不是保持在一个比预定温度低的第二温度，是容易想到的，不需要付出创造性的劳动，因此，权利要求1相对于对比文件3不具有突出的实质性特点和显著的进步，不符合《专利法》第二十二条第三款的规定。

权利要求2进一步限定加热器是一种厚膜加热器，其相应的加热装置是采用电阻加热轨迹的形式。对比文件3已经公开了权利要求2的附加技术特征：所述的加热装置包括厚膜印刷电路形式的电阻加热装置（对比文件3第3页第26行），所述的厚膜印刷电路设有两条独立的导电轨迹（对比文件3第3页第30行）。对比文件3已经公开了权利要求2进一步限定的技术特征，因此，权利要求2相对于对比文件3不符合《专利法》第二十二条第三款的规定，不具备创造性。

权利要求3进一步限定组成主和辅助加热装置的电阻加热轨迹是具有不同电阻率的材料。对比文件3中公开了2000W和200W两种电阻值不同的导电轨迹，对本领域的技术人员来讲，通过采用不同电阻率的材料，使得电阻加热轨迹的电阻不同，是通用的技术手段，因此，权利要求3不具有突出的实质性特点和显著的进步，不符合《专利法》第二十二条第三款的规定，不具备创造性。

权利要求4进一步限定主加热装置是辅助加热装置的一部分，辅助加热装置包括一个电阻加热轨迹的辅助部分，该部分比主加热元件的电阻要高，并与主加热元件串联。对比文件1中公开的电阻轨迹或电阻带通过所述接头分别与恒温元件串连联结（对比文件1第3页第5行），其中电阻轨迹或电阻带相当于权利要求4的主加热装置，恒温元件（30）下面提供轨迹（32）（对比文件1第3页第6行），其中恒温元件相当于辅助加热装置，可见，电阻轨迹或电阻带与恒温元件的轨迹之间实际上是串连的，即两个加热部分之间也是串连。对比文件1还公开了如下内容：轨迹（32）的阻值相对于带（23，24，26~29）如此之高，可见恒温元件30的轨迹32的阻值高于带的阻值，即辅助加热装置的阻值高于主加热装置的阻值。因此，对比文件1已经公开了权利要求4进一步限定的技术特征，权利要求4相对于对比文件3结合对比文件1不符合《专利法》第二十二条第三款的规定，不具备创造性。

权利要求5进一步限定辅助加热器的热量输出比将容器中液体保持沸腾所需要的热量要稍微高一些。对本领域的普通技术人员来讲，要使容器中的液体保持沸腾的状态同时又不产生过多的热量损失，使辅助加热装置的热量输出尽可能地比将容器中液体保持沸腾所需要的热量要稍微高一些，是本领域的公知常识。因此，权利要求5不符合《专利法》第二十二条第三款的规定，不具备创造性。

权利要求6进一步限定辅助加热装置的加热效果是基本局部化的，这样就能看见从加热器上升的一串局部的气泡流。对比文件1公开了恒温元件（30）下面提供轨迹（32）（对比文件1第3页第6行）。从附图3中也可以明显看出，对比文件1中的高阻值电阻元件（32）也是位于加热装置的底部，其加热同样也是局部化的，而上升的局部的起泡流是局部化加热所必然产生的效果。因此，权利要求6相对于对比文件3结合对比文件1不符合《专利法》第二十二条第三款的规定，不具备创造性。

权利要求7进一步限定装置的液体容器是透明的或具有一个透明的部分。对本领域的普通技术人员来讲，液体容器采用透明或者局部透明的方式，以便于从外部可以直接观察到内容的情况，是本领域的公知常识，也是非常容易想到的。因此，权利要求7相对于对比文件3结合对比文件1不符合《专利法》第二十二条第三款的规定，不具备创造性。

权利要求8进一步限定该装置的加热器是根据该装置的一个起动运动而被通上电的。对本领域的普通技术人员来讲，加热装置都需要通过一个类似于开关的装置启动电源，开始对液体进行加热，该特征属于本领域的公知常识，也是非常容易想到的。因此，权利要求7相对于对比文件3不符合《专利法》第二十二条第三款的规定，不具备创造性。

鉴于权利要求1~8相对于上述对比文件不具备创造性，专利复审委不再以其他评价方式进行评述。

专利复审委依照《专利法》第二十二条第三款之规定宣告本专利全部无效。上诉人不服，向一审法院提起行政诉讼。

一审期间，专利复审委提交了以下证据：1. 本专利授权公告文本；2. 对比文件3公开文本及译文；3. 无效决定书。上诉人提交了以下证据：1. 无效决定书；2. 本专利公告文本；3. 对比文件3公开文本及译文。萨尔顿香港公司提交了科学出版社于1964年7月出版的《热应力》。

上述证据均随案移送本院，经庭审质证，合议庭审查认为，专利复审委和上诉人提交的证据，与本案具有关联性，内容真实，来源合法，能够证明本院查明的事实，本院予以确认。萨尔顿公司提交的证据，属于参考书，并非技术词典、技术手册、教科书等公知常识，本院不予采信。

本院认为，专利复审委以上诉人于2005年5月9日提交修改后的权利要求第1~8项为审查基础符合法律规定。

由于对比文件1~3的公开日均早于本专利的申请日，构成现有技术，专利复审委用对比文件1~3评价本专利的新颖性和创造性是正确的。

本案争议的焦点问题是本专利权利要求1相对于对比文件3是否具备创造性。因各方当事人对专利复审委关于本专利具备新颖性的结论无争议，本院对这部分的内容不予评述。

本专利要求保护的是一种液体加热装置，由一个主加热装置和辅助加热装置构成。主加热装置在加热初期通电，将液体加热一个预定的温度；辅助加热装置在探测到液体达到的预定温度后通电，使液体保持在预定的温度下，其输出功率大致等于液体加热装置的热量散失速率。

对比文件3公开了一种用于医疗和美容的蜡浴槽的加热装置，可以把液体加热到蜡的熔点以上的温度。这种加热装置包括厚膜印刷电路形式的电阻加热装置。所述的厚膜印刷电路有两条独立的导电轨迹，在使用时用温度传感器控制对轨迹的操作，当温度传感器探测到液体温度在蜡的熔点以下时同时启动两条轨迹，随后当温度传感器探测的液体温度在第一温度水平和以上时至少关闭一条轨迹，这种状态一直持续到温度传感器探测到液体温度在第二温度水平为止，这时操作两条轨迹中的一条轨迹，使得液体保持在第二温度水平附近，并在实施例中进行了具体说明。

专利复审委将本专利权利要求1与对比文件3进行比较后得出的，二者的区别仅在于辅助加热装置开始工作的温度不同，并且对比文件3没有指出辅助加热装置的输出功率大致等于液体加热装置的热量散失速率。但是对于本领域的技术人员来讲，将液体的温度保持在一个特定的温度，加热器的输出功率必然大致等于热量散失速率。根据对比文件3的记载，相对于本领域的普通技术人员，将液体温度保持在一个特定的温度时，输出的功率必然大致等于热量散失速率，只有保持二者的一致，才能使温度稳定在一个预定值。只要在相同的时间内及时补充与散失的热量相当的能量就可以保持一定的温度属于生活基本常识，属于公知的能量守恒。因此，"辅助加热装置的输出功率大致等于液体加热装置的热量散失速率"这一特征属于本领域的公知常识。辅助加热装置开始工作时的温度条件是由温度检测装置决定的，相对于本领域的技术人员，将其设置为主加热装置加热到与预定的温度相同的温度，从而使温度一直保持在预定的温度，而不是保持在一个比预定温度低的第二温度，不需要付出创造性的劳动。因此，权利要求1相对于对比文件3不具有突出的实质性特点和显著的进步，不符合《专利法》第二十二条第三款的规定的结论正确。一审判决认定事实清楚，证据确实充分，审判程序合法，适用法律正确，所作判决应予维持。上诉人的上诉主张缺乏事实依据，本院不予支持。鉴于本专利已被专利复审委宣告全部无效，因此，对萨尔顿香港公司关于本专利说明书不符合《专利法》第二十六条第三款的主张，本院不再评述。依照《中华人民共和国行政诉讼法》第六十一条第（一）项之规定判决如下：

驳回上诉，维持一审判决。

二审案件受理费100元，由上诉人施特里克斯有限公司负担（已交纳）。

本判决为终审判决。

审　判　长　郭　宜
审　判　员　张学磊
审　判　员　朱世宽
二〇〇七年七月二十四日
书　记　员　程钰玮

057

空气动力变形工艺、变形喷嘴、喷嘴头案

无效宣告请求审查决定（第8488号）

决　定　号　第8488号
决　定　日　2006年6月27日
发明创造名称　空气动力变形工艺、变形喷嘴、喷嘴头
国际分类号　D02G 1/16　D02J 1/08
无效请求人　林升锋
专利权人　希伯莱因纤维技术公司
专　利　号　97192307.8
申　请　日　1997年2月12日
授权公告日　2002年12月11日
合议组组长　丁惠玲
主　审　员　张　鹏
参　审　员　王丽颖

法律依据　专利法第二十二条第二款、第三款
决定要点

加盖台湾地区"行政部门"印章的证据属在香港、澳门、台湾地区形成的证据，应当履行相关的证明手续。

无法与原件核对的复印件不能单独作为认定案件事实的依据。

一、案由

本无效宣告请求涉及国家知识产权局于2002年12月11日授权公告的，名称为"空气动力变形工艺、变形喷嘴、喷嘴头"的发明专利，其专利号是97192307.8，申请日是1997年2月12日，专利权人是希伯莱因纤维技术公司（下称被请求人）。本专利授权公告的权利要求共20项。

针对上述专利权（下称本专利），林升锋（下称请求人）于2005年9月28日向专利复审委员会提出无效宣告请求，其理由是本专利的权利要求与对比文件相比不具备专利法第二十二条第二款和第三款规定的新颖性和创造性。请求人提交了以下证据：

证据1：台湾地区134819号发明专利公报及公告本，公开日为1990年5月21日；

证据2：声称为诚研产业株式会社89年11月27日制图的纺织机械的三孔空气喷咀结构模具制图日文文本复印件2页；

证据3：日本特许厅928518号意匠公报，公开日为1995年6月21日；

证据4：声称为纺织机械的三孔空气喷咀结构的实物照片复印件3页；

另外，请求人还提交了本专利与证据1至证据4各结构比较分析图以及本专利的说明书全文。

结合上述证据，请求人认为：第一、证据1已经公开了本专利相同的技术；第二、证据2公开的

三孔空气喷嘴结构与本专利结构相同，两者本体 A 相同，本专利采用带直通丝通道 B1（相当于证据 2 中的 B1）的变形喷嘴 B（相当于证据 2 中的 B），且通道 B2（相当于证据 2 中的 B2）一端输入长丝，另一端则输出变形丝，同时中央区段 B3（相当于证据 2 中的 B3）供给压力 4 巴以上压缩空气进入丝通道 B1（相当于证据 2 中的 B1），并在逐渐扩张的加速通道 B4（相当于证据 2 中的 B4）中加速到超音速；第三、证据 3 和证据 4 也公开了与本专利结构相同的产品。

专利复审委员会于 2005 年 12 月 14 日受理了上述无效宣告请求，同日向双方当事人发出受理通知书，并将无效宣告请求书及相关材料转送给被请求人，要求其在指定期限内答复。

被请求人于 2006 年 1 月 27 日向专利复审委员会提交了意见陈述书，认为：第一、权利要求 1 至 10 相对于证据 1 至证据 4 具有专利性；第二、证据 1 的第 4 至 18 页上明显存在着人为的修改痕迹，请求人对其真实性和关联性存在异议，证据 2 没有表明公开时间或者出版社，不应认定为真实有效的证据；第三、证据 4 是产品照片复印件，不符合专利法对于现有技术的定义，也不符合对真实有效证据的要求；第四、本专利的权利要求 11 和权利要求 18 分别限定了长度（l2）和角（α2 ）的具体取值范围，证据 1、证据 3 和证据 4 没有公开这一点。

本案合议组于 2006 年 3 月 24 日向双方当事人发出口头审理通知书，指出定于 2006 年 6 月 20 日举行口头审理，同时将被请求人的上述意见转给了请求人。

口头审理如期举行，双方当事人均参加了口头审理，并对出席口头审理人员的资格无异议，对变更后的合议组成员无回避请求。在口头审理过程中，请求人明确使用证据 1－4 来评价本专利权利要求 11～20 的新颖性和创造性。合议组告知请求人，证据 1 系在台湾地区形成的证据，证据 3 系域外证据，应当针对证据 1 和证据 3 办理有关的证明手续，或者提供相应证据证明该证据可以从除香港、澳门、台湾地区外的国内公共渠道获得，请求人当庭明确表示不再提供相应的证明手续。被请求人不认可证据 1 和证据 3 的真实性。在口头审理过程中，请求人未提供证据 2 和证据 4 的原件，并当庭明确表示不再提供。被请求人不认可证据 2 和证据 4 的真实性。请求人提交了声称从台湾地区“专利资讯网站”上下载的证据 1 的公告本首页，用于证明证据 1 的真实性，被请求人不认可上述网站下载的公告本首页的真实性。

在上述工作的基础上，合议组认为本案事实已经清楚，可以依法作出审查决定。

二、决定的理由

1. 证据认定

证据 1 系台湾地区发明专利公报及公告本的复印件，由台湾地区“经济部智慧财产局”提供，加盖台湾地区“经济部智慧财产局”印章。证据 3 系日本特许厅意匠公报。请求人没有针对证据 1 和证据 3 办理有关的证明手续，并且在口头审理过程中没有提供任何证据证明这两份证据可以从除香港、澳门、台湾地区外的国内公共渠道获得，又无其他证据足以证明这两份证据的真实性。被请求人对其真实性不予认可。经合议组审查，参照最高人民法院关于民事诉讼证据的若干规定第十一条和最高人民法院关于行政诉讼证据若干问题的规定第十六条，证据 1 系在台湾地区形成的证据，证据 3 系域外证据，在未办理有关的证明手续并无其他证据佐证其真实性的情况下，其真实性无法确定，合议组对于证据 1 和证据 3 不予采信。

证据 2 系声称为诚研产业株式会社模具制图日文文本复印件。证据 4 系声称为实物照片复印件。请求人对于证据 2 和证据 4 未能提供原件，并且无法证明复印件与原件相符，又无其他证据予以佐证。被请求人对其真实性不予认可。经合议组审查，参照最高人民法院关于民事诉讼证据的若干规定第六十九条和最高人民法院关于行政诉讼证据若干问题的规定第七十一条，对于请求人未提交原件的证据 2 和证据 4，其真实性无法核实，合议组不予采信。

2. 新颖性和创造性

由于请求人提供的证据 1 ~4 未得到采信，无法用于评述本专利权利要求的新颖性和创造性，因此对于请求人关于本专利的权利要求不具备新颖性和创造性的主张不予支持。

三、决定

维持 97192307.8 号发明专利权有效。

当事人对本决定不服的，可以根据专利法第四十六条第二款的规定，自收到本决定通知书之日起三个月内向北京市第一中级人民法院起诉。根据该款规定，一方当事人起诉后，另一方当事人应当作为第三人参加诉讼。

058

音频信号保真变速处理方法案

无效宣告请求审查决定（第8497号）

决　定　号　第8497号
决　定　日　2006年6月27日
发明创造名称　音频信号保真变速处理方法
国际分类号　G11B 20/10
无效请求人　广东步步高电子工业有限公司
专利权人　苏　勇
申　请　号　96192114.5
申　请　日　1996年9月2日
优先权日　1995年9月1日
授权公告日　2001年11月14日
合议组组长　马　昊
主　审　员　范玉霞
参　审　员　崔哲勇

法律依据　专利法第二十二条第二款、第三款　专利法实施细则第二十一条第二款
决定要点

如果一项专利的权利要求记载的技术方案与请求人所提供的证据有区别，并且该区别给技术方案带来了显著的进步的即具备创造性；反之，则不具备创造性；本领域技术人员可以依据权利要求5的记载，根据自己的知识和经验来确定使用什么手段来实现以音元个数为基本切割单位的切割，即在权利要求5所引用的权利要求1和2分别不具备创造性和新颖性的前提下，权利要求5所记载的是一个完整的技术方案。

一、案由

本无效宣告请求涉及国家知识产权局于2001年11月14日授权公告、申请号为96192114.5、发明名称为“音频信号保真变速处理方法”的发明专利，其申请日是1996年9月2日，优先权日是1995年9月1日，专利权人是苏勇（下称被请求人）。其授权公告的权利要求书如下：

“1. 一种音频信号保真变速处理方法，包含下列步骤：

将音频信号进行切割分成小段；

其特征在于，所述的音频信号保真变速处理方法还包含下列步骤：

在部分或全部小段后插入至少一段信息单元，以延长音频信号。

2. 一种音频信号保真变速处理方法，包含下列步骤：

将音频信号进行切割分成小段；

其特征在于，所述的音频信号保真变速处理方法还包含下列步骤：

间隔地将部分小段删除，将未删除的小段紧缩连接，以缩短音频信号。

3. 如权利要求 1 或 2 所述的音频信号保真变速处理方法，其特征在于，所述分成小段是以时间间隔为基本切割单位，切割成的小段长度为 0. 1 ~400 毫秒。

4. 如权利要求 1 或 2 所述的音频信号保真变速处理方法，其特征在于，所述分成小段是以音频信号中的零点数或极点数为基本切割单位，切割成的小段包含 2 –80 个零点或极值点。

5. 如权利要求 1 或 2 所述的音频信号保真变速处理方法，其特征在于，所述切割分成小段是以音频信号中的音元个数为基本切割单位，切割成的小段包含 1 ~10 个音元。

6. 如权利要求 1 所述的音频信号保真变速处理方法，其特征在于，所述信息单元为插入点前一小段音频信号的全部或部分信号、经幅值修正的插入点前一小段音频信号的全部或部分信号和/或小于 100 毫秒的空白信号。

7. 如权利要求 5 所述的音频信号保真变速处理方法，其特征在于，所述以音元个数为基本切割单位的分段方法是比较相邻的极值，如果后一极值大于前一极值，则确定该后一极值前的第一个零点作为切割点。

8. 如权利要求 7 所述的音频信号保真变速处理方法，其特征在于，所述以音元个数为基本切割单位的分段方法包含：

（a1）确定所述小段包含的音元的个数；

（a2）在相邻的两个零点之间将各样值进行比较，将其中一个绝对值最大的样值定为极值；

（a3）将相邻两极值进行比较，当比较结果为前一极值大于后一极值时，取下一零点，并回到步骤（a2）；否则把后一极值定为最大极值；

（a4）计算音元个数，如果该小段中包含的音元个数等于在步骤（a1）中确定的个数时，将该最大极值前的第一个零点作为切割点，重新开始计数再回到步骤（a2）；否则，计数器加一取下一零点，返回步骤（a2）。

9. 如权利要求 8 所述的音频信号保真变速处理方法，其特征在于，在比较两极值的步骤（a3）时，当比较结果为后一极值大于前一极值一预定值时，把后一极值定为最大极值。

10. 如权利要求 9 所述的音频信号保真变速处理方法，其特征在于，所述预定量为前一极值的 20% 至 40% 。

11. 如权利要求 8 所述的音频信号保真变速处理方法，其特征在于，在步骤（a3）中，判别出后一极值大于前一极值时，把后一极值与前一极值所属于的音元中的最大极值作比较，如果后一极值大于前所述最大极值的 60% ，则确定后一极值为最大极值，否则回到步骤（a2）。

12. 如权利要求 5 所述的音频信号保真变速处理方法，其特征在于，所述以音元个数为基本切割单位的分段方法是利用基准阻尼振动包络线方程 $Y(t) = A_0 e^{-\beta t}$ 来确定音元中的极值。

13. 如权利要求 12 所述的音频信号保真变速处理方法，其特征在于，所述以音元个数为基本切割单位的分段方法包含：

（b1）确定所述小段包含的音元的个数；取音频信号起始一段时间的各样值绝对值进行比较，将其中的一个最大样值定为最大极值 A_0；

（b2）置时间 t 为零；

（b3）取下一组两相邻零点之间的各样值绝对值进行比较，将其中一个最大的样值定为极值 m；

（b4）根据所述最大极值 A_0，极值 m 及该极值所对应的时间 t_m 求出阻尼振动包络线方程中的阻尼系数；并确定以所述最大极值表征的阻尼振动包络线方程 $Y(t) = A_0 e^{-\beta t}$，其中 A_0 为所述最大极值，β 为阻尼系数；

（b5）取下一组两相邻零点之间的各样值绝对值进行比较，将其中一个最大的样值定为极值 n，并将该极值对应的时间 t_n 代入所述阻尼振动包络线方程，求出该时间上的包络线值 $Y(t_n)$；

（b6）比较所述极值 n 和所述包络线值 $Y(t_n)$；如果 $Y(t_n) \geqslant n$，则返回步骤（b3）；否则确定该极值 n 为下一音元的最大极值 A_0；

（b7）计算音元个数，如果该小段中包含的音元个数等于在步骤（b1）中确定的个数时，将该最大极值前的第一个零点作为切割点，重新开始计数，回到步骤（b2）；否则，计数器加一，流程返回到步骤（b2）。

14. 如权利要求 13 所述的音频信号保真变速处理方法，其特征在于，在步骤（b4）中，把所述包络线方程确定为 $Y(t)=k(A_0+C)e^{-(\beta+D)t}$，其中 k 为幅值修正系数，C 为幅值修正量；D 为阻尼系数修正量。

15. 如权利要求 14 所述的音频信号保真变速处理方法，其特征在于，其中幅值修正系数 k 值在 1.0～1.4 之间。

16. 如权利要求 14 所述的音频信号保真变速处理方法，其特征在于，其中幅值修正量 C 在 0－40% A_0 之间。

17. 如权利要求 14 所述的音频信号保真变速处理方法，其特征在于，其中阻尼系数修正量 D 在 －25% β 至 ＋25% β 之间。

18. 如权利要求 7 或 12 所述的音频信号保真变速处理方法，其特征在于，所述极值是指正极值和/或负极值的绝对值和或正极值和负极值的绝对值。

19. 如权利要求 1 所述的音频信号保真变速处理方法，其特征在于，均匀间隔地在部分小段后插入至少一段信息单元。

20. 如权利要求 2 所述的音频信号保真变速处理方法，其特征在于，均匀间隔地将部分小段删除。

21. 如权利要求 2 所述的音频信号保真变速处理方法，其特征在于，在删除步骤中，删除性状相近似的小段。

22. 如权利要求 21 所述的音频信号保真变速处理方法，其特征在于，所述删除性状相近似的小段包括下列步骤：

将两相邻音元的最大极值进行比较，若两音元最大极值的差值的绝对值大于第一预定量，则判定该两相邻音元不相近似，否则，

比较两相邻音元的极值数量或两相邻音元的长度，若两相邻音元的极值数量之差的绝对值大于第二预定量或两相邻音元的长度之差的绝对值大于第三预定量时，则判定该两相邻音元不相近似；否则，

删除后一音元，并将被删除的音元的前后音元作紧缩连接。

23. 如权利要求 22 所述的音频信号保真变速处理方法，其特征在于，所述删除性状相近似的小段的步骤在比较了两相邻音元的极值数量或两相邻音元的长度之后加入下列步骤：

比较两相邻音元之间相对应的极值，若两相邻音元之间相对应的极值之差的绝对值均小于第四预定量，则判定该两相邻音元相近似，删除后一音元。

24. 如权利要求 22 所述的音频信号保真变速处理方法，其特征在于，所述第一预定量为所述前一音元中最大极值或所述后一音元中的最大极值的 5% ～20%，所述第二预定量为所述前一音元中的极值数量或所述后一音元中的极值数量的 5% ～20%，所述第三预定量为所述前一音元的长度或所述后一音元的长度的 5% ～20%。

25. 如权利要求23所述的音频信号保真变速处理方法，其特征在于，所述第四预定量为所述两个相比较的极值之一的5% ~20%。”

针对上述专利权（下称本专利），广东步步高电子工业有限公司（下称请求人）于2003年4月17日向国家知识产权局专利复审委员会提出无效宣告请求，其无效理由为：本专利权利要求1、2相对于证据1不符合专利法第二十二条第二款关于新颖性的规定，相对于证据2不符合专利法第二十二条第二款关于新颖性和第三款关于创造性的规定；权利要求1缺少必要技术特征，不符合专利法实施细则第二十一条第二款的规定；权利要求3~25相对于证据1和2不符合专利法第二十二条第三款关于创造性的规定。请求人提交了如下附件作为证据：

证据1：加盖有“华南理工大学图书馆信息检索专用章（2）”的论文《Method for time or frequency compression – expansion of speech》的复印件及其中文译文，1954年1月公开；

证据2：加盖有“华南理工大学图书馆信息检索专用章（2）”的论文《High Quality Time – Scale Modification for Speech》的复印件及其中文译文，1985年3月公开。

专利复审委员会于2003年4月17日受理了上述无效宣告请求，将无效宣告请求书及其附件的副本转给被请求人。

针对上述无效宣告请求，被请求人于2003年6月3日提交了意见陈述书，在意见陈述书中修改了权利要求1和2，即将权利要求3~5的部分内容加入到权利要求1和2，并基于修改后的权利要求1和2分别陈述了权利要求1和2与证据1和证据2的不同，并陈述了其具有显著的进步“解决了长期依赖变速与变调的难题”，认为本专利具备新颖性和创造性。

本案合议组于2005年1月7日向双方当事人发出了口头审理通知书，定于2005年3月15日对上述无效宣告请求进行口头审理，同时随口头审理通知书将被请求人于2003年6月3日提交的意见陈述书转给请求人。

口头审理如期举行，双方当事人均参加了口头审理。

在口头审理中，被请求人当庭提交了权利要求书修改文本替换页，合议组当庭告知不予接受；对于被请求人在2003年6月3日提交的意见陈述书中对权利要求1和2的修改，合议组也当庭告知不予接受，口头审理以本专利授权公告文本为基础。请求人当庭增加无效理由：专利法第二十五条和专利法实施细则第二十条第一款，合议组经合议当庭告知不予接受。请求人当庭未提交证据1和证据2的原件，被请求人对证据1和证据2的真实性有异议，对证据1的中文译文的准确性有异议，并当庭提交意见陈述书，指明证据1的中文译文中的错误并对上述有异议段落给出相应译文，请求人对上述意见明确表示同意。请求人答应在口审之日起15日内提交证据1和证据2的原件，逾期不提交视为请求人未提交该证据，被请求人同意由合议组负责核实证据的真实性。请求人确认其无效理由为：本专利权利要求1、2相对于证据1不具备新颖性和创造性；本专利权利要求3相对于证据1结合公知常识不具备创造性；本专利权利要求4相对于证据1、2结合公知常识不具备创造性；本专利权利要求5、6相对于证据1结合公知常识不具备创造性；本专利权利要求19、20、21相对于证据1不具备创造性；在独立权利要求1、2被无效的前提下，权利要求5也不符合专利法实施细则第二十一条第二款的规定。请求人认为，在证据1中，有效样本A’、B’分别为A、B中的连续部分且各只有1个，对本专利的评述以此为基础；被请求人认为，在证据1中，在音素A内有可能不连续地采到多个连续的A’，所采到的A’已是变调的。

其中，口头审理时被请求人提交的权利要求书中的权利要求1和2的内容如下：

“1. 一种音频信号保真变速处理方法，包含下列步骤：将音频信号进行切割分成小段；其特征在于，所述的音频信号保真变速处理方法还包含下列步骤：在部分或全部小段后插入至少一段信息单元，以延长音频信号，该小段是以时间间隔为基本切割单位，切割成的小段长度为0.1~400毫秒，或者以音频信号中的零点数或极值点数为基本切割单位，切割成的小段包含2~80个零点或极值点，或者以音频信号中的音元个数为基本切割单位，切割成的小段包含1~10个音元。

2. 一种音频信号保真变速处理方法，包含下列步骤：将音频信号进行切割分成小段；其特征在于，所述的音频信号保真变速处理方法还包含下列步骤：间隔地将部分小段删除，将未删除的小段紧缩连接，以缩短音频信号，该小段是以时间间隔为基本切割单位，切割成的小段长度为0.1~400毫秒，或者以音频信号中的零点数或极值点数为基本切割单位，切割成的小段包含2~80个零点或极值点，或者以音频信号中的音元个数为基本切割单位，切割成的小段包含1~10个音元。"

请求人于2005年3月16日提交了每页均盖有"华南理工大学图书馆信息检索专用章（2）"红章的证据1和2的原件及其中文译文，经合议组核实，该盖有红章的原件及其中文译文与2003年4月17日提交的证据1和2的复印件及其中文译文内容相同。

专利复审委员会于2006年4月10日向双方当事人发出合议组成员告知通知书，逾期未收到双方当事人的回避请求。

在上述工作的基础上，合议组认为本案事实已经清楚，可以作出审查决定。

二、决定的理由

1. 关于依据的文本

被请求人于口头审理时提交了权利要求书的修改替换页，其中将原从属权利要求3~5的附加技术特征以"或者"连接，然后分别并入独立权利要求1和2，既不是对授权文本权利要求的删除，也不是对授权文本权利要求的合并，不符合审查指南的相关规定，因此该修改文本不予接受。

被请求人于2003年6月3日提交的意见陈述书中对权利要求做了修改，没有提交权利要求书的修改替换页，不符合审查指南的相关规定，而且该文本是将原从属权利要求3~5的附加技术特征各取一部分，各部分之间以"或者"连接，然后分别并入独立权利要求1和2，既不是对权利要求的删除，也不是对权利要求的合并，也不符合审查指南的相关规定，因此也不予接受。

本无效宣告请求审查决定所依据的文本是本专利授权公告文本。

2. 关于无效宣告请求的证据

证据1和证据2的公开日均在本专利优先权日之前，可以作为现有技术来评价本专利的新颖性和创造性。双方当事人于口头审理时关于证据1的译文达成一致的修改为：第5页第1段，"VR-VH"修改为"VT-VH"；第5页第4段，"一百次的删除间隔……"修改为"100乘以删除间隔除以两间隔之和以压缩百分之表示"；第6页图4以原文的图4为准；第7页第2行，"1，2，3，4再生"修改为"1，2，2，3再生"。

3. 关于新颖性、创造性和缺少必要技术特征

专利法第二十二条第二款规定：新颖性，是指在申请日以前没有同样的发明或者实用新型在国内外出版物上公开发表过、在国内公开使用过或者以其他方式为公众所知，也没有同样的发明或者实用新型由他人向国务院专利行政部门提出过申请并且记载在申请日以后公布的专利申请文件中。

专利法第二十二条第三款规定：创造性，是指同申请日以前已有的技术相比，该发明有突出的实质性特点和显著的进步，该实用新型有实质性特点和进步。

专利法实施细则第二十一条第二款规定：独立权利要求应当从整体上反映发明或者实用新型的技术方案，记载解决技术问题的必要技术特征。

权利要求1涉及一种音频信号保真变速处理方法，包含下列步骤：将音频信号进行切割分成小段；其特征在于，所述的音频信号保真变速处理方法还包含下列步骤：在部分或全部小段后插入至少

一段信息单元，以延长音频信号。

证据1（下称对比文件1）涉及一种语音压缩与扩展方法，其中具体披露了如下技术特征（参见对比文件1译文的图1和第2页第2、4段）：假设有两个不同的音素A，B（相当于权利要求1中的小段），它们有着相同的持续时间并未经打断结合在一起（相当于权利要求1中的音频信号）。在扩展方面，如图所示，假设音素A，B被重复。如果将A，A，B，B序列重构（相当于权利要求1中的在全部小段后插入至少一段信息单元），持续时间将变长（相当于权利要求1中的延长音频信号），基于上述的假设，听觉上的效果将会是A与B的延伸（即保真）。

由此可见，权利要求1与对比文件1的区别仅在于：对比文件1的是在全部小段后插入至少一段信息单元，而权利要求1是在部分或全部小段后插入至少一段信息单元。在全部小段后插入信息单元和在部分小段插入信息单元都是为了将该音频信号延长，其效果相似，只是整个音频信号的延长程度不同而已，对于本领域技术人员来说，在全部插入的基础上得到部分插入的技术方案不需要花费创造性劳动。

因此，权利要求1相对于对比文件1不具有突出的实质性特点和显著的进步，不符合专利法第二十二条第三款关于创造性的规定。

权利要求2涉及一种音频信号保真变速处理方法，包含下列步骤：将音频信号进行切割分成小段；其特征在于，所述的音频信号保真变速处理方法还包含下列步骤：间隔地将部分小段删除，将未删除的小段紧缩连接，以缩短音频信号。

对比文件1涉及一种语音压缩与扩展方法，其中具体披露了如下技术特征（参见对比文件1译文的图1和第2页第2段）：假设有两个不同的音素A，B，它们有着相同的持续时间并未经打断结合在一起（相当于权利要求2中的音频信号）。假设：A'与B'（相当于权利要求2中的小段）为A与B的有效样本，为了有足够的感觉持续时间，A'、B'从A、B抽取并如图示及时相连而没有中断，A－A'与B－B'被删除（相当于权利要求2中的间隔地将部分小段删除）。现在如果A'，B'重构（相当于权利要求2中的将未删除的小段紧缩连接），其时间将小于原来的A，B（相当于权利要求2中的缩短音频信号），但音素却是可感知的（即保真）。

被请求人主张对比文件1有可能在音素A内不连续地采到多个连续的A'，而在对比文件1并没有明确记载，本领域技术人员也无法从对比文件1披露的内容中唯一推导出上述内容。因此，基于上述评述，权利要求2与对比文件1的技术方案相同，而且本专利与对比文件1同属于“音频信号的变速处理”技术领域，都解决了变速处理过程中的音频压缩的技术问题。所以，权利要求2相对于对比文件1不具备新颖性，不符合专利法第二十二条第二款的规定。

权利要求3引用权利要求1或2，进一步限定为：“所述分成小段是以时间间隔为基本切割单位，切割成的小段长度为0.1～400毫秒”。对比文件1（参见对比文件1译文的图1和第2页第2段）公开的A，B是具有相同的持续时间的两个不同音素，A'，B'从A，B抽取，如果A'，B'重构，其时间将小于原来的A，B。可见，对比文件1披露了特征“以时间间隔为基本切割单位”。但是对比文件1没有披露“切割成的小段长度为0.1～400毫秒”，也没有证据证明该技术特征属于本领域的公知常识，而且随着语言的不同或说话人的不同，音频信号的音素长度也不同。权利要求3的技术方案将切割成的小段长度限制为0.1～400毫秒，在微观上解决了变速和变调之间的矛盾问题，本领域技术人员在现有技术的基础上需要经过大量的实验和实践付出创造性劳动才能够得到该数值范围。因此，权利要求3相对于对比文件1结合公知常识具有突出的实质性特点和显著的进步，符合专利法第二十二条第三款关于创造性的规定。

权利要求4引用权利要求1或2，进一步限定为：“所述分成小段是以音频信号中的零点数或极点数为基本切割单位，切割成的小段包含 2 - 80 个零点或极值点”。

对比文件 1 没有披露上述附加技术特征，而且本专利说明书（参见第 5 页第 12 ~ 13 行）记载了“如果切割点都位于零点，则能使前后小段之间光滑连接，从而降低失真”，也就是说，以音频信号中的零点数或极点数为基本切割单位，在音频信号的零点将音频信号分割成小段，具有使“前后小段之间光滑连接，从而降低失真”的效果。

证据 2（下称对比文件 2）披露了（参见对比文件 2 译文第 1 页第 1 段摘要部分第 3 ~ 5 行）：本文我们所阐述的算法允许时间轴进行任意的线性或非线性的压扩，在时间域内往波形上采用经修正的交叠加技术（OLA）。即对比文件 2 披露的方案是可以在波形的任何位置进行切割，虽然既可以在零点或极值点也可以在其他点进行，但是并没有披露权利要求 4 中的“以音频信号中的零点数或极点数为基本切割单位”，也没有披露权利要求 4 中的“切割成的小段包含 2 - 80 个零点或极值点”，而且也没有证据证明该技术特征属于本领域的公知常识。因此，权利要求 4 相对于对比文件 1 和对比文件 2 结合公知常识具备突出的实质性特点和显著的进步，符合专利法第二十二条第三款关于创造性的规定。

权利要求 5 引用权利要求 1 或 2，进一步限定为：“所述切割分成小段是以音频信号中的音元个数为基本切割单位，切割成的小段包含 1 - 10 个音元”。鉴于权利要求 1 和权利要求 2 分别不具备创造性和新颖性，权利要求 5 可以作为独立权利要求进行评述。

权利要求 5 涉及一种音频信号保真变速处理方法，该方案所要解决的技术问题是在音频信号进行扩展和压缩的时候使得该音频信号保真，其采取的技术手段包括：以音频信号中的音元个数为基本切割单位将音频信号切割成小段，然后在部分或全部小段后插入信息单元或将部分小段删除，其中每个小段包含 1 - 10 个音元。将音频信号切割成小段，通过在小段后插入信息单元以扩展音频信号，以及通过删除部分小段而压缩音频信号是音频信号变速处理的现有技术，其“保真”则是通过限定小段的切割单位和长度来实现。音元已经在本专利说明书中明确定义为阻尼振动波，现有技术中没有公开以音元为单位切割音频信号的实施方法，被请求人提出了以音元个数为基本切割单位切割音频信号，并在本专利说明书中通过多个实施例描述了以音元个数为基本切割单位来切割音频信号的具体实施方法，本领域技术人员根据权利要求 5 的技术方案即可实施这种切割。至于在切割过程中是否需要利用计算机来实现，本领域技术人员完全可以根据自己的知识和经验来判断，而没有必要把它记载入权利要求 5 的技术方案中。因此，权利要求 5 从整体上反映了本专利的技术方案，记载了解决技术问题的必要技术特征，符合专利法实施细则第二十一条第二款的规定。

权利要求 5 的附加技术特征是“所述切割分成小段是以音频信号中的音元个数为基本切割单位，切割成的小段包含 1 - 10 个音元”。对比文件 1 没有披露上述技术特征，也没有证据证明该技术特征属于本领域的公知常识。本专利的说明书（第 1 页第 30 ~ 35 行）记载：“由于声音信号都是由频率、幅度等不同的微小的阻尼振动组成的，所以从微观上看，这些阻尼振动波是构成音频信号的基本单位。在本申请中我们把这种阻尼振动波称为音元。音元是构成音频信号的、包含独立和完整的基本信息元素的、最基本的结构单元。（根据本发明的试验和观察，音元通常不长于 50 毫秒，一个音元中通常含有 2 到 24 个极值点（包括峰值和谷值））”。由此可见，音元是音频信号的基本单位，以音元个数为基本切割单位可以避免切割点出现在音元中的情况，从而在一定程度上避免了破坏音元完整性的情况。因此，权利要求 5 相对于对比文件 1 结合公知常识具有突出的实质性特点和显著的进步，符合专利法第二十二条第三款关于创造性的规定。

权利要求 6 引用权利要求 1，进一步限定为：“所述信息单元为插入点前一小段音频信号的全部或部分信号、经幅值修正的插入点前一小段音频信号的全部或部分信号和/或小于 100 毫秒的空白信号”。对比文件 1 披露了（参见对比文件 1 译文的第 1 页图 1 和第 2 页第 2 段）以音素 A 和 B（一小段音频信号）的全部插入的方式。对于本领域技术人员来说，以一小段音频信号的部分进行插入与以全部插入所达到的效果相似，而插入一定长度的空白信号来扩展语音信号和对音频信号波形进行幅值修正都是本领域的公知常识。因此，当其引用的权利要求 1 不具备创造性时，权利要求 6 相对于对比文件 1 结合公知常识不符合专利法第二十二条第三款关于创造性的规定。

权利要求 19 引用权利要求 1，进一步限定为：“均匀间隔地在部分小段后插入至少一段信息单元”。对比文件 1（参见对比文件 1 译文的第 1 页图 1 和第 2 页第 2 段、第 4 款）披露了：假设有两个不同的音素 A，B（相当于权利要求 19 中的部分小段），它们有着相同的持续时间，在扩展方面，假设 A，B 被重复，如果将 A，A，B，B 序列重构（相当于在部分小段后插入一段信息单元），则持续时间将变长。由此可见，对比文件 1 所披露的也是均匀间隔地插入。因此，当其引用的权利要求 1 不具备创造性时，权利要求 19 相对于对比文件 1 不符合专利法第二十二条第三款关于创造性的规定。

权利要求 20 引用权利要求 2，进一步限定为：“均匀间隔地将部分小段删除”。虽然对比文件 1（参见对比文件 1 译文的第 1 页图 1 和第 2 页第 2 段）文字部分没有记载均匀间隔地删除，但是图 1 中的第一组图也是将每个音素切割然后删除其中的一部分，由于每个音素都进行切割，也相当于均匀间隔地删除，而且从图 1 中可以看出被删除的 A－A’ 和 B－B’ 大小相似，而对于本领域技术人员来说，是否是严格意义上的均匀对其删除后的效果影响不大。因此，当其引用的权利要求 2 不具备新颖性时，权利要求 20 相对于对比文件 1 不符合专利法第二十二条第三款关于创造性的规定。

权利要求 21 引用权利要求 2，进一步限定为：“在删除步骤中，删除性状相近似的小段”。对比文件 1（参见其中文译文第 2 页第 4～7 行）披露了 A’ 和 B’ 是 A 和 B 的有效样本，A’ 和 B’ 从 A 和 B 中抽取，并没有提及所删除的 A－A’ 和 B－B’ 性状相同或者相近似。而且，本专利的说明书（参见第 10 页第 2～3 行）记载了：由于本实施例中仅删除了那些性状相似的小段（音元），所以重放用本实施例的删除方法处理得到的经缩短的音频信号的效果更好。因此，权利要求 21 相对于对比文件 1 具有突出的实质性特点和显著的进步，符合专利法第二十二条第三款关于创造性的规定。

三、决定

宣告 96192114.5 号发明专利权的权利要求 1、2、6、19、20 无效，在权利要求 3～5、7～18、21～25 的基础上维持本专利的专利权继续有效。

当事人对本决定不服的，可以根据专利法第四十六条第二款的规定，自收到本决定之日起三个月内向北京市第一中级人民法院起诉。根据该款的规定，一方当事人起诉后，另一方当事人应当作为第三人参加诉讼。

北京市第一中级人民法院
行政判决书

（2006）一中行初字第 1318 号

原告广东步步高电子工业有限公司，住所地广东省东莞市长安镇乌沙管理区内。

法定代表人金志江，总经理。

委托代理人温旭，广州三环专利代理有限公司专利代理人。

委托代理人刘羽波，男，蒙古族，1978 年 7 月 28 日出生，广州三环专利代理有限公司职员，住天津市南开区卫津路94号。

被告国家知识产权局专利复审委员会，住所地北京市海淀区北四环西路9号银谷大厦10~12层。

法定代表人廖涛，副主任。

委托代理人范玉霞，国家知识产权局专利复审委员会审查员。

委托代理人张鹏，国家知识产权局专利复审委员会审查员。

第三人苏勇，男，汉族，1957年6月6日出生，住上海市石化地区梅州新村29号601室。

原告广东步步高电子工业有限公司（下称步步高公司）不服被告国家知识产权局专利复审委员会（下称专利复审委员会）于2006年6月27日作出的第8497号无效宣告请求审查决定（下称第8497号决定），在法定期限内向本院提起行政诉讼。本院于2006年10月26日受理后，依法组成合议庭，并通知专利权人苏勇作为本案第三人参加诉讼，于2006年12月4日公开开庭进行了审理。原告步步高公司的委托代理人温旭、刘羽波，被告专利复审委员会的委托代理人范玉霞、张鹏，第三人苏勇到庭参加了诉讼。本案现已审理终结。

第8497号决定系专利复审委员会针对步步高公司请求宣告专利权人为苏勇的第96192114.5号、名称为“音频信号保真变速处理方法”的发明专利（简称本专利）无效而作出的。专利复审委员会在第8497号决定中认定：

1. 第8497号决定所依据的文本是本专利授权公告文本。

2. 关于无效宣告请求的证据

证据1和证据2的公开日均在本专利优先权日之前，可以作为现有技术评价本专利的新颖性和创造性。

3. 关于新颖性、创造性和缺少必要技术特征

权利要求1不符合专利法关于创造性的规定；引用权利要求1的权利要求6、19相对于证据1结合公知常识不符合专利法关于创造性的规定。

权利要求2不符合专利法关于新颖性的规定；引用的权利要求2的权利要求20相对于证据1不符合专利法关于创造性的规定。

证据1涉及一种语音压缩与扩展方法，披露了“以时间间隔为基本切割单位”的特征，没有披露“切割成的小段长度为0.1~400毫秒”，也没有证据证明该技术特征属于本领域的公知常识，而且随着语言的不同或说话人的不同，音频信号的音素长度也不同。权利要求3的技术方案将切割成的小段长度限制为0.1~400毫秒，在微观上解决了变速和变调之间的矛盾问题，本领域技术人员在现有技术的基础上需要经过大量的实验和实践付出创造性劳动才能够得到该数值范围。因此，权利要求3相对于证据1结合公知常识具有突出的实质性特点和显著的进步，符合专利法第二十二条第三款关于创造性的规定。

权利要求4相对于证据1和证据2结合公知常识具有突出的实质性特点和显著的进步，符合专利法第二十二条第三款关于创造性的规定。

权利要求5、21相对于证据1结合公知常识具备突出的实质性特点和显著的进步，符合专利法第二十二条第三款关于创造性的规定。

综上，专利复审委员会作出第8497号决定，宣告本专利权利要求1、2、6、19、20无效，在权利要求3~5、7~18、21~25的基础上维持本专利的专利权继续有效。

原告步步高公司不服，向本院提起行政诉讼称：一、第8497号决定认定本专利权利要求3具备创造性错误。专利复审委员会认定“以时间间隔为基本切割单位”的特征被披露是准确的，但认定“切割成的小段长度为0.1~400毫秒”的特征不属于公知常识，且本领域技术人员在现有技术的基

础上需要经过大量的实验和实践付出创造性劳动才能够得到其中的数值范围与事实不符。因为本领域技术人员在得知特征“以时间间隔为基本切割单位”的前提下，确定切割小段的长度是可以通过有限实验得到的，而并非需要经过大量的实验和实践付出创造性劳动才能够得到。在本专利说明书写到“众所周知，通常人耳的听觉范围一般在20Hz至20kHz之间，频率在这段范围内的声音是人耳所能听到的。本发明人根据实验，如要在整个可听范围内用本发明进行变速处理，并达到较好的效果，则上述每小段的长度最好在0.1～400毫秒之间”。可见本领域的技术人员在得知以时间间隔为基本切割单位和人耳的听觉范围的前提下，确定小段的长度是通过有限的实验得到的，而并非需要经过大量的实验和实践付出创造性劳动才能够得到。专利复审委员会认定此事实没有任何证据支持。因此本专利权利要求3不具备创造性。二、专利复审委员会认定本专利权利要求4、5和21具备创造性的认定错误。三、专利复审委员会认定本专利权利要求7～18、22～25有效错误。综上，请求法院撤销第8497号决定中在权利要求3～5、7～18、21～25的基础上维持本专利的专利权继续有效的部分，宣告本专利权无效。在本案庭审中，步步高公司明确其仅对第8497号决定中认定本专利权利要求3具备创造性的部分提出异议，放弃对第8497号决定中其他部分的异议，并变更诉讼请求为撤销第8497号决定中在权利要求3的基础上维持本专利的专利权继续有效的部分，宣告本专利权利要求3无效。

被告专利复审委员会坚持其在第8497号决定中的意见，并针对步步高公司的起诉进一步辩称：在音频信号保真处理中，主要的发明点就表现为对信号的分割方式和信号的分割长度，步步高公司认为本专利对信号分割的具体手段是可以通过有限试验得到的，却没有任何证据支持。因此，第8497号决定认定事实清楚、适用法律正确、审理程序合法，步步高公司的诉讼理由不能成立，请求法院驳回其诉讼请求，维持第8497号决定。

第三人苏勇述称：本专利权利要求3提出“切割成的小段长度为0.1～400毫秒”是在深入研究音频信号体系、深刻了解其微观结构特征的基础上，并通过大量反复的研究和试验、比对以及验证工作才能了解和掌握切割的时间间隔长度与变速不变调处理效果的关系，并最终找到二者之间的定量关系，期间需要经过大量的创造性的劳动才能获得本专利的技术方案，而并非如步步高公司所称只需通过有限的实验便能完成。专利复审委员会认定事实清楚，适用法律正确，审查程序合法，审查结论正确，请求法院维持第8497号决定。

本院经审理查明：

本专利系国家知识产权局于2001年11月14日授权公告的名称为“音频信号保真变速处理方法”的发明专利，其申请日是1996年9月2日，优先权日是1995年9月1日，专利号是96192114.5，专利权人及发明人均为苏勇。

本专利审定公告时的权利要求书包括25项权利要求，其权利要求1～3的内容如下：

“1. 一种音频信号保真变速处理方法，包含下列步骤：将音频信号进行切割分成小段；其特征在于，所述的音频信号保真变速处理方法还包含下列步骤：在部分或全部小段后插入至少一段信息单元，以延长音频信号。

2. 一种音频信号保真变速处理方法，包含下列步骤：将音频信号进行切割分成小段；其特征在于，所述的音频信号保真变速处理方法还包含下列步骤：间隔地将部分小段删除，将未删除的小段紧缩连接，以缩短音频信号。

3. 如权利要求1或2所述的音频信号保真变速处理方法，其特征在于，所述分成小段是以时间间隔为基本切割单位，切割成的小段长度为0.1～400毫秒。”

本专利说明书载明：众所周知，通常人耳的听觉范围一般在20Hz至20kHz之间，频率在这段范围内的声音是人耳所能听到的。本发明人根据实验，如要在整个可听范围内用本发明进行变速处理，并达到较好的效果，则上述每小段的长度最好在0.1～400毫秒之间。考虑到语言信号的频带范围一般在200至4000Hz，所以对于语言信号，小段较佳的长度范围为1～20毫秒。

2003年4月17日，步步高公司以本专利不符合专利法第二十二条第二款、第三款及专利法实施细则第二十一条第二款的规定为由向专利复审委员会提出无效宣告请求，并提交了两份证据，其中：

证据1是1954年1月公开的加盖有“华南理工大学图书馆信息检索专用章（2）”的论文《Methodfortimeorfrequencycompression-expansionofspeech》的复印件及其中文译文。其涉及一种语音压缩与扩展方法，其中具体披露了如下技术特征：假设有两个不同的音素A、B，它们有着相同的持续时间并未经打断结合在一起。在扩展方面，假设音素A、B被重复。如果将A，A，B，B序列重构，持续时间将变长，基于上述的假设，听觉上的效果将会是A与B的延伸（即保真）。

证据2是1985年3月公开的加盖有“华南理工大学图书馆信息检索专用章（2）”的论文《High Quality Time-Scale Modification for Speech》的复印件及其中文译文。

2005年3月15日，专利复审委员会进行了口头审理。步步高公司明确其无效理由为：本专利权利要求1、2相对于证据1不具有新颖性和创造性；本专利权利要求3相对于证据1结合公知常识不具备创造性；本专利权利要求4相对于证据1、2结合公知常识不具备创造性；本专利权利要求5、6相对于证据1结合公知常识不具备创造性；本专利权利要求19、20、21相对于证据1不具备创造性；在独立权利要求1、2被无效的前提下，权利要求5也不符合专利法实施细则第二十一条第二款的规定。

2006年6月27日，专利复审委员会作出第8497号决定。

在本案开庭审理过程中，各方当事人均对“以时间间隔为基本切割单位”的特征已被证据1披露不持异议，但步步高公司认为“切割成的小段长度为0.1～400毫秒”的特征属于公知常识，且能够通过有限试验获得该数据范围。苏勇认可切割长度小于0.1毫秒或大于400毫秒都不能实现声音保真的目的。

以上事实有本专利授权公告文本、《Method for time or frequency compression-expansion of speech》的复印件及其中文译文、第8497号决定、口头审理记录表及当事人陈述等证据在案佐证。

本院认为：

根据专利法第二十二条第三款的规定，发明专利的创造性是指同申请日以前已有的技术相比，该发明有突出的实质性特点和显著的进步。

基于各方当事人均对“以时间间隔为基本切割单位”的特征已被证据1披露不持异议，本案争议焦点是权利要求3限定的“切割成的小段长度为0.1～400毫秒”的特征是否属于公知常识，该数据范围是否可以通过有限的试验获得。

本案中，步步高公司认为其虽然未提交任何证据证明“切割成的小段长度为0.1～400毫秒”的特征属于公知常识，但此公知常识应是本领域技术人员知晓的事实，无需举证，同时其认为本专利说明书中记载“本发明人根据实验，如要在整个可听范围内用本发明进行变速处理，并达到较好的效果，则上述每小段的长度最好在0.1～400毫秒之间”，说明本专利发明人苏勇已经认可“切割成的小段长度为0.1～400毫秒”的特征属于公知常识，且苏勇当庭承认切割长度小于0.1毫秒及大于400毫秒均不能实现保真的效果，因此，其已经尽到该技术手段是本领域公知常识的充分说明的义务。

本院认为，对于一项技术手段是否是公知常识，应由主张该技术手段是公知常识的当事人提交相关证据或进行充分说明。就本案而言，步步高公司对其关于本专利权利要求3限定的“切割成的小段长度为0.1～400毫秒”特征是公知常识的主张并没有提交任何证据，同时亦没有任何证据证明通过有限的试验即能得到上述数值范围。至于步步高公司主张本专利说明书记载的内容说明本专利发明人认可上述技术特征是公知常识，本院认为，在音频信号保真处理中，音频信号的切割方式和切割长度是需要重点解决的技术问题，本领域技术人员需要为此付出创造性劳动，在没有任何证据证明上述技术特征是公知常识的情况下，步步高公司的相关说明尚欠充分，不能认定其相对现有技术是显而易见的，步步高公司的上述主张缺乏事实和法律依据。因此，本专利权利要求3具有突出的实质性特点和显著的进步，符合专利法第二十二条第三款关于创造性的规定。

综上，步步高公司请求撤销第8497号决定的理由不能成立，本院不予支持。专利复审委员会作出的第8497号决定认定事实清楚，适用法律正确，程序合法，应予维持。依照《中华人民共和国行政诉讼法》第五十四条第（一）项之规定，本院判决如下：

维持被告国家知识产权局专利复审委员会作出的第8497号无效宣告请求审查决定。

案件受理费1000元，由原告广东步步高电子工业有限公司负担（已交纳）。

如不服本判决，各方当事人可在本判决书送达之日起15日内向本院提交上诉状，并交纳上诉案件受理费1000元，上诉于北京市高级人民法院。

审 判 长 姜 颖
代理审判员 姜庶伟
人民陪审员 于立彪
二〇〇七年一月十六日
书 记 员 陈 勇

北京市高级人民法院
行政判决书

（2007）高行终字第137号

上诉人（原审原告）广东步步高电子工业有限公司，住所地广东省东莞市长安镇乌沙管理区内。

法定代表人金志江，总经理。

委托代理人颜希文，男，汉族，1973年7月7日出生，广州三环专利代理有限公司专利代理人，住广东省广州市东山区先烈中路81号大院76号。

委托代理人高劲松，广东三环汇华律师事务所律师。

被上诉人（原审被告）国家知识产权局专利复审委员会。住所地北京市海淀区北四环西路9号银谷大厦10～12层。

法定代表人廖涛，副主任。

委托代理人穆丽娟，该委员会审查员。

委托代理人张鹏，该委员会审查员。

原审第三人苏勇，男，汉族，1957年6月6日出生，住上海市金山区石化十二村7号502室。

上诉人广东步步高电子工业有限公司（下称步步高公司）因专利无效行政纠纷一案不服北京市第一中级人民法院（2006）一中行初字第1318号行政判决，向本院提起上诉。本院2007年3月27日受理后，依法组成合议庭，于2007年4月25日公开开庭审理了本案。上诉人步步高公司的委托代理人颜希文、高劲松，被上诉人国家知识产权局专利复审委员会（下称专利复审委员会）的委托代理人穆丽娟、张鹏，原审第三人苏勇到庭参加诉讼。本案现已审理终结。

北京市第一中级人民法院经审理认为，根据专利法第二十二条第三款的规定，发明专利的创造性是指同申请日以前已有的技术相比，该发明有突出的实质性特点和显著的进步。因各方当事人均对“以时间间隔为基本切割单位”的特征已被证据1披露不持异议，故本案的争议焦点是权利要求3限定的“切割成的小段长度为0.1～400毫秒”的特征是否属于公知常识，该数据范围是否可以通过有限的试验获得。在音频信号保真处理中，音频信号的切割方式和切割长度是需要重点解决的技术问题，本领域技术人员需要付出创造性劳动，在没有任何证据证明上述技术特征是公知常识的情况下，步步高公司的相关说明尚欠充分，其主张缺乏事实和法律依据。本专利权利要求3具有突出的实质性特点和显著的进步，符合专利法的第二十二条第三款关于创造性的规定，依照《中华人民共和国行政诉讼法》第五十四条第（一）项之规定，判决维持专利复审委员会第8497号无效宣告请求审查决定（下称第8497号决定）。

步步高公司不服原审判决，向本院提起上诉，请求撤销原审判决及第8497号决定，主要理由为：涉案专利的权利要求3的技术特征“切割成的小段长度为0.1～400毫秒”为公知常识，有专利说明书予以证明。专利复审委员会和苏勇服从原审判决。

本院经审理查明：国家知识产权局于2001年11月14日授权公告名称为“音频信号保真变速处理方法”的发明专利，其申请日是1996年9月2日，优先权曰是1995年9月1日，专利号是96192114.5，专利权人及发明人均为苏勇。

本专利的权利要求书包括25项权利要求，其权利要求1～3的内容如下：

“1. 一种音频信号保真变速处理方法，包含下列步骤：将音频信号进行切割分成小段；其特征在于，所述的音频信号保真变速处理方法还包含下列步骤：在部分或全部小段后插入至少一段信息单元，以延长音频信号。

2. 一种音频信号保真变速处理方法，包含下列步骤：将音频信号进行切割分成小段；其特征在于，所述的音频信号保真变速处理方法还包含下列步骤：间隔地将部分小段删除，将未删除的小段紧缩连接，以缩短音频信号。

3. 如权利要求1或2所述的音频信号保真变速处理方法，其特征在于，所述分成小段是以时间间隔为基本切割单位，切割成的小段长度为0.1～400毫秒。”

本专利说明书载明：众所周知，通常人耳的听觉范围一般在20Hz至20kHz之间，频率在这段范围内的声音是人耳所能听到的。本发明人根据实验，如要在整个可听范围内用本发明进行变速处理，并达到较好的效果，则上述每小段的长度最好在0.1～400毫秒之间。考虑到语言信号的频带范围一般在200至4000Hz，所以对于语言信号，小段较佳的长度范围为1～20毫秒。

2003年4月17日，步步高公司以本专利不符合专利法第二十二条第二款、第三款及专利法实施细则第二十一条第二款的规定为由向专利复审委员会提出无效宣告请求，并提交了两份证据，其中：

证据1是1954年1月公开的加盖有“华南理工大学图书馆信息检索专用章（2）”的论文《Method for time or frequency comoression - expansion of speech》的复印件及其中文译文。其涉及一种语音压缩与扩展方法，其中具体披露了如下技术特征：假设有两个不同的音素A、B，它们有着相同的持续时间并未经打断结合在一起。在扩展方面，假设音素A、B被重复。如果将A，A，B，B序列重构，持续时间将变长，基于上述的假设，听觉上的效果将会是A与B的延伸（即保真）。

证据2是1985年3月公开的加盖有“华南理工大学图书馆信息检索专用章（2）”的论文《High Quality Time - Scale Modification for Speech》的复印件及其中文译文。

2005 年 3 月 15 日，专利复审委员会进行了口头审理。步步高公司明确其无效理由为：本专利权利要求 1、2 相对于证据 1 不具备新颖性和创造性；本专利权利要求 3 相对于证据 1 结合公知常识不具备创造性；本专利权利要求 4 相对于证据 1、2 结合公知常识不具备创造性；本专利权利要求 5、6 相对于证据 1 结合公知常识不具备创造性；本专利权利要求 19、20、21 相对于证据 1 不具备创造性；在独立权利要求 1、2 被无效的前提下，权利要求 5 也不符合专利法实施细则第二十一条第二款的规定。

2006 年 6 月 27 日，专利复审委员会作出第 8497 号决定，宣告本专利权利要求 1、2、6、19、20 无效，在权利要求 3 ~5、7 ~18、21 ~25 的基础上维持本专利继续有效。

在本案一审庭审过程中，各方当事人均对“以时间间隔为基本切割单位”的特征已被证据 1 披露不持异议，但步步高公司认为“切割成的小段长度为 0.1 ~400 毫秒”的特征属于公知常识，且能够通过有限试验获得该数据范围。

以上事实有本专利授权公告文本、《Method for time or frequency compression - expansion of speech》的复印件及其中文译文、第 8497 号决定、口头审理记录表及当事人陈述等证据在案佐证。

本院认为，二审过程中，本案的争议焦点仍然是本专利权利要求 3“切割成的小段长度为 0.1 ~400 毫秒”是否是公知常识，是否能够通过有限试验获得该数据范围。对于一项技术手段是否是公知常识，应由主张该技术手段是公知常识的当事人提交相关证据或进行充分说明。在整个诉讼过程中，步步高公司公司始终没有向法庭举出任何证据证明自己的主张，专利说明书并不能证明“切割成的小段长度为0.1 ~400 毫秒”为公知常识。因此，上诉人的上诉理由及请求不能成立，本院不予支持。专利复审委员会第 8497 号决定和一审判决认定事实清楚，适用法律正确，审理程序合法，本院予以维持。依照《中华人民共和国行政诉讼法》第六十一条第（一）项之规定，判决如下：

驳回上诉，维持原判。

一、二审案件受理费共计 2000 元，由步步高公司负担（均已交纳）。

本判决为终审判决。

审 判 长　刘继祥
审 判 员　莎日娜
代理审判员　焦　彦
二〇〇七年五月十一日
书 记 员　孙　娜

059

位置指示器案

无效宣告请求审查决定（第8499号）

决　定　号　第8499号
决　定　日　2006年6月27日
发明创造名称　位置指示器
国 际 分 类 号　H01H 9/00
无 效 请 求 人　上海华明电力设备制造有限公司
专 利 权 人　赖茵豪森机械制造公司
专　利　号　98801332.0
申　请　日　1998年1月9日
授 权 公 告 日　2001年4月25日
合 议 组 组 长　石　清
主　审　员　马志远
参　审　员　张宗任

法 律 依 据　专利法第二十二条第三款
决 定 要 点

对比文件2、3与本专利属于相同技术领域，对比文件3结合对比文件2就可以获得与本专利技术方案内容实质相同且技术效果相同的技术方案，而且这种结合不需要本领域技术人员付出创造性劳动就可以实现，则本专利技术方案不具备创造性。

一、案由

本无效宣告请求涉及2001年4月25日授权公告、名称为“位置指示器”的发明专利，其申请日为1998年1月9日，优选权日为1997年2月25日，专利号98801332.0，专利权人为赖茵豪森机械制造公司（下称专利权人）。

授权公告的本专利权利要求书中包括下列权利要求：

“1. 用于驱动分级开关、转换开关或活动芯线圈的电动机驱动装置的位置指示器，具有以下特征：

在指示器面板（1）上设有一个第一圆形刻度盘（2），在其上设有对各开关步配置的标记，在电动机驱动装置开关转换时，开关步依次从一个工作位置进行到相邻的另一工作位置，

在第一刻度盘（2）内部中央，在一个穿过指示器面板（1）导出的第一指针轴（92）上可转动地设有第一指针（3），

在指示器面板（1）上还设一个第二圆形刻度盘（4），在其上以彼此相等的间隔设有另一种标记，它们配置给分级开关、位置转换器或活动芯线圈的各个可能的静止工作位置，及

在第二刻度盘（4）内部中央，在一个穿过指示器面板（1）导出的第二指针轴（97）上可转动

地设有第二指针（5），

在第二指针轴（97）上，第二指针（5）的两侧可转动、但并不由第二指针轴（97）驱动地、自抑地支承着拖动指针（6，7），其方式是，在第二指针（5）转动时与转向有关地使两个拖动指针（6，7）中的一个被第二指针带动并保持在所达到的位置上，

在指示器面板（1）的下侧设有指示器传动装置（9），通过它使第一及第二指针（3，5）与电动机传动装置相连接，其方式是，在电动机传动装置从一个工作位置到另一相邻的工作位置的开关转换时，第一指针（3）与转向有关地转动360度，而第二指针（5）与转向有关地转动一个角度，该角度相应于第二刻度盘（4）上两个相邻标记的间隔。

2. 根据权利要求1的位置指示器，其中指示器传动装置（9）在空间上与电动机驱动装置的控制传动装置分开设置。”

上海华明电力设备制造有限公司（下称请求人）于2004年10月21日对上述发明专利提出了无效宣告请求。请求人随无效宣告请求书所提交的证据材料如下：

附件1-1：本案发明专利说明书授权文本；

附件1-2：赖茵豪森机械制造公司《负载分接头转换开关》产品介绍小册子的复印件；

附件1-3：上海华明开关厂产品设计蓝图；

附件1-4：上海华明开关厂有载分接开关订货合同复印件；

附件1-5：ABB公司BUE型开关产品说明书复印件；

附件1-6：ABB公司UZ型有载分接开关技术说明书复印件；

附件1-7：ABB公司实物产品照片的复印件。

请求人认为上述附件1-1至附件1-7证明本发明专利权利要求1、2均不具备创造性。

专利复审委员会于2004年10月21日发出受理通知书，并将请求人的无效宣告请求书以及有关证据转送给专利权人。

请求人于2004年11月19日提交了意见陈述书并补充提交了如下证据材料：

附件2-1：DE3541888A1号德国专利说明书及译文（下称为对比文件1），公开日为1987年6月4日；

附件2-2：US2693573号美国专利说明书及译文（下称为对比文件2），公开日为1954年11月2日；

附件2-3：JP7-283045号日本专利说明书及译文（下称为对比文件3），公开日为1995年10月27日；

附件2-4：国家标准GB10230-88号，1988年12月22日发布（下称为对比文件4）。

请求人在此次意见陈述书中引用对比文件1、2指出本发明专利权利要求1、2不具备创造性。

专利权人于2004年12月6日提交了针对请求人于2004年10月21日提交无效宣告请求书的答辩意见，并随该答辩意见提交的如下证据材料：

附件1：声称是1968年专利权人的产品宣传页复印件；

附件2：声称是1968年专利权人的产品宣传页复印件；

附件3：声称是1976专利权人的宣传册复印件；

附件4：声称是1966年专利权人的产品服务指南复印件；

附件5：1974年的用于MA7的小册子复印件；

上述五件证据材料均为外文，专利权人没有提交相应的中文译文。

专利复审委员会于2005年2月28日向专利权人发出转送文件通知书，将请求人于2004年11月

19 日提交的意见陈述和对比文件 1 至对比文件 4 的证据材料转给专利权人，并且同时向请求人发出转送文件通知书，将专利权人于 2004 年 12 月 6 日提交的答辩意见以及五件证据材料转发给请求人。

专利复审委员会本案合议组于 2005 年 2 月 28 日向双方当事人发出了无效宣告请求口头审理通知书，预定于 2005 年 4 月 5 日举行口头审理。专利权人与合议组电话联系，提出由于请求人第二次提交的无效宣告请求意见和证据材料与口审通知书同日转发，因此专利权人在预定口审日期对其进行答复则没有满足一个月的答复期限，要求延期口审。合议组接受了专利权人的延期请求，于 2005 年 3 月 14 日发出通知书，告知双方当事人取消预定口审。

专利权人于 2005 年 4 月 15 日提交了针对请求人于 2004 年 11 月 19 日提交意见和证据的答辩意见，专利权人对请求人提交的对比文件 1 至 3 的三件国外专利文献译文准确性提出异议，并随答辩意见提交了上述三件国外专利文献的部分译文。

合议组于 2005 年 6 月 21 日向请求人发出转送文件通知书，将专利权人于 2005 年 4 月 15 日提交的答辩意见和专利权人提交的三份译文转给请求人。

合议组于 2005 年 10 月 11 日发出口审通知书，预定于 2005 年 12 月 6 日举行口头审理。

专利权人于 2005 年 11 月 22 日提交了关于对比文件 2 所代表的已有技术已经使用几十年而没有改进的意见陈述，并附带提交了如下证据材料：

附件 6：德国专利文献 DT2007872C3 和部分中文译文；

附件 7：德国专利文献 DT2026352C3 和部分中文译文。

请求人于 2005 年 11 月 29 日提交了意见陈述书，强调专利权人提供的译文与请求人所提供译文无本质区别。

口头审理如期进行，双方当事人均出席了口审。合议组当庭将专利权人于 2005 年 11 月 22 日提交的意见陈述和附带的两份证据材料转交给请求人，并当庭将请求人于 2005 年 11 月 29 日提交的意见陈述转交给专利权人。

口头审理中，请求人明确表示放弃 2004 年 10 月 21 日提交的无效请求意见和附件 1－2 至附件 1－7的证据材料，并当庭表示以对比文件 1 结合对比文件 2 评价本专利权利要求 1、2 的创造性和以对比文件 3 结合对比文件 2 评价权利要求 1、2 的创造性，以对比文件 4 作为分接位置指示器和分接变换再进行指示器均属于公知技术的证据材料。专利权人明确表示请求人提出第一次无效请求意见时提供了附件 1－2 至附件 1－7 作为证据材料，但是在意见陈述书中没有结合所有证据具体说明无效宣告请求的理由，即没有结合附件 1－7 说明理由，因此本无效宣告请求不应当被受理。专利权人明确表示对对比文件 1 至 4 的真实性无异议，但是对请求人提供对比文件 1 至 3 的译文有异议。口头审理中，合议组经过与双方当事人确认，明确以专利权人提交的对比文件 2 的译文、请求人提供的对比文件 3 的译文、专利权人提供对比文件 1 译文中“变换器”全文替换为“变压器”的译文为审查基础。

合议组鉴于请求人在第二次提交无效请求意见时，没有具体引用对比文件 3 和对比文件 4，而是在口头审理时当庭引用该两件证据材料，专利权人没有充分的时间就请求人观点进行详细研究和答辩，因此允许专利权人在口审后一个月内补充提交答辩意见。

专利权人于 2006 年 1 月 5 日提交了针对对比文件 3 和对比文件 4 的答辩意见。专利权人明确表示，对比文件 3 中没有公开：a. 表示从一个工作位置到另一个工作位置的转换期间各开关相位标记的第一环形排列；b. 第一指针；c. 表示转换开关静止位置的第二环形排列；d. 第二轴；本专利权利要求 1 技术方案中包括拖曳指针，而该拖曳指针只能用于本发明固定刻度盘和旋转指针方式，使用对比文件 3 的盘或指示盘的结构并不能实现这样的拖曳指针，本发明具备创造性。对比文件 4 公开的是本专利的背景技术。专利权人在此次意见陈述中再次强调，由于请求人在提出无效宣告请求时没有引用附件1－7，因此复审委应当按照专利法实施细则第六十四条第一款和第六十五条第二款的规定不予受理。

合议组于2006年1月12日将专利权人于2006年1月5日提交的意见陈述转发给请求人，请求人于2006年2月10日提交了意见陈述，再次明确了自己的观点。

至此，合议组认为本案事实已经清楚，可以作出本无效宣告请求的审查决定。

二、决定的理由

（1）关于本无效宣告请求是否应当受理

专利法实施细则第六十四、六十五条分别规定“无效宣告请求书应当结合提交的所有证据，具体说明无效宣告请求的理由”、“无效宣告请求书不符合专利法实施细则第六十四条规定的，专利复审委员会不予受理”。请求人在提出无效宣告请求同时提交了附件1－2至附件1－7六件证据材料，并且在无效宣告请求书中表示上述证据材料代表已有技术。合议组认为，附件1－7既然已经在无效宣告请求书正文中被提及作为现有技术使用并对附件1－7内容进行了说明，因此不能认为请求人没有结合该附件1－7进行意见陈述。因此，专利权人提出本无效宣告请求不应当被受理的主张不能成立。

（2）关于证据

请求人于2004年11月19日提交的对比文件1（DE3541888A1号德国专利说明书，公开日为1987年6月4日）、对比文件2（US2693573号美国专利说明书，公开日为1954年11月2日）、对比文件3（JP7－283045号日本专利说明书，公开日为1995年10月27日）均为本专利申请日之前公开的外国专利文献，对比文件4为1988年发布的国家标准，专利权人对上述四篇对比文件的真实性没有异议，因此上述证据材料可以作为现有技术评价本专利的创造性。根据双方当事人在口头审理时已经就上述三篇外国专利文献译文文本的使用方式达成一致，上述三篇对比文件的中文译文使用专利权人于2005年4月15日提交的对比文件2译文、请求人于2004年11月19日提交的对比文件3译文和专利权人提交的对比文件1译文将其中“变换器”替换为“变压器”。

专利权人于2005年11月22日提交的附件6、7为两篇德国专利文献，经过合议组核实确认其真实性。专利权人于2004年12月6日提交的附件1至5均为复印件，且均为域外证据，请求人对其真实性提出异议。由于专利权人未对这些证据材料进行公证、认证，因此合议组对专利权人提交的附件1至5真实性不予认可。

（3）关于权利要求的创造性

本专利权利要求1的位置指示器包括第一圆形刻度盘（2）、第一指针（3）、第一指针轴（92）、第二圆形刻度盘（4）、第二指针（5）第二指针轴（97）、第二刻度盘上的两个拖动指针（6、7），连接配合关系为电动机传动装置从一个工作位置到另一相邻工作位置的开关转换时，第一指针（3）与转向相关地转动360度，而第二指针（5）与转向相关地转动一个角度，该角度相应于第二刻度盘（4）上两个相邻标记的间隔，指示器面板（1）的下侧设有指示器的传动装置（9）。

对比文件3涉及一种抽头位置显示装置，与本专利主题位置指示器属于相同技术领域。在对比文件3说明书译文第2自然段和第4自然段中记载，1为显示抽头停止位置的停止位置显示板，2为停止位置显示板的连接轴，4为显示抽头位置的刻度板，5为刻度盘的连接轴，抽头每转换一次，停止位置显示板旋转一周，刻度板在指定角度内转动，显示抽头位置，1a为停止位置显示板1上设定的正常停止位置范围，当指示线9与正常位置停止范围一致时，可以判断抽头停止位置正常，也可判断指示线9指向刻度板4的刻度。由于对比文件3中明确记载了停止位置显示板1和显示抽头位置刻度板 4 之间旋转配合以表示抽头分接位置，因此本领域技术人员必然意识到显示板 1 和刻度板 4 之间有相应的传动装置。

由此可见，对比文件 3 中的停止位置显示板 1 和显示抽头位置刻度板 4 在工作原理和功能上与本专利权利要求 1 的第一刻度盘和第二刻度盘相同。对比文件 3 图 3、4 所示技术方案与本专利权利要求 1 技术方案的区别在于两个方面：第一，对比文件 3 的停止位置显示板 1 和显示抽头位置刻度板 4 采用刻度盘旋转而指针固定的方式，而权利要求 1 采用的第一刻度盘、第二刻度盘均采用指针旋转、刻度盘固定的方式；第二，对比文件 3 的抽头位置刻度板 4 无法显示抽头位置的调整范围，而权利要求 1 技术方案利用第二指针带动两个拖动指针，从而显示开关转换的刻度范围。而上述两点区别，已经在对比文件 2 中有所公开。

对比文件 2 的涉及一种变压器分接开关，此对比文件的图 1、2、6 及其译文第 6 页最后一行到第 7 页第 13 行中描述了用于指示位置的刻度盘 191、指针 201、最大和最小位置指示器 196、197、其中最大和最小位置指示器 196、197 外端有外弯部分 196`、197`。在对比文件 2 的位置指示装置中，固定的刻度盘 191 和旋转的指针 201 配合显示分接开关的位置，其工作原理、功能和结构与权利要求 1 的第二刻度盘完全相同，尤其是对比文件 2 位置指示装置中也利用了最大、最小位置指示器 196、197 表示指针 201 的位置调整范围，与权利要求 1 技术方案中利用两个拖动指针表示抽头位置调整范围的原理和结构完全相同。

由于对比文件 3 和对比文件 2 都涉及到分接开关的分接位置指示装置，两者属于相同的技术领域，本领域技术人员在对比文件 3 技术方案基础上，如果需要位置指示装置表示出分接位置调整范围，自然会想到利用对比文件 2 的固定刻度盘、转动指针和两个拖动指针的结构替换对比文件 3 中固定指针、转动刻度盘的抽头位置刻度板，从而构成与本专利权利要求 1 结构实质相同、技术效果相同的技术方案。而上述动指针、静刻度盘技术方案与静指针、动刻度盘技术方案之间的相互替代，属于本领域惯用技术手段的替换，本领域技术人员不需要任何创造性劳动就可以实现。

至于专利权人认为：第一，本发明的第一刻度盘包括表示相位的标记而对比文件 3 的停止位置显示板 1 没有相位标记，第二，对比文件 3 中的刻度盘无法实现拖曳指针；第三，专利权人提交的附件 6、7 和请求人提交的对比文件 2 所代表的已有技术已经使用了几十年，而并没有人将其改进为本发明技术方案，从侧面证明了本发明技术方案不是显而易见的。合议组认为：首先对比文件 3 的显示板 1 上设有停止位置范围标记 1a，尽管在显示板 1 上没有划分精确的刻度，在旋转过程中无论该显示板 1 处于旋转过程中哪个瞬间位置，都可以由标记 1a 准确地表达出转动的相位变化过程，显示板 1 上有无刻度并不影响该显示板 1 显示转动方向和转动过程的效果，此区别不能为作为权利要求 1 技术方案具有突出的实质性区别和显著进步的理由；其次，静态刻度盘配合动态指针的显示方式与动态刻度盘配合静态指针的显示方式均为本领域公知并且常用的技术手段，两者之间相互替换不需要克服技术困难，专利权人提供的附件 6、7 中分接位置指示装置是由周边设置数字符号的可转动盘组成，请求人提供的对比文件 2 中位置指示装置为固定的刻度盘和可旋转的指针组成，可见在本专利申请日之前，分接位置指示装置既可以由动态刻度盘形成也可以由静态刻度盘结合动态指针形成，无论哪种方式都属于已有的技术手段，本领域技术人员在对比文件 2 使用拖曳指针的技术方案的明确教导下，将对比文件 2 中静态刻度盘、动态指针和拖曳指针应用于对比文件 3 的技术方案中，不需要克服任何技术困难，因此两技术方案的简单组合就可以产生本发明的技术方案，此种组合不需要创造性劳动；最后，对比文件 2 公开于 1954 年，而本发明申请时间为 1998 年，两者年代相差四十多年，实际上将对比文件 2 的技术方案与本发明相比，区别就在于本发明多了表示每次转换期间电动机驱动装置瞬间位置的第一刻度盘和第一指针，而对比文件 2 的技术方案没有表示转换期间瞬时位置的装置，但是参考对比文件4的国家标准可以看出，在1988年所颁布实行的国标中，表示转换瞬间位置的“分接变换在进行指示”装置仅仅是一个选择项，而并非强制执行的项目，由此可见在20世纪80年代之前本技术领域对于上述转换瞬间位置指示装置没有要求或要求不强烈，这并不代表在对比文件3基础上引入对比文件2的拖曳指针需要克服什么技术困难，也同样不能说明本发明技术方案具备创造性。

因此合议组认为，权利要求1技术方案相对于对比文件3和2的结合，不具备专利法第二十二条第三款所规定的创造性。

本专利权利要求2引用权利要求1，其中附加技术特征为指示器的传动装置在空间上与电动机驱动装置的控制传动装置分开设置。在对比文件2图2、3中可以看出，位置指示器的传动装置包括小伞齿轮174、直齿轮175、小伞齿轮179、从动齿轮181、小伞齿轮182、直齿轮183、伞齿轮189和90等在箱体173内和箱体173左下方，而电动机144的其他控制传动装置在箱体173右下方。因此权利要求2的附加技术特征也已经由对比文件2所公开。在权利要求1相对于对比文件3和2的结合不具有创造性前提下，其从属权利要求2也不具备创造性。

综上所述，权利要求1、2相对于对比文件3、2的结合不具备创造性。鉴于对比文件3与2的结合已经破坏了本专利全部权利要求的创造性，合议组对于请求人所提出的其他无效宣告请求理由和证据材料的使用方式不再进行评述。

三、决定

宣告第98801332.0号发明专利权全部无效。

当事人对本决定不服的，可以根据专利法第四十六条第二款的规定，自收到本决定之日起三个月内向北京市第一中级人民法院起诉。根据该条款的规定，一方当事人起诉后，另一方当事人应当作为第三人参加诉讼。

060

平行绝缘集束导线案

无效宣告请求审查决定（第8508号）

决 定 号 第8508号
决 定 日 2006年6月14日
发明创造名称 平行绝缘集束导线
国际分类号 H01B9/00
无效请求人 刘希治
专 利 权 人 鱼台县供电局
专 利 号 01261952.3
申 请 日 2001年10月8日
授权公告日 2002年5月8日
合议组组长 张 度
主 审 员 焦景梅
参 审 员 黄毅斐

法律依据 专利法第二十二条第二款
决定要点

如果一项权利要求的技术方案与现有技术相比，其所属技术领域、所要解决的技术问题、所采取的技术方案以及所达到的技术效果完全相同，那么该权利要求相对于该现有技术不具备新颖性。

一、案由

本无效宣告请求涉及国家知识产权局于2002年5月8日授权公告的、名称为“平行绝缘集束导线”的实用新型专利权（下称本专利），其申请日为2001年10月8日，申请号为01261952.3，专利权人为鱼台县供电局，授权公告的权利要求书为：

“1. 一种平行绝缘集束导线，涉及导线和裹在导线外的绝缘层，其特征在于：在各导线的绝缘层（2）之间连有筋带（3）。

2. 根据权利要求1所述的平行绝缘集束导线，其特征在于：该平行绝缘集束导线由4根导线（1）构成。

3. 根据权利要求2所述的平行绝缘集束导线，其特征在于：中间两根导线（1）之间的筋带（3）连在绝缘层（2）的侧边，两边的导线（1）与其相邻导线（1）之间的筋带（3）连在绝缘层（2）柱形的中间。”

针对上述实用新型专利权，刘希治（下称请求人）于2002年10月29日向专利复审委员会提出了无效宣告请求，理由是本专利权利要求1~3不符合专利法第二十二条第二三款的规定，并提交以下证据：

证据1：01250580.3号中国实用新型专利说明书全文，授权公告日为2002年7月24日，申请日为 2001 年 9 月 6 日，申请人为刘希治；

证据 2：98237541.7 号中国实用新型专利说明书全文，授权公告日为 1999 年 6 月 23 日；

证据 3：01261952.3 号中国实用新型专利说明书全文（即本专利）。

请求人认为，证据 1 和 2 均公开了一种绝缘电缆，本专利权利要求 1～3 的技术方案全部被证据 1 或 2 所公开。因此，本专利权利要求 1～3 不具备新颖性和创造性，不符合专利法第二十二条第二三款的规定。

经过形式审查合格，专利复审委员会受理了上述无效宣告请求，并于 2002 年 11 月 15 日随无效宣告请求受理通知书将请求书及其附件的副本转给了专利权人（下称被请求人）。

根据审查指南的有关规定，合议组于 2003 年 10 月 22 日向双方当事人分别发出了无效宣告请求口头审理通知书，定于 2003 年 12 月 11 日举行口头审理。

经双方当事人同意，口头审理于 2003 年 12 月 10 日举行，合议组成员临时变更，双方当事人均出席口头审理。双方当事人并均不要求审案人员回避，对对方出席口头审理人员的资格无异议。被请求人对证据 1 和 2 的真实性无异议，请求人明确使用证据 1 评价本专利权利要求 1～3 的新颖性，使用证据 2 评价本专利权利要求 1～2 的新颖性和创造性，并使用证据 1 作为证据，增加权利要求 1～3 不符合专利法第九条关于先申请制的规定作为无效理由。

请求人于 2003 年 12 月 25 日向专利复审委员会提交了意见陈述书，认为本专利不符合专利法第九条关于先申请制的规定。

合议组于 2004 年 1 月 2 日将请求人于 2003 年 12 月 25 日向专利复审委员会提交的意见陈述书的副本转送给被请求人，要求其在收到上述文件之日起一个月内答复。被请求人未作出答复。

由于合议组成员发生变动，合议组于 2004 年 6 月 1 日向双方当事人发出了合议组成员告知通知书，并且告知当事人如果认为本案需要再次进行口头审理，则必须在七日内提交书面意见陈述书，否则视为当事人无此要求，本案不再进行口头审理。

请求人于 2004 年 6 月 16 日提交意见陈述书要求再次口审。

由于合议组成员再次发生变动，合议组于 2006 年 4 月 10 日向双方当事人发出了合议组成员告知通知书，并且告知当事人如果认为本案需要再次进行口头审理，则必须在七日内提交书面意见陈述书，否则视为当事人无此要求，本案不再进行口头审理。

被请求人没有意见陈述，请求人提交意见陈述要求依据已有证据、意见陈述和合议组调查作出审查决定。

至此，合议组认为事实已经清楚，可以作出本决定。

二、决定的理由

1. 关于证据

请求人提交了证据 1 和 2 两份证据，被请求人对证据 1、2 的真实性没有异议。

证据 1 是 01250580.3 号中国实用新型专利说明书，其授权公告日为 2002 年 7 月 24 日，申请日为 2001 年 9 月 6 日，申请人是刘希治，即是由他人在本专利申请日前向中国专利局提出申请，并在申请日后公布的专利申请文件，可用于评价本专利的新颖性；证据 2 是 98237541.7 号中国实用新型专利说明书，授权公告日为 1999 年 6 月 23 日，早于本专利的申请日，可用于评价本专利的新颖性和创造性。

2. 关于新颖性

本专利涉及一种平行绝缘集束导线，包括导线和裹在导线外的绝缘层，在各导线的绝缘层（2）之间连有筋带（3），该导线可由 4 根导线组成，中间两根导线之间的筋带（3）连在绝缘层（2）的侧边，两边的导线与其相邻导线之间的筋带连在绝缘层（2）柱形的中间。其各导线为平行对称分布且绝缘材料可人工分裂，从而实现了导线束环抱性能好、防窃电性能强、施工造价低、电气参数明显改善的技术效果。

（1）关于权利要求1

权利要求1要求保护一种平行绝缘集束导线，其技术特征包括：导线和裹在导线外的绝缘层，在各导线的绝缘层（2）之间连有筋带（3）。

证据1（参见证据1的权利要求书、说明书全文及其附图）公开了一种平行绝缘集束导线，包括导线和裹在导线外的绝缘层，在各导线的绝缘层之间连有筋带，该导线可由4根导线组成，中间两根导线之间的筋带连在该两绝缘导线的绝缘层的下方相切处，两边的导线与其相邻导线之间的筋带连在绝缘层柱形的中间。其各导线为平行对称分布且绝缘材料可人工分裂，从而实现导线束环抱性能好、防窃电性能强、施工造价低、电气参数明显改善的技术效果。

将本专利权利要求1与证据1相比，可见，证据1公开了本专利权利要求1的全部技术特征：一种包括导线和裹在导线外的绝缘层的平行绝缘集束导线，在各导线的绝缘层（2）之间连有筋带（3）。权利要求1技术方案中其各导线为平行对称分布，这解决了绝缘材料可人工分裂的技术问题，从而实现环抱性能好、防窃电性能强、施工造价低电气参数明显改善的技术效果。

由于本专利权利要求1与证据1所公开的技术方案在内容上相同，在所属的技术领域、所解决的具体技术问题和所实现的具体技术效果方面均相同，因此，本专利权利要求1相对于证据1不具备新颖性，不符合专利法第二十二条第二款的规定。

（2）关于从属权利要求2

从属权利要求2在独立权利要求1的基础上增加了附加技术特征：该平行绝缘集束导线由4根导线（1）构成。如上所述，将本专利权利要求2与证据1相比，可见，证据1公开了本专利权利要求2的附加技术特征：该平行绝缘集束导线由4根导线构成。本专利权利要求2与证据1所公开的技术方案在内容上相同，在所属的技术领域、所解决的具体技术问题和所实现的具体技术效果方面相同，因此，在所引用的权利要求1相对于证据1不具备新颖性的基础上，本专利从属权利要求2相对于证据1也不具备新颖性，不符合专利法第二十二条第二款的规定。

（3）关于从属权利要求3

从属权利要求3在权利要求2的基础上增加了附加技术特征：中间两根导线（1）之间的筋带（3）连在绝缘层（2）的侧边，两边的导线（1）与其相邻导线（1）之间的筋带连在绝缘层（2）柱形的中间。如上所述，将本专利权利要求3与证据1相比可见，证据1公开了本专利权利要求3的全部附加技术特征。本专利权利要求3与证据1所公开的技术方案在内容上相同，在所属的技术领域、所解决的具体技术问题和所实现的具体技术效果相同，因此，在所引用的权利要求2相对于证据1不具备新颖性的基础上，本专利权利要求3相对于证据1也不具备新颖性，不符合专利法第二十二条第二款的规定。

3. 关于专利法第二十二条第三款、第九条

鉴于本专利权利要求1～3相对于证据1不具备新颖性，不符合专利法第二十二条第二款的规定，合议组对于本专利是否符合专利法第二十二条第三款有关创造性的规定和专利法第九条有关先申请制的规定不再进行评述。

综上所述，请求人关于本专利权利要求1～3不符合专利法第二十二条第二款的规定的无效理由成立。

三、决定

宣告01261952.3号实用新型专利权全部无效。

当事人对本决定不服的，可以根据专利法第四十六条第二款的规定，自收到本决定之日起三个月内向北京市第一中级人民法院起诉。根据该款的规定，一方当事人起诉后，另一方当事人应当作为第三人参加诉讼。

061

平行集束型架空绝缘电缆案

无效宣告请求审查决定（第8509号）

决 定 号 第8509号
决 定 日 2006年6月14日
发明创造名称 平行集束型架空绝缘电缆
国际分类号 H01B 9/00
无效请求人 鱼台县供电局
专利权人 刘希治
专 利 号 01250580.3
申 请 日 2001年9月6日
授权公告日 2002年7月24日
合议组组长 张 度
主 审 员 焦景梅
参 审 员 黄毅斐

法律依据 专利法第二十二条第二款、第三款
决定要点

如果请求人提交的书证真实性获得认可，证明了某种产品在本专利申请日之前销售的事实，又提供了相应产品实物证据，其与书证中所记载销售产品在型号、品名和生产厂家上均相符，那么在没有相反证据的前提下，该产品实物证据的真实性被认可，该产品实物证据与书面销售证据结合可以构成证据链，说明此具有特定结构的产品实物在本专利申请日之前已经对公众公开，可以作为评价本专利新颖性、创造性的证据。

一、案由

本无效宣告请求涉及国家知识产权局于2002年7月24日授权公告的、名称为“平行集束型架空绝缘电缆”的实用新型专利权（下称本专利），其申请日为2001年9月6日，申请号为01250580.3，专利权人为刘希治，授权公告的权利要求书为：

“1. 一种平行集束型架空绝缘电缆，是由金属导体、绝缘层和绝缘带筋组成，其特征在于平行集束四线或三线组合中绝缘导线及绝缘导线间的绝缘带筋成“一字型”结构。

2. 根据权利要求1所述的平行集束型架空绝缘电缆，其特征在于四根绝缘导线对称分布截面呈正方形或三根绝缘导线对称分布截面呈正三角形。

3. 根据权利要求1所述的平行集束型架空绝缘电缆，其特征在于所述的四线组合中间部位两绝缘导线之间的带筋连接在两绝缘导线的下方相切处。”

针对上述实用新型专利权，鱼台县供电局（下称请求人）于2002年12月27日向专利复审委员会提出了无效宣告请求，理由是本专利权利要求1不符合专利法第二十二条第二款的规定，权利要求

1～3 不符合专利法第二十二条第三款的规定，并提交以下附件作为证据：

附件 1：No. 00509601 号“山东增值税专用发票”复印件 1 页，开票时间为 2001 年 1 月 3 日，销售单位是鱼台电力制造业有限公司，上面记载了三种规格型号的导线束（3×35+1×25、3×25+1×16、3×10+1×6）；

附件 2：“电力制造业有限公司销售出库单”的提货联复印件，开票时间是 2001 年 1 月 3 日，上面记载有三种规格型号的导线束（3×35+1×25、3×25+1×16、3×10+1×6）；

附件 3：“电力制造业有限公司销售出库单”的会计联复印件，开票时间是 2001 年 1 月 3 日，上面记载有三种规格型号的导线束（3×35+1×25、3×25+1×16、3×10+1×6）；

附件 4：三种类导线束实物各一份，其上均标有山东鱼台电力制造业有限公司，并分别标有 FZLV-3×35+1×25、FZLV-3×25+1×16、FZLV-3×10+1×6 型号；

附件 5：98236622.1 号中国实用新型专利说明书共 3 页（扉页、权利要求书和说明书第 1 页），授权公告日为 1999 年 9 月 8 日。

请求人认为，附件 1～3 说明附件 4 中的导线束实物在本专利的申请日之前已经为公众所知，因此可以作为判定本专利新颖性和创造性的证据使用，根据附件 4 中的实物公开的特征，本专利权利要求 1 无新颖性和创造性，权利要求 2～3 无创造性；与附件 5 公开的技术方案相比，本专利权利要求 2～3无创造性。因此，本专利权利要求不具有新颖性或创造性，不符合专利法第二十二条第二三款的规定。

经过形式审查合格，专利复审委员会受理了上述无效宣告请求，并于 2003 年 1 月 24 日随无效宣告受理通知书将请求书及其附件 1～3 和 5 的副本转给了专利权人（下称被请求人）。

被请求人于 2003 年 2 月 21 日向专利复审委员会提交了意见陈述书，认为本专利符合专利法第二十二条第二三款的规定，并提交了以下证据：

证据 1：江苏省溧阳电缆厂于 1997 年 7 月编印的电线电缆产品出厂价格目录复印件共 3 页；

证据 2：沈阳市东鹏电业电缆厂的电缆规格表复印件共 2 页；

证据 3：沈阳市东鹏电业电缆厂于 1998 年 10 月 20 日发布的企业标准中的电缆导线束规格表复印件共 3 页；

证据 4：标有“辽宁省电力有限公司农网建设与改造招标办公室”印制的导线束产品价格单复印件共 1 页；

证据 5：某架空绝缘可分裂导线束产品价格单复印件共 1 页。

根据审查指南的有关规定，合议组于 2003 年 10 月 22 日向双方当事人分别发出了无效宣告请求口头审理通知书，定于 2003 年 12 月 10 日举行口头审理，并将被请求人于 2003 年 2 月 21 日向专利复审委员会提交的意见陈述书及其附件的副本转送给请求人。口头审理如期举行，合议组成员临时变更，双方当事人均出席口头审理。双方当事人并均不要求审案人员回避，对对方出席口头审理人员的资格无异议。被请求人对请求人提交的附件 1、3、5 的真实性无异议，由于请求人未提供附件 2 的原件，被请求人对附件 2 的真实性表示异议；请求人使用其附件 1-3 及附件 4 的实物评价本专利权利要求 1～3 的新颖性和创造性；使用附件 5 评价本专利权利要求 1～3 的创造性；并且申明只用附件 5 的提交部分共3 页（即扉页、权利要求书、说明书第 1 页）；请求人增加本专利权利要求 1～3 不符合专利法第二十二条第四款的规定作为无效理由，但未陈述具体无效理由，合议组要求请求人在口审之日起 15 日内提交书面的具体说明，否则合议组不再对该条无效理由作出评价。被请求人所提交的五份证据中，证据 1、3～5 没有原件，请求人对其真实性有异议，被请求人要求在口审之日起半个月内补充原件，请求人表示由合议组负责核实其真实性，无需再转送请求人；请求人核实被请求人提交的证据2与原件一致，但是其上没有出版日期。

被请求人于2003年12月25日向专利复审委员会提交了意见陈述书及证据1的原件。

合议组于2004年1月2日将被请求人于2003年12月25日向专利复审委员会提交的意见陈述书的副本转送给请求人。请求人未作出答复。

由于合议组成员发生变动，合议组于2004年6月1日向双方当事人发出了合议组成员告知通知书，并且告知当事人如果认为本案需要再次进行口头审理，则必须在7日内提交书面意见陈述书，否则视为当事人无此要求，本案不再进行口头审理。

请求人于2004年6月16日提交意见陈述书要求再次口审。

由于合议组成员再次发生变动，合议组于2006年4月10日向双方当事人发出了合议组成员告知通知书，并且告知当事人如果认为本案需要再次进行口头审理，则必须在7日内提交书面意见陈述书，否则视为当事人无此要求，本案不再进行口头审理。

被请求人没有意见陈述，请求人提交意见陈述要求依据已有证据、意见陈述和合议组调查作出审查决定。

至此，合议组认为事实已经清楚，可以作出本决定。

二、决定的理由

1. 关于被请求人的证据

被请求人提交了证据1～5，其中证据3～5没有原件，请求人对其真实性有异议。请求人核实被请求人提交的证据2与原件一致，其上记载了绝缘3+1芯可分裂对称组合导线束，但是该证据没有出版日期。合议组应请求人要求核实了证据1与原件一致，其编印时间为1997年7月早于本专利的申请日，因此被请求人的证据1可以作为本专利的现有技术。证据1是江苏溧阳电缆厂编印的电线电缆产品出厂价格目录复印件共3页，其第2、3页中均出现3+1芯型号的标称截面为3×25+1×16、3×10+1×6型和3×35+1×16型等各种规格型号的电缆。

2. 关于请求人的证据

请求人提交了附件1～5共5份证据，请求人使用附件1～3及附件4的实物评价本专利权利要求1～3的新颖性和创造性，并使用附件5评价本专利权利要求1～3的创造性。被请求人对附件1、3、5的真实性无异议，由于请求人未提供附件2的原件，被请求人对附件2的真实性表示异议。

（1）关于附件2

由于请求人未提供附件2的原件，合议组对其不予采信。

（2）关于附件5

被请求人对附件5真实性没有异议，附件5是98236622.1号中国实用新型专利说明书共3页（首页、权利要求书和说明书第1页），其授权公告日为1999年9月8日，早于本专利的申请日，因此附件5可以用来评价本专利的创造性。

（3）关于附件1、3、4

附件1是No.00509601号“山东增值税专用发票”复印件1页，开票时间为2001年1月3日，销售单位是鱼台电力制造业有限公司，购货单位是菏泽电业局，上面记载了三种规格型号（3×35+1×25、3×25+1×16、3×10+1×6）品名为导线束的产品，总金额44760.00元；附件3是“电力制造业有限公司销售出库单”的会计联复印件，开票时间是2001年1月3日，购货单位是菏泽电业局，上面记载有三种规格型号（3×35+1×25、3×25+1×16、3×10+1×6）品名为导线束的产品，总金额为44760元；附件4是三种类导线束实物各一份，其上均标有山东鱼台电力制造业有限公司，品名为对称组合绝缘导线束，并分别标有FZLV－3×35+1×25、FZLV－3×25+1×16、FZLV－

3×10+1×6 型号。

被请求人对附件 1、3 的真实性没有异议。由于附件 1、3 上时间是 2001 年 1 月 3 日，早于本专利的申请日，因此附件 1、3 中记载的销售产品可用于评价本专利的新颖性和创造性；附件 4 是导线束实物证据，被请求人没有认可其真实性，但也没有提出合理怀疑附件 4 的真实性的证据，因此合议组认可附件 4 的真实性。附件 4 上没有生产日期，因此附件 4 无法单独作为评价本专利新颖性、创造性的证据。请求人请求将附件 4 与附件 1－3 结合构成证据链说明附件 4 中的实物在本专利申请日前已经对公众公开。

被请求人提供证据 1 说明其他电缆厂家也生产了请求人附件 1 中鱼台电力制造业有限公司生产销售的上述型号的产品，请求人的附件 4 与附件 1、3 结合不能构成证据链说明鱼台电力制造业有限公司生产了与本专利相同结构的产品。被请求人提交的证据 1 中第 2、3 页中均出现 3+1 芯型号的标称截面为 3×25+1×16、3×10+1×6 型等各种型号的电缆，从中可知 3×10+1×6 中的“3”指的是 3 芯，“1”指的是 1 芯，“10”和“6”指的是标称截面大小，这两种型号与请求人的附件 1、3 中的型号相同，被请求人的证据 2 上也记载了 3+1 芯绝缘可分裂对称组合导线束，这说明不只是一家企业生产该种类电缆，请求人的附件 1 上这种型号仅仅说明是标称截面为某值的 3+1 芯电缆，属于现有技术，而不能说明山东鱼台电力制造业有限公司生产的该种型号的电缆具有何种特定组成结构。

以下，合议组对请求人提交的附件 1、3 和 4 是否能够结合构成证据链进行具体评述：

附件 1、3 中记载的销售产品的规格型号、品名、金额和销售时间完全一致，分别为 3×35+1×25、3×25+1×16、3×10+1×6、品名为导线束、金额为 44760 和时间为 2001 年 1 月 3 日，因此附件 1、3 记载了型号为 3×35+1×25、3×25+1×16、3×10+1×6 的品名为导线束的产品在本专利申请日之前销售的事实，请求人提交的附件 4 上标记了与附件 1、3 相同的厂家，其三份产品实物上所标记型号分别含有 3×35+1×25、3×25+1×16、3×10+1×6，只是该产品实物型号上多了前面几个字母“FZLV”，是上述型号的细化名称；品名都是“导线束”，附件 4 的实物多了“对称组合绝缘”字样，是品名“导线束”的详细具体化名称，因此可以推定附件 4 的产品实物与附件 1、3 中记载的销售产品在厂家、品名和型号上相符。

虽然被请求人用证据 1 证明了不只是一家企业生产该种类电缆，这种型号仅仅说明是标称截面为某值的 3+1 芯电缆，属于现有技术，但是被请求人没有提出证据说明其他厂家所生产的上述种类型号的导线束具有其他不同物理结构，也没有提出反证说明请求人的附件 1、3 中记载型号的导线束具有其他不同物理结构。而请求人附件 4 的产品实物已经说明了山东鱼台电力制造业有限公司生产的该种型号的导线束具有如该产品实物的特定物理结构，并且请求人提交的附件 4 产品实物上的标记与附件 1、3 所记载销售产品在厂家和型号和品名相符，因此请求人的附件 4 的产品实物与附件 1、3 结合构成证据链，说明请求人附件 1、3 上所记载销售的型号的电缆就是附件 4 的产品实物，说明附件 4 的具有特定导线筋带连接结构的产品实物在本专利申请日之前已经对公众公开，因此附件 1、3、4 结合起来可以构成证据链作为评价本专利新颖性、创造性的证据。

综合以上对证据的评述，请求人的证据中，附件 5 可以用来评价本专利的创造性，附件 1、3、4 结合起来可以构成证据链作为评价本专利新颖性、创造性的证据。

2. 关于本专利是否具有实用性

请求人在口头审理中增加权利要求 1～3 不符合专利法第二十二条第四款有关实用性的规定作为无效理由，但未陈述具体无效理由，在合议组要求请求人在口审之日起 15 日内提交书面的具体说明，否则合议组不再对该条无效理由作出评价的情况下，请求人在口审后并未提交书面的具体说明，因此合议组不再对该条无效理由作出评价。

3. 关于本专利相对于请求人的附件 4 实物证据是否具备新颖性和创造性

本专利涉及一种平行集束型架空绝缘电缆，为了解决现有其他种类电缆存在的（1）导线金属损耗、线路电能损耗、（2）各导线绝缘层受压不均、（3）分裂跨接困难以及（4）生产成本高的技术问题，本专利经过改进的电缆由金属导体、绝缘层和绝缘带筋组成，平行集束四线或三线组合中绝缘导线及绝缘导线间的绝缘带筋成“一字型”结构，四根绝缘导线对称分布截面呈正方形或三根绝缘导线对称分布截面呈正三角形，其中四线组合中间部位两绝缘导线之间的带筋连接在两绝缘导线的下方相切处。这种结构的电缆便于绕盘和便于人工分裂；各线芯相互绝缘并经带筋连接成一体组成平行集束，使得各导线受力均匀，绝缘层不受压，组合抗拉断力度大于单根绝缘导线抗拉断力之和；而且这种电缆便于生产一次成型、效率高、成本低、结构简单，在配电应用中具有防窃电性能强、施工造价低、安全等效果。

附件 4 的实物与附件 1、3 结合构成证据链，说明附件 4 的具有特定导线筋带连接结构的导线束在本专利申请日前已经对公众公开，附件 4 的实物证据可以作为评价本专利新颖性、创造性的证据。

（1）独立权利要求 1 的新颖性

独立权利要求 1 要求保护一种平行集束型架空绝缘电缆，由金属导体、绝缘层和绝缘带筋组成，其特征在于平行集束四线或三线组合中绝缘导线及绝缘导线间的绝缘带筋成“一字型”结构。

请求人的附件 4 中的产品实物公开了一种平行绝缘导线束，包括金属导线和裹在导线外的绝缘层，在各导线的绝缘层之间连有筋带，该导线束由 4 根导线组成，该平行集束四线组合中绝缘导线及绝缘导线间的绝缘带筋成“一字型”结构，中间两根导线之间的筋带连在该两绝缘导线的绝缘层的下方相切处，两边的导线与其相邻导线之间的筋带连在绝缘层柱形的中间，这种结构使得在使用中这四根绝缘导线中两边的导线可以向中间对称弯折 90 度形成四根绝缘导线对称分布截面呈正方形。

本专利权利要求 1 包含四线组合的集束导线和三线组合的集束导线两种可选择技术方案，将本专利权利要求 1 与附件 4 的产品实物相比，附件 4 的产品实物公开了本专利权利要求 1 所包含两种可选择技术方案中的四线组合集束导线方案的全部技术特征：一种平行绝缘集束导线，由导体、绝缘层和绝缘带筋组成，平行集束四线中绝缘导线及绝缘导线间的绝缘带筋成“一字型”结构。

附件 4 的产品实物公开了与本专利权利要求 1 所包含两种技术方案中的一种四线组合集束导线完全相同的技术方案，两者所属的技术领域都是平行架空绝缘电缆领域，可以预见完全相同的技术方案能够解决相同的技术问题并实现相同的具体技术效果。附件 4 的集束导线同样是平行分布，其间的绝缘带筋成“一字型”结构，这使得各导线受力均匀，绝缘层不受压，组合抗拉断力度大于单根绝缘导线抗拉断力之和，这种电缆的结构便于绕盘和便于人工分裂；而且便于生产一次成型、效率高、成本低、结构简单，在配电应用中具有防窃电性性能强、施工造价低、安全等效果。因此同样可解决其他种类电缆存在（1）导线金属损耗、线路电能损耗、（2）各导线绝缘层受压不均、（3）分裂跨接困难以及（4）生产成本高的技术问题。在附件 4 的实物证据的四线组合方案基础上做简单的形式变化，减少一根线依然保持“一字型”结构就可以获得本专利权利要求 1 的三线组合方案，其所能够解决的技术问题和实现的技术效果与附件 4 的实物证据的四线组合方案是一致的。因此，本专利权利要求 1 相对于请求人的附件 4 的产品实物不具有新颖性，不符合专利法第二十二条第二款的规定。

（2）权利要求 2 的新颖性

从属权利要求 2 在独立权利要求 1 的基础上增加了附加技术特征：四根绝缘导线对称分布截面呈正方形或三根绝缘导线对称分布截面呈正三角形。

同上所述，本专利权利要求 2 包含四线组合的集束导线和三线组合的集束导线两种可选择技术方案，将本专利权利要求 2 与请求人的附件 4 的产品实物相比，附件 4 的产品实物公开了与本专利权利要求 2 所包含两种可选择技术方案中的四线组合集束导线方案完全相同的技术方案，两者在所属的技术领域都是平行架空绝缘电缆领域，可以预见完全相同的技术方案能够解决相同的技术问题并实现相同的具体技术效果。附件 4 的电缆导线同样为平行对称分布结构，在绕盘时导线束呈“一字型”结构，在架设时导线束对称弯折，其四根导线对称分布，截面呈正方形，用于三相四线制，因此附件 4 的电缆结构同样能够便于绕盘和便于人工分裂，可实现环抱性能好、防窃电性能强、施工造价低电气参数明显改善的技术效果。在附件 4 的产品实物的四线组合方案基础上做简单的形式变化，减少一根线依然对称弯折就可以获得本专利权利要求 2 的三线组合方案，其适用于两相三线制，所能够解决的技术问题和实现的技术效果与附件 4 的实物证据的四线组合方案是一致的。因此，在所引用权利要求 1 相对于请求人的附件 4 的实物证据不具有新颖性的基础上，本专利从属权利要求 2 相对于附件 4 的实物证据也不具备新颖性，不符合专利法第二十二条第二款的规定。

（3）权利要求 3 的新颖性

从属权利要求 3 在独立权利要求 1 的基础上增加了附加技术特征：所述四线组合中间部位两绝缘导线之间的带筋连接在两绝缘导线的下方相切处。

同上所述，将本专利权利要求 3 与附件 4 的产品实物相比，附件 4 的产品实物公开了与本专利权利要求 3 的全部附加技术特征，具有完全相同的技术方案，两者在所属的技术领域都是平行架空绝缘电缆领域，可以预见完全相同的技术方案能够解决相同的技术问题并实现相同的具体技术效果。附件 4 的电缆结构在绕盘时导线束仍呈“一字型”结构，在架设时导线束的与中间两导线下方相切的中间带筋使得该导线束更易于对称弯折，其四根导线对称分布，截面呈正方形，用于三相四线制；还可使得导线束更易于绕盘，可实现环抱性能好、防窃电性能强、施工造价低电气参数明显改善的技术效果。由于附件 4 的实物证据公开了与本专利权利要求 3 内容相同的技术方案，因此，在所引用权利要求 1 相对于附件 4 的实物证据不具备新颖性的基础上，本专利从属权利要求 3 相对于附件 4 的实物证据也不具备新颖性，不符合专利法第二十二条第二款的规定。

总之，请求人的附件 4 的产品实物与附件 1、3 结合构成证据链，说明附件 4 的具有特定导线筋带连接结构的产品实物在本专利申请日前已经对公众公开，本专利权利要求 1 ~ 3 相对于请求人的附件 4 的实物证据不具有新颖性，不符合专利法第二十二条第二款的规定，同理，本专利权利要求1 ~ 3 相对于请求人的附件 4 的实物证据不具备创造性，不符合专利法第二十二条第三款的规定。

基于本专利权利要求 1 ~ 3 不具备新颖性、创造性的无效理由成立，合议组对其他无效理由及证据不再进行评述。

综上所述，本专利权利要求 1 ~ 3 不符合专利法第二十二条第二三款的规定。

三、决定

宣告 01250580. 3 号实用新型专利权全部无效。

当事人对本决定不服的，可以根据专利法第四十六条第二款的规定，自收到本决定之日起三个月内向北京市第一中级人民法院起诉。根据该款的规定，一方当事人起诉后，另一方当事人应当作为第三人参加诉讼。

062

消弧消谐及过电压保护装置案

无效宣告请求审查决定（第8529号）

决　定　号　第8529号
决　定　日　2006年7月15日
发明创造名称　消弧消谐及过电压保护装置
国际分类号　H02H 9/08
无效请求人　郭道林
专利权人　安徽赛普电力保护有限公司
专　利　号　200420079582.9
申　请　日　2004年9月17日
授权公告日　2005年8月31日
合议组组长　张　度
主　审　员　周雷鸣
参　审　员　唐向阳

法律依据　专利法第二十二条第三款
决定要点

如果一项权利要求所保护的技术方案与现有技术相比或对比，该技术方案相对于现有技术是显而易见的，并且该技术方案所产生的效果是本领域技术人员可以预见的，则该权利要求所保护的技术方案不具有实质性特点和进步。

一、案由

本无效宣告请求涉及国家知识产权局于2005年8月31日授权公告的200420079582.9号实用新型专利权（下称本专利），其名称为"消弧消谐及过电压保护装置"，申请日为2004年9月17日，专利权人（下称被请求人）为安徽赛普电力保护有限公司。

本专利授权公告的权利要求书如下：

"1. 消弧消谐及过电压保护装置，保护过电压保护器、消弧组件、微机控制器和电压互感器；其特征在于：

A. 所述过电压保护器由四个单元保护器组成，每个单元保护器由一个普通氧化锌电阻和一个电阻间隙串联组成，其中三个单元保护器的电阻端并联与另一个单元保护器串联，该另一个单元保护器的电阻另一端接地；三个单元保护器的电阻间隙端分别与三相线路联接；

B. 所述消弧组件由四个单相高压开关和高能限压器组成，其中三个单相高压开关并联后与三相母线联接，另一个单相高压开关与高能限压器并联后，再与三个并联的单相高压开关串联，另一个单相高压开关与高能限压器的并联点接地；四个单相高压开关通过分合线圈与微机控制器的输出端联接；

C. 电压互感器的一次侧一端串接在过电压保护器和消弧组件之间的三相母线上，电压互感器的一次侧另一端连接在一起接地，电压互感器的二次输出端与微机控制器的输入端联接。”

2005 年 12 月 8 日，郭道林（下称请求人）向专利复审委员会提交了无效宣告请求书和附件，其中无效宣告请求的理由是本专利权利要求 1 不符合专利法第二十二条第三款的规定，提交的附件如下：

附件 1：专利 ZL01262919.7，其授权公告日为 2003 年 1 月 22 日；

附件 2：专利 ZL03220049.8，其授权公告日为 2004 年 4 月 14 日；

附件 3：专利 ZL03255711.6，其授权公告日为 2004 年 7 月 28 日；

附件 4：本专利。

经形式审查合格，专利复审委员会受理了该无效宣告请求，并于 2006 年 2 月 5 日向双方当事人发出无效宣告请求受理通知书，并将无效宣告请求书及其附件的副本转给被请求人，要求被请求人在指定期限内陈述意见。

被请求人在 2006 年 3 月 9 日提交了意见陈述书，其主要意见为：（1）本专利的权利要求 1 的 A 部分和附件 3 的三相组合式过电压保护器的保护单元的结构不同，本专利中过电压保护器的保护单元是由氧化锌电阻和并联电阻的放电间隙组成，而附件 3 的保护单元是由普通的氧化锌电阻串联控制放电间隙的隙体组成，本专利的间隙是放电间隙并联高压电阻组成，而附件 3 的隙体是由高压均压材料串联电阻组成；（2）本专利的权利要求 1 的 B 部分是采用三相四单元组合式高压开关和四单元限压式组合高压开关完成消弧，可以根据不同的弧光接地类型，采用不同的消弧方式，而附件 2 和附件 1 中都没有采用上述结构，没有对系统的弧光接地故障进行全面有效的分析等；因此本专利的消弧消谐及过电压保护装置与附件 1、2、3 的结构不同，并不是几种专利技术的简单组合，符合创造性的要求。

2006 年 4 月 17 日专利复审委员会向双方当事人发出口头审理通知书和转文通知书，定于 2006 年 6 月 1 日在专利复审委员会举行口头审理，随转文通知书将被请求人的意见陈述书副本转送请求人。

2006 年 6 月 1 日口头审理如期举行。请求人出席口头审理，被请求人缺席口头审理。在口头审理中，（1）请求人对合议组成员无回避请求；（2）请求人明确其无效请求的理由为：以附件 2 或附件 3 作为最接近的对比文件；附件 2 和附件 3 的结合评述权利要求 1 的创造性；附件 3 和附件 1 的结合评述权利要求 1 的创造性。

专利复审委员会于 2006 年 6 月 1 日发出了合议组成员告知书，告知被请求人本案合议组成员变更为：张度、周雷鸣、唐向阳，如对上述合议组成员有回避请求的，请于收到本通知之日起 7 日内提交书面请求，逾期未答复，视为无回避请求。

被请求人逾期未答复。

至此，合议组经过合议，认为双方当事人已经充分地陈述了意见，本案事实已经清楚，依法作出如下审查决定。

二、决定的理由

1. 关于证据

合议组核实了附件 1~3，对附件 1~3 的真实性无异议，上述附件的公开日均在本专利的申请日之前，可以用于评价本专利的创造性。

2. 创造性

专利法第二十二条第三款规定：创造性，是指同申请日以前已有的技术相比，该发明有突出的实质性特点和显著的进步，该实用新型有实质性特点和进步。

附件1（参见说明书第2～5页和附图1、2）公开了一种用于3～35KV中性点非直接接地系统消弧消谐选线装置，其包括信号变送器和微机综合控制器，其特征在于：在三相母线上设有消弧消谐选线组件，所述消弧消谐选线组件包括四个单相高压开关、一个多功能电容C、一个放电线圈L和限压器R；其中三个单相高压开关的一端分别与三相三线系统中的一相联接，另一端并联，该并联端与多功能电容C、放电线圈L和限压器R的并联端联接，多功能电容C、放电线圈L和限压器R的另一端并联后接地；在放电线圈L与三个单相高压开关并联端之间串联一单相高压开关K4。

附件2（参见说明书第2－5页和附图1）公开了一种三相电力电网单相接地及谐振过电压保护装置（对应于本专利的消弧消谐及过电压装置），包括接地母排、单相高压开关、微机控制器和限压器，其特征在于在三相母线与地之间，装有设置单相高压开关和限压器，电网发生间歇性电弧接地时，所述限压器接到接地相上；电网发生永久性接地时，接地母排接到接地相上；电网谐振时，限压器短时接到电网中，其中在三相母线与地之间，装有四个高压开关和限压器，三相母线上，每相均接有高压开关，然后三相并联连接到限压器上，限压器另一端通过接地母排接地；高能压氧化锌压敏电阻阀片的限压器旁并联高压开关；在电网系统发生间歇性接地电弧接地并产生接地过电压，微机控制器首先判定接地相别，同时发出指令闭合接地相单相高压开关，将限压器迅速投入到故障中，对故障相的恢复电压进行限制，实现消弧，接地故障消失后，闭合的单相高压开关断开，系统恢复正常。

附件3（参见说明书第1、2页和附图1）公开了涉及电力系统电气设备的过电压保护装置（相对于本专利的过电压保护器），尤其涉及三相组合式过电压保护器，它包括四个保护元件1、2、3、4（对应于本专利的单元保护器），且每一保护元件是由氧化锌电阻片5（对应于本专利的普通氧化锌电阻）和控制放电间隙（对应于电阻间隙）的由瓷质材料均压制成的隙体6串联组成，各保护元件的一端相互连接，形成以0为中心的四星形连接结构，另一端则分别连接在被保护设备的三相相线A、B、C和接地点G上，形成四条相间和相对地的过电压保护支路。

附件2作为最接近的对比文件，将附件2和本专利权利要求1相对比，可以知道，权利要求1和附件2的区别在于：（1）权利要求1中消弧消谐及过电压装置包括过电压保护器及其具体结构，而附件2中的过电压保护装置没有公开过电压保护器；（2）权利要求1中四个高压开关通过分合线圈与微机控制器的输出端连接，附件2中公开的是微机控制器判定接地相别，同时发出指令闭合接地相单相高压开关，将限压器迅速投入到故障中，实现消弧，接地故障消失后，闭合的单相高压开关断开，系统恢复正常等，公开的是微机控制器和开关的工作过程等，没有具体公开微机控制器的连接方式。

附件3和附件2公开的均是三相过电压保护装置，两者属于相同的技术领域。附件3公开了过电压保护器（对应于本专利的过电压保护装置）及其具体结构，但是附件3中过电压保护器的单元保护元件4的一端是先接电阻间隙再接地，而权利要求1中的单元保护器是电阻的一端接地。单元保护元件两端中的电阻端接地是本领域的常用技术，并且区别技术特征（2）中四个高压开关通过分合线圈与微机控制器的输出端连接属于本领域的常用技术（可参见附件1等）。对所属领域的技术人员来说，由附件2和附件3结合所属领域的常用技术得到权利要求1的技术方案是容易想到的，该技术方案所产生的效果是本领域技术人员可以预见的，因此权利要求1不具有实质性特点和进步，不符合专利法第二十二条第三款的规定。

对于被请求人的理由，合议组认为，（1）权利要求1中没有公开电阻间隙是放电间隙并联高压电阻组成，权利要求1中记载了“每个单元保护器由一个普通氧化锌电阻和一个电阻间隙串联组成”，权利要求1中单元保护器的组成方式与附件3中保护元件的组成方式相同；（2）附件2说明书第3页第11～14行和附图1中公开了“每相均接有单相高压开关，然后三相并联连接到限压器上，限压器另一端通过接地母线排接地。限压器旁并联高压开关”等，即公开了三相四单元组合式高压开关和四单元限压式组合高压开关，而本专利有关系统的弧光接地故障进行全面有效的分析等是部件具体的工作原理，没有具体记载在权利要求中，并且附件2中公开了消弧组件、微机控制器、电压互感器的具体连接关系及其结构，所属领域的技术人员根据附件2和常用技术能够容易地得到权利要求1中B、C部分的结构；因此被请求人的理由不成立。

在权利要求1相对于附件2和附件3不具备创造性的条件下，合议组不再评述权利要求1相对于附件3和1是否具备创造性。

综上，本专利权利要求1相对于附件2和附件3不具备专利法第二十二条第三款所规定的创造性，请求人提出的无效理由成立。

三、决定

宣告200420079582.9号实用新型专利权无效。

当事人对本决定不服的，可以根据专利法第四十六条第二款的规定，自收到本决定之日起三个月内向北京市第一中级人民法院起诉。根据该款的规定，一方当事人起诉后，另一方当事人应当作为第三人参加诉讼。

063

燃气烤饼炉案

无效宣告请求审查决定（第8547号）

决　定　号　第8547号
决　定　日　2006年8月2日
发明创造名称　燃气烤饼炉
国际分类号　A47J 37/00
无效请求人　万江文
专　利　权　人　徐建国
专　利　号　02290999.0
申　请　日　2002年12月17日
授权公告日　2003年11月26日
合议组组长　马　昊
主　审　员　范玉霞
参　审　员　骆素芳

法律依据　专利法第二十二条第二款、第三款、第四款
决定要点

如果一项产品权利要求所限定的技术方案能够制造，而且能够产生积极效果，则该技术方案具备实用性；如果一项权利要求所限定的技术方案与一份对比文件相比存在区别技术特征，则该技术方案具备新颖性；如果一项权利要求所限定的技术方案与一份对比文件之间的区别技术特征没有被其他现有技术公开，也没有其属于公知常识的证据，又给技术方案带来了进步，则该技术方案具备创造性。

一、案由

本无效宣告请求涉及国家知识产权局于2003年11月26日授权公告的、名称为“燃气烤饼炉”的实用新型专利，其专利号为02290999.0，申请日为2002年12月17日，专利权人是徐建国。授权公告的权利要求书如下：

“1. 一种燃气烤饼炉，包括壳体（1）、外盖（2）、活动座（3）、锅体（4）、保温层（5）、开关板（6）、控温装置（7）、电源开关（8），其特征在于：在锅体下、靠近锅体处安装燃气管（9），燃气管（9）上设有燃气孔（10），燃气管（9）使用定位架（11）来支撑，定位架（11）的端点与壳体（1）相连，燃气管（9）的一端与导管（18）相连，导管（18）又与壳体（1）相连并穿过壳体（1），壳体（1）上设有通风口（19）；在导管与燃气管的相连处安装点火器（12），在导管（18）上安装电磁阀（13）、空气燃气混合器（17）；所述的点火器（12）、电磁阀（13）、空气燃气混合器（17）与控温装置（7）、电源开关（8）相互电连接。

2. 根据权利要求1所述的燃气烤饼炉，其特征在于：在壳体（1）内安装定时控制器（14）、报警器（15）、辅助点火开关（16），且所述的定时控制器（14）、报警器（15）、辅助点火开关（16）

与控温装置（7）、电源开关（8）、点火器（12）、电磁阀（13）、空气燃气混合器（17）相互电连接。

3. 根据权利要求1或2所述的燃气烤饼炉，其特征在于：所述的保温层（5）由硅酸铝棉构成。”

针对上述实用新型专利（下称本专利），万江文（下称请求人）于2005年11月16日向国家知识产权局专利复审委员会提出了无效宣告请求，其理由是：本专利权利要求1～3不具备新颖性和创造性，不符合专利法第二十二条第二三款的规定；本专利不具备实用性，不符合专利法第二十二条第四款的规定。同时提交如下附件作为证据：

附件1：02290999.0号实用新型专利说明书（本专利）；

附件2：US4587948号美国专利说明书，公开日为1986年5月13日；

附件3：US5186159号美国专利说明书，公开日为1993年2月16日；

附件4：00215487.0号实用新型专利说明书，公告日为2001年6月13日；

附件5：89208746.3号实用新型专利申请说明书，公告日为1990年7月18日；

附件6：97211981.7号实用新型专利说明书，公告日为1998年9月9日。

经形式审查合格后，专利复审委员会依法受理了该无效宣告请求，并将无效宣告请求书以及相关文件副本转给了专利权人。

专利权人于2005年12月28日提交了意见陈述书，主要内容是：附件2的支撑架42与本专利权利要求1的锅体4不等同，附件2中没有记载壁面54可作为外盖，也没有记载调节器68具有点火功能，附件2没有公开控温装置7、保温层5、定时控制器14；本专利权利要求1是密闭形成水蒸汽对流完成加热，附件2是食品敞露在空气中以火焰热辐射式加热。附件3未提及其燃烧器122带有燃烧孔，即并非是燃烧管，炉格栅128也不等同于锅体4；附件3没有公开保温层5、控温装置7、定时控制器14。附件4的烧烤网3不同于锅体4；附件4也没有公开外盖、活动座3、保温层5、控温装置7、定时控制器14和点火器12。附件5没有公开与本专利功能相同的外盖、活动座3、保温层5、控温装置7、定时控制器14。附件6没有公开与本专利功能相同的锅体4、外盖、活动座3、保温层5、控温装置7、定时控制器。因此，附件2～6都不能破坏本专利的新颖性。专利权人认为，在5篇文献中，附件5与本专利最为接近，但二者仍有实质性区别。而且，因为5篇文献所要解决的技术问题与本专利所要解决的技术问题不相同，技术方案不相同，预期效果有较大的差异，所以请求人提交的5篇文献中任意两篇或三篇加以组合也不可能得到本专利的技术方案，即本专利具有创造性。关于实用性，专利权人认为本专利有空气燃气混合器，不设置压火板也能够点火正常工作；而且，本专利的燃气管靠近锅体，锅体底面起到类似压火板的作用。

专利复审委员会本案合议组于2006年4月10日向双方当事人发出了口头审理通知书，定于2006年6月6日在专利复审委员会举行口头审理。并随口审通知书将专利权人于2005年12月28日提交的意见陈述书转给请求人，同时向请求人发出外文证据处理通知书，要求其在收到通知书之日起一个月内补交附件2和附件3所使用部分的中文译文。

请求人于2006年5月16日提交了附件2和附件3的中文译文。

口头审理如期举行，双方当事人均出席了口头审理，合议组当庭告知双方当事人，合议组成员变更，双方当事人对合议组成员变更无异议，对合议组成员没有回避请求。双方当事人对对方出庭人员的身份无异议。在口审过程中，合议组当庭将请求人提交的附件2和附件3的中文译文转给专利权人，并告知专利权人应自口审之日起10日内针对附件2、3的中文译文的准确性提交书面意见，逾期不提交视为无意见。请求人当庭表示放弃使用附件5和附件6，放弃本专利权利要求2、3的不具备新颖性和创造性的无效理由，并当庭明确其无效理由为：本专利权利要求1～3不具有实用性；本专利权利要求 1 相对于附件 2 不具备新颖性；附件 4 作为最接近的现有技术，结合附件 3 评述本专利权利要求 1 的创造性。专利权人当庭表示对附件 2、附件 3、附件 4 的真实性没有异议。请求人当庭提交了两份意见陈述书，作为口审当庭意见陈述的书面文件。

在规定的期限内合议组未收到专利权人针对附件 2 和附件 3 的中文译文的准确性的书面意见陈述。

在上述工作的基础上，合议组认为本案事实已经清楚，可以依法作出审查决定。

二、决定的理由

1. 法律依据

请求人提出的无效理由是本实用新型专利不具备实用性、新颖性、创造性，不符合专利法第二十二条第四款、第二款、第三款的规定。

专利法第二十二条第四款规定：实用性，是指该发明或者实用新型能够制造或者使用，并且能够产生积极效果。

专利法第二十二条第二款规定：新颖性，是指在申请日以前没有同样的发明或者实用新型在国内外出版物上公开发表过、在国内公开使用过或者以其他方式为公众所知，也没有同样的发明或者实用新型由他人向国务院专利行政部门提出过申请并且记载在申请日以后公布的专利申请文件中。

专利法第二十二条第三款规定：创造性，是指同申请日以前已有的技术相比，该发明有突出的实质性特点和显著的进步，该实用新型有实质性特点和进步。

2. 证据认定

附件 2、附件 3、附件 4 都是专利文件，属于国内外公开出版物，其公告日均早于本专利的申请日，构成了本专利申请日前的已有技术，而且外文证据（附件 2 和附件 3）都有相应的中文译文，在规定的期限内合议组未收到专利权人针对附件 2 和附件 3 的中文译文的准确性的书面意见陈述，视为专利权人对其准确性无异议。因此，附件 2、附件 3、附件 4 可以用来评价本专利的新颖性和创造性。

3. 关于实用性

实用性具有两个必备条件，一是产品能够制造或方法能够使用，二是能够产生积极效果。首先，本专利权利要求 1 所限定的燃气烤饼炉包括其组成部件以及各部件之间的连接关系，本领域技术人员根据本专利权利要求 1 的记载、参照本专利说明书的解释制造出该燃气烤饼炉显然是没有问题的，即满足了实用性的第一个条件；其次，本专利权利要求 1 所限定的燃气烤饼炉是密封的，具有保温层、控温装置等，可以产生加热速度快、烤制时间短、能量消耗小的积极效果，即满足了实用性的第二个条件。

请求人认为本专利的锅体是密封的，在锅体密封的条件下，没有鼓风机是点不着火的。因为只有燃气，没有充分足够的空气是点不着火的，特别在常温的情况下，更是点不着火的。因为在密封的情况下，需要大量流动的空气才能点着火。当没有压火板时，上述情况在有鼓风机时也无法点着火，因为有鼓风机时，风量大，流速也快，将燃气吹散了，燃气的浓度不够，这时仍是无法将火点着。因此，鼓风机和压火板时本专利的必要条件，缺少这两个必要条件，就无法点着火，所以本专利没有实用性。此外，请求人还强调“经实验证明，按本专利所述的技术特征，不能实现应有的效果”。

合议组认为：首先，虽然本专利权利要求 1 所限定的燃气烤饼炉不包括鼓风机，但是有空气燃气混合器，空气燃气混合器的作用是将空气和燃气进行混合，至于请求人所提出的空气燃气混合器所混合的空气不够充分问题，并没有提供证据来证明这个观点；其次，虽然本专利权利要求 1 所限定的燃气烤饼炉不包括压火板，本专利的燃气管设置在靠近锅体处，当锅体底面很接近燃气管时锅体底面也可以起到类似压火板的作用。虽然请求人强调其认为本专利权利要求不具备实用性是经过实验证明的，但是并未向合议组提供实验数据和相应证据，不能作为认定本专利权利要求1不具备实用性的依据。

因此，本专利权利要求1具备实用性，符合专利法第二十二条第四款的规定。

本专利权利要求2从属于权利要求1，附加技术特征是“在壳体（1）内安装定时控制器（14）、报警器（15）、辅助点火开关（16），且所述的定时控制器（14）、报警器（15）、辅助点火开关（16）与控温装置（7）、电源开关（8）、点火器（12）、电磁阀（13）、空气燃气混合器（17）相互电连接”，也就是说，权利要求2是在权利要求1所限定的燃气烤饼炉的基础上增加了组成部件以及部件之间的连接关系，也是可以制造出来的，而且同样具有权利要求1所限定的技术方案的有益效果。因此，专利权利要求2也具备实用性，符合专利法第二十二条第四款的规定。

本专利权利要求3从属于权利要求1或2，附加技术特征是“所述的保温层（5）由硅酸铝棉构成”。即权利要求3所限定的燃气烤饼炉是对权利要求1和2所限定的燃气烤饼炉的进一步限定，同样是可以制造和具有有益效果的。因此，本专利权利要求3也具备实用性，符合专利法第二十二条第四款的规定。

4. 关于新颖性

本专利权利要求1保护一种燃气烤饼炉，包括：壳体1、外盖2、活动座3、锅体4、保温层5、开关板6、控温装置7、电源开关8；在锅体下、靠近锅体处安装燃气管9，燃气管9上设有燃气孔10，燃气管9使用定位架11来支撑，定位架11的端点与壳体1相连，燃气管9的一端与导管18相连，导管18又与壳体1相连并穿过壳体1，壳体1上设有通风口19；在导管与燃气管的相连处安装点火器12，在导管18上安装电磁阀13、空气燃气混合器17；所述的点火器12、电磁阀13、空气燃气混合器17与控温装置7、电源开关8相互电连接。

附件2（下称对比文件1）涉及一种便携式燃气灶具（参见对比文件1的中文译文的第3页第22行至第5页第18行、说明书摘要，对比文件1的附图1、附图3－6），该灶具包括一个具有沿各自侧墙铰链13相连接的双灶11、12，双灶可以并排布置，其敞口端朝上。每个灶都有底墙15、15’、相对的侧墙14、14’以及相对的端墙16、16’。其中凹炉灶12有一个固定在灶碟22内的燃烧器管26，管上每侧有一组火焰小孔28，将火焰29沿着热折射灶碟22的圆弧侧墙引导；燃烧器管26配有一个直角凸缘端33，燃烧器管26通过直角凸缘端22上的螺纹孔34固定在端墙32上，管的自由端穿透过对侧端墙32的孔，构成燃气入口喷嘴的进气端36，该端配设有一个排气套37，使气体在入口处顺利进气；热量传递支撑框架42由钢丝网栅组成，用于支撑热熔岩石40上的食物进行烧烹；灶碟22和热折射盘43设置在燃烧器管26的下方，用于折射热量；在垂直墙和角撑侧墙或端墙各侧形成有外界空气进入的的通风孔62；燃气管线连接桥65将两个燃气管线内连接，其中一个用于炉灶，另一个备用，该管线是T型的，一个中心处进气接头67和对侧出气接头，接头上配设有调节开关68，用于控制进入每一炉灶的燃气气体量。

虽然请求人认为对比文件1中的“侧墙14’、底墙15’、侧墙16’”相当于本专利权利要求1中的壳体，“侧墙14、底墙15、侧墙16”相当于外盖，“铰链13”相当于活动座，“灶碟22”和“热折射盘43”相当于保温层，“调节开关68”相当于控温装置、电源开关、点火器，“燃气管线连接桥65”相当于开关板，“燃烧器管26”相当于燃气管，“火焰小孔28”相当于燃气孔，“直角凸缘端33”相当于定位架，“进气端36”相当于导管，“通风孔62”相当于通风口，“排气套37”相当于空气燃气混合器。

但是合议组认为，本专利权利要求1与对比文件1相比依然存在如下区别技术特征：（1）本专利权利要求1还包括部件“电磁阀”，而对比文件1无此部件；（2）对比文件1也没有公开本专利权利要求1的"所述的点火器、电磁阀、空气燃气混合器与控温装置、电源开关相互电连接"；(3) 本专利权利要求1的控温装置、电源开关和点火器是三个部件，对比文件1的文字部分并没有记载"调节开关68"具有控温作用和点火作用，即便是具有该作用，也不是分为三个部件设置的。

因此，本专利权利要求1与对比文件1的技术方案不同，本专利权利要求1相对于对比文件1具有新颖性，符合专利法第二十二条第二款的规定。

5. 关于创造性

本专利权利要求1保护一种燃气烤饼炉。附件4（下称对比文件2）涉及一种燃气烧烤炉（参见其说明书第2页第4~10行、附图1-3），该烧烤炉包括炉体2、烧烤网3、进气管5、压火板7和进气阀11；从附图1中可以看出与进气管5相连的是导管，二者之间设置有进气阀11；支撑架8固定在进气管5上，圆弧形压火板7（附图中为两个并列布置）放在进气管上方，正好卡在支撑架8中；进气管5上有燃烧孔4，正对着压火板的圆弧顶面，燃烧孔的大小根据燃气的种类进行调整；进气管一端有调节阀6，调节火焰的大小；烧烤网3放置在炉体的正上方，用于承载食物；炉体2的四周均有通风孔1。也就是说，对比文件2中的"炉体2"相当于本专利权利要求1中的壳体，"进气管5"相当于燃气管，与进气管5相连的是导管，"进气阀11"相当于空气燃气混合器，"支撑架8"相当于定位架，"燃烧孔4"相当于燃气孔，"调节阀6"相当于电磁阀，"通风孔1"相当于通风口。

本专利权利要求1与对比文件2的区别在于：(1) 对比文件2用于承载食物的是"烧烤网3"，权利要求1中相应的部件是"锅体"；(2) 对比文件2没有公开本专利权利要求1中的组成部件"外盖""活动座""保温层""控温装置""点火器"；(3) 对比文件2也没有公开本专利权利要求1中的特征"所述的点火器、电磁阀、空气燃气混合器与控温装置、电源开关相互电连接"。

附件3（下称对比文件3）涉及一种烧烤架组件（参见对比文件3的中文译文的说明书各部分标题、第6页第9~26行，对比文件3的附图7、8），该烧烤架组件包括燃料表组件、落地式立柱支承组件、工作架组件和烧烤架头部组件，其中烧烤架头部组件与本专利相关；烧烤架头部组件17由各上下罩壳78和81以及盖板110组成，下罩壳支承一个常规的双"H"型燃烧器122，燃烧器122通过文丘里管124提供液化石油气，由S型支架125保持就位位置，支架紧固于罩壳81的封底部分；罩壳81在126处排风，在底部横挡上设置常规的炉蓖128，并将上部敞开的底罩壳78的开孔80围住；通过控制屏旋钮135以常规的方法控制H型燃烧器对侧布置的供气阀136，手动按下按钮138即操作点火器（未图示）。也就是说，对比文件3公开了本专利权利要求1的"点火器"，其中的"盖板110"相当于本专利权利要求1的"外盖"，即对比文件3只公开上述区别特征（2）中的"点火器"和"外盖"。

综上，本专利权利要求1相对于对比文件2和3的结合的区别依然包括上述区别特征（1）和（3），以及上述区别特征（2）中的"活动座""保温层""控温装置"。而且，上述区别特征可以给权利要求1所限定的技术方案带来加热速度快、烤制时间短、能量消耗小的技术效果，因此，本专利权利要求1所限定的技术方案相对于对比文件2和3的结合具有实质性特点和进步，具备创造性，符合专利法第二十二条第三款的规定。

请求人认为由于本专利权利要求1对"锅体"没有进一步的描述，对比文件2中的"烧烤网3"也是用来承载食物的，可以相当于本专利权利要求1中的锅体。请求人在口头审理时当庭明确以对比文件2作为最接近的现有技术，结合对比文件3评述本专利权利要求1的创造性，并陈述了对比文件2仅仅是没有公开本专利权利要求1的"外盖"和"保温层"，认为对比文件3中的"盖板110"相当于本专利权利要求1的"外盖"，对"保温层"没有发表意见。此外，请求人认为本专利权利要求1的特征"所述的点火器、电磁阀、空气燃气混合器与控温装置、电源开关相互电连接"仅仅描述了电连接关系，没有给出相关部件之间的位置关系和电路结构，所以该特征是不完整的技术特征；并且这些部件也都是公知的技术，具有公知的名称，公知的使用方法和使用效果，没有创造性可言。

合议组认为：虽然本专利权利要求 1 中并没有对“锅体”进一步描述，但是《现代汉语词典》中解释“锅”是“炊事用具，圆形中凹”或者“某些装液体加热用的器具”，根据该解释可知，对比文件 2 中的带有网眼的“烧烤网 3”并不等同于本专利权利要求 1 中的锅体。虽然对比文件 3 公开了本专利权利要求 1 中的“点火器”和“外盖”，但是对比文件 2 和 3 都没有公开本专利权利要求 1 中的“活动座”“保温层”“控温装置”。请求人所指出的特征“所述的点火器、电磁阀、空气燃气混合器与控温装置、电源开关相互电连接”是不完整的技术特征应当是在评述创造性之前解决的问题，而请求人的无效理由只涉及本专利的实用性、新颖性和创造性，并不涉及此。此外，虽然请求人还认为特征“所述的点火器、电磁阀、空气燃气混合器与控温装置、电源开关相互电连接”是公知的，但是并没有给出上述电连接关系属于公知常识的证据，而且，即便该电连接关系是本领域的公知常识，对比文件 2 和 3 以及公知常识的结合依然没有公开本专利权利要求 1 中的“锅体”、“活动座”、“保温层”、“控温装置”，而且这些部件可以给权利要求 1 所限定的技术方案带来加热速度快、烤制时间短、能量消耗小的效果。因此，无论特征“所述的点火器、电磁阀、空气燃气混合器与控温装置、电源开关相互电连接”是否是公知常识，权利要求 1 相对于对比文件 2 和 3 的结合都具有实质性特点和进步，具备创造性，符合专利法第二十二条第三款的规定。

三、决定

维持 02290999. 0 号实用新型专利权有效。

当事人对本决定不服的，可以根据专利法第四十六条第二款的规定，自收到本决定通知书之日起三个月内向北京市第一中级人民法院起诉。根据该款的规定，一方当事人起诉后，另一方当事人应当作为第三人参加诉讼。

064

无负压增压装置案

无效宣告请求审查决定（第8556号）

决　定　号　第8556号
决　定　日　2006年8月1日
发明创造名称　无负压增压装置
国际分类号　E03B 11/16
无效请求人　张明亮
专利权人　池学聪
专　利　号　02294675.6
申　请　日　2002年12月30日
授权公告日　2003年11月26日
合议组组长　崔哲勇
主　审　员　范玉霞
参　审　员　黄毅斐

法律依据　专利法第二十二条第二款
决定要点

由他人在本专利的申请日以前向专利局提出申请并且在本专利申请日以后公布的发明或实用新型专利申请只能用于评述本专利权利要求的新颖性，如果本专利权利要求所记载的技术方案与该专利申请之间有区别特征，则该技术方案相对于该专利申请具备新颖性。

一、案由

本无效宣告请求涉及国家知识产权局于2003年11月26日授权公告的、名称为“无负压增压装置”的实用新型专利，其专利号为02294675.6，申请日为2002年12月30日，专利权人是池学聪。授权公告的权利要求书如下：

“1. 一种无负压增压装置，其特征在于：压力罐上开有呼吸孔，及可供胶囊与供水管网中进水管和出水管相联接的进水口和出水口，压力罐内装有胶囊，胶囊为无毒橡胶，胶囊壁厚大于1mm，胶囊上有可与进水管和出水管相连的连接孔。

2. 根据权利要求1所述的一种无负压增压装置，其特征在于：呼吸孔可为一个或多个。”

针对上述实用新型专利（下称本专利），张明亮（下称请求人）于2004年11月16日向国家知识产权局专利复审委员会提出无效宣告请求，其理由是本专利权利要求1和2相对于附件1不符合专利法第二十二条第二款的规定，其中使用附件2和附件3作为公知常识证据。提交附件如下：

附件1：02294090.1号中国实用新型专利说明书（下称对比文件1），其申请日为2002年12月26日，授权公告日为2003年11月26日，专利权人是张明亮；

附件2：《建筑给水排水设计手册》封面、出版信息页和第71页复印件，中国建筑工业出版社，

1992 年 12 月第一版，1996 年 4 月第五次印刷；

附件 3：《建筑给水排水工程》封面、出版信息页和第 30 页复印件，中国建筑工业出版社，1998 年 6 月第四版，2000 年 6 月第九次印刷。

请求人于 2004 年 12 月 1 日提交意见陈述书，补充了无效理由：本专利权利要求 1 和 2 相对于附件 4 不符合专利法第二十二条第二款的规定。同时提交了附件 4：02294089.8 号中国实用新型专利说明书（下称对比文件 2），其申请日为 2002 年 12 月 26 日，授权公告日为 2003 年 11 月 26 日，专利权人是张明亮。

经形式审查合格后，专利复审委员会依法受理了该无效宣告请求，并将无效宣告请求书和相关文件副本，以及请求人于 2004 年 12 月 1 日提交的意见陈述书和附件转给专利权人。

专利权人于 2005 年 1 月 22 日提交了意见陈述书和附件，认为本专利相对于对比文件 1 的区别包括：（1）对比文件 1 必须具有充气阀 4、密封 10、液位传感器 12、止回阀 14、远传压力表 17，而本专利不需要这些；（2）本专利明确了胶囊的壁厚度大于 1mm，胶囊为无毒橡胶制作，呼吸孔可为一个或多个。并认为本专利相对于对比文件 2 以及附件 2、3 的区别包括：（1）对比文件 2 必须具有密封 9、液位传感器 11、止回阀 22、远传压力表 15，而本专利不需要这些；（2）附件 2 和附件 3 与本专利的使用地方不同、原理不同、结构不同；（3）本专利要求胶囊壁厚大于 1mm，胶囊为无毒橡胶，并明确了呼吸孔可为一个或多个。专利权人所提交的附件包括：本专利的实用新型专利证书复印件，本专利的专利申请受理通知书复印件，本专利的申请文本复印件，本专利的无效宣告请求受理通知书复印件，以及山东青岛中级法院的（2004）青民三初字第 335 号民事判决书复印件。

专利复审委员会本案合议组于 2006 年 3 月 29 日向双方当事人发出口头审理通知书，定于 2006 年 6 月 8 日在专利复审委员会举行本案的口头审理。

口头审理如期举行，请求人未出席口头审理。在口审过程中，专利权人表示对附件 1 ~ 4 的真实性没有异议，对合议组成员变更无异议，对合议组成员无回避请求。

合议组于 2006 年 6 月 8 日向请求人发出合议组成员告知通知书，告知请求人可以于收到通知书之日起 7 日内对合议组成员提出回避请求，逾期未答复的，视为无回避请求。

请求人逾期未答复，视为无回避请求。

在上述工作的基础上，合议组认为本案事实已经清楚，可以依法作出审查决定。

二、决定的理由

1. 法律依据

请求人提出的无效理由是本专利不具有新颖性，不符合专利法第二十二条第二款的规定。

新颖性，是指在申请日以前没有同样的发明或者实用新型在国内外出版物上公开发表过、在国内公开使用过或者以其他方式为公众所知，也没有同样的发明或者实用新型由他人向国务院专利行政部门提出过申请并且记载在申请日以后公布的专利申请文件中。

2. 证据认定

对比文件 1 和对比文件 2 都是中国实用新型专利文件，其专利权人都是张明亮，即是由他人向国务院专利行政部门提出的申请。对比文件 1 和对比文件 2 的申请日都是 2002 年 12 月 26 日，早于本专利的申请日；授权公告日都是 2003 年 11 月 26 日，晚于本专利的申请日。因此，对比文件 1 和对比文件 2 可以用来评价本专利的新颖性。附件 3 和附件 4 是国内公开出版物，其出版日期均早于本专利的申请日，构成了本专利申请日前的已有技术，可以用来评价本专利的新颖性。

3. 新颖性

权利要求 1 涉及一种无负压增压装置，包括技术特征：（A）压力罐上开有呼吸孔，（B）压力罐上还有可供胶囊与供水管网中进水管和出水管相联接的进水口和出水口，（C）压力罐内装有胶囊，（D）胶囊为无毒橡胶，（E）胶囊壁厚大于1mm，（F）胶囊上有可与进水管和出水管相连的连接孔。

对比文件1涉及一种无空气污染的予压式无负压供水设备（参见其说明书第2页第16行至第3页第29行、附图1、附图4），该设备包括罐体2和其中的由橡胶或其他弹性材料制成的囊3（即公开了权利要求1的特征（C）），囊3的两端有囊上口25和囊下口26（即公开了权利要求1的特征（F）），与之对应在罐体2上开有与进水管27连接的口和容纳囊下口的口（即公开了权利要求1的特征（B）），建立予压时通过单向充气阀4给罐体2与囊3之间的空腔充入气体，从而在罐体内形成予压，利用该予压实现在供水设备的工作过程中的压力永远是正压，即无负压。

由此可见，对比文件1没有公开本专利权利要求1的特征（A）（D）（E）。根据本专利说明书第1页第33~36行的记载，本专利的呼吸孔可以使空气自由进出压力罐，即压力罐不会产生予压，本专利也不是依靠罐体的予压来使供水设备无负压。也就是说，本专利权利要求1所限定的技术方案与对比文件1的工作原理不同，使供水设备无负压的方式不同，技术方案不同。

因此，本专利权利要求1所限定的技术方案相对于对比文件1具备新颖性，符合专利法第二十二条第二款的规定。

虽然请求人认为本专利权利要求1中的特征（D）和特征（E）是本领域的公知常识，而且附件3和附件2分别公开了特征（D）和特征（E），但是新颖性的审查原则为单独对比，所以合议组对于附件2和附件3与对比文件1结合评价本专利权利要求新颖性的评述方式不予考虑。

对比文件2涉及一种无空气污染的无负压供水设备（参见其说明书第2页第6~12行和附图1，第3页第15~18行和附图4），该设备包括罐体2和其中的由橡胶或其他弹性材料制成的囊3（即公开了权利要求1的特征（C）），罐体2上设置有孔4直接与大气相通（即公开了权利要求1的特征（A）），囊3的两端有囊上口25和囊下口26（即公开了权利要求1的特征（F）），与之对应在罐体2上开有与进水管24连接的口和容纳囊下口的口（即公开了权利要求1的特征（B））。

由此可见，对比文件2没有公开本专利权利要求1的特征（D）和特征（E），即本专利权利要求1所限定出的技术方案与对比文件2所公开的技术方案具有区别特征，本领域技术人员也不能从对比文件2所公开的内容中直接地、毫无疑义地确定上述技术内容。因此，合议组认为权利要求1所限定的技术方案相对于对比文件2具备新颖性，符合专利法第二十二条第二款的规定。

权利要求2从属于权利要求1，由于权利要求1相对于对比文件1和对比文件2均具备新颖性，权利要求2相对于对比文件1和对比文件2也均具备新颖性，符合专利法第二十二条第二款的规定。

三、决定

维持02294675.6号实用新型专利权有效。

当事人对本决定不服的，可以根据专利法第四十六条第二款的规定，自收到本决定之日起三个月内向北京市第一中级人民法院起诉。根据该款的规定，一方当事人起诉后，另一方当事人应当作为第三人参加诉讼。

065

键盘案

无效宣告请求审查决定（第8557号）

决 定 号 第8557号
决 定 日 2006年7月28日
发明创造名称 键 盘
国际分类号 G06F 3/023
无效请求人 东莞翊凯电器制品有限公司
专利权人 陈国安
专 利 号 97243196.9
申 请 日 1997年12月31日
授权公告日 2000年6月14日
合议组组长 黄毅斐
主 审 员 范玉霞
参 审 员 汤 锷

法律依据 专利法第二十二条第二款
决定要点

对于本领域技术人员来说，从对比文件所公开的内容中可以直接地、毫无疑义地确定的技术内容同样属于公开的内容。

一、案由

本无效宣告请求涉及国家知识产权局于2000年6月14日授权公告的、名称为“键盘”的实用新型专利，其专利号为97243196.9，申请日为1997年12月31日，专利权人是陈国安。授权公告的权利要求书如下：

“1. 一种键盘，包括键盘壳体、按键、键盘插口及微处理器控制的键盘编码控制器，其特征在于：在键盘上另外增加一个热键，且有同时被分别赋予一个新增的特定功能的指定按键，所述微处理器控制的键盘编码控制器，由CPU分别与指示灯、讯号传输区块、键开关矩阵区块相连通，而键开关矩阵区块分为标准键区、热键区、切换键区，键开关矩阵有X0至X7条行扫描线和十七条列扫描线，扫描线接入CPU之输入/输出接口，讯号传输区块包括DATA数据线和CLOCK输入/输出线。

2. 根据权利要求1所述的键盘，其特征在于：在热键旁边设置一指示灯。

3. 根据权利要求1所述的键盘，其特征在于：按键上有表示特定功能的文字或表意符号的指定按键。

4. 根据权利要求1所述的键盘，其特征在于：热键设置于数值辅助键区上方。

5. 根据权利要求1所述的键盘，其特征在于：将该键盘中的数值辅助键与光标控制键功能重叠的部份删除，并改为一些特定功能，而由按压数字锁定键来切换数字或特定功能，在电路上由X1行扫描线至 CPU 一输入/输出线并入一个二极管。

6. 根据权利要求 5 所述的键盘，其特征在于：在数值辅助键上有表示特定功能的文字或表意符号的指定按键。

7. 根据权利要求 1 所述的键盘，其特征在于：有具有相当于标准键盘数值辅助键功能的小键盘，小键盘包括一额外的热键，且小键盘有被赋予新增的特定功能的按键，同时该小键盘的电缆线附有一转接头，该转接头一端有可插接于主机的键盘插座的插头，另端为允许标准键盘的接头插入的插座。

8. 根据权利要求 7 所述的键盘，其特征在于：小键盘上有表示特定功能的文字或表意符号的按键。"

针对上述实用新型专利（下称本专利），东莞翊凯电器制品有限公司（下称请求人）于 2004 年 12 月 13 日向专利复审委员会提出了无效宣告请求，其理由是：本专利权利要求不符合单一性的要求，即不符合专利法第三十一条的规定；本专利权利要求 1 ~4、7 ~8 相对于对比文件 1 不符合专利法第二十二条第二款的规定；本专利权利要求 5 ~6 相对于对比文件 2 不符合专利法第二十二条第二款的规定。同时提交如下附件作为对比文件：

附件 1：97211584. 6 号中国实用新型专利说明书（下称对比文件 1），其申请日为 1997 年 2 月 25 日，授权公告日为 1998 年 6 月 24 日，专利权人是旭丽股份有限公司；

附件 2：97215007. 2 号中国实用新型专利说明书（下称对比文件 2），其申请日为 1997 年 4 月 16 日，授权公告日为 1999 年 8 月 4 日，专利权人是旭丽股份有限公司。

经形式审查合格后，专利复审委员会依法受理了该无效宣告请求，并于 2005 年 4 月 5 日将无效宣告请求书以及相关文件副本转给了专利权人。

专利权人于 2005 年 7 月 5 日提交了意见陈述书，主要理由是：对比文件 1 中并未公开本专利权利要求 1 的特征"键开关矩阵区块分为标准键区、热键区和切换键区"；对比文件 1 更未公开本专利权利要求 1 的特征"键开关矩阵有 X0 至 X7 条行扫描线和十七条列扫描线"；本专利权利要求 5 是对权利要求 1 的进一步限定，因此其技术方案是在权利要求 1 的基础上，增加了附加技术特征进行进一步限定而成；权利要求 7 ~8 也未被对比文件所公开。

专利复审委员会本案合议组于 2006 年 3 月 28 日向双方当事人发出了口头审理通知书，定于 2006 年 5 月 24 日在专利复审委员会举行本案的口头审理，并随口审通知书将专利权人于 2005 年 7 月 5 日提交的意见陈述书转给请求人。

口头审理如期举行，专利权人未出席口头审理。在口审过程中，请求人表示对合议组成员变更无异议，对合议组成员无回避请求；请求人当庭表示放弃专利法第三十一条的无效理由；请求人明确其无效理由为：本专利权利要求 1 ~4、7 ~8 相对于对比文件 1 不具备新颖性；由于本专利权利要求 5 ~6对应于本专利说明书记载的实施例 1，使用对比文件 2 评述本专利权利要求 5 ~6 的新颖性，即权利要求 5 ~6 相对于对比文件 2 不具备新颖性。

合议组于 2006 年 5 月 25 日向专利权人发出合议组成员告知通知书，告知专利权人可以于收到通知书之日起 7 日内对合议组成员提出回避请求，逾期未答复的，视为无回避请求。

专利权人逾期未答复，视为无回避请求。

在上述工作的基础上，合议组认为本案事实已经清楚，可以依法作出审查决定。

二、决定的理由

1. 法律依据

请求人提出的无效理由是本专利不具备新颖性，不符合专利法第二十二条第二款的规定。

专利法第二十二条第二款规定，新颖性，是指在申请日以前没有同样的发明或者实用新型在国内外出版物上公开发表过、在国内公开使用过或者以其他方式为公众所知，也没有同样的发明或者实用新型由他人向国务院专利行政部门提出过申请并且记载在申请日以后公布的专利申请文件中。

2. 证据认定

对比文件1和对比文件2都是中国实用新型专利文件，属于国内公开出版物，其专利权人都是旭丽股份有限公司，属于由他人向专利局提出的申请。对比文件1和对比文件2的申请日分别为1997年2月25日和1997年4月16日，均早于本专利的申请日；它们的授权公告日分别为1998年6月24日和1999年8月4日，均晚于本专利的申请日。因此，对比文件1和对比文件2可以作为用来评价本专利的新颖性的对比文件。

3. 关于新颖性

本专利的权利要求1保护一种键盘，具体包括如下技术特征：

（A）一种键盘，包括键盘壳体、按键、键盘插口及微处理器控制的键盘编码控制器；

（B）在键盘上另外增加一个热键，且有同时被分别赋予一个新增的特定功能的指定按键；

（C）所述微处理器控制的键盘编码控制器，由CPU分别与指示灯、讯号传输区块、键开关矩阵区块相连通；

（D）键开关矩阵区块分为标准键区、热键区、切换键区；

（E）键开关矩阵有X0至X7条行扫描线和十七条列扫描线；

（F）扫描线接入CPU之输入/输出接口，讯号传输区块包括DATA数据线和CLOCK输入/输出线。

对比文件1涉及一种多媒体键盘，其中，对比文件1的权利要求1记载了“一种多媒体键盘，是一种标准计算机键盘”，本领域技术人员从该记载中可以直接地、毫无疑义地确定该标准计算机键盘包括键盘壳体、按键、键盘插口及微处理器控制的键盘编码控制器，即标准计算机键盘隐含公开了权利要求1的特征（A）；对比文件1的权利要求1还记载了“还包括一个用于将标准计算机键盘的游标、数字控制键组切换为多媒体功能键的模组切换键”，该模组切换键对应于本专利权利要求1的热键，并且可以给指定的游标、数字控制键赋予新增的多媒体功能，即上述记载内容公开了权利要求1的特征（B）；从对比文件1的附图2可以看出：微处理器（即CPU）与LED1、LED2（即指示灯）相连通、与键开关矩阵（即X0至X7条和Y0至YG）相连通、与讯号传输区（DATA数据线和CLOCK输入/输出线）相连通而构成键盘编码控制区，即对比文件1公开了权利要求1的特征（C）；另外，本专利说明书中并未对其键开关矩阵区块63上各区的划分进行定义说明，而根据本专利说明书的记载（参见本专利说明书第5页第6~10行），“当切换键被按下与放掉后，将送出标准键码，传至主机上之视窗软件，而改变主机内部之旗标，而使得当操作者按下热键区块内之各键时，键盘送出标准键码，由键码接收器接收，并呼叫ACPI增益设定周边介面，达到控制特殊功能之目的”，可以得知权利要求1中的“热键区”、“切换键区”分别指的是数值辅助键2和热键22，虽然对比文件1没有明确定义出热键区和切换键区，但是在其说明书第2页第4~15行记载了标准键盘1、控制键组11和模组切换键2，其中标准键盘1必定具有包括字母键等的标准键区，而控制键组11兼具有操控游标、数字或多媒体功能，相当于本专利权利要求1的“热键区”，模组切换键2用于控制操控游标、数字和多媒体功能之间的切换，相当于本专利权利要求1的“切换键区”，因此对比文件1公开了本专利权利要求1的特征（D）；从对比文件1的附图2可以看出：其键开关矩阵有X0至X7条行扫描线和Y0至YG十七条列扫描线，也是8×17的矩阵，因此对比文件1公开了本专利权利要求1的特征（E）；从对比文件1的附图2可以看出：其扫描线接入微处理器（即CPU）的输入/输出接口，用于讯号传输的DATA数据线和CLOCK输入/输出线也接入微处理器的输入/输出接口，即对比文件 1 公开了本专利权利要求 1 的特征（F）。

因此，对比文件 1 公开了本专利权利要求 1 的所有技术特征。而且，对比文件 1 涉及一种多媒体键盘，也具有切换功能、可单键控制多媒体设备或开启程序，与本专利的技术领域相同；对比文件 1 所要解决的是在标准键盘上增加功能键而带来的键盘体积大、成本高的技术问题（参见对比文件 1 的说明书第 1 页第 2 段），与本专利权利要求 1 所解决的“用来扩充按键的空间并不多，机构设计及生产成本都相对提高”（参见本专利说明书第 1 页第 3 段）的技术问题相同；本专利权利要求 1 的技术效果是：通过在标准键盘上增设一热键实现控制多媒体设备或开启一些常用程序，从而使得电脑更容易操作，对比文件 1 的技术效果是：仅增加一个模组切换键，使标准键盘的游标、数字控制键组兼具多媒体操控功能，与本专利权利要求 1 的技术效果相同。

综上，权利要求 1 相对于对比文件 1 不具备新颖性，不符合专利法第二十二条第二款的规定。

权利要求 2 从属于权利要求 1，其限定部分内容是“在热键旁边设置一指示灯”。从对比文件 1 的附图 1 可以看出：热键 2 旁边设置有 LED3（指示灯）。因此，当其引用的权利要求 1 不具备新颖性时，权利要求 2 也不具备新颖性，不符合专利法第二十二条第二款的规定。

权利要求 3 从属于权利要求 1，其限定部分内容是“按键上有表示特定功能的文字或表意符号的指定按键”。从对比文件 1 的附图 1 可以看出：键区 11 的各按键上有表示特定功能的文字“Record”等，以及表意符号，例如表示声音增大或减小的图标等。因此，当其引用的权利要求 1 不具备新颖性时，权利要求 3 也不具备新颖性，不符合专利法第二十二条第二款的规定。

权利要求 4 从属于权利要求 1，其限定部分内容是“热键设置于数值辅助键区上方”。对比文件 1 的权利要求 1 公开了“所述的模组切换键设置在标准计算机键盘的游标、数字控制键组的上方”，从对比文件 1 的附图 1 中也可以看出：模组切换键 2 设置在数字控制键组的上方。因此，当其引用的权利要求 1 不具备新颖性时，权利要求 4 也不具备新颖性，不符合专利法第二十二条第二款的规定。

权利要求 5 从属于权利要求 1，是对权利要求 1 的进一步限定，对比文件 2 不仅没有公开其限定部分的特征“将该键盘中的数值辅助键与光标控制键功能重叠的部份删除，并改为一些特定功能”和“在电路上由 X1 行扫描线至 CPU 一输入/输出线并入一个二极管”，也没有公开其所从属的权利要求 1 记载的特征“在键盘上另外增加一个热键”“ 切换键区”“键开关矩阵有 X0 至 X7 条行扫描线和十七条列扫描线”。因此，权利要求 5 相对于对比文件 2 具备新颖性，符合专利法第二十二条第二款的规定。

权利要求 6 从属于权利要求 5，由于权利要求 5 相对于对比文件 2 具备新颖性，所以权利要求 6 相对于对比文件 2 也具备新颖性，符合专利法第二十二条第二款的规定。

权利要求 7 从属于权利要求 1，是对权利要求 1 的进一步限定，对比文件 1 虽然公开了其所从属的权利要求 1 的全部特征，但是没有公开权利要求 7 的附加技术特征“有具有相当于标准键盘数值辅助键功能的小键盘，小键盘包括一额外的热键，且小键盘有被赋予新增的特定功能的按键，同时该小键盘的电缆线附有一转接头，该转接头一端有可插接于主机的键盘插座的插头，另端为允许标准键盘的接头插入的插座”。因此，权利要求 7 相对于对比文件 1 具有新颖性，符合专利法第二十二条第二款的规定。

权利要求 8 从属于权利要求 7，由于权利要求 7 相对于对比文件 1 具备新颖性，所以权利要求 8 相对于对比文件 1 也具备新颖性，符合专利法第二十二条第二款的规定。

三、决定

宣告 97243169.9 号实用新型专利权的权利要求 1 ~ 4 无效，在权利要求 5 ~ 8 的基础上维持本专利的专利权继续有效。

当事人对本决定不服的，可以根据专利法第四十六条第二款的规定，自收到本决定通知书之日起三个月内向北京市第一中级人民法院起诉。根据该款的规定，一方当事人起诉后，另一方当事人应当作为第三人参加诉讼。

066

个人计算机的电源供应器结构案

无效宣告请求审查决定（第8565号）

决　定　号　第8565号
决　定　日　2006年6月23日
发明创造名称　个人计算机的电源供应器结构
国 际 分 类 号　G06F 1/18
无 效 请 求 人　扬特股份有限公司
专 利 权 人　锐玺科技有限公司
专　利　号　200420008943.0
申　请　日　2004年4月2日
授 权 公 告 日　2005年2月23日
合 议 组 组 长　马　昊
主　审　员　龙　安
参　审　员　李韵美

法 律 依 据　专利法第二十二条第二款
决 定 要 点

由他人在涉案实用新型专利申请的申请日以前向国家知识产权局提出的、并且在申请日以后公布的、同样的发明或者实用新型专利申请，称为抵触申请。

一项实用新型专利要求保护的技术方案与一份他人向中国国家知识产权局提出的、在先申请、在后公开的专利文献相比，如果二者属同一技术领域、待解决的技术问题和技术方案实质相同、预期效果相同，则该对比文献构成抵触申请。

一、案由

该无效宣告请求涉及国家知识产权局于2005年2月23日授权公告的200420008943.0号实用新型专利，其名称为“个人计算机的电源供应器结构”，专利权人为锐玺科技有限公司。其授权公告时的权利要求书为：

“1. 一种个人计算机的电源供应器结构，该电源供应器的壳体上是设有输入连接器，其特征在于：壳体上是设有输出连接器，该输出连接器可插接连接线，而该连接线则可与计算机内的各装置连接。”

针对所述实用新型专利权，扬特股份有限公司（下称请求人）于2005年9月27日向国家知识产权局专利复审委员会提出宣告该专利权无效的请求，理由为，此专利缺乏专利法第二十二条第二款规定的新颖性，随附附件1：专利号为200420005481.7的实用新型专利说明书（下称证据1）。

经形式审查合格后，专利复审委员会受理了上述请求，于2005年10月19日向双方当事人发出无效宣告请求受理通知书，并将所述专利权无效宣告请求书及证据转送给专利权人。

2005 年 12 月 5 日，专利权人向专利复审委员会提交意见陈述书，主要指出：请求人有意回避了对比文件的“主机板电源输出线组 12”，这正是本专利与对比文件的技术方案的区别。本专利没有所述“主机板电源输出线组”，在本专利的技术方案中，电源供应器的所有供电皆通过输出连接器 22 完成。换言之，对比文件是通过主机板电源输出线组 12 为主板供电，而本专利的技术方案则是采用输出连接器 22 经由连接线 3 为主板供电。因存在所述差别，使二者不能成为同样的实用新型，故本专利具备新颖性。

合议组于 2006 年 1 月 19 日将专利权人的意见陈述书转送给请求人，并于 2006 年 3 月 6 日向双方当事人发出无效宣告请求口头审理通知书，定于 2006 年 4 月 20 日对此案进行口头审理。

口头审理如期举行，双方当事人均参加此次口头审理，就涉案专利相对于证据 1 是否符合专利法第二十二条第二款的规定，进行了审议庭辩论。此间，请求人将权利要求 1 中各技术特征与证据 1 中的技术特征一一比对，从而得出权利要求 1 缺乏新颖性的结论。专利权人强调其涉案专利权利要求 1 与证据 1 的技术方案存在区别，即“该连接线则可与计算机内的各装置连接”。

至此，合议组认为此案事实已清，可作出审查决定。

二、决定理由

1. 关于证据

证据 1 为 200420005481. 7 号实用新型专利说明书，其申请日是 2004 年 3 月 8 日，授权公告日为 2005 年 4 月 20 日，专利权人/申请人为扬特股份有限公司。涉案专利的申请日为 2004 年 4 月 2 日，其专利权人/申请人为锐玺科技有限公司。

可见，证据 1 是他人在该专利的申请日以前向国家知识产权局提出的、并且在其申请日以后公布的实用新型专利申请，其可用来评价涉案专利的新颖性。

2. 关于新颖性

据专利法第二十二条第二款规定，新颖性是指在申请日以前没有同样的发明或者实用新型在国内外出版物上公开发表过、在国内公开使用过或者以其他方式为公众所知，也没有同样的发明或者实用新型由他人向国务院专利行政部门提出过申请并且记载在申请日以后公布的专利申请文件中。

证据 1 涉及一种电脑装置的电源供应器的电源输出接头，公开如下内容（说明书第 4 页第 27 ~ 31 行）：

（1）电源供应器一端设有若干母座接头（相应于权利要求 1 中“壳体上设有输出连接器”）；

（2）电源线组，其一端连接有可插至于母座接头的公座接头，在另一端连接有连接插头，该连接插头可与各装置连接（相应于权利要求 1 中“该输出连接器可插接连接线，而该连接线则可与计算机内的各装置连接”）。

权利要求 1 中的“输出连接器 22”通过各种不同种类及形式的“连接线 3”可与计算机 4 内部各式装置相互连接，由此将电源供应器 2 中的电源有效输出（说明书第 3 页第 6 ~ 8 行）；证据 1 中的“若干母座接头”通过具有多个连接插头的“电源线组”将电源供应器的能源输出给各装置（说明书第 4 页第 30 ~ 33 行）。可见权利要求 1 中的“输出连接器”与证据 1 中的“若干母座接头”在电源供应器中均起到了输出电源的作用；前者的“连接线”与后者的“电源线组”皆用于传输电源供应器的电能。

由上述对比分析可知，权利要求 1 中的技术特征皆被证据 1 公开，二者的技术方案实质相同，且同属“计算机的电源供应器”这一技术领域，二者的方案所解决的问题及达到的效果亦同，即，满足计算机内部扩充装置的需求。因此，权利要求 1 相对于证据 1 而言，缺乏专利法第二十二条第二款规定的新颖性。

三、决定

宣告 200420008943.0 号实用新型专利权全部无效。

当事人如对本决定不服，可以根据专利法第四十六条第二款的规定，自收到本决定之日起三个月内向北京市第一中级人民法院起诉。根据该款的规定，一方当事人起诉后，另一方当事人应当作为第三人参加诉讼。

067

一种束紧环案

无效宣告请求审查决定（第 8579 号）

决　定　号　第 8579 号
决　定　日　2006 年 8 月 7 日
发明创造名称　一种束紧环
国际分类号　F16B2/20
无效请求人　苏州大忠自行车有限公司
专利权人　韩德玮
专　利　号　98233799. X
申　请　日　1998 年 3 月 13 日
授权公告日　1999 年 7 月 7 日
合议组组长　熊　婷
主　审　员　范玉霞
参　审　员　黄毅斐

法律依据　专利法第二十二条第三款
决定要点

当权利要求记载的技术方案相对于现有技术省略了某些技术特征时，如果本领域技术人员清楚这些技术特征的作用，也知道省略这些技术特征后相应的技术方案仅仅是删除了这些技术特征所相应解决的技术问题和带来的技术效果，则可以在现有技术的基础上不花费创造性劳动即得到省略该技术特征的技术方案。

一、案由

本无效宣告请求涉及国家知识产权局于 1999 年 7 月 7 日授权公告的、名称为“一种束紧环”的实用新型专利，其专利号为 ZL98233799. X，申请日为 1998 年 3 月 13 日，专利权人是韩德玮。授权公告的权利要求书如下：

“1. 一种束紧环，开口环（1）的缺口两边有片状夹头（2），其特征在于，片状夹头（2）的两侧面固定与夹头（2）垂直的侧板（3），使夹头（2）背面形成可藏入固紧螺栓（6）端头的凹台（4）。

2. 按权利要求 1 所述的束紧环，其特征在于，固紧螺栓（6）的拉紧端铰接凸轮压柄（5）。

3. 按权利要求 1 或 2 所述的不紧环，其特征在于，固紧螺栓（6）的拉紧端开有横向的偏心孔（8），孔中穿入偏心销（9），偏心销（9）与手柄（5a）固连。”

针对上述实用新型专利（下称本专利），苏州大忠自行车有限公司（下称请求人）于 2005 年 11 月 7 日向专利复审委员会提出了无效宣告请求，其理由是：本专利权利要求 1 相对于证据 1 和证据 2 的结合、证据 1 和证据 3 的结合、证据 1 和证据 4 的结合不符合专利法第二十二条第三款的规定；权利要求 2 的附加技术特征已经被证据 1 公开，权利要求 3 的附加技术特征是公知常识，因此权利要求 2 和 3 也不符合专利法第二十二条第三款的规定。同时提交如下附件作为证据：

证据 1：95225006.3 号中国实用新型专利说明书（公告日：1997 年 1 月 8 日）；

证据 2：96191999.X 号中国发明专利申请公开说明书（公开日：1998 年 3 月 11 日）；

证据 3：94218489.0 号中国实用新型专利说明书（公告日：1995 年 5 月 17 日）；

证据 4：91226760.7 号中国实用新型专利说明书（公告日：1993 年 3 月 3 日）；

证据 5：国家知识产权局专利信息中心出具的检索报告（复印页）；

证据 6：上海科学技术情报研究所出具的检索报告（复印页）。

经形式审查合格后，专利复审委员会依法受理了该无效宣告请求，并于 2005 年 11 月 8 日将无效宣告请求书以及相关文件副本转给了专利权人。

请求人于 2005 年 12 月 5 日补交了无效请求理由和证据。其中，补充的无效理由是：本专利权利要求 1 相对于证据 4 和证据 7 的结合、证据 8、证据 1 和证据 9 的结合不符合专利法第二十二条第三款的规定；权利要求 2 的附加技术特征已经被证据 1 或证据 10 公开，也不符合专利法第二十二条第三款的规定。补充的证据如下：

证据 7：US4813720 号美国专利说明书（公告日：1989 年 3 月 21 日）；

证据 8－1：GB1089978 号英国专利申请说明书（公开日：1967 年 11 月 8 日）；

证据 8－2：GB1089978 号英国专利申请说明书的中文译文；

证据 9：US3464722 号美国专利说明书（公告日：1969 年 9 月 2 日）；

证据 10：TW245201 号中华民国专利公报，包括权利要求书和附图（公开日：1995 年 1 月 11 日）；

证据 11：国家知识产权局专利检索咨询中心出具的检索报告（复印页）。

专利权人于 2005 年 12 月 22 日提交了意见陈述书，主要理由是：证据 1 不可能是用片状板材冲压成型，其开口环本身的刚性已经很好，无需采取另外措施提高刚性；其容置空间不是由垂直侧板形成的，也没有提高刚性的功能。证据 2 与本专利开口环构造不同，由两个螺栓固紧，因夹片两侧有凸边和折边，已不是片状的夹片，其凸边和折边与本专利没有明显突出物的发明目的不同。证据 3 的夹头端部折边是要防止螺母转动，而不能提高夹头的刚性，与本专利结构不同、目的不同。证据 4 的夹头和开口环用钩接相连，不能增加开口环和夹头的连接刚性，它仅适用于束紧塑胶管，用于密封，不用考虑刚性的问题。因此，本专利的权利要求 1 具备创造性，依审查指南规定，无需再审查从属权利要求的创造性，本专利具备创造性。

专利复审委员会本案合议组于 2006 年 3 月 27 日向双方当事人发出了口头审理通知书，定于 2006 年 5 月 31 日在专利复审委员会举行本案的口头审理。并随口审通知书将专利权人于 2005 年 12 月 22 日提交的意见陈述书转给请求人，将请求人于 2005 年 12 月 5 日提交的意见陈述书和证据转给专利权人。同时向请求人发出外文证据处理通知书，要求其在收到通知书之日起一个月内补交证据 7 和证据 9 所使用部分的中文译文。

请求人于 2006 年 4 月 27 提交了证据 7、9 所使用部分的中文译文。

口头审理如期举行，双方当事人均出席了口头审理，在口审过程中，（1）双方当事人对合议组成员的变更没有异议，对合议组成员没有回避请求，对对方出庭人员的身份没有异议。（2）合议组当庭将请求人于 2006 年 4 月 27 日提交的证据 7、9 的中文译文转给专利权人，专利权人当庭未对证据 7、9 的中文译文的准确性发表意见，合议组告知专利权人应在口审之日起一个月内针对证据 7、9 的中文译文的准确性提交书面意见陈述，逾期不提交视为无意见。（3）请求人当庭提交两份针对专利权人于2005年12月22日意见陈述的意见陈述书，合议组当庭转交给专利权人一份。（4）请求人当庭提交证据10（TW245201号中华民国专利公报）的专利说明书全文（证据10－1）的原件及复印件各一份，合议组当庭将复印件转给专利权人，专利权人当庭核实并表示对证据10－1的真实性没有异议，但认为证据10－1应视为新证据而不予接受，合议组当庭告知双方当事人证据10－1不视为新证据。（5）专利权人当庭表示对证据1至证据10的真实性没有异议，对证据8－2的准确性没有异议。（6）请求人明确其无效理由为：分别以证据2、3、4、9作为最接近的现有技术，结合证据1评述本专利权利要求1不具有创造性；证据4作为最接近的现有技术，结合证据7评述本专利权利要求1不具有创造性；使用证据8评述本专利权利要求1不具有创造性；基于权利要求2引用权利要求1，证据1或证据10公开了其附加技术特征，权利要求2不具有创造性；基于权利要求3引用权利要求1、2，证据10－1公开了其附加技术特征，权利要求3不具有创造性。（7）请求人当庭表示放弃书面意见中用公知常识评述权利要求3的附加技术特征。

专利权人在规定的期限内未提交针对证据7和证据9的中文译文的准确性的书面意见陈述，视为专利权人对其准确性无异议。

在上述工作的基础上，合议组认为本案事实已经清楚，可以依法作出审查决定。

二、决定的理由

1. 法律依据

专利法第二十二条第三款规定：创造性，是指同申请日以前已有的技术相比，该发明有突出的实质性特点和显著的进步，该实用新型有实质性特点和进步。

2. 证据认定

证据1至证据4、证据7至证据10、证据10－1都是专利文件，属于公开出版物，其公告日或公开日均早于本专利的申请日，而且专利权人对证据1至证据4、证据7至证据10、证据10－1的真实性以及外文证据7、8、9的中文译文的准确性无异议。因此，证据1至证据4、证据7至证据10、证据10－1构成了本专利申请日前的已有技术，可以用来评价本专利的创造性。

3. 关于创造性

本专利的权利要求1保护一种束紧环，具体包括如下技术特征：（A）一种束紧环，（B）开口环（1）的缺口两边有片状夹头（2）；（C）片状夹头（2）的两侧面固定与夹头（2）垂直的侧板（3），使夹头（2）背面形成可藏入固紧螺栓（6）端头的凹台（4）。

证据8涉及一种管接头和用于制作管接头的夹紧带，从证据8－2第1页倒数第9行记载的“在本项发明中，提供一种夹紧带，将两根管子端口对端口连接成一直线”可以得知，该夹紧带也是一种束紧环，因此证据8公开了本专利权利要求1的特征（A）；证据8－2第3页记载了：夹紧带由两个同轴的开口环组成（第3页第3行），每个环的一端有一个接线片6，另一端为接线片7（第3页第8行），结合证据8－1的附图1可以看出接线片6和7即相当于本专利权利要求1的夹头，因此证据8公开了本专利权利要求1的特征（B）；从证据8－1的附图1和附图2可以看出：接线片6和7的两侧面有与接线片垂直的侧板，在接线片的背面形成了可以藏入螺栓的凹台，因此证据8公开了本专利权利要求1的特征（C）。由此可见，证据8公开了本专利权利要求1的全部技术特征。

专利权人认为：证据8是两根管子端口对端口连接成一条直线时使用，这样的夹紧带首先要解决的问题是气密性，而不是两个端口之间的强度。合议组认为：虽然本专利说明书中记载了本专利的束紧环用于将两个套叠的管件箍紧，侧板用于解决束紧环的刚度问题，但是本专利权利要求1仅记载了该束紧环的结构，而没有记载其应用范围，证据8中也有侧板，能够解决夹紧带的刚度问题是显而易见的，因此，专利权人所主张的权利要求1的束紧环的应用范围和所解决的技术问题与证据8的不同而使得本专利权利要求 1 具备创造性的理由不能成立。

专利权人还认为：本专利权利要求 1 与证据 8 的区别特征在于证据 8 的开口环还包括肋材 15（参看证据 8－1 的附图 1 和证据 8－2 第 4 页第 4～5 行），以及凹槽 14（参见证据 8－1 的附图 2 和证据 8－2 第 3 页第 20～22 行），这说明证据 8 的夹紧带不可能冲压形成，不可能降低成本，而本专利权利要求 1 可以，而且证据 8 的侧板较小只能增强夹头的强度，整个束紧环的强度要靠肋材 15 来实现。合议组认为：首先，实用新型专利保护的是产品的结构，产品是否采用冲压手段形成不是其保护范围，而且本专利权利要求 1 中并未记载束紧环是冲压形成的。其次，从证据 8－2 第 3 页第 20 行至第 4 页第 7 行可以看出，凹槽 14 是为了便于连接圆头管而设置的部件，肋材 15 是为了增加接头的刚度和强度而设置的部件，本领域技术人员都了解凹槽 14 和肋材 15 在证据 8 所记载的技术方案中的作用，而且也清楚略去凹槽 14 和肋材 15 后相应的技术方案只是删除了这些技术特征所带来的便于连接圆头管和增加接头的刚度和强度的技术效果，并不影响该技术方案通过“侧板”解决束紧环刚度问题和螺栓端头突出问题，也不影响该技术方案获得的增加刚度和隐藏螺栓端头的技术效果。也就是说，本领域技术人员在证据 8 所记载的现有技术的基础上得到本专利权利要求 1 的技术方案也不需要花费创造性劳动。最后，虽然比较本专利的附图 1 和证据 8－1 的附图 1 可以看出二者的侧板大小有所不同，但是该特征并未记载入本专利权利要求 1 中，不能作为本专利权利要求 1 相对于证据 8 具备创造性的理由。

综上所述，本专利权利要求 1 相对于证据 8 不具有实质性特点和进步，没有创造性，不符合专利法第二十二条第三款的规定。

权利要求 2 从属于权利要求 1，其附加技术特征是“固紧螺栓（6）的拉紧端铰接凸轮压柄（5）”。证据 10 涉及一种自行车快拆改良构造，从证据 10 的附图 1 和附图 2 中可以看出，附图标记 11 指示的是一个压柄，附图标记 12 指示的是一个螺栓，二者铰接，即证据 10 公开了上述附加技术特征。而且上述附加技术特征在证据 10 中是用于紧固螺栓的，与该特征在本专利中的作用相同。因此，当其引用的权利要求 1 不具备创造性时，权利要求 2 也不符合专利法第二十二条第三款的规定。

权利要求 3 从属于权利要求 1 或 2，其附加技术特征是“固紧螺栓（6）的拉紧端开有横向的偏心孔（8），孔中穿入偏心销（9），偏心销（9）与手柄（5a）固连”。根据本专利说明书的解释（参见本专利说明书第 2 页第 17 行）：偏心销与手柄固连，即与手柄转动角度相同。证据 10－1 涉及一种自行车快拆改良构造，其说明书第 4 页第 18～24 行记载了：配合参阅第四图所示，当该快拆结构处于松弛状态时，心轴 23 的偏心段 232 与螺件 25 之轴孔 251 顶端并未触合，所以座体 22 并未迫合于座管 30，配合参阅第五图所示，将按压钮 21 向下按压，则心轴 23 的偏心段 232 将与螺件 25 之轴孔 251 顶端触合，所以座体 22 相对往座管 30 方向迫合，而产生紧压座管 30 的功效。结合证据 10－1 的附图 2、附图 4 和附图 5 可以看出，螺件 25 即相当于本专利权利要求 3 的固紧螺栓，轴孔 251 即相当于本专利权利要求 3 的偏心孔，心轴 23 即相当于本专利权利要求 3 的偏心销，按压钮 21 即相当于本专利权利要求 3 的手柄，其中轴孔 251 开设在螺件 25 的拉紧端，轴孔 251 中穿入心轴 23，心轴 23 的偏心段 232 随按压钮 21 转动，即相当于本专利中的偏心销与手柄固连。根据上述分析可知，证据 10－1公开了本专利权利要求 3 的附加技术特征，而且该特征在证据 10－1 中的作用是用于解决按压钮和心轴之间的摩擦问题，与其在本专利中的作用相同。因此，当其引用的权利要求 1 和 2 不具备创造性时，权利要求 3 也不符合专利法第二十二条第三款的规定。

鉴于本专利权利要求 1 相对于证据 8 不具备创造性，权利要求 2 相对于证据 8 和证据 10 的结合、权利要求 3 相对于证据 8 和证据 10－1 的结合不具备创造性，合议组对请求人的其他无效宣告请求理由不再评述。

三、决定

宣告98233799.X号实用新型专利权全部无效。

当事人对本决定不服的，可以根据专利法第四十六条第二款的规定，自收到本决定通知书之日起三个月内向北京市第一中级人民法院起诉。根据该款的规定，一方当事人起诉后，另一方当事人应当作为第三人参加诉讼。

068

多媒体点选装置案

无效宣告请求审查决定（第8603号）

决　定　号　第8603号
决　定　日　2006年7月11日
发明创造名称　多媒体点选装置
国际分类号　G06F3/00
无效请求人Ⅰ　张君绫
无效请求人Ⅱ　廖　素
专利权人　旺玖科技股份公司
专　利　号　01207586.8
申　请　日　2001年3月20日
授权公告日　2002年4月10日
合议组组长　张　度
主　审　员　马志远
参　审　员　熊　婷

法律依据　专利法第二十二条第三款
决定要点

本专利技术方案与对比文件技术方案相比在结构上有细微区别，但是这些细微区别并没有使得本专利技术方案相对于对比文件技术方案产生更好的技术效果，因此这些结构细节不构成实质性区别，并不使得本专利相对于对比文件所代表的现有技术具备创造性。

一、案由

本无效宣告请求案涉及国家知识产权局于2001年3月20日受理申请、申请号为01207585.8、名称为“多媒体点选装置”的实用新型专利，专利权人为旺玖科技股份公司，此实用新型申请于2002年4月10日授权公告，其权利要求书内容为：

“1. 一种多媒体点选装置，其特征在于，包括：

一具有显示屏幕的计算机外设单元，其内部电路设有一单芯片微电脑；及

一可受按压、转动或可控制位移的开关组件，其设在计算机外设单元上，且与单芯片微电脑的输入/输出端口相连接，该开关件受按压、转动或受按压而产生位移时即产生一信号，该单芯片微电脑则依此信号脉冲或相位差来判断方向，并转换成相对应于驱动器的信号键码，再通过窗口应用程序运作，开启程序图形在显示屏幕上，进而控制图形的点选；

通过选择，可在计算机外设单元上直接操作开关组件来控制光标、屏幕滚动条、数字，并配合窗口系统或操作系统，作为各种程序的选择与执行。

2. 如权利要求1所述的多媒体点选装置，其特征在于：其中计算机外设单元可为计算机键盘单

元、笔记本计算机或个人数字助理的输入单元。

3. 如权利要求1所述的多媒体点选装置，其特征在于：其中开关组件可为飞梭盘或滑板键。

4. 如权利要求1所述的多媒体点选装置，其特征在于：其中开关组件可与单芯片微电脑的第一输入输出端的一输入输出线、第二输入输出端的一输入输出线与第三输入输出端的两输入输出线相连接。”

针对本实用新型专利权（下称本专利），张君绫（下称第一请求人）于2003年11月7日向国家知识产权局专利复审委员会提出无效宣告请求，理由是本专利不符合专利法第二十二条第二款和第三款的规定，同时第一请求人提交了以下附件作为证据材料：

证据1-1：ZL98125268.0号中国发明专利申请公开说明书，1999年6月23日公开；

第一请求人在无效宣告请求书正文中所提出的具体理由为：权利要求1至4与证据1-1技术方案相比，不具备创造性。

专利复审委员会于2003年12月25日向本案双方发出受理通知书，将第一请求人所提交的无效宣告请求书及有关证据转送给专利权人，同时成立合议组对本案进行审理。

专利权人于2004年3月9日提交了答辩意见，专利权人认为：（1）本专利所解决技术问题、采用的技术手段和产生的技术效果与证据1-1不同，本专利具备新颖性；（2）本专利开关组件为一个件，既产生选择程序信号又产生执行程序信号，而证据1-1由一个产生选择程序信号的旋钮开关和一个产生执行程序信号的按钮开关组成，本专利将开关组件产生的信号脉冲或相位差判断方向，转换为对应驱动器即窗口应用程序的信号键码，本专利的信号键码存储在驱动器内，而证据1-1的两种开关输入信号产生对应于各个开关的预定键扫描代码数据，配合微控制器70、存储器子系统、子BIOS、存储控制器，以转换信号使其通过键盘控制器的数据线传输至主机。专利权人认为本专利相对于证据1-1具备创造性。

针对本专利权，廖素（下称第二请求人）于2004年4月30日向国家知识产权局专利复审委员会提出无效宣告请求，理由是本专利权利要求1至4不符合专利法第二十二条第一款、第二款、第三款和专利法实施细则第二条第二款的规定，权利要求4不符合专利法第二十六条第三四款的规定，同时第二请求人提交了以下附件作为证据材料：

证据2-1：CA2405287A1号加拿大专利申请说明书，1999年12月29日公开；

证据2-2：US5912663A号美国专利说明书，1999年6月15日公开；

证据2-3：US5871086A号美国专利说明书，1999年2月16日公开。

第二请求人在无效宣告请求书正文中所提出的具体理由为：权利要求1、2与证据2-1相比不具备新颖性；权利要求1、2与证据2-1结合证据2-2相比不具备创造，权利要求3与证据2-2结合证据2-3相比不具备创造性，权利要求4在权利要求1不具备创造性基础上，也不具备创造性；说明书和权利要求4不清楚完整，不符合专利法第二十六条第三四款规定。

专利复审委员会于2004年5月24日向本案双方发出受理通知书，将第二请求人所提交的无效宣告请求书及有关证据转送给专利权人，同时成立合议组对本案进行审理。

第二请求人于2004年5月28日提交了上述证据2-1至2-3的部分中文译文。

鉴于上述第一、第二请求人均针对同一项专利提出无效宣告请求，本案合议组决定将两个无效宣告请求合案审理。合议组于2005年11月3日发出口审通知书，预定于2005年12月5日举行口头审理。合议组随口头审理通知书将专利权人于2004年3月9日针对第一无效宣告请求的答复意见转文给第一请求人；还将第二请求人于2004年5月28日提交的证据2-1至证据2-3的中文译文转给专利权人。

专利权人于2005年12月1日提交了针对第二请求人的答辩意见，专利权人认为：本专利权利要求1与证据2－1相比具备新颖性，与证据2－1、证据2－2和证据2－3结合相比具备创造性，本专利说明书对权利要求4的技术方案公开充分，权利要求4得到说明书支持。

口头审理如期举行，第一、第二请求人和专利权人均出席口头审理。合议组当庭将专利权人于2005年12月1日提交的答辩意见转交给第二请求人。

在口头审理中各方当事人充分发表了自己的意见：第一请求人明确表示无效宣告请求理由为权利要求1不具备新颖性、创造性和权利要求2至4不具备创造性；第二请求人明确表示权利要求1、2相对于证据2－1不具备新颖性、创造性，权利要求3相对于证据2－1结合证据2－2或证据2－1结合证据2－3不具备创造性，权利要求4相对于证据2－1结合公知常识不具备创造性，权利要求1至4不符合专利法实施细则第二十条第一款的规定，权利要求1至4不符合专利法第二十六条第四款的规定，说明书不符合专利法第二十六条第三款的规定，放弃有关专利法实施细则第二条第二款规定的无效宣告理由；专利权人表示，对于证据1－1、证据2－1至证据2－3的真实性没有异议，对证据2－1至证据2－3中文译文的准确性没有异议，本专利权利要求1中的外设单元本身并不含有显示屏幕。合议组允许专利权人在口头审理后一个月内就第二请求人所提出的有关专利法实施细则第二十条第一款的无效宣告请求理由进行答辩，专利权人在指定期限内没有提交答复意见。

至此，本案合议组认为双方均已经充分表达了各自的主张并提出相应的证据，本案事实基本清楚，可以作出审查决定。

二、决定的理由

1）关于证据

第一请求人所提交证据1－1和第二请求人所提交的证据2－1至2－3均为专利文献，专利权人对于上述证据材料的真实性没有异议，对证据2－1至证据2－3中文译文的准确性没有异议，上述专利文献的公开日期均早于本专利申请日，可以作为现有技术用于评价本专利新颖性和创造性。

2）关于本专利创造性

权利要求1技术方案的多媒体点选装置，由外设单元组成，外设单元内部电路设有一单芯片微电脑、可受按压、转动或可控制位移的开关组件，开关组件与单芯片微电脑的输入/输出端口相连接，该开关件受按压、转动或受按压而产生位移时即产生一信号，该单芯片微电脑则依此信号脉冲或相位差来判断方向，并转换成相对应于驱动器的信号键码，再通过窗口应用程序运作，开启程序图形在显示屏幕上，进而控制图形的点选，通过选择，可在计算机外设单元上直接操作开关组件来控制光标、屏幕滚动条、数字，并配合窗口系统或操作系统，作为各种程序的选择与执行。

证据1－1公开了一种计算机系统，其包括一个控制板，而控制板包括一个旋钮开关和至少一个按钮开关。从证据1－1说明书第2页第三、四自然段的记载，该控制板用于提供用户界面，并且使用户在多个程序中选择并执行一个应用程序等。由对比文件说明书内容可见，该控制板为用户操作提供界面，本质上属于用户对计算机输入控制命令的输入装置，按照本领域的公认定义，任何输入输出装置均属于计算机系统的外设。因此，证据1－1计算机系统中的控制板与权利要求1的点选装置属于相同主题。权利要求1的点选装置由开关组件与单芯片微电脑组成，证据1－1的图2、3所示技术方案中控制板30包括按钮开关SW1、旋钮31，控制面板30连接到微控制器70，根据图3所示微控制器70也由单一芯片形成。权利要求1中操作开关组件产生信号，单芯片微电脑依此信号转换成信号键码，再通过窗口应用程序运作，开启程序图形在显示屏幕上，控制图形的点选，通过选择执行各种程序。证据1－1说明书第7页第一自然段和表2中记载，微控制器70从旋钮31的输出S1、S2和键钮SW1……提供的信号之一作出响应并产生预定的键扫描代码，证据1－1说明书第9页第四自然段记载了旋转旋钮 31 选择程序的步骤、说明书第 11 页第一自然段中记载了按钮开关 SW1 相关的键扫描代码被输入，则系统将执行由旋钮 31 选定的应用程序。由此可见，对比文件控制板 30 中的旋钮 31 和按钮 SW1 具有与权利要求 1 开关组件相同的功能，并且控制板 30 与微控制器 70 的连接关系也与权利要求 1 开关组件与单芯片微电脑连接关系相同，因此该旋钮 31 和按钮 SW1 与权利要求 1 开关组件相等同。权利要求 1 与证据 1－1 的唯一区别在于：权利要求 1 中记载了开关组件作为整体所具有的功能，而证据 1－1 中相同的功能由旋钮 31 和位于旋钮 31 中心的按钮 SW1 分别实现。合议组认为，上述区别并不能使得权利要求 1 技术方案具有比证据 1－1 更好的技术效果，并且将证据 1－1 中的旋钮 31 与按钮 SW1 制造成一体也不需要克服什么技术难题，因此该区别并不使权利要求 1 技术方案相对于证据 1－1 具有专利法第二十二条第三款所规定的创造性。

权利要求 2 为权利要求 1 的从属权利要求，在权利要求 1 技术方案的基础上进一步限定了作为输入装置的本专利点选装置所应用的微型计算机的具体类型：其中计算机外设单元可为计算机键盘单元、笔记本计算机或个人数字助理的输入单元。在证据 1－1 中明确记载了该控制板方式的输入装置用于执行 WINDOW95 操作系统的个人计算机，自然也就可以同样应用于笔记本计算机和个人数字助理。在权利要求 1 不具备创造性基础上，权利要求 2 也不具备专利法第二十二条第三款所规定的创造性。

权利要求 3 为权利要求 1 的从属权利要求，在权利要求 1 技术方案的基础上进一步限定：开关组件为飞梭盘或滑板件。证据 1－1 控制板与飞梭盘的区别为：证据 1－1 旋钮 31 为圆环型，中心为圆形按钮 SW1，权利要求 3 的飞梭盘为圆形的整体组件，如同对于权利要求 1 评述中所提到，两技术方案没有实质性区别。而滑板件虽然在零件自身形状方面与证据 1－1 的圆环型旋钮和圆形按钮有区别，但是在通过位移产生电信号和通过按压产生电信号的功能和效果方面也与证据 1－1 的圆环型旋钮 31 与圆形按钮 SW1 完全相同，因此滑板件也不属于实质性区别。总之，在权利要求 1 不具有创造性前提下，权利要求 3 相对于证据 1－1 也不具备创造性。

权利要求 4 为权利要求 1 的从属权利要求，在权利要求 1 技术方案的基础上进一步限定：其中开关组件可与单芯片微电脑的第一输入输出端的一输入输出线、第二输入输出端的一输入输出线与第三输入输出端的两输入输出线相连接。证据 1－1 图 3 所示技术方案中，旋钮 31 的两个电开关 S1、S2 各自通过一条信号线与微控制器 70 的两个端子相连接，按钮 SW1 也通过一条信号线与微控制器 70 的一个端子相连接。因此，证据 1－1 中公开了控制板 30 与微控制器 70 通过三条信号线相连接。权利要求 4 作为权利要求 1 的从属权利要求，其技术方案中开关组件与单芯片微电脑之间连接四条信号线就是为了在对开关组件进行操作时，由单芯片微电脑产生信号键码，作为各种程序的选择与执行命令。而证据 1－1 中控制板的三条信号线与微控制器 70 连接，也是选择应用程序和执行所选择的应用程序。因此，两者在功能和效果上完全相同。在权利要求 1 不具备创造性前提下，权利要求 4 相对于证据 1－1 所代表的现有技术同样也不具备创造性。

由于如上所述本专利全部权利要求 1 至 4 相对于证据 1－1 不具备创造性，合议组对第一、第二请求人所提出的其他无效宣告请求理由和事实不再进行评述。

三、决定

宣告专利号为 ZL01207586.8 的实用新型专利权全部无效。

当事人对本决定不服的，可以根据专利法第四十六条第二款的规定，自收到本决定之日起三个月内向北京市第一中级人民法院起诉。根据该条款的规定，一方当事人起诉后，另一方当事人应当作为第三人参加诉讼。

069

一种带凸缘的墙地砖案

无效宣告请求审查决定（第8612号）

决　定　号　第8612号
决　定　日　2006年7月28日
发明创造名称　一种带凸缘的墙地砖
国际分类号　E04F 13/08
无效请求人　江西省达康环保空心砖有限公司
专利权人　徐玉斌
专　利　号　200420068123.0
申　请　日　2004年7月8日
授权公告日　2005年8月3日
合议组组长　温丽萍
主　审　员　杨存吉
参　审　员　崔国振

法律依据　专利法第二十二条第二款
决定要点

如果一项权利要求所限定的技术方案与一篇对比文件公开的技术方案实质上相同，而且两者属于相同的技术领域，解决相同的技术问题，并具有相同的预期效果，那么该权利要求相对于该对比文件不具备专利法第二十二条第二款规定的新颖性。

一、案由

本无效宣告请求涉及国家知识产权局于2005年8月3日授权公告的200420068123.0号实用新型专利权（下称本专利），其名称为“一种带凸缘的墙地砖”，申请日为2004年7月8日，专利权人为徐玉斌。

本专利授权公告的权利要求书为：

“1. 一种带凸缘的墙地转，其特征在于：在砖体（1）的四周设有凸缘（2）、（3）。

2. 根据权利要求1所述的一种带凸缘的墙地转，其特征在于：一边凸缘（2）和对边凸缘（3）的形状和几何尺寸相同，它们与相邻墙地砖的凸缘（4）排列在一起时，互相间隔错开，一个凸缘（2）靠近墙地砖的一端，一个对边凸缘（3）靠近墙地砖的另一端。

3. 根据权利要求1所述的一种带凸缘的墙地转，其特征在于：凸缘（2）、（3）可为半圆形、梯形、方形及三角形。”

针对本专利，江西省达康环保空心砖有限公司（下称请求人）于2005年10月24日向专利复审委员会提出无效宣告请求，其理由是本专利不具备新颖性和创造性，不符合专利法第二十二条的规定。请求人同时提交了下列证据：

附件 1：申请号为 01268507.0 的专利资料网络下载打印件 1 页，公告日为 2003 年 2 月 5 日；

附件 2：专利号为 98212034.6 的实用新型专利说明书首页网络下载打印件，公告日为 1999 年 12 月 1 日；

附件 3：2004 年 4 月 13 日从网上下载的透水砖资料（图片）2 页；

附件 4：江西省绿地实业有限公司出具的证明资料 1 页及订货协议书 1 页。

请求人认为附件 1 和 2 所公开的产品附图均有侧面带有凸条（凸缘）特征，本专利无新颖性；侧面带有凸条（凸缘）的地砖产品早已广泛使用，请求人从互联网下载的透水砖资料，使用请求人产品的用户证明均可以说明本专利无创造性。

经形式审查合格，专利复审委员会受理了该无效宣告请求，于 2005 年 11 月 29 日向请求人和专利权人发出无效宣告请求受理通知书，并将专利权无效宣告请求书及所附证据副本转送给了专利权人，并要求其在指定的期限内答复。

专利权人未在指定期限内陈述意见。

2006 年 5 月 8 日，专利复审委员会向双方当事人发出无效宣告口头审理通知书，定于 2006 年 6 月 27 日进行口头审理。

请求人寄交了口头审理回执，表示参加口头审理。专利权人没有提交口头审理回执。

口头审理如期举行，请求人参加了口头审理，专利权人没有参加口头审理。在口头审理中，请求人没有对合议组成员提出回避请求，明确了附件 1 证明本专利的权利要求 1 不具备新颖性，附件 2 证明本专利的权利要求 1 ~ 3 不具备新颖性，附件 3 证明本专利的权利要求 1 和 3 不具备新颖性，附件 4 证明本专利的权利要求 1 不具备新颖性，上述四份证据所指的产品均为地砖产品，都具有凸条特征，所以本专利的权利要求都不具备创造性。

至此，合议组认为本案事实已经查清，可以依法作出审查决定。

二、决定的理由

1. 关于证据

附件 1 是申请号为 01268507.0 实用新型专利的中文专利题录信息。经合议组查证，附件 1 内容属实，予以采信，其公告日为 2003 年 2 月 5 日，早于本专利的申请日，可以作为本专利的现有技术。

附件 2 是申请号为 98212034.6 实用新型专利说明书的公告文本的首页。经合议组查证，附件 2 内容属实，予以采信，其公告日为 1999 年 12 月 1 日，早于本专利的申请日，可以作为本专利的现有技术。

附件 3 为互联网上下载的有关透水砖的文字资料和图片。由于请求人不能对附件 3 的来源以及内容是否真实提供其他证据加以证明，也没有提供证据证明附件 3 上载的具体时间，合议组不能确认其公开时间是否在本专利申请日之前，所以其中记载内容不能作为本专利的现有技术。

附件 4 为江西省绿地实业有限公司出具的证明和该公司与请求人之间的订货协议书。上述证明记载江西省绿地实业有限公司于 2004 年 4 月购进达康公司吸水砖一批，达康公司生产的吸水砖的四个侧面排布有六根凸缘，该证明加盖有该公司的印章，但无法定代表人签名。上述订货协议书记载 2004 年 2 月 11 日江西省绿地实业有限公司向请求人定购透水砖一批，但没有任何有关该型号砖的形状或结构特征的记载。在没有其他证据相互印证的情况下，附件 4 不能单独认定本专利已经在先使用，更不能证明本专利没有创造性。

综上所述，合议组认为附件 1 和附件 2 记载的内容构成为本专利的现有技术，可以用于评价本专利的新颖性与创造性。

2. 关于新颖性

专利法第二十二条第二款规定，新颖性，是指在申请日以前没有同样的发明或者实用新型在国内外出版物上公开发表过、在国内公开使用过或者以其他方式为公众所知，也没有同样的发明或者实用新型由他人向国务院专利行政部门提出过申请并且记载在申请日以后公布的专利申请文件中。

本专利的权利要求 1 要求保护一种带凸缘的墙地转，其特征在于：在砖体（1）的四周设有凸缘（2）（3）。附件 2 公开了一种利用废旧塑料作原料制成的新型地砖，该地砖由一个基体 1 和一个弧形状板面 2 构成，基体 1 和弧形状板面 2 均是利用废旧塑料一次冲压成型，基体 1 的四周均有凸条 3。附件 2 中的基体实质上与本专利权利要求 1 中的砖体相同，附件 2 中的凸条实质上与本专利权利要求 1 中的凸缘相同。由此可见，附件 2 公开的技术方案与本专利权利要求 1 的技术方案实质上相同，且二者属于同一技术领域，并能产生相同的技术效果，因此本专利权利要求 1 所要求保护的技术方案不具备专利法第二十二条第二款规定的新颖性。

权利要求 2 为权利要求 1 的从属权利要求，其附加技术特征为：一边凸缘（2）和对边凸缘（3）的形状和几何尺寸相同，它们与相邻墙地砖的凸缘（4）排列在一起时，互相间隔错开，一个凸缘（2）靠近墙地砖的一端，一个对边凸缘（3）靠近墙地砖的另一端。从附件 2 的附图可以看出，设在该地砖四周的凸条均为凸条 3，其形状和几何尺寸相同；由于对边的凸条与另一对边中一条边的距离不同，所以当相邻的这种地砖排列在一起时，为了使地砖之间结构紧凑，凸条相互之间也应该间隔错开，并且其中也是一个凸条（位于地砖的上边或右边）靠近地砖的一端，一个对边凸条（位于地砖的下边或右左）靠近地砖的另一端。由此可见，附件 2 实质上已经公开了权利要求 2 的全部技术特征，因此权利要求 2 所要求保护的技术方案不具备专利法第二十二条第二款规定的新颖性。

权利要求 3 为权利要求 1 的从属权利要求，其附加技术特征为：凸缘（2）、（3）可为半圆形、梯形、方形及三角形。从附件 2 的附图可以看出，设在该地砖四周的凸条呈圆弧状。同时将地砖中的凸条设置为半圆形、梯形、方形、三角形或者其他形状，属于本领域惯用手段的直接替换，因此权利要求 3 所要求保护的技术方案不具备专利法第二十二条第二款规定的新颖性。

综上所述，本专利的权利要求 1 ~ 3 不具备专利法第二十二条第二款规定的新颖性。

三、决定

宣告第 200420068123. 0 号实用新型专利权全部无效。

当事人对本决定不服的，可以根据专利法第四十六条第二款的规定，自收到本决定之日起三个月内向北京市第一中级人民法院起诉。根据该款的规定，一方当事人起诉后，另一方当事人应当作为第三人参加诉讼。

070

闪光蜡烛案

无效宣告请求审查决定（第8659号）

决 定 号 第8659号
决 定 日 2006年9月8日
发明创造名称 闪光蜡烛
国际分类号 F21S 19/00 F21L 19/00 C11C 5/00 F21W121/00 F21Y 101/02
无效请求人 吴育琴
专利权人 余双仑
专 利 号 02233525.0
申 请 日 2002年4月29日
授权公告日 2003年5月14日
合议组组长 温丽萍
主 审 员 朱明雅
参 审 员 王丽颖

法律依据 专利法第二十二条第二款、第三款
决定要点

对比文件公开了权利要求的全部技术特征，且两者属于相同的技术领域，能够解决相同的技术问题，具有相同的技术效果，因此，该权利要求相对于该对比文件不具备专利法第二十二条第二款规定的新颖性。

一、案由

本无效宣告请求涉及国家知识产权局于2003年5月14日授权公告的，名称为“闪光蜡烛”的实用新型专利，其专利号是02233525.0，申请日是2002年4月29日，专利权人是余双仑（下称专利权人）。本实用新型授权时的权利要求书如下：

“1. 一种闪光蜡烛，其特征在于：包括蜡烛本体和底盘，蜡烛本体设置在底盘上，其中蜡烛本体包括蜡烛和线燃芯，线燃芯位于蜡烛内部；底盘包括盘体、集成电路、电源和发光二极管，集成电路、电源和发光二极管设置在盘体上，发光二极管连接到集成电路上，集成电路连接到电源上。

2. 根据权利要求1所述的闪光蜡烛，其特征在于：该集成电路、发光 二极管和电源设置在盘体与蜡烛本体之间，发光二极管是数个均匀布设在底盘上的，电源是钮扣电池。

3. 根据权利要求2所述的闪光蜡烛，其特征在于：还包括电路开关，设置在电池的电极引线上。

4. 根据权利要求3所述的闪光蜡烛，其特征在于：该电路开关是铝箔燃芯，该铝箔燃芯是两长条状铝箔中间夹一层绝缘材料，与线燃芯同向平行设置，该两铝箔分别接到电路中。”

针对上述专利权（下称本专利），吴育琴（下称请求人）于2005年11月30日向专利复审委员会提出无效宣告请求，其理由是本专利的权利要求1～2不具备专利法第二十二条第二款规定的新颖

性；权利要求 3 ~4 不具备专利法第二十二条第三款规定的创造性。请求人提交证据如下：

证据 1：申请号为 01100529.7 号中国发明专利申请公开说明书，其申请日为 2001 年 1 月 11 日，公开日为 2002 年 8 月 21 日，申请人为游春建，共同申请人为丁立人，陈汉洲，陈俊郎，萧玉瑾，陈温圣；

证据 2：中国专利 ZL99209683.9 号实用新型专利说明书，授权公告日为 2000 年 4 月 12 日；

证据 3：中国专利 CN85203793U 号实用新型专利申请说明书，公告日为 1986 年 5 月 21 日；

证据 4：美国专利 US4477249A 专利公告文本，公开日为 1984 年 10 月 16 日；

证据 5：申请号为 91223868.2 号中国实用新型专利申请说明书，公告日为 1992 年 7 月 1 日。

专利复审委员会于 2006 年 1 月 18 日受理了上述无效宣告请求，并将无效宣告请求书及其附件副本送给专利权人，同时向请求人发出外文证据处理通知书，要求请求人提交外文证据 4 所使用部分的中文译文。

专利复审委员会于 2006 年 2 月 21 日收到了专利权人的意见陈述书。在意见陈述书中，专利权人陈述了本专利权利要求 1 ~4 具备新颖性和创造性的理由，认为应维持本专利有效。

合议组于 2006 年 4 月 4 日将专利权人的上述意见陈述书转给了请求人，并向双方当事人发出口头审理通知书，定于 2006 年 6 月 7 日在专利复审委员会举行口头审理；同时，合议组再次向请求人发出外文证据处理通知书，要求请求人提交证据 4 所使用部分的中文译文。

请求人和专利权人分别于 2006 年 4 月 11 日和 2006 年 4 月 12 日提交了口头审理通知书回执，均表示参加口头审理。

口头审理如期举行，双方当事人均参加了口头审理。

在口头审理过程中，请求人和专利权人对合议组成员均无回避请求；对对方出庭人员的身份均无异议；请求人当庭明确放弃证据 2 和证据 4 的使用，并明确无效宣告的理由和范围是：使用证据 1 评价权利要求 1 ~3 的新颖性、使用证据 5 评价权利要求 1 ~2 的创造性、使用证据 3 和 5 的结合评价权利要求 3 ~4 的创造性，其中，证据 5 为最接近的对比文件。专利权人对请求人提交的证据 1、3、5 的真实性无异议。

在以上工作的基础上，合议组认为本案事实清楚，可以依法作出决定。

二、决定的理由

1. 证据的认定

请求人提交的证据 1、3、5 均为专利文献，其中，证据 3、5 的公开日早于本专利申请日，符合专利法所规定的现有技术范围，可以用于对本专利的新颖性、创造性进行评价；证据 1 的申请日早于本专利的申请日，但其公开日晚于本专利的申请日，且申请人与本专利申请人不同，因此只能用于对本专利新颖性的评价。

2. 关于新颖性

根据专利法第二十二条第二款的规定，新颖性是指在申请日以前没有同样的发明或实用新型在国内外出版物上公开发表过、在国内公开使用过或者以其他方式为公众所知，也没有同样的发明或者实用新型由他人向国务院专利行政部门提出过申请并且记载在申请日以后公布的专利申请文件中。

（1）权利要求 1 不具备新颖性。

权利要求 1 请求保护一种闪光蜡烛，证据 1（下称对比文件 1）公开了一种产生光彩变化的蜡烛，该蜡烛也包括有蜡烛 10，蜡烛中心轴向具有蕊心 11，蕊心是以棉质线捆绕而成；蜡烛还具有一发光装置 20 和电源供应器 26，该发光装置包括控制 IC24 和多个发光二极管，控制 IC24 驱动发光二极管发光，电源供应器可以是电池，并提供光产生装置 20 所需的电源。对比文件 1 有两个实施例，实施例1是在点燃蕊芯的情况下，光纤30接收燃烧蕊芯产生的光线，光感应器25接收到光信号后，传送驱动信号至控制IC24，由控制IC24驱动发光元件发光（参见对比文件1说明书第4页第14行至第6页第2行，附图1和附图2A、2B）。由此可见，权利要求1中如下特征已经被对比文件1公开：蜡烛本体包括蜡烛和线燃芯；线燃芯位于蜡烛内部；发光二极管连接到集成电路上、集成电路、电源和发光二极管以及集成电路连接到电源上。并且，双方当事人均认可上述技术特征已由对比文件1所公开。

从对比文件1的附图1中还可以看出，对比文件1的控制IC24、电源26和发光二极管也都位于蜡烛底部的盒中，该盒就相当于权利要求1中的盘体，其作用也是用于容纳集成电路、电源和发光二极管，因此，对比文件1实质上已经公开了权利要求1的全部技术特征，且两者的技术领域相同，取得的技术效果也相同，都是通过集成电路控制发光二极管在蜡烛体内发光达到蜡烛闪光的效果，故权利要求1相对于对比文件1不具备新颖性。

（2）权利要求2不具备新颖性。

权利要求2是权利要求1的从属权利要求，其进一步限定："该集成电路、发光二极管和电源设置在盘体与蜡烛本体之间，发光二极管是数个均匀布设在底盘上的，电源是钮扣电池"。从对比文件1的附图1中可以看出，对比文件1中的控制IC24、发光二极管和电源也是位于蜡烛底部的盒中与蜡烛之间，且发光二极管21、22也是均匀布置在底盘上的，对比文件1也公开了电源为电池这一特征（参见对比文件1说明书第5页第6~7行），虽然对比文件1没有公开钮扣电池这个特征，但是蜡烛的体积有限，体积大的电池显然不适用，因此本领域技术人员可以从对比文件1的技术方案中确定得出该电池也应该是钮扣电池，即权利要求2的附加技术特征都已经被对比文件1公开，权利要求2相对于对比文件1也不具备新颖性。

（3）权利要求3不具备新颖性。

权利要求3是权利要求2的从属权利要求，其进一步限定："还包括电路开关，设置在电池的电极引线上"。对比文件1的实施例2是在不点燃蕊心的情况下，有一个与控制IC24电性连接的切换开关29，该切换开关29可以直接使控制IC24驱动发光元件闪烁，而本领域技术人员也可以唯一地推知该开关应当是与电池的电极引线相连的。因此权利要求3的附加技术特征也已经被对比文件1公开，权利要求3相对于对比文件1也不具备新颖性。

（4）权利要求4具备新颖性。

权利要求4是权利要求3的从属权利要求，其进一步限定："该电路开关是铝箔燃芯，该铝箔燃芯是两长条状铝箔中间夹一层绝缘材料，与线燃芯同向平行设置，该两铝箔分别接到电路中"。但这些附加技术特征在对比文件1中都没有公开，因此，权利要求4相对于对比文件1具有新颖性。

3. 关于创造性

专利法第二十二条第三款规定，创造性是指同申请日以前已有的技术相比，该发明有突出的实质性特点和显著的进步，该实用新型有实质性特点和进步。

请求人主张的创造性评述方式为：使用证据5评价权利要求1~2的创造性、使用证据3和5的结合评价权利要求3~4的创造性。因此，合议组就权利要求1~4是否相对于证据5以及证据5和3的结合是否具有创造性进行评述。

证据5（下称对比文件5）公开了一种电子闪光音乐蜡烛，该蜡烛包括有蜡烛本体、蜡捻，从对比文件5的附图1中也可以看出，蜡捻也位于蜡烛本体内；该蜡烛还包括直流电源E、光敏电阻、控制启动电阻的光控电路，它们均置于蜡烛的底部；对比文件5还包括置于蜡烛本体外部的发光二极管LED，且很显然光控电路与发光二极管LED相连，也与电源E相连。由此可见，对比文件5公开了权利要求1的蜡烛本体、蜡烛和线燃芯、线燃芯位于蜡烛内部以及集成电路和发光二极管这些技术特征。

权利要求1与对比文件5相比，区别在于：对比文件5没有公开底盘，以及发光二极管设置在盘体上这两个技术特征。对比文件5虽然也有发光二极管LED，但对比文件5的发光二极管LED是在蜡烛本体外发光，其效果与在蜡烛本体内发光显然不同，且对比文件5也未给出将发光二极管LED置于蜡烛本体内的技术启示。因此，对比文件5既未公开权利要求1中的底盘，也未公开将发光二极管设置在盘体上这两个技术特征，权利要求1相对于对比文件5具有实质性特点和进步，从而具备专利法第二十二条第三款所规定的创造性。

证据3（下称对比文件3）公开了一种音乐蜡烛组合，包括蜡烛、蜡座和发音装置，该蜡烛内没有发光装置，因此，对比文件3也没有公开上述区别特征。故权利要求1相对于对比文件5和3的结合也具备创造性。

权利要求2~4直接或间接引用了权利要求1，在其引用的权利要求1具有创造性的情况下，从属权利要求2~4相对于对比文件5或对比文件5和3的结合也都具备专利法第二十二条第二款规定的创造性。

综上所述，请求人的无效宣告请求的理由部分成立，权利要求1~3相对于对比文件1不具备新颖性；权利要求4相对于对比文件5具备创造性；权利要求4相对于对比文件5和3的结合也具备创造性。

三、决定

宣告02233525.0号实用新型专利权利要求1~3无效，维持权利要求4有效。

当事人对本决定不服的，可以根据专利法第四十六条第二款的规定，自收到本决定之日起三个月内向北京第一中级人民法院起诉。根据该款的规定，一方当事人起诉后，另一方当事人应当作为第三人参加起诉。

哑铃套组手提箱案

无效宣告请求审查决定（第8676号）

决　定　号　第8676号
决　定　日　2006年9月20日
发明创造名称　哑铃套组手提箱
国际分类号　A45C 11/00　B65D 85/62
无效请求人　上海斯博汀贸易有限公司
专利权人　华纪平
专　利　号　99205057.X
申　请　日　1999年3月8日
授权公告日　2000年1月5日
合议组组长　徐媛媛
主　审　员　张　鹏
参　审　员　朱明雅

法律依据　专利法第二十二条第三款
决定要点

同一证据的不同部分所分别公开的独立产品，构成独立的技术方案。

本专利和请求人提供的证据相比具有区别之处，而区别之处又能够为本专利所要求保护的技术方案带来实质性特点和进步，同时请求人提供的证据又未就区别之处给出任何技术启示或教导，故本专利相对于请求人提供的证据具备创造性。

一、案由

本无效宣告请求涉及国家知识产权局于2000年1月5日授权公告的，名称为“哑铃套组手提箱”的实用新型专利，其专利号是99205057.X，申请日是1999年3月8日，专利权人是华纪平。本实用新型专利授权公告时的权利要求书如下：

“1. 一种哑铃套组手提箱，包括箱底、箱盖，箱底与箱盖通过连接韧带相连，其特征在于：箱底上设有放置大哑铃片的大哑铃片槽和放置小哑铃片的小哑铃片槽；箱盖上设有两个放置哑铃杆的哑铃杆槽，哑铃杆槽相对于哑铃杆挡环的部位设有两个哑铃杆挡环槽；哑铃杆槽的两侧上沿设有用于固定哑铃杆的锁紧凸起；箱盖上还设有四个放置哑铃杆两端螺帽的螺帽槽；螺帽槽中心部位设有圆形凸柱；圆形凸柱沿周向具有与螺帽内螺纹配合的局部外螺纹；箱底和箱盖上设有相应的提手，箱底和箱盖上还设有两个扣襻。

2. 按权利要求1所述的哑铃套组手提箱，其特征在于：箱底上的大哑铃片槽和小哑铃片槽沿圆周上沿也可设有锁紧凸起。”

针对上述专利权（下称本专利），上海斯博汀贸易有限公司（下称请求人）于2006年1月23日向专利复审委员会提出无效宣告请求，其理由是本专利的权利要求1、2不具备创造性，不符合专利法第二十二条第三款的规定。同时，请求人提交了以下证据：

证据1：1999年1月台湾地区出版的《Sports Goods》杂志，复印件，共3页；

证据2：美国专利US4431185说明书及部分中文译文，复印件，共8页。

请求人认为，从证据1的图HS-102、图HS-104和图4775DP中可以看出，哑铃套组手提箱由箱底和箱盖组成，箱底与箱盖通过连接韧带相连接。在箱底上设有放置大哑铃片的大哑铃片槽和放置小哑铃片的小哑铃片槽，并且箱底设有两个放置哑铃杆的哑铃杆槽，哑铃杆槽相对于哑铃杆挡环的部分设有对应的哑铃杆挡环槽（见图HS-104），哑铃杆槽的两侧上沿设有用于固定哑铃杆挡环杆的锁紧凸起（见图4775DP）。箱底和箱盖上设有相应的提手，且箱底和箱盖上设有相应的扣襻（见图HS-102、图HS-103），哑铃片槽和哑铃片槽之间设有放置哑铃杆两端螺帽的螺帽槽（见图4775DP）。证据2公开了可容纳杠铃或类似物品的便携式手提盒，其中在圆形盒盖中心部位设有圆形凸柱，该圆形凸柱沿周向具有与螺帽内螺纹配合的外螺纹。本专利权利要求1相对于证据1和证据2不具备专利法第二十二条第三款规定的创造性。本领域技术人员可以根据权利要求1的必要技术特征“哑铃杆槽的两侧上沿设有用于固定哑铃杆的锁紧凸起”，得到“在大哑铃片槽和小哑铃片槽沿圆周上设锁紧凸起”的技术启示，因此权利要求2也不具备专利法第二十二条第三款规定的创造性。

专利复审委员会于2006年2月23日受理了上述无效宣告请求，向双方当事人发出受理通知书，并将无效宣告请求书及其附件的副本转送给专利权人，要求其在指定期限内答复。

专利权人于2006年3月28日向专利复审委员会提交了答辩意见，专利权人认为：第一、请求人提交的证据1系台湾地区形成的外文证据复印件，应当办理相应的公证认证手续，但是请求人未提交该证据的法定证明手续，故专利权人不认可其真实性。第二、请求人提交的证据2中译文不恰当，同时专利权人提交了相应的证据2中译文的校对稿。第三、权利要求1具备创造性：1. 证据1的图HS-102、图HS-104和图4775DP中没有公开“箱底和箱盖通过连接韧带相连”；2. 本专利权利要求1中限定了“在箱盖上设有两个哑铃杆槽和两个哑铃杆挡环槽”，而证据1的图HS-102、图HS-104和图4775DP中都是在箱底设有哑铃杆槽和哑铃杆挡环槽；3. 证据1的图HS-102、图HS-104和图4775DP各图中没有公开“哑铃杆槽的两侧上沿设有用于固定哑铃杆的锁紧凸起”；4. 证据1的图HS-102、图HS-104和图4775DP中没有公开“箱盖上还设有四个放置哑铃杆两端螺帽的螺帽槽；螺帽槽中心部位设有圆形凸柱；圆形凸柱沿周向具有与螺帽内螺纹配合的局部外螺纹”；5. 证据2没有公开权利要求1的所有技术特征；6. 证据2中的杆18和蝶形螺帽32与本专利中的圆形凸柱6与哑铃杆两端螺帽不同。第四、对权利要求2而言，证据1和2未公开锁紧凸起20，权利要求2的附加技术特征没有得到公开。

本案合议组于2006年7月25日向双方当事人发出口头审理通知书，定于2006年8月30日在专利复审委员会举行口头审理，同时将专利权人的上述意见转给了请求人。

口头审理如期举行，双方当事人均参加了口头审理，并对对方出席口头审理人员的身份和资格无异议，对变更后的合议组成员没有回避请求。请求人明确无效宣告请求理由为专利法第二十二条第三款，证据的组合方式为：证据1和证据2的结合破坏权利要求1、2的创造性。在口头审理中，请求人当庭提交了证据1的原件以及相应的公证认证手续，专利权人进行核实后表示对于证据1的真实性没有异议，但是认为请求人没有提供证据1所使用部分的中文译文，故不应对该证据予以考虑。专利权人对于证据2的真实性没有异议，但是认为请求人对证据2附图中的“FIG 7”没有翻译，因此对于附图7本身不应予以考虑。双方当事人就证据2的中文译文达成如下意见：将请求人提交的译文中的“圆形凸柱”改为“圆杆”，将“蝶形螺帽32或者类似物品可有与突出的圆形凸柱28的末端螺纹相对应的螺纹，通过牢固连接使得盒体部分24和盒盖部分26结合”改为“蝶形螺帽32或类似物品可通过螺纹固定于突出的圆杆28的带有螺纹的末端上，以将盒盖部分26固定和连接于盒体部分24上”，其余部分以请求人提交的译文为准。双方当事人在口头审理过程中结合证据就各自所持的观点进行了充分的意见陈述。

在以上工作的基础上，合议组认为本案事实清楚，可以依法作出决定。

二、决定的理由

1. 关于证据

审查指南（2006年版）第四部分第八章第2.2.2节规定，当事人向专利复审委员会提供的证据是在香港、澳门、台湾地区形成的，应当履行相关的证明手续。但是在以下三种情况下，对上述两类证据，当事人可以在无效宣告程序中不办理相关的证明手续：（1）该证据是能够从除香港、澳门、台湾地区外的国内公共渠道获得的，如从专利局获得的国外专利文件，或者从公共图书馆获得的国外文献资料。（2）有其他证据足以证明该证据真实性的。（3）对方当事人认可该证据的真实性的。

证据1系1999年1月台湾地区出版的《Sports Goods》杂志。请求人于口头审理时提交了证据1的原件，并且提交了台湾台中地方法院所属民间公证人吴宜动事务所出具的公证手续（95年度中院民认宜字第328号）以及上海市公证员协会出具的证明手续（沪公协核字第003186号）。口头审理中专利权人经核实认可该证据的真实性。因此，根据审查指南第四部分第八章第2.2.2节的规定，合议组对该证据予以采信。并且，由证据1第29页左下角可知，证据1的公开出版时间为1999年1月，早于本专利的申请日，故证据1公开的内容构成本专利的现有技术，可以用于评价本专利权利要求的创造性。

证据1的图HS－102、图HS－103、图HS－104和图4775DP本身不含有外文，能够从证据1的图HS－102、图HS－103、图HS－104和图4775DP中直接地、毫无疑义地确定的技术内容可作为现有技术。

证据2是专利文献，属于公开出版物。专利权人对该证据的真实性无异议，合议组对该证据的真实性也进行了核实，同时证据2的授权公告日是1984年2月14日，早于本专利的申请日，故证据2公开的内容构成本专利的现有技术，可以用于评价本专利权利要求的创造性。

虽然请求人对证据2附图中的“FIG 7”未作出翻译，但是从“FIG 7”处于说明书附图部分这一事实，结合阿拉伯数字“7”给出的信息，可以直接地、毫无疑义地得出“FIG 7”即为“附图7”。因此，附图7中直接地、毫无疑义地确定的技术内容可以作为现有技术。

2. 有关专利法第二十二条第三款

专利法第二十二条第三款规定，创造性，是指同申请日以前已有的技术相比，该发明有突出的实质性特点和显著的进步，该实用新型有实质性特点和进步。

（1）权利要求1的创造性

证据1的图HS－102、图HS－103、图HS－104和图4775DP分别公开了四种不同型号的独立产品，构成四个独立的技术方案，从而证据1的图HS－102、图HS－103、图HS－104和图4775DP构成四项现有技术。

证据1的图HS－102公开了如下技术内容：一种哑铃套组手提箱，包括箱底、箱盖，箱底与箱盖通过连接韧带相连，箱底上设有放置大哑铃片的大哑铃片槽和放置小哑铃片的小哑铃片槽；箱底上设有两个放置哑铃杆的哑铃杆槽；箱底和箱盖上设有相应的提手；箱底和箱盖上还设有两个扣襻。证据1的图HS－103中公开的手提箱包括箱体和箱盖，但是无法看出箱体的内部结构。证据1的图HS－104中公开了如下技术内容：一种哑铃套组手提箱，包括箱底、箱盖，箱底与箱盖通过连接韧带相连，箱底上设有放置哑铃片的哑铃片槽；箱底上设有两个放置哑铃杆的哑铃杆槽；箱底和箱盖上设有相应的提手；箱底和箱盖上还设有两个扣襻。证据 1 的图 4775DP 公开了如下技术内容：一种哑铃套组手提箱，包括箱底、箱盖，箱底与箱盖通过连接韧带相连；箱底上设有放置大哑铃片的大哑铃片槽和放置小哑铃片的小哑铃片槽；箱底上设有两个放置哑铃杆的哑铃杆槽，哑铃杆槽相对于哑铃杆挡环的部位设有两个哑铃杆挡环槽；哑铃杆槽的两侧上沿设有用于固定哑铃杆的锁紧凸起；箱底上还设有放置哑铃杆两端螺帽的螺帽槽；箱底和箱盖上设有相应的提手；箱底和箱盖上还设有两个扣襻。（具体参见证据 1 的图 HS－102、图 HS－103、图 HS－104 和图 4775DP）

证据 2 公开了如下技术内容：一种可容纳中间有孔的重物的便携式手提盒，有容纳重物的容器，其中蝶形螺帽 32 或类似物品可通过螺纹固定于突出的圆杆 28 带有螺纹的末端上，以将盒盖部分 26 固定和连接于盒体部分 24 上。（具体参见附图 7 以及证据 2 译文第 3 段）

通过上述描述可知，即使将证据 1 和证据 2 结合，其仍与权利要求 1 存在如下区别之处：a、权利要求 1 中在箱盖上设置哑铃杆槽和螺帽槽，而在证据 1 图 HS－102、图 HS－103、图 HS－104 和图 4775DP 所公开的四个技术方案中，在箱底放置哑铃和哑铃片、箱盖不放置物品。b、权利要求 1 中，在圆形凸柱沿周向具有与螺帽内螺纹配合的局部外螺纹，而在证据 2 中，哑铃片被放置在盒体部分中，使用圆杆上的螺纹和蝶形螺帽实现盒体连接。

对于区别技术特征 a，合议组认为，在箱底放置物品和在箱盖放置物品在技术手段上存在区别，在箱底放置物品无需考虑放置箱体打开时内置物品掉落的问题，无需设置相应的防滑装置，而在箱盖放置物品则要充分考虑这一点，因此解决箱底放置物品采用的技术手段和解决箱盖放置物品采用的技术手段不同，证据 1 没有给出在箱盖上放置物品的技术启示。对于区别技术特征 b，合议组认为，证据 2 虽然给出了螺帽螺纹连接的技术启示，但未给出利用哑铃杆螺帽的内螺纹与圆形凸柱的外螺纹连接的技术启示。换句话说，证据 2 没有给出利用被放置部件本身的内螺纹结构固定的技术启示。

综上所述，即使将证据 1 的上述四个技术方案与证据 2 相结合，不经过创造性劳动也无法得出本专利权利要求 1 要求保护的技术方案。因此，本专利权利要求 1 相对于上述结合具有实质性特点和进步，符合专利法第二十二条第三款规定。

（2）权利要求 2 的创造性

权利要求 2 作为权利要求 1 的从属权利要求，在权利要求 1 具备创造性的前提下，权利要求 2 同样具备创造性。

综合上述内容，本专利权利要求 1、2 相对于证据 1 与证据 2 的结合具备创造性，符合专利法第二十二条第三款的规定。

三、决定

维持 99205057. x 号实用新型专利权有效。

当事人对本决定不服的，可以根据专利法第四十六条第二款的规定，自收到本决定之日起三个月内向北京市第一中级人民法院起诉。根据该款规定，一方当事人起诉后，另一方当事人应当作为第三人参加诉讼。

072

油炸锅节油装置案

无效宣告请求审查决定（第8689号）

决　定　号　第8689号
决　定　日　2006年9月8日
发明创造名称　油炸锅节油装置
国际分类号　A47J 37/12
无效请求人　河南省正龙食品有限公司山西分公司
专利权人　陈兆志
专　利　号　97203555.9
申　请　日　1997年4月17日
授权公告日　1998年12月16日
合议组组长　张　度
主　审　员　孙治国
参　审　员　张美菊

法律依据　专利法第二十二条第三款
决定要点

现有技术中给出了将本专利与最接近的现有技术之间的区别特征应用到该最接近的现有技术中以解决其存在的技术问题的启示，这种启示会使本领域的技术人员在面对所述技术问题时，有动机改进该最接近的现有技术并获得本专利要求保护的技术方案。

一、案由

本无效宣告请求涉及中华人民共和国国家知识产权局于1998年12月16日授权公告的97203555.9号实用新型专利（下称本专利），其名称为“油炸锅节油装置”，申请日为1997年4月17日，专利权人是陈兆志，本专利授权公告时的权利要求如下：

“1. 一种油炸锅节油装置，包括吹风嘴（1），吹风软联结管（2），风机（3），其特征在于：在上输送带（9）下方布置有抽风嘴（10），该抽风嘴（10）通过抽风软联结管（8）与油气分离器（4）进风口连接，油气分离器（4）出风口与风机（3）进风口通连。

2. 如权利要求1所述的油炸锅节油装置，其特征在于：所述抽风嘴（10）风嘴向上安装在上输送带（9）的下部。

3. 如权利要求1或2所述的油炸锅节油装置，其特征在于：抽风嘴（10）、吹风嘴（1）的风量由风机（3）提供。

4. 如权利要求1或2所述的油炸锅节油装置，其特征在于：抽风嘴（10）、吹风嘴（1）、上输送带（9）布置于半封闭箱体（11）的内部。

5. 如权利要求1所述的油炸锅节油装置，其特征在于：所述吹风嘴（1）和抽风嘴（10）可以沿输送带宽度方向各布置1~4道。

6. 如权利要求1或2所述的油炸锅节油装置，其特征在于：油气分离器（4）可以固定在底座（13）上，也可以固定在油炸机上。

7. 如权利要求1或2所述的油炸锅节油装置，其特征在于：油气分离器（4）连接闸门（5），闸门（5）下放置有可拉出的储油器（6），储油器（6）连接有一油泵（7），油泵（7）通过管道（12）与油炸锅连接。

8. 如权利要求1或2所述的油炸锅节油装置，其特征在于：吹风嘴（1）通过吹风软联结管（2）与风机（3）连接；抽风嘴（10）通过抽风软联结管（8）与油气分离器（4）连接。

9. 如权利要求1或2所述的油炸锅节油装置，其特征在于：所述油气分离器（4）可选用旋流式或者选择挡板（帘）式。

针对上述专利权，河南省正龙食品有限公司山西分公司（下称请求人）于2005年8月17日向专利复审委员会提出无效宣告请求（案件编号为5W07014），理由是本专利权利要求1~9不符合专利法第二十二条第一二三款的规定，不符合专利法实施细则第二条第二款的规定。请求人提交了下述证据：

附件1：台湾82213328号新型专利说明书复印件，申请日为1993年9月12日；

附件2：公开号为CN1140559A的中国发明专利申请公开说明书，公开日为1997年1月22日；

附件3：授权公告号为CN2193648Y的中国实用新型专利说明书，授权公告日为1995年4月5日。

经形式审查合格后，专利复审委员会受理了上述请求，并于2005年8月18日向双方当事人发出无效宣告请求受理通知书，同时将请求人提交的无效宣告请求书及其附件清单中所列附件的副本转送给专利权人，要求其在指定的期限内答复。

请求人于2005年9月17日寄交了意见陈述书，认为本专利权利要求1~9相对于下述补交的附件4~7仍然不具备专利法第二十二条第二三款所规定的新颖性、创造性。请求人补交的附件4~7如下：

附件4：《实用食品加工手册》封面1、目录页及188~189页的复印件，共3页，；

附件5：山西省图书馆证明复印件，共1页；

附件6：授权公告号为CN2298670Y的中国实用新型专利说明书，授权公告日为1998年12月2日；

附件7：授权公告号为CN2252501Y的中国实用新型专利说明书，授权公告日为1997年4月23日。

针对无效宣告请求受理通知书，专利权人于2005年9月29日提交了意见陈述书。专利权人认为本专利权利要求1~9符合专利法第二十二条第一二三款的规定，请求专利复审委员会维持专利权有效。

合议组于2005年11月30日向双方当事人发出了口头审理通知书，定于2006年1月10日下午举行口头审理。随通知书将专利权人于2005年9月29日提交意见陈述书转送请求人，将请求人于2005年9月17日寄交的补充意见陈述及其附件转送专利权人。

针对本专利，河南省正龙食品有限公司山西分公司（下称请求人）于2005年12月12日向专利复审委员会再次提出无效宣告请求（案件编号为5W07319），认为本专利权利要求1~9不符合专利法第二十二条第一二三款的规定，不符合专利法实施细则第二条二款的规定，本专利权利要求9不符合专利法实施细则第二十条一款的规定并导致说明书不符合专利法第二十六条三款的规定，请求宣告本专利无效并请求与5W07014号无效宣告请求合案审理。请求人提交了下述证据：

附件1'：台湾82213328号新型专利说明书复印件，申请日为1993年9月12日，即案号为5W07014中的附件1；

附件2'：公开号为CN1140559A的中国发明专利申请公开说明书，公开日为1997年1月22日，即案号为5W07014中的附件2；

附件3'：授权公告号为CN2193648Y的中国实用新型专利说明书，授权公告日为1995年4月5日，即案号为5W07014中的附件3；

附件4'：《实用食品加工手册》封面2、目录页及188~189页的复印件，共3页，除封面不同外，其余部分与案号为5W07014中的附件4相同；

附件5'：山西省图书馆证明复印件，共1页，即案号为5W07014中的附件5；

附件6'：授权公告号为CN2298670Y的中国实用新型专利说明书，授权公告日为1998年12月2日，即案号为5W07014中的附件6；

附件7'：授权公告号为CN2252501Y的中国实用新型专利说明书，授权公告日为1997年4月23日，即案号为5W07014中的附件7；

附件8:《食品工艺学（上册）》封面、出版页、前言页及62~63页的复印件，共3页，1984年5月第一版第一次印刷，轻工业出版社出版。

经形式审查合格，专利复审委员会依法受理了上述无效宣告请求，于2006年1月11日向请求人和专利权人发出无效宣告请求受理通知书，并将请求人提交的无效宣告请求书及其附件清单中所列附件的副本转送给专利权人，要求其在指定的期限内答复。

请求人于2006年1月12日寄交了意见陈述书，认为本专利利用油炸烟气往复循环，不能随油分离的有害气体将反复对食品进行吹附，必将对食品产生污染，对人员食用甚至产生致癌危害，因而其不具有实用性，不符合专利法第二十二条第四款的规定；权利要求1~9相对于下述补交的附件9~10与附件1' -7'、8的结合仍然不具有专利法第二十二条第三款所规定的创造性。请求人补交了附件9~10如下：

附件9：美国专利US5419240说明书，公开日为1995年5月30日；

附件10：授权公告号为CN2239715Y的中国实用新型专利说明书，授权公告日为1996年11月3日。

针对这一新的无效宣告请求，专利权人于2006年3月1日提交了意见陈述书。专利权人认为本专利权利要求1~9符合专利法第二十二条第一二三款的规定，权利要求9的附加技术特征中的内容也充分公开，本专利是对油炸锅节油装置的形状、构造和其结合所提出的适于适用的新的技术方案，符合专利法实施细则第二十条第一款的规定，请求专利复审委员会维持专利权有效。

请求人于2006年3月3日寄交了美国专利US5419240说明书的中文译文，共7页。

案件编号为5W07014的无效请求的口头审理如期举行，双方当事人均出席了口头审理。请求人当庭提交了经国家知识产权局专利检索咨询中心确认的台湾第82213328号专利的权利要求书及附图1-4，其公开日为1995年7月21日。经合议组调查，确认了如下事实：

1. 请求人明确放弃专利法实施细则第二条第二款作为无效理由；请求人声明放弃使用附件3（CN2193648Y）和附件7（CN2252501Y）。

2. 请求人当庭提交了经国家知识产权局专利检索咨询中心确认的申请号为82213328的台湾专利公报。请求人当庭出示了附件4和附件5的原件，专利权人对其真实性无异议。

3. 专利权人对附件1（申请号为82213328的台湾专利说明书），附件2（CN1140559A）、附件3

（CN2193648Y）、附件6（CN2298670Y）、附件7（CN2252501Y）的真实性有异议。

4. 双方当事人对合议组组成人员的变更无异议，对合议组成员无回避请求。

5. 请求人明确其无效理由为权利要求1～8无新颖性、权利要求1～9无创造性。具体评价方式为：权利要求1、2、4、5、8相对于附件4无新颖性，权利要求1～7相对于附件6无新颖性，权利要求1、2相对于附件1无新颖性，权利要求1～9相对于附件4结合附件1或结合附件2无创造性。

根据审查指南（第2001年版）第四部分第三章第3.5节的规定，合议组决定对上述两项无效宣告请求（5W07014和5W07319）合案进行审查。2006年5月23日，本案合议组向双方当事人发出无效宣告请求口头审理通知书，拟定于2006年7月3日对案号为5W07319的无效宣告请求进行口头审理。同时随本通知书将专利权人于2006年3月1日提交的意见陈述书转送给请求人，将请求人于2006年1月12日提交的意见陈述书及其附件的副本和于2006年3月3日提交的美国专利US5419240的中文译文转送给专利权人。

口头审理于2006年7月3日如期举行，双方当事人均到庭参加了口审头审理，双方当事人对合议组成员均无回避请求，合议组在此情况下就本无效宣告请求案进行了庭审调查，主要记录事项如下：

1. 合议组对口头审理后提交的书面意见一律不予采纳。

2. 请求人确认的无效理由是专利法第二十六条第三款，专利法第二十二条第一至四款。

3. 请求人放弃专利法实施细则第二条第一款和专利法实施细则第二十条第一款的无效理由。

4. 在附件1’-7’的范围内，请求人对附件1’-7’的使用以5W07014的口审意见为准。

5. 有关新颖性的理由，请求人表示以5W07014的口审意见为准。

本案中请求人以附件8作为最接近的对比文件，以附件8结合附件9、附件9结合附件8以及附件4’结合附件9评价权利要求1-9的创造性，

6. 请求人当庭出示了附件8的原件。专利权人当庭明确表示对附件1～7的意见以5W07014的口审意见为准，对附件8～10的真实性没有异议，对附件9的中文译文没有异议。

7. 双方当事人一致认为本专利权利要求9的附加技术特征是本领域的公知常识。

8. 请求人当庭提交了书面意见。专利权人当庭签收该书面意见，并当庭对该书面意见进行了口头答复。

在此基础上，合议组认为当事人已经充分发表了意见，本案事实已经调查清楚，现依法做出本决定。

二、决定的理由

1. 关于请求人提交的证据材料

由于请求人在案号为5W07014的无效宣告请求中所提交的附件1～7与其在案号为5W07319的无效宣告请求中所提交的附件1’ -7’中除附件4与附件4’的封面不同外，其他附件是一一对应、完全相同的，而附件4与附件4’的封面的不同在本案中并无任何实质性意义。因此，合议组仅对附件1～7进行评述，对附件1’ -7’的评述与对附件1-7中相对应的附件的评述相同，将不再赘述。

鉴于请求人已经放弃使用附件3、附件7，因此合议组对这两份证据不再予以评价。

由于附件4中无该书的出版时间，请求人希望凭借附件5由山西省图书馆出具的书面证明来证实该书于1983年以前购进入藏该馆。就附件5的形式而言，其中仅仅分别加盖了山西省图书馆和山西省图书馆采编部的印章，缺少自然人的签名；就其实质而言，其仅仅相当于由山西省图书馆出具的证人证言，尽管请求人当庭出示了该附件5的原件，但是根据《最高人民法院关于民事诉讼证据的若干规定》和《最高人民法院关于行政诉讼证据若干问题的规定》的规定，由于出具该证明的山西省

图书馆未派人出席口头审理接受合议组的询问，合议组无法查证附件5本身及其内容的真实性，进而也就无法确定附件4是否在本专利的申请日之前已经进入公有领域，进而也就无法确定附件4是否构成本专利的现有技术。

经合议组查证，附件1（包括第二次口头审理时提交的附件1的台湾“专利公报”）、2、6均与国家知识产权局提供的公报上登载的内容相同，其真实性可以得到确认。根据请求人当庭提交的台湾地区第82213328号“专利公报”，可以确认附件1的公开日为1995年7月21日。

附件6的申请日是1997年4月4日，授权公告日为1998年12月2日，申请人是林振山，可见，附件6是一篇申请日在本专利的申请日之前，而授权公告日在本专利的申请日之后由他人向中国专利局提出的专利申请文件，根据审查指南规定，附件6仅能够评述本专利的新颖性，不能评述本专利的创造性。

附件1、2、8－10的公开日均在本申请的申请日之前，可以用来评述本专利的新颖性、创造性。

2. 关于专利法第二十六条第三款

请求人认为本专利说明书中未公开权利要求9中所述的旋流式或者挡板式板（帘）式油气分离器的具体结构，本领域普通技术人员无法实现该权利要求所要求保护的技术方案，因此本专利不符合专利法第二十六条第三款的规定。

合议组认为：所述的旋流式或者挡板式板（帘）式油气分离器的具体结构属于本领域的公知常识，且当事人双方对此亦无异议，因此，尽管在说明书中没有对该技术特征做出具体说明，但是本领域普通技术人员根据说明书公开的内容就可以实现该权利要求所要求保护的技术方案，本专利符合专利法第二十六条第三款的规定。

3. 关于专利法第二十二条第四款

实用性，是指发明或者实用新型申请的主题必须能够在产业上制造或者使用，并且能够产生积极效果。

请求人认为本专利利用油炸烟气往复循环，不能随油分离的有害气体将反复对食品进行吹附，必将对食品产生污染，对人员食用甚至产生致癌危害，因而其不具有实用性，不符合专利法第二十二条第四款的规定。

合议组认为：本专利说明书已经对其所要求保护的油炸锅装置的组成部件及其连接关系作出了说明，本领域普通技术人员根据说明书的记载可以在工业生产中制造并使用该装置，生产出相应的食品，其能够产生积极效果，因此本专利符合专利法第二十二条第四款的规定，请求人的理由与专利法第二十二条第四款所指的实用性无关。

4. 关于专利法第二十二条第二款

新颖性，是指在申请日以前没有同样的发明或者实用新型在国内外出版物上公开发表过、在国内公开使用过或者以其他方式为公众所知，也没有同样的发明或者实用新型由他人向专利局提出过申请并且记载在申请日以后（含申请日）公布的专利申请文件中。

（1）本专利权利要求1～7相对于附件6是否具备新颖性

附件6涉及一种方便面干燥装置，其中公开了如下技术特征（参见附件6权利要求1及说明书）：它包括烤箱、喷油箱、输送带，所述烤箱底部接通有吹风管，吹风管上方铺设有由恒温器控制的电热管，所述烤箱顶部接通散热管，该散热管经由风扇马达抽风连接于所述吹风管，所述烤箱之间安装所述喷油箱，所述烤箱与所述喷油箱相通，所述输送带穿置于所述烤箱、喷油箱之中。

附件6中的“风扇马达”相当于本专利权利要求1中的“风机（3）”，附件6中的“输送带”相当于本专利权利要求1中的“上输送带”。

本专利权利要求1与附件6的区别在于：本专利权利要求1的技术方案中还包括吹风嘴（1），吹风软联结管（2），在上输送带（9）下方布置有抽风嘴（10），该抽风嘴（10）通过抽风软联结管（8）与油气分离器（4）进风口连接，油气分离器（4）出风口与风机（3）进风口通连。

由此可见，附件6并没有公开本专利权利要求1的全部技术特征。因此，请求人所提出的本专利权利要求1相对于附件6不具备新颖性的理由不成立。

本专利权利要求2~7是权利要求1的从属权利要求，在权利要求1相对于附件6不具备新颖性的理由不成立的前提下，权利要求2~7相对于附件6不具备新颖性的理由也不成立。

（2）本专利权利要求1-2相对于附件1是否具备新颖性

附件1涉及一种热风循环式干燥机之改良机构，其中公开了下述技术特征（参见附件1说明书及附图2）：本创作之主要特征系在于将加热器移设于料桶之外，并利用一装设有吸排风叶马达（相当于本专利权利要求1中的风机）的输风回路将加热器所送出之热风输往料桶，且可将料桶中之热风再吸回至加热器中，而有循环风之作用。

本专利权利要求1与附件1的区别在于：本专利权利要求1中的油炸锅节油装置还包括吹风嘴（1），吹风软联结管（2），上输送带（9），抽风嘴（10）通过抽风软联结管（8）与油气分离器（4）进风口连接，油气分离器（4）出风口与风机（3）进风口通连。

由此可见，附件1并没有公开本专利权利要求1的全部技术特征。因此，请求人所提出的本专利权利要求1相对于附件1不具备新颖性的理由不成立。

本专利权利要求2是权利要求1的从属权利要求，在权利要求1相对于附件1具备新颖性的前提下，权利要求2相对于附件1也具备新颖性。

5. 关于专利法第二十二条第三款

（1）权利要求1

附件9公开了一种生产方便面的方法及其设备，其目的是提供一种既能有效降低油脂和脂肪含量、而且在不破坏油炸方便面结构的情况下能简单、高效的连续生产的方法和设备，其中公开了如下的技术特征："特别指出的是除油装置6上的除油头7在油炸固定器3从底部到被输送带2提升后的位置，始终连接在油炸固定器3的底部。通过抽气装置8的吸取力将方便面4中的油除去，同时被吸取的油通过分离器9（例如，旋风分离器）进行回收并重复利用。"（参见说明书译文第2页第9段及说明书附图1）

附件9还公开了如下技术特征："除油装置6上的除油头7通过驱动装置沿输送带2连续移动。特别指出的是，在图2中所指出的A位置，（如实施例2中所说，在油炸结束后30秒至40秒到达这个位置为最佳）除油头7沿着输送带2的方向运动并与油炸固定器3的底部连接，在此位置，正如上述所说的，方便面4中的油将通过抽气装置8的吸取力除去。随着输送带2的移动，除油头7与油炸固定器3的底部连接（也就是吸油和除油的过程），当到达图2中所指出的B位置时，除油头7与输送带2分离，既而与油炸固定器3的底部分离。位置B的确定是根据除油程度和输送带的运行速度而定，例如，在实施例1和2中所述的在吸油开始后的0.5至4秒内到达此位置是最适当的，根据到达时间的长短可相应增加除油头的数目。这样重复循环上述过程又回到图2中所指的A位置。"（参见说明书译文第2页第10段及说明书附图1）

可见，附件9中的"除油头7"和"抽气装置8"分别相当于本专利权利要求1中的"抽风嘴10"和"风机3"，附件9中的"输送带2"相当于本专利权利要求1中的"上输送带9"，附件9中的"分离器9"相当于本专利权利要求1中的"油气分离器4"，从附图9的图1中可以看出除油头7通过软连接管与分离器9相连。

附件9已经公开了本专利权利要求1的如下技术特征："在上输送带（9）下方布置有抽风嘴（10），该抽风嘴（10）通过抽风软联结管（8）与油气分离器（4）进风口连接，油气分离器（4）出风口与风机（3）进风口通连。"

本专利权利要求1与附件9的区别技术特征仅在于：油炸锅节油装置包括吹风嘴（1）和吹风软联结管（2）。

附件8涉及一种连续输送带式干燥设备，其中公开了前述区别技术特征："为了节约空间，一般常采用轴流式风扇。如图1－1－19所示，只装两只或三只，就能由输送带的上下风道排送足够的空气。流经湿物料层的大部分空气将被引回风扇内循环使用，其余部分则由加热的新鲜空气取代，并经气门引向相邻段。"（参见附件8第63页第2段及图1－1－19）

从附件8图1－1－19的A－A断面可以看出，在风扇的作用下，于输送带的上、下两侧已经形成了上吹下抽的循环式的干燥方式，其中的风扇即相当于本专利权利要求1中的风机，而输送带上、下两侧的风的作用与本专利权利要求1中吹风嘴（1）和抽风嘴（10）的作用相同。在附件8的技术启示下，本领域普通技术人员为了实现利用炸锅余热作为风源、进行循环式的干燥除油，无需花费创造性的劳动就可以想到将附件9中的排气管连接到油炸固定器3的上方，从而在油炸固定器3的顶部对称地加装与其底部的抽气装置8相对应的吹气嘴，进而实现循环式干燥除油的技术效果，并且附件9中已经公开了除油头7通过软连接管与分离器相连，对于本领域的普通技术人员来说在将附件9的排气管改成吹气嘴的过程中很容易使用软连接管连接吹风嘴。

由此可见，本领域的普通技术人员在附件9和附件8的基础上得到权利要求1的技术方案是显而易见的，即本专利权利要求1相对于附件9与附件8的结合不具备创造性，不符合专利法第二十二条第三款的规定。

（2）权利要求2

权利要求2的附加技术特征是"所述抽风嘴（10）风嘴向上安装在上输送带（9）的下部"，附件9公开了上述技术特征："随着输送带2的移动，除油头7与油炸固定器3的底部连接（也就是吸油和除油的过程）。"（参见说明书译文第2页第10段及说明书附图1）

由此可见，在权利要求1相对于附件9与附件8的结合不具备创造性的前提下，权利要求2相对于附件9与附件8的结合也不具备创造性，不符合专利法第二十二条第三款的规定。

（3）权利要求3

权利要求3的附加技术特征是"抽风嘴（10）、吹风嘴（1）的风量由风机（3）提供"，从附件8图1－1－19的A－A断面可以看出，在风扇的作用下，于输送带的上、下两侧已经形成了上吹下抽的循环式的干燥方式，其中的风扇即相对于本专利权利要求1中的风机。此外，从附件9的附图1中也可以看出，附件9中的"抽气装置8"相当于本专利权利要求1中的"抽风嘴10"和"风机3"，且抽气装置8也可以提供风量，同理，在油炸固定器3的顶部对称地加装了与其底部的抽气装置8相对应的吹气嘴后，其风量也是由抽气装置8提供的。

由此可见，在权利要求1、2相对于附件9与附件8的结合不具备创造性的前提下，权利要求3相对于附件9与附件8的结合也不具备创造性，不符合专利法第二十二条第三款的规定。

（4）权利要求4

权利要求4的附加技术特征是"抽风嘴（10）、吹风嘴（1）、上输送带（9）布置于半封闭箱体（11）的内部"，该技术特征属于本领域的常规技术手段，本领域普通技术人员为了最大效率的回收热风、节省能源，很容易想到利用上述常规技术手段。在权利要求1、2相对于附件9与附件8的结合不具备创造性的前提下，权利要求4相对于附件9与附件8的结合也不具备创造性，不符合专利法

第二十二条第三款的规定。

（5）权利要求5

权利要求5的附加技术特征是“所述吹风嘴（1）和抽风嘴（10）可以沿输送带宽度方向各布置1～4道”，附件8中公开了该附加技术特征：“为了节约空间，一般常采用轴流式风扇。如图1-1-19所示，只装两只或三只，就能由输送带的上下风道排送足够的空气。”（参见附件8第63页第2段及图1-1-19）

由此可见，在权利要求1相对于附件9与附件8的结合不具备创造性的前提下，权利要求5相对于附件9与附件8的结合也不具备创造性，不符合专利法第二十二条第三款的规定。

（6）权利要求6

权利要求6的附加技术特征是“油气分离器（4）可以固定在底座（13）上，也可以固定在油炸机上”，但该技术特征属于本领域的常规技术手段，本领域的普通技术人员在附件9和附件8的基础上得到权利要求6的技术方案是显而易见的。由此可见，在权利要求1、2相对于附件9与附件8的结合不具备创造性的前提下，权利要求6相对于附件9与附件8的结合也不具备创造性，不符合专利法第二十二条第三款的规定。

（7）权利要求7

权利要求7的附加技术特征是“油气分离器（4）连接闸门（5），闸门（5）下放置有可拉出的储油器（6），储油器（6）连接有一油泵（7），油泵（7）通过管道（12）与油炸锅连接”。附件9公开了如下技术特征：“在分离器的下端有一个闸门”（参见附件9说明书附图1），即附件9已经公开了本专利权利要求7中“油气分离器（4）连接闸门（5）”这一技术特征。而为了实现“将被吸取的油通过分离器9进行回收并重复利用”的效果，本领域普通技术人员很容易想到利用“在闸门下放置有可拉出的储油器，储油器连接有一油泵，油泵通过管道与油炸锅连接”这一常规技术手段来实现该权利要求的技术方案。

由此可见，在权利要求1、2相对于附件9与附件8的结合不具备创造性的前提下，权利要求7相对于附件9与附件8的结合也不具备创造性，不符合专利法第二十二条第三款的规定。

（8）权利要求8

权利要求8的附加技术特征是“吹风嘴（1）通过吹风软联结管（2）与风机（3）连接；抽风嘴（10）通过抽风软联结管（8）与油气分离器（4）连接”，附件9已经公开了如下技术特征：“油气分离器与抽气装置8利用软连接管进行连接”（参见说明书附图1），即已经公开了权利要求8的“抽风嘴（10）通过抽风软联结管（8）与油气分离器（4）连接”这一技术特征；而对于“吹风嘴（1）通过吹风软联结管（2）与风机（3）连接”这一技术特征，在油炸固定器3的顶部对称地加装了与其底部的抽气装置8相对应的吹气嘴后，在油气分离器与抽气装置8利用软连接管进行连接的技术启示下，本领域普通技术人员无需花费创造性的劳动就可以想到利用软连接管将吹气嘴与抽气装置相连接。

由此可见，在权利要求1、2相对于附件9与附件8的结合不具备创造性的前提下，权利要求8相对于附件9与附件8的结合也不具备创造性，不符合专利法第二十二条第三款的规定。

（9）权利要求9

权利要求9的附加技术特征是“所述油气分离器（4）可选用旋流式或者选择挡板（帘）式”，该技术特征属于本领域的公知技术手段，在权利要求1、2相对于附件9与附件8的结合不具有创造性的前提下，权利要求9相对于附件9与附件8的结合也不具备创造性，不符合专利法第二十二条第三款的规定。

综上所述，本专利权利要求1～9不具有专利法第二十二条第三款所规定的创造性，请求人的无效宣告请求理由成立。在权利要求1～9相对于附件8与附件9的结合不具备创造性的无效宣告理由成立的情况下，合议组对权利要求1～9的其他有关创造性的无效宣告理由不再评述。

三、决定

宣告97203555.9号实用新型专利权全部无效。

当事人对本决定不服的，可以根据专利法第四十六条第二款的规定，自收到本决定之日起三个月内向北京市第一中级人民法院起诉。根据该款的规定，一方当事人起诉后，另一方当事人应当作为第三人参加诉讼。

北京市第一中级人民法院
行政判决书

(2006) 一中行初字第1375号

原告陈兆志，男，1952年5月17日出生，汉族，北京科技大学工程师，住北京市海淀区东升科技大学39栋104号。

委托代理人高宏道，北京市邦道律师事务所律师。

被告国家知识产权局专利复审委员会，住所地北京市海淀区北四环西路9号银谷大厦10～12层。

法定代表人廖涛，副主任。

委托代理人孙治国，国家知识产权局专利复审委员会审查员。

委托代理人杨存吉，国家知识产权局专利复审委员会审查员。

第三人河南省正龙食品有限公司山西分公司，住所地山西省晋中市榆次工业园区。

负责人王爱军，经理。

委托代理人温彪飞，山西太原科卫专利事务所专利代理人。

委托代理人朱永杰，男，汉族，1976年1月26日出生，河南省正龙食品有限公司法务专员，住河南省禹州市无梁镇井李村5组。

原告陈兆志不服被告国家知识产权局专利复审委员会（下称专利复审委员会）于2006年9月8日做出的第8689号无效宣告请求审查决定（下称第8689号决定），在法定期限内向本院提起行政诉讼。本院于2006年11月13日受理本案后，依法组成合议庭，并通知河南省正龙食品有限公司山西分公司（下称正龙公司山西分公司）作为本案第三人参加诉讼，于2007年1月23日公开开庭进行了审理。原告陈兆志及其委托代理人高宏道，被告专利复审委员会的委托代理人孙治国、杨存吉，第三人正龙公司山西分公司的委托代理人温彪飞、朱永杰到庭参加诉讼。本案现已审理终结。

第8689号决定系专利复审委员会就正龙公司山西分公司针对陈兆志、王建东拥有的名称为“油炸锅节油装置”的实用新型专利（下称本专利）所提出的无效宣告请求做出的。专利复审委员会在该决定中认定：

一、关于证据。由于正龙公司山西分公司在第一次无效宣告请求时所提交的附件1－7与其在第二次无效宣告请求时所提交的附件1’－7’中，除附件4与附件4’的封面不同外，其他附件是一一对应、完全相同的，而附件4与附件4’的封面的不同在该案中并无任何实质性意义。因此，专利复审委员会仅对附件1－7进行评述，对附件1’－7’的评述与对附件1－7中相对应的附件的评述相同，将不再赘述。1. 鉴于正龙公司山西分公司已经放弃使用附件 3、附件 7，因此对这两份证据不再予以评价。2. 由于附件 4 中无该书的出版时间，正龙公司山西分公司希望凭借附件 5 由山西省图书馆出具的书面证明来证实该书于 1983 年以前购进入藏该馆。由于出具该证明的山西省图书馆未派人出席口头审理接受询问，无法查证附件 5 本身及其内容的真实性，进而也就无法确定附件 4 是否在本专利的申请日之前已经进入公有领域，即无法确定附件 4 是否构成本专利的现有技术。3. 附件 1（包括第二次口头审理时提交的附件 1 的台湾专利公报）、2、6 均与国家知识产权局提供的公报上登载的内容相同，其真实性可以得到确认。根据正龙公司山西分公司口审时提交的台湾地区第 82213328 号“专利公报”，可以确认附件 1 的公开日为 1995 年 7 月 21 日。附件 6 的申请日是 1997 年 4 月 4 日，授权公告日为 1998 年 12 月 2 日，申请人是林振山，可见，附件 6 是一篇申请日在本专利的申请日之前，而授权公告日在本专利的申请日之后由他人向中国专利局提出的专利申请文件，根据《审查指南》规定，附件 6 仅能够评述本专利的新颖性，不能评述本专利的创造性。附件 1、2、8～10 的公开日均在本申请的申请日之前，可以用来评述本专利的新颖性、创造性。

二、本专利符合专利法第二十六条第三款的规定，也符合专利法第二十二条第四款的规定。正龙公司山西分公司的理由与专利法第二十二条第四款所指的实用性无关。

三、关于专利法第二十二条第二款。1. 本专利权利要求 1～7 相对于附件 6 是否具备新颖性。本专利权利要求 1 与附件 6 的区别在于：本专利权利要求 1 的技术方案中还包括吹风嘴（1），吹风软联结管（2），在上输送带（9）下方布置有抽风嘴（10），该抽风嘴（10）通过抽风软联结管（8）与油气分离器（4）进风口连接，油气分离器（4）出风口与风机（3）进风口通连。由此可见，附件 6 并没有公开本专利权利要求 1 的全部技术特征。因此，正龙公司山西分公司提出的本专利权利要求 1 相对于附件 6 不具备新颖性的理由不成立。本专利权利要求 2～7 是权利要求 1 的从属权利要求，在权利要求 1 相对于附件 6 不具备新颖性的理由不成立的前提下，权利要求 2～7 相对于附件 6 不具备新颖性的理由也不成立。2. 本专利权利要求 1～2 相对于附件 1 是否具备新颖性。本专利权利要求 1 与附件 1 的区别在于：本专利权利要求 1 中的油炸锅节油装置还包括吹风嘴（1），吹风软联结管（2），上输送带（9），抽风嘴（10）通过抽风软联结管（8）与油气分离器（4）进风口连接，油气分离器（4）出风口与风机（3）进风口通连。由此可见，附件 1 并没有公开本专利权利要求 1 的全部技术特征。因此，正龙公司山西分公司所提出的本专利权利要求 1 相对于附件 1 不具备新颖性的理由不成立。本专利权利要求 2 是权利要求 1 的从属权利要求，在权利要求 1 相对于附件 1 具备新颖性的前提下，权利要求 2 相对于附件 1 也具备新颖性。

四、关于专利法第二十二条第三款。1. 权利要求 1。附件 9 中的“除油头 7”和“抽气装置 8”分别相当于本专利权利要求 1 中的“抽风嘴 10”和“风机 3”，附件 9 中的“输送带 2”相当于本专利权利要求 1 中的“上输送带 9”，附件 9 中的“分离器 9”相当于本专利权利要求 1 中的“油气分离器 4”，从附图 9 的图 1 中可以看出除油头 7 通过软连接管与分离器 9 相连。附件 9 已经公开了本专利权利要求 1 的如下技术特征：“在上输送带（9）下方布置有抽风嘴（10），该抽风嘴（10）通过抽风软联结管（8）与油气分离器（4）进风口连接，油气分离器（4）出风口与风机（3）进风口通连。”本专利权利要求 1 与附件 9 的区别技术特征仅在于：油炸锅节油装置包括吹风嘴（1）和吹风软联结管（2）。从附件 8 图 1－1－19 的 A—A 断面可以看出，在风扇的作用下，于输送带的上、下两侧已经形成了上吹下抽的循环式的干燥方式，其中的风扇即相当于本专利权利要求 1 中的风机，而输送带上、下两侧的风的作用与本专利权利要求 1 中吹风嘴（1）和抽风嘴（10）的作用相同。在附件 8 的技术启示下，本领域普通技术人员为了实现利用炸锅余热作为风源、进行循环式的干燥除油，无需花费创造性的劳动就可以想到将附件 9 中的排气管连接到油炸固定器 3 的上方，从而在油炸固定器3的顶部对称地加装与其底部的抽气装置8相对应的吹气嘴，进而实现循环式干燥除油的技术效果，并且附件9中已经公开了除油头7通过软连接管与分离器相连，对于本领域的普通技术人员来说在将附件9的排气管改成吹气嘴的过程中很容易使用软连接管连接吹风嘴。由此可见，本领域的普通技术人员在附件9和附件8的基础上得到权利要求1的技术方案是显而易见的，即本专利权利要求1相对于附件9与附件8的结合不具有创造性，不符合专利法第二十二条第三款的规定。2. 权利要求2。权利要求2的附加技术特征是"所述抽风嘴（10）风嘴向上安装在上输送带（9）的下部"，附件9公开了上述技术特征："随着输送带2的移动，除油头7与油炸固定器3的底部连接（也就是吸油和除油的过程）。"由此可见，在权利要求1相对于附件9与附件8的结合不具备创造性的前提下，权利要求2相对于附件9与附件8的结合也不具备创造性，不符合专利法第二十二条第三款的规定。3. 权利要求3。权利要求3的附加技术特征是"抽风嘴（10）、吹风嘴（1）的风量由风机（3）提供，"从附件8图1-1-19的A—A断面可以看出，在风扇的作用下，于输送带的上、下两侧已经形成了上吹下抽的循环式的干燥方式，其中的风扇即相对于本专利权利要求1中的风机。此外，从附件9的附图1中也可以看出，附件9中的"抽气装置8"相当于本专利权利要求1中的"抽风嘴10"和"风机3"，且抽气装置8也可以提供风量，同理，在油炸固定器3的顶部对称地加装了与其底部的抽气装置8相对应的吹气嘴后，其风量也是由抽气装置8提供的。由此可见，在权利要求1、2相对于附件9与附件8的结合不具备创造性的前提下，权利要求3相对于附件9与附件8的结合也不具备创造性，不符合专利法第二十二条第三款的规定。4. 权利要求4。权利要求4的附加技术特征是"抽风嘴（10）、吹风嘴（1）、上输送带（9）布置于半封闭箱体（11）的内部"，该技术特征属于本领域的常规技术手段，本领域普通技术人员为了最大效率的回收热风、节省能源，很容易想到利用上述常规技术手段。在权利要求1、2相对于附件9与附件8的结合不具备创造性的前提下，权利要求4相对于附件9与附件8的结合也不具备创造性，不符合专利法第二十二条第三款的规定。5. 权利要求5。权利要求5的附加技术特征是"所述吹风嘴（1）和抽风嘴（10）可以沿输送带宽度方向各布置1~4道"，附件8中公开了该附加技术特征："为了节约空间，一般常采用轴流式风扇。如图1-1-19所示，只装两只或三只，就能由输送带的上下风道排送足够的空气。"由此可见，在权利要求1相对于附件9与附件8的结合不具备创造性的前提下，权利要求5相对于附件9与附件8的结合也不具备创造性，不符合专利法第二十二条第三款的规定。6. 权利要求6。权利要求6的附加技术特征是"油气分离器（4）可以固定在底座（13）上，也可以固定在油炸机上"，但该技术特征属于本领域的常规技术手段，本领域的普通技术人员在附件9和附件8的基础上得到权利要求6的技术方案是显而易见的。由此可见，在权利要求1、2相对于附件9与附件8的结合不具备创造性的前提下，权利要求6相对于附件9与附件8的结合也不具备创造性，不符合专利法第二十二条第三款的规定。7. 权利要求7。权利要求7的附加技术特征是"油气分离器（4）连接闸门（5），闸门（5）下放置有可拉出的储油器（6），储油器（6）连接有一油泵（7），油泵（7）通过管道（12）与油炸锅连接"。附件9公开了如下技术特征："在分离器的下端有一个闸门"，即附件9已经公开了本专利权利要求7中"油气分离器（4）连接闸门（5）"这一技术特征。而为了实现"将被吸取的油通过分离器9进行回收并重复利用"的效果，本领域普通技术人员很容易想到利用"在闸门下放置有可拉出的储油器，储油器连接有一油泵，油泵通过管道与油炸锅连接"这一常规技术手段来实现该权利要求的技术方案。由此可见，在权利要求1、2相对于附件9与附件8的结合不具备创造性的前提下，权利要求7相对于附件9与附件8的结合也不具备创造性，不符合专利法第二十二条第三款的规定。8. 权利要求8。权利要求8的附加技术特征是"吹风嘴（1）通过吹风软联结管（2）与风机（3）连接；抽风嘴（10）通过抽风软联结管（8）与油气分离器（4）连接"，附件9已经公开了如下技术特征："油气分离器与抽气装置 8 利用软连接管进行连接"，即已经公开了权利要求 8 的"抽风嘴（10）通过抽风软联结管（8）与油气分离器（4）连接"这一技术特征；而对于"吹风嘴（1）通过吹风软联结管（2）与风机（3）连接"这一技术特征，在油炸固定器 3 的顶部对称地加装了与其底部的抽气装置 8 相对应的吹气嘴后，在油气分离器与抽气装置 8 利用软连接管进行连接的技术启示下，本领域普通技术人员无需花费创造性的劳动就可以想到利用软连接管将吹气嘴与抽气装置相连接。由此可见，在权利要求 1、2 相对于附件 9 与附件 8 的结合不具备创造性的前提下，权利要求 8 相对于附件 9 与附件 8 的结合也不具备创造性，不符合专利法第二十二条第三款的规定。9. 权利要求 9。权利要求 9 的附加技术特征是"所述油气分离器（4）可选用旋流式或者选择挡板（帘）式"，该技术特征属于本领域的公知技术手段，在权利要求 1、2 相对于附件 9 与附件 8 的结合不具有创造性的前提下，权利要求 9 相对于附件 9 与附件 8 的结合也不具有创造性，不符合专利法第二十二条第三款的规定。综上所述，本专利权利要求 1 ~9 不具有专利法第二十二条第三款所规定的创造性，正龙公司山西分公司的无效宣告请求理由成立。在权利要求 1 ~9 相对于附件 8 与附件 9 的结合不具有创造性的无效宣告理由成立的情况下，对权利要求 1 ~9 的其他有关创造性的无效宣告理由不再评述。

综上，专利复审委员会作出第 8689 号决定，宣告本专利权无效。

原告陈兆志不服第 8689 号决定，在法定期限内向本院提起行政诉讼，其诉称：附件 8 为"一种连续输送带式干燥设备"，明显是一种干燥装置，被告主观臆断，凭空改变为"干燥除油"，进而推定本专利不具有创造性。附件 9 是"一种生产方便面设备"，没有吹油机构。被告把附件 8、9 结合，无端推论"在技术启示下，本领域普通技术人员无需花费创造性的劳动就可以想到"，违背了专利审查原则，其做出的第 8689 号决定是错误的。综上，原告请求人民法院判令：1. 撤销第 8689 号决定；2. 维持本专利有效；3. 本案的律师费由被告承担。

被告专利复审委员会坚持其在第 8689 号决定中的意见，认为第 8689 号决定认定事实清楚，适用法律正确，审理程序合法，原告的诉讼理由不能成立，请求人民法院驳回原告的诉讼请求，维持第 8689 号决定。

第三人正龙公司山西分公司述称：一、附件 8 取自食品加工的教科书，其载明的关于干燥的内容作为常规的食品物料干燥手段在行业内是公知的。无论是去除食品的湿气还是油气，均是干燥过程，并非被告的主观臆断，而是食品加工企业一个基本的惯常工艺。附件 1、2、4、5、9、10 也是食品加工过程中的常规工艺。二、关于证据的结合运用问题。无论是 2001 年版的《审查指南》，还是 2006 年实施的新版《审查指南》，就实用新型专利而言，使用两篇公知文献结合评价本专利的创造性并无不妥。综上，第三人请求人民法院驳回原告的诉讼请求，维持被告作出的第 8689 号决定。

本院经审理查明：

本案涉及的本专利系名称为"油炸锅节油装置"的第 97203555.9 号实用新型专利，其申请日为 1997 年 4 月 17 日，授权公告日为 1998 年 12 月 16 日，专利权人为陈兆志、王建东。

本专利授权公告的权利要求书如下：

"1. 一种油炸锅节油装置，包括吹风嘴（1），吹风软联结管（2），风机（3），其特征在于：在上输送带（9）下方布置有抽风嘴（10），该抽风嘴（10）通过抽风软联结管（8）与油气分离器（4）进风口连接，油气分离器（4）出风口与风机（3）进风口通连。

2. 如权利要求 1 所述的油炸锅节油装置，其特征在于：所述抽风嘴（10）风嘴向上安装在上输送带（9）的下部。

3. 如权利要求 1 或 2 所述的油炸锅节油装置，其特征在于：抽风嘴（10）、吹风嘴（1）的风量由风机（3）提供。

4. 如权利要求1或2所述的油炸锅节油装置，其特征在于：抽风嘴（10）、吹风嘴（1）、上输送带（9）布置于半封闭箱体（11）的内部。

5. 如权利要求1所述的油炸锅节油装置，其特征在于：所述吹风嘴（1）和抽风嘴（10）可以沿输送带宽度方向各布置1~4道。

6. 如权利要求1或2所述的油炸锅节油装置，其特征在于：油气分离器（4）可以固定在底座（13）上，也可以固定在油炸机上。

7. 如权利要求1或2所述的油炸锅节油装置，其特征在于：油气分离器（4）连接闸门（5），闸门（5）下放置有可拉出的储油器（6），储油器（6）连接有一油泵（7），油泵（7）通过管道（12）与油炸锅连接。

8. 如权利要求1或2所述的油炸锅节油装置，其特征在于：吹风嘴（1）通过吹风软联结管（2）与风机（3）连接；抽风嘴（10）通过抽风软联结管（8）与油气分离器（4）连接。

9. 如权利要求1或2所述的油炸锅节油装置，其特征在于：所述油气分离器（4）可选用旋流式或者选择挡板（帘）式。"

本专利说明书载明：有些油炸设备的出口加有吹油装置，以便将煎炸油在其尚未冷凝成固体之前从食品表面吹走，从而降低成本、保持了食品的风味。但该装置存在以下缺点：(1) 由于该装置的风源为取自室内的冷风，加速了油的凝固，影响吹油效果；(2) 若把冷风加热再由风嘴吹入则需要增加新设备，消耗能源；(3) 风由食品上部吹下最多能吹透油炸食品的上表层，并且使油炸食品下层的含油量升高，造成食品上下层油差大，面块颜色不均匀。本实用新型的目的在于提供一种利用油炸锅余热作热风源、风嘴吹风不影响油炸的温度、节省能源、产品质量一致、节油明显的油炸锅节油装置。2005年8月17日，正龙公司山西分公司以本专利权利要求1~9不符合专利法第二十二条第一、二、三款的规定，不符合专利法实施细则第二条第二款的规定为由向专利复审委员会提出无效宣告请求。正龙公司山西分公司提交了附件1~7。

2005年12月12日，正龙公司山西分公司再次提出无效宣告请求，其理由是，本专利权利要求1~9不符合专利法第二十二条第一、二、三款的规定，不符合专利法实施细则第二条第二款的规定，本专利权利要求9不符合专利法实施细则第二十条第一款的规定并导致说明书不符合专利法第二十六条第三款的规定。正龙公司山西分公司提交了10份附件，其中附件1'-7'除附件4'与第一次提出无效宣告请求时提交的附件4的封面不同外，其他附件与第一次提出无效宣告请求时所提交的附件1-7是一一对应、完全相同。2006年3月3日，正龙公司山西分公司提交了附件9的译文。在该10份附件中：

附件8为轻工业出版社出版、1984年5月第一版第一次印刷的《食品工艺学（上册）》封面、出版页、前言页及62—63页的复印件。附件8公开了一种连续输送带式干燥设备，其中载明：通常流经输送带的网眼（或孔眼）和堆积其上的物料层的干热空气在前一区段内自下向上流动，在下一区段内则自上向下流动。不过有时设备内的气流也可以设计成向上和向下轮流交替流动，借以改善厚层湿物料干燥的均匀性……为了节约空间，一般常采用轴流式风扇。如图1-1-19所示，只装两只或三只，就能由输送带的上下风道排送足够的空气。流经湿物料层的大部分空气将被引回风扇内循环使用，其余部分则由加热的新鲜空气取代，并经气门引向相邻段。从图1-1-19的A—A断面可见，在轴流风扇的作用下，轴流风扇吹向输送带上侧的风穿过物料，流经下侧再回到轴流风扇中，形成一种循环式的干燥方式。

附件9是美国专利US5419240说明书，公开日为1995年5月30日。附件9公开了一种生产方便面的方法及其设备，其目的是提供一种既能有效降低油脂和脂肪含量，而且在不破坏油炸方便面结构的情况下能简单、高效的连续生产的方法和设备。附件9载明：面条的油炸步骤完成后，油炸固定器3将上升并脱离油盘1到达预定位置，通过除油装置6进行除油处理。特别指出的是除油装置6上的除油头7在油炸固定器3从底部到被输送带2提升后的位置，始终连接在油炸固定器3的底部。通过抽气装置8的吸取力将方便面4中的油除去，同时被吸取的油通过分离器9（例如，旋风分离器）进行回收并重复使用。附件9还载明：除油装置6上的除油头7通过驱动装置沿输送带2连续移动。特别指出的是，在图2中所指出的A位置，（如实施例2中所说，在油炸结束后30秒至40秒到达这个位置为最佳）除油头7沿着输送带2的方向运动并与油炸固定器3的底部连接，在此位置，正如上述所说的，方便面4中的油将通过抽气装置8的吸取力除去。随着输送带2的移动，除油头7与油炸固定器3的底部连接（也就是吸油和除油的过程），当到达图2中所指出的B位置时，除油头7与输送带2分离，既而与油炸固定器3的底部分离。位置B的确定是根据除油程度和输送带的运行速度而定，例如，在实施例1和2中所述的在吸油开始后的0.5至4秒内到达此位置是最适当的，根据到达时间的长短可相应增加除油头的数目。这样重复循环上述过程又回到图2中所指的A位置。附件9还载明：图6是解释通过在方便面上喷施高压力的空气以驱散油脂和脂肪的示意图。如图6所示，尽管使用高压力的空气以6.7立方米/分钟的流量、时间为1秒钟来驱散方便面上层的油和脂肪，但由于方便面上层被密封且通风条件不好，所以效果不太理想。从附件9的附图1看，除油头7通过软连接管与分离器9相连，在分离器的下端有一个闸门。从图6可见，高压力的空气通过管道吹向油炸固定器中的方便面。

2006年1月10日，专利复审委员会对正龙公司山西分公司第一次提出的无效宣告请求举行了口头审理。在口头审理过程中，正龙公司山西分公司明确：1. 放弃专利法实施细则第二条第二款的无效理由；2. 放弃使用附件3和附件7；3. 无效理由为权利要求1~8无新颖性、权利要求1~9无创造性。具体评价方式为：权利要求1、2、4、5、8相对于附件4无新颖性，权利要求1~7相对于附件6无新颖性，权利要求1、2相对于附件1无新颖性，权利要求1~9相对于附件4结合附件1或结合附件2无创造性。

2006年7月3日，专利复审委员会对第二次无效宣告请求进行了口头审理。正龙公司山西分公司在口头审理中明确：1. 无效理由是专利法第二十六条第三款、第二十二条第一、二、三、四款；2. 放弃专利法实施细则第二条第一款和专利法实施细则第二十条第一款的无效理由；3. 在附件1’－7’的范围内，对附件1’－7’的使用以第一次无效宣告请求时的口头审理意见为准；4. 有关新颖性的理由，以第一次无效宣告请求时的口头审理意见为准；5. 以附件8结合附件9、附件9结合附件8以及附件4’结合附件9评价权利要求1~9的创造性。陈兆志明确：对附件8－10的真实性没有异议，对附件9的中文译文没有异议。正龙公司山西分公司及陈兆志一致认为，本专利权利要求9的附加技术特征是本领域的公知常识。

2006年9月8日，专利复审委员会作出第8689号决定，宣告本专利无效。

2006年3月31日，本专利经登记，专利权人由陈兆志、王建东变更为陈兆志，国家知识产权局于2006年5月10日对变更情况进行了公告。2007年1月23日，王建东明确表示，由于专利权人发生了变更，本专利已经与其无关，其不再追究专利复审委员会的审查行为。

在本案审理过程中，陈兆志主张，正龙公司山西分公司提交附件9译文的时间为2006年3月3日，与提交原文的时间不一致，根据2001年版《审查指南》的规定，应属于无效证据。

上述事实，有本专利授权公告文本、附件8、附件9及其相关译文、第8689号决定、证人证言及当事人陈述等证据在案佐证。

本院认为：

一、关于附件9的译文是否属于无效证据

根据《施行修订后审查指南的过渡办法》第三条规定，对于在2006年7月1日之前提出的无效宣告请求，其外文证据中文译文的提交适用2001年10月18日公布的《审查指南》第四部分第一章第14节和2004年7月1日起施行的审查指南公报（第1号）的相应规定。根据2004年7月1日起施行的审查指南公报（第1号）第三条“关于《审查指南》第四部分的修改”第一款第三项的规定，2001年10月18日公布的《审查指南》第四部分第一章第14的内容改为：当事人提交外文证据的，应当在提交该外文证据的同时提交所使用部分的中文译文。当事人未在提交外文证据的同时提交中文译文的，应当主动补交。在专利复审委员会书面通知指定期限内仍未补交的，该外文证据视为未提交。就本案而言，正龙公司山西分公司提出无效宣告请求的时间分别为2005年8月17日和2005年12月12日，故其提交外文证据应当适用上述审查指南公报（第1号）的相关规定。正龙公司山西分公司虽然没有在提交附件9的同时提交中文译文，但其于2006年3月3日主动补交了相应的中文译文，符合上述审查指南公报（第1号）的相应规定。另外，在2006年7月3日举行的口头审理过程中，陈兆志明确表示对附件9的中文译文没有异议。因此，陈兆志关于附件9的中文译文属于无效证据的主张没有事实及法律依据，本院不予支持。

二、本专利是否具备创造性

根据专利法第二十二条第三款的规定，实用新型的创造性，是指同申请日以前已有的技术相比，该实用新型有实质性特点和进步。

附件8《食品工艺学》是教科书，其公开的输送带式干燥设备属于食品加工设备，本专利也是一种食品加工的设备；其次，附件8公开了利用轴流式风扇排送空气对食品进行干燥除湿的内容，本专利涉及利用风机排送的空气对油炸食品进行吹油，二者具有一定的相似性；再次，附件8图1-1-19中的A-A断面图公开的轴流式风扇排气与进气方式能达到改善厚层湿物料干燥的均匀性，获得品质优良的制品，而根据本专利说明书的记载，吹风与抽风相结合的目的之一是减小食品上下层的油差，保证产品质量的统一，二者的目的具有相似性。此外，附件8中流经物料的空气由轴流式风扇提供，并重新回流至风扇中，具有与本专利相同的利用回收的热风、节省能源的优点，因此，附件8与本专利属于相近的技术领域，可以用于评价本专利的创造性。

关于本专利权利要求1的创造性。本专利权利要求1与附件9披露的内容相比，附件9中的“除油头7”和“抽气装置8”分别相当于本专利权利要求1中的“抽风嘴10”和“风机3”。附件9中的“输送带2”相当于本专利权利要求1中的“上输送带9”，附件9中的“分离器9”相当于本专利权利要求1中的“油气分离器4”，附件9中的除油头7通过软连接管与分离器9相连。附件9已经公开了本专利权利要求1的如下技术特征：“在上输送带（9）下方布置有抽风嘴（10），该抽风嘴（10）通过抽风软联结管（8）与油气分离器（4）进风口连接，油气分离器（4）出风口与风机（3）进风口通连。”本专利权利要求1与附件9的区别技术特征在于：油炸锅节油装置包括吹风嘴（1）和吹风软联结管（2）。附件8披露了在轴流风扇的作用下，输送带的上、下两侧已经形成空气上下流通的循环式的干燥方式。附件8中的轴流风扇相当于本专利权利要求1中的风机，附件8中输送带上、下侧的风的流向与本专利权利要求1中的吹风嘴和抽风嘴的风的流向相同。在附件8的启示下，结合附件9披露的可以通过吹风管在方便面上面喷施高压力的空气以除油的教导，本领域普通技术人员为了实现利用炸锅余热作为风源进行循环式的除油，容易想到将附件9中的排气管连接到油炸固定器3的上方，从而在油炸固定器3的顶部加装与其底部的抽气装置8相对应的吹气嘴，实现循环式干燥风除油的技术效果。另外，由于附件9已经公开了除油头7通过软连接管与分离器相连，本领域普通技术人员在将附件9的排气管改成吹气嘴的过程中容易想到使用软连接管连接吹风嘴。因此，本领域普通技术人员在附件9和附件8的基础上得到权利要求1的技术方案是显而易见的，权利要求1不具备创造性。

关于本专利权利要求2的创造性。权利要求2的附加技术特征是：所述抽风嘴（10）风嘴向上安装在上输送带（9）的下部。从附件9披露的内容可见，除油头7安装在输送带的下部，因此，在权利要求1不具备创造性的情况下，权利要求2相对于附件9和附件8的结合也不具备创造性。

关于本专利权利要求3的创造性。权利要求3的附加技术特征是：抽风嘴（10）、吹风嘴（1）的风量由风机（3）提供。从附件8图1-1-19的A—A断面可以看出，在轴流风扇的作用下，输送带的上、下两侧已经形成了空气上下流通的循环式干燥方式，其中的风扇即相当于本专利权利要求1中的风机。此外，从附件9的附图1中也可以看出，附件9中的“抽气装置8”相当于本专利权利要求1中的“抽风嘴10”和“风机3”，且抽气装置8也可以提供风量，在油炸固定器3的顶部加装了与其底部的抽气装置8相对应的吹气嘴后，其风量也是由抽气装置8提供的。由此可见，在权利要求1、2相对于附件9与附件8的结合不具备创造性的情况下，权利要求3相对于附件9与附件8的结合也不具备创造性。

关于本专利权利要求4的创造性。权利要求4的附加技术特征是：抽风嘴（10）、吹风嘴（1）、上输送带（9）布置于半封闭箱体（11）的内部。该技术特征属于本领域的常规技术手段，本领域普通技术人员为了防止热风的流失，最大效率地回收热风以节省能源，很容易想到利用上述常规技术手段。在权利要求1、2相对于附件9与附件8的结合不具备创造性的情况下，权利要求4相对于附件9与附件8的结合也不具备创造性。

关于本专利权利要求5的创造性。权利要求5的附加技术特征是：所述吹风嘴（1）和抽风嘴（10）可以沿输送带宽度方向各布置1~4道。附件8中公开了装两只或三只轴流风扇，就能由输送带的上下风道排送足够空气的内容。本领域普通技术人员在附件8的启示下，为了提高除油的效率，容易想到权利要求5所述的技术方案。因此，在权利要求1相对于附件9与附件8的结合不具备创造性的情况下，权利要求5相对于附件9与附件8的结合也不具备创造性。

关于本专利权利要求6的创造性。权利要求6的附加技术特征是：油气分离器（4）可以固定在底座（13）上，也可以固定在油炸机上。该技术特征属于本领域的常规技术手段，本领域的普通技术人员在附件9和附件8的基础上，容易想到权利要求6的技术方案，且权利要求6的技术方案也没有带来意想不到的技术效果。因此，在权利要求1、2相对于附件9与附件8的结合不具备创造性的前提下，权利要求6相对于附件9与附件8的结合也不具备创造性。

关于本专利权利要求7的创造性。权利要求7的附加技术特征是：油气分离器（4）连接闸门（5），闸门（5）下放置有可拉出的储油器（6），储油器（6）连接有一油泵（7），油泵（7）通过管道（12）与油炸锅连接。附件9公开了在分离器的下端有一个闸门，即附件9已经公开了权利要求7中“油气分离器（4）连接闸门（5）”的技术特征。而“在闸门下放置有可拉出的储油器，储油器连接有一油泵，油泵通过管道与油炸锅连接”属于实现回收被吸取的油并重复使用的常规技术手段。本领域普通技术人员为了实现附件9中所述的“将被吸取的油通过分离器9进行回收并重复使用”的效果，很容易想到利用上述常规技术手段，从而得到权利要求7的技术方案。因此，在权利要求1、2相对于附件9与附件8的结合不具有创造性的情况下，权利要求7相对于附件9与附件8的结合也不具有创造性。

关于本专利权利要求8的创造性。权利要求8的附加技术特征是：吹风嘴（1）通过吹风软联结管（2）与风机（3）连接；抽风嘴（10）通过抽风软联结管（8）与油气分离器（4）连接。附件9

已经公开油气分离器与抽气装置8利用软连接管进行连接的技术特征，即已经公开了权利要求8中“抽风嘴（10）通过抽风软联结管（8）与油气分离器（4）连接”的技术特征。对于“吹风嘴（1）通过吹风软联结管（2）与风机（3）连接”这一技术特征，在油炸固定器3的顶部加装了与其底部的抽气装置8相对应的吹气嘴后，在油气分离器与抽气装置8利用软连接管进行连接的技术启示下，结合附件9附图6公开的通过管道喷施空气除油的内容，本领域普通技术人员无需花费创造性的劳动就可以想到利用软连接管连接吹气嘴与抽气装置。因此，在权利要求1、2相对于附件9与附件8的结合不具备创造性的情况下，权利要求8相对于附件9与附件8的结合也不具备创造性。

关于本专利权利要求9的创造性。权利要求9的附加技术特征是：所述油气分离器（4）可选用旋流式或者选择挡板（帘）式。陈兆志与正龙公司山西分公司均认为该技术特征属于本领域的公知技术手段，在权利要求1、2相对于附件9与附件8的结合不具有创造性的情况下，权利要求9相对于附件9与附件8的结合也不具有创造性。

综上，本专利权利要求1~9不具备专利法第二十二条第三款所规定的创造性。被告作出的第8689号决定认定事实清楚，适用法律正确，审理程序合法。原告的诉讼理由不能成立，其诉讼请求本院不予支持。依照《中华人民共和国行政诉讼法》第五十四条第（一）项之规定，本院判决如下：维持被告国家知识产权局专利复审委员会作出的第8689号无效宣告请求审查决定。

案件受理费1000元，由原告陈兆志负担（已交纳）。

如不服本判决，各方当事人可在本判决书送达之日起十五日内，向本院提交上诉状并交纳上诉案件受理费100元，上诉于北京市高级人民法院。

审 判 长 任 进
代理审判员 江建中
人民陪审员 马晓亚
二〇〇七年六月八日
书 记 员 李冰青

北京市高级人民法院
行政判决书

（2007）高行终字第393号

上诉人（原审原告）陈兆志，男，1952年5月17日出生，汉族，北京科技大学工程师，住北京市海淀区东升科技大学39栋104号。

委托代理人高宏道，北京市邦道律师事务所律师。

被上诉人（原审被告）国家知识产权局专利复审委员会，住所地北京市海淀区北四环西路9号银谷大厦10~12层。

法定代表人廖涛，副主任。

委托代理人孙治国，该委员会审查员。

委托代理人田华，该委员会审查员。

原审第三人河南省正龙食品有限公司山西分公司，住所地山西省晋中市榆次工业园区。

负责人王爱军，经理。

委托代理人温彪飞，山西太原科卫专利事务所专利代理人。

委托代理人朱永杰，男，汉族，1976 年 1 月 26 日出生，河南省正龙食品有限公司法务专员，住河南省禹州市无梁镇井李村 5 组。

上诉人陈兆志因专利行政纠纷一案，不服北京市第一中级人民法院（2006）一中行初字第 1375 号行政判决，向本院提起上诉。本院于 2007 年 8 月 6 日受理后，依法组成合议庭，于 2007 年 8 月 27 日公开开庭审理了本案。上诉人陈兆志及其委托代理人高宏道，被上诉人国家知识产权局专利复审委员会（下称专利复审委员会）的委托代理人孙治国、田华，原审第三人河南省正龙食品有限公司山西分公司（下称正龙公司山西分公司）的委托代理人温彪飞、朱永杰到庭参加诉讼。本案现已审理终结。

本案涉及名称为“油炸锅节油装置”的第 97203555.9 号实用新型专利（下称本专利），其申请日为 1997 年 4 月 17 日，授权公告日为 1998 年 12 月 16 日，专利权人为陈兆志。

2005 年 8 月 17 日，正龙公司山西分公司针对本专利向专利复审委员会提出无效宣告请求。2006 年 9 月 8 日，专利复审委员会作出第 8689 号无效宣告请求审查决定（下称第 8689 号决定），宣告本专利无效。陈兆志不服该决定，向北京市第一中级人民法院提起诉讼，请求判令：撤销第 8689 号决定，维持本专利有效；本案的律师费由专利复审委员会承担。

本案审理过程中，陈兆志主张，正龙公司山西分公司提交附件 9 译文的时间为 2006 年 3 月 3 日，与提交原文的时间不一致，根据 2001 年版《审查指南》的规定，应属于无效证据。

北京市第一中级人民法院认为：正龙公司山西分公司虽然没有在提交附件 9 的同时提交中文译文，但其主动补交了相应的中文译文，符合审查指南公报（第 1 号）的相应规定。另外，在 2006 年 7 月 3 日举行的口头审理过程中，陈兆志明确表示对附件 9 的中文译文没有异议。因此，陈兆志关于附件 9 的中文译文属于无效证据的主张没有事实及法律依据。

附件 8 公开的输送带式干燥设备属于食品加工设备，本专利也是一种食品加工的设备；其次，附件 8 公开了利用轴流式风扇排送空气对食品进行干燥除湿的内容，本专利涉及利用风机排送的空气对油炸食品进行吹油；再次，附件 8 图 1－1－19 中的 A—A 断面图公开的轴流式风扇排气与进气方式能达到改善厚层湿物料干燥的均匀性，获得品质优良的制品，而根据本专利说明书的记载，吹风与抽风相结合的目的之一是减小食品上下层的油差，保证产品质量的统一。此外，附件 8 中流经物料的空气由轴流式风扇提供，并重新回流至风扇中，具有与本专利相同的利用回收的热风、节省能源的优点，因此，附件 8 与本专利属于相近的技术领域，可以用于评价本专利的创造性。

本专利权利要求 1 与附件 9 的区别技术特征在于：油炸锅节油装置包括吹风嘴（1）和吹风软联结管（2）。在附件 8 的启示下，结合附件 9 披露的可以通过吹风管在方便面上面喷施高压空气以除油的教导，本领域普通技术人员为了实现利用炸锅余热作为风源进行循环式的除油，容易想到将附件 9 中的排气管连接到油炸固定器 3 的上方，从而在油炸固定器 3 的顶部加装与其底部的抽气装置 8 相对应的吹气嘴，实现循环式干燥风除油的技术效果。因此，本领域普通技术人员在附件 9 和附件 8 的基础上得到权利要求 1 的技术方案是显而易见的，权利要求 1 不具备创造性。

从附件 9 披露的内容可见，除油头 7 安装在输送带的下部，因此，在权利要求 1 不具备创造性的情况下，权利要求 2 相对于附件 9 和附件 8 的结合也不具备创造性。

从附件 8 图 1－1－19 的 A—A 断面可以看出，在轴流风扇的作用下，输送带的上、下两侧已经形成了空气上下流通的循环式干燥方式，其中的风扇即相当于本专利权利要求 1 中的风机。此外，从附件 9 的附图 1 中也可以看出，附件 9 中的“抽气装置 8”相当于本专利权利要求 1 中的“抽风嘴

10”和“风机 3”，且抽气装置 8 也可以提供风量，在油炸固定器 3 的顶部加装了与其底部的抽气装置 8 相对应的吹气嘴后，其风量也是由抽气装置 8 提供的。因此，权利要求 3 相对于附件 9 与附件 8 的结合也不具备创造性。

权利要求 4 的附加技术特征属于本领域的常规技术手段，本领域普通技术人员为了防止热风的流失，最大效率地回收热风以节省能源，很容易想到利用上述常规技术手段。因此，权利要求 4 相对于附件 9 与附件 8 的结合也．不具备创造性。

附件 8 中公开了装两只或三只轴流风扇，就能由输送带的上下风道排送足够空气的内容。本领域普通技术人员在附件 8 的启示下，为了提高除油的效率，容易想到权利要求 5 所述的技术方案。因此，权利要求 5 相对于附件 9 与附件 8 的结合也不具备创造性。

权利要求 6 的技术特征属于本领域的常规技术手段，本领域的普通技术人员在附件 9 和附件 8 的基础上，容易想到权利要求 6 的技术方案，且权利要求 6 的技术方案也没有带来意想不到的技术效果。因此，权利要求 6 相对于附件 9 与附件 8 的结合也不具备创造性。

附件 9 公开了在分离器的下端有一个闸门，即已经公开了权利要求 7 中“油气分离器（4）连接闸门（5）”的技术特征。而“在闸门下放置有可拉出的储油器，储油器连接有一油泵，油泵通过管道与油炸锅连接”属于实现回收被吸取的油并重复使用的常规技术手段。本领域普通技术人员为了实现附件 9 中所述的“将被吸取的油通过分离器 9 进行回收并重复使用”的效果，很容易想到利用上述常规技术手段，从而得到权利要求 7 的技术方案。因此，权利要求 7 相对于附件 9 与附件 8 的结合也不具备创造性。

附件 9 已经公开油气分离器与抽气装置 8 利用软连接管进行连接的技术特征，即已经公开了权利要求 8 中“抽风嘴（10）通过抽风软联结管（8）与油气分离器（4）连接”的技术特征。对于“吹风嘴（1）通过吹风软联结管（2）与风机（3）连接”这一技术特征，在油炸固定器 3 的顶部加装了与其底部的抽气装置 8 相对应的吹气嘴后，在油气分离器与抽气装置 8 利用软连接管进行连接的技术启示下，结合附件 9 附图 6 公开的通过管道喷施空气除油的内容，本领域普通技术人员无需花费创造性的劳动就可以想到利用软连接管连接吹气嘴与抽气装置。因此，权利要求 8 相对于附件 9 与附件 8 的结合也不具备创造性。

关于权利要求 9，陈兆志与正龙公司山西分公司均认为该技术特征属于本领域的公知技术手段。因此，权利要求 9 相对于附件 9 与附件 8 的结合也不具备创造性。

北京市第一中级人民法院依照《中华人民共和国行政诉讼法》第五十四条第（一）项之规定，判决：维持专利复审委员会做出的第 8689 号决定。

陈兆志不服原审判决，向本院提起上诉，请求撤销原审判决，判决涉案本专利有效。其理由主要是：一、专利复审委员会第 8689 号决定应适用 2006 年版的《审查指南》，因此，原审判决适用法律错误。二、专利复审委员会接受正龙公司山西分公司逾期提交的附件 9 属程序违法。三、不应以附件 8 为参照，且附件 8 与本专利在处理物质种类、被处理物质的状态、技术原理设计目的等有实质性的差别。四、附件 9 没有吹风的设计，与附件 9 相比，本专利具有简单、便捷、合理、适用性宽的特点。

专利复审委员会、正龙公司山西分公司服从原审判决。

经审理查明：本案涉及的名称为“油炸锅节油装置”的第 97203555.9 号实用新型专利（即本专利），其申请日为 1997 年 4 月 17 日，授权公告曰为 1998 年 12 月 16 日，专利权人为陈兆志、王建东。

本专利授权公告的权利要求书如下：

“1. 一种油炸锅节油装置，包括吹风嘴（1），吹风软联结管（2），风机（3），其特征在于：在上输送带（9）下方布置有抽风嘴（10），该抽风嘴（10）通过抽风软联结管（8）与油气分离器（4）进风口连接，油气分离器（4）出风口与风机（3）进风口通连。

2. 如权利要求1所述的油炸锅节油装置，其特征在于：所述抽风嘴（10）风嘴向上安装在上输送带（9）的下部。

3. 如权利要求1或2所述的油炸锅节油装置，其特征在于：抽风嘴（10）、吹风嘴（1）的风量由风机（3）提供。

4. 如权利要求1或2所述的油炸锅节油装置，其特征在于：抽风嘴（10）、吹风嘴（1）、上输送带（9）布置于半封闭箱体（11）的内部。

5. 如权利要求1所述的油炸锅节油装置，其特征在于：所述吹风嘴（1）和抽风嘴（10）可以沿输送带宽度方向各布置1~4道。

6. 如权利要求1或2所述的油炸锅节油装置，其特征在于：油气分离器（4）可以固定在底座（13）上，也可以固定在油炸机上。

7. 如权利要求1或2所述的油炸锅节油装置，其特征在于：油气分离器（4）连接闸门（5），闸门（5）下放置有可拉出的储油器（6），储油器（6）连接有一油泵（7），油泵（7）通过管道（12）与油炸锅连接。

8. 如权利要求1或2所述的油炸锅节油装置，其特征在于：吹风嘴（1）通过吹风软联结管（2）与风机（3）连接；抽风嘴（10）通过抽风软联结管（8）与油气分离器（4）连接。

9. 如权利要求1或2所述的油炸锅节油装置，其特征在于：所述油气分离器（4）可选用旋流式或者选择挡板（帘）式。”

本专利说明书载明：有些油炸设备的出口加有吹油装置，以便将煎炸油在其尚未冷凝成固体之前从食品表面吹走，从而降低成本、保持了食品的风味。但该装置存在以下缺点：(1）由于该装置的风源为取自室内的冷风，加速了油的凝固，影响吹油效果；(2）若把冷风加热再由风嘴吹入则需要增加新设备，消耗能源；(3）风由食品上部吹下最多能吹透油炸食品的上表层，并且使油炸食品下层的含油量升高，造成食品上下层油差大，面块颜色不均匀。本实用新型的目的在于提供一种利用油炸锅余热作热风源、风嘴吹风不影响油炸的温度、节省能源、产品质量一致、节油明显的油炸锅节油装置。

针对本专利，2005年8月17日正龙公司山西分公司向专利复审委员会提出无效宣告请求，并提交了附件1~7。2005年12月12日，正龙公司山西分公司又向专利复审委员会提出无效宣告请求，并提交了10份附件，其中附件1’-7’，除附件4’与第一次提出无效宣告请求时提交的附件4的封面不同外，其他附件与第一次提出无效宣告请求时所提交的附件1-7一一对应、完全相同。2006年3月3日，正龙公司山西分公司提交了附件9的译文。在该10份附件中：

附件8为轻工业出版社出版、1984年5月第一版第一次印刷的《食品工艺学（上册）》封面、出版页、前言页及62~63页的复印件。附件8公开了一种连续输送带式干燥设备，其中载明：通常流经输送带的网眼（或孔眼）和堆积其上的物料层的干热空气在前一区段内自下向上流动，在下一区段内则自上向下流动。不过有时设备内的气流也可以设计成向上和向下轮流交替流动，借以改善厚层湿物料干燥的均匀性……为了节约空间，一般常采用轴流式风扇。如图1-1-19所示，只装两只或三只，就能由输送带的上下风道排送足够的空气。流经湿物料层的大部分空气将被引回风扇内循环使用，其余部分则由加热的新鲜空气取代，并经气门引向相邻段。从图1-1-19的A-A断面可见，在轴流风扇的作用下，轴流风扇吹向输送带上侧的风穿过物料，流经下侧再回到轴流风扇中，形成一种循环式的干燥方式。

附件9是美国专利US5419240说明书，公开日为1995年5月30日。附件9公开了一种生产方便面的方法及其设备，其目的是提供一种既能有效降低油脂和脂肪含量，而且在不破坏油炸方便面结构的情况下能简单、高效的连续生产的方法和设备。附件9载明：面条的油炸步骤完成后，油炸固定器3将上升并脱离油盘1到达预定位置，通过除油装置6进行除油处理。特别指出的是除油装置6上的除油头7在油炸固定器3从底部到被输送带2提升后的位置，始终连接在油炸固定器3的底部。通过抽气装置8的吸取力将方便面4中的油除去，同时被吸取的油通过分离器9（例如，旋风分离器）进行回收并重复使用。附件9还载明：除油装置6上的除油头7通过驱动装置沿输送带2连续移动。特别指出的是，在图2中所指出的A位置，（如实施例2中所说，在油炸结束后30秒至40秒到达这个位置为最佳）除油头7沿着输送带2的方向运动并与油炸固定器3的底部连接，在此位置，正如上述所说的，方便面4中的油将通过抽气装置8的吸取力除去。随着输送带2的移动，除油头7与油炸固定器3的底部连接（也就是吸油和除油的过程），当到达图2中所指出的B位置时，除油头7与输送带2分离，既而与油炸固定器3的底部分离。位置B的确定是根据除油程度和输送带的运行速度而定，例如，在实施例1和2中所述的在吸油开始后的0.5至4秒内到达此位置是最适当的，根据到达时间的长短可相应增加除油头的数目。这样重复循环上述过程又回到图2中所指的A位置。附件9还载明：图6是解释通过在方便面上喷施高压力的空气以驱散油脂和脂肪的示意图。如图6所示，尽管使用高压力的空气以6.7立方米/分钟的流量、时间为1秒钟来驱散方便面上层的油和脂肪，但由于方便面上层被密封且通风条件不好，所以效果不太理想。从附件9的附图1看，除油头7通过软连接管与分离器9相连，在分离器的下端有一个闸门。从图6可见，高压力的空气通过管道吹向油炸固定器中的方便面。

2006年1月10日，专利复审委员会对正龙公司山西分公司第一次提出的无效宣告请求举行了口头审理。在口头审理过程中，正龙公司山西分公司明确：无效理由为权利要求1~8无新颖性、权利要求1~9无创造性。具体评价方式为：权利要求1、2、4、5、8相对于附件4无新颖性；权利要求1~7相对于附件6无新颖性；权利要求1、2相对于附件1无新颖性；权利要求1~9相对于附件4结合附件1或结合附件2无创造性。

2006年7月3日，专利复审委员会对第二次无效宣告请求进行了口头审理。正龙公司山西分公司在口头审理中明确：无效理由是专利法第二十六条第三款、第二十二条第一、二、三、四款；在附件1’-7’的范围内，对附件1’-7’的使用以第一次无效宣告请求时的口头审理意见为准；有关新颖性的理由，以第一次无效宣告请求时的口头审理意见为准；以附件8结合附件9、附件9结合附件8以及附件4’结合附件9评价权利要求1~9的创造性。在该次口头审理记录中载明：陈兆志对附件8~10的真实性没有异议，对附件9的中文译文没有异议；正龙公司山西分公司及陈兆志均认为，本专利权利要求9的附加技术特征是本领域的公知常识。

2006年9月8日，专利复审委员会作出第8689号决定，该决定认定：由于正龙公司山西分公司在第一次无效宣告请求时所提交的附件1-7与其在第二次无效宣告请求时所提交的附件1’-7’中，除附件4与附件4’的封面不同外，其他附件均一一对应、完全相同，而附件4与附件4’的封面的不同在该案中并无任何实质性意义。因此，专利复审委员会仅对附件1-7进行评述。附件1、2、8~10的公开日均在本申请的申请日之前，可以用来评述本专利的新颖性、创造性。

本专利符合专利法第二十六条第三款的规定，也符合专利法第二十二条第四款的规定。正龙公司山西分公司的理由与专利法第二十二条第四款所指的实用性无关。

关于专利法第二十二条第二款。1. 附件6并没有公开本专利权利要求1的全部技术特征。因此，正龙公司山西分公司提出的本专利权利要求 1 相对于附件 6 不具备新颖性的理由不成立。本专利权利要求 2 ~7 是权利要求 1 的从属权利要求，在权利要求 1 相对于附件 6 不具备新颖性的理由不成立的前提下，权利要求 2 ~7 相对于附件 6 不具备新颖性的理由也不成立。2. 附件 1 并没有公开本专利权利要求 1 的全部技术特征。因此，正龙公司山西分公司所提出的本专利权利要求 1 相对于附件 1 不具备新颖性的理由不成立。本专利权利要求 2 是权利要求 1 的从属权利要求，在权利要求 1 相对于附件 1 具备新颖性的前提下，权利要求 2 相对于附件 1 也具备新颖性。

关于专利法第二十二条第三款。1. 本专利权利要求 1 与附件 9 的区别技术特征在于：油炸锅节油装置包括吹风嘴（1）和吹风软联结管（2）。从附件 8 图 1 - 1 - 19 的 A—A 断面可以看出，在风扇的作用下，于输送带的上、下两侧已经形成了上吹下抽的循环式的干燥方式，其中的风扇即相当于本专利权利要求 1 中的风机，而输送带上、下两侧的风的作用与本专利权利要求 1 中吹风嘴（1）和抽风嘴（10）的作用相同。在附件 8 的技术启示下，本领域普通技术人员为了实现利用炸锅余热作为风源、进行循环式的干燥除油，无需花费创造性的劳动就可以想到将附件 9 中的排气管连接到油炸固定器 3 的上方，从而在油炸固定器 3 的顶部对称地加装与其底部的抽气装置 8 相对应的吹气嘴，进而实现循环式干燥除油的技术效果，并且附件 9 中已经公开了除油头 7 通过软连接管与分离器相连，对于本领域的普通技术人员来说在将附件 9 的排气管改成吹气嘴的过程中很容易使用软连接管连接吹风嘴。由此可见，本领域的普通技术人员在附件 9 和附件 8 的基础上得到权利要求 1 的技术方案是显而易见的，即本专利权利要求 1 相对于附件 9 与附件 8 的结合不具有创造性。2. 权利要求 2 的附加技术特征是“所述抽风嘴（10）风嘴向上安装在上输送带（9）的下部”，附件 9 公开了上述技术特征：“随着输送带 2 的移动，除油头 7 与油炸固定器 3 的底部连接（也就是吸油和除油的过程）。”由此可见，在权利要求 1 相对于附件 9 与附件 8 的结合不具有创造性的前提下，权利要求 2 相对于附件 9 与附件 8 的结合也不具有创造性。3. 权利要求 3 的附加技术特征是“抽风嘴（10）、吹风嘴（1）的风量由风机（3）提供”，从附件 8 图 1 - 1 - 19 的 A—A 断面可以看出，在风扇的作用下，于输送带的上、下两侧已经形成了上吹下抽的循环式的干燥方式，其中的风扇即相对于本专利权利要求 1 中的风机。此外，从附件 9 的附图 1 中也可以看出，附件 9 中的“抽气装置 8”相当于本专利权利要求 1 中的“抽风嘴 10”和“风机 3”，且抽气装置 8 也可以提供风量，同理，在油炸固定器 3 的顶部对称地加装了与其底部的抽气装置 8 相对应的吹气嘴后，其风量也是由抽气装置 8 提供的。在权利要求 1、2 相对于附件 9 与附件 8 的结合不具备创造性的前提下，权利要求 3 相对于附件 9 与附件 8 的结合也不具备创造。4. 权利要求 4 的附加技术特征是“抽风嘴（10）、吹风嘴（1）、上输送带（9）布置于半封闭箱体（11）的内部”，该技术特征属于本领域的常规技术手段，本领域普通技术人员为了最大效率的回收热风、节省能源，很容易想到利用上述常规技术手段。在权利要求 1、2 相对于附件 9 与附件 8 的结合不具备创造性的前提下，权利要求 4 相对于附件 9 与附件 8 的结合也不具备创造性。5. 权利要求 5 的附加技术特征是“所述吹风嘴（1）和抽风嘴（10）可以沿输送带宽度方向各布置 1 ~4道”，附件 8 中公开了该附加技术特征：“为了节约空间，一般常采用轴流式风扇。如图 1 - 1 - 19 所示，只装两只或三只，就能由输送带的上下风道排送足够的空气。”在权利要求 1 相对于附件 9 与附件 8 的结合不具有创造性的前提下，权利要求 5 相对于附件 9 与附件 8 的结合也不具备创造性。6. 权利要求 6 的附加技术特征是“油气分离器（4）可以固定在底座（13）上，也可以固定在油炸机上”，但该技术特征属于本领域的常规技术手段，本领域的普通技术人员在附件 9 和附件 8 的基础上得到权利要求 6 的技术方案是显而易见的。在权利要求 1、2 相对于附件 9 与附件 8 的结合不具备创造性的前提下，权利要求 6 相对于附件 9 与附件 8 的结合也不具备创造性。7. 权利要求 7 的附加技术特征是“油气分离器（4）连接闸门（5），闸门（5）下放置有可拉出的储油器（6），储油器（6）连接有一油泵（7），油泵（7）通过管道（12）与油炸锅连接”。附件9公开了如下技术特征：“在分离器的下端有一个闸门”，即附件9已经公开了本专利权利要求7中“油气分离器（4）连接闸门（5）”这一技术特征。而为了实现“将被吸取的油通过分离器9进行回收并重复利用”的效果，本领域普通技术人员很容易想到利用“在闸门下放置有可拉出的储油器，储油器连接有一油泵，油泵通过管道与油炸锅连接”这一常规技术手段来实现该权利要求的技术方案。在权利要求1、2相对于附件9与附件8的结合不具备创造性的前提下，权利要求7相对于附件9与附件8的结合也不具备创造性。8. 权利要求8的附加技术特征是“吹风嘴（1）通过吹风软联结管（2）与风机（3）连接；抽风嘴（10）通过抽风软联结管（8）与油气分离器（4）连接”，附件9已经公开了如下技术特征：“油气分离器与抽气装置8利用软连接管进行连接”，即已经公开了权利要求8的“抽风嘴（10）通过抽风软联结管（8）与油气分离器（4）连接”这一技术特征；而对于“吹风嘴（1）通过吹风软联结管（2）与风机（3）连接”这一技术特征，在油炸固定器3的顶部对称地加装了与其底部的抽气装置8相对应的吹气嘴后，在油气分离器与抽气装置8利用软连接管进行连接的技术启示下，本领域普通技术人员无需花费创造性的劳动就可以想到利用软连接管将吹气嘴与抽气装置相连接。在权利要求1、2相对于附件9与附件8的结合不具备创造性的前提下，权利要求8相对于附件9与附件8的结合也不具备创造性。9. 权利要求9的附加技术特征是“所述油气分离器（4）可选用旋流式或者选择挡板（帘）式”，该技术特征属于本领域的公知技术手段，在权利要求1、2相对于附件9与附件8的结合不具备创造性的前提下，权利要求9相对于附件9与附件8的结合也不具备创造性。综上所述，本专利权利要求1～9不具备专利法第二十二条第三款所规定的创造性，正龙公司山西分公司的无效宣告请求理由成立。在权利要求1～9相对于附件8与附件9的结合不具备创造性的无效宣告理由成立的情况下，对权利要求1～9的其他有关创造性的无效宣告理由不再评述。据此，专利复审委员会决定宣告本专利权无效。

另查明，2006年3月31日，本专利专利权人由陈兆志、王建东变更为陈兆志。

上述事实，有本专利授权公告文本、附件8、附件9及其相关译文、第8689号决定、证人证言及当事人陈述等证据在案佐证。

本院认为：根据《施行修订后审查指南的过渡办法》第三条规定，对于在2006年7月1日之前提出的无效宣告请求，其外文证据中文译文的提交适用2001年10月18日公布的《审查指南》第四部分第一章第14节和2004年7月1日起施行的审查指南公报（第1号）的相应规定。根据2004年7月1日起施行的审查指南公报（第1号）第三条“关于《审查指南》第四部分的修改”第（一）款第3项的规定，2001年10月18日公布的《审查指南》第四部分第一章第14的内容改为：当事人提交外文证据的，应当在提交该外文证据的同时提交所使用部分的中文译文。当事人未在提交外文证据的同时提交中文译文的，应当主动补交。在专利复审委员会书面通知指定期限内仍未补交的，该外文证据视为未提交。就本案而言，正龙公司山西分公司提出无效宣告请求的时间分别为2005年8月17日和2005年12月12日，故其提交外文证据应当适用上述审查指南公报（第1号）的相关规定。正龙公司山西分公司虽然没有在提交附件9的同时提交中文译文，但其于200 6年3月3日主动补交了相应的中文译文，符合上述审查指南公报（第1号）的相应规定。另外，在2006年7月3日举行的口头审理过程中，陈兆志明确表示对附件9的中文译文没有异议。因此，陈兆志关于专利复审委员会采纳附件9的中文译文程序违法的主张没有依据，本院不予支持。

《施行修订后审查指南的过渡办法》载明：2006年7月1日前提出的专利申请和根据该申请授予

的专利权，除以下规定的事项外，自2006年7月1日也适用修订后的审查指南。正龙公司山西分公司提出本专利无效申请的时间分别为2005年8月17日和2005年12月12日，专利复审委员会作出第8689号决定的时间为2006年9月8日，2006年版《审查指南》施行的时间为2006年7月1日，因此，本案应适用2006版的《审查指南》。陈兆志关于本案应适用2006年版《审查指南》的主张成立，本院予以支持。

专利法第二十二条第三款规定，实用新型的创造性，是指同申请日以前已有的技术相比，该实用新型有实质性特点和进步。即创造性是指同申请日之前的现有技术相比，要求保护的实用新型专利有实质性特点和进步。2006年版《审查指南》第四部分第六章对实用新型专利创造性审查中涉及的现有技术领域界定为：对于实用新型专利而言，一般着重于考虑该实用新型专利所属的技术领域。但是现有技术中给出明确的启示……促使本领域的技术人员到相近或者相关的技术领域寻找技术手段的，可以考虑其相近或者相关的技术领域。依据上述规定，现有技术着重是指与要求保护的实用新型专利所属相同技术领域的技术方案，在现有技术中给出明确的启示的情况下，还应考虑与实用新型专利相近或相关技术领域的技术方案。附件8《食品工艺学》是教科书，其公开的输送带式干燥设备属于食品加工设备，本专利也是一种食品加工的设备；其次，附件8公开了利用轴流式风扇排送空气对食品进行干燥除湿的内容，本专利涉及利用风机排送的空气对油炸食品进行吹油；再次，附件8图1－1－19中的A—A断面图公开的轴流式风扇排气与进气方式能达到改善厚层湿物料干燥的均匀性，获得品质优良的制品，而根据本专利说明书的记载，吹风与抽风相结合的目的之一是减小食品上下层的油差，保证产品质量的统一。因此，附件8与本专利属于相近的技术领域，可以用于评价本专利的创造性。陈兆志关于本专利与附件8所属技术领域不同，附件8不能用于对比本专利创造性的上诉主张不能成立，本院不予支持。

关于本专利权利要求1的创造性。本专利权利要求1与附件9披露的内容相比，附件9中的“除油头7”和“抽气装置8”分别相当于本专利权利要求1中的“抽风嘴10”和“风机3”。附件9中的“输送带2”相当于本专利权利要求1中的“上输送带9”，附件9中的“分离器9”相当于本专利权利要求1中的“油气分离器4”，附件9中的除油头7通过软连接管与分离器9相连。附件9已经公开了本专利权利要求1的如下技术特征：“在上输送带（9）下方布置有抽风嘴（10），该抽风嘴（10）通过抽风软联结管（8）与油气分离器（4）进风口连接，油气分离器（4）出风口与风机（3）进风口通连。”本专利权利要求1与附件9的区别技术特征在于：油炸锅节油装置包括吹风嘴（1）和吹风软联结管（2）。附件8披露了在轴流风扇的作用下，输送带的上、下两侧已经形成空气上下流通的循环式的干燥方式。附件8中的轴流风扇相当于本专利权利要求1中的风机，附件8中输送带上、下侧的风的流向与本专利权利要求1中的吹风嘴和抽风嘴的风的流向相同。因此，虽然附件9没有吹风的设计，但在附件8的启示下，结合附件9披露的可以通过吹风管在方便面上面喷施高压力的空气以除油的教导，本领域普通技术人员为了实现利用炸锅余热作为风源进行循环式的除油，容易想到将附件9中的排气管连接到油炸固定器3的上方，从而在油炸固定器3的顶部加装与其底部的抽气装置8相对应的吹气嘴，实现循环式干燥风除油的技术效果。因此，本领域普通技术人员在附件9和附件8的基础上得到权利要求1的技术方案是显而易见的，权利要求1不具备创造性。

综上，专利复审委员会及原审判决认定事实清楚，适用法律正确，审理程序合法，应予维持。陈兆志的上诉理由不能成立，其上诉请求本院不予支持。依照《中华人民共和国行政诉讼法》第六十一条第（一）项之规定，判决如下：

驳回上诉，维持原判。

一审案件受理费1000元，由陈兆志负担（已交纳）；二审案件受理费100元，由陈兆志负担（已交纳）。

本判决为终审判决。

审　判　长　张　冰
代理审判员　程　霞
代理审判员　钟　鸣
二〇〇七年九月二十五日
书　记　员　迟雅娜
书　记　员　张见秋

073

机械化生产用于饰品制造的爪链的方法案

无效宣告请求审查决定（第8696号）

决　定　号　第8696号
决　定　日　2006年9月12日
发明创造名称　机械化生产用于饰品制造的爪链的方法
国际分类号　A44C 27/00
无效请求人　陈明亮
专利权人　潘国基
专　利　号　00125046.9
申　请　日　2000年9月6日
授权公告日　2004年3月3日
合议组组长　马　昊
主　审　员　贾彦飞
参　审　员　唐向阳

法律依据　专利法第二十二条、第二十四条第一款第（三）项
决定要点

对于请求人在提出无效宣告请求时未结合证据对无效理由进行具体说明的，合议组与该证据相关的无效理由可以不予考虑。

一、案由

本无效宣告请求涉及中华人民共和国国家知识产权局于2004年3月3日授权公告的、名称为“机械化生产用于饰品制造的爪链的方法”的发明专利（下称本专利），其申请日为2000年9月6日、申请号为00125046.9、专利权人为潘国基。该专利授权公告的权利要求书是：

“1. 一种机械化生产用于饰品制造的爪链的方法，包括如下制造步骤：

（1）剪口；剪口冲模从铜带上冲下链节平片，并将链节平片置于平片输送槽上；输送推杆的行程为一个链节片的长度，推动链节平片排列向前；所述的输送推杆的周期与剪口阳模的周期相同，而相位相反；

（2）压型；压形模具位于平片输送槽上，将输送过来的链节平片压制成四周翻边、锁扣半张的链节胚，并将链节胚置于链节胚输送槽上；输送推杆以每次一个链节胚长度的速度推动链节胚排列向前；

（3）连接片安放；当链节胚通过连接片冲模下方的时候，位于链节胚输送槽上方的连接片冲模从铜带上冲下连接片，并使连接片安放在相邻两链节胚的锁扣上；

（4）挤压；从输送槽两侧对压链节胚，将链节胚上的锁扣合拢，使连接片与链节胚牢固连接；

（5）成形；成形压模平压链节使之整形；

（6）工作动作的配合；所述的冲压机构、铜带的步进机构、链节平片输送槽和链节胚输送槽内的推杆的的周期长度相同，其中，所述的铜带的步进机构与所述的推杆的相位相同，冲压机构与铜带的步进机构、推杆的往复机构的相位相反。

2. 如权利要求1所述的机械化生产用于饰品制造的爪链的方法，其特征在于所述的压型工序的具体方式如下：使链节胚在由阳模、竖向贯通槽、枕垫构成的模具中一次性完成前后边和左右边的翻边成型；所述的枕垫可在所述的贯通槽内上下滑动，枕垫的左右两壁呈自上至下逐渐收缩形，枕垫的上端面呈上弓的弧形，枕垫的下部支撑弹簧，压形阳模的形状与阴模对应。"

针对上述专利权，陈明亮（下称请求人）于2006年2月10日向国家知识产权局专利复审委员会提出了宣告本专利权无效的请求，同时，请求人提交了如下附件作为证据：

附件1（下称证据1）：广东省深圳市中级人民法院刑事判决书（2004）深中法刑二终字第74号的双面复印件，共58页；

附件2（下称证据2）：原告潘国基向金华市中级人民法院起诉被告陈明亮的民事起诉状的复印件，共2页；

附件3（下称证据3）：第00125046.9号发明专利证书的复印件；

附件4（下称证据4）：深圳市宝安区人民法院刑事判决书（2003）深宝法刑初字第1545号的双面复印件，共41页。

其主要无效理由是：证据1已经表明本专利所涉及的技术方案已经于1998年4月成为公开使用的事实，因此根据专利法第二十二条第二款的规定，该项发明在申请日之前已经在国内公开使用；并且从该技术泄露至本专利的申请日已超过专利法第二十四条第一款第三项不丧失新颖性的期限。

对于上述无效宣告请求，专利复审委员会经形式审查合格，于2006年2月13日受理，同时将无效宣告请求书及其附件清单中所列附件的副本转寄给专利权人。

请求人于2006年3月9日提交了补正书，并提交了证据5~10，其中证据5~10分别为：

证据5：《冲压工艺与冲模技术》，翁其金主编，机械工业出版社，2004年5月第1版第9次印刷，封皮、扉页、出版信息页、目录Ⅷ、第334~351页复印件；

证据6：公告号209837台湾专利公告复印件1份12页，公告日：1993年7月21日；

证据7：公告号252059台湾专利公告复印件1份14页，公告日：1995年7月21日；

证据8：盖有义乌市稠城鹏利饰品配件店章的证明书1份，证明人为奉美艳，出证日期为2006年3月6日；

证据9：盖有义乌市锦潮五金饰品厂章的证明书以及该厂的营业执照复印件1份，证明人为吴功良，出证日期为2006年3月6日；

证据10：证明人邱金存于2006年3月6日出具的证人证言复印件1份。

请求人进一步陈述的事实和理由是：

证据5《冲压工艺与冲模设计》第九章"自动模与多工位级进模"中第五节"自动模设计要点"和第六节"多工位级进模多工位"中对工位的设计和模具的整体设计均作了详细的描述，如在第337页第二小点多工位级进模工位排列原则一节中，对工位顺序的详尽描述，几乎完全覆盖了本专利权利要求1和2中所列工序；证据6、7中均公开了与本专利权利要求1、2所列工序相一致的方法，本领域的技术人员有该两份台湾发明专利公开的技术启示，无须创造性的劳动就能够对饰品铜爪链的生产步骤进行排样、制定并编排出如本专利权利要求1和2所述的各工位的前后次序；浙江省义乌市稠城鹏利饰品配件店（证据8）、浙江省义乌市锦潮五金饰品厂（证据9）和在中国小商品城福田市场E3区8601-3店面的铜爪链经销商邱金存（证据10）早在本发明专利申请日前，先后利用在现有冲床上配置“自动化级进模”的公知技术，自行开发研究机械生产用于饰品制造的爪链的方法和公开销售以该方法获得的爪链。

合议组于2006年6月28日向双方当事人发出口头审理通知书，定于2006年8月22日对本案举行口头审理，同时随口头审理通知书将请求人于2006年3月9日提交的补正书及证据5～10的复印件转给专利权人。

口头审理如期举行，专利权人当庭提交了意见陈述书并转送请求人1份。在口头审理中，

1. 合议组当庭告知当事人，由于请求人在提出无效宣告请求时未结合证据6、7对相关的无效宣告理由进行具体说明，不符合专利法实施细则第六十四条第一款的规定，所以合议组对于与证据6、7相关的无效理由不予考虑。

2. 请求人当庭表示放弃使用证据8、10，只使用证据1、证据5和证据9。

3. 专利权人当庭表示对证据1、证据5、证据6、证据7的真实性没有异议，但认为证据1不能证明本专利的技术方案在申请日之前已经公开；专利权人认为证据2、证据3、证据4与本案没有关联性，并且对证据4的合法性存在异议；对证据9存在异议。

4. 请求人明确其无效理由为：本专利相对于证据1、9不具备新颖性；本专利相对于证据5不具备创造性。

5. 专利权人认为证据5的印刷时间是在本专利申请日之后，对证据5的公开时间存在异议。

6. 证人吴功良出庭作证，当庭承认已经被专利权人潘国基起诉侵犯其专利权。

至此，合议组认为本案事实已经清楚，现依法作出审查决定。

二、决定的理由

1. 关于证据：

由于请求人当庭明确表示其使用的证据为证据1、证据5和证据9，所以合议组仅对上述证据的认定予以说明。

证据1为已生效的法律文件的复印件，专利权人对其真实性没有异议，合议组认为证据1可以予以采信。

证据5为公开出版物，专利权人对其真实性没有异议，但是专利权人对其公开日期存在异议，专利权人认为在出版信息页上印有2004年5月第1版第9次印刷字样，而本专利的申请时间为2000年9月6日，可以表明证据5的印刷日期晚于本专利的申请日；请求人认为出版信息页上标有“1999.10重印”字样，可以认定证据5的出版日期早于1999年10月。合议组认为：虽然证据5出版信息页上标有“1999.10重印”字样，但是并不能由此认定证据5的出版日早于本专利的申请日，因此该证据不能作为评价本专利创造性的证据使用。

证据9为吴功良的证人证言，吴功良出庭时当庭承认已经被专利权人潘国基起诉侵犯专利权。合议组认为，由于证人与本专利的专利权人存在利害关系，其作出的不利于专利权人的证言不能予以采信。

综上所述，合议组予以采信的证据只有证据1。

2. 关于新颖性：

专利法第二十二条第二款规定：“新颖性，是指在申请日以前没有同样的发明或者实用新型在国内外出版物上公开发表过、在国内公开使用过或者以其他方式为公众所知，也没有同样的发明或者实用新型由他人向国务院专利行政部门提出过申请并且记载在申请日以后公布的专利申请文件中。”

请求人使用证据1主张：本专利的申请日为2000年9月6日，由于本专利所涉及的技术方案形成的专利技术已于1998年4月起成为公开使用的事实被证据1所证实，因此，根据专利法第二十二

条的规定，其在申请日之前已经在国内公开使用，为公众所知，是不能依法授予专利权的；并且本发明专利所涉及的技术方案自1998年4月起至本专利申请日止已超过专利法第二十四条第一款第三项所列情形而视为不丧失新颖性“六个月内”的法定时间。

合议组认为，虽然证据1的判决认定专利权人的技术作为商业机密已经被泄露，但由于证据1中并没有任何关于本专利的权利要求1、2请求保护的技术方案的记载，造成无法与本专利的权利要求1、2进行技术特征对比。由此，合议组认为根据证据1中的内容无法认定本专利的权利要求1、2请求保护的技术方案已经被泄露而造成本发明在申请日之前在国内的公开使用过，同理也不存在超过专利法第二十四条第一款第三项所列情形而视为不丧失新颖性“六个月内”的法定时间的问题，从而不能使权利要求1、2丧失新颖性。

三、决定

维持第00125046.9号发明专利权有效。

当事人对本决定不服的，可以根据专利法第四十六条第二款的规定，自收到本决定之日起三个月内向北京市第一中级人民法院起诉。根据该款的规定，一方当事人起诉后，另一方当事人应当作为第三人参加诉讼。

074

储物架案

无效宣告请求审查决定（第8702号）

决　定　号　第8702号
决　定　日　2006年8月2日
发明创造名称　储物架
国际分类号　A47B 55/00
无效请求人　佛山市顺德区江强实业有限公司
专利权人　陈洪波
专　利　号　02249285.2
申　请　日　2002年9月24日
授权公告日　2003年6月4日
合议组组长　黄毅斐
主　审　员　詹靖康
参　审　员　周雷鸣

法律依据　专利法第二十二条第二款　第二十二条第三款

决定要点

一项权利要求相对于某一证据而言，若它们要解决的技术问题、技术方案都不相同，则该权利要求具备专利法第二十二条第二款规定的新颖性。

若实用新型权利要求的技术方案解决了一定的技术问题，具有有益的技术效果，且描述的结构相对于某一证据所公开的内容而言是非显而易见的，则具备专利法第二十二条第三款规定的创造性。

一、案由

本无效宣告请求涉及国家知识产权局于2003年6月4日授权公告的、名称为“储物架”的实用新型专利（下称本专利），其申请日为2002年9月24日，申请号为02249285.2，专利权人为陈洪波。其授权公告的权利要求书为：

“1. 一种储物架，包括连接杆（1）、限位套管（2）及储物托盘（3），其特征是：二块以上的储物托盘（3）通过连接杆（1）串接在一起，在储物托盘（3）之间的连接杆上套有限位套管（2）。

2. 根据权利要求1所述的储物架，其特征在于：连接杆（1）的两端通过螺丝固定在上下储物托盘（3）上。”

针对上述专利权，佛山市顺德区江强实业有限公司（下称请求人）于2005年7月16日向专利复审委员会提出了无效宣告请求，其理由是本专利权利要求1~2不符合专利法第二十二条的规定。请求人所提交的作为证据的附件如下：

附件1：专利号为ZL99214707.7的中国实用新型专利说明书，公开日为2000年6月21日（下称证据1）。

请求人在无效宣告请求书中提出，相对于证据1，权利要求1、2不符合专利法第二十二条第二款有关新颖性的规定，也不符合专利法第二十二条第三款有关创造性的规定。

经形式审查合格，专利复审委员会受理了上述请求，于2005年8月11日向请求人及专利权人发出无效宣告请求受理通知书，并将无效宣告请求书转送专利权人。

专利权人于2005年9月26日提交了意见陈述书并指出：本专利的技术方案未被证据1公开，并且相对于证据1具有实质性特点和进步，因此权利要求1、2相对于证据1具备新颖性和创造性。

本案合议组于2006年5月9日向双方当事人发出口头审理通知书，定于2006年6月19日举行口头审理，同时发出转送文件通知书，将专利权人于2005年9月26日提交的意见陈述书转送给请求人。

请求人在2006年5月31日寄交的无效宣告请求口头审理通知书回执中明确表示不参加口头审理，并于2006年6月7日提交了意见陈述书，再次陈述了本专利相对于证据1不具备专利法第二十二条第二三款规定的新颖性和创造性的理由。

口头审理如期举行。专利权人参加了口头审理，请求人未参加口头审理。

专利权人对合议组成员没有回避请求。专利权人对证据1（专利号为ZL99214707.7的中国实用新型专利说明书）的真实性没有异议。合议组当庭将请求人于2006年6月7日提交的意见陈述书共四页转送给专利权人。

在上述工作的基础上，合议组认为本案事实清楚，可以作出本决定。

二、决定的理由

1. 关于证据

证据1是专利号为ZL99214707.7的中国实用新型专利说明书，公开日为2000年6月21日，早于本专利的申请日，其中公开的内容构成了本专利的已有技术，能够用于评价本专利的新颖性和创造性。

2. 关于新颖性

专利法第二十二条第二款规定：新颖性是指在申请日以前没有相同的发明在国内外出版物上公开发表过、在国内公开使用或者以其他方式为公众所知，也没有同样的发明由他人向专利局提出过申请并且记载在申请日以后（含申请日）公布的专利申请文件中。

本专利权利要求1包括如下三个特征：

A. 储物架，包括连接杆、限位套管及储物托盘；

B. 二块以上的储物托盘通过连结杆串接在一起；

C. 在储物托盘之间的连接杆套有限位套管。

请求人认为，证据1公开了一种置物架，具有数连杆、数连接块、数螺栓柱、四顶块、数置物板、四脚垫，它们相当于权利要求1的特征A；其中，连杆相当于限位套管，置物板相当于储物托盘，螺栓柱相当于连接杆。证据1中的“本实用新型的技术方案是，主要系利用连结块，固定置物板，令置物板作为置物架的横向连结”；“该置物架结构，其中连接杆与连结块的固结，系可设为可相对螺合的螺牙及螺孔。也可以一螺杆一体化穿相互连结之连杆及连结块”；“同时又如图7所示，系直接以一螺杆31穿全部的连结杆及连结块”披露了权利要求1的特征B。证据1的附图以及说明书所公开的“再用连结块与连杆螺接，形成置物架的纵向连结，并得依此而依序组装于所需的置物板层数”披露了特征C。因此，本专利权利要求1相对于证据1不具备专利法第二十二条第二款规定的新颖性。

合议组认为，首先，本专利所要解决的技术问题和预期效果是：提供一种结构简单、整体刚性好的储物架；证据 1 公开的置物架所要解决的技术问题和预期的效果是：便于增减置物板层数以方便使用、保持置物架表面平整光滑以增加美观功效、减小体积以降低运费等。可见，二者所要解决的技术问题是不同的。

其次，合议组认为，证据 1 中的连杆和置物板分别相当于本专利权利要求 1 中的限位套管、储物托盘；但证据 1 的技术方案与本专利权利要求 1 的技术方案存在下述区别：后者的储物托盘通过连接杆串接在一起，是直接的连接；前者是"将置物板 6 由连结块 2 扇形槽孔 26 处穿入，并用栓柱 4 由连结块 2 顶端凹槽 23 的固定螺孔 25 螺入，恰使栓柱 4 的软垫 42 紧密抵迫置物板 6 的板面，而令置物板 6 受抵迫而固定，再于连结块 2 的顶端螺杆 3 处锁螺连杆 1 下端"（见说明书第 5 页最后一段），简言之，证据 1 中的固定方式是先将置物板与连结块固定在一起，再将连结块与螺连杆 1 连接固定。可见证据 1 所公开的技术方案中不存在本专利权利要求 1 中的连接杆，且二者各部件之间的连接方式也不相同，二者的技术方案存在明显区别和差异。

综上所述，本专利权利要求 1 相对于证据 1 而言，其要解决的技术问题和技术方案都不相同，存在较大差异，因此权利要求 1 相对于证据 1 具有专利法第二十二条第二款规定的新颖性。

在本专利权利要求 1 具备新颖性的情况下，其从属权利要求 2 也具备新颖性，符合专利法第二十二条第二款的规定。

3. 关于创造性

专利法第二十二条第三款规定：实用新型的创造性是指同申请日以前已有的技术相比，该实用新型有实质性特点和进步。

本专利权利要求 1 的技术方案和证据 1 所公开的内容及其二者的区别参见上文，此处不再赘述。

合议组认为，二者相比较而言，后者的储物托盘通过连接杆串接在一起，是直接的连接，部件较少，结构较简单；前者则是先将置物板与连结块固定在一起，再将连结块与螺连杆 1 连接固定，是间接连接，部件较多，结构和连接方式较复杂。此外，本领域的普通技术人员不能根据证据 1 所公开的内容显而易见地导出上述区别特征。即，本专利权利要求 1 所描述的结构相对于证据 1 所公开的内容而言是非显而易见的，具有实质性的特点。同时，本专利权利要求 1 中的技术方案解决了储物架整体刚性不足的问题，具有有益的技术效果。可见，本专利权利要求 1 相对于证据 1 具备专利法第二十二条第三款规定的创造性。

在本专利权利要求 1 具备创造性的情况下，其从属权利要求 2 也具备创造性，符合专利法第二十二条第三款的规定。

三、决定

维持 02249285.2 号实用新型专利权有效。

当事人对本决定不服的，可以根据专利法第四十六条第二款的规定，自收到本决定之日起三个月内向北京市第一中级人民法院起诉。根据该款的规定，一方当事人起诉后，另一方当事人应当作为第三人参加诉讼。

075

高效气液固三相高压反应器案

无效宣告请求审查决定（第8710号）

决　定　号　第8710号
决　定　日　2006年9月11日
发明创造名称　高效气液固三相高压反应器
国际分类号　B01J 3/00
无效请求人　青岛科信石油化工有限公司
专利权人　山东东昌精细化工科技有限公司
专　利　号　02267787.9
申　请　日　2002年6月21日
授权公告日　2003年7月2日
合议组组长　张荣彦
主　审　员　杜微科
参　审　员　郭健国

法律依据　专利法第二十二条第四款、第二十六条第四款
决定要点

说明书中虽然未具体记载本实用新型中某个部件的结构，但是该部件的具体结构与本实用新型发明目的的实现不具有直接关联，并且该部件也是现有技术中同类产品必然具有的部件，且该部件的各种常用结构亦为本领域技术人员所熟知，因此本领域技术人员根据说明书的记载能够实现本实用新型。

一、案由

本无效宣告请求涉及国家知识产权局于2003年7月2日授权公告的名称为“高效气液固三相高压反应器”的02267787.9号实用新型专利权，其申请日是2002年6月21日，专利权人是山东东昌精细化工科技有限公司，其授权公告的权利要求书如下：

“1. 一种高效气液固三相高压反应器，在反应器外体上部安装有驱动电机，电机驱动转轴在壳体内延伸到下部，转轴上固定有搅拌器，在壳体的底部安装阀门，其特征是：在反应器壳体内周边固定有连续盘绕的加热管，加热管的两端分别从反应器壳体上部伸出，从反应器壳体上部插入进气管，并沿壳体内壁延伸到底部，在进气管中下部管壁上开设多个出气孔。

2. 根据权利要求1所述的高效气液固三相高压反应器，其特征是：电机输出 轴与驱动转轴之间由内外磁钢配合，驱动转轴上的搅拌器是双层推进式搅拌器，在反应器内周边纵向分布着三块以上折流板。

3. 根据权利要求1或2所述的高效气液固三相高压反应器，其特征是：从反应器壳体底部沿内壁向上延伸出料管。

4. 根据权利要求3所述的高效气液固三相高压反应器，其特征是：在反应器壳体上部连接的加热管与壳体之间法兰连接。”

针对上述实用新型专利（下称本专利），青岛科信石油化工有限公司（下称请求人）于2005年12月13日向专利复审委员会提出了无效宣告请求，理由是本专利权利要求1～4中均没有关于液、固体的加入装置的描述，难以满足气、液、固体或其混合物实现高压反应的发明目的，因此不符合专利法第二十二条第四款的规定；说明书及说明书附图中均没有液、固体物料如何加入的描述，本领域技术人员无法从专利文件的教导中了解该专利的具体结构，无法实现该专利，因此不符合专利法第二十六条第三款的规定。

经形式审查合格后，专利复审委员会于2005年12月13日受理了该无效宣告请求，并于同日将无效宣告请求书及其附件副本一并转给了被请求人。

针对上述无效宣告请求，专利权人于2006年1月5日向专利复审委员会寄交了意见陈述，认为本专利符合专利法第二十二条第四款和第二十六条三款的规定，其主要理由包括：1. 反应器是化工行业使用最普遍的设备，反应器的封闭容器上必然具有填充物料的进出料口；2. 本专利在发明目的部分清楚地表述了“针对现有反应器存在的上述技术问题”，这一表述清楚地表明了应用现有反应器的公知基本内容，当然也包括进出料口；3. 权利要求3中记载了“从反应器壳体底部延内壁向上延伸出料管”，所述出料管也可以用做进料管；4. 在反应器顶盖上安装各种工艺接管用于添加各种物料是公知常识。

专利权人在提交意见陈述时提交了附件1《化工工艺设计手册（第二版）》作为公知常识性证据。

专利复审委员会于2006年4月19日发出口头审理通知书，定于2006年5月29日对本案举行口头审理，合议组随同口头审理通知书将专利权人于2006年1月5日寄交的意见陈述书及附件的副本转给了请求人。

口头审理如期举行，双方当事人的代理人均参加了口头审理。双方均对对方出庭人员的身份没有异议，对合议组成员没有回避请求。请求人明确其无效理由为：权利要求1～4不符合专利法第二十二条第四款有关实用性的规定，说明书不符合专利法第二十六条第三款的规定，具体的事实和理由仍坚持无效请求书中的有关意见。专利权人认为，本专利是针对现有技术中存在的技术问题作出的改进，其发明目的在于提高反应效率，加料的具体方式与实现本专利的发明目的没有直接关联，现有技术中的进料装置均可应用于本专利，因此即使未在说明书中记载加料装置也不影响本领域技术人员实现本专利。专利权人还认为，液、固料加入装置是反应器中的基本常识，本专利中进气管8同时也可作为液固料加入装置，本专利中液固料的加入可以多种方式实现。专利权人放弃将附件1《化工工艺设计手册（第二版）》作为证据使用。

至此，合议组认为本案事实清楚，现依法作出审查决定。

二、决定的理由

（一）专利法第二十六条第三款

专利法第二十六条第三款规定，说明书应当对发明或者实用新型作出清楚、完整的说明，以所属技术领域的技术人员能够实现为准。

请求人认为，本专利说明书及说明书附图中均没有关于液、固体物料如何加入的描述，也没有任何与加入液、固料相关的产品结构的描述，因此本领域技术人员无法从专利文件的教导中了解该专利的具体结构，无法实现该专利。

合议组认为，本专利涉及一种高效气液固三相高压反应器，其在现有反应器的基础上通过增加

“连续盘绕的加热管”以及“开设有多个出气孔的进气管”，解决了现有技术中气、液、固体混合物难以充分反应，效率低、效果差的技术问题。虽然说明书中没有明确记载本实用新型采用的液、固料加入装置的结构，但是液、固料加入装置的具体结构与本实用新型发明目的的实现不具有直接关联性，并且液、固料加入装置也是三相高压反应器必然具备的结构，本领域技术人员知晓现有技术中各种常用的液、固料加入装置，本领域技术人员根据说明书记载的技术内容结合公知技术即可实现本实用新型的技术方案，因此本实用新型符合专利法第二十六条第三款的规定。

（二）专利法第二十二条第四款

专利法第二十二条第四款规定，实用性，是指该发明或者实用新型能够制造或者使用，并且能够产生积极效果。

请求人认为，本专利权利要求 1～4 中均没有液、固体的加入装置的描述，难以满足气、液、固体或其混合物实现高压反应的发明目的，因此不符合专利法第二十二条第四款的规定。

合议组认为，基于上文的分析，虽然权利要求 1～4 中没有记载液、固体的加入装置，但是本领域技术人员仍然能够在结合公知技术的基础上制造或使用权利要求 1～4 请求保护的气液固三相高压反应器，并且能够解决现有技术中存在的“气、液、固体混合物难以充分反应，反应效率低、效果差”的技术问题，产生“提高反应效率，缩短反应时间”等积极的技术效果，该反应器可以在产业上进行应用，因此权利要求 1～4 符合专利法第二十二条第四款的规定。

三、决定

维持 02267787.9 号实用新型专利权有效。

当事人对本决定不服的，可以根据专利法第四十六条第二款的规定，自收到本决定之日起三个月内向北京市第一中级人民法院起诉。根据该款的规定，一方当事人起诉后，另一方当事人应当作为第三人参加诉讼。

076

编码解码装置案

无效宣告请求审查决定（第8732号）

决　定　号　第8732号
决　定　日　2006年8月17日
发明创造名称　编码解码装置
国际分类号　H03M7/00
无效请求人　埃派克森微电子（上海）有限公司
专利权人　盛群半导体股份有限公司
专　利　号　95104264.5
申　请　日　1995年4月25日
授权公告日　2002年12月18日
合议组组长　张　度
主　审　员　樊晓东
参　审　员　张美菊

法律依据　专利法第二十二条第三款
决定要点

创造性判断时，不仅应该考虑权利要求技术方案中的具体特征与现有技术的对应特征的形状、结构、位置等有形结构是否相同，而且还应考虑其功能、作用等技术特征是否相同。

一、案由

本无效宣告请求涉及国家知识产权局于2002年12月18日授权公告的95104264.5号发明专利（下称本专利）的专利权，名称为“编码解码装置”，申请日为1995年4月25日，专利权人为盛群半导体股份有限公司。

授权公告的权利要求书如下：

“1. 一种编码解码装置，包括有一编码器及一解码器，其中，编码器包括有：

一振荡电路，用以产生编码器所需的基本频率；

一相位除法器，将该振荡电路的输出端所送出的基本频率脉冲信号作相位分频处理，而由其输出端将分频后的信号（QM、QN）送出；

一地址阵列输入器，由要检测的2^n个状态并行输入接脚的电路所组成；

一行列扫描器，由相位除法器所送出的信号（QM）而产生要扫描地址阵列输入器的行与列信号；

一同步电路，当并行至串行输出器在送一串输入数据之后，该同步电路会在该数据串的最后一个比特，再加入一个相位除法器的信号（QM），再加上空白1或2比特时间，作为同步用；

一并行至串行输出器，是以相位除法器的信号（QM、QN）将地址阵列输入器的并行输入接脚，

以 2^n 种状态编码，再加上同步电路的同步信号，将此并行数据转成串行数据输出；

而该解码器包括有：

一振荡电路，用以产生解码器所需的频率；

一分频器，将基本频率分成行与列扫描器所需的频率；

一地址阵列输入器，用以检测 2^n 状态并行输入接脚的并行信号；

一行列扫描器，用以扫描地址阵列输入器的行与列信号；

一检测数据串同步信号，由数据输入端接收编码器传输过来的数据并检测该数据初始比特，将整串数据作同步处理；

一计数器解码电路，内部具有一计数器，由检测数据串同步信号所送来的脉冲的上升沿，将计数器复位，计数器的最后一正输出，即为比特的输出；

一比较电路；

－2^n 态数据发生器，其将地址阵列输入器所输入的 2^n 种状态数据，用 N 个比特来表示，再与计数器解码电路所解码出来的数据在比较电路中作比较，比较无误即由其信号输出端将解码后的信号输出。”

针对上述专利权，埃派克森微电子（上海）有限公司（下称请求人）于 2005 年 3 月 30 日向专利复审委员会提出无效宣告请求，其理由是本专利权利要求 1 不具备创造性，不符合中国专利法第二十二条第三款的规定。请求人同时提交了下列附件：

附件 1：美国专利 US4312070 的公告文本复印件，公告日为 1982 年 1 月 19 日（每份各 24 页）；

附件 2：《煤矿自动化》1993 年第 1 期 第 62 ~ 63 页复印件（每份各 2 页）；

附件 3－1：上海市知识产权局答辩通知书沪知局处字（2005）第 05005 号复印件（每份各 1 页）；

附件 3－2：埃派克森微电子（上海）有限公司授权委托书（每份 1 页）；

附件 4－1：中国发明专利第 95104264.5 号的专利申请申请公开说明书复印件，其公开日为 1996 年 10 月 30 日（每份各 23 页）；

经形式审查合格，专利复审委员会于 2005 年 3 月 30 日受理了上述无效宣告请求，同日将无效宣告请求书及其附件清单所列附件副本转送给专利权人，要求其在指定的期限内答复。

针对上述无效宣告请求，专利权人于 2005 年 5 月 8 日提交了意见陈述书。在该意见陈述书中，专利权人认为：附件 1 尽管也涉及一种编码解码系统，但是它所要解决的核心问题在于对编码进行错误检测、错误校正和同步损失检测，而不在于编码与解码方法，其编码解码核心结构的附图与本发明的编码器和解码器的附图的差异很大，参考该附件 1 的附图可以看出与本发明的编码方式和装置在技术特征上显著不同；附件 2 仅仅涉及用传统矩阵式编码器以高电平或低电平来控制的二进制编码解码装置，附件 2 的编码器和解码器的方框图与本发明的编码解码装置相差很大，并且该附件 2 的陈述内容完全没有提及本发明的正整数次方个状态数作为解码方式及其相关装置的特征，因此本发明相对于对比文件 1 和 2 具备创造性。

2005 年 4 月 29 日，请求人再一次提交意见陈述书并补充如下证据：

附件 4－2：中国专利 95104264.5 号的授权公告文本复印件，授权公告日为 2002 年 12 月 18 日（每份各 23 页）；

附件 5－1：美国专利 US4426637 的公告文本复印件，公告日为 1984 年 1 月 17 日（每份各 13 页）；

附件 6－1：美国专利 US Re 29525 的公开文本复印件，公开日为 1978 年 1 月 24 日（每份各 9

页）；

附件7－1：美国专利US4178549的公告文本复印件，公告日为1979年12月11日（每份各11页）；

附件8－1：英国专利GB1396923的公开文本复印件，公开日为1975年6月11日（每份各17页）；

附件9：《电子技术》1994年第5期第30页至第33页复印件（每份各4页）；

2005年8月18日，合议组向双方当事人发出口头审理通知书，定于2005年10月18日举行口头审理，并随口审通知书向请求人转送专利权人提交的意见陈述书及附件副本，向专利权人转送请求人于2005年4月29日提交的意见陈述书及附件副本。

2005年8月29日，请求人提交意见陈述书并补交附件5－1的部分中文译文（附件5－2，每份各22页）和附件6－1的中文译文（附件6－2，每份各13页）。

2005年8月30日，合议组向专利权人发出转送文件通知书，将请求人于2005年8月29日提交的意见陈述书及附件副本转送给专利权人，并要求若专利权人对无效宣告请求人提交的外文证据的具体内容有异议的，应当在收到本通知之日起一个月内对有异议的部分提交中文译文。

2005年10月11日，合议组再次发出口头审理通知书，取消原定于2005年10月18日下午举行的口头审理，定于2005年11月17日上午举行口头审理。

2005年10月31日，专利权人提交了意见陈述书，针对请求人提交的附件5－2陈述了意见。

2005年11月17日上午口头审理如期举行，双方当事人均出席口头审理。在口头审理中，双方当事人明确表示对合议组成员的变更没有异议，对合议组成员没有回避请求；双方当事人对对方出庭人员的身份没有异议；请求人当庭表示本次口审仅使用附件5－1（US4426637）、附件9（《电子技术》1994年第5期第30～33页），放弃使用附件1（美国专利US4312070）、附件2（《煤矿自动化》1993年第1期第62～63页）、附件6－1（US Re 29525）、附件7－1（US4178549）、附件8－1（GB1396923）；请求人当庭出示盖有“上海图书馆上海科学技术情报研究所”红章的附件9的复印件，专利权人当庭核实附件9，并表示对附件9的真实性没有异议；专利权人对附件5－1的真实性没有异议，对附件5－1中文译文的准确性没有异议；请求人明确其无效理由为：本专利权利要求1相对于附件5－1、附件9的结合不具备创造性；专利权人当庭表示本专利权利要求1中编码器中的“振荡器”；解码器中的“振荡器”“分频器”“比较器”与附件5－1中的相应部件功能相同，其他元件功能不同。

至此，经过双方当事人充分陈述意见和提交证明其主张的详实证据，合议组认为本案事实已经清楚，可以作出审查决定。

二、决定的理由

1. 关于现有技术

请求人在口头审理中放弃了附件1、2、6－1、7－1、8－1的使用，因此不再评述该证据。请求人当庭提交了盖有“上海图书馆上海科学技术情报研究所”红章的附件9的复印件，专利权人对附件5－1、9的真实性无异议，对附件5－1的中文译文（附件5－2）的准确性没有异议，附件5－1、9显示其公开日均早于本专利的申请日，因此附件5－1、9构成了本专利的现有技术，可以采用附件5－2作为附件5－1的公开内容来评价本专利的创造性。

2. 关于创造性

专利法第二十二条第三款规定：创造性，是指同申请日以前已有的技术相比，该发明有突出的实质性特点和显著的进步，该实用新型具有实质性特点和进步。

本专利权利要求1请求保护一种编码解码装置，具体公开了以下技术特征：

a）编码器包括：

a-1）一振荡电路，用以产生编码器所需的基本频率；

a-2）一相位除法器，将该振荡电路的输出端所送出的基本频率脉冲信号作相位分频处理，而由其输出端将分频后的信号（QM、QN）送出；

a-3）一地址阵列输入器，由要检测的2^n个状态并行输入接脚的电路所组成；

a-4）一行列扫描器，由相位除法器所送出的信号（QM）而产生要扫描地址阵列输入器的行与列信号；

a-5）一同步电路，当并行至串行输出器在送一串输入数据之后，该同步电路会在该数据串的最后一个比特，再加入一个相位除法器的信号（QM），再加上空白1或2比特时间，作为同步用；

a-6）一并行至串行输出器，是以相位除法器的信号（QM、QN）将地址阵列输入器的并行输入接脚，以2^n种状态编码，再加上同步电路的同步信号，将此并行数据转成串行数据输出；

b）解码器包括有：

b-1）一振荡电路，用以产生解码器所需的频率；

b-2）一分频器，将基本频率分成行与列扫描器所需的频率；

b-3）一地址阵列输入器，用以检测2^n状态并行输入接脚的并行信号；

b-4）一行列扫描器，用以扫描地址阵列输入器的行与列信号；

b-5）一检测数据串同步信号，由数据输入端接收编码器传输过来的数据并检测该数据初始比特，将整串数据作同步处理；

b-6）一计数器解码电路，内部具有一计数器，由检测数据串同步信号所送来的脉冲的上升沿，将计数器复位，计数器的最后一正输出，即为比特的输出；

b-7）一比较电路；

b-8）一2^n态数据发生器，其将地址阵列输入器所输入的2^n种状态数据，用N个比特来表示，再与计数器解码电路所解码出来的数据在比较电路中作比较，比较无误即由其信号输出端将解码后的信号输出。

附件5-1及其译文附件5-2公开了一种组合编码-解码集成电路器件，其中的解码器与编码器集成在一起，解码器3中使用的器件除了通向它的外部连接稍许有变化外和编码器1中的器件严格相同，并具体公开了以下技术特征：

a'）编码器

a-1'）振荡器21，

a-2'）振荡器的输出耦合到分频器22，分频器的输出馈送到提供门脉冲11和12的时钟门23（参见附件5-2的第4页第12~16行）；

a-3'）当用于编码模式时，编码解码器的脚P1-P10连接到代码选择装置5，本实施例中代码选择装置5是多个双位置开关或设定编码器1的数字代码的电压（参见附件5-2的第4页第10~11行）；

a-4'）与门30由计数器29相继选通逐一访问和每个代码选择输入相关的放大器的输出，计数器29在计数时提供16个分立二进制编码输出信号的系列（参见附件5-2的第5页第18~20行）；

a-5'）与门30传出对于来自计数器29的第一个十个计数信号的取决于代码选择输入的或高或低的信号，并且总是提供确定对于来自计数器29的剩余的11-16计数的空白或同步时间的低信号（参见附件5-2的第5页第18~20行）；

a－6）门 31 和 30 的输出耦合到或非门 32，或非门 32 提供取决于代码选择输入 P1－P10 的状态的宽度的输出脉冲，在编码模式中，被称为本机代码的或非门 33 的输出耦合到发射器输出脚 P15（参见附件 5－2 的第 5 页第 20 行至第 6 页第 6 行）。

b）解码器

b－1）振荡器 21

b－2）分频器 22A 和 22B（参见附件 5－1 的图 6）；

b－3）脚 P1P10 连接到相似的代码选择开关 8（参见附件 5－2 的第 4 页第 18 行）；

b－4）与门 30 由计数器 29 相继选通逐一访问和每个代码选择输入相关的放大器的输出，计数器 29 在计数时提供 16 个分立二进制编码输出信号的系列（参见附件 5－2 的第 5 页第 18～20 行）；

b－5）在解码模式中，振荡器 21 由所接收的来自 Schmitt 触发器 24 的输入信号的前沿触发或同步，振荡器 21 的输出耦合到分频器 22，分频器 22 分解振荡器频率脉冲以产生需要的门脉冲，同样，在解码模式中，分频器 22 由 Schmitt 触发器 24 触发或复位（参见附件 5－2 的第 5 第 5 页第 11～13 行）；

b－6）在解码模式中，本机代码被耦合到比较门 25 的一个输入，门 25 的另一个输入是经由输入脚 P14 通过 Schmitt 触发器 24 的被接收的代码……比较门 25 将本机代码和所接收的代码以逐一脉冲的比较为基础进行比较以确定任何脉冲宽度的变化（参见附件 5－2 的第 5 页第 36－50 行，第 6 页第 6～11 行）；

b－7）比较器 27（参见附件 5－2 的第 6 页第 6～18 行）

b－8）比较器 27 将错误的量和参考电压比较，当错误电压超过参考电压时，比较器 27 将计数器 29 复位，这样，每一次输入或所接收代码和本机之间的错误太大，比较器 27 就将计数器复位，因此开始再一次产生本机代码，当本机的和所接收代码的十个脉冲都一致时，计数器将处于计数值 10（参见附件 5－2 的第 6 页第 6～18 行）。

关于编码器部分，请求人认为附件 5－1 公开的振荡器 21 和分频器 22 分别相应于本专利权利要求 1 编码器的振荡器和分频器；附件 5－1 的计数器 29 和与门 30 相应于本专利权利要求 1 的列扫描器；附件 5－1 的与门 31 相应于本专利权利要求 1 的同步电路；附件 5－1 的编码选择装置相应于本专利权利要求 1 的地址阵列输入器；附件 5－1 的或非门 32 和或非门 33 相应于本专利权利要求 1 的并行至串行输出器。

关于解码器部分，请求人认为附件 5－1 公开的振荡器 21 和分频器 22A 和 22B 分别相应于本专利权利要求 1 编码器的振荡器和分频器；附件 5－1 的计数器 29 相应于本专利权利要求 1 的行列扫描器；附件 5－1 的编码选择装置相应于本专利权利要求 1 的地址阵列输入器；附件 5－1 的施密特触发器相应于本专利权利要求 1 的检测数据串同步信号和计数器解码电路；附件 5－1 的或非门 32 相应于本专利的 2^n 态数据发生器；附件 5－1 的比较门 25 和比较器 27 相应于本专利权利要求 1 的比较电路。

合议组审查后认为，将附件 5－1 所公开的组合编码－解码集成电路器件与本专利权利要求 1 所披露的技术方案相比较，两者存在以下区别之处：1）附件 5－1 的计数器 29 和与门 30 不等同于本专利权利要求 1 的行列扫描器；2）附件 5－1 的与门 31 不同于本专利权利要求 1 的同步电路；3）附件 5－1 的计数器不等同于本专利权利要求 1 的行列扫描器；4）附件 5－1 的施密特触发器 24 不等同于本专利权利要求 1 的检测数据串同步信号；5）附件 5－1 的或非门 32 不等同于本专利权利要求 1 的 2^n 态数据发生器。

请求人认为附件 5－1 的计数器 29 和与门 30 相应于本专利权利要求 1 的行列扫描器，合议组认为这是不同的，根据附件 5 - 1 的附图 4 可以看出，计数器 29 和与门 30 是位于（编码选择装置 5 及其连接的接脚 P1 - P10 的）数据的输出端（见箭头指向），而本专利的行列扫描器则是处于（地址阵列输出器的）数据的输入端，是向地址阵列输出器输出行和列信号。因为上述连接关系上的差异，根据附件 5 - 2 的第 5 页最后一段，与门 30 传出对于来自计数器 29 的第一个十个计数信号的取决于代码选择输入的或高或低的信号，而本专利的行列扫描器则是产生要扫描地址阵列输出器 13 的行与列信号。

请求人认为附件 5 - 1 的与门 31 相应于本专利权利要求 1 的同步电路，合议组认为这是不同的，附件 5 - 1 的第 5 栏第 2 段至第 3 段中记载了“与门 30——并且总是提供确定对于来自计数器 29 的剩余的 11 - 16 计数的空白或同步时间的低信号”以及“或非门 32——接着是对于时间计数器 29 计数 11 - 16 期间的六个计数的空白同步时间”，并且根据图 4 可以看出，脉冲 1 - 10 输入至与门 31，因此与门 31 并不是进行同步操作的，而是如附件 5 - 2 的第 5 页最后一行所述“门 31 和与门 30 的输出耦合到或非门 32，或非门 32 提供取决于代码选择输入 P1 - P10 的状态的宽度的输出脉冲”。另外，根据附件 5 - 2 的上述内容，可以看出，其同步方式与本专利的同步方式显然不同。

请求人认为附件 5 - 1 的计数器相应于本专利权利要求 1 的解码部分的行列扫描器，合议组认为这是不同的，根据附件 5 - 1 的附图 4，计数器 29 本身并没有直接作用于由编码选择装置 5 及其连接的接脚 P1 - P10 输出的数据（见箭头指向），其是和与门 30 协作对（由编码选择装置 5 及其连接的接脚 P1 - P10）输出的数据进行处理，但是即使其和与门 30 一起也不相应于本专利的行列扫描器，因为其位于数据的输出端，而本专利的行列扫描器 24 则是处于（地址阵列输出器 23 的）数据的输入端，是向地址阵列输出器 23 输出行和列信号。因为上述连接关系上的差异，根据附件 5 - 2 的第 5 页最后一段，与门 30 传出对于来自计数器 29 的第一个十个计数信号的取决于代码选择输入的或高或低的信号，而本专利的行列扫描器 14 则是产生要扫描地址阵列输出器 13 的行与列信号。显然，本专利权利要求的行列扫描器无论是在功能上还是在连接关系上都与附件 5 - 1 的计数器 29 无法对应起来。

请求人认为附件 5 - 1 的施密特触发器相应于本专利权利要求 1 的检测数据串同步信号和计数器解码电路，合议组认为这是不同的，本领域的技术人员都知道施密特触发器的最重要的特点是把变化缓慢的输入信号整形为边沿陡峭的矩形脉冲，并且附件 5 - 2 第 10 页第二段也对此特点进行了肯定，即“作为解码器输入的脚 14 接收输入脉冲系列并将其通过施密特触发器 24 馈送。施密特触发器 24 将输入波形的上升和下降时间变成方形，并将其馈送到反相器”，在附件 5 - 1 中并未提施密特触发器 24 具有本专利的检测数据串同步信号和计数器解码电路的功能，即检测数据串同步信号由数据输入端接收编码器传输过来的数据并检测该数据初始比特，将整串数据作同步处理，而计数器解码电路，内部具有一计数器，由检测数据串同步信号所送来的脉冲的上升沿，将计数器复位，计数器的最后一正输出，即为比特的输出。因此认为附件 5 - 1 的施密特触发器相应于本专利的检测数据串同步信号和计数器解码电路是不恰当的。

请求人认为附件 5 - 1 的或非门 32 相应于本专利权利要求 1 的 2^n 态数据发生器，合议组认为这是不同的，权利要求 1 的 2^n 态数据发生器将地址阵列输入器所输入的 2^n 种状态数据，用 N 个比特来表示，再与计数器解码电路所解码出来的数据在比较电路中作比较，比较无误即由其信号输出端将解码后的信号输出，可见 2^n 态数据发生器与地址阵列输入器的输出端相连，其输出端与比较电路相连，比较电路与计数器解码电路的输出端相连，而根据附件 5 - 1 的图 4，或非门 32 没有与编码器 5 相连，其输出端也并未与比较器 27 相连，而是通过另一个或非门 33 与比较器相连。

附件 9 公开了一种编码器/解码器专用芯片及其应用，其主要特征在于运用传统矩阵式编码器，以高电平或低电平区别之二进制编解码装置，进一步参考附件9的附图1的编码器方框图和附图4的解码器方框图，可以看出与本发明的编码解码装置差异很大，并没有给出在附件5-1的基础上实现2^n（$n>2$）状态数编码方式，也未给出其编码、解码器的具体电路构成，特别是本专利与附件5-1相区别的上述技术特征，本领域的技术人员在不付出创造性劳动的基础上由附件5-1和9的结合并不能得到权利要求1的技术方案。

由于附件5-1和9的结合不能得到本专利权利要求1的技术方案，且本专利能够提供一种2的正整数次方个状态数的编解码方式的编解码装置，实现提高传输容量，降低传送数据长度与错误率，减少代表数据的接脚数的有益效果，因此本专利权利要求1相对于附件5-1和9的结合具有突出的实质性特点和显著的进步，因而具备创造性。

基于上述事实和理由，合议组作出如下审查决定。

三、决定

维持95104264.5号发明专利权有效。

当事人对本决定不服的，可以根据专利法第四十六条第二款的规定，自收到本决定之日起三个月内向北京市第一中级人民法院起诉。根据该款的规定，一方当事人起诉后，另一方当事人应当作为第三人参加诉讼。

077

鼠标第三轴输入器结构案

无效宣告请求审查决定（第8838号）

决　定　号　第8838号
决　定　日　2006年11月17日
发明创造名称　鼠标第三轴输入器结构
国际分类号　G06F 3/033
无效请求人　东莞市创峰电子有限公司
专利权人　亚士科技股份有限公司
专　利　号　98218191.4
申　请　日　1998年8月12日
授权公告日　2000年1月12日
合议组组长　陈迎春
主　审　员　杜微科
参　审　员　柴爱军

法律依据　专利法第二十二条第三款
决定要点

对比文件中未能公开权利要求1中的部分技术特征，且该技术特征不属于本领域的公知常识，并且给权利要求1请求保护的技术方案带来了有益的技术效果，因此权利要求1相对于对比文件具备创造性。

一、案由

本无效宣告请求涉及国家知识产权局于2000年1月12日授权公告的名称为“鼠标第三轴输入器结构”的98218191.4号实用新型专利权，其申请日是1998年8月12日，专利权人是亚士科技股份有限公司，其授权公告的权利要求书如下：

“1. 一种鼠标第三轴输入器结构，主要由一旋转式编码器、一放大轮、一组支柱及一电源开关组合而成，其特征在于：上述旋转式编码器被固定在一侧支柱外的电路板上，是由与放大轮同步旋转的六角形轴尖所操控，而随放大轮的被施压与正逆转而输出信号，上述放大轮藉由一具有挠性的轴杆穿挂在一组支柱之间，但轴杆的一端呈六角形轴尖则插入在旋转式编码器内，另一端则设有一随放大轮同步旋转的小轮，并因被施压稍呈弯弧以触动电源开关接通电源；上述该组支柱之一设有较浅轴槽，另一侧设有较深轴槽，以让放大轮轴杆两端分别挂靠，并让挂套在较深轴槽端的轴杆呈如钓杆可被下压弯弧或反弹回复；该电源开关设在小轮下端，达到随放大轮同步旋转并被按压触接。”

针对上述实用新型专利（下称本专利），东莞市创峰电子有限公司（下称请求人）于2005年6月17日向专利复审委员会提出无效宣告请求，理由是本专利权利要求1不具备新颖性和创造性，不符合专利法第二十二条第二三款的规定。在提出无效请求时请求人提交了以下附件作为证据：

附件1：台湾335193号“专利公报”复印件4页，公开日为1998年6月21日；

附件2：台湾308680号“专利公告本”，复印件5页。

经形式审查合格后，专利复审委员会于2005年6月20日受理了该无效宣告请求，并将无效宣告请求书及其附件副本一并转给了专利权人，要求专利权人在指定的答复期限内陈述意见。

针对上述无效宣告请求，专利权人于2005年8月4日向专利复审委员会提交了意见陈述，认为本专利权利要求1与对比文件相比具有多个区别技术特征，并且解决的技术问题不同，技术效果也不同，因此具备新颖性、创造性。

专利复审委员会于2006年4月21日发出口头审理通知书，定于2006年6月14日对本案举行口头审理，合议组随同口头审理通知书将专利权人于2005年8月4日提交的意见陈述书转给了请求人。

口头审理因故改期至2006年6月15日进行，双方当事人均参加了口头审理。请求人当庭放弃关于新颖性的无效理由，明确其无效理由为权利要求1相对于附件1、2的结合不具备创造性，其中附件1为与本专利最接近的对比文件，附件2以提出无效请求时提交的文本为准。专利权人对附件1、2的真实性、合法性、关联性没有异议，但认为附件1、2均未能公开本专利中的技术特征“轴杆为挠性，带动小轮上下移动”。请求人主张附件2的公开日为1997年6月21日，合议组当庭告知请求人应在口审结束后7日内提交证据以证明附件2的公开日。

专利复审委员会于2006年6月27日收到请求人提交的内容与308680号专利相关的复印件2页。

二、决定的理由

（一）关于证据

专利权人对附件1、2的真实性没有异议，因此附件1、2可以作为本案的定案依据。附件1的公开日为1998年6月21日，在本专利的申请日之前，可以作为本专利的现有技术评价权利要求1的创造性；附件2上没有记载台湾地区308680号专利的公开日，请求人在口审后虽提交了内容与台湾地区00308680专利相关的复印件2页，但未能对所述复印件的来源做出合理说明，也没有提供其他证据证明所述复印件的真实性，因此其真实性无法确认，不能用于证明附件2的公开日。在无法确认附件2公开日的情形下，不能将附件2作为本专利的现有技术。

（二）创造性

专利法第二十二条第三款规定，创造性，是指同申请日以前已有的技术相比，该实用新型有实质性特点和进步。

附件1涉及一种产生编码讯号之操作介面模组，其中公开了以下技术特征：一转轮，该转轮包括一轮轴，转轮以该轮轴枢接于一支撑座，该支撑座包括第一支撑块和第二支撑块，所述第一支撑块可包括一凸柱，于该转轮受压时产生位移而触压设置于该输入装置内之一开关（参见附件1附图1、2、3及“专利申请范围”）。

与本专利权利要求1相比，附件1中至少未能公开权利要求1中的下述技术特征：“旋转式编码器，该编码器被固定在一侧支柱外的电路板上，是由与放大轮同步旋转的六角形轴尖所操控，而随放大轮的被施压与正逆转而输出信号，上述放大轮藉由一具有挠性的轴杆穿挂在一组支柱之间，但轴杆的一端呈六角形轴尖则插入在旋转式编码器内”，“该组支柱之一设有较浅轴槽，另一侧设有较深轴槽，以让放大轮轴杆两端分别挂靠，并让挂套在较深轴槽端的轴杆呈如钓杆可被下压弯弧或反弹回复”。

合议组认为，附件1未能公开的上述技术特征既不属于本领域的公知技术，并且也给权利要求1请求保护的技术方案带来了“结构简洁，省却零件，精确反应与传输操作者的施力意向，增进精密度”等有益的技术效果，从而使得权利要求1请求保护的技术方案具有实质性特点和进步，因此权利要求 1 相对于附件 1 具备创造性，符合专利法第二十二条第三款的规定。

三、决定

维持 98218191.4 号实用新型专利权有效。

当事人对本决定不服的，可以根据专利法第四十六条第二款的规定，自收到本决定之日起三个月内向北京市第一中级人民法院起诉。根据该款的规定，一方当事人起诉后，另一方当事人应当作为第三人参加诉讼。

078

大电流多路输出三相三线接线盒案

无效宣告请求审查决定（第8846号）

决　定　号　第8846号
决　定　日　2006年10月12日
发明创造名称　大电流多路输出三相三线接线盒
国际分类号　H02G 3/08
无效请求人　乐清市海燕接线盒有限公司
专利权人　董建伦
专　利　号　02215020. X
申　请　日　2002年1月7日
授权公告日　2003年5月21日
合议组组长　张　度
主　审　员　唐向阳
参　审　员　孙治国

法律依据　专利法第二十二条第二款和第三款
决定要点

如果一项专利的权利要求所述技术方案由对比文件公开，而且它们的发明目的、技术领域和技术效果实质上相同，那么该专利的权利要求不具备新颖性。

实用新型专利的权利要求所限定的技术方案与申请日以前已有的技术相比不具有实质性特点和进步，则该权利要求不具备创造性。

一、案由

本无效宣告请求涉及国家知识产权局于2003年5月21日授权公告、专利号为ZL02215020. X、名称为“大电流多路输出三相三线接线盒”的实用新型专利（下称本专利），其申请日为2002年1月7日、专利权人为董建伦。本专利授权公告的权利要求书包括3项权利要求，其中权利要求1～3如下：

“1. 大电流多路输出三相三线接线盒，包括绝缘盒体和盒盖，所述绝缘盒体内固定有相互间绝缘分开的三个相线金属连接块，所述各相线金属连接块的上端设有电流进线的压接螺钉，其下端设有穿接螺钉和接线穿孔，其特征在于，所述各相线金属连接块下端接线部分的形状为两层或三层台阶状，所述穿接螺钉分别位于各台阶的垂直阶面上，所述接线穿孔分别相应地设有两排或三排。

2. 如权利要求1所述的大电流多路输出三相三线接线盒，其特征在于，所述绝缘盒体内按照所述相线金属连接块的形状挖空，所述相线金属连接块卡入所述绝缘盒体内。

3. 如权利要求1或2所述的大电流多路输出三相三线接线盒，其特征在于，所述压接螺钉与所述穿接螺钉间由凸梁分隔开，所述凸梁中间内凹并粘贴有接线盒标识。”

专利复审委员会于2005年10月18日收到乐清市海燕接线盒有限公司（下称请求人）就本专利提交的第一次无效宣告请求书以及提交的以下附件1：

附件1：ZL98247216.1号实用新型专利说明书，其申请日为1998年12月9日、授权公告日为2000年1月26日（下称对比文件1）。

请求人提出的无效理由是：本专利的大电流多路输出三相三线接线盒不具备新颖性，不符合专利法第二十二条第一款，因与该产品特征相似的产品在申请日前已在国内公开使用过，在国内出版物上公开发表过。

经形式审查合格，专利复审委员会受理了该第一次无效宣告请求，并于2005年10月20日将该无效宣告请求书及其附件清单中所列附件副本转送专利权人。

专利复审委员会于2005年11月28日收到请求人于2005年11月17日提交的补充证据，其中附件2~5如下：

附件2：上海通世电器有限公司的JTS2系列多用途接线端子的产品宣传样本的复印件共4页；

附件3：证明人上海通世电器有限公司总经理的个人信息的复印件共1页；

附件4：PLENCO公司的材料工程实验室数据报告的复印件共1页，以及产品照片的复印件共12页；

附件5：产品规格说明与加工图纸的复印件共38页。

请求人补充的无效理由是：本专利的大电流多路输出三相三线接线盒不具备新颖性，不符合专利法第二十二条第一款的规定，因与该产品特征相似的产品在申请日前已在国内出版物上公开发表过（证据见附件1），在国内公开使用过及非出版物上公开过（证据见附件2），并有在国内公开使用的证明人信息（见附件3），另有国外企业在1999年8月20日以前开发生产并投入市场销售与公开使用（见附件4、5）。

专利复审委员会于2005年11月25日收到专利权人提交的意见陈述。专利权人认为，对比文件1所记载的技术内容与本专利不同，不能破坏本专利的新颖性。

专利复审委员会本案合议组于2006年2月15日向双方当事人发出第一次口头审理通知书，定于2006年4月5日对本案进行口头审理，并转送请求人于2005年11月17日提交的补充证据附件的副本给专利权人，同时向请求人发出外文证据处理通知书。

第一次口头审理于2006年4月5日如期举行，口审中双方当事人对合议组成员没有回避请求，对合议组成员的变更没有异议，对对方出庭人员的身份没有异议；请求人当庭表示放弃附件4和附件5；专利权人对附件2的真实性有异议；请求人明确其无效理由为：本专利权利要求1~3相对于对比文件1不具备专利法第二十二条第二款规定的新颖性，附件2和附件3用于支持对比文件1；本案将与案件编号为5W07667的无效宣告请求合并审理。

专利复审委员会于2006年4月4日收到同一请求人就本专利提交的第二次无效宣告请求书（即案件编号为5W07667的无效宣告请求），以及提交的以下附件6~12：

附件6：上海通世电器有限公司的JTS2系列多用途接线端子的产品宣传样本的复印件共4页；

附件7：上海通世电器有限公司的产品实物照片的复印件共5页；

附件8：发票号码为00645113的上海通世电器有限公司的产品销售发票的复印件共1页；

附件9：BUSSMANN公司的印刷品的复印件共7页；

附件10：加工图纸的复印件共2页；

附件11：国家知识产权局专利检索咨询中心出具的编号G060444的检索报告的复印件共4页；

附件12：ZL00217023.X号实用新型专利说明书，其申请日为2000年3月23日、授权公告日为

2001 年 5 月 2 日（下称对比文件 2）；ZL99240249.2 号实用新型专利说明书复印件，其申请日为 1999 年 11 月 8 日、授权公告日为 2000 年 8 月 30 日（下称对比文件 3）；ZL95220254.9 号实用新型专利说明书复印件，其申请日为 1995 年 8 月 29 日、授权公告日为 1996 年 12 月 11 日（下称对比文件 4）；ZL98223693.X 号实用新型专利说明书复印件，其申请日为 1998 年 4 月 8 日、授权公告日为 1999 年 6 月 23 日（下称对比文件 5）。

请求人提出的无效理由是：结合附件 6～10 证明了本专利在申请日之前已经公开使用，专利号 ZL98247216.1 的多用途接线端子已由上海通世电器有限公司实施生产，该公司生产的 JTS2 系列多用途接线端子与本专利的大电流多路输出三相三线接线盒相同，并且相同的产品由 BUSSMANN 公司在 1990 年就公开销售与使用，所以权利要求 1 不具备专利法第二十二条第二款规定的新颖性；权利要求 1～3 相对于对比文件 2 和本领域公知常识不具备专利法第二十二条第三款规定的创造性；权利要求 1～3 的保护范围不清楚，不符合专利法实施细则第二十条第一款的规定；权利要求 1～3 得不到说明书的支持，不符合专利法第二十六条第四款的规定；本专利的形状、图案不富有美感，不是工业应用的新设计，不符合专利法实施细则第二条第二款的规定。

经形式审查合格，专利复审委员会受理了第二次无效宣告请求，并于 2006 年 4 月 4 日将该无效宣告请求书及其附件清单中所列附件副本转送专利权人。

专利复审委员会于 2006 年 4 月 24 日收到专利权人于 2006 年 4 月 20 日提交的意见陈述书及另一份本专利的实用新型专利检索报告。专利权人认为：

1）请求人第二次无效宣告请求中所提供的附件 6～12 以及第一次无效宣告请求中提交的对比文件 1，能够被认可的仅为附件 11、12′和对比文件 1 的专利文献，对附件 6～10 专利权人均不认可，所以对请求人以附件 6～10 为依据提交的无效理由，专利权人不作意见陈述；

2）权利要求 1 所要求保护的技术方案与对比文件 1 公开的技术相比，两者在结构上存在明显区别，所以权利要求 1 具备新颖性；

3）权利要求 1 相对于对比文件 1 存在 5 点区别：本专利中接线盒用于三相三线接线；本专利中盒体是绝缘的；本专利中是“两层或三层台阶”；本专利的相线金属连接块上没有“进线接入孔”；对比文件 1 中的“连接块 4、5 的纵向截面结构”与本专利“金属连接块的纵向截面结构”不同，而这些区别对应本领域技术人员来说是非显而易见的，所以权利要求 1 具备创造性，权利要求 2、3 同样具备创造性；

4）说明书和附图已经对权利要求 1～3 的内容作了明确的说明，本领域技术人员结合说明书和附图均能清楚权利要求保护的技术方案，所以不存在得不到说明书支持的问题；

5）专利权人提交的实用新型专利检索报告的结论认为权利要求 1～3 具备新颖性和创造性。

专利复审委员会于 2006 年 5 月 10 日收到请求人于 2006 年 5 月 3 日提交的补充证据的附件 13 和附件 14：

附件 13：专利权人提供的权利要求 1 要求保护的技术方案的结构特征与对比文件 1 所公开的技术方案的结构特征的对比表；

附件 14：号码为 0056090 的上海通世电器有限公司的产品销售收据以及盖有西宁湟水河远东开关厂印章的证言的复印件共 1 页。

请求人补充的无效理由是：

1）对比文件 2 中已将本专利的两层或三层台阶状的结构公开，压接和穿接这两种接线方式是本领域技术人员惯用的连接方式，所以权利要求 1 相对于对比文件 2 不具备新颖性与创造性，而且权利要求 1 相对于对比文件 1 也不具备新颖性与创造性，对比文件 3 和 4 也已将权利要求 1 要求保护的技术方案公开；

2）权利要求1相对于对比文件2的区别都是本领域技术人员根据需要的一种选择，属于公知常识，本领域技术人员在结合对比文件2的基础上得到权利要求1请求保护的技术方案是显而易见的，所以权利要求1不具备创造性；

3）权利要求2和3的附加技术特征是本领域技术人员所熟知的普通常识，所述的技术特征仅仅是将普通技术人员所熟知的技术方案附加在本专利的权利要求1上，为本领域技术人员所显而易见，所以权利要求2和3不具备创造性和新颖性；

4）附件11的检索报告的结论表明本专利权利要求1~3不具备创造性；

5）专利权人在第一次口审中现场提交的附件13是本专利与对比文件1的结构对比，其陈述的不同结构特征均不是权利要求1所述的特征，明确的反映出本专利与对比文件1的产品结构特点，通过附件13可得出结论，本领域技术人员只要看了对比文件1的产品就可作出相应的技术方案，而对比文件1的专利方案由上海通世电器有限公司在实施，在本专利的申请日前在国内公开销售与使用（见附件14），因此，结合第一次无效宣告请求中提供的证据与附件与第二次无效宣告请求中提供的附件，总结出权利要求1不具备新颖性与创造性。

专利复审委员会于2006年4月17日向双方当事人发出第二次口头审理通知书，定于2006年6月21日对本案进行口头审理，并转送请求人于2006年4月4日提交的证据给专利权人，同时向请求人发出外文证据处理通知书。专利复审委员会于2006年5月29日转送专利权人于2006年4月20日提交的意见陈述及其证据附件的副本给请求人，转送请求人于2006年5月3日提交的补充证据附件的副本给专利权人。

第二次口头审理于2006年6月21日如期举行，口审中双方当事人对合议组成员没有回避请求，对对方出庭人员的身份没有异议；请求人当庭表示放弃附件6~10和附件14；请求人明确其无效理由为：本专利权利要求1~3不符合专利法实施细则第二条第二款、专利法第二十六条第四款、专利法实施细则第二十条第一款、专利法第二十二条第二款和第三款的规定；单独使用对比文件2和对比文件1分别评述权利要求1~3的新颖性和创造性；使用对比文件2结合对比文件1评述权利要求1~3的创造性；使用对比文件2结合对比文件3评述权利要求1~3的创造性；使用对比文件5结合对比文件4评述权利要求1~3的创造性；使用对比文件2结合对比文件3和对比文件5评述权利要求1~3的创造性。

至此，经过双方当事人充分陈述意见和提交证明其主张的证据，合议组认为本案事实已经清楚，经合议依法作出审查决定。

二、决定的理由

1. 证据认定

请求人提交的对比文件1~5均为实用新型专利的授权文本，其授权公告日早于本专利申请日，因此可以使用对比文件1~5作为评价本专利权利要求新颖性、创造性的现有技术。

2. 审查文本

由于专利权人没有提交修改文本，所以本决定以本专利授权公告的权利要求书为基础。

3. 关于专利法实施细则第二条第二款

专利法实施细则第二条第二款规定，专利法所称实用新型，是指对产品的形状、构造或者其结合所提出的适于实用的新的技术方案。

本专利所要解决的问题在于提出一种对盒体和金属接线块的结构进行改进的大电流多路输出三相三线接线盒，以适应容量大、出线多、体积小的要求，这属于技术问题。为了解决上述技术问题，本专利采用了对三相三线接线盒内的各个部件的具体结构、位置及其各个部件之间的关系的技术手段的集合，并获得了容量大、出线多和体积小的技术效果。因此，本专利属于实用新型专利保护的客体。

对于产品的形状以及表面的图案或者其结合的新方案，判断其是否解决技术问题、采用技术手段和获得技术效果才是判断该方案是否属于实用新型专利保护客体的依据。而且，专利法实施细则第二条第二款是对可获得专利保护的实用新型的一般性定义，并不是判断新颖性、创造性、实用性的具体审查标准。由于本专利的方案相对于本专利的说明书所描述的背景技术作出了改进，解决了技术问题，采用了技术手段，能在产业上应用并产生有用的效果，所以本专利权利要求1～3符合专利法实施细则第二条第二款的规定。

4. 关于专利法第二十六条第四款

专利法第二十六条第四款规定，权利要求书应当以说明书为依据，说明要求专利保护的范围。

请求人认为权利要求1中“所述各相线金属连接块”的“下端设有穿接螺钉和接线穿孔”，而说明书中仅描述了“相线金属连接块5的下端侧面上相应地分别开设有两排接线穿孔8”（参见本专利说明书第2页倒数第7行），即权利要求1中“接线穿孔”的位置是在“各相线金属连接块的下端”，而说明书中“接线穿孔”的位置是在位于“相线金属连接块5的下端侧面上”，权利要求1所要求保护的方案的范围大于本专利说明书所公开的技术方案的范围，因此权利要求1得不到说明书的支持。

专利权人认为说明书和附图已经对权利要求书的内容作了明确的说明，本领域技术人员结合说明书和附图均能清楚权利要求保护的技术方案。

合议组审查权利要求书和说明书后认为：权利要求1中是在相线金属连接块的下端设有穿接螺钉和接线穿孔，而说明书中描述的是相线金属连接块的下端侧面上开设接线穿孔，即权利要求1中接线穿孔的位置与说明书中接线穿孔的位置不一致，本领域技术人员也不能从说明书公开的下端侧面上开设接线穿孔得到权利要求1的下端设有穿接螺和接线穿孔，导致权利要求1得不到说明书的支持，不符合专利法第二十六条第四款的规定。同样，由于权利要求2和3都分别引用了权利要求1，所以权利要求2和3也不符合专利法第二十六条第四款的规定。

5. 关于专利法实施细则第二十条第一款

专利法实施细则第二十条第一款规定，权利要求书应当说明发明或者实用新型的技术特征，清楚和简要地表述请求保护的范围。

请求人认为权利要求1中所述各相线金属连接块的上端和下端都无法确定是哪一部分，进而就无法设置压接螺钉、穿接螺钉、接线穿孔；同时不清楚权利要求1中的垂直阶面是垂面还是台面，使得本领域技术人员无法确定其具体位置；而且本领域技术人员无法从权利要求1中得出接线穿孔的准确位置及其与压接螺钉、穿接螺钉的位置关系，上述原因导致权利要求1的保护范围不清楚。

合议组审查权利要求书后认为：对本领域技术人员而言，接线盒的上端和下端分别是进线侧与出线侧，台阶具有水平面和垂直面，所以各相线金属连接块的上端和下端的位置是明确的，垂直阶面是台阶上垂直于水平面的另一面，由此也可以确定穿接螺钉、接线穿孔的位置，所以权利要求1的保护范围是清楚的，符合专利法实施细则第二十条第一款的规定，进而其从属权利要求2和3也符合专利法实施细则第二十条第一款的规定。

6. 关于新颖性

（1）权利要求1请求保护一种大电流多路输出三相三线接线盒。对比文件1公开了一种多用途接线端子，即一种导线连接装置，主要是通过改变导电件的结构来实现一路或二路进线、多路出线；它具有绝缘基座1（相当于本专利中的绝缘盒体）、防护罩3（相当于本专利中的盒盖）、导电件2（相当于本专利中的相线金属连接块）；由于使用特制的螺钉直接压接导线，所以也具有压接螺钉；

导电件2中有多排接线穿孔（参见对比文件1的说明书第1页第4~6段，附图1）。

将权利要求1与对比文件1比较可以发现，对比文件1中公开的是一路或二路进线、多路出线的连接装置，并不是本专利中的三相三线接线盒；对比文件1中的接线端子具有接线穿孔，但是没有公开穿接螺钉及其所在的位置；对比文件1中也没有公开金属连接块下端的台阶状结构。由此可见，由于对比文件1没有完全公开权利要求1的所有技术特征，权利要求1要求保护的技术方案与对比文件1公开的技术方案并不完全相同，所以权利要求1相对于对比文件1具备专利法第二十二条第二款所规定的新颖性。

（2）对比文件2公开了一种线路接线盒，包括盒体和盒盖，盒体内固定有三块相线接线块和一块零线接线块，各接线块相互绝缘分开，接线块上有接线孔和压接螺钉，接线块的侧向纵截面呈台阶状（显然包含了本专利中两层或三层台阶状的情形），压接螺钉设在台阶状的两平面上，出线接孔设在台阶状的两垂直面上（相当于本专利中接线穿孔分别相应地设有两排或三排），不同平面上的压接螺钉和不同垂直面上的出线接出孔相互错开（参见对比文件2的权利要求1、2）。

将权利要求1与对比文件2比较可以发现，对比文件2中公开的是三相四线接线盒，并不是本专利中的三相三线接线盒；对比文件2中的接线端子具有进线接入孔和出线接出孔，但是没有公开穿接螺钉及其所在的位置。由此可见，由于对比文件2没有完全公开权利要求1的所有技术特征，所以权利要求1相对于对比文件2具备专利法第二十二条第二款所规定的新颖性。

（3）由于权利要求1具备新颖性，所以其从属权利要求2和3也具备专利法第二十二条第二款所规定的新颖性。

7. 关于创造性

（1）由上面有关本专利新颖性的评述可知，权利要求1要求保护的技术方案与对比文件2公开的技术方案的区别技术特征在于：本专利中使用的是三相三线接线盒以及具有穿接螺钉。但是，对于本领域技术人员而言，在不需要零线接线块时利用常识将三相四线替换为三相三线接线盒是非常容易的；另外，为了固定接线而使用穿接螺钉并确定螺钉的位置是本领域中的公知常识。在对比文件2的基础上，结合上述公知常识以获得权利要求2所要求保护的技术方案，对本领域技术人员来说是显而易见的，因此权利要求1不具有实质性特点和进步，不具备专利法第二十二条第三款所规定的创造性。

（2）权利要求2的附加技术特征是："绝缘盒体内按照所述相线金属连接块的形状挖空，所述相线金属连接块卡入所述绝缘盒体内"。要将金属连接块装入绝缘盒体内，就必须按照绝缘盒体的形状将绝缘盒体内挖空，然后再卡入金属连接块，这是本领域的公知常识，对所属技术领域的技术人员来说是显而易见的。因此在其引用的权利要求1不具备创造性时，权利要求2也不具备专利法第二十二条第三款所规定的创造性。

（3）权利要求3的附加技术特征是："所述压接螺钉与所述穿接螺钉间由凸梁分隔开，所述凸梁中间内凹并粘贴有接线盒标识"。实际上，凸梁分隔开的是进线侧和出线侧，即上端和下端，对比文件2中的各接线块4、5间分别以绝缘挡块6分隔开（参见对比文件2的说明书第5~6行，附图1），这种结构与本专利中相同；而为了粘贴标识使得凸梁中间内凹属于本领域的公知常识，并不能使得该技术方案获得更好的技术效果，同时，在凸梁上粘贴标识并不属于接线盒本身的技术特征，在此不作考虑。在对比文件2的基础上，使用绝缘挡块作为凸梁来分隔压接螺钉与穿接螺钉，对本领域技术人员来说是显而易见的。因此权利要求3不具有实质性特点和进步，不具备专利法第二十二条第三款所规定的创造性。

（4）鉴于权利要求1~3相对于对比文件2已不具备创造性，所以不再评述使用其他对比文件评价本专利创造性的理由。

三、决定

宣告 02215020. X 号实用新型专利权利要求 1 ~ 3 全部无效。

当事人对本决定不服的，可以根据专利法第四十六条第二款的规定，自收到本决定之日起三个月内向北京市第一中级人民法院起诉。根据该款的规定，一方当事人起诉后，另一方当事人应当作为第三人参加诉讼。

079

电脑键盘的按键案

无效宣告请求审查决定（第 8853 号）

决　定　号　第 8853 号
决　定　日　2006 年 11 月 27 日
发明创造名称　电脑键盘的按键
国 际 分 类 号　G06F3/023
无 效 请 求 人　吴　哥
专 利 权 人　新巨企业股份有限公司
专　利　号　97243964.1
申　请　日　1997 年 11 月 18 日
授 权 公 告 日　1999 年 8 月 25 日
合 议 组 组 长　张　度
主　审　员　张汉国
参　审　员　高　栋

法 律 依 据　专利法第二十二条第三款　专利法实施细则第二条第二款、第二十一条第二款
决 定 要 点

如果区别技术特征被另一篇相同领域或者相近领域的对比文件公开，并且本领域技术人员能够预料到将该区别技术特征应用到最接近的对比文件中后能够获得与其在本专利权利要求中相同的技术效果，那么对本领域技术人员而言，得到本专利权利要求的技术方案不需要付出创造性的劳动，本专利权利要求不具备创造性。

一、案由

本无效宣告请求涉及国家知识产权局于 1999 年 8 月 25 日授权公告、名称为“电脑键盘的按键”的实用新型专利（下称本专利），其申请号为 97243964.1，申请日为 1997 年 11 月 18 日，专利权人为新巨企业股份有限公司。

本专利授权公告的权利要求书为：

“1. 一种电脑键盘的按键，包括一个键帽、一个架桥、一个触动件、一薄膜电路板及一个底板，薄膜电路板具有数个接点，其特征在于：

触动件底缘直接黏贴固定在薄膜电路板的接点周缘。

2. 如权利要求 1 所述的电脑键盘的按键，其特征在于：

所述底板上设有一卡夹体及一卡勾体，以分别对应可回动地勾设在所述架桥下端，所述薄膜电路板上开设有使卡夹体及卡勾体穿过的孔洞。

3. 如权利要求 1 所述的电脑键盘的按键，其特征在于：

所述薄膜电路板上还包括一个桥板，桥板上设有一个可容纳所述触动件直接穿套过的孔洞，桥板

上设有与架桥下端可动地连接的卡夹体及卡勾体。

4. 如权利要求1、2或3所述的电脑键盘的按键，其特征在于：

所述薄膜电路板的接点周缘对应所述触动件底缘处设有环形固定胶，以黏贴所述触动件的底缘。

5. 如权利要求1、2或3所述的电脑键盘的按键，其特征在于：

所述触动件底缘形成一个环形凸出以增加胶合面积的凸缘。

6. 如权利要求4所述的电脑键盘的按键，其特征在于：

所述固定胶以自动印刷方式印刷在所述薄膜电路板的各接点周围。”

针对上述专利权，吴哥（下称请求人）于2003年12月19日向国家知识产权局专利复审委员会提出了宣告该专利权无效的请求，并提交了如下对比文件作为证据：

对比文件1：中国台湾第301431号“专利公报”，公开日期为1997年3月21日；

对比文件2：英国GB2192307A号专利公报及其部分中文译文，公开日期为1988年1月6日；

对比文件3：日本昭64－89221号专利公报及其部分中文译文，公开日期为1989年4月3日。

其主要理由是：本专利所有权利要求相对于对比文件1~3不具备新颖性、创造性。

专利复审委员会经形式审查合格后受理了上述无效宣告请求，并于2004年3月23日将无效宣告请求书及相关附件转寄给专利权人。

专利复审委员会本案合议组于2005年3月1日发出口头审理通知书，定于2005年4月14日在专利复审委员会进行口头审理。

2005年4月5日，专利复审委员会收到专利权人的口头审理通知书回执。2005年4月8日，专利复审委员会收到专利权人提交的意见陈述书，认为对比文件1~3没有破坏本专利权利要求的新颖性和创造性。专利权人还认为，对比文件1是中国台湾专利，没有公证，对其真实性有疑问，对比文件2、3只有部分中文译文，对其准确性有疑问，请求翻译全文。

口头审理如期进行，双方当事人均参加了此次口头审理。双方当事人对对方出庭人员身份、资格无异议，双方均不要求合议组成员回避。

在口头审理中，请求人放弃对比文件2作为本案的证据使用。请求人明确其无效理由是，权利要求1不符合专利法实施细则第二十一条第二款的规定，因为权利要求1前序部分各部件的连接关系没有明确，缺必要技术特征；权利要求1~6相对于对比文件1、3不具备创造性；权利要求6不符合专利法实施细则第二条第二款的规定。专利权人认为权利要求1前序部分各部件的连接关系在说明书背景部分有说明，本专利是在背景技术基础上的改进，某些连接关系在发明内容中也有所体现，其连接关系并非发明点，无需详细写出。专利权人对对比文件3的中文译文有异议，合议组告知请求人在一周内提交准确的中文译文，并可以在该期限内提交书面的意见陈述，逾期将不被接受。

请求人按期在2005年4月19提交了意见陈述书，坚持口头审理中的意见并进行了详细陈述。该意见陈述书中附有盖有国家知识产权局专利检索咨询中心副本认证专用章的对比文件1文本，以及对比文件3的部分中文译文。合议组于2006年4月21日将该意见陈述书及其附件转送专利权人。专利权人在2006年5月31日提交了意见陈述书，认为：对比文件1中没有说明书的内容；对比文件3中的译文翻译对技术的阐述不清楚、不完整，请求全文翻译；具体陈述了权利要求1符合专利法实施细则第二十一条第二款、权利要求1~6具备创造性的理由。

至此，合议组认为本案事实清楚，双方当事人已充分发表意见，可以在请求人提供的证据的基础上作出本决定。

二、决定的理由

1. 关于证据

对比文件1是一份台湾地区“专利公报”，专利权人在意见陈述书中曾对对比文件1的真实性提出异议，为此，请求人补充提交了盖有国家知识产权局专利检索咨询中心副本认证专用章的对比文件1文本，经审查，合议组确认对比文件1的真实性。对比文件1的公开日在本专利申请日之前，因此可以作为评价本专利创造性的现有技术。

对比文件3是一份日本专利公报，专利权人对其真实性没有异议，合议组经审查，认可其真实性。对比文件3的公开日在本专利申请日之前，因此对比文件3可以作为评价本专利创造性的现有技术。请求人在提出无效宣告请求时提交了对比文件3的部分中文译文（下称译文1），专利权人在口头审理时对译文1提出异议，认为翻译不准确。请求人应合议组的要求在2005年4月19日提交了重新翻译后的对比文件3的中文译文（下称译文2），专利权人认为译文2对技术的阐述不清楚、不完整，表现在译文2第2页第14~17行并没有将对比文件3的图1翻译清楚、完整，断章取义，因此请求人对译文2上述部分翻译的完整性、准确性提出质疑，请求全文翻译。

对此，合议组认为，在无效宣告案件审理过程中，请求人仅对提交的外文证据进行所需要部分的翻译而不进行全文翻译是常见做法，专利权人如果认为该种做法存在断章取义之处，要求全文翻译必须具有合理性和必要性。本案中，专利权人指出相关翻译部分没有把图1翻译清楚、完整，断章取义，来要求全文翻译。合议组认为，该理由过于笼统，专利权人并未结合具体内容说明译文2对图1相关部分的翻译具体存在何种不清楚、不完整之处，以及该不清楚和不完整之处如何对本专利创造性的判定产生实质性的影响，也即专利权人未能证明全文翻译的合理性和必要性，此时要求请求人进行全文翻译将会给其造成不必要的困扰。并且，专利权人既然认为已翻译的部分是断章取义，那么其应该知道图1的真实含义，其完全可以通过提交自己认为完整、客观的译文来证明自己的观点，但是专利权人却未能提交。尚需指出的是，译文2翻译的内容已经比译文1的内容更加全面、完整，而在口头审理时专利权人并未指出译文1翻译的内容存在不全面、不完整的问题，却在口头审理结束并且收到译文2的时候才提出这一问题，未免有拖延程序之嫌。可见，专利权人提出的要求请求人进行全文翻译的请求并不成立。

鉴于专利权人主要是认为翻译不全，并没有认为翻译错误，也没有根据审查指南的要求提出己方认为正确的译文，因此译文2可以视为对比文件3相应部分的正确译文，以用于评价本专利的创造性。

2. 关于权利要求1是否符合专利法实施细则第二十一条第二款的问题

专利法实施细则第二十一条第二款规定：“独立权利要求应当从整体上反映发明或者实用新型的技术方案，记载解决技术问题的必要技术特征。”

权利要求1的技术方案是：

“1. 一种电脑键盘的按键，包括一个键帽、一个架桥、一个触动件、一薄膜电路板及一个底板，薄膜电路板具有数个接点，其特征在于：

触动件底缘直接黏贴固定在薄膜电路板的接点周缘。”

请求人认为权利要求1不符合专利法实施细则第二十一条第二款的理由是，权利要求1前序部分各部件的连接关系没有明确，缺必要技术特征。对此，专利权人则认为，权利要求1前序部分各部件的连接关系在说明书背景部分有说明，本专利是在背景技术基础上的改进，其中一些连接关系在发明内容中也有所体现，其连接关系并非发明点，无需详细写出。

对此，合议组认为，前序部分各部件的具体连接关系并非均是独立权利要求1的必要技术特征。

根据说明书的记载，本专利要解决的问题是增加电脑键盘薄膜电路板裸露的电接点的防水功效，提高电脑键盘的自动化生产效率、稳定质量，使触动件具有不掉落和与按键方便组装的功效，使电脑键盘薄形化，本专利是通过采取将触动件底缘直接黏贴固定在薄膜电路板的接点周缘来解决这一技术问题的，这一技术特征属于本专利的必要技术特征并记载在权利要求的特征部分。根据本专利说明书的记载，本专利是对背景技术记载的现有技术的改进，除触动件底缘和薄膜电路板的连接之外的前序部分各部件的连接均为现有技术，也是本领域技术人员所知晓的惯常连接，因此各部件的其他具体连接关系并非解决技术问题的必要技术特征，可以不记载在独立权利要求 1 中。

3. 关于权利要求 6 是否符合专利法实施细则第二条第二款规定的问题

专利法实施细则第二条第二款规定："专利法所称实用新型，是指对产品的形状、构造或者其结合所提出的适于实用的新的技术方案。"

权利要求 6 从属于权利要求 4。权利要求 4 请求保护一种电脑键盘的按键，从权利要求 4 的技术方案来看，权利要求 4 请求保护的按键是通过按键的形状、构造来限定的，符合专利法实施细则第二条第二款的规定，对此请求人也没有异议。权利要求 6 的附加技术特征是："所述固定胶以自动印刷方式印刷在所述薄膜电路板的各接点周围。"该附加技术特征是方法特征，属于本领域的公知常识。合议组认为，尽管该附加技术特征属于方法特征，但是并不意味着该从属权利要求就不是对产品的形状、构造或者其结合所提出的适于实用的新的技术方案。本案中，鉴于权利要求 6 引用的权利要求 4 符合专利法实施细则第二条第二款的规定，因此权利要求 6 也符合专利法实施细则第二条第二款的规定。

4. 关于权利要求 1 ~6 是否具有专利法第二十二条第三款规定的创造性的问题

专利法第二十二条第三款规定："创造性，是指同申请日以前已有的技术相比，该发明有突出的实质性特点和显著的进步，该实用新型有实质性特点和进步。"

请求人认为权利要求 1 ~6 相对于对比文件 1、3 不具备创造性。

对比文件 1 即为本专利的背景技术，其公开了一种电脑按键结构，对比文件 1 的图 2 公开了键帽 30（对应于权利要求 1 中的键帽），架桥 50（对应于权利要求 1 中的架桥）、桥板 40、触动组件 60（对应于权利要求 1 中的触动件）、及电路板 70，而该电路板 70 具有接点 71，底板 80。可见，对比文件 1 公开了权利要求 1 前序部分中的一个键帽、一个架桥、一个触动件、一个底板，对比文件 1 没有公开权利要求 1 中："触动件底缘直接黏贴固定在薄膜电路板的接点周缘"、"一薄膜电路板"的技术特征，但是公开了"电路板"这一技术特征。对本领域技术人员来说，电脑键盘中的电路板采用薄膜电路板是本领域的公知常识。

对比文件 3 公开了一种可用于计算机的键盘，从对比文件 3 的附图 1 和第 2 页左下区块第 9 行至右下区块第 3 行对附图 1 的描述中可以看出：按钮组件 1 的脚部 2 是以硅橡胶层 5，设（黏）置固定于印刷电路板 3 上的除去固定接点 4 的部分上的设置有抗蚀剂层 6 的周缘部上，从附图 2 中可以看出硅橡胶层 5 呈现圆环状。这里的按钮组件 1 对应于权利要求 1 中的触动件，脚部 2 的底缘对应于权利要求 1 中的触动件底缘，固定接点 4 对应于权利要求 1 中的接点，另外，在印刷电路板、薄膜电路板上设置抗蚀剂层是本领域的公知常识，是提高印刷电路板抗蚀性能的常见做法，可见，对比文件 3 实际上公开了权利要求 1 中："触动件底缘直接黏贴固定在薄膜电路板的接点周缘"的区别技术特征。

对比文件 1、3 属于相同的技术领域，对比文件 3 的上述技术手段公开了"触动件底缘直接黏贴固定在薄膜电路板的接点周缘"的区别技术特征，对本领域技术人员而言，能够预料到将对比文件 3 的上述技术手段应用到对比文件 1 的技术方案中后能够获得使电脑键盘薄膜电路板裸露的电接点的防水功效增强、使触动件具有不掉落和与按键方便组装的功效、使电脑键盘薄形化的技术效果，同时另一区别技术特征“一薄膜电路板”是本领域公知常识，所以对本领域技术人员而言，在对比文件1、3的基础上得到权利要求1的技术方案不需要付出创造性的劳动，权利要求1相对于对比文件1、3和本领域的公知常识不具有实质性特点和进步，不具备创造性。

专利权人认为，由于对比文件3中抗蚀剂层的存在，使得脚部底缘并没有如权利要求1中那样直接黏贴固定在接点周缘。如前所述，在印刷电路板、薄膜电路板上设置抗蚀剂层是本领域的公知常识，是提高印刷电路板抗蚀性能的常见做法，一般并不需要特别说明，比如本专利中尽管没有提到在电路板上设置抗蚀剂层，但是并不排除在电路板上设置抗蚀剂层，在本专利的电路板上设置抗蚀剂层后，也不等于说本专利中的触动件底缘就不是直接固定在接点周缘上了。因此，专利权人的上述理由并不成立。

权利要求2的附加技术特征是“所述底板上设有一卡夹体及一卡勾体，以分别对应可回动地勾设在所述架桥下端，所述薄膜电路板上开设有使卡夹体及卡勾体穿过的孔洞。”，对比文件1的图2～图4中公开了分别对应可回动地勾设在架桥50下端的卡夹体和卡勾体，对比文件1中的卡夹体和卡勾体是设置在桥板上的，在未设置有桥板的情况下，在底板上直接设置卡夹体和卡勾体，自然需要在底板上面的薄膜电路板上开设孔洞以使卡夹体和卡勾体穿过，因此在其引用的权利要求1不具备创造性的情况下，权利要求2不具备创造性。

权利要求3的附加技术特征是“所述薄膜电路板上还包括一个桥板，桥板上设有一个可容纳所述触动件直接穿套过的孔洞，桥板上设有与架桥下端可动地连接的卡夹体及卡勾体。”对比文件1中的图3公开了桥板40，桥板40上有可使触动件61直接穿套入的孔洞，桥板40上还设有与架桥50下端可动地连接的卡夹体42和卡勾体43。可见，对比文件1公开了权利要求3的附加技术特征，在其引用的权利要求1不具备创造性的基础上，权利要求3不具备创造性。

权利要求4的附加技术特征是“所述薄膜电路板的接点周缘对应所述触动件底缘处设有环形固定胶，以黏贴所述触动件的底缘。”，对比文件3的图2中已经公开了使用环形固定胶黏贴触动件底缘的技术特征，并且根据接点周缘的形状采用环形固定胶来黏贴是本领域的公知常识，因此在其引用的权利要求1～3均不具备创造性的情况下，权利要求4不具备创造性。

权利要求5的附加技术特征是“所述触动件底缘形成一个环形凸出以增加胶合面积的凸缘。”，该技术特征已经被对比文件3的图1公开，因此在其引用的权利要求1～3均不具备创造性的情况下，权利要求5不具备创造性。

权利要求6的附加技术特征是“所述固定胶以自动印刷方式印刷在所述薄膜电路板的各接点周围。”，采用自动印刷方式印刷固定胶是本领域的公知常识，因此在其引用的权利要求4不具备创造性的情况下，权利要求6不具备创造性。

三、决定

宣告97243964.1号实用新型专利权全部无效。

当事人对本决定不服的，可以根据专利法第四十六条第二款的规定，自收到本决定之日起三个月内向北京市第一中级人民法院起诉。根据该款的规定，一方当事人起诉后，另一方当事人应当作为第三人参加诉讼。

080

具有趋近式出风口的中央处理器散热构件案

无效宣告请求审查决定（第8856号）

决　定　号　第8856号

决　定　日　2006年11月27日

发明创造名称　具有趋近式出风口的中央处理器散热构件

国 际 分 类 号　H01L 23/34　H05K 7/20　G06F 1/20

无 效 请 求 人　鸿富锦精密工业（深圳）有限公司

专 利 权 人　曜越科技股份有限公司

专　利　号　01208029.2

申　请　日　2001年3月16日

授 权 公 告 日　2002年1月16日

合 议 组 组 长　张　度

主　审　员　李　熙

参　审　员　涂洪文

法 律 依 据　专利法第二十二条第三款

决 定 要 点

在判断创造性的过程中，当一项专利与最接近的现有技术相比存在区别技术特征时，要确定现有技术整体上是否存在某种技术启示，如果所述区别特征为另一篇对比文件中披露的相关技术手段，该技术手段在该对比文件中所起的作用与该区别技术特征在该专利中所起的作用相同，则应当认为现有技术中已给出将上述区别特征应用到该最接近的现有技术以解决其存在的技术问题的启示，该专利的技术方案是显而易见的，不具有实质性特点。

一、案由

本无效宣告请求涉及国家知识产权局于2002年1月16日授权公告的名称为“具有趋近式出风口的中央处理器散热构件”的01208029.2号实用新型专利权（下称本专利），其申请日为2001年3月16日，专利权人为曜越科技股份有限公司。

本专利授权公告的权利要求书如下：

“1. 一种具有趋近式出风口的中央处理器散热构件，其特征在于其包括：

第一散热体，其设有一基板部，于该基板部上设有多数散热鳍片，并于该基板部的中央贯穿一套孔；

第二散热体，其吻合地嵌置于该第一散热体的套孔中，并于该第二散热体的上方轴向地贯穿至少一导风穴。

2. 根据权利要求1所述的具有趋近式出风口的中央处理器散热构件，其特征在于所述第二散热体的底段周缘环设有一定位扣环，

3. 根据权利要求 1 所述的具有趋近式出风口的中央处理器散热构件，其特征在于所述第二散热体的各导风穴是平行该第二散热体的轴心。

4. 根据权利要求 1 所述的具有趋近式出风口的中央处理器散热构件，其特征在于所述第二散热体的各导风穴是与第二散热体的轴心呈一夹角的倾斜状。

5. 根据权利要求 1 所述的具有趋近式出风口的中央处理器散热构件，其特征在于所述第一散热体、第二散热体是一体成型结构。”

针对上述实用新型专利权，鸿富锦精密工业（深圳）有限公司（下称请求人）于 2006 年 5 月 31 日向专利复审委员会提出无效宣告请求（案件编号为 5W07893），其理由是本专利不符合专利法第二十二条第三款规定的创造性，并提交了如下附件，其中附件 3－5 作为证据：

附件 1：无效理由的意见陈述正文；

附件 2：本专利（中国实用新型专利 01208029.2 号授权文本）；

附件 3：对比文件 1（中国实用新型专利 99254430.0 号授权文本，其授权公告日为 2001 年 2 月 21 日））；

附件 4：对比文件 2（中国台湾新型专利公告 308326 号公告文本，其公告日期为 1997 年 6 月 11 日）；

附件 5：对比文件 3（中国发明专利 00126321.8 号公告文本，其公开日为 2001 年 3 月 7 日）。

请求人的具体无效宣告请求理由主要是：对比文件 1－3 的公告日均早于本专利的申请日，并且与本专利的技术领域相同，均属于散热构件尤其是用于对电脑芯片、CPU 等散热的散热构件。对比文件 1 为最接近本专利的现有技术。本领域普通技术人员结合上述对比文件后不用付出创新性劳动即可获得本专利的全部技术方案，本专利的全部权利要求相对现有技术不具有实质性特点和进步，不具备创造性，应予宣告全部无效。

经形式审查合格后，专利复审委员会受理了上述请求，于 2006 年 7 月 17 日向双方当事人发出无效宣告请求受理通知书，并将无效宣告请求书及其附件的副本转给了专利权人，要求其在指定的期限内答复。

针对上述无效宣告请求，专利权人于 2006 年 8 月 18 日向专利复审委员会提交了意见陈述书。专利权人的答辩意见主要是：（1）本实用新型权利要求 1 与对比文件 1 的区别在于：本实用新型提出的“具有趋近式出风口的中央处理器散热构件”于第二散热体 2 的上方轴向地贯穿至少一导风穴 21，对比文件 1 中未公开上述区别技术特征，也不能解决上述区别技术特征所解决的技术问题，对比文件 2 与本实用新型结构不同，而且本实用新型当散热风扇 F 启动后，便有大量的冷空气由各导风穴 21 中吹入，而对比文件 2 由于各导风孔呈一直排状，无法完全被散热风扇的扇叶所含盖，风扇所产生的冷空气只能由少数的第一导风孔 21 吹入，因此对比文件 2 中导风孔在该对比文件中起到的作用与上述区别特征在本实用新型中起到的作用不同，权利要求 1 相对于对比文件 1、2 具备创造性；（2）权利要求 2 是对权利要求 1 的进一步限定，由于对比文件 3 中没有公开第二散热体，更未公开第二散热体 2 于其周缘轴向地穿设有多数的导风穴 21，因此权利要求 2 具备创造性；（3）本实用新型权利要求 3 的技术方案当散热风扇 F 启动后，便有大量的冷空气由各导风穴 21 中吹入，并直接吹向中央处理器，而对比文件 2 风扇所产生的冷空气只能由少数的第一导风孔 21 吹入，因此对比文件 2 公开的特征并不能解决本实用新型区别特征所解决的技术问题，权利要求 3 也具备创造性；（4）本实用新型权利要求 4 的附加技术特征与对比文件 3 相比，其结构及功能都不相同，两者所揭示的技术手段也不相同，因此，权利要求 4 也具备创造性；（5）权利要求 5 是权利要求 1 的从属权利要求，在对比文件并未完全披露权利要求 1 的全部技术特征，权利要求 1 具备创造性的前提下，权利要求 5 也具备创造性。

2006 年 9 月 26 日合议组发出无效宣告请求口头审理通知书，定于 2006 年 11 月 16 日在专利复审委员会举行口头审理，并将专利权人于 2006 年 8 月 18 日提交的意见陈述书随转给请求人。

2006 年 11 月 16 日口头审理如期举行，双方当事人均参加了口头审理。在口头审理过程中，（1）双方当事人对合议组成员没有回避请求；（2）双方当事人对对方出庭人员身份没有异议；（3）专利权人对对比文件 1 – 3 的真实性没有异议；（4）请求人当庭明确其无效理由为：权利要求 1 相对于对比文件 1、2 的结合，权利要求 2 相对于对比文件 1、2、3 的结合，权利要求 3 相对于对比文件 1、2 的结合，权利要求 4 相对于对比文件 1、2 及公知常识的结合，权利要求 5 相对于对比文件 1、2 的结合均不具备创造性，不符合专利法第二十二条第三款的规定。

至此，合议组认为本案事实已经清楚，现依法作出审查决定。

二、决定的理由

1. 关于证据

请求人以 2006 年 5 月 31 日提出复审请求时提交的附件 3 至 5（分别为对比文件 1 至 3，它们的公开日均在本专利申请日之前）作为其所依据的证据，专利权人对以上证据的真实性无异议，故合议组认为请求人所提交的附件 3 ~ 5 可以作为本案定案的依据。

2. 关于专利法第二十二条第三款

专利法第二十二条第三款规定：创造性，是指同申请日以前已有的技术相比，该发明有突出的实质性特点和显著的进步，该实用新型有实质性特点和进步。

（1）关于权利要求 1 的创造性

请求人提供的对比文件 1：中国实用新型专利 99254430. 0 号（授权公告日为 2001 年 2 月 21 日）公开了一种中央处理器的散热装置，其中所揭示的散热构件（2）包括：一鳍板体（21）（相当于本专利的第一散热体 1），该鳍板体（21）含有一中空筒部（211）（相当于本专利的基板部 11），自该中空筒部（211）的外缘突设有多片鳍片（212）（相当于本专利的散热鳍片 12），中空筒部（211）中央设有一通穴（211a）（相当于本专利的套孔 13）；以及一散热风扇座（22）（相当于本专利的第二散热体 2），该散热风扇座（22）含有一盘体（221），自该盘体的中央轴向地突设一突轴部（222），令该突轴部（222）吻合地嵌套于该鳍板体（21）的中空筒部（211）的通穴（211a）中（相当于本专利第二散热体 2 吻合地嵌置于第一散热体 1 的套孔 13 中）。（参见该对比文件 1 说明书第 4 页第 26 ~ 31行以及附图 1）。

由此可见，该对比文件 1 与本专利均涉及中央处理器的散热装置这一相同的技术领域，而且对比文件 1 公开了本专利权利要求 1 的大部分技术特征，对比文件 1 是与本专利最接近的现有技术。权利要求 1 所请求保护的技术方案与该最接近的现有技术相比，其区别仅在于本专利权利要求 1 中还包括：“于第二散热体的上方轴向地贯穿至少一导风穴”。根据本专利说明书的描述：“于第二散热体的上方轴向地贯穿至少一导风穴”的目的是为了克服目前惯用的散热构件“当散热风扇动作时，所产生的冷空气流仅能流窜于各散热鳍片间，并不能吹向热源，因此该热源所产生的热能，仅可以经热传至散热构件，再经由散热风扇吹散于外界，如此间接的散热，所能达到的散热功效有限，并不显著”的缺点，通过导风穴引导散热风扇所产生的冷空气直接吹向热源。

对比文件 2 中国台湾地区第 308326 号的新型专利的公告文本（公告日期为 1997 年 6 月 11 日）公开了一种具良好散热效果的 CPU 晶片散热器，其特征为：散热座（2）本体上适当处穿设有一个以上第一导风孔（21），且底座（3）上适当处亦穿设有一个以上第二导风孔（31），且该第一导风孔（21）与第二导风孔（31）为上下贯穿状，以形成：当扇叶（11）运转时，其所产生之风量，除将吹拂散热座（2）以及散热排（25）外，更将顺着第一导风孔（21）、经第二导风孔（31）引导，再行吹拂 CPU 晶片（5）本体，配合散热座（2）的间接散热功用，同时达到直接、间接降低 CPU（5）本体工作温度的功效（参见对比文件 2 权利要求 1 及附图 1）。由此可见，对比文件 2 为了解决 CPU 晶片间接散热效果不佳的技术问题给出了解决方案：通过将散热座以及底座本体上适当处对应贯穿开设导风孔，籍该导风孔直接吹至晶片本体上，从而同时达到直接、间接散热的目的。由此可见，对比文件 2 中设置的导风孔（21、31）所起的作用与以上区别技术特征在本专利中所起的作用是相同的。而且对比文件 2 同样属于中央处理器的散热装置这一技术领域，对于本领域普通技术人员来说，当面临对比文件 1 因散热风扇座为密闭板体导致风扇产生的风量不能直接吹向热源进行散热时，在看到对比文件 2 在散热座以及底座本体上适当处贯穿开设导风孔的技术启示后，很容易想到将对比文件 2 的导风孔应用到对比文件 1 的散热风扇座（22）上，从而得到本专利权利要求 1 的技术方案。因此，本领域普通技术人员在对比文件 1 和 2 相结合的基础上无需付出创造性劳动即可获得本专利权利要求 1 的技术方案，该权利要求 1 不具有实质性特点和进步，不符合专利法第二十二条第三款有关创造性的规定。

另外，对于专利权人在答辩意见中所陈述的如下意见：本专利各导风穴可以完全投影在散热风扇的扇叶下方，从而当散热风扇启动后便有大量冷空气由各导风穴吹入；而对比文件 2 由于散热座呈方形，各第一导风孔穿设在两侧呈一直排状，各第一导风孔无法完全被散热风扇的扇叶所含盖，因此风扇所产生的冷空气只能由少数第一导风孔吹入。合议组认为，中国专利法规定权利要求书用于说明要求专利保护的范围，在判断创造性时应当以权利要求所限定的保护范围为依据，本专利权利要求 1 并未对第一及第二散热体的形状进行任何限定，更未对第二散热体上导风穴的排布方式进行任何限定，因此从权利要求 1 所限定的技术方案中并不能看出权利要求 1 的导风穴与对比文件 2 的导风孔存在上述不同，专利权的上述答辩意见并不能证明权利要求 1 相对于对比文件 1 和 2 的结合具备创造性。

（2）关于权利要求 2 的创造性

审查指南（2006 年版）第四部分第六章“无效宣告程序中实用新型专利审查的若干规定”中规定：“对于实用新型专利而言，一般情况下可以引用一项或者两项现有技术评价其创造性，对于由现有技术通过‘简单的叠加’而成的实用新型专利，可以根据情况引用多项现有技术评价其创造性。”

请求人认为，权利要求 2 的技术方案相对于对比文件 1、2、3 的结合不具备创造性。

合议组认为，在评价实用新型创造性时一般不宜引用两项以上现有技术，而且本专利权利要求 2 的技术方案并不能通过请求人所列举的上述三篇对比文件的简单叠加而直接得到。从属权利要求 2 的附加技术特征为“所述第二散热体的底段周缘环设有一定位扣环”，也就是说该权利要求 2 所述的技术方案在第二散热体的底段缘周环设有一定位扣环同时该第二散热体还轴向地穿设有至少一个导风穴；但是对比文件 1 和 2 均未公开定位扣环这一技术特征，对比文件 3 中虽然公开了一圆环形沟槽，但并未公开第二散热体，更未公开第二散热体上同时还设有导风穴，也就是说该对比文件 3 中公开的圆环形沟槽并不是设置在第二散热体上的，而且更不涉及同时与第二散热体上的导风穴相配合的问题；综上，对比文件 3 所公开的内容并不能简单地叠加到对比文件 1 和 2 的结合上从而获得一个既包括有至少一个导风穴又设置有定位扣环的第二散热体。因此上述三篇对比文件的组合对本领域普通技术人员而言不是显而易见的，权利要求 2 具备专利法第二十二条第三款所规定的创造性。

（3）关于权利要求 3 的创造性

权利要求 3 是权利要求 1 的从属权利要求，其附加技术特征为：“第二散热体的各导风穴是平行该第二散热体的轴心”。由对比文件 2 的图 1 和图 5 可看出，各导风孔平行于散热座的轴心贯穿设置。由此可见，对比文件 2 已经公开了权利要求 3 的附加技术特征，在其引用的权利要求 1 不具备创造性的前提下，该权利要求3同样不具备专利法第二十二条第三款所规定的创造性。

（4）关于权利要求4的创造性

权利要求4是权利要求1的从属权利要求，其附加技术特征为："第二散热体的各导风穴是与第二散热体的轴心呈一夹角的倾斜状"。倾斜面具有导流特性属于公知常识，在现实生活中，具有很多利用呈夹角的倾斜面进行导流的例子，例如：汽车倾斜的前盖板、尖顶房屋向下倾斜的屋顶、抽油烟机下大上小的排烟罩等等。在对比文件1和2相结合的基础上，为了增加导风穴的导风量，利用倾斜面的导流特性，将导风穴设置为与第二散热体的轴心呈一夹角的倾斜状，从而得到该权利要求4所请求保护的技术方案，是本领域普通技术人员很容易想到的。因此，在其引用的权利要求1具备创造性的前提下，该权利要求4同样不具备专利法第二十二条第三款所规定的创造性。

（5）关于权利要求5的创造性

权利要求5是权利要求1的从属权利要求，其附加技术特征为："所述第一散热体、第二散热体是一体成型结构"。对比文件1的图13及说明书的背景技术部分已揭露了一种"以实心杆材一体加工成型的散热构件"（参见对比文件1说明书第1页第18~22行、第4页第1行及附图13）。由此可见，对比文件1已经公开了权利要求5的附加技术特征。在其引用的权利要求1具备创造性的前提下，该权利要求5同样不具备专利法第二十二条第三款所规定的创造性。

综上所述，本专利权利要求1相对于对比文件1、2的结合，权利要求3相对于对比文件1、2的结合，权利要求4相对于对比文件1、2及公知常识的结合，权利要求5相对于对比文件1、2的结合均不具备创造性，权利要求1、3~5不符合专利法第二十二条第三款的规定。权利要求2具备创造性。

三、决定

宣告01208029.2号实用新型专利权利要求1、3~5无效，维持该专利权利要求2继续有效。

部分维持的权利要求书如下：

"1. 一种具有趋近式出风口的中央处理器散热构件，其特征在于其包括：

第一散热体，其设有一基板部，于该基板部上设有多数散热鳍片，并于该基板部的中央贯穿一套孔；

第二散热体，其吻合地嵌置于该第一散热体的套孔中，并于该第二散热体的上方轴向地贯穿至少一导风穴；

所述第二散热体的底段周缘环设有一定位扣环。"

当事人对本决定不服的，可以根据专利法第四十六条第二款的规定，自收到本决定之日起三个月内向北京市第一中级人民法院起诉。根据该款的规定，一方当事人起诉后，另一方当事人应当作为第三人参加诉讼。

081

晶圆研磨定位环案

无效宣告请求审查决定（第8877号）

决　定　号　第8877号
决　定　日　2006年11月30日
发明创造名称　晶圆研磨定位环
国际分类号　H01L 21/68　21/304　B24B1/00
无效请求人Ⅰ　何程凯芸
无效请求人Ⅱ　吴启超
专利权人　陈水源　陈水生　陈添丁
专　利　号　01279314.0
申　请　日　2001年12月24日
授权公告日　2002年11月20日
合议组组长　崔哲勇
主　审　员　朱芳芳
参　审　员　樊晓东

法律依据　专利法第二十二条第三款
决定要点

在判断一项实用新型专利权利要求的创造性时，当该权利要求限定的技术方案的结构技术特征完全被相同领域的对比文件1和2公开，且对比文件2给出了可以与对比文件1结合的启示，则对于本领域技术人员来说，在对比文件1的基础上结合对比文件2从而得到该权利要求限定的技术方案是容易实现的，即使该权利要求中存在着效果特征，但由于本领域技术人员在对比文件基础上获得的技术方案与本专利相同，因此二者必然能达到同样的技术效果，因此本专利权利要求中限定的技术效果无法确立本专利的创造性。

一、案由

本无效宣告请求涉及中华人民共和国国家知识产权局于2002年11月20日授权公告的申请号为01279314.0的实用新型专利（下称本专利）的专利权，名称为晶圆研磨定位环，申请日为2001年12月24日，专利权人是陈水源、陈水生、陈添丁。

本专利授权公告的权利要求书如下：

“1. 一种晶圆研磨定位环，包括有：

一环体，为正圆形无端环，内径配合待研磨晶圆的外径，用以套合待研磨晶圆，带动晶圆同心旋转；前述环体外周壁顶缘有同体适当宽度与高度的环形凸缘，前述环形凸缘上有复数个等距离环形排列的凹孔，用以分别压嵌入配合之螺护套；一螺护套，配合前述环体环形凸缘上复数个凹孔数量，用以分别压嵌入前述凹孔定位；

复数个出水孔，设於前述环体周壁上并贯穿周壁，用以出水；

其特征在于：

前述环体下缘有复数条凹入环体的废物槽，该废物槽系贯穿前述环体内外周缘间，用以利用前述晶圆研磨定位环旋转时的离心力，将研磨所产生废物经过废物槽甩出。

2. 如权利要求 1 所述晶圆研磨定位环，其特征在于：上述复数条废物槽系往旋转离心力方向倾斜，或与离心力方向一致。

3. 如权利要求 2 所述晶圆研磨定位环，其特征在于：所述复数条废物槽是以等距离设置。

4. 如权利要求 1 所述晶圆研磨定位环，其特征在于：所述环体是由具极佳的承载性及耐磨性与耐化学品腐蚀性的晶状塑胶一体成形。”

针对上述专利权，何程凯芸（下称第一请求人）于 2006 年 1 月 26 日向国家知识产权局专利复审委员会提出了宣告本专利权无效的请求，同时，第一请求人提交了如下附件作为证据：

附件 2（本专利）：专利号为 01279314.0 的中国实用新型专利说明书复印件；

附件 3：中国台湾专利公告号为 433107 的专利公报和专利说明书复印件，其授权公告日为 2001 年 5 月 1 日；

附件 4：中国台湾专利公告号为 466151 的专利公报和专利说明书复印件，其授权公告日为 2001 年 12 月 1 日；

附件 5：中国台湾专利公告号为 403002 的专利公报和专利说明书复印件，其授权公告日为 2000 年 8 月 21 日。

第一请求人的主要无效理由是：权利要求 1 相对于附件 3 和 4 的组合或附件 3 和 5 的组合没有创造性；权利要求 2 和 3 相对于附件 3 和 5 的组合没有创造性；权利要求 4 相对于附件 3 和 4 的组合或附件 3 和 5 的组合没有创造性。

对于上述无效宣告请求，专利复审委员会经形式审查合格后，于 2006 年 4 月 12 日向双方当事人发出无效宣告请求受理通知书，同时将无效宣告请求书及其附件清单中所列附件的副本转寄给专利权人。

专利权人在指定期限内没有提交书面意见陈述书。

针对上述专利权，吴启超（下称第二请求人）于 2006 年 1 月 26 日向国家知识产权局专利复审委员会提出了宣告本专利权无效的请求，第二请求人提交的证据与第一请求人提交的证据完全相同，且第二请求人的主要无效理由与第一请求人的主要无效理由完全相同。

对于上述无效宣告请求，专利复审委员会经形式审查合格，于 2006 年 4 月 12 日向双方当事人发出无效宣告请求受理通知书，同时将无效宣告请求书及其附件清单中所列附件的副本转寄给专利权人，要求其在指定期限内陈述意见。

专利权人在指定期限内没有提交书面意见陈述书。

专利复审委员会依法成立合议组，对上述两个无效宣告请求进行审理。根据审查指南（2006 年版）第四部分第三章第 4.5 节有关案件合并审理的规定，本案合议组决定对上述两个无效请求合案审理。

合议组于 2006 年 6 月 28 日向各方当事人发出口头审理通知书，定于 2006 年 8 月 8 日对两案进行口头审理，随口审通知书通知第一、第二请求人应分别提交附件 3 ~ 5 的原件或能证明其真实性的证据。

口头审理于 2006 年 8 月 8 日如期举行，第一、第二请求人均出席了口头审理，专利权人未出席口头审理。第一和第二请求人对合议组成员变更没有异议并对合议组成员没有回避请求。请求人当庭提交了加盖有国家知识产权专利检索咨询中心公章的附件3~5的复印件，其中附件4放入申请号为02236558.3. 委内编号为5W07538和5W07539的无效宣告请求案的案卷中。请求人当庭明确表示放弃附件4。

请求人当庭明确无效理由为：权利要求1~4相对于附件3（下称对比文件1）和附件5（下称对比文件2）的结合不具备创造性。

合议组于2006年10月13日向专利权人发出合议组成员告知通知书，专利权人在指定期限内未提出对合议组成员的回避请求。

至此，合议组认为本案的事实已清楚，作出如下决定。

二、决定的理由

1. 关于现有技术

对比文件1和对比文件2是公开日期早于本专利申请日的中国台湾专利文献，且专利权人对其真实性未提出异议，所以其上记载的内容构成本专利的现有技术。

2. 关于创造性

专利法第二十二条第三款规定：创造性是指同申请日以前已有的技术相比，该发明有突出的实质性特点和显著的进步，该实用新型有实质性特点和进步。

在判断一项实用新型专利权利要求的创造性时，当该权利要求限定的技术方案的结构技术特征完全被相同领域的对比文件1和2公开，且对比文件2给出了可以与对比文件1结合的启示，则对于本领域技术人员来说，在对比文件1的基础上结合对比文件2从而得到该权利要求限定的技术方案是容易实现的，即使该权利要求中存在着效果特征，但由于本领域技术人员在对比文件基础上获得的技术方案与本专利相同，因此二者必然能达到同样的技术效果，因此本专利权利要求中限定的技术效果无法确立本专利的创造性。

（1）权利要求1不符合专利法第二十二条第三款有关创造性的规定。

权利要求1请求保护一种晶圆研磨定位环，其包括下述技术特征：a. 环体，为正圆形无端环，用以套合待研磨晶圆，带动晶圆同心旋转；b. 前述环体外周壁顶缘有同体适当宽度与高度的环形凸缘，前述环形凸缘上有复数个等距离环形排列的凹孔，用以分别压嵌入配合之螺护套；c. 一螺护套，配合前述环体环形凸缘上复数个凹孔数量，用以分别压嵌入前述凹孔定位；d. 复数个出水孔，设於前述环体周壁上并贯穿周壁，用以出水；e. 前述环体下缘有复数条凹入环体的废物槽，该废物槽系贯穿前述环体内外周缘间，用以利用前述晶圆研磨定位环旋转时的离心力，将研磨所产生废物经过废物槽甩出。

对比文件1（TW433107）中（参见权利要求1以及附图1-2）公开了一种晶圆研磨定位环构造，该晶圆研磨定位环构造具体包括下述特征：环体，为正圆形无端环，由极佳之承载性及耐磨性与耐化学品腐蚀性之晶状塑料一体成形，内径配合待研磨晶圆的外径，用以套合待研磨晶圆，带动晶圆同心旋转（相当于权利要求1的特征a）；前述环体外周壁顶缘有同体适当宽度与高度的环形凸缘，前述环形凸缘上有复数个等距离环形排列的凹孔，用以分别压嵌入配合之螺护套（相当于权利要求1的特征b）；螺护套，配合前述环体环形凸缘上复数个凹孔数量，用以分别压嵌入前述凹孔定位（相当于权利要求1的特征c）；出水孔，有复数个，设于前述环体周壁上贯穿周壁等角度排列，用以出水（相当于权利要求1的特征d）。

通过将本专利权利要求1保护的技术方案与对比文件1公开的技术方案对比，合议组认为：本专利权利要求1与对比文件1相比，仅存在下述区别技术特征：e. 前述环体下缘有复数条凹入环体的废物槽，该废物槽系贯穿前述环体内外周缘间，用以利用前述晶圆研磨定位环旋转时的离心力，将研磨所产生废物经过废物槽甩出。

对比文件2（TW403002）中（参见说明书第7页以及附图4B和5B）公开了一种晶片护圈（相当于本专利的晶圆研磨定位环），该晶片护圈具体包括下述技术特征：在研磨晶片时，为使研浆能够流畅地循环，在晶片护圈之底面，沿着旋转的离心线方向形成了10个等距的沟槽，这些沟槽的宽度越为0.1mm，而深度约为3mm，经由这些沟槽，研浆可以在研磨头内外流动，而均匀地对晶片进行研磨。

虽然对比文件2中仅公开上述沟槽用于在研磨晶片时使研浆能够在研磨头内外流畅地循环流动，而未以文字形式公开上述沟槽可以将研磨所产生废物经过该沟槽甩出，但是，从结构位置上来看，对比文件2中的沟槽与本专利的废物槽完全相同，且对比文件2中的沟槽也是利用旋转时的离心力来排出研浆，因此对于本领域普通技术人员来讲，对比文件2中的沟槽作为排出废物的唯一手段的话，也必然可以将在研磨时产生的废物颗粒通过该沟槽甩出，至于废物颗粒的具体排除方法，本专利并未作出具体的说明，也未在结构上体现出任何不同。因此从当前的结构和功能上看，对比文件2中的沟槽与本专利的废物槽相同，都可以借助于旋转的离心力来将废物颗粒排出。

由此可知，对比文件1和2已经公开了权利要求1的所有结构技术特征，对于本领域技术人员来说，将对比文件1和2公开的上述技术方案组合从而得到权利要求1所要求保护的技术方案是显而易见的。

综上所述，合议组认为：权利要求1相对于对比文件1和对比文件2的结合不符合专利法第二十二条第三款有关创造性的规定。

（2）从属权利要求2不符合专利法第二十二条第三款有关创造性的规定。

从属权利要求2的附加技术特征是“上述复数条废物槽系往旋转离心力方向倾斜，或与离心力方向一致”。对比文件2中（参见说明书第7页以及附图4B和5B）公开了沿着旋转的离心线方向形成沟槽。因此，从属权利要求2相对于对比文件1和2的结合不符合专利法第二十二条第三款有关创造性的规定。

（3）从属权利要求3不符合专利法第二十二条第三款有关创造性的规定。

从属权利要求3的附加技术特征是“所述复数条废物槽是以等距离设置”。对比文件2中（参见说明书第7页以及附图4B和5B）公开了形成等距的沟槽。因此，从属权利要求3相对于对比文件1和对比文件2的结合不符合专利法第二十二条第三款有关创造性的规定。

（4）从属权利要求4不符合专利法第二十二条第三款有关创造性的规定。

从属权利要求4的附加技术特征是“所述环体是由具极佳的承载性及耐磨性与耐化学品腐蚀性的晶状塑胶一体成形”。对比文件1中（参见权利要求1以及附图1-2）公开了环体由极佳之承载性及耐磨性与耐化学品腐蚀性之晶状塑料一体成形。因此，从属权利要求4相对于对比文件1和2的结合不符合专利法第二十二条第三款有关创造性的规定。

综上所述，权利要求1~4不符合专利法第二十二条第三款有关创造性的规定。

三、决定

宣告01279314.0号实用新型专利权全部无效。

当事人对本决定不服的，可以根据专利法第四十六条第三款的规定，自收到本决定之日起三个月内向北京市第一中级人民法院起诉。根据该款的规定，一方当事人起诉后，另两方当事人应当作为第三人参加诉讼。

082

一种自行车链条案

无效宣告请求审查决定（第 8879 号）

决　定　号　第 8879 号
决　定　日　2006 年 11 月 26 日
发明创造名称　一种自行车链条
国际分类号　F16G 13/02
无效请求人　桂盟企业股份有限公司
专利权人　韩德玮
专　利　号　200320118498. 9
申　请　日　2003 年 11 月 25 日
授权公告日　2005 年 4 月 20 日
合议组组长　黄毅斐
主　审　员　李　熙
参　审　员　贾彦飞

法律依据　专利法第二十六条第三款、第四款，第二十二条第二三款
决定要点

专利法第二十六条第三款规定，说明书应当对发明作出清楚、完整的说明，以所属技术领域的技术人员能够实现为准。所属技术领域的技术人员能够实现，是指所属技术领域的技术人员按照说明书记载的内容，就能够实现该发明或者实用新型的技术方案，解决其技术问题，并且产生预期的技术效果。

专利法第二十六条第四款规定的“权利要求书应当以说明书为依据”，是指权利要求应当得到说明书的支持，而支持是指权利要求所要求保护的技术方案应当是所属技术领域的技术人员能够从说明书充分公开的内容中得到或概括得出的技术方案。

如果要求保护的实用新型中存在以数值或者连续变化的数值范围限定的技术特征，对比文件公开的数值范围与上述限定的技术特征的数值范围部分重叠，而其余技术特征两者相同，则对比文件将破坏要求保护的实用新型的新颖性。

如果对比文件与本专利的应用领域不同，而且其也未给出将其技术方案转用到本专利技术领域的技术启示，则本专利相对于该对比文件具备创造性。

一、案由

本无效宣告请求涉及国家知识产权局于 2005 年 4 月 20 日授权公告的、名称为“一种自行车链条”的 200320118498. 9 号实用新型专利（下称本专利），其申请日为 2003 年 11 月 25 日，专利权人为韩德玮。本专利授权公告的权利要求书如下：

“1. 一种自行车链条，由多个销轴（3）连接多个内节片（1）和外节片（2）构成，其特征在于

相邻销轴（3）的节距为6.5～10mm。

2. 根据权利要求1所述的自行车链条，其特征在于节距为6.5～8mm。”

针对上述专利权，桂盟企业股份有限公司（下称无效请求人）于2006年1月12日向专利复审委员会提出无效宣告请求，其理由是本专利权利要求1～2不符合专利法第二十二条第三款的规定，并提交了如下证据：

证据1：本专利说明书复印件5页；

证据2：1994版ISO606“Specification for Short－pitch transmission precision roller chains and chain wheels”复印件23页；

证据3：1977年4月19日公告的第4，018，095号美国专利（名称为“DRIVING DEVICE FOR BICYCLE”）的复印件5页；

证据4：2003年9月23日公告的US 6，623，392 B2号美国专利（名称为“SHORT PITCH TOOTH CHAIN”）的复印件6页；

证据5：SHIMANO公司于1982年出版的“BICYCLE SYSTEM COMPONENTS”型录复印件5页；

证据6：KMC公司于2002年出版的“KMC CHAIN”型录复印件6页。

无效请求人无效宣告请求的具体理由是：（1）证据2公开了d＝p/sin（180°/z）（d是链轮节圆直径，p是齿距或销轴节距，z是齿数），本领域技术人员无需创造性劳动即可根据证据2所公开的公式设计出节距在6.5～10mm的链条，因此本专利权利要求1相对于证据2不具备创造性；（2）证据3中清楚记载节距的尺寸为8.5～11.5mm，本专利权利要求1相对于证据3不具备创造性；（3）证据4清楚记载节距的尺寸为8mm或小于8mm，本专利权利要求1相对于证据4不具备创造性；（4）证据5所公开的10mm落在权利要求1的6.5～10mm范围内，本专利权利要求1相对于证据5不具备创造性；（5）证据6中的节距6.35mm非常接近于权利要求1的6.5mm，本专利权利要求1相对于证据6不具备创造性；（6）在分别以证据2、证据4和证据6为最接近的现有技术时，本专利的权利要求2均不具备创造性。

经形式审查合格后，专利复审委员会受理了上述请求，于2006年3月22日向双方当事人发出无效宣告请求受理通知书，并将无效宣告请求书及其附件清单中所列附件的副本转送给专利权人，要求其在指定的期限内答复。同日，专利复审委员会还向无效请求人发出了外文证据处理通知书，要求其在指定的期限内补交所使用外文证据的中文译文。

针对上述无效宣告请求，专利权人于2006年4月26日寄交了意见陈述书。专利权人的答辩意见主要如下：（1）证据2给出的公式属于客观存在的自然规律，本专利符合自然规律，又克服了自行车传统标准链条不适于小轮径车的缺点，因而表现了很好的创造性；（2）证据3解决的技术问题及技术效果与本专利不同，未给出本领域技术人员为解决小轮径自行车传动均匀问题的技术提示，因而证据3不影响本专利权利要求1的创造性；（3）证据4与本专利应用的技术领域不同，要解决的技术问题不同，结构截然不同，技术效果也不同，二者不可比，证据4不影响本专利的创造性；（4）证据5、6均为某些公司的产品宣传册，没有证明效力，且证据5和6所揭示的节距尺寸均在本专利权利要求的范围之外，因而不影响本专利的创造性。

无效请求人于2006年4月3日向专利复审委员会提交了证据2至证据5所使用部分的中文译文，并再次提交了意见陈述书，请求增加新的无效理由。在该补充的意见陈述书中，无效请求人认为，（1）本专利权利要求1分别相对于证据2至证据5不具备新颖性，本专利权利要求2分别相对于证据2或证据4不具备新颖性；（2）本专利说明书仅记载了链条节距的优选范围及其有益效果，并未给出节距位于该优选范围内的链条的具体形状尺寸等必要的结构特征，这使得本领域技术人员无法根据说明书实施本专利，因此本专利说明书公开不充分，不符合专利法第二十六条第三款的规定；（3）本专利权利要求1、2分别记载了链条节距的两个优选范围，但说明书中并未具体给出这两个优选范围是如何得出以及具体如何体现的，因此本专利权利要求书得不到说明书的支持，不符合专利法第二十六条第四款的规定。

2006年7月5日，合议组向双方当事人发出口头审理通知书，定于2006年8月23日举行口头审理，并随口头审理通知书向无效宣告请求人转送专利权人于2006年4月26日提交的意见陈述书，向专利权人转送无效请求人于2006年4月3日提交的证据2-5的中文译文以及意见陈述书。

2006年8月23日口头审理如期举行，双方当事人均出席了口头审理。在口头审理中，请求人明确放弃证据6，未提交证据2、5的原件；专利权人对证据2、5的真实性有异议，对证据3、4的真实性无异议，对所有外文证据的中文译文的准确性无异议。无效请求人声明其无效理由是：本专利说明书不符合专利法第二十六条第三款的规定；权利要求1、2不符合专利法第二十六条第四款的规定；权利要求1分别相对于证据2-5中任何一份不具备新颖性和创造性，权利要求2分别相对于证据2、4不具备新颖性和创造性。在口头审理中，双方当事人充分发表了各自的意见。

至此，基于双方当事人的意见陈述以及口头审理，合议组认为本案事实清楚，可以依法作出审查决定。

二、决定的理由

1. 关于证据

在口头审理中，无效请求人明确放弃证据6，而由于无效请求人当庭未提交证据2、5的原件，同时专利权人对证据2、5的真实性有异议，因此合议组对证据2和5不予采信。鉴于专利权人对证据3、4的真实性无异议，因此合议组对证据3、4予以采信。证据3、4的公开日均在本专利申请日之前，可作为本专利的现有技术，且专利权人对请求人提交的证据3、4译文的准确性无异议，因此合议组将引用证据3、4的译文内容进行评述。

2. 关于无效请求人于2006年4月3日提交意见陈述书，请求增加的新无效理由

根据2006年7月1日起实施的修订后的审查指南中《实施修订后审查指南的过渡办法》的规定，对于在2006年7月1日之前提出的无效宣告请求，对其自无效宣告请求之日起一个月后提出的新理由、新证据的审查适用2001年10月18日公布的审查指南第四部分第三章第3.1节的规定。

本无效宣告请求由无效宣告请求人桂盟企业股份有限公司于2006年1月12日提出，属于在2006年7月1日之前提出的无效宣告请求，因此对于无效宣告请求人于2006年4月3日提出的新理由的审查适用2001年10月18日公布的审查指南第四部分第三章第3.1节的规定。根据2001年10月18日公布的审查指南第四部分第三章第3.1节的规定，由于上述新理由属于无需新的证据支持的新的无效宣告理由，因此合议组予以接受。

3. 关于专利法第二十六条第三款

专利法第二十六条第三款规定，说明书应当对发明作出清楚、完整的说明，以所属技术领域的技术人员能够实现为准。所属技术领域的技术人员能够实现，是指所属技术领域的技术人员按照说明书记载的内容，就能够实现该发明或者实用新型的技术方案，解决其技术问题，并且产生预期的技术效果。

无效请求人认为本专利说明书仅记载了链条节距的优选范围及其有益效果，并未给出节距位于该优选范围内链条的具体形状尺寸等必要结构特征，这使得本领域技术人员无法根据该说明书实施本专利，因此，本专利不符合专利法第二十六条第三款的规定。

对此，合议组认为：本专利说明书附图1中已经给出了链条的主视图，并且在说明书第1页倒数

第5行至倒数第3行中描述了："本实用新型所述的自行车链条，由多个销轴连接多个内节片和外节片组成，相邻的两个销轴的节距为6.5～10mm。节距为6.5～8mm较佳"。而本专利并非意在对传统自行车链条的形状和结构进行改进，本专利是针对小轮径自行车飞轮齿数太少，传动不均匀、骑行不舒适、传动效率降低又影响使用寿命的技术问题，提出了将两销轴节距缩小为6.5～10mm、优选为6.5～8mm的技术方案，从而在小飞轮上布置更多的齿数，达到传动均匀、骑行舒适的有益技术效果。由于链条制造业属于传统产业，不管是大节距链条还是小节距链条都具有很悠久的制造历史，基于本专利并未对传统链条的形状及其连接结构作出任何改进这一前提，合议组认为所属技术领域的技术人员根据说明书的记载内容就能实现本专利的技术方案，解决传统小轮径自行车骑行不平稳的技术问题，并产生传动均匀、骑行舒适的技术效果。因此本专利符合专利法第二十六条第三款的规定。

4. 关于专利法第二十六条第四款

专利法第二十六条第四款规定：权利要求书应当以说明书为依据，说明要求专利保护的范围。专利法第二十六条第四款规定的"权利要求书应当以说明书为依据"，是指权利要求应当得到说明书的支持，而支持是指权利要求所要求保护的技术方案应当是所属技术领域的技术人员能够从说明书充分公开的内容中得到或概括得出的技术方案。

无效宣告请求人认为本专利的说明书并未具体给出两个优选范围是如何得出以及具体如何实现的，因此本专利的权利要求书未以说明书为依据。合议组认为：本专利所要求保护的两个数值范围可以通过本领域的技术人员依据所具有的一般知识通过试验得出，同时无效宣告请求人并没有提出反例证实本专利所请求保护的两个数值范围无法达到所描述的技术效果，也就是说没有理由怀疑权利要求1、2保护的数值范围不可以实施。另外，根据专利法第二十六条第四款的相关规定，说明书中数值范围如何得出以及如何实现并非涉及权利要求是否符合专利法第二十六条第四款的判定依据，其判断依据仍然是权利要求所要求保护的技术方案能否从说明书充分公开的内容中得到或概括得出。

就本专利而言，说明书中已经给出了"本实施例A=6.5mm"这样一个端值的实施例，说明书具体实施方式部分也给出了"相邻销轴3的节距A取值6.5～10mm"、"将节距A选择为6.5～8mm均较佳"、"当然也可选择A=6.5～10mm之间的参数"这样一些具体描述，同时说明书第1页倒数第2行至第2页第12行还详细表述了选择以上数值范围的有益技术效果。因此，合议组认为，权利要求1、2所要求保护的技术方案可以从说明书公开的内容中得到，其可以得到说明书的支持，符合专利法第二十六条第四款的规定。

5. 关于专利法第二十二条第二三款

根据专利法第二十二条第二款的规定，新颖性，是指在申请日以前没有同样的发明或者实用新型在国内外出版物上公开发表过、在国内公开使用过或者以其他方式为公众所知，也没有同样的发明或者实用新型由他人向国务院专利行政部门提出过申请并且记载在申请日以后公布的专利申请文件中。

审查指南第二部分第三章3.2.4节规定：如果要求保护的实用新型中存在以数值或者连续变化的数值范围限定的技术特征，而其余技术特征与对比文件相同，则其新颖性的判断应当依照以下规定：对比文件公开的数值范围与上述限定的技术特征的数值范围部分重叠，将破坏要求保护的实用新型的新颖性。

（1）本专利权利要求1相对于证据3是否具备新颖性、创造性。

证据3（第4，018，095号美国专利，其公开日为1977年4月19日）披露了一种自行车驱动设备，在说明书第5栏第11～15行公开了"链轮齿具有介于8.5mm至11.5mm的节距"，在证据3的附图3中示出了所述自行车链条的结构，从图中可见，该链条由多个销轴连接多个内节片和外节片构成。因此，证据3中公开的数值范围与权利要求1特征部分限定的数值范围部分重叠，而且其余技术特征相同。又由于，证据3与本专利均涉及自行车传动链条这一相同的技术领域，证据3中虽然并未明确写明旨在解决小轮径自行车飞轮齿数太少的技术问题，但是由于其中公开了采用8.5mm至11.5mm的链条节距，其必然能够在相同节圆直径的飞轮上布置更多的齿数，也就是说证据3客观上也能够决定本专利所要解决的技术问题；正是由于证据3采用8.5mm至11.5mm的链条节距，客观地在相同节圆直径的飞轮上布置了更多的齿数，所以能够确定证据3所述的技术方案能够达到与本专利相同的技术效果，即由于飞轮上布置了更多的齿数，提高了传动均匀性和骑行舒适性。由此可见，证据3与本专利两者属于相同的技术领域，客观上能够解决相同的技术问题，并能够达到相同的技术效果，因此，本专利权利要求1相对于证据3不具备新颖性，不符合专利法第二十二条第二款的规定。在该权利要求1不具备新颖性的前提下，其也不具备创造性，不符合专利法第二十二条第三款的规定。

（2）本专利权利要求1、2相对于证据4是否具备新颖性、创造性。

证据4（US6，623，392 B2号美国专利，其公开日为2003年9月23日）中公开了一种短节距链条，其属于无噪声链条，只能在无沙尘条件下使用。显然，证据4不能用于自行车传动链条这一技术领域，由于证据4与本专利分别涉及不同的技术领域，因此证据4并不能影响本专利的新颖性。

更进一步讲，对于一种不能用于自行车的无尘链条不加以任何创造性改进，就简单地将其转用于自行车链条领域，这显然是不符合实际情况的，其中会遇到很多无法克服的技术困难，也很难达到预期的技术效果。因此，合议组认为，证据4虽然公开了8mm或小于8mm这样一种节距尺寸，但由于其与本专利的应用领域不同，而且其也未给出将这种无尘链条转用到自行车链条领域的技术启示，因而本专利权利要求1相对于证据4具备创造性。

由于其引用的权利要求1相对于证据4分别具备新颖性和创造性，因此从属权利要求2相对于证据4也分别具备新颖性和创造性，本专利权利要求2符合专利法第二十二条第二款、第三款的规定。

综上所述，本专利符合专利法第二十六条第三四款的规定，权利要求1相对于证据3不具备新颖性和创造性，权利要求1、2相对于证据4具备新颖性、创造性。

三、决定

宣告200320118498.9号实用新型专利权利要求1无效，在权利要求2的基础上维持该专利有效。

当事人对本决定不服的，可以根据专利法第四十六条第二款的规定，自收到本决定之日起三个月内向北京市第一中级人民法院起诉。根据该款的规定，一方当事人起诉后，另一方当事人应当作为第三人参加诉讼。

083

抽拉式双门双轨消毒碗柜案

无效宣告请求审查决定（第8886号）

决　定　号　第8886号
决　定　日　2006年9月30日
发明创造名称　抽拉式双门双轨消毒碗柜
国际分类号　A61L 2/00
无效请求人　江苏光芒电器有限责任公司
专利权人　周建达
专　利　号　02241333.2
申　请　日　2002年6月28日
授权公告日　2003年7月2日
合议组组长　石　竞
主　审　员　张　鹏
参　审　员　耿　博

法律依据　专利法第二十二条第二款
决定要点

专利法意义上的为公众所知，是指有关技术已经处于为公众，即非特定人能够得知的状态。如果试制仅仅导致特定人得知该技术方案，则不属于专利法意义上的为公众所知。

一、案由

本无效宣告请求涉及国家知识产权局于2003年7月2日授权公告的，名称为“抽拉式双门双轨消毒碗柜”的实用新型专利，其专利号是02241333.2，申请日是2002年6月28日，专利权人是周建达。本专利授权时的权利要求如下：

“1. 抽拉式双门双轨消毒碗柜，其特征是将传统的转轴门或翻板门改成抽拉式上柜门（3）、下柜门（1），其门饰板与碗盘架（7）通过固定螺钉（11）相连接，支撑和供碗盘架（7）滑移的两侧滑轨均采用主滑轨（10）、副滑轨（9）的双轨结构。

2. 如权利要求1所述的抽拉式双门双轨消毒碗柜，特征是碗盘架（7）两侧的滑轨，其主滑轨（10）安装在隔热层（6）外侧，副滑轨（9）安装在隔热层（6）内侧，内外侧的主滑轨（10）、副滑轨（9）可同步滑移。

3. 如权利要求1所述的抽拉式双门双轨消毒碗柜，其特征是主滑轨（10）由滑槽、滚珠组成，副滑轨（9）为一根园棒，上有滚轮（8），滚轮（8）的轴与碗盘架（7）连在一起。”

针对本专利，江苏光芒电器有限责任公司（下称请求人）于2005年11月3日向专利复审委员会提出无效宣告请求，请求人提交了以下证据：

证据1 国家知识产权局于2003年6月26日对本专利所作的检索报告复印件，共3页；

证据 2 中国发明专利申请公开说明书 CN1106527A，共 10 页，公开日为 1995 年 8 月 9 日；

证据 3 产品实物照片复印件，共 1 页；

证据 4 江苏省靖江市工业企业通用发票，发票联，第 0008900 号复印件，共 1 页；

证据 5 江苏省靖江市工业企业通用发票，存根联，第 0008900 号复印件，共 1 页。

请求人认为，由证据 3、4、5 可知，在申请日前已有相同的发明创造在国内公开使用或以其他方式为公众所知，权利要求 1、2、3 不具备新颖性；权利要求 1 与证据 2 公开的内容相比不具有创造性，所以本专利不符合专利法第二十二条第一款、第二款和第三款有关新颖性、创造性的规定。

经形式审查合格后，专利复审委员会于 2005 年 11 月 4 日受理了上述无效宣告请求，并将无效宣告请求书及相关材料副本转送给专利权人。

请求人又于 2005 年 12 月 3 日向专利复审委员会提交了意见陈述书及补充了如下证据：

证据 6 声称德国专利说明书 DE19842666 A1 的部分翻译文件，共 9 页；

请求人认为：对比文件 CN1106527A 发明专利公开说明书披露的内容用到对比文件 DE19842666 A1 中得到权利要求 1 保护的技术方案无需创造性劳动，故本案的权利要求 1 不具备创造性；由证据 3 可知，照片记载的产品公开了本专利相同的技术特征，由证据 4 和 5 可知，该产品在申请日前已经销售，由证据 3、4 和 5 可知，在申请日前已有相同的发明创造在国内公开使用或以其他方式为公众所知。

专利权人于 2005 年 12 月 7 日提交了意见陈述书，认为请求人提交的专利文件和本专利结构不等同，开具的江苏省靖江市工业企业通用发票缺乏合法性、真实性和关联性，不能反映与本专利结构等同的事实。

合议组于 2006 年 3 月 10 日将请求人于 2005 年 12 月 3 日提交的意见陈述书及上述证据 6 转给了专利权人，将专利权人于 2005 年 12 月 7 日提交的意见陈述书转给了请求人，并向双方当事人发出口头审理通知书，定于 2006 年 5 月 11 日在专利复审委员会举行口头审理。

口头审理如期举行，双方当事人均参加了口头审理，并对对方出席口头审理人员的资格无异议，对变更后的合议组成员无回避请求。

口头审理中，请求人明确放弃证据 2、5，明确放弃权利要求 2 不具备创造性的无效理由，明确无效理由为权利要求 2 不具备新颖性。请求人当庭提交了证据 3 的原件和江苏省靖江市公证处出具的【2005】靖证民内字第 1615 号公证书（下称证据 7）。证据 7 用于证明证据 4 原件与复印件相符，以及用以证明证人秦雪梅提供证人证言证明于 2002 年 4 月 2 日购买过 ZQD90 - GM108A 型号的消毒柜。请求人认为，证据 3、4 结合证明在先销售行为的存在，因此本专利不具备新颖性；本专利权利要求 2 和证据 6 译文最后三段、附图 14 相比，不具备新颖性。专利权人对证据 3、4 的真实性有异议，对证据 6 的译文的准确性没有异议。

双方当事人在口头审理中充分发表了意见。

至此，合议组认为本案事实清楚，可以依法作出决定。

二、决定的理由

1. 审查范围

鉴于国家知识产权局专利复审委员会于 2005 年 4 月 14 日发出第 7041 号无效宣告请求审查决定书，在该决定中宣告本专利权利要求 1、3 无效，该决定目前已经生效，因此本次审理针对权利要求 2 进行。依据请求人于口头审理中作出的陈述，合议组认定：审查范围为权利要求 2 的新颖性。

2. 证据认定

证据 1 是国家知识产权局专利局检索咨询中心查新检索报告，经核实，可以确认其本身的真实性。

证据3中泰州市靖江工商行政管理局新桥分局证明该产品是江苏光芒燃具股份有限公司于2002年2月试制。首先，该证明的出具日期为2005年10月31日，证明的是三年前（即2002年2月）发生的试制行为；其次，该证明系泰州市靖江工商行政管理局新桥分局出具的，证明试制行为超越了泰州市靖江工商行政管理局新桥分局的行政职权；还有，该出具证据的直接负责人员也没有出席口头审理接受质证，因此，在没有其他证据佐证的情况下，不足以确认证据3的真实性。

证据7证明证据4复印件与原件相符。在无相反证据的前提下，合议组认定证据4原件与复印件相符。

双方当事人对证据6的真实性没有异议，合议组认定证据6具有真实性。

3. 关于权利要求2的新颖性

专利法第二十二条第二款规定："新颖性，是指在申请日以前没有同样的发明或者实用新型在国内外出版物上公开发表过、在国内公开使用过或者以其他方式为公众所知，也没有同样的发明或者实用新型由他人向国务院专利行政部门提出过申请并记载在申请日以后公布的专利申请文件中。"

（1）证据1的检索报告本身不能作为评价本专利的现有技术。检索报告是国家知识产权局应专利权人的请求而作出的，其性质并非行政决定，而只是实用新型专利权是否有效的初步证据，其对专利复审委员会的无效宣告请求审查决定并无约束力，因此不能以此作为专利权最终是否有效的证据。故证据1检索报告本身无法证明权利要求2不具备新颖性。

（2）合议组不认可证据3具备真实性，并且证据3只是证明试制行为的发生，但是试制本身并不构成专利法意义上的公开。专利法意义上的为公众所知，是指有关技术已经处于为公众即非特定人能够得知的状态。而上述试制并不能导致非特定人可以得知该技术方案。基于上述两点，合议组认为证据3无法证明权利要求2不具备新颖性。证据3没有表明该产品的具体型号，也看不清楚其具体结构，而证据4中无法反映出销售的ZQD90－GM108A消毒柜的结构，也不存在其他证据将证据3和证据4结合起来，因此无法证明在先销售相同结构产品的行为存在。

（3）有关证据6。证据6中没有公开下述技术特征："主滑轨（10）安装在隔热层（6）外侧，副滑轨（9）安装在隔热层（6）内侧，内外侧的主滑轨（10）、副滑轨（9）可同步滑移"，因此权利要求2相对于证据6具备新颖性。

本专利的权利要求2具备新颖性，符合专利法第二十二条第二款的规定。

基于上述理由，合议组作出如下决定。

三、决定

维持02241333.2号实用新型专利的权利要求2有效。

当事人对本决定不服的，可以根据专利法第四十六条第二款的规定，自收到本决定之日起三个月内向北京市第一中级人民法院起诉。根据该款规定，一方当事人起诉后，另一方当事人应当作为第三人参加诉讼。

084

抽拉式双门双轨消毒碗柜案

无效宣告请求审查决定（第 8887 号）

决　定　号　第 8887 号
决　定　日　2006 年 9 月 30 日
发明创造名称　抽拉式双门双轨消毒碗柜
国际分类号　A61L 2/00
请　求　人　广东万和集团有限公司
专利权人　周建达
专　利　号　02241333.2
申　请　日　2002 年 6 月 28 日
授权公告日　2003 年 7 月 2 日
合议组组长　石　竞
主　审　员　张　鹏
参　审　员　耿　博

法律依据　专利法第二十六条第三款、第二十二条第三款　专利法实施细则第二十一条第二款、第二十条第一款

决定要点

如果本领域技术人员结合说明书具体实施方式部分和附图，可以清楚地得知技术方案的实现，则本专利说明书符合专利法第二十六条第三款。

只有解决技术问题所不可缺少的技术特征，才构成必要技术特征。

国家知识产权局专利局检索咨询中心查新检索报告，其性质并非行政决定，其本身不能作为评价本专利的现有技术。

一、案由

本无效宣告请求涉及国家知识产权局于 2003 年 7 月 2 日授权公告的，名称为“抽拉式双门双轨消毒碗柜”的实用新型专利，其专利号是 02241333.2，申请日是 2002 年 6 月 28 日，专利权人是周建达。本实用新型授权时的权利要求如下：

“1. 抽拉式双门双轨消毒碗柜，其特征是将传统的转轴门或翻板门改成抽拉式上柜门（3）、下柜门（1），其门饰板与碗盘架（7）通过固定螺钉（11）相连接，支撑和供碗盘架（7）滑移的两侧滑轨均采用主滑轨（10）、副滑轨（9）的双轨结构。

2. 如权利要求 1 所述的抽拉式双门双轨消毒碗柜，特征是碗盘架（7）两侧的滑轨，其主滑轨（10）安装在隔热层（6）外侧，副滑轨（9）安装在隔热层（6）内侧，内外侧的主滑轨（10）、副滑轨（9）可同步滑移。

3. 如权利要求 1 所述的抽拉式双门双轨消毒碗柜，其特征是主滑轨（10）由滑槽、滚珠组成，

副滑轨（9）为一根圆棒，上有滚轮（8），滚轮（8）的轴与碗盘架（7）连在一起。”

针对本专利，广东万和集团有限公司（下称请求人）于2005年12月10日向专利复审委员会提出无效宣告请求，请求人提交了如下证据：

证据1 国家知识产权局于2003年6月26日对本专利所作的检索报告复印件，共4页。

请求人认为，本专利说明书没有说明隔热层如何设置和主滑轨与副滑轨的装配关系及相互关系，因此本领域技术人员无法实现，不符合专利法第二十六条第三款的规定；本专利在说明书中没有说明“隔热层”的形状、结构和位置关系，说明书中没有说明如何实现同步滑移动的功能，能否实现同步滑移动的功能，得不到说明书的支持，不符合专利法实施细则第二十条第一款的规定；本专利没有说明主滑轨与副滑轨是连接在一起还是单独设置，如果连接在一起达不到主滑轨与高温区域和臭氧隔离防止滑轨氧化和润滑油挥发技术效果，如果单独设置则实质上是靠副滑轨实现，与检索报告中的对比文件DE19842666 A1中的轨道结构所起的作用实质上相同，不符合专利法实施细则第二十一条第二款和专利法第二十二条第三款的规定。

经形式审查合格后，专利复审委员会于2006年1月12日受理了上述无效宣告请求，并将无效宣告请求书及相关材料副本转送给专利权人。

合议组于2006年3月10日向双方当事人发出口头审理通知书，定于2006年5月11日在专利复审委员会举行口头审理。合议组在口头审理通知书中告知请求人：请求人在请求书中使用了实用新型检索报告中的对比文件1，但未提交该对比文件，故应当在4月10日之前予以提交，否则视为未提出。另外，当事人提交外文证据的，应当在提交该外文证据的同时提交所使用部分的中文译文。请求人在4月10日之前未予提交对比文件1（DE19842666 A1）及其译文。

口头审理如期举行，双方当事人均参加了口头审理，并对对方出席口头审理人员的资格无异议，对变更后的合议组成员无回避请求。口头审理中，专利权人当庭放弃对权利要求进行的修改，请求人对此无异议。请求人明确无效理由为：第一、本专利不符合专利法第二十六条第三款的规定：(1）隔热层如何设置以及隔热层的形状没有清楚地说明，(2)主副滑轨如何装配没有清楚地说明，(3）主副滑轨的同步滑移如何实现没有清楚地说明。第二、本专利权利要求2不符合专利法实施细则第二十一条第二款的规定和专利法第二十二条第三款的规定：双滑轨是本领域的公知技术，双滑轨安装在隔热层的内侧和外侧可以采用多种方式实现，如果主滑轨和副滑轨没有连接在一起，是分别设置的，则该技术方案不具有创造性；如果主滑轨和副滑轨连接在一起，那么副滑轨必然处于热量和臭氧的包围之下，无法达到滑轨氧化和润滑油挥发的技术效果；另外，权利要求2未限定是同步滑移是如何实现的，缺少必要技术特征。第三、本专利权利要求2不符合专利法第二十条第一款的规定：(1）隔热层形状、结构、位置关系没有清楚地说明，(2)主副滑轨如何装配没有清楚地说明，(3）主副滑轨的同步滑移如何实现没有清楚地说明。专利权人进行了相应的答辩。合议组告知请求人检索报告本身不能作为证据使用。

双方当事人在口头审理中充分发表了意见。

至此，合议组认为本案事实清楚，可以依法作出决定。

二、决定的理由

1. 审查范围

鉴于国家知识产权局专利复审委员会于2005年4月14日发出第7041号无效宣告请求审查决定书，在该决定中宣告本专利权利要求1、3无效，该决定目前已经生效，因此本次审理针对权利要求2进行。依据请求人于口头审理中作出的陈述，合议组认定：审查范围为权利要求2是否符合专利法第二十六条第三款的规定，是否符合专利法实施细则第二十一条第二款的规定和专利法第二十二条第三款的规定以及是否符合专利法第二十条第一款的规定。

2. 证据认定

证据1是国家知识产权局专利局检索咨询中心查新检索报告，其本身不能作为评价本专利的现有技术。检索报告是国家知识产权局应专利权人的请求而作出的，其性质并非行政决定，而只是实用新型专利权是否有效的初步证据，其对专利复审委员会的无效宣告请求审查决定并无约束力，因此不能以此作为专利权最终有效的证据。证据1检索报告本身无法证明权利要求2不具备创造性。

3. 关于专利法第二十六条第三款

专利法第二十六条第三款规定：说明书应当对发明或者实用新型作出清楚、完整的说明，以所属技术领域的技术人员能够实现为准。

请求人认为，首先，隔热层如何设置在说明书中没有说明，在附图中也无法得知隔热层的形状、结构以及它与主滑轨、副滑轨得装配关系以及主滑轨、副滑轨的相互关系；另外，说明书没有描述主副滑轨之间的连接方式以及连接关系。

合议组认为，通过本专利说明书的记载，本专利说明书第2页“具体实施方式”部分描述：碗盘架7的两侧设置有主滑轨10和副滑轨9组成的“双轨”。主滑轨10安装在隔热层6的外侧，副滑轨9安装在隔热层6的内侧。另外，附图1中的6是隔热层，该隔热层设置于主滑轨10和副滑轨9之间，主滑轨10安装在隔热层6的外侧，副滑轨9安装在隔热层6的内侧，因此，隔热层的位置在说明书以及附图中得到了清楚地说明。至于隔热层的形状，在附图1中已经明确标示。

并且，本专利说明书第2页“具体实施方式”部分描述：副滑轨9上有滚轮8，滚轮8的转轴焊在碗盘架7上，碗盘架7的一部分重量由副滑轨9支撑。滚轮8可以在副滑轨9上前后滚动，并与主滑轨10可同步移动。结合附图2可知，副滑轨为一根圆棒，上面装有滚轮。因为碗盘架7通过固定螺钉14与柜门连接，所以当拉动柜门上的拉手时碗盘架向外移出。又因为滚轮8的转轴焊在碗盘架7上，所以当拉动柜门上的拉手时滚轮8转动，实现副滑轨向外移动。在这一过程中副滑轨本身是不动的。副滑轨上的滚轮8和主滑轨上的滑槽同步移动。因此，本领域技术人员结合上述描述和附图1、2，可以清楚地得知主副滑轨的装配关系以及主副滑轨同步滑移机制的实现。

本领域技术人员可以认定，首先，附图1中的6是隔热层，该隔热层设置于主滑轨10和副滑轨9之间，主滑轨10安装在隔热层6的外侧，副滑轨9安装在隔热层6的内侧，至于隔热层的形状，在附图1中已经明确标示；另外，副滑轨9上有滚轮8，滚轮8的转轴焊在碗盘架7上，碗盘架7的一部分重量由副滑轨9支撑。滚轮8可以在副滑轨9上前后滚动，并与主滑轨10可同步移动，结合附图2可知，副滑轨为一根圆棒，上面装有滚轮。因此，隔热层的位置以及形状在说明书以及附图中得到了清楚地说明，本领域技术人员结合说明书第2页“具体实施方式”部分的描述和附图1、2，可以清楚地得知主副滑轨的装配关系以及主副滑轨同步滑移机制的实现。

综上所述，本专利的说明书对发明作出了清楚、完整的说明，记载了再现发明或者实用新型所需的技术内容；所属领域的技术人员按照说明书记载的内容，不需要创造性劳动，就能够再现该发明或者实用新型的技术方案，因此本专利符合专利法第二十六条第三款的规定。

4. 关于专利法实施细则第二十一条第二款

专利法实施细则第二十一条第二款规定：独立权利要求应当从整体上反映发明或者实用新型的技术方案，记载解决技术问题的必要技术特征。审查指南第二部分第二章第3.1.2节规定：必要技术特征是指，发明或者实用新型为解决其技术问题所不可缺少的技术特征，其总和足以构成发明或者实用新型的技术方案，使之区别于背景技术中所述的其他技术方案。

本专利要解决的技术问题在于防止滑轨中润滑油受热挥发和防止滑轨表面氧化，为此发明了一种抽拉式双门双轨消毒柜。权利要求2记载了“将传统的转轴门或翻板门改成抽拉式上柜门（3）、下柜门（1），其门饰板与碗盘架（7）通过固定螺钉（11）相连接，支撑和供碗盘架（7）滑移的两侧滑轨均采用主滑轨（10）、副滑轨（9）的双轨结构”，还记载了“碗盘架（7）两侧的滑轨，其主滑轨（10）安装在隔热层（6）外侧，副滑轨（9）安装在隔热层（6）内侧，内外侧的主滑轨（10）、副滑轨（9）可同步滑移”。由于权利要求2的技术方案将主滑轨（10）置于隔热层（6）外侧，从而使消毒柜所产生的热量或臭氧通过隔热层的隔离，不与主滑轨直接接触，从而防止滑轨中的润滑油受热挥发而润滑性能下降，并防止滑轨表面的氧化，其获得了有益的技术效果。因此，这些技术特征的总和构成了解决上述技术问题的一个完整技术方案，符合专利法实施细则第二十一条第二款的规定。

请求人认为，首先，该权利要求中未对“隔热层”的形状、结构、位置关系作限定；其次，权利要求中没有说明主副滑轨的装配关系。合议组认为，权利要求2中明确界定“主滑轨（10）安装在隔热层（6）外侧，副滑轨（9）安装在隔热层（6）内侧”，说明了隔热层的结构和位置，而隔热层的形状和同步滑移的实现方式不是解决本专利技术问题所不可缺少的技术特征，不属于必要技术特征。

综上所述，权利要求2记载的技术特征是为解决发明或者实用新型的技术问题所不可缺少的技术特征，其总和足以构成发明或者实用新型的技术方案，使之区别于背景技术中所述的其他技术方案，从而权利要求2不缺少必要技术特征，因此本专利符合专利法实施细则第二十一条第二款的规定。

5. 关于专利法实施细则第二十条第一款

专利法实施细则第二十条第一款规定：权利要求书应当说明发明或者实用新型的技术特征，清楚、简要地表述请求保护的范围。

请求人认为，首先，该权利要求中未对“隔热层”的形状、结构、位置关系作限定；其次，权利要求中没有说明主副滑轨的装配关系。

合议组认为，首先，权利要求2中明确界定“主滑轨（10）安装在隔热层（6）外侧，副滑轨（9）安装在隔热层（6）内侧”，界定了隔热层的结构和位置。其次，权利要求2清楚地界定了“内外侧的主滑轨（10）、副滑轨（9）可同步滑移”这一技术特征，而说明书第2页“具体实施方式”部分已经清楚地描述了主副滑轨的装配关系以及主副滑轨同步滑移机制的实现。本领域的普通技术人员完全可以运用本领域的公知常识，实现隔热层和主副滑轨以及主副滑轨的同步滑移。因此，权利要求2的技术方案对本领域的普通技术人员来说是清楚的，符合专利法实施细则第二十条第一款的规定。

6. 关于专利法第二十二条第三款

由于证据1检索报告本身无法证明权利要求2不具备创造性，请求人又未提供其他证据来证明本专利不具备创造性，因此请求人认为本专利不具备创造性的主张合议组不予支持。

三、决定

维持02241333.2号实用新型专利的权利要求2有效。

当事人对本决定不服的，可以根据专利法第四十六条第二款的规定，自收到本决定之日起三个月内向北京市第一中级人民法院起诉。根据该款规定，一方当事人起诉后，另一方当事人应当作为第三人参加诉讼。

抽拉式双门双轨消毒碗柜案

无效宣告请求审查决定（第8888号）

决 定 号 第8888号
决 定 日 2006年9月30日
发明创造名称 抽拉式双门双轨消毒碗柜
国际分类号 A61L 2/00
无效请求人 中山市润泽电器有限公司
专利权人 周建达
专 利 号 02241333.2
申 请 日 2002年6月28日
授权公告日 2003年7月2日
合议组组长 石 竞
主 审 员 张 鹏
参 审 员 耿 博

法律依据 专利法第二十二条第二款
决定要点
证据中所记载的送货时间晚于本申请的申请日的情况下，无法证明在先销售行为的存在。

一、案由

本无效宣告请求涉及国家知识产权局于2003年7月2日授权公告的，名称为“抽拉式双门双轨消毒碗柜”的实用新型专利，其专利号是02241333.2，申请日是2002年6月28日，专利权人是周建达。本实用新型授权时的权利要求如下：

“1. 抽拉式双门双轨消毒碗柜，其特征是将传统的转轴门或翻板门改成抽拉式上柜门（3）、下柜门（1），其门饰板与碗盘架（7）通过固定螺钉（11）相连接，支撑和供碗盘架（7）滑移的两侧滑轨均采用主滑轨（10）、副滑轨（9）的双轨结构。

2. 如权利要求1所述的抽拉式双门双轨消毒碗柜，特征是碗盘架（7）两侧的滑轨，其主滑轨（10）安装在隔热层（6）外侧，副滑轨（9）安装在隔热层（6）内侧，内外侧的主滑轨（10）、副滑轨（9）可同步滑移。

3. 如权利要求1所述的抽拉式双门双轨消毒碗柜，其特征是主滑轨（10）由滑槽、滚珠组成，副滑轨（9）为一根园棒，上有滚轮（8），滚轮（8）的轴与碗盘架（7）连在一起。”

针对本专利，中山市润泽电器有限公司（下称请求人）于2005年12月23日向专利复审委员会提出无效宣告请求，请求人提交了以下证据：

证据1 李杨五金制品厂向请求人销售的送货单，复印件1页；

证据2 台山市康富电器有限公司向请求人销售的送货单，复印件1页；

证据3 本专利专利证书及专利说明书扉页，复印件2页；

证据4 本专利权利要求书，复印件1页；

证据5 请求人关于专利权人专利无效申请的相关情况说明，共1页。

请求人认为，本专利所使用的技术系业内普遍使用的技术，在本专利申请之前该设计形式在行业内被采用，本专利缺乏新颖性、创造性和实用性，请求宣告本专利无效。

经形式审查合格后，专利复审委员会于2006年2月23日受理了上述无效宣告请求，并将无效宣告请求书及相关材料转送给专利权人。

合议组于2006年3月10日向双方当事人发出口头审理通知书，定于2006年5月11日在专利复审委员会举行口头审理。因请求人提出无效宣告请求时登记地址错误，合议组于2006年3月31日向请求人补发口头审理通知书，告知请求人本案于2006年5月11日在专利复审委员会举行口头审理。

专利权人于2006年3月13日向专利复审委员会提交了答辩意见，认为证据1、证据2中的送货时间均迟于本专利的申请日，不能证明在先使用过或者以其他方式为公众所知，也未涉及产品的形状、构造，证据缺乏关联性、真实性和合法性。与此同时，专利权人提交了修改后的权利要求书。

合议组于2006年4月11日将专利权人的上述意见和权利要求的修改文本转送给了请求人。2006年5月10日请求人提交意见陈述书坚持原意见。

口头审理如期举行，双方当事人均参加了口头审理，并对对方出席口头审理人员的资格无异议，对变更后的合议组成员无回避请求。口头审理中，专利权人放弃对权利要求进行的修改，请求人对此无异议。请求人当庭提交了证据1的原件，明确放弃证据2，明确无效理由为权利要求2不具备新颖性。请求人认为，证据1和证据5证明在先销售行为的存在，因此权利要求2不具备新颖性。专利权人对于证据1和证据5的真实性没有异议。

双方当事人在口头审理中充分发表了意见。

至此，合议组认为本案事实清楚，可以在请求人提供的证据的基础上作出本决定。

二、决定的理由

1. 审查范围

鉴于国家知识产权局专利复审委员会于2005年4月14日发出第7041号无效宣告请求审查决定书，在该决定中宣告本专利权利要求1、3无效，该决定目前已经生效，因此本次审理针对权利要求2进行。依据请求人于口头审理中作出的陈述，合议组认定：审查范围为权利要求2是否具备新颖性。

2. 证据认定

证据1原件与复印件相符，专利权人对其真实性无异议，因此合议组认定证据1具有真实性。

鉴于请求人明确放弃证据2，合议组对于证据2不予审查。

证据3和证据4分别系本专利专利证书及专利说明书扉页和本专利权利要求书的复印件，其本身无法证明权利要求的新颖性。

证据5是请求人所作出的陈述，其陈述事实没有其他佐证予以证明，对此合议组不予采信。

3. 关于权利要求2的新颖性

请求人认为，通过证据1可以证明在申请日之前已经有相同产品被生产，在申请日之前一直生产证据1中所示的产品。

证据1中所记载的送货时间为2004年7月18日，晚于本申请的申请日。合议组认为，证据1只能证明2004年7月18日销售过中国丝印D型和E型产品，该销售行为发生在本专利申请日之后，并且无法从证据1中无法得知中国丝印D型和E型产品的结构，从而，无法证明在本专利申请日之前有相同产品被公开销售。在无其他证据证明的情况下，合议组对请求人的上述主张不予支持。

综上所述，权利要求 2 具备新颖性，符合专利法第二十二条第二款的规定。

基于上述理由，合议组作出如下决定。

三、决定

维持 02241333. 2 号实用新型专利的权利要求 2 有效。

当事人对本决定不服的，可以根据专利法第四十六条第二款的规定，自收到本决定之日起三个月内向北京市第一中级人民法院起诉。根据该款规定，一方当事人起诉后，另一方当事人应当作为第三人参加诉讼。

北京市第一中级人民法院
行政判决书

（2007）一中行初字第 77 号

原告中山市润泽电器有限公司，住所地广东省中山市东风镇同安工业大道

法定代表人罗厚辉，经理

委托代理人郑辉，男，中山市润泽电器有限公司职员

被告国家知识产权局专利复审委员会，住所地北京市海淀区北四环西路 9 号

法定代表人廖涛，副主任

委托代理人张鹏，男，国家知识产权局专利复审委员会审查员

委托代理人耿博，男，国家知识产权局专利复审委员会审查员

第三人周建达，男，1954 年 7 月 18 日出生，汉族，浙江省奉化市人，住浙江省奉化市茗山路 107 幢 2 号

案由 原告中山市润泽电器有限公司不服被告国家知识产权局专利复审委员会 2006 年 9 月 30 日作出的第 8888 号无效宣告请求审查决定，向本院提起诉讼，本院已依法受理。在本院审理过程中，原告以其“与有关当事人争议之事项已得到较为妥善之解决”为由，向本院提请撤回起诉。

事实认定

判决理由

判决内容经审查，本院认为，原告申请撤诉系其真实意思表示，且不违反法律规定，本院予以准许。依照《中华人民共和国行政诉讼法》第五十一条的规定，裁定如下：准许原告中山市润泽电器有限公司撤回起诉。案件受理费 1000 元，减半收取 500 元，由原告中山市润泽电器有限公司负担（已交纳）。

审 判 长　饶亚东
代理审判员　刘景文
代理审判员　杨　旭
判 决 日 期　二〇〇六年十二月二十日
书 记 员　盛　阳

086

用于注塑用热流道气动针阀式单喷嘴的气缸案

无效宣告请求审查决定（第8930号）

决　定　号　第8930号
决　定　日　2006年12月5日
发明创造名称　用于注塑用热流道气动针阀式单喷嘴的气缸
国际分类号　B29C 45/23
无效请求人　魏　巍
专利权人　上海克朗宁技术设备有限公司
专　利　号　03255690. X
申　请　日　2003年7月17日
授权公告日　2004年10月13日
合议组组长　石　竞
主　审　员　杨存吉
参　审　员　耿　博

法律依据　专利法实施细则第二十条第一款　专利法第二十二条第三款
决定要点

如果权利要求中的一个术语属于本领域普通技术人员应该掌握的内容，那么它的含义是清楚的，不会因此导致该权利要求不符合专利法实施细则第二十条第一款的规定。如果权利要求的技术方案与最接近的现有技术相比，其区别技术特征属于本领域的公知常识，那么对本领域的技术人员来说，该技术方案是显而易见的，不具有实质性特点，不具备专利法第二十二条第三款规定的创造性。

一、案由

本无效宣告请求涉及国家知识产权局于2004年10月13日授权公告的03255690. X号实用新型专利权（下称本专利），其名称为“用于注塑用热流道气动针阀式单喷嘴的气缸”，申请日为2003年7月17日，专利权利人为上海克朗宁技术设备有限公司。

本专利授权公告的权利要求为：

“1. 一种用于注塑用热流道气动针阀式单喷嘴的气缸，包括：缸体（1）、活塞（2）、下盖（3）、耐磨密封圈（4）、橡胶密封圈（5）、螺钉（6）和出线槽（7），进气通道（8），其特征在于，活塞（2）的中间部分有一横杆，其余地方则挖空，横杆置于活塞（2）下端设置的槽中，缸体（1）和下盖（3）之间通过螺钉（6）连接，所有接触面都采用耐磨密封圈（4）和橡胶密封圈（5）进行密封，下盖（3）设有出线槽（7），缸体（1）的侧面设有两个进气通道（8）。

2. 根据权利要求1所述的用于注塑用热流道气动针阀式单喷嘴的气缸，其特征是，下盖（3）与缸体（1）、活塞（2）之间均有配合面，且配合面设有耐磨密封圈（4）、橡胶密封圈（5）。

3. 根据权利要求1或2所述的用于注塑用热流道气动针阀式单喷嘴的气缸，其特征是，下盖

(3) 处的模板孔外径比缸体 (1) 处的孔外径小 2mm。

4. 根据权利要求 1 或 2 所述的用于注塑用热流道气动针阀式单喷嘴的气缸，其特征是，下盖 (3) 中间孔内部有一直身台阶，台阶直接压紧喷嘴体的侧端面。

5. 根据权利要求 1 或 2 所述的用于注塑用热流道气动针阀式单喷嘴的气缸，其特征是，活塞 (2) 的横杆下端有一梯形槽。"

针对上述专利权，魏巍（下称请求人）于 2005 年 12 月 14 日向专利复审委员会提出宣告本实用新型专利权无效请求，请求理由是权利要求 1～5 不具备专利法第二十二条规定的创造性，权利要求 3 和 4 不符合专利法实施细则第二十条第一款的规定，并提供如下附件：

附件 1：本专利（CN2647551Y）的公告文本；

附件 2：CN1349880A 的公开文本，公开日 2002 年 5 月 22 日；

附件 3：《液压传动与控制》封面、版权页、第 66～67 页复印件，骆简文等编著，重庆大学出版社 1996 年 8 月第 3 次印刷；

附件 4 ：《机械设计》封面、版权页、第 62～63 页复印件，西北工业大学机械原理及机械零件教研室编著，高等教育出版社 2002 年 7 月第 3 次印刷；

附件 5：US5378994A 专利说明书及其相关部分译文的复印件，其公开日为 1994 年 12 月 27 日；

请求人认为：权利要求 3 中所述的"模板孔"和权利要求 4 中所述的"直身台阶"的含义、位置关系及连接关系不清楚，不符合专利法实施细则第二十条第一款的规定；权利要求 1 相对于对比文件 1（即附件 2），其区别技术特征除了本领域的公知常识仅在于"下盖 (3) 设有出线槽 (7)"和"缸体 (1) 的侧面设有两个进气通道 (8)"，而下盖中设置出线槽是为了引出加热导线，这对本领域技术人员来说是显而易见的，对比文件 2（即附件 5）中公开了在气缸外壁上的排气通道 20，其作用于权利要求中的排气通道相同，由此可见本领域技术人员很容易在对比文件 1 的基础上，结合对比文件 2 和公知常识，无需创造性的劳动就能得到权利要求 1 请求保护的技术方案，因此权利要求 1 不具备利法第二十二条第三款规定的创造性；对比文件 1 公开权利要求 2 中"下盖与缸体、活塞之间均有配合面"的技术特征，权利要求 2 中的技术特征"且配合面设有耐磨密封圈、橡胶密封圈"属于本领域常规的技术手段，所以权利要求 2 不具备利法第二十二条第三款规定的创造性；对比文件 1 公开了权利要求 3 中"下盖处的模板孔外径比缸体处的孔外径小"的技术特征，权利要求 3 中的具体数值可以根据实际产品尺寸和工艺过程需要进行适当选择，并且本专利中也看不到该具体数据能带来的实质性特点和显著的进步，因此权利要求 3 不具备利法第二十二条第三款规定的创造性；对比文件 1 公开了权利要求 4 的附加技术特征，因此权利要求 4 不具备利法第二十二条第三款规定的创造性；本领域普通技术人员无需创造性劳动就能得到权利要求 5 所要求保护的技术方案，因此权利要求 5 不具备利法第二十二条第三款规定的创造性。

经过形式审查合格后，专利复审委员会受理了该无效宣告请求，于 2005 年 12 月 15 日向请求人和专利权人发出无效宣告受理通知书，并同时将专利权无效宣告请求书及其附件清单中所列附件副本转送给专利权人，要求其在指定的期限内答复。

专利权人未在指定期限内答复。

专利复审委员会于 2006 年 5 月 23 日向双方当事人发出无效宣告请求口头审理通知书，定于 2006 年 7 月 6 日上午在专利复审委员会进行口头审理。专利复审委员会于 2006 年 6 月 30 日再次向双方当事人发出无效宣告请求口头审理通知书，决定将口头审理的时间变更为 2006 年 7 月 20 日。口头审理如期举行，请求人的委托代理人彭晓玲到庭参加了口头审理，专利权人未到庭。

在口头审理中，请求人对变更后的合议组成员无回避请求，并当庭提交了证据 3 和 4 的原件，放弃使用证据5。请求人确认：相对于证据2-4，本专利权利要求1~5不具备专利法第二十二条第三款规定的创造性；权利要求3~4不符合专利法实施细则第二十条第一款的规定。口头审理过程中，请求人对其无效宣告理由进行了详细的陈述。

专利复审委员会于2006年7月24日向专利权人发出合议组成员告知通知书，告知变更后的合议组成员名单，并告知如果对合议组成员有回避请求，应该在指定期限内提出书面请求，说明理由，并指出逾期未答复的法律后果。

专利权利在指定期限内未答复。

口头审理结束后，请求人于2006年7月25日提交了本专利口头审理提纲、证据清单。

至此，合议组认为本案事实已经查清，可以依法作出审查决定。

二、决定的例由

（一）关于证据

附件2为CN1349880A的公开文本，经核实，可以确定其证明力。该附件公开日为2002年5月22日，早于本专利的申请日，所以该证据可以作为评价本专利的现有技术（下称对比文件1）。

附件3为《液压传动与控制》第66~67页复印件，经核实复印件与原件相符。附件3的公开时间为1996年10月，早于本专利的申请日，其内容可以作为本专利的现有技术。

附件4为《机械设计》第62~63页复印件，经核实复印件与原件相符。附件4的公开时间为2002年7月，早于本专利的申请日，其内容可以作为本专利的现有技术。

由于请求人放弃附件5的使用，合议组不再对其评述。

综上所述，附件2-4可以在本案中被采信。

（二）关于本专利是否符合专利法实施细则第二十条第一款的规定

专利法实施细则第二十条第一款规定：权利要求书应当说明发明或者实用新型的技术特征，清楚、简要地表述请求保护的范围。

权利要求的保护范围应当根据其所用的词语的含义来理解。如果权利要求中的一个术语属于本领域普通技术人员应该掌握的内容，那么它的含义是清楚的，不会因此导致该权利要求不符合专利法实施细则第二十条第一款的规定。

权利要求3是权利要求1或2的从属权利要求，其附加技术特征是“下盖（3）处的模板孔外径比缸体（1）处的孔外径小2mm”。虽然本发明未明确记载模板孔的具体位置以及与其他部分的连接关系，但是注塑用的热流道气动针阀式气缸、喷嘴和定模板均属于本领域普通技术人员公知的装置，本领域技术人员应该清楚模板孔是定模板上接收喷嘴的孔，所以权利要求3请求保护的范围是清楚的，符合专利法实施细则第二十条第一款的规定。

权利要求4是权利要求1或2的从属权利要求，其附加技术特征是“下盖（3）中间孔内部有一直身台阶，台阶直接压紧喷嘴体的侧端面”。本领域普通技术人员应该能够知道喷嘴体和气缸的下盖是相对固定的，气缸在相对固定的位置通常是一个台阶，该台阶通常垂直于气缸体的另一个部分，因而也被称为直身台阶，同时本发明的附图中也清楚地示出了该直身台阶，所以权利要求4请求保护的范围是清楚的，符合专利法实施细则第二十条第一款的规定。

（三）关于本专利是否符合专利法第二十二条第三款的规定

专利法第二十二条第三款规定：创造性，是指同申请日以前已有的技术相比，该发明有突出的实质性特点和显著的进步，该实用新型有实质性特点和进步。

如果权利要求的技术方案与最接近的现有技术相比，其区别技术特征属于本领域的公知常识，那么对本领域的技术人员来说，该技术方案是显而易见的，不具有实质性特点，不具备专利法第二十二条第三款规定的创造性。

权利要求 1 请求保护一种用于注塑用热流道气动针阀式单喷嘴的气缸，属于塑料加工成型领域，该气缸包括：缸体（1）、活塞（2）、下盖（3）、耐磨密封圈（4）、橡胶密封圈（5）、螺钉（6）和出线槽（7），进气通道（8），其特征在于，活塞（2）的中间部分有一横杆，其余地方则挖空，横杆置于活塞（2）下端设置的槽中，缸体（1）和下盖（3）之间通过螺钉（6）连接，所有接触面都采用耐磨密封圈（4）和橡胶密封圈（5）进行密封，下盖（3）设有出线槽（7），缸体（1）的侧面设有两个进气通道（8）。证据 2（下称对比文件 1）涉及一种注射模塑机中喷嘴的阀门装置，与本专利属于相同的技术领域，其中公开了一种具有所述阀门装置的气缸，所述气缸包括：圆柱形壳体 9（相当于本专利的缸体），活塞 3，底板 11（相当于本专利的下盖），进气通道 a、b，活塞的中间部分具有活塞的阀销支持区 16（相当于本专利的横杆），其余地方挖空，以便连接喷嘴，顶板和底板分别装在壳体 9 的上、下端，活塞 3 密封地配装在外壳 9 的内部（参见对比文件 1 的说明书第 3 ~ 4 页、附图 1 – 2）。另外在对比文件 1 中，还包括加热器 20 和 21，而要引出加热导线，必定需要出线槽，所以可以得知对比文件 1 公开了出线槽；活塞要密封地配置在外壳内部，必定需要密封件；底板要装在壳体下端，必定需要连接部件。由此可见，权利要求 1 与对比文件 1 公开的内容相比，其区别技术特征在于：所述的气缸还包括耐磨密封圈、橡胶密封圈和螺钉，所有接触面都采用耐磨密封圈和橡胶密封圈进行密封，缸体和下盖之间通过螺钉连接。这些区别技术特征所起的作用是用具体的密封件和连接部件进行密封和连接。而采用耐磨密封圈和橡胶密封圈对接触面进行密封以及用螺钉来连接两个部件属于本领域的公知常识（参见附件 3 的第 66 ~ 67 页和附件 4 的 62 ~ 63 页）。本领域的技术人员在对比文件 1 的基础上结合本领域的公知常识，无需付出创造性的劳动就能获得权利要求 1 请求保护的技术方案，所以权利要求 1 请求保护的技术方案是显而易见的，不具有实质性特点，不具备专利法第二十二条第三款规定的创造性。

权利要求 2 是权利要求 1 的从属权利要求，其附加技术特征是“下盖（3）与缸体（1）、活塞（2）之间均有配合面，且配合面设有耐磨密封圈（4）、橡胶密封圈（5）”。在对比文件 1 公开的技术方案中，底板 11 与外壳 9 和活塞 3 均有配合面，并且其中的配合面也有密封件密封。又因为采用耐磨密封圈和橡胶密封圈对所有接触面进行密封属于本领域的技术常识，所以在权利要求 1 不具备创造性的情况下，权利要求 2 不具备专利法第二十二条第三款规定的创造性。

权利要求 3 是权利要求 1 或 2 的从属权利要求，其附加技术特征是“下盖（3）处的模板孔外径比缸体（1）处的孔外径小 2mm”。由于模板孔一方面要接收喷嘴，另一方面要防止气缸体进入该模板孔，所以模板孔外径通常要小于气缸体的外孔径。本领域普通技术人员知道为了减小气缸和定模板的接触面积，减小热损失，通常要根据实际产品尺寸和工艺过程的需要选择使模板孔外径比缸体孔外径小一定尺寸。另外，权利要求 3 中对具体数值选择也没有产生意想不到的技术效果，所以在权利要求 1 和 2 不具备创造性的情况下，权利要求 3 不具备专利法第二十二条第三款规定的创造性。

权利要求 4 是权利要求 1 或 2 的从属权利要求，其附加技术特征是“下盖（3）中间孔内部有一直身台阶，台阶直接压紧喷嘴体的侧端面”。对比文件 1 中公开了下述内容：下盖中间孔内部有一个直身台阶，该台阶也压紧喷嘴体（参见对比文件 1 附图 2）。所以对比文件 1 已经全部公开了权利要求 4 的附加技术特征，在权利要求 1 和 2 不具备创造性的情况下，权利要求 4 不具备专利法第二十二条第三款规定的创造性。

权利要求 5 是权利要求 1 或 2 的从属权利要求，其附加技术特征是“活塞（2）的横杆下端有一梯形槽”。本领域技术人员知道，喷嘴的阀针通过阀针帽和活塞的横杆套接，而在活塞的横杆中容纳阀针帽的部分通常也被设计为梯形槽，所以权利要求 5 的附加技术特征也为本领域的技术常识，在权利要求 1 和 2 不具备创造性的情况下，权利要求 5 不具备专利法第二十二条第三款规定的创造性。

综上所述，本专利权利要求 3 ~4 符合专利法实施细则第二十条第一款的规定，权利要求 1 ~5 不具备专利法第二十二条第三款规定的创造性。

三、决定

宣告 03255690. x 号实用新型专利权全部无效。

根据专利法第四十六条第二款的规定，当事人对本决定不服的，可以自收到本决定通知书之日起三个月内向北京市第一中级人民法院起诉。根据该款的规定，一方当事人起诉后，另一方当事人应当作为第三人参加诉讼。

电动车智能充电器案

无效宣告请求审查决定（第8956号）

决　定　号　第8956号
决　定　日　2006年11月29日
发明创造名称　电动车智能充电器
国际分类号　H02J 7/00　H01M 10/44
无效请求人　温州市骅太包装有限公司
专利权人　常州市拓时电器有限公司
专　利　号　200320123283.6
申　请　日　2003年12月23日
授权公告日　2005年1月26日
合议组组长　钱　芸
主　审　员　李　熙
参　审　员　杜　宇

法律依据　专利法第二十二条第二款
决定要点

作为判定一项专利技术是否具有新颖性的证据，倘若想证明在该专利申请日以前已经有与该专利完全相同的产品生产并在市场上销售，至少应当能够证明该产品在市场上公开销售的时间，该证据才有可能影响到该专利的新颖性。

一、案由

本无效宣告请求涉及中华人民共和国国家知识产权局于2005年1月26日授权公告的200320123283.6号实用新型专利（下称本专利），其名称为“电动车智能充电器”，申请日为2003年12月23日，专利权人为常州市拓时电器有限公司。

该专利授权公告的权利要求书如下：

“1. 一种电动车智能充电器，包括壳体和壳体内的线路板，线路板上设置有整流滤波电路（1）、电源逆变电路（2）、开关电源电路（3）和高频整流电路（4），其特征在于：线路板上还设置有自动检测控制电路（5）、状态显示电路（6）、反馈控制电路（7）和保护电路（8），自动检测电路（5）和反馈控制电路（7）的输出端均通过导线与开关电源电路（3）电连接，反馈控制电路（7）的输出端还通过导线与自动检测电路（5）电连接，高频整流电路（4）的输出端分别与状态显示电路（6）和保护电路（8）电连接，状态显示电路（6）的输出端分别连接到保护电路（8）和蓄电池（9），保护电路（8）的输出端分别连接到反馈控制电路（7）和蓄电池（9）。

2. 根据权利要求1所述的电动车智能充电器，其特征在于：自动检测控制电路（5）由集成芯片U1及其外围的振荡电路、过流保护电路和输入电压脉宽自动调整电路组成。

3. 根据权利要求1或2所述的电动车智能充电器，其特征在于：保护电路（8）由二极管及其周边电路组成。”

针对上述专利权，温州市骅太包装有限公司（下称请求人）于2005年9月17日向专利复审委员会提出无效宣告请求（案件编号为5W07171），其无效宣告请求的理由是本专利不符合专利法第二十二条第二款的规定，并提交了如下证据：

证据1：编号分别为00664811、00664812、00664813的江苏增值税专用发票记账联复印件3页；

证据2：南京西普尔电子有限公司的产品广告宣传单复印件2页；

证据3：声称是“SP70”型电动自行车充电器产品实物照片4张；

证据4：经南京西普尔电子有限公司盖章的由证明人葛淇聪出具的书面证明复印件1页；

证据5：某线路板电原理图复印件1页。

请求人提出的具体理由是：由证据1可看出，南京西普尔电子有限公司在2003年6月19日曾出售一批数量为250个、规格型号为“SP70”的充电器；由证据2可看出型号为“SP70”充电器的外形；证据3中所示充电器的外形与证据2中的完全相同，同时证据3所示产品背面的标贴上印有“型号：SP70－36AT”的字样，证据3所示的产品中安装有“SPTX11G. PCB”的线路板；证据4也证明“SPTX11”系列电路板使用在“SP70”的充电器内；证据5是“SPTX11G. PCB”线路板的电原理图；通过以上证据1－5的结合可知，证据1所出售的产品和证据3为同一产品，而证据3中所使用线路板的电路与涉案专利所请求保护的电路完全相同，即在该专利申请日以前已有与该专利完全相同的产品生产并在市场上公开销售，因此该专利不具备新颖性。

经形式审查合格后，专利复审委员会受理了上述请求，于2005年10月13日向双方当事人发出无效宣告请求受理通知书，并将无效宣告请求书及其附件转给专利权人，要求其在指定期限内答复。

针对上述无效宣告请求，专利权人于2005年11月21日寄交了意见陈述书，专利权人的主要意见是：（1）证据1发票记帐联只写“SP70”，并没有写明是证据3中的“SP70－36AT”，证据1与证据3不具备在先销售的关联性；（2）证据2没有出版时间，而且即使证据2的SP70充电器外壳形状与证据3的形状相同，也不能证明充电器内部的线路板也相同，因此证据2无法证明证据1所售出的产品与证据3为同一产品；（3）证据3充电器实物来路不明，不具备真实性、合法性和关联性，不可采信；（4）证据4是证人证言，其真实性疑有问题，不可采信；（5）证据5没有证明或写明是“SPTX11G. PCB”线路板的电原理图，不具有真实性、合法性和关联性；综上所述，证据1－5并不能证明与本专利相同的产品在先销售。

2006年8月14日，合议组向双方当事人发出无效宣告请求口头审理通知书，并将专利权人于2005日11月21日提交的意见陈述书及其附页转给请求人。

口头审理于2006日10月18日举行，双方当事人均参加了口头审理。本案合议组对请求人提出的无效理由和事实进行了调查，并充分听取了双方当事人的陈述。在口头审理过程中，（1）请求人当庭表示放弃使用证据1中编号为00664811、00664813的发票；（2）请求人未能出示证据1中编号为00664812的发票记帐联原件，并声称该原件已遗失，而保留有该编号发票存根联的江苏省南京市国税局只接受法院和相关行政部门的委托才予以查询，还当庭提交了“要求协助调查申请”；（3）请求人当庭出示了证据2、证据4的原件，提交了对应证据3照片的实物以及对应证据5加盖有“南京西普尔电子有限公司”红章的电原理图复印件；（4）专利权人当庭核实上述原件，并表示复印件与原件一致，对证据1～5的真实性、合法性有异议，对证据1～5之间的关联性也有异议。（5）请求人明确其无效理由为：证据1～5结合起来能够证明证据5所示的电路结构在本专利申请日之前已经公开销售；（6）双方当事人均就涉案专利权利要求1的技术方案与证据5电路结构的对比充分发表了各自的意见。

经过上述审理程序，合议组认为本案事实已经清楚，现依法作出审查决定。

二、决定的理由

1. 关于证据

证据 1 是编号分别为 00664811、00664812 和 00664812 的江苏增值税专用发票记账联。在口头审理过程中，请求人当庭表示放弃使用其中编号为 00664811 和 00664813 的发票。请求人未能出示编号为 00664812 的江苏增值税专用发票记帐联的原件，专利权人对证据 1 的真实性有异议。请求人在口头审理过程中还同时声称该发票记帐联原件已遗失，而保留有该编号发票存根联的江苏省南京市国税局只接受法院和相关行政部门的委托才予以查询，并要求合议组协助调查。但是，请求人自己声称的上述内容仅为一面之词，缺乏相应证据支持，因此对于请求人提出的“要求协助调查申请”合议组不予支持。证据 1 的真实性无法得到证实，合议组不能采信该证据。

证据 2 是南京西普尔电子有限公司的产品广告宣传单的复印件，请求人在口头审理过程中提交了其原件。专利权人认为证据 2 与证据 1 发票记帐联无关联性，而且证据 2 无出版时间。合议组认为由于证据 2 上并未记载出版或公开日期，因此其不能证明该证据所示的 SP70 系列产品的公开时间。

请求人声称证据 3 是“SP70”型电动自行车充电器的实物照片，口头审理过程中请求人还当庭提交了对应于证据 3 的实物。专利权人对证据 3 的真实性和合法性提出异议。合议组认为请求人提交的对应于证据 3 的实物外壳敞开，其内部的电路板极易拆下并进行更换，由于该证据 3 来源不明，并且请求人已对该证据进行了拆解，因此合议组无法确认证据 3 的真实性。

证据 4 是经南京西普尔电子有限公司盖章的由证明人葛淇聪出具的书面证明复印件，请求人在口头审理过程中提交了其原件，专利权人对该证据 4 的真实性有异议。由于作为证人的葛淇聪未出庭接受质证，而且请求人也未提交其他证据对该证人证言所陈述的事实进行佐证，因此在该证据的真实性不能确定的情况下，合议组不能采信该证据。

证据 5 是某线路板电原理图的复印件，请求人在口头审理过程中提交了对应于该证据 5 加盖有“南京西普尔电子有限公司”红章的电原理图复印件，专利权人对该证据 5 的真实性、合法性有异议。合议组认为该证据 5 上既没有标明是“SPTX11G. PCB 线路板”的电原理图，也没有写明制图日期，请求人也未提交证据的原件，因此在该证据 5 的真实性不能确定的情况下，合议组不能采信该证据。

2. 关于请求人的主张能否成立

请求人认为证据 1 ~5 结合起来构成的证据链能够证明证据 5 所示的电路结构在本专利申请日之前已经公开销售。但正如上面第 1 点所分析的，由于合议组对证据 1、3 –5 均不予采信、证据 2 并不能证实“SP70”型电动自行车充电器的公开时间，因此请求人所提交的证据不足以否定本专利的新颖性，本专利符合专利法第二十二条第二款有关新颖性的规定。

三、决定

维持 200320123283. 6 号实用新型专利权有效。

当事人对本决定不服的，可以根据专利法第四十六条第二款的规定，自收到本决定之日起三个月内向北京市第一中级人民法院起诉。根据该款的规定，一方当事人起诉后，另一方当事人应当作为第三人参加诉讼。

088

解码器装置案

无效宣告请求审查决定（第8960号）

决　定　号　第8960号
决　定　日　2006年12月7日
发明创造名称　解码器装置
国际分类号　G06F 3/033
无效请求人Ⅰ　阿尔普士电气股份有限公司
无效请求人Ⅱ　林琮凯
专 利 权 人　陈珍善　江士权
专　利　号　99205197.5
申　请　日　1999年3月19日
授权公告日　2000年7月12日
合议组组长　张　度
主　审　员　龙　安
参　审　员　张美菊

法律依据　专利法第二十二条第三款、第二十六条第四款　专利法实施细则第二十条第一款
决定要点

如果根据现有技术可以不付出创造性劳动就得到权利要求要求保护的技术方案，则应当认定所述权利要求缺乏创造性。

一、案由

该无效宣告请求涉及国家知识产权局于2000年7月12日授权公告的99205197.5号实用新型专利，其名称为“解码器装置”，专利权人为陈珍善、江士权。其授权公告的权利要求书为：

“1. 一种解码器装置，其特征是：其是装设在鼠标中的滚轮任一侧的转轴上，该滚轮所设的转轴枢设在一鼠标中所设的轮座上，该结构包括有：

一主座，该主座分别设有一第一接脚、一第二接脚及一第三接脚，其中，该第一接脚在主座上设有一第一导体，而该第二接脚在主座上设有一第二导体，该第二导体上设有等间距的缺口，及该第三接脚在主座上设有一第三导体，该第三导体上设有等间距的缺口；

一外壳，该外壳是设于主座一侧面上，该外壳上设有一穿孔；

一转盘，该转盘是设于外设与主座之间，该转盘在相对外壳的一侧面上设有多数个相连在一起的凹槽；

一制动片，该制动片是设于转盘与外壳之间，该制动片一侧上设有一与转盘的凹槽相配合的凸出体，令该凸出体恰可顶入在转盘上凹槽内滑移；

一导片，该导片是设于主座与转盘之间，该导片上设有多个与第一、第二及第三导体相配合的导

通点，该等导通点在第一、第二及第三导体之间滑移，同时，在第二导体上缺口、第三导体上缺口之间滑移，令第一、第二及第三接脚借导通点滑移，而相互导通或互不导通；

一凸体，该凸体是设于转盘在与外壳相对的一侧面上，该凸体穿套在外设的穿孔上，该凸体上设有一嵌孔，该嵌孔恰可与滚轮的转轴一端相互嵌合；

拨动滚轮转动时，转盘在制动片一侧上旋转，该凸出体在该等凹槽内滑移，转盘上凹槽及制动片上凸出体相互配合。

2. 如权利要求 1 项所述的解码器装置，其特征是：凹槽数量为十八个。

3. 如权利要求 1 项所述的解码器装置，其特征是：该外壳在与主座相对应的一侧面上分别设有一第一嵌合元件及一第二嵌合元件，而主座上则设有与第一、第二嵌合元件相互配合的一第一嵌槽及一第二嵌槽，令主座及外壳的第一、第二嵌合元件分别与第一、第二嵌槽相互嵌合，而相互接合在一起。

4. 如权利要求 1 项所述的解码器装置，其特征是：该制动片为一呈环形状。

5. 如权利要求 1 项所述的解码器装置，其特征是：该制动片在两侧边分别设有第三嵌合元件，而该外壳上则设有与第三嵌合元件相互配合的第一嵌合元件，该制动片与外壳的第三、第一嵌合元件相互嵌合。

6. 如权利要求 1 项所述的解码器装置，其特征是：该导片为扇形形状。

7. 如权利要求 1 项所述的解码器装置，其特征是：该导片上设有数个穿孔，而转盘上则设有与该等穿孔相配合的嵌扣元件，令该导片与转盘的穿孔与嵌扣元件相嵌合。

8. 如权利要求 1 项所述的解码器装置，其特征是：该主座外套设有一外壳体，该外壳体在底端上设有卡钩，外壳体的卡钩卡合在鼠标的电路板上，主座的第一、第二及第三接脚并与电路板相接在一起。”

针对涉案实用新型专利，阿尔普士电气股份有限公司（下称第一请求人）于 2005 年 7 月 15 日向国家知识产权局专利复审委员会提出宣告该专利权无效的请求（下称请求 1），案件编号为 5W07021。第一请求人的无效理由为：权利要求 1 ~ 8 不符合专利法第二十二条第三款有关创造性的规定，随附如下证据：

附件 1：99205197. 5 号实用新型专利说明书（涉案实用新型专利）；

附件 2（对比文件 1）：日本特开平 10 – 326144 号公开特许公报，公开日为 1998 年 12 月 8 日；

附件 3（对比文件 2）：日本特开平 7 – 147116 号公开特许公报，公开日为 1995 年 6 月 6 日；

附件 4（对比文件 3）：日本特开平 10 – 312913 号公开特许公报，公开日为 1998 年 11 月 24 日；

附件 5（对比文件 4）：日本特开平 10 – 154446 号公开特许公报，其公开日为 1998 年 6 月 9 日；

附件 6（对比文件 5）：日本特开平 10 – 241508 号公开特许公报，公开日为 1998 年 9 月 11 日；

附件 7（对比文件 6）：日本特开平 10 – 326143 号公开特许公报，公开日为 1998 年 12 月 8 日。

此后，第一请求人又于 2005 年 9 月 13 日提交了上述请求书中正文第 5、6 页的替换页，其中对所述两页中的文字错误进行修改，同时提交了对比文件 1、2 的全文译文，对比文件 3 ~ 6 的相关部分译文。

经形式审查合格后，专利复审委员会受理了上述无效宣告请求 1，并于 2005 年 10 月 12 日分别向第一请求人和专利权人发出无效宣告请求受理通知书，同时将第一请求人的无效宣告请求书及附件清单所列的附件副本转送给专利权人，要求其在指定期限内答复。

专利复审委员会依法成立合议组对请求 1 进行审理。因故，专利复审委员会于 2006 年 2 月 16 日再次向专利权人发出无效宣告请求受理通知书，同时，合议组发出转送文件通知书，将第一请求人于

2005 年 9 月 13 日提交的上述请求书中正文部分的替换页，对比文件 1 ~6 的译文转送给专利权人。

专利权人于 2006 年 3 月 23 日提交意见陈述书，陈述其专利具备创造性的理由。

合议组于 2006 年 3 月 30 日向双方当事人发出无效宣告请求口头审理通知书，定于 2006 年 5 月 25 日对所述无效宣告请求 1 进行口头审理，随转专利权人于 2006 年 3 月 23 日提交意见陈述书给第一请求人。

第一请求人于 2005 年 12 月 31 日再次向国家知识产权局专利复审委员会提出宣告所述实用新型专利权无效的请求（下称请求 2），案件编号为 5W07430。第一请求人的无效理由为：权利要求 1 不符合专利法第二十二条第二三款有关新颖性、创造性的规定，权利要求 2 ~8 不符合专利法第二十二条第三款有关创造性的规定。第一请求人同时提供的证据为：TW308680 号发明专利说明书公告文本（下称补充对比文件 1）以及盖有国家知识产权局专利检索咨询中心副本认证专用章的关于补充对比文件 1 的检索结果的复印件，该复印件上显示了补充对比文件 1 的公开日为 1997 年 6 月 21 日。

形式审查合格后，专利复审委员会受理了上述无效宣告请求 2，并于 2006 年 4 月 13 日分别向第一请求人和专利权人发出无效宣告请求受理通知书，同时将请求 2 中的无效宣告请求书及附件清单所列的附件副本转送给专利权人，要求其在指定期限内答复。

合议组于 2006 年 4 月 20 日向双方当事人发出无效宣告请求口头审理通知书，定于 2006 年 5 月 25 日对请求 2 进行口头审理，并告知双方当事人请求 2 将与请求 1 合案审理。

口头审理于 2006 年 5 月 25 日如期举行，双方当事人均出席此次口头审理。

此间，针对请求 1，第一请求人明确其无效理由为：以对比文件 1 作为最接近的现有技术，结合对比文件 2 或对比文件 4 评述权利要求 1 的创造性；权利要求 2 ~8 分别引用权利要求 1，在权利要求 1 不具备创造性的基础上，权利要求 2、3、5 的附加技术特征为公知常识；权利要求 4 的附件技术特征为公知常识或被对比文件 4 或 5 或 6 公开；权利要求 6 的附件技术特征为公知常识或被对比文件 2 公开；权利要求 7 的附件技术特征为公知常识或被对比文件 4 公开；权利要求 8 的附件技术特征为公知常识或者被对比文件 1 或 5 公开；因此，权利要求 2 ~8 也不具备创造性。

专利权人当庭表示对对比文件 1 ~6 的真实性没有异议，对对比文件 1 ~6 中文译文的准确性没有异议。

在请求 2 中，第一请求人明确其无效理由为：补充对比文件 1 评述权利要求 1、2、4 不具备新颖性、创造性；补充对比文件 1 结合公知常识评述本专利权利要求 3、5 不具备创造性；补充对比文件 1 结合请求 1 中的对比文件 2 评述权利要求 6 不具备创造性；补充对比文件 1 结合请求 1 中的对比文件 4 评述权利要求 7 不具备创造性；补充对比文件 1 结合请求 1 中的对比文件 1 评述权利要求 8 不具备创造性。

专利权人当庭表示对补充对比文件 1 的真实性没有异议。专利权人当庭提交了针对请求 2 的意见陈述书，合议组当庭将该意见陈述书转给第一请求人。

针对涉案实用新型专利，林琮凯（下称第二请求人）于 2006 年 3 月 8 日向国家知识产权局专利复审委员会提出宣告该专利权无效的请求（下称请求 3），案件编号为 5W07624。第二请求人的无效理由为：权利要求 1 ~8 不具备专利法第二十二条第三款规定的创造性；权利要求 1 仅给出“导片”的功能性限定，未对“导片”的结构进行具体限定，导致该权利要求不符合专利法实施细则第二十条第一款的规定，说明书也因“导片”的问题而不符合专利法第二十六条第三款的规定，因说明书未对“导片”作出结构性的描述，导致权利要求 1 得不到说明书实质上的支持，不符合专利法第二十六条第四款。

第二请求人同时提交如下证据：

附件1：第99205197.5号实用新型专利说明书（涉案实用新型专利）；

附件2（证据1）：日本特开平10－326144号公开特许公报，公开日为1998年12月8日；

附件3（证据2）：US5739775号专利说明书，公开日为1998年4月14日；

附件4（证据3）：日本特开平3－255314号公开特许公报，公开日为1991年11月14日；

附件5（证据4）：日本特开平7－147116号公开特许公报，公开日为1995年6月6日。

随后，第二请求人又于2006年4月6日提交了上述证据1～4的中文译文。

经形式审查合格后，专利复审委员会受理了上述请求，并于2006年5月16日分别向第二请求人和专利权人发出无效宣告请求受理通知书，并将请求3的无效宣告请求书、附件清单所列的附件副本及第二请求人于2006年4月6日提交的外文证据的中文译文一并转送给专利权人，要求其在指定期限内答复。

合议组于2006年6月27日向双方当事人发出请求3的无效宣告请求口头审理通知书，定于2006年8月10日对请求3进行口头审理。

2006年6月30日，专利权人向专利复审委员会提交意见陈述书，陈述其专利符合相关条款的理由。

2006年7月3日，合议组将专利权人的上述意见陈述书转送给第二请求人。

请求3的口头审理如期举行，双方当事人均出席此次口头审理。

此间，专利权人对证据1～4的真实性没有异议，对其中文译文的准确性没有异议。

第二请求人明确其无效理由为：（1）权利要求1不符合专利法第二十六条第四款、专利法实施细则第二十条第一款的规定；（2）说明书不符合专利法第二十六条第三款的规定；（3）权利要求1～8相对于证据1和证据2的结合来讲不具备创造性，权利要求1～8相对于证据1和证据3的结合来说不具备创造性，权利要求1～8相对于证据1和证据4的结合而言不具备创造性，权利要求1～8相对于证据2和证据3的结合来讲不具备创造性。

合议组要求第二请求人应当在口审之日起7日内提交权利要求1～8相对于证据2和3的结合不具备创造性的具体书面理由。

2006年8月16日，第二请求人提交意见陈述书，详述权利要求1～8相对于证据2和证据3的结合而言缺乏创造性的理由。

2006年8月28日，合议组会将上述第二请求人于2006年8月16日提交的意见陈述书转给专利权人。

2006年8月31日，专利权人提交意见陈述书，针对第二请求人新增的组合方式（证据2和证据3的结合）作出相应的意见陈述。其中主要指出，证据3未揭示权利要求1的技术内容为：

（1）解码器装设在鼠标中的滚轮任一侧的转轴上，该滚轮所设的转轴枢设在一鼠标中所设的轮座上；

（2）转盘在相对外壳的一侧面上设有多数个相连在一起的凹槽；

（3）制动片及制动片与转盘相对外壳侧设的凹槽相顶入滑动的结构；

（4）转盘及转盘上的凸体部分之间的结构；

（5）凸体上设有一嵌孔，该嵌孔恰可与滚轮的转轴一端相互嵌合。

证据2仅公开了上述五点区别特征中的第2、3点，第1、4、5点未被证据2公开，也未从证据2中得到任何技术启示。因此权利要求1相对于证据2、3的结合而言具备专利法第二十二条第三款规定的创造性。在权利要求1具备创造性的前提下，引用权利要求1的从属权利要求2～7也应维持有效。

至此，合议组将请求 3 与请求 1、2 合案审理，并且此案事实已清，可作出审查决定。

二、决定理由

1. 关于证据

请求 1 中的对比文件 1 ~6 为公开日早于涉案实用新型专利申请日的日本专利文献，可作为评述权利要求创造性的对比文件使用。

请求 2 中的补充对比文件 1 为公开日早于涉案实用新型专利申请日的中国台湾专利文献，同样可以作为评述权利要求新颖性、创造性的对比文件使用。

请求 3 中的证据 1 ~4 为涉案实用新型专利申请日前公开的日本或美国专利文献，可作为对比文件来评述权利要求的创造性。

2. 无效理由

（1）专利法第二十六条第三款（请求 3 涉及的无效理由）

专利法第二十六条第三款规定：说明书应当对发明或者实用新型作出清楚、完整的说明，以所属技术领域的技术人员能够实现为准；必要的时候，应当有附图。

说明书第 4 页第 2 段指出：该主座 2 与转盘 3 之间设有一呈扇形的导片 4，该导片 4 上设有数个与第一导体 211、第二导体 231 及第三导体 251 相互配合的导通点 41，该等导通点 41 在第一导体 211、第二导体 231 及第三导体 251 之间滑移，同时在第二导体 231 上缺口 233 及第三导体 251 上缺口 255 之间滑移，以令第一接脚 21、第二接脚 23 及第三接脚 25 借导通点 41 滑移，而相互导通或互不导通，该导片 4 在适当位置上设有数个穿孔 43，而转盘 3 上则设有与该等穿孔 43 相互配合的嵌扣元件 34，以令该导片 4 与转盘 3 借穿孔 43 与嵌扣元件 34 相互嵌合，而相互接合在一起。

参考所述说明书的内容以及附图 2 中标号为 4 的部件，本领域普通技术人员可以很明确地得出关“导片”的结构：其由若干个导通点和若干穿孔组成，导通点与穿孔间隔排布。可见，根据说明书的记载同时参考图 2 中的导片结构，本领域技术人员可以清楚、容易地推知导片的构造，因此说明书公开充分，符合相关条款的规定。

（2）专利法实施细则第二十条第一款（请求 3 涉及的无效理由）

专利法实施细则第二十条第一款规定：权利要求书应当说明发明或者实用新型的技术特征，清楚、简要地表述请求保护的范围。

权利要求 1 中关于导片的表述如下：该导片是设于主座与转盘之间，该导片上设有多个与第一、第二及第三导体相配合的导通点，该等导通点在第一、第二及第三导体之间滑移，同时，在第二导体上缺口、第三导体上缺口之间滑移，令第一、第二及第三接脚借导通点滑移，而相互导通或互不导通。

据上述内容可知，“导片”位于主座与转盘之间，导片上有间隔分布的三个导通点。可见，根据所述“导片”的位置关系是可以清楚地反映出该装置本身结构的。

因此，权利要求 1 中关于“导片”的描述是清楚、明确的，所述权利要求符合专利法实施细则第二十条第一款的规定。

（3）专利法第二十六条第四款（请求 3 涉及的无效理由）

专利法第二十六条第四款规定：权利要求书应当以说明书为依据，说明要求专利保护的范围。

说明书第 4 页第 2 段对“导片”的描述已清楚：导片设于主座 2 与转盘 3 之间，其上具有第一、二、三导体并有与之配合的导通点，该等导通点可以通过滑移使第一、二、三接脚导通或不导通。因此，权利要求 1 可以得到说明书实质上的支持，其符合专利法第二十六条第四款的规定。

（4）创造性（请求1、2、3涉及的无效理由）

专利法第二十二条第三款规定：创造性，是指同申请日以前已有的技术相比，该发明有突出的实质性特点和显著的进步，该实用新型有实质性特点和进步。

①权利要求1

权利要求1要求保护的一种解码器装置，其特征是：其是装设在鼠标中的滚轮任一侧的转轴上，该滚轮所设的转轴枢设在一鼠标中所设的轮座上，该结构包括有：

一主座，该主座分别设有一第一接脚、一第二接脚及一第三接脚，其中，该第一接脚在主座上设有一第一导体，而该第二接脚在主座上设有一第二导体，该第二导体上设有等间距的缺口，及该第三接脚在主座上设有一第三导体，该第三导体上设有等间距的缺口；

一外壳，该外壳是设于主座一侧面上，该外壳上设有一穿孔；

一转盘，该转盘是设于外设与主座之间，该转盘在相对外壳的一侧面上设有多数个相连在一起的凹槽；

一制动片，该制动片是设于转盘与外壳之间，该制动片一侧上设有一与转盘的凹槽相配合的凸出体，令该凸出体恰可顶入在转盘上凹槽内滑移；

一导片，该导片是设于主座与转盘之间，该导片上设有多个与第一、第二及第三导体相配合的导通点，该等导通点在第一、第二及第三导体之间滑移，同时，在第二导体上缺口、第三导体上缺口之间滑移，令第一、第二及第三接脚借导通点滑移，而相互导通或互不导通；

一凸体，该凸体是设于转盘在与外壳相对的一侧面上，该凸体穿套在外设的穿孔上，该凸体上设有一嵌孔，该嵌孔恰可与滚轮的转轴一端相互嵌合；

拨动滚轮转动时，转盘在制动片一侧上旋转，该凸出体在该等凹槽内滑移，转盘上凹槽及制动片上凸出体相互配合。

证据3涉及一旋转种编码器（以下引述内容皆以中文译文文本为准）具体公开如下内容：（说明书第4页最后一段至第5页第2段，图1、2、6、7）：码盘1，分别设有端子12、13、14，端子12在码盘上设有共通信号用图案（组件）2，端子13在码盘上设有进相信号用图案（组件）3，该组件3上有等间距的缺口，端子14在码盘上设有进相信号用图案（组件）4，该组件4上有等间距的缺口。所述内容相应于权利要求1中的“一主座，该主座分别设有一第一接脚、一第二接脚及一第三接脚，其中，该第一接脚在主座上设有一第一导体，而该第二接脚在主座上设有一第二导体，该第二导体上设有等间距的缺口，及该第三接脚在主座上设有一第三导体，该第三导体上设有等间距的缺口”

证据2涉及一种编码器，具体公开如下内容（说明书第8页第3段至第10第1段、图2）：

外壳34，该外壳在面向定子19的一侧具有一圆形穿孔35。所述内容相应于权利要求1中的“一外壳，该外壳是设于主座一侧面上，该外壳上设有一穿孔”。

棘爪件29，此部件设于外壳34与定子19之间，其相对于外壳34的一侧有数个径向延伸的锯齿部31。该内容相应于权利要求1中的“一转盘，该转盘是设于外设（参考说明书应是“外壳”）与主座之间，该转盘在相对外壳的一侧面上设有多数个相连在一起的凹槽”。

环状弹片32，该弹片设于棘爪件29与外壳34之间，该弹片32具有的弯曲的棘爪部37与棘爪件上的锯齿部31做滑动接触。所述内容相应于权利要求1中的“一制动片，该制动片是设于转盘与外壳之间，该制动片一侧上设有一与转盘的凹槽相配合的凸出体，令该凸出体恰可顶入在转盘上凹槽内滑移”。

转子27，设于定子19与棘爪件29之间，该转子上设有多个接点37，各接点在定子19的信号拾取部间滑移。此内容相应于权利要求1中的“一导片，该导片是设于主座与转盘之间，该导片上设有多个与第一、第二及第三导体相配合的导通点，该等导通点在第一、第二及第三导体之间滑移，同时，在第二导体上缺口、第三导体上缺口之间滑移，令第一、第二及第三接脚借导通点滑移，而相互导通或互不导通”。

环状弹片 32 在棘爪件 29 一侧上旋转，棘爪部 37 与棘爪件上的锯齿部 31 做滑动接触。该内容相应于权利要求 1 中的“弹片上的拨动滚轮转动时，转盘在制动片一侧上旋转，该凸出体在该等凹槽内滑移”。

证据 2 与证据 3 均涉及编码器，其与权利要求 1 中的解码器属于相同技术领域，皆是在电子领域供转换信号之用的装置，且证据 3 中的码盘、端子及共通信号用图案的相互位置结构与权利要求 1 中的主座、接脚和导体的位置结构都相同，证据 2 中的外壳 34、棘爪件 29、环状弹片 32、转子 27 各自的结构及其相互位置与权利要求 1 中的外壳、转盘、制动片、导片的结构及相互位置相同。因此，本领域普通技术人员可以不花费创造性劳动地将证据 2、3 结合以解决相应的技术问题。

证据 2、3 均未公开的权利要求 1 的特征为：

（1）解码装置装设在鼠标中的滚轮任一侧的转轴上，该滚轮所设的转轴枢设在一鼠标中所设的轮座上。

（2）一凸体，该凸体是设于转盘在与外壳相对的一侧面上，该凸体穿套在外设的穿孔上，该凸体上设有一嵌孔，该嵌孔恰可与滚轮的转轴一端相互嵌合。

针对区别（1），证据 3 提供了相应的启示（说明书第 1 页倒数第二段）：旋转编码器用于微电脑的输入装置上。在将编码器安装在鼠标上时，本领域普通技术人员必然会想到将其与鼠标滚轮安设在一起，同时，将“滚轮所设的转轴枢设在一鼠标中所设的轮座上”也是必然的。

区别技术特征（2）中的凸体及其上的嵌孔是作连接所述解码器整个部件（使解码器中的各部件更紧密地扣合在一起）及连接鼠标滚轮之用，证据 2 提供了相应的技术启示：其中的轴 28 也是穿设于定子 19、转子 27、棘爪件 29 之间，使各部件连接的更为紧密。此外，本领域普通技术人员在将一个装置与另一个装置装接在一起时，易想到在其中一个装置上设一孔，利用该孔和一个置于该孔中的轴将两个装置连接在一起，这样一种常用连接部件的技术手段。

因此本领域普通技术人员可以容易地在证据 2、3 的启示下利用公知手段得到权利要求 1 要求保护的技术方案，无需花费创造性劳动。因此，权利要求 1 相对于证据 2、3 的结合而言缺乏创造性。

②权利要求 2

证据 2 中（说明书第 9 页第 2 段），棘爪件 29 具有 30 个径向延伸的锯齿部 31，所述内容给为权利要求的技术方案提供了技术启示。本领域普通技术人员根据现有技术，可以据实际需要，任意设定转盘上的凹槽数量。而且，在涉案专利中并没有特别说明设置 18 个凹槽有何特殊作用。因此权利要求 2 相对于证据 2、3 的结合而言不具备创造性。

③权利要求 3

权利要求 3 中记载了一种外壳与主座互相扣合的方式，所述嵌合方式是本领域的惯常技术手段，利用凹槽与突起将两个部件扣合在一起，这对本领域技术人员而言，无需付出创造性劳动即可得到。因此权利要求 3 相对于证据 2、3 的结合来讲缺乏创造性。

④权利要求 4

其附加技术特征已被证据 2 公开（说明书第 9 页第 2 段、图 2）：环状弹片 32 呈环形状。因此权利要求 4 相对于证据 2、3 的结合来说不具备创造性。

⑤权利要求 5

其附加技术特征已被证据 2 公开（说明书第 9 页最后 1 行至第 10 页第 1 行、图 2）：环状弹片 32

两侧有调整片33，所述调整片与外壳34上的两凹陷部相互嵌合。因此权利要求5相对于证据2、3的结合而言没有创造性。

⑥权利要求6

证据2中（图2），转子27呈扇形形状。所述内容已公开了权利要求6的附加技术特征。故权利要求6相对于证据2、3的结合来讲缺乏创造性。

⑦权利要求7

其附加技术特征中的穿孔与嵌扣元件用于将导片与转盘扣合在一起，所述扣合方式是本领域常规技术手段。因此权利要求7相对于证据2、3的结合而言不具备创造性。

⑧权利要求8

权利要求8中的方案提供了将主座外套上的外壳体与鼠标电路板卡合的方式，其附加技术特征还包括主座的三个接脚与电路板相连。所述用卡钩卡合的方式是本领域的习知技术手段，本领域普通技术人员在将所述解码器装置装设在鼠标上时，必然会想到将所述装置的引脚与鼠标电路板相连，也很容易想到使用常用的卡钩将主座与鼠标电路板卡合。因此，权利要求8相对于证据2、3的结合来说缺乏创造性。

通过上述分析可知，权利要求1~8相对于证据2、3的结合而言，没有实质性特点和进步，不符合专利法第二十二条第三款创造性的规定。

因请求3中的证据2、3的结合已可以否定涉案实用新型专利全部权利要求的创造性，故本决定不再对请求1、2中的证据加以评述。

三、决定

宣告99205197.5号实用新型专利权全部无效。

当事人如对本决定不服，可以根据专利法第四十六条第二款的规定，自收到本决定之日起三个月内向北京市第一中级人民法院起诉。根据该款的规定，一方当事人起诉后，另一方当事人应当作为第三人参加诉讼。

089

改良的晶圆研磨定位环案

无效宣告请求审查决定（第8961号）

决　定　号　第8961号
决　定　日　2006年10月30日
发明创造名称　改良的晶圆研磨定位环
国 际 分 类 号　H01L21/304、21/68、B24B7/00
无效请求人Ⅰ　吴启超
无效请求人Ⅱ　何程凯芸
专 利 权 人　陈水源　陈水生　陈添丁
专　利　号　02236558.3
申　请　日　2002年6月6日
授 权 公 告 日　2003年5月14日
合 议 组 组 长　崔哲勇
主　审　员　樊晓东
参　审　员　朱芳芳

法 律 依 据　专利法第二十二条第三款
决 定 要 点

一项权利要求的技术方案所包含的技术特征在对比文件中未被披露，且所属领域的技术人员从对比文件得出该项权利要求的技术方案是非显而易见的，则该项权利要求具备创造性。反之，一项权利要求的技术方案所包含的技术特征已被对比文件披露，且所属领域的技术人员从对比文件得出该项权利要求的技术方案不需要付出创造性劳动，则该项权利要求不具备创造性。

一、案由

本无效宣告请求涉及国家知识产权局于2003年5月14日授权公告的02236558.3号实用新型专利（下称本专利），其名称为“改良的晶圆研磨定位环”，申请日为2002年6月6日，专利权人是陈水源、陈水生、陈添丁（下称专利权人），该专利授权公告时的权利要求书如下：

“1. 一种改良的晶圆研磨定位环，环体为正圆形无端环，其内径套合待研磨晶圆外径，其特征在于：前述环体外周缘下部位置设定有一环形警示线。

2. 根据权利要求1所述改良的晶圆研磨定位环，其特征在于：该环体于本体环上部以左旋螺纹旋合金属环所构成。

3. 根据权利要求1所述改良的晶圆研磨定位环，其特征在于：该环体下缘设有由外周向内周上方微倾斜1~60微米的斜面。

4. 根据权利要求1所述改良的晶圆研磨定位环，其特征在于：该环体下缘结合有一层钻石膜。”

2006年1月26日，吴启超（下称第一请求人）针对该专利权向国家知识产权局专利复审委员会提出无效宣告请求（案件编号为5W07538），并提交如下附件：

附件1：专利无效意见陈述书正文；

附件2：中国专利第02236558.3号的授权公告文本，公告日为2003年5月14日；

附件3：台湾专利第466151号的公报文本，公开日为2001年12月01日（下称对比文件1）；

附件4：中国专利第00257485.3号的授权公告文本，公告日为2001年9月12日（下称对比文件2）；

附件5：美国专利US6019670的授权公告文本及其相关译文部分，公告日为2000年2月1日（下称对比文件3）；

附件6：专利代理委托书。

第一请求人认为：本专利权利要求1要求保护的技术方案已被对比文件1公开的内容覆盖，且对比文件1公开的技术方案与本专利权利要求1要求保护的技术方案具有相同的技术领域、采用相同的技术手段，并达到了相同的效果；对比文件2公开了本体环与金属环以左旋螺纹所螺合的附加技术特征，由于，权利要求2的附加技术特征属于本领域的公知技术手段，因此，权利要求2的附加技术特征相对于对比文件1、2的结合不具备创造性；说明书中未记载本专利权利要求3、4的附加技术特征起的作用、技术效果，因此当权利要求1不具备创造性时，从属权利要求3、4也不具备创造性，并且对比文件3覆盖了权利要求4的技术方案。鉴于以上事实和理由，本专利权利要求1～4不符合专利法第二十二条第三款有关创造性的规定。

2006年1月26日，何程凯芸（下称第二请求人）针对该专利权向国家知识产权局专利复审委员会提出无效宣告请求（案件编号为5W07539），其提交的证据与第一请求人提交的证据相同，且具体陈述理由与第一请求人完全相同。

经形式审查合格，专利复审委员会依法受理了上述无效宣告请求，并于2006年3月22日向第一、二请求人和专利权人发出无效宣告请求受理通知书，并将第一、二请求人提交的无效宣告请求书及其附件清单中所列附件的副本转送给专利权人，要求其在指定的期限内答复。

专利权人在指定的期限内没有陈述意见。

专利复审委员会依法成立合议组，对上述两个无效宣告请求进行审理。

根据审查指南第四部分第三章第4.5节有关案件合并审理的规定，本案合议组决定对上述两个无效请求合案审理。

专利复审委员会于2006年6月21日向第一、二请求人和专利权人发出无效宣告请求口头审理通知书，告知三方当事人两案合案审理，定于2006年8月9日举行口头审理。

口头审理如期举行，第一和第二请求人的代理人参加了口头审理，专利权人没有参加口头审理；第一和第二请求人当庭提交了加盖有国家知识产权专利检索咨询中心副本认证专用章的对比文件1的复印件；第一和第二请求人当庭明确无效理由为权利要求1、3相对于对比文件1不具备创造性，权利要求2相对于对比文件1和2的结合不具备创造性，权利要求4相对于对比文件1和3的结合不具备创造性；第一和第二请求人认为权利要求3的附加技术特征是本专利的背景技术中所描述的习知技术，所提交的对比文件中均没有公开。

口头审理之后，专利复审委员会于2006年8月15日向专利权人发出了合议组成员告知通知书。

专利权人在该通知书规定的期限内未陈述意见。

至此，合议组认为本案事实清楚，可以依法作出审查决定。

二、决定的理由

1. 关于证据

请求人提交的证据包括对比文件1、2和对比文件3及其译文，对比文件1～3均为专利公告文件，其公告日均在本专利的申请日之前，且专利权人对对比文件 1 ~3 的真实性和译文的准确性均未提出异议，因此对比文件 1 ~3 可作为本案的现有技术证据使用。

2. 关于专利法第二十二条第三款的规定

专利法第二十二条第三款规定，创造性，是指同申请日以前已有的技术相比，该发明有突出实质性特点和显著的进步，该实用新型有实质性特点和进步。

一项权利要求的技术方案所包含的技术特征在对比文件中未被披露，且所属领域的技术人员从对比文件得出该项权利要求的技术方案是非显而易见的，则该项权利要求具备创造性。反之，一项权利要求的技术方案所包含的技术特征已被对比文件披露，且所属领域的技术人员从对比文件得出该项权利要求的技术方案不需要付出创造性劳动，则该项权利要求不具备创造性。

权利要求 1 请求保护一种改良的晶圆研磨定位环，包括以下技术特征：a. 环体为正圆形无端环，其内径套合待研磨晶圆外径，b. 前述环体外周缘下部位置设定有一环形警示线。

具体在本案中，对比文件 1 是与本专利最接近的现有技术，其公开了一种基材研磨时固定环移去时间之决定与基材研磨之方法与设备，具体公开了（参见其说明书第 7 页，第 1 ~4 段，附图 1 －3）：一种半导体基材研磨固定环 22，环体为正圆形无端环 22，其内径套合待研磨基材 24 外径，固定环 22 包含一磨出标记 38，以供探测用。

将权利要求 1 与对比文件 1 相比较，对比文件 1 已经公开了权利要求 1 的大部分技术特征，其区别仅在于：对比文件 1 没有明确记载磨出标记位于环体外周缘下部，但是对比文件 1 的权利要求 1 中记载了："磨出标记，用以指出该底表面之一预选定磨出量"，根据上述记载，本领域的技术人员完全能够想到将磨出标记设定在环体的外周缘下部位置，该区别技术特征对本领域的技术人员来说是显而易见的，因此该权利要求不具有实质性特点和进步，因而不具备创造性。

权利要求 2 的附加技术特征是"该环体于本体环上部以左旋螺纹旋合金属环所构成"。在对比文件 2 中公开了："本环体 2 与金属环 3 以左旋螺纹所螺合"。由于对比文件 2 与对比文件 1 都涉及晶圆研磨定位环，两者所属的领域相同，且所要解决的技术问题也相同，因此本领域的技术人员很容易将对比文件 1 和 2 结合，从而得到权利要求 2 请求保护的技术方案，因此权利要求 2 不具有实质性特点和进步，因而不具备创造性。

权利要求 3 的附加技术特征是："该环体下缘设有由外周向内周上方微倾斜 1 ~60 微米的斜面"。请求人认为权利要求 3 的附加技术特征是本专利的背景技术中所描述的习知技术，对此合议组认为，本专利背景技术部分虽然描述了上述技术特征为习知技术，但是并未提供相关证据支持该结论，在此情况下，本专利背景技术部分的描述不能作为认定上述技术属于公知技术的客观依据，由于请求人提交的对比文件 1 －3 中均没有公开该附加技术特征，也没有提交能证明该附加技术特征是公知技术的其他证据，因此现有技术并未对该附加技术特征给出技术启示，因而该权利要求 3 相对于对比文件 1 ~3的结合具备创造性。

权利要求 4 的附加技术特征是："该环体下缘结合有一层钻石膜"。在对比文件 3 中公开了："一种镍涂覆钻石膜可被胶粘在处理环的较低的部分以形成处理表面 204"。由于对比文件 3 与对比文件 1 都涉及化学机械抛光用的研磨垫，两者所属的领域相同，且所要解决的技术问题也相同，因此本领域的技术人员很容易将对比文件 3 的上述技术特征与对比文件 1 结合，从而得到权利要求 4 请求保护的技术方案，因此权利要求 4 不具有实质性特点和进步，因而不具备创造性。

基于以上事实和理由，本案合议组作出如下审查决定。

三、决定

宣告第 02236558. 3 号实用新型专利的权利要求 1，2，4 无效，在权利要求 3 的基础上维持本专利权部分有效。

当事人对本决定不服的，可以根据专利法第四十六条第二款的规定，自收到本决定之日起三个月内向北京市第一中级人民法院起诉。根据该款的规定，一方当事人起诉后，另一方当事人应当作为第三人参加诉讼。

090

铜离子电化学治疗仪案

无效宣告请求审查决定（第8990号）

决　定　号　第8990号
决　定　日　2006年12月7日
发明创造名称　铜离子电化学治疗仪
国际分类号　A61N1/30
无效请求人　陈　绚
专利权人　北京计然电子科技有限公司
专　利　号　02289449.7
申　请　日　2002年12月5日
授权公告日　2004年4月7日
合议组组长　石　清
主　审　员　李韵美
参　审　员　李　卉

法律依据　专利法第二十二条第三款
决定要点

权利要求与证据存在区别技术特征，并且所述区别技术特征使权利要求与现有技术相比具有了实质性特点和进步，因此，权利要求具备新颖性和创造性。

一、案由

本无效宣告请求案涉及国家知识产权局于2004年4月7日授权、名称为“铜离子电化学治疗仪”的ZL02289449.7号实用新型专利（下称本专利），本专利的申请日为2002年12月5日、专利权人是北京计然电子科技有限公司。本专利公告的权利要求书为：

“1. 一种铜离子电化学治疗仪，其特征在于由主机、治疗手柄、手持式直肠检查镜组成，其中主机包括壳体、显示器、配电盘、计算机控制系统和治疗输出单元，壳体的面板上有外设控制开关及输出、输入信号插口，计算机控制系统、治疗输出单元及配电盘安装在壳体内，治疗手柄、手持式直肠检查镜分别通过导线与壳体上的输出、输入信号插口相连，显示器与计算机控制系统相连；

计算机控制系统包括控制主机、A/D D/A控制电路模块、I/O接口和图像采集卡模块，控制主机通过指令操作A/D D/A控制模块、I/O接口和图像采集卡模块；

治疗输出单元由执行电路、输出控制电路、保护电路组成，执行电路主要由后向通道组成，后向通道由压随器、陷波器、减法器、放大器依次串连在一起构成，后向通道与动力电源和计算机控制系统的D/A控制模块连接，输出控制电路由前向通道V、前向通道I、分压器及采样电阻组成，前向通道V和前向通道I分别与计算机控制系统的A/D控制模块相连，分压器和采样电阻监测后向通道的输出量，经前向通道V和前向通道I反馈回A/D控制模块，从而实现输出的精度控制，上述前向通道V由二阶低通、压随器、隔离电路、比例放大电路串联组成，前向通道I由二阶低通、放大器、四阶低通、压随器、隔离电路与比例放大串联组成，保护电路主要由前向通道V、前向通道I、独立保护电路构成，前向通道V、前向通道I与独立保护电路串联，前向通道V、前向通道I、分别与独立保护电路和后向通道构成闭环电路，前向通道V实现执行电路的电压监测，前向通道I实现执行电路的电流监测，独立保护电路在电压或电流高于安全数值时进行断电保护；

配电盘由隔离变压器、滤波器组、专用变压器、DC电源组成，为该治疗仪提供动力电源。

2. 根据权利要求1所述的铜离子电化学治疗仪，其特征在于，治疗输出单元部分有干扰电路，干扰电路由比例调节、手动调节、滤波器、减法器串联组成，干扰电路一端连接计算机控制系统的D/A控制模块，另一端与后向通道相连，对输出到痔专用针形电极的电流加干扰波。

3. 根据权利要求1或2所述的铜离子电化学治疗仪，其特征在于，治疗输出单元的独立保护电路包括电压保护电路和电流保护电路，电压保护电路由比例调节电路、绝对值电路、比较器路串联组成，电流保护电路由比例调节电路、绝对值电路、比较器路串联组成，两个串联电路并联后与驱动电路、保护继电器串联在一起组成独立保护电路。

4. 根据权利要求1或2所述的铜离子电化学治疗仪，其特征在于，上述计算机控制系统上安装有网卡。

5. 根据权利要求3所述的铜离子电化学治疗仪，其特征在于，上述计算机控制系统上安装有网卡。

6. 根据权利要求1或2所述的铜离子电化学治疗仪，其特征在于，上述计算机控制系统上安装有调制解调器。

7. 根据权利要求3所述的铜离子电化学治疗仪，其特征在于，上述计算机控制系统上安装有调制解调器。

8. 根据权利要求5所述的铜离子电化学治疗仪，其特征在于，上述计算机控制系统上安装有调制解调器。”

针对上述专利权，陈绚（下称请求人）于2005年1月27日向专利复审委员会提出无效宣告请求。请求人所提交的证据为：

证据1：北京计然电子科技公司企业标准Q/FTJRD001－2000《CHAT－5302/MP型铜离子电化学治疗仪》复印件，首页标注有“2000－4－6日发布2000－4－6日实施”字样；

证据2：京药器监（准）字00第226103号中华人民共和国医疗器械注册证复印件；

证据3：北京计然电子科技有限公司网站的铜离子电化学治疗系统部分用户表网页打印页3页；

证据4：北京计然电子科技公司的《CHAT－5302/MP型铜离子电化学治疗仪产品使用说明书》复印件；

证据5：CN1217945A号发明专利申请公开说明书，公开日为1999年6月2日；

证据6：ZL02289449.7号实用新型专利说明书（本专利）。

请求人提出的无效理由为权利要求1～8相对于证据1～3、5不符合专利法第二十二条第一二款的规定；权利要求1、2相对于证据4不符合专利法第二十二条第二款的规定。

请求人认为，本专利的权利要求与证据1和2相比较，不具备新颖性和创造性，与证据3或证据4或证据5相比较也不具备新颖性和创造性。证据1企业实施标准前言所述1、2、3、4条充分说明北京计然电子科技有限公司起码早在1996年前已经生产了铜离子电化学治疗仪。结合证据2说明，北京计然电子科技有限公司是将生产铜离子电化学治疗仪产品于2000年6月20日进行“医疗器械注册”和申请“医疗器械产品生产制造许可”。证据3表明北京计然电子科技有限公司于2004年12月

5日前至1997年，至少拥有使用“铜离子电化学治疗仪”产品的用户25%。产品的流通大大早于本专利的申请日。证据4证明早在1997年前北京计然电子科技公司已生产、销售了“铜离子电化学治疗仪”产品为公众所知。本专利与证据5相比较完全是证据5的翻版，根本不具备任何新颖性和创造性。

经形式审查合格，专利复审委员会于2005年1月27日受理了上述无效宣告请求，同日将该无效宣告请求书及其附件清单中所列附件副本转送专利权人。

专利权人于2005年3月11日提交了针对请求人的无效请求的意见陈述书。专利权人认为证据1是本专利权人于2000年发布的企业标准。该证据仅公开了CHAT－5302/MP型铜离子电化学治疗仪的分类和要求等内容，丝毫不涉及该治疗仪的结构等技术内容，因此不构成对本专利新颖性和创造性的破坏；证据2是“CHAT－5302/MP型铜离子电化学治疗仪”这一款产品获准进入市场的通行证，它包含产品的外观，但没有记载产品的结构等技术内容，因此不构成对本专利新颖性和创造性的破坏；证据3是铜离子电化学治疗系统部分用户清单。该证据只能证明在2004年12月8日之前，已经有用户购买了CHAT－5302/MP型铜离子电化学治疗仪，但不能证明这些用户是在2002年12月5日前购买的该款产品，也就是说不能证明该款产品已于2002年12月5日公开销售；证据4是“CHAT－5302/MP型铜离子电化学治疗仪”产品使用说明书。该说明书本身属于保密文件（页脚最左端有“机密”标记），只提供给产品定点试用单位，所以它不能作为公开出版物对待，而且，该说明书仅仅对产品的性能指标、使用方法、注意事项等内容给予了说明，而不涉及产品的结构等技术内容，因此不构成对本专利新颖性和创造新的破坏本专利的新颖性和创造性。CHAT－5302/MP型铜离子电化学治疗仪使用了证据5所述的专利技术，本专利是以此为基础的改进专利，本专利增加了用于检查功能的手持式直肠检查镜，分别设置的电流保护和电压保护电路取代了原来简单的过载保护电路，仪器的安全性更高。

本案合议组于2005年8月19日向双方当事人发出口头审理通知书，定于2005年10月13日进行口头审理，并随该口头审理通知书将专利权人于2005年3月11日提交的意见陈述书转给请求人。

口头审理于2005年10月13日如期举行，双方当事人均参加了口头审理。在口头审理中，双方当事人对对方出庭人员的身份没有异议；双方当事人对合议组成员没有回避请求；请求人当庭提交《中华实用医学》2003年第5卷第24期第49～51页共3页复印件，合议组根据专利法实施细则第六十六条的规定，当庭告知请求人上述《中华实用医学》在本案中不予考虑；请求人当庭表示仅供合议组参考，不作为证据使用。合议组当庭转给专利权人；请求人当庭未能出示证据1（北京计然电子科技公司企业标准）、证据2（中华人民共和国医疗器械注册表（铜离子电化学治疗仪）京药器监（准）字00第226103号）、证据3（铜离子电化学治疗系统部分用户）、证据4（京药器监（试）字97第299114号CHAT－5302/MP铜离子电化学治疗仪产品使用说明书）的原件；专利权人对证据1、2的真实性有异议，对证据3、4、证据5（97121903.6号专利“金属离子电化学治疗仪”专利说明书）的真实性没有异议；请求人明确其无效理由为：证据1～4均能单独证明CHAT－5302/MP型铜离子电化学治疗仪在申请日之前已经公开使用，破坏本专利权利要求1～8的新颖性、创造性；本专利权利要求1～8相对于证据5不具备新颖性、创造性；应请求人要求，合议组充许请求人在口头审理之后10日内向合议组提交仅限于有关使用证据5评价本专利权利要求1～8新颖性、创造性的书面意见陈述，其他意见将不予考虑；口头审理之后，合议组不再接受任何补充证据。在此基础上，双方当事人就本专利是否符合专利法第二十二条第二三款的规定充分陈述了意见。

请求人公民代理人陈林、白宇、夏永胜于2005年10月18日提交了庭审代理意见、铜离子电化学治疗仪鉴定申请书、及本专利与证据5的对比说明。请求人认为庭审时专利权人自己承认，在申请日前，该专利技术产品已经生产，并且在医院进行临床试验，根据专利法的规定，专利权人的专利申请已经不符合申请专利的条件。因为在申请日前，该专利技术产品已经存在。并请求合议组组织到北大医院对专利权人在申请日前送到北大医院的具有该专利技术的产品进行检验、鉴定。

专利复审委员会于2005年10月25日将请求人于2005年10月18日提交的上述文件文件转给专利权人。专利权人在指定的期限内没有答复。

基于上述的工作，合议组认为本案事实已经清楚，可以作出本决定。

二、决定的理由

关于证据

请求人没有提供证据1、2的原件，专利权人对其真实性有异议，合议组无法确定证据1、2的真实性，因此，对证据1、2不予采信。

专利权人对证据3、4的真实性无异议。证据3为网页打印页，证据3中没有记载铜离子电化学治疗仪的型号，仅在页面下方示出了打印时间为2004年12月8日，最后一页印有CopyRight 2003Bjget.com字样只能证明在2004年12月8日之前或最早在2003年已经有用户使用铜离子电化学治疗仪，但不能证明这些用户是在2002年12月5日（即本专利的申请日）前购买了该产品，也就是说不能证明用户购买的该产品已于2002年12月5日公开销售。同时，该证据也未披露任何有关铜离子电化学治疗仪的技术内容。证据4是“CHAT-5302/MP型铜离子电化学治疗仪”产品使用说明书。证据4中每页脚最左端有“机密”标记，也没有任何出版信息，所以不能作为公开出版物。因此，证据3、4不能作为无效请求的证据使用。

证据5是CN1217945A号发明专利申请公开说明书，公开日为1999年6月2日，早于本专利的申请日，构成现有技术，可以用于评述本专利的新颖性和创造性。

关于检验、鉴定的请求

针对请求人提出的到北大医院对专利权人在申请日前送到北大医院的具有该专利技术的产品进行检验、鉴定的请求，合议组认为，根据审查指南第四部分第八章的规定，当事人对自己提出的无效宣告请求所依据的事实有责任提供证据加以证明。没有证据或者证据不足以证明当事人的事实主张的，由负有举证责任的当事人承担不利后果。专利复审委员会一般不得主动调查收集审查案件需要的证据。

请求人在整个无效宣告请求程序中始终没有提交能够证明北大医院在申请日之前就具有了本专利的产品的相关的公证认证等相关证明，而提交能够支持请求人的上述主张的有效证据是请求人的举证责任。即请求人并未尽到举证责任，合议组对请求人的检验、鉴定请求不予支持。

关于新颖性

权利要求1请求保护一种铜离子电化学治疗仪，其特征在于由主机、治疗手柄、手持式直肠检查镜组成，其中主机包括壳体、显示器、配电盘、计算机控制系统和治疗输出单元，壳体的面板上有外设控制开关及输出、输入信号插口，计算机控制系统、治疗输出单元及配电盘安装在壳体内，治疗手柄、手持式直肠检查镜分别通过导线与壳体上的输出、输入信号插口相连，显示器与计算机控制系统相连；计算机控制系统包括控制主机、A/D D/A控制电路模块、I/O接口和图像采集卡模块，控制主机通过指令操作A/D D/A控制模块、I/O接口和图像采集卡模块；治疗输出单元由执行电路、输出控制电路、保护电路组成，执行电路主要由后向通道组成，后向通道由压随器、陷波器、减法器、放大器依次串连在一起构成，后向通道与动力电源和计算机控制系统的D/A控制模块连接，输出控制电路由前向通道V、前向通道I、分压器及采样电阻组成，前向通道V和前向通道I分别与计算机控制系统的A/D控制模块相连，分压器和采样电阻监测后向通道的输出量，经前向通道V和前向通道 I 反馈回 A/D 控制模块，从而实现输出的精度控制，上述前向通道 V 由二阶低通、压随器、隔离电路、比例放大电路串联组成，前向通道 I 由二阶低通、放大器、四阶低通、压随器、隔离电路与比例放大串联组成，保护电路主要由前向通道 V、前向通道 I、独立保护电路构成，前向通道 V、前向通道 I 与独立保护电路串联，前向通道 V、前向通道 I、分别与独立保护电路和后向通道构成闭环电路，前向通道 V 实现执行电路的电压监测，前向通道 I 实现执行电路的电流监测，独立保护电路在电压或电流高于安全数值时进行断电保护；配电盘由隔离变压器、滤波器组、专用变压器、DC 电源组成，为该治疗仪提供动力电源。

证据 5 公开了一种金属离子电化学治疗仪（参见证据 5 的说明书第 1 页第 4 段至说明书第 2 页第 3 段），包括主机及针形电极，主机主要包括壳体、电源、计算机控制系统、模拟电路，在主机的壳体内安装有电源、计算机控制系统及模拟电路，壳体的前面板上带有显示屏、电源开关键及控制键，壳体的后面板上带有电源插座及输出信号插座，针形电极通过导线与后面板的输出信号插座连接。计算机控制系统包括微处理器（CPU）、数/模转换电路（DAC）、模/数转换电路（ADC）、数据存储器、程序存储器、I/O 接口、控制器、蜂鸣器及打印机接口、人机对话接口，微处理器（CPU）通过地址总线、数据总线及控制总线与并行的数/模转换电路（DAC）、模/数转换电路（ADC）、数据存储器（RAM）、程序存储器（EPROM）及 I/O 接口进行数据及命令传输，在地址总线中串接有地址锁存器，在控制总线中串接有控制器，在 I/O 接口与微处理器（CPU）之间连接有复位电路，I/O 接口通过线路与并行的蜂鸣器、打印机接口及人机对话接口相连接。模拟电路由执行电路和检测电路组成：（1）执行电路包括滤波器、极性控制器、手动/自动切换电路、功率放大电路、过载保护电路，它们依次串联在一起，执行电路与计算机控制系统的数/模转换电路（DAC）通过线路连接，数/模转换电路（DAC）的输出信号依次通过滤波器滤波、极性控制器选择极性、手动/自动切换电路进行切换选择、功率放大电路将信号放大、过载保护电路过载判断后输出，与输出端并联有模拟负载电路（R1），极性控制器、手动/自动切换电路及过载保护电路由计算机控制系统中的 I/O 接口控制执行；（2）测检电路由采样电路及采样补偿电路组成，采样电路包括采样、变增益放大器、检波及多路切换，采样补偿电路包括采样补偿、检波、滤波及多路切换，执行电路的输出信号分别送至测验电路中的采样及采样补偿电路中，经变增益放大器、检波或检波、滤波送至多路切换，多路切换及变增益放大器由 I/O 接口控制，经采样电路或采样补偿电路输出的信号送至计算机控制系统的模/数转换电路（ADC）中。

合议组认为，权利要求 1 与证据 5 的区别至少在于证据 5 没有公开所述的治疗仪包括手持式直肠检查镜、干扰电路，并且本专利的过载保护电路由分别设置的电流保护和电压保护电路组成，而证据 5 所公开的技术方案中仅限定了包括过载保护电路，没有详细限定该过载保护电路的具体组成，并且不包括手持式直肠检查镜。可见，权利要求 1 与证据 5 存在区别技术特征，技术方案不同。权利要求 1 请求保护的技术方案所要解决的问题是，克服现有技术中检查和治疗所采用的仪器分离，用简单的目视辅助装置无法得到清楚的检查结果，可成像检查系统也都只具有检查功能的缺点，与证据 5 中所要解决的“根据金属离子电化学留置术的原理，增强疗效，提高一次性治愈率，能够自动调节，控制治疗过程”技术问题不同。因此，权利要求 1 相对于证据 5 具有新颖性，符合专利法第二十二条第二款的规定。

由于权利要求 1 具备新颖性，其从属权利要求 2 ~ 8 也具备新颖性，符合专利法第二十二条第二款的规定。

关于创造性

从上述对权利要求 1 的新颖性评述中可以看出，权利要求 1 与证据 5 存在区别技术特征。同时，手持式直肠检查镜能够克服现有技术中检查和治疗所采用的仪器分离，用简单的目视辅助装置无法得到清楚的检查结果，可成像检查系统也都只具有检查功能的缺点；由于在内部电路设计方面设计有精密控制系统，并分别设置了电流和电压保护，可以保证患者的安全。可见，由于权利要求 1 采用了与证据 5 不同的技术手段和对请求保护的技术方案的技术效果的说明，使权利要求 1 具有了实质性特点，与现有技术相比具有进步。因此，权利要求 1 具备创造性，符合专利法第二十二条第三款的规定。

由于权利要求 1 具有创造性，其从属权利要求 2 ~ 8 也具备创造性，符合专利法第二十二条第三款的规定。

综上所述，权利要求 1 ~ 8 符合专利法第二十二条第二三款的规定，具备新颖性和创造性。

三、决定

维持 02289449. 7 号实用新型专利权有效。

当事人对本决定不服的，可以根据专利法第四十六条第二款的规定，自收到本决定之日起三个月内向北京市第一中级人民法院起诉。根据该条款的规定，一方当事人起诉后，另一方当事人应当作为第三人参加诉讼。

091

加热线圈用硅橡胶耐热电线案

无效宣告请求审查决定（第8995号）

决　定　号　第8995号
决　定　日　2006年12月8日
发明创造名称　加热线圈用硅橡胶耐热电线
国际分类号　H01B 7/02、7/29、7/36　H01F 27/28　H05B 3/00
无效请求人　珠海恒旺电子有限公司
专利权人　马仕兴
专　利　号　03152844.9
申　请　日　2003年8月27日
授权公告日　2005年8月31日
合议组组长　张　度
主　审　员　骆素芳
参　审　员　樊晓东

法律依据　专利法第二十二条第三款
决定要点

如果一项权利要求相对于一份最接近的现有技术的区别技术特征是本领域的公知常识，或者被另一份对比文件披露，并且该技术特征在该对比文件中所起的作用与其在该权利要求所要求保护的技术方案中所起的作用相同，则认为现有技术中给出了将上述区别技术特征结合到该最接近的现有技术中从而获得该权利要求的技术方案的技术启示。

一、案由

本无效宣告请求案涉及国家知识产权局于2005年8月31日授权公告，名称为“加热线圈用硅橡胶耐热电线”的03152844.9号发明专利（下称本专利），申请日为2003年8月27日，专利权人为马仕兴。授权公告的权利要求书如下：

“1. 一种加热线圈用硅橡胶耐热电线，其特征在于自内至外它依次有镀镍铜丝线芯（1）、硅橡胶绝缘层（2）、着色聚酯纤维编织层（3）以及外层耐热涂层（4），其中着色聚酯纤维编织层（3）是由着色色料直接加入聚酯纤维原料中制成的。

2. 根据权利要求1所述的一种加热线圈用硅橡胶耐热电线，其特征在于着色聚酯纤维编织层（3）采用耐晒性：7~8级、耐温：>300℃不变色、耐迁移5级以下的聚酯纤维。

3. 根据权利要求1或2所述的一种加热线圈用硅橡胶耐热电线，其特征在于着色色料为红色料。”

针对上述专利权，珠海恒旺电子有限公司（下称请求人）于2005年11月8日向国家知识产权局专利复审委员会提出无效宣告请求，其理由是本专利的权利要求1不符合专利法第二十二条第三款的规定，请求人提交了下述附件：

附件1：印有1988年10月1日实施的电子工业部部标准《玻璃丝编织耐热线》SJ2931－88复印件；

附件2：印有1990年1月1日实施的国家标准《镀镍圆铜线》GB11019－89复印件；

附件3：《电线电缆》“绿色环保兴制冷压缩机引出线的研制”复印件，2002年12月；

附件4：《电线电缆手册》封面及第38－39页复印件，机械工业出版社；

附件5：《专利代理委托书》；

附件6：应诉通知书复印件；

附件7：ZL03152844.9号发明专利说明书复印件。

经形式审查合格后，专利复审委员会依法受理了上述无效宣告请求，于2005年11月8日向请求人和专利权人发出无效宣告请求受理通知书，并将请求人提交的无效宣告请求书及其附件清单中所列附件的副本转送给专利权人，要求其在指定的期限内答复。

针对上述无效宣告请求，专利权人于2005年12月15日提交了意见陈述书，并陈述本专利权利要求1～3具备创造性的理由，主要为：1）本专利的耐热电线与附件1的电线的各层的材料不同，附件1中的“编织层的颜色为红、白二种”指示说明玻璃丝编织层的颜色，而不能说明“着色聚酯纤维编织层是由着色色料直接加入聚酯纤维编织层原料中制成的”结论；2）附件2和附件4结合公开了使用《镀镍圆铜线》的优点，但是本发明只是利用了《镀镍圆铜线》的优点，而不是发明《镀镍圆铜线》具有的优点本身；3）附件3公开是如何克服技术上的困难，研制制冷压缩机引出线的情况，附件3没有有关将着色色料直接加入聚酯纤维编织层原料中制成的任何启示；4）请求人提供的4份证据及其组合只是分别公开了本专利权利要求1的某一个技术特征，而没有公开本专利“一种加热线圈用硅胶耐热电线”的构成及其结合在一起的特征的任何启示，特别是也没有公开“其中着色聚酯纤维编织层是有着色所料直接加入聚酯纤维编织层原料中制成的”的技术特征任何信息，因此，权利要求1相对于请求人提供的4份证据具有突出的实质性特点和显著的进步，具备创造性；5）在权利要求1具备创造性的情况下，权利要求2、3也具备创造性。

2005年12月5日，请求人提交了补充意见陈述书，认为本专利权利要求1～3不符合专利法第二十二条第三款的规定，并提交了以下附件作为证据：

附件8：（2005）粤公证内字第37362号公证书复印件；

附件9：（2005）珠香证经字第281号公证书复印件；

附件10：《电线电缆手册》第2版 第2册封面、出版页、第39、67页复印件，机械工业出版社2002年1月第2版第1次印刷；

附件11：《涤纶长丝生产》第2版 封面、出版页、第501～506页复印件，中国纺织出版社，2004年4月第8次印刷；

附件12：“Appliance Wiring Material”UL 758首页、第3页及第30A页复印件及其中文译文；

附件13：佛山市威灵电子电器有限公司于2005年11月2日出具的证明复印件；

附件14：标注的日期为02年10月29日的销售合同复印件；

附件15：标注的日期为02年11月12日的商业发票复印件；

附件16：贸易进口付汇核销单复印件 签发日期02年12月09日；

附件17：中华人民共和国海关进口货物报关单复印件 签发日期不明；

附件18：提单 签单日期不明；

附件19：佛山市威灵电子电器有限公司灯丝硅胶线技术标准 批准日期2005年8月30日；

附件20：佛山市威灵电子电器有限公司于2005年11月25日出具的证明。

2006年3月31日，专利复审委员会向双方当事人发出转送文件通知书，分别将专利权人于2005年12月15日提交的意见陈述书副本转送给请求人；将请求人于2005年12月5日提交的意见陈述书及其附件清单中所列的附件的副本转送给专利权人。

针对请求人于2005年12月5日提交的意见陈述书，专利权人于2006年4月26日提交了意见陈述书，专利权人的意见主要为：（1）请求人提供的附件9、13~20不能证明本专利权利要求1限定的技术方案在申请日之前已经公开使用；（2）不能把本专利的技术特征进行分解分别评述每一个技术特征的创造性，请求人提供的附件及其组合只是分别公开了本专利权利要求1的某一个技术特征，而没有公开本专利“一种加热线圈用硅橡胶耐热电线”的构成及其结合在一起的特征的任何启示。

2006年6月21日，合议组向双方当事人发出无效宣告请求口头审理通知书，告知双方本案拟定于2006年8月16日进行口头审理。同时将专利权人于2006年4月26日提交的意见陈述书副本转送请求人。

口头审理如期举行，双方当事人均到庭参加口头审理，合议组当庭告知双方当事人合议组成员的变更情况，双方当事人对合议组的变更没有异议，对合议组成员均无回避请求，对对方出庭人员的身份没有异议，合议组在此情况下就本无效宣告请求案进行了庭审调查：

1. 专利权人对权利要求书进行了如下修改：删除了权利要求1、2。

2. 请求人当庭放弃附件3、附件8、附件9、附件12、附件19和附件20。

3. 请求人当庭提交了附件4、附件10和附件11的原件。

4. 请求人当庭提交了附件14－18的复印件（盖有“佛山市威灵电子电器有限公司”的红章）。

5. 专利权人对附件1、附件2、附件13－18的真实性有异议，对附件4、附件10和附件11的真实性无异议。

6. 请求人当庭明确以附件1作为最接近的对比文件，结合附件10、附件11评述修改后的权利要求1的创造性。

7. 合议组当庭告知，请求人应该在口头审理之日起7日内补交附件1和附件2的原件，逾期视为未提出。

2006年8月23日，请求人提交了意见陈述书，并提交了加盖有“中国电子技术标准化研究所信息服务中心”的红章的附件1。

2006年9月12日，请求人提交了意见陈述书，并提交了以下附件：

附件21：《电线电缆手册》第374页复印件，1页；

附件22：《电线电缆手册》第195页复印件，1页；

附件23：《涤纶长丝生产》第二版 封面、出版页、前言、修订说明、目录、第1页、第500~507页复印件，共13页，1995年2月第四次印刷；

其中，附件21和附件22用作公知常识的证据。

2006年9月30日，请求人提交了意见陈述书，并提交了以下附件：

附件23－1：（2006）京国证民字第13051号公证书原件1份。

2006年11月28日，专利权人面取请求人分别于2006年8月23日、2006年9月12日、2006年9月30日提交的意见陈述书及其附件副本，专利权人对加盖有“中国电子技术标准化研究所信息服务中心”的红章的附件1和附件23－1的真实性无异议，专利权人认为请求人于2006年9月12日新提的附件超过规定期限，应视为无效证据。

经过上述审理程序，合议组认为本案事实已经清楚，可以作出审查决定。

二、决定的理由

1. 关于审查的文本

2006年8月16日专利权人提交了权利要求书的修改替换页，删除了原权利要求1、2，修改后的权利要求书为：

“1. 一种加热线圈用硅橡胶耐热电线，其特征在于自内至外它依次有镀镍铜丝线芯（1）、硅橡胶绝缘层（2）、着色聚酯纤维编织层（3）以及外层耐热涂层（4），其中着色聚酯纤维编织层（3）是由着色色料直接加入聚酯纤维原料中制成的，所述的着色聚酯纤维编织层（3）采用耐晒性：7～8级、耐温：>300℃不变色、耐迁移5级以下的聚酯纤维，所述的着色色料为红色料。”

上述修改符合专利法实施细则第六十八条以及审查指南有关无效宣告程序中专利文件修改的规定，因此，本决定所依据的审查文本是专利权人于2006年8月16日提交的权利要求1、本专利授权公告的说明书、附图、说明书摘要及摘要附图。

2. 关于证据认定

（1）关于附件1。

请求人于2006年8月23日提交了加盖有“中国电子技术标准化研究所信息服务中心”的红章的附件1，专利权人对其真实性无异议，可以作为本案的定案依据。并且，附件1作为“电子工业部部标准”，其实施日早于本专利的申请日，因此，附件1在本专利的申请日以前，已经成为本领域的公知常识（下称公知常识1）。

（2）关于附件2。

请求人没有在指定的期限内提交附件2的原件，合议组无法核实其真实性，因此，附件2不能作为认定事实或定案的依据。

（3）关于附件4、10、11、23、23－1。

请求人口审时当庭提交了附件4、附件10和附件11的原件，专利权人对附件4、附件10和附件11的真实性无异议。

附件10作为一种技术手册，其公开日早于本专利的申请日，因此，附件10在本专利的申请日以前，已经成为本领域的公知常识（下称公知常识2）。

2006年9月12日请求人提交了附件23：1995年2月第四次印刷的《涤纶长丝生产》第二版 封面、出版页、前言、修订说明、目录、第1页、第500～507页复印件，共13页。2006年9月30日，请求人提交了附件23－1：（2006）京国证民字第13051号公证书原件1份。附件23－1的公证书的内容包括证明公证书所附《涤纶长丝生产》第二版的封面至出版页及第500页至第507页的复印件与原件内容相符。

经合议组核实，附件23－1的公证书所附的《涤纶长丝生产》第2版第501～506页的内容与附件10的内容相符，附件23－1作为附件10的补强证据而不是新证据，附件23－1中所附的《涤纶长丝生产》第2版第501页至第507页的内容可以作为评价权利要求1的创造性的对比文件（下称对比文件1）。

附件13作为公司法人出具的证人证言，并有“袁秋梅”的签字，但是证人袁秋梅没有出庭作证，在上述证言并未经过当庭质证的情况下，无法证实上述证言的真实性，因此，附件13不能作为认定事实或定案的依据。

附件14至附件18均为复印件，加盖有“佛山市威灵电子电器有限公司”的公章，在没有其他证据做佐证的情况下，无法证实上述附件的真实性，因此，附件14～18不能作为认定事实或定案的依据。

附件21和附件22是请求人在无效宣告请求之日起一个月后、且口头审理结束后提交的新证据，根据审查指南第四部分第三章第4.3.1节的规定，专利复审委员会对附件21和附件22不予考虑。

3. 关于专利法第二十二条第三款

专利法第二十二条第三款规定，创造性，是指同申请日以前已有的技术相比，该发明有突出的实质性特点和显著的进步，该实用新型有实质性特点和进步。

权利要求1请求保护一种加热线圈用硅橡胶耐热电线，其特征在于自内至外它依次有镀镍铜丝线芯（1）、硅橡胶绝缘层（2）、着色聚酯纤维编织层（3）以及外层耐热涂层（4），其中着色聚酯纤维编织层（3）是由着色色料直接加入聚酯纤维原料中制成的，所述的着色聚酯纤维编织层（3）采用耐晒性：7~8级、耐温：>300℃不变色、耐迁移5级以下的聚酯纤维，所述的着色色料为红色料。

公知常识1公开了一种电子设备内部连接用玻璃丝编织耐热电线，并具体公开了以下技术特征：自内至外它依次有镀锡圆铜线（1）、绝缘层（2）、玻璃丝编织层（3）、有机硅绝缘漆（4）（参见公知常识1第1页第1段、第3页2.3－3.3节），可见，公知常识1公开了权利要求1的电线的四层结构特征，权利要求1与公知常识1的区别在于：1）权利要求1中是镀镍铜丝线芯，而公知常识1的线芯为镀锡软圆铜线；2）权利要求1中是着色聚酯纤维编织层，而公知常识1是玻璃丝编织层；3）其中着色聚酯纤维编织层是由着色色料直接加入聚酯纤维编织原料中制成；4）权利要求1中还具有特征：所述的着色聚酯纤维编织层采用耐晒性：7~8级、耐温：>300℃不变色、耐迁移5级以下的聚酯纤维，所述的着色色料为红色料。

公知常识2是《电线电缆手册》，其中公开了以下技术特征：镍主要用于耐高温电磁线及其他耐高温电线的导电线芯的镀层或复合层，镍的加工性好，具有较高力学强度和塑性，有较高的稳定性，具有高温抗氧化性（参见公知常识2第39页6.3节）；涤纶丝即聚对苯二甲酸乙二醇酯纤维，是聚酯纤维的一种，涤纶丝的强度较高，弹性、耐热性、耐日光性较好，吸水性较低、电绝缘性能较稳定，涤纶丝可以作为电线电缆的编织层（参见公知常识2第67页2.5.4节），可见，公知常识2公开了上述区别特征1）和2）以及将上述区别特征1）和2）应用到电线中的用途。

对比文件1是《涤纶长丝生产》，其中公开了以下技术特征：凡在化学纤维生产过程中，加入染料、颜料或荧光剂等进行着色的长丝，称为有色长丝；在纺制有色涤纶拉伸丝和低弹丝时，只要着色剂质量稳定，并能均匀分布于熔体之中，就能用纺普通涤纶长丝的工艺生产有色涤纶长丝；一般来说，有色丝的色牢度，特别是摩擦牢度要比高温高压染色好（参见对比文件1第501页第一节第2段第1~2行，第503页倒数第7~5行，第506页第12~13行），可见，对比文件1公开了区别特征3）及其区别于原有染色方法的作用。

关于区别特征4），对于聚酯纤维编织层的耐晒性、耐温性、耐迁移性以及着色色料的选择，是本领域的普通技术人员根据电线性能的需要，通过常规的、有限次的试验可以获得的。

综上所述，上述区别特征1）、2）和3）分别在公知常识2和对比文件1中被公开，它们在权利要求1的技术方案中的作用与其在公知常识2和对比文件1中的作用相同，并且区别特征4）是本领域的普通技术人员通过常规的、有限次的试验可以获得的，因此，现有技术给出了将上述区别技术特征结合到公知常识1中的技术启示，因此，将上述公知常识与对比文件1相结合以获得权利要求1的技术方案，这对于本领域的普通技术人员来说是显而易见的，权利要求1不具有突出的实质性特点和显著的进步，不符合专利法第二十二条第三款关于创造性的规定。

专利权人认为请求人提供的附件及其组合只是分别公开了本专利权利要求1的某一个技术特征，而没有公开本专利“一种加热线圈用硅橡胶耐热电线”的构成及其结合在一起的特征的任何启示。

审查指南（2001 年版）第二部分第四章第 3. 2. 1 中规定：

下述情况，通常认为现有技术中存在上述技术启示：

（i）所述区别特征为公知常识。

（ii）所述区别特征为与最接近的现有技术相关的技术手段，例如，同一份对比文件其他部分披露的技术手段，该技术手段在该其他部分所起的作用与该区别特征在要求保护的发明中为解决该重新确定的技术问题所起的作用相同。

（iii）所述区别特征为另一份对比文件中披露的相关技术手段，该技术手段在该对比文件中所起的作用与该区别特征在要求保护的发明中为解决该重新确定的技术问题所起的作用相同。

在本案中，区别特征 1）2）3）属于上述第（iii）种情形，区别特征 4）5）6）属于上述第（i）种情形，因此，现有技术中给出了将上述区别特征结合到公知常识 1 中以获得权利要求 1 的技术方案的启示。

综上所述，权利要求 1 不具备专利法第二十二条第三款规定的创造性。请求人的无效宣告请求理由成立。

在此基础上，本案合议组依法作出如下决定。

三、决定

宣告 03152844. 9 号发明专利权全部无效。

当事人对本决定不服的，可以根据专利法第四十六条第二款的规定，自收到本决定之日起三个月内向北京第一中级人民法院起诉。根据该款的规定，一方当事人起诉后，另一方当事人应当作为第三人参加诉讼。

092

置于加热板内的电加热管案

无效宣告请求审查决定（第9006号）

决　定　号　第9006号
决　定　日　2006年12月1日
发明创造名称　置于加热板内的电加热管
国际分类号　H05B3/44
无效请求人　龙口市南王电热电器厂、王庆民
专利权人　王可尧
专　利　号　01244335.2
申　请　日　2001年8月10日
授权公告日　2002年5月15日
合议组组长　钱　芸
主　审　员　杜　宇
参　审　员　唐向阳

法律依据　专利法第二十二条第二款
决定要点

如果一篇对比文件公开了一项权利要求的全部技术特征，两者的技术领域相同，采用实质上相同的技术方案解决相同的技术问题，并得到了相同的技术效果，则该权利要求不符合专利法第二十二条第二款关于新颖性的规定。

一、案由

本无效宣告请求涉及申请日为2001年8月10日、授权公告日为2002年5月15日、名称为“罩于加热板内的电加热管”的01244335.2号实用新型专利（下称本专利），专利权人为王可尧。本专利授权公告的权利要求如下：

“1. 一种置于加热板内的电加热管，它由管体（1）和与其外壳连接的定位件（2）组成，其特征是，所述的定位件（2）为缠绕在其上的金属定位环。”

2003年8月6日，龙口市南王电热电器厂、王庆民（下称请求人）针对本专利向专利复审委员会提出无效宣告请求，其理由是：权利要求1不符合专利法第二十二条第二三款的规定。该请求人同时提交了下列证据：

证据1：92219490.4号中国实用新型专利说明书全文，授权公告日为1993年6月16日（下称对比文件1）；

证据2：94238117.3号中国实用新型专利说明书全文，授权公告日为1996年5月22日（下称对比文件2）；

证据3：93238226.6号中国实用新型专利说明书全文，授权公告日为1994年2月2日（下称对

比文件3）。

经形式审查合格后，专利复审委员会于2003年8月6日向双方当事人发出无效宣告请求受理通知书，并将上述无效宣告请求书及其附件清单中所附证据副本转送给专利权人，要求专利权人在一个月内陈述意见。

2003年8月29日，请求人提交了意见陈述书，补充了两份新证据，并认为相对于该两份证据，本专利不具备创造性。该两份证据如下：

证据4：98801522.6号中国发明专利申请公开说明书全文，公开日为2000年1月26日（下称对比文件4）；

证据5：公开号为EP0129344A1的欧洲专利公开文本英文原文及其部分中文译文，公开日为1984年12月27日（下称对比文件5）。

2003年10月8日，专利权人向专利复审委员会提交了意见陈述书，其认为对比文件1~3没有公开本专利的技术方案，本专利具备新颖性和创造性。

2006年9月4日，合议组向双方当事人发出无效宣告请求口头审理通知书，定于2006年10月30日进行口头审理，并将请求人于2003年8月29日提交的意见陈述书及附件转给专利权人。

2006年10月30日，口头审理如期举行。专利权人未出席口头审理。请求人对合议组成员没有回避请求。请求人当庭明确其无效理由为：权利要求1相对于对比文件1不具备新颖性和创造性；权利要求1相对于对比文件1与2或3或4或5的结合不具备创造性。

2006年10月31日，合议组向专利权人发出了合议组成员告知通知书，告知其合议组成员，并告知专利权人对合议组成员有回避请求的，请于7日内提交书面请求书并说明理由，逾期未答复，视为无回避请求。

专利权人逾期未答复。

在上述工作的基础上，合议组认为本案事实已经清楚，现依法作出如下审查决定。

二、决定的理由

1. 关于证据

对比文件1~5均为专利文献，其公开日均早于本专利申请日，可以作为本案的有效证据使用，其上记载的内容已构成本专利的现有技术。

2. 关于专利法第二十二条第二款

专利法第二十二条第二款规定：新颖性，是指在申请日以前没有同样的发明或者实用新型在国内外出版物上公开发表过、在国内公开使用过或者以其他方式为公众所知，也没有同样的发明或者实用新型由他人向国务院专利行政部门提出过申请并且记载在申请日以后公布的专利申请文件中。

请求人认为权利要求1相对于对比文件1不具备新颖性。

权利要求1保护一种置于加热板内的电加热管，它由管体（1）和与其外壳连接的定位件（2）组成，所述的定位件（2）为缠绕在其上的金属定位环。

对比文件1公开了一种置于加热板内的电加热管，其由内部具有电热丝的铜管（相当于权利要求1的管体）和在所述铜管外表面套接的铝圆定圈（相当于权利要求1的金属定位环）组成（参见对比文件1的说明书第2页第18行至第3页第6行）。

权利要求1与对比文件1都属于电热板技术领域，两者技术领域相同。对比文件1公开的铝圆定圈与权利要求1中的金属定位环都是置于电加热管的管体外表面上，缠绕方式固定与套接方式固定仅是本领域惯用手段的直接置换，两者的功能相同，均为起到与管体连接方便，定位准确，加工电加热管板时不损伤刀具的作用，并且铝也是金属的一种。因此对比文件1公开了权利要求1的全部技术特征，两者的技术领域相同，采用实质上相同的技术方案解决相同的技术问题，并得到了相同的技术效果，权利要求 1 不符合专利法第二十二条第二款关于新颖性的规定。

综上所述，权利要求 1 不具备新颖性。请求人的无效宣告请求的理由成立。

鉴于权利要求 1 不符合专利法第二十二条第二款的无效宣告理由成立，对于请求人提出的其他无效宣告理由和证据，合议组不再进行评述。

三、决定

宣告 01244335. 2 号实用新型专利权全部无效。

当事人对本决定不服的，可以根据专利法第四十六条第二款的规定，自收到本决定之日起三个月内向北京市第一中级人民法院起诉。根据该款的规定，一方当事人起诉后，另一方当事人应当作为第三人参加诉讼。

093

电加热管案

无效宣告请求审查决定（第9007号）

决　定　号　第9007号
决　定　日　2006年12月1日
发明创造名称　电加热管
国际分类号　H05B 3/48
无效请求人　龙口市南王电热电器厂、王庆民
专利权人　王可尧
专　利　号　01237112.2
申　请　日　2001年5月22日
授权公告日　2003年1月1日
合议组组长　钱　芸
主　审　员　杜　宇
参　审　员　唐向阳

法律依据　专利法第二十六条第三款
决定要点

对比文件给出了技术启示，根据对比文件本领域普通技术人员得到本申请所要求保护的技术方案是显而易见的，本申请相对于对比文件不具有突出的实质性特点和显著的进步，因此本申请不具备创造性。

一、案由

本无效宣告请求涉及申请日为2001年5月22日、授权公告日为2003年1月1日、名称为“电加热管”的01237112.2号实用新型专利（下称本专利），专利权人为王可尧。本专利授权公告的权利要求书如下：

“1. 一种电加热管，它由带接线柱的横立面（1）和带接线柱的纵立面（2）组成，其特征是，该电热管底部在从横立面（1）向纵立面（2）过渡时，其过渡段（3）的结构是，先向上弯曲，其弯曲半径为R，再向下弯曲，其弯曲半径为R，最后向纵立面（2）方向弯曲，其弯曲半径为R。”

2003年8月6日，龙口市南王电热电器厂、王庆民（下称请求人）针对本专利向专利复审委员会提出无效宣告请求，其理由是：权利要求1不符合专利法第二十二条第三款的规定。该请求人同时提交了下列证据：

证据1：92219490.4号中国实用新型专利说明书，公告日为1993年6月16日（下称对比文件1）；

证据2：96232117.6号中国实用新型专利说明书，授权公告日为1998年4月1日（下称对比文件2）；

证据3：98221863.X号中国实用新型专利说明书，授权公告日为2000年1月19日（下称对比文

件3）；

证据4：97203328.9号中国实用新型专利说明书，授权公告日为1998年12月2日（下称对比文件4）。

经形式审查合格后，专利复审委员会于2003年8月6日向双方当事人发出无效宣告请求受理通知书，并将上述无效宣告请求书及其附件清单中所附证据副本转送给专利权人，要求专利权人在一个月内陈述意见。

2003年9月5日，请求人提交了意见陈述书，补充了新的证据：

证据5：94236225.X号中国实用新型专利说明书，授权公告日为1996年3月20日（下称对比文件5）；

证据6：88217461.4号中国实用新型专利申请说明书，公告日为1989年7月19日（下称对比文件6）；

证据7：88209267.7号中国实用新型专利申请说明书，公告日为1989年4月26日（下称对比文件7）；

证据8：95232941.7号中国实用新型专利说明书，授权公告日为1997年6月25日（下称对比文件8）。

请求人认为：本专利的权利要求相对于对比文件1与5或对比文件1与6或对比文件1与7或对比文件1与8的结合不具备创造性。

2003年10月8日，专利权人向专利复审委员会提交了意见陈述书，其认为对比文件1～4没有公开本专利的技术方案，本专利具备新颖性和创造性。

2006年9月4日，合议组向双方当事人发出无效宣告请求口头审理通知书，定于2006年10月30日进行口头审理，并将请求人于2003年9月5日提交的意见陈述书及附件转给专利权人，将2003年10月8日复审委员会收到的专利权人的意见陈述书转给请求人。

2006年10月30日，口头审理如期举行。专利权人未出席口头审理。请求人对合议组成员没有回避请求。请求人当庭明确其使用的证据是对比文件1和对比文件2，放弃其余的证据。请求人当庭明确其无效理由为：以对比文件1为最接近的对比文件，结合公知常识或对比文件2评价权利要求1的创造性。请求人当庭增加了新的无效理由：说明书公开不充分，具体理由是说明书中给出了技术手段，但本领域技术人员采用该手段并不能解决实用新型所要解决的技术问题；权利要求1不符合专利法实施细则第二十条第一款的规定，具体理由是没有清楚记载弯曲半径R_1、R_2、R_3的数值范围。

2006年10月31日，合议组向专利权人发出了合议组成员告知通知书，告知其合议组成员，并告知专利权人对合议组成员有回避请求的，请于7日内提交请求书并说明理由。

2006年10月31日，合议组向专利权人发出了转送文件通知书，将2006年10月30日对本专利进行口头审理时的口头审理记录表转送给专利权人，并告知专利权人请求人当庭增加了新的无效理由：（1）本专利说明书不符合专利法第二十六条第三款的规定；（2）权利要求1不符合专利法实施细则第二十条第一款的规定。并告知专利权人在收到该通知书之日起一个月内针对请求人新增加的无效理由进行答复，期满未答复的，视为其已得知转送文件中所涉及的事实、理由和证据，并且未提出反对意见。

在上述工作的基础上，合议组认为本案事实已经清楚，现依法作出如下审查决定。

二、决定的理由

专利法第二十六条第三款规定：说明书应当对发明或者实用新型作出清楚、完整的说明，以所属技术领域的技术人员能够实现为准；必要的时候，应当有附图。说明书摘要应当简要说明发明或者实用新型的技术要点。

审查指南（2001 年版）第二部分第二章 2.1.3 节规定，说明书中给出了技术手段，但所属领域的技术人员采用该手段并不能解决发明或实用新型所要解决的技术问题，属于说明书没有达到公开充分的情况。

本专利说明书中给出了技术手段“该电加热管底部在从横立面 1 向纵立面 2 过渡时，其过渡段 3 的结构是，先向上弯曲，其弯曲半径为 R_1，再向下弯曲，其弯曲半径为 R_2，最后向纵立面 2 方向弯曲，其弯曲半径为 R_3，前两次弯曲是在横立面 1 的立面上弯曲，最后一次弯曲是在纵立面 2 的立面上弯曲。这些弯曲半径参数的大小应根据需要而定，一般情况下弯曲半径 R_1、R_3 的参数相同或基本相同，而与弯曲半径 R_2 的参数不同”，但所述前两次弯曲都是在所述横立面的立面（即所述横立面的垂直面）内完成，所述最后一次弯曲在所述纵立面的立面（即所述纵立面的垂直面）内完成，由于所述横立面与所述纵立面是互相垂直的，所以所述横立面的垂直面与所述纵立面的垂直面也是相互垂直的，基于此可以得知，无论过渡段如何弯曲，电加热管从所述横立面的立面向所述纵立面的立面弯曲时，其弯曲角度都应该是近 90°，这与电加热管不经过过渡段直接从所述横立面向所述纵立面弯曲的弯曲角度相同。本领域普通技术人员根据本专利说明书记载的技术方案，不能解决其所要解决的现有技术中存在的由于电加热管近 90°弯曲造成的导热层裂缝，电热丝强度降低、单位面积内的发热量降低的技术问题，因此本专利的说明书没有充分公开，不符合专利第二十六条第三款的规定。

综上所述，本专利说明书公开不充分。请求人的无效宣告请求的理由成立。

鉴于本专利说明书不符合专利法第二十六条第三款的无效宣告理由成立，对于请求人提出的其他无效宣告理由和证据，合议组不再进行评述。

三、决定

宣告 01237112.2 号实用新型专利权全部无效。

当事人对本决定不服的，可以根据专利法第四十六条第二款的规定，自收到本决定之日起三个月内向北京市第一中级人民法院起诉。根据该款的规定，一方当事人起诉后，另一方当事人应当作为第三人参加诉讼。

094

防烫纸碗、纸杯案

无效宣告请求审查决定（第9012号）

决　定　号　第9012号
决　定　日　2006年11月24日
发明创造名称　防烫纸碗、纸杯
国际分类号　A47G 19/02
无效请求人　杭州顶益食品有限公司
专利权人　张仲辉
专　利　号　02245834.4
申　请　日　2002年8月26日
授权公告日　2003年5月28日
合议组组长　黄毅斐
主　审　员　李韵美
参　审　员　孙克良

法律依据　专利法第二十二条第三款
决定要点

如果一项技术方案所包含的相对于对比文件的区别技术特征为要素的省略，省去一项要素后，而其功能也相应消失，且该要素的省略不能产生意料不到的技术效果，则该权利要求不符合专利法第二十二条第三款的规定，不具备创造性。

一、案由

本无效宣告请求案涉及国家知识产权局于2003年5月28日授权公告、名称为“防烫纸碗、纸杯”的02245834.4号实用新型专利（下称本专利），其申请日为2002年8月26日，专利权人为张仲辉。

本专利授权公告的权利要求书如下：

“1. 一种防烫纸碗，包括碗体（2）、碗底（3），其特征在于在碗体外侧套插有一层防烫层（5），该防烫层上端与碗体上端连接，该防烫层的下端向内卷边（6）与碗体的下端相贴，在防烫层与碗体之间形成上小下大的缝隙（7）。

2. 根据权利要求1所述的防烫纸碗，其特征在于：所述碗体上端有外翻边（4），防烫层上端直接插入碗体上端外翻边与碗体之间的缝隙、防烫层下端悬空。

3. 根据权利要求1所述防烫纸碗，其特征在于：所述碗体上端有外翻边（4），防烫层上端与碗体上端粘接。

4. 根据权利要求1、2或3所述的所述的防烫纸碗，其特征在于：所述防烫层的下端向内卷边90°～360°。

5. 根据权利要求4所述的所述的防烫纸碗，其特征在于：所述防烫层的下端向内卷边

100°～180°。

6. 根据权利要求1、2或3所述的所述的防烫纸碗，其特征在于：所述防烫层与碗体之间形成上小下大的缝隙（7），其缝隙上端为0，下端为1～10mm。

7. 根据权利要求6所述的防烫纸碗，其特征在于：所述缝隙（7）上端为0，下端为2～5mm。

8. 一种防烫纸杯，包括杯体（12）、杯底（13），其特征在于在杯体外侧套插有一层防烫层（15），该防烫层上端与杯体上端连接，该防烫层的下端向内卷边（16）与杯体的下端相贴，在防烫层与杯体之间形成上小下大的缝隙（17）。

9. 根本权利要求1所述的防烫纸杯，其特征在于：所述杯体上端有外翻边（14），防烫层上端直接插入杯体上端外翻边与杯体之间的缝隙，防烫层下端悬空。

10. 根据权利要求1所述的防烫纸杯，其特征在于：所述杯体上端有外翻边（14），防烫层上端与杯体上端粘接。

11. 根据权利要求8、9或10所述的所述的防烫纸杯，其特征在于：所述防烫层的下端向内卷边90°～360°。

12. 根据权利要求11所述的所述的防烫纸杯，其特征其特征在于：所述防烫层的下端向内卷边100°～180°。

13. 根据权利要求8、9或10所述的所述的防烫纸杯，其特征在于：所述防烫层与杯体之间形成上小下大的缝隙（17），其缝隙上端为0，下端为1～10mm。

14. 根据权利要求13所述的防烫纸杯，其特征在于：所述缝隙（17）上端为0，下端为2～5mm。"

针对上述专利权，国家知识产权局专利复审委员会于2004年5月27日作出了第6151号无效宣告请求审查决定。维持的权利要求书如下：

"1. 一种防烫纸碗，包括碗体（2）、碗底（3），其特征在于所述碗体上端有外翻边（4），碗体外侧套插有一层防烫层（5），该防烫层上端与碗体上端连接，防烫层上端直接插入碗体上端外翻边与碗体之间的缝隙，该防烫层的下端向内卷边（6）与碗体的下端相贴，在防烫层与碗体之间形成上小下大的缝隙（7），防烫层下端悬空。

2. 根据权利要求1所述的所述的防烫纸碗，其特征在于：所述防烫层的下端向内卷边90°～360°。

3. 根据权利要求2所述的所述的防烫纸碗，其特征在于：所述防烫层的下端向内卷边100°～180°。

4. 根据权利要求1所述的所述的防烫纸碗，其特征在于：所述防烫层与碗体之间形成上小下大的缝隙（7），其缝隙上端为0，下端为1～10mm。

5. 根据权利要求4所述的防烫纸碗，其特征在于：所述缝隙（7）上端为0，下端为2～5mm。

6. 一种防烫纸杯，包括杯体（12）、杯底（13），其特征在于所述杯体上端有外翻边（14），杯体外侧套插有一层防烫层（15），该防烫层上端与杯体上端连接，防烫层上端直接插入杯体上端外翻边与杯体之间的缝隙，该防烫层的下端向内卷边（16）与杯体的下端相贴，在防烫层与杯体之间形成上小下大的缝隙（17），防烫层下端悬空。

7. 根据权利要求6所述的所述的防烫纸杯，其特征在于：所述防烫层的下端向内卷边90°～360°。

8. 根据权利要求7所述的所述的防烫纸杯，其特征在于：所述防烫层的下端向内卷边100°～180°。

9. 根据权利要求6所述的所述的防烫纸杯，其特征在于：所述防烫层与杯体之间形成上小下大的缝隙（17），其缝隙上端为0，下端为1~10mm。

10. 根据权利要求9所述的防烫纸杯，其特征在于：所述缝隙（17）上端为0，下端为2~5mm。”

针对2003年5月28日授权公告的专利权，杭州顶益食品有限公司（下称请求人）于2004年8月11日向国家知识产权局专利复审委员会提出无效宣告请求，其理由是本专利不符合专利法第二十二条第一二三款的规定。请求人提交了下述证据：

附件1：CN1249261A发明专利申请公开说明书，公开日为2000年4月5日；

附件2：日本特许厅公开实用新型公报（U）平4-45212“隔热纸杯”实用新型申请说明书公告及其中文译文，公开日为1992年4月16日；

附件3：CN2413597Y实用新型专利说明书，公告日为2001年1月10日；

附件4：02245834.4防烫纸碗、纸杯专利（本专利）。

请求人认为，权利要求1、3相对于附件1不具备新颖性，权利要求1~7相对于附件1和2或附件2和3的结合不具备创造性。基于相同的理由，权利要求8~14也不具备新颖性、创造性。

经形式审查合格后，专利复审委员会依法受理了上述无效宣告请求，于2004年8月12日向双方当事人发出了无效宣告请求受理通知书，并将请求人提交的无效宣告请求书及其附件清单中所列附件的副本转送给专利权人，要求其在指定的期限内答复。

请求人于2004年9月10日提交了补充意见。请求人认为，专利复审委员会在第6151号审查决定第4页第4段中记载了如下内容：专利权人承认修改后的权利要求与证据的区别仅在于“防烫层上端直接插入碗体上端外翻边与碗体之间的缝隙”，据此，结合请求人已经提交的附件1、附件3也可以看出被请求专利无创造性。同时提交了第6151号无效宣告请求审查决定复印件。

针对上述无效宣告请求，专利权人于2004年9月24日提交了意见陈述书，专利权人认为，请求人的无效理由为专利法第二十二条第二三款，请求人的无效理由缺乏足够的证据支持，这从请求人提供的请求书中即可确认，例如就附件1和2而言，是同一专利权人“大日本印刷株式会社”先后于1990年8月17日和1998年9月30日提出的同一技术主题的两件专利申请，如果按照请求人的方法进行分析、对比，大日本印刷株式会社绝不会第二次就同一技术主题申请专利的。关于附件3同样不足以支持其无效理由，具体分析待该案进行口审时详细、逐一向合议组当面陈述。因此请求专利复审委员会维持专利权有效。

2006年1月16日，合议组向双方当事人发出无效宣告请求口头审理通知书，并将请求人于2004年9月10日提交的意见陈述书及其附件的副本转专利权人，将专利权人于2004年9月24日提交的文件转给请求人。

口头审理于2006年2月23日在专利复审委员会第四口审厅如期举行，双方当事人均参加了口头审理，本案合议组对请求人提出的无效理由和事实进行了调查，并充分听取了双方当事人的陈述。在口头审理过程中双方当事人对对方当事人的出庭资格均无异议。合议组当庭告知了合议组成员的变更情况，双方当事人对合议组的变更没有异议，双方当事人对合议组成员均无回避请求。口审中明确了如下事实：

（1）本案口头审理以专利复审委第6151号生效决定中维持的权利要求1~10为基础进行。

（2）请求人当庭明确表示放弃专利法第二十二条第一二款的无效理由，放弃使用附件3。

（3）专利权人当庭明确表示对附件1、附件2的真实性没有异议，对附件2中文译文的准确性没有异议。

（4）请求人明确其无效理由为：以附件 1 为最接近的对比文件，结合附件 2 评述本专利权利要求 1 ~ 10 不具备创造性。

（5）双方当事人均确认本专利权利要求 2、3 的附加技术特征已经被附件 2 公开。

（6）请求人认为权利要求 4、5 进一步限定的附加技术特征是本领域的公知技术。

（7）双方当事人均认可针对本专利权利要求 6 ~ 10 的无效理由同权利要求 1 ~ 5。

经过上述审理程序，合议组认为本案事实已经清楚，可以作出审查决定。

二、决定的理由

关于证据

附件 1 和附件 2 的公开日早于本专利的申请日，且专利权人对其真实性无异议，因此附件 1、2 可以作为现有技术用于评价权利要求 1 ~ 10 的创造性。

鉴于专利权人对附件 2 译文的准确性无异议，合议组在下面的评述中，将直接引用附件 2 的中文译文。

关于创造性

1. 权利要求 1 的创造性

权利要求 1 请求保护一种防烫纸碗，包括碗体、碗底，其特征在于所述碗体上端有外翻边，碗体外侧套插有一层防烫层，该防烫层上端与碗体上端连接，防烫层上端直接插入碗体上端外翻边与碗体之间的缝隙，该防烫层的下端向内卷边与碗体的下端相贴，在防烫层与碗体之间形成上小下大的缝隙，防烫层下端悬空。

附件 1 公开了一种隔热容器，在说明书第五实施例中公开的隔热容器包括纸制的杯体 20 与外层圆柱体 30 的结合（说明书第 20 页第 4 至 5 行），其中杯体 20 相当于权利要求 1 中的碗体；外层圆柱体 30 相当于权利要求 1 中的防烫层；参考与第五实施例相对应的说明书附图 11 至 14 可以看出，该隔热容器具有底，相当于权利要求 1 中的碗底；附件 1 说明书第 21 页第 17 至 18 行公开了如下内容：当杯体 20 被外层圆柱体 30 包围，同时插入外层圆柱体时，外层圆柱体 30 的顶端接触或者插入杯体 20 的向外卷曲的部分 23，与权利要求 1 中防烫层上端连接到碗体上的结构相同，附件 1 说明书第 21 页第 17 行公开了外层圆柱体 30 的顶端接触或者插入杯体 20 的向外卷曲的部分 23（参见说明书附图 14、19、21 ~ 23），也就是说公开了防烫层上端插入外翻边与碗体之间的缝隙这一特征；附件 1 说明书第 22 页第 4 至 5 行中进行了如下描述：在杯体 20 的下部，外层圆柱体 30 的向内卷曲的部分 32 与杯体 20 的侧壁外周边表面粘结，由此固定上端 34 和向外卷曲的部分 23，可见，上述描述也公开了权利要求 1 中防烫层的下端向内卷边与碗体的下端相贴这一特征；附件 1 说明书第 22 页中还公开了隔热容器 10 在杯体 20 的圆桶 21 和外层圆柱体 30 的圆桶 31 之间定义了一个间隙，并且该间隙产生了隔热效果，以及说明书第 20 页公开了“外层圆柱体 30 的圆桶 31 的裙形比杯体 20 的圆桶 21 稍大，即，圆桶 21 有锥形部分”，也就是公开了权利要求 1 中在防烫层与碗体之间形成上小下大的缝隙这一结构特征。

根据上述描述可见，权利要求 1 与附件 1 的区别在于，附件 1 中公开的产生隔热间隙的两层的上端是通过粘结进行固定的，即采用了插入后再粘结的技术，而权利要求 1 中的防烫层是直接插入在碗体外侧的卷边中，没有涉及粘结。

参照审查指南（2006 年版）第二部分第四章 4. 6. 3 节的规定，如果实用新型省去一项或多项要素后其功能也相应地消失，则该实用新型不具备创造性。合议组认为，权利要求 1 的技术方案中没有采用粘结的方法进一步固定防烫层与碗体之间的连接，而是将防烫层的上端直接插入碗体的卷曲边与碗体之间的空隙，省略了粘结的步骤，同时牺牲了与之相应的更加牢固的功能，并且省略了粘结后并没有带来预料不到的技术效果。因此，权利要求 1 相对于附件 1 不具备创造性，不符合专利法第二十二条第三款的规定。

2. 权利要求 2、3 的创造性

权利要求 2、3 进一步限定的技术特征分别为：所述防烫层的下端向内卷边分别为 90°～360°和 100°～180°。附件 2 公开了一种隔热纸杯（参见附件 2 译文第 3 页实施例部分的文字说明，并参考附图 1），隔热纸杯 1 是由有底的纸杯本体 2 和上方及下方均有开口的中空圆桶形的外筒 3 构成，胴部 7 的下方开口边缘形成有内向的卷边部 8°从附件 2 附图 1 中可以明显看出，该卷边部 8 向内卷边的角度为 360°左右。即，附件 2 已经公开了权利要求 2 进一步限定的附加技术特征。且双方当事人在口审中均确认本专利权利要求 2 的附加技术特征已经被附件 2 公开。对本领域的技术人员来讲，形成卷边的目的是为了与杯体之间形成间隙，从而达到隔热的效果，只要能够与杯体之间形成一定距离即可，即只要旋转超过 90°，就可以与杯体之间产生距离。本领域的技术人员可以根据实际需要在大于 90°的范围内任意选择适合的角度，都可以达到形成间隙的效果，即对本领域的技术人员来讲选择权利要求 3 中进一步限定的 100°～180°这个范围同样是很容易想到的，由于附件 1 与附件 2 结合而得到权利要求 2、3 的技术方案对本领域的技术人员来讲是显而易见的。因此，权利要求 2、3 请求保护的技术方案相对于附件 1 结合附件 2 不具备创造性。

3. 权利要求 4、5 的创造性

权利要求 4、5 进一步限定的技术特征分别为：所述防烫层与碗体之间形成上小下大的缝隙（7），其缝隙上端为 0，下端分别为 1～10mm 和 2～5mm。合议组认为，由于防烫层的上端要与碗体插入连接，因此防烫层与碗体之间形成的缝隙的上端必定为 0；且设置防烫层的目的就是形成缝隙，从而起到隔热的效果，而下端缝隙的大小可以由本领域的技术人员根据实际需要在一定范围内进行选择，属于本领域的通用技术，且权利要求 4、5 中分别限定的具体数值没有给请求保护的技术方案带来预料不到的技术效果，因此，权利要求 4、5 相对于附件 1 不具有创造性。

4. 权利要求 6～10 的创造性

权利要求 6～10 请求保护的是防烫杯，其结构特征与权利要求 1～5 完全相同，且双方当事人在口审中确认权利要求 6～10 的无效理由同权利要求 1～5。基于与评述权利要求 1～5 不具备创造性的相同理由，权利要求 6～10 分别相对于附件 1 或附件 1 结合附件 2 也不具备创造性。

综上所述，权利要求 1～10 相对于附件 1 或附件 1 结合附件 2 不具备创造性。

三、决定

宣告 02245834.4 号实用新型专利权全部无效。

当事人对本决定不服的，可以根据专利法第四十六条第二款的规定，自收到本决定之日起三个月内向北京市第一中级人民法院起诉。根据该条款的规定，一方当事人起诉后，另一方当事人应当作为第三人参加诉讼。

北京市第一中级人民法院
行政判决书

（2007）一中行初字第 468 号

原告张仲辉，男，汉族，1961 年 6 月 2 日出生，住江苏省南京市建邺区明园 24 号 9 幢 308 室。

委托代理人徐国文，北京安博达知识产权代理有限公司专利代理人。

被告国家知识产权局专利复审委员会，住所地北京市海淀区北四环西路9号银谷大厦10~12层。

法定代表人廖涛，副主任。

委托代理人李韵美，国家知识产权局专利复审委员会第二申诉处审查员。

委托代理人高雪，国家知识产权局专利复审委员会行政诉讼处审查员。

第三人杭州顶益食品有限公司，住所地浙江省杭州市经济技术开发区十号大街36号。

法定代表人赵慧敬，董事长。

委托代理人赵兰颢，女，汉族，1972年12月2日出生，杭州顶益食品有限公司职员，住天津市和平区湖北路建民里1号。

委托代理人宋义兴，女，汉族，1957年8月10日出生，中国商标专利事务所有限公司专利代理人，住北京市西城区百万庄大街21号4门85号。

原告张仲辉不服被告国家知识产权局专利复审委员会（下称专利复审委员会）于2006年11月24日作出的第9012号无效宣告请求审查决定（下称第9012号决定），于法定期限内向本院提起诉讼。本院于2007年3月21日受理本案后，依法组成合议庭，并按照法律有关规定通知杭州顶益食品有限公司（下称顶益公司）作为第三人参加诉讼，于2007年5月22日公开开庭进行了审理。原告张仲辉的委托代理人徐国文，被告专利复审委员会的委托代理人李韵美、高雪，第三人顶益公司的委托代理人赵兰颢、宋义兴到庭参加了诉讼。本案现已审理终结。

专利复审委员会第9012号决定系就顶益公司针对张仲辉享有的名称为“防烫纸碗、纸杯”的第02245834.4号实用新型专利（下称本专利）所提出的无效宣告请求作出的。专利复审委员会在该决定中认定：一、权利要求1的创造性。权利要求1与附件1的区别在于，附件1中公开的产生隔热间隙的两层的上端是通过粘结进行固定的，即采用了插入后再粘结的技术，而权利要求1中的防烫层是直接插入在碗体外侧的卷边中，没有涉及粘结。参照《审查指南》第二部分第四章4.6.3节的规定，如果实用新型省去一项或多项要素后其功能也相应地消失，则该实用新型不具备创造性。权利要求1的技术方案中没有采用粘结的方法进一步固定防烫层与碗体之间的连接，而是将防烫层的上端直接插入碗体的卷曲边与碗体之间的空隙，省略了粘结的步骤，同时牺牲了与之相应的更加牢固的功能，并且省略了粘结后并没有带来预料不到的技术效果。因此，权利要求1相对于附件1不具备创造性，不符合专利法第二十二条第三款的规定。二、权利要求2、3的创造性。附件2已经公开了权利要求2进一步限定的附加技术特征，对本领域的技术人员来讲选择权利要求3中进一步限定的100°~180°这个范围是很容易想到的，由于附件1与附件2结合而得到权利要求2、3的技术方案对本领域的技术人员来讲是显而易见的，因此，权利要求2、3请求保护的技术方案相对于附件1结合附件2不具备创造性。三、权利要求4、5的创造性。由于防烫层的上端要与碗体插入连接，因此防烫层与碗体之间形成的缝隙的上端必定为0；且设置防烫层的目的就是形成缝隙，从而起到隔热的效果，而下端缝隙的大小可以由本领域的技术人员根据实际需要在一定范围内进行选择，属于本领域的通用技术，且权利要求4、5中分别限定的具体数值没有给请求保护的技术方案带来预料不到的技术效果，因此，权利要求4、5相对于附件1不具有创造性。四、权利要求6~10的创造性。权利要求6~10请求保护的是防烫杯，其结构特征与权利要求1~5完全相同，同理，权利要求6~10分别相对于附件1或附件1结合附件2也不具备创造性。综上所述，权利要求1~10相对于附件1或附件1结合附件2不具备创造性。专利复审委员会据此作出了宣告本专利权全部无效的第9012号决定。

张仲辉不服，在法定期限内向本院提起行政诉讼。其诉称：一、第三人提供的对比文件均未公开或提示将防烫层上端插入杯体上端向外卷曲部分就足可用于方便面纸碗，或者说第三人提供的证据说明防烫层的上端与碗体向外卷曲部分只有通过粘接剂的粘接方是牢固的，这种方便面纸碗才是可以使用的方便面纸碗。本专利正是克服了这种传统技术偏见，具有明显的意想不到的技术效果，对于仅仅涉及杯体和防烫层的这样一类简单构件的实用新型而言，其创造性是不言而喻的。二、第9012号决定认定本专利由于去掉了粘接因而牺牲了与之相应的更加牢固的功能，由此可以确认权利要求1中的此区别特征所带来的效果是防烫层与碗体上端向外卷曲部分的连接是牢固的，也即包括该技术特征的权利要求1中的技术方案的纸碗是牢固的。由于本专利省去粘接技术特征，省掉了粘接工艺步骤，节约了成本，提高了效率，产生了意料之外的效果，因此具备创造性。三、在权利要求1具备创造性的情况下，权利要求2~10也具备创造性。综上，原告请求法院判决撤销第9012号决定。

被告专利复审委员会坚持其在第9012号决定中的认定，认为第9012号决定认定事实清楚、适用法律正确、审理程序合法，原告的诉讼理由不能成立，请求法院维持第9012号决定。

第三人杭州顶益食品有限公司表示同意被告的答辩意见。

本院经审理查明：

“防烫纸碗、纸杯”实用新型专利（即本专利）由张仲辉于2002年8月26日向国家知识产权局提出申请，于2003年5月28日被授权公告，专利号为：02245834.4。本专利授权公告的权利要求书内容如下：

“1. 一种防烫纸碗，包括碗体（2）、碗底（3），其特征在于在碗体外侧套插有一层防烫层（5），该防烫层上端与碗体上端连接，该防烫层的下端向内卷边（6）与碗体的下端相贴，在防烫层与碗体之间形成上小下大的缝隙（7）。

2. 根据权利要求1所述的防烫纸碗，其特征在于：所述碗体上端有外翻边（4），防烫层上端直接插入碗体上端外翻边与碗体之间的缝隙，防烫层下端悬空。

3. 根据权利要求1所述的防烫纸碗，其特征在于：所述碗体上端有外翻边（4），防烫层上端与碗体上端粘接。

4. 根据权利要求1、2或3所述的防烫纸碗，其特征在于：所述防烫层的下端向内卷边90°~360°。

5. 根据权利要求4所述的防烫纸碗，其特征在于：所述防烫层的下端向内卷边100°~180°。

6. 根据权利要求1、2或3所述的防烫纸碗，其特征在于：所述防烫层与碗体之间形成上小下大的缝隙（7），其缝隙上端为0，下端为1~10mm。

7. 根据权利要求6所述的防烫纸碗，其特征在于：所述缝隙（7）上端为0，下端为2~5mm。

8. 一种防烫纸杯，包括杯体（12）、杯底（13），其特征在于在杯体外侧套插有一层防烫层（15），该防烫层上端与杯体上端连接，该防烫层的下端向内卷边（16）与杯体的下端相贴，在防烫层与杯体之间形成上小下大的缝隙（17）。

9. 根据权利要求1所述的防烫纸杯，其特征在于：所述杯体上端有外翻边（14），防烫层上端直接插入杯体上端外翻边与杯体之间的缝隙，防烫层下端悬空。

10. 根据权利要求1所述的防烫纸杯，其特征在于：所述杯体上端有外翻边（14），防烫层上端与杯体上端粘接。

11. 根据权利要求8、9或10所述的防烫纸杯，其特征在于：所述防烫层的下端向内卷边90°~360°。

12. 根据权利要求11所述的防烫纸杯，其特征在于：所述防烫层的下端向内卷边100°~180°。

13. 根据权利要求8、9或10所述的防烫纸杯，其特征在于：所述防烫层与杯体之间形成上小下大的缝隙（17），其缝隙上端为0，下端为1~10mm。

14. 根据权利要求13所述的防烫纸杯，其特征在于：所述缝隙（17）上端为0，下端为

2～5mm。”

针对本专利，国家知识产权局专利复审委员会于2004年5月27日作出了第6151号无效宣告请求审查决定（下称第6151号决定），维持的权利要求书内容如下：

“1. 一种防烫纸碗，包括碗体（2）、碗底（3），其特征在于所述碗体上端有外翻边（4），碗体外侧套插有一层防烫层（5），该防烫层上端与碗体上端连接，防烫层上端直接插入碗体上端外翻边与碗体之间的缝隙，该防烫层的下端向内卷边（6）与碗体的下端相贴，在防烫层与碗体之间形成上小下大的缝隙（7），防烫层下端悬空。

2. 根据权利要求1所述的防烫纸碗，其特征在于：所述防烫层的下端向内卷边90°～360°。

3. 根据权利要求2所述的防烫纸碗，其特征在于：所述防烫层的下端向内卷边100°～180°。

4. 根据权利要求1所述的防烫纸碗，其特征在于：所述防烫层与碗体之间形成上小下大的缝隙（7），其缝隙上端为0，下端为1～10mm。

5. 根据权利要求4所述的防烫纸碗，其特征在于：所述缝隙（7）上端为0，下端为2～5mm。

6. 一种防烫纸杯，包括杯体（12）、杯底（13），其特征在于所述杯体上端有外翻边（14），杯体外侧套插有一层防烫层（15），该防烫层上端与杯体上端连接，防烫层上端直接插入杯体上端外翻边与杯体之间的缝隙，该防烫层的下端向内卷边（16）与杯体的下端相贴，在防烫层与杯体之间形成上小下大的缝隙（17），防烫层下端悬空。

7. 根据权利要求6所述的防烫纸杯，其特征在于：所述防烫层的下端向内卷边90°～360°。

8. 根据权利要求7所述的防烫纸杯，其特征在于：所述防烫层的下端向内卷边100°～180°。

9. 根据权利要求6所述的防烫纸杯，其特征在于：所述防烫层与杯体之间形成上小下大的缝隙（17），其缝隙上端为0，下端为1～10mm。

10. 根据权利要求9所述的防烫纸杯，其特征在于：所述缝隙（17）上端为0，下端为2～5mm。”

2004年8月11日，顶益公司以本专利不符合专利法第二十二条第一款、第二款和第三款的规定为由提出无效宣告请求，同时提交了4份附件，其中：

附件1：CNl249261A发明专利申请公开说明书，公开日为2000年4月5日。附件1公开了一种隔热容器，在说明书第五实施例中公开的隔热容器包括纸制的杯体20与外层圆柱体30的结合，该隔热容器具有底。当杯体20被外层圆柱体30包围，同时插入外层圆柱体时，外层圆柱体3 0的顶端接触或者插入杯体20的向外卷曲的部分23，外层圆柱体30的顶端接触或者插入杯体20的向外卷曲的部分23。在杯体20的下部，外层圆柱体30的向内卷曲的部分32与杯体20的侧壁外周边表面粘结，由此固定上端34和向外卷曲的部分23。隔热容器10在杯体20的圆桶21和外层圆柱体30的圆桶31之间定义了一个间隙，并且该间隙产生了隔热效果，外层圆柱体30的圆桶31的裙形比杯体20的圆桶21稍大，即，圆桶21有锥形部分。

附件2：日本特许厅公开实用新型公报（U）平4－45212“隔热纸杯”实用新型申请说明书公告及其中文译文，公开日为1992年4月16日。

2006年2月23日，专利复审委员会对顶益公司的无效宣告请求进行了口头审理，明确了如下事实：

（1）本案审理以第6151号决定中维持的权利要求1～10为基础进行。

（2）顶益公司明确表示放弃专利法第二十二条第一款、第二款的无效理由，放弃使用附件3。

（3）张仲辉当庭明确表示对附件1、附件2的真实性没有异议，对附件2中文译文的准确性没有异议。

（4）顶益公司明确其无效理由为：以附件1为最接近的对比文件，结合附件2评述本专利权利要求1～10不具备创造性。

（5）双方当事人均确认本专利权利要求2、3的附加技术特征已经被附件2公开。

（6）顶益公司认为权利要求4、5进一步限定的附加技术特征是本领域的公知技术。

（7）双方当事人均认可针对本专利权利要求6～10的无效理由同权利要求1～5。

2006年11月24日，专利复审委员会作出第9012号决定。在本案开庭审理过程中，张仲辉的委托代理人明确表示在假设第9012号决定关于本专利权利要求1不具备创造性的认定正确的情况下，其对第9012号决定中关于权利要求2～10的创造性认定没有异议。

上述事实，有本专利公报、第9012号决定、附件1及当事人陈述等证据在案佐证。

本院认为：

根据专利法第二十二条第三款的规定，创造性是指同申请日以前已有的技术相比，该实用新型有实质性特点和进步。

本专利权利要求1与附件1的区别特征仅在于，附件1公开的防烫层在插入碗体外侧的卷边后再通过粘结进行固定，本专利权利要求1的防烫层是直接插入碗体外侧的卷边，没有限定通过粘接进行固定。各方当事人对此均无异议。因此，判断权利要求1是否具备创造性的关键在于本领域技术人员在现有技术的基础上，是否容易想到不进行粘接也可以使防烫层与碗体得以连接。

由本专利权利要求1可知，防烫层与碗体是套插关系，附件1中的防烫层与碗体也是套插关系，但二者通过粘结固定连接。粘结的目的是使防烫层与碗体的连接更为紧固。本专利权利要求1省略了附件1中粘结的步骤，同时牺牲了与之相应的更为紧固的功能。本专利说明书对于这一省略并无记载，也未对由此可以得到的技术效果进行描述。根据原告的陈述，也无法确定这种省略存在技术障碍，解决了何种技术难题，原告提出的节约成本、提高效率的效果也是省略粘接工序必然带来的，并没有产生预料不到的技术效果。因此，本领域技术人员在现有技术的基础上，容易想到不进行粘接也可以使防烫层与碗体得以连接，被告认定权利要求1不具备创造性是正确的。原告关于权利要求1具备创造性的主张不能成立，本院不予支持。

由于在第9012号决定关于本专利权利要求1不具备创造性的认定正确的情况下，原告对第9012号决定中关于权利要求2～10的创造性认定没有异议，本院不再对权利要求2～10的创造性认定进行评述。

综上，被告作出的第9012号决定证据充分，适用法律正确，应予维持。原告张仲辉请求撤销该决定的理由不能成立，本院不予支持。依照《中华人民共和国行政诉讼法》第五十四条第（一）项之规定，本院判决如下：

维持被告国家知识产权局专利复审委员会作出的第9012号无效宣告请求审查决定。

案件受理费1000元，由原告张仲辉负担（已交纳）。

如不服本判决，各方当事人可于本判决送达之日起15日内，向本院提交上诉状及其副本，并交纳上诉案件受理费100元（开户行：中国工商银行北京市分行黄楼支行，户名：北京市第一中级人民法院，帐号：144537—48），上诉于北京市高级人民法院。

审 判 长 姜 颖

审 判 员 苏 杭

代理审判员 芮松艳

二〇〇七年六月十三日

书 记 员 王 晫

北京市高级人民法院
行政判决书

（2007）高行终字第400号

上诉人（原审原告）张仲辉，男，汉族，1961年6月2日出生，住江苏省南京市建邺区明园24号9幢308室。

委托代理人徐国文，北京安博达知识产权代理有限公司专利代理人。

被上诉人（原审被告）国家知识产权局专利复审委员会，住所地北京市海淀区北四环西路9号银谷大厦10～12层。

法定代表人廖涛，副主任。

委托代理人李韵美，该委员会审查员。

委托代理人高雪，该委员会审查员。

原审第三人杭州顶益食品有限公司，住所地浙江省杭州市经济技术开发区十号大街36号。

法定代表人赵慧敬，董事长。

委托代理人赵兰颢，女，汉族，1972年12月2日出生，杭州顶益食品有限公司职员，住天津市和平区湖北路建民里1号。

委托代理人宋义兴，女，汉族，1957年8月10日出生，中国商标专利事务所有限公司专利代理人，住北京市西城区百万庄大街21号4门85号。

上诉人张仲辉因专利无效行政纠纷一案，不服北京市第一中级人民法院（2007）一中行初字第468号行政判决，向本院提起上诉。本院于2007年8月6日受理本案后，依法组成合议庭进行了审理。2007年8月29日，上诉人张仲辉的委托代理人徐国文，被上诉人国家知识产权局专利复审委员会（下称专利复审委员会）的委托代理人李韵美、高雪，原审第三人杭州顶益食品有限公司（下称顶益公司）的委托代理人赵兰颢、宋义兴到庭接受法庭询问。本案现已审理终结。

涉案专利系名称为"防烫纸碗、纸杯"实用新型专利（下称本专利），申请日为2002年8月26日，授权日为2003年5月28日，专利号为：02245834.4，专利权人为张仲辉。2004年8月11日，顶益公司以本专利不符合专利法第二十二条第一款、第二款和第三款的规定为由提出无效宣告请求。2006年11月24日，专利复审委员会作出第9012号无效宣告请求审查决定（下称第9012号决定），宣告本专利无效。张仲辉不服原审判决，向北京市第一中级人民法院提起诉讼。

北京市第一中级人民法院认为，本专利权利要求1与附件1的区别特征仅在于附件1公开的防烫层在插入碗体外侧的卷边后再通过粘结进行固定，本专利权利要求1的防烫层是直接插入碗体外侧的卷边，没有限定通过粘接进行固定。由本专利权利要求1可知，防烫层与碗体是套插关系，附件1中的防烫层与碗体也是套插关系，但二者通过粘结固定连接。粘结的目的是使防烫层与碗体的连接更为紧固。本专利权利要求1省略了附件1中粘结的步骤，同时牺牲了与之相应的更为紧固的功能。因此，本领域技术人员在现有技术的基础上，容易想到不进行粘接也可以使防烫层与碗体得以连接，被告认定权利要求1不具备创造性是正确的。原告关于权利要求1具备创造性的主张不能成立。依照《中华人民共和国行政诉讼法》第五十四条第（一）项之规定，北京市第一中级人民法院判决：维持国家知识产权局专利复审委员会作出的第9012号无效宣告请求审查决定。

张仲辉不服原审判决，向本院提起上诉。其诉称：一、原审判决认定事实错误。1. 本专利是通过将防烫层上端直接插入碗体上端向外卷曲部分就足以实现本专利的防烫纸碗、纸杯的技术方案；而对比文件的技术方案是通过将外层圆柱体上开口内表面在紧邻杯体的向外卷曲部分之下的部位与和杯体的侧壁外层周边粘结以使杯体与外层圆柱体集成为一体的，也就是说如果去掉粘结这一技术特征，对比文件的杯体和外层圆柱体也不能集成为一体，外层圆柱体即失去防烫层的意义。2. 本专利的设计不需要粘结的步骤仍然可以实现防烫层与碗体的紧固连接，这时通过防烫层上端直接插入碗体上端外翻边与碗体之间的缝隙来实现的，而在对比文件中未揭示这种活动连接方式，由于本专利省去粘接技术特征，省掉了粘接工艺步骤，节约了成本，提高了效率，产生了意料之外的效果，因此具备创造性。二、在权利要求1具备创造性的情况下，权利要求2～10也具备创造性。综上，张仲辉请求二审法院撤销原审判决和第9012号决定。专利复审委员会、顶益公司服从原审判决。

本院经审理查明：

"防烫纸碗、纸杯"实用新型专利（即本专利）由张仲辉于2002年8月26日向国家知识产权局提出申请，于2003年5月28日被授权公告，专利号为：02245834.4。本专利授权公告的权利要求书内容如下：

"1. 一种防烫纸碗，包括碗体（2）、碗底（3），其特征在于在碗体外侧套插有一层防烫层（5），该防烫层上端与碗体上端连接，该防烫层的下端向内卷边（6）与碗体的下端相贴，在防烫层与碗体之间形成上小下大的缝隙（7）。

2. 根据权利要求1所述的防烫纸碗，其特征在于：所述碗体上端有外翻边（4），防烫层上端直接插入碗体上端外翻边与碗体之间的缝隙，防烫层下端悬空。

3. 根据权利要求1所述的防烫纸碗，其特征在于：所述碗体上端有外翻边（4），防烫层上端与碗体上端粘接。

4. 根据权利要求1、2或3所述的防烫纸碗，其特征在于：所述防烫层的下端向内卷边90°～360°。

5. 根据权利要求4所述的防烫纸碗，其特征在于：所述防烫层的下端向内卷边100°～180°。

6. 根据权利要求1、2或3所述的防烫纸碗，其特征在于：所述防烫层与碗体之间形成上小下大的缝隙（7），其缝隙上端为0，下端为1～10mm。

7. 根据权利要求6所述的防烫纸碗，其特征在于：所述缝隙（7）上端为0，下端为2～5mm。

8. 一种防烫纸杯，包括杯体（12）、杯底（13），其特征在于在杯体外侧套插有一层防烫层（15），该防烫层上端与杯体上端连接，该防烫层的下端向内卷边（16）与杯体的下端相贴，在防烫层与杯体之间形成上小下大的缝隙（17）。

9. 根据权利要求1所述的防烫纸杯，其特征在于：所述杯体上端有外翻边（14），防烫层上端直接插入杯体上端外翻边与杯体之间的缝隙，防烫层下端悬空。

10. 根据权利要求1所述的防烫纸杯，其特征在于：所述杯体上端有外翻边（14），防烫层上端与杯体上端粘接。

11. 根据权利要求8、9或10所述的防烫纸杯，其特征在于：所述防烫层的下端向内卷边90°～360°。

12. 根据权利要求11所述的防烫纸杯，其特征在于：所述防烫层的下端向内卷边100°～180°。

13. 根据权利要求8、9或10所述的防烫纸杯，其特征在于：所述防烫层与杯体之间形成上小下大的缝隙（17），其缝隙上端为0，下端为1～10mm。

14. 根据权利要求13所述的防烫纸杯，其特征在于：所述缝隙（17）上端为0，下端为2～5mm。"

针对本专利，国家知识产权局专利复审委员会于2004年5月27日作出了第6151号无效宣告请求审查决定（下称第6151号决定），维持的权利要求书内容如下：

“1. 一种防烫纸碗，包括碗体（2）、碗底（3），其特征在于所述碗体上端有外翻边（4），碗体外侧套插有一层防烫层（5），该防烫层上端与碗体上端连接，防烫层上端直接插入碗体上端外翻边与碗体之间的缝隙，该防烫层的下端向内卷边（6）与碗体的下端相贴，在防烫层与碗体之间形成上小下大的缝隙（7），防烫层下端悬空。

2. 根据权利要求1所述的防烫纸碗，其特征在于：所述防烫层的下端向内卷边90°~360°。

3. 根据权利要求2所述的防烫纸碗，其特征在于：所述防烫层的下端向内卷边100°~180°。

4. 根据权利要求1所述的防烫纸碗，其特征在于：所述防烫层与碗体之间形成上小下大的缝隙（7），其缝隙上端为0，下端为1~10mm。

5. 根据权利要求4所述的防烫纸碗，其特征在于：所述缝隙（7）上端为0，下端为2~5mm。

6. 一种防烫纸杯，包括杯体（12）、杯底（13），其特征在于所述杯体上端有外翻边（14），杯体外侧套插有一层防烫层（15），该防烫层上端与杯体上端连接，防烫层上端直接插入杯体上端外翻边与杯体之间的缝隙，该防烫层的下端向内卷边（16）与杯体的下端相贴，在防烫层与杯体之间形成上小下大的缝隙（17），防烫层下端悬空。

7. 根据权利要求6所述的防烫纸杯，其特征在于：所述防烫层的下端向内卷边90°~360°。

8. 根据权利要求7所述的防烫纸杯，其特征在于：所述防烫层的下端向内卷边100°~180°。

9. 根据权利要求6所述的防烫纸杯，其特征在于：所述防烫层与杯体之间形成上小下大的缝隙（17），其缝隙上端为0，下端为1~10mm。

10. 根据权利要求9所述的防烫纸杯，其特征在于：所述缝隙（17）上端为0，下端为2~5mm。”

2004年8月11日，顶益公司以本专利不符合专利法第二十二条第一款、第二款和第三款的规定为由提出无效宣告请求，同时提交了4份附件，其中：

附件1：CNl249261A发明专利申请公开说明书，公开日为2000年4月5日。附件1公开了一种隔热容器，在说明书第五实施例中公开的隔热容器包括纸制的杯体20与外层圆柱体3 0的结合，该隔热容器具有底。当杯体20被外层圆柱体30包围，同时插入外层圆柱体时，外层圆柱体30的顶端接触或者插入杯体20的向外卷曲的部分23，外层圆柱体30的顶端接触或者插入杯体20的向外卷曲的部分23。在杯体2 0的下部，外层圆柱体30的向内卷曲的部分32与杯体20的侧壁外周边表面粘结，由此固定上端34和向外卷曲的部分23。隔热容器10在杯体20的圆桶21和外层圆柱体30的圆桶31之间定义了一个间隙，并且该间隙产生了隔热效果，外层圆柱体30的圆桶31的裙形比杯体20的圆桶21稍大，即，圆桶21有锥形部分。

附件2：日本特许厅公开实用新型公报（U）平4—45212“隔热纸杯”实用新型申请说明书公告及其中文译文，公开日为1992年4月16日。

2006年2月23日，专利复审委员会对顶益公司的无效宣告请求进行了口头审理，明确了如下事实：

（1）本案审理以第6151号决定中维持的权利要求1~10为基础进行。

（2）顶益公司明确表示放弃专利法第二十二条第一款、第二款的无效理由，放弃使用附件3。

（3）张仲辉当庭明确表示对附件1、附件2的真实性没有异议，对附件2中文译文的准确性没有异议。

（4）顶益公司明确其无效理由为：以附件1为最接近的对比文件，结合附件2评述本专利权利要求 1～10 不具备创造性。

（5）双方当事人均确认本专利权利要求 2、3 的附加技术特征已经被附件 2 公开。

（6）顶益公司认为权利要求 4、5 进一步限定的附加技术特征是本领域的公知技术。

（7）双方当事人均认可针对本专利权利要求 6～10 的无效理由同权利要求 1～5。

2006 年 11 月 24 日，专利复审委员会作出第 9012 号决定。专利复审委员会在该决定中认定：一、权利要求 1 的创造性。权利要求 1 与附件 1 的区别在于，附件 1 中公开的产生隔热间隙的两层的上端是通过粘结进行固定的，即采用了插入后再粘结的技术，而权利要求 1 中的防烫层是直接插入在碗体外侧的卷边中，没有涉及粘结。参照《审查指南》第二部分第四章 4.6.3 节的规定，如果实用新型省去一项或多项要素后其功能也相应地消失，则该实用新型不具备创造性。权利要求 1 的技术方案中没有采用粘结的方法进一步固定防烫层与碗体之间的连接，而是将防烫层的上端直接插入碗体的卷曲边与碗体之间的空隙，省略了粘结的步骤，同时牺牲了与之相应的更加牢固的功能，并且省略了粘结后并没有带来预料不到的技术效果。因此，权利要求 1 相对于附件 1 不具备创造性，不符合专利法第二十二条第三款的规定。二、权利要求 2、3 的创造性。附件 2 已经公开了权利要求 2 进一步限定的附加技术特征，对本领域的技术人员来讲选择权利要求 3 中进一步限定的 100°～180°这个范围是很容易想到的，由于附件 1 与附件 2 结合而得到权利要求 2、3 的技术方案对本领域的技术人员来讲是显而易见的，因此，权利要求 2、3 请求保护的技术方案相对于附件 1 结合附件 2 不具备创造性。三、权利要求 4、5 的创造性。由于防烫层的上端要与碗体插入连接，因此防烫层与碗体之间形成的缝隙的上端必定为 0；且设置防烫层的目的就是形成缝隙，从而起到隔热的效果，而下端缝隙的大小可以由本领域的技术人员根据实际需要在一定范围内进行选择，属于本领域的通用技术，且权利要求 4、5 中分别限定的具体数值没有给请求保护的技术方案带来预料不到的技术效果，因此，权利要求 4、5 相对于附件 1 不具备创造性。四、权利要求 6～10 的创造性。权利要求 6～10 请求保护的是防烫杯，其结构特征与权利要求 1～5 完全相同，同理，权利要求 6～10 分别相对于附件 1 或附件 1 结合附件 2 也不具备创造性。综上所述，权利要求 1～10 相对于附件 1 或附件 1 结合附件 2 不具有创造性。专利复审委员会据此作出了宣告本专利权全部无效的第 9012 号决定。

上述事实，有本专利公报、第 9012 号决定、附件 1 及当事人陈述等证据在案佐证。

本院认为：

根据专利法第二十二条第三款的规定，创造性是指同申请日以前已有的技术相比，该实用新型有实质性特点和进步。本专利权利要求 1 与附件 1 的区别特征仅在于，附件 1 公开的防烫层在插入碗体外侧的卷边后再通过粘结进行固定，本专利权利要求 1 的防烫层是直接插入碗体外侧的卷边，没有限定通过粘接进行固定。各方当事人对此均无异议。因此，判断权利要求 1 是否具备创造性的关键在于本领域技术人员在现有技术的基础上，是否容易想到不进行粘接也可以使防烫层与碗体得以连接。

由本专利权利要求 1 可知，防烫层与碗体是套插关系，两者没有通过粘结固定，附件 1 中的防烫层与碗体也是套插关系，但二者通过粘结固定连接。粘结的目的显然是使防烫层与碗体的连接更为紧固。本专利权利要求 1 省略了附件 1 中粘结的步骤，说明书没有记载防烫层与碗体通过套插产生连接牢固的技术效果。如果实用新型省去一项或多项要素后其功能也相应地消失，则该实用新型不具备创造性。权利要求 1 的技术方案中没有采用粘结的方法进一步固定防烫层与碗体之间的连接，省略了粘结的步骤，同时牺牲了与之相应的更加牢固的功能，并且省略了粘结后并没有带来预料不到的技术效果。因此，本领域技术人员在现有技术的基础上，容易想到不进行粘接也可以使防烫层与碗体得以连接，本专利权利要求 1 不具备创造性。原审法院认定权利要求 1 不具备创造性是正确的，本院予以支持。上诉人张仲辉关于权利要求 1 具备创造性的主张不能成立，本院不予支持。

综上，原审判决认定事实清楚，适用法律正确，应当予以维持。上诉人张仲辉的上诉主张缺乏事实及法律依据，本院不予支持。依照《中华人民共和国行政诉讼法》第六十一条第（一）项之规定，判决如下：

驳回上诉，维持原判。

一审案件受理费1000元，由张仲辉负担（已交纳）；二审案件受理费100元，由张仲辉负担（已交纳）。

本判决为终审判决。

审　判　长　刘继祥
审　判　员　莎日娜
代理审判员　焦　彦
二〇〇七年九月二十日
书　记　员　刘　悠

095

瓦楞蜂窝复合纸板的制造设备案

无效宣告请求审查决定（第9013号）

决　定　号　第9013号
决　定　日　2006年12月6日
发明创造名称　瓦楞蜂窝复合纸板的制造设备
国际分类号　B31F 1/20　B31D 3/00　B32B 3/00
无效请求人　李昌众
专利权人　梁锦水
专　利　号　01120410.9
申　请　日　2001年7月12日
授权公告日　2005年1月19日
合议组组长　黄毅斐
主　审　员　李韵美
参　审　员　樊晓东

法律依据　专利法第二十二条第二款、第三款
决定要点

若请求人所提供的用于评述新颖性和创造性的相关证据的公开日期不能被确认，则该证据不能作为破坏本专利的新颖性和创造性的证据。

一、案由

本无效宣告请求涉及中华人民共和国国家知识产权局于2005年1月19日授权公告的01120410.9号实用新型专利（下称本专利），其名称为“瓦楞蜂窝复合纸板的制造设备”，申请日为2001年7月12日，专利权人是梁锦水，本专利授权公告时的权利要求书如下：

“1. 一种瓦楞蜂窝复合纸板的制造设备，其特征是由瓦楞成形装置（2）、上胶分条装置（3）、牵引竖条装置（4）、烘干装置（6）、侧面上胶装置（7）、切割装置（8）、拼板装置（9）、复合装置（10）及定长切割装置（11）组成，所述瓦楞成形装置（2）、上胶分条装置（3）、牵引竖条装置（4）、烘干装置（6）、上胶装置（7）、切割装置（8）排列在同一直线上，在所述拼板装置（9）处转弯90°后其复合装置（10）及定长切割装置（11）也排列在同一直线上，上述各装置上的电气部件均与电控箱内电源接线端子电连接，所述各装置上的气动控制均与各自的汽缸气源接口连接，并且各装置之间用输送装置进行连接。

2. 如权利要求1所述的瓦楞蜂窝复合纸板的制造设备，其特征在于所述瓦楞成形装置（2）上设有三个滚筒（22），并在所述滚筒（22）内设有电热丝（21），所述滚筒上设有凸面（23）。

3. 如权利要求1所述的瓦楞蜂窝复合纸板的制造设备，其特征在于所述上胶分条装置（3）上设有上胶滚筒（33）、气动控制器（31）和分条刀圈（32）。

4. 如权利要求1所述的瓦楞蜂窝复合纸板的制造设备，其特征在于所述牵引竖条装置（4）上设有橡胶滚筒（42）和栅栏（41）。

5. 如权利要求1所述的瓦楞蜂窝复合纸板的制造设备，其特征在于烘干装置（6）内设有电热器（63）、风扇（62）及拉风箱（61）。

6. 如权利要求1所述的瓦楞蜂窝复合纸板的制造设备，其特征在于所述侧面上胶装置（7）上设有传动轮（71）、上胶轮（72）和定长测速传感器。

7. 如权利要求1所述的瓦楞蜂窝复合纸板的制造设备，其特征在于所述切割装置（8）上设有气动离合器、锯条（82）和汽缸（81），并在切割装置上设有移动轮（83）。

8. 如权利要求1所述的瓦楞蜂窝复合纸板的制造设备，其特征在于所述拼板装置（9）上设有牵引滚筒（92）和传动带（91）（94）（95），在传动带（94）上每隔一段距离设有隔板（93）。

9. 如权利要求1所述的瓦楞蜂窝复合纸板的制造设备，其特征在于所述复合装置（10）上设有上胶滚筒（101）和复合滚筒（102），并在复合滚筒的上方设有汽缸（103）。

10. 如权利要求1所述的瓦楞蜂窝复合纸板的制造设备，其特征在于所述定长切割装置（11）上设有切刀（112）、汽缸（111）、定长测速传感器和气动离合器，并在该装置上设有移动轮（113），所述定长切割装置（11）可以通过移动轮（113）在支架（114）的轨道上左右移动。”

2005年7月9日，李昌众（下称请求人）针对该专利权向国家知识产权局专利复审委员会提出无效宣告请求，认为本专利不符合专利法实施细则第二条第一款，专利法第二十二条第二三四款的规定，请求人共提交了三组证据，具体如下：

第一组证据：

附件1－1：甲方为戴武、乙方为瑞安市红旗轻工设备厂的瓦楞纸复合板生产流水线定制合同书复印件1份，共1页；

附件1－2：记载有瓦楞纸制芯生产线和瓦楞复合面纸生产线主要技术参数的复印件1页；

附件1－3：声称为“瓦楞纸复合板生产流水线现场照片”的复印件1页；

附件1－4：由温州市中申板业有限公司出具的加盖有公司签章，并由证明人（戴武、曹开化、郑宜）签字的证明复印件一份，共1页；

附件1－5：“瓦楞纸复合板工艺流程示意图”复印件1页；

附件1－6：温州市中申板业有限公司的彩色宣传页，共2页；

附件1－7：声称为“现场照片”的复印件1页。

第二组证据：

附件2－1：编号为Bd（协）01062000的联合设计研制“瓦楞纸复合板”生产线设备合作意向书复印件1份，共3页；

附件2－2：由温州市包装技术协会出具的证明复印件1份，共1页；

附件2－3：温州市博大机械有限公司THX1600瓦楞纸复合板制芯生产线、THB1400（1200）瓦楞纸复合板制板生产线彩色图片1页；

附件2－4：编号为1108057、由浙江省科技情报研究所出具的《查新项目报告书》复印件，共7页；

附件2－5：甲方为李昌众、乙方为温州市前进电器机柜厂的委托加工制造“瓦楞纸复合板”（专利号ZL992024072）生产线设备的协议书复印件1份，共1页。

第三组证据：

附件3－1：民事起诉书复印件1份，共6页。

请求人的主要观点是：

1. 第一组证据证明早在2000年11月2日已经受委托定制由请求人提供技术方案的设备，因此本专利不具有新颖性、创造性；

2. 第二组证据证明2000年5~6月，"瓦楞纸复合板"的专利权人李昌众已分别与温州市前进电器机柜厂、温州市博大机械有限公司签订过《委托加工协议书》、《联合设计研制意向书》，有《中国报装报》、《中文雅虎》网、《查新项目报告》产品介绍及图片，并且有温州市包装协会秘书长杨锦华先生的证明为证，因此本专利不具有新颖性、创造性；

3. 第三组证据证明梁锦水在2005年4月30日民事起诉书中宣称"瓦楞蜂窝复合纸板的制造设备"是原告于2000年下半年构思和设计，由原告所在单位试制，并于2001年5月在温州市中申板业有限公司调试成功，原告于2001年7月12日以同样的内容向国家知识产权局分别申报……"，这里的"瓦楞蜂窝复合纸板的制造设备"即是温州市中申板业有限公司已在生产中使用的"瓦楞纸复合板"生产线设备，只是梁锦水改变了名称，因此不具有新颖性、创造性。

经形式审查合格后，专利复审委员会依法受理了上述请求，于2005年9月1日向双方当事人发出了无效宣告请求受理通知书，并将无效宣告请求书及其附件清单中所列附件的副本转送给专利权人，要求其在指定的期限内答复。

2005年9月26日，专利权人针对请求人于2005年7月9日提出的无效宣告请求陈述了意见，主要认为：

（一）专利权人于2001年5月在温州市中申板业有限公司将设备进行了操作调试，这是事实。但是，专利权人仅仅将设备所进行的这类操作上的调试，是不可能公开该设备内部结构的，这样的调试是不构成公开的要件。况且专利权人没有进行销售交货，更谈不上公开使用。请求人关于使用公开的理由不成立。

（二）请求人提交的证据与本专利无关联性

1. 专利权人对第一组证据的意见是：

（1）附件1-1是其合伙人戴武与专利权人签订的《瓦楞纸复合板生产流水线定制合同书》，该合同中约定该合同须经公证机关公证后才能生效，即使合同有效，其合同规定是一种明显的委托开发，并且合同书没有披露任何有关技术内容或结构；

（2）附件1-2中只给出了技术参数，没有公开本专利的技术内容或结构特征，其真实性值得怀疑；

（3）附件1-3所述的照片没有清楚地公开结构内容，并且与附件1-1、附件1-2没有关联性，同时该照片上的生产流水线也没有显示其生产的时间；

（4）附件1-4的证明人是戴武，戴武与请求人是合伙人，两人之间有利害关系，因此该证据的真实性值得怀疑，并且附件1-4中也未披露本专利的技术特征；

（5）对附件1-5的真实性有异议，该附件没有披露本专利的技术内容，并且与其他附件之间没有关联性；

（6）附件1-6没有披露本专利的技术特征；

（7）附件1-7是现场照片，其真实性值得怀疑，从照片中不能明确其结构特征，照片上的时间并不能证明就是该机器所生产的时间，并认为照片上的时间是不真实的。

2. 专利权人对第二组证据的意见是：

（1）附件2-1没有披露本专利技术的任何结构内容，其中的条款是对两公司的权利和义务所作的约定；

（2）附件2－2是杨锦华签字的证明，没有披露本专利的技术特征；

（3）对附件2－3的真实性有异议，没有证据能证明图片上的设备的公开时间早于本专利的申请日，并且图片上也没有披露其结构内容；

（4）附件2－4涉及的是附件2－3中的设备，因此同样也没有揭示本专利技术的结构特征，并且不能证明该设备的公开时间；

（5）附件2－5是委托加工协议，同样没有披露本专利技术的结构内容。

2006年8月14日，专利复审委员会向双方当事人发出了口头审理通知书，定于2006年9月20日对本案进行口头审理，并将专利权人于2006年9月26日提交的意见陈述书副本转送给请求人。

2006年9月20日，口头审理如期举行，双方当事人对对方出庭人员的身份没有异议；双方当事人对合议组成员没有回避请求；请求人当庭表示放弃专利法第二十二条第四款、专利法实施细则第二条第一款的无效理由；放弃使用附件1－2（设备技术参数）、附件1－5（瓦楞纸复合板工艺流程示意图）、附件1－7（带有日期的现场照片）、附件2－1（由李昌众与温州市博大机械有限公司法人代表严祖光于2000年6月8日签订）、附件2－2（温州市包装协会秘书长杨锦华的证明书）、附件2－3（温州市博大机械有限公司THX1600瓦楞纸复合板制芯生产线THB1400（1200）瓦楞纸复合板纸板生产线图片）、附件2－4（国家一级查新单位：浙江省科学技术情报研究所2001年7月30日《查新项目报告书》检索结果）、附件2－5（委托加工制造"瓦楞纸复合板生产线设备的协议书"）、附件3（2005年4月30日的民事起诉书）；请求人当庭提交附件1－1（由"瓦楞纸复合板"专利温州地区受让人温州市中申板业有限公司法人代表戴武与瑞安市红旗轻工设备厂梁锦水于2000年11月2日签订的合同）、附件1－3（瓦楞纸复合板生产流水线现场照片）、附件1－4（温州市中申板业有限公司法人代表戴武公司，公司懂事曹开化、郑宜的证明书）的原件；专利权人当庭核实上述原件，并表示复印件与原件相符，对附件1－1的真实性没有异议；对附件1－3、附件1－4、附件1－6的真实性有异议，认为本案与附件1－3、附件1－4、附件1－6没有关联性，附件1－3、附件1－6的公开时间不能确认；请求人明确其无效理由为：本专利不具备新颖性、创造性。

口审过程中，证人曹开化、戴武出庭作证。曹开化证明了与瑞安红旗轻工设备厂订制瓦楞纸复合板生产线的委托加工协议，但由于尚无成品，因此，没有确定该生产线的型号，瑞安红旗轻工设备厂于2001年5月交货，但未调试完毕，无法进行正常生产。戴武证明与瑞安红旗轻工设备厂订制瓦楞纸复合板生产线的委托加工协议，但由于尚无成品，因此，没有确定该生产线的型号，瑞安红旗轻工设备厂于2001年5月交货，但未调试完毕，无法进行正常生产。

至此，合议组认为本案事实已经调查清楚，现依法作出审查决定。

二、决定的理由

关于证据

请求人在无效宣告请求口头审理中放弃了第一组证据中的附件1－2、附件1－5、附件1－7、全部第二组证据和第三组证据，因此，请求人使用的证据为附件1－1、附件1－3、附件1－4、附件1－6。

附件1－3中示出的是放置了设备的房间，仅能看出房间中设备的大概轮廓，不能从该照片中看出设备的任何具体结构和型号，即不能确认其为本专利涉及的瓦楞纸复合板生产流水线现场照片。

专利权人对请求人提交了原件的附件1－1的真实性予以确认。附件1－1为合同书，其中载明了如下内容：甲方（戴武）委托乙方（瑞安市红旗轻工设备厂）制造"瓦楞纸复合板"生产流水线一套，其型号为1600型。在口头审理中通过对证人质证，证人戴武承认其与瑞安红旗轻工设备厂签订了该订制瓦楞纸复合板生产线的委托加工协议，但由于尚无成品，因此没有确定该生产线的型号。证人的上述证言中关于生产线的型号的陈述与合同内容相互矛盾。因此，没有充分的证据可以认定在2000年11月2日签订的合同书中，甲方委托乙方制造的“瓦楞纸复合板”生产流水线的型号是1600型。

附件1－4为证人戴武、曹开化、郑宜提供的证人证言，戴武、曹开化出庭接受了双方当事人的质证。在附件1－4中证人预证明两部分事实。首先，预证明李昌众在2000年期间向瑞安红旗轻工设备厂订制的“瓦楞纸复合板”（1600型）生产线协议中向梁锦水提供了该生产线的整个工艺流程图，其次，证人还预证明协议中的生产线的工艺具体如下：接单面瓦楞机组出料起：上胶分条，竖立压合，进烘房，出烘房上胶，定长裁切，90度过桥后拼板芯，板芯上下施胶，加压复合，烘房，出板定长。证人戴武、曹开化都分别承认其与瑞安红旗轻工设备厂签订了该订制瓦楞纸复合板生产线的委托加工协议，但由于尚无成品，因此没有确定该生产线的型号。由于证人在质证的过程中对生产流水线的型号的相关陈述与证言中相互矛盾，因此，合议组对附件1－4的证言内容不予采信。

附件1－6示出的内容包括中申板业的公司简介、瓦楞纸复合板的应用前景的文字说明部分和六张图片，该附件上没有印刷任何日期，也不能证明文字部分所称的“WL1600－L型”自动生产线是与本专利相同的产品，并且已经在申请日前公开。

针对上述四份证据，合议组认为：由于不能从附件1－3中看出任何具体结构和设备型号，无法与其他三份证据相互联系，即与其他证据之间无关联性；由于附件1－4的证言不予采信，附件1－1与其他证据之间也无关联性；从附件1－6的图片上看不出任何生产线具体的结构和设备型号，无法与附件1－3中的照片形成关联。请求人提交的证据不能构成完整的证据链证明具有一定结构的产品在本专利申请日前被公开的事实。

综上所述，请求人提供的证据不能形成完整的证据链证明在先公开销售的事实，不能破坏本专利的新颖性和创造性。

三、决定

维持01120410.9号专利权有效。

当事人对本决定不服的，可以根据专利法第四十六条第二款的规定，自收到本决定之日起三个月内向北京市第一中级人民法院起诉。根据该条款的规定，一方当事人起诉后，另一方当事人应当作为第三人参加诉讼。

096

可利用自动化机具装配的计算机主机板螺柱组立结构案

无效宣告请求审查决定（第9042号）

决　定　号　第9042号
决　定　日　2006年11月26日
发明创造名称　可利用自动化机具装配的计算机主机板螺柱组立结构
国际分类号　G06F 1/16
无效请求人　张　诚
专利权人　林江俊
专　利　号　00250628.9
申　请　日　2000年8月22日
授权公告日　2001年8月1日
合议组组长　黄毅斐
主　审　员　李韵美
参　审　员　龙　安

法律依据　专利法第二十二条第三款　专利法实施细则第二十条第一款
决定要点

若根据现有技术的内容，本领域的技术人员很容易想到将其应用到本专利权利要求所要保护的结构上，从而解决相同的技术问题，获得相同的技术效果，则该权利要求不具备创造性；若在现有技术中没有给出相关的技术启示而使本领域的技术人员容易想到本专利权利要求限定的结构以获得特定的技术效果，则本专利具备创造性。

一、案由

本无效宣告请求涉及中华人民共和国国家知识产权局于2001年8月1日授权公告的00250628.9号实用新型专利（下称本专利），其名称为“可利用自动化机具装配的计算机主机板螺柱组立结构”，申请日为2000年8月22日，专利权人是林江俊，该专利授权公告时的权利要求如下：

“1. 一种可利用自动化机具装配的计算机主机板螺柱组立结构，其特征在于包括有：

螺柱，系供插组在主机板预设的装配孔中，内设有螺孔；

快拆盖，具有能遮盖螺柱螺孔孔口的一盖片，且该盖片环周另朝螺柱延伸成型有弹性夹片而能藉以夹持所述螺柱。

2. 根据权利要求1所述的可利用自动化机具装配的计算机主机板螺柱组立结构，其特征在于：其中螺柱外环周适当处设置有一供快拆盖的弹性夹片能稳定嵌夹其中的环卡沟。

3. 根据权利要求2所述的可利用自动化机具装配的计算机主机板螺柱组立结构，其特征在于：其中快拆盖的弹性夹片成型为〈形而具有包夹部与外扳部，而该包夹部与外扳部间的转折处则为可供嵌夹于环卡沟中的嵌夹部。”

针对上述专利权，张诚（下称请求人）于2005年8月2日向国家知识产权局专利复审委员会提出无效宣告请求，其理由是本专利不符合专利法第二十二条第二三四款，专利法实施细则第二十条第一款的规定，请求宣告本专利无效。请求人提交了下述附件：

附件1：第353546号台湾新型专利公告文本复印件22页，其公开日为1999年2月21日；

附件2：第430210号台湾新型专利公告文本复印件14页，其公开日为2001年4月11日；

附件3：本专利的公告文本8页。

请求人提出的具体理由是：权利要求1相对于附件1不具备新颖性和创造性；权利要求2相对于附件1不具备新颖性和创造性；权利要求3相对于附件1结合附件2不具备创造性；本专利不符合专利法第二十二条第四款规定的实用性；权利要求2、3不符合专利法实施细则第二十条第一款的规定。

经形式审查合格后，专利复审委员会依法受理了上述无效宣告请求，于2005年9月15日向请求人和专利权人发出无效宣告请求受理通知书，并将请求人提交的无效宣告请求书及其附件清单中所列附件的副本转送给专利权人，要求其在指定的期限内答复。专利权人逾期未答复。

2006年8月28日合议组向双方当事人发出无效宣告请求口头审理通知书。

口审于2006年10月18日举行，双方当事人的代理人均参加了口头审理。本案合议组对请求人提出的无效理由和事实进行了调查，并充分听取了双方当事人的陈述。在口头审理过程中明确了如下事实：(1) 双方当事人对合议组成员没有回避请求；(2) 双方当事人对对方出庭人员的身份没有异议；(3) 请求人当庭放弃专利法第二十二条二四款的无效理由，明确其无效理由是权利要求1~3相对于附件1不符合专利法第二十二条第三款的规定；权利要求二、三不符合专利法实施细则第二十条第一款的规定；请求人表示附件2仅供合议组参考；(4) 专利权人对附件1、2的真实性有异议，认为附件1、2属于域外证据，应办理相应的证明手续；(5) 请求人应该在口审之日起7日内提交能够从国内公共渠道获得台湾专利的证明文件，由专利权人对其真实性进行核实。

请求人于2006年10月23日提交了加盖国家知识产权局专利检索咨询中心副本认证专用章的附件1专利公告和说明书全文。

专利权人于2006年10月31日对请求人提交的上述附件1专利公告文本的全文进行了核实，同时表示该文本与请求人提交的附件1内容相同，对其真实性没有异议。

至此，合议组认为本案事实已经清楚，现依法作出审查决定。

二、决定的理由

关于证据

请求人在无效宣告程序中共提交了两篇台湾专利作为证据，用于评述本专利权利要求1~3的创造性。其中附件1的公开日早于本专利的申请日，请求人已经在规定期限内提交了可以从国内公共渠道获得附件1的相关证明，专利权人已明确表示对其真实性无异议，因此，附件1可以作为评价本专利创造性的现有技术。

关于专利法实施细则第二十条第一款

权利要求2、3中的“螺柱外环周适当处设置有”中的适当处是指螺柱的适当高度位置，可以略高，也可以略低，本领域技术人员可以清楚所谓的“适当处”就螺柱外周的高度，只要是可以实现本专利目的的高度即可。可见，权利要求2、3中的“适当处”能够清楚地限定权利要求请求保护的技术方案，其保护范围也是清楚的，符合专利法实施细则第二十条第一款的规定。

关于专利法第二十二条第三款

权利要求1相对于附件1的创造性

权利要求1请求保护一种可以利用自动化机具装配计算机主机板螺柱组立结构，包括螺柱和快拆盖，其中螺柱用于插在主机板预设的装配孔中，内设有螺孔，快拆盖分为两部分，一个是用于遮盖螺柱螺孔孔口的盖片，盖片环周朝螺柱方向延伸形成有弹性夹片，用来夹持螺柱。

附件1说明书中公开了一种在印刷基板安装IC或电容器等电子零件时采用的结构（参见附件1说明书第4页第5行），其所要解决的技术问题也是解决上部不具有平面部分的电子零件（附件1说明书第4页第10行），由真空式吸着喷嘴将电子零件加以吸着保持而搬送该电子零件到印刷基板上的实装位置（附件1说明书第4页第8~9行）。与本专利要克服的现有技术中的缺陷：由于螺柱本身具有贯穿的螺孔（即上部不具有平面部分），因此无法采用真空吸着方式检取与插装（参见本专利说明书第1页第9~10行）相同。附件1中同样涉及电子元件的自动化装配，可以促使本领域的技术人员到附件1中寻找有关解决自动化装配中出现的技术问题的技术手段。

附件1中公开了如下技术方案，如图3、4所示，吸着用辅助器具20的结构包括：吸着用平板部21，支持部22a、22b是吸着用平板部21的下面延伸到下方所形成（说明书第10页第2-5行），当将吸着用辅助器具20接合到连接器60时，在支持部22a、22b及接合用柄部23a、23b产生弹性变形（说明书第10页第20行）。可见，附件1中记载的上述内容已经公开了分成两个部分的盖结构，一个部分是平板部，该平板部相当于权利要求1中的盖片，其所起到的作用都是形成平面以便于真空吸附；另一个部分是从平板部的下面延伸到下方形成的支持部，该支持部相当于权利要求1中的弹性夹片，它们都是从上部平面的外周部分向下延伸出来的弹性部件。因此，附件1已经公开了权利要求1中的快拆盖，但是，附件1没有公开权利要求1中的螺柱，并且附件1中没有明确指出弹性部件是从平板部的环周延伸出来的。

合议组认为，附件1中公开的吸着用辅助器具与权利要求1中的快拆盖起相同作用，仅仅是作用对象不同。附件1中的吸着用辅助器具作用的对象是连接器，其目的是为连接器产生一个可以真空吸附的平面，以便利用自动化机械将连接器吸起并放置于适当的位置；权利要求1中的快拆盖的作用对象是螺柱，其目的是为螺柱产生一个可供真空吸附的表面，以便利用自动化机械将连接器吸起并放置于适当的位置。正是由于权利要求1中快拆盖的作用对象是螺柱，通常螺柱的切面形状大致呈圆环形，从其上延伸出来的弹性部件也必然是从环形平面的环周延伸出来的，可见，二者的区别仅仅是由于作用对象的不同所形成的。

对本领域的技术人员来讲，螺柱是本领域常见的电子零件，且螺柱具有螺孔是本领域的公知常识，在附件1公开的利用自动化器械，通过能够产生平面的盖片，在连接器的上表面上形成平面，将其运送到适当的位置的技术方案的启示下，很容易想到将盖片的应用对象变成螺柱，实现不仅能吸附连接器，也能够吸附螺柱的功能。因此，权利要求1相对于附件1不具有实质性特点和进步，不符合专利法第二十二条第三款的规定，不具备创造性。

权利要求2相对于附件1的创造性

权利要求2进一步限定权利要求1的螺柱外环周适当处设置有一供快拆盖的弹性夹片能稳定嵌夹其中的环卡沟。从附件1说明书图2、4中都可以明显看出连接器的周边侧壁上也具有可以与支持部22a、22b的接合用柄部23a、23b相互作用的长条形突起，同权利要求2中的环卡沟相比，附件1中连接器上的这些突起，也可以使得接合用柄部和作用对象之间（即连接器）之间的稳固性得到增强，可以起到防止滑脱或移动的作用，即，起到与权利要求2中的环卡沟相同的效果。因此，权利要求2相对于附件1不具有实质性特点和进步，不符合专利法第二十二条第三款的规定，不具备创造性。

权利要求3相对于附件1的创造性

权利要求3进一步限定权利要求1的快拆盖的弹性夹片成型为く形而具有包夹部与外扳部，而该包夹部与外扳部间的转折处则为可供嵌夹于环卡沟中的嵌夹部。附件1公开的技术方案中的弹性夹片均呈直线形，不产生折线，因此，不具有包夹部和外扳部。对本领域的技术人员来讲，在附件1公开的技术方案中，也不能获得采用く形的弹性夹片的技术启示，从而不能获得包括包夹部与外扳部的く形快拆盖的弹性夹片的启示。同时，く形快拆盖弹性夹片能够在垂直方向上获得一定的防止垂直方向的滑脱或移动的技术效果。因此，权利要求3相对于附件1具有实质性特点和进步，符合专利法第二十二条第三款的规定，具备创造性。

三、决定

宣告00250628.9号实用新型专利权部分无效。在权利要求3的基础上，维持该专利权有效。

当事人对本决定不服的，可以根据专利法第四十六条第二款的规定，自收到本决定之日起三个月内向北京市第一中级人民法院起诉。根据该条款的规定，一方当事人起诉后，另一方当事人应当作为第三人参加诉讼。

北京市第一中级人民法院
行政判决书

（2007）一中行初字第804号

原告林江俊，男，1964年3月20日出生，住台湾桃园县芦竹乡。

委托代理人王玉双，隆天国际知识产权代理有限公司专利代理人。

被告中华人民共和国国家知识产权局专利复审委员会，住所地北京市海淀区北四环西路9号银谷大厦10～12层。

法定代表人廖涛，副主任。

委托代理人李韵美，中华人民共和国国家知识产权局专利复审委员会审查员。

委托代理人余心蕾，中华人民共和国国家知识产权局专利复审委员会审查员。

原告林江俊不服被告中华人民共和国国家知识产权局专利复审委员会（下称专利复审委员会）作出的第9042号无效宣告请求审查决定（下称第9042号决定），在法定期限内向本院提起行政诉讼。本院于2007年6月5日受理后，依法组成合议庭，并通知张诚作为本案的第三人参加诉讼。因第三人张诚已书面表示不参加本案诉讼，所以本院不将其作为本案第三人。2007年11月28日，本院公开开庭审理了本案。原告林江俊的委托代理人王玉双，被告专利复审委员会的委托代理人李韵美、余心蕾到庭参加了诉讼。本案现已审理终结。

第9042号决定系专利复审委员会针对张诚就林江俊所拥有的名称为“可利用自动化机具装配的计算机主机板螺柱组立结构”的实用新型专利（下称本专利）所提出的无效宣告请求而作出的。专利复审委员会在该决定中认定：一、关于（《中华人民共和国专利法实施细则》（下称专利法实施细则）第二十条第一款。权利要求2、3中的“螺柱外环周适当处设置有”中的“适当处”是指螺柱的适当高度位置，可以略高，也可以略低，本领域技术人员可以清楚所谓的“适当处”就螺柱外周的高度，只要是可以实现本专利目的的高度即可。可见，权利要求2、3中的“适当处”能够清楚地限定权利要求请求保护的技术方案，其保护范围也是清楚的，符合专利法实施细则第二十条第一款的规定。二、关于《中华人民共和国专利法》（下称专利法）第二十二条第三款。1. 权利要求1相对于附件1的创造性。附件1说明书中公开了一种在印刷基板安装IC或电容器等电子零件时采用的结构，其所要解决的技术问题与本专利要解决的技术问题相同。附件1中同样涉及电子元件的自动化装配，可以促使本领域的技术人员到附件1中寻找有关解决自动化装配中出现的技术问题的技术手段。附件1公开了权利要求1中的快拆盖，但没有公开权利要求1中的螺柱，并且附件1中没有明确指出弹性部件是从平板部的环周延伸出来的。附件1中公开的吸着用辅助器具与权利要求1中的快拆盖起相同作用，仅仅是作用对象不同。附件1中的吸着用辅助器具作用的对象是连接器，其目的是为连接器产生一个可以真空吸附的平面，以便利用自动化机械将连接器吸起并放置于适当的位置；权利要求1中的快拆盖的作用对象是螺柱，其目的是为螺柱产生一个可供真空吸附的表面，以便利用自动化机械将连接器吸起并放置于适当的位置。正是由于权利要求1中快拆盖的作用对象是螺柱，通常螺柱的切面形状大致呈圆环形，从其上延伸出来的弹性部件也必然是从环形平面的环周延伸出来的，可见，二者的区别仅仅是由于作用对象的不同所形成的。对本领域的技术人员来讲，螺柱是本领域常见的电子零件，且螺柱具有螺孔是本领域的公知常识，在附件1公开的利用自动化器械，通过能够产生平面的盖片，在连接器的上表面上形成平面，将其运送到适当的位置的技术方案的启示下，很容易想到将盖片的应用对象变成螺柱，实现不仅能吸附连接器，也能够吸附螺柱的功能。因此，权利要求1相对于附件1不具有实质性特点和进步，不符合专利法第二十二条第三款的规定，不具备创造性。2. 权利要求2相对于附件1的创造性。权利要求2进一步限定权利要求1的螺柱外环周适当处设置有一供快拆盖的弹性夹片能稳定嵌夹其中的环卡沟。从附件1说明书图2、4中都可以明显看出连接器的周边侧壁上也具有可以与支持部22a、22b的接合用柄部23a、23b相互作用的长条形突起，同权利要求2中的环卡沟相比，附件1中连接器上的这些突起，也可以使得接合用柄部和作用对象（即连接器）之间的稳固性得到增强，可以起到防止滑脱或移动的作用，即起到与权利要求2中的环卡沟相同的效果。因此，权利要求2相对于附件1不具有实质性特点和进步，不符合专利法第二十二条第三款的规定，不具有创造性。3. 权利要求3相对于附件1的创造性。权利要求3进一步限定权利要求1的快拆盖的弹性夹片成型为〈形而具有包夹部与外扳部，而该包夹部与外扳部间的转折处则为可供嵌夹于环卡沟中的嵌夹部。附件1公开的技术方案中的弹性夹片均呈直线形，不产生折线，因此，不具有包夹部和外扳部。对本领域的技术人员来讲，在附件1公开的技术方案中，也不能获得采用〈形的弹性夹片的技术启示，从而不能获得包括包夹部与外扳部的〈形快拆盖的弹性夹片的启示。同时，〈形快拆盖弹性夹片能够在垂直方向上获得一定的防止垂直方向的滑脱或移动的技术效果。因此，权利要求3相对于附件1具有实质性特点和进步，符合专利法第二十二条第三款的规定。据此，专利复审委员会作出第9042号决定，宣告本专利权部分无效。在权利要求3的基础上，维持本专利权有效。

林江俊不服第9042号决定，在法定期限内向本院提起行政诉讼称：一、被告对于本专利权利要求1相比附件1不具备创造性的认定存在事实不清。首先，附件1并未揭示本专利权利要求1中的弹性夹片。附件1中的支持部22a、22b仅是具有较少弹性的臂部，因而其作用仅能起夹持作用，而不能实现本专利权利要求1的弹性夹片在组装完成后通过将夹片上扳而实现快速拆盖以使快速回复螺柱原状的功能；由于附件1中的支持臂下还设有柄部，这种结构的整体刚性较大，需要较大外力才能将其拆卸。因此，本专利权利要求1与附件1相比具有弹性夹片这一区别技术特征，而且该区别特征导致权利要求1相比附件1具有显著的效果，因而具备创造性。二、被告有关本专利权利要求2相比附件1不具备创造性的认定存在事实不清。附件1的附图2、4中并未公开有长条形突起。事实上，附件1的连接器上具有长条形凹槽，也即附件1的说明书中所述的嵌合孔，该长条形凹槽的功能是用于容置接点52也即端子52的，而且根据说明书所述内容，接触部14a、14b和15a、15b的外宽幅大于嵌合孔的内宽幅的预定值，故实质上接触部14a、14b、15a、15b均由于嵌合孔内压入有端子，而无法夹入该嵌合孔内，同时由于接触部的外宽幅大于嵌合孔的内宽幅，上述接触部实质上是顶抵在嵌合孔所在的壁面上而产生弹性变形。故附件1的嵌合孔无法像本专利的环卡沟一样，能使弹性夹片稳定夹入环卡沟中，从而保持盖相对于螺柱沿上下左右方向的稳定性。故附件 1 中的嵌合孔的结构、功能、效果与环卡沟不同，本专利权牙 0 要求 2 相比附件 1 具备创造性。综上所述，原告认为被告作出的第 9042 号决定认定事实不清，请求人民法院予以撤销。

被告专利复审委员会辩称：一、关于权利要求 1 相对于附件 1 是否具有创造性。原告与被告的争议点主要在于，附件 1 中的支持部 22a、22b 是否相当于权利要求 1 中的弹性夹片。从结构上讲，附件 1 中的支持部 22a、22b 也是从平板部 21 的下面延伸到下方形成，从功能上讲，附件 1 中的支持部 22a、22b 同样可以产生弹性变形。可见，附件 1 与权利要求 1 的区别仅仅在于二者的作用对象不同，导致了附件 1 中的平板部如说明书实施例中所示为一个长方形平板，从而向下延伸出来的是一个臂状支持部；而权利要求 1 中由于是一个螺柱，从而延周边向下延伸出的是一个环状的部件。针对原告认为附件 1 中的支持部由于其下设有柄部，因为这种结构的整体刚性较大，需要较大外力才能将其拆卸的观点，被告认为：首先，就附件 1 中带有柄部的结构与不带有柄部的结构相比较而言，在刚性效果上并无本质上的差别；其次，对本领域的技术人员来说，完全可以通过调整弹性部件形成材料决定弹性部件的弹性，附件 1 也不能因其具有一个柄部而与不带柄部的弹性部件之间具有差别较大的弹性。因此，上述区别不能使得权利要求 1 相对于附件 1 具有实质性特点和进步。二、关于权利要求 2 相对于附件 1 是否具备创造性。连接器的周边侧壁上的长条形突起在客观上能够起到增强接合用柄部和作用对象（即连接器）之间稳固性的效果，可以起到增加摩擦力，防止滑脱或移动的作用。也就是说，本领域的技术人员在附件 1 给出了上述技术启示后，为了达到上述技术效果，容易想到针对螺柱这类特定的操作对象，在恰当的位置设置一个凹槽，进一步增加稳定性。即权利要求 2 中的区别技术特征环卡沟没有使得整个技术方案相对于附件 1 具备实质性特点和进步。因此，第 9042 号决定认定事实清楚，适用法律正确，程序合法，原告的诉讼请求没有事实和法律依据，请求人民法院依法驳回原告的诉讼请求，维持第 9042 号决定。

本院经审理查明：

本案涉及的是中华人民共和国国家知识产权局于 2001 年 8 月 1 日授权公告的、名称为“可利用自动化机具装配的计算机主机板螺柱组立结构”的实用新型专利，其申请日为 2000 年 8 月 22 日，专利号为 00250628. 9，专利权人为林江俊。本专利授权公告的权利要求书内容如下：

“1. 一种可利用自动化机具装配的计算机主机板螺柱组立结构，其特征在于包括有：

螺柱，系供插组在主机板预设的装配孔中，内设有螺孔；

快拆盖，具有能遮盖螺柱螺孔孔口的一盖片，且该盖片环周另朝螺柱延伸成型有弹性夹片而能藉以夹持所述螺柱。

2. 根据权利要求 1 所述的可利用自动化机具装配的计算机主机板螺柱组立结构，其特征在于：其中螺柱外环周适当处设置有一供快拆盖的弹性夹片能稳定嵌夹其中的环卡沟。

3. 根据权利要求 2 所述的可利用自动化机具装配的计算机主机板螺柱组立结构，其特征在于：其中快拆盖的弹性夹片成型为く形而具有包夹部与外扳部，而该包夹部与外扳部间的转折处则为可供嵌夹于环卡沟中的嵌夹部。

本专利说明书中载明：本实用新型的目的是提供一种系在提供能直接采用 SMT 自动化机具的真实吸附方式快速地直接检取与插接螺柱而具有更高的工作效率，并且事后又能更轻易且快速回复螺柱原状作创作的一种可利用自动化机具装配的计算机主机板螺柱组立结构。

2005 年 8 月 2 日，张诚以本专利不符合专利法第二十二条第二款、第三款、第四款和专利法实施细则第二十条第一款的规定为由，向专利复审委员会提出无效宣告请求，并提交了 2 份对比文件，其中：

附件 1 为第 353546 号台湾新型专利公告文本复印件 22 页，该专利公开日为 1999 年 2 月 21 日。附件 1 说明书中公开了一种在印刷基板安装 IC 或电容器等电子零件时采用的结构，其所要解决的技术问题是解决上部不具有平面部分的电子零件，由真空式吸着喷嘴将电子零件加以吸着保持而搬送该电子零件到印刷基板上的实装位置。附件 1 中公开了如下技术方案，如图 3、4 所示，吸着用辅助器具 20 的结构包括：吸着用平板部 21，支持部 22a、22b 是吸着用平板部 21 的下面延伸到下方所形成，当将吸着用辅助器具 20 接合到连接器 60 时，在支持部 22a、22b 及接合用柄部 2 3a、2 3b 产生弹性变形。由图 2、4 中均可以看出连接器的周边侧壁上具有可以与支持部 22a、22b 的接合用柄部 23a、23b 相互作用的由相邻端子槽形成的长条形突起。

2006 年 10 月 18 日，专利复审委员会举行了口头审理。在口头审理中，张诚放弃了本专利不符合专利法第二十二条第二款和第四款规定的无效理由，明确其无效理由是权利要求 1 ~ 3 相对于附件 1 不符合专利法第二十二条第三款的规定，权利要求 2、3 不符合专利法实施细则第二十条第一款的规定。

2006 年 11 月 26 日，专利复审委员会作出第 9042 号决定。

上述事实，有本专利授权公告说明书、第 9042 号决定、附件 1 及当事人陈述等证据在案佐证。

本院认为：

根据当事人的诉辩主张，本案争议的焦点在于本专利权利要求 1、2 相对于附件 1 是否具备创造性。根据专利法第二十二条第三款的规定，实用新型的创造性是指同申请日以前已有的技术相比，该实用新型有实质性特点和进步。

一、被告有关本专利权利要求 1 不具备创造性的认定是否存在错误

原告主张，因附件 1 中的支持部仅具有较小弹性而不能与权利要求 1 的弹性夹片对应，因此被告对于权利要求 1 不具有创造性的认定错误。对此，本院认为，权利要求 1 限定的弹性夹片用于夹持所述螺柱，只要该夹片是弹性的，即可实现该功能，而与弹性的大小无关。根据附件 1 说明书中的记载，当接合用柄部 23a、23b 夹持插入连接部 60 时，在支持部 22a、22b 及接合用柄部 23a、23b 产生弹性变形。由此可知，附件 1 中的支持部 22a、22b 同样是一个弹性部件，可以对连接部起到夹持的作用。而该支持部的弹性大小可以通过选择的材料来决定，而不会因为其具有柄部结构而导致其必然需要更大的外力才能进行拆卸。因此，附件 1 中的支持部与权利要求 1 中的弹性夹片的作用相同，其在技术效果上并无原告所主张的差异，因此，原告主张被告认定权利要求 1 相对于附件 1 不具备创造性错误的起诉理由不能成立，本院不予支持。

二、被告有关本专利权利要求 2 不具备创造性的认定是否存在错误

原告主张，附件 1 的附图 2、4 中并未公开有长条形突起，其公开的端子槽无法象本专利的环卡沟一样，能使弹性夹片稳定夹入环卡沟中，从而保持盖相对于螺柱沿上下左右方向的稳定性。对此本院认为，虽然附件 1 中公开的端子槽用于容纳端子，但其客观上能够起到增大摩擦力，增强接合用柄部与连接器之间稳固性的作用。在该技术启示下，本领域技术人员容易想到针对螺柱这一特定对象，为了获得更好的夹持效果，在螺柱的适当位置设置沟槽，以增强夹持的稳固性，从而得到权利要求 2 的技术方案。因此，原告主张被告认定本专利权利要求 2 相对于附件 1 不具备创造性错误的起诉理由不能成立，本院不予支持。

综上，原告的起诉理由均不能成立，本院不予支持。被告作出的第 9042 号决定认定事实清楚，适用法律正确，程序合法，本院予以维持。依照《中华人民共和国行政诉讼法》第五十四条第（一）项之规定，本院判决如下：

维持被告中华人民共和国国家知识产权局专利复审委员会作出的第 9042 号无效宣告请求审查

决定。

案件受理费100元，由原告林江俊负担（已交纳）。

如不服本判决，原告林江俊可于本判决送达之日起30日内，被告中华人民共和国国家知识产权局专利复审委员会可于本判决送达之日起15日内，向本院提交上诉状及其副本，并交纳上诉案件受理费100元，上诉于中华人民共和国北京市高级人民法院。

审 判 长 姜 颖

审 判 员 苏 杭

人民陪审员 高 伟

二〇〇七年十二月二十日

书 记 员 牛 捷

097

自行发电照明的多功能充电器结构案

无效宣告请求审查决定（第9044号）

决　定　号　第9044号
决　定　日　2006年12月11日
发明创造名称　自行发电照明的多功能充电器结构
国际分类号　H01M 10/44
无效请求人　东莞家宏工艺制品有限公司
专利权人　遇荣家
专　利　号　02265335. X
申　请　日　2002年7月5日
授权公告日　2003年7月9日
合议组组长　黄毅斐
主　审　员　李韵美
参　审　员　唐向阳

法律依据　专利法第二十二条第三款
决定要点

若权利要求相对于对比文件的区别特征为本领域中解决相同技术问题的常用手段，则权利要求限定的技术方案相对于对比文件不具有实质性特点和进步，不具备创造性。

一、案由

本无效宣告请求案涉及国家知识产权局于2003年7月9日授权公告、名称为“自行发电照明的多功能充电器结构”的02265335. X号实用新型专利（下称本专利），其申请日为2002年7月5日，专利权人为遇荣家。

本专利授权公告的权利要求书如下：

“1. 一种自行发电照明的多功能充电器结构，包含一装置本体、齿轮组、发电机、电压电流控制回路、蓄电池，以及摇柄，其特征在于：

该装置本体系由一上壳体及下壳体组成，其内缘形成有用以置设该齿轮组、发电机、电压电流控制回路及蓄电池等构件的容置空间；

该齿轮组系由第一、第二、第三及第四齿轮所组成，容置于该装置本体内，二枢杆同时穿设二齿轮枢固，二呈串的齿轮彼此交错啮合形成一传动齿系，该齿轮组于一端外侧并可枢接该摇柄；

该发电机容置于该装置本体内时，系位于该齿轮组枢固摇柄的另端，其一端凸出有一传动轴，该传动轴上并套置有一传动齿轮，该传动齿轮与该齿轮组啮合以驱动该发电机；

该电压电流控制回路系为一可将发电机产生的电压由AC转换为DC的IC板，其一方面系与该蓄电池导接，另一方面，则系与一输出端部及LED灯导接。

2. 根据权利要求 1 所述的自行发电照明的多功能充电器结构，其特征在于：该摇柄包括一柄体、枢接杆及柄杆，该柄体系藉由该枢接杆与该装置本体枢接。

3. 根据权利要求 1 所述的自行发电照明的多功能充电器结构，其特征在于：还包含一用于控制发电机所产生的电流储存至蓄电池或向外输出的控制开关，该控制开关与该电压电流控制回路相连。

4. 根据权利要求 1 所述的自行发电照明的多功能充电器结构，其特征在于：该输出端部系可配合一可与手机、随身听或手提电脑等产品连接充电的连结插头。"

针对上述专利权，东莞家宏工艺制品有限公司（下称请求人）于 2005 年 12 月 13 日向国家知识产权局专利复审委员会提出无效宣告请求，其提出的无效理由是：本专利的权利要求 1～4 相对于附件 1～3 的结合不具备创造性，本专利不符合专利法第二十二条第三款的规定，请求宣告专利权无效。

请求人提交了如下证据：

附件 1：ZL99220448.8 中国实用新型专利"交直流手摇多功能充电器"说明书，授权公告日为 2000 年 4 月 12 日（下称对比文件 1）；

附件 2：ZL94243521.4 中国实用新型专利"发电蓄电装置"说明书，授权公告日为 1996 年 2 月 28 日（下称对比文件 2）；

附件 3：ZL99246204.5 中国实用新型专利"矿灯"说明书，授权公告日为 2000 年 9 月 20 日（下称对比文件 3）。

经形式审查合格后，专利复审委员会依法受理了上述无效宣告请求，于 2005 年 12 月 15 日向请求人和专利权人发出无效宣告请求受理通知书，并将请求人提交的无效宣告请求书及其附件清单中所列附件的副本转送给专利权人，要求其在指定的期限内答复。

专利权人于 2006 年 1 月 20 日提交了针对无效宣告请求的意见陈述书，专利权人认为：请求人采用了三份对比文件，并且大量地结合公知技术来评述本专利，对本专利的每一个技术特征，都不能以一份对比文件覆盖，所以本专利符合专利法的规定。

合议组于 2006 年 10 月 11 日向双方当事人发出无效宣告请求口头审理通知书，并将专利权人于 2006 年 1 月 20 日提交的意见陈述书的副本转送请求人。

口头审理于 2006 年 11 月 17 日在专利复审委员会如期举行，双方当事人均参加了口头审理，本案合议组对请求人提出的无效理由和事实进行了调查，并充分听取了双方当事人的陈述。在口头审理过程中双方当事人对对方当事人的出庭资格均无异议；双方当事人对合议组成员均无回避请求；请求人当庭明确表示放弃对比文件 3；请求人明确其无效理由为：权利要求 1～4 相对于对比文件 1 结合对比文件 2 不具备创造性，对比文件 1 作为最接近的现有技术；权利要求 1～4 相对于对比文件 1 结合公知常识不具备创造性；专利权人对对比文件 1、对比文件 2 的真实性没有异议，但认为对比文件 2 的附图和文字说明存在相互矛盾；双方当事人当庭已经充分陈述各自的意见，口审之后，合议组不再接受双方当事人的任何意见和证据。

经过上述审理程序，合议组认为本案事实已经清楚，可以作出审查决定。

二、决定的理由

关于证据

对比文件 1 和对比文件 2 的公开日期均早于本专利的申请日，构成现有技术，可以评价本专利的创造性。

关于专利法第二十二条第三款

专利法第二十二条第三款规定，创造性是指同申请日以前已有的技术相比，该实用新型有实质性特点和进步。

1. 权利要求 1 相对于对比文件 1 结合公知常识是否具备创造性

权利要求 1 请求保护一种自行发电照明的多功能充电器，该充电器包括装置本体、齿轮组、发电机、电压电流控制回路、蓄电池，以及摇柄。装置本体由上壳体及下壳体组成，其内缘形成有置设该齿轮组、发电机、电压电流控制回路及蓄电池的容置空间；齿轮组系由四个齿轮组成，容置于装置本体内，二枢杆同时穿设二齿轮枢固，二呈串的齿轮彼此交错啮合形成一传动齿系，齿轮组于一端外侧并可枢接该摇柄；发电机容置于装置本体内，位于齿轮组枢固摇柄的另一端，其一端凸出有一个传动轴，传动轴上套置有传动齿轮，传动齿轮与齿轮组啮合以驱动发电机；电压电流控制回路是可将发电机产生的电压由 AC 转换为 DC 的 IC 板，一方面系与该蓄电池导接，另一方面与输出端部及 LED 灯导接。

对比文件 1 公开了一种交直流手摇多功能充电器（参见说明书附图 1 - 4），可以对手机、随身录音机等的电池进行充电，与本专利属于相同的技术领域。对比文件 1 公开的充电器具有由盒体 13 和上盖 1 组成的壳体（说明书第 2 页第 6 行），该壳体相当于权利要求 1 中的装置本体，都是用于容纳内部零件的外壳；通过转动手柄 3 带动拐臂 2（相当于权利要求 1 中的摇柄）连同齿轮 12 旋转，使相啮合的齿轮 15 带动电机 9（相当于权利要求 1 中的发电机）发电，对电池充电（说明书第 2 页第 20 ~ 21 行），活动插头 5、输出插座 6、电机 9、充电指示灯 10 分别与具有充电和存储电能的电子线路板 11 线路相连（说明书第 2 页 12 ~ 14 行），对比文件 1 中的电子线路板 11 相当于权利要求 1 中的 IC 板，该电子线路板也是与输出插座 6 及充电指示灯相连。

权利要求 1 与对比文件 1 的区别在于：

（1）对比文件 1 仅公开了利用手柄和拐臂带动齿轮 12 旋转，通过与齿轮 12 相啮合的齿轮 15 带动电机 9，即对比文件 1 的传动系统采用了由两个齿轮构成的一级传动的齿轮组，而权利要求 1 中的传动系统采用了由四个齿轮组成的两级传动的齿轮组；

（2）对比文件 1 没有明确描述充电器中包含蓄电池，但指出电子线路板 11 具有充电和存储电能的功能（说明书第 2 页第 20 ~ 21 行）。

针对上述两点区别，合议组认为：

首先，对本领域的技术人员来讲，用半径不同的齿轮组进行传动可以通过角速度的不同获得不同的线速度，从而获得不同的传动速率，如果需要定子保持在某一输出速率，同利用四个齿轮的传动系统相比，若采用两个齿轮啮合进行传动，则定子与转子的半径相差较大，反之，如果采用四个齿轮组成的两级传动，则可以通过逐级增加齿轮的半径，而不用采用与定子半径相差很大的齿轮构成齿轮组，这样可以相对减小齿轮组所占用的空间。上述原理是本领域的公知技术，本领域的技术人员不需要付出创造性的劳动，就可以选择采用由两个齿轮组成的齿轮组进行传动，或采用由四个齿轮组成的齿轮组进行传动，以适应不同工作环境的需要。

其次，对比文件 1 中给出了如下技术启示，即充电器不但对电池充电，还可内存电能，在夜间或无光源的情况下，使用按钮开关控制照明灯泡 8，即可照明（说明书第 2 页第 21 ~ 22 行）。尽管对比文件 1 没有明确指出其充电器包含有蓄电池，但是给出了其可以内存电能并且供夜间或无光源时提供照明的技术启示，在该启示下，本领域的技术人员很容易想到采用蓄电池来用于储存更多的能量，以便提供足够的电量供灯泡照明。

综上所述，权利要求 1 相对于对比文件 1 结合公知常识不具有实质性特点和进步，不符合专利法第二十二条第三款的规定。

2. 权利要求 2 相对于对比文件 1 结合公知常识是否具备创造性

权利要求 2 进一步限定摇柄包括一柄体、枢接杆及柄杆，柄体通过枢接杆与装置本体枢接。

对比文件1说明书第2页第9行公开了如下内容：位于上盖1外侧表面的齿轮12轴端部，连有拐臂2，拐臂2的端部连有转动手柄3。其中齿轮12轴端部实际上就是枢接杆，而拐臂和转动手柄分别相当于柄杆和柄体，它们的作用都是用来带动齿轮转动。

可见，对比文件1已经公开了权利要求2的附加技术特征，因此，权利要求2相对于对比文件1结合公知常识不具备创造性。

3. 权利要求3相对于对比文件1结合公知常识是否具备创造性

权利要求3进一步限定充电器还包含用于控制发电机所产生的电流储存至蓄电池或向外输出的控制开关，该控制开关与该电压电流控制回路相连。

对比文件1说明书第2页第22~23行公开了如下内容：在夜间或无光源的情况下，使用按钮开关7控制照明灯泡8。即对比文件1中的开关7可以控制将发电机所产生的电流向外输出至灯泡，点亮灯泡以供照明。本领域的技术人员在上述启示的基础上，很容易想到利用一个开关，在存储电流至蓄电池和向外输出电流之间进行切换。因为开关的作用就是在两种状态之间进行切换，对比文件1中的两种状态是灯泡的开与关，权利要求2中的两种状态是存储电流或输出电流，对本领域的技术人员来讲，它们都是本领域的通用技术，不需要付出创造性的劳动。

因此，权利要求3相对于对比文件1结合公知常识不具备创造性。

4. 权利要求4相对于对比文件1结合公知常识是否具备创造性

权利要求4进一步限定充电器的输出端部是一个连结插头，该连结插头可以配合手机、随身听或手提电脑等产品，与其连接并进行充电。

对比文件1说明书第2页第12~13行中描述了输出插座6与电子线路板11线路相连，即对比文件1中通过输出插座6向外输出电能，与权利要求4中的连结插头作用相同；对比文件1说明书第1页公开了如下内容：现有技术中，如手机、随身录音机、复读机等等（第3~4行），存在如下不足：当人们野外作业或外出旅游所用电子电器或仪器仪表的电池需要进行电量补充时……（第6~7行），根据上述描述可以看出，对比文件1也是为配合类似手机、随身听或其他电子设备的电池，为其提供电量补充的装置。

可见，对比文件1已经公开了权利要求4的附加技术特征，因此，权利要求4相对于对比文件1结合公知常识不具备创造性。

综上所述，权利要求1~4相对于对比文件1结合公知常识不具有创造性，不符合专利法第二十二条第三款的规定。

关于权利要求1~4相对于对比文件1结合对比文件2是否具备创造性

鉴于权利要求1~4相对于对比文件1结合公知常识已经不具备创造性，合议组不再对权利要求1~4相对于对比文件1结合对比文件2是否具备创造性进行评述。

三、决定

宣告02265335. X号实用新型专利权全部无效。

当事人对本决定不服的，可以根据专利法第四十六条第二款的规定，自收到本决定之日起三个月内向北京市第一中级人民法院起诉。根据该条款的规定，一方当事人起诉后，另一方当事人应当作为第三人参加诉讼。

北京市第一中级人民法院
行政判决书

（2007）一中行初字第396号

原告遇荣家，男，1955年10月20日出生，商人，住中华人民共和国台湾省台中县大里市华城街82巷7号。

委托代理人刘国伟，男，1957年5月5日出生，汉族，住中华人民共和国广东省深圳市福田区莲花北27—312。

委托代理人张文达，男，1978年4月18日出生，汉族，住中华人民共和国北京市东城区和平里中街甲12号。

被告中华人民共和国国家知识产权局专利复审委员会，住所地中华人民共和国北京市海淀区北四环西路9号银谷大厦。

法定代表人廖涛，副主任。

委托代理人高雪，女，中华人民共和国国家知识产权局专利复审委员会审查员。

委托代理人李韵美，女，中华人民共和国国家知识产权局专利复审委员会审查员。

第三人东莞家宏工艺制品有限公司，住所地中华人民共和国广东省东莞市大岭山镇水朗村。

法定代表人李文嵩，总经理。

委托代理人洪燕，隆天国际知识产权代理有限公司专利工程师。

原告遇荣家不服被告中华人民共和国国家知识产权局专利复审委员会作出的无效宣告请求审查决定，向本院提起行政诉讼。本院受理后，依法组成合议庭，并依照《中华人民共和国行政诉讼法》第二十七条的规定，通知被诉具体行政行为的利害关系人东莞家宏工艺制品有限公司作为本案第三人参加诉讼。本院于2007年4月13日公开开庭审理了本案。原告的委托代理人刘伟国、张文达，被告的委托代理人高雪、李韵美，第三人的委托代理人洪燕到庭参加了诉讼。本案现已审理终结。

2006年12月11日，被告作出第9044号无效宣告请求审查决定（下称被诉决定），宣告原告所有的第02265335. X号“自行发电照明的多功能充电器结构”实用新型专利权（下称本专利）全部无效。

为证明被诉决定合法，被告在法定举证期限内向本院提交了以下证据：1. 本专利授权公告文本；2. 第99220448. 8号实用新型专利授权公告文本（被诉决定中对比文件1）。

原告诉称：1. 被告对本专利“齿轮组系”的特征认定错误。本专利权利要求1为：一种自行发电照明的多功能充电器结构，包含一装置本体、齿轮组、发电机、电压电流控制回路、蓄电池，以及摇柄。其中该齿轮组系由第一、第二、第三及第四齿轮组成，容置于该装置本体内，二枢杆同时穿设二齿轮枢固，二呈串的齿轮彼此交错啮合形成一传动齿系，该齿轮组于一端外侧并可枢接该摇柄。本专利说明书已经给出了说明，即第一、第二、第三及第四齿轮相对交错设置。对比文件1中，只给出了一个大齿轮带动小齿轮这样的传动结构，与本专利所披露的特征毫无相似之处，对比文件1缺少本专利权利要求1中“齿轮组系”的特征。对于上述的区别特征，被告只是注意到对比文件1中两个齿轮与本专利中四个齿轮的数量区别，而没有注意到本专利由于采用四个齿轮，使得其排列方式有了多种可能的选择组合。本专利将四个齿轮分成两组，每一组中，用两个齿轮形成串，这两个齿轮之间没有传动关系，两个齿轮一起转动，彼此之间没有相对运动，即不存在谁带动谁的主被动关系，因此，这样的组合相当于构成了新颖的齿轮串，将两个齿轮串彼此交错啮合，该组合致使本专利具备创造性，并非被告认定的属于公知常识。即使本专利与对比文件1的上述差别为公知常识，也是需要举证说明的，但被告的决定中没有任何证据支持。2. 被诉决定中关于对比文件1存在技术启示的认定也是站不住脚的。对比文件1所说的充电器是给外部的电池充电，而其本身由于结构体积限制，是不可能有蓄电池的设计的。3. 相对于对比文件1，本专利的创造性在于：本专利是涉及一种手摇充电器的结构，这种充电器为了便于携带，体积不可能太大。因此，仅仅从"齿轮组系"的设计看，就颇具匠心。为了减少占据的空间，"齿轮组系"采取了紧密的结构，令两两齿轮彼此交错啮合，同时，又能保证充电具有较高的速率，这样的技术效果是对比文件1没有揭示的。因此，本专利相对于对比文件1结合公知常识，无疑是具备创造性的。4. 关于本专利权利要求2的创造性。本专利权利要求2的附加技术特征有：摇柄包括一柄体、枢接杆及柄杆，该柄杆系由该枢接杆与该装置本体枢接。而对比文件1中，只有拐臂和手柄，且拐臂直接套固在发电机的转轴上，缺少本专利中的枢接杆这个关键部件，故拐臂与发电机的转轴之间没有相对运动，而是两者一起动，当拐臂旋转时，带动发电机的转轴转动。可见，对比文件1与本专利的区别在于缺少枢接杆这个特征，被告却抹杀了该特征，认为对比文件1中齿轮的端部实际上就是枢接杆，这是不负责任的说法，拐臂是固定在齿轮的端部上的，两者之间不可能有相对运动，何来"枢接"？而该枢接杆的作用相对于对比文件1而言具有显著的进步，其除了连接枢轴带动"齿轮组系"转动外，还能做180度的枢转调动，令柄杆可收藏到该装置本体上的容置空间。这个技术效果使得本专利产品保持了整体上结构紧凑、小巧，从而方便携带，这种效果对比文件1是没有的。因此，本专利权利要求2也具备创造性，权利要求3、4当然也有创造性。综上，请求撤销被诉决定。

原告在开庭审理前为证明其诉讼理由，向本院提交了与被告相同的证据。

被告辩称：1. 对于本领域普通技术人员来说，无论两组齿轮是否形成串，齿轮组的传动原理都是相同的，即通过齿轮之间的啮合关系传递动力。正如原告在起诉状中描述的，每一组齿轮形成串，这两个齿轮之间没有传动关系，它们之间的传动是通过枢杆完成的，这与直接通过齿轮来完成传动在齿轮传动这一技术原理上没有区别，且在传动效果上也没有任何差别。因此，对本领域技术人员来讲无论选择两个齿轮构成的一组传动系统还是选择四个齿轮构成的两组传动系统，都不需要付出创造性的劳动。故本专利权利要求1无创造性。2. 本专利权利要求2中仅限定了如权利要求1所述的自行发电照明的多功能充电器结构的摇柄，包括柄体、枢接杆及柄杆，而没有原告所称的"枢接杆还能做180度的枢转调动，令柄杆可收藏到该装置本体上的第三容置空间"这一结构特征。根据权利要求2记载的特征，其柄体、枢接杆及柄杆一起构成的转动系统的作用与对比文件1中的齿轮12轴端部连接拐臂，拐臂连接转动手柄构成的转动系统是完全相同的，都是通过手柄带动齿轮转动，对本领域技术人员来说二者在转动效果上并无区别。故本专利权利要求2无创造性。综上，请求维持被诉决定。

第三人同意被告的答辩意见，请求维持被诉决定。第三人未向本院提交证据。

开庭审理中，本院依职权向被告调取了：1. 专利权无效宣告请求书；2. 口头审理记录表。

经庭审质证，对于被告、原告提交的相同证据及本院调取的证据，原告、被告、第三人均无异议。本院认为上述证据与本案具有关联、且合法、真实，本院予以确认。

根据以上确认的有效证据及各方当事人无争议的陈述，本院认定事实如下：

2003年7月9日，中华人民共和国国家知识产权局授权公告了本专利，申请日为2002年7月5日。本专利授权公告的权利要求书如下：

"1. 一种自行发电照明的多功能充电器结构，包含一装置本体、齿轮组、发电机、电压电流控制回路、蓄电池，以及摇柄，其特征在于：该装置本体系由一上壳体及下壳体组成，其内缘形成有用以置设该齿轮组、发电机、电压电流控制回路及蓄电池等构件的容置空间；该齿轮组系由第一、第二、第三及第四齿轮所组成，容置于该装置本体内，二枢杆同时穿设二齿轮枢固，二呈串的齿轮彼此交错啮合形成一传动齿系，该齿轮组于一端外侧并可枢接该摇柄；该发电机容置于该装置本体内时，系位于该齿轮组枢固摇柄的另端，其一端凸出有一传动轴，该传动轴上并套置有一传动齿轮，该传动齿轮与该齿轮组啮合以驱动该发电机；该电压电流控制回路系为一可将发电机产生的电压由 AC 转换为 DC 的 IC 板，其一方面系与该蓄电池导接，另一方面，则系与一输出端部及 LED 灯导接。

2. 根据权利要求 1 所述的自行发电照明的多功能充电器结构，其特征在于：该摇柄包括一柄体、枢接杆及柄杆，该柄体系藉由该枢接杆与该装置本体枢接。

3. 根据权利要求 1 所述的自行发电照明的多功能充电器结构，其特征在于：还包含一用于控制发电机所产生的电流储存至蓄电池或向外输出的控制开关，该控制开关与该电压电流控制回路相连。

4. 根据权利要求 1 所述的自行发电照明的多功能充电器结构，其特征在于：该输出端部系可配合一可与手机、随身听或手提电脑等产品连接充电的连结插头。"

针对本专利，第三人于 2005 年 12 月 13 日向被告提出无效宣告请求，认为本专利权利要求 1～4 不符合《中华人民共和国专利法》（下称《专利法》）第二十二条第三款的规定，同时提交了包括被告在诉讼中提交的证据 2（对比文件 1）在内的 3 份对比文件。

经形式审查合格后，被告依法受理了上述无效宣告请求，于 2005 年 12 月 15 日向原告和第三人发出无效宣告请求受理通知书，并将第三人提交的无效宣告请求书及其附件清单中所列附件的副本转送给原告，要求其在指定的期限内答复。原告于 2006 年 1 月 20 日提交了针对无效宣告请求的意见陈述书。同年 10 月 11 日被告向双方当事人发出无效宣告请求口头审理通知书，并将原告的意见陈述书副本转送第三人。

2006 年 11 月 17 日，口头审理如期举行，双方当事人均参加了口头审理。在口头审理过程中，第三人明确表示放弃对比文件 3，并明确其无效理由为：权利要求 1～4 相对于对比文件 1 结合对比文件 2 不具备创造性，对比文件 1 作为最接近的现有技术；权利要求 1～4 相对于对比文件 1 结合公知常识不具有创造性；原告对对比文件 1、对比文件 2 的真实性没有异议，但认为对比文件 2 的附图和文字说明存在相互矛盾。

针对权利要求 1 相对于对比文件 1 结合公知常识是否具备创造性问题，被告经审理认为：

权利要求 1 请求保护一种自行发电照明的多功能充电器，该充电器包括装置本体、齿轮组、发电机、电压电流控制回路、蓄电池，以及摇柄。装置本体由上壳体及下壳体组成，其内缘形成有置设该齿轮组、发电机、电压电流控制回路及蓄电池的容置空间；齿轮组系由四个齿轮组成，容置于装置本体内，二枢杆同时穿设二齿轮枢固，二呈串的齿轮彼此交错啮合形成一传动齿系，齿轮组于一端外侧并可枢接该摇柄；发电机容置于装置本体内，位于齿轮组枢固摇柄的另一端，其一端凸出有一个传动轴，传动轴上套置有传动齿轮，传动齿轮与齿轮组啮合以驱动发电机；电压电流控制回路是可将发电机产生的电压由 AC 转换为 DC 的 IC 板，一方面系与该蓄电池导接，另一方面与输出端部及 LED 灯导接。

对比文件 1 公开了一种交直流手摇多功能充电器（参见说明书附图 1—4），可以对手机、随身录音机等的电池进行充电，与本专利属于相同的技术领域。对比文件 1 公开的充电器具有由盒体 13 和上盖 1 组成的壳体（说明书第 2 页第 6 行），该壳体相当于权利要求 1 中的装置本体，都是用于容纳内部零件的外壳；通过转动手柄 3 带动拐臂 2（相当于权利要求 1 中的摇柄）连同齿轮 12 旋转，使相啮合的齿轮15带动电机9（相当于权利要求1中的发电机）发电，对电池充电（说明书第2页第20～21行），活动插头5、输出插座6、电机9、充电指示灯10分别与具有充电和存储电能的电子线路板11线路相连（说明书第2页12～14行），对比文件1中的电子线路板11相当于权利要求1中的IC板，该电子线路板也是与输出插座6及充电指示灯相连。

权利要求1与对比文件1的区别在于：（1）对比文件1仅公开了利用手柄和拐臂带动齿轮12旋转，通过与齿轮12相啮合的齿轮15带动电机9，即对比文件1的传动系统采用了由两个齿轮构成的一级传动的齿轮组，而权利要求1中的传动系统采用了由四个齿轮组成的两级传动的齿轮组；（2）对比文件1没有明确描述充电器中包含蓄电池，但指出电子线路板11具有充电和存储电能的功能（说明书第2页第20～21行）。

针对上述区别，被告认为：首先，本领域技术人员不需要付出创造性的劳动，就可以选择采用由两个齿轮组成的齿轮组进行传动，或采用由四个齿轮组成的齿轮组进行传动，以适应不同工作环境的需要。其次，对比文件1中给出了如下技术启示，即充电器不但对电池充电，还可内存电能，在夜间或无光源的情况下，使用按钮开关控制照明灯泡8，即可照明（说明书第2页第21～22行）。尽管对比文件1没有明确指出其充电器包含有蓄电池，但是给出了其可以内存电能并且供夜间或无光源时提供照明的技术启示，在该启示下，本领域的技术人员很容易想到采用蓄电池来用于储存更多的能量，以便提供足够的电量供灯泡照明。

综上所述，被告认为，权利要求1相对于对比文件1结合公知常识不具有实质性特点和进步，不符合《专利法》第二十二条第三款的规定。

针对权利要求2相对于对比文件1结合公知常识是否具备创造性问题，被告经审理认为：

权利要求2进一步限定摇柄包括一柄体、枢接杆及柄杆，柄体通过枢接杆与装置本体枢接。对比文件1说明书第2页第9行公开了如下内容：位于上盖1外侧表面的齿轮12轴端部，连有拐臂2，拐臂2的端部连有转动手柄3。其中齿轮12轴端部实际上就是枢接杆，而拐臂和转动手柄分别相当于柄杆和柄体，它们的作用都是用来带动齿轮转动。可见，对比文件1已经公开了权利要求2的附加技术特征，因此，权利要求2相对于对比文件1结合公知常识不具备创造性。

针对权利要求3相对于对比文件1结合公知常识是否具备创造性的问题，被告经审理认为：

权利要求3进一步限定充电器还包含用于控制发电机所产生的电流储存至蓄电池或向外输出的控制开关，该控制开关与该电压电流控制回路相连。对比文件1说明书第2页第22～23行公开了如下内容：在夜间或无光源的情况下，使用按钮开关7控制照明灯泡8。即对比文件1中的开关7可以控制将发电机所产生的电流向外输出至灯泡，点亮灯泡以供照明。本领域的技术人员在上述启示的基础上，很容易想到利用一个开关，在存储电流至蓄电池和向外输出电流之间进行切换。因为开关的作用就是在两种状态之间进行切换，对比文件1中的两种状态是灯泡的开与关，权利要求2中的两种状态是存储电流或输出电流，对本领域的技术人员来讲，它们都是本领域的通用技术，不需要付出创造性的劳动。因此，权利要求3相对于对比文件1结合公知常识不具备创造性。

针对权利要求4相对于对比文件1结合公知常识是否具有创造性的问题，被告经审理认为：权利要求4进一步限定充电器的输出端部是一个连结插头，该连结插头可以配合手机、随身听或手提电脑等产品，与其连接并进行充电。对比文件1说明书第2页第12～13行中描述了输出插座6与电子线路板11线路相连，即对比文件1中通过输出插座6向外输出电能，与权利要求4中的连结插头作用相同；对比文件1说明书第1页公开了如下内容：现有技术中，如手机、随身录音机、复读机等等（第3～4行），存在如下不足：当人们野外作业或外出旅游所用电子电器或仪器仪表的电池需要进行电量补充时……（第6～7行），根据上述描述可以看出，对比文件1也是为配合类似手机、随身听或其他电子设备的电池，为其提供电量补充的装置。可见，对比文件1已经公开了权利要求4的附加技术特征，因此，权利要求4相对于对比文件1结合公知常识不具备创造性。

鉴于权利要求1~4相对于对比文件1结合公知常识已经不具备创造性，被告对权利要求1~4相对于对比文件1结合对比文件2是否具备创造性未进行评述。综上，被告作出被诉决定，宣告本专利全部无效。原告不服，诉至本院。

本案开庭审理中，原告明确表示对被诉决定中认定的以下内容无争议：被告作出被诉决定的行政程序；对比文件1能够构成本专利的现有技术；对比文件1所披露的具体技术特征。同时表示，在本专利权利要求1、2不具备创造性的前提下，认可被告对本专利权利要求3、4创造性的认定。

本院认为，对于原告在开庭审理中无争议的内容，本院经审查对其合法性予以确认。鉴此，本案争议焦点在于本专利权利要求1、2是否具备创造性。

《专利法》第二十二条第三款规定，创造性是指同申请日以前已有的技术相比，该实用新型有实质性特点和进步。

本案中，对比文件1的传动系统采用了由两个齿轮构成的一级传动的齿轮组，而权利要求1中的传动系统采用了由四个齿轮组成的两级传动的齿轮组，且每两个齿轮分别由枢杆穿设。由于为达到变速效果好的目的，采取增加齿轮组设置的方式属于本领域公知的技术手段，且增加齿轮组设置将多占用空间亦为本领域技术人员所公知。因此，本领域技术人员在对比文件1给出了采用两个齿轮组成的齿轮组进行传动的技术启示时，不需要付出创造性的劳动即可想到采用增加齿轮组的数量达到变速的技术效果。同时为了减小由此带来所需空间的增加，将两两齿轮分别由枢杆穿设成串并设置为彼此交错啮合状态，也是本领域技术人员容易想到的。因此，上述区别技术特征不需要本领域技术人员付出创造性的劳动即可获得。针对对比文件1没有明确描述充电器中包含蓄电池，但指出电子线路板11具有充电和存储电能功能的区别技术特征，本院认为，由于对比文件1给出了其可以内存电能并且供夜间或无光源时提供照明的技术启示，故本领域技术人员很容易想到采用蓄电池来用于储存更多的能量，以便提供足够的电量供灯泡照明。综上，被告认定本专利权利要求1相对于对比文件1结合公知常识不具有实质性特点和进步，不符合《专利法》第二十二条第三款规定的结论正确。原告的有关诉讼理由缺乏事实依据。

本专利权利要求2的创造性问题。将本专利权利要求2限定的技术特征与对比文件1的说明书第2页第9行公开的内容比较，对比文件1中齿轮12轴端部实际上就是本专利权利要求2限定的枢接杆，而对比文件1中的拐臂和转动手柄分别相当于本专利权利要求2限定的柄杆和柄体，上述技术特征的作用均为带动齿轮转动。因此，对比文件1已经公开了权利要求2的附加技术特征，被告关于从属权利要求2相对于对比文件1结合公知常识亦不具备创造性的认定正确。原告提出的“枢接杆还能做180度的枢转调动，令柄杆可收藏到该装置夺体上的第三容置空间”这一结构特征未记载于权利要求2中，其以此为由主张本专利权利要求2具备创造性，本院不予采纳。

综上，原告请求撤销被诉决定的主张事实依据不充分，本院不予支持。依照最高人民法院《关于执行〈中华人民共和国行政诉讼法〉若干问题的解释》第五十六条第（四）项之规定，判决如下：

驳回原告遇荣家的诉讼请求。

案件受理费1000元，由原告遇荣家负担（已交纳）。

如不服本判决，原告遇荣家可在判决书送达之目起30日内，被告中华人民共和国国家知识产权局专利复审委员会、第三人东莞家宏工艺制品有限公司可在判决书送达之日起15日内，向本院递交上诉状，并按对方当事人的人数提出副本，预交上诉案件受理费100元，上诉于中华人民共和国北京市高级人民法院。上诉人在上诉期满后7日内未预交上诉费，又不提出缓交申请的，按自动撤回上诉处理。

审　判　长　梁　非
代理审判员　司品华
人民陪审员　欧万雄
二〇〇七年十月十日
书　记　员　李轶萌

北京市高级人民法院
行政判决书

（2008）高行终字第246号

上诉人（一审原告）遇荣家，男，1955年10月20日出生，商人，住中华人民共和国台湾省台中县大里市华城街82巷7号。

委托代理人刘国伟，男，1957年5月5日出生，汉族，住中华人民共和国广东省深圳市福田区莲花北27—312。

被上诉人（一审被告）中华人民共和国国家知识产权局专利复审委员会，住所地中华人民共和国北京市海淀区北四环西路9号银谷大厦。

法定代表人廖涛，副主任。

委托代理人高雪，女，中华人民共和国国家知识产权局专利复审委员会审查员。

委托代理人李韵美，女，中华人民共和国国家知识产权局专利复审委员会审查员。

被上诉人（一审第三人）东莞家宏工艺制品有限公司，住所地中华人民共和国广东省东莞市大岭山镇水朗村。

法定代表人李文嵩，总经理。

委托代理人王玉双，隆天国际知识产权代理有限公司专利代理人。

上诉人遇荣家因专利无效宣告审查决定一案，不服中华人民共和国北京市第一中级人民法院（2007）一中行初字第396号行政判决，向本院提起上诉。本院依法组成合议庭，公开开庭审理了本案。上诉人遇荣家的委托代理人刘国伟；被上诉人中华人民共和国国家知识产权局专利复审委员会（下称专利复审委）的委托代理人高雪、李韵美；被上诉人东莞家宏工艺制品有限公司（下称家宏公司）的委托代理人王玉双到庭参加了诉讼。本案现已审理终结。

2006年12月11日，专利复审委作出第9044号无效宣告请求审查决定（下称第9044号决定），宣告遇荣家所有的第02265335. x号“自行发电照明的多功能充电器结构”实用新型专利权（下称本专利）全部无效。遇荣家不服专利复审委所作决定，向中华人民共和国北京市第一中级人民法院提起行政诉讼。

中华人民共和国北京市第一中级人民法院经审理认为，对比文件1的传动系统采用了由两个齿轮构成的一级传动的齿轮组，而权利要求1中的传动系统采用了由四个齿轮组成的两级传动的齿轮组，且每两个齿轮分别由枢杆穿设。由于为达到变速效果好的目的，采取增加齿轮组设置的方式属于本领域公知的技术手段，且增加齿轮组设置将多占用空间亦为本领域技术人员所公知。因此，本领域技术人员在对比文件 1 给出了采用两个齿轮组成的齿轮组进行传动的技术启示时，不需要付出创造性的劳动即可想到采用增加齿轮组的数量达到变速的技术效果。同时为了减小由此带来所需空间的增加，将两两齿轮分别由枢杆穿设成串并设置为彼此交错啮合状态，也是本领域技术人员容易想到的。因此，上述区别技术特征不需要本领域技术人员付出创造性的劳动即可获得。针对对比文件 1 没有明确描述充电器中包含蓄电池，但指出电子线路板 11 具有充电和存储电能功能的区别技术特征。由于对比文件 1 给出了其可以内存电能并且供夜间或无光源时提供照明的技术启示，故本领域技术人员很容易想到采用蓄电池来用于储存更多的能量，以便提供足够的电量供灯泡照明。专利复审委认定本专利权利要求 1 相对于对比文件 1 结合公知常识不具有实质性特点和进步，不符合《专利法》第二十二条第三款规定的结论正确。遇荣家的有关诉讼理由缺乏事实依据。关于本专利权利要求 2 的创造性问题。将本专利权利要求 2 限定的技术特征与对比文件 1 的说明书第 2 页第 9 行公开的内容比较，对比文件 1 中齿轮 12 轴端部实际上就是本专利权利要求 2 限定的枢接杆，而对比文件 1 中的拐臂和转动手柄分别相当于本专利权利要求 2 限定的柄杆和柄体，上述技术特征的作用均为带动齿轮转动。因此，对比文件 1 已经公开了权利要求 2 的附加技术特征，专利复审委关于从属权利要求 2 相对于对比文件 1 结合公知常识亦不具有创造性的认定正确。遇荣家提出的“枢接杆还能做 180 度的枢转调动，令柄杆可收藏到该装置本体上的第三容置空间”这一结构特征未记载于权利要求 2 中，以此主张本专利权利要求 2 具有创造性不予采纳。依照最高人民法院《关于执行〈中华人民共和国行政诉讼法〉若干问题的解释》第五十六条第（四）项规定，判决驳回遇荣家的诉讼请求。

遇荣家不服一审判决，向本院提出上诉。主要理由是：第一、无效审查中，专利复审委接受了“对比文件 1 与公知常识”的组合方式，但却没有对此质证辩论，违反法定程序。第二、专利复审委认定事实错误。错误地认定对比文件与本专利的齿轮数量。第三、专利复审委适用法律错误。根据《审查指南》的规定，公知常识需要举证。本案公知常识的举证责任在家宏公司，而本案不存在需要专利复审委依职权来认定公知常识的情形。第四、本专利具备创造性。本专利是涉及一种手摇充电器的结构，这种充电器为了便于携带，体积不可能太大。仅从“齿轮组系”的设计看，就颇具匠心。为减少占据的空间，“齿轮组系”采取了紧密的结构，令两两齿轮彼此交错啮合，同时，又能保证充电具有较高的速率，该技术效果是对比文件 1 未揭示的。本专利相对于对比文件 1 结合公知常识，是具备创造性的。本专利权利要求 2 的附加技术特征是：摇柄包括一柄体、枢接杆及柄杆，该柄杆系由该枢接杆与该装置本体枢接。对比文件 1 中，只有拐臂和手柄，且拐臂直接套固在发电机的转轴上，缺少本专利中的枢接杆这个关键部件，故拐臂与发电机的转轴之间没有相对运动，而是两者一起动，当拐臂旋转时，带动发电机的转轴转动。可见，对比文件 1 与本专利的区别在于缺少枢接杆这个特征。拐臂是固定在齿轮的端部上的，两者之间不可能有相对运动，何来“枢接”？而该枢接杆的作用相对于对比文件 1 具有显著的进步，其除了连接枢轴带动“齿轮组系”转动外，还能做 180 度的枢转调动，令柄杆可收藏到该装置本体上的容置空间。这个技术效果使得本专利产品保持了整体上结构紧凑、小巧，从而方便携带，这种效果对比文件 1 是没有的。因此，本专利权利要求 2 也具备创造性，权利要求 3、4 也具备创造性。综上，请求二审法院判决撤销一审判决，撤销第 9044 号决定。

被上诉人专利复审委答辩认为：1. 专利复审委在无效审查中遵循了法定程序。在双方当事人均有签字的口头审理记录表中记载了“请求人明确其无效理由为权利要求 1～4 相对于对比文件 1 结合公知常识不具有创造性。双方当事人已经充分陈述各自意见。”根据上述记载内容，双方当事人已经在口头审理中对权利要求 1～4 相对于对比文件 1 结合公知常识是否具有创造性进行了充分的质证和辩论。上诉人对经双方当事人签字确认后的事实记录持否认态度是无根据的。2. 关于权利要求 1 保护的齿轮组的结构问题。本专利权利要求1请求保护的技术方案清楚记载了齿轮组结构。对本领域技术人员来讲，无论选择两个齿轮构成的一组传动系统，还是选择四个齿轮构成的两组传动系统，都不需要付出创造性劳动。3. 专利复审委适用法律正确。根据《审查指南》第四部分第八章第4.4节关于公知常识的规定，其中明确指出需要主张公知常识的当事人举证或充分说明，即当事人可以举证，也可以充分说明，二者可以选择其一。4. 关于权利要求2的创造性。上诉人遇荣家所称“枢接杆还能做180度的枢转调动，令柄杆可收藏到该装置本体上的第三容置空间”这一结构特征并未记载在权利要求2中。根据权利要求2记载特征与对比文件1中的齿轮12轴端部连接拐臂，拐臂连接转动手柄所构成的转动系统是完全相同，都是通过手柄带动齿轮转动，对本领域技术人员来说，二者在转动效果上并无区别。综上，第9044号决定以及一审判决认定事实清楚，上诉人的上诉请求无法律和事实依据，请求二审法院驳回上诉，维持一审判决。

被上诉人家宏公司未向本院提交书面答辩意见。当庭陈述的答辩意见是：同意专利复审委的答辩意见。一审法院认定事实清楚，程序合法，适用法律正确，请求二审法院判决维持一审判决。

经审理查明，2002年7月5日，遇荣家向中华人民共和国国家知识产权局申请本专利。2003年7月9日获得授权。

本专利的权利要求书载明：

“1. 一种自行发电照明的多功能充电器结构，包含一装置本体、齿轮组、发电机、电压电流控制回路、蓄电池，以及摇柄，其特征在于：该装置本体系由一上壳体及下壳体组成，其内缘形成有用以置设该齿轮组、发电机、电压电流控制回路及蓄电池等构件的容置空间；该齿轮组系由第一、第二、第三及第四齿轮所组成，容置于该装置本体内，二枢杆同时穿设二齿轮枢固，二呈串的齿轮彼此交错啮合形成一传动齿系，该齿轮组于一端外侧并可枢接该摇柄；该发电机容置于该装置本体内时，系位于该齿轮组枢固摇柄的另端，其一端凸出有一传动轴，该传动轴上并套置有一传动齿轮，该传动齿轮与该齿轮组啮合以驱动该发电机；该电压电流控制回路系为一可将发电机产生的电压由AC转换为DC的IC板，其一方面系与该蓄电池导接，另一方面，则系与一输出端部及LED灯导接。

2. 根据权利要求1所述的自行发电照明的多功能充电器结构，其特征在于：该摇柄包括一柄体、枢接杆及柄杆，该柄体系藉由该枢接杆与该装置本体枢接。

3. 根据权利要求1所述的自行发电照明的多功能充电器结构，其特征在于：还包含一用于控制发电机所产生的电流储存至蓄电池或向外输出的控制开关，该控制开关与该电压电流控制回路相连。

4. 根据权利要求1所述的自行发电照明的多功能充电器结构，其特征在于：该输出端部系可配合一可与手机、随身听或手提电脑等产品连接充电的连结插头。”

2005年12月13日，家宏公司针对本专利，向专利复审委提出无效宣告请求，认为本专利权利要求1~4不符合《中华人民共和国专利法》（下称《专利法》）第二十二条第三款的规定，并提交了3份对比文件。

2006年11月17日，专利复审委举行口头审理。口审中，家宏公司表示放弃对比文件3，并明确其无效理由为：权利要求1~4相对于对比文件1结合对比文件2不具备创造性，对比文件1作为最接近的现有技术；权利要求1~4相对于对比文件1结合公知常识不具备创造性。

2006年12月11日，专利复审委作出第9044号决定。该决定认定：权利要求1请求保护一种自行发电照明的多功能充电器，该充电器包括装置本体、齿轮组、发电机、电压电流控制回路、蓄电池，以及摇柄。装置本体由上壳体及下壳体组成，其内缘形成有置设该齿轮组、发电机、电压电流控制回路及蓄电池的容置空间；齿轮组系由四个齿轮组成，容置于装置本体内，二枢杆同时穿设二齿轮枢固，二呈串的齿轮彼此交错啮合形成一传动齿系，齿轮组于一端外侧并可枢接该摇柄；发电机容置于装置本体内，位于齿轮组枢固摇柄的另一端，其一端凸出有一个传动轴，传动轴上套置有传动齿轮，传动齿轮与齿轮组啮合以驱动发电机；电压电流控制回路是可将发电机产生的电压由 AC 转换为 DC 的 IC 板，一方面系与该蓄电池导接，另一方面与输出端部及 LED 灯导接。

对比文件 1 公开了一种交直流手摇多功能充电器，可以对手机、随身录音机等的电池进行充电，与本专利属于相同的技术领域。对比文件 1 公开的充电器具有由盒体 13 和上盖 1 组成的壳体（说明书第 2 页第 6 行），该壳体相当于权利要求 1 中的装置本体，都是用于容纳内部零件的外壳；通过转动手柄 3 带动拐臂 2（相当于权利要求 1 中的摇柄）连同齿轮 12 旋转，使相啮合的齿轮 15 带动电机 9（相当于权利要求 1 中的发电机）发电，对电池充电（说明书第 2 页第 20～21 行），活动插头 5、输出插座 6、电机 9、充电指示灯 10 分别与具有充电和存储电能的电子线路板 11 线路相连（说明书第 2 页 12～14 行），对比文件 1 中的电子线路板 11 相当于权利要求 1 中的 IC 板，该电子线路板也是与输出插座 6 及充电指示灯相连。

权利要求 1 与对比文件 1 的区别在于：1. 对比文件 1 仅公开了利用手柄和拐臂带动齿轮 12 旋转，通过与齿轮 12 相啮合的齿轮 15 带动电机 9，即对比文件 1 的传动系统采用了由两个齿轮构成的一级传动的齿轮组，而权利要求 1 中的传动系统采用了由四个齿轮组成的两级传动的齿轮组；2. 对比文件 1 没有明确描述充电器中包含蓄电池，但指出电子线路板 11 具有充电和存储电能的功能（说明书第 2 页第 20～21 行）。针对上述区别，专利复审委认为：首先，本领域技术人员不需要付出创造性的劳动，就可以选择采用由两个齿轮组成的齿轮组进行传动，或采用由四个齿轮组成的齿轮组进行传动，以适应不同工作环境的需要。其次，对比文件 1 中给出了如下技术启示，即充电器不但对电池充电，还可内存电能，在夜间或无光源的情况下，使用按钮开关控制照明灯泡 8，即可照明（说明书第 2 页第 21～22 行）。尽管对比文件 1 没有明确指出其充电器包含有蓄电池，但是给出了其可以内存电能并且供夜间或无光源时提供照明的技术启示，在该启示下，本领域的技术人员很容易想到采用蓄电池来用于储存更多的能量，以便提供足够的电量供灯泡照明。因此，权利要求 1 相对于对比文件 1 结合公知常识不具有实质性特点和进步，不符合《专利法》第二十二条第三款的规定。

权利要求 2 进一步限定摇柄包括一柄体、枢接杆及柄杆，柄体通过枢接杆与装置本体枢接。对比文件 1 说明书第 2 页第 9 行公开了如下内容：位于上盖 1 外侧表面的齿轮 12 轴端部，连有拐臂 2，拐臂 2 的端部连有转动手柄 3。其中齿轮 12 轴端部实际上就是枢接杆，而拐臂和转动手柄分别相当于柄杆和柄体，它们的作用都是用来带动齿轮转动。可见，对比文件 1 已经公开了权利要求 2 的附加技术特征，因此，权利要求 2 相对于对比文件 1 结合公知常识不具备创造性。

权利要求 3 进一步限定充电器还包含用于控制发电机所产生的电流储存至蓄电池或向外输出的控制开关，该控制开关与该电压电流控制回路相连。对比文件 1 说明书第 2 页第 22～23 行公开了如下内容：在夜间或无光源的情况下，使用按钮开关 7 控制照明灯泡 8。即对比文件 1 中的开关 7 可以控制将发电机所产生的电流向外输出至灯泡，点亮灯泡以供照明。本领域的技术人员在上述启示的基础上，很容易想到利用一个开关，在存储电流至蓄电池和向外输出电流之间进行切换。因为开关的作用就是在两种状态之间进行切换，对比文件 1 中的两种状态是灯泡的开与关，权利要求 2 中的两种状态是存储电流或输出电流，对本领域的技术人员来讲，它们都是本领域的通用技术，不需要付出创造性的劳动。因此，权利要求 3 相对于对比文件 1 结合公知常识不具备创造性。

权利要求 4 进一步限定充电器的输出端部是一个连结插头，该连结插头可以配合手机、随身听或手提电脑等产品，与其连接并进行充电。对比文件 1 说明书第 2 页第 12～13 行中描述了输出插座 6 与电子线路板 11 线路相连，即对比文件 1 中通过输出插座 6 向外输出电能，与权利要求 4 中的连结插头作用相同；对比文件 1 说明书第 1 页公开了如下内容：现有技术中，如手机、随身录音机、复读机等等（第3～4行），存在如下不足：当人们野外作业或外出旅游所用电子电器或仪器仪表的电池需要进行电量补充时……（第6～7行），根据上述描述可以看出，对比文件1也是为配合类似手机、随身听或其他电子设备的电池，为其提供电量补充的装置。对比文件1已经公开了权利要求4的附加技术特征，因此，权利要求4相对于对比文件1结合公知常识不具备创造性。

鉴于权利要求1～4相对于对比文件1结合公知常识已经不具有创造性，专利复审委不再对权利要求1～4相对于对比文件1结合对比文件2是否具备创造性进行评述。决定宣告本专利权全部无效。

一审中，家宏公司未向一审法院提交证据。专利复审委、遇荣家均提交了相同的证据材料，即本专利权利要求书、说明书及说明书附图；一审法院依职权调取的无效宣告请求书以及口审记录表等上述证据一并随案移送本院。本院认为，上述证据各方当事人均无异议，且经庭审质证，能够证明本案相关事实，证据来源合法，内容真实有效。一审法院对本案证据的认证意见正确，本院予以确认。

本院认为，鉴于庭审中，遇荣家和家宏公司对专利复审委作出的第9044号决定的行政程序不持异议，故本院对此书面审理后认定，专利复审委的行政程序符合法律规定，本院予以确认。

在事实方面，遇荣家认可专利复审委对对比文件1能构成本专利现有技术、对比文件1所披露的具体技术特征以及本专利权利要求3、4不具创造性的认定均表示认可，不持异议。本院对上述无争议的事实，经书面审理后认为，专利复审委对上述事实的认定正确，本院亦予以确认。

关于对比文件1与公知常识结合的问题。根据专利复审委口审记录表的记载，以“对比文件1结合公知常识”是双方当事人在无效请求程序中均予认可并签字确认的事实，现上诉人遇荣家对此予以否认，没有事实和法律依据，本院不予支持。

关于公知常识的举证责任问题。根据《审查指南》第四部分第八章第4.4节的规定：“主张某技术手段是本领域公知常识的当事人，对其主张承担举证责任。该当事人未能举证证明或者未能充分说明该技术手段……”专利复审委据此认为主张公知常识的当事人既可以举证，也可以充分说明，并无不当。

本案的争议焦点，关于本专利权利要求1、2是否具备创造性的问题。根据《专利法》第二十二条第三款规定，实用新型的创造性是指同申请日以前已有的技术相比，该实用新型有实质性特点和进步。

关于本专利权利要求1是否具备创造性的问题。本专利权利要求1与对比文件1的区别在于：对比文件1的传动系统采用了由两个齿轮构成的一级传动的齿轮组，而权利要求1中的传动系统采用了由四个齿轮组成的两级传动的齿轮组。本领域技术人员在对比文件1给出了一级传动的技术启示时，采用两级传动可以相对减少齿轮组所占空间，确属公知常识，而不需要付出创造性的劳动。另外，对比文件1虽未明确描述充电器中包含蓄电池，但给出了其可以内存电能并供夜间或无光源时提供照明的技术启示，使本领域技术人员易想到采用蓄电池储能。因此，专利复审委认定权利要求1相对于对比文件结合公知常识不具备创造性的认定正确。

关于本专利权利要求2是否具备创造性的问题。由于上诉人所称“枢接杆还能做180度的枢转调动，令柄杆可收藏到该装置本体上的第三容置空间”这一结构特征并未记载在权利要求2中，因此，专利复审委在无效审查中，仅对权利要求书中记载的内容予以审查正确。本专利权利要求2记载特征与对比文件1中的齿轮12轴端部连接拐臂，拐臂连接转动手柄，两者的作用都是通过手柄带动齿轮转动，在转动效果上并无区别。专利复审委认定对比文件1已公开权利要求2的附加技术特征，因此权利要求2相对于对比文件1结合公知常识不具备创造性正确。

综上所述，专利复审委所作第9044号决定认定本专利权利要求1、2不符合《专利法》第二十二条第三款的规定正确。一审法院所作判决认定事实清楚，适用法律正确，审理程序合法，本院应予维持。遇荣家的上诉理由缺乏事实和法律依据，本院不予支持。依照《中华人民共和国行政诉讼法》第六十一条第（一）项的规定，判决如下：

驳回上诉，维持一审判决。

二审案件受理费人民币 100 元，由上诉人遇荣家负担（已交纳）。

本判决为终审判决。

审　判　长　朱世宽
代理审判员　赵宇晖
代理审判员　任全胜
二〇〇八年六月十八日
书　记　员　张　怡

098

多功能手表式智能卡案

无效宣告请求审查决定（第9050号）

决　定　号　第9050号
决　定　日　2006年11月17日
发明创造名称　多功能手表式智能卡
国际分类号　G06K 19/07
无效请求人　上海公共交通卡股份有限公司
专利权人　贺富明
专利申请号　200420093229.6
申　请　日　2004年9月9日
授权公告日　2005年9月28日
合议组组长　崔哲勇
主　审　员　穆丽娟
参　审　员　樊晓东

法律依据　专利法第二十二条第二款和第三款
决定要点

如果一篇对比文件的背景技术部分和实施例部分相结合得出权利要求的技术方案是很容易的，并且两者的结合没有产生意料不到的技术效果，那么该权利要求所请求保护的技术方案不具有实质性特点和进步，不具备创造性。

一、案由

本无效宣告请求涉及中华人民共和国国家知识产权局于2005年9月28日授权公告的申请号为200420093229.6的实用新型专利（下称本专利）的专利权，名称为“多功能手表式智能卡”，申请日为2004年9月9日，专利权人是贺富明。

本专利授权公告的权利要求书如下：

“1. 一种多功能手表式智能卡，包括表盘和表带，其特征在于：在所述的表盘或表带内设有非接触式智能卡芯片。

2. 根据权利要求1所述的多功能手表式智能卡，其特征在于：所述的表盘包括指针式表盘和液晶式显示屏。”

针对上述实用新型专利权，上海公共交通卡股份有限公司（下称请求人）于2006年4月18日向国家知识产权局专利复审委员会提出了宣告本专利权无效的请求，其理由是本专利不符合专利法第二十二条第二款的有关新颖性以及第三款的有关创造性的规定，所提供的证据如下：

证据1：中国00250098.1号实用新型专利说明书（本专利），申请日为2000年9月8日，授权公告日为2001年10月31日；

证据2：中国01124082.2号实用新型专利说明书，申请日为2001年8月13日，公开日为2002年12月4日；

证据3：中国01105521.9号发明专利说明书，申请日为2001年3月2日，公开日为2001年7月25日。

请求人认为，（1）权利要求1相对于证据1不具备新颖性或创造性，权利要求2不具备创造性；（2）权利要求1相对于证据2不具备新颖性或创造性，权利要求2不具备新颖性和创造性；（3）权利要求1相对于证据3不具备创造性，权利要求2相对于证据3和公知常识的结合不具备创造性；（4）权利要求1和2均属于现有技术的简单叠加，属于“拼凑”发明，两者相结合功能没有发生改变，因此均不具备创造性。

经形式审查合格，专利复审委员会受理了上述请求，并于2006年7月13日向双方当事人发出无效宣告请求受理通知书，并将无效宣告请求书及其附件的副本转送被请求人。

专利权人于2006年8月25日提交了意见陈述书，认为证据1～3均没有公开本专利权利要求的全部技术特征，且无法实现本专利法明目的，达到其有益效果，本专利具有实质性特点和显著进步，符合专利法第二十二条第二三款的有关规定。

本案合议组于2006年9月11日向双方当事人发出口头审理通知书，定于2006年10月25日下午举行口头审理。并且本案合议组于2006年9月15日向请求人转寄了专利权人于2006年8月25日提交的意见陈述书副本。

口头审理于2006年10月25日如期举行，请求人和专利权人均出席口头审理。在口头审理中，双方当事人对对方出庭人员的身份没有异议，对合议组成员变更没有异议，专利权人当庭表示对证据1－3的真实性没有异议。

请求人明确其无效理由为：（1）权利要求1中的技术方案1（表带式）相对于证据1不具备新颖性，权利要求1的技术方案2（表盘式）相对于证据1不具备创造性，权利要求2相对于证据1不具备创造性；（2）权利要求1中的技术方案1（表带式）相对于证据2不具备创造性，权利要求1的技术方案2（表盘式）相对于证据2不具备新颖性，权利要求2相对于证据2不具备新颖性和创造性；（3）权利要求1相对于证据3不具备创造性，权利要求2相对于证据3和公知常识的结合不具备创造性；（4）权利要求1和2均属于现有技术的简单叠加，属于“拼凑”发明，两者相结合功能没有发生改变，因此均不具备创造性。

至此，合议组认为本案的事实已清楚，作出如下决定。

二、决定的理由

1. 关于现有技术

证据1～3是公开日期早于本专利申请日的专利文献，因此记载的内容构成本专利的现有技术。

2. 权利要求1

本专利的权利要求1记载了两个技术方案：技术方案1为一种多功能手表式智能卡，在所述的表盘内设有非接触式智能卡芯片设置；技术方案2为一种多功能手表式智能卡，在所述的表带内设有非接触式智能卡芯片设置。证据2中公开了一种手表式指纹识别智能卡，其背景技术（参见说明书第1～2页）中提到一种手表式的智能卡即是以手表作为IC载体用于电子车票等功能，其芯片镶嵌在电子手表壳体的后背盖内侧面，并且该手表必然包含表盘和表带，因此证据2公开了上述技术方案1的全部技术特征，权利要求1的技术方案1相对于证据2不具备新颖性，不符合专利法第二十二条第二款的有关规定。而同时对于本领域的普通技术人员来说，将上述智能卡芯片装在表带中是很容易想到的，不需要任何创造性劳动，因此，上述技术方案2相对于证据2不具备创造性，不符合专利法第二十二条第三款的有关规定。

3. 权利要求2

权利要求2直接从属于权利要求1，其附加技术特征为：所述的表盘包括指针式表盘和液晶式显示屏。这些技术特征也全部被证据2所公开，参见说明书第2页第3段以及第3页最后1段到第4页第1段，其与背景技术部分所公开的技术方案相结合是很容易的，并且两者的结合没有产生意料不到的技术效果，因此，权利要求2所要求保护的技术方案不具有实质性特点和进步，不符合专利法第二十二条第三款所规定的创造性。

鉴于上述评述已经得出本专利权利要求1和2不具备新颖性和创造性的结论，本决定对请求人提出的其他理由和证据不再进行评述。

三、决定

宣告200420093229.6号实用新型专利权全部无效。

当事人对本决定不服的，可以根据专利法第四十六条第二款的规定，自收到本决定之日起三个月内向北京市第一中级人民法院起诉。根据该款的规定，一方当事人起诉后，另一方当事人应当作为第三人参加诉讼。

099

可增加防止电磁干扰效果及可利用机械吸取的电子固定件案

无效宣告请求审查决定（第9055号）

决　定　号　第9055号

决　定　日　2006年12月4日

发明创造名称　可增加防止电磁干扰效果及可利用机械吸取的电子固定件

国际分类号　H05K 7/00

无效请求人　昆山元诚电子材料有限公司

专利权人　林江俊

专　利　号　00245683.4

申　请　日　2000年8月1日

优先权日　1999年7月22日

授权公告日　2001年8月1日

合议组组长　张　度

主　审　员　涂洪文

参　审　员　骆素芳

法律依据　专利法第二十二条第三款、第二十六条第四款　专利法实施细则第二条第二款

决定要点

如果用于评价创造性的最接近的现有技术与本专利虽然技术领域相同，要解决的技术问题也相同，但是由于采用了不同的技术手段，并且导致所获得的技术效果有所不同，而且现有技术中也未给出将其区别技术特征应用于最接近的对比文件的技术启示，因此权利要求1相对于最接近的现有技术具备创造性。

一、案由

本无效宣告请求案涉及国家知识产权局2001年8月1日授权、名称为“可增加防止电磁干扰效果及可利用机械吸取的电子固定件”的第00245683.4号实用新型专利（下称本专利），本专利的申请日为2000年8月1日，优先权日为1999年7月22日，专利权人是林江俊。

本专利授权公告的权利要求书为：

“1. 一种可增加防止电磁干扰效果及可利用机械吸取的电子固定件，其特征在于：该固定件是为一垫圈形状，其内部具有一穿孔，该穿孔中配合有一耐高温橡胶。

2. 根据权利要求1所述的可增加防止电磁干扰效果及可利用机械吸取的电子固定件，其特征在于：其中该固定件底面具有锡膏。

3. 根据权利要求1所述的可增加防止电磁干扰效果及可利用机械吸取的电子固定件，其特征在

于：其中该耐高温橡胶是指硅脂橡胶。

4. 根据权利要求1所述的可增加防止电磁干扰效果及可利用机械吸取的电子固定件，其特征在于：其中该耐高温橡胶是塞置配合于穿孔中。

5. 根据权利要求1所述的可增加防止电磁干扰效果及可利用机械吸取的电子固定件，其特征在于：其中该固定件底面设有定位结构。

6. 根据权利要求5所述的可增加防止电磁干扰效果及可利用机械吸取的电子固定件，其特征在于：其中该定位结构是为凸出的定位体。

7. 根据权利要求1所述的可增加防止电磁干扰效果及可利用机械吸取的电子固定件，其特征在于：其中该固定件为一螺帽垫圈，其内部的穿孔是为螺孔。”

针对上述专利权，昆山元诚电子材料有限公司（下称请求人），于2005年9月10日向专利复审委员会提出无效宣告请求。请求人所提交的附件为：

附件1：CN1123931C号发明专利说明书，授权公告日为2003年10月8日。

请求人认为权利要求1、3中关于耐高温橡胶、硅脂橡胶等表述是材料特征，因此权利要求1~4不符合专利法实施细则第二条第二款的规定，权利要求1~7相对于上述附件不符合专利法第二十二条第三款的规定。

2005年10月18日专利复审委员会收到请求人提交的补充意见陈述，其中包括附件1-4：

附件1：发明专利申请公开说明书CN1190799A（即CN1123931C的公开文本），公开日为1998年8月19日；

附件2：FBLT2022010的销售发票复印件一页；

附件3：FBLT2022010所指代的器件的机械结构图复印件一页；

附件4：实用新型专利说明书CN2372865Y，公开日为2000年4月5日。

2005年12月7日，复审委员会发出补正通知书，要求请求人补正2005年9月10日所提交的无效宣告请求书及其附页一份。

2005年12月19日，请求人提交了针对上述补正通知书的无效宣告请求书的补正，其内容包括无效宣告意见陈述书。

经形式审查合格，专利复审委员会受理了上述无效宣告请求，并于2006年1月6日将无效宣告请求书及其附件清单中所列附件副本以及请求人于2005年10月递交的补充意见及其附件副本转送专利权人。

专利权人于2006年2月14日提交了针对请求人的无效请求的意见陈述，认为本专利完全符合第二十六条第四款、第二十条第一款、专利法实施细则第二条第二款的规定，并且相对于附件1符合专利法第二十二条的规定。

本案合议组于2006年9月5日向双方当事人发出口头审理通知书，定于2006年11月7日进行口头审理，并随该口头审理通知书向请求人转送了专利权人的意见，双方当事人在规定期限内未对合议组成员提出回避请求。

口头审理于2006年11月7日如期举行，双方当事人均参加了口头审理。在口头审理中，双方当事人对合议组成员没有回避请求，合议组向双方当事人告知了合议组成员的变更情况，双方当事人对合议组成员的变更没有异议。请求人当庭明确无效理由为权利要求1~7不符合专利法第二十二条第三款规定，权利要求3不符合专利法实施细则第二条第二款规定。请求人当庭明确放弃权利要求1不符合专利法实施细则第二十条第一款规定的无效宣告请求理由，无效宣告请求书以2005年9月10日提交的为准。专利权人当庭明确表示对附件1、4的真实性没有异议，对附件4的证明力有异议，请求人没有提交附件2、3的原件，专利权人对附件2、3的真实性有异议。请求人应在口审之日起一周内提交补充意见邮寄日期的证明文件，逾期视提交日为收文日。请求人请求将优先权日进行核对。双方均充分陈述了意见。

到期后合议组未收到请求人寄出的补充意见邮寄日期的证明文件。

基于上述工作，合议组认为本案事实已经清楚，可以作出本决定。

二、决定的理由

1. 关于请求人的理由证据

由于口审后请求人逾期未提交补充意见邮寄日期的证明文件，因此无法证明专利复审委员会于2005年10月18日收到的意见陈述的寄出日期，因此以其投递日即2005年10月14日为准，其补充理由及补充证据超出1个月期限，因此其中提出的新理由即本专利不符合专利法第二十六条第四款规定的理由，以及新证据即附件2－4不予接受。

由于请求人于2005年9月10日在向专利复审委员会提出无效宣告请求时只提交了一份请求书和附件，专利复审委员会于2005年12月7日向请求人发出补正通知书，要求其补交一份请求书及附件，但是请求人于2005年12月19日补交的请求书与其2005年9月10日提交的请求书内容不一致，在口头审理中，请求人明确表示以2005年9月10日提交的请求书为准。

2005年10月18日收到的附件1是请求人于2005年9月10日提交的附件的发明专利申请公开说明书，不属于新证据，并且，其公开日在本专利优先权日之前，而且专利权人对其真实性没有异议，因此可以作为本专利定案的依据。

由于不存在公开日介于本专利优先权日与申请日间的有效证据，因此对请求人要求核实本专利优先权的请求不予考虑。

综上所述，本次审查的理由为专利法实施细则第二条第二款和专利法第二十二条第三款，证据为附件1。

2. 关于权利要求3不符合专利法实施细则第二条第二款规定

专利法实施细则第二条第二款规定：专利法所称实用新型，是指对产品的形状、构造或者其结合所提出的适于实用的新的技术方案。审查指南第一部分第二章第6.3节第5段中指出：将现有技术中已知的材料应用于具有形状、构造的产品上，例如复合地板、塑料杯、记忆合金制成的心脏导管支架等，不属于对材料本身提出的技术方案。审查指南第四部分第六章第4节指出：在实用新型专利创造性的审查中，应当考虑其技术方案中的所有技术特征，包括材料特征和方法特征。

请求人认为：权利要求3中的附加特征“其中该耐高温橡胶是指硅脂橡胶”只是一个单纯的材料特征，只是在耐高温橡胶里面选一种硅脂橡胶，根本不是对形状构造产生变化，因此不符合专利法实施细则二条二款的规定。

专利权人认为：权利要求3是对权利要求1的进一步限定，是对权利要求1技术方案的限定，这个限定是一个构件，橡胶虽然是一个材料，因为权利要求1有形状和结构，权利要求3不仅仅是材料本身，权利要求3是权利要求1附加技术特征的结合。

合议组认为：由于权利要求请求保护的构件为具有形状、构造的产品，因此权利要求3引用权利要求1的产品并对其进行材料限定不属于对材料本身提出的技术方案，因此权利要求3符合专利法实施细则第二条第二款的规定。

3. 关于权利要求1相对于附件1不具备创造性

专利法第二十二条第三款规定：授予专利权的发明和实用新型，应当具备新颖性、创造性和实用性。创造性，是指同申请日以前已有的技术相比，该实用新型有实质性特点和进步。

请求人认为：权利要求1有两个技术特征即1）内部固有一穿孔的垫圈形状的固定件，2）穿孔配合有耐高温橡胶。附件1公开了第一个技术特征在说明书第3页，第二个特征也是在说明书3页11行有描述，螺柱是平坦部分的一个实施例，不同的形状不同的材料制成。说明书3页倒数第4行里面，"……可以采用高度导热材料"要说明MCM（多芯片模件）四个模件103固定在衬底上，内部设有一个垫圈形状的固定件。蘑菇形的螺柱相当于耐高温橡胶。MCM有几个模件，中间低四周高的情形与垫圈相似也是单独不能用机械吸取，在说明书背景技术里面说道了。权利要求1中垫圈内配合有耐高温橡胶是一致的。本领域技术人员在比文件的基础上不需要创造性劳动，在垫圈上增加一个可利用机械吸取的部分，在实施例中提到一种放置一个耐高温橡胶，可以利于机械吸取，实现涉案专利的目的。

专利权人认为：附件1公开方案并没有公开垫圈形状这个固定件，附件1公开的图不是一个垫圈形状的，垫圈形状的东西首先是形成一个旋转的周边封闭的，附件所公开的虽然中间有一个下凹，但是不是一个孔，在四个元件之间有通道，这个不能构成垫圈形状，中间放有耐高温橡胶，从整个解决的技术问题，和方案具体的功能效果在都与本专利不同。

合议组认为：权利要求1请求保护一种可增加防止电磁干扰效果及可利用机械吸取的电子固定件，其特征主要为1）该固定件为一垫圈形状，其内部具有一穿孔；2）该穿孔中配合有一耐高温橡胶。附件1公开了如下技术特征：一种顶面不平坦的电子模件，还包括一个可去除的平坦部分（301，401）便于在制造过程中拾起该模件，可见附件1（CN2372865Y）的技术方案是给不平坦的电子模件增加一个平坦的部分，通过在中间穿孔，然后装一个蘑菇形螺柱在该模件之上，以利于机械吸取（参见附件1），与本专利结构完全不同。由此可见，虽然附件1与本专利所属技术领域相同，解决的也都是对电子模件的机械吸取问题，但是由于采用了不同的技术手段，因此其技术效果也不相同，因此权利要求1与附件1相比具有实质性特点和进步，符合专利法第二十二条第三款的规定，权利要求1不具备创造性的理由不成立。

4. 关于权利要求2～7不具备创造性

由于权利要求2～7直接或间接引用的权利要求1具备创造性，因此权利要求2～7也具备创造性。

综上所述，合议组认为，本专利权利要求1请求保护的技术方案与附件1相比存在明显区别，并且因此导致不同的技术效果，因此权利要求1相对于附件1具备创造性，因此其从属权利要求也具备创造性。同时权利要求3也符合专利法实施细则第二条第二款的规定。

三、决定

驳回请求人所提出的无效宣告请求，维持00245683.4号实用新型专利权有效。

当事人对本决定不服的，可以根据专利法第四十六条第二款的规定，自收到本决定之日起三个月内向北京市第一中级人民法院起诉。根据该条款的规定，一方当事人起诉后，另一方当事人应当作为第三人参加诉讼。

100

光波电热管案

无效宣告请求审查决定（第9058号）

决　定　号　第9058号
决　定　日　2006年12月1日
发明创造名称　光波电热管
国际分类号　H05B 3/44　H05B 3/06
无效请求人　常州亮迪电子光源有限公司
专利权人　陈仲若
专　利　号　03222868.6
申　请　日　2003年1月10日
授权公告日　2004年1月14日
合议组组长　崔哲勇
主　审　员　唐向阳
参　审　员　杜　宇

法律依据　专利法第二十二条第三款
决定要点

由于权利要求保护的技术方案相对于最接近的现有技术的区别技术特征在现有技术中没有公开，并且现有技术中也没有给出将上述区别技术特征应用到该最接近的现有技术以解决其存在的技术问题的启示，所以该实用新型是非显而易见的，具有实质性特点和进步，具备创造性。

一、案由

本无效宣告请求涉及国家知识产权局于2004年1月14日授权公告、申请号为03222868.6、名称为“光波电热管”的实用新型专利（下称本专利），其申请日为2003年1月10日、专利权人为陈仲若。本专利授权公告的权利要求书包括7项权利要求，其中权利要求1~7如下：

“1. 光波电热管，包括玻璃管（1），设置在玻璃管（1）中的电热发光丝（2），其特征是在所述的玻璃管（1）两端有管身变形夹扁后的夹持部（3），形成封闭状结构，电热发光丝（2）的连接部（6）与金属片（5）相连，金属片（5）上设有引出硬线（7），所述的连接部（6）、金属片（5）、引出硬线（7）设置在两个夹持部（3）的接触面（4）之间。

2. 根据权利要求1所述的光波电热管，其特征是在所述的电热发光丝（2）的发光发热部（8）呈多角形绕制结构。

3. 根据权利要求1或2所述的光波电热管，其特征是在所述的夹持部（3）上设有瓷座（9），瓷座（9）中设有轴向通孔（10），所述的硬线（7）上设有固接在瓷座（9）轴向通孔（10）中的电极片（11）。

4. 根据权利要求3所述的光波电热管，其特征是在所述的瓷座（9）上设有穿过轴向通孔（10）

的径向通孔（12），所述的硬线（7）与电极片（11）在径向通孔（12）中固接。

5. 根据权利要求4所述的光波电热管，其特征是在所述的径向通孔（12）中设有瓷泥（13）。

6. 根据权利要求3所述的光波电热管，其特征是所述的瓷座（9）上设有卡入夹持部（3）的槽卡（14）。

7. 根据权利要求6所述的光波电热管，其特征是所述的夹持部（3）上设有瓷座（9）向两边移动的挡边（15）。”

常州亮迪电子光源有限公司（下称请求人）于2006年3月1日向专利复审委员会就本专利提交无效宣告请求书及以下证据附件1和2：

附件1：网上下载的JP11－214126A日本专利说明书，其公开日为1999年8月6日；

附件2：网上下载的US4207457美国专利说明书，其公开日为1980年6月10日。

请求人提出的无效理由是：本专利的权利要求1相对于附件1不具备专利法第二十二条第二款规定的新颖性；从属权利要求2～7相对于附件1和2的结合不具备专利法第二十二条第三款规定的创造性。

专利复审委员会于2006年3月17日收到请求人提交的补充意见及其以下证据附件3－6：

附件3：附件1的公开特许公报；

附件4：附件2的专利说明书；

附件5：CN2241425Y中国实用新型专利说明书，其公开日为1996年11月27日；

附件6：附件3的相关部分的中文译文；

附件7：国家知识产权局专利检索咨询中心出具的关于本专利的实用新型检索报告。

请求人补充的无效理由是：本专利的权利要求1相对于附件3不具备专利法第二十二条第二款规定的新颖性；从属权利要求2～7相对于附件3和4的结合不具备专利法第二十二条第三款规定的创造性。

经形式审查合格，专利复审委员会受理了该无效宣告请求，并于2006年4月11日将该无效宣告请求书及其附件清单中所列附件副本转送专利权人。

专利复审委员会于2006年6月5日收到专利权人提交的意见及附件4的中文译文。专利权人认为附件3没有公开权利要求1中的电热发光丝以及电热发光丝的连接部与金属片相连这两个技术特征，所以权利要求1具备新颖性，而且权利要求1的技术方案是经过创造性劳动获得的，因此也具备创造性；附件4并没有公开将电阻发热丝具有多角形绕制结构结合到附件3的技术启示，因此权利要求2具备创造性；附件5没有公开权利要求3的附加技术特征，因此权利要求3具备创造性；请求人没有根据对比文件说明权利要求4～7不具备创造性，所以权利要求4～7也具备创造性。

专利复审委员会于2006年6月14日向双方当事人发出口头审理通知书，定于2006年8月15日对本案进行口头审理，并将于2006年6月5日收到的专利权人的意见陈述及其附件转送给请求人。

专利复审委员会于2006年8月4日收到请求人提交的意见陈述书，陈述的内容是：请求人承认专利权人提交的附件4的中文译文。

口头审理于2006年8月15日如期举行，口头审理中双方当事人对对方出庭人员的身份没有异议，对合议组成员没有回避请求，对合议组成员的变更没有异议；请求人当庭表示放弃2006年3月1日提交的附件1、2，明确无效理由和证据以专利复审委员会于2006年3月17日收到的意见陈述和附件3－7为准；专利权人对附件3－5的真实性无异议，对附件3的译文准确性无异议；请求人对专利权人提交的附件4的译文准确性无异议；请求人放弃新颖性的无效理由，明确其无效理由为权利要求1相对于附件3无创造性，权利要求2和3的附加技术特征分别被附件4和5公开，权利要求4～7

的附加技术特征都是公知常识，因此权利要求 2 ~ 7 也不具备创造性；专利权人认可权利要求 1 与附件 3 的区别仅在于：电热发光丝不同于碳素棒，以及电热发光丝的连接部与电热发光丝是一体结构，与附件 3 的连接结构不同。

至此，经过双方当事人充分陈述意见和提交证明其主张的证据，合议组认为本案事实已经清楚，经合议依法作出审查决定。

二、决定的理由

1. 关于无效理由

根据口头审理时请求人明确的无效理由，本案合议组依据专利法第二十二条第三款对本案进行审理。

2. 证据认定

请求人提交的附件 3 和 4 均为国外专利公开文本，其公开日均早于本专利的申请日，而附件 5 为中国实用新型专利的授权文本，其授权公告日也早于本专利的申请日，因此附件 3 – 5 可以作为评价本专利创造性的证据。

3. 实用新型的创造性

实用新型的创造性，是指同申请日以前已有的技术相比，该实用新型具有实质性特点和进步。实用新型创造性的标准应当低于发明专利创造性的标准。

4. 本专利的创造性

权利要求 1 要求保护一种光波电热管，其包括以下技术特征：玻璃管、电热发光丝，玻璃管两端有管身变形夹扁后的夹持部，形成封闭状结构，电热发光丝的连接部与金属片相连，金属片上设有引出硬线，所述的连接部、金属片、引出硬线设置在两个夹持部的接触面之间。

附件 3 公开了一种作为发热元件的直线状碳素棒，其包括碳素棒 1，由管子 2（对应于本专利中的玻璃管）包裹着，管子 2 可以由石英、结晶玻璃等高耐热性透明、半透明或不透明材料制成；使用线圈形式的连接线 4（对应于本专利中的连接部）和连接管 5 连接，连接线 4 和箔片 6（对应于本专利中的金属片）相连，在箔片 6 的位置上熔封住管 2 的两段，形成封止部 7（对应于本专利中的夹持部），箔片 6 的一侧和引出线 3（对应于本专利中的引出硬线）相连；由图中可见，连接线 4、箔片 6、引出线 3 设置在两个封止部 7 的接触面之间（参见附件 3 的说明书第 2 栏第 43 行至第 3 栏第 33 行，附图 1）。

由此可见，权利要求 1 要求保护的技术方案相对于附件 3 所公开的内容的区别技术特征在于：

①本专利中的电热发光丝不同于附件 3 中的碳素棒，两者使用不同的材料制成；

②本专利的电热发光丝的连接部属于电热发光丝上的一部分，本专利的连接部同电热发光丝是一体结构，与附件 3 中的连接结构不同，附件 3 中的连接线单独增加在连接管和箔片之间。

因此可确定本专利实际所要解决的技术问题是：要便于电热发光丝与外界的电器连接。本专利使用电热发光丝代替了碳素棒，可以在一定范围内收缩变形，从而不需要另外设置一个具有弹性的连接线来与外部连接，电热发光丝通过其自身的连接部与外部直接连接，减少了连接点，降低了损坏率，而且装配方便、紧密，解决了所要解决的技术问题，并产生了相应的技术效果，而在附件 3 中并不存在这样的技术启示，上述区别技术特征对本领域技术人员来说是非显而易见的，所以权利要求 1 具有实质性特点和进步，具备专利法第二十二条第三款所规定的创造性。

附件 4 和 5 均未公开权利要求 1 中的上述区别技术特征，因此，作为权利要求 1 的从属权利要求的权利要求 2 和 3 相对于附件 3 和 4、或者附件 3 和 5 的结合具备创造性。

由于权利要求 1 ~ 3 都具备创造性，所以引用它们的从属权利要求 4 ~ 7 也具备创造性。

三、决定

维持03222868.6号实用新型专利权有效。

当事人对本决定不服的，可以根据专利法第四十六条第二款的规定，自收到本决定之日起三个月内向北京市第一中级人民法院起诉。根据该款的规定，一方当事人起诉后，另一方当事人应当作为第三人参加诉讼。

101

发光电脑键盘案

无效宣告请求审查决定（第9061号）

决　定　号　第9061号
决　定　日　2006年9月4日
发明创造名称　发光电脑键盘
国际分类号　G06F 3/023
无效请求人　深圳市多彩实业有限公司
专利权人　李伟高
专　利　号　02272870.8
申　请　日　2002年8月30日
授权公告日　2003年7月9日
合议组组长　马　昊
主　审　员　孙治国
参　审　员　熊　婷

法律依据　专利法第二十二条第二款　专利法实施细则第二十条第一款　专利法第二十六条第三款及第四款

决定要点

本专利与对比文件的技术领域、所要解决的技术问题和技术方案实质上相同、预期效果相同，本专利不具备专利法第二十二条第二款所规定的新颖性。

一、案由

本无效宣告请求案涉及国家知识产权局2003年7月9日授权公告的02272870.8号实用新型专利（下称本专利），其名称为“发光电脑键盘”，申请日为2002年8月30日，专利权人为李伟高。

本专利授权公告的权利要求书如下：

“1. 一种发光电脑键盘，包括键盘电源、若干按键帽（1）、键盘壳体（2）及其内置的电路板（3），其特征在于，所述按键帽（1）为透明体，在所述按键帽（1）与所述键盘壳体（2）的表面（6）之间设置有冷光（EL）片（4），并在所述键盘壳体（2）内设置有与所述冷光（EL）片（4）连接的冷光驱动电路。

2. 根据权利要求1所述的发光电脑键盘，其特征在于，在所述冷光（EL）片（4）上设置有冷光导体（5），所述冷光导体（5）与所述冷光驱动电路连接。

3. 根据权利要求1所述的发光电脑键盘，其特征在于，设置在所述冷光（EL）片（4）上的所述冷光导体（5）的位置与所述按键帽（1）相对应。

4. 根据权利要求1所述的发光电脑键盘，其特征在于，所述冷光驱动电路设置在所述电路板（3）上。

5. 根据权利要求 1 所述的发光电脑键盘，其特征在于，所述冷光驱动电路与所述键盘电源连接。”

针对上述实用新型专利权，深圳市多彩实业有限公司（下称请求人）于 2005 年 4 月 11 日向国家知识产权局专利复审委员会提出无效宣告请求，其无效理由为本专利权利要求 1 ~ 5 不符合专利法第二十二条第二三款有关新颖性、创造性的规定，权利要求 1 ~ 5 不符合专利法第二十六条第四款和专利法实施细则第二十条第一款的规定，说明书不符合专利法第二十六条第三款的规定。所提交的证据材料为：

证据 1：授权公告号为 CN2560028Y 的中国实用新型专利说明书（即本专利）；

证据 2：公开号为 CN1326616A 的中国发明专利申请公开说明书，公开日为 2001 年 12 月 12 日。

经形式审查合格后，专利复审委员会受理了上述无效宣告请求，于 2005 年 4 月 12 日向双方当事人发出了无效宣告请求受理通知书，并将请求人的无效宣告请求书及其附件清单中所列附件副本转寄专利权人。

无效宣告请求人于 2005 年 5 月 6 日寄交了意见陈述书及以下补充证据材料：

证据 3：授权公告号为 CN2521656Y 的中国实用新型专利说明书，申请人是精元电脑股份有限公司，申请日为 2001 年 11 月 5 日，授权公告日为 2002 年 11 月 20 日。

请求人认为证据 3 已经破坏了本专利的新颖性。

专利权人于 2005 年 5 月 11 日提交了意见陈述书，并且修改了权利要求书。修改后的权利要求书如下：

“1. 一种发光电脑键盘，包括键盘电源、若干按键帽（1）、键盘壳体（2）及其内置的电路板（3），其特征在于，所述按键帽（1）为透明体，在所述按键帽（1）与所述键盘壳体（2）的表面（6）之间设置有冷光（EL）片（4），并在所述键盘壳体（2）内设置有与所述冷光（EL）片（4）连接的冷光驱动电路。

2. 根据权利要求 1 所述的发光电脑键盘，其特征在于，在所述冷光（EL）片（4）上设置有冷光导体（5），所述冷光导体（5）与所述冷光驱动电路连接。

3. 根据权利要求 1 或 2 所述的发光电脑键盘，其特征在于，设置在所述冷光（EL）片（4）上的所述冷光导体（5）的位置与所述按键帽（1）相对应。

4. 根据权利要求 1 所述的发光电脑键盘，其特征在于，所述冷光驱动电路设置在所述电路板（3）上。

5. 根据权利要求 1 所述的发光电脑键盘，其特征在于，所述冷光驱动电路与所述键盘电源连接。”

在意见陈述书中，专利权人认为：（1）该独立权利要求中“所述按键帽（1）为透明体”，与对比文件中的“电键开关有半透明部分”相比，具有实质性特点和显著进步，因为，从“半透明”转换为“透明体”，与其构造的诸多复杂因素有关，比如：与其表面是否采用油膜面有关、与其表面是否设置有贴片有关、与其在按键帽的材料中是否加有色母料有关、与其表面采用光面或者哑光面有关、与其选料（如 PS 料或 PMMA 料的可见光透光率达 90% 以上，与无机玻璃的透光性相当）有关等等。从“半透明”转换为“透明体”的两个概念，并非显而易见，并不是无效请求人所讲：“是本领域技术人员的基本常识”。（2）该独立权利要求与对比文件相比较，本专利“发光电脑键盘”采用的是冷光片，而并非采用对比文件“计算机键盘的背后照明系统”的电荧光材料，无效请求人将“电荧光材料”等同于“冷光片”，而未提供任何事实和依据来证明它们属同一种材料，仅仅以“发光”的英文缩写“EL”来混淆概念，不具有说服力，同时也不具备任何权威性。（3）该独立权利要求的必要技术特征中包括设置有冷光驱动电路与冷光片连接，与对比文件相比，具有实质性特点和显著进步，因为，该领域的技术人员都知道，冷光片的工作电压远高于电脑键盘的电源电压，冷光片要实现正常发光，于是需要设置冷光驱动电路，而冷光驱动电路是该领域技术人员都能领会，同时也可以实现的技术，因而，也不存在公开不充分。

本案合议组于2005年9月29日向双方当事人发出口头审理通知书，定于2005年11月15日进行口头审理，并且随口头审理通知书将请求人于2005年5月6日提交的意见陈述书及所附补充证据材料转送专利权人，将专利权人于2005年5月11日提交的意见陈述书转送给请求人。

口头审理于2005年11月15日如期举行。双方当事人对合议组成员无回避请求，对对方出庭人员的身份没有异议。专利权人对证据2、证据3的真实性无异议。

请求人当庭明确其无效理由是：（1）权利要求1~5不符合专利法实施细则第二十条第一款、专利法第二十六条第三四款的规定；（2）使用证据3评述本专利权利要求1~5不符合专利法第二十二条第二款的规定，并认为本专利权利要求4~5的附加技术特征是公知常识；（3）使用证据2评述本专利权利要求1~5不符合专利法第二十二条第二三款，并认为本专利权利要求4的附加技术特征是惯用技术手段。专利权人认为本专利是组合发明，其中冷光片、冷光驱动电路、冷光导体及它们之间的连接关系均为现有技术，冷光导体是冷光片的一部分。

在上述审查工作的基础上，合议组经研究后认为本案事实已经清楚，可以作出审查决定。

二、决定的理由

1. 审查文本的认定

在口头审理过程中，合议组当庭告知专利权人其于2005年5月11日提交的权利要求书中，增加了权利要求3引用权利要求2的技术方案，而该技术方案是授权公告的本专利权利要求书中没有的技术方案，因此不属于审查指南中规定的权利要求的删除、合并和技术方案的删除这三种在无效宣告请求审查阶段所允许的修改方式，合议组不予接受。口头审理以及本决定均以本专利的授权公告文本为基础。

2. 关于请求人提交的证据材料

证据2是本专利申请日之前公开的中国专利文献，可以作为现有技术用来评价本专利的新颖性和创造性。证据3是在本专利的申请日之前由他人向国务院专利行政部门提出过申请并且记载在申请日以后公布的专利申请文件中，根据专利法第二十二条第二款的规定，证据3仅可以用来评述本专利的新颖性。

3. 关于专利法第二十六条第三款

专利法第二十六条第三款规定，说明书应当对发明或者实用新型作出清楚、完整的说明，以所属技术领域的技术人员能够实现为准。

请求人认为：由于本专利说明书中未能清楚、完整地公开如下的技术信息，从而使得本领域普通技术人员无法实现本专利的发明目的，因而本专利不符合专利法第二十六条第三款。未公开的信息如下：

（1）驱动电路与冷光片之间的连接关系；

（2）启动电路如何取电；

（3）冷光驱动电路与电路板各自的具体结构及二者的连接关系。

合议组认为：本专利说明书中已经公开了“键盘壳体2内设置有与冷光（EL）片连接的冷光驱动电路，冷光驱动电路设置在电路板3上”（说明书第3页第1段），其已明确说明了“冷光（EL）片与冷光驱动电路相连接”以及冷光驱动电路与电路板的连接关系，而“冷光驱动电路”的具体结构则是在本专利申请日之前的现有技术（可参见证据 2 的附图 6A、6B）；本专利还公开了“冷光启动电路与键盘电源连接”（说明书第 3 页第 1 段），即该冷光驱动电路由键盘电源加电。由此可见，请求人所认为的本专利说明书中未公开的信息均记载于本专利说明书中，因此请求人认为本专利公开不充分、不符合专利法第二十六条第三款的无效理由是不成立的。

4. 关于专利法实施细则第二十条第一款

（1）权利要求 1

请求人认为：本专利权利要求 1 中仅公开了冷光片在键帽与壳体之间，并没有公开该冷光片与薄膜电路之间的连接关系，使得权利要求 1 的保护范围不清楚，不符合专利法实施细则第二十条第一款的规定。

合议组认为：权利要求 1 所请求保护的技术方案中并未涉及薄膜电路，更无需公开薄膜电路与冷光片的连接关系，缺少薄膜电路与冷光片的连接关系也并没有使得权利要求 1 的保护范围不清楚。因此，请求人所提出的权利要求 1 不符合专利法实施细则第二十条第一款的无效理由不成立。

（2）权利要求 2 ~ 3

请求人认为：权利要求 2 或 3 中增加了“冷光导体”，但“冷光导体”与冷光片之间的连接关系及其发光原理并没有在说明书和权利要求书中公开；且权利要求 3 引用权利要求 1，但权利要求 1 中并没有出现“冷光导体”，故该权利要求不符合专利法实施细则第二十条第一款。

合议组认为：权利要求 2 中已经清楚地说明了“冷光导体”与冷光片之间的连接关系，即“在所述冷光（EL）片（4）上设置有冷光导体（5），所述冷光导体（5）与所述冷光驱动电路连接”（参见权利要求 2），而其发光原理则属于在本专利申请日之前的现有技术，无需在本专利中予以说明；权利要求 3 进一步限定权利要求 1 中的“冷光片”上还具有“冷光导体”，其技术方案是清楚的。由此可见，请求人所提出的权利要求 2 ~ 3 不符合专利法实施细则第二十条第一款的无效理由不成立。

（3）权利要求 4 ~ 5

请求人认为在权利要求 1 不符合专利法实施细则第二十条第一款的基础上，作为权利要求 1 的从属权利要求的权利要求 4 ~ 5 也不符合专利法实施细则第二十条第一款的规定。

鉴于前述（1）的评述，请求人所提出的权利要求 4 ~ 5 不符合专利法实施细则第二十条第一款的无效理由也不成立。

5. 关于专利法第二十六条第四款

请求人认为：涉案专利的说明书只提供了简单的外观性的示意图，没有详细的说明，因此，权利要求 1 ~ 5 的技术方案并不能得到说明书的实质支持，其不符合专利法第二十六条第四款的规定。

合议组认为：说明书及其附图中已经清楚的说明了权利要求 1 ~ 5 所请求保护的技术方案：如图 1 所示的一种发光电脑键盘，包括键盘电源、若干按键帽 1、键盘壳体 2 及其内置的电路板 3，按键帽 1 为透明体，在按键帽 1 与键盘壳体 2 的表面 6 之间设置有冷光（EL）片 4，并在键盘壳体 2 内设置有与冷光（EL）片 4 连接的冷光驱动电路，冷光驱动电路设置在电路板 3 上，在冷光（EL）片 4 上设置有冷光导体 5，冷光导体 5 与冷光驱动电路连接，设置在冷光（EL）片 4 上的冷光导体 5 的位置与按键帽 1 相对应，冷光驱动电路与键盘电源连接。在使用时，冷光导体 6 导电而发光，由于按键帽 1 采用透明体且与冷光导体 5 的位置相对应，使按键帽 1 发光。因此，请求人所提出的权利要求 1 ~ 5不符合专利法第二十六条第四款的无效理由不成立。

6. 关于专利法第二十二条第二款

新颖性，是指在申请日以前没有同样的发明或者实用新型在国内外出版物上公开发表过、在国内公开使用过或者以其他方式为公众所知，也没有同样的发明或者实用新型由他人向国务院专利行政部门提出过申请并且记载在申请日以后公布的专利申请文件中。

（1）权利要求 1

本专利的发明目的在于提供一种发光电脑键盘，在使用时具有发光装饰功能，并在外界光线不足的情况下还具有照明作用，证据 3 的发明目的在于提供一种具有显示功能、能够在黑暗中操作的薄型透光键盘，二者的发明目的相同，且属于相同的技术领域。

证据 3 涉及一种薄型透光键盘，其中公开了如下技术特征：“一种薄型透光键盘，由数个键帽、数个架桥结构、一键盘框板、一冷光板、一薄膜电路板和一底板组成，其特征在于：键帽为一薄型透光的字键按压元件，其顶面依次涂覆有一透光底色层、一不透光涂料层和一透光保护层，不透光涂料层上镂刻有字体符号；架桥结构是由第一框架和第二框架交叉轴枢成的一体旋动结构，其顶缘和底缘分别枢接在链帽和键盘框板之间；键盘框板为一概呈长方形的透光框板，框板上对应枢接有复数个架桥结构，而在框板上的复数个对应圆孔内分别穿设有一透光的弹性元件，且数个弹性元件底缘胶粘在一冷光板上；冷光板为一组装在键盘框板与薄膜电路板之间的薄膜状发光元件；薄膜电路板为一导通按键讯号的长片状薄膜电路板；底板为一支撑键盘框板和薄膜电路板的板体。藉电源导通使冷光板提供照明的光源，使透光的键盘框板、弹性元件和键帽均呈透光状态，并进而能透光显示键帽上的镂刻字体符号。”（参见证据 3 权利要求 1）

证据 3 中的“电源”“键帽”“键盘框板、底板”“薄膜电路板”分别相当于本专利权利要求 1 中的“键盘电源”“键帽”“键盘壳体”“电路板”；证据 3 中公开了“冷光板为一组装在键盘框板与薄膜电路板之间的薄膜状发光元件”，该“冷光板”即相当于本专利权利要求 1 中的“冷光片”；本领域普通技术人员从证据 3 中公开的“藉电源导通使冷光板提供照明的光源”中可以直接、唯一的推知：“在键盘壳体内必然存在一个与冷光板相连接以便驱动所述冷光板以使其加电的电路”，即此部分也公开了本专利权利要求 1 中“在所述键盘壳体（2）内设置有与所述冷光（EL）片（4）连接的冷光驱动电路”这一技术特征。

由此可见，证据 3 已经公开了本专利权利要求 1 的全部技术特征，二者的技术领域、所要解决的技术问题和技术方案实质上相同、预期效果相同，本专利权利要求 1 相对于证据 3 不具备新颖性，不符合专利法第二十二条第二款的规定。

（2）权利要求 2

权利要求 2 是权利要求 1 的从属权利要求，其附加技术特征是：“在所述冷光（EL）片（4）上设置有冷光导体（5），所述冷光导体（5）与所述冷光驱动电路连接”，而证据 3 中公开的是：“冷光板为一组装在键盘框板与薄膜电路板之间的薄膜状发光元件”，本专利权利要求 2 与证据 3 的区别仅在于：“所述的发光部件采用冷光导体还是薄膜状发光元件”，但是该区别技术特征属于本领域的惯用技术手段直接置换，在本专利权利要求 1 相对于证据 3 不具备新颖性的情况下，本专利权利要求 2 相对于证据 3 也不具备新颖性，不符合专利法第二十二条第二款的规定。

（3）权利要求 3

权利要求 3 是权利要求 1 的从属权利要求，其附加技术特征是：“设置在所述冷光（EL）片（4）上的所述冷光导体（5）的位置与所述按键帽（1）相对应”，证据 3 中公开了如下技术特征：“冷光板 40 为一组装在键盘框板 30 与一薄膜电路板 50 之间的薄膜状发光元件，电源导通冷光板 40 可提供发光照明的光源，使透光的键盘框板 30 和键帽 10 呈透光状态，并进而显示键帽 10 上的字体符号”（参见说明书第 4 页第 2 段）。本领域普通技术人员从证据 3 的前述内容可以直接、唯一的推知“键帽”与所述的“薄膜状发光元件”相对应。本专利权利要求 3 与证据 3 的区别仅在于：“所述的发光部件采用冷光导体还是薄膜状发光元件”，但是该区别技术特征属于本领域的惯用技术手段直接置换，在本专利权利要求 1 相对于证据 3 不具备新颖性的情况下，本专利权利要求 3 相对于证据 3 也不具备新颖性，不符合专利法第二十二条第二款的规定。

（4）权利要求 4 –5。

权利要求 4、5 均是权利要求 1 的从属权利要求，其附加技术特征分别是：“所述冷光驱动电路设置在所述电路板（3）上”“所述冷光驱动电路与所述键盘电源连接”，证据 3 中公开了如下技术特征：“冷光板为一组装在键盘框板与薄膜电路板之间的薄膜状发光元件；薄膜电路板为一导通按键讯号的长片状薄膜电路板；底板为一支撑键盘框板和薄膜电路板的板体。藉电源导通使冷光板提供照明的光源，使透光的键盘框板、弹性元件和键帽均呈透光状态，并进而能透光显示键帽上的镂刻字体符号。”（参见证据 3 权利要求 1）。

由此可见，本领域普通技术人员可以直接、唯一的推知：“在键盘壳体内必然存在一个设置在所述电路板上且与所述键盘电源连接的冷光驱动电路”，即此部分已经公开了本专利权利要求 4、5 的附加技术特征。在本专利权利要求 1 相对于证据 3 不具备新颖性的情况下，本专利权利要求 4、5 相对于证据 3 也不具备新颖性，不符合专利法第二十二条第二款的规定。

综上所述，本专利权利要求 1 ~5 不具备专利法第二十二条第二款所规定的新颖性，请求人关于权利要求 1 ~5 相对于证据 3 不具备新颖性的无效宣告请求的理由成立。有鉴于此，对于请求人的其他无效宣告请求的理由，合议组不再评述。

三、决定

宣告 02272870. 8 号实用新型专利权全部无效。

当事人对本决定不服的，可以根据专利法第四十六条第二款的规定，自收到本决定之日起三个月内向北京市第一中级人民法院起诉。根据该款的规定，一方当事人起诉后，另一方当事人应当作为第三人参加诉讼。

磁力牙刷案

无效宣告请求审查决定（第 9062 号）

决　定　号　第 9062 号
决　定　日　2006 年 11 月 24 日
发明创造名称　磁力牙刷
国 际 分 类 号　A46B 9/04
无 效 请 求 人　高露洁三笑有限公司
专 利 权 人　田金祥
专　利　号　99202068. 9
申　请　日　1999 年 1 月 8 日
授权公告日　2000 年 1 月 12 日
合议组组长　张　度
主　审　员　孙治国
参　审　员　孙克良

法 律 依 据　专利法第二十二条第三款
决 定 要 点

如果本领域普通技术人员无需花费创造性的劳动就可以想到在对比文件 1 的基础上结合某一技术手段，从而实现本发明的技术效果，且对比文件 1 已经给出了结合的启示，则本专利相对于对比文件 1 不具备创造性，不符合专利法第二十二条第三款。

一、案由

本无效宣告请求案涉及国家知识产权局于 2000 年 1 月 12 日授权公告、名称为“磁力牙刷”、专利号为 ZL99202068. 9 号的实用新型专利（下称本专利），申请日为 1999 年 1 月 8 日，专利权人为田金祥。

该专利授权公告的权利要求书如下：

“1. 一种磁力牙刷，具有刷毛及镶刷毛的刷头，其特征在于：采用细管式刷毛（1）和腔式刷头（2），在刷毛中镶入细小磁柱（3），在刷头（2）里镶入磁体（4）。

2. 根据权利要求 1 所述的牙刷，其特征在于：磁柱（3）可镶入刷毛（1）的上部。

3. 根据权利要求 1 所述的牙刷，其特征在于：可在刷头（2）里镶入马蹄形磁块（4），且镶入相对应的两块。”

针对上述专利权，高露洁三笑有限公司（下称请求人）于 2005 年 8 月 17 日向国家知识产权局专利复审委员会提出无效宣告请求，其理由是本专利不符合专利法第二十六条第三款、第二十二条第三款的规定，请求宣告专利权无效。

请求人提交了下述证据：

附件1：第99202068.9号实用新型专利公告文本，即本专利；

附件2：第87203348号实用新型专利申请说明书（下称对比文件1），公告日为1988年2月3日；

附件3：第91205516.2号实用新型专利申请说明书（下称对比文件2），公告日为1992年6月24日。

请求人认为：

第一、本专利说明书未对本实用新型作出清楚、完整的说明，所属技术领域的技术人员通过阅读本说明书不能实现，不符合专利法第二十六条第三款的规定。

“将细小磁柱镶入细管式刷毛中”是本专利与现有技术的重要区别特征。刷毛本身很细小，将其制成中空的，再将细小磁柱镶入其中，这是很难实现的。而说明书中只提到“可采用挤压方法镶入细管式刷毛里”，并未描述挤压方法，更未说明如何进行固定以防止磁柱从刷毛中脱落。

综上由于说明书未对本专利作出清楚、完整的说明，所以当本领域技术人员看到本专利时，只能理解该刷毛带有磁性，但不知道如何实现，故不符合专利法第二十六条第三款的规定。

第二、同申请日以前已有技术相比，本专利没有实质性特点和进步，不符合专利法第二十二条第三款有关创造性的规定。

本专利与对比文件1的区别特征仅在于“镶入细小磁柱的细管式刷毛”，但是对比文件1中有这样的启示，即刷毛有带磁性的材料塑料丝制成，当磁力牙刷放入口腔时，由于牙刷在口腔中运动，因而产生切割磁力线，放出电子，并在口腔内形成电流。这与本专利在细管式刷毛中镶入细小磁柱的技术方案实质上相同，其所要达到的技术效果也是相同的。

综上，现有技术中所披露的技术特征足以实现该区别技术特征所实现的技术效果，本专利的技术方案并不能产生更好的技术效果，故本专利没有实质性特点和进步，不具备创作性。

另外，还使用对比文件2评价本专利不具备创造性。

综上所述，本专利不符合专利法的规定，请求专利复审委员会宣告其专利权无效。

经形式审查合格后，专利复审委员会依法受理了上述无效宣告请求，于2005年8月18日向请求人和专利权人发出无效宣告请求受理通知书，并将请求人提交的无效宣告请求书及其附件清单中所列附件的副本转送给专利权人，要求其在指定的期限内答复。

针对上述无效宣告请求，专利权人于2005年9月7日提交了意见陈述书，专利权人认为：其一，把磁柱钳入塑料之中，栽于刷头之上，其核心是形成立体磁场，增加牙刷的磁动力；其二，磁柱在生产中可细可粗，这也完全是根据市场上不同消费群体的需要而生产不同高斯强度的牙刷；其三，磁柱在生产中可长可短（相对于毛刷的长度）；其四，磁柱在整个刷毛中占的比例可多可少。在现实的生产中，磁柱可以等距离地放几个、放几行。这样也是产品的多样性和消费者需求的多样化决定的（此上述款项也是专利人修改和补充的权利要求）。

关于请求人所请示理由第二点，专利权人认为：我方也同磁力学业内人士进行了关于我方磁柱与带磁性的塑料的比较的技术分析。很明显，它们的材质是不同的，它们的技术要求也不一样；它们的技术性能也不一样，不证自明，磁柱的磁性、磁动力要远远超过塑料。

本专利符合专利法的相关规定，因此请求专利复审委员会维持专利权有效。

2006年8月11日，合议组向双方当事人发出无效宣告请求口头审理通知书，并把专利权人于2005年9月7日寄交的意见陈述书转给请求人。

专利权人于2006年9月7日寄交无效宣告请求口头审理通知书回执，表示不能参加口头审理，同时寄交了意见陈述书，其中，专利权人再次表达了与2005年9月7日提交的意见陈述书相同的答辩意见。

口头审理于2006年9月29日在专利复审委员会如期举行，专利权人未出席口头审理，本案合议组对请求人提出的无效理由和事实进行了调查，并充分听取了请求人的陈述。请求人对合议组成员无回避请求。合议组在此情况下就本无效宣告请求案进行了庭审调查：

1. 专利权人未出席口头审理，请求人当庭签收了专利权人于2006年9月7日提交的意见陈述书。

2. 请求人对合议组成员没有回避请求。

3. 请求人的无效理由是：本专利说明书公开不充分，不符合专利法第二十六条第三款；本专利权利要求1~3相对于对比文件1（第87203348号实用新型专利公告文本）不符合专利法第二十二条第三款的规定；本专利权利要求1~3相对于对比文件1和对比文件2（第91205516.2号实用新型专利公告文本）的结合不符合专利法第二十二条第三款的规定。

4. 请求人当庭已经充分陈述了意见，口审之后，合议组不再接受请求人的任何意见和证据。

经过上述审理程序，合议组认为本案事实已经清楚，可以作出审查决定。

二、决定的理由

1. 关于审查的文本

由于专利权人未提交修改文本，因此对本无效宣告请求案的审理以本专利授权公告的文本为基础。

2. 关于证据

请求人提交的对比文件1、对比文件2均为本专利申请日前公开的专利文献，可以作为评述本专利创造性的现有技术。

3. 关于专利法第二十二条第三款

专利法第二十二条第三款规定："创造性，是指同申请日以前已有的技术相比，该发明有突出的实质性特点和显著的进步，该实用新型有实质性特点和进步。"

本专利权利要求1请求保护一种磁力牙刷，对比文件1也涉及一种磁力牙刷，二者属于相同的技术领域。对比文件1公开了本专利权利要求1如下技术特征："该牙刷由刷柄1、刷毛3组成，其特征在于刷柄1装有永磁铁2，刷毛由带磁性的材料塑料丝制成。"（参见对比文件1说明书第1页第4段、说明书附图1）

可见，本专利权利要求1与对比文件1的区别技术特征仅在于："在刷毛中镶入细小磁柱（3）"。但是，对比文件1中已经给出了"刷毛由带磁性的材料塑料丝制成，当磁力牙刷放入口腔时，由于牙刷在口腔中运动，因而产生切割磁力线，放出电子，并在口腔内形成电流"的技术启示，且二者均达到了刷牙时通过刷毛在口腔中的运动而实现切割磁力线，实现了牙齿保健的技术效果。即，本领域普通技术人员无需花费创造性的劳动就可以想到在对比文件1的基础上结合"在刷毛中镶入细小磁柱（3）"这一技术手段，从而使得牙刷的刷毛带有磁性，进而实现本发明的技术效果。

对于专利权人有关本专利的磁柱与对比文件1的磁性塑料的材质不同的意见，合议组认为：上述材料均是本专利申请日前的公知材料，在对比文件1的磁性塑料的启示下，本领域普通技术人员无需花费创造性的劳动就可以想到采用镶入带磁柱的刷毛代替由磁性塑料形成的刷毛，且该种改变也未能取得意想不到的技术效果。因此，有关材质这一点的区别并不能使得本专利相对于对比文件1具有实质性特点和进步。

综上所述，本专利权利要求1相对于对比文件1不具备创造性，不符合专利法第二十二条第三款的规定。

本专利权利要求2的附加技术特征是“磁柱（3）可镶入刷毛（1）的上部”，对于本领域普通技术人员而言，将磁柱镶入刷毛的上部是无需花费创造性的劳动就可以想到的，且“磁柱（3）可镶入刷毛（1）的上部”后也未能取得意想不到的技术效果。因此，在权利要求1相对于对比文件1不具备创造性的前提下，权利要求2相对于对比文件1也不具备创造性，不符合专利法第二十二条第三款的规定。

本专利权利要求3的附加技术特征是“可在刷头（2）里镶入马蹄形磁块（4），且镶入相对应的两块”，对比文件1中公开了如下技术特征：“刷柄1装有永磁铁2”，且从对比文件1的附图中也可以看出，该永磁铁2安装在刷柄1的刷头部分。可见，本专利权利要求3与对比文件1的区别技术特征仅在于：“可在刷头（2）里镶入相对应的两块马蹄形磁块”，但是，对于本领域普通技术人员而言，为了加强磁力效应、提高牙齿保健效果，“在刷头（2）里镶入相对应的两块马蹄形磁块”是无需花费创造性的劳动就可以想到的，且在权利要求1的基础上加入该特征后而形成的技术方案也未能取得意想不到的技术效果。因此，在权利要求1相对于对比文件1不具备创造性的前提下，权利要求3相对于对比文件1也不具备创造性，不符合专利法第二十二条第三款的规定。

三、决定

宣告99202068.9号实用新型专利权全部无效。

当事人对本决定不服的，可以根据专利法第四十六条第二款的规定，自收到本决定之日起三个月内向北京市第一中级人民法院起诉。根据该款的规定，一方当事人起诉后，另一方当事人应当作为第三人参加诉讼。

103

绝缘栅薄膜晶体案

无效宣告请求审查决定（第9074号）

决　定　号　第9074号
决　定　日　2006年12月14日
发明创造名称　绝缘栅薄膜晶体管
国际分类号　H01L 29/78、21/336
无效请求人　天津三星光电子有限公司
专利权人　株式会社半导体能源研究所
专　利　号　93104560.6
申　请　日　1993年3月27日
授权公告日　2000年4月26日
合议组组长　石　清
主　审　员　朱芳芳
参　审　员　张美菊

法律依据　专利法第二十六条第四款、第二十二条第三款
决定要点

权利要求书应当以说明书为依据，是指权利要求应当得到说明书的支持。权利要求书中的每一项权利要求所要求保护的技术方案都应当是所属技术领域的技术人员能够从说明书充分公开的内容中得到或概括得出的技术方案，并且不得超出说明书公开的范围。

在判断一项发明专利权利要求是否具备创造性时，应当将权利要求限定的技术方案与现有技术中最接近的对比文件公开的技术方案相对比，找出其区别技术特征，如果该区别技术特征为所属领域公知常识或被另一篇对比文件公开并且给出了将该区别技术特征应用到最接近的对比文件中的启示，则该权利要求不具备创造性。

一、案由

本无效宣告请求涉及中华人民共和国国家知识产权局于2000年4月26日授权公告的专利号为93104560.6的发明专利（下称本专利），名称为绝缘栅薄膜晶体管，申请日为1993年3月27日，最早优先权日为1992年3月27日，专利权人是株式会社半导体能源研究所。

本专利授权利要求公告的权利要求书如下：

“1. 一种绝缘栅薄膜晶体管，包括：

在基片的绝缘表面上形成的包括结晶硅的半导体层；

在所说半导体层中形成的沟道区；

在所说半导体层中形成的源和漏区，在这些区间有所说沟道区；

在所说沟道区上形成的包括氧化硅的第一绝缘膜；

在所说第一绝缘膜上形成的第二绝缘膜；以及

在所说沟道区上方形成的栅电极，其间插置有所说第一和第二绝缘膜，

所说晶体管的特征在于，所说第二绝缘膜包括由氮化硅和氧化铝组成的组合中选出的一种材料。

2. 根据权利要求 1 的晶体管，其特征在于，第二绝缘膜的所说材料是氮化硅。

3. 根据权利要求 1 的晶体管，其特征在于，所说栅电极包括可阳极氧化的材料，且至少在其侧表面上覆盖以包括可阳极氧化材料的氧化物的绝缘膜。

4. 根据权利要求 1 的晶体管，其特征在于，所说栅电极包括铝。

5. 一种绝缘栅薄膜晶体管，包括：

在基片的绝缘表面上形成的包括结晶硅的半导体层；

在所说半导体层中形成的沟道区；

在所说半导体层中形成的源和漏区，在这些区间有所说沟道区；

在所说沟道区上形成的包括氧化硅的第一绝缘膜；

在所说第一绝缘膜上形成的第二绝缘膜；以及

在所说沟道区上方形成的栅电极，其间插置有所说第一和第二绝缘膜，

所说晶体管的特征在于，所说第二绝缘膜包括由氮化硅和氧化铝组成的组合中选出的一种材料，且所说第二绝缘膜伸出所说栅电极的边缘但不覆盖所说源和漏区的主表面。

6. 根据权利要求 5 的晶体管，其特征在于，第二绝缘膜的所说材料是氮化硅。

7. 一种绝缘栅薄膜晶体管，包括：

在基片的绝缘表面上形成的包括结晶硅的半导体层；

在所说半导体层中形成的沟道区；

在所说半导体层中形成的源和漏区，在这些区间有所说沟道区；

在所说沟道区上形成的包括氧化硅的第一绝缘膜；

在所说第一绝缘膜上形成的第二绝缘膜；以及

在所说沟道区上方形成的栅电极，其间插置有所说第一和第二绝缘膜，

所说晶体管的特征在于，所说第二绝缘膜包括由氮化硅和氧化铝组成的组合中选出的一种材料，且所说第一和第二绝缘膜伸出所说栅电极的边缘但不覆盖所说源和漏区的主表面。

8. 根据权利要求 7 的晶体管，其特征在于，第二绝缘膜的所说材料是氮化硅。

9. 根据权利要求 7 的晶体管，其特征在于，所说第一和第二绝缘膜彼此互相共同延伸。

10. 一种绝缘栅薄膜晶体管，包括：

在基片的绝缘表面上形成的包括结晶硅的半导体层；

在所说半导体层中形成的沟道区；

在所说半导体层中形成的源和漏区，在这些区间有所说沟道区；

在所说沟道区上形成的包括氧化硅的第一绝缘膜；

在所说第一绝缘膜上形成的第二绝缘膜；以及

在所说沟道区上方形成的栅电极，其间插置有所说第一和第二绝缘膜，

所说晶体管的特征在于，所说第二绝缘膜包括由氮化硅和氧化铝组成的组合中选出的一种材料，且所说第二绝缘膜伸出所说栅电极的边缘但不覆盖所说源和漏区的主表面，而所说第一绝缘膜覆盖所说源和漏区的主表面。

11. 根据权利要求 10 的晶体管，其特征在于，第二绝缘膜的所说材料是氮化硅。

12. 一种绝缘栅薄膜晶体管，包括：

在基片的绝缘表面上形成的包括结晶硅的半导体层；

在所说半导体层中形成的沟道区；

在所说半导体层中形成的源和漏区，在这些区间有所说沟道区；

在所说半导体层上形成的栅绝缘膜；以及

在所说沟道区上方形成的栅电极，其间插置有所说栅绝缘膜，

所说晶体管的特征在于，所说栅绝缘膜包括至少含氧化硅的第一绝缘膜和含氮化硅的第二绝缘膜，且至少所说第二绝缘膜伸出所说栅电极的边缘以覆盖部分所说源和漏区。

13. 一种绝缘栅薄膜晶体管，包括：

在基片的绝缘表面上形成的包括结晶硅的半导体层；

在所说半导体层中形成的沟道区；

在所说半导体层中形成的源和漏区，在这些区间有所说沟道区；

在所说半导体层上形成的栅绝缘膜；以及

在所说沟道区上方形成的栅电极，其间插置有所说栅绝缘膜，

所说晶体管的特征在于，所说栅绝缘膜包括至少含氧化硅的第一绝缘膜和含氮化硅的第二绝缘膜，而所说第二绝缘膜伸出所说栅电极的边缘以覆盖部分所说源和漏区，且所说第一绝缘膜覆盖所说源和漏区的主表面。”

针对上述专利权，天津三星光电子有限公司（下称请求人）于2005年3月31日向国家知识产权局专利复审委员会提出了宣告本专利权无效的请求，同时，请求人提交了如下附件作为证据：

附件1：日本专利JP平3－217059A的专利申请公开说明书的复印件，公开日为1991年9月24日；

附件2：日本专利JP平2－228042A的专利申请公开说明书的复印件，公开日为1990年9月11日；

附件3：附件1的中文译文；

附件4：附件2的中文译文；

附件5：本专利说明书的复印件，授权利要求公告日为2000年4月26日。

在下文中将附件1及其译文附件3称为证据1，将附件2及其译文附件4称为证据2

其主要无效理由是：（1）权利要求1、5、7和10中的“所说第二绝缘膜包括由氮化硅和氧化铝组成的组合中选出的一种材料”描述不清楚；权利要求5、7、10中的“不覆盖”这样的否定性的限定是不清楚的；权利要求5、7、10、13中的“主表面”含义不清楚；权利要求10、12和13前序部分中的“在所说沟道区上形成的包括氧化硅的第一绝缘膜；在所说第一绝缘膜上形成的第二绝缘膜”文字描述的含义为：第一绝缘膜的范围局限于沟道区的范围而第二绝缘膜的范围局限于第一绝缘膜的范围，由此可知，第一绝缘膜、第二绝缘膜不可能覆盖源和漏区，这与权利要求10中的“而所说第一绝缘膜覆盖所说源和漏区的主表面”，权利要求12中的“且至少所说第二绝缘膜伸出所说栅电极的边缘以覆盖部分所说源和漏区”以及权利要求13中的“所说第二绝缘膜伸出所说栅电极的边缘以覆盖部分所说源和漏区，且所说第一绝缘膜覆盖所说源和漏区的主表面”的描述相矛盾，因此权利要求1、5、7、10、12和13不符合专利法实施细则第二十条第一款的规定；（2）权利要求12和13中的“所说第二绝缘膜伸出所说栅电极的边缘以覆盖部分所说源和漏区”这一特征在说明书中没有记载，且在说明书的所有附图中均没有表示所谓“覆盖部分所说源和漏区”，因此权利要求12和13不符合专利法第二十六条第四款的规定；（3）权利要求1相对于证据1或2不具备新颖性；权利要求2相对于证据1不具备新颖性；权利要求3相对于相对于证据1和2不具备创造性；权利要求4相对

于证据2不具备新颖性，相对于证据1和2不具备创造性；权利要求5～11相对于证据1或证据2不具备创造性；权利要求12相对于证据1不具备新颖性；权利要求13相对于证据1不具备创造性。

对于上述无效宣告请求，专利复审委员会经形式审查合格，于2005年4月4日向双方当事人发出无效宣告请求受理通知书，将无效宣告请求书及其附件清单中所列附件的副本转寄给专利权人，同时向北京市第一中级人民法院发出无效案件审查状态通知书（一）。

请求人于2005年4月29日提交补充证据并增加无效理由，其中所补充的证据如下：

证据3：日本专利JP平2－33934A的专利申请公开说明书的复印件以及其中文译文，公开日为1990年2月5日；

证据4：美国专利US3798752A的专利授权公告说明书的复印件以及其部分中文译文，公告日为1974年3月26日；

证据5：日本专利JP昭64－23575A的专利申请公开说明书的复印件以及其中文译文，公开日为1989年1月26日；

所增加的无效理由为：（1）权利要求3的附加技术特征被证据4公开，因此权利要求3相对于证据1和4或相对于证据2和4不具备创造性；（2）权利要求5和7相对于证据1和证据3、相对于证据2和证据3、相对于证据1和4或相对于证据2和4不具备创造性；（3）权利要求1中的第二绝缘膜为氮化硅的第一技术方案相对于证据5不具备新颖性，权利要求1中的第二绝缘膜为氧化铝的第二技术方案相对于证据5和证据1、或证据5和证据2不具备创造性；（4）权利要求2相对于证据5不具备新颖性；（5）权利要求12相对于证据5不具备新颖性。

专利权人针对专利复审委员会2005年4月4日发出的无效宣告请求受理通知书进行答复，于2005年5月19日提交了意见陈述书，其主要陈述意见是：（1）指出权利要求1、5、7和10中描述的“包括由氮化硅和氧化铝组成的组合中选出的一种材料”属于马库什权利要求，不存在不清楚问题；（2）指出权利要求5、7、10和13中的“不覆盖”这种否定性撰写形式符合有关规定且其意思表示清楚，而“主表面”对本领域人员来说是合理的概括；（3）权利要求10中的“在……上”仅限定沟道区和第一绝缘膜之间垂直方向的位置关系；（4）权利要求12和13的特征部分能够得到说明书中的实施例1－2以及附图1（A）－1（D）和图2的支持；（5）证据1中公开的“氧化铝”没有给出具体实施例，而权利要求1的技术方案属于选择性发明，是具备新颖性的；证据2没有公开“第二绝缘膜可采用氮化硅”，且虽然其采用氧化硅和氧化铝的双层膜结构制备薄膜晶体管，但其发明目的和本专利不同，证据2的发明目的“通过以适当的膜厚将SiO_2和Al_2O_3形成为多层构造而使用，来有效地控制界面电荷”，而本专利是“能够防止可动离子侵入（污染）”，因此权利要求1相对于证据1或证据2具备新颖性；（6）证据2中的“氧化膜1－9”不应当是权利要求3中的“可阳极氧化材料的氧化物”，且请求人没有阐述技术特征结合的启示，因此权利要求3具备创造性；（7）权利要求5、7与证据1、2具有区别特征：“第二绝缘膜伸出所说栅电极的边缘但不覆盖所说源和漏区的主表面”，其优点是：由于在对源和漏区的掺杂工序期间离子的加速电压可以设置为低，所以能够防止发生栅电极等的断裂、防止缩短掺杂设备的工作寿命；缩短掺杂工序所需时间，有效进行氢化工序；权利要求10与权利要求5的差别在于“第一绝缘膜覆盖源和漏区的主表面”，其除了具有权利要求5和7的优点外，还具有的优点是：在源和漏区上难以产生晶格缺陷，源、漏区难以受到污染，因此权利要求5、7、10具备创造性，其从属权利要求6、8、9、11也具备创造性；（8）证据1的栅极绝缘膜7和8覆盖了源和漏区的“主表面”，而并非是本专利所要保护的“第二绝缘膜覆盖部分所说源和漏区”，所以权利要求12具备新颖性；（9）权利要求13的区别特征是：“第二绝缘膜覆盖部分所说源和漏区，且所说第一绝缘膜覆盖所说源和漏区的主表面”，与权利要求10相同的理由，权利要求

13 也具备创造性。

本案合议组于2005年8月10日向双方当事人发出口头审理通知书，定于2005年10月13日对本案进行口头审理，同时随口审通知书将专利权人于2005年5月19日提交的意见陈述书转送给请求人，并将请求人于2005年4月29日提交的补充证据3-5和意见陈述书转送给专利权人。

专利权人于2005年8月31日提交了无效宣告请求口头审理通知书回执，表示参加2005年10月13日举行的口头审理。

口头审理于2005年10月13日如期举行，双方当事人均出席口头审理。请求人当庭提交了意见陈述书和专利局自取信件交接单的复印件，并陈述如下事实：由于专利局发文造成的延误，导致请求人直到2005年9月30日才收到合议组于2005年8月10日向双方当事人发出口头审理通知书，因此请求复审委员会将口审时间顺延一个月。对此，合议组认为请求人提交的自取信件交接单中没有专利局相关发文部门的公章，从而无法证明请求人陈述的事实，因此合议组对于请求人的延期请求不予接受。

双方当事人对合议组成员的变更没有异议，对合议组成员没有回避请求。双方当事人对对方出庭人员的身份没有异议。

专利权人对证据1-5的真实性没有异议，对证据1-5的中文译文的准确性没有异议。专利权人当庭提交权利要求书修改替换页，其中将原权利要求3和原权利要求1合并为新的权利要求1，原权利要求2和4作为新的权利要求2和3并引用新的权利要求1，原权利要求5~13的技术方案不变，作为新的权利要求4~12，并声称当庭提交的权利要求书与专利权人于2005年10月8日提交的权利要求书内容一致。该新修改的权利要求书的具体内容如下：

“1. 一种绝缘栅薄膜晶体管，包括：

在基片的绝缘表面上形成的包括结晶硅的半导体层；

在所说半导体层中形成的沟道区；

在所说半导体层中形成的源和漏区，在这些区间有所说沟道区；

在所说沟道区上形成的包括氧化硅的第一绝缘膜；

在所说第一绝缘膜上形成的第二绝缘膜；以及

在所说沟道区上方形成的栅电极，其间插置有所说第一和第二绝缘膜，

所说晶体管的特征在于，所说第二绝缘膜包括由氮化硅和氧化铝组成的组合中选出的一种材料，

所说栅电极包括可阳极氧化的材料，且至少在其侧表面上覆盖以包括可阳极氧化材料的氧化物的绝缘膜。

2. 根据权利要求1的晶体管，其特征在于，第二绝缘膜的所说材料是氮化硅。

3. 根据权利要求1的晶体管，其特征在于，所说栅电极包括铝。

4. 一种绝缘栅薄膜晶体管，包括：

在基片的绝缘表面上形成的包括结晶硅的半导体层；

在所说半导体层中形成的沟道区；

在所说半导体层中形成的源和漏区，在这些区间有所说沟道区；

在所说沟道区上形成的包括氧化硅的第一绝缘膜；

在所说第一绝缘膜上形成的第二绝缘膜；以及

在所说沟道区上方形成的栅电极，其间插置有所说第一和第二绝缘膜，

所说晶体管的特征在于，所说第二绝缘膜包括由氮化硅和氧化铝组成的组合中选出的一种材料，且所说第二绝缘膜伸出所说栅电极的边缘但不覆盖所说源和漏区的主表面。

5. 根据权利要求4的晶体管，其特征在于，第二绝缘膜的所说材料是氮化硅。

6. 一种绝缘栅薄膜晶体管，包括：

在基片的绝缘表面上形成的包括结晶硅的半导体层；

在所说半导体层中形成的沟道区；

在所说半导体层中形成的源和漏区，在这些区间有所说沟道区；

在所说沟道区上形成的包括氧化硅的第一绝缘膜；

在所说第一绝缘膜上形成的第二绝缘膜；以及

在所说沟道区上方形成的栅电极，其间插置有所说第一和第二绝缘膜，

所说晶体管的特征在于，所说第二绝缘膜包括由氮化硅和氧化铝组成的组合中选出的一种材料，且所说第一和第二绝缘膜伸出所说栅电极的边缘但不覆盖所说源和漏区的主表面。

7. 根据权利要求6的晶体管，其特征在于，第二绝缘膜的所说材料是氮化硅。

8. 根据权利要求6的晶体管，其特征在于，所说第一和第二绝缘膜彼此互相共同延伸。

9. 一种绝缘栅薄膜晶体管，包括：

在基片的绝缘表面上形成的包括结晶硅的半导体层；

在所说半导体层中形成的沟道区；

在所说半导体层中形成的源和漏区，在这些区间有所说沟道区；

在所说沟道区上形成的包括氧化硅的第一绝缘膜；

在所说第一绝缘膜上形成的第二绝缘膜；以及

在所说沟道区上方形成的栅电极，其间插置有所说第一和第二绝缘膜，

所说晶体管的特征在于，所说第二绝缘膜包括由氮化硅和氧化铝组成的组合中选出的一种材料，且所说第二绝缘膜伸出所说栅电极的边缘但不覆盖所说源和漏区的主表面，而所说第一绝缘膜覆盖所说源和漏区的主表面。

10. 根据权利要求9的晶体管，其特征在于，第二绝缘膜的所说材料是氮化硅。

11. 一种绝缘栅薄膜晶体管，包括：

在基片的绝缘表面上形成的包括结晶硅的半导体层；

在所说半导体层中形成的沟道区；

在所说半导体层中形成的源和漏区，在这些区间有所说沟道区；

在所说半导体层上形成的栅绝缘膜；以及

在所说沟道区上方形成的栅电极，其间插置有所说栅绝缘膜，

所说晶体管的特征在于，所说栅绝缘膜包括至少含氧化硅的第一绝缘膜和含氮化硅的第二绝缘膜，且至少所说第二绝缘膜伸出所说栅电极的边缘以覆盖部分所说源和漏区。

12. 一种绝缘栅薄膜晶体管，包括：

在基片的绝缘表面上形成的包括结晶硅的半导体层；

在所说半导体层中形成的沟道区；

在所说半导体层中形成的源和漏区，在这些区间有所说沟道区；

在所说半导体层上形成的栅绝缘膜；以及

在所说沟道区上方形成的栅电极，其间插置有所说栅绝缘膜，

所说晶体管的特征在于，所说栅绝缘膜包括至少含氧化硅的第一绝缘膜和含氮化硅的第二绝缘膜，而所说第二绝缘膜伸出所说栅电极的边缘以覆盖部分所说源和漏区，且所说第一绝缘膜覆盖所说源和漏区的主表面。”

合议组当庭将专利权人提交的上述修改的权利要求书转给请求人，请求人当庭表示对上述修改的权利要求书文本没有异议。

合议组当庭告知双方当事人，本次口头审理以修改后的权利要求书为审理基础。

请求人明确其无效理由为：（1）权利要求1、4、6、9、11、12不符合专利法实施细则第二十条第一款的规定；（2）权利要求4、6、9、11、12不符合专利法第二十六条第四款的规定；（3）以证据1作为最接近的对比文件，结合公知常识或结合证据4评述权利要求1、2、3不具有创造性；以证据1作为最接近的对比文件，结合证据3或公知常识评述权利要求4、5、6、7、8、9、10的创造性；利用证据1或证据5来单独评述权利要求11不具备新颖性、创造性；利用证据1或证据5单独评述权利要求要求12不具备创造性。

在此基础上，双方当事人就权利要求1、4、6、9、11、12是否符合专利法实施细则第二十条第一款的规定、权利要求4、6、9、11、12是否符合专利法第二十六条第四款的规定、权利要求1~10、12是否符合专利法第二十二条第三款以及权利要求11是否符合专利法第二十二条第二款和第三款的规定充分发表了意见。

鉴于专利权人以合并方式当庭提交修改的权利要求书，合议组同意请求人在口头审理后一个月的期限内对专利权人的上述修改的权利要求书进行书面意见陈述。

口头审理之后，合议组于2005年10月24日收到专利权人于2005年10月8日提交的意见陈述书和权利要求书修改页，经核实，与2005年10月13日口审当庭提交的修改的权利要求书内容完全一致。其主要陈述意见是：（1）原权利要求3相对于证据1和4或者相对于证据2和4具备创造性：首先，证据4涉及的是使用单晶硅的硅栅极绝缘栅场效应管的制作方法，而证据1、证据2和本专利涉及的均是金属栅（具体为铝栅）的薄膜晶体管的制作方法，二者属于不同的技术领域，硅栅和铝栅的制作工艺，以及使用单晶硅的场效应管和薄膜晶体管的制作工艺并不兼容，因此证据1或证据2与证据4无法进行结合来评判原权利要求3的创造性；其次，证据1中的双层栅绝缘膜其作用是为了改善晶体管的耐压性差，并提高稳定性，而证据2中的双层栅绝缘膜是为了解决在氢添加到晶体管中时产生的问题，而本专利的双层栅绝缘膜是为了解决可移动离子入侵（污染）等等所产生的问题，因此证据1和2的发明目的与本专利截然不同，尽管证据4中公开了特征“可以对栅电极进行阳极氧化以便将硅栅的表面转化成氧化硅膜”，以及分别在证据1和2中公开了双层栅绝缘膜的结构，但是证据1、2和4中没有任何的技术启示或教导来结合证据1和4或者2和4，从而得到本专利的技术方案；（2）原权利要求5和7具备创造性：a. 证据3的实施例部分描述的是单层栅绝缘膜的薄膜晶体管，仅仅在图2中示出了双层栅绝缘膜的结构，而相应的文字描述仅提到了两层绝缘膜的材料，即磷玻璃和二氧化硅层，而没有提到任何关于形成双层栅绝缘膜晶体管的工艺过程以及具体的结构，因此，请求人的结论仅仅是从图2推论得出的，而并没有任何说明书文字上的支持，其结论并不可靠；b. 证据3中的栅绝缘膜是通过激光辐照形成的，而本专利采用沉积方法，这是不同的工艺方法；c. 证据3并未提出双层栅绝缘膜结构的技术效果，第二栅极绝缘膜的材料是磷玻璃，这也是和本专利中的氮化硅或氧化铝不同的，由于材料的不同也会产生不同的技术方案和技术效果，因此证据3中没有任何建议或者教导来实现本专利的技术方案；d. 关于原权利要求5、7、12和13中的“第二绝缘膜伸出所说栅电极的边缘”这一特征并非自然形成的，除了本专利中提到的阳极氧化方法，还可以通过在蚀刻第二绝缘膜后使栅电极变窄，或通过形成侧壁等等，关于上述方法，可以参考美国专利No. 5，292，675、No. 4，319，395和No. 4，946，799，该技术特征的优点在于，沟道形成区和源/漏区之间的边界难以被污染，而这一边界特性是易于受到污染的影响的；（3）原权利要求12相对于证据5具备新颖性：证据5的图1（e）示出的是第一绝缘膜和第二绝缘膜均覆盖源漏区的主表面

（即，除了接触孔外的所有表面）的结构，这与原权利要求12所述的“第二绝缘膜覆盖部分所说源漏区”是不同的。

合议组于2005年10月24日收到请求人于2005年10月10日提交的意见陈述书和专利局自取信件交接单复印件，其内容与请求人于2005年10月13日口审当庭提交的意见陈述书和专利局自取信件交接单复印件的内容一致。

请求人于2005年11月14日针对专利权人于2005年10月13日口审当庭提交的修改的权利要求书提交了意见陈述书，并对证据2和3的中文译文进行补正，重新提交了证据2和3的中文译文，在此次意见陈述书中请求人提出的无效理由为：（1）权利要求1～12不具备专利法第二十二条第二三款规定的新颖性和创造性，具体的证据结合方式如下：

权利要求1：证据1+证据4，或
证据1+公知常识，或
证据5+证据2+证据4，或
证据5+证据2+公知常识

权利要求2：证据1+证据4，或
证据1+公知常识，或
证据5+证据4，或
证据5+公知常识

权利要求3：证据1+证据2+证据4，或
证据1+证据2+公知常识，或
证据5+证据2+证据4，或
证据5+证据2+公知常识

权利要求4：证据1+证据3（或证据4），或
证据1+公知常识，或
证据5+证据2+证据3（或证据4），或
证据5+证据2+公知常识

权利要求5：证据1+证据3（或证据4），或
证据1+公知常识，或
证据5+证据3（或证据4），或
证据5+公知常识

权利要求6：证据1+证据3（或证据4），或
证据1+公知常识，或
证据5+证据2+证据3（或证据4），或
证据5+证据2+公知常识

权利要求7：证据1+证据3（或证据4），或
证据1+公知常识，或
证据5+证据3（或证据4），或
证据5+公知常识

权利要求8：证据1+证据4，或
证据1+公知常识，或
证据5+证据2+证据4，或

证据 5 + 证据 2 + 公知常识

权利要求 9：证据 1 + 证据 3（或证据 4），或

证据 1 + 公知常识，或

证据 5 + 证据 2 + 证据 3（或证据 4），或

证据 5 + 证据 2 + 公知常识

权利要求 10：证据 1 + 证据 3（或证据 4），或

证据 1 + 公知常识，或

证据 5 + 证据 3（或证据 4），或

证据 5 + 公知常识

权利要求 11：证据 1 或

证据 5

权利要求 12：证据 1 + 公知常识，或

证据 5 + 公知常识

（2）权利要求 4 ~ 10 和 12 因“主表面”的描述不满足专利法实施细则第二十条第一款的规定；权利要求 1 ~ 3 因“以包括”的描述不满足专利法实施细则第二十条第一款的规定；权利要求 9 因“在……上”的描述不满足专利法实施细则第二十条第一款的规定；（3）权利要求 4 ~ 10 和 12 因“主表面”的描述不满足专利法第三十三条的规定；（4）权利要求 4 ~ 10 和 12 因“主表面”的描述不满足专利法第二十六条第四款的规定；权利要求 11 和 12 因“第二绝缘膜覆盖部分源区和漏区”的描述而不满足专利法第二十六条第四款的规定。

合议组于 2005 年 12 月 9 日向双方当事人发出转送文件通知书，将专利权人于 2005 年 10 月 8 日提交的意见陈述书及其附件请单中所列的附件的副本转送给请求人；将请求人于 2005 年 11 月 14 日提交的意见陈述书及其附件请单中所列的附件的副本转送给专利权人。

专利权人于 2006 年 1 月 24 日针对请求人于 2005 年 11 月 14 日提交的意见陈述书及补充译文和增加的理由，提交了意见陈述书，同时提交一篇参考文献：“Theoretical Consideration on Lateral Spread of Implanted Ions”（下称反证 1）的中文译文，其主要陈述意见是：（1）“主表面”一词是合理的上位概括，其含义对于本领域技术人员来说是清楚的，因此“主表面”一词并未引入新的内容，请求人引用专利法第三十三条是不正确的；（2）权利要求 11 和 12 的特征在在说明书附图的图 1（C）、图 1（D）和图 2 中均明显地示出，且本专利说明书第 12 页倒数第 1 段和倒数第 2 段对图 1（C）的工艺流程进行了详细说明，其中叙述了“这些工艺过程都是用周知的 CMOS 工艺完成的”、“通过这些过程，获得如图 1（C）所示的结构”，因此，权利要求 11 和 12 不仅在说明书附图中，而且在说明书的文字上都具有充分的支持；（3）本领域普通人员很清楚，即便采用了周知的制作工艺，通过控制条件的不同，例如，在掺杂工艺中选择不同的加速电压、不同的岛状半导体区和栅氧化膜厚度尺寸，也可以获得不同的结构，说明书第 11 页第 22 ~ 23 行举例说明了岛状半导体区可以为 20 ~ 100nm，说明书第 12 页第 3 行中举例说明了栅氧化膜 106 的厚度可以为 50 ~ 200nm，当选择岛状半导体区和栅氧化膜的很大的膜厚度时，横向扩散也很大，通过在工艺过程中选择不同的岛状半导体区和栅氧化膜厚度，就可以得到不同的结构，例如，可以产生栅绝缘膜以不同的程度覆盖源漏区的结构；（4）反证 1 中描述了不同的离子注入能量可以导致不同的横向扩散距离，再次有力地支持了采用周知的 CMOS 工艺，可以得到如本专利的不同权利要求所保护的不同技术方案这一观点；（5）权利要求 1 中关于阳极氧化的描述“且至少在其侧表面上覆盖以包括可阳极氧化材料的氧化物的绝缘膜”是清楚的，符合中文表述习惯，语法和用词均含义明确，所限定的范围也是清楚的；（6）权利要求 1

相对于证据1、2或4的组合具备创造性：证据4所涉及的技术领域、要解决的技术问题和所采用的技术方案均为证据1或2截然不同因此没有任何的技术启示或教导来结合证据1和4或2和4，从而得到本专利的技术方案；修改后的权利要求1中包含了“至少在其侧表面上覆盖以包括可阳极氧化材料的氧化物的绝缘膜”，其技术效果是可以加强绝缘和热阻性能，并能够使栅电极具有足够的耐腐蚀性能，且修改后的权利要求1还可以防止在阳极氧化工艺中的污染，然而在所有对比文件中均未公开这一特征。

专利权人于2006年2月5日补充提交反证1英文原文的复印件。

专利权人于2006年3月6日补充提交反证1的文献检索证明复印件及反证1英文原文的复印件。

专利权人于2006年3月14日补充提交反证1的文献检索证明原件及盖有清华大学图书馆检索专用红章的英文原文复印件。

合议组于2006年3月16日将专利权人于2006年1月24日提交的意见陈述书及其附件清单中所列的附件的副本转送给请求人。

合议组于2006年3月23日将专利权人于2006年3月14日提交的意见陈述书及其附件清单中所列的附件的副本转送给请求人。

请求人针对2006年3月16日的转送文件通知书于2006年4月24日提交了意见陈述书，其主要陈述意见是：（1）本申请因“主表面”的描述不符合专利法第三十三条的规定，权利要求4、6、9和12因“主表面”的描述不符合专利法第二十六条第四款的规定；（2）专利权人提供的反证1表明在不同的条件与能量下，会有不同的横向扩散距离，则表明要得到“覆盖”“不覆盖”或“部分覆盖”等不同结果，需要特定且不同的条件与能量才能够获得，所以离子注入的条件与能量对于获得“覆盖”“不覆盖”或“部分覆盖”等不同的结果是非常重要的，而根据本专利的描述，在谈及采用“周知的离子注入工艺”时并没有限定这些条件，说明书中没有描述如何控制离子注入的条件来获得不同的结构，且说明书中也根本没有任何关于“扩散”的描述，即没有任何证据表明本专利要特别考虑“扩散”的情形，因此权利要求11和12不符合专利法第二十六条第四款的规定；（3）专利权人在陈述理由的过程中关于离子注入的观点前后是不一致的，即时而考虑“横向扩散”（例如对于权利要求11和12），时而不考虑“横向扩散”（例如对于权利要求4、6和9），这种做法是不应当被允许的；（4）专利权人提交的反证1进一步表明这样的事实：即本专利的权利要求4~12所限定的技术方案中的特征之一（第1和/或第2绝缘膜相对于源区和漏区的主表面的横向尺寸）可通过控制离子注入的条件来改变，这是本领域的普通常识；（5）证据1作为“最接近的现有技术”，是一篇与本专利技术领域完全相同的现有技术，修改后的权利要求1与证据1的区别特征为原权利要求3的附加技术特征，即“所说栅电极包括可阳极氧化的材料，且至少在电极的侧表面上覆盖以包括可阳极氧化材料的氧化物的绝缘膜”，根据本专利说明书第2页对现有技术的讨论和说明书第10页第4至6行对发明的一实施例的部分描述可知，上述区别特征的作用是加强电极的绝缘和热阻性能，这与证据4的绝缘膜12所起的作用是一样的，因此权利要求1相对于证据1和证据4的组合没有创造性。

合议组于2006年5月30日将请求人于2006年4月24日提交的意见陈述书转送给专利权人。

2006年7月14日，专利权人针对请求人于2006年4月24日提交的意见陈述书提交了意见陈述书，其主要陈述意见是：（1）权利要求11和12的技术方案已经在说明书附图1（C）、1（D）和图2中被清楚完整地披露，同时说明书第11页第14行至第12页第23行，其中详细记载了得到图1（C）中的结构所采用的一系列工艺过程，因此权利要求11和12符合专利法第二十六条第四款的规定；（2）专利权人提交的反证1其作用是证明确实存在有如本专利说明书中提到的“周知的CMOS工艺”，其可以用来得到本发明所要求保护的各种结构，反证1中所针对的扩散情况是具有能量的离子进入固体时，与靶核和电子碰撞从而产生横向扩展，该反证1中披露了离子横向扩展的距离随着注入能量的增大而增大，并随着注入深度的增大而增大，采用这一技术手段，可以实现权利要求4、6、9、11和12中所要求保护的各个技术方案，因此通过控制第一绝缘膜的厚度、控制离子注入的能量，可以控制横向扩展的距离；（3）在权利要求11和12中，随着第一绝缘膜厚度的增加，从离子被注入到其中的源/漏区到注入表面之间的距离也相应地增加，根据反证1中的图7，在一定范围内，距注入表面的距离越大，离子的横向扩展距离也就越大，从而产生了这样的结构，其中部分源/漏区向前扩展进入到半导体层的沟道区中，从而实现了使第二绝缘膜覆盖部分源/漏区的技术特征，该技术特征同时也可以由离子注入能量的控制来实现，权利要求11和12的技术效果在于，特别可以防止栅电极中诸如钠离子的可移动离子进入半导体层的沟道区中，从而防止了半导体器件的性能下降；（4）权利要求4、6和9的技术方案中，通过减小第一绝缘膜的厚度、减小注入能量，横向扩展的距离被控制的尽可能小，从而可以实现第二绝缘膜不覆盖源和漏区的主表面这一技术特征；（5）本发明的目的为了解决现有技术中存在的诸如钠离子的可移动离子入侵的问题，为此提出一种全新的晶体管结构，具有这种结构的晶体管有效地阻挡了多个方向上诸如钠离子的可移动离子的入侵，这一结构可以通过周知的工艺来实现，本发明的实质在于提出一种新的结构，而不是提出一种新的工艺或者对周知工艺进行改进，因此关于工艺的具体细节，如采用那些具体工艺参数、工艺条件与本发明目的并不直接相关，这并不是本发明所针对的技术问题，本发明的创造性在于提出了一种新的结构，至于这种新的结构是否采用公知技术实现的，这并不会影响本发明的创造性；（6）"主表面"一词是在本领域中具有明确特定含义的术语，对于本领域技术人员来说其含义是清楚的。

至此，合议组认为本案的事实已清楚，作出如下决定。

二、决定的理由

1. 证据的认定和现有技术

证据1至证据5是在本案专利优先权日之前公开的外国专利文献，请求人对这五项外文证据提交了相应的中文译文，符合专利法的相关规定，专利权人对证据1至证据5的真实性和证据1至证据5的中文译文均没有提出异议，因此证据1至证据5及其中文译文可以作为本专利现有技术的有效证据，合议组予以采信。

专利权人提交的反证1为1972年2月的外国非专利文献，且专利权人提交了反证1的中文译文、文献检索证明原件及盖有清华大学图书馆检索专用章的原文复印件，符合专利法的相关规定，请求人对反证1的真实性和中文译文均没有提出异议，因此合议组对反证1予以采信。

2. 关于专利法第二十六条第四款

专利法第二十六条第四款规定：权利要求书应当以说明书为依据，说明要求专利保护的范围。

权利要求书应当以说明书为依据，是指权利要求应当得到说明书的支持。权利要求书中的每一项权利要求所要求保护的技术方案都应当是所属技术领域的技术人员能够从说明书充分公开的内容中得到或概括得出的技术方案，并且不得超出说明书公开的范围。

权利要求11和12不符合专利法第二十六条第四款的有关规定。

在本申请的说明书中没有以文字形式记载权利要求11中的技术特征"且至少所说第二绝缘膜伸出所说栅电极的边缘以覆盖部分所说源和漏区"和权利要求12中的技术特征"而所说第二绝缘膜伸出所说栅电极的边缘以覆盖部分所说源和漏区"；本申请说明书中记载的所有实施例均采用"周知的离子注入法"来对半导体区掺杂从而形成源和漏区，而没有明确限定出本申请所采用的"周知的离子注入法"的具体工艺条件。因此，本领域普通技术人员可知，根据本领域公知的离子注入法——自对准离子注入的原理，得到的源/漏区与沟道区的边界是由栅电极的边缘、栅电极下方的栅绝缘膜或覆盖在栅电极上的侧栅氧化膜的边缘来确定。

专利权人认为：权利要求 11 和 12 能够得到本申请说明书附图中的图 1（A）－1（D）和图 2 所对应的实施例的支持，并认为在图 1（A）－1（D）和图 2 中示出了“第二绝缘膜覆盖部分所说源和漏区”的技术特征。

然而，根据图 1（A）－1（D）以及说明书中相应的文字记载（参见说明书第 11 页第 14 行至第 13 页倒数第 4 行），可以显而易见地获知，由于在形成覆盖栅电极的氧化铝薄膜（115－116）并以氧化铝膜为掩模对氮化硅膜（107）蚀刻之后才对半导体区进行掺杂形成源/漏区（118－119），所以根据上述自对准离子注入的工艺顺序的限制，作为第二绝缘膜的氮化硅膜（107）必然在源和漏区之间，而不会覆盖部分源和漏区。

虽然本申请说明书附图 1（A）－1（D）和图 2 中示出的结构中已经展示出作为第二绝缘膜的氮化硅膜（107）覆盖部分源和漏区（118、119），但是，从图 1（C）和 1（D）中示出的结构可以明显看出，图 1（C）中的左侧第一个完整的晶体管结构中的右侧源/漏区（118）和沟道区之间的边界线与栅电极上的氧化铝膜（115）的右侧边缘大致对齐，而其左侧掩/漏区和沟道区之间的边界线不与栅电极上的氧化铝膜 15 的左侧边缘对齐，即微微超出氧化铝膜（115）的左侧边从而部分延伸到作为第二绝缘膜（107）的下方，由此可见，上述附图的制作显然存在较大的作图误差。因此，仅通过上述附图中所示出的结构尺寸不足以使本申请的权利要求 11 和 12 请求保护的技术方案得到支持。

专利权人认为，根据半导体领域的公知常识，即使采用周知的制作工艺，通过控制条件的不同，例如，在掺杂工艺中选择不同的加速电压、不同的岛状半导体区和栅氧化膜厚度尺寸，也可以获得不同的结构，并指出本申请的说明书第 11 页第 22～23 行（即附图 1（A）－1（D）所对应的实施例）举例说明了岛状半导体区可以为 20～100nm，说明书第 12 页第 3 行中举例说明了栅氧化膜 106 的厚度可以为 50～200nm，当选择岛状半导体区和栅氧化膜的很大的膜厚度时候，横向扩散也很大。此外，还提供反证 1，其中描述了不同的离子注入能量、不同的离子注入深度可以导致不同的横向扩散距离。

然而，在本申请的其他实施例中（例如，附图 4（A）－4（E）对应的实施例，参见说明书第 15 页第 5～6 行和第 12 行）采用的也是 20～100nm 的非晶硅薄膜和 50～200nm 的栅氧化膜，同时采用的也是“周知的离子注入法”，即，与附图 1（A）－1（D）所对应的实施例中的工艺条件相同，且在本申请的说明书中的任何实施例中未记载通过选择不同的岛状半导体区和栅氧化膜的厚度或者通过改变离子注入能量、加速电压等工艺参数来改变离子横向扩散的距离，以此来得到不同的器件结构，即本申请的说明书中未给出使第二绝缘膜覆盖部分源和漏区的任何技术启示。此外，说明书中也未记载由这种结构的不同所导致的技术效果。因此，在给定相同的工艺条件而未给出其他任何技术启示的情况下，本领域普通技术人员无法获得不同的器件结构。

同时，合议组认为，专利权人提供的反证 1 是日本应用物理的期刊杂志中的文章，其不属于公知常识的证据，不能够证明其记载的内容属于本领域的公知常识，因此专利权人主张的不同的离子诸如能量可以导致不同的横向扩散距离属于本领域的公知常识的主张，合议组不予接受。

综上所述，合议组认为：权利要求 11 和 12 得不到说明书的支持，不符合专利法第二十六条第四款的规定。

3. 关于创造性

专利法第二十二条第三款规定：创造性是指同申请日以前已有的技术相比，该发明有突出的实质性特点和显著的进步，该实用新型有实质性特点和进步。

在判断一项发明专利权利要求是否具备创造性时，应当将权利要求限定的技术方案与现有技术中最接近的对比文件公开的技术方案相对比，找出其区别技术特征，如果该区别技术特征为所属领域公知常识或被另一篇对比文件公开并且给出了将该区别技术特征应用到最接近的对比文件中的启示，并且未使该权利要求所限定的技术方案具有预想不到的技术效果，则该权利要求不具备创造性。

（1）权利要求1不符合专利法第二十二条第三款有关创造性的规定。

权利要求1请求保护一种绝缘栅薄膜晶体管。证据1（日本专利JP平3－217059A）中（参见证据1的译文第2页倒数第2自然段至第4页第5自然段以及附图1－3）公开了一种绝缘栅薄膜晶体管，并具体公开了下述特征：在基片1的表面上设置有由氧化硅构成的钝化层2（相当于权利要求1的绝缘表面）；在钝化层2的表面上设置有由具有沟道区3、漏区4以及源区5的多晶硅构成的半导体层6，沟道区3位于漏区4和源区5的中间；在半导体层6上依次设置有由氧化硅构成的第一绝缘膜7和由氮化硅构成的第二绝缘膜8，且第二绝缘膜也可以采用氧化铝膜；在沟道区3上方设置有由铬薄膜构成的栅电极9，第一绝缘膜7和第二绝缘膜8位于栅电极9与沟道区3之间。权利要求1请求保护的技术方案与对比文件1公开的技术方案相比，其区别在于：权利要求1中的栅电极包括可阳极氧化材料，且在栅电极侧表面上覆盖以包括可阳极氧化材料的氧化物的绝缘膜。

专利权人认为，上述区别特征的优点在于加强电极的绝缘和热阻性能。

证据4（美国专利US3798752A）中（参见证据4的译文第1页第2自然段至第3页第2自然段以及附图1A－1F）也公开了一种绝缘栅场效应晶体管，并具体公开了下述特征：通过对硅栅电极10进行阳极氧化以将硅栅的表面转变成氧化硅膜绝缘层12，其作用和效果与本专利中的作用和效果是相同的。由此可知，在证据1的基础上简单结合证据4公开的上述技术特征而得到权利要求1请求保护的技术方案，对于本领域技术人员来说是显而易见的，且这种结合并未给本发明带来显著的进步效果，因此，权利要求1相对于证据1和4的结合不具备创造性。

专利权人认为：证据4涉及的是使用单晶硅的硅栅极绝缘栅场效应管的制作方法，而证据1和本专利涉及的均是金属栅的薄膜晶体管的制作方法，二者属于不同的技术领域，硅栅和铝栅的制作工艺，以及使用单晶硅的场效应管和薄膜晶体管的制作工艺并不兼容，因此证据1与证据4无法进行结合来评判原权利要求3的创造性；其次，证据1中的双层栅绝缘膜其作用是为了改善晶体管的耐压性差，并提高稳定性，而本专利的双层栅绝缘膜是为了解决可移动离子入侵（污染）等等所产生的问题。因此证据1和2的发明目的与本专利截然不同，尽管证据4中公开了特征“可以对栅电极进行阳极氧化以便将硅栅的表面转化成氧化硅膜”，以及分别在证据1中公开了双层栅绝缘膜的结构，但是证据1和4中没有任何的技术启示或教导来结合证据1和4，从而得到本专利的技术方案。

合议组认为：第一，证据1和本专利均涉及的是绝缘栅薄膜晶体管，二者属于相同的技术领域，且证据1公开了权利要求1的大部分技术特征，因此将证据1作为本专利最接近的现有技术，将其与权利要求1保护的具体技术方案相对比，二者的区别在于：本专利的权利要求1中的栅电极包括可阳极氧化材料，且在栅电极侧表面上覆盖以包括可阳极氧化材料的氧化物的绝缘膜；第二，根据审查指南第二部分第四章第3.2.1.1节的相关规定，“首先应当分析要求保护的发明与最接近的现有技术相比有哪些区别特征，然后根据该区别特征所能达到的技术效果确定发明实际解决的技术问题”，因此对于本专利，相对于证据1，应根据权利要求1的上述区别特征所能达到的技术效果，来确定本专利实际解决的技术问题，则根据说明书第2页最后一自然段对现有技术的描述以及说明书第10页第4至6行对本专利的一实施例的部分描述可知，上述区别特征的作用是加强电极的绝缘和热阻性能；第三，证据4中公开了一种绝缘栅场效应晶体管，虽然在半导体领域中，绝缘栅场效应晶体管与绝缘栅薄膜晶体管在制作工艺上有所差异，但是证据4和本专利均涉及的是绝缘栅晶体管，应属于极相近似的技术领域，且作为晶体管产品而言，二者的基本结构和工作机理大致相同，此外，证据4中公开了下述技术特征：通过对硅栅电极 10 进行阳极氧化以将硅栅的表面转变成氧化硅膜绝缘层 12，即公开了权利要求 1 相对于证据 1 存在的上述区别技术特征，且在证据 4 中，氧化硅膜绝缘层 12 所其的作用也是用于加强电极的绝缘和热阻性能。由上述分析可知，对于本领域普通技术人员来说，为了加强证据 1 公开的绝缘栅薄膜晶体管的栅电极的绝缘和热阻性能，可以从证据 4 中公开的具有氧化硅膜绝缘层 12 的绝缘栅场效应晶体管得到技术启示和教导，即在证据 1 的基础上结合证据 4 公开的“通过对硅栅电极 10 进行阳极氧化以将硅栅的表面转变成氧化硅膜绝缘层 12”的技术特征，从而获得权利要求 1 要求保护的技术方案，这种结合对于本领域技术人员来说是显而易见的，且该结合未给本发明带来显著的进步效果。此外，从权利要求 1 当前所记载的内容来看，权利要求 1 中所记载的双层栅绝缘膜的结构和证据 1 中公开的双层绝缘栅膜的结构完全相同，因此，所其的作用应该完全相同，即证据 1 中的双层栅绝缘膜在改善晶体管的耐压性并提高稳定性的同时能够解决可移动离子入侵等所产生的问题。

（2）从属权利要求 2 不符合专利法第二十二条第三款有关创造性的规定。

从属权利要求 2 的附加技术特征为“第二绝缘膜的所说材料是氮化硅”。证据 1 中（参见证据 1 的中文译文第 2 页倒数第 2 自然段）公开了第二绝缘膜 8 由氮化硅构成。因此，在其引用的权利要求 1 不具备创造性的前提下，从属权利要求 2 相对于证据 1 和 4 的结合亦不具备创造性。

（3）从属权利要求 3 不符合专利法第二十二条第三款有关创造性的规定。

从属权利要求 3 的附加技术特征为“所说栅电极包括铝”。在半导体领域中，铝是常用的栅电极材料，即为本领域公知常识。由此可知，在证据 1 的基础上结合证据 4 再结合本领域公知常识而得到权利要求 3 请求保护的技术方案，对于本领域技术人员来说是显而易见的，且这种结合并未给本发明带来显著的进步效果，因此，权利要求 3 相对于证据 1 和 4 的结合不具备创造性。

（4）权利要求 4 不符合专利法第二十二条第三款有关创造性的规定。

权利要求 4 请求保护一种绝缘栅薄膜晶体管。证据 1 中（参见证据 1 的译文第 2 页倒数第 2 自然段至第 4 页第 5 自然段以及附图 1－3）公开了一种绝缘栅薄膜晶体管，并具体公开了下述特征：在基片 1 的表面上设置有由氧化硅构成的钝化层 2（相当于权利要求 4 的绝缘表面）；在钝化层 2 的表面上设置有由具有沟道区 3、漏区 4 以及源区 5 的多晶硅构成的半导体层 6，沟道区 3 位于漏区 4 和源区 5 的中间；在半导体层 6 上依次设置有由氧化硅构成的第一绝缘膜 7 和由氮化硅构成的第二绝缘膜 8，且第二绝缘膜也可以采用氧化铝膜；在沟道区 3 上方设置有由铬薄膜构成的栅电极 9，第一绝缘膜 7 和第二绝缘膜 8 位于栅电极 9 与沟道区 3 之间且伸出栅电极 9 的边缘。权利要求 4 请求保护的技术方案与对比文件 1 公开的技术方案相比，其区别在于：所说第二绝缘膜不覆盖所说源和漏区的主表面。

专利权人认为上述区别特征带来的优点是：由于在对源和漏区的掺杂工序期间离子的加速电压可以设置为低，所以能够防止发生栅电极等的断裂、防止缩短掺杂设备的工作寿命，缩短掺杂工序所需时间，有效进行氢化工序。

证据 3 中（参见证据 3 的译文第 2 页倒数第 1 自然段至第 3 页第 2 自然段以及附图 1－3）也公开了一种绝缘栅薄膜晶体管，并具体公开了下述特征：在形成作为薄膜晶体管的半导体层的多晶质硅层 3 和作为栅极绝缘膜的二氧化硅层 4 之后，形成栅电极 5（参见图 1（d）），接着使作为栅极绝缘膜的二氧化硅层 4 残留为岛状（参见图 1（e）），在杂质气体环境中照射激光而使多晶质硅层 3 露出部分融解，从而形成含有杂质的源电极区域 6 和漏电极区域 7（参见图 1（f）），此外，根据证据 3 上下文的相关记载，证据 3 中公开的图 1 的具有单层栅绝缘膜的薄膜晶体管的制造方法也适用于图 2 的具有由二氧化硅层 4 和磷玻璃层 11 构成的双层栅绝缘膜的薄膜晶体管，且从图 2 中可以明显看出栅绝缘膜4和11均伸出栅电极5的边缘。

虽然证据3未以文字的形式记载栅绝缘膜不覆盖源和漏电极区域6和7。但是，从证据3中公开的工艺步骤可以显而易见地获知，栅电极5和位于其下的栅绝缘膜作为掩模阻挡磷和硼等杂质注入到它们所覆盖的区域，因此根据工艺顺序的限制，源和漏电极区域6和7与栅电极相邻的边界应当由伸出栅电极5的栅绝缘膜来限定，即栅绝缘膜被限定在源和漏电极区域之间，而不覆盖源/漏区的主表面。由于证据3中的栅绝缘膜不覆盖源/漏区的主表面，因此必然也能够降低在对源和漏区的掺杂工序期间离子的加速电压，从而能够防止发生栅电极等的断裂、防止缩短掺杂设备的工作寿命，并缩短掺杂工序所需时间，以有效进行氢化工序。

由此可知，对于本领域普通技术人员来说，为了降低在对源和漏区的掺杂工序期间离子的加速电压，从而防止发生栅电极等的断裂、防止缩短掺杂设备的工作寿命，并缩短掺杂工序所需时间，以有效进行氢化工序，可以从证据3中公开的具有不覆盖源/漏区主表面的栅绝缘膜的绝缘栅薄膜晶体管得到技术启示和教导，即在证据1的基础上结合证据3公开的技术内容，从而获得权利要求4要求保护的技术方案，这种结合对于本领域技术人员来说是显而易见的，且该结合未给本发明带来显著的进步效果，因此，权利要求4相对于证据1和3的结合不具备创造性。

（5）从属权利要求5不符合专利法第二十二条第三款有关创造性的规定。

证据1中（参见证据1的中文译文第2页倒数第2自然段）公开了第二绝缘膜8由氮化硅构成。因此，在其引用的权利要求4不具备创造性的前提下，从属权利要求5相对于证据1和3亦不具备创造性。

（6）权利要求6不符合专利法第二十二条第三款的有关创造性的规定。

权利要求6请求保护一种绝缘栅薄膜晶体管。证据1中（参见证据1的中文译文第2页倒数第2自然段至第4页第5自然段以及附图1－3）公开了一种绝缘栅薄膜晶体管，并具体公开了下述特征：在基片1的表面上设置有由氧化硅构成的钝化层2（相当于权利要求4的绝缘表面）；在钝化层2的表面上设置有由具有沟道区3、漏区4以及源区5的多晶硅构成的半导体层6，沟道区3位于漏区4和源区5的中间；在半导体层6上依次设置有由氧化硅构成的第一绝缘膜7和由氮化硅构成的第二绝缘膜8，且第二绝缘膜也可以采用氧化铝膜；在沟道区3上方设置有由铬薄膜构成的栅电极9，第一绝缘膜7和第二绝缘膜8位于栅电极9与沟道区3之间且伸出栅电极9的边缘。权利要求4请求保护的技术方案与对比文件1公开的技术方案相比，其区别在于：所说第一和第二绝缘膜不覆盖所说源和漏区的主表面。

专利权人认为上述区别特征带来的优点是：由于在对源和漏区的掺杂工序期间离子的加速电压可以设置为低，所以能够防止发生栅电极等的断裂、防止缩短掺杂设备的工作寿命，缩短掺杂工序所需时间，有效进行氢化工序。

证据3中（参见证据3的译文第2页倒数第1自然段至第3页第2自然段以及附图1－3）也公开了一种绝缘栅薄膜晶体管，并具体公开了下述特征：在形成作为薄膜晶体管的半导体层的多晶质硅层3和作为栅极绝缘膜的二氧化硅层4之后，形成栅电极5（参见图1（d）），接着使作为栅极绝缘膜的二氧化硅层4残留为岛状（参见图1（e）），在杂质气体环境中照射激光而使多晶质硅层3露出部分融解，从而形成含有杂质的源电极区域6和漏电极区域7（参见图1（f）），此外，根据证据3的上下文的相关记载，证据3中公开的图1的具有单层栅绝缘膜的薄膜晶体管的制造方法的制造方法也适用于图2的具有由二氧化硅层4和磷玻璃层11构成的双层栅绝缘膜的薄膜晶体管，且从图2中可以明显看出栅绝缘膜4和11均伸出所栅电极5的边缘。

虽然证据3未以文字的形式记载栅绝缘膜不覆盖源和漏电极区域6和7。但是，从证据3中公开的工艺步骤可以显而易见地获知，栅电极5和位于其下的栅绝缘膜作为掩模阻挡磷和硼等杂质注入到它们所覆盖的区域，因此根据工艺顺序的限制，源和漏电极区域6和7与栅电极相邻的边界应当由伸出栅电极5的栅绝缘膜来限定，即栅绝缘膜被限定在源和漏电极区域之间，而不覆盖源漏区的主表面。由于证据3中的栅绝缘膜不覆盖源/漏区的主表面，因此必然也能够降低在对源和漏区的掺杂工序期间离子的加速电压，从而能够防止发生栅电极等的断裂、防止缩短掺杂设备的工作寿命，并缩短掺杂工序所需时间，以有效进行氢化工序。

由此可知，对于本领域普通技术人员来说，为了降低在对源和漏区的掺杂工序期间离子的加速电压，从而防止发生栅电极等的断裂、防止缩短掺杂设备的工作寿命，并缩短掺杂工序所需时间，以有效进行氢化工序，可以从证据3中公开的具有不覆盖源/漏区主表面的双层栅绝缘膜的绝缘栅薄膜晶体管得到技术启示和教导，即在证据1的基础上结合证据3公开的技术内容，从而获得权利要求6要求保护的技术方案，这种结合对于本领域技术人员来说是显而易见的，且该结合未给本发明带来显著的进步效果，因此，权利要求6相对于证据1和3的结合不具备创造性。

（7）从属权利要求7不符合专利法第二十二条第三款有关创造性的规定。

证据1（参见证据1的中文译文第2页倒数第2自然段）公开了第二绝缘膜8由氮化硅构成。因此，在其引用的权利要求6不具备创造性的前提下，从属权利要求7相对于证据1和3亦不具备创造性。

（8）从属权利要求8不符合专利法第二十二条第三款有关创造性的规定。

证据1（参见证据1的中文译文第2页倒数第2自然段以及附图1）公开了第一绝缘膜7和第二绝缘膜8彼此相互共同延伸。因此，在其引用的权利要求6不具备创造性的前提下，从属权利要求8相对于证据1和3亦不具备创造性。

（9）权利要求9不符合专利法第二十二条第三款有关创造性的规定。

权利要求9请求保护一种绝缘栅薄膜晶体管。证据1中（参见证据1的译文第2页倒数第2自然段至第4页第5自然段以及附图1-3）公开了一种绝缘栅薄膜晶体管，并具体公开了下述特征：在基片1的表面上设置有由氧化硅构成的钝化层2（相当于权利要求4的绝缘表面）；在钝化层2的表面上设置有由具有沟道区3、漏区4以及源区5的多晶硅构成的半导体层6，沟道区3位于漏区4和源区5的中间；在半导体层6上依次设置有由氧化硅构成的第一绝缘膜7和由氮化硅构成的第二绝缘膜8，且第二绝缘膜也可以采用氧化铝膜；在沟道区3上方设置有由铬薄膜构成的栅电极9，第一绝缘膜7和第二绝缘膜8位于栅电极9与沟道区3之间，且第一绝缘膜7和第二绝缘膜8伸出栅电极9的边缘且覆盖所述源和漏区的主表面。权利要求9请求保护的技术方案与证据1公开的技术方案相比，其区别在于：所说第二绝缘膜不覆盖所说源和漏区的主表面。

证据3中（参见证据3的译文第2页倒数第1自然段至第3页第2自然段以及附图1-3）也公开了一种绝缘栅场效应晶体管，并具体公开了下述特征：在形成作为薄膜晶体管的半导体层的多晶质硅层3和作为栅极绝缘膜的二氧化硅层4之后，形成栅电极5（参见图1（d）），接着使作为栅极绝缘膜的二氧化硅层4残留为岛状（参见图1（e）），在杂质气体环境中照射激光而使多晶质硅层3露出部分融解，从而形成含有杂质的源电极区域6和漏电极区域7（参见图1（f）），此外，证据3中公开了图1的具有单层栅绝缘膜的薄膜晶体管的制造方法的制造方法也适用于图2的具有由二氧化硅层4和磷玻璃层11构成的双层栅绝缘膜的薄膜晶体管，且从图2中可以明显看出栅绝缘膜4和11均伸出所栅电极5的边缘。

虽然证据3未以文字的形式记载栅绝缘膜不覆盖源和漏电极区域6和7。但是，从证据3中公开的工艺步骤可以显而易见地获知，栅电极5和位于其下的栅绝缘膜作为掩模阻挡磷和硼等杂质注入到它们所覆盖的区域，因此根据工艺顺序的限制，源和漏电极区域6和7与栅电极相邻的边界应当由伸出栅电极5的栅绝缘膜来限定，即栅绝缘膜被限定在源和漏电极区域之间，而不覆盖源漏区的主表面。

由此可知，对于本领域普通技术人员来说，为了降低在对源和漏区的掺杂工序期间离子的加速电压，从而防止发生栅电极等的断裂、防止缩短掺杂设备的工作寿命，并缩短掺杂工序所需时间，以有效进行氢化工序，可以从证据3中公开的具有不覆盖源/漏区主表面的双层栅绝缘膜的绝缘栅薄膜晶体管得到技术启示和教导，即在证据1的基础上结合证据3公开的上述技术特征并经过简单改造，从而获得权利要求9要求保护的技术方案，这种结合对于本领域技术人员来说是显而易见的，且该结合未给本发明带来显著的进步效果，因此，权利要求9相对于证据1和3的结合不具备创造性。

（10）从属权利要求10不符合专利法第二十二条第三款有关创造性的规定。

证据1（参见证据1的中文译文第2页倒数第2自然段）公开了第二绝缘膜8由氮化硅构成。因此，在其引用的权利要求9不具备创造性的前提下，从属权利要求10相对于证据1和3亦不具备创造性。

专利权人认为：a. 证据3的实施例部分描述的是单层栅绝缘膜的薄膜晶体管，仅仅在图2中示出了双层栅绝缘膜的结构，而相应的文字描述仅提到了两层绝缘膜的材料，即磷玻璃和二氧化硅层，而没有提到任何关于形成双层栅绝缘膜晶体管的工艺过程以及具体的结构，因此，请求人的结论仅仅是从图2推论得出的，而并没有任何说明书文字上的支持，其结论并不可靠；b. 证据3中的栅绝缘膜是通过激光辐射照形成的，而本专利采用沉积方法，这是不同的工艺方法；c. 证据3并未提出双层栅绝缘膜结构的技术效果，第二栅极绝缘膜的材料是磷玻璃，这也是和本专利中的氮化硅或氧化铝不同的，由于材料的不同也会产生不同的技术方案和技术效果，因此证据3没有任何建议或教导来实现本专利的权利要求4、6和9的技术方案。

合议组认为：第一，虽然证据3的实施例部分描述的是单层栅绝缘膜的薄膜晶体管，仅仅在图2中层栅绝缘膜的结构，但是根据证据3上下文的相关记载，证据3中公开的图1的具有单层栅绝缘膜的薄膜晶体管的制造方法也适用于图2的具有由二氧化硅层4和磷玻璃层11构成的双层栅绝缘膜的薄膜晶体管，且从图2中可以明显看出栅绝缘膜4和11均伸出栅电极5的边缘；第二，虽然证据3未以文字的形式记载栅绝缘膜不覆盖源和漏电极区域6和7，但是从证据3中公开的工艺步骤可以显而易见地获知，栅电极5和位于其下的栅绝缘膜作为掩模阻挡磷和硼等杂质注入到它们所覆盖的区域，因此根据工艺顺序的限制，源和漏电极区域6和7与栅电极相邻的边界应当由伸出栅电极5的栅绝缘膜来限定，即栅绝缘膜被限定在源和漏电极区域之间，而不覆盖源漏区的主表面；第三，专利权人声称证据3中的栅绝缘膜与本专利的栅绝缘膜的形成方法不同，但是从权利要求4中的文字描述中并为体现出上述方法的不同；第四，证据3的上层栅绝缘膜与权利要求4的双层栅绝缘膜的材料不同，但是证据1中公开的双层栅绝缘膜与权利要求4的双层栅绝缘膜的材料完全相同，因此不存在专利权人所声称的由于材料的不同会产生不同的技术方案和技术效果的问题；由上述分析可知，对于本领域普通技术人员来说，为了降低在对源和漏区的掺杂工序期间离子的加速电压，从而防止发生栅电极等的断裂、防止缩短掺杂设备的工作寿命，并缩短掺杂工序所需时间，以有效进行氢化工序，可以从证据3中公开的具有不覆盖源/漏区主表面的双层栅绝缘膜的绝缘栅薄膜晶体管得到技术启示和教导，即在证据1的基础上结合证据3公开的技术内容，从而获得权利要求4、6和9要求保护的技术方案。

综上所述，权利要求1~10不符合专利法第二十二条第三款有关创造性的规定。

5. 鉴于权利要求11和12不符合专利法第二十六条第四款的规定以及权利要求1~10不符合专利

法第二十二条第三款有关创造性的规定的无效理由成立，对于请求人的其他无效宣告请求理由和证据不再进行评述。

三、决定

宣告93104560.6号发明专利权全部无效。

当事人对本决定不服的，可以根据专利法第四十六条第二款的规定，自收到本决定之日起三个月内向北京市第一中级人民法院起诉。根据该款的规定，一方当事人起诉后，另一方当事人应当作为第三人参加诉讼。

北京市第一中级人民法院
行政判决书

（2007）一中行初字第473号

原告株式会社半导体能源研究所，住所地日本国神奈川县厚木市长谷398番地。

法定代表人山崎舜平，董事长。

委托代理人董巍，北京市德恒律师事务所律师。

委托代理人顾珊，北京市德恒律师事务所职员。

被告中华人民共和国国家知识产权局专利复审委员会，住所地中华人民共和国北京市海淀区北四环西路9号银谷大厦。

法定代表人廖涛，副主任。

委托代理人樊晓东，中华人民共和国国家知识产权局专利复审委员会审查员。

委托代理人王伟艳，中华人民共和国国家知识产权局专利复审委员会审查员。

第三人天津三星光电子有限公司。

原告株式会社半导体能源研究所不服被告中华人民共和国国家知识产权局专利复审委员会第9074号无效宣告请求审查决定（下称第9074号决定），向本院提起行政诉讼。本院受理后，依法组成合议庭，在法定期限内向被告送达了起诉书副本及应诉通知书。依照《中华人民共和国行政诉讼法》第二十七条的规定，本院通知天津三星光电子有限公司作为第三人参加诉讼，并于2007年5月11日公开开庭审理了本案。原告的委托代理人董巍、顾珊，被告的委托代理人樊晓东、王伟艳到庭参加了诉讼，经本院合法传唤，第三人未到庭参加诉讼。本案现已审理终结。

2006年12月14日，被告作出第9074号决定。该决定认为名称为“绝缘栅薄膜晶体管”的第93104560.6号发明专利（下称本专利）的权利要求11、12不符合《中华人民共和国专利法》（以下简称《专利法》）第二十六条第四款、权利要求1—10不符合《专利法》第二十二条第三款的规定，故宣告本专利权全部无效。

在法定举证期限内，为证明被诉决定的合法性，被告向本院提交了下列证据：1. 本专利说明书复印件；2. 原告在口审中提交的修改后的权利要求书；3. 公开日为1991年9月24日的日本专利JP平2—217059A的专利申请公开说明书及其中文译文（以下简称证据1）；4. 公开日为1 990年2月5日的日本专利JP平2—33934A的专利申请公开说明书及其中文译文（以下简称证据3）；5. 公开日为1974年3月26日的美国专利us3798752A的专利授权公告说明书及其部分中文译文（以下简称证据4）；6. 原告在无效程序中提交的日本应用物理期刊1972年二月第2期第11卷第134—142页文献

"Theoretical Consideration on Lateral spread of Implanted Ions" 及其中文译文（以下简称反证1）；7. 本案口头审理记录表。

原告诉称：一、第9074号决定在依据《专利法》第二十六条第四款评价权利要求是否得到说明书支持的问题时，认定事实不清，适用法律错误。在说明书附图1（C）、1（D）和图2中清楚地表示出权利要求11和12中所描述的结构。同时，在说明书实施例部分也详细地描述了得到附图1（C）、1（D）和图2的结构所实施的相应具体工艺步骤，因此，权利要求11、12的技术方案在说明书以及附图中均进行了详细的描述，能够得到说明书的充分且实质性支持。被告认定该两项权利要求得不到说明书支持是毫无事实依据的。被告适用《专利法》第二十六条第四款评述本专利权利要求11、12时，所依据的理由之一就是认为"在本专利说明书的任何实施例中未记载所采用的具体工艺参数来得到不同的器件结构。因此，在给定相同的工艺条件而未给出其他任何技术启示的情况下，本领域普通技术人员无法获得不同的器件结构。"而该理由属于《专利法》第二十六条第三款规定的说明书公开是否充分的问题，因此被告认定的事实与适用法律不相符，所得出的结论必然是错误的。此外，被告在未明确本专利权利要求中有关"主表面""部分覆盖源/漏区"的概念含义的前提下，断然得出本专利说明书附图1（A）－1（D）和图2中示出的结构存在较大的作图误差的结论，也是错误的。原告在无效程序中提交的反证1是作为本专利的现有技术的证据，被告以该证据不属于公知常识证据为由，对其中记载的现有技术予以否认是错误的。且根据原告在诉讼中提交的证据可以证明该证据属于公知常识证据。因此，被告对于该证据的认定亦是错误的。二、被告未对第三人提出的本专利不符合《中华人民共和国专利法实施细则》（以下简称《专利法实施细则》）第二十条第一款的无效理由进行审查，违反了法定程序，且直接影响了对后续理由的审查，导致了被告认为附图存在作图误差，从而错误地认定权利要求得不到说明书的支持。三、被告在评价本专利创造性时认定事实错误。被告在决定中引用的对比文件与本专利所要解决的技术问题和所采用的技术方案均截然不同，且没有任何的技术启示和教导来结合这些对比文件得到本专利所保护的技术方案。综上所述，第9074号决定认定事实不清，适用法律错误，违反法定程序，请求法院判决予以撤销。在本院庭审中，原告进一步提出，被告在认定权利要求4、6、9与证据1的区别特征时，将绝缘膜伸出栅电极但不覆盖源漏区这一整体技术特征割裂开来，导致对上述权利要求创造性的认定有误。

在法定举证期限内，原告为支持自己的主张，除了向本院提交了与被告证据1、6相同的证据，用以证明本专利公开的具体内容以及本专利中所述的"离子注入法"是现有公知技术外，还提交了下列证据：1. 本专利的优先权文本JPl02202/92的说明书附图1、2，用以证明本专利附图并非是作图误差；2. MeGraw—Hill图书公司于1988年出版的"' VLSI Technology"（超大硅模集成电路）一书的节选及其中文译文，用以证明反证1属于《审查指南》规定的公知常识证据。

被告辩称，原告所说的说明书的内容与第二绝缘膜、源、漏区的形成并无直接关系，而说明书描述的内容同样对于第二绝缘膜是否覆盖部分源、漏区没有说明作用。对于说明书附图1（C）、1（D）和图2所示的相关内容，说明书仅有采用"周知的离子注入法"的简单说明，而对于未做任何区分的同样采用周知的离子注入法形成的源、漏区，各附图所展示的源、漏区边缘与第二绝缘膜边缘之间的位置关系并不相同，特别是图1（C）、1（D）所展示的左侧第一个完整的晶体管结构中源、漏区与第二绝缘膜的位置关系更是如此，因此，其具有较大的作图误差。权利要求中"主表面"的含义是否清楚，与判断第二绝缘膜是否覆盖部分源、漏区无关，也看不出原告指出的"主表面""部分覆盖源/漏区"含义是否清楚和说明书附图是否有作图误差之间有任何必然联系。在没有任何文字记载的情况下，仅借助原告所指出的上述附图不足以确定第二绝缘膜与源、漏区之间具有部分覆盖的位置关系。根据《审查指南》的规定，权利要求所要求保护的技术方案应当是所属技术领域的技术人员能够从说明书充分公开的内容中得到或者概括得出的技术方案，并且不得超出说明书公开的范围。由此可见，《专利法》第二十六条第三四款之间存在密切关系，对于权利要求所保护的技术方案，如果说明书没有对其进行充分公开，则说明书不符合（《专利法》第二十六条第三款，而该权利要求必然得不到说明书的支持，不符合《专利法》第二十六条第四款。原告在无效程序中提交的反证 1 是支持所采用的周知的离子注入法工艺，而周知的工艺显然是公知常识的一种，由此可知原告提交该证据是作为公知常识证据使用的，但该证据是期刊杂志中的文章，不属于公知常识证据，本委认定其中记载的有关内容不属于本领域的公知常识正确。鉴于权利要求 11、12 不符合（《专利法》第二十六条第四款，本委对于第三人针对该两项权利要求提出的其他无效理由不再进行评述并无不当。关于权利要求 1～10 是否具备创造性的问题，本委坚持在被诉决定中的意见。综上，第 9074 号决定认定事实清楚，适用法律正确，审理程序合法，请求法院判决维持上述决定。

第三人未向本院陈述意见，亦未向本院提交证据。

经庭审质证，原告对被告提交证据的关联性、合法性、真实性均没有异议，但是不同意被告主张的证明作用。被告认为原告提交的证据 1 与被诉决定的审查无关，证据 2 在无效程序中没有提交，不能作为评价被诉行为合法性的依据。经审查本院认为，被告提交的证据 1、2 能够证明本专利保护的范围以及说明书对于本专利权利要求的解释和说明的具体内容。证据 3—5 能够证明被诉决定中使用的对比文件公开的有关技术内容。证据 7 记载了口头审理的有关事项以及各方陈述的意见。本院对上述证据予以采纳。证据 6 属于杂志期刊中刊载的文章，不足以证明其中记载的有关技术内容已经成为本领域的公知常识，本院对该证据不予采纳。对于原告提交的与被告相同的证据，本院不再重复评述。原告提交的证据 1 与本案审查的内容不具有关联性，证据 2 系在诉讼中提交的新证据，本院对上述 2 份证据亦不予采纳。

根据上述确认的有效证据以及当事人当庭无争议的陈述，本院认定事实如下：

1993 年 3 月 27 日，原告向国家知识产权局提出名称为“绝缘栅薄膜晶体管”的发明专利申请，该申请的优先权日为 1992 年 3 月 27 日。2000 年 4 月 26 日国家知识产权局授予其专利权，即本专利。授权公告的权利要求共计 13 项，具体内容如下：

1. 一种绝缘栅薄膜晶体管，包括：

在基片的绝缘表面上形成的包括结晶硅的半导体层；

在所说半导体层中形成的沟道区；

在所说半导体层中形成的源和漏区，在这些区间有所说沟道区；

在所说沟道区上形成的包括氧化硅的第一绝缘膜；

在所说第一绝缘膜上形成的第二绝缘膜；以及

在所说沟道区上方形成的栅电极，其间插置有所说第一和第二绝缘膜，

所说晶体管的特征在于，所说第二绝缘膜包括由氮化硅和氧化铝组成的组合中选出的一种材料。

2. 根据权利要求 1 的晶体管，其特征在于，第二绝缘膜的所说材料是氮化硅。

3. 根据权利要求 1 的晶体管，其特征在于，所说栅电极包括可阳极氧化的材料，且至少在其侧表面上覆盖以包括可阳极氧化材料的氧化物的绝缘膜。

4. 根据权利要求 1 的晶体管，其特征在于，所说栅电极包括铝。

5. 一种绝缘栅薄膜晶体管，包括：

在基片的绝缘表面上形成的包括结晶硅的半导体层；

在所说半导体层中形成的沟道区；

在所说半导体层中形成的源和漏区，在这些区间有所说沟道区；

在所说沟道区上形成的包括氧化硅的第一绝缘膜；

在所说第一绝缘膜上形成的第二绝缘膜；以及

在所说沟道区上方形成的栅电极，其间插置有所说第一和第二绝缘膜，

所说晶体管的特征在于，所说第二绝缘膜包括由氮化硅和氧化铝组成的组合中选出的一种材料，且所说第二绝缘膜伸出所说栅电极的边缘但不覆盖所说源和漏区的主表面。

6. 根据权利要求 5 的晶体管，其特征在于，第二绝缘膜的所说材料是氮化硅。

7. 一种绝缘栅薄膜晶体管，包括：

在基片的绝缘表面上形成的包括结晶硅的半导体层；

在所说半导体层中形成的沟道区；

在所说半导体层中形成的源和漏区，在这些区间有所说沟道区；

在所说沟道区上形成的包括氧化硅的第一绝缘膜；

在所说第一绝缘膜上形成的第二绝缘膜；以及

在所说沟道区上方形成的栅电极，其间插置有所说第一和第二绝缘膜，

所说晶体管的特征在于，所说第二绝缘膜包括由氮化硅和氧化铝组成的组合中选出的一种材料，且所说第一和第二绝缘膜伸出所说栅电极的边缘但不覆盖所说源和漏区的主表面。

8. 根据权利要求 7 的晶体管，其特征在于，第二绝缘膜的所说材料是氮化硅。

9. 根据权利要求 7 的晶体管，其特征在于，所说第一和第二绝缘膜彼此互相共同延伸。

10. 一种绝缘栅薄膜晶体管，包括：

在基片的绝缘表面上形成的包括结晶硅的半导体层；

在所说半导体层中形成的沟道区；

在所说半导体层中形成的源和漏区，在这些区间有所说沟道区；

在所说沟道区上形成的包括氧化硅的第一绝缘膜；

在所说第一绝缘膜上形成的第二绝缘膜；以及

在所说沟道区上方形成的栅电极，其间插置有所说第一和第二绝缘膜，

所说晶体管的特征在于，所说第二绝缘膜包括由氮化硅和氧化铝组成的组合中选出的一种材料，且所说第二绝缘膜伸出所说栅电极的边缘但不覆盖所说源和漏区的主表面，而所说第一绝缘膜覆盖所说源和漏区的主表面。

11. 根据权利要求 10 的晶体管，其特征在于，第二绝缘膜的所说材料是氮化硅。

12. 一种绝缘栅薄膜晶体管，包括：

在基片的绝缘表面上形成的包括结晶硅的半导体层；

在所说半导体层中形成的沟道区；

在所说半导体层中形成的源和漏区，在这些区间有所说沟道区；

在所说半导体层上形成的栅绝缘膜；以及

在所说沟道区上方形成的栅电极，其间插置有所说栅绝缘膜，

所说晶体管的特征在于，所说栅绝缘膜包括至少含氧化硅的第一绝缘膜和含氮化硅的第二绝缘膜，且至少所说第二绝缘膜伸出所说栅电极的边缘以覆盖部分所说源和漏区。

13. 一种绝缘栅薄膜晶体管，包括：

在基片的绝缘表面上形成的包括结晶硅的半导体层；

在所说半导体层中形成的沟道区；

在所说半导体层中形成的源和漏区，在这些区间有所说沟道区；

在所说半导体层上形成的栅绝缘膜；以及

在所说沟道区上方形成的栅电极，其间插置有所说栅绝缘膜，

所说晶体管的特征在于，所说栅绝缘膜包括至少含氧化硅的第一绝缘膜和含氮化硅的第二绝缘膜，而所说第二绝缘膜伸出所说栅电极的边缘以覆盖部分所说源和漏区，且所说第一绝缘膜覆盖所说源和漏区的主表面。

2005 年 3 月 31 日，第三人以本专利权利要求 1、5、7、10、12 和 13 不符合《专利法实施细则》第二十条第一款的规定；权利要求 12 和 13 不符合《专利法》第二十六条第四款的规定；权利要求 1、2、4、12 不具备新颖性；权利要求 3 ~ 11、13 不具备创造性为由，向被告提出无效宣告请求，并提交了证据 1、以及公开日为 1990 年 9 月 11 日的日本专利 JP 平 2—228042A 的专利申请公开说明书的复印件及其中文译文（以下简称证据 2）作为对比文件。同年 4 月 29 日，第三人补充提交了证据 3、4 以及公开日为 1989 年 1 月 26 日的日本专利 JP 昭 64—23575A 的专利申请公开说明书的复印件及其中文译文（以下简称证据 5）作为对比文件，并增加了新的无效理由。被告受理上述无效宣告请求后，将上述文件转送给原告，并于 2005 年 10 月 13 日举行了口头审理。

在口头审理中，原告当庭提交了本专利权利要求书的替换页，即将原权利要求 3 和 1 合并为新的权利要求 1，原权利要求 2 和 4 作为新的权利要求 2 和 3 并引用新的权利要求 1，原权利要求 5 ~ 13 的技术方案不变，作为新的权利要求 4 ~ 12。修改后的权利要求具体内容如下：

1. 一种绝缘栅薄膜晶体管，包括：

在基片的绝缘表面上形成的包括结晶硅的半导体层；

在所说半导体层中形成的沟道区；

在所说半导体层中形成的源和漏区，在这些区间有所说沟道区：

在所说沟道区上形成的包括氧化硅的第一绝缘膜；

在所说第一绝缘膜上形成的第二绝缘膜；以及

在所说沟道区上方形成的栅电极，其间插置有所说第一和第二绝缘膜，

所说晶体管的特征在于，所说第二绝缘膜包括由氮化硅和氧化铝组成的组合中选出的一种材料，

所说栅电极包括可阳极氧化的材料，且至少在其侧表面上覆盖以包括可阳极氧化材料的氧化物的绝缘膜。

2. 根据权利要求 1 的晶体管，其特征在于，第二绝缘膜的所说材料是氮化硅。

3. 根据权利要求 1 的晶体管，其特征在于，所说栅电极包括铝。

4. 一种绝缘栅薄膜晶体管，包括：

在基片的绝缘表面上形成的包括结晶硅的半导体层：

在所说半导体层中形成的沟道区；

在所说半导体层中形成的源和漏区，在这些区间有所说沟道区；

在所说沟道区上形成的包括氧化硅的第一绝缘膜；

在所说第一绝缘膜上形成的第二绝缘膜；以及

在所说沟道区上方形成的栅电极，其间插置有所说第一和第二绝缘膜，

所说晶体管的特征在于，所说第二绝缘膜包括由氮化硅和氧化铝组成的组合中选出的一种材料，且所说第二绝缘膜伸出所说栅电极的边缘但不覆盖所说源和漏区的主表面。

5. 根据权利要求 4 的晶体管，其特征在于，第二绝缘膜的所说材料是氮化硅。

6. 一种绝缘栅薄膜晶体管，包括：

在基片的绝缘表面上形成的包括结晶硅的半导体层；

在所说半导体层中形成的沟道区；

在所说半导体层中形成的源和漏区，在这些区间有所说沟道区；

在所说沟道区上形成的包括氧化硅的第一绝缘膜；

在所说第一绝缘膜上形成的第二绝缘膜；以及

在所说沟道区上方形成的栅电极，其间插置有所说第一和第二绝缘膜，

所说晶体管的特征在于，所说第二绝缘膜包括由氮化硅和氧化铝组成的组合中选出的一种材料，且所说第一和第二绝缘膜伸出所说栅电极的边缘但不覆盖所说源和漏区的主表面。

7. 根据权利要求 6 的晶体管，其特征在于，第二绝缘膜的所说材料是氮化硅。

8. 根据权利要求 6 的晶体管，其特征在于，所说第一和第二绝缘膜彼此互相共同延伸。

9. 一种绝缘栅薄膜晶体管，包括：

在基片的绝缘表面上形成的包括结晶硅的半导体层；

在所说半导体层中形成的沟道区；

在所说半导体层中形成的源和漏区，在这些区间有所说沟道区；

在所说沟道区上形成的包括氧化硅的第一绝缘膜；

在所说第一绝缘膜上形成的第二绝缘膜；以及

在所说沟道区上方形成的栅电极，其间插置有所说第一和第二绝缘膜，

所说晶体管的特征在于，所说第二绝缘膜包括由氮化硅和氧化铝组成的组合中选出的一种材料，且所说第二绝缘膜伸出所说栅电极的边缘但不覆盖所说源和漏区的主表面，而所说第一绝缘膜覆盖所说源和漏区的主表面。

10. 根据权利要求 9 的晶体管，其特征在于，第二绝缘膜的所说材料是氮化硅。

11. 一种绝缘栅薄膜晶体管，包括：

在基片的绝缘表面上形成的包括结晶硅的半导体层；

在所说半导体层中形成的沟道区；

在所说半导体层中形成的源和漏区，在这些区间有所说沟道区；

在所说半导体层上形成的栅绝缘膜；以及

在所说沟道区上方形成的栅电极，其间插置有所说栅绝缘膜，

所说晶体管的特征在于，所说栅绝缘膜包括至少含氧化硅的第一绝缘膜和含氮化硅的第二绝缘膜，且至少所说第二绝缘膜伸出所说栅电极的边缘以覆盖部分所说源和漏区。

12. 一种绝缘栅薄膜晶体管，包括：

在基片的绝缘表面上形成的包括结晶硅的半导体层；

在所说半导体层中形成的沟道区；

在所说半导体层中形成的源和漏区，在这些区间有所说沟道区；

在所说半导体层上形成的栅绝缘膜；以及

在所说沟道区上方形成的栅电极，其间插置有所说栅绝缘膜，

所说晶体管的特征在于，所说栅绝缘膜包括至少含氧化硅的第一绝缘膜和含氮化硅的第二绝缘膜，而所说第二绝缘膜伸出所说栅电极的边缘以覆盖部分所说源和漏区，且所说第一绝缘膜覆盖所说源和漏区的主表面。

被告将上述权利要求书修改替换页转给第三人。第三人当庭表示对上述修改的权利要求书文本没有异议。被告告知双方此次口头审理以修改后的权利要求书作为审查的基础，并同意第三人在口头审理后一个月的期限内对原告上述修改的权利要求书提交书面意见陈述。

在口头审理中，第三人明确其无效理由为：权利要求1、4、6、9、11、12不符合《专利法实施细则》第二十条第一款的规定；权利要求4、6、9、11、12不符合《专利法》第二十六条第四款的规定；以证据1作为最接近的对比文件，结合公知常识或结合证据4评述权利要求1、2、3的创造性；证据1结合证据3或公知常识评述权利要求4、5、6、7、8、9、10的创造性；利用证据1或证据5来单独评述权利要求11的新颖性、创造性；利用证据1或证据5单独评述权利要求12的创造性。原告明确表示其对于第三人提交的证据1—5的真实性，以及中文译文的准确性均没有异议。

2005年11月14日，第三人针对原告口审当庭提交的修改的权利要求书提交了意见陈述书，并对证据2和3的中文译文进行补正，重新提交了证据2和3的中文译文，明确无效理由为权利要求1~12不具备《专利法》第二十二条第二、三款规定的新颖性和创造性，并提出了具体的证据结合使用方式；权利要求1~10和12不符合《专利法实施细则》第二十条第一款的规定；权利要求4~10和12不符合《专利法》第三十三条的规定；权利要求4~12不符合《专利法》第二十六条第四款的规定。被告将上述意见陈述以及证据转送给原告。针对第三人的上述意见，原告提交了意见陈述书，同时提交了反证1的中文译文。此后，原告、第三人又分别提交了几次意见陈述，被告均进行了转文。

对于各方提交的证据，被告经审查认为，证据1~5是在本专利优先权日之前公开的外国专利文献，第三人对这五项外文证据提交了相应的中文译文，原告对证据的真实性和中文译文均没有提出异议，因此证据1~5及其中文译文可以作为本专利现有技术的有效证据。原告提交的反证1为1972年2月的外国非专利文献，原告提交了该证据的中文译文、文献检索证明原件及盖有清华大学图书馆检索专用章的原文复印件，第三人对反证1的真实性和中文译文均没有提出异议，因此被告对反证1予以采信。但同时被告亦认为，反证1是日本应用物理的期刊杂志中的文章，不属于公知常识的证据，不能够证明其记载的内容，即“不同的离子注入能量、不同的离子注入深度可以导致不同的横向扩散距离”属于本领域的公知常识。

针对第三人提出的权利要求11、12不符合《专利法》第二十六条第四款的无效理由，被告认为，在本专利的说明书中没有以文字形式记载权利要求11中“且至少所说第二绝缘膜伸出所说栅电极的边缘以覆盖部分所说源和漏区”的技术特征，和权利要求12中“而所说第二绝缘膜伸出所说栅电极的边缘以覆盖部分所说源和漏区”的技术特征。本专利说明书中记载的所有实施例均采用“周知的离子注入法”来对半导体区掺杂从而形成源和漏区，而没有明确限定出本专利所采用的“周知的离子注入法”的具体工艺条件。因此，本领域普通技术人员根据本领域公知的离子注入法一自对准离子注入的原理，得到的源/漏区与沟道区的边界是由栅电极的边缘、栅电极下方的栅绝缘膜或覆盖在栅电极上的侧栅氧化膜的边缘来确定。根据图1（A）-1（D）以及说明书中相应的文字记载可以显而易见地获知，由于在形成覆盖栅电极的氧化铝薄膜（115—116）并以氧化铝膜为掩模对氮化硅膜（107）蚀刻之后才对半导体区进行掺杂形成源/漏区（118-119），所以根据上述自对准离子注入的工艺顺序的限制，作为第二绝缘膜的氮化硅膜（107）必然在源和漏区之间，而不会覆盖部分源和漏区。虽然本专利说明书附图1（A）-1（D）和图2中示出的结构已经展示出作为第二绝缘膜的氮化硅膜（107）覆盖部分源和漏区（118、119），但是，从图1（C）和1（D）中示出的结构可以明显看出，图1（C）中的左侧第一个完整的晶体管结构中的右侧源/漏区（118）和沟道区之间的边界线与栅电极上的氧化铝膜（115）的右侧边缘大致对齐，而其左侧源/漏区和沟道区之间的边界线不与栅电极上的氧化铝膜15的左侧边缘对齐，即微微超出氧化铝膜（115）的左侧边从而部分延伸到作为第二绝缘膜（107）的下方，由此可见，上述附图的制作显然存在较大的作图误差。因此，仅通过上述附图中所示出的结构尺寸不足以使本专利的权利要求11和12请求保护的技术方案得到支持。虽然本专利的说明书已经记载了关于采用周知的制作工艺，通过控制条件的不同，也可以获得不同的结构的内容。但是在本专利的其他实施例中与附图1（A)—1（D）所对应的实施例的工艺条件相同，且在本专利的说明书中的任何实施例均未记载通过选择不同的岛状半导体区和栅氧化膜的厚度或者通过改变离子注入能量、加速电压等工艺参数来改变离子横向扩散的距离，以此来得到不同的器件结构，即本专利的说明书中未给出使第二绝缘膜覆盖部分源和漏区的任何技术启示。说明书中也未记载由这种结构的不同所导致的技术效果。因此，在给定相同的工艺条件而未给出其他任何技术启示的情况下，本领域普通技术人员无法获得不同的器件结构。据此，被告认定权利要求11和12得不到说明书的支持，不符合《专利法》第二十六条第四款的规定。

针对第三人提出的权利要求1～10不具备创造性的无效理由，被告认为，证据1和本专利均涉及的是绝缘栅薄膜晶体管，二者属于相同的技术领域。证据4中公开了一种绝缘栅场效应晶体管，虽然在半导体领域中，绝缘栅场效应晶体管与绝缘栅薄膜晶体管在制作工艺上有所差异，但是证据4和本专利均涉及的是绝缘栅晶体管，应属于极相近似的技术领域，且作为晶体管产品而言，二者的基本结构和工作机理大致相同。证据1与权利要求1所保护的技术方案相比，二者的区别在于本专利的权利要求1中的栅电极包括可阳极氧化材料，且在栅电极侧表面上覆盖以包括可阳极氧化材料的氧化物的绝缘膜。根据说明书的有关描述可知，上述区别特征的作用是加强电极的绝缘和热阻性能。证据4中公开了通过对硅栅电极10进行阳极氧化以将硅栅的表面转变成氧化硅膜绝缘层12的技术内容，且在证据4中，氧化硅膜绝缘层12所起的作用也是用于加强电极的绝缘和热阻性能。由上述分析可知，对于本领域普通技术人员来说，为了加强证据1公开的绝缘栅薄膜晶体管的栅电极的绝缘和热阻性能，可以从证据4中公开的具有氧化硅膜绝缘层12的绝缘栅场效应晶体管得到技术启示和教导，从而获得权利要求1要求保护的技术方案，这种结合对于本领域技术人员来说是显而易见的，且该结合未给本发明带来显著的进步效果。因此，权利要求1相对于证据1和4的结合不具备创造性。

权利要求2、3是权利要求1的从属权利要求，其附加的技术特征或已经被证据1公开，或属于本领域公知常识。因此在其引用的权利要求1不具备创造性的前提下，从属权利要求2、3相对于证据1和4的结合亦不具备创造性。

权利要求4请求保护的技术方案与证据1公开的技术方案相比，其区别在于所说第二绝缘膜不覆盖所说源和漏区的主表面。证据3中公开了一种绝缘栅薄膜晶体管，虽然证据3未以文字的形式记载栅绝缘膜不覆盖源和漏电极区域6和7。但是，从证据3中公开的工艺步骤可以显而易见地获知，栅电极5和位于其下的栅绝缘膜作为掩模阻挡磷和硼等杂质注入到它们所覆盖的区域，因此根据工艺顺序的限制，源和漏电极区域6和7与栅电极相邻的边界应当由伸出栅电极5的栅绝缘膜来限定，即栅绝缘膜被限定在源和漏电极区域之间，而不覆盖源/漏区的主表面。由于证据3中的栅绝缘膜不覆盖源/漏区的主表面，因此必然也能够降低在对源和漏区的掺杂工序期间离子的加速电压，从而能够防止发生栅电极等的断裂、防止缩短掺杂设备的工作寿命，并缩短掺杂工序所需时间，以有效进行氢化工序。由此可知，对于本领域普通技术人员来说，为了降低在对源和漏区的掺杂工序期间离子的加速电压，从而防止发生栅电极等的断裂、防止缩短掺杂设备的工作寿命，并缩短掺杂工序所需时间，以有效进行氢化工序，可以从证据3中公开的具有不覆盖源/漏区主表面的栅绝缘膜的绝缘栅薄膜晶体管得到技术启示和教导，即在证据1的基础上结合证据3公开的技术内容，从而获得权利要求4要求保护的技术方案，这种结合对于本领域技术人员来说是显而易见的，且该结合未给本发明带来显著的进步效果，因此，权利要求4相对于证据1和3的结合不具备创造性。

权利要求5是权利要求4的从属权利要求，其附加技术特征已被证据1所公开，因此在其引用的权利要求4不具备创造性的前提下，从属权利要求5相对于证据1和3亦不具备创造性。

权利要求6请求保护的技术方案与证据1公开的技术方案相比，其区别在于所说第一和第二绝缘膜不覆盖所说源和漏区的主表面。证据3中公开了一种绝缘栅薄膜晶体管。虽然证据3未以文字的形式记载栅绝缘膜不覆盖源和漏电极区域6和7。但是，从证据3中公开的工艺步骤可以显而易见地获知，栅电极5和位于其下的栅绝缘膜作为掩模阻挡磷和硼等杂质注入到它们所覆盖的区域，因此根据工艺顺序的限制，源和漏电极区域6和7与栅电极相邻的边界应当由伸出栅电极5的栅绝缘膜来限定，即栅绝缘膜被限定在源和漏电极区域之间，而不覆盖源漏区的主表面。由于证据3中的栅绝缘膜不覆盖源/漏区的主表面，因此必然也能够降低在对源和漏区的掺杂工序期间离子的加速电压，从而能够防止发生栅电极等的断裂、防止缩短掺杂设备的工作寿命，并缩短掺杂工序所需时间，以有效进行氢化工序。由此可知，对于本领域普通技术人员来说，为了降低在对源和漏区的掺杂工序期间离子的加速电压，从而防止发生栅电极等的断裂、防止缩短掺杂设备的工作寿命，并缩短掺杂工序所需时间，以有效进行氢化工序，可以从证据3中公开的具有不覆盖源/漏区主表面的双层栅绝缘膜的绝缘栅薄膜晶体管得到技术启示和教导，即在证据1的基础上结合证据3公开的技术内容，从而获得权利要求6要求保护的技术方案，这种结合对于本领域技术人员来说是显而易见的，且该结合未给本发明带来显著的进步效果，因此，权利要求6相对于证据1和3的结合不具备创造性。

权利要求7、8是权利要求6的从属权利要求，其附加技术特征已经被证据1所公开，因此在其引用的权利要求6不具备创造性的前提下，从属权利要求7、8相对于证据1和3亦不具备创造性。

权利要求9请求保护的技术方案与证据1公开的技术方案相比，其区别在于：所说第二绝缘膜不覆盖所说源和漏区的主表面。证据3中公开了一种绝缘栅场效应晶体管。虽然证据3未以文字的形式记载栅绝缘膜不覆盖源和漏电极区域6和7。但是，从证据3中公开的工艺步骤可以显而易见地获知，栅电极5和位于其下的栅绝缘膜作为掩模阻挡磷和硼等杂质注入到它们所覆盖的区域，因此根据工艺顺序的限制，源和漏电极区域6和7与栅电极相邻的边界应当由伸出栅电极5的栅绝缘膜来限定，即栅绝缘膜被限定在源和漏电极区域之间，而不覆盖源漏区的主表面。由此可知，对于本领域普通技术人员来说，为了降低在对源和漏区的掺杂工序期间离子的加速电压，从而防止发生栅电极等的断裂、防止缩短掺杂设备的工作寿命，并缩短掺杂工序所需时间，以有效进行氢化工序，可以从证据3中公开的具有不覆盖源/漏区主表面的双层栅绝缘膜的绝缘栅薄膜晶体管得到技术启示和教导，即在证据1的基础上结合证据3公开的上述技术特征并经过简单改造，从而获得权利要求9要求保护的技术方案，这种结合对于本领域技术人员来说是显而易见的，且该结合未给本发明带来显著的进步效果，因此，权利要求9相对于证据1和3的结合不具备创造性。

权利要求10是权利要求9的从属权利要求，其附加技术特征已经被证据1所公开，因此，在其引用的权利要求9不具备创造性的前提下，从属权利要求10相对于证据1和3亦不具备创造性。

综上所述，被告认定本专利权利要求1~10不具备创造性。

鉴于第三人关于权利要求11和12不符合《专利法》第二十六条第四款的规定以及权利要求1~10不符合《专利法》第二十二条第三款有关创造性规定的无效理由成立，被告对于第三人的其他无效宣告请求的理由和证据未再进行评述。遂于2006年12月14日作出第9074号决定，宣告本专利权全部无效。原告不服，向本院提起行政诉讼。

本院认为，《专利法》《专利法实施细则》以及《审查指南》均未对被告在无效程序中对无效理由的审查顺序作出明确规定。本案中，被告在第三人提出的无效宣告请求范围内，对本专利进行审查符合法律规定。经本院审查，本专利权利要求中有关“主表面”的概念是否清楚不影响对权利要求11、12中“第二绝缘膜伸出所说栅电极的边缘以覆盖部分所说源和漏区”技术内容判断，故被告首先审查第三人提出的权利要求11、12是否符合《专利法》第二十六条第四款规定的无效理由并无不当。在得出第三人上述无效理由成立的前提下，被告对其他无效理由未再评述亦不违反相关法律规定。原告主张被告未审查本专利权利要求是否符合《专利法实施细则》第二十条第一款的规定，直接影响后续审查，属于程序违法的诉讼意见，法律依据不足，本院不予采纳。

根据《专利法》第二十六条第四款的规定，权利要求应当得到说明书的支持，每一项权利要求所要求保护的技术方案应当是所属技术领域的技术人员能够从说明书中充分公开的内容直接得到或者概括得出的技术方案，并且权利要求的范围不得超出说明书记载的内容。就本案而言，在本专利说明书的实施例以及附图中虽然记载了权利要求 11、12 所保护的技术方案的相关内容，但是在说明书中并未对“周知的离子注入法”的具体工艺条件作出必要的说明，即在说明书中没有描述如何控制离子注入的能量和深度等具体条件，以获得不同的结构，本领域技术人员根据说明书的记载并结合本领域的公知常识，无法直接或概括得出权利要求 11、12 所保护的技术方案。因此，被告关于本专利权利要求 11、12 不符合《专利法》第二十六条第四款规定的认定结论正确。原告关于权利要求 11、12 的技术方案在说明书以及附图中均进行了详细的描述，能够得到说明书的充分且实质性支持，符合《专利法》第二十六条第四款规定的主张，事实依据不足，本院不予采纳。

根据《专利法》第二十二条第三款的规定，创造性是指同申请日以前已有的技术相比，该发明有突出的实质性特点和显著的进步。判断发明是否具备创造性主要看该发明所要保护的技术方案相对于现有技术是否是非显而易见的，以及是否具有有益的技术效果。《审查指南》第二部分第四章第 3.2 节对发明有突出的实质性特点和显著的进步作了解释并给出审查基准。

关于证据 1、4 能否作为评价本专利创造性的对比文件的问题。本专利请求保护的是一种绝缘栅薄膜晶体管，证据 1 公开了一种绝缘栅薄膜晶体管，证据 4 公开了一种绝缘栅场效应晶体管，被告根据三者均涉及绝缘栅晶体管的技术内容，认定属于相同或相近似的技术领域，该认定结论具有事实根据和法律依据。因此，证据 1、4 可以作为现有技术评价本专利的创造性。原告主张证据 1、4 与本专利属于不同的技术领域缺乏事实依据，本院不予采纳。

关于本专利权利要求 4、6、9 与证据 1 的区别特征问题。证据 1 的说明书附图 1 已经清楚地显示出绝缘膜与栅电极之间的位置关系，上述权利要求与证据 1 的区别仅在于证据 1 未公开绝缘膜不覆盖源漏区的主表面的技术特征，因此被告对于上述权利要求与证据 1 之间区别特征的认定是准确的，亦符合《审查指南》的相关规定。原告主张绝缘膜伸出栅电极的边缘但不覆盖源漏区的主表面是一个不可分割的技术特征，依据不足，本院不予采纳。

被告根据证据 1、4 公开的技术内容，认定本领域技术人员在证据 1 公开的技术内容的基础上，结合证据 4 的技术教导，获得本专利权利要求 1 所保护的技术方案，不需要花费创造性劳动。因此，本专利权利要求 1 相对于证据 1、4 的结合不具备创造性是正确的。

被告根据证据 1、3 公开的技术内容，认定本领域技术人员在证据 1 公开内容的基础上，结合证据 3 给出的相应技术启示获得本专利的权利要求 4、6、9 所保护的技术方案，不需要付出创造性的劳动亦正确。

由于权利要求 2、5、7、8、10 的附加技术特征已经被证据 1 公开，权利要求 3 的附加技术特征属于本领域的公知常识，被诉决定关于该部分权利要求亦不具有创造性的认定结论正确。

综上，第 9074 号决定认定事实清楚，适用法律正确，审查程序合法，本院予以维持。原告的诉讼理由均缺乏事实及法律依据，其诉讼请求本院不予支持。据此，依照《中华人民共和国行政诉讼法》第五十四条第（一）项的规定，判决如下：

维持中华人民共和国国家知识产权局专利复审委员会于二〇〇六年十二月十四日作出的第 9074 号无效宣告请求审查决定。

案件受理费1000元，由原告株式会社半导体能源研究所负担（已交纳）。

如不服本判决，原告株式会社半导体能源研究所可在本判决书送达之日起30日内，被告中华人民共和国国家知识产权局专利复审委员会、第三人天津三星光电子有限公司可在本判决书送达之日起15日内，向本院递交上诉状，并按对方当事人人数提出副本，预交上诉案件受理费，上诉于中华人民共和国北京市高级人民法院。上诉人在上诉期限内未预交上诉案件受理费，又不提出缓交申请的，按自动撤回上诉处理。

审 判 长 梁 菲
代理审判员 何君慧
人民陪审员 欧万雄
二〇〇七年六月二十九日
书 记 员 张 莹

104

一种高光效荧光灯案

无效宣告请求审查决定（第9113号）

决　定　号　第9113号
决　定　日　2006年12月6日
发明创造名称　一种高光效荧光灯
国际分类号　H01J 61/30
无效请求人　上海威名登照明有限公司
专利权人　吴建新
专　利　号　02221050.4
申　请　日　2002年6月4日
授权公告日　2003年7月16日
合议组组长　陈迎春
主　审　员　张　华
参　审　员　张　鹏

法律依据　专利法第二十二条第二款
决定要点

抵触申请是指，在发明或实用新型的新颖性的判断中，由他人在该申请的申请日前向专利局提出并且在申请日以后（含申请日）公布的同样的发明或者实用新型专利申请，损害该申请日提出的专利申请的新颖性。确定是否存在抵触申请，不仅要查阅在先专利或专利申请的权利要求书，而且要查阅其说明书（包括附图），应当以其全文内容为准。

一、案由

本无效宣告请求涉及国家知识产权局于2003年7月16日授权公告的名称为"一种高光效荧光灯"02221050.4号实用新型专利（下称本专利），申请日为2002年6月4日，专利权人为吴建新。授权公告的权利要求如下：

"1. 一种高光效荧光灯，包括多个U型灯管通过短管横向熔接相互连通合围组成类似圈状，其特征在于所说各U型灯管的两纵向管的中间部向外展开并沿纵向呈弧形弯曲，组成类似灯笼状。

2. 根据权利要求1所述高光效荧光灯，其特征在于所说U型灯管为3－6根。

3. 根据权利要求1或2所述高光效荧光灯，其特征在于所说U型灯管的两纵向管的中间部向外呈弧形展开。"

针对上述专利权，上海威名登照明有限公司（下称请求人）于2005年8月25日向专利复审委员会提出无效宣告请求（案件编号为5W07115），其理由是本专利权利要求1～3不符合专利法第二十二条第二款的规定，并提交了以下证据：

附件1：本专利说明书；

附件2：01253432.3号实用新型专利说明书，申请日为2001年9月3日，授权公告日为2002年8月14日，专利权人葛葆珪（下称对比文件1）。

请求人认为，对比文件1构成本专利的抵触申请，其公开了本专利权利要求1~3的全部技术特征，具体为：（1）对比文件1揭示了一种球形荧光灯，包括灯管和灯头。其灯管由若干个灯管单元构成，灯管单元按一定曲率半径的弧度弯曲并按球面展开……采用接桥方法将它们互相连通成一个球体球形荧光灯。由此可见，对比文件1完全覆盖了权利要求1的技术特征。（2）对比文件1中"用3-6个……灯管单元1"，由此权利要求2的附加技术特征被对比文件所公开。（3）从属权利要求3的附加技术特征实质上与独立权利要求1的特征"各U型灯管的两纵向管的中间部向外展开并沿纵向呈弧形弯曲，组成类似灯笼状"重复，该技术特征已经被对比文件1所公开。因此，权利要求1~3不符合专利法第二十二条第二款的规定。

经形式审查合格，专利复审委员会受理了该无效宣告请求，并于2005年12月14日向双方当事人发出受理通知书，并将请求书及其附件清单中所列附件副本转送给专利权人，要求其在指定的期限内答复。专利权人逾期未答复。

合议组于2006年3月21日向双方当事人发出口头审理通知书，定于2006年5月10日进行口头审理。口头审理如期举行，双方当事人均出席口头审理。口头审理中，请求人当庭明确其无效宣告为：本专利权利要求1~3所要求保护的技术方案的所有技术特征均已经被对比文件公开，其不具备新颖性，不符合专利法第二十二条第二款的规定。专利权人对于请求人所提交的证据的真实性没有异议。

口头审理结束后，专利复审委员会分别于2006年5月16日和2006年5月23日收到专利权人寄交的口审回执、意见陈述书以及在口头审理中陈述内容的书面材料。主要内容为：（1）请求人评判方法错误，导致结论错误。应当将本专利的权利要求与对比文件的权利要求要求进行比较，而并非将本专利的权利要求与对比文件的全文进行比较。（2）本专利与对比文件专利为两个不同的实用新型。主要理由为：两个专利的保护主题不相同，对比文件1的权利要求1是由灯头和灯管组成的荧光灯，而本专利的权利要求1中无灯头特征；技术方案不同，本专利权利要求1由多个U型灯管经短管横向熔接成类似圈状，U形纵向管中间部呈弧形弯曲，组成类似灯笼状，这些在对比文件1中没有公开；发明目的不完全相同：对比文件1发明目的是克服自镇流一体化电子节能灯的不足，与本专利发明目的不同。因此，权利要求1具备新颖性。（3）基于权利要求1具备新颖性，并且权利要求2和3的附加技术特征均未在对比文件1中得到公开，因此，权利要求2~3具备新颖性。

合议组经过合议后认为，本案事实已经清楚，可以作出审查决定。

二、决定的理由

1. 关于证据

在无效程序中，请求人只提交了一份证据，即对比文件1，专利权人对对比文件1的真实性无异议。经审查，对比文件1为中国实用新型专利说明书，申请日为2001年9月3日，授权公告日为2002年8月14日，专利权人葛葆珪。因此，对比文件1属于他人在本专利申请日前向国家知识产权局提出的申请且记载在本专利申请日以后公布的专利申请文件中，可以作为评价本专利新颖性的对比文件。

2. 关于本专利是否具备新颖性

专利法第二十二条第二款规定：新颖性，是指在申请日以前没有同样的实用新型在国内外出版物上公开发表过、在国内公开使用过或以其他方式为公众所知，也没有同样的实用新型由他人向国务院专利行政部门提出过申请并且记载在申请日以后公布的专利申请文件中。

专利权人提出：对于抵触申请，应当将本专利的权利要求与对比文件的权利要求要求进行比较，而并非将本专利的权利要求与对比文件的全文进行比较；此外，对比文件1的权利要求1是由灯头和灯管组成的荧光灯，而本专利的权利要求1中无灯头特征，且两者的IPC分类号不同，因此，两者属于不同的技术领域，对比文件1不能用来评价本专利的新颖性。而请求人认为：本专利和对比文件1都涉及荧光灯，两者属于相同的技术领域，因此，对比文件1可以用来评价本专利的新颖性。

合议组认为：审查指南（2006年版审查指南）第二部分第三章第2.2节规定：确定是否存在抵触申请，不仅要查阅在先专利或专利申请申请的权利要求书，而且要查阅其说明书（包括附图），应当以其全文内容为准。

如果一项权利要求的技术方案与现有技术公开的技术方案实质相同，且属于相同的技术领域，所产生的技术效果相同，则该权利要求不具备新颖性，因此，对于本专利与对比文件1是否属于同样的发明或实用新型，应当从技术领域、所要解决的技术问题、技术方案和预期效果四个方面进行判断。

尽管对比文件1与本申请的IPC分类号不同，但是对比文件1公开的球形荧光灯，包括灯管和灯头，所述灯管与本专利所述荧光灯属于相同产品，因此，对比文件1与本申请同属一个技术领域，可用来评价本专利的新颖性。此外，对比文件1公开了一种球形荧光灯（见说明书第1页第2段背景技术部分），其提供了一种散热好、相互遮光少的荧光灯，解决了现有技术中紧凑型荧光灯散热性差、发光率低的缺陷，因此，对比文件1的发明目的与本专利所要解决的技术问题相同，预期效果亦相同。

对于专利权人提出的对比文件1公开的技术方案与本专利的权利要求1所要求保护技术方案不同的观点，合议组认为，对比文件1具体公开了以下技术特征（见说明书第2页倒数第3段）：①若干灯管单元，根据附图1可以明显看出灯管单元呈U型，因此，本专利权利要求1中“多个U型灯管”的技术特征已经被对比文件1所公开。②灯管单元按一定曲率半径的弧度弯曲并按球面展开，用3－6个具有相同曲率半径并按球形展开的灯管单元采用接桥方法将它们互相连通成一个球形荧光灯。尽管对比文件1采用“接桥方法互相连通”而本专利采用“短管横向熔接连通”，但这仅为文字描述上的差异，仅就连通方式而言，均采用若干灯管首尾互相连通，因此对比文件1中“短管”即相当于权利要求1中的“接桥”，从而，权利要求1中“短管横向熔接连通”的技术特征为对比文件1所公开；此外，尽管对比文件1未明确说明，但是，根据附图2所示和所属领域内的公知常识可以得知，对比文件1中“若干灯管单元按球面展开”，其短管熔断连通合围也呈现一圈状，因此，本专利权利要求1中“通过短管横向溶接相互连通合围组成类似圈状”的技术特征被对比文件1所公开。③根据对比文件1实施例记载和附图1和2所示，其灯管单元“按一定曲率半径弯曲”和“两纵向管的中间部向外展开并沿纵向呈弧形弯曲”为等效概念，“按球面展开”和“类似灯笼状”也为等效概念。因此，本专利权利要求1中技术特征“各U型灯管的两纵向管的中间部向外展开并沿纵向呈弧形弯曲，组成类似灯笼状”被对比文件1所公开。因此，权利要求1所限定的技术方案是与对比文件1所公开的技术方案实质相同的技术方案，权利要求1相对于对比文件1不具备新颖性。

对于专利权人提出的对比文件1未公开权利要求2和权利要求3的附加技术特征的观点，合议组认为，权利要求2的附加技术特征为“所说U型灯管为3－6根。”基于对权利要求1的评述，且该附加技术特征已经被对比文件1所公开。由于，对比文件1已经公开了本专利的权利要求2所要求保护技术方案的所有技术特征，权利要求2所限定的技术方案是与对比文件1所公开的技术方案实质相同的技术方案，因此，权利要求2相对于对比文件1不具备新颖性。权利要求3的附加技术特征为“所说U型灯管的两纵向管的中间部向外呈弧形展开。”而对比文件1中，灯管单元“按一定曲率半径的弧度弯曲并按球面展开”，且从附图1中可以明显看出，U型灯管单元的两纵向管中间部是向外呈弧形展开的，因此，该附加技术特征已经被对比文件1所公开。权利要求3所限定的技术方案是与对比文件1所公开的技术方案实质相同的技术方案，权利要求3相对于对比文件1不具备新颖性。

综上，对比文件1已经公开了本专利权利要求1～3的全部技术特征，本专利的权利要求1～3相对于对比文件1不具备新颖性，不符合专利法第二十二条第二款的规定。

三、决定

宣告02221050.4号实用新型专利权全部无效。

当事人对本决定不服的，可以根据专利法第四十六条第二款的规定，自收到本决定之日起三个月内向北京市第一中级人民法院起诉。根据该款的规定，一方当事人起诉后，另一方当事人应当作为第三人参加诉讼。

105

开关变压器式中高压电动机软启动及调速装置案

无效宣告请求审查决定（第 9155 号）

决　定　号　第 9155 号
决　定　日　2006 年 12 月 15 日
发明创造名称　开关变压器式中高压电动机软启动及调速装置
国际分类号　H02P 7/54
无效请求人　李国浩
专利权人　哈尔滨帕特尔科技有限公司
专　利　号　01259830.5
申　请　日　2001 年 8 月 22 日
授权公告日　2003 年 4 月 30 日
合议组组长　王桂莲
主　审　员　杜　宇
参　审　员　崔哲勇

法律依据　专利法第二十六条第三款、第四款　专利法实施细则第二十条第一款、第二十一条第二款

决定要点

如果所属领域的技术人员按照说明书记载的内容，能够再现该发明或者实用新型的技术方案、解决其技术问题、并且产生预期的技术效果，则该说明书符合专利法第二十六条第三款的规定。

所属技术领域的技术人员能够从说明书中公开的内容直接得到或者概括得出权利要求保护的技术方案，其效果能由本领域技术人员通过结合说明书记载的内容和现有技术知识预先确定和评价，则该权利要求得到了说明书的支持。

如果所属技术领域的技术人员可以清楚、明确地得知权利要求保护的技术方案，则该权利要求保护的范围是清楚的，符合专利法实施细则第二十条第一款的规定。

如果独立权利要求记载的技术方案能解决本专利所要解决的技术问题，则该独立权利要求不缺少必要技术特征。

一、案由

本无效宣告请求涉及申请日为 2001 年 8 月 22 日、授权公告日为 2003 年 4 月 30 日、名称为“开关变压器式中高压电动机软启动及调速装置”、专利号为 01259830.5 号实用新型专利（下称本专利），授权公告时的专利权人为潘政刚，于 2006 年 11 月 16 日变更为哈尔滨帕特尔科技有限公司。本专利权利要求书如下：

“1. 由开关变压器与电动机串联、变压器处于开关工作状态所构成的用于高压电动机软启动及调速装置；

其特征在于开关变压器的原边绕组与电动机串联，开关变压器的副边由控制电路控制，控制电路控制变压器关断与导通的时间比即可改变电动机的端电压，从而达到软启动及调速的目的。

2. 根据权利要求 1 所述的开关变压器式中高压电动机软启动及调速装置，其特征在于控制电路由正向可控硅与反向可控硅并联与变压器副边绕组构成闭合回路，并设有可编程控制器 PLC 等，根据给定电压和反馈电压、反馈电流构成 PID 控制。”

2005 年 11 月 4 日李国浩（下称请求人）针对本专利向专利复审委员会提出无效宣告请求，其依据的事实和理由是：权利要求 1、2 不符合专利法第二十六条第三四款、专利法实施细则第二十条第一款、第二十一条第二款的规定。

请求人认为：（1）权利要求 1 的技术特征“控制电路控制变压器关断与导通的时间比即可改变电动机的端电压，从而达到软启动及调速的目的”为功能性特征，该功能性描述使得权利要求 1 的保护范围不清楚，权利要求 2 没有克服权利要求 1 所具有的缺陷；权利要求 2 的附加技术特征“设有可编程控制器 PLC 等”中包括有“等”这样的字眼，致使权利要求 2 保护范围不清楚；权利要求 2 的附加技术特征“根据给定电压和反馈电压、反馈电流构成 PID 控制”为功能性特征，该功能性描述使得权利要求 2 的保护范围不清楚。因此，权利要求 1 ~ 2 不符合专利法实施细则第二十条第一款的规定。

（2）权利要求 1 中缺少解决技术问题的必要技术特征，如缺少“电压互感器”“电流互感器”等；权利要求 2 没有克服权利要求 1 所具有的缺陷；权利要求 2 中缺少解决技术问题的必要技术特征，如缺少可编程控制器 PLC 与其他技术特征的连接关系；控制模块 C 等，因此权利要求 1 ~ 2 不符合专利法实施细则第二十一条第二款的规定。

（3）说明书中没有记载控制电路控制“变压器副边绕组的关断与导通的时间比”的技术手段；说明书没有记载“控制模块根据可编程控制器（PLC）的命令或人工手动命令，调节可控硅的关断与导通的时间比”的技术手段；说明书没有公开实现电动机软启动、软停止或调速的工作条件，因此权利要求 1 ~ 2 不符合专利法第二十六条第三款的规定。

（4）说明书对带有功能性特征“控制电路控制变压器关断与导通的时间比即可改变电动机的端电压，从而达到软启动及调速的目的”的权利要求 1 仅给出了一个实施例，而没有说明有其他方式也能完成上述技术特征中所述的功能，因此权利要求 1 概括的范围过于宽泛，得不到说明书的支持；说明书对带有功能型特征“根据给定电压和反馈电压、反馈电流构成 PID 控制”的权利要求 2 仅给出了一个实施例，而没有说明有其他方式也能完成上述技术特征中所述的功能，因此权利要求 2 概括的范围过于宽泛，得不到说明书的支持，因此权利要求 1 ~ 2 不符合专利法第二十六第四款的规定。

经形式审查合格后，专利复审委员会于 2005 年 11 月 29 日向双方当事人发出无效宣告请求受理通知书，并将上述无效宣告请求书及所附证据副本转送给专利权人，要求专利权人在一个月内陈述意见。

2005 年 12 月 27 日，专利权人向专利复审委员会提交了意见陈述书，其主要意见为：

（1）权利要求 1 和 2 中虽然存在一些撰写方面的的缺陷，但上述缺陷不影响对权利要求书中限定内容的理解，请求人所称的功能性描述是对“控制电路”的进一步限定，不能认为上述描述是不清楚的，本专利权利要求书符合专利法实施细则第二十条第一款的规定。

（2）本专利权利要求 1 所限定的是“开关变压器式中高压电动机软启动及调速装置”的基本构成，实现本专利的发明目的，没有必要将实施例中的具体部分都写到权利要求书中，因此权利要求 1 和 2 符合专利法实施细则第二十一条第二款的规定。

（3）专利权人认为：所述技术领域的技术人员都知道，根据某一个命令，产生一个控制信号，可以使用不同的方式产生控制信号，该信号只要能够控制可控硅的关断或者导通的时间，就是控制可控硅的关断与导通的时间比，因此请求人提出的本专利不符合专利法第二十六条第三款的理由不成立。

（4）专利权人认为，根据审查指南的有关规定，对于说明书中具有某一特征的技术方案仅给出一个实施例，而且权利要求1中该特征是用功能性限定的情况，如果所属技术领域的技术人员能够明了此功能还可以采用说明书中未提到的其他代替方式来完成的话，则权利要求中用功能限定该特征的写法是允许的，因此本专利权利要求书符合专利法第二十六条第四款的规定。

2006年4月19日，合议组向双方当事人发出无效宣告请求口头审理通知书，定于2006年6月5日进行口头审理，并将专利权人于2005年12月27日提交的意见陈述书及附页转交给请求人。

2006年6月8日，口头审理如期举行。双方当事人对合议组成员没有回避请求。双方当事人对对方出庭人员的身份没有异议。请求人明确无效理由为：（1）说明书不符合关于专利法第二十六条第三款；（2）权利要求1、2不符合专利法第二十六条第四款；（3）权利要求1、2不符合专利法实施细则第二十条第一款；（4）权利要求1、2不符合专利法实施细则第二十一条第二款。

在上述程序的基础上，合议组认为本案事实已经清楚，现依法作出如下审查决定。

二、决定的理由

1. 关于无效理由

根据请求人提出的无效宣告请求的范围、理由和提交的证据，本案合议组依据专利法第二十六条第三四款、专利法实施细则第二十条第一款、第二十一条第二款对本案进行审查。

2. 关于专利法第二十六条第三款

专利法第二十六条第三款规定：说明书应当对发明或者实用新型作出清楚、完整的说明，以所属技术领域的技术人员能够实现为准；必要的时候，应当有附图。摘要应当简要说明发明或者实用新型的技术要点。

本专利说明书记载了以下实施例：

"一个电动机M_1，开关变压器T_1，正向可控硅S_1，反向可控硅S_2，控制模块C，可编程控制器PLC电压互感器PT，电流互感器CT，给定电压PF。变压器（T_1）原边绕组与中高压（1.0Kv—10.0Kv）电动机（M_1）串连接在电网上，T_1的副边绕组并接在正向可控硅（S_1）和反向可控硅（S_2）的两端。这就构成了该装置的主控回路。当可控硅（S_1、S_2）截止时，变压器（T_1）为空载状态。此时的电源电压大部分加在变压器（T_1）的原边绕组上，电动机（M_1）上的端电压很低，当可控硅（S_1、S_2）完全导通时，变压器（T_1）为副边短路状态。变压器（T_1）原边绕组上的电压很低。此时的电源电压大部分加在电动机（M_1）上。控制模块（SCR CONTROLLER）根据可编程控制器（PLC）的命令或人工手动命令，调节可控硅的关断与导通的时间比，使电动机（M_1）处于软启动、软停止或调速运行工况。其中，控制模块（SCR CONTROLLER）根据给定电压（PF）和PT提供的反馈电压（V_A、V_B、V_C）、CT提供的反馈电流（I_A、I_B、I_C）构成PID控制，保证系统平稳可靠的工作。"

以上实施例记载了一个完整的电机调速控制电路，通过控制模块或人工手动对可控硅截止导通时间的控制，调整变压器原边绕组和副边绕组上电压，从而达到控制施加到电动机上的电压，实现对电动机进行的软启动、软停止或调速的作用。使用何种控制模块、如何控制可控硅截止导通及其时间比，以及电压传感器如何与其他元件连接都是电动机闭环调速控制领域的公知常识；并且在实际应用中，由于各个电器元件都具有电阻以及各种损耗，电源电压不会全部施加在变压器原边绕组或电动机上，对于本领域普通技术人员来说，本专利说明书中使用"电源电压大部分"描述施加在变压器原边绕组或电动机上的电压是清楚、准确的，根据本专利说明书中记载的内容，本领域普通技术人员能够实现本专利的技术方案，解决本专利要解决的技术问题，因此本专利说明书已经充分公开，符合专利法第二十六条第三款的规定。

3. 关于专利法第二十六条第四款

专利法第二十六条第四款规定：权利要求书应当以说明书为依据，说明要求专利保护的范围。

虽然本专利说明书仅给出了一个实施例对应权利要求 1 中“控制电路控制变压器关断与导通的时间比即可改变电动机的端电压，从而达到软启动及调速的目的”功能性限定的技术特征，但使用何种控制方式以及何种控制模块能够控制开关变压器的开关，电压传感器如何与其他元件连接都是电动机闭环调速控制的公知常识，本领域普通技术人员能够明了上述功能可以采用说明书中未提到的其他代替方式来完成，因此权利要求 1 中的功能性限定是允许的，符合专利法第二十六条第四款的规定。

虽然本专利说明书仅给出了一个实施例对应权利要求 2 中的技术特征“根据给定电压和反馈电压、反馈电流构成 PID 控制”，但说明书实施例中也是根据给定电压、反馈电压、反馈电流构成的 PID 控制，即权利要求 2 限定该特征与说明书实施例公开的内容相同，因此权利要求 2 所保护的范围是适当的，能够得到本专利说明书实质上的支持，符合专利法第二十六条第四款的规定。

4. 关于专利法实施细则第二十条第一款

专利法实施细则第二十条第一款规定：权利要求书应当说明发明或者实用新型的技术特征，清楚、简要地表述请求保护的范围。

根据说明书的记载，本领域普通技术人员可以得知权利要求 1 中所述开关变压器与变压器是同一部件，而且虽然权利要求 1 中出现句号，但该缺陷不影响本领域普通技术人员对权利要求 1 所保护的技术方案的理解，本领域普通技术人员可以清楚、明确地得知权利要求 1 所保护的技术方案；并且虽然权利要求 1 使用了“控制电路控制变压器关断与导通的时间比即可改变电动机的端电压，从而达到软启动及调速的目的”功能性限定的技术特征，但权利要求 1 保护的技术方案给出了整个电机调速控制电路各部分之间的连接关系，上述功能限定描述了控制电路的功能，并且使用何种方式以及何种控制模块进行控制，如何控制可控硅截止导通，都是电动机闭环调速控制领域的公知常识，本领域普通技术人员可以知晓权利要求 1 的技术方案，因此权利要求 1 保护的范围是清楚的，符合专利法实施细则第二十条第一款的规定。

根据说明书的记载，本领域普通技术人员可以得知权利要求 2 保护的中高压电动机软启动及调速装置与权利要求 1 保护的高压电动机软启动及调速装置是同一个主题，而虽然权利要求 2 的附加技术特征“设有可编程控制器 PLC 等”中包括有“等”这样的字眼，该缺陷不影响本领域普通技术人员对权利要求 2 所保护的技术方案的理解，根据说明书的记载，本领域普通技术人员可以清楚、明确地得知权利要求 2 所保护的技术方案；并且权利要求 2 使用了技术特征“根据给定电压和反馈电压、反馈电流构成 PID 控制”，明确限定由给定电压和反馈电压、反馈电流构成 PID 控制，并且使用 PID 调速控制电路属于用于电动机闭环调速控制领域的常用技术手段，本领域普通技术人员能够明了如何利用给定电压、反馈电压和反馈电流构成 PID 闭环控制电路，本领域普通技术人员可以清楚、明确地得知权利要求 2 保护的技术方案，实施该技术方案。因此，权利要求 2 保护的范围是清楚的，符合专利法实施细则第二十条第一款的规定。

5. 关于专利法实施细则第二十一条第二款

专利法实施细则第二十一条第二款规定：独立权利要求应当从整体上反映发明或者实用新型的技术方案，记载解决技术问题的必要技术特征。

权利要求1保护的技术方案记载了一个完整的电机调速控制电路，其中限定开关变压器的副边由控制电路控制，通过上述限定，本领域普通技术人员可以得知所述变压器与控制电路的连接关系，权利要求1保护的技术方案能实现使高电压、大容量电动机软启动和调速的目的，解决了本发明所要解决的技术问题。电压、电流传感器是分别用于检测反馈电压和反馈电流，如何设置和使用电压、电流传感器是电动机闭环调速控制领域的公知常识，即使权利要求1保护的技术方案没有记载上述技术特征，本领域普通技术人员仍可以实施权利要求1保护的技术方案解决本发明所要解决的技术问题，因此如何设置和使用电压、电流传感器不是解决技术问题的必要技术特征，不应简单地将实施例中的技术特征直接认定为必要技术特征。基于以上理由，权利要求1符合专利法第二十一条第二款的规定。

由于独立权利要求符合专利法实施细则第二十一条第二款的规定，因此合议组不再对其从属权利要求是否符合专利法实施细则第二十一条第二款进行审查。

综上所述，本专利说明书符合专利法第二十六条第三款的规定，权利要求1和2符合专利法第二十六条第四款、专利法实施细则第二十条第一款的规定，权利要求1符合专利法实施细则第二十一条第二款的规定。

三、决定

维持01259830.5号实用新型专利权有效。

当事人对本决定不服的，可以根据专利法第四十六条第二款的规定，自收到本决定之日起三个月内向北京市第一中级人民法院起诉。根据该款的规定，一方当事人起诉后，另一方当事人应当作为第三人参加诉讼。

北京市第一中级人民法院
行政判决书

（2007）一中行初字第522号

原告李国浩，男，1954年6月20日出生，汉族，住湖北省襄樊市襄城区建锦路3号。

委托代理人徐国文，北京安博达知识产权代理有限公司专利代理人。

委托代理人孙玉鸿，男，1967年8月23日出生，住湖北省襄樊市襄城区檀溪路3号附2号。

被告国家知识产权局专利复审委员会，住所地北京市海淀区北四环西路9号银谷大厦10—12层。

法定代表人廖涛，副主任。

委托代理人杜宇，国家知识产权局专利复审委员会审查口员。

委托代理人王伟艳，国家知识产权局专利复审委员会审查员。

第三人哈尔滨帕特尔科技有限公司，住所地黑龙江省哈尔滨市开发区红旗大街235号（投资大厦15层）。

法定代表人潘家忠，董事长。

委托代理人朱世东，北京金言诚信知识产权代理有限公司专利代理人。

委托代理人路建声，男，1951年4月7日出生，哈尔滨帕特尔科技有限公司法律顾问，住黑龙江省黑河市花园街六委十一组。

原告李国浩不服被告国家知识产权局专利复审委员会（下称专利复审委员会）于2006年12月15日作出的第9155号无效宣告请求审查决定（下称第9155号决定），于法定期限内向本院提起行政诉讼。本院于2007年3月26日受理后，依法组成合议庭，并根据相关法律规定通知哈尔滨帕特尔科技有限公司（下称帕特尔公司）作为第三人参加本案诉讼，于2007年5月23日公开开庭进行了审理。原告李国浩的委托代理人徐国文、孙玉鸿，被告专利复审委员会的委托代理人杜宇、王伟艳，第三人帕特尔公司的委托代理人朱世东、路建声到庭参加了诉讼。本案现已审理终结。

第9155号决定系专利复审委员会针对李国浩就潘政刚所拥有的01259830.5号实用新型专利（下称本专利）所提出的无效宣告请求而作出的。专利复审委员会在第9155号决定中认定：1. 关于专利法第二十六条第三款。本专利说明书实施例记载了一个完整的电机调速控制电路，通过控制模块或人工手动对可控硅截止导通时间的控制，调整变压器原边绕组和副边绕组上电压，从而达到控制施加到电动机上的电压，实现对电动机进行的软启动、软停止或调速的作用。使用何种控制模块、如何控制可控硅截止导通及其时间比，以及电压传感器如何与其他元件连接都是电动机闭环调速控制领域的公知常识，根据本专利说明书中记载的内容，本领域普通技术人员能够实现本专利的技术方案，解决本专利要解决的技术问题，因此本专利说明书已经充分公开，符合专利法第二十六条第三款的规定。2. 关于专利法第二十六条第四款。虽然本专利说明书仅给出了一个实施例对应权利要求1中“控制电路控制变压器关断与导通的时间比即可改变电动机的端电压，从而达到软启动及调速的目的”功能性限定的技术特征，但使用何种控制方式以及何种控制模块能够控制开关变压器的开关，电压传感器如何与其他元件连接都是电动机闭环调速控制的公知常识，本领域普通技术人员能够明了上述功能可以采用说明书中未提到的其他代替方式来完成，因此权利要求1中的功能性限定是允许的，符合专利法第二十六条第四款的规定。虽然本专利说明书仅给出了一个实施例对应权利要求2中的技术特征“根据给定电压和反馈电压、反馈电流构成PID控制”，但说明书实施例中也是根据给定电压、反馈电压、反馈电流构成的PID控制，即权利要求2限定该特征与说明书实施例公开的内容相同，因此权利要求2所保护的范围是适当的，能够得到本专利说明书实质上的支持，符合专利法第二十六条第四款的规定。3. 关于专利法实施细则第二十条第一款。虽然权利要求1使用了“控制电路控制变压器关断与导通的时间比即可改变电动机的端电压，从而达到软启动及调速的目的”功能性限定的技术特征，但权利要求1保护的技术方案给出了整个电机调速控制电路各部分之间的连接关系，上述功能限定描述了控制电路的功能，并且使用何种方式以及何种控制模块进行控制，如何控制可控硅截止导通，都是电动机闭环调速控制领域的公知常识，本领域普通技术人员可以知晓权利要求1的技术方案，因此权利要求1保护的范围是清楚的，符合专利法买施细则第二十条第一款的规定；权利要求2使用了技术特征“根据给定电压和反馈电压、反馈电流构成PID控制”，明确限定由给定电压和反馈电压、反馈电流构成PID控制，并且使用PID调速控制电路属于用于电动机闭环调速控制领域的常用技术手段，本领域普通技术人员能够明了如何利用给定电压、反馈电压和反馈电流构成PID闭环控制电路，本领域普通技术人员可以清楚、明确地得知权利要求2保护的技术方案，实施该技术方案。因此，权利要求2保护的范围是清楚的，符合专利法实施细则第二十条第一款的规定。4. 关于专利法实施细则第二十一条第二款。权利要求1保护的技术方案记载了一个完整的电机调速控制电路，其中限定开关变压器的副边由控制电路控制，通过上述限定，本领域普通技术人员可以得知所述变压器与控制电路的连接关系，权利要求1保护的技术方案能实现使高电压、大容量电动机软启动和调速的目的，解决了本发明所要解决的技术问题。电压、电流传感器是分别用于检测反馈电压和反馈电流，如何设置和使用电压、电流传感器是电动机闭环调速控制领域的公知常识，即使权利要求1保护的技术方案没有记载上述技术特征，本领域普通技术人员仍可以实施权利要求1保护的技术方案解决本发明所要解决的技术问题，因此如何设置和使用电压、电流传感器不是解决技术问题的必要技术特征，不应简单地将实施例中的技术特征直接认定为必要技术特征。基于以上理由，权利要求1符合专利法实施细则第二十一条第二款的规定。由于独立权利要求符合专利法实施细则第二十一条第二款的规定，因此不再对其从属权利要求是否符合专利法实施细则第二十一条第二款进行审查。基于上述理由，专利复审委员会作出第 9155 号决定，维持本专利全部有效。

原告李国浩不服该决定，向本院提起行政诉讼，其诉称：1. 第 9155 号决定关于本专利符合专利法第二十六条第三款规定的认定有误。本专利说明书中仅仅公开了“由控制电路控制变压器付边绕组的关断与导通的时间比，即可改变电动机端电压，从而达到软启动及调速的目的”，并没公开作为选择控制模块控制可控硅导通前提条件的时间比范围；此外，对于实现本发明目的的更为重要的另一技术特征——副边绕组关断与导通状态切换频率只字未提，而该频率是影响电机工作稳定性与电源使用效率的重要参数，在此情况下就无法确定用何种控制模块来实现对可控硅截止导通的控制。第 9155 号决定认定“使用何种控制模块、如何控制可控硅截止导通及其时间比，以及电压传感器如何与其他元件连接都是电动机闭环调速控制领域的公知常识”的结论没有依据，仅仅是一种推断。2. 对于本专利符合专利法第二十六条第四款规定的认定上无证据支持。关于公知常识的认定没有证据支持，也无任何证据说明第 9155 号决定认定的事实“本领域普通技术人员能够明了上述功能可以采用说明书中未提到的其他替代方式来完成本发明的目的”。3. 第 9155 号决定关于其符合专利法实施细则第二十条第一款的认定有误，适用法律不当。鉴于权利要求书中对于变压器副边绕组的关断与导通的时间比没有公开其数值范围，选择何种控制电路又与此范围息息相关，所以在未公开该数值范围的情况下，无法确定究竟选用何种控制电路，因此说权利要求的保护范围不清楚。第 9155 号决定中认定的事实“权利要求 1 保护的技术方案给出了整个电机调速控制电路各部分之间的连接关系”是在既未具体指出这里所说的调速控制电路究竟是由哪几部分组成的，又未具体指出究竟是一种什么样的连接关系的情况下作出的，所以对于该事实的认定无任何证据支持。4. 第 9155 号决定关于其符合专利法实施细则第二十一条第二款的认定有误。将权利要求中记载的技术方案和说明书中公开的技术方案比较即可确认，权利要求中的技术方案是一不完整的技术方案，具体讲至少缺少说明书中记载的实现发明目的两个必要技术特征“电压传感器”和“电流传感器”。因此本专利不符合专利法实施细则第二十一条第二款规定。综上，被告认定事实和适用法律错误，请求法院依法撤销第 9155 号决定。

被告专利复审委员会仍坚持第 9155 号决定中的观点，认为其作出的第 9155 号决定认定事实清楚、适用法律正确、审查程序合法，原告的诉讼请求不能成立，请求人民法院维持第 9155 号决定。

第三人帕特尔公司述称：1. 关于专利法第二十六条第三款。第三人认为，所属技术领域的技术人员都知道，根据某一个命令，产生一个控制信号，可以使用不同的方式产生控制信号，该信号只要能够控制可控硅的关断或者导通的时间，就是控制可控硅的关断与导通的时间比，因此原告的理由是不能成立的。原告提出的“时间比范围”和“切换频率”对于本领域的技术人员来说，显然是属于一般电路的设计具体参数问题。2. 关于专利法第二十六条第四款。根据审查指南的有关规定，在权利要求书中具有功能性描述的语言是允许的，所属技术领域的技术人员如果通过说明书描述的一个具体实施例能够清楚地理解权利要求书限定的技术方案，则应当认为，该权利要求书限定的技术方案是能够得到说明书支持的，而与该权利要求是否概括的范围过于宽泛无关，因此，本专利的权利要求书符合专利法第二十六条第四款的规定。3. 关于专利法实施细则第二十条第一款。原告所称的功能性的描述并不是功能性描述，权利要求 1 中的“控制电路控制变压器关断与导通的时间比即可改变电动机的端电压”是对“控制电路”的进一步限定，即使是原告所述的功能性描述，但是也不能认为上述的描述是不清楚的。4. 关于专利法实施细则第二十一条第二款。本专利的权利要求 1 所限定的是“开关变压器式中高压电动机软启动及调速装置”的基本构成，实现本专利的发明目的，没有必要将实施例中的“电压互感器”和“电流互感器”等都写到权利要求书中，因此，本专利权利要求符合专利法实施细则第二十一条第二款规定。综上，第三人认为第 9155 号决定正确，请求人民法院予以维持。

本院经审理查明：

本案涉及国家知识产权局于 2003 年 4 月 30 日授权公告的名称为“开关变压器式中高压电动机软启动及调速装置”的实用新型专利，其申请日为 2001 年 8 月 22 日，专利号为 01259830.5，专利权人为潘政刚。2006 年 11 月 16 日本专利的专利权人变更为帕特尔公司。本专利授权公告的权利要求书为：

“1. 由开关变压器与电动机串联、变压器处于开关工作状态所构成的用于高压电动机软启动及调速装置。

其特征在于开关变压器的原边绕组与电动机串联，开关变压器的副边由控制电路控制，控制电路控制变压器关断与导通的时间比即可改变电动机的端电压，从而达到软启动及调速的目的。

2. 根据权利要求 1 所述的开关变压器式中高压电动机软启动及调速装置，其特征在于控制电路由正向可控硅与反向可控硅并联与变压器副边绕组构成闭合回路，并设有可编程控制器 PLC 等，根据给定电压和反馈电压、反馈电流构成 PID 控制。”

本专利说明书载明：本实用新型由开关变压器、电压传感器、电流传感器和控制电路等构成。开关变压器的原边绕组与电动机串联，开关变压器的副边绕组与控制电路相连，由控制电路控制变压器副边绕组的关断与导通的时间比，即可改变电动机端电压，从而达到软启动及调速的目的。

本专利说明书记载了以下实施例：“一个电动机 M_1，开关变压器 T_1，正向可控硅 S_1，反向可控硅 S_2，控制模块 C，可编程控制器 PLC 电压互感器 PT，电流互感器 CT，给定电压 PF。变压器（T_1）原边绕组与中高压（1.0Kv - 10.0Kv）电动机（M_1）串连接在电网上，T_1 的副边绕组并接在正向可控硅（S_1）和反向可控硅（S_2）的两端。这就构成了该装置的主控回路。当可控硅（S_1、S_2）截止时，变压器（T_1）为空载状态。此时的电源电压大部分加在变压器（T_1）的原边绕组上，电动机（M_1）上的端电压很低，当可控硅（S_1、S_2）完全导通时，变压器（T_1）为副边短路状态。变压器（T_1）原边绕组上的电压很低。此时的电源电压大部分加在电动机（M_1）上。控制模块（SCR CONTROLLER）根据可编程控制器（PLC）的命令或人工手动命令，调节可控硅的关断与导通的时间比，使电动机（M_1）处于软启动、软停止或调速运行工况。其中，控制模块（SCR CONTROLIER）根据给定电压（PF）和 PT 提供的反馈电压（V_A、V_B、V_C）、CT 提供的反馈电流（I_A、I_B、I_C）构成 PID 控制，保证系统平稳可靠的工作。”

针对本专利，李国浩于 2005 年 11 月 4 日向专利复审委员会提出无效宣告请求，其依据的事实和理由如下：（1）本专利权利要求 1 的技术特征“控制电路控制变压器关断与导通的时间比即可改变电动机的端电压，从而达到软启动及调速的目的”为功能性特征，该功能性描述使得权利要求 1 的保护范围不清楚，权利要求 2 没有克服权利要求 1 所具有的缺陷；权利要求 2 的附加技术特征“设有可编程控制器 PLC 等”中包括有“等”这样的字眼，致使权利要求 2 保护范围不清楚；权利要求 2 的附加技术特征“根据给定电压和反馈电压、反馈电流构成 PID 控制”为功能性特征，该功能性描述使得权利要求 2 的保护范围不清楚。因此，权利要求 1 ~ 2 不符合专利法实施细则第二十条第一款的规定。（2）权利要求 1 中缺少解决技术问题的必要技术特征，如缺少“电压互感器”、“电流互感器”等；权利要求 2 没有克服权利要求 1 所具有的缺陷；权利要求 2 中缺少解决技术问题的必要技术特征，如缺少可编程控制器 PLC 与其他技术特征的连接关系；控制模块 C 等，因此权利要求 1 ~ 2 不符合专利法实施细则第二十一条第二款的规定。（3）说明书中没有记载控制电路控制“变压器副边绕组的关断与导通的时间比”的技术手段；说明书没有记载“控制模块根据可编程控制器（PLC）

的命令或人工手动命令，调节可控硅的关断与导通的时间比”的技术手段；说明书没有公开实现电动机软启动、软停止或调速的工作条件，因此权利要求1～2不符合专利法第二十六条第三款的规定。(4)说明书对带有功能性特征“控制电路控制变压器关断与导通的时间比即可改变电动机的端电压，从而达到软启动及调速的目的”的权利要求1仅给出了一个实施例，而没有说明有其他方式也能完成上述技术特征中所述的功能，因此权利要求1概括的范围过于宽泛，得不到说明书的支持；说明书对带有功能性特征“根据给定电压和反馈电压、反馈电流构成PID控制”的权利要求2仅给出了一个实施例，而没有说明有其他方式也能完成上述技术特征中所述的功能，因此权利要求2概括的范围过于宽泛，得不到说明书的支持，因此权利要求1～2不符合专利法第二十六第四款的规定。

2006年6月8日，专利复审委员会主持进行了口头审理。

2006年12月15日，专利复审委员会作出第9155号决定。

在本案庭审过程中，专利复审委员会向本院提交了如下证据，用于证明第9155号所认定的公知常识有证据支持：

1. 机械工业出版社1999年5月第3版的《电力电子交流技术》第6～16页，其中公开了如何控制晶闸管（可控硅）的关断或导通。

2. 机械工业出版社2000年6月第2版的《电力拖动自动控制系统》，其中第48～49页及第76页公开了如何在闭环调速电路中设置电流传感器、测速电机；第43～47页公开了使用电压负反馈基本可以代替转速负反馈；第52～53页公开了电机启动时调节器经历的不同阶段，如何控制电机的启动电流，实现电机的软启动；第32、68页公开了如何利用PID调节器进行对电机的闭环控制。

对于上述两份证据，李国浩的庭审中表示对其真实性没有异议，但认为与本案没有关联性。

上述事实有本专利授权公告说明书、第9155号决定、《电力电子交流技术》《电力拖动自动控制系统》及当事人陈述等证据在案佐证。

本院认为：

被告在本案诉讼过程提交的《电力电子交流技术》《电力拖动自动控制系统》等证据虽然在无效程序中并未涉及，但由于其属于公知常识类证据，且原告对其真实性没有异议，故本院在评价第9155号决定的合法性中予以考虑。

一、关于专利法第二十六条第三款

专利法第二十六条第三款规定：说明书应当对发明或者实用新型作出清楚、完整的说明，以所属技术领域的技术人员能够实现为准。所属技术领域的技术人员能够实现，是指所属技术领域的技术人员按照说明书记载的内容，不需要创造性的劳动，就能够实现该发明或者实用新型的技术方案，解决其技术问题，并且产生预期的技术效果。是否能够实现，应当以所属领域的技术人员为判断主体。对于所属技术领域的技术人员所应掌握或熟知的技术内容，或者能够从现有技术中直接得到的有关内容，则并不要求也无必要在说明书中进行描述。

本案中，本专利说明书中的实施例记载了一个完整的电机调速控制电路，通过控制模块或人工手动对可控硅截止导通时间的控制，调整变压器原边绕组和副边绕组上电压，从而达到改变施加到电动机上的端电压，实现对电动机进行的软启动、软停止或调速的作用。由于正如被告在诉讼中所提交的公知常识证据表明的，使用何种控制模块、如何控制可控硅截止导通及其时间比，以及电压传感器如何与其他元件连接等均是电动机闭环调速控制领域的公知常识，没有必要在说明书中进一步描述，本领域普通技术人员在已公开的说明书内容的基础上，利用本领域的公知常识，能够结合具体情况，确定合适的关断和导通时间比，从而达到高压电动机软启动及调速的效果。因此本专利说明书已经充分公开本发明内容，所属领域的普通技术人员无需创造性劳动即可实现本发明，符合专利法第二十六条第三款的规定。至于原告提出的“时间比范围”和“切换频率”，本院认为对于本领域的普通技术人员来说，其属于一般电路的设计具体参数问题，可结合具体情况予以确定，而无需在说明书中明确记载。故原告关于本专利说明书公开不充分的理由不能成立，本院不予支持。

二、关于专利法第二十六条第四款

专利法第二十六条第四款规定：权利要求书应当以说明书为依据，说明要求专利保护的范围。权利要求书应当以说明书为依据，是指权利要求应当得到说明书的支持。权利要求书中的每一项权利要求所要求保护的技术方案应当是所属技术领域的技术人员能够从说明书充分公开的内容中得到或概括得出的技术方案，并且不得超出说明书公开的范围。

权利要求 1 中“控制电路控制变压器关断与导通的时间比即可改变电动机的端电压，从而达到软启动及调速的目的”属于功能性限定的技术特征，在本专利说明书仅给出了一个实施例的情况下，判断权利要求 1 是否得到说明书的支持的关键在于本领域技术人员是否能够想到还可以采用说明书实施例以外的其他替代方式来实现其功能。正如前面所述，使用何种控制方式以及何种控制模块能够控制开关变压器的开关，电压传感器如何与其他元件连接都是电动机闭环调速控制的公知常识，本领域普通技术人员能够明了除了实施例的方式外，还可以采用其他代替方式“控制电路控制变压器关断与导通的时间比即可改变电动机的端电压，从而达到软启动及调速的目的”，因此权利要求 1 中的功能性限定是允许的，原告关于其没有得到说明书支持的主张没有事实和法律依据，本院不予支持。

由于原告对于第 9155 号决定关于本专利权利要求 2 符合专利法第二十六条第四款规定的认定没有提出异议，本院不再进行审理。

三、关于专利法实施细则第二十条第一款

专利法实施细则第二十条第一款规定：权利要求书应当说明发明或者实用新型的技术特征，清楚、简要地表述请求保护的范围。

本专利权利要求采用“控制电路控制变压器关断与导通的时间比即可改变电动机的端电压，从而达到软启动及调速的目的”的功能性限定特征，同时给出了整个电机调速控制电路各部分之间的连接关系，虽然本专利权利要求书中没有公开变压器副边绕组的关断与导通的时间比的数值范围，但并不会因此致使权利要求 1 的保护范围的不清楚，故本专利权利要求 1 符合专利法实施细则第二十条第一款的规定。

四、关于专利法实施细则第二十一条第二款

专利法实施细则第二十一条第二款规定：独立权利要求应当从整体上反映发明或者实用新型的技术方案，记载解决技术问题的必要技术特征。

权利要求 1 保护的技术方案记载了一个完整的电机调速控制电路，其中限定开关变压器的副边由控制电路控制，通过上述限定，本领域普通技术人员可以得知所述变压器与控制电路的连接关系，权利要求 1 保护的技术方案能实现使高电压、大容量电动机软启动和调速的目的，解决了本发明所要解决的技术问题。对于原告所述本专利权利要求 1 缺少电压传感器和电流传感器两个技术特征的主张，本院认为电压传感器和电流传感器作用在于检测电压和电流，并将检测到的电压和电流信息反馈给控制电路，说明书中给出的“电压传感器和电流传感器”仅是解决本发明技术问题的一种具体电路实现方式，但并不意味着缺少了上述两部件本发明目的就不能够实现。同时如何设置控制电路也不是本专利主要发明点，即使权利要求 1 保护的技术方案没有记载上述技术特征，本领域普通技术人员仍可以实施权利要求 1 保护的技术方案解决本发明所要解决的技术问题，因此如何设置和使用电压、电流传感器不是解决技术问题的必要技术特征。原告关于本专利权利要求 1 缺少电压传感器和电流传感器两技术特征的主张不能成立。

综上，被告作出的第 9155 号决定审查程序合法，认定事实清楚，适用法律正确，本院予以维持。原告请求撤销该决定的理由不能成立，本院不予支持。依照《中华人民共和国行政诉讼法》第五十四条第（一）项之规定，本院判决如下：

维持被告国家知识产权局专利复审委员会作出的第 9155 号无效宣告请求审查决定。

案件受理费 1000 元，由原告李国浩负担（已交纳）。

如不服本判决，各方当事人可于本判决送达之日起 15 日内，向本院提交上诉状及其副本，并交纳上诉案件受理费 100 元，上诉于北京市高级人民法院。

审　判　长　刘海旗
代理审判员　周云川
人民陪审员　马晓亚
二〇〇七年十月二十日
书　记　员　高　颖

北京市高级人民法院
行政判决书

（2007）高行终字第 500 号

上诉人（原审原告）李国浩，男，汉族，1954 年 6 月 20 日出生，住湖北省襄樊市襄城区建锦路 3 号。

委托代理人徐国文，北京安博达知识产权代理有限公司专利代理人。

委托代理人孙玉鸿，男，汉族，1967 年 8 月 23 日出生，住湖北省襄樊市襄城区檀溪路 3 号附 2 号。

被告国家知识产权局专利复审委员会，住所地北京市海淀区北四环西路 9 号银谷大厦 10 ~ 12 层。

法定代表人廖涛，副主任。

委托代理人杜宇，该复审委员会审查员。

委托代理人余心蕾，该复审委员会审查员。

第三人哈尔滨帕特尔科技有限公司，住所地黑龙江省哈尔滨市开发区红旗大街 235 号（投资大厦 15 层）。

法定代表人潘家忠，董事长。

委托代理人朱世东，男，汉族，1940 年 11 月 17 日出生，住北京市海淀区消夏园 3 楼 1303 号，北京金言诚信知识产权代理有限公司专利代理人。

上诉人李国浩因专利行政纠纷一案，不服北京市第一中级人民法院（2007）一中行初字第 522 号行政判决，向本院提起上诉。本院 2007 年 11 月 3 日受理后，依法组成合议庭，于 2007 年 12 月 6 日公开开庭审理了本案。上诉人李国浩的委托代理人徐国文、孙玉鸿，被上诉人国家知识产权局专利复审委员会（简称专利复审委员会）的委托代理人杜宇、余心蕾，第三人哈尔滨帕特尔科技有限公司（简称帕特尔公司）的法定代表人潘家忠及其委托代理人朱世东到庭参加了诉讼。本案现已审理终结。

本案涉及国家知识产权局于2003年4月30日授权公告的名称为“开关变压器式中高压电动机软启动及调速装置”的实用新型专利（下称本专利），其申请日为2001年8月22日，专利号为01259830.5，专利权人现变更为帕特尔公司。针对本专利，李国浩于2005年11月4日向专利复审委员会提出无效宣告请求，2006年12月15日，专利复审委员会作出第9155号无效宣告请求审查决定（下称第9155号决定），维持本专利全部有效。李国浩不服，向北京市第一中级人民法院提起诉讼。

北京市第一中级人民法院认为：专利复审委员会在本案诉讼过程提交的《电力电子交流技术》《电力拖动自动控制系统》等证据虽然在无效程序中并未涉及，但由于其属于公知常识类证据，且李国浩对其真实性没有异议，故在评价第9155号决定的合法性中予以考虑。

专利复审委员会在诉讼中所提交的公知常识证据表明，使用何种控制模块、如何控制可控硅截止导通及其时间比，以及电压传感器如何与其他元件连接等均是电动机闭环调速控制领域的公知常识，本领域普通技术人员在已公开的说明书内容的基础上，利用本领域的公知常识，能够结合具体情况，确定合适的关断和导通时间比，从而达到高压电动机软启动及调速的效果。因此本专利说明书符合专利法第二十六条第三款的规定。

由于使用何种控制方式以及何种控制模块能够控制开关变压器的开关，电压传感器如何与其他元件连接都是电动机闭环调速控制的公知常识，本领域普通技术人员能够明了除了实施例的方式外，还可以采用其他代替方式“控制电路控制变压器关断与导通的时间比即可改变电动机的端电压，从而达到软启动及调速的目的”。因此权利要求1中的功能性限定是允许的，李国浩关于权利要求书没有得到说明书支持的主张没有事实和法律依据。

本专利权利要求采用“控制电路控制变压器关断与导通的时间比即可改变电动机的端电压，从而达到软启动及调速的目的”的功能性限定特征，同时给出了整个电机调速控制电路各部分之间的连接关系，虽然本专利权利要求书中没有公开变压器副边绕组的关断与导通的时间比的数值范围，但并不会因此致使权利要求1的保护范围的不清楚，故本专利权利要求1符合专利法实施细则第二十条第一款的规定。

权利要求1保护的技术方案记载了一个完整的电机调速控制电路，其中限定开关变压器的副边由控制电路控制，通过上述限定，本领域普通技术人员可以得知所述变压器与控制电路的连接关系。说明书中给出的“电压传感器和电流传感器”仅是解决本发明技术问题的一种具体电路实现方式，但并不意味着缺少了上述两部件本发明目的就不能够实现，同时如何设置控制电路也不是本专利主要发明点。李国浩关于本专利权利要求1缺少电压传感器和电流传感器两技术特征的主张不能成立。

据此，北京市第一中级人民法院依照《中华人民共和国行政诉讼法》第五十四条第（一）项之规定，判决：维持专利复审委员会第9155号决定。

李国浩不服原审判决，向本院提起上诉，请求撤销原审判决及专利复审委员会第9155号决定。其主要理由是：一、原审法院采信了专利复审委员会在举证期限后提交的《电力电子交流技术》《电力拖动自动控制系统》两份证据，因此原审法院审理程序不合法。二、原审判决认定事实有误。1. 对于本专利符合专利法第二十六条第三款规定的认定有误。本专利说明书中仅公开了“由控制电路控制变压器付边绕组的关断与导通的时间比，即可改变电动机端电压，从而达到软启动及调速的目的”，此处的“时间范围”是选择控制模块、控制可控硅导通的前提条件，原审判决认定“使用何种控制模块、如何控制可控硅截止导通及其时间比，以及电压传感器如何与其他元件连接都是电动机闭环调速控制领域的公知常识”的结论没有依据。2. 对于本专利符合专利法第二十六条第四款规定的认定无证据支持。原审判决认定“使用何种控制方式以及何种控制模块能够控制开关变压器的开关，电压传感器如何与其他元件连接都是电动机闭环调速控制的公知常识”“本领域普通技术人员能够明了上述功能可以采用说明书中未提到的其他替代方式来完成本发明的目的”均没有证据支持。3. 关于本专利符合专利法实施细则第二十条第一款的认定有误。原审判决认定”虽然本专利权利要求书中没有公开变压器副边绕组的关断与导通的时间比的数值范围，但并不会因此致使权利要求1的保护范围不清楚”的认定无任何证据支持。4. 原审判决关于其符合专利法实施细则第二十一条第二款的认定有误。将权利要求中记载的技术方案和说明书中公开的技术方案比较即可确认，至少缺少说明书中记载的实现发明目的两个必要技术特征“电压传感器”和“电流传感器”。

专利复审委员会、帕特尔公司服从原审判决。

经审理查明：本案涉及国家知识产权局于2003年4月30日授权公告的名称为“开关变压器式中高压电动机软启动及调速装置”的实用新型专利（即本专利），其申请日为2001年8月22日，专利号为01259830.5，专利权人为潘政刚。2006年11月16日，专利权人变更为帕特尔公司。本专利授权公告的权利要求书为：

1. 由开关变压器与电动机串联、变压器处于开关工作状态所构成的用于高压电动机软启动及调速装置。

其特征在于开关变压器的原边绕组与电动机串联，开关变压器的副边由控制电路控制，控制电路控制变压器关断与导通的时间比即可改变电动机的端电压，从而达到软启动及调速的目的。

2. 根据权利要求1所述的开关变压器式中高压电动机软启动及调速装置，其特征在于控制电路由正向可控硅与反向可控硅并联与变压器副边绕组构成闭合回路，并设有可编程控制器PLC等，根据给定电压和反馈电压、反馈电流构成PID控制。

本专利说明书载明：本实用新型由开关变压器、电压传感器、电流传感器和控制电路等构成。开关变压器的原边绕组与电动机串联，开关变压器的副边绕组与控制电路相连，由控制电路控制变压器副边绕组的关断与导通的时间比，即可改变电动机端电压，从而达到软启动及调速的目的。

本专利说明书记载了以下实施例：“一个电动机 M_1，开关变压器 T_1，正向可控硅 S_1，反向可控硅 S_2，控制模块C，可编程控制器PLC电压互感器PT，电流互感器CT，给定电压PF。变压器（T_1）原边绕组与中高压（1.0Kv-10.0Kv）电动机（M_1）串连接在电网上，T_1 的副边绕组并接在正向可控硅（S_1）和反向可控硅（S_2）的两端。这就构成了该装置的主控回路。当可控硅（S_1、S_2）截止时，变压器（T_1）为空载状态。此时的电源电压大部分加在变压器（T_1）的原边绕组上，电动机（M_1）上的端电压很低，当可控硅（S_1、S_2）完全导通时，变压器（T_1）为副边短路状态。变压器（T_1）原边绕组上的电压很低。此时的电源电压大部分加在电动机（M_1）上。控制模块（SCR CONTROLLER）根据可编程控制器（PLC）的命令或人工手动命令，调节可控硅的关断与导通的时间比，使电动机（M_1）处于软启动、软停止或调速运行工况。其中，控制模块（SCR CONTROLLER）根据给定电压（PF）和PT提供的反馈电压（V_A、V_B、V_C）、CT提供的反馈电流（I_A、I_B、I_C）构成PID控制，保证系统平稳可靠的工作。”

针对本专利，李国浩于2005年11月4日向专利复审委员会提出无效宣告请求，其依据的事实和理由如下：（1）本专利权利要求1的技术特征“控制电路控制变压器关断与导通的时间比即可改变电动机的端电压，从而达到软启动及调速的目的”为功能性特征，该功能性描述使得权利要求1的保护范围不清楚，权利要求2没有克服权利要求1所具有的缺陷；权利要求2的附加技术特征“设有可编程控制器PLC等”中包括有“等”这样的字眼，致使权利要求2保护范围不清楚；权利要求2的附加技术特征“根据给定电压和反馈电压、反馈电流构成PID控制”为功能性特征，该功能性描述使得权利要求2的保护范围不清楚。因此，权利要求I、2不符合专利法实施细则第二十条第一款的规定。（2）权利要求1中缺少解决技术问题的必要技术特征，如缺少“电压互感器”“电流互感器”等；权利要求2没有克服权利要求1所具有的缺陷；权利要求2中缺少解决技术问题的必要技术特征，如缺少可编程控制器PLC与其他技术特征的连接关系；控制模块C等，因此权利要求1、2不符合专利法实施细则第二十一条第二款的规定。（3）说明书中没有记载控制电路控制“变压器副边绕组的关断与导通的时间比”的技术手段；说明书没有记载“控制模块根据可编程控制器（PLC）的命令或人工手动命令，调节可控硅的关断与导通的时间比”的技术手段；说明书没有公开实现电动机软启动：软停止或调速的工作条件，因此权利要求1、2不符合专利法第二十六条第三款的规定。（4）说明书对带有功能性特征“控制电路控制变压器关断与导通的时间比即可改变电动机的端电压，从而达到软启动及调速的目的”的权利要求1仅给出了一个实施例，而没有说明有其他方式也能完成上述技术特征中所述的功能，因此权利要求1概括的范围过于宽泛，得不到说明书的支持；说明书对带有功能性特征“根据给定电压和反馈电压、反馈电流构成PID控制”的权利要求2仅给出了一个实施例，而没有说明有其他方式也能完成上述技术特征中所述的功能，因此权利要求2概括的范围过于宽泛，得不到说明书的支持，因此权利要求1、2不符合专利法第二十六第四款的规定。

2006年12月15日，专利复审委员会作出第9155号决定。该决定认定：1. 根据本专利说明书中记载的内容，本领域普通技术人员能够实现本专利的技术方案，解决本专利要解决的技术问题，因此本专利说明书已经充分公开，符合专利法第二十六条第三款的规定。2. 权利要求1中的功能性限定是允许的，符合专利法第二十六条第四款的规定。权利要求2所保护的范围是适当的，能够得到本专利说明书实质上的支持，符合专利法第二十六条第四款的规定。3. 权利要求1、2保护的范围是清楚的，符合专利法实施细则第二十条第一款的规定。4. 权利要求1符合专利法实施细则第二十一条第二款的规定。由于独立权利要求符合专利法实施细则第二十一条第二款的规定，因此不再对其从属权利要求是否符合专利法实施细则第二十一条第二款进行审查。基于上述理由，专利复审委员会决定维持本专利全部有效。

在原审庭审过程中，专利复审委员会向法院提交了如下证据，用于证明第9155号决定所认定的公知常识有证据支持：

1. 机械工业出版社1999年5月第3版的《电力电子交流技术》第6～16页，其中公开了如何控制晶闸管（可控硅）的关断或导通。

2. 机械工业出版社2000年6月第2版的《电力拖动自动控制系统》，其中第48～49页及第76页公开了如何在闭环调速电路中设置电流传感器、测速电机；第43～47页公开了使用电压负反馈基本可以代替转速负反馈；第52～53页公开了电机启动时调节器经历的不同阶段，如何控制电机的启动电流，实现电机的软启动；第32、68页公开了如何利用PID调节器进行对电机的闭环控制。

对于上述两份证据，李国浩在庭审中表示对其真实性没有异议，但认为与本案没有关联性。

上述事实有本专利授权公告说明书、第9155号决定、《电力电子交流技术》《电力拖动自动控制系统》及当事人陈述等证据在案佐证。

本院认为：专利复审委员会在原审诉讼过程中提交的《电力电子交流技术》《电力拖动自动控制系统》等证据虽然在无效程序中并未提交，但由于属于公知常识类证据，且李国浩对该两份证据的真实性没有异议，故原审法院在评价第9155号决定的合法性中予以考虑并无不当。

专利法第二十六条第三款规定，说明书应当对发明或者实用新型作出清楚、完整的说明，以所属技术领域的技术人员能够实现为准。所属技术领域的技术人员能够实现，是指所属技术领域的技术人员按照说明书记载的内容，不需要创造性的劳动，就能够实现该发明或者实用新型的技术方案，解决其技术问题，并且得到预期的技术效果。是否能够实现，应当以所属领域的技术人员为判断主体。对于所属技术领域的技术人员所应掌握或熟知的技术内容，或者能够从现有技术中直接得到的有关内容，则并不要求也无必要在说明书中进行描述。本案本专利说明书中的实施例记载了一个完整的电机调速控制电路，通过控制模块或人工手动对可控硅截止导通时间的控制，调整变压器原边绕组和副边绕组上电压，从而达到改变施加到电动机上的端电压，实现对电动机进行的软启动、软停止或调速的作用。专利复审委员会在原审诉讼中提交的公知常识证据表明，使用何种控制模块、如何控制可控硅截止导通及其时间比，以及电压传感器如何与其他元件连接等均是电动机闭环调速控制领域的公知常识，本领域普通技术人员在已公开的说明书内容的基础上，结合具体情况，能够确定合适的关断和导通时间比，从而达到高压电动机软启动及调速的效果。因此本专利说明书已经充分公开本发明内容，所属领域的普通技术人员无需创造性劳动即可实现本发明，符合专利法第二十六条第三款的规定。故李国浩关于原审判决认定“使用何种控制模块、如何控制可控硅截止导通及其时间比，以及电压传感器如何与其他元件连接都是电动机闭环调速控制领域的公知常识”的结论没有依据的理由不能成立，本院不予支持。

专利法第二十六条第四款规定的权利要求书应当以说明书为依据，是指权利要求应当得到说明书的支持。权利要求书中的每一项权利要求所要求保护的技术方案应当是所属技术领域的技术人员能够从说明书充分公开的内容中得到或概括得出的技术方案，并且不得超出说明书公开的范围。权利要求 1 中“控制电路控制变压器关断与导通的时间比即可改变电动机的端电压，从而达到软启动及调速的目的”属于功能性限定的技术特征，对此，本专利说明书给出了一个实施例，因此判断权利要求 1 是否得到说明书支持的还要审查本领域技术人员是否能够想到还可以采用说明书实施例以外的其他替代方式来实现其功能。如前所述，使用何种控制方式以及何种控制模块能够控制开关变压器的开关，电压传感器如何与其他元件连接都是电动机闭环调速控制的公知常识，本领域普通技术人员能够明了除了实施例的方式外，还可以采用其他代替方式“控制电路控制变压器关断与导通的时间比即可改变电动机的端电压，从而达到软启动及调速的目的”，因此，权利要求 1 中的功能性限定是允许的，李国浩关于原审判决认定“使用何种控制方式以及何种控制模块能够控制开关变压器的开关，电压传感器如何与其他元件连接都是电动机闭环调速控制的公知常识”“本领域普通技术人员能够明了上述功能可以采用说明书中未提到的其他替代方式来完成本发明的目的”均没有证据支持的主张没有事实和法律依据，本院不予支持。

专利法实施细则第二十条第一款规定，权利要求书应当说明发明或者实用新型的技术特征，清楚、简要地表述请求保护的范围。本专利权利要求采用“控制电路控制变压器关断与导通的时间比即可改变电动机的端电压，从而达到软启动及调速的目的”的功能性限定特征，同时给出了整个电机调速控制电路各部分之间的连接关系，故本专利权利要求 1 符合专利法实施细则第二十条第一款的规定。李国浩关于原审判决认定“虽然本专利权利要求书中没有公开变压器副边绕组的关断与导通的时间比的数值范围，但并不会因此致使权利要求 1 的保护范围不清楚”无任何证据支持的主张不能成立，对此本院不予支持。

专利法实施细则第二十一条第二款规定，独立权利要求应当从整体上反映发明或者实用新型的技术方案，记载解决技术问题的必要技术特征。权利要求 1 保护的技术方案记载了一个完整的电机调速控制电路，该技术方案能实现使高电压、大容量电动机软启动和调速的目的，解决了本发明所要解决的技术问题。说明书中给出的电压传感器和电流传感器仅是解决本发明技术问题的一种具体电路实现方式，但并不意味着缺少了上述两部件本发明目的就不能够实现。同时，如何设置控制电路也不是本专利主要发明点，本领域普通技术人员在实施权利要求 1 所述的技术方案时亦能解决本发明所要解决的技术问题，因此如何设置和使用电压、电流传感器不是解决技术问题的必要技术特征。李国浩关于本专利权利要求 1 缺少电压传感器和电流传感器两项技术特征的主张不能成立。

综上，原审判决及专利复审委员会第 9155 号决定程序合法，认定事实清楚，适用法律正确，本院予以维持。李国浩的上诉理由不能成立，其上诉请求本院不予支持。依照《中华人民共和国行政诉讼法》第六十一条第（一）项之规定，判决如下：

驳回上诉，维持原判。

一审案件受理费 1000 元，由李国浩负担（已交纳）；二审案件受理费 100 元，由李国浩负担（已交纳）。

本判决为终审判决。

审 判 长　张　冰

代理审判员　程　霞

代理审判员　钟　鸣

二〇〇年十二月十九日

书 记 员　迟雅娜

张见秋

插槽连接器案

无效宣告请求审查决定（第9167号）

决　定　号 第9167号
决　定　日 2006年12月21日
发明创造名称 插槽连接器
国 际 分 类 号 G06F 1/16
无 效 请 求 人 唐树林
专　利　权　人 鸿海精密工业股份有限公司
专　利　号 97222373.8
申　请　日 1997年9月15日
授 权 公 告 日 1999年3月17日
合 议 组 组 长 钱　芸
主　审　员 张汉国
参　审　员 涂洪文

法 律 依 据 专利法第二十二条第二款
决 定 要 点

如果作为现有技术的一篇对比文件公开了权利要求限定的技术方案，则该权利要求不具备新颖性。

一、案由

本无效宣告请求涉及国家知识产权局于1999年3月17日授权公告、名称为“插槽连接器”的实用新型专利（下称本专利），其申请号为97222373.8，申请日为1997年9月15日，专利权人为鸿海精密工业股份有限公司。

本专利授权时的权利要求书为：

“1. 一种插槽连接器，其特征在于，所述插槽连接器包括：一长形绝缘壳体，具有插接面、焊接面，其中所述插接面设有插槽，所述插槽内设有多个端子插接孔，从所述长形绝缘壳体两侧延伸出支撑壁；多个导电端子，插接于所述端子插接孔；及一辅助定位装置，设于所述焊接面的一侧，其具有设于所述支撑壁附近的第一定位件，和设于所述绝缘壳体附近的第二定位件。

2. 如权利要求1所述的插槽连接器，其特征在于，所述第一、二定位件均为L形板体，所述两定位件的一端均与所述绝缘壳体的焊接面平行，另一端分别固定于所述支撑壁与上述绝缘壳体上。

3. 如权利要求1所述的插槽连接器，其特征在于，所述第一定位件为L形板体，所述第二定位件为具有叉脚的卡柱。

4. 如权利要求1、2或3所述的插槽连接器，其特征在于，所述绝缘壳体的两侧还设有锁扣装置，其包括扣合件与解扣件，所述扣合件设于所述绝缘壳体侧边靠近所述插槽处，具有弹性本体及卡扣部，其中所述弹性本体与所述支撑壁相互间隔开。

5. 如权利要求4所述的插槽连接器，其特征在于，所述锁扣装置的扣合件与绝缘壳体一体制成，所述弹性本体为金属材料，其具有干涉部；所述操作部部分插接于所述扣合件。

6. 如权利要求5所述的插槽连接器，其特征在于，所述扣合件的所述弹性本体为一悬臂，由所述绝缘壳体侧边横向延伸，所述卡扣部为凸弧，其由所述悬臂顶端向内凸出。

7. 如权利要求6所述的插槽连接器，其特征在于，所述解扣件为一长形板体，一端为干涉部，其贯穿所述扣合件的所述弹性本体而与所述绝缘壳体干涉配合；另一端为操作部，其伸出于所述凸弧。

8. 如权利要求7所述的插槽连接器，其特征在于，所述操作部由所述长形板体的端部向外延伸并弯折呈台阶状。"

针对上述专利权，唐树林（下称请求人）于2005年1月10日向国家知识产权局专利复审委员会提出了无效宣告请求，并提交了如下证据：

证据1：中国台湾登载有第313334号专利的第24卷第23期"专利公报"，共5页，公开日期为1997年8月11日。

其主要理由是：证据1公开了本专利权利要求1~8的所有技术方案，权利要求1~8不具备新颖性；权利要求5描述的结构与说明书的记载冲突，因此权利要求5不符合专利法第二十六条第四款的规定，权利要求6~8作为权利要求5的从属权利要求，也不符合专利法第二十六条第四款的规定。

经形式审查专利复审委员会受理了上述无效宣告请求，并于2006年2月23日将无效宣告请求书及相关附件转寄给专利权人。

专利复审委员会本案合议组于2006年10月9日发出口头审理通知书，定于2006年11月20日在专利复审委员会对本案进行口头审理。

专利权人于2006年11月20日以意见陈述书的形式表明不参加口头审理，并且对证据1没有发表任何看法。同时，因请求人地址迁移、新址不明，寄给请求人的口头审理通知书被邮局退回。故，口头审理没有举行。

至此，合议组认为本案事实清楚，无需再进行口头审理，依法在请求人提供的证据的基础上作出本决定。

二、决定的理由

1. 关于证据

证据1是一篇中国台湾"专利公报"，专利权人对其没有发表任何意见，由于双方均不愿意参加口头审理，故合议组自行核实了证据1的真实性，认为证据1真实有效，考虑到证据1的公开日为1997年8月11日，在本专利申请日1997年9月15日之前，因此可以作为本专利现有技术，用于评价其新颖性及创造性。

2. 关于权利要求1~8是否具备专利法第二十二条第二款规定的新颖性的问题

请求人认为权利要求1~8相对于证据1不具备新颖性。

权利要求1的技术方案是为：一种插槽连接器，其特征在于，所述插槽连接器包括：一长形绝缘壳体，具有插接面、焊接面，其中所述插接面设有插槽，所述插槽内设有多个端子插接孔，从所述长形绝缘壳体两侧延伸出支撑壁；多个导电端子，插接于所述端子插接孔；及一辅助定位装置，设于所述焊接面的一侧，其具有设于所述支撑壁附近的第一定位件，和设于所述绝缘壳体附近的第二定位件。

证据1公开了一种插槽连接器，所述插槽连接器包括：一长形绝缘壳体1（相当于权利要求1中的长形绝缘壳体），具有插接面10、焊接面11（分别相当于权利要求1中的插接面、焊接面），其中所述插接面10设有插槽101，所述插槽101内设有多个端子插接孔102，从所述长形绝缘壳体1两侧延伸出支撑壁103、104（分别相当于权利要求1中的插槽、插接孔、支撑壁）；多个导电端子2，插接于所述端子插接孔102（分别相当于权利要求1中的导电端子、端子插接孔）；及一辅助定位装置4，设于所述焊接面11的一侧，其具有设于所述支撑壁104附近的第一定位件40，和设于所述绝缘壳体1附近的第二定位件41（分别相当于权利要求1中的辅助定位装置、第一定位件、第二定位件）。（参见证据1权利要求书和附图第一图、第二图）

可见，证据1公开了权利要求1的技术方案。由于权利要求1请求保护的插槽连接器是通过机械结构来限定的，具有同样机械结构的插槽连接器已经被证据1所公开，所以权利要求1相对于证据1不具备专利法第二十二条第二款规定的新颖性。

权利要求2的附加技术特征是：所述第一、第二定位件均为L形板体，所述两定位件的一端均与所述绝缘壳体的焊接面平行，另一端分别固定于所述支撑壁与所述绝缘壳体上。

证据1公开了一种插槽连接器，参见权利要求书及附图第一图和第二图，所述第一定位件40、第二定位件41均为L形板体，所述两定位件40、41的一端均与所述绝缘壳体1的焊接面11平行，另一端分别固定于所述支撑壁104与所述绝缘壳体1上。可见，证据1公开了权利要求2的附加技术特征，因此，在权利要求1相对于证据1不具备新颖性的基础上，权利要求2相对于证据1也不具备新颖性。

权利要求3的附加技术特征是：所述第一定位件为L形板体，所述第二定位件为具有叉脚的卡柱。

证据1公开了一种插槽连接器，参见权利要求书及附图第三图，所述第一定位件40为L形板体，所述第二定位件41为具有叉脚的卡柱。证据1公开了权利要求3的附加技术特征，因此，在权利要求1不具备新颖性的基础上，权利要求3也不具备新颖性。

权利要求4的附加技术特征是：所述绝缘壳体的两侧还设有锁扣装置，其包括扣合件与解扣件，所述扣合件设于所述绝缘壳体侧边靠近所述插槽处，具有弹性本体及卡扣部，其中所述弹性本体与所述支撑壁相互隔开。

证据1公开了一种插槽连接器，参见权利要求书及附图第一图和第二图，所述绝缘壳体1的两侧还设有锁扣装置3，其包括扣合件30与解扣件31，所述扣合件30设于所述绝缘壳体1侧边靠近所述插槽101处，具有弹性本体301及卡扣部302，其中所述弹性本体301与所述支撑壁103相互隔开。可见，证据1公开了权利要求4的附加技术特征，因此，在权利要求4引用的权利要求1~3均不具备新颖性的基础上，权利要求4也不具备新颖性。

权利要求5的附加技术特征是：所述锁扣装置的扣合件与绝缘壳体一体制成，所述弹性本体为金属材料，其具有干涉部；所述操作部部分插接于所述扣合件。

证据1的权利要求书公开了锁扣装置的扣合件与绝缘壳体一体制成，金属件上具有干涉部和操作部，操作部插接于扣合件。可见，证据1公开了权利要求5的附加技术特征，因此，在权利要求4不具备新颖性的基础上，权利要求5也不具备新颖性。

权利要求6的附加技术特征是：所述扣合件的所述弹性本体为一悬臂，由于所述绝缘壳体侧边横向延伸，所述卡扣部为凸弧，其由所述悬臂顶端向内凸出。

证据1公开了一种插槽连接器，参见权利要求书及附图第一图和第二图，所述扣合件的所述弹性本体301为一悬臂，由于所述绝缘壳体1侧边横向延伸，所述卡扣部302为凸弧，其由所述悬臂顶端向内凸出。可见，证据1公开了权利要求6的附加技术特征，因此，在权利要求5不具备新颖性的基础上，权利要求 6 也不具备新颖性。

权利要求 7 的附加技术特征是：所述解扣件为一长形板体，一端为干涉部，其贯穿所述扣合件的弹性本体而与所述绝缘壳体干涉配合；另一端为操作部，其伸出于所述凸弧。

证据 1 公开了一种插槽连接器，参见权利要求书及附图第一图和第二图，所述解扣件 31 为一长形板体，一端为干涉部 310，其贯穿所述扣合件 30 的弹性本体 301 而与所述绝缘壳体 1 干涉配合；另一端为操作部 311，其伸出于所述凸弧。可见，证据 1 公开了权利要求 7 的附加技术特征，因此，在权利要求 6 不具备新颖性的基础上，权利要求 7 也不具备新颖性。

权利要求 8 的附加技术特征是：所述操作部由所述长形板体的端部向外延伸并弯折呈台阶状。

证据 1 公开了一种插槽连接器，参见权利要求书及附图第一图，所述操作部 311 由所述长形板体的端部向外延伸并弯折呈台阶状。可见，证据 1 公开了权利要求 8 的附加技术特征，在权利要求 7 不具有新颖性的情况下，权利要求 8 也不具备新颖性。

鉴于权利要求 1 ~ 8 相对于证据 1 不具备新颖性，因此合议组不再对权利要求 5 ~ 8 是否符合专利法第二十六条第四款的规定进行审查。

三、决定

宣告第 97222373.8 号实用新型专利权全部无效。

当事人对本决定不服的，可以根据专利法第四十六条第二款的规定，自收到本决定之日起三个月内向北京市第一中级人民法院起诉。根据该款的规定，一方当事人起诉后，另一方当事人应当作为第三人参加诉讼。

107

户内电磁锁案

无效宣告请求审查决定（第9170号）

决　定　号　第9170号
决　定　日　2006年12月14日
发明创造名称　户内电磁锁
发明创造名称　H02B 1/26　E05B 47/04
无效请求人　毛利军
专利权人　张石富　王绍顺
专　利　号　00206274.7
申　请　日　2000年3月21日
授权公告日　2001年2月7日
合议组组长　马　昊
主　审　员　詹靖康
参　审　员　樊晓东

法律依据　专利法第二十六条第三款　专利法实施细则第二十条第一款
决定要点

说明书文字部分中已有详细描述的内容以及本领域技术人员所公知的内容对本领域技术人员来说是清楚且能够实现的，无需出现在说明书附图中。

某一词语本身的含义具有不确定性时是否会导致整个权利要求保护的范围不清楚，这需要对不同情况进行具体分析。如果装置权利要求所限定的结构并未因该词语发生变化，则不会造成权利要求保护范围的不清楚。

一、案由

本无效宣告请求涉及国家知识产权局于2001年2月7日授权公告的、名称为“户内电磁锁”的实用新型专利（下称本专利），其申请日为2000年3月21日，申请号为00206274.7，专利权人为张石富、王绍顺。其授权公告的权利要求书为：

“1. 一种户内电磁锁，其结构包括壳体（2）、面板、锁栓（1）、锁栓弹簧（5）、挡块（8）、手柄、按钮、线圈（3）、动铁芯（9）、行程开关（4）等，挡块（8）、锁栓弹簧（5）装在壳体（2）内部的锁栓（1）上；安装在线圈（3）中部的动铁芯（9）与挡块（8）相匹配，面板上设手柄、解锁孔，其特征是：A、在壳体（2）内部的手柄与挡块（8）间设有拔板，拔板一端与挡块（8）相连，另一端与手柄相接；B、挡块（8）上设有一个凸台（11），与此相匹配在壳体（2）内部设置具有弹性凸台（12）的常开件（7）。

2. 根据权利要求1所述的一种户内电磁锁，其特征是：拔板一端与挡块（8）凹凸式连接，另一端套装固定在壳体（2）内的手柄上。

3. 根据权利要求1或2所述的一种户内电磁锁，其特征是：常开件（7）上的凸台（12）下部设有宝塔形的弹簧（6）。"

针对上述专利权，毛利军（下称请求人）于2005年12月30日向专利复审委员会提出了无效宣告请求，其理由是本专利权利要求1~3不符合专利法第二十六条第三款和专利法实施细则第二十条第一款的规定。请求人在无效宣告请求书中提出，说明书附图未给出面板、手柄、面板上的解锁孔以及与手柄相连的拔板，等几部分的形状、构造、位置及相互连接关系，对于这些部件，说明书文字部分也未给出清楚完整的描述。本领域技术人员无法根据说明书的内容具体实施，因此不符合专利法第二十六条第三款的规定。权利要求1中的表述"其结构包括壳体（2）、面板、锁栓（1）、锁栓弹簧（5）、挡块（8）、手柄、按钮、线圈（3）、动铁芯（9）、行程开关（4）等……"中的"等"字造成权利要求保护范围不清楚，不符合专利法实施细则第二十条第一款的规定。

经形式审查合格，专利复审委员会受理了上述请求，于2006年1月24日向请求人及专利权人发出无效宣告请求受理通知书，并将无效宣告请求书及其附件清单所列附件副本转送专利权人。

专利权人于2006年3月1日寄交了意见陈述书并指出：本专利说明书附图已清楚表示了本专利的基本结构；而面板、手柄、解锁孔等结构是公知的，并且说明书第二页第六段也对它们的连接关系进行了说明。权利要求1中的"等"字也不会引起权利要求保护范围不清楚的问题。本专利及其权利要求第1~3项符合专利法第二十六条第三款以及专利法实施细则第二十条第一款的规定。专利权人修改了权利要求书，提交了权利要求第1~3项的修改替换页。

本案合议组于2006年8月14日向双方当事人发出口头审理通知书，定于2006年9月20日举行口头审理，同时发出转送文件通知书，将专利权人于2006年3月1日寄交的意见陈述书转送给请求人。

口头审理如期举行。双方均参加了口头审理。双方当事人对对方出庭人员的身份没有异议。双方当事人对合议组成员没有回避请求。合议组当庭告知双方当事人本次口头审理以授权公告的权利要求书为基础。专利权人当庭表示手柄、面板、按钮、解锁孔、拔板在说明书附图中没有记载。请求人明确其无效理由为：本专利不符合专利法第二十六条第三款的规定；本专利独立权利要求1中"等"字，导致本专利保护范围不清楚，不符合专利法实施细则第二十条第一款的规定，从而，从属权利要求2、3也不符合专利法实施细则第二十条第一款的规定。合议组认为双方当事人当庭已经充分陈述各自的意见，口审之后，合议组不再接受双方当事人的任何书面意见和证据。

在上述工作的基础上，合议组认为本案事实清楚，可以作出本决定。

二、决定的理由

1. 关于审理的文本

专利法实施细则第六十八条第一款规定，在无效宣告请求的审查过程中，发明或者实用新型专利的专利权人可以修改其权利要求书，但是不但扩大原专利的保护范围。

审查指南第四部分第三章4.6.2部分对无效宣告请求程序中权利要求的修改方式作出了规定：修改权利要求书的具体方式一般限于权利要求的删除、合并和技术方案的删除。

专利权人于2006年3月1日提交的权利要求第1~3项的修改替换文本删除了独立权利要求1中"等"字，这种修改不符合审查指南的上述规定，因此合议组不予接受。本决定所针对的权利要求书仍为本专利授权公告的权利要求书。

2. 关于专利法第二十六条第三款

专利法第二十六条第三款规定：说明书应当对发明或者实用新型作出清楚、完整的说明，以所属技术领域的技术人员能否实现为准；必要的时候，应当有附图。

本专利说明书第2页第5、6段描述：

“……面板上设手柄、解锁孔。行程开关4的按钮设置在手柄中心。

在壳体2内部的手柄与挡块8之间设有拔板，拔板一端与挡块8相连，本实用新型实施例拔板与挡块8为凹凸式连接，即拔板一端插入挡块8的槽10内，拔板另一端与手柄基部相接。挡块8上设有一个凸台11，与此相匹配在壳体2内部设置了带弹性凸台12的常开件7，常开件7的凸台12下部还设有宝塔形弹簧6。”以上文字说明清楚地介绍了面板、手柄、解锁孔、行程开关之间的位置关系以及拔板、挡块等壳体内部部件之间的连接关系。”

说明书附图也对壳体内部各部件之间的关系进行了示意说明。

虽然说明书附图未示出手柄、面板、按钮、解锁孔、拔板，但是它们在说明书中均有详细的文字说明。此外，手柄、面板、按钮、解锁孔等壳体外部的部件均为本领域技术人员乃至普通使用者所熟知的部分。

综上所述，合议组认为，上述部件无需全都出现在附图中，本专利的说明书及其附图已经清楚、完整地说明了本发明，本技术领域的技术人员参照本专利的说明书及其附图完全能够实现本发明。本专利符合专利法第二十六条第三款的规定。

3. 关于专利法实施细则第二十条第一款

专利法实施细则第二十条第一款规定：权利要求书应当说明发明或者实用新型的技术特征，清楚、简要地表述请求保护的范围。

某一词语本身的含义具有不确定性时是否会导致整个权利要求保护的范围不清楚，这需要对不同情况进行具体分析。本专利权利要求1中的表述“其结构包括壳体（2）、面板、锁栓（1）、锁栓弹簧（5）、挡块（8）、手柄、按钮、线圈（3）、动铁芯（9）、行程开关（4）等……”中的“等”字是表示该电磁锁实际上所包含的全部部件未必只有权利要求所列出的这些。装置独立权利要求1中限定的各部件之间的位置关系、连接关系并未受到“等”字的影响，也就是说权利要求1请求保护的户内电磁锁的结构并未因此发生变化，其请求保护的范围也并非因有该“等”字而产生改变。

因此，合议组认为本专利权利要求1请求保护的范围是清楚的，符合专利法实施细则第二十条第一款的规定。在此基础上，独立权利要求1的从属权利要求2、3也符合专利法实施细则第二十条第一款的规定。

三、决定

维持00206274.7号实用新型专利权有效。

当事人对本决定不服的，可以根据专利法第四十六条第二款的规定，自收到本决定之日起三个月内向北京市第一中级人民法院起诉。根据该款的规定，一方当事人起诉后，另一方当事人应当作为第三人参加诉讼。

108

散热器的扣具案

无效宣告请求审查决定（第9183号）

决　定　号　第9183号
决　定　日　2006年12月12日
发明创造名称　散热器的扣具
国际分类号　G06F 1/16
无效请求人　鸿富锦精密工业（深圳）有限公司
专利权人　讯凯国际股份有限公司
专利申请号　02241514.9
申　请　日　2002年7月15日
授权公告日　2003年7月30日
合议组组长　崔哲勇
主　审　员　穆丽娟
参　审　员　杜　宇

法律依据　专利法第二十六条第四款、第二十二条第三款　专利法实施细则第二十条第一款
决定要点

一项权利要求所限定的技术方案与现有技术相比具有区别技术特征，并且现有技术中没有给出采用这一区别技术特征的技术启示，同时该区别技术特征能为该权利要求带来有益的技术效果，则该权利要求具备创造性。

一、案由

本无效宣告请求涉及国家知识产权局于2003年7月30日授权公告的、名称为“散热器的扣具”的02241514.9号的实用新型专利（下称本专利），其申请日为2002年7月15日，专利权人为林仁政。其授权公告的权利要求为：

“1. 一种散热器的扣具，其特征是：在扣具的本体一端设有侧臂，另端枢设有一扣臂，二者的自由端设有扣片，本体中段呈弧形，且断面为П型，于本体顶面设有开口，该开口的二侧设有直立的侧片。

2. 根据权利要求1所述的散热器的扣具，其特征是：该本体设置扣臂的一端设有一相邻的容槽及突片，该扣臂于相对位置设有穿入本体的穿孔，并由该突片予以抵顶。

3. 根据权利要求1所述的散热器的扣具，其特征是：该侧臂与扣臂的自由端设有与插座的扣块相互扣合的扣孔。

4. 根据权利要求1所述的散热器的扣具，其特征是：该本体的开口之间设有连接片。

5. 一种散热器的扣具，其特征是：该扣具的本体中段呈弧形，且断面为П型，该本体顶面设有开口，该开口的二侧设有直立的侧片，于该二并列扣具的一端均设有侧臂并以连接片结合，另端枢设

有一片状的扣臂，该侧臂与扣臂的自由端均设有扣片。

6. 根据权利要求5所述的散热器的扣具，其特征是：该本体于设置扣臂的一端设有一相邻的容槽及突片，该扣臂于相对位置设有穿入本体的穿孔，并由该突片予以抵顶。

7. 根据权利要求5或6所述的散热器的扣具，其特征是：该本体的开口之间设有连接片。”

针对上述专利权，鸿富锦精密工业（深圳）有限公司（下称请求人）于2006年5月10日向专利复审委员会提出了无效宣告请求，其理由是本专利的权利要求1~7都不符合专利法第二十二条第三款的规定，权利要求3不符合专利法第二十六条第四款的规定，权利要求5不符合专利法实施细则第二十条第一款的规定。请求人认为，本专利权利要求1相对于证据1和2的结合不具备创造性；权利要求2~4相对于证据1和2的结合不具备创造性；权利要求5相对于证据1和4的结合不具备创造性；权利要求6~7相对于证据1、2、4的结合不具备创造性。请求人所提交的证据如下：

证据1：中国00266611.1号实用新型专利说明书，其申请日为2000年12月12日，授权公告日为2001年11月7日；

证据2：中国00239696.3号实用新型专利说明书，其申请日为2000年9月20日，授权公告日为2001年9月5日；

证据3：台湾088210333号专利文件，其申请日为1999年6月23日，授权公告日为2001年3月1日；

证据4：台湾87200230号专利文件，其申请日为1998年1月7日，授权公告日为1999年6月21日，公告号为362785的台湾专利公开文件；

经形式审查合格，专利复审委员会受理了上述请求，并于2006年7月21日向双方当事人发出无效宣告请求受理通知书，并将无效宣告请求书及其附件的副本转送专利权人。

专利权人于2006年8月28日提交了意见陈述书，专利权人认为，本专利的权利要求3、5分别符合专利法第二十六条第四款和专利法实施细则第二十条第一款的有关规定，并且权利要求1~7相对于请求人所提供的四个证据均具备创造性，符合专利法第二十二条第三款的规定。

本案合议组于2006年9月11日向双方当事人发出口头审理通知书，定于2006年11月31日下午举行口头审理。并将专利权人于2006年8月28日提交的意见陈述书转送请求人。

口头审理于2006年11月31日如期举行，双方当事人均出席口头审理。在口头审理过程中，双方当事人对对方出庭人员的身份没有异议，双方当事人对合议组成员变更没有异议，对合议组成员没有回避请求。

请求人当庭提交了加盖有检索中心副本认证专用章的证据3、证据4的复印件，专利权人对证据1~4的真实性没有异议。

此外，请求人当庭明确表示放弃证据3，并明确其无效理由为：（1）本专利权利要求1相对于证据1或者证据1和2的结合不具备创造性；权利要求2~4相对于证据1和2的结合不具备创造性；权利要求5相对于证据1和4的结合不具备创造性；权利要求6~7相对于证据1、2、4的结合不具备创造性；（2）权利要求3不符合专利法第二十六条第四款的规定；（3）权利要求5不符合专利法实施细则第二十条第一款的规定。

专利权人当庭就本专利的权利要求具备创造性以及符合专利法第二十六条第四款、专利法实施细则第二十条第一款的理由陈述了意见。

至此，合议组认为本案的事实已清楚，作出如下决定。

二、决定的理由

1. 关于现有技术

由于请求人在口审时放弃证据3，因此对其不再考虑。证据1、2、4的公开日期早于本专利的申请日，专利权人对其真实性无异议，因此其记载的内容构成本专利的现有技术。

2. 关于专利法第二十六条第四款

请求人认为，权利要求1的技术方案为侧臂和扣臂的末端有扣片，权利要求3从属于权利要求1，但是权利要求3在权利要求1的基础上增加了侧臂和扣臂的末端设有扣孔的技术特征，而在说明书实施例中侧臂和扣臂的末端设有扣片或扣孔是两个独立的技术方案，并不是在一个技术方案中侧臂和扣臂的末端同时设有扣片和扣孔，因此权利要求3得不到说明书的支持，不符合专利法第二十六条第四款的有关规定。

专利权人认为，权利要求3属于审查指南第134页第二部分第二章3.1.2小节提到的“形式上的从属权利要求”的情况，用一个特征代替了另一个特征，实际也是一个独立权利要求。

合议组认为，审查指南第二部分第二章3.1.2小节明确指出，所提到的“形式上的从属权利要求”，其撰写方式应该为“根据权利要求1所述，其特征在于用特征Y代替特征X”，而本专利权利要求3中并没有出现这种替换关系的表述，因此并不属于审查指南所涉及的“形式上的从属权利要求”的情况。权利要求3作为独立权利要求1的从属权利要求，在权利要求1中侧臂和扣臂的末端有扣片的技术方案的基础上增加了侧臂和扣臂的末端设有扣孔的技术特征，该技术方案在说明书中并没有公开，因此，权利要求3请求保护的技术方案得不到说明书的支持，不符合专利法第二十六条第四款的有关规定。

3. 关于专利法实施细则第二十条第一款

请求人认为，（1）权利要求5保护的主题名称是散热器扣具，而后面特征部分又出了一个“该二并列扣具”，会引起公众对其保护范围的混淆；（2）权利要求5中出现“一端设有侧臂并以连接片结合”，其中“连接片结合”可解释两种情况，一个是扣具和连接片结合，另一种是侧臂与连接片结合；（3）权利要求5中的侧臂到底是设置在扣具本体的一端还是扣具的一端没有描述清楚。综上所述，权利要求5所保护的范围不清楚，不符合专利法实施细则第二十条第一款的有关规定。

专利法第五十六条规定，发明或者实用新型专利权的保护范围以其权利要求的内容为准，说明书及附图可以用于解释权利要求。

合议组认为，本专利权利要求5主题名称和特征部分的扣具虽然同时称为“扣具”，但是从说明书（参见说明书第6页最后两段以及附图5－7）的描述：“其中扣具40设计是将二分离的扣具予以组成为一呈框型”可以看出，其权利要求5请求保护的扣具是由两个单体扣具组合而成的，特征部份的扣具是指如权利要求1所限定的单体扣具。同时，可以确定“一端设有侧臂并以连接片结合”和“另端枢设有一片状的侧臂”的含义分别为“侧臂以连接片结合”和“扣具另端枢设有侧臂”，因此该两个技术特征的描述并没有引起歧义。因此，权利要求5所请求保护的技术方案是清楚的，符合专利法实施细则第二十条第一款的有关规定。

4. 关于创造性

证据1公开了一种散热片的扣件，包括：一L型扣杆，是于水平杆的一端垂直延伸一垂直杆，该垂直杆末端设有钩扣元件，其水平杆底面设有一固定元件，而水平杆的另一端则形成一挂置部；一弹性元件，是置于水平杆的底面，并为固定元件所固定；一拆卸杆，其一端延伸一扣柄，另一端则设一钩部，于拆卸杆的中间穿设一可容L型扣杆的挂置部穿过的挂置孔。

证据2公开了一种散热装置扣具，主要包括一抵压部，自该抵压部两端分别斜向上延伸出一第一弹性臂及一第二弹性臂。该第一弹性臂的末端向下弯折形成一第一扣片。该第二弹性臂的末端先弯折延伸形成一操作部后再向下弯折形成一第二扣片。该第二扣片还设有一斜向外延伸的带有操作孔的操作片。沿该抵压部与部分第一弹性臂的两侧边分别向上垂直翻折形成一对加强肋，且在该散热装置扣具的中央纵向设有若干凸肋。

证据4公开了一种拨控式中央处理器散热板固定扣件，包括至少一个扣板构件，该扣板构件两端弯曲的连设一第一扣板及第二扣板；两个上述结构中间用一个把手部连接。

（1）权利要求1的创造性

本专利的权利要求1的技术方案为：一种散热器的扣具，其特征是：在扣具的本体一端设有侧臂，另端枢设有一扣臂，二者的自由端设有扣片，本体中段呈弧形，且断面为∏型，于本体顶面设有开口，该开口的二侧设有直立的侧片。证据1（参见说明书第3页以及附图3）公开了如下特征：（1）一种散热器的扣件；（2）在扣件的水平杆一端垂直延伸一垂直杆，另端形成一挂置部，还包括一个拆卸杆，拆卸杆中间穿设一可容L型扣杆的挂置部穿过的挂置孔；（3）扣件包含一L型扣杆，并且另一端形成一挂置部，与拆卸杆的挂置空相配合，从附图3中可以得知，上述结构即构成一个∏型；（4）从附图3中可以看出，扣件的扣杆顶端设有开口。因此本专利权利要求1的技术方案与对比文件1相比较区别技术特征为“（1）该侧臂的自由端设有扣片；（2）该扣臂的自由端设有扣片；（3）该本体中段呈弧形；（4）设于该开口两侧的直立的侧片”。而证据2（参见说明书第2-3页以及附图3）中则公开了一种散热装置扣具，其抵压部以及两侧延长的部分为冲压弯折而成，虽然不是弧形，但是同样是利用它的弹性来加紧固定和散热片，有相同的技术作用和效果；同时证据2中还公开了一个直立的加强肋，对应于本专利权利要求1中的侧片；此外，本专利的侧臂和扣臂的自由端为扣片，而证据1中为扣孔，对于本领域的普通技术人员来说，扣孔和扣片是惯用手段的替换。由此可见，证据1和2以及常用技术手段相结合已经披露了权利要求1的全部技术特征。由于证据1和2属于相同的技术领域，因此在证据1的基础上结合证据2得出权利要求1的技术方案是很容易的，并且两者的结合没有产生意料不到的技术效果，因此，权利要求1所要求保护的技术方案不具备实质性特点和进步，不符合专利法第二十二条第三款所规定的创造性。

（2）从属权利要求2的创造性

权利要求2从属于权利要求1，其附加技术特征为：该本体设置扣臂的一端设有一相邻的容槽及突片，该扣臂于相对位置设有穿入本体的穿孔，由该突片予以抵顶。该技术特征已经被证据2（参见附图5，以及对应说明书第3页第5段）公开，证据2中的卡槽65相当于权利要求2中的容槽，证据2中的小突片与权利要求2中的上述突片相对应，证据2中的长形卡孔63对应于权利要求2中的上述穿孔。因此，当权利要求2所回引的权利要求1相对于证据1和2不具备创造性的前提下，权利要求2所要求保护的技术方案也不具有实质性特点和进步，不符合专利法第二十二条第三款所规定的创造性。

（3）权利要求4的创造性

权利要求4从属于权利要求1，其附加技术特征为：该本体的开口之间设有连接片。该技术特征已经被证据1（参见附图3）公开，证据1中水平杆两开口之间的部分即对应于上述连接片。因此，当权利要求4所回引的权利要求1相对于证据1和2不具备创造性的前提下，权利要求4所要求保护的技术方案也不具有质性特点和进步，不符合专利法第二十二条第三款所规定的创造性。

（5）权利要求5的创造性

本专利的权利要求5的技术方案为：一种散热器的扣具，其特征是：该扣具的本体中段呈弧形，且断面为∏型，该本体顶面设有开口，该开口的二侧设有直立的侧片，于该二并列扣具的一端均设有侧臂并以连接片结合，另端枢设有一片状的扣臂，该侧臂与扣臂的自由端均设有扣片。证据1（参见说明书第3页以及附图3）公开了如下特征：（1）一种散热器的扣件；（2）在扣件的水平杆一端垂直延伸一垂直杆，另端形成一挂置部，还包括一个拆卸杆，拆卸杆中间穿设一可容L型扣杆的挂置部穿过的挂置孔；（3）扣件包含一L型扣杆，并且另一端形成一挂置部，与拆卸杆的挂置空相配合，从附图3中可以得知，上述结构即构成一个П型；（4）从附图3中可以看出，扣件的扣杆顶端设有开口。因此权利要求5的技术方案与证据1公开的内容相比较，区别技术特征为“（1）该扣具的本体中段呈弧形；（2）该开口的二侧设有直立的侧片；（3）该二并列扣具的一端均设有侧臂并以连接片结合；（4）另端枢设有一片状的扣臂；（5）该侧臂和扣臂的自由端均设有扣片”。请求人认为，证据4（参见说明书第8-9页以及附图9）中则公开了一种拨控式中央处理器散热板固定扣件，其顶压板部10对应于两个并列扣具，其一端设有扣板12，相应于扣片，把手部23a相应于片状的扣臂。并且请求人认为，另外的上述特征（1）（2）对于本领域普通技术人员属于公知常识；而上述特征（3）则已经在证据4中有技术启示。因此，在证据1和4结合的基础上，本专利的权利要求5不具备创造性，不符合专利法第二十二条第三款的有关规定。

合议组认为，（1）对于上述区别技术特征请求人主张其为本领域普通技术人员熟知的公知常识是没有依据的；（2）证据4中的把手部23a与本专利的片状扣臂在结构和功能上均有一定的差别：23a不具有顶端的扣片结构，而是有另外的扣板11；（3）证据4中并没有给出“该二并列扣具的一端均设有侧臂并以连接片结合”的技术启示。因此，证据1和4结合不能解决本专利的技术问题，也不能达到本专利的技术效果，本专利的权利要求5所要求保护的技术方案相对于证据1和4具有实质性特点和进步，因此，权利要求5具备专利法第二十二条第三款规定的创造性。

（6）权利要求6~7的创造性

权利要求6~7从属于权利要求5，当其回引的权利要求5具备创造性的前提下，权利要求6~7也具备专利法第二十二条第三款规定的创造性。

三、决定

宣告02241514.9号实用新型权利要求1~4无效，维持权利要求5~7有效。

当事人对本决定不服的，可以根据专利法第四十六条第二款的规定，自收到本决定之日起三个月内向北京市第一中级人民法院起诉。根据该款的规定，一方当事人起诉后，另一方当事人应当作为第三人参加诉讼。

北京市第一中级人民法院
行政判决书

（2007）一中行初字第525号

原告讯凯国际股份有限公司，住所地中华人民共和国台湾省台北县中和市中正路782号9楼。

法定代表人林仁政，总裁。

委托代理人陈庆彬，男，北京科龙寰宇知识产权代理有限责任公司专利代理人，住中华人民共和国北京市朝阳区水利局宿舍1楼4门514号。

被告中华人民共和国国家知识产权局专利复审委员会，住所地中华人民共和国北京市海淀区北四环西路9号银谷大厦10~12层。

法定代表人廖涛，副主任。

委托代理人杜宇，男，中华人民共和国国家知识产权局专利复审委员会审查员。

委托代理人杨存吉，男，中华人民共和国国家知识产权局专利复审委员会审查员。

第三人鸿富锦精密工业（深圳）有限公司，住所地中华人民共和国广东省深圳市宝安区龙华镇油松第十工业区东环二路2号。

法定代表人钟依文，总经理。

原告讯凯国际股份有限公司不服被告中华人民共和国国家知识产权局专利复审委员会于2006年12月12日作出的第9183号无效宣告请求审查决定（下称被诉决定），向本院提起行政诉讼。本院受理后，依法组成合议庭，并依法通知与本案被诉决定存在法律上利害关系的鸿富锦精密工业（深圳）有限公司作为本案第三人参加诉讼。2007年5月14日，本院依法公开开庭审理了本案。原告的委托代理人陈庆彬，被告的委托代理人杜宇、杨存吉，到庭参加了诉讼。经合法传唤，第三人未到庭参加诉讼。本案现已审理终结。

2006年12月12日，被告依照第三人的无效请求，宣告专利权人为本案原告、名称为“散热器的扣具”的02241514.9号实用新型专利（下称本专利）权利要求1~4无效，维持本专利权利要求5~7有效。

在法定期限内，被告向本院提交了下列证据：1. 本专利授权公告文本，用以证明本专利的保护范围；2. 中国00266611.1号实用新型专利说明书，申请日为2000年12月12日，授权公告日为2001年11月7日（下称对比文件1）；3. 中国00239696.3号实用新型专利说明书，申请日为2000年9月20日，授权公告日为2001年9月5日（下称对比文件2）；4. 台湾87200230号专利文件，申请日为1998年1月7日，授权公告日为1999年6月21日，公告号为362785的台湾专利公开文件（以下简称对比文件4）；5. 口头审理记录表；6. 原告于2006年8月28日向被告提交的复审、无效程序中意见陈述书。

原告不服被诉决定，起诉至本院，其诉称，被诉决定认定本专利权利要求1~4不符合《中华人民共和国专利法》（以下简称《专利法》）第二十二条第三款的认定理由不充分。对比文件1、对比文件2并没有公布本专利权利要求1保护的技术方案的第3~8项技术特征，并且本专利采用本体中段呈弧形，断面为П型，于本体顶面设有开口，该开口的两侧设有直立的侧片的结构，达到增强扣片压掣力的技术效果，其单个技术特征没有被任何对比文件公布，其技术方案整体也没有在任何一个对比文件中公布，并且没有提供采用这样的技术方案的启示。本专利技术方案对所述领域技术人员来说具有非显而易见，需要付出创造性劳动，并且具有实质性特点和进步，从而具有创造性。在对比文件1具备创造性的前提下，其从属权利要求2、4同样具有实质性特点和进步，具备创造性。综上，请求本院撤销被诉决定中宣告本专利权利要求1~4无效的部分。

在法定期限内，原告未向本院提交证据材料。

被告辩称，本专利权利要求1、2、4均不具备创造性，对此已经在被诉决定中详细阐述了理由。被诉决定认定事实清楚，适用法律正确，程序合法，请求人民法院维持被诉决定，驳回原告的诉讼请求。

第三人未参加本案诉讼，亦未向本院提交书面意见及证据。

经庭审质证，原告对于被告证据的关联性、合法性与真实性均无异议。本院认为，被告提交的证据均与本案有关联，且合法、真实，本院均予确认。

根据上述有效证据及各方当事人无争议的陈述，本院认定事实如下：

本专利申请日为2002年7月15日，由中华人民共和国国家知识产权局于2003年7月30日授权公告。其授权公告的权利要求为：

“1. 一种散热器的扣具，其特征是：在扣具的本体一端设有侧臂，另端枢设有一扣臂，二者的自由端设有扣片，本体中段呈弧形，且断面为П型，于本体顶面设有开口，该开口的二侧设有直立的侧片。

2. 根据权利要求 1 所述的散热器的扣具，其特征是：该本体设置扣臂的一端设有一相邻的容槽及突片，该扣臂于相对位置设有穿入本体的穿孔，并由该突片予以抵顶。

3. 根据权利要求 1 所述的散热器的扣具，其特征是：该侧臂与扣臂的自由端设有与插座的扣块相互扣合的扣孔。

4. 根据权利要求 1 所述的散热器的扣具，其特征是：该本体的开口之间设有连接片。

5. 一种散热器的扣具，其特征是：该扣具的本体中段呈弧形，且断面为∏型，该本体顶面设有开口，该开口的二侧设有直立的侧片，于该二并列扣具的一端均设有侧臂并以连接片结合，另端枢设有一片状的扣臂，该侧臂与扣臂的自由端均设有扣片。

6. 根据权利要求 5 所述的散热器的扣具，其特征是：该本体于设置扣臂的一端设有一相邻的容槽及突片，该扣臂于相对位置设有穿入本体的穿孔，并由该突片予以抵顶。

7. 根据权利要求 5 或 6 所述的散热器的扣具，其特征是：该本体的开口之间设有连接片。”

针对本专利权，第三人于 2006 年 5 月 10 日向被告提出无效宣告请求，理由是本专利权利要求 1 ~7都不符合《专利法》第二十二条第三款的规定，权利要求 3 不符合《专利法》第二十六条第四款的规定，权利要求 5 不符合《中华人民共和国专利法实施细则》（以下简称《实施细则》）第二十条第一款的规定。第三人认为，本专利权利要求 1 相对于对比文件 1 和 2 的结合不具备创造性；权利要求 2 ~4 相对于对比文件 1 和 2 的结合不具备创造性；权利要求 5 相对于对比文件 1 和 4 的结合不具备创造性；权利要求 6 ~7 相对于对比文件 1、2、4 的结合不具备创造性。第三人同时提交了包括对比文件 1、2、4 在内的 4 份证据，其中证据 3 为：台湾 088210333 号专利文件，其申请日为 1999 年 6 月 23 日，授权公告日为 2001 年 3 月 1 日（以下简称对比文件 3）。

被告受理后，将上述文件的副本依法进行了转文。

原告于 2006 年 8 月 28 日提交了意见陈述书认为：本专利的权利要求 3、5 分别符合《专利法》第二十六条第四款和《实施细则》第二十条第一款的规定，权利要求 1 ~7 相对于四份对比文件均符合《专利法》第二十二条第三款的规定。被告亦依法将该材料进行了转文。

2006 年 10 月 31 日，原告与第三人均出席了被告举行的口头审理。在口头审理过程中，双方当事人对对方出庭人员的身份没有异议，对合议组成员变更亦无异议，且对合议组成员没有回避请求。

第三人当庭提交了加盖有检索中心副本认证专用章的对比文件 3、4 的复印件，原告对 4 份对比文件的真实性没有异议。此外，第三人当庭明确表示放弃对比文件 3，并明确其无效理由为：（1）本专利权利要求 1 相对于对比文件 1 或者对比文件 1 和 2 的结合不具备创造性；权利要求 2 ~4 相对于对比文件 1 和 2 的结合不具备创造性；权利要求 5 相对于对比文件 1 和 4 的结合不具备创造性；权利要求 6 ~7 相对于对比文件 1、2、4 的结合不具备创造性；（2）权利要求 3 不符合《专利法》第二十六条第四款的规定；（3）权利要求 5 不符合《实施细则》第二十条第一款的规定。原告也当庭就上述问题陈述了自己的意见。

被告经审查认为：

因第三人明确放弃对比文件 3，因此对其不再考虑。对比文件 1、2、4 的公开日期早于本专利的申请日，原告对其真实性无异议，因此其记载的内容构成本专利的现有技术。

关于《专利法》第二十六条第四款。《审查指南》第二部分第二章 3.1.2 小节明确指出，所提到的“形式上的从属权利要求”，其撰写方式应该为“根据权利要求 1 所述，其特征在于用特征 Y 代替特征 X”，而本专利权利要求 3 中并未出现这种替换关系的表述，因此不属于《审查指南》所涉及的“形式上的从属权利要求”的情况。权利要求 3 作为独立权利要求 1 的从属权利要求，在权利要求 1 中侧臂和扣臂的末端有扣片的技术方案的基础上增加了侧臂和扣臂的末端设有扣孔的技术特征，该技术方案在说明书中并没有公开，因此，权利要求3请求保护的技术方案得不到说明书的支持，不符合《专利法》第二十六条第四款的规定。

关于《实施细则》第二十条第一款。本专利权利要求5主题名称和特征部分的扣具虽然同时称为“扣具”，但是从说明书（参见说明书第6页最后两段以及附图5—7）的描述：“其中扣具40设计是将二分离的扣具予以组成为一呈框型”可以看出，其权利要求5请求保护的扣具是由两个单体扣具组合而成的，特征部分的扣具是指如权利要求1所限定的单体扣具。同时，可以确定“一端设有侧臂并以连接片结合”和“另端枢设有一片状的侧臂”的含义分别为“侧臂以连接片结合”和“扣具另端枢设有侧臂”，因此该两个技术特征的描述并未引起歧义。因此，权利要求5所请求保护的技术方案是清楚的，符合《实施细则》第二十条第一款的规定。

关于创造性问题：

对比文件1公开了一种散热片的扣件，包括：一L型扣杆，是于水平杆的一端垂直延伸一垂直杆，该垂直杆末端设有钩扣元件，其水平杆底面设有一固定元件，而水平杆的另一端则形成一挂置部；一弹性元件，是置于水平杆的底面，并为固定元件所固定；一拆卸杆，其一端延伸一扣柄，另一端则设一钩部，于拆卸杆的中间穿设一可容L型扣杆的挂置部穿过的挂置孔。

对比文件2公开了一种散热装置扣具，主要包括一抵压部，自该抵压部两端分别斜向上延伸出一第一弹性臂及一第二弹性臂。该第一弹性臂的末端向下弯折形成一第一扣片。该第二弹性臂的末端先弯折延伸形成一操作部后再向下弯折形成一第二扣片。该第二扣片还设有一斜向外延伸的带有操作孔的操作片。沿该抵压部与部分第一弹性臂的两侧边分别向上垂直翻折形成一对加强肋，且在该散热装置扣具的中央纵向设有若干凸肋。

对比文件4公开了一种拨控式中央处理器散热板固定扣件，包括至少一个扣板构件，该扣板构件两端弯曲的连设一第一扣板及第二扣板；两个上述结构中间用一个把手部连接。

首先，关于本专利权利要求1的创造性。本专利的权利要求1的技术方案为：一种散热器的扣具，其特征是：在扣具的本体一端设有侧臂，另端枢设有一扣臂，二者的自由端设有扣片，本体中段呈弧形，且断面为П型，于本体顶面设有开口，该开口的二侧设有直立的侧片。对比文件1（参见说明书第3页以及附图3）公开了如下特征：（1）一种散热器的扣件；（2）在扣件的水平杆一端垂直延伸一垂直杆，另端形成一挂置部，还包括一个拆卸杆，拆卸杆中间穿设一可容L型扣杆的挂置部穿过的挂置孔；（3）扣件包含一L型扣杆，并且另一端形成一挂置部，与拆卸杆的挂置空相配合，从附图3中可以得知，上述结构即构成一个П型；（4）从附图3中可以看出，扣件的扣杆顶端设有开口。因此本专利权利要求1的技术方案与对比文件1相比较区别技术特征为“（1）该侧臂的自由端设有扣片；（2）该扣臂的自由端设有扣片；（3）该本体中段呈弧形；（4）设于该开口两侧的直立的侧片”。而对比文件2（参见说明书第2~3页以及附图3）中则公开了一种散热装置扣具，其抵压部以及两侧延长的部分为冲压弯折而成，虽然不是弧形，但是同样是利用它的弹性来加紧固定散热片，有相同的技术作用和效果；同时对比文件2中还公开了一个直立的加强肋，对应于本专利权利要求1中的侧片；此外，本专利的侧臂和扣臂的自由端为扣片，而对比文件1中为扣孔，对于本领域的普通技术人员来说，扣孔和扣片是惯用手段的替换。由此可见，对比文件1和2以及常用技术手段相结合已经披露了权利要求1的全部技术特征。由于对比文件1和2属于相同的技术领域，因此在对比文件1的基础上结合对比文件2得出权利要求1的技术方案是很容易的，并且两者的结合没有产生意料不到的技术效果，因此，权利要求1所要求保护的技术方案不具备实质性特点和进步，不符合《专利法》第二十二条第三款规定的创造性。

其次，关于从属权利要求2的创造性。权利要求2从属于权利要求1，其附加技术特征为：该本体设置扣臂的一端设有一相邻的容槽及突片，该扣臂于相对位置设有穿入本体的穿孔，由该突片予以抵顶。该技术特征已经被对比文件2（参见附图5，以及对应说明书第3页第5段）公开，对比文件2中的卡槽6 5相当于权利要求2中的容槽，对比文件2中的小突片与权利要求2中的上述突片相对应，对比文件2中的长形卡孔63对应于权利要求2中的上述穿孔。因此，当权利要求2所回引的权利要求1相对于对比文件1和2不具备创造性的前提下，权利要求2所要求保护的技术方案也不具备实质性特点和进步，不符合《专利法》第二十二条第三款所规定的创造性。

第三，关于权利要求4的创造性。权利要求4从属于权利要求1，其附加技术特征为：该本体的开口之间设有连接片。该技术特征已经被对比文件1（参见附图3）公开，对比文件1中水平杆两开口之间的部分即对应于上述连接片。因此，当权利要求4所回引的权利要求1相对于对比文件1和2不具备创造性的前提下，权利要求4所要求保护的技术方案也不具备实质性特点和进步，不符合《专利法》第二十二条第三款所规定的创造性。

第四，关于权利要求5的创造性。本专利的权利要求5的技术方案为：一种散热器的扣具，其特征是：该扣具的本体中段呈弧形，且断面为ㄇ型，该本体顶面设有开口，该开口的二侧设有直立的侧片，于该二并列扣具的一端均设有侧臂并以连接片结合，另端枢设有一片状的扣臂，该侧臂与扣臂的自由端均设有扣片。对比文件1（参见说明书第3页以及附图3）公开了如下特征：（1）一种散热器的扣件；（2）在扣件的水平杆一端垂直延伸一垂直杆，另端形成一挂置部，还包括一个拆卸杆，拆卸杆中间穿设一可容L型扣杆的挂置部穿过的挂置孔；（3）扣件包含一L型扣杆，并且另一端形成一挂置部，与拆卸杆的挂置空相配合，从附图3中可以得知，上述结构即构成一个ㄇ型；（4）从附图3中可以看出，扣件的扣杆顶端设有开口。因此权利要求5的技术方案与对比文件1公开的内容相比较，区别技术特征为“（1）该扣具的本体中段呈弧形；（2）该开口的二侧设有直立的侧片；（3）该二并列扣具的一端均设有侧臂并以连接片结合；（4）另端枢设有一片状的扣臂；（5）该侧臂和扣臂的自由端均设有扣片”。第三人认为，对比文件4（参见说明书第8~9页以及附图9）中则公开了一种拨控式中央处理器散热板固定扣件，其顶压板部10对应于两个并列扣具，其一端设有扣板12，相应于扣片，把手部23a相应于片状的扣臂。并且请求人认为，另外的上述特征（1）（2）对于本领域普通技术人员属于公知常识；而上述特征（3）则已经在对比文件4中有技术启示。因此，在对比文件1和4结合的基础上，本专利的权利要求5不具备创造性，不符合《专利法》第二十二条第三款的规定。

被告经审查认为：（1）对于上述区别技术特征第三人主张其为本领域普通技术人员熟知的公知常识缺乏依据；（2）对比文件4中的把手部23a与本专利的片状扣臂在结构和功能上均有一定的差别：23a不具有顶端的扣片结构，而是有另外的扣板11；（3）对比文件4中并没有给出“该二并列扣具的一端均设有侧臂并以连接片结合”的技术启示。因此，对比文件1和4结合不能解决本专利的技术问题，也不能达到本专利的技术效果，本专利的权利要求5所要求保护的技术方案相对于对比文件1和4具备实质性特点和进步，因此，权利要求5具备《专利法》第二十二条第三款规定的创造性。

第五，关于权利要求6~7的创造性。权利要求6~7从属于权利要求5，当其回引的权利要求5具备创造性的前提下，权利要求6~7也具备《专利法》第二十二条第三款规定的创造性。

综上，被告作出被诉决定。原告不服，在法定期限内向本院提起行政诉讼。

庭审过程中，原告明确表示对于被诉决定的下列内容不持异议：被诉决定作出的行政程序；被诉决定“案由”部分记载的内容；被诉决定关于本专利现有技术的确定；本专利权利要求3不符合《专利法》第二十六条第四款的规定；本专利权利要求5符合《实施细则》第二十条第一款的规定；被诉决定关于对比文件1、2、4所公开的内容的描述；本专利权利要求4不符合《专利法》第二十二条第三款的规定；本专利权利要求5~7具备创造性。

本院认为，被诉决定中原告不持异议的部分，本院经审查，对其合法性予以确认。在此基础上，本院将针对被诉决定的下列内容进行合法性审查：本专利权利要求1、2是否具备创造性。

权利要求1的创造性问题。本专利权利要求1的技术方案与对比文件1相比较区别技术特征为"（1）该侧臂的自由端设有扣片；（2）该扣臂的自由端设有扣片；（3）该本体中段呈弧形；（4）设于该开口两侧的直立的侧片"。而对比文件2（参见说明书第2~3页以及附图3）中则公开了一种散热装置扣具，其抵压部以及两侧延长的部分为冲压弯折而成，虽然不是弧形，但是同样是利用它的弹性来加紧固定散热片，与本专利有相同的技术作用和效果；同时对比文件2中还公开了一个直立的加强肋，对应于本专利权利要求1中的侧片；此外，本专利的侧臂和扣臂的自由端为扣片，而对比文件1中为扣孔，对于本领域的普通技术人员来说，扣孔和扣片是惯用手段的替换。由此可见，对比文件1和2以及常用技术手段相结合已经披露了权利要求1的全部技术特征。由于对比文件1和2属于相同的技术领域，因此，被告认为在对比文件1的基础上结合对比文件2得出权利要求1的技术方案是很容易的，并且两者的结合没有产生意料不到的技术效果，从而权利要求1所要求保护的技术方案不符合《专利法》第二十二条第三款规定的创造性，是正确的。

其次，关于从属权利要求2的创造性。权利要求2从属于权利要求1，其附加技术特征为：该本体设置扣臂的一端设有一相邻的容槽及突片，该扣臂于相对位置设有穿入本体的穿孔，由该突片予以抵顶。该技术特征已经被对比文件2（参见附图5，以及对应说明书第3页第5段）公开，对比文件2中的卡槽65相当于权利要求2中的容槽，对比文件2中的小突片与权利要求2中的上述突片相对应，对比文件2中的长形卡孔63对应于权利要求2中的上述穿孔。因此，被告认为从属权利要求2所要求保护的技术方案也不符合《专利法》第二十二条第三款所规定的创造性，亦是正确的。

因此，被诉决定认定事实清楚，适用法律正确，程序合法，本院应予维持。原告的诉讼理由缺乏事实依据及法律依据，本院不予支持。综上，依照《中华人民共和国行政诉讼法》第五十四条第（一）项之规定，判决如下：

维持被告中华人民共和国国家知识产权局专利复审委员会于二〇〇六年十二月十二日作出的第9183号无效宣告请求审查决定。

案件受理费1000元，由原告讯凯国际股份有限公司负担（已交纳）。

如不服本判决，原告讯凯国际股份有限公司可于判决书送达之日起30日内、被告中华人民共和国国家知识产权局专利复审委员会与第三人鸿富锦精密工业（深圳）有限公司可于判决书送达之日起15日内，向本院递交上诉状并按对方当事人人数提出副本，上诉于中华人民共和国北京市高级人民法院。上诉人在接到人民法院预交上诉费用100元的通知后未预交，又不提出缓交申请的，按自动撤回上诉处理。

审 判 长 梁 菲
代理审判员 司品华
人民陪审员 吴建平
二〇〇七年十月十六日
书 记 员 王 丽

可调式温度电流保护器案

无效宣告请求审查决定（第9211号）

决 定 号 第9211号
决 定 日 2006年11月27日
发明创造名称 可调式温度电流保护器
国 际 分 类 号 H01H 71/16、73/22
无 效 请 求 人 常州新区德胜电器有限公司
专 利 权 人 森萨塔科技（常州）有限公司
专 利 号 00240827.9
申 请 日 2000年10月30日
授 权 公 告 日 2001年9月26日
合 议 组 组 长 黄毅斐
主 审 员 孙克良
参 审 员 汤 锷

法 律 依 据 专利法实施细则第二十一条第二款
决 定 要 点

如果独立权利要求未记载解决发明或实用新型的技术问题所不可缺少的技术特征，则该权利要求因缺少必要技术特征而不符合专利法实施细则第二十一条第二款的规定。

一、案由

本无效宣告请求案涉及国家知识产权局于2001年9月26日授权公告的、名称为“可调式温度电流保护器”的00240827.9号实用新型专利（下称本专利），其申请日为2000年10月30日，专利权人为江苏常恒集团公司，后于2006年8月3日变更为森萨塔科技（常州）有限公司。其授权公告的权利要求书为：

“1. 可调式温度电流保护器，具有壳体，壳体内密封设置有固定座，固定座上封装有静触片和双金属片，静触片和双金属片均连接有导线，静触片与双金属片的端部分别固定有相对的静触点与动触点，其特征在于：在双金属片上具有碟状应力部件，在固定座上还设置有抵靠双金属片的固定片并压紧延伸至碟状应力部件的底部。”

针对上述专利权，常州新区德胜电器有限公司（下称请求人）于2005年8月29日向专利复审委员会提出了无效宣告请求，并同时提交了如下附件作为证据：

附件1：ZL00240827.9中国实用新型专利说明书，申请日为2000年10月30日，授权公告日为2001年9月26日，专利权人为江苏常恒集团公司（本专利）；

附件2：ZL95240693.4中国实用新型专利说明书，授权公告日为1997年6月11日（下称证据1）；

附件3：ZL98227030.5 中国实用新型专利说明书，授权公告日为1999年8月4日（下称证据2）；

附件4：（2000）常知初字第22号及（2001）苏民三终字第013号《民事判决书》复印件（下称证据3）；

附件5：《专利侵权纠纷处理请求书》复印件2页（下称证据4）。

请求人的无效理由是：1. 权利要求1缺少必要技术特征，不符合专利法实施细则第二十一条第二款的规定；2. 权利要求1因缺少必要技术特征，造成请求保护的范围不清楚、不符合专利法实施细则第二十条第一款的规定；3. 同时也因为说明书未对如何实现“可调”作出清楚完整的说明，造成本领域普通技术人员不能实现本专利，从而不符合专利法第二十六条第三款的规定；4. 权利要求1相对于证据1无新颖性和创造性，不符合专利法第二十二条第二三款的规定；5. 权利要求1相对于证据1和证据2的组合无创造性，不符合专利法第二十二条第三款的规定；6. 证据3和证据4证明本专利的产品在申请日之前已经公开销售，因而不具备新颖性。

经形式审查合格，国家知识产权局专利复审委员会受理了上述请求，于2005年8月30日向双方当事人发出无效宣告请求受理通知书，并将无效宣告请求书及其附件的副本转送给专利权人，要求其在收到本通知书之日起一个月内对该无效宣告请求陈述意见。

2005年9月29日，请求人补充提交了如下附件作为证据：

附件6：第00496182号增值税发票及本案专利2005年5月著录项目变更前专利权人名称变更的工商资料的复印件（证据5）。

请求人的具体理由是：证据5证明本案专利产品在申请日之前已经由专利权人公开生产、销售，因此本专利不符合专利法第二十二条第二三款的规定。

专利权人于2005年10月14日提交了意见陈述书，认为本专利符合专利法和专利法实施细则的规定，并请求口头审理以进一步具体陈述意见。

本案合议组于2006年5月29日向双方当事人发出口头审理通知书，定于2006年7月5日下午14:00举行口头审理。并随口审通知书一起将专利权人于2005年10月14日提交的意见陈述书转送给请求人；将请求人于2005年9月29日提交的意见陈述书及补充证据5转送给专利权人。

本案合议组于2006年6月29日向双方当事人发出口头审理通知书，定于2006年8月11日上午9:00举行口头审理，并通知双方当事人原定于7月5日的口审取消。

口头审理如期举行，双方当事人的代理人均出席了口头审理。本案合议组对请求人提出的无效理由和事实进行了调查，并充分听取了双方的陈述。在口头审理过程中，1. 双方当事人对对方出庭人员的身份没有异议。2. 双方当事人对合议组成员没有回避请求，对合议组成员的变更没有异议。3. 请求人当庭提交证据5的原件，当庭未能提交证据3的原件；专利权人当庭核实证据5的原件并对证据5来源的合法性有异议，对证据3的真实性有异议。4. 专利权人当庭表示对证据1、证据2、证据4的真实性没有异议。5. 请求人明确其无效理由为：证据1评述权利要求1不具有新颖性；证据1作为最接近的现有技术，结合证据2评述权利要求1不具备创造性；证据3或证据4、5结合证明与本专利相同结构的产品在申请日之前已经使用公开；本专利权利要求1不符合专利法实施细则第二十一条第二款、专利法实施细则第二十条第一款的规定；说明书不符合专利法第二十六条第三款的规定。6. 合议组认为双方当事人当庭已经充分陈述各自的意见，口审之后，合议组不再接受双方当事人的任何意见和证据。

至此，合议组认为本案事实清楚，可以依法作出本审查决定。

二、决定的理由

1. 关于专利法实施细则第二十一条第二款

专利法实施细则第二十一条第二款规定：独立权利要求应当从整体上反应发明或者实用新型的技术方案，记载解决技术问题的必要技术特征。

本专利请求保护的主题为一种“可调式温度电流保护器”；需要解决的问题也是为了克服“目前此类温度电流保护器动作温度无法调整，应用范围小”等缺点，提供“一种动作温度可调”的“可调式温度电流保护器”。本专利权利要求1给出的技术方案为“①可调式温度电流保护器，具有壳体，②壳体内密封设置有固定座，固定座上封装有静触片和双金属片，③静触片和双金属片均连接有导线，静触片与双金属片的端部分别固定有相对的静触点与动触点，④其特征在于：在双金属片上具有碟状应力部件，⑤在固定座上还设置有抵靠双金属片的固定片并压紧延伸至碟状应力部件的底部。”

从本专利上述权利要求1的方案可以看出，其没有给出任何有关“可调的”技术特征，无法实现“可调”的发明目的。通过本专利说明书的描述，可知本专利希望“通过控制静触片的弯曲量，能使双金属片的动作温度达到所需要的温度值”，来“达到使保护器动作温度可调”的目的。但是本专利权利要求1中并未记载通过调整“静触片的弯曲量”来实现双金属片动作温度的调整的任何技术特征，因此本专利权利要求1缺少如何实现“可调”的必要技术特征，从而无法解决本专利所提出的技术问题。

专利权人主张本专利中所称的可调是制造过程的可调，而制造过程的可调在说明书中已经描述，而权利要求1已经构成了完整的技术方案。合议组认为：本专利要求保护一种可调式温度电流保护器，即要求保护的是一种产品，而不是产品的制造方法，因此本领域的技术人员将理解为该产品在使用时其动作温度是可调的，而不会理解为在制造过程中其温度是可调的。所以专利权人的主张不能被接受。

鉴于上述分析判断已经得出本专利不符合专利法实施细则第二十一条第二款的规定，因此本决定对请求人提出的其他无效理由和证据不再作评述。

三、决定

宣告00240827.9号实用新型专利权全部无效。

当事人对本决定不服的，可以根据专利法第四十六条第二款的规定，自收到本决定之日起三个月内向北京市第一中级人民法院起诉。根据该款的规定，一方当事人起诉后，另一方当事人应当作为第三人参加诉讼。

北京市第一中级人民法院
行政判决书

（2007）一中行初字第517号

原告森萨塔科技（常州）有限公司，住所地江苏省常州市新北区创新大道18号。

法定代表人Thomas Wroe，董事长。

委托代理人张浩，男，中国国际贸易促进委员会专利商标事务所专利代理人。

委托代理人杜鹃，女，中国国际贸易促进委员会专利商标事务所专利代理人。

被告国家知识产权局专利复审委员会，住所地北京市海淀区北四环西路9号银谷大厦10～12层。

法定代表人廖涛，副主任。

委托代理人孙克良，男，国家知识产权局专利复审委员会审查员。

委托代理人张鹏，男，国家知识产权局专利复审委员会审查员。

第三人常州新区德胜电器有限公司，住所地江苏省常州新桥工业园区长江西路89号。

法定代表人程建方，总经理。

委托代理人梁朝玉，男，北京金之桥知识产权代理有限公司专利代理人。

原告森萨塔科技（常州）有限公司不服被告国家知识产权局专利复审委员会于2006年11月27日作出的第9211号无效宣告请求审查决定（下称第9211号决定），于2007年3月26日向本院提起行政诉讼。本院于2007年3月26日受理后，依法组成合议庭，通知常州新区德胜电器有限公司作为第三人参加诉讼，并于2007年5月10日公开开庭审理了本案。原告的委托代理人张浩、杜鹃，被告的委托代理人孙克良、张鹏，第三人的委托代理人梁朝玉到庭参加了诉讼。本案现已审理终结。

2006年11月27日，被告针对第三人申请本专利（即：专利号为00240827.9、名称为“可调式温度电流保护器”的实用新型专利，其申请日为2000年10月30日，授权公告日为2001年9月26日，专利权人为江苏常恒集团公司，于2006年8月3日变更为原告。）无效的请求作出第9211号决定，认为：从本专利上述权利要求1的方案可以看出，其没有给出任何有关“可调的”技术特征，无法实现“可调”的发明目的。通过本专利说明书的描述，可知本专利希望“通过控制静触片的弯曲量，能使双金属片的动作温度达到所需要的温度值”，来“达到使保护器动作温度可调”的目的。但是本专利权利要求1中并未记载通过调整“静触片的弯曲量”来实现双金属片动作温度的调整的任何技术特征，因此本专利权利要求1缺少如何实现“可调”的必要技术特征，从而无法解决本专利所提出的技术问题。本专利要求保护一种可调式温度电流保护器，即要求保护的是一种产品，而不是产品的制造方法，因此本领域的技术人员将理解为该产品在使用时其动作温度是可调的，而不会理解为在制造过程中其温度是可调的。据此，被告依据《中华人民共和国专利法实施细则》（以下简称《实施细则》）第二十一条第二款的规定，决定宣告本专利全部无效。

被告在法定期限内向本院提交了本专利说明书作为证据，用以证明第9211号决定正确。

原告诉称：1. 第9211号决定认定事实错误。本专利权利要求1中的“可调式温度电流保护器”中所称的“可调”指的是该保护器的动作温度在制造过程中“可调”，而不是指在使用过程中“可调”。被告对保护范围或者说技术方案的解释则仅仅是从权利要求书的文字或者措辞出发，而脱离了说明书的公开内容、以及本专利的技术领域和技术解决方案。被告仅从本专利要求保护的主题是“可调式温度电流保护器”就认定本专利一定是在使用过程中可调，缺乏依据。2. 本专利的发明目的是通过采用静电片与双金属片相配合，固定片压紧延伸至碟状应力部件的底部这一特殊结构实现的，而该特征已经记载在本专利权利要求1中，有了“在双金属片上具有碟状应力部件，在固定座上还设置有抵靠双金属片的固定片并压紧延伸至碟状应力部件的底部。”这一技术特征，就可以实现在制造过程中通过控制静触片的弯曲量来进行调节使双金属片的动作温度达到所需的温度值。本专利权利要求1不缺乏必要技术特征，已构成了一个完整的技术方案，符合《实施细则》第二十一条第二款的规定。因此，原告请求法院撤销第9211号决定。

原告在法定期限内向本院提交了本专利说明书作为证据，用以证明其主张。

被告辩称，权利要求书是限定一项发明保护范围的文件。一项专利的保护范围由权利要求确定，说明书和附图对权利要求有解释作用，但这种解释作用通常只体现在对权利要求书所使用的特定技术术语的正确理解上。除非说明书中有特别的说明，说明书的解释作用不能认为可以用说明书的具体内容来替换权利要求中相应的技术特征，否则权利要求就失去了其应有的意义。本专利要求保护一种可调式温度电流保护器，即要求保护的是一种产品，而不是产品的制造方法，因此本领域的技术人员将理解为该产品在使用时其动作温度是可调的，而不会理解为在制造过程中其温度是可调的。所以原告的主张不能成立。另外，原告认为权利要求中的特征“双金属片上具有蝶状应力部件，在固定座上还设置有抵靠双金属片的固定片并压紧延伸至蝶状应力部件的底部”后，就可以实现在制造过程中通过控制静触片的弯曲量来进行调节使双金属片的动作温度达到所需的温度值。但是，即使要实现制造过程的可调，仅凭权利要求中记载的技术方案也是不能完成的，还必须通过控制静触片的弯曲量来实现，即必须引入说明书中的特征。因此，第 9211 号决定认定事实清楚、适用法律正确、审理程序合法，原告的诉讼理由不能成立，请求法院维持第 9211 号决定。

第三人述称：首先，根据权利要求的记载，本领域的普通技术人员甚至是任何一个人均认为该专利请求保护的“可调式温度电流保护器”产品，出厂后被用户在使用过程中是可以根据用户的使用工况和要求，来调整温度和电流，从而符合使用者的工况和要求。原告将“可调式”说成是“制造过程的可调”不符合产品权利要求的法律属性。其次，本专利的目的就是使得用户在使用中可以根据工况和要求来调节动作温度和电流，以实现精度高、更安全的保护。那么，根据本专利说明书记载需要解决的技术问题，其必要技术特征就必须是可以实现温度和电流可调的保护器。但是，目前的权利要求中并没有记载解决这一技术问题的任何技术特征。再次，即使按照原告的说法，本专利的“可调”是“制造过程中的可调”，从原告的陈述和本专利说明书的描述，不难看出该“可调”是通过“控制静触片的弯曲量”来实现的，但是目前的权利要求中仍然没有记载关于“控制静触片弯曲量”的任何内容，即按照原告的说法，目前的权利要求仍然缺少必要技术特征。因此，原告的诉讼理由不符合法律法规的规定，第 9211 号决定认定事实清楚、决定正确，请求法院予以维持。

第三人在法定期限内未向本院提交证据。

经庭审质证，原告及第三人对被告的证据的真实性、关联性、合法性没有异议。被告及第三人对原告的证据的真实性、合法性、关联性没有异议。经审查，本院认为，被告及原告的证据能够证明案件事实，本院予以确认。

根据上述有效证据及各方当事人在庭审中无争议的陈述，本院确认如下事实：

本专利的名称为“可调式温度电流保护器”，其授权公告的权利要求书如下：

“1. 可调式温度电流保护器，具有壳体，壳体内密封设置有固定座，固定座上封装有静触片和双金属片，静触片和双金属片均连接有导线，静触片与双金属片的端部分别固定有相对的静触点与动触点，其特征在于：在双金属片上具有碟状应力部件，在固定座上还设置有抵靠双金属片的固定片并压紧延伸至碟状应力部件的底部。”

2005 年 8 月 2 9 日第三人针对本专利向被告提出了无效宣告请求，认为：1. 权利要求 1 缺少必要技术特征，不符合《实施细则》第二十一条第二款的规定；2. 权利要求 1 因缺少必要技术特征，造成请求保护的范围不清楚、不符合《实施细则》第二十条第一款的规定；3. 同时也因为说明书未对如何实现“可调”作出清楚完整的说明，造成本领域普通技术人员不能实现本专利，从而不符合《中华人民共和国专利法》（以下简称《专利法》）第二十六条第三款的规定；4. 权利要求 1 相对于附件 2（即：ZL95240693. 4 中国实用新型专利说明书，授权公告日为 1997 年 6 月 11 日）无新颖性和创造性，不符合《专利法》第二十二条第二、三款的规定；5. 权利要求 1 相对于附件 2 和附件 3（即：ZL98227030. 5 中国实用新型专利说明书，授权公告日为 1999 年 8 月 4 日）的组合无创造性，不符合《专利法》第二十二条第三款的规定；6. 附件 4（即：〈2000〉常知初字第 22 号及〈2001〉苏民三终字第 013 号《民事判决书》复印件）和附件 5（即：《专利侵权纠纷处理请求书》复印件 2

页）证明本专利的产品在申请日之前已经公开销售，因而不具备新颖性。同时，第三人提交了本专利以及附件2～5作为证据。被告受理了上述请求，并进行了转文。2005年9月29日，第三人补充提交了附件6（即：第00496182号增值税发票及本案专利2005年5月著录项目变更前专利权人名称变更的工商资料的复印件）用以证明本专利产品在申请日之前已经由原告公开生产、销售，因此本专利不符合《专利法》第二十二条第二、三款的规定。被告将附件6进行了转文。被告于2006年8月11日举行了口头审理。在口头审理过程中，第三人明确其无效理由为：附件2评述权利要求1不具备新颖性；附件2作为最接近的现有技术，结合附件3评述权利要求1不具备创造性；附件4或附件5、6结合证明与本专利相同结构的产品在申请日之前已经使用公开；本专利权利要求1不符合《实施细则》第二十一条第二款、《实施细则》第二十条第一款的规定；说明书不符合《专利法》第二十六条第三款的规定。

2006年11月27日，被告作出第9211号决定。原告对该决定不服，于2007年3月26日向本院提起行政诉讼。

在开庭审理中，原告和第三人明确对被告的行政职权及行政程序没有争议。

本院认为：根据《实施细则》第二十一条第二款规定："独立权利要求应当从整体上反映发明或者实用新型的技术方案，记载解决技术问题的必要技术特征。"本案中，本专利是名称为"可调式温度电流保护器"的实用新型专利，根据本专利说明书的记载，本实用新型的目的是设计一种动作温度可调、精度高、应用范围广且能对所用于的各类电气提供更安全保护的可调式温度电流保护器。但是，本专利权利要求书中并没有记载关于"可调的"这一解决技术问题的必要技术特征。被告关于本专利不符合《实施细则》第二十一条第二款规定的认定，符合法律规定，本院应予支持。另外，从本专利权利要求1的记载中，也没有直接给出"可调"是指该保护器的动作温度在制造过程中的"可调"的技术特征。原告关于本专利的"可调"是制造过程中的"可调"的诉讼理由，缺乏事实依据，本院不予采纳。

综上，第9211号决定认定事实清楚，适用法律正确，本院应予维持。依照《中华人民共和国行政诉讼法》第五十四条第（一）项，判决如下：

维持被告国家知识产权局专利复审委员会作出的第9211号无效宣告请求审查决定。

案件受理费1000元，由原告森萨塔科技（常州）有限公司负担（已交纳）。

如不服本判决，可于本判决书送达之日起15日内，向本院递交上诉状，并按对方当事人的人数提交副本，上诉于北京市高级人民法院。上诉人在接到人民法院预交诉讼费用的通知后七日内未预交又不提出缓交申请的，按自动撤回上诉处理。

审 判 长 吴 月
审 判 员 李纪红
人民陪审员 董葆霖
二〇〇七年六月二十日
书 记 员 赵 锋

110

温度电流双功能保护器案

无效宣告请求审查决定（第9212号）

决　定　号　第9212号
决　定　日　2006年12月8日
发明创造名称　温度电流双功能保护器
国际分类号　H01H 81/02、37/72、37/52
无效请求人　常州新区德胜电器有限公司
专利权人　森萨塔科技（常州）有限公司
专　利　号　00221055. X
申　请　日　2000年7月15日
授权公告日　2001年5月23日
合议组组长　黄毅斐
主　审　员　孙克良
参　审　员　汤　锷

法律依据　专利法第二十二条第二款、第三款
决定要点

如果发明仅是从一些已知的可能性中进行选择，而选出的方案未取得意料不到的技术效果，则该发明不具备创造性。

一、案由

本无效宣告请求案涉及国家知识产权局于2001年5月23日授权公告的、名称为“温度电流双功能保护器”的00221055. X号实用新型专利（下称本专利），其申请日为2000年7月15日，专利权人为江苏常恒集团公司，后于2006年11月15日变更为森萨塔科技（常州）有限公司。其授权公告的权利要求书为：

“1. 温度电流双功能保护器，具有外壳，外壳固定在底板上，其特征在于：底板上固定有静触点，外壳内壁固定双金属片的一端，双金属片的另一端设置有与静触点对应的动触点，底板上设置有绝缘纸，还具有输出端子与外壳联接。

2. 根据权利要求1所述的温度电流双功能保护器，其特征在于：双金属片的一端由固定铁钉固定在外壳内壁上，绝缘纸为自密封绝缘纸，输出端子铆接在外壳边缘。”

针对上述专利权，常州新区德胜电器有限公司（下称请求人）于2005年8月29日向专利复审委员会提出了无效宣告请求，并同时提交了如下附件作为证据：

附件1：ZL00221055. X中国实用新型专利说明书，申请日为2000年7月15日，授权公告日为2001年5月23日，专利权人为江苏常恒集团公司（本专利）；

附件2：美国专利文献US 4224591A及其中文译文，授权公告日为1980年9月23日（下称证

据1）；

附件3：美国专利文献US 4136323A及其中文译文，授权公告日为1979年1月23日（下称证据2）；

附件4：《专利侵权纠纷处理请求书》复印件（下称证据3）；

请求人的无效理由是：1. 权利要求1相对于证据1无新颖性创造性，不符合专利法第二十二条第二三款的规定；权利要求2相对于证据1和公知技术无创造性，不符合专利法第二十二条第三款的规定；2. 权利要求1、2相对于证据2无新颖性和创造性，不符合专利法第二十二条第二三款的规定；3. 权利要求2的进一步限定不可实施，不符合专利法第二十二条第四款的规定；4. 本专利的产品在申请日之前已经公开销售，并进行了产品质量认证，因此构成了使用公开，但证据随后提供。

经形式审查合格，国家知识产权局专利复审委员会受理了上述请求，于2005年8月30日向双方当事人发出无效宣告请求受理通知书，并将无效宣告请求书及其附件的副本转送专利权人，要求其在收到本通知书之日起一个月内对该无效宣告请求陈述意见。

2005年9月29日，请求人补充提交了如下附件作为证据：

附件5：1998年第4期的《电器附件》杂志封面、目录第1~2页及第19~23页的复印件（下称证据4）；

附件6：江苏宝应电器厂的产品样本复印件共8页、产品实物一个、产品合格证复印件1页和产品图纸复印件1页（下称证据5）。

请求人的具体理由是：证据4已经公开了本专利的技术方案，因此本专利相对于证据4不符合专利法第二十二条第二三款的规定；证据5已经组成了完整的证据链，证明与本专利结构相同的产品已经于1994年公开生产和销售，因此本专利相对于证据5不符合专利法第二十二条第二三款的规定。

专利权人于2005年10月14日提交了针对无效宣告请求书的意见陈述书，认为本专利符合专利法第二十二条第二三四款的规定，并同时请求口头审理以进一步具体陈述意见。

本案合议组于2006年5月29日向双方当事人发出口头审理通知书，定于2006年7月6日上午9:00举行口头审理。并随口审通知书一起将专利权人于2005年10月14日提交的意见陈述书转送给请求人；将请求人于2005年9月29日提交的意见陈述书及补充证据4和5转送给专利权人。

本案合议组于2006年6月29日向双方当事人发出口头审理通知书，定于2006年8月10日下午2:00举行口头审理，并通知双方当事人原定于7月6日的口审取消。

口头审理于2006年8月10日如期举行，双方当事人的代理人均出席了口头审理。本案合议组对请求人提出的无效理由和事实进行了调查，并充分听取了双方的陈述。在口头审理过程中，1. 双方当事人对对方出庭人员的身份没有异议。2. 双方当事人对合议组成员没有回避请求，对合议组成员的变更没有异议。3. 请求人当庭表示放弃使用证据3（《专利侵权纠纷处理请求书》）、证据5中图纸及产品样本，仅保留证据5中的实物及与实物对应的合格证。4. 请求人当庭提交证据4、证据5中实物及产品合格证的原件，专利权人当庭核实并对证据4的真实性、公开性有异议、对证据5的真实性有异议。5. 专利权人对证据1、证据2的真实性无异议；对证据1中文译文的准确性没有异议，认为证据2原文第4栏第51~52行的译文应为“绝缘垫36由两边都有热固粘合材料涂层的聚对苯二甲酸乙二醇酯薄片或类似薄片制成”，对证据2其他部分的中文译文无异议；请求人认同专利权人的上述译文。6. 请求人明确其无效理由为：本专利权利要求1、2相对于证据1或2或4不具备新颖性、创造性；证据5证明与本专利相同的产品在申请日以前已经在先使用公开；权利要求2不具备实用性，不符合专利法第二十二条第四款的规定。7. 专利权人认同本专利权利要求1与证据1、2、4的区别仅在于：“底板上设置有绝缘纸”。8. 合议组认为双方当事人当庭已经充分陈述了各自的意见，口审之后，不再接受双方当事人的任何意见和证据。

至此，合议组认为本案事实清楚，可以依法作出本审查决定。

二、决定的理由

1. 关于证据

证据 2 是美国专利文献，其公告日早于本专利的申请日，因此证据 2 可以用于评价本专利的新颖性和创造性。专利权人认为证据 2 原文第 4 栏第 51～52 行的译文应为“绝缘垫 36 由两边都有热固粘合材料涂层的聚对苯二甲酸乙二醇酯薄片或类似薄片制成”，请求人认同专利权人的上述译文，专利权人对证据 2 其他部分的中文译文无异议，因此合议组将直接引用证据 2 的得到双方确认的中文译文进行评述。

2. 关于新颖性

专利法第二十二条第二款的规定：新颖性，是指在申请日以前没有同样的发明或者实用新型在国内外出版物上公开发表过、在国内公开使用过或者以其他方式为公众所知，也没有同样的发明或者实用新型由他人向国务院专利行政部门提出过申请并且记载在申请日以后公布的专利申请文件中。

本专利权利要求 1 请求保护一种温度电流双功能保护器，并包括以下技术特征：①具有外壳，外壳固定在底板上；②底板上固定有静触点；③外壳内壁固定双金属片的一端；④双金属片的另一端设置有与静触点对应的动触点；⑤底板上设置有绝缘纸；⑥还具有输出端子与外壳联接。

证据 2 公开的也是一种既可以对电机绕组中的过载电流作出反应，也可以对绕组过热情况直接作出反应的保护器（见译文第 1 页倒数第 7～8 行），并且公开了如下技术特征：①具有金属罐 12（相对于外壳），金属罐 12 和金属盖 26（相对于底板）相固定，②金属盖 26 上固定有静触点 28，③金属罐 12 的内壁固定双金属片构件 16 的一端，④双金属片 16 的另一端设置有与静触点 28 相对的动触点 20，⑤金属盖 26 上设有绝缘垫 36，⑥还具有终端部分 12.7 与金属罐 12 联接（见译文第 2 页倒数第 2 行至第 4 页第 1 段最后一行及原文附图 1－3）。

将权利要求 1 的技术方案与证据 2 相比，其区别技术特征是：权利要求 1 中使用的是绝缘纸，而证据 2 使用的是绝缘垫，而绝缘纸是绝缘垫的一种，是绝缘垫的下位概念，因此权利要求 1 的技术方案与证据 2 实质上不同，因而权利要求 1 相对于证据 2 具备专利法第二十二条第二款所规定的新颖性。

在权利要求 1 具备新颖性的情况下，其从属权利要求 2 也相对于证据 2 具备专利法第二十二条第二款所规定的新颖性。

3. 关于创造性

专利法第二十二条第三款规定：创造性，是指同申请日以前已有的技术相比，该发明有突出的实质性特点和显著的进步，该实用新型有实质性特点和进步。

审查指南第二部分第四章第 4.3 节的规定：如果发明仅是从一些已知的可能性中进行选择，而选出的方案未取得意料不到的技术效果，则该发明不具备创造性。

如上所述，权利要求 1 的技术方案与证据 2 的区别技术特征是：权利要求 1 中使用的是绝缘纸，而证据 2 使用的是绝缘垫。而绝缘纸也是一种绝缘垫，是本领域常用的一种绝缘方式，本领域的技术人员从现有的绝缘方式中具体选择使用绝缘纸并没有产生预料不到的技术效果，因此权利要求 1 不具备专利法第二十二条第三款所规定的创造性。

专利权人认为，采用绝缘纸的技术效果是可以使保护器的制造工艺更加简单，成本更加低廉。但本专利既未记载具有上述技术效果，本领域的技术人员也不能直接地、毫无异议地从本专利推断出这种效果，因此合议组对上述主张不予支持。

权利要求2的附加技术特征是：⑦双金属片的一端由固定铁钉固定在外壳内壁上，⑧绝缘纸为自密封绝缘纸，⑨输出端子铆接在外壳边缘。

证据2进一步公开了如下技术特征，⑦双金属片16的一端通过焊接钮18与金属罐12底面12.1上的凹痕14相焊接（附图3）；⑧绝缘垫36由两边都有热固粘合材料涂层的薄片制成，然后加热最终组件使热固粘合剂凝固，使金属盖与金属罐密封连接并保持金属盖与凸缘间的电绝缘（中文译文第3页倒数第2行至第4页第3行），即绝缘垫具有自密封和绝缘的作用，与权利要求2的绝缘纸的作用相同；而⑨输出端子铆接在外壳边缘是本领域常用技术手段。由此可见，权利要求2的附加技术特征⑦⑧已经被证据2公开，而⑨是本领域的常用技术手段，因此在权利要求1不具备创造性的情况下，权利要求2也不具备专利法第二十二条第三款所规定的创造性。

鉴于上述分析判断已经得出本专利相对于证据2不符合专利法第二十二条第三款的规定，本决定对请求人提出的其他无效理由和证据不作评述。

三、决定

宣告00221055.X号实用新型专利权全部无效。

当事人对本决定不服的，可以根据专利法第四十六条第二款的规定，自收到本决定之日起三个月内向北京市第一中级人民法院起诉。根据该款的规定，一方当事人起诉后，另一方当事人应当作为第三人参加诉讼。

111

磁悬浮装置及其控制系统案

无效宣告请求审查决定（第9214号）

决　定　号　第9214号
决　定　日　2006年12月20日
发明创造名称　磁悬浮装置及其控制系统
国际分类号　H02N 15/00
无效请求人　宁波嘉禾教学仪器有限公司
专利权人　宁波天明电子股份有限公司
专　利　号　00115354.4
申　请　日　2000年4月7日
授权公告日　2004年7月14日
合议组组长　崔哲勇
主　审　员　唐向阳
参　审　员　周雷鸣

法律依据　专利法实施细则第二十一条第二款
决定要点

独立权利要求应当从整体上反映发明或者实用新型的技术方案，记载解决技术问题的必要技术特征。必要技术特征是指，发明或者实用新型为解决其技术问题所不可缺少的技术特征，其总和足以构成发明或者实用新型的技术方案，使之区别于背景技术中所述的其他技术方案。

一、案由

本无效宣告请求涉及国家知识产权局于2004年7月14日授权公告、专利号为00115354.4、名称为“磁悬浮装置及其控制系统”的发明专利（下称本专利），其申请日为2000年4月7日、专利权人为宁波天明电子股份有限公司。本专利授权公告的权利要求书如下：

“1. 一种带有电子线路的磁悬浮装置，包括支架（2）、浮体（3）、底座（4）和电子线路（5），其特征在于：该装置还包括

一电磁盒（1），该电磁盒（1）内垂直安放着由一棒形铁磁体（11）及套在其外的线圈（12）构成的电磁器件（A）；

所述支架（2）为一中空的单边支架，支架（2）的一端从底座（4）上向上延伸，另一端支撑电磁盒（1）；

所说底座（4）是一箱体，在该底座（4）近台面的中央位置安装有中心传感器L，偏离它的位置独立且靠近地安装偏转力发生器P和磁感应传感器Z；

在沿所说浮体（3）重心线上，对应于该重心线穿过的该浮体（3）的上端面和下端面的位置分别安装第一永磁体（B）和第二永磁体（C），在浮体（3）下端面偏离第二永磁体（C）适当距离的

对称位置分别安装第三永磁体（D）和第四永磁体（E）；

当浮体（3）上第一永磁体（B）受电磁器件（A）的吸引力而悬空时，上述安装应使电磁器件（A）、第一永磁体（B）、第二永磁体（C）和中心传感器（L）均位于浮体（3）的重心线上，而且第三永磁体（D）和第四永磁体（E）与第二永磁体（C）之间的中心距离应等于偏转力发生器（P）与中心传感器（L）之间的中心距离，而偏转力发生器（P）与磁感应传感器（Z）靠近，即都应同时在第三永磁体（D）和第四永磁体（E）的磁作用范围内；

所说的电子线路（5）安装在底座（4）内，包含有直流电源（51）以及由它提供电源的主控电路（52）、同步脉冲偏转电路（53）、温度补偿电路（54）、手感补偿电路（55），主控电路（52）控制电磁盒（1）内电磁器件（A）的线圈（12）的电流，同步脉冲偏转电路（53）与磁感应传感器（Z）和偏转力发生器（P）相连接。

2. 根据权利要求1所述的带有电子线路的磁悬浮装置，其特征是所说的电磁器件（A）的棒形铁磁体（11）和线圈（2）的两端还可以附有片状或扁平形铁磁体或永磁体（13）。

3. 根据权利要求1所述的带有电子线路的磁悬浮装置，其特征在于所说电磁器件（A）的棒形铁磁体（11）对第一永磁体（B）产生的静磁吸力 Fz 为电磁器件（A）对第一永磁体（B）的电磁力 F_D 的2～3倍。

4. 根据权利要求1所述的带有电子线路的磁悬浮装置，其特征在于所说的主控电路（52）主要包括：

主控信号形成电路（521）、中间放大电路（522）、工作点控制电路（523）和功率放大及附属电路（524），主控信号形成电路（521）的输出信号通向中间放大电路（522），中间放大电路（522）的输出通入工作点控制电路（523），工作点控制电路（523）的输出通入功率放大及附属电路（54）。

5. 根据权利要求4所述的带有电子线路的磁悬浮装置，其特征在于所说的主控信号形成电路（521）是由运放集成电路 IC_1 接成 LC 振荡电路，电容 C_7 和中心传感器（L）并联在 IC_1 的正输入端和输出端之间，IC_1 的负输入端通过 R_6 接地，IC_1 的输出端 I 通过限压限流器 W_4 接地或通过 BG_2 组成的电路接地，输出端 I 脉冲波经电容 C_8 的耦合在电阻 R_7 上的点形成锯齿脉冲电压，经二极管 W_5 与负载电阻 R_8 形成检波，再经电容 C_9 滤波，在 k 点形成有一定直流分量的脉冲波，并单端输入作为电压跟随器的运放集成电路 IC_2 的正输入端，IC_2 的负输入端与输出端相连，形成深度负反馈。

6. 根据权利要求4所述的带有电子线路的磁悬浮装置，其特征在于所说的中间放大电路（522）包括两部分：

电容 C_{10} 隔直耦合送接成电压负反馈形式的反相放大器运放集成电路 IC_3 负输入端，IC_3 的正输入端通过电阻 R_9 接地，电容 C_{11} 与电阻 R_{10} 并联后，一端接在 IC_3 负输入端和电容 C_{10} 的节点上，另一端接 IC_3 输出极与电阻 R_{11} 的节点，由电阻 R_{11} 输出微分放大信号；

电阻 R_{12} 接电容 C_{13}、电阻 R_{13}、电容 C_{12} 及 IC_4 负输入端的节点，电容 C_{12} 另一端接地，电容 C_{13} 和电阻 R_{13} 并联后，另一端接具有电压并联负反馈的反相放大器运放集成电路 IC_4 输出端与电阻 R_{15}、R_{14} 及电容 C_{15} 的节点 p，电容 C_{15} 另一端接地，由 p 点形成积分放大输出。

7. 根据权利要求4所述的带有电子线路的磁悬浮装置，其特征在于所说的工作点控制电路（523）采用非平衡电桥网络构成，即电阻 R_{17}、R_{18}、R_{19} 和 R_{20} 构成非平衡电桥，R_{20} 是调节器，电桥的 s 和 t 双臂输出分别接 IC_5 正、负输入端构成差动放大，电阻 R_{21} 并联在 IC_5 的负输入端和输出端之间，IC_5 输出经电阻 R_{22} 形成工作点平台 u。

8. 根据权利要求4所述的带有电子线路的磁悬浮装置，其特征在于所说的功率放大及附属电路（524）是由电容 C_{30} 与电磁器件（A）并联后接在三极管 BG_1 集电极与电源正极之间，三极管 BG_1 的

发射极经电阻 R_{41} 接地，电阻 R_{40} 接在地与三极管 BG_1 的基极之间，R_{40} 与 BG_1 基极的节点经电阻 R_{42} 接作为开环反相放大器的运放集成电路 IC_8 输出端，IC_8 的输出控制 BG_1 的基极电位，由电阻 R_{42} 与 R_{40} 的分压决定基极的电压和电流值，控制输出功率，IC_8 负输入端的电压值由主控信号 w 的电压值决定，IC_8 的正输入端通过电阻 R_{44} 接地，IC_9 是一个差动放大的减法电路，IC_9 的正输入端接电阻 R_{47}，电阻 R_{48} 与电容 C_{22} 的节点，电阻 $R_4$7 的另一端接电源正极，电阻 R_{48} 与电容 C_{22} 的另一端接地，IC_9 的负输入端接电阻 R_{46} 与电容 C_{21} 的节点，C_{21} 的另一端接地，R_{46} 的另一端接积分放大的输出端 p 点，IC_9 的输出端通过电阻 R_{45} 接 IC_8 的负输入端和电阻 R_{11} 的节点。

9. 根据权利要求 1 所述的带有电子线路的磁悬浮装置，其特征在于所说的同步脉冲偏转电路（53）以作为脉冲微分单稳态电路的集成运放电路 IC_{10} 组成 RC 单稳态电路，常态下 IC_{10} 输出低电平，磁感应传感器（Z）在浮体浮空并旋转时发出的信号，即正脉冲在电阻 R_{50} 分压和电容 C_{50} 滤波和整形下，在电阻 R_{51} 得到正电位脉冲，通过二极管 W_5，在电阻 R_{52} 分压和电容 C_{52} 滤波下，向集成电路 IC_{10} 正输入端输入，电阻 R_{54} 和电容 C_{53} 形成 RC 延时电路，此单稳态电路随即输出一个正脉冲通过电阻 R_{56} 输向三极管 BG_2 基极，使三极管 BG_2 处于导通饱和态，其集电极“倒相”地发出“低脉冲”，处于集电极的偏转力发生器（P）可得到一定的电功率，同步地发出偏转力，该偏转力的大小由限压限流电阻 R_{58} 所决定，偏转力施加给第三永磁体（D）和第四永磁体（E）的时间，由 IC_{10} 电路中 R_{54} 和 C_{53} 的值来调节，通常可调节 R_{54} 的值来改变。

10. 根据权利要求 1 所述的带有电子线路的磁悬浮装置，其特征在于所说的温度补偿电路（54）包括两部分：

温度补偿，即在电源正极与地之间有串联电阻 R_{24}、R_t 和 R_{25}，与热敏电阻 R_t 并联的是调节电位器 R_{23}，R_{23} 的滑动抽头接具有电压负串联反馈的同向放大器的集成电路 IC_6 的正输入端，接地的 R_{26} 的另一端接电阻 R_{27} 和 IC_6 负输入端的节点，R_{27} 的另一端接 IC_6 的输出端并通过电阻 R_{28} 输入工作平台 u；

二次控制，从主控电路的功放级的三极管 BG_1 的发射极采样点 v 的电压值即电阻 R_{31} 和 R_{32} 的分压的信号输入具有负反馈的差动放大器的运放集成电路 IC_7 的正输入端，电阻 R_{33} 和 R_{34} 串连在地与电源正极之间，电阻 R_{36} 跨接在 IC_7 的输出端与负输入端、电阻 R_{33} 和 R_{34} 的节点之间，IC_7 的输出端一方面通过 C_{20} 接地，另一方面通过电阻 R_{35} 和 IC_5 输向工作点平台 u。

11. 根据权利要求 11 所述的带有电子线路的磁悬浮装置，其特征在于所说的二次控制，也可采用从功放电路中三极管 BG_1 的发射极的 v 点，经电阻 R_{39}、R_{38} 和电容 C_{31} 负反馈输入前置放大 IC_8 负输入端作反相开环放大，与从 BG_1 发射极的 r 点经电阻 R_{17} 进入 IC_5 的负输入端的负反馈共同构成。

12. 根据权利要求 1 所述的带有电子线路的磁悬浮装置，其特征在于所说的手感补偿电路（55）是这样构成的：电源与地之间的串联电阻 R_{60}、R_{61}、R_{62}、R_{63}，y 点与地之间串联电阻 R_{62}、R_{63}，电源在 y 点的分压输入到集成电路 IC_{11} 正输入端，IC_{11} 用作电压跟随器，IC_{11} 的负输入端与输出端 z 点直接连起来，z 点和 y 点电位相同。”

宁波嘉禾教学仪器有限公司（下称请求人）于 2004 年 11 月 2 日向专利复审委员会提交了专利权无效宣告请求书，及请求宣告无效的本专利的授权公告说明书。

请求人提出的无效理由是：权利要求 1 中对主控电路、同步脉冲偏转电路、补偿电路和手感补偿电路没有具体的说明，这些电路不是已有的特定概念的技术特征，本领域技术人员无法从这些术语中得到具体的内容，导致无法达到本专利的目的，所以权利要求 1 缺少多个必要技术特征，不符合专利法实施细则第二十一条第二款的规定；从而其从属权利要求均缺少多个必要技术特征，所以不符合专利法第二十六条第四款、专利法实施细则第二十条第一款的规定。

经形式审查合格，专利复审委员会受理了该无效宣告请求，并于2005年2月25日发出无效宣告请求受理通知书，并将该无效宣告请求书及其附件清单中所列附件副本转送给专利权人。

专利复审委员会于2006年9月4日向双方当事人发出口头审理通知书，定于2006年10月19日对本案进行口头审理。

口头审理因故改于2006年10月23日举行，口审中双方当事人对对方出庭人员的身份没有异议，对合议组成员没有回避请求。请求人当庭放弃专利法实施细则第二十条第一款的无效理由，明确无效理由为权利要求1~12不符合专利法实施细则第二十一条第二款和专利法第二十六条第四款的规定。合议组当庭告知双方当事人，由于请求人未对专利法第二十六条第四款的无效理由进行详细说明，因此对该项无效理由不予考虑。请求人明确本专利不符合专利法实施细则第二十一条第二款的具体理由包括：（1）权利要求1中没有具体描述主控电路、同步脉冲偏转电路、温度补偿电路、手感补偿电路的具体结构和连接关系；（2）由于权利要求1不符合专利法实施细则第二十一条第二款的规定，即使将其从属权利要求2~12的附加技术特征补入权利要求1中，也仍然缺少必要技术特征，因此权利要求2~12也不符合专利法实施细则第二十一条第二款的规定。专利权人认为：（1）温度补偿电路和手感补偿电路与本专利的发明目的无关，因此不需要进行限定；（2）本专利的改进仅在于对实现偏转的各部件的位置的调整，主控电路和同步脉冲偏转电路与现有技术无区别，因此不需要进行限定；（3）本专利主控电路和同步脉冲偏转电路分别用于实现悬浮和偏转控制，二者之间的工作是独立的，因此没有连接关系。因为双方当事人当庭已经充分陈述各自的意见，所以合议组当庭告知双方当事人，口审之后合议组不再接受双方当事人的任何书面意见和证据。

专利复审委员会于2006年11月14日收到请求人于2006年11月2日提交的意见陈述。请求人进一步陈述本专利不符合专利法实施细则第二十一条第二款的具体理由，并增加专利法实施细则第二十条第一款的无效理由，要求专利复审委员会依职权对该项理由进行审查。

至此，合议组认为本案事实已经清楚，经合议依法作出审查决定。

二、决定的理由

1. 关于无效理由

请求人在口审之后于2006年11月2日增加无效理由的时间已经超出了自请求人提交无效宣告请求一个月的期限，所以合议组不予考虑。现只针对请求人在口头审理中当庭明确的无效理由进行审查，即专利法实施细则第二十一条第二款的无效理由。

2. 关于专利法实施细则第二十一条第二款

专利法实施细则第二十一条第二款规定：独立权利要求应当从整体上反映发明或者实用新型的技术方案，记载解决技术问题的必要技术特征。

审查指南中规定：必要技术特征是指，发明或者实用新型为解决其技术问题所不可缺少的技术特征，其总和足以构成发明或者实用新型的技术方案，使之区别于背景技术中所述的其他技术方案。判断某一技术特征是否为必要技术特征，应当从所要解决的技术问题出发并考虑说明书描述的整体内容，不应简单地将实施例中的技术特征直接认定为必要技术特征。

请求人认为，权利要求1中没有具体描述主控电路、同步脉冲偏转电路、温度补偿电路、手感补偿电路的具体结构和连接关系，并且由于权利要求1不符合专利法实施细则第二十一条第二款的规定，即使将其从属权利要求2~12的附加技术特征补入权利要求1中，也仍然缺少必要技术特征，因此权利要求2~12也不符合专利法实施细则第二十一条第二款的规定。由于本专利的说明书第8页倒数第2段中提到的“电路设计是本发明成败的关键之一”，因此请求人以此认为上述各个电路模块也是本专利为解决其技术问题所不可缺少的技术特征。

合议组认为：本专利的发明目的是提供一种带有电子线路的磁悬浮装置，使浮体稳定悬浮且自动匀速旋转，这是通过设置永磁体的数量及其位置等机械结构来实现的。权利要求1要求保护一种带有电子线路的磁悬浮装置，包括支架、浮体、底座和电子线路，其中的电子线路安装在底座内，包含有由直流电源以及由它提供电源的主控电路、同步脉冲偏转电路、温度补偿电路、手感补偿电路，主控电路控制电磁盒内电磁器件的线圈的电流，同步脉冲偏转电路与磁感应传感器和偏转力发生器相连接。

（1）首先，虽然权利要求1中没有描述温度补偿电路、手感补偿电路的内部结构以及与其他电路的连接关系，但是温度补偿电路的功能是要解决极端环境温度条件下的温度漂移问题，手感补偿电路的功能是使工作平台获得较好地适合于浮体运行时电压工作点的电位，以利于顺利地将浮体置于合适的浮空位置，这两个电路与本专利发明目的的实现并没有直接的联系，并不属于本专利为解决其技术问题所不可缺少的技术特征，所以在权利要求1中不需要对这两个电路的具体结构特征进行描述。

（2）权利要求1中主控电路的功能是控制电磁盒内电磁器件的线圈的电流，从而可判断出主控电路与直流电源以及电磁盒内电磁器件相连；同步脉冲偏转电路的功能是用来产生同步脉冲，同步脉冲偏转电路与磁感应传感器和偏转力发生器相连接。由此可见，权利要求1已经描述了主控电路、同步脉冲偏转电路与其他电路的连接关系，虽然权利要求1中没有描述主控电路和同步脉冲偏转电路的具体内部结构，但具备上述功能的主控电路和同步脉冲偏转电路都属于本领域的公知技术，在权利要求1所要求保护的技术方案中，本领域技术人员可以根据本领域的公知技术实现具有上述功能的主控电路和同步脉冲偏转电路。

（3）虽然电路设计也是本专利磁悬浮装置的设计中的一部分，但电路设计仅涉及在改进磁悬浮装置的机械结构从而解决了其所要解决的技术问题之后对磁悬浮装置的辅助功能的实现，并不属于本专利为解决其技术问题所不可缺少的技术特征。本专利要解决的技术问题在于磁悬浮装置的机械结构方面，而不在于上述电路模块的改进，对于磁悬浮装置的机械结构方面的改进在于第三永磁体、第四永磁体以及相应的偏转力发生器、磁感应传感器的分布位置的设置，这已经记载在权利要求1当中，从而可以解决本专利中要使浮体稳定悬浮且自动匀速旋转的技术问题。

综上所述，权利要求1所要求保护的技术方案对于所要解决的技术问题来说是一个完整的技术方案，符合专利法实施细则第二十一条第二款的规定。

从上述内容可知，在权利要求1不缺少必要技术特征的基础上，从属权利要求2~12也不存在缺少必要技术特征的问题。

三、决定

维持00115354.4号发明专利权利要求1~12继续有效。

当事人对本决定不服的，可以根据专利法第四十六条第二款的规定，自收到本决定之日起三个月内向北京市第一中级人民法院起诉。根据该款的规定，一方当事人起诉后，另一方当事人应当作为第三人参加诉讼。

112

MOS 直流固态继电器案

无效宣告请求审查决定（第 9275 号）

决 定 号 第 9275 号
决 定 日 2006 年 12 月 21 日
发明创造名称 MOS 直流固态继电器
国际分类号 H03K 17/687 H03K 17/691
无效请求人 北京市科通电子继电器总厂
专利权人 曹 骥
专 利 号 200420019474. 2
申 请 日 2004 年 1 月 14 日
授权公告日 2005 年 2 月 9 日
合议组组长 王桂莲
主 审 员 朱芳芳
参 审 员 张美菊

法律依据 专利法第二十二条第二款、第三款
决定要点

证据 1 中的《军用元件技术与可靠性攻关论文集》自身不带版权页，不属于正规公开出版发行的出版物。对于封面上印有日期的非正规出版发行的出版物，在没有充分的证据证明其公开日期的情况下，不能将所印日期视为该出版物公开发行的日期。

未经质证的证人证言不能作为单独定案的依据。

请求人就其所提出的无效宣告请求有责任向专利复审委员会提交充分的证据，如果其提交的证据不充分，应承担其主张不成立的后果。

一、案由

本无效宣告请求涉及中华人民共和国国家知识产权局于 2005 年 2 月 9 日授权公告的专利号为 200420019474. 2 的实用新型专利（下称本专利），名称为 MOS 直流固态继电器，申请日为 2004 年 1 月 14 日，专利权人是曹骥。

本专利授权公告的权利要求书如下：

“1. 一种 MOS 直流固态继电器，包括输入端子、控制回路、开关回路、输出端子，其特征在于：

所述的控制回路包括以三极管 Q1 为中心的振荡电路、磁隔离变压器 T1、以二极管 D2 为中心的整流电路；

所述的开关电路是 MOSFET 开关管；

所述的振荡电路设置在输入端子与磁隔离变压器 T1 的原边之间，变压器 T1 的副边与 MOSFET 管 Q2 之间设有整流电路，MOSFET 管 Q2 的漏极接输出端子正极，MOSFET 管 Q2 的源极接输出端子

负极。

2. 如权利要求 1 所述的 MOS 直流固态继电器，其特征在于：所述的振荡电路包括三极管 Q1、电阻 R1、R2、R3，电容 C1、C2、二极管 D1 以及变压器的原边，电阻 R1、C1、变压器 T1 原边的正极与输入端子的正极连接，输入端子的负极连接所述的二极管 D1 的负极，二极管 D1 的正极连接电阻 R2、R3，电阻 R1、R2、电容 C1、C2 与三级管 Q1 的基极连接，电阻 R3、电容 C2 的一个端子与 Q1 的发射极连接，Q1 的集电极与变压器 T1 原边的负极连接。

3. 如权利要求 1 或者 2 所述的 MOS 直流固态继电器，其特征在于：所述的整流电路包括二极管 D2、电容 C3、电阻 R4、R5，所述的二极管 D2、电阻 R4 串接在磁隔离变压器 T1 副边的正极与 MOSFET 管 Q2 的栅极之间，所述的电阻 R5 并接在 MOSFET 管 Q2 的栅极与源极之间，二极管 D2 与电阻 R4 之间的节点通过电容 C3 与磁隔离变压器 T1 副边的负极连接，同时 T1 副边的负极与 MOSFET 管 Q2 的源极连接。

4. 如权利要求 3 所述的 MOS 直流固态继电器，其特征在于：所述的整流电路还包括稳压管 D3，所述的稳压管 D3 并接在 MOSFET 管 Q2 的栅极与源极之间。”

针对本专利，北京市科通电子继电器总厂（下称请求人）于 2005 年 3 月 30 日向国家知识产权局专利复审委员会提出了宣告本专利权无效的请求，其理由是本专利不符合专利法第二十二条第二款和第三款有关新颖性和创造性的规定，所提供的证据如下：

证据 1：请求人声称为电子部五所发行的《电子产品可靠性与环境试验》的特辑——《军用元件技术与可靠性攻关论文集》的封面、编委页、目录和第 155 页至第 159 页的复印件以及 1998 年第 5 期的《电子产品可靠性与环境试验》的杂志封面和版权页的复印件共 14 页；

证据 2：信息产业部电子科学技术情报研究所电子信息服务中心出具的关于证据 1 的公开证明的复印件 1 页；

证据 3：证据 1 所涉及的 JGX－6M 产品的合同编号为 2000－10－25 的订货合同及编号为 No. 46833398 的货款发票记帐联的复印件共 2 页；

证据 4：声称为请求人生产的 JGX－50FA 产品的电路原理图、合同编号为 03－12－15 的订货合同及编号为 No. 02247640 的货款发票记帐联的复印件共 3 页；

证据 5：JGC－0516M 型密封双向固体继电器电原理图的复印件共 1 页；

证据 6：产品型号的说明的复印件共 2 页。

请求人认为：（1）证据 1－2 证明了在本专利申请日以前已经有同样的发明技术方案在国内出版物（学术论文集）上公开发表过；证据 3－4 证明了在本专利申请日以前已经有相同的产品在国内公开使用过（制造、销售）；证据 5、6 作为上述证据及现有技术的参考资料；（2）本专利权利要求 1 的特征被证据 1 全部公开，具体参见证据 1 第 156 页图 1 所示；权利要求 2 的特征与证据 1 涉及的产品的区别仅在于：在输入端子的负输入端与电阻 R2 和 R3 的连接端之间增加了一个二极管 D1，该二极管是起隔离作用的，它的使用是一种惯用的技术，可参见证据 5；权利要求 3 公开的整流电路为惯用的整流电路，与证据 1 的整流电路相比，没有实质性的特点和进步；权利要求 4 的特征被证据 1 涉及的产品（证据 1 第 156 页图 1）所公开，因此权利要求 1 和 4 不具备新颖性，权利要求 2 和 3 不具备创造性。

经形式审查合格后，专利复审委员会受理了上述无效宣告请求，并于 2005 年 6 月 8 日将上述专利权无效宣告请求书及其附件的副本转给了专利权人，并要求其在指定的期限内答复。

专利权人在上述指定的期限内没有提交陈述意见。

本案合议组于 2005 年 8 月 11 日向双方当事人发出口头审理通知书，定于 2005 年 9 月 22 日举行口头审理。

口头审理于2005年9月22日如期举行，双方当事人均出席口头审理。双方当事人对对方出庭人员的身份没有异议，双方当事人对合议组成员的变更没有异议，对合议组成员没有回避请求。

请求人当庭出示证据1（请求人声称为电子工业部第五研究所发行的《电子产品可靠性与环境试验特辑——军用元件技术与可靠性攻关论文集》（1998）和1998年第5期的《电子产品可靠性与环境试验》）、证据2（信息产业部电子科学技术情报研究所电子信息服务中心出具的关于证据1的公开证明）的原件。请求人当庭表示放弃使用证据3（证据1所涉及的JGX－6M的产品的订货合同（日期：2000－10－25）及货款发票记帐联（编号：4683398；日期：2001－8－6））、证据4（请求人生产的JGX－50FA产品的电原理图、订货合同（2003－12－15））及货款发票记帐联（编号：02247640）、证据5（JGC－0516M密封双向固体继电器电原理产品图纸）和证据6（产品型号的说明））。

专利权人当庭核实并表示证据1、2的原件和复印件一致，对证据1的真实性没有异议；认为证据2出证单位的公章和落款名称不一致，形式不合法。

请求人当庭明确其无效理由为：本专利权利要求1、4不具备新颖性、创造性；权利要求2、3不具备创造性。

专利权人当庭向合议组提交意见陈述书，合议组当庭转给请求人，双方针对此意见陈述书充分发表意见。

双方当事人当庭明确表示本专利权利要求1的技术特征被证据1公开；本专利权利要求4的附加技术特征被证据1公开。

专利权人当庭就本专利具备新颖性和创造性的理由陈述了意见。

专利权人于2005年9月27日再次提交意见陈述书。在此意见陈述书中，专利权人认为：证据1中的《军用元件技术与可靠性攻关论文集》（下称《论文集》）本身不带出版页，不能证明是公开出版物，尽管该文集上标有"《电子产品可靠性与环境试验》特辑"的字样，但是《电子产品可靠性与环境试验》是期刊，不等于作为特辑的《论文集》也是公开出版的期刊，并认为刊物要证明其是公开出版物，自带的出版页是不可缺少的；证据1为军用资料；证据2在证据形式上不符合相关规定，并且其内容也不能证明该《论文集》是否在本专利申请日前已经对社会公众开放。

2006年9月25日，合议组将专利权人于2005年9月27日提交的意见陈述书转送给请求人。

2006年10月16日，请求人针对合议组于2006年9月25日转送的文件提交了意见陈述书。在此意见陈述书中，请求人认为：第一，证据1是公开出版物《电子产品可靠性与环境试验》的特辑——论文集，该论文集无须版权页证明，它是公开出版物的附件，随公开出版物一同发行，在其首页印有公开发行的时间为1998年，请求人提供的证据足以证明证据1为出版物的一部分，是随其发行的；第二，证据1的公开又是经过原出版单位电子工业部，现电子产业部电子科技情报研究所的电子信息服务中心证明的，在行政诉讼中，单位的证明是合法有效的证据；第三，证据的落款与公章是一致的，均为信息产业部电子科学技术情报研究所，公章是该所的收藏上述资料的电子信息服务中心出具的。

至此，合议组认为本案的事实已清楚，作出如下决定。

二、决定的理由

关于证据

请求人提交的证据1为请求人声称为电子工业部第五研究所发行的《论文集》的封面、编委页、目录和第155页至第159页的复印件以及1998年第5期的《电子产品可靠性与环境试验》的杂志封面和版权页的复印件，在口头审理中，请求人当庭提交了《论文集》和 1998 年第 5 期的《电子产品可靠性与环境试验》的原件。

对于证据 1，合议组认为：（1）双方当事人对其真实性均无异议，因此，合议组对证据 1 的真实性予以认可；（2）从证据 1 中的《论文集》所示内容来看，其上没有正规公开出版物所具有的记载出版发行信息的出版页，因此其不属于正规公开出版物；（3）从证据 1 中的 1998 年第 5 期的《电子产品可靠性与环境试验》和《论文集》所示内容看，其中都没有表明二者在公开出版发行上的关联性，因此，虽然《电子产品可靠性与环境试验》是公开发行出版的期刊，属于正规公开出版物，但在没有相关证据佐证的情况下，不能仅从《论文集》封面上的“《电子产品可靠性与环境试验》特辑”字样推断《论文集》也是公开发行出版的，更不能认定该《论文集》是随第 5 期《电子产品可靠性与环境试验》一同公开发行出版的；（4）虽然《论文集》的封面上印有“1998”的字样，但该日期不能被视为公开日期。即自所印的该日期起，公众是否能够得知其中记载的内容，需要相关证据加以佐证。综上所述，仅凭证据 1 本身不能证明《论文集》在本专利申请日之前公开。

请求人提交的证据 2 为信息产业部电子科学技术情报研究所电子信息服务中心出具的关于证据 1 的公开证明的复印件，在口头审理中，请求人当庭提交了证据 2 的原件。证据 2 的内容是“兹证明北京市科通电子继电器总厂李文兵、王庚林等人的论文《JGX－6M 型固体继电器电路设计研究》发表于 1998 年《军用元件技术与可靠性攻关论文集》中，该论文集收藏于信息产业部电子科技情报研究所信息服务中心并能检索到”，该证明下方的落款单位为“信息产业部电子科技情报研究所信息服务中心”，而该证明下方加盖的公章为“信息产业部电子科学技术情报研究所电子信息服务中心”。

对于证据 2，合议组认为：第一，证据 2 属于证人证言，其本身存在形式缺陷，即其出证单位的公章“信息产业部电子科学技术情报研究所电子信息服务中心”与落款“信息产业部电子科技情报研究所信息服务中心”不一致，并且没有相关负责人的签名；第二，出具证据 2 所示证明的单位没有派知情人出席口头审理对该证据的真实性加以质证，未经质证的证言所述内容的真实性不能确定，因此不能作为单独定案的依据；第三，证据 2 本身的内容仅说明李文兵、王庚林等人的论文《JGX－6M 型固体继电器电路设计研究》发表于《论文集》中，该论文集收藏于信息产业部电子科技情报研究所信息服务中心并能检索到，却没有明确该《论文集》从什么时间开始可以在服务中心查询或者该《论文集》从什么时间开始在服务中心上架，即证据 2 没有明确社会公众从什么时间起能够通过检索获知该《论文集》中记载的内容，因此证据 2 不能证明该《论文集》在本专利申请日之前已处于被社会公众获知的状态。

综上所述，合议组认为：证据 1 和 2 不足以证明社会公众在本专利申请日之前能够获知证据 1 中的《论文集》中记载的内容，因此请求人提交的证据不足以支持其无效请求理由，本专利符合专利法第二十二条第二三款的规定。

三、决定

维持 200420019474.2 号实用新型专利权有效。

当事人对本决定不服的，可以根据专利法第四十六条第二款的规定，自收到本决定之日起三个月内向北京市第一中级人民法院起诉。根据该款的规定，一方当事人起诉后，另一方当事人应当作为第三人参加诉讼。

113

高压熔断器案

无效宣告请求审查决定（第9308号）

决　定　号　第9308号
决　定　日　2006年12月25日
发明创造名称　高压熔断器
国际分类号　H01H 85/042　H01H 85/143
无效请求人　河北翼高电力器材开发有限公司
专利权人　孙新录
专　利　号　03269715.5
专　利　日　2003年7月23日
授权公告日　2004年8月25日
合议组组长　张　度
主　审　员　詹靖康
参　审　员　孙克良

法律依据　专利法第二十二条第二款、第三款
决定要点

若对比文件与权利要求存在区别特征，并且这些区别特征也并非本领域的惯用手段的直接替换，则该权利要求相对于该对比文件具备专利法第二十二条第二款规定的新颖性。

一、案由

本无效宣告请求涉及国家知识产权局于2004年8月25日授权公告的、名称为“高压熔断器”的实用新型专利（下称本专利），其申请日为2003年7月23日，申请号为03269715.5，专利权人为孙新录。其授权公告的权利要求书为：

“1. 一种高压熔断器，它包括上、下防污罩，上、下接触点，上、下接触铜卡，绝缘体，灭弧管，高压熔丝和悬落标记；上、下接触点分别固定在灭弧管的两端；灭弧管位于绝缘体内，灭弧管内装有高压熔丝，高压熔丝一端固定在上接触点上，另一端设有悬落标记，悬落尾线固定在下接触点上；绝缘体中间固定有安装支架；其特征是上、下防污罩由螺栓固定在绝缘体上，上防污罩上固定有防污帽；上、下接触铜卡的一端通过螺栓母垫固定在上、下防污罩侧面，其开口端由带弹簧的螺栓母垫固定在一起；灭弧管上端和下端分别由上、下接触点插入并卡紧在上、下接触铜卡内，下接触铜卡的卡口呈圆柱状，下接触点呈与下接触铜卡相匹配的圆柱状，下接触铜卡与下接触点呈柱形紧密配合。

2. 根据权利要求1所述的高压熔断器，其特征是所述的悬落标记（16），直接固定在高压熔丝（8）上。

3. 根据权利要求1所述的高压熔断器，其特征是所述的防污帽（1）由带弹簧的螺栓母垫（19）

固定在上防污罩（2）上。”

针对上述专利权，河北翼高电力器材开发有限公司（下称请求人）于2005年8月26日向专利复审委员会提出了无效宣告请求，其理由是本专利权利要求1~3不符合专利法第二十二条第二款和第三款的规定。请求人提交了以下附件：

附件1：ZL专利号99207647.1的实用新型专利说明书，其公开日为2000年5月10日；

附件2：ZL专利号02246687.8的实用新型专利说明书，其公开日为2003年8月20日；

附件3：ZL专利号99221027.5的实用新型专利说明书，其公开日为2000年5月24日；

附件4：ZL专利号94235689.6的实用新型专利说明书，其公开日为1995年10月11日；

附件5：ZL专利号95200810.6的实用新型专利说明书，其公开日为1996年12月18日；

附件6：本专利说明书。

请求人认为，附件1与本专利技术领域相同，要解决的技术问题相同，技术方案实质上相同；附件1已覆盖了权利要求1、2、3的全部内容。附件1与本专利权利要求1、2、3的区别仅在于权利要求1中的“上防污罩上固定有防污帽”，但该区别特征已被附件2、3、4、5公开。本专利权利要求1~3相对于附件1不具备新颖性，相对于附件1分别与附件2~5的结合不具备创造性，不符合专利法第二十二条第二款和第三款的规定。

经形式审查合格，专利复审委员会受理了上述请求，于2005年9月14日向请求人及专利权人发出无效宣告请求受理通知书，并将无效宣告请求书及其附件的副本转送专利权人。

专利权人于2005年10月28日提交了意见陈述书并指出：本专利中“上防污罩+防污帽”的设计、下接触铜卡的结构和其与下接触点的连接关系、上接触铜卡的结构都没有在附件1中公开，而前两点区别也未在附件2、3、4、5中公开或给出启示，本专利相对于证据1具有明显的优点和进步，符合专利法第二十二条第二款的规定，相对于对比文件1与对比文件2~5中任一个的结合具备创造性，符合专利法第二十二条第三款的规定。

本案合议组于2006年6月15日向双方当事人发出口头审理通知书，定于2006年8月7日举行口头审理，同时发出转送文件通知书，将专利权人于2005年10月28日提交的意见陈述书转送给请求人。

2006年7月29日，请求人向合议组提交了意见陈述书并补交了如下证据用于证明本专利在申请日以前已公开使用，不具备新颖性：

书证1-1：工业产品买卖合同复印件1页；

书证1-2：产品销售发票复印件1页；

书证1-3：用户证明1页；

书证2-1：工业产品买卖合同复印件1页；

书证2-2：产品销售发票复印件1页；

书证2-3：用户证明1页。

口头审理如期举行。双方当事人对合议组成员变更没有异议，对合议组成员没有回避请求。双方当事人对对方出庭人员身份没有异议。请求人当庭放弃使用附件3和附件4。请求人当庭明确其无效理由为权利要求1相对于附件1不具备新颖性；权利要求1-3相对于附件1与附件2的结合以及附件1与附件5的结合不具备创造性。合议组当庭告知双方当事人，请求人于2006年7月29日提交的证据不符合专利法实施细则和审查指南的相关规定，合议组不予接受。

在上述工作的基础上，合议组认为本案事实清楚，可以作出本决定。

二、决定的理由

1. 关于证据

专利法实施细则第六十六条规定：在专利复审委员会受理无效宣告请求后，请求人可以在提出无效宣告请求之日起 1 个月内增加理由或者补充证据。逾期增加理由或者补充证据的，专利复审委员会可以不予考虑。

专利权人于 2006 年 7 月 29 日补充提交了证据，但已超出增加理由或者补充证据的 1 个月的期限。合议组已当厅告知双方当事人，请求人于 2006 年 7 月 29 日提交的证据不符合专利法实施细则和审查指南的相关规定，合议组不予接受。

请求人当庭表示放弃使用附件 3 和附件 4。附件 1、2、5 均是中国实用新型专利，公开日均早于本专利的申请日；因此附件 1、2、5（以下称为对比文件 1、2、5）可作为现有技术用以评价本专利新颖性和创造性。

2. 关于新颖性

专利法第二十二条第二款规定：新颖性，是指在申请日以前没有同样的发明或者实用新型在国内外出版物上公开发表过、在国内公开使用过或者以其他方式为公众所知，也没有同样的发明或者实用新型由他人向国务院专利行政部门提出过申请并且记载在申请日以后公布的专利申请文件中。

对比文件 1 公开了一种有机悬落式户外交流高压熔断器，由防污帽 1、上触点铜卡 4、绝缘体 7、复合灭弧管 9、高压熔丝 10、悬落点 14 组成，所述的防污帽 1 起到了顶盖密封，抗风雪的作用，防污帽 1 通过螺栓母垫 2 与上触点铜卡 4 固接，上触点铜卡 4 通过螺栓母垫 5 卡箍在连接管 3 上，连接管 3 旋拧在复合灭弧管 9 的一端头上，复合灭弧管 9 外套装有绝缘体 7，复合灭弧管 9 和绝缘体 7 采用有机绝缘体，绝缘体 7 的一端通过卡箍 6 固接有防污帽 1，绝缘体 7 的另一端通过卡箍 6 固接有下卡座防污罩 11，下卡座防污罩 11 上通过螺栓母垫 2 和弹簧 16 固接有接触点卡座 12，复合灭弧管 9 的另一端头上固接有下铜钨触点 13，下铜钨触点 13 与接触点卡座 12 呈柱面紧配合，复合灭弧管 9 内串有高压熔丝 10，高压熔丝 10 的一端头与连接管 3 连接，高压熔丝 10 的另一端头设有悬落点 14，并通过悬落尾线 15 与下铜钨触点 13 上的螺栓母垫 2 固接，当高压熔丝 10 熔断时，利用悬落点 14 可迅速灭弧，瞬间开断，绝缘体 7 的中部通过卡箍 6 固接有固定支架 8。（参见说明书第 2 页第 7 段、说明书附图第 1 页）

经过对比，合议组发现，本专利权利要求 1 与对比文件 1 相比，存在以下实质区别：

（1）对比文件 1 仅有“防污帽 1”（相当于本专利权利要求中的“防污罩”），不具有本专利权利要求 1 技术方案中的“上防污罩 + 防污帽”的设计；

（2）对比文件 1 仅有“接触点卡座”和“下铜钨触点”的结构而未公开本专利权利要求 1 中的“下接触铜卡”及其与“下接触点”紧密配合的形状和结构；

鉴于对比文件 1 与本专利权利要求 1 存在以上区别特征，并且这些区别特征也并非本领域的惯用手段的直接替换，故权利要求 1 相对于对比文件 1 具备专利法第二十二条第二款规定的新颖性。在权利要求 1 具备新颖性的情况下，其从属权利要求 2、3 同样也具备新颖性。

3. 关于创造性

专利法第二十二条第三款规定：创造性，是指同申请日以前已有的技术相比，该发明有突出的实质性特点和显著的进步，该实用新型有实质性特点和进步。

本专利权利要求 1 与对比文件 1 的区别特征如上所述。

对比文件 2 公开了一种悬标式复合高压熔断器，其中（说明书第 3 页、附图 1、2）公开了在上卡套 2 上还设有用于密封上插头 1 和上卡套 2 的上插头护罩 3，该上插头护罩 3 通过卡箍 4 固定在高压瓷套11的上端，这样密封后，本实用新型的抗风、沙、雨、雪能力强……。

请求人认为本专利权利要求1及其从属权利要求2、3相对于对比文件1、2的结合不具备创造性。

合议组认为，对比文件2所公开的“设有用于密封上插头1和上卡套2的上插头护罩3”与本专利权利要求1的“上防污罩+防污帽”的结构和效果不同。前者是一个简单的密封结构，而后者则是在防污罩上设置一防污帽，起到了透气的作用。对比文件1、2中未给出任何设置“上防污罩+防污帽”结构的技术启示，也未披露“下接触铜卡”及其与“下接触点”紧密配合的结构。因此，本专利权利要求1相对于对比文件1、2的结合具有实质性特点和进步，符合专利法第二十二条第三款规定的创造性。

对比文件5公开了一种悬标式高压熔断器，其中（说明书第2页、附图1）公开了这种高压熔断器包括包括高压瓷套管（11）、熔丝（12）、防雨罩（1）、U形环（4）、上连接板（3）、下连接板（6）、导流管（10）、上插座（2）、下插座（7），上插头（9）、下插头（13）、悬标（8），防雨罩（1）和上插座（2）装在上连接板（3）上，高压瓷套管（11）用U形环（4）固定在上连接板（3）上，下部用U形环（5）固定在下连接板（6）上，下插座（7）固定在下连接板（6）上，导流管（10）装在高压瓷套管（11）内，其上端装有上插头（9），导流管（10）内的熔丝（12）一端与上插头（9）相连，另一端与悬标（8）相连，悬标（8）与下插头（13）相连，上插头（9）和下插头（13）分别插入上插座（2）和下插座（7）内。

请求人认为本专利权利要求1及其从属权利要求2、3相对于对比文件1、5的结合不具备创造性。

合议组认为，对比文件5所公开的“防雨罩1”与本专利权利要求1的“上防污罩+防污帽”的结构和效果有较大区别。前者是一个简单板状结构，仅遮挡该高压熔断器的正上部，而后者则是在绝缘体上设置一防污罩，并在其上设置一防污帽，起到了全面保护高压熔断器上部及透气的作用。对比文件1、5中未给出任何设置“上防污罩+防污帽”结构的技术启示，也未披露“下接触铜卡”及其与“下接触点”紧密配合的结构。因此，本专利权利要求1相对于对比文件1、5的结合具有实质性特点和进步，符合专利法第二十二条第三款规定的创造性。

在权利要求1具有专利法第二十二条第三款规定的创造性的情况下，其从属权利要求2、3同样符合专利法第二十二条第三款的规定。

三、决定

维持03269715.5号实用新型专利权有效。

当事人对本决定不服的，可以根据专利法第四十六条第二款的规定，自收到本决定之日起三个月内向北京市第一中级人民法院起诉。根据该款的规定，一方当事人起诉后，另一方当事人应当作为第三人参加诉讼。

114

自动化组装的螺柱用快拆盖改进结构案

无效宣告请求审查决定（第9314号）

决　定　号　第9314号
决　定　日　2006年12月26日
发明创造名称　自动化组装的螺柱用快拆盖改进结构
国际分类号　H05K 3/00、3/30、3/36、7/00
无效请求人　林江俊
专利权人　萧荣福
专　利　号　200420021229.5
申　请　日　2004年3月23日
授权公告日　2005年7月27日
合议组组长　王桂莲
主　审　员　杜　宇
参　审　员　张美菊

法律依据　专利法第二十二条第三款
决定要点

对比文件公开的技术方案与本申请技术方案存在实质性不同，并且对比文件对本专利权利要求1的区别技术特征均没有给出任何技术启示，该区别技术特征使权利要求1的技术方案产生了有益效果，因此相对于对比文件，本专利权利要求1的技术方案具有实质性特点和进步，具备创造性。

一、案由

本无效宣告请求涉及申请日为2004年3月23日、授权公告日为2005年7月27日、名称为“自动化组装的螺柱用快拆盖改进结构”的200420021229.5号实用新型专利（下称本专利），专利权人为萧荣福。本专利授权公告的权利要求如下：

“1. 一种自动化组装的螺柱用快拆盖改进结构，其特征在于：主要是藉由一内、外盖片以适当间距相互结合，并于内盖片中央凸设一柱塞，以该柱塞可插入一螺柱上预设的螺孔形成可拆式暂时套接构造，利用该内盖片撑抵于螺柱的顶面，令外盖片与内盖片的适当间距，恰可使外盖片定位于距螺柱顶面适当高度的位置，便于拆盖夹具夹持外盖片，而将快拆盖与螺柱分离的结构。

2. 如权利要求1所述的自动化组装的螺柱用快拆盖改进结构，其特征在于：其中该柱塞端部周缘设有向外扩张的凸缘，且于柱塞中央设有纵向延伸的弹性缺口，使该柱塞具收缩、扩张的弹性而更易插入螺柱的螺孔内，并稳固的定位的构造。

3. 如权利要求1或2所述的自动化组装的螺柱用快拆盖改进结构，其特征在于：其中该外盖片的外径大于内盖片的外径，使该外盖片更易于受拆盖夹具夹持的构造。”

2005年9月26日林江俊（下称请求人）针对本专利向专利复审委员会提出无效宣告请求，其理由是：权利要求 1 ~ 3 不符合专利法第二十二条第三款的规定。该请求人同时提交了下列证据：

证据 1：专利号为 TW543822 的台湾专利公报及说明书复印件（下称对比文件 1），公告日为 2003 年 7 月 21 日；

证据 2：专利号为 TW484795 的台湾专利公报及说明书复印件（下称对比文件 2），公告日为 2002 年 4 月 21 日；

证据 3：专利号为 TW553409 的台湾专利公报及说明书复印件（下称对比文件 3），公告日为 2003 年 9 月 11 日；

证据 4：专利号为 TW353546 的台湾专利公报及说明书复印件（下称对比文件 4），公告日为 1999 年 2 月 21 日。

2005 年 10 月 25 日，请求人进一步补充了无效理由，认为：说明书不符合专利法第二十六条第三款的规定。

经形式审查合格后，专利复审委员会于 2005 年 12 月 1 日向双方当事人发出无效宣告请求受理通知书，并将上述无效宣告请求书及所附证据副本转送给专利权人，要求专利权人在一个月内陈述意见。

2006 年 1 月 11 日，专利权人向专利复审委员会提交了意见陈述书，认为：对比文件 1 ~ 4 均不能破坏权利要求 1 及其从属权利要求 2、3 的创造性；本专利说明书已经足够清楚、完整地描述了本专利的产品结构，因此本专利说明书符合专利法第二十六条第三款的规定。

2006 年 4 月 20 日，合议组向双方当事人发出无效宣告请求口头审理通知书，定于 2006 年 6 月 19 日进行口头审理，并将专利权人于 2006 年 1 月 11 日提交的意见陈述书及附页转交给请求人。

2006 年 6 月 19 日，口头审理如期举行。双方当事人对合议组成员没有回避请求。双方当事人对对方出庭人员的身份没有异议。专利权人当庭表示对所有证据真实性没有异议。请求人放弃使用对比文件 3（TW553409），并且放弃专利法第二十六条第三款的无效理由，其明确无效理由为：对比文件 1 为最接近对比文件，权利要求 1 与对比文件 1 单独对比、对比文件 1 和 2 结合对比、对比文件 1 和 4 结合对比，不具备创造性；权利要求 2 和 3 的附加技术特征对本领域技术人员来说是显而易见的，权利要求 2 和 3 不具备创造性。专利权人认为，对比文件 1 和本专利的区别在于：本专利是内外盖片结构，并且采用柱塞；对比文件 1 中是一个盖片，且采用弹性的夹片；承认对比文件 2 中的耐高温橡胶 42 的柱塞相当于权利要求 1 中的柱塞；对比文件 4 公开的结构与本专利的内外盖结构不同，且没有启示；权利要求 2 和 3 的附加技术特征不是显而易见的；权利要求 1 ~ 3 具备创造性；本专利的内外盖片的结合具有适当间距，外盖片的定位与螺柱有适当高度。

2006 年 6 月 23 日，请求人提交了关于本次口头审理中的观点和理由总结的意见陈述书。

在上述程序的基础上，合议组认为本案事实已经清楚，可以依法作出审查决定。

二、决定的理由

1. 关于无效理由

根据请求人在口头审理中明确的无效理由，本案合议组针对专利法第二十二条第三款进行审理。

2. 关于证据

对比文件 1、2、4 均为专利文献，其公开日均早于本专利申请日，可以作为本案的证据使用。

3. 关于专利法第二十二条第三款

专利法第二十二条第三款规定：创造性，是指同申请日以前已有的技术相比，该发明有突出的实质性特点和显著的进步，该实用新型有实质性特点和进步。

权利要求 1 保护一种自动化组装的螺柱用快拆盖改进结构，主要是藉由一内、外盖片以适当间距相互结合，并于内盖片中央凸设一柱塞，以该柱塞可插入一螺柱上预设的螺孔形成可拆式暂时套接构造，利用该内盖片撑抵于螺柱的顶面，令外盖片与内盖片的适当间距，恰可使外盖片定位于距螺柱顶面适当高度的位置，便于拆盖夹具夹持外盖片，而将快拆盖与螺柱分离的结构。

对比文件1公开了一种可利用自动化机具吸取的螺柱组立结构（参见说明书第6页第5段、第7页第1段，附图1-5），包括：螺柱1（相当于本专利的螺柱），其供插组在主机板预设的装配孔中，该螺柱1内设有螺孔10（相当于本专利的的螺孔）；快拆盖2（对应于本专利的快拆盖），具有能遮盖螺柱1的螺孔10孔口的一盖片20（相当于本专利的内盖片），且该盖片20内部另朝该螺柱1的螺孔10方向延伸成型有弹性夹片21（相当于本专利的柱塞）而能藉以嵌夹于该螺柱1的螺孔10中，使该快拆盖2可拆地暂时套接在该螺柱1上。

权利要求1与对比文件1的区别是：本专利的所述快拆盖具有一内盖片和一外盖片，所述外盖片与内盖片之间具有适当间距，使所述外盖片定位于距螺柱顶面适当高度的位置，便于所述拆盖夹具夹持所述外盖片将所述快拆盖与所述螺柱分离；而对比文件1公开的快拆盖仅具有单层盖片。

首选，并没有证据表面上述区别技术特征为本领域的公知常识，合议组无法认定其为公知常识。其次，上述区别技术特征限定快拆盖为内、外盖片双盖片结构，其使拆盖夹具夹持快拆盖使其与螺柱分离时，由于内外盖片之间具有一适当间距，拆盖夹具只夹持外盖片不直接接触螺柱，从而起到避免由于拆盖夹具的接触，使螺柱损坏或歪斜的功能。而对比文件1公开的快拆盖为单层盖片结构，其不能起到使拆盖夹具在拆卸快拆盖时不直接接触螺柱，避免螺柱损坏或歪斜的功能，对比文件1没有给出任何可以实现上述功能的技术启示。因此在没有技术启示的情况下，本领域普通技术人员不能从单层盖片的快拆盖显而易见地得到与权利要求1保护的两层盖片的快拆盖类似的快拆盖，根据对比文件1本领域普通技术人员需要付出创造性劳动才能够得到权利要求1保护的技术方案，因此相对于对比文件1，权利要求1具有实质性特点和进步，符合专利法第二十二条第三款关于创造性的规定。

对比文件2公开了一种可利用机械吸取的电子固定件结构（参见说明书第7页第3段，附图8），该固定件（相当于本专利的螺柱）内部具有一穿孔（相当于本专利的螺孔），该穿孔中配合一耐高温橡胶（相当于本专利的快拆盖），该耐高温橡胶为一体实心，其具有圆台状的上端部（相当于本专利的内盖片）和直径小于该上端部的直径的圆柱体（相当于本专利的柱塞），该上端部直径大于该穿孔的直径，该圆柱体的直径与该穿孔直径相适应，使该下端部能插入该穿孔，使固定键形成实心状。

对比文件2公开的耐高温橡胶为一体实心结构，该耐高温橡胶也为单盖片结构，对比文件2没有公开具有适当间距的内、外盖片两层盖片结构的快拆盖的技术方案。对于本领域普通技术人员来说，即使将对比文件1和2相结合，由于对比文件1和2中均没有给出可以将快拆盖设计成内、外盖片双盖片结构的技术启示，根据对比文件1和2，本领域普通技术人员得到权利要求1的技术方案是需要付出创造性的劳动的。因此权利要求1相对于对比文件1和2具有实质性特点和进步，符合专利法第二十二条第三款关于创造性的规定。

对比文件4公开了一种吸着用辅助器具30（相当于本专利的快拆盖）（参见说明书第10~13页，附图3-5），其具有一平板部31（相当于本专利的内盖片），两个分别自平板部底面二侧向下延伸的支持部32a、32b，及两个分别自支持部32a、32b末端侧向平行延伸且用于套夹于连接器外部的柄部33a、33b（相当于本专利的柱塞）。

对比文件4公开的吸着用辅助器具实质上是单盖片结构的快拆盖，虽然所述平板部与所述柄部33之间具有所述支持部，使所述平板部与所述柄部之间具有一定间距，但该间距不能保证在将辅助器具30与连接器安装在一起时，其平板部与连接器之间保持一定间距，即对比文件4公开的吸着用辅助器具并没有与本专利的内盖片类似的结构，因此对比文件4公开的吸着用辅助器具与单盖片结构的快拆盖类似，仍然不能避免所述平板部与其所套夹的连接器直接接触，当拆盖夹具夹持所述平板部将所述吸着用辅助器具与所述连接器分离时，所述吸着用辅助器具也不能保证拆盖夹具在与其接触的位置上与所述连接器不接触，从而不能避免由于拆盖夹具与连接器的接触，造成的连接器的损坏，即对比文件4也没有公开上述区别技术特征，其公开的技术方案不能实现上述区别技术特征所起到的功能。对于本领域普通技术人员来说，即使将对比文件1和4相结合，由于对比文件1和4中均没有给出可以将快拆盖设计成内、外盖片双盖片结构的技术启示，根据对比文件1和4，本领域普通技术人员得到权利要求1的技术方案是需要付出创造性的劳动的。因此权利要求1相对于对比文件1和4具有实质性特点和进步，符合专利法第二十二条第三款关于创造性的规定。

由于权利要求2、3是权利要求1的从属权利要求，因此在权利要求1具备创造性时，权利要求2、3也符合专利法第二十二条第三款关于创造性的规定。

综上所述，权利要求1~3符合专利法第二十二条第三款的规定。

三、决定

维持200420021229.5号实用新型专利权有效。

当事人对本决定不服的，可以根据专利法第四十六条第二款的规定，自收到本决定之日起三个月内向北京市第一中级人民法院起诉。根据该款的规定，一方当事人起诉后，另一方当事人应当作为第三人参加诉讼。

115

具有穿孔表面安装元件用的穿孔罩案

无效宣告请求审查决定（第9315号）

决　定　号　第9315号
决　定　日　2006年12月25日
发明创造名称　具有穿孔表面安装元件用的穿孔罩
国际分类号　H05K 3/30、13/00
无效请求人　林江俊
专利权人　陈惟诚
专　利　号　02252521.1
申　请　日　2002年8月30日
授权公告日　2003年8月27日
合议组组长　王桂莲
主　审　员　杜　宇
参　审　员　张　度

法律依据　专利法第二十六条第三款、第二十二条第二款、第三款　专利法实施细则第二十一条第二款

决定要点

1. 如果所属领域的技术人员按照说明书记载的内容，能够再现该发明或者实用新型的技术方案、解决其技术问题、并且产生预期的技术效果，则该说明书符合专利法第二十六条第三款的规定。

2. 如果独立权利要求记载的技术方案能够解决本专利所要解决的技术问题，则该独立权利要求不缺少必要技术特征。

3. 如果权利要求限定的技术方案与现有技术中最接近的对比文件中公开的技术方案相对比，具有区别技术特征，并且该区别技术特征在现有技术中没有启示，是非显而易见的，而且该权利要求所限定的技术方案能够带来有益的效果，则该权利要求具备创造性。

一、案由

本无效宣告请求涉及申请日为2002年8月30日、授权公告日为2003年8月27日、名称为“具有穿孔表面安装元件用的穿孔罩”的02252521.1号实用新型专利（下称本专利），专利权人为陈惟诚。

授权公告的权利要求如下：

“1. 一种具有穿孔表面安装元件用的穿孔罩，供封闭具有一穿孔的一表面安装元件的该穿孔，该表面安装元件具有用以界定该穿孔的一周壁，特征在于，该穿孔罩包含：

一直径较该穿孔内径略小且适于穿设于该表面安装元件穿孔中的基壁；

一自该基壁周围与该基壁呈一角度延伸的围绕壁，该围绕壁至少部份与该表面安装元件周壁产生

干涉；及

一自该围绕壁远离该基壁端缘与该围绕壁呈一角度延伸的延伸壁。

2. 如权利要求1所述的具有穿孔表面安装元件用的穿孔罩，其特征在于：该围绕壁远离该基壁端缘的外径大于该穿孔内径。

3. 如权利要求1所述的具有穿孔表面安装元件用的穿孔罩，其特征在于：该围绕壁具有一供抵靠于该表面安装元件周壁的凸出部。

4. 如权利要求3所述的具有穿孔表面安装元件用的穿孔罩，其特征在于：该基壁是垂直于该围绕壁。

5. 如权利要求1所述的具有穿孔表面安装元件用的穿孔罩，其特征在于：该延伸壁的外缘至少部分大于该表面安装元件。

6. 如权利要求1所述的具有穿孔表面安装元件用的穿孔罩，其特征在于：该延伸壁的外缘呈圆形。”

2005年9月26日林江俊（下称请求人）针对本专利向专利复审委员会提出无效宣告请求，其依据的事实和理由是：本专利不符合专利法第二十二条第三款的规定。

该请求人同时提交了下列证据：

证据1：专利号为TW484795的台湾专利公告及说明书复印件（下称对比文件1），公开日为2002年4月21日；

请求人认为：本专利的权利要求1与对比文件1比较后，可以看出两者的技术特征相同，本专利的技术特征均已揭示于对比文件1中，两者之间即使具有些微的差异，也是该领域的普通技术人员容易想到的，且对比文件1同样可以达到本专利所强调“封闭穿孔、易组装、占用空间小、包装成本较低、方便量产、耗费材料较少及制造成本较低”等功效及目的，显然本专利权利要求1不具备创造性。本专利权利要求2~6的附加技术特征均已包含于对比文件1的技术范畴，不具有实质性特点和进步，因此，在独立权利要求1相对于对比文件1不具备创造性的情况下，从属权利要求2~6也不具备专利第二十二条第三款规定的创造性。请求人提交了本专利与对比文件1的主要结构对照图。

2005年10月25日，请求人进一步补充了无效理由，认为：

1. ①本专利中穿孔罩的上表面是“⌉⎿⏌⌈”形状的凹面而不是平面，本领域技术人员不知道这样的结构如何实现“穿孔罩……方便吸嘴吸取”，这是因为本领域的公知常识是，穿孔罩沿水平方向的整个表面是一个平面，这样才能方便吸嘴的吸取，所以，按照本专利的所述穿孔罩的表面形状，本领域的技术人员不能够从说明书中直接推导出吸嘴方便吸取的方法；②请求人还认为本专利说明书背景技术部分使用的技术术语不统一，导致本专利说明书未能清楚地指出现有技术的不足，本专利要解决的技术问题不清楚，所提出的技术方案要达到的技术效果不明显。因此说明书的内容不清楚、不完整，不符合专利法第二十六条第三款的规定。

2. 请求人认为本专利的一个目的是：提供一种收纳运输时，占用空间较小、包装成本较低的穿孔罩。为了实现本专利所述目的，本专利中的穿孔罩的技术特征之一就是其外缘直径小于所述表面安装元件的外径。但是，本专利权利要求1记载的穿孔罩，并没有特别指出延伸壁23的外径大小，更没有指出该外径与表面安装元件的外径的相对大小，因此权利要求1没有解决本专利所要解决的技术问题，也就是说，独立权利要求1缺少解决所提出技术问题的必要技术特征。

权利要求5对独立权利要求1做了进一步的限定：“如权利要求1所述的具有穿孔表面安装元件用的穿孔罩，其特征在于：该延伸壁23的外缘至少部分略大于该表面安装元件1”，这一限定的直接结论是，所述延伸壁23的外缘大于所述表面安装元件的外径，这是本专利提到的现有技术之不足，也就是本专利要解决的问题，可见引用权利要求 1 的权利要求 5 这一技术方案，与本专利的目的是背向而驰的，同样缺乏解决现有技术问题的必要技术特征。

经形式审查合格后，专利复审委员会于 2005 年 11 月 24 日向双方当事人发出无效宣告请求受理通知书，并将上述无效宣告请求书及所附证据副本转送给专利权人，要求专利权人在一个月内陈述意见。

专利权人逾期未答复。

2006 年 4 月 29 日，合议组向双方当事人发出无效宣告请求口头审理通知书，拟定于 2006 年 6 月 26 日进行口头审理。

2006 年 6 月 26 日，口头审理如期举行。专利权人未到庭参加口头审理。请求人对合议组成员没有回避请求。请求人明确其无效理由为：（1）说明书不符合专利法第二十六条第三款的规定；（2）权利要求 1 和 5 不符合专利法实施细则第二十一条第二款的规定；（3）权利要求 1 不具备新颖性和创造性，权利要求 2～6 不具备创造性。

2006 年 6 月 29 日，请求人提交了盖有国家知识产权局专利检索咨询中心副本认证专用章的对比文件 1 的复印件。

在上述程序的基础上，合议组认为本案事实已经清楚，现依法作出如下审查决定。

二、决定的理由

1. 关于无效理由

根据请求人提出的无效宣告请求的范围、理由和提交的证据，本案合议组依据专利法第二十六条第三款、专利法实施细则第二十一条第二款和专利法第二十二条第二三款对本案进行审查。

2. 关于证据

对比文件 1 为台湾专利文献，请求人提交盖有“国家知识产权局专利检索咨询中心副本认证专用章”的复印件，故合议组对对比文件 1 的真实性予以确认。对比文件 1 的公开日（2002 年 4 月 21 日）早于本专利申请日，可以作为本案的证据使用。

3. 关于专利法第二十六条第三款

专利法第二十六条第三款规定：说明书应当对发明或者实用新型作出清楚、完整的说明，以所属技术领域的技术人员能够实现为准；必要的时候，应当有附图。说明书摘要应当简要说明发明或者实用新型的技术要点。

请求人认为：①本专利中穿孔罩的上表面的形状是凹面而不是平面，本领域技术人员不知道这样的结构如何实现“穿孔罩……方便吸嘴吸取”，本领域的技术人员不能够从说明书中直接推导出吸嘴方便吸取的方法；②请求人还认为本专利说明书背景技术部分使用的技术术语不统一，导致本专利说明书未能清楚地指出现有技术的不足，本专利要解决的技术问题不清楚，所提出的技术方案要达到的技术效果不明显。

对此，合议组认为，虽然本专利中穿孔罩的上表面具有凹槽而不是一个完整的平面，但只要吸嘴将所述凹槽内的空气吸出后，吸嘴即可与穿孔罩的上表面紧密吸合，本领域的技术人员能够实现使用吸嘴方便吸取穿孔罩。

另外，请求人认为本专利背景技术部分记载“弹性回复力（如箭头所示）”，但图 2－4 中未示出箭头，“表面安装元件 1”与“螺母 1”不同元件使用相同附图标记，上述缺陷导致本专利说明书不符合专利法第二十六条三款规定。合议组认为：根据说明书背景技术部分的记载，本领域普通技术人员可以得知弹性回复力的方向，即该箭头方向的指向，并且虽然表面安装元件与螺母使用了相同的附图标记，但本领域普通技术人员可以清楚、明确地得知本专利背景技术中记载的技术方案，上述缺陷不影响本领域普通技术人员对本专利背景技术的理解，其不会影响到本专利技术方案是否清楚完整、也不会导致无法从本专利说明书中得知本专利所保护的技术方案解决的技术问题及技术效果。

因此本专利说明书清楚、完整，符合专利法第二十六条第三款的规定。

4. 关于专利法实施细则第二十一条第二款

专利法实施细则第二十一条第二款规定：独立权利要求应当从整体上反映发明或者实用新型的技术方案，记载解决技术问题的必要技术特征。

对于独立权利要求并不要求其记载的技术方案可以实现全部的发明目的，只要独立权利要求记载的技术方案可以实现其中一个发明目的，即可认为该技术方案是完整的，其记载了解决技术问题的必要技术特征。

本专利具有多个发明目的，请求人认为的“提供一种收纳运输时，占用空间较小、包装成本较低的穿孔罩”的目的仅是本专利所要实现的多个目的之一。权利要求1记载的技术方案可以实现“提供一种易组装而封闭表面安装元件穿孔的穿孔罩”“一种方便量产的穿孔罩”“一种耗费材料较少、制造成本较低的穿孔罩”的目的，因此权利要求1保护的技术方案记载了解决技术问题的必要技术特征，解决了技术问题，符合专利法实施细则第二十一条第二款的规定。

专利法实施细则第二十一条第二款是对独立权利要求的撰写作出规定，其并不适用于从属权利要求。另外如果独立权利要求符合专利法实施细则第二十一条第二款的规定，其从属权利要求也必然记载了解决技术问题的必要技术特征。

权利要求5是权利要求1的从属权利要求，在权利要求1符合专利法实施细则第二十一条第二款的情况下，权利要求5也记载了解决技术问题的必要技术特征。

因此权利要求1、5符合专利法实施细则第二十一条第二款的规定。

5. 关于专利法第二十二条第二款的规定

专利法第二十二条第二款规定：新颖性，是指在申请日以前没有同样的发明或者实用新型在国内外出版物上公开发表过、在国内公开使用过或者以其他方式为公众所知，也没有同样的发明或者实用新型由他人向国务院专利行政部门提出过申请并且记载在申请日以后公布的专利申请文件中。

权利要求1保护一种具有穿孔表面安装元件用的穿孔罩，供封闭具有一穿孔的一表面安装元件的该穿孔，该表面安装元件具有用以界定该穿孔的一周壁，特征在于，该穿孔罩包含：一直径较该穿孔内径略小且适于穿设于该表面安装元件穿孔中的基壁；一自该基壁周围与该基壁呈一角度延伸的围绕壁，该围绕壁至少部份与该表面安装元件周壁产生干涉；及一自该围绕壁远离该基壁端缘与该围绕壁呈一角度延伸的延伸壁。

对比文件1公开了一种可利用机械吸取的电子固定件结构（参见说明书第7页第3段，附图8），该固定件内部具有一穿孔，该穿孔中配合一耐高温橡胶，使固定件形成实心状，该耐高温橡胶具有圆台状的上端部和直径小于该上端部的直径的圆柱体，该上端部直径大于该穿孔的直径。权利要求1与对比文件1存在区别：（1）权利要求1的延伸壁自围绕壁远离该基壁端缘向与该围绕壁呈一角度延伸，导致穿孔罩上表面具有凹槽，而对比文件1的耐高温橡胶的上端部为一完整平面；（2）权利要求1的穿孔罩的基壁的直径较穿孔的内径略小，而对比文件1没有记载所述圆柱体的下端部直径与穿孔内径之间的关系。

因此权利要求1保护的技术方案与对比文件1公开的技术方案不相同，相对于对比文件1，权利要求1符合专利法第二十二条第二款关于新颖性的规定。

6. 关于专利法第二十二条第三款的规定

专利法第二十二条第三款规定：创造性，是指同申请日以前已有的技术相比，该发明有突出的实质性特点和显著的进步，该实用新型有实质性特点和进步。

权利要求 1 与对比文件 1 存在上述区别技术特征（1）和（2）。从对比文件 1 公开的一体实心的耐高温橡胶，其上端部表面为一完整的平面的技术方案中，本领域普通技术人员不能推导出将穿孔罩的上表面设计为一其上具有凹槽的非完整平面的技术方案，也不能得到相应的技术启示。并且由于对比文件 1 没有公开圆柱体的下端部直径与穿孔内径之间的关系，本领域普通技术人员根据对比文件 1 不能推导出穿孔罩的基壁直径略小于穿孔内径的技术方案，也不能得到相应的技术启示。因此，根据对比文件 1 本领域普通技术人员不能显而易见地得到权利要求 1 保护的技术方案，且该穿孔罩能够抽拉成型，使用材料少，成本降低，具有有益效果，因此权利要求 1 具有实质性特点和进步，符合专利法第二十二条第三款关于创造性的规定。

由于权利要求 2 ~6 是权利要求 1 的从属权利要求，因此在权利要求 1 具备创造性时，权利要求 2 ~6也符合专利法第二十二条第三款关于创造性的规定。

综上所述，本专利说明书符合专利法第二十六条第三款的规定，权利要求 1、5 符合专利法实施细则第二十一条第二款的规定，权利要求 1 符合专利法第二十二条第二款的规定，权利要求 1 ~6 符合专利法第二十二条第三款的规定。

三、决定

维持 02252521.1 号实用新型专利权有效。

当事人对本决定不服的，可以根据专利法第四十六条第二款的规定，自收到本决定之日起三个月内向北京市第一中级人民法院起诉。根据该款的规定，一方当事人起诉后，另一方当事人应当作为第三人参加诉讼。

116

一种眼镜绳套案

无效宣告请求审查决定（第9317号）

决　定　号　第9317号
决　定　日　2006年12月21日
发明创造名称　一种眼镜绳套
国际分类号　G02C 11/00
无效请求人　桑塞普斯有限公司
专利权人　卞祖兴
专　利　号　01256318.8
申　请　日　2001年10月19日
授权公告日　2002年7月24日
合议组组长　钱　芸
主　审　员　唐向阳
参　审　员　傅　玉

法律依据　专利法第二十二条第二款
决定要点

在对比文件的外国优先权成立的条件下，如果该对比文件是由他人在本专利的申请日以前向外国首次申请后就相同主题的发明创造在优先权期限内向中国专利局提出申请，并且在本专利的申请日以后（含申请日）公布的同样的发明或者实用新型专利申请，则该对比文件构成本专利的抵触申请，损害本专利的新颖性。

一、案由

本无效宣告请求涉及国家知识产权局于2002年7月24日授权公告、申请号为01256318.8、名称为“一种眼镜绳套”的实用新型专利（下称本专利），其申请日为2001年10月19日、专利权人为卞祖兴。本专利授权公告的权利要求书包括6项权利要求，其中权利要求1~6如下：

“1. 一种眼镜绳套，其特征在于：一个由卷状物弹性材料（1'）所形成的卷洞（1），其卷洞（1）两开口端分别接有连接工具（2）。

2. 根据权利要求1所述的一种眼镜绳套，其特征在于：所述的卷状弹性材料可以单卷状或双卷状。

3. 根据权利要求1所述的一种眼镜绳套，其特征在于：所述的连接工具（2）是以缝合方式接于卷洞（1）两开口端。

4. 根据权利要求2或3所述的一种眼镜绳套，其特征在于：所述的连接工具（2）是同轴的柔软管状带，其一端通过弹性管（3）与卷洞（1）相接，另一端部设有的弹性管（4）可将管口收紧。

5. 根据权利要求4所述的一种眼镜绳套，其特征在于：所述的弹性管（3）由同轴上的外鞘

（30）和内鞘（31）组成。

6. 根据权利要求 4 所述的一种眼镜绳套，其特征在于：所述的弹性管（4）是由同轴上的外鞘（40）和内鞘（41）组成。”

桑塞普斯有限公司（下称请求人）于 2005 年 12 月 27 日向专利复审委员会就本专利提出了无效宣告请求，并提交了以下作为证据的附件 1 至 3：

附件 1：授权公告号为 CN1221834C 的中国发明专利说明书全文（下称对比文件 1）共 10 页，其授权公告日为 2005 年 10 月 5 日、申请日为 2001 年 12 月 14 日、优先权日为 2000 年 12 月 15 日，其专利权人为桑塞普斯有限公司；

附件 2：美国专利文件授权公告号为 US6478145B2 的授权专利说明书英文文本共 6 页，其申请日为 2000 年 12 月 15 日、授权公告日为 2002 年 11 月 12 日；

附件 3：附件 2 的全文中文译文共 12 页。

请求人提出的无效理由是：本专利与对比文件 1 的发明专利涉及同一发明，由于对比文件 1 的发明专利的优先权日在本专利的申请日之前，对比文件 1 的发明专利是他人的在先申请，所以本专利不符合专利法实施细则第十三条第一款的规定；本专利的权利要求 1～6 相对于对比文件 1 不具备专利法第二十二条第二款规定的新颖性；即使专利权人认为权利要求 2 的技术特征“所述的卷状物弹性材料可以是单卷状”没有被对比文件 1 字面上公开，权利要求 2 相对于对比文件 1 也不具备专利法第二十二条第三款规定的创造性；由于在说明书中没有对“所述的卷状弹性材料可以是单卷状”的技术特征作出清楚、完整的说明以使本领域技术人员能够实现，所以本专利不符合专利法第二十六条第三款的规定。

经形式审查合格，专利复审委员会于 2006 年 7 月 24 日受理了该无效宣告请求，并将该无效宣告请求书及其附件清单中所列附件副本转送专利权人，要求专利权人在收到该通知书之日起一个月内陈述意见。

专利权人未在规定的期限内陈述意见。

专利复审委员会于 2006 年 9 月 14 日向双方当事人发出口头审理通知书，定于 2006 年 10 月 20 日对本案进行口头审理。

口头审理于 2006 年 10 月 20 日如期举行，专利权人未出席此次口头审理，请求人对合议组成员没有回避请求。请求人当庭提交了附件 4（即对比文件 1 的美国优先权文本的复印件，其中该优先权文本的申请日是 2000 年 12 月 15 日）及其中文译文。请求人明确其无效理由为：权利要求 1～6 相对于对比文件 1 不符合专利法第二十二条第二款的规定；说明书不符合专利法第二十六条第三款的规定。请求人放弃了创造性以及专利法实施细则第十三条第一款的无效理由。关于专利法第二十六条第三款的具体无效理由是：权利要求 2 中的“单卷状”在说明书中没有具体公开，因此本领域技术人员无法实施权利要求 2 中所描述的弹性材料是单卷状的技术方案。

专利复审委员会于 2006 年 10 月 20 日将附件 4 的复印件及其中文译文转送给专利权人，并告知专利权人，如果对转送的请求人提交的外文证据中文译文的具体内容有异议，应当在收到转送文件通知书之日起七天内对有异议的部分提交中文译文，否则视为没有异议。

专利复审委员会于 2006 年 11 月 27 日将对本专利进行口头审理时的口头审理记录表转送给专利权人，并告知专利权人在收到所述文件之日起七天内答复，期满未答复的，视为当事人已得知转送文件中所涉及的事实、理由和证据，并且未提出反对意见。

专利权人期满均未答复。

至此，合议组认为本案事实已经清楚，经合议依法作出审查决定。

二、决定的理由

1. 关于无效理由

根据口头审理时请求人明确的无效理由，本案合议组依据专利法第二十二条第二款和专利法第二十六条第三款对本案进行审理。

2. 证据认定

请求人提交的对比文件1为中国发明专利授权公告说明书，其优先权日（2000年12月15日）在本专利的申请日（2001年10月19日）之前，授权公告日（2005年10月5日）在本专利的申请日之后。由于对比文件1是桑塞普斯有限公司就相同主题的发明创造于2000年12月15日在美国第一次提出专利申请后又于2001年12月14日在中国提出的专利申请，且在后向中国提出申请的申请日在美国申请之日起12个月内，其中中国在后申请与美国在先申请的技术领域、所解决的技术问题、技术方案和预期的效果均相同，且中国在后申请权利要求中限定的技术方案都已经记载在美国在先申请的申请文件中，所以对比文件1的优先权成立，而专利权人期满也未提出异议，因此对比文件1可以作为评价本专利新颖性的证据。

3. 关于新颖性

专利法第二十二条第二款规定：新颖性，是指在申请日之前没有同样的发明或者实用新型在国内外出版物上公开发表过、在国内公开使用过或者以其他方式为公众所知，也没有同样的发明或者实用新型由他人向专利局提出过申请并且记载在申请日以后（含申请日）公布的专利申请文件中。

（1）本专利的权利要求1要求保护一种眼镜绳套，该眼镜绳套具有一个由卷状物弹性材料所形成的卷洞，其卷洞两开口端分别接有连接工具。

对比文件1公开了一种包括有可分离地附着在每个末端的连接构件的保护盒的组合式眼镜固定装置和眼镜保护套，保护盒和连接构件形成用来将眼镜保持在戴镜者的头上的线形的带子（对应于本专利中的眼镜绳套），在不戴眼镜时可以将眼镜从头上取下，放在保护盒内；保护盒（对应于本专利中的卷洞）是在附着到连接构件上的每个末端被缝死的弹力织物的线形双卷（对应于本专利中的卷状物弹性材料）；具体地，一对连接构件10可分离地附着在保护构件20的相对的两端（参见对比文件1的说明书第2页第5～13行和第3页第10～12行，附图1），该连接构件10即对应于本专利中的连接工具。

通过上述对比可见，对比文件1已经公开了权利要求1的全部技术特征，且对比文件1所公开的技术方案与权利要求1所要求保护的技术方案属于同一技术领域，解决了相同的技术问题，并能产生相同的技术效果，也就是既可将眼镜固定于头部，又可在不佩带眼镜时作为眼镜套使用。而且，对比文件1是向中国专利局提出的专利申请，其优先权日为2000年12月15日，授权公告日为2005年10月5日，且其申请人与本专利的申请人不是同一人，因此对比文件1构成了本专利的抵触申请，从而使得权利要求1不具备专利法第二十二条第二款所规定的新颖性。

（2）权利要求2的附加技术特征是卷状弹性材料可以单卷状或双卷状。对比文件1已经公开了保护盒是在附着到连接构件上的每个末端被缝死的弹力织物的线形双卷（参见对比文件1的说明书第2页第9～11行），即公开了弹力织物是双卷状的技术特征。而本专利说明书中并未描述卷状弹性材料是单卷状和双卷状有何不同的技术效果，因此可以认为卷状弹性材料是单卷状与双卷状是等效的技术方案。所以，对比文件1已经公开了权利要求2的附加技术特征，且对比文件1所公开的技术方案与权利要求2所要求保护的技术方案属于同一技术领域，解决了相同的技术问题，并能产生相同的技术效果，基于与权利要求1相同的理由，权利要求2也不具备专利法第二十二条第二款所规定的新颖性。

（3）权利要求3的附加技术特征是连接工具是以缝合方式接于卷洞两开口端。对比文件1已经公开了保护盒是在附着到连接构件上的每个末端被缝死的弹力织物的线形双卷（参见对比文件1的说明书第2页第9~11行），即公开了连接构件是以缝合方式固定到每个末端。因此，对比文件1已经公开了权利要求3的附加技术特征，在其引用的权利要求1相对于对比文件1不具备新颖性时，权利要求3也不具备专利法第二十二条第二款所规定的新颖性。

（4）权利要求4的附加技术特征是连接工具是同轴的柔软管状带，其一端通过弹性管与卷洞相接，另一端部设有的弹性管可将管口收紧。对比文件1已经公开了连接构件是与在自由端俘获的短弹性管同轴的柔性管装置，保护构件的两端末端部分16和连接构件10组成呈同轴安排的外鞘10A和内鞘10B，每个连接构件都有在自由端70俘获的弹性管12，在内外鞘10A和10B之间俘获弹性管12（参见对比文件1的说明书第2页第13行、第3页第11~14行，附图1-3）。因此，对比文件1已经公开了权利要求4的附加技术特征，在其引用的权利要求2和3相对于对比文件1都不具备新颖性时，权利要求4也不具备专利法第二十二条第二款所规定的新颖性。

（5）权利要求5的附加技术特征是弹性管3由同轴上的外鞘和内鞘组成。对比文件1已经公开了保护构件的两端末端部分16和连接构件10组成呈同轴安排的外鞘10A和内鞘10B，在内外鞘10A和10B之间俘获弹性管12（参见对比文件1的说明书第3页第11~14行，附图1、3）。因此，对比文件1已经公开了权利要求5的附加技术特征，在其引用的权利要求4相对于对比文件1不具备新颖性时，权利要求5也不具备专利法第二十二条第二款所规定的新颖性。

（6）权利要求6的附加技术特征是弹性管4是由同轴上的外鞘和内鞘组成。由于弹性管是在连接构件两端对称设置的，与上述权利要求5中对应对比文件1中的弹性管12一样，权利要求6中的弹性管也已被对比文件1所公开。因此，在其引用的权利要求4相对于对比文件1不具备新颖性时，权利要求6也不具备专利法第二十二条第二款所规定的新颖性。

4. 关于专利法第二十六条第三款

由于本专利的权利要求1~6相对于对比文件1不具备专利法第二十二条第二款所规定的新颖性，所以对于请求人所提出的本专利不符合专利法第二十六条第三款规定的无效理由不再进行审查。

三、决定

宣告01256318.8号实用新型专利权全部无效。

当事人对本决定不服的，可以根据专利法第四十六条第二款的规定，自收到本决定之日起三个月内向北京市第一中级人民法院起诉。根据该款的规定，一方当事人起诉后，另一方当事人应当作为第三人参加诉讼。

内容提要

本书汇集了专利复审委员会2006年作出的326个电学专利复审审查决定和116个电学无效审查决定及相关司法判决（根据法律规定需要保密的除外），比较全面地反映了专利复审委员会的审查工作和人民法院专利行政案件审理工作取得的进展，有利于当事人及广大公众对专利复审委员会的审查工作进行监督。

责任编辑：王　欣　　**责任校对**：董志英
文字编辑：龚　卫　　**责任出版**：卢运霞
封面设计：开元图文

图书在版编目（CIP）数据

专利复审和无效审查决定选编．2006．电学/国家知识产权局专利复审委员会编．—北京：知识产权出版社，2011．1
ISBN 978-7-5130-0268-4

Ⅰ．①专…　Ⅱ．①国…　Ⅲ．①电学-专利-判决-法律文书-汇编-中国-2006　Ⅳ．①D923．42

中国版本图书馆CIP数据核字（2010）第220826号

专利复审和无效审查决定选编丛书
专利复审和无效审查决定选编（2006）
电　　学（中）
国家知识产权局专利复审委员会　编

出版发行：知识产权出版社
社　　址：北京市海淀区马甸南村1号　　**邮　　编**：100088
网　　址：http://www.ipph.cn　　**邮　　箱**：bjb@cnipr.com
发行电话：010-82000860转8101/8102　　**传　　真**：010-82005070/82000893
责编电话：010-82000860转8116　　**责编邮箱**：wangxin@cnipr.com
印　　刷：知识产权出版社电子制印中心　　**经　　销**：各大网络书店、新华书店及相关销售网点
开　　本：880mm×1230mm　1/16　　**总 印 张**：152.75
版　　次：2014年1月第1版　　**印　　次**：2014年1月第1次印刷
总 字 数：4046千字　　**总 定 价**：780.00元（全三册）

ISBN 978-7-5130-0268-4/D·1125（3208）

专利复审和无效审查决定选编丛书

专利复审和无效审查决定选编

（2006）

电　学（中）

国家知识产权局专利复审委员会　编

知识产权出版社
全国百佳图书出版单位

前　　言

适逢《国家知识产权战略纲要》施行五周年之际，《专利复审和无效审查决定选编（2006）》出版了。

随着经济全球化和我国国民经济的飞速发展，专利制度在经济活动中的作用和地位越来越突出，国民的专利意识也在不断增强。目前，我国专利申请总量超过1170万件，每年专利复审和无效宣告请求案件已超过2万件，2012年达到20261件。作为专利复审和无效宣告请求案件审查的专属机构，专利复审委员会每年都要作出数以千计的审查决定。与之相应，人民法院每年要作出数百篇司法判决。每一篇审查决定和判决书都凝聚着审查员和审判人员的心血和智慧。通过审查员和审判人员结合具体案情的创作性劳动，生硬的法律条文变得鲜活和丰满，形成一笔宝贵的精神财富和公共资源，并不断有专利代理机构、专利代理人以及审查员希望专利复审委员会能够出版专利复审和无效审查决定，作为学习和工作时的重要参考资料。

除根据法律规定需要保密的外，本选编汇集了专利复审委员会2006年作出的部分审查决定，包括针对相应审查决定的司法判决，以便读者了解审查决定的法律状态并对照阅读和分析。本选编按照技术专业领域将分为8卷，共18分册：机械（上、下）、电学（上、中、下）、通信（上、下）、医药、化学（上、下）、材料（上、下）、光电（上、下）、外观设计（上、中－A、中－B、下）。因此，本选编比较全面地反映了专利复审委员会的审查工作和人民法院专利行政案件审理工作取得的进展。

我们相信，本选编对专利工作者具有一定的借鉴和指导作用，也有利于当事人及广大公众对专利复审委员会的审查工作进行监督。本选编也将为推动专利复审委员会的发展，促进专利代理业务水平的提高，为《国家知识产权战略纲要》进一步实施尽微薄之力。

本书编委会

2013年8月

目　录

复审请求审查决定

无效宣告请求决定

176

半导体器件案

复审请求审查决定（第8740号）

决　定　号　第8740号
决　定　日　2006年6月15日
发明创造名称　半导体器件
国际分类号　H01L 27/04　H01L 29/786　H01L 23/60
复审请求人　精工电子有限公司
专利申请号　00132982.0
申　请　日　2000年11月10日
公　开　日　2001年5月23日
合议组组长　石　清
主　审　员　聂春艳
参　审　员　张　霞

法律依据　专利法第二十二条第三款
决定要点
经请求人修改权利要求书后，本申请克服了驳回决定和复审通知书指出的缺陷。

一、案由

本复审请求涉及申请日为2000年11月10日、要求享有的优先权日为1999年11月10日、公开日为2001年5月23日、申请号为00132982.0、名称为“半导体器件”的发明专利申请（下称本申请），其申请人为精工电子有限公司。

2003年12月5日，国家知识产权局实质审查部门以本申请权利要求1～8相对于对比文件1（JP7－297399A，其公开日为1995年11月10日）不符合专利法第二十二条第三款的规定为由作出了驳回本申请的决定。驳回决定所针对的文本是：申请人于申请日提交的说明书摘要、摘要附图、说明书附图第1～8页，以及2003年10月16日答复第一次审查意见通知书时提交的权利要求第1～8项、说明书第1～5页。其中，独立权利要求1、3、5的具体内容为：

“1. 一种半导体器件，包括：一个电压检测集成电路，该集成电路具有一个输出电路，所述输出电路由一个保护MOS晶体管和与所述保护MOS晶体管并联的一个工作MOS晶体管组成，所述工作MOS晶体管具有一个栅电极和被所述栅电极包围的一个漏区。”

“3. 一种半导体器件，包括：一个电池保护集成电路，该集成电路具有一个输出电路，所述输出电路由一个保护MOS晶体管和与所述保护MOS晶体管并联的一个工作MOS晶体管组成，所述工作MOS晶体管具有一个栅电极和被所述栅电极包围的一个漏区。”

“5. 一种半导体器件，包括：一个输出电路，所述输出电路具有一个保护MOS晶体管；与所述保护MOS晶体管并联的一个工作MOS晶体管组成，所述工作MOS晶体管具有一个栅电极和被所述栅电极包围的一个漏区，所述工作 MOS 晶体管的击穿电压比所述保护 MOS 晶体管的击穿电压高；和含有所述输出电路的一个电压检测集成电路。”

驳回决定认为：（1）权利要求 1 请求保护的半导体器件中的输出电路只是由对比文件 1 所公开的漏极被栅极包围的晶体管和一个截止态的晶体管相并联而形成的，即权利要求 1 请求保护的只是对比文件 1 所公开的晶体管和其他电路相配合使用的一种具体应用，这种应用对于本领域技术人员而言是容易想到的，并且并未带来预料不到的技术效果，因此权利要求 1 相对于对比文件 1 不具备创造性；（2）基于同样的理由，独立权利要求 3 和独立权利要求 5 也相对于对比文件 1 不具备创造性；（3）从属权利要求 2、4、6、8 的附加技术特征是本领域技术人员通过常规试验可以得到的，从属权利要求 7 的附加技术特征是本领域技术人员容易想到的，因此权利要求 2、4、6 ~ 8 也相对于对比文件 1 不具备创造性。

申请人（下称请求人）不服上述驳回决定，于 2004 年 3 月 9 日向专利复审委员会提出复审请求，同时提交了权利要求书替换页，将原权利要求 1 中的特征“所述工作 MOS 晶体管具有一个栅电极和被所述栅电极包围的一个漏区”修改为“所述工作 MOS 晶体管具有一个栅电极和被所述栅电极直接包围的一个漏区”。请求人认为：对比文件 1 中的漏极与包围它的栅极并不直接接触，与漏极直接接触的是 LOCOS，而漏极与 LOCOS 直接接触的区域具有晶格和结构缺陷，导致该区域的耐压与漏极的其他区域相比被降低，而本申请中的漏极是被栅极直接包围的，从而不存在上述缺陷。

经形式审查合格，专利复审委员会受理了上述复审请求，并于 2004 年 4 月 5 日向请求人发出复审请求受理通知书，同时向原实质审查部门发出前置审查通知书。

在本复审请求的前置审查中，原实质审查部门认为经过请求人对权利要求 1 的修改，已克服了原权利要求 1 相对于对比文件 1 不具备创造性的缺陷，但由于请求人未对权利要求 3 – 8 进行修改，因此权利要求 3 ~ 8 仍相对于对比文件 1 不具备创造性，故仍坚持原驳回决定。

2005 年 8 月 10 日，专利复审委员会本案合议组针对请求人于申请日提交的说明书附图第 1 ~ 8 页、说明书摘要、摘要附图，2003 年 10 月 16 日提交的说明书第 1 ~ 5 页，以及 2004 年 3 月 9 日提交的权利要求第 1 ~ 8 项向请求人发出复审通知书，指出：（1）通过请求人对权利要求 1 的修改，已明确了权利要求 1 ~ 2 所述技术方案与对比文件 1 所公开的技术方案的区别，因此已克服了驳回决定所指出的原权利要求 1 ~ 2 相对于对比文件 1 不具备创造性的缺陷；（2）请求人并未对权利要求 3 ~ 8 进行任何修改，而根据本申请说明书中有关附图 1 ~ 2 的介绍，正是由于本申请采用了漏极被栅极直接包围的技术手段，从而在漏极和场掺杂区之间不形成结，才克服了现有技术中漏极和场掺杂区之间所形成的结的耐受电压会随着场浓度的变高而变低的问题，并相应避免了由于工作晶体管的漏极与场掺杂区之间的结的耐受电压变得不恰当地低所引起的工作晶体管被击穿，因此，请求人理应将漏极被栅极直接包围这一特征写入独立权利要求 3、5，并在此基础上克服驳回决定所指出的权利要求 3 ~ 8 相对于对比文件 1 不具备创造性的缺陷。

2005 年 9 月 23 日，请求人提交意见陈述书，同时提交权利要求书全文替换页，将原权利要求 3 和原权利要求 5 中的“所述工作 MOS 晶体管具有一个栅电极和被所述栅电极包围的一个漏区”修改为“所述工作 MOS 晶体管具有一个栅电极和被所述栅电极直接包围的一个漏区”。至此，独立权利要求 1、3、5 的具体内容为：

“1. 一种半导体器件，包括：一个电压检测集成电路，该集成电路具有一个输出电路，所述输出电路由一个保护 MOS 晶体管和与所述保护 MOS 晶体管并联的一个工作 MOS 晶体管组成，所述工作 MOS 晶体管具有一个栅电极和被所述栅电极直接包围的一个漏区。”

“3. 一种半导体器件，包括：一个电池保护集成电路，该集成电路具有一个输出电路，所述输出电路由一个保护 MOS 晶体管和与所述保护 MOS 晶体管并联的一个工作 MOS 晶体管组成，所述工作 MOS 晶体管具有一个栅电极和被所述栅电极直接包围的一个漏区。”

“5. 一种半导体器件，包括：一个输出电路，所述输出电路具有一个保护 MOS 晶体管；与所述保护 MOS 晶体管并联的一个工作 MOS 晶体管组成，所述工作 MOS 晶体管具有一个栅电极和被所述栅电极直接包围的一个漏区，所述工作 MOS 晶体管的击穿电压比所述保护 MOS 晶体管的击穿电压高；和含有所述输出电路的一个电压检测集成电路。”

请求人认为，修改后的权利要求 3～8 相对于对比文件 1 具备创造性。

至此，合议组认为本案事实已经清楚，可以依法作出本复审请求审查决定。

二、决定的理由

1. 本决定所针对的文本

经审查，请求人 2005 年 9 月 23 日提交的权利要求书未超出原说明书和权利要求书的记载范围，符合专利法第三十三条和专利法实施细则第六十条第一款的规定，因此本复审决定所针对的文本是：请求人于申请日提交的说明书摘要、摘要附图、说明书附图第 1～8 页，2003 年 10 月 16 日提交的说明书第 1～5 页，以及 2005 年 9 月 23 日提交的权利要求第 1～8 项。

2. 关于专利法第二十二条第三款

本决定所引用的对比文件与驳回决定引用的对比文件相同，即对比文件 1：JP7297399A，其公开日为 1995 年 11 月 10 日，早于本申请的优先权日，因此该对比文件可以用于评价本申请的创造性。

如本申请说明书所述，本申请所要解决的技术问题是：现有的工作晶体管在其漏极两侧配备有两个栅极，因此在漏极和和场掺杂区之间形成了一个结，并且该结的耐受电压会随着场浓度的变高而变低，当该结的耐受电压变得低于和工作晶体管并联的起保护作用的晶体管的表面击穿电压、或低于起保护作用的晶体管的漏极与场掺杂区之间的结的耐受电压时，就会有静电加到工作晶体管上并击穿工作晶体管。为了解决上述技术问题，本申请所采用的技术方案如权利要求 1、3、5 所述，使得工作晶体管的漏极被栅电极直接包围，从而在漏极和场掺杂区之间不会形成结，这样，即使场浓度变高，耐受电压也不会变低。

对比文件 1 公开了一种半导体装置（参见其说明书第 2 栏第 33 行至第 6 栏第 16 行，说明书附图 1－9），在该装置中，晶体管的漏极 12 与包围漏极的栅电极 2 之间有一个在 SOP7 下形成的漂移区 9，漏极 12 与 SOP7 直接接触，而不是被栅电极 2 直接包围。

可见，对比文件 1 并未公开本申请独立权利要求 1、3、5 中“所述工作 MOS 晶体管具有一个栅电极和被所述栅电极直接包围的一个漏区”这一技术特征，并且对比文件 1 也未给出与该技术特征相关的技术启示。而如前所述，本申请由于采用了漏极被栅极直接包围的技术手段，因此避免了由于工作晶体管的漏极与场掺杂区之间的结的耐受电压变得不恰当地低所引起的工作晶体管被击穿，即上述未被对比文件 1 公开的技术特征给本申请权利要求 1、3、5 所述的技术方案带来了有益的技术效果，解决了本申请所提出的技术问题。因此，权利要求 1、3、5 相对于对比文件 1 具备创造性，符合专利法第二十二条第三款的规定。

在独立权利要求 1、3、5 相对于对比文件 1 具备创造性的前提下，从属权利要求 2、4、6－8 也相对于对比文件 1 具备创造性，符合专利法第二十二条第三款的规定。

可见，经请求人修改权利要求书后，本申请已克服了驳回决定和复审通知书指出的缺陷，请求人的复审请求理由成立。

三、决定

撤销国家知识产权局 2003 年 12 月 5 日对 00132982.0 号发明专利申请作出的驳回决定，由原实质审查部门针对请求人于申请日提交的说明书摘要、摘要附图、说明书附图第 1 ~ 8 页，2003 年 10 月 16 日提交的说明书第 1 ~ 5 页，以及 2005 年 9 月 23 日提交的权利要求第 1 ~ 8 项继续进行审批程序。

177

带有可压缩的减震装置的可拆装电子组件案

复审请求审查决定（第8742号）

决　定　号　第8742号

决　定　日　2006年6月24日

发明创造名称　带有可压缩的减震装置的可拆装电子组件

国 际 分 类 号　G06F 1/16　G11B 33/00

复 审 请 求 人　国际商业机器公司

专 利 申 请 号　95120542.0

申　请　日　1995年12月5日

公　开　日　1997年1月1日

合 议 组 组 长　石　清

主　审　员　黄毅斐

参　审　员　张宗任

法 律 依 据　专利法第二十二条第三款

决 定 要 点

若一项权利要求所限定的技术方案与现有技术所公开的技术内容相比较，其差别对于本领域的普通技术人员来说是显而易见的，则该项权利要求不具备专利法第二十二条第三款所规定的创造性。

一、案由

本复审请求涉及国家知识产权局于2003年7月11日驳回的、申请号为95120542.0、名称为“带有可压缩的减震装置的可拆装电子组件”的发明专利申请（下称本申请），其申请日为1995年12月5日，优先权日为1994年12月22日，申请人为国际商业机器公司。申请日提交的原始申请文件的权利要求书内容如下：

“1. 一种用于放置到数据处理系统里的可拆装电子组件，数据处理系统要求所述可拆装电子组件能和规定着选定形状因素的开口相配合，所述可拆装电子组件包括：

刚性外壳，该外壳包围所述可拆装电子组件的内部部件，所述刚性外壳所具有的外部尺寸小于所述选定形状因素；以及

弹性材料层，其安装在所述刚性外壳的外部上，在不受压的状态下所述弹性材料层及所述刚性外壳的至少一个外部尺寸超过所述选定的形状因素，并且所述弹性材料可受压从而使所述至少一个外部尺寸与所述选定形状因素相一致。

2. 根据权利要求1的可拆装电子组件，其特征在于所述可拆装电子组件包括磁盘驱动器。

3. 根据权利要求1的可拆装电子组件，其特征在于所述可拆装电子组件包括PCMCIA设备。

4. 根据权利要求1的可拆装电子组件，其特征在于所述刚性外壳包括一个侧边并且所述弹性材料层至少复盖所述侧边的一部分。

5. 根据权利要求 1 的可拆装电子组件，其特征在于所述刚性外壳包括上表面和下表面并且所述弹性材料层至少复盖各个所述上表面和所述下表面的一部分。

6. 根据权利要求 1 的可拆装电子组件，其特征在于所述刚性外壳包括上表面、下表面和一个侧边，并且所述弹性材料层至少复盖各所述上表面、所述下表面及所述侧边的一部分。

7. 根据权利要求 1 的可拆装电子组件，其特征在于所述弹性材料层包括聚合材料。

8. 根据权利要求 1 的可拆装电子组件，其特征在于所述弹性材料层包括泡沫状材料。

9. 一种用于放置到数据处理系统里的磁盘驱动器组件，数据处理系统要求所述磁盘驱动器组件能和规定着选定的形状因素的开口相配合，所述磁盘驱动器组件包括：

刚性外壳，其封装所述磁盘驱动器组件的内部部件，所述刚性外壳的外部尺寸小于所述选定的形状因素；

接口装置，其穿过所述刚性外壳以允许在所述磁盘驱动器组件和所述数据处理系统之间传送数据；

弹性材料层其安装在所述刚性外壳的外部上，在不受压的状态下所述弹性材料层及所述刚性外壳的至少一个外部尺寸超过所述选定的形状因素，在该状态下所述弹性材料可被压缩从而使所述至少一个外部尺寸与所述选定的形状因素相一致。

所述接口装置没有所述弹性材料层。

10. 根据权利要求 9 的磁盘驱动器组件，其特征在于所述磁盘驱动器组件包括 PCMCIA 设备。

11. 根据权利要求 9 的磁盘驱动器组件，其特征在于所述刚性外壳包括一个侧边并且所述弹性材料层至少复盖所述侧边的一部分。

12. 根据权利要求 9 的磁盘驱动器组件，其特征在于所述刚性外壳包括上表面和下表面并且所述弹性材料层至少复盖各个所述上表面和所述下表面的一部分。

13. 根据权利要求 9 的磁盘驱动器组件，其特征在于所述刚性外壳包括上表面、下表面和侧边，并且所述弹性材料层至少复盖各所述上表面、所述下表面及所述侧边的一部分。

14. 根据权利要求 9 的磁盘驱动器组件，其特征在于所述弹性材料层包括聚合材料。

15. 根据权利要求 9 的磁盘驱动器组件，其特征在于所述弹性材料层包括泡沫状材料。

16. 一种制造安置在数据处理系统里的可拆装电子组件的方法，该数据处理系统要求所述可拆装电子组件和规定着选定的形状因素的开口相配合，该方法包括步骤：

把所述可拆装电子组件的内部部件封装在一刚性外壳里，该刚性外壳的外部尺寸小于所述选定的形状因素；以及

把弹性材料层安装在所述刚性外壳的至少一部分上，使得所述弹性材料层和所述刚性外壳的至少一个外部尺寸在不受压状态下超过所述选定的形状因素，其中所述弹性材料可被压缩以使所述至少一个外部尺寸和所述选定的形状因素相一致。”

国家知识产权局实质审查部门在对本申请进行实质审查后，针对本申请于申请日提交的权利要求第 1 ~ 16 项、说明书第 1 ~ 9 页、说明书摘要，以及于 2001 年 9 月 5 日提交的说明书附图第 1 ~ 3 页、摘要附图，于 2003 年 7 月 11 日以本申请不符合专利法第二十二条第三款的规定为由驳回了本申请。驳回决定的主要理由是：对比文件 1（WO9411873A1，公开日为 1994 年 5 月 26 日）与权利要求 1 的区别技术特征在于本申请中的“弹性材料层”，而该区别技术特征已在对比文件 2（US4803652，公开日为 1989 年 2 月 7 日）中公开，并且对比文件 1 和 2 都属于计算机领域，本领域内的普通技术人员对于硬盘和收发机是很熟知的，因此将对比文件 1 和 2 相结合得到权利要求 1 所要求保护的技术方案是显而易见的，因此权利要求 1 不具备创造性；权利要求 2 ~ 16 也都不具备创造性。

申请人（下称复审请求人）对上述驳回决定不服，于2003年10月16日向专利复审委员会提出复审请求，对驳回决定所针对的专利申请文件未进行修改，其复审理由主要是：本申请权利要求1的可拆装电子组件可以在既不增大外部实际体积也不减小内部体积的前提下使该可拆装电子组件达到减震的目的，并且外部不那么滑，更容易卡紧和携带；对比文件1和2都完全没有公开本申请的安装在刚性外壳上（之外）的弹性材料层，并且也都没有公开权利要求1中的有关尺寸关系，由于本申请在发明目的、技术特征和技术效果方面均与对比文件1和2不同，因此本领域的普通技术人员根据对比文件1和2所公开的内容不可能容易地得到本申请的可拆装电子组件，权利要求1具有创造性。

经形式审查合格后，专利复审委员会于2003年11月12日分别向复审请求人和原实质审查部门发出复审请求受理通知书和前置审查通知书。

在前置审查程序中，原实质审查部门仍坚持原驳回决定。

专利复审委员会依法成立合议组对本案进行审理，于2004年5月12日向复审请求人发出复审通知书，其中引用了实质审查程序中所引用的对比文件1和2评述本申请权利要求1~16的创造性，其中指出：本领域技术人员在将对比文件2中的弹性材料层应用到对比文件1中的较小型的硬盘驱动器卡上时，采用如本申请限定的直接将弹性材料层设置在外壳外部这种更为简单易行的方式并不需要付出创造性的劳动，并且采用权利要求1中限定的尺寸配合关系对于本领域技术人员来说是显而易见的，因此权利要求1不具备创造性。

复审请求人于2004年6月28日针对上述复审通知书提交了意见陈述书和修改的权利要求书，其中仅对部分文字表述和标点符号进行了修改。复审请求人主要认为：在本申请之前，对于此类可拆装电子组件进行防震保护，基本上是利用刚性外壳或刚性外壳结合内部的减震吸收装置，且局限于与此类似的方式；尽管弹性材料被广泛用于对脆弱物品的保护，但在本技术领域中的对空间有严格要求的情况下，本领域的普通技术人员不会想到本申请权利要求1的技术方案，对比文件1和2中也未给出任何使本领域普通技术人员想到将在受压和不受压状态下体积变化明显的弹性材料用于硬盘卡的保护的技术启示；本申请的创造性还体现在把一种通用保护材料（弹性材料）的特定特性开发用于吸收震动以外的用途，即消除数据处理系统内部的污物和对震动加以阻尼，进而使得可拆装电子组件的内部组件能更可靠地运行，本申请的技术效果来源于本发明各技术特征的创造性组合，由于本申请的技术方案及其带来的技术效果是非显而易见的，因此本申请权利要求1~16具备创造性。

上述修改后的权利要求书中的独立权利要求1、9、16如下：

“1. 一种用于放置到数据处理系统里的可拆装电子组件，所述数据处理系统具有规定着选定形状因素的开口、并要求所述可拆装电子组件能和所述开口相配合，所述可拆装电子组件包括：

包围所述可拆装电子组件的内部部件的刚性外壳，所述刚性外壳的外部尺寸小于所述数据处理系统的开口的选定形状因素；以及

安装在所述刚性外壳的外部的弹性材料层，在不受压的状态下，所述弹性材料层和所述刚性外壳的至少一个外部尺寸超过所述选定的形状因素，并且所述弹性材料可以被压缩以使所述至少一个外部尺寸与所述选定形状因素相一致。”

“9. 一种用于放置到数据处理系统里的磁盘驱动器组件，所述数据处理系统具有规定着选定的形状因素的开口、并要求所述磁盘驱动器组件能和所述开口相配合，所述磁盘驱动器组件包括：

封装所述磁盘驱动器组件的内部部件的刚性外壳，所述刚性外壳的外部尺寸小于所述数据处理系统的开口的选定的形状因素；

接口装置，其穿过所述刚性外壳以允许在所述磁盘驱动器组件和所述数据处理系统之间传送数据；

安装在所述刚性外壳的外部的弹性材料层，在不受压的状态下，所述弹性材料层和所述刚性外壳的至少一个外部尺寸超过所述选定的形状因素，并且所述弹性材料可以被压缩从而使所述至少一个外部尺寸与所述选定的形状因素相一致；

所述接口装置处没有所述弹性材料层。”

“16. 一种制造安置在数据处理系统里的可拆装电子组件的方法，该数据处理系统要求所述可拆装电子组件和规定着选定的形状因素的开口相配合，该方法包括步骤：

把所述可拆装电子组件的内部部件封装在一刚性外壳里，该刚性外壳的外部尺寸小于所述数据处理系统的开口的选定的形状因素；以及

把弹性材料层安装在所述刚性外壳的至少一部分上，使得所述弹性材料层和所述刚性外壳的至少一个外部尺寸在不受压状态下超过所述选定的形状因素，其中所述弹性材料可被压缩以使所述至少一个外部尺寸和所述选定的形状因素相一致。”

至此，合议组认为，本案事实已清楚，可以依法作出本决定。

二、决定的理由

1. 决定文本

复审请求人在答复复审通知书时对原权利要求书中的部分文字表述和标点符号进行了修改，上述修改符合专利法第三十三条的规定，因此复审决定依据的文本为复审请求人于2004年6月28日提交的权利要求第1～16项，2001年9月5日提交的附图第1～3页、摘要附图，以及1995年12月5日提交的说明书第1～9页、说明书摘要。

2. 关于创造性

本决定所引用的对比文件为实质审查程序中所引用的对比文件1和2。

本申请涉及一种带有可压缩的减震装置的可拆装电子组件，其目的是为了减小对可拆装电子组件的高震动，同时不占用该电子组件的内部部件空间。

本申请权利要求1的技术方案包括如下技术特征：

(1) 放置到数据处理系统里的可拆装电子组件，该电子组件能和所述数据处理系统所具有的、规定着选定形状因素的开口相配合；

(2) 可拆装电子组件具有包围该电子组件的内部部件的刚性外壳，其外部尺寸小于所述数据处理系统的开口的选定形状因素；

(3) 可拆装电子组件具有安装在所述刚性外壳的外部的弹性材料层，在不受压的状态下弹性材料层及刚性外壳的至少一个外部尺寸超过所述选定的形状因素，并且弹性材料可以被压缩以使所述至少一个外部尺寸与所述选定形状因素相一致。

对比文件1公开了一种具有两个或更多磁盘的1.8″PCMCIA可兼容驱动器，并具体公开了以下技术特征（参见对比文件1说明书第2页第3段、第5页第1段、第6页第2段，图1、2）：要求硬盘驱动器卡必须足够坚固以经受住施加于其上的巨大的振动荷载，例如将卡掉到硬的表面上；能够插入到计算机内的硬盘驱动器卡单元10包括外壳12和连接器14，外壳12具有符合PCMCIA III插卡标准的尺寸；外壳12包括第一盖16和第二盖18，盖16和18最好都由用例如钢的金属薄片来进行加强的硬塑料构成。即，对比文件1公开了权利要求1中的特征（1）以及特征（2）中除“刚性外壳的外部尺寸小于所述数据处理系统的开口的选定形状因素”外的特征。

对比文件2公开了一种便携式收发机，并具体公开了以下技术特征（参见对比文件2说明书第2栏第7段、第3栏第2、3段、图3）：该收发机具有非常轻的并能有效吸收对其外表面的冲击以防止对内部电子元件的损害的外壳，该外壳的至少一个壁具有弹性材料构成的中间层、瓦楞纸板构成的外

层和内层，该中间层在当其上的一选定区域受力时能够弯曲以抵抗该力。即，对比文件2公开了权利要求1特征（3）中的弹性材料层，但是没有进一步公开将弹性材料层直接安装在刚性外壳的外部上以及在不受压与受压两种状态下，该弹性材料层及刚性外壳的外部尺寸与开口的所述选定形状因素的配合关系。

由于对比文件1与2属于相近的技术领域（对比文件1涉及与计算机信息存贮有关的磁盘驱动器，对比文件2涉及计算机的零部件），并且在对比文件1中已明确指出硬盘驱动器卡必须要有经受住巨大的振动荷载的强度的情况下，本领域技术人员容易借鉴对比文件2所公开的能有效吸收外部冲击的外壳结构，尤其是依靠弹性材料构成的中间层以抵抗外力的技术手段来增强对比文件1中外壳12的抗震性。虽然权利要求1的技术方案与对比文件1和2的结合相比存在以下区别技术特征：a. 对比文件2的弹性材料层是设置在外壳中间，而不是如本申请限定的设置在外壳之外；b. 本申请的刚性外壳的外部尺寸小于数据处理系统的开口选定形状因素，而且在不受压状态下弹性材料层及刚性外壳的至少一个外部尺寸超过所述选定形状因素，而在受压状态下所述至少一个外部尺寸与所述选定形状因素相一致。但是对于上述区别技术特征，合议组认为：

本领域普通技术人员在将对比文件2中的弹性材料层应用到对比文件1中的较小型的硬盘驱动器卡上时，采用如本申请限定的直接将弹性材料层设置在外壳外部这种更为简单易行的方式并不需要付出创造性劳动，因为如复审请求人所述，将在受压和不受压状态下体积变化明显的弹性材料用于对脆弱物品的保护是众所周知的常识，本领域普通技术人员将这一日常生活中常用的保护易碎物品的方法应用于保护例如硬盘卡时不存在技术上的困难，复审请求人也始终未说明有何原因会阻碍人们想到将日常生活中的这一方法应用于可拆装电子组件上，或者说需要克服因此而带来的何技术问题。并且，正是由于弹性材料层本身在受压时仍然具有一定的厚度，而数据处理系统的外部开口又通常具有固定的标准尺寸，因此为了使在外部设置弹性材料层后的外壳依然能够插入到原来的开口中，必然首先需要考虑到使刚性外壳的外部尺寸小于开口的选定形状因素，其次，只要在保证加设了弹性材料层的外壳仍与开口的选定形状因素相配合，即仍然能够插入到原开口中，以及使弹性材料层受压后对开口内部产生的反作用力不会影响到系统或卡的正常工作的前提下，为了进一步提高减震效果而将弹性材料层的厚度选择得略厚一些，从而使得在不受压的状态下弹性材料层与外壳的至少一个外部尺寸超过开口的选定形状因素，而在受压后使所述至少一个外部尺寸与所述选定形状因素相一致，即采用特征b所述的尺寸配合关系，对于本领域技术人员来说是显而易见的，而且也正是由于弹性材料本身的特性，即受压时变形以缓冲震动，同时在当电子组件被插入到开口内时其受压缩而产生反作用力使得电子组件不必牺牲原来的内部部件空间而达到抗震以及更容易被卡紧并能够消除“污物”和阻尼振动的技术效果。

另外，如上所评述的，复审请求人所谓的本申请对弹性材料用途的新开发也仅仅是利用了已知弹性材料的公知特性而已，并未体现出创造性劳动。

综上，合议组认为复审请求人的争辩理由不具有说服力，本领域技术人员在对比文件1和2所公开的上述技术内容的基础上不需付出创造性劳动就能够得到权利要求1限定的技术方案，因此权利要求1的技术方案不具备创造性。

从属权利要求2、3的附加技术特征是：可拆装电子组件包括磁盘驱动器、PCMCIA设备，上述技术特征已由对比文件1公开（参见对比文件1说明书第5页）：对比文件1涉及的就是一种便携式的硬盘驱动器单元，并且该硬盘驱动器单元是符合PCMCIA III类型卡格式的插卡。因此在其引用的权利要求1不具备创造性时，权利要求2、3同样不具备创造性。

从属权利要求4－6的附加技术特征分别是：刚性外壳包括一个侧边并且弹性材料层至少复盖所

述侧边的一部分；刚性外壳包括上表面和下表面并且弹性材料层至少复盖各个所述上表面和所述下表面的一部分；刚性外壳包括上表面、下表面和一个侧边，并且弹性材料层至少复盖各所述上表面、所述下表面及所述侧边的一部分。在对比文件1中已经公开了具有相应于权利要求4~6中所述刚性外壳结构的外壳12（参见对比文件1的图2），至于将弹性材料层设置在外壳的具体哪一位置上是本领域技术人员根据需要不需付出创造性劳动就能够作出的，因此在其引用的权利要求1不具备创造性时，权利要求4~6同样不具备创造性。

从属权利要求7、8的附加技术特征分别是：弹性材料层包括聚合材料、泡沫状材料。由于聚合材料或泡沫状材料是本领域经常选用的用作为弹性材料的材料，因此引用权利要求1的从属权利要求7、8同样不具备创造性。

权利要求9要求保护一种用于放置到数据处理系统里的磁盘驱动器组件，其技术方案中除了包括权利要求1的全部技术特征之外，仅增加了有关接口装置的技术特征，即：该磁盘驱动器组件包括接口装置，其穿过刚性外壳以允许在所述磁盘驱动器组件和所述数据处理系统之间传送数据，该接口装置没有弹性材料层。

对比文件1进一步公开了相应于权利要求9中的接口装置的连接器14，其具有与位于计算机内的连接器相配合的68个插针（参见对比文件1说明书第6页第1段、图2），另外在本申请的用于说明现有技术的图2中也示出了所述的接口装置。基于与评述权利要求1相同的理由，并且考虑到接触效果等原因而不在该接口装置上安装弹性材料层，从而得到权利要求9的技术方案，对于本领域技术人员来说不需付出创造性劳动，因此权利要求9相对于对比文件1和2仍然不具备创造性。

权利要求9的从属权利要求10~15的附加技术特征与权利要求1的从属权利要求3~8的附加技术特征完全相同，在权利要求9不具备创造性时，基于与评述权利要求3~8相同的理由，权利要求10~15同样不具备创造性。

权利要求16要求保护一种制造安置在数据处理系统里的可拆装电子组件的方法，该数据处理系统要求所述可拆装电子组件和规定着选定的形状因素的开口相配合，该方法包括步骤：把可拆装电子组件的内部部件封装在一刚性外壳里，该刚性外壳的外部尺寸小于所述选定的形状因素；以及把弹性材料层安装在所述刚性外壳的至少一部分上，使得所述弹性材料层和所述刚性外壳的至少一个外部尺寸在不受压状态下超过所述选定的形状因素，其中所述弹性材料可被压缩以使所述至少一个外部尺寸和所述选定的形状因素相一致。

权利要求16是用于制造权利要求1所述可拆装电子组件的方法，基于对权利要求1的评述，并且预先将可拆装电子组件的内部部件封装在刚性外壳内，然后再把弹性材料层安装在所述刚性外壳的至少一部分上是所属领域的技术人员通常采取的步骤，因此本领域技术人员不需付出创造性劳动就能够得到权利要求16的技术方案，权利要求16相对于对比文件1和2仍然不具备创造性。

综上所述，本申请权利要求1~16所限定的技术方案与对比文件1和2所公开的技术内容相比较，其差别对于本领域的普通技术人员来说是显而易见的，因此，本申请权利要求1~16不符合专利法第二十二条第三款的规定。

三、决定

维持国家知识产权局于2003年7月11日对95120542.0号发明专利申请作出的驳回决定。

复审请求人如对本复审决定不服，可依据专利法第四十一条第二款的规定，在收到本决定之日起三个月内向北京市第一中级人民法院起诉。

178

不需要用手的便携式计算机及系统案

复审请求审查决定（第8744号）

决　定　号　第8744号
决　定　日　2006年6月26日
发明创造名称　不需要用手的便携式计算机及系统
国际分类号　G06F 15/00
复审请求人　齐伯瑙特有限公司
专利申请号　96111771.0
申　请　日　1996年8月27日
公　开　日　1997年5月7日
合议组组长　熊　婷
主　审　员　黄毅斐
参　审　员　张美菊

法律依据　专利法第二十二条第三款
决定要点

若两篇对比文件均未公开和给出有关一项权利要求的区别技术特征的技术启示，并且具有此区别技术特征的该权利要求所限定的技术方案具有有益的技术效果，则该权利要求所限定的技术方案相对于上述两篇对比文件而言具备创造性。

一、案由

本复审请求涉及申请号为96111771.0、名称为“不需要用手的便携式计算机及系统”的发明专利申请（下称本申请），其申请日为1996年8月27日，优先权日为1995年10月2日，申请人为齐伯瑙特有限公司。

国家知识产权局实质审查部门在对本申请进行实质审查后，针对申请人于2002年8月12日提交的权利要求第1～22项、附图第3页，于1996年8月27日提交的说明书第1～20页、附图第1、2页以及说明书摘要，于2002年9月20日以本申请的权利要求1、3、4、8、11、21相对于对比文件1（US5305244A，公开日为1994年4月19日）和对比文件2（WO9323801A1，公开日为1993年11月25日）的结合不具备创造性，不符合专利法第二十二条第三款的规定为由驳回了本申请。驳回决定中还同时指出：权利要求18不清楚，并且即使该权利要求克服了不清楚的缺陷，也将相对于对比文件1和对比文件2的结合不具备创造性。

驳回文本中的权利要求1、18内容如下：

“1. 一种不需要用手的计算机装置包括电连接的：

一个计算机外壳，一个计算机显示装置、不需要用手的驱动装置及固定装置，所述固定装置用于至少将所述计算机显示装置与所述驱动装置附着在用户上，所述计算机外壳中装有用于存储以前输入

的信息的装置，

处理器装置，在所述外壳中并与存储装置通信用于按照一个存储的程序接收、检索及处理信息与用户命令，

与处理器装置通信的传感器与转换器装置，用于接收来自用户的驱动命令，用于将所述命令转换成电信号供识别转换的电信号及用于将转换的信号发送到所述处理器装置，

所述处理器装置包括用于识别转换的电信号中的命令及用从存储装置中检索及输出对应的信息来响应所识别的命令的装置，

所述计算机显示装置与处理器装置通信用于接收从处理器装置输出的信息及用于显示所接收的信息，以及

用于将计算机显示装置带在用户身上使得计算机显示装置不需要用手地带在用户看得见的地方的装置，以及

其中的计算机装置能够只利用不需要用手的驱动命令以不需要用手的方式进行操作来显示所接收的信息，以及在计算机外壳上提供一个连接到处理器装置的内部总线上的可接受开口的装置，其他内部计算机部件包含存储装置在内也与内部总线通信，

用于将一个外部存储设备暂时插接在总线上供只使用所述驱动装置在内部存储设备与外部存储设备之间传送数据的装置，以便在数据传送期间允许计算机的不需要用手的操作。”

“18. 一种用权利要求 1 所述的紧致的自含的便携式计算装置为用户不需要用手检索与显示信息的方法，包括下述步骤：

提供与利用包括一个驱动装置、一个存储装置及用户不需要用手携带的具有由计算机提供的带在用户身上允许用户以不需要用手的方式观察一个图象的计算机显示器的处理器装置的一台移动式不需要用手的计算机，利用翻译成计算机命令的驱动命令来命令计算机的操作，以允许使用所述驱动命令不需要传统的键盘及以不需要用手的方式进行操作，

提供一个装置，用于将一个外部存储设备暂时插接在电连接处理器装置的处理器装置的总线上，

只用所述驱动命令来起动与控制传送而在内部存储设备与外部存储设备之间传送数据。”

申请人（下称请求人）不服国家知识产权局作出的上述驳回决定，于 2003 年 1 月 6 日向专利复审委员会提出了复审请求，同时提交了权利要求书的修改文本，其中仅对原权利要求 4 和 18 进行了修改，其复审理由主要是：对比文件 1 和 2 中没有指出权利要求 1 中所述的“在数据传送期间允许计算机的不需要用手的操作”这一技术特征，因此即使对比文件 1 与 2 相结合也不能获得权利要求 1 的全部技术特征，因此权利要求 1 相对于对比文件 1 和 2 的结合具有创造性；修改后的权利要求 18 是清楚的，并且相对于对比文件 1 和 2 的结合具备创造性。

经形式审查合格后，专利复审委员会于 2003 年 2 月 11 日向请求人和国家知识产权局原实质审查部门分别发出复审请求受理通知书和前置审查通知书。

国家知识产权局原实质审查部门在前置审查意见书中认为：对比文件 2 中公开的计算机可以和辅助存储器一起佩带在用户身上，以不需要用手的方式操作，而计算机在工作过程中，内部存储器与辅助存储器进行数据的传送是本领域的公知常识，因此权利要求 1 及其从属权利要求 3、4、8、11 相对于对比文件 1 和 2 不具备创造性，从而坚持原驳回决定。

专利复审委员会本案合议组于 2005 年 1 月 25 日向请求人发出复审请求口头审理通知书，定于 2005 年 3 月 7 日举行口头审理。

口头审理如期举行，请求人的代理人出席口头审理并当庭提交了再次修改的权利要求书，陈述了本申请相对于对比文件具有创造性的具体理由，同时表示要进一步修改权利要求 1 及其相应的方法权

利要求 18 以克服撰写形式上的缺陷。

口审之后，请求人于 2005 年 3 月 14 日提交了权利要求书的修改文本，其修改后的权利要求 1、18 如下：

“1. 一种不需要用手的计算机系统，包括至少一个主计算机和与其电连接的便携式部件，

所述主计算机不在用户身上并位于离所述用户的远程位置，所述主计算机包括：

存储器装置，用于存储以前输入的信息；以及

处理器装置，耦合到所述存储器装置，所述处理器装置能够按照所存储的程序接收、检索和处理信息和来自所述便携式部件的不需要用手的用户命令；

所述便携式部件带在用户身上并包括：

不需要用手的驱动装置；

显示装置，与所述处理器装置通信，以接收来自处理器装置的输出信息和显示所接收的信息；以及

通信装置，用于主计算机和便携式部件之间的信息传送；

此外，所述主计算机还具有适于与所述便携式组件的通信装置通信的另一通信装置。”

“18. 一种用紧致的身体支承的便携式部件为用户进行不需要用手的检索与显示信息的方法，包括下述步骤：

提供包括存储器装置和处理器装置的不在用户身上并位于离所述用户的远程位置的主计算机以及包括不需要用手的驱动装置、显示装置和用于主计算机和便携式部件之间的信息传送的通信装置的带在用户身上的便携式部件，用户通过所述不需要用手的驱动装置发出驱动命令以命令主计算机的操作，翻译成计算机命令的不需要用手的驱动命令经通信装置传递到主计算机的处理器装置，处理器装置按照所存储的程序接收、检索和处理信息和来自便携式部件的不需要用手的用户命令，显示装置通过通信装置接收来自处理器装置的输出信息和显示所接收的信息。”

因合议组变更，专利复审委员会于 2006 年 5 月 19 日向请求人发出合议组成员告知通知书，告知其如对合议组成员有回避请求应在指定期限内提交书面请求书，逾期未答复视为无回避请求。

合议组在上述指定期限届满后未收到请求人的答复意见。

至此，合议组认为本案事实已经清楚，可以作出本复审决定。

二、决定的理由

请求人于 2005 年 3 月 14 日提交了权利要求书的修改文本，经审查，上述修改文本符合专利法第三十三条和专利法实施细则第六十条的规定，因此复审决定依据的文本为请求人于 2005 年 3 月 14 日提交的权利要求第 1 ~ 22 项，2002 年 8 月 12 日提交的附图第 3 页，1996 年 8 月 27 日提交的说明书第 1 ~ 20 页、附图第 1、2 页、说明书摘要及摘要附图。

合议组在评述本申请的创造性时引用的对比文件为实质审查程序中所引用的对比文件 1 和 2。

本申请权利要求 1 请求保护一种不需要用手的计算机系统，包括以下技术特征：

a. 不在用户身上并位于离所述用户的远程位置的主计算机，其包括

a1. 存储器装置，用于存储信息；

a2. 处理器装置，与存储器装置耦合，接收、检索和处理信息和来自所述便携式部件的不需要用手的用户命令；

a3. 通信装置，与便携式部件的通信装置通信；

b. 带在用户身上的便携式部件，其包括

b1. 不需要用手的驱动装置；

b2. 显示装置，与所述处理器装置通信，以接收来自处理器装置的输出信息和显示所接收的信息；

b3. 通信装置，用于主计算机和便携式部件之间的信息传送。

对比文件1是本申请的背景技术，其涉及一种不需要用手的用户承载的便携式计算机，并具体公开了以下技术内容（见对比文件1说明书第1栏第55行至第2栏第13行、第2栏第55行至第8栏第63行、图1、3）：该便携式计算机102完全可以由一个用户负重，包括一由用户承载的具有固定装置的系统单元（外壳）106，其包括有存储装置506和处理器装置504（相应于权利要求1的特征a1和a2）；允许用户在脱手方式口头控制计算机系统的话筒122（相应于权利要求1的特征b1）；用于从系统单元106接收信息，并为用户显示所接收的信息的显示装置，该显示装置的显示屏110电气地连接到系统单元106上（相应于权利要求1的特征b2），话筒和显示装置也是由用户承载的，这样用户可以仅利用音频指令的脱手方式操作计算机而显示信息。

将本申请权利要求1与对比文件1所公开的上述内容相比较可见，其区别技术特征在于：对比文件1中的系统单元由用户承载，而权利要求1中的主计算机则不在用户身上并位于离所述用户的远程位置，并因此在该主计算机与带在用户身上的便携式部件中分别设置通信装置以实现二者之间的远程通信。

另外，对比文件2涉及一种易弯曲的可穿戴计算机，并公开了以下技术内容（见对比文件2说明书第6页第1~11行）：该计算机包括通过一易弯曲的信号中继装置而相互通信的微处理器、存储器、输入/输出控制器和电源，上述部件用一拉伸负荷支承装置来支撑，在一模块组件内机械相连而使得该计算机能够在任意平面上弯折。对比文件2中没有公开有关将该可穿戴计算机中的微处理器和存储器不佩带在用户身上并位于离所述用户的远程位置，以及设置相应的通信装置以实现远程通信的技术内容，即对比文件2未公开上述区别技术特征。

由于对比文件1和2中均未公开和给出有关权利要求1中区别技术特征的技术启示，并且具有该区别技术特征的权利要求1的技术方案具有能够允许用户只携带，例如对比文件1或2所公开的便携式计算机中的部分可便携部件，并能够在位于远程位置上的主机上工作的技术效果（见本申请说明书第6页最后1段、第7页第1段的记载），因此权利要求1相对于对比文件1和2具备创造性。

权利要求18是相应于权利要求1的计算机系统的方法权利要求，其清楚限定了便携式计算机系统在不需要用手的情况下检索和显示信息的方法，基于与评述权利要求1相同的理由，权利要求18相对于对比文件1和2具备创造性。

权利要求3、4、8、11以及权利要求21分别是权利要求1、18的从属权利要求，在其引用的独立权利要求1、18具备创造性的前提下，权利要求3、4、8、11以及权利要求21也分别相对于对比文件1和2具备创造性。

至于本申请中是否还存在其他不符合专利法及其专利法实施细则的规定的缺陷，均留待后续程序继续审查。

三、决定

撤销国家知识产权局于2002年9月20日对96111771.0号发明专利申请作出的驳回决定，以请求人于2005年3月14日提交的权利要求第1~22项，2002年8月12日提交的附图第3页，1996年8月27日提交的说明书第1~20页、附图第1、2页、说明书摘要及摘要附图为基础，由原审查部门继续进行审批程序。

179

高压金属卤化物灯案

复审请求审查决定（第8745号）

决　定　号　第8745号
决　定　日　2006年6月12日
发明创造名称　高压金属卤化物灯
国际分类号　H01J 61/28　H01J 61/26
复审请求人　皇家菲利浦电子有限公司
专利申请号　99800404.9
申　请　日　1999年3月29日
优先权日　1998年4月8日
公　开　日　2000年8月9日
合议组组长　黄毅斐
主　审　员　汤　锷
参　审　员　涂洪文

法律依据　专利法第二十二条第三款
决定要点

当现有技术未公开一项权利要求中的某个技术特征，并且也未给出有关该技术特征的技术启示，而且正是因为所述技术特征使该权利要求所请求保护的技术方案具有优于现有技术方案的效果时，则该权利要求相对于现有技术具有突出的实质性特点和显著的进步，具备创造性。

一、案由

本复审请求涉及申请日为1999年3月29日，申请号是99800404.9，发明名称为“高压金属卤化物灯”的发明专利申请（下称本申请），其申请人是皇家菲利浦电子有限公司，优先权日是1998年4月8日。

在实质审查程序中，国家知识产权局实质审查部门于2002年10月18日发出第一次审查意见通知书，其中引用了4篇对比文件，即

对比文件1：US4918352A，公开日为1990年4月17日；

对比文件2：US5461281A，公开日为1995年10月24日；

对比文件3：US4620129A，公开日为1986年10月28日；

对比文件4：US5424609A，公开日为1995年6月13日，

并指出，本申请的权利要求1~4相对于上述对比文件不具备专利法第二十二条第三款规定的创造性。

申请人于2003年2月21日提交了答复第一次审查意见通知书的意见陈述书，没有对申请文件作出修改，申请人认为，对比文件1和2不能破坏权利要求1的创造性。

经审查，国家知识产权局实质审查部门于2003年3月28日以本申请的权利要求1～4不具备专利法第二十二条第三款规定的创造性为由，作出了驳回决定，驳回决定所依据的文本是本申请1999年11月29日进入中国国家阶段时提交的国际申请文件的文本的权利要求第1～4项、说明书第1～3页、说明书附图第1～2页、说明书摘要和摘要附图。

驳回决定所针对的权利要求书为：

"1. 一种高压金属卤化物灯，装配有放电管（1），放电管（1）中具有的可电离填充物含有一种或多种金属，其中有Hg、卤化物和稀有气体，放电管包括具有实质上含W的棒（6）的电极（2），灯工作时在放电管内保持W－卤化物循环，其特征在于，放电管含有氧分配器。

2. 根据权利要求1的灯，其特征在于，氧分配器含有WO2。

3. 根据权利要求1的灯，其特征在于，氧分配器含有CaO。

4. 根据权利要求3的灯，其特征在于，放电管是陶瓷放电管（3）。"

具体驳回理由为：

独立权利要求1请求保护一种高压金属卤化物灯，对比文件1公开了一种高压金属卤化物灯，并具体公开如下特征（说明书第3栏第52～65行以及权利要求1）：包括一个放电管，放电管中含有汞，钠的卤化物（相当于可电离填充物含有一种或多种金属），以及发生气体（相当于稀有气体），同时该放电管内还包含能够释放定量氧气的氧化介质（相当于氧分配器），独立权利要求1与对比文件1相比，区别在于：对比文件1未明确说明放电管包括具有含W的棒电极，从而灯工作时在放电管内保持W－卤化物循环。对比文件2公开了一种高压放电灯，并且公开了上述区别技术特征（说明书第2栏第32～51行，第4栏第4～9行，附图2）：该放电灯含有两个棒状的钨电极（相当于含有W的棒电极），由此可见，对比文件2给出了为使灯工作时在放电管内保持W－卤化物循环而采用钨电极的启示，因此，权利要求1相对于对比文件1和2的结合不具有突出的实质性特点与显著的进步，不具备专利法第二十二条第三款规定的创造性。

从属权利要求2、3的附加技术特征被对比文件3公开，因此，在其所引用的权利要求1不具备创造性的情况下，权利要求2、3不具备创造性。

从属权利要求4的附加技术特征被对比文件4公开，因此，在其所引用的权利要求3不具备创造性的情况下，权利要求4不具备创造性。

另外，国家知识产权局实质审查部门强调指出，对比文件1第3栏第58～61行已经公开了"该放电管还包含能够释放氧气的氧化剂"的特征，"能够释放氧气的氧化介质"与本申请中的"氧分配器"的作用相同，均是为了"释放出定量的氧气"。

申请人皇家菲利浦电子有限公司（下称复审请求人）不服上述驳回决定，于2003年7月14日向专利复审委员会提出复审请求，没有对申请文件作出修改。复审请求人认为：对比文件1中不具有"放电管中还包含能够释放氧气的氧化介质"的特征，对比文件1、2或者它们的结合中没有公开构成本申请的权利要求1的技术方案的技术特征，权利要求1～4所要求保护的技术方案相对于对比文件1和2具备创造性，符合专利法第二十二条第三款的规定。

经形式审查合格后，专利复审委员会于2003年8月14日向复审请求人发出了复审请求受理通知书，并将该复审请求书连同原申请案卷一并送交作出驳回决定的原实质审查部门进行前置审查。在前置审查意见书中，国家知识产权局原实质审查部门坚持原驳回决定。

专利复审委员会依法成立合议组对本复审请求进行审理，合议组认为本案事实已经清楚，可以作出复审决定。

二、决定的理由

1. 审查文本

由于复审请求人在提出复审请求时没有提交修改文本，因此复审决定所依据的文本是驳回决定针对的文本，即：本申请1999年11月29日进入中国国家阶段时提交的国际申请文件的文本的权利要求第1~4项、说明书第1~3页、说明书附图第1~2页、说明书摘要和摘要附图。

2. 关于创造性的问题

专利法第二十二条第三款规定，创造性，是指同申请日以前已有的技术相比，该发明有突出的实质性特点和显著的进步。

当现有技术未公开一项权利要求中的某个技术特征，并且也未给出有关该技术特征的技术启示，而且正是因为所述技术特征使该权利要求所请求保护的技术方案具有优于现有技术方案的效果时，则该权利要求相对于现有技术具有突出的实质性特点和显著的进步，具备创造性。

具体就本案而言：

权利要求1请求保护一种高压金属卤化物灯，装配有放电管，放电管中具有的可电离填充物含有一种或多种金属，其中有Hg、卤化物和稀有气体，放电管包括具有实质上含W的棒的电极，灯工作时在放电管内保持W-卤化物循环，放电管含有氧分配器。

对比文件1公开了一种高压金属卤化物灯，并具体公开如下特征（说明书第3栏第52-65行以及权利要求1）：包括一个放电管，放电管中含有汞，钠的卤化物（相当于权利要求1中的可电离填充物含有一种或多种金属），以及发生气体（相当于权利要求1中的稀有气体）。

权利要求1与对比文件1相比可见，二者的区别在于对比文件1没有公开权利要求1中的如下技术特征：a. 该放电管内含有氧分配器；b. 放电管包括具有实质上含W的棒电极，从而灯工作时在放电管内保持W-卤化物循环。

原实质审查部门认为，对比文件1说明书的第3栏第58~61行公开了“该放电管还包含能够释放氧气的氧化剂（相当于氧分配器）”，即放电管中含有氧分配器已经作为一种现有技术被公开。

针对上述意见，合议组认为，对比文件1公开了一种金属卤化物灯，其涉及放电弧管中钠的迁移和随着灯的流明输出降低伴随产生的电压上升问题（对比文件1说明书第1栏第54~58行和第2栏第8~17行），而其采用的技术方案是在外壳内包含氧气或者氧化介质来将金属框架组件（frame parts）氧化（对比文件1说明书第2栏第8~60行），也就是说，对比文件1公开的具体内容是，在放电弧管14和外壳12之间的空间设置氧气或者氧化介质来氧化框架组件，而并非如权利要求1所述的在放电管内包含氧分配器，由此可见，权利要求1中的氧分配器和对比文件1中的氧化介质所处的空间并不相同。另外，原实质审查部门所提及的对比文件1说明书第3栏第58~61行公开的内容也仅仅是解释了所谓的氧化介质的含义，同样并没有公开权利要求1所述的在放电管内包含氧分配器的技术特征。

对比文件2公开了一种高压放电灯，并且具体公开如下技术特征（说明书第2栏第32~51行，第4栏第4~9行，附图2）：该放电灯含有两个棒状的钨电极（相当于含有W的棒电极）。由此可见，对比文件2公开了区别技术特征b，但是，对比文件2没有公开区别技术特征a，即该放电管内含有氧分配器的特征。

相对于对比文件1和对比文件2所公开的现有技术，权利要求1的区别技术特征在于，a. 放电管内含有氧分配器，正是该区别技术特征使权利要求1所要求保护的技术方案解决了关于灯工作状态下放电管中可获得的氧量不可控制的技术问题，达到能够在灯的工作过程中按控制方式向放电管馈入氧的技术效果。

综上所述，由于对比文件1或2及其结合没有公开区别技术特征a，也未给出通过该技术特征a来解决本申请所要解决的技术问题的任何启示，并且正是因为所述区别技术特征使权利要求1所请求保护的技术方案具有优于现有技术方案的效果，因此，相对于对比文件1和2，本申请权利要求1限定的技术方案具有突出的实质性特点和显著的进步，具备专利法第二十二条第三款规定的创造性。

另外，对比文件3公开的技术方案涉及加入一定的氧气吸气剂来减少由于WO3等分解释放的氧气而造成的钠损耗的问题，与本申请的氧分配器并不相同，由此可见，对比文件3没有公开区别技术特征a，也未给出通过该技术特征a来解决本申请所要解决的技术问题的任何启示。对比文件4也没有公开区别技术特征a以及通过该技术特征a来解决本申请所要解决的技术问题的任何启示。因此，在权利要求1相对于对比文件1和2具备创造性的情况下，其从属权利要求2、3相对于对比文件1~3具备创造性，从属权利要求4相对于对比文件1~4具备创造性。

三、决定

撤销国家知识产权局于2003年3月28日对99800404.9号发明专利申请作出的驳回决定。

由国家知识产权局原实质审查部门依据1999年11月29日提交的权利要求第1~4项、说明书第1~3页、说明书附图第1~2页、说明书摘要和摘要附图继续审查程序。

180

具有快速解码器和里德索罗门解码器的解码装置及其方法案

复审请求审查决定（第8749号）

决　定　号　第8749号

决　定　日　2006年5月15日

发明创造名称　具有快速解码器和里德索罗门解码器的解码装置及其方法

国际分类号　H03M 13/00

复审请求人　三星电子株式会社

申　请　号　02151464. X

申　请　日　2002年11月14日

公　开　日　2003年7月23日

合议组组长　石　清

主　审　员　王伟艳

参　审　员　高　雪

法律依据　专利法实施细则第二十二条第二款

决定要点

对权利要求新颖性的判断是针对该权利要求的全部技术特征所构成的完整技术方案进行的，而不是仅仅针对单个特征（或技术术语）的简单对比。

判断新颖性的一个重要原则为同样的发明或者实用新型。所谓同样的发明或者实用新型，是指技术领域、所要解决的技术问题和技术方案实质上相同，预期效果相同的发明或者实用新型。

一、案由

本复审请求涉及申请日为2002年11月14日，名称为“具有快速解码器和里德索罗门解码器的解码装置及其方法”、申请号为02151464. X的发明专利申请（下称本申请），申请人是三星电子株式会社。

根据申请人提出的实质审查请求，国家知识产权局实质审查部门依法对本申请进行了实质审查，并于2004年5月28日发出第一次审查意见通知书，指出：权利要求1~3、权利要求10~13、权利要求19~20不具备专利法第二十二条第二款规定的新颖性，权利要求4~9、权利要求14~18、权利要求21~28不具备专利法第二十二条第三款规定的创造性。权利要求5、9、19、20不符合专利法实施细则第二十条的规定。通知书引用了1篇对比文件，即对比文件1：JP2001186023A，其公开日期为2001年7月6日。

2004年10月12日申请人提交了针对第一次审查意见通知书的意见陈述，同时提交了权利要求书替换页以及说明书第5页替换页，在修改的权利要求书中删除了原权利要求9。

国家知识产权局原审查部门于2005年1月14日驳回了本申请。驳回理由是本申请权利要求1～3、权利要求9～12、权利要求18～19不具备专利法第二十二条第二款规定的新颖性，权利要求4～8、13～17、20～27不具备专利法第二十二条第三款规定的创造性。驳回决定所依据的文本是申请人提交的原始申请文件的说明书第1～4、6页、附图第1～2页、说明书摘要以及摘要附图，2004年10月12日提交的权利要求第1～27项以及说明书第5页。其中的独立权利要求1、10、18如下：

"1. 一种解码装置，包括：

第一解码器，以预定的第一方式将输入信号解码，并输出解码的结果；

第二解码器，以预定的第二方式将解码的结果进一步地解码，并且，如果第二解码器完成了错误纠正，就输出完成信号；

控制器，控制第一解码器，按预定的迭代次数将输入信号的解码进行迭代，并且，如果第二解码器输出完成信号，就停止将输入信号解码。"

"10. 一种解码方法，包括：

按预定的迭代次数，将接收的信号进行第一次解码；

将第一次解码的信号进行第二次解码；

确定是否第二次解码已完成了错误纠正；以及

如果完成了错误纠正，就停止信号的第一次解码。"

"18. 一种用于将安排成帧的输入数据进行解码的装置，该装置包括：

快速解码器，根据迭代的次数将输入数据的当前帧进行迭代地解码，和响应完成信号而停止迭代；以及

RS解码器，将快速解码的数据进行解码，并且，如果完成了错误纠正，就输出完成信号。"

申请人（下称复审请求人）对上述驳回决定不服，于2005年4月27日向专利复审委员会提出复审请求。复审请求人在提出复审请求时提交了权利要求书替换页，并就修改后的独立权利要求1、10、18具备新颖性进行了意见陈述。修改后的权利要求1、10、18分别为：

"1. 一种解码装置，包括：

第一解码器，对输入数据进行迭代的第一解码，并输出经过第一解码的数据；

第二解码器，对从第一解码器输出的经过第一解码的数据进行第二解码，并确定所述第二解码器是否完成了纠错，如果确定所述第二解码器已经完成了纠错，就输出完成信号；

控制器，按照预定的迭代次数控制第一解码器对输入数据进行迭代第一解码，并且，如果接收到从第二解码器输出的完成信号，就停止对输入数据的第一解码。"

"10. 一种解码方法，包括：

按照预定的迭代次数对输入数据进行迭代的第一解码；

对经过第一解码的数据进行第二解码；

确定所述第二解码是否已经完成了纠错；以及

如果确定所述第二解码完成了纠错，就停止对输入数据的第一解码。"

"18. 一种用于将安排成帧的输入数据进行解码的装置，该装置包括：

TURBO解码器，按照预定的迭代次数对输入数据的当前帧进行迭代的TURBO解码，并响应完成信号而停止迭代；以及

RS解码器，对经过TURBO解码的数据进行RS解码，并确定所述RS解码器是否完成了纠错，如果确定所述RS解码器完成了纠错，就输出完成信号；

控制器，对所述输入数据的下一帧的迭代次数进行控制。"

经形式审查合格，专利复审委员会受理了该复审请求，并于2005年5月25日发出了受理通知书及前置审查通知书。

在前置审查中，针对请求人的复审理由，原实质审查部门认为：权利要求10没有进行修改，相对于对比文件1所公开的内容，权利要求10不具备新颖性。申请人对权利要求1和18进行了修改，增加了限定技术特征。但是对相应的方法权利要求10没有修改。权利要求10没有记载与权利要求1相应的内容：第二解码器确定是否完成了纠错。因此权利要求10仍然不具备新颖性。因而坚持原驳回决定。

在上述工作的基础上，合议组作出如下审查决定。

二、决定的理由

1. 关于审查文本的认定

请求人于2005年4月27日在请求复审时提交的权利要求书修改文本是针对驳回决定所指出的缺陷进行的修改，符合专利法实施细则第六十条的规定，并且未超出原始说明书和权利要求书记载的范围，符合专利法第三十三条的规定。因此此次复审所依据的文本是请求人2005年4月27日提交的权利要求1~27项，原始申请文件的说明书第1~4、6页，附图第1~2页，说明书摘要以及摘要附图，2004年10月12日提交的说明书第5页。

合议组评判该专利申请的权利要求书时所采用的对比文件与驳回决定所引用的对比文件相同（即对比文件1）。

2. 关于专利法第二十二条第二款

根据专利法第二十二条第二款以及审查指南第二部分第三章第3.1节和3.2节规定，判断新颖性的原则为：（1）同样的发明或者实用新型，（2）单独对比。所谓同样的发明或者实用新型，是指技术领域、所要解决的技术问题和技术方案实质上相同，预期效果相同的发明或者实用新型。所谓单独对比是指将发明或者实用新型专利申请的各项权利要求分别与每一项现有技术或申请在先公布在后的发明或者实用新型申请文件中相关的技术内容单独地进行比较。

权利要求1请求保护一种解码装置，对比文件1公开了一种通信装置以及通信方法，并具体披露了如下技术特征（参见说明书第6栏第48行至第17栏第33行，图1b）：该通信装置包括一解码装置，该解码装置包括：第一解码器（turbo解码器11），用于对输入信号进行迭代的快速解码；第一判定器（18），用于对第一解码器输出的信号进行判定，从而估侧出原始的发送数据；第一R/S解码器（19），用于对从判定器（18）输出的估测出的原始发送数据进行错误校验，当判断出“没有错误”时，控制第一解码器（11）的控制装置就控制第一解码器（11）结束快速解码。

由此可见，对比文件1公开了权利要求1的第一解码器和控制器，但对比文件1公开的第一R/S解码器，其所实现的功能是对从第一判定器（18）输出的经过第一解码后再经判定估测处理后输出的数据进行解码，而本申请的第二解码器是对从第一解码器输出的经过第一解码的数据进行解码的。由于二者解码的对象不同、所实现的功能不同，所以，并不能认为对比文件1的第一R/S解码器公开了本申请的第二解码器这一技术特征，因此，对比文件1公开的技术方案与本申请的技术方案的实质上不相同，权利要求1相对于对比文件1有新颖性。

权利要求10请求保护一种解码方法，对比文件1公开了一种通信装置以及通信方法，并具体披露了如下技术特征（参见说明书第6栏第48行至第17栏第33行，图1b）：该通信方法包括一解码方法，该解码方法包括：对输入数据进行迭代的快速解码；对经第一解码输出的信号进行判定，从而估侧出原始的发送数据；对经过估测的的数据通过第一R/S解码器进行校验纠错，当判断出“没有错误”时，就停止快速解码。

由此可见，对比文件1公开了权利要求10中除第二解码以外全部技术特征，但对比文件1是对经过第一解码后再经判定估测处理后输出的数据进行解码，而本申请是对经过第一解码的数据进行第二解码，由于二者所针对的解码对象、步骤执行的效果不同，所以，对比文件1的这一步骤与本申请的第二解码步骤是不同的，因此，对比文件1公开的技术方案与本申请的技术方案实质上不相同，权利要求10相对于对比文件1有新颖性。

权利要求18请求保护一种用于将安排成帧的输入数据进行解码的装置，对比文件1公开了一种通信装置以及通信方法，并具体披露了如下技术特征（参见说明书第6栏第48行至第17栏第33行，图1b）：该通信装置包括一解码装置，该解码装置包括：第一解码器（turbo解码器11），用于对输入信号进行迭代的快速解码，所述输入信号安排成帧；第一判定器（18），用于对第一解码器输出的信号进行判定，从而估侧出原始的发送数据；第一R/S解码器（19），用于对从判定器输出的估测出的原始发送数据进行错误校验，当判断出“没有错误”时，控制第一解码器（11）的控制装置就控制第一解码器（11）结束快速解码。

由此可见，对比文件1公开了权利要求18的turbo解码器和控制器特征，但对比文件1公开的第一R/S解码器，其所实现的功能是对从判定器输出的经过快速解码后再经判定估测处理后输出的数据进行解码，而本申请的第二解码器是对经过TURBO解码器输出的解码数据进行解码。由于二者解码的对象不同、所实现的功能不同，所以，对比文件1的第一R/S解码器不同于本申请的R/S解码器这一技术特征，因此，对比文件1公开的技术方案与本申请的技术方案实质上不相同，权利要求18相对于对比文件1有新颖性。

由于上述独立权利要求要求具备新颖性，因此，其从属权利要求2～3、9、11～12、19也必然具备新颖性。因此，请求人提交的修改文本已克服了驳回决定指出的权利要求1～3、9～12、18、19不具备新颖性的缺陷。

同时，由于对从属权利要求要求4～8、13～17、20～27创造性评价的基础已经改变，因此，本决定不再对从属权利要求4～8、13～17、20～27的创造性进行评价。

三、决定

撤销国家知识产权局于2005年1月14日对02151464. X号发明专利申请作出的驳回决定。在请求人于2005年4月27日提交的权利要求第1～27项，原始申请文件的说明书第1～4、6页，附图第1～2页，说明书摘要以及摘要附图，2004年10月12日提交的说明书第5页的基础上，由原审查部门继续进行审批程序。

181

绘制金融市场活动图表的方法案

复审请求审查决定（第8750号）

决　　定　　号　第8750号
决　　定　　日　2006年6月26日
发明创造名称　绘制金融市场活动图表的方法
国 际 分 类 号　G06T 11/20
复 审 请 求 人　乾坤烛有限公司
专 利 申 请 号　00133198.1
申　　请　　日　2000年10月25日
公　　开　　日　2001年8月15日
合议组组长　马　昊
主　　审　　员　张　霞
参　　审　　员　李韵美

法 律 依 据　专利法第二十五条第一款第（二）项　专利法实施细则第二条第一款
决 定 要 点

由于本申请没有解决技术问题和产生技术效果，因而不构成技术方案。它既不符合专利法实施细则第二条第一款的规定，又不属于专利法第二十五条第一款第（二）项规定的情形，不能被授予专利权。

一、案由

本复审请求涉及申请日为2000年10月25日、优先权日为1999年12月17日、发明名称为“绘制金融市场活动图表的方法”、申请号为00133198.1的发明专利申请（下称本申请），申请人为乾坤烛有限公司（下称申请人）。本申请于申请日提交的权利要求书为：

“1. 一种绘制金融市场活动图表的方法，用于为使用者监测一金融市场中，一特定时间框架内所交易的金融工具的价格活动，包括：

（a）在一价格－时间图上描绘多个短柱；该价格－时间图为一二维图形，Y坐标代表价格且X坐标代表时间，X轴区分为预定的多个个别的区间，每个区间具有一与其相关的短柱，每个区间所代表时间的量等于一指定时间框架的时间量，每个短柱至少包含该市场在该短柱相关的时间区间内，所交易的最高与最低价格，且每个短柱垂直地显示于该图上；

（b）由该图中取出一短柱，并建立频率分布图，该频率分布图将该短柱的最高与最低价格区分为多个个别的预定价格区间，且该频率分布图记录在每个该个别的价格区间中，该短柱所代表的时间周期内，所发生交易活动的量；

（c）由该频率分布图取得一组个别的市场内部元件，该组个别的市场内部元件包含一个含有相当高交易活动的连续价格范围、一个含有最高交易活动的价格区间、以及一个含有相当低交易活动的连续价格范围中的一个；

（d）通过对称的几何外型以图形代表该组市场内部元件中的每个元件；以及

（e）对使用者显示该重叠的价格－时间图。

2. 如权利要求 1 所述的方法，其中在步骤（b），定义于一价格区间上的该交易活动为通过该短柱所代表的该时间周期，在该价格区间内的总成交量。

3. 如权利要求 1 所述的方法，其中在步骤（b），定义于一价格区间上的该交易活动为通过该短柱所代表的该时间周期在该价格区间内，该市场至少交易一次的预定的固定时间单位的数目，且其中每个该预定的固定时间单位所代表的时间区间，相当的小于该短柱所代表的该时间区间。

4. 如权利要求 1 所述的方法，其中在步骤（a），该价格－时间图为一柱状图。

5. 如权利要求 1 所述的方法，其中在步骤（a），该价格－时间图为一日式烛台图。

6. 如权利要求 1 所述的方法，其中在步骤（a），该价格－时间图为一柱状图，但该开盘或收盘价格中至少一个不显示。

7. 如权利要求 1 所述的方法，步骤（d）还包括：

通过一点以图形代表该价格区间具有最大的交易活动，该点具有的直径相当的小于该价格－时间图的 X 轴上该时间区间的实际长度，该点具有的中心与该短柱的最高与最低价格共线，且该点具有的 Y 坐标中心位于该价格区间的中点上。

8. 如权利要求 1 所述的方法，其中在步骤（c），该具有相当低交易活动的连续价格范围为一连续价格范围，其顶部末端为该短柱的最高价格，该连续价格范围在该频率分布图上包围该一组价格区间，且该组价格区间中的每个价格区间内所包含的交易活动低于一预定的量；

并且，步骤（d）还包括：

通过几何图形以图形代表该连续价格范围。

9. 如权利要求 1 所述的方法，其中在步骤（c），该几何图形为连接该价格范围的最高及最低价的一具有预定宽度及颜色的垂直线，该垂直线重叠于连结该短柱的最高及最低价格的假想线上。

10. 如权利要求 1 所述的方法，其中在步骤（c），该具有相当低交易活动的连续价格范围为一连续价格范围，其底部末端为该短柱的最低价格，该连续价格范围在该频率分布图上包围该一组价格区间，且该组价格区间中的每个价格区间内所包含的交易活动低于一预定的量；

并且，步骤（d）还包括：

通过几何图形以图形代表在该短柱上具有相当低交易活动的连续价格范围。

11. 如权利要求 10 所述的方法，其中该几何图形为连接该价格范围的最高及最低价的一具有预定宽度及颜色的垂直线，该垂直线重叠于连接该短柱的最高及最低价格的假想线上。

12. 如权利要求 1 所述的方法，步骤（d）还包括：

通过一几何图形以图形代表至少一个具有相当高的交易活动的连续价格范围，并将该几何图形重叠至该短柱上，该几何图形为一具有预定宽度及长度的矩形，该矩形具有的顶点与 Y 坐标包围该具有相当高交易活动的连续价格范围，该矩形所具有中心与该短柱的该最高与最低价格共线。

13. 如权利要求 12 所述的方法，其还包括一上色的方式，其中如果该短柱的收盘价格高于开盘价格，则该矩形为中空，如果该短柱的收盘价格低于开盘价格，则该矩形为填满。

14. 如权利要求 12 所述的方法，其中该价格－时间图为一日式烛台图，且该矩形与该短柱的主体具有相同的宽度，该矩形包含一图样以与该短柱的主体有所区别。

15. 如权利要求 14 所述的方法，其中该图样为一倾斜的条纹图样。

16. 如权利要求 1 所述的方法，其中取得该包含相当高交易活动的连续价格范围的步骤包括：

（a）在该频率分布图上计算该价格分布的平均价格，标示结果为 X；

（b）在该频率分布图上计算该价格分布的标准偏差价格，标示结果为 Y；

（c）定义该连续价格范围为数值 X ±（Y）（b），其中 b 为一预定的常数。

17. 如权利要求 1 所述的方法，其中取得该包含相当高交易活动的连续价格范围的步骤包括：

（a）取得预定的常数，总计该频率分布图中交易活动的总量，将该交易活动的总量乘以该预定的常数，标示结果为 X；

（b）该包含相当交易活动的连续价格范围，为该频率分布图中所包含的总交易活动大于 X 的最窄价格范围。

18. 如权利要求 1 所述的方法，其中在步骤（c），该包含相当高交易活动的连续价格范围的步骤由一组个别的价格区间所组成，其包含至少一个价格区间，该组个别的价格区间所包含的平均交易活动大于一预定的量。

19. 如权利要求 1 所述的方法，其中在步骤（c），该包含相当高交易活动的连续价格范围的步骤由一组个别的价格区间所组成，其包含至少一个价格区间，该组个别的价格区间内每一价格区间所包含的交易活动大于一预定的量。

20. 如权利要求 1 所述的方法，其中步骤（b）还包括：

由该图中取每个该短柱，且对每个短柱绘制频率分布图；

且步骤（c）还包括：

对每个该短柱，由该对应的频率分布图取得市场内部元件的组合，该市场内部元件的组合至少包括一个市场内部元件；

以及步骤（d）还包括：

通过几何图形以图形代表该市场内部元件的组合中的每个市场内部元件，并将该几何图形重叠至该短柱上。

21. 如权利要求 1 所述的方法，其中该频率分布图由计算机在内部建立，且并不显示给该使用者，同时具有该重叠的市场内部元件的该价格 – 时间图显示给该使用者。

22. 如权利要求 1 所述的方法，其还包括：

允许使用者选定一组市场内部元件以重叠于该价格 – 时间图上。

23. 如权利要求 1 所述的方法，其还包括：

允许使用者定义该几何图形，用于代表一市场内部元件。

24. 一种在一金融市场中以一指定的时间框架绘制价格移动的设备，包括：

一存储装置；以及

一处理器，连接至该存储装置，

该存储装置存储一程序用于控制该处理器；以及

该处理器与该程序共同作用于；

（a）由一使用者接收一图形显示需求；

（b）显示一价格 – 时间图，其为柱状图、日式烛台图、不显示该开盘价格的柱状图、不显示该收盘价格的柱状图、以及不显示该开盘及收盘价格的柱状图中的一种；

（c）由该价格 – 时间图取出至少一个短柱，并且聚集一组数据对，该组数据对包括至少一个数据对，且该数据对由一价格区间以及在与该短柱相关的该时间周期内，在该价格区间之内发生的该交易活动所构成；

（d）基于该组数据对，取得一组市场内部元件，其包括至少一个具有相当高交易活动的价格范围、一个具有相当低交易活动的价格范围、以及具有最高交易活动的一价格区间；

（e）通过一几何图形以图形代表该组市场内部元件中的每个市场内部元件，并将该几何图形重叠于该价格－时间图的该短柱上；以及

（f）显示该重叠的价格－时间图给该使用者。

25. 如权利要求 24 所述的设备，其中在步骤（d），一价格区间上所定义的该交易活动是在该价格区间，通过该短柱所代表的时间周期，所交易的总成交量。

26. 如权利要求 24 所述的设备，其中在步骤（d），一价格区间上所定义的该交易活动是在该价格区间内，通过该短柱所代表的该时间周期，该市场至少交易一次的一预定的固定时间单位的数目，且其中每个该预定的固定时间单位所代表的时间区间，大体上小于该短柱所代表的该时间区间。

27. 如权利要求 24 所述的设备，其中在步骤（d），取出一组市场内部元件的步骤包括建立一频率分布图，该频率分布图将该短柱的最高及最低价格分为多个个别的预定价格区间，且该频率分布图记录在每个该个别的价格区间中该短柱所代表的时间周期内所发生交易活动的量。

28. 如权利要求 24 所述的设备，步骤（e）还包括：

通过一点代表由步骤（d）所计算出具有最大交易活动的该价格区间，该点具有的直径相当的小于该价格－时间图的 X 轴上该时间区间的实际长度，该点具有的中心与该短柱的最高与最低价格共线，且该点具有的 Y 坐标中心位于该价格区间的中点上。

29. 如权利要求 24 所述的设备，其中在步骤（d），该具有相当低交易活动的连续价格范围为一连续价格范围，其顶部末端为该短柱的最高价格，且在该价格范围内的每个价格所包含的交易活动低于一预定的量；

并且，步骤（e）还包括：

通过几何图形以图形代表该连续价格范围，并将该几何图形重叠至该价格－时间图的该短柱上。

30. 如权利要求 29 所述的设备，其中该几何图形为连接该价格范围的最高及最低价的一具有预定宽度及颜色的垂直线，该垂直线重叠于连接该短柱的最高及最低价格的假想线上。

31. 如权利要求 24 所述的设备，其中在步骤（d），该具有相当低交易活动的连续价格范围为一连续价格范围，其底部末端为该短柱的最低价格，且在该连续价格范围内的每个价格所包含的交易活动低于一预定的量；

并且，步骤（e）还包括：

通过几何图形在该短柱上以图形代表该具有相当低交易活动的连续价格范围，并将该几何图形重叠至该价格－时间图的该短柱上。

32. 如权利要求 31 所述的设备，其中该几何图形为连接该价格范围的最高及最低价的一具有预定宽度及颜色的垂直线，该垂直线重叠于连接该短柱的最高及最低价格的假想线上。

33. 如权利要求 24 所述的设备，步骤（e）还包括：

通过几何图形以图形代表至少一个具有相当高交易活动的连续价格范围，并将该几何图形重叠至该短柱上，该几何图形为一具有预定宽度及长度的矩形，该矩形具有的顶点与 Y 坐标包围该具有相当高交易活动的连续价格范围，且该矩形所具有中心与该短柱的该最高与最低价格共线。

34. 如权利要求 24 所述的设备，步骤（e）还包括一上色的方式，用于分辨该短柱所具有的收盘价格是否高于该开盘价格。

35. 如权利要求 33 所述的设备，其中该价格－时间图为日式烛台图，且该矩形具有与该短柱的主体具有相同的宽度，该矩形包含一图样以与该短柱的主体有所区别。

36. 如权利要求 35 所述的设备，其中该图样为一倾斜的条纹图样。

37. 如权利要求 24 所述的设备，其中在步骤（d），该含有相当高交易活动的连续价格范围的取得步骤包括：

（a）取样一组价格，以及通过与该短柱相关的该时间周期，对该价格组的每个价格所发生的总交易活动；

（b）基于由该采样步骤的该价格活动分布，计算一第一价格 X，其为该分布的平均值、中或模值中的一个；

（c）计算一第二价格 Y，其为该分布的标准偏差；

（d）将该包含相当高交易活动的连续价格范围定义为等于 X ±（Y）（b），其中 b 为一预定的常数。

38. 如权利要求 24 所述的设备，其中在步骤（d），该含有相当高交易活动的连续价格范围的取得步骤包括：

确认该短柱上最窄的连续价格范围，含有交易活动大于该短柱上所有价格内总交易活动的预定比率。

39. 如权利要求 24 所述的设备，其中在步骤（d），该含有相当高交易活动的连续价格范围包围一组价格区间，且该组价格区间包含至少一个价格区间，在该组价格区间内的每个该价格区间在该短柱相关的该时间周期内，交易至少为市场一次，且该组价格区间所具有的平均交易活动大于一预定量。

40. 如权利要求 24 所述的设备，其中在步骤（d），该含有相当高交易活动的连续价格范围包围一组价格区间，且该组价格区间包含至少一个价格区间，在该组价格区间内的每个该价格区间在该短柱相关的该时间周期内，交易至少为市场一次，且在该组中每个价格区间具有的交易活动大于一预定量。

41. 如权利要求 24 所述的设备，其还包括：

在该价格 - 时间图中对每个短柱，取得一组市场内部元件，其包含至少一个具有相当高交易活动的价格范围、一具有相当低交易活动的价格范围、以及具有最高交易活动的价格区间，且通过一几何图形以图形将每个该组的市场内部元件重叠至该价格 - 时间图中相关的短柱上。

42. 如权利要求 24 所述的设备，其中还包括一装置，用于在即时的环境中更新该价格 - 时间图。”

2003 年 11 月 28 日国家知识产权局实质审查部门针对申请人于申请日提交的说明书第 1 ~ 18 页、说明书附图第 1 ~ 21 页、权利要求第 1 ~ 42 项以及说明书摘要、摘要附图作出了驳回决定，驳回的理由是：1. 权利要求 1 ~ 23 涉及的是一种绘制金融市场活动图表的方法，其内容是一种人为的规定，它必须经过人的思维运动作为媒介才能间接的作用于自然产生结果，而不是一种利用自然规律和自然力的技术方案，属于专利法第二十五条第一款第（二）项所述的智力活动的规则和方法的范围；2. 权利要求 24 ~ 42 涉及的是一种以一指定的时间框架绘制价格移动的设备，所要求保护的设备所包括的存储器、处理器为公知的设备，其所要求保护的内容的实质在于该设备根据人为的规定来绘图，它必须经过人的思维运动作为媒介才能间接的作用于自然产生结果，而不是一种利用自然规律和自然力的技术方案，属于专利法第二十五条第一款第（二）项所述的智力活动的规则和方法的范围，因此该申请的权利要求 24 - 42 均不予以接受。并且，关于申请人所陈述的权利要求 1 不属于专利法第二十五条的规定的理由，“通过对称的几何外形以图形来代表该组市场内部元件中的每个元件，并且对使用者显示该重叠的价格 - 时间图”就是一种人为的规定，它仅仅是指导人们对信息进行思维、识别、判断和记忆的规则和方法，属于专利法第二十五条第一款第（二）项所述的智力活动的规则和方法的范围，同理，申请人所陈述的权利要求 2 ~ 23 不属于专利法第二十五条的范围的理由也不能被接受；关于申请人所陈述的权利要求 24 不属于专利法第二十五条的规定的理由，权利要求 24 所要求保护的设备所包括的存储器、处理器为公知的设备，其所要求保护的内容的实质在于该设备根据人为的规定来绘图，它必须经过人的思维运动作为媒介才能间接的作用于自然产生结果，而不是一种利用自然规律和自然力的技术方案，属于专利法第二十五条第一款第（二）项所述的智力活动的规则和方法的范围，同理，申请人所陈述的权利要求 25 ~ 42 不属于专利法第二十五条的范围的理由也不能被接受。

申请人（下称请求人）对上述驳回决定不服，于2004 年3 月11 日向专利复审委员会提出了复审请求，其复审请求的理由主要是：本申请涉及一种计算机执行的绘图方法和设备，用于通过将时间与成交量分布的个别定量元件重叠在传统的价格 - 时间表上，绘制金融市场上交易工具的移动，因而不是属于智力活动范围的单纯的金融方法。从说明书中可以看出：本发明所要解决的问题是克服传统 OHLC 图形明显中无法提供一种包含潜在市场条件的完整的图形的问题。请求人在解决上述问题的过程中，利用了一频率分布图，并借助于计算机技术，实现了本发明的目的。因而本发明实际解决的是一种技术问题，并且产生了能够确定活动范围、缩短交易所消耗的时间等技术效果，因而构成了一个完整的技术方案，符合专利法实施细则第二条第一款的规定，不属于专利法第二十五条第一款第（二）项规定的情形。权利要求 2 ~ 23 是对独立权利要求 1 的进一步限定。基于同样的理由，其也符合专利法实施细则第二条第一款的规定，不属于专利法第二十五条第一款第（二）项规定的情形。权利要求 24 限定的设备的功能对应于权利要求 1 限定的方法，虽然存储装置和处理器都是公知的设备，但权利要求 24 限定的设备正是通过这样的公知设备实现了权利要求 1 限定的方法，因此基于与权利要求 1 的上述相同理由，权利要求 24 采用了一定的技术手段和自然法则，解决了一定的技术问题和产生了一定的技术效果，因此符合专利法实施细则第二条第一款的规定，不属于专利法第二十五条第一款第（二）项规定的情形。权利要求 25 ~ 42 是对独立权利要求 1 的进一步限定。基于同样的理由，其也符合专利法实施细则第二条第一款的规定，不属于专利法第二十五条第一款第（二）项规定的情形。请求人未对申请文件进行修改。

经形式审查，该复审请求符合有关规定，专利复审委员会予以受理，并于2004 年3 月23 日向请求人发出复审请求受理通知书，向原实质审查部门发出前置审查通知书。

原实质审查部门在前置审查程序中，仍坚持原驳回决定。

专利复审委员会依法组成合议组对本复审请求案进行审查，于 2005 年 10 月 11 日发出复审通知书，指出：权利要求 1 仅是将通过不同价格对应于时间/成交量分布的市场内部活动的个别定量元件重叠在传统的价格 - 时间表上，绘制金融市场上的交易动态。其要解决的是在金融图表的绘制中，将市场内部数据的变化轨迹以图形重叠于传统的 OHLC 图形上，使习惯看传统图形的交易员不致感到新图形的陌生，从而能观察到更多数据。由此可见，其所解决的并非是技术问题，由此而产生的效果也仅仅是可将定量的市场内部数据重叠在传统图表上，增加了观看到的信息量，交易员不再需要独立观察和记忆，即可由该图表上立即得知相关信息，轻易的获得其时间序列行为的分析，产生新的交易洞察力，进而发展新的计数分析理论。所以其能够获得的效果也不是遵循自然规律的技术效果。因此，权利要求 1 所要求保护的方案不是一种利用自然规律和自然力的技术方案，其所解决的问题和所获得的效果均是非技术性的，因此权利要求 1 所请求保护的方案属于专利法第二十五条第一款第（二）项规定的智力活动的规则和方法。关于请求人在复审请求书中所提出的意见，虽然本申请涉及一种计算机执行的绘图方法和设备，但是，本申请并非是针对计算机设备本身的缺陷而作出的改进，计算机仅是一种普通的实现信息显示的工具，本申请主要是对计算机所显示图形的改进，而所建立的频率分布图、价格－时间图都是一种人为规定的图形，其源于人的思维，必须经过人的分析整理才能间接的作用于自然产生结果，因而其属于智力活动的规则和方法的范围。并且，正如请求人所指出的：本申请说明书中所提出的本申请所要解决的乃是要提供更加完整的图形，所显示出来的图形源于人的思维，其表现形式是人为规定的，尽管在绘制过程中借助了计算机，但是其所解决的问题并非计算机本身的，因而不是一种技术问题。具体的说，权利要求1所要求保护的方法中的“建立频率分布图，通过对称的几何外型以图形代表该组市场内部元件中的每个元件，并且对使用者显示该重叠的价格－时间图”都是对信息显示效果的规定，其中并没有涉及计算机形成上述效果的操作手段，而这种显示出来的信息的形式显然是由人为规定的。综上所述，权利要求1所解决的问题、采用的手段和所获得的效果均是非技术性的，请求人所提出的本申请解决了在传统领域必须进行大量人工劳动的技术问题并且产生了能够确定活动范围、缩短交易所消耗的时间等效果是采用计算机之类的处理设备所必然取得的效果，并非本申请的方案所产生的技术效果，因此，请求人所提出的意见不能被接受。权利要求2～23分别直接或间接的从属于权利要求1，其也是对图形内容的进一步限定，由于权利要求1属于专利法第二十五条第一款第（二）项所规定的智力活动的规则和方法，因此，上述权利要求也属于专利法第二十五条第一款第（二）项规定的智力活动的规则和方法。权利要求24请求保护一种在一金融市场中以一指定的时间框架绘制价格移动的设备，该设备包括：存储装置、处理器。本领域技术人员可以了解，存储装置、处理器都是本领域技术人员常用的技术手段，权利要求24仅是利用已有设备将通过不同价格对应于时间/成交量分布的市场内部活动的个别定量元件重叠在传统的价格－时间表上，绘制金融市场上的交易动态。其要解决的是在金融图表的绘制中，将市场内部数据的变化轨迹以图形重叠于传统的OHLC图形上，使习惯看传统图形的交易员不致感到新图形的陌生，而能观察到更多数据。由此可见，其所解决的并非是技术问题，由此而产生的效果也仅仅是可将定量的市场内部数据重叠在传统图表上，增加了观看到的信息量，交易员不再需要独立观察和记忆，即可由该图表上立即得知相关信息，轻易的获得其时间序列行为的分析，产生新的交易洞察力，进而发展新的计数分析理论。所以其能够获得的效果也不是遵循自然规律的技术效果。因此，权利要求24所要求保护的方案不是一种利用自然规律和自然力的技术方案，其所解决的问题和所获得的效果均是非技术性的，因此权利要求24所请求保护的方案属于专利法第二十五条第一款第（二）项规定的智力活动的规则和方法。同时，权利要求24所要求保护的方案也不是技术方案，不符合实施细则第二条第一款的规定。关于请求人在复审请求书中所提出的意见，合议组认为，从请求人所提出的理由中可以看出：请求人也承认权利要求24的结构并未不同于公知设备，同时，权利要求24所限定的设备所执行的与权利要求1相对应的方法是其发明点所在，而通过上文中对权利要求1的方案以及请求人所提出的理由的分析可知上述权利要求所要求保护的方法所采用的手段、所解决的问题和所获得的效果均是非技术性的，因此，同理，权利要求24的所采用的手段、所解决的问题和所获得的效果也均是非技术性的，因此，请求人所提出的意见不能被接受。权利要求25～42分别直接或间接的从属于权利要求24，而其各附加技术特征的内容也并非装置结构，而是对图形内容的进一步限定，由于权利要求24属于专利法第二十五条第一款第（二）项所规定的智力活动的规则和方法，因此，上述权利要求也属于专利法第二十五条第一款第（二）项规定的智力活动的规则和方法。同理，上述权利要求也不符合实施细则第二条第一款的规定。

针对上述复审通知书，请求人于2005年11月25日提交了意见陈述书，但未修改申请文件，请求人在意见陈述中提出：本申请涉及一种计算机执行的绘图方法和设备，用于通过将时间与成交量分布的个别定量元件重叠在传统的价格－时间表上，绘制金融市场上交易工具的移动，因而不是属于智力活动范围的单纯的金融方法。从说明书中可以看出：本发明所要解决的问题是克服传统OHLC图形明显中无法提供一种包含潜在市场条件的完整的图形的问题。请求人在解决上述问题的过程中，利用了一频率分布图，并借助于计算机技术，实现了本发明的目的。因而本发明实际解决的是一种技术问题，并且产生了能够确定活动范围、缩短交易所消耗的时间等技术效果，因而构成了一个完整的技术方案，符合专利法实施细则第二条第一款的规定，不属于专利法第二十五条第一款第（二）项规定的情形。权利要求2－23是对独立权利要求1的进一步限定。基于同样的理由，其也符合专利法实施细则第二条第一款的规定，不属于专利法第二十五条第一款第（二）项规定的情形。权利要求24限定的设备的功能对应于权利要求1限定的方法，虽然存储装置和处理器都是公知的设备，但权利要求24限定的设备正是通过这样的公知设备实现了权利要求1限定的方法，因此基于与权利要求1的上述相同理由，权利要求24采用了一定的技术手段和自然法则，解决了一定的技术问题和产生了一定的技术效果，因此符合专利法实施细则第二条第一款的规定，不属于专利法第二十五条第一款第（二）项规定的情形。权利要求25～42是对独立权利要求1的进一步限定。基于同样的理由，其也符合专利法实施细则第二条第一款的规定，不属于专利法第二十五条第一款第（二）项规定的情形。

在上述工作的基础上，合议组认为本案事实已经清楚，依法作出本决定。

二、决定的理由

1. 决定所依据的文本

由于请求人在提出复审请求和答复复审通知书时均未修改申请文件，因此，本复审决定所依据的文本是驳回决定所依据的文本，即，请求人于申请日提交的说明书第1～18页、说明书附图第1～21页、权利要求第1～42项以及说明书摘要、摘要附图。

2. 关于专利法第二十五条第一款第（二）项

专利法第二十五条第一款规定：对下列各项，不授予专利权：（一）科学发现；（二）智力活动的规则和方法；（三）疾病的诊断和治疗方法；（四）动物和植物品种；（五）用原子核变换方法获得的物质。

同时，审查指南第二部分第一章第3.2节关于智力活动的规则和方法中规定：智力活动，是指人的思维运动，它源于人的思维，经过推理、分析和判断产生出抽象的结果，或者必须经过人的思维运动作为媒介才能间接地作用于自然产生结果，它仅是指导人们对信息进行思维、识别、判断和记忆的规则和方法，由于其没有采用技术手段或者利用自然法则，也未解决技术问题和产生技术效果，因而不构成技术方案。它既不符合专利法实施细则第二条第一款的规定，又属于专利法第二十五条第一款第（二）项规定的情形，因此，指导人们进行这类活动的规则和方法不能被授予专利权。

根据审查指南中的上述内容，对智力活动的规则和方法不授予专利权是由于其没有采用技术手段或者利用自然法则，也未解决技术问题和产生技术效果，因而不构成技术方案。

本案中，权利要求1请求保护一种绘制金融市场活动图表的方法，该方法包括：在一价格－时间图上描绘多个短柱；由该图中取出一短柱，并建立频率分布图；由该频率分布图取得一组个别的市场内部元件；通过对称的几何外型以图形代表该组市场内部元件中的每个元件；对使用者显示该重叠的价格－时间图。权利要求1仅是将通过不同价格对应于时间/成交量分布的市场内部活动的个别定量元件重叠在传统的价格－时间表上，绘制金融市场上的交易动态。其要解决的是在金融图表的绘制中，将市场内部数据的变化轨迹以图形重叠于传统的OHLC图形上，使习惯看传统图形的交易员不致感到新图形的陌生，从而能观察到更多数据。由此可见，其所解决的并非是技术问题，由此而产生的效果也仅仅是可将定量的市场内部数据重叠在传统图表上，增加了观看到的信息量，交易员不再需要独立观察和记忆，即可由该图表上立即得知相关信息，轻易的获得其时间序列行为的分析，产生新的交易洞察力，进而发展新的计数分析理论。所以其能够获得的效果也不是遵循自然规律的技术效果。

因此，权利要求 1 所要求保护的方案不是一种利用自然规律和自然力的技术方案，其所解决的问题和所获得的效果均是非技术性的，因此权利要求 1 所请求保护的方案属于专利法第二十五条第一款第（二）项规定的智力活动的规则和方法。

权利要求 2 ~23 分别直接或间接的从属于权利要求 1，其也是对图形内容的进一步限定，由于权利要求 1 属于专利法第二十五条第一款第（二）项所规定的智力活动的规则和方法，因此，上述权利要求也属于专利法第二十五条第一款第（二）项规定的智力活动的规则和方法。

权利要求 24 请求保护一种在一金融市场中以一指定的时间框架绘制价格移动的设备，该设备包括：存储装置、处理器。本领域技术人员可以了解，存储装置、处理器都是本领域技术人员常用的技术手段，权利要求 24 仅是利用已有设备将通过不同价格对应于时间/成交量分布的市场内部活动的个别定量元件重叠在传统的价格 - 时间表上，绘制金融市场上的交易动态。其要解决的是在金融图表的绘制中，将市场内部数据的变化轨迹以图形重叠于传统的 OHLC 图形上，使习惯看传统图形的交易员不致感到新图形的陌生，而能观察到更多数据。由此可见，其所解决的并非是技术问题，由此而产生的效果也仅仅是可将定量的市场内部数据重叠在传统图表上，增加了观看到的信息量，交易员不再需要独立观察和记忆，即可由该图表上立即得知相关信息，轻易的获得其时间序列行为的分析，产生新的交易洞察力，进而发展新的计数分析理论。所以其能够获得的效果也不是遵循自然规律的技术效果。因此，权利要求 24 所要求保护的方案不是一种利用自然规律和自然力的技术方案，其所解决的问题和所获得的效果均是非技术性的，因此权利要求 24 所请求保护的方案属于专利法第二十五条第一款第（二）项规定的智力活动的规则和方法。同时，权利要求 24 所要求保护的方案也不是技术方案，不符合专利法实施细则第二条第一款的规定。

权利要求 25 ~42 分别直接或间接的从属于权利要求 24，而其各附加技术特征的内容也并非装置结构，而是对图形内容的进一步限定，由于权利要求 24 属于专利法第二十五条第一款第（二）项所规定的智力活动的规则和方法，因此，上述权利要求也属于专利法第二十五条第一款第（二）项规定的智力活动的规则和方法。同理，上述权利要求也不符合实施细则第二条第一款的规定。

3. 关于请求人的意见

关于请求人在答复复审通知时针对权利要求 1 ~23 所提出的意见，合议组认为，虽然本申请涉及一种计算机执行的绘图方法和设备，但是，本申请并非是针对计算机设备本身的缺陷而作出的改进，计算机仅是一种普通的实现信息显示的工具，本申请主要是对计算机所显示图形的改进，而所建立的频率分布图、价格 - 时间图都是一种人为规定的图形，其源于人的思维，必须经过人的分析整理才能间接的作用于自然产生结果，因而其属于智力活动的规则和方法的范围。正如请求人所指出的：本申请说明书中所提出的本申请所要解决的乃是要提供更加完整的图形，所显示出来的图形源于人的思维，其表现形式是人为规定的，尽管在绘制过程中借助了计算机，但是其所解决的问题并非计算机本身的，因而不是一种技术问题。具体的说，权利要求 1 所要求保护的方法中的“建立频率分布图，通过对称的几何外型以图形代表该组市场内部元件中的每个元件，并且对使用者显示该重叠的价格 - 时间图”都是对信息显示效果的规定，其中并没有涉及计算机形成上述效果的操作手段，而这种显示出来的信息的形式显然是由人为规定的。综上所述，权利要求 1 所解决的问题、采用的手段和所获得的效果均是非技术性的，请求人所提出的本申请解决了在传统领域必须进行大量人工劳动的技术问题并且产生了能够确定活动范围、缩短交易所消耗的时间等效果是采用计算机之类的处理设备所必然取得的效果，并非本申请的方案所产生的技术效果，因此，请求人所提出的意见不具有说服力，本申请权利要求 1 ~23 属于专利法第二十五条第一款第（二）项所规定的智力活动的规则和方法。

关于请求人在答复复审通知时针对权利要求 24 ~42 所提出的意见，合议组认为，从请求人所提出的理由中可以看出：请求人也承认权利要求 24 的结构并未不同于公知设备，同时，权利要求 24 所限定的设备所执行的与权利要求 1 相对应的方法是其发明点所在，而通过上文中对权利要求 1 的方案以及请求人所提出的理由的分析可知上述权利要求所要求保护的方法所采用的手段、所解决的问题和所获得的效果均是非技术性的，因此，同理，权利要求 24 的所采用的手段、所解决的问题和所获得的效果也均是非技术性的，因此，请求人所提出的意见不具有说服力，本申请权利要求 24 ~ 42 所请求保护的方案属于专利法第二十五条第一款第（二）项规定的智力活动的规则和方法，同时不符合专利法实施细则第二条第一款的规定。

因而，根据以上事实和理由，本案合议组作出如下审查决定。

三、决定

驳回复审请求，维持国家知识产权局于 2003 年 11 月 28 日对 00133198. 1 号发明专利申请作出的驳回决定。

请求人如对本决定不服，可根据专利法第四十一条第二款的规定，在收到本决定之日起三个月内向北京市第一中级人民法院起诉。

182

刚柔磁化枕案

复审请求审查决定（第8754号）

决　定　号　第8754号
决　定　日　2006年5月16日
发明创造名称　刚柔磁化枕
国际分类号　A47G 9/10　A61N 2/08
复审请求人　周林生
专利申请号　00104626.8
申　请　日　2000年3月18日
公　开　日　2000年8月16日
合议组组长　蒋　彤
主　审　员　黄毅斐
参　审　员　程　华

法律依据　专利法第二十二条第三款
决定要点

对比文件公开的枕头结构与本申请的枕头并不相同，并且从该对比文件中也未给出有关本申请枕头结构的技术启示，而且本申请结构的枕头能够产生预防颈椎病的技术效果，因此本申请相对于该对比文件具备创造性。

一、案由

本复审请求涉及申请号为00104626.8、名称为“刚柔磁化枕”的发明专利申请（下称本申请），其申请日为2000年3月18日，申请人为周林生。

国家知识产权局实质审查部门在对本申请进行实质审查后，针对本申请于2003年6月6日提交的权利要求第1～8项、说明书第1页以及说明书摘要，于2004年4月2日以本申请的权利要求1～8相对于对比文件1（CN1237404A，公开日为1999年12月8日）不具备创造性，不符合专利法第二十二条第三款的规定为由作出驳回决定。

驳回决定所针对的权利要求第1～8项的内容如下：

“1. 刚柔磁化枕的特征在于它是“空心枕心”可以称谓“口袋式”。它的中间设置有“颈椎生理曲线”的“刚韧曲面枕”简称“枕核”。

2. 根据权利要求1，所述的刚柔磁化枕的“空心枕心”中的“枕核”可以是“颈项枕”也可以是它的“近似体”。这是刚柔磁化枕的第二个特征。

3. 根据权利要求1，2所述的刚柔磁化枕的第三个特征是它的“枕核”可以“单个”或“多个”。

4. 根据权利要求1，2，3，所述的刚柔磁化枕的第四个特征是存在“磁化物质”的应用。

5. 根据权利要求1，2，3，4所述的刚柔磁化枕的第五个特征是“灵活性”。根据不同需要可以放弃“磁化物质”的应用。

6. 根据权利要求1，2，3，4，5所述的刚柔磁化枕。根据不同需要，可以改变其常规式样和形状。这是第六个特征。

7. 根据权利要求1，2，3，4，5，6所述的刚柔磁化枕的“枕核”根据需要可以是游动的，也可以是固定的。这是第七个特征。

8. 根据权利要求1，2，3，4，5，6，7所述的刚柔磁化枕可以省去外套直接使用。这是刚柔磁化枕的第八个特征。”

申请人（下称请求人）不服国家知识产权局作出的上述驳回决定，于2004年7月16日向专利复审委员会提出了复审请求，其复审理由主要是：对比文件1中的枕芯是个整体，而本申请的枕芯中还有枕核的构造，并且能够在其中自由移动，对比文件1中的衬垫或弧形凸突物也不同于本申请的枕核，因此对比文件1的枕头不能与本申请的枕头相提并论。

经形式审查合格，专利复审委员会于2004年8月13日受理了上述复审请求，并向原实质审查部门发出前置审查通知书。

在前置审查程序中，原实质审查部门仍坚持原驳回决定。

专利复审委员会依法成立合议组对本案进行审查，合议组经合议审查后，认为本案事实清楚，可以作出审查决定。

二、决定的理由

由于请求人在提交复审请求时未修改申请文件，因此本决定依据的文本为驳回决定所针对的文本。

合议组评述本申请的创造性所引用的对比文件与实质审查程序中引用的对比文件1相同。

本申请权利要求1请求保护一种刚柔磁化枕，其具有空心枕心，在枕头中间设置有“颈椎生理曲线”的刚韧曲面枕，即枕核。对比文件1（参见对比文件1说明书第2、4、5页及说明书附图）公开了一种预防治疗颈椎病的枕头，包括：枕套1和枕芯2；在枕芯的中间部分制成一凹陷槽3，其内设有用于改变凹陷槽的深浅大小以使人在睡觉时头颅的枕骨（后脑勺）与躯干基本处于同一水平线或略高一些的衬垫7；凹陷槽3的上下两边，即枕头中间部分的上下边缘制成一或两个颈垫4，其为近似于颈椎生理曲度的弧形凸突物，可使颈椎在睡眠中得到依托和保护。

将对比文件1公开的上述技术内容与权利要求1对比可见，虽然二者都对传统的枕芯中间部分进行了改进，但是采取的手段并不相同，本申请是在枕芯中间设置符合人体颈椎生理曲线的刚韧曲面枕用以支撑颈椎，而对比文件1是在枕芯中间设置凹陷槽，该凹陷槽是用以容纳头颅的枕骨（后脑勺），而起到支撑颈椎作用的是枕头中间部分上下边缘近似于颈椎生理曲度的弧形凸突颈垫。显然，对比文件1的枕头结构与本申请的枕头并不相同，并且从对比文件1中并未给出有关本申请权利要求1所述枕头结构的技术启示，而且采用了上述结构的本申请权利要求1的枕头能够产生预防颈椎病的技术效果。因此，本申请权利要求1所述技术方案相对于对比文件1具有突出的实质性特点和显著的进步，符合专利法第二十二条第三款有关创造性的规定。

在权利要求1具备创造性的前提下，其从属权利要求2~8也相应地具备创造性。

至于本申请中是否存在其他不符合专利法及其专利法实施细则的有关规定之处，均留待后续程序继续审查。

三、决定

撤销国家知识产权局于2004年4月2日作出的驳回决定，由原实质审查部门以驳回决定依据的文本为基础，继续进行审批程序。

183

键盘标明与屏幕显示汉字笔画的计算机汉字输入笔画码案

复审请求审查决定（第8756号）

决　定　号　第8756号
决　定　日　2006年6月23日
发明创造名称　键盘标明与屏幕显示汉字笔画的计算机汉字输入笔画码
国际分类号　G06F 3/023
复审请求人　朱庆祥
专　利　号　00103350.6
申　请　日　2000年3月2日
公　开　日　2001年9月5日
合议组组长　熊　婷
主　审　员　周雷鸣
参　审　员　孙治国

法律依据　专利法第二十二条第三款
决定要点

在对汉字进行编码的编码码元的数量和相应的编码码元及代码、编码码元与输入装置上相应的输入单元之间的映射关系、以及在计算机键盘上输入具体汉字的先后顺序方面，本申请权利要求的技术方案与现有技术相比均存在较大差异，也就是说，本申请权利要求的技术方案与现有技术相比具有明显的本质区别，对所属技术领域的技术人员来说，是非显而易见的。

一、案由

本复审请求涉及国家知识产权局于2003年11月7日驳回的、名称为“键盘标明与屏幕显示汉字笔画的计算机汉字输入笔画码 ”的发明专利申请（下称本申请），其申请号为00103350.6，申请日为2000年3月2日，申请人为朱庆祥。

国家知识产权局实质审查部门在2002年12月6日发出的第一次审查意见通知书中指出：2001年11月27日提交的说明书和摘要的替换页超出了原始申请的范围，不符合专利法第三十三条的规定，原始申请的说明书不符合专利法第二十六条第三款的规定，权利要求1不符合专利法第二十五条的规定，权利要求1不符合专利法实施细则第二十一条第二款的规定。

针对第一次审查意见通知书，申请人于2003年1月28日提交了意见陈述书及权利要求书的替换页，并指出：说明书和权利要求书符合专利法及专利法实施细则的相关规定。

实质审查部门在2003年7月4日发出的第二次审查意见通知书中指出：权利要求1不符合专利法实施细则第二十二条第一款的规定，权利要求1相对于CN85100868B（下称对比文件1，其公开日为1988年4月6日）和CN1117161A（下称对比文件2，其公开日为1996年2月21日）的结合不符合专利法第二十二条第三款的规定。

针对第二次审查意见通知书，申请人于2003年9月1日提交了意见陈述书及新的权利要求书，并指出：权利要求1相对于对比文件1和对比文件2的结合具备创造性。

国家知识产权局实质审查部门于2003年11月7日以权利要求1相对于对比文件1和对比文件2的结合不符合专利法第二十二条第三款的规定为由驳回了本申请。驳回决定依据的文本是：申请人于2000年3月2日提交的说明书第1页、说明书附图第1页、说明书摘要、摘要附图和2003年9月1日提交的权利要求第1项；驳回决定的主要理由为：权利要求1与对比文件1和2的区别在于25个字母键上标明了25个规范汉字笔画，对笔画输入数量的具体限制为8划，8划以上选择前4画或后4画，现有技术已经公开了在键位上标注笔画，规定多少个键位是依据发明人的主观经验而定，不是技术特征，使用规范的笔画，按照标准的笔画、笔顺进行输入是公知常识。

申请人（下称复审请求人）对该驳回决定不服，于2004年2月2日向国家知识产权局专利复审委员会提出了复审请求，复审的主要理由是：对比文件1和对比文件2是音形码输入法，而本申请是笔画输入法。

专利复审委员会于2004年3月15日发出了复审请求受理通知书和前置审查通知书。

在前置审查程序中，国家知识产权局实质审查部门仍坚持原驳回决定。

在此基础上，专利复审委员会依法成立合议组对本案进行复审。

复审请求人分别于2005年8月31日、2005年9月2日和2005年10月24日提交了权利要求书的替换页。其中2005年10月24日提交的权利要求的内容为：

"一种汉字笔画输入法，其特征在于：在计算机键盘的25个字母键上标明25组汉字笔画，作为25个码元，其中Q表示横点，W表示横折，E表示横横，R表示横撇，T表示横竖，Y表示竖横，U表示竖竖，I表示竖撇，O表示竖折，P表示竖点，A表示撇点，S表示撇撇，D表示撇竖，F表示撇横，G表示撇折，H表示点横，J表示点竖，K表示点撇，L表示点点，X表示点折，C表示折横，V表示折竖，B表示折撇，N表示折点，M表示折折；

利用上述键盘输入方法是：按汉字笔画顺序，对于8画以下的汉字（包括8画）按笔顺编码，当笔画总数为奇数时，最后一画按重画处理；对于8画以上的汉字，按笔顺只取前4画与后4画编码。"

复审请求人于2005年10月31日提交了请求声明，声明放弃2001年11月27日提交的补正书及说明书和说明书摘要，并认为2005年10月24日提交的权利要求书中的权利要求相对于对比文件1和对比文件2具备新颖性和创造性。

经审查，合议组认为本案事实清楚，可以作出本复审请求审查决定。

二、决定的理由

1. 关于驳回决定所依据的文本

国家知识产权局实质审查部门在第一次审查意见通知书中指出请求人于2001年11月27日提交的说明书和说明书摘要中"汉字笔画在六画以下（包括六画），直接按笔画顺序编码""汉字笔画在六画以上，按笔画顺序，只取前四画与后两画"，超出了原始申请的范围，不符合专利法第三十三条的规定。请求人在对第一次审查意见通知书的答复中没有声明放弃上述说明书和说明书摘要，也没有提交说明书、摘要的替换页；而国家知识产权局实质审查部门按照原始申请文件对本申请进行了继续审理并发出了第二次审查意见通知书。在复审请求人未声明放弃2001年11月27日提交的说明书和说明书摘要的情况下，国家知识产权局实质审查部门依据原始申请文件驳回本申请，没有依据复审请求人请求审查的文本进行审查，不符合请求原则；同时，驳回决定以请求人放弃的申请文本为依据，属于审查指南第四部分第二章规定的审查违反法定程序的情形。

2. 复审决定所依据的文本

由于复审请求人于2005年10月24日提交的权利要求书符合专利法第三十三条和专利法实施细则第六十条的规定，并且专利复审委员会于2005年10月31日收到复审请求人放弃2001年11月27日提交的说明书和说明书摘要的声明，因此本复审决定依据的文本是2000年3月2日提交的说明书第1页、说明书附图第1页和说明书摘要及摘要附图，以及2005年10月24日提交的权利要求第1项。

3. 关于权利要求1的创造性

专利法第二十二条第三款规定：创造性，是指同申请日以前已有的现有技术相比，该发明有突出的实质性特点和显著的进步。

对比文件1（参见说明书第1、2栏，说明书附图1－5）涉及一种多文种电脑，其电脑键盘上的键位标识了若干笔画，用户按照规范汉字笔顺输入笔画完成对一个汉字的输入，其中笔画的组成可以分成若干种，例如用八进制的八个号码代表，使用了水平的笔画、竖直的笔画、左斜的笔画、右斜的笔画、左弯的笔画、右弯的笔画、交叉的笔画组合、封闭的笔画等八种笔画。

对比文件2（参见说明书第1、2页和权利要求1）公开了一种键盘输入中文的电脑，其中键盘上定义任意键作为汉字笔画书写键，利用笔画书写键把汉字按照笔顺逐笔写入电脑，经过检索笔画－笔画组合－汉字库，将笔画、笔画组合、汉字逐笔写入电脑。

本申请权利要求1和对比文件1的区别在于：（1）本申请权利要求1和对比文件1对汉字进行编码的编码码元的数量和相应的编码码元及代码、编码码元与输入装置上相应的输入单元之间的映射关系不同，权利要求1公开了在计算机键盘的25个字母键上标明25组汉字笔画，作为25个码元，其中Q表示横点、W表示横折、E表示横横、R表示横撇、T表示横竖、Y表示横竖、U表示竖竖、I表示竖撇、O表示竖折、P表示竖点、A表示撇点、S表示撇撇、D表示撇竖、F表示撇横、G表示撇折、H表示点横、J表示点竖、K表示点撇、L表示点点、X表示点折、C表示折横、V表示折竖、B表示折撇、N表示折点、M表示折折，而对比文件1公开的是多文种电脑，键盘上的键位标识了若干笔画，其中用使用了水平的笔画、竖直的笔画、左斜的笔画、右斜的笔画、左弯的笔画、右弯的笔画、交叉的笔画组合、封闭的笔画等八种笔画，键盘上有相应的符号键与其对应；（2）本申请权利要求1与对比文件1在计算机键盘上输入具体汉字的先后顺序上不同，权利要求1中对于8画以下的汉字（包括8画）按笔顺编码，当笔画总数为奇数时，最后一画按重画处理；对于8画以上的汉字，按笔顺只取前4画与后4画编码，而对比文件1中是按照汉字笔顺输入笔画。

对比文件2没有公开权利要求1与对比文件1的上述区别技术特征；也就是说，权利要求1在以下三个方面与对比文件1和对比文件2存在区别技术特征：对汉字进行编码的编码码元的数量和相应的编码码元及代码、编码码元与输入装置上相应的输入单元之间的映射关系、在计算机键盘上输入具体汉字的先后顺序。因此本申请权利要求1与对比文件1和对比文件2存在较大差异，具有明显的本质区别，并且对比文件1和对比文件2也未给出上述区别的技术启示，对所属技术领域的技术人员来说，用对比文件1和2结合得出本申请权利要求1的技术方案需要付出创造性的劳动。因而权利要求1相对于对比文件1和对比文件2具备专利法第二十二条第三款规定的创造性。

三、决定

撤销国家知识产权局于2003年11月7日对申请号为00103350.6的发明专利申请所作出的驳回

决定。

由原实质审查部门依据2000年3月2日提交的说明书第1页、说明书附图第1页和说明书摘要及摘要附图，以及2005年10月24日提交的权利要求第1项继续进行审批程序。

184

具有可写存储单元的集成存储器的工作方法和相应的集成存储器案

复审请求审查决定（第 8757 号）

决　定　号　第 8757 号
决　定　日　2006 年 5 月 16 日
发明创造名称　具有可写存储单元的集成存储器的工作方法和相应的集成存储器
国 际 分 类 号　G11C 29/00
复 审 请 求 人　因芬尼昂技术股份公司
专 利 申 请 号　00805496. 7
申　请　日　2000 年 3 月 2 日
公　开　日　2002 年 4 月 17 日
合 议 组 组 长　张美菊
主　审　员　骆素芳
参　审　员　孙克良

法 律 依 据　专利法第二十二条第二款、第三款
决 定 要 点

如果一项权利要求相对于一对比文件其解决的技术问题不同，并且由于存在区别技术特征而使得技术方案实质上也不同，则该权利要求相对于该对比文件具备新颖性；进一步地，如果包含上述区别技术特征的该权利要求的技术方案相对于该对比文件并非显而易见且取得了有益的技术效果，则该权利要求相对于该对比文件具备创造性。

一、案由

本复审请求涉及申请号为 00805496. 7. 发明名称利申请（下称本申请）。其国际申请日是 2000 年 3 月 2 日，优先权日为 1999 年 3 月 25 日，为“具有可写存储单元的集成存储器的工作方法和相应的集成存储器”的发明专进入中国国家阶段日为 2001 年 9 月 25 日，申请人是因芬尼昂技术股份公司。

在实质审查程序中，国家知识产权局于 2003 年 7 月 11 日发出了第一次审查意见通知书，其中引用了一篇对比文件：

对比文件 1：US5742548A 公开日期：1998 年 4 月 21 日

通知书中指出权利要求 1 ~4 相对于对比文件 1 不具备专利法第二十二条第二款规定的新颖性，权利要求 5 ~7 不具备专利法第二十二条第三款规定的创造性。

申请人于 2003 年 11 月 12 日答复了上述审查意见通知书，提交了权利要求第 1 ~7 项的替换页和说明书第 1 ~3 页的替换页，即说明书 1 ~3、3a 页。同时申请人陈述了本发明具备新颖性和创造性的理由。

国家知识产权局依据申请人 2003 年 11 月 12 日提交的权利要求第 1 ~7 项、说明书第 1 ~3、3a

页，以及进入国家阶段日提交的说明书第4、5页、附图第1~2页、说明书摘要、摘要附图，于2004年12月10日以权利要求1~4不符合专利法第二十二条第二款的规定、权利要求5~7不符合专利法第二十二条第三款的规定为由驳回了本申请。

驳回针对的权利要求书为：

"1. 集成存储器的工作方法，所述的存储器设有用于存储数据的可写存储单元（MC）、字线（WL）和与该字线交叉的位线（BL），并且在所述的字线（WL）和位线（BL）的交叉点处布置了用于存储安全信息的可写安全存储单元（SC），在写和/或读访问时执行如下的步骤：

-在对所述的可写存储单元（MC）之一进行写和/或读访问之前，读出所述可写安全存储单元（SC）中所存储的安全信息，

-如果所述被读出的安全信息具有第一逻辑状态（0），则产生一个出错信号（E），

而且，如果所述被读出的安全信息具有第二逻辑状态（1），则对所述的可写存储单元（MC）执行访问，而且对所述的可写安全存储单元（SC）进行写访问，在该写访问中向所述的安全存储单元输入一个重新存储的、且具有所述第二逻辑状态（1）的安全信息。

2. 如权利要求1所述的工作方法，

它是在每次初始化所述的集成存储器时执行的。

3. 如权利要求1所述的工作方法，

其中，在从所述的可写安全存储单元（SC）中读出所述的安全信息之后，并且在写入所述新的安全信息之前，在所述的可写安全存储单元（SC）内生成一个第一逻辑状态（0）的数据。

4. 集成存储器，

-具有用于存储数据的可写存储单元（MC）和用于存储安全信息的可写安全存储单元（SC），

-具有一种对访问所述可写存储单元（MC）和可写安全存储单元（SC）进行控制的控制单元（10），用于在对所述的可写存储单元（MC）之一进行写和/或读访问时读出所述可写安全存储单元（SC）中所存储的安全信息，

-以及具有一种检验单元（20），用于检验所述从可写安全存储单元（SC）中读出的安全信息，而且如果所述被读出的安全信息具有第一逻辑状态（0）则产生一个出错信号（E），该检验单元（20）被连接在所述的控制单元（10）上，

-所述的控制单元（10）被用来在读出安全信息之后紧接着对该可写安全存储单元（SC）执行写访问，其中，如果所述的检验单元（2）没有事先产生出错信号（E），则由所述的控制单元向所述的可写安全存储单元输入一个重新存储的、且具有所述第二逻辑状态（1）的安全信息。

5. 如权利要求4所述的集成存储器，

如此来构造所述的可写安全存储单元（SC），使得其存储内容在读访问后被破坏，以便该可写安全存储单元在所述的读访问之后包含有一个第一逻辑状态（0）的数据，并且与事先所存储的数据无关。

6. 如权利要求5所述的集成存储器，

所述的可写安全存储单元（SC）为一种铁电存储单元。

7. 如权利要求4所述的集成存储器，

所述的可写安全存储单元（SC）的构造与所述的可写存储单元（MC）相同。"

申请人（下称复审请求人）对该驳回决定不服，于2005年2月25日向专利复审委员会提出了复审请求，同时提交了权利要求书的替换页，其中将原权利要求3的技术特征补入原权利要求1中成为新的权利要求1，将原权利要求5的技术特征补入原权利要求4中，并重新排序为权利要求第1~

5 项。

复审请求人的理由主要是：对比文件 1 没有披露、也不能从对比文件 1 中得出本申请的工作方法或集成存储器；对比文件 1 所披露的方法和存储器中，是在存储单元的一个编程周期结束之后向一个测试单元写入一个与第一逻辑值互补的逻辑值，不同于本发明的方法和存储器；本发明中，当在存储器的事先工作中已经由功能干扰引起错误时，所述安全存储单元具有第一逻辑状态，以及当不出现这种错误时则具有第二逻辑状态。

修改后的权利要求书为：

“1. 集成存储器的工作方法，所述的存储器设有用于存储数据的可写存储单元（MC）、字线（WL）和与该字线交叉的位线（BL），并且在所述的字线（WL）和位线（BL）的交叉点处布置了用于存储安全信息的可写安全存储单元（SC），具有如下的步骤：

- 在对所述的可写存储单元（MC）之一进行写和/或读访问之前，读出所述可写安全存储单元（SC）中所存储的安全信息，其中，在从所述的可写安全存储单元（SC）中读出所述的安全信息之后，并且在写入所述新的安全信息之前，在所述的可写安全存储单元（SC）内生成一个第一逻辑状态（0）的数据，

- 如果在读出所述的可写安全存储单元（SC）时所述被读出的安全信息具有第一逻辑状态（0），则产生一个出错信号（E），

而且，如果在读出所述的可写安全存储单元（SC）时所述被读出的安全信息具有第二逻辑状态（1），则对所述的可写存储单元（MC）执行访问，而且对所述具有第一逻辑状态（0）的可写安全存储单元（SC）进行写访问，在该写访问中向所述的安全存储单元输入一个重新存储的、且具有所述第二逻辑状态（1）的安全信息。

2. 如权利要求 1 所述的工作方法，

它是在每次初始化所述的集成存储器时执行的。

3. 集成存储器，

- 具有用于存储数据的可写存储单元（MC）和用于存储安全信息的可写安全存储单元（SC），

- 具有一种对访问所述可写存储单元（MC）和可写安全存储单元（SC）进行控制的控制单元（10），用于在对所述的可写存储单元（MC）之一进行写和/或读访问时读出所述可写安全存储单元（SC）中所存储的安全信息，其中如此来构造所述的可写安全存储单元（SC），使得其存储内容在读访问后被破坏，以便该可写安全存储单元在所述的读访问之后包含有一个第一逻辑状态（0）的数据，并且与事先所存储的数据无关，

- 以及具有一种检验单元（20），用于检验所述从可写安全存储单元（SC）中读出的安全信息，而且如果所述被读出的安全信息具有第一逻辑状态（0）则产生一个出错信号（E），该检验单元（20）被连接在所述的控制单元（10）上，

- 所述的控制单元（10）被用来在读出安全信息之后紧接着对该具有第一逻辑状态（0）的可写安全存储单元（SC）执行写访问，其中，如果所述的检验单元（2）没有事先产生出错信号（E），则由所述的控制单元向所述的可写安全存储单元输入一个重新存储的、且具有所述第二逻辑状态（1）的安全信息。

4. 如权利要求 3 所述的集成存储器，

所述的可写安全存储单元（SC）为一种铁电存储单元。

5. 如权利要求 3 所述的集成存储器，

所述的可写安全存储单元（SC）的构造与所述的可写存储单元（MC）相同。”

经形式审查合格，专利复审委员会受理了该复审请求，并于2005年3月25日发出了受理通知书和前置审查通知书。

在前置审查中，国家知识产权局原实质审查部门坚持原驳回决定。

在此基础上，专利复审委员会成立合议组对此案进行审理。合议组在审阅了全部文件后认为，根据现有文件，可以作出本复审决定。

二、决定的理由

1. 关于决定所针对的文本

复审请求人于2005年2月25日向专利复审委员会提出复审请求时修改了权利要求，并提交了权利要求书的替换页，经审查，该修改符合专利法第三十三条和专利法实施细则第六十条第一款的规定。因此，本复审决定所针对的文本是：2005年2月25日提交的权利要求第1～5项，2003年11月12日提交的说明书第1～3、3a页，以及进入国家阶段日提交的说明书第4、5页、附图第1～2页、说明书摘要、摘要附图。

2. 关于专利法第二十二条第二款和第三款

专利法第二十二条第二款规定，新颖性，是指在申请日以前没有同样的发明或者实用新型在国内外出版物上公开发表过、在国内公开使用过或者以其他方式为公众所知，也没有同样的发明或者实用新型由他人向国务院专利行政部门提出过申请并且记载在申请日以后公布的专利申请文件中。

专利法第二十二条第三款规定，创造性，是指同申请日以前已有的技术相比，该发明有突出的实质性特点和显著的进步，该实用新型有实质性特点和进步。

如果一项权利要求相对于一对比文件其解决的技术问题不同，并且由于存在区别技术特征而使得技术方案实质上也不同，则该权利要求相对于该对比文件具备新颖性；进一步地，如果包含上述区别技术特征的该权利要求的技术方案相对于该对比文件并非显而易见且取得了有益的技术效果，则该权利要求相对于该对比文件具备创造性。

合议组评价权利要求1～5的新颖性和创造性所使用的对比文件与实质审查过程中使用的对比文件相同，即：

对比文件1：US5742548A 公开日期：1998年4月21日

权利要求1请求保护一种集成存储器的工作方法，其工作方法可以概括为：首先读出安全存储单元中的安全信息，之后在安全存储单元内生成一个第一逻辑状态（0）的数据。判断读出的上述安全信息，如果具有第一逻辑状态（0），则产生一个出错信号（E）；如果具有第二逻辑状态（1），则对存储单元执行访问，并且在安全存储单元中输入一个具有第二逻辑状态（1）的安全信息。权利要求1的技术方案所解决的问题是确定存储器的预先工作当中是否会发生功能干扰。

对比文件1公开了一种具有写校验的电可擦除非易失性存储器，并具体公开了以下技术特征：存储器具有行解码器3，其具有输出（相当于位线）；列解码器10，其具有输出（相当于字线）；存储矩阵（相当于可写存储单元）；在行解码器3的输出位线与列解码器10的输出字线的交叉点处为测试单元（相当于可写安全存储单元）；每一存储单元具有一与之相连的测试单元，执行写操作包括3个编程周期，第一编程周期将第一值写入相应的测试单元中；第二编程周期将数据写入相应的存储单元中；第三编程周期将一个与第一值不同的第二值写入测试单元中。之后，检测测试单元中的数据，如果该数据与第一值相同，则该相应的存储单元的写操作被认为是无效。（参见对比文件1说明书第4栏第5行至第6栏第4行，权利要求1，图1－3），对比文件1的技术方案所解决的问题是确定存储器中编程周期是否被有效地执行。

将权利要求1与对比文件1进行比较，虽然对比文件1公开了字线、位线、可写存储单元、可写安全存储单元，但是权利要求 1 的技术方案所解决的技术问题是确定存储器的预先工作当中是否会发生功能干扰；而对比文件 1 的技术方案所解决的问题是确定存储器中编程周期是否被有效地执行。在权利要求 1 的技术方案中，为了达到其目的，根据从安全存储单元中读出的数据是否为 0 的判断结果来确定是否执行对存储单元的访问，并且在访问后向安全存储单元中存入 1；而在对比文件 1 中为了达到其发明目的，根据判断写入数据前后测试单元中存入的数据是否相同，来确定写入数据是否被有效执行。由此可见，权利要求 1 与对比文件 1 所解决的技术问题、所采用的技术方案、以及所取得的技术效果都是不同的，因此，权利要求 1 相对于对比文件 1 具备专利法第二十二条第二款规定的新颖性。

如上所述，权利要求 1 与对比文件 1 所解决的技术问题、所采用的技术方案不同，并且，对比文件 1 中并没有给出应用权利要求 1 的技术方案以解决“确定存储器的预先工作当中是否会发生功能干扰”的技术问题的技术启示，因此，权利要求 1 的技术方案相对于对比文件 1 是非显而易见的。并且，权利要求 1 的技术方案解决了其技术问题、具有实质性的特点并取得了技术效果，具有显著的进步。因此，权利要求 1 的技术方案相对于对比文件 1 具备专利法第二十二条第三款规定的创造性。

鉴于权利要求 1 相对于对比文件 1 具备专利法第二十二条第二款、第三款规定的新颖性和创造性，其从属权利要求 2 相对于对比文件 1 也具备专利法第二十二条第二款、第三款规定的新颖性和创造性。

权利要求 3 请求保护一种集成存储器，对比文件 1 公开了一种具有写校验的电可擦除非易失性存储器，并具体公开了以下技术特征：存储单元，用于存储数据；与存储单元相连的测试单元，检测测试单元中的的数据，如果该数据与第一值相同，则该相应的存储单元的写操作被认为是无效；控制电路，在第一编程周期中将第一值写入相应的测试单元中，在第二编程周期将数据写入相应的存储单元中，在第三编程周期中将一个与第一值不同的第二值写入测试单元中（参见对比文件 1 说明书第 4 栏第 5 行至第 6 栏第 4 行，权利要求 9，图 1－3），可见，权利要求 3 与对比文件 1 的区别在于：控制单元和检验单元执行的操作的原理不同，权利要求 3 中控制单元用于在访问存储单元时读出安全存储单元中所存储的安全信息，其存储内容在访问后被破坏，并写入包含一第一逻辑状态（0）的数据，根据读出的安全信息是否为 0 判断是否出错，如果检测单元没有产生出错信号，则向安全存储单元输入一个重新存储的、且具有第二逻辑状态（1）的安全信息；权利要求 3 的技术方案是根据从安全存储单元中读出的数据是否为 0 的判断结果来确定是否执行对存储单元的访问，并且在访问后向安全存储单元中存入 1，而对比文件 1 是根据判断写入数据前后测试单元中存入的数据是否相同，来确定写入数据是否被有效执行，它们的工作原理不相同。

同时，包含上述区别技术特征的权利要求 3 的技术方案，解决了确定存储器的预先工作当中是否会发生功能干扰的技术问题，而对比文件 1 所解决的技术问题是确定存储器中编程周期是否被有效地执行。由于对比文件 1 与权利要求 3 所解决的技术问题及其技术方案均不相同，因此，对比文件 1 中并没有给出将上述区别技术特征应用到对比文件 1 中以解决上述技术问题的技术启示，因此，权利要求 3 的技术方案相对于对比文件 1 是非显而易见的。权利要求 3 的技术方案解决了其技术问题、具有实质性特点并取得了技术效果，具有显著的进步。因此，权利要求 3 的技术方案相对于对比文件 1 具备专利法第二十二条第三款规定的创造性。

鉴于权利要求 3 相对于对比文件 1 具备专利法第二十二条第三款规定的创造性，其从属权利要求 4、5 相对于对比文件 1 也具备专利法第二十二条第三款规定的创造性。

三、决定

撤销国家知识产权局 2004 年 12 月 10 日作出的驳回 00805496.7 号发明专利申请的决定，由原审查部门依据请求人于2005年2月25日提交的权利要求第1～5项，2003年11月12日提交的说明书第1～3、3a页，以及进入国家阶段日提交的说明书第4、5页、附图第1～2页、说明书摘要、摘要附图继续进行审批程序。

185

彩色阴极射线管案

复审请求审查决定（第8758号）

决 定 号 第8758号
决 定 日 2006年6月26日
发明创造名称 彩色阴极射线管
国 际 分 类 号 H01J29/02
复 审 请 求 人 LG飞利浦显示器（韩国）株式会社
专 利 申 请 号 02119724.5
申 请 日 2002年5月15日
公 开 日 2003年7月16日
合 议 组 组 长 张美菊
主 审 员 汤 锷
参 审 员 哈雅坤

法 律 依 据 专利法第二十二条第三款
决 定 要 点

当一项权利要求中有一个技术特征与已有技术方案的技术特征明显不同并且在现有技术中得不到启示，而且正是因为所述区别特征使所请求保护的技术方案具有显著优于已有技术方案的效果，则该权利要求相对于已有技术具有突出的实质性特点和显著的进步，具备创造性。

一、案由

本复审请求涉及申请日为2002年5月15日、申请号是02119724.5.发明名称为“彩色阴极射线管”的发明专利申请（下称本申请），申请人是LG飞利浦显示器（韩国）株式会社，优先权日是2002年1月3日。

在实质审查程序中，国家知识产权局实质审查部门于2004年11月5日发出第一次审查意见通知书，指出本申请的权利要求1~3不具备专利法第二十二条第三款规定的创造性。

申请人于2005年4月19日提交了答复第一次审查意见通知书的意见陈述书，没有对申请文件作出修改，申请人认为，权利要求1~3具备创造性。

经审查，国家知识产权局在2005年6月10日以权利要求1~3不具备专利法第二十二条第三款规定的创造性为由驳回了本申请。驳回决定中所引用的对比文件是：

对比文件1：JP10-125247A，公开日为1998年5月15日。

驳回决定所针对的权利要求书为：

“1. 一种彩色阴极射线管，包括一个屏框组件和一个屏板，它们通过将一个在所述屏板的内表面形成的固定销上紧进入到一个弹簧孔来组装到一起，所述弹簧孔设置在弹簧的一端，所述弹簧的另一端直接或者通过一弹簧固定器的两个或更多个接点固定到所述屏框组件上，其中所述阴极射线管满足

5.0＜（A/B）＊W＜=8.0的条件，其中A（cm）是弹簧孔的中心与距弹簧孔最接近的接点（即最近接点）的中心之间的距离，B（cm）是最近接点的中心与距弹簧孔最远的接点（即最远接点）的中心之间的距离，W（kg）是屏框组件施加在用于支撑所述屏框组件的每个弹簧上分担的屏框组件的重量。

2. 根据权利要求1所述的彩色阴极射线管，其中所述弹簧的弹性系数在18000到24000kgf/mm^{2}的范围。

3. 根据权利要求1所述的彩色阴极射线管，其中所述弹簧的厚度在1.0到1.5mm的范围。”

驳回的主要理由为：权利要求1与对比文件1的区别在于，权利要求1中阴极射线管满足的条件是5.0＜（A/B）＊W＜=8.0，而对比文件1中阴极射线管满足的条件是（A/B）＊W＜=5.0，上述两个范围在数值5.0处是无限接近的，申请人在申请文件中没有给出其技术方案的技术效果在数值5.0处相对于对比文件1技术方案的技术效果产生了实质性变化的合理解释，因此，权利要求1相对于对比文件1不具备专利法第二十二条第三款规定的创造性；权利要求2、3的附加技术特征通过有限实验就可以得到，因此也不具备创造性；同时，原审查部门认为，本申请没有在说明书中给出数值在“5.0＜（A/B）＊W＜=8.0”范围内的“具体实施例”，本申请说明书附图8所示的“成功率曲线”可以看出临界点5.0处的“成功率”与权利要求1限定的在“5.0＜（A/B）＊W＜=8.0”范围内的“成功率”没有实质性区别，并且认为，附图8的曲线在大于数值0的范围内都是呈上升趋势的，对本领域技术人员来说，在现有技术的基础上根据技术常识，能够预见本发明的技术效果。

申请人（下称复审请求人）不服上述驳回决定，于2005年9月19日向国家知识产权局专利复审委员会提出复审请求，没有对申请文件作出修改。复审请求人认为：对比文件1完全没有公开5.0＜（A/B）＊W＜=8.0的技术特征，并且本申请的数值范围解决了现有技术中（A/B）＊W＜=5.0的限制和缺陷，取得了有益的效果，因此，权利要求1~3所要求保护的技术方案相对于对比文件1具备创造性，符合专利法第二十二条第三款的规定。

专利复审委员会于2005年12月1日向复审请求人发出了复审请求受理通知书，并将该复审请求书连同原申请案卷一并送交作出驳回决定的原审查部门进行前置审查，在前置审查意见书中，国家知识产权局实质审查部门认为，本申请的权利要求1虽然没有要求5.0这一点，但是“5.0＜（A/B）＊W＜=8.0”这一数值范围存在无限接近5.0的极限情况，该极限情况在权利要求1的范围内；申请文件中缺乏例如实验数据等能够证明本发明与现有技术在数值5.0处存在突变性差异的证据；附图8所示的曲线是一条粗略的示意曲线，并且该曲线的上升趋势是客观存在的，本领域技术人员在现有技术的基础上可以预见。权利要求1不符合专利法第二十二条第三款的规定，因而坚持原驳回决定。

针对本复审请求，专利复审委员会依法成立合议组对本复审请求进行审理，经认真研究后，合议组认为本案事实已经清楚，可以作出复审决定。

二、决定的理由

1. 审查所依据的文本

由于复审请求人在提出复审请求时没有提交修改文本，本复审决定所依据的文本是驳回决定针对的文本，即申请日提交的原始申请文件的权利要求第1~3项、说明书第1~8页、说明书附图1~5页、说明书摘要和摘要附图。

2. 关于创造性问题

根据专利法第二十二条第三款规定，发明的创造性是指同申请日以前已有的技术相比，该发明有突出的实质性特点和显著的进步。当一项权利要求中有一个技术特征与已有技术方案的技术特征明显不同并且在现有技术中得不到启示，而且正是因为所述区别特征使所请求保护的技术方案具有明显优于已有技术方案的效果，则该权利要求相对于已有技术具有突出的实质性特点和显著的进步，具备创造性。

权利要求1请求保护一种彩色阴极射线管，对比文件1公开了一种阴极射线管，并披露了（参见说明书第2~6栏以及附图1-6）如下技术特征：一彩色阴极射线管，包括一个屏框组件和一个屏板，它们通过将一个在所述屏板的内表面形成的固定销上紧进入到一个弹簧孔来组装到一起，所述弹簧孔设置在弹簧的一端，所述弹簧的另一端直接或者通过一弹簧固定器的两个或多个接点固定到所述屏框组件上，其中所述阴极射线管满足（A/B）*W<=5.0的条件，其中A（cm）是弹簧孔的中心与距弹簧孔最接近的接点（即最近接点）的中心之间的距离，B（cm）是最近接点的中心与距弹簧孔最远的接点（即最远接点）的中心之间的距离，W（kg）是屏框组件施加在用于支撑所述屏框组件的每个弹簧上分担的屏框组件的重量。

通过对比，权利要求1和对比文件1的区别在于：权利要求1中阴极射线管满足的条件是5.0<（A/B）*W<=8.0，而对比文件1中阴极射线管满足的条件是（A/B）*W<=5.0。权利要求1中不包括5.0这个点，两个数值范围无共同端点或部分重叠，由此可见，对比文件1没有公开权利要求1中的特征“5.0<（A/B）*W<=8.0”。

对比文件1为本申请背景技术中所引用的文件，在本发明的背景技术部分对对比文件1中满足（A/B）*W<=5.0条件的阴极射线管的缺点作了说明，即，“根据这种阴极射线管的结构，在重复将弹簧与屏板的固定销插入/分离的过程中，由于位置偏移产生的颜色搭配错误仍然经常发生，而且由于为了使焊接点安全可靠，弹簧固定器需要额外的材料造成不必要的浪费，增加制造成本。而且安装在屏框组件的下部框体以便缓冲组件的震动的一个缓冲器的导线与该弹簧固定器发生冲突。”对比文件1中仅仅描述了（A/B）*W<=5.0，而并没有给出（A/B）*W值大于5.0时的紧固成功比率的变化，也并没有给出为了解决上述技术问题可以使（A/B）*W值大于5.0的启示。

根据本申请说明书第8页第2段以及附图8可知，为了改进弹簧与屏板的紧固力而使弹簧具有两个弯曲部位，为了确保足够的制造公差，优选（A/B）*W的数值大于5，由附图8中可以看出，数值5是一个拐点，当该数值大于5时，成功比率接近100%，比较稳定，而在小于5的时候，成功紧固的比率较低且急剧变化。由此可见，对比文件1没有公开权利要求1的全部技术特征，并且也没有给出相关的技术启示，两者的区别技术特征能带来显著有益的技术效果，因此，相对于对比文件1，权利要求1具备突出的实质性特点与显著的进步，具备专利法第二十二条第三款规定的创造性。

从属权利要求2~3在其引用的权利要求1具备创造性的情况下也相应地具备创造性。

3. 对原审查部门其他意见的评述

虽然本申请的数值范围具有接近5.0的趋势，但是本申请所要求保护的是5.0<（A/B）*W<=8.0的范围，根据图8可知，在此范围内成功紧固比率较高且比较稳定的情形，其与（A/B）*W<=5.0这个数值范围的成功紧固比率较低且明显急剧变化的情形的性质和所能达到的效果完全不一样；而原审查部门认为图8仅仅是一条粗略的示意曲线缺乏依据，因为，本申请说明书第8页第2段指出，图8是说明在重复制造阴极射线管时在将弹簧与屏板固定销连接/脱离的过程中改变（A/B）*W数值的成功比率的测试结果图，是测量数据的一种体现。另外，对比文件1中没有公开有关本申请图8的成功紧固比率的任何内容，原审查部门所述的在对比文件1的基础上根据技术常识能够预见成功率曲线的上升趋势的观点是缺乏理由和依据的。

基于上述事实和理由，合议组认为，权利要求1~3相对于对比文件1具备专利法第二十二条第三款规定的创造性。

三、决定

撤销国家知识产权局于2005年6月10日对02119724.5号发明专利申请作出的驳回决定。

由国家知识产权局原审查部门依据申请日提交的权利要求第1~3项、说明书第1~8页、说明书附图第1~5页、说明书摘要和摘要附图继续审查程序。

186

在医学成像系统中产生图像的方法案

复审请求审查决定（第8765号）

决　定　号　第8765号
决　定　日　2006年6月16日
发明创造名称　在医学成像系统中产生图像的方法
国际分类号　G06T 15/10　A61B 6/03
复审请求人　西门子公司
申　请　号　96113115.2
申　请　日　1996年9月18日
公　布　日　1997年11月19日
合议组组长　蒋　彤
主　审　员　张宗任
参　审　员　马志远

法律依据　专利法第二十六条第三款
决定要点

凡是所属技术领域的技术人员不能从现有技术中直接、唯一地得出的有关内容，均应当在说明书中描述；说明书中给出了技术手段，但对所属技术领域的技术人员来说，其中一些手段是一种概括性的，根据说明书记载的内容无法具体实施这些手段，则认为本领域普通技术人员无法实现该发明。

一、案由

本复审请求涉及国家知识产权局于1996年9月18日受理、1997年11月19日公开、申请号为96113115.2. 名称为“在医学成像系统中产生图像的方法”的发明专利申请，申请人是西门子公司、优先权日为1995年11月7日。

国家知识产权局实质审查部门以本申请不符合专利法二十六条第三款的规定为由，于2002年11月29日作出了驳回本申请的审查决定。该驳回决定的具体理由是：本申请的发明点在于使断面图像在测量和计算过程中增大，而说明书仅进行了概括性的表述，首先本申请中两次使用了内插法，但没有给出具体算法或公式，即没有确切的说明，另外本申请中断面图像的形成关键在于交割线和分辨率的计算或使用，是怎样计算交割线的，内插法计算中间值应使用什么具体的算法，分辨率在此计算中又如何使用，平均值通过相邻的交割线的加权加法计算具体是如何计算的，分辨率又是如何使用的，本领域普通技术人员无法从说明书中直接唯一推导出这些特征，更无法实现，所以本申请不符合专利法第二十六条第三款的规定。

申请人（下称复审请求人）对上述驳回决定不服，于2003年3月12日向专利复审委员会提出复审请求，复审请求的理由是：a）计算MPR断面图按照通常的方式进行，与现有技术不同的是：本发明中并不期望直至测量过程结束再基于整个完整的测量数据来计算MPR断面图像，而是实时地制备

MPR 断面图像；b）内插法过程与 MPR 断面图像的计算过程毫无关系，只是当 MPR 断面图像要具有比测量数据更大的分辨率时，才需要这样的内插法过程，而且在计算机层析扫描领域中应用的很普遍；c）具体分辨率的选择对于本发明而言并不重要，只是根据具体的检查情况而定；d）说明书第 2 页第 14 行至第 3 页第 8 行中记载的内容足以使本领域技术人员实现本发明。复审请求人同时提交了权利要求书替换页 1 页。

经形式审查合格，专利复审委员会予以受理，于 2003 年 4 月 1 日向复审请求人发出复审请求受理通知书，并同时向实质审查部门发出前置审查通知书。

在前置审查程序中，国家知识产权局实质审查部门坚持原驳回决定。

专利复审委员会依法成立合议组对本案进行审理，于 2004 年 4 月 19 日发出复审通知书，其中指出：

1. 本发明提出了要解决的问题，仅给出了两个必要或关键技术特征，即获得三维图像数据组，和实时地获得一个图像数据组并将其在一个显示器上示出的内容，其中前者是现有技术，后者是改进技术特征，与给出的所要解决的技术问题相比较，可见看出所记载的技术方案仅仅是所要解决技术问题的另一种表述方式，缺少具体实现步骤。

2. 首先，具体实施方式部分概括性地记载了实现方式，而且给出的例子是获得一种平面的截面图。其中说明书中主要记载的："在此涉及到一个平面，对此，给出该平面的一点及垂直于该平面的向量就足够了，对于 MPR - 断面图像 17 的一般取向还有必要作相应的大量的说明"，那么这个向量如何确定，以及与下面所述的交割线如何关联，或者说怎样通过这个向量来得到交割线，而且对于其他非平面取向的截面如何通过什么量来确定交割线更没有说明，也就是说实施方式所述的实现过程是不清楚的。

其次"交割线这时被立刻计算"那么交割线是如何被计算的，本申请着重强调的就是实时计算并渐显图像，那么对于实时计算交割线和由一组完整的体积图像数据组直接计算截面图应该不会完全相同，对此说明书中没有任何相关记载。

另外"依照 MPR - 断面图像 17 的取向，可能要求在交割线之内的一种内插法，以便得到在所要求的一图像行的象素处的数值。该内插法与上述的中间 - 交割线的内插法一起进行"表述不清楚，在交割线之内的一种内插法，从说明书记载应理解为取决于层面图像 16 的扫描分辨率而与断面图像的取向没有关系，所以具体这种内插法没有具体表述清楚，而且具体如何计算没有记载。

由此可以看出说明书仅对计算断面图所涉及的某些问题进行了概括性的说明，没有给出清楚完整的实施例，也就是说本申请的说明书没有对本发明所要解决的技术问题进行清楚完整的说明，致使本领域普通技术人员无法实现该发明，不符合专利法第 26 条第 3 款的规定。

针对上述复审通知书，复审请求人于 2004 年 6 月 3 日提交了意见陈述书，同时提交了说明书摘要、权利要求书和说明书的替换页。其在意见陈述书中主要指出：

1）权利要求 1 的技术方案不需要内插法，另外内插法例如是一种简单的线形内插法，或是二次幂内插法，对于内插法的具体计算最简单的是将两条交割线的图像值相加再除 2，现有技术中多种内插法都可以用于计算内插值，参见本申请说明书第 2 页第 25 行 ~ 第 3 页第 2 行；

2）关于 MPR 断面图像的分辨率，根据需要的分辨率线性内插法补入中间值就可以，不需要任何创造性；

3）MPR 断面图像的产生过程在本申请说明书第 2 页第 14 ~ 20 行有记载，本领域普通技术人员可设置任意一贯穿体积数据组的像平面，总能采用交割线上的测量数据来形成一 MPR 断面图像；

4）本发明的出发点是在计算所述各层面图像或所述体积数据组之前，先确定一所期望的 MPR 断面图像的位置，在最简单的情况下，所期望的MPR断面图像就是一个平面断面图像，可以借助简单的公知方法给出平面上一点和垂直向量，利用测量的数据计算出MPR断面图像，参见本申请说明书第2页第17~25行、第3页第7~8行。

在上述工作的基础上，合议组认为本案事实清楚，可以作出本复审请求审查决定。

二、决定的理由

针对复审通知书，复审请求人于2004年6月3日提交了说明书、权利要求书和说明书摘要的替换页，其中主要修改了说明书第1页的某些文字表述，将权利要求书恢复原始提交的权利要求书的内容后适当修改了其中某些表述，上述修改符合专利法第三十三条的规定。因此本复审决定所依据的文本是2004年6月3日提交的说明书摘要、权利要求第1~8项、说明书1~3页，2002年4月15日提交的说明书附图第2页，1996年9月18日提交的摘要附图、说明书附图第1页。

专利法第二十六条第三款规定：说明书应当对发明或者实用新型作出清楚、完整的说明，以所属技术领域的技术人员能够实现为准。审查指南第二部分第二章具体指出：应当指出，凡是所属技术领域的技术人员不能从现有技术中直接、唯一地得出的有关内容，均应当在说明书中描述；说明书中给出了技术手段，但对所属技术领域的技术人员来说，该手段是含糊不清的，根据说明书记载的内容无法具体实施，则认为本领域普通技术人员无法实现该发明。

本申请说明书发明内容部分明确指出本发明要解决的技术问题是：由一组三维的体积数据组有效而快速地计算出一个两维的任意取向的断面图。所给出的方案是：先获得一组三维体积图像数据组，为测量和再现各单独的层面图像，或者由这些图像数据形成的部分体积图像，而实时地获得一个图像数据组并将其在一个显示器上示出，所述图像数据组描绘一个两维的断面图，该断面图可以相对于一些平行的层面或体积部分来任意取向，所述断面图在测量和计算过程中增大。

1. 本发明提出了要解决的问题，但在说明书发明内容部分仅给出了两项技术特征，即获得三维图像数据组，和实时地获得一个图像数据组并将其在一个显示器上示出，其中前者是现有技术，后者是改进技术特征，与给出的所要解决的技术问题相比较，可以看出说明书发明内容部分给出的仅是针对所要解决技术问题的一些想法，并没有完整记载一种技术方案。

2. 具体实施方式部分概括性地记载了实现方式，而且给出的例子仅是获得一种平面的截面图。其中说明书中记载了“在此涉及到一个平面，对此，给出该平面的一点及垂直于该平面的向量就足够了，对于MPR－断面图像17的一般取向还有必要作相应的大量的说明”，那么这个向量如何确定，以及与下面所述的交割线如何关联，或者说怎样通过这个向量来得到交割线，而且对于其他非平面取向的截面如何通过什么量来确定交割线更没有说明，也就是说实施方式的实现基础是不清楚的。

其次“交割线这时被立刻计算”那么交割线是如何被计算的，本申请着重强调的就是实时计算并渐显图像，那么对于实时计算交割线和由一组完整的体积图像数据组直接计算截面图应该不会完全相同，对此说明书中没有任何相关记载。

“依照MPR－断面图像17的取向，可能要求在交割线之内的一种内插法，以便得到在所要求的一图像行的象素处的数值。该内插法与上述的中间－交割线的内插法一起进行”表述不清楚，在交割线之内的一种内插法，从说明书记载应理解为取决于层面图像16的扫描分辨率而与断面图像的取向没有关系，所以具体这种内插法没有具体表述清楚，而且具体如何计算没有记载。

由此可以看出说明书具体实施方式部分仅对计算断面图所涉及的某些问题进行了概括性的说明，没有给出清楚完整的实施例。

总之，本申请的说明书没有对本发明的技术方案进行清楚完整的说明，致使本领域普通技术人员无法实现该发明，不符合专利法第二十六条第三款的规定。

针对复审请求人提出的意见，合议组认为：

a）公开不充分的问题属于说明书的问题，与权利要求1所要保护的技术方案没有直接关系，在本申请申请日前是存在一些具体数学内插算法，但是本申请说明书中并没有记载这些具体的数学算法如何具体应用到本发明中，说明书第2页第25行至第3页第2行仅指出内插算法计算交割线间的中间值，还可以采用加权算法，但对如何计算出交割线数据、交割线数据属于什么类型的数据、如何对这些数据进行内插、所需分辨率与部分数据内插还是全部数据内插的对应计算关系等，说明书没有任何记载，这些内容不是本领域普通技术人员能从现有技术中直接、唯一地得出的内容，均应当在说明书中描述（参见审查指南第二部分第二章2.1.2节）。

b）在本申请说明书第2页第14～25行、第3页第7～8行记载了复审请求人所谓的“MPR断面图像的产生过程”，其中与形成断面图像有关的内容仅记载了“给出该平面的一点及垂直于该平面的向量就足够了，对于MPR－断面图像17的一般形成过程还有必要作相应的大量的说明”，同a）点分析一样，对于断面图像的产生没有给出任何的计算步骤或计算公式，同时本发明的目的在于“计算出一个 两维的任意取向的断面图”，而说明书中所给出的一点提示也仅涉及平面断面图，这是最简单也是特例的情况，对于一般的形成过程没有任何记载，因此所谓的断面图像产生过程在说明书具体实施方式部分也没有充分公开。

三、决定

维持国家知识产权局于2002年11月29日针对96113115.2号发明专利申请作出的驳回决定。

复审请求人对本复审请求审查决定不服的，可以根据专利法第四十一条第二款的规定，自收到本决定之日起三个月内向北京市第一中级人民法院起诉。

187

软件广告案

复审请求审查决定（第8766号）

决　　定　　号　第8766号
决　　定　　日　2005年12月19日
发明创造名称　软件广告
国 际 分 类 号　G06F 9/44
复 审 请 求 人　杨　杰
专 利 申 请 号　03105381.5
申　　请　　日　2003年2月27日
公　　开　　日　2003年9月3日
合 议 组 组 长　蒋　彤
主　　审　　员　张　霞
参　　审　　员　高海燕

法 律 依 据　专利法第三十三条
决 定 要 点

申请人可以对专利申请文件进行修改，但是，在对专利申请文件进行修改时，如果通过对申请内容的增加、改变和/或删除其中的一部分，致使所属技术领域的技术人员看到的信息与原申请公开的信息不同，而且又不能从原申请公开的信息中直接地、毫无疑义地导出，那么，这种修改就违反了专利法第三十三条的规定。

一、案由

本复审请求涉及申请日为2003年2月27日、发明名称为"软件广告"、申请号为03105381.5的发明专利申请，申请人为杨杰。

在实质审查过程中，审查员于2004年1月30日针对申请人于2003年11月14日提交的说明书、说明书附图以及申请日提交的权利要求书、说明书摘要发出了第一次审查意见通知书，指出：申请人于2003年11月14日提交了说明书的修改文本，并增加了附图1，其修改/增加的内容在原权利要求书和说明书中没有记载，因此上述修改不符合专利法第三十三条的规定；本申请说明书没有对发明作出清楚完整的说明，本领域技术人员根据说明书记载的内容无法实现本申请提出的技术方案，因而本申请说明书不符合专利法第二十六条第三款的规定。

针对上述审查意见通知书，申请人于2004年2月10日提交了意见陈述书和说明书以及说明书附图的修改替换页，认为修改后的申请文本克服了审查意见通知书中所指出的缺陷。

针对申请人2004年2月10日提交的说明书、说明书附图以及申请日提交的权利要求书、说明书摘要，审查员于2004年3月12日作出了驳回决定，驳回的理由是：申请人于2004年2月10日提交的说明书中增加了以下内容：说明书第1页和第2页发明内容的"详细阐述"部分、说明书第2页

"附图说明"部分、说明书第2页和第3页的"具体实施方式"部分、说明书第3页第16行至第37行的"6. 在实现与使用本发明的过程中，产生的信息流会根据需要出入单机或网络计算机的CPU"至"6.3.10 图标13 其他的网络末端设备"；同时，申请人于2004年2月10日增加了说明书附图1－5。上述增加的内容均未记载在原说明书和权利要求书中，同时上述增加的内容既不能从原说明书和/或权利要求书中直接明确的导出也不能由所属技术领域技术人员的常识直接获得，因此上述修改超出了原说明书和权利要求书记载的范围，不符合专利法第三十三条的规定。

申请人（下称请求人）对上述驳回决定不服，于2004年3月22日向专利复审委员会提出了复审请求（附实审过程中相关文件），复审请求书中的意见（下称意见1）主要是：根据专利法实施细则第十八条规定，本申请说明书由纸文件与软盘文件组成，软盘文件的记载内容应属于原始记载范围。具体的说：a）发明内容的"详细阐"部分、"附图说明"部分（图一至图四）、"具体实施方式"部分的"1. 对照图一……至5.3……A/D转换器"的内容与说明书附图（图一至图四）已被记载于原说明书和原权利要求书中；b）"具体实施方式"部分的"6. 在实现与使用……至6.3.10 图标（13）：其他的网络末端设备"（说明书第3页第16行至第39行的内容与说明书附图（图五））（所述"增加的内容"是在2003年11月14日提交的修改文件的基础上修改而成），可以被本领域技术人员从原说明书与原权利要求书所表达的内容中直接推导出来。

经形式审查合格后，专利复审委员会受理了本复审请求，于2004年4月12日发出复审请求受理通知书和前置审查通知书。

原审查部门对本复审请求作出了前置审查，坚持原驳回决定。

其后，请求人又于2004年7月5日提交了意见陈述书（下称意见2），叙述了请求人的个人经历。

然后，请求人于2004年9月6日再次提交了意见陈述书（下称意见3），除陈述了个人经历（含证据）外，还在随意见陈述书所附的致复审委员会的一封公开信中提出：1. 由于案件积压，因此本案没有得到审理，违反了专利法第二十一条第一款的规定；2. 不能客观、公正、准确、及时的处理申请与请求，因此违反了专利法第七条。

之后，请求人又于2004年9月14日写信敦促复审委员会加快对本案的审理。

请求人又于2004年9月16日提交了意见陈述书（下称意见4），提交了有关个人经历的证据和本案初审通知书复印件，还在随意见陈述书所附的《答审查员对"在后申请文件提交"的质疑》中提出：请求人已经及时提交了软盘文件，且本申请已初审合格，因此不存在实质缺陷。

之后，请求人又于2004年9月24日提交了意见陈述书（下称意见5）（附实审过程中相关文件及请求复审时提交的意见陈述），其意见主要是：1. 本案在先申请由纸件和软盘文件共同组成（实施细则第18条），由于"……但由于国家知识产权局已经存在先申请文件，所以其副本可以由国家知识产权局制作，直接放入在后申请文档中"（《新专利法详解》），因此在后申请（本申请）也由纸件和软盘组成。因此修改文件符合专利法第三十三条、专利法实施细则第五十一、第五十二条、《审查指南》第二部分第九章的规定；2. 复审委员会不能及时、准确、公正、客观的处理本案，违反专利法第二十一条。

专利复审委员会依法组成合议组对本复审请求案进行审查，于2005年9月6日发出复审通知书，指出：根据专利法、专利法实施细则和审查指南中对申请文件的修改的相关规定，申请人在申请日提交的原说明书和原权利要求书所记载的内容是审查申请文件修改是否符合专利法第三十三条的依据，请求人于2004年2月10日提交的修改文本超出了原说明书和权利要求书记载的范围，不符合专利法第三十三条的规定；请求人所陈述的本申请并未修改超范围的意见1～5都不具有说服力。

其间，请求人又于2005年9月10日提交了意见陈述书，并提交了有关个人经历的证据和请求人在收到复审通知书之前提交的意见陈述书复印件，并敦促合议组加快对本案的审查。

2005年9月26日专利复审委员会收到了请求人针对2005年9月6日发出的复审通知书的意见陈述书，除叙述了个人经历外，请求人还提出其2002年7月9日提交的在先申请已经披露了在后申请权利要求的各个要素，在先申请提交的软盘文件是在后申请的说明书的组成部分，并认为本申请是涉及计算机程序的发明，因此所述软盘文件是说明书撰写的一种方式，此外，请求人还认为申请日提交的说明书中已经指出了软盘的存在，并认为不包含软盘文件本申请就不能被初审合格，因此纸文件与软盘文件构成了被审查与审理的基础，综合以上内容，请求人认为对申请文件的修改并没有超出原说明书和权利要求书的记载范围。

在上述工作的基础上，合议组认为本案事实已经清楚，依法作出本决定。

二、决定的理由

关于专利法第三十三条

专利法第三十三条规定：申请人可以对其专利申请文件进行修改，但是，对发明和实用新型专利申请文件的修改不得超出原说明书和权利要求书记载的范围，对外观设计专利申请文件的修改不得超出原图片或者照片表示的范围。同时，审查指南第二部分第八章第4.1节规定："申请人在申请日提交的原说明书和原权利要求书所记载的内容，是审查上述的修改是否符合专利法第三十三条的依据。"

根据上述内容，将申请文件的修改文本与申请日提交的申请文件进行比较，如果通过对申请内容的增加、改变和/或删除其中的一部分，致使所属技术领域的技术人员看到的信息与原申请公开的信息不同，而且又不能从原申请公开的信息中直接地、毫无疑义地导出，那么，这种修改就是不允许的。

本案中，请求人于2004年2月10日提交了修改后的说明书并增加了说明书附图，其与申请日提交的申请文件相比，增加了下述内容：1. 请求人在修改后的说明书中增加了以下内容：说明书第1页和第2页发明内容的"详细阐述"部分、说明书第2页"附图说明"部分、说明书第2页和第3页的"具体实施方式"部分的1～4点、说明书"具体实施方式"部分第3页第16行至第37行的"6. 在实现与使用本发明的过程中，产生的信息流会根据需要出入单机或网络计算机的CPU……6.3.10图标（13）其他的网络末端设备"；2. 请求人增加了原申请文件所没有的说明书附图1－5。上述增加的内容均未记载在原说明书和权利要求书中，同时上述增加的内容也不能从原说明书和/或权利要求书中直接明确的导出，因此上述修改超出了原说明书和权利要求书记载的范围，不符合专利法第三十三条的规定。

对于请求人于2005年9月10日所提交的意见陈述，由于与本案的审理无关，因此合议组在这里并不进行评价。

对于专利复审委员会于2005年9月26日收到的请求人针对复审通知书中所指出的申请文件修改超范围的意见陈述，合议组意见如下：首先，根据专利法以及审查指南的相关规定，无论在先申请以何种形式提交，其内容仅是判断是否享有优先权的基础，并不能作为在后说明书的组成部分，判断申请文件是否超出原始申请文件的记载范围的基准均应为申请日提交的说明书、权利要求书；其次，专利法实施细则第十八条是对说明书撰写方式和撰写顺序的规定，并非是对申请文件提交形式的规定，虽然本申请涉及计算机程序的发明，但是所提交的申请文件也应为纸件，判断申请文件的修改是否超范围的基准也是申请日提交的纸件；再者，请求人认为申请日提交的说明书中指出了软盘的存在，但是，从本申请的请求书的附件清单以及复审请求书所附的附件清单来看，请求人在申请日并未提交软盘；此外，申请通过初步审查，仅意味着专利申请文件的形式合格，并不意味着该申请的实质审查也可以通过，实质审查是参照专利法、专利法实施细则和审查指南的规定对申请的实体内容的审查，专利权的取得要同时满足初步审查和实质审查的相关规定的要求。综上所述，判断本申请的修改是否超出了原始申请文件的记载范围的基准是本申请申请日所提交的权利要求书和说明书，不包含软盘或本申请的在先申请所公开的内容，请求人所陈述的意见系出于对专利法以及专利法实施细则的误解，因而请求人所提出的理由不具有说服力。

因而，根据以上事实和理由，本案合议组作出如下审查决定。

三、决定

驳回复审请求，维持国家知识产权局专利实质审查部门于 2004 年 3 月 12 日作出的驳回 03105381.5 号发明专利申请的决定。

请求人如对本决定不服，可根据专利法第四十一条第二款的规定，在收到本决定之日起三个月内向北京市第一中级人民法院起诉。

北京市第一中级人民法院
行政判决书

（2007）一中行初字第 75 号

原告杨杰，男，1974 年 6 月 27 日，汉族，无业，户籍所在地江苏省连云港市新浦区朝阳中路 83 号。

被告国家知识产权局专利复审委员会，住所地北京市海淀区北四环西路 9 号银谷大厦 10—12 层。

法定代表人廖涛，副主任。

委托代理人张霞，专利复审委员会审查员。

委托代理人杜微科，专利复审委员会审查员。

原告杨杰不服被告国家知识产权局专利复审委员会作出的第 8766 号复审请求审查决定（下称第 8766 号决定），于 2006 年 8 月 19 日向本院提起行政诉讼。本院受理后依法组成合议庭，并于 2007 年 3 月 20 日公开开庭审理了本案。原告和被告的委托代理人张霞、杜微科到庭参加了诉讼。本案现已审理终结。

2006 年 6 月 28 日，被告作出第 8766 号决定，认为：根据《中华人民共和国专利法》（下称《专利法》）第三十三条和《审查指南》第二部分第八章第 4.1 节的规定，将申请文件的修改文本与申请日提交的申请文件进行比较，如果通过对申请内容的增加、改变和/或删除其中的一部分，致使所属技术领域的技术人员看到的信息与原申请公开的信息不同，而且又不能从原申请公开的信息中直接地、毫无疑义地导出，那么，这种修改就是不允许的。本案中，原告于 2004 年 2 月 10 日提交了修改后的说明书并增加了说明书附图，其与申请日提交的申请文件相比，原告在修改后的说明书中增加了以下内容：说明书第 1 页和第 2 页发明内容的“详细阐述”部分、说明书第 2 页“附图说明”部分、说明书第 2 页和第 3 页的“具体实施方式”部分的 1～4 点、说明书“具体实施方式”部分第 3 页第 16 行至第 37 行的“6. 在实现与使用本发明的过程中，产生的信息流会根据需要出入单机或网络计算机的 CPU……6.3.10 图标（13）其他的网络末端设备”；同时，请求人增加了原申请文件所没有的说明书附图 1～5。上述增加的内容均未记载在原说明书和权利要求书中，同时上述增加的内容也不能从原说明书或权利要求书中直接明确的导出，因此上述修改超出了原说明书和权利要求书记载的范围，不符合《专利法》第三十三条的规定。而原告于 2005 年 9 月 10 日所提交的意见陈述与本案的审理无关，同时，对于原告 2005 年 9 月 26 日提交的针对复审通知书中所指出的申请文件修改超范围的意见陈述，被告认为：无论在先申请以何种形式提交，其内容仅是判断是否享有优先权的基础，并不能作为在后说明书的组成部分，判断申请文件是否超出原始申请文件的记载范围的基准均应为申请日提交的说明书、权利要求书；其次，《中华人民共和国专利法实施细则》（下称《专利法实施细则》第十八条是对说明书撰写方式和撰写顺序的规定，并非是对申请文件提交形式的规定，虽然本申请涉及计算机程序的发明，但是所提交的申请文件也应为纸件，判断申请文件的修改是否超范围的基准也是申请日提交的纸件，原告认为申请日提交的说明书中指出了软盘的存在，但是，从本申请的请求书的附件清单以及复审请求书所附的附件清单来看，原告在申请日并未提交软盘。另外，申请通过初步审查，仅意味着专利申请文件的形式合格，并不意味着该申请的实质审查也可以通过，专利权的取得要同时满足初步审查和实质审查相关规定的要求。故判断本申请的修改是否超出了原始申请文件的记载范围的基准是本申请申请日所提交的权利要求书和说明书，不包含软盘或本申请的在先申请所公开的内容，原告所陈述的意见系出于对《专利法》以及《专利法实施细则》的误解，因而原告所提出的理由不具有说服力。故被告作出了驳回复审请求、维持国家知识产权局子 2004 年 3 月 12 日作出的驳回 03105381.5 号发明专利（下称本专利）申请的决定。

为证明该决定合法，被告法定期限内提交并经当庭质证的证据包括：1. 原告在本专利申请时提交的申请文件；2. 原告提交的发明专利请求书；3. 原告于 2003 年 11 月 14 日提交的文件清单；4. 第 8766 号决定所针对的修改文本；5. 复审通知书。

原告诉称，判断本专利申请文件的修改是否超出了原申请文件记载范围的基准是本专利申请日所提交的权利要求书和说明书是正确的，但被告认定原告申请日提交的文件中不包括软盘是错误的。本案中，本发明是涉及计算机程序的发明，程序设计语言以 JAVAW 语言为主，软盘文件和纸文件共同构成了说明书的内容，这种撰写方式是由本发明的性质决定的，并可以节约说明书的篇幅。对于软盘这一重要文件，原告在申请日不可能不提交。事实上，在提出本专利申请时，原告确实提交了软盘，2003 年 3 月 3 日又提交过一个修改版的软盘文件，这些事实可以从原告向被告提交的几次意见陈述等证据得以证明。且 2002 年 7 月 9 日原告曾提出过在先申请，当时的申请文件由纸文件和软盘文件共同构成，本专利申请属于在后申请，在保留优先权的情况下，应该视为原告的本专利申请也提交了软盘文件。而在该软盘文件中，完全记载了第 8766 号决定指出的本专利申请文件修改时新增加的内容。因此，原告在申请日提交了软盘文件，并进行了相关操作，被告忽略了软盘，导致第 8766 号决定错误。故请求法院撤销第 8766 号决定，并赔偿其交通费用和误工损失等经济损失共计 2000 元。

为证明其主张，原告当庭提及并经质证的证据包括：1. 国家知识产权局专利收费收据；2. 意见陈述书；3. 计算机软件著作权登记证书；4. 江苏省赣榆县人才服务中心开具的诉费减免的证明；5. 专利申请受理通知书以及费用减缓审批通知书；6. “洁净和美化的系统和方法”的申请表；7. 包括：（1）实质审查请求书、（2）2004 年 1 月 30 日的意见陈述书、（3）驳回决定、（4）2004 年 9 月 24 日意见陈述书、（5）北京市人民检察院第一分院送达回证；8.《北京市第一中级人民法院行政裁定书》及收取材料清单；9. 包括：（1）1999 年签发的已经被盗的身份证复印件报案材料、（2）报案材料、（3）2004 年 9 月 6 日提交的《申请日后提交文件的清单》；10. 关于“清洁与美化的系统和方法”专利申请副本的证明页；11. 包括：（1）“洁净和美化的系统和方法”的专利受理通知书、（2）软件广告的发明请求书；12. 四张车票，证明其具体损失。

被告辩称，从本申请的请求书的附件清单、原告于2003年11月14日提交的文件清单来看，原告在申请日并未提交软盘，软盘系申请人于申请日后以补正方式提交。同时，原告于2004年2月10日提交了修改后的说明书并增加了说明书附图，其与申请日提交的申请文件相比，增加的内容也不能从原说明书或权利要求书中直接地、毫无疑义地确定，因此上述修改超出了原说明书和权利要求书记载的范围，不符合《专利法》第三十三条的规定。因此第8766号决定认定事实清楚、适用法律正确、审理程序合法，原告的诉讼理由不能成立，请求法院驳回原告的诉讼请求，维持第8766号决定。

针对被告提交证据的真实性、合法性和关联性，原告没有异议，但认为不能证明第8766号决定合法。针对原告提交的证据，被告对证据1~3的真实性、合法性和关联性没有异议，对证据12的真实性没有异议，但认为上述证据不能证明原告的主张，对其他证据被告表示不予认可。

针对上述证据，本院认为：被告提交的全部证据以及原告提交的证据2、证据5和证据7中的（1）~（4）真实、合法，能够作为认定本案事实的证据，原告提交的证据12能够证明其因参与本案诉讼而支出的交通费用，对上述证据本院予以采纳。原告证据中的证据4并未实际提交本院，证据8~11的实际提交时间为2007年3月23日，超过了最高人民法院《关于行政诉讼证据若干问题的规定》第七条第一款规定的举证期限，其他证据亦与本案缺乏关联性，对上述证据本院不予采纳。

根据上述有效证据及各方当事人无争议的陈述，本院认定事实如下：

本专利涉及一种名称为“软件广告”的发明专利申请，申请日为2003年2月27日，申请人为杨杰。在实质审查过程中，国家知识产权局于2004年1月30日发出了审查意见通知书，指出原告于2003年11月14日提交了说明书的修改文本，并增加了附图1，其修改或增加的内容在原权利要求书和说明书中没有记载，因此上述修改不符合《专利法》第三十三条的规定，且本申请说明书没有对发明作出清楚完整的说明，本领域技术人员根据说明书记载的内容无法实现本申请提出的技术方案，因而本申请说明书不符合《专利法》第二十六条第三款的规定。针对上述审查意见通知书，原告于2004年2月10日提交了意见陈述书和说明书以及说明书附图的修改替换页，认为修改后的申请文本克服了审查意见通知书中所指出的缺陷。针对申请人2004年2月10日提交的说明书、说明书附图以及申请日提交的权利要求书、说明书摘要，国家知识产权局于2004年3月12日作出了驳回决定，驳回的理由是：原告于2004年2月10日提交的说明书中增加了说明书第1页和第2页发明内容的“详细阐述”部分、说明书第2页“附图说明”部分、说明书第2页和第3页的“具体实施方式”部分、说明书第3页第16行至第37行的“6. 在实现与使用本发明的过程中，产生的信息流会根据需要出入单机或网络计算机的CPU’至6.3.10图标13其他的网络末端设备”；同时，原告于2004年2月10日增加了说明书附图1-5，上述增加的内容均未记载在原说明书和权利要求书中，同时上述增加的内容既不能从原说明书和/或权利要求书中直接明确的导出也不能由所属技术领域技术人员的常识直接获得，因此上述修改超出了原说明书和权利要求书记载的范围，不符合《专利法》第三十三条的规定。原告对该驳回决定不服，认为根据《专利法实施细则》第十八条的规定，本专利申请说明书由纸文件与软盘文件组成，软盘文件的记载内容应属于原始记载范围，而发明内容的“详细阐述”部分、“附图说明”部分（图一至图四)、“具体实施方式”部分的“1. 对照图一……至5.3……A/D转换器”的内容与说明书附图（图一至图四）已被记载于原说明书和原权利要求书中，“具体实施方式”部分的“6. 在实现与使用……至6.3.10图标（13）：其他的网络末端设备”（说明书第3页第16行至第39行的内容与说明书附图（图五））等，可以被本领域技术人员从原说明书与原权利要求书所表达的内容中直接推导出来，并于2004年3月22日向被告提出复审请求。被告受理后于2004年4月12日发出复审请求受理通知书和前置审查通知书，原审查部门进行前置审查后，坚持原驳回决定。2004年7月5日和9月6日，原告分别向被告提交意见陈述书，叙述原告的个人经历，并认为被告积压案件，没有客观公正的审理本案，违反了《专利法》第二十一条第一款及第七条的规定。同年9月14日，原告写信敦促被告加快审理。同年9月16日，原告再次提交意见陈述书，并提交了有关个人经历的证据和本案初审通知书复印件，同时认为其已经及时提交了软盘文件，且本申请已初审合格，因此不存在实质缺陷。同年9月24日，原告提交新的意见陈述书，除坚持上述意见外，还提出本专利的在先申请由纸件和软盘文件共同组成，根据《新专利法详解》一书中关于"……但由于国家知识产权局已经存在先申请文件，所以其副本可以由国家知识产权局制作，直接放入在后申请文档中"的规定，在后申请（即本专利申请）也由纸件和软盘组成，因此本专利的修改文件符合《专利法》第三十三条、《专利法实施细则》第五十一条、第五十二条以及《审查指南》第二部分第九章的规定。

被告经过审查后，于2005年9月6日发出复审通知书，指出根据《专利法》、《专利法实施细则》以及《审查指南》中对申请文件修改的相关规定，申请人在申请日提交的原说明书和原权利要求书所记载的内容是审查申请文件修改是否符合《专利法》第三十三条的依据，原告于2004年2月10日提交的修改文本超出了原说明书和权利要求书记载的范围，不符合《专利法》第三十三条的规定，原告关于本专利申请并未修改超范围的意见不具有说服力。针对该通知，同年9月26日，原告向被告提交了意见陈述书，除叙述了个人经历外，还提出其2002年7月9日提交的在先申请已经披露了在后申请权利要求的各个要素，在先申请提交的软盘文件是在后申请的说明书的组成部分，并认为本申请是涉及计算机程序的发明，因此所述软盘文件是说明书撰写的一种方式。同时，原告认为，申请日提交的说明书中已经指出了软盘的存在，并认为不包含软盘文件本申请就不能被初审合格，因此纸文件与软盘文件构成了审查与审理的基础，原告对申请文件的修改并没有超出原说明书和权利要求书的记载范围。据此被告作出了第8766号决定。

本院认为，《专利法》第三十三条规定，申请人可以对其专利申请文件进行修改，但是，对发明和实用新型专利申请文件的修改不得超出原说明书和权利要求书记载的范围。该法第三十八条规定，发明专利申请经申请人陈述意见或进行修改后，国务院专利行政部门仍然认为不符合本法规定的，应当予以驳回。根据《专利法实施细则》下称《细则》第五十三条第（四）项的规定，申请的修改不符合《专利法》第三十三条规定的，属于该法第三十八条规定的应该予以驳回的情形。该《细则》第六十二条同时规定，专利复审委员会进行复审后，认为复审请求不符合《专利法》及该《细则》规定的，应当通知复审请求人，要求其在指定期限内陈述意见，经陈述意见或者进行修改后，专利复审委员会认为仍不符合《专利法》和该《细则》有关规定的，应当作出维持原驳回决定的复审决定。

本案的争议焦点在于，原告提及的软盘是否属于申请日提交的原文件的范围以及原告2004年2月10日提交的修改文本，是否超出了申请日提交的说明书和权利要求书记载的范围。根据被告提交的原告《发明专利请求书》所附加"文件清单"可以确定，原告在申请日并未提交其所主张的软盘，且根据当时有效的《审查指南》第五部分第一章第2节的规定，专利申请手续应当以书面形式或者以专利局规定的其他形式办理，以非书面形式办理的各种手续均视为未提出，不产生法律效力。因此，在未见专利局有其他形式的适用于本案规定的情况下，原告关于其申请日曾提交软盘以及该软盘应视为属于申请日提交的原文件范围的主张，本院不予支持。而与申请日提交的说明书和权利要求书相比，原告2004年2月10日提交的修改文本除新增加了附图1—5之外，还在说明书部分增加了第1页和第2页发明内容的"详细阐述"部分、第2页"附图说明"部分、说明书第2页和第3页的"具体实施方式"部分的1～4点、"具体实施方式"部分第3页第16～37行的"6. 在实现与使用本发明的过程中，产生的信息流会根据需要出入单机或网络计算机的CPU……6.3.10图标（13）其他的网络末端设备"等内容。上述新增加的内容，已经超出了申请日提交的说明书和权利要求书记载的范围。被告在查明该事实的基础上，认为原告对申请文本的修改违反了《专利法》第三十三条的规定、并作出维持国家知识产权局驳回决定的行为，符合上述法律的规定。原告关于其对申请文本的修改未违反《专利法》第三十三条规定的主张，缺乏事实和法律依据，本院不予支持。

综上，第8766号决定认定事实清楚，适用法律正确，符合法定程序，本院应予维持。原告的诉讼理由缺乏事实和法律依据，其要求撤销第8766号决定的诉讼请求，本院均不予女持。鉴于第8766号决定未被本院撤销或者确认违法，原告要求被告赔偿其经济损失的诉讼请求，本院不予支持。依照《中华人民共和国行政诉讼法》第五十四条第（一）项的规定以及最高人民法院《关于审理行政赔偿案件若干问题的规 定》第三十三条的规定，判决如下：

一、维持被告国家知识产权局专利复审委员会于二OO六年六月二十八日作出的第8766号复审决定；

二、驳回原告的行政赔偿请求。案件受理费1000元，由原告杨杰负担（于本判决生效之日起十五日交纳）。

如不服本判决，可在判决书送达之日起15日内，向本院递交上诉状，并按对方当事人的人数提出副本，上诉于北京市高级人民法院。

审 判 长 吴 月
代理审判员 刘井玉
人民陪审员 吴 群
二〇〇七年十月十四日
书 记 员 张 涵

北京市高级人民法院
行政判决书

（2007）高行终字第540号

上诉人（一审原告）杨杰，男，1974年6月27日出生，汉族，无业，户籍所在地江苏省连云港市新浦区朝阳中路83号。

被上诉人（一审被告）国家知识产权局专利复审委员会，住所地北京市海淀区北四环西路9号银谷大厦10—12层。

法定代表人廖涛，副主任。

委托代理人张霞，女，国家知识产权局专利复审委员会审查员。

委托代理人杜微科，男，国家知识产权局专利复审委员会审查员。

上诉人杨杰因专利复审请求审查决定一案，不服北京市第一中级人民法院（2007）一中行初字第75号行政判决，向本院提起上诉。本院受理后，依法组成合议庭，审理了本案。本案现已审理终结。

2006年6月28日，国家知识产权局专利复审委员会（下称专利复审委）针对申请人杨杰提出的复审请求，作出第8766号复审请求审查决定（下称第8766号决定），认定杨杰对名称为“软件广告”的发明专利申请（下称本申请）的修改不符合《中华人民共和国专利法》（下称《专利法》）第三十三条的规定，决定维持国家知识产权局作出的驳回本申请的决定。杨杰不服第 8766 号决定，向北京市第一中级人民法院提起诉讼，请求法院判决撤销第 8766 号决定，并判令专利复审委赔偿其经济损失 2000 元。

北京市第一中级人民法院经审理认为，《专利法》第三十三条规定，申请人可以对其专利申请文件进行修改，但是，对发明和实用新型专利申请文件的修改不得超出原说明书和权利要求书记载的范围。该法第三十八条规定，发明专利申请经申请人陈述意见或进行修改后，国务院专利行政部门仍然认为不符合本法规定的，应当予以驳回。根据《中华人民共和国专利法实施细则》（下称《实施细则》）第五十三条第（四）项的规定，申请的修改不符合《专利法》第三十三条规定的，属于该法第三十八条规定的应该予以驳回的情形。该《实施细则》第六十二条同时规定，专利复审委员会进行复审后，认为复审请求不符合《专利法》及该《实施细则》规定的，应当通知复审请求人，要求其在指定期限内陈述意见，经陈述意见或者进行修改后，专利复审委员会认为仍不符合《专利法》和该《实施细则》有关规定的，应当作出维持原驳回决定的复审决定。

本案的争议焦点在于，杨杰提及的软盘是否属于申请日提交的原文件的范围以及杨杰 2004 年 2 月 10 日提交的修改文本，是否超出了申请日提交的说明书和权利要求书记载的范围。根据专利复审委提交的杨杰《发明专利请求书》所附加“文件清单”可以确定，杨杰在申请日并未提交其所主张的软盘，且根据当时有效的《审查指南》第五部分第一章第 2 节的规定，专利申请手续应当以书面形式或者以专利局规定的其他形式办理，以非书面形式办理的各种手续均视为未提出，不产生法律效力。因此在未见专利局有其他形式的适用于本案规定的情况下，杨杰关于其申请日曾提交软盘以及该软盘应视为属于申请日提交的原文件范围的主张，法院不予支持。而与申请日提交的说明书和权利要求书相比，杨杰 2004 年 2 月 10 日提交的修改文本除新增加了附图 1—5 之外，还在说明书部分增加了第 1 页和第 2 页发明内容的“详细阐述’’部分、第 2 页“附图说明”部分、说明书第 2 页和第 3 页的“具体实施方式”部分的 1 ~4 点、“具体实施方式’’部分第 3 页第 16 行至第 37 行的“6. 在实现与使用本发明的过程中，产生的信息流会根据需要出入单机或网络计算机的 CPU……6. 3. 10 图标（13）其他的网络末端设备”等内容。上述新增加的内容，已经超出了申请日提交的说明书和权利要求书记载的范围。专利复审委在查明该事实的基础上，认为杨杰对申请文本的修改违反了《专利法》第三十三条的规定、并作出维持国家知识产权局驳回决定的行为，符合上述法律的规定。杨杰关于其对申请文本的修改未违反《专利法》第三十三条规定的主张，缺乏事实和法律依据，法院不予支持。

综上，第 8766 号决定认定事实清楚，适用法律正确，符合法定程序，本院应予维持。杨杰的诉讼理由缺乏事实和法律依据，其要求撤销第 8766 号决定的诉讼请求，法院不予支持。鉴于第 8766 号决定未被法院撤销或者确认违法，杨杰要求专利复审委赔偿其经济损失的诉讼请求，法院无法支持。依照《中华人民共和国行政诉讼法》第五十四条第（一）项的规定以及最高人民法院《关于审理行政赔偿案件若干问题的规定》第三十三条的规定，判决维持国家知识产权局专利复审委员会于 2006 年 6 月 28 日作出的第 8766 号复审请求审查决定；驳回杨杰的行政赔偿请求。

上诉人杨杰不服上述判决，向本院上诉称：一审判决认定事实不清，适用法律不当。2002 年 7 月 9 日，上诉人向国家知识产权局提出过本申请的在先申请，在先申请文件由纸文件和软盘文件构成。2003 年 2 月 27 日，上诉人提出本申清，提交的是纸文件和软盘文件组成的专利申请文件。2003 年 3 月 3 日，上诉人又提交了一个修改版的软盘文件。这些事实可以从上诉人提交的几次意见陈述中得到证明。一审期间，上诉人请求一审法院调取国家知识产权局专利局受理处等部门的工作记录及工作人员的证言，以证明 2003 年 2 月 27 日、3 月 3 日上诉人向该局提交材料的情况。一审法院不予许可是违法的。上诉人提交的软盘文件完全记载了第 8766 号决定指出的本专利申请文件修改时新增加的内容。专利复审委未认定软盘文件记载的内容，导致第8766号决定错误。请求二审法院撤销一审判决，依法改判。

被上诉人专利复审委答辩称：上诉人在申请日未提交软盘，软盘系其于申请日后以补正方式提交。同时，上诉人于2004年2月10日提交了修改后的说明书并增加了说明书附图，与申请日提交的申请文件相比，上述增加的内容不能从原说明书和/或权利要求书中直接地、毫无异议地确定，因此上述修改超出了原说明书和权利要求书记载的范围，不符合《专利法》第三十三条的规定。一审判决认定事实清楚、适用法律正确，请求二审法院驳回上诉，维持一审判决。

经审理查明：2003年2月27日，杨杰向国家知识产权局提出本申请，提交的申请文件包括请求书、说明书、说明书摘要、权利要求书。国家知识产权局受理了本申请，本申请的申请号为03105381.5。2003年11月14日，杨杰又提交了经修改的说明书，增加了说明书附图，还提交了实施例软盘1份。实质审查期间，国家知识产权局于2004年1月30日发出了审查意见通知书，指出杨杰于2003年11月14日提交的说明书修改文本增加了附图1，修改/增加的内容在原权利要求书和说明书中没有记载，不符合《专利法》第三十三条的规定；且本申请说明书没有对发明作出清楚完整的说明，本领域技术人员根据说明书记载的内容无法实现本申请提出的技术方案，本申请说明书不符合《专利法》第二十六条第三款的规定。针对上述审查意见，杨杰于2004年2月10日提交了意见陈述书和说明书以及说明书附图的修改替换页，认为修改后的申请文本克服了审查意见通知书所指出的缺陷。2004年3月12日，国家知识产权局以杨杰于2004年2月10日提交的说明书、说明书附图以及申请日提交的权利要求书、说明书摘要为审查文本，作出驳回本申请的决定，驳回的理由是：杨杰于2004年2月10日提交的说明书中增加了说明书第1页和第2页发明内容的“详细阐述’’部分、说明书第2页“附图说明”部分、说明书第2页和第3页的“具体实施方式”部分、说明书第3页第16~37行的“6. 在实现与使用本发明的过程中，产生的信息流会根据需要出入单机或网络计算机的CPU’至“6.3.10 图标13其他的网络末端设备”，还增加了说明书附图1-5；上述新增内容均未记载在原说明书和权利要求书中，既不能从原说明书和/或权利要求书中直接明确地导出，也不能由所属技术领域技术人员的常识直接获得，因此上述修改超出了原说明书和权利要求书记载的范围，不符合《专利法》第三十三条的规定。

杨杰不服上述驳回决定，于2004年3月22日向专利复审委申请复审。杨杰提出的复审理由主要是：根据《实施则》第十八条的规定，本专利申请说明书由纸文件与软盘文件组成，软盘文件的记载内容应属于原始记载范围。发明内容的“详细阐述”部分、“附图说明”部分（图一至图四）、“具体实施方式”部分的“1. 对照图一……至5.3……A/D转换器”的内容与说明书附图（图一至图四）已被记载于原说明书和原权利要求书中；“具体实施方式”部分的“6. 在实现与使用……至6.3.10图标（13）：其他的网络末端设备”（说明书第3页第16~39行的内容与说明书附图（图五））等，可以被本领域技术人员从原说明书与原权利要求书所表达的内容中直接推导出来。

专利复审委受理了杨杰提出的复审请求，交由原实质审查部门进行前置审查。原实质审查部门坚持原驳回决定。2004年7月5日、9月6日、9月14日、9月16日、9月24日，杨杰数次向专利复审委提交意见陈述书，主要内容为：叙述个人经历；敦促专利复审委加快审理；认为其已经及时提交软盘文件，本申请已初审合格，不存在实质缺陷；本专利的在先申请由纸件和软盘文件共同组成，在后申请（即本申请）也由纸件和软盘文件组成，因此本申请的修改符合《专利法》第三十三条等法律规定。

专利复审委经审查，于2005年9月6日发出复审通知书，指出根据《专利法》《实施细则》以及《审查指南》中关于修改申请文件的相关规定，申请人在申请日提交的原说明书和原权利要求书所记载的内容是审查申请文件的修改是否符合《专利法》第三十三条的依据。杨杰于2004年2月10日提交的修改文本超出了原说明书和权利要求书记载的范围，不符合《专利法》第三十三条的规定，杨杰关于本申请的修改未超范围的意见不具有说服力。2005年9月10日、9月26日，杨杰又提交了两份意见陈述书，除叙述个人经历外，还提出其于2002年7月9日提交的在先申请已经披露了在后申请权利要求的各个要素，在先申请提交的软盘文件是在后申请的说明书的组成部分；本申请是涉及计算机程序的发明，所述软盘文件是说明书撰写的一种方式；其于申请日提交的说明书中已经指出了软盘的存在，如不包含软盘文件，本申请不能被初审合格；因此，其对申请文件的修改并没有超出原说明书和权利要求书的记载范围。

2006年6月28日，专利复申委作出第8766号复审决定，决定维持国家知识产权局作出的驳回本申请的决定。主要理由是：杨杰于2004年2月10日提交了修改后的说明书并增加了说明书附图1—5。专利复审委认定的杨杰在修改后的说明书中新增的内容，与国家知识产权局在驳回决定中所作认定一致。专利复审委认定上述增加的内容均未记载在原说明书和权利要求书中，也不能从原说明书和/或权利要求书中直接明确地导出，因此上述修改超出了原说明书和权利要求书记载的范围，不符合《专利法》第三十三条的规定。杨杰于2005年9月10日提交的意见陈述与本案的审理无关；针对杨杰在2005年9月26日提交的意见陈述，专利复审委认为无论在先申请以何种形式提交，其内容仅是判断是否享有优先权的基础，并不能作为在后说明书的组成部分，判断申请文件是否超出原始申请文件的记载范围的基准均应为申请日提交的说明书、权利要求书；其次，《实施细则》第十八条是对说明书撰写方式和撰写顺序的规定，并非是对申请文件提交形式的规定，虽然本申请是涉及计算机程序的发明，但是所提交的申请文件也应为纸件，判断申请文件的修改是否超范围的基准也是申请日提交的纸件。本申请的请求书的附件清单以及复审请求书所附的附件清单均未记载杨杰在申请日提交了软盘；通过初步审查仅意味着专利申请文件的形式合格，并不意味着该申请也能通过实质审查，专利权的取得要同时满足初步审查和实质审查的相关规定的要求。杨杰所持理由系对《专利法》以及《实施细则》的误解，不具有说服力。专利复审委基于以上理由，作出第8766号决定。

杨杰不服第8766号决定，向北京市第一中级人民法院
提起诉讼。

一审期间，专利复审委在法定期限内向一审法院提交下列证据：1. 杨杰在申请日提交的申请文件；2. 杨杰提交的发明专利请求书；3. 杨杰于2003年11月14日提交的文件清单；4. 第8766号决定所针对的修改文本；5. 复审通知书。

一审庭审期间，杨杰当庭提交并经质证的证据为：1. 国家知识产权局专利收费收据；2. 意见陈述书；3. 计算机软件著作权登记证书；4. 江苏省赣榆县人才服务中心开具的诉费减免的证明；5. 专利申请受理通知书以及费用减缓审批通知书；6. “洁净和美化的系统和方法”的申请表；7. 包括：（1）实质审查请求书、（2）2004年1月30日的意见陈述书、（3）驳回决定、（4）2004年9月24日意见陈述书、（5）北京市人民检察院第一分院送达回证；8.《北京市第一中级人民法院行政裁定书》及收取材料清单；9. 包括：（1）1999年签发的已经被盗的身份证复印件报案材料以及、（2）报案材料、（3）2004年9月6日提交的《申请日后提交文件的清单》；10. 关于“清洁与美化的系统和方法”专利申请副本的证明页；11、包括：（1）“洁净和美化的系统和方法”的专利受理通知书、（2）软件广告的发明请求书；12. 四张车票。

一审法院经审查，认为专利复审委提交的全部证据以及杨杰提交的证据2、证据5和证据7中的（1）～（4）真实、合法，能够作为认定本案事实的证据；杨杰提交的证据12能够证明其因参与本案诉讼而支出的交通费用，予以采纳。杨杰证据中的证据4并未实际提交，证据8—11的提交时间超

过规定的举证期限，其他证据与本案缺乏关联性，不予采纳。

上述证据均已随案移送本院。二审期间，各方当事人未提交新证据。本院经审查，认为一审法院的认证意见正确，予以确认。本院依据经认证的证据确认本案事实。

本院认为，本案的争议焦点在于杨杰对申请文件进行的修改是否存在超出原说明书及权利要求书记载的范围的情形。判断一专利申请人对其申请文件进行的修改是否超出原说明书及权利要求书记载的范围，应当以其申请日提交的说明书及权利要求书为基准。根据专利复审委提交的证据，杨杰在申请日 2003 年 2 月 27 日提交的文件只有纸介质的请求书、说明书、说明书摘要、权利要求书，并不包括其所主张的软盘文件。专利复审委经对杨杰于实质审查期间提交的本申请的修改文本进行审查，认定修改文本中增加了原说明书和权利要求书没有记载的内容，且所增加的内容无法从原说明书和/或权利要求书中直接明确地导出，杨杰对本申请进行的修改超出了原说明书和权利要求书记载的范围，不符合《专利法》第三十三条的规定，事实清楚，理由充分。一审法院判决维持第 8766 号决定符合法律规定；杨杰要求专利复审委赔偿其经济损失，没有法律依据，一审法院不予支持，亦是正确的。杨杰的上诉理由没有相应的事实与法律依据，本院不予采纳。据此，依照《中华人民共和国行政诉讼法》第六十一条第（一）项之规定，判决如下：

驳回上诉，维持一审判决。

二审案件受理费 100 元，由上诉人杨杰负担（已交纳）。

本判决为终审判决。

审 判 长 王 燕
审 判 员 朱世宽
代理审判员 赵宇晖
二〇〇七年十一月三十日
书 记 员 张 怡

188

用于管理允许进入游览项目的方法和装置案

复审请求审查决定（第8768号）

决　定　号　第8768号
决　定　日　2006年6月26日
发明创造名称　用于管理允许进入游览项目的方法和装置
国 际 分 类 号　G06F 17/60
复 审 请 求 人　迪士尼企业公司
申　请　号　00130599.9
申　请　日　2000年8月10日
公　开　日　2001年6月27日
合 议 组 组 长　黄毅斐
主　审　员　高　栋
参　审　员　崔哲勇

法 律 依 据　专利法第二十五条第一款
决 定 要 点

如果权利要求请求保护的主题是一种系统，而除主题名称以及公知结构的装置之外，其记载的内容实质上在于利用数学中的排队理论对游览项目的顾客进行管理的方法本身，则虽然权利要求利用了技术手段，但是由于没有解决技术问题、产生技术效果，从而该权利要求属于智力活动的规则和方法，不能被授予专利权。

一、案由

本复审请求涉及国家知识产权局于2000年8月10日受理的、申请号为00130599.9. 名称为“用于管理允许进入游览项目的方法和装置”的发明专利申请（下称本申请），其最早优先权日为1999年8月10日，申请人为迪士尼企业公司。

在实质审查过程中，国家知识产权局以本申请权利要求1~23属于专利法第二十五条规定的不授予专利权的范围为由，于2003年6月20日驳回了本申请。

该驳回决定所针对的独立权利要求的内容如下：

“1. 一种用于实时调整顾客流到一个或多个特定游览项目的系统，从而最佳化具有顾客命令的游览项目的容量，包括：

第一队列（24），通过该队列，顾客可以通过排队等待访问所述特定游览项目；

第二队列（26），通过该队列，顾客可以以避免第一队列（24）的方式访问所述游览项目（22）；

第一确定器（32），用于确定顾客访问第二队列（26）的授权，其特征在于：

控制器（44），用于单方面的确定、产生和发布分配的时间范围，在该时间范围，顾客可以通过第二队列（26）访问特定游览项目，其中，所述控制器（44）包括处理器，用于一次或多次确定所述游览项目的实时操作容量，所述处理器向所述系统提供有关实时操作容量的数据，用于产生所述时间分配范围；

数据存储装置，用于存储有关前面分配给顾客次数的数据，其中，所述系统根据存储的数据允许或拒绝确认所述顾客授权的分配时间；

第二确认器（34、42），用于允许授权顾客在分配的时间范围访问分配的游览项目（22）。”

驳回决定指出：权利要求1请求保护一种用于实时调整顾客流到一个或多个特定游览项目的系统，其属于涉及计算机程序的发明撰写为产品权利要求的情形，其硬件结构没有任何变化，实质为利用计算机程序使得顾客高效率地进出浏览项目的管理方法，解决的不是技术问题，所获得的效果也不是技术效果，因此权利要求1属于专利法第二十五条第一款之（二）项规定的不授予专利权的范围。对独立权利要求1进一步限定的权利要求2～23实质上仍为所述管理方法，因此也属于专利法第二十五条规定的不授予专利权的范围。并且，本申请所提出的使顾客高效率地进出游览项目从而提高游览项目使用率的问题不属于技术问题，所获得的节省顾客时间和提高公园游览项目使用效率的效果也非技术效果，虽然利用了处理器、显示器等技术手段，但这些技术手段是公知的，本申请的实质为一种智力活动的规则和方法。

申请人（下称请求人）对上述驳回决定不服，于2003年9月22日向专利复审委员会提出了复审请求，但未修改申请文件。请求人请求复审的理由主要是：本申请不是关于计算机程序的发明，本发明的技术方案是一种用于实时调整顾客流到一个或多个特定游览项目的系统，该系统使用确认器、控制器等等构成一个大的控制系统，用于实施调整顾客流，请求人不理解审查员说的“技术问题”是指的什么技术问题。使顾客高效率进出游览项目是本发明的目的，而实现本发明目的的手段是本发明的控制系统，解决的技术问题是控制系统如何控制系统中的各个部件的动作，具体说就是引导顾客流动、控制各游览项目入口的开或关。请求人还认为本发明没有给出任何规则和方法，只是利用了数学中的排队理论，均衡顾客访问游览项目。顾客在本系统中只是被采集信号的对象，不参与本系统的控制。使用本发明的系统，可以大大节省顾客的时间和提高公园游览项目的效率。

经形式审查合格后，专利复审委员会受理了上述复审请求，并于2003年12月1日发出了复审请求受理通知书以及前置审查通知书。

在前置审查程序中，国家知识产权局原实质审查部门仍坚持原驳回决定。

专利复审委员会依法成立合议组对本案进行审理。本案合议组对驳回决定所依据的申请文件以及全部复审理由进行审查后，于2005年9月28日发出了复审通知书，指出：权利要求1～23属于专利法第二十五条第一款之（2）项规定的不授予专利权的范围，理由是上述权利要求请求保护的内容实质上是利用计算机程序在这些装置上运行来实现对顾客高效率进出游览项目的管理，这种管理所依据的是数学方法中的排队理论，本申请实际上要解决的问题不属于技术问题，而仅仅在于一种对顾客排队进行管理的方法本身，因此不能被授予专利权。

请求人于2006年1月9日提交了意见陈述书，但未修改申请文件，同时请求人认为：本申请的技术方案是一种实时调整顾客流到一个或多个特定游览项目的系统，该系统使用确认器、控制器、存储器、服务器、媒体分配器、算法处理器、键盘、显示器、等待时间发生器、挡杆等构成的大的控制器，用于实施调整顾客流。本申请的目的是使顾客高效率进出游览项目，实现该目的的手段是控制系统，解决的技术问题是控制系统如何控制系统中各个部件的动作，具体说就是引导顾客流动、控制各游览项目入口的开或关。请求人还认为在权利要求1的技术方案中，依据以下四个特征进行必要的相关处理：

媒体分配器的位置；

分配的时间范围；

游客的身份；

改变步行者流量图的能力。

并指出上述四个不同特征是技术上的因素，且需要输入、技术处理、技术计算，最终获得技术效果。

在上述工作的基础上，合议组认为本案事实清楚，可依法作出本复审请求审查决定。

二、决定的理由

1. 关于审查文本

请求人答复复审通知书时未修改权利要求书和说明书，因此本复审决定以驳回决定所依据的文本为基础。

2. 关于专利法第二十五条第一款

权利要求 1 请求保护一种用于实时调整顾客流到一个或多个特定游览项目的系统。该系统包括第一确认器、第二确认器、控制器、数据存储装置，合议组认为其所利用的都是现有技术中的公知装置，由于这些装置在现有技术中是公知的，因此不需要引证对比文件来证明，也就是说虽然本申请利用了技术手段，如控制器、数据存储器等技术手段，但是该系统在硬件结构系统性能方面对现有技术并没有作出任何贡献，这些硬件结构都是公知的，其所实现的功能是对访问游览项目进行管理的方法，如在权利要求 1 所述的“一次或多次确定所述游览项目的实时操作容量”以及将“有关实时操作容量和混合比率的数据提供给所述系统，用于产生所述的分配的时间范围”等等的内容，因此实质上是利用计算机程序在这些装置上运行来实现对顾客高效率地进出浏览项目的管理，而这种管理所依据的正是本申请说明书中也提到的数学中的排队理论。基于以上内容，合议组认为：虽然请求人声称其解决的技术问题是控制系统如何控制系统中的各个部件的动作，但是本申请实际所要解决的问题是如何根据数学中的排队理论使得顾客高效率地进出游览项目，从而提高游览项目使用率的问题，该问题不属于技术问题，仅仅是一种对顾客排队进行管理的方法；合议组还注意到在利用现有技术中的公知装置来完成本申请的排队管理方法的过程中也没有引发新的技术问题，其结合所产生的仅仅是利用计算机程序在公知装置上运行来实现对排队进行管理的功能；期望获得节省顾客时间和提高公园游览项目使用效率的效果，此效果也不是技术效果，请求人在答复复通时对此也是含糊不清，并没有说明可以产生何种技术效果。由于权利要求 1 的技术方案对现有技术的贡献仅仅在于管理方法本身，所以权利要求 1 属于专利法第二十五条第一款之（二）项规定的不授予专利权的范围。

从属权利要求 2 ~ 23 是对独立权利要求 1 进一步限定的方案，基于评述权利要求 1 的相同理由，其实质上请求保护的仍为所述管理方法，属于专利法第二十五条规定的不授予专利权的范围。

综上所述，合议组认为本申请的权利要求 1 ~ 23 属于专利法第二十五条规定的不授予专利权的范围，请求人的复审请求理由不能成立。

三、决定

维持国家知识产权局实质审查部门于 2003 年 6 月 20 日对 00130599.9 号发明专利申请所作出的驳回决定。

复审请求人对本决定不服的，可以根据专利法第四十一条第二款的规定，自收到本决定之日起三个月内向北京市第一中级人民法院起诉。

189

提供环境影响信息的系统和方法、记录介质及数据信号案

复审请求审查决定（第8779号）

决　定　号　第8779号
决　定　日　2006年6月26日
发明创造名称　提供环境影响信息的系统和方法、记录介质及数据信号
国际分类号　G06F 17/00
复审请求人　株式会社理光
申　请　号　01137965.0
申　请　日　2001年9月21日
公　布　日　2002年4月10日
合议组组长　张　度
主　审　员　邢文飞
参　审　员　朱芳芳

法律依据　专利法第二十五条
决定要点

本申请对于现有技术的贡献仅在于对环境影响信息的获得、收集和分析，获得产品的寿命周期中的一组环境影响等方法本身，因此属于专利法第二十五条第一款第（二）项中所述的智力活动的规则和方法的范围，因而不能被授予专利权。

一、案由

本复审请求涉及国家知识产权局于2003年12月5日驳回的、名称为“提供环境影响信息的系统和方法、记录介质及数据信号”的发明专利申请（下称本申请），其申请号为01137965.0，申请日为2001年9月21日，优先权日为2000年9月21日，申请人为株式会社理光。

国家知识产权局于2003年12月5日驳回了本申请，其理由是：权利要求1～20属于专利法第二十五条第一款第（二）项规定的智力活动的规则和方法，属于不授予专利权的情形。具体理由是：权利要求1～20请求保护一种环境影响信息系统，该权利要求请求保护的虽然是一种系统，但由于其硬件结构没有发生任何变化，因此其实质上请求保护的是理由公知计算机对相关的环境影响信息进行管理的方法，上述权利要求解决的不是技术问题，所获得的效果也不是技术效果，因此属于专利法第二十五条第一款第（二）项规定的智力活动的规则和方法，属于不授予专利权的情形。

其中该驳回决定所针对的独立权利要求的内容如下：

“1. 一种环境影响信息系统，包括：

环境影响信息获得单元（25，27，29，31，33，35），获得在包括在组织活动中的多个过程中的

关于环境影响的环境影响信息；

环境影响信息收集器（39），收集由所述环境影响信息获得单元（25，27，29，31，33，35）获得的环境影响信息；以及环境影响信息分析器（39），根据由所述环境影响信息收集器（39）收集的环境影响信息来获得逐个产品的每个处理过程的环境影响，并且获得产品的寿命周期中的一组环境影响。”

“8. 一种环境影响信息系统包括：

环境影响信息获得装置（25，27，29，31，33，35），获得在每一个包括在组织活动中的多个过程中的关于环境影响的环境影响信息；

环境影响信息收集装置（39），用于收集由所述环境影响信息获得装置（25，27，29，31，33，35）获得的环境影响信息；

环境影响信息分析装置（39），用于根据由所述环境影响信息收集装置（39）收集的环境影响信息来获得逐个产品的每个处理过程的环境影响，并且获得在产品的寿命周期中的一组环境影响；

用于根据由所述环境影响信息收集装置（39）收集的环境影响信息和由所述环境影响信息分析装置获得的表示这组环境影响的信息以预定格式生成报告信息的报告信息生成装置（41）。

9. 一种环境影响信息系统，该系统包括通过预定的网络彼此连接的用于管理包括在组织活动中的多个过程的多个过程管理设备（25，27，29，31，33，35）和环境管理设备（39），并且其中：每个所述过程管理设备（25，27，29，31，33，35）在每个过程中获得关于环境影响的环境影响信息；和所述环境管理设备（39）通过网络收集由每个所述过程管理设备（25，27，29，31，33，35）获得的环境影响信息，并且根据收集的环境影响信息获得逐个产品的每个处理过程的环境影响，以及获得在产品的寿命周期中的一组环境影响。”

“16. 一种环境管理信息系统，包括通过预定网络彼此连接的用于管理包括在组织的活动中的多个过程的过程管理设备和环境管理设备，并且其中：

所述过程管理设备包括用于获得在多个过程的每一个中的关于环境影响的环境影响信息的环境影响信息获得装置（25，27，29，31，33，35）；

所述环境管理设备包括：

环境影响信息收集装置（39），用于收集由所述环境影响信息获得装置（25，27，29，31，33，35）获得的环境影响信息；和环境影响信息分析装置（39），用于根据由所述环境影响信息收集装置（39）收集的环境影响信息来获得逐个产品的每个处理过程的环境影响，并且获得在产品的寿命周期中的一组环境影响；

报告信息生成装置（41），用于根据由所述环境影响信息收集装置（39）收集的环境影响信息和由所述环境影响信息分析装置获得的表示这组环境影响的信息以预定格式生成报告信息。

17. 一种用于提供环境影响系统的方法，所述方法包括步骤：

获得（S2，S3，S4，S5，S6，S7）在包括在组织活动中的多个过程的每一个中的关于环境影响的环境影响信息；

收集（S8，S9，S10，S11，S12，S13）在所述获得步骤（S2，S3，S4，S5，S6，S7）中获得的环境影响信息；

根据在所述收集步骤中收集的环境影响信息，来获得（S14）逐个产品的每个处理过程的环境影响，并且获得在产品的寿命周期中的一组环境影响；和提供（S15）关于在所述获得步骤（S14）中获得的这组环境影响的信息。

18. 一种环境影响信息系统，包括：

环境影响信息获得单元（25，27，29，31，33，35），获得在组织活动中的关于环境影响的环境影响信息；

环境影响信息收集器（39），收集由所述环境影响信息获得单元（25，27，29，31，33，35）获得的环境影响信息；以及环境影响信息分析器（39），根据由所述环境影响信息收集器（39）收集的环境影响信息来获得逐个产品的每个处理过程的环境影响，并且获得在产品的寿命周期中的一组环境影响。

19. 一种环境影响信息系统，该系统包括通过预定的网络彼此连接的多个过程管理设备（25，27，29，31，33，35）和环境管理设备（39），并且其中：

每个所述过程管理设备（25，27，29，31，33，35）在每个过程中获得关于环境影响的环境影响信息；和所述环境管理设备（39）通过网络收集由每个所述过程管理设备（25，27，29，31，33，35）获得的环境影响信息，并且根据收集的环境影响信息来获得逐个产品的每个处理过程的环境影响，并且获得在产品的寿命周期中的一组环境影响。

20. 一种用于提供环境影响系统的方法，所述方法包括步骤：

获得（S2，S3，S4，S5，S6，S7）在组织活动中的关于环境影响的环境影响信息；

收集（S8，S9，S10，S11，S12，S13）在所述获得步骤（S2，S3，S4，S5，S6，S7）中获得的环境影响信息；

根据在所述收集步骤中收集的环境影响信息，来获得（S14）逐个产品的每个处理过程的环境影响，并且获得在产品的寿命周期中的一组环境影响；和提供（S15）关于在所述获得步骤（S14）中获得的这组环境影响的信息。”

申请人（下称请求人）对上述驳回决定不服，于2004年3月17日向专利复审委员会提出了复审请求，但未提交修改文件，其复审请求理由主要是：发明人经过长期的创造性劳动，认识到了由各个组织所带来的一组环境影响，并将这组环境影响用于进行管理决定，并且本申请的技术问题和技术效果可以由本申请权利要求1～20所要保护的技术方案来体现；同时本申请修改后的权利要求1～20是为了解决技术问题而提出的技术方案，其客观上能够达到一定的技术效果，因此符合专利法第二十二条关于新颖性和创造性的规定，应当得到专利保护。

经形式审查合格，专利复审委员会受理了该复审请求，并于2004年3月29日发出了复审请求受理通知书以及前置审查通知书。

在前置审查程序中，国家知识产权局专利局原实质审查部门仍坚持原驳回决定。

在此基础上，专利复审委员会依法成立合议组对本案进行审理。本案合议组对驳回决定所依据的申请文件以及全部复审理由进行审查后，于2005年1月10日发出了复审意见通知书，指出：1）权利要求1、8、9、16、18、19请求保护一种环境影响信息系统，上述权利要求实质上是仅是利用已有的计算机系统和通信网络来实现对环境影响信息的获得、收集和分析，获得产品的寿命周期中的一组环境影响，即该系统在硬件结构系统性能方面对现有技术并没有作出任何贡献，这些硬件结构都是公知的，其所实现的功能是对环境影响信息进行管理的手段，基于以上内容，合议组认为：虽然请求人声称其解决的技术问题是有效地提供环境影响信息和有效地减小环境影响，但是本申请实际所要解决的问题是快速地获得、收集和分析环境影响信息，获得产品寿命周期中的一组环境影响，该问题不是技术问题，而只是一种收集管理信息的手段，合议组还注意到在利用现有技术中的公知装置来完成本申请的提供环境影响信息的手段中也没有引发新的技术问题，其仅仅是利用计算机程序在公知装置上运行来实现提供环境影响信息的功能；期望获得节省获得环境影响信息的时间的效果，此效果也不是技术效果，因此权利要求1的技术方案对现有技术的贡献仅仅在于提供环境影响信息方法本身，所以权利要求1、8、9、16、18、19属于专利法第二十五条第一款之（二）项规定的不授予专利权的范围。同理，上述权利要求的从属权利要求2~7、10~15也属于专利法第25条规定的不授予专利权的范围；2）权利要求17、20均请求保护一种提供环境影响信息的方法，其实质上仅仅是简单的环境信息的获得，收集，并提供出所收集的环境信息的手段，而没有提出如何获得并收集该环境信息的具体的技术方案，虽然请求人声称其解决的技术问题是有效地提供环境影响信息和有效地减小环境影响，但是本申请实际所要解决的问题是快速地获得、收集和分析环境影响信息，获得产品寿命周期中的一组环境影响，该问题不是技术问题，而只是一种收集管理信息的手段，并期望获得节省获得环境影响信息的时间的效果，此效果也不是技术效果。由此可见，其所解决的并非技术问题，由此而产生的效果也不是技术效果，因此权利要求17、20所要保护的方案实际上仅是获得环境影响信息，所解决的问题和所获得的效果均是非技术性的，因此权利要求17、20所要保护的方案属于专利法第二十五条第一款第（二）项规定的智力活动的规则和方法，属于不能授予专利权的情形。

请求人于2006年4月24日提交了意见陈述书，认为：1）请求人修改了独立权利要求1、8、9、16，删除了权利要求17~20，其修改的主要方面是：1a）通过“传感器”来获得各过程的环境影响信息，并通过“通信网络”来收集影响信息；1b）在求环境影响的减少量时，使用“环境影响信息表”；1c）环境计算进行“使环境影响减少量和环境成本达到最佳”的运算处理；2）请求人认为合议组以本发明是否存在硬件结构系统性能方面对现有技术的贡献来评判是否解决了技术问题和获得了技术效果是不正确的，对于涉及到计算机程序的发明，其硬件结构不一定发生变化；3）在合议组没有引用任何对比文件的情况下，不能简单对环境影响信息的处理就不是用于解决技术问题；4）对于本申请而言，修改后的权利要求1－16均属于产品权利要求，因此应当通过分析其与现有技术的区别来评价其可专利性。对于产品权利要求来讲，其所采用的硬件设备是否公知应当不影响其专利性，如果其公知硬件设备的组合与本发明软件模块的组合一起解决了技术问题并产生了技术效果，则不能否认这样产品的可专利性。因此请求人认为修改后的权利要求1~16均不属于智力活动的规则和方法，而应得到专利保护。

其中修改后的独立权利要求的内容如下：

“1. 一种环境影响信息系统，用于收集伴随组织活动发生的关于环境影响的信息，其特征在于，包括：

环境影响信息获得单元（25，27，29，31，33，35），通过分别设置在各过程中的传感器来获得在包括在组织活动中的多个过程中产生的关于环境影响的环境影响信息；

环境影响信息收集器（39），通过通信网络来收集由所述环境影响信息获得单元（25，27，29，31，33，35）通过传感器所获得的环境影响信息；

环境影响信息分析器（39），对由所述环境影响信息收集器（39）收集并存储在环境影响信息表中的环境影响信息进行分析，并求产品的寿命周期中的一组环境影响以及环境影响的减少量；

环境成本统计单元（37），通过通信网络统计各过程中用于环境措施所产生的环境成本；以及根据由所述环境影响信息分析器求出的环境影响的减少量和由所述环境成本统计单元（37）统计的环境成本，来进行使环境影响减少量和环境成本达到最佳的环境计算运算处理的环境计算单元（43）。”

“8. 一种环境影响信息系统，用于收集伴随组织活动发生的关于环境影响的信息，其特征在于，包括：环境影响信息获得装置（25，27，29，31，33，35），用于通过分别设置在各过程中的传感器来获得在包括在组织活动中的多个过程中产生的关于环境影响的环境影响信息；

环境影响信息收集装置（39），用于通过通信网络来收集由所述环境影响信息获得装置（25，27，29，31，33，35）通过传感器所获得的各过程的环境影响信息；

环境影响信息分析装置（39），用于对由所述环境影响信息收集装置（39）收集并存储在环境影响信息表中的环境影响信息进行分析，并求产品的寿命周期中的一组环境影响以及环境影响的减少量；

环境成本统计装置（37），通过通信网络统计各过程中用于环境措施所产生的环境成本；以及

环境计算装置（43），根据由所述环境影响信息分析器求出的环境影响的减少量和由所述环境成本统计装置（37）统计的环境成本，来进行计算运算处理；以及用于根据由所述环境计算装置（43）进行的环境计算的结果，来生成预定格式的报告信息的报告信息生成装置（41）。

9. 一种环境影响信息系统，用于收集伴随组织活动发生的关于环境影响的信息，

该系统通过预定的网络连接在组织活动中的多个过程管理设备（25，27，29，31，33，35）、环境管理设备（39）、投资额统计设备（37）和环境计算设备（43），其特征在于，其中：

所述过程管理设备（25，27，29，31，33，35）通过分别设置在各过程中的传感器来获得每个过程中产生的关于环境影响的环境影响信息；所述环境管理设备（39）通过通信网络收集由每个所述过程管理设备（25，27，29，31，33，35）通过传感器获得的环境影响信息，并根据收集并存储在环境影响信息表中的环境影响信息，来求产品的寿命周期中的一组环境影响以及环境影响的减少量；

所述投资额统计设备（37），通过网络统计各过程中用于环境措施所产生的环境成本；

环境计算设备（43）根据由所述环境管理设备（39）求出的环境影响的减少量和由所述投资额统计设备（37）统计的环境成本，来进行使环境影响减少量和环境成本达到最佳的环境计算运算处理。”

“16. 一种环境管理信息系统，通过预定网络连接在组织活动中的多个过程管理设备、环境管理设备、投资额统计设备和环境计算设备，其特征在于，其中：

所述过程管理设备包括：

用于通过分别设置在各过程中的传感器来获得包含在组织活动中的多个过程中产生的关于环境影响的环境影响信息的环境影响信息活动装置（25，27，29，31，33，35）；

所述环境管理设备包括：

环境影响信息收集装置（39），用于通过通信网络收集由每个所述环境影响信息获得装置（25，27，29，31，33，35）通过传感器获得的各过程的环境影响信息；和环境影响信息收集装置（39），用于对由环境影响信息收集装置（39）收集并存储在环境影响信息表中的环境影响信息进行分析，来求产品的寿命周期中的一组环境影响以及环境影响的减少量；

所述投资额统计设备（37），通过网络统计各过程中用于环境措施所产生的环境成本；

所述环境计算设备包括：

环境计算设备（43），根据由所述环境管理设备求出的环境影响的减少量和由所述投资额统计装置统计的环境成本，来进行使环境影响减少量和环境成本达到最佳的环境计算运算处理。”

经审查，合议组认为本案事实清楚，可以依法作出如下复审请求审查决定。

二、决定的理由

1. 审查的基础

请求人答复复审通知书时修改了权利要求书，并且所述修改符合专利法第三十三条和专利法实施细则第六十条的规定，因此本复审决定所依据的文本为：2003 年 10 月 24 日提交的说明书第 1～6、6a、说明书摘要、申请日提交的说明书第 7～27 页、说明书附图第 1～19 页、说明书摘要附图、2006 年 4 月 24 日提交的权利要求第 1～16 项。

2. 关于专利法第二十五条

权利要求1、8、9、16属于智力活动的规则和方法，不符合专利法第二十五条第一款第（二）项的规定。上述权利要求请求保护一种环境影响信息系统（权利要求1、8、9）以及环境管理信息系统（权利要求16），分析上述权利要求以及相应的说明书内容后可以得知，公知的计算机、传感器以及通信网络即可实现权利要求1中所要求保护的包括环境影响信息获得单元（装置）、环境影响信息收集器（装置）、环境影响信息分析器（装置）或环境管理设备（实质上就是环境影响信息收集分析器）、报告信息生成装置的环境影响信息系统（环境管理信息系统），上述权利要求实质上是仅是利用已有的计算机系统和通信网络来实现对环境影响信息的获得、收集和分析，获得产品的寿命周期中的一组环境影响，即该系统在硬件结构系统性能方面对现有技术并没有作出任何贡献，这些硬件结构都是公知的，其所实现的功能是对环境影响信息进行管理的手段，基于以上内容，合议组认为：虽然请求人声称其解决的技术问题是有效地提供环境影响信息和有效地减小环境影响，但是本申请实际所要解决的问题是快速地获得、收集和分析环境影响信息，获得产品寿命周期中的一组环境影响，该问题不是技术问题，而只是一种收集管理信息的手段，其对现有技术的贡献仅在于收集管理信息的方法本身，合议组还注意到在利用现有技术中的公知装置来完成本申请的提供环境影响信息的手段中也没有引发新的技术问题，其仅仅是利用计算机程序在公知装置上运行来实现提供环境影响信息的功能；期望获得节省获得环境影响信息的时间的效果，此效果也不是技术效果。因此权利要求1的技术方案对现有技术的贡献仅仅在于提供环境影响信息方法本身，所以权利要求1、8、9、16属于专利法第二十五条第一款第（二）项规定的不授予专利权的范围。

从属权利要求2～7、10～15是对上述独立权利要求进一步限定的技术方案，基于对上述权利要求的相同理由，其实质上请求保护的仍为所述提供环境信息的手段，属于专利法第二十五条规定的不授予专利权的范围。

申请人虽然修改了权利要求书，通过“传感器”来获得各过程的环境影响信息和通过“通信网络”来收集影响信息以及在求环境影响的减少量时，使用“环境影响信息表”，但是这些都是公知的技术，其所实现的功能是对环境影响信息进行管理的手段，而只是便于环境信息的收集和整理，通过上述修改，其不能改变权利要求1的技术方案对现有技术的贡献仅仅在于提供环境影响信息方法本身。而且本申请只是把简单的环境影响信息的获得、收集和分析，获得产品的寿命周期中的一组环境影响等等通过公知的硬件结构，如计算机、传感器和通信网络来完成而已，根据说明书的描述，其对现有技术的贡献仅在对环境信息的获得收集和分析，获得产品的寿命周期中的一组环境影响的方法本身，因此该申请属于智力活动的规则和方法，依照专利法第二十五条第一款第（二）项的规定，不能授予专利权。

综上所述，合议组认为本复审请求的理由不能成立。

三、决定

驳回本复审请求，维持国家知识产权局于2003年12月5日作出的驳回决定。

请求人对本决定不服的，可以根据专利法第四十一条第二款的规定，自收到本决定之日起三个月内向北京市第一中级人民法院起诉。

190

优化单字节字符处理的方法和系统案

复审请求审查决定（第8780号）

决　　定　　号　第8780号
决　　定　　日　2006年6月26日
发明创造名称　优化单字节字符处理的方法和系统
国 际 分 类 号　G06F 7/00　G06F 17/28
复 审 请 求 人　国际商业机器公司
专 利 申 请 号　00118850. X
申　　请　　日　2000年6月15日
优 先 权 日　1999年6月25日
公　　开　　日　2001年4月11日
合 议 组 组 长　张　度
主　　审　　员　唐向阳
参　　审　　员　孙治国

法 律 依 据　专利法第二十五条第一款第（二）项
决 定 要 点

权利要求的技术方案涉及单字节字符处理，要解决单字节不能显示所有字符的技术问题，利用了一个计算机程序改善公知计算机系统内部运行性能，采用了技术手段，并能获得相应的技术效果。因此，权利要求1～10不属于专利法第二十五条第一款规定的不授予专利权的客体。

一、案由

本复审请求涉及申请日为2000年6月15日、优先权日为1999年6月25日、申请号为00118850. X、名称为“优化单字节字符处理的方法和系统”的发明专利申请（下称本申请），申请人为国际商业机器公司。

在实质审查过程中，国家知识产权局实质审查部门以本申请原始提交的文本为基础进行审查，于2003年10月10日发出第一次审查意见通知书，认为本申请仅是运用公知计算机系统运行计算机程序实现优化单字节字符，属于专利法第二十五条第一款第（二）项规定的不授予专利权的客体。

针对第一次审查意见通知书，申请人于2004年4月26日提交了意见陈述书以及权利要求书第1～10项和说明书第1页的修改替换页，修改后的权利要求书如下：

“1. 一种结合操作系统内采用的基础数据编码方案优化多字节字符编码方案中的单字节字符的处理的方法，所述方法包括下述步骤：

接收数据串；

作为其整体将所述数据串传递给第一处理例程；以及评估所述数据串来判定所述数据串的任何字符是否是主字体的排斥字符。

2. 权利要求 1 中所述方法，还包括：

将所述数据串作为整体传送给第二处理例程；以及评估所述数据串中有限数目的字符来判定所述数据串是否能根据所述基础编码方案转换。

3. 权利要求 1 中所述方法，其中所述接收数据串步骤还包括从数据输入设备输入所述数据串。

4. 权利要求 1 中所述方法，其中所述传递步骤还包括将所述数据串作为数组传输给所述第一处理例程。

5. 权利要求 2 中所述方法，其中所述传送步骤还包括将所述数据串作为数组传输给所述第二处理例程。

6. 权利要求 1 中所述方法，其中所述评估步骤进一步包括下述步骤：

用布尔运算“或”组合所述数据串中所有字符以构成单一字符；

判定所述单一字符是否是单字节字符；以及检验所述主字体的排斥范围来判定所述排斥范围是否包含单字节字符。

7. 一种结合操作系统内采用的基础数据编码方案优化多字节编码方案中单字节字符的处理的系统，所述系统包括：

接收数据串的装置；

作为其整体将所述数据串传递给第一处理例程的装置；以及评估所述数据串来判定所述数据串中的任何字符是否是主字体的排斥字符的装置。

8. 权利要求 7 中所述的系统，还包括：

作为其整体将所述数据串传送给第二处理例程的装置；以及评估所述数据串中有限数目的字符来判定所述数据串是否能根据所述基础编码方案转换的装置。

9. 权利要求 8 中所述的系统，其中所述传递装置还包括将所述数据串作为数组传输给所述第一处理例程的装置。

10. 权利要求 9 中所述的系统，其中所述评估装置还包括：

用布尔运算“或”组合所述数据串中所有字符来构成单个字符的装置；

判定所述单个字符是否是单字节字符的装置；以及检验所述主字体的排斥范围来判定所述排斥范围是否包含单字节字符的装置。”

国家知识产权局实质审查部门认为，本申请经陈述意见后，权利要求 1 ~ 10 仍属于专利法第二十五条第一款第（二）项规定的不授予专利权的客体，因此于 2005 年 2 月 18 日作出了驳回本申请的决定。

申请人（下称复审请求人）对上述驳回决定不服，于 2005 年 6 月 6 日向专利复审委员会提出了复审请求，没有提交权利要求书替换页，其复审理由主要是：权利要求 1 ~ 10 的方法和系统不属于智力活动的规则和方法，因为本申请要解决的技术问题是结合操作系统内采用的基础数据编码方案优化多字节字符编码方案中的单字节字符的处理，本申请采用了检验整个数据串的构思，产生了提高对多字集环境中采用多字节字符编码方案的包含单字节字符的数据串的处理的效率的技术效果，因此不属于专利法第二十五条第一款第（二）项规定的不授予专利权的客体。

经形式审查合格后，专利复审委员会受理了本复审请求，于 2005 年 10 月 19 日向复审请求人发出复审请求受理通知书，同时向国家知识产权局原实质审查部门发出前置审查通知书。

国家知识产权局实质审查部门对该复审请求进行了前置审查，仍然坚持原驳回决定。

在以上审查工作的基础上，合议组认为本案事实已经清楚，可以依法作出本复审决定。

二、决定的理由

1. 文本认定本复审决定是以复审请求人于2004年4月26日提交的权利要求第1～10项、说明书第1页以及2000年6月15日提交的说明书第2～10页、说明书附图第1～6页、说明书摘要和摘要附图为基础作出的。

2. 关于专利法第二十五条

在依据专利法第二十五条第一款第（二）项判断涉及智力活动的规则和方法的发明专利申请是否属于不授予专利权的客体时，应当要具体分析本申请是否解决了技术问题，是否采用了技术手段，是否获得了技术效果。

就本案而言，权利要求1涉及一种结合操作系统内采用的基础数据编码方案优化多字节字符编码方案中的单字节字符的处理的方法。为了解决在多字集（多字体）环境中存在单个字集不能显示所有字符的问题，现有技术中的技术方案先检验数据串中各单个字符是否在给定字集中，然后确定是否将该字符映射到基础编码方案中，这需要对单个字符进行多重检验，实质上将导致计算机运行性能的降低，所以本申请所要解决的问题是如何结合操作系统内采用的基础数据编码方案，优化多字节字符编码方案中的单字节字符的处理，属于技术问题；本申请权利要求1所公开的处理方法涉及利用一个计算机程序改善公知计算机系统内部运行性能，采用了相应的技术手段（该方法包括接收数据串，作为其整体将所述数据串传递给第一处理例程的装置，以及评估所述数据串来判定所述数据串中的任何字符是否是主字体的排斥字符的步骤），并能获得相应的技术效果，该方法体现的并不是计算机语言及计算机规则，所以权利要求1不属于专利法第二十五条第一款第（二）项规定的不授予专利权的客体。

权利要求2～6是对权利要求1的进一步限定，增加了附加的技术特征，因此权利要求2～6也不属于专利法第二十五条第一款第（二）项规定的不授予专利权的客体。

权利要求7涉及一种结合操作系统内采用的基础数据编码方案优化多字节编码方案中单字节字符的处理的系统。为了解决在多字集（多字体）环境中存在单个字集不能显示所有字符的问题，现有技术中的技术方案先检验数据串中各单个字符是否在给定字集中，然后确定是否将该字符映射到基础编码方案中，这需要对单个字符进行多重检验，实质上将导致计算机运行性能的降低，所以本申请所要解决的问题是如何结合操作系统内采用的基础数据编码方案，优化多字节字符编码方案中的单字节字符的处理，属于技术问题；本申请所公开的处理系统涉及利用一个计算机程序改善公知计算机系统内部运行性能，采用了相应的技术手段（该系统包括接收数据串，作为其整体将所述数据串传递给第一处理例程的装置，以及评估所述数据串来判定所述数据串中的任何字符是否是主字体的排斥字符的装置），并能获得相应的技术效果，该方法体现的并不是计算机语言及计算机规则，所以权利要求7不属于专利法第二十五条第一款第（二）项规定的不授予专利权的客体。

权利要求8～10是对权利要求7的进一步限定，增加了附加的技术特征，因此权利要求8～10也不属于专利法第二十五条第一款第（二）项规定的不授予专利权的客体。

合议组认为：国家知识产权局实质审查部门认定本申请包括“接收、处理及判断”这三个部分，仅是在公知计算机系统上运用计算机程序实现优化单字节字符的处理，而没有具体分析本申请是否解决了技术问题、是否采用了技术手段以及是否获得了技术效果。

基于上述事实和理由，合议组作出如下决定。

三、决定

撤销国家知识产权局于2005年2月18日对第00118850.X号发明专利申请作出的驳回决定。由原实质审查查部门以2004年4月26日提交的权利要求第1～10项、说明书第1页以及2000年6月15日提交的说明书第2～10页、说明书附图第1～6页、说明书摘要和摘要附图为基础继续审查程序。

191

充电/放电控制电路和充电式电源装置案

复审请求审查决定（第8781号）

决　定　号　第8781号
决　定　日　2006年6月12日
发明创造名称　充电/放电控制电路和充电式电源装置
国 际 分 类 号　H02J7/00
复 审 请 求 人　精工电子有限公司
专 利 申 请 号　01121256. X
申　请　日　2001年5月12日
公　开　日　2001年11月28日
合 议 组 组 长　黄毅斐
主　审　员　唐向阳
参　审　员　贾彦飞

法 律 依 据　专利法第二十六条第四款和专利法实施细则第二十条第一款
决 定 要 点

修改后的权利要求1中具体描述了过电流检测电路和过电流返回检测电路的具体构成方式及各电路部分之间的连接关系，消除了驳回决定中所指出的权利要求1不符合专利法实施细则第二十条第一款以及复审通知书中所指出的权利要求1不符合专利法第二十六条第四款的规定的缺陷。

一、案由

本复审请求涉及申请日为2001年5月12日、申请号为01121256. X、名称为“充电/放电控制电路和充电式电源装置”的发明专利申请（下称本申请），其申请人为精工电子有限公司，优先权日为2000年5月12日和2001年2月20日。

在实质审查过程中，国家知识产权局于2004年8月6日发出第一次审查意见通知书，指出权利要求1、2不清楚，不符合专利法实施细则第二十条第一款的规定。针对审查员的第一次审查意见通知书，申请人于2004年12月14日提交了修改的权利要求第1～7项和说明书第1～9页的替换页（下称文本1），申请人将权利要求1～5中的原“电流监视电路”均修改为“过电流检测电路”，将其对应说明书中的“过电流返回检测比较器”或“过充电/放电检测电路”，认为根据对过电流检测电路的功能限定，即用于监视由所述蓄电池可放电的过电流作为电压信息，本领域技术人员能够容易地设计各种具体的实施方式，以实施例的具体结构作为实质的限定不恰当，所以不必采用具体结构来限定过电流检测电路；且在权利要求1和权利要求2中采用了“能够控制用于调节能够充电和放电的蓄电池的电流的电流限制装置，而且能够监视所述蓄电池的电压和电流中的任意一个或两个”的表示方式，并将原“上限电流”修改为“过电流”，以符合专利法实施细则第二十条第一款的规定。上述修改的权利要求书如下：

“1. 一种充电/放电控制电路，能够控制用于调节能够充电和放电的蓄电池的电流的电流限制装置，而且能够监视所述蓄电池的电压和电流中的任意一个或两个，所述充电/放电控制电路包括：

一个过电流检测装置，用于监视由所述蓄电池可放电的过电流作为电压信息；

其中由所述过电流检测装置检测的随放电电流增加的电压与所述过电流检测装置在检测状态返回时随放电电流减少的电压是不同的。

2. 一种充电/放电控制电路，能够控制用于调节能够充电和放电的蓄电池电流的电流限制装置，而且能够监视所述蓄电池的电压和电流中的任意一个或两个，所述充电/放电控制电路包括：

一个过电流检测装置，用于监视由所述蓄电池可放电的过电流作为电压信息；

其中由所述过电流检测装置检测的随放电电流增加的电压绝对值大于通过所述过电流检测装置在检测状态返回时随放电电流减少的电压绝对值。

3. 如权利要求 1 所述的充电/放电控制电路，其特征在于，所述过电流检测装置包括一个检测电路，用于检测放电电流的增加；和一个返回检测电路，用于检测放电电流的减少。

4. 如权利要求 1 所述的充电/放电控制电路，其特征在于，所述过电流检测装置包括一个分压电路，用于把所述电压信息按任意比例进行分压；和一个检测电路，用于检测由所述分压电路分压的电压。

5. 如权利要求 1 所述的充电/放电控制电路，其特征在于，所述过电流检测装置包括：一个分压电路，用于把所述电压信息按任意比例进行分压；一个检测电路，用于检测由所述分压电路的分压而增加的放电电流；和一个返回检测电路，用于检测由所述分压电路的分压而减少的放电电流。

6. 如权利要求 4 所述的充电/放电控制电路，其特征在于，用于按任意比例划分所述电压信息的分压电路能调整所述任意比例。

7. 一种充电式电源装置，具有能充电和放电的一个蓄电池，一个电流限制装置，用于调节所述蓄电池的电流，和一个充电/放电控制电路，能够监视所述电流限制装置和能够监视在所述蓄电池外端子的正极和负极之间的电压和电流的任意一个或两个，其中所述充电/放电控制电路包括一个如权利要求 1 所述的充电/放电控制电路。”

国家知识产权局于 2005 年 8 月 19 日驳回了本申请，驳回决定依据的是专利法实施细则第二十条第一款的规定，其具体理由是：本申请中“电流监视装置”（申请人答复第一次审查意见通知书时将其修改为“过电流检测装置”）不属于审查指南第二部分第二章 3.2.2 节指出的可以用功能特征进行限定的情况，由于修改后的权利要求 1 和权利要求 2 中的功能性限定的“过电流检测装置”的结构特征不清楚，因此仍不符合专利法实施细则第二十条第一款的规定。

申请人（下称复审请求人）不服国家知识产权局作出的上述驳回决定，于 2005 年 11 月 9 日向专利复审委员会提交了复审请求书，其复审理由主要是：对于当前权利要求 1 和权利要求 2 中的“过电流检测电路”的功能性限定，即“用于监视由所述蓄电池可放电的过电流作为电压信息”，本领域技术人员能够容易地设计成各种具体的实施方式，说明书的实施例只是举例性质，不应将实施例的具体结构作为“过电流检测电路”只能实施的结构，那样就会不适当地限制本申请的权利要求 1 和权利要求 2 的保护范围，所以权利要求 1 和权利要求 2 符合专利法实施细则第二十条第一款的规定。

经形式审查合格后，专利复审委员会受理了该复审请求，于 2005 年 12 月 14 日向复审请求人发出复审请求受理通知书，同时向国家知识产权局原实质审查部门发出前置审查通知书。

在前置审查过程中，审查员坚持原驳回决定，认为本申请中的技术特征“过电流检测装置”完全能够采用结构特征来限定，而且结构特征限定比功能特征限定得更为清楚，因此权利要求 1 和权利要求 2 不符合专利法实施细则第二十条第一款的规定。

专利复审委员会依法成立合议组对本案进行复审，于2006年3月15日向复审请求人发出了复审通知书，主要指出：文本1的权利要求1～5中的“过电流检测装置”在原始申请文件中并未记载，而在原说明书中只描述了“过电流返回检测比较器”或“过充电/放电检测电路”，并没有记载所述“过电流检测装置”，该“过电流检测装置”既不是原申请文件记载的内容，也不能从原申请文件记载的内容中直接地、毫无疑义地导出，超出了原说明书和权利要求书记载的范围，不符合专利法第三十三条的规定。同时，为了加快审查速度，合议组还对权利要求1和权利要求2中未超出原始公开范围的技术方案进行了进一步审查，主要指出：对于“过电流检测装置”的控制方式或实现条件的描述，说明书中是以特定的电路结构及其连接关系来实现的，没有说明其他可替代的电路结构，而权利要求1和权利要求2中却概括了本领域技术人员不能明了的完成这些控制方式或实现条件的其他装置，并且权利要求2中关于“电压绝对值”的描述与说明书中的描述不一致，因而权利要求1和权利要求2不符合专利法第二十六条第四款的规定。

复审请求人于2006年4月20日提交了对复审通知书的答复意见以及新修改的权利要求第1～4项（下称文本2），复审请求人在该答复意见中表明已按复审通知书提出的审查意见修改了文本1。新修改的权利要求1～4如下：

“1. 一种充电/放电控制电路，用于控制蓄电池的充电和放电电流，包括：

第一外部终端，通过开关电路连接至所述蓄电池；

第二外部终端，在另一侧连接至所述蓄电池；

电阻电路，连接在所述第一外部终端和所述蓄电池之间；

过电流检测电路，用于将由所述蓄电池的一个电流在所述开关电路产生的过电流检测电压与一个第一基准电压相比较，并且当所述过电流检测电路检测到所述过电流检测电压高于所述第一基准电压的一个过电流检测时，控制所述开关电路停止所述蓄电池的电流；和

过电流返回检测电路，用于将由所述蓄电池的一个电流在所述电阻电路产生的过电流返回电压与一个第二基准电压相比较，并且当所述过电流返回检测电路检测到所述过电流返回电压低于所述第二基准电压时，控制所述开关电路使电流流过所述蓄电池，其中所述第一基准电压低于所述第二基准电压。

2. 如权利要求1所述的充电/放电控制电路，还包括一个与所述电阻电路串联连接的晶体管，其中所述电阻电路在过电流检测期间由所述晶体管的操作而产生一个过电流返回电压。

3. 如权利要求1所述的充电/放电控制电路，其中所述蓄电池的电压使3.5V，所述第一基准电压是0.1V，所述第二基准电压是1.0V，所述电阻电路的电阻是100kΩ。

4. 一种充电式电源装置，具有蓄电池、开关电路和如权利要求1所述的充电/放电控制电路。”

至此，合议组认为，本案的事实已经清楚，可以作出本决定。

二、决定的理由

合议组认为，文本2的权利要求书中删除了文本1中的“过电流检测装置”，在独立权利要求1中包括了“过电流检测电路”和“过电流返回检测电路”的技术特征，并分别描述了过电流检测电路和过电流返回检测电路的具体构成方式及各个电路部分之间的连接关系，并描述了所述第一基准电压和第二基准电压的关系；在权利要求3中描述了“第一基准电压”和“第二基准电压”的具体数值，由于上述修改均取自原始提交的说明书（参见原说明书例如第5页第9～15行和第5页第9行的描述），符合专利法第三十三条和专利法实施细则第六十条第一款的规定，因此文本2可以被接收。所以本决定依据的文本为复审请求人于2006年4月20日提交的权利要求第1～4项、2004年12月14日提交的说明书第1－9页、申请日提交的说明书附图第1～10页以及摘要和摘要附图。

合议组经审查认为，文本 2 中的权利要求 1 具体描述了作为本发明的充电/放电控制电路的过电流检测电路和过电流返回检测电路的具体构成方式及各个电路部分之间的连接关系，而且过电流检测电路和过电流返回检测电路的技术特征能够从说明书中公开的内容概括得出，权利要求保护的范围适应了说明书所公开的内容，并且上述修改没有超出原申请文件记载的范围，因此文本 2 中的权利要求 1 已经消除了驳回决定所指出的权利要求 1 不符合专利法实施细则第二十条第一款以及复审通知书中指出的不符合专利法第二十六条第四款规定的缺陷。至于本申请中是否存在其他缺陷，留待后继程序继续审查。

三、决定

撤销国家知识产权局于 2005 年 8 月 19 日对 01121256. X 号发明专利申请作出的驳回决定，以复审请求人于 2006 年 4 月 20 日提交的权利要求第 1 ~ 4 项、2004 年 12 月 14 日提交的说明书第 1 ~ 9 页、申请日提交的说明书附图第 1 ~ 10 页以及说明书摘要和摘要附图为基础，由原实质审查部门继续进行审批程序。

192

偏转系统固定装置案

复审请求审查决定（第8783号）

决　　定　　号　第8783号
决　　定　　日　2006年6月26日
发明创造名称　偏转系统固定装置
国 际 分 类 号　H01J 29/70　H01J 9/236
复 审 请 求 人　汤姆森管及展示有限公司
专 利 申 请 号　97115344.2
申　　请　　日　1997年7月25日
公　　开　　日　1998年2月11日
合 议 组 组 长　蒋　彤
主　　审　　员　郑　直
参　　审　　员　张　霞

法 律 依 据　专利法第二十二条第三款
决 定 要 点

如果权利要求所请求保护的技术方案与对比文件所公开的技术方案存在区别技术特征，而本领域技术人员不能从对比文件中得到采用该区别特征解决同样技术问题并产生同样技术效果的技术启示，另外该区别技术特征又给权利要求所要保护的技术方案带来了有益效果，则该权利要求所要求保护的技术方案相对于对比文件具备创造性。

一、案由

本复审请求涉及申请日为1997年7月25日，公开日为1998年2月11日，名称为“偏转系统固定装置”的97115344.2号发明专利申请（下称本申请），申请人为汤姆森管及展示有限公司，申请人要求享有其于1996年7月25日在法国提出的第9609398号专利申请的优先权。

国家知识产权局实质审查部门于2003年10月10日以本申请的权利要求1、3、8没有以说明书为依据，不符合专利法第二十六条第四款的规定，权利要求1、4、7不具备创造性，不符合专利法第二十二条第三款的规定为由驳回了本申请，驳回决定所针对的文本是申请人于2003年7月23日提交的权利要求第1~9项，2003年2月21日提交的说明书第1~4页，1997年7月25日提交的说明书附图第1~4页，说明书摘要和摘要附图。驳回决定所引用的对比文件是：

对比文件1：US4616265A，其公开日为1986年10月7日。

驳回决定的主要理由是：权利要求1中没有对固定元件完成固定功能的锥形元件和环圈的结构进行具体限定，而且环圈也并不位于管颈和垂直偏转线圈对之间，因此权利要求1没有以说明书为依据，不符合专利法第二十六条第四款的规定；权利要求3、8中对环圈能够变形的描述采用的是功能性的限定，而且其在说明书中缺乏足够实施例的支持，因此权利要求3、8也没有以说明书为依据，不符合专利法第二十六条第四款的规定；权利要求1所请求保护的技术方案与对比文件1相比，其区别仅在于形成固定装置所使用的技术手段不同，但是权利要求1中并没有记载采用机械结构而不是粘接剂来固定的有关技术内容，因此权利要求1与对比文件1相比不具备创造性，不符合专利法第二十二条第三款的规定，其从属权利要求4，7与对比文件1相比也不具备创造性，不符合专利法第二十二条第三款的规定。驳回决定所针对的权利要求书共有9项权利要求，其中独立权利要求的内容如下：

“1. 阴极射线管的一种电子束偏转装置，该装置包括：

一对垂直偏转线圈（4）；

一对水平偏转线圈（3），其中所述垂直偏转线圈（4）和所述水平偏转线圈（3）的起码其中一对线圈呈马鞍形；

一个坚硬的分隔件（2），供支撑所述成对的偏转线圈（3，4）和使两对线圈彼此绝缘起来；

用以将分隔件（2）固定在所述阴极射线管的管颈（8）上的固定装置，其特征在于所述固定装置包括环圈（23），所述环圈具有位于所述管颈（8）和所述垂直偏转线圈对（4）之间的表面（27）。”

申请人（下称请求人）对上述驳回决定不服，于2004年1月14日向专利复审委员会提出复审请求，请求人在复审请求书中指出：本申请涉及阴极射线管用的电子束偏转装置，权利要求1具体叙述了固定分隔件到管颈部分的装置是具有位于管颈部分和垂直偏转线圈对之间的表面的环圈，这样的叙述是满足专利法的要求的；权利要求3和权利要求8的内容是原始公开的一部分，对于普通技术人员来说，可以根据说明书的记载对本申请的个别部分作出调整而得到权利要求3和权利要求8的特征，因此权利要求3和权利要求8得到说明书的支持；对比文件1针对的是与本申请完全不同的偏转轭，对比文件1使用粘接剂将分隔件固定在管颈部分，一旦分隔件粘附到管上，进一步调整轭在管颈上的位置将非常困难，而本申请通过使用环圈将分隔件固定在管颈部分，克服了这一难题，同时环圈具有位于管颈部分和垂直偏转线圈对之间的表面，环圈没有实际增加轭的长度，因此允许使用颈较短的管。对比文件1没有披露或提示环圈具有位于管颈部分和垂直偏转线圈对之间的表面的内容，因此本申请与对比文件1相比具备创造性。

经形式审查合格，专利复审委员会受理了该复审请求，并于2004年3月2日向请求人发出了复审请求受理通知书，同时向原实质审查部门发出了前置审查通知书。

原实质审查部门在前置审查意见中坚持原驳回决定。

在此基础上，专利复审委员会依法成立合议组对本复审请求进行审查。合议组于2005年9月2日发出复审通知书，指出：根据说明书的记载，固定装置由环圈（23）和围绕环圈穿插有径向孔（31）或与径向孔构成锯齿形的空心截头锥体（22）构成，环圈（23）使固定装置机械固定在系统分隔件上，空心截头锥体（22）将分隔件沿圆周方向固定在管颈上空心截头锥体（22）具有位于管颈和垂直偏转线圈之间的表面（27），环圈（23）不具有上述表面（27）。因此权利要求1～4、8中记载的“环圈”与说明书中的相应记载不一致，上述权利要求没有以说明书为依据，不符合专利法第二十六条第四款的规定；权利要求3、8除了存在上述缺陷以外，还由于权利要求3、8中均记载了环圈能够变形，但是在说明书中仅描述了空心截头锥体可以由具有柔韧性的材料构成，以提高与玻璃管颈的摩擦接触能力，防止固定之后的任何滑动，说明书中仅公开了弹性变形的一种情况，没有记载任何其他的变形结构或者变形方式，而且本领域的技术人员根据说明书的记载也无法清楚明确的推导出同样适用于本发明的其他变形结构，因此权利要求3、8的上述缺陷同样导致其没有以说明书为依据，不符合专利法第二十六条第四款的规定。

2005年12月8日，请求人提交了意见陈述书和权利要求书的全文修改替换页，其中对权利要求书作了少量的文字修改。请求人认为修改后的权利要求1～4、8的记载能够得到说明书的支持，符合专利法第二十六条第四款的规定。

经合议组与代理人的电话会晤，请求人于2006年5月11日再次提交了意见陈述书和权利要求书的全文修改替换页，其中将固定装置限定为"包括环圈（23）和空心截头锥体（22），所述空心截头锥体（22）具有位于所述管颈（8）和所述垂直偏转线圈对（4）之间的表面"，据此相应的修改了权利要求2、3、4、8中有关"环圈"的描述，并且将权利要求3、8中的"变形"修改为"弹性变形"。修改后的权利要求书的内容如下：

"1. 阴极射线管的一种电子束偏转装置，该装置包括：

一对垂直偏转线圈（4）；

一对水平偏转线圈（3），其中所述垂直偏转线圈（4）和所述水平偏转线圈（3）的起码其中一对线圈呈马鞍形；

一个坚硬的分隔件（2），供支撑所述偏转线圈对（3，4），使所述线圈对彼此绝缘起来；

用以将分隔件（2）固定在所述阴极射线管的管颈（8）上的固定装置，其特征在于所述固定装置包括环圈（23）和空心截头锥体（22），所述空心截头锥体（22）具有位于所述管颈（8）和所述垂直偏转线圈对（4）之间的表面（27）。

2. 如权利要求1所述的装置，其特征在于，所述空心截头锥体（22）与所述分隔件（2）的表面（20）接触。

3. 如权利要求1所述的装置，其特征在于，所达空心截头锥体（22）在基本上所述管颈Z轴线的径向上可弹性变形。

4. 如权利要求1所述的装置，其特征在于，所述固定装置由起码两种不同的材料构成。

5. 如权利要求2所述的装置，其特征在于，所述空心截头锥体（22）在基本上所述管颈（8）Z轴线的径向上呈齿形（31）。

6. 如权利要求1所述的装置，其特征在于，所述分隔件（2）的所述表面（20）有多个基本上在所述管颈（8）Z轴线的径向上的齿体（40）。

7. 如权利要求1所述的装置，其特征在于，所述分隔件的所述表面基本上呈空心锥体的形状。

8. 如权利要求3所述的装置，其特征在于，所述空心截头锥体（22）能弹性变形，在圆周方向上抓牢所述管颈（8）。

9. 如权利要求1所述的装置，其特征在于，所述环圈（23）借助于与锁定垫圈（52）接合的销子（51）固定在分隔件（2）上。"

至此，合议组认为本案事实已经清楚，可以依法作出审查决定。

二、决定的理由

1. 关于审查文本

请求人于2006年5月11日提交了权利要求书的修改替换页，合议组经过审查未发现上述修改文本存在不符合专利法第三十三条以及专利法实施细则第六十条所规定的缺陷，因此本复审决定作针对的文本是请求人于2005年5月11日提交的权利要求第1～9项，2003年2月21日提交的说明书第1～4页，1997年7月25日提交的说明书附图第1～4页，说明书摘要和摘要附图。

2. 关于专利法第二十六条第四款

请求人对权利要求书进行了修改，在权利要求1中明确记载了"固定装置包括环圈（23）和空心截头锥体（22），所述空心截头锥体（22）具有位于所述管颈（8）和所述垂直偏转线圈对（4）

之间的表面（27）”，在权利要求2中明确记载了“所述空心截头锥体（22）与所述分隔件（2）的表面（20）接触”，将权利要求3中的“环圈”修改为“空心截头锥体”，将权利要求4中的“环圈”修改为“固定装置”，并且请求人将权利要求3和权利要求8中的“变形”修改为“弹性变形”，上述修改克服了复审通知书中所指出的权利要求1、2、3、4、8没有以说明书为依据的缺陷，使得权利要求中对固定装置、环圈、空心截头锥体以及空心截头锥体能够弹性变形的描述与说明书中的记载一致，所属技术领域的技术人员能够从说明书中公开的内容直接得到权利要求1~4、8所请求保护的技术方案，因此权利要求1~4、8符合专利法第二十六条第四款的规定。

3. 关于对比文件

对比文件1（US4616265A）涉及一种在阴极射线管上使用的偏转线圈组件，与本申请属于同一技术领域，其公开日为1986年10月7日，早于本申请的优先权日，因此其可以作为现有技术来评价本申请权利要求的创造性。

4. 关于创造性

权利要求1请求保护一种在阴极射线管上使用的电子束偏转装置，该装置包括：一对垂直偏转线圈；一对水平偏转线圈，其中所述垂直偏转线圈和所述水平偏转线圈的起码其中一对线圈呈马鞍形；一个坚硬的分隔件，供支撑所述偏转线圈对，使所述线圈对彼此绝缘起来；用以将分隔件固定在所述阴极射线管的管颈上的固定装置，其特征在于所述固定装置包括环圈和空心截头锥体，所述空心截头锥体具有位于所述管颈和所述垂直偏转线圈对之间的表面。

对比文件1公开了一种在阴极射线管中使用的偏转线圈组件，其中具体公开了以下技术特征（参见说明书第5栏第5~19，说明书附图1、3以及权利要求25）：该偏转轭43包括位于透磁磁芯45上的一对垂直偏转线圈46，呈马鞍形的一对水平偏转线圈50，绝缘件47，位于偏转轭和阴极射线管之间的一定量的第一粘接剂，第一粘接剂具有第一硬化速率，其用量能够使偏转轭暂时固定在管颈上以及位于偏转轭和阴极射线管之间的第二粘接剂，第二粘接剂的硬化速率比第一粘接剂慢，第一粘接剂和第二粘接剂的用量的和足够使将偏转轭永远固定在阴极射线管上。

权利要求1与对比文件1相比，其区别在于权利要求1中通过包括环圈和空心截头锥体的固定装置将偏转轭固定在管颈上，对比文件1是通过粘接剂将偏转轭粘接到管颈上的，当偏转轭通过粘接剂被粘接到管颈上以后，无法对其位置进行进一步的调整，而权利要求1中采用了由环圈和空心截头锥体构成的机械结构进行固定，其中环圈可以将固定装置固定在分隔件上，空心截头锥体具有位于管颈和垂直偏转线圈对之间的表面，通过该表面可以使固定装置将分隔件沿圆周方向固定在管颈上，这样，不仅能够解决对比文件1中存在的上述问题，还能够利用空心截头锥体位于管颈与垂直偏转线圈对之间的表面延伸至垂直偏转线圈对的下面部位，缩短偏转系统组件的长度，因此，对比文件1没有公开采用由环圈和空心截头锥体构成的机械结构来固定偏转轭的技术方案，也没有给出相应的技术启示，对比文件1中的技术方案也不能产生上述有益的技术效果，因此权利要求1与对比文件1相比具备创造性，符合专利法第二十二条第三款的规定。

在权利要求1具备创造性的情况下，其从属权利要求4、7也具备创造性，符合专利法第二十二条第三款的规定。

三、决定

撤销国家知识产权局于2003年10月10日对第97115344.2号发明专利申请作出的驳回决定，由原实质审查部门以请求人于2006年5月11日提交的权利要求第1~9项，2003年2月21日提交的说明书第1~4页，1997年7月25日提交的说明书附图第1~4页，说明书摘要和摘要附图为基础继续进行审批程序。

193

电热保温瓶案

复审请求审查决定（第8785号）

决　定　号　第8785号
决　定　日　2006年3月7日
发明创造名称　电热保温瓶
国际分类号　A47J 41/02
复审请求人　尼普洛株式会社
专利申请号　96103086.0
申　请　日　1996年3月12日
公　开　日　1997年9月17日
合议组组长　张宗任
主　审　员　李韵美
参　审　员　高海燕

法律依据　专利法第二十二条第三款
决定要点

若权利要求请求保护的技术方案与最接近的现有技术的区别技术特征已被另一篇对比文件公开，且该区别技术特征在所述另一篇对比文件中所起的作用与其在该权利要求中的技术方案中所起的作用相同，则本领域技术人员无需付出创造性劳动，即可将所述区别技术特征结合到最接近的现有技术中，即该权利要求缺乏创造性。

一、案由

本复审请求涉及申请日为1996年3月12日，申请号是96103086.0，发明名称为“电热保温瓶”的发明专利申请（下称本申请），2001年7月7日申请人变更为株式会社尼普洛，2001年9月1日申请人变更为尼普洛株式会社。

在实质审查程序中，国家知识产权局实质审查部门于2001年8月3日针对原始公开文本发出第一次审查意见通知书，其中引用了两篇对比文件，对比文件1（CN2051083U）和对比文件2（US3757085）的公开日分别为1990年1月17日和1973年9月4日，该通知书指出本申请的权利要求1相对于对比文件1不符合专利法第二十二条第二款的规定，权利要求2～8相对于对比文件1结合对比文件2不符合专利法第二十二条第三款的规定。

申请人于2001年12月6日提交了答复第一次审查意见通知书的意见陈述书，对权利要求1～4进行了修改并同时提交了修改替换页。申请人认为，修改是在原始公开的范围之内进行的，是应当被允许的；对比文件1没有描述电热水瓶具有一个控制装置（11），所述控制装置控制电热部分的输出以及一个水位检测器（10），所述水位检测器输出水位信号给控制装置，因此，本发明和对比文件1相比是符合专利法第二十二条第二款规定的新颖性的；对比文件2没有描述检测装置，以检测瓶胆内侧，也没有描述控制装置，以根据来自检测装置的检测结果控制瓶胆的内侧，因此，只是简单地将对比文件1的电热保温瓶的电热部件替换为对比文件2的生热电阻（灯泡），并不能获得本发明所公开的电热保温瓶，因此权利要求1符合专利法第二十二条第三款规定的创造性；在权利要求1具备创造性的前提下，权利要求2~8也是具备创造性的。

国家知识产权局实质审查部门针对修改的权利要求书进行了补充检索，并于2003年5月9日发出了第二次审查意见通知书，其中引入了对比文件3（CN2045979U），其公开日为1989年10月18日，指出权利要求1、2、5、6、7、8相对于对比文件3不符合专利法第二十二条第三款的规定，权利要求3相对于对比文件2和对比文件3的结合不符合专利法第二十二条第三款的规定，权利要求4相对于对比文件3或对比文件2与对比文件3的结合不符合专利法第二十二条第三款的规定。

申请人于2003年7月23日提交了答复第二次审查意见通知书的意见陈述书。申请人认为权利要求1所要求保护的技术方案与对比文件3（CN2045979U）的区别在于，权利要求1采用了一个玻璃真空双壁胆，其中由外部玻璃壳和内部玻璃壳形成的内部空间是真空的。在本发明中使用的真空双壁瓶胆并不是本领域常用或公知的知识，因为它是由玻璃制成。而本领域所知道的"真空双壁瓶胆"一般是由诸如不锈钢之类的金属制出，本申请说明书中也有相关描述，对比文件3中的内部瓶胆是由紫砂或陶瓷制成。对比文件1中未公开玻璃内部瓶胆的内容，也未公开或提及采用玻璃材料支持本发明的玻璃真空双层瓶胆，而对比文件2中也未公开和提及上述特征。申请人认为权利要求1所要求保护的技术方案相对于对比文件3具备创造性，从而其从属权利要求也都具备创造性。

国家知识产权局实质审查部门在2003年9月5日以本申请的权利要求1、2、5、6、7、8相对于对比文件3不符合专利法第二十二条第三款的规定，权利要求3相对于对比文件2和对比文件3的结合不符合专利法第二十二条第三款的规定，权利要求4相对于对比文件3或对比文件2和对比文件3的结合不符合专利法第二十二条第三款的规定为由，作出了驳回决定。

驳回决定所针对的权利要求书为：

"1. 一种电热保温瓶，包括一个瓶槽（1），所述瓶槽是一个玻璃真空双壁瓶胆（1a，1b），被装在包着瓶槽（1）的外壳（3）中，一个盖住外壳（3）的上部孔口（3a）的盖（4），一个电热部分（2）被装在所述瓶槽（1）中，其特征在于，一个控制装置（11）用于控制电热部分的输出，和一个水位检测器（10），提供水位信号给所述控制装置（11）以进行控制。

2. 根据权利要求1所述的电热保温瓶，其特征在于，温度测定装置（2b）给所述控制装置（11）提供测量温度信号，以控制电热部分（2）的输出。

3. 根据权利要求1或权利要求2所述的电热保温瓶，其特征在于，所述电热器（2）是会发光电热器，其功率为1~20瓦。

4. 根据权利要求2或权利要求3所述的电热保温瓶，其特征在于，控制装置（11）在显示器（16）上输出温度，热水平和电热器的开关状态。

5. 如权利要求1所述的电热保温瓶，其特征在于，电热器装在瓶槽底部。

6. 如权利要求1所述的电热保温瓶，其特征在于，电热器由电池供电。

7. 如权利要求6所述的电热保温瓶，其特征在于，电池为锂蓄电池，保温瓶是便携式的。

8. 如权利要求1所述的电热保温瓶，其特征在于，电热器配备有电源软导线。"

申请人尼普洛株式会社（下称复审请求人）不服上述驳回决定，于2003年12月22日向国家知识产权局专利复审委员会提出复审请求。

复审请求人认为：本申请权利要求1的发明与对比文件3的区别在于：本申请权利要求1的发明采用了双壁瓶胆。本申请的电热保温瓶具有一个双层容器的结构，其中在内层玻璃容器与外层玻璃容器之间形成的空间被抽为真空。相反，对比文件 3 的保温瓶的内层容器与外层玻璃由紫砂或细陶瓷所形成，这与本发明的双层瓶胆是明显不同的，在对比文件 3 中，在外壳 10 与内部瓶胆 1 之间填充有诸如砂藻土的绝热材料 9，其间并未被抽为真空。即使现有技术中公开对中间抽真空的双层瓶胆的技术，但是该双层瓶胆与电加热器相结合以构成本申请也并非本领域技术人员所显而易见的。综上所述，对比文件 3 与本申请权利要求 1 的区别特征是本申请采用了抽为真空的双层瓶胆。并且复审请求人不同意国家知识产权局实质审查部门认为该特征为显而易见的断言。

专利复审委员会于 2004 年 2 月 9 日向复审请求人发出了复审请求受理通知书，同时向原实质审查部门发出了前置审查通知书。在前置审查意见书中，国家知识产权局实质审查部门坚持认为真空玻璃双层瓶胆属于公知常识，本申请权利要求书不符合专利法第二十二条第三款的规定，因而坚持原驳回决定。

针对本复审请求，专利复审委员会依法成立合议组对本复审请求进行审理，本案合议组于 2005 年 10 月 25 日发出了复审通知书，由于复审请求人在提出复审请求时没有提交修改文本，该复审通知书所依据的文本同驳回决定针对的文本一致。合议组在复审通知书中指出，权利要求 1 相对于对比文件 1 和对比文件 3 的结合不具备创造性；权利要求 2～8 进一步限定的附加技术特征也已经被对比文件 1～3 公开了，因此也不具备创造性。

复审请求人于 2005 年 11 月 28 日提交了答复复审通知书的意见陈述书，同时提交了权利要求书全文修改替换页。将原权利要求 3 的附加技术特征加入到权利要求 1 中，删除了原权利要求 3，并且对于修改后的权利要求书进行了重新编号，修改了引用关系。复审请求人认为：（1）对比文件 1 中的电热件设置在内胆底部的外表面上，而权利要求 1 中的电热器则装在瓶槽中，即使将对比文件 1 中的双壁玻璃瓶胆应用到对比文件 3 中，也不能得到权利要求 1；（2）在对比文件 3 中，必须直接加热，因此需要大的电功率，而权利要求 1 具有加热所需电功率小的优点；（3）对比文件 2 中的加热装置设在盖上，权利要求 1 将加热装置内装在瓶槽中。

复审请求人提交的修改后的权利要求书为：

"1. 一种电热保温瓶，包括一个瓶槽（1），所述瓶槽是一个玻璃真空双壁瓶胆（1a，1b），被装在包着瓶槽（1）的外壳（3）中，一个盖住外壳（3）的上部孔口（3a）的盖（4），一个电热器（2）被装在所述瓶槽（1）中，其特征在于，一个控制装置（11）用于控制电热器的输出，和一个水位检测器（10），提供水位信号给所述控制装置（11）以进行控制；

所述加电热器（2）是发光电热器，其功率为 1～20 瓦。

2. 根据权利要求 1 所述的电热保温瓶，其特征在于，温度测定装置（2b）给所述控制装置（11）提供测量温度信号，以控制电热器（2）的输出。

3. 根据权利要求 1 或 2 所述的电热保温瓶，其特征在于，控制装置（11）在显示器（16）上输出温度，热水平和电热器的开关状态。

4. 如权利要求 1 所述的电热保温瓶，其特征在于，电热器装在瓶槽底部。

5. 如权利要求 1 所述的电热保温瓶，其特征在于，电热器有电池供电。

6. 如权利要求 5 所述的电热保温瓶，其特征在于，电池为锂蓄电池，保温瓶是便携式的。

7. 如权利要求 1 所述的电热保温瓶，其特征在于，电热器配备有电源软导线。"

至此，合议组认为本案事实已经清楚，可以作出复审决定。

二、决定的理由

复审请求人在答复复审通知书时提交的修改文本符合专利法第三十三条和专利法实施细则第六十条的有关规定，因此，本复审决定所依据的文本是：2005 年 11 月 28 日提交的权利要求第 1～7 项、

1996年3月12日提交的说明书第1~6页及说明书附图1~5页、说明书摘要、摘要附图。

权利要求1请求保护一种电热保温瓶，包括一个瓶槽（1），所述瓶槽是一个玻璃真空双壁瓶胆（1a，1b），被包装在包着瓶槽（1）的外壳中（3），一个盖住外壳（3）的上部孔口（3a）的盖（4），一个电热器（2）被装在所述瓶槽（1）中，一个控制装置（11）用于控制电热器的输出，和一个水位检测器（10），提供水位信号给所述控制装置（11）以进行控制；加电热器（2）是发光电热器，其功率为1~20瓦。

对比文件3（CN2045979U）中公开的电热保温瓶与本发明属相同的技术领域，参考附图1，电热元件置于瓶胆内的底部并与控制电路连接（说明书第3页第14行），可见瓶胆相当于瓶槽且位于保温瓶的外壳中，瓶胆底部的电热元件也与权利要求1中的电热部分相同，都是用于产生热的电热元件。从附图1中也可以明显看到该保温瓶包括一个盖住外壳上的孔的盖，与权利要求1中的盖住孔口的盖相同；铁磁浮筒悬浮在水位玻璃管内，它可随水位的高低浮动（说明书第3页第19行），即使水温未达到额定温度，一旦瓶中的水降到最低水位或无水，铁磁浮筒也随水位下降，永久磁铁使常开干簧管的触点受到磁感应而断开，此时加在双向可控硅3CTS控制级的触发电流减小，使双向可控硅3CTS由导通转为截止，电热元件断开（说明书第4页9~12行），因此，铁磁浮筒与权利要求1中的水位检测器起相同的作用，都是在水位不够或者无水的情况下断开电热元件，达到防止干烧的目的，可见其相当于权利要求1中的水位检测器。

可见权利要求1与对比文件3的区别在于：①权利要求1中的瓶胆是玻璃真空双壁瓶胆，而对比文件3中的是紫砂或精密瓷制成；②对比文件3中没有公开加电热器（2）是发光电热器，其功率为1~20瓦。

针对上述第①点区别，合议组认为，对比文件1（CN2051083U）中公开的加热保温电瓶胆也是一种用于加热并保温的瓶胆，其内胆、外胆之间是真空层（参见附图和说明书第8行），且内胆、外胆由玻璃制成（说明书第13行）。对比文件1解决的技术问题也是要提供一种保温、安全、热效率高、使用方便、结构简单、兼有加热、保温功能的电瓶胆（说明书第4~5行），与本发明的发明目的相同，技术领域相同，都是为了增强瓶胆的保温效果。

针对上述第②点区别，合议组认为在对比文件2（US3757085）中说明书第6栏表1和说明书第6栏51~54行公开的加热部件的功率就在此范围之内，即对比文件2已经公开了该技术特征。

本领域的普通技术人员容易想到将对比文件1中的双壁玻璃瓶胆应用到对比文件3中，并且对比文件2也公开了加热部件的功率。因此，权利要求1相对于对比文件1、2、3的结合不具备专利法第二十二条第三款规定的创造性。

2. 权利要求2进一步限定温度测定装置（2b）给控制装置（11）提供测量温度信号，以控制电热器（2）的输出。对比文件3说明书第3页倒数第4行中描述了电热元件受温度控制器和水位控制装置的控制，水温上升到额定温度时，温度控制器断开（说明书第4页第7行）。对比文件3中水位控制装置也是对水位进行测定，在缺水或无水情况下起到防止干烧的作用，可见，对比文件3也已经公开了该附加技术特征。因此，在权利要求1不具备创造性的条件下，权利要求2不具备专利法第二十二条第三款规定的创造性。

3. 权利要求3进一步限定控制装置（11）在显示器（16）上输出温度，热水瓶和电热器的开关状态。对比文件3中，当保温瓶中的水处在加热状态时，加热指示灯亮，电热元件断电后，加热指示灯熄灭，保温指示灯亮，表明瓶中的水处在保温状态可以饮用（说明书第3页倒数第5、6行）。水温上升到额定温度时，温度控制器断开，保温指示灯亮，电热元件断电，加热指示灯熄灭（说明书第4页第7~8行）。可见，对比文件3公开的保温瓶也可以显示热水瓶和电热器的开关状态，而只要能够有测定温度的装置，就可以显示温度，这是本领域的公知常识，而对比文件3中的保温瓶是具有测温装置的，对比文件3具有可测定温度，并给用户提示或直接显示温度值，本领域技术人员很容易结合公知技术手段，得到权利要求3请求保护的技术方案，因此权利要求3不具备专利法第二十二条第三款规定的创造性。

4. 权利要求4进一步限定电热器装在瓶槽底部，对比文件3中的电热元件就是位于瓶胆的底部（参见附图1）。因此，当其引用的权利要求不具备创造性时，权利要求4也不具备突出的实质性特点和显著的进步，不具备专利法第二十二条第三款规定的创造性。

5. 权利要求5进一步限定电热器由电池供电。为了实现可便携，采用电池实现给电热器供电，从而产生热量的技术效果，对本领域普通技术人员来讲也是显而易见的，不需要付出创造性的劳动就可以实现，因此，当其引用的权利要求1不具备创造性时，权利要求5不具备突出的实质性特点和显著的进步，不具备专利法第二十二条第三款规定的创造性。

6. 权利要求6进一步限定电池是锂离子电池。锂离子电池是电池的一种，对本领域的普通技术人员来讲，使用锂离子电池或镍铬或镍氢电池所起到的技术效果都是相同的，都是用于给电热器供电，从而产生热量的技术效果。本领域的技术人员不需要付出创造性的劳动就可以实现，因此，当其引用的权利要求1不具备创造性时，权利要求6也不具有突出的实质性特点和显著的进步，不具有专利法第二十二条第三款规定的创造性。

7. 权利要求7进一步限定电热器配备有电源软导线。对比文件3中描述了220V的交流电通过温度控制器J分为两路，一路直接送电热元件（说明书第3页倒数第1行至第4页第1行）。对本领域的普通技术人员来讲，使用220V交流电都需要电源软导线，这是本领域的公知常识。因此，当其引用的权利要求1不具备创造性时，权利要求7也不具有突出的实质性特点和显著的进步，不具备创造性。

针对复审请求人在答复复审通知书中的三点意见，合议组认为：

（1）权利要求1中的瓶槽是玻璃真空双壁瓶胆，而电热部分装在瓶槽中，即电热器是位于玻璃真空双壁瓶胆中，而对比文件3中的电热元件也是位于瓶胆内，即，加热元件都是位于外壳内的瓶胆中。因此，根据权利要求1中的描述，所述的电热器与对比文件3中的电热元件相同，将对比文件1中的双壁玻璃瓶胆应用到对比文件3中，从而得到权利要求1请求保护的技术方案是容易想到的；（2）复审请求人强调的小功率的特征尽管没有记载在对比文件3中，但是合议组认为在对比文件2（US3757085）中说明书第6栏表1和说明书第6栏51~54行公开的加热部件的功率就在此范围之内，即对比文件2已经公开了该技术特征；（3）正如复审通知书中指出的，评述权利要求中的加热元件这一特征所引用的是对比文件3，而不是复审请求人所称的对比文件2。

基于上述理由，权利要求1~7不符合专利法第二十二条第三款的规定。

三、决定

维持国家知识产权局于2003年9月5日作出的针对第96103086.0号发明专利申请的驳回决定。

根据专利法第四十一条的规定，复审请求人对本决定不服的，可以自收到通知之日起三个月内向北京市第一中级人民法院起诉。

194

自动防止数据在电子表格中被无意重写的方法案

复审请求审查决定（第 8787 号）

决　定　号　第 8787 号
决　定　日　2006 年 6 月 13 日
发明创造名称　自动防止数据在电子表格中被无意重写的方法
国际分类号　G06F 17/24 G06F 17/60
复审请求人　西门子公司
申　请　号　01808085.5
申　请　日　2001 年 8 月 29 日
优 先 权 日　2000 年 9 月 7 日
公　开　日　2003 年 6 月 11 日
合议组组长　崔哲勇
主　审　员　张　华
参　审　员　哈雅坤

法律依据　专利法第二十六条第三款
决定要点

所属技术领域的技术人员能够实现，是指所属技术领域的技术人员按照说明书记载的内容，不需要创造性的劳动，就能够再现该发明或者实用新型的技术方案，解决其技术问题，并且产生预期的技术效果。

一、案由

本复审请求涉及申请人西门子公司于 2001 年 8 月 29 日提交的、申请号为 01808085.5. 发明名称为“自动防止数据在电子表格中被无意重写的方法”的发明专利申请。其中权利要求书中共有 11 项权利要求，权利要求 1 为独立权利要求，内容如下：

“在由可以存取的数据（14）和应该保护的数据（12）构成的数据（10）的处理程序中保护应该保护的数据（12）的方法，具有以下步骤：

a）读入数据（10），

b）自动识别应该保护的数据（12），

c）借助于对无意存取的保护对被识别的和/或应该保护的数据（12）进行保护。”

国家知识产权局实质审查部门在 2004 年 3 月 12 日发出的第一次审查意见通知书中指出，本发明的发明点在于自动识别应该保护的数据，即自动识别关键数据，但是本发明的权利要求书和说明书仅记载了关键数据的自动识别是借助于大量的规则进行的，而没有记载在电子表格中是如何定义这些规则，如何确定规则等级，如何通过这些规则来识别关键数据。因此，本发明只是对技术问题给出了一个设想，而未给出本领域技术人员能够实施的技术手段，使本领域技术人员不能实现，造成申请文本公开不充分，不符合专利法第二十六条第三款的有关规定。

申请人于2004年7月22日针对上述审查意见提交了意见陈述书并认为：审查员指出的“如何定义电子表格规则、如何确定规则等级以及如何利用这些规则自动识别关键数据等”与本发明不是紧密相关的，本发明与现有技术的区别在于“实施自动识别要保护的数”，如何正确地进行识别并不是本发明的重要组成部分。从说明书中的相关描述并结合现有技术，本领域的普通技术人员可以知晓如何实施本发明的技术方案。

2005年6月10日国家知识产权局以本申请不符合专利法第二十六条第三款的规定为由驳回了本发明专利申请。

申请人（下称请求人）对驳回决定不服，于2005年12月8日提出了复审请求。经形式审查合格后，专利复审委员会受理了该复审请求，于2006年2月21日向请求人发出了复审请求受理通知书，并向原实质审查部门发出了前置审查意见通知书。原实质审查部门在前置意见中坚持原驳回决定。专利复审委员会针对该复审请求组成合议组，对本案进行审理。

经审查，合议组认为本案事实已经清楚，可以作出复审决定。

二、决定理由

本决定依据的文本为：申请人于2001年8月29日提交的权利要求第1～11项、说明书第1～8页、附图第1～2页、说明书摘要及摘要附图。

专利法第二十六条第三款规定：说明书应当对发明或者实用新型作出清楚、完整的说明，以所属技术领域的技术人员能够实现为准。

审查指南第二部分第二章第2.1.3节规定：“所属技术领域的技术人员能够实现，是指所属技术领域的技术人员按照说明书记载的内容，不需要创造性的劳动，就能够再现该发明或者实用新型的技术方案，解决其技术问题，并且产生预期的技术效果。”

合议组认为：本申请的发明目的在于能够自动识别应该保护的关键数据并设立保护，而并非在于定义识别规则以及确定规则等级的具体方式。根据说明书记载，对关键数据的自动识别是借助大量规则进行的，这些规则是建立在各个应该检查的数据10的语义和句法的分析之上的，比如“存在一个公式/计算吗?”这将会涉及到一个关键数据；或者“录入项是由数学的运算构成的吗?”这将涉及一个关键数据等。也就是说，说明书中已经公开了一系列自动判断当前数据10是否为关键数据的规则标准，本领域普通技术人员根据说明书中公开的内容以及本领域的公知常识，完全可以根据实际需要适用相关规则以实现对数据10是否为关键数据的自动判断，完成本发明自动识别关键数据的目的。此外，还应当注意到，对“大量规则”以及对每个规则具体工作方式的穷举是不可能的，而且，这也不是本发明所要解决的技术问题。本领域普通技术人员根据说明书中所记载的内容并结合现有技术中识别关键数据的知识，完全不需创造性的劳动即可实现本申请所述技术方案，实现对关键数据自动保护的技术效果。

综上，本申请说明书已经对其所要保护的发明作出了清楚完整的公开，所属技术领域的普通技术人员按照说明书记载，无需付出创造性的劳动，就能够实现自动识别关键数据并对其予以保护的发明目的。因此，本申请的说明书是公开充分的，其符合专利法第二十六条第三款的规定。

三、决定

撤销国家知识产权局于2005年6月10日作出的驳回01808085.5号申请的决定，由原实质审查部门以请求人于2001年8月29日提交的权利要求第1～11项、说明书第1～8页、附图第1～2页、说明书摘要及摘要附图为基础继续审查。

195

商品交易装置、商品交易系统、商品交易方法和存储媒体案

复审请求审查决定（第8788号）

决　定　号　第8788号
决　定　日　2006年6月26日
发明创造名称　商品交易装置、商品交易系统、商品交易方法和存储媒体
国际分类号　G06F 17/60
复审请求人　新日铁解法株式会社
申　请　号　98813406.3
申　请　日　1998年12月7日
公　开　日　2001年2月14日
合议组组长　熊　婷
主　审　员　高海燕
参　审　员　孙治国

法律依据　专利法第二十五条　专利法实施细则第二条第一款
决定要点

所谓技术方案是指，对要解决的技术问题所采取的利用了自然规律的技术特征的集合。因此，技术方案是与技术问题、利用自然规律的技术手段和符合自然规律的技术效果相联系的。如果一项方案解决的不是技术问题，针对该问题所采用的手段不是利用自然规律的技术手段，产生的效果不是符合自然规律的技术效果，则该项方案不是技术方案，不属于专利法所保护的客体，不能被授予专利权。

一、案由

本复审请求涉及的是申请日为1998年12月7日、申请号为98813406.3. 名称为“商品交易装置、商品交易系统、商品交易方法和存储媒体”的发明专利申请，申请人是新日铁解法株式会社。

在实质审查程序中，国家知识产权局原实质审查部门于2002年9月13日发出了第一次审查意见通知书，指出：权利要求1~3、5~7、9~11、13~15、17~19、22~24、27~29、35~43、45~46要求保护一种商品交易系统或装置，其发明点在于如何实施商业行为，而不是专利法意义上的发明，属于专利法第二十五条第一款之（二）规定的不授予专利权的情形；权利要求25、30、32~34、44要求保护一种商业交易方法，其发明点在于如何实施商业行为，属于专利法第二十五条第一款之（二）规定的不授予专利权的情形；权利要求4、8、12、16、20、26、31要求保护一种存储有交易处理步骤的程序的存储媒体，其实质保护的是计算机程序，也属于专利法第二十五条第一款之（二）规定的不授予专利权的情形。

申请人于2003年3月28日针对第一次审查意见通知书提交了意见陈述书以及权利要求书全文替

换页第1～10页和说明书第1～37页的替换页，其中删除了关于存储媒体部分的权利要求，对其余权利要求进行适应性修改，并对原权利要求25、32～34增加了完成相应功能的装置，申请人在意见陈述书中认为：本发明不但简化了商品交易的过程，而且实现了一种新的计算机通信方式，因此本发明能够实现一定的技术效果。

国家知识产权局原实质审查部门于2004年3月12日作出驳回决定，仍然指出：本申请的发明点仍然在于如何实施商业行为，而不是专利法意义上的发明，属于专利法第二十五条第一款之（二）规定的不授予专利权的情形。

申请人（下称请求人）对上述驳回决定不服，于2004年6月7日向专利复审委员会提出了复审请求，请求人认为：本申请不仅仅在于智力活动的规则，还在于借助计算机资源等技术手段实现了智力活动规则所不能实现的处理，因此本发明对于现有技术的贡献不仅在于借助计算机的能力使得人所进行的交易高速化，而且还首次实现了仅靠人不能实现的处理，因此，本申请的权利要求具有可专利性。

经形式审查合格，专利复审委员会受理了该复审请求，并于2004年6月28日发出了受理通知书，同时发出了前置审查意见通知书。

原实质审查部门在前置审查意见书中坚持原驳回决定。

在此基础上专利复审委员会依法成立合议组，对本案进行审查。合议组于2005年8月18日针对驳回决定所依据的文本发出复审通知书，指出：权利要求1请求保护一种商品交易装置，其实质在于在公知的计算机上运行处理程序，实现商品交易的目的，即其实质是商业实施的方法，而对现有技术中的计算机的组成结构未作出任何改进，虽然其采用了技术手段（即借助计算机），但却没有解决技术问题，也没有产生技术效果，因此属于专利法第二十五条第一款第二项规定的智力活动的规则和方法；同时，其也不是对产品、方法或者其改进所提出的新的技术方案，不符合专利法实施细则第二条第一款的规定；基于同样的理由，权利要求2～19、21、22、23、28、29～35既属于专利法第二十五条第一款第二项规定的智力活动的规则和方法，也不符合专利法实施细则第二条第一款的规定；基于同样的理由，权利要求20、24、25、26、27、36属于专利法第二十五条第一款第二项规定的智力活动的规则和方法。

针对复审通知书，请求人于2005年10月8日提交了意见陈述书以及权利要求书的全文替换页，请求人认为：本申请在使用计算机未进行交易处理的批发市场的交易中导入以计算机硬件和计算机程序构成一体的新的技术方案，通过执行“根据购入信息的预约相对交易”、“根据销售信息的预约相对交易”、“根据多个购入信息和多个销售信息的交易”这样的新的处理，买家卖家可不在市场走动并且根据预约可有计划地执行批发交易，从而有计划地实现买卖并且减少运输费用，本申请是一种在物理上具有明确的技术方案、解决以往不能解决的问题并具有明显技术效果的发明。修改后的权利要求书内容如下：

“1. 一种根据从多个终端装置输出的用于经过一定期间后价值消失或减少的商品的买卖交易的销售信息和购买信息决定商品的买卖的成交的商品交易系统，其特征在于具有：

根据上述购买信息进行预约相对交易的处理的第1交易处理单元；

根据上述销售信息进行预约相对交易的处理的第2交易处理单元；

在上述第1交易处理单元和上述第2交易处理单元的预约相对交易处理之后，查对关于通过该预约相对交易销售剩下的商品的多个上述购买信息和多个上述销售信息并进行从双方的条件吻合的开始顺序决定成交的交易处理的第3交易处理单元。

2. 一种作为根据从多个终端装置输出的用于商品的买卖交易的销售信息和购买信息决定商品的

买卖成交的商品交易系统的终端装置的商品交易装置，其特征在于：具有权利要求 1 所述的上述第 1 交易处理单元和上述第 2 交易处理单元。

3. 一种通过多个终端装置与主机相互通信而根据从上述多个终端装置输出的用于经过一定期间后价值消失或减少的商品的买卖交易的销售信息和购买信息决定商品的买卖成交的商品交易系统，其特征在于：

上述终端装置利用浏览功能将传送来的信息进行画面显示并按照用户根据该画面上的信息进行的操作输出信息；

上述主机具有根据上述购买信息进行预约相对交易的处理的第 1 交易处理功能、根据上述销售信息进行预约相对交易的处理的第 2 交易处理功能、和在利用上述第 1 交易处理功能和上述第 2 交易处理功能的预约相对交易的处理之后查对关于通过该预约相对交易销售剩下的商品的多个上述购买信息和多个上述销售信息并进行从双方的条件吻合的开始顺序决定成交的交易的处理的第 3 交易处理功能。

4. 一种根据从多个终端装置输出的用于商品的买卖交易的销售信息和购买信息决定商品的买卖的成交的商品交易系统，其特征在于，

具有查对多个上述购买信息和多个上述销售信息并进行从双方的条件吻合的开始顺序决定成交的交易的处理的交易处理单元，

上述交易处理单元包括按照指定条件决定上述多个销售信息的处理顺序的第 1 决定单元和按照指定条件决定上述多个购买信息的处理顺序的第 2 决定单元，对按照上述销售信息的处理顺序而联系的上述购买信息进行成交决定，或者对按照上述购买信息的处理顺序而联系的上述销售信息进行成交决定。

5. 一种商品交易装置，是根据从多个终端装置输出的用于商品的买卖交易的销售信息和购买信息决定商品的买卖成交的商品交易系统的终端装置，其特征在于：具有权利要求 4 所述的上述交易处理单元。

6. 一种通过多个终端装置与主机相互通信而根据从上述多个终端装置输出的用于商品的买卖交易的销售信息和购买信息决定商品的买卖成交的商品交易系统，其特征在于：

上述终端装置利用浏览功能将传送来的信息进行画面显示并按照用户根据该画面上的信息进行的操作输出信息；

上述主机具有查对多个上述购买信息和多个上述销售信息并进行从双方的条件吻合的开始顺序决定成交的交易的处理的交易处理功能；

上述交易处理功能包括按照指定条件决定上述多个销售信息的处理顺序的第 1 决定功能和按照指定条件决定上述多个购买信息的处理顺序的第 2 决定功能，对按照上述销售信息的处理顺序而联系的上述购买信息进行成交决定，或者对按照上述购买信息的处理顺序而联系的上述销售信息进行成交决定。

7. 一种根据从多个终端装置输出的用于商品的买卖交易的销售信息和购买信息决定商品的买卖的成交的商品交易系统，其特征在于：

具有查对多个上述购买信息和多个上述销售信息并进行从双方的条件吻合的开始顺序决定成交的交易的处理的交易处理单元，

上述交易处理单元包括将上述销售信息中包含的关于商品的信息的任意的信息作为第 1 交易条件而进行特定的第 1 特定单元、将上述销售信息中包含的关于商品的信息的任意的信息作为比上述第 1 交易条件更宽松的第 2 交易条件而进行特定的第 2 特定单元、和将因按照上述第 2 交易条件的

交易处理而发生的未成交商品的销售信息转移到按照上述第 1 交易条件的交易处理的处理转移单元。

8. 一种商品交易装置，是根据从多个终端装置输出的用于商品的买卖交易的销售信息和购买信息决定商品的买卖成交的商品交易系统的终端装置，其特征在于：具有权利要求 7 所述的上述交易处理单元。

9. 一种通过多个终端装置与主机相互通信而根据从上述多个终端装置输出的用于商品的买卖交易的销售信息和购买信息决定商品的买卖成交的商品交易系统，其特征在于：

上述终端装置利用浏览功能将传送来的信息进行画面显示并按照用户根据该画面上的信息进行的操作输出信息；

上述主机具有查对多个上述购买信息和多个上述销售信息并进行从双方的条件吻合的开始顺序决定成交的交易的处理的交易处理功能，

上述交易处理功能包括将上述销售信息中包含的关于商品的信息的任意的信息作为第 1 交易条件而进行特定的第 1 特定功能、将上述销售信息中包含的关于商品的信息的任意的信息作为比上述第 1 交易条件更宽松的第 2 交易条件而进行特定的第 2 特定功能、和将通过按照上述第 2 交易条件的交易处理而发生的未成交商品的销售信息转移到按照上述第 1 交易条件的交易处理的处理转移功能。

10. 一种商品交易装置，是根据从多个终端装置输出的用于经过一定期间后价值消失或减少的商品的买卖交易的销售信息和购买信息决定商品的买卖的成交的系统的上述多个终端装置的至少 1 个终端装置，其特征在于：

具有包含用于有选择地执行根据上述购买信息进行预约相对交易的第 1 交易处理功能、根据上述销售信息进行预约相对交易的第 2 交易处理功能和在利用上述第 1 交易处理功能和上述第 2 交易处理功能的预约相对交易处理之后查对多个上述购买信息和多个上述销售信息并进行从双方的条件吻合的开始顺序决定成交的交易的第 3 交易处理功能中的某一功能的功能一览显示部，显示因执行由上述功能一览显示部选择的功能而发生的信息的信息显示部，和输入从因执行由上述功能一览显示部选择的功能而发生的信息中抽出任意的信息时的条件的条件输入部的画面。

11. 一种根据从多个终端装置输出的用于商品的买卖交易的销售信息和购买信息决定商品的买卖成交的商品交易系统，其特征在于：上述多个终端装置的至少 1 个终端装置是权利要求 10 所述的商品交易装置。

12. 一种通过多个终端装置与主机相互通信而根据从上述多个终端装置输出的用于经过一定期间后价值消失或减少的商品的买卖交易的销售信息和购买信息决定商品的买卖成交的商品交易系统，其特征在于：

上述主机具有根据上述购买信息进行预约相对交易的第 1 交易处理功能、根据上述销售信息进行预约相对交易的第 2 交易处理功能、和在利用上述第 1 交易处理功能和上述第 2 交易处理功能的预约相对交易处理之后查对多个上述购买信息和多个上述销售信息并进行从双方的条件吻合的开始顺序决定成交的交易的第 3 交易处理功能；

上述终端装置利用浏览功能将传送来的信息进行画面显示并按照用户根据该画面上的信息进行的操作输出信息，具有包含有选择地执行上述第 1 交易处理功能、上述第 2 交易处理功能和上述第 3 交易处理功能中的某一功能的功能一览显示部，显示因执行由上述功能一览显示部选择的功能而发生的信息的信息显示部，和输入从因执行由上述功能一览显示部选择的功能而发生的信息中抽出任意的信息时的条件的条件输入部的画面。

13. 一种根据从多个终端装置输出的用于经过一定期间后价值消失或减少的商品的买卖交易的销

售信息和购买信息决定商品的买卖的成交的商品交易系统的终端装置，其特征在于：具有

根据上述购买信息进行预约相对交易的处理的第 1 交易处理单元；

根据上述销售信息进行预约相对交易的处理的第 2 交易处理单元；

在利用上述第 1 交易处理单元和上述第 2 交易处理单元的预约相对交易的处理之后查对多个上述购买信息和多个上述销售信息并进行从双方的条件吻合的开始顺序决定成交的交易的处理的第 3 交易处理单元；

和对在上述第 1 ~ 3 交易处理单元的至少某一单元的执行中发生的销售剩余商品进行交易的处理或进行不利用上述第 1 ~ 3 交易处理单元的销售用的交易的处理的第 4 交易处理单元 。

14. 一种根据从多个终端装置输出的用于商品的买卖交易的销售信息和购买信息决定商品的买卖成交的商品交易系统，其特征在于：具有权利要求 13 所述的上述第 1 ~ 4 交易处理单元。

15. 一种通过多个终端装置与主机相互通信而根据从上述多个终端装置输出的用于经过一定期间后价值消失或减少的商品的买卖交易的销售信息和购买信息决定商品的买卖成交的商品交易系统，其特征在于：

上述终端装置利用浏览功能将传送来的信息进行画面显示并按照用户根据该画面上的信息进行的操作输出信息；

上述主机具有根据上述购买信息进行预约相对交易的第 1 交易处理功能，根据上述销售信息进行预约相对交易的第 2 交易处理功能，在利用上述第 1 交易处理功能和上述第 2 交易处理功能的预约相对交易的处理之后查对多个上述购买信息和多个上述销售信息并进行从双方的条件吻合的开始顺序决定成交的交易的第 3 交易处理功能，和对在上述第 1 ~ 3 交易处理功能的至少某一功能的执行中发生的销售剩余商品进行交易的处理或进行不利用上述第 1 ~ 3 交易处理功能的销售用的交易的处理的第 4 交易处理功能 。

16. 一种根据从多个终端装置输出的用于经过一定期间后价值消失或减少的商品的买卖交易的销售信息和购买信息决定商品的买卖的成交的商品交易系统，其特征在于：具有

通过输出基于确定前的预料的信息的上述销售信息而进行销售处理的确定前销售处理单元；

通过输出基于商品的销售量已确定的信息的上述销售信息而进行销售处理的确定后销售处理单元；

和进行在上述确定前销售处理单元和确定后销售处理单元中的至少某一个单元的执行中发生的销售剩余商品的销售处理的现货销售处理单元 。

17. 一种根据从多个终端装置输出的用于商品的买卖交易的销售信息和购买信息决定商品的买卖成交的商品交易系统，其特征在于：上述多个终端装置的至少 1 个终端装置是权利要求 16 所述的商品交易装置。

18. 一种通过多个终端装置与主机相互通信而根据从上述多个终端装置输出的用于经过一定期间后价值消失或减少的商品的买卖交易的销售信息和购买信息决定商品的买卖成交的商品交易系统，其特征在于：

上述终端装置利用浏览功能将传送来的信息进行画面显示并按照用户根据该画面上的信息进行的操作输出信息；

上述主机具有通过输出基于商品的销售量已确定的信息的上述销售信息而进行销售处理的确定后销售处理功能，和用于进行在上述确定后销售处理功能的执行中发生的销售剩余商品的销售处理的现货销售处理功能。

19. 一种由计算机根据从多个终端装置输出的用于经过一定期间后价值消失或减少的商品的买卖

交易的销售信息和购买信息进行用于决定商品的买卖的成交的交易处理的商品交易方法，其特征在于 包括：

由计算机内的确定后销售处理装置通过输出基于商品的销售量已确定的信息的上述销售信息而进行销售处理的确定后销售处理步骤，

和由现货销售处理单元进行在上述确定后销售处理单元的执行中发生的销售剩余商品的销售处理的现货销售处理步骤。

20. 一种商品交易装置，是根据从多个终端装置输出的用于商品的买卖交易的销售信息和购买信息，通过在画面上执行至少第 1 交易处理和第 2 交易处理而决定商品的买卖的成交的系统的上述多个终端装置的至少 1 个终端装置，其特征在于：

具有包含显示关于上述第 1 预约相对交易处理的信息的第 1 交易信息显示部和显示关于上述第 2 预约相对交易处理的信息的第 2 交易信息显示部的画面。

21. 一种根据从多个终端装置输出的用于商品的买卖交易的销售信息和购买信息决定商品的买卖成交的商品交易系统，其特征在于：上述多个终端装置的至少 1 个终端装置是权利要求 20 所述的商品交易装置。

22. 一种通过多个终端装置与主机相互通信而根据从上述多个终端装置输出的用于商品的买卖交易的销售信息和购买信息决定商品的买卖成交的商品交易系统，其特征在于：

上述主机具有进行基于上述购买信息的第 1 预约相对交易处理的第 1 交易处理功能和进行基于上述销售信息的第 2 预约相对交易处理的第 2 交易处理功能的至少 2 个交易处理功能；

上述终端装置是利用浏览功能将传送来的信息进行画面显示并按照用户根据该画面上的信息进行的操作输出信息的装置，具有包含显示关于上述第 1 预约相对交易处理的信息的第 1 交易信息显示部和显示关于上述第 2 预约相对交易处理的信息的第 2 交易信息显示部的画面 。

23. 一种由计算机根据从多个终端装置输出的用于商品的买卖交易的销售信息和购买信息通过在画面上至少执行第 1 预约相对交易处理和第 2 预约相对交易处理而进行决定商品的买卖的成交的交易处理的商品交易方法，其特征在于：

包括在计算机的同一画面上显示关于上述第 1 预约相对交易处理的信息和关于上述第 2 预约相对交易处理的信息的步骤。

24. 一种由计算机根据从多个终端装置输出的用于商品的买卖交易的销售信息和购买信息进行决定商品的买卖的成交的交易处理的商品交易方法，其特征在于 包括：

由第一集合形成装置对上述多个购买信息形成包含在各个购买信息中的购买条件相同的购买信息的集合，

由第二集合形成装置对上述多个销售信息形成与上述购买信息的各集合对应的符合购买条件的购买条件的集合，

由交易决定装置根据预先决定的上述购买信息的集合的处理顺序或预先决定的上述销售信息的集合的处理顺序，在上述购买信息的集合和与其对应的上述销售信息的集合之间将包含在各个集合中的购买信息和销售信息相联系而决定上述买卖的成交的处理步骤。

25. 一种由计算机根据从多个终端装置输出的用于商品的买卖交易的销售信息和购买信息进行决定商品的买卖的成交的交易处理的商品交易方法，其特征在于 包括：

由处理顺序决定装置对上述多个购买信息按照指定的条件决定用于决定上述买卖的成交的处理顺序，

由集合形成装置根据上述多个销售信息形成符合按照上述处理顺序的处理对象购买信息中包含的

购买条件的集合，

由交易决定装置在上述对象购买信息与上述销售信息的集合中包含的销售信息之间将购买信息与销售信息相联系从而决定上述买卖的成交的处理步骤。

26. 一种由计算机根据从多个终端装置输出的用于商品的买卖交易的销售信息和购买信息进行决定商品的买卖的成交的交易处理的商品交易方法，其特征在于包括：

由处理顺序决定装置对上述多个销售信息按照指定的条件决定用于决定上述买卖的成交的处理顺序，

由集合形成装置根据上述多个购买信息形成符合按照上述处理顺序的处理对象销售信息中包含的销售条件的集合，

由交易决定装置在上述对象销售信息与上述购买信息的集合中包含的购买信息之间将销售信息与购买信息相联系从而决定上述买卖的成交的处理步骤。

27. 一种根据从多个终端装置输出的用于商品的买卖交易的多个销售信息和多个购买信息决定商品的买卖的成交的商品交易装置，其特征在于具有：

对上述多个购买信息形成各个购买信息中包含的购买条件相同的购买信息的集合的第 1 集合形成单元；

对上述多个销售信息形成与上述购买信息的各集合对应的符合购买条件的销售信息的集合的第 2 集合形成单元；

和根据预先决定的上述购买信息的集合的处理顺序或预先决定的上述销售信息的集合的处理顺序，在由上述第 1 集合形成单元形成的集合与和其对应的由上述第 2 集合形成单元形成的集合之间将购买信息与销售信息相联系而决定上述买卖的成交的交易决定单元。

28. 一种根据从多个终端装置输出的用于商品的买卖交易的多个销售信息和多个购买信息决定商品的买卖的成交的商品交易装置，其特征在于 具有：

对上述多个购买信息按照指定的条件决定用于决定上述买卖的成交的处理顺序的处理顺序决定单元；

根据上述多个销售信息形成符合按照由上述处理顺序决定单元决定的处理顺序的对象购买信息中包含的购买条件的集合的集合形成单元；

和在上述对象购买信息与由上述集合形成单元形成的集合中包含的销售信息之间将购买信息与销售信息相联系而决定上述买卖的成交的交易决定单元。

29. 一种由输出商品的买卖交易用的销售信息的多个终端装置、输出商品的买卖交易用的购买信息的多个终端装置和根据从各个终端装置输出的多个销售信息和购买信息决定商品的买卖成交的主机相连接而构成的商品交易系统，其特征在于：上述主机具有权利要求 27 或 权利要求 28 所述的商品交易装置的功能。

30. 一种根据从多个终端装置输出的商品的买卖交易用的销售信息和购买信息管理决定买卖交易的成立的商品交易系统，其特征在 于具有：

预先存储基于因上述买卖交易的成立而发生的卖方与买方之间的物流路线的物流费的信息的存储单元；

和在进行上述买卖交易而买方参照商品的销售信息时，从上述存储单元取得该商品以及在卖方与买方之间的物流路线对应的物流费信 息并为了向买主展示而将其输出的输出单元。

31. 一种根据从多个终端装置输出的用于商品的买卖交易的销售信息和购买信息决定商品的买卖的成交的商品交易系统，其特征在于：

具有在买方参照商品的销售信息时用于根据上述买卖交易中卖方与买方的组合而向买方显示的，显示基于因上述买卖交易的成立而发生的商品和在卖方与买方之间的物流路线的物流费的信息的显示单元。

32. 一种根据从多个终端装置输出的商品的买卖交易用的销售信息和购买信息决定商品的买卖交易成立的系统，其特征在于：包括权利要求 30 或权利要求 31 所述的商品交易装置。

33. 按权利要求 30 或权利要求 31 所述的商品交易系统，是根据从多个终端装置输出的商品的买卖交易用的销售信息和购买信息决定商品的买卖交易成立的系统，其特征在于：上述物流费信息包括与交易量相应的物流的折扣信息。

34. 一种通过多个终端装置与主机相互通信而根据从上述多个终端装置输出的商品的买卖交易用的销售信息和购买信息决定商品的买卖交易的成立的商品交易系统，其特征在于：

上述终端装置利用浏览功能将传送来的信息进行画面显示并按照用户根据该画面上的信息进行的操作输出信息；

上述主机具有预先存储基于因上述买卖交易的成立而发生的卖方与买方之间的物流路线的物流费的信息的存储单元，和在由上述终端装置进行上述买卖交易而买方参照商品的销售信息时为了向买方显示而从上述存储单元取得并向上述终端装置发送该商品和卖方与买方之间的物流路线对应的物流费信息的发送单元。

35. 一种由计算机根据从多个终端装置输出的商品的买卖交易用的销售信息和购买信息决定商品的买卖交易成立的商品交易方法其特征在于包括：

预先将基于因上述买卖交易的成立而发生的卖方与买方之间的物流路线的物流费的信息存储到存储器中的存储步骤，

和在进行上述买卖交易而买方参照商品的销售信息时从上述存储器取得该商品和卖方与买方之间的物流路线对应的物流费信息并为了向买主展示而将其输出的输出步骤。

36. 一种根据从多个终端装置输出的用于商品的买卖交易的多个销售信息和多个购买信息决定商品的买卖成交的商品交易装置，其特征在于 具有：

对上述多个销售信息按照指定的条件决定用于决定上述买卖的成交的处理顺序的处理顺序决定单元；

由上述多个购买信息形成符合按照上述处理顺序的处理对象销售信息中包含的销售条件的集合的集合形成单元；

和在上述对象销售信息与包含在上述购买信息的集合中的购买信息之间将销售信息与购买信息联系从而决定上述买卖的成交的交易决定单元。”

本案合议组经合议后，认为本案事实清楚，现依法作出审查决定。

二、决定的理由

1. 关于审查文本

请求人于 2005 年 10 月 8 日提交的权利要求第 1 ~ 36 项符合专利法第三十三条和专利法实施细则第六十条的规定，因此，本复审决定以请求人于 2005 年 10 月 8 日针对复审通知书提交的权利要求第 1 ~ 36 项、于 2003 年 3 月 28 日针对第一次审查意见通知书提交的说明书第 1 ~ 37 页、原始提交的国际申请的中文译文的说明书摘要、摘要附图、说明书第 38 ~ 102 页和说明书附图第 1 ~ 74 页为审查文本。

2. 关于专利法实施细则第二条第一款

专利法实施细则第二条第一款规定，专利法所称的发明，是指对产品、方法或者其改进所提出的新的技术方案。所谓技术方案是指，对要解决的技术问题所采取的利用了自然规律的技术特征的集合。因此，技术方案是与技术问题、利用自然规律的技术手段和符合自然规律的技术效果相联系的。如果一项方案解决的不是技术问题，且针对该问题所采用的手段不是利用自然规律的技术手段，产生的效果不是符合自然规律的技术效果，则该项方案不是技术方案，不属于专利法实施细则第二条第一款所保护的客体，不能被授予专利权。

权利要求 1 请求保护一种根据从多个终端装置输出的销售信息和购买信息决定商品买卖成交的商品交易系统，其具有根据购买信息进行交易处理的第 1 交易处理单元，根据销售信息进行交易处理的第 2 交易处理单元，和从多个购买信息和多个销售信息的条件吻合的开始顺序决定交易成交的第 3 交易处理单元。其中，终端装置为包括中央处理装置 CPU、存储器、通信器、显示器等的个人计算机，而各交易处理单元为存储器中的处理程序（见说明书第 38 页第 4 ~ 7 行）。因此，该权利要求的解决方案是在公知的计算机上运行计算机程序对购买信息和销售信息进行处理，并根据购买信息和销售信息的条件决定交易成交，其既没有对现有计算机的内部性能带来改进，也没有给计算机的构成或技术功能带来任何技术上的改变；其解决的问题是如何根据购买信息和销售信息的条件决定交易成交，不是技术问题；所采用的手段是人为制订的交易规则，不受自然规律的约束；该系统可以从多个购买信息和多个销售信息的条件吻合的开始顺序决定交易成交，所获得的也不是符合自然规律的技术效果。因此，该权利要求所要求保护的方案不属于专利法实施细则第二条第一款规定的技术方案，不属于专利法保护的客体。

权利要求 2、5、8、10、20 均请求保护一种商品交易系统的终端装置，它们要么包括具有特定交易处理功能的交易处理单元，要么具有特定的交易功能、交易信息显示部或交易信息显示画面，上述各权利要求所保护的商品交易系统的终端装置既未对现有技术中的计算机的内部性能带来改进，也没有给计算机的构成或技术功能带来任何技术上的改变，基于与评述权利要求 1 相同的理由，上述各权利要求所要求保护的方案也不属于专利法实施细则第二条第一款规定的技术方案，不属于专利法保护的客体。

权利要求 27、28、36 均请求保护一种商品交易装置，它们均具有交易信息集合形成单元和交易决定单元（即存储器中的处理程序），上述各权利要求所保护的商品交易装置既未对现有技术中的计算机的内部性能带来改进，也没有给计算机的构成或技术功能带来任何技术上的改变，基于与评述权利要求 1 相同的理由，上述权利要求所要求保护的方案也不属于专利法实施细则第二条第一款规定的技术方案，不属于专利法保护的客体。

权利要求 3、4、6、7、9、11、12、14 ~ 18、21、22、29、30 ~ 34 均请求保护一种商品交易系统，它们或者包括进行商品交易的终端装置（即个人计算机），或者包括相互通信的终端装置和主机（即个人计算机），或者包括交易处理单元，其中，主机具有不同的交易处理功能，终端装置具有交易功能、交易信息显示单元、交易信息存储单元、交易信息输出单元、交易信息发送单元等单元。由于上述各权利要求的解决方案是通过公知的计算机和网络实现交易信息的处理，并根据交易条件决定交易成交，因此，其既没有对现有计算机和网络的内部性能带来改进，也没有给计算机和网络的构成或功能带来任何技术上的改变，基于与上述评述权利要求 1 相同的理由，这些权利要求所要求保护的方案也不属于专利法实施细则第二条第一款规定的技术方案，不属于专利法保护的客体。

3. 关于专利法第二十五条第一款第二项规定的智力活动的规则和方法

智力活动仅是指导人们对信息进行思维、识别、判断和记忆的规则和方法，由于其没有采用技术手段或者利用自然法则，也未解决技术问题和产生技术效果，因而不是技术方案，不能被授予专利权。

权利要求19、23~26、35均请求保护一种由计算机根据从多个终端装置输出的商品交易信息进行商品交易处理的商品交易方法，它们主要包括由具有不同功能的处理单元（即计算机内存储的处理程序）进行不同交易处理的步骤，它们实质是利用计算机和网络传递商品交易信息，并根据商品交易信息决定交易是否成交的商品交易方法，是在公知的计算机上按照人为规定的商品交易规则运行商品交易信息处理程序，实现商品交易，由于它们利用的不是自然规律，解决的商品交易问题不是技术问题，也没有产生符合自然规律的技术效果，因此属于专利法第二十五条第一款第二项规定的智力活动的规则和方法，不能被授予专利权。

虽然请求人认为本申请是由计算机硬件和计算机程序构成一体的新的技术方案，其具有通过执行“根据购入信息的预约相对交易”“根据销售信息的预约相对交易”“根据多个购入信息和多个销售信息的交易”这样的新的处理，使得买家卖家可不在市场走动并且根据预约可有计划地执行批发交易，从而有计划地实现买卖并且减少运输费用的技术效果。但是，由于技术方案是与技术问题、利用自然规律的技术手段和符合自然规律的技术效果相联系的，而本申请对商品交易所进行的上述处理利用的是人为规定的商业规则，不是自然规律，所产生的效果也不是利用自然规律的技术效果。因此，如前所述，本申请的解决方案是利用公知的计算机以及网络进行商品交易处理，其未对计算机和网络的结构和技术性能带来任何技术上的改变；其解决的问题是如何根据购买信息和销售信息的条件决定交易成交，不是技术问题；其所采用的手段是人为制订的交易规则，不受自然规律的约束；其所获得的也不是符合自然规律的技术效果。因此，本申请的权利要求1~18、20~22、27~34、36不属于专利法实施细则第二条第一款规定的技术方案，本申请的权利要求19、23~26、35属于专利法第二十五条第一款第二项规定的智力活动的规则和方法，不能被授予专利权。

三、决定

维持国家知识产权局于2004年3月12日对98813406.3号申请作出的驳回决定。

当事人对本决定不服的，可以根据专利法第四十六条第二款的规定，自收到本决定之日起三个月内向北京市第一中级人民法院起诉。

196

与自动交易相关的方法和设备案

复审请求审查决定（第8789号）

决　　定　　号　第8789号
决　　定　　日　2006年6月26日
发明创造名称　与自动交易相关的方法和设备
国 际 分 类 号　G06F 17/60　H04L 12/18
复 审 请 求 人　欧睦技术公司
申　　请　　号　99812973.9
申　　请　　日　1999年11月4日
公　　布　　日　2001年12月5日
合 议 组 组 长　蒋　彤
主　　审　　员　张宗任
参　　审　　员　张美菊

法 律 依 据　专利法第二十五条第一款
决 定 要 点

涉及商业方法的专利申请，同样需要从现有技术中引申出需要克服的技术问题，然后说明采用某些特定的技术手段解决上述技术问题，进而得到一定的技术效果的技术解决方案，基于此才能概括形成一种受专利法保护的权利要求，如果该权利要求仅描述了一种商业方法，或者虽记载了一些属于现有技术的技术性特征，但其实质上仍仅在于一种商业上运作的方法，那么该权利要求仍属于智力活动的规则和方法的范畴。

一、案由

本复审请求涉及申请日为1999年11月4日、于2001年5月8日进入中国国家阶段、申请号为99812973.9. 名称为“与自动交易相关的方法和设备”的发明专利申请，原申请人是欧睦技术有限公司，后变更为欧睦技术公司。

针对本申请进入中国国家阶段时提交的说明书第1～4页、权利要求第1～10项、说明书附图和摘要，国家知识产权局实质审查部门以本申请不符合专利法第二十五条第一款的规定为由，于2003年3月7日作出驳回决定。驳回决定的具体理由是：（1）权利要求1～5要求保护一种与其他交易所连接的自动交易的方法，仅是指导人们对信息进行思维、识别、判断和记忆的规则和方法，不具备技术特征，没有采用技术手段或者利用自然法则，也没有解决技术问题和产生技术效果，仅是利用计算机程序执行数字算法所实现的一种商业方法，属于专利法第二十五条第一款第（二）项的不授予专利权的主题；（2）权利要求6～10要求保护一种自动交易所，其实质上要求保护的也是利用计算机程序执行数学算法所实现的一种商业方法，也属于专利法第二十五条第一款第（二）项的不授予专利权的主题。驳回决定所针对的独立权利要求1和6的内容如下：

“1. 一种与其他交易所连接的自动交易的方法，该方法包括以下步骤：

－接收一个定单；

－检查哪个交易所当前出价最好，用于匹配所述定单，并且

－如果别的交易所的出价更好的话，那么自动报出等于所述交易所更好价格的出价。”

“6. 一种连接到其他交易所的自动交易所，包括：

－用于接收定单的装置；

－用于检查哪个交易所当前出价最好以便匹配所述定单的装置，和

－用于如果别的交易所出价更好的话，则自动报出等于所述交易所更好价格的出价的装置。”

申请人（下称复审请求人）对上述驳回决定不服，于2003年4月4日向专利复审委员会提出复审请求，复审请求的理由主要是：（1）权利要求1～10表述了为了达到一定的技术效果而掌握自然力的技术行为的规范，即从一提供逻辑功能的特定交易所到每一个其他对金融契约进行交易的交易所建立双向数据通信线路，提高了网络效率；（2）本发明对如何在进行金融契约交易的自动交易系统中更好地利用数据通信资源提供了一种技术方案；（3）本发明的方法和装置实质上涉及了作为具体技术手段的交易所之间的信息传输，包括了具体的数据传输的操作步骤，实现了技术效果，权利要求1～10不属于专利法第二十五条规定的范畴。

经过形式审查合格，专利复审委员会于2003年4月22日向复审请求人发出了复审请求受理通知书，同时向原实质审查部门发出了前置审查通知书。

在前置审查过程中，实质审查部门仍然坚持原驳回决定。

专利复审委员会依法成立合议组，合议组研究了国家知识产权局作出的驳回决定和复审请求人提交的复审请求书以及前置审查意见书后，于2004年4月28日发出复审通知书，其中指出：

1）本申请涉及一种自动交易的方法和设备。从说明书背景技术部分可以看出，本申请要解决定问题在于使投资者在不同的交易所交易时，某个瞬间能得到不同交易所给出的一个最好价格。可见本申请预期解决的是一个商业问题，而非技术问题，而且申请文件中也没有记载与解决该商业问题有关的技术问题，本申请所要解决的问题仅是一种商业实施方法问题，也就是说本申请没有提出一个技术问题。

2）权利要求1～3要求保护“一种与其他交易所连接的自动交易的方法”，其中它们的特征部分或附加特征记载的都明显是一种商业上实施交易的方法或规定，因为每一特征或步骤仅涉及交易的方法或规定，而这种交易的方法或规定并没有与具体的通信或计算机网络部件进行有机的融合，或者记载它们结合的实现手段，以使本领域普通技术人员能明确从中得出交易方式的改变给通信或计算机网络带来了什么改进，或者使通信网络的连接关系发生了变化，从而得到使现有通信网络更适于交易的技术效果，可见这些步骤都不是技术特征，没有解决技术问题，更不能得到任何技术效果，权利要求1～3所要求保护的主体纯粹是一种商业方法或规则，因此权利要求1～3要求保护的这种主题属于专利法第二十五条第一款第（二）项不授予专利权的客体。

3）从属权利要求4和权利要求5中附加特征部分虽然涉及数据存储，但由于存储数据的地方都可以称之为存储器，所以权利要求4中附加特征“将所述交易所当前的所述出价存储在存储器中”实质上就是保留交易所当前的所述出价，权利要求5中附加特征“将存储在所述存储器中的所述价格与最好价格比较”也就是将保留的当前出价与最好价格比较，关键是这里并没有涉及存储器的变化或所处的位置关系，或对存储器操作方式的改进，可见附加特征也没有解决技术问题，更不能获得技术效果，因此权利要求4和权利要求5记载的附加特征实质上还仅仅是商业上实施交易的方法或规定，在在前权利要求1～3要求保护的主题属于专利法第二十五条第一款第（二）项不授予专利权的

客体时，权利要求 4 和权利要求 5 要求保护的主题也属于专利法第二十五条第一款第（二）项不授予专利权的客体。

4）权利要求 6 ~ 10 要求保护“一种连接到其他交易所的自动交易所”，而它们的特征部分或附加技术特征部分记载的实现所述功能的装置在说明书中都没有记载，也不能直接推导出来，而且这些装置本身都是现有技术，也就是在现有设备中实现了一种交易的操作方法，可见贡献仅在于一种商业方法，所以实质上权利要求 6 ~ 10 要求保护的主题也属于专利法第二十五条第一款（二）不授予专利权的客体。

5）针对请求人的复审意见合议组的意见是：a）请求人所强调了技术效果：从一提供逻辑功能的特定交易所到每一个其他对金融契约进行交易的交易所建立双向数据通信线路，提高了网络效率。首先这些效果无法从权利要求记载的特征直接推导出来，说明书中也没有相应记载，所以请求人不能追加这种技术效果；（b）上述分析可以看出权利要求 1 ~ 5 没有记载解决技术问题的技术特征，更没有涉及利用数据通信资源的技术特征，无法构成技术方案；（c）交易网络是一种庞大的通信或计算网络系统，而信息传输又是这种系统中某些部分之间的交流，现有交互网络都是双向数据通信线路，所以概括性地指出交易所之间信息传输，无法体现网络系统的改进，进而无法使纯粹的商业方法或规则融入到具体的网络系统中，不能解决技术问题，不能改变单纯商业方法或规则本质。

针对 2004 年 4 月 28 日发出的复审通知书，复审请求人于 2004 年 6 月 11 日提交了意见陈述书和权利要求书修改文本，其中请求人在意见陈述书中指出的主要意见是：1）本发明的要点不仅在于交易所本身所具备的逻辑功能，还在于交易所的物理结构，以实现和交易所的相互连接；2）要解决的技术问题是，市场主持者需要同时与多个交易所相互作用，因为出价不仅在不同的交易所有所不同，而且在不同时刻也有所不同；3）解决问题的方案是进行自动的处理，即所有的交易所分开并且进行自动控制，然后选择最好出价的交易所；4）为各交易所装备双向通信的路径，以进行各交易所之间的相互连接，由此可最大程度地减小市场主持者对于连续检查多个交易所的工作量，这一特征的实施是通过相对直接的方式进行的（交易所之间的无线或有线通信）；5）本发明的装置权利要求表述了对于操作人员带来方便的改进的操作装置。修改后的独立权利要求 1 和 8 的内容如下：

“1. 一种自动交易的方法，包括以下步骤：

–接收一个定单；

–在其他的交易所经过相互连接的通信链路控制出价，用于匹配所述定单；

–将出价与所述交易所的出价相比较，用于匹配所述定单，由此检查哪个交易所的当前出价最好；并且

–根据当前出价最好的交易所的出价，提供用于达到匹配所述定单的处理操作。”

“8. 一种自动交易所，包括：

–用于接收定单的装置；

–用于与另外的交易所进行双向通信的通信装置；

–用于检查哪个交易所当前出价最好以便匹配所述定单的装置；和

–用于根据当前出价最好的交易所的出价提供达到匹配所述定单的处理操作的装置。”

国家知识产权局专利复审委员会依法对陈述意见和经修改的申请文件再次审查，于 2004 年 8 月 23 日再次发出复审通知书，主要指出：

1）权利要求 1 要求保护“一种自动交易的方法”，对于现有的网络操作方法或网络交易方法来说，一般意义上的接收数据、相互连接通信通路、数据匹配、数据比较等操作技术都属于基本的计算机及通信技术，对本领域技术人员来说，这几个用语所表明的基本操作步骤的简单拼凑仍旧是现有技

术，因此把当接收数据改变为接收定单、通过通信链路来控制出价、匹配的数据是一种定单、比较的数据是也是一种定单、使达到匹配的相应处理操作时，仅仅是把一种交易操作方法或称之为商业操作步骤赋予到一种现有的网络操作上，并没有对现有网络操作或交易方法提出任何技术性的改进，也就是没有解决技术问题，同时也没有任何技术效果，不能构成技术方案，属于专利法第二十五条第一款第（二）项规定的范围，不能被授予专利权。

2）从属权利要求 4 和权利要求 5 要求保护“一种自动交易的方法”，其中它们的附加特征记载的都明显是一种商业上实施交易的规定，规定了出价匹配的操作，这种交易的规定并没有与具体的通信或计算机网络部件进行有机的结合，或者记载它们结合的实现手段，以使本领域普通技术人员能明确从中得出交易方式的改变给通信或计算机网络带来了什么改进，或者使通信网络的连接关系发生了变化，从而得到使现有通信网络更适于交易的技术效果，所以没有记载任何技术特征，也没有解决技术问题，更不能得到任何技术效果，因此在权利要求 1 属于专利法第二十五条第一款第（二）项规定的情形，不能被授予专利权时，权利要求 4 和 5 要求保护的主题属于专利法第二十五条第一款第（二）项规定的范围，不能被授予专利权。

3）由于权利要求 2 和权利要求 3 不符合专利法实施细则第六十条第一款的规定，不能被接受，因而从属权利要求 6 引用权利要求 2 和权利要求 3 的部分，也不符合专利法实施细则第六十条第一款的规定，应予删除。

4）引用权利要求 1、4 ~ 5 的从属权利要求 6 和权利要求 7 中附加特征部分虽然涉及数据存储，但由于存储数据的地方都可以称之为存储器，这是一种常规现有技术，所以权利要求 6 中附加特征“将所述交易所当前的所述出价存储在存储器中”实质上就是保留交易所当前的所述出价，权利要求 7 中附加特征“将存储在所述存储器中的所述价格与最好价格比较”也就是将保留的当前出价与最好价格比较，关键是这里并没有涉及存储器的变化或所处的位置关系，或对存储器操作方式的改进，可见附加特征也没有解决技术问题，更不能获得技术效果，因此权利要求 6 和权利要求 7 记载的附加特征实质上还仅仅是商业上实施交易的方法或规定，在在前权利要求 1、4 和权利要求 5 要求保护的主题属于专利法第二十五条第一款第（二）项不授予专利权的客体时，引用权利要求 1、4 ~ 5 的权利要求 6 和权利要求 7 要求保护的主题也属于专利法第二十五条第一款第（二）项不授予专利权的客体。

5）权利要求 8 要求保护“一种自动交易所”，对于现有的网络系统或网络交易系统来说，接收数据的装置、相互双向通信的装置、如比较器的数据比较装置、根据比较结果进行各种处理的装置等都是它们所应具有的基本装置部件，而没有记载对这些现有的装置的结构和结构关系作出改进的部分，因此当接收装置接收的是定单、与双向通信装置通信的是交易所、检查或比较装置检查或比较的是出价、处理操作装置处理的是与出价有关的交易操作时，那么就仅仅是把一种交易操作方法或称之为商业操作步骤简单的赋予到一种现有的网络系统的装置中，这种简单的结合也没有引发出技术问题，同时也没有达到任何技术效果，权利要求 8 实质上所要保护的还是一种交易方法或商业方法，不能构成技术方案，属于专利法第二十五条第一款第（二）项规定的范围，不能被授予专利权。

6）权利要求 11、12 和 14 要求保护“一种自动交易所”，而它们的附加技术特征部分仅仅把实现的所述功能赋予到“装置”，没有记载实现所述功能的装置的具体结构和所述功能是如何在所述装置的哪个构成部分实现的，即从属权利要求的附加特征实质上仅仅是一种交易的操作方法步骤，因此权利要求 11、12 和权利要求 14 所记载的方案同样没有解决技术问题，也没有产生任何技术效果，不能构成一种技术方案，属于专利法第二十五条第一款（二）不授予专利权的范围。

7）由于权利要求 9 和权利要求 10 不符合专利法实施细则第六十条第一款的规定，不能被接受，因而从属权利要求 13 引用权利要求 9 和权利要求 10 的部分，也不符合专利法实施细则第六十条第一款的规定，应予删除。当权利要求 13 引用权利要求 8、11 和权利要求 12 时，权利要求 13 要求保护“一种自动交易所”，而附加技术特征部分仅仅把实现的所述功能赋予到“装置”，没有记载实现所述功能的装置的具体结构和所述功能是如何在所述装置的哪个构成部分实现的，即从属权利要求的附加特征实质上仅仅是一种交易的操作方法步骤，因此权利要求 13 引用权利要求 8、11 和权利要求 12 的部分同样没有解决技术问题，没有产生任何技术效果，不能构成一种技术方案，属于专利法第二十五条第一款（二）不授予专利权的客体。

8）针对请求人的复审意见合议组的意见是：1）本申请的说明书和权利要求书都没有明确具体记载实现所述交易方法的交易所的具体结构及构成部分的相互连接关系，如果如请求人所述相互连接体现了具体的物理结构，那么这种在说明书中未作具体描述的方式只能理解为本领域所惯用的一般含义，也就是说说明书实质上仅仅记载了一种交易方法或称为商业方法；2）如请求人所述要解决的技术问题是:”市场主持者需要同时与多个交易所相互作用，因为出价不仅在不同的交易所有所不同，而且在不同时刻也有所不同”，可见分析的是出价的不同以及如何进行处理，并没有提出现有交易所存在缺陷及如何改进，更没有直接提出一种交易所构成方案，所以所要解决的这个问题正是一种如何交易处理的商业问题；3）解决所述问题的方案如果仅仅体现为“自动的处理”（即使加上特征“相互连接通信路径”）这种宽泛的文字表述，那么其实如同没有解决方案，仅仅是一种简单的想法；4）对于请求人所称的最大程度地减小市场主持者对于连续检查多个交易所的工作量的效果，并没有在权利要求书乃至说明书描述的方案中得到技术性的体现；5）本发明的装置权利要求并没有记载清楚对现有装置作出改进的结构或结构关系改进特征，而仅仅把一种商业方法赋予到了一种现有的装置上。

复审请求人于 2004 年 10 月 2 日再次提交了意见陈述书，并同时提交了权利要求书替换页，其中在意见陈述书中指出：1）删除了方法权利要求 1 ~ 7，对产品权利要求 8 ~ 14 进行了修改，简化为两项修改后的权利要求；2）本申请涉及自动交易所，即由配备适当软件的硬件设备所组成的系统，对于许多手动操作的系统来说，存在着要求进行便利操作的需要；3）本申请中，通过采用使得向交易所输入的调整的价格参数同时也作为指令这一技术手段，使得交易所在技术上得到改进，该调整的价格参数指示出价的变化，据此可以接收订单，最好出价与订单之间的差或许小于市场的买卖意愿的范围，即调整的价格参数，如果可以在调整的价格参数的范围内达成匹配，则交易所便执行这一匹配；4）修改后的权利要求 1 中表述了根据本申请的自动交易所的结构及其功能，其中包括输入装置、通信装置、比较器装置和处理装置，以及相应的操作功能。

修改后的权利要求书内容如下：

“1. 一种自动交易所，包括：

- 输入装置，用于接收定单和调整价格参数；

- 通信装置，用于与另外的交易所进行双向通信；

- 比较器装置，用于检查哪个交易所当前出价最好以匹配所述定单；和

- 处理装置，设置为仅当所述最好出价与所述订单之间的差小于调整的价格参数时进行匹配所述最好价格的自动交易。

2. 根据权利要求 1 所述的自动交易所，其特征在于，包括：

- 存储装置，用于当接收到一个定单时将由所述交易所当前提供的出价存储在一个存储器中；

- 比较器装置，用于在接收到所述定单之后的一个时间确定哪个交易所提供与所述定单匹配的次好出价；和

- 比较装置，用于将存储在所述存储器中的出价和在稍后时间得到的次好出价相比较，并且与这

两个出价中的最好出价相匹配。”

国家知识产权局专利复审委员会依法对陈述意见和经修改的申请文件再次审查，于2005年6月22日再次发出复审通知书，主要指出：

1. 权利要求1要求保护一种自动交易所，对于现有的网络系统或网络交易系统来说，输入装置、通信装置、比较器装置、处理装置等都是它们所应具有的基本装置部件，而权利要求中没有记载对这些现有的装置的结构和结构关系作出改进部分的特征，因此当称之为输入装置或接收装置的部件用于接收的是定单和价格参数、与双向通信装置通信的是交易所、比较器装置检查的是出价、处理装置处理的是与出价有关的交易操作时，那么就仅仅是把一种交易操作方法或称之为商业操作步骤简单的赋予到一种现有的网络系统的装置中，所包含的各装置也是请求人根据各步骤功能简单的命名，这种简单的结合也没有引发出技术问题，同时也没有达到任何技术效果，权利要求1实质上所要保护的还是一种交易方法或商业方法，属于专利法第二十五条第一款第（二）项规定的范围，不能被授予专利权。

2. 权利要求2的修改不符合专利法第三十三条的规定，原始申请文件中没有记载在接收到定单以后的一个时间确定哪个交易所提供与所述定单匹配的次好出价以及将存储在存储器中的出价和稍后时间得到的次好出价相比较，并且与这两个出价中的最好出价相匹配，更没有记载实现所述功能的比较器装置，比较装置，上述没有记载的内容也不能直接唯一从原始申请文件中推导出来，因此权利要求2的修改超出了原说明书和权利要求书记载的范围。

3. 针对请求人的意见合议组的意见是：1）本申请中虽然提到了设置参数，但原申请文件中并没有具体记载在哪里设置参数，哪些功能部件来提供可设置参数功能，更没有提到作为一个指令等，其实质仅是参数可变的一种想法或定义，而且所述设置参数仅是为了交易，未解决任何技术问题；2）说明书中仅提到了通过通讯路径互连不同的交易所，没有所谓软件具体是如何在现有系统上如何实现，以及可能存在的技术问题，导致与现有系统有什么不同，带来什么有益技术效果，原申请文件实质上仅涉及一种商业操作方法，所以本申请不具有可专利性，欲修改成符合专利法要求的申请文件，修改必然超范围，更是专利法所不允许的。

复审请求人于2005年7月21日再次提交了意见陈述书，同时也提交了权利要求书替换页，其中对权利要求2进行了修改。复审请求人进一步指出：本发明权利要求1解决了具体的技术问题，包括了具体的技术措施，达到了具体的技术效果，不属于专利法第二十五条第一款所规定的智力活动的规则和方法，修改后的权利要求书内容如下：

“1. 一种自动交易所，包括：

－输入装置，用于接收定单和调整价格参数；

－通信装置，用于与另外的交易所进行双向通信；

－比较器装置，用于检查哪个交易所当前出价最好以匹配所述定单；和

－处理装置，设置为仅当所述最好出价与所述订单之间的差小于调整的价格参数时进行匹配所述最好价格的自动交易。

2. 根据权利要求1所述的自动交易所，其特征在于，包括：

－存储装置，用于当接收到一个定单时将由所述交易所当前提供的出价作为一个保证出价存储在一个存储器中；

－比较器装置，用于在接收到所述定单之后的一个时间确定哪个交易所提供与所述定单匹配的一个最好出价；和

－比较装置，用于将存储在所述存储器中的保证出价和在稍后时间得到的所述最好出价相比较，

并且与这两个出价中的最好者相匹配。”

在上述工作的基础上，合议组认为本案事实清楚，可以依法作出本复审请求审查决定。

二、决定的理由

复审请求人于2005年7月21日提交了权利要求书全文替换页，符合专利法第三十三条的规定，因此本复审决定所依据的文本为：2005年7月21日提交的权利要求1~2，进入国家阶段提交的说明书1~4页、说明书附图第1页、说明书摘要及其附图。

权利要求1要求保护一种自动交易所，对于现有的网络系统或网络交易系统来说，输入装置、通信装置、比较器装置、处理装置等都是它们所应具有的基本装置部件，而权利要求中没有记载对这些现有的装置的结构和结构关系作出改进部分的特征，因此当称之为输入装置或接收装置的部件用于接收的是定单和价格参数、与双向通信装置通信的是交易所、比较器装置检查的是出价、处理装置处理的是与出价有关的交易操作时，那么就仅仅是把一种交易操作方法或称之为商业操作步骤简单的赋予到一种现有的网络系统的装置中，所包含的各装置也是请求人根据各步骤功能简单的命名，这种简单的结合也没有引发出技术问题，同时也没有获得任何技术效果，权利要求1实质上所要保护的还是一种交易方法或商业方法，属于专利法第二十五条第一款第（二）项规定的范围，不能被授予专利权。

针对请求人的意见，合议组认为：本申请涉及与自动交易相关的方法和设备。根据说明书背景技术部分记载，本申请要解决定问题在于使投资者在不同的交易所交易时，某个瞬间能得到不同交易所给出的一个最好价格，可见本申请预期解决的是一种商业问题，并没有解决或引出技术问题；说明书具体实施方式部分仅仅记载了通过有线或无线路径互连几个交易所，然后在这种现有互连通信网络基础上进行买卖交易的出价操作步骤，并描述了这些交易操作的便捷和有效，但这些效果并不是通过对现有互连网络的改进所获得的，也就是并没有针对本发明涉及主题提出改进的技术方案，仅单纯记载了一种商业方法，其间虽然也提到了依托网络技术来实现，但权利要求书和说明书对于商业方法与其所依托的现有网络技术的结合并未进行描述，而且也无法得到这种商业方法网络化所引发并解决的技术问题及技术效果。因而说明书没有记载可以得到专利法保护的实质性内容，基于该说明书的各权利要求必然也不会是一种技术性的方案。

三、决定

维持国家知识产权局于2003年3月7日对99812973.9号发明专利申请所作出的驳回决定。

请求人对本决定不服的，可以根据专利法第四十一条第二款的规定，自收到本决定之日起三个月内向北京市第一中级人民法院起诉。

197

具有改善的几何和会聚特性的阴极射线管用偏转轭案

复审请求审查决定（第8791号）

决　定　号　第8791号
决　定　日　2006年6月23日
发明创造名称　具有改善的几何和会聚特性的阴极射线管用偏转轭
国际分类号　H01J 29/76
复审请求人　汤姆森管及展示有限公司
申　请　号　98807705.1
申　请　日　1998年7月27日
公　布　日　2000年9月6日
合议组组长　马　昊
主　审　员　张宗任
参　审　员　樊晓东

法律依据　专利法第二十二条第二款、第三款
决定要点

一项权利要求与现有技术方案存在区别，但该区别仅是二者在人为描述角度上的不同，二者并无实质差别，那么该权利要求的技术方案不具备新颖性，如果该权利要求的从属权利要求所记载的附加技术特征在同一现有技术中存在技术启示，则该从属权利要求不具备创造性，如果在另一篇现有技术中公开或给出了采用所述附加技术特征的技术启示，则该从属权利要求不具备创造性。

一、案由

本复审请求涉及申请日为1998年7月27日、2000年1月28日进入中国国家阶段、申请号为98807705.1.名称为“具有改善的几何和会聚特性的阴极射线管用偏转轭”的发明专利申请（下称本申请），申请人是汤姆森管及展示有限公司。本申请于2000年9月6日公开、优先权日为1997年7月28日，公开的权利要求书如下：

“1. 一种用于阴极射线管的偏转轭，包括：

一个水平偏转线圈，用于产生水平偏转场；

一个垂直偏转线圈，用于产生垂直偏转场；和

一个由磁性材料制成的磁心，它设置在至少一个所述偏转线圈附近至少一个所述偏转场的磁通量通路中，所述磁心在其第一部分中具有比在其第二部分中大的磁阻，第一部分位于所述磁心的前部区域中并包括一个水平对称面，第二部分位于所述磁心的前部区域中并包括一个垂直对称面。

2. 根据权利要求1的偏转轭，其中，磁心在所述第一部分中的厚度小于在所述第二部分中的厚度。

3. 根据权利要求 1 的偏转轭，其中，在所述磁心的所述前部区域与水平对称面的交叉处形成有一对凹口，这对凹口相对于垂直对称面是对称的。

4. 根据权利要求 1 的偏转轭，其中，所述磁心包括一对凹口，这对凹口相对于水平对称面是对称的，并且位于所述磁心的前部区域与垂直对称面的交叉处。

5. 根据权利要求 1 的偏转轭，其中，所述的这对对称凹口的切削面平行于垂直对称面和水平对称面之一。

6. 根据权利要求 1 的偏转轭，其中，所述磁心包括一对半圆形的凹口。”

国家知识产权局实质审查部门于 2003 年 10 月 10 日作出了驳回本申请的审查决定，具体理由是：对比文件 1 公开了本专利权利要求 1 ~3 和权利要求 6 的全部技术特征，产生了相同的技术效果，所以不具备专利法第二十二条第二款规定的新颖性；对比文件 1 和对比文件 2 都给出了采用权利要求 4 的附加技术特征的技术启示，在其引用的权利要求 1 不具备新颖性的情况下，权利要求 4 不具备创造性，对比文件 2 公开了权利要求 5 的附加技术特征，在其引用的权利要求 4 不具备创造性的情况下，权利要求 5 也不具备创造性，即权利要求 4 和权利要求 5 不符合专利法第二十二条第三款的规定。其中驳回决定引用的对比文件 1 为 1997 年 5 月 7 日公开的 GB2306767A，对比文件 2 为 1996 年 7 月 24 日公开的 CN1127420A。

申请人（下称复审请求人）对上述驳回决定不服，于2004 年 1 月 20 日向专利复审委员会提出复审请求，复审请求人在复审请求书中提出的主要意见是：（1）对比文件 1 公开的磁心，凸部分 4 在水平轴上，凹部分 3 在垂直轴上，因此沿着垂直轴的磁阻比沿着水平轴的磁阻要大，与本发明的相反；（2）对比文件 2 和对比文件 3 公开的磁心，沿垂直轴的磁阻与沿着水平轴的磁阻的大小也与本发明相反，因此本发明具备新颖性和创造性。同时申请人没有修改申请文件。

经形式审查合格，专利复审委员会受理了该复审请求，并于 2004 年 2 月 24 日向复审请求人发出复审请求受理通知书，并同时向原实质审查部门发出前置审查通知书。

在前置审查程序中，国家知识产权局实质审查部门坚持原驳回决定。

专利复审委员会依法成立合议组对本案进行审查，合议组研究了国家知识产权局作出的驳回决定和复审请求人提交的复审请求书，及前置审查意见后，于 2005 年 6 月 21 日发出了复审通知书，其中主要提出如下审查意见：

1. 对比文件 1 公开了一种用于阴极射线管偏转线圈的铁氧体磁心，并具体公开了以下相关技术特征：通过由水平和垂直偏转线圈 5 和 6 产生的枕形磁场和桶形磁场使三电子束集中在屏幕 7 上，而不需要附加电路和装置，这称为自会聚（见对比文件 1 说明书第 2 页第 7 ~12 行，图 4 ~5），改变磁场的许多凸凹部分 3 和 4 形成在偏转轭的铁氧体磁心 2 的屏幕端（见对比文件 1 说明书第 5 页第 20 行至第 6 页第 5 行，图 4 ~5）。参照对比文件 1 附图 5，铁氧体磁心 2 设置在所述偏转线圈 6 所产生的磁通量通路中，本领域普通技术人员如果以上下为水平 X 轴，左右为垂直 Y 轴，前后为 Z 轴，那么就能够得出水平 XZ 面所在凹陷部分的磁阻大于垂直 YZ 面所在凸出部分的磁阻。其中对比文件 1 中图 4 为根据其发明铁氧体磁心的透视图，图 5 为图 4 的铁氧体磁心屏幕部分上的磁场图纵界面图。可见权利要求 1 所要保护技术方案的全部技术特征已经被对比文件 1 全部披露，二者所属技术领域相同，都获得了不需附加装置就就能防止畸变的效果，因此权利要求 1 所要保护的技术方案相对于对比文件 1 不具备专利法第二十二条第二款规定的新颖性。

2. 权利要求 2 和权利要求 3 的附加技术特征为也被对比文件 1 公开，在权利要求 1 所要保护的技术方案不具备新颖性的情况下，权利要求 2 和权利要求 3 所要保护的技术方案同样不具备专利法第二十二条第二款规定的新颖性。

3. 在对比文件 1 的基础上，本领域普通技术人员容易得到权利要求 4 的技术方案，在其所引用的权利要求 1 不具备新颖性时，该权利要求 4 所要保护的技术方案也不具备专利法第二十二条第三款规定的创造性；对比文件 2 公开了权利要求 5 和权利要求 6 的附加技术特征，在它们所引用的权利要求不具备新颖性或创造性时，该两个权利要求的技术方案也不具备创造性。

针对上述复审通知书，复审请求人于 2005 年 9 月 26 日提交了意见陈述书和权利要求书替换页，复审请求人指出：1）将权利要求 1 修改为水平偏转场具有枕形强度分布，而垂直偏转场具有桶形强度分布，说明书中有相应记载，虽然偏转场具有这些特征是已知的，但是增加该特征更清楚的限定了水平和垂直方向；2）对比文件 1 中沿着垂直轴的磁阻比沿着水平轴的磁阻大，这与本发明的技术方案正好相反。其中修改后的权利要求 1 的内容如下：

“1. 一种用于阴极射线管的偏转轭，包括：

一个水平偏转线圈，用于产生具有枕形强度分布的水平偏转场；

一个垂直偏转线圈，用于产生具有桶形强度分布的垂直偏转场；和

一个由磁性材料制成的磁心，它设置在至少一个所述偏转线圈附近至少一个所述偏转场的磁通量通路中，所述磁心在其第一部分中具有比在其第二部分中大的磁阻，第一部分位于所述磁心的前部区域中并包括一个水平对称面，第二部分位于所述磁心的前部区域中并包括一个垂直对称面。”

合议组经过审查后认为，本案事实已清楚，可以依法作出本复审请求审查决定。

二、决定的理由

复审请求人于 2005 年 9 月 26 日提交了权利要求书替换页，其修改符合专利法第三十三条和专利法实施细则第六十条的规定，因此本复审决定所依据的文本为：2005 年 9 月 26 日提交的权利要求第 1 ~ 6 项，2000 年 1 月 28 日进入中国国家阶段所提交的说明书第 1 ~ 7 页，附图第 1 ~ 3 页、说明书摘要、摘要附图。评价本申请的权利要求所引用的对比文件与实质审查过程中所引用的对比文件相同（即，对比文件 1：GB2306767A；对比文件 2：CN1127420A）。

本申请涉及一种用于彩色阴极射线管的偏转轭，本发明要解决的技术问题是构造特定形状的铁心使得可以校正会聚和几何误差，而不需要采用附加的场整形器。

1. 权利要求 1 要求保护一种用于阴极射线管的偏转轭，包括：

一个水平偏转线圈，用于产生具有枕形强度分布的水平偏转场；

一个垂直偏转线圈，用于产生具有桶形强度分布的垂直偏转场；和

一个由磁性材料制成的磁心，它设置在至少一个所述偏转线圈附近至少一个所述偏转场的磁通量通路中，所述磁心在其第一部分中具有比在其第二部分中大的磁阻，第一部分位于所述磁心的前部区域中并包括一个水平对称面，第二部分位于所述磁心的前部区域中并包括一个垂直对称面。

对比文件 1 公开了一种用于阴极射线管偏转线圈的铁氧体磁心，并具体公开了以下相关技术特征：通过由水平和垂直偏转线圈 5 和 6 产生的枕形磁场和桶形磁场使三电子束集中在屏幕 7 上，而不需要附加电路和装置，这称为自会聚（见对比文件 1 说明书第 2 页第 7 ~ 12 行，图 4 ~ 6），改变磁场的许多凸凹部分 3 和 4 形成在偏转轭的铁氧体磁心 2 的屏幕端（见对比文件 1 说明书第 5 页第 20 行至第 6 页第 5 行，图 4 ~ 6）。参照对比文件 1 附图 5，铁氧体磁心 2 设置在所述偏转线圈 6 所产生的磁通量通路中，本领域普通技术人员如果以上下为水平 X 轴，左右为垂直 Y 轴，前后为 Z 轴，那么就能够得出水平 XZ 面所在凹陷部分的磁阻大于垂直 YZ 面所在凸出部分的磁阻。

不论水平偏转线圈产生枕形强度分布的偏转场还是垂直线圈产生桶形强度分布的偏转场，都不能表明水平偏转线圈和垂直偏转线圈与现有偏转线圈存在结构上的区别，所以权利要求 1 所要保护技术方案的全部技术特征已经被对比文件 1 全部披露，二者所述技术领域相同，都获得了不需附加装置就

就能防止畸变的效果，因此权利要求 1 所要保护的技术方案相对于对比文件 1 不具备专利法第二十二条第二款规定的新颖性。

2. 权利要求 2 的附加技术特征为：磁心在所述第一部分中的厚度小于在所述第二部分中的厚度。从对比文件 1 附图 4 和附图 5 可以看出，凹陷部分的厚度小于凸出部分的厚度，所以对比文件 1 公开了权利要求 2 的附加技术特征，在权利要求 1 所要保护的技术方案不具备新颖性的情况下，其从属权利要求 2 所要保护的技术方案同样不具备专利法第二十二条第二款规定的新颖性。

3. 权利要求 3 的附加技术特征为：在所述磁心的所述前部区域与水平对称面的交叉处形成有一对凹口，这对凹口相对于垂直对称面是对称的。从对比文件 1 附图 5 可以看出，同样在磁心的前部区域与水平 XZ 对称面的交叉处形成有一对凹陷部分，这对凹陷部分相对于垂直 YZ 对称面是相互对称的，所以对比文件 1 公开了权利要求 3 的附加技术特征，在权利要求 1 所要保护的技术方案不具备新颖性的情况下，其从属权利要求 3 所要保护的技术方案同样不具备专利法第二十二条第二款规定的新颖性。

4. 权利要求 4 的附加技术特征为：所述磁心包括一对凹口，这对凹口相对于水平对称面是对称的，并且位于所述磁心的前部区域与垂直对称面的交叉处。从对比文件 1 附图 5 可以看出，对比文件 1 中的三对凹陷部分相对水平 XZ 对称面都是对称的，虽然公开的内容与权利要求 4 限定的附加技术特征不同，但本领于普通技术人员根据对比文件 1 公开的内容可以容易想到仅设置 2 对凹陷部分，而且其中一对可以设置成左右对称，所以在其引用的权利要求 1 不具备新颖性时，其从属权利要求 4 所要保护的技术方案不具有突出实质性特点和显著的进步，不符合专利法第二十二条第三款有关创造性的规定。

5. 权利要求 5 所限定的附加技术特征为：所述的这对对称凹口的切削面平行于垂直对称面和水平对称面之一。参见对比文件 2 附图 5 公开了对称凹口在边长 a 方向上切削面就平行于垂直对称面，在对比文件 1 的基础上，对比文件 2 给出了采用上述技术手段的技术启示，对本领域普通技术人员来说，在对比文件 1 的基础上结合对比文件 2 能够容易得到权利要求 5 的技术方案，因此权利要求 5 所要保护的技术方案也不具有突出实质性特点和显著的进步，同样不符合专利法第二十二条第三款的规定。

6. 权利要求 6 限定的附加技术特征为：所述磁心包括一对半圆形的凹口。对比文件 2 公开了一种偏转线圈及装有该偏转线圈的彩色显像管，见对比文件 2 的附图 2 所示磁心包括一对半圆形的凹口，在其引用的权利要求 1 不具备新颖性的情况下，其从属权利要求 6 所要保护的技术方案也不具有突出实质性特点和显著的进步，因此权利要求 6 所要保护的技术方案不具备创造性。

针对复审请求人的意见，合议组认为：在复审委员会发出的复审通知书正文第 3 页倒数第 2 段中已经指出水平轴与垂直轴的磁阻大小不同的问题属于人为划分水平方向与垂直方向，属于人为定义，定义相同时二者的技术方案实质相同；另外复审请求人也指出所述偏转线圈产生所述强度分布的偏转场属于现有技术，因此这种对现有技术的进一步限定并不能给其技术方案带来新颖性。

三、决定

维持国家知识产权局于 2003 年 10 月 10 日针对 98807705.1 号专利申请所作出了驳回决定。

请求人对本决定不服的，可以根据专利法第四十一条第二款的规定，自收到本决定之日起三个月内向北京市第一中级人民法院起诉。

198

片状可变电阻器案

复审请求审查决定（第8793号）

决　定　号　第8793号
决　定　日　2006年6月27日
发明创造名称　片状可变电阻器
国际分类号　H01C 10/34
复审请求人　阿尔卑斯电气株式会社
专利申请号　01134589.6
申　请　日　2001年11月30日
公　开　日　2002年7月3日
合议组组长　张美菊
主　审　员　汤　锷
参　审　员　骆素芳

法律依据　专利法第二十二条第三款
决定要点

如果发明的技术方案相对于现有技术是非显而易见的，并且该技术方案获得了有益的技术效果，则该发明的技术方案具备创造性。

一、案由

本复审请求涉及申请日为2001年11月30日，申请号是01134589.6，发明名称为“片状可变电阻器”的发明专利申请（下称本申请），申请人是阿尔卑斯电气株式会社，优先权日是2000年12月1日。

在实质审查程序中，国家知识产权局实质审查部门于2003年12月26日发出第一次审查意见通知书，指出本申请的权利要求1~4相对于对比文件1（JP2000-188210A，公开日为2000年7月4日）和对比文件2（JP9-246020A，公开日为1997年9月19日）不具备专利法第二十二条第三款规定的创造性。

申请人于2004年5月10日提交了答复第一次审查意见通知书的意见陈述书，对权利要求书进行了修改并同时提交了修改替换页，申请人认为，修改后的权利要求1~4相对于对比文件1和对比文件2具备创造性。

国家知识产权局实质审查部门于2004年6月18日发出第二次审查意见通知书，指出权利要求1~4相对于对比文件1和对比文件2仍然不具备创造性。

申请人于2005年2月24日提交了答复第二次审查意见通知书的意见陈述书，对权利要求书和说明书第2页进行了修改并同时提交了修改替换页，申请人认为，修改后的权利要求1~4相对于对比文件1和对比文件2具备创造性。

经审查，国家知识产权局在2005年6月10日以本申请的权利要求1~4不具备专利法第二十二条第三款规定的创造性为由，作出了驳回决定。

驳回决定所针对的权利要求书为：

“1. 一种片状可变电阻器，具有：在表面设置了电阻体的绝缘基片；旋转体，以能转动的状态安装在该绝缘基片上，并具有与所述电阻体滑动接触的滑动部；上述旋转体由一块金属板构成，具有设置了上述滑动部的基部、设置了十字形螺丝刀槽的上面板、及连接上述基部和上面板的连结部；上述连结部被弯曲成U字形，上述基部和上述上面板重叠，其特征在于：在上述螺丝刀槽的相邻的两个沟槽部之间，设置由上述的金属板的连续的弯曲部分形成的上述连结部。

2. 如权利要求1所述的片状可变电阻器，其特征在于：上述螺丝刀槽的2个相邻的沟槽部被布置在相对于将上述上面板的中心和上述连结部的横宽的中央部连结的连结线对称的位置上。

3. 如权利要求1所述的片状可变电阻器，其特征在于：上述螺丝刀槽的沟槽部把上述上面板的中心和上述连结部的横宽的中央部之间的连结线夹持在中间，对置的2个上述沟槽部的前端部被布置在接近上述连结部的位置上，同时，形成的上述连结部，其横宽等于或者大于接近上述连结部的上述2个沟槽部的前端部之间的宽度。

4. 如权利要求1所述的片状可变电阻器，其特征在于：在上述基部的中央部上，设置一种在与上述基部相连接的状态下其中央部有凹部的膨胀部，在上述凹部的一部分面对上述螺丝刀槽的状态下，上述上面板位于上述膨胀部上。”

驳回决定中对权利要求1的评述主要为：权利要求1与对比文件1的区别技术特征是，权利要求1要求保护的电阻器的连结部是处于十字螺丝刀槽的两个沟槽部之间，而对比文件1的连结部是正对着十字螺丝刀槽的一个沟槽部。对比文件2公开了一种在其旋转体7的上面板7c上设置的十字螺丝刀的沟槽7e沿上述上面板的中心和其连结部7f的横宽中央部的连线对称布置的片状可变电阻器，并且，虽然对比文件2公开的具体结构与本申请的连结部不同，然而通过十字螺丝刀作用于上面板的十字螺丝孔并由上面板将螺丝刀所产生的扭矩传送到基部以及膨胀部和臂部所起的作用是一致的，本领域技术人员从对比文件2的附图1A可以毫无疑义地理解其十字螺丝刀槽的取向完全避开了上面板的较窄薄弱的地方（即夹在两个突起7f的旋转体7的直线横宽部分），其所起的作用和本申请完全一样，则本领域技术人员根据对比文件2的启示将对比文件1的十字螺丝刀槽的取向布置作一下调整就可以获得本申请要求保护的技术方案，这对本领域技术人员来说是显而易见的，不需任何创造性劳动，因此，权利要求1相对于对比文件1和对比文件2不具备创造性。

申请人阿尔卑斯电气株式会社（下称复审请求人）不服上述驳回决定，于2005年9月26日向国家知识产权局专利复审委员会提出复审请求，此时没有对申请文件作出修改。复审请求人认为：如果将对比文件2中的捏手部件7的突起部7f看作是本申请的连结部，则该突起部7f位于形成了螺丝刀槽7e的部分的下侧，而不是将连结部设置在螺丝刀槽的相邻的二个沟槽之间，对比文件2的附图1A只是表示了将捏手部件7停止在该位置的状态，而相当于连结部的突起部7f配置在设有螺丝刀槽7e的捏手部件7的下面，所以不能认为对比文件2公开了解决本发明的课题的启示，因此，复审请求人认为，权利要求1-4所要求保护的技术方案相对于对比文件1和对比文件2具备创造性，符合专利法第二十二条第三款的规定。

专利复审委员会于2005年11月3日向复审请求人发出了复审请求受理通知书，并将该复审请求书连同原申请案卷一并送交作出驳回决定的原审查部门进行前置审查。在前置审查意见书中，国家知识产权局实质审查部门认为，对比文件2公开了本申请的避开上面板的横宽部这一薄弱部的关键点，将对比文件2运用到对比文件1中恰恰得到了本申请所请求保护的技术方案，因此，权利要求1~4

不具备专利法第二十二条第三款规定的创造性，因而坚持原驳回决定。

针对本复审请求，专利复审委员会依法成立合议组对本复审请求进行审理，经研究，合议组认为本案事实已经清楚，可以作出复审决定。

二、决定的理由

1. 审查文本

由于复审请求人在提出复审请求时没有提交修改文本，本复审决定所依据的文本是驳回决定针对的文本，即2005年2月24日提交的权利要求第1~4项、说明书第2页，申请日提交的说明书第1、3~7页、附图第1~6页、说明书摘要和摘要附图。

2. 关于创造性的问题

根据专利法第二十二条第三款规定，发明专利申请的创造性，是指同申请日以前已有的技术相比，该发明有突出的实质性特点和显著的进步。

如果发明的技术方案相对于现有技术是非显而易见的，并且该技术方案获得了有益的技术效果，则该发明具备创造性。

具体就本案而言，合议组认为，权利要求1请求保护一种片状可变电阻器，对比文件1公开了一种片状可变电阻器，并具体公开了如下特征（参见说明书第3页的第4栏第〖0020〗段到说明书第7页的第11栏的第〖0055〗段，附图1至10）：该片状可变电阻器包括了在其上表面设置了电阻体2的绝缘基片1；还包括安装在上述绝缘基片上并能转动的旋转体7，该旋转体由一块铜等金属板经弯折等工序一体加工形成（说明书第5页第7栏第〖0032〗段），且该旋转体7还包括与上述电阻体2滑动接触的滑动部7c；上述旋转体设置了上述滑动部的基部（附图4）、依靠连结部（附图4）而与上述基部相连结的上面板7b，以及在上面板7b上设置了用于转动旋转体7的十字形螺丝刀槽7e；上述连接部被弯曲成U字形（说明书第5页第7栏第〖0032〗段），上述基部和上述上面板7b相互重叠，并且上述上面板和上述基部通过由上述金属板的连续弯曲部分形成的连结部相连。由此可见，对比文件1公开的内容与本申请背景技术部分的技术内容基本相同。

与对比文件1相比，两者的区别在于，权利要求1要求保护的电阻器的连结部是处于十字螺丝刀槽的两个沟槽部之间，而对比文件1的连结部是正对着十字螺丝刀槽的一个沟槽部。根据该区别技术特征，本发明所解决的技术问题就是说明书中所记载的针对其背景技术的技术问题，即，增加连结部的强度，使旋转体能正常旋转。

对比文件2公开了一种电阻器（参见对比文件2第4页第5栏第15段至第6页第9栏第22段，以及图1-5）：绝缘基片1上的旋转体分为两部分，具有滑动部的基部5和上面板7，基部5和上面板7相互分开，通过突起部7f穿过贯通孔5e连结，因此，4个突起部7f就相当是基部和上面板的连结部。从对比文件2的图1A和图1B可以看出（其中，注意图1B是图1A的B-B线的剖面图），该B-B线在径向通过十字螺丝刀槽7e的中央，因此，突起部7f位于十字螺丝刀槽7e的正下方，另外，参考图3和图4可以看出，在图3的虚线S上，没有形成插入突起部7f的安装用贯通孔5e，因此，十字形螺丝刀槽7e的槽部位于连接对比文件2的旋转体7的中心和突起部7f的横宽的中央部，而在离开该连接线的位置，没有形成十字形螺丝刀槽7e。由此可见，对比文件2并没有公开本申请权利要求1所述的处于十字形螺丝刀槽的两个沟槽部之间的连结部。虽然对比文件2上面板的十字形螺丝刀槽两个沟部之间是位于上面板的直线横宽部分（上面板夹在两个突起部7f之间的部分），其位置看似和本申请十字形螺丝刀槽在上面板上的布局很相似，但是该直线横宽部分并不是上面板和基部之间的连结部分，也就不能将其理解为“十字形螺丝刀槽的取向布置完全避开了上面板的较薄弱的地方”，因此也就不能认为“其作用与本申请完全一样”。对比文件2中十字形螺丝刀槽的位置布局并没有给出有关本申请区别技术特征的技术启示。同时权利要求 1 的上述区别技术特征为本申请带来了增加连结部的强度，使基部能正常转动而不影响滑动部的技术效果。

基于上述事实和理由，合议组认为，权利要求 1 所要求保护的技术方案相对于对比文件 1 和对比文件 2 的结合是非显而易见的，并且该技术方案获得了有益的技术效果，因此，权利要求 1 相对于对比文件 1 和对比文件 2 具备专利法第二十二条第三款规定的创造性，其从属权利要求 2 ~4 也相应地相对于对比文件 1 和对比文件 2 具备创造性。

三、决定

撤销国家知识产权局于 2005 年 6 月 10 日对 01134589. 6 号发明专利申请作出的驳回决定。

由国家知识产权局原实质审查部门依据驳回决定所针对的文本，即 2005 年 2 月 24 日提交的权利要求第 1 ~4 项、说明书第 2 页及申请日提交说明书第 1、3 ~7 页、附图第 1 ~6 页、说明书摘要和摘要附图继续审批程序。

199

基于持续性向量的使用率分配系统和方法案

复审请求审查决定（第8794号）

决　定　号　第8794号

决　定　日　2006年6月26日

发明创造名称　基于持续性向量的使用率分配系统和方法

国际分类号　G06F 9/46　H04B 7/26

复审请求人　高通股份有限公司

申　请　号　00813403.0

申　请　日　2000年9月27日

公　开　日　2003年1月8日

合议组组长　张美菊

主　审　员　汤　锷

参　审　员　詹靖康

法律依据　专利法实施细则第二条第一款

决定要点

如果一项权利要求所要求保护的方案采用了技术手段，并且在解决的问题和达到的效果方面都是技术性的，那么该权利要求所要求保护的方案是专利法实施细则第二条第一款规定的技术方案。

一、案由

本复审请求涉及申请日为2000年9月27日，申请号是00813403.0，发明名称为“基于持续性向量的使用率分配系统和方法”的发明专利申请（下称本申请），申请人是高通股份有限公司，优先权日是1999年9月30日，进入国家阶段日期是2002年3月27日。

在实质审查程序中，国家知识产权局实质审查部门于2003年10月31日发出第一次审查意见通知书，指出本申请的权利要求1～29、31～53不符合专利法实施细则第二条第一款的规定，权利要求30属于专利法第二十五条第一款第（二）项规定的智力活动的规则和方法，不能授予专利权。

申请人于2004年3月10日提交了答复第一次审查意见通知书的意见陈述书，对权利要求书进行了修改并同时提交了修改替换页，其中删除了原权利要求30并调整其余权利要求的编号，申请人认为修改后的权利要求所要求保护的系统和方法符合专利法实施细则第二条第一款的规定。

经审查，国家知识产权局在2004年8月6日以本申请的权利要求1～52不符合专利法实施细则第二条第一款的规定为由，作出了驳回决定。驳回决定所针对的独立权利要求为：

“1. 一种系统，其特征在于包括：

一个共享资源；和

多个用户，每个具有一个或多个向量，每个向量包含一组向量元素，每个向量元素对应于一组可用使用率中的一个使用率；

其中，分配给每个用户的共享资源实际使用率根据每个用户要求的使用率和向量元素组加以选择。”

“29. 一种方法，其特征在于，包括下述步骤：

以至少部分地由第一使用率确定的速率使用一个共享资源；

获得一个随机数；和

以至少部分地由第二使用率确定的速率使用该共享资源，所述第二使用率至少部分地通过将该随机数与至少一个向量元素比较而确定。

30. 一种方法，其特征在于，包括下述步骤：

分配第一向量至多个用户共享的共享资源的第一用户，该第一向量包含一个或多个向量元素，每个第一向量的向量元素指示相应使用率的使用概率；

至少部分地根据所述第一向量确定第一用户在第一期间的第一使用率。”

“43. 一种系统，其特征在于包括：

一个具有有限容量的共享资源；

共享该共享资源的多用户，其中含第一用户；

向量组，其中每个向量包含一个或多个元素，每个元素表示使用相应使用率的概率；

其中，共享资源的第一用户在第一期间的使用至少部分根据分配给所述第一用户的向量加以确定。”

具体的驳回理由为：权利要求 1 请求保护的是一种系统，涉及根据使用率和向量组分配共享资源。就该权利要求的整体来看，其中描述了具有向量的用户、每个向量的使用率以及共享资源之间的联系。上述权利要求限定的是从多个具体技术领域抽象出来的、解决资源分配问题的一个数学模型，也即，其对客观存在的现象的特性和规律进行了揭示和总结，其实质是对一种原理或理论的阐述，而不是在某个具体技术领域中解决某个具体技术问题的技术方案。因此，权利要求 1 不符合专利法实施细则第二条第一款的规定；同样，权利要求 1 的从属权利要求 2 ~ 28 也不符合专利法实施细则第二条第一款的规定；基于同样的理由，权利要求 29 ~ 52 也不符合专利法实施细则第二条第一款的规定。

另外，还指出，权利要求 1 限定的方案能够对资源分配过载问题的解决起一定的指导作用，仅仅是因为该方案作为一种原理在具体应用时，能够解决某一类问题中的具体个案，而不是因为其方案本身符合专利法实施细则第二条第一款的规定。

申请人高通股份有限公司（下称复审请求人）不服上述驳回决定，于 2004 年 11 月 19 日向国家知识产权局专利复审委员会提出复审请求，并提交了修改后的权利要求第 1 ~ 52 项。复审请求人认为：修改后的权利要求 1 所要求保护的技术方案符合专利法实施细则第二条第一款的规定。复审请求人提交的修改后的独立权利要求为：

“1. 一种无线数据通信系统，其特征在于包括：

一个共享资源，该资源包含用于无线数据通信的信道；和

多个用户，每个用户包含一装置，该装置构成为向使用所述资源的基站无线发送数据，每个用户具有一个或多个向量，每个向量包含一组向量元素，每个向量元素对应于一组可用使用率中的一个使用率，每个使用率是用户向所述基站发送数据的数据传输速率；

其中，分配给每个用户的共享资源实际使用率根据每个用户要求的使用率和向量元素组加以选择。”

“29. 一种方法，其特征在于，包括下述步骤：

以至少部分地由第一使用率确定的速率使用一个共享资源；

获得一个随机数；和

以至少部分地由第二使用率确定的速率使用该共享资源，所述第二使用率至少部分地通过将该随机数与至少一个向量元素比较而确定。

30. 一种方法，其特征在于，包括下述步骤：

分配第一向量至多个用户共享的共享资源的第一用户，该第一向量包含一个或多个向量元素，每个第一向量的向量元素指示相应使用率的使用概率；

至少部分地根据所述第一向量确定第一用户在第一期间的第一使用率。”

“43. 一种系统，其特征在于包括：

一个具有有限容量的共享资源；

共享该共享资源的多用户，其中含第一用户；

向量组，其中每个向量包含一个或多个元素，每个元素表示使用相应使用率的概率；

其中，共享资源的第一用户在第一期间的使用至少部分根据分配给所述第一用户的向量加以确定。”

专利复审委员会于2004年12月20日向复审请求人发出了复审请求受理通知书，并将该复审请求书连同原申请案卷一并送交作出驳回决定的原审查部门进行前置审查，在前置审查意见书中，国家知识产权局实质审查部门认为修改的申请文本中的权利要求1虽然加入了“一个装置”这样的技术特征，但是“一个装置”的功能是本领域普通技术人员公知的，并且它的加入并没有从实质上克服本申请的缺陷，因而坚持原驳回决定。

针对本复审请求，专利复审委员会依法成立合议组对本复审请求进行审理，经研究，合议组认为，本案事实已经清楚，可以作出复审决定。

二、决定的理由

1. 审查文本

复审请求人在请求复审时提交的修改文本符合专利法第三十三条和专利法实施细则第六十条的有关规定，合议组予以接受。本复审决定所依据的文本是：2004年11月19日提交的权利要求第1~52项；2002年3月27日提交的说明书第1~12页、说明书附图第1~9页、说明书摘要和摘要附图。

2. 关于专利法实施细则第二条第一款

专利法实施细则第二条第一款规定，专利法所称发明，是指对产品、方法或者其改进所提出的新的技术方案。

技术方案是指包括以下三个要素的解决方案：为了解决技术问题、采用技术手段并且能够获得技术效果。确定一项申请的方案是否构成技术方案应当依据这三个要素来判断其解决的问题是否是技术性的，采用的手段是否是技术性的，获得的效果是否是技术性的。对于一项技术方案而言，这三个使方案具备技术属性的要素缺一不可。

具体就本申请而言：

权利要求1请求保护一种无线数据通信系统，包括一个共享资源，该资源包含用于无线数据通信的信道，多个用户，每个用户具有一个或多个向量，每个向量包含一组向量元素，每个向量元素对应于一组可用使用率中的一个使用率，每个使用率是用户向所述基站发送数据的数据传输速率，其中，分配给每个用户的共享资源实际使用率根据每个用户要求的使用率和向量元素组加以选择。权利要求1的方案中采用了共享资源信道、用户装置、基站、表示用户使用率的向量、根据一组向量来控制使用率等技术手段，解决了共享资源存在多个使用率时候可能引起的过载的技术问题，从而达到使资源的利用最大而过载情况的发生最小或避免的技术效果。权利要求1所要求保护的方案采用了技术手段，并且在解决的问题和达到的效果方面都是技术性的，因此，属于专利法实施细则第二条第一款规定的技术方案。

从属权利要求2～28是对权利要求1所要求保护的技术方案的进一步限定，在权利要求1要求保护的方案属于技术方案的基础上，基于同样的理由，权利要求2～28也符合专利法实施细则第二条第一款的规定。

权利要求29要求保护一种方法，包括以下步骤：以至少部分地由第一使用率确定的速率使用一个共享资源；获得一个随机数；以至少部分地由第二使用率确定的速率使用该共享资源，所述第二使用率至少部分地通过将该随机数与至少一个向量元素比较而确定。权利要求29的方案中采用了共享资源、获得随机数、根据第一使用率来控制确定第二使用率的技术手段，解决了共享资源存在多个使用率时候可能引起的过载的技术问题，从而达到使资源的利用最大而过载情况的发生最小或避免的技术效果。权利要求29所要求保护的方案采用了技术手段，并且在解决的问题和达到的效果方面都是技术性的，因此，属于专利法实施细则第二条第一款规定的技术方案。

权利要求30要求保护一种方法，包括下述步骤：分配第一向量至多个用户共享的共享资源的第一用户，该第一向量包含一个或多个向量元素，每个第一向量的向量元素指示相应使用率的使用概率；至少部分地根据所述第一向量确定第一用户在第一期间的第一使用率。权利要求30的方案中采用向共享资源的用户分配表示使用概率的第一向量、根据第一向量来控制使用率的技术手段，解决了共享资源存在多个使用率时候可能引起的过载的技术问题，从而达到使资源的利用最大而过载情况的发生最小或避免的技术效果。权利要求30所要求保护的方案采用了技术手段，并且在解决的问题和达到的效果方面都是技术性的，因此，属于专利法实施细则第二条第一款规定的技术方案。

从属权利要求31～42是对权利要求30所要求保护的技术方案的进一步限定，在权利要求30要求保护的方案属于技术方案的基础上，基于同样的理由，权利要求31～42也符合专利法实施细则第二条第一款的规定。

权利要求43要求保护一种系统，包括：一个具有有限容量的共享资源；共享该共享资源的多用户，其中含第一用户；向量组，其中每个向量包含一个或多个元素，每个元素表示使用相应使用率的概率；其中，共享资源的第一用户在第一期间的使用至少部分根据分配给所述第一用户的向量加以确定。权利要求43的方案中采用了共享资源、使用资源的用户、表示使用概率的向量组、根据分配的用户向量来控制使用率的技术手段，解决了共享资源存在多个使用率时候可能引起的过载的技术问题，从而达到使资源的利用最大而过载情况的发生最小或避免的技术效果。权利要求43所要求保护的方案采用了技术手段，并且在解决的问题和达到的效果方面都是技术性的，因此，属于专利法实施细则第二条第一款规定的技术方案。

从属权利要求44～52是对权利要求43所要求保护的技术方案的进一步限定，在权利要求43要求保护的方案属于技术方案的基础上，基于同样的理由，权利要求44～52也符合专利法实施细则第二条第一款的规定。

基于上述事实和理由，合议组认为，权利要求1～52符合专利法实施细则第二条第一款的规定。

三、决定

撤销国家知识产权局于2004年8月6日对00813403.0号发明专利申请作出的驳回决定。

由国家知识产权局原实质审查部门依据2004年11月19日提交的权利要求第1～52项；2002年3月27日提交的说明书第1～12页、说明书附图第1～9页、说明书摘要和摘要附图继续审查程序。

200

四线记谱法案

复审请求审查决定（第 8795 号）

决　　定　　号　第 8795 号
决　　定　　日　2006 年 6 月 26 日
发明创造名称　四线记谱法
国 际 分 类 号　G09B 15/00
复 审 请 求 人　符文黎
申　　请　　号　200310119318. 3
申　　请　　日　2003 年 12 月 4 日
公　　开　　日　2004 年 11 月 17 日
合 议 组 组 长　张美菊
主　　审　　员　涂洪文
参　　审　　员　孙治国

法 律 依 据　专利法第二十五条第一款第（二）项
决 定 要 点
如果一个方案仅仅涉及智力活动的规则和方法，并未解决任何技术问题并产生技术效果，则不构成技术方案，属于专利法第二十五条第一款第（二）项规定的不能被授予专利权的范围。

一、案由

本复审请求涉及申请号为 200310119318. 3. 名称为“四线记谱法”的发明专利申请（下称本申请），申请人为符文黎，申请日为 2003 年 12 月 4 日，公开日为 2004 年 11 月 17 日。

国家知识产权局实质审查部门于 2005 年 1 月 21 日发出第一次审查意见通知书，认为权利要求 1、2 所要求保护的方案源于人的思维，是经过分析、判断产生出抽象的结果，并且该方法是指导人对信息进行识别和记忆的规则和方法，需要经过人的思维运动才能实现，并没有采取技术手段或利用自然法则，也没有解决技术问题和产生技术效果，属于《审查指南》（2001 版）第 2 ~ 4 至 2 ~ 5 页中涉及智力活动的规则和方法，具体属于其中的教学、授课、训练和驯兽的方法，即属于不应当授予专利权的范围，因此权利要求 1、2 并不能构成技术方案，属于智力活动的规则和方法，属于专利法第二十五条第一款第（二）项规定的情形，不能被授予专利权；此外，申请文件中所使用的四线谱，属于一种记录乐谱的格式，但因其既不是一种产品也不是一种方法，并且也不是对产品或方法的改进所提出的新的技术方案，不属于专利法及其专利法实施细则对于发明所作定义的范畴；因此即使申请人修改本申请而请求保护该四线谱，由于该四线谱不属于专利法及其专利法实施细则对于发明所作定义的范畴，其也不符合专利法实施细则第二条第一款的有关规定，不能被授予专利权。

申请人于 2005 年 3 月 22 日提交了意见陈述书。申请人认为：1. 审查指南没有法律效力，不能作为法律文件的基础；2. 记录乐谱就是一种技术效果，将音名谱和唱名谱统一起来，为非键盘乐器创立了易奏的谱；3. 四线谱是记谱法的一种，格式就是方法，所以四线记谱法是一种方法；4. 四线谱是对记谱法的改进所提出的新的技术方案。

国家知识产权局于2005年5月13日驳回了本申请，理由是本申请属于专利法第二十五条第一款第（二）项规定的不授予专利权的范围。驳回决定所针对的文本为2004年2月20日提交的权利要求书，说明书第1~2页和附图第1~2页以及2003年12月4日提交的说明书摘要。

驳回决定所针对的权利要求1-2内容如下：

“1. 四线记谱法用唱名记谱的特点是用四条线和其包容的三个间表示7个唱名（例1），再用8个谱号区分不同的8度（例2上）。

例1

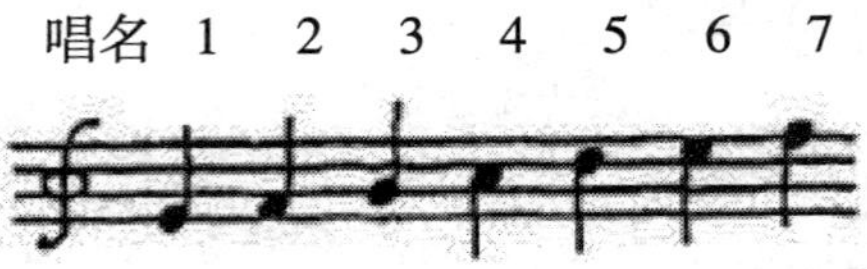

2. 四线谱用音名记谱的特点是用四条线和其包容的三个间表示7个音名（例3），再用7个谱号区分不同的8度（例2下）。

例3

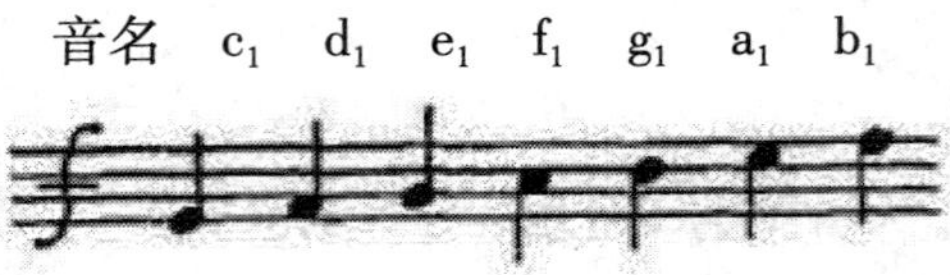

例2

唱名定位的谱号

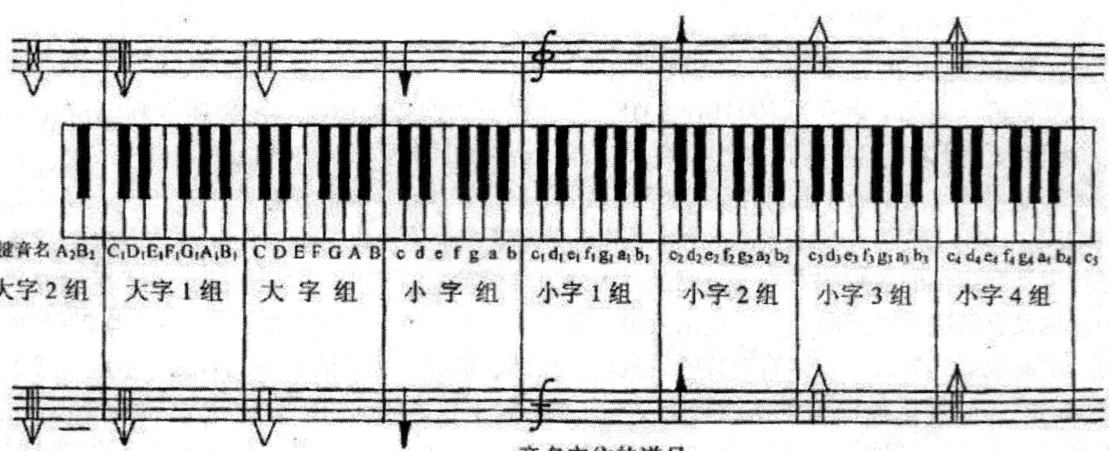

音名定位的谱号

驳回决定的具体理由主要是：（1）权利要求1、2请求保护的四线记谱法源于人的思维，是经过分析、判断产生的抽象的结果，需要经过人的思维运动才能实现，并没有采取技术手段或利用自然法则，也没有解决技术问题和产生技术效果，属于审查指南（2001版）第二部分第二章第2~4至2~5页涉及的智力活动的规则和方法；（2）申请文件中所使用的四线谱，属于一种记录乐谱的格式，并且也不是对产品或方法的改进所提出的新的技术方案，不属于专利法及其专利法实施细则对于发明所作定义的范畴，不符合专利法实施细则第二条第一款的规定；（3）申请人在意见陈述书中提出审查指南不具有法律效力的问题，因为对本申请最终所作的决定是引用专利法及其专利法实施细则的条款作出的，并没有引用审查指南，而审查指南是依据专利法实施细则第一百二十一条的规定制定的；（4）不同意申请人认为的本申请“解决了技术问题和产生技术效果，并能构成技术方案”的观点，其采用的技术手段并非是技术性的解决方案，因此不能构成技术方案。

2005 年 8 月 5 日，申请人符文黎（下称复审请求人）不服上述驳回决定，向专利复审委员会提出复审请求。复审请求人在复审请求书中提出的主要意见是：1. 在驳回正文中理由 1 说四线谱是一种方法，理由 2 又说四线谱是一种记录乐谱的格式，不是一种方法，自相矛盾；2. 四线谱是改进五线谱的三项弊病而提出的新的技术方案；3. 审查指南不等同于专利审查指南；4. 驳回正文中的理由 4 不成立：因为四线谱能记谱，与五线谱相比有优势。

形式审查合格后，专利复审委员会受理了该复审请求，并于 2005 年 9 月 7 日向复审请求人发出复审请求受理通知书，随后将本申请移交原实质审查部门进行前置审查。

原实质审查部门对本复审请求进行了前置审查，坚持原驳回决定。

专利复审委员会成立合议组对本复审请求进行审理。

2006 年 3 月 3 日，专利复审委员会发出了复审通知书，其中指出本申请权利要求 1 ~ 2 仍然属于智力活动的规则和方法，属于专利法第二十五条第一款第（二）项规定的不能授予专利权的范围。

2006 年 3 月 28 日，复审请求人寄交了针对复审通知书的答复意见，其中提出如下意见：1. 记谱法应该定义为人类的一种交流工具，而非智力活动的方法；2. 认为权利要求 1 与权利要求 2 都请求保护四线谱的看法不正确；3. 认为本申请具备技术效果，是新的技术方案，符合专利法实施细则第二条第一款的规定；4. 认为四线谱是四线记谱法的简称，两个是同一概念。

经审查，合议组认为本案事实已经清楚，现作出本复审请求审查决定。

二、决定的理由

1. 文本认定

复审请求人提出复审请求时未修改申请文件，因此本次复审所针对的审查文本与驳回决定所针对的审查文本相同，即本复审决定所依据的文本是：复审请求人于 2004 年 2 月 20 日答复补正通知书时提交的权利要求第 1 ~ 2 项、说明书第 1 ~ 2 页、说明书附图第 1 ~ 2 页以及 2003 年 12 月 4 日提交的说明书摘要及摘要附图。

2. 关于专利法第二十五条：

如果一个方案仅仅涉及智力活动的规则和方法，并未解决任何技术问题并产生技术效果，则不构成技术方案，属于专利法第二十五条第一款第（二）项规定的不能被授予专利权的范围。

审查指南第二部分第一章第 2 - 4 页第 3.3 节中明确指出：“智力活动，是指人的思维运动，它源于人的思维，经过推理、分析和判断产生出抽象的结果，或者必须经过人的思维运动作为媒介才能间接地作用于自然产生结果，它仅是指导人们对信息进行思维、识别、判断和记忆的规则和方法，由于其没有采用技术手段或者利用自然法则，也未解决技术问题和产生技术效果，因而不构成技术方案。它既不符合专利法实施细则第二条第一款的规定，又属于专利法第二十五条第一款第（二）项规定的情形，因此，指导人们进行这类活动的规则和方法不能被授予专利权。”

本申请权利要求内容如下：

“1. 四线记谱法用唱名记谱的特点是用四条线和其包容的三个间表示 7 个唱名（例 1），再用 8 个谱号区分不同的 8 度（例 2 上）。

例 1

唱名 1 2 3 4 5 6 7

2. 四线谱用音名记谱的特点是用四条线和其包容的三个间表示 7 个音名（例 3），再用 7 个谱号区分不同的 8 度（例 2 下）。

例 3

音名 c_1 d_1 e_1 f_1 g_1 a_1 b_1

例 2

唱名定位的谱号

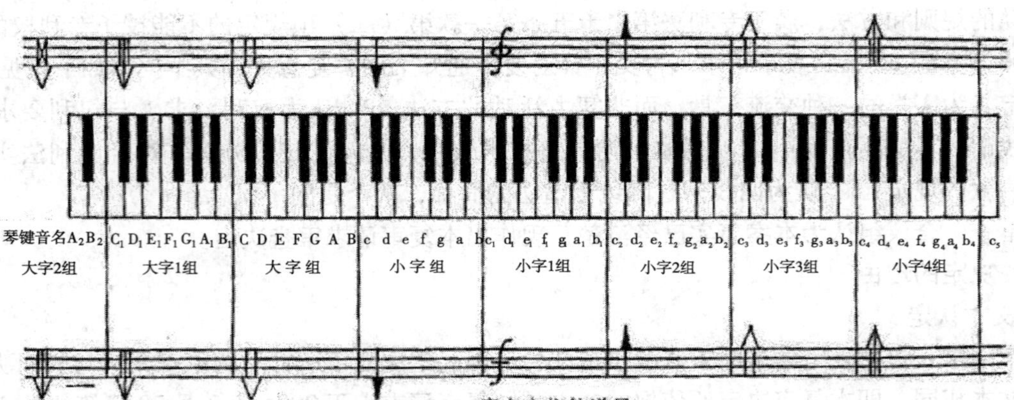

音名定位的谱号

权利要求 1 请求保护的主题是四线记谱法，权利要求 2 请求保护的主题是四线谱，权利要求 2 与权利要求 1 表述方法相同，并且复审请求人在意见陈述中也认可四线谱是四线记谱法的简称，因此权利要求 2 虽然请求保护的是四线谱本身，但是其实际上也是请求依据四线记谱法形成的四线谱，其实质特征仍在于四线记谱法。根据说明书的描述，本申请提出了一种对音乐信息的新的表述方法，这是一种对乐谱记谱的人为规定，并未解决生产、科研、实验中所遇到的技术问题，仅是指导人们对信息进行思维、识别、判断和记忆的规则和方法，由于其没有采用技术手段或者利用自然法则，也未解决技术问题，并且在此过程中人脑要根据音乐信息，通过分析音乐信息中的音名、唱名等信息，利用本申请中人为规定的四线谱记谱法记录音乐的乐谱，其效果也仅仅是获得了一种不同于五线谱和简谱的音乐信息的记录方式，该效果并非技术效果，其仅仅指导了人们采用不同的方式来记录乐谱，因此权利要求 1 和权利要求 2 的内容是指导人们思维、推理、分析和判断的规则和方法，属于专利法第二十五条第一款第（二）项规定的智力活动的规则和方法。

3. 专利法实施细则第一百二十一条规定："国务院专利行政部门根据专利法和本细则制定专利审查指南。"审查指南（2001 版）开篇记载了第十二号《国家知识产权局局长令》，其中写明"根据中华人民共和国专利法实施细则，制定本专利审查指南"。并且其前言中记载了"为了客观、公正、准确、及时地依法处理有关专利的申请和请求，国家知识产权局依据专利法实施细则第一百二十一条制定本专利审查指南（下称本指南）。本指南是专利法及其专利法实施细则的具体化，因此是专利局和专利复审委员会依法行政的依据和标准，也是有关当事人在上述各个阶段应当遵守的规章”（详情参见附页中的《审查指南》的《前言》及《国家知识产权局局长令》（2001 版））。因此驳回决定中所指的《审查指南》即专利法实施细则中所称的“专利审查指南”，因此在实质审查中审查部门依据《审查指南》得出本申请属于专利法第二十五条第一款第（二）项规定的不能授予专利权的情形并无不妥。

4. 针对复审请求人对复审通知书所做的答复，合议组认为：本申请并非冠以“交流工具”之名后就不再是智力活动的规则和方法，就属于专利法可保护的客体。四线记谱法和四线谱虽然有所区别，但是四线谱是经过四线记谱法后形成的乐谱本身，其特征仍在于四线记谱法（而且复审请求人在答复中也认为四线记谱法与四线谱是同一个概念）。四线记谱法仅是人为的改变记谱规则而形成的一种乐谱记录方法，并未解决技术问题，自然也不构成技术方案。

综上所述，合议组认为，本申请权利要求 1 ~2 中记载的方案是智力活动的规则和方法，属于专利法第二十五条第一款第（二）项规定的不能被授予专利权的范围。

三、决定

维持国家知识产权局于 2005 年 5 月 13 日对 200310119318. 3 号发明专利申请所作出的驳回决定。

复审请求人对本决定不服的，可以根据专利法第四十一条第二款的规定，自收到本决定之日起三个月内向北京市第一中级人民法院起诉。

201

物品登记设备和结算设备之间挂起和恢复交易的终端装置案

复审请求审查决定（第 8799 号）

决　定　号　第 8799 号
决　定　日　2006 年 6 月 28 日
发明创造名称　物品登记设备和结算设备之间挂起和恢复交易的终端装置
国 际 分 类 号　G06F 17/60
复 审 请 求 人　富士通株式会社
专 利 申 请 号　02106234. X
申　请　日　2002 年 4 月 5 日
优 先 权 日　2001 年 9 月 28 日
公　开　日　2003 年 4 月 16 日
合 议 组 组 长　崔哲勇
主　审　员　贾彦飞
参　审　员　詹靖康

法 律 依 据　专利法第二十二条第三款
决 定 要 点

如果权利要求相对于两篇对比文件所公开的内容而言仍存在区别技术特征，并且该两篇对比文件也未给出相应的技术启示，那么该权利要求相对于对比文件具备创造性，符合专利法第二十二条第三款的规定。

一、案由

本复审请求涉及申请日为 2002 年 4 月 5 日，申请号是 02106234. X，发明名称为“物品登记设备和结算设备之间挂起和恢复交易的终端装置”的发明专利申请（下称本申请），申请人是富士通株式会社，优先权日是 2001 年 9 月 28 日。

在实质审查程序中，国家知识产权局实质审查部门于 2004 年 8 月 27 日发出第一次审查意见通知书，指出本申请的权利要求 1 ~ 10 相对于对比文件 1（CN1077040A）和对比文件 2（CN1189907A）不具备创造性，不符合专利法第二十二条第三款的规定；权利要求 11 ~ 15 请求保护一种用于交易处理方法，其属于智力活动的规则和方法，属于专利法第二十五条第一款第二项规定的不能被授予专利权的范畴；权利要求 16 ~ 20 请求保护一种机器可读介质，属于智力活动的规则和方法，属于专利法第二十五条第一款第二项规定的不能被授予专利权的范畴。

申请人于 2005 年 1 月 11 日提交了答复第一次审查意见通知书的意见陈述书，对权利要求书进行了修改并同时提交了权利要求 1 ~ 9 的修改替换页，申请人认为：原独立权利要求 1、6（修改后分别为权利要求1、4）具有技术特征“所述物品登记恢复单元能把由所述结算挂起单元挂起的并使之处于所述挂起状态的交易恢复到所述物品登记设备中，或者所述结算恢复单元能把由所述物品登记挂起单元挂起的并使之处于所述挂起状态的交易恢复到所述结算设备中”，因此修改后的权利要求1、4（原权利要求1、6）具备创造性，符合专利法第二十二条第三款的规定；并且，修改后的权利要求7（原权利要求11）及其从属权利要求不属于专利法第二十五条第一款第二）项规定的情形。

经审查，国家知识产权局在2005年5月13日以该申请的权利要求1～9不符合专利法第二十二条第三款的规定为由，作出了驳回决定。驳回决定所依据的对比文件是：

对比文件1：CN1077040A，公开日为1993年10月6日；

对比文件2：CN1189907A，公开日为1998年8月5日。

驳回决定所针对的权利要求书为：

“1. 一种终端装置，其中包括：

输入物品代码以便登记交易的物品登记设备；

根据所述物品登记设备输入的所述物品代码而产生交易信息的结算设备，以便根据所述交易信息执行所述交易的结算操作；

物品登记挂起单元，它把所述物品登记设备正在登记的交易挂起，使之处于挂起状态；

物品登记恢复单元，它把处于所述挂起状态的交易恢复到所述物品登记设备中；

结算挂起单元，它把通过所述结算设备正进行所述结算操作的交易挂起，使之处于挂起状态；以及

结算恢复单元，它把处于所述挂起状态的的交易恢复到所述结算设备中，

其中，所述物品登记恢复单元能把由所述结算挂起单元挂起的并使之处于所述挂起状态的交易恢复到所述物品登记设备中，或者所述结算恢复单元能把由所述物品登记挂起单元挂起的并使之处于所述挂起状态的交易恢复到所述结算设备中。

2. 根据权利要求1所述的终端装置，其中，所述物品登记恢复单元能把由所述物品登记挂起单元挂起的并使之处于所述挂起状态的交易恢复到所述物品登记设备中。

3. 根据权利要求1所述的终端装置，其中，所述结算恢复单元能把由所述结算挂起单元挂起的并使之处于所述挂起状态的交易恢复到所述结算设备中。

4. 一种交易管理系统，其中包括：

输入物品代码以便登记交易的物品登记设备；

储存由所述物品登记设备输入的所述物品代码的管理设备；

结算设备，它从所述管理系统读取由所述物品登记设备输入的所述物品代码，并且根据所述物品代码产生交易信息，以便根据所述交易信息使所述交易进行结算操作并在所述管理系统中储存所述交易信息。

物品登记挂起单元，它通过在所述管理系统中储存所述交易而挂起由所述物品登记设备正在登记的交易；

物品登记恢复单元，它把在所述管理系统中储存的挂起交易恢复到所述物品登记设备中；

结算挂起单元，它通过在所述管理系统中储存所述交易而把通过所述结算设备正进行所述结算操作的交易挂起；以及

结算恢复单元，它把在所述管理系统中储存的挂起交易恢复到所述结算设备中，

其中，所述物品登记恢复单元能把由所述结算挂起单元储存在所述管理系统中的挂起交易恢复到所述物品登记设备中，或者所述结算恢复单元能把由所述物品登记挂起单元储存在所述管理系统中的

挂起交易恢复到所述结算设备中。

5. 根据权利要求4所述的交易管理系统，其中，所述物品登记恢复单元能把由所述物品登记挂起单元储存在所述管理系统中的挂起交易恢复到所述物品登记设备中。

6. 根据权利要求4所述的交易管理系统，其中，所述结算恢复单元能把由所述结算挂起单元储存在所述管理系统中的挂起交易恢复到所述结算设备中。

7. 一种交易处理方法，其中包括：

物品登记步骤，其中输入物品代码以便在计算机的存储设备中登记交易；

结算步骤，其中，根据所述物品代码产生交易信息以便通过计算机执行的操作根据所述交易信息结算所述交易，并且，所述结算步骤与所述物品登记步骤并行工作；

物品登记挂起步骤，其中在计算机的存储设备中挂起所述物品登记步骤正在登记的交易；

结算挂起步骤，其中在计算机的存储设备中挂起所述结算步骤正在结算的交易，并使之处于挂起状态；

物品登记恢复步骤，其中从计算机的存储设备恢复处于所述挂起状态的交易，以使所述交易执行所述物品登记步骤；以及

结算恢复步骤，其中从计算机的存储设备恢复处于所述挂起状态的交易，以使所述交易执行所述结算步骤，

其中，所述物品登记恢复步骤能恢复由所述结算挂起的交易，以使所述交易执行所述物品登记步骤，或者所述结算恢复步骤能恢复由所述物品登记挂起步骤挂起的并使之处于所述挂起状态的交易，以使所述交易执行所述结算步骤。

8. 根据权利要求7所述的交易处理方法，其中，所述物品登记恢复步骤能恢复由所述物品登记挂起步骤挂起的交易，以使所述交易执行所述物品登记步骤。

9. 根据权利要求7所述的交易处理方法，其中，所述结算恢复步骤能恢复由所述结算挂起步骤挂起的并使之处于所述挂起状态的交易，以使所述交易执行所述结算步骤。”

申请人富士通株式会社（下称复审请求人）不服上述驳回决定，于2005年8月29日向国家知识产权局专利复审委员会提出复审请求，并提交了权利要求第1～9项的修改替换页，其中对独立权利要求1、4、7进行了修改，其中补入了如下技术特征：“其中，可以通过在物品登记设备和结算设备中的任何一个上设置的挂起键的操作，而将交易在公共挂起数据库中挂起；通过在物品登记设备和结算设备中的任何一个上设置的挂起键的操作而曾经挂起的交易可以通过在物品登记设备和结算设备中的任何一个上设置的恢复键的操作而从公共挂起数据库恢复，使得在物品登记设备和结算设备中的所述任何一个中恢复由此恢复的交易；以及该结算设备还具有输入物品代码以便登记交易的功能”。

在复审请求书中，复审请求人认为：通过补入上述技术特征，物品登记设备和结算设备都可以被有效利用，使得可以防止顾客等待另一位顾客的处理结束，否则，物品登记设备和结算设备中任何一个都可能被闲置，由于对比文件1、2及其结合中都没有公开或建议本发明的上述技术特征和由此产生的技术效果，因此，修改后的独立权利要求1、4、7所要求保护的技术方案相对于对比文件1、2具备创造性，符合专利法第二十二条第三款的规定。复审请求人提交的修改后的独立权利要求1、4、7为：

“1. 一种终端装置，其中包括：

输入物品代码以便登记交易的物品登记设备；

根据所述物品登记设备输入的所述物品代码而产生交易信息的结算设备，以便根据所述交易信息执行所述交易的结算操作；

物品登记挂起单元，它把所述物品登记设备正在登记的交易挂起，使之处于挂起状态；

物品登记恢复单元，它把处于所述挂起状态的交易恢复到所述物品登记设备中；

结算挂起单元，它把通过所述结算设备正进行所述结算操作的交易挂起，使之处于挂起状态；以及

结算恢复单元，它把处于所述挂起状态的交易恢复到所述结算设备中，

其中，所述物品登记恢复单元能把由所述结算挂起单元挂起的并使之处于所述挂起状态的交易恢复到所述物品登记设备中，或者所述结算恢复单元能把由所述物品登记挂起单元挂起的并使之处于所述挂起状态的交易恢复到所述结算设备中，以及

其中，可以通过在物品登记设备和结算设备中的任何一个上设置的挂起键的操作，而将交易在公共挂起数据库中挂起；

通过在物品登记设备和结算设备中的任何一个上设置的挂起键的操作而曾经挂起的交易可以通过在物品登记设备和结算设备中的任何一个上设置的恢复键的操作而从公共挂起数据库恢复，使得在物品登记设备和结算设备中的所述任何一个中恢复由此恢复的交易；以及

该结算设备还具有输入物品代码以便登记交易的功能。

4. 一种交易管理系统，其中包括：

输入物品代码以便登记交易的物品登记设备；

储存由所述物品登记设备输入的所述物品代码的管理设备；

结算设备，它从所述管理系统读取由所述物品登记设备输入的所述物品代码，并且根据所述物品代码产生交易信息，以便根据所述交易信息使所述交易进行结算操作并在所述管理系统中储存所述交易信息；

物品登记挂起单元，它通过在所述管理系统中储存所述交易而挂起由所述物品登记设备正在登记的交易；

物品登记恢复单元，它把在所述管理系统中储存的挂起交易恢复到所述物品登记设备中；

结算挂起单元，它通过在所述管理系统中储存所述交易而把通过所述结算设备正进行所述结算操作的交易挂起；以及

结算恢复单元，它把在所述管理系统中储存的挂起交易恢复到所述结算设备中，

其中，所述物品登记恢复单元能把由所述结算挂起单元储存在所述管理系统中的挂起交易恢复到所述物品登记设备中，或者所述结算恢复单元能把由所述物品登记挂起单元储存在所述管理系统中的挂起交易恢复到所述结算设备中，以及

其中，可以通过在物品登记设备和结算设备中的任何一个上设置的挂起键的操作，而将交易在公共挂起数据库中挂起；

通过在物品登记设备和结算设备中的任何一个上设置的挂起键的操作而曾经挂起的交易可以通过在物品登记设备和结算设备中的任何一个上设置的恢复键的操作而从公共挂起数据库恢复，使得在物品登记设备和结算设备中的所述任何一个中恢复由此恢复的交易；以及

该结算设备还具有输入物品代码以便登记交易的功能。

7. 一种交易处理方法，其中包括：

物品登记步骤，其中输入物品代码以便在计算机的存储设备中登记交易；

结算步骤，其中，根据所述物品代码产生交易信息以便通过计算机执行的操作根据所述交易信息结算所述交易，并且，所述结算步骤与所述物品登记步骤并行工作；

物品登记挂起步骤，其中在计算机的存储设备中挂起所述物品登记步骤正在登记的交易；

结算挂起步骤，其中在计算机的存储设备中挂起所述结算步骤正在结算的交易，并使之处于挂起状态；

物品登记恢复步骤，其中从计算机的存储设备恢复处于所述挂起状态的交易，以使所述交易执行所述物品登记步骤；以及

结算恢复步骤，其中从计算机的存储设备恢复处于所述挂起状态的交易，以使所述交易执行所述结算步骤，

其中，所述物品登记恢复步骤能恢复由所述结算挂起步骤挂起的交易，以使所述交易执行所述物品登记步骤，或者所述结算恢复步骤能恢复由所述物品登记挂起步骤挂起的并使之处于所述挂起状态的交易，以使所述交易执行所述结算步骤，以及

其中，可以通过在物品登记设备和结算设备中的任何一个上设置的挂起键的操作，而将交易在公共挂起数据库中挂起；

通过在物品登记设备和结算设备中的任何一个上设置的挂起键的操作而曾经挂起的交易可以通过在物品登记设备和结算设备中的任何一个上设置的恢复键的操作而从公共挂起数据库恢复，使得在物品登记设备和结算设备中的所述任何一个中恢复由此恢复的交易；以及

该结算设备还具有输入物品代码以便登记交易的功能。”

专利复审委员会于2005年10月10日向复审请求人发出了复审请求受理通知书，并将该复审请求书连同原申请案卷一并送交作出驳回决定的原审查部门进行前置审查，在前置审查意见书中，国家知识产权局实质审查部门认为修改后的权利要求1~9相对于对比文件1、2仍然不具备创造性，不符合专利法第二十二条第三款的规定，因而坚持原驳回决定。

针对本复审请求，专利复审委员会依法成立合议组对本复审请求进行审理。

合议组认为本案事实已经清楚，可以作出复审决定。

二、决定的理由

1. 关于审查文本

复审请求人在请求复审时提交的修改文本符合专利法第三十三条和专利法实施细则第六十条的有关规定，合议组予以接受。本复审决定所依据的文本是：2005年8月29日提交的权利要求第1~9项及申请日提交的说明书第1~19页、说明书附图1~35页、说明书摘要、摘要附图。

2. 关于创造性

合议组在复审程序中使用的对比文件与实质审查程序中使用的对比文件相同，即：

对比文件1：CN1077040A，公开日为1993年10月6日；

对比文件2：CN1189907A，公开日为1998年8月5日。

独立权利要求1请求保护一种终端装置，其中包括特征：

（Ⅰ）．输入物品代码以便登记交易的物品登记设备；

（Ⅱ）．根据所述物品登记设备输入的所述物品代码而产生交易信息的结算设备，以便根据所述交易信息执行所述交易的结算操作；

（Ⅲ）．物品登记挂起单元，它把所述物品登记设备正在登记的交易挂起，使之处于挂起状态；

物品登记恢复单元，它把处于所述挂起状态的交易恢复到所述物品登记设备中；

结算挂起单元，它把通过所述结算设备正进行所述结算操作的交易挂起，使之处于挂起状态；以及

结算恢复单元，它把处于所述挂起状态的交易恢复到所述结算设备中，

其中，所述物品登记恢复单元能把由所述结算挂起单元挂起的并使之处于所述挂起状态的交易恢

复到所述物品登记设备中，或者所述结算恢复单元能把由所述物品登记挂起单元挂起的并使之处于所述挂起状态的交易恢复到所述结算设备中，以及

其中，可以通过在物品登记设备和结算设备中的任何一个上设置的挂起键的操作，而将交易在公共挂起数据库中挂起；

通过在物品登记设备和结算设备中的任何一个上设置的挂起键的操作而曾经挂起的交易可以通过在物品登记设备和结算设备中的任何一个上设置的恢复键的操作而从公共挂起数据库恢复，使得在物品登记设备和结算设备中的所述任何一个中恢复由此恢复的交易；以及

该结算设备还具有输入物品代码以便登记交易的功能。

对比文件1公开了一种购进物品结算及库存柔性管理系统，其中公开了如下内容："一种用于结算购物托架内的商品的店头系统，它给各商品设置条形码，将商品的购入价格记忆在购入价格系统中，其包括有：（a）结算计算机；（b）辅助结算终端系统，此系统包括有：（1）条形码读取器，能在工作时由前述商品中选定的东西上读取条形码数据；（2）能产生由前述条形码数据得出的与商品有关的信息信号的装置；（3）能在工作时产生与商品有关的信息信号的手动式数据输入装置及（4）包含发送前述与商品有关的信息信号的RF发射机的辅助结算终端系统；（c）设置在离开前述结算计算机某一距离处的一次结算终端系统，该系统包含有：（1）能在动作时由前述商品中选定的东西上读取条形码数据的条形码读取器；（2）能产生由前述条形码数据得出的与商品有关的信息信号的装置；（3）能产生与商品有关的信息信号的手动式数据输入装置；（4）由前述辅助结算终端系统接收与商品相关的信息信号的RF接收机及（5）包含工作时将含有与商品有关的信息信号传送给前述结算计算机的一次通信线路；（d）由前述购入价格记忆系统接收各商品购入价格的价格检索装置；（e）计算作为商品购入合计价格的函数的交易总额的结算装置及（f）记忆此全交易量的机械读取式记忆装置"。

将权利要求1与对比文件1公开的内容相比可知，其中结算终端系统相当于权利要求1中的物品登记设备，辅助结算终端系统相当于权利要求1中的结算设备，权利要求1与对比文件1的区别技术特征在于：权利要求1中进一步限定了其请求保护的终端装置还包括特征（Ⅲ）。

对比文件2公开了一种金额值转移系统，其中公开了如下内容："一种金额值转移系统，包含多个电子钱包、多个用于带有电子钱包的应用载体装置（ACD）、以及多个用于将所有各对ACD联系的接口装置（IFD），以便能够在各对电子钱包之间进行金额数值转移的交易；其中在由IFD联系的各ACD中一对电子钱包之间的交易包含根据预定的协议按顺序交换交易信息，每一交易信息由一对电子钱包中的一个向IFD和由IFD向一对电子钱包中的另一个发送，存储装置，用于存储发送后的交易信息并且如果预定顺序的交易信息被中断，IFD有效地执行复原程序，该复原程序包含的步骤为：由存储装置得出最后发送的交易信息以及将其重新发送，以便恢复该顺序"。对比文件2所公开的是两个电子钱包之间进行金额转移时，在通讯中断的情况下，恢复交易的过程。

合议组认为，对比文件2并没有公开任何具有权利要求1特征Ⅲ中所定义的所述物品登记挂起单元、物品登记恢复单元、结算挂起单元和结算恢复单元功能的装置，也没有公开任何经由上述装置进行结算交易挂起和恢复的过程。因此，对比文件2未给出相应的技术启示。因此，合议组认为权利要求1相对于对比文件1和2具备创造性，符合专利法第二十二条第三款的规定。

独立权利要求4请求保护一种交易管理系统，权利要求4特征部分限定的技术特征中包括具有与权利要求1特征（Ⅲ）部分相同功能的物品登记挂起单元、物品登记恢复单元、结算挂起单元和结算恢复单元，并且上述装置进行结算交易挂起和恢复的过程与权利要求1中结算交易挂起和恢复的过程也是相同的，从上述对权利要求1的评述可以看出，由于对比文件1、2并未公开上述技术内容，

也未给出相应的技术启示，因此，合议组认为，独立权利要求 4 相对于对比文件 1 和 2 具备创造性，符合专利法第二十二条第三款的规定。

独立权利要求 7 请求保护一种交易处理方法，其中该方法请求保护的步骤是与权利要求 1 中各装置执行结算交易挂起和恢复的过程相对应的步骤，该方法对应于权利要求 1 中物品登记挂起单元、物品登记恢复单元、结算挂起单元和结算恢复单元执行结算交易挂起和恢复的过程的步骤在对比文件 1、2 中均未公开，并且也未在对比文件 1、2 中给出相应的技术启示，因此，合议组认为，独立权利要求 7 相对于对比文件 1 和 2 具备创造性，符合专利法第二十二条第三款的规定。

由于独立权利要求 1、4、7 具备创造性，其从属权利要求也是具备创造性的。

基于上述理由，合议组认为，权利要求 1 ~ 9 具备创造性，符合专利法第二十二条第三款的规定。

三、决定

撤销国家知识产权局于 2005 年 5 月 13 日对 02106234. X 号发明专利申请作出的驳回决定。

由国家知识产权局原审查部门依据 2005 年 8 月 29 日提交的权利要求第 1 ~ 9 项及申请日提交的说明书第 1 ~ 19 页、说明书附图 1 ~ 35 页、说明书摘要、摘要附图继续审查程序。

202

用于把 n – 位源字编码为相应的 m – 位信道字以及把 m – 位信道字解码为相应的 n – 位源字的设备案

复审请求审查决定（第 8801 号）

决　定　号　第 8801 号
决　定　日　2006 年 6 月 28 日
发明创造名称　用于把 n – 位源字编码为相应的 m – 位信道字以及把 m – 位信道字解码为相应的 n – 位源字的设备
国际分类号　H03M 5/14　G11B 20/14
复审请求人　皇家菲利浦电子有限公司
申　请　号　99805329. 5
申　请　日　1999 年 12 月 6 日
公　开　日　2001 年 6 月 6 日
合议组组长　钱　芸
主　审　员　张宗任
参　审　员　张美菊

法律依据　专利法实施细则第二条第一款
决定要点

信号既不是产品，也不是方法，不属于专利法保护的客体；记录载体作为一种产品，可以受专利法保护，但权利要求必须记载的是对产品或者其改进提出的一种新的技术方案，如果权利要求中仅描述了记录载体上记载的信息，或这些信息的具体构成，则这样的权利要求请求保护的技术方案不是对产品或其改进所提出的新的技术方案。

一、案由

本复审请求涉及申请日为 1999 年 12 月 6 日、于 2000 年 10 月 23 日进入中国国家阶段、申请号为 99805329. 5、优先权日为 1998 年 12 月 21 日、名称为“用于把 n – 位源字编码为相应的 m – 位信道字以及把 m – 位信道字解码为相应的 n – 位源字的设备”的发明专利 PCT 申请，申请人是皇家菲利浦电子有限公司。

国家知识产权局实质审查部门以本申请不符合专利法第二十五条第一款的规定为由，于 2003 年 9 月 12 日作出了驳回本申请的决定。驳回决定的主要理由是：权利要求 18、19 和 20 请求保护一种数据位流或一种记录载体，其实质属于智力活动规则和方法，不能被授予专利权。驳回决定所针对的权利要求 18～20 的内容如下：

“18. 一种二进制信道信号（C）包含从包含数据位流的二进制源信号（S）变换来的数据位流，其中源信号的数据位流包含 n – 位源字，信道信号包含 m – 位信道字，根据雅可比变换，每个所述 m

-位信道字对应于一个所述 n-位源字，其中 m 和 n 是整数，m>n，其特征在于，在所述二进制信道信号中，存在从同一 p 个连续 n-位源字变换来的一对 p 个连续 m-位信道字的块，这对块仅仅在所述块中一个数位位置的位数值上互不相同，p 是大于 1 的整数。

19. 根据权利要求 18 所述的信号，其特征在于，该信号还包括添加到所述连续代码字的结合位，用于执行附加直流控制。

20. 一种记录载体（36），其中包括二进制信道信号（C），该二进制信道信号包含从包含数据位流的二进制源信号（S）变换而来的数据位流，其中源信号的数据位流包括 n-位源字，该信道信号包括 m-位信道字，根据雅可比变换，每个所述 m-位信道字对应于一个所述 n-位源字，其中 m 和 n 是整数，m>n，其特征在于，在所述二进制信道信号中，存在从同一 p 个连续 n-位源字的块变换而来的一对 p 个连续 m-位信道字的块，这对块仅仅在所述块中的一个数位位置上的位数值互不相同，p 是大于 1 的整数。"

申请人（下称复审请求人）对上述驳回决定不服，于 2003 年 12 月 23 日向专利复审委员会提出复审请求，复审请求的主要理由是：（1）根据本申请的信道编码方式，将被存储在记录载体上的信息，被编码的信道位必须满足特定的属性；并能增大记录载体的容量，权利要求的限定特征构成了新的技术方案；（2）信号是一种产品。

经形式审查合格，专利复审委员会受理了该复审请求，并于 2004 年 2 月 27 日分别发出复审请求受理通知书和前置审查通知书。

在前置审查程序中，国家知识产权局原实质审查部门坚持原驳回决定。

专利复审委员会依法成立合议组对本案进行审理，合议组研究了国家知识产权局作出的驳回决定和复审请求人提交的复审请求书以及前置审查意见书后，于 2005 年 5 月 17 日发出复审通知书，其中指出：

权利要求 18 和权利要求 19 请求保护一种二进制信道信号（C）包括从包含数据位流的二进制源信号（S）变换来的数据位流，可见该权利要求所要保护的主题既不是一种产品也不是一种方法，另外权利要求 18 和权利要求 19 记载的不是一个对产品、方法或者其改进所提出的新的技术方案，因此，该权利要求不符合专利法实施细则第二条第一款的规定，不能被授予专利权；权利要求 20 请求保护一种记录载体，没有记载与现有记录载体不同的结构或结构关系特征，该权利要求也不是对记录载体这种产品或者其改进提出的新的技术方案，该权利要求同样也不符合专利法实施细则第二条第一款的规定，不能被授予专利权。

针对上述复审通知书，复审请求人于 2005 年 7 月 1 日提交了意见陈述书，其中指出：（1）本发明涉及一种信道编码，信道编码是在信息存储在记录载体之前将源位形式的信息编码成信道位形式的信息的编码，将存储在记录载体上的信息、被编码的信道位必须满足特定的属性；（2）根据本发明，通过自由选择源-信道变换修改雅可比编码来实现直流控制，不需要附加位，可以增大记录载体的容量；（3）本申请要求保护的发明不是涉及信息本身，因为信道编码可以用于编码任何类型的信息；（4）记录载体属于专利法所保护的产品，根据 TRIPS 协议，信道编码领域也是可以获得专利的。

在上述工作的基础上，合议组认为本案事实清楚，现依法作出本复审请求审查决定。

二、决定的理由

1. 审查基础

复审请求人在请求复审时没有提交修改文件，因此本复审决定所依据的文本是驳回决定所依据的文本，即 2003 年 6 月 30 日提交的权利要求 1~23 项、说明书第 1 页，申请日提交的原始申请文件的说明书第 2~13 页、附图第 1~5 页、说明书摘要和摘要附图。

2. 关于专利法实施细则第二条第一款

专利法实施细则第二条第一款规定：专利法所称发明，是指对产品、方法或者其改进所提出的新的技术方案。

本申请的权利要求 18 请求保护一种二进制信道信号（C）包括从包含数据位流的二进制源信号（S）变换来的数据位流，可见该权利要求所要保护的主题既不是一种产品也不是一种方法。另外该权利要求的技术特征部分主要记载了源信号的数据包含源字，信道信号包含信道字，和源字与信

道字的对应，二进制信道信号中存在块，并对块间的区别作了限定，所以特征部分也仅是对信号的构成形式作了规定，权利要求 18 所要求保护的实际内容也是一种信号，而作为一种信号，其本身并未利用自然规律也不能解决技术问题，不属于专利法实施细则第二条第一款规定的客体，因此权利要求 18 不符合专利法实施细则第二条第一款的规定。

本申请的权利要求 19 是对权利要求 18 的进一步限定，附加技术特征仍就是对信号构成的限定，同样是对数据格式的限定，因此，该权利要求也不符合专利法实施细则第二条第一款的规定。

本申请的权利要求 20 请求保护一种记录载体，即主题名称为一种产品，但除主题名称外，其余部分限定了源信号的构成，信道信号构成，两种信号有一种对应关系以及信道信号中存在块，并对块间区别作了限定，并没有记载与现有记录载体不同的结构或结构关系特征，尤其权利要求 20 的特征部分记载的特征仅仅是构成数据位流的数据格式，所以该权利要求实质上不是对记录载体这种产品或者其改进提出的新的技术方案，同样也不符合专利法实施细则第二条第一款的规定。

针对复审请求人的意见，合议组认为：（1）本领域普通技术人员熟知记录载体存储数据并不需要数据必须具备一定的格式，有时记录过程中记录软件可能需要数据满足一定的格式，而且根据权利要求中所限定的信息格式也不能得出增大记录载体的容量的效果，关键是所记载的特征仅仅表明所述记录载体与现有记录载体上记录内容的不同，其并没有使所述记录载体具有与现有记录载体不同的结构特征；（2）权利要求要求 18 和权利要求 19 要求保护的主题就是一种二进制信道信号，权利要求 20 虽然要求保护的是一种记录载体，但所记载的特征仅在于一种二进制信道信号，可见实质也仅在于一种信号；（3）记录载体作为一种产品可以给予专利保护，但应该记载一种对其结构进行改进的新的技术方案，另外根据专利法及其专利法实施细则规定，信道编码领域也存在一些方法和产品可获得专利，但信息本身是不受专利法保护的。

综上所述，本申请权利要求 18 ~ 20 不符合专利法实施细则第二条第一款的规定，不能被授予专利权。

三、决定

驳回本复审请求，维持国家知识产权局于 2003 年 9 月 12 日对 99805329. 5 号发明专利申请所作出的驳回决定。

请求人对本决定不服的，可以根据专利法第四十一条第二款的规定，自收到本决定之日起三个月内向北京市第一中级人民法院起诉。

203

以计算机为基础的产品配制案

复审请求审查决定（第 8803 号）

决　定　号　第 8803 号
决　定　日　2006 年 6 月 27 日
发明创造名称　以计算机为基础的产品配制
国 际 分 类 号　G06F 9/45　G06F 17/30
复 审 请 求 人　罗姆及哈斯公司
专 利 申 请 号　01123105. X
申　请　日　2001 年 5 月 24 日
公　开　日　2001 年 12 月 19 日
合 议 组 组 长　崔哲勇
主　审　员　李　熙
参　审　员　樊晓东

法 律 依 据　专利法第二十五条第一款
决 定 要 点

本申请所解决的问题仅仅是用计算机代替传统的人工方式计算得到化学产品的配比方案，其目的和结果仅仅是通过通用计算机获得一纸配方，以上目的和效果都不是技术性的，本申请属于智力活动的规则和方法。

一、案由

本复审请求涉及申请日为 2001 年 5 月 24 日、申请号为 01123105. X、名称为“以计算机为基础的产品配制”的发明专利申请（下称本申请），其申请人为罗姆及哈斯公司，优先权日为 2000 年 5 月 24 日及 2000 年 6 月 30 日。

在实质审查过程中，国家知识产权局实质审查部门于 2004 年 10 月 15 日发出第一次审查意见通知书，指出：本申请权利要求 1 ~ 10 属于专利法第二十五条规定的不授予专利权的范围。

针对第一次审查意见通知书，申请人于 2005 年 2 月 28 日进行了意见陈述，没有对申请文件进行修改，申请人陈述的理由主要是：本申请的主题是利用公知计算机上运行的计算机程序对化学产品的组分的已知数据进行处理，以解决某个具体的技术问题，它所处理的是技术问题，利用了技术手段，并能够获得技术效果。因此，本申请属于可给予专利保护的客体。

国家知识产权局于 2005 年 5 月 13 日以本申请权利要求 1 ~ 10 属于专利法第二十五条第一款第（二）项规定的不授予专利权的范围为由对本申请作出了驳回决定。该驳回决定是针对申请人于申请日提交的原始申请文件作出的。其主要驳回理由是：1. 权利要求 1 ~ 9 所要解决的问题仅是根据接收到的产品配置脚本来进行计算，由此得到符合条件的产品配比，实施该发明的目的仅仅在于通过计算机的计算来得到符合条件的产品，计算机仅仅通过计算便可完成本申请，就其发明目的和实施该发明所获得的效果而言，都不是技术性的，属于专利法第二十五条第一款第（二）项规定的不授予专利权的范围。2. 权利要求10请求保护的计算机系统与现有技术的计算机系统相比，其不同之处仅仅在于数据库中存储的指令，而计算机指令不论以任何形式出现，都属于专利法规定的不授予专利权的范围，因此，权利要求10属于专利法第二十五条第一款第（二）项规定的不授予专利权的范围。

申请人（下称复审请求人）罗姆及哈斯公司对上述驳回决定不服，于2005年8月29日向专利复审委员会提出了复审请求，但未对申请文件进行修改。其复审主要理由是：本申请所要解决的问题是降低生产新产品、改进现有产品的花费，开发自动化的工具来帮助预测产品特性或帮助配置具有特定特性的产品。本申请的方案能够更为快速地识别配置和处理特征，给化学制造业带来了突出的实质性特点和显著的进步。本申请要解决的是技术问题，采用了技术手段，实现了技术效果，因此属于专利法保护的客体。

经形式审查合格，专利复审委员会受理了该复审请求，于2005年10月11日向复审请求人发出了复审请求受理通知书，并向国家知识产权局原实质审查部门发出了前置审查通知书。

在前置审查程序中，国家知识产权局原实质审查部门坚持原驳回决定。

专利复审委员会组成合议组，对本复审请求案进行了审理。

合议组于2006年5月22日发出复审通知书，指出：本申请所请求保护的配制产品的计算机执行方法和系统既没有给计算机技术带来改进，也没有给产品配置过程自身带来任何改进，本申请与现有的计算机执行方法和系统相比，不同之处仅在于利用现有的通用计算机进行计算给出化学产品的配比数值，该方法所解决的问题仅仅是用计算机代替传统的人工方式计算得到化学产品的配比方案，其目的和结果仅仅是通过通用计算机获得一纸配方，以上目的和效果都不是技术性的，属于智力活动的规则和方法。因此，本申请权利要求1～10均属于专利法第二十五条第一款第（二）项规定的不授予专利权的范围。

针对上述复审通知书，复审请求人于2006年6月12日提交了意见陈述书，并提交了新修改的权利要求书，对原权利要求1进行了修改并删除了原权利要求10。复审请求人主要陈述的理由为：本申请涉及的是改进产品配置，解决的问题是配置产品，这是一个技术问题，本申请提供的方法需要技术手段来实现，本申请的效果是改进了产品的配置，从而缩减了开发新产品的配置时间，降低了浪费和困难。复审请求人新提交的权利要求书修改替换页中，独立权利要求1如下：

"1. 一种配制产品的计算机执行方法，该方法包括：

接收产品配制脚本，该脚本包括：

一种组分选择选项，该选择选项包括多组配制组分，

一种配制组分的约束条件，该约束条件识别与配制组分性能相关的范围，和

一种目标约束条件；和

处理产品配制脚本以确定用于生产产品的配制组分的集合，该产品具有与目标约束条件一致的第一个性能，其中的集合包括第一配制组分，且处理脚本包括：

确定包括在集合中的最初的一组配制组分；

确定集合中与最初的配制组分相关的允许范围，该允许范围与配制组分的约束条件相适应；以及

组合所述配置组分以包含于所述集合中，以生产具有与所述目标约束条件一致的第一个性能的产品。"

本案合议组认为本案事实清楚，可以作出以下复审决定。

二、决定的理由

1. 依据的文本

复审请求人于2006年6月12日提交了权利要求书修改替换页，合议组认为该修改符合专利法第三十三条和专利法实施细则第六十条的规定，因此，本复审决定所依据的文本是复审请求人于2006年6月12日提交的权利要求第1~9项、2001年5月24日提交的说明书第1~30页、说明书附图第1~2页、说明书摘要以及摘要附图。

2. 关于专利法第二十五条第一款

专利法第二十五条第一款第（二）项规定：智力活动的规则和方法不授予专利权。当一件涉及计算机程序的发明专利申请与现有技术相比较未能解决技术问题，也未能产生技术效果时，该专利申请属于专利法第二十五条第一款第（二）项规定的情形，因此，指导人们进行这类活动的规则和方法不能被授予专利权。

（1）权利要求1请求保护一种配制产品的计算机执行方法，其主要包括三个步骤，一是“接收产品配制脚本”，二是“处理产品配制脚本以确定用于生产产品的配制组分的集合”，三是“组合所述配置组分以包含于所述集合中，以生产具有与所述目标约束条件一致的第一个性能的产品”。其中，在第一个步骤中进一步限定了配置脚本包括组分选择选项、配制组分的约束条件和目标约束条件；在第二个步骤中进一步包括“确定包括在集合中的最初的一组配制组分”和“确定集合中与最初的配制组分相关的允许范围”这两个子步骤。首先应当明确的是，接收脚本和根据所接收的脚本进行计算并确定一组数据，再进一步通过计算确定与该组数据相关的一组数据范围，这通过通用计算机就可完成，属于公知的技术。其次，对于脚本所包括的内容，其是在利用公知的计算机执行产品配制的过程中对所处理的数据对象的人为规定，不管编程者设定脚本具体包括哪些内容，在计算机看来这些脚本数据均是二进制编码数据；事实上，不会由于脚本数据具体内容的改变而使得计算机自身的运算方式和处理能力发生任何改变。再次，对于生产具有与所述目标约束条件一致的第一个性能产品的步骤，其不过是根据计算机计算出来的配制组分值帮助配制具有特定性能的产品，其与现有技术的区别仅在于，现有技术采用人工使用迭代方法、反复试验计算配制组分，而本申请利用计算机中的程序计算配制组分；事实上，以上区别并未对化学产品的生产过程或工艺自身作出了任何技术上的改进或贡献。综上所述，本申请所请求保护的“配制产品的计算机执行方法”并未对现有的计算机的硬件结构、执行方法和运算能力作出任何技术上的改进，也未对现有的化学产品配制工艺作出任何技术上的改进。该配制产品的计算机执行方法与现有的计算机执行方法相比较，不同之处仅在于利用现有的通用计算机进行计算给出化学产品的配比数值，该方法所解决的问题仅仅是用计算机代替传统的人工方式计算得到化学产品的配比方案，其目的和结果仅仅是通过通用计算机获得一纸配方，以上目的和效果都不是技术性的，属于智力活动的规则和方法。因此，权利要求1属于专利法第二十五条第一款第（二）项规定的不授予专利权的范围。

（2）权利要求2~9是独立权利要求1的从属权利要求，以上各权利要求所限定的附加特征对产品配制过程中处理脚本的方式和配制组分、约束条件等参数的具体内容进行了限定，但是这些限定同样未对现有的计算机执行方法、计算机的运算能力以及化学产品的配制工艺作出任何技术上的改进。权利要求2~9所请求保护方案的实质同样是利用现有的通用计算机进行计算给出化学产品的配比数值。它们的目的和结果同样是通过通用计算机的计算获得一纸配方，这些均不是技术性的。因此，从属权利要求2~9也属于专利法第二十五条第一款第（二）项规定的不授予专利权的范围。

（3）对于复审请求人在意见陈述书中所声称的：“本申请涉及的是改进产品配制，并非是数学计算方法、也不是智力活动，而是配制产品的处理过程，并不能被认为是计算机程序本身。本申请解决的问题是配制产品，这是一个技术问题，是对现有技术中配制的改进”这部分意见，合议组不能认同。合议组认为，正如本决定上面第（1）点所述的，通过本申请与现有技术的比较可以确定，本申请所解决定的问题仅仅是用计算机代替传统的人工方式计算得到化学产品的配比方案，其仅仅是利用了公知的通用计算机进行计算，并未对现有技术中的化学产品配制作出任何技术上的改进，其虽然不是计算机程序本身，但由于没有解决技术问题也没有获得技术效果，因此本申请不属于可给予专利保护的客体。另外，对于复审请求人在意见陈述中所声称的：“本申请确实能够更快速地识别配置和处理特征”，合议组认为，正如本申请说明书中所述的，本发明“开发自动化的工具来帮助预测产品特性或帮助配置具有特定特性的产品”，正是由于本申请利用了计算机这一自动化的手段，其必然能够更为快速地进行计算给出配置参考值，运算速度快是计算机自身最突出的特点，并不是本申请方案所带来的特点。事实上本申请也没有对化学产品配置方法本身进行改进，仅仅是利用计算机这种自动化处理手段来帮助给出化学产品的配制值并提升配置产品的效率，但是这种效率的提高是由计算机固有特性带来的。因此，本申请既没有给计算机技术带来改进，也没有给产品配置过程自身带来任何改进，合议组并不认为本申请给化学制造业带来了任何技术效果。

综上所述，合议组认为本申请权利要求 1 ~9 均属于专利法第二十五条第一款第（二）项所规定的智力活动的规则和方法，不能被授予专利权。

三、决定

维持国家知识产权局于 2005 年 5 月 13 日对 01123105. X 号发明专利申请作出的驳回决定。

复审请求人如对本复决定不服，可以根据专利法第四十一条的规定，自收到本决定之日起三个月内向北京市第一中级人民法院起诉。

204

信息分配系统和信息管理方法案

复审请求审查决定（第8839号）

决　定　号　第8839号
决　定　日　2006年6月26日
发明创造名称　信息分配系统和信息管理方法
国际分类号　G06F 15/00
复审请求人　索尼公司
专利申请号　00120672.9
申　请　日　2000年12月8日
公　开　日　2002年2月13日
合议组组长　张美菊
主　审　员　汤　锷
参　审　员　孙治国

法律依据　专利法第三十八条
决定要点

驳回决定应当以已经通知过申请人的、令人信服的事实和理由作为驳回依据，驳回理由应当详细论述驳回决定所依据的事实、理由和法律依据。在本申请的驳回决定中，缺少了举证或充分论证现有技术的步骤，就断然得出了本申请的部分技术特征属于现有技术的结论，因此本申请驳回决定的驳回理由缺少完整的举证和推理的过程，实质审查阶段的审查程序不合乎审查指南的规定，应当重新进行审查。

一、案由

本复审请求涉及申请日为2000年12月8日，申请号是00120672.9，发明名称为“信息分配系统和信息管理方法”的发明专利申请（下称本申请），申请人是索尼公司，优先权日是1999年12月8日。

在实质审查程序中，国家知识产权局实质审查部门于2003年8月8日发出第一次审查意见通知书，指出本申请的权利要求1、2、8、14中所使用的加密、解密、输入、输出等硬件设备和步骤都属于现有技术，实施中主要涉及离线提供、离线输入解密这种人工操作过程，即非技术特征，因此，对现有技术的贡献仅仅在于上述非技术特征，因而，属于智力活动的规则和方法，属于专利法第二十五条第一款第（二）项规定的不授予专利权的范围。

申请人于2004年2月23日提交了答复第一次审查意见通知书的意见陈述书，并同时提交了权利要求第1～20项的修改替换页，申请人在意见陈述书中认为本申请不属于专利法第二十五条第一款第（二）项规定的智力活动的规则和方法。

经审查，国家知识产权局在2004年7月9日以本申请的权利要求1～20属于专利法第二十五条第一款第（二）项规定的不授予专利权的范围为由，作出了驳回决定。驳回理由是：权利要求 1 对于现有技术的贡献在于指导信息分配管理的方法步骤这种非技术特征，并且所述方法用于进行权利信息分配，没有解决技术问题，并且不能产生技术效果，因此，属于专利法第二十五条第一款第（二）项规定的智力活动的规则和方法；权利要求 2 ~ 20 同样属于智力活动的规则和方法。

驳回决定所针对的权利要求书为：

“1. 一种权利信息分配方法，包括步骤：

保持要存储在用户拥有的便携式电子设备中的权利信息，所述权利信息包含对该权利的拥有者的信息；

通过使用对该用户专用的代码来加密所述权利信息来产生一权利代码，该代码用作离线提供；

将所述权利代码提供给所述便携式电子设备的用户，以便输入所述权利代码至所述便携式电子设备中。

2. 根据权利要求 1 的权利信息分配方法，其中所述权利信息包括允许进入一预定场所的信息。

3. 根据权利要求 1 的权利信息分配方法，其中所述便携式电子设备是一集成电路卡。

4. 根据权利要求 1 的权利信息分配方法，还包括更新保持的权利信息的步骤。

5. 根据权利要求 4 的权利信息分配方法，其中当所述便携式电子设备与所述信息管理装置相互结合在一起时执行所述权利信息的存储。

6. 根据权利要求 1 的权利信息分配方法，还包括下列步骤：

输入加至所述权利信息的第一权利代码和一用于将所述权利信息返回至所述权利信息的源的识别号；以及

在确认所输入的第一权利代码和所输入的识别号后，确认一离线提供的第二权利代码，该第二权利代码用于将所述权利信息返回至所述权利信息的源，并且无效化所述的第一权利代码。

7. 一种用于从第一便携式电子设备传送权利信息至第二便携式电子设备中的权利信息分配方法，所述权利信息分配方法包括步骤：

产生要存储在由第一用户拥有的第一便携式电子设备中的权利信息，所述权利信息包含对该权利的拥有者的信息；

通过使用对该第一用户专用的第一代码来加密所述权利信息来产生第一权利代码，该代码用作离线提供；

输入所述离线提供的第一权利代码和所述第二便携式电子设备的识别号至所述第一便携式电子设备中；

在确认所输入的第一权利代码和所输入的识别号后，无效化所述第一权利代码并且产生第二权利代码，该第二权利代码用作离线提供；以及

在输入的第二权利代码被解密后，存储包含在该第二权利代码中的权利信息。

8. 一种权利信息分配系统，用于管理要存储在便携式电子设备中的权利信息和关于该权利的拥有者的信息，包括：

保持装置，用于保持所述权利信息和权利拥有者信息；

更新装置，用于更新所保持的权利信息；

记录装置，用于记录更新的权利信息；

加密装置，用于通过使用对所述便携式电子设备为专用的代码来加密所述产权信息来产生一权利代码，该代码用作离线提供；

提供装置，用于将所述加密的权利代码提供给所述便携式电子设备，以提供更新的权利信息。

9. 根据权利要求8的信息分配系统，其中所述表示所述权利拥有者的信息是用于允许进入一预定场所的信息。”

“14. 一种信息处理方法，用于通过更新由一信息管理装置保持的权利信息和通过在一便携式电子设备中记录指示权利拥有者的信息来管理所述权利，以便当所述便携式电子设备被一用户持有时可以行使该权利，其中所述方法控制所述信息管理装置以便执行下列步骤：

通过采用一代码加密表示权利拥有者的信息来产生加密信息，该代码对于所述便携式电子设备是专用的，该加密信息处于离线可提供的形式；以及

向所述用户提供所加密的信息，以便该加密信息通过离线通道至少传送一次。

15. 根据权利要求14的信息处理方法，其中，根据所述加密信息的提供进行计费。

16. 根据权利要求14的信息处理方法，其中所述信息管理方法控制所述便携式电子设备执行下列步骤：

通过采用一专用代码加密请求所述权利转移的信息来产生加密的转移信息，以便所加密的转移信息被离线提供；以及

防止表示所述权利拥有者的信息被输出，并且将所加密的转移信息传送至所述信息管理装置，以便所加密的转移信息通过所述离线通道至少传送一次。

17. 根据权利要求16的信息处理方法，其中所述信息管理方法控制所述信息管理装置执行下列步骤：

根据所述加密信息的提供执行计费处理；以及

根据所述加密的转移信息改变所述计费处理。

18. 根据权利要求14的信息处理方法，其中所述信息管理方法控制所述便携式电子设备执行下列步骤：

通过采用一对于另一便携式电子设备专用的代码，根据表示所述权利拥有者的信息来产生第二加密信息，以便所述第二加密信息被离线提供；

提供所述第二加密信息至所述另一便携式电子设备，以便所述第二加密信息通过所述离线通道至少传送一次；以及

输入所述第二加密信息并且防止所述表示所述权利拥有者的信息被输出。

19. 根据权利要求18的信息处理方法，其中所述便携式电子设备是一集成电路卡。

20. 根据权利要求18的信息处理方法，其中表示所述权利拥有者的信息是用于允许所述用户进入一活动场所的信息。”

申请人（下称复审请求人）不服上述驳回决定，于2004年10月9日向国家知识产权局专利复审委员会提出复审请求，并提交了修改后的权利要求第1~9项。复审请求人认为：在驳回决定中没有引用其他任何的在本申请的优先权日之前的现有技术对比文件来证明其观点，驳回决定的作出没有事实依据；所述离线提供的特征是“所述权利代码以可听或可视信息的形式被离线提供给用户，使得该用户能将该权利代码输入到该便携式电子设备中”，是一种实实在在的技术手段的特征，而不是人为的活动；修改后的权利要求1~9的技术方案利用了在计算机上运行的技术手段，解决了在现有技术中并没有一种系统和方法来方便和高效率地处理票务，并产生了给用户提供前所未有的使用功能、方便了用户的技术效果，因此，权利要求1~9不属于专利法第二十五条第一款第（二）项规定的智力活动的规则和方法。

复审请求人提交的修改后的权利要求书为：

“1. 一种权利信息分配方法，包括步骤：

产生权利信息和验证信息，所述验证信息用于当该权利信息存储在所述便携式电子设备中时认证该便携式电子设备的有效性；

通过加密所述权利信息和验证信息来产生一权利代码，其中所述权利代码以可听或可视信息的形式被离线提供给用户，使得该用户能将该权利代码输入到该便携式电子设备中；

输入所述离线提供的权利代码至所述便携式电子设备中；

解密输入至所述便携式电子设备中的权利代码并且采用所述验证信息来认证基于所述解密的权利代码的所述权利信息；以及

存储所述被验证的权利信息至所述便携式电子设备中。

2. 根据权利要求 1 的权利信息分配方法，其中所述权利信息包括允许进入一预定场所的信息。

3. 根据权利要求 1 的权利信息分配方法，其中所述便携式电子设备是一集成电路卡。

4. 根据权利要求 1 的权利信息分配方法，还包括更新保持的权利信息的步骤。

5. 根据权利要 4 的权利信息分配方法，其中当所述便携式电子设备与所述信息管理装置相互结合在一起时执行所述权利信息的存储。

6. 根据权利要求 1 的权利信息分配方法，还包括下列步骤：

输入加至所述权利信息的第一权利代码和一用于将所述权利信息返回至所述权利信息的源的识别号；以及

在确认所输入的第一权利代码和所输入的识别号后，确认一离线提供的第二权利代码，该第二权利代码用于将所述权利信息返回至所述权利信息的源，并且无效化所述的第一权利代码。

7. 一种用于从第一便携式电子设备传送权利信息至第二便携式电子设备中的权利信息分配方法，所述权利信息分配方法包括步骤：

产生权利信息和验证信息，所述验证信息用于当该权利信息存储在所述第一便携式电子设备中时认证所述第一便携式电子设备的有效性；

通过加密所述权利信息和验证信息来产生第一权利代码，其中所述第一权利代码以可听或可视信息的形式被离线提供给用户，使得该用户能将该第一权利代码输入到该第一便携式电子设备中；

输入所述离线提供的第一权利代码和所述第二便携式电子设备的识别号至所述第一便携式电子设备中；

确认所输入的第一权利代码和所输入的识别号；

无效化所述第一权利代码并且产生第二权利代码，其中所述第二权利代码以可听或可视信息的形式被离线提供给用户，使得该用户能将该第二权利代码输入到该第二便携式电子设备中；

解码输入到该第二便携式电子设备中的离线提供的第二权利代码并且认证所解码的第二权利代码；以及

在所述第二便携式电子设备中存储被包含在所认证的第二权利代码中的所述权利信息。

8. 一种信息分配系统，包括：

一用于用户的便携式电子设备；以及

一信息管理装置，用于存储关于预定权利的信息和与所述便携式电子设备相对应的信息，该第二种信息表示权利的拥有者；其中，所述信息分配系统通过更新由所述信息管理装置存储的权利信息和表示权利拥有者的信息来管理所述权利的配置；

所述信息管理装置包括：

一信息保持装置，用于保持所述权利信息；

一访问装置，用于通过访问所述信息保持装置来记录所述权利至所述用户的转移，并且用于更新由该信息保持装置保持的权利信息；

一加密装置，用于使用一代码来加密表示权利拥有者的信息来产生加密信息，该代码对于所述便携式电子设备是专用的，该加密信息为可听或可视信息的形式，使得该用户能将该信息输入到该便携式电子设备中；以及

一信息提供装置，用于向所述用户提供所加密的信息，以便该加密信息通过离线通道至少传送一次；以及

所述便携式电子设备包括：

一输入装置，用于接收所述加密信息的输入；

一解密装置，用于采用所述的专用代码来解密所述的加密信息并且输出指示所述权利拥有者的信息；

一记录装置，用于记录指示所述权利拥有者的输出信息；以及

一信息输出装置，用于采用一预定访问装置来输出所记录的表示所述权利拥有者的信息。

9. 根据权利要求 8 的信息分配系统，其中所述表示所述权利拥有者的信息是用于允许进入一预定场所的信息。”

专利复审委员会于 2004 年 10 月 19 日向复审请求人发出了复审请求受理通知书，并将该复审请求书连同原申请案卷一并送交作出驳回决定的原实质审查部门进行前置审查，在前置审查意见书中，国家知识产权局实质审查部门坚持原驳回决定。

针对本复审请求，专利复审委员会依法成立合议组对本复审请求进行审理，经研究，合议组认为本案事实已经清楚，可以作出复审决定。

二、决定的理由

复审请求人在请求复审时提交的修改文本符合专利法第三十三条和专利法实施细则第六十条的有关规定，因此，本复审决定所依据的文本是：2004 年 10 月 9 日提交的权利要求第 1 ~ 9 项、申请日提交的原始申请文件的说明书第 1 ~ 20 页、说明书附图第 1 ~ 12 页、说明书摘要和摘要附图。

专利法第三十八条规定：发明专利申请经申请人陈述意见或者进行修改后，国务院专利行政部门仍然认为不符合本法规定的，应当予以驳回。

审查指南规定，驳回决定应当以已经通知过申请人的、令人信服的事实和理由作为驳回依据；驳回理由应当详细论述驳回决定所依据的事实、理由和法律依据。

在本案的发明专利申请中，驳回决定所依据的权利要求书文本中包括了以“权利信息分配方法”为主题的独立权利要求 1 和独立权利要求 7，及其从属权利要求，还包括了以“信息分配系统”为主题的独立权利要求 14，以及其从属权利要求。在产品权利要求的方案中包括了便携式电子设备、信息保持装置、访问装置、加密装置、信息提供装置、解密装置、记录装置等多项结构，这些硬件结构的特征属于技术特征，明显不属于智力活动的规则和方法的内容。类似地，具体到各个方法权利要求的内容，包括了：便携式电子设备、集成电路卡、信息管理装置等硬件结构和通过加密所述权利信息和验证信息来产生一权利代码；输入所述离线提供的权利代码至所述便携式电子设备中；解密输入至所述便携式电子设备中的权利代码并且采用所述验证信息来认证基于所述解密的权利代码的所述权利信息；以及存储所述被验证的权利信息至所述便携式电子设备中等等以权利信息存储、加密、解密等为内容的多个步骤，这些内容涉及到信息存储和加解密等方面，属于技术特征，也不属于智力活动的规则和方法。

在驳回决定中没有经过举证和任何论述就提出本申请所有权利要求中所述的根据特定信息进行加密并产生加密密钥以及解密、输入和输出的技术都属于本领域中的现有技术，而本申请对现有技术的

贡献在于指导信息分配管理的非技术特征，没有解决技术问题并且不能产生技术效果，因此这些权利要求内容属于专利法第二十五条第一款第（二）项规定的智力活动的规则和方法，不属于专利保护的范围。

驳回决定试图以上述权利要求中出现的根据特定信息进行加密并产生加密密钥以及解密、输入和输出的技术都属于现有技术，来说明本申请技术方案未解决技术问题，因此属于智力活动的方法和规则。但是，在整个实质审查过程中，特别是驳回决定中并没有对现有技术根据特定信息进行加密并产生加密密钥、解密过程、输入和输出技术进行举证或充分论证说明，也没有对本发明信息分配系统中的上述具体硬件结构技术特征进行举证或充分论证说明，就断然作出了所有这些技术特征已经是本领域中的已有技术的结论，从而就断定本申请的方案全部属于智力活动的规则和方法。驳回决定没有对其所依据的事实和理由进行详细论述，是不充分的，在本申请的实质审查程序中，没有体现出完整的举证与推理过程，因此，对本申请的审查程序明显与审查指南的要求不符。

三、决定

撤销国家知识产权局于2004年7月9日对00120672.9号发明专利申请作出的驳回决定。

由国家知识产权局原实质审查部门依据2004年10月9日提交的权利要求第1~9项、申请日提交的原始申请文件的说明书第1~20页、说明书附图第1~12页、说明书摘要和摘要附图继续审查程序。

205

超导循环使用电能动力机案

复审请求审查决定（第8841号）

决　定　号　第8841号
决　定　日　2006年6月27日
发明创造名称　超导循环使用电能动力机
国 际 分 类 号　H02K 53/00
复 审 请 求 人　徐保世
申　请　号　01128349.1
申　请　日　2001年8月14日
公　开　日　2003年3月26日
合 议 组 组 长　熊　婷
主　审　员　周雷鸣
参　审　员　龙　安

法 律 依 据　专利法第二十二条第四款
决 定 要 点

如果一部机器或机构，在向其输入初始能量后，就无需外界能量而能够不停的运转下去，且在运转过程中所产生的能量大于其输入的能量，则违反了能量守恒定律，违反能量守恒的专利申请不具有实用性。

一、案由

本专利申请复审请求涉及申请号为01128349.1，名称为“超导循环使用电能动力机”的发明专利申请（下称本申请），其申请日为2001年8月14日，申请人为徐保世。

国家知识产权局实质审查部门于2004年6月11日以本申请说明书和权利要求1～4不符合专利法第二十二条第四款的规定为由，驳回了本申请，其中驳回的理由是：本申请的技术方案中超导线圈通电吸引磁铁的过程是电磁能转化为机械能的过程，这个过程必然消耗大量的电能，不能实现能量无损耗的长期保持在超导线圈里反复使用，轮换产生电磁力，又不大量消耗原始电能，只在电流转换中消耗一点极少电能。

申请人（下称复审请求人）对驳回决定不服，于2004年8月26日向国家知识产权局专利复审委员会提交了复审请求书和说明书第5页的替换页以及7份证据，其中证据1：《发电新技术》封面的复印件，共1页；证据2：《科学画报》封面和第31页的复印件，共2页；证据3：复审请求人声称的发电新技术第61页的复印件，共1页；证据4：《科学画报》封面和第20页的复印件，共2页；证据5：复审请求人声称的世界发明第21页的复印件，共1页；证据6：复审请求人声称的发电新技术第105页的复印件，共1页；证据7：复审请求人声称的发电新技术第91页的复印件，共1页。

复审请求人于2004年9月2日向国家知识产权局专利复审委员会再次提交了复审请求书，并提交了说明书第1～6页和权利要求第1～4项的修改替换页，附录中列出了若干证据，却未提交证据本身，因此附件清单中“证据，1份，每份10页”与事实不符；其复审的主要理由是：超导体没有电阻，也就没有电损；由于电能决定磁能，材料导体没有电损也就没有磁损；因各种因素，电路中间环节的开关调节电阻装置造成超导循环使用电能动力机10%的电能消耗，加上5%电流损耗是15%；利用两个超导线圈相互转换做完一次功后还有剩余电能，因此可以循环使用电能。

复审请求人于2004年9月8日提交了复审请求理由第2、3页的替换页，用于纠正其中掉字的问题。

专利复审委员会于2004年10月8日发出了复审请求受理通知书和前置审查通知书。

复审请求人于2004年11月7日向国家知识产权局专利复审委员会提交了信件。

在前置审查程序中，国家知识产权局实质审查部门认为：复审请求时提交的说明书第7页的替换页中出现的修改内容“约损耗10%～15%”超出了原说明书和权利要求书的范围，不符合专利法第三十三条的规定；说明书和权利要求书中记载的技术方案违反了能量守恒定律，不符合专利法第二十二条第四款的规定。

复审请求人于2005年9月8日提交了询问专利复审委员会是否收到2004年提交的材料的信件。

在此基础上，专利复审委员会依法成立合议组对本案进行复审，并于2005年10月8日发出了复审通知书，其中指出：（1）复审请求人于2004年9月2日提交的说明书中记载了超出原说明书中的内容“一次转换过程中约损耗10%～15%的电能”，不符合专利法第三十三条的规定；（2）复审请求人于2004年9月2日提交的权利要求1～4中记载的技术方案是基于申请文件所记载的“违反了能量守恒定律的技术方案”而提出的，该权利要求1～4的技术方案不具有实用性，不符合专利法第二十二条第四款的规定；（3）为加快审查进度，合议组对本申请还提出审查意见：本申请没有记载如何实现隔磁材料制成的外壳即能隔热又能保证超导线圈的磁力线穿透隔磁材料外壳的吸磁区和磁阻较大的空气，而不使磁力线直接在外壳内产生闭合，实现电磁力对外做机械功，输出能量，因此不符合专利法第二十二条第四款有关实用性的规定。

针对复审通知书，复审请求人于2005年11月22日提交了意见陈述书、说明书第4页和附图第1～3页的替换页以及证据，具体证据如下：《发电新技术》封面和第114、115、119、120页的复印件，共4张。

复审请求人于2005年11月24日提交了信件、权利要求书和原始说明书第1～6页的修改替换页。

复审请求人于2005年11月27日针对复审通知书提交了信件、意见陈述书及说明书第4页的替换页、《科学画报》封面及其第20页的复印件，其中意见陈述书的附件清单中所列的内容“说明书第4页、说明书附图3页替换页1页一式两份共8页；证据2份4页”与附件中仅有说明书第4页的替换页一式两份和补充证据《科学画报》封面、第20页复印件2页的事实不符。信件中声称，对复审意见的答复进行了修改，并以这次修改为准；复审请求人陈述的主要观点是：①超范围的部分“一次转换消耗10%～15%的电能”修改为原始说明书中“一次转换过程中约损耗0.1%～0.4%的电能”，以克服超范围的缺陷；②超导线圈装在盛液氮的容器里，产生的电磁力是在容器中，由磁强计探头控制不会在外壳内产生闭合，外壳只是保护装超导线圈的容器；③原始说明书及附图中记载的原始电能无损耗地反复循环使用、彻底解决电动机一次使用电能的技术是有错误的，在2004年9月2日提交的说明书中删除了，超导循环使用电能动力机使用两个超导线圈相互转换使用电能和抽水蓄能使用两个上下水池相互转换使用能量是一个道理。

复审请求人于2005年11月28日提交了针对复审通知书的答复补充，认为超导循环使用电能动力机的磁力是大于被吸物体和空气阻力的。

复审请求人于2006年4月2日提交了信件。

复审请求人于2006年5月4日提交了权利要求书和说明书第4页的修改页等。

至此，合议组经过合议，认为本案事实已经清楚，作出如下决定。

二、决定的理由

1. 依据文本

复审请求人于2006年5月4日提交的说明书第4页和权利要求第1～5项符合专利法第三十三条和专利法实施细则第六十条的规定。2006年5月4日提交的说明书第4页不能与2004年9月2日提交说明书第3页的末尾和第5页的开头衔接，但是该第4页的内容可以衔接2004年9月2日提交的说明书第4页第11行和说明书第5页第17行。因此，本复审决定所依据的文本是2006年5月4日提交的说明书第4页、权利要求1～5项，2004年9月2日提交的说明书第1～3、6页、第4页1～11行和第5页第17～30行，2005年11月22日提交的说明书附图第1～3页，2001年8月14日提交的说明书摘要及摘要附图。

2. 关于实用性

专利法第二十二条第四款规定的实用性是指该发明或者实用新型能够制造或者使用，并且能够产生积极效果。

本申请说明书记载了一种超导循环使用电能动力机，其包括一个用隔磁材料制成的外壳，一个用隔磁材料制成的、将该外壳平分、且伸出外壳的隔磁柱墙，固定在该隔磁柱墙上的杠杆及杠杆两端吊挂的铁块；外壳内设有分别与铁块相配合的超导线圈，由超导电线连接的互为负载的充放电超导脉冲储能电路，及该充放电超导脉冲储能电路的控制电路；与该超导线圈对应的外壳上设有向内凹进且穿透的磁吸区，采用超导线圈作为储能磁体，用超导线将超导线圈、超导开关、调节电阻连接成互为负载的充放电超导脉冲储能电路，因而，当将外部的电能充进其中一个超导储能电路中时，该超导脉冲储能电路中的超导线圈将其作为原始电能无损耗地储存起来，然后保持，并向另一个超导脉冲储能电路的超导线圈放电，同理，该超导线圈也将电能无损耗储存起来，保持并向前一个超导脉冲储能电路的超导线圈放电，如此过程反复循环，便使储存的原始电能无损耗地反复循环使用，轮换产生电磁力，用电磁力对外做机械功，输出能量，彻底解决了电动机一次性使用电能的老技术。

众所周知，人类在长期征服自然的斗争中，发明了各种动力机械，这些动力机械都需要从自然力、燃料或者电力等持续的供给能量转化为机械能，这些能量的转换均服从热力学第一定律，即能量守恒与转换定律。能量守恒定律是自然科学中最重要、最普遍的定律。能量守恒定律告诉我们，机器所做的功必定是由某一种或数种能量转化来的，机器只能转换能量，不能创造能量。能量不能自行消灭和创生，宇宙中总的能量不变。而本申请的超导循环使用电能动力机，仅依靠采用超导线圈作为储能磁体，用超导线将超导线圈、超导开关、调节电阻连接成互为负载的充放电超导脉冲储能电路，在外部的电能充进其中一个超导储能电路中时，该超导脉冲储能电路中的超导线圈将其作为原始电能无损耗地储存起来，然后保持，并向另一个超导脉冲储能电路的超导线圈放电，同理，该超导线圈也将电能无损耗储存起来，保持并向前一个超导脉冲储能电路的超导线圈放电，如此过程反复循环，便使储存的原始电能无损耗地反复循环使用，轮换产生电磁力，用电磁力对外做机械功，输出能量，这实际上是一种要求能量输出大于能量输入的能够永久自动运转的机器，明显不符合能量守恒定律，因此也无法实现预期的积极效果“使储存的原始电能无损耗地反复循环使用，轮换产生电磁力，用电磁力对外做机械功，输出能量，彻底解决了电动机一次性使用电能的老技术。”

权利要求1～4中记载的技术方案是基于申请文件所记载的“违反了能量守恒定律的技术方案”

（理由参见上面对本申请原始说明书的评述）而提出的，因此该权利要求 1～4 的技术方案不具有实用性，不符合专利法第二十二条第四款的规定。

关于复审请求人的理由，本案合议组认为：①超导线圈装在盛液氮的容器里，产生的电磁力是在容器中，由磁强计探头控制不会在外壳内产生闭合，外壳只是保护装超导线圈的容器与说明书中记载的隔磁材料制成的外壳相矛盾；并且没有清楚的说明“如何实现隔磁材料制成的外壳保证超导线圈的磁力线穿透隔磁材料外壳的吸磁区和磁阻较大的空气，而不使磁力线直接在外壳内产生闭合，实现电磁力对外做机械功，输出能量”；②一个技术发明必须符合一定的基本科学原理，具有普遍性和可检验性，经得起按照最基本的科学方法进行的测试和鉴定，电能动力机是一种机器，机器只能转换能量，不能创造能量，复审请求人忽略了超导线圈通电吸引铁块的过程实质上是电磁能转化为电能对外做功的过程，本领域一般技术人员采用本申请记载的技术手段，并不能实现“储存的原始电能无损耗地反复循环使用，轮换产生电磁力，用电磁力对外做机械功，输出能量的超导循环使用电能动力机；③虽然复审请求人于 2006 年 5 月 4 日提交的说明书第 4 页的替换页中不再保留“作为一份原始电能无损耗的……反复循环使用”“轮换产生电磁力，又不大量消耗……极少电能”等内容，但是 2004 年 9 月 2 日提交的说明书的发明内容部分第 2 页第 25 行到第 3 页第 2 行的内容表述了超导循环使用电能动力机的工作原理，其中该超导循环使用电能动力机的做功过程不消耗能量，仍然违反了能量守恒定律。

综上所述，合议组认为，驳回决定指出本申请不具有实用性的结论是正确的，复审请求人的复审理由不成立。

三、决定

维持国家知识产权局于 2004 年 6 月 11 日对 01128349.1 号发明专利申请作出的驳回决定。

复审请求人如对本决定不服，可根据专利法第四十一条第二款在收到本决定之日起三个月内向北京市第一中级人民法院起诉。

北京市第一中级人民法院
行政判决书

（2006）一中行初字第 1173 号

原告徐保世，男，汉族，64 岁，住湖北省谷城县盛康镇前街 24 号。

被告国家知识产权局专利复审委员会，住所地北京市海淀区北四环西路 9 号银谷大厦 10－12 层。

法定代表人廖涛，副主任。

委托代理人周雷鸣，男，国家知识产权局专利复审委员会审查员。

委托代理人张鹏，男，国家知识产权局专利复审委员会审查员。

原告徐保世因专利行政决定一案向本院提起行政诉讼。本院于 2006 年 9 月 26 日受理后，依法组成合议庭，于 2006 年 11 月 20 日公开开庭审理了本案。原告徐保世，被告国家知识产权局专利复审委员会（下称复审委）的委托代理人周雷鸣、张鹏到庭参加诉讼。本案现已审理终结。

2006 年 6 月 27 日，经对徐保世提出的复审请求进行审查，复审委作出第 8841 号复审请求审查决定（下称第 8841 号决定）如下：

徐保世于 2006 年 5 月 4 日提交的说明书第 4 页和权利要求第 1～5 项符合《中华人民共和国专利

法》（下称《专利法》）第三十三条和《中华人民共和国专利法实施细则》第六十条的规定。2006 年 5 月 4 日提交的说明书第 4 页不能与 2004 年 9 月 2 日提交说明书第 3 页的末尾和第 5 页的开头衔接，但是该第 4 页的内容可以衔接 2004 年 9 月 2 日提交的说明书第 4 页第 11 行和说明书第 5 页第 17 行。因此，第 8841 号决定所依据的文本是 2006 年 5 月 4 日提交的说明书第 4 页、权利要求 1 ~ 5 项，2004 年 9 月 2 日提交的说明书第 1 ~ 3、6 页、第 4 页 1 ~ 11 行和第 5 页第 17 ~ 30 行，2005 年 11 月 22 日提交的说明书附图第 1 ~ 3 页，2001 年 8 月 14 日提交的说明书摘要及摘要附图。

第 01128349.1 号发明专利申请（名称为"超导循环使用电能动力机"，下称本申请）说明书记载了一种超导循环使用电能动力机，其包括一个用隔磁材料制成的外壳，一个用隔磁材料制成的、将该外壳平分、且伸出外壳的隔磁柱墙，固定在该隔磁柱墙上的杠杆及杠杆两端吊挂的铁块；外壳内设有分别与铁块相配合的超导线圈，由超导电线连接的互为负载的充放电超导脉冲储能电路，及该充放电超导脉冲储能电路的控制电路；与该超导线圈对应的外壳上设有向内凹进且穿透的磁吸区，采用超导线圈作为储能磁体，用超导线将超导线圈、超导开关、调节电阻连接成互为负载的充放电超导脉冲储能电路，因而，当将外部的电能充进其中一个超导储能电路中时，该超导脉冲储能电路中的超导线圈将其作为原始电能无损耗地储存起来，然后保持，并向另一个超导脉冲储能电路的超导线圈放电，同理，该超导线圈也将电能无损耗储存起来，保持并向前一个超导脉冲储能电路的超导线圈放电，如此过程反复循环，便使储存的原始电能无损耗地反复循环使用，轮换产生电磁力，用电磁力对外做机械功，输出能量，彻底解决了电动机一次性使用电能的老技术。

能量的转换均服从自然科学中最重要、最普遍的定律能量守恒与转换定律。能量守恒定律告诉我们，机器所做的功必定是由某一种或数种能量转化来的，机器只能转换能量，不能创造能量。能量不能自行消灭和创生，宇宙中总的能量不变。而本申请的超导循环使用电能动力机，仅依靠采用超导线圈作为储能磁体，用超导线将超导线圈、超导开关、调节电阻连接成互为负载的充放电超导脉冲储能电路，在外部的电能充进其中一个超导储能电路中时，该超导脉冲储能电路中的超导线圈将其作为原始电能无损耗地储存起来，然后保持，并向另一个超导脉冲储能电路的超导线圈放电，同理，该超导线圈也将电能无损耗储存起来，保持并向前一个超导脉冲储能电路的超导线圈放电，如此过程反复循环，便使储存的原始电能无损耗地反复循环使用，轮换产生电磁力，用电磁力对外做机械功，输出能量，这实际上是一种要求能量输出大于能量输入的能够永久自动运转的机器，明显不符合能量守恒定律，因此也无法实现预期的积极效果"使储存的原始电能无损耗地反复循环使用，轮换产生电磁力，用电磁力对外做机械功，输出能量，彻底解决了电动机一次性使用电能的老技术"。

权利要求 1 - 4 中记载的技术方案是基于申请文件所记载的"违反了能量守恒定律的技术方案"提出的，因此该权利要求 1 ~ 4 的技术方案不具备实用性，不符合《专利法》第二十二条第四款的规定。

综上所述，合议组认为，驳回决定指出本申请不具备实用性的结论是正确的，复审请求人的复审理由不成立。

依据上述理由，复审委的第 8841 号决定维持国家知识产权局于 2004 年 6 月 11 日对 01128349.1 号发明专利申请作出的驳回决定。

原告徐保世诉称，超导线圈电阻力为零，具有完全导电性，超导线圈在转换电能过程中不会消耗大量电能。不大量消耗电能和消耗极小电能，是符合能量守恒定律的。超导储能技术在做完一次功后具有剩余电能的特性，其做功的过程就是循环使用电能动力机高效节能的诀窍。我方在 2004 年 9 月 2 日提交的说明书第 2 页及第 3 页均没有记载工作原理。而 2006 年 5 月 4 日提交的说明书第 4 页记载了超导循环使用电能动力机工作原理，在做功过程中有电能损耗，有补充电能，并没有违反能量守恒定律。综上，请求人民法院依法撤销第8841号决定对本申请所作的错误决定。

被告复审委辩称，我委坚持第8841号决定的观点。我委认为，说明书记载的实际上是一种要求能量输出大于能量输入的能够永久自动运转的机器，明显不符合能量守恒定律。权利要求1~4中记载的技术方案是基于申请文件所记载的“违反了能量守恒定律的技术方案”而提出的，因此该权利要求1~4的技术方案不具备实用性，不符合《专利法》第二十二条第四款的规定。对于原告所提出的理由，我委认为电能动力机使用磁力对外做功，必然消耗产生磁力的电能，这与输送电能的导线是超导体还是非超导体无关，磁力对外做功的数量不小于损耗的电能的数量，因此电能动力机无损耗的反复循环使用必然违反了能量守恒定律。综上所述，复审委对第8841号决定认定事实清楚、适用法律正确、审理程序合法，原告的诉讼理由不能成立，请法院驳回原告请求，维持复审委的第8841号决定。

原告向法院提交了以下证据材料：一、《发电新技术》（上海科学技术出版社1978年出版）第107页；二、《发电新技术》（上海科学技术出版社1978年出版）第109页；三、《物理》（九年义务教育三年制初级中学教科书）第98页；四、《发电新技术》（上海科学技术出版社1978年出版）第91页；五、《发电新技术》（上海科学技术出版社1978年出版）第119页、120页；六、《科学画报》（2004年第4期）第20页；七、《发电新技术》（上海科学技术出版社1978年出版）第62页；八、《发电新技术》（上海科学技术出版社1978年出版）第61页；九、《发电新技术》（上海科学技术出版社1978年出版）第110页；十、说明书（修改）（包括权利要求书）；十一、说明书附图；十二、专利申请受理通知书；十三、起诉状证据表。上述证据用以证明第8841号决定结论错误。

被告对上述证据真实性没有异议，但对证明内容有异议。

被告向法院提交了以下证据材料：一、修改后的权利要求书；二、说明书的审查文本。

原告对证据一没有异议，对证据二有异议，认为与其提交的修改后的说明书不一致。

经庭审质证，本院认为当事人双方提交的证据真实，能够证明案件事实，本院予以认证。

根据上述证据及当事人陈述，本院对以下事实予以认定：

本申请系由徐保世于2001年8月14日向国家知识产权局提出。国家知识产权局实质审查部门于2004年6月11日以本申请说明书和权利要求1~4不符合《专利法》第二十二条第四款的规定为由，驳回了本申请。其驳回的理由是：本申请的技术方案中超导线圈通电吸引磁铁的过程是电磁能转化为机械能的过程，这个过程必然消耗大量的电能，不能实现能量无损耗的长期保持在超导线圈里反复使用，轮换产生电磁力，又不大量消耗原始电能，只在电流转换中消耗一点极少电能。

徐保世对驳回决定不服，于2004年8月26日向复审委提交了复审请求书和说明书第5页的替换页以及7份证据，并于2004年9月2日向复审委再次提交了复审请求书，并提交了说明书第1~6页和权利要求第1~4项的修改替换页，附录中列出了若干证据，但未提交证据本身，因此附件清单中“证据，1份，每份10页”与事实不符；其复审的主要理由是：超导体没有电阻，也就没有电损；由于电能决定磁能，材料导体没有电损也就没有磁损；因各种因素，电路中间环节的开关调节电阻装置造成超导循环使用电能动力机10%的电能消耗，加上5%电流损耗是15%；利用两个超导线圈相互转换做完一次功后还有剩余电能，因此可以循环使用电能。

徐保世于2004年9月8日提交了复审请求理由第2、3页的替换页，用于纠正其中掉字的问题。

复审委于2004年10月8日发出复审请求受理通知书和前置审查通知书。

徐保世于2004年11月7日向复审委提交了信件。

在前置审查程序中，国家知识产权局实质审查部门认为：复审请求时提交的说明书第7页的替换页中出现的修改内容“约损耗10%~15%”超出了原说明书和权利要求书的范围，不符合《专利法》第三十三条的规定；说明书和权利要求书中记载的技术方案违反了能量守恒定律，不符合《专利法》第二十二条第四款的规定。

徐保世于2005年9月8日提交了询问复审委是否收到2004年提交的材料的信件。

在此基础上，复审委依法成立合议组对本案进行复审，并于2005年10月8日发出了复审通知书，其中指出：（1）徐保世于2004年9月2日提交的说明书中记载了超出原说明书中的内容，“一次转换过程中约损耗10%～15%的电能”，不符合《专利法》第三十三条的规定；（2）徐保世于2004年9月2日提交的权利要求1～4中记载的技术方案是基于申请文件所记载的“违反了能量守恒定律的技术方案”而提出的，该权利要求1～4的技术方案不具备实用性，不符合《专利法》第二十二条第四款的规定；（3）为加快审查进度，合议组对本申请还提出审查意见：本申请没有记载如何实现隔磁材料制成的外壳即能隔热又能保证超导线圈的磁力线穿透隔磁材料外壳的吸磁区和磁阻较大的空气，而不使磁力线直接在外壳内产生闭合，实现电磁力对外做机械功，输出能量，因此不符合《专利法》第二十二条第四款有关实用性的规定。

针对复审通知书，徐保世于2005年11月22日提交了意见陈述书、说明书第4页和附图第1～3页的替换页以及证据，具体证据如下：《发电新技术》封面和第114、115、119、120页的复印件，共4张。

徐保世于2005年11月24日提交了信件、权利要求书和原始说明书第1～6页的修改替换页。

徐保世于2005年11月27日针对复审通知书提交了信件、意见陈述书及说明书第4页的替换页、《科学画报》封面及其第20页的复印件，其中意见陈述书的附件清单中所列的内容“说明书第4页、说明书附图3页替换页1页一式两份共8页；证据2份4页”与附件中仅有说明书第4页的替换页一式两份和补充证据《科学画报》封面、第20页复印件2页的事实不符。信件中声称，对复审意见的答复进行了修改，并以这次修改为准；徐保世陈述的主要观点是：一、超范围的部分“一次转换消耗10%～15%的电能”修改为原始说明书中“一次转换过程中约损耗0.1%～0.4%的电能”，以克服超范围的缺陷；二、超导线圈装在盛液氮的容器里，产生的电磁力是在容器中，由磁强计探头控制不会在外壳内产生闭合，外壳只是保护装超导线圈的容器；三、原始说明书及附图中记载的原始电能无损耗地反复循环使用、彻底解决电动机一次使用电能的技术是有错误的，在2004年9月2日提交的说明书中删除了，超导循环使用电能动力机使用两个超导线圈相互转换使用电能和抽水蓄能使用两个上下水池相互转换使用能量是一个道理。

徐保世于2005年11月28日提交了针对复审通知书的答复补充，认为超导循环使用电能动力机的磁力是大于被吸物体和空气阻力的。

徐保世于2006年4月2日提交了信件。

徐保世于2006年5月4日提交了权利要求书和说明书第4页的修改页等。其提交的权利要求书为，

“1. 一种超导循环使用电能动力机，其特征是包括一个用隔磁材料制成的外壳（8），一个用隔磁材料制成的将该外壳（8）平分，且伸出外壳（8）的隔磁柱墙（2）固定在该隔磁柱（2）上的杠杆（1）及杠杆（1）两端吊挂的铁块（6.7）外壳（8）内设有分别与铁块（6.7）相配合的超导线圈（10.21）由超导线连接的互为负载的充放电超导脉冲储能电路（11.22）该充放电超导脉冲储能电路（11.22）的控制电路（9）与该超导线圈（10.21）对应的外壳（8）上设有向内凹进且穿透的磁吸区（36.37）吸铁块的磁力线（38.39）。

2. 根据权利要求1所述的一种超导循环使用电能动力机，其特征是，所述的互为负载的充放电超导脉冲储能电路（11.22）均包括一个由调节电阻（16.27）超导开关（12.23）超导线圈

（10.21）构成的回路，分别与该超导线圈（10.21）并联连接由超导开关（13－24）构成的支路和由超导开关（14－25）负载（17.28）串联构成的支路，且两回路的输入端（15.26）分别与另一个回路的负载端连接。

3. 根据权利要求1或2所述的一种超导循环使用电能动力机其特征是，所述的超导线圈（10.21），用高强度的不锈钢或玻璃复合材料制成的支架支撑。

4. 根据权利要求1或2所述的一种超导循环使用电能动力机，其特征是，所述的超导线圈（10.21）用岩石或岩石遂道中的岩石做支架。

5. 根据权利要求1或2所述的一种超导循环使用电能动力机，其特征是，所述的而要定期检查超导线圈（10.21）中的电能，当超导线圈电损达10%时须补充电能。"

复审委于2006年6月27日作出第8841号决定。

另查，徐保世于2004年9月2日提交的说明书的发明内容部分第2页第25行到第3页第2行的内容表述了超导循环使用电能动力机的工作原理，其中该超导循环使用电能动力机的做功过程不消耗能量。徐保世于2006年5月4日提交的说明书第4页的替换页中不再保留原有的"作为一份原始电能无损耗的……反复循环使用""轮换产生电磁力，又不大量消耗……极少电能"等内容。但前述徐保世于2004年9月2日提交的说明书的发明内容部分第2页第25行到第3页第2行的内容一直未被替换。本申请说明书还记载了"使储存的原始电能无损耗地反复循环使用，轮换产生电磁力，用电磁力对外做机械功，输出能量，彻底解决了电动机一次性使用电能的老技术。"

本院认为，第8841号决定审查所依据的文本符合徐保世在复审程序中提交文本的情况，本院予以认可。审查文本中，虽然有一部分涉及"作为一份原始电能无损耗的……反复循环使用""轮换产生电磁力，又不大量消耗……极少电能"等内容已被替换，但在表述超导循环使用电能动力机的工作原理时，还存在该超导循环使用电能动力机的做功过程不消耗能量的内容。

《专利法》第二十二条第四款规定，实用性，是指该发明或者实用新型能够制造或者使用，并且能够产生积极效果。根据能量守恒定律，机器不可能创造能量，其做功过程必然要消耗能量。本申请说明书的记载的内容不符合能量守恒定律的要求，不能制造或使用，并产生积极效果。权利要求是基于说明书而提出的，因此权利要求所要求保护的技术方案不具备实用性，不符合《专利法》第二十二条第四款的规定。

综上，被告的第8841号决定证据确凿，适用法律法规正确，符合法定程序，本院应予维持。原告的诉讼请求没有事实及法律依据。依照《中华人民共和国行政诉讼法》第五十四条第（一）项之规定，判决如下：

维持被告国家知识产权局专利复审委员会第8841号复审请求审查决定。

本案诉讼费1000元，由原告徐保世负担（已交纳）。

如不服本判决，可在本判决书送达之日起15日内，向本院递交上诉状，并按对方当事人人数提出副本，预交上诉案件受理费1000元，上诉于北京市高级人民法院。

审　判　长　娄宇红
审　判　员　李纪红
代理审判员　齐　莹
二〇〇六年十二月十二日
书　记　员　李铁萌

北京市高级人民法院
行政判决书

（2007）高行终字第251号

上诉人（一审原告）徐保世，男，汉族，1942年8月22日出生，退休人员，住湖北省谷城县盛康镇前街24号。

被上诉人（一审被告）国家知识产权局专利复审委员会，住所地北京市海淀区北四环西路9号银谷大厦10－12层。

法定代表人廖涛，副主任。

委托代理人张鹏，男，国家知识产权局专利复审委员会审查员。

委托代理人龙安，女，国家知识产权局专利复审委员会审查员。

上诉人徐保世因专利复审请求审查决定，不服北京第一中级人民法院（2006）一中行初字第1173号行政判决，向本院提起上诉。本院受理后，依法组成合议庭，公开开庭审理了本案。上诉人徐保世，被上诉人国家知识产权局专利复审委员会（下称专利复审委）的委托代理人张鹏、龙安到庭参加诉讼。本案现已审理终结。

2006年6月27日，专利复审委针对徐保世提出的复审请求，作出第8841号专利复审请求审查决定（下称第8841号决定），认定申请人为徐保世，申请日为2001年8月14日，名称为“超导循环使用电能动力机”的发明专利申请（下称本申请），说明书记载的技术方案实际上是一种要求能量输出大于能量输入的能够永久自动运转的机器，明显不符合能量守恒定律；权利要求1～4中记载的技术方案不具有实用性，不符合《中华人民共和国专利法》（下称《专利法》）第二十二条第四款的规定，决定维持国家知识产权局针对本申请作出的驳回决定。徐保世不服第8841号决定，向北京市第一中级人民法院提起诉讼。

北京市第一中级人民法院经审理认为，第8841号决定审查所依据的文本符合徐保世在复审程序中提交文本的情况，本院予以认可。审查文本中，虽然有一部分涉及“作为一份原始电能无损耗的……反复循环使用”“轮换产生电磁力，又不大量消耗……极少电能”等内容已被替换，但在表述超导循环使用电能动力机的工作原理时，还存在该超导循环使用电能动力机的做功过程不消耗能量的内容。根据能量守恒定律，机器不可能创造能量，其做功过程必然要消耗能量。本申请说明书记载的内容不符合能量守恒定律的要求，不能制造或使用，并产生积极效果。权利要求是基于说明书而提出的，因此权利要求所要求保护的技术方案不具备实用性，不符合《专利法》第二十二条第四款的规定。依照《中华人民共和国行政诉讼法》第五十四条第（一）项的规定，判决维持专利复审委作出的第8841号决定。

上诉人徐保世不服上述判决，向本院提起上诉，上诉称，本申请的权利要求1～5符合《专利法》第三十三条的规定，本申请专利权成立。根据《专利法》第五十六条第一款规定，发明或者实用新型专利权的保护范围以其权利要求的内容为准，说明书及附图可以用于解释权利要求。因此，权利要求合法，专利权成立，说明书处于次要地位，没有法律性，不影响专利权。虽然，本申请说明书书写程序正确，在起始技术领域、背景技术、发明内容部分表述超导体直流电阻为零、无电能损耗的特性正确，在结尾的具体实施方式部分表述超导循环使用电能动力机有电能损耗10%、有电能补充正确，但说明书不具备法律性，因此，一审判决适用法律错误。综上，请求二审法院撤销一审判决。

被上诉人专利复审委答辩认为，关于本申请权利要求1～4是否符合《专利法》第二十二条第四款的规定，本委坚持第8841号决定中阐述的观点。电能动力机使用磁力对外做功，必然消耗产生磁力的电能，这与输送电能的导线是否为超导体无关，磁力对外做功的数量不小于损耗的电能的数量，因此电能动力机无损耗的反复循环使用必然违反了能量守恒定律。根据《审查指南》第二部分第五章第3.1节的规定，在审查发明或者实用新型专利申请的实用性时，应当以说明书（包括附图）和权利要求书所公开的整体技术内容为依据，而不是仅仅依据权利要求所记载的内容。本申请的说明书记载了违反能量守恒定律的技术方案，权利要求1～4的技术方案是依据上述技术方案而提出，因此不符合《专利法》第二十二条第四款的规定。综上，请求二审法院驳回上诉，维持一审判决。

经审理查明，针对本申请，国家知识产权局经审查认为，本申请的技术方案中，超导线圈通电吸引磁铁的过程是电磁能转化为机械能的过程，这个过程必然消耗大量的电能，不可能实现能量在超导线圈里无损耗的长期保持、反复使用，轮换产生电磁力，又不大量消耗原始电能，只在电流转换中消耗一点极少电能。本申请说明书和权利要求1～4不符合《专利法》第二十二条第四款的规定。故国家知识产权局于2004年6月11日作出驳回本申请的决定。

徐保世不服上述驳回决定，于2004年8月26日向专利复审委提交了复审请求书，同时提交了说明书第5页的替换页以及7份证据。2004年9月2日，徐保世再次提交了复审请求书，并提交了说明书第1～6页和权利要求第1～4项的修改页及替换页，附录中列出了若干证据，但未提交相应的证据文本。徐保世申请复审的主要理由是：超导体没有电阻，也就没有电损；由于电能决定磁能、材料导体没有电损也就没有磁损；因各种因素，电路中间环节的开关调节电阻装置造成超导循环使用电能动力机10%的电能消耗，加上5%电流损耗是15%；利用两个超导线圈相互转换做完一次功后还有剩余电能，因此可以循环使用电能。

2004年9月8日，徐保世提交了复审请求理由第2、3页的替换页，以纠正其中掉字的问题。

2004年10月8日，专利复审委发出复审请求受理通知书和前置审查通知书。国家知识产权局实质审查部门经前置审查，认为本申请说明书的替换文本记载的“一次转换过程中约损耗10%～15%的电能”内容超出原说明书和权利要求书的范围、说明书和权利要求书中记载的技术方案违反了能量守恒定律，不符合《专利法》的相关规定。

在前置审查期间，徐保世先后于2004年11月7日、2005年9月8日向专利复审委提交了信件。

专利复审委于2005年10月8日向徐保世发出复审通知书，指出：1. 徐保世于2004年9月2日提交的说明书记载有“一次转换过程中约损耗10%～15%的电能”的内容，超出原说明书的内容，不符合《专利法》第三十二条的规定；2. 徐保世于2004年9月2日提交的权利要求1～4中记载的技术方案是基于申请文件所记载的违反了能量守恒定律的技术方案提出的，不具备实用性，不符合《专利法》第二十二条第四款的规定；3. 合议组为加快审查进度，还指出本申请没有记载如何实现隔磁材料制成的外壳即能隔热又能保证超导线圈的磁力线穿透隔磁材料外壳的吸磁区和磁阻较大的空气，而不使磁力线直接在外壳内产生闭合，实现电磁力对外做机械功、输出的能量，不符合《专利法》第二十二条第四款有关实用性的规定。

针对复审通知书，徐保世于2005年11月22日提交了意见陈述书、说明书第4页和附图第1～3页的替换页及证据；于2005年11月24日提交了信件、权利要求书和原始说明书第1～6页的修改替换页；于2005年11月27日提交了信件、意见陈述书及说明书第4页的替换页及证据；于2005年11月28日提交了针对复审上的答复补充；于2006年4月2日提交了信件；于2006年5月4日提交了权利要求书和说明书第4页的修改页等。

在2005年11月27日提交的信件中，徐保世表示对复审意见的答复以修改的内容为准；其陈述的主要观点是：1. 将超范围的部分修改为原始说明书中“一次转换过程中约损耗0.1% ~0.4% 的电能”，以克服超范围的缺陷；2. 超导线圈装在盛液氮的容器里，产生的电磁力是在容器中，由磁强计探头控制不会在外壳内产生闭合，外壳只是保护装超导线圈的容器；3. 原始说明书及附图中记载的原始电能无损耗地反复循环使用、彻底解决电动机一次使用电能的技术是有错误的，在2004年9月2日提交的说明书中删除了；超导循环使用电能动力机使用两个超导线圈相互转换使用电能和抽水蓄能使用两个上下水池相互转换使用能量是一个道理。

在2005年11月28日提交的信件中，徐保世针对复审通知书进行了补充答复，认为超导循环使用电能动力机的磁力是大于被吸物体和空气阻力的。

根据徐保世2006年5月4日提交的权利要求书，本申请的权利要求内容为：

“1. 一种超导循环使用电能动力机，其特征是包括一个用隔磁材料制成的外壳（8），一个用隔磁材料制成的将该外壳（8）平分，且伸出外壳（8）的隔磁柱墙（2）固定在该隔磁柱（2）上的杠杆（1）及杠杆（1）两端吊挂的铁块（6.7）外壳（8）内设有分别与铁块（6.7）相配合的超导线圈（10.21）由超导线连接的互为负载的充放电超导脉冲储能电路（11.22）该充放电超导脉冲储能电路（11.22）的控制电路（9）与该超导线圈（10.21）对应的外壳（8）上设有向内凹进且穿透的磁吸区（36.37）吸铁块的磁力线（38.39）。

2. 根据权利要求1所述的一种超导循环使用电能动力机，其特征是，所述的互为负载的充放电超导脉冲储能电路（11.22）均包括一个由调节电阻（16.27）超导开关（12.23）超导线圈（10.21）构成的回路，分别与该超导线圈（10.21）并联连接由超导开关（13—24）构成的支路和由超导开关（14—25）负载（17.28）串联构成的支路，且两回路的输入端（15.26）分别与另一个回路的负载端连接。

3. 根据权利要求1或2所述的一种超导循环使用电能动力机，其特征是，所述的超导线圈（10.21），用高强度的不锈钢或玻璃复合材料制成的支架支撑。

4. 根据权利要求1或2所述的一种超导循环使用电能动力机，其特征是，所述的超导线圈（10.21）用岩石或岩石隧道中的岩石做支架。

5. 根据权利要求1或2所述的一种超导循环使用电能动力机，其特征是，所述的而要定期检查超导线圈（10.21）中的电能，当超导线圈电损达10%时须补充电能。”

经审查，专利复审委认为徐保世于2006年5月4日提交的说明书第4页和权利要求第1 ~5项符合《专利法》第三十三条和《中华人民共和国专利法实施细则》第六十条的规定。徐保世2006年5月4日提交的说明书第4页无法与2004年9月2日提交的说明书第3页的末尾和第5页的开头衔接，却可与2004年9月2日提交的说明书第4页第11行和说明书第5页第17页衔接。专利复审委据此确定复审的审查文本为：2006年5月4日提交的说明书第4页、权利要求1 ~5项，2004年9月2日提交的说明书第1 ~3、6页、第4页1 ~11行和第5页第17 ~30行，2005年11月22日提交的说明书附图第1 ~3页，2001年8月14日提交的说明书摘要及摘要附图。专利复审委依据上述文本对本专利进行了复审，于2006年6月27日作出第8841号决定，决定维持国家知识产权局作出的驳回决定。其理由是：

说明书记载了一种超导循环使用电能动力机，其包括一个用隔磁材料制成的外壳，一个用隔磁材料制成的、将该外壳平分、且伸出外壳的隔磁柱墙，固定在该隔磁柱墙上的杠杆及杠杆两端吊挂的铁块；外壳内设有分别与铁块相配合的超导线圈，由超导电线连接的互为负载的充放电超导脉冲储能电路，及该充放电超导脉冲储能电路的控制电路；与该超导线圈对应的外壳上设有向内凹进且穿透的磁吸区，采用超导线圈作为储能磁体，用超导线将超导线圈、超导开关、调节电阻连接成互为负载的充放电超导脉冲储能电路，因而，当将外部的电能充进其中一个超导储能电路中时，该超导脉冲储能电路中的超导线圈将其作为原始电能无损耗地储存起来，然后保持，并向另一个超导脉冲储能电路的超导线圈放电，同理，该超导线圈也将电能无损耗储存起来，保持并向前一个超导脉冲储能电路的超导线圈放电，如此过程反复循环，便使储存的原始电能无损耗地反复循环使用，轮换产生电磁力，用电磁力对外做机械功，输出能量，彻底解决了电动机一次性使用电能的老技术。

能量的转换均服从能量守恒与转换定律。根据能量守恒定律，机器所做的功必定是由某一种或数种能量转化来的，机器只能转换能量，不能创造能量。能量不能自行消灭和创生，宇宙中总的能量不变。本申请的超导循环使用电能动力机实际上是一种要求能量输出大于能量输入的能够永久自动运转的机器，明显不符合能量守恒定律，因此也无法实现预期的积极效果。权利要求1~4中记载的技术方案是基于申请文件所记载的违反了能量守恒定律的技术方案提出的，因此该权利要求1~4的技术方案不具有实用性，不符合《专利法》第二十二条第四款的规定。

徐保世不服第8841号决定，向一审法院提起诉讼。

另查：徐保世在其于2004年9月2日提交的说明书第2页到25行至第3页第2行（属于专利复审委确定的审查文本）中，说明超导循环使用电能动力机的工作原理时，表述了下列内容：超导脉冲储能电路中的超导线圈将原始电能无损耗地储存、保持，向另一个超导脉冲储能电路中的超导线圈放电，再储存、保持，如此过程反复循环，原始电能无损耗地反复循环使用，轮换产生电磁力，用电磁力对外做机械功，输出能量。

本案一、二审期间，专利复审委提交了以下证据材料：1、修改后的权利要求书；2、说明书文本，包括2006年5月4日提交的说明书第4页，2004年9月2日提交的说明书第1~3、6页、第4页1~11行和第5页第17~30行，2005年11月22日提交的说明书附图第1~3页，2001年8月14日提交的说明书摘要及摘要附图。

徐保世亦提交了证据材料，其中证据1、2、4、5、7~9为上海科学技术出版社1978年出版的《发电新技术》第107页、第109页、第91页、第119页、120页、第62页、第61页、第110页；证据3为九年义务教育三年制初级中学教科书《物理》的第98页；证据6为2004年第4期《科学画报》的第20页；证据10为说明书（修改文本，包括权利要求书）；证据11为说明书附图；证据12为专利申请受理通知书；证据13为起诉状证据表。

二审庭审中，双方当事人仍坚持一审中的质证意见，对对方当事人提交的证据材料的真实性无异议。本院经审查，认为各方当事人提交的上述证据材料与本案有关联，内容真实、合法，能够证明案件事实，对一审法院认定上述证据材料效力的意见予以确认。本院依据上述经认证的证据及当事人陈述认定本案事实。

本院认为，根据《专利法》第二十二条第四款的规定，发明或者实用新型专利应当具有实用性，即该发明或者实用新型能够制造或者使用，并且能够产生积极效果。根据《审查指南》第二部分第五章第3.1节规定的发明或者实用新型专利的实用性的审查原则，在审查一项发明或实用新型专利是否具有实用性时，要以申请日提交的说明书（包括附图）和权利要求书所公开的整体技术内容为依据，而不能仅仅局限于权利要求所记载的内容。根据庭审查明的事实，专利复审委确定的审查文本符合徐保世在复审程序中对申请文本历次修改的情况。徐保世虽然对其申请文本进行了多次修改，但在其2004年9月2日提交的说明书第2页至第3页中发明内容部分仍然有超导线圈将电能无损耗地储存起来，储存的电能无损耗地反复循环使用、轮换产生电磁力、电磁力对外做机械功的内容。由于本申请说明书存在上述内容，专利复审委据此认定本申请说明书记载的超导循环使用电能动力机在储存原始电能、循环使用电能对外做功过程中没有能量损耗，违反了能量守恒定律；权利要求书是以说明书为依据来说明要求专利保护的范围的，在本申请说明书所记载的技术方案违反能量守恒定律的情况下，以这一说明书为依据的权利要求1～4记载的技术方案亦违反能量守恒定律，专利复审委所作复审决定事实清楚，理由成立。徐保世所持上诉理由，缺乏事实和法律依据，本院不予采纳。一审判决认定事实清楚，适用法律正确，本院予以支持。综上，依照《中华人民共和国行政诉讼法》第六十一条第（一）项之规定，判决如下：

驳回上诉，维持一审判决。

二审案件受理费100元，由上诉人徐保世负担（已交纳）。

本判决为终审判决。

审 判 长 王 燕
审 判 员 朱世宽
代理审判员 景 滔
二〇〇七年六月十一日
书 记 员 张 怡

206

隔离和试验一个管段的装置案

复审请求审查决定（第8842号）

决　　定　　号　第8842号
决　　定　　日　2006年6月28日
发明创造名称　隔离和试验一个管段的装置
国 际 分 类 号　G01M 3/04
复 审 请 求 人　卡尔－伯尔投资公司
申　　请　　号　99812592.X
申　　请　　日　1999年9月23日
优 先 权 日　1998年9月23日
公　　开　　日　2002年7月31日
合 议 组 组 长　李　隽
主　　审　　员　杨存吉
参　　审　　员　朱明雅

法 律 依 据　专利法第二十二条第三款
决 定 要 点

如果发明对所属领域的技术人员来说，不能在现有技术的基础上通过逻辑分析、推理或有限试验得到，则该发明是非显而易见的，具有突出的实质性特点；如果发明与最接近的现有技术相比能够产生有益的技术效果，则该发明具有显著的进步。

一、案由

本复审请求案涉及申请日为1999年9月23日、申请号为99812592.X、发明名称为"隔离和试验一个管段的装置"的PCT发明专利申请（下称本申请），本申请的原申请人为盖伊·伯鲁贝和格伦·卡森，2005年9月2日申请人变更为卡尔－伯尔投资公司。

本申请于2002年7月31日公开，申请人于2001年4月25日依据专利合作条约的相关规定提交了权利要求书和说明书的修改文本。国家知识产权局实质审查部门针对原始提交国际申请文件中文译文的说明书附图第1～14页、说明书摘要和摘要附图以及2001年4月25日修改的说明书第1～14页和权利要求第1～17项，依法对本申请进行实质审查，并于2003年12月5日发出第一次审查意见通知书，认为本申请的权利要求1～14不具备专利法第二十二条第三款规定的创造性，权利要求15～17不具备专利法第二十二条第二款规定的新颖性。该通知书指出：对比文件1（WO9623204A1）公开了一种管道的测试插件，并具体公开了技术特征"管状体60，其上有凹口62；一对止挡46，47位于管状体60的相对端上并且同轴；一对弹性环件R1，R2，分别同轴地并放在每个止挡和环形面之间；推进装置28，将止挡推向上述管状件，在管内壁和管状体60之间形成一个密封的空间；将流体引入管状空间的第一通道90，将流体引出管状空间的第二通道90；通气管182；禁固螺栓86和87，该螺栓将第一止挡固定到螺栓的第一端，螺母87与推进装置配合。“权利要求1所要求保护的技术方案与对比文件2所公开的技术内容相比，其区别仅在于表述方式不同而已，在对比文件1的基础上结合公知常识获得权利要求1的技术方案，对本领域普通技术人员来说是显而易见的，因此权利要求1不具有突出的实质性特点和显著的进步，不具备创造性；对比文件1还具体公开了“螺栓中的孔15、17；以及形成的第二管状空间40”和“管状空间穿过上述止挡的管道”等技术特征，因此权利要求2~8和10~14也不具备创造性；权利要求9同权利要求1相比仅仅是将推进装置改为多个螺栓，但是也被对比文件1公开，同样不具备创造性；权利要求15~17所要求保护的方法的全部技术特征在对比文件1中被公开，所以不具备新颖性。

针对第一次审查意见通知书，申请人于2004年4月14日提交了意见陈述书和经修改的权利要求书，将权利要求改为7项。

国家知识产权局实质审查部门针对前次审查意见通知书所针对的申请文件以及上述意见陈述书中所附的经修改的申请文件的替换页，于2004年5月21日发出第二次审查意见通知书，认为权利要求1~7不具备专利法第二十二条第三款规定的创造性。该通知书指出：权利要求1除了“一个止挡包括具有流体进口的套筒，套筒在轴的一部分上延伸并位于推进装置和第二止挡之间，套筒和轴之间形成第二管状空间并与引入流体的装置流体连通”这个技术特征外，其他特征已经在对比文件1中公开，并且已经在第一次审查意见通知书中作了评述。通过对比文件1可知，其中“圆形套筒（26）”相当于权利要求1中的“套筒（408）”，所不同的仅仅是将对比文件1中的“远端开口16，通道17和孔15”开在圆形套筒26（相当于套筒408）上而已，仅仅是一个位置的变动；申请人在说明书中对该技术特征的特点和技术效果未作任何说明，根据本领域技术人员的普通常识，该区别技术技术特征与本发明所解决的技术问题无任何联系，对本发明的改进来说没有任何实质性的效果，因此权利要求1不具有突出的实质性特点和显著的进步，不具备创造性；权利要求2~7的附加技术特征也已经在对比文件1中被公开，所以它们的技术方案也不具备创造性。

针对第二次审查意见通知书，申请人于2004年7月21日提交延长期限请求书，国家知识产权局实质审查部门同意将答复期限延长至2004年10月8日。申请人于2004年9月24日提交了意见陈述书，认为权利要求1~7具备创造性。申请人在上述意见陈述书中称：对比文件1中的圆形套筒26类似于本发明的第二止挡，而不同于本发明的套筒408；权利要求1与对比文件1的不同之处也不是将“远端开口16，通道17和孔15”开在圆形套筒26上；对比文件1中的套筒26基本上是一个实心块，仅具有止挡的作用，对比文件1中未教导在圆形套筒中设置孔或通道，相反这些特征仅设在轴12上；本发明对对比文件1的装置作了多项改进，其中的一项是采用了套筒408，该套筒为使压力流体进入管内产生的环形空间提供了有效的连通装置；该套筒从第二止挡407伸出并罩住轴402，套筒上还设入口409和416，通过它，压力流体可以被引入由试验装置和试验的管子产生的环形空间，也就是在套筒408和轴402之间产生的第二环形空间；其中的另一项是为进行试验的排放管提供一个中心孔418。所以修改后的权利要求1与对比文件1相比具备创造性，直接或者间接引用权利要求1的从属权利2~7也具备创造性。

国家知识产权局实质审查部门针对原始提交国际申请文件中文译文的说明书附图第1~14页、说明书摘要和摘要附图，2001年4月25日提交的说明书第1~14页以及2004年4月14日提交的权利要求第1~7项，于2004年11月12日作出驳回决定，理由是权利要求1~7不具备专利法第二十二条第三款规定的创造性。

申请人（以下称请求人）对上述驳回决定不服，于2005年2月28日向专利复审委员会提出复审请求，同时提交了意见陈述和权利要求的替换页，修改后的权利要求共7项，其中权利要求1为：

"1. 一种隔离和试验具有内径的一段管子的装置（400），上述装置包括：

a）一个管状体（404），它具有相对面对的环状面并在其外周上确定一凹口（417）；

b）一对止挡（410，407），每个上述止挡（401，407）位于管状体（404）的相对端上并与其同轴；

c）一对弹性的环形件（403，406），它们宜分别同轴地并放在每个上述止挡（401，407）和上述环形面之间；

d）一个推进装置（414，402，408），用于分别将止挡（401，407）推向上述管状件（404），由此使上述弹性件（403，406）径向向外变形、贴靠上述管子的内表面，从而在它们之间形成密封件，由此当上述装置（400）使用时，在上述管状体（404）的凹口（417）、管子的内表面和上述弹性件（403，406）之间确定一第一密封的管状空间；

e）一个装置（405，409，416），用以将流体引入上述管状空间，其中上述引入流体的装置包括将上述流体引入管状空间的第一通道（405，409），和用于从管状空间排放空气或允许上述流体通过管状空间循环的第二通道（405，416）；

f）一个穿过上述装置（400）的通气管（418），用于在上述装置（400）的相对端上的上述管子的内段之间提供连通；

其中上述装置（400）还包括一根穿过管状体（404）和成对的止挡（401，407）的轴402，上述轴（402）具有第一和第二端，上述成对止挡的第一止挡（401）固定导上述轴的第一端，其中上述推进装置（414）设在上述轴（402）的第二端上；

其中上述成对止挡的第二止挡（407）包括一个装到其上的套筒（408），上述套筒在上述轴（402）的一部分上方延伸并位于上述推进装置（414）和上述第二止挡（407）之间，上述套筒（408）的直径大于轴（402）的直径，由此在套筒（408）和轴（412）之间形成第二管状空间，上述第二管状空间与引入流体的装置（405）流体联通，其上述套筒（408）包括用以使流体通过上述第二管状空间的入口（409，416）。"

请求人认为：对比文件1中的圆形套筒26不同于本发明的套筒408；对比文件1中的套筒26基本上是一个实心块，仅具有止挡的作用，其中给出在圆形套筒中设置孔或通道的教导，相反这些特征仅设在轴12上；本申请采用了套筒408，该套筒为使压力流体进入管内产生的环形空间提供了有效的连通装置；该套筒从第二止挡407伸出并罩住轴402，套筒上还设入口409和416，通过它，压力流体可以被引入由试验装置和试验的管子产生的环形空间，也就是在套筒408和轴402之间产生的第二环形空间；本申请还为进行试验的排放管提供一个中心孔418。所以修改后的权利要求1具备创造性，直接或者间接引用权利要求1的从属权利2～7也具备创造性。

经形式审查合格后，专利复审委员会受理了该请求，于2005年4月8日向请求人发出复审请求受理通知书，同时向国家知识产权局实质审查部门发出前置审查通知书。国家知识产权局实质审查部门在前置审查意见书中仍然坚持驳回决定。

专利复审委员会依法组成合议组对本复审请求进行了审查。经审查，合议组认为本案事实已经清楚，可以依法作出决定。

二、决定的理由

由于请求人在提出复审请求时提交的权利要求的替换页符合专利法第三十三条和专利法实施细则第六十条的规定，所以本复审决定所针对的申请文本为：原始提交国际申请文件的中文译文中的说明书附图第1～14页、说明书摘要和摘要附图，2001年4月25日提交的说明书第1～14页以及2005年2月28日提交的权利要求第1～7项。

专利法第二十二条第三款规定：创造性，是指同申请日以前已有的技术相比，该发明有突出的实质性特点和显著的进步，该实用新型有实质性特点和进步。如果发明对所属领域的技术人员来说，不能在现有技术的基础上通过逻辑分析、推理或有限试验得到，则该发明是非显而易见的，具有突出的实质性特点；如果发明与最接近的现有技术相比能够产生有益的技术效果，则该发明具有显著的进步。

权利要求 1 请求保护一种隔离和试验具有内径的一段管子的装置，对比文件 1 公开一种管道的测试插件，该测试插件包括管 60，其上有凹口 62；一对止挡 46，47 位于管状体 60 的相对端上并且同轴；一对弹性环件 R1，R2，分别同轴地并放在每个止挡和环形面之间；推进装置 28，将止挡推向上述管状件，在管内壁和管状体 60 之间形成一个密封的空间；将流体引入管状空间的第一通道 90，将流体引出管状空间的第二通道 90'（参见对比文件 1 说明书第 6～16 页以及附图 2，4 和 8）。其中的管 60 和凹口 62 分别相当于本申请权利要求 1 中的管状体和凹口；止挡 46，47 分别相当于本申请权利要求 1 中的止挡 401 和 407；弹性环件 R1 和 R2 分别相当于本申请权利要求 1 中的弹性环形件 403 和 406；推进装置 28 相当于本申请权利要求 1 中的推进装置 414；管内壁和管状体 60 之间形成一个密封的空间相当于本申请权利要求 1 中的第一密封的管状空间；第一通道 90 和第二通道 90分别相当于本申请权利要求 1 中的第一通道和第二通道。

由此可见，与对比文件 1 所公开的内容相比，权利要求 1 的技术方案具有以下区别技术特征：（A）一个穿过装置（400）的通气管（418），用于在上述装置（400）的相对端上的上述管子的内段之间提供连通；（B）其中上述成对止挡的第二止挡（407）包括一个装到其上的套筒（408），上述套筒在上述轴（402）的一部分上方延伸并位于上述推进装置（414）和上述第二止挡（407）之间，上述套筒（408）的直径大于轴（402）的直径，由此在套筒（408）和轴 412 之间形成第二管状空间，上述第二管状空间与引入流体的装置（405）流体联通，其上述套筒（408）包括用以使流体通过上述第二管状空间的入口（409，416）。

对于区别技术特征（A），虽然在对比文件 1 的轴 11 内也有与远端 16 相联通的内孔 15，但该轴的另一端是封闭的，内孔 15 仅用来将压力流体引入所述密封空间，由于对比文件 1 中的内孔和权利要求 1 中的通气管作用截然不同，所以本领域技术人员很难通过逻辑分析、推理或者有限试验想到把一端封闭的内孔改为两端相连通的通气管。对于区别技术特征（B），虽然权利要求 1 中的第二止挡（407）和套筒 408 的位置与对比文件 1 中仅具有止挡作用的圆形套筒（26）的位置大致相同，但是对于所属领域的技术人员来说，对圆形套筒（26）进行结构改造，使其在具有止挡作用的基础上还作为引入压力流体的通道，进而使得原来的压力流体通道能够解放出来用作其他用途，这也是不能通过逻辑分析、推理或有限试验得到的。由此可见，权利要求 1 的技术方案是非显而易见的，具有突出的实质性特点。通过提供区别技术特征（A）和（B），权利要求 1 的技术方案可以在管子的内段提供连通，进而在使用该装置（400）时，通过允许一些流体（非压力流体）从管中溢出而防止

在该装置后面形成压力，所以权利要求 1 与对比文件 1 中的现有技术相比能够产生有益的技术效果，具有显著的进步。所以，权利要求 1 的技术方案具备专利法第二十二条第三款规定的创造性。在权利要求 1 具备创造性的情况下，直接或者间接引用权利要求 1 的从属权利要求 2～7 也具备专利法第二十二条第三款规定的创造性。

基于上述理由，合议组作出如下决定。

三、决定

撤销国家知识产权局于 2004 年 11 月 12 日作出的驳回 99812592. X 号申请的决定，由国家知识产

权局实质审查部门以原始提交国际申请文件中文译文的说明书附图第 1 ~ 14 页、说明书摘要和摘要附图，2001 年 4 月 25 日提交的说明书第 1 ~ 14 页以及 2005 年 2 月 28 日提交的权利要求第 1 ~ 7 项为基础继续进行审批程序。

207

处理数字产品内容的产品保护系统

复审请求审查决定（第 8935 号）

决　定　号　第 8935 号
决　定　日　2006 年 7 月 20 日
发明创造名称　处理数字产品内容的产品保护系统
国 际 分 类 号　G09C 1/00
复 审 请 求 人　松下电器产业株式会社
申　请　号　99115998.5
申　请　日　1999 年 10 月 15 日
公　开　日　2000 年 8 月 16 日
合 议 组 组 长　丁惠玲
主　审　员　朱明雅
参　审　员　杨存吉

法 律 依 据　专利法第二十五条
决 定 要 点

判断涉及计算机程序的权利要求是否属于专利法第二十五条第一款第（二）项规定的范围，首先要判断该权利要求是否仅仅涉及一种算法或数学计算规则，或者是计算机程序本身或仅仅记录在载体上的计算机程序等；其次，应当判断该权利要求是否除主题名称之外，对其进行限定的全部内容仅仅涉及算法、数学计算规则或程序本身。如果一项权利要求在对其进行限定的全部内容中既包含智力活动的规则和方法的内容，又包含技术特征，则该权利要求就整体而言并不是一种智力活动的规则和方法，不应当依据专利法第二十五条排除其获得专利权的可能性。

一、案由

本复审请求涉及名称为“处理数字产品内容的产品保护系统”的 99115998.5 号发明专利申请（下称本申请），申请人为松下电器产业株式会社，申请日为 1999 年 10 月 15 日，公开日为 2000 年 8 月 16 日，优先权日为 1998 年 10 月 16 日和 1999 年 3 月 31 日。

2005 年 5 月 13 日，国家知识产权局以本申请权利要求第 1 ~ 28 项属于专利法第二十五条第一款第（二）项规定的不授予专利权的客体为由驳回了本申请。

驳回决定的具体理由为：权利要求 1 ~ 28 请求保护一种用于保护多媒体数据的产品保护系统，该系统所述的装置仅仅是一些依据软件运行以实现某种功能的装置，没有具体的结构特征。该产品保护系统中的装置对于现有技术的贡献仅仅在于计算机程序的改进，实质上要求保护的是计算机程序本身。计算机程序本身属于智力活动的规则和方法，因此权利要求 1 ~ 28 属于专利法第二十五条规定的不授予专利权的范围。

申请人松下电器产业株式会社（下称复审请求人）不服上述驳回决定，于 2005 年 8 月 20 日向专利复审委员会提出复审请求，同时提交了权利要求书的修改替换页，其具体理由为：本申请所述的产品保护系统包括作为主部件的第一设备和第二设备，并以软件以外的技术手段来达成技术效果。从原说明书的内容清楚得知，第一输出装置和第二输出装置有“输出”特定“信息”的功能，分别把特定“信息”“输出”到第一设备和第二设备的外部。本发明所述的产品保护系统达到了传统方式不能取得的技术效果，所采用的技术方案是将技术手段和非技术手段结合起来，这样的方案并不属于专利法第二十五条所规定的不授予专利权的范围。

经形式审查合格后，专利复审委员会受理了该复审请求，并于2005年9月28日向复审请求人发出复审请求受理通知书，同时向原实质审查部门发出前置审查通知书。

原实质审查部门对本复审请求进行了前置审查，在前置审查中，原实质审查部门坚持原驳回决定。

专利复审委员会依法成立合议组，认真研究了国家知识产权局作出的驳回决定、请求人提交的意见陈述书后，认为本案事实已经清楚，现依法作出本复审请求决定。

二、决定的理由

1. 审查文本

本复审决定书所依据的文本为：复审请求人于申请日提交的说明书第1～26页、说明书附图第1～11页、说明书摘要以及摘要附图，2001年9月27日提交的说明书第27页，2005年8月20日提交的权利要求第1～24项。

2. 关于本申请是否属于专利法第二十五条规定的不授予专利权的范围

专利法第二十五条第一款第（二）项规定，对于智力活动的规则和方法不授予专利权。

判断涉及计算机程序的发明专利申请中的权利要求是否属于专利法第二十五条第一款第（二）项规定的范围，首先要判断该权利要求是否仅仅涉及一种算法或数学计算规则，或者是计算机程序本身或仅仅记录在载体上的计算机程序等；其次，应当判断该权利要求是否除主题名称之外，对其进行限定的全部内容仅仅涉及算法、数学计算规则或程序本身。如果一项权利要求在对其进行限定的全部内容中既包含智力活动的规则和方法的内容，又包含技术特征，则该权利要求就整体而言并不是一种智力活动的规则和方法，不应当依据专利法第二十五条排除其获得专利权的可能性。

具体就本案而言，本申请属于涉及计算机程序的申请。本申请权利要求1请求保护一种用于保护多媒体数据的产品保护系统，它包括第一设备和第二设备，第一设备包括CPU和能够存储数据的存储媒体，并包括由软件来实现的获得装置、第一内容解密装置和第一输出装置；第二设备能够跟第一设备通信，并实现第二内容解密装置和第二输出装置。由此可见，权利要求1中既包括了第一设备和第二设备的硬件装置，也包括了软件即计算机程序来完成的获得装置、第一内容解密装置、第一输出装置、第二内容解密装置和第二输出装置。由于权利要求1中的第一设备存储数据，解密数据以及第二设备输出数据信息到外部这些特征都是技术特征，因此，权利要求1包含了技术特征，其就整体而言不是一种智力活动的规则和方法，不应当依据专利法第二十五条排除其获得专利权的可能性。

虽然权利要求1中的第一设备和第二设备这些硬件装置是本领域经常使用的装置，权利要求1对现有技术的贡献仅在于计算机程序所完成的功能，但权利要求1本身是否构成技术方案，是否采用了技术手段、解决了技术问题并获得了技术效果则需要根据审查指南的相关规定进行进一步的判断审查，这已经不再属于专利法第二十五条第一款第（二）项规定的适用范围，即，驳回决定所依据的理由已不再成立。

从属权利要求2～24直接或间接地引用了权利要求1，因此，它们同样不仅仅只包含了计算机程序，还包含了技术特征。因此，权利要求 2～24 也不再适用专利法第二十五条第一款第（二）项的规定。

根据上述事实和理由，本案合议组作出以下审查决定。

三、决定

撤销国家知识产权局于 2005 年 5 月 13 日对 99115998.5 号发明专利申请作出的驳回决定。

由原实质审查部门依据申请日提交的说明书第 1～26 页、说明书附图第 1～11 页、说明书摘要以及摘要附图，2001 年 9 月 27 日提交的说明书第 27 页，2005 年 8 月 20 日提交的权利要求第 1～24 项继续进行审查程序。

复审请求人对本决定不服的，可以根据专利法第四十一条第二款的规定，自收到本决定之日起三个月内向北京市第一中级人民法院起诉。

208

频率合成器装置和利用该装置的移动无线电装置案

复审请求审查决定（第8961号）

决　定　号　第8961号
决　定　日　2006年5月18日
发明创造名称　频率合成器装置和利用该装置的移动无线电装置
国 际 分 类 号　H03L 7/183
复 审 请 求 人　松下电器产业株式会社
专 利 申 请 号　00133721.1
申　请　日　2000年10月27日
公　开　日　2001年5月16日
优 先 权 日　1999年10月28日
合 议 组 组 长　石　竞
主　审　员　朱明雅
参　审　员　詹靖康

法 律 依 据　专利法第二十二条第三款
决 定 要 点

现有技术未公开一项权利要求的全部技术特征，同时也没有给出将上述未公开技术特征应用于现有技术以解决其存在的技术问题的技术启示，则该项权利要求具有创造性。

一、案由

本复审请求涉及申请日为2000年10月27日、公开日为2001年5月16日、优先权日为1999年10月28日、发明名称为“频率合成器装置和利用该装置的移动无线电装置”的00133721.1号发明专利申请（下称本申请），申请人为松下电器产业株式会社。

国家知识产权局实质审查部门对本申请进行了实质审查，于2003年8月8日发出了第一次审查意见通知书，指出权利要求1~8不具备创造性，不符合专利法第二十二条第三款的规定；权利要求1、4、5和8不清楚，不符合专利法实施细则第二十条第一款的规定。

申请人于2004年1月29日答复了第一次审查意见通知书并提交了说明书全文替换页1~6页和权利要求书全文替换页第1~9项。申请人修改了审查员在一通中指出的不清楚的权利要求1、5以及撰写不当的权利要求4、8；将权利要求8修改为两个新权利要求8和权利要求9。申请人认为权利要求1~9相对于对比文件1和对比文件2具有创造性，具体理由如下：

（a）对比文件1公开的频率合成器是基于“整数分频器方法”，而整数分频器方法不能将基准频率设置在高频上。本发明则是基于“分数N方法”的，因此能够以fvco（信道设置间隔）的任何频率间隔中的高频来设置基准频率。（b）对比文件1公开的频率合成器包括环路滤波器，因为不能以上述提到的高频来设置基准频率，所以环路滤波器的频率带宽不是宽的，而本发明的低通滤波器则具有宽的频率带宽。（c）对比文件2所公开的频率合成器是基于“分数N方法”的，但对比文件2的低通滤波器的频率带宽是直接随着控制装置111和112一起变化的。而本发明为了使低通滤波器的频带设的较宽，通过在没有对其他部分产生任何影响的情况下使仅供应到频分比控制电路的电源是可变的，来减少由频分比控制电路所产生的噪音。另外，对比文件1没有说明用于置换权利要求1的电源电压的装置。（d）本领域技术人员没有将对比文件1和对比文件2结合起来的动机。

国家知识产权局实质审查部门于2004年5月14日针对请求人于2004年1月29日提交的权利要求第1~9项、说明书第1~6页以及申请日提交的说明书附图第1~4页、说明书摘要及摘要附图驳回了本申请。驳回决定所针对的权利要求1如下：

“1. 一种频率合成器装置，包括：

压控振荡器，用于振荡出具有响应于输入电压的频率的信号；

第一分频器，用于分频压控振荡器的输出信号的频率；

第二分频器，用于分频基准信号的频率；

相位比较器，用于经低通滤波器输出第一分频器与第二分频器之间的相位差信号给压控振荡器；和分频比控制电路，用于控制第一分频器使得第一分频器的分频比及时地变化并且使得一个时间平均值含有分数值，因此分频比控制电路和至少一个其他电路被集成在同一半导体衬底上；

其中提供用于设置馈送给分频比控制电路的电源电压低于馈送给其他电路的电源电压的装置。”

驳回的理由为本申请的权利要求1~9均不符合专利法第二十二条第三款的规定。具体理由如下：

驳回决定中引用了对比文件1（US4631496A，公开日1986年12月23日）和对比文件2（CN1171653A，公开日1998年1月28日）。

1. 权利要求1不具备创造性。对比文件1公开了一种具有电池补偿的频率合成器，其中由相位比较器（34）、低通滤波器（40），电压控制振荡器（40，vco）和由预定比例电路（44）、计数器（46）组成的锁相环电路，其中预定比例电路（44）、计数器（46）的功能相当于分频电压控制振荡器输出信号的分频比控制电路和第一分频器，参考频率振荡器（30）的输出可变分频器分频（32，相当于权利要求1的第二分频器），其中电压控制振荡器（40，vc0）工作于较高的电源电压（7.5V），而预定比例电路和计数器工作在比电源电压低的电压（5.2V），相当于权利要求1的“分频比控制电路的电源电压低于馈送给其他电路的电源电压”。比电源电压低的电压由电源变换器（1204）提供，该锁相环频率合成器被集成在一个半导体芯片上（参见对比文件1说明书第8栏第27行至第9栏第37行和附图3）。权利要求1与对比文件1的区别在于：分频比控制电路使得第一分频电路的分频比随时间变化，并且使得一个时间平均值含有分数值；这种分频系数为非整数值的分频方式在本领域是常用技术手段，例如对比文件2中公开的一种频率合成器，该频率合成器由相位比较器，低通滤波器，电压控制振荡器，高频分频器组成锁相环，参考频率振荡器的输出经基准分频器分频后作为参考信号输入相位比较器，分频比控制电路和根据输入的数字提供一个包含整数分数的分频系数，控制高频分频器产生可变的非整数分频（参见对比文件2说明书第2页第28行至第4页第30行和附图1）。权利要求1的区别技术特征已经被对比文件2披露，且其所起作用相同，因此权利要求1不具备创造性。

2. 权利要求2、3的附加技术特征“其中经集成电路中的一个电阻从其他电路的电源馈送电源电压给分频比控制电路”和“其中经集成电路中的一个二极管从其他电路的电源馈送电源电压个分频比控制电路”，是本领域的常用技术手段，因此权利要求2、3也不具备创造性。

3. 独立权利要求4要求保护一种无线电部分装置，对比文件1公开了一种具有电池补偿的频率合成器，该频率合成器用于一个无线电发射接收装置，对比文件1公开了由相位比较器（34）、低通滤波器（40），电压控制振荡器（40，vco）和由预定比例电路（44）、计数器（46）组成的锁相环电路。权利要求4与对比文件1的区别技术特征是分频比控制电路使得第一分频电路的分频比随时间变化，并且使得一个时间平均值含有分数值；这种分频系数为非整数值的分频方式在本领域是常用技术手段，并已经被对比文件2披露，且其所起作用相同，因此权利要求4不具备创造性。

4. 独立权利要求5要求保护一种操作频率合成器装置的方法，对比文件1公开了一种具有电池补偿的频率合成器，且具体公开了由相位比较器（34）、低通滤波器（40），电压控制振荡器（40，vco）和由预定比例电路（44）、计数器（46）组成的锁相环电路。权利要求5与对比文件1的区别技术特征是：分频比控制电路使得第一分频电路的分频比随时间变化，并且使得一个时间平均值含有分数值；这种分频系数为非整数值的分频方式在本领域是常用技术手段，并已经被对比文件2披露，且其所起作用相同，因此权利要求5不具备创造性。

5. 权利要求6、7为独权利要求5的从属权利要求，其附加技术特征与权利要求2、3相同，都是本领域的常用技术手段，因此权利要求6、7也不具有创造性。

6. 独立权利要求8要求保护一种移动无线电装置，对比文件1公开了一种具有电池补偿的频率合成器，且具体公开了由相位比较器（34）、低通滤波器（40），电压控制振荡器（40，vco）和由预定比例电路（44）、计数器（46）组成的锁相环电路。权利要求5与对比文件1的区别技术特征是：分频比控制电路使得第一分频电路的分频比随时间变化，并且使得一个时间平均值含有分数值；这种分频系数为非整数值的分频方式在本领域是常用技术手段，并已经被对比文件2披露，且其所起作用相同，因此权利要求8也不具备创造性。

7. 权利要求9要求保护一种包括其中发射机部分和接收机部分以及频率合成器装置被集成在同一半导体衬底上的无线电部分装置的移动无线电装置。对比文件1公开了一种具有电池补偿的频率合成器，且具体公开了由相位比较器（34）、低通滤波器（40），电压控制振荡器（40，vco）和由预定比例电路（44）、计数器（46）组成的锁相环电路。权利要求5与对比文件1的区别技术特征是：分频比控制电路使得第一分频电路的分频比随时间变化，并且使得一个时间平均值含有分数值；这种分频系数为非整数值的分频方式在本领域是常用技术手段。权利要求9和对比文件1的主要区别特征已在对比文件2中披露，将整个无线电发射和接收部分集成在一个半导体芯片上是本领域的常用技术手段，权利要求9和对比文件1和对比文件2属于相同技术领域，对本领域技术人员来说，从对比文件2得到启示，结合对比文件1和对比文件2以及本领域常用技术手段的替换得到权利要求9要求保护的技术方案是显而易见的。因此权利要求9也不具备创造性。

对于申请人的“本发明的合成器可以应用到高速通信系统，本发明的低通滤波器具有宽的频率带宽”理由，审查员认为，这两项特征没有记载在权利要求1中，权利要求1并没有关于该低通滤波器具有宽的频率带宽的内容。因此申请人所强调的权利要求1具备创造性的理由不能成立。

申请人（下称复审请求人）对上述驳回决定不服，于2004年8月17日向专利复审委员会提出复审请求。请求人在意见陈述中认为：

（1）对比文件1公开的预定比例电路44不等价于权利要求1的“分频比控制电路”：假设预定比例电路44等价于权利要求1的“分频比控制电路”，但提供到预定比例电路44的电源电压是与提供到计数器46和提供到可变参考分频器32的电源电压相同电平的。在权利要求1中，提供到分频比控制电路的电源电压设置的比提供到其他电路的电源电压要低。而对比文件1的图3中，提供给预定比例电路44和计数器46和可变参考分频器32的电源电压都是来自电源开关1202，是5.2伏而不是7.5伏。因此，对比文件1没有公开“用于提供到分频比控制电路的电源电压设置的比提供到其他电路的电源电压要低的装置。”对比文件1中相关部件的电压是相同的，都通过开关1202提供。对比文件1没有提出减少分频比控制电路噪音这个目的。对比文件2中的电路106不等价于分频比控制电路，对比文件2也没有讨论提供到电路106的电源电压的问题，因此也没有公开“用于提供到分频比控制电路的电源电压设置的比提供到其他电路的电源电压要低的装置。”因此，权利要求1具备创造性。⑵本发明公开了将提供到分频比控制电路的电源电压设置得比提供到其他电路的电源电压要低，减少了分频比控制电路产生的噪音，该噪音通常是在高频频带中的，如果减少了噪音，低通滤波器的频带能设置得较宽，同步器设备也能设置得较宽，这是本发明的两个优点。

经形式审查合格后，专利复审委员会受理了该复审请求，于2004年8月30日向请求人发出了复审请求受理通知书，并向原实质审查部门发出了前置审查通知书。原实质审查部门在前置审查意见中坚持原驳回决定。

专利复审委员会依法成立合议组对本案进行审查。经审查，合议组认为本案事实已经清楚，可以作出审查决定。

二、决定的理由

由于请求人在提出复审请求时并未提交修改文本，因此本决定所依据的文本即为驳回决定所依据的文本，即请求人于2004年1月29日答复第一次审查意见通知书时提交的权利要求第1~9项、说明书第1~6页，请求人于2000年10月27日（申请日）提交的说明书附图第1~4页、说明书摘要及摘要附图。

专利法第二十二条第三款规定的创造性，是指同申请日以前已有的技术相比，该发明有突出的实质性特点和显著的进步，该实用新型有实质性特点和进步。

对比文件1（US4631496A）公开了一种具有电池补偿的频率合成器，其中由相位比较器（34）、低通滤波器（40），电压控制振荡器（40，vco）和由预定比例电路（44）、计数器（46）组成的锁相环电路，预定比例电路（44）在频率合成器中的作用就相当于权利要求1中的分频比控制电路。其中，由电源开关1200提供7.5V电压给电压控制振荡器VCO（42），由电源开关1202提供5.2V的电压给相位比较器（34）、低通滤波器（40）、计数器（46）以及预定比例电路（44）。虽然提供给预定比例电路（44）的电压是较低的5.2V电压，但同样的低电压也提供给了相位比较器（34）、低通滤波器（40）等其他部件，因此，权利要求1中的“其中提供用于设置馈送给分频比控制电路的电源电压低于馈送给其他电路的电源电压的装置”这个技术特征并未被对比文件1所公开。此外，从对比文件1所公开的内容无法得出对比文件1中提供给预定比例电路（44）较低电压的作用是专门用以降低预定比例电路（44）的噪音，从而达到减少锁定时间和实现低功耗的这个目的，因此，本领域技术人员无法得到通过降低分频比控制电路的电压而达到降噪减耗作用的这一技术启示。

对比文件2（CN1171653A）公开了一种频率合成器，该频率合成器由相位比较器，低通滤波器，电压控制振荡器，高频分频器组成锁相环。对比文件2所公开的频率合成器中没有涉及电源电压的供给。因此，权利要求1所述的“其中提供用于设置馈送给分频比控制电路的电源电压低于馈送给其他电路的电源电压的装置”这个技术特征也没有被对比文件2公开；由于对比文件2的目的是在于提供一种能高速切换输出频率且输出信号的杂散信号低的频率合成器，因此对比文件2同样未给出上述技术启示。

可见，对比文件1和对比文件2均没有公开权利要求1的全部技术特征，同时也未能给出相应的技术启示，本领域技术人员根据对比文件1和对比文件2不能得到权利要求1的技术方案，且该方案具备降噪减耗的效果，因此权利要求1相对于对比文件1和对比文件2具有突出的实质性特点和显著的进步，符合专利法第二十二条第三款有关创造性的规定。在独立权利要求1具备创造性的基础上，其从属权利要求2~3相对于对比文件1和对比文件2也具备创造性。

独立权利要求 4 请求保护一种无线电部分装置。如上所述，对比文件 1 和对比文件 2 均未公开“其中提供用于设置馈送给分频比控制电路的电源电压低于馈送给其他电路的电源电压的装置”这个技术特征，同时也未给出相应的技术启示。因此，基于与评价权利要求 1 相同的理由，权利要求 4 相对于对比文件 1 和对比文件 2 具有突出的实质性特点和显著的进步，符合专利法第二十二条第三款的规定，具有创造性。

独立权利要求 5 请求保护一种频率合成器装置的方法。如上所述，对比文件 1 和对比文件 2 均未公开“其中提供用于设置馈送给分频比控制电路的电源电压低于馈送给其他电路的电源电压的装置”这个特征，同时也未给出相应的技术启示。因此，基于与评价权利要求 1 相同的理由，权利要求 5 相对于对比文件 1 和对比文件 2 具有突出的实质性特点和显著的进步，符合专利法第二十二条第三款的规定，具备创造性。权利要求 6 ~7 作为权利要求 5 的从属权利要求，对其技术方案进行进一步限定，因此同样具备创造性。

独立权利要求 8 请求保护一种包括频率合成器装置的移动无线电装置。如上所述，对比文件 1 和对比文件 2 均未公开“其中提供用于设置馈送给分频比控制电路的电源电压低于馈送给其他电路的电源电压的装置”这个特征，同时也未给出相应的技术启示。因此，基于与评价权利要求 1 相同的理由，权利要求 8 相对于对比文件 1 和对比文件 2 具有突出的实质性特点和显著的进步，符合专利法第二十二条第三款的规定，具备创造性。

独立权利要求 9 请求保护一种包括其中发射机部分和接收机部分以及频率合成器装置被集成在同一半导体衬底上的无线电部分装置的移动无线电装置。如上所述，对比文件 1 和对比文件 2 均未公开“其中提供用于设置馈送给分频比控制电路的电源电压低于馈送给其他电路的电源电压的装置”这个特征，同时也未给出相应的技术启示。因此，基于与评价权利要求 1 相同的理由，权利要求 9 相对于对比文件 1 和对比文件 2 具有突出的实质性特点和显著的进步，符合专利法第二十二条第三款的规定，具备创造性。

综上所述，本申请的全部权利要求相对于对比文件 1 和对比文件 2 均具有突出的实质性特点和显著的进步，符合专利法第二十二条第三款有关创造性的规定。

三、决定

撤销国家知识产权局于 2004 年 5 月 14 日作出的驳回 00133721.1 号申请的决定，由原实质审查部门在复审请求人于 2004 年 1 月 29 日提交的权利要求书第 1 ~9 项、说明书第 1 ~6 页，2000 年 10 月 27 日提交的说明书附图第 1 ~4 页、说明书摘要及摘要附图的基础上继续进行审批程序。

209

使邮资计的可移去便携式储金卡自动无效的方法和设备案

复审请求审查决定（第8964号）

决　定　号　第8964号
决　定　日　2006年6月30日
发明创造名称　使邮资计的可移去便携式储金卡自动无效的方法和设备
国际分类号　G06M 3/06
复审请求人　皮特尼鲍斯股份有限公司
申　请　号　97114192.4
申　请　日　1997年12月10日
公　开　日　1998年10月21日
合议组组长　张美菊
主　审　员　范玉霞
参　审　员　李韵美

法律依据　专利法第三十三条、第二十二条第三款、第二十五条第一款
决定要点

如果申请人对申请文件作了修改，并使得修改后的申请文件与原说明书和权利要求书相关内容一致，那么该修改是符合专利法第三十三条的规定的；如果权利要求相对于对比文件具有区别特征，该区别特征是非显而易见的，并能使得权利要求所记载的技术方案相对于现有技术具有显著的进步，则该权利要求所记载的技术方案具备创造性；如果权利要求所记载的技术方案中包含技术手段，而且该技术方案具有技术效果，并解决了技术问题，则该技术方案属于专利保护的范围。

一、案由

本复审请求涉及申请号为97114192.4、发明名称为“使邮资计的可移去便携式储金卡自动无效的方法和设备”的发明专利申请（下称本申请），其申请日为1997年12月10日，优先权日为1996年12月11日，公开日为1998年10月21日，申请人是皮特尼鲍斯股份有限公司。其申请日提交的权利要求书包括独立权利要求1、11、19和从属权利要求2～10、12～18。

国家知识产权局实质审查部门依法对本申请进行了实质审查，于2003年6月13日发出第一次审查意见通知书，指出：权利要求1～10相对于对比文件1（CN2209813Y，1995年10月11日公开）不具备专利法第二十二条第三款规定的创造性；权利要求11～19属于专利法第二十五条规定的不授予专利权的范围。

针对第一次审查意见通知书，申请人于2003年10月28日提交了意见陈述书。

国家知识产权局实质审查部门于2004年2月6日以权利要求1～10相对于对比文件1不具备专

利法第二十二条第三款规定的创造性和权利要求11~19属于专利法第二十五条规定的不授予专利权的范围为由对本申请作出驳回决定，驳回决定的主要理由是：权利要求1与对比文件1的区别在于权利要求1的系统包括用于打印邮资值指示的装置，而对比文件1公开了将计费结果显示出来的数码管显示电路，都是用于显示计费结果的常用技术手段，给出了应用打印装置的技术启示；从属权利要求2、4、6~8、10的限定部分已被对比文件1公开；从属权利要求3、5、9的限定部分内容相同，属于本领域的公知常识；权利要求11~19请求保护的方法是一种电子商务方法，只是一种人为的硬性规定，不是技术性的，不解决技术问题；针对申请人的意见陈述，驳回决定认为：当交易使用了伪钞或者其他不符合规定的货币时拒收该货币并终止交易是进行商品交易时的惯例，而利用网络和自动化设备进行判断和禁止仅仅是将一种生活中古已有之的交易方式自动化了，从而获得商品和有价证券的有效和可靠的流通，并最终实现交易的目的。

申请人（下称请求人）对上述驳回决定不服，于2004年5月20日向国家知识产权局专利复审委员会提出了复审请求，同时提交了说明书和权利要求书的全文替换页。其请求复审的理由主要是：对比文件1并未揭示自动禁止储金卡执行储金卡功能的装置，也未揭示接收禁止指令并实现禁止功能的处理器；对比文件1的提醒功能与权利要求1的自动禁止装置和处理器所实现的由自动禁止储金卡执行储金功能的操作是完全不同的，对比文件1的方案要执行耗时的人工管理；权利要求11~19请求保护的方法利用邮资计费系统的终端与储金卡之间的数据通信和验证及发送指令和写标志位等技术手段来实现自动识别和自动禁止，解决了现有技术中采用人力而造成的耗时和不便等技术问题，并不涉及任何有关商务方面的问题。

其中权利要求1、4、6、9、11的内容分别如下：

“1. 一种邮资计费系统，其特征在于包括：

可靠的便携式邮资计储金卡；

用于打印邮资值指示的装置；

邮资计终端，包括：用于接受所述可靠的便携式邮资计储金卡的装置，

在把所述可靠的便携式邮资计储金卡插入所述接受装置时，确定是否已指定所述可靠的便携式邮资计储金卡禁止执行储金卡功能的装置，以及

如果确定所述可靠的便携式邮资计储金卡已被指定为禁止执行储金卡功能，则自动地禁止所述可靠的便携式邮资计储金卡执行储金卡功能的装置，

其中所述确定装置包括微控制器，

所述可靠的便携式邮资计储金卡包括

操作地连接到所述微控制器的处理器，

连接到所述处理器的存储器，所述存储器包括一次写入禁止标志，以及

所述处理器包括用于接收禁止指令并在接收禁止功能后写所述一次写入禁止标志的装置。”

“4. 如权利要求3所述的邮资计费系统，其特征在于所述可靠的便携式邮资计储金卡包括一存储器，所述自动禁止装置包括一禁止系统，当所述确定装置确定插入所述接受装置的所述可靠的便携式邮资计储金卡已被指定为禁止执行储金卡功能时，所述微控制器启动所述禁止系统，以对所述可靠的便携式邮资计储金卡的存储器进行编辑，从而禁止所述可靠的便携式邮资计储金卡执行储金卡功能。”

“6. 如权利要求5所述的邮资计费系统，其特征在于所述可靠的便携式邮资计储金卡包括一存储器，所述自动禁止装置包括一禁止系统，当所述确定装置确定插入所述接受装置的所述可靠的便携式邮资计储金卡已被指定为禁止执行储金卡功能时，所述微控制器启动所述禁止系统，以对所述可靠的

便携式邮资计储金卡的存储器进行编辑，从而禁止所述可靠的便携式邮资计储金卡执行储金卡功能。”

“9. 如权利要求 8 所述的邮资计费系统，其特征在于邮资计费终端还包括定期与所述数据中心自动建立通信链路的装置，从而从数据中心把已被指定为禁止执行储金卡功能的可靠的便携式邮资计储金卡目录的定期更新卸载到所述邮资计费终端的存储器中。”

“11. 一种使可靠的便携式邮资计费系统的便携式储金卡无效的方法，其特征在于包括以下步骤：

(A) 把所述可靠的便携式储金卡插入所述邮资计费系统的终端；

(B) 通过所述终端自动地确定所述可靠的便携式储金卡是否已被指定为禁止执行储金卡功能；以及

(C) 在步骤 (B) 中确定所述可靠的便携式储金卡已被指定为禁止执行储金卡功能时，自动地禁止插入的所述可靠的便携式储金卡执行储金卡功能，

其中所述自动禁止步骤包括发送一禁止指令，

其中可靠的便携式邮资计储金卡包括

操作地连接到微控制器的处理器，

连接到所述处理器的存储器，所述存储器包括一次写入禁止标志，以及

所述处理器接收所述禁止指令并在接收禁止功能后写所述一次写入禁止标志。”

经形式审查合格，专利复审委员会受理了该复审请求，于 2004 年 6 月 21 日向请求人发出了受理通知书，并向国家知识产权局实质审查部门发出了前置审查通知书。

在前置审查中，国家知识产权局实质审查部门坚持了原驳回决定。

在此基础上，专利复审委员会依法成立合议组对此案进行审理，并于 2006 年 3 月 14 日发出复审通知书，指出：权利要求 1、4、6、9、11 和说明书的修改超出了原说明书和权利要求书记载的范围，不符合专利法第三十三条的规定。

针对复审通知书，请求人于 2006 年 4 月 29 日提交了意见陈述书以及权利要求书和说明书的全文替换页。其中，修改了权利要求 1 和 11，删除了权利要求 4、6、10、15、19，并对说明书发明内容部分做了适应性修改。在意见陈述书中，请求人陈述了原权利要求 9 以及修改后的权利要求 1、11 和说明书得到了原说明书和权利要求书的支持的理由，并再次重申了本申请相对于对比文件 1 具备新颖性和创造性。

修改后的独立权利要求 1 和 8 分别对应于 2004 年 5 月 20 日提交的权利要求 1 和 11，具体内容如下：

“1. 一种邮资计费系统，其特征在于包括：

可靠的便携式邮资计储金卡，其中，所述便携式邮资计储金卡包括处理器，与所述处理器相连的存储器，并且所述存储器的一部分 (7c1) 只能被编写一次；

用于打印邮资值指示的装置；

邮资计终端，包括：用于接受所述可靠的便携式邮资计储金卡的装置，

在把所述可靠的便携式邮资计储金卡插入所述接受装置时，确定是否已指定所述可靠的便携式邮资计储金卡禁止执行储金卡功能的装置，以及

如果确定所述可靠的便携式邮资计储金卡已被指定为禁止执行储金卡功能，则通过设定一标志，并将该标志写入所述存储器中只能被编写一次的部分 (7c1)，从而自动地禁止所述可靠的便携式邮资计储金卡执行储金卡功能的装置。”

“8. 一种使可靠的便携式邮资计费系统的便携式储金卡无效的方法，其特征在于包括以下步骤：

（A）把所述可靠的便携式储金卡插入所述邮资计费系统的终端，其中，所述便携式邮资计储金卡包括处理器，与所述处理器相连的存储器，并且所述存储器的一部分（7c1）只能被编写一次；

（B）通过所述终端自动地确定所述可靠的便携式储金卡是否已被指定为禁止执行储金卡功能；以及

（C）在步骤（B）中确定所述可靠的便携式储金卡已被指定为禁止执行储金卡功能时，通过设定一标志，并将该标志写入所述存储器中只能被编写一次的部分（7c1），从而自动地禁止插入的所述可靠的便携式储金卡执行储金卡功能。”

经审查，合议组认为本案事实清楚，可以作出本复审请求审查决定。

二、决定的理由

1. 决定文本

本复审请求所针对的文本为2006年4月29日提交的权利要求第1～14项、说明书第1～9页、1997年12月10日提交的说明书附图第1～2页、说明书摘要及摘要附图。

2. 关于修改超范围

专利法第三十三条规定：申请人可以对其专利申请文件进行修改，但是，对发明和实用新型专利申请文件的修改不得超出原说明书和权利要求书记载的范围，对外观设计专利申请文件的修改不得超出原图片或者照片表示的范围。

如果申请人对申请文件作了修改，并使得修改后的申请文件与原说明书和权利要求书相关内容一致，那么该修改是符合专利法第三十三条的规定的。

请求人删除了权利要求1中超范围的部分“所述存储器包括一次写入禁止标志”和“所述处理器包括用于接收禁止指令并在接收禁止功能后写所述一次写入禁止标志的装置”，并重新组织语句，将特征部分的第一段修改为“可靠的便携式邮资计储金卡，其中，所述便携式邮资计储金卡包括处理器，与所述处理器相连的存储器，并且所述存储器的一部分（7c1）只能被编写一次”，将特征部分的最后一段修改为“如果确定所述可靠的便携式邮资计储金卡已被指定为禁止执行储金卡功能，则通过设定一标志，并将该标志写入所述存储器中只能被编写一次的部分（7c1），从而自动地禁止所述可靠的便携式邮资计储金卡执行储金卡功能的装置”，形成修改后的权利要求1。修改后的权利要求1特征部分的第一段和最后一段的内容在原说明书第6页第2段已有记载，其余部分的内容在原权利要求1中已有记载。因此，权利要求1的修改没有超出原说明书和权利要求书记载的范围，符合专利法第三十三条的规定。

权利要求8是与产品权利要求1相应的方法权利要求，其修改方式也与权利要求1相应，因此，基于上述理由，权利要求8的修改也符合专利法第三十三条的规定。

由于权利要求书中删除了2004年5月20日提交的权利要求4、6、10、15、19，也就消除了这些权利要求所带来的修改超范围的缺陷，使得权利要求书符合专利法第三十三条的规定。

合议组通过再次审查后认为权利要求7（即复审通知书中所指出的权利要求9）中并不存在超范围的“自动禁止装置”“禁止系统”的内容。因此，权利要求7也是符合专利法第三十三条的规定的。

由于请求人对说明书的发明内容部分做了适应性修改，也消除了修改超范围的缺陷，使得说明书的修改也符合了专利法第三十三条的规定。

3. 关于创造性

权利要求1请求保护一种邮资计费系统，该系统包括：可靠的便携式邮资计储金卡，其中，所述便携式邮资计储金卡包括处理器，与所述处理器相连的存储器，并且所述存储器的一部分（7c1）只能被编写一次；用于打印邮资值指示的装置；邮资计终端，包括用于接受所述可靠的便携式邮资计储金卡的装置，在把所述可靠的便携式邮资计储金卡插入所述接受装置时，确定是否已指定所述可靠的便携式邮资计储金卡禁止执行储金卡功能的装置以及如果确定所述可靠的便携式邮资计储金卡已被指定为禁止执行储金卡功能，则通过设定一标志，并将该标志写入所述存储器中只能被编写一次的部分（7c1），从而自动地禁止所述可靠的便携式邮资计储金卡执行储金卡功能的装置。

对比文件1公开了一种食堂IC卡自动计费器和发行器，并具体公开了（参见对比文件1第1页第5段至第3页第4段及附图1）：该计费器由中控板、计费分机和IC卡构成。其中中控板设置在计费分机（相当于权利要求1中的邮资计终端）和PC机（数据中心）之间，用于在二者之间传递命令及数据；每一用户配备一个IC卡（相当于权利要求1中的储金卡），IC卡内部为EEPROM芯片（相当于权利要求1中的存储器），IC卡插入某个计费分机的IC卡插槽（相当于权利要求1中的接受装置）时，计费分机首先检查该卡是否为无效卡（如已挂失卡、废卡等），若是无效卡则提示工作人员没收该卡，相当于对比文件1也具有确定卡是否有效的装置，其中计费分机包括单片机6（相当于权利要求1中的确定装置）；此外，由于数据库中存有所有数据，可按照某月、某日、某计费分机、某人等各种方式查询和核算，并将结果绘制成报表打印出来，所以对比文件1也具有打印装置。

权利要求1与对比文件1的区别在于：（1）权利要求1是邮资计费系统，对比文件1是食堂计费系统，即应用领域不同；（2）权利要求1公开了便携式邮资计储金卡包括处理器和与所述处理器相连的存储器，还公开了所述存储器的一部分（7c1）只能被编写一次，而对比文件1没有公开上述信息；（3）权利要求1通过设定一标志而自动自动禁止储金卡功能，而对比文件1是通过工作人员没收IC卡而使得卡无效，即不是自动禁止。

上述区别特征（2）、（3）在对比文件1中没有公开，并且也没有证据证明在本申请的优先权日（1996年12月11日）之前在计费卡或类似卡的存储区中写入一次性禁止标志而使卡本身失效的技术属于本领域的公知常识，而且该区别特征使得本申请具有使储金卡本身自动无效的功能，即相对于对比文件1的人工没收无效卡的现有技术具有显著的进步。因此，权利要求1相对于对比文件1具备突出的实质性特点和显著的进步，具备创造性，符合专利法第二十二条第三款的规定。

权利要求2～7分别是直接或间接从属于权利要求1的从属权利要求，因此，由于权利要求1具备创造性，权利要求2～7也具备创造性，符合专利法第二十二条第三款的规定。

4. 关于智力活动规则和方法

权利要求8请求保护一种使可靠的邮资计费系统的便携式储金卡无效的方法，包括步骤：（A）把所述可靠的便携式储金卡插入所述邮资计费系统的终端，其中，所述便携式邮资计储金卡包括处理器，与所述处理器相连的存储器，并且所述存储器的一部分（7c1）只能被编写一次；（B）通过所述终端自动地确定所述可靠的便携式储金卡是否已被指定为禁止执行储金卡功能；（C）在步骤（B）中确定所述可靠的便携式储金卡已被指定为禁止执行储金卡功能时，通过设定一标志，并将该标志写入所述存储器中只能被编写一次的部分（7c1），从而自动地禁止插入的所述可靠的便携式储金卡执行储金卡功能。

权利要求8的方案中的步骤（A）是读卡操作的前提，而且其中记载了储金卡的组成部件，属于技术手段；步骤（B）和（C）都是邮资计费系统自动执行的操作，其中的确定储金卡是否被指定为禁止、在存储器中设定标志等也是技术手段；而且实施该方案可以实现储金卡本身的自动无效，是一种技术效果，解决了以往必须人力回收无效储金卡的技术问题。因此，权利要求8的方案是一个采用了技术手段、解决了技术问题、达到了技术效果的技术方案，不属于专利法第二十五条第一款规定的不授予专利权的范围。

权利要求9~14分别是直接或间接从属于权利要求8的从属权利要求，因此，由于权利要求8不属于专利法第二十五条第一款规定的不授予专利权的范围，权利要求9~14也不属于专利法第二十五条第一款规定的不授予专利权的范围。

三、决定

撤销国家知识产权局于2004年2月6日对97114192.4号发明专利申请所作出的驳回决定，在2006年4月29日提交的权利要求第1~14项、说明书第1~9页、1997年12月10日提交的说明书附图第1~2页和说明书摘要及摘要附图的基础上，由原实质审查部门继续进行审查程序。

210

综合防伪标识物及其制作方法案

复审请求审查决定（第8982号）

决　定　号　第8982号
决　定　日　2006年6月29日
发明创造名称　综合防伪标识物及其制作方法
国际分类号　G06F17/60
复审请求人　许毅群
专利申请号　02134278.4
申　请　日　2002年7月1日
公　开　日　2003年1月1日
合议组组长　张美菊
主　审　员　李熙
参　审　员　李韵美

法律依据　专利法第二十二条第三款
决定要点

本申请的独立权利要求1所要保护技术方案的技术特征已分别被属于相同技术领域的两篇对比文件所覆盖，将两篇对比文件相结合以得出本申请权利要求1所要保护的技术方案对所属技术领域的技术人员来说是显而易见的，而且它们的结合并未产生预料不到的技术效果，因而本申请权利要求1不具备创造性。从属权利要求2~6的技术方案也均不具备创造性，不符合专利法第二十二条第三款的规定。

一、案由

本复审请求涉及申请日为2002年7月1日、申请号为02134278.4、名称为“综合防伪标识物及其制作方法”的发明专利申请（下称本申请），其申请人为许毅群。

在实质审查过程中，国家知识产权局实质审查部门于2004年11月26日发出第一次审查意见通知书，指出：本申请权利要求1~10不具备创造性，不符合专利法第二十二条第三款的规定。在该通知书中引用了两篇对比文献：对比文件1，CN2365711Y，其公开日为2000年2月23日；对比文件2，CN2244755Y，其公开日为1997年1月8日。

针对第一次审查意见通知书，申请人于2005年3月18日进行了意见陈述，但没有对申请文件进行修改，申请人陈述的理由主要是：本申请的目的是要克服背景技术即对比文件1的不足，提供一种制作方便简单、成本低廉的具有较佳防伪及保护效果的综合防伪标识物及其制作方法，本申请相对对比文件来说具备创造性。

2005年4月18日，其他不同意见陈述人王平提交了针对本申请的意见陈述书，并提交了三份专利文献：CN2434754Y、CN2365711Y以及CN1151566A。该不同意见陈述人认为，本申请与专利文献

CN2434754Y 相比，权利要求 1、2 没有新颖性、权利要求 3 没有创造性，权利要求 4 ~ 10 没有新颖性或创造性。

国家知识产权局实质审查部门于 2005 年 5 月 13 日对本申请作出了驳回决定。该驳回决定是针对申请人于申请日提交的原始申请文件作出的。该驳回决定认为本申请权利要求 1 ~ 10 分别相对于对比文件 1 或对比文件 1 和对比文件 2 的结合不具备创造性，不符合专利法第二十二条第三款的规定。

申请人许毅群（下称复审请求人）对上述驳回决定不服，于 2005 年 8 月 20 日向专利复审委员会提出了复审请求。复审请求人在提交复审请求书的同时提交了权利要求书和说明书的修改替换页，复审请求人提出的复审理由主要是：对比文件 1 是与权利要求 1 最接近的背景技术，其中用作载体的材料具有随机结构纹理，两者构成不可分离的整体；而权利要求 1 与对比文件 1 相比较，其区别不仅在于通过粘结剂将载体和防伪纹理连在一起，还在于防伪纹理突出于载体表面，是加载在载体表面上的特殊形状或材料的物质，并且权利要求 1 产生了制作成本低、难以复制、普通消费者易于识别的优点和效果。

经形式审查合格，专利复审委员会受理了该复审请求，于 2005 年 9 月 22 日向复审请求人发出了复审请求受理通知书，并向国家知识产权局原实质审查部门发出了前置审查通知书。

在前置审查程序中，国家知识产权局原实质审查部门引入了一篇新的对比文件 3，CN2434754Y，公开日 2001 年 6 月 13 日，并认为本领域技术人员可以将对比文件 1、3 与本领域内的公知常识相结合从而得到权利要求 1 所要求保护的技术方案，权利要求 2 ~ 10 也没有增加新的实质内容，因此权利要求 1 ~ 10 均不具备创造性，仍然坚持原驳回决定。

专利复审委员会组成合议组，对本复审请求案进行了审理。

2005 年 12 月 12 日，合议组收到复审请求人提交的意见陈述书，复审请求人请求对本复审请求案进行口头审理。

2006 年 2 月 13 日，其他不同意见陈述人陆航程提交了针对本申请的意见陈述书，并提交了两份专利文献：CN2434754Y 和 CN1362685A，认为本申请权利要求 1 ~ 6 相对于专利文献 CN2434754Y 和 CN1362685A 没有新颖性，权利要求 7 ~ 10 相对于专利文献 CN24734754Y 没有创造性。

合议组于 2006 年 3 月 28 日发出复审通知书以及复审请求口头审理通知书。在复审通知书中指出：权利要求 1、2、5、8、9 的技术特征均已在对比文件 3 中公开，它们均不具备新颖性；从属权利要求 3、4 相对于对比文件 2 和对比文件 3 的结合分别不具备创造性；从属权利要求 6、7、10 的附加技术特征也没有为其技术方案带来创造性的贡献，因而也分别不具备创造性。在口头审理通知书中，合议组定于 2006 年 5 月 23 日上午对本复审请求进行口头审理。

针对上述复审通知书，复审请求人于 2006 年 5 月 12 日提交了意见陈述书，并提交了权利要求书修改替换页，将原权利要求 1 和对比文件 3 合并形成新的权利要求 1，将原从属权利要求 8 ~ 10 删除。复审请求人主要陈述的理由为：对比文件 2 没有解决如何识别标识物被重复使用的技术困难，伪造者仍可以利用使用过的标识物进行造假；权利要求 1 的“供转移防伪用的标识膜”与对比文件 2 是不同的，并且解决了标识物被转移使用的技术问题，使识别物被再次使用时由于防伪层不完整而简易地识别出来，伪造者无机可乘，因此具有意想不到的技术效果，符合专利法第二十二条第三款规定的创造性，在权利要求 1 具备创造性的情况下，从属权利要求 2 ~ 6 也具有创造性。

复审请求人 2006 年 5 月 12 日提交的权利要求书修改替换页如下：

“1. 一种综合防伪标识物，包括载体和防伪纹理，所述载体是不具有防伪纹理的普通材料，所述防伪纹理突出于载体表面，是在载体表面上通过一层胶粘剂随机粘设的特殊形状或材料的物质，其特征在于，所述载体的底面还有供转移防伪用的标识膜，该标识膜包括设置在载体底面的防伪层和涂敷在该防伪层上的不干胶层。

2. 根据权利要求 1 所述综合防伪标识物，其特征在于，所述特殊形状或材料的物质是纤维、头发、颗粒、碎屑或其他硬质材料。

3. 根据权利要求 1 所述综合防伪标识物，其特征在于，所述防伪层包括用油墨印刷的预留图案部分和填充在该预留图案的空隙处的金属箔部分。

4. 根据权利要求 1 所述综合防伪标识物，其特征在于，所述在胶粘剂层上还复合一透明薄膜层或者印刷有立体全息图案的透明薄膜层，该透明薄膜层同时覆盖所述防伪纹理。

5. 根据权利要求 1 ~4 任一权利要求所述综合防伪标识物，其特征在于，所述载体上印刷有防伪编码和产品资信层。

6. 根据权利要求 5 所述综合防伪标识物，其特征在于，所述透明薄膜层与防伪纹理层之间印刷有产品资信层。”

2006 年 5 月 23 日，口头审理如期举行，复审请求人出席了口头审理。口头审理过程中，合议组认为对比文件 2 说明书第 2 页倒数第 3 段最后一句也公开了权利要求 1 的特征部分的技术特征“防伪层”；复审请求人针对复审通知书所引用的对比文件和口头审理中合议组新引入的对比文件 2 中的上述内容进行了意见陈述，认为对比文件 3 和对比文件 2 都没有公开修改后权利要求 1 的特征部分的技术特征，并认为上述区别技术特征为本申请带来了由于剥离强度不同，防伪效果不同的技术效果，因而权利要求 1 相对于对比文件 2、3 具备创造性，从属权利要求 2 ~6 也具备创造性。

本案合议组认为本案事实清楚，可以作出本复审请求审查决定。

二、决定的理由

1. 依据的文本

复审请求人于 2006 年 5 月 12 日对权利要求的修改、2005 年 8 月 20 日对说明书的修改符合专利法第三十三条和专利法实施细则第六十条第一款的规定，因此，本复审决定是以 2006 年 5 月 12 日提交的权利要求第 1 ~6 项、2005 年 8 月 20 日提交的说明书第 1 ~5 页、2002 年 7 月 1 日提交的说明书附图第 1 ~2 页、说明书摘要以及摘要附图为基础作出的。

2. 关于专利法第二十二条第三款

（1）权利要求 1 请求保护一种综合防伪标识物。对比文件 3 中公开了一种设有随机分布的单元标识体的防伪标识物，“其具有基片（1），基片（1）上固定有随机分布的单元标识体构成的标识层（2）”（参见对比文件 3 权利要求 1）；“上述的基片可为非金属膜、板、纸张、塑料等”（参见对比文件 3 说明书第 1 页倒数第 5 行）；“所述单元标识体可以是具有一定几何形状的立体或板、片状物，也可以是无规则形状的物体”（参见对比文件 3 说明书第 1 页最后一段）；“上述的各单元标识体是通过随机的方法放到基片上去的，如在基片上先喷、涂一层粘合剂，然后随机撒落适量的单元标识体，也可以将标识体与透明漆或透明粘合剂混合后喷、涂到基片上，干燥处理即可”（参见对比文件 3 说明书第 2 页第 4 ~6 行）；而且，通过对比文件 3 图 1 也可看出，上述防伪标识物的所述单元标识体突出于基片表面。在对比文件 3 中还进一步公开了“涂敷在该基片底层上的不干胶层”这部分技术特征（参见对比文件 3 说明书第 2 页倒数第 2 行及图 1 附图标记 4）。

从以上公开的内容可看出，在对比文件 3 中，基片作为防伪标识物的载体其所采用的材料正是不具有防伪纹理的普通材料，其作用是作为防伪标识物的载体，这与本申请中载体的作用和效果是相同的，因此对比文件 3 中的“基片”相当于本申请中的“载体”；同时，对比文件 3 中单元标识体是利用突出于基片表面上的一定的几何形状达或无规则形状到防伪的目的，这与本申请中防伪纹理的作用和效果是相同的，因此对比文件 3 中的“单元标识体”相当于本申请中的“防伪纹理”。而且对比文件 3 同时公开了两种“在载体表面上通过胶粘剂随机粘设的特殊形状或材料的物质”的方法，一种是先在载体上喷涂胶粘剂，再随机撒落防伪纹理，另一种是先将防伪纹理与胶粘剂混合，再喷涂到载体上。第一种方法与权利要求 1 的技术方案中的在载体表面上通过一层胶粘剂随机粘设物质的方法相同。由此可见，权利要求 1 所要求保护的技术方案与对比文件 3 相比，其区别仅在于：载体的底面还有供转移防伪用的标识膜，该标识膜包括设置在载体底面的防伪层。

对比文件 2 中公开了“一种防伪标识物，其特征是在立体图片或立体照片的下面设有以下任意一种或两种防伪层；所述防伪层包括：全息激光图片、磁卡或磁条、多种条码、多种温变材料、多种光变材料、金属网络或金属条、转移印刷膜”（参见对比文件 2 权利要求 1）；“本实用新型的目的是提供一种具有多重防伪功能的防伪标识物，在其载体上并存多种防伪技术，使其在受到防伪者的破译时，载体上的防伪技术同时受到破坏，从而使伪造者难以破译并伪造，真正达到防伪的目的”（参见对比文件 2 说明书第 1 页第 3 段）；以及“立体照片或图片 4，金属网络或金属条 5 和塑胶片 6 粘合在一起，任何一层的剥离都将破坏该载体的结构，从而使载体上表现的防伪技术同时被破坏掉，使假冒伪造者不能轻而易举地破译该载体上的多种防伪技术”（参见对比文件 2 说明书第 2 页倒数第 3 段最后一句）。通过以上公开的内容可知，对比文件 2 中的防伪层位于立体图片或照片（相当于载体）的下面，并且防伪层的作用是增加防伪技术含量，在伪造者若将任何一层剥离都将遭到破坏，这与本申请中包括防伪层的供转移防伪用的标识膜所起的作用相同。而且对比文件 2、3 与本申请均涉及相同的技术领域，在对比文件 3 的基础上，本领域普通技术人员为了增加防伪技术的技术含量、防止防伪标识物被转移，很容易将对比文件 2 中公开的剥离后将被破坏的防伪层金属网络或金属条加入到对比文件 3 的基片底层与不干胶层之间，从而获得权利要求 1 所要求保护的技术方案。对本技术领域的普通技术人员来说，在对比文件 3 的基础上结合对比文件 2 得出权利要求 1 所要求保护的技术方案无需付出任何创造性的劳动，而且它们的结合没有产生预料不到的技术效果。因此，权利要求 1 不具备突出的实质性特点和显著的进步，不具备专利法第二十二条第三款所规定的创造性。

（2）从属权利要求 2 的附加技术特征为：“所述特殊形状或材料的物质是纤维、头发、颗粒、碎屑或其他硬质材料”。

对比文件 3 中公开了：“上述的单元标识体可以是无规则形状的物体，如：毛发、纤维、细砂、钻石、碎屑、颗粒等”（参见对比文件 3 说明书第 2 页第 1 行）。因此，权利要求 2 所进一步限定的附加技术特征已在对比文件 3 中公开，在其引用的权利要求 1 不具备创造性的情况下，权利要求 2 同样不具备专利法第二十二条第三款所规定的创造性。

（3）从属权利要求 3 的附加技术特征为：“所述防伪层包括用油墨印刷的预留图案部分和填充在该预留图案的空隙处的金属箔部分。”

对比文件 2 中公开了：“一种防伪标识物，其特征是在立体图片或立体照片的下面设有以下任意一种或两种防伪层；所述防伪层包括：全息激光图片、磁卡或磁条、多种条码、多种温变材料、多种光变材料、金属网络或金属条、转移印刷膜”（参见对比文件 2 权利要求 1）；“在立体图片或立体照片下面依次设有金属条形码和转移印刷膜”（参见对比文件 2 权利要求 3）。即对比文件 2 公开的防伪层包括金属条形码和转移印刷膜，金属条形码相当于金属箔，转移印刷膜相当于预留图案部分。对于本领域普通技术人员来说由于对比文件 2 中金属条形码和转移印刷膜的作用也是为了增加防伪特性，防止防伪标识物被转移、破译、伪造，因此很容易将对比文件 2 中的金属条形码和转移印刷膜做成权利要求 4 中在预留图案的空隙处安置金属箔的形式。而且本申请中也未具体说明如何制作这样的防伪层，以及具体如何在图案空隙处进行填充。因此，合议组认为简单将金属箔填充在图案的空隙处是无需付出创造性的。因此，在其引用的权利要求 1 不具备创造性的前提下，权利要求 3 不具备专利法第二十二条第三款所规定的创造性。

（4）从属权利要求4的附加技术特征为："所述在胶粘剂层上还复合一透明薄膜层或者印刷有立体全息图案的透明薄膜层，该透明薄膜层同时覆盖所述防伪纹理"。

对比文件3中公开了："在标识层的上面也可设有一层透明或半透明的保护层，如透明漆、透明纸、塑膜等"（参见对比文件3说明书第1页倒数第3段）。此外，对于采用印刷有立体全息图案的透明薄膜层这部分技术方案，由于立体全息图案直观鉴别产品真伪是产品防伪领域非常普遍的手段，而且在透明薄膜上加印立体全息图案是本领域的技术人员很容易想到的，因此，对于包括有"所述在胶粘剂层上还复合一印刷有立体全息图案的透明薄膜层，该透明薄膜层同时覆盖所述防伪纹理"这一技术特征的技术方案，也是不具备创造性的。由此可见，权利要求4所进一步限定的附加技术特征已在对比文件3中公开，在其引用的权利要求1不具备创造性的情况下，权利要求4同样不具备专利法第二十二条第三款所规定的创造性。

（5）从属权利要求5的附加技术特征为："所述载体上印刷有防伪编码和产品资信层"。

对比文件3中公开了："每个标识物上可标明只属于它的编码"（参见对比文件3说明书第2页第7行、图2中附图标记5）以及图2中附图标记8为网址，9为查询电话这些产品资信。由此可见，该对比文件3已经披露了标识物上标有防伪编码和产品资信层这部分技术特征。权利要求5的附加技术特征与对比文件3相比区别仅在于权利要求5中进一步具体写明了防伪编码和产品资信层印刷在载体上。对于本领域普通技术人员来说，由于胶粘剂层是透明的并且防伪纹理只覆盖少面积的载体，并不会影响载体上信息的观看，在以普通材料制成的载体上印刷防伪编码和产品资信是很容易想到和实现的，对比文件3中披露的在每个标识物上标明编码和产品资信的目的是为了向使用者显示产品信息，这与权利要求5所达到的在载体上印刷这些信息的作用和效果是相同的。因此，在其引用的权利要求1~4分别不具备创造性的情况下，该权利要求5不具备专利法第二十二条第三款规定的创造性。

（6）从属权利要求6的附加技术特征为："所述透明薄膜层与防伪纹理层之间印刷有产品资信层"。

从对比文件3的图2可以看出，在防伪标识物上印刷有产品编码、网址和查询电话这些产品资信。权利要求6的附加技术特征与对比文件3相比，区别仅在于权利要求6中进一步具体限定了在透明薄膜层与防伪纹理层之间印刷上述信息。首先，薄膜层是透明的，为了使用者能够清楚地看到上述信息，防止防伪纹理覆盖影响该产品信息的观看效果，本领域普通技术人员很容易想到将产品资信层印刷在透明薄膜层与防伪纹理层之间；其次，无论在防伪标识物的哪一层上印刷上述产品信息都是很容易做到的。因此，在其引用的权利要求5不具备创造性的情况下，该权利要求6不具备专利法第二十二条第三款规定的创造性。

另外，对于复审请求人在口头审理中所陈述的：本申请能够带来由于剥离强度不同，防伪效果不同的技术效果，合议组认为其并未记载在本申请的说明书中，并且本申请说明书中仅仅简单记载了防伪层包括有预留图案的油墨部分和金属箔部分，其作用也仅仅记载为当从产品上或外包装上撕下后，该标识膜的防伪层上的文字、图案等就会被破坏或滞留在原产品或外包装上，而使本发明无法被转移至其他物件上使用，从而进一步增强了防伪效果，而并没有说明本申请的不干胶层及该防伪层有何特性，当用不同的强度剥离申请的产品时，会有什么不同的剥离效果，从而达到防伪的目的，因此该效果也不能从本申请说明书所记载的内容中无歧义地导出，更未体现在本申请权利要求所限定的技术方案中。因此，合议组在评价本申请的创造性时，对于复审请求人在口头审理时提出的以上技术效果不予考虑。

综上所述，本申请的独立权利要求1所要保护的技术特征已分别被属于相同技术领域的两篇对比文件（对比文件2、3）所覆盖，将两篇对比文件相结合以得出本申请权利要求1所要保护的技术方案对所属技术领域的技术人员来说是显而易见的，而且它们的结合并未产生预料不到的技术效果，因而本申请权利要求1不具备创造性。从属权利要求2～6的技术方案也均不具备创造性，不符合专利法第二十二条第三款的规定。

三、决定

维持国家知识产权局于2005年5月13日对02134278.4号发明专利申请作出的驳回决定。

复审请求人如对本复审决定不服，可以根据中国专利法第四十一条第二款的规定，自收到本决定之日起三个月内向北京市第一中级人民法院起诉。

211

电 池 案

复审请求审查决定（第9025号）

决 定 号 第9025号
决 定 日 2005年12月19日
发明创造名称 电池
国际分类号 H01M 2/02 H01M 10/24
请 求 人 松下电器产业株式会社
专利申请号 97102523.1
申 请 日 1997年2月4日
公 开 日 1997年10月22日
合议组组长 石 竞
主 审 员 李韵美
参 审 员 张宗任

法律依据 专利法第二十二条第三款
决定要点

在判断创造性的过程中，在权利要求的技术方案与对比文件相比存在区别技术特征的情况下。如果所述区别特征为另一篇对比文件中披露的相关技术手段，该技术手段在该对比文件中所起的作用与该区别特征在请求保护的专利中所起的作用相同，则应当认为现有技术中存在技术启示；另外，在现有技术的基础上，只要所属技术领域的技术人员能够通过有限的试验可以获得所述区别技术特征，即技术人员能够仅在现有技术的基础上通过常规手段客观获得的，该权利要求的技术方案应是显而易见的。

一、案由

本复审请求涉及申请日为1997年2月4日，申请号是97102523.1，发明名称为“电池”的发明专利申请（下称本申请），申请人是松下电器产业株式会社，优先权日是1996年2月8日。

在实质审查程序中，国家知识产权局实质审查部门发出的第一次审查意见通知书中引用了两篇对比文件，对比文件1：JP03254074A，公开日为1991年11月13日，对比文件2：US4553419，公开日为1985年11月19日。该通知书指出本申请的权利要求1~3、5~6、11不符合专利法第二十二条第二的规定；权利要求4、7~10、12~13不符合专利法第二十二条第三款的规定；权利要求11~13不符合专利法第二十六条第四款的规定；权利要求11、13不符合专利法实施细则第二十条第一款的规定。申请人于2002年8月28日提交了答复第一次审查意见通知书的意见陈述书，并且提交了权利要求书和说明书全文修改替换页，在意见陈述书中申请人指出，独立权利要求1和9中记载了两篇对比文件中没有揭示的线状凸筋间距的数值特征，对比文件1中没有揭示线状凸筋，对比文件2中虽然记载了线状凸筋的高度，但在说明书第3栏第59行记载的是附图所示平坦部分12的宽度，而与线状凸筋间距无关。

国家知识产权局实质审查部门继续审查，于2002年9月27日发出第二次审查意见通知书，其中指出修改后的权利要求1~6、8不符合专利法第二十二条第三款的规定；权利要求7、9的修改不符合专利法第三十三条的规定。

申请人于2002年11月20日提交了针对第二次审查意见通知书的意见陈述，并提交了权利要求书修改替换页，在意见陈述书中申请人指出，修改后的权利要求1和9的主题限定为“碱性蓄电池”，权利要求1中的特征“在所述电池外壳的内侧面相互平行地形成多条线状凸筋；所述多条线状凸筋的高度为0.05~0.25毫米，所述多条线状凸筋之间的间距为0.5~10毫米”，是为了解决碱性蓄电池因电池极板组重而带来的技术问题，即，如本申请说明书第1页20~22行所述，在外部冲击下电池板组容易移动的技术问题。

国家知识产权局实质审查部门继续审查，于2003年2月21日发出第三次审查意见通知书，其中指出修改后的权利要求1~9不符合专利法第二十二条第三款的规定。

申请人于2003年5月7日提交了针对第三次审查意见通知书的意见陈述书，并提交了权利要求书修改替换页，其中认为修改的权利要求所限定的碱性蓄电池与对比文件1和对比文件2相比具备创造性。本申请所解决的技术问题与对比文件1和对比文件2不同，并且构成也存在区别，即使对比文件1和对比文件2组合，本领域技术人员也不能容易地想到本发明的目的和构成，因而，独立权利要求及其从属权利要求具备创造性。

经审查，国家知识产权局实质审查部门于2003年7月4日以本申请的权利要求1~6不符合专利法第二十二条第三款为由，作出了驳回决定。驳回决定所针对的权利要求书为申请人于2003年5月7日提交的文本：

“1. 一种碱性蓄电池，其特征在于，它包括：

具有导电性，兼作负极端子且有开口部的电池外壳、

在上述电池外壳中设置的电极组、

在上述电池外壳中设置的电解材料，以及

在上述电池外壳的上述开口部，用电绝缘构件分隔设置、用于封闭开口部且兼作正极端子的封口构件；

所述电极组具有：正极构件、具有金属制芯材和被覆于该金属制芯材表面的负极材料的负极构件和设置于上述正极构件和上述负极构件之间的隔离层；

使上述负极构件处于外侧，上述正极构件处于内侧，把上述电极组卷成涡卷状设置在所述电池外壳中；

所述正极构件的一部分与所述封口构件成电气连接；

在所述电池外壳的内侧面相互平行地形成多条线状凸筋；

所述多条线状凸筋的高度为0.05~0.25毫米，所述多条线状凸筋之间的间距为0.5~10毫米，所述多条线状凸筋被配置成对位于上述涡卷状的所述电极组的最外周的所述负极构件呈加压接触的状态；

所述多条线状凸筋的各线状凸筋的顶端以进入所述负极材料表面的状态设置。

2. 根据权利要求1所述的电池，其特征在于，所述电池外壳为圆筒状电池外壳。

3. 根据权利要求1所述的电池，其特征在于，所述多条线状凸筋是分别对所述电池外壳底面垂直地形成的。

4. 根据权利要求1所述的电池，其特征在于，所述多条线状凸筋的长度，比所述电池外壳的高

度小，所述线状凸筋不形成在所述电池外壳的开口部附近。

5. 根据权利要求1所述的电池，其特征在于，所述金属制芯材具有比所述负极材料的电导率大的电导率。

6. 一种碱性蓄电池，其特征在于，它包括：

具有导电性，兼作负极端子且有开口部的电池外壳、

在上述电池外壳中设置的电极组、

在上述电池外壳中设置的电解材料，以及

在上述电池外壳的上述开口部，用电绝缘构件分隔设置、用于封闭开口部且兼作正极端子的封口构件；

所述电极组具有：正极构件、具有金属制芯材和被覆于该金属制芯材表面的负极材料的负极构件和设置于上述正极构件和上述负极构件之间的隔离层；

使上述负极构件处于外侧，上述正极构件处于内侧，把上述电极组卷成涡卷状设置在所述电池外壳中；

所述正极构件的一部分与所述封口构件成电气连接；

在所述电池外壳的内侧面互相平行地形成多条线状凸筋；

所述多条线状凸筋的高度为0.05～0.25毫米，所述多条线状凸筋之间的间距为0.5～10毫米，所述多条线状凸筋的长度为电池高度的47%～87%；

所述多条线状凸筋被配置成对位于上述涡卷状的所述电极组的最外周的所述负极构件呈加压接触的状态，所述多条凸筋的各线状凸筋的顶端以进入所述负极材料表面的状态设置。”

松下电器产业株式会社（下称请求人）不服上述驳回决定，于2003年10月14日向国家知识产权局专利复审委员会提出复审请求，提出复审请求时没有对权利要求书和说明书进行修改。请求人重申了本申请与对比文件1的发明目的完全不同，对比文件1中没有揭示本申请的下述构成特征：碱性蓄电池；负极具有金属制芯材和被覆于该金属制芯材表面的负极材料；线状凸筋的高度为0.05～0.25毫米；线状凸筋之间的间距为0.5～10毫米；线状凸筋对负极加压接触；多条线状凸筋的各线状凸筋的顶端以进入所述负极材料表面的状态设置。由于本申请与对比文件1的发明目的、构成和效果不同，因而，本申请相对于对比文件1具有创造性。对比文件2与本申请的主题也完全不同，且在对比文件2中完全没有揭示本申请的下述构成特征：碱性蓄电池；使负极处于外侧，正极处于内侧，卷成涡卷状构成电极；线状凸筋之间的间距为0.5～10毫米；线状凸筋对负极加压接触；线状凸筋的顶端进入负极材料表面；负极具有金属制芯材和被覆于该金属制芯材表面的负极材料。总之，对比文件2仅揭示电池壳体，对电池与电极没有任何揭示，电池的特性和性能不由电池壳体决定，电极与电池壳体的关系对电池特性有极大影响，本申请注目于电极与电池壳体的关系，在电极、电池壳体及其关系为特定构成时，取得显著效果。本申请与对比文件2的发明目的、构成和效果不同，因此，本申请相对于对比文件2具备创造性。综上所述，权利要求1～6所要求保护的技术方案相对于对比文件1和对比文件2具备创造性，符合专利法第二十二条第三款的规定。

经形式审查合格，专利复审委员会受理了该复审请求，于2003年11月12日发出了复审请求受理通知书和前置审查通知书，在前置审查意见书中，国家知识产权局实质审查部门认为对比文件1和对比文件2已经公开了请求人所称的区别特征，将对比文件1和对比文件2结合得到权利要求1～6的技术方案是显而易见的，权利要求1～6不符合专利法第二十二条第三款的规定，因而坚持原驳回决定。

专利复审委员会依法成立合议组对本复审请求进行了审查，于2005年9月9日向请求人发出复

审通知书，指出权利要求 1 ~ 6 相对于对比文件 1 和对比文件 2 的结合不具备创造性。

请求人于 2005 年 10 月 24 日提交了针对复审通知书的意见陈述，在该意见陈述中，请求人再次强调了对比文件与本发明的所要解决的技术问题不同，且不认同合议组关于存在技术启示的认定。请求人的主要意见包括：（1）对比文件 1 和对比文件 2 与本发明的主题不同；（2）“所述多条线状凸筋被配置成对位于上述涡卷状的所述电极组的最外周的所述负极构件呈加压接触的状态；所述多条线状凸筋的各线状凸筋的顶端以进入所述负极材料表面的状态设置”这一技术特征使本申请的效果更好；（3）审查指南中对“有限的试验”的相关规定是有前提条件的；（4）复审通知书中指出的某些区别特征是“容易想到的”，应引证披露该区别特征的教科书、工具书或对比文件，而不能仅作出结论。因此，请求人坚持认为本申请与对比文件的发明目的、构成及其效果均不同，因而本发明相对于对比文件 1 和对比文件 2 具备创造性。

在上述工作的基础上，合议组认为本案事实已经清楚，可以作出复审决定。

二、决定的理由

本复审决定所依据的文本是：2003 年 5 月 7 日提交的权利要求第 1 ~ 6 项、2002 年 8 月 28 日提交的说明书第 1 ~ 7 页、1997 年 2 月 4 日提交的说明书附图第 1 ~ 3 页及说明书摘要、摘要附图。

权利要求 1 请求保护一种碱性蓄电池，包括电池外壳、电极组、电解材料、在电池外壳上的封口构件组成，其中电极组包括：正极、由金属制芯材和覆于该金属芯材表面的负极材料、正负极之间的隔离层。负极在外侧，正极在内侧，且电极组成涡卷状设置在电池外壳中。正极构件的一部分与封口构件电气连接，在电池外壳的内侧面平行的形成多条现状凸筋，凸筋的高度为 0.05 ~ 0.25 毫米之间，凸筋之间的距离为 0.5 ~ 10 毫米之间，凸筋和电极组的负极构件呈加压接触的状态，并且线状凸筋的凸筋顶端设置为进入负极材料表面。对比文件 1（JP03254074A）中公开的电池的结构如下（参见对比文件 1 摘要以及说明书 368 页第二段）：

在电池壳与负极板的接触部，在负极板表面或电池壳体的表面或者这两者的表面设置突起部、沟部或凹部，即在表面设置的突出部分（也就是权利要求 1 中的凸筋）是同时作用于电池壳体与负极板的。可见对比文件 1 与权利要求 1 的区别在于①对比文件 1 没有公开凸筋的高度和凸筋之间的间距这两个具体的参数；②对比文件 1 没有详细描述负极板和壳体之间加压接触且凸筋顶端扣入负极材料表面；③对比文件 1 没有说明负极板由金属芯和覆盖在该金属芯表面上的负极材料组成。

对比文件 2（US4553419）中也公开了一种电池，与本申请属于相同的技术领域。其中说明书附图 2 中指出的凸肋的高度是 0.09 毫米（参见对比文件 2 说明书第 3 栏 66 至 68 行），因此，权利要求 1 中凸筋的高度特征也已经被公开了。针对尚未被对比文件 1 和对比文件 2 公开的 3 个特征，合议组认为：

①凸筋之间的间距是本领域技术人员通过有限试验所能获得的权利要求 1 将凸筋之间的间距具体限定为 0.5 ~ 10 毫米，请求人在本申请说明书第 4 页 13 行至说明书第 7 页 12 行进行了如下描述“电池外壳的线状凸筋有规定的高度、间距和长度”、“然后，使蓄电池从 20 厘米高出，沿着电池的轴线落下 5 次，再使其沿着垂直于电池轴线下落 5 次，使其落在厚 10 毫米以上的硬木上。然后测定落下后的内阻；再将落下之后的内阻加以比较，确认内阻的上升是否被抑制在 5mΩ 以下；制作具有各种各样的长度、高度和间距的线状凸筋的各种电池外壳和电池；对制作的电池各 50 个分别测定初次冲放电后的内阻，又测定上述落下实验室实施后的内阻，计算落下前后电阻阻值的差；在 0.26 以上时，负极板和线状凸筋之间的压力增加，对跌落引起的内阻上升的抑制效果增大，但是，也存在着对内阻上升的抑制效果达到饱和的同时，用于设置电极组的容积反而减少的缺点”。根据上述描述可知，该技术特征是在对电池内阻的变化情况进行测试的现有技术基础上，所属技术领域的技术人员通过有限

的试验获得的（参见审查指南第二部分第四章2.3的相关规定）；

②负极板和壳体之间的加压接触和凸筋顶端进入负极材料表面是在对比文件1和对比文件2的基础上所容易想到的在对比文件1已经给出了表面设置的突出部分（也就是权利要求1中的凸筋）是同时作用于电池壳体与负极板的，也就是说突出部分位于二者之间，在对比文件2的说明书第2栏第60至63行的发明概述部分，公开了其可以提供一种使电池外壳和电极之间连接更加紧密的方法，即通过在电池壳内部形成线状肋的方法制造的电池壳可以更好地与电极材料相接触。对于本领域的普通技术人员来讲，为了达到对比文件2中涉及的目的而结合对比文件1中的位于电极板和电池壳体之间的突出部分，使形成在电池壳体上的线状突起（即凸筋）进入负极材料表面，从而形成更加牢固的连接关系，是本领域的普通技术人员容易想到的；

③负极板由金属芯和覆盖在该金属芯上的负极材料构成是本领域的常用技术手段

在电化学领域，由于金属芯具有导电的作用，并且，由于金属芯本身强度较高的特性，本领域的技术人员通常都会采用金属芯同时作为支撑结构，从而使其构成负极的支撑结构，因此，使用的负极由负极活性材料和起支撑与导电作用的金属芯体构成是本领域的通用技术手段。

综上所述，上述三个区别技术特征都是为了起到提高电极与电池壳体之间的物理接触和电气接触，对本领域的普通技术人员来讲，在电池和电极之间设置凸筋这样一种结构与电池本身的种类没有关系。只要是使用了这种带有凸筋的结构，就能够获得防止电极组在壳体内滑动的技术效果。电池的种类仅与其中的电化学反应的不同有关，而与电池外壳和电极板之间的结构无关。因此，将对比文件1和对比文件2结合得到权利要求1请求保护的技术方案是容易想到的，权利要求1不具有突出的实质性特点和显著的进步，不符合专利法第二十二条第三款的规定。

权利要求2~4的附加技术特征分别是：电池外壳为圆筒状、凸筋垂直与电池外壳底部、凸筋的长度小于电池外壳的高度且不在电池壳开口部附近。从对比文件1的说明书附图3可以很明显地看出这三个特征，因此，在独立权利要求1不具备创造性的情况下，权利要求2~4也不符合专利法第二十二条第三款的规定。

权利要求5的附加技术特征是金属芯比负极材料的导电率大。在电化学领域金属芯的作用就是支撑和导电，金属芯的导电率必然应当大于覆盖于其外部的活性材料的导电率，该特征属于本领域的公知常识，因此，在独立权利要求1不具备创造性的情况下，权利要求5不符合专利法第二十二条第三款的规定。

权利要求6与权利要求1请求保护的技术方案相似，比权利要求1多了一个技术特征，即凸筋的长度为电池高度的47%~87%，与上述①描述的凸筋的间距相似，该数值也是通过对电池内阻的变化情况进行测试的现有技术的基础上，所属技术领域的技术人员通过有限的试验获得的，因此，参照对权利要求1的评述，权利要求6同样不具有突出的实质性特点和显著的进步，不符合专利法第二十二条第三款的规定。

针对请求人在意见陈述中强调的几点，合议组认为：

（1）尽管对比文件1和对比文件2与本发明所解决的技术问题并不完全相同，但是，它们都属于电池的结构这一技术领域，并且权利要书中请求保护的技术方案中电池的具体结构特征已经被对比文件1和对比文件2公开，尽管对比文件中并没有提及能够获得受到外部冲击时，电极组不会发生偏移从而抑制电池内阻的上升的技术效果，但是采用对比文件1结合对比文件2的技术方案客观上同样可以产生上述技术效果，即采用了结合对比文件1和对比文件2的技术方案，就能够达到与申请相同的效果，该效果是已经被公开的技术方案能够客观产生的。

（2）请求人在意见陈述书中陈述的内容都是记载在说明书中的内容，与本申请权利要求书请求保护的技术方案的结构特征无关。

（3）审查指南规定，若所属技术领域的技术人员在现有技术的基础上通过有限的试验可以得到则发明是显而易见的。在现有技术的基础上，只要所属技术领域的技术人员能够通过有限的试验可以获得，即技术人员能够仅在现有技术的基础上通过常规手段客观获得的，就是显而易见的，不需要对比文件的启示也不必考虑其试验的动机。

（4）请求人认为如果某些区别特征是“容易想到的”，应引证披露该区别特征的教科书、工具书或对比文件，而不能仅作出结论。根据审查指南第二部分第四章3.2.1节中的规定，现有技术中存在“技术启示”有三种情况，（i）所述区别特征为公知常识；（ii）所述区别特征为与最接近的现有技术相关的技术手段；（iii）所述区别特征为另一篇对比文件中披露的相关技术手段，该技术手段在该对比文件中所起的作用与该区别特征在要求保护的发明中为解决该重新确定的技术问题所起的作用相同。即，符合上述三种情况的任意一种就可以认为存在技术启示，复审通知书中认为的技术启示属于第（iii）种情况，对比文件2已经披露了区别技术特征，“容易想到的”是将两篇对比文件结合，而不是如请求人所说容易想到的是区别技术特征，因此不必引证披露该区别特征的教科书、工具书或对比文件。

综上所述，权利要求1～6不符合专利法第二十二条第三款的规定。

三、决定

维持国家知识产权局于2003年7月4日针对第97102523.1号发明专利申请作出的驳回决定。

根据专利法第四十一条的规定，请求人对本决定不服的，可以自收到本决定之日起三个月内向北京市第一中级人民法院起诉。

212

恩汇器案

复审请求审查决定（第9027号）

决　定　号　第9027号
决　定　日　2006年7月18日
发明创造名称　恩汇器
国际分类号　G06F 15/16
复审请求人　李克毅
专利申请号　02111819.1
申　请　日　2002年5月24日
公　开　日　2003年12月3日
合议组组长　崔哲勇
主　审　员　李　熙
参　审　员　杜　宇

法律依据　专利法第二十五条第一款
决定要点

如果一项申请各项权利要求所请求保护的方案仅仅是一种以人的抽象思维为特征的非技术方案，不能解决任何技术问题，也不能实现任何符合自然规律的技术效果，则其属于专利法意义上的智力活动的规则和方法的范畴，属于专利法第二十五条第一款第（二）项规定的不授予专利权的情形。

一、案由

本复审请求涉及发明名称为“恩汇器”的发明专利申请（下称本申请），申请号为02111819.1，申请人为李克毅，申请日为2002年5月24日，公开日为2003年12月3日。

2005年4月8日，国家知识产权局以本申请属于专利法第二十五条第一款第二项规定的情形为由驳回了本申请，驳回决定是针对申请人于申请日提交的原始申请文件作出的。驳回决定所针对的权利要求如下：

“1. 一种电子网络系统——恩汇器，它通过一台或多台，功能齐全的母机，母机的功能可根据现代科技的发展，加以专业分类或综合类组和并加以沿伸，配用更新的信息装置，由于受现有技术的制约，母机的机体可无限制增大，它通过有线、无线或有线无线相结合的装置，输入功能简便的接发器——子机。子机的功能也能根据现代科技的发展加以专业分类或综合类组和，并加以沿伸——配用相应的输出输入装置，其特征在于：子机（接发器）提出单项功能要求——通过显视器或不通过显视器直接发射——有线、无线或有线与无线相结合发射，到达功能齐全的母机。功能齐全的母机通过子机提出的单项功能要求返回通过发射器（有线、无线发射或有线与无线相结合发射）——再通过显视器——满足子机提出的单项功能要求。

2. 如权利要求一所述的恩汇器，其特征在于：只要造一台或多台功能齐全的母机，就可拖带无数台造价低廉、功能简便的子机（接发器）。

3. 如权利要求一所述的恩汇器，其特征在于：母机的机体可无限制增大。

4. 如权利要求一所述的恩汇器，其特征在于：母机与子机的连接可使用有线、无线、或有线与无线相结合的装置。

5. 如权利要求一所述的恩汇器，其特征在于：母机的功能可根据现代科技的发展加以沿伸——配用更新信息装置。

6. 如权利要求一所述的恩汇器，其特征在于：母机的功能可根据现代科技的发展加以专业分类或根据需要综合类组和。

7. 如权利要求一所述的恩汇器，其特征在于：子机的功能只是简便的接发器。

8. 如权利要求一所述的恩汇器，其特征在于：子机与母机的连接可使用有线、无线、或有线与无线相结合装置。

9. 如权利要求一所述的恩汇器，其特征在于：子机的功能也能根据现代科技的发展加以沿伸——配用相应的输出输入装置。

10. 如权利要求一所述的恩汇器，其特征在于：子机的功能也可根据现代科技的发展加以专业分类或根据需要综合类组织。"

驳回决定认为：本申请权利要求 1 ~ 10 请求保护的恩汇器仅仅提供了一种将计算机连接在一起以形成电子网络的指示，并没有从技术角度上进行进一步的说明，仅仅属于一种通过人类思维得到的产品，不属于真正的技术产品，不能解决任何技术问题，更谈不上任何技术效果，因此属于中国专利法第二十五条第一款第（二）项规定的不授予专利权的范围。

申请人（下称复审请求人）对上述驳回决定不服，于 2005 年 6 月 27 日向专利复审委员会提出了复审请求，但没有对申请文件进行修改，复审请求的主要理由是：①原实质审查部门的审查违反了专利法第三十四条的规定；②本申请不仅对整个技术特征提出了独特方案，并且对整个技术产品作了说明，它提出了先人没有提出的技术特点，它的技术效果是先人所没有的，因此属于专利法第二十二条所规定的应该授予专利权。

经形式审查合格，专利复审委员会受理了该复审请求，于 2006 年 1 月 10 日向复审请求人发出了复审请求受理通知书，并向国家知识产权局原实质审查部门发出了前置审查通知书。

原实质审查部门在前置审查意见书中指出，复审请求人在复审请求书中陈述的理由不能作为本申请可授予专利权的理由，因此坚持原驳回决定。

专利复审委员会组成合议组，对本复审请求案进行了审理。

合议组于 2006 年 5 月 22 日发出复审通知书，指出：本申请权利要求 1 ~ 10 所请求保护的方案均是以人的抽象思维为特征的非技术方案，它们均不能解决任何技术问题也不能实现任何技术效果，属于专利法意义上的智力活动的范畴，属于中国专利法第二十五条第一款第（二）项规定的不授予专利权的情形。

针对上述复审通知书，复审请求人于 2006 年 6 月 10 日提交了意见陈述书，但没有对申请文件进行修改，复审请求人主要陈述的理由为：本申请文件并不是对某个部件工艺的描写，也不是对整个系统加以论述，更不是对整个系统作工艺点评，而是对《恩汇器》整个汇集于一体的系统作说明；纵观整个申请，既不抽象，也不主观，更不凭感觉，是实实在在地汇集于一体的新颖系统；本申请属于中国专利法第二十二条所规定的应该授予专利权。

本案合议组经合议后认为本案事实清楚，现依法作出复审决定。

二、决定的理由

1. 文本认定

本复审决定针对的文本是复审请求人于申请日2002年5月24日提交的说明书第1～2页、说明书附图第1页、权利要求第1～10项、说明书摘要及摘要附图。

2. 关于专利法第二十五条第一款第（二）项

中国专利法第二十五条第一款第（二）项规定：智力活动的规则和方法不授予专利权。审查指南第二部分第一章第4.2节对智力活动的规则和方法作了进一步的解释说明：智力活动，是指人的思维运动，它源于人的思维，经过推理、分析和判断产生出抽象的结果，或者必须经过人的思维运动作为媒介，间接地作用于自然产生结果。智力活动的规则和方法是指导人们进行思维、表述、判断和记忆的规则和方法。由于其没有采用技术手段或者利用自然规律，也未解决技术问题和产生技术效果，因而不构成技术方案。它既不符合专利法实施细则第二条第一款的规定，又属于专利法第二十五条第一款第（二）项规定的情形。因此，指导人们进行这类活动的规则和方法不能被授予专利权。

（1）权利要求1请求保护一种恩汇器，其中包括一台或多台功能齐全的母机和子机，通过有线、无线或有线无线相结合的发射器使母机与子机相结合，其中母机和子机的功能和机体可以随着现代科技的发展无限增大。该权利要求1中既没有给出具体如何构造这种功能齐全的母机，也没有限定出根据现代科技发展的母机和子机具有何种构造及其分别能实现什么功能，更没有描述如何通过有线、无线或有线无线相结合的发射器使母机与子机相结合。显然，该权利要求1源于人的思维，其仅仅给出了构造一种电子网络系统的抽象设想，并没有给出实现该电子网络系统的具体技术手段，明显属于一种人类思维中构想的系统，其是在人类思维中经过推理、分析和判断产生出的抽象结果，并不是真正的技术产品。正是由于无法确切地制造功能齐全的母机以及根据现代科技的发展加以延伸的子机，更不知道母机与子机相结合的具体技术手段，所以本领域普通技术人员根本无法得到本申请中所述的“恩汇器”，也就更谈不到这种未利用技术手段、仅凭借人的抽象思维想出来的、无具体实现手段的“恩汇器”实际能够解决任何技术问题，并能够实现任何符合自然规律的技术效果。因此，权利要求1请求保护的方案仅仅是一种以人的抽象思维为特征的非技术方案，其不能解决技术问题，也不能实现技术效果，属于专利法意义上的智力活动的范畴，属于专利法第二十五条第一款第（二）项规定的不授予专利权的情形。

（2）权利要求2～10对权利要求1进行了进一步限定，其限定部分的内容并没有克服当前权利要求1所存在的缺陷，基于与评述权利要求1相同的理由，从属权利要求2～10所请求保护的方案同样是以人的抽象思维为特征的非技术方案，同样不能解决技术问题不能实现技术效果，也属于专利法第二十五条第一款第（二）项规定的不授予专利权的情形。

另外，合议组认为有必要说明：专利法第三十四条规定：国务院专利行政部门收到发明专利申请后，经初步审查认为符合本法要求的，自申请日起满十八个月，即行公布。首先应当明确专利法第三十四条是与初步审查以及申请文件公布的时间相关的规定，本申请经初步审查合格，依据专利法第三十四条予以公布，但是依据专利法第三十九条规定，发明专利申请要想获得授权必须“经实质审查未发现驳回理由”。应复审请求人的实质审查请求，国家知识产权局原实质审查部门对本申请进行实质审查，并以本申请属于专利法第二十五条第一款第（二）项的规定，属于专利法实施细则第五十三条规定的应当予以驳回的情形为由，依据专利法第三十八条的规定驳回了本申请，这并不违背专利法第三十四条的有关规定，国家知识产权局对本申请的整个审查过程完全符合专利法及其实施细则的相关规定。再次，根据审查指南第四部分第二章第1节的相关规定：专利复审委员会一般仅针对驳回决定所依据的理由和证据进行审查，不承担对专利申请全面审查的义务。国家知识产权局于2005年4月8日作出的驳回决定依据专利法第二十五条第一款驳回了本申请，其中并未涉及到专利法第二十二条，因此对于复审请求人在复审请求书中提到的“本申请属于专利法第二十二条所规定”的复审请求理由，合议组不予考虑。

综上所述，本申请权利要求1~10均属于专利法第二十五条第一款第（二）项规定的智力活动的情形，不属于专利法保护的客体；国家知识产权局对本申请的审查过程符合法律规定。

基于上述理由，合议组作出如下决定。

三、决定

维持国家知识产权局于2005年4月8日对02111819.1号发明专利申请作出的驳回决定。

复审请求人对本决定不服的，可以根据专利法第四十一条第二款的规定，自收到本决定之日起三个月内向北京市第一中级人民法院起诉。

213

用于设定扭斜角度的方法和设备案

复审请求审查决定（第9029号）

决　　定　　号　第9029号
决　　定　　日　2006年6月28日
发明创造名称　用于设定扭斜角度的方法和设备
国 际 分 类 号　H02K15/02
复 审 请 求 人　通用电气公司
专 利 申 请 号　19951177060
申　　请　　日　1995年11月7日
公　　开　　日　1996年7月31日
合 议 组 组 长　石　清
主　　审　　员　高　雪
参　　审　　员　张宗任

法 律 依 据　专利法第三十一条　专利法实施细则第二十条
决 定 要 点

虽然权利要求中的某些技术特征采用了功能性的描述方式，但特征部分的技术特征采用了结构性的描述方式，用结构清楚限定了能实现上述功能的装置的范围，从而克服了驳回决定中所指出的权利要求由于采用了功能性的描述而不符合专利法实施细则第二十条第一款的缺陷。

一、案由

本复审请求涉及中国专利局于1995年11月7日受理的，申请号为19951177060的发明专利申请。本申请的名称为“用于设定扭斜角度的方法和设备”，申请人为通用电气公司。申请人在申请日递交的权利要求书中包括有19项权利要求，其中权利要求1、8、13、17为独立权利要求。

在实质审查过程中，国家知识产权局审查部门于2001年3月16日发出第一次审查意见通知书，指出：本申请权利要求1使用了功能性的描述，不能清楚地限定该发明，使得权利要求1不符合专利法实施细则第二十条第一款的规定；本申请说明书对产品的描述仅包括了一项发明，但却在权利要求书中出现了三个独立权利要求1、8、13，不符合专利法实施细则第二十二条第三款的规定；独立权利要求17与其他的产品的独立权利要求所要求保护的技术方案不属于一个总的发明构思，不符合专利法第三十一条的规定。

申请人于2001年9月29日提交了针对审查员发出的第一次审查意见通知书的意见陈述书和权利要求书和说明书的替换页，其中权利要求书包含两项独立权利要求，分别为：

“1. 一种扭斜角度设定工具，用于在具有中心轴（42）的用以叠装电机转子迭片（52）的设备中对扭斜销（46）进行定方位，所述工具包括：

扭斜销（46）角度设定和指示装置（48、94、102、118、122），便于将扭斜销（46）调节到一

个相对于中心轴（42）的要求的角度方位上；以及

高度选择装置（106、108、110、116、114），用于将所述扭斜销指示装置沿着中心轴（42）的长度选择并设定到对应于迭片叠装高度的要求位置上；

其特征在于：

所述扭斜销（46）可以相对于中心轴的轴线移动到多个预定角度方位中的一个角度方位上。”

“17. 一种用于设定转子迭片组扭斜角的方法，其中使用具有中心轴和可相对中心轴转动的扭斜销的设备，中心轴和扭斜销制成可使转子迭片叠装其上的构形，设定杆固定到扭斜销上并控制其运动，所述设备还包括用于限制设定杆转动的止动构件，具有包括多个对应于各个扭斜角度的指示器的扭斜销角度指示装置的工具，所述方法包括下列步骤：

沿着中心轴的长度把扭斜销角度设定指示装置设定到所需位置上；

把设定杆放到对应于扭斜销角度指示装置的要求的扭斜销角度指示器的刻度上的第一位置上；

当从实际上平行中心轴以一个方向移动到第一位置，超过第一位置时，设定止动构件以防止设定杆的转动。”

国家知识产权局实质审查部门以本申请不符合专利法第三十一条、专利法实施细则第二十条第一款的规定为由，于2002年8月9日作出了驳回本申请的决定。驳回决定认为：1）在新修改的权利要求1中对于扭斜销角度设定和指示装置以及高度选择装置限定是：“便于将扭斜销调节到一个相对于中心轴的要求的角度方位上”“用于将所述扭斜销指示装置沿着中心轴的长度选择并设定到对应于迭片叠装高度要求的位置上”，上述限定仅仅是其所要实现的功能，对于本发明这样的产品权利要求来说，应当使用结构特征来进行限定，仅用功能性描述不能清楚地限定本发明，因此权利要求1不符合专利法实施细则第二十条第一款的规定；2）独立权利要求17与其他的产品的独立权利要求所要求保护的技术方案不属于一个总的发明构思，与其他独立权利要求之间不具备单一性，不符合专利法第三十一条的规定。

申请人（下称请求人）对上述驳回决定不服，于2002年11月25日向专利复审委员会提出复审请求，并提交了修改后的权利要求书，修改后的权利要求书将原方法权利要求17～19删去。

经形式审查合格，专利复审委员会受理了本复审请求，并于2002年12月23日发出复审请求受理通知书和前置审查通知书。在前置审查程序中，原实质审查部门认为修改文本仍没有克服原驳回决定所指出的缺陷，坚持原驳回决定。

专利复审委员会依法成立合议组对本案进行复审。合议组于2003年12月25日发出复审通知书，通知书中指出：权利要求1中关于扭斜角度设定装置和高度选择装置的描述只涉及了其所要实现的功能，缺乏结构性的技术特征，使得权利要求1没有清楚、简要地表述请求保护的范围，不符合专利法实施细则第二十条第一款的有关规定。

请求人于2004年2月28日提交了意见陈述书，根据合议组在复审通知书中指出的问题对权利要求书进行了再一次的修改，修改后的权利要求书包括14项权利要求，其中独立权利要求为：

“1. 一种扭斜角度设定工具，用于在具有中心轴（42）的用以叠装电机转子迭片（52）的设备中对扭斜销（46）进行定方位，所述工具包括：

一扭斜销（46）角度设定和指示装置（48、94、102、118、122），所述扭斜销（46）调节到一个相对于中心轴（42）的要求的角度方位上；以及

一高度选择装置（106、108、110、116、114），用于将所述扭斜销设定和指示装置沿着中心轴（42）的长度选择并设定到对应于迭片叠装高度的要求位置上；

其特征在于：

所述扭斜销（46）可以相对该中心轴的轴线移动到至少一个预定角度方位中的一个角度方位上，所述扭斜销角度指示装置包括一调节板（110），该板包括多个沿着其外周所形成的扭斜销对准凹口（118A－118F）；

所述高度选择装置包括一个具有从中穿过的通道（108）的套筒（106），所述通道具有可接受中心轴（42）的尺寸，并且所述可调节板（110）具有一个中心孔（112），以使所述调节板可以通过将所述套筒穿过所述中心孔而安装到所述套筒上。"

合议组于2006年3月28日发出合议组成员告知通知书，在指定期限内请求人未提出回避请求。

在上述工作的基础上，合议组认为本案事实清楚，可以作出本复审请求审查决定。

二、决定的理由

请求人于2004年2月28日提交了权利要求书的修改文本，合议组注意到此次修改文本没有超出原始公开文本的范围，符合专利法第三十三条的有关规定，因此此次复审所依据的文本为请求人于2004年2月28日提交的权利要求第1～14项，2001年9月29日提交的说明书第1～13页，1995年11月7日提交的说明书附图1～8页及说明书摘要和摘要附图。

请求人于2004年2月28日提交的权利要求书修改文本相对于驳回决定所针对文本，将原方法权利要求17～19删除。对此合议组认为，原驳回决定认定独立权利要求17与其他的产品的独立权利要求所要求保护的技术方案不属于一个总的发明构思，与其他独立权利要求之间不具备单一性，不符合专利法第三十一条的规定，由于请求人已将上述方法权利要求删除，因此请求人此次提交的修改文本克服了驳回决定所指出的有关本申请不符合专利法第三十一条的缺陷。

合议组认为，请求人于2004年2月28日提交的权利要求1中关于"扭斜销角度设定和指示装置，所述扭斜销调节到一个相对于中心轴的要求的角度方位上"以及"高度选择装置，用于将所述扭斜销设定和指示装置沿着中心轴的长度选择并设定到对应于迭片叠装高度要求的位置上"等技术特征的撰写仅表明了其所要实现的功能，依然是一种功能性的描述，但其特征部分"所述扭斜销角度指示装置包括一调节板，该板包括多个沿着其外周所形成的扭斜销对准凹口"以及"所述高度选择装置包括一个具有从中穿过的通道的套筒，所述通道具有可接受中心轴的尺寸，并且所述可调节板具有一个中心孔，以使所述调节板可以通过将所述套筒穿过所述中心孔而安装到所述套筒上"的技术特征采用了结构性的描述方式，用结构限定了能实现上述功能的装置的范围，从而克服了驳回决定中所指出的权利要求1由于采用了功能性的描述而没有清楚地表述请求保护的范围、因此不符合专利法实施细则第二十条第一款的缺陷。

综上所述，请求人于2004年2月28日提交的权利要求书修改文本克服了驳回决定以及复审通知书中所指出的本申请不符合专利法实施细则第二十条以及专利法第三十一条的缺陷，至于说明书和权利要求书是否还存在其他缺陷，均留待后续程序继续审查。

三、决定

撤销国家知识产权局于2002年8月9日对①951177060号发明专利申请所作出的驳回决定，以请求人于2004年2月28日提交的权利要求第1～14项，2001年9月29日提交的说明书第1～13页，1995年11月7日提交的说明书附图1～8页及说明书摘要和摘要附图为基础，由原实质审查部门继续进行审查程序。

214 以 XML 格式提供的用于可编程遥控器的控制代码案

复审请求审查决定（第9033号）

决　定　号　第9033号
决　定　日　2006年7月19日
发明创造名称　以XML格式提供的用于可编程遥控器的控制代码
国际分类号　G06F 17/00
复审请求人　皇家菲利浦电子有限公司
申　请　号　01803090.4
申　请　日　2001年9月26日
优　先　权　日　2000年10月10日
公　开　日　2003年3月5日
合议组组长　崔哲勇
主　审　员　杨存吉
参　审　员　唐向阳

法律依据　专利法实施细则第二条第一款
决定要点

如果一件专利申请为了解决技术问题而采取了利用自然规律的技术手段的集合，并获得了符合自然规律的技术效果，构成了技术方案，则符合专利法实施细则第二条第一款的规定。

一、案由

本复审请求案涉及申请日为2001年9月26日、申请号为01803090.4、发明名称为“以XML格式提供的用于可编程遥控器的控制代码”的PCT发明专利申请（下称本申请），本申请的申请人为皇家菲利浦电子有限公司。

本申请于2003年3月5日公开后，应申请人提出的实质审查请求，国家知识产权局实质审查部门针对原始提交国际申请的中文译文，依法对本申请进行实质审查，并于2004年8月27日发出第一次审查意见通知书，认为权利要求1～10不符合专利法实施细则第二条第一款的规定。该通知书指出：权利要求1请求保护的方法仅给出技术启示，没有技术特征，是非技术性的；从属权利要求2～6的附加技术特征不能构成完整的解决技术问题的技术方案，权利要求2～6请求保护的方法也不是技术方案；权利要求7请求保护的遥控器仅给出使用控制代码，并没有给出具体组成和各组成部分的连接关系，不能构成完整的技术方案；从属权利要求8的附加技术特征不能构成完整的技术方案；权利要求9请求保护的数据库的技术特征不能构成完整的技术方案；权利要求10请求保护的控制代码仅给出技术启示，没有给出技术特征，是非技术性的。另外，该通知书还指出：本申请说明书中所记载的技术方案相对于对比文件1（WO0017738A1）和对比文件2（WO0130098A1）所公开的内容也不具备创造性；本申请说明书中还存在标点错误、文字表述不清楚和没给出参考文献具体出处等缺陷。

针对第一次审查意见通知书，申请人于2005年1月11日提交意见陈述书以及修改过的权利要求书和说明书。申请人认为：修改后的权利要求1中明确写出了方法的步骤“用标记语言格式来提供所述数据”，尽管仅有一个步骤，然而却是在现有技术基础上对现有技术作出贡献的一个完整技术方案，其技术特征、功能和效果都是技术性的；从属权利要求2~6自然也是一个完整的技术方案；修改后的权利要求8和9写出了所述遥控器的具体组成和连接关系，构成完整的技术方案；修改后的权利要求11是技术性的；本发明相对于对比文件1或2具备创造性。

国家知识产权局实质审查部门针对第一次审查意见通知书所针对的申请文件以及上述意见陈述书中所附的经修改的申请文件的替换页，于2005年6月10日发出第二次审查意见通知书。该通知书指出：权利要求1~7，11不符合专利法实施细则第二条第一款有关发明的定义；权利要求8不符合专利法实施细则第二十条第一款的规定；权利要求9不符合专利法第二十六条第四款的规定；说明书不符合专利法实施细则第十九条的规定。

申请人于2005年7月30日提交意见陈述书以及修改过的权利要求书和说明书，其中删除了权利要求11并修改了附图标记。申请人认为：权利要求1具有技术特征；权利要求8中不存在矛盾；权利要求9能得到说明书的支持。

国家知识产权局实质审查部门于2005年9月23日针对第二次审查意见通知书所针对的申请文件以及上述意见陈述书中所述的经修改的申请文件替换页，作出驳回决定。该驳回决定理由是：权利要求1~7不符合专利法实施细则第二条第一款的规定；权利要求8中所述的控制设备和消费电子设备含义不清楚，不符合专利法实施细则第二十条第一款的规定。

申请人（下称复审请求人）对上述驳回决定不服，于2005年12月15日向专利复审委员会提出复审请求，同时提交了意见陈述书和修改过的权利要求书。修改后的权利要求为：

“1. 一种提供安装在控制设备上的控制代码的方法，包括以标记语言来确定控制代码的样式以及提供作为以标记语言格式化的数据的控制代码。

2. 权利要求1的方法，其中通过数据网络提供数据。

3. 权利要求1的方法，包括：

使用户在网络上给服务器指定一种由控制装置控制的设备；和

使服务器识别相应的以标记语言提供的作为数据的控制代码。

4. 权利要求的1方法，其中控制代码是EPG的部分。

5. 权利要求1的方法，包括提供在控制设备上使用的GUI组件，该GUI组件作为使用标记语言格式提供的进一步的数据。

6. 权利要求5的方法，其中GUI组件包括遥控装置的图形表示。

7. 权利要求1的方法，包括控制消费电子设备，并且其中所述控制代码是以XML格式提供的控制代码。

8. 一种遥控器（108）用于接收表示安装在该遥控器上的控制代码的数据，包括：

输入接口（114），用于与外部设备通信以接收数据；

触摸屏（110），用于提供用户接口；

处理器（122），用于根据用户经触摸屏的输入来控制所述遥控器的工作；

存储器（120），用于在所述处理器的控制下存储由输入接口接收的数据；

发送器（112），用于按照处理器的控制发送所述控制代码，以控制消费电子设备；

驱动器（124），用于在触摸屏的指示下控制发送器的发送，其中，所述表示控制代码的数据是以标记语言格式经输入接口接收的。

9. 权利要求 8 的遥控器，还包括显示监视器并用于接收用标记语言格式的 GUI 组件。

10. 权利要求 8 的遥控器，所述控制代码是以 XML 格式提供的控制代码。”

复审请求人认为：修改后的权利要求 1 包括了两个步骤“确定控制代码的样式”和“提供作为以标记语言格式化的数据的控制代码”，而这两个步骤有具体技术内容，权利要求 1 的方法应为技术方案；修改后的权利要求是清楚的。

经形式审查合格后，专利复审委员会受理了该复审请求，于 2006 年 2 月 21 日向请求人发出复审请求受理通知书，同时向国家知识产权局实质审查部门发出前置审查通知书。国家知识产权局实质审查部门在前置审查意见书中仍然坚持驳回决定。

专利复审委员会依法组成合议组对本复审请求进行了审查。经审查，合议组认为本案事实已经清楚，可以依法作出决定。

二、决定的理由

由于复审请求人在提出复审请求时提交了权利要求书的替换页，其修改符合专利法第三十三条和专利法实施细则第六十条的规定，所以本复审决定所针对的申请文本为：本申请进入中国国家阶段时提交的国际申请文件中的说明书附图第 1 页、说明书摘要和摘要附图，2005 年 1 月 11 日提交的说明书第 1 ~ 5 页、第 7 ~ 9 页，2005 年 7 月 30 日提交的说明书第 6 页，以及 2005 年 12 月 15 日提交的权利要求第 1 ~ 10 项。

专利法实施细则第二条第一款规定：专利法所称发明，是指对产品、方法或者其改进所提出的新的技术方案。技术方案是对要解决的技术问题所采取的利用了自然规律的技术手段的集合。如果一项方案采用了技术手段、解决了技术问题并能获得技术效果，那么该方案属于技术方案。

权利要求 1 请求保护一种提供安装在控制设备上的控制代码的方法，该方法使用标记语言来提供控制代码，其包括步骤“以标记语言来确定控制代码的样式”和“提供作为以标记语言格式化的数据的控制代码”。虽然标记语言的信息表述属于智力活动规则，但是利用标记语言来确定控制代码的样式和提供控制代码，却定义了一种对信号的处理方式，属于专利法意义上的技术手段，并进而可以产生相应的技术效果，解决相应的技术问题，因此权利要求 1 的方法符合专利法实施细则第二条第一款的规定，进而直接或间接引用权利要求 1 的从属权利要求 2 ~ 7 也符合专利法实施细则第二条第一款的规定。

权利要求 8 把控制设备明确为遥控器，清楚地表达了其与消费电子设备的关系，从而也清楚的表示了该权利要求所要求保护的范围，符合专利法实施细则第二十条第一款的规定。

至于本申请的权利要求是否符合专利法以及专利法实施细则的其他相关规定，由后续程序继续审查。

基于上述理由，合议组作出如下决定。

三、决定

撤销国家知识产权局于 2005 年 9 月 23 日作出的驳回 01803090.4 号申请的决定，由国家知识产权局实质审查部门以本申请进入中国国家阶段时提交的国际申请文件中的说明书附图第 1 页、说明书摘要和摘要附图，2005 年 1 月 11 日提交的说明书第 1 ~ 5 页、第 7 ~ 9 页，2005 年 7 月 30 日提交的说明书第 6 页，以及 2005 年 12 月 15 日提交权利要求第 1 ~ 10 项为基础继续进行审批程序。

215

信息记录介质及其应用系统案

复审请求审查决定（第9034号）

决　　定　　号　第9034号
决　　定　　日　2006年6月29日
发明创造名称　信息记录介质及其应用系统
国 际 分 类 号　G06F 17/60　G07B 15/00
复 审 请 求 人　索尼公司
申　　请　　号　01814156.0
申　　请　　日　2001年7月4日
公　　开　　日　2003年10月8日
合 议 组 组 长　张美菊
主　　审　　员　傅　玉
参　　审　　员　詹靖康

法 律 依 据　专利法第二十二条第三款
决 定 要 点

如果一项权利要求所限定的技术方案仅仅是本领域现有技术与本领域技术人员惯用技术手段的结合，且这种结合所带来的技术效果是采用各相应惯用技术特征所必然带来的，即未产生任何意料不到的技术效果，则该权利要求所限定的技术方案不具有突出的实质性特点和显著的进步，不符合专利法第二十二条第三款有关创造性的规定。

一、案由

本复审请求涉及名称为"信息记录介质及其应用系统"的发明专利申请（下称本申请），其申请号为01814156.0，申请日为2001年7月4日，公开日为2003年10月8日，优先权日为2000年7月4日，申请人为索尼公司。

国家知识产权局实质审查部门在2004年7月2日发出的第一次审查意见通知书中指出：权利要求1~7属于专利法第二十五条规定的不授予专利权的范围。

针对第一次审查意见通知书，申请人于2004年11月17日提交了意见陈述书以及权利要求书修改替换页，其中新修改的权利要求书中删除了原权利要求4~7，同时申请人在意见陈述书中指出：本发明采用了连接至网络的终端设备、主控设备等技术手段，解决了在服务器执行所有处理的系统中存在的准入拥挤的技术问题，并取得了允许进入或拒绝进入的检验操作被简化并加速的技术效果，因此属于可给予专利保护的范围。

国家知识产权局实质审查部门于2005年2月18日发出第二次审查意见通知书，指出修改后的权利要求1~3相对于对比文件1（JP特开平11-272761A，公开日为1999年10月8日）不具备专利法第二十二条第三款规定的创造性。

针对第二次审查意见通知书，申请人于2005年4月27日提交了意见陈述书以及权利要求第1~3项的修改替换页，申请人指出，修改后的权利要求1可清楚地看出本发明与对比文件1的区别：本发明使用的是预付系统，不需要请求用于支付的主服务器等可以执行立即支付（入口）控制。

国家知识产权局实质审查部门针对申请人进入中国国家阶段时提交国际申请文件的译文中的说明书第1~12页、说明书附图第1~4页、说明书摘要及摘要附图以及2005年4月27日提交的权利要求第1~3项，于2005年7月1日以权利要求1~3不具备专利法第二十二条第三款规定的创造性为由驳回了本申请。

驳回决定所针对的独立权利要求1为：

“1. 一种信息记录介质的应用系统，其特征在于，包括：

连接至网络的终端设备，用于输入到被分配给信息记录介质的预约信息记录区和使用信息记录区，和从被分配给信息记录介质的预约信息记录区和使用信息记录区进行输出，所述信息记录介质预先记录用于使能信息记录介质的标识的标识信息，并至少具有：预约信息记录区，能够记录指示特定资源被预先占用特定时间周期的预约信息；以及使用信息记录区，能够记录用于支付的剩余金额信息；

连接至网络的主控设备，用于管理指示是否特定资源和特定时间周期被占用的预约信息；以及

在可使用特定资源的区域的入口处安装的门设备，用于使能获取在所述信息记录介质上记录的预约内容信息，并根据所述预约信息执行开/关操作，其中，

所述终端设备向主控设备查询特定时间周期的特定资源的预约状态，并当想要占用的特定资源在想要的特定时间周期可用时，主控设备记录特定资源被占用特定时间周期并将指示执行预约的信息通知终端设备，以及所述终端设备在信息记录介质的预约信息区中记录指示执行预约的信息。”

驳回决定的主要理由是：a. 权利要求第1~3项相对于对比文件1的区别对于本领域普通技术人员来说是显而易见的，因此权利要求第1~3项相对于对比文件1不符合专利法第二十二条第三款关于创造性的规定；b. 申请人声称的“本发明使用的是预付系统”在独立权利要求1中没有明确记载，也无法从权利要求所记载的技术方案中唯一地推得该结论；c. 使用信息记录介质（例如IC卡）的支付手段和预付手段都是本领域公知公用技术。

申请人（下称复审请求人）对该驳回决定不服，于2005年9月30日向国家知识产权局专利复审委员会提出了复审请求，并提交了新修改的权利要求书，其中，对独立权利要求1进行了修改，并增加了从属权利要求4~6。

修改后的独立权利要求1如下：

“1. 一种信息记录介质的应用系统，其特征在于，包括：

连接至网络的终端设备，用于输入到被分配给信息记录介质的预约信息记录区和使用信息记录区，和从被分配给信息记录介质的预约信息记录区和使用信息记录区进行输出，所述信息记录介质预先记录用于使能信息记录介质的标识的标识信息，并至少具有：预约信息记录区，能够记录指示特定资源被预先占用特定时间周期的预约信息；以及使用信息记录区，能够记录用于支付的剩余金额信息；

连接至网络的主控设备，用于管理指示是否特定资源和特定时间周期被占用的预约信息；以及

在可使用特定资源的区域的入口处安装的门设备，用于使得能够获取在所述信息记录介质上记录的预约信息，基于所述预约信息确定是否允许通过该门，并根据该确定结果而执行开/关操作，其中，

所述终端设备向主控设备查询特定时间周期的特定资源的预约状态，并当想要占用的特定资源在想要的特定时间周期可用时，主控设备记录特定资源被占用特定时间周期并将指示执行预约的信息通

知终端设备，以及所述终端设备在信息记录介质的预约信息区中记录指示执行预约的信息。”

复审请求的主要理由是：a. 与对比文件 1 相比，本发明的门设备无需与服务器通信而进行准入允许或准入拒绝的控制，从而简化和加快了准入检查处理，由此防止用户长时间地等待检验；b. 新修改的权利要求包含对比文件 1 中没有公开的区别特征，从对比文件 1 中也无法获得相应的技术启示，因此权利要求具备突出的实质性特点和显著的进步，具备专利法第二十二条第三款规定的创造性。

专利复审委员会于 2005 年 11 月 9 日发出了复审请求受理通知书和前置审查通知书。

在前置审查程序中，国家知识产权局实质审查部门仍坚持原驳回决定。

专利复审委员会依法成立合议组对本案进行复审，并于 2006 年 3 月 15 日发出了复审通知书。通知书中主要指出：1）复审请求人在提出复审请求时在权利要求书中增加的权利要求 4 ~6 不符合专利法实施细则第六十条第一款的规定，因此复审请求人在提出复审请求时提交的权利要求书不能被接受；2）针对驳回决定所依据的文本，合议组认为：权利要求 1 ~3 相对于对比文件 1 不具备创造性，不符合专利法第二十二条第三款的规定；3）此外，合议组认为，提出复审请求时提交的权利要求第 1 ~3 项仅仅是文字的修改，因此该权利要求第 1 ~3 项也不具备创造性。

针对上述复审通知书，复审请求人于 2006 年 4 月 29 日提交了意见陈述书和修改的权利要求书，删除了权利要求第 4 ~6 项，并在权利要求 1 中增加了“判断记录在该信息记录介质中的所述预约信息是否有效，根据该判断结果而确定是否允许通过该门”的内容。复审请求人指出：1）本申请门设备自己来确定是否允许用户通过该门，而对比文件 1 中由管理中心 40 管理，因此本申请与对比文件 1 是完全不同的，并且由于上述区别的存在，获得了“准确和迅速地执行准入检查处理”的有益效果；而且该区别特征不能从对比文件 1 中得到相应的技术启示；2）合议组没有提供对比文件来支持关于区别技术特征属于公知常识的认定是不恰当的，基于上述理由，权利要求 1 ~3 相对于对比文件 1 具备创造性。修改后的权利要求 1 ~3 如下：

“1. 一种信息记录介质的应用系统，其特征在于，包括：

连接至网络的终端设备，用于输入到被分配给信息记录介质的预约信息记录区和使用信息记录区，和从被分配给信息记录介质的预约信息记录区和使用信息记录区进行输出，所述信息记录介质预先记录用于使能信息记录介质的标识的标识信息，并至少具有：预约信息记录区，能够记录指示特定资源被预先占用特定时间周期的预约信息；以及使用信息记录区，能够记录用于支付的剩余金额信息；

连接至网络的主控设备，用于管理指示是否特定资源和特定时间周期被占用的预约信息；以及

在可使用特定资源的区域的入口处安装的门设备，用于使得能够获取在所述信息记录介质上记录的预约信息，判断记录在该信息记录介质中的所述预约信息是否有效，根据该判断结果而确定是否允许通过该门，并根据该确定结果而执行开/关操作，其中，

所述终端设备向主控设备查询特定时间周期的特定资源的预约状态，并当想要占用的特定资源在想要的特定时间周期可用时，主控设备记录特定资源被占用特定时间周期并将指示执行预约的信息通知终端设备，以及所述终端设备在信息记录介质的预约信息区中记录指示执行预约的信息。

2. 如权利要求 1 所述的信息记录介质的应用系统，其特征在于，其中，

所述终端设备包括：使用信息读取单元，用于从使用信息记录区读取所述信息记录介质所记录的使用信息；以及余额查询单元，用于基于所述使用信息查询余额。

3. 如权利要求 2 所述的信息记录介质的应用系统，其特征在于，其中，

所述终端设备还包括余额更新单元，用于更新余额。”

至此，合议组认为，复审请求人已充分发表意见，可以作出本复审请求审查决定。

二、决定的理由

1. 文本认定

经审查，合议组认为复审请求人于2006年4月29日提交的修改文本符合专利法第三十三条和专利法实施细则第六十条的规定，因此，本复审决定针对的文本是复审请求人进入中国国家阶段时提交的国际申请文件的译文中的说明书第1～12页、说明书附图第1～4页、说明书摘要、摘要附图以及2006年4月29日提交的权利要求第1～3项。

2. 关于创造性

（1）权利要求1涉及一种信息记录介质的应用系统，包括：

（a）连接至网络的终端设备，用于输入到被分配给信息记录介质的预约信息记录区和使用信息记录区，和从被分配给信息记录介质的预约信息记录区和使用信息记录区进行输出，

（b）所述信息记录介质预先记录用于使能信息记录介质的标识的标识信息，并至少具有：预约信息记录区，能够记录指示特定资源被预先占用特定时间周期的预约信息；以及使用信息记录区，能够记录用于支付的剩余金额信息；

（c）连接至网络的主控设备，用于管理指示是否特定资源和特定时间周期被占用的预约信息；以及

（d）在可使用特定资源的区域的入口处安装的门设备，用于使得能够获取在所述信息记录介质上记录的预约信息，

（e）所述门设备判断记录在该信息记录介质中的所述预约信息是否有效，根据该判断结果而确定是否允许通过该门，并根据该确定结果而执行开/关操作，

（f）所述终端设备向主控设备查询特定时间周期的特定资源的预约状态，并当想要占用的特定资源在想要的特定时间周期可用时，主控设备记录特定资源被占用特定时间周期并将指示执行预约的信息通知终端设备，以及所述终端设备在信息记录介质的预约信息区中记录指示执行预约的信息。

对比文件1（JP特开平11－272761A）的公开日为1999年10月8日，早于本申请的优先权日，可作为评价本申请创造性的现有技术。

对比文件1（参见说明书第22栏第8行至第28栏第6行，附图16～17）公开了一种账户和记录介质的结算系统和方法，并公开了以下技术特征：该结算系统包括通过网络与预约和账户管理中心40连接的管理终端44、用于读/写的IC卡46，其中，IC卡46预先记录有私人密钥信息、公用密钥和信用信息46－4，该信用信息46－4包括标识该IC卡46的卡号、截止日期和个人标识号，IC卡46的存储器记录区46－7可记录包括预约号、日期、房间号、有效日期限等信息的登记信息46－8以及包括账目信息，即，IC卡46的存储器记录区分为登记信息区和账目信息区，其中，账目信息包括费用信息等，对于本领域的普通技术人员来说，账目信息必然包括了消费的费用以及费用余额；预约和账户管理中心40对登记信息和账目信息进行管理；在预约地点入口附近设置有门施锁管理装置45，用于利用IC卡读取器45－2读取IC卡46中记录的登记信息，并由根据获取的登记信息来执行解锁操作，其具体操作为（参见对比文件1第22栏第38～43行）：在读出IC卡46中的登记信息后传送给预约和账户管理中心40来检测该信息是否在其中登记，如果登记就向门施锁管理装置45返回一个开锁指示，从而打开门锁。其中，管理终端44基于输入的预约条件生成登记请求信息50，并向预约和账户管理中心40的预约和账户管理计算机42发送该信息，预约和账户管理计算机42基于该信息对预约和账目数据43进行检索，当有空的场所时，更新预约和账目数据43，生成登记信息52发送到管理终端44，IC卡46读取登记信息52，并写入RAM46－7。

将权利要求1与对比文件1进行比较可知，对比文件1中的管理终端44、预约和账户管理中心40、门施锁管理装置45分别对应于权利要求1中的终端设备、主控设备、门设备；对比文件1中的用于读/写的IC卡46、标识该IC卡46的卡号分别对应于权利要求1的输入和输出信息的记录介质、标识信息；对比文件1的登记信息区、账目信息区、预约和账目数据43、登记信息52分别对应于权利要求1中的预约信息记录区、使用信息记录区、预约状态、指示执行预约的信息；对比文件1中的存储器记录区46-7可记录的包括预约号、日期、房间号、有效日期限等信息对应于权利要求1的能够记录指示特定资源被预先占用特定时间周期的预约信息，对比文件1中账目信息中必然包括了的消费的费用以及费用余额对应于权利要求1的用于支付的剩余金额信息。因此，对比文件1已经公开了权利要求1中的特征（a）~（d）、（f）。

权利要求1与对比文件1的区别在于还包括特征（e），即门设备判断记录在该信息记录介质中的所述预约信息是否有效，根据该判断结果而确定是否允许通过该门，并根据该确定结果而执行开/关操作。

与驳回决定所针对的权利要求1的原始记载特征：门设备“根据预约信息执行开/关操作”相比，修改后的权利要求1的特征（e）中增加了“判断记录在该信息记录中的所述预约信息是否有效”的内容，对于本领域普通技术人员来说，“根据预约信息执行开/关操作”必然会包括判断该信息是否有效的步骤，因此复审请求人对上述特征的修改并没有给权利要求带来实质的区别，并且在复审通知书中已经指出了对比文件1说明书第22栏第38~43行已经公开了在读出IC卡46中记录的登记信息后，传送给预约和账户管理中心40来检测该信息是否在其中登记，这就相当于判断是否有效的步骤，因此，合议组认为，权利要求1与对比文件1的区别实质上还是在于：门设备根据所述预约信息执行开/关操作。

合议组认为，上述区别特征强调的是由门设备自己来确定是否允许用户通过该门的本地数据处理方式，而对比文件1中对应的是门的开断由管理中心（即服务器）来管理的服务器远程数据处理方式。对于本领域的普通技术人员而言，在网络数据处理中，将数据在终端进行本地处理和由服务中心进行远程处理，都是常用的数据处理方式，并各自具有其优缺点，当需要降低管理中心（即，服务器）和网络的负载以及节约处理通讯时间，从而节约处理等待时间时，本领域的技术人员通常采用在远程终端中配备具有计算功能的装置的技术手段，从而使得远程终端在本地即可籍其自身能力作出动作而无需联接到服务器以获得指令。

复审请求人在答复复审通知书时认为，合议组没有提供对比文件来支持关于区别技术特征属于公知常识的认定是不恰当的，权利要求1正是因为包含了该区别特征，解决了“准入拥挤”的问题，并达到了“准确和迅速地执行准入检查处理”的有益效果。

对此，合议组认为：并不是所有的公知常识都必须用对比文件来举证。对于本申请，本地实时数据处理和服务器远程数据处理是本领域普通技术人员常用的数据处理方式。例如与服务器连接的具有处理能力的和不具有处理能力的本地客户机就是典型的例子，又或者对于具有处理能力的本地客户机既可以将一些处理在本地处理，也可以将其在服务器处理。本地实时数据处理是根据实时的写入对数据进行本地的识别和验证，而本领域的普通技术人员根据普通常识都可以得知，相对独立的本地数据处理系统无须在网络通讯程序上耗费时间、因而具有降低网络设备的成本、减少网络上的数据传输量、且避免网络负载增加对系统性能的影响、并大大提高系统的响应速度的优点。因此，为了降低对比文件1中预约和账户管理中心和网络传输的负载，减少持卡人的等待时间时，本领域的普通技术人员在对比文件1的基础上想到采用本地数据处理的方式的惯用技术手段是很明显的。并且在本申请中也仅仅记载了由门设备执行由对比文件1执行的判断和控制开/关操作，其中仅仅是简单地根据公知常识将服务器的操作转移到门设备上执行，并且在门设备上的实施过程中并没有引发并解决新的技术问题，因此，其所带来的技术效果也是很容易预见到的。

基于上述理由，合议组认为，在对比文件1公开的技术内容的基础上，将本地数据处理方式的惯用技术手段与对比文件1相结合而得到权利要求1所要求保护的技术方案对于本领域普通技术人员而言无需花费创造性劳动，是显而易见的，并且这样的结合并未产生意料不到的技术效果。因此权利要求1相对于对比文件1不具备突出的实质性特点和显著的进步，不符合专利法第二十二条第三款关于创造性的规定。

（2）权利要求2对权利要求1进行了进一步的限定，其附加技术特征是“所述终端设备包括：使用信息读取单元，用于从使用信息记录区读取所述信息记录介质所记录的使用信息；以及余额查询单元，用于基于所述使用信息查询余额”。对比文件1（参见说明书第26栏第49行至第27栏第50行，附图16－17）公开的管理终端44包括：IC卡读写单元44－5，用于从IC卡46的RAM46－7中读取账目信息46－8；以及结算单元44－3，用于费用结算。此外，终端设备（例如ATM终端设备，或计算机）具有余额查询单元，并基于用户卡中的使用信息对用户卡中的余额进行查询是本领域的公知常识，其使用对于本领域的普通技术人员来说是显而易见的。因此，在权利要求2所引用的权利要求1不具备创造性的情况下，权利要求2也不具备创造性，不符合专利法第二十二条第三款的规定。

（3）权利要求3对权利要求2进行了进一步的限定，其附加技术特征是“所述终端设备还包括余额更新单元，用于更新余额”。对比文件1（参见说明书第26栏第49行至第27栏第50行，附图16－17）公开的管理终端44包括：结算单元44－3，用于费用结算，即对余额进行更新。因此，权利要求3的附加技术特征已被对比文件1公开，在权利要求3所引用的权利要求2不具备创造性的情况下，权利要求3也不具备创造性，不符合专利法第二十二条第三款的规定。

三、决定

维持国家知识产权局于2005年7月1日作出的驳回01814156.0号发明专利申请的决定。

复审请求人如对本决定不服，可以依据专利法第四十一条第二款的规定，自收到本决定之日起三个月内向北京市第一中级人民法院起诉。

216

场效应晶体管及其制造方法案

复审请求审查决定（第9035号）

决　定　号　第9035号
决　定　日　2006年6月29日
发明创造名称　场效应晶体管及其制造方法
国际分类号　H01L 29/78　H01L 21/336
复审请求人　费查尔德半导体有限公司
申　请　号　98122326.5
申　请　日　1998年11月13日
公　开　日　1999年9月1日
合议组组长　张美菊
主　审　员　傅　玉
参　审　员　骆素芳

法律依据　专利法第三十三条，专利法第三十一条第一款
决定要点

复审程序中修改的特征“沿所述多个沟槽的沟槽壁形成一栅极介质材料层；以导电材料基本上填充每个形成有栅极介质材料层的沟槽”可以从原申请公开的信息中直接地、毫无疑义地导出，因而修改后的权利要求书克服了驳回决定中指出的权利要求书修改超范围的缺陷，符合专利法第三十三条的规定。

复审程序中删除了驳回决定中所指出的不具有单一性的权利要求，克服了驳回决定中所指出的缺陷。

一、案由

本复审请求涉及国家知识产权局于2005年7月8日驳回的、名称为“场效应晶体管及其制造方法”的发明专利申请（下称本申请），其申请号为98122326.5，申请日为1998年11月13日，公开日为1999年9月1日，优先权日为1997年11月14日，申请人为费查尔德半导体有限公司。

国家知识产权局实质审查部查门在2003年1月24日发出的第一次审查意见通知书中指出：权利要求1~4、6相对于对比文件1（EP0755076A2，1997年1月22日公开）不具备专利法第二十二条第二款规定的新颖性，权利要求5相对于对比文件1和对比文件2（CN1090680A，1994年8月10日公开）不具备专利法第二十二条第三款规定的创造性。

针对第一次审查意见通知书，申请人于2003年6月6日提交了意见陈述书以及修改的权利要求书，并陈述了修改后的权利要求1~6具备创造性的理由。

国家知识产权局实质审查部门于2003年9月26日发出第二次审查意见通知书，指出权利要求41~57的修改不符合专利法第三十三条的规定，权利要求1、11和权利要求16、26不符合专利法第三

十一条第一款的规定，权利要求1、16、18~20、24、25、46不符合专利法实施细则第二十条第一款的规定。

针对第二次审查意见通知书，申请人于2003年12月10日提交了意见陈述书以及说明书修改替换页和权利要求书修改替换页，指出，（1）原权利要求41~57的修改没有超出原始公开的范围；（2）删除原权利要求11~25以克服单一性问题，并且原权利要求1、26、41具备单一性；（3）原权利要求1、46符合专利法实施细则第二十条第一款的规定。

申请人于2004年2月13日提交了说明书第6页的替换页及意见陈述书，其中陈述了修改了说明书第6页的明显错误。

国家知识产权局实质审查部门依据申请人2004年2月13日提交的说明书第6页、2003年12月10日提交的权利要求第1~42项、说明书第1~5、7~10页、1998年11月13日提交的说明书附图第1~9页、说明书摘要及摘要附图，于2005年7月8日以权利要求26~42不符合专利法第三十三条的规定、独立权利要求11与独立权利要求1不具备单一性，不符合专利法第三十一条第一款的规定为由驳回了本申请。

驳回决定所涉及的独立权利要求1、11、26为：

"1. 一种晶体管单元阵列，其特征在于包括：

半导体衬底；

基本上相互平行排列且沿第一方向延伸的多个栅极形成沟槽，相邻沟槽之间的空间限定一接触区，每个沟槽在所述衬底中延伸预定的深度，此预定深度对所有所述栅极形成沟槽基本上是相同的；

位于沟槽两侧并沿沟槽的长度延伸的一对掺杂的源结；

位于每个源结附近的每对栅极形成沟槽之间的掺杂重掺杂体，每个所述重掺杂体的最深部分在所述半导体衬底中延伸至一可调深度，该可调深度大于所述掺杂源结的深度且小于所述沟槽的所述预定深度；

在重掺杂体下面且包围每个重掺杂体的掺杂阱；以及

其中，所述掺杂重掺杂体的所述可调深度使得在有电压加到晶体管单元阵列时，将使峰值电场与邻近的沟槽隔开。"

"11. 一种场效应晶体管，包括：

具有第一导电类型的杂质的半导体衬底；

基本上相互平行排列的多个栅极形成沟槽，每个沟槽在所述衬底中延伸至第一深度，相邻沟槽之间的空间限定一接触区；

位于每个沟槽两侧的一对掺杂的源结，所述源结具有第一导电类型的杂质；

具有第二导电类型的杂质的掺杂阱，所述第二导电类型的电荷与第一导电类型的相反，所述掺杂阱形成于每对栅极形成沟槽之间的半导体衬底中；

在所述掺杂阱内形成的重掺杂体，所述重掺杂体具有小于所述沟槽的第一深度的第二深度；以及

沿接触区的长度限定于半导体衬底表面的重掺杂体接触区域，

其中，所述重掺杂体与所述阱形成突变结，所述重掺杂体的深度相对于所述阱的深度如此调节，从而在有电压加到晶体管时，晶体管的击穿电流与所述沟槽隔开。"

"26. 一种制造沟槽晶体管的方法，包括：

提供具有第一导电类型的杂质的半导体衬底；

形成在半导体衬底中延伸至第一深度的沟槽；

以栅极介质材料使多个沟槽中的每一个排齐；

以导电材料基本上填充每个介质排齐的沟槽；

在衬底中形成第二深度的掺杂阱，所述第二深度小于多个沟槽的所述第一深度，掺杂阱具有与所述第一导电类型的相反的第二导电类型的杂质；

形成在掺杂阱内延伸的第三深度的重掺杂体，所述第三深度小于所述掺杂阱的所述第二深度，所述重掺杂体具有第二导电类型的杂质且与所述阱形成突变结；

在所述阱内形成源区，所述源区具有第一导电类型的杂质；以及

相对于阱的深度调节突变结的位置，从而把晶体管击穿电流与沟槽隔开。”

驳回决定的主要理由是：a. 说明书没有记载“以栅极介质材料使多个沟槽中的每一个排齐”的排齐步骤，也不能由附图中直接导出，因此权利要求 26 超出了原说明书和权利要求书记载的范围，相应地，从属权利要求 27～42 也超出了原说明书和权利要求书记载的范围，不符合专利法第三十三条的规定；b. 独立权利要求 11 与独立权利要求 1 所请求保护的技术方案不属于一个总的发明构思，技术上无相互关联，没有相同或相应的特定技术特征，不具备单一性，不符合专利法第三十一条第一款的规定。

申请人（下称复审请求人）对该驳回决定不服，于 2005 年 10 月 24 日向国家知识产权局专利复审委员会提出了复审请求，并提交了新修改的权利要求书，其中，删除了原权利要求 1－10，并对原独立权利要求 26 进行了修改。

提复审请求时修改的独立权利要求 1、16 为：

“1. 一种场效应晶体管，包括：

具有第一导电类型的杂质的半导体衬底；

基本上相互平行排列的多个栅极形成沟槽，每个沟槽在所述衬底中延伸至第一深度，相邻沟槽之间的空间限定一接触区；

位于每个沟槽两侧的一对掺杂的源结，所述源结具有第一导电类型的杂质；

具有第二导电类型的杂质的掺杂阱，所述第二导电类型的电荷与第一导电类型的相反，所述掺杂阱形成于每对栅极形成沟槽之间的半导体衬底中；

在所述掺杂阱内形成的重掺杂体，所述重掺杂体具有小于所述沟槽的第一深度的第二深度；以及

沿接触区的长度限定于半导体衬底表面的重掺杂体接触区域，

其中，所述重掺杂体与所述阱形成突变结，所述重掺杂体的深度相对于所述阱的深度如此调节，从而在有电压加到晶体管时，晶体管的击穿电流与所述沟槽隔开。”

“16. 一种制造沟槽晶体管的方法，包括：

提供具有第一导电类型的杂质的半导体衬底；

形成在半导体衬底中延伸至第一深度的多个沟槽；

以栅极介质材料使多个沟槽中的每一个排列成行；

以导电材料基本上填充每个介质排齐的沟槽；

在衬底中形成第二深度的掺杂阱，所述第二深度小于多个沟槽的所述第一深度，掺杂阱具有与所述第一导电类型的相反的第二导电类型的杂质；

形成在掺杂阱内延伸的第三深度的重掺杂体，所述第三深度小于所述掺杂阱的所述第二深度，所述重掺杂体具有第二导电类型的杂质且与所述阱形成突变结；

在所述阱内形成源区，所述源区具有第一导电类型的杂质；以及

相对于阱的深度调节突变结的位置，从而把晶体管击穿电流与沟槽隔开。”

复审请求的主要理由是：a. 将原权利要求 26 的特征“以栅极介质材料使多个沟槽中的每一个排

齐”修改为“以栅极介质材料使多个沟槽中的每一个排列成行”，修改后的权利要求能够得到说明书的支持；b. 删除了权利要求 1～10，从而克服了权利要求 11 与权利要求 1 没有单一性的问题。

专利复审委员会于 2005 年 11 月 29 日发出了复审请求受理通知书和前置审查通知书。

在前置审查程序中，国家知识产权局实质审查部门仍坚持原驳回决定。

专利复审委员会依法成立合议组对本案进行复审，并于 2006 年 5 月 8 日发出复审通知书。通知书中主要指出：从原说明书及其附图可以得知的是，通过对外延层进行构图和蚀刻以形成排列成行的沟槽，栅极介质材料是在已排列成行的沟槽的壁上再形成的，而并不是如修改后的权利要求 16 中所述的由栅极介质材料使得沟槽平行排列成行。因此，特征“栅极介质材料使多个沟槽中的每一个排列成行”并没有记载在原说明书和权利要求书中，本领域的普通技术人员也不能由原说明书和权利要求书直接、毫无疑义地导出该特征。

针对上述复审通知书，复审请求人于 2006 年 6 月 1 日提交了意见陈述书和修改的权利要求书，复审请求人在意见陈述中指出修改后的权利要求书克服了复通指出的缺陷。其中，请求人答复复审通知书时提交的权利要求书的独立权利要求为：

“1. 一种场效应晶体管，包括：

具有第一导电类型的杂质的半导体衬底；

基本上相互平行排列的多个栅极形成沟槽，每个沟槽在所述衬底中延伸至第一深度，相邻沟槽之间的空间限定一接触区；

位于每个沟槽两侧的一对掺杂的源结，所述源结具有第一导电类型的杂质；

具有第二导电类型的杂质的掺杂阱，所述第二导电类型的电荷与第一导电类型的相反，所述掺杂阱形成于每对栅极形成沟槽之间的半导体衬底中；

在所述掺杂阱内形成的重掺杂体，所述重掺杂体具有小于所述沟槽的第一深度的第二深度；以及

沿接触区的长度限定于半导体衬底表面的重掺杂体接触区域，

其中，所述重掺杂体与所述阱形成突变结，所述重掺杂体的深度相对于所述阱的深度如此调节，从而在有电压加到晶体管时，晶体管的击穿电流与所述沟槽隔开。”

“16. 一种制造沟槽晶体管的方法，包括：

提供具有第一导电类型的杂质的半导体衬底；

形成在半导体衬底中延伸至第一深度的多个沟槽；

沿所述多个沟槽的沟槽壁形成一栅极介质材料层；

以导电材料基本上填充每个形成有栅极介质材料层的沟槽；

在衬底中形成第二深度的掺杂阱，所述第二深度小于多个沟槽的所述第一深度，掺杂阱具有与所述第一导电类型的相反的第二导电类型的杂质；

形成在掺杂阱内延伸的第三深度的重掺杂体，所述第三深度小于所述掺杂阱的所述第二深度，所述重掺杂体具有第二导电类型的杂质且与所述阱形成突变结；

在所述阱内形成源区，所述源区具有第一导电类型的杂质；以及

相对于阱的深度调节突变结的位置，从而把晶体管击穿电流与沟槽隔开。”

在上述工作的基础上，合议组认为，本案的事实已清楚，可以作出本复审请求审查决定。

二、决定的理由

1. 关于文本

复审请求人于 2006 年 6 月 1 日答复复审通知书时提交了修改的权利要求书，因此本复审决定针对的文本是：复审请求人 2006 年 6 月 1 日提交的权利要求第 1～32 项、2004 年 2 月 13 日提交的说明

书第 6 页、2003 年 12 月 10 日提交的说明书第 1 ~ 5、7 ~ 10 页以及 1998 年 11 月 13 日提交的说明书附图第 1 ~ 9 页、说明书摘要及摘要附图。

2. 关于专利法第三十三条

与复审请求人 2005 年 10 月 24 日提交的权利要求书中的权利要求 16 以及 2003 年 12 月 10 日提交的权利要求书中的权利要求 26 相比，2006 年 6 月 1 日答复复审通知书时提交的权利要求书的权利要求 16 中将上述两个文本中对应的特征"以栅极介质材料使多个沟槽中的每一个排列成行；以导电材料基本上填充每个介质排齐的沟槽""以栅极介质材料使多个沟槽中的每一个排齐；以导电材料基本上填充每个介质排齐的沟槽"替换为"沿所述多个沟槽的沟槽壁形成一栅极介质材料层；以导电材料基本上填充每个形成有栅极介质材料层的沟槽"。

合议组经审查认为，根据原始说明书第 6 页第 14 ~ 19 行，以及图 4D – 4E 的记载，制造沟槽晶体管的方法相应步骤为：提供半导体衬底；在衬底外延层上蚀刻多个沟槽（如图 4D 所示），在沟槽壁上涂覆栅极介质材料以形成栅氧化层，并淀积多晶硅（导电材料）填充所述沟槽并覆盖衬底表面（如图 4E 所示）。因此，修改后的特征"沿所述多个沟槽的沟槽壁形成一栅极介质材料层；以导电材料基本上填充每个形成有栅极介质材料层的沟槽"与原始说明书记载的内容是一致的，是可以从原始申请公开的信息中直接地、毫无疑义地导出，因而修改后的权利要求书克服了驳回决定和复审通知书中指出的权利要求书修改超范围的缺陷，符合专利法第三十三条的规定。

3. 关于专利法第三十一条第一款

驳回决定指出，复审请求人于 2003 年 12 月 10 日提交的权利要求 11 和权利要求 1 所请求保护的技术方案不属于一个总的发明构思，复审请求人在 2005 年 10 月 24 日提出复审请求时以及 2006 年 6 月 1 日答复复审通知书时所提交的权利要求书中均删除了驳回决定所针对的权利要求 1 ~ 10，因此复审请求人对权利要求的修改克服了驳回决定中所指出的不符合专利法第三十一条第一款的问题。

综上所述，复审请求人对申请文件的修改已经克服了驳回决定和复审通知书中所指出的缺陷，可以作出如下决定。

三、决定

撤销国家知识产权局实质审查部门于 2005 年 7 月 8 日作出的驳回决定。由国家知识产权局原实质审查部门在 2006 年 6 月 1 日提交的权利要求第 1 ~ 32 项、2004 年 2 月 13 日提交的说明书第 6 页、2003 年 12 月 10 日提交的说明书第 1 ~ 5、7 ~ 10 页以及 1998 年 11 月 13 日提交的说明书附图第 1 ~ 9 页、说明书摘要及摘要附图的基础上继续进行审批程序。

217

具有掩埋异质结类型的激光二极管案

复审请求审查决定（第9082号）

决　定　号　第9082号
决　定　日　2006年7月28日
发明创造名称　具有掩埋异质结类型的激光二极管
国际分类号　H01L 33/00　H01L 29/15　H01L 29/201　H01S 5/02
复审请求人　艾利森电话股份有限公司
申　请　号　98806913.X
申　请　日　1998年7月3日
公　开　日　2000年8月2日
合议组组长　蒋　彤
主　审　员　李玲玲
参　审　员　瑜　佳

法律依据　专利法第二十六条第四款　专利法实施细则第二十条第一款

决定要点

1. 如果一项权利要求中使用了某一上位概念，同时该权利要求中对该上位概念从多方面进行了具体限定，上述限定均是以说明书为依据的，而且，说明书中也记载了多种能够具体实施的下位概念，则认为该权利要求得到了说明书的支持。

2. 如果所属技术领域对于某一技术术语有通常的理解，而且说明书中也有关于该技术术语按该技术领域通常理解的记载，则认为基于此通常理解的描述是清楚的。

一、案由

本复审请求涉及申请日为1998年7月3日、进入中国国家阶段的日期为2000年1月4日、公开日为2000年8月2日、发明名称为“具有掩埋异质结构类型的激光二极管”、申请号为98806913.X的PCT发明专利申请（下称本申请），申请人为艾利森电话股份有限公司。

在实质审查阶段，国家知识产权局于2003年5月9日针对申请人于2003年1月14日提交的权利要求第1～8项、说明书第1～9页、进入中国国家阶段时提交的附图第1～5页、说明书摘要和摘要附图驳回了本申请。驳回的理由是：本申请权利要求1使用的上位概念“薄膜层”概括了一个较宽的保护范围，依据该申请文件所记载的内容，所属技术领域的技术人员难于预见该上位概念所概括的除该申请具体实施方式之外的所有方式均能达到该发明的目的，因此本申请权利要求1没有以说明书为依据，不符合专利法第二十六条第四款的有关规定；本申请权利要求1中“第二个n型掺杂膜层”“第二个p型掺杂膜层”描述不清楚，使本领域技术人员不能从该权利要求的描述中得出所述“第二”之外的第一膜层的位置，因此本申请权利要求1不符合专利法实施细则第二十条第一款的有关规定。驳回决定所针对的独立权利要求1内容如下：

"1. 一种半导体激光器，包括由掩埋异质结构构成的有源区和侧面包围所述有源区的电流限制区，以及在高度方向或横向包围有源区的顶层和底层，所述电流限制区和顶层及底层一起形成用于限制电流的n－p－n－p或者n－SI－n－p结构，其特征在于至少一个薄膜层设置在上述n－p－n－p或者n－SI－n－p结构中的第二个n型掺杂膜层和第二个p型掺杂膜层之间，用于限制电流，以便提高电流限制结构中的正向电压降，从而降低泄漏出有源区的电流。"

申请人（下称复审请求人）对上述驳回决定不服，于2003年8月1日向专利复审委员会提出复审请求，同时提交了说明书和权利要求书替换页。修改后的独立权利要求1内容如下：

"1. 一种半导体激光器，包括由掩埋异质结构构成的有源区和侧面包围所述有源区的电流限制区以及在高度方向或横向包围有源区的顶层和底层，所述电流限制区和顶层及底层一起形成用于限制电流的n－p－n－p或者n－SI－n－p结构，其特征在于至少一个薄膜层设置在上述n－p－n－p或者n－SI－n－p结构中的第二个n型掺杂膜层和第二个p型掺杂膜层之间，用于限制电流，以便提高电流限制结构中的正向电压降，从而降低泄漏出有源区的电流；其中，所述至少一个薄膜层是p型掺杂的，且所述至少一个薄膜层包含至少两个层，而且由高带隙和低带隙材料交替构成。"

复审请求人在复审请求书中陈述的理由主要有：复审请求人将原权利要求2和3的特征合并到权利要求1中，以使权利要求1清楚。本领域技术人员根据组成n－p－n－p或者n－SI－n－p的各个膜层的材料根据本领域的公知技术来确定该至少一个薄膜层的具体材料。另外，即使是将至少一个薄膜层限定为InP或InGaAsP掺杂膜层，也不是任何组分的InP或InGaAsP掺杂膜层都可以适用的。本申请权利要求1符合专利法第二十六条第四款的规定。

经形式审查合格后，专利复审委员会受理了该复审请求，并向复审请求人发出了复审请求受理通知书，同时向原实质审查部门发出了前置审查通知书。

在前置审查意见书中，原实质审查部门以本申请权利要求1仍然不符合专利法第二十六条第四款的规定为由坚持原驳回决定。

专利复审委员会依法成立合议组，对本复审请求案进行审查。经审查，合议组认为本案事实已经清楚，可依法作出复审请求审查决定。

二、决定的理由

（一）审查基础

由于复审请求人在提出复审请求时提交了说明书和权利要求书替换页，经合议组审查上述修改文本符合专利法第三十三条及专利法实施细则第六十条第一款的规定，因此本复审请求审查决定以复审请求人于2003年8月1日提交的权利要求第1～6项、说明书第1～10页、进入中国国家阶段时提交的附图第1～5页、说明书摘要和摘要附图为基础。

（二）关于专利法第二十六条第四款

专利法第二十六条第四款规定："权利要求书应当以说明书为依据，说明要求专利保护的范围。"

具体在本案中，原实质审查部门认为：本申请权利要求1使用的上位概念"薄膜层"概括了一个较宽的保护范围，依据该申请文件所记载的内容，所属技术领域的技术人员难于预见该上位概念所概括的除该申请具体实施方式之外的所有方式均能达到该发明的目的，例如氧化硅的绝缘薄膜层。

合议组认为：虽然本申请权利要求1使用了上位概念薄膜层的措辞，但是该权利要求1中对薄膜层进行了如下进一步限定："至少一个薄膜层设置在上述n－p－n－p或者n－SI－n－p结构中的第二个n型掺杂膜层和第二个p型掺杂膜层之间""其中所述至少一个薄膜层是p型掺杂的""且所述至少一个薄膜层是至少两个层，而且由高带隙和低带隙材料交替构成"。可见，权利要求1中对薄膜层这一上位概念从其位置、数量以及材料多方面进行了限定。本领域技术人员并不会在上述进一步限定的薄膜层的基础上想到例如氧化硅的绝缘薄膜层。而且，本申请说明书第6页具体实施方式部分的第一段中还记载："激光二极管也可以使用其他类似的材料系制造，例如GaAs/AlGaAs、GaAs/InGaAs或者InP/InGaAlAs。使用这些材料系制造BH－激光器的基本方法是公知的。"即，说明书中也包括了与具体实施方式中的InP和InGaAsP类似的其他公知材料的描述。因此权利要求1中对薄膜层进行了适当的限定，且上述限定均是以说明书为依据的，权利要求1得到了说明书的支持，符合专利法第二十六条第四款的规定。

（三）关于专利法实施细则第二十条第一款

专利法实施细则第二十条第一款规定："权利要求书应当说明发明或者实用新型的技术特征，清楚、简要地表述请求保护的范围。"

原实质审查部门认为：本申请权利要求1中"第二个n型掺杂膜层""第二个p型掺杂膜层"描述不清楚，使本领域技术人员不能从该权利要求的描述中得出所述"第二"之外的第一膜层的位置。

合议组认为：在本技术领域，激光二极管的多层结构n－p－n－p结构或者n－SI－n－p结构是按材料顺序排列的有序薄膜层，通常也按顺序的排列来描述其中的结构，即对于n－p－n－p结构通常是从底部数起的按顺序的（第一个）n型薄膜层、（第一个）p型薄膜层、（第二个）n型薄膜层和（第二个）p型薄膜层，对于n－SI－n－p结构通常也是从底部数起的按顺序的（第一个）n型薄膜层、SI薄膜层（即第一个p型薄膜层）、（第二个）n型薄膜层和（第二个）p型薄膜层。而且，本申请说明书第6页倒数第一段也有如下相应的记载："从底部数起的可控硅类型的横向n－p－n－p结构"。基于本技术领域上述通常的理解以及说明书中的记载，本技术领域的技术人员能够确定本申请权利要求1中"第二个n型掺杂膜层第二个p型掺杂膜层之间"所表述的位置关系。因此本申请权利要求1中的描述是清楚的，权利要求1符合专利法实施细则第二十条第一款的规定。

三、决定

撤销国家知识产权局于2003年5月9日作出的驳回第98806913.X号发明专利申请的决定，由原实质审查部门在复审请求人于2003年8月1日提交的权利要求第1～8项、说明书第1～10页、进入中国国家阶段时提交的附图第1～5页、说明书摘要和摘要附图的基础上继续进行审批程序。

218

带域内群延迟平坦电路及失真补偿型放大器案

复审请求审查决定（第9135）

决　定　号　第9135号
决　定　日　2006年7月28日
发明创造名称　带域内群延迟平坦电路及失真补偿型放大器
国际分类号　H03F 1/32　H01P 1/20
复审请求人　株式会社村田制作所
专利申请号　03120269.1
申　请　日　2003年3月7日
优先权日　2002年3月7日
公　开　日　2003年9月24日
合议组组长　马　昊
主　审　员　贾彦飞
参　审　员　李韵美

法律依据　专利法第二十二条第三款
决定要点

如果对比文件揭示的有关电路的技术方案与一项权利要求所保护的电路技术方案之间存在的区别技术特征，并且此区别技术特征对本领域技术人员来讲是非显而易见的，并且具有有益的技术效果，则该权利要求具备创造性，符合专利法第二十二条第三款的规定。

一、案由

本复审请求涉及申请日为2003年3月7日，申请号是03120269.1，发明名称为“带域内群延迟平坦电路及失真补偿型放大器”的发明专利申请（下称本申请），申请人是株式会社村田制作所，优先权日是2002年3月7日。

在实质审查程序中，国家知识产权局实质审查部门于2004年9月17日发出第一次审查意见通知书，指出本申请的权利要求1~2相对于对比文件1（US3277403A，公开日为1966年10月4日）不具备新颖性，不符合专利法第二十二条第二款的规定；权利要求3~7相对于对比文件1和对比文件2（EP1071156A2，公开日为2001年1月24日）不具备创造性，不符合专利法第二十二条第三款的规定。

申请人于2005年2月1日提交了答复第一次审查意见通知书的意见陈述书，对权利要求书、说明书和说明书摘要进行了修改并同时提交了修改替换页，其中对权利要求的修改是删除了原权利要求1~3，将从属权利要求4修改为新的独立权利要求1，并对原权利要求5~7进行了相应修改。申请人认为：在对比文件2中，调整谐振器的频率，调整滤波器的带宽，从而调整群延迟特征，其调整量是非常小的，而根据新的独立权利要求1的技术方案，通过调整附加的电容的电容量或附加的线圈电感量，调整群延迟特征，这种调整量与对比文件 2 所能实现的调整量之间存在相当大的差异，能够获得比对比文件 2 更大的调整量，即，与对比文件 2 相比能够获得显著的技术效果。因此修改后的权利要求 1 相对于对比文件 1、2 具备创造性。

经审查，国家知识产权局实质审查部门在 2005 年 6 月 10 日以本申请的权利要求 1 ~ 4 不符合专利法第二十二条第三款的规定为由，作出了驳回决定。驳回决定所依据的对比文件是：

对比文件 1：US3277403A，公开日为 1966 年 10 月 4 日；

对比文件 2：EP1071156A2，公开日为 2001 年 1 月 24 日。

驳回决定所针对的权利要求书为：

“1. 一种带域内群延迟平坦电路，

包括两个以上具有离中心频率越远、延迟时间越短的凸形群延迟特性的凸形群延迟电路，所述凸形群延迟电路的中心频率各异，而且串联连接各凸形群延迟电路，

所述凸形群延迟电路包括混合耦合器和与该混合耦合器的分配输出通道连接的谐振电路，

其特征在于，所述谐振电路由电介质同轴谐振器和电抗元件的串联电路构成。

2. 根据权利要求 1 所述的带域内群延迟平坦电路，其特征在于，

设置 3 级以上所述凸形群延迟电路，使它们的中心频率最高的凸形群延迟电路和中心频率最低的凸形群延迟电路的群延迟时间比其他的凸形群延迟电路的群延迟时间长。

3. 一种失真补偿型放大器，通过调整群延迟电路的群延迟时间进行失真补偿，其特征在于，

以如权利要求 1 所述的带域内群延迟平坦电路，构成所述群延迟电路。

4. 根据权利要求 3 所述的失真补偿型放大器，其特征在于，

所述失真补偿型放大器是由分别包含群延迟电路在内的失真检测电路和失真抑制电路组成的反馈放大器。”

申请人株式会社村田制作所（下称复审请求人）不服上述驳回决定，于 2005 年 9 月 12 日向国家知识产权局专利复审委员会提出复审请求，未对申请文件进行修改。复审请求人认为：在对比文件 2 中，调整谐振器的频率，调整滤波器的带宽，从而调整群延迟特性，其中是通过调节螺旋式调谐器 16 与金属装置 18 之间的距离来调整电容量的，但这种电容调节量是很小的；在权利要求 1 的技术方案中，通过调整附加的电容的电容量或附加的线圈电感量，调整群延迟特性（如图 12 所示），这种调整量与对比文件 2 所能实现的调整量之间存在相当大的差异，能够获得比对比文件 2 更大的调整量，权利要求 1 相对于对比文件 2 具有显著的技术效果，权利要求 1 所要求保护的技术方案相对于对比文件 1、2 具备创造性，符合专利法第二十二条第三款的规定。

专利复审委员会于 2005 年 11 月 3 日向复审请求人发出了复审请求受理通知书，并将该复审请求书连同原申请案卷一并送交作出驳回决定的原审查部门进行前置审查，在前置审查意见书中，国家知识产权局实质审查部门认为权利要求 1 ~ 4 不具备创造性，不符合专利法第二十二条第三款的规定，因而坚持原驳回决定。

针对本复审请求，专利复审委员会依法成立合议组对本复审请求进行审理，本案合议组于 2006 年 3 月 15 日发出了复审通知书，由于复审请求人在提出复审请求时没有提交修改文本，该复审通知书所依据的文本是驳回决定针对的文本。在复审通知书正文中指出，虽然对比文件 2 所给出的螺旋式调谐器的电容调节量较小，但是其给出了通过调节电容来调节谐振频率从而获得调整电路的延迟特性的技术启示，本领域普通技术人员根据此技术启示，如果需要大范围的调节，容易想到通过在电路中串联附加的电容或电感的形式来改变电路中的电抗，从而达到大范围调节的目的；而对比文件 2 明显公开了电介质同轴谐振器与电容元件串联的技术特征，本申请权利要求 1 ~ 4 相对于对比文件 1 和对

比文件2仍不具备创造性。

复审请求人于2006年4月26日提交了答复复审通知书的意见陈述书，同时提交了修改后的权利要求第1~3项，其中复审请求人将原从属权利要求2的附加技术特征补入当前的独立权利要求1中，删除了原从属权利要求2。复审请求人认为：对比文件1中并没有给出“将中心频率最高的凸形群延迟电路和中心频率最低的凸形群延迟电路的群延迟时间设置成比其他凸形群延迟电路的群延迟时间长”的描述，而且本领域的技术人员在阅读了对比文件之后也无法获得上述技术启示，本领域的技术人员在阅读了对比文件1的上述部分之后所能够获

得的技术启示是“如果需要平坦化延迟特性曲线，则需要级联更多的凸形群延迟电路”；并且复审请求人在意见陈述书中要求进行口头审理。

修改后的权利要求书为：

“1. 一种带域内群延迟平坦电路，

包括两个以上具有离中心频率越远、延迟时间越短的凸形群延迟特性的凸形群延迟电路，所述凸形群延迟电路的中心频率各异，而且串联连接各凸形群延迟电路，

所述凸形群延迟电路包括混合耦合器和与该混合耦合器的分配输出通道连接的谐振电路，

其特征在于，所述谐振电路由电介质同轴谐振器和电抗元件的串联电路构成，

设置3级以上所述凸形群延迟电路，使它们的中心频率最高的凸形群延迟电路和中心频率最低的凸形群延迟电路的群延迟时间比其他的凸形群延迟电路的群延迟时间长。

2. 一种失真补偿型放大器，通过调整群延迟电路的群延迟时间进行失真补偿，其特征在于，

以如权利要求1所述的带域内群延迟平坦电路，构成所述群延迟电路。

3. 根据权利要求2所述的失真补偿型放大器，其特征在于，

所述失真补偿型放大器是由分别包含群延迟电路在内的失真检测电路和失真抑制电路组成的反馈放大器。”

合议组于2006年5月18日发出了复审请求口头审理通知书，并于2006年6月29日进行了口头审理。在此次口头审理中，代理人参加了口头审理，其当庭表示本申请与对比文件1存在两点区别：（1）对比文件1中必须采用凹形延迟电路来平坦延迟特性曲线；（2）本申请权利要求1具有特征部分“使它们的中心频率最高的凸形群延迟电路和中心频率最低的凸形群延迟电路的群延迟时间比其他的凸形群延迟电路的延迟时间长”，而在对比文件1中并没有给出对群延迟电路的群延迟时间进行调整的技术启示。

合议组认为本案事实已经清楚，可以作出复审决定。

二、决定的理由

1. 关于审查文本

复审请求人在答复复审通知书时提交的修改文本符合专利法第三十三条和专利法实施细则第六十条第一款的有关规定，合议组予以接受。本复审决定所依据的文本是2006年4月26日提交的权利要求第1~3项，2005年2月1日提交的说明书第1~10页、说明书摘要以及2003年3月7日提交的说明书附图第1~11页和摘要附图。

2. 关于创造性

专利法第二十二条第三款规定：“创造性，是指同申请日以前已有的技术相比，该发明有突出的实质性特点和显著的进步，该实用新型有实质性特点和进步。”

权利要求1请求保护一种带域内群延迟平坦电路，其中包括如下技术特征：

包括两个以上具有离中心频率越远、延迟时间越短的凸形群延迟特性的凸形群延迟电路，所述凸

形群延迟电路的中心频率各异，而且串联连接各凸形群延迟电路，

所述凸形群延迟电路包括混合耦合器和与该混合耦合器的分配输出通道连接的谐振电路，

其特征在于，所述谐振电路由电介质同轴谐振器和电抗元件的串联电路构成，

设置3级以上所述凸形群延迟电路，使它们的中心频率最高的凸形群延迟电路和中心频率最低的凸形群延迟电路的群延迟时间比其他的凸形群延迟电路的延迟时间长。

对比文件1（US3277403A）公开了一种用于其他元件非线性相角或时间延迟特性的均衡和补偿的微波双模谐振器装置，其特别涉及用于对频率特性响应的非线性相角或时间延迟进行补偿的网络和方法。其中对比文件1说明书第3栏第69行公开了微波网络30，也是一个带域内群延迟平坦电路。微波网络30包括失真元件32和均衡器电路42，其中失真元件32可以是传统的带通滤波器，其中图2a中的曲线34为其典型实例的延迟特性曲线，而图2b中的曲线40是均衡器电路42的延迟特性曲线（说明书第3栏第67行至第4栏第19行、附图1、2a、2b），从图2b中的曲线40示出的均衡器频率特性中可以看出，其所代表的图1中的均衡器电路42的特性为离中心频率越远，其延迟时间越短，所以均衡器42即可看作是具有凸形群延迟特性的凸形群延迟电路；说明书中进一步公开了任意数量的均衡器电路可以沿所要均衡的网络的信号路径来串联，并且总的时间延迟特性是最终包含在所要均衡的网络中的每个均衡器电路的各自的时间延迟特性的总和（说明书第5栏第69行至第75行、附图6），图6的曲线图绘出了对频率的时间延迟，说明了由两个均衡器电路（曲线104）或三个均衡器电路（曲线106）彼此串联后的复合时间延迟功能，在两种情况下，每个均衡器均具有不同的响应频率和Q’s（说明书第6栏第1行至第5行、附图6），并且每个均衡器都可以是具有如图2所示的频率特性的均衡器；说明书中的图3、4为对图1所示电路的进一步说明，其中图4中进一步说明了均衡器42可以看作由波导3－db混合耦合器72和谐振电路组成，其中波导3－db混合耦合器72通过两个隔离的端子68、70与网络64相连组成信号路径，并且失真元件66通过端子68与混合耦合器72相连，端子70为输出端子。混合耦合器72的相互隔离的端子对74、76通过耦合膜片82、84分别连接到波导谐振腔78、80，波导谐振腔78、80的末端86、88是短路连接的（说明书第3栏第67行至第4栏第73行、附图1、2、4）。

将本申请权利要求1与对比文件1进行比较可知，对比文件1已经公开了与权利要求1前序部分相对应的特征：串联连接的具有离中心频率越远、延迟时间越短的延迟电路，并且也公开了所述延迟电路包括混合耦合器和谐振电路。权利要求1与对比文件1的区别技术特征在于：权利要求1具体限定了用电介质同轴谐振器和电抗元件的串联电路构成谐振电路，设置3级以上所述凸形群延迟电路，使它们的中心频率最高的凸形群延迟电路和中心频率最低的凸形群延迟电路的群延迟时间比其他的凸形群延迟电路的群延迟时间长。

对比文件2（EP1071156A2）公开了一种带域内平坦群延迟类型电介质滤波器和使用该滤波器的线性放大器，其中图1A和1B示出了电介质滤波器的内部结构，附图标记15代表半波同轴电介质谐振器，附图标记16代表用于调节谐振频率的镀金螺旋式调谐器，附图标记18是用于频率调节的镀银金属装置，其在位于螺旋式调谐器16和半波同轴电介质谐振器15之间，增加了一个负载电容。所以图1A和1B示出的电介质滤波器可以看作是由同轴电介质谐振器和电抗串联组成的谐振电路，其中螺旋式调谐器16通过改变其与半波同轴电介质谐振器15之间的负载电容来调整谐振频率，以达到调节群延迟特性的目的（说明书第74段、说明书附图1A、1B）。即对比文件2公开了相应于权利要求1的用电介质同轴谐振器和电抗元件的串联电路构成谐振电路的技术特征。

虽然对比文件1中公开了任意数量的均衡器电路可以沿所要均衡的网络的信号路径来串联，并且总的时间延迟特性是最终包含在所要均衡的网络中的每个均衡器电路的各自的时间延迟特性的总和

（说明书第 5 栏第 69 行至第 75 行、附图 6），但是对比文件 1 中并没有公开将级联的 3 级以上凸形群延迟电路的中心频率最高的凸形群延迟电路和中心频率最低的凸形群延迟电路的群延迟时间比其他的凸形群延迟电路的群延迟时间长，该特征也没有被对比文件 2 公开，此区别技术特征也不属于本领域普通技术人员的公知常识，并且能够达到平坦化延迟特性曲线的技术效果。本领域普通技术人员在对比文件 1 的基础上结合对比文件 2，并不能得出权利要求 1 请求保护的技术方案，权利要求 1 请求保护的技术方案相对于现有技术具有突出的实质性特点和显著的进步，具备专利法第二十二条第三款的规定的创造性。

权利要求 2 请求保护一种失真补偿型放大器，通过调整群延迟电路的群延迟时间进行失真补偿，其特征在于，以如权利要求 1 所述的带域内群延迟平坦电路，构成所述群延迟电路。上文已经对权利要求 1 具备创造性进行了具体评述，而权利要求 2 请求保护的失真补偿型放大器具备权利要求 1 所述的带域内群延迟平坦电路，因此权利要求 2 相对于对比文件 1 和对比文件 2 的结合同样具备创造性，符合专利法第二十二条第三款的规定。

在独立权利要求 2 具备创造性的情况下，引用权利要求 2 的从属权利要求 3 也具备创造性，符合专利法第二十二条第三款的规定。

基于上述理由，权利要求 1 ~ 3 符合专利法第二十二条第三款的规定。

三、决定

撤销国家知识产权局于 2005 年 6 月 10 日对 03120269.1 号发明专利申请作出的驳回决定。

由国家知识产权局原实质审查部门依据 2006 年 4 月 26 日提交的权利要求第 1 ~ 3 项，2005 年 2 月 1 日提交的说明书第 1 ~ 10 页、说明书摘要以及 2003 年 3 月 7 日提交的说明书附图第 1 ~ 11 页和摘要附图继续审批程序。

219

一种可封闭智能睡眠系统案

复审请求审查决定（第9136号）

决　定　号　第9136号
决　定　日　2006年8月2日
发明创造名称　一种可封闭智能睡眠系统
国 际 分 类 号　A47C 19/00　A61G 10/00
复 审 请 求 人　张　文
申　请　号　01120593.8
申　请　日　2001年7月25日
公　开　日　2003年2月26日
合 议 组 组 长　黄毅斐
主　审　员　杨存吉
参　审　员　骆素芳

法 律 依 据　专利法第二十六条第三款
决 定 要 点

如果说明书仅给出一种方案的设想，而没有给出使所属领域技术人员能够实施的技术手段，那么该说明书不符合专利法第二十六条第三款的规定。

一、案由

本复审请求涉及申请日为2001年7月25日、申请号为01120593.8、发明名称为“一种可封闭智能睡眠系统”的发明专利申请（下称本申请），本申请的申请人是张文。

本申请于2003年2月26日公开后，国家知识产权局实质审查部门应申请人提出的实审请求，依法对本申请进行实质审查，并于2005年6月3日发出第一次审查意见通知书。该通知书指出：申请人提出了一种想法，并简单描述了系统所包含的几个部件和它们的功能、作用，但没有具体说明各个部件是如何完成上述功能以及它们是如何组成这个系统的，致使本领域普通技术人员根据说明书记载的内容无法实施本发明，所以本申请的说明书不符合专利法第二十六条第三款的规定。

针对第一次审查意见通知书，申请人于2005年8月28日提交了意见陈述书和修改的权利要求书。申请人认为，有创造力的工程师可以在此基础上尽情发挥，设计出各类具有独特功能，服务多个领域的产品，以提高社会医护能力和广大人民群众的生活质量，同时也为国家创造财富。

国家知识产权局实质审查部门针对申请日提交的说明书第1页、说明书附图第1页、说明书摘要以及摘要附图和2005年8月28日提交的权利要求第1项，于2005年10月14日作出驳回决定，理由是本申请的说明书仍然不符合专利法第二十六条第三款的规定。该驳回决定指出：本申请的说明书仅仅给出了任务和设想，却未给出任何使本领域普通技术人员能够实施的技术手段，不能根据说明书记载的内容实现本发明。

申请人（以下称复审请求人）对上述驳回决定不服，于2006年1月23日向专利复审委员会提出复审请求，同时提交了修改的权利要求书、说明书和说明书摘要。复审请求人认为：本申请的权利要求都已经明确记载在说明书中，具有广泛的实用性和较强的可实施性。

经形式审查合格后，专利复审委员会受理了该复审请求，于2006年3月1日向复审请求人发出复审请求受理通知书，同时向国家知识产权局实质审查部门发出前置审查通知书。

国家知识产权局实质审查部门在前置审查意见书中仍然坚持驳回决定。

专利复审委员会依法组成合议组对本复审请求进行了审查，并于2006年4月27日发出复审通知书。该通知书指出：复审请求人于2006年1月23日提交的说明书不符合专利法第三十三条的规定；本申请的原说明书仅仅记载智能睡眠系统各个组件的功能，没有描述这些组件是如何实现上述功能以及它们之间如何协调配合工作的，本领域普通技术人员在原说明书的基础上，不经过创造性的劳动无法实施本发明，所以本申请的原说明书不符合专利法第二十六条第三款的规定。

复审请求人于2006年5月31日提交意见陈述书和修改的权利要求书、说明书和说明书摘要，其中删除了在原申请文件中未记载的内容。复审请求人未陈述其说明书符合专利法第二十六条第三款规定的任何理由。

经审查，合议组认为本案事实已经清楚，可以依法作出决定。

二、决定的理由

由于复审请求人在2006年5月31日答复复审通知书时提交的说明书、说明书摘要和权利要求书符合专利法第三十三条和专利法实施细则第六十条的规定，所以本复审决定所针对的申请文本为：申请日提交的附图第1页、摘要附图以及请求人于2006年年5月31日提交的说明书第1页、权利要求第1项和说明书摘要。

专利法第二十六条第三款规定：说明书应当对发明或者实用新型作出清楚、完整的说明，以所属技术领域的技术人员能够实现为准；必要的时候，应当有附图。

所属技术领域的技术人员能够实现，是指所属技术领域的技术人员按照说明书记载的内容，就能够实现该发明或者实用新型的技术方案，解决其技术问题，并且产生预期的技术效果。如果说明书中只给出设想，或者只表明一种愿望，而未给出任何使所属技术领域的技术人员能够实施的技术手段，则该说明书由于缺乏解决技术问题的技术手段而被认为无法实现，从而不符合专利法第二十六条第三款的规定。

本申请的说明书记载：本发明提出一个改善呼吸、睡眠的新思考，它由控制器（5）控制抽气机（1）根据季节，如夏季的夜间温度最低时抽入空气，经水箱（2）降温、加湿、过滤，再由净化器（3）进行有害气体滤除或加氧、除湿、加负离子后再由空压机（7）压入隔热的空压箱（6），供新概念床（4）呼吸控制用；新概念床（4）的（床屉）由若干电磁式或气缸式的托起单元（8）组成，外形为方形或类大棚的拱形，可封闭、隔热保温；由微处理器构成的控制器可对这些单元进行高度、压力调整。

然而，上面所记载的内容仅给出本申请睡眠系统所包括的组件的功能，没有给出这些组件是如何实现上述功能的描述，本领域普通技术人员仅通过上述描述，无法实现该发明。换句话说，说明书中仅给出一种方案的设想，而未给出任何使所属技术领域的技术人员能够实施的技术手段，从而所属技术领域的技术人员根据说明书中的记载，不能实现该发明，所以本申请的说明书不符合专利法第二十六条第三款的规定。

基于上述理由，合议组作出如下决定。

三、决定

维持国家知识产权局于2005年10月14日作出的驳回01120593.8号申请的决定。

根据专利法第四十一条第二款的规定，对本决定不服的，请求人可以在收到本决定书之日起三个月内向北京市第一中级人民法院起诉。

北京市第一中级人民法院
行政判决书

（2007）一中行初字第652号

原告张文，男，1965年12月22日出生，汉族，天津通广集团工程师，住天津市河北区新大路185号。

被告国家知识产权局专利复审委员会，住所地北京市海淀区北四环西路9号银谷大厦10层至12层。

法定代表人廖涛，副主任。

委托代理人杨存吉，男，国家知识产权局专利复审委员会干部。

委托代理人刘妍，女，国家知识产权局专利复审委员会干部。

原告张文不服被告国家知识产权局专利复审委员会作出的第9136号复审请求审查决定，于2006年11月1日向本院提起行政诉讼。本院受理后依法组成合议庭，向被告送达了起诉状副本及应诉通知书。2007年6月14日，本院公开开庭审理了本案。原告张文，被告委托代理人杨存吉、刘妍到庭参加了诉讼。本案现已审理终结。

2006年8月2日，被告作出第9136号复审请求审查决定（下称第9136号决定），依照《中华人民共和国专利法》（下称《专利法》）第二十六条第三款维持了国家知识产权局于2005年10月14日作出的驳回01120593.8号申请（下称本申请）的决定。

被告在法定期限内向本院提交并经当庭质证的证据有：证据一、本申请附图摘要；证据二、本申请说明书摘要。

原告诉称：1. 本申请是一个很有意义的发明，关系本人和国家重大利益。正如已经公开的说明文件明确的，它是用来帮助老人、婴幼儿、病人、孕产妇、残疾人的，由于这类人群通常要由他人护理，不仅是亲友、护士们的一大负担，而且也常因不周到而使他们生活不愉快，其看似不很深刻，实际上解决了一类大问题，而且在实施方面也是比较容易的。本申请提出的各部件都是人们已广泛在其他场合使用的普通设备和部件，造价不高，选配容易。本申请提到的功能都是国内多有类似装备、器具或已在一些场所应用的，只不过本申请将它们在新提出的构成系统中较为完整地解决了一大社会问题。

2. 第9136号决定的说法欠妥当。其一，原告承认就已公告的申请文件而言，提出功能很多，但没有给出实施的技术手段，可原告没有把这些作为权利项提出，因此不能引用《专利法》第二十六条第三款；而就整体方案即权利项内容，认为只给出设想，而没有给出任何使该发明所属技术领域的技术人员能够实施的技术手段，“所以，本申请的说明书不符合《专利法》第二十六条第三款”，则有些以偏概全之嫌，不符合实际。因为，通常一个发明从方案到产品，要经过设计文件制定，工艺文件制作，各类材料采购，各种工、模夹具、仪表、设备的准备，生产过程各种问题的解决，其中任何一个环节出现了解决不了的问题，最终的产品都出不来。但不能说，该发明不具备实施条件，出现问题因人、因时、因地而异，甲企业做得好，乙企业未必做得出。原告认为，作为一个发明，只要其给出的方案或方法中所有涉及的技术或方法或材料都是已知，其发明没有什么新的或具有极小性的特殊技术手段需要加以说明，则不必详尽制定各环节的技术手段。而本发明，文字虽少，但叙述的是一个较为完整的工作过程。该过程中的抽气机（1）、水箱（2）、净水器（3）、隔热的空家箱（6）、空压机（7）都是市场上可以直接购得的部件，用法也相同。而若干电磁式或气缸式托起单元（8），可以采用电磁式，也可采用气缸式，气缸式是现存的，市场上直接可购，用法也是最通常的，包括对其实现的控制也都是目前已广泛应用的成熟技术，只不过此处将这些用于常见工业控制的设备，技术手段用来为人服务罢了。至于电磁式，确属非直接可获得的，严格说来，属于没有给出技术手段，因为虽说电磁技术属于成熟技术，但本发明要求的功能较为特殊，要么给出说明，要么删去，由于本发明同时给出方便实施的气缸式，所以是可以删去的。本人为了完善本发明，曾增补过（明知是超范围的）有关内容，特别是结合了也该删去的排泄物的自动处理功能，目的只是为了该发明能确如所愿地造福那些需要加倍爱护的人。该内容只可作为给企业的补充内容，而不能作为该发明的说明文件的补充内容。其他如使用大棚来比喻该发明，以帮助理解，有关这方面内容也是成熟技术。而微处理器通过传感器完成心跳、体温、呼吸等检测是医护场所已广泛使用的，只不过由于本发明的新式结构，这些原本要绑在被监察人身上的仪表变得容易设定。本发明虽说说明书中有些提出的功能在未给出其他说明的情况下，读者是可能认为无法做到，但去掉这些现有技术中无现存应用实例的，该发明的主体及各个环节都是可以实施的，也就是说，修改说明书可以使本发明完全合格。事实上，原告在实审后期修改中及复审请求后都做了符合这方面要求的修改。其二、第 9136 号决定认为原告没有给出本发明符合《专利法》第二十六条第三款的理由，而事实上，本人在给专利局的《意见陈述书》中曾进行了如上文的较为详细的说明，因此，说未给予任何说明的说法是欠妥当的。

3.《专利法》第二十六条第三款在专利法原文上并没有在“本领域的技术人员”上加上“普通”的限定，而在第 9136 号决定中却有此限定，这说明被告的理解与原告及《专利法》制定者之间有些差距。

原告在庭审中进一步指出：按照权利要求书、说明书、说明书摘要已经清楚地说明本申请的专利内容和要保护的权利要求。本申请说明书中涉及的内容都是人们广为熟知的东西。我要求保护的内容是可封闭的新概念床。我在权利项中写明这个床类似大棚，可封闭可保温，内部使用压缩储存空气进行呼吸，并有对空气进行净化。这里面没有需要说明的技术特征。关于控制器问题，这个控制功能很简单就可以得到实现，所以不需要特别说明。这个专利我认为本身利用面非常广，可以作为将来医院临床护理用。

原告同时向法庭提交了三份证据：1. 本发明申请的公告文本复印件；2. 署名“工程师宋坤”的书面意见。原告称其是一家私企公司的，以前从事过相关行业；3. 署名“杨蔡坚”，“职称工程师”的书面意见。原告称该人是原告以前单位的设计人员。原告在庭审中表示，证据 2、3 为收到第 9136 号决定后取得的。

被告辩称：本申请虽然诸如构成控制器的微处理器都是已知的，但是微处理器本身并不能直接实现对特定装置的控制，这还需要所属技术领域的技术人员针对特定技术领域对具有通用功能的微处理器进行组装和编程等；虽然在其他领域也有降温、加湿、过滤、除害、加氧、除湿处理，但是不同的应用领域有不同的处理装置和处理方法，一种处理装置和处理方法也不可能适用于所有应用领域，在本申请说明书未针对该新的应用领域对所述的处理装置和方法作出描述的情况下，本领域普通技术人员无法实现本申请的技术方案，所以原告的诉讼理由不能成立。原告目前的说明书中只给出了一些部件而没有公开它的连接过程，床领域的技术人员是不能通过说明书实现该发明的。在第9136号决定中对本申请的说明书不符合《专利法》第二十六条第三款规定的具体事实和理由已经进行了详细的分析，坚持其中的意见。第9136号决定认定事实清楚，适用法律正确，审理程序合法，原告的诉讼请求无法律和事实依据，请求人民法院在查明事实的基础上，依法驳回原告的诉讼请求，维持第9136号决定。

在开庭审理中，本院要求被告当庭出示本案自申请、实审到复审的全部文件材料，并依职权要求被告作为证据提交。被告补充提交了如下证据：1. 本申请公开说明书复印件；2. 原告2004年11月2日提交的意见陈述书复印件；3. 国家知识产权局2005年6月3日发出的第一次审查意见通知书复印件；4. 原告2005年8月28日提交的意见陈述书复印件；5. 国家知识产权局2005年10月14日发出的驳回决定复印件；6. 原告于2006年1月23日提交的复审请求书复印件；7. 被告于2006年4月27日发出的复审通知书复印件；8. 原告于2006年5月31日提交的意见陈述书复印件。以上证据用以证明被告审理程序合法，被诉决定认定事实清楚，理由正确。

原告对被告当庭提交的证据及应本院要求补充提交的证据的真实性、合法性及与本案的关联性无异议；被告对原告证据1的真实性、合法性及与本案的关联性无异议，对原告证据2、3有异议，认为是在被诉第9136号决定做出后形成的，与被告的复审审查及作出被诉决定之间没有关联性，不予认可。

经庭审质证，被告提交的证据及原告提交的证据1与被诉第9136号决定有关，且合法，各方当事人对其真实性均无异议，能够证明本案的事实，本院予以采纳；原告提交的证据2、3未在行政程序中提交，且不符合最高人民法院《关于行政诉讼证据若干问题的规定》的相关规定，与评价被诉第9136号决定无关联性，本院不予接纳。

根据上述有效证据及各方当事人在庭审中无争议的陈述，本院确认如下事实：

本案涉及申请日为2001年7月25日、申请号为01120593.8、发明名称为“一种可封闭智能睡眠系统”的发明专利申请（即本申请），本申请的申请人是原告张文。

本申请于2003年2月26日公开后，国家知识产权局实质审查部门应原告提出的实审请求，依法对本申请进行实质审查，并于2005年6月3日发出第一次审查意见通知书。该通知书指出：原告提出了一种想法，并简单描述了系统所包含的几个部件和它们的功能、作用，但没有具体说明各个部件是如何完成上述功能以及它们是如何组成这个系统的，致使本领域普通技术人员根据说明书记载的内容无法实施本发明，所以本申请的说明书不符合《专利法》第二十六条第三款的规定。

针对第一次审查意见通知书，原告于2005年8月28日提交了意见陈述书和修改的权利要求书。申请人认为，有创造力的工程师可以在此基础上尽情发挥，设计出各类具有独特功能，服务多个领域的产品，以提高社会医护能力和广大人民群众的生活质量，同时也为国家创造财富。国家知识产权局实质审查部门针对申请日提交的说明书第1页、说明书附图第1页、说明书摘要以及摘要附图和原告2005年8月28日提交的权利要求第1项，于2005年10月14日作出驳回决定，理由是本申请的说明书仍然不符合《专利法》第二十六条第三款的规定，并指出：本申请的说明书仅仅给出了任务和设想，却未给出任何使本领域普通技术人员能够实施的技术手段，不能根据说明书记载的内容实现本发明。

原告对上述驳回决定不服，于2006年1月23日向被告提出复审请求，同时提交了修改的权利要求书、说明书和说明书摘要。原告认为：本申请的权利要求都已经明确记载在说明书中，具有广泛的实用性和较强的可实施性。

经形式审查合格后，被告受理了该复审请求，于2006年3月1日向原告发出复审请求受理通知书，同时向国家知识产权局实质审查部门发出前置审查通知书。

国家知识产权局实质审查部门在前置审查意见书中仍然坚持驳回决定。

被告对本复审请求进行了审查，并于2006年4月27日发出复审通知书。该通知书指出：原告于2006年1月23日提交的说明书不符合《专利法》第三十三条的规定；本申请的原说明书仅仅记载智能睡眠系统各个组件的功能，没有描述这些组件是如何实现上述功能以及它们之间如何协调配合工作的，本领域普通技术人员在原说明书的基础上，不经过创造性的劳动无法实施本发明，所以本申请的原说明书不符合《专利法》第二十六条第三款的规定。

原告于2006年5月31日提交意见陈述书和修改的权利要求书、说明书和说明书摘要，其中删除了在原申请文件中未记载的内容。原告未陈述其说明书符合《专利法》第二十六条第三款规定的任何理由。

被告认为，由于原告在2006年5月31日答复复审通知书时提交的说明书、说明书摘要和权利要求书符合《专利法》第三十三条和《中华人民共和国专利法实施细则》第六十条的规定，所以本复审决定所针对的申请文本为：申请日提交的附图第1页、摘要附图以及原告于2006年5月31日提交的说明书第1页、权利要求第1项和摘要。

本申请的权利要求为："1. 一种可封闭智能睡眠系统，其特征是外形类似大棚，可封闭、可保温，但内部使用经过处理的压缩贮存空气供呼吸，由微处理器控制的若干可进行高度及压力调整的电磁式或气缸式托起单元组成的新概念床"。

本申请公开说明书摘要内容为：一种可封闭智能睡眠系统。利用了温带地区一天之内的天气温差，自来水温。必要时也使用制冷剂等对空气进行选择时机降温、加强或除湿、过滤、压缩储存。供可封闭的床控制及内部人员呼吸用。该床可由微处理器控制的电磁式或气缸式托起单元组成。这些单元具有振动、通风、喷水、加热、感应、高度设定等功能。

本申请的说明书记载：本发明提出一个改善呼吸、睡眠的新思考，它由控制器（5）控制抽气机（1）根据季节，如夏季的夜间温度最低时抽入空气，经水箱（2）降温、加湿、过滤，再由净化器（3）进行有害气体滤除或加氧、除湿、加负离子后再由空压机（7）压入隔热的空压箱（6），供新概念床（4）呼吸控制用；新概念床（4）的（床屉）由若干电磁式或气缸式的托起单元（8）组成，外形为方形或类大棚的拱形，可封闭、隔热保温；由微处理器构成的控制器可对这些单元进行高度、压力调整。

被告认为，本申请的说明书所记载的内容仅给出本申请睡眠系统所包括的组件的功能，没有给出这些组件是如何实现上述功能的描述，本领域普通技术人员仅通过上述描述，无法实现该发明。换句话说，说明书中仅给出一种方案的设想，而未给出任何使所属技术领域的技术人员能够实施的技术手段，从而所属技术领域的技术人员根据说明书中的记载，不能实现该发明，所以本申请的说明书不符合《专利法》第二十六条第三款的规定。

基于上述理由，被告作出被诉决定。原告不服，诉至本院。

本院认为，《专利法》第二十六条第三款规定，说明书应当对发明或者实用新型作出清楚、完整的说明，以所属技术领域的技术人员能够实现为准；必要的时候，应当有附图。

而所属技术领域的技术人员能够实现，是指所属技术领域的技术人员按照说明书记载的内容，就能够实现该发明或者实用新型的技术方案，解决其技术问题，并且产生预期的技术效果。如果说明书中只给出设想，或者只表明一种愿望，而未给出任何使所属技术领域的技术人员能够实施的技术手段，则该说明书由于缺乏解决技术问题的技术手段而被认为无法实现，从而不符合《专利法》第二十六条第三款的规定。本案中，原告在公开文本中所要求保护的权利要求是一种可封闭智能睡眠系统，但其在说明书中并没有详述上面所记载的内容，该说明书中仅给出一种方案的设想，而未给出任何使所属技术领域的技术人员能够实施的技术手段，从而所属技术领域的技术人员根据说明书中的记载，不能实现该发明，故本申请的说明书不符合《专利法》第二十六条第三款的规定。第9136号决定认定事实清楚，适用法律正确，审查程序合法，本院应予维持。原告的起诉理由没有事实及法律依据，其诉讼请求本院不予支持。综上，依照《中华人民共和国行政诉讼法》第五十四条第（一）项的规定，判决如下：

维持被告中华人民共和国国家知识产权局专利复审委员会于二OO六年八月二日作出的第9136号复审请求审查决定。

案件受理费100元，由原告张文负担（已交纳）。

如不服本判决，可在判决书送达之日起15日内向本院递交上诉状，并按对方当事人的人数提出副本，预交上诉案件受理费100元，上诉于北京市高级人民法院。

审　判　长　饶亚东
审　判　员　刘景文
人民陪审员　史新章
二〇〇七年七月十八日
书　记　员　盛　阳

北京市高级人民法院
行政裁定书

（2007）高行终字第518号

上诉人（一审原告）张文，男，1965年12月22月出生，汉族，天津通广集团工程师，住天津市河西区尖山街红升里58门－318。

2006年8月2日，国家知识产权局专利复审委员会（下称专利复审委）针对张文的专利申请，即名称为“一种可封闭智能睡眠系统”，申请号为第01120593.8号（下称本申请），作出第9136号复审请求审查决定（下称第9136号决定），维持国家知识产权局作出的驳回本申请的决定。张文不服专利复审委所作第9136号决定，向北京市第一中级人民法院提起诉讼。2007年7月18日，北京市第一中级人民法院判决维持专利复审委所作第9136号决定。2007年8月14日，张文以国家知识产权局专利局为被上诉人，向本院提起上诉。

经审查，本院认为，张文以国家知识产权局专利局作为被上诉人，属于错列被上诉人。经本院告知后，张文拒绝变更被上诉人。依据《最高人民法院关于执行〈中华人民共和国行政诉讼法〉若干问题的解释》第四十四条第（三）项、第六十三条第（十五）项的规定，裁定如下：

驳回上诉人张文的上诉。

本裁定为终审裁定。

审 判 长 郭 宜
审 判 员 张学磊
代理审判员 赵宇晖
二〇〇七年十二月十一日
书 记 员 程钰玮

220

通用鼠标键盘案

复审请求审查决定（第9105号）

决　定　号　第9150号
决　定　日　2006年8月2日
发明创造名称　通用鼠标键盘
国际分类号　G06F 3/02　G06F 3/023　G06F 3/033　G06K 11/18
复审请求人　赵艳勤
申　请　号　02121392.5
申　请　日　2002年06月19日
公　开　日　2004年1月7日
合议组组长　黄毅斐
主　审　员　骆素芳
参　审　员　詹靖康

法律依据　审查指南第四部分第二章第5节
决定要点

依照请求原则，国家知识产权局只能根据申请人依法正式呈请审查的申请文件进行审查。对于国家知识产权局作出的驳回决定以申请人放弃的申请文件为依据以致可能影响公正审理的情形，专利复审委员会应以审查违反法定程序为由撤销该驳回决定。

一、案由

本复审请求涉及申请号为02121392.5、发明名称为“通用鼠标键盘”的发明专利申请（下称本申请）。本申请的申请日为2002年6月19日，公开日是2004年1月7日，申请人是赵艳勤。

2002年9月3日，应国家知识产权局的要求，申请人提交了说明书第5页、说明书附图第1、2、5、6、7页及摘要附图的修改替换页。

2004年1月30日，国家知识产权局向申请人发出了发明专利申请公布及进入实质审查程序通知书。

2004年2月28日，申请人提交了权利要求第1页（包括权利要求第1~4项）、说明书第7页、说明书附图第4、8页的修改替换页。

2004年11月12日，国家知识产权局发出第一次审查意见通知书，通知书针对的文本是原始申请文件，其中引用了一篇对比文件：

对比文件1：CN1247338A 公开日：2000年3月15日

通知书中指出，权利要求1属于专利法第二十五条第一款第（二）项规定的不能授予专利权的情形，即使申请人对本申请进行修改，权利要求1~3相对于对比文件1也不具备专利法第二十二条第三款规定的创造性。

2004 年 11 月 30 日，申请人答复了上述审查意见通知书，没有提交修改替换页，陈述了本申请具备新颖性、创造性、实用性的理由。

2005 年 1 月 28 日，国家知识产权局以权利要求 1 属于专利法第二十五条第一款第（二）项规定的不能授予专利权的情形为由驳回了本申请。驳回决定所依据的文本是申请日提交的原始申请文件的权利要求第 1 ~4 项、说明书第 1 ~7 页、附图第 1 ~8 页。

申请人（下称复审请求人）对该驳回决定不服，于2005 年4 月 25 日向专利复审委员会提出了复审请求，复审请求人的理由主要是：本申请提出一种新的“键操作的识别和处理”的技术方案，权利要求 1 采用了技术手段，取得了提升键盘性能、缩小键盘体积、提升综合操作性能、实现鼠标键盘一体布局的效果，权利要求 1 的技术方案无法通过“人的思维运动”来达到其技术效果，不属于智力活动的规则和方法。

经形式审查合格，专利复审委员会受理了该复审请求，并于 2005 年 6 月 2 日发出了受理通知书和前置审查通知书。

在前置审查中，国家知识产权局原实质审查部门坚持原驳回决定。

经审查，合议组认为本案事实已清楚，可以作出本复审决定。

二、决定的理由

审查指南第四部分第二章第 7 节中规定：复审请求成立，撤销驳回决定的复审决定包括下列情形：（i）驳回决定适用法律错误的；（ii）驳回理由缺少必要的证据支持的；（iii）审查违反法定程序的，例如，驳回决定以申请人放弃的申请文本或者不要求保护的技术方案为依据；在审查程序中没有给予申请人针对驳回决定所依据的事实、理由和证据陈述意见的机会；驳回决定没有评价申请人提交的与驳回理由有关的证据，以至可能影响公正审理的；（iv）驳回理由不成立的其他情形。

依照请求原则，国家知识产权局只能根据申请人依法正式呈请审查的申请文件进行审查。对于国家知识产权局作出的驳回决定以申请人放弃的申请文件为依据以致可能影响公正审理的情形，专利复审委员会应以审查违反法定程序为由撤销该驳回决定。

在本案中，2002 年 9 月 3 日，应国家知识产权局的要求，复审请求人提交了说明书第 5 页、说明书附图第 1、2、5、6、7 页及摘要附图的修改替换页；2004 年 1 月 30 日，国家知识产权局向复审请求人发出了发明专利申请公布及进入实质审查程序通知书；2004 年 2 月 28 日，即在复审请求人收到国家知识产权局发出的进入实质审查程序通知书之日起 3 个月内，复审请求人提交了权利要求第 1 页（包括权利要求第 1 ~4 项）、说明书第 7 页、说明书附图第 4、8 页的修改替换页。上述两次修改中提交的修改替换页都是复审请求人依法正式呈请审查的申请文件，由于上述新申请文件的出现致使复审请求人在此之前提交的原始申请文件的权利要求第 1 ~3 项、说明书第 5、7 页、说明书附图第 1、2、4 ~8 页成为被放弃的申请文件。

国家知识产权局原实质审查部门 2004 年 11 月 12 日发出的第一次审查意见通知书以及 2005 年 1 月 28 日作出的驳回决定均不是针对复审请求人依法正式呈请审查的申请文件，按照审查指南的规定，上述驳回决定的作出违反了法定程序。

基于上述理由，合议组作出如下决定。

三、决定

撤销国家知识产权局于 2005 年 1 月 28 日作出的驳回 02121392. 5 号发明专利申请的决定，由原实质审查部门依据复审请求人于 2004 年 2 月 28 日提交的权利要求第 1 ~4 项、说明书第 7 页、说明书附图第 4、8 页，2002 年 9 月 3 日提交的说明书第 5 页、说明书附图第 1、2、5、6、7 页、摘要附图及申请日提交的说明书第 1 ~4、6 页及说明书摘要继续审批程序。

221

搜索引擎的智能化搜索方法案

复审请求审查决定（第9157号）

决　定　号　第9157号
决　定　日　2006年7月31日
发明创造名称　搜索引擎的智能化搜索方法
国际分类号　G06F 17/30
复审请求人　北京造极人工智能技术有限公司
专利申请号　02100486.2
申　请　日　2002年2月6日
公　开　日　2003年1月8日
合议组组长　张　度
主　审　员　李韵美
参　审　员　詹靖康

法律依据　专利法第三十一条第一款、第二十五条第一款第（二）项
决定要点

如果权利要求之间没有包含一个或者多个相同或者相应的特定技术特征，则不属于一个总的发明构思，不符合专利法第三十一条第一款的规定；

如果一项权利要求，除其主题名称以外，对其进行限定的全部内容均为智力活动的规则和方法，则该权利要求实质上仅仅涉及智力活动的规则和方法，不应当被授予专利权。

一、案由

本复审请求涉及申请日为2002年2月6日，申请号是02100486.2，发明名称为“搜索引擎的智能化搜索方法”的发明专利申请（下称本申请），申请人是北京造极人工智能技术有限公司。

在实质审查程序中，国家知识产权局实质审查部门于2003年7月25日发出第一次审查意见通知书，指出本申请的权利要求1~23属于智力活动的规则和方法。独立权利要求1请求保护一种按照用户点击次数对网页及网站地址和文献目录进行排序的方法，其中认为定义了一种进行排序的规则，即“同一检索词对应的网址或目录点击次数多，则排在前列，为以后输入该词的用户优先给出；某检索词对应的某些网页或网站下载记录次数作为排序的权值”。然而，此方案实质上是在进行情报信息检索过程中，人为规定的一种网页及网站地址等内容进行排序的方法，由于其没有采用技术手段或者利用自然法则，也未解决技术问题和产生技术效果，因而不构成技术方案，而指导人们进行此类活动的规则和方法不能被授予专利权。因此，权利要求1属于专利法第二十五条第一款第（二）项规定的智力活动的规则和方法范畴，不能被授予专利权。权利要求1的从属权利要求2~16也属于专利法第二十五条第一款第（二）项规定的智力活动的规则和方法范畴，不能被授予专利权。权利要求17请求保护一种与文本内容匹配的基于检索词的知识库的建立和应用的方法。然而，该方案实质上是在整

个情报或信息检索过程中的一个环节，本领域的普通技术人员都知道现有技术中的搜索引擎均有内嵌的数据库，而权利要求 17 所述方案的不同之处仅在于：在源数据库的基础上，可以根据通过人为规定排序规则以进行排序的排序结果来更新数据库。但是，数据库本身的构成并未发生任何技术性的改进，仍然属于情报或信息检索范畴。权利要求 17 的从属权利要求 18 ~ 22 也不能允许。权利要求 23 请求保护一种用搜索引擎检处文献目录的方法，该方案中所使用的搜索引擎仍为现有技术中的搜索引擎，其基本结构及原理并未产生改进或者改善，由于所检索的文献目录等资料均只是一种情报或信息，因而该方法属于情报或信息检索方法范畴。

申请人于 2003 年 10 月 9 日提交了答复第一次审查意见通知书的意见陈述书，没有对申请文件进行修改。申请人认为，本申请不以人的智力作为改进或发明对象，而是对现有的一个技术系统（计算机软件和硬件以及通信网络系统的软件和硬件）作为改进对象，本申请要改进的对象作为一个系统它不是人脑的活动规则，而是技术系统的结构和功能。在现有的搜索引擎系统加入由软件和硬件构成的一个模块：服务器日志及分析，其功能是同级同一关键词对应的网址的点击次数和下载次数。现有搜索引擎是不存在这个模块的。现有的搜索引擎系统，不能在技术上记录和分析对不同用户对相应的同一关键词的不同选择结果，即没有服务器日志分析功能模块。本申请虽然对现有技术中的搜索引擎均有内嵌数据本身的构成并未进行任何技术性的改进，但对搜索引擎系统而言，它在现有技术当中的搜索引擎的内嵌数据库之前增加了知识库及相关的截取、输入和输出技术，它使得搜索引擎系统的结构和流程发生了技术方案的改变。本发明对现有的搜索引擎进入数据库前的流程进行了改进，增加了交互性，即增加了通过与用户对话使得用户可以选择搜索对象的种类的功能。现有搜索引擎的数据库是一级的，即按照关键词在标题或说明书摘要中出现的目录而排序的以网址为数据的数据库，而本申请在源数据库上又建立了一个数据库，实际上实现了数据库的分层。

国家知识产权局于 2004 年 4 月 16 日以该申请的权利要求 1 ~ 23 项不属于专利法保护客体，属于专利法第二十五条第一款第（二）项所规定的智力活动的规则和方法的范畴为由，作出了驳回决定。

驳回决定所针对的权利要求书中的独立权利要求为：

“1. 一种按照用户点击次数对网页及网站地址和文献目录进行排序的方法，其特征在于，通过计算机程序记录用户对输入检索词后搜索引擎给出的对应该检索词的网址和目录的的点击次数和下载次数，按照一定时间内记录的多个用户输入的同一检索词对应的网址或目录的用户点击次数进行排序，排序的规则是：同一检索词对应的网址或目录点击次数多，则排前列，为以后输入该词的用户优先给出；某检索词对应的某些网页或网站下载记录次数作为排序的权值。”

“17. 一种与文本内容匹配的基于检索词的知识库的建立和应用的方法，其特征在于，对实词按照内容的关联性建立联系，对每一个词汇进行唯一的编号，按照数据库格式和语言将实词及其关联性关系进行存储和管理，成为知识库，嵌入搜索引擎，当用户输入检索词后，搜索引擎首先将该检索词在知识库元组中搜索，如果搜索到该检索词，则知识库给出与检索词对应的一组关联词，再将检索词与关联词都输入搜索引擎进行搜索；知识库给出的检索词及与之对应的关联词，可以与用户交互，由用户选择其中的词汇，也可以不与用户交互；如果在知识库中没有搜索到该检索词，则搜索引擎将该检索词进行搜索。”

“23. 一种搜索引擎检出文献目录的方法，其特征在于搜索引擎系统内建立并使用文献目录数据库和文献目录检索系统，通过与用户交互由用户决定是否需要专利、标准、图书馆文献目录，哪一个图书馆的目录，当用户输入检索词时，增设的知识库将给出与检索词意义相关的一词组，即：将一个检索词变成检索词组，转变方法方法见发明 2，检索词组进入文献目录检索系统后检索系统通过扫描文献目录的类别的名称的词汇或摘要与检索词组的匹配程度（频率和概率），确定目录的类别，再根据目录类别对应的文献目录的号码，检出文献目录，该目录以被用户点击的记录的大小作为排序的依据。”

申请人北京造极人工智能技术有限公司（下称复审请求人）不服上述驳回决定，于 2004 年 10 月 3 日向国家知识产权局专利复审委员会提出复审请求。复审请求人认为：

针对权利要求 1~16，审查部门没有指出断定这种排序方法属于或不属于智力活动的规则和方法的标准是什么。方法都是人为规定的，审查部门认为本申请是人为规定的就是智力活动的规则和方法是没有依据的。本发明解决了技术问题，其理由是，搜索引擎系统是一个技术构成的系统，它的现有技术系统存在搜索内容与关键词相关度低的问题，这当然是技术问题；技术是对科学发现的应用并符合某种目的，排序规则和加权方法是数学问题，属于科学发现，将它应用于软件、硬件和通信系统显然是科学的应用，属于技术问题；本申请的目的不是仅仅为了解决一个数学问题，或者软件本身的问题，或者排序规则本身的问题，而是将排序规则作为程序的步骤，显然，目的是为了解决非智力规则问题，即为了解决技术问题。从手段方式上看，本申请利用了技术手段，它是软件的步骤和方法，软件作为解决外部数据处理的手段属于技术手段。由于它与原有的以关键字在文本中出现的频率为排序方法的效果不同，它记录了人的选择结果，因而是对原有的搜索引擎系统的补充，使搜索效果更符合人的愿望，因而有更好的效果，即取得了技术效果。

针对权利要求 17~22，本申请实质上不是在原有信息检索过程当中的一个环节，而是另外的新增加的环节，所增加的环节即知识库与现有的搜索引擎的数据库有实质性的技术变化，不属于智力活动的规则和方法。搜索引擎作为软件系统，如果增加了一个信息处理步骤，并且该步骤作为软件模块的模式设计与原有系统的任何数据库均不相同，本发明的设计与现有的搜索引擎相比应该属于有实质性的设计变化。原有的搜索引擎数据据的建立方法是根据关键字在文本或文本标题或摘要的出现而建立的文本索引数据据或文本数据库是以关键字出现的频率大小而建立的数据，本申请的数据库是依据关键字在内容上的关联度而建立的。信息检索和信息搜索有区别，区别在于：信息检索可以是任何检索办法，而因特网信息搜索仅仅指具有特定网络通信环境和协议的计算机软硬件和通信系统，其对象、实现手段不同。本申请的目的不是信息检索所追求的找到信息，而是对找到信息的内容相关性进行改进。

针对权利要求 23，本申请使得搜索引擎的搜索范围扩大到文献目录，并且在现有的搜索引擎系统增加了与交互性流程。这是对现有搜索引擎的软件的改进，不是信息检索方法的改进。

专利复审委员会于 2005 年 4 月 19 日向复审请求人发出了复审请求受理通知书，并将该复审请求书连同原申请案卷一并送交作出驳回决定的原实质审查部门进行前置审查，在前置审查意见书中，国家知识产权局实质审查部门认为不能接受复审请求人所提出的理由，本申请所谋求保护内容实质上仍是一种对信息或数据进行检索的方法，不属于专利法保护的客体，因而坚持原驳回决定。

针对本复审请求，专利复审委员会依法成立合议组对本复审请求进行审理，本案合议组于 2006 年 1 月 6 日发出了复审通知书。由于复审请求人在提出复审请求时没有提交修改文本，该复审通知书所依据的文本是驳回决定针对的文本。复审通知书指出：

本申请的权利要求书中共包括三组权利要求，其中独立权利要求 1、17、23 分别具有从属权利要求 2~16，18~22。权利要求 1 与权利要求 17 之间、权利要求 1 与权利要求 23 之间均不存在一个或者多个相同或者相应的特定技术特征，不符合专利法第三十一条第一款和专利法实施细则第三十五条的规定，不具有单一性。

权利要求 1 实际上规定了对点击次数进行排序的规则，即根据用户对针对与某一个检索词对应的网页或网站被点击的次数对这些网页或网站的显示次序进行排列，被点击次数多的排在前面，优先显示给用户。权利要求1属于专利法第二十五条第一款第（二）项规定的不授予专利权的范围。

从属权利要求2～16是对权利要求1的进一步限定，由于权利要求1属于第二十五条第一款第（二）项规定的不授予专利权的范围，并且其限定也都是对该人为规定的进一步限定，因此，从属权利要求2～16也属于专利法第二十五条第一款第（二）项规定的不授予专利权的范围。

复审请求人于2006年4月11日提交了答复复审通知书的意见陈述书，同时提交了权利要求修改替换页1～3页。复审请求人认为：

本申请的三个发明属于总的发明构思下的发明，该总的发明构思包括一个或者多个相同或者相应的特定技术特征是搜索的数据库和交互技术，即，三个发明都基于对现有搜索引擎所没有的用户对特定词汇的点击属性数据库和词汇语义关联数据库提出的，而且点击属性和语义关联的数据库都是与用户交互的结果。因此本申请符合专利法第三十一条和专利法实施细则第三十五条规定，具有单一性。

重申了本申请全部权利要求均不属于智力活动的规则和方法，而属于为解决技术问题的技术手段，并且具有技术效果，属于可授予专利权的范围。

修改后的权利要求书中的独立权利要求如下：

"1. 一种按照用户点击次数对网页及网站地址进行排序的方法，其特征在于，

在存储关键词和网址或网址索引的数据库中加入网址或网址索引的点击次数属性，即建立一个数据库，关键词、网址和点击次数是对应的，多个用户输入的同一关键词对应输入该关键词后由现存的搜索引擎搜索到的网址，该网址对应用户输入该关键词后由现存的搜索引擎搜索到的网址的点击次数，形成关键词和网址和点击率的对应关系，通过计算机程序记录用户对输入关键词后搜索引擎给出的对应该关键词的网址和目录的点击次数和下载次数更新数据库，按照一定时间内记录的多个用户输入的同一关键词对应的网址或目录被用户点击次数，次数多的排前列，为以后输入该词的用户优先给出；某关键词对应的某些网页或网站下载记录次数作为排序的权值。"

"11. 一种与文本内容匹配的基于关键词的知识库的建立和应用的方法，其特征在于，对实词按照内容的关联性建立联系，对每一个词汇进行唯一的编号，按照数据库格式和语言将实词及其关联性关系进行存储和管理，成为知识库，嵌入搜索引擎，当用户输入关键词后，搜索引擎首先将该关键词在知识库元组中搜索，如果搜索到该关键词，则知识库给出与关键词对应的一组关联词，再将关键词与关联词都输入搜索引擎进行搜索；知识库给出的关键词及与之对应的关联词，可以与用户交互，由用户选择其中的词汇，也可以不与用户交互；如果在知识库中没有搜索到该关键词，则搜索引擎将该关键词进行搜索。"

"17. 一种用智能搜索引擎检出文献目录的方法，其特征在于搜索引擎系统内建立并使用文献目录数据库和文献目录检索系统，通过与用户交互由用户决定是否需要专利、标准、图书馆文献目录，哪一个图书馆的目录，当用户输入检索词时，增设的知识库将给出与关键词意义相关的一词组，即：将一个检索词变成检索词组，转变方法方法见发明2，关键词组进入文献目录检索系统后检索系统通过扫描文献目录的类别的名称的词汇或摘要与关键词组的匹配程度（频率和概率），确定目录的类别，再根据目录类别对应的文献目录的号码，检出文献目录，该目录以被用户点击的记录的大小作为排序的依据。"

合议组认为本案事实已经清楚，可以作出复审决定。

二、决定的理由

复审请求人在答复复审通知书时提交的修改文本符合专利法第三十三条和专利汉实施细则第六十条的有关规定，合议组予以接受。本复审决定所依据的文本是：2006年4月11日提交的权利要求第1～17项、2002年2月6日提交的说明书第1～14页、说明书摘要及2002年5月15日提交的摘要附

图和说明书附图1、2、4～6、2002年6月28日提交的说明书附图3。

合议组认为，本申请的权利要求书中共包括三组权利要求，独立权利要求1、11、17之间不具有单一性。

根据审查指南第二部分第六章2.1.2节的规定，属于一个总的发明构思的两项以上的发明在技术上必须相互关联，这种相互关联是以相同或者相应的特定技术特征表示在它们的权利要求中的。也就是说，符合单一性的权利要求中必须包含相同或者相应的特定技术特征。

独立权利要求1请求保护一种按照用户点击次数对网页及网站地址进行排序的方法，其特征在于，在存储关键词和网址或网址索引的数据库中加入网址或网址索引的点击次数属性，即建立一个数据库，关键词、网址和点击次数是对应的，多个用户输入的同一关键词对应输入该关键词后由现存的搜索引擎搜索到的网址，该网址对应用户输入该关键词后由现存的搜索引擎搜索到的网址的点击次数，形成关键词和网址和点击率的对应关系，通过计算机程序记录用户对输入关键词后搜索引擎给出的对应该关键词的网址和目录的点击次数和下载次数更新数据库，按照一定时间内记录的多个用户输入的同一关键词对应的网址或目录被点击的次数多少进行排列，点击次数多的，排前列，为以后输入该词的用户优先给出；某关键词对应的某些网页或网站下载记录次数作为排序的权值。

独立权利要求11请求保护一种与文本内容匹配的基于关键词的知识库的建立和应用的方法，其特征在于，对实词按照内容的关联性建立联系，对每一个词汇进行唯一的编号，按照数据库格式和语言将实词及其关联性关系进行存储和管理，成为知识库，嵌入搜索引擎，当用户输入检索词后，搜索引擎首先将该检索词在知识库元组中搜索，如果搜索到该关键词，则知识库给出与关键词对应的一组关联词，再将关键词与关联词都输入搜索引擎进行搜索；知识库给出的检索词及与之对应的关联词，可以与用户交互，由用户选择其中的词汇，也可以不与用户交互；如果在知识库中没有搜索到该检索词，则搜索引擎将该检索词进行搜索。

独立权利要求17请求保护一种用搜索引擎检出文献目录的方法，其特征在于搜索引擎系统内建立并使用文献目录数据库和文献目录检索系统，通过与用户交互由用户决定是否需要专利、标准、图书馆文献目录，哪一个图书馆的目录，当用户输入检索词时，增设的知识库将给出与检索词意义相关的一组词，即：将一个检索词变成检索词组，转变方法方法见发明2，检索词组进入文献目录检索系统后检索系统通过扫描文献目录的类别的名称的词汇或摘要与检索词组的匹配程度（频率和概率），确定目录的类别，再根据目录类别对应的文献目录的号码，检出文献目录，该目录以被用户点击的记录的大小作为排序的依据。

从上述独立权利要求记载的技术特征可以看出，权利要求1与权利要求11之间、权利要求1与权利要求17之间均不存在相同或者相应的技术特征，因此不存在使它们在技术上相互关联的一个或者多个相同或者相应的特定技术特征，不符合专利法第三十一条第一款的规定，不具有单一性。

复审请求人在意见陈述书中认为，三个发明都基于对现有搜索引擎所没有的用户对特定词汇的点击属性数据库和词汇语义关联数据库提出的，而且点击属性和语义关联的数据库都是与用户交互的结果。

针对复审请求人的上述观点，合议组认为，权利要求请求保护的技术方案是由记载在权利要求中的全部技术特征构成的，即权利要求所限定的技术方案只能通过记载在权利要求中的技术特征体现。权利要求1、17、23之间均不存在相同或者相应的技术特征。权利要求1、17和专利要求23中均没有记载复审请求人所称的“对现有搜索引擎所没有的用户对特定词汇的点击属性数据库和词汇语义关联数据库提出的，而且点击属性和语义关联的数据库都是与用户交互的结果”这一技术特征。正如复审请求人在本申请权利要求书的开始所承认的：“本发明由3项子发明构成，发明1是按照用户点击次数对网页及网站地址和文献目录进行排序的方法，发明 2 是与文本内容匹配的基于关键词的知识库的建立和应用的方法，发明 3 是搜索引擎检出文献目录的方法。”。

综上所述，权利要求 1、17、23 之间仍不具有单一性。

合议组认为，权利要求 1 ~ 10 属于专利法第二十五条第一款第（二）项规定的智力活动的规则和方法。

权利要求 1 实际上规定了对点击次数进行排序的规则，即根据用户对针对与某一个检索词对应的网页或网站被点击的次数和下载次数对这些网页或网站的显示次序进行排列，记录该点击次数和下载次数并据此更新数据库，使被点击次数多的网页或网站排在前面，优先显示给用户。这种对搜索结果的排序是人为指定的，本申请中的排序是按照用户的点击次数和下载次数排序的。而在现有技术中是按照输入的关键词出现的频率和概率进行排序的（参见说明书第 1 页第二自然段），可见，权利要求 1 采用了不同标准的选择排序方式，这种排序的标准是人为规定的。权利要求 1 请求保护的方法中规定了怎样建立对应关系，这样的对应关系存储在何处以及如何依据该对应关系得到排序的结果。因此，权利要求 1 属于专利法第二十五条第一款第（二）项规定的不授予专利权的范围。

从属权利要求 2 ~ 10 是对权利要求 1 的进一步限定，由于权利要求 1 属于专利法第二十五条第一款第（二）项规定的不授予专利权的范围，并且其进一步限定也都是对该人为规定的进一步限定，因此，从属权利要求 2 ~ 10 也属于专利法第二十五条第一款第（二）项规定的不授予专利权的范围。

基于上述理由，权利要求 1、11、17 之间不符合专利法第三十一条的规定，权利要求 1 ~ 10 属于专利法第二十五条第一款第（二）项规定的不授予专利权的范围。复审请求人提交的修改文件没有克服复审通知书中指出的全部缺陷。

三、决定

维持国家知识产权局于 2004 年 4 月 16 日对 02100486.2 号发明专利申请作出的驳回决定。

根据专利法第四十一条的规定，复审请求人对本决定不服的，可以自收到决定之日起三个月内向北京市第一中级人民法院起诉。

汽车电箱状况测试方法和装置案

复审请求审查决定（第 9190 号）

决　定　号　第 9190 号
决　定　日　2006 年 9 月 20 日
发明创造名称　汽车电箱状况测试方法和装置
国际分类号　G01R 3/00　B60K 1/00　B60R 16/00
复审请求人　CK 电子私人有限公司
申　请　号　99120741.6
申　请　日　1999 年 9 月 20 日
优 先 权 日　1998 年 9 月 18 日
公　开　日　2000 年 5 月 10 日
合议组组长　徐媛媛
主　审　员　隋　璐
参　审　员　郭健国

法律依据　专利法第三十三条
决定要点
如果修改后文本中新使用的技术术语能够由原始文本直接地、毫无疑义地确定，则该术语的使用符合专利法三十三条的规定。

一、案由

本复审请求涉及国家知识产权局 1999 年 9 月 20 日受理的申请号为 99120741.6，发明名称为“汽车电箱状况测试方法和装置”的发明专利申请（下称本申请），申请人为 CK 电子私人有限公司。

经实质审查后，国家知识产权局实质审查部门于 2004 年 10 月 15 日对该申请作出了驳回决定，驳回理由是：本申请不符合专利法第三十三条的规定。

驳回决定所针对的文本是申请人于 2004 年 7 月 15 日提交的权利要求 1 ~ 10 项、附图第 5 页，申请日提交的说明书第 1 ~ 5 页、说明书摘要，2000 年 1 月 13 日提交的附图 1 ~ 4 页、摘要附图。

驳回决定针对的权利要求 1 ~ 10 为：

“1. 一种监视和指示汽车电箱状况的方法，其特征在于，包含以下步骤：

（i）从汽车引擎起动期间在汽车电箱馈电线路中存在的电池电压中获取锯齿电压分量；所述电池电压由直流 DC 电压分量和所述锯齿电压分量构成。

（ii）依据所述锯齿电压分量来产生锯齿电压特征比较参照值；以及

（iii）将所述锯齿电压特征比较参照值与所述锯齿电压分量进行比较，以确定所述汽车电箱（2）的状况。

2. 如权利要求 1 所述的方法，其特征在于，所述汽车电箱（2）的状况包括电解液的存量，正负极板衰退水平以及电箱端子接触状况。

3. 如权利要求 1 所述的方法，其特征在于，所述汽车电箱（2）是一种将直流 DC 电源电压作为主要电源的汽车车辆所使用的类型，它至少包括铅酸电池和免维护电池两者之一。

4. 如权利要求 1 所述的方法，其特征在于，所述锯齿电压分量包括多个具有各种振幅的非直流 DC 频率分量，这些分量由发电机（3）产生，以及在引擎运行期间其他的电子或电负载（5）。

5. 如权利要求 1 所述的方法，其特征在于，所述汽车电箱馈电线路（4）包括将汽车电箱（2）的正负端子连接到发电机（3）和其他电子和电负载（5）的电子布线连接，所述电子布线包括保险丝、开关和继电器触点中的至少一个。

6. 如权利要求 1 所述的方法，其特征在于，所述锯齿电压特征比较参照值相对于引擎运行期间存在的所述锯齿电压分量进行变化。

7. 如权利要求 6 所述的方法，其特征在于，所述锯齿电压特征比较参照值至少包括微控制器中的电压信号或数字数据两者之一。

8. 如权利要求 1 所述的方法，其特征在于，至少将所述锯齿电压分量中的正极侧，负极侧或将正负极两侧这三者之一的振幅或波形与所述锯齿电压特征比较参考值进行比较。

9. 一种用于监视和指示汽车电箱状况的设备，其特征在于，所述设备包括：

锯齿波形讯号电压取舍电路，用于从汽车引擎起动期间在汽车电箱馈电线路中存在的电池电压中获取锯齿电压分量；所述电池电压由直流 DC 电压分量和所述锯齿电压分量构成；

预先设定的随机波动电压电路，用于依据所述锯齿电压分量来产生锯齿电压特征比较参照值；以及

波形电压比较器，用于将所述锯齿电压特征比较参考值与所述锯齿电压分量进行比较，以确定所述汽车电箱（2）的状况。

10. 如权利要求 9 所述的设备，其特征在于，所述设备位于沿汽车电箱馈电线路（4）某点的电气连接中。”

在驳回决定中，审查员指出：由原说明书和权利要求书记载的内容不能明确、直接地确定权利要求 1 的步骤（ii）和（iii）以及权利要求 3 的技术内容，故修改后的权利要求 1、3 仍然超出了原说明书和权利要求书记载的范围，不符合专利法第三十三条的规定。

申请人 CK 电子私人有限公司（下称复审请求人）对上述驳回决定不服，于 2005 年 1 月 31 日向专利复审委员会提出了复审请求。请求的理由是修改后的文本符合专利法第三十三条的规定。复审请求人在提出复审请求时提交的权利要求书中将原权利要求 3 删除。

复审请求人认为：从原权利要求 5 和说明书第 4 页最后一段及附图 9 可以推出步骤（ii）、（iii）的内容。原权利要求 5“所述的随机波动比较电压是一种利用汽车引擎启动后所产生的锯齿波形读号电压作为母体或基本电压而演变或产生出来的电压来作为电箱测试器的预先设定的比较电压”、原说明书第 4 页第 24 ~ 26 行“电容器 C4、电阻 R3、R4 组成一个利用锯齿波形讯号电压所产生的正相随机波动比较电压提供给集成电路 IC2 比较器的第二脚，其电压波形如图号 8 和 10 所示”中可以确定随机波动的比较电压是利用锯齿波形信号电压产生的，并由电容器 C4、电阻 R3、R4 所组成的电路来实现，再参照附图 9、11，引擎启动后的电源线上的电压提供给了锯齿波形信号电压取舍电路，该电路一方面将获取的锯齿波形信号直接提供给波形电压比较器，另一方面将取得的锯齿波形信号提供给预设的随机波动电压电路以产生随机波动比较电压。从上述内容可以推出随机波动比较电压是利用锯齿波形信号电压所产生的，波形比较器将锯齿波形信号电压和随机波动比较电压进行比较。为了更好的描述阈值的产生过程，用“锯齿电压特征比较参考值”替代原权利要求 1 中“随机波动比较电

压”，故步骤（ii）的特征“依据所述锯齿电压分量来产生锯齿电压特征比较参照值”可以由原始申请文件确定。同理步骤（iii）的内容可以从原始公开的文本中推导得出。

经形式审查合格后，专利复审委员会于2005年3月21日受理了该复审请求，并于同日发出了复审请求受理通知书，同时向国家知识产权局实质审查部门发出了前置审查通知书。国家知识产权局实质审查部门于2005年4月20日发出了前置审查意见书，坚持原驳回决定。

专利复审委员会依法成立合议组审理本案，认真研究了国家知识产权局作出的驳回决定、请求人提交的修改文本和意见陈述书后，认为本案事实已经清楚，可依法作出本复审请求决定。

二、决定的理由

1. 审查文本

本复审决定是以复审请求人于2005年1月31日提交的权利要求书作为审查的基础。

2. 关于专利法三十三条的问题

专利法第三十三条规定：申请人可以对其专利申请文件进行修改，但是，对发明和实用新型专利申请文件的修改不得超过原说明书和权利要求书记载的范围。

即专利法第三十三条规定修改后的文本应该能从原申请记载的信息中直接地、毫无疑义地确定。

（1）修改后权利要求1的步骤（ii）的特征是“依据所述锯齿电压分量来产生锯齿电压特征比较参照值”。

原始申请中说明书第1页倒数第4行至倒数第2行中记载“其工作原理是利用引擎起动后所产生的锯齿波形讯号电压与预先设定的随机波动比较电压互相比较，当锯齿波形讯号电压超过预先设定的随机波动的比较电压范围时表示此电箱的功能状况已开始衰退”，从上述记载可以确定随机波动的比较电压起的是目标参照值的的作用，锯齿波形讯号电压与其相比较，以判断电箱的功能是否衰退。而修改后的权利要求书、说明书中的“锯齿电压特征比较参照值”、“锯齿比较参照电压”同样起到了目标参照值的作用，故可以认定“随机波动的比较电压”等同于“锯齿电压特征比较参照值”、“锯齿比较参照电压”。

原始申请中说明书第3页倒数第6~7行中“锯齿波形信号电压（9）由发电机（3）及其他电子或机电负载装置（5）负载产生”；修改后的权利要求4“所述锯齿电压分量包括多个具有各种振幅的非直流DC频率分量，这些分量由发电机（3）产生以及在引擎运行期间其他的电子或电负载（5）”，从上述内容可以得出锯齿波形信号电压、锯齿电压分量都是指汽车引擎启动后由发电机及其他电子或机电负载装置负载产生的锯齿波，故可以认定修改后的“锯齿电压分量”等同于原申请文件中的“锯齿波形信号电压”。

原始申请中权利要求5、8中记载“所述随机波动比较电压是一种利用汽车引擎启动后所产生的锯齿波形读号电压作为母体或基本电压而演变或产生出来的电压来作为电箱测试器的预先设定的比较电压”“所述随机波动比较电压是一种会随机应变，会随着锯齿波形信号电压的波动而波动的电压”说明书第4页第24~26行“电容器C4、电阻R3、R4组成一个利用锯齿波形信号电压所产生的正相随机波动的比较电压提供给集成电路IC2比较器的第二脚，其电压波形如图号8和10所示”。从上述记载中可以推定随机波动比较电压是从汽车引擎启动后馈电线路上的锯齿波形信号电压中产生的、随着锯齿波形信号电压波动而波动的作为汽车电箱测试器比较电压的电压，由电容器，C4、电阻R3、R4组成的电路来实现的。

综上，随机波动比较电压是从汽车引擎启动后馈电线路上的锯齿波形信号电压中产生的，“锯齿电压特征比较参照值”等同于“随机波动的比较电压”“锯齿电压分量”等同于“锯齿波形信号电压”，故合议组认定修改后的步骤（ii）的特征“依据所述锯齿电压分量来产生锯齿电压特征比较参照值”可以从原始申请文件直接地、毫无疑义地确定。

（2）修改后的步骤（iii）的特征是“将所述锯齿电压特征比较参考值与所述锯齿电压分量进行比较，以确定所述汽车电箱（2）的状况”。

原权利要求1的步骤（iii）为“将所述锯齿波形信号电压的特征与随机波动比较电压进行比较而得出电箱状况”。

同时由前述可知，“锯齿电压特征比较参照值”等同于“随机波动的比较电压”“锯齿电压分量”等同于“锯齿波形信号电压”，故修改后的步骤（iii）同样没有超出原始申请文件记载的范围，符合专利法第三十三条的规定。

三、决定

撤销国家知识产权局于2004年10月15日对99120741.6号发明专利申请作出的驳回决定。

由原实质审查部门依据2005年1月31日提交的权利要求第1～9项、说明书第1～4页、附图第4页、说明书摘要附图、说明书摘要，2004年7月15日提交的说明书附图第5页，2000年1月13日提交的附图1～3页，继续审查程序。

223

高频放大电路案

复审请求审查决定（第9197号）

决　定　号　第9197号
决　定　日　2006年8月16日
发明创造名称　高频放大电路
国际分类号　H03F 3/195　H04B 1/40　H04B 1/04
复审请求人　ADC长途电讯有限公司
申　请　号　01820122.9
申　请　日　2001年10月10日
优先权日　2000年10月10日
公　开　日　2004年3月17日
合议组组长　张美菊
主　审　员　杨存吉
参　审　员　哈雅坤

法律依据　专利法第二十六条第三款
决定要点

如果所属领域的技术人员根据说明书记载的内容，利用本领域的公知常识能够实现该发明的技术方案，解决其技术问题并产生预期的技术效果，那么该说明书符合专利法第二十六条第三款的规定。

一、案由

本复审请求案涉及申请日为2001年10月10日、申请号为01820122.9、发明名称为“高频放大电路”的PCT发明专利申请（下称本申请），本申请的申请人为ADC长途电讯有限公司。

本申请于2004年3月17日公开后，国家知识产权局原实质审查部门针对原始提交的国际申请文件中文译文的说明书第1~7页、附图第1~4页、说明书摘要和摘要附图以及权利要求第1~32项，依法对本申请进行实质审查，并于2005年1月7日发出第一次审查意见通知书。该通知书指出：本申请没有对放大器第二路径中的带阻滤波器进行清楚完整的说明，使得本领域技术人员无法理解带阻滤波器能够阻止第一业务频带的上游信号，允许通过第一业务频带的下游信号是如何实现的；第一业务的上游信号与下游信号处于相同的频带，但通过同一个带阻滤波器时，却能够产生不同（相反的）的效果，本申请说明书中仅给出了采用该带阻滤波器能得到的技术效果，但是没有记载任何有关这个能够实现特殊功能的带阻滤波器的内部电路组成的内容，本领域技术人员无法根据本申请目前公开的内容理解并实现本申请中的带阻滤波器，以至于无法理解并实现本申请涉及的放大电路以及使用该放大电路的基站，因此，本申请说明书不符合专利法第二十六条第三款的规定。

申请人于2005年4月27日提出延长期限请求，国家知识产权局同意将答复第一次审查意见通知书的期限延长至2005年6月22日。针对第一次审查意见通知书，申请人于2005年6月6日提交了意见陈述书，认为在无线通信系统中，上游信号占有除与其相关的下游信号之外的分开的带宽频率，本申请所描述的带阻滤波器仅阻止第一业务的上游信号。

国家知识产权局原实质审查部门针对本申请进入中国国家阶段时所提交的说明书第1~7页、说明书附图第1~4页、说明书摘要、摘要附图以及权利要求第1~32项，于2005年12月9日作出驳回决定，理由是本申请不符合专利法第二十六条第三款的规定。该决定认为，本领域技术人员根据说明书的内容只能够得到不同业务分属不同的频带的结论，而得不到申请人所述的相同业务的上游频带和下游频带属于不同的频带的结论；本申请的带阻滤波器不能实现既能够阻止第一业务频带的上游信号，又允许第一业务的下游信号通过的功能。

申请人（以下称复审请求人）对上述驳回决定不服，于2006年3月3日向专利复审委员会提出复审请求。复审请求人认为：对于相同的业务，上游信号和下游信号具有不同的频带，本申请的带阻滤波器可以实现在阻止第一业务上游信号通过的同时，让第一业务的下游信号通过并让其他业务的信号通过的功能。因此本申请的说明书符合专利法第二十六条第三款的规定。

经形式审查合格后，专利复审委员会受理了该请求，于2006年4月4日向复审请求人发出复审请求受理通知书，同时向国家知识产权局原实质审查部门发出前置审查通知书。

国家知识产权局原实质审查部门在前置审查意见书中仍然坚持原驳回决定。

专利复审委员会依法组成合议组对本复审请求进行了审查。

经审查，合议组认为本案事实已经清楚，可以依法作出复审请求审查决定。

二、决定的理由

本复审决定所针对的申请文本与驳回决定所针对的申请文本相同，即本申请进入中国国家阶段时提交国际申请文件中文译文的说明书第1~7页、附图第1~4页、说明书摘要和摘要附图以及权利要求第1~32项。

专利法第二十六条第三款规定：说明书应当对发明或者实用新型作出清楚、完整的说明，以所属技术领域的技术人员能够实现为准。

如果所属领域的技术人员根据说明书记载的内容，利用本领域的公知常识能够实现该发明的技术方案，解决其技术问题并产生预期的技术效果，那么该说明书符合专利法第二十六条第三款的规定。

本申请为了允许业务提供商使用相同的基站支持两种或者多种使用不同频带的不同业务，提供这样一种放大电路，它放大与第一业务相关的频带中的信号，并不加放大地让与第二业务相关的第二频带中的信号通过。具体来说，该放大电路包括第一端口，用于将信号传送到天线并从天线接收信号；第二端口，用于将信号传送到基站并从基站接收信号；第一路径和第二路径，各路径连接在第一和第二端口之间；第一路径包括至少一个带通滤波器和一个放大器，用于通过和放大第一业务中的上游信号；第二路径包括带阻滤波器，它阻止第一频带中的上游信号，并让至少一种其他业务相关的上游频带以及第一和至少一种其他业务的下游频带中的信号通过。这样，一个基站就可以同时支持基本同空间的地理区域上的两种或多种业务。

在无线通信系统中，用于同一业务的上游信号和下游信号的频率可以是不同的，即上游信号和下游信号使用不同的频带，这属于本领域的技术常识。基于这样的事实，在本发明的放大电路中，带阻滤波器可以实现一方面阻止第一业务中的上游信号，并让至少一个其他业务的上游信号以及第一业务和至少一个其他业务的下游信号通过的功能。另外，本领域常规的带通滤波器、带阻滤波器和放大器就能够实现本发明中它们的带通、带阻和放大功能。所以本领域技术人员根据说明书记载的内容，可以实现本发明的放大电路，解决其所要解决的技术问题并产生预期效果。因此，本申请的说明书符合专利法第二十六条第三款的规定。

基于上述理由，合议组作出如下决定。

三、决定

撤销国家知识产权局于2005年12月9日作出的驳回01820122.9号发明专利申请的决定，由国家知识产权局原实质审查部门以本申请进入中国国家阶段时提交的国际申请文件中文译文的说明书第1～7页、附图第1～4页、说明书摘要和摘要附图以及权利要求第1～32项为基础继续进行审批程序。

据专利法第四十一条第二款的规定，对本决定不服的，复审请求人可以在收到本通知之日起三个月内向北京市第一中级人民法院起诉。

224

保护硬盘资料的电路案

复审请求审查决定（第9200）

决　定　号　第9200号
决　定　日　2006年8月14日
发明创造名称　保护硬盘资料的电路
国际分类号　G06F 12/16　G06F 9/22
复审请求人　梁国恩
专利申请号　01100603. X
申　请　日　2001年1月9日
公　开　日　2002年8月14日
合议组组长　张美菊
主　审　员　贾彦飞
参　审　员　詹靖康

法律依据　专利法第二十二条第三款
决定要点

专利法第二十二条第三款规定："创造性，是指同申请日以前已有的技术相比，该发明有突出的实质性特点和显著的进步，该实用新型有实质性特点和进步。"如果一项权利要求相对于一篇对比文件具有区别技术特征，并且此区别技术特征使其技术方案具有突出的实质性特点，并使其具有了对比文件中所不具有的有益效果，那么该权利要求相对于该对比文件具备创造性。

一、案由

本复审请求涉及申请日为2001年1月9日，申请号是01100603. X，发明名称为"保护硬盘资料的电路"的发明专利申请（下称本申请），申请人是梁国恩。

在实质审查程序中，国家知识产权局实质审查部门于2004年7月9日发出第一次审查意见通知书，指出说明书第1页第3段第4行所述"程序代码"仅有功能性描述，没有具体说明如何结合所述电路实现该"程序代码"的功能的实质性描述，导致说明书不符合专利法第二十六条第三款的规定；权利要求1所述"硬盘讯号处理器"的作用描述不清楚，"主/虚拟资料空间"具体含义不清楚，因此权利要求1不符合专利法实施细则第二十条第一款的规定；权利要求1~5相对于对比文件1（"用ghost备份系统三法"，《中国计算机报》第843期，发行日期：1999年7月26日）和公知常识的结合不具备创造性，不符合专利法第二十二条第三款的规定；权利要求4中括号内的内容不是附图标记，不符合专利法实施细则第二十条第四款的规定。

申请人于2004年11月10日提交了答复第一次审查意见通知书的意见陈述书，对权利要求4进行了修改并同时提交了修改替换页。申请人认为：本申请说明书符合专利法第二十六条第三款的规定；权利要求1中"硬盘讯号处理器"和"主/虚拟数据空间"的作用或含义是清楚的；本申请的技术方案相对于对比文件1所披露的ghost软件来说，具有适合多种操作系统、提高工作效率的优点，并且本申请的技术方案的存取方式和寻址方式与现有技术的ghost软件也是不同的，因此申请人认为权利要求1～5相对于对比文件1是具备创造性的，符合专利法第二十二条第三款的规定。

经审查，国家知识产权局在2005年3月25日以本申请的权利要求1～5不符合专利法第二十二条第三款的规定为由，作出了驳回决定。驳回决定所依据的对比文件是：

对比文件1："用ghost备份系统三法"，《中国计算机报》第843期，公开日为1999年7月26日。

驳回决定所针对的权利要求书为2004年11月10日提交的，具体如下：

"1. 一种保护硬盘资料的电路，其包括：

一第一硬盘连接器，其连接计算机主机板的硬盘连接器；

一第二连接器，其连接硬盘；

一个硬盘讯号处理器，其连接该第一硬盘连接器、该第二连接器、及一微处理器；

一随机存取内存，其连接该微处理器；

一个具有程序代码的非依电性半导体内存，其中该程序代码能被该微处理器执行，使得将该计算机主机板硬盘连接器对应于该硬盘的主资料空间读取/写入讯号命令转换为对应于该硬盘的虚拟资料空间的读取/写入讯号命令并且当该硬盘的虚拟资料空间资料被破坏时，该电路能够将该硬盘的主资料空间资料重新写入于该虚拟数据空间。

2. 如权利要求1所述的电路，其特征在于：该第一硬盘连接器为IDE连接器。

3. 如权利要求1所述的电路，其特征在于：该第二连接器为IDE连接器。

4. 如权利要求1所述的电路，其特征在于：该第二连接器所连接的硬盘，其可利用执行一外部程序代码将该硬盘划分为该主资料空间及该虚拟资料空间。

5. 如权利要求1所述之电路，其特征在于：该硬盘的主资料空间用于储存一操作系统。"

申请人梁国恩（下称复审请求人）不服上述驳回决定，于2005年7月4日向国家知识产权局专利复审委员会提出复审请求，但并未对权利要求进行修改。复审请求人认为：本申请和Ghost相比不论在构架上或运作方式上均具有极大的差异，并且因为这些差异性，使得本申请具有资料处理上的更新性与新增性；根据本申请中公开的存取方式的寻址方式，可在第一次还原后，若主资料空间30a有更新、新增部分资料后，可在第二次备份时，藉着寻址方式仅将已更新和新增的资料，在比对后写入虚拟资料空间30b，而不用象Ghost一样必须整个备份档置换、覆盖掉；由于本申请所提出的技术特征仅需更新和新增，不须整个备份资料置换、覆盖，所以本申请所提出的技术，可以高效率地完成备份、还原的动作，尤其是在资料量越来越大的情况下，更显得出本申请与Ghost的备份方式，更有着极高的创造性与优越性，因此权利要求1～5所要求保护的技术方案相对于对比文件1具备创造性，符合专利法第二十二条第三款的规定。

专利复审委员会于2005年12月1日向复审请求人发出了复审请求受理通知书，并将该复审请求书连同原申请案卷一并送交作出驳回决定的实质审查部门进行前置审查，在前置审查意见书中，国家知识产权局实质审查部门认为权利要求1不具备创造性，不符合专利法第二十二条第三款的规定，因而坚持原驳回决定。

针对本复审请求，专利复审委员会依法成立合议组对本复审请求进行审理。

合议组认为本案事实已经清楚，可以作出复审决定。

二、决定的理由

1. 关于审查所依据的文本

由于复审请求人在提出复审请求时没有提交修改文本，本复审决定所依据的文本是驳回决定针对的文本，即2004年11月10日提交的权利要求第1~5项和2001年1月9日提交的说明书第1~4页、说明书附图第1~4页、说明书摘要及摘要附图。

2. 关于创造性

专利法第二十二条第三款规定："创造性，是指同申请日以前已有的技术相比，该发明有突出的实质性特点和显著的进步，该实用新型有实质性特点和进步。"如果一项权利要求相对于一篇对比文件具有区别技术特征，并且此区别技术特征使其技术方案具有突出的实质性特点，并使其具有了对比文件中所不具有的有益效果，那么该权利要求相对于该对比文件具有创造性。

驳回决定所针对的独立权利要求1为：

"1. 一种保护硬盘资料的电路，其包括：

一第一硬盘连接器，其连接计算机主机板的硬盘连接器；

一第二连接器，其连接硬盘；

一个硬盘讯号处理器，其连接该第一硬盘连接器、该第二连接器、及一微处理器；

一随机存取内存，其连接该微处理器；

一个具有程序代码的非依电性半导体内存，其中该程序代码能被该微处理器执行，使得将该计算机主机板硬盘连接器对应于该硬盘的主资料空间读取/写入讯号命令转换为对应于该硬盘的虚拟资料空间的读取/写入讯号命令并且当该硬盘的虚拟资料空间资料被破坏时，该电路能够将该硬盘的主资料空间资料重新写入于该虚拟数据空间。"

对比文件1所公开的内容为采用ghost软件在纯dos系统中进行整盘备份、分区备份、网络多机硬盘克隆和恢复备份的过程，其是将源盘中的内容克隆到目标盘，并且将目标盘克隆得和源盘几乎完全一样，并且实现的分区、格式化、克隆系统等操作；在恢复备份时，是将备份的目标盘内容恢复到要还原的硬盘和分区。

合议组认为：即使可以如驳回决定认为Ghost软件相当于权利要求1中的程序代码，目标盘相当于主资料空间，源盘相当于虚拟数据空间，并且认为对比文件1公开了当该硬盘的虚拟资料空间资料被破坏时，能够将该硬盘的主资料空间资料重新写入于该虚拟数据空间，权利要求1与对比文件1之间还存在两点区别，即（1）本申请为连接于硬盘连接器和硬盘之间的硬件电路，而对比文件1为一种ghost软件，对比文件1未公开权利要求1中的第一硬盘连接器、第二连接器、硬盘讯号处理器、随机存取内存和具有程序代码的非依电性半导体内存等硬件装置和其之间的连接关系；（2）权利要求1中所公开的硬盘资料的保护方式是在将对硬盘主资料空间的读写转换为对与硬盘主资料空间相对应的硬盘虚拟资料空间的读写，并且在硬盘虚拟资料空间资料被破坏时，将硬盘主资料空间资料重新写入硬盘虚拟资料空间；而对比文件1中仅是将硬盘资料备份为一个文件后，对原硬盘资料进行读写操作，在原硬盘资料被破坏时，将备份的文件恢复为原硬盘资料之后其对原硬盘的读写还是在原硬盘上进行，而并不存在转换读取/写入讯号命令的步骤。

对于区别技术特征（1），虽然硬盘连接器、连接器、硬盘讯号处理器、随机存取内存做为单独的硬件可以认为是本领域的公知常识，但是对比文件1中仅仅公开了公知的用于硬盘备份的ghost软件，其作为备份软件对于本领域的普通技术人员来讲是公知的，但是在对比文件1中并未公开或启示其可以用硬件手段来实现，特别是本申请中所列的上述硬件的组合并连接于硬盘连接器和硬盘之间，从而实现保护硬盘资料的目的。对于区别技术特征（2），权利要求1中是将对硬盘主资料空间的读写转换为对与硬盘主资料空间相对应的硬盘虚拟资料空间的读写，而对比文件1中的读写操作是直接对原硬盘数据进行读写，不存在在读写时硬盘资料空间转换的步骤，因此它们的读写控制方式是不同的；由于本申请存在区别技术特征（2）使本申请可以获得以下技术效果：在对硬盘的读写过程中就可以实现保护原始数据资料，并且本申请仅需要更新和新增就可以高效率地完成备份、还原的动作，而无需对比文件 1 的 Ghost 软件那样对整个备份文档进行置换和覆盖。

综上所述，合议组认为：对比文件 1 并没有公开权利要求 1 技术方案中硬件装置的技术特征，对比文件 1 中所公开的硬盘资料的保护方式与权利要求 1 中的也是不同的；并且权利要求 1 的技术方案为本申请带来了有益的技术效果，此技术效果是对比文件 1 所不能达到的。因此，权利要求 1 相对于对比文件 1 具备突出的实质性特点和显著的进步，权利要求 1 具备专利法第二十二条第三款所规定的创造性。权利要求 2 ~5 均是权利要求 1 的从属权利要求，在权利要求 1 相对于对比文件 1 具有创造性的基础上，权利要求 2 ~5 所限定的技术方案相对于对比文件 1 也同样具备创造性。

三、决定

撤销国家知识产权局于 2005 年 3 月 25 日对 01100603. X 号发明专利申请作出的驳回决定。

由国家知识产权局原实质审查部门依据 2004 年 11 月 10 日提交的权利要求第 1 ~5 项及申请日提交的说明书第 1 ~4 页、说明书附图第 1 ~4 页、说明书摘要和摘要附图继续审查程序。

根据专利法第四十一条的规定，复审请求人对本决定不服的，可以自收到本复审决定书之日起三个月内向北京市第一中级人民法院起诉。

225

鉴权支付案

复审请求审查决定（第 9201 号）

决　定　号　第 9201 号
决　定　日　2006 年 9 月 15 日
发明创造名称　鉴权支付
国 际 分 类 号　G06F 19/00　G06F 17/60
复 审 请 求 人　弗里塞恩公司
申　请　号　01811338.9
申　请　日　2001 年 4 月 17 日
优 先 权 日　2000 年 4 月 17 日，2001 年 3 月 26 日
公　开　日　2003 年 8 月 20 日
合 议 组 组 长　李　隽
主　审　员　杨存吉
参　审　员　朱明雅

法 律 依 据　专利法第三十二条
决 定 要 点

如果对权利要求书的修改没有包括在原说明书和权利要求书文字记载的内容中，也不能根据原说明书和权利要求书文字记载的内容以及说明书附图直接地、毫无疑义地确定，那么这样的修改不符合专利法第三十三条的规定。

一、案由

本复审请求案涉及申请日为 2001 年 4 月 17 日、申请号为 01811338.9、发明名称为“鉴权支付”的 PCT 发明专利申请（下称本申请），本申请的申请人为弗里塞恩公司。

本申请于 2003 年 8 月 20 日公开后，国家知识产权局实质审查部门针对原始提交国际申请文件中文译文依法对本申请进行实质审查，并于 2003 年 12 月 26 日发出第一次审查意见通知书，指出本申请的权利要求 1～8、31～32、34 不具备专利法第二十二条第二款规定的新颖性，专利要求 9～10、14、33 不具备专利法第二十二条第三款规定的创造性，权利要求 17～30 属于专利法第二十五条规定的不授予专利权的范围，权利要求 16 和权利要求 32 不符合专利法实施细则第二十条第一款的规定。

针对第一次审查意见通知书，申请人于 2004 年 7 月 12 日提交了意见陈述书和经修改的权利要求书。

国家知识产权局实质审查部门针对前次审查意见通知书所针对的申请文件以及上述意见陈述书中所附的经修改的申请文件的替换页，于 2004 年 12 月 17 日发出第二次审查意见通知书，指出权利要求 1～14 属于专利法第二十五条规定的不授予专利权的范围，权利要求 15～21 不符合专利法实施细则第二条第一款的规定。

针对第二次审查意见通知书，申请人于2005年3月1日提交了意见陈述书和修改的权利要求书。申请人认为本申请提供了一种用以解决如何由出售者对购买者进行鉴权的难题的技术方案，修改后的权利要求构成了技术方案并解决了技术问题。

国家知识产权局实质审查部门针对原始提交国际申请文件中文译文的说明书第1~14页、说明书附图第1~9页、说明书摘要和摘要附图，2005年3月1日提交的权利要求第1~14项，于2005年5月20日作出驳回决定，理由是权利要求1~7属于专利法第二十五条规定的不授予专利权的范围，权利要求8~14不符合专利法实施细则第二条第一款的规定。该驳回决定指出：权利要求1~7要求保护的方法不是一种技术方案，而是一种由公知的互联网来实施的对支付交易进行鉴权的规则，属于智力活动规则；权利要求8~14要解决的问题和获得的效果都是非技术性的，不符合专利法实施细则第二条第一款的规定。

申请人（以下称复审请求人）对上述驳回决定不服，于2005年9月5日向专利复审委员会提出复审请求，同时提交了意见陈述和权利要求的替换页。

经形式审查合格后，专利复审委员会受理了该请求，于2005年10月11日向请求人发出复审请求受理通知书，同时向国家知识产权局实质审查部门发出前置审查通知书。

国家知识产权局实质审查部门在前置审查意见书中仍然坚持驳回决定。

专利复审委员会依法组成合议组对本复审请求进行了审查，于2006年7月12日发出复审通知书。该复审通知书指出：复审请求人在复审请求时提交了修改过的权利要求书，其中权利要求1中添加了有关“签权显示设备”、“签权请求产生设备”和“签权设备”等的描述，但是所添加的内容没有在原说明书和权利要求书中记载，也不能从中直接和毫无疑义地确定，超出了原申请文件记载的范围，不符合专利法第三十三条的规定；针对驳回决定所针对的权利要求书，权利要求1~14要求保护的方案与现有技术相比，不同之处也仅在于非技术性的支付交易，这些方案是利用已有的技术手段来完成一种商业规则的运作，在解决的问题和获得的效果方面其实质是非技术性的，因此权利要求1~14不属于专利法实施细则第二条第一款规定的技术方案，不是专利法保护的客体。

复审请求人于2006年8月17日提交意见陈述书和修改的权利要求书。复审请求人认为：虽然权利要求中的“签权显示设备”、“签权请求产生设备”和“签权设备”没有明显地在说明书中描述，但是它们的功能已经在说明书中描述，本领域技术人员能够从说明书中合理地、毫无疑义地推导出来，权利要求的修改符合专利法第三十三条的规定；新的权利要求解决了技术问题，产生了技术效果，不属于智力活动规则和范畴。

至此，合议组认为本案事实已经清楚，可以依法作出决定。

二、决定的理由

本复审决定所针对的文本为：本申请进入中国国家阶段时提交的国际申请文件的说明书第1~14页，说明书附图第1~9页，说明书摘要和摘要附图以及2006年8月17日提交的权利要求第1~14项。

专利法第三十三条规定：申请人可以对其专利申请文件进行修改，但是，对发明和实用新型专利申请文件的修改不得超出原说明书和权利要求书记载的范围，对外观设计专利申请文件的修改不得超出原图片或者照片表示的范围。

如果对权利要求书的修改没有包括在原说明书和权利要求书文字记载的内容中，也不能根据原说明书和权利要求书文字记载的内容以及说明书附图直接地、毫无疑义地确定，那么这样的修改不符合专利法第三十三条的规定。

复审请求人在权利要求中添加了“鉴权显示设备”和“鉴权请求产生设备”等用语，而这些内容没有记载在原说明书和权利要求书文字记载的内容中，虽然原说明书中记载了上述设备所实现的功能，但是从中并不能直接地、毫无疑义地确定本申请的鉴权系统包括独立的上述设备，所以复审请求人对权利要求书的修改不符合专利法第三十三条的规定。

针对复审请求人提出的本申请解决技术问题并产生了技术效果的主张，合议组认为：本申请权利要求所保护的方案与现有技术相比，采用的主要手段为公知的计算机和网络技术，不同之处仅在于非技术性的商业活动规则，因此这些方案是利用已有的技术手段来完成一种商业规则的运作，其实际要解决的问题和获得的效果属于非技术性的，所以这些方案不属于专利法实施细则第二条第一款规定的技术方案。

基于上述理由，合议组作出如下决定。

三、决定

维持国家知识产权局于2005年5月20日针对第01811338.9号专利申请作出的驳回决定。

根据专利法第四十一条第二款的规定，对本决定不服的，复审请求人可以在收到本通知之日起三个月内向北京市第一中级人民法院起诉。

226

组合型IC卡案

复审请求审查决定（第9202号）

决　定　号　第9202号
决　定　日　2006年8月25日
发明创造名称　组合型IC卡
国际分类号　G06K 19/067
复审请求人　夏普株式会社
专利申请号　03136495.0
申　请　日　2003年5月22日
优先权日　2002年5月23日
公　开　日　2003年12月10日
合议组组长　张　度
主　审　员　汤　锷
参　审　员　贾彦飞

法律依据　专利法第二十二条第三款
决定要点

如果一项权利要求所要求保护的技术方案与申请日以前已有的技术相比存在区别技术特征，现有技术中也没有给出技术启示以使得本领域技术人员不需付出创造性劳动即可得到该权利要求的技术方案，并且该技术方案具有有益的技术效果，则该权利要求具备创造性。

一、案由

本复审请求涉及申请日为2003年5月22日，申请号是03136495.0，发明名称为“组合型IC卡”的发明专利申请（下简本申请），申请人是夏普株式会社，优先权日是2002年5月23日。

经审查，国家知识产权局在2005年8月12日以本申请的权利要求1~8不具备专利法第二十二条第三款规定的创造性、权利要求5~8不具备专利法第三十一条第一款规定的单一性为由，作出了驳回决定。驳回决定所依据的对比文件是：

对比文件1：CN1231459A，公开日为1999年10月13日。

驳回决定所针对的权利要求书为：

“1. 一种组合型IC卡，包括通过设置在卡上的接触端子用于读写数据的接触型接口（10）、和利用天线线圈（21）接收通过无线电传送来的数据用于读写该数据的非接触型接口（20）双方，其特征在于：具备

利用从所述接触端子之一的CLK端子所输入的接触型通信用时钟的频率、和由所述天线线圈（21）所接收的非接触型通信用时钟的频率之间的差异，进行究竟是接触型通信或者非接触型通信中的哪一种通信的判定的判定装置（80、180、280、380、480）。

2. 根据权利要求 1 所述的组合型 IC 卡，其特征在于：设置有将作为从所述 CLK 端子输入的接触型通信用时钟的频率和由天线线圈（21）所接收的非接触型通信用时钟的频率之间的关系，设定成使有效一方的频率比非有效一方的频率快速的设定装置（40）。

3. 根据权利要求 1 所述的组合型 IC 卡，其特征在于：分别设置有对通过所述接触型接口（10）的数据进行通信控制的接触型通信用控制装置（1）、及

对通过所述非接触型接口（20）的数据进行通信控制的非接触型通信用控制装置（90）。

4. 根据权利要求 2 所述的组合型 IC 卡，其特征在于：分别设置有对通过所述接触型接口（10）的数据进行通信控制的接触型通信用控制装置（1）、及

对通过所述非接触型接口（20）的数据进行通信控制的非接触型通信用控制装置（90）。

5. 根据权利要求 1 ~4 中任一项所述的组合型 IC 卡，其特征在于：在所述判定装置（80）中，设置有在初始状态下保持接触型通信状态，而当非接触型通信用时钟成为由协议所规定的频率时切换成非接触型通信状态的切换装置（81、181、481）。

6. 根据权利要求 1 ~4 中任一项所述的组合型 IC 卡，其特征在于：所述判定装置（280），在所述接触型通信用时钟的频率和非接触型通信用时钟的频率之间没有差异时，优先进行接触型通信。

7. 根据权利要求 1 ~4 中任一项所述的组合型 IC 卡，其特征在于：设置有在进行究竟是所述接触型通信或者非接触型通信中的哪一种通信的判定之后、产生系统

复位信号的复位信号产生装置（381）。

8. 根据权利要求 1 ~4 中任一项所述的组合型 IC 卡，其特征在于：设置有在进行究竟是所述接触型通信或者非接触型通信中的哪一种通信的判定之后、保持判定结果的判定结果保持装置（482）。”

驳回决定的具体理由为：

权利要求 1 请求保护一种组合型 IC 卡。对比文件 1 公开了一种具有接触式和非接触式接口的便携式电子设备，其中具体公开了复合 IC 卡：该复合 IC 卡具有接触式接口和非接触式接口，其中非接触式接口利用并联调谐电路中的天线线圈进行非接触式的数据交换，复合 IC 卡包括一个判断上述复合 IC 卡由接触式接口和非接触式接口中的哪一个起动的判断单元（详见对比文件 1 说明书第 4 页第 3 行至第 22 行对技术方案的概括以及图 3 -5、7、8 对具体实施例的图示），可见对比文件 1 公开了当前权利要求 1 的大部分技术特征，二者属于相同的技术领域，当前权利要求 1 与对比文件 1 的区别在于，当前权利要求 1 中所述的判定装置利用接触型通信用时钟的频率与非接触型通信用时钟的频率之间的差异进行判定，而对比文件 1 中的判断单元直接根据开关的通断进行判断，而此不同是本领域普通技术人员不需要付出创造性劳动就可以进行替换的，在对比文件 1 公开的技术方案基础之上，进行以上的替换，容易实现当前权利要求 1 请求保护的技术方案，因此当前权利要求 1 不具有突出的实质性特点和显著进步，不具备创造性，不符合专利法第二十二条第三款的规定。

从属权利要求 2 ~8 的附加技术特征没有为本申请带来意想不到的技术效果，在其所引用的权利要求不具备创造性的情况下，权利要求 2 ~8 也不具备创造性。

在其引用的权利要求 1 不具备创造性的情况下，权利要求 5 ~8 不具备单一性，不符合专利法第三十一条第一款的规定。

另外，驳回决定中强调，对比文件 1 中采用“开关的 ON/OFF”判断接触式还是非接触式，本申请采用“频率差异”判断接触式还是非接触式卡，虽然这是两个不同的技术手段，但是这两种手段都实现了对组合型 IC 卡中接触式或非接触式的判断，实际上这是一种惯用手段的替换，不需要本领域普通技术人员付出创造性劳动就可以实现。

申请人夏普株式会社（下称复审请求人）不服上述驳回决定，于2005年11月28日向国家知识产权局专利复审委员会提出复审请求。复审请求人认为：本申请权利要求1的技术方案能够解决包括对比文件1在内的现有技术中存在的技术问题，实现有益的技术效果，权利要求1所要求保护的技术方案相对于对比文件1具备创造性，符合专利法第二十二条第三款的规定，从属权利要求2～8也相应地具备创造性。

专利复审委员会于2006年1月17日向复审请求人发出了复审请求受理通知书，并将该复审请求书连同原申请案卷一并送交作出驳回决定的实质审查部门进行前置审查，在前置审查意见书中，国家知识产权局实质审查部门坚持原驳回决定。

针对本复审请求，专利复审委员会依法成立合议组对本复审请求进行审理，经研究，合议组认为本案事实已经清楚，可以作出复审决定。

二、决定的理由

1. 审查文本

由于复审请求人在提出复审请求时没有提交修改文本，本复审决定所依据的文本是驳回决定针对的文本，即：2003年5月22日提交的权利要求第1～8项、说明书第1～12页、附图第1～8页、说明书摘要和摘要附图。

2. 关于创造性问题

专利法第二十二条第三款规定，创造性，是指同申请日以前已有的技术相比，该发明有突出的实质性特点和显著的进步。

如果一项权利要求所要求保护的技术方案与申请日以前已有的技术相比存在区别技术特征，现有技术中也没有给出技术启示以使得本领域技术人员不需付出创造性劳动即可得到该权利要求的技术方案，并且该技术方案具有有益的技术效果，则该权利要求具备创造性。

针对本申请而言，权利要求1请求保护一种组合型IC卡，包括，通过设置在卡上的接触端子用于读写数据的接触型接口、和利用天线线圈接收通过无线电传送来的数据用于读写该数据的非接触型接口双方，利用从所述接触端子之一的CLK端子所输入的接触型通信用时钟的频率、和由所述天线线圈所接收的非接触型通信用时钟的频率之间的差异，进行究竟是接触型通信或者非接触型通信中的哪一种通信的判定的判定装置。对比文件1公开了一种具有接触式和非接触式接口的便携式电子设备，其中具体公开了复合IC卡：该复合IC卡具有接触式接口和非接触式接口，其中非接触式接口利用并联调谐电路中的天线线圈进行非接触式的数据交换，复合IC卡包括一个判断上述复合IC卡由接触式接口和非接触式接口中的哪一个起动的判断单元（详见其说明书第4页第3行至第22行对技术方案的概括以及图3～5、7、8对具体实施例的图示）。经比较可知，权利要求1与对比文件1的区别在于，权利要求1中所述的判定装置利用接触型通信用时钟的频率与非接触型通信用时钟的频率之间的差异进行判定，而对比文件1中的判断单元直接根据开关的通断进行判断。对比文件1中没有公开有关利用接触型通信用时钟的频率与非接触型通信用时钟的频率之间的差异进行判定的内容，驳回决定中认为，对比文件1中的判断单元直接根据开关的通断进行判断与权利要求1中判定装置利用接触型通信用时钟的频率与非接触型通信用时钟的频率之间的差异进行判定是一种惯用手段的替换，但是并未提供任何证据或充足的理由来证明这一观点，因此，合议组对驳回决定中的上述意见不予支持。另外，上述区别技术特征能为权利要求1的技术方案带来有益的技术效果，可以使本申请的组合型IC卡高精度并且稳定地进行是接触型通信和非接触型通信的哪一种通信的判定。合议组认为，驳回决定中所认定的现有技术中没有给出任何技术启示，使得本领域技术人员能够不需付出创造性劳动就得到权利要求1的技术方案。

综上所述，合议组认为，对本领域技术人员来说，相对于对比文件1，权利要求1的技术方案是非显而易见的，权利要求1相对于对比文件1具备专利法第二十二条第三款规定的创造性，其从属权利要求2~8也相应地具备创造性。引用权利要求1~4之一的从属权利要求5~8是对被引用权利要求的进一步限定，在权利要求1~4具备创造性的情况下，权利要求5~8具备专利法第三十一条第一款规定的单一性。

三、决定

撤销国家知识产权局于2005年8月12日对03136495.0号发明专利申请作出的驳回决定。

由国家知识产权局原实质审查部门依据驳回决定所针对的文本继续审查程序。

根据专利法第四十一条的规定，复审请求人对本决定不服的，可以自收到通知之日起三个月内向北京市第一中级人民法院起诉。

227

将一键盘模式的文本转换为另一键盘模式的文本的方法案

复审请求审查决定（第9205号）

决　定　号　第9205号
决　定　日　2006年7月24日
发明创造名称　将一键盘模式的文本转换为另一键盘模式的文本的方法
国际分类号　G06F 17/21
复审请求人　微软公司
申　请　号　99108879.4
申　请　日　1999年6月23日
公　开　日　2000年2月23日
合议组组长　焦景梅
主　审　员　李韵美
参　审　员　詹靖康

法律依据　专利法第三十三条
决定要点

如果请求人对申请文件的修改超出了原说明书和权利要求书文字记载的范围，即原始说明书和权利要求书文字记载的内容和根据原说明书和权利要求书文字以及说明书附图记载的内容能直接地、毫无疑义地确定的内容，则该修改不符合专利法第三十三条的规定。

一、案由

本复审请求涉及名称为“将一键盘模式的文本转换为另一键盘模式的文本的方法”的第99108879.4号发明专利申请（下称本申请），申请人为微软公司，申请日为1999年6月23日，公开日为2000年2月23日。

公开文本中的权利要求书如下：

“1. 一种将利用第一键盘模式输入的第一字符集转换为对应另一个键盘模式和另一种语言的另一个字符集的方法，包括以下步骤：

确定第一字符集所代表的语言；

如果第一字符集代表替换语言，则对于第一字符集中的每个字符，选择其中的一个字符作为所选字符；

通过以下步骤确定所选替换字符：

确定对应所选字符的所选虚拟键；并且

确定对应虚拟键的替换选择字符；并且

用替换选择字符替换所选字符。

2. 根据权利要求 1 的方法，其中，确定对应所选字符的所选虚拟键的步骤包括步骤：

请求对应第一键盘模式的第一键盘驱动程序将所选字符映射为所选虚拟键。

3. 根据权利要求 1 的方法，其中确定对应虚拟键的替换选择字符的步骤包括步骤：

请求对应替换键盘模式的替换键盘驱动程序将所选虚拟键映射为替换选择字符。

4. 根据权利要求 1 的方法，其中确定第一字符集所代表的语言的步骤包括以下步骤：

将第一字符集送到语言检测模块；

从语言检测模块中接收第一语言标识符以及第二语言标识符，该第一语言标识符识别用来输入第一字符集的键盘模式，该第二语言标识符识别本来应该用来输入第一字符集的键盘模式；

比较第一语言标识符和第二语言标识符；并且

如果第一语言标识符识别第一键盘模式，第二语言标识符识别替换键盘模式，则确定第一字符集代表替换语言。

5. 根据权利要求 4 的方法，其中第一语言对应第一键盘模式，并且其中确定第一字符集所代表何种语言的步骤进一步包括步骤：

如果第一语言标识符识别第一键盘模式并且第二语言标识符也识别第一键盘模式，则确定第一字符集代表第一语言。

6. 根据权利要求 1 的方法，其中，第一字符集是一个句子。

7. 在带一个支持第一语言的第一键盘模式和支持第二语言的第二键盘模式的键盘的计算机系统中，一种将使用第一键盘模式输入的一个句子的第一个字转换为第二语言的第二字的方法，包括以下的步骤：

（a）确定句子主要用第一语言或第二语言；

（b）如果句子主要用第二语言，则选择第一字；

（c）确定第一字是否拼错；

（d）如果第一字拼错，则从第一字中选择一个字符；

（e）将所选字符转换为虚拟键；

（f）将虚拟键转换为第二语言中的第二字符；并且

（g）重复执行步骤（d）－（f），直到第一字被转换为第二字。

8. 根据权利要求 7 的方法，其中步骤（a）包括以下的步骤：

将句子送到语言检测模块；

从语言检测模块中接收第一语言标识符以及第二语言标识符，该第一语言标识符识别用来输入该句子的键盘模式，该第二语言标识符识别本来应该用来输入该句子的键盘模式；

比较第一语言标识符和第二语言标识符；并且

如果第一语言标识符识别第一键盘模式，第二语言标识符识别第二键盘模式，则确定该句子主要采用第二语言。

9. 根据权利要求 8 的方法，其中步骤（a）进一步包括以下的步骤：

如果第一语言标识符和第二语言标识符都识别第一键盘模式，则确定该句子主要采用第一语言。

10. 根据权利要求 7 的方法，其中第一键盘驱动程序模块对应第一键盘模式，并且其中步骤（e）包括步骤：

将所选字符送到第一键盘驱动程序模块；并且从第一键盘驱动程序模块中接收虚拟键和键盘状态信息。

11. 根据权利要求 10 的方法，其中第二键盘驱动程序模块对应第二键盘模式，并且其中步骤（f）包括以下步骤：

将虚拟键和键盘状态信息送到第二键盘驱动程序模块；并且从第二键盘驱动程序模块中接收被转换的字符。

12. 根据权利要求 8 的方法，进一步包括步骤：

如果第一字没拼错，则从句子中选择第二字；并且对第二字重复执行步骤（c） –（g）。

13. 根据权利要求 8 的方法，进一步包括步骤：

对该句子中剩下的字重复执行步骤（c） –（g）。

14. 一种将使用对应第一键盘驱动程序模块和第一语言的第一键盘模式输入的第一字符集转换为对应第二键盘模式的第二字符集的方法，第二键盘模式对应第二键盘驱动程序模块和第二语言，该方法包括以下步骤：

确定第一字符集对应第一语言或第二语言；

如果第一字符集对应第二语言，则通过以下步骤将第一字符集转换为第二字符集：

（a）选择第一字符集中的一个字符作为所选字符；

（b）通过以下步骤确定第二所选字符：

（1）将所选字符送到第一键盘驱动程序模块；

（2）如果第一键盘驱动程序模块返回虚拟键，则将虚拟键送到第二键盘驱动程序模块；并且

（3）从第二键盘驱动程序模块中接收第二所选字符。

（c）用第二所选字符替换所选字符；并且

（d）对第一字符集中剩下的每个字符重复执行步骤（a） –（c）。

15. 根据权利要求 14 的方法，进一步包括步骤：

如果第一键盘驱动程序模块没有返回虚拟键，则利用将所选字符和第二所选字符联系起来的一个表来确定第二所选字符。

16. 根据权利要求 14 的方法，其中确定第一字符集对应第一语言或第二语言的步骤包括以下步骤：

利用语言检测模块产生第一语言标识符和第二语言标识符，第一语言标识符识别用何种键盘模式来输入第一字符集，第二语言标识符识别本来应该用何种键盘模式来输入第一字符集；

比较第一语言标识符和第二语言标识符；

如果第一语言标识符和第二语言标识符都识别第一键盘模式，则确定第一字符集对应第一语言；并且

如果第一语言标识符识别第一键盘模式及第二语言标识符识别第二键盘模式，则确定第一字符集对应第二语言。

17. 根据权利要求 14 的方法，其中第一语言是希腊文及第二语言是英文。

18. 根据权利要求 14 的方法，其中第一语言是英文及第二语言是西里尔文。”

国家知识产权局于 2003 年 2 月 14 日发出第一次审查意见通知书，在该通知书中指出权利要求 1～6、7～13、14～18 请求保护的方案实际上确定第一字符集中的字符与虚拟键盘的对应关系以及虚拟键盘与第二字符集中的字符的对应关系，而这两个对应关系属于人为规定，因此由于本发明相对于现有技术的贡献仅仅在于一种智力活动，所以本发明也应视为属于智力活动的规则和方法，因此属于专利法第二十五条第一款之（二）项规定的情形，不能被授予专利权。

申请人于 2003 年 7 月 1 日提交了意见陈述书，申请人认为，本发明的权利要求涉及在把使用计

算机键盘输入的文本从一个字符集转换为替换字符集的一个计算机系统中的各种程序模块之间的通信。本发明是涉及计算机程序的发明但它不是计算机程序本身，其使用各种程序模块实现两种不同字符集之间的自动转换。申请人提交了权利要求书和说明书的全文替换页。

国家知识产权局于2004年11月12日以本申请属于专利法第二十五条的规定不授予专利权的范围驳回了本申请。驳回决定认为：本申请权利要求1~6、7~13、14~18都是要求保护一种在具有用于输入第一字符集的第一键盘模式和用于输入替换键盘字符集的替换键盘模式的键盘计算机系统中，把利用第一键盘模式输入的第一字符集转换成对应第二键盘模式的替换字符集的方法。实质上是确定第一字符集中的字符与虚拟键盘的对应关系以及虚拟键盘与第二字符集中的对应关系，而这两个对应关系属于人为规定。这一方法步骤指导人们如何根据固有规则对信息进行转换。虽然其利用计算机技术实现上述转换过程，但由于如何通过编程将已有的转换规则以计算机模式的形式体现出来属于现有技术，其被应用于实现上述转换过程时只是提高了转换率，但是并未在技术方面作出实质性改进，因此这一方法步骤对于现有技术的贡献仅在于上述转换过程。由上述分析可知，本申请属于智力活动的规则和方法，不符合专利法第二十五条第一款第二项的规定。

申请人微软公司（下称请求人）对上述驳回决定不服，于2005年02月25日向专利复审委员会提交了复审请求。请求人在提出复审请求的同时提交了权利要求书和说明书替换页。请求人提出的复审请求理由为：本发明是现有技术的一种改进，目的是提高从对应于一种键盘模式的文本到对应于另一种键盘模式的文本的转换效率。现有技术的缺点是在键盘模式之间的转换必须靠人工来起始。起始者必须识别用不正确的键盘模式输入的文本，并且高度重视这种文本，通过按压一组键来转换该文本。而在本次修改后的权利要求1的方法中，由语言检测和文本转换模块自动地执行文本的识别和转换。现有技术的另一个缺点是需要一个转换表。利用该转换表和通过查阅并将每个字符变换成为该表中的替换字，在对文本进行转换。现有技术的转换表包括属于一个字符集的所有字符。而在本次修改后的权利要求1的方法中，只在键盘驱动模块不能将一个选择的字符变换成为虚拟键时才需要利用一个异常表。而且，该异常表只包括不能变换成为虚拟键的字符，亦即其内含比现有技术的转换表的字符少得多。由于使用异常表所要处理的字符较少，因而提高了转换效率。其新修改文本的权利要求书的部分文本如下：

“1. 在具有用于输入第一字符集的第一键盘模式和用于输入替换字符集的替换键盘模式的键盘的计算机系统中，一种将利用所述第一键盘模式输入的所述第一字符集自动地转换成为对应于所述替换键盘模式和一种替换语言的所述替换字符集的方法，其特征在于，该方法包括一下步骤：

由所述计算机系统中的一个语言检测模块自动地确定所述的第一字符集代表什么语言；

如果所述第一字符集代表所述替换语言，则由所述计算机系统中的一个文本转换模块为所述第一字符集中的每个字符自动地选择其中的一个字符作为一个选择字符；

由所述的文本转换模块自动地确定所述的替换字符是否能够被映射成为一个虚拟键；

如果所述的选择字符能够映射为一个虚拟键，则自动地执行以下步骤：

由所述计算机系统中的一个第一键盘驱动模块来确定对应于所述选择字符的一个选择虚拟键；

确定对应于所述选择字符的一种选择键盘状态信息；

由所述计算机系统中的一个替换键盘驱动模块来确定对应于所述选择虚拟键和所述选择键盘状态信息的替换选择字符；和

由所述文本转换模块用所述替换选择字符来替换所述选择字符，借此提高所述选择字符的转换效率；和

如果所述的选择字符不能够映射为虚拟键，则自动地执行以下步骤：

由所述转换模块用一个异常表来确定所述选择字符是否能够被映射为一个替换字符，其中所述的异常表只包括不能被映射为虚拟键的字符；和

如果用所述的异常表能够映射所述选择字符，则由所述文本转换模块用所述替换字符替换所述选择字符，借此提高所述选择字符的转换效率。”

……

“7. 在具有一个支持第一语言的第一键盘模式和支持第二语言的第二键盘模式的键盘的计算机系统中，一种将使用第一键盘模式输入的一个句子中的第一个字自动地转换为第二语言中的第二字的方法，其特征在于，该方法包括以下步骤：

(a) 由所述计算机系统中的一个语言检测模块自动地确定该句子是否主要用第一语言或第二语言；

(b) 如果所述句子主要用第二语言，则由所述计算机系统中的一个文本转换模块自动地选择所述的第一字；

(c) 由所述计算机系统中的一个拼写检查模块自动地确定所述第一字是否拼错；

(d) 如果所述第一字使拼错的，则由所述计算机系统中的一个文本转换模块自动地从所述第一字中选择一个字符；

(e) 由所述的文本转换模块自动地确定所述选择字符是否能够映射成为一个虚拟键；

(f) 如果所述选择字符能够映射成为一个虚拟键，则自动执行包括一下步骤的顺序：

(1) 由所述计算机系统中的一个第一键盘驱动模块和所述的文本转换模块将所述选择字符转换为一个虚拟键；和

(2) 由所述计算机系统中的一个第二键盘驱动模块和所述的文本转换模块将所述虚拟键转换成为第二语言中的一个第二字符，借此提高所述选择字符的转换效率；

(g) 如果所述选择字符不能够被映射成为虚拟键，则由所述文本转换模块自动地确定所述选择字符是否能够被映射成为一个异常表，其中所述的异常表只包括不能映射为虚拟键的字符；和

(h) 如果所述选择字符能够被映射成为所述的异常表，则由所述文本转换模块利用所述的异常表自动地用一个替换字符替换所述选择字符，借此提高所述选择字符的转换效率；

(i) 重复执行步骤 (d) - (h)，知道第一字转换成为第二字时为止。”

……

“14. 在具有一个支持第一语言的第一键盘模式和支持第二语言的第二键盘模式的键盘的计算机系统中，一种将使用对应于该计算机系统中的一个第一键盘驱动模块和所述第一语言的所述第一键盘模式输入的第一字符集转换为对应于所述第二键盘模式的第二字符集的方法，所述的第二键盘模式对应于所述计算机系统中的第二键盘驱动模块和第二语言，其特征在于，该方法包括以下步骤：

由所述计算机系统中的一个语言检测模块自动地确定所述第一字符集是否对应于所述第一语言或第二语言；

如果所述第一字符集对应所述第二语言，则由所述计算机系统中的一个文本转换模块通过以下步骤自动地将所述第一字符集转换为所述第二字符集；

(a) 选择所述第一字符集中的一个字符作为第一选择字符；

(b) 通过以下步骤确定一个第二选择字符：

(1) 将所述选择字符发送到所述第一键盘驱动模块；

(2) 如果所述第一键盘驱动模块返回一个虚拟键，则执行以下步骤：

(A) 将所述虚拟键发送到所述第二键盘驱动模块；

（B）从所述第二键盘驱动模块接收所述第二选择字符；和

（C）用所述第二选择字符替换所述第一选择字符，借此提高所述第一选择字符的转换效率；和

（3）如果所述第一键盘模块没返回一个虚拟键，则执行以下步骤：

（A）确定所述第一选择字符是否包含在一个异常表内，其中所述的异常表只包括不能映射为虚拟键的字符；和

（B）如果所述第一选择字符包含在所述异常表内，则将所述第一选择字符映射成为所述第二选择字符，借此提高所述第一选择字符的转换效率；和

（c）对所述对所述第一字符集中剩下的每个字符重复执行步骤（a）－（b）。”

形式审查合格后，专利复审委员会受理了该复审请求，于2005年3月30日向请求人发出专利复审请求受理通知书，并将本案转送至原实质审查部门进行前置审查。

在前置审查意见书中，原实质审查部门坚持原驳回决定。

专利复审委员会组成合议组，对本复审请求案进行了审理。

合议组于2005年11月16日发出复审通知书，指出：本复审通知书所依据的文本是申请人于2003年7月1日提交的说明书第1～3页、5～13页、于2005年2月25日提交的权利要求1～18项，说明书4页、4a页、于1999年6月23日提交的说明书摘要及摘要附图、说明书附图1～8页。请求人于2005年2月25日提交的权利要求书和说明书替换页4、4a超出了原说明书和权利要求书记载的范围：（1）权利要求1补加了“所述的选择字符不能够映射为不虚拟键”时所执行的步骤。（2）权利要求7补加新的步骤（g）和（h），分别说明“所述的选择字符能够和不能够映射为虚拟键。”（3）权利要求14新增加新的步骤。因此本申请不符合专利法第三十三条的有关规定。

请求人于2006年3月1日提交了意见陈述书，但未修改申请文件，也未提交相关证明材料，请求人认为，由于时间不够还找不出修改本案申请文本的好办法。请求合议组发送“二通”，通过再次答辩和修改获得专利权。

至此，合议组认为本案事实清楚，可以作出复审决定。

二、决定的理由

合议组认为，请求人于2005年2月25日提交的修改文本超出了原说明书和权利要求书记载的范围。

请求人在原权利要求1中增加了“如果所述的选择字符不能够映射为虚拟键，则自动地执行以下步骤：由所述转换模块用一个异常表来确定所述选择字符是否能够被映射为一个替换字符，其中所述的异常表只包括不能被映射为虚拟键的字符；和如果用所述的异常表能够映射所述选择字符，则由所述文本转换模块用所述替换字符替换所述选择字符，借此提高所述选择字符的转换效率”的技术特征。在原权利要求7中增加了“（g）如果所述的选择字符不能够被映射为虚拟键，则由所述文本转换模块自动地确定所述选择字符是否能够被映射成为一个异常表，其中所述的异常表只包括不能被映射为虚拟键的字符”和“（h）如果所述选择字符能够被映射成为所述的异常表，则由所述文本转换模块利用所述的异常表自动地用一个替换字符替换所述选择字符，借此提高所述选择字符的转换效率”的技术特征。原权利要求14中增加了“（3）如果所述第一键盘模块没返回一个虚拟键，则执行以下步骤：（A）确定所述第一选择字符是否包含在一个异常表内，其中所述的异常表只包括不能映射为虚拟键的字符；和（B）如果所述第一选择字符包含在所述异常表内，则将所述第一选择字符映射成为所述第二选择字符，借此提高所述第一选择字符的转换效率”的技术特征。

请求人在复审请求书中称，上述修改基于当前说明书第7页倒数第3行至第8页第2行的内容。该部分的内容如下：“语言检测模块208确定文本样本的语言。该模块通常利用算法和统计学来识别

文本样本的语言。关于示例性语言检测模块的其他信息可参见一般性转让的美国专利申请系列号09/044，752，该专利名称为‘识别书写文本语言的系统和方法’，1998年3月29日递交，在此供引用参考。熟悉这一技术的人应该知道，也可以采用其他的语言检测方法”。经合议组核实，请求人所称的美国专利申请系列号09/044，752的专利申请的即US6272456B1，其申请日为1998年3月19日，公开日为2001年8月7日。其公开日在本申请的申请日之后，在本申请的申请日之前未被公众所知，不能作为引用的文件。因此，请求人于2005年2月25日提交的修改文本超出了原说明书和权利要求书记载的范围，不符合专利法第三十三条的有关规定。

对于请求人于2006年3月1日提交的答复意见，合议组认为请求人没有对申请文件进行修改，没有克服复审通知书中指出的缺陷。

根据审查指南第二部分第八章5.1.1节的规定，申请人提交的无具体答复内容的意见陈述书，也是申请人的正式答复，对此审查员可理解为申请人未对审查意见通知书中的审查意见提出具体反对意见，也未克服审查意见通知书所指出的申请文件中存在的缺陷。因此，在经请求人意见陈述后，仍未能克服复审通知书所指出的缺陷。

综上所述，请求人于2005年2月25日提交的修改文本超出了原说明书和权利要求书记载的范围，不符合专利法第三十三条的规定。

三、决定

维持国家知识产权局于2004年11月12日对99108879.4号专利申请作出的驳回决定。

根据专利法第四十一条的规定，复审请求人对本决定不服的，可以自收到本决定之日起三个月内向北京市第一中级人民法院起诉。

228

测定生物测量装置的出错率的方法和装置案

复审请求审查决定（第9206号）

决　　定　　号　第9206号
决　　定　　日　2006年9月7日
发明创造名称　测定生物测量装置的出错率的方法和装置
国 际 分 类 号　G06K 9/00　G07C 9/00　G10L 17/00　G10L 15/00
复 审 请 求 人　西门子公司
申　　请　　号　01819624.1
申　　请　　日　2001年11月27日
优 先 权 日　2000年11月29日
公　　开　　日　2004年2月25日
合 议 组 组 长　钱　芸
主　　审　　员　杨存吉
参　　审　　员　唐向阳

法 律 依 据　专利法第二十六条第三款
决 定 要 点

如果本领域普通技术人员在现有技术的基础上，根据说明书记载的内容能够实现本申请的技术方案，解决其所要解决的技术问题并产生预期的技术效果，则这样的说明书符合专利法第二十六条第三款的规定。

一、案由

本复审请求案涉及申请日为2001年11月27日、申请号为01819624.1、发明名称为“测定生物测量装置的出错率的方法和装置”的PCT发明专利申请（下称本申请），本申请的申请人为西门子公司。

本申请于2003年5月28日进入中国国家阶段后，于2004年2月25日在中国公布。国家知识产权局实质审查部门针对原始提交国际申请文件中文译文的说明书第1~4页、说明书附图第1~2页、说明书摘要、摘要附图和权利要求第1~13项，依法对本申请进行实质审查，并于2004年7月9日发出第一次审查意见通知书。该通知书指出：本申请的说明书仅仅给出“个人出错率”和“拒绝出错率”的定义，没有系统介绍上述两个出错率的测量方法的过程或测量装置的结构，说明书中几乎没有任何关于该方法的技术性和实质性分析，所以本领域普通技术人员无法从整体上了解该测定方法及其装置的实现过程，以及由此所带来的有益技术效果，因此本申请不符合专利法第二十六条第三款的规定。

针对第一次审查意见通知书，申请人于2004年11月22日提交了意见陈述书和相关领域的参考文件（WO 00/70545A1，公开日为2000年11月23日）。申请人认为：生物学传感器以及对利用该生物学采集的生物学数据进行记录属于本领域技术人员公知的现有技术，所以对生物学数据的采集和处理的技术属于与本申请相关的生物学领域的一般常识，因此本领域普通技术人员通过阅读本申请的说明书并结合公知常识可以实施本申请的技术方案，因此本申请符合专利法第二十六条第三款的规定。

国家知识产权局实质审查部门针对原始提交国际申请文件中文译文的说明书第1～4页、说明书附图第1～2页、说明书摘要、摘要附图和权利要求第1～13项，于2006年1月27日作出驳回决定，理由是本申请不符合专利法第二十六条第三款的规定。该驳回决定还指出：生物学传感器以及对利用该生物学采集的生物学数据进行记录属于本领域技术人员公知的现有技术，但这不能证明与生物学数据的采集和处理相关的其他技术对本领域技术人员来说也是公知的。生物学传感器以及对利用该生物学采集的生物学数据进行记录只是本申请技术方案的一个部分，而且是本申请所要求保护的方法的起始步骤，该方法的核心部分在于如何利用该传感器记录的生物学数据进行生物测量装置出错率的测定；而本申请说明书中未对该测定过程进行技术性和实质性的分析，且申请人所提交的现有技术中未公开上述技术内容。因此申请人并未给出可以证明说明书中所缺少的技术内容属于本领域公知常识的充足证据，其所强调的理由不充分。

申请人（下称复审请求人）对上述驳回决定不服，于2006年5月10日向专利复审委员会提出复审请求。复审请求人认为：本领域技术人员了解，如何将借助于生物传感器输入的个人的生物学特征与所存储的被授权人（资格人）的特征进行比较，以允许访问或者在二者不符合的情况下拒绝访问。本领域技术人员还知道，为了确定故障率，将当前的资格人的生物学特征相对于多个外人（陌生人）的生物学特性进行测试并通过对非授权人的允许的分配频度以及对资格人的拒绝的频度来确定出错率。本发明的目的通过以下方式实现：在生物测量装置中采用含有多个的外人的特征组的数据库来实施把所述外人的特征组与存储的资格人的当前特征的特征组相比较的测试过程，并且从而测定对该资格人的个人的出错率。因此本领域所属技术人员完全可以实施本申请的技术方案，本申请符合专利法第二十六条第三款的规定。

经形式审查合格后，专利复审委员会受理了该复审请求，并于2006年6月8日向请求人发出复审请求受理通知书，同时向国家知识产权局实质审查部门发出前置审查通知书。

国家知识产权局实质审查部门在前置审查意见书中仍然坚持驳回决定。

专利复审委员会依法组成合议组对本复审请求进行了审查。经审查，合议组认为本案事实已经清楚，现依法作出决定。

二、决定的理由

（一）审查的基础

本复审决定所针对的申请文本与驳回决定所针对的文本相同，即原始提交国际申请文件中文译文的说明书第1～4页、说明书附图第1～2页、说明书摘要、摘要附图和权利要求第1～13项。

（二）关于专利法第二十六条第三款

专利法第二十六条第三款规定：说明书应当对发明或者实用新型作出清楚、完整的说明，以所属技术领域的技术人员能够实现为准；必要的时候，应当有附图。摘要应当简要说明发明或者实用新型的技术要点。

所属技术领域的技术人员能够实现，是指所属技术领域的技术人员按照说明书记载的内容，就能实现该发明的技术方案，解决其技术问题，并且产生预期的技术效果。

本申请用来测定生物测量装置的个人出错率（包括误接受率和误拒绝率）。为了确定个人出错率，将当前的资格人的生物学特征相对于多个非资格人的生物学特征进行测试，并根据非资格人的被接受的频度和对资格人被拒绝的频度来确定误接受率和误拒绝率。

在现有技术中，为了测定个人出错率，需要详尽的现场检测，要有非常多的参与者，其中把多个的人群的平均值作为结果加以保存。在这种试验中每次把一个人作为资格人，把其他人作为非资格人，通过将资格人对比大量的其他人进行试验得出出错率。

本申请通过在所述生物测量装置中采用一个包含多个非资格人的生物学特征组的数据库，从而在需要测量个人出错率时，只需要把资格人的生物学特征与上述数据库中的多个非资格人的生物学特征相比较，就能测定该资格人的个人出错率，而无需再组织大量的非资格人参加现场测试，从而能以相对简单和低成本的方式测量个人出错率。本申请的优点是，只须一次地建立非资格人数据库，然后可以把它存储在可以与该生物测量装置一同发货的数据载体上。这样使用者可以通过输入其生物测量特征，然后由装置进行检测并由此确定该使用者的个人出错率。

本申请的核心不在于如何利用该传感器记录的生物学数据进行生物测量装置出错率的测定，而在于在现有的测定生物测量装置的个人出错率的方法中提出一种新的提供非资格人生物学数据的方法。如何采集个人的生物学数据，如何将资格人的生物学特征和非资格人的生物学特征进行比较，进而通过对非资格人的允许的分配频度和对资格人的拒绝频度来确定误接收率和误拒绝率，属于本领域的技术常识。根据本申请说明书记载的内容，本领域普通技术人员能够通过本领域公知的生物学数据采集方法生成所述的非资格人生物学数据库，并进而利用本领域测定个人出错率的技术常识实现本申请的技术方案，解决其所要解决的技术问题并产生所预期的技术效果，因此本申请的说明书符合专利法第二十六条第三款的规定。

至于本申请是否存在不符合专利法和专利法实施细则规定的其他缺陷，有待于进一步的审查。

基于上述理由，合议组作出如下决定。

三、决定

撤销国家知识产权局于 2006 年 1 月 27 日针对 01819624.1 号申请作出的驳回决定，由国家知识产权局实质审查部门以驳回决定依据的文本为依据继续进行审批程序。

根据专利法第四十一条第二款的规定，对本决定不服的，复审请求人可以在收到本决定之日起三个月内向北京市第一中级人民法院起诉。

229

确定化工产品是否符合政府管理条例要求的系统、方法和计算机程序产品案

复审请求审查决定（第9233号）

决　定　号　第9233号

决　定　日　2006年8月16日

发明创造名称　确定化工产品是否符合政府管理条例要求的系统、方法和计算机程序产品

复审请求人　伊斯曼化学公司

申　请　号　98813551.5

国际分类号　G06F 19/00　G06F 17/00

申　请　日　1998年12月10日

公　开　日　2001年2月21日

合议组组长　张美菊

主　审　员　涂洪文

参　审　员　李韵美

法律依据　专利法实施细则第二条第一款

决定要点

如果一个方案仅仅是利用现有技术手段来实现其非技术性的目的，其解决的不是技术问题，所取得的效果也是非技术性的，这样的方案不构成技术方案，不符合专利法实施细则第二条第一款的规定。

一、案由

本复审请求涉及1998年12月10日申请的、申请号为98813551.5、名称为“确定化工产品是否符合政府管理条例要求的系统、方法和计算机程序产品”的发明专利申请（下称本申请），优先权日为1997年12月11日，2000年8月10日进入中国国家阶段，公开日为2001年2月21日，申请人为伊斯曼化学公司。

国家知识产权局实质审查部门于2004年12月10日发出第一次审查意见通知书，指出权利要求1和权利要求25不具备单一性，权利要求1~24、34~45不符合专利法实施细则第二条第一款关于发明的定义，权利要求46~57属于专利法第二十五条第一款第（二）项规定的不授予专利权的主题。

申请人于2005年2月23日提交了意见陈述书及权利要求书的修改文本。申请人认为：1. 将权利要求25修改为权利要求1的从属权利要求后克服了单一性的问题；2. 删除了属于智力活动的规则和方法的权利要求46~57；3. 权利要求1用确定化学产品的组成成分和将这些成分与政府存储的一组法规标准相比较这两个步骤即可实现权利要求1中的方法，权利要求1形成了一个完整的技术方案，符合专利法实施细则第二条第一款的规定，权利要求2~24、34~45也符合专利法实施细则第二条第

一款的规定。

国家知识产权局实质审查部门于2005年5月13日驳回了本申请，理由是本申请不符合专利法实施细则第二条第一款的规定，驳回所依据的文本是请求人原始提交的国际申请中文译文中的说明书第1~34页、说明书附图第1~12页、说明书摘要、摘要附图以及于2005年2月23日提交的权利要求书第1~45项。其中指出：1. 要实现本发明的目的，即确定待生产的化工产品与政府关于生产的产品的管理条例相符性，首先必须要确定化工产品的成分，则涉及如何来确定的问题，因此它并不是与本申请无关，另外发明的效果必须是确定且唯一的，如果用不同的方法产生不同的效果，则会破坏本申请的确定性和唯一性；2. 关于申请人认为在权利要求1中仅记载两个步骤就能形成完整的技术方案，驳回决定中认为其中关于如何确定待生产和化工产品中有哪些组成成分仍然没有明确记载其具体的实现步骤，而仅仅给出了一种指示，因此仍然不符合专利法实施细则第二条第一款的规定；3. 关于权利要求25~33，虽然不作为该驳回决定的依据，但其仍然没有克服权利要求1的缺陷，因此也不符合专利法实施细则第二条第一款的规定。

2005年8月29日，申请人美国伊斯曼化学公司（下称请求人）不服上述驳回决定，向专利复审委员会提出复审请求。请求人认为：1. 本申请权利要求1中的方案符合专利法实施细则中关于发明的定义；2. 独立权利要求1、13、34分别是对方法以及实现该方法中所采用的自然规律即“数据处理系统”的新的技术方案，因此这些独立权利要求符合专利法实施细则第二条第一款的规定，因此其各自的从属权利要求也同样符合专利法实施细则第二条第一款的规定；3.（1）驳回决定混淆了“发明目的”和“结果”这两个概念，（2）权利要求1中明确记载了实现发明目的的所有必要技术特征，“确定化学成分”和“将确定的化学成分与政府规定相比较”这两个步骤就足以实现本申请的目的。

形式审查合格后，专利复审委员会受理了该复审请求，并于2005年10月11日向请求人发出复审请求受理通知书，随后将本申请移交原审查部门进行前置审查。

原实质审查部门对本复审请求进行了前置审查，坚持原驳回决定。

专利复审委员会依法成立合议组，对本复审请求进行了审理。

2006年3月21日，专利复审委员会发出了复审通知书，其中指出本申请权利要求1~12、25~33、34~45仍然不符合专利法实施细则第二条第一款关于发明的定义。

2006年5月8日，请求人针对复审通知书作出了答复并提出如下意见：1. 本申请解决了技术问题即克服化工产品数量繁多、高复杂性以及政府管理条例数量繁多、高复杂性，并且在生产前即可得知化工产品是否符合政府条例和其他管理条例的要求；2. 本申请采用了技术手段；3. 本申请具有技术效果，即提高了生产效率和避免生产后的产品不符合法律规定而造成的浪费。因此请求人认为本申请权利要求符合专利法实施细则第二条第一款的规定。另外请求人指出，复审通知书中虽然引用的条款相同，但是其中的理由已经变更，是否意味着合议组接受了请求人对驳回决定的陈述。

经审查，合议组认为本案事实已经清楚，可以作出本复审请求审查决定。

二、决定的理由

1. 文本认定

请求人在提出复审请求以及答复复审通知书时没有对申请文本进行修改，因此本次复审所依据的文本是驳回决定所依据的文本，即：请求人原始提交的国际申请中文译文中的说明书第1~34页、说明书附图第1~12页、说明书摘要、摘要附图以及于2005年2月23日提交的权利要求书第1~45项。

2. 专利法实施细则第二条第一款规定：

专利法所称发明，是指对产品、方法或者其改进所提出的新的技术方案。

如果一个方案仅仅是简单利用现有技术手段来实现其非技术性的目的，那么其解决的不是技术问题，所取得的技术效果也仅仅是达到了提高生产效率的效果，这样的方案不构成技术方案，不符合专利法实施细则第二条第一款的规定。

权利要求 1 内容为：

"1. 一种确定待生产的化工产品与政府关于生产的产品的管理条例相符性的方法；该方法包含下列在数据处理系统中执行的步骤：

确定出现在待生产和化工产品中哪些化学组成成分；和

将这样确定的化学组成成分与政府储存的关于其化学组成成分的一组法规标准作比较。"

根据说明书所述，本申请所要解决的问题是确定出现在要制造的化工产品中的化学组成成分后就与政府储存的一组关于其化学组成成分的法规标准做比较以确定其相符性。此问题并非专利法意义上的生产、生活中的技术问题，其实质上是生产管理中的问题，虽然该方案中使用了"数据处理系统"的技术手段，但是也仅仅是将现有的人工"确定出现在待生产和化工产品中哪些化学组成成分"和"将这样所确定的化学组成成分与政府存储的关于其化学组成成分的一组法规标准作比较"的方法步骤简单应用结合在数据处理系统上，根据说明书和请求人的陈述，其数据处理系统本身结构也并未发生变化，即在将现有人工方法结合到数据处理系统上时也并未由于在数据处理系统上实施原先人工的步骤而产生新的技术问题并进行解决，其效果也仅仅是利用公知的现有数据处理系统实现了将待生产的化工产品的化学组成成分与符合法规标准进行比较的方法，从而达到确定化工产品的组成成分是否符合法规标准的目的，虽然客观上达到了提高生产效率的效果，但这仅仅是由于使用了数据处理系统用电子处理数据代替人工必然带来的效果，其并不是由于本申请中的包括"确定"和"比较"步骤的方法带来的技术效果，因此本申请的方法也未获得技术效果，由此可见权利要求 1 解决的不是技术问题、没有产生技术效果，权利要求 1 不符合专利法实施细则第二条第一款的规定。

3. 权利要求 2 ~ 12、权利要求 25 ~ 33 直接或间接从属于权利要求 1，其附加技术特征也仅仅是将传统的人工"确定"和"比较"方法中的具体管理实施步骤简单应用于数据处理系统上，也没有引发新的技术问题，因此其没有解决技术问题并获得技术效果，不能构成技术方案，权利要求 2 ~ 12、25 ~ 33 所请求保护的方案也不符合专利法实施细则第二条第一款的规定。

4. 权利要求 34 ~ 45 是一种对应于方法权利要求 1 ~ 12 的装置权利要求，其仅仅是将权利要求 1 ~ 12 中方法的步骤写成与其对应的装置，其系统硬件并未发生任何变化，其实质上所要求保护的是用软件实现该"确定待生产的化工产品与政府关于生产的产品的管理条例相符性的方法"的功能模块，参见上述对权利要求 1 ~ 12 的评述，因此权利要求 34 ~ 45 也未解决技术问题，未获得技术效果，不符合专利法实施细则第二条第一款的规定。

5. 针对请求人在答复复审通知书中所提出的意见，即认为本申请"提高了生产效率和避免生产后的产品不符合法律规定而造成的浪费"解决了技术问题，也属于技术效果。合议组认为，该效果仅是通过数据处理系统本身和管理手段取得的，仅仅是在管理手段上使用了现有的自动化技术，本申请本身并未解决任何技术上的问题，解决的是管理问题，所获得的效果也是管理效果，并非技术效果，因此本申请权利要求 1 ~ 12、25 ~ 33、34 ~ 45 仍然不构成技术方案，不符合专利法实施细则第二条第一款的规定。另外请求人在复审请求中针对驳回决定从技术问题、技术手段和技术效果三方面阐述了本申请符合专利法实施细则第二条第一款规定的理由，复审通知书中虽然与驳回决定的观点不同，但是也从这三方面论述了本申请不符合专利法实施细则第二条第一款规定的理由，因此不能认为合议组接受了请求人对驳回决定的陈述。

综上所述，合议组认为本申请权利要求1～12、25～33、34～45仍然不符合专利法实施细则第二条第一款关于发明的定义。

三、决定

维持国家知识产权局于2005年5月13日对98813551.5号发明专利申请所作出的驳回决定。

请求人对本决定不服的，可以根据专利法第四十一条第二款的规定，自收到本决定之日起三个月内向北京市第一中级人民法院起诉。

230

控制接插件引脚电压的装置和方法案

复审请求审查决定（第9235号）

决　定　号　第9235号
决　定　日　2006年8月21日
发明创造名称　控制接插件引脚电压的装置和方法
国际分类号　G06F 13/40
复审请求人　国际商业机器公司
申　请　号　99105006.1
申　请　日　1999年4月14日
公　开　日　1999年12月1日
合议组组长　黄毅斐
主　审　员　李韵美
参　审　员　龙　安

法律依据　专利法第二十六条第四款
决定要点

如果本领域的技术人员能够根据说明书实施例中记载的内容，概括得出权利要求中的功能性限定特征，并且除了实施例中记载的实现形式，本领域的技术人员还可以采用其他替代方式实现相同的功能，则权利要求中的功能性限定能够得到说明书的支持。

一、案由

本复审请求涉及名称为“控制插接件引脚电压的装置和方法”的99105006.1号发明专利申请（下称本申请），其申请人为国际商业机器公司，申请日为1999年4月14日，公开日为1999年12月1日。

国家知识产权局实质审查部门于2002年7月19日发出了第一次审查意见通知书，在该通知书中指出，权利要求1、2、11、12、17不符合专利法第二十六条第四款的规定；权利要求1不符合专利法实施细则第二十条第一款的规定；说明书不符合专利法实施细则第十八条第一款的规定。

申请人于2002年12月3日提交了意见陈述书，同时提交了说明书全文替换页。申请人在意见陈述书中指出，对于说明书中某一特征仅给出一个实施例，而且权利要求中该特征是用功能来限定的情形，如果所属技术领域的技术人员能够明了此功能也可以采用说明书中未提到的其他替代方式来完成的话，则权利要求中用功能限定该特征的写法是允许的。

国家知识产权局实质审查部门于2004年7月2日发出了第二审查意见通知书，在该通知书中主要指出，权利要求1、12不符合专利法第二十六条第四款的规定，尽管申请人强调技术人员能够明了实现该功能的所有技术方案，但是说明书中仅给出了一个实施例，并且没有说明其他替代方式，而对于本领域普通技术人员来说很难从本申请中预见能实现该功能的所有技术方案，即为“特定”的方式。

申请人于2004年9月17日提交了意见陈述书，同时提交了权利要求书和说明书第1～10页、说明书摘要替换页。申请人认为，实施例中给出某个功能的实现方案因为具体所以特定，但并不能认为这样的具体是把该功能的实现限定为“特定的方式”。判断对权利要求的特征的概括是否适当，应当根据客观标准，其一是说明书的内容以及现有技术，其二是专利法意义上的“本领域的普通技术人员”；实施例的多少并不是判断权利要求的概括是否适当的唯一标准。本发明的说明书中给出的检测电路的优选实施例，虽然只有一个，但是已经足以让“本领域的普通技术人员”很容易地结合其应具有的相关技术领域的知识，找到其他替代方式。

国家知识产权局实质审查部门于2004年12月10日发出了第三次审查意见通知书，在该通知书中指出，权利要求1和权利要求11不符合专利法第二十六条第四款的规定，并坚持认为：说明书中没有给出其他替代方式，对于本领域的普通技术人员很难从本申请中预见能实现该功能的所有技术方案。

申请人于2005年2月23日提交了意见陈述书，同时提交了权利要求书修改替换页。申请人坚持认为权利要求书符合专利法第二十六条第四款的规定。

国家知识产权局于2005年4月8日以申请不符合专利法第二十六条第四款的规定为由驳回了本申请。驳回决定中指出：权利要求1中记载的功能性限定“检测电路”概括了一个较宽的保护范围，而该申请只记载了一种能实现上述功能的检测电路，没有说明其他替代方式。权利要求11所记载的上位步骤概括了一个较宽的保护范围，而该申请只记载了一种能够实现上述步骤的方案，因此权利要求1与权利要求11得不到说明书的支持，不符合专利法第二十六条第四款的规定。

驳回决定所针对的独立权利要求1、11分别为：

“1. 一种接插件，具有用于连接可插拔部件的连接器、一个第一端子和至少一个其他端子，所述至少一个其他端子的电平状态，指示是否有可插拔部件与所述连接器连接，其特征在于，还包括：

电子开关电路，其可选择地和可变地把接插件的电压耦合到第一端子；

检测电路，其检测所述至少一个其他端子的电平状态，当检测到的电平状态表明有可插拔部件与所述连接器连接时，控制所述电子开关电路逐渐向第一端子施加接插件的电压。”

“11. 一种接插件的电源管理方法，所述接插件具有用于连接可插拔部件的连接器、一个电源管理端子和至少一个其他端子，所述至少一个其他端子的电平状态，指示是否有可插拔部件与所述连接器连接，所述方法包括以下步骤：

检测所述至少一个其他端子的电平状态；

当检测到的电平状态表明有可插拔部件与所述连接器连接时，控制一个电子开关逐渐向电源端子施加接插件的电压。”

申请人国际商业机器公司（下称复审请求人）对上述驳回决定不服，于2005年7月25日向国家知识产权局专利复审委员会提交了复审请求书。复审请求人提出的复审请求理由主要为：1. 权利要求1中对“逐渐”的限定，概括了实施例中“定时电路”（电阻106和电容107）在本发明中的功能。2. 本发明对现有技术的贡献并不在于实施例中所述的具体检测电路，任何具有权利要求1中所限定的检测电路都可以作为权利要求1的接插件的一部分。权利要求1中所限定的检测电路，并没有导致权利要求1的范围不适当地变宽。3. 权利要求11是与权利要求1对应的方法权利要求。说明书中公开的电路对本发明的方法作了说明，这些说明已足以支持“检测所述至少一个端子的电平状态”、“控制一个电子开关逐渐向电源端子施加插件的电压。”所属技术领域的普通技术人员完全可以从说明书公开的内容中概括得出这些技术特征。

形式审查合格后，专利复审委员会受理了该复审请求，于2005年9月2日向复审请求人发出复审请求受理通知书，并将本案转送至原实质审查部门进行前置审查。

在前置审查意见书中，原实质审查部门坚持原驳回决定。

专利复审委员会组成合议组，对本复审请求案进行了审理。在研究了国家知识产权局作出的驳回决定和复审请求书后，合议组认为本案事实清楚，可以作出复审决定。

二、决定的理由

文本

复审请求人在提交复审请求时没有对申请文件进行修改，本复审决定所依据的文本为驳回决定所针对的文本。

专利法第二十六条第四款

1. 权利要求1中对检测电路的限定是“检测电路，其检测所述至少一个其他端子的电平状态，当检测到的电平状态表明有可插拔部件与所述连接器连接时，控制所述电子开关电路逐渐向第一端子施加接插件的电压。”从说明书实施例部分（参见附图1或附图2）及其相关文字说明（说明书第6页20行至第9页23行）中可以看出，由电阻104A、电阻104B、“与”门105组成的检测电路在检测到至少一个端子处于高电平时，输出一个电平，与由RC电路构成的定时电路一起控制电子开关电路108逐渐向第一端子施加插接件的电压。其中，RC电路由电阻106和电容107构成。

合议组认为，在本申请的实施例中，电子开关电路108“逐渐”向第一端子施加插接件的电压这个功能，是通过定时电路，即RC电路实现的。对本领域的技术人员来讲，RC电路作为定时电路是本领域通用的技术，且不是唯一实现该功能的方式，无论采用何种形式的定时电路，只要能够配合开关电路逐渐向第一端子施加插接件的电压即可。因此，对本领域的普通技术人员来讲，可以想到采用其他方式实现“逐渐”向第一端子施加插接件的电压这个功能。因此，权利要求1符合专利法第二十六条第四款的规定。

2. 权利要求11是与权利要求1对应的方法权利要求。说明书在实施例中通过具体的电路，描述了一种插接件的电源管理方法。说明书第7页第19行中进行了如下描述：P－FETQb108缓慢地接通，使+3.3Vaux经槽101和引脚A14到达PCI卡。也就是说，权利要求11中限定的“控制所述电子开关电路逐渐向第一端子施加接插件的电压”的步骤在说明书中有具体详细的描述。说明书第6页倒数第3行至说明书第7页第6行中说明了槽101中没有插入PCI时的电平状态，说明书第7页第8行至10行中说明了槽101中插入PC时的电平状态。可见上述描述已经明确对端子的不同电平状态进行了说明，即，权利要求11中“检测所述至少一个端子的电平状态”的步骤在说明书中也已经进行了具体详细的描述。因此，权利要求11符合专利法第二十六条第四款的规定。

三、决定

撤销国家知识产权局于2005年4月8日对99105006.1号发明专利申请作出的驳回决定。

由国家知识产权局原实质审查部门依据驳回决定所针对的文本继续进行审批程序。

根据专利法第四十一条的规定，复审请求人对本决定不服的，可以自收到本决定之日起三个月内向北京市第一中级人民法院起诉。

231

晶体振荡器和信号振荡方法案

复审请求审查决定（第9245号）

决　定　号　第9245号
决　定　日　2006年9月25日
发明创造名称　晶体振荡器和信号振荡方法
国际分类号　H03H 9/00
复审请求人　日本电波工业株式会社
申　请　号　02102540.1
申　请　日　2002年1月25日
公　开　日　2002年9月4日
合议组组长　张　度
主　审　员　贾彦飞
参　审　员　孙治国

法律依据　专利法第二十二条第三款
决定要点
审查指南第二部分第四章的4.6.3节要素省略的发明中的第（1）种情况，要素省略的发明中“如果发明省去一项或多项要素后其功能也相应地消失，则该发明不具备创造性”。

一、案由

本复审请求涉及申请日为2002年1月25日，申请号是02102540.1，发明名称为“晶体振荡器和信号振荡方法”的发明专利申请（下称本申请），申请人是日本电波工业株式会社，优先权日是2001年1月26日。

在实质审查程序中，国家知识产权局实质审查部门于2004年5月28日发出第一次审查意见通知书，指出本申请的权利要求1～13不符合专利法第二十二条第三款的规定。

申请人于2004年11月19日提交了答复第一次审查意见通知书的意见陈述书，对权利要求书和说明书进行了修改并同时提交了修改替换页，此次修改删除了权利要求4、9，修改了原独立权利要求1、6并新加入权利要求13～15，将原权利要求13修改为现权利要求16。申请人认为：本申请的功率晶体管主要用于构成电源，或者用于振荡输出放大器的热源；由于不需要对比文件1中的加热器或温度控制单元，本申请的晶体振荡器与对比文件的晶体振荡器相比生产成本较低且尺寸较小；本申请的晶体振荡器只需要将晶体振荡器的温度保持在某一温度之上，用于防止跳跃，不需要对比文件1中的精确控制晶体振荡器的温度的装置；因此修改后的权利要求1～14具备创造性，符合专利法第二十二条第三款的规定。

国家知识产权局实质审查部门于2005年1月21日发出第二次审查意见通知书，指出本申请的权利要求1～14不符合专利法第二十二条第三款的规定。

申请人于2005年5月9日提交了答复第二次审查意见通知书的意见陈述书和修改替换页，但实际上并未对权利要求书进行修改。申请人认为：并非电路中的所有晶体管都可以作为解决某一技术问题的热源，本申请与对比文件1相比，整个晶体振荡器的结构变得较简单，制造成本也较低；修改后的权利要求1~14具备创造性，符合专利法第二十二条第三款的规定。

经审查，国家知识产权局在2005年7月8日以该申请的权利要求1~14不符合专利法第二十二条第三款的规定为由，作出了驳回决定。驳回决定所依据的对比文件是：

对比文件1：JP2000-101346A，公开日为2000年4月7日。

驳回决定所针对的权利要求书为：

“1. 一种晶体振荡器，包括：

振荡单元，由具有频率-温度特性的晶体振动器和振荡电路单元构成，频率-温度特性按照温度改变谐振频率；

热源单元，紧靠晶体振动器，并保持晶体振动器的温度高于引起非正常振荡的晶体振动器的温度；

所述热源单元由形成电源的功率晶体管构成。

2. 按权利要求1所述的晶体振荡器，其特征在于晶体振动器被保持在高于0℃的温度。

3. 按权利要求1所述的晶体振荡器，其特征在于所述热源单元由放大振荡输出的功率晶体管构成。

4. 按权利要求1所述的晶体振荡器，其特征在于非正常振荡由出现在晶体振动器中的微跳跃引起。

5. 一种晶体振荡器，包括：

具有晶体振动器的振荡单元；

热源单元，保持晶体振动器的温度高于引起非正常振荡的晶体振动器的温度；

所述热源单元由形成电源的功率晶体管构成。

6. 按权利要求5所述的晶体振荡器，其特征在于所述热源单元在高于0℃的温度上保持晶体振动器。

7. 按权利要求5所述的晶体振荡器，其特征在于所述热源单元由功率晶体管构成。

8. 按权利要求7所述的晶体振荡器，其特征在于所述热源单元由形成电源的功率晶体管构成。

9. 按权利要求5所述的晶体振荡器，其特征在于非正常振荡由出现在晶体振动器中的微跳跃引起。

10. 按权利要求5所述的晶体振荡器，其特征在于还包括：控制单元根据晶体振动器的温度控制所述热源单元产生的热。

11. 一种晶体振荡器，包括：

具有晶体振动器的振荡单元；

热源单元，保持晶体振动器的温度高于引起非正常振荡的晶体振动器的温度；

所述热源单元由放大振荡输出的功率晶体管构成。

12. 按权利要求11所述的晶体振荡器，其特征在于晶体振动器被保持在高于0℃的温度。

13. 按权利要求11所述的晶体振荡器，其特征在于非正常振荡由出现在晶体振动器中的微跳跃引起。

14. 一种防止具有晶体振动器的振荡器的非正常振荡的信号振荡方法，包括：

保持晶体振动器的温度高于引起非正常振荡的晶体振动器的温度；

在温度被保持的状态下输出信号；

所述热源单元由放大振荡输出的功率晶体管构成。”

申请人日本电波工业株式会社（下称复审请求人）不服上述驳回决定，于2005年10月12日向国家知识产权局专利复审委员会提出复审请求，并提交了修改后的权利要求书和说明书。复审请求人认为：与对比文件1不同，本申请的电路结构是晶体振荡器直接与晶体管接触，晶体管起到了热源的作用，不存在控制晶体管温度的控制结构，因此在本申请的电路中不包括温度传感器和温度控制单元，修改后的权利要求1～11所要求保护的技术方案相对于对比文件1具备创造性，符合专利法第二十二条第三款的规定。复审请求人提交的修改后的权利要求书为：

“1. 一种晶体振荡器，包括：

振荡单元，由具有频率－温度特性的晶体振动器和振荡电路单元构成，频率－温度特性按照温度改变谐振频率；

热源单元，紧靠晶体振动器，并保持晶体振动器的温度高于引起非正常振荡的晶体振动器的温度；

所述热源单元由形成电源的功率晶体管构成，其中，晶体振动器被保持在高于0℃的温度。

2. 按权利要求1所述的晶体振荡器，其特征在于所述热源单元由放大振荡输出的功率晶体管构成。

3. 按权利要求1所述的晶体振荡器，其特征在于非正常振荡由出现在晶体振动器中的微跳跃引起。

4. 一种晶体振荡器，包括：

具有晶体振动器的振荡单元；

热源单元，保持晶体振动器的温度高于引起非正常振荡的晶体振动器的温度；

所述热源单元由形成电源的功率晶体管构成，其中，所述热源单元在高于0 ℃的温度上保持晶体振动器。

5. 按权利要求4所述的晶体振荡器，其特征在于所述热源单元由功率晶体管构成。

6. 按权利要求5所述的晶体振荡器，其特征在于所述热源单元由形成电源的功率晶体管构成。

7. 按权利要求4所述的晶体振荡器，其特征在于非正常振荡由出现在晶体振动器中的微跳跃引起。

8. 按权利要求4所述的晶体振荡器，其特征在于还包括：控制单元根据晶体振动器的温度控制所述热源单元产生的热。

9. 一种晶体振荡器，包括：

具有晶体振动器的振荡单元；

热源单元，保持晶体振动器的温度高于引起非正常振荡的晶体振动器的温度；

所述热源单元由放大振荡输出的功率晶体管构成，其中，晶体振动器被保持在高于0℃的温度。

10. 按权利要求9所述的晶体振荡器，其特征在于非正常振荡由出现在晶体振动器中的微跳跃引起。

11. 一种防止具有晶体振动器的振荡器的非正常振荡的信号振荡方法，包括：

保持晶体振动器的温度高于引起非正常振荡的晶体振动器的温度；

在温度被保持的状态下输出信号；

所述热源单元由放大振荡输出的功率晶体管构成，其中，晶体振动器被保持在高于0℃的温度。”

专利复审委员会于2005年11月2日向复审请求人发出了复审请求受理通知书，并将该复审请求书连同原申请案卷一并送交作出驳回决定的原实质审查部门进行前置审查，在前置审查意见书中，国家知识产权局实质审查部门认为权利要求1~11相对于对比文件1仍不具备创造性，不符合专利法第二十二条第三款的规定，因而坚持原驳回决定。

针对本复审请求，专利复审委员会依法成立合议组对本复审请求进行审理，本案合议组于2006年3月15日发出了复审通知书，由于复审请求人在请求复审时对权利要求书和说明书进行了修改，该修改符合专利法第三十三条和专利法实施细则第六十条的规定，因此，本次复审通知书所依据的文本是复审请求人于2002年1月25日提交的说明书附图第1~4页、说明书摘要、摘要附图以及于2005年10月12日提交的权利要求第1~11项和说明书第1~6页。在复审通知书中，合议组指出：权利要求1~11相对于对比文件1不具备创造性，不符合专利法第二十二条第三款的规定，本申请中将对比文件1中的电路简化及对功率晶体管功能的进一步限定并不能使得本申请的电路相对于现有技术具备突出的实质性特点和显著的进步。

复审请求人于2006年5月31日提交了答复复审通知书的意见陈述书。复审请求人认为：本申请与对比文件1的根本区别是本申请没有采用对比文件的温度传感器和温度控制单元，采取的措施是"热源单元，紧靠晶体振动器，并保持晶体振动器的温度高于引起非正常振荡的晶体振动器的温度"，而不是像对比文件中采用传感器和温度控制单元来对电路进行温度控制，本申请采用的技术方案没有对电路进行精确的温度控制；本申请采用了不同于对比文件1的温度控制技术方案，特别是本申请的技术方案省略了温度控制电路，但温度控制的功能没有消失，保持了原有的温度控制功能。

至此，合议组认为本案事实已经清楚，可以作出复审决定。

二、决定的理由

1. 关于审查文本

复审请求人在请求复审时提交的修改文本符合专利法第三十三条和专利法实施细则第六十条的有关规定，合议组予以接受。本复审决定所依据的文本是：2002年1月25日提交的说明书附图第1~4页、说明书摘要、摘要附图及2005年10月12日提交的权利要求第1~11项、说明书第1~6页。

2. 关于创造性

专利法第二十二条第三款规定："创造性，是指同申请日以前已有的技术相比，该发明有突出的实质性特点和显著的进步，该实用新型有实质性特点和进步。"审查指南第二部分第四章的4.6.3节要素省略的发明中进一步规定"要素省略的发明，是指省去已知产品或者方法中的某一项或多项要素的发明"，其中第（1）种情况"如果发明省去一项或多项要素后其功能也相应地消失，则该发明不具有创造性"。

合议组评判本申请的权利要求所采用的对比文件与实质审查过程中所引用的对比文件相同，即，对比文件1：JP2000－101346A。

2.1. 权利要求1请求保护一种晶体振荡器。对比文件1（JP2000－101346A）公开了一种高可靠性的压电振荡器的构造，其中公开了如下技术特征：该振荡器电路包括具有频率－温度特性的石英振荡器Xtal、放大器OSC以及温度控制部TC，并且温度控制部TC包括电热调节器Th、电加热器H、第一晶体管Tr1、第二晶体管Tr2（功率晶体管）、电阻R1、R2、R3、R4，其中电热调节器Th、电加热器H、第二晶体管Tr2共同作为热源单元并且紧挨石英振荡器Xtal（说明书第1栏第17行至第2栏第7行、附图2－4），并且说明书中进一步说明晶体振荡器被广泛用作可靠的频率源，当需要高可靠的振荡器时，具有温度调节装置在石英振荡器上结构的具有自动温度调节模式的晶体振荡器可以将温度设置在高于通常被使用的常温状态（说明书第1栏第21行至第26行）。

将对比文件1与当前权利要求1进行比较可知，石英振荡器Xtal对应于具有频率－温度特性的晶体振动器，放大器 OSC 对应于振荡电路单元，电热调节器 Th、电加热器 H、第二晶体管 Tr2 共同对应于热源单元，并且对比文件 1 也说明了是将石英振荡器加热到高于通常使用的温度以得到更加高可靠性的振荡器。当前权利要求 1 与对比文件 1 区别在于：权利要求 1 中进一步限定了所述热源单元由形成电源的功率晶体管构成，其中，晶体振动器被保持在高于 0℃的温度。

合议组认为，对于此区别，其中晶体振动器被保持在高于 0℃的温度并不是对电路特征的具体限定，并且也不能保证在任何情况下晶体振动器均能保持在此状态；而根据本领域普通技术人员的公知常识，将对比文件 1 中的热源单元简化，仅保留在电路中实现某些功能的功率晶体管 Tr2 即可得到本申请所请求保护的电路，而电路中的功率晶体管 Tr2 具体在电路中具有何种功能并不影响获得通过功率晶体管发热来加热石英振荡器的目的，所以本申请中将对比文件 1 中的电路简化及对功率晶体管功能的进一步限定并不能使得本申请的电路相对于现有技术来说具有突出的实质性特点和显著的进步。根据审查指南第二部分第四章的 4.6.3 节要素省略的发明中的第（1）种情况，要素省略的发明中“如果发明省去一项或多项要素后其功能也相应地消失，则该发明不具有创造性”，本申请中省略了温度控制电路，所以其也得不到所述温度控制电路的功能。

基于上述理由，合议组认为：由于本申请与对比文件 1 属于相同的技术领域，本领域普通技术人员在对比文件 1 的基础上结合公知常识，无需花费创造性劳动即可得到权利要求 1 请求保护的技术方案，所以权利要求 1 请求保护的技术方案不具备专利法第二十二条第三款规定的创造性。

复审请求人在答复复审通知书的意见陈述书中所陈述的意见为：本申请与对比文件 1 的根本区别是本申请没有采用对比文件的温度传感器和温度控制单元，采取的措施是“热源单元，紧靠晶体振动器，并保持晶体振动器的温度高于引起非正常振荡的晶体振动器的温度”，而不是像对比文件中采用传感器和温度控制单元来对电路进行温度控制，本申请采用的技术方案没有对电路进行精确的温度控制；本申请采用了不同于对比文件 1 的温度控制技术方案，特别是本申请的技术方案省略了温度控制电路，但温度控制的功能没有消失，保持了原有的温度控制功能。合议组认为，由于对比文件 1 中包含了用于加热石英晶体振荡器的加热装置，对比文件 1 也同样能够防止石英振荡器低温时的反常振荡，并且此种情况适用于审查指南第二部分第四章的 4.6.3 节要素省略的发明中的第（1）种情况，要素省略的发明中“如果发明省去一项或多项要素后其功能也相应消失，则该发明不具有创造性”，本申请中省略了对比文件 1 中的温度控制电路，所以其也达不到精确控制晶体振荡器振动频率的功能，其仅仅得到了加热晶体振荡器的功能，至于加热到何种程度，是否能够使得晶体振荡器在任何情况都能够正常工作都是不能确定的；而复审请求人认为本申请的技术方案省略了温度控制电路，但温度控制的功能没有消失，保持了原有的温度控制的功能，对于此合议组不能认同，复审请求人所述其获得的控制功能仅仅是通过对晶体振荡器的加热而得到的控制晶体振荡器的温度高于引起非正常振荡的晶体振动器的温度，而此功能是对比文件 1 中的加热装置完全能够达到的，由于本申请相对于对比文件 1 省略了对比文件 1 中的温度控制电路，其原有的温度精确控制功能也随之消失。

2.2. 权利要求 2 的附加技术特征是进一步限定了热源单元由放大振荡输出的功率晶体管构成。合议组认为，根据本领域普通技术人员的公知常识，将对比文件 1 中的热源单元简化，仅保留在电路中实现某些功能的功率晶体管 Tr2 即可得到本申请所请求保护的电路，而电路中的功率晶体管 Tr2 具体在电路中具有何种功能并不影响获得通过功率晶体管发热来加热石英振荡器的目的，所以此电路的简化和功率晶体管功能的进一步限定并不能使得本申请的电路相对于现有技术来说具有突出的实质性特点和显著的进步。在权利要求 1 不具备创造性的条件下，权利要求 2 同样不具备创造性，不符合专利法第二十二条第三款的规定。

2.3. 权利要求 3 的附加技术特征为进一步限定了非正常振荡由出现在晶体振动器中的微跳跃引

起。对于本领域普通技术人员来说，具有频率－温度特性的晶体振动器在温度条件不能满足正常工作需要时，由微跳跃现象引起非正常振荡属于公知常识，此是由晶体振动器本身所具有的特性所决定的。在权利要求1不具备创造性的条件下，权利要求3同样不具备创造性，不符合专利法第二十二条第三款的规定。

2.4. 权利要求4请求保护一种晶体振荡器。对比文件1（JP2000－101346A）公开了一种高可靠性的压电振荡器的构造，其中公开了如下技术特征：该振荡器电路包括具有频率－温度特性的石英振荡器Xtal、放大器OSC以及温度控制部TC，并且温度控制部TC包括电热调节器Th、电加热器H、第一晶体管Tr1、第二晶体管Tr2（功率晶体管）、电阻R1、R2、R3、R4，其中电热调节器Th、电加热器H、第二晶体管Tr2共同作为热源单元并且紧挨石英振荡器Xtal（说明书第1栏第17行至第2栏第7行、附图2－4），并且说明书中进一步说明晶体振荡器被广泛用作可靠的频率源，当需要高可靠的振荡器时，具有温度调节装置在石英振荡器上结构的具有自动温度调节模式的晶体振荡器可以将温度设置在高于通常被使用的常温状态（说明书第1栏第21行至第26行）。

将对比文件1与当前权利要求4进行比较可知，石英振荡器Xtal和放大器OSC对应于振荡单元，电热调节器Th、电加热器H、第二晶体管Tr2共同对应于热源单元，并且对比文件1也说明了是将石英振荡器加热到高于通常使用的温度以得到更加高可靠性的振荡器。当前权利要求4与对比文件1的区别在于：权利要求4中进一步限定了所述热源单元由形成电源的功率晶体管构成，其中，晶体振动器被保持在高于0℃的温度。

合议组认为，对于前述的区别，其中晶体振动器被保持在高于0℃的温度并不是对电路特征的具体限定，并且也不能保证在任何情况下晶体振动器均能保持在此状态；而根据本领域普通技术人员的公知常识，将对比文件1中的热源单元简化，仅保留在电路中实现某些功能的功率晶体管Tr2即可得到本申请所请求保护的电路，而电路中的功率晶体管Tr2具体在电路中具有何种功能并不影响获得通过功率晶体管发热来加热石英振荡器的目的，所以本申请中将对比文件1中的电路简化及对功率晶体管功能的进一步限定并不能使得本申请的电路相对于现有技术来说具有突出的实质性特点和显著的进步。根据审查指南第二部分第四章的4.6.3节要素省略的发明中的第（1）种情况，要素省略的发明中“如果发明省去一项或多项要素后其功能也相应地消失，则该发明不具备创造性”，本申请中省略了温度控制电路，所以其也得不到所述温度控制电路的功能。

基于上述理由，合议组认为：由于本申请与对比文件1属于相同的技术领域，本领域普通技术人员在对比文件1的基础上结合公知常识，无需花费创造性劳动即可得到权利要求4请求保护的技术方案，所以权利要求4请求保护的技术方案不具备专利法第二十二条第三款规定的创造性。

2.5. 权利要求5进一步限定热源单元是由功率晶体管构成。对比文件1中所公开的电路中也同样包括加热用功率晶体管Tr2。以上已经公开了权利要求5的所有附加技术特征，在权利要求4不具有创造性的条件下，权利要求5同样不具备创造性，不符合专利法第二十二条第三款的规定。

2.6. 权利要求6进一步限定热源单元是由形成电源的功率晶体管构成，而此技术特征已经在权利要求6所引用的独立权利要求4中进行了限定，所以在权利要求4不具备创造性的条件下，权利要求6同样不具备创造性，不符合专利法第二十二条第三款的规定。

2.7. 权利要求7的附加技术特征为进一步限定了非正常振荡由出现在晶体振动器中的微跳跃引起。对于本领域普通技术人员来说，具有频率－温度特性的晶体振动器在温度条件不能满足正常工作需要时，由微跳跃现象引起非正常振荡属于公知常识，此是由晶体振动器本身所具有的特性所决定的。在权利要求4不具备创造性的条件下，权利要求7同样不具备创造性，不符合专利法第二十二条第三款的规定。

2.8. 权利要求8的附加技术特征进一步限定了控制单元根据晶体振动器的温度控制所述热源单元产生的热。对比文件1中所公开的电路中电热调节器Th即是根据周围温度、即晶体振荡器Xtal温度来控制发热单元发热的（说明书第2栏第8行至第21行）。以上已经公开了权利要求8的所有附加技术特征，在权利要求4不具备创造性的条件下，权利要求8同样不具备创造性，不符合专利法第二十二条第三款的规定。

2.9. 权利要求9请求保护一种晶体振荡器。对比文件1（JP2000-101346A）公开了一种高可靠性的压电振荡器的构造，其中公开了如下技术特征：该振荡器电路包括具有频率-温度特性的石英振荡器Xtal、放大器OSC以及温度控制部TC，并且温度控制部TC包括电热调节器Th、电加热器H、第一晶体管Tr1、第二晶体管Tr2（功率晶体管）、电阻R1、R2、R3、R4，其中电热调节器Th、电加热器H、第二晶体管Tr2共同作为热源单元并且紧挨石英振荡器Xtal（说明书第1栏第17行至第2栏第7行、附图2~4），并且说明书中进一步说明晶体振荡器被广泛用作可靠的频率源，当需要高可靠的振荡器时，具有温度调节装置在石英振荡器上结构的具有自动温度调节模式的晶体振荡器可以将温度设置在高于通常被使用的常温状态（说明书第1栏第21~26行）。

将对比文件1与当前权利要求9进行比较可知，石英振荡器Xtal和放大器OSC对应于振荡单元，电热调节器Th、电加热器H、第二晶体管Tr2共同对应于热源单元，并且对比文件1也说明了是将石英振荡器加热到高于通常使用的温度以得到更加高可靠性的振荡器。当前权利要求9与对比文件1的区别在于：权利要求9中进一步限定了所述热源单元由放大振荡输出的功率晶体管构成，其中，晶体振动器被保持在高于0℃的温度。

合议组认为，对于前述的区别，其中晶体振动器被保持在高于0℃的温度并不是对电路特征的具体限定，并且也不能保证在任何情况下晶体振动器均能保持在此状态；而根据本领域普通技术人员的公知常识，将对比文件1中的热源单元简化，仅保留在电路中实现某些功能的功率晶体管Tr2即可得到本申请所请求保护的电路，而电路中的功率晶体管Tr2具体在电路中具有何种功能并不影响获得通过功率晶体管发热来加热石英振荡器的目的，所以本申请中将对比文件1中的电路简化及对功率晶体管功能的进一步限定并不能使得本申请的电路相对于现有技术来说具有突出的实质性特点和显著的进步。根据审查指南第二部分第四章的4.6.3节要素省略的发明中的第（1）种情况，要素省略的发明中“如果发明省去一项或多项要素后其功能也相应地消失，则该发明不具有创造性”，本申请中省略了温度控制电路，所以其也得不到所述温度控制电路的功能。

基于上述理由，合议组认为：由于本申请与对比文件1属于相同的技术领域，本领域普通技术人员在对比文件1的基础上结合公知常识，无需花费创造性劳动即可得到权利要求9请求保护的技术方案，所以权利要求9请求保护的技术方案不具备专利法第二十二条第三款规定的创造性。

2.10. 权利要求10的附加技术特征为进一步限定了非正常振荡由出现在晶体振动器中的微跳跃引起。对于本领域普通技术人员来说，具有频率-温度特性的晶体振动器在温度条件不能满足正常工作需要时，由微跳跃现象引起非正常振荡属于公知常识，此是由晶体振动器本身所具有的特性所决定的。在权利要求9不具备创造性的条件下，权利要求10同样不具备创造性，不符合专利法第二十二条第三款的规定。

2.11. 权利要求11请求保护一种防止具有晶体振动器的振荡器的非正常振荡的信号振荡方法。对比文件1（JP2000-101346A）公开了一种高可靠性的压电振荡器的构造，其中公开了如下技术特征：该振荡器电路包括具有频率-温度特性的石英振荡器Xtal、放大器OSC以及温度控制部TC，并且温度控制部TC包括电热调节器Th、电加热器H、第一晶体管Tr1、第二晶体管Tr2（功率晶体管）、电阻R1、R2、R3、R4，其中电热调节器Th、电加热器H、第二晶体管Tr2共同作为热源单元并且紧挨石英振荡器Xtal（说明书第1栏第17行至第2栏第7行、附图2－4），并且说明书中进一步说明晶体振荡器被广泛用作可靠的频率源，当需要高可靠的振荡器时，具有温度调节装置在石英振荡器上结构的具有自动温度调节模式的晶体振荡器可以将温度设置在高于通常被使用的常温状态（说明书第1栏第21行至第26行）。

对比文件1所公开的电路中已经公开了将晶体振动器的温度控制在高于常温，以得到高可靠性的频率输出的电路。当前权利要求11与对比文件1的区别在于：权利要求11中进一步限定了所述热源单元由放大振荡输出的功率晶体管构成，其中，晶体振动器被保持在高于0℃的温度。

合议组认为，对于前述的区别，其中晶体振动器被保持在高于0℃的温度并不是对电路特征的具体限定，并且也不能保证在任何情况下晶体振动器均能保持在此状态；而根据本领域普通技术人员的公知常识，将对比文件1中的热源单元简化，仅保留在电路中实现某些功能的功率晶体管Tr2即可得到本申请所请求保护的电路，而电路中的功率晶体管Tr2具体在电路中具有何种功能并不影响获得通过功率晶体管发热来加热石英振荡器的目的，所以本申请中将对比文件1中的电路简化及对功率晶体管功能的进一步限定并不能使得本申请的电路相对于现有技术来说具有突出的实质性特点和显著的进步。根据审查指南第二部分第四章的4.6.3节要素省略的发明中的第（1）种情况，要素省略的发明中“如果发明省去一项或多项要素后其功能也相应地消失，则该发明不具有创造性”，本申请中省略了温度控制电路，所以其也得不到所述温度控制电路的功能。

基于上述理由，合议组认为：由于本申请权利要求11与对比文件1属于相同的技术领域，本领域普通技术人员在对比文件1的基础上结合公知常识，无需花费创造性劳动即可得到权利要求11请求保护的技术方案，权利要求11请求保护的技术方案不具备专利法第二十二条第三款规定的创造性。

三、决定

维持国家知识产权局于2005年7月8日作出的驳回决定。

根据专利法第四十一条的规定，复审请求人对本决定不服的，可以自收到本复审请求审查决定之日起三个月内向北京市第一中级人民法院起诉。

232

振荡器订货/制造系统、控制方法、服务和写入装置器案

复审请求审查决定（第9246号）

决　定　号　第9246号
决　定　日　2006年9月22日
发明创造名称　振荡器订货/制造系统、控制方法、服务器和写入装置
国际分类号　G06F 17/60
复审请求人　精工爱普生株式会社
申　请　号　01135378.3
申　请　日　2001年10月9日
公　开　日　2002年5月1日
合议组组长　张荣彦
主　审　员　龙　安
参　审　员　张　度
法律依据　专利法第二十二条第三款
决定要点

如果独立权利要求与最接近的现有技术存在的区别技术特征既不是公知常识，也无法从最接近的现有技术或其他对比文件中得到启示而直接推知，则应当认定该独立权利要求具备创造性。

一、案由

该复审请求涉及申请日为2001年10月9日、优先权日为2000年10月10日、申请号为01135378.3、名称为“振荡器订货/制造系统、控制方法、服务器和写入装置”的发明专利申请，其申请人为精工爱普生株式会社。

2003年4月18日，国家知识产权局发出第一次审查意见通知书，指出权利要求1～23不符合专利法第二十二条第三款有关创造性的规定，其中引用了对比文件1（CN1246937A，公开日为2000年3月8日）、对比文件2（CN1246219A，公开日为2000年3月1日）。

2003年8月7日，申请人答复上述通知书，陈述其发明符合相关法律条款的理由，随附权利要求书全文替换页。

2003年11月14日，国家知识产权局坚持修改后的权利要求1～23也不具备创造性的审查意见，驳回了该申请。

申请人（下称复审请求人）对上述驳回决定不服，于2004年2月19日向国家知识产权局专利复审委员会提出复审请求，随附权利要求书的全文替换页。

经形式审查合格，专利复审委员会受理该复审请求，于2004年3月29日发出复审请求受理通知书和前置审查通知书。

前置审查程序中，国家知识产权局原实质审查部门坚持原驳回决定。

在此基础上，专利复审委员会成立合议组，针对2004年2月19日提交的权利要求第1～24项、

申请日提交的说明书第1~19页、附图第1~19页、说明书摘要及其附图各1页，对此案进行审理。

专利复审委员会于2005年6月15日向复审请求人发出第一次复审通知书，指出：权利要求1、7~9、15不具备专利法第二十二条第二款规定的新颖性；权利要求2~6、10~14、16缺乏创造性，不符合专利法第二十二条第三款的规定；权利要求17得不到说明书的支持，不符合专利法第二十六条第四款的规定；权利要求23不清楚，不符合专利法实施细则第二十条第一款的规定；权利要求17、23不属于一个总的发明构思，不符合专利法第三十一条第一款的规定；新增的权利要求24不符合专利法实施细则第六十条的规定，不予接受。

复审请求人根据通知书的意见，于2005年7月26日提交了权利要求书的修改替换页。

2005年12月6日，专利复审委员会发出第二次复审通知书，指出与第一次复审通知书中提到的相同的问题，强调权利要求17与权利要求1、15、23的技术方案不属于一个总的发明构思、权利要求23与权利要求1、15、17之间不具备单一性，不符合专利法第三十一条第一款的规定。

据通知书的意见，复审请求人于2006年1月19日再次提交权利要求书的全文替换页。

经电话讨论，复审请求人于2006年7月21日在复审阶段第三次提交修改文本，即，权利要求书和说明书的全文替换页，其中独立权利要求1、15如下：

“1. 一种接受/制造系统，用于接受具有频率控制单元的振荡器的定货和根据用户所要求的规格制造所述振荡器，所述系统包括：

经营中心服务器，用来通过网络从用户终端接受含有所希望的振荡频率的订货数据和含有所述振荡器对用户的交货地址的用户数据，在设置在多个场所的控制数据写入装置之内，选择所述控制数据写入装置，所述控制数据写入装置包括一个电力系统、一个数据控制系统和一个频率测定系统，所述电力系统、所述数据控制系统和所述频率测定系统通过一个控制器和电缆与一个个人计算机相连，所述电力系统包括数/模转换部分、电流放大部分和电流测定部分，所述电力系统为所述振荡器提供电力，测定所述振荡器的功耗，并控制所述振荡器的控制端子上的电压，所述数据控制系统通过所述振荡器进行数据的读写，并监视写入的波形，所述频率测定系统测定未调整的振荡频率和调整后的输出频率，所述控制数据写入装置设置在最适合于接受订货的场所，根据所述订货数据或用户数据，为所述振荡器接受所述定货，同时向被选中的所述控制数据写入装置发送所述订货数据和用户数据；以及所述控制数据写入装置为振荡器从接受的定货数据产生控制数据，所述振荡器根据写入所述振荡器的控制数据振荡，并且所述控制数据写入装置将所述控制数据写入所述振荡器的所述频率控制单元，其中定货数据直接通过所述网络从所述经营中心服务器发送至所述控制数据写入装置。”

“15. 一种接受/制造系统的控制方法，所述接受/制造系统用于接受具有频率控制单元的振荡器的定货和根据用户所要求的规格制造所述振荡器，所述方法包括以下步骤：

通过网络从用户终端接受含有所希望的振荡频率的订货数据和含有所述振荡器对用户的交货地址的用户数据；

在设置在多个场所的控制数据写入装置之内，选择所述控制数据写入装置，所述控制数据写入装置包括一个电力系统、一个数据控制系统和一个频率测定系统，所述电力系统、所述数据控制系统和所述频率测定系统通过一个控制器和电缆与一个个人计算机相连，所述电力系统包括数/模转换部分、电流放大部分和电流测定部分，所述电力系统为所述振荡器提供电力，测定所述振荡器的功耗，并控制所述振荡器的控制端子上的电压，所述数据控制系统通过所述振荡器进行数据的读写，并监视写入的波形，所述频率测定系统测定未调整的振荡频率和调整后的输出频率，所述控制数据写入装置设置在最适合于接受订货的场所，根据所述订货数据或用户数据，为所述振荡器接受所述定货；

向被选中的所述控制数据写入装置发送所述订货数据和用户数据；以及

为振荡器从接受的定货数据产生控制数据，所述振荡器根据写入所述振荡器的控制数据振荡，并且通过所述控制数据写入装置将所述控制数据写入所述振荡器的所述频率控制单元，其中定货数据直接通过所述网络从所述经营中心服务器发送至所述控制数据写入装置。”

在前述工作基础上，专利复审委员会作出如下审查决定。

二、决定的理由

复审请求人于2006年7月21日提交的权利要求书和说明书符合专利法第三十三条及专利法实施细则第六十条的规定，可被接受。因此，本决定所依据的文本为：前述日期提交的权利要求第1~16项、说明书第1~20页，申请日提交的附图第1~19页、说明书摘要及其附图各1页。

本复审决定所用对比文件与驳回决定中使用的对比文件相同，即，对比文件1，其公开号为CN1246937A，公开日为2000年3月8日。

1. 权利要求1的新颖性、创造性

对比文件1涉及接受客户定单，利用可编程晶体振荡器，产生满足客户规定参数的振荡器的全球网络系统。所述可编程晶体振荡器包括（说明书第3页最后1段至第5页第1段）倍频器、分频器等结构（相应于“具有频率控制单元的振荡器”），所述对比文件1具体公开了以下内容：

（1）中央订单处理中心70——相应于该权利要求中的“经营中心服务器”。

①接收客户92通过通信链路95发送的订单，所述订单包含数量、封装结构、客户交付地点等内容（第6页第5~8、16~17行）。

上述内容相应于“用来通过网络从用户终端接收含有所希望的振荡频率的订货数据和含有所述振荡器对用户的交货地址的用户数据”。

②考虑编程中心相对于客户交付地点的位置及库存水平，可确定哪一个编程中心最能满足客户订单（第6页第8~12行）。

该内容相应于“在设置在多个场所的控制数据写入装置之内，选择所述控制数据写入装置”。

③将客户订单作为工作订单传送到选中的编程中心。应理解，一个客户订单可规定具有不同交付地点和日期的各种数量、封装结构、标号数据、功能和频率等的多种振荡器20（第6页第13－18行、图4）。

所述内容相应于“同时向被选中的上述控制数据写入装置发送上述订货数据和用户数据”。

（2）编程中心——相应于该权利要求中的“控制数据写入装置”。

从中央订单处理中心接收经过处理的客户订单，据订单需求制造振荡器（说明书第6页第30行至第7页第19行、图4），其中计算机116通过测试接口板对晶体振荡器进行编程输入。

此内容相应于“所述控制数据写入装置为振荡器从接受的定货数据产生控制数据，所述振荡器根据写入所述振荡器的控制数据振荡，并且所述控制数据写入装置将所述控制数据写入所述振荡器的所述频率控制单元”。

中央订单处理中心70在接受客户订单后会生成一个最终计划，在通信链路上把该计划作为工作订单传送到指定满足客户订单的一个或多个编程中心（说明书第6页第13~14行、图4）。对比文件1中的最终计划中必然包含制造振荡器的所需“定货数据”。

所述内容相应于“定货数据直接通过所述网络从所述经营中心服务器发送至所述控制数据写入装置”。

权利要求1还包括“选择所述控制数据写入装置包括一个电力系统、一个数据控制系统和一个频率测定系统，设置在最适合于接受订货的场所，根据所述订货数据或用户数据为所述振荡器接受所述定货”。所述技术特征可从对比文件1中直接而无疑义地直接推知：编程中心90中的计算机（说明书第9页第1、2段，图6）将最佳P、Q和N分频器参数的编程数据位组合成编程字，将其存入可编程晶体振荡器的PROM中，（相应于“数据控制系统”），编程中心90（说明书第9页倒数第1段，图6）读取已编程振荡器Fout的频率和其他参数（相应于“频率测定系统”）。此外，编程中心90进行工作，必然有供电系统（相应于“电力系统”）对其供电。

权利要求1与对比文件1的区别在于：（1）前者的“电力系统”包括“数/模转换部分、电流放大部分和电流测定部分”；（2）该“电力系统”还能够“测定所述振荡器的功耗，并控制所述振荡器的控制端子上的电压”；（3）权利要求1中的“数据控制系统”还可以“监视写入的波形”。

由于所述权利要求与对比文件1之间存在上述区别技术特征，因此权利要求1具备新颖性。

此外，所述区别技术特征不是公知常识，也未被对比文件1公开，或从该对比文件中毫无疑义地推知，而且上述区别技术特征为所述方案带来了一定的技术效果。因此权利要求1相对于对比文件1而言具备创造性。

2. 权利要求2～14的创造性

权利要求2～14直接或间接引用权利要求1，在权利要求1具备创造性的情况下，其从属权利要求同样具备创造性。

3. 权利要求15的创造性

该权利要求是相应于权利要求1的方法权利要求，参照对权利要求1评述，权利要求15同样符合专利法第二十二条第三款有关创造性的规定。

4. 权利要求16的创造性

在该权利要求所引用的权利要求15具备创造性的情形下，所述权利要求亦具备创造性。

综上，权利要求1～16符合专利法第二十二条第三款有关创造性的规定。

三、决定

撤销国家知识产权局对该发明专利申请作出的驳回决定，以复审请求人于2006年7月21日提交的权利要求第1～16项、说明书第1～20页，申请日提交的附图第1～19页、说明书摘要及其附图各1页为基础，由原实质审查部门继续审批程序。

233

显示器用驱动装置案

复审请求审查决定（第9251号）

决　定　号　第9251号
决　定　日　2006年9月29日
发明创造名称　显示器用驱动装置
国际分类号　G09G 3/36
复审请求人　三洋电机株式会社
专利申请号　01138572.3
申　请　日　2001年9月29日
公　开　日　2002年4月24日
优先权日　2000年9月29日
合议组组长　丁惠玲
主　审　员　张　鹏
参　审　员　朱明雅

法律依据　专利法第二十二条第三款
决定要点

权利要求1要求保护的技术方案和对比文件1公开的技术方案相比，区别技术特征要么在对比文件1中存在技术启示，要么属于本领域的公知常识，因此权利要求1不具备专利法第二十二条第三款所规定的创造性。

一、案由

本复审请求案涉及申请日为2001年9月29日、公开日为2002年4月24日、优先权日为2000年9月29日、发明名称为“显示器用驱动装置”的01138572.3号发明专利申请（下称本申请），申请人为三洋电机株式会社。

国家知识产权局实质审查部门对本申请进行了实质审查，于2004年9月17日发出了第一次审查意见通知书，主要指出：权利要求1的技术方案在规定期间进行通断控制，对比文件1中所述的周期性控制也是一种规定期间的控制，对比文件1中的技术方案同样利用在非读取的时间内停止显示器的驱动来达到省电的目的。权利要求1~3相对于对比文件1（JP2000-163036A，公开日2000年6月16日）不具有突出的实质性特点和显著的进步，不具备专利法第二十二条第三款规定的创造性。

申请人于2005年1月25日陈述了意见。申请人认为，对比文件1中通过设置与多个显示对应数量的视频存储器和图像总线，并设置中断图像数据的写入请求和显示请求的存储控制电路，从而降低读出/写入用时钟信号的频率，降低耗电。对比文件1中没有记载本申请中的“命令节电时，按规定期间对所述显示面板或所述驱动电路之一或二者提供的电源电压进行通断控制，能够降低驱动电路或显示面板的耗电，并节省显示装置中的耗电。”并且，对比文件1中不存在上述技术特征的技术启示。因此本申请权利要求1～3具备创造性。

经过上述审查程序，针对申请人于申请日提交的权利要求第1～3项、说明书第1～10页、说明书附图第1～8页以及说明书摘要、摘要附图，国家知识产权局实质审查部门于2005年4月29日驳回了本申请，驳回的理由为：对比文件1公开的多显示装置系统中，系统的驱动电力是按照一定时间间隔进行的，权利要求1～3相对于对比文件1而言不具备创造性，不符合专利法第二十二条第三款的规定。

驳回决定针对的权利要求书（下称权利要求书文本1）的内容如下：

"1. 一种显示器用驱动装置，其特征在于具有：驱动多个像素形成的显示面板的驱动电路、为所述显示面板和所述驱动电路产生电源电压的电源电路，命令节电时，按规定期间对所述显示面板或所述驱动电路之一或二者提供的电源电压进行通断控制。

2. 根据权利要求1所述的显示器用驱动装置，其特征在于还具有计时装置，所述电源电路根据该计时装置的计时结果通断电源电压。

3. 根据权利要求1或权利要求2所述的显示器用驱动装置，其特征在于所述显示面板包括多个像素、用于选择该像素的选择线和用于供给该像素数据的数据线，还包括：命令节电时，为选择数据写入像素，对全部选择线停止输出向所述选择线输出的选择信号的停止控制装置，用所述停止控制装置停止输出所述选择信号后，控制断开所述电源电压。"

申请人（下称复审请求人）对上述驳回决定不服，于2005年8月4日向专利复审委员会提出复审请求，并提交了修改后的权利要求书（下称权利要求书文本2）。复审请求人复审请求的主要理由是：对比文件1只是为了减少电消耗而使频率下降，没有公开本申请中的停止所有选择线的输出并使电源电压断开的内容。本申请中不仅使选择信号的"输出在所有选择线中停止"，而且使"电源电压"断开，因此电源电压在断开期间对于驱动电路和显示面板不会有电消耗，本申请相对于对比文件1的结构更具有抑制电消耗的效果。因此修改后的权利要求1、2具备创造性。

经形式审查合格后，专利复审委员会受理了该复审请求，于2005年9月7日向复审请求人发出了复审请求受理通知书，并由原实质审查部门对本案进行了前置审查。原审实质查部门在前置审查意见中坚持原驳回决定。

专利复审委员会依法成立合议组对本案进行审查。经审查，合议组于2006年7月19日针对权利要求书文本2发出复审通知书，指出：（1）权利要求1要求保护的技术方案和对比文件1公开的技术方案相比，区别技术特征在于：Ⅰ. 权利要求1要求保护的技术方案是通过控制电源电压来进行通断控制，而对比文件1公开的技术方案中是周期性读取数据；Ⅱ. 对比文件1的技术方案中没有公开显示面板包括多个像素、用于选择该像素的选择线和用于供给该像素数据的数据线；Ⅲ. 对比文件1的技术方案中没有公开停止控制装置，用以在命令节电时，为选择数据写入像素，对全部选择线停止输出向所述选择线输出的选择信号，用所述停止控制装置停止输出所述选择信号后，控制断开所述电源电压。对于上述第Ⅰ项区别技术特征，对比文件1中的技术方案中系统向显示装置提供的驱动电力是按照一定时间间隔进行的，因此相同技术领域的对比文件1给出了在非读取时间内停止显示器驱动的技术启示。对于上述第Ⅱ项区别技术特征，显示面板包括多个像素、用于选择该像素的选择线和用于供给该像素数据的数据线是本领域的公知常识。对于上述第Ⅲ项区别技术特征，对本领域技术人员而言先停止驱动信号的输出再停止电源电压的供给是常用手段，而实现了上述技术手段的用以在命令节电时为选择数据写入像素的停止控制装置是本领域公知技术。因此，权利要求1不具备创造性。2、根据对比文件1说明书第3栏第1行至第45行以及附图1的描述，对比文件1使用上位系统周期性的驱动。要得到周期性驱动需使用系统时钟，而系统时钟是一种计时装置，并且对本领域技术人员而言要得到周期性控制的结果采用系统时钟作为计时装置是常用的技术手段。因此，权利要求2不具备创造性。

针对上述复审通知书，复审请求人于2006年8月29日提交了意见陈述书以及修改后的权利要求第1~2项（下称权利要求书文本3）。复审请求人认为修改后的权利要求具备创造性，具体理由为：上述区别技术特征Ⅲ不是常用手段。本申请中当命令节电时，在控制断开电源电压之前，停止对为选择LCD200的各像素的选择线（栅极线）的选择信号的输出。通过进行这样的控制，在断开电源电压之后选择信号并不是输出到选择线，能够防止直到电源断开之前为止写入各像素中的数据消失。而且，写入各像素中的数据由保持电容进行保持并能够显示规定期间。例如，在进行与本申请结构相反的动作（在断开电源电压之后断开选择线）时，通过断开电源电压之后选择信号输出到选择线，直到电源断开之前为止写入各像素中的数据被消失。因此，在节电时某规定像素不被显示。也就是说，如本申请发明在命令节电时停止驱动信号的输出并停止电源电压的结构，对于为不使数据消失的情况下进行显示来说是一种很重要的结构。由以上内容可知，上述区别技术特征Ⅲ并不是如审查员指出那样是常用手段。

权利要求书文本3的内容为：

“1. 一种显示器用驱动装置，其特征在于具有：具有保持电容的像素、驱动多个像素形成的显示面板的驱动电路、为所述显示面板和所述驱动电路产生电源电压的电源电路，命令节电时，按规定期间对所述显示面板或所述驱动电路之一或二者提供的电源电压进行通断控制，

所述显示面板包括多个像素、用于选择该像素的选择线和用于供给该像素数据的数据线，还包括：停止控制装置，用以在命令节电时，为选择数据写入像素，对全部选择线停止输出向所述选择线输出的选择信号，用所述停止控制装置停止输出所述选择信号后，控制断开所述电源电压。

2. 根据权利要求1所述的显示器用驱动装置，其特征在于还具有计时装置，所述电源电路根据该计时装置的计时结果通断电源电压。”

至此，合议组认为本案事实清楚，可以作出审查决定。

二、决定的理由

本决定所依据的文本是：复审请求人于2006年8月29日提交的权利要求1~2项，复审请求人于申请日提交的说明书第1~10页、说明书附图第1~8页以及说明书摘要、摘要附图。

专利法第二十二条第三款规定的创造性，是指同申请日以前已有的技术相比，该发明有突出的实质性特点和显著的进步，该实用新型有实质性特点和进步。

1. 权利要求1不具备创造性

本申请权利要求1的技术方案具有如下技术特征：A. 一种显示器用驱动装置，其具有下述部分；B. 具有保持电容的像素；C. 驱动多个像素形成的显示面板的驱动电路；D. 为所述显示面板和所述驱动电路产生电源电压的电源电路；E. 命令节电时，按规定期间对所述显示面板或所述驱动电路之一或二者提供的电源电压进行通断控制；F. 所述显示面板包括多个像素、用于选择该像素的选择线和用于供给该像素数据的数据线；G. 所述显示面板还包括停止控制装置，用以在命令节电时，为选择数据写入像素，对全部选择线停止输出向所述选择线输出的选择信号，用所述停止控制装置停止输出所述选择信号后，控制断开所述电源电压。

对比文件1（具体参见说明书第2栏第38行至第5栏第9行）公开了一种显示器用的驱动装置，该技术方案具有如下技术特征：a. 显示器驱动电路，其具有下述部分；b. 向显示器输出图像信号的显示器控制器；c. 显示装置的电源电路；d. 周期性读取数据，仅在一定周期内驱动显示装置。

由此可见，权利要求1要求保护的技术方案和对比文件1公开的技术方案相比，区别技术特征在

于：Ⅰ、权利要求1要求保护的技术方案中具有保持电容的像素；Ⅱ、权利要求1要求保护的技术方案是通过控制电源电压来进行通断控制，而对比文件1公开的技术方案中是周期性读取数据；Ⅲ、对比文件1的技术方案中没有公开显示面板包括多个像素、用于选择该像素的选择线和用于供给该像素数据的数据线；Ⅳ、对比文件1的技术方案中没有公开停止控制装置，用以在命令节电时，为选择数据写入像素，对全部选择线停止输出向所述选择线输出的选择信号，用所述停止控制装置停止输出所述选择信号后，控制断开所述电源电压。对于上述第Ⅰ项区别技术特征，常见的显示器均具有像素，其中的像素具有保持电容，显示装置具有保持电容的像素是本领域的公知常识。对于上述第Ⅱ项区别技术特征，对比文件1中的技术方案中系统向显示装置提供的驱动电力是按照一定时间间隔进行的，因此相同技术领域的对比文件1给出了在非读取时间内停止显示器驱动的技术启示。对于上述第Ⅲ项区别技术特征，显示面板包括多个像素、用于选择该像素的选择线和用于供给该像素数据的数据线是本领域的公知常识。显示面板必然具有选择像素输出的选择线和发送像素数据的数据线，选择线用于图像的信号的选择，数据线用于图像的信号的传送，在选择线选择了要输出的像素并且数据线发送相应数据的情况下显示面板才能显示出相应的图像，因此本领域公知的显示面板为了实现显示的功能必然具有选择线和数据线，从而上述技术特征是本领域的公知常识。对于上述第Ⅳ项区别技术特征，对本领域技术人员而言先停止驱动信号的输出再停止电源电压的供给是惯用手段，而实现了上述技术手段的用以在命令节电时为选择数据写入像素的停止控制装置是本领域公知技术。综上所述，在对比文件1公开了周期性读取数据的前提下，结合本领域的公知常识得出权利要求1要求保护的技术方案对本领域技术人员而言是显而易见的，并且同样能够解决在非读取期间的节电的技术问题，达到节电的技术效果。因此，权利要求1要求保护的技术方案相对于对比文件1所公开的技术方案不具有突出的实质性特点和显著的进步，不符合专利法第二十二条第三款有关创造性的规定。

2. 权利要求2不具备创造性

权利要求2是权利要求1的从属权利要求，其附加技术特征在于："还具有计时装置，所述电源电路根据该计时装置的计时结果通断电源电压"。根据对比文件1说明书第3栏第1行至第45行以及附图1的描述，对比文件1使用上位系统周期性的驱动。要得到周期性驱动需使用系统时钟，而系统时钟是一种计时装置，并且对本领域技术人员而言要得到周期性控制的结果采用系统时钟作为计时装置是常用的技术手段。因此，本领域技术人员在对比文件1的技术启示下，可以不经过创造性劳动得出本权利要求的技术方案，所以权利要求2不具有突出的实质性特点和显著的进步，不符合专利法第二十二条第三款有关创造性的规定。

对于复审请求人认为本申请具备创造性的主要观点：权利要求1与对比文件1相比的区别技术特征Ⅳ不是本领域的常用技术手段。合议组认为，对本领域技术人员而言，先停止驱动信号的输出，然后再停止电源电压的供给是常用技术手段。只有这样操作才能较好地实现停止控制，其属于常用的停止控制技术。而实现了上述技术手段的用以在命令节电时为选择数据写入像素的停止控制装置是本领域公知技术。

基于上述理由，合议组作出下述决定。

三、决定

复审请求人的复审请求不能成立，维持国家知识产权局于2005年4月29日作出的驳回01138572.3号发明申请的决定。

复审请求人如对本复审决定不服，可以根据专利法第四十一条的规定，自收到本决定之日起三个月内向北京市第一中级人民法院起诉。

234

液晶显示器的驱动方法案

复审请求审查决定（第9252号）

决　定　号　第9252号
决　定　日　2006年9月29日
发明创造名称　液晶显示器的驱动方法
国际分类号　G09G 3/36
复审请求人Ⅰ　瓦智能BVI有限公司
复审请求人Ⅱ　特伦斯·莱斯莉·约翰逊
专利申请号　01109973.9
申　请　日　2001年3月28日
公　开　日　2001年10月17日
优先权日　2000年3月28日，2000年5月5日
合议组组长　丁惠玲
主　审　员　张　鹏
参　审　员　田　华

法律依据　专利法第二十二条第三款
决定要点

在评述创造性时，应当将权利要求和对比文件进行全面的对比，找到所有区别技术特征；若现有技术中没有给出使得本领域的普通技术人员显而易见地得到本申请权利要求中要求保护的技术方案的启示，并且该技术方案相对于对比文件取得了相应的技术效果，则该权利要求要求保护的技术方案具备创造性。

一、案由

本复审请求案涉及发明名称为“液晶显示器的驱动方法”的01109973.9号发明专利申请（下称本申请），其申请日为2001年3月28日、公开日为2001年10月17日、优先权日为2000年3月28日和2000年5月5日，申请人为瓦智能BVI有限公司、特伦斯·莱斯莉·约翰逊。

国家知识产权局实质审查部门对本申请进行了实质审查，于2003年12月12日发出了第一次审查意见通知书，主要指出：本领域技术人员在对比文件1（CN1231463A，公开日1999年10月13日）的基础上结合公知常识，可以不经过创造性劳动得出权利要求1～9要求保护的技术方案，权利要求1～9不具备专利法第二十二条第三款规定的创造性。

申请人于2004年4月27日陈述了意见，并修改了权利要求和说明书。申请人认为，对比文件1公开的技术方案中仅对每个帧周期能够极性反转，而权利要求1的技术方案中是对两个或多个连续的帧进行反转。因此对比文件1没有给出多反转的技术启示，并且权利要求1中的反转驱动方法能够降低显示器上总的边缘场效应，并减少闪烁感，因此权利要求1相对于对比文件1具备突出的实质性特

点和显著的进步，因此权利要求 1 具备创造性，从属权利要求 2 ~ 9 也相应具备创造性。

国家知识产权局实质审查部门于 2004 年 6 月 11 日发出第二次审查意见通知书，主要指出：对比文件 1 中（参见对比文件 1 说明书第 11 页第 13 ~ 15 行）公开了驱动电压的反转周期可以为两帧周期或者三帧周期，相当于本权利要求中的反转施加于两个或者多个连续的像素帧，因此权利要求 1 ~ 9 不具备专利法第二十二条第三款规定的创造性。

申请人于 2004 年 10 月 26 日陈述了意见，并修改了权利要求和说明书。申请人认为，对比文件 1 采用的技术方案主要是将互为反转关系的第一视频信号和第二视频信号（二者极性相反）输出至信号线驱动电路，第一视频信号和第二视频信号电位极性每帧周期都反转，因此对比文件 1 揭示的是所有反转驱动方法都是对单个列、行或者像素进行反转，并且相邻的列、行或像素极性相反，而本申请权利要求 1 要求保护的技术方案中是对两个或者多个相邻的列、行或像素进行反转，并且所述相邻的列、行或像素极性相同。因此，本申请权利要求 1 相对对比文件 1 具有突出的实质性特点和显著的进步，因此权利要求 1 具备创造性，从属权利要求 2 ~ 9 也相应具备创造性。

经过上述审查程序，针对申请人 2004 年 10 月 26 日提交的权利要求第 1 ~ 9 项和说明书第 1 页，2004 年 4 月 27 日提交的说明书第 2、3、5 页，申请日提交的说明书第 4，6 页以及说明书附图第 1 ~ 15 页、说明书摘要及摘要附图，国家知识产权局于 2004 年 12 月 3 日驳回了本申请，驳回的理由为本申请权利要求 1 ~ 9 相对于对比文件 1 与公知常识的结合不具备专利法第二十二条第三款规定的创造性。

驳回决定针对的权利要求书的内容如下：

"1. 一种用于驱动 LCD 的方法，其特征在于包括以下步骤：提供一个具有多列、多行及多个像素的 LCD，通过对两个或多个相邻的列、行或像素进行反转来驱动该 LCD，其中所述反转包括以同样的极性信号将一施加电场极性施加于所述两个或多个相邻的列、行或像素，以使总的边缘场效应下降，从而保持显示器的对比度并使显示器的闪烁感最小。

2. 根据权利要求 1 所述的方法，其特征在于反转次数能够调节。

3. 根据权利要求 1 或 2 所述的方法，其特征在于列数（m）可以是从 2 到扫描线数之间的任何整数，行数（n）可以是从 2 到列线数之间的任何整数。

4. 根据权利要求 3 所述的方法，其特征在于（n）行反转法可用于无源和有源驱动 LCD，（n）可以是从 2 到扫描线数之间的任何整数。

5. 根据权利要求 3 所述的方法，其特征在于（m）列反转法可用于有源驱动 LCD，（m）可以是从 2 到列线数之间的任何整数。

6. 根据权利要求 3 所述的方法，其特征在于在一有源驱动 LCD 中所用的是 n × m 像素反转法，其中（n）可以是从 2 到扫描线数之间的任何整数，（m）可以是从 2 到列线数之间的任何整数。

7. 根据前述任一权利要求所述的方法，其特征在于它适用于有源驱动的微型 TFT LCD 和/或硅上反射液晶 LCD。

8. 根据上述任一权利要求所述的方法，其特征在于 LCD 的多个列、行或像素同时反转。

9. 根据权利要求 8 所述的方法，其特征在于所述的多个包括 2 个。"

驳回决定指出：对比文件 1 公开了一种图像显示装置及其驱动方法，具体公开了如下技术特征（参见对比文件 1 说明书第 8、11 页及权利要求 5 及其附图 11A − 11C、12A − 12C）：液晶板包括：多条扫描线（相当于权利要求 1 中的多行）；多条信号线（相当于权利要求 1 中的多列）；像素电极；以及一种驱动图像显示装置的方法，该方法的特征在于信号处理电路将至少一个第一视频信号和至少一个第二视频信号输出给信号线（相当于权利要求 1 中的列）驱动电路，第一视频信号和第二视频信号的信号电位极性每帧都反转；以及第一视频信号与第二视频信号之间为反转关系；附图 11A－11C 是表示源线反转驱动方法中的各个像素的图；附图 12B 是表示栅极反转中各个像素的图，附图 12C 是表示点反转中各个像素的图，本实施例中虽然使驱动电压的反转周期成为一帧周期，但是也可以使不同于此的周期成为反转周期，例如可使反转周期成为两帧周期或者三帧周期（相当于权利要求 1 中所述反转施加于两个或者多个连续的像素帧）。因此，权利要求 1 与对比文件 1 相比，区别在于本权利要求中的驱动方法使总的边缘场效应下降，从而保持显示器的对比度并使显示器的闪烁感最小。而使总的边缘场效应下降，从而保持显示器的对比度并使显示器的闪烁感最小是本发明达到的技术效果，相同的驱动方法肯定具有相同的技术效果，所以在对比文件 1 的基础上结合公知常识得到本权利要求要求保护的技术方案是显而易见的，由此可知，本权利要求要求保护的技术方案不具有突出的实质性特点和显著的进步，不符合专利法第二十二条第三款有关创造性的规定。从属权利要求 2～9 的附加技术特征都是本领域的常用技术，因此从属权利要求 2～9 也都不符合专利法第二十二条第三款有关创造性的规定。

申请人（下称请求人）对上述驳回决定不服，于 2005 年 3 月 18 日向专利复审委员会提出复审请求，并提交了修改后的权利要求书，修改后的权利要求书如下：

“1. 一种用于驱动 LCD 的方法，其特征在于包括以下步骤：提供一个具有一定数量的列、一定数量的行及一定数量的像素的 LCD，通过包括多列反转、多行反转或多像素反转的多反转技术驱动该 LCD，所述多反转包括：向一帧中的连续的 m 列、连续的 n 行、或 n×m 大小的像素矩阵施加相同极性的信号，其中 n 是从 2 到扫描线数之间的一整数，且 m 是从 2 到列线数之间的一整数，以使总的边缘场效应下降，从而保持显示器的对比度并使显示器的闪烁感最小。

2. 根据权利要求 1 所述的方法，其特征在于反转次数能够调节。

3. 根据权利要求 1 所述的方法，其特征在于 n 行反转法可用于无源和有源驱动 LCD，n 可以是从 2 到扫描线数之间的任何整数。

4. 根据权利要求 1 所述的方法，其特征在于 m 列反转法可用于有源驱动 LCD，m 可以是从 2 到列线数之间的任何整数。

5. 根据前述任一权利要求所述的方法，其特征在于它适用于有源驱动的微型 TFTLCD 和/或硅上反射液晶 LCD。

6. 根据上述任一权利要求所述的方法，其特征在于 LCD 的多个列、行或像素同时反转。

7. 根据权利要求 6 所述的方法，其特征在于所述的多个包括 2 个。”

请求人复审请求的主要理由是：权利要求 1 与对比文件 1 的区别技术特征在于多反转，也就是在向一帧中的连续的 m 列、连续的 n 行、或者 n×m 大小的像素矩阵施加相同极性的信号的基础上进行的反转，对比文件 1 中公开了行反转驱动方法、列反转驱动方法和点反转驱动方法，但未给出多反转技术中的电场极性分布的技术启示，并且具有使总的边缘场效应下降并且保持对比度的技术效果，因此，本申请权利要求 1 相对对比文件 1 具有突出的实质性特点和显著的进步，因此权利要求 1 具备创造性，从属权利要求 2～9 也相应具备创造性。

经形式审查合格后，专利复审委员会受理了该复审请求，于 2005 年 4 月 14 日向请求人发出了复审请求受理通知书，并由原实质审查部门对本案进行了前置审查。原实质审查部门在前置审查意见中坚持原驳回决定。

专利复审委员会依法成立合议组对本案进行审查。经审查，合议组认为本案事实清楚，可以作出审查决定。

二、决定的理由

本决定所依据的文本是：请求人于2005年3月18日提交的权利要求第1～7项，请求人于2004年10月26日提交的说明书第1页，2004年4月27日提交的说明书第2、3、5页，申请日提交的说明书第4，6页以及说明书附图第1～15页、说明书摘要及摘要附图。

专利法第二十二条第三款规定的创造性，是指同申请日以前已有的技术相比，该发明有突出的实质性特点和显著的进步，该实用新型有实质性特点和进步。

1. 独立权利要求1具备创造性

本申请独立权利要求1的技术方案具有如下技术特征：A、一种用于驱动LCD的方法，其特征在于包括以下步骤；B、提供一个具有一定数量的列、一定数量的行及一定数量的像素的LCD，通过包括多列反转、多行反转或多像素反转的多反转技术驱动该LCD，所述多反转包括向一帧中的连续的m列、连续的n行、或n×m大小的像素矩阵施加相同极性的信号，其中n是从2到扫描线数之间的一整数，且m是从2到列线数之间的一整数，以使总的边缘场效应下降，从而保持显示器的对比度并使显示器的闪烁感最小。

对比文件1（参见对比文件1说明书第8、11页及权利要求5及其附图11A－11C、12A－12C）公开的技术方案具有如下技术特征：a、一种驱动图像显示装置的方法，该方法包括下述步骤；b、信号处理电路将至少一个第一视频信号和至少一个第二视频信号输出给信号线（相当于权利要求1中的列）驱动电路，第一视频信号和第二视频信号的信号电位极性每帧都反转；以及第一视频信号与第二视频信号之间为反转关系。并且，对比文件1说明书第11页第13～15行指出，在本实施例中，虽然使驱动电压的反转周期成为一帧周期，但是也可以使不同于此的周期成为反转周期，例如可使反转周期成为两帧周期或者三帧周期。

由此可见，权利要求1要求保护的技术方案与对比文件1公开的技术方案相比，其区别在于：本申请权利要求1中通过多列反转、多行反转或多像素反转的多反转技术驱动该LCD，其中多反转包括向一帧中的连续的m列、连续的n行、或n×m大小的像素矩阵施加相同极性的信号；而对比文件1中是一帧中的电位极性全部反转。由于反转周期的变化只是用于决定进行反转的时间，因此对比文件1中公开的反转周期可为两帧周期或者三帧周期只是对于反转时间的规定，而对比文件1没有给出向连续的列、连续的行、或者一定大小的像素矩阵施加相同极性信号以多反转的技术启示。本领域技术人员在对比文件1的技术启示下不经过创造性劳动无法得到权利要求1要求保护的技术方案。此外，上述区别技术特征的存在使得权利要求1的技术方案能够实现显著地降低显示器上的总的边缘场效应，且能同时保持显示器的对比度的技术效果。因此，权利要求1要求保护的技术方案相对于对比文件1公开的技术方案具有突出的实质性特点和显著的进步，具备专利法第二十二条第三款规定的创造性。

2. 在独立权利要求1相对于对比文件1具备专利法第二十二条第三款规定的创造性的前提下，从属权利要求2～7相对于对比文件1也具备专利法第二十二条第三款规定的创造性。

基于上述理由，合议组作出下述决定。

三、决定

撤销国家知识产权局于2004年12月3日作出的驳回01109973.9号发明申请的决定，由原实质审查部门以本决定依据的文本为基础继续审查。

复审请求人如对本复审决定不服，可以根据专利法第四十一条的规定，自收到本决定之日起三个月内向北京市第一中级人民法院起诉。

235

降低对电缆长度的敏感性的射频功率发生器的控制器案

复审请求审查决定（第9255号）

决 定 号 第9255号
决 定 日 2006年9月15日
发明创造名称 降低对电缆长度的敏感性的射频功率发生器的控制器
国际分类号 H03G 3/30 G05F 1/66
复审请求人 ENI技术公司
申 请 号 02105328.6
申 请 日 2002年2月26日
优 先 权 日 2001年4月6日
公 开 日 2002年11月20日
合议组组长 崔哲勇
主 审 员 杨存吉
参 审 员 贾彦飞

法律依据 专利法第二十二条第三款
决定要点

如果现有技术中没有给出将区别技术特征应用到最接近的现有技术以解决发明实际解决的技术问题的启示，则对本领域的技术人员来说，该发明是非显而易见的，具有突出的实质性特点；如果发明与现有技术相比能够产生有益的技术效果，则该发明具有显著的进步。

一、案由

本复审请求案涉及申请日为2002年2月26日、申请号为02105328.6、发明名称为“降低对电缆长度的敏感性的射频功率发生器的控制器”的发明专利申请（下称本申请），本申请的申请人为ENI技术公司。

本申请于2002年11月20日公开后，国家知识产权局实质审查部门应申请人提出的实质审查请求，针对本申请的原始申请文件依法对其进行实质审查，并于2005年2月18日发出第一次审查意见通知书，指出本申请权利要求1~13不具备专利法第二十二条第三款规定的创造性，权利要求14、16不符合专利法第二十六条第四款的规定。

针对第一次审查意见通知书，申请人于2005年7月4日提交了意见陈述书。申请人认为：对比文件2公开了基于“受控变量的多批或子组的平均值的标准偏差”来产生设置点信号，对比文件2公开的是一种产生设置点的特定方法，而没有公开本申请独立权利要求1和独立权利要求8中所述的“基于正向和反向功率反馈信号来计算正向功率限值的技术特征”，该区别技术特征也没有被对比文件 1 公开，因此本申请独立权利要求 1 和独立权利要求 8 相对于对比文件 1 和对比文件 2 具有突出的实质性特点和显著的进步，具备专利法第二十二条第三款规定的创造性。本申请权利要求 14 和权利要求 16 的各个步骤能够从说明书中直接得到，权利要求 14 和权利要求 16 能够得到说明书的支持。

国家知识产权局实质审查部门针对申请日提交的权利要求第 1 ~ 20 项、说明书第 1 ~ 10 页、说明书附图第1 ~ 13页、说明书摘要、摘要附图，于 2006 年 2 月 10 日作出驳回决定，理由是权利要求 1 ~ 13 不具备专利法第二十二条第三款规定的创造性。该驳回决定指出：权利要求 1 与对比文件 1（US4727337A）的区别技术特征是：功率放大器产生被输出到负载的一个射频功率信号；控制器产生一个设置信号，该设置点信号被输出到功率发生器；还包括了一个设置点修改器。对比文件 2（US5239456A）中的设置点处理器 12b 相当于权利要求 1 中的设置点修改器。功率放大器产生被输出到负载的一个射频功率信号是本领域的技术人员应该掌握的技术知识，本领域的技术人员能够从对比文件 1 和对比文件 2 中得到技术启示，可以让设置点处理器 12b 起到权利要求中设置点修改器的功能，由此可见，结合对比文件 1，2 和公知常识，本领域普通技术人员无须花费创造性的劳动即可得到权利要求 1 请求保护的技术方案，因此权利要求 1 请求保护的技术方案对本领域的技术人员来说是显而易见的，所以权利要求 1 不具备专利法第二十二条第三款所规定的创造性。权利要求 8 与对比文件 1 的区别技术特征是：接收一个外部设置点信号；基于所述正向和反向功率反馈信号来计算一个正向功率限值；以及基于所述正向功率限值和所述外部设置点信号其中之一，来控制所述射频功率发生器。对比文件 2 中的设置点处理器 12b 相当于设置点修改器，由此可见，结合对比文件 1，2 和公知常识，本领域普通技术人员无须花费创造性的劳动即可得到权利要求 8 请求保护的技术方案，因此权利要求 8 请求保护的技术方案对本领域的技术人员来说是显而易见的，所以权利要求 8 不具备专利法第二十二条第三款所规定的创造性。

申请人（下称复审请求人）对上述驳回决定不服，于 2006 年 5 月 25 日向专利复审委员会提出复审请求。复审请求人认为：本申请独立权利要求 1 中记载了“设置点修改器基于正向和反向功率反馈信号来计算一个正向功率限值，并基于所述正向功率限值和一个外部设置点信号其中之一向控制器输出一个已修改的设置点信号”的技术特征，权利要求 8 中记载了“基于正向和反向功率反馈信号来计算一个正向功率限值；以及基于所述正向功率限值和一个外部设置点信号其中之一来控制射频功率发生器”的技术特征。对比文件 1 没有公开本申请权利要求 1 和 8 中的上述技术特征。对比文件 2 公开了基于“受控变量的多批或子组的平均值的标准偏差”来产生设置点信号，对比文件 2 公开的是一种产生设置点的特定方法，也没有公开本申请独立权利要求 1 和 8 中上述的技术特征。对比文件 2 的设置点处理器 12b 是基于受控的变量信号 22 和来自控制台 24 的规格界限这两个输入来产生最佳设置点信号的，这与权利要求 1 和权利要求 8 中所述的基于两个输入之一来产生已修改的设置点信号或控制射频功率发生器的技术特征显然不同。本申请的目的是基于设备的变化来修改设置点，而对比文件 2 的目的是基于设备输出的变化来修改设置点，因此为解决本发明上述的技术问题而将对比文件 1 和对比文件 2 结合对于本领域技术人员来说不是显而易见的。所以本申请的权利要求具备专利法第二十二条第三款规定的创造性。

经形式审查合格后，专利复审委员会受理了该请求，于 2006 年 6 月 27 日向复审请求人发出复审请求受理通知书，同时向国家知识产权局实质审查部门发出前置审查通知书。

国家知识产权局实质审查部门在前置审查意见书中仍然坚持驳回决定。

专利复审委员会依法组成合议组对本复审请求进行了审查。经审查，合议组认为本案事实已经清楚，可以依法作出决定。

二、决定的理由

本复审决定所针对的申请文本与驳回决定所针对的申请文本相同，即申请日提交的权利要求第1~20项，说明书第1~10页、说明书附图第1~13页、说明书摘要、摘要附图。其中独立权利要求1和8如下：

“1. 一种射频（RF）功率发生器系统，包括：

一个功率发生器，它产生被输出到负载的一个射频功率信号、一个正向功率反馈信号以及一个反向功率反馈信号；

一个控制器，它接收所述正向功率反馈信号以及所述反向功率反馈信号，并产生一个设置点信号，该设置点信号被输出到所述功率发生器；以及

一个设置点修改器，它接收所述正向功率反馈信号、所述反向功率反馈信号以及一个外部设置点信号，其中，所述设置点修改器基于所述正向和反向反馈信号来计算一个正向功率限值，并基于所述正向功率限值和所述外部设置点信号其中之一，向所述控制器输出一个已修改的设置点信号。”

“8. 一种用于控制为一个负载产生射频功率信号的射频（RF）功率发生器的方法，包括下列各步骤：

传感一个正向功率反馈信号；

传感一个反向功率反馈信号；

接收一个外部设置点信号；

基于所述正向和反向功率反馈信号来计算一个正向功率限值；以及

基于所述正向功率限值和所述外部设置点信号其中之一，来控制所述射频功率发生器。”

专利法第二十二条第三款规定：创造性，是指同申请日以前已有的技术相比，该发明有突出的实质性特点和显著的进步，该实用新型有实质性特点和进步。

权利要求1请求保护一种射频功率发生器系统，对比文件1公开一种射频功率放大器的保护电路，并具体公开如下内容：图1示出一个功率放大器101和功率控制器141，功率放大器从激发器103获得信号并进行放大，然后把它们传送到天线111或其他负载；功率控制器接收控制输入161和反馈信号151并产生输出信号147；反馈信号包括来自定向耦合器的正向和反向功率反馈信号113和115等（参见对比文件1说明书第1栏第21~54行，附图1）。对比文件1中的功率放大器和定向耦合器的作用实质上与本申请权利要求1中的功率发生器相同，用于产生一个输出到负载的射频功率信号、正相和反向功率反馈信号；对比文件1中的功率控制器的作用实质上与本申请权利要求1中的控制器相同，用于接收正向和反向功率反馈信号并产生一个设置点信号，该设置点信号被输入到功率发生器。

由此可见，本申请权利要求1的技术方案与对比文件1所公开的内容相比，其区别技术特征在于本申请权利要求1中的射频功率发生器系统还包括：一个设置点修改器，它接收所述正向功率反馈信号、所述反向功率反馈信号以及一个外部设置点信号，其中，所述设置点修改器基于所述正向和反向反馈信号来计算一个正向功率限值，并基于所述正向功率限值和所述外部设置点信号其中之一，向所述控制器输出一个已修改的设置点信号。相对于对比文件1，权利要求1的技术方案实际要解决的技术问题是：通过在生成控制器的参考设置点时，把正向和反向功率反馈信号考虑进来，进而能够基于设备的变化来修改参考设置点，从而提高射频功率发生器系统对功率放大器和负载之间电缆长度变化的适应性。

对比文件2公开一种带有优化设置点判定的过程控制装置和方法，其中通过将受控变量与一个目标值相比较来判定过程是否运行于可接受的范围，其中图1示出一个在优化设置点控制器11控制下的过程10，优化设置点控制器11包括一个过程控制器11a和设置点处理器12b；控制器11根据受控信号的测量值21和来自设置点处理器12b的设置点信号27生成一个操作变量输出信号23；设置点处

理器 12b 根据多批受控变量的平均值的标准偏差来产生优化的设置点信号（参见对比文件 2 说明书第 1 ~4，10 ~11 栏、附图 1）。对比文件 2 所要解决的技术问题是通过运用统计学的方法，把过程规定范围考虑进来，该范围通常定义过程输出可以多大程度地落入规定范围之外。

由此可见，本申请权利要求 1 中的设置点修改器在产生设置点的目的、根据和产生办法均不同于对比文件 2 中的设置点处理器 12b。对比文件 2 中并没有给出将区别技术特征应用到最接近的现有技术以解决本申请实际解决的技术问题的启示，结合对比文件 1，2，本领域普通技术人员在不付出创造性劳动的基础上，无法得到权要求 1 请求保护的技术方案，因此对本领域的普通技术人员来说，本申请权利要求 1 的技术方案相对于对比文件 1 和对比文件 2 是非显而易见的，具有突出的实质性特点。另外，权利要求 1 的技术方案与现有技术相比能够产生提高射频功率发生器系统对功率放大器和负载之间电缆长度变化的适应性的技术效果，其具有显著的进步。因此本申请权利要求 1 具备专利法第二十二条第三款规定的创造性。

权利要求 8 请求保护一种用于控制为一个负载产生射频功率信号的射频功率发生器的方法，对比文件 1 公开一种射频功率放大器的保护电路，并公开如下内容：传感一个正向功率反馈信号；传感一个反向功率反馈信号；接收一个外部设置点信号（参见对比文件 1 说明书第 1 栏第 21 –54 行，附图 1）。

由此可见，本申请权利要求 8 的技术方案与对比文件 1 所公开的内容相比，其区别技术特征在于本申请权利要求 8 中的方法还包括步骤：基于所述正向和反向功率反馈信号来计算一个正向功率限值；以及基于所述正向功率限值和所述外部设置点信号其中之一，来控制所述射频功率发生器。相对于对比文件 1，权利要求 8 的技术方案实际要解决的技术问题是：通过在生成控制器的参考设置点时，把正向和反向功率反馈信号考虑进来，进而能够基于设备的变化来修改参考设置点，从而提高射频功率发生器系统对功率放大器和负载之间电缆长度变化的适应性。

对比文件 2 公开一种带有优化设置点判定的过程控制装置和方法，其中设置点处理器 12b 根据多批受控变量的平均值的标准偏差来产生优化的设置点信号（参见对比文件 2 说明书第 1 –4，10 –11 栏、附图 1）。对比文件 2 所要解决的技术问题是通过运用统计学的方法，把过程规定范围考虑进来，该范围通常定义过程输出可以多大程度地落入规定范围之外。

由此可见，本申请权利要求 8 中的产生控制所述射频发生器的信号，即产生设置点信号的方法在目的、根据和办法上均不同于对比文件 2 中公开的方法。对比文件 2 中并没有给出将区别技术特征应用到最接近的现有技术以解决本申请实际解决的技术问题的启示，结合对比文件 1，2，本领域普通技术人员在不付出创造性劳动的基础上，无法得到权要求 8 请求保护的技术方案，因此对本领域的普通技术人员来说，本申请权利要求 8 的技术方案相对于对比文件 1 和 2 是非显而易见的，具有突出的实质性特点。权利要求 8 的技术方案与现有技术相比能够产生提高射频功率发生器系统对功率放大器和负载之间电缆长度变化的适应性的技术效果，其具有显著的进步。因此本申请权利要求 8 具备专利法第 22 条第 3 款规定的创造性。

在权利要求 1 和权利要求 8 具备创造性的情况下，直接或间接引用它们的从属权利要求 2 ~7 和 9 ~13也具备专利法第二十二条第三款规定的创造性。

基于上述理由，合议组作出如下决定。

三、决定

撤销国家知识产权局于 2006 年 2 月 10 日针对第 02105328.6 号申请的所作出的驳回决定，由国家知识产权局实质审查部门以申请日提交的权利要求第 1 ~20 项、说明书第 1 ~10 页、说明书附图第 1 ~13 页、说明书摘要、摘要附图为基础继续进行审批程序。

根据专利法第四十一条第二款的规定，对本决定不服的，复审请求人可以在收到本通知之日起三个月内向北京市第一中级人民法院起诉。

236

灯泡型荧光灯发光装置案

复审请求审查决定（第9256号）

决　定　号　第9256号
决　定　日　2006年6月21日
发明创造名称　灯泡型荧光灯发光装置
国际分类号　H01J 61/56
复审请求人　松下电器产业株式会社
申　请　号　01115770.4
申　请　日　2001年6月14日
优先权日　2000年6月14日
公　开　日　2002年1月2日
合议组组长　钱　芸
主　审　员　汤　锷
参　审　员　杜　宇

法律依据　专利法第三十三条
决定要点

如果申请文本具有不符合专利法第三十三条规定的缺陷，则该文本不能作为针对专利法实施细则第五十三条规定的应予以驳回的情形所作出的驳回决定的基础。

一、案由

本复审请求涉及申请日为2001年6月14日，申请号是01115770.4，发明名称为“灯泡型荧光灯发光装置”的发明专利申请（下称本申请），申请人是松下电器产业株式会社，优先权日是2000年6月14日。

经审查，国家知识产权局实质审查部门于2005年10月21日以本申请的权利要求1~4不具备专利法第二十二条第三款规定的创造性为由，作出了驳回决定。驳回决定所依据的对比文件是：

对比文件1：CN1090119A，公开日为1994年7月27日；

对比文件2：CN2142257Y，公开日为1993年9月15日。

驳回决定所针对的权利要求书（即申请人2004年10月21日提交的权利要求书）为：

“1. 一种灯泡型荧光灯发光装置，包括：

一个荧光灯发光管；以及

一个用于向该荧光灯发光管提供电流的电子发光电路，

其中，该电子发光电路包括：

一对设置在该荧光灯发光管内的电极灯丝，

一个与该荧光灯发光管并联的电容器，

一个与该对电极灯丝之一串联的电感器，

一个与该电容器并联的温度正特性电阻元件，及

与该对电极灯丝中的至少一个灯丝相并联的至少一个温度负特性电阻元件，

其中，该温度正特性电阻元件的阻抗随着温度正特性电阻元件的温度升高而增加，该至少一个温度负特性电阻元件的阻抗随着该至少一个温度负特性电阻元件的温度的升高而减少，

在该温度正特性电阻元件的阻抗相对低与该至少一个温度负特性电阻元件的阻抗相对高的状态下启动电极灯丝的预加热；

在该荧光灯发光管启动之前，并且在对电极灯丝进行预加热期间，该温度正特性电阻元件的阻抗迅速增加从而产生由该电感和电容引起的谐振现象，并且该至少一个温度负特性电阻元件的阻抗迅速减少，从而使得电流大部分流入该至少一个温度负特性电阻元件而不是该电极灯丝，随后启动该荧光灯发光管，以及

在启动荧光灯发光管之后的持续发光期间，该至少一个温度负特性电阻元件的阻抗保持相对较低。

2. 如权利要求 1 所述的灯泡型荧光灯发光装置，其中，该至少一个温度负特性电阻元件数为两个，这两个温度负特性电阻元件分别与该对电极灯丝相并联。

3. 如权利要求 1 所述的灯泡型荧光灯发光装置，其中，该至少一个温度负特性电阻元件被连接至该对电极灯丝中的任一个灯丝。

4. 如权利要求 1 所述的灯泡型荧光灯发光装置，其中，该电子发光电路还包括用于提供电流以点亮荧光发光管的转换器电路单元。”

驳回决定认为：在对比文件 1 的基础上结合对比文件 2 和公知常识得到权利要求 1 的技术方案，对本领域技术人员来说是显而易见的，权利要求 1 要求保护的技术方案不具有突出的实质性特点与显著的进步，因而不具备专利法第二十二条第三款规定的创造性。从属权利要求 2 ~4 的附加技术特征也分别在对比文件 1 和对比文件 2 中公开，因此，在其所引用的权利要求 1 不具备创造性的情况下，权利要求 2 ~4 也不具备创造性。

申请人松下电器产业株式会社（下称复审请求人）不服上述驳回决定，于 2006 年 2 月 5 日向专利复审委员会提出复审请求，没有对申请文件作出修改。复审请求人认为：权利要求 1 ~4 所要求保护的技术方案相对于对比文件 1 和对比文件 2 具备创造性，符合专利法第二十二条第三款的规定。

经形式审查合格后，专利复审委员会依法受理了该复审请求，并于 2006 年 3 月 1 日向复审请求人发出了复审请求受理通知书，同日向国家知识产权局原实质审查部门发出前置审查通知书，并将该复审请求书连同原申请案卷一并送交作出驳回决定的原实质审查部门进行前置审查。

在前置审查程序中，国家知识产权局原实质审查部门坚持原驳回决定。

针对本复审请求，专利复审委员会依法成立合议组对本复审请求进行审理，经合议，合议组认为本案事实已经清楚，依法作出复审决定。

二、决定的理由

1. 审查文本

复审请求人在提出复审请求时没有提交修改文本，本复审决定所依据的文本是驳回决定针对的文本，即：2004 年 10 月 21 日提交的权利要求第 1 ~4 项，2001 年 6 月 14 日提交的说明书第 1 ~13 页、附图第 1 ~5 页，说明书摘要和摘要附图。

2. 关于专利法第三十三条

专利法第三十三条规定，申请人可以对其专利申请文件进行修改，但是，对发明和实用新型专利

申请文件的修改不得超出原说明书和权利要求书记载的范围，对外观设计专利申请文件的修改不得超出原图片或者照片表示的范围。

具体来说，如果申请的内容通过增加、改变和/或删除其中的一部分，致使所属技术领域的技术人员看到的信息与原申请记载的信息不同，而且又不能从原申请记载的信息中直接地、毫无疑义地确定，那么，这种修改就是不允许的。

具体就本申请而言，复审请求人于2004年10月21日提交的经修改的权利要求1中所述的“在该荧光灯发光管启动之前，并且在对电极灯丝进行预加热期间……，并且该至少一个温度负特性电阻元件的阻抗迅速减少，从而使得电流大部分流入该至少一个温度负特性电阻元件而不是该电极灯丝”在原始公开的申请文件中没有记载，并且，上述修改后的内容也不能从原申请文件的内容直接、毫无疑义地确定，因此，依据专利法第三十三条的规定，这种修改不能被允许。

综上所述，复审请求人对于驳回决定所针对的文本的修改不符合专利法第三十三条的规定。

3. 关于驳回决定针对的文本

对一个经过修改的申请文本作出驳回决定时，应首先考查该申请的修改是否符合专利法第三十三条的规定。如果该申请文本具有不符合专利法第五十三条规定的缺陷，则该文本不能作为针对专利法实施细则第五十三条规定的应予以驳回的情形所作出的驳回决定的基础。

具体就本申请而言，国家知识产权局原实质审查部门的驳回决定是针对复审请求人于2004年10月21日提交的权利要求第1~4项，2001年6月14日提交的说明书第1~13页、附图第1~5页，说明书摘要和摘要附图作出的。在上述驳回决定所针对的专利申请文本中涉及到的2004年10月21日提交的权利要求书中，复审请求人所作的修改超出了原说明书和权利要求书记载的范围而不符合专利法第三十三条的规定，在此情况下，该文本不能作为以不符合专利法第二十二条第三款规定为驳回理由的驳回决定的依据。

根据以上事实和理由，本案合议组作出如下审查决定。

三、决定

撤销国家知识产权局于2005年10月21日对01115770.4号发明专利申请作出的驳回决定。

由国家知识产权局原实质审查部门依据2004年10月21日提交的权利要求第1~4项，2001年6月14日提交的说明书第1~13页、附图第1~5页，说明书摘要和摘要附图继续审查程序。

根据专利法第四十一条的规定，复审请求人对本决定不服的，可以自收到通知之日起三个月内向北京市第一中级人民法院起诉。

237

信息处理装置案

复审请求审查决定（第9257号）

决　定　号　第9257号
决　定　日　2006年8月16日
发明创造名称　信息处理装置
国际分类号　G06F 3/00　G06F 15/16　G06F 13/00
复审请求人　富士施乐株式会社
申　请　号　03119373.0
申　请　日　2003年3月14日
公　开　日　2003年11月5日
合议组组长　张美菊
主　审　员　涂洪文
参　审　员　杜　宇

法律依据　专利法第二十六条第三款
决定要点

如果本领域的普通技术人员根据说明书中公开的内容，结合本领域的公知常识即可实现本申请的技术方案，那么说明书就是清楚完整的。

一、案由

本复审请求涉及2003年3月14日申请、申请号为03119373.0、名称为“信息处理装置”的发明专利申请（下称本申请），申请人为富士施乐株式会社。

在实质审查过程中，国家知识产权局实质审查部门于2005年2月4日发出第一次审查意见通知书，指出说明书不符合专利法第二十六条第三款的规定，其审查意见主要是：申请人对于信息处理装置中的“连接状态呈现装置”，在每个实施例中仅仅描述“主单元具有连接状态呈现装置，当根据由输入装置收到的输入指令通过网络通信时，连接状态呈现装置把对应于与连接装置的连接状态的触觉刺激呈现给刺激呈现装置”，实际上这只描述了连接状态呈现装置实现的功能，而没有说明连接状态呈现装置是通过怎样的技术手段将“连接装置连接状态的触觉刺激”与“连接装置的连接状态”相对应，而且本领域技术人员也无法从当前说明书记载的内容直接或者间接推出“连接装置连接状态的触觉刺激”与“连接装置的连接状态”如何对应的信息，由于连接状态呈现装置能否实现正确对应“连接装置连接状态的触觉刺激”与“连接装置的连接状态”，对于该信息处理装置所要解决的技术问题而言是非常重要的，致使所属技术领域的技术人员不能实现本申请中的方案，因此不符合专利法第二十六条第三款的规定。

申请人于2005年6月17日提交了意见陈述书及说明书第1页的替换页。申请人认为：（1）触觉刺激与连接状态的对应关系在说明书相应部分都已经具体给出；（2）触觉刺激的具体实现方式也在说明书第五实施例中给出，并且可以应用于其他实施例；因此，申请人认为本申请的各实施例都已经清楚和充分地描述了触觉刺激与连接状态之间的对应关系以及触觉刺激的具体实现方式，其详尽程度以及具体示例足以使本领域技术人员实现其发明目的。另外申请人在说明书第1页的替换页中更改了发明名称。

国家知识产权局于2005年8月12日驳回了本申请，理由是本申请不符合专利法第二十六条第三款的规定，驳回所依据的文本是申请日2003年3月14日提交的说明书第2～23页及其附图第1～29页、说明书摘要及摘要附图、权利要求书第1～12项以及2005年6月17日提交的说明书第1页。除了一通中的理由之外，其中还指出：虽然说明书中独立地描述了“触觉刺激与连接状态之间的对应关系”和“触觉刺激的具体实现方式”这两个方面的内容，但是该技术方案能否达到预期的效果，其最重要的一点是实现“连接装置连接状态的触觉刺激与连接装置的连接状态”之间的对应，“触觉刺激与连接状态之间的对应关系”只是该装置实现其功能的具体表现，“触觉刺激的具体实现方式”只是该装置实现刺激表现的原理，但是二者是怎样结合的，即刺激表现与连接状态究竟是通过怎样的技术手段一一对应，当前说明书中没有相关记载，因此坚持认为本申请不符合专利法第二十六条第三款的规定。

2005年11月23日，申请人富士施乐株式会社（下称请求人）不服上述驳回决定，向专利复审委员会提出复审请求。请求人坚持一通答复中的理由，并且认为对一个通信装置的连接状态的检测和对可移动部件的位移的检测属于本领域中的公知常识，因此本申请符合专利法第二十六条第三款的规定。

形式审查合格后，专利复审委员会受理了该复审请求，并于2005年12月26日向请求人发出复审请求受理通知书，随后将本申请移交原实质审查部门进行前置审查。

原实质审查部门对本复审请求进行了前置审查，坚持原驳回决定并且指出：请求人未对“触觉刺激与连接状态之间的对应关系”与“触觉刺激的具体实现方式”之间是如何结合的进行解释，也未对权利要求书进行过修改，因此坚持驳回决定。

专利复审委员会成立合议组对本复审请求进行审理。

经审查，合议组认为本案事实已经清楚，可以作出本复审请求审查决定。

二、决定的理由

1. 文本认定

请求人在提出复审请求时没有对申请文件进行修改，因此本复审决定所依据的文本为驳回决定中所依据的文本，即申请日2003年3月14日提交的说明书第2～23页及其附图第1～29页、说明书摘要及摘要附图、权利要求书第1～12项以及2005年6月17日提交的说明书第1页。

2. 关于专利法第二十六条第三款

专利法第二十六条第三款规定：说明书应当对发明或者实用新型作出清楚、完整的说明，以所属技术领域的技术人员能够实现为准。

如果本领域的普通技术人员根据说明书中公开的内容，结合本领域的公知常识即可实现本申请的技术方案，那么说明书就是清楚完整的。

本申请说明书中已经明确描述了其信息处理装置包括的各个部分：输入装置、刺激呈现装置、连接状态呈现装置，并且说明书第8页第16行至第10页第9行结合图5A－5D以及说明书第11页第14行至第12页第15行结合图8中也清楚地描述了连接装置连接状态的触觉刺激与连接装置的连接状态的对应关系，说明书中的第一至第五实施例都描述了不同的信息处理装置，这些信息处理装置都是通过连接状态呈现装置把触觉刺激呈现给刺激呈现装置，然后通过其中的触觉刺激呈现装置和可动部件来表示若干个连接状态的不同触觉刺激，而第五实施例详细记载了触觉刺激呈现机构如何使可动部件运动而呈现触觉刺激，由于实施例一至五中可动部件的运动方式均是使用推力来产生平移的运动方式，因此实施例五中刺激呈现装置使可动部件运动的具体实施方式可以应用到实施例一至四中。因此如何产生触觉刺激的具体实施方式已被公开。对于本领域普通技术人员来说如何检测装置的连接状态是本领域的公知常识，并且说明书中的内容结合图5A－5D和图8已经公开了连接装置连接状态的触觉刺激与连接装置的连接状态的对应关系，因此，本领域普通技术人员很容易想到可通过建立连接状态与触觉刺激的表格通过查表或硬件触发等方式在不同的连接状态和相应的触觉刺激之间建立一一对应的关系，使触觉刺激呈现装置根据不同的连接状态呈现不同的触觉刺激，从而实现本发明的发明目的，因此对于本领域的普通技术人员来说，根据说明书中的记载可以实现“连接装置连接状态的触觉刺激”与“连接装置的连接状态”的对应，因此本申请符合专利法第二十六条第三款的规定，驳回决定的驳回理由不成立。

综上所述，请求人的复审理由成立，合议组依法作出如下复审决定。

三、决定

撤销国家知识产权局于2005年8月12日对03119373.0号发明专利申请所作出的驳回决定，在申请日2003年3月14日提交的说明书第2～23页及其附图第1～29页、说明书摘要及摘要附图、权利要求书第1～12项以及2005年6月17日提交的说明书第1页的基础上，由原实质审查部门继续对本申请进行审查。

根据专利法第四十一条第二款的规定，对本决定不服的，请求人可以在收到本决定之日起三个月内向北京市第一中级人民法院起诉。

238

带衬垫的光缆案

复审请求审查决定（第9258号）

决　定　号　第9258号
决　定　日　2006年9月8日
发明创造名称　带衬垫的光缆
国际分类号　G02B 6/44
复审请求人　三星电子株式会社
专利申请号　02150361.3
申　请　日　2002年11月11日
公　开　日　2003年9月17日
优先权日　2002年3月4日
合议组组长　徐媛媛
主　审　员　张　鹏
参　审　员　杜微科

法律依据　专利法第二十二条第二款、第三款
决定要点

在进行新颖性判断时首先应当判断被审查申请的技术方案与对比文件的技术方案是否实质上相同。对比文件虽然公开了与本申请权利要求1中的部件相对应的部件，但是部件间相对位置不相同，不能认为二者是实质上相同的技术方案。

一、案由

本复审请求案涉及申请日为2002年11月11日、优先权日为2002年3月4日、公开日为2003年9月17日、发明名称为“带衬垫的光缆”的02150361.3号发明专利申请（下称本申请），申请人为三星电子株式会社（下称复审请求人）。

国家知识产权局实质审查部门对本申请进行了实质审查，于2004年7月30日发出了第一次审查意见通知书，认为：权利要求1、3、4相对于对比文件1（CN2091465U）不具备中华人民共和国专利法（下称专利法）第二十二条第二款规定的新颖性，权利要求2相对于对比文件1和对比文件2（US3888718）的结合不具备专利法第二十二条第三款规定的创造性。

复审请求人于2004年11月30日提交了意见陈述书，其主要意见为，本申请权利要求1中记载了“安装在铠装内部的衬垫”，亦即衬垫嵌入在铠装中，而对比文件1中加强部件4不是嵌入在外护套5中而是设置在束管3和外护套5之间，对比文件1的技术方案与本申请的技术方案不同；此外，本申请要解决的技术问题是常规光缆由于加强部件嵌入在铠装中而导致在外力作用下会穿透铠装，破坏光纤，对比文件1中不会出现该问题。故权利要求1~4相对于对比文件1和对比文件2具备新颖性和创造性。

针对复审请求人于申请日提交的权利要求第1～4项、说明书第1～3页、说明书附图第1～5页、说明书摘要及摘要附图，国家知识产权局实质审查部门于2005年1月21日驳回了本申请，驳回的理由为本申请权利要求1、3、4相对于对比文件1不具备专利法第二十二条第二款规定的新颖性，权利要求2相对于对比文件1和对比文件2的结合不具备专利法第二十二条第三款规定的创造性。

驳回决定针对的权利要求书的内容如下：

"1. 一种光缆，其特征在于，包括：

具有空心柱的形状并包括安置在其中的多芯光纤的管；

所形成的具有预定厚度的，包围管的铠装；和

安装在铠装内部的多个衬垫，所述的每个衬垫分开形成。

2. 根据权利要求1所述的光缆，其特征在于通过双重挤压或者连续挤压方法来形成铠装。

3. 根据权利要求1所述的光缆，其特征在于多个衬垫对称安置在管周围。

4. 根据权利要求1所述的光缆，其特征在于使用挤压技术来形成铠装。"

驳回决定认为，对比文件1（参见说明书第1页第11行至第2页第7行以及附图1）公开了如下技术内容：具有空心柱形的束管3（相当于权利要求1中的管）包围多根光纤1和石油膏构成的缆芯，具有一定厚度，包围缆芯的外护套5（相当于权利要求1中的铠装），外护套5内部设置有多个分开形成的梯形外层加强件4（相当于权利要求1中的衬垫），多个梯形外层加强件4绞合后成拱形状。因此权利要求1的全部技术特征均被对比文件1公开，并且权利要求1请求保护的技术方案与对比文件1所公开的技术方案属于同一技术领域，所要解决的技术问题相同，都是为了在不增大光缆外径的情况下提高光缆的抗压能力，增强光缆的机械性能，达到的技术效果也相同，因此本申请权利要求1相对于对比文件1不具备专利法第二十二条第二款的新颖性。权利要求3、4的附加技术特征在对比文件1中也得到公开，因此权利要求3、4相对于对比文件1也不具备专利法第二十二条第二款规定的新颖性。

对比文件2公开了一种应用双重挤压技术制造缆线包覆层的装置，其公开了如下技术内容（参见对比文件2说明书第1栏第55行至第2栏第7行以及附图1）：应用双重挤压技术制造电缆的外包覆层（相当于权利要求2中的铠装），包括应用连续挤压技术先形成一层有一定厚度的半导体聚合材料层的步骤。因此，权利要求2的附加技术特征与对比文件2相比，区别在于权利要求2请求保护的技术方案中将形成铠装的双重挤压应用于光缆。由于光缆和电缆的外包覆层都是起到保护缆芯以及使缆芯与外部环境隔绝的作用，并且电缆和光缆具有相似的结构特征，因此本领域技术人员在对比文件1和对比文件2的技术启示下可以不经过创造性劳动得出权利要求2请求保护的技术方案，因此权利要求2相对于对比文件1和对比文件2的结合不具备专利法第二十二条第三款规定的创造性。

复审请求人对上述驳回决定不服，于2005年4月29日向专利复审委员会提出复审请求。其主要理由是：（1）本申请和对比文件1解决的技术问题不同：对比文件1要提供一种高抗侧压强度、高抗拉强度、光纤能够满足干线通信需求的光缆，而本申请要解决的技术问题是在光缆收到外部压力时防止加强部件对管的压迫；（2）本申请和对比文件1技术方案不同：对比文件1的加强部件采用梯形钢丝，绞合形成拱形，其外部是外护套，而权利要求1的技术方案中将衬垫安装在铠装之内，以防止受压时对管的压迫；（3）本申请和对比文件1技术效果不同：对比文件1的光缆受压时加强部件压迫束管，对比文件1存在与本申请说明书的背景技术相同的缺陷，而本申请中的光缆在受压时不会穿透铠装从而压迫管。因此，权利要求1～4相对于对比文件1、对比文件2具备新颖性和创造性，复审请求人在提出复审请求时未对申请文本作任何修改。

经形式审查合格后，专利复审委员会受理了该复审请求并于2005年6月2日向复审请求人发出

复审请求受理通知书，同时将本案送至原实质审查部门进行前置审查。原实质审查部门在前置审查意见中坚持原驳回决定。

专利复审委员会依法成立合议组对本案进行审查。经审查，合议组认为本案事实清楚，可以作出审查决定。

二、决定的理由

复审请求人在提出复审请求时对申请文件未作修改，因此本复审决定所依据的文本与驳回决定依据的文本相同，即：复审请求人于申请日提交的权利要求第1~4项、说明书第1~3页、说明书附图第1~5页、说明书摘要及摘要附图。

（一）新颖性

专利法第二十二条第二款规定的新颖性，是指在申请日以前没有同样的发明或者实用新型在国内外出版物上公开发表过、在国内公开使用过或者以其他方式为公众所知，也没有同样的发明或者实用新型由他人向国务院专利行政部门提出过申请并且记载在申请日以后公布的专利申请文件中。

在进行新颖性判断时首先应当判断被审查申请的技术方案与对比文件的技术方案是否实质上相同，如果专利申请与对比文件公开的技术方案实质上相同，所属技术领域的技术人员根据两者的技术方案可以确定两者能够适用于相同的技术领域，解决相同的技术问题，并具有相同的预期效果，则认为两者是同样的发明或者实用新型。

1. 权利要求1

本申请权利要求1请求保护一种光缆，其包括：A、具有空心柱的形状并包括安置在其中的多芯光纤的管；B、所形成的具有预定厚度的，包围管的铠装；C、安装在铠装内部的多个衬垫，所述的每个衬垫分开形成。

对比文件1公开了一种超强型束管式光缆，其说明书中公开了如下技术内容：a. 具有空心柱形的束管3，其包围多根光纤1和石油膏构成的缆芯（相当于权利要求1中的管）；b. 具有一定厚度、包围缆芯的外护套5（相当于权利要求1中的铠装）；c. 外护套5内侧与束管之间设置有多个分开形成的梯形外层加强件4，多个梯形外层加强件4绞合后成拱形状。（参见对比文件1说明书第1页第11行至第2页第7行以及附图1）

驳回决定中认定对比文件1中的外护套通常通过双重挤压或者连续挤压等方法形成，使得外护套完全包围加强部件，因此相当于加强部件嵌入外护套内。

对此，合议组认为，对比文件1中的梯形外层加强件位于外护套内侧，构成独立部件；而本申请中的衬垫位于铠装的内部，构成铠装的组成部分，因此，本申请权利要求1中的技术特征C在对比文件1中没有得到公开，鉴于权利要求1和对比文件1存在区别之处，故权利要求1具备新颖性。

2. 权利要求3、4

在独立权利要求1相对于对比文件1具备新颖性的前提下，从属权利要求3、4相对于对比文件1也具备新颖性，符合专利法第二十二条第二款的规定。

（二）创造性

专利法第二十二条第三款规定的创造性，是指同申请日以前已有的技术相比，该发明有突出的实质性特点和显著的进步，该实用新型具有实质性特点和进步。

权利要求2是权利要求1的从属权利要求，其附加技术特征是："通过双重挤压或者连续挤压方法来形成铠装。"

基于上文对于权利要求1新颖性的分析，可知对比文件1没有公开权利要求1的技术特征C。对比文件2虽然公开了权利要求2的附加技术特征（参见对比文件2说明书第1栏第55行至第2栏第7

行以及图 1)，但是也未能公开技术特征 C，对比文件 1、2 均未给出技术特征 C 的启示，技术特征 C 也不属于公知常识，同时由本专利说明书所披露的内容可知，该区别技术特征能带来有益的技术效果，即解决加强部件穿透铠装的技术问题。因此，权利要求 2 具备专利法第二十二条第三款规定的创造性。

基于上述理由，合议组作出下述决定。

三、决定

撤销国家知识产权局于 2005 年 1 月 21 日作出的驳回决定，由原实质审查部门以下述文本为基础继续本申请的实质审查程序，该文本即：复审请求人于申请日提交的权利要求第 1 ~ 4 项、说明书第 1 ~ 3 页、说明书附图第 1 ~ 5 页、说明书摘要及摘要附图。

复审请求人如对本复审决定不服，可以根据专利法第四十一条的规定，自收到本决定之日起三个月内向北京市第一中级人民法院起诉。

239

语音编码方法和装置以及语音解码方法和装置案

复审请求审查决定（第9260号）

决　定　号　第9260号
决　定　日　2006年9月14日
发明创造名称　语音编码方法和装置以及语音解码方法和装置
国际分类号　G10L9/00
复审请求人　索尼公司
申　请　号　96121942.4
申　请　日　1996年10月26日
公　开　日　1997年8月6日
合议组组长　李　隽
主　审　员　张　华
参　审　员　王伟艳

法律依据　专利法第三十三条
决定要点
申请人对于所属技术领域的技术人员能够识别出的明显的错误，即语法错误、文字错误和打印错误进行的修改是允许的，符合专利法第三十三条的规定。此外，对这些错误的修改必须是所属技术领域的技术人员能从说明书的整体及上下文看出来的唯一的正确答案。

一、案由

本复审请求涉及名称为“语音编码方法和装置以及语音解码方法和装置”的96121942.4号发明专利申请（下称本申请），申请人为索尼公司，申请日为1996年10月26日，公开日为1997年8月6日。

国家知识产权局实质审查部门于于2003年6月27日发出了第一次审查意见通知书，指出本申请不符合专利法第二十六条第三款的规定。具体理由如下：（1）说明书第8页第7~10行内容与附图3所示内容不一致；（2）说明书第10页倒数第5~6行内容与附图4所示不一致；（3）说明书第24页中所记载的公式（21）的推导过程错误；（4）说明书第26页中所记载的公式（25）的推导过程错误；（5）说明书第33页中的公式推导过程错误；（6）由于说明书第34页第6~16行中的下述内容中下标及其混乱，从而导致本领域普通技术人员无法推知该段文字的确切意义，因此也就无法确切地得出所述最佳编码条件。（7）本领域普通技术人员无法理解说明书第52页中所述的“$a_0=1$，$a_1=a_2=a=\cdots=a_{10}=0$，$0\leqslant a_{10}$”的意义；（8）说明书第56页中出现的公式有误。

针对上述审查意见通知书，申请人于2004年1月3日提交了意见陈述书及说明书第24~59页及说明书附图1~4的替换页。陈述意见如下：（1）修改附图3和4中的连接关系与说明书的描述一致；（2）修改公式21、25和32的明显错误，修改说明书第52页倒数第9行的描述和第56页的公式中的明显错误；（3）修改说明书第34页描述中的下标，使它们意思清楚。

国家知识产权局实质审查部门于2004年4月2日发出了第二次审查意见通知书，指出申请人对本申请的修改不符合专利法第三十三条的规定，具体理由是：申请人对说明书及附图进行的如下修改不能由原申请文本所记载的内容直接导出：（1）将说明书第34页公式（32）下面第1、3、6、11、12、13中出现的S_{1i}改为S_{1j}；（2）将原说明书第34页公式（32）下面第5、14行中出现的S_{1i}改为S_{0i}；（3）将原说明书第34页公式（32）下面第8行所记载的S_{0j}改为S_{1j}；（4）将附图3中的开关118、高精度音调查找单元146输入到频谱计算单元148的输入线删除，同时将开关118输入到高精度音调查找单元146的输入线也删除；（5）将附图4中的V/UV输入口205到形成窗口单元223的输出线删除。

针对第二次审查意见通知书，申请人于2004年7月30日提交了附图3和4的替换页和意见陈述书，指出：针对审查员在通知书第4和5项中提出的意见，申请人撤回在答复第一次审查意见通知书时所提交的对附图3和4的修改，即将附图3和4改回到原始附图3和4；针对审查员通知书第1～3项中提出的意见，申请人认为，对说明书中字母下标的修改是为了使这些字母的表达式在说明书中前后一致，本领域技术人员可以相信所述修改没有对说明书加入新的技术内容，并且前述字母的下标前后不一致的问题是由于翻译时打字错误造成的。

国家知识产权局于2005年2月18日以申请人提交的修改文本超出了原始公开的范围，不符合专利法第三十三条的规定为由驳回了本专利申请。具体理由如下：（1）将说明书第34页公式（32）下面第1、3、6、11、12、13中出现的S_{1i}改为S_{1j}；（2）将原说明书第34页公式（32）下面第5、14行中出现的S_{1i}改为S_{0i}；（3）将原说明书第34页公式（32）下面第8行所记载的S_{0j}改为S_{1j}；申请人的上述修改不属于明显的打字错误的纠正，其不能由原始申请文本直接、毫无疑义地导出，因此超出了原始申请文本公开的范围。

申请人对上述驳回决定不服，于2005年5月28日向专利复审委员会提出了复审请求。请求复审的主要理由如下：原申请说明书中符号S_{0i}和S_{1j}的下标不一致，是明显的打字错误，修改后的替换页克服了这个缺陷，所述修改得到了原说明书的支持，未超出原申请文本的技术内容的范围。说明书第24页公式限定的量化误差能量$E=\|WH'(X-g_1((S_{0i}+S_{1j}))\|^2$，因此，说明书第34页公式（32）下第2段中符号显然应当是S_{0i}和S_{1j}，即为了求出失真测量值，每次求得使该等式最小值的S_{0i}和S_{1j}。

经形式审查合格后，专利复审委员会受理了该复审请求，于2005年6月29日向请求人发出了复审请求受理通知书，并向原实质审查部门发出了前置审查意见通知书。

原实质审查部门在前置意见中坚持原驳回决定。

专利复审委员会依法成立合议组，认真研究了国家知识产权局作出的驳回决定、请求人提交的意见陈述书后，认为本案事实已经清楚，现依法作出本复审请求决定。

二、决定的理由

1. 审查文本

此次复审决定依据的文本为：申请人于1996年10月26日提交的说明书第1～23页、权利要求第1～28项；1997年4月15日提交的说明书摘要、摘要附图、说明书附图第5～19页；2004年1月3日提交的说明书第24～59页、说明书附图第1～2页、2004年7月30日提交的说明书附图第3～4页。

2. 关于专利法第三十三条

专利法第三十三条规定：申请人可以对其专利申请文件进行修改，但是，对发明和实用新型专利申请文件的修改不得超出原说明书和权利要求书记载的范围，对外观设计专利申请文件的修改不得超出原图片或者照片表示的范围。

审查指南第二部分第八章第5.2.2.2对说明书的修改规定：允许的说明书及其摘要的修改包括：修改由所属技术领域的技术人员能够识别出的明显的错误，即语法错误、文字错误和打印错误。对这些错误的修改必须是所属技术领域的技术人员能从说明书的整体及上下文看出来的唯一的正确答案。

申请人于申请日提交的原始申请文件第24页中的计算量化误差能量E是通过公式（21）$E=\|W(HX-Hg^{1}((S_{0i}+S_{1j}))\|2$计算，因此，说明书第34页公式（32）下第2段中符合显然应当是S_{0i}和S_{1j}，即为了求出失真测量值，并求出使得E最小的S_{0i}和S_{1j}。此外，根据说明书附图8以及说明书第33页第5段，在输出端520、522输出的为S_{0i}和S_{1j}，因此，从上述描述本领域所属技术人员可以看出，S_{0i}和S_{1j}总是成对出现的，申请人于2004年1月5日提交的修改文本中第31页中符号S_{0i}和S_{1j}的下标不一致，是明显的打字错误，申请人的修改克服了这个缺陷，未超出原始文本记载的范围，符合专利法第三十三条的规定。

此外，申请日提交的原始中文文本第36页倒数第3段符号S的下标以及说明书第23页倒数第3段符号S的下标与说明书附图8的符号S的下标描述不一致。说明书第35页对公式（1）′的文字描述部分符号S的下标和公式部分符号S的下标相互矛盾。原实质审查部门在继续审查程序中应对此予以考虑并要求其克服缺陷。

三、决定

撤销国家知识产权局于2005年2月18日对96121942.4号发明专利申请作出的驳回决定。由原实质审查部门依据1996年10月26日提交的说明书第1~23页、权利要求第1~28项；1997年4月15日提交的说明书摘要、摘要附图、说明书附图第5~19页；2004年1月3日提交的说明书第24~59页、说明书附图第1~2页、2004年7月30日提交的说明书附图第3~4页的文本为基础继续审批程序。

复审请求人对本决定不服的，可以根据专利法第四十一条第二款的规定，自收到本决定之日起三个月内向北京市第一中级人民法院起诉。

240

控制具有多信号源的视频显示设备的方法案

复审请求审查决定（第9261号）

决　　定　　号　第9261号
决　　定　　日　2006年7月19日
发明创造名称　控制具有多信号源的视频显示设备的方法
国 际 分 类 号　G06F 3/14
复 审 请 求 人　三星电子株式会社
申　　请　　号　00129006.1
申　　请　　日　2000年9月26日
公　　开　　日　2001年8月1日
合 议 组 组 长　钱　芸
主　　审　　员　张　华
参　　审　　员　傅　玉

法 律 依 据　专利法第二十二条第三款
决 定 要 点

当权利要求所要求保护的技术方案与一篇对比文件相比，存在区别技术特征，且所述区别技术特征不是本领域的公知常识，同时又给所述技术方案带来了有益的技术效果，则该权利要求相对于该篇对比文件具备创造性。

一、案由

本复审请求涉及名称为“控制具有多信号源的视频显示设备的方法”的00129006.1号发明专利申请（下称本申请），申请人为三星电子株式会社，申请日为2000年9月26日，优先权日为1999年12月20日，公开日为2001年8月1日。

国家知识产权局实质审查部门于2003年4月11日发出了第一次审查意见通知书，指出：（1）对比文件1（CN1156379A，公开日为1997年8月6日）公开了一种视频显示装置，其公开了权利要求1的大部分技术特征，权利要求1与对比文件1相比，区别技术特征在于：对比逐步判断多输入端是否有V.SYNC和H.SYNC信号，来执行是否将显示装置设置在节电模式，而本申请是选择计算机作为信号源时，若没有V.SYNC和H.SYNC信号输入则转入节电模式，在选择计算机以外的信号源时，即使没有V.SYNC和H.SYNC信号输入，也不转入节电模式。审查员认为增加一步对信号源的判断对于本领域普通技术人员来说是容易想到的，因此，权利要求1相对于对比文件1不具备专利法第二十二条第三款规定的创造性。（2）权利要求2和权利要求3权利要求的附加技术特征已经为对比文件1所公开，在其引用的独立权利要求1不具备创造性的情况下，从属权利要求2和权利要求3也不具备专利法第二十二条第三一款规定的创造性。（3）基于对权利要求1的评述，权利要求4也不具备专利法第二十二条第三款规定的创造性。（4）权利要求5和权利要求6的附加技术特征已经为对比文件 1 所公开，在其引用的独立权利要求 4 不具备创造性的情况下，从属权利要求 5 和从属权利要求 6 也不具备专利法第二十二条第三款规定的创造性。

申请人于 2003 年 10 月 27 日针对第一次审查意见通知书陈述了意见，同时提交了权利要求书替换页，删除了原权利要求 1～3，对修改后的权利要求进行重新编号，对原权利要求 4～6 进行了意见陈述，并未进行实质性修改。

国家知识产权局实质审查部门于 2005 年 1 月 28 日发出了第二次审查意见通知书，并针对修改后的权利要求进行了补充检索，增加了对比文件 2（CN1185079A，公开日为 1998 年 6 月 17），指出权利要求 1～3 相对于对比文件 1 和对比文件 2 的结合不具备创造性，不符合专利法第二十二条第三款的规定。

针对上述审查意见，申请人于 2005 年 6 月 13 日提交了意见陈述书和修改后的权利要求书，重新撰写了权利要求 1～7。

国家知识产权局实质审查部门于 2005 年 8 月 5 日发出了修改文本不予接收的通知书，指出修改后的权利要求既不是按照审查意见通知书的要求进行修改的，也不符合主动修改的时机要求。

申请人于 2005 年 10 月 20 日重新提交了权利要求书修改文本，删除了权利要求 5～7，保留了权利要求 1～4。

国家知识产权局于 2005 年 12 月 9 日以本申请的权利要求 1～4 不符合的专利法第二十二条第三款的规定为由驳回了本申请。被驳回的权利要求书如下：

“1. 一种控制具有包括计算机的多信号源的视频显示设备的方法，包括以下步骤：

判断信号源选择状态；

如果信号源选择状态不是计算机，则保持当前模式；

如果信号源选择状态是计算机，则判断是否从计算机输入节电指令；和

如果从计算机输入节电指令，则将当前模式转换为节电模式。

2. 如权利要求 1 所述的方法，其中，根据是否输入同步信号来判断是否输入节电指令。

3. 如权利要求 1 所述的方法，其中，从一个信号源输入的视频信号被选择性地显示在屏幕上，所述视频信号是从计算机输入的视频信号、从电视天线输入的视频信号或者从录像机输入的视频信号。

4. 如权利要求 1 所述的方法，还包括：

如果没有从计算机输入节电指令，则判断画中画 PIP 允许状态；

如果判断为 PIP 不允许状态，则在屏幕上显示从计算机输入的视频信号；

如果判断为 PIP 允许状态，则判断 PIP 选择状态；和

在主屏幕上显示从计算机输入的视频信号，在子屏幕上显示从按照 PIP 选择状态的对应信号源输入的视频信号。”

驳回决定所依据的对比文件为：

对比文件 1：CN1156397A，其公开日为 1997 年 8 月 6 日；以及

对比文件 2：CN1185079A，其公开日为 1998 年 6 月 17 日。

驳回决定的具体理由为：（1）对比文件 1 公开了一种视频显示装置，其公开了权利要求 1 的大部分技术特征，权利要求 1 与对比文件 1 相比，区别技术特征在于：对比逐步判断多输入端是否有 V. SYNC 和 H. SYNC 信号，来执行是否将显示装置设置在节电模式，而本申请是选择计算机作为信号源时，若没有 V. SYNC 和 H. SYNC 信号输入则转入节电模式，在选择计算机以外的信号源时，即使没有 V. SYNC 和 H. SYNC 信号输入，也不转入节电模式。审查员认为增加一步对信号源的判断对于

本领域普通技术人员来说是容易想到的，因此，权利要求1相对于对比文件1不具备专利法第二十二条第三款规定的创造性。(2) 权利要求2和权利要求3的附加技术特征已经为对比文件1所公开，在其引用的独立权利要求1不具备创造性的情况下，从属权利要求2和从属权利要求3也不具备专利法第二十二条第三款规定的创造性。(3) 从属权利要求4的附加技术特征已为对比文件2所公开，权利要求4相对于对比文件1和对比文件2的结合不具备专利法第二十二条第三款规定的创造性。

申请人三星电子株式会社（下称复审请求人）不服上述驳回决定，于2006年3月24日向专利复审委员会提出复审请求，其具体理由为：(1) 权利要求1与对比文件1相比存在区别技术特征，并且本申请与对比文件1相比，其整体技术构思与设计理念存在差异，区别技术特征带来了突出的实质性特点和显著的进步，符合专利法第二十二条第三款的规定。(2) 在独立权利要求具备创造性的情况下，从属权利要求也具备创造性。

经形式审查合格后，专利复审委员会受理了该复审请求，并于2006年4月25日向复审请求人发出复审请求受理通知书，同时向原实质审查部门发出前置审查意见通知书。

原实质审查部门对本复审请求进行了前置审查，在前置审查中，原实质审查部门坚持原驳回决定。

专利复审委员会依法成立合议组，认真研究了国家知识产权局作出的驳回决定、复审请求人提交的意见陈述书后，认为本案事实已经清楚，现依法作出本复审请求审查决定。

二、决定的理由

1. 审查文本

由于复审请求人在提复审请求时未提交申请文本的修改替换页，因此，此次复审决定依据的文本为驳回决定所针对的文本：2000年9月26日提交的说明书摘要、摘要附图、说明书第1~8页、说明书附图第1~3页；2005年10月20日提交的权利要求第1~4项。

2. 关于权利要求1~4是否具备创造性的问题

专利法第二十二条第三款规定，创造性，是指同申请日之前已有的技术相比，该发明有突出的实质性特点和显著的进步。

权利要求1要求保护一种控制具有包括计算机的多信号源的视频显示设备的方法，对比文件1涉及一种视频显示装置，具体公开了以下技术特征（说明书第4页第3~10行，附图2、3）：检测施加到一个输入端的V. SYNC和H. SYNC（该步骤即相当于权利要求1中的判断是否从计算机输入节电指令的步骤），在不存在具有一般V. SYNC和H. SYNC信号的视频信号的情况下，将选择的输入端变为其他输入端；当具有一般V. SYNC和H. SYNC信号的视频信号施加到至少一个输入端时，将视频显示装置设置在全功率模式；当具有一般V. SYNC和H. SYNC信号的视频信号不施加到任何输入端时，检测在所有输入端上的V. SYNC和H. SYNC，以及将视频显示装置设置在多种节能模式中的一种模式（该步骤相当于权利要求1中如果从计算机输入节电指令，则将当前模式转换为节电模式的步骤）。

由此可见，权利要求1与对比文件1相比，其区别技术特征在于存在以下判断步骤：判断信号源选择状态；如果信号源选择状态不是计算机，则保持当前模式。也就是说，权利要求1增加了一个对信号源选择状态的判断步骤，如果信号源并非计算机，则不进入节电模式。而对比文件1不涉及对信号源选择状态的判断，其逐步判断多输入端是否有V. SYNC和H. SYNC信号（即相当于节电指令），来执行是否将显示装置设置在节电模式。

由于存在上述区别技术特征，其带来了以下的技术效果：即当信号源为计算机时，判断是否存在节电指令并进入节电模式；而对于非计算机的信号源则不涉及节电模式问题；也就是说权利要求1要求保护技术方案中所述节电模式会因为信号源的差异而有所不同。而对比文件1则不存在节电模式的差异，其对所有的信号源执行同一节电模式，实际上，对比文件1对多信号源进行判断并决定是否进入节电模式的判断方法与本申请背景技术所提到对包括计算机信号源在内的多信号源进行判断并决定是否进入节电模式的判断方法是相同的。因此，产生了本申请背景技术所提到的问题，对于电视信号或VCR信号，可能用户不希望进入节电模式（见说明书第3页3~6行），而对比文件1的技术方案显然无法解决这个问题，而这恰恰是本申请实际要解决的技术问题。

综上，权利要求1相对于对比文件1存在区别技术特征，且该区别技术特征不是本领域的公知常识，同时又给权利要求1所限定的技术方案带来了有益的技术效果，因此权利要求1相对于对比文件1具备突出的实质性特点和显著的进步，符合专利法第二十二条第三款的规定。

在独立权利要求1相对于对比文件1具备创造性的情况下，从属权利要求2~4也具备创造性。

根据上述事实和理由，本案合议组作出以下审查决定。

三、决定

撤销国家知识产权局于2005年12月9日对00129006.1号发明专利申请作出的驳回决定。

由原实质审查部门依据2000年9月26日提交的说明书摘要、摘要附图、说明书第1~8页、说明书附图第1~3页；2005年10月20日提交的权利要求第1~4项的文本为基础继续审批程序。

241

可连续读取图像的图像读取装置案

复审请求审查决定（第9262号）

决　　定　　号　第9262号
决　　定　　日　2006年7月27日
发明创造名称　可连续读取图像的图像读取装置
国 际 分 类 号　G06K 7/00　G06K 7/10
复 审 请 求 人　虹光精密工业股份有限公司
专 利 申 请 号　01103098.4
申　　请　　日　2001年2月6日
公　　开　　日　2002年9月11日
合 议 组 组 长　石　竞
主　　审　　员　张　鹏
参　　审　　员　孙治国

法 律 依 据　专利法第二十二条第三款、第三十一条
决 定 要 点
如果多项独立权利要求之间具有相同的特定技术特征，则具有专利法第三十一条规定的单一性。

一、案由

本复审请求案涉及申请日为2001年2月6日、公开日为2002年9月11日、发明名称为“可连续读取图像的图像读取装置”的01103098.4号发明专利申请（下称本申请），申请人为虹光精密工业股份有限公司（下称请求人）。

国家知识产权局实质审查部门对本申请进行了实质审查，于2003年6月20日发出了第一次审查意见通知书，主要指出权利要求1、7、8相对于对比文件1（CN1269563A，公开日2000年10月11日）与公知常识的结合不具备创造性，不符合专利法第二十二条第三款的规定；权利要求11相对于对比文件2（“微机图像输入系统的接口设计”，《电子技术》1994年第5期）不具备创造性。权利要求17、18相对于对比文件2与公知常识的结合不具备创造性。在权利要求1不能成立时，从属权利要求2、5、9不再属于一个总的发明构思，技术上无相互关联，不具有相同或者相应的特定技术特征，因此不具有单一性；在权利要求11不能成立时，从属权利要求12、15、19不再属于一个总的发明构思，技术上无相互关联，不具有相同或者相应的特定技术特征，因此不具有单一性。

请求人于2003年10月29日陈述了意见。请求人认为本申请与对比文件1解决的技术问题不同，对比文件1适用于光感测器的定位，其启动仍需使用者启动开关；本申请中使用者无需一再地操作“开关或者启动”按键即可连续读取。而且，对比文件1中没有公开“传感孔”做为连续读取图像的控制开关。此外，本申请具有可连续读取或者不连续读取的选择等预料不到的技术效果。基于上述理由，请求人认为权利要求1具备创造性。在权利要求1具备创造性的前提下，其从属权利要求也具备

创造性。另外，虽然对比文件2中的"微机"与权利要求11所述的"连续读取控制开关"有相同的作用，但是微机是多功能设备，本申请中的连续读取控制开关是专用部件。请求人认为权利要求11具备创造性。在权利要求11具备创造性的前提下，其从属权利要求也具备创造性。

针对请求人申请日提交的权利要求第1~20项，说明书第1~4页以及附图第1~2页、说明书摘要及摘要附图，国家知识产权局实质审查部门于2004年2月13日驳回了本申请，驳回的理由为本申请的权利要求1，7，8，11，17，18不符合专利法第二十二条第三款的规定；权利要求2、5与9以及12、15与19不具有单一性。

驳回决定所针对的权利要求书内容如下：

"1. 一种可连续读取图像的图像读取装置，用以连续读取一待处理文件并输出多个图像信号，该图像读取装置包括：

一连续读取控制开关，用以接收一连续读取指令，并输出一控制信号，以控制该图像读取装置的连续读取与输出动作；以及

一控制单元，用以控制该图像读取装置，并接收该控制信号以处理该图像读取装置的连续读取与输出动作。

2. 如权利要求1所述的图像读取装置，其中该图像读取装置还包括一时间调整器，用以设定连续两次读取图像的时间间隔。

3. 如权利要求2所述的图像读取装置，其中该时间调整器还包括一加速键与减速键，分别用以缩短与增加时间间隔。

4. 如权利要求2所述的图像读取装置，其中该时间调整器还包括一调整旋钮，用以调整时间间隔。

5. 如权利要求1所述的图像读取装置，其中该图像读取装置还包括一感测器，用以侦测该待处理文件更换到下一页后且在一预设时间内使用者没有任何动作，该感测器输出一读取信号至该控制单元以控制该图像读取装置进行读取动作。

6. 如权利要求5所述的图像读取装置，其中该图像读取装置还包括一平台，该平台用以承载该待处理文件，且该感测器装设于该平台下。

7. 如权利要求1所述的图像读取装置，其中该图像读取装置还包括一声音接收控制器，用以接收一声音信号，以输出一读取信号至该控制单元以控制该图像读取装置进行读取动作。

8. 如权利要求1所述的图像读取装置，其中该图像读取装置还包括一脚踏控制器，用以供使用者以脚踏方式使该脚踏控制器输出一读取信号至该控制单元，以控制该图像读取装置进行读取动作。

9. 如权利要求1所述的图像读取装置，其中该图像读取装置还包括一周期指示器，用以通知使用者进行翻页的动作。

10. 如权利要求9所述的图像读取装置，其中该周期指示器为选自于由一声音指示器、一光指示器及一声光指示器所组成群组的一种指示器。

11. 一种连续读取控制装置，用以耦接至一图像读取装置并控制该图像读取装置的连续读取与输出动作，该连续读取控制装置包括：

一连续读取控制开关，用以接收一连续读取指令，并输出一控制信号至该图像读取装置，以控制该图像读取装置的连续读取与输出动作。

12. 如权利要求11所述的连续读取控制装置，其中该连续读取控制装置还包括一时间调整器，用以设定连续两次读取图像的时间间隔。

13. 如权利要求12所述的连续读取控制装置，其中该时间调整器还包括一加速键与减速键，分

别用以缩短与增加时间间隔。

14. 如权利要求12所述的图像读取装置，其中该时间调整器还包括一调整旋钮，用以调整时间间隔。

15. 如权利要求11所述的连续读取控制装置，其中该连续读取控制装置还包括一感测器，用以侦测该待处理文件更换到下一页后且在一预设时间内使用者没有任何动作，该感测器输出一读取信号至该图像读取装置以进行读取动作。

16. 如权利要求15所述的连续读取控制装置，其中该图像读取装置还包括一平台，该平台用以承载该待处理文件，且该感测器装设在该平台上。

17. 如权利要求11所述的连续读取控制装置，其中该连续读取控制装置还包括一声音接收控制器，用以接收一声音信号，以输出一读取信号至该图像读取装置以进行读取动作。

18. 如权利要求11所述的连续读取控制装置，其中该连续读取控制装置还包括一脚踏控制器，用以供使用者以脚踏方式使该脚踏控制器输出一读取信号至该图像读取装置，以进行读取动作。

19. 如权利要求11所述的连续读取控制装置，其中该连续读取控制装置还包括一周期指示器，用以通知使用者进行翻页的动作。

20. 如权利要求19所述的连续读取控制装置，其中该周期指示器为选自于由一声音指示器、一指示器及一声光指示器所组成群组的一种指示器。”

在驳回决定中，审查员评述权利要求1时指出：权利要求1要求保护的是一种可连续读取图像的图像读取装置，对比文件1公开了一种扫描装置。对比文件1说明书第4页第5段和附图7披露了以下技术特征：该扫描装置在扫描平台的一侧有数个传感孔，扫描装置利用光电转换元件检测各传感孔的光线变化，并根据对应于各传感孔的传感单元的电信号的变化作为控制信号开关，如此可不需一般的硬件开关或其他机械结构即可达到开关的功能。当传感孔被屏蔽时即可执行扫描或影印功能，因此该图像读取操作也是连续的，不需机械的重复按键来完成。由此可见，权利要求1要求保护的技术方案与对比文件1公开的技术方案相比，其区别在于：权利要求1中的所述装置还包括控制单元，而图像读取装置包括控制单元是本领域的公知常识，因此权利要求1不具备创造性。同时指出：从属权利要求7、8也不具备创造性。

在驳回决定中，审查员评述权利要求11时指出：对比文件2公开了一种微机图像输入系统的接口设计，并公开了如下技术特征：该微机图像输入系统与图文传真机或摄像机相接，可选择连续动态图像输入，由微机发出指令，控制图像输入设备的连续输入和显示。权利要求11要求保护的技术方案和对比文件2公开的技术方案相比，其区别在于：权利要求11中连续读取控制信号是由连续读取控制开关来输出的，而对比文件2中是由微机来完成的，两者的作用都是为了输出一控制信号，因此对比文件2给出了得到权利要求11的技术启示，从而权利要求11不具备创造性。同时指出：从属权利要求17、18也不具备创造性。

在驳回决定中，审查员指出：在权利要求1不能成立时，从属权利要求2、5、9不再属于一个总的发明构思，技术上无相互关联，不具有相同或者相应的特定技术特征，因此不具有单一性；在权利要求11不能成立时，从属权利要求12、15、19不再属于一个总的发明构思，技术上无相互关联，不具备相同或者相应的特定技术特征，因此不具备单一性。

请求人对上述驳回决定不服，于2004年5月9日向专利复审委员会提出复审请求，并修改了申请文件。请求人所作的修改为在权利要求1、11中加入“当需要连续读取多张待处理文件时，只需触发该连续读取控制开关，而使图像读取装置进入连续读取状态”，并对说明书进行了相应的修改。其复审请求的主要理由是：本申请与对比文件1解决的技术问题不同，根据对比文件1的“传感孔”

的特征不能想到本发明关于“连续读取控制开关及控制单元”的设置，因此权利要求1具备突出的实质性特点。对比文件2的“微机”与权利要求11所述的“连续读取控制开关”技术效果不同，因此权利要求11具备创造性。本申请具备避免使用者重复按压“开始”或者“启动”按键的技术效果。在权利要求1、11具备创造性的前提下，从属权利要求7、8、17、18具备创造性。在权利要求1、11具备创造性的前提下，从属权利要求2、5和9以及12、15和19之间具有单一性。

经形式审查合格后，专利复审委员会受理了该复审请求，于2004年5月20日向请求人发出了复审请求受理通知书，并由原审查部门对本案进行了前置审查。原实质审查部门在前置审查意见中坚持原驳回决定。

专利复审委员会依法成立合议组对本案进行审查。经审查，合议组于2006年3月13日发出复审通知书，指出：权利要求1要求保护的技术方案与对比文件1公开的技术方案相比，其区别在于权利要求1中的连续控制开关接收连续读取指令并控制连续读取与输出操作，控制单元处理连续读取与输出动作；而对比文件1只是公开了传感孔作为各种控制信号的输入开关。合议组认为，对比文件1公开了传感孔作为控制信号输入开关，控制扫描装置执行扫描、传真或者影印等功能。而连续读取指令和连续读取信号是常见的控制指令和控制信号。所以，对比文件1给出了实现接收连续读取指令并控制连续读取与输出操作的连续控制开关的技术启示。从而，本领域技术人员在对比文件1的技术启示下可以不经过创造性劳动得出权利要求1要求保护的技术方案，权利要求1不具备创造性。权利要求7、8的附加技术特征为公知常识，因此也不具备创造性。权利要求11要求保护的技术方案和对比文件2公开的技术方案相比，其区别在于：权利要求11中连续读取控制信号是由连续读取控制开关来输出的，而对比文件2中是由微机中的图像输入接口和图像输入程序及其他软硬件完成的。合议组认为，对比文件2中的微机和权利要求11中的连续读取控制开关的作用都是接收指令并输出控制信号，因此对比文件2中“运用微机控制图像输入设备的连续输入和显示”给出了连续读取控制开关的技术启示，从而本领域技术人员在对比文件2的基础上可以不经过创造性劳动得到权利要求11要求保护的技术方案，权利要求11不具备创造性。权利要求17、18的附加技术特征为公知常识，因此也不具备创造性。在权利要求1不具备创造性的前提下，从属权利要求2、5、9不具有单一性，在权利要求11不具备创造性的前提下，从属权利要求12、15、19不具备单一性。

请求人于2006年4月7日提交了意见陈述书以及修改后的权利要求书和说明书。修改后的权利要求书内容如下：

“1. 一种可连续读取图像的图像读取装置，用以连续读取一待处理文件并输出多个图像信号，该图像读取装置包括：

一连续读取控制开关，用以接收一连续读取指令，并输出一控制信号，以控制该图像读取装置的连续读取与输出动作；

一控制单元，用以控制该图像读取装置，并接收该控制信号以处理该图像读取装置的连续读取与输出动作；以及一时间调整器，用以设定连续两次读取图像的时间间隔。

2. 如权利要求1所述的图像读取装置，其中该时间调整器还包括一加速键与减速键，分别用以缩短与增加时间间隔。

3. 如权利要求1所述的图像读取装置，其中该时间调整器还包括一调整旋钮，用以调整时间间隔。

4. 一种连续读取控制装置，用以耦接至一图像读取装置并控制该图像读取装置的连续读取与输出动作，该连续读取控制装置包括：

一连续读取控制开关，用以接收一连续读取指令，并输出一控制信号至该图像读取装置，以控制

该图像读取装置的连续读取与输出动作；以及

一时间调整器，用以设定连续两次读取图像的时间间隔。

5. 如权利要求4所述的连续读取控制装置，其中该时间调整器还包括一加速键与减速键，分别用以缩短与增加时间间隔。

6. 如权利要求4所述的图像读取装置，其中该时间调整器还包括一调整旋钮，用以调整时间间隔。”

请求人认为，修改后的权利要求1与对比文件1相比具有一时间调整器的区别特征，因此具备创造性；修改后的权利要求11与对比文件2相比具有一时间调整器的区别特征，因此具备创造性。

至此，合议组认为本案事实清楚，可以作出审查决定。

二、决定的理由

1. 文本的认定

请求人于2006年4月7日对权利要求书和说明书进行了修改，将权利要求1、2以及11、12分别合并，并删除了原权利要求5~10以及原权利要求15~20。请求人所进行的上述修改符合专利法第三十三条和专利法实施细则第六十条第一款的规定，因此，本决定所依据的文本为2006年4月7日提交的说明书第1~4页，权利要求第1~6项；申请日提交的附图第1~2页、说明书摘要及摘要附图。

2. 有关专利法第三十一条和专利法第二十二条第三款

请求人将原权利要求1、2合并为权利要求1，将原权利要求11、12合并为权利要求4，将原从属于权利要求2的权利要求3、4改为从属于权利要求1的从属权利要求2、3，将原从属于权利要求12的权利要求13、14改为从属于权利要求4的从属权利要求5、6，并删除了原权利要求5~10以及原权利要求15~20，因此克服了原权利要求1不具备创造性的前提下原权利要求2、5、9不具有单一性的问题和原权利要求11不具备创造性的前提下原权利要求12、15、19不具有单一性的问题。合议组认为，修改后的权利要求克服了驳回决定所指出的缺陷。

本决定所依据的文本中的权利要求1是由驳回决定所针对的文本中的原权利要求1、2合并得出的，本决定所依据的文本中的权利要求4是由驳回决定所针对的文本中的原权利要求11、12合并得出的，对于上述权利要求的创造性问题，由于原实质审查部门的审查意见通知书和驳回决定未予以审查，因此由原实质审查部门继续进行审查。

基于上述理由，合议组作出下述决定。

三、决定

撤销国家知识产权局于2004年2月13日作出的驳回01103098.4号申请的决定，由原实质审查部门以本决定所依据的文本为基础继续审查。

242

语音编码方法和装置案

复审请求审查决定（第9263号）

决　定　号　第9263号
决　定　日　2006年9月14日
发明创造名称　语音编码方法和装置
国 际 分 类 号　G10L 9/00
复 审 请 求 人　索尼公司
申　请　号　96121992.0
申　请　日　1996年10月26日
公　开　日　1997年7月30日
合议组组长　李　隽
主　审　员　张　华
参　审　员　田　华

法 律 依 据　专利法第三十三条
决 定 要 点

申请人对于所属技术领域的技术人员能够识别出的明显的错误，即语法错误、文字错误和打印错误进行的修改是允许的，符合专利法第三十三条的规定。此外，对这些错误的修改必须是所属技术领域的技术人员能从说明书的整体及上下文看出来的唯一的正确答案。

一、案由

本复审请求涉及名称为“语音编码方法和装置”的96121992.0号发明专利申请（下称本申请），申请人为索尼公司，申请日为1996年10月26日，公开日为1997年7月30日。

国家知识产权局实质审查部门于2003年6月27日发出了第一次审查意见通知书，指出本申请不符合专利法第二十六条第三款的规定。具体理由如下：（1）说明书第7页第13～16行内容与附图3所示内容不一致；（2）说明书第9页倒数第2～3行内容与附图4所示不一致；（3）说明书第23页中所记载的公式（21）的推导过程错误；（4）说明书第25页中所记载的公式（25）的推导过程错误；（5）说明书第30页中的公式推导过程错误；（6）由于说明书第31页第5～13行中的内容中下标及其混乱，从而导致本领域普通技术人员无法推知该段文字的确切意义，因此也就无法确切地得出所述最佳编码条件。

针对上述审查意见通知书，申请人于2004年1月5日提交了意见陈述书及说明书第23～31页及说明书附图第3页和第4页的替换页。陈述意见如下：（1）修改附图3和4中的连接关系与说明书的描述一致；（2）修改公式21、25和32的明显错误；（3）修改说明书第31页第5～13行中的下标，使它们意思清楚。

国家知识产权局实质审查部门于2004年4月2日发出了第二次审查意见通知书，指出申请人对

本申请的修改不符合专利法第三十三条的规定。具体理由如下：申请人对说明书及附图进行的如下修改不能由原申请文本所记载的内容直接导出：（1）将原说明书第 31 页第 5 ~ 6 行所记载的方程 $E = \| W'(X - g_1((S_{1i} + S_{1j})) \|^2$ 改为 $E = \| W'(X - g^1((S_{0i} + S_{1j})) \|^2$；（2）将原说明书第 31 页第 8 行所记载的 S_{0j} 改为 S_{1j}；（3）将原说明书第 31 页第 10、12 行所记载的的 S_{1i} 改为 S_{1j}；（4）将附图 3 中的开关 118、高精度音调查找单元 146 输入到频谱计算单元 148 的输入线删除，同时将开关 118 输入到高精度音调查找单元 146 的输入线也删除；（5）将附图 4 中的 V/UV 输入口 205 到形成窗口单元 223 的输出线删除。

针对第二次审查意见通知书，申请人于 2004 年 7 月 30 日提交了附图第 3 页和第 4 页的替换页和意见陈述书，提出：针对审查员在通知书第 4 和 5 项中提出的意见，申请人撤回在答复第一次审查意见通知书时所提交的对附图第 3 页和第 4 页的修改，即将附图第 3 页和第 4 页改回到原始附图第 3 页和第 4 页；针对审查员通知书第 1 ~ 3 项中提出的意见，申请人认为，对说明书中字母下标的修改是为了使这些字母的表达式在说明书中前后一致，本领域技术人员可以相信所述修改没有对说明书加入新的技术内容，并且前述字母的下标前后不一致的问题是由于翻译时打字错误造成的。

国家知识产权局于 2005 年 4 月 8 日以申请人提交的修改文本超出了原始公开的范围，不符合专利法第三十三条的规定为由驳回了本专利申请。具体理由如下：（1）将说明书第 31 页第 5 - 6 行所记载的方程 $E = \| W'(X - g_1((S_{1i} + S_{1j})) \|^2$ 改为 $E = \| W'(X - g_1((S_{0i} + S_{1j})) \|^2$；（2）将原说明书第 31 页第 8 行所记载的 S_{0j} 改为 S_{1j}；（3）将原说明书第 31 页第 10、12 行所记载的的 S_{1i} 改为 S_{1j}；申请人的上述修改不属于明显的打字错误的纠正，其不能由原始申请文本直接、毫无异义地导出，因此超出了原始申请文本公开的范围。

申请人对前述驳回决定不服，于 2005 年 7 月 15 日向专利复审委员会提出了复审请求，请求复审的主要理由如下：原申请说明书中符号 S_{0i} 和 S_{1j} 的下标不一致，是明显的打字错误，修改后的替换页克服了这个缺陷，所述修改得到了原说明书的支持，未超出原申请文本的技术内容的范围。说明书第 23 页公式限定的量化误差能量 $E = \| W'(X - g^1(S_{0i} + S_{1j})) \|^2$，因此，说明书第 31 页第 5 ~ 6 行的公式应当是 $E = \| W'(X - g_1((S_{0i} + S_{1j})) \|^2$，为了求出失真测量值，每次求出使得该等式的最小值 S_{0i} 和 S_{1j}。由此可见 S_{0i} 和 S_{1j} 都是成对出现的。

经形式审查合格后，专利复审委员会受理了该复审请求，于 2005 年 11 月 7 日向请求人发出了复审请求受理通知书，并向原实质审查部门发出了前置审查意见通知书。

原实质审查部门在前置意见中坚持原驳回决定。

专利复审委员会依法成立合议组，认真研究了国家知识产权局作出的驳回决定、请求人提交的意见陈述书后，认为本案事实已经清楚，现依法作出本复审请求决定。

二、决定的理由

1. 审查文本

此次复审决定依据的审查文本为：申请人于 1996 年 10 月 26 日提交的说明书摘要、说明书第 1 ~ 22 页、32 ~ 45 页、权利要求第 1 ~ 9 项；1997 年 4 月 21 日提交的摘要附图、说明书附图第 1 ~ 2 页、第 5 ~ 14 页；2004 年 1 月 5 日提交的说明书第 23 ~ 31 页、2004 年 7 月 30 日提交的说明书附图第 3、4 页。

2. 关于专利法第三十三条

专利法第三十三条规定：申请人可以对其专利申请文件进行修改，但是，对发明和实用新型专利申请文件的修改不得超出原说明书和权利要求书记载的范围，对外观设计专利申请文件的修改不得超出原图片或者照片表示的范围。

审查指南第二部分第八章第 5. 2. 2. 2 对说明书及其摘要的修改规定：允许的说明书及其摘要的修改包括：修改由所属技术领域的技术人员能够识别出的明显的错误，即语法错误、文字错误和打印错误。对这些错误的修改必须是所属技术领域的技术人员能从说明书的整体及上下文看出来的唯一的正确答案。

申请人于申请日提交的原始申请文件第 23 页中的计算量化误差能量 E 是通过公式（21）$E = \| W(HX - Hg_1(S_{0i} + S_{1j})) \|^2$ 计算，以及说明书第 31 页是利用公式（27）$E = \| W'(X - g_1(S_{0i} + S_{1j})) \|^2$ 求出失真量值，并求出使得 E 最小的 S_{0i} 和 S_{1j}，此外，根据说明书附图 8 以及说明书第 33 页第 5 段，在输出端 520、522 输出的为 S_{0i} 和 S_{1j}，因此，从上述描述所属技术领域的技术人员可以看出，S_{0i} 和 S_{1j} 总是成对出现的，申请人于 2004 年 1 月 5 日提交的修改文本中第 31 页中符号 S_{0i} 和 S_{1j} 的下标不一致，是明显的打字错误，申请人的修改克服了这个缺陷，未超出原始文本记载的范围，符合专利法第三十三条的规定。

此外，申请人于申请日提交的原始中文文本第 22 页倒数第二段中符号 S 的下标与说明书附图 8 中 S 的下标不一致。说明书第 33 页倒数第 4 段 S 的下标与说明书附图 8S 的下标不一致。说明书第 32 页公式（1）文字与公式部分 S 的下标不一致。原实质审查部门在继续审查程序时应向申请人予以指出。

三、决定

撤销国家知识产权局于 2005 年 4 月 8 日对 96121992. 0 号发明专利申请作出的驳回决定。由原实质审查部门依据 1996 年 10 月 26 日提交的说明书摘要、说明书第 1 ~ 22 页、32 ~ 45 页、权利要求第 1 ~ 9 项；1997 年 4 月 21 日提交的摘要附图、说明书附图第 1 ~ 2 页、第 5 ~ 14 页；2004 年 1 月 5 日提交的说明书第 23 ~ 31 页、2004 年 7 月 30 日提交的说明书附图第 3、4 页的文本为基础继续审批程序。

复审请求人对本决定不服的，可以根据专利法第四十一条第二款的规定，自收到本决定之日起三个月内向北京市第一中级人民法院起诉。

243

用于将键盘的按键映射为显示区域的图形设计案

复审请求审查决定（第9311号）

决　定　号　第9311号
决　定　日　2006年9月26日
发明创造名称　用于将键盘的按键映射为显示区域的图形设计
国际分类号　G06F3/023
复审请求人　卡戈公司
申　请　号　01808319.6
申　请　日　2001年2月23日
优先权日　2000年2月25日
公　开　日　2003年7月16日
合议组组长　张　度
主　审　员　贾彦飞
参　审　员　唐向阳

法律依据　中国专利法第二十五条、专利法实施细则第二条第一款
决定要点

如果一项权利要求请求保护的方案采用了技术手段，解决了技术问题，同时产生了技术效果，则该权利要求请求保护的方案属于技术方案，该权利要求符合专利法第二十五条的规定，同时也符合专利法实施细则第二条第一款的规定。

一、案由

本复审请求涉及申请日为2001年2月23日，申请号是01808319.6，发明名称为“用于将键盘的按键映射为显示区域的图形设计”的发明专利申请（下称本申请），申请人是卡戈公司，优先权日是2000年2月25日。

在实质审查程序中，国家知识产权局实质审查部门于2004年1月9日发出第一次审查意见通知书，指出本申请的权利要求1~48属于专利法第二十五条第一款第（二）项规定的不授予专利权的范围，具体理由是：权利要求1、19、26虽然请求保护的是在电子设备中的输入方法或导航方法，但实质都是请求保护人为规定的映射关系和人为的指示及进行这些操作的程序，属于智力活动的范畴；权利要求42~48请求保护用于存储执行一种方法指令的介质，其实质是请求保护存储在介质上的程序，而程序不是专利法所给予保护的客体，属于智力活动的范畴。

申请人于2004年7月6日提交了答复第一次审查意见通知书的意见陈述书，对权利要求进行了修改并同时提交了修改替换页，修改后的权利要求删除了原权利要求42~48。申请人认为：本申请解决的技术问题是在许多蜂窝电话以及诸如个人数字助理之类的便携式电子设备中出现的小显示屏上呈现内容，采用的技术手段是把显示数据划分到显示器的不同区域中并且把所述显示数据映射到蜂窝

电话或者便携式电子设备的特定按键上，所产生的技术效果是以可导航的形式呈现符合硬件显示器局限性的数据，因此修改后的权利要求 1～41 不属于专利法第二十五条第一款第（二）项规定的不能授予专利权的范围。

经审查，国家知识产权局在 2005 年 9 月 9 日以该申请的权利要求 1、19、26 属于专利法第二十五条第一款第（二）项规定的不授予专利权的范围为由，作出了驳回决定。

驳回决定所针对的独立权利要求 1、19、26 为：

"1. 在有显示器和具有按键的编号键盘的电子设备中，一种方法包括步骤：

在显示器上的各部分内显示直观信息，其中每个部分与编号键盘上的相应一个按键相关，并且其中每个部分提供与选择编号键盘上的按键相关的选择的直观指示；以及

响应编号键盘上的选定的一个按键的选择，触发一个事件，其中每个部分与一个业务相关，并且其中选定按键的选择触发涉及与选定按键相关的业务的信息显示在显示器上。"

"19. 在有显示器和含有按键的编号键盘的移动电话中，一种方法包括步骤：

在显示器上显示信息，这样显示器被直观地分为至少两个区域，其中每个区域与编号键盘上的相应一个按键相关并且表示通过选择相关按键选定的选项的选择，并且其中区域在显示器上组织为符合编号键盘上的按键的配置的配置；以及

通过采取行动响应编号键盘上的选定的一个按键的选择。"

"26. 在有输出设备以及用于输入的至少两个编号按钮的电子设备中，一种导航的方法包括步骤：

在输出设备上输出导航选项以便生成第一个输出，因此每个输出选项占用与编号按钮之一相关的输出的一部分，并且输出选项以一种模式显示在第一个输出上来符合编号按钮的物理设计；以及

电子设备的用户一旦选择编号按钮之一，就在与选定按钮相关的输出设备上输出一组新的导航选项，所述新的导航选项以一种模式表示以便符合编号按钮的物理设计并且每个选项与编号按钮之一相关。"

申请人卡戈公司（下称复审请求人）不服上述驳回决定，于 2005 年 12 月 15 日向国家知识产权局专利复审委员会提出复审请求，并提交了修改后的权利要求书。复审请求人认为：本申请解决的技术问题是在许多蜂窝电话以及诸如个人数字助理之类的便携式电子设备中出现的小显示屏上呈现内容，采用的技术手段是把显示数据划分到显示器的不同区域中并且把所述显示数据映射到蜂窝电话或者便携式电子设备的特定按键上，所产生的技术效果是以可导航的形式呈现符合硬件显示器局限性的数据，修改后的权利要求 1、19、26 不属于专利法第 25 条第 1 款第（二）项规定的不授予专利权的范围。复审请求人提交的修改后的权利要求书的独立权利要求 1、19、26 为：

"1. 在有显示器和具有按键的编号键盘的电子设备中，一种方法包括步骤：

在显示器上的各部分内显示直观信息，其中每个部分与编号键盘上的相应一个按键相关，并且其中每个部分提供与选择编号键盘上的按键相关的选择的直观指示；以及

响应编号键盘上的选定的一个按键的选择，触发一个事件，其中每个部分与一个业务相关，并且其中选定按键的选择触发涉及与选定按键相关的业务的信息显示在显示器上。

19. 在有显示器和含有按键的编号键盘的移动电话中，一种方法包括步骤：

在显示器上显示信息，这样显示器被直观地分为至少两个区域，其中每个区域与编号键盘上的相应一个按键相关并且表示通过选择相关按键选定的选项的选择，并且其中区域在显示器上组织为符合编号键盘上的按键的配置的配置；以及

通过采取行动响应编号键盘上的选定的一个按键的选择。

26. 在有输出设备以及用于输入的至少两个编号按钮的电子设备中，一种导航的方法包括步骤：

在输出设备上输出导航选项以便生成第一个输出，因此每个输出选项占用与编号按钮之一相关的输出的一部分，并且输出选项以一种模式显示在第一个输出上来符合编号按钮的物理设计；以及

电子设备的用户一旦选择编号按钮之一，就在与选定按钮相关的输出设备上输出一组新的导航选项，所述新的导航选项以一种模式表示以便符合编号按钮的物理设计并且每个选项与编号按钮之一相关。"

专利复审委员会于2006年2月22日向复审请求人发出了复审请求受理通知书，并将该复审请求书连同原申请案卷一并送交作出驳回决定的原实质审查部门进行前置审查，在前置审查意见书中，国家知识产权局实质审查部门坚持原驳回决定。

针对本复审请求，专利复审委员会依法成立合议组对本复审请求进行审理。

合议组认为本案事实已经清楚，可以作出复审决定。

二、决定的理由

1. 关于审查文本

复审请求人在请求复审时提交的修改文本符合专利法第三十三条和专利法实施细则第六十条的有关规定，合议组予以接受。本复审决定所依据的文本是：原始提交的国际申请文件的中文译文的说明书第1~9页、说明书附图第1~18页、说明书摘要、摘要附图及2005年12月15日提交的权利要求第1~41项。

2. 关于权利要求1、19、26是否属于专利法第二十五条规定的不授予专利权的范围和是否符合专利法实施细则第二条第一款的规定

专利法第二十五条第一款第（二）项规定智力活动的规则和方法不授予专利权。智力活动，是指人的思维运动，它源于人的思维，经过推理、分析和判断产生出抽象的结果，或者必须经过人的思维运动作为媒介，间接地作用于自然产生结果。由于智力活动没有采用技术手段或利用自然规律，也未解决技术问题和产生技术效果，因而不构成技术方案，其既不符合专利法实施细则第二条第一款的规定，又属于专利法第二十五条第一款第（二）项规定的情形。

专利法实施细则第二条第一款规定："专利法所称发明，是指对产品、方法或者其改进所提出的新的技术方案"。构成专利法意义上的技术方案应当采用技术手段或者利用自然规律，解决技术问题和产生技术效果。

权利要求1实质上请求保护一种在电子设备中将显示器上所显示的内容与键盘按键相关联的方法。权利要求1请求保护的方案解决的问题是使电子设备显示器所显示的内容与电子设备的键盘按键相关联，其要解决的问题属于技术问题；为了解决上述问题，采用的手段是将显示器上各部分与键盘上的相应一个按键相关联，并且在显示器上每个部分提供相关联的按键的直观指示，为了解决上述问题所采用的手段属于技术手段；采用上述手段所获得的效果是可以通过选择按键来触发显示器上与此按键相关联的业务，所获得的效果也属于技术效果。综上所述，权利要求1请求保护的方案解决了技术问题，采用了技术手段，同时产生了技术效果，其属于技术方案；权利要求1请求保护的并不是一种人为规定的映射关系，不属于智力活动的范畴。因此，权利要求1不属于专利法第二十五条规定的不授予专利权的范围，同时也符合专利法实施细则第二条第一款的规定。

权利要求19实质上请求保护一种在移动电话中将显示器上所显示的内容与键盘按键相关联的方法。权利要求19请求保护的方案解决的问题是使移动电话显示器上所显示的内容与移动电话键盘按键相关联，其要解决的问题属于技术问题；为了解决上述问题，采用的技术方案是通过在显示器上显示信息将显示器直观地分为两个以上的区域，并将每个区域与键盘上的一个按键相关联，为了解决上述问题所采用的手段属于技术手段；采用上述手段所获得的效果是可以通过选定按键来选定显示器上

的相应区域，所获得的效果也属于技术效果。综上所述，权利要求19请求保护的方案解决了技术问题，采用了技术手段，同时产生了技术效果，其属于技术方案；权利要求19请求保护的并不是一种人为规定的映射关系，不属于智力活动的范畴。因此，权利要求19不属于专利法第二十五条规定的不授予专利权的范围，同时也符合专利法实施细则第二条第一款的规定。

权利要求26实质上请求保护一种在电子设备中将输出设备与用于输入的按钮相关联的方法。权利要求26请求保护的方案解决的问题是使电子设备中输出设备所显示的内容与电子设备的按钮相关联，其要解决的问题属于技术问题；为了解决上述技术问题，采用的技术手段是通过在输出设备上输出导航选项生成第一个输出，在第一个输出上具有多个输出选项，各个输出选项以一种模式显示在第一输出上并且符合按钮的物理设计，每个输出选项与按钮之一相关联，为了解决上述问题所采用的手段属于技术手段；采用上述手段所获得的效果是通过选择按钮之一就能选定与按钮相关联的输出设备上的输出选项，所获得的效果也属于技术效果。综上所述，权利要求26请求保护的方案解决了技术问题，采用了技术手段，同时产生了技术效果，其属于技术方案；权利要求26请求保护的并不是一种人为规定的映射关系，不属于智力活动的范畴。因此，权利要求26不属于专利法第二十五条规定的不授予专利权的范围，同时也符合专利法实施细则第二条第一款的规定。

基于上述理由，合议组认为，权利要求1、19、26不属于专利法第二十五条规定的不授予专利权的范围，同时也符合专利法实施细则第二条第一款的规定。

三、决定

撤销国家知识产权局于2005年9月9日对01808319.6号发明专利申请作出的驳回决定。

由国家知识产权局原实质审查部门依据原始提交的国际申请文件的中文译文的说明书第1~9页、说明书附图第1~18页、说明书摘要、摘要附图及2005年12月15日提交的权利要求第1~41项继续审查程序。

根据专利法第四十一条的规定，复审请求人对本决定不服的，可以自收到本复审请求审查决定之日起三个月内向北京市第一中级人民法院起诉。

244

盘式磁动力机案

复审请求审查决定（第9312号）

决　定　号　第9312号
决　定　日　2006年9月26日
发明创造名称　盘式磁动力机
国际分类号　H02N 11/00
复审请求人　颜昌栋
申　请　号　01101444. X
申　请　日　2001年1月8日
公　开　日　2001年8月15日
合议组组长　崔哲勇
主　审　员　傅　玉
参　审　员　唐向阳

法律依据　专利法第二十二条第四款
决定要点

一个技术发明必须符合一定的基本科学原理，而且应当具有可重复的规律性，具有普遍性和可检验性，经得起按照最基本的科学方法进行的测试和鉴定。如果请求人基于对自然科学知识的认识的不断探索和深化，认为人类已经长期获得公认的能量守恒定律具有缺陷，则必须以证据充分支持的事实为依据。

本申请的盘式磁动力机仅依靠永磁体储存的能量，在不消耗外来能量的情况下就持续运转和输出动力，这实际上是一种输出大于输入的永动机。因此本申请不具备专利法第二十二条第四款规定的实用性。

一、案由

本复审请求涉及名称为“盘式磁动力机”的发明专利申请（下称本申请），其申请号为01101444. X，申请日为2001年1月8日，公开日为2001年8月15日，申请人为颜昌栋。

国家知识产权局实质审查部门在2005年1月21日发出的第一次审查意见通知书中指出：本申请权利要求1所要求保护的内容不符合专利法第二十二条第四款有关实用性的规定。

针对第一次审查意见通知书，申请人于2005年2月25日提交了意见陈述书，并在意见陈述书中指出能量守恒不适用于磁能领域。

国家知识产权局实质审查部门针对2001年1月8日提交的权利要求书第1项、说明书第1～2页、说明书附图第1～2页、说明书摘要以及摘要附图，于2005年8月19日以权利要求1不具备专利法第二十二条第四款规定的实用性为由驳回了本申请。

驳回决定所针对的权利要求为：

“1. 一种由转子①定子②所组成的磁动力机，其特征在于：转子①由一个或若干个转子盘所组成，转子盘由一个或若干个永磁体所组成，永磁体的磁力线在整个圆周方向均与轴线偏转一个角度，转子盘两侧的永磁体磁极性和磁力线偏转角相反；定子②由一个或若干个永磁体所组成，永磁体的磁力线在整个圆周方向均与轴线偏转一个角度，转子盘两侧的永磁体磁极性相反，磁力线偏转角亦相反；转子①的转子盘与定子②的定子盘间隔布置，每个转子盘或定子盘两侧所对应的定子盘（或转子盘）的磁极性相同，相互间磁力线与轴线的偏转角为对顶角，使得相互间的斥力和斥力方向相反，由此所产生的转距作用于转子①上，使得转子①连续转动，对外输出动力。”

驳回决定的主要观点是：（1）磁动机从一个平衡位置转到一个新的平衡位置，除非适时施以外力去不断打破这个平衡，转子才能得以不断循环转动。所说磁动机只是利用永磁体的磁力，不涉及所说适时施加的外力或任何其他能源来提供能量，明显违背能量守恒定律这一自然法则；（2）申请人所述的“能量守恒定律在磁能范畴内似乎有些不灵了”的理由缺乏依据，也不能成立。

申请人（下称复审请求人）对该驳回决定不服，于2005年10月17日向国家知识产权局专利复审委员会提出了复审请求，认为：（1）本申请就是利用“永磁体作为磁场磁能的载体”所具有的“同极性相斥而异极性相吸的特征”，同时避免它所具有“力图趋于达到最低势能的特性”；（2）本申请永磁体的转子和定子与普通磁铁的根本区别就在于其磁力线或磁通的充磁方向和夹角a，由于沿圆周方向充磁以及夹角a，才可以产生沿圆周方向的旋转分力Px，而普通的永磁体则只能产生沿直径方向的推力P；（3）为何永磁体可以有着几乎取之不尽，用之不竭的能量场，是不是违背能量守恒定律，那并不是复审请求人需要解答的问题，而是客观存在的事实。

专利复审委员会于2005年11月30日发出了复审请求受理通知书和前置审查通知书。

在前置审查程序中，国家知识产权局实质审查部门仍坚持原驳回决定。

专利复审委员会依法成立合议组对本案进行复审，并于2006年3月6日发出了复审通知书。复审通知书中的主要观点如下：本申请发明目的在于“提供一种盘式磁动力机，它同时利用永磁体两极的磁力输出能量，在转子直径不变的情况下，可采用多转子盘和多定子盘的组合获得较大的输出功率”，复审请求人在意见陈述书中强调，“本申请永磁体的转子和定子与普通磁铁的根本区别就在于其磁力线或磁通的充磁方向和夹角a，由于沿圆周方向充磁以及夹角a，才可以产生沿圆周方向的旋转分力Px，正是由于这个分力Px作用的转矩存在，定子和转子间才能周而复始的产生转动”。根据复审请求人在复审请求书附图2中的描述，产生本申请永磁体的充磁方式为充磁线圈环绕在环形磁体的周围对该磁体进行充磁，但是，通过这种方式的充磁是根本无法产生如请求人在说明书第1页第4段第3~9行所述“组成转子盘的永磁体磁力线在整个圆周方向均与轴线偏转一个角度……组成定子盘的永磁体磁力线在圆周方向均与轴线偏转一个角度，定子盘两侧的永磁体磁极性相反，磁力线偏转角度亦相反……相互间磁力线与轴线的偏转角为对顶角”的磁场的。而当本申请中的磁动力机在原有的平衡被破坏的瞬间，磁通路径和磁通分布会发生相应的变化，系统的磁动势能从高位向低位转移，磁动势能转变成转子的动能，由于系统能量损耗是不可避免的（例如，摩擦力产生的机械损耗），因而，本申请的磁动力机最终会停在磁动势能的低位，即重新平衡在某一位置上。因此，本申请不符合专利法第二十二条第四款有关实用性的规定。

针对上述复审通知书，复审请求人于2006年4月12日提交了意见陈述书，没有提交修改文本，并在意见陈述书中强调“同样是励磁磁场，电磁铁产生的需要消耗能量，而永磁体产生的不需要消耗能量。正是因为这个事实，才使得能量守恒定律在磁力范畴出现破绽”。

至此，合议组认为，复审请求人已充分发表意见，可以作出本复审请求审查决定。

二、决定的理由

1. 文本认定

由于复审请求人未提交修改文本，因此，本复审决定针对的文本是2001年1月8日提交的权利要求书第1项、说明书第1～2页、说明书附图第1～2页、说明书摘要以及摘要附图。

2. 关于实用性

专利法第二十二条第四款规定，实用性，是指该发明或者实用新型能够制造或者使用，并且能够产生积极效果。

审查指南第二部分第5章第2节的规定，授予专利权的发明或者实用新型，必须是能够解决技术问题，并且能够应用的发明或者实用新型。换句话说，如果申请的是一种产品，那么该产品必须在产业中能够制造，并且能够解决技术问题。在产业上能够制造或者使用的技术方案，是指符合自然规律、具有技术特征的任何可实施的技术方案。

审查指南第二部分第5章第3.2.2节的规定，具有实用性的发明或者实用新型专利申请应当符合自然规律。违背自然规律的发明或者实用新型专利申请是不能实施的，因此，不具备实用性。审查员应当特别注意的，那些违背能量守恒定律的发明或者实用新型专利申请的主题，例如永动机，必然是不具备实用性的。

本申请涉及一种盘式磁动力机。本申请的发明目的在于提供一种盘式磁动力机，它同时利用永磁体两极的磁力输出能量，在转子直径不变的情况下，可采用多转子盘和多定子盘的组合获得较大的输出功率。实现发明目的的手段为：转子由一个或若干个转子盘所组成，转子盘由一个或若干个永磁体所组成，永磁体的磁力线在整个圆周方向均与轴线偏转一个角度，转子盘两侧的永磁体磁极性和磁力线偏转角相反；定子由一个或若干个永磁体所组成，永磁体的磁力线在整个圆周方向均与轴线偏转一个角度，转子盘两侧的永磁体磁极性相反，磁力线偏转角亦相反；转子的转子盘与定子的定子盘间隔布置，每个转子盘或定子盘两侧所对应的定子盘（或转子盘）的磁极性相同，相互间磁力线与轴线的偏转角为对顶角，使得相互间的斥力和斥力方向相反，由此所产生的转距作用于转子上，使得转子连续转动，对外输出动力。可以看出，本申请的装置仅依靠永磁体储存的能量，在不消耗外来能量的情况下就持续运转和输出动力，这实际上是一种要求输出大于输入的能够永久自动运转的机器。即，复审请求人认为本申请所涉及的盘式磁动力机一经启动就会永不停止运转，而不消耗能源物质。因此，本申请所涉及的实际上是一种永动机，显然违背了有关能量守恒的自然法则，属于审查指南第二部分第5章第3.2.2节规定的情况，因此本申请不具备专利法第二十二条第四款规定的实用性。

众所周知，人类在长期征服自然的斗争中，发明了各种动力机械，这些动力机械都需要从自然力、燃料或者电力等持续的供给能量转化为机械能，这些能量的转换是服从热力学第一定律即能量守恒与转换定律的。能量守恒定律是自然科学中最重要、最普遍的定律，即能量既不能凭空创造也不会自行消灭，它只能从一种形式转化为另一种形式。永磁体周围建立的磁场是一种静止的保守场，它同地球的引力场一样，只能作为能量转换的媒介，即永磁体仅是磁场磁能的载体而不会成为动力源。作为保守势场的永磁体磁场，具有力图趋于达到最低势能的特性，因而，当本申请中的磁动力机在原有的平衡被破坏的瞬间，磁通路径和磁通分布会发生相应的变化，系统的磁动势能从高位向低位转移，磁动势能转变成转子的动能，由于系统能量损耗是不可避免的（例如，摩擦力产生的机械损耗），因而，本申请的磁动力机最终会停在磁动势能的低位，即重新平衡在某一位置上。

复审请求人在意见陈述书中强调，“本发明永磁体的转子和定子与普通磁铁的根本区别就在于其磁力线或磁通的充磁方向和夹角a，由于沿圆周方向充磁以及夹角a，才可以产生沿圆周方向的旋转分力Px，正是由于这个分力Px作用的转矩存在，定子和转子间才能周而复始的产生转动”。对此，合议组认为，根据复审请求人在复审请求书附图2中的描述，产生本申请永磁体的充磁方式为充磁线圈环绕在环形磁体的周围对该磁体进行充磁，但是，本领域的普通技术人员都知道，通过这种方式的充磁是根本无法产生如复审请求人在说明书第1页第4段第3～9行所述“组成转子盘的永磁体磁力线在整个圆周方向均与轴线偏转一个角度……组成定子盘的永磁体磁力线在圆周方向均与轴线偏转一个角度，定子盘两侧的永磁体磁极性相反，磁力线偏转角度亦相反……相互间磁力线与轴线的偏转角为对顶角”的磁场的。

复审请求人还强调“同样是励磁磁场，电磁铁产生的需要消耗能量，而永磁体产生的不需要消耗能量。正是因为这个事实，才使得能量守恒定律在磁力范畴出现破绽”。对此，合议组认为，磁能是电动机运转的依据，磁场变化是它运转的条件，例如，交流电动机的磁场是变化的，直流电动机也得用换向器使直流电产生出变化的磁场。永磁能与电磁能是同样的磁能，所以永磁能可以作为动力机器运转的依据。但是，对于由静止永磁体产生的励磁磁场而言，该磁场是不会变化的，因而其并不符合电动机运转的条件（即，磁场是变化的）。只有当永磁体采用例如换向器的装置（换向器使直流电产生变化磁场），永磁体产生的磁场才会发生改变，这时才满足磁场变化的条件，电动机才会有动力输出，而其仍然遵循能量守恒定律。

合议组注意到，复审请求人在答复复审通知书的意见陈述中并没有在原理上充分说明本申请具有实用性，而且复审请求人也没有对其在复审请求书中提及的“充磁线圈平面与环形永磁体的截面有一个夹角a，并形成垂直于线圈平面的力P，该力相对于x轴也形成夹角a”的技术效果提供该领域权威专家委员会关于实现上述效果的测试数据或鉴定证据。合议组认为，一个技术发明必须符合一定的基本科学原理，而且应当具有可重复的规律性，具有普遍性和可检验性，经得起按照最基本的科学方法进行的测试和鉴定。如果复审请求人基于对自然科学知识的认识的不断探索和深化，要否定人类已经长期获得公认的这一自然科学定律，则必须以证据充分支持的事实为依据。在复审请求人提不出能够证明本申请的权利要求限定的“盘式磁动力机”确实具有实用性的试验证据的情况下，合议组无法客观认证这一效果。

综上所述，本案合议组认为，本申请不符合专利法第二十二条第四款有关实用性的规定。

三、决定

维持国家知识产权局于2005年8月19日作出的驳回01101444.X号发明专利申请的决定。

复审请求人如对本决定不服，可以依据专利法第四十一条第二款的规定，自收到本决定之日起三个月内向北京市第一中级人民法院起诉。

245

磁动力及其控制装置案

复审请求审查决定（第9313号）

决　定　号　第9313号
决　定　日　2006年9月26日
发明创造名称　磁动力及其控制装置
国际分类号　H02N 11/00
复审请求人　颜昌栋
申　请　号　00134762.4
申　请　日　2000年12月1日
公　开　日　2001年10月17日
合议组组长　崔哲勇
主　审　员　傅　玉
参　审　员　唐向阳

法律依据　专利法第二十二条第四款
决定要点

一个技术发明必须符合一定的基本科学原理，而且应当具有可重复的规律性，具有普遍性和可检验性，经得起按照最基本的科学方法进行的测试和鉴定。如果请求人基于对自然科学知识的认识的不断探索和深化，认为人类已经长期获得公认的能量守恒定律具有缺陷，则必须以证据充分支持的事实为依据。

本申请的磁动力及其控制装置仅依靠永磁体储存的能量，在不消耗外来能量的情况下就持续运转和输出动力，这实际上是一种输出大于输入的永动机。因此本申请不具备专利法第二十二条第四款规定的实用性。

一、案由

本复审请求涉及名称为“磁动力及其控制装置”的发明专利申请（下称本申请），其申请号为00134762.4，申请日为2000年12月1日，公开日为2001年10月17日，申请人为颜昌栋。

国家知识产权局实质审查部门在2005年1月21日发出的第一次审查意见通知书中指出：本申请权利要求1～2所要求保护的内容不符合专利法第二十二条第四款有关实用性的规定。

针对第一次审查意见通知书，申请人于2005年2月25日提交了意见陈述书，并在意见陈述书中指出能量守恒不适用于磁能领域。

国家知识产权局实质审查部门针对2000年12月1日提交的权利要求书第1～2项、说明书正文第1～3页、说明书附图第1～2页、说明书摘要以及摘要附图，于2005年8月19日以权利要求1～2不具备专利法第二十二条第四款规定的实用性为由驳回了本申请。

驳回决定所针对的权利要求为：

"1. 一种由转子（1）、定子（2）、控制机构（3）组成的磁动力及其控制装置，其特征在于：转子（1）由一个或若干个永磁体所组成，其与定子（2）所对应的表面磁极性相同，磁力线方向正对着旋转中心或与旋转中心形成一个偏心距，定子（2）由若干个永磁体所组成，每个永磁体在控制机构（3）作用下可以偏转，使得定子（2）的永磁体磁力线方向与旋转中心的偏心距在一定范围内变化，至使转子（1）和定子（2）对应面的斥力大小和方向均发生变化，因而由斥力和偏心距所产生的转矩也发生了变化，实现了动力输出以及控制动力输出大小和方向的目的。

2. 按权利要求1所述的磁动力及其控制装置，其特征在于：转子（1）和定子（2）也可独立组成磁动力装置，此时的转子（1）和定子（2）是由一个或若干个永磁体所组成，两者所对应的表面磁极性相同，磁力线方向均与旋转中心形成一个偏心距，使得在两者的斥力和偏心距的共同作用下产生转矩输出动力。"

驳回决定的主要观点是：（1）在圆形永磁体偏转一个角度后，磁动机从一个平衡位置转到一个新的平衡位置，除非适时施以外力去不断打破这个平衡，转子才能得以不断循环转动。所说磁动机只是利用永磁体的磁力，不涉及所说适时施加的外力或任何其他能源来提供能量，明显违背能量守恒定律这一自然法则；（2）申请人所述的"能量守恒定律在磁能范畴内似乎有些不灵了"的理由缺乏依据，也不能成立。

申请人（下称复审请求人）对该驳回决定不服，于2005年10月17日向国家知识产权局专利复审委员会提出了复审请求，认为：（1）本申请就是利用"永磁体作为磁场磁能的载体"所具有的"同极性相斥而异极性相吸的特征"，同时避免它所具有"力图趋于达到最低势能的特性"；（2）本申请永磁体的转子和定子与普通磁铁的根本区别就在于其磁力线或磁通的充磁方向和夹角 a，由于沿圆周方向充磁以及夹角 a，才可以产生沿圆周方向的旋转分力 Px，而普通的永磁体则只能产生沿直径方向的推力 P；（3）为何永磁体可以有着几乎取之不尽，用之不竭的能量场，是不是违背能量守恒定律，那并不是申请人需要解答的问题，而是客观存在的事实。

专利复审委员会于2005年11月23日发出了复审请求受理通知书和前置审查通知书。

在前置审查程序中，国家知识产权局实质审查部门仍坚持原驳回决定。

专利复审委员会依法成立合议组对本案进行复审，并于2006年3月6日发出了复审通知书。复审通知书中的主要观点如下：本申请发明目的在于"提供一种磁动力及其控制装置，旨在利用永磁体转子和定子相互间的斥力以及与旋转中心的偏心距所产生的转矩输出动力，并通过改变偏心距的大小和斥力的方向来控制输出动力的大小和方向"，复审请求人在意见陈述书中强调，"本申请永磁体的转子和定子与普通磁铁的根本区别就在于其磁力线或磁通的充磁方向和夹角 a，由于沿圆周方向充磁以及夹角 a，才可以产生沿圆周方向的旋转分力 Px，正是由于这个分力 Px 作用的转矩存在，定子和转子间才能周而复始的产生转动"。根据复审请求人在复审请求书附图2中的描述，产生本申请永磁体的充磁方式为充磁线圈环绕在环形磁体的周围对该磁体进行充磁，但是，通过这种方式的充磁是根本无法产生如请求人在说明书第1页第4段第3～4行所述"在外转子的内面，或内转子的外面，磁极性相同，其磁力线方向可以是正对着旋转中心，或与其有一个偏心距"的磁场的。而当本申请中的磁动力机在原有的平衡被破坏的瞬间，磁通路径和磁通分布会发生相应的变化，系统的磁动势能从高位向低位转移，磁动势能转变成转子的动能，由于系统能量损耗是不可避免的（例如，摩擦力产生的机械损耗），因而，本申请的磁动力机最终会停在磁动势能的低位，即重新平衡在某一位置上。因此，本申请不符合专利法第二十二条第四款有关实用性的规定。

针对上述复审通知书，复审请求人于2006年4月12日提交了意见陈述书，没有提交修改文本，并在意见陈述书中强调“同样是励磁磁场，电磁铁产生的需要消耗能量，而永磁体产生的不需要消耗能量。正是因为这个事实，才使得能量守恒定律在磁力范畴出现破绽”。

至此，合议组认为，复审请求人已充分发表意见，可以作出本复审请求审查决定。

二、决定的理由

1. 文本认定

由于复审请求人未提交修改文本，因此，本复审决定针对的文本是2000年12月1日提交的权利要求书第1~2项、说明书正文第1~3页、说明书附图第1~2页、说明书摘要以及摘要附图。

2. 关于实用性

专利法第二十二条第四款规定，实用性，是指该发明或者实用新型能够制造或者使用，并且能够产生积极效果。

审查指南第二部分第5章第2节的规定，授予专利权的发明或者实用新型，必须是能够解决技术问题，并且能够应用的发明或者实用新型。换句话说，如果申请的是一种产品，那么该产品必须在产业中能够制造，并且能够解决技术问题。在产业上能够制造或者使用的技术方案，是指符合自然规律、具有技术特征的任何可实施的技术方案。

审查指南第二部分第5章第3.2.2节的规定，具有实用性的发明或者实用新型专利申请应当符合自然规律。违背自然规律的发明或者实用新型专利申请是不能实施的，因此，不具备实用性。审查员应当特别注意的，那些违背能量守恒定律的发明或者实用新型专利申请的主题，例如永动机，必然是不具备实用性的。

本申请涉及一种磁动力及其控制装置。从本申请的说明书中可以看出，复审请求人认为，现有的动力装置，均需消耗能源，而不可再生能源蕴量有限，又造成环境污染，可再生能源则在能量供应稳定性及能量转换有效性方面存在问题。本申请的发明目的在于提供一种磁动力及其控制装置，旨在利用永磁体转子和定子相互间的斥力以及与旋转中心的偏心距所产生的转矩输出动力，并通过改变偏心距的大小和斥力的方向来控制输出动力的大小和方向。实现发明目的的手段为：转子由一个或若干个永磁体所组成，其与定子所对应的表面磁极性相同，磁力线方向正对着旋转中心或与旋转中心形成一个偏心距，定子由若干个永磁体所组成，每个永磁体在控制机构作用下可以偏转，使得定子的永磁体磁力线方向与旋转中心的偏心距在一定范围内变化，至使转子和定子对应面的斥力大小和方向均发生变化，因而由斥力和偏心距所产生的转矩也发生了变化，实现了动力输出以及控制动力输出大小和方向的目的。可以看出，本申请的装置仅依靠永磁体储存的能量，在不消耗外来能量的情况下就持续运转和输出动力，这实际上是一种要求输出大于输入的能够永久自动运转的机器。即，复审请求人认为本申请所涉及的磁动力及其控制装置一经启动就会永不停止运转，而不消耗能源物质。因此，本申请所涉及的实际上是一种永动机，显然违背了有关能量守恒的自然法则，属于审查指南第二部分第5章第3.2.2节规定的情况，因此本申请不具备专利法第二十二条第四款规定的实用性。

众所周知，人类在长期征服自然的斗争中，发明了各种动力机械，这些动力机械都需要从自然力、燃料或者电力等持续的供给能量转化为机械能，这些能量的转换是服从热力学第一定律即能量守恒与转换定律的。能量守恒定律是自然科学中最重要、最普遍的定律，即能量既不能凭空创造也不会自行消灭，它只能从一种形式转化为另一种形式。永磁体周围建立的磁场是一种静止的保守场，它同地球的引力场一样，只能作为能量转换的媒介，即永磁体仅是磁场磁能的载体而不会成为动力源。作为保守势场的永磁体磁场，具有力图趋于达到最低势能的特性，因而，当本申请中的磁动力机在原有的平衡被破坏的瞬间，磁通路径和磁通分布会发生相应的变化，系统的磁动势能从高位向低位转移，磁动势能转变成转子的动能，由于系统能量损耗是不可避免的（例如，摩擦力产生的机械损耗），因而，本申请的磁动力机最终会停在磁动势能的低位，即重新平衡在某一位置上。

复审请求人在意见陈述书中强调，“本发明永磁体的转子和定子与普通磁铁的根本区别就在于其磁力线或磁通的充磁方向和夹角 a，由于沿圆周方向充磁以及夹角 a，才可以产生沿圆周方向的旋转分力 Px，正是由于这个分力 Px 作用的转矩存在，定子和转子间才能周而复始的产生转动”。对此，合议组认为，根据复审请求人在复审请求书附图 2 中的描述，产生本申请永磁体的充磁方式为充磁线圈环绕在环形磁体的周围对该磁体进行充磁，但是，本领域的普通技术人员都知道，通过这种方式的充磁是根本无法产生如请求人在说明书第 1 页第 4 段第 3 ~ 4 行所述“在外转子的内面，或内转子的外面，磁极性相同，其磁力线方向可以是正对着旋转中心，或与其有一个偏心距”的磁场的。

复审请求人还强调“同样是励磁磁场，电磁铁产生的需要消耗能量，而永磁体产生的不需要消耗能量。正是因为这个事实，才使得能量守恒定律在磁力范畴出现破绽”。对此，合议组认为，磁能是电动机运转的依据，磁场变化是它运转的条件，例如，交流电动机的磁场是变化的，直流电动机也得用换向器使直流电产生出变化的磁场。永磁能与电磁能是同样的磁能，所以永磁能可以作为动力机器运转的依据。但是，对于由静止永磁体产生的励磁磁场而言，该磁场是不会变化的，因而其并不符合电动机运转的条件（即，磁场是变化的）。只有当永磁体采用例如换向器的装置（换向器使直流电产生变化磁场），永磁体产生的磁场才会发生改变，这时才满足磁场变化的条件，电动机才会有动力输出，而其仍然遵循能量守恒定律。

合议组注意到，复审请求人在答复复审通知书的意见陈述中并没有在原理上充分说明本申请具有实用性，而且复审请求人也没有对其在复审请求书中提及的“充磁线圈平面与环形永磁体的截面有一个夹角 a，并形成垂直于线圈平面的力 P，该力相对于 x 轴也形成夹角 a”的技术效果提供该领域权威专家委员会关于实现上述效果的测试数据或鉴定证据。合议组认为，一个技术发明必须符合一定的基本科学原理，而且应当具有可重复的规律性，具有普遍性和可检验性，经得起按照最基本的科学方法进行的测试和鉴定。如果复审请求人基于对自然科学知识的认识的不断探索和深化，要否定人类已经长期获得公认的这一自然科学定律，则必须以证据充分支持的事实为依据。在复审请求人提不出能够证明本申请的权利要求限定的“磁动力及其控制装置”确实具有实用性的试验证据的情况下，合议组无法客观认证这一效果。

综上所述，本案合议组认为，本申请不符合专利法第二十二条第四款有关实用性的规定。

三、决定

维持国家知识产权局于 2005 年 8 月 19 日作出的驳回 00134762.4 号发明专利申请的决定。

复审请求人如对本决定不服，可以依据专利法第四十一条第二款的规定，自收到本决定之日起三个月内向北京市第一中级人民法院起诉。

云台案

复审请求审查决定（第9320号）

决　定　号　第9320号
决　定　日　2006年10月26日
发明创造名称　云　台
国际分类号　G03B 17/56　F16M 11/04
复审请求人　日本伟如宝精机工业株式会社
申　请　号　01802585.4
申　请　日　2001年4月24日
公　开　日　2003年1月1日
合议组组长　李　隽
主　审　员　齐宏涛
参　审　员　王丽颖

法律依据　专利法第二十二条第三款
决定要点

若将一项权利要求与一篇对比文件相比存在区别技术特征，而现有技术中也未给出将这些区别技术特征应用到该对比文件中以解决相应技术问题的启示，则该项权利要求请求保护的技术方案相对于该对比文件是非显而易见的，其具有突出的实质性特点和显著的进步，具备专利法第二十二条第三款所规定的创造性。

一、案由

本复审请求涉及申请日为2001年4月24日，公开日为2003年1月1日，发明名称为“云台”的发明专利申请，其申请号为01802585.4，申请人为日本伟如宝精机工业株式会社。

经实质审查后，国家知识产权局实施审查部门于2005年4月29日对该申请作出了驳回决定，驳回理由是：该申请的权利要求1～4不具备创造性。所依据的对比文件是：

1. 日本公开实用新案公报昭60－38995U，公开日1985年3月18日。

驳回决定所针对的文本是申请人于2004年9月7日提交的权利要求1～4，2002年4月27日提交的说明书第1，3～10页，2004年9月7日提交的说明书第2页，2002年4月27日提交的说明书附图第1～8页。其独立权利要求1为“一种云台，具有：上面侧设有相机固定用螺钉的相机安装体，配置于该相机安装体的所述相机固定用螺钉的大致下方位置的侧倾斜轴，其特征在于，所述相机安装体由所述侧倾斜轴支承，通过以该侧倾斜轴为中心的转动调节，可设定为上面朝着左侧方的左层倾斜姿势和上面朝着右侧方的右侧倾斜姿势。”

在驳回决定中，审查员指出：（1）针对权利要求1而言，对比文件1中所述的转动体之间的结构位置关系与该申请中转动体之间的结构位置关系是相同的，正是由于这种结构关系使得对比文件1中的第二转动体41可以向左倾转动或向右倾转动，该三个转动体的结构位置已经能够给出权利要求1中相机安装体向左右两个方向旋转的技术启示。对比文件1中的挡块47和调节螺钉48是为了更进一步将第二转动体41稳固地限制在预期的位置上，为了达到自由旋转的目的，本领域技术人员能够想到去掉挡块47和调节螺钉48而不对第二转动体41进行位置的限制。此外，对比文件1中侧倾斜轴部31和螺钉46之间的位置关系与权利要求1中侧倾斜轴30和螺钉59之间的位置关系是相同的，从对比文件1中能够得到将侧倾斜轴设置在螺钉下方的技术启示。因此，权利要求1相对于对比文件1不具有突出的实质性特点和显著的进步，不符合专利法二十二条第三款有关创造性的规定；（2）同理，权利要求2相对于对比文件1也不具有突出的实质性特点和显著的进步，不符合专利法二十二条第三款有关创造性的规定；（3）对比文件1也披露了权利要求3的附加技术特征，当其引用的权利要求1、2相对于对比文件1不具备创造性时，权利要求3相对于对比文件1也不具备专利法第二十二条第三款所规定的创造性。（4）权利要求4的附加技术特征对于本领域普通技术人员来说是不需花费创造性劳动而能够很容易想到的，因此对比文件1披露了权利要求4的附加技术特征，当其引用的权利要求1、2相对于对比文件1不具备创造性时，权利要求4相对于对比文件1也不具备专利法第二十二条第三款所规定的创造性。

申请人（下称复审请求人）对上述驳回决定不服，于2005年8月9日向专利复审委员会提出了复审请求。请求的理由是本申请的权利要求1~4相对于对比文件1具备创造性，复审请求人在提出复审请求时未提交修改文本。

复审请求人认为：对比文件1未公开“配置于该相机安装体的所述相机固定用螺钉的大致下方位置的侧倾斜轴”和“可设定成上面朝着左侧方的侧倾斜姿势和上面朝着右侧方的右侧倾斜姿势”这两项技术特征，也无任何启示，更不具备本发明的特有效果，因此权利要求1~4相对于对比文件1具备创造性。

经形式审查合格后，专利复审委员会受理了该复审请求，并于2005年9月7日向复审请求人发出复审请求受理通知书，同时向原实质审查部门发出前置审查意见通知书。

原实质审查部门对本复审请求进行了前置审查，在前置审查中，原实质审查部门坚持原驳回决定。

专利复审委员会依法成立合议组，合议组经合议后认为本案事实已经清楚，现依法作出本复审请求决定。

二、决定的理由

1. 审查文本

复审审查针对的文本是驳回决定所针对的文本。

2. 关于专利法第二十二条第三款的问题

专利法第二十二条规定：“创造性，是指同申请日以前已有的技术相比，该发明具有突出的实质性特点和显著的进步。”

具体到本案，根据申请人在2004年9月7日答复第一次审查意见通知书时提交的修改文本，权利要求1请求保护一种云台，具有：“上面侧设有相机固定用螺钉的相机安装体，配置于该相机安装体的所述相机固定用螺钉的大致下方位置的侧倾斜轴，其特征在于，所述相机安装体由所述侧倾斜轴支承，通过以该侧倾斜轴为中心的转动调节，可设定为上面朝着左侧方的左层倾斜姿势和上面朝着右侧方的右侧倾斜姿势。”

对比文件1（JP 昭60－38995U）也公开了一种云台，其中包括用螺丝46（相当于本申请的相机固定用螺钉）固定照相机的第二转动体41（相当于本申请的相机安装体），用于与相机安装体组合配装的轴部31（相当于本申请的侧倾斜轴），上述相机安装体可以绕轴部31旋转以调整照相机倾斜的状态（参见其说明书全文及附图）。通过比较权利要求1和对比文件1可以发现，存在以下区别技术特征：（1）权利要求1中的相机安装体可设定为上面朝着左侧方的左层倾斜姿势和上面朝着右侧方的右侧倾斜姿势；（2）权利要求1中侧倾斜轴在所述相机固定用螺钉大致下方位置。现针对以上两点区别进行论述：

（1）对比文件1的云台在载放台44上靠近上述侧倾斜基部27的端部具有一个挡块47，当载放台44直立时（形成侧倾斜姿势时），该档块47与第1倾斜转动体21的一个侧面抵接。同时在载放台44的下侧面螺接着调节螺钉48，当载放台44处于水平状态时，该调节螺钉48与上述倾斜基部27的缺口部29的水平面28抵接。所以对比文件1的第2侧倾斜转动体41只能向一侧作侧倾斜。相比之下，本申请权利要求1中的相机安装体既可以向云台的左侧倾倒，也可以向右侧倾倒，从而分别形成相机安装体的上表面向左侧或右侧的垂直状态。通过设定成上述左侧或右侧倾斜姿势，可用固定在相机安装体上的照相机进行左纵向或右纵向摄影。利用在本申请的云台安装的相机拍摄人像时，如果设定为右侧倾斜姿势，就可以从右侧打闪光灯，而如果设定左侧倾斜姿势，就可以从左侧打闪光灯，从而可以自由选择影子的方向，具有特殊的效果。因此，这一特征是权利要求1相对于对比文件1而存在的区别技术特征，对比文件1并未公开这一特征，也不具有本发明的技术效果。

同时，针对审查员在驳回决定中所述的“对比文件1中的挡块47和调节螺钉48是为了更进一步将第二转动体41稳固地限制在预期的位置上，为了达到自由旋转的目的，本领域普通技术人员能够想到去掉档块47和调节螺钉48而不对第二转动体41进行位置的限制，因此对比文件1能够给出权利要求1中相机安装体向左右两个方向旋转的技术启示”。因为挡块47和螺钉48在对比文件1的技术方案中具有一定的功能，所以本领域技术人员并不容易想到为解决另一个技术问题将其省略。此外，由于对比文件1的侧倾斜轴部31不是设置在相机固定用螺钉46的大致下方位置，因此，即使从对比文件1的云台上取下挡块47和调节螺钉48以使侧倾斜转动体41自由转动，也不可能实现本发明“上面朝着左侧方的左层倾斜姿势和上面朝着右侧方的右侧倾斜姿势”。因此在对比文件1的基础上得到本权利要求1的技术方案并不是显而易见的。

（2）对比文件1的云台的侧倾斜轴部31不是设置在相机固定用螺钉46的大致下方位置。通过该对比文件1的附图4可以很清楚的看出，该云台的侧倾斜轴部31（即图中的54）位于螺钉46的右下方。而本发明权利要求1的云台通过将侧倾斜轴设置在相同安装体的相机固定用螺钉的大致下方位置。该技术特征使得本发明的云台在不使用状态下可充分小型化、便于携带，还可以将相机安装体任意地设定为左侧倾斜姿势或右侧倾斜姿势。因此，这一特征是权利要求1相对于对比文件1而存在的区别技术特征，对比文件1并未公开这一特征，也不具有本发明的技术效果。

总之，对比文件1未公开上述区别技术特征，现有技术中也未给出将这些区别技术特征应用到对比文件1以解决相应技术问题的启示，故权利要求1请求保护的技术方案相对于对比文件1是非显而易见的，具有突出的实质性特点和显著的进步，从而具备专利法第二十二条第三款所规定的创造性。同理，权利要求2也具备专利法第二十二条第三款规定的创造性。

权利要求3～4对上述权利要求1或2作了进一步限定，在其引用的权利要求1或2具备创造性的情况下，这些从属权利要求也具备专利法第二十二条第三款所规定的创造性。

三、决定

撤销国家知识产权局于2005年4月29日对01802585.4号发明专利申请作出的驳回决定。

由原实质审查部门依据2004年9月7日提交的权利要求1～4，2002年4月27日提交的说明书第1，3~10页，2004年9月7日提交的说明书第2页，2002年4月27日提交的说明书附图第1~8页以及说明书摘要继续审查程序。

复审请求人对本决定不服的，可以根据专利法第四十一条第二款的规定，自收到本决定之日起三个月内向北京市第一中级人民法院起诉。

247

功率器件的驱动电路案

复审请求审查决定（第9335号）

决　定　号　第9335号
决　定　日　2006年10月17日
发明创造名称　功率器件的驱动电路
国际分类号　H03K 5/153 H03K 17/56
复审请求人　三菱电机株式会社
申　请　号　02152814.4
申　请　日　2002年11月25日
公　开　日　2003年10月1日
合议组组长　徐媛媛
主　审　员　张　华
参　审　员　胡文辉

法律依据　专利法第二十二条
决定要点

当权利要求所要求保护的技术方案与一篇对比文件相比，存在区别技术特征，且所述区别技术特征不是本领域的公知常识，也未被该篇对比文件的其他部分或另一篇对比文件所公开，且带来了有益的技术效果，则权利要求所要求保护的技术方案相对于对比文件具备创造性。

一、案由

本复审请求涉及国家知识产权局于2002年11月25日受理、优先权日为2002年3月19日、申请号为02152814.4、名称为"功率器件的驱动电路"，其公开日为2003年10月1日的发明专利申请，申请人是三菱电机株式会社。

国家知识产权局实质审查部门于2004年4月30日发出了第一次审查意见通知书，主要意见概括如下：（1）对比文件1公开了一种功率器件的驱动电路，具体公开了以下技术特征：脉冲产生电路1产生导通信号和关断信号，并把信号传送到HNMOS2和3上，HNMOS2和3作为电平移动晶体管（相当于权利要求1中的电平移动装置），HNMOS2和3与反相电路6和7相连，通过6和7把信号送到保护电路27和锁存器10A中，反相电路6和7将信号传送至功率器件（相当于权利要求1中的传输装置），保护电路27的作用在于控制输出信号，防止由于导通信号和关断信号的逻辑相同而产生的误操作（屏蔽信号装置）。权利要求1与对比文件1相比，区别技术特征仅在于，用于在作为主信号输入到上述屏蔽信号装置上的信号与作为主信号输入到上述传输装置上的信号之间提供电位差的电位差添加装置。对比文件2公开了一种逻辑电路，其披露了以下技术特征，由晶体管Q5和Q6组成的恒流源，由二极管Q7和Q8组成的压降装置，由晶体管Q3和Q4组成的反相电路，该逻辑电路的功用是作为超大规模集成电路的电流源。审查员认为，对比文件2给出了技术启示，使得本领域技术人员能够将对比文件2运用到对比文件1以得到权利要求1所要求保护的技术方案，因此，权利要求1没有创造性。（2）权利要求2得不到说明书支持。审查员认为说明书中只给出了两个信号同时反相的情况，而两个信号分别反相的情况在说明书中没有记载，因此权利要求2得不到说明书支持。（3）从属权利要求3~7的附加技术特征是本领域的公知常识，在其引用的权利要求1不具备创造性时，从属权利要求3~7也不备有专利法第二十二条第三款规定的创造性。

国家知识产权局实质审查部门于2004年9月15日收到申请人针对第一次审查意见通知书所提交的意见陈述书，申请人未提交说明书或权利要求书替换页。申请人不同意审查员的意见，主要理由如下：（1）对比文件1仅公开了关于添加电位差的一般手段，而没有定义对其提供电位差的信号。对比文件2没有公开了具有屏蔽电路和传输电路的功率器件驱动电路，且未给出电位差添加到哪个信号的教导，因此，权利要求1与对比文件1和2相比，具有创造性。与此同时，权利要求3~7具备创造性。（2）权利要求2的实质技术特征是定义使用哪个信号以及对其如何处理以便于产生屏蔽信号。同时或者分别反相两个信号并非权利要求2的实质技术特征。

审查部门于2004年10月15日驳回了该专利申请。被驳回的权利要求书如下：

"1. 一种驱动电路，该电路用于驱动功率器件，其特征在于具备：用于移动由分别指令功率器件的导通和关断的导通信号和关断信号构成的主信号的电平并输出被移动了电平的电平移动装置；用于锁存主信号并将其传输到功率器件上的传输装置；在由于主信号中的导通信号及关断信号的逻辑相同而有产生误动作的可能性的情况下，根据主信号生成用于阻止主信号传输的屏蔽信号的屏蔽信号装置；以及用于在作为主信号输入到上述屏蔽信号装置上的信号与作为主信号输入到上述传输装置上的信号之间提供电位差的电位差添加装置。

2. 根据权利要求1所述的驱动电路，其特征在于：上述屏蔽信号装置通过使主信号中的另一个反相，从而生成用于抵销主信号中的一个的屏蔽信号。

3. 根据权利要求1或权利要求2所述的驱动电路，其特征在于：上述电位差添加装置由电阻元件构成。

4. 根据权利要求1或权利要求2所述的驱动电路，其特征在于：上述电位差添加装置由PMOS晶体管构成。

5. 根据权利要求1或权利要求2所述的驱动电路，其特征在于：上述电位差添加装置由NMOS晶体管构成。

6. 根据权利要求1或权利要求2所述的驱动电路，其特征在于：上述电位差添加装置由二极管构成。

7. 根据权利要求1或权利要求2所述的驱动电路，其特征在于：上述电位差添加装置由齐纳二极管构成。"

驳回决定所依据的对比文件为：

对比文件1：US5917359A，公开日：1999年6月29日；

对比文件2：JP60263521A，公开日：1985年12月27日。

驳回决定的具体理由为：（1）对比文件1公开了一种功率器件的驱动电路，具体公开了以下技术特征：脉冲产生电路1产生导通信号和关断信号，并把信号传送到HNMOS2和3上，HNMOS2和3作为电平移动晶体管（相当于权利要求1中的电平移动装置），HNMOS2和3与反相电路6和7相连，通过6和7把信号送到保护电路27和锁存器10A中，反相电路6和7将信号传送至功率器件（相当于权利要求1中的传输装置），保护电路27的作用在于控制输出信号，防止由于导通信号和关断信号的逻辑相同而产生的误操作（屏蔽信号装置）。权利要求1与对比文件1相比，区别技术特征仅在于，用于在作为主信号输入到上述屏蔽信号装置上的信号与作为主信号输入到上述传输装置上的信号之间提供电位差的电位差添加装置。对比文件2公开了一种逻辑电路，其披露了以下技术特征，由晶体管Q5和Q6组成的恒流源，由二极管Q7和Q8组成的压降装置，由晶体管Q3和Q4组成的反相电路，该逻辑电路的功用是作为超大规模集成电路的电流源。审查员认为，对比文件2给出了技术启示，使得本领域技术人员能够将对比文件2运用到对比文件1以得到权利要求1所要求保护的技术方案，因此，权利要求1没有创造性。(2) 权利要求2的附加技术特征为对比文件1（图4）公开，在其引用的独立权利要求1不具备创造性的情况下，该从属权利要求也不具备创造性。(3) 权利要求3~7的附加技术特征均为对电位差添加装置的构成的限定，对本领域技术人员来说，电阻元件、PMOS、NMOS、二极管和齐纳二极管均可以在电流流过时产生电压降，即均可以作为产生电位差的相应装置，这是所属领域的公知常识，因此，当其引用的权利要求不具备创造性时，从属权利要求3~7也不具备创造性。

申请人对上述驳回决定不服，于2005年1月27日向国家知识产权局专利复审委员会提出复审请求，请求复审的主要理由是：本发明的一个特征是在作为一个主信号输入到该屏蔽信号装置上的信号与作为另一个主信号输入到该传输装置上的信号之间提供电位差，并强调，电位差必须添加到特定信号之间，而对比文件1和对比文件2都没有提供本发明的动机，因此，本领域技术人员通过结合对比文件1和对比文件2并不能轻易获得本发明，因此本发明相对于对比文件是具备创造性的。

经形式审查合格后，专利复审委员会受理了该复审请求，于2005年2月28日向请求人发出了复审请求受理通知书，并向原实质审查部门发出了前置审查意见通知书。

在前置审查程序中，国家知识产权局实质审查部门坚持原驳回决定。

专利复审委员会依法成立合议组，对实质国家知识产权局作出的驳回决定、请求人提交的意见陈述书进行审查后，认为本案事实已经清楚，现依法作出本复审请求决定。

二、决定理由

1. 审查文本

由于请求人在提出复审请求时未提交权利要求书替换页或说明书替换页，因此，本复审决定依据的文本为驳回决定所针对的文本，即：请求人于2002年11月25日提交的权利要求书第1~7项、说明书第1~8页、说明书附图第1~6页、说明书摘要及摘要附图。

2. 关于权利要求1~7的创造性

对比文件1公开了一种功率器件的驱动电路，并具体公开了以下技术特征（参见说明书第10~11栏、附图1-2)：脉冲产生电路1产生导通和关断信号，并把信号传送到HNMOS晶体管2和3之上，HNMOS晶体管2、3分别和电阻4和5串连构成电平移动电路，其相当于权利要求1中的电平移动装置；HNMOS晶体管2和3分别和反向电路6和7相连，通过6和7把信号传送到保护电路27和锁存电路10A中。反向电路6和7将信号传送至功率器件，其相当于权利要求1中的传输电路；保护电路27的作用在于控制输出信号，防止由于导通信号和关断信号逻辑相同而产生的误操作，其相当于权利要求1中的屏蔽信号装置。

由此可见，权利要求1与对比文件1相比，其区别在于：用于在作为主信号输入到上述屏蔽信号装置上的信号与作为主信号输入到上述传输装置上的信号之间提供电位差的电位差添加装置。其所要实际解决的技术问题是在主信号和屏蔽信号间产生一压降，扩展屏蔽装置中与门40的动作区域，延长了与门40的导通时间，使得与门40的导通时间等同于或者长于与非门35、36的导通时间，以完全屏蔽非有效主信号，抑制误信号的产生。

在本申请书中的现有技术部分所记载的现有功率器件驱动电路中，在主信号因dv/dt等影响急剧下降时，由于与非门35、36（其是传输电路的主要部分）阀值电平高于与门40（其是屏蔽电路的主要部分）的阀值电平，使得屏蔽信号为有效（高）的范围比主信号受到破坏而成为非有效信号（低）的范围狭窄，因此主信号错误地成为误信号，而不能被充分屏蔽。在对比文件1中（见说明书附图2），保护电路27由反相电路G1－G6、NOR电路G3、NAND电路G7、G8组成，由于反向电路和NOR电路间阀值电平的差异，在输入电平移动过程中必然带来导通时间的差异，也就是说，在对比文件1所述的具有保护电路的半导体装置中，其还存在本申请背景技术所述的问题，对比文件1实质上与本申请的背景技术相同。

对比文件2涉及一种逻辑电路，其具体公开了以下技术特征（说明书第2页右栏倒数第1～5行、说明书第3页左栏第1～5行、附图1）：电平移动电路1包括2个FET晶体管Q5、Q6以及两个二极管Q7和Q8；当FET晶体管Q5、Q6的门电压为零时，其作为恒流源，恒定电流流过二极管Q7和Q8并产生一定压降，Q7和Q8导通后电流从电平移动电路1流向反相电路2，反向电路根据电平移动电路的输出工作。由此可见，对比文件2不涉及对信号的选择，仅公开了一种利用二极管常规压降方法。而本发明采用的方法是向屏蔽信号（加在与门40上）电路输入比输入到传输电路30的主信号（加在与非门35、36上）低了Δv的电压信号，由此可以使屏蔽信号的动作区域比主信号的动作区域有所扩展，能够可靠地屏蔽误信号，防止发生误信号。因此，尽管对比文件2公开的二极管串连连接的技术特征也会带来压降，但是，对比文件2并不涉及屏蔽信号或者主信号的问题，也就是说，对比文件2未给出在某一信号上加上串连二极管以产生压降的任何技术启示，其仅仅给出了二极管串联的结构，本领域技术人员阅读对比文件2后，不能容易想到将对比文件2公开的串连二极管结构运用到对比文件1的屏蔽信号上，以得到本申请权利要求1所要求保护的技术方案。权利要求1相对于对比文件1和对比文件2的结合具备创造性。

在独立权利要求1具备创造性的情况下，从属权利要求2～7也具备创造性。

三、决定

撤销国家知识产权局于2005年1月27日对02152814.4号发明专利申请作出的驳回决定。由原实质审查部门依据请求人于2002年11月25日提交的权利要求书第1～7项、说明书第1～8页、说明书附图第1～6页、说明书摘要及摘要附图为基础继续审批程序。

248

化学发光探针介导的光动力学肿瘤成像方法及其装置案

复审请求审查决定（第9361号）

决　定　号　第9361号
决　定　日　2006年10月26日
发明创造名称　化学发光探针介导的光动力学肿瘤成像方法及其装置
国际分类号　A61B 6/00
复审请求人　华南师范大学
申　请　号　02115398.1
申　请　日　2002年6月18日
公　开　日　2002年12月18日
合议组组长　徐媛媛
主　审　员　杨存吉
参　审　员　柴爱军

法律依据　专利法第二十五条
决定要点

如果发明是以有生命的人体或者动物体为直接实施对象，进行识别、确定或消除病因或病灶的过程，那么其为疾病的诊断和治疗方法，属于专利法第二十五条规定的不能被授予专利权的客体。

一、案由

本复审请求案涉及申请日为2002年6月18日、申请号为02115398.1、发明名称为“化学发光探针介导的光动力学肿瘤成像方法及其装置”的发明专利申请（下称本申请），申请人为华南师范大学。

本申请于2002年12月18日公开后，国家知识产权局实质审查部门针对原始申请文本依法进行实质审查，并于2004年7月2日发出第一次审查意见通知书，认为本申请的权利要求1~8不具备专利法第二十二条第四款规定的实用性，权利要求9~10不具备专利法第二十二条第三款规定的创造性。该通知书指出：权利要求1~8请求保护一种化学发光探针介导的光动力学肿瘤成像方法，该方法以有生命的人或动物为实施对象，涉及向生物体内引入介质，由于不同生物体具有个体差异，因此这些方法无法在产业上应用，不具备专利法第二十二条第四款规定的实用性；权利要求9~10请求保护一种化学发光探针介导的光动力学肿瘤成像装置，对比文件1（US5851181A）公开一种可同时观察和光谱分析皮肤组织的装置，权利要求9相对于对比文件1的区别仅在于公知常识，权利要求10的区别技术特征也被对比文件1公开，因此权利要求9~10不具备专利法第二十二条第三款规定的创造性。

针对第一次审查意见通知书，申请人于2004年10月15日提交了意见陈述书和经修改的权利要求书，其中删除了权利要求9~10并对权利要求1~8进行了修改。申请人认为权利要求1的方法不是向整个生物体引入介质，而是对病变的局部组织引入介质，本申请的方法不需要根据“不同的生物体具有个体差异”的特点而实施。

国家知识产权局实质审查部门于2004年12月10日作出驳回决定，理由是本申请不具备专利法第二十二条第四款规定的实用性。驳回决定中指出：修改后的权利要求1仍然需要向有生命的生物体引入介质，无法在产业上应用，因此不具备专利法第二十二条第四款规定的实用性。驳回决定所依据的文本是：2002年6月18日提交的说明书第1~5页、说明书附图第1~2页、说明书摘要和摘要附图以及2004年10月15日提交的权利要求第1~5项，其中权利要求书为：

“1. 一种化学发光探针介导的光动力学肿瘤成像方法，其特征在于包括如下步骤：

（1）将对生物体或组织无化学损伤，且对肿瘤病变部位具有代谢特异性的卟啉类光敏试剂1~10mg/Kg体重静脉注射进生物体；

（2）10~24小时后，将对单线态氧具有选择性的化学发光探针海萤荧光素类似物2~20μM皮下注射到病变组织；

（3）用功率密度为0.05~2.00W/cm^{2}和波长范围为550~700nm的激发光均匀辐照生物体或组织10~80s，诱导病变组织产生光动力反应；

（4）立即关闭激发光源，然后开始记录30s-1min的生物组织的光敏化学发光，并获得生物组织的结构图像。

2. 根据权利要求1所述的化学发光探针介导的光动力学肿瘤成像方法，其特征在于第（3）步中，用单一波长的激光经扩束后均匀照射待测生物体或组织。

3. 根据权利要求1所述的化学发光探针介导的光动力学肿瘤成像方法，其特征在于第（3）步中，用具有较宽谱带的汞灯或氙灯作为激发光源均匀照射待测生物体或组织。

4. 根据权利要求3所述的化学发光探针介导的光动力学肿瘤成像方法，其特征在于：激发光源为50W的高压汞灯时，选取540~600nm长通滤光片获得所需的激发波段，垂直均匀辐照样品20~60s。

5. 根据权利要求2或3所述的化学发光探针介导的光动力学肿瘤成像方法，其特征在于：激发光源功率密度为0.1~0.5W/cm^2。”

申请人（以下称复审请求人）对上述驳回决定不服，于2005年3月23日向专利复审委员会提出复审请求，并同时提交了说明书和权利要求书的替换页。复审请求人认为修改后的申请文件克服了驳回决定所指出的缺陷。其中的权利要求书为：

“1. 一种化学发光探针介导的光动力学肿瘤成像方法，其特征在于包括如下步骤：

（1）用功率密度为0.05~2.00W/cm^{2}和波长范围为550~700nm的激发光均匀辐照生物体10~80s，诱导生物体产生光动力反应，继而产生光敏化的化学发光；

（2）利用光接收组件接收此来自生物体的光敏化化学发光信号并将其转换为电信号；

（3）将电信号通过模数转换转换为数字信号；

（4）处理数字信号并进行影像重建，获得生物体或组织的结构图像；

所述生物体内分布了10~50μM卟啉类光敏试剂和2~50μM海萤荧光素类似物。

2. 根据权利要求1所述的化学发光探针介导的光动力学肿瘤成像方法，其特征在于：所述激发光源是单一波长的激光经扩束后均匀照射待测生物样品或用具有较宽谱带的汞灯或氙灯作为激发光源均匀照射待测生物样品。

3. 根据权利要求1或2所述的化学发光探针介导的光动力学肿瘤成像方法，其特征在于：激发光源为50W的高压汞灯时，可选取540～600nm长通滤光片获得所需的激发波段，垂直均匀辐照样品20～60s。

4. 根据权利要求3所述的化学发光探针介导的光动力学肿瘤成像方法，其特征在于：所述的激发光源的波长为550～700nm。

5. 根据权利要求4所述的化学发光探针介导的光动力学肿瘤成像方法，其特征在于：激发光源功率密度为0.1～0.5W/cm^2。

6. 实现权利要求1所述方法的装置，其特征在于包括光激发组件、光接收组件、模数转换器、计算机，光激发组件与计算机电气连接，光接收组件、模数转换器与计算机依次电气连接。

7. 根据权利要求6所述的装置，其特征在于：所述光接收组件采用单光子成像系统。"

经形式审查合格后，专利复审委员会受理了本复审请求，于2006年1月5日向复审请求人发出复审请求受理通知书，同时向国家知识产权局实质审查部门发出前置审查通知书。

国家知识产权局实质审查部门在前置审查意见书中仍然坚持驳回决定。其中指出：修改后的权利要求将原第（1）（2）步骤的内容删掉，仅在权利要求最后记载了生物体内分布了光敏试剂和荧光素类似物，即删掉了将光敏试剂和荧光素类似物注射入人体的步骤，超出了原说明书合权利要求书记载的范围不符合专利法第三十三条规定；第（1）（2）步骤对实现权利要求1请求保护的方法是必不可少的，因此即使克服了修改不符合专利法第三十三条的缺陷，其仍不具有实用性，不符合专利法第二十二条第四款的规定。

专利复审委员会依法组成合议组对本复审请求进行了审查，并于2006年8月22日发出复审通知书。该复审通知书指出：复审请求人于2005年3月23日提交的修改文本不符合专利法第三十三条和专利法实施细则第六十条第一款的规定。同时为了节约程序，合议组针对复审请求人于2004年10月15日提交的权利要求第1～5项是否属于专利法第二十五条第一款第（三）项规定的疾病的诊断方法予以评述，认为其是以有生命的人体或动物体为对象，以获得疾病诊断结果或健康状况为直接目的，属于专利法第二十五条第一款第（三）项规定的疾病的诊断方法，不能被授予专利权。

对此，复审请求人于2006年9月26日提交意见陈述书，并同时提交了说明书和权利要求书的替换页，将其复原为原始申请文本并放弃了有关装置的权利要求。复审请求人认为本申请涉及一种成像方法，其目的是为了得到清晰的图像，不能直接进行疾病的诊断，可以间接用于了解某种疾病的情况，本申请还可以用于教学、研究、展示等其他用途，不属于专利法第二十五条第一款第（三）项规定的情况，其中的权利要求书为：

"1. 一种化学发光探针介导的光动力学肿瘤成像方法，其特征在于包括如下步骤：

（1）将对生物体或组织无化学损伤，且对肿瘤病变部位具有代谢特异性的卟啉类光敏试剂1～100μM注射进生物体或组织；

（2）10～24小时后，将对单线态氧具有选择性的化学发光探针1～100μM注射进生物体或组织；

（3）用功率密度为0.05～2.00W/cm^2和波长范围为550～700nm的激发光均匀辐照生物体或组织10～80s，诱导生物体或组织产生光敏化的化学发光；

（4）利用光接收组件接收此来自生物体或组织的光敏化化学发光信号并将其转换为电信号；

（5）将电信号通过模数转换为数字信号；

（6）处理数字信号并进行影像重建，获得生物体或组织的结构图像。

2. 根据权利要求1所述的化学发光探针介导的光动力学肿瘤成像方法，其特征在于：所述的对肿瘤部位具有代谢特异性的卟啉类光敏剂为临床许可的浓度范围10～50μM。

3. 根据权利要求1所述的化学发光探针介导的光动力学肿瘤成像方法，其特征在于：所述的化学发光探针为海萤荧光素类似物，其浓度为2～50μM。

4. 根据权利要求1所述的化学发光探针介导的光动力学肿瘤成像方法，其特征在于：所述激发光源可以是单一波长的激光经扩束后均匀照射待测生物样品，也可以用具有较宽谱带的汞灯或氙灯作为激发光源均匀照射待测生物样品。

5. 根据权利要求4所述的化学发光探针介导的光动力学肿瘤成像方法，其特征在于：激发光源为50W的高压汞灯时，可选取540～600nm长通滤光片获得所需的激发波段，垂直均匀辐照样品20～60s。

6. 根据权利要求1所述的化学发光探针介导的光动力学肿瘤成像方法，其特征在于：所述的激发光源的波长为处于光敏剂的吸收范围内，并对生物体或组织具较好穿透性的550～700nm。

7. 根据权利要求1所述的化学发光探针介导的光动力学肿瘤成像方法，其特征在于：激发光源功率密度可用远低于生物组织损伤阈值的量0.1～0.5W/cm^2。

8. 根据权利要求1所述的化学发光探针介导的光动力学肿瘤成像方法，其特征在于所述的激发光源均匀辐照生物体或组织一定时间后，立即关闭激发光源，然后开始记录生物体或组织的光敏化化学发光。"

至此，合议组认为本案事实已经清楚，可以依法作出决定。

二、决定的理由

由于复审请求人于2006年9月26日提交的说明书和权利要求书的替换页符合专利法第三十三条和专利法实施细则第六十条的规定，所以本复审决定所针对的申请文本为：申请日提交的说明书附图第1～2页、说明书摘要和摘要附图以及2006年9月26日提交的说明书第1～5页和权利要求第1～8项。

专利法第二十五条第一款第（三）项规定，疾病的诊断和治疗方法不能被授予专利权。

疾病的诊断和治疗方法，是指以有生命的人体或动物体为直接实施对象，进行识别、确定或消除病因或病灶的过程。

本申请涉及一种化学发光探针介导的光动力学肿瘤成像方法，其包括步骤：（1）将对生物体或组织无化学损伤，且对肿瘤病变部位具有代谢特异性的卟啉类光敏试剂1～100μM注射进生物体或组织；（2）10～24小时后，将对单线态氧具有选择性的化学发光探针1～100μM注射进生物体或组织；（3）用功率密度为0.05～2.00W/cm^{2}和波长范围为550～700nm的激发光均匀辐照生物体或组织10～80s，诱导生物体或组织产生光敏化的化学发光；（4）利用光接收组件接收此来自生物体或组织的光敏化化学发光信号并将其转换为电信号；（5）将电信号通过模数转换为数字信号；（6）处理数字信号并进行影像重建，获得生物体或组织的结构图像。

从上述步骤（1）～（4）可以清楚的看出该方法以有生命的人体或动物体为对象，在步骤（6）中的结构图像是生物体或组织病变部位的光敏化化学发光图像，其直接反映该生物体或组织的健康状况，由此可以看出该方法是以获得健康状况为直接目的，所以，该方法属于一种疾病的诊断方法，属于专利法第二十五条第一款第（三）项规定的不授予专利权的客体。

基于上述理由，合议组作出如下决定。

三、决定

维持国家知识产权局于2004年12月10日针对第02115398.1号申请作出的驳回决定。

根据专利法第四十一条第二款的规定，对本决定不服的，复审请求人可以在收到本决定之日起三个月内向北京市第一中级人民法院起诉。

249

扬声器装置案

复审请求审查决定（第9363号）

决　定　号　第9363号
决　定　日　2006年10月16日
发明创造名称　扬声器装置
国 际 分 类 号　H04R 3/04　H04R 1/30
复 审 请 求 人　松下电器产业株式会社
申　请　号　99802557.7
申　请　日　1999年11月29日
公　开　日　1998年12月1日
合议组组长　钱　芸
主　审　员　杨存吉
参　审　员　王伟艳

法 律 依 据　专利法第二十六条第三款
决 定 要 点

本领域普通技术人员利用声压计、微音器等公知手段，通过有限次试验可以找到声管中声压最小的位置并在此设置反馈回路用的微音器，从而实现本发明的技术方案，解决其所要解决的技术问题并产生所预期的技术效果。因此本申请的说明书符合专利法第二十六条第三款的规定。

一、案由

本复审请求案涉及申请日为1999年11月29日、申请号为99802557.7、发明名称为“扬声器装置”的PCT发明专利申请（下称本申请），本申请的申请人为松下电器产业株式会社。

本申请于2000年7月31日进入中国国家阶段，同时申请人依据专利合作条约第二十八条规定提交了说明书第4页的替换页。本申请于2001年3月28日在中国公布后，国家知识产权局实质审查部门针对原始提交国际申请文件中文译文的说明书第1~3，5~6页、说明书附图第1~8页、说明书摘要、摘要附图和权利要求第1~7项以及2000年7月31日提交的说明书第4页，依法对本申请进行实质审查，并于2003年2月14日发出第一次审查意见通知书。该通知书指出：本申请说明书中指出将微音器设置在用给出的公式算出的2次共振及3次共振的声压分布中声压最小的位置，但是其中没有给出管共振频率与声压的关系，即未说明怎样由频率得到声压的分布，也没有说明怎样找到这个声压最小的位置。本说明书中关于微音器放置位置的描述不清楚，导致本领域普通技术人员无法从说明书公开的内容直接地、无需创造性劳动地得到本发明，所以本申请不符合专利法第二十六条第三款的规定。

针对第一次审查意见通知书，申请人于2003年6月30日提交了意见陈述书和经修改的说明书全文替换页和权利要求书全文替换页。申请人认为：声压最小的位置是指不足以引起管共振的位置，而该位置可以通过微音器等公知手段测出，不需要根据管共振频率与声压的对应关系来求出。本领域普通技术人员根据说明书和权利要求书的记载，利用微音器等公知手段能够找到声压最小的位置以实施本发明，因此本申请符合专利法第二十六条第三款的规定。

国家知识产权局实质审查部门针对原始提交国际申请文件中文译文的说明书附图第1~8页、说明书摘要和摘要附图，2003年6月30日提交的说明书第1~6页和权利要求第1~7项，于2003年8月22日作出驳回决定，驳回理由仍然是本申请不符合专利法第二十六条第三款的规定。

申请人（下称复审请求人）对上述驳回决定不服，于2003年12月8日向专利复审委员会提出复审请求。复审请求人认为：管共振频率是由声管的尺寸、形状所决定，而与声压没有任何关系；声压是由扬声器的输入决定的。本申请中出现的“管共振”的大小可以通过测定声压的大小来测定，是由于管共振大的部分（共振的波腹）声压大，管共振小的部分（共振的波节）声压小。管共振的最小位置是由微音器等的公知手段来检测出来并且本领域技术人员据此能够容易地实现本发明。复审请求人同时提供了三篇参考文献来说明这一点。

经形式审查合格后，专利复审委员会受理了该复审请求，并于2004年3月2日向复审请求人发出复审请求受理通知书，同时向国家知识产权局实质审查部门发出前置审查通知书。

国家知识产权局实质审查部门在前置审查意见书中仍然坚持驳回决定。

专利复审委员会依法组成合议组对本复审请求进行了审查。经审查，合议组认为本案事实已经清楚，现依法作出决定。

二、决定的理由

1. 审查的基础

本复审决定所针对的申请文本与驳回决定所针对的文本相同，即原始提交国际申请文件中文译文的说明书附图第1~8页、说明书摘要和摘要附图，2003年6月30日提交的说明书第1~6页和权利要求第1~7项。

2. 关于专利法第二十六条第三款

专利法第二十六条第三款规定：说明书应当对发明或者实用新型作出清楚、完整的说明，以所属技术领域的技术人员能够实现为准；必要的时候，应当有附图。摘要应当简要说明发明或者实用新型的技术要点。

所属技术领域的技术人员能够实现，是指所属技术领域的技术人员按照说明书记载的内容，就能实现该发明的技术方案，解决其技术问题，并且产生预期的技术效果。

本发明涉及一种扬声器装置，其包括扬声器单元1、声管2、吸音材料3和微音器4。为了防止声管2产生的驻波，用吸音材料3抑制该驻波；并用微音器对驻波进行检测，使其反馈到扬声器单元1的放大器，进而实现平坦的再生声压频率特性。通过将微音器4的位置置于扬声器单元1的前面并接近于它，可以对扬声器单元1和声管2的频率特性进行修正；通过将微音器4置于声管2的1次共振的声压最大位置，可以对声管2的特性进行修正；通过将微音器4置于声管2的终端附近，可以从声管2的低音区至它的1次共振区对其特性进行控制。本发明的扬声器装置通过将用于微音器置于该声管2的2次和3次共振频率的声压最小的位置，使扬声器装置获得稳定的频率特性。

声压最小的位置即是指不足以引起管共振的位置，管共振大的部分声压大，管共振小的部分声压小。对于本领域普通技术人员来说，可以通过声压计、本申请中的微音器等公知手段检测声管中各个位置的声压，进而通过有限次试验找出声压最小的位置并在此设置反馈回路用的微音器，从而实现本发明的技术方案，解决其所要解决的技术问题并产生所预期的技术效果。因此本申请的说明书符合专利法第二十六条第三款的规定。

基于上述理由，合议组作出如下决定。

三、决定

撤销国家知识产权局于2003年8月22日针对99802557.7号申请作出的驳回决定，由国家知识产权局实质审查部门以原始提交国际申请文件中文译文的说明书附图第1~8页、说明书摘要和摘要附图，2003年6月30日提交的说明书第1~6页和权利要求第1~7项为基础继续进行审批程序。

根据专利法第四十一条第二款的规定，对本决定不服的，复审请求人可以在收到本通知之日起三个月内向北京市第一中级人民法院起诉。

250

电子装置和电子装置电池案

复审请求审查决定（第9364号）

决　定　号　第9364号
决　定　日　2006年10月30日
发明创造名称　电子装置和电子装置电池
国 际 分 类 号　G06F 1/16
复 审 请 求 人　索尼公司
申　请　号　98125819.0
申　请　日　1998年9月29日
公　开　日　1999年8月25日
合 议 组 组 长　崔哲勇
主　审　员　熊　婷
参　审　员　龙　安

法 律 依 据　专利法第二十二条第二三款
决 定 要 点

如果两份对比文件与权利要求所要求保护的技术方案相比，其所解决的技术问题不相同，且两份对比文件均未公开权利要求的某个技术特征，也未给出相应技术启示，而上述区别技术特征使得权利要求所要求保护的技术方案获得有益的技术效果，则该权利要求相对于两份对比文件的结合而言具备创造性。

一、案由

本复审请求涉及申请日为1998年9月29日、优先权日为1997年9月29日、申请号为98125819.0、申请人为索尼公司、发明名称为“电子装置和电子装置电池”的发明专利申请（下称本申请）。

本申请原始公开的权利要求书如下：

“1. 一种电子装置，包括：

至少一对打开和关闭机械部分，用于相对于主机可打开和可关闭地支撑显示部分；和

电池，设置在所述一对打开和关闭机械部分之间，用于供给主机电驱动能量。

2. 如权利要求1的电子装置，其特征在于，所述一对打开和关闭机械部分相对于主机支撑着显示部分，使得显示部分可在大于180度的角度内打开和关闭。

3. 如权利要求1的电子装置，其特征在于，还包括用于可拆卸地把所述电池安装到主机上的连接机械部分。

4. 如权利要求1的电子装置，其特征在于，所述一对打开和关闭机械部分包括：第一打开和关闭机械部分，设置在主机的一侧端部和显示部分的一侧端部之间，用于相对于主机可打开和可关闭地

支撑显示部分；和第二打开和关闭机械部分，设置在主机的另一侧端部和显示部分的另一侧端部之间，用于相对于主机可打开和可关闭地支撑显示部分；其中所述电池设置在所述第一打开和关闭机械部分和第二打开和关闭机械部分之间。

5. 如权利要求1的电子装置，其特征在于，所述一对打开和关闭机械部分都包括圆柱形铰链机构；并且其中所述电池是具有基本上与所述铰链机构相同直径的圆柱形，所述铰链机构的旋转中心设置在从所述电池的轴线延长的直线上。

6. 如权利要求1的电子装置，其特征在于，一个或两个所述打开和关闭机械部分包括可以导热的铰链机构，使得通过所述一个或多个铰链机构，在主机壳体中产生的热量可以向显示部分壳体传递。

7. 如权利要求6的电子装置，其特征在于，主机壳体和显示部分壳体都是由高热传导性的材料制成，并且主机壳体中产生的热量通过所述一个或两个铰链机构向显示部分壳体传递。

8. 如权利要求3的电子装置，其特征在于，所述连接机械部分把所述电池机械地和电气地连接到主机上。

9. 如权利要求8的电子装置，其特征在于，所述连接机械部分包括电连接端子，所述电连接端子设置在所述电池和主机上，通过使在所述电池上的所述电连接端子与在主机上的所述电连接端子接触而使在所述电池上的电连接端子和在主机上的所述电连接端子电连接。

10. 如权利要求1的电子装置，其特征在于，显示部分包括液晶显示器。

11. 如权利要求1的电子装置，其特征在于还包括引导机械部分，当所述电池被安装到主机上和从主机上拆除时用于在所述电池的插入和拆除方向引导所述电池。

12. 如权利要求1的电子装置，其特征在于还包括：连接机械部分，用于可拆卸地把所述电池安装到主机上，并用于机械和电连接所述电池和主机；和引导机械部分，当所述电池安装到主机上和从主机上拆去时用于在所述电池的插入和拆除方向引导所述电池。

13. 如权利要求11的电子装置，其特征在于，所述引导机械部分包括：

第一引导机械部分，设置在所述电池的一端和所述第一打开和关闭机械部分之间；和第二引导机械部分，设置在所述电池的另一端和所述第二打开和关闭机械部分之间。

14. 如权利要求11的电子装置，其特征在于，所述引导机械部分包括凹槽和突起的结合，所述凹槽形成在所述电池的两端中，所述突起形成在对着所述电池的两端的所述打开和关闭机械部分的表面上，所述突起沿着对应的凹槽被引导和滑动。

15. 如权利要求11的电子装置，其特征在于，所述引导机械部分包括凹槽和突起的组合，所述凹槽形成在对着所述电池的两端的所述打开和关闭机械部分的表面中，所述突起形成在所述电池的两端上，所述突起沿着对应的凹槽引导和滑动。

16. 如权利要求1的电子装置，其特征在于，还包括用于把所述电池安装到主机上的固定机械部分。

17. 如权利要求16的电子装置，其特征在于，所述固定机械部分包括形成在所述电池上的安装部分和其中用于配合所述安装部分的凹口。

18. 如权利要求16的电子装置，其特征在于，所述固定机械部分设置在用于把所述电池可拆卸地安装到主机上的所述连接机械部分的附近。

19. 如权利要求16的电子装置，其特征在于，所述固定机械部分和用于可拆卸地安装所述电池的所述连接机械部分在主机和所述电池的接触表面上成一行设置。

20. 一种电子装置，包括：

至少一对打开和关闭机械部分，用于相对于主机可打开和可关闭地支撑显示部分；和

主机侧连接机械部分，设置在所述一对打开和关闭机械部分之间，用于把供给电驱动能量的电池可拆卸地安装到主机上。

21. 如权利要求20的电子装置，其特征在于，所述一对打开和关闭机械部分相对于主机支撑显示部分，从而在所述电池安装到主机上时使显示部分以大于180度的角度可打开和可关闭。

22. 一种电子装置电池，安装到设置在相对于主机可打开和可关闭地支撑显示部分的至少一对打开和关闭机械部分之间的主机侧连接机械部分上，所述电子装置电池包括可拆卸地配合在所述主机侧连接机械部分中的电池侧连接机械部分。

23. 如权利要求22的电子装置电池，其特征在于，所述电子装置电池形成为具有基本上与构成一对打开和关闭机械部分的圆柱形铰链机构相同的直径的圆柱形，并安装到主机上，使得铰链机构的旋转中心位于所述电子装置电池的圆柱形状的轴线的延长线上。

24. 如权利要求22的电子装置电池，还包括电池侧引导机械部分，当所述电子装置电池安装到主机上和从主机上拆除时用于在其插入和拆除方向引导所述电子装置电池。

25. 如权利要求22的电子装置电池，还包括电池侧固定机械部分，用于把安装到主机上的所述电子装置电池固定住。”

在实质审查过程中，实质审查部门于2002年12月20日发出了第一次审查意见通知书，指出：权利要求1、20、22相对于对比文件1（US5243549A，公开日为1993年9月7日）不符合专利法第二十二条第二款有关新颖性的规定；权利要求21、23～25相对于对比文件1和对比文件2（CN1090075A，公开日为1994年7月27日）的结合而言，不符合专利法第二十二条第三款有关创造性的规定；在权利要求1不具备新颖性而不能成立时，权利要求2～5、8～19与权利要求6、7无单一性，不符合专利法第三十一条第一款的规定。其主要理由是：

1. 权利要求1请求保护一种电子装置，而对比文件1（参见摘要、第2栏65行至第3栏24行、第3栏46行至第4栏5行）公开了如下技术特征：一种便携式计算机，包含主体部分（附图标记2）和带有显示单元的上盖部分（附图标记4）通过一对铰链部分（附图标记6a和6b）可旋转地连接，在一对铰链部分之间有一个在其中放置电池的电池腔（batterychamber，附图标记14），该电池腔可以与主体部分分离。由此可见，对比文件1公开了权利要求1的全部技术特征，权利要求1不具备新颖性。

2. 权利要求20要求保护一种电子装置，权利要求22请求保护一种电子装置电池，参见以上对权利要求1的描述可知，对比文件1公开了其全部技术特征，由此可见权利要求20、22不具备新颖性。

3. 权利要求21中的附加技术特征限定显示部分可以以大于180度的角度打开和关闭。对比文件2是一篇与其相近领域的对比文件，其中公开了一种具有可转动显示头的电子设备，其中（参见说明书第5也第2～3段、附图1、说明书第8页第2行至第9页第一段，图6－8）的机械连接部分允许可转动显示壳110相对于接收机的前壳和后壳绕圆柱形轴旋转，LCD112随可转动显示壳110一起旋转，而且可以是任意角度。由此可见，机械连接部分在本发明中所起的作用与它在对比文件2中所起的作用相同，对本领域普通技术人员来说，在对比文件1的基础上结合对比文件2得出该权利要求请求保护的技术方案，是显而易见的，因此权利要求21不具备创造性。

4. 权利要求23～25对权利要求22作了进一步限定。在对比文件2中公开了以下特征：电池116（参见图1、3、6－9）为圆柱形，并且与其连接作用的滚花圈402、滚花旋钮的直径基本相同，并且它们绕轴111旋转，而且（参见图3及说明书第6页第3段）在可转动显示壳的壁上有开口313，以

方便安装和拿出电池，在可转动显示壳 110 内壁上压制有第一和第二电池夹持卡圈 902、904（参见说明书第 8 页最后一段至第 9 页第一段，及附图 9）。由此可见，权利要求 23 ~25 的附加技术特征全部在对比文件 2 中公开了，而且各特征在本发明所起的作用与它们在对比文件 2 所起的作用相同，所以在对比文件 1 的基础上结合对比文件 2 得出权利要求 23 ~25 请求保护的技术方案对本领域技术人员来说是显而易见的，所以它们不具备创造性。

针对第一次审查意见通知书，申请人于 2003 年 7 月 3 日提交了意见陈述书以及权利要求书和说明书的修改文本，其中修改了原权利要求 1，并对说明书技术方案部分作了相应的修改。新修改的权利要求 1 如下：

“1. 一种电子装置，包括：

主机（2）；

显示部分（3）；

至少一对打开和关闭机械部分（1A、1B），将主机（2）的后端和显示部分（3）的后端连接在一起，并允许主机和显示部分围绕轴线（CLC）枢转地（R）打开和关闭；并且

电池（200），设置在所述一对打开和关闭机械部分（1A，1B）之间，用于供给主机（2）电驱动能量；其特征在于：

所述轴线（CLC）在所述电池（200）的纵轴线延长线上；并且

所述一对打开和关闭机械部分（1A，1B）和电池（200）垂直于轴线（CLC）的尺度（K）彼此相同，并且等于当显示部分（3）关闭到主机（2）上时显示部分和主机的总厚度（M）。”

实质审查部门以权利要求 20 ~25 未修改，权利要求 20、22 不符合专利法第二十二条第二款，权利要求 21、23 ~25 不符合专利法第二十二条第三款的规定为由，于 2005 年 1 月 7 日作出了驳回该专利申请的决定，其具体理由与第一次审查意见通知书相同。

申请人（下称请求人）对上述驳回决定不服，于 2005 年 2 月 25 日向国家知识产权局专利复审委员会提出复审请求，请求人同时提交了修改的权利要求书，其中修改了权利要求 20。其复审理由主要如下：

权利要求 20 与对比文件 1 的区别在于：所述轴线（CLC）在所述电池（200）的纵轴线延长线上；并且所述一对打开和关闭机械部分（1A，1B）和电池（200）垂直于轴线（CLC）的尺度（K）彼此相同，并且等于当显示部分（3）关闭到主机（2）上时显示部分和主机的总厚度（M）。对比文件 1 由于不具备上述特征，使得主机和显示部分打开时的弧线和电池中心不同心，造成缺陷；而对比文件 2 则和本申请并不相关，其没有本申请的相对于主机打开的显示部分，并且自然也没有主机和显示部分的总厚度等特征量，无法对本申请形成提示。因此，没有理由认为从对比文件出发不经过创造性的劳动就可以得出本申请的技术方案。修改后的权利要求 20 如下：

“20. 一种电子装置，包括：

主机（2）；

显示部分（3）；

至少一对打开和关闭机械部分（1A，1B），将主机（2）的后端和显示部分（3）的后端连接在一起，并允许主机和显示部分围绕轴线（CLC）枢转地（R）打开和关闭；并且

电池（200），设置在所述一对打开和关闭机械部分（1A、1B）之间，用于供给主机（2）电驱动能量；

其特征在于：

所述轴线（CLC）在所述电池（200）的纵轴线延长线上；并且

所述一对打开和关闭机械部分（1A，1B）和电池（200）垂直于轴线（CLC）的尺度（K）彼此相同，并且等于当显示部分（3）关闭到主机（2）上时显示部分和主机的总厚度（M）；和

主机侧连接机械部分，设置在所述一对打开和关闭机械部分之间，用于把供给电驱动能量的电池可拆卸地安装到主机上。”

在前置审查程序中，实质审查部门认为请求人未对权利要求 22 ~ 25 作任何修改，权利要求 22 ~ 25 仍然不符合专利法第二十二条的规定，因此仍坚持原驳回决定。

专利复审委员会依法成立合议组对本案进行复审。

合议组于 2006 年 7 月 13 日发出复审通知书，其中指出：权利要求 22 ~ 25 的主题名称为“一种电子装置电池”，但所述权利要求的技术特征只是限定了在主机上如何安装设置电池，均不是对电池本身的结构进行限定，另外，对该电池权利要求是利用并非属于电池结构的电子装置的结构特征来限定，这使得权利要求 22 ~ 25 不清楚，不符合专利法实施细则第二十条第一款。另外，本申请的发明目的是消除由于外装型电池组的存在而妨碍电子装置的总厚度减少的所有因素，而且允许显示部分相对于主机以大于 180 度的角度打开和关闭，并不涉及电池本身的改进，因此，建议请求人将要求保护电池的权利要求 22 ~ 25 删除。

请求人于 2006 年 8 月 28 日对上述复审通知书作出答复，并提交了权利要求书修改替换页，其中删除了权利要求 22 ~ 25。

至此，合议组认为本案事实清楚，可以作出本复审请求审查决定。

二、决定的理由

（一）复审决定所依据的文本。

请求人在答复复审通知书时提交了修改的权利要求书，上述修改符合专利法第三十三条和专利法实施细则第六十条第一款的规定，因此，本复审决定所依据的文本是请求人于 2006 年 8 月 28 日提交的权利要求第 1 ~ 21 项、2003 年 7 月 3 日提交的说明书第 1 ~ 14 页、1998 年 9 月 29 日提交的说明书附图第 1 ~ 16 页、说明书摘要和摘要附图。

（二）关于新颖性和创造性。

新颖性，是指在申请日以前没有同样的发明或者实用新型在国内外出版物上公开发表过、在国内公开使用过或者以其他方式为公众所知，也没有同样的发明或者实用新型由他人向国务院专利行政部门提出过申请并且记载在申请日以后公布的专利申请文件中。

创造性，是指同申请日以前已有的技术相比，该发明有突出的实质性特点和显著的进步，该实用新型具有实质性特点和进步。

合议组评判本申请的权利要求书时所采用的对比文件与实质审查过程中所引用的对比文件相同（即，对比文件 1：US5243549A，公开日为 1993 年 9 月 7 日；对比文件 2：CN1090075A，公开日为 1994 年 7 月 27 日）。

1. 权利要求 20 具备新颖性和创造性。

本申请涉及电子装置，它能消除由于使用了外部安装型电池而妨碍电子装置厚度的减少的所有因素，并具有能相对于其主机以大于 180 度的度数打开和关闭的显示部分。

权利要求 20 要求保护一种电子装置，包括如下技术特征：

A. 主机（2）；

B. 显示部分（3）；

C. 至少一对打开和关闭机械部分（1A，1B），将主机（2）的后端和显示部分（3）的后端连接在一起，并允许主机和显示部分围绕轴线（CLC）枢转地（R）打开和关闭；并且

D. 电池（200），设置在所述一对打开和关闭机械部分（1A、1B）之间，用于供给主机（2）电驱动能量；其特征在于：

E. 所述轴线（CLC）在所述电池（200）的纵轴线延长线上；并且

F. 所述一对打开和关闭机械部分（1A，1B）和电池（200）垂直于轴线（CLC）的尺度（K）彼此相同，并且等于当显示部分（3）关闭到主机（2）上时显示部分和主机的总厚度（M）；和

G. 主机侧连接机械部分，设置在所述一对打开和关闭机械部分之间，用于把供给电驱动能量的电池可拆卸地安装到主机上。

对比文件1公开了枢轴安装显示器的便携式计算机，目的是提供更大尺寸并易于观看的显示器单元，包括如下技术特征（参见摘要、第2栏65行至第3栏24行、第3栏46行至第4栏5行）：一种便携式计算机，包含主体部分（2）和带有显示单元的上盖部分（4）通过一对铰链部分（6a和6b）可旋转地连接，在一对铰链部分之间有一个在其中放置电池的电池腔（14），该电池腔可以与主体部分分离。

由此可见，首先，对比文件1与本申请所要解决的技术问题不相同；其次，对比文件1公开了权利要求20的技术特征A、B、C、D和G，而权利要求20中的技术特征E、F未被对比文件1公开，由于上述区别技术特征E、F既不是本技术领域中惯用手段的直接置换，而且也不能直接唯一地从对比文件1中导出，因此权利要求20相对于对比文件1具备专利法第二十二条第二款所规定的新颖性。

由以上关于新颖性的分析可知，权利要求20与对比文件1的区别在于对比文件1未公开权利要求20中的技术特征E、F。由于权利要求20的技术方案中采用了具有技术特征E、F的电池，使得此电子装置在采用外部安装型电池的同时，显示部分和主机的总厚度（M）等于电池垂直于轴线的尺度（K），从而获得了减少此电子装置的厚度的有益效果。因此，本领域普通技术人员在对比文件1的基础上需要付出创造性的劳动才能得出权利要求20所要求保护的技术方案，权利要求20相对于对比文件1具有突出的实质性特点和显著的进步，符合专利法第二十二条第三款有关创造性的规定。

对比文件2公开了一种用于电子设备的可转动的显示头，其与本申请涉及不同的技术领域，所要解决的技术问题也不相同，同时也未公开权利要求20的特征E、F，因此，即使在对比文件1的基础上结合对比文件2，本领域普通技术人员仍然需要付出创造性的劳动才能得出权利要求20所要求保护的技术方案，因此权利要求20相对于对比文件1和对比文件2的结合符合专利法第二十二条第三款有关创造性的规定。

2. 权利要求21具备创造性。

权利要求21是权利要求20的从属权利要求，是对权利要求20的进一步限定，在权利要求20相对于对比文件1和对比文件2的结合具备创造性的情况下，权利要求21相对于对比文件1和对比文件2的结合也符合专利法第22条第3款有关创造性的规定。

3. 鉴于权利要求20、21具备新颖性和创造性，并且请求人在答复复审通知书时删除了权利要求22～25，因此修改后的权利要求1～21克服了原驳回决定和复审通知书所指出的缺陷。

三、决定

撤销国家知识产权局于2005年1月7日对申请号为98125819.0的发明专利申请所作出的驳回决定，以请求人于2006年8月28日提交的权利要求第1～21项、2003年7月3日提交的说明书第1～14页、1998年9月29日提交的说明书附图第1～16页、说明书摘要和摘要附图为基础，由实质审查部门继续进行审批程序。

本复审决定作出后复审请求人不服本决定的，应当根据专利法第四十一条第二款的规定在收到复审决定之日起三个月内向人民法院起诉；在规定的期限内未起诉或者人民法院的生效判决维持本复审决定的，复审程序终止。

251

感应温包案

复审请求审查决定（第9382号）

决　定　号　第9382号
决　定　日　2006年8月22日
发明创造名称　感应温包
国际分类号　G05D 23/02
复审请求人　蔡裕敏
申　请　号　200310118486.0
申　请　日　2003年12月19日
公　开　日　2004年12月8日
合议组组长　李　隽
主　审　员　张　华
参　审　员　柴爱军

法律依据　专利法第二十二条第三款
决定要点

权利要求1~2所要求保护的技术方案与所述对比文件相比较具有突出的实质性特点和显著的进步，对于本领域的普通技术人员来说不是显而易见的，因此，它具有专利法第二十二条第三款规定的创造性。

一、案由

本复审请求涉及名称为“感应温包”的200310118486.0号发明专利申请（下称本申请），申请人为蔡裕敏，申请日为2003年12月19日，公开日为2004年12月8日。

国家知识产权局实质审查部门于2005年3月4日发出了第一次审查意见通知书，指出：(1)对比文件1（CN2364544Y）公开了权利要求1中壳体、柱塞、推杆、膜片等的大部分技术特征，权利要求1与对比文件1相比，区别技术特征在于：柱塞通过垫片与推杆连为一体。但是，该区别技术特征为本领域普通技术人员常用技术手段，因此，权利要求1相对于对比文件1不具备创造性。(2)权利要求2~3的附加技术特征已经被对比文件1所公开，在其引用的独立权利要求1不具备创造性的情况下，从属权利要求2~3也不具备创造性。

申请人于2005年3月17日针对上述审查意见陈述了意见，并提交了权利要求书替换页，将权利要求2删除，将原权利要求3上升为权利要求2，申请人认为：对比文件1与本申请的应用领域不同，对比文件1中温控开关用于轿车冷却风扇，而本专利是用于控制锅炉高压蒸汽输送管道通往暖气包的蒸汽量；技术结构也不相同，对比文件1包括阳极板和阴极板等其他部件，而本申请不存在这方面的结构内容。因此，权利要求1~2相对于对比文件1具备创造性。

国家知识产权局于2005年5月13日以本申请不符合专利法第二十二条第三款规定的创造性为由

驳回了申请。被驳回的权利要求书如下：

“1. 一种感应温包，包括有壳体（6）、柱塞（3）和推杆（1），所述壳体（6）的容腔内设有温度感应工质（7），其特征是在壳体（6）的中部设有一凹槽（5），所述凹槽（5）其下部为感应工质（7），其上部为一柱塞（3），所述柱塞（3）通过垫片（2）与推杆（1）连为一体，所述感应工质（7）与柱塞（3）的分界面上装有一膜片（4）。

2. 如权利要求1所述的感应温包，其特征在于与柱塞（3）连为一体的推杆（1）在壳体罩（8）的中空部位滑动配合。”

驳回决定的具体驳回理由为：（1）对比文件1（CN2364544Y）公开了权利要求1中壳体、柱塞、推杆、膜片等的大部分技术特征，权利要求1与对比文件1相比，区别技术特征在于：柱塞通过垫片与推杆连为一体。但是，该区别技术特征为本领域普通技术人员常用技术手段，因此，权利要求1相对于对比文件1不具备创造性。（2）从属权利要求2的附加技术特征已经被对比文件1所公开，在其引用的独立权利要求1不具备创造性的情况下，从属权利要求2也不具备创造性。（3）对比文件1与本申请都是属于温度自动控制领域，由对比文件1公开的用于汽车的温控开关本领域的普通技术人员同样能够想到将其用于控制锅炉高压蒸汽输送管道通往暖气包的蒸汽流量。（4）虽然对比文件1公开的用于轿车的温控开关要在顶杆上部有一些别的结构，但申请人并不是要求保护顶杆上部的结构，而对比文件1顶杆下的结构足以破坏本申请的创造性。

申请人蔡裕敏（下称复审请求人）对上述驳回决定不服，于2005年8月15日向专利复审委员会提出了复审请求，请求复审的主要理由如下：权利要求1相对于对比文件1其区别技术特征在于：1）壳体的中部设有凹槽；2）柱塞通过垫片与推杆连为一体。区别技术特征1所述凹槽结构使得膜片能在壳体中水平铺开，因此当中介质膨胀时所产生的压力在膜片上无损失，提升了感应温包的灵敏性；区别技术特征2中的垫片由于弹性好，当介质温度降低时，推杆的回程会首先与垫片接触，并产生一缓冲，当温度变化微小时无需再通过柱塞来推动膜片，这样膜片的动作次数减少，则延长了膜片的使用寿命。

经形式审查合格后，专利复审委员会受理了该复审请求，并于2005年10月25日向复审请求人发出复审请求受理通知书，同时向原实质审查部门发出前置审查通知书。

原实质审查部门对本复审请求进行了前置审查，原实质审查部门坚持驳回决定。

专利复审委员会依法成立合议组，认真研究了国家知识产权局作出的驳回决定、请求人提交的意见陈述书后，认为本案事实已经清楚，可以依法作出审查决定。

二、决定的理由

1. 审查文本

由于请求人在提复审请求时未提交修改文本，因此，本案审理依据的文本为驳回决定所针对的文本：2003年12月19日提交的说明书摘要、摘要附图、说明书第1~2页、说明书附图第1页；2005年3月17日提交的权利要求第1~2项。

2. 关于权利要求1~2是否具备创造性的问题

专利法第二十二条第三款规定，创造性，是指同申请日之前已有的技术相比，该发明有突出的实质性特点和显著的进步，该实用新型有实质性特点和进步。

本申请权利要求1要求保护一种感应温包。对比文件1（CN2364544Y，授权公告日为2000年2月16日）涉及一种温控开关，通过感温石蜡感温，发生体积变化，并通过顶杆转换为位移，推动开关工作，具体公开了以下技术特征（见说明书第1页倒数第2段、说明书第2页倒数第2、3段、说明书第3页倒数第1段、附图1）：包括开关、顶杆和感温器；顶杆包括绝缘头21、金属杆22、橡胶塞 23（该金属杆即相当于权利要求 1 中的推杆）；感温器由盖 31、密封碗 32、壳体 33 和感温石蜡 34 组成，密封碗的下部为感温石蜡，上部为橡胶塞（所述壳体即相当于权利要求 1 中的壳体、感温石蜡即相当于权利要求 1 中的温度感应工质，橡胶塞即相当于权利要求 1 中的柱塞）；顶杆 2 装在盖 31 的内孔中，并可在内孔中滑动，一端顶着跷板 19，另一端压着密封碗 32（该密封碗作用大致相当于权利要求 1 中的膜片，都是用于传递压力）。

由此可见，对比文件 1 公开了权利要求 1 中的大部分技术特征，权利要求 1 与对比文件 1 相比，区别技术特征在于：1）壳体中部设有一凹槽；2）柱塞通过垫片与推杆连为一体；3）感应工质与柱塞之间的部件结构有所不同，本申请是膜片，而对比文件是密封碗。

关于区别技术特征 1）和 3），所述凹槽结构使得膜片能在壳体中水平铺开，因此当中介质膨胀时所产生的压力作用在膜片上，膜片直接将压力传递到柱塞上，由于膜片是水平铺开的，因此在膜片上无损失，提升了感应温包的灵敏性。而对比文件 1 中密封碗是锥形固定，其在中介质膨胀时传递的压力是有损失的，有一部分压力会分散到密封碗的侧壁上，因此，其传递压力时的灵敏度会降低。

关于区别技术特征 2），由于柱塞和推杆间垫片弹性好，在介质温度降低时，推杆的回程会首先与垫片接触，由于垫片的弹性会产生一缓冲，所以当温度变化微小时，无需再通过柱塞来推动膜片，这样膜片的动作次数减少，因此延长了膜片的使用寿命。

综上，权利要求 1 所要求保护的技术方案与所述对比文件 1 相比较具有突出的实质性特点和显著的进步，对于本领域的普通技术人员来说不是显而易见的，因此，它具有专利法第二十二条第三款规定的创造性。

权利要求 2 是权利要求 1 的从属权利要求，在其引用的独立权利要求 1 具备创造性的情况下，从属权利要求 2 也具备创造性。

三、决定

撤销国家知识产权局于 2005 年 5 月 13 日对 200310118486. 0 号发明专利申请作出的驳回决定。

由原实质审查部门以驳回决定所依据的文本为基础继续进行审批程序。

252

多用途键盘案

复审请求审查决定（第9387号）

决　　定　　号　第9387号
决　　定　　日　2006年7月28日
发明创造名称　多用途键盘
国 际 分 类 号　HO3M 11/00　G09G 5/00　B41J 5/08
复 审 请 求 人　埃迪仲公司
申　　请　　号　00811250.9
申　　请　　日　2000年8月3日
优 先 权 日　21999年8月6日
公　　开　　日　2002年12月11日
合 议 组 组 长　石　竞
主　　审　　员　王伟艳
参　　审　　员　胡文辉

法 律 依 据　专利法第二十二条第三款
决 定 要 点

如果权利要求的技术方案与对比文件存在区别技术特征，但现有技术给出将上述区别技术特征应用到对比文件的技术启示，亦即该区别技术特征的引入并未给本申请权利要求的技术方案带来突出的实质性特点和显著的进步，则该权利要求不具备专利法第二十二条第三款规定的创造性。

一、案由

本复审请求涉及申请日为2000年8月3日，优先权日为1999年8月6日，进入国家阶段日期为2002年2月4日，名称为“多用途键盘”的发明专利申请（下称本申请），其申请号为00811250.9，申请人是奥姆尼保德股份有限公司，2003年1月3日变更为埃迪仲公司。

本申请于2002年12月11日公开后，根据申请人的请求，国家知识产权局实质审查部门依法对其进行了实质审查，并于2003年8月8日发出第一次审查意见通知书，指出：权利要求1～7、9～11相对于对比文件1US5865546A不具备创造性，不符合专利法第二十二条第三款的规定，权利要求8不符合专利法实施细则第二十条第一款的规定。

针对上述审查意见通知书，申请人于2003年12月23日提交了意见陈述书和权利要求书替换页，但未对权利要求书作出实质修改。申请人认为权利要求1的技术方案与对比文件1所公开的技术方案相比，其区别至少有两点：第一，本申请的可拆装部件是由一组特定键组成一个整体并与专用软件程序唯一地相关；第二，本申请的标识数据（ID）是与上述的专用软件应用相关的并且存储在键盘可拆装部分的数据存储装置中，通过实体接触法等方法实现对ID的检测，而对比文件1中的ID与每个输入装置模块相关联，并且是通过针孔来实现检测的。上述区别特征并非是本领域的公知常识，对本领域的技术人员而言也非显而易见的，因此，权利要求1具备创造性。相应地，权利要求8也具备创造性。在权利要求1、8具备创造性的前提下，其从属权利要求也具备创造性。

2004年9月17日，国家知识产权局驳回了上述发明专利申请。驳回理由是权利要求1不符合专利法第二十二条第三款的规定，驳回决定所依据的对比文件是：US5865546A（下称对比文件1，其公开日为1999年2月2日），所针对的文本是进入中国国家阶段时提交的国际申请文件的说明书第1～8页，2002年5月20日提交的附图第1～6页，2002年6月14日提交的说明书摘要，2003年12月23日提交的修改文本的权利要求第1～11项，其中的权利要求1、6、8如下：

"1. 一种用作主计算机输入装置的键盘，上述计算机能执行一种或多种软件应用，其特征在于，所述键盘包含：

由一组特定键组成的可拆装部件，每个键均有接触头并由底座保持，上述可拆装部件与专用软件应用唯一地相关联，利用上述特定键在上述主计算机执行专用软件应用，上述可拆装部件可选择由数据连接装置和数据存储装置组成，数据存储装置含有与上述专用软件应用有关的标识数据（ID）；

固定部件，上述可拆装部件安装在该固定部件，所述固定部件包含：

I）一组触点，每个触点对应于零或者更多上述可拆装部件的接触头，以接收输入数据；

II）读出装置，从上述数据存储装置读出上述ID；

III）从上述读出装置连到上述数据连接装置的第一数据连接器；以及

IV）接到上述计算机的第二数据连接器，用于将上述读出装置输出的上述ID和上述触点输出的输入数据传到上述主计算机，一旦将上述可拆装部件安装到固定部件，就让上述主计算机执行上述专用软件应用。"

"6. 一种用作主计算机的输入装置的系统，包含：

用作主计算机输入装置的键盘，上述计算机能执行一种或多种软件应用，其特征在于，所述键盘包含：

由一组特定键组成的可拆装部件，每个键均有接触头并由底座保持，上述可拆装部件与专用软件应用相关联，利用上述特定键在上述主计算机执行专用软件应用，上述可拆装部件由数据连接装置和数据存储装置组成，数据存储装置含有与上述专用软件应用有关的标识数据（ID）；

固定部件，上述可拆装部件被安装在该固定部件，该固定部件包含：

I）一组触点，每个触点对应于零或者多个上述可拆装部件的接触头，以接收输入数据；

II）读出装置，从上述数据存储装置读出上述ID；

III）从上述读出装置连到上述数据连接装置的第一数据连接器；以及

IV）接到上述主计算机的第二数据连接器，用于将上述读出装置输出的上述ID和上述触点输出的输入数据传到上述主计算机，一旦将上述可拆装部件安装到固定部件，就让上述主计算机执行上述专用软件应用；

软件单元，用来读出上述ID及执行一个或多个节目和/或一个或多个应用和/或一个或多个预定操作，上述软件驻留在上述主计算机并由上述计算机执行，上述节目，应用和预定操作均与上述ID有关。"

"8. 一种将键盘接到主计算机的方法，包含：

a）提供用于主计算机输入装置的键盘，所述计算机能执行一种或多种软件应用，该键盘包含：

由一组特定键组成的可拆装部件，每个键均有接触头并由底座保持，上述可拆装部件与专用软件应用唯一地相关联，利用上述特定键在上述主计算机执行专用软件应用，所述可拆装部件由数据连接装置和数据存储装置组成，数据存储装置含有与上述专用软件应用有关的标识数据（ID）；

固定部件，所述可拆装部件被安装在该固定部件，所述固定部件包含：

I）一组触点，每个触点对应于零或者多个上述可拆装部件的接触头，以接收输入数据；

II）读出装置，从上述数据存储装置读出上述 ID；

III）从上述读出装置连到上述数据连接装置的第一数据连接器；以及

IV）接到上述主计算机的第二数据连接器，用于将上述读出装置输出的上述 ID 和上述触点输出的输入数据传送到上述主计算机，一旦将上述可拆装部件安装到固定部件，就让上述主计算机执行专用软件应用；

b）提供软件单元，用来读出上述 ID 及执行一个或多个节目和/或一个或多个应用和/或一个或多个预定操作，上述软件单元驻留在所述主计算机并由上述主计算机执行，所述节目、应用和预定操作均与上述 ID 有关；

c）一旦将上述可拆装部件安装到上述固定部件，通过接触方式在可拆装部件和固定部件间进行连接；

d）由所述读出装置读出上述 ID；

e）经由上述连接将上述 ID 从上述键盘传送到上述主计算机；

f）执行一种或多种节目和/或一种或多种应用和/或一种或多种预定操作，上述节目，应用和预定操作均与上述 ID 有关。"

审查员在驳回决定中指出的主要内容为：（1）权利要求 1 请求保护一种多用途键盘，对比文件 1 公开了一种用于计算机系统的标准键盘，并公开了权利要求 1 技术方案的大部分技术特征，权利要求 1 与对比文件 1 的区别在于，权利要求 1 中的可拆装部件是由一组特定键组成的一个整体，对比文件 1 中的输入装置模块分别独立安装在键盘底座上，而该区别技术特征为公知常识，因此，权利要求 1 不具备创造性，不符合专利法第二十二条第三款的规定。

（2）针对申请人意见陈述所述的两点区别技术特征，审查员认为对于区别点一，对比文件 1 给出了将输入装置模块作为一个整体安装在键盘底座上的技术启示。对于区别点二，无论是通过实体接触法、光电法等方法在固定部分实现对 ID 的检测还是用针孔来检测 ID 均是本领域常用手段。权利要求 1 请求保护的技术方案相对于对比文件 1 和公知常识不具备创造性。

申请人（下称复审请求人）对上述驳回决定不服，于 2005 年 1 月 4 日向专利复审委员会提出复审请求。复审请求人在提出复审请求时未修改权利要求，其主要观点如下：

（1）对比文件 1 的发明的目的是提供一种模块化的键盘组件，允许用户更换输入装置模块，其并未给出将各个输入装置模块作为一个整体安装在键盘底座上的技术启示。（2）对比文件 1 中，每个输入装置模块有一个 ID，用于确定与键盘组件耦合的各个输入装置模块的类型。本申请权利要求 1 中，可拆装部件与专用软件程序唯一的相关，与专用软件唯一地相关的 ID 被存储在可拆装部件的数据存储装置中并通过固定部分中的读出器以不同的方式被检测出，因此，二者含义不同，技术效果也不同。（3）本申请请求保护的发明点在于该键盘具有与专用软件程序唯一地相关的识别数据（ID）。

经形式审查合格后，专利复审委员会受理了该请求，并于 2005 年 3 月 2 日向复审请求人发出复审请求受理通知书，同时向原实质审查部门发出前置审查通知书。在前置审查意见书中，原实质审查部门认为：（1）复审请求人的第一点意见陈述只是引用了对比文件 1 的发明目的，并没有针对审查员在驳回意见通知书指出的理由作出答复。对比文件 1 的发明的目的没有公开的技术启示并不代表对比文件没有公开技术启示（2）对比文件 1 和本申请的 ID 含义相同，都是标识符，只是对应的应用程序或功能有可能不同，对比文件 1 和本申请产生的技术效果都是用专用键在计算机上执行专用的计算机应用，两者的技术效果并无不同，因此，仍然坚持原驳回理由。

在此基础上，专利复审委员会依法成立合议组对本案进行审查。合议组于2005年10月31日向复审请求人发出复审通知书，指出的主要内容为：权利要求1请求保护一种用作主计算机输入装置的键盘，对比文件1公开了一种模块化键盘，并明示或隐含地公开了权利要求1中的可拆装部件等大部分技术特征。权利要求1与对比文件1的区别在于：（1）权利要求1中的可拆装部件是由一组特定键组成的一个整体，固定部件上有一组触点，每个触点对应于零或者更多可拆装部件的接触头，对比文件1的输入装置模块分别独立安装在键盘底座上，二者通过连接器电连接；（2）权利要求1的ID是存储在数据存储装置中，对比文件1是通过针脚的逻辑电平值来提供的。对于区别特征（1），对比文件1给出了将各个输入装置模块作为一个整体，即可拆装部件，安装在键壳上的技术启示。无论触点连接还是连接器连接均是本领域的公知常识。对于区别技术特征（2），无论是通过连接器针脚电平或者通过IC电路存储ID等方式都是本领域公知的常识。权利要求1相对于对比文件1和公知常识不具备创造性。相应地，权利要求6、8不具备创造性，从属权利要求2～5、7也不具备创造性。权利要求9～11不符合专利法实施细则第二十条第三款的规定。

对于权利要求1中的“专用软件应用”，合议组认为具备包含驱动软件在内的含义。即使复审请求人将其明确为除驱动软件外其他类型的软件，权利要求1也不具备创造性。另外，针对复审请求人意见陈述书中所陈述的主张，合议组一一进行了评述，说明了对其主张不予支持的具体理由。

针对上述复审通知书，复审请求人于2005年12月15日提交了意见陈述书，其主要观点为：（1）对比文件1并未公开权利要求1中的特征“键盘中的可拆装部分与专用软件应用唯一地相关联”以及“利用上述特定键在上述主计算机执行专用软件应用”。（2）对比文件1并未揭示权利要求1的特征数据存储装置含有与在所述主计算机上运行的上述专用软件应用有关的标识数据（ID）。同时复审请求人还提交了权利要求书替换页，其中修改了权利要求1、6、8，删除了权利要求9～11，修改后的权利要求书内容如下：

“1. 一种用作主计算机输入装置的键盘，上述计算机能执行一种或多种软件应用，其特征在于，所述键盘包含：

由一组特定键组成的可拆装部件，每个键均有接触头并由底座保持，上述可拆装部件与专用软件应用唯一地相关联，利用上述特定键在上述主计算机执行专用软件应用，上述可拆装部件可选择由数据连接装置和数据存储装置组成，数据存储装置含有与在所述主计算机上运行的上述专用软件应用有关的标识数据（ID）；

固定部件，上述可拆装部件安装在该固定部件，所述固定部件包含：

I）一组触点，每个触点对应于零或者更多上述可拆装部件的接触头，以接收输入数据；

II）读出装置，从上述数据存储装置读出上述ID；

III）从上述读出装置连到上述数据连接装置的第一数据连接器；以及

IV）接到上述计算机的第二数据连接器，用于将上述读出装置输出的上述ID和上述触点输出的输入数据传送到上述主计算机，一旦将上述可拆装部件安装到固定部件，就让上述主计算机执行上述专用软件应用。

2. 如权利要求1所述的键盘，其特征在于，可由机械师移出可拆装部件即可更换上述读出装置，第一数据连接器和存储装置，每当上述可拆装部件被安装到上述固定部件，就将机械力加到上述固定部件中的预定接触点，上述机械力使得与特定键有关的ID，经预定时间间隔后经由上述第二数据连接器被传到上述主计算机。

3. 如权利要求1所述的键盘，其特征在于，可拆装部件是单一或者多个可拆叠的刚性部件。

4. 如权利要求1所述的键盘，其特征在于，通过电子手段和/或光电手段和/或机电手段和/或磁手段将上述ID嵌入上述识别装置。

5. 如权利要求1所述的键盘，其特征在于，键的配置与标准的101键键盘兼容。

6. 一种用作主计算机的输入装置的系统，包含：

用作主计算机输入装置的键盘，上述计算机能执行一种或多种软件应用，其特征在于，所述键盘包含：

由一组特定键组成的可拆装部件，每个键均有接触头并由底座保持，上述可拆装部件与专用软件应用唯一地相关联，利用上述特定键在上述主计算机执行专用软件应用，上述可拆装部件由数据连接装置和数据存储装置组成，数据存储装置含有与在所述主计算机上运行的上述专用软件应用有关的标识数据（ID）；

固定部件，上述可拆装部件被安装在该固定部件，该固定部件包含：

I）一组触点，每个触点对应于零或者多个上述可拆装部件的接触头，以接收输入数据；

II）读出装置，从上述数据存储装置读出上述ID；

III）从上述读出装置连到上述数据连接装置的第一数据连接器；以及

IV）接到上述主计算机的第二数据连接器，用于将上述读出装置输出的上述ID和上述触点输出的输入数据传送到上述主计算机，一旦将上述可拆装部件安装到固定部件，就让上述主计算机执行上述专用软件应用；

软件单元，用来读出上述ID及执行一个或多个节目和/或一个或多个应用和/或一个或多个预定操作，上述软件驻留在上述主计算机并由上述计算机执行，上述节目，应用和预定操作均与上述ID有关。

7. 如权利要求6所述的系统，其特征在于，所述预定操作是指设置上述主计算机。

8. 一种将键盘接到主计算机的方法，包含：

a）提供用于主计算机输入装置的键盘，所述计算机能执行一种或多种软件应用，该键盘包含：

由一组特定键组成的可拆装部件，每个键均有接触头并由底座保持，上述可拆装部件与专用软件应用唯一地相关联，利用上述特定键在上述主计算机执行专用软件应用，所述可拆装部件由数据连接装置和数据存储装置组成，数据存储装置含有与在所述主计算机上运行的上述专用软件应用有关的标识数据（ID）；

固定部件，所述可拆装部件被安装在该固定部件，所述固定部件包含：

I）一组触点，每个触点对应于零或者多个上述可拆装部件的接触头，以接收输入数据；

II）读出装置，从上述数据存储装置读出上述ID；

III）从上述读出装置连到上述数据连接装置的第一数据连接器；以及

IV）接到上述主计算机的第二数据连接器，用于将上述读出装置输出的上述ID和上述触点输出的输入数据传送到上述主计算机，一旦将上述可拆装部件安装到固定部件，就让上述主计算机执行专用软件应用；

b）提供软件单元，用来读出上述ID及执行一个或多个节目和/或一个或多个应用和/或一个或多个预定操作，上述软件单元驻留在所述主计算机并由上述主计算机执行，所述节目、应用和预定操作均与上述ID有关；

c）一旦将上述可拆装部件安装到上述固定部件，通过接触方式在可拆装部件和固定部件间进行连接；

d）由所述读出装置读出上述ID；

e）经由上述连接将上述ID从上述键盘传送到上述主计算机；

f）执行一种或多种节目和/或一种或多种应用和/或一种或多种预定操作，上述节目，应用和预定操作均与上述 ID 有关。”

复审请求人在意见陈述书中要求对本案进行口头审理，合议组根据本案案情于 2005 年 12 月 26 日向复审请求人发出了口头审理通知书，定于 2006 年 2 月 21 日对本案进行口头审理。在口头审理过程中，复审请求人对合议组成员变更无异议（参审员由高雪变更为胡文辉），无回避请求。复审请求人代理人在口审时未提交授权委托书，合议组根据案卷中的“著录项目变更书”记载的事项，准许其参加口头审理，但责令其在一个半月内补交授权委托书，并告知逾期未补交，视为未参加口头审理。请求人认为权利要求 1 与对比文件 1 存在以下四个区别技术特征：（1）上述可拆装部件与专用软件应用唯一地相关联。（2）数据存储装置含有与在所述主计算机上运行的上述专用软件应用有关的标识数据（ID）。（3）读出装置，从上述数据存储装置读出上述 ID。（4）上述读出装置输出的上述 ID 传送到上述主计算机。请求人认为权利要求 1 相对于对比文件 1 具备创造性，其中区别特征（2）和（3）是与区别特征（1）相呼应的。

复审请求人代理人于 2006 年 3 月 23 日补交了授权委托书。

在上述工作的基础上，合议组认为本案事实已经清楚，可以依法对本案作出审查决定。

二、决定的理由

1. 关于审查文本的认定

复审请求人于 2005 年 12 月 15 日提交的经修改的权利要求书符合专利法第三十三条及专利法实施细则第六十条的规定。因此，本复审决定依据的文本是复审请求人于 2005 年 12 月 15 日提交的权利要求第 1 ~ 8 项，进入中国国家阶段时提交的国际申请文件的说明书第 1 ~ 8 页以及说明书摘要，2002 年 6 月 14 日提交的摘要附图，2002 年 5 月 20 日提交的说明书附图第 1 ~6 页。

2. 关于专利法第二十二条第三款

根据专利法第二十二条第三款的规定，创造性是指同申请日以前已有的技术相比，该发明有突出的实质性特点和显著的进步。

权利要求 1 请求保护一种用作主计算机输入装置的键盘，对比文件 1 公开了一种用于计算机系统的模块化键盘，并具体公开了如下技术特征：该键盘包括多个输入装置模块 130、140、150 和键壳 102，这些输入装置模块可以被其他不同种类的键盘结构所替代，例如，130 模块可以为标准键盘、欧式键盘、微软视窗 95 键盘（即可拆装部件），尽管对比文件 1 未明示，但键盘每个键必然有接触头，并由底座保持（参见说明书第 3 栏第 41 行至第 61 行）；键壳上有键盘控制器 99，键盘控制器与计算机的主处理器相连，根据本领域的现有技术装载用于驱动输入装置模块的驱动程序，尽管对比文件 1 未明示，但其隐含地公开了在计算机上执行与其相对应的驱动软件（相当于权利要求 1 中的上述可拆装部件与专用软件应用唯一地相关连，利用上述特定键在上述主计算机执行专用软件的应用）（参见说明书第 5 栏第 45 行至第 6 栏第 24 行）。每个输入装置模块均有连接器与底座保持连接，连接器上两个或更多个针脚用于提供输入装置模块的识别码（ID）（说明书第 6 栏第 2 ~ 24 行），该识别码与其对应的驱动软件相关（即权利要求 1 中的与上述专用软件应用有关的标识数据 ID）；上述输入装置模块安装在键壳（即权利要求 1 中的固定部件）（参见说明书第 3 栏第 64 行至第 4 栏第 14 行）；该键壳包括连接器，每个连接器对应于输入模块的连接器，以接收数据，还包括键盘控制器 99，一旦将输入装置模块插入键壳，则读出输入装置模块的标识信息，以及包括接到计算机系统的电缆 125，用于将读出的上述 ID 和输入装置模块输出的数据传送到主计算机。（相当于权利要求 1 中的读出装置、第一数据连接器以及第二数据连接器）（参见说明书第 4 栏第 15 ~ 35 行，第 5 栏第 45 行至第 6 栏第 24 行）。

本申请权利要求1与对比文件1的区别在于：（1）权利要求1中的可拆装部件是由一组特定键组成的一个整体，固定部件上有一组触点，每个触点对应于零或者更多可拆装部件的接触头，对比文件1的输入装置模块分别独立安装在键盘底座上，二者通过连接器电连接；（2）权利要求1的ID是存储在数据存储装置中，对比文件1是通过针脚的逻辑电平值来提供的。根据对比文件1公开的内容，如果在键壳中插入全部新的组件，则相当于一种新的键盘模式，也就是相当于由一组特定键组成的整体的替换，因此，对比文件1给出了将各个输入装置模块作为一个整体，即可拆装部件，安装在键壳上的技术启示。而键的整体可拆装要求解决模块与键壳之间的数据交换，可以选择通过对比文件1公开的连接器方式或者本申请的触点连接方式，这两种方式都是本领域的常用的技术手段。另外，对于区别技术特征2来讲，本申请说明书也提到可以通过类似于将电路板插入计算机插槽的接触法来完成键盘唯一ID的检测，且无论是通过连接器针脚电平或者通过IC电路存储ID等方式都是本领域公知的常识。因此，在对比文件1的基础上结合公知常识得到权利要求1请求保护的技术方案，对本领域技术人员来讲是显而易见的，权利要求1不具备突出的实质性特点和显著的进步，不符合专利法第二十二条第三款有关创造性的规定。

对于权利要求1中的“专用软件应用”，尽管请求人将其修改为“在上述主计算机上运行的专用软件应用”，但由于驱动软件也在主计算机上运行，因此，合议组仍然认为其含义包含驱动软件。即使复审请求人将其明确为不同于驱动软件的应用软件，合议组认为此时本申请权利要求1与对比文件1的区别在于：（1）权利要求1中的可拆装部件是由一组特定键组成的一个整体，固定部件上有一组触点，每个触点对应于零或者更多可拆装部件的接触头，对比文件1的输入装置模块分别独立安装在键盘底座上，二者通过连接器电连接；（2）权利要求1的ID是存储在数据存储装置中，对比文件1是通过针脚的逻辑电平值来提供的。（3）权利要求1的可拆装部件与应用软件唯一地相关联，对比文件1的可替换模块与驱动软件唯一地相关联。对于前两个区别特征上文已经评述，对于区别特征（3），本领域的技术人员可从对比文件1的可替换模块与驱动软件唯一地相关，得到可替换模块与软件唯一地相关的技术启示，也就是说对比文件1给出了可拆装部分与应用软件唯一地关联的技术启示。从技术实现的角度来讲，ID和驱动软件相对应与ID与应用软件相对应的实现手段是相同的，本领域的技术人员，根据输入到计算机的键盘类型ID，不需要付出创造性的劳动，即可通过驻留在主计算机上的选择语句实现条件判断从而选择与上述ID对应的应用软件，实现可拆装部分与应用软件的唯一相关联。因此，此种情况下的权利要求1也不具备创造性。

对于复审请求人声称的“对比文件中，ID与驱动软件相关，本申请中，ID与专用软件相关，二者的ID含义不同”的主张，合议组认为，二者的ID均为标识符，作用相同，实现手段相同，故二者的ID的含义实质相同。因此，对复审请求人的该主张不予支持。

对于复审请求人声称的四点区别技术特征，即（1）上述可拆装部件与专用软件应用唯一地相关联。（2）数据存储装置含有与在所述主计算机上运行的上述专用软件应用有关的标识数据（ID）。（3）读出装置，从上述数据存储装置读出上述ID。（4）上述读出装置输出的上述ID传送到上述主计算机。合议组认为由于存在可拆装部分与应用软件相对应而不是与驱动软件相对应的区别，必然导致ID对应的程序不同，因此，合议组对后三点不予评述。

权利要求2对其引用的权利要求作出了进一步的限定，合议组认为，正如权利要求2附加技术特征所述，为了更换并识别可拆装部件，由机械师移出或安装可拆装部件，并通过施加机械力的方法来识别键盘类型是本领域技术人员的常用手段。由此可见，现有技术给出了将该附加技术特征引入的技术启示，并且该附加技术特征的引入并未带来意想不到的技术效果，因此，在其所引用的权利要求1不具备创造性的情况下，从属权利要求2也不符合专利法第二十二条第三款有关创造性的规定。

权利要求3的附加技术特征为“可拆装部件是单一或者多个可拆叠的刚性部件”，合议组认为，正如权利要求3附加技术特征所述，为了便于贮存或携带，将其设计为可拆叠是本领域技术人员的常用手段。由此可见，现有技术给出了将该附加技术特征引入的技术启示，并且该附加技术特征的引入并未带来意想不到的技术效果，因此，在其所引用的权利要求1不具备创造性的情况下，从属权利要求3也不符合专利法第二十二条第三款有关创造性的规定。

权利要求4的附加技术特征为“通过电子手段和/或光电手段和/或机电手段和/或磁手段将上述ID，嵌入上述识别装置”，合议组认为，正如权利要求4附加技术特征所述，为了识别键盘ID，本领域技术人员常用电子手段、光电手段、机电手段、磁手段等来检测识别。由此可见，现有技术给出了将该附加技术特征引入的技术启示，并且该附加技术特征的引入并未带来意想不到的技术效果，因此，在其所引用的权利要求1不具备创造性的情况下，从属权利要求4也不符合专利法第二十二条第三款有关创造性的规定。

权利要求5的附加技术特征为“键的配置与标准的101键键盘兼容”，对比文件1还公开了：输入装置模块130可以被不同类型的键盘结构所替代，例如标准键盘、Windows95键盘等（参见说明书第3栏第55~59行）。由此可见，上述区别技术特征已被对比文件1所公开，并且对比文件1披露的该技术手段在对比文件1中所起的作用与上述区别特征的作用相同，因此，在其所引用的权利要求1不具备创造性情况下，从属权利要求5也不符合专利法第二十二条第三款有关创造性的规定。

权利要求6请求保护一种用作主计算机输入装置的系统，对比文件1公开了一种用于计算机系统的模块化键盘，并具体公开了如下技术特征：该键盘用作主计算机输入装置，该计算机能执行一种或多种软件应用，该键盘包括多个输入装置模块130、140、150和键壳102，这些输入装置模块可以被其他不同种类的键盘结构所替代，例如，130模块可以为标准键盘、欧式键盘、微软视窗95键盘（即可拆装部件），尽管对比文件1未明示，键盘每个键必然有接触头，并由底座保持（参见说明书第3栏第41行至第61行）；键壳上有键盘控制器99，键盘控制器与计算机的主处理器相连，根据本领域的现有技术装载用于驱动输入装置模块的驱动程序，尽管对比文件1未明示，但其隐含地公开了在计算机上执行与其相对应的驱动软件（相当于权利要求6中的上述可拆装部件与专用软件应用相关连，利用上述特定键在上述主计算机执行专用软件的应用）（参见说明书第5栏第45行至第6栏第24行）；每个输入装置模块均有连接器与底座保持连接，连接器上两个或更多个针脚用于提供输入装置模块的识别码（ID）（说明书第6栏第2~24行），该识别码与其对应的驱动软件相关（即权利要求6中的与上述专用软件应用有关的标识数据ID）；上述输入装置模块安装在键壳（即权利要求6中的固定部件）（参见说明书第3栏第64行至第4栏第14行）；该键壳包括连接器，每个连接器对应于输入模块的连接器，以接收数据，还包括键盘控制器99，一旦将输入装置模块插入键壳，则读出输入装置模块的标识信息以及包括接到计算机系统的电缆125，用于将读出的上述ID和输入装置模块输出的数据传送到主计算机（相当于权利要求6中的读出装置、第一数据连接器以及第二数据连接器）（参见说明书第4栏第15~35行，第5栏第45行至第6栏第24行）。

本申请权利要求6与对比文件1的区别在于：（1）权利要求6中的可拆装部件是由一组特定键组成的一个整体，固定部件上有一组触点，每个触点对应于零或者多个可拆装部件的接触头，对比文件1的输入装置模块分别独立安装在键盘底座上，二者通过连接器电连接；（2）权利要求6的ID是存储在数据存储装置中，对比文件1是通过针脚的逻辑电平值来提供的；（3）权利要求6的软件单元，用来读出上述ID及执行一个或多个节目和/或一个或多个应用和/或一个或多个预定操作，上述软件驻留在上述主计算机并由上述计算机执行，上述节目，应用和预定操作均与上述ID有关。

对于权利要求6中的专用软件应用，尽管请求人将其修改为“在上述主计算机上运行的专用软件应用"，但由于驱动软件也在主计算机上运行，因此，合议组仍然认为其含义包含驱动软件。即使复审请求人将其明确为不同于驱动软件的应用软件，合议组认为此时本申请权利要求6与对比文件1除存在上述区别之外，还存在区别特征（4）权利要求6的可拆装部件与应用软件唯一地相关联，对比文件1的可替换模块与驱动软件唯一地相关。

对于区别技术特征(1)(2)(4)，合议组在评述权利要求1时已经评述，对于区别技术特征（3），本领域的技术人员不需要付出创造性劳动，即可通过驻留在主计算机上的选择语句实现条件判断从而选择与上述ID对应的软件/节目/应用/操作，即实现上述ID与某类型软件/节目/应用/操作的相关联。因此，在对比文件1的基础上结合公知常识得到权利要求6请求保护的技术方案，对本领域技术人员来讲是显而易见的，权利要求6不具有突出的实质性特点和显著的进步，不符合专利法第二十二条第三款有关创造性的规定。

权利要求7的附加技术特征为"所述预定操作是指设置上述主计算机"，其所要解决的技术问题是，计算机读取ID，执行与之相关联的预定操作。本领域的技术人员在计算机读取了ID的情况下，不需要付出创造性劳动，即可通过驻留在主计算机上的选择语句实现条件判断从而选择与上述ID对应的设置上述主计算机的预定操作。由此可见，现有技术给出了将该附加技术特征引入的技术启示，并且该附加技术特征的引入并未带来意想不到的技术效果，因此，在其所引用的权利要求6不具备创造性时，权利要求7也不符合专利法第二十二条第三款有关创造性的规定。

权利要求8请求保护一种将键盘接到主计算机的方法，对比文件1公开了一种用于计算机系统的模块化键盘，并具体公开了如下技术特征：该键盘用作主计算机输入装置，该计算机能执行一种或多种软件应用，该键盘包括多个输入装置模块130、140、150和键壳102，这些输入装置模块可以被其他不同种类的键盘结构所替代，例如，130模块可以为标准键盘、欧式键盘、微软视窗95键盘（即可拆装部件），尽管对比文件1未明示，键盘每个键必然有接触头，并由底座保持（参见说明书第3栏第41行至第61行）；键壳上有键盘控制器99，键盘控制器与计算机的主处理器相连，根据本领域的现有技术装载用于驱动输入装置模块的驱动程序，尽管对比文件1未明示，但其隐含地公开了在计算机上执行与其相对应的驱动软件（相当于权利要求8中的上述可拆装部件与专用软件应用相关连，利用上述特定键在上述主计算机执行专用软件的应用）（参见说明书第5栏第45行至第6栏第24行）；每个输入装置模块均有连接器与底座保持连接，连接器上两个或更多个针脚用于提供输入装置模块的识别码（ID）（说明书第6栏第2～24行），该识别码与其对应的驱动软件相关（相当于权利要求8中的与上述专用软件应用有关的标识数据ID）；上述输入装置模块安装在键壳（即权利要求8中的固定部件）（参见说明书第3栏第64行至第4栏第14行）；该键壳包括包括连接器，每个连接器对应于输入模块的连接器，以接收数据，还包括键盘控制器99，一旦将输入装置模块插入键壳，则读出输入装置模块的标识信息，以及包括接到计算机系统的电缆125，用于将读出的上述ID和输入装置模块输出的数据传送到主计算机（相当于权利要求8中的读出装置、第一数据连接器以及第二数据连接器）（参见说明书第4栏第15～35行，第5栏第45行至第6栏第24行）。一旦将上述输入装置模块安装到键壳，通过杆状突起滑道106与凹槽131连接（相当于权利要求8中的c步骤），（参见说明书第4栏第6～14行）；二者电连接后，读出输入装置模块的ID，将上述ID输入到计算机（相当于权利要求8的d及e步骤）（参见说明书第5栏第45行至第6栏第24行）。

权利要求8与对比文件1的区别在于：（1）权利要求8中的可拆装部件是由一组特定键组成的一个整体，固定部件上有一组触点，每个触点对应于零或者多个可拆装部件的接触头，对比文件1的输入装置模块分别独立安装在键盘底座上，二者通过连接器电连接；（2）权利要求8的ID是存储在数据存储装置中，对比文件1是通过针脚的逻辑电平值来提供的；（3）权利要求8提供软件单元，用来读出上述 ID 及执行一个或多个节目和/或一个或多个应用和/或一个或多个预定操作，上述软件驻留在上述主计算机并由上述计算机执行，上述节目，应用和预定操作均与上述 ID 有关。

对于权利要求 8 中的专用软件应用，尽管请求人将其修改为“在上述主计算机上运行的专用软件应用”，但由于驱动软件也在主计算机上运行，因此，合议组仍然认为其含义包含驱动软件。即使复审请求人将其明确为不同于驱动软件的应用软件，合议组认为此时本申请权利要求 8 与对比文件 1 除存在上述区别之外，还存在区别特征（4）权利要求 8 的可拆装部件与应用软件唯一地相关联，对比文件 1 的可替换模块与驱动软件唯一地相关。基于与评述权利要求 6 同样的理由，权利要求 8 也不具备创造性。

综上所述，本申请的全部权利要求限定的技术方案与现有技术相比，均不具备突出的实质性特点和显著的进步，不符合专利法第二十二条第三款有关创造性的规定。

三、决定

复审请求人对 00811250.9 号发明专利申请的复审请求不成立，维持原驳回决定。

复审请求人如对本复审决定不服，可根据专利法第四十一条第二款的规定，在收到本决定之日起三个月内向北京市第一中级人民法院起诉。

253

∑δ型模拟·数字变换器案

复审请求审查决定（第9392号）

决　定　号　第9392号
决　定　日　2006年10月29日
发明创造名称　∑δ型模拟·数字变换器
国际分类号　H03M 3/02　H03 M1/12
复审请求人　松下电器产业株式会社
申　请　号　01110580.1
申　请　日　2001年4月13日
优先权日　2000年4月13日
公　开　日　2001年11月14日
合议组组长　石　清
主　审　员　杨存吉
参　审　员　周雷鸣

法律依据　专利法第二十二条第三款
决定要点

如果对所属技术领域的技术人员来说，发明相对于现有技术是非显而易见的，那么该发明具有突出的实质性特点；如果发明与现有技术相比能够产生有益的技术效果，那么该发明具有显著的进步。本申请修改后的独立权利要求在工作原理和电路结构上与对比文件1公开的内容有实质上的不同，对本领域技术人员来说不是显而易见的，并且修改后的技术方案能够获得非对称的模拟信号输入范围，具有显著的进步，因此修改后的权利要求具有专利法第二十二条第三款规定的创造性。

一、案由

本复审请求案涉及申请日为2001年4月13日、申请号为01110580.1、发明名称为“∑δ型模拟·数字变换器”的发明专利申请（下称本申请），本申请的申请人为松下电器产业株式会社。

本申请于2001年11月14日公开后，根据申请人提出的实质审查请求，国家知识产权局实质审查部门针对原始申请文件依法对本申请进行实质审查，并于2004年2月13日发出第一次审查意见通知书。该通知书指出：权利要求1，6~8不具备专利法第二十二条第三款规定的创造性，权利要求2~5不符合专利法实施细则第二十条第一款的规定，即使权利要求2~5克服了不清楚的缺陷，也不具备专利法第二十二条第三款规定的创造性。

针对第一次审查意见通知书，申请人于2004年6月1日提交了意见陈述书和权利要求书、说明书和说明书摘要的替换页。申请人认为：现有技术中的模数转换器仅具有相对于信号地电位对称的模拟输入信号范围（如-10~+10V），而本申请的模数转换器具有单极（非对称）模拟信号输入范围（如0~+10V）。为了实现本申请的目的，在独立权利要求1中记载了“在进行了所述脉冲取样的电压上，将相互不同的减法运算电压或加法运算电压有选择地进行加法运算的加减法运算部件”。这样，根据迟延电压比较器的输出值的不同，在电荷传送期间，在减法运算电容 Cp 上存储电压 ΔVP，加法运算器 Cm 上存储的电压 ΔVM 施加到输入电容 Cin 的电压上作加法运算，并供给积分器 30，对积分电容 Cint 充电，从而获得对某一偏压具有非对称模拟信号输入范围的模数转换器，以在检测应用中有效利用输入范围。现有技术未公开上述技术方案，不能获得本申请的技术效果，因此权利要求 1 的技术方案具备专利法第二十二条第三款规定的创造性。

国家知识产权局实质审查部门针对申请日提交的说明书附图第 1 ~ 6 页、摘要附图以及 2004 年 6 月 1 日提交的说明书第 1 ~ 6 页、说明书摘要和权利要求第 1 ~ 8 项，于 2004 年 9 月 10 日作出驳回决定，理由是权利要求 1 ~ 8 不具备专利法第二十二条第三款规定的创造性。该驳回决定指出：在对比文件 1（US6037887A，公开日为 2000 年 3 月 14 日）的开关电容电路中，通过有选择地连接电容 $CREF_{1,2\cdots n}$ 从而获得电容值在 C_R 和 nC_R 之间的不同的 C_{REF} 值，而通过这些不同的 C_{REF} 值在开关电容电路的输出端点也相应可以得到不同的电压值。虽然权利要求 1 中加减法运算部件处理的“相互不同的减法运算电压或加法运算电压”，而对比文件 1 中开关电容电路处理的是相同的输入电压，但这仅是模数转换器处理的内容不同，对权利要求所保护的模数转换器的结构没有产生任何改变。对比文件 1 公开了权利要求 2 的附加技术特征。对比文件 1 中的开关电容电路包含了与权利要求 3 ~ 5 中的加法运算开关电路和减法运算开关电路结构相同的电路结构，虽然对比文件 1 没有公开权利要求 3 ~ 5 中的加减法运算开关电路的开关闭合的受控方式，但这种控制方式对模数转换器本身的结构没有产生实质上的改变。权利要求 6 所保护的模数转换器与对比文件 1 所公开的模数转换器具有相同的结构。权利要求 7 的附加技术特征属于公知的技术手段。本领域技术人员将权利要求 1 中的模数转换器应用到血糖计中得到权利要求 8 的技术方案是显而易见的。因此，权利要求 1 ~ 8 不具备专利法第二十二条第三款规定的创造性。

申请人（下称复审请求人）对上述驳回决定不服，于 2004 年 11 月 22 日向专利复审委员会提出复审请求。复审请求人认为：本申请与对比文件 1 在电路结构和工作原理上具有明显的区别，对比文件 1 具有使加法值等于减法值的电路结构，而申请具有使加法值不等于减法值的电路结构。在对比文件的加减法运算电路中，通过数码来切换 n 并改变加减法运算值，但是加法运算值始终等于减法运算值，因此该模数转换器的模拟信号输入范围是对称的。而本申请的加法运算值与减法运算值不同，因此实现了非对称的模拟信号输入范围，具有突出的实质性特点和显著的进步，具备创造性。

经形式审查合格后，专利复审委员会受理了该请求，于 2004 年 12 月 23 日向复审请求人发出复审请求受理通知书，同时向国家知识产权局实质审查部门发出前置审查通知书。

国家知识产权局实质审查部门在前置审查意见书中坚持驳回决定。

专利复审委员会依法组成合议组对本复审请求进行了审查，并针对驳回决定所针对的申请文本于 2006 年 5 月 16 日发出复审通知书。该通知书指出：权利要求 1 ~ 2，6 ~ 8 不具备专利法第二十二条第三款规定的创造性。虽然本申请与对比文件 1 在电路结构和工作原理上具有明显区别，本申请具有使加法值不等于减法值的电路结构，但是当前的权利要求 1 和权利要求 2 所限定的技术方案不足以与对比文件 1 所公开的技术方案相区别，不具有突出的实质性特点。

复审请求人于 2006 年 6 月 29 日提出延期答复请求。

专利复审委员会同意将答复期限延长至 2006 年 8 月 30 日。

复审请求人于 2006 年 7 月 24 日提交意见陈述书，并同时提交了说明书和权利要求书的替换页。其中删除了原权利要求 1 和原权利要求 2，使原从属权利要求 3、4、5 分别成为独立权利要求 1、4、7；使原从属权利要求 6 和 7 分别成为独立权利要求 1、4、7 的从属权利要求；对原权利要求 8 进行了修改；对说明书的相关部分进行了与权利要求相对应的修改。其中独立权利要求 1、4、7 和 10 如下：

“1. 一种∑δ型的 ADC，是对于某一偏压具有非对称模拟信号输入范围的∑δ型的 ADC，其特征在于，具有与输入时钟信号同步并将模拟输入电压变为脉冲取样信号的脉冲取样部件，和在进行了所述脉冲取样的电压上将相互不同的减法运算电压或加法运算电压有选择地进行加法运算的加减法运算部件，和将根据所述选择的加法运算得到的电压进行积分的积分器，和将根据所述积分所得到的电压与所述偏压比较的电压比较器，和将所述电压比较器的输出信号只延迟所述输入时钟信号的 1 个时钟周期的延迟部件，和对应于所述延迟部件的输出信号在所述加减法运算部件中控制选择减法运算电压或加法运算电压的控制部件；

其中，所述脉冲调制部件具有：输入电容器；和在脉冲取样期间，使所述模拟输入电压与所述输入电容器的输入端连接，并使所述输入电容器的输出端与所述偏压连接，同时在电荷传送期间，使所述偏压与所述输入电容器的输入端连接，并使所述输入电容器的输出端与所述积分器连接的开关电路；以及

所述加减法运算部件具有：具有与所述输入电容器输出端连接的输出端的减法运算电容器；和具有与所述输入电容器输出端连接的输出端，并且具有与所述减法运算电容器不同电容值的加法运算电容器；和当所述延迟部件输出为“1”时，在所述脉冲取样期间，使比所述偏压低的反馈参照电压、而在所述电荷传送期间，使所述偏压分别与所述减法运算电容器的输入端连接的减法运算开关电路；和当所述延迟部件输出为“0”时，在所述脉冲取样期间，使所述偏压、而在所述电荷传送期间，使与所述反馈参照电压相同的电压分别与所述加法运算电容器的输入端连接的加法运算开关电路。”

“4. 一种∑δ型的 ADC，是对于某一偏压具有非对称模拟信号输入范围的∑δ型的 ADC，其特征在于，具有与输入时钟信号同步并将模拟输入电压变为脉冲取样信号的脉冲取样部件，和在进行了所述脉冲取样的电压上将相互不同的减法运算电压或加法运算电压有选择地进行加法运算的加减法运算部件，和将根据所述选择的加法运算得到的电压进行积分的积分器，和将根据所述积分所得到的电压与所述偏压比较的电压比较器，和将所述电压比较器的输出信号只延迟所述输入时钟信号的 1 个时钟周期的延迟部件，和对应于所述延迟部件的输出信号在所述加减法运算部件中控制选择减法运算电压或加法运算电压的控制部件；

其中，所述脉冲调制部件具有：输入电容器；和在脉冲取样期间，使所述模拟输入电压与所述输入电容器的输入端连接，并使所述输入电容器的输出端与所述偏压连接，同时在电荷传送期间，使所述偏压与所述输入电容器的输入端连接，并使所述输入电容器的输出端与所述积分器连接的开关电路；以及

所述加减法运算部件具有：具有与各个所述输入电容器输出端连接的输出端，并且具有与所述输入电容器同样的电容值的减法运算电容器和加法运算电容器；和当所述延迟部件输出为“1”时，在所述脉冲取样期间，使比所述偏压低的第 1 反馈参照电压、而在所述电荷传送期间，使所述偏压分别与所述减法运算电容器的输入端连接的减法运算开关电路；当所述延迟部件输出为“0”时，在所述脉冲取样期间，使所述偏压、而在所述电荷传送期间，使比所述偏压低并且与所述第 1 反馈参照电压不同的第 2 反馈参照电压分别与所述加法运算电容器的输入端连接的加法运算开关电路。”

“7. 一种∑δ型的 ADC，是对于某一偏压具有非对称模拟信号输入范围的∑δ型的 ADC，其特征在于，具有与输入时钟信号同步并将模拟输入电压变为脉冲取样信号的脉冲取样部件，和在进行了所述脉冲取样的电压上将相互不同的减法运算电压或加法运算电压有选择地进行加法运算的加减法运算部件，和将根据所述选择的加法运算得到的电压进行积分的积分器，和将根据所述积分所得到的电压

与所述偏压比较的电压比较器，和将所述电压比较器的输出信号只延迟所述输入时钟信号的 1 个时钟周期的延迟部件，和对应于所述延迟部件的输出信号在所述加减法运算部件中控制选择减法运算电压或加法运算电压的控制部件；

其中，所述脉冲调制部件具有：输入电容器；和在脉冲取样期间，使所述模拟输入电压与所述输入电容器的输入端连接，并使所述输入电容器的输出端与所述偏压连接，同时在电荷传送期间，使所述偏压与所述输入电容器的输入端连接，并使所述输入电容器的输出端与所述积分器连接的开关电路；以及

所述加减法运算部件具有：具有与所述输入电容器输出端连接的输出端，并且具有与所述输入电容器同样的电容值的加减法运算电容器；和在所述脉冲取样期间，使所述偏压与所述加减法运算电容器的输入端连接，同时在所述电荷传送期间，如果所述延迟部件输出为“1”，使比所述偏压高的第 3 反馈参照电压、而如果所述延迟部件输出为“0”，则使比所述偏压低的第 4 反馈参照电压分别与所述加减法运算电容器的输入端连接的加减法运算开关电路；所述第 3 反馈参照电压和所述偏压的电位差，被设定为与所述偏压和第 4 反馈参照电压的电位差不同。”

“10. 一种血糖计，其特征在于，具有权利要求 1 到 9 中任一个所述的∑δ 型 ADC，和向所述∑δ 型 ADC 供给模拟信号输入电压的放大器，和将沿单方向流动的传感器电流，供给所述放大器的输入端的血糖值传感器。”

至此，合议组认为本案事实已经清楚，可以依法作出决定。

二、决定的理由

由于请求人在答复复审通知书时提交的说明书和权利要求的替换页符合专利法第三十三条和专利法实施细则第六十条的规定，所以本复审决定所针对的申请文本为：申请日提交的说明书附图第 1 ~ 6 页和摘要附图，2004 年 6 月 1 日提交的说明书摘要以及 2006 年 7 月 24 日提交的说明书第 1 ~ 8 页和权利要求第 1 ~ 10 项。

专利法第二十二条第三款规定：创造性，是指同申请日以前已有的技术相比，该发明有突出的实质性特点和显著的进步，该实用新型有实质性特点和进步。

发明有突出的实质性特点，是指对所属技术领域的技术人员来说，发明相对于现有技术是非显而易见的。发明有显著的进步，是指发明与现有技术相比能够产生有益的技术效果。

1. 权利要求 1 请求保护一种∑δ 型的 ADC，对比文件 1（US6037887A）公开了一种 DeltaSigma 模数转换器，并公开了以下技术特征（参见说明书第 3 栏第 37 行至第 4 栏第 58 行，附图 1）：该模数转换器包括一个开关电容取样电路（附图标记 83），该取样电路将输入的模拟电压变为脉冲取样信号，该开关电容取样电路相当于权利要求 1 中的脉冲取样部件；开关电容电路（附图标记 85A）具有多个电容 CREF1，2…n，通过选择性的控制开关部件选择不同的电容可以得到不同取样参考电压，这些不同的取样参考电压与取样模拟电压在节点 100 进行加法运算，得到输入积分器的不同的输入电压；同时该模数转换器还包含一个积分器（附图标记 104），该积分器将输入电压进行积分。比较器（附图标记 108）将积分器的输出电压与参考电压相比较，该参考电压相当于权利要求 1 中的偏压。缓冲器（附图标记 110）对比较器的输出信号进行延迟。同时，还包括一个可编程控制电路（附图标记 112A），该控制电路根据比较器的输出来控制开关电容电路（附图标记 85A）中的开关选择以得到不同的取样参考电压。其中开关电容取样电路中包括输入取样电容（附图标记 CIN），在脉冲取样期间，模拟输入电压与输入电容的输入端连接，输入电容的输出端接地，同时在电荷传送时输入电容的输入端通过开关（附图标记 88）接地，输入电容的输出端通过开关（附图标记 96）与积分电路连接。

由此可见，权利要求 1 中的加减法运算部件不同于对比文件 1 的开关电容电路。对比文件 1 中的开关电容电路具有 n 个电容值和地位完全相同的电容 $C_{REF1,2\cdots n}$，并采用同一的参考电压，虽然可以通过由选择性的连接电容从而获得电容值从 C_R 到 nC_R 之间不同的 C_{REF} 值进而可以在开关电路的输出端点也相应得到不同的电压值，但这些不同的电压值仅是由不同数量的电容并联所产生的，并且加法运算值始终等于减法运算值。而权利要求 1 的加减法运算部件中的加法运算电容器和减法运算电容器的电容值和地位完全不同，加法运算值不等于减法运算值，当所述延迟部件输出为“1”时，在脉冲取样期间，在减法运算电容器上储存电压，在电荷传送期间，该电压被加到输入电容器的电压上作加法运算，并供给积分器，对积分电容器充电，当所述延迟部件输出为“0”时，在电荷传送期间，在加法运算电容器上储存电压，该电压被加到输入电容器的电压上作加法运算并供给积分器，对积分电容器充电。对本领域技术人员来说，将对比文件 1 中的开关电容电路变换为权利要求 1 中的加减法运算部件不是显而易见的。因此权利要求 1 的技术方案相对于对比文件 1 所公开的内容具有突出的实质性特点。由于对比文件 1 中的电路结构决定了其只能具有对称的模拟信号输入范围，而权利要求 1 中的技术方案可以具有非对称的模拟信号输入范围，因此具有显著的进步。所以权利要求 1 请求保护的技术方案具备专利法第二十二条第三款规定的创造性。

在独立权利要求 1 具备创造性的情况下，引用它的从属权利要求 2 和从属权利要求 3 也具备专利法第二十二条第三款规定的创造性。

同样，权利要求 4 和 7 中的加减法运算部件也不同于对比文件 1 的开关电容电路。对比文件 1 中的开关电容电路具有 n 个电容值和地位完全相同的电容 $C_{REF1,2\cdots n}$，并采用同一的参考电压，虽然可以通过由选择性的连接电容从而获得电容值从 C_R 到 n_{CR}之间不同的 CREF 值进而可以在开关电路的输出端点也相应得到不同的电压值，但这些不同的电压值仅是由不同数量的电容并联所产生的，并且加法运算值始终等于减法运算值。而在独立权利要求 4 和独立权利要求 7 中，虽然加法运算电容器和减法运算电容器的电容值相同，但是权利要求 4 和权利要求 7 中的加减法运算部件中的加法运算电容器和减法运算电容器的地位完全不同，通过在所述延迟部件输出为“1”和所述延迟部件输出为“0”的不同时间使用具有不同电压值的第 1 反馈参照电压和第 2 反馈参照电压，获得使加法运算值与减法运算值不同技术效果，进而使所述的模数转换器具有非对称的模拟信号输入范围。所以权利要求 4 和独立权利要求 7 也具有突出的实质性特点和显著的进步，具备专利法第二十二条第三款规定的创造性。

在独立权利要求 4 和独立权利要求 7 具备创造性的情况下，引用它的从属权利要求 5 ~6 和 8 ~9 也具备专利法第二十二条第三款规定的创造性。

在权利要求 1 ~9 具备创造性的情况下，包含权利要求 1 ~9 全部技术特征的权利要求 10 也具备专利法第二十二条第三款规定的创造性。

基于上述理由，合议组作出如下决定。

三、决定

撤销国家知识产权局于 2004 年 9 月 10 日作出的驳回 01110580.1 号申请的决定，由国家知识产权局实质审查部门以申请日提交的说明书附图第 1 ~6 页和摘要附图，2004 年 6 月 1 日提交的说明书摘要以及 2006 年 7 月 24 日提交的说明书第 1 ~8 页和权利要求第 1 ~10 项为基础继续进行审批程序。

根据专利法第四十一条第二款的规定，对本决定不服的，复审请求人可以在收到本决定通知书之日起三个月内向北京市第一中级人民法院起诉。

用于存储和再生音频和/或视频的设备案

复审请求审查决定（第9393号）

决　　定　　号　第9393号
决　　定　　日　2006年10月12日
发明创造名称　用于存储和再生音频和/或视频的设备
国 际 分 类 号　G11C 7/16　G06F 3/06
复 审 请 求 人　皇家菲利浦电子有限公司
申　　请　　号　01803963.4
申　　请　　日　2001年11月15日
优 先 权 日　2000年11月23日
公　　开　　日　2003年2月19日
合 议 组 组 长　黄毅斐
主　　审　　员　张　华
参　　审　　员　骆素芳

法 律 依 据　专利法第二十二条第三款，专利法第三十三条
决 定 要 点

当权利要求所要求保护的技术方案与一篇对比文件相比，存在区别技术特征，且所述区别技术特征不是本领域的公知常识，也未被该篇对比文件的其他部分或另一篇对比文件所公开，且带来了有益的技术效果，则该权利要求所要求保护的技术方案相对于对比文件具备创造性。

一、案由

本复审请求涉及申请人于2001年11月15日提交的、申请号为：01803963.4、发明名称为“用于存储和再生音频和/或视频的设备”的发明专利申请，优先权日为2000年11月23日。申请人为皇家菲利浦电子有限公司。

国家知识产权局实质审查部门于2005年2月18日发出了第一次审查意见通知书，指出本申请不符合专利法第二十二条第三款的规定，其具体理由是“当前权利要求1-7不具备专利法第二十二条第三款规定的创造性”。

针对上述审查意见通知书，申请人于2005年7月5日陈述了意见，同时提交了权利要求书替换页，陈述了修改后的权利要求1~7符合专利法第二十二条第三款规定的创造性的理由。

国家知识产权局实质审查部门于2005年8月12日以本申请不符合专利法第二十二条第三款规定的创造性为由驳回了本申请。

驳回决定所引用的对比文件如下：

对比文件1：US4677657A（公开日：1987年6月30日）

对比文件2：WO0067259A1（公开日：2000年11月9日）

驳回理由主要概括如下：（1）对比文件 1 公开了一种录音卡，并具体公开了以下技术特征（见说明书第 4 栏第 30 ~68 行、图 3）：卡 1 被连接到发射和接收装置 3。在卡 1 中，显示器 12 和键盘 13 被连接到控制电路 25 的 CPU，麦克风 14 被连接到 AD 转换器 21，扬声器 15（相当于输出线）被连接到 DA 转换器 23（相当于转换单元）。AD 转换器 21 和 DA 转换器 23 都被连接到存储器 22（相当于半导体存储器）和接口 24。AD 转换器 21 将通过麦克风 14 输入的模拟数据转换为数字数据，数字数据被存储在存储器 22 中，DA 转换器 23 将存储器 22 中的数字数据转换为模拟数据，该模拟数据可以从扬声器 15 中再生为声音。权利要求 1 与对比文件 1 相比，区别技术特征在于：权利要求 1 中存储设备的输出线上输出的是模拟信号。然而在对比文件 1 图 5 中，录音卡包括位于 DA 转换器 23 和扬声器 15 之间的开关 SW2，当此开关位于点 c 时，DA 转换器 23 输出的模拟信号被直接由扬声器 15 再现，而且存储器 22 中的数字信号也未被传输，尽管此处未明确记载可以输出模拟音频信号，但是本领域技术人员将对比文件 1 中的扬声器 15 与其他部件重新划分从而得到当前权利要求 1 所述技术方案是不需要花费创造性劳动的，即能够实现其所述的防止被复制的技术效果。（2）对比文件 2 公开了权利要求 2 的附加技术特征，本领域所属技术人员结合对比文件 1 和 2 及本领域常用技术手段容易得到权利要求 2 的技术方案，因此，权利要求 2 不具备创造性。（3）对比文件 1 公开了权利要求 3 的附加技术特征，本领域所属技术人员结合对比文件 1 和本领域常用技术手段容易得到权利要求 3 的技术方案，因此，权利要求 3 不具备创造性。（4）从属权利要求 4、5 的附加技术特征在对比文件 1 中公开，在其引用的权利要求不具备创造性的情况下，该从属权利要求 4 ~5 也不具备创造性。（5）权利要求 6 的附加技术特征为本领域的公知常识，在其引用的权利要求不具备创造性的情况下，该从属权利要求 6 也不具备创造性。（6）权利要求 7 的附加技术特征被对比文件 2 公开，在其引用的权利要求不具备创造性的情况下，该从属权利要求 7 也不具备创造性。

申请人（下称请求人）对上述驳回决定不服，于 2005 年 11 月 24 日向专利复审委员会提出了复审请求，并提交了权利要求书和说明书替换页。

修改后的权利要求书如下：“1. 一种用于存储和音频和/或视频数据的设备（1），该设备包括用于以数字形式存储音频和/或视频数据的半导体存储器（3），该设备包括一转换单元（4，5），用于将数字音频和/或视频数据转换成适合于再生设备（2）的模拟音频和/或视频输出信号，并且该设备的输出线与该转换单元的输出相连，所述模拟音频和/或视频输出信号可在这些输出线上获得，使得只有所述模拟音频和/或视频输出信号可从所述设备（1′）的外部获得；其中所述转换单元（4，5）是以预定类型配置的，所述预定类型表示所述转换单元（4，5）的预定的技术上不同的配置，所述配置只有在经过授权控制的情况下生效。

2. 如权利要求 1 所述的设备，其特征在于所述授权控制是通过使用存取关键字而生效的。

3. 如权利要求 1 所述的设备，其特征在于所述转换单元是以不可逆转性配置的。”

请求人请求复审的主要理由为：（1）修改后的权利要求 1 中加入了原权利要求 7 的部分特征，对比文件 2 未公开“该配置只有经过授权控制后才生效”的特征，因此，权利要求 1 相对于对比文件 2 具备新颖性；（2）对比文件 2 的装置除了需要存储器卡之外，成本很高，本发明克服了上述缺陷；此外，对比文件 2 的装置被设置为在出现新的以前未知的编码方案时能够被升级，它不会教导使用预定的配置。因此，权利要求相对于对比文件 1 和 2 具备创造性。（3）在独立权利要求 1 具备创造性的情况下，从属权利要求 2 ~3 也具备创造性。

经形式审查合格后，专利复审委员会受理了该复审请求，于 2006 年 1 月 6 日向请求人发出了复审请求受理通知书，同时向原实质审查部门发出了前置审查意见通知书。

原实质审查部门在前置意见中认为请求人复审程序中提交的修改文本不符合专利法第三十三条的

规定，新的权利要求 1 中“其中所述转换单元（4，5）是以预定类型配置的，所述预定类型表示所述转换单元（4，5）的预定的技术上不同的配置，所述配置只有在经过授权控制的情况下生效”在原始说明书中并未记载，因此请求人提出复审请求时的修改文本不能接受。因此坚持原驳回决定。

至此，合议组认为本案事实已经清楚，依法作出本复审决定。

二、决定的理由

1. 复审程序中提交的修改文本是否符合专利法第三十三条的规定

国家知识产权局实质审查部门在前置审查意见中认为修改后的权利要求 1 所述“其中所述转换单元（4，5）是以预定类系配置的，所述预定类型表示所述转换单元（4，5）的预定技术上不同的配置，所述配置只在经过授权控制的情况下生效，”在原始说明书中未记载，无法从原始说明书中得出：所述转换单元的所述预定类型的配置只在经过授权控制的情况下生效，因此，修改超出了原始申请文本所记载的范围，不符合专利法第三十三条的规定。对此，合议组认为：原始说明书第 3 页第 30 ~ 31 行记载了“装置的转换单元被配置为预定的类型，该结构仅仅受到合法控制和/或以不可取消的附上实现”本领域技术人员阅读后可以根据“转换单元被配置为预定的类型”确定预定的类型即表示转换单元的预定的技术上不同的配置；根据“该结构仅仅受到合法控制”可以确定所述配置只在经过授权控制的情况下生效。因此，本领域技术人员通过阅读原始公开的说明书完全可以得到权利要求 1 中的上述技术特征，因此，权利要求 1 的修改符合专利法第三十三条的规定。

2. 复审决定所依据的文本

由于请求人在提出复审请求时提交的修改文本符合专利法第三十三条的规定，因此，本次复审决定所依据的文本为：请求人于 2005 年 11 月 24 日提交的权利要求第 1 ~ 3 项、说明书第 1 ~ 5 页；2002 年 7 月 22 日提交的说明书附图第 1 页、说明书摘要和摘要附图。

3. 权利要求 1 ~ 3 是否具备创造性

对比文件 2（WO0067259A）涉及一种播放压缩音频信息的通用播放器，并具体公开了以下技术特征（说明书第 8 页第 3 ~ 6 段、第 9 页第 1、2、3 ~ 5 段、第 10 页第 1 段、附图 1 ~ 2）：音乐存储部件 112，用以输出要解码的压缩音频文件（相当于权利要求 1 中的半导体存储器）；数字信号处理器 DSP114，所述数字信号处理器是可编程的，并且执行解码软件程序；数模转换单元 134，用以将数字信号转换为模拟信号；非易失性存储部件 116 或 118，解码软件程序存储于存储部件 116 上，存储部件 116 优选为非易失性存储器 118，其在断电情况下仍然可读写；复制单元 130，其将解码软件程序从外部读入存储部件 116，该器件可以与 DSP 分离或者是合一的（数字信号处理器、数模转换单元、存储部件的组合相当于权利要求 1 中的转换单元）；和声音再现装置 136。其中，音乐存储部件 112 输出数字化数据，其通过数字信号处理器 114 和数模转换单元 134 转换为模拟信号，因此，输入到声音再现装置 136 的信号仅为模拟音频信号，其不可以以数字形式获得（相当于权利要求 1 中所述模拟音频和/或视频输出信号可在这些输出线上获得，使得只有所述模拟音频和/或视频输出信号可从所述设备（1′）的外部获得）。数字信号处理器 114 对压缩音频信息的解码的解码软件程序是依赖复制单元 130 从外部存储卡 132 读入到存储部件 118 的，与此同时，存储部件 118 会发送一版权标识到外部存储卡，使得该外部存储卡不能为另外一台播放器读取，也就是说，播放器与外部存储卡是一一对应的。

由此可见，权利要求 1 与对比文件 2 相比，区别技术特征在于：权利要求 1 所述转换单元（4，5）是以预定类型配置的，所述预定类型表示所述转换单元（4，5）的预定的技术上不同的配置，所述配置只有在经过授权控制的情况下生效。

权利要求 1 中转换单元中是以预定类型配置的，而对比文件 2 中，由于对音乐存储部件 112 的解码是依赖于外部存储卡的解码软件程序，只有在读入外部存储卡的解码程序后播放器才可能完成对压缩音频信息的解码，以实现数据的读取。也就是说，对比文件2中的数字信号处理器、数模转换单元、存储部件的组合（相当于权利要求1中转换单元的部分）其预先并不存储解码程序，而是依赖于外部存储卡存储的解码程序，因此，对比文件2中公开的播放器并不存在预定配置的问题。此外，权利要求1的预定配置只有在经过授权的情况下才能生效，而对比文件2中是将整个解码程序都复制到存储部件118中，其无需授权。对比文件1涉及一种录音卡，其也仅仅公开了单纯的模数-数模转换，并不涉及数据编码解码和数据再生的问题，自然也不存在转换单元的预定类型配置以及预定配置只有在经过授权的情况下才能生效的技术启示。综上，对比文件1和对比文件2均未给出转换单元以预定类型配置并且所述配置只有在经过授权控制的情况下生效的技术启示，并且，权利要求1所限定的技术方案无需存储卡，成本更低，且支持将来的编码技术，因此，权利要求1相对于对比文件1和对比文件2的结合具备突出的实质性特点和显著的进步，符合专利法第二十二条第三款规定的创造性。

在独立权利要求1具备创造性的情况下，引用独立权利要求1的从属权利要求2~3相对于对比文件1和对比文件2的结合也具备创造性。

三、决定

撤销国家知识产权局于2005年8月12日对01803963.4号发明专利申请作出的驳回决定。由原实质审查部门依据请求人于2005年11月24日提交的权利要求第1~3项、说明书第1~5页；2002年7月22日提交的说明书附图第1页、说明书摘要和摘要附图为基础继续审批程序。

复审请求人对本决定不服的，可以根据专利法第四十一条第二款的规定，自收到本决定之日起三个月内向北京市第一中级人民法院起诉。

255

具有声学效应材料的器件案

复审请求审查决定（第9427号）

决　　定　　号　第9427号
决　　定　　日　2006年11月1日
发明创造名称　具有声学效应材料的器件
国 际 分 类 号　H03H 9/64　H03H 3/04
复 审 请 求 人　西门子公司
申　　请　　号　01816270.3
申　　请　　日　2001年9月20日
优 先 权 日　2000年11月23日
公　　开　　日　2004年1月7日
合 议 组 组 长　张美菊
主　审　员　张　华
参　审　员　龙　安

法 律 依 据　专利法第三十三条
决 定 要 点

请求人在提出复审请求时提交的权利要求书中的独立权利要求可以明确和毫无疑义地从原始申请文本中得出。由于说明书发明内容部分是与前述独立权利要求相对应的内容，因此，该部分内容也可以明确地、毫无疑义地从原始申请文本中得出，请求人对申请文件的修改是符合专利法第三十三条规定的。

一、案由

本复审请求涉及名称为“具有声学效应材料的器件”的01816270.3号发明专利申请（下称本申请），其申请人为西门子公司，申请日为2001年9月20日，优先权日为2000年9月25日，公开日为2004年1月7日。

申请人原始提交的国际申请文件中文译本中的独立权利要求1和独立权利要求10分别为：

“1. 具有声学效应材料（2）的器件，所述材料（2）的声学常数至少可以部分地改变，
其特征在于，
所述声学效应材料至少部分地处在相变点和/或在相变点附近。”

“10. 运行具有声学效应材料（2）的器件（1）的方法，其中
改变所述声学效应材料（2）的声学常数，并且
所述声学效应材料（2）至少部分地在相变点和/或在相变点附近运行。”

申请人依据“专利合作条约第三十四条”对原国际申请文件中的说明书和权利要求书做了修改，并在提交国际初步审查报告时一并提交了权利要求书全文替换页、说明书全文替换页第1～6页。修

改后的独立权利要求1和独立权利要求9分别为：

"1. 滤波器，尤其是用于电信装置的滤波器，所述滤波器具有声学效应材料（2），所述材料（2）的声学常数至少可以部分地改变以在运行过程中调谐所述滤波器，

其特征在于，

所述在运行过程中调谐所述滤波器的声学效应材料至少部分地处在相变点和/或在相变点附近。

"9. 运行具有声学效应材料（2）的滤波器（1）的方法，其中

改变所述声学效应材料（2）的声学常数以在运行过程中调谐滤波器，并且

在运行过程中调谐滤波器的所述声学效应材料（2）至少部分地运行在相变点和/或在相变点附近。"

在国家知识产权局的实质审查过程中，针对国际初步审查报告附件的中文译文的说明书第1~6页、权利要求第1~9项以及原始提出的国际申请文件的中文译文中的附图第1页，审查部门于2004年8月20日发出了第一次审查意见通知书，主要意见为：权利要求1和权利要求9中"所述材料的声学常数至少可以部分的改变以在运行过程中调谐所述滤波器"和"所述在运行过程中调谐所述滤波器的声学效应材料"该内容无法从原始申请中毫无疑义地导出，上述修改内容超出了原始申请的记载范围，不符合专利法第三十三条的规定；（2）即使申请人作出修改，权利要求1和权利要求9相对于对比文件1（US4464639A，公开日：1984年8月7日）也不具备新颖性。此外，权利要求2、3、5、6、8的附加技术特征均被对比文件1公开，在其引用的权利要求不具备新颖性的情况下，所述从属权利要求2、3、5、6、8相对于对比文件1也不具备新颖性；（3）在对比文件1的基础上结合本领域的常用技术手段得到权利要求7的技术方案是显而易见的，因此，权利要求7不具备专利法第二十二条第三款规定的创造性。

申请人于2005年1月4日提交了意见陈述书，并提交了说明书第1~6页替换页，其中修改主要是：在说明书各部分前添加相应的标题，删除引用权利要求的语句并将独立权利要求的内容加入到发明内容部分。意见陈述书的主要意见为：（1）权利要求1、9的修改并未超出原始公开的范围，符合专利法第三十三条的规定，经过修改的权利要求1是基于原权利要求9（"滤波器"）、原权利要求10（"运行"）、原说明书第1页第10~28行和第4页第16~18行（"调节或调谐"）；（2）对比文件1公开的技术方案既没有在工作中对滤波器进行调节，而且，在这种情况下所述声学材料也不处于取决于温度的相变点或者位于该相变点附近。因此，权利要求1、9相对于对比文件1具备新颖性；（3）在独立权利要求1具备新颖性的情况下，所述从属权利要求2~8也具备新颖性。

审查部门于2005年3月11日发出了第二次审查意见通知书，其中增加了申请人对说明书的修改不符合专利法第三十三条和专利法实施细则第十八条第三款的规定的审查意见，并坚持认为权利要求1、9不符合专利法第三十三条的规定，权利要求1~3、5、6、8、9不具备专利法第二十二条第二款规定的新颖性，权利要求7不具备专利法第二十二条第三款规定的创造性。

申请人于2005年5月26日提交了针对第二次审查意见通知书的意见陈述书，申请人坚持认为其对申请文件的修改没有超出原始公开的范围，并详细陈述了权利要求1~9具备专利法第二十二条第二款、第三款规定的新颖性、创造性的理由，同时还提交了附图替换页第1页及国际检索报告所提的非专利文献。

国家知识产权局于2005年9月9日驳回了本申请，驳回理由如下：申请文件的修改超出原始公开的范围，即，权利要求1和9中的"所述材料的声学常数至少可以部分的改变以在运行过程中调谐所述滤波器"和"所述在运行过程中调谐所述滤波器的声学效应材料"的内容在原始申请文本的具体实施方式部分没有相同或相应的描述，也无法从原始申请文本中毫无疑义地导出，因此，该修改不

符合专利法第三十三条的规定；说明书发明内容部分所增加的与独立权利要求相对应的内容也不符合专利法第三十三条的规定。

申请人（下称复审请求人）对上述驳回决定不服，于2005年12月7日向国家知识产权局专利复审委员会提出复审请求，同时提交了说明书和权利要求书替换页，其中的修改主要是调整说明书第5页第7行以及权利要求1和独立权利要求9的表述，修改后的独立权利要求1和独立权利要求9如下：

“1. 滤波器，尤其是用于电信装置的滤波器，所述滤波器具有声学效应材料（2），所述材料（2）的声学常数至少可以部分地改变以在运行过程中调谐所述滤波器，

其特征在于，

为了在运行过程中调谐所述滤波器，所述的声学效应材料至少部分地处在相变点和/或在相变点附近。”

“9. 运行具有声学效应材料（2）的滤波器（1）的方法，其中

改变所述声学效应材料（2）的声学常数以在运行过程中调谐滤波器，并且

为了在运行过程中调谐所述滤波器，所述的所述声学效应材料（2）至少部分地运行在相变点和/或在相变点附近。”

复审请求人请求复审的理由主要为：（1）驳回理由中被认为超出原始公开范围的技术特征均可以从原始公开的内容中毫无疑义地得出，即，体现在原始权利要求1和原始权利要求10，原始说明书第1页第9～10行，第29～30行，原始说明书第4页第13～14行、原始说明书第5页第4～10行、第14～16行及附图2、原始说明书第2页第5～12行，因此权利要求1和权利要求9和说明书的修改符合专利法第三十三条的规定；（2）对比文件1未公开权利要求1、9中“为了在工作过程中调谐滤波器”和“在相变点和/或相变点附近”的技术特征，权利要求1和权利要求9相对于对比文件1具备专利法第二十三条第三款规定的创造性；（3）在独立权利要求1具备创造性的情况下，从属权利要求2～8也具备创造性。

经形式审查合格后，国家知识产权局专利复审委员会受理了该复审请求，于2006年2月7日向复审请求人发出了复审请求受理通知书，并向原实质审查部门发出了前置审查通知书。原实质审查部门在前置审查意见书中坚持原驳回决定。

国家知识产权局专利复审委员会依法成立合议组，合议组认真研究了国家知识产权局作出的驳回决定、复审请求人提交的复审请求书后，认为本案事实已经清楚，可依法作出审查决定。

二、决定的理由

1. 审查文本

复审请求人在提出复审请求时对申请文本的修改符合专利法实施细则第六十条第一款的规定，因此，此次复审决定依据的文本为：复审请求人于2005年12月7日提交的权利要求第1～9项、说明书第1～6页、2005年5月26日提交的说明书附图第1页、原始提交的国际申请文本中文译本中的说明书摘要和摘要附图。

2. 专利法第三十三条

专利法第三十三条规定：申请人可以对其专利申请文件进行修改，但是，对发明和实用新型专利申请文件的修改不得超出原说明书和权利要求书记载的范围，对外观设计专利申请文件的修改不得超出原图片或者照片表示的范围。

如果申请人（复审请求人）对申请文本的修改的内容可以从原始说明书和权利要求书记载的范围内明确和毫无疑义地得出，那么该修改符合专利法第三十三条的规定。

由于复审请求人在提出复审请求时提交的权利要求书仅仅对语句形式进行了调整而对驳回决定中所指出的超范围的内容没有做任何实质性的修改，因此，驳回决定中所针对的权利要求1和权利要求9以及说明书发明内容部分中“所述材料的声学常数至少可以部分地改变以在运行过程中调谐所述滤波器”和“所述在运行过程中调谐所述滤波器的声学效应材料至少部分运行在相变点和/或相变点附近”就相应于复审请求人于2005年12月7日提交的权利要求1和权利要求9以及说明书发明内容部分中的“所述材料（2）的声学常数至少可以部分地改变以在运行过程中调谐所述滤波器”和“为了在运行过程中调谐所述滤波器，所述的所述声学效应材料（2）至少部分地处在相变点和/或在相变点附近”的内容。因此这里仅对2005年12月7日提交的权利要求1和权利要求9中的上述内容以及说明书发明内容部分第2段中的上述内容是否超出原始申请的记载范围作出审查。

合议组认为：根据独立原始权利要求1和独立原始权利要求10的记载以及根据原始说明书发明内容部分的记载，即原始说明书第1页倒数第1行到第2页第3行记载了“其声学常数可以在这样的程度上改变，借助于各所考虑电信标准的频率范围内的控制来调节该声学常数”；原始说明书第2页第6~7行记载了“通过改变声学效应采了的声学常数可以用所希望的方式调节声学效应材料中传播的声波的频率”，原始说明书第3页第3段记载了“运行具有声学效应材料的器件的方法中，改变所述声学效应材料的声学常数，其中声学效应材料至少部分地处在相变点和/或在相变点附近”。本领域技术人员阅读上述内容后，可以确定：声学效应材料至少部分地处在相变点和/或相变点附近时，本发明所述器件所使用材料的声学常数可以改变，通过改变声学效应材料的声学常数可以继而改变该声学效应材料中声波的传播频率。

此外，根据原始说明书第3页第3页倒数第3段、原始说明书第4页第2~7段的记载以及附图1和2，当声学效应材料至少部分运行在相变点和/或相变点附近时，改变声学效应材料的声学常数的过程中，为了补偿声学效应材料器件由于运行过程中温度的改变、制造或老化而对声学常数造成的不稳定性，在声学效应材料上叠加有制造校正电压U制造、老化校正电压U老化或补偿温度电压U温度等直至达到合适的频率值，即，此时声学效应材料的声学常数的改变是处于运行过程中；在原始说明书实施例部分的第5页第4~10行以及附图2记载了“两个本发明器件1和1‘安排成可调谐的梯形滤波器……用上述方式控制两个器件的声学常数从而控制其频率……在可调谐梯形滤波器的输出端12可以引出以所希望的方式滤波的有用信号”，即通过控制电压U1和U2控制声学效应材料器件的声学常数从而控制其频率，也就是说，改变声学效应材料器件的声学常数，以最终控制该声学效应材料器件的频率，即完成对声学效应材料器件（滤波器）的调谐，由于声学效应材料的声学常数是在运行过程中改变的，因此，该控制频率过程（调谐过程）是在该声学效应材料器件的运行过程中进行的。

综上，本领域技术人员通过阅读原始说明书上述部分并结合本领域的公知常识，可以明确和毫无疑义地得出权利要求1和权利要求9所限定的“所述材料（2）的声学常数至少可以部分地改变以在运行过程中调谐所述滤波器”和“为了在运行过程中调谐所述滤波器，所述的声学效应（2）材料至少部分运行在相变点和/或相变点附近”的内容，因此，请求人在提出复审请求时提交的权利要求书中的独立权利要求1和独立权利要求9可以明确和毫无疑义地从原始申请文本中得出，其修改是符合专利法第三十三条规定的。

说明书发明内容部分第2段是与权利要求1和权利要求9相对应的内容，因此，该部分的相应内容也可以明确地、毫无疑义地从原始申请文本中得出，其修改也是符合专利法第三十三条规定的。

三、决定

撤销国家知识产权局于2005年9月9日对01816270.3号发明专利申请作出的驳回决定。由原实质审查部门依据复审请求人于2005年12月7日提交的权利要求第1～9项、说明书第1～6页、2005年5月26日提交的说明书附图第1页、原始提交的国际申请中文译本的说明书摘要和摘要附图为基础，继续审批程序。

复审请求人对本决定不服的，可以根据专利法第四十一条第二款的规定，自收到本决定之日起三个月内向北京市第一中级人民法院起诉。

256

可以校正三相不平衡电流的功率因数补偿装置案

复审请求审查决定（第9486号）

决　定　号　第9486号
决　定　日　2006年11月23日
发明创造名称　可以校正三相不平衡电流的功率因数补偿装置
国 际 分 类 号　H02J 3/18
复 审 请 求 人　沈阳华腾电子工程有限公司
申　请　号　00110110.2
申　请　日　2000年2月16日
公　开　日　2001年8月22日
合 议 组 组 长　熊　婷
主　审　员　杜　宇
参　审　员　樊晓东

法 律 依 据　专利法实施细则第二十一条第二款、专利法第二十二条第三款
决 定 要 点

复审请求人补充入权利要求中的技术特征在对比文件中没有公开，且对比文件没有给出相应的技术启示，同时该新补入的技术特征使得权利要求所要求保护的技术方案产生了有益的技术效果，因此权利要求相对于对比文件具有突出的实质性特点和显著的进步，具备创造性。

一、案由

本复审请求案涉及申请日为2000年2月16日、发明名称为“可以校正三相不平衡电流的功率因数补偿系统”的、申请号为00110110.2的发明专利申请（下称本申请），申请人为沈阳华腾电子工程有限公司。

在实质审查过程中，国家知识产权局实质审查部门以申请日提交的原始申请文件为基础进行审查。权利要求书如下：

“权利要求1：一种电力系统中用于补偿无功电流的功率因数补偿装置，其特征在于利用在各相与相之间及各相与中线之间接入若干单相电力电容器的方法，不仅可以使三相功率因数得到良好的补偿，而且可以校正三相不平衡有功电流。

权利要求2：如权利要求1所述的功率因数补偿装置，其特征在于使用具有转换接点的功率继电器来控制电力电容器的接入方法，使一台电力电容器既可以接在相与相之间，也可以接在不同的相与中线之间，从而提高了电容器的利用率。

权利要求3：如权利要求1所述的功率因数补偿装置，其特征在于通过一个机械装置进行电力电容器的切换，使各台电容器既可以接在某相与某相之间，也可以接在某相与中线之间，从而提高电容器的利用率。”

国家知识产权局实质审查部门于2003年3月28日发出第一次审查意见通知书，其中指出：本申请的权利要求1～3均不具备专利法第二十二第三款所规定的创造性。并引用了以下对比文件：

对比文件1：CN2084247U，其公开日为1991年9月4日。

申请人于2003年4月7日针对第一次审查意见通知书提交了意见陈述书以及权利要求书和说明书的替换页，并论述了新修改的权利要求1～3相对于对比文件1具备创造性的理由。权利要求书如下：

“权利要求1：一种电力系统中使用的可以校正三相不平衡有功电流的功率因数补偿装置，其特征在于利用在各相与相之间及各相与中线之间接入若干单相电力电容器的方法，不仅可以使三相功率因数得到良好的补偿，而且可以校正三相不平衡有功电流。

权利要求2：如权利要求1所述的功率因数补偿装置，其特征在于使用具有转换接点的功率继电器来控制电力电容器的接入方法，使一台电力电容器既可以接在相与相之间，也可以接在不同的相与中线之间，从而提高了电容器的利用率。

权利要求3：如权利要求1所述的功率因数补偿装置，其特征在于通过一个机械装置进行电力电容器的切换，使各台电容器既可以接在某相与某相之间，也可以接在某相与中线之间，从而提高电容器的利用率。”

国家知识产权局实质审查部门仍认为权利要求1～3相对于对比文件1不具备创造性，不符合专利法第二十二条第三款关于创造性的规定，因此于2003年10月10日作出了驳回本申请的决定。其驳回的主要理由是：

对比文件1公开了一种无功率自动补偿装置，其采用三个电流互感器、三个电压互感器和经微机控制的三组相互独立的电容投切装置，因而可以实行电网三相不平衡负载进行无功功率自动补偿，它较好地解决了现有无功功率补偿装置智能对三相平衡负载进行补偿，而不能对某一相单独进行无功功率补偿的弊病。虽然对比文件1没有明确指出该补偿装置可以校正三相不平衡有功电流，但是对比文件1已经公开了可实现对电网三相不平衡负载进行无功功率自动补偿的内容，对比文件1中的补偿装置对电网三相不平衡负载进行无功功率自动补偿的同时，就同时存在校正三相不平衡有功电流的作用，这是不言而喻的。权利要求1与对比文件1的区别在于：在各相与各相之间接入若干单相电力电容器。然而这种区别是一种公知常识，因此对比文件1已经公开了能对某一相单独进行无功功率补偿的内容，在这种技术启示下，所属技术领域的技术人员很容易地实现在各相与各相之间接入若干单相电力电容器来进行无功功率的补偿，由此可见在该对比文件的基础上结合上述公知常识以获得权利要求1所要求保护的技术方案，对所属技术领域的技术人员来说是显而易见的，权利要求1不具有突出的实质性特点和显著的进步，因而不具备创造性。

从属权利要求2和从属权利要求3的附加技术特征均是所属技术领域中的公知常识，对所属技术领域的技术人员来说是显而易见的，因此从属权利要求2和从属权利要求3分别与对比文件1相比均不具有突出的实质性特点和显著的进步，因而不具备创造性。

申请人（下称复审请求人）对上述驳回决定不服，于2003年10月23日向专利复审委员会提出了复审请求。其复审理由主要如下：

对比文件1公开的补偿装置属于单相电容器分相投切的功率因数补偿装置。在一个单相系统中，电容器的投入只能改变系统中的无功电流，而不能改变系统中的有功电流，这是由能量守恒定律确定的。即对比文件1公开的补偿装置可以对三相中的不平衡无功电流进行补偿，但对有功电流不会产生影响，因此不可能具有校正不平衡有功电流的作用。而权利要求1所要求保护的技术方案不仅实现使三相功率因数均得到良好补偿的目的，而且还可以现实校正三相不平衡有功电流的目的。因此相对于对比文件 1，权利要求 1 具备创造性，基于此，从属权利要求 2、3 也具备创造性。

经形式审查合格，专利复审委员会予以受理，于 2003 年 12 月 15 日发出复审请求受理通知书和前置审查通知书。

国家知识产权局原实质审查部门对该复审请求进行了前置审查，坚持原驳回决定。

专利复审委员会依法成立合议组对此案进行审理，并于 2006 年 8 月 7 日向请求人发出了复审通知书，提出如下的复审意见：

本申请所要解决的技术问题是提供一种在将电力系统的三相功率因数补偿到 1 的同时将三相间的不平衡有功电流校正到平衡状态的功率因数补偿装置，为解决该技术问题，本申请采用的技术手段是：在电力系统中先将功率因数补偿到 1，然后根据系统中的三相不平衡有功电流，在相与相之间或相与相和相与中线之间加入不同容量的电容器，以达到校正三相不平衡有功电流的目的，其中如何在各相与相及各相与中线之间设置电容器是本申请解决技术问题的关键所在。权利要求 1 只是笼统地记载了在各相与相及各相与中线之间需要加入单相电力电容器，其并没有具体记载该如何在各相与相及各相与中线之间设置这些所述单相电力电容器，缺少如何具体设置单相电力电容的技术特征，权利要求 1 所要求保护的技术方案就不能实现在补偿功率因数的同时校正三相不平衡有功电流的目的，因此权利要求 1 缺少解决技术问题的必要技术特征，不符合专利法实施细则第二十一条第二款的规定。

复审请求人于 2006 年 9 月 4 日提交了意见陈述书以及权利要求书替换页，修改后的权利要求书如下：

“1. 一种可以校正三相不平衡电流的功率因数补偿装置，其特征在于：该装置是在电力系统中根据各相的负荷确定所需的补偿电容器容量将三相的功率因数进行补偿，同时根据电力系统中相与相或相与中线之间形成的阻性负荷，在相与相之间加入不同容量的单相电力电容器使三相间的不平衡有功电流校正到平衡状态；加入单相电力电容器的电容接法选择是：

a. 根据相与相之间形成的阻性负荷，确定其电流后，在其他的相与相之间加入电容；

b. 根据相与中线之间形成的阻性负荷，确定其电流后，在相邻的相与相之间和其他的相与中线之间加入电容。

2. 根据权利要求 1 所述的可以校正三相不平衡电流的功率因数补偿装置，其特征在于：权利要求 1 中的 a 种单相电力电容器的电容容量选择是当不平衡电流相当于 AB 相之间跨接一电容，且电流为 I，那么校正这个不平衡电流的方法是在 BC 相之间接入一电容，选择电容量使其他电流为 0. 58I，在 AC 相之间接入一电感，选择电感量使其他电流为 0. 58I，于是不平衡电流消失。

3. 根据权利要求 1 所述的可以校正三相不平衡电流的功率因数补偿装置，其特征在于：权利要求 1 中的 b 种单相电力电容器的电容容量的选择是当不平衡电流相当于 A 相与中线之间跨接一电阻且电流为 I，那么校正这个不平衡电流的方法是在 AB 相之间接入一电容，选择电容量使其电流为 0. 67I，在 AC 相之间接入一电感，选择电感量使其他电流为 0. 67I，在 B 相与中线之间接入一电感，选择电感量使其电流为 0. 58I，在 C 相与中线之间接入一电容，选择电容量使其电流为 0. 58I，于是不平衡电流消失。

4. 根据权利要求 2 或权利要求 3 所述的可以校正三相不平衡电流的功率因数补偿装置，其特征在于：如果导致不平衡电流是相当于不止一个电阻，那么按各个电阻为准计算所需的补偿量，利用迭加原理确定电容容量；大部分供电系统中的负荷都是感性的，只要在需要加电感的位置按电感电流减少补偿电容量。

5. 根据权利要求 1 所述的可以校正三相不平衡电流的功率因数补偿装置，其特征在于：使用具有转换接点的功率继电器来控制电力电容器的接入方法，使一台电力电容器既可以接在相与相之间，也可以接在不同的相与中线之间，从而提高了电容器的利用率。

6. 根据权利要求 1 所述的可以校正三相不平衡电流的功率因数补偿装置，其特征在于：通过一个机械装置进行电力电容器的切换，使各台电容器既可以接在某相与相之间，也可以接在某相与中线之间，从而提高电容器的利用率。”

至此，合议组认为本案事实清楚，可以作出复审请求审查决定。

二、决定的理由

1. 本决定所依据的文本

由于复审请求人答复复审通知书时的提交的修改文本符合专利法第三十三条和专利法实施细则第六十条的规定，因此本复审决定所依据的文本为复审请求人于2006 年9 月4 日提交的权利要求第 1 ~ 6 项；于申请日提交的说明书第 1 ~3 页、附图第 1 ~2 页、说明书摘要及摘要附图。

2. 关于专利法实施细则第二十一条第二款

复审请求人将以下技术特征补充入修改后的权利要求 1：该补偿装置在电力系统中根据各相的负荷确定所需的补偿电容器容量将三相的功率因数进行补偿，并根据电力系统中相与相或相与中线之间形成的阻性负荷，在相与相之间加入不同容量的单相电力电容器使三相间的不平衡有功电流校正到平衡状态；加入单相电力电容器的电容接法选择是：a. 根据相与相之间形成的阻性负荷，确定其电流后，在其他的相与相之间加入电容；b. 根据相与中线之间形成的阻性负荷，确定其电流后，在相邻的相与相之间和其他的相与中线之间加入电容。上述技术特征记载了如何在各相与相及各相与中线之间设置单相电力电容器，并且通过上述设置可以实现在将电力系统的三相功率因数补偿到 1 的同时将三相间的不平衡有功电流校正到平衡状态的功率因数补偿装置的目的，因此修改后的权利要求 1 所要求保护的技术方案记载了解决技术问题的全部必要技术特征，符合专利法实施细则第二十一条第二款的规定。

3. 关于专利法第二十二条第三款

合议组评述本申请权利要求书时所使用的对比文件与实质审查过程中所引用的对比文件 1 相同（即 CN2084247U）。

对比文件 1 披露了一种无功功率自动补偿装置，其目的是对三相电网的三相分别进行无功功率补偿，并具体公开了以下技术特征（参见说明书第 2 页第 8 ~12 行，第 4 页第 10 ~11 行，附图 3）：由于采用三个电流互感器、三个电压互感器和经微机控制的三组互相独立的电容投切装置，该三组互相独立的电容分别对应连接电网的三个相线上，因而可对电网三相不平衡负载进行无功功率自动补偿。

由此可见，权利要求 1 与对比文件 1 所解决的技术问题不同。权利要求 1 解决的技术问题是“将三相功率因数补偿到 1 的同时将三相间的不平衡有功电流校正的平衡状态”，而对比文件 1 解决的技术问题是“是对三相电网的三相分别进行无功功率补偿”。

对比文件 1 公开的技术方案相当于权利要求 1 中的“在电力系统中根据各相的负荷确定所需的补偿电容器容量将三相的功率因数进行补偿”部分。权利要求 1 与对比文件 1 的区别是：两者在电网中投放电容器的方式不同，权利要求 1 是在电力系统中根据各相的负荷确定所需的补偿电容器容量将三相的功率因数进行补偿，同时根据电力系统中相与相或相与中线之间形成的阻性负荷，在相与相之间或在相邻的相与相之间和其他的相与中线之间加入不同容量的单相电力电容器，而对比文件 1 是将三组互相独立的电容分别对应连接电网的三个相线上，即是在相与中线上投入电容器，起到补偿功率因数的作用，但其没有公开在补偿功率因数的同时，在相与相之间或在相邻的相与相之间和其他的相与中线之间再加入不同容量的单相电力电容器。

上述区别特征使权利要求 1 保护的补偿系统可以实现在将电力系统的三相功率因数补偿到 1 的同

时将三相间的不平衡有功电流校正到平衡状态，即既可以校正电力系统中的无功电流，也可以校正电力系统中有功电流。而对比文件1公开的补偿系统是进行单相功率因数的补偿，其虽然改变系统中的无功电流使功率因数补偿到1，但其不具有实现将三相间的不平衡有功电流校正到平衡状态的功能，对比文件1中没有公开如何实现校正不平衡有功电流的内容，也没有给出任何与其相关的技术启示，根据对比文件1本领域普通技术人员不能显而易见的得到权利要求1所要求保护的技术方案，因此权利要求1相对于对比文件1具有突出实质性特点和显著的进步，符合专利法第二十二条第三款关于创造性的规定。

同样，在权利要求1相对于对比文件1具备创造性的情况下，其从属权利要求2~6相对于对比文件1也符合专利法第二十二条第三款的关于创造性规定。

综上所述，权利要求1~6符合专利法实施细则第二十一条第二款和专利法第二十二条第三款的规定，克服了驳回决定和复审通知书中指出的缺陷。

三、决定

撤销国家知识产权局于2003年10月10日对申请号为00110110.2的发明专利申请作出的驳回决定，由原实质审查部门在请求人于2006年9月4日提交的权利要求第1~6项；于申请日提交的说明书第1~3页、附图第1~2页、说明书摘要及摘要附图的基础上继续进行审批程序。

复审决定作出后复审请求人不服该决定的，可以根据专利法第四十一条第二款的规定，自收到本决定之日起三个月内向北京市第一中级人民法院起诉。

257

解析电子邮件的系统与方法案

复审请求审查决定（第9488号）

决　定　号　第9488号
决　定　日　2006年11月9日
发明创造名称　解析电子邮件的系统与方法
国际分类号　G06F 17/60
复审请求人　威盛电子股份有限公司
申　请　号　02128598.5
申　请　日　2002年8月13日
公　开　日　2003年2月12日
合议组组长　张　度
主　审　员　李韵美
参　审　员　孙治国

法律依据　专利法第二十二条第三款、第三十一条
决定要点

若与对比文件相比，存在区别技术特征，且对比文件与权利要求所要解决的技术问题完全不同，采用的技术方案也不同，则权利要求请求保护的技术方案具有突出的实质性特点和显著的进步，具备创造性。

一、案由

本复审请求涉及申请日为2002年8月13日，公开日为2003年2月12日，发明名称为“解析电子邮件的系统与方法”的专利申请（下称本申请），其申请号是02128598.5，申请人为威盛电子股份有限公司。

国家知识产权局于2003年9月26日发出了第一次审查意见通知书，主要指出：权利要求1~10相对于对比文件1（CN1200516A）不具备专利法第二十二条第三款规定的创造性。

申请人于2004年1月29日提交了针对第一次审查意见通知书的意见陈述书，并对权利要求书进行了修改。申请人认为，修改后的权利要求1~10符合专利法第二十二条第三款的规定，具备创造性。

国家知识产权局于2005年1月7日以权利要求1~10不符合专利法第二十二条第三款的规定为由驳回了本申请，驳回决定中指出：独立权利要求1、6、9（在被驳回的权利要求书中的标号为10）相对于对比文件1不符合专利法第二十二条第三款关于创造性的规定；其相应的从属权利要求的附加技术特征或者已经被对比文件1公开，或者为公知常识，因此，也不符合专利法第二十二条第三款的规定。

驳回决定所针对的权利要求书的内容如下：

"1. 一种以超文字标记语言解析电子邮件的系统，其特征在于，包含：

一数据库；及

一服务器，用以接收一电子邮件，并解析该电子邮件的内容，将撷取的一资料储存至该数据库中指定的一数据域位上，其中该电子邮件以超文字标记语言的格式所编写。

2. 如权利要求1所述的以超文字标记语言解析电子邮件的系统，其特征在于，上述的服务器包含：

一解析单元，用以解析该电子邮件，并依预先设定的关键词撷取资料；

一通知单元，用以回复该电子邮件的原发送者，且当该解析单元撷取到一特定资料时，发出一通知讯息；及

一设定单元，用以更改该解析单元中所使用的关键词设定。

3. 如权利要求1所述的以超文字标记语言解析电子邮件的系统，其特征在于，上述的服务器以排程的方式，于指定的时间对服务器所接收到的未解析电子邮件进行解析处理。

4. 如权利要求1所述的以超文字标记语言解析电子邮件的系统，其特征在于，上述的服务器于接收到该电子邮件时，立即进行解析处理。

5. 如权利要求1所述的以超文字标记语言解析电子邮件的系统，其特征在于，上述的解析电子邮件的处理步骤，包含：

将以超文字标记语言格式编写的该电子邮件转换成一文字文件；

去除经转换后的文字文件中多余的空白及不需要的内容；

依预先设定的关键词设定，搜寻该文字文件中符合该关键词设定的一卷标对；及

将该卷标对中所包含的一资料撷取出。

6. 一种以超文字标记语言解析电子邮件的方法，其特征在于，该电子邮件以超文字标记语言格式所编写，该解析电子邮件的方法包含：

将以超文字标记语言格式编写的该电子邮件转换成一文字文件；

去除经转换后的文字文件中多余的空白及不需要的内容；

依预先设定的关键词设定，搜寻该文字文件中符合该关键词设定的一卷标对；

将该卷标对中所包含的一资料撷取出；及

储存该资料至一指定的数据库字段中。

7. 如权利要求6所述的以超文字标记语言解析电子邮件的方法，其特征在于，更包含于储存该资料后，发出一通知给该电子邮件的原发送者。

8. 如权利要求6所述的以超文字标记语言解析电子邮件的方法，其特征在于，上述的关键词设定，依欲撷取数据的不同，进行重新设定。

10. 一种以超文字标记语言解析电子邮件的方法，其特征在于，包含：

接收一电子邮件；其中该电子邮件以超文字标记语言的格式所编写；

判断该电子邮件的来源，对于由所指定来源处所发送的电子邮件才进行后续的处理动作；

解析该电子邮件，并撷取该电子邮件中所需的一资料；及

储存该资料。"

申请人威盛电子股份有限公司（下称请求人）不服该驳回决定，于2005年4月7日向国家知识产权局专利复审委员会提出复审请求，其具体理由为：如本申请说明书第2页第15行的发明内容中所述，本申请的主要目的在于解析电子邮件并自动地将电子邮件中包含的资料转入数据库中，用以加快提取电子邮件中所包含的信息的速度，简化传统处理电子邮件的流程，以达到精简人力及自动化的

目的，并于特定的资料储存至数据库时，自动通知相关人员，以增加资料的处理速度。如本申请说明书第 4 页第 12 行至第 6 页第 17 行中所述，本申请所应用的手段为将电子邮件中的特定邮件内容存入数据库中的特定字段，并依该特定邮件内容进行加值运用。主要方法是搜寻电子邮件中特定的卷标（tag），将含于卷标中的特定邮件内容存入数据库的特定字段。而本申请所谓的“搜寻卷标”以及“将卷标中的特定内容存入数据库的特定字段”，主要是针对 HTML 档案的特性所设计。因此本申请公开的是一种新的资料输入方式，尤其是一种对 HTML 格式的处理方式。

然而，对比文件 1 中以文件产生的关键词来标示的“文件名”和“文件内容”，并保存该文件，其主要目的在于传送该文件，并依该文件执行所述的程序。其过程主要撷取文件内容，并以该文件名存储该文件，因此当单一文件被储存时共有两项资料被记录，一为文件名，另一为文件内容，在现有技术中，该文件名为存取该文件内容的索引，亦即该文件内容是以间接参照（indirectreference）的方式被存取。然而本申请在特定卷标的资料存入数据库中的特定字段，以该特定字段来存取该资料，其所储存的标的仅该资料一项。在保存资料的过程中，其构成的要素与应用上皆不相同。本申请所应用的手段中电子邮件中的特定内容被存入数据库中的特定字段，并依该特定邮件内容进行加值运用，并搜寻电子邮件中特定的卷标（tag），将含于卷标中的特定邮件内容存入数据库的特定字段。此数据库的运用并非一般现有技术的任意运用。此外，在对比文件 1 中，其文件内容主要存储标的在储存媒体，该文件的储存由说明书所述可知是由档案系统来达成，与本申请以特定卷标的资料存入数据库中的特定字段全然不同。在对比文件 1 中，是以检测邮件关键词（如#file）为起始位置，将其后的数据储存，直到另一邮件关键词（#efile）为止，或是在找不到另一邮件关键词时，交由例外处理处置，其所储存的数据是以邮件中相关的邮件关键词（如#file）作为档名。将邮件中的附文件储存于储存媒体，如该文件内容依该文件名储存在档案系统中，则由现有技术中所能轻易推知。然而本申请是依据特定卷标对应到数据库中的特定字段，并将特定卷标中的资料存入该特定字段，而非依据一卷标将另一卷标之后的内容储存，所述技术特征在本申请之前并没有被现有技术公开，并且不属于公知常识。并且即使将 HTML 变成文字文件后，仍有许多不同的找出关键词来撷取内容并用于储存于数据库的方法，因此不能将 HTML 转成文字文件作为现有技术的论点，便认定本申请的找出关键词的方法不具备创造性。本申请中的主要方法是搜寻电子邮件中特定的卷标（tag），将含于卷标中的特定邮件内容存入数据库的特定字段。而本申请所谓的“搜寻卷标”以及“将卷标中的特定内容存入数据库的特定字段”，主要是针对 HTML 档案的特性所设计。在本申请说明书第 2 页第 5 ~ 6 行所述，履历资料无法直接进入数据库，仍需要花费大量人力及时间将资料重新输入数据库。而对比文件 1 则是对于电子邮件中具备不同的档案与以分类的系统方法，如对比文件 1 中说明书第 12 页第 16 ~ 19 行中，说明了去除电子邮件的标题、主体等部分，接着于同页第 23 ~ 24 行中说明以关键词去取得执行文件并分类。于此进一步说明了本申请与对比文件 1 的不同。

形式审查合格后，专利复审委员会受理了该复审请求，并于 2005 年 5 月 18 日向请求人发出复审请求受理通知书，同时将本案送至原实质审查部门进行前置审查。

原实质审查部门在前置审查意见书中认为：复审请求人所提交的复审请求书中，并未对驳回决定所依据的申请文件进行任何修改，仅对驳回决定中的驳回理由进行相应的陈述，但当前申请文本未克服驳回决定中所指出的各项缺陷，因而坚持原驳回决定。

专利复审委员会依法成立合议组进行审查，经审查，合议组于 2006 年 8 月 14 日向请求人发出了复审通知书，指出如下问题：在申请文件的权利要求书中共包括三组权利要求，独立权利要求 1、6、10 及其从属权利要求，从独立权利要求记载的技术特征可以看出，权利要求 1 与权利要求 6 之间、权利要求 1 与权利要求 10 之间、权利要求 6 与 10 之间均不存在相同或者相应的技术特征，不符合专利法第三十一条第一款和专利法实施细则第三十五条的规定，不具有单一性；同时权利要求7还存在末尾处同时标注逗号和句号的形式缺陷，并且权利要求8和权利要求10之间没有连续编号。

2006年9月18日，请求人提交了针对复审通知书的意见陈述书，请求人修改了权利要求并提交了权利要求书替换页。请求人将原权利要求2和原始权利要求5的附加技术特征补充入权利要求1中，删除原权利要求2、5、10，并对权利要求重新编号和进行了形式上的修改。修改后的权利要求如下：

“1. 一种以超文字标记语言解析电子邮件的系统，其特征在于，包含：

一数据库；及

一服务器，用以接收一电子邮件，并解析该电子邮件的内容，将撷取的一资料储存至该数据库中指定的一数据域位上，其中该电子邮件以超文字标记语言的格式所编写，该服务器包含：

一解析单元，用以解析该电子邮件，并依预先设定的关键词撷取资料，其将以超文字标记语言格式编写的该电子邮件转换成一文字文件，去除经转换后的文字文件中多余的空白及不需要的内容，依预先设定的关键词设定，搜寻该文字文件中符合该关键词设定的一卷标对，将该卷标对中所包含的一资料撷取出；

一通知单元，用以回复该电子邮件的原发送者，且当该解析单元撷取到一特定资料时，发出一通知讯息；及

一设定单元，用以更改该解析单元中所使用的关键词设定。

2. 如权利要求1所述的以超文字标记语言解析电子邮件的系统，其特征在于，上述的服务器以排程的方式，于指定的时间对服务器所接收到的未解析电子邮件进行解析处理。

3. 如权利要求1所述的以超文字标记语言解析电子邮件的系统，其特征在于：上述的服务器于接收到该电子邮件时，立即进行解析处理。

4. 一种以超文字标记语言解析电子邮件的方法，其特征在于，该电子邮件以超文字标记语言格式所编写，该解析电子邮件的方法包含：

将以超文字标记语言格式编写的该电子邮件转换成一文字文件；

去除经转换后的文字文件中多余的空白及不需要的内容；

依预先设定的关键词设定，搜寻该文字文件中符合该关键词设定的一卷标对；

将该卷标对中所包含的一资料撷取出；及

储存该资料至一指定的数据字段中。

5. 如权利要求4所述的以超文字标记语言解析电子邮件的方法，其特征在于，更包含于储存该资料后，发出一通知给电子邮件的原发送者。

6. 如权利要求4所述的以超文字标记语言解析电子邮件的方法，其特征在于，上述的关键词设定，依欲撷取数据的不同，进行重新设定。”

合议组经合议后认为，本案事实已经清楚，可以依法作出复审决定。

二、决定的理由

1. 关于文本

请求人答复复审通知书时提交的权利要求书修改替换页符合专利法第三十三条和专利法实施细则第六十条的规定，因此，本决定所依据的文本为请求人于2006年9月18日提交的权利要求书第1～6项、于2002年8月13日提交的说明书第1～6页、说明书附图第1～3页、说明书摘要和摘要附图。

2. 关于专利法第三十一条

由于请求人在答复复审通知书时对权利要求书进行了修改，删除了权利要求2、5、10，克服了

复审通知书中指出的单一性问题，符合专利法第三十一条的规定。

3. 关于创造性

（1）权利要求1相对于对比文件1的创造性

权利要求1请求保护一种以超文字标记语言解析电子邮件的系统，包括数据库和服务器，其中服务器还进一步包括解析单元、通知单元和设定单元；服务器用来接收电子邮件并且解析电子邮件的内容，并将特定的资料存储在数据库指定的数据域位上，其中电子邮件以超文字标记语言的格式所编写；解析单元用来解析电子邮件，依据预先设定的关键词撷取资料，将超文字标记语言格式编写的电子邮件转换成一个文字文件，去除经转换后的文字文件中多余的空白及不需要的内容，依据预先设定的关键词设定，搜寻文字文件中符合该关键词设定的一个卷标对，将该卷标对中所包含的资料撷取出，然后通过通知单元回复电子邮件的原发送者，当解析单元撷取到特定资料时，发出通知信息，设定单元可以用于更改解析单元中所使用的关键词设定。

对比文件1公开了一种处理电子邮件的方法和装置，对比文件1的发明目的是为了减小发送终端与接收终端之间数据传输量，即，通过邮件解析装置分析邮件，转换文本之后再发送，在接收终端上自动生成文件。在对比文件1中，以检测邮件关键词（如#file）为起始位置，将其后的数据存储，直到另一邮件关键词（如#efile）为止，或是在找不到另一邮件关键词时，交由例外处理处置，其所存储的数据是以邮件中相关的邮件关键词（如#file）作为文件名（参见说明书第13页倒数第6行至第16页第5行，以及说明书第17页第三自然段等），而本申请是依据卷标对对应到数据库中的特定域位，并将特定卷标对中的资料存入该特定域位。也就是说，如果是曾经登记过的信息，就根据该信息指定的路径直接形成文件，如果是新信息，则新建文件直到结束。尽管对比文件1也具有服务器和解释装置，但是对比文件1中所述的服务器和解释装置与权利要求1中的服务器和解析单元不同，并且，除了服务器和解释装置这两个组成部件外，对比文件1没有公开权利要求1中的其他技术特征（数据库以及服务器中包含的通知单元和设定单元），即，权利要求1与对比文件1相比，其所要解决的技术问题完全不同，且所采用的技术方案也不同。且对于本领域的技术人员来讲，对比文件1中没有给出任何服务器中还包含通知单元和设定单元以完成本申请目的的技术启示，上述区别技术特征也非本领域的公知常识。因此，权利要求1相对于对比文件1符合专利法第二十二条第三款的规定，具备创造性。

（2）权利要求4相对于对比文件1的创造性

权利要求4请求保护一种以超文字标记语言解析电子邮件的方法，该方法包括：将以超文字标记语言格式编写的该电子邮件转换成一文字文件；去除经转换后的文字文件中多余的空白及不需要的内容；依预先设定的关键词设定，搜寻该文字文件中符合该关键词设定的一卷标对；将该卷标对中所包含的一资料撷取出；及储存该资料至一指定的数据字段中。权利要求4描述了解析单元进行解析所采用的方法，并将解析单元的结果（即撷取得资料）存储至指定的数据字段中。对比文件1公开了一种处理电子邮件的方法和装置，对比文件1的发明目的是为了减小发送终端与接收终端之间数据传输量，即，通过邮件解析装置分析邮件，转换文本之后再发送，在接收终端上自动生成文件。在对比文件1中，以检测邮件关键词（如#file）为起始位置，将其后的数据存储，直到另一邮件关键词（如#efile）为止，或是在找不到另一邮件关键词时，交由例外处理处置，其所存储的数据是以邮件中相关的邮件关键词（如#file）作为文件名（参见说明书第13页倒数第6行至第16页第5行，以及说明书第17页第三自然段等），而本申请是依据卷标对对应到数据库中的特定域位，并将特定卷标对中的资料存入该特定域位。也就是说，如果是曾经登记过的信息，就根据该信息指定的路径直接形成文件，如果是新信息，则新建文件直到结束。尽管对比文件1中也具有解释装置，但是对比文件1中的解释装置是用于分析所述电子邮件以便指定由文件产生关键字所标识的文件名和文件内容数据，并且用于生成一个以所指定的文件内容数据为其内容并且所指定的文件名为其文件名的文件等等。可见对比文件1没有公开权利要求4请求保护的技术方案中的技术特征，并且也没有给出权利要求4中的各个步骤的技术启示，对本领域的技术人员来讲上述特征也不属于公知常识。因此，权利要求4相对于对比文件1符合专利法第二十二条第三款的规定，具备创造性。

（3）权利要求2、3、5、6相对于对比文件1的创造性

由于独立权利要求1、4分别相对于对比文件1具备创造性，其从属权利要求2~3、5~6也分别相对于对比文件1具备创造性，符合专利法第二十二条第三款的规定。

三、决定

撤销国家知识产权局于2005年1月7日对02128598.5号发明专利申请作出的驳回决定。

由国家知识产权局原实质审查部门依据请求人于2006年9月18日提交的权利要求书第1~6项、于2002年8月13日提交的说明书第1~6页、说明书附图第1~3页、说明书摘要和摘要附图继续审批程序。

根据专利法第四十一条的规定，复审请求人对本决定不服的，可以自收到本决定之日起三个月内向北京市第一中级人民法院起诉。

258

使用比例项、早期中止和精度细算的更快速变换案

复审请求审查决定（第9489号）

决　定　号　第9489号
决　定　日　2006年11月24日
发明创造名称　使用比例项、早期中止和精度细算的更快速变换
国际分类号　G06F 17/14
复审请求人　国际商业机器公司
申　请　号　01817798.0
申　请　日　2001年10月23日
公　开　日　2004年1月28日
优先权日　2000年10月23日
合议组组长　熊　婷
主　审　员　李韵美
参　审　员　朱芳芳

法律依据　专利法第二十五条第一款（二）项
决定要点

如果权利要求中限定的数值不仅仅代表单纯的数字数据，还具有特定的物理含义，并且权利要求限定的方案能够产生技术效果，则该权利要求所要保护的方案不属于专利法第二十五条第一款第（二）项的范围。

一、案由

本复审请求涉及名称为“使用比例项、早期中止和精度细算的更快速变换”的第01817798.0号发明专利申请（下称本申请），申请人为国际商业机器公司，申请日为2001年10月23日，公开日为2004年1月28日，优先权日为2000年10月23日。

国家知识产权局于2004年10月15日发出第一次审查意见通知书，其中主要指出：(1) 权利要求1属于智力活动的规则和方法，属于专利法第二十五条第一款第（二）项的范围。权利要求1请求保护的内容实质上仅仅涉及一种纯数学运算方法或规则本身，所处理的对象和所获得的结果都是非技术的数值，没有借助任何物理实体来实现，也没有涉及硬件设备性能的改造，不是一种利用自然规律和自然力的技术方案，未解决技术问题，也未获得技术效果；(2) 权利要求1的从属权利要求2~36是对上述方法作出的进一步限定或补充，也属于单纯的数学运算方法或规则本身的范畴，权利要求2~36也属于智力活动的规则和方法，属于专利法第二十五条第一款第（二）项的范围。

申请人于2005年2月22日提交了答复第一次审查意见通知的意见陈述书，同时修改了权利要求1，并提交了修改替换页。申请人认为：本申请所要解决的技术问题是为数据处理提供一种更快的变换方法。修改后的权利要求1请求保护一种数据处理方法，根据说明书的描述可知，本申请的该方法

适用于“处理不同的数据，如音频数据、科学数据、图像数据等”。本申请权利要求1要求保护的技术方案通过利用变换方程对数据进行处理，得到了一种更快的数据变换方法。该方法适用于离散余弦变换（DCT）以及如图11～13中所示的数据处理方法，如图11中所示，可对从主处理器410接收的数据进行变换以便为打印机更快地产生打印图像。修改后的权利要求1为数据处理提供了一种更快的变换方法，从而减少数据处理软件的执行时间，并降低对硬件的要求。修改后的权利要求1解决了技术问题，采用了技术手段，并取得了技术效果，并非智力活动的规则和方法。同样，从属权利要求2～36也属于专利法保护的客体。

修改后的权利要求1如下：

“1. 一种数据处理方法，包含如下步骤：

接收待处理的数据；

把变换方程安排成至少一个集群，该集群具有至少两个变换常数；

使用一个比例项对每个集群独立地对所述至少两个变换常数进行比例运算，以在所述至少一个集群内的所述至少两个变换常数之间保持基本上均一的比值；以及

使用所述变换方程对接收的图像的数据进行处理，以产生变换后的数据。”

国家知识产权局于2005年4月29日以本专利权利要求1～36属于专利法第二十五条第一款第（二）项的规定为由驳回了本申请，在驳回决定中指出：修改后的权利要求1请求保护一种数据处理方法，根据说明书记载，该方法是把多重比例项的快速变换分割成子变换，使用变换常数的比例项对它们独立地进行计算，找到用二进制运算的比例项的优化表达式。权利要求1虽是用于数据处理，但其请求保护的主体是一种纯粹的数学运算方法或规则本身，是采用变换方程对数据变换进行处理的方法。该方法产生的效果是使现有的数据变换速度更快，从而使利用该运算方法的数据处理程序运行速度更快，降低对硬件的要求，但并没有提高硬件设备的性能。本申请对现有技术的贡献仅仅在于数据变换的方法本身。虽然这种运算方法可以以计算机程序的形式用于某具体硬件设备并带来设备整体性能的提升，但只能说明使用了该方法的设备产生了技术效果，而不是这种运算方法本身。因此，本发明不是利用自然规律和自然力的技术方案，属于专利法第二十五条第一款第（二）项所述的智力活动的规则和方法的范围。权利要求1的从属权利要求2～36同样也属于专利法第二十五条第一款第（二）项所述的智力活动的规则和方法的范围。

申请人（下称请求人）不服上述驳回决定，于2005年8月12日向专利复审委员会提交了复审请求，未修改文本。请求人认为本申请虽然其中包括对变换方程的处理，但对该变换方程的处理最终是用于对输入的数据进行的处理，应当从该权利要求的整体来考查。权利要求1要求保护的技术方案属于审查指南第九章第2.2.4节中所述的“用于外部数据处理的涉及计算机程序的发明专利申请”，属于专利保护的客体。修改后的权利要求1请求保护一种数据处理方法，该方法利用上述变换方程对接收的数据进行处理，以产生变换后的数据。根据说明书的描述，本申请对数据的处理，是指“处理不同的数据，如音频数据、科学数据、图像数据等”。修改后的权利要求1为数据处理提供了一种更快的数据处理方法，从而减少数据处理软件的执行时间，并降低对硬件的要求。因此，权利要求1～36的技术方案属于专利法所要保护的发明。

经形式审查合格后，专利复审委员会受理了此复审请求，并于2005年9月6日向请求人发出复审请求受理通知书，同时向国家知识产权局原实质审查部门发出前置审查通知书。在前置审查意见书中，国家知识产权局原实质审查部门坚持原驳回决定。

针对该复审请求，专利复审委员会依法组成合议组对本复审请求案进行了审理。

合议组于2006年7月14日发出了复审通知书，在复审通知书中指出，权利要求1限定的主题是

一种数据处理方法，在权利要求 1 的方案中，在接收到待处理的数据后，通过利用一个特定的变换方程对数值进行处理，然后产生变换后的数据。权利要求 1 中没有明确指出变换方程式中的数值所代表的数据属性，对本领域的普通技术人员来讲，在一般的数据处理中，如果不能明确其数值所代表的数据属性，则不能以变换方程式作为技术特征，对权利要求请求保护的技术方案进行限定。权利要求 1 请求保护的方案属于数学理论和换算方法，因此，权利要求 1 属于专利法第二十五条第一款第（二）项规定的不能被授予专利权的范围。权利要求 2 ~ 36 是对上述方法作出的进一步限定或补充，其附加技术特征也都是对换算方法的进一步描述，因此，权利要求 2 ~ 36 也属于专利法第二十五条第一款第（二）项规定的智力活动的规则和方法的范围，不能被授予专利权。

请求人于 2006 年 8 月 14 日提交了答复复审意见的意见陈述书，并同时提交了修改的权利要求书。请求人认为修改后的权利要求 1 为图像数据处理提供了一种更快的数据处理方法，从而减少了数据处理软件的执行时间，并降低了对硬件的要求。根据说明书的描述可知，修改后的权利要求 1 解决了技术问题，采用了技术手段，并取得了有益的技术效果，而并非智力活动的规则和方法。修改后的权利要求 1 如下：

"1. 一种图像数据处理方法，包含如下步骤：

接收待处理的图像的数据；

把变换方程安排成至少一个集群，该集群具有至少两个变换常数；

使用一个比例项对每个集群独立地对所述至少两个变换常数进行比例运算，以在所述至少一个集群内的所述至少两个变换常数之间保持基本上均一的比值；以及

使用所述变换方程对接收的图像的数据进行处理，以产生变换后的数据。"

至此，合议组认为本案事实清楚，可以作出复审决定。

二、决定的理由

关于文本

请求人于 2006 年 8 月 14 日提交的权利要求书符合专利法第三十三条和专利法实施细则第六十条的规定，合议组予以接受。因此，本复审决定书所依据的文本是请求人于 2006 年 8 月 14 日提交的权利要求第 1 ~ 36 项以及进入中国国家阶段时即于 2003 年 4 月 22 日提交的说明书第 1 ~ 23 页、说明书附图第 1 ~ 10 页、说明书摘要、摘要附图。

关于专利法第二十五条第一款第（二）项

在请求人提交的修改文本中，将独立权利要求 1 进一步限定为一种图像数据处理方法，首先接收待处理的图像数据，将变换方程安排成至少一个集群，该集群具有至少两个变换常数，然后利用一个比例项对每个集群独立地对所述至少两个变换常数进行比例运算，最后使用所述变换方程对接收的图像数据进行处理，以产生变换后的数据。其中数值所代表的数据属性具有特定的物理含义，即色彩和亮度，而非单纯的数字数据。对于图像数据的压缩处理方法，采用特定的数据变换方程，其中进行限定的数值都是具有特定物理含义的数据。并且，权利要求 1 中采用的变换方程能够产生数据处理程序运行速度更快，降低对硬件的要求的技术效果。因此，权利要求 1 不属于专利法第二十五条第一款第（二）项规定的智力活动的规则和方法的范围。

权利要求 2 ~ 36 是独立权利要求 1 的从属权利要求，由于权利要求 1 不属于专利法第二十五条第一款第（二）项规定的智力活动的规则和方法，对权利要求 1 所述的方法进行了进一步的限定的从属权利要求 2 ~ 36 也不属于专利法第二十五条第一款第（二）项规定的智力活动的规则和方法。

综上所述，权利要求 1 ~ 36 不属于专利法第二十五条第一款第（二）项规定的智力活动的规则和方法。请求人提交的修改后的权利要求书已经克服了驳回决定中指出的缺陷。

三、决定

撤销国家知识产权局于2005年4月29日对01817798.0号发明专利申请作出的驳回决定。

由国家知识产权局原实质审查部门依据请求人于2006年8月14日提交的权利要求第1~36项以及于进入中国国家阶段时即2003年4月22日提交的说明书第1~23页、说明书附图第1~10页、说明书摘要、摘要附图继续审批程序。

根据专利法第四十一条的规定，请求人对本决定不服的，可以自收到决定之日起三个月内向北京市第一中级人民法院起诉。

259

用数字键输入汉字的编码方法案

复审请求审查决定（第9492号）

决　　定　　号　第9492号
决　　定　　日　2006年11月27日
发明创造名称　用数字键输入汉字的编码方法
国 际 分 类 号　G06F 17/60
复 审 请 求 人　李晓波
申　　请　　号　00109552.8
申　　请　　日　2000年7月4日
公　　开　　日　2000年11月22日
合 议 组 组 长　熊　婷
主　　审　　员　李　熙
参　　审　　员　涂洪文

法 律 依 据　专利法第二十二条第三款
决 定 要 点

在汉字输入法中，采用单纯拼音码编码还是采用拼音码和笔画码共同编码是有着本质区别的。当发明区别于现有技术仅采用拼音码编码，并未涉及笔画，即字形码时，在由此构成的输入法能简便迅速地输入汉字的情况下，则应当认为该发明具有突出的实质性特点和显著的进步，因此具备创造性。

一、案由

本复审请求涉及申请日为2000年7月4日、申请号为00109552.8、名称为“用数字键输入汉字的编码方法”的发明专利申请（下称本申请），申请人为李晓波。

2003年6月30日，申请人在提交实质审查请求书的同时，提交了权利要求第1~3项、说明书第1~8页以及说明书摘要的修改替换页。

2004年1月16日，国家知识产权局发出第一次审查意见通知书，指出：本申请权利要求1~3相对于对比文件1（CN1252555A，其公开日为2000年5月10日）不具备专利法第二十二条第三款规定的创造性。

针对第一次审查意见通知书，申请人于2004年4月28日提交了意见陈述书，但没有提交修改文本。申请人陈述的理由主要是：本申请权利要求1与对比文件1相比较，二者的输入方法有显著的区别，本申请更具有先进性，其省去了按照“首笔、第二笔、末笔的顺序进行编码”的步骤，更加简单、易学，因此本申请权利要求1具备创造性，其从属权利要求2、3同样也具备创造性。

2005年3月11日，国家知识产权局对本申请作出了驳回决定。驳回决定所针对的文本是2003年6月30日提交的说明书第1~8页、权利要求第1~3项、说明书摘要以及2000年7月4日提交的说明书附图第1页和摘要附图。驳回理由主要是：本申请权利要求1与对比文件1相比区别有以下三点，①前者“利用数字键从显示屏上选择所需音节、汉字”；②前者“对于单个汉字的数字编码，少于三个字母的音节后面补加数字0组成编码”；③前者“根据‘拼音编码’规则可以输入自定义词组”。由于区别①是本领域现有技术手段，同时对比文件1给出了区别②、③的技术启示，因此权利要求1不具备创造性。从属权利要求2的附加技术特征属于现有技术；从属权利要求3的附加技术特征在对比文件1中已给出了技术启示，因此从属权利要求2、3也不具备创造性。

驳回决定所针对的权利要求书如下：

“1. 一种使用数字键盘采用拼音方法输入汉字的编码方法，根据数字键上对应的拼音字母按下相应的数字键，由数字键码组成的编码与相应的拼音字母组成的汉字的音节对应，显示屏上可能显示多个音节，按下数字键选择所需要的音节，显示屏上显示该音节对应的多个汉字，按下数字键选择所需要的汉字，其特征在于：对于单个汉字的数字编码，是取该汉字音节的前三个拼音字母对应的数字组成编码，少于三个字母的音节后面补加数字0组成编码，该数字编码称为该汉字的”拼音编码，对于声母zh、ch、sh可以分别设定在与z、c、s相同的数字键，根据“拼音编码”规则可以输入单个汉字和自定义词组。

2. 根据权利要求1所述的编码方法，其特征在于：如果输入单个汉字，首先输入该汉字音节的“拼音编码”，显示屏上出现该编码所代表的多个音节组成的列表，根据列表中某个音节的排序位置用数字键码选定该音节，之后显示屏出现与该音节对应的一组汉字列表，根据列表中某个汉字的排序位置用数字键码选择该汉字。

3. 根据权利要求1所述的编码方法，其特征在于：自定义词组的编码方法是采用构成词组的每个汉字的“拼音编码组合成词组编码。”

申请人（下称复审请求人）对上述驳回决定不服，于2005年6月23日向专利复审委员会提出了复审请求，同时提交了驳回决定书正文以及权利要求书和说明书。其复审理由主要是：本申请具有如下特点，（1）大胆地省略“首笔、第二笔、末笔”的编码步骤；（2）在流程中增加“编码 - 拼音”的步骤；（3）发现编码对应的拼音数量不多于9个；（4）不需要一个确认键，直接用数字键选择拼音；（5）不需要一个确认键，直接用数字键选择汉字；因此本申请技术方案和现有技术相比具有显著的区别，技术效果更先进，操作简便、容易学习和掌握；其实现原理对于本领域技术人员来说并非显而易见；因此权利要求1～3均具备创造性。

经形式审查，专利复审委员会受理了该复审请求，于2005年12月1日向复审请求人发出了复审请求受理通知书，并向国家知识产权局发出了前置审查通知书。

在前置审查意见书中，国家知识产权局坚持原驳回决定。

专利复审委员会本案合议组研究了国家知识产权局作出的驳回决定及复审请求人所提交的复审请求书，认为本案事实已经清楚，可以作出以下复审决定。

一、决定的理由

1. 复审请求人在提交复审请求时提交了权利要求书和说明书，其与驳回决定所依据的文本仅在排版方式上有所不同，无任何实质性修改。本复审决定所依据的文本是2005年6月23日提交的说明书第1～8页、权利要求书第1～3项，2003年6月30日提交的说明书摘要以及2000年7月4日提交的说明书附图第1页和摘要附图。

2. 本申请权利要求1请求保护一种使用数字键盘采用拼音方法输入汉字的汉字输入法。对比文件1公开了一种三三拼音码和三三数字码，“三三拼音码”的编码规则是：对于单字，按其汉语拼音拼音前三个字母、首笔、第二笔、末笔的顺序进行编码（参见对比文件1说明书第1页倒数第7行）；“三三数字码”主要根据“三三拼音码”与附图中数字的对应关系进行汉字编码（参见对比文件1说明书第 2 页第 14 行以及说明书附图）；为了便于人们识别，分别把 zh、ch、sh 看作 z、c、s（参见对比文件 1 说明书第 1 页最后 1 行）；如果某字的汉语拼音总共才一个字母，则在其前面加两个 0；如果某字的汉语拼音总共有两个字母，则在其前面加一个 0（参见对比文件 1 说明书第 2 页第一段）。

本申请权利要求 1 的技术方案与对比文件 1 公开的技术方案相比，存在一个重要的区别特征：即本申请"对于单个汉字的数字编码，是取该汉字音节的前三个拼音字母对应的数字组成编码"，而对比文件 1"对于单字，按其汉语拼音前三个字母、首笔、第二笔、末笔的顺序进行编码"。由此，可以清楚地看到，现有技术是用拼音和笔画共同组成六位编码，其必须要输入三位笔画才能写成字形，输出汉字；而本申请采用汉字的三位汉语拼音进行编码，并未涉及到笔画，即字形码。尽管本申请权利要求 1 与对比文件 1 中汉字编码方法的前半部分在输入拼音码时编码和输入顺序以及拼音位数不够时补 0 的方式有相近之处，但是，当本申请简化了编码位数，不再需要输入笔画编码时，应当说其输入法构成了一种新的输入法，而且从输入法的整体编码方法来看，本申请与对比文件 1 存在明显的差别，因此，本申请权利要求 1 已具备了突出的实质性特点。更进一步，正是因为本申请不需输入"首笔、第二笔、末笔"这些笔画码，仅需输入"汉语拼音的前三个字母"，所以本申请能简单易学、方便使用，权利要求 1 与对比文件 1 相比具有显著的进步。另外，本申请权利要求 1 中"显示屏上可能显示多个音节，按下数字键选择所需要的音节"这部分内容也未在对比文件 1 中公开。综上所述，本申请权利要求 1 相对于对比文件 1 具备专利法第二十二条第三款所规定的创造性。

在权利要求 1 符合专利法第二十二条第三款的情况下，其从属权利要求 2 和 3 也符合专利法第二十二条第三款的规定。

综上所述，本申请权利要求 1 ~3 具备专利法第二十二条第三款所规定的创造性。

三、决定

撤销国家知识产权局于 2005 年 3 月 11 日作出的驳回决定，以 2005 年 6 月 23 日提交的说明书第 1 ~8 页、权利要求书第 1 ~3 项，2003 年 6 月 30 日提交的说明书摘要以及 2000 年 7 月 4 日提交的说明书附图第 1 页和摘要附图为基础，由原实质审查部门继续进行审批程序。

复审请求人对本决定不服的，可以根据专利法第四十一条第二款的规定，自收到本决定之日起三个月内向北京市第一中级人民法院起诉。

260

具有自动手指接触探测功能的指纹识别装置案

复审请求审查决定（第9500号）

决　　定　　号　第9500号
决　　定　　日　2006年11月22日
发明创造名称　具有自动手指接触探测功能的指纹识别装置
国 际 分 类 号　G06K 9/20
复 审 请 求 人　株式会社技高　黄文性
申　　请　　号　02809366.6
申　　请　　日　2002年3月13日
公　　开　　日　2004年6月23日
合 议 组 组 长　张　度
主　　审　　员　张　华
参　　审　　员　朱芳芳

法 律 依 据　专利法第二十二条第三款
决 定 要 点

当权利要求所要求保护的技术方案与一份对比文件相比，存在区别技术特征，但是本领域普通技术人员根据该对比文件以及所属领域的公知常识能够确定所述区别技术特征被对比文件公开，则该权利要求相对于该对比文件不具备创造性。

一、案由

本复审请求涉及名称为“具有自动手指接触探测功能的指纹识别装置”的02809366.6号发明专利申请（下称本申请），申请人为株式会社技高、黄文性，申请日为2002年3月13日，公开日为2004年6月23日。

2005年9月9日，国家知识产权局以本申请权利要求1不符合专利法第二十二条第三款的规定为由驳回了本申请。

被驳回的权利要求书如下：

“1. 一种指纹识别装置，包括：

指纹识别模块，其具有一个指纹识别窗口；

控制电路，用于控制所述指纹识别模块；

供电单元，用于提供电能；

壳体；

手指插入孔，其暴露在所述壳体的前表面上；以及

接触开关电路，用于对手指插入所述手指插入孔进行识别并生成一个识别信号，

其中，所述指纹识别模块被安装在所述壳体内，以便所述指纹识别窗口暴露给所述手指插入孔，

而且所述控制电路响应所述识别信号以控制所述供电单元向所述指纹识别模块供应电能，以及

一个凸出部从所述手指插入孔的下表面向外侧凸出，而且所述接触开关电路的一个导体被形成在所述凸出部的上表面上。”

驳回所依据的对比文件为：

对比文件1（下称对比文件1）：JP4092990A，公开日：1992年3月25日；

驳回的主要理由是：对比文件1涉及一种指纹识别装置，并具体公开了权利要求1的大部分技术特征，其未公开：1）供电单元，用于提供电能；2）所述控制电路响应所述识别信号以控制所述供电单元向所述指纹识别模块供应电能。尽管对比文件1未明确描述存在一供电单元，但是本领域技术人员根据对比文件1所公开的内容以及本领域的公知常识可以确定，在对比文件1中存在一供电单元，用于提供电能。并且，CPU308响应图像拾取转换开关303发出的信号控制所述供电单元向指纹识别模块供电能。因此，权利要求1与对比文件1相比，不具有突出的实质性特点和显著的进步，不符合专利法第二十二条第三款规定的创造性，予以驳回。

申请人株式会社技高、黄文性（下称复审请求人）对上述驳回决定不服，于2005年12月22日向专利复审委员会提出复审请求，同时提交了权利要求书全文替换页和说明书第2页的修改替换页，并陈述了修改后的权利要求1相对于对比文件1具备创造性的理由。

修改后的权利要求书如下：

“1. 一种指纹识别装置，包括：

指纹识别模块，其具有一个指纹识别窗口；

控制电路，用于控制所述指纹识别模块；

供电单元，用于提供电能；

壳体；

手指插入孔，其暴露在所述壳体的前表面上；以及

接触开关电路，用于对手指插入所述手指插入孔进行识别并生成一个识别信号，

其中，所述指纹识别模块被安装在所述壳体内，以便所述指纹识别窗口暴露给所述手指插入孔，而且所述控制电路响应所述识别信号以控制所述供电单元向所述指纹识别模块供应电能，以及

一个凸出部从所述手指插入孔的下表面向外侧凸出，而且所述接触开关电路的一个导体被形成在所述凸出部的上表面上。”

经形式审查合格后，专利复审委员会受理了该复审请求，并于2006年1月19日向复审请求人发出复审请求受理通知书，同时向原实质审查部门发出前置审查意见通知书。

原实质审查部门对本复审请求进行了前置审查，在前置审查中，原实质审查部门坚持原驳回决定。

专利复审委员会依法成立合议组对该复审请求案进行了审查。

本案合议组在仔细审阅了全部案卷后，于2006年8月28日发出复审通知书，指出：对比文件1涉及一种指纹识别装置，并具体公开了权利要求1的大部分技术特征，其区别仅在于：1）供电单元，用于提供电能；2）所述控制电路响应所述识别信号以控制所述供电单元向所述指纹识别模块供应电能；3）一个凸出部（24）从所述手指插入孔的下表面向外侧凸出，而且所述接触开关电路的一个导体（22）被形成在所述凸出部的上表面上。尽管对比文件1未明确公开上述区别技术特征，但是，本领域技术人员结合本领域公知常识能够推导出前述区别技术特征。因此，权利要求1与对比文件1相比，不具有突出的实质性特点和显著的进步，不符合专利法第二十二条第三款规定的创造性，应当予以驳回。

复审请求人于2006年10月12日针对上述复审通知书进行了意见陈述，提出：对比文件1未给出前述区别技术特征1和2的教导，并且区别技术特征3表明了权利要求1的指纹识别装置的形状和结构不同于对比文件1，权利要求1的技术方案缩短了操作反映时间、使操作更加方便直观、能量消耗更低，因此，权利要求1相对于对比文件1具有突出的实质性特点和显著的进步，符合专利法第二十二条第三款的规定。

至此，合议组认为本案事实已经清楚，依法作出本复审请求决定。

二、决定理由

1. 审查文本

由于复审请求人在提出复审请求时提交了权利要求书的修改替换页，经审查，上述修改符合专利法第三十三条和专利法实施细则第六十条的规定，因此此次复审决定依据的文本为：进入中国国家阶段时提交的说明书第1、3~4页、说明书附图第1~4页、说明书摘要和摘要附图，2005年12月22日提交的权利要求第1项和说明书第2页。

2. 关于专利法第二十二条第三款的问题

专利法第二十二条第三款规定，创造性是指同申请日以前已有的技术相比，该发明有突出的实质性特点和显著的进步。

当权利要求所要求保护的技术方案与一份对比文件相比，存在区别技术特征，但是本领域普通技术人员根据该对比文件以及所属领域的公知常识能够确定所述区别技术特征被对比文件隐含公开，则该权利要求相对于对比文件不具备创造性。

对比文件1涉及一种指纹识别装置，并具体公开了以下技术特征（见说明书第2~3页，附图1）：一种指纹识别装置，包括：开窗102（相当于权利要求1中的指纹识别窗口）；照明装置107、防尘罩106、透镜105、图像传感器104（上述器件组合对应于权利要求1中的指纹识别模块）；图像拾取转换开关103与CPU108相连，所述CPU用于控制前述各部件的操作（CPU相当于权利要求1中的控制电路）；柱状指筒101，用于插入手指（相当于权利要求1中的壳体）；柱状指筒101内腔形成于指筒内表面（相当于权利要求1中的手指插入孔）；图像拾取转换开关103，其通过光检知器来判断手指是否插入柱状指筒并决定是否发出启动信号，以启动指纹识别过程（相当于权利要求1中的接触半导体）；其中，开窗102、照明装置107、防尘罩106、透镜105、图像传感器104被安装到柱状指筒的下方，以便开窗102暴露给柱状指筒101的内腔（其对应于权利要求1中“指纹识别模块被安装在所述壳体内，以便所述指纹识别窗口暴露给所述手指插入孔”的结构特征）。此外，在对比文件1中（见说明书第3页左栏倒数第1-9行），启动图像拾取转换开关103后，其会向CPU108发送一准备信号和向照明装置107发送一光信号，用以启动CPU108和照明装置107。尽管对比文件1未明确描述存在一供电单元，但是本领域技术人员根据对比文件1所公开的内容以及本领域的公知常识可以确定：对比文件1的装置中必然存在一供电单元，用于提供电能（相当于权利要求1中的供电单元）。

由此可见，对比文件1已经公开了权利要求1的大部分技术特征，权利要求1与对比文件1相比，其区别技术特征在于：1）所述控制电路响应所述识别信号以控制所述供电单元向所述指纹识别模块供应电能；2）一个凸出部（24）从所述手指插入孔的下表面向外侧凸出，而且所述接触开关电路的一个导体（22）被形成在所述凸出部的上表面上。

关于区别技术特征1），CPU108（相当于权利要求1中的控制模块）响应图像拾取转换开关103发出的信号（相当于权利要求1中的识别信号）控制所述供电单元向指纹识别模块供电。对于复审请求人答复复审通知书时提出：不能得出对比文件1“指纹识别装置不操作时是不供电的”的教导，对此，合议组认为：首先，权利要求 1 未记载“指纹识别装置不操作时是不供电的”这一技术特征，其次，对比文件 1 中一旦图像拾取转换开关 103 打开，其会将准备形成指纹拾取的信息传送到 CPU108，同时输出一光信号给照明装置 107，照明灯 L1 和 L2 通过开窗 102 将指纹表面反射到两维图像传感器 104 上并形成相应的指纹信息存储到图像存储单元 109 中。由此可见，对比文件 1 中的照明以及 CPU 的操作是通过图像拾取转换开关 103 来控制的，显然，在指纹识别装置不操作时是不供电的。

对于区别技术特征 2），合议组认为尽管区别技术特征 3）的结构特征与对比文件 1 不完全相同，但是，区别技术特征 3）和对比文件 1 中公开的图像拾取转换开关 103 位于柱状指筒内表面的结构都是为了形成一信号以同时启动供电单元和指纹识别，也就是说，两种结构都是达到同时启动供电单元和指纹识别的目的，即本申请发明目的所在，本领域技术人员根据对比文件 1 公开的技术特征和本领域的公知常识可以很容易推导出区别技术特征 3）所限定的结构。对于复审请求人答复复审通知书时提出：对比文件 1 不能确保识别工作开始所要求的手指插入深度，因此会造成指纹识别操作时间延长，不利于用户操作，对比文件未公开图像草机开关同时还控制图像采集部件供电的教导。对此，合议组认为：首先，根据对比文件 1 中的附图 1－3，柱状指筒长度与手指长度相仿，只要手指插入即会开启指纹识别，因此，不存在复审请求人所述操作时间延长，不利于用户操作的问题，其次，如前所述，对比文件 1 中一旦图像拾取转换开关 103 打开，其会将准备形成指纹拾取的信息传送到 CPU108，同时输出一光信号给照明装置 107，也就是说，图像采集开关与图像采集部件供电是同步进行的。

综上，权利要求 1 与对比文件 1 相比，不具有突出的实质性特点和显著的进步，不符合专利法第二十二条第三款规定的创造性。

三、决定

维持国家知识产权局于 2005 年 9 月 9 日对 02809366. 6 号发明专利申请作出的驳回决定。

复审请求人对本决定不服的，可以根据专利法第四十一条第二款的规定，自收到本决定之日起三个月内向北京市第一中级人民法院起诉。

261

使用可移动存储器收集和恢复用户环境数据的方法和系统案

复审请求审查决定（第9501号）

决　定　号　第9501号
决　定　日　2006年11月23日
发明创造名称　使用可移动存储器收集和恢复用户环境数据的方法和系统
国际分类号　G06F 9/46　G06F 11/14　G06F 11/20
复审请求人　国际商业机器公司
申　请　号　02807256.1
申　请　日　2002年3月25日
公　开　日　2004年5月26日
合议组组长　黄毅斐
主　审　员　傅　玉
参　审　员　朱芳芳

法律依据　专利法第二十二条第三款
决定要点

在判断一项权利要求所保护的技术方案是否具备创造性时，首先应当确定与该权利要求所述技术方案最接近的现有技术方案，然后将该权利要求所述的技术方案与最接近的现有技术方案进行技术特征对比分析，找出二者的区别技术特征。如果这些区别技术特征是本领域的技术人员容易引入的，则该权利要求所保护的技术方案不具备创造性。

一、案由

本复审请求涉及国家知识产权局于2005年6月10日驳回的、名称为“使用可移动存储器收集和恢复用户环境数据的方法和系统”的发明专利申请（下称本申请），其申请号为02807256.1，申请日为2002年3月25日，优先权日为2001年4月5日，申请人为国际商业机器公司。

国家知识产权局实质审查部门在2004年12月17日发出的第一次审查意见通知书中指出：权利要求1~3、7~10相对于对比文件1（US6182212B1，公告日：2001年1月30日）不具备专利法第二十二条第二款规定的新颖性，权利要求4~6、11~13相对于对比文件1不具备专利法第二十二条第三款规定的创造性，权利要求14~18属于专利法第二十五条规定的不授予专利权的范围。

针对第一次审查意见通知书，申请人于2005年4月26日提交了意见陈述书及权利要求书和说明书第1、8页的替换页，其主要修改为：将原权利要求3、6、7的内容补充到独立权利要求1中，形成新的权利要求1；将原权利要求10、13的内容补充到原权利要求8中，并增加了部分特征，形成新的权利要求5；删除了原权利要求14~18。此外，在意见陈述书中陈述了修改的权利要求书具有新颖性和创造性的理由，主要为：1）对比文件 1 没有公开特征“收集用户环境数据”“复制用户环境数据”“所述用户数据环境数据包括用户密码和授权信息”，所述特征使得新权利要求 1 ~8 具备新颖性和创造性；2）对比文件 1 没有公开特征“收集对多个用户执行，该多个用户中的每个用户在该第一计算机系统上具有一个或多个账户”，该特征使得权利要求 4、8 可以用于复制大量工作站。

国家知识产权局实质审查部门依据 2005 年 4 月 26 日提交的修改替换页及前次通知书针对的文本，于 2005 年 6 月 10 日以权利要求 1 ~4、7、8 不具备创造性、权利要求 5、6 不具备新颖性为由驳回了本申请。

驳回决定所针对的权利要求书的内容如下：

“1. 一种用于将第一计算机系统中的用户环境复制到第二计算机系统中的方法，所述方法包括：

在第一计算机系统上执行一个自动数据收集工具，以从第一计算机系统收集用户环境数据，所述用户环境数据包括打印机定义、网络接口、用户密码和授权信息；以及

把该用户环境数据存储在一个可移动非易失性介质中；

把该可移动非易失性介质从所述第一计算机系统传送到所述第二计算机系统；

把该可移动非易失性介质装载到能够读取该介质的一个设备中；以及

从该可移动非易失性介质把用户环境数据恢复到第二计算机系统中。

2. 根据权利要求 1 所述的方法，其中该收集包括：

识别要包含在该用户环境数据中的属性。

3. 根据权利要求 1 或 2 所述的方法，其中该第一计算机系统包括一个 UNIX 操作系统。

4. 根据权利要求 1 或 2 所述的方法，其中该收集对多个用户执行，该多个用户中的每个用户在该第一计算机系统上具有一个或多个账户。

5. 一种信息处理系统，其中包括：

一个或多个处理器；

可由该处理器所操作的操作系统；

可由该处理器所访问的存储器；

可由该处理器所访问的可移动非易失性介质；

用于把第一计算机系统中的用户环境数据复制到第二计算机系统的用户环境复制工具，该工具包括：

用于从第一计算机系统收集用户环境数据的装置，该收集由一个计算机程序所执行，所述用户环境数据包括打印机定义、网络接口、用户密码和授权信息；

用于将用户环境数据存储在可移动非易失性介质上的装置；

用于把该可移动非易失性介质从所述第一计算机系统传送到所述第二计算机系统的装置；

用于把该可移动非易失性介质装载到能够读取该介质的一个设备中的装置；以及

用于从该可移动非易失性介质把用户环境数据恢复到第二计算机系统中的装置。

6. 根据权利要求 5 所述的信息处理系统，其中该收集包括：

用于识别要包含在该用户环境数据中的属性的装置。

7. 根据权利要求 5 或 6 所述的信息处理系统，其中该第一计算机系统包括一个 UNIX 操作系统。

8. 根据权利要求 5 或 6 所述的信息处理系统，其中用于收集的装置对多个用户执行，该多个用户中的每个用户在该第一计算机系统上具有一个或多个账户。”

驳回决定中指出：1）特征“用户数据环境数据包括用户密码和授权信息”“收集对多个用户执行，该多个用户中的每个用户在该第一计算机系统上具有一个或多个账户”是所属技术领域的公知

常识；2）权利要求1～4、7、8相对于对比文件1不具备创造性、权利要求5、6相对于对比文件1不具备新颖性。

申请人（下称复审请求人）对该驳回决定不服，于2005年9月23日向国家知识产权局专利复审委员会提出了复审请求，并提交了修改的权利要求书，修改后的权利要求书为：

"1. 一种复制计算机系统中的用户环境的方法，所述方法包括：

响应计算机系统中的事件或触发器，捕获所述计算机系统中的用户环境数据；

将所述用户环境数据存储在所述计算机系统本身或传递到其他计算机系统；

在所述计算机系统本身中或所述其他计算机系统中恢复所述用户环境数据。

2. 根据权利要求1所述的方法，其中所述事件或触发器是给定的时间表。

3. 根据权利要求1所述的方法，其中所述事件或触发器是用户每次修改用户环境数据。

4. 根据权利要求1所述的方法，其中在已经发生后续的捕获操作之后，保持旧用户环境数据的多个副本。

5. 根据权利要求1所述的方法，其中所述事件或触发器是来自集中操作区域的对多个用户的命令。

6. 一种信息处理系统，其中包括：

一个或多个处理器；

可由该处理器操作的操作系统；

可由该处理器访问的存储器；

可由该处理器访问的可移动非易失性介质；

用于复制计算机系统中的用户环境的用户环境复制工具，该工具包括：

响应计算机系统中的事件或触发器捕获所述计算机系统中的用户环境数据的装置；

将所述用户环境数据存储在所述计算机系统本身或传递到其他计算机系统的装置；

在所述计算机系统本身中或所述其他计算机系统中恢复所述用户环境数据的装置。

7. 根据权利要求6所述的方法，其中所述事件或触发器是给定的时间表。

8. 根据权利要求6所述的方法，其中所述事件或触发器是用户每次修改用户环境数据。

9. 根据权利要求6所述的方法，其中在已经发生后续的捕获操作之后，保持旧用户环境数据的多个副本。

10. 根据权利要求6所述的方法，其中所述事件或触发器是来自集中操作区域的对多个用户的命令。"

复审的主要理由是：1）本次权利要求的修改完全是新的，且在说明书中有相应的支持；2）对比文件1没有描述计算机系统本身恢复故障的情形，而新修改的独立权利要求1、6中加入了"响应计算机系统中的事件或触发器""将所述用户环境数据存储在所述计算机系统本身"的特征，这些权利要求相比于现有技术带来了技术上的贡献，因而具有创造性。

经形式审查合格后，专利复审委员会于2005年11月4日发出了复审请求受理通知书和前置审查通知书。

在前置审查程序中，国家知识产权局实质审查部门仍坚持原驳回决定。

专利复审委员会依法成立合议组对本案进行复审，并于2006年5月19日发出了复审通知书。通知书中主要指出：1）复审通知书所针对的文本是：2005年9月23日提交的权利要求第1～10项、2005年4月26日提交的说明书第1、8页、进入中国国家阶段时提交的国际申请文件的译文中的说明书第2～7、9～18页、说明书附图第1～11页、说明书摘要以及摘要附图；2）复审请求人强调的具有创造性的特征“响应计算机系统中的事件或触发器”“将所述用户环境数据存储在所述计算机系统本身”是本领域普通技术人员的惯用技术手段；3）权利要求1～10相对于对比文件1不具备创造性，不符合专利法第二十二条第三款的规定。

针对上述复审通知书，复审请求人于2006年7月3日提交了意见陈述书和修改的权利要求书，修改后的权利要求书为：

“1. 一种复制计算机系统中的用户环境的方法，所述方法包括：

响应计算机系统中的事件或触发器，捕获所述计算机系统中的用户环境数据，并在捕获所述用户环境数据后创建质量校验表处理以校验是否已捕获了全部用户环境数据；

将所述用户环境数据存储在所述计算机系统本身或传递到其他计算机系统；

判断是否进行恢复处理，如果判断为是，则在所述计算机系统本身中或所述其他计算机系统中恢复所述用户环境数据；如果判断为否，则不进行恢复处理。

2. 根据权利要求1所述的方法，其中所述事件或触发器是给定的时间表。

3. 根据权利要求1所述的方法，其中所述事件或触发器是用户每次修改用户环境数据。

4. 根据权利要求1所述的方法，其中在已经发生后续的捕获操作之后，保持旧用户环境数据的多个副本。

5. 根据权利要求1所述的方法，其中所述事件或触发器是来自集中操作区域的对多个用户的命令。

6. 一种信息处理系统，其中包括：

一个或多个处理器；

可由该处理器操作的操作系统；

可由该处理器访问的存储器；

可由该处理器访问的可移动非易失性介质；

用于复制计算机系统中的用户环境的用户环境复制工具，该工具包括：

响应计算机系统中的事件或触发器捕获所述计算机系统中的用户环境数据并在捕获所述用户环境数据后创建质量校验表处理以校验是否已捕获了全部用户环境数据的装置；

将所述用户环境数据存储在所述计算机系统本身或传递到其他计算机系统的装置；

判断是否进行恢复处理，如果判断为是则在所述计算机系统本身中或所述其他计算机系统中恢复所述用户环境数据，如果判断为否则不进行恢复处理的装置。

7. 根据权利要求6所述的方法，其中所述事件或触发器是给定的时间表。

8. 根据权利要求6所述的方法，其中所述事件或触发器是用户每次修改用户环境数据。

9. 根据权利要求6所述的方法，其中在已经发生后续的捕获操作之后，保持旧用户环境数据的多个副本。

10. 根据权利要求6所述的方法，其中所述事件或触发器是来自集中操作区域的对多个用户的命令。”

此外，复审请求人在答复复审通知书意见时指出：1）新修改的权利要求中加入的特征能够得到说明书的支持；2）特征“并在捕获所述用户环境数据后创建质量校验表处理以校验是否已捕获了全部用户环境数据”取得了在捕获用户环境数据后能够确保该捕获的用户环境数据是完整的技术效果；3）特征“判断是否进行恢复处理，如果判断为是则……；如果判断为否，则不进行恢复处理”避免了现有技术中对于每次捕获的环境数据都无条件地进行恢复造成的资源浪费，基于上述理由，权利要求1～10相对于对比文件1具备创造性。

至此，合议组认为，复审请求人已充分发表意见，可以作出本复审请求审查决定。

二、决定的理由

1. 文本认定

经审查，合议组认为复审请求人于 2006 年 7 月 3 日提交的修改文本符合专利法第三十三条和专利法实施细则第六十条的规定，因此，本复审决定针对的文本是 2006 年 7 月 3 日提交的权利要求第 1～10项、2005 年 4 月 26 日提交的说明书第 1、8 页、进入中国国家阶段时提交的国际申请文件的译文中的说明书第 2～7、9～18 页、说明书附图第 1～11 页、说明书摘要以及摘要附图。

2. 关于创造性

根据专利法第二十二条第二十三款的规定，创造性，是指同申请日以前已有的技术相比，该发明有突出的实质性特点和显著的进步，该实用新型有实质性特点和进步。

在判断一项权利要求所保护的技术方案是否具备创造性时，首先应当确定与该权利要求所述技术方案最接近的现有技术方案，然后将该权利要求所述的技术方案与最接近的现有技术方案进行技术特征对比分析，找出二者的区别技术特征。如果这些区别技术特征是本领域的技术人员容易引入的，则该权利要求所保护的技术方案不具备创造性。

（1）权利要求 1 请求保护一种复制计算机系统中的用户环境的方法，对比文件 1（参见说明书第 2 栏第 30 行至第 3 栏第 23 行，第 6 栏第 25～38 行，附图 1、3）公开了一种转移用户设置到取代计算机系统的方法，并且公开了以下技术特征：在响应用户的输入后，在现存的计算机系统中执行计算机程序产品，完成从现存计算机系统的用户系统设置的检索（相当于捕获用户环境数据），并将这些数据存储在可移动非易失性介质中，之后从可移动非易失性介质把用户系统设置的数据恢复到取代计算机系统中（相当于其他计算机系统）。

由此可见，权利要求 1 与对比文件 1 的区别在于：（a）对比文件 1 中响应的是用户输入，而权利要求 1 响应的是计算机系统中的事件或触发器；（b）权利要求 1 也可以在计算机系统本身存储与恢复用户环境数据；（c）权利要求 1 在捕获用户环境数据后创建质量校验表处理以校验是否已捕获了全部用户环境数据；（d）权利要求 1 中具有是否进行恢复处理的判断步骤。

对于区别特征（a），根据本申请说明书第 10 页第 1～15 行的记载，不论响应的是计算机系统中的何种事件或触发器，例如，不论响应的是按照给定时间表定期捕获用户环境的事件、或者响应的是在每次用户修改环境数据时捕获用户环境数据的事件、或者响应的是定期捕获几个用户的环境数据而不需要用户干预的集中操作区域的一个命令，其响应的都是用户事先设定好的数据捕获条件，因此，对于本领域的普通技术人员而言，在对比文件 1 公开的响应用户输入的特征的基础上，根据实际需要而设定不同的响应条件，例如，每隔一定时间自动备份数据是很容易想到和做到的；对于区别特征（b），对于本领域的普通技术人员而言，在不同介质上的存储，例如，本地存储和异地存储都是本领域惯用的技术手段，如，office2000 的后台保存方式即是在计算机系统本身的存储方式，而其在突发事件之后对于数据的恢复也是在计算机系统本身完成的，因而为了防止系统故障而造成的环境数据丢失，进行用户环境数据在计算机本地上存储和恢复也是本领域普通技术人员很容易想到和做到的；对于区别特征（c），本领域的普通技术人员都知道，在环境数据的恢复过程中，将需要恢复的数据捕获后并将其保存下来，才能进行有效的数据恢复，而本领域的普通技术人员也知道，不完整数据的恢复是没有意义的，因而出于更为保险和有效恢复的目的，而采用将捕获后保存下来的环境数据通过设置校验环节的技术手段来确保其完整性是很容易想到和做到的；对于区别特征（d），根据用户的实际需求，当数据的恢复处理是有意义的时候进行恢复处理，当数据的恢复处理没有意义进行时则不做恢复处理，即，通过预先设置好的判断步骤来确定恢复与否的技术手段，是本领域普通技术人员在明确是否需要进行数据恢复处理时很容易想到和做到的。

在答复复审通知书时，复审请求人强调特征（c）和（d）带来了区别于现有技术的技术效果。对此，合议组认为，1）在本申请的说明书部分，仅仅指出质量检验表的创建、以及对已捕获的全部用户环境数据的校验："执行检查，以确保一个连接已经在……之间建立。……联网文件被检查，以确保它们是正确的。……目录的恢复被检查……密码被检查，以确保它们已经被正确地收集……文件系统被检查……"（参见说明书第14页最后一段至第15页第1段，附图7），但是在说明书中并没有对质量检验表校验没有捕获全部用户环境数据的结果，即，用户环境数据不能恢复时，系统会进行如何处理的技术方案加以描述，因而说明书关于"在捕获用户环境数据后创建质量校验表处理以校验是否已捕获了全部用户环境数据"的描述是不完整的，复审请求人所述的其所带来的技术效果是无法认定的；2）复审请求人强调的"在有些情况下，虽然系统有运行故障，但用户并不需要对这种用户配置进行恢复，例如用户只需要利用一些简单的功能，而不需要原来的全部配置。……本发明从而避免了对每次捕获的环境数据都无条件地进行恢复造成的资源浪费"夸大了判断恢复处理步骤的作用。根据说明书第8页第1段的记载："重建UNIX映像特别需要大量系统参数，包括打印机定义、tty定义、网络接口、用户标识和密码。在系统复制之后，如果不能够复制所有这样的参数可能导致用户不能够运行关键的应用程序或者访问关键的资源。"因此，本发明所要解决的问题是如何复制所有用户环境的参数以正确运行关键的应用程序或访问关键的资源，与复审请求人答复复通时强调的"用户只需要利用一些简单的功能，而不需要原来的全部配置"相矛盾。此外，在说明书第11页第1段关于判断恢复处理步骤的描述为"如果判断240为否定（即，没有到用于复制处理的时间），则……。如果判断240为肯定（即，达到用于复制处理的时间），则……"。也就是说，根据说明书的记载，判断恢复处理步骤仅仅是对是否达到用于复制处理的时间的判断，而并非是对复审请求人所述的"用户只需要利用一些简单的功能，而不需要原来的全部配置"的判断，复审请求人夸大了说明书中对应的判断恢复处理步骤所带来的技术效果。因而，复审请求人答复复通时强调的技术效果的理由是不成立的。

基于上述理由，在对比文件1的基础上结合本领域普通技术人员的惯用技术手段从而得到权利要求1所要求保护的技术方案是显而易见的，也就是说，权利要求1相对于对比文件1不具有突出的实质性特点，不符合专利法第二十二条第三款关于创造性的规定。

（2）权利要求2对权利要求1进行了进一步的限定，其附加技术特征是：所述事件或触发器是给定的时间表。本领域普通技术人员通常采用的定期备份的技术手段就是按照给定的时间间隔将系统某一时刻的数据备份到不同介质上，以在发生突发事件时进行数据恢复。因此，在权利要求2所引用的权利要求1不具备创造性的情况下，权利要求2也不具备创造性，不符合专利法第二十二条第三款的规定。

（3）权利要求3对权利要求1进行了进一步的限定，其附加技术特征是：所述事件或触发器是用户每次修改用户环境数据。对本领域普通技术人员而言，为了防止新修改的用户环境数据在故障中被破坏，在每次修改用户环境数据后，立即对修改的用户环境数据进行备份是很容易想到和做到的。因此，在权利要求3所引用的权利要求1不具备创造性的情况下，权利要求3也不具备创造性，不符合专利法第二十二条第三款的规定。

（4）权利要求4对权利要求1进行了进一步的限定，其附加技术特征是：在已经发生后续的捕获操作之后，保持旧用户环境数据的多个副本。对本领域普通技术人员而言，在发生后续的捕获用户环境数据的操作之后，为了以备对前一个用户环境数据可能存在的需求，从而保持旧用户环境数据的多个副本是很容易想到和做到的。因此，在权利要求4所引用的权利要求1不具备创造性的情况下，权利要求 4 也不具备创造性，不符合专利法第二十二条第三款的规定。

（5）权利要求 5 对权利要求 1 进行了进一步的限定，其附加技术特征是：所述事件或触发器是来自集中操作区域的对多个用户的命令。但是，由网络系统管理员统一对多个不同用户进行权限数据管理的模式是本领域的惯用技术手段，因此，为了避免在数据恢复时对系统中每个用户数据逐一恢复的麻烦，从而采用通过系统管理员在集中操作区域统一对多个用户发出命令、以对多个用户的数据进行恢复的技术手段是很容易想到和做到的。因此，在权利要求 5 所引用的权利要求 1 不具备创造性的情况下，权利要求 5 也不具备创造性，不符合专利法第二十二条第三款的规定。

（6）权利要求 6 请求保护一种信息处理系统，对比文件 1（参见说明书第 2 栏第 30 行至第 3 栏第 23 行，第 6 栏第 25 ~ 38 行，附图 1、3）公开了一种转移用户设置到取代计算机的系统（相当于信息处理系统），并且公开了以下技术特征：该系统包括处理器、可由处理器操作的操作系统、处理器可访问的存储器、处理器可访问的非易失性存储设备，响应用户输入，从现存的计算机系统收集环境数据，并将环境数据存储复制在可移动非易失性介质中的装置，之后从可移动非易失性介质把用户系统设置的数据恢复到取代计算机系统中（相当于其他计算机系统）的装置。

由此可见，权利要求 6 与对比文件 1 的区别在于：（a）对比文件 1 中响应的是用户输入，而权利要求 6 响应的是计算机系统中的事件或触发器；（b）权利要求 6 也可以在计算机系统本身存储与恢复用户环境数据；（c）权利要求 1 在捕获用户环境数据后创建质量校验表处理以校验是否已捕获了全部用户环境数据；（d）权利要求 1 中具有是否进行恢复处理的判断步骤。

对于区别特征（a），根据该申请说明书第 10 页第 1 ~ 15 行的记载，不论响应的是计算机系统中的何种事件或触发器，例如，不论响应的是按照给定时间表定期捕获用户环境的事件、或者响应的是在每次用户修改环境数据时捕获用户环境数据的事件、或者响应的是定期捕获几个用户的环境数据而不需要用户干预的集中操作区域的一个命令，其响应的都是用户事先设定好的数据捕获条件，因此，对于本领域的普通技术人员而言，在对比文件 1 公开的响应用户输入的特征的基础上，根据实际需要而设定不同的响应条件，例如，每隔一定时间自动备份数据是很容易想到和做到的；对于区别特征（b），对于本领域的普通技术人员而言，在不同介质上的存储，例如，本地存储和异地存储都是本领域惯用的技术手段，如，office2000 的后台保存方式即是在计算机系统本身的存储方式，而其在突发事件之后对于数据的恢复也是在计算机系统本身完成的，因而为了防止系统故障而造成的环境数据丢失，进行用户环境数据在计算机本地上存储和恢复也是本领域普通技术人员很容易想到和做到的；对于区别特征（c），本领域的普通技术人员都知道，在环境数据的恢复过程中，将需要恢复的数据捕获后并将其保存下来，才能进行有效的数据恢复，而本领域的普通技术人员也知道，不完整数据的恢复是没有意义的，因而出于更为保险和有效恢复的目的，而采用将捕获后保存下来的环境数据通过设置校验环节的技术手段来确保其完整性是很容易想到和做到的；对于区别特征（d），根据用户的实际需求，当数据的恢复处理是有意义的时候进行恢复处理，当数据的恢复处理没有意义进行时则不做恢复处理，即，通过预先设置好的判断步骤来确定恢复与否的技术手段，是本领域普通技术人员在明确是否需要进行数据恢复处理时很容易想到和做到的。

在答复复审通知书时，复审请求人强调特征（c）和（d）带来了区别于现有技术的技术效果。对此，合议组认为，1）在本申请的说明书部分，仅仅指出质量检验表的创建、以及对已捕获的全部用户环境数据的校验："执行检查，以确保一个连接已经在……之间建立。……联网文件被检查，以确保它们是正确的。……目录的恢复被检查……密码被检查，以确保它们已经被正确地收集……文件系统被检查……"（参见说明书第 14 页最后一段至第 15 页第 1 段，附图 7），但是在说明书中并没有对质量检验表校验没有捕获全部用户环境数据的结果，即，用户环境数据不能恢复时，系统会进行如何处理的技术方案加以描述，因而说明书关于“在捕获用户环境数据后创建质量校验表处理以校验是否已捕获了全部用户环境数据”的描述是不完整的，复审请求人所述的其所带来的技术效果是无法认定的；2）复审请求人强调的“在有些情况下，虽然系统有运行故障，但用户并不需要对这种用户配置进行恢复，例如用户只需要利用一些简单的功能，而不需要原来的全部配置。……本发明从而避免了对每次捕获的环境数据都无条件地进行恢复造成的资源浪费”夸大了判断恢复处理步骤的作用。根据说明书第 8 页第 1 段的记载：“重建 UNIX 映像特别需要大量系统参数，包括打印机定义、tty 定义、网络接口、用户标识和密码。在系统复制之后，如果不能够复制所有这样的参数可能导致用户不能够运行关键的应用程序或者访问关键的资源。”因此，本发明所要解决的问题是如何复制所有用户环境的参数以正确运行关键的应用程序或访问关键的资源，与复审请求人答复复通时强调的“用户只需要利用一些简单的功能，而不需要原来的全部配置”相矛盾。此外，在说明书第 11 页第 1 段关于判断恢复处理步骤的描述为“如果判断 240 为否定（即，没有到用于复制处理的时间），则……。如果判断 240 为肯定（即，达到用于复制处理的时间），则……”。也就是说，根据说明书的记载，判断恢复处理步骤仅仅是对是否达到用于复制处理的时间的判断，而并非是对复审请求人所述的“用户只需要利用一些简单的功能，而不需要原来的全部配置”的判断，复审请求人夸大了说明书中对应的判断恢复处理步骤所带来的技术效果。因而，复审请求人答复复通时强调的技术效果的理由是不成立的。

因此，在对比文件 1 的基础上结合本领域普通技术人员的惯用技术手段从而得到权利要求 6 所要求保护的技术方案是显而易见的，也就是说，权利要求 6 相对于对比文件 1 不具有突出的实质性特点，不符合专利法第二十二条第三款关于创造性的规定。

（7）权利要求 7 对权利要求 6 进行了进一步的限定，其附加技术特征是：所述事件或触发器是给定的时间表。本领域普通技术人员通常采用的定期备份的技术手段就是按照给定的时间间隔将系统某一时刻的数据备份到不同介质上，以在发生突发事件时进行数据恢复。因此，在权利要求 7 所引用的权利要求 6 不具备创造性的情况下，权利要求 7 也不具备创造性，不符合专利法第二十二条第三款的规定。

（8）权利要求 8 对权利要求 6 进行了进一步的限定，其附加技术特征是：所述事件或触发器是用户每次修改用户环境数据。对本领域普通技术人员而言，为了防止新修改的用户环境数据在故障中被破坏，在每次修改用户环境数据后，立即对修改的用户环境数据进行备份是很容易想到和做到的。因此，在权利要求 8 所引用的权利要求 6 不具备创造性的情况下，权利要求 8 也不具备创造性，不符合专利法第二十二条第三款的规定。

（9）权利要求 9 对权利要求 6 进行了进一步的限定，其附加技术特征是：在已经发生后续的捕获操作之后，保持旧用户环境数据的多个副本。对本领域普通技术人员而言，在发生后续的捕获用户环境数据的操作之后，为了以备对前一个用户环境数据可能存在的需求，从而保持旧用户环境数据的多个副本是很容易想到和做到的。因此，在权利要求 9 所引用的权利要求 6 不具备创造性的情况下，权利要求 9 也不具备创造性，不符合专利法第二十二条第三款的规定。

（10）权利要求 10 对权利要求 6 进行了进一步的限定，其附加技术特征是：所述事件或触发器是来自集中操作区域的对多个用户的命令。但是，由网络系统管理员统一对多个不同用户进行权限数据管理的模式是本领域的惯用技术手段，因此，为了避免在数据恢复时对系统中每个用户数据逐一恢复的麻烦，从而采用通过系统管理员在集中操作区域统一对多个用户发出命令、以对多个用户的数据进行恢复的技术手段是很容易想到和做到的。因此，在权利要求 10 所引用的权利要求 6 不具备创造性的情况下，权利要求 10 也不具备创造性，不符合专利法第二十二条第三款的规定。

三、决定

维持国家知识产权局于 2005 年 6 月 10 日作出的驳回 02807256.1 号发明专利申请的决定。

复审请求人如对本决定不服，可以依据专利法第四十一条第二款的规定，自收到本决定之日起三个月内向北京市第一中级人民法院起诉。

262

确定商品预约定购数及最终定购数的方法案

复审请求审查决定（第9502号）

决　定　号　第9502号
决　定　日　2006年11月16日
发明创造名称　确定商品预约定购数及最终定购数的方法
国际分类号　G06F 17/60
复审请求人　喔凯株式会社　饭田
申　请　号　00102616. X
申　请　日　2000年2月16日
公　开　日　2001年3月7日
合议组组长　张　度
主　审　员　龙　安
参　审　员　詹靖康

法律依据　专利法第三十三条
决定要点
如果修改后的权利要求无法从原始申请文本中直接、毫无疑义地确定，则应当认定其修改超出原始文本记载的范围。

一、案由

该复审请求涉及申请日为2000年2月16日、申请号为00102616. X、名称为“确定商品预约定购数及最终定购数的方法”的发明专利申请，其申请人为喔凯株式会社、饭田。

2002年11月8日，国家知识产权局发出第一次审查意见通知书，指出权利要求1～2属于专利法第二十五条第一款第（二）项规定的不授予专利权的情形。

2003年5月26日，申请人答复上述通知书，陈述其发明权利要求属于专利法保护客体的理由。

2003年12月5日，国家知识产权局以权利要求1～2属于专利法第二十五条第一款第（二）项规定的不授予专利权的范围为由，驳回该申请。

申请人（下称复审请求人）对上述驳回决定不服，于2004年3月15日向国家知识产权局专利复审委员会提出复审请求，重申其申请权利要求所限定的方法是一个利用技术手段的技术方案，属于专利法应予保护的主题。

经形式审查合格，专利复审委员会受理该复审请求，于2004年4月29日发出复审请求受理通知书和前置审查通知书。

前置审查程序中，国家知识产权局坚持原驳回决定。

专利复审委员会成立合议组，对此案进行审理。专利复审委员会于2005年9月15日发出口头审理通知书，定于2005年10月27日进行口头审理。复审请求人未出席此次审理。

专利复审委员会于2006年2月23日向复审请求人发出第一次复审通知书，指出：权利要求1～2属于专利法第25条第1款第（二）项规定的不授予专利权的情形。2006年4月10日，复审请求人答复该复审通知书，随附修改的权利要求第1～4项。

修改后的权利要求书如下：

“1. 一种通过确定商品预约定购数和最终定购数从而减少易腐食品变质的计算机系统，其特征在于，该计算机系统包括：

（i）存储装置，用于存储包含各商品脱销安全系数的脱销安全映射，所述脱销安全系数取决于下述两个变量：

（a）在预定取样周期中一天的最大实际销售数与一天平均实际销售数的比值，所述实际销售数存储在所述存储装置；

（b）从商品生产日至其保质期的时期；

（ii）估计未来顾客数输入装置，根据可预见的可能影响顾客数的任何事件的发生，输入一周每天的估计未来顾客数A；

（iii）销售数变动系数输入装置，用于输入销售数变动系数β，该系数主要随所述商品的销售价格而变动；

（iv）计算装置，用于：

（a）从所述脱销安全映射检索脱销安全系数α；

（b）通过平均所述预定取样周期中一周每天实际销售数，计算该周中每天的标准销售数D；

（c）通过平均所述预定取样周期中一周每天光顾有关商店的顾客数，计算一周每天的标准顾客数B；

（d）通过用一周每天的标准顾客数B除所述估计未来顾客数B，计算一周每天的标准顾客数修正系数C；

（e）通过把所述修正系数C和所述标准销售数D相乘，计算一周每天第1修正标准销售数E；

（f）通过把所述销售数变动系数β和所述一周每天第1修正标准销售数E相乘，计算第2修正标准销售数E×β；

（g）通过把所述第2修正标准销售数E×β和所述脱销安全系数α相乘，计算一周有关天的预约定购数；

（h）通过计算上述步骤（g）中的一周有关天的前至少一天的选定天的预约定购数与所述选定天的实际销售的差，计算预约定购修正数；

（i）通过把所述一周有关天预约定购数减去或加上所述预约定购修正数，计算所述有关天的最终定购数；

（v）输出装置，用于输出所述计算得的一周有关天的最终定购数。

2. 如权利要求1所述的计算机系统，其特征在于，所述选定天是所述一周有关天前2天。

3. 如权利要求1或2所述的计算机系统，其特征在于，所述计算机是个人计算机。

4. 一种操作如权利要求1至3中任一所述的计算机系统的方法，其特征在于，该方法包括下述步骤：

（a）根据可预见的可能影响顾客数的任何事件的发生，输入一周每天的估计未来顾客数A；

（b）输入主要随所述商品的销售价格而变动的销售数变动系数β；

（c）使用所述计算机装置计算所述最终定购数；

（d）输出所述计算得的一周有关天的最终定购数。”

2006 年 8 月 7 日，专利复审委员会发出第二次复审通知书，指出，上述修改的权利要求书超出原始申请文本记载的范围，不符合专利法第三十三条的规定。2006 年 9 月 21 日，复审请求人提交意见陈述书，主要理由为：（1）修改的权利要求中的每一特征，在原申请文本中均有相应记载：（1）修改的权利要求 1 的“存储装置”参见说明书第 3 页第 11 ~ 12 行，其中述及：“该映射存储在例如个人计算机所备的存储器中”；（2）修改的权利要求 1 的“估计未来顾客数输入装置”参见说明书第 3 页第 23 ~ 24 行关于步骤 13 的说明，其中述及：“算最近一周每天光顾有关商店的可能顾客数作为一周每天估计顾客数 A，输入个人计算机，对各销售点作该估算”；（3）修改的权利要求 1 的“销售数变动系数输入装置”参见说明书第 4 页第 1 ~ 2 行关于步骤 16 的说明，其中述及：“根据目前销售价格，决定并输入销售数变动系数 β，它反映销售数随有关商品售价而变动”；（4）修改的权利要求 1 的“计算装置”和“输出装置”在几乎每一步骤中均加以描述，例如说明书第 4 页关于步骤 16 ~ 20 的描述。该计算装置根据存储在个人计算机中的程序进行计算，计算装置根据程序执行其功能虽然是常规方式，但该计算装置在计算中应用了诸如脱销安全系数 α、销售数变动系数 β、标准顾客数修正系数 C、第 1 修正标准销售数 E、第 2 修正标准销售数 E × β 等常规信息技术中没有揭示的特定概念，从而构成本发明具有创造性的部件。（2）据审查指南第二部分第九章的规定，涉及计算机程序的发明专利申请的权利要求可以写成一种方法权利要求，也可写成一种产品权利要求，复审通知书的意见在审查指南中无据可查。综上所述，复审请求人于 2006 年 4 月 10 日提交的修改的权利要求 1 ~ 3，进而相应的方法权利要求 4 均没有没有超出原申请文本记载的范围。

在前述工作基础上，专利复审委员会作出如下审查决定。

二、决定的理由

本决定所依据的文本为：2006 年 4 月 10 日提交的权利要求第 1 ~ 4 项，2000 年 2 月 16 日提交的说明书第 1 ~ 5 页、附图第 1 ~ 2 页、说明书摘要及其附图各 1 页。

权利要求 1 要求保护一种计算机系统，包括存储装置、估计未来顾客数输入装置、销售变动系数输入装置、计算装置、输出装置，其中估计未来顾客数输入装置的功能与原始权利要求 1 中某一步骤相应；销售变动系数输入装置的功用与原始权利要求 1 中另一步骤相应；计算装置用于处理（a）－（i）组数据，所述计算数据的内容相应于原权利要求 1 中的若干个步骤。

据说明书中的记载（说明书第 2 页第 2 段），所述方案需要存储每种商品在预定取样周期中一天的最大实际销售数与一天平均实际销售数的比值、一周每天实际销售数、一周每天光顾有关商店的顾客数、今后一周每天光顾有关商店的估计顾客数 A，从所述内容无法唯一而毫无疑义地推导出存在一个仅存储脱销安全映射和实际销售数的存储装置。

申请说明书中（说明书第 4 页第 1 行）：根据目前销售价格，决定并输入销售数变动系数 β。据所述内容，对参数 β 的处理应该有计算和输入两个操作。可见，无法从原始文本中推导出存在一个仅输入销售数变动系数 β 的销售数变动系数输入装置。

说明书中（第 3 页第 5 段至第 4 页第 6 段），步骤 10 用于检索脱销安全系数 α，步骤 11、12、14、15、17 ~ 20 用于计算多个参数，从所述内容无法直接、唯一而无疑义地推导出存在一个既能检索又能计算的计算装置。

原始文本中需要输出一周每天标准顾客数 B、标准顾客数修正系数 C、第 2 修正标准销售数 E × β、一周有关天的所述商品 X 的预约定购数；一周有关天预约定购数可修正的日期或时间前至少一天的实际销售与相应天的预约定购数的差、预约定购修正数等很多数据，跟据所述内容无法推出存在一个仅仅输出最终定购数的输出装置。

由此可见，在原始权利要求书、说明书及其附图没有任何有关硬件设备的文字和/或图示记载的情况下，本领域技术人员无法从其中直接、毫无疑义地唯一推导出如权利要求 1 所述的主要硬件装置，更无法推导出各装置之间的连接关系。

对权利要求 2、3 的修改也存在上述问题。

权利要求 4 要求保护的方法是建立在权利要求 1 ~ 3 的装置权利要求基础上的，因其中的计算机系统的硬件结构不能从原始申请文本中推导出来，所述方法同样无法从原始申请文本中唯一、毫无疑义地直接推导出来。

因此，所述修改的权利要求书超出原始文本记载的范围，不符合专利法第三十三条的规定。

三、决定

维持国家知识产权局原实质审查部门于 2003 年 12 月 5 日对 00102616. X 号发明专利申请作出的驳回决定。

如果复审请求人对本决定不服，可据专利法第四十一条第二款的规定，自收到本决定之日起三个月内向北京市第一中级人民法院起诉。

用于油井电气系统的高电阻接地系统案

复审请求审查决定（第9505号）

决　　定　　号　第9505号
决　　定　　日　2006年10月12日
发明创造名称　用于油井电气系统的高电阻接地系统
国 际 分 类 号　H02H 9/00、9/04、9/08
复 审 请 求 人　尹顿公司
申　　请　　号　99117502.6
申　　请　　日　1999年8月6日
公　　开　　日　2000年2月16日
合 议 组 组 长　张　度
主　　审　　员　杜　宇
参　　审　　员　周雷鸣

法 律 依 据　专利法实施细则第二十条第一款
决 定 要 点

如果复审请求人在复审程序中修改了申请文件，修改后的权利要求限定了其中部件的具体结构和功能，本领域普通技术人员可以清楚权利要求所要求保护的范围，那么修改后的权利要求符合专利法实施细则第二十条第一款的规定。

一、案由

本复审请求案涉及申请日为1999年8月6日、优先权日为1998年8月7日、发明名称为“用于油井电气系统的高电阻接地系统”的、申请号为99117502.6的发明专利申请（下称本申请），申请人为尹顿公司。

在实质审查过程中，国家知识产权局实质审查部门以申请日提交的原始申请文件为基础进行审查。权利要求书如下：

“1. 一种电气系统，其通常工作在不接地的状态，但是有时使其中的一个导体接地，其中在所述电气系统中的第一部分和地之间产生不希望产生的电压，该系统包含：

所述电气系统，其包含电源装置和负载装置，在其间配置有所述电导体；

接地阻抗装置，其连接到所述电气系统中的第二部分，用于通过将所述第二部分基本上接地来降低所述不希望形成的电压；

控制系统装置，其与所述接地阻抗装置和所述电气系统相互连接，用于检测所述不希望形成的电压以及将所述可相互连接的接地阻抗装置连接到所述电气系统中的所述第二部分以便降低所述不希望形成的电压；

所述控制系统装置，包含：

门控导通装置，其与所述阻抗装置相互连接，用于将所述电气系统装置中的所述第二部分通过所述阻抗装置连接到地，用于降低所述不希望形成的电压；以及控制装置，其与所述门控导通装置相连接，用于响应于所述不希望形成的电压的出现使所述门控导通装置将所述电气系统装置中的所述第二部分连接到地。

2. 根据权利要求 1 所述的组合系统，其中所述的阻抗装置主要包含电阻装置。

3. 根据权利要求 1 所述的组合系统，其中所述的第一部分和所述的第二部分相同。

4. 根据权利要求 1 所述的组合系统，其中所述的不希望形成的电压被降低到允许的限值内。

5. 根据权利要求 1 所述的组合系统，其中所述的门控导通装置包含反向配置的可控硅整流器。

6. 根据权利要求 1 所述的组合系统，其中所述的电源装置是 Y 连接的并且所述负载装置是 Y 连接的。

7. 根据权利要求 1 所述的组合系统，其中所述的电源装置是三角形连接的并且所述负载装置是三角形连接的。

8. 根据权利要求 1 所述的组合系统，其中所述的电源装置是 Y 连接的以及所述负载装置是三角形连接的。

9. 根据权利要求 1 所述的组合系统，其中所述的电源装置是三角形连接的以及所述负载装置是 Y 连接的。

10. 根据权利要求 1 所述的组合系统，其中所述的检测器装置与所述导体相互连接，用于通过该导体传输信号。”

国家知识产权局实质审查部门于 2003 年 4 月 11 日发出第一次审查意见通知书，其中主要指出：权利要求 1 中的“第一部分”“第二部分”“第一导体”“门控导体装置”及“控制装置”的结构特征不清楚，因此不符合专利法实施细则第二十条第一款的规定；权利要求 4、6、8、9、10 也不符合专利法实施细则第二十条第一款的规定。

申请人于 2003 年 7 月 16 日针对第一次审查意见通知书提交了意见陈述书以及权利要求书和说明书的替换页，并论述了新修改权利要求书符合专利法实施细则第二十条第一款的理由。

国家知识产权局实质审查部门于 2004 年 6 月 25 日发出第二次审查意见通知书，其中指出：权利要求 1 中的“导体”的结构特征不清楚，并且“门控导通装置”，“控制装置”仅用功能性来进行表述，通过哪些元件组成“导体”“门控导通装置”及“控制装置”不清楚，导致权利要求 1 的保护范围不清楚，不符合专利法实施细则第二十条第一款的规定。

申请人于 2004 年 8 月 25 日针对第二次审查意见通知书提交了意见陈述书，陈述了权利要求 1 符合专利法实施细则第二十条第一款的规定的意见。

国家知识产权局实质审查部门没有接受申请人的观点，仍认为权利要求 1 不符合专利法实施细则第二十条第一款的规定，因此于 2004 年 10 月 15 日作出了驳回本申请的决定。

申请人（下称复审请求人）对上述驳回决定不服，于 2004 年 12 月 30 日向专利复审委员会提出了复审请求。

经形式审查合格，专利实质审查委员会予以受理，于 2005 年 1 月 19 日发出复审请求受理通知书和前置审查通知书。

国家知识产权局原实质审查部门对该复审请求进行了前置审查，坚持原驳回决定。

专利复审委员会依法成立合议组对此案进行审理，并于 2006 年 7 月 17 日向复审请求人发出了复审通知书，提出如下的复审意见：

权利要求 1 中对门控导通装置和控制装置使用功能性限定进行描述，将功能性限定部分写入致使本领域普通技术人员无法从功能性限定中清楚地得出所述门控导通装置和控制装置的结构特征，并且在说明书实施例中所述门控导通装置和控制装置只有一种结构的情况下，本领域普通技术人员也无法从说明书实施例中清楚、明确地概括出权利要求1中使用功能性限定所限定的保护范围，因此权利要求1中使用的上述功能性限定造成权利要求1所要求保护的范围不清楚，不符合专利法实施细则第二十条第一款的规定。

复审请求人于2006年8月31日提交了意见陈述书以及权利要求书替换页，其中权利要求1如下：

“1. 一种电气系统，其通常工作在不接地的状态，但是有时使其中的一个导体（16）接地，其中在所述电气系统中的第一部分和地之间产生不希望产生的电压，该系统包含：

所述电气系统，其包含电源装置和负载装置，在其间配置有所述电导体（16）；

接地阻抗装置，连接到所述电气系统中的第二部分，用于通过将所述第二部分基本上接地来降低所述不希望形成的电压；

控制系统装置，与所述接地阻抗装置和所述电气系统相互连接，用于检测所述不希望形成的电压以及将所述可相互连接的接地阻抗装置连接到所述电气系统中的所述第二部分以便降低所述不希望形成的电压；

所述控制系统装置包含：

一对反相连接的可控硅整流器与所述阻抗装置相互连接，用于将所述电气系统装置中的所述第二部分通过所述阻抗装置连接到地，以降低所述不希望形成的电压；以及控制装置，其通过其端子与所述可控硅整流器相连接，控制所述可控硅整流器的导通和非导通状态，以响应所述不希望形成的电压的出现而使所述可控硅整流器将所述电气系统装置中的所述第二部分连接到地。”

至此，合议组认为本案事实已经清楚，可以作出如下决定。

二、决定的理由

1. 本决定所依据的文本

由于复审请求人答复复审通知书时提交修改文本符合专利法第三十三条和专利法实施细则第六十条的规定，因此本复审决定所依据的文本为复审请求人于2006年8月31日提交的权利要求第1～9项；于2003年7月16日提交的说明书第1～12页；于1999年8月6日提交的附图第1～6页，说明书摘要及摘要附图。

2. 关于专利法实施细则第二十条第一款

复审请求人修改了原权利要求1，将原权利要求1中所述门控导通装置的结构具体限定为一对反相连接的可控硅整流器，将所述控制装置具体限定为所述控制装置通过其端子与所述可控硅整流器相连接，控制所述可控硅整流器的导通和非导通状态。通过上述修改，使权利要求1明确限定了所述门控导通装置和所述控制装置的结构和功能，本领域普通技术人员可以清楚权利要求1所要求保护的范围，权利要求1克服了驳回决定和复审通知书中指出的缺陷，符合专利法实施细则第二十条第一款的规定。

三、决定

撤销国家知识产权局于2004年10月15日对申请号为99117502.6的发明专利申请作出的驳回决定，由国家知识产权局原实质审查部门在以下文本：于2006年8月31日提交的权利要求第1～9项；于2003年7月16日提交的说明书第1～12页；于1999年8月6日提交的附图第1～6页、说明书摘要及摘要附图的基础上继续进行审批程序。

复审决定作出后复审请求人不服该决定的，可以根据专利法第四十一条第二款的规定，自收到本决定之日起三个月内向北京市第一中级人民法院起诉。

264

游戏机，其控制方法，记录介质案

复审请求审查决定（第9515号）

决　定　号　第9515号
决　定　日　2006年11月30日
发明创造名称　游戏机，其控制方法，记录介质
国际分类号　G06F 17/00　G06F 161/00　G06F 3/14　A63F 13/00
复审请求人　科乐美株式会社
申　请　号　00135571.6
申　请　日　2000年12月13日
公　开　日　2001年6月20日
合议组组长　黄毅斐
主　审　员　龙　安
参　审　员　詹靖康

法律依据　专利法第二十二条第三款
决定要点

对比文件1并未公开权利要求1的全部技术特征，其也未对在游戏机中采用权利要求1与对比文件1的区别技术特征给出任何启示，所述区别技术特征也不是本领域的公知常识，且其给整个技术方案带来了一定的技术效果。因此，权利要求1相对于对比文件1而言具备创造性。

一、案由

该复审请求涉及申请日为2000年12月13日、优先权日为1999年12月13日、申请号为00135571.6、名称为“游戏机，其控制方法，记录介质”的发明专利申请，其申请人为科乐美株式会社。

2004年3月5日，国家知识产权局发出第一次审查意见通知书，指出权利要求1～3、11相对于对比文件1（US5647798A，公开日为1997年7月15日）而言缺乏创造性；权利要求4～10、12、13相对于对比文件1和对比文件2（US5613680A，公开日为1997年3月25日）的结合来讲，缺乏创造性；权利要求14、15属于专利法第二十五条第一款第（二）项规定的不授予专利权的范围。

2004年9月20日，申请人答复上述通知书，陈述其发明具备创造性的理由，同时提交权利要求书和说明书替换页。

2004年11月12日，国家知识产权局以权利要求1～13不符合专利法第二十二条第三款规定的创造性为由，驳回该申请，主要理由为：

对比文件1涉及一种宾戈游戏机，其公开了显示装置、存储器、随机数发生器、比较器及决定装置，权利要求1与对比文件1的区别在于有效符号配置在有效位置时把退还条件变更成对游戏者有利的条件而进行退还，此法仅为提高游戏兴趣仅涉及对游戏规则的设定，并不是对现有设备的技术作出

贡献的特征，因此权利要求1缺乏创造性。

权利要求2与对比文件1的区别在于：（1）有效符号配置在有效位置时把退还条件变更成对游戏者有利的条件而进行退还；（2）使某一行的符号假想地结合成环，循环移动。区别（1）的方法仅为提高游戏兴趣仅涉及对游戏规则的设定，并不是对现有设备的技术作出贡献的特征，区别（2）的方法属于游戏机中符号显示的常用方法。因此权利要求2也没有创造性。

所述驳回决定针对的独立权利要求1、2分别为：

“1. 一种游戏机，包括：

从由规定数目的符号组成的符号集合中选择指定数目的任意的符号，并且把这些符号排列成矩阵的符号排列生成机构，

把前述矩阵中的指定的位置设定为有效位置的有效位置设定机构，

随机地并且按规定次数从前述符号集合中选择任意的符号的抽选机构，

把由前述抽选机构所选择的符号与前述符号排列中的符号进行比较，把一致的符号指定为有效符号的有效符号设定机构，

关于前述矩阵的所有位置，保持包括在该位置上所配置的符号，该位置是否被设定为有效位置，以及在该位置上所配置的符号是否被指定为有效符号的信息在内的排列信息的存储机构，

基于前述排列信息在显示装置上显示游戏卡的图像信息生成机构，

判别前述矩阵的某一行中前述有效位置或者前述有效符号是否配置得超过规定数目的判别机构，以及

根据前述判别机构的判别结果在规定的退还条件下进行向游戏者退还的退还机构，该退还机构在前述有效符号配置在前述有效位置时把前述规定的退还条件变更成对游戏者有利的条件而进行退还。

2. 一种游戏机，包括：

从由规定数目的符号组成的符号集合中选择指定数目的任意的符号，并且把这些符号排列成矩阵的符号排列生成机构，

把前述矩阵中的指定的位置设定为有效位置的有效位置设定机构，

随机地并且按规定次数从前述符号集合中选择任意的符号的抽选机构，

把由前述抽选机构所选择的符号与前述符号排列中的符号进行比较，把一致的符号指定为有效符号的有效符号设定机构，

关于前述矩阵的所有位置，保持包括在该位置上所配置的符号，该位置是否被设定为有效位置，以及在该位置上所配置的符号是否被指定为有效符号的信息在内的排列信息的存储机构，

基于前述排列信息在显示装置上显示游戏卡的图像信息生成机构，

根据游戏者的指示使通过形成某一行的符号群在把该行的矩阵中的一端与另一端假想地结合而成的环内循环地移动而重新配置的行移动操作机构，

判别前述矩阵的某一行中前述有效位置或者前述有效符号是否配置得超过规定数目的判别机构，以及

根据前述判别机构的判别结果在规定的退还条件下进行向游戏者退还的退还机构，该退还机构在前述有效符号配置在前述有效位置时把前述规定的退还条件变更成对游戏者有利的条件而进行退还。”

申请人（下称复审请求人）对上述驳回决定不服，于2005年2月28日向国家知识产权局专利复审委员会提出复审请求，理由为：对比文件1、2均未公开“使该有效区域在卡上的显示形态发生变化的有效区域显示单元”“使该有效符号在卡上的显示形态发生变化的有效符号变更显示单元”“将

退还条件变更为对游戏者有利的条件而进行退还的退还单元”。由于所述特征的引入，使得本发明并非是涉及“游戏规则制定”的发明，而是涉及对游戏机的控制技术，这样进行控制的结果是提高了游戏机的趣味性

复审请求人随复审请求书提交了修改的权利要求第1~7项。其中，独立权利要求1、2分别为：

“1. 一种游戏机，包括：

卡显示单元，在图像显示装置上显示把多个符号显示用区域排列成矩阵状的卡；

符号显示单元，从由规定数目的符号组成的符号集合中选择指定数目的任意符号，并且把这些符号配置于上述符号显示用区域中后显示在上述卡上；

有效区域显示单元，把上述多个符号显示用区域当中指定的区域设定为有效区域，并且使该有效区域在卡上的显示形态变化；

抽选单元，随机地并且按规定次数从前述符号集合中选择任意符号；

有效符号变更显示单元，把由上述抽选单元选择的符号与上述卡上的符号进行比较，把一致的符号指定为有效符号，并且使该有效符号在卡上的显示形态变化；

判别单元，判别在上述卡的某一行中是否配置有规定数目或多于规定数目的上述有效区域或者上述有效符号；以及

退还单元，根据上述判别单元的判别结果在规定的退还条件下向游戏者进行退还，

其中该退还单元在由上述抽选单元所选择的符号与配置在上述有效区域上的符号一致时把上述规定的退还条件变更成对游戏者有利的条件后进行退还。

2. 一种游戏机，包括：

卡显示单元，在图像显示装置上显示把多个符号显示用区域排列成矩阵状的卡；

符号显示单元，从由规定数目的符号组成的符号集合中选择指定数目的任意符号，并且把这些符号配置于上述符号显示用区域中后显示在上述卡上；

有效区域显示单元，把上述多个符号显示用区域当中指定的区域设定为有效区域，并且使该有效区域在卡上的显示形态变化；

抽选单元，随机地并且按规定次数从上述符号集合中选择任意的符号；

有效符号变更显示单元，把由上述抽选单元所选择的符号与上述卡上的符号进行比较，把一致的符号指定为有效符号，并且使该有效符号在卡上的显示形态变化；

行移动操作单元，通过响应游戏者的指示，使配置在形成某一行的符号显示区域中的符号组在把该行的上述卡中的一端与另一端假想地结合而成的环内循环地移动而重新进行配置；

判别单元，判别上述卡的某一行中规定的当选条件是否成立；以及

退还单元，根据上述判别单元的判别结果在规定的退还条件下向游戏者进行退还，

其中在上述规定的升级条件成立之际，在由上述抽选单元所选择的符号被配置在上述有效区域上时，以比上述规定的退还条件更有利的条件向游戏者进行退还。”

经形式审查合格，专利复审委员会受理该复审请求，于2005年3月30日发出复审请求受理通知书和前置审查通知书。

前置审查程序中，国家知识产权局原实质审查部门坚持原驳回决定。

专利复审委员会依法成立合议组，对此案进行审理，于2006年2月20日发出复审通知书，指出权利要求1缺乏创造性。

2006年3月28日，复审请求人答复上述复审通知书，同时提交权利要求书修改文本，删除原权利要求1，将原权利要求2~7编号为权利要求1~6。

在上述工作的基础上，合议组认为该案事实已清楚，可以作出复审决定。

二、决定的理由

复审请求人于2006年3月28日提交的权利要求第1~6项符合专利法第三十三条及其专利法实施细则第六十条的规定。因此，本决定所依据的文本为：复审请求人于2006年3月28日提交的权利要求第1~6项，2004年9月20日提交说明书第1~9页，2000年12月13日提交的说明书第10~31页、附图第1~19页、说明书摘要及其附图各1页。

合议组在评述涉案申请的创造性时，所用对比文件与驳回决定中使用的对比文件相同，即，对比文件1（US5647798A）。

1. 权利要求1的创造性

对比文件1涉及一种进行宾戈游戏的设备，具体公开（说明书第7栏第44行至第8栏第58行）：

显示矩阵，有五列五行，每列和行结合界定一个块，显示矩阵可以显示每一矩阵块中的数字（相应于权利要求1中的"卡显示单元，在图像显示装置上显示把多个符号显示用区域排列成矩阵状的卡；符号显示单元，从由规定数目的符号组成的符号集合中选择指定数目的任意符号，并且把这些符号配置于前述符号显示用区域中后显示在前述卡上"）；

第一随机数产生器，产生显示在显示矩阵每一块中的随机数字（相应于权利要求1中的"抽选单元，随机地并且按规定次数从上述符号集合中选择任意的符号"）；

一个决定器，确定是否在一行、一列、一斜行中的五块均被覆盖，确定是否在显示矩阵中的所有块均被覆盖，并产生bingo指示信号（相应于权利要求1中的"判别单元，判别前述卡的某一行中是否配置有规定数目或多于规定数目的上述有效区域或者前述有效符号"）。

另外，对比文件1中说明书第4栏第32~35行记载了：开始游戏，插入硬币或筹码后，在第一次旋转之前，机器最好先覆盖显示矩阵的中的12个块，也就是向游戏者提供12个预先覆盖的块（相当于具有权利要求1中的"有效区域显示单元"的功能，即"把上述多个符号显示用区域当中指定的区域设定为有效区域，并且使该有效区域在卡上的显示形态变化"）。

对比文件1中说明书第5栏第1~11行公开了：如果被选择的带有编号的轮的位置（对应的数字）与该滚轮对应的显示矩阵的列中的数字相对应的话，显示矩阵列中的数字会被覆盖（相当于实现权利要求1中的"有效符号变更显示单元"的功能，即，"把由前述抽选单元所选择的符号与前述卡上的符号进行比较，把一致的符号指定为有效符号，并且使该有效符号在卡上的显示形态变化"）。

据以上两部分内容可知：本领域普通技术人员可以采用与"有效区域显示单元""有效符号变更显示单元"功能相当的部件，来实现上述功能。

由上可知，权利要求1与对比文件1的区别在于：前者还包括（1）行移动操作单元，通过响应游戏者的指示，使配置在形成某一行的符号显示区域中的符号组在把该行的上述卡中的一端与另一端假想地结合而成的环内循环地移动而重新进行配置；（2）退还单元，根据前述判别单元的判别结果在规定的退还条件下进行向游戏者退还，其中在上述规定的升级条件成立之际，在由上述抽选单元所选择的符号被配置在上述有效区域上时，以比上述规定的退还条件更有利的条件向游戏者进行退还。

对此，合议组认为，上述区别技术特征（2）是本领域常用的手段。因为在进行此类游戏的过程中，通常会设置一个奖励装置，用于根据游戏者的成绩对其进行奖励以提高游戏的趣味性。而区别技术特征（1）作为该发明数据处理的一个技术手段，实现了对游戏机更好的控制，增加了游戏机的处理功能。

由此可见，对比文件1并未公开权利要求1的全部技术特征，其也未对在游戏机中采用上述区别技术特征（1）给出任何技术启示，该区别技术特征也不是本领域的公知常识，且所述区别技术特征

(1) 的引入给整个技术方案带来了一定的技术效果，具有显著的进步。因此，权利要求 1 相对于对比文件 1 而言具备创造性。

2. 权利要求 2 ~6 的创造性

因上述各项权利要求引用的权利要求 1 具备创造性，因此，权利要求 2 ~6 同样具备创造性。

综上所述，权利要求第 1 ~6 项符合专利法第二十二条第三款有关创造性的规定。

三、决定

撤销国家知识产权局对 00135571.6 号发明专利申请作出的驳回决定，以复审请求人于 2006 年 3 月 28 日提交的权利要求第 1 ~6 项，2004 年 9 月 20 日提交的说明书第 1 ~9 页，2000 年 12 月 13 日提交的说明书第 10 ~31 页、附图第 1 ~19 页、说明书摘要及其附图各 1 页为基础，由原实质审查部门继续审批程序。

复审请求人如对本决定不服，可据专利法第四十一条第二款的规定，自收到本决定之日起三个月内向北京市第一中级人民法院起诉。

265

导电性糊剂、叠层陶瓷电子元件的制造方法、叠层陶瓷电子元件案

复审请求审查决定（第9519号）

决　定　号　第9519号
决　定　日　2006年11月9日
发明创造名称　导电性糊剂、叠层陶瓷电子元件的制造方法、叠层陶瓷电子元件
国际分类号　H01B 1/20　H01G4 /228　H01G 4/30　H01C 7/00
复审请求人　株式会社村田制作所
申　请　号　02142496.9
申　请　日　2002年9月20日
公　开　日　2003年3月26日
合议组组长　张　度
主　审　员　樊晓东
参　审　员　杜　宇

法律依据　专利法第二十二条第三款
决定要点

对比文件2和对比文件1并未公开所涉权利要求的全部技术特征，且本领域技术人员在对比文件2和对比文件1的基础上，不能得到实现该权利要求技术方案的技术启示，因此该权利要求相对于对比文件2和对比文件1具备创造性。

一、案由

本复审请求涉及申请日为2002年9月20日，公开日为2003年3月26日，发明名称为“导电性糊剂、叠层陶瓷电子元件的制造方法、叠层陶瓷电子元件”的发明专利申请（下称本申请），其申请号是02142496.9，申请人为株式会社村田制作所。

应申请人的实质审查请求，国家知识产权局实质审查部门于2004年3月5日针对本申请发出第一次审查意见通知书，该通知书引用如下两篇对比文件：

对比文件1：SU792292B公开日为1980年12月30日；

对比文件2：CN1231488A公开日为1999年10月13日。

主要审查意见是权利要求1相对于对比文件1不具备新颖性，权利要求2~3相对于对比文件1不具备创造性，权利要求4~7相对于对比文件1、2的结合不具备创造性。

针对上述审查意见，申请人于2004年7月5日提交了意见陈述书和权利要求书、说明书以及说明书摘要的修改替换页（文本2），其中删除原权利要求1~3，相应地调整各权利要求的序号和引用关系。在意见陈述书中，申请人指出对比文件2并未公开形成外部电极时涂敷糊剂的成分的技术特

征，对比文件1虽然公开了一种导电糊剂，但其成分与本申请权利要求1的不同，因此本申请权利要求1（文本2）相对于对比文件1和2具备创造性，权利要求2~4相应地也具备创造性。

2004年9月17日国家知识产权局以本申请不符合专利法第二十二条第三款的规定为由驳回了本申请。驳回的具体理由为：独立权利要求1不符合专利法第二十二条第三款的规定，对比文件2公开了一种叠层陶瓷电容器的方法，该方法包括首先形成陶瓷电介质坯板，然后印刷镍或以镍为主成分的内部电极，将若干片重叠起来，对叠层成形体进行烧结，烧结后，形成外部电极（参见其说明书第1页第6~13行），权利要求1与对比文件2的区别在于形成外部电极时涂覆的糊剂的成分，而此成分在对比文件1中公开。对比文件1公开了一种导电糊剂，并具体公开了以下的技术特征：包含银粉末，10~14重量%的Ni2B粉末，Cd玻璃（相当于无机粘结剂）和有机物构成的粘结剂（相当于有机载体）（参见对比文件1的摘要）。由此可见，对比文件1和对比文件2公开了权利要求1的全部技术特征，而且对比文件1的糊剂也是用于导电，因此在对比文件2的基础上结合对比文件1以获得权利要求1所要求保护的技术方案，对所属技术领域的技术人员来说是显而易见的，而且它们的结合也没有产生预料不到的技术效果，因此权利要求1不具有突出的实质性特点和显著的进步，因而不具备创造性。相应地权利要求2也不具备创造性，从属权利要求3、4的附加技术特征是本领域的公知常识，因此权利要求3、4也不具备创造性。

驳回决定所针对的权利要求书的内容如下：

“1. 一种叠层陶瓷电子元件的制造方法，其特征在于，包括准备陶瓷印刷电路基板的工序、在该陶瓷印刷电路基板上形成以镍或以镍为主成分的内部导体用层的工序、通过层叠形成有该内部导体用层的陶瓷印刷电路基板形成叠层体的工序、烧结该叠层体形成烧结体的工序、以及，通过涂敷导电性糊剂并进行烧结后形成与该烧结体的内部导体电连接的端子电极的工序，其中所述导电性糊剂包含Ag粉末和Ag合金粉末中的至少1种、硼化镍粉末、无机粘接剂和有机载体，所述硼化镍粉末的量，在全糊剂中的5.0重量%以上60.0重量%以下的范围。

2. 一种叠层陶瓷电子元件，其特征在于，由权利要求1所述的叠层陶瓷电子元件的制造方法所制造。

3. 根据权利要求2所述的叠层陶瓷电子元件，其特征在于，所述陶瓷印刷电路基板是电介质陶瓷印刷电路基板，所述叠层陶瓷电子元件是叠层陶瓷电容。

4. 根据权利要求2所述的叠层陶瓷电子元件，其特征在于，所述陶瓷印刷电路基板是半导体陶瓷印刷电路基板，所述叠层陶瓷电子元件是叠层正向热敏电阻。”

申请人株式会社村田制作所（下称复审请求人）不服该驳回决定，于2004年12月23日向国家知识产权局专利复审委员会提出复审请求并同时提交修改后的权利要求书替换页，其中在驳回决定所针对的权利要求1中加入“并通过硼化镍粉末抑制内部电极镍表面被氧化”的技术特征，其具体理由为：对比文件1并未公开形成外部电极时涂敷糊剂的成分的技术特征，对比文件2虽然公开了一种导电糊剂，但其成分与本申请权利要求1的成分是不同的，即，对比文件2没有披露“通过硼化镍粉末抑制内部电极镍表面被氧化”的技术特征，上述技术特征能够带来有益的技术效果，另外，在对比文件2中，只公开了Cu作为端子电极用的金属。单纯对于金属而言，用Ag代替Cu可能是容易想到的。但是，本领域普通技术人员所公知的是，Ni与Ag很难共熔，因此具体在本技术领域内，对比文件2中并不存在用Ag替换Cu的动机，因而无法对得出权利要求1的技术方案有任何启示。因此，修改后的权利要求1相对于对比文件1和对比文件2具有突出的实质性特点和显著的进步，从而具备创造性。

形式审查合格后，专利复审委员会受理了该复审请求，并于2005年1月20日向请求人发出复审请求受理通知书，同时将本案送至原实质审查部门进行前置审查，原实质审查部门在前置审查意见书中仍坚持原驳回决定。

针对该复审请求，专利复审委员会依法组成合议组，在对本案进行进一步合议审查的基础上，认为本案事实已经清楚，可以作出复审决定。

二、决定的理由

1. 审查的基础

复审请求人在请求复审时提交的修改文本符合专利法第三十三条和专利法实施细则第六十条的有关规定，合议组予以接受。因此本复审决定所依据的文本是：2004 年 7 月 5 日提交的说明书第 1～9 页、说明书摘要；2002 年 9 月 20 日提交的说明书附图第 1 页；2004 年 12 月 23 日提交的权利要求第 1～4 项。合议组评判本申请的权利要求所采用的对比文件与实质审查过程中所引用的对比文件相同（即，对比文件 1：SU792292B；对比文件 2：CN1231488A）。

2. 关于创造性

独立权利要求 1 请求保护一种叠层陶瓷电子元件的制造方法，包括以下特征：

a. 包括准备陶瓷印刷电路基板的工序，

b. 在该陶瓷印刷电路基板上形成以镍或以镍为主成分的内部导体用层的工序，

c. 通过层叠形成有该内部导体用层的陶瓷印刷电路基饭形成叠层体的工序，

d. 烧结该叠层体形成烧结体的工序，

e. 通过涂敷导电性糊剂并进行烧结后形成与该烧结体的内部导体电连接的端子电极的工序，

f. 所述导电性糊剂包含 Ag 粉末和 Ag 合金粉末中的至少 1 种、硼化镍粉末、无机粘接剂和有机载体，

g. 所述硼化镍粉末的量，在全糊剂中的 5.0 重量% 以上 60.0 重量% 以下的范围，并通过硼化镍粉末抑制内部电极镍表面被氧化。

对比文件 2 公开了一种叠层陶瓷电容器的制造方法，具体地其发明背景部分公开了以下的技术特征：首先形成陶瓷电介质抷板，然后印刷镍或以镍为主成分的内部电极，将若干片重叠起来，对叠层成形体进行烧结，脱脂、烧结后，形成外部电极（参见其说明书第 1 页第 6～13 行）。

对比文件 1 公开了一种导电糊剂，具体公开了以下技术特征：包含银粉，10～14 重量% 的 Ni2B 粉末，Cd 玻璃和有机物构成的粘结剂（参见其说明书摘要）。

由此可知，对比文件 2 和对比文件 1 中均未公开权利要求 1 的技术特征（e）和（g），其中，在对比文件 2 中，只公开了 Cu 作为端子电极用的金属，并未公开形成外部电极时涂敷糊剂的成分，对于金属而言，用 Ag 代替 Cu 可能是容易想到的，但是，本领域普通技术人员所公知的技术是 Ni 与 Ag 很难共熔，因此在对比文件 2 中并不存在用 Ag 替换 Cu 的技术启示；对比文件 1 虽然公开了一种导电糊剂，但没有披露“通过硼化镍粉末抑制内部电极镍表面被氧化”的技术特征，而该技术特征能够带来 Ni 与 Ag 共熔，从而使内部电极与端子电极很好地接合的技术效果，因此，在对比文件 2 和对比文件 1 未公开权利要求 1 的全部技术特征，也未给出关于上述技术方案的技术启示的条件下，本领域技术人员由对比文件 2 和对比文件 1 的结合并不能得到权利要求 1 的技术方案，因此权利要求 1 相对于对比文件 2 和对比文件 1 的结合具有突出的实质性特点和显著的进步，符合专利法第二十二条第三款的规定，具备创造性。

在权利要求 1 具备创造性的基础上，直接或间接引用该权利要求 1 的权利要求 2～4 也具备创造性。

故此，本合议组作出如下决定。

三、决定

撤销国家知识产权局于2004年9月17日对02142496.9号发明专利申请作出的驳回决定，由原实质审查部门以2004年7月5日提交的说明书第1~9页、说明书摘要；2002年9月20日提交的说明书附图第1页；2004年12月23日提交的权利要求第1~4项的文本为基础上继续进行审批程序。

复审请求人对本决定不服的，可根据专利法第四十一条第二款的规定，自收到本决定之日起三个月内向北京市第一中级人民法院起诉。

266

图像处理方法、装置和记录介质案

复审请求审查决定（第9529号）

决　定　号 第9529号
决　定　日 2006年11月22日
发明创造名称 图像处理方法、装置和记录介质
国际分类号 G06T 5/40
复审请求人 富士胶片株式会社
申　请　号 00137642.X
申　请　日 2000年12月27日
公　开　日 2001年8月8日
合议组组长 张美菊
主　审　员 龙　安
参　审　员 詹靖康

法律依据 专利法第二十二条第二款
决定要点
如果涉案申请的技术方案与对比文件1相比，存在多个区别技术特征，则应认定涉案申请相对于该对比文件具备新颖性。

一、案由

该复审请求涉及申请日为2000年12月27日、优先权日分别为1999年12月27日和2000年10月27日、申请号为00137642.X、名称为“图像处理方法、装置和记录介质”的发明专利申请，其申请人为富士胶片株式会社。

2003年12月5日，国家知识产权局发出第一次审查意见通知书，主要指出：权利要求第1~6项相对于对比文件1（《PhotoshopforWindows实用详解》，清华大学出版社，1996年12月第1版）而言，不具备专利法第二十二条第二款规定的新颖性，权利要求5、6不符合专利法实施细则第二十条第一款的规定。

2004年6月11日，申请人答复上述通知书，陈述权利要求第1~4项符合相关条款的理由，随附修改（删除原权利要求5、6）的权利要求书。

2004年8月6日，国家知识产权局以权利要求第1~4项不具备新颖性为由，驳回该申请，主要理由为：

“对比文件1（PhotoshopforWindows实用详解）中披露了一种在计算机中处理图像的方法，并具体公开了以下内容：在用于处理图像计算机中打开Photoshop图像处理软件，在显示的图框中绘出一个图形或导入一个图形，在显示的图形或图像中指定一个区域，例如一个椭圆框，该过程相当于权利要求1所述的选定所述的预定主题的图像指定区域；Photoshop图像处理软件提供一个颜料桶，该颜

料桶是一个具有多种不同的颜色和色调的颜色图框，相当于权利要求 1 所述的基准图像；在颜料桶选定所需的颜色和色调的颜色框，该过程相当于权利要求 1 所述的选定所述的预定主题的目标图像，操作 Photoshop 图像处理软件的颜色填充功能，指定区域就被改成选定的颜色和色调”，因权利要求 1 的全部技术特征皆被对比文件 1 公开，故其缺乏新颖性。

“对比文件 1（PhotoshopforWindows 实用详解）中披露了一种在计算机中处理图像的方法，并具体公开了以下内容：在用于处理图像计算机中打开 Photoshop 图像处理软件，该计算机包括显示器。大容量的读写存储器和存储数据的硬盘（相当于权利要求 3 所述的存储装置），用于输入操作指令的计算机键盘和鼠标（相当于权利要求 3 所述的选择装置和区域指定装置），计算机可以根据 Photoshop 图像处理软件的运行，在显示的图形或图像中指定一个区域，例如一个椭圆框，利用 Photoshop 图像处理软件的颜色填充功能，指定区域被改成选定的颜色和色调。”可见对比文件 1 公开了权利要求 3 的全部技术特征，该权利要求 3 缺乏新颖性。

权利要求 2、4 的附加技术特征亦被对比文件 1 公开，其同样没有新颖性。

所述驳回决定针对的独立权利要求 1、3 分别为：

“1. 一种图像处理方法，包括以下步骤：

从每个都具有不同的颜色－色调的一个预定主题的多个基准图像中选定具有所需颜色－色调的一个目标图像；

在显示的图像中指定一个区域；该区域包括与所述预定主题为相同类型的另一预定主题；以及

将包括指定区域中的主题的所需区域的颜色－色调改成目标图像的颜色－色调。”

“3. 一种图像处理设备，包括：

存储装置，用于存储每个都具有不同的颜色－色调的一个预定主题的多个基准图像；

显示装置，用于显示一个图像和基准图像；

选择装置，用于从这些基准图像中选择一个具有所需颜色－色调的目标图像；

区域指定装置，用于在该显示装置上显示的图像中指定一个区域，该区域包括与所述预定主题为相同类型的另一预定主题；以及

转换装置，用于将在指定区域中包括所述主题的所需区域的颜色－色调成目标图像的颜色－色调。”

申请人（下称复审请求人）对上述驳回决定不服，于 2004 年 11 月 13 日向国家知识产权局专利复审委员会提出复审请求，主要理由为：申请人针对驳回指出的缺陷，在权利要求 1、3 中进一步限定了“所述预定主题是人的面部”；驳回决定中由于原权利要求 1、3 缺乏上述特征，认为申请人的理由不成立，申请人在修改后的权利要求书中加入了上述特征，因此克服了驳回决定指出的缺陷。

复审请求人随复审请求书提交了修改的权利要求书。其中，独立权利要求 1、3 分别为：

“1. 一种图像处理方法，包括以下步骤：

从每个都具有不同的颜色－色调的一个预定主题的多个基准图像中选定具有所需颜色－色调的一个目标图像；

在显示的图像中指定一个区域；该区域包括与所述预定主题为相同类型的另一预定主题；以及

将包括指定区域中的主题的所需区域的颜色－色调改成目标图像的颜色－色调；

其中所述预定主题是人的面部。”

“3. 一种图像处理设备，包括：

存储装置，用于存储每个都具有不同的颜色－色调的一个预定主题的多个基准图像；

显示装置，用于显示一个图像和基准图像；

选择装置，用于从这些基准图像中选择一个具有所需颜色 - 色调的目标图像；

区域指定装置，用于在该显示装置上显示的图像中指定一个区域，该区域包括与所述预定主题为相同类型的另一预定主题；以及

转换装置，用于将在指定区域中包括所述主题的所需区域的颜色 - 色调成目标图像的颜色 - 色调；

其中所述预定主题是人的面部。”

经形式审查合格，专利复审委员会受理该复审请求，于2004年12月29日发出复审请求受理通知书和前置审查通知书。

前置审查程序中，国家知识产权局原实质审查部门坚持原驳回决定。

专利复审委员会依法成立合议组，对此案进行审理，在对其进行合议审查的基础上，认为该案事实清楚，可以作出复审决定。

二、决定的理由

复审请求人于2004年11月13日提交了修改的权利要求书，所述修改符合专利法第三十三条及专利法实施细则第六十条的规定，可被接受。因此，本决定所依据的文本为：复审请求人于2004年11月13日提交的权利要求第1~4项，2000年12月27日提交说明书第1~6页、附图第1~8页、说明书摘要及摘要附图各1页。

合议组在本决定中所用对比文件与驳回决定中使用的对比文件相同，即，对比文件1（《PhotoshopforWindows实用详解》，清华大学出版社，1996年12月第1版）。

专利法第二十二条第二款规定：新颖性，是指在申请日以前没有同样的发明或者实用新型在国内外出版物上公开发表过、在国内公开使用过或者以其他方式为公众所知，也没有同样的发明或者实用新型由他人向国务院专利行政部门提出过申请并且记载在申请日以后公布的专利申请文件中。

1. 权利要求1的新颖性

对比文件1涉及Photoshop图像处理软件的使用，尤涉及颜料桶工具的使用，其具体公开了如下内容（参见第178页6.3节至179页、图6.17、图6.18）：颜料桶工具（图标为半倾斜的桶）可以用来将前景色填充到一个图像的区域中去，在一个说明Tolerance值对颜料桶工具的影响的例子中公开了如下步骤：（1）使用遮罩工具创建一个椭圆，将它的里面用颜料桶填充上绿色（浅色）；（2）使用遮罩工具再创建一个椭圆，后一个椭圆的区域将包含一部分绿色椭圆的区域（此时的Tolerance设为缺省值32）；（3）将前景色使用缺省状况转换为黑色（深色）；（4）使用颜料桶工具进行着色，这时会出现如图6.17所示的效果；（5）将颜料桶的对话框中的Tolerance值设为200，重复步骤（3）~（4），此时颜料桶将后一个椭圆内的所有区域均染为绿色，此时效果可参考图6.18。

对比文件1（下称“前者”）与权利要求1（下称“后者”）的比较如下：

（1）前者中的“在颜料桶选定所需的颜色和色调的颜色框”与后者中的“从每个都具有不同的颜色 - 色调的一个预定主题的多个基准图像中选定具有所需颜色 - 色调的一个目标图像”并不相同。权利要求1中的供选择对象“多个基准图像”与最终选择出来的对象“目标图像”是同一类型的，都是“具有颜色 - 色调的一个预定主题的图像”。而对比文件1中的供选择对象“颜料桶”与最终选出来的对象“颜色框”不是同类属性的事务。

（2）前者中的“在用于处理图像计算机中打开Photoshop图像处理软件，在显示的图框中绘出一个图形或导入一个图形，在显示的图形或图像中指定一个区域，例如一个椭圆框”与后者中的“在显示的图像中指定一个区域；该区域包括与所述预定主题为相同类型的另一预定主题”并不一致。权利要求1中的“指定的区域”与前述（1）中指出的“目标图像”是同类，所述指定区域包括与所

述预定主题为相同类型的另一预定主题，目标图像也是从具有预定主题的图像中选出来的，即该目标图像也具预定主题。而对比文件 1 中“指定的区域（例如一个椭圆框）”和前述（1）中所选择的“颜色框”不是同类。

（3）前者中的“操作 Photoshop 图像处理软件的颜色填充功能，指定区域就被改成选定的颜色和色调”与后者中的“将包括指定区域中的主题所需区域的颜色 - 色调改成目标图像的颜色 - 色调”亦是不同的。权利要求 1 中是将“选定区域的颜色 - 色调改成目标图像的颜色 - 色调”，源图像的颜色是参照与其有共同预定主题的目标图像的颜色进行修改。而对比文件 1 中的“将指定区域改成选定的颜色和色调”，指定区域的修改是参照与其不同类的内容进行修改。

（4）前者并未公开后者中“其中所述预定主题是人的面部”这一技术特征。

由上述分析可知，权利要求 1 与对比文件 1 的技术方案实质并不相同，所述对比文件无法影响权利要求 1 的新颖性。

2. 权利要求 3 的新颖性

利要求 3 中的选择装置、区域指定装置和转换装置各自实现的功能与权利要求 1 中的三个方法步骤相应，对比文件 1 虽然记载了可以使用 Photoshop 的系统硬件设备（参见第 3、4 页），但由对权利要求 1 的相关评述可知，对比文件 1 并没有记载能实现相应功能的三个装置。此外，对比文件 1 也未公开“其中所述预定主题是人的面部”这一技术特征。因此对比文件 1 同样无法影响权利要求 3 的新颖性。

3. 权利要求 2、4 的新颖性

在权利要求 2、4 分别引用的权利要求 1、3 相对于对比文件 1 具备新颖性的基础上，所述权利要求 2、4 同样具备新颖性。

综上，权利要求 1 ~4 相对于对比文件 1 而言，符合专利法第二十二条第二款有关新颖性的规定。

三、决定

撤销国家知识产权局于 2004 年 8 月 6 日对 00137642. X 号发明专利申请作出的驳回决定，以复审请求人于 2004 年 11 月 13 日提交的权利要求第 1 ~4 项，2000 年 12 月 27 日提交的说明书第 1 ~6 页、附图第 1 ~8 页、说明书摘要及摘要附图为基础，由原实质审查部门继续审批程序。

复审请求人对本决定不服的，可据专利法第四十一条第二款的规定，自收到本决定之日起三个月内向北京市第一中级人民法院起诉。

267

零件管理系统及其方法案

复审请求审查决定（第9532号）

决　定　号　第9532号
决　定　日　2006年11月30日
发明创造名称　零件管理系统及其方法
国际分类号　G06F 17/60
复审请求人　株式会社理光
专利申请号　01132573.9
申　请　日　2001年7月21日
公　开　日　2002年2月20日
合议组组长　张美菊
主　审　员　张　霞
参　审　员　龙　安

法律依据　专利法第三十三条　专利法实施细则第二条第一款
决定要点

请求人可以对专利申请文件进行修改，但是，在对专利申请文件进行修改时，如果通过对申请内容的增加、改变和/或删除其中的一部分，致使所属技术领域的技术人员看到的信息与原申请公开的信息不同，而且又不能从原申请公开的信息中直接地、毫无疑义地确定，那么，这种修改就违反了专利法第三十三条的规定。

本申请没有解决技术问题和产生技术效果，不构成技术方案，不符合专利法实施细则第二条第一款的规定，不能被授予专利权。

一、案由

本复审请求涉及申请日为2001年7月21日、优先权日为2000年7月21日、发明名称为“零件管理系统及其方法”、申请号为01132573.9的发明专利申请（下称本申请），申请人为株式会社理光。

2004年1月9日国家知识产权局实质审查部门针对申请人于申请日提交的说明书第5~19页、说明书附图第1~25页、说明书摘要、摘要附图以及2003年11月24日提交的说明书第1~4、4a页、权利要求第1~25项作出了驳回决定，驳回的主要理由是：权利要求1请求保护一种零件管理系统，该权利要求请求保护的虽然是一种系统，但由于其硬件结构没有发生任何变化，因此其实质上请求保护的为利用公知的数据库对零件信息进行存储及更新的方法，该方法通过对零件信息的管理达到生产管理和商业实施的目的，其解决的不是技术问题，获得的也不是技术效果，属于专利法第二十五条第一款第（二）项规定的智力活动的规则和方法，属于不授予专利权的情形；同理，权利要求2~25解决的也不是技术问题、获得的也不是技术效果，属于专利法第二十五条第一款第（二）项规定的智力活动的规则和方法，属于不授予专利权的情形；本申请仅是为了实现对零件信息进行管理的目的而使用了常规的数据库更新、检索等手段，而未对所述更新、检索等手段进行任何技术上的改进，而且，本申请的目的在于通过对零件信息的管理以方便设计者和制造者等对零件进行订购和采购、方便公司制造产品，以达到生产管理及商业实施的目的，因此其解决的不是技术问题同时也未带来任何技术效果。

申请人（下称请求人）对上述驳回决定不服，于2004年4月23日向国家知识产权局专利复审委员会提出了复审请求，同时提交了权利要求书、说明书、说明书摘要的修改替换页，其复审请求的理由主要是：根据审查指南第二部分第九章的规定，凡是为了解决技术问题、利用了技术手段并可以产生技术效果的涉及计算机程序的发明申请都属于可给予专利保护的客体，硬件是否变化并不能作为发明是否有新颖性和创造性的依据；就本申请而言，本申请可以解决现有技术中存在的由于零件没有被统一地进行管理造成质量较低而价格较高的零件的订货输入作业或者每个品种都分别少量的个别的订货输入作业，因而选择订货内部处理很是繁杂而且效率也很低的技术问题，本申请权利要求1是由多个装置构成的新的结构，其利用了数据库以及网络的各个构成装置的协动和联动，具备技术性，并且，本申请权利要求1中所记载的技术结构能够将符合标准的零件存储到数据库中并进行在线检索，还能够联机对被限定的品种的检索零件进行订货，从而可以产生相同零件的订货数量有效并且自动地增加的技术效果，因此，本申请是为了解决技术问题而提出的技术方案，并获得了技术效果，从而具备了专利法第二十二条所规定的新颖性和创造性，应当得到专利保护；权利要求9是与权利要求1相对应的方法权利要求，基于相同的原因，权利要求9也应当得到专利保护；在独立权利要求1、9具备专利性的前提下，从属权利要求2～8、10～12也具备新颖性和创造性，应当得到专利保护。

经形式审查，该复审请求符合有关规定，专利复审委员会予以受理，并于2004年5月11日向请求人发出了复审请求受理通知书，向原实质审查部门发出了前置审查通知书。

原实质审查部门在前置审查程序中，仍坚持原驳回决定。

专利复审委员会依法组成合议组对本复审请求案进行审查，于2005年7月18日发出复审通知书，指出：新提交的修改文本的内容超出了原说明书和权利要求书所记载的范围，不符合专利法第三十三条的规定。具体地说，权利要求1中的“重写装置（114），用于通过网络接收……通过网络向外部的零件供应商发送”以及权利要求2、5、6、8的附加的技术特征均既未明确地记载在原说明书和权利要求书中，也不能由原说明书和权利要求书所记载的内容直接导出，因此权利要求1、2、5、6、8的修改超出了原说明书和权利要求书记载的范围，不符合专利法第三十三条的规定。同理，说明书中第2页新修改的“重写装置（114），用于通过网络接收……通过网络向外部的零件供应商发送”也超出了原说明书和权利要求书记载的范围，不符合专利法第三十三条的规定。同样的情况也存在于说明书摘要中。

同时，为了加快审查，合议组还对实质审查驳回决定所依据的文本，即申请日提交的说明书第5～19页、2003年11月24日提交的说明书第1～4、4a页、2003年11月24日提交的权利要求第1～25项以及于申请日提交的说明书附图第1～25页、说明书摘要、摘要附图进行了审查。经审查，合议组认为，所提交的修改文本的内容超出了原说明书和权利要求书所记载的范围，不符合专利法第三十三条的规定。具体地说，权利要求1中的“接收装置，用于接收改进/停止信息；以及重写装置，基于所述改进/停止信息，更新所述认定零件数据库（119）”、权利要求2中的“接收装置……更新所述认定零件数据库（119）”、权利要求3中的“接收装置，用于接收改进/停止信息……更新所述认定零件数据库（119）”、权利要求4中的“第1检索接收装置，用于接收…..所检索出的零件信息”、权利要求5中的“第1检索接收装置，用于接收……所检索出的零件信息”、权利要求6的附加的技术特征、权利要求 7 中的“接收装置，用于……更新所述认定零件数据库（119）”、权利要求 8～10、12 的附加的技术特征、权利要求 13 中的“调查接收装置……进行特定的信息”、权利要求 14 中的“采购接收装置，用于……进行接收和记录”、权利要求 17 中的“指示接收步骤，接收……. 更新所述认定零件数据库”、权利要求 20 中的“重写装置，基于由所述改进/停止信息，更新所述认定零件数据库”、权利要求 21 中的“重写装置，基于由所述改进/停止信息，更新所述认定零件数据库”均既未明确地记载在原说明书和权利要求书中，也不能由原说明书和权利要求书所记载的内容直接导出，因此权利要求 1～10、12～14、17、20、21 的修改超出了原说明书和权利要求书记载的范围，不符合专利法第三十三条的规定。同理，说明书第 2 页至第 4 页第 2 行、第 4 页第 16 行至第 24 行中新修改的与上述权利要求相对应部分的内容也超出了原说明书和权利要求书记载的范围，不符合专利法第三十三条的规定。

为了加快审查，合议组还对本申请申请日提交的说明书、说明书附图以及权利要求书进行了审查。

合议组认为，权利要求 1 请求保护一种零件管理系统，该系统包括：零件数据库、接收装置、零件数据更新装置、选择装置。在权利要求 1 中并没有对其中的接收装置、零件数据更新装置以及选择装置的结构特征进行描述，而是使用了功能性的语言对其进行了限定。所述“接收装置”接收关于众多零件的信息；所述“零件数据更新装置”基于接收到的信息更新零件数据；所述“选择装置”从中选择任何零件。分析权利要求 1 以及相应的说明书内容后可以得知，上述装置实际上是由公知的计算机、网络以及操作人员实现的，即对于本领域技术人员而言，公知的计算机和网络和相应部门的工作人员即可实现权利要求 1 中所请求保护的包含接收装置、零件数据更新装置和选择装置的零件管理系统，依据说明书的记载，权利要求 1 实质上仅仅是将零件管理的方法简单的实施在现有的计算机和网络上，而且必须通过公司中相应部门工作人员的决策来实现对零件的选择和采购，并且在其实施过程中也没有引发新的技术问题从而采用技术手段解决技术问题。其要解决的是在公司的开发部门和/或设计部门的控制下选择和采购零件的过程中如何客观的选择零件的问题，避免采购哪些质量低而价格高亦或因定购数量少而采购价格高的零件，以及根据零件的质量和价格实时更新零件信息，使之不会被重复更新或被遗漏更新，使已经认为不需要再采购的一些零件有可能被某人选择和采购。由此可见，其所解决的并非是技术问题，由此而产生的效果也仅仅是集中的管理有关零件的信息和容易选择高质量的零件，降低定购和采购零件成本。所以其能够获得的效果也不是遵循自然规律的技术效果。并且，所述系统的实施必须经过公司中相应部门的工作人员的思维运动才能产生结果，因此，权利要求 1 所要求保护的方案实际上是公司管理策略，其所解决的问题、采用的手段以及所获得的效果均是非技术性的，因此权利要求 1 所请求保护的方案属于专利法第二十五条第一款第二项规定的智力活动的规则和方法。同理，权利要求 1 所要求保护的方案也不是对产品、方法或者其改进所提出的新的技术方案，因而不符合专利法实施细则第二条第一款的规定。

关于复审请求人在复审请求书中所提出的审查指南第二部分第九章的有关规定，由于本权利要求所要求保护的计算机化系统为一种公知系统，并且，本申请所解决的问题以及所获得的效果是公司管理策略的变化，均是非技术性的，而且所述系统的实施必须经过公司中相应部门的工作人员的思维运动才能产生结果，而审查指南中的示例所解决的问题和所获得的效果均是技术性的，因此，复审请求人所指出的审查指南中所列举出的情况并不适用本申请；

关于复审请求人所提出的本发明不属于专利法第二十五条规定的理由，合议组认为，复审请求人所提出的本发明所解决的技术问题主要是提高订货效率，而订货流程的改进必须主要取决于相关部门的工作人员的判断、处理，因而其所要解决的技术问题是非技术性的，复审请求人所提出的技术手段实质上是由计算机、网络和相关部门的工作人员共同完成的，权利要求中虽然使用了各种装置，但是并没有记载出在各个装置上实施的管理方法与装置的具体结合方式，并且主要依赖于相关部分工作人员的思维判断，复审请求人所提出的技术效果也主要是实现对选定零件的采购，其主要取决于相关部门的工作人员的判断、选择，因而该效果也是非技术性的，因此，复审请求人所提出的权利要求1不属于专利法第二十五条规定的理由并不成立。

权利要求2～17直接或间接的从属于权利要求1，而它们所附加的技术特征的内容实质上是对管理方式的限定，没有记载能够解决技术问题的技术特征，因此，上述权利要求也属于专利法第二十五条第一款第二项规定的智力活动的规则和方法。同理，上述权利要求也不符合专利法实施细则第二条第一款的规定。

权利要求18请求保护一种零件管理方法，该方法包括：设定标准；记录零件信息；接收零件信息；更新零件数据；选择零件。分析权利要求18以及相应的说明书内容后可以得知，权利要求18实质上仅仅是将零件管理的方法简单的实施在现有的计算机和网络上，而且必须通过公司中相应部门工作人员的决策来实现对零件的选择和采购，并且在其实施过程中也没有引发新的技术问题从而采用技术手段解决技术问题。其要解决的是在公司的开发部门和/或设计部门的控制下选择和采购零件的过程中客观的选择零件，避免采购哪些质量低而价格高亦或因定购数量少而采购价格高的零件，以及根据零件的质量和价格实时更新零件信息，使之不会被重复更新或被遗漏更新，使已经认为不需要再采购的一些零件有可能被某人选择和采购。由此可见，其所解决的并非是技术问题，由此而产生的效果也仅仅是集中的管理有关零件的信息和容易选择高质量的零件，降低定购和采购零件成本。所以其能够获得的效果也不是遵循自然规律的技术效果。并且，所述方法的实施必须经过公司中相应部门的工作人员的思维运动才能产生结果，因此，权利要求18所要求保护的方案实际上是公司管理策略，其所解决的问题、采用的手段以及所获得的效果均是非技术性的，因此权利要求18所请求保护的方案属于专利法第二十五条第一款第二项规定的智力活动的规则和方法。

权利要求19请求保护一种零件管理方法，该方法包括：设定标准；记录零件数据；接收零件信息；更新零件数据库；选择零件。分析权利要求19以及相应的说明书内容后可以得知，权利要求19实质上仅仅是将零件管理的方法简单的实施在现有的计算机和网络上，而且必须通过公司中相应部门工作人员的决策来实现对零件的选择和采购，并且在其实施过程中也没有引发新的技术问题从而采用技术手段解决技术问题。其要解决的是在公司的开发部门和/或设计部门的控制下选择和采购零件的过程中客观的选择零件，避免采购哪些质量低而价格高亦或因定购数量少而采购价格高的零件，以及根据零件的质量和价格实时更新零件信息，使之不会被重复更新或被遗漏更新，使已经认为不需要再采购的一些零件有可能被某人选择和采购。由此可见，其所解决的并非是技术问题，由此而产生的效果也仅仅是集中的管理有关零件的信息和容易选择高质量的零件，降低定购和采购零件成本。所以其能够获得的效果也不是遵循自然规律的技术效果。并且，所述方法的实施必须经过公司中相应部门的工作人员的思维运动才能产生结果，因此，权利要求19所要求保护的方案实际上是公司管理策略，其所解决的问题、采用的手段以及所获得的效果均是非技术性的，因此权利要求19所请求保护的方案属于专利法第二十五条第一款第二项规定的智力活动的规则和方法。

权利要求20～22直接或间接的从属于权利要求19，而它们所附加的技术特征的内容实质上是对管理方式的限定，并没有记载能够解决技术问题的技术特征，因此，上述权利要求也属于专利法第二十五条第一款第二项规定的智力活动的规则和方法。

针对上述复审通知书，请求人于2005年8月31日提交了意见陈述书和权利要求书、说明书的修改替换页，修改了原权利要求1、2、5、6、8，并相应修改了说明书中的内容，认为修改后的申请文件已经克服了复审通知书中所指出的缺陷。上述修改后的权利要求书为：

“1. 一种零件管理系统，其特征在于，包括：

认定零件数据库（119），用于存储符合规定标准（115）的规定的品种数量的各个零件的零件标识符和零件信息；

认定部门终端（114），用于接受来自外部的新的零件信息，并且基于接受的新的零件信息，来更新所述认定零件数据库（119）中存储的零件信息；

设计部门终端（123），用于通过规定的服务器（112，113）检索所述认定零件数据库（119），并且取得要使用的希望零件的零件信息，并将包含该希望零件的零件标识符的电子邮件发送给规定的用于受理购买申请的地址；

订货服务器（142），接受从所述设计部门终端（123）发送的电子邮件，并将对用该电子邮件包含的零件标识符特别指定的零件进行订货的订货信息通过电子邮件向外部的零件供应商发送。

2. 根据权利要求 1 所述的零件管理系统，其特征在于，

所述认定部门终端（114）在与所述接受的新的零件信息相对应的零件满足所述标准（115）时，将所述接受的新的零件信息登记到所述认定零件数据库（119）中。

3. 根据权利要求 1 所述的零件管理系统，其特征在于，

所述接受的新的零件信息包括来自所述外部的零件供应商的零件的改进/停止信息。

4. 根据权利要求 1 所述的零件管理系统，其特征在于，还包括：

零件改进/停止数据库（120），用于临时存储所述零件的改进/停止信息。

5. 根据权利要求 1 所述的零件管理系统，其特征在于，

所述认定零件数据库（119）中存储的零件信息包括表示能否选定各零件的认定信息；

所述设计部门终端（123）基于所述认定信息，从所述认定零件数据库（119）中取得希望零件的零件信息。

6. 根据权利要求 1 所述的零件管理系统，其特征在于，

所述设计部门终端（l23）利用包含所述零件标识符的检索条件对所述认定零件数据库（119）进行检索。

7. 根据权利要求 l 所述的零件管理系统，其特征在于，还包括：

对所述订货信息进行存储的订货数据库（144）。

8. 根据权利要求 1 所述的零件管理系统，其特征在于，还包括：

倾向信息文件（116），对表示零件选择指针的主页群进行存储；

所述设计部门终端（123）通过 WWW 服务器（112）参照所述倾向信息文件中存储的主页群（116），并且取得有关零件选择指针的信息。

9. 一种零件管理方法，其特征在于，包括下列步骤：

存储步骤，将符合认定标准（115）的规定的品种数量的各零件的零件标识符和的零件信息存储在认定零件数据库（119）上；

更新步骤，用于在接收来自外部的新的零件信息后，并且基于所述该接收的新的零件信息，更新所述认定零件数据库（119）中存储的零件信息；

检索发送步骤，用于在检索所述认定零件数据库（119）后，取得要使用的希望零件的零件信息，并发送该希望零件的零件标识符；

发送步骤，向外部的零件供应商发送订货信息，该订货信息用于对与所述被发送的零件标识符相对应的零件进行订货。

10. 根据权利要求9所述的零件管理方法，其特征在于，包括下列步骤：

存储步骤，所述更新工程判断与所述接受的新的零件信息相对应的零件是否满足所述标准（115），当与所述接受的新的零件信息相对应的零件满足所述标准（115）时，将所述接受的新的零件信息存储到所述认定零件数据库（119）中。

11. 根据权利要求9所述的零件管理方法，其特征在于，包括下列步骤：

所述更新步骤中的接受的新的零件信息包括来自所述外部的零件供应商的零件的改进/停止信息。

12. 根据权利要求9所述的零件管理方法，其特征在于，包括：

所述认定零件数据库（119）中存储的零件信息包括表示能否选定各零件的认定信息；

所述检索发送步骤基于所述认定信息，从所述认定零件数据库（119）中取得希望零件的零件信息。”

合议组继续进行审查，于2006年8月23日发出了复审通知书以及合议组成员告知通知书，复审通知书中指出：合议组审查了请求人在答复2005年7月18日发出的复审通知书时提交的权利要求书和说明书的修改替换页，认为，新提交的修改文本的内容超出了原始说明书和权利要求书所记载的范围，不符合专利法第三十三条的规定。其修改超范围之处如下：

1）关于权利要求1

权利要求1中的“认定零件数据库”“认定部门终端”“订货服务器”与原始申请文件中所使用的术语不一致，在原始申请文件中没有记载；

根据本申请原始说明书第8页第18～19页的记载，采购部门终端发送电子邮件，因此，权利要求1中的“订货服务器将对用该电子邮件包含的零件标识符特别指定的零件进行订货的订货信息通过电子邮件向外部的零件供应商发送”与原始申请文件记载的不一致；

综上，权利要求1的修改超出了原始说明书和权利要求书记载的范围，不符合专利法第三十三条的规定。

2）关于权利要求2

权利要求2中的“认定零件数据库”“认定部门终端”与原始申请文件中所使用的术语不一致，在原始申请文件中没有记载，因此，权利要求2的修改超出了原始说明书和权利要求书记载的范围，不符合专利法第三十三条的规定。

3）关于权利要求5

权利要求5中的“认定零件数据库”“认定信息”与原始申请文件中所使用的术语不一致，在原始申请文件中没有记载，因此，权利要求5的修改超出了原始说明书和权利要求书记载的范围，不符合专利法第三十三条的规定。

4）关于权利要求6

权利要求6中的“认定零件数据库”与原始申请文件中所使用的术语不一致，在原始申请文件中没有记载，因此，权利要求6的修改超出了原始说明书和权利要求书记载的范围，不符合专利法第三十三条的规定。

5）关于权利要求7

权利要求7中的“订货数据库”与原始申请文件中所使用的术语不一致，在原始申请文件中没有记载，因此，权利要求7的修改超出了原始说明书和权利要求书记载的范围，不符合专利法第三十三条的规定。

6）关于权利要求9、10、12

权利要求9、10、12中分别的“认定零件数据库”“认定标准”“认定信息”与原始申请文件中所使用的术语不一致，在原始申请文件中没有记载，因此，上述权利要求的修改超出了原始说明书和权利要求书记载的范围，不符合专利法第三十三条的规定。

7）关于说明书

请求人在说明书第1~2页的发明内容部分进行了与权利要求1、9相应的修改，因此，上文1）、6）中所指出的缺陷也同样存在于说明书的上述内容中，因此，本申请说明书的修改超出了原始说明书和权利要求书记载的范围，不符合专利法第三十三条的规定。

此外，即使请求人为了克服上述缺陷而将上述权利要求以及说明书中的“认定零件数据库”“认定部门终端”“订货服务器”“认定信息”“订货数据库”“认定标准”改为“被许可零件数据库”“许可部门终端”“定购服务器”“许可信息”“定购数据库”“许可标准”，将“订货服务器将对用该电子邮件包含的零件标识符特别指定的零件进行订货的订货信息通过电子邮件向外部的零件供应商发送”改为“采购部门终端将对用该电子邮件包含的零件标识符特别指定的零件进行订货的订货信息通过电子邮件向外部的零件供应商发送”，本申请也不符合专利法实施细则第二条第一款的规定，具体理由如下：

权利要求1请求保护一种零件管理系统，所述系统由数据库、终端等多个装置组成，但在权利要求1中并没有对其中的装置的结构特征进行描述，而是使用了功能性的语言对其进行了限定。分析权利要求1以及相应的说明书内容后可以得知，上述装置实际上是由公知的计算机、网络以及操作人员实现的，即对于本领域技术人员而言，公知的计算机和网络和相应部门的工作人员即可实现权利要求1中所请求保护的包含多个装置的零件管理系统，依据说明书的记载，权利要求1实质上仅仅是将零件管理的方法简单的实施在现有的计算机和网络上，而且必须通过公司中相应部门工作人员的决策来实现对零件的选择和采购，并且在其实施过程中也没有引发新的技术问题从而采用技术手段解决技术问题。其要解决的是在公司的开发部门和/或设计部门的控制下选择和采购零件的过程中如何客观的选择零件的问题，避免采购哪些质量低而价格高亦或因定购数量少而采购价格高的零件，以及根据零件的质量和价格实时更新零件信息，使之不会被重复更新或被遗漏更新，使已经认为不需要再采购的一些零件有可能被某人选择和采购。由此可见，其所解决的并非是技术问题，由此而产生的效果也仅仅是集中的管理有关零件的信息和容易选择高质量的零件，降低定购和采购零件成本。所以其能够获得的效果也不是受自然规律约束的技术效果。因此，权利要求1所要求保护的方案所解决的问题、采用的手段以及所获得的效果均是非技术性的，权利要求1所要求保护的方案不属于专利法实施细则第二条第一款所说的技术方案，不属于专利保护的客体。

权利要求2~8从属于权利要求1，而它们所附加的技术特征也没有记载能够解决技术问题的技术特征，因此，上述权利要求也不属于专利法实施细则第二条第一款所说的技术方案，不属于专利保护的客体。

权利要求9请求保护一种零件管理方法，该方法包括存储步骤、更新步骤、检索发送步骤、发送步骤。分析权利要求9以及相应的说明书内容后可以得知，权利要求9实质上仅仅是将零件管理的方法简单的实施在现有的计算机和网络上，而且必须通过公司中相应部门工作人员的决策来实现对零件的选择和采购，并且在其实施过程中也没有引发新的技术问题从而采用技术手段解决技术问题。其要解决的是在公司的开发部门和/或设计部门的控制下选择和采购零件的过程中客观的选择零件，避免采购哪些质量低而价格高亦或因定购数量少而采购价格高的零件以及根据零件的质量和价格实时更新零件信息，使之不会被重复更新或被遗漏更新，使已经认为不需要再采购的一些零件有可能被某人选择和采购。由此可见，其所解决的并非是技术问题，由此而产生的效果也仅仅是集中的管理有关零件的信息和容易选择高质量的零件，降低定购和采购零件成本。所以其能够获得的效果也不是受自然规律约束的技术效果。因此，权利要求9所要求保护的方案所解决的问题、采用的手段以及所获得的效果均是非技术性的，权利要求9所要求保护的方案不属于专利法实施细则第二条第一款所说的技术方案，不属于专利保护的客体。

权利要求10~12从属于权利要求9，而它们所附加的技术特征也没有记载能够解决技术问题的技术特征，因此，上述权利要求也不属于专利法实施细则第二条第一款所说的技术方案，不属于专利保护的客体。

针对上述复审通知书，请求人于2006年11月7日提交了意见陈述书和权利要求书、说明书第1、2、2a、2b页的修改替换页，修改了权利要求1、2、5~7、9、10、12，增加了权利要求13，并相应修改了说明书中的内容。请求人认为：经过修改后，本申请不仅将满足许可标准的零件存储到数据库中，并能够使设计者在线进行检索，而且，能够自动进行将包含对检索后的零件进行识别的信息的电子邮件通过发送到定购服务器直到订货为止，具备了这样的技术特征的本申请具有不依靠设计者等的力量而能够从高质量的零件的选定到定购为止实现自动化这样的技术效果，此外，本申请使用了诸如计算机系统的装置，其无疑属于技术手段，因此，权利要求1~12符合专利法实施细则第二条第一款的规定。上述修改后的权利要求1~12的内容如下：

“1. 一种零件管理系统，其特征在于，包括：

许可标准文件（115），用于存储零件的许可标准；

许可零件数据库（119），用于存储符合许可标准的规定的品种数量的各个零件的零件标识符和零件信息；

许可部门终端（114），用于接受来自外部的新的零件信息，并且基于接受的新的零件信息，来更新所述许可零件数据库（119）中存储的零件信息；

设计部门终端（123），用于通过采购部门终端（112，113）检索所述许可零件数据库（119），并且取得要使用的希望零件的零件信息，并将包含该希望零件的零件标识符的电子邮件发送给规定的用于受理购买申请的地址；

定购服务器（142），接受从所述设计部门终端（123）发送的电子邮件，并将对用该电子邮件包含的零件标识符特别指定的零件进行订货的订货信息通过电子邮件向外部的零件供应商发送。

2. 根据权利要求1所述的零件管理系统，其特征在于，

所述许可部门终端（114）对所述许可标准文件（115）进行检索，并在与所述接受的新的零件信息相对应的零件满足所述许可标准时，将所述接受的新的零件信息登记到所述许可零件数据库（119）中。

3. 根据权利要求1所述的零件管理系统，其特征在于，

所述接受的新的零件信息包括来自所述外部的零件供应商的零件的改进/停止信息。

4. 根据权利要求1所述的零件管理系统，其特征在于，还包括：

零件改进/停止数据库（120），用于临时存储所述零件的改进/停止信息。

5. 根据权利要求l所述的零件管理系统，其特征在于，

所述许可零件数据库（119）中存储的零件信息包括表示能否选定各零件的许可信息；

所述设计部门终端（123）基于所述许可信息，从所述许可零件数据库（119）中取得希望零件的零件信息。

6. 根据权利要求1所述的零件管理系统，其特征在于，

所述设计部门终端（l23）利用包含所述零件标识符的检索条件对所述许可零件数据库（119）进行检索。

7. 根据权利要求1所述的零件管理系统，其特征在于，还包括：

对所述订货信息进行存储的定购数据库（144）。

8. 根据权利要求1所述的零件管理系统，其特征在于，还包括：

倾向信息文件（116），对表示零件选择指针的主页群进行存储；

所述设计部门终端（123）通过WWW服务器（112）参照所述倾向信息文件中存储的主页群（116），并且取得有关零件选择指针的信息。

9. 一种零件管理方法，其特征在于，包括下列步骤：

存储步骤，将符合许可标准文件（115）中存储的许可标准的规定的品种数量的各零件的零件标识符和的零件信息存储在许可零件数据库（119）上；

更新步骤，用于在接收来自外部的新的零件信息后，并且基于所述该接收的新的零件信息，更新所述许可零件数据库（119）中存储的零件信息；

检索发送步骤，用于在检索所述许可零件数据库（119）后，取得要使用的希望零件的零件信息，并发送该希望零件的零件标识符；

发送步骤，向外部的零件供应商发送订货信息，该订货信息用于对与所述被发送的零件标识符相对应的零件进行订货。

10. 根据权利要求9所述的零件管理方法，其特征在于，包括下列步骤：

存储步骤，所述更新步骤对所述许可标准文件（115）进行检索，并判断与所述接受的新的零件信息相对应的零件是否满足所述许可标准，当与所述接受的新的零件信息相对应的零件满足所述许可标准时，将所述接受的新的零件信息存储到所述许可零件数据库（119）中。

11. 根据权利要求9所述的零件管理方法，其特征在于，包括下列步骤：

所述更新步骤中的接受的新的零件信息包括来自所述外部的零件供应商的零件的改进/停止信息。

12. 根据权利要求9所述的零件管理方法，其特征在于，包括：

所述许可零件数据库（119）中存储的零件信息包括表示能否选定各零件的认定信息；

所述检索发送步骤基于所述认定信息，从所述许可零件数据库（119）中取得希望零件的零件信息。”

在上述工作的基础上，合议组认为本案事实已经清楚，依法作出本决定。

二、决定的理由

1. 决定所依据的文本

本复审决定所依据的文本是请求人于申请日提交的说明书附图第1～25页、摘要附图、2005年8月31日提交的说明书第3～17页、2006年11月7日提交的说明书第1、2、2a、2b页、权利要求第1～13项以及2004年4月23日提交的说明书摘要。

2. 关于专利法第三十三条

专利法第三十三条规定：“申请人可以对其专利申请文件进行修改，但是，对发明和实用新型专利申请文件的修改不得超出原说明书和权利要求书记载的范围，对外观设计专利申请文件的修改不得超出原图片或者照片表示的范围。”

根据本申请原始说明书第8页第18～19行的记载，采购部门终端发送电子邮件，因此，权利要求1中的“定购服务器将对用该电子邮件包含的零件标识符特别指定的零件进行订货的订货信息通过电子邮件向外部的零件供应商发送”与原始申请文件记载的不一致，权利要求1的修改超出了原始说明书和权利要求书记载的范围，不符合专利法第三十三条的规定。

请求人在说明书第2页的发明内容部分的修改与权利要求1相应，上述缺陷也同样存在于说明书的第 2 页中，因此，本申请说明书的修改超出了原始说明书和权利要求书记载的范围，不符合专利法第三十三条的规定。

3. 关于专利法实施细则第二条第一款

专利法实施细则第二条第一款规定："专利法所称发明，是指对产品、方法或者其改进所提出的新的技术方案。"

权利要求 9 请求保护一种零件管理方法，该方法包括存储步骤、更新步骤、检索发送步骤、发送步骤。分析权利要求 9 以及相应的说明书内容后可以得知，权利要求 9 实质上仅仅是将零件管理的方法简单的实施在现有的计算机和网络上，而且必须通过公司中相应部门工作人员的决策来实现对零件的选择和采购，并且在其实施过程中也没有引发新的技术问题从而采用技术手段解决技术问题。其要解决的是在公司的开发部门和/或设计部门的控制下选择和采购零件的过程中客观的选择零件，避免采购哪些质量低而价格高亦或因定购数量少而采购价格高的零件以及根据零件的质量和价格实时更新零件信息，使之不会被重复更新或被遗漏更新，使已经认为不需要再采购的一些零件有可能被某人选择和采购。由此可见，其所解决的并非是技术问题，由此而产生的效果也仅仅是集中的管理有关零件的信息和容易选择高质量的零件，降低定购和采购零件成本。所以其能够获得的效果也不是受自然规律约束的技术效果。因此，权利要求 9 所要求保护的方案所解决的问题、采用的手段以及所获得的效果均是非技术性的，权利要求 9 所要求保护的方案不属于专利法实施细则第二条第一款所说的技术方案，不属于专利保护的客体。

权利要求 10 ~ 12 从属于权利要求 9，而它们所附加的技术特征也没有记载能够解决技术问题的技术特征，因此，上述权利要求也不属于专利法实施细则第二条第一款所说的技术方案，不属于专利保护的客体。

对于请求人在答复复审通知书时所陈述的理由，合议组认为，首先，请求人在意见陈述书中所提出的本申请能够产生"具有不依靠设计者等的力量而能够从高质量的零件的选定到定购为止实现自动化这样的技术效果"并未记载在本申请原始申请文件中，且这样的自动化效果也是用计算机代替人工操作所客观具有的效果，而不是本申请中相应的装置和方法所带来的技术效果，其次，根据审查指南第二部分第九章的规定："如果涉及计算机程序的发明专利申请的解决方案执行计算机程序的目的不是解决技术问题，或者在计算机上运行计算机程序从而对外部或内部对象进行控制或处理所反映的不是利用自然规律的技术手段，或者获得的不是受自然规律约束的效果，则这种解决方案不属于专利法实施细则第二条第一款所说的技术方案，不属于专利保护的客体。"即，即使借助了计算机装置，也要满足专利法实施细则第二条第一款关于技术方案的规定，而如上文所分析的，本申请权利要求 9 ~ 12 所要求保护的方案所解决的问题、采用的手段以及所获得的效果均是非技术性的，不具备构成技术方案的三个要素，因而不属于专利保护的客体。综上所述，请求人所提出理由不能被接受。

因而，根据以上事实和理由，本案合议组作出如下审查决定。

三、决定

维持国家知识产权局于 2004 年 1 月 9 日对 01132573.9 号发明专利申请作出的驳回决定。

请求人如对本决定不服，可根据专利法第四十一条第二款的规定，在收到本决定之日起三个月内向北京市第一中级人民法院起诉。

268

使用经网络提供的软件产品的方法案

复审请求审查决定（第9584号）

决　定　号　第9584号
决　定　日　2006年11月27日
发明创造名称　使用经网络提供的软件产品的方法
国际分类号　G06 F 1/00 G06F 17/60
复审请求人　西门子公司
申　请　号　01806191.5
申　请　日　2001年1月13日
公　开　日　2003年5月7日
合议组组长　张　度
主　审　员　詹靖康
参　审　员　孙克良

法律依据　专利法第二十二条第三款　专利法实施细则第二十条第一款
决定要点

若某权利要求的技术方案相对于某对比文件具有突出的实质性特点和显著的进步，则相对其具备创造性。

在特殊情况下，当产品权利要求中的一个或多个特征无法用结构特征予以清楚地表征时，允许借助于方法特征表征。

一、案由

本复审请求涉及名称为“使用经网络提供的软件产品的方法”的01806191.5号发明专利申请（下称本申请），申请人为西门子公司，申请日为2001年1月13日，进入中国国家阶段日期是2002年9月6日，优先权日为2000年1月18日，公开日为2003年5月7日。公开时的权利要求如下：

“1. 使用经网络提供的软件产品的方法，据此，根据用户经终端设备的请求，从提供服务器那里把通过该提供服务器所提供的软件产品经所述的网络下载到用户的终端设备上，当调用所述的软件产品时，在所述用户的终端设备内激活所述软件产品的一个软件分量，通过该软件分量针对该软件产品的使用而与一个使用处理服务器建立通信，其中，由所述的软件分量在该通信的范围内把一些数据通知给所述的使用处理服务器，由该使用处理服务器根据该数据来检验是否对所请求的用户释放该软件产品的使用，和/或在所述用户和所述软件产品的提供商的帐户上执行计费操作。

2. 如权利要求1所述的方法，其特征在于：所述的使用处理服务器由所述的网络提供商运营。

3. 如权利要求1或2所述的方法，其特征在于：所述的提供服务器由所述的网络运营商运营。

4. 如权利要求1～3之一所述的方法，其特征在于：所述的提供服务器和/或使用处理服务器涉及一种网络服务器。

5. 对可以从网上下载的软件产品执行使用处理的使用处理服务器，其中，在软件产品被下载到用户的终端设备中和被激活之后，由所述的软件产品来联系该使用处理服务器，并且在该范围内把为执行所述的使用处理所需要的数据通知给该使用处理服务器。

6. 如权利要求5所述的使用处理服务器，其特征在于：它通过如下方式来注册软件产品，即由它存储所述软件产品的一个标识和一些确定所述软件产品的使用处理类型的数据。

7. 如权利要求5或6之一所述的使用处理服务器，其特征在于：所述需要的数据涉及所述软件产品的和所述用户的标识。

8. 如权利要求5~7之一所述的使用处理服务器，其特征在于：所述使用处理的类型在于执行一种访问控制。

9. 如权利要求5~8之一所述的使用处理服务器，其特征在于：所述使用处理的类型在于在所述用户的和所述提供商的帐户上对所述软件产品的使用执行计费。

10. 如权利要求5~9之一所述的使用处理服务器，其特征在于：由它对成功的使用－联系及其处理结果进行统计。

11. 根据用户请求可以经网络下载到用户终端设备中的软件产品，它包含一个软件分量，该软件分量在调用所述的软件产品时在终端设备内激活，随后开始与一个使用处理服务器进行通信，并在该通信的范围内把执行所述使用处理所需要的数据通知给所述的使用处理服务器。

12. 如权利要求11所述的软件产品，其特征在于：所述的数据涉及所述软件产品提供商的数据、软件产品的标识、以及动态地求出的用户数据。

13. 如权利要求11或12所述的软件产品，其特征在于：它通过以下方式动态地求出用户数据，即通过所谓的软件分量与所述的用户进行交互作用。

14. 用于产生经网络提供的软件产品的方法，据此，借助一种由使用处理－提供商提供的软件开发工具箱向软件制造商的软件产品的源代码中插入一种软件分量，该软件分量在调用所述的软件产品时被激活，由此开始与一个使用处理服务器进行通信，并由此在该通信范围内把执行所述使用处理所需要的数据通知给所述的使用处理服务器。”

国家知识产权局依法对本申请进行了实质审查，于2004年4月2日发出第一次审查意见通知书，指出本申请权利要求1~4相对于对比文件1（US5925127A，公开日为1999年7月20日）不符合专利法第二十二条第三款规定的创造性；权利要求5~10的特征只是一些方法，并不是对使用服务器的结构作进一步限定的技术特征，因此权利要求不清楚，不符合专利法实施细则第二十条第一款的规定；权利要求11~14属于智力活动的规则和方法，不符合专利法第二十五条第一款第（二）项的规定。

2004年8月17日，申请人针对上述通知书提交了意见陈述，申请人认为本申请的技术方案相对于对比文件的技术方案具有突出的实质性特点和显著的进步，权利要求5~10的方案也得到了清楚简明的表述。申请人删除了原权利要求第11~14项，保留了原权利要求第1~10项。

经过上述审查程序后，国家知识产权局以本申请不符合专利法第二十二条第三款和专利法实施细则第二十条第一款的规定为理由，于2004年10月1日依据专利法第三十八条作出了驳回该专利申请的决定。驳回决定指出，权利要求1中的“提供服务器”“使用处理服务器”等特征均被对比文件1所公开，权利要求1与对比文件1的区别仅在于“所述用户和所述软件产品的提供商的账户商执行计费操作”。该特征是商业实施的特征，未对保护主题作出技术贡献，因此相对于对比文件1不具备专利法第二十二条第三款规定的创造性。从属权利要求2、3的附加技术特征并不是对该方法作进一步限定的技术特征，是非技术特征，在其引用的权利要求1不具备创造性时，上述从属权利要求2、3

也不具有创造性。权利要求4的附加技术特征“所述的提供服务器和/或使用处理服务器涉及一种网络服务器。”已被对比文件1公开，因此也不具备创造性。权利要求5特征部分以及从属权利要求6～10的附加技术特征的限定描述的是一种方法，并不是对使用处理服务器的结构作进一步的限定，故存在不清楚、不简明的缺陷，不符合专利法实施细则第二十条第一款的规定。

申请人（下称复审请求人）不服上述驳回决定，于2005年1月14日向专利复审委员会提出复审请求，但未对申请文件作出修改。复审请求人认为，对比文件1所公开的技术方案与本发明的技术方案既不相同也不相近似，权利要求1具备创造性；权利要求5～10的相关部分只有采用软件特征进行描述才能使权利要求保护的技术方案得到清楚简明的表达，符合专利法实施细则第二十条第一款的规定。

形式审查合格后，专利复审委员会受理了该复审请求，于2005年3月21日向请求人发出专利复审请求受理通知书，并将本案转送至原审查部门进行前置审查。

原审查部门对该复审请求作出前置审查意见，仍然坚持原驳回决定及其理由。

至此，合议组认为本案事实清楚，可以作出如下决定：

二、决定的理由

1. 决定针对的文本

本复审决定针对的文本是进入中国国家阶段日提交的说明书第1～10页、附图第1～12页、说明书摘要、摘要附图，2004年8月17日提交的权利要求第1～10项。

2. 关于创造性

专利法第二十二条第三款规定，创造性，是指同申请日以前已有的技术相比，该发明具有突出的实质性特点和显著的进步……。

本申请权利要求1的方案是从服务器下载软件产品到终端设备，在终端设备上调用该产品时会激活软件产品中的一个软件分量，通过它与一个处理服务器建立数据通信，处理服务器根据数据确定是否允许该用户使用该软件产品或/和在对应的帐户上执行计费操作。对比文件1所公开的技术方案是：软件程序模块连同登记/检验模块和软件监控模块被下载到用户计算机，软件程序模块可以附加在登记/检验模块后形成一个程序模块，登记/检验模块先于软件程序模块运行，登记/检验模块把软件程序模块所需的许可信息提供给软件监控模块，软件监控模块对许可信息进行检验，如果通过则用户就可以使用该软件程序模块。二者比较而言，存在以下区别：后者是通过与软件程序模块一并下载的登记/检验模块和软件程序模块来判断是否允许用户使用该软件程序，可见，该判断过程发生在本地机器上；而前者则是通过与终端连接的处理服务器来判断是否对请求的用户释放软件产品的使用，该判断发生在处理服务器上。该区别特征带来的技术效果是使该判断受用户恶意操纵的可能性降低，能够更安全地判断用户的合法性。可见，本专利权利要求1的技术方案相对于对比文件1而言具有突出的实质性特点和显著的进步，因而具备专利法第二十二条第三款规定的创造性，其从属权利要求2～4相对于对比文件1同样也符合专利法第二十二条第三款的规定。

3. 关于专利法实施细则第二十条第一款

专利法实施细则第二十条第一款规定：权利要求书应当说明发明或者实用新型的技术特征，清楚、简要地表述请求保护的范围。

审查指南第二部分第二章3.2.2部分规定：产品权利要求适用于产品发明或者实用新型，通常应当用产品的结构特征来表述。在特殊情况下，当产品权利要求中的一个或多个特征无法用结构特征予以清楚地表征时……允许借助于方法特征表征。

产品权利要求5的特征部分是“在软件产品被下载到用户的终端设备中和被激活之后，由所述的软件产品来联系该使用处理服务器，并且在该范围内把为执行所述的使用处理所需要的数据通知给该使用处理服务器。”

合议组认为，作为服务器、计算机等设备，它们的结构是本领域的公知常识，在它们实现某种特定功能的时候，以特定的方法特征或者功能性描述对其进行限定并不一定会造成权利要求请求保护的范围不清楚。本申请的权利要求 5 及其从属权利要求 6 ~ 10 不存在驳回决定所指出的缺陷。

至于上述权利要求是否存在其他缺陷，则留待国家知识产权局的进一步审查。

三、决定

撤销国家知识产权局于 2004 年 10 月 1 日对 01806191. 5 号专利申请所作出的驳回决定，以请求人于进入中国国家阶段日提交的说明书第 1 ~ 10 页、附图第 1 ~ 12 页、说明书摘要、摘要附图，2004 年 8 月 17 日提交的权利要求第 1 ~ 10 项为基础，由原审查部门继续进行审查程序。

复审请求人如对本决定不服，可根据专利法第四十一条第二款的规定，在收到本决定之日起三个月内向北京市第一中级人民法院起诉。

269

电磁互动及其直接发电方法案

复审请求审查决定（第9585号）

决　　定　　号　第9585号
决　　定　　日　2006年11月29日
发明创造名称　电磁互动及其直接发电方法
国 际 分 类 号　H02K 29/00H02K 21/14K02K 3/00
复 审 请 求 人　聂忠存
申　　请　　号　03145989.9
申　　请　　日　2003年7月21日
公　　开　　日　2004年4月14日
合 议 组 组 长　张美菊
主　　审　　员　周雷鸣
参　　审　　员　杜　宇

法 律 依 据　专利法第二十二条第四款
决 定 要 点
违背自然规律的专利申请是不能实施的，因此不具备实用性，不符合专利法第二十二条第四款的规定。

一、案由

本复审请求涉及专利号为03145989.7的发明专利申请专（下称本申请），本申请的名称为“电磁互动及其直接发电方法”、申请日为2003年7月21日、申请人为聂忠存。

申请人于2003年10月14日提交了说明书附图第3~5、7、8的替换页，于2004年5月26日提交了权利要求书和说明书第1、3、5页的替换页。

国家知识产权局原实质审查部门于2004年9月10日发出第一次审查意见通知书，依据的文本是：申请日提交的说明书第2、4页、附图1、2、6页，2003年10月14日提交的附图第3~5、7、8页，2004年5月26日提交的权利要求第1~7项、说明书第1、3、5页，指出：说明书的修改不符合专利法第三十三条的规定，权利要求1、7不符合专利法实施细则第二条第一款的规定，权利要求2、4不符合专利法第二十二条第四款的规定，权利要求3、5、6相对于对比文件1不符合专利法第二十二条第三款的规定。其中对比文件1为：机械工业出版社1999年10月出版的《电机及拖动基础》。

针对第一次审查意见通知书，申请人于2004年11月6日提交了意见陈述书，认为：说明书的修改没有超范围，权利要求1中利用磁产生电是由磁铁的一极产生的，是开创性的技术方案，因此权利要求1是一种新的技术方案；权利要求7引用权利要求1符合专利法实施细则第二条第一款的规定；权利要求2和权利要求4正确使用了自然规律，符合专利法二十二条第四款的规定；权利要求3、5、6具备创造性。

国家知识产权局实质审查部门于2005年1月14日驳回了本申请，驳回的理由是：说明书不符合专利法第三十三条的有关规定，权利要求1、7不符合专利法实施细则第二条一款的规定，权利要求2、4不符合专利法第二十二条第四款的规定，权利要求3、5、6相对于对比文件1不符合专利法第二十二条第三款的规定。驳回决定所针对的权利要求的的内容是：

“1. 一种电磁互动方法：其特征在于利用磁产生电能是通过磁铁的两极（N极或S极）由磁粒线偏转而产生的。

2. 一种直流发电机的直接发电方法：其特征在于不附加任何装置，不需换向，不用整流，从导体的两端直接输出直流电。

3. 一种交流发电机的直接发电方法：其特征在于利用磁铁在线圈内转动，从线圈导线两端直接输出交流电。

4. 如权利要求2所述的一种直流发电机的直接发电方法：其特征在于无需利用铁心，用一根直导体在磁铁端旋转，从导体的两端就能得到直流电流。

5. 如权利要求3所述的一种交流发电机的直流发电方法：其特征在于利用磁铁在线圈内转动，可以构成单相到多相交流发电机，产生单相到多相交流电。

6. 如权利要求3所述的一种交流发电机直接发电方法：其特征在于无需利用铁心，从线圈中直接产生交流电。

7. 如权利要求1所述一种电流互动方法：其特征在于磁动电动，电动磁动。”

申请人（下称请求人）对驳回决定不服，于2005年2月26日向国家知识产权局专利复审委员会提交了复审请求和权利要求书第1页的替换页，请求人的理由是：权利要求2、4的技术方案根据说明书和附图可以重复再现，具备实用性；权利要求3、5、6的技术方案特点是不能让磁性不同两磁极相互对应形成磁力线而闭合，而是让磁性不同的两磁极各自向外张开，不让两磁极形成磁力线闭合，让磁铁在线圈内转动，而对比文件1的技术特点与权利要求3、5、6的技术方案特点相对立，权利要求3、5、6具备创造性；权利要求1、7的技术方案是正确的，电磁感应定律是错误的，权利要求1、7符合专利法实施细则第二条一款的规定；说明书的修改在于更加清晰明确技术方案，没有超出说明书原始公开的范围。其中修改后的权利要求为：

“1. 一种电磁互动方法：利用磁产生电能，不让磁铁的两极相互共同作用形成从N极到S极的磁力线，其特征是让磁铁的一极独立形成磁粒线。

2. 一种直流发电机的直接发电方法：在于利用一直导体在磁铁的一极旋转或用磁铁的一极围绕直导体旋转，其特征是不附加换向和整流装置，从导体的两端直接输出直流电。

3. 一种交流发电机的直接发电方法：在于利用磁铁的两极各自向外张开不形成磁力线，其特征是磁铁在线圈内转动，从线圈导线两端直接输出交流电。

4. 如权利要求2所述的一种直流发电机的直接发电方法：其特征在于无需利用铁心，用一根直导体在磁铁端旋转，从导体的两端就能得到直流电流。

5. 如权利要求3所述的一种交流发电机的直流发电方法：其特征在于利用磁铁在线圈内转动，可以构成单相到多相交流发电机，产生单相到多相交流电。

6. 如权利要求3所述的一种交流发电机直接发电方法：其特征在于无需利用铁心，从线圈中直接产生交流电。

7. 如权利要求1所述一种电流互动方法：其特征是，不是切割磁力线产生电能，而是由磁粒线偏转时产生电能。”

经形式审查合格，专利复审委员会于2005年4月1日向请求人发出了复审请求受理通知书和前置审查通知书。

在前置审查程序中，国家知识产权局实质审查部门仍坚持驳回的理由是：修改后的权利要求1、7不符合专利法实施细则第二条第一款的规定，权利要求2不符合专利法第二十二条第二款和专利法第二十二条第四款的规定，权利要求3不符合专利法第二十二条第三款的规定。

在此基础上，专利复审委员会依法成立合议组对本案进行审查，并于2006年7月3日发出了复审通知书，其中指出：本申请的权利要求1、7不符合专利法实施细则第二条第一款的规定，权利要求2~6不符合专利法第二十二条第四款的规定，说明书不符合专利法第二十二条第四款的规定，说明书第5页第16~20行的修改不符合专利法第三十三条的规定。

请求人于2006年8月7日提交了意见陈述书、权利要求书第1页的替换页、说明书第5页的替换页以及请求人声称的交流发电机工作时和不工作时的照片各1张，直流发电机工作时的照片2张，证明磁力线方向性不成立的照片3张，陈述的主要内容是：（1）将说明书第5页修改为原始公开的说明书第5页公开的内容，克服复审通知书中指出的说明书不符合专利法第三十三条规定的缺陷；（2）放弃了复审时提交的权利要求1、7；（3）坚持复审时提交的权利要求2、4、5、6的内容不变，并认为其符合专利法第二十二条第四款的规定；（4）修改了复审时提交的权利要求3，并认为其符合专利法第二十二条第四款的规定；（5）提供照片证明说明书及附图5记载的解释权利要求2的直流发电机的直接发电方法能够实现等。其中，修改后的权利要求的内容是：

“1. 一种直流发电机的直接发电方法：在于利用一直导体在磁铁的一极旋转或用磁铁的一极围绕直导体旋转，其特征是不附加换向和整流装置，从导体的两端直接输出直流电。

2. 一种交流发电机的直接发电方法：在于利用磁铁的两极各自向外张开放在线圈内，由两极各自形成磁粒线。其特征是把磁铁放在线圈内转动，从线圈导线两端直接输出交流电。

3. 如权利要求1所述的一种直流发电机的直接发电方法：其特征在于无需利用铁心，用一根直导体在磁铁端旋转，从导体的两端就能得到直流电流。

4. 如权利要求2所述的一种交流发电机的直流发电方法：其特征在于利用磁铁在线圈内转动，可以构成单相到多相交流发电机，产生单相到多相交流电。

5. 如权利要求2所述的一种交流发电机直接发电方法：其特征在于无需利用铁心，从线圈中直接产生交流电。”

经合议，合议组认为本案事实清楚，依法作出本复审请求审查决定。

二、决定的理由

1. 依据文本

复审请求人在答复复审通知书时提交了说明书第5页替换页和权利要求书第1页的替换页，因此本复审决定依据的文本是请求人2006年8月7日提交的权利要求第1~5项和说明书第5页、申请日提交的说明书第2、4页、附图1~2、6页、说明书摘要及摘要附图、2003年10月14日提交的附图3~5、7、8和2004年5月26日提交的说明书第1、3页。

2. 关于本申请的实用性

专利法第二十二条第四款规定的实用性是指该发明或者实用新型能够制造或者使用，并且能够产生积极效果。

权利要求1请求保护一种直流发电机的直接发电方法，说明书和附图5对该发电方法作出了解释，其中两个发电的直导体（钢棒、铜棒）分别利用滑环连接，各自在磁铁的极旋转，从导体的两端直接输出直流电，该发电方法的系统中输电导线14、电刷12、输电滑环13、直流电表15和导体7组成的发电部分是闭合的线圈，导体7的旋转没有改变闭合线圈内的磁力线的数量，穿过闭合导线所包围面的磁通量对时间变化率的负值为零，根据麦克斯韦第二方程 $\oint \vec{E} \cdot d\vec{l} = \frac{d\psi}{dt} = -\int_s \frac{\partial \vec{B}}{\partial t} \cdot d\vec{s}$ 可知，电场强度为零，即闭合导体中不可能产生电流，因此权利要求 1 中发电方式违背了电磁场的基本规律，违背自然规律的专利申请是不能实施的，因此不具有实用性，权利要求 1 不符合专利法第二十二条第四款的规定。

权利要求 3 是权利要求 1 的从属权利要求，权利要求 3 中“直导体的在磁铁端旋转，从线圈导线两端就能得到直流电流”在说明书及附图 4、5 中作出了具体解释，其中包含了直导体在磁铁端旋转而不切割磁力线的情况，由麦克斯韦第二方程 $\oint \vec{E} \cdot d\vec{l} = \frac{d\psi}{dt} = -\int_s \frac{\partial \vec{B}}{\partial t} \cdot d\vec{s}$ 可知，这种情况下闭合导体的线圈两端中不可能产生电流，即权利要求 3 的技术方案违背了电磁场的基本规律，权利要求 3 不具备实用性，不符合专利法第二十二条第四款的规定。

说明书及附图 5 中记载的解释权利要求 1 的直流发电机的直接发电方法，无法实现；说明书及附图 6 中记载的交流发电机的直接发电方法中“磁铁的两极各自向外张开不形成磁力线”与磁铁的 N、S 极存在磁力线的自然规律相违背；因此，说明书不符合专利法第二十二条第四款的规定。

针对请求人的意见陈述，合议组认为：一个技术发明必须符合一定的基本科学原理，而且应当具有可重复的规律性，具有普遍性和可检验性，经得起按照最基本的科学方法进行的测试和鉴定；复审请求人未能对磁场由磁粒线（磁化线）组成以及利用磁产生电能是由磁粒线偏转产生与现有技术利用切割磁力线产生电能有本质区别的主张提供经该领域权威专家委员会测试和鉴定的必要的鉴定证据，从请求人提交的照片中无法得出照片中的装置与权利要求 1、3 和说明书中记载的技术方案具有关联性，并证明本申请符合专利法规定的实用性，合议组根据现有的基本物理理论，依然认为本申请不符合自然规律。因此，复审请求人陈述的理由并不成立。

综上所述，合议组认为说明书和权利要求 1、3 记载的技术方案不符合专利法第二十二条第四款的规定。

根据上述事实和理由，本案合议组作出如下决定。

三、决定

维持国家知识产权局于 2005 年 1 月 14 日对 03145989.7 号发明专利申请作出的驳回决定。

复审请求人如对本决定不服，可依据专利法第四十一条第二款在收到本决定之日起三个月内向北京市第一中级人民法院起诉。

北京市第一中级人民法院
行政判决书

（2007）一中行初字第 421 号

原告聂忠存，男，1968 年 3 月 20 日出生，汉族，广东省珠海市供水总公司职工，住广东省珠海市香洲区吉大珠峰电子公司集体宿舍。

被告国家知识产权局专利复审委员会，住所地北京市海淀区北四环西路 9 号银谷大厦。

法定代表人廖涛，副主任。

委托代理人周雷鸣，男，国家知识产权局专利复审委员会审查员。

委托代理人杨存吉，男，国家知识产权局专利复审委员会审查员。

原告聂忠存不服被告中华人民共和国国家知识产权局专利复审委员会作出的第9585号复审请求审查决定（下称复审决定），于2007年3月13日向本院提起行政诉讼。本院受理后，依法组成合议庭，于2007年5月10日公开开庭审理了本案。原告聂忠存、被告的委托代理人周雷鸣、杨存吉到庭参加了诉讼。本案现已审理终结。

被告于2006年12月12日针对原告提出的复审请求作出了复审决定，依据《中华人民共和国专利法》（下称《专利法》）第二十二条第四款的规定，维持了中华人民共和国国家知识产权局（下称知产局）2005年1月14日对03145989.7号发明专利申请（下称本申请）作出的驳回决定（下称驳回决定）。被告在法定举证期限内向本院提交了下列证据：

（1）原告于申请日提交的说明书第2、4页、附图1~2、6页、说明书摘要及摘要附图；（2）原告于2003年10月14日提交的附图3~5页和7~8页；（3）原告于2004年5月26日提交的说明书的第1、3页；（4）原告于2006年8月7日提交的权利要求第1~5页和说明书第5页。以上证据用以证明本申请不具备用性，复审决定认定事实清楚、适用法律正确、程序合法。

原告诉称，被告利用麦克斯韦第二方程解释本申请权利要求1、3和说明书及附图不合适，因为本申请不是以麦克斯韦第二方程为前提去做的作业，麦克斯韦第二方程不适用创新。被告利用磁铁的N、S极存在磁力线解释本申请权利要求2、4、5和说明书及附图也不合适，因为磁能产生电是自然规律。本申请是利用磁产生电，没有违背自然规律。磁力线只是人们为解释现象而假设的一种力线，不能将其定为自然规律。本申请真实可靠，在任何时间、地点都可制造实施、重复再现，可使用、检验和测试，一目了然，不违背自然规律。据此，原告请求法院撤销复审决定，并责令被告对本申请督促授权。原告向本院提交了下列证据：

（1）专利申请受理通知书；（2）发明专利申请公布及进入实质审理程序通知书；（3）发明专利申请公开说明书；（4）补正书、权利要求书的替换页、说明书的替换页；（5）第一次审理意见书及其正文、对比文件1复印件；（6）意见陈述书；（7）驳回决定书及其正文；（8）复审请求书、权利要求补正书及权利要求书的替换页2张，说明图、说明照片2张；（9）请求受理通知书；（10）复审通知书及其正文；（11）复审意见陈述书、说明书第5页及权利要求书的替换页、说明书的复审补正书、权利要求复审补正书；（12）复审决定书。以上证据用以证明复审决定的认定是错误的。

被告辩称：（1）麦克斯韦第二方程是将电场与时变磁场联系起来，说明磁变生电这一电磁场的基本规律。权利要求1、3的技术方案包含了说明书附图5及其文字记载的实施例，由该实施例可以知道，由导体7、输电导线14、直流电表15构成的闭合回路中，导体在磁铁的一极旋转或者导体在磁铁端旋转，闭合回路所包围的磁通量对时间变化率的负值为零，在该回路中不可能有电流存在，因而权利要求1、3的技术方案是不符合麦克斯韦第二方程的。一个技术发明必须符合一定的基本科学原理和规律，具有普遍性和可检验性，经得起按照最基本的科学方法进行的测试和鉴定。而本发明的权利要求1、3的技术方案违背了麦克斯韦第二方程，违背自然规律的发明专利申请是不能实施的，因此权利要求1不具备实用性；2. 在说明书具体实施例的第二部分直流发电机的发电方法中，记载的技术方案违反了自然规律，因此说明书也不具备实用性。复审决定认定事实清楚、适用法律正确、审理程序合法，原告的诉讼理由不能成立，故请法院驳回原告请求，维持复审决定。

对于被告提交的证据，原告对其真实性、合法性、关联性无异议，但对证明作用有异议。

对原告提交的证据，被告对其真实性、合法性、关联性无异议，但对证明作用有异议。

经庭审质证，本院对当事人提交的证据认证如下：原、被告提交的证据均与本案具有关联性且真实、合法，能够作为认定本案事实的依据，本院予以确认。

经审理查明，本案涉及专利号为03145989.7的发明专利申请（即本申请），本申请的名称为“电磁互动及其直接发电方法”、申请日为2003年7月21日、申请人为原告。

原告于2003年10月14日提交了说明书附图第3~5、7、8的替换页，于2004年5月26日提交了权利要求书和说明书第1、3、5页的替换页。

国家知识产权局原实质审查部门于2004年9月10日发出第一次审查意见通知书，依据的文本是：申请日提交的说明书第2、4页、附图1、2、6页，2003年10月14日提交的附图第3~5、7、8页，2004年5月26日提交的权利要求第1~7项、说明书第1、3、5页，指出：说明书的修改不符合《专利法》第三十三条的规定，权利要求1、7不符合《中华人民共和国专利法实施细则》（下称《实施细则》）第二条第一款的规定，权利要求2、4不符合《专利法》第二十二条第四款的规定，权利要求3、5、6相对于对比文件1不符合《专利法》第二十二条第三款的规定。其中对比文件1为：机械工业出版社1999年10月出版的《电机及拖动基础》。

针对第一次审查意见通知书，原告于2004年11月6日提交了意见陈述书，认为：说明书的修改没有超范围，权利要求1中利用磁产生电是由磁铁的一极产生的，是开创性的技术方案，因此权利要求1是一种新的技术方案；权利要求7引用权利要求1符合《实施细则》第二条第一款的规定；权利要求2和4正确使用了自然规律，符合《专利法》第二十二条第四款的规定；权利要求3、5、6具备创造性。

知产局实质审查部门于2005年1月14日驳回了本申请，驳回的理由是：说明书不符合《专利法》第三十三条的有关规定，权利要求1、7不符合《实施细则》第二条第一款的规定，权利要求2、4不符合《专利法》第二十二条第四款的规定，权利要求3、5、6相对于对比文件1不符合《专利法》第二十二条第三款的规定。驳回决定所针对的权利要求的的内容是：

“1. 一种电磁互动方法：其特征在于利用磁产生电能是通过磁铁的两极（N极或S极）由磁粒线偏转而产生的。

2. 一种直流发电机的直接发电方法：其特征在于不附加任何装置，不需换向，不用整流，从导体的两端直接输出直流电。

3. 一种交流发电机的直接发电方法：其特征在于利用磁铁在线圈内转动，从线圈导线两端直接输出交流电。

4. 如权利要求2所述的一种直流发电机的直接发电方法：其特征在于无需利用铁心，用一根直导体在磁铁端旋转，从导体的两端就能得到直流电流。

5. 如权利要求3所述的一种交流发电机的直流发电方法：其特征在于利用磁铁在线圈内转动，可以构成单相到多相交流发电机，产生单相到多相交流电。

6. 如权利要求3所述的一种交流发电机直接发电方法：其特征在于无需利用铁心，从线圈中直接产生交流电。

7. 如权利要求1所述一种电流互动方法：其特征在于磁动电动，电动磁动。”

原告（即请求人）对驳回决定不服，于2005年2月26日向被告提交了复审请求和权利要求书第1页的替换页，原告的理由是：权利要求2、4的技术方案根据说明书和附图可以重复再现，具有实用性；权利要求3、5、6的技术方案特点是不能让磁性不同两磁极相互对应形成磁力线而闭合，而是让磁性不同的两磁极各自向外张开，不让两磁极形成磁力线闭合，让磁铁在线圈内转动，而对比文件1的技术特点与权利要求3、5、6的技术方案特点相对立，权利要求3、5、6具备创造性；权利要求1、7的技术方案是正确的，电磁感应定律是错误的，权利要求1、7符合《实施细则》第二条第一款的规定；说明书的修改在于更加清晰明确技术方案，没有超出说明书原始公开的范围。其中修改后的权利要求为：

“1. 一种电磁互动方法：利用磁产生电能，不让磁铁的两极相互共同作用形成从N极到S极的磁力线，其特征是让磁铁的一极独立形成磁粒线。

2. 一种直流发电机的直接发电方法：在于利用一直导体在磁铁的一极旋转或用磁铁的一极围绕直导体旋转，其特征是不附加换向和整流装置，从导体的两端直接输出直流电。

3. 一种交流发电机的直接发电方法：在于利用磁铁的两极各自向外张开不形成磁力线，其特征是磁铁在线圈内转动，从线圈导线两端直接输出交流电。

4. 如权利要求2所述的一种直流发电机的直接发电方法：其特征在于无需利用铁心，用一根直导体在磁铁端旋转，从导体的两端就能得到直流电流。

5. 如权利要求3所述的一种交流发电机的直流发电方法：其特征在于利用磁铁在线圈内转动，可以构成单相到多相交流发电机，产生单相到多相交流电。

6. 如权利要求3所述的一种交流发电机直接发电方法：其特征在于无需利用铁心，从线圈中直接产生交流电。

7. 如权利要求1所述一种电流互动方法：其特征是，不是切割磁力线产生电能，而是由磁粒线偏转时产生电能。”

经形式审查合格，被告于2005年4月1日向请求人发出了复审请求受理通知书和前置审查通知书。

在前置审查程序中，知产局实质审查部门仍坚持驳回的理由是：修改后的权利要求1、7不符合《实施细则》第二条第一款的规定，权利要求2不符合《专利法》第二十二条第2款和《专利法》第二十二条第四款的规定，权利要求3不符合《专利法》第二十二条第三款的规定。

在此基础上，被告依法成立合议组对本案进行审查，并于2006年7月3日发出了复审通知书，其中指出：本申请的权利要求1、7不符合《实施细则》第二条第一款的规定，权利要求2~6不符合《专利法》第二十二条第四款的规定，说明书不符合《专利法》第二十二条第四款的规定，说明书第5页第16~20行的修改不符合《专利法》第三十三条的规定。

原告于2006年8月7日提交了意见陈述书、权利要求书第1页的替换页、说明书第5页的替换页以及原告声称的交流发电机工作时和不工作时的照片各1张，直流发电机工作时的照片2张，证明磁力线方向性不成立的照片3张，陈述的主要内容是：（1）将说明书第5页修改为原始公开的说明书第5页公开的内容，克服复审通知书中指出的说明书不符合《专利法》第三十三条规定的缺陷；（2）放弃了复审时提交的权利要求1、7；（3）坚持复审时提交的权利要求2、4、5、6的内容不变，并认为其符合《专利法》第二十二条第四款的规定；（4）修改了复审时提交的权利要求3，并认为其符合《专利法》第二十二条第四款的规定；（5）提供照片证明说明书及附图5记载的解释权利要求2的直流发电机的直接发电方法能够实现等。其中，修改后的权利要求的内容是：

“1. 一种直流发电机的直接发电方法：在于利用一直导体在磁铁的一极旋转或用磁铁的一极围绕直导体旋转，其特征是不附加换向和整流装置，从导体的两端直接输出直流电。

2. 一种交流发电机的直接发电方法：在于利用磁铁的两极各自向外张开放在线圈内，由两极各自形成磁粒线。其特征是把磁铁放在线圈内转动，从线圈导线两端就可直接输出交流电。

3. 如权利要求1所述的一种直流发电机的直接发电方法：其特征在于无需利用铁心，用一根直导体在磁铁端旋转，从导体的两端就能得到直流电流

4. 如权利要求2所述的一种交流发电机的直流发电方法：其特征在于利用磁铁在线圈内转动，

可以构成单相到多相交流发电机，产生单相到多相交流电。

5. 如权利要求2所述的一种交流发电机的直接发电方法：其特征在于无需利用铁心，从线圈中直接产生交流电。”经合议，被告认为本案事实清楚，作出以下决定：

1. 依据文本

原告在答复复审通知书时提交了说明书第5页替换页和权利要求书第1页的替换页，因此复审决定依据的文本是原告2006年8月7日提交的权利要求第1～5项和说明书第5页、申请日提交的说明书第2、4页、附图1～2、6页、说明书摘要及摘要附图、2003年10月14日提交的附图3～5、7、8和2004年5月26日提交的说明书第1、3页。

2. 关于本申请的实用性

本申请权利要求1请求保护一种直流发电机的直接发电方法，说明书和附图5对该发电方法作出了解释，其中两个发电的直导体（钢棒、铜棒）分别利用滑环连接，各自在磁铁的极旋转，从导体的两端直接输出直流电，该发电方法的系统中输电导线14、电刷12、输电滑环13、直流电表15和导体7组成的发电部分是闭合的线圈，导体7的旋转没有改变闭合线圈内的磁力线的数量，穿过闭合导线所包围面的磁通量对时间变化率的负值为零，根据麦克斯韦第二方程 $\oint \vec{E} \cdot d\vec{l} = \frac{d\psi}{dt} = -\int_s \frac{\partial \vec{B}}{\partial t} \cdot d\vec{s}$ 可知，电场强度为零，即闭合导体中不可能产生电流，因此权利要求1中发电方式违背了电磁场的基本规律，违背自然规律的专利申请是不能实施的，因此不具备实用性，权利要求1不符合《专利法》第二十二条第四款的规定。

权利要求3是权利要求1的从属权利要求，权利要求3中“直导体的在磁铁端旋转，从线圈导线两端就能得到直流电流”在说明书及附图4、5中作出了具体解释，其中包含了直导体在磁铁端旋转而不切割磁力线的情况，由麦克斯韦第二方程可知，这种情况下闭合导体的线圈两端中不可能产生电流，即权利要求3的技术方案违背了电磁场的基本规律，权利要求3不具备实用性，不符合《专利法》第二十二条第四款的规定。说明书及附图5中记载的解释权利要求1的直流发电机的直接发电方法，无法实现；说明书及附图6中记载的交流发电机的直接发电方法中“磁铁的两极各自向外张开不形成磁力线”与磁铁的N、S极存在磁力线的自然规律相违背；因此，说明书不符合《专利法》第二十二条第四款的规定。

针对原告的意见陈述，被告认为，一个技术发明必须符合一定的基本科学原理，而且应当具有可重复的规律性，具有普遍性和可检验性，经得起按照最基本的科学方法进行的测试和鉴定；原告未能对磁场由磁粒线（磁化线）组成以及利用磁产生电能是由磁粒线偏转产生与现有技术利用切割磁力线产生电能有本质区别的主张提供经该领域权威专家委员会测试和鉴定的必要的鉴定证据，从原告提交的照片中无法得出照片中的装置与权利要求1、3和说明书中记载的技术方案具有关联性，并证明本申请符合《专利法》规定的实用性，被告根据现有的基本物理理论，依然认为本申请不符合自然规律。因此，原告陈述的理由并不成立。

综上所述，被告认为说明书和权利要求1、3记载的技术方案不符合《专利法》第二十二条第四款的规定。

据此，被告作出复审决定。原告不服，诉至本院。

本院认为，根据《专利法》第二十二条第四款的规定，实用性是指该发明或者实用新型能够制造或者使用，并且能够产生积极效果。

麦克斯韦方程组所包含的两个方程是关于电磁场的基本规律。由说明书具体实施例第二部分和说明书附图5可以知道，输电导线、电刷、输电滑环、直流电表和导体组成的闭合回路线圈在导线旋转的过程中其闭合的面积是不变的，放置在闭合回路线圈周围的磁铁的磁场强度是恒定的，因此穿过该闭合回路线圈中的磁通量不变，单位时间内磁通的变化率为零，由麦克斯韦第二方程可知导体两端的电压为零。权利要求1中的直流发电机的直接发电方法违反了自然规律。因此，权利要求1中记载的技术方案不具备实用性，不符合《专利法》第二十二条第四款的规定。

权利要求3是权利要求1的从属权利要求，其中关于“用一根直导体在磁铁端旋转，从线圈导线两端就能得到直流电流”的技术方案包含了直导体在磁铁端旋转而不切割磁力线的情况。由麦克斯韦第二方程可知，这种情况下闭合导体的线圈两端中不可能产生电流，权利要求3的该技术方案违背了电磁场的基本规律，不具有实用性，亦不符合《专利法》第二十二条第四款的规定。

有关“磁铁的两极各自向外张开不形成磁力线”的内容，是在原告提出复审申请过程的意见陈述以及驳回决定所针对的本申请文本中的权利要求3中提及的，被告将上述内容认定为“说明书及附图6中记载的交流发电机的直接发电方法中”记载的内容虽有失准确，但并不会导致被告对本申请权利要求1、3的实用性问题作出与复审决定不同的认定结论。

综上，复审决定认定本申请权利要求1、3不具备实用性，并维持驳回决定正确，本院应予支持。原告要求人民法院撤销复审决定的诉讼请求缺乏事实和法律依据，本院不予支持。原告要求人民法院责令被告对本申请督促授权的诉讼请求不属人民法院行政审判的权限范围，本院亦不予支持。据此，依照《中华人民共和国行政诉讼法》第五十六条第（四）项之规定，判决如下：

驳回原告聂忠存的诉讼请求。

案件受理费1000元，由原告聂忠存负担（已交纳）。

如不服本判决，可在本判决书送达之日起15日内，向本院递交上诉状，并按对方当事人人数提出副本，上诉于北京市高级人民法院。上诉人在上诉期限内未预交上诉案件受理费又不提出缓交申请的，按自动撤回上诉处理。

审　判　长　强刚华
代理审判员　贾志刚
人民陪审员　付勇军
二〇〇七年七月二十日
书　记　员　张　莹

北京市高级人民法院
行政判决书

（2007）高行终字第517号

上诉人（一审原告）聂忠存，男，1968年3月20日出生，汉族，住广东省珠海市香洲沿河东路399号钰海铭门二栋605号。

被上诉人（一审被告）国家知识产权局专利复审委员会，住所地北京市海淀区北四环西路9号银谷大厦。

法定代表人廖涛，副主任。

委托代理人周雷鸣，男，国家知识产权局专利复审委员会审查员。

委托代理人刘妍，女，国家知识产权局专利复审委员会审查员。

上诉人聂忠存因专利复审决定，不服北京市第一中级人民法院（2007）一中行初字第421号行政判决，向本院提起上诉。本院受理后，依法组成合议庭公开开庭进行了审理。上诉人聂忠存、被上诉人国家知识产权局专利复审委员会（下称专利复审委）的委托代理人周雷鸣、刘妍到庭参加了诉讼。本案现已审理终结。

2006年12月12日，专利复审委依据《中华人民共和国专利法》（下称《专利法》）第二十二条第四款的规定，作出第9585号复审请求审查决定（下称第9585号决定），维持了中华人民共和国国家知识产权局（下称知产局）于2005年1月14日对聂忠存提出的03145989.7号发明专利申请（下称本申请）作出的驳回决定（下称驳回决定）。聂忠存不服第9585号决定，向北京市第一中级人民法院提起行政诉讼。

北京市第一中级人民法院经审理认为，麦克斯韦方程组所包含的两个方程是关于电磁场的基本规律。由说明书具体实施例第二部分和说明书附图5可以知道，输电导线、电刷、输电滑环、直流电表和导体组成的闭合回路线圈在导线旋转的过程中其闭合的面积是不变的，放置在闭合回路线圈周围的磁铁的磁场强度是恒定的，因此穿过该闭合回路线圈中的磁通量不变，单位时间内磁通的变化率为零，由麦克斯韦第二方程可知导体两端的电压为零。权利要求1中的直流发电机的直接发电方法违反了自然规律。因此，权利要求1中记载的技术方案不具备实用性，不符合《专利法》第二十二条第四款的规定。权利要求3是权利要求1的从属权利要求，其中关于“用一根直导体在磁铁端旋转，从线圈导线两端就能得到直流电流”的技术方案包含了直导体在磁铁端旋转而不切割磁力线的情况。由麦克斯韦第二方程可知，这种情况下闭合导体的线圈两端中不可能产生电流，权利要求3的该技术方案违背了电磁场的基本规律，不具备实用性，亦不符合《专利法》第二十二条第四款的规定。

有关“磁铁的两极各自向外张开不形成磁力线”的内容，是在聂忠存提出复审申请过程的意见陈述以及驳回决定所针对的本申请文本中的权利要求3中提及的，专利复审委将上述内容认定为“说明书及附图6中记载的交流发电机的直接发电方法中”记载的内容虽有失准确，但并不会导致专利复审委对本申请权利要求1、3的实用性问题作出与第9585号决定不同的认定结论。综上，第9585号决定认定本申请权利要求1、3不具备实用性，并维持知产局的驳回决定是正确的。聂忠存要求撤销第9585号决定的诉讼请求缺乏事实和法律依据，其要求人民法院责令专利复审委对本申请督促授权的诉讼请求不属人民法院行政审判的权限范围。据此，依照《中华人民共和国行政诉讼法》第五十六条第（四）项的规定，判决驳回了聂忠存的诉讼请求。

聂忠存不服一审判决，提起上诉。聂忠存认为，本申请权利要求1、3及说明书和附图5与麦克斯韦第二方程没有因果关系；一审庭审时的当庭实物演示有电流产生，证明了本申请权利要求关于电磁互动的直接发电方法是能够实现并能产生积极效果的，因此，本申请的权利要求1、2、3、4、5均具实用性；专利复审委关于本申请“违背自然规律”的确认没有事实依据及法律依据。综上，请求二审法院撤销一审判决和第9585号决定。

专利复审委答辩认为，麦克斯韦第二方程是将电场与时变磁场联系起来，说明磁变生电这一磁场的基本规律。本申请权利要求1、3的技术方案包含了说明书附图5及其文字记载的实施例，由实施例第二部分和说明书附图5可知，其输电导线、电刷、输电滑环、直流电表和导体组成的闭合回路线圈在导线旋转的过程中其闭合的面积是不变的，放置在闭合回路线圈周围的磁铁的磁场强度是恒定的，因此穿过该闭合回路线圈中的磁通量不变，单位时间内磁通量的变化率为零。由麦克斯韦第二方程可知该回路中不可能有电流存在。因此，本申请权利要求1、3中的技术方案是不符合自然规律、不能实施的。因此，权利要求 1、3 不具备实用性。依据现有的自然科学理论，磁铁的两极存在磁场是自然规律，磁力线是表征磁场强度（大小、方向）的，有磁场的地方就存在磁力线，有磁力线的地方就有磁场是客观事实，而本申请说明书认为磁铁两极没有磁力线，即不存在磁场，故本申请说明书记载的技术方案违背了自然规律，不符合《专利法》第二十二条第四款的规定。

聂忠存在一审当庭演示的器件的技术方案与本申请权利要求记载的技术方案不同。说明书记载的技术方案中导体的部分是连接在线圈上的，而演示中的实验导体是用电动机及固定部分固定的，并且演示器件的运行中没有保证万能表和导体组成的闭合线圈的面积恒定和通过该面积的磁通的恒定。由于演示中存在：带动导体运行的电动机及固定导体的另一端都带磁体、放置在导体下面的磁铁不固定、导体形状是否均匀等可能影响通过电流表和导体组成的闭合线圈的磁通量等不确定的因素，故该委对聂忠存当庭演示的器件不予认可。

综上，专利复审委认为本申请违背自然规律，不具有在产业中制造或使用的可能性，不符合《专利法》第二十二条第四款的规定。同时认为一审判决认定事实清楚，适用法律正确，请求二审法院驳回聂忠存的上诉请求，维持一审判决和第 9585 号决定。

一审法院审理期间，专利复审委提交了：

1. 聂忠存于申请日向知产局提交的说明书第 2、4 页、附图 1 ~ 2、6 页、说明书摘要及摘要附图；

2. 聂忠存于 2003 年 10 月 14 日向知产局提交的附图 3 ~ 5 页和 7 ~ 8 页；

3. 聂忠存于 2004 年 5 月 26 日向知产局提交的说明书的第 1、3 页；

4. 聂忠存于 2006 年 8 月 7 日专利复审委提交的权利要求第 1 ~ 5 页和说明书第 5 页。

聂忠存也提交了上述本申请进入实质审查后的补正文本及意见陈述、知识产权局的驳回决定、复审程序中的补正及意见陈述等材料。

经审理查明，本申请为聂忠存于 2003 年 7 月 21 日提出的第 03145989.7 号“电磁互动及其直接发电方法”的发明专利申请。

聂忠存于 2003 年 10 月 14 日向知产局提交了说明书附图第 3 ~ 5、7、8 的替换页，于 2004 年 5 月 26 日提交了权利要求书和说明书第 1、3、5 页的替换页。

至此，本申请的权利要求为：

1. 一种电磁互动方法：其特征在于利用磁产生电能是通过磁铁的两极（N 极或 S 极）由磁粒线偏转而产生的。

2. 一种直流发电机的直接发电方法：其特征在于不附加任何装置，不需换向，不用整流，从导体的两端直接输出直流电。

3. 一种交流发电机的直接发电方法：其特征在于利用磁铁在线圈内转动，从线圈导线两端直接输出交流电。

4. 如权利要求 2 所述的一种直流发电机的直接发电方法：其特征在于无需利用铁心，用一根直导体在磁铁端旋转，从导体的两端就能得到直流电流。

5. 如权利要求 3 所述的一种交流发电机的直流发电方法：其特征在于利用磁铁在线圈内转动，可以构成单相到多相交流发电机，产生单相到多相交流电。

6. 如权利要求 3 所述的一种交流发电机直接发电方法：其特征在于无需利用铁心，从线圈中直接产生交流电。

7. 如权利要求 1 所述一种电流互动方法：其特征在于磁动电动，电动磁动。”

知产局实审部门引入机械工业出版社 1999 年 10 月出版的《电机及拖动基础》作为对比文件，

对聂忠存于申请日提交的说明书第2、4页、附图1、2、6页，2003年10月14日提交的附图第3~5、7、8页，2004年5月26日提交的权利要求第1~7项、说明书第1、3、5页进行审查，于2004年9月10日向聂忠存发出第一次审查意见通知书，指出其对说明书的修改不符合《专利法》第三十三条的规定，权利要求1、7不符合《中华人民共和国专利法实施细则》（以下简称《实施细则》）第二条第一款的规定，权利要求2、4不符合《专利法》第二十二条第四款的规定，权利要求3、5、6相对于对比文件1不符合《专利法》第二十二条第三款的规定。针对该通知书，聂忠存于2004年11月6日提交了意见陈述书，认为：说明书的修改没有超范围，权利要求1中利用磁产生电是由磁铁的一极产生的，是开创性的技术方案，因此权利要求1是一种新的技术方案；权利要求7引用权利要求1符合《实施细则》第二条第一款的规定；权利要求2和4正确使用了自然规律，符合《专利法》第二十二条第四款的规定；权利要求3、5、6具有创造性。

鉴于此，知产局以本申请的说明书不符合《专利法》第三十三条的有关规定，权利要求1、7不符合《实施细则》第二条第一款的规定，权利要求2、4不符合《专利法》二十二条第四款的规定，权利要求3、5、6相对于对比文化1不符合《专利法》第二十二条第三款的规定为由，于2005年1月14日作出驳回决定，驳回了聂忠存关于“电磁互动及其直接发电方法”的发明专利申请。

聂忠存对驳回决定不服，于2005年2月26日向专利复审委提交了复审请求和权利要求书第1页的替换页。

经形式审查合格，专利复审委于2005年4月1日向请求人发出了复审请求受理通知书和前置审查通知书。

在前置审查程序中，知产局坚持其驳回理由。在此基础上，专利复审委依法成立合议组对本案进行审查，并于2005年7月3日向聂忠存发出了复审通知书，指出：本申请的权利要求1、7不符合《实施细则》第二条第一款的规定，权利要求2~6不符合《专利法》第二十二条第四款的规定，说明书不符合《专利法》第二十二条第四款的规定，说明书第5页第16~20行的修改不符合《专利法》第三十三条的规定。聂忠存于2006年8月7日提交了意见陈述书、权利要求书第1页的替换页、说明书第5页的替换页及其声称的交流发电机工作时和不工作时的照片各1张，直流发电机工作时的照片2张，证明磁力线方向性不成立的照片3张，陈述的主要内容是：（1）将说明书第5页修改为原始公开的说明书第5页公开的内容，克服复审通知书中指出的说明书不符合《专利法》第三十三条规定的缺陷；（2）放弃了复审时提交的权利要求1、7；（3）坚持复审时提交的权利要求2、4、5、6的内容不变，并认为其符合《专利法》第二十二条第四款的规定；（4）修改了复审时提交的权利要求3，并认为其符合《专利法》第二十二条第四款的规定；（5）提供照片证明说明书及附图5记载的解释权利要求2的直流发电机的直接发电方法能够实现等。其中，修改后的权利要求的内容是：

“1. 一种直流发电机的直接发电方法：在于利用一直导体在磁铁的一极旋转或用磁铁的一极围绕直导体旋转，其特征是不附加换向和整流装置，从导体的两端直接输出直流电。

2. 一种交流发电机的直接发电方法：在于利用磁铁的两极各自向外张开放在线圈内，由两极各自形成磁粒线。其特征是把磁铁放在线圈内转动，从线圈导线两端就可直接输出交流电。

3. 如权利要求1所述的一种直流发电机的直接发电方法：其特征在于无需利用铁心，用一根直导体在磁铁端旋转，从导体的两端就能得到直流电流。

4. 如权利要求2所述的一种交流发电机的直流发电方法：其特征在于利用磁铁在线圈内转动，可以构成单相到多相交流发电机，产生单相到多相交流电。

5. 如权利要求2所述的一种交流发电机的直接发电方法：其特征在于无需利用铁心，从线圈中直接产生交流电。”

专利复审委经审查认为：聂忠存针对该通知书提交了说明书第5页替换页和权利要求书第1页的替换页，因此本决定依据的文本是聂忠存2006年8月7日提交的权利要求第1～5项和说明书第5页、申请日提交的说明书第2、4页、附图1～2、6页、说明书摘要及摘要附图、2003年10月14日提交的附图3～5、7、8和2004年5月26日提交的说明书第1、3页。

本申请权利要求1请求保护一种直流发电机的直接发电方法，说明书和附图5对该发电方法作出了解释，其中两个发电的直导体（钢棒、铜棒）分别利用滑环连接，各自在磁铁的极旋转，从导体的两端直接输出直流电，该发电方法的系统中输电导线14、电刷12、输电滑环13、直流电表15和导体7组成的发电部分是闭合的线圈，导体7的旋转没有改变闭合线圈内的磁力线的数量，穿过闭合导线所包围面的磁通量对时间变化率的负值为零，根据麦克斯韦第二方程可知，电场强度为零，即闭合导体中不可能产生电流，因此权利要求1中发电方式违背了电磁场的基本规律，违背自然规律的专利申请是不能实施的，因此不具有实用性，权利要求1不符合《专利法》第二十二条第四款的规定。

权利要求3是权利要求1的从属权利要求，权利要求3中“直导体在磁铁端旋转，从线圈导线两端就能得到直流电流”在说明书及附图4、5中作出了具体解释，其中包含了直导体在磁铁端旋转而不切割磁力线的情况，由麦克斯韦第二方程可知，这种情况下闭合导体的线圈两端中不可能产生电流，即权利要求3的技术方案违背了电磁场的基本规律，权利要求3不具有实用性，不符合《专利法》第二十二条第四款的规定。

说明书及附图5中记载的解释权利要求1的直流发电机的直接发电方法，无法实现；说明书及附图6中记载的交流发电机的直接发电方法中“磁铁的两极各自向外张开不形成磁力线”与磁铁的N、S极存在磁力线的自然规律相违背；因此，说明书不符合《专利法》第二十二条第四款的规定。

针对聂忠存的意见陈述，专利复审委认为，一个技术发明必须符合一定的基本科学原理，而且应当具有可重复的规律性，具有普遍性和可检验性，经得起按照最基本的科学方法进行的测试和鉴定；聂忠存未能对磁场由磁粒线（磁化线）组成以及利用磁产生电能是由磁粒线偏转产生与现有技术利用切割磁力线产生电能有本质区别的主张提供经该领域权威专家委员会测试和鉴定的必要的鉴定证据，从聂忠存提交的照片中无法得出照片中的装置与权利要求1、3和说明书中记载的技术方案具有关联性，并证明本申请符合《专利法》规定的实用性，专利复中委根据现有的基本物理理论，依然认为本申请不符合自然规律。因此，聂忠存陈述的理由并不成立。

综上所述，专利复审委认为说明书和权利要求1、3记载的技术方案不符合《专利法》第二十二条第四款的规定。据此作出第9585号决定。

二审庭审中，聂忠存承认其权利要求1、3技术方案形成的线圈为闭合线圈，并再次要求当庭演示其按此技术方案制作的实物，在此演示器件中将电动机改为手动操作，虽其操作中电表显示有电流产生，但因该演示器件中的磁铁在演示时处于不稳定状态，有明显的抖动现象，故专利复审委仍坚持其对于一审庭审中聂忠存演示结果的意见。

本院认为，根据《专利法》第二十二条第四款的规定，不具有实用性即不能制造或者使用、不能产生积极效果的发明或者实用新型不能授予专利权。

本申请权利要求1请求保护的是一种直流发电机的直接发电方法。根据说明书和附图5的记载，该技术方案由两个发电的直导体分别和滑环连接，各自在磁铁的极旋转，从导体的两端直接输出直流电；其中输电导线、电刷、输电滑环、直流电表和导体组成了闭合线圈。根据麦克斯韦第二方程，如果导体的旋转没有改变闭合线圈内磁力线的数量，穿过闭合导线所包围面的磁通量对时间变化率的负值为零，则电场强度为零，该闭合导体中不可能产生电源。虽聂忠存在一、二审当庭演示时电流表有电流产生，但正如专利复审委指出的，其一审当庭演示的器件因有电动机，而与本申请权利要求1的技术方案不同，二审当庭演示器件中的磁铁不稳定，其手动操作时有抖动现象，也与本申请权利要求1给出的技术条件不同，故聂忠存的当庭演示不能证明本申请权利要求1的技术方案能够实现，专利复审委关于本申请权利要求1不符合科学定律，不具有实用性的判断事实依据充分。

由于本申请权利要求3是权利要求1的附属叔利要求，该委据同理对权利要求3也不具有实用性的判断正确，本院不再赘述。

由于本申请的权利要求1、3不具有实用性，导致本申请的技术方案存在严重缺陷，故专利复审委决定维持知产局驳回本申请的理由是充分的；且因第9585号决定维持知产局驳回本申请的理由未涉及权利要求2、4、5的审查，故本院对聂忠存关于权利要求2、4、5具有实用性的诉讼意见不再审查。

综上，专利复审委作出的第9585号决定事实依据充分，审查程序合法，适用法律正确；一审法院判决维持符合《中华人民共和国行政诉讼法》第五十四条第（一）项的规定；聂忠存的上诉理由不能成立，本院不予支持。据此，依据《中华人民共和国行政诉讼法》第六十一条第（一）项的规定，判决如下：

驳回上诉，维持一审判决。

二审案件受理费人民币100元由上诉人聂忠存负担（已交纳）。

本判决为终审判决。

审 判 长 郭 宜
审 判 员 张学磊
代理审判员 赵宇晖
二〇〇七十二月二十日
书 记 员 程钰玮

270

个人颜色指定系统及个人颜色指定方法案

复审请求审查决定（第9587号）

决　定　号　第9587号
决　定　日　2006年11月16日
发明创造名称　个人颜色指定系统及个人颜色指定方法
国际分类号　G 06F 17/60　G06F 17/30
复审请求人　株式会社资生堂
申　请　号　01812938.2
申　请　日　2001年7月6日
公　开　日　2003年9月17日
合议组组长　张　度
主　审　员　龙　安
参　审　员　涂洪文

法律依据　专利法实施细则第二条第一款
决定要点
各权利要求要解决的问题、所能达到的效果都是非技术性的，其实质只是为了使顾客可以利用现有的计算机、网络技术来实现顾客自主指定所需产品，并利用现有技术加以制造，这样满足了不同购买者的不同需求。所述方案不能构成专利法实施细则第二条第一款规定的技术方案。

一、案由

该复审请求涉及申请日为2001年7月6日、优先权日为2000年7月19日、申请号为01812938.2、名称为“个人颜色指定系统及个人颜色指定方法”的发明专利申请，其申请人为株式会社资生堂。

2004年4月16日国家知识产权局发出第一次审查意见通知书，指出权利要求1~20属于专利法第二十五条规定的不授予专利权的范围。

2004年9月1日，申请人答复上述通知书，陈述其申请属于专利保护客体的理由，随附权利要求书（新增权利要求21~24）和说明书的替换页。

2005年12月9日，国家知识产权局驳回该申请，理由为权利要求1~24属于专利法第二十五条规定的不授予专利权的范围。

所述驳回决定针对的独立权利要求1、3、5、7、9、11、13、15、17、19、21、24分别为：

“1. 个人颜色指定系统，其中，根据从终端借网络发送至服务器的信息来制造顾客所期望颜色商品；包括

颜色数据库—将用于上述商品制造之颜色数据同用于特定上述顾客所期望颜色之颜色特定信息相对应地加以存放，和

颜色检索单元—根据从上述终端输入的上述颜色特定信息并参照上述颜色数据库来检索上述顾客所期望颜色数据，以及

商品制造装置—根据上述颜色检索单元检索出的颜色数据来制造商品。”

“3. 个人颜色指定系统，其中，根据从终端借网络发送至服务器的信息来制造顾客所期望颜色商品；

包括

颜色数据库—将用于上述商品制造之颜色数据同用于特定上述顾客所期望颜色之颜色特定信息相对应地加以存放，和

颜色检索单元—根据从上述终端输入的上述颜色特定信息并参照上述颜色数据库来检索上述顾客所期望颜色数据，以及

商品制造装置—根据上述颜色检索单元检索出的颜色数据来制造商品；

而且，上述颜色特定信息是特定既存商品的商品识别数据。”

“5. 个人颜色指定系统，其中，根据从终端借网络发送至服务器的信息来制造顾客所期望颜色商品；

包括

颜色数据库—将用于上述商品制造之颜色数据同用于特定上述顾客所期望颜色之颜色特定信息相对应地加以存放，和

颜色检索单元—根据从上述终端输入的上述颜色特定信息并参照上述颜色数据库来检索上述顾客所期望颜色数据，以及

商品制造装置—根据上述颜色检索单元检索出的颜色数据来制造商品；

而且，上述颜色特定信息是顾客皮肤信息数据。”

“7. 个人颜色指定系统，其中，根据从终端借网络发送至服务器的信息来制造顾客所期望颜色商品；包括

颜色输入单元—设置于上述终端、用于直接输入顾客所期望颜色信息，和

颜色数据库—存放有用于上述商品制造之颜色数据，和

颜色检索单元—根据从上述颜色输入单元直接输入的颜色直接输入信息并参照上述颜色数据库来检索上述顾客所期望颜色数据，以及

商品制造装置—根据上述颜色检索单元检索出的颜色数据来制造商品。”

“9. 个人颜色指定系统，其中，根据从终端借网络发送至服务器的信息来制造顾客所期望颜色商品；包括

颜色数据库—存放服务器一侧预先选定的诸多颜色信息；和

选定颜色显示单元—将上述服务器一侧选定的诸多颜色信息显示于上述终端；和

汇总单元—根据从被显示于上述终端的上述服务器一侧选定的诸多颜色信息中、由上述顾客选定并被从上述终端输入的选定颜色信息来进行人气颜色汇总，将汇总结果存放于上述颜色数据库，同时显示于上述终端；以及

商品制造装置—根据被从上述终端输入的颜色数据来制造商品。”

“11. 个人颜色指定方法，根据从终端借网络发送至服务器的信息来制造顾客所期望颜色商品，其特征在于：将用于上述商品制造之颜色数据同用于特定上述顾客所期望颜色之颜色特定信息相对应地存放于颜色数据库；根据从上述终端输入的上述颜色特定信息并参照上述颜色数据库来检索上述顾客所期望颜色数据；根据检索出的颜色数据来制造商品。”

“13. 个人颜色指定方法，根据从终端借网络发送至服务器的信息来制造顾客所期望颜色商品，其特征在于：在上述终端设置直接输入颜色信息的颜色输入单元，同时将用于上述商品制造之颜色数据存放于颜色数据库；利用上述颜色输入单元直接输入所期望颜色数据之际，根据直接输入的颜色直接输入信息并参照上述颜色数据库来检索上述顾客所期望颜色数据；根据检索出的颜色数据来制造商品。”

“15. 个人颜色指定方法，根据从终端借网络发送至服务器的信息来制造顾客所期望颜色商品，其特征在于：将服务器一侧预先选定的诸多颜色信息存放于颜色数据库；将上述服务器一侧选定的诸多颜色信息显示于上述终端；根据被显示于上述终端的上述服务器一侧选定的诸多颜色信息对上述顾客实施意向调查；从该意向调查结果进行人气颜色汇总，将汇总结果存放于上述颜色数据库并显示于上述终端；根据上述顾客据上述汇总结果指定的并从上述终端输入的颜色数据来制造商品。”

“17. 个人颜色指定系统，其中，商品制造装置根据从终端借网络发送至服务器的信息来制造顾客所期望颜色商品；

上述终端包括：显示用于上述商品制造的诸多颜色的显示单元、从上述显示单元所显示的上述诸多颜色输入上述顾客所期望候选颜色的颜色输入单元、将以上述颜色输入单元输入的候选颜色着色于上述商品上以进行演示显示的演示单元、以及将上述顾客从上述候选颜色指定的指定颜色发送给上述商品制造装置的发送单元。”

“19. 个人颜色指定系统，其中，商品制造装置根据从终端借网络发送至服务器的信息来制造顾客所期望颜色商品；

上述终端包括：显示用于上述商品制造的诸多颜色的显示单元、从上述显示单元所显示的上述诸多颜色输入上述顾客所期望候选颜色的颜色输入单元、将以上述颜色输入单元输入的候选颜色着色于上述商品上以进行演示显示的演示单元、将上述顾客从上述候选颜色指定的指定颜色发送给上述商品制造装置的发送单元、以及从上述显示单元显示的盛装上述商品的诸多容器中输入上述顾客所期望容器的容器输入单元；

上述发送单元具备如是结构：在发送上述指定颜色的同时还发送上述容器输入单元所指定的容器至上述商品制造装置。”

21 一种服务器，用于从终端接收化妆品颜色信息以对化妆品制造装置进行化妆品指定，其特征在于包括：

用于向该终端发送化妆品信息的发送单元；

用于存储化妆品颜色数据以供检索和选择的数据库；

用于根据从该终端发送的化妆品选择访问数据库，以将所选化妆品的颜色信息发送给该终端的发送单元；以及

用于根据从该终端发送的针对所选化妆品的颜色选择，将具有所选颜色的该化妆品的指定发送给该化妆品制造装置的发送单元。”

“24 一种接受化妆品颜色指定而制造化妆品的化妆品制造装置，其特征在于包括：

颜色分析部分，用于分析该颜色指定所包含的颜色数据以选定在生成对应于该颜色数据的色的化妆材料时所需要的单色颜料，以及

化妆品制造部分，用于根据所选的单色颜料以该颜色指定自动制造化妆品。”

申请人（下称复审请求人）对上述驳回决定不服，于2006年3月24日向国家知识产权局专利复审委员会提出复审请求，主要理由为：本发明的各方案用来克服现有技术中虽然可以在短时间内制造出大量化妆品，但却不能就所制造化妆品的颜色进行个别设定的缺点。本发明通过终端输入、网络通

信、英特网交互，数据库检索等技术手段对常规制造方法的控制过程/设备进行了改造，并且产生了能够在不同位置随时对制造过程/设备进行颜色方面的控制的技术效果，从而解决了技术问题，达到了本发明的目的。因此本发明属于可给予专利保护的客体。

复审请求人随复审请求书提交了再次修改的权利要求书、说明书第6、6a页。其中，独立权利要求1、7、13、16分别为：

"1. 一种化妆品制造系统，包括：

操作者终端，能够通过英特网访问由服务器登载的主页，用于通过该主页从操作者向服务器输入颜色特定信息，该颜色特定信息指定要制造的化妆品的颜色；

该服务器，连接到化妆品制造设备，包括：

颜色数据库，其将用于制造所述化妆品的颜色数据与用于指定化妆品颜色的颜色特定信息相对应地加以存放；和

颜色检索单元，其通过根据从所述操作者终端输入的所述颜色特定信息并参照所述颜色数据库，来检索所述要制造的化妆品的颜色数据；和

化妆品制造设备，用于根据所述颜色检索单元检索出的颜色数据来制造所述化妆品。"

"7. 一种化妆品制造方法，包括：

使用能够通过英特网访问由服务器登载的主页的操作者终端，通过该主页从操作者向服务器输入颜色特定信息，该颜色特定信息指定要制造的化妆品的颜色；

经过具有将用于制造所述化妆品的颜色数据与用于指定化妆品颜色的颜色特定信息相对应地加以存放的颜色数据库的所述服务器，通过根据从所述操作者终端输入的所述颜色特定信息并参照所述颜色数据库，来检索所述要制造的化妆品的颜色数据；和

通过化妆品制造设备根据所述服务器检索出的颜色数据来制造所述化妆品。"

"13. 一种服务器，用于从终端接收化妆品颜色信息以对化妆品制造装置进行化妆品指定，其特征在于包括：

用于向该终端发送化妆品信息的发送单元；

用于存储化妆品颜色数据以供检索和选择的数据库；

用于根据从该终端发送的化妆品选择访问数据库，以将所选化妆品的颜色信息发送给该终端的发送单元；以及

用于根据从该终端发送的针对所选化妆品的颜色选择，将具有所选颜色的该化妆品的指定发送给该化妆品制造装置的发送单元。"

"16. 一种接受化妆品颜色指定而制造化妆品的化妆品制造装置，其特征在于包括：

颜色分析部分，用于分析该颜色指定所包含的颜色数据以选定在生成对应于该颜色数据的色的化妆材料时所需要的单色颜料，以及

化妆品制造部分，用于根据所选的单色颜料以该颜色指定自动制造化妆品。"

经形式审查合格，专利复审委员会受理该复审请求，于2006年5月12日发出复审请求受理通知书和前置审查通知书。

前置审查程序中，国家知识产权局原实质审查部门坚持原驳回决定。

专利复审委员会依法成立合议组对此案进行审理。

专利复审委员会于2006年8月28日向复审请求人发出复审通知书，指出：涉案申请的方案要解决的问题和所能达到的效果都是非技术性的，权利要求1～16不符合专利法实施细则第二条第一款的规定。

复审请求人于2006年10月12日答复上述通知书，主要意见为：各独立权利要求中的方案可以克服现有技术中虽然在短时间内制造出大量化妆品，却不能方便灵活和及时地就所制造化妆品的颜色进行个别设定的缺点，其所解决的是技术问题。复审通知书中认定的发明目的只是本发明一种可能的用途，并不能因此否定和掩盖前述技术问题。复审通知书中认定的效果是各方案一种可能用途所带来的一种可能效果，并不能因此否定和掩盖本发明改进化妆品制造系统的颜色控制方式，使得能够方便灵活和及时地就所制造化妆品的颜色进行个别设定的技术效果。

在前述工作的基础上，合议组认为该案事实已清楚，可以作出审查决定。

二、决定理由

复审请求人于2006年3月24日提交的权利要求书和说明书符合专利法第三十三条及其专利法实施细则第六十条的规定，可被接受。因此，本决定所依据的文本为：复审请求人于2006年3月24日提交的权利要求第1~16项、说明书第6、6a页；2003年1月17日（进入国家阶段日期）提交的说明书第1~5、7~25页，附图第1~22页、说明书摘要及其附图。

专利法实施细则第二条第一款规定专利法所称发明，是指对产品、方法或者其改进所提出的新的技术方案。

涉案申请提出了如下问题：大批量生产化妆品（商品）的方法，虽然可以在短时间内制造出大量化妆品，但却不能够就所制造化妆品的颜色进行个别设定。近年来化妆品购买者（用户）嗜好呈多样化，购买者所期望的化妆品颜色也变得多种多样。但是若按大批量生产化妆品的方法，因不能够就化妆品颜色进行个别设定，故存在着无法满足购买者需求的问题（说明书第1页最后两段）。

针对现状的不足，该发明提供一种可以避免上述已有技术中所存在问题的个人颜色指定系统及个人颜色指定方法。具体而言其提供一种可以容易地且可在短时间内定制购买者所期望颜色的商品的个人颜色指定系统及个人颜色指定方法（说明书第2页第3、4段）。

所述问题只是“为了满足购买者多样化的购物需求”而提出的，其实质是为了适应商业活动的需要，达到“为客户提供更完善的服务”的目的。所述问题并非针对所述系统结构的改进，也非针对该系统性能的提高，或针对其他技术问题。涉案申请要解决的是商业问题，而非专利法意义上的技术问题。

针对上述非技术问题，涉案申请提供了如下方案：

（1）权利要求1中的化妆品制造系统，所述系统包括操作者终端、服务器、化妆品制造设备，其中服务器还包括颜色数据库和颜色检索单元。

（2）权利要求7中的化妆品制造方法，所述方法利用硬件设备为购买者提供个性化服务。

（3）权利要求13中的服务器，其包括若干软、硬件设备。

（4）权利要求16中的化妆品制造装置，所述装置利用软硬件装置来满足不同购买者的购买需求。

利用上述方案可以达到的效果为：对各顾客单个地制造其所期望的商品，能应对顾客购买嗜好多样化（说明书第25页第5~6行）。其实质是：在商业活动中，为顾客提供了更优质、更全面的服务，使顾客可以据自己所需来定制、购买商品。这种效果并非专利法意义上的技术效果。

据上述分析可知，（1）~（4）方案要解决的问题、所能达到的效果都是非技术性的，其本质是顾客利用现有计算机、网络技术实现自主指定所需产品，并加以制造，这样满足了不同购买者的不同需求。

权利要求2~6是权利要求1的从属权利要求，权利要求8~12是权利要求7的从属权利要求，权利要求14、15是权利要求13的从属权利要求，在独立权利要求1、7、13的方案所要解决的问题和所能达到的效果皆是非技术性的情况下，其从属权利要求的方案要解决的问题、所能达到的效果也都是非技术性的。

复审请求人在答复复审通知书时强调指出，现有技术中存在虽然在短时间内制造出大量化妆品，却不能方便灵活和及时地就所制造化妆品的颜色进行个别设定的缺点，所述各方案皆为改进现有技术不足而设计。对此，合议组认为：各方案的实质是制造个别产品以满足不同客户的要求，以向顾客提供更好的商业服务。各方案待解决的问题不是专利法意义上的技术问题。针对该非技术问题，各方案是不能达到技术效果的，其效果只能是实现为个别客户提供个性化服务，这并不是专利法意义上的技术效果。

基于上述原因，权利要求第 1 ~ 16 项所要求保护的方案皆不属于专利法实施细则第二条第一款所规定的技术方案，不是专利法保护的客体。

三、决定

驳回复审请求，维持国家知识产权局原实质审查部门对该申请作出的驳回决定。

复审请求人对决定不服，可据专利法第四十一条第二款的规定，自收到本决定之日起三个月内向北京市第一中级人民法院起诉。

271

同步猝发半导体存储器件案

复审请求审查决定（第9596号）

决　　定　　号　第9596号
决　　定　　日　2006年10月31日
发明创造名称　同步猝发半导体存储器件
国 际 分 类 号　G11C 11/40
复 审 请 求 人　三星电子株式会社
申　　请　　号　99105435.0
申　　请　　日　1999年4月6日
优 先 权 日　1998年8月4日
公　　开　　日　2000年2月9日
合 议 组 组 长　张美菊
主　　审　　员　杨存吉
参　　审　　员　周雷鸣

法 律 依 据　专利法第二十二条第三款
决 定 要 点

如果现有技术中没有给出解决其技术问题的技术启示，那么该技术方案是非显而易见的，具有突出的实质性特点；如果其与现有技术相比，能够产生有益的技术效果，那么技术方案具有显著的进步。

一、案由

本复审请求案涉及申请日为1999年4月6日、申请号为99105435.0、发明名称为“同步猝发半导体存储器件”的发明专利申请（下称本申请），本申请的申请人为三星电子株式会社。

本申请于2000年2月9日公开。国家知识产权局实质审查部门针对申请日提交的附图第1页和第5页、说明书摘要以及于1999年11月30日提交的说明书第1～14页、附图第2～4页、摘要附图以及权利要求第1～15项，依法对本申请进行实质审查，并于2004年12月31日发出第一次审查意见通知书。该通知书指出：权利要求1～15不具备专利法第二十二条第三款规定的创造性。其中对权利要求1的评述为：权利要求1请求保护一种与外部时钟信号同步操作的半导体存储器件，对比文件1（EP0421627A2，1991年10月4日公开）公开了一种存储设备（参见说明书第2栏15～35行，第3栏46行至第4栏55行），并进一步公开了以下技术特征：该装置包括第一，第二存储单元阵列，第一，第二地址计数器，响应所述地址计数器获得地址值的寻址装置，选择要提供地址值的地址选择装置，控制地址计数器和选择装置进行读、写操作的控制装置；权利要求1与对比文件1所不同的就是地址解码器，而该不同属于本领域的常用手段，因此对于本领域的普通技术人员来说，在对比文件1的基础上得到该权利要求所要求保护的技术方案是显而易见的，并不需要付出创造性的劳动；因此，权利要求 1 请求保护的技术方案不具有突出的实质性特点和显著的进步，不具备专利法第二十二条第三款规定的创造性。

针对第一次审查意见通知书，申请人于 2005 年 2 月 24 日提交了意见陈述书，认为本发明的半导体存储器件使用分离的内部地址发生器分别专门用于猝发读模式和猝发写模式，缩短了内部地址解码时间，提高了器件的性能；而对比文件 1 中的双端口猝发存储器只是能够在一个端口进行猝发读/或写操作的同时，也能在另一个端口进行猝发的读/或写操作，其中的两个地址计数器能够用于读和写操作；对比文件 1 中没有教导设置两个独立的分别用于猝发读模式和猝发写模式的地址发生器。

国家知识产权局实质审查部门于 2005 年 4 月 8 日作出驳回决定，理由是本申请权利要求 1 ~ 4 不符合专利法第二十二条第三款的规定。该驳回决定坚持原审查通知书的观点，并认为根据现在的权利要求的描述不能得出地址发生器分别专门用于读模式和写模式。

驳回决定所针对的权利要求为：

“1. 一种与外部时钟信号同步操作的半导体存储器件，包括：

包括储存数据位的多个存储单元的存储单元阵列；

响应外部地址的第一内部地址发生器，产生用于读/写操作的一系列第一内部地址；

响应外部地址的第二内部地址发生器，产生用于写/读操作的一系列第二内部地址；

用于选择第一和第二内部地址发生器之一的输出的地址选择器；

响应外部施加读和写命令信息控制第一和第二内部地址发生器和地址选择器的操作的控制器；和

用于解码地址选择器的输出以选择存储单元的地址解码器。

2. 根据权利要求 1 所述的存储器件，其中所述存储器件在外部时钟信号的上升和下降缘上存取数据位。

3. 根据权利要求 1 所述的存储器件，其中所述存储器件是静态随机存取存储器（SRAM）器件。

4. 根据权利要求 1 所述的存储器件，其中所述存储器件是动态随机存取存储器（DRAM）器件。

5. 在猝发读和写模式操作的同步半导体存储器件，包括：

包括储存数据位的多个存储单元的存储单元阵列；

用于暂时保存外部地址的第一地址寄存器；

用于接收第一地址寄存器的输出以产生用于猝发读操作的一系列第一内部地址的第一内部地址发生器；

用于暂时保存外部地址的第二地址寄存器；

用于接收第二地址寄存器的输出以产生用于猝发写操作的一系列第二内部地址的第二内部地址发生器；

用于选择第一和第二内部地址发生器之一的输出地址的地址选择器；

响应至少一外部写使能信号控制第一和第二地址寄存器、第一和第二内部地址发生器、和地址选择器的操作的控制器；

用于解码地址选择器的输出以选择存储单元的地址解码器。

6. 根据权利要求 5 所述的存储器件，还包括：

用于暂时保存第一写数据的第一数据输入寄存器；

用于暂时保存第二写数据的第二数据输入寄存器；

第一和第二写数据被依次输入；

响应第二内部地址发生器的输出对第一和第二写数据分类的写数据分类器；和

用于把分类的数据写入存储单元中的写驱动器。

7. 根据权利要求5所述的存储器件，还包括：

用于并列读出和放大储存在存储单元中的第一读数据和第二读数据的读出放大器；和

响应第一内部地址发生器的输出对第一和第二读数据分类和依次输出第一和第二读数据的读数据分类器。

8. 根据权利要求5所述的存储器件，其中所述存储器件是静态随机存取存储器（SRAM）器件。

9. 根据权利要求5所述的存储器件，其中所述存储器件是动态随机存取存储器（DRAM）器件。

10. 根据权利要求1所述的存储器件，其中所述第一和第二内部地址发生器各包括：

与内部时钟信号同步操作的计数器；和

用于选择所述外部地址和所述计数器输出之一的多路复用器。

11. 根据权利要求10所述的存储器件，其中所述计数器响应写使能信号操作。

12. 根据权利要求10所述的存储器件，其中所述多路复用器响应猝发连续信号操作，以使得在内部产生随后的猝发地址。

13. 根据权利要求5所述的存储器件，其中所述第一和第二内部地址发生器各包括：

与内部时钟信号同步操作的计数器；和

用于选择所述第一/第二地址寄存器输出和所述计数器输出之一的多路复用器。

14. 根据权利要求13所述的存储器件，其中所述计数器响应写使能信号操作。

15. 根据权利要求13所述的存储器件，其中所述多路复用器响应猝发连续信号操作，以使得在内部产生随后的猝发地址。”

申请人（下称复审请求人）对上述驳回决定不服，于2005年6月23日向专利复审委员会提出复审请求并提交了修改过的权利要求书。复审请求人认为：修改后的权利要求明确了两个内部地址发生器分别专门用于读操作和写操作，不同于对比文件1中的两个地址计数器，权利要求具备创造性。

修改后独立权利要求1为：

“1. 一种与外部时钟信号同步操作的半导体存储器件，包括：

包括储存数据位的多个存储单元的存储单元阵列；

响应外部地址的第一内部地址发生器，产生用于读操作的一系列第一内部地址；

响应外部地址的第二内部地址发生器，产生用于写操作的一系列第二内部地址；

用于选择第一和第二内部地址发生器之一的输出的地址选择器；

响应外部施加读和写命令信息控制第一和第二内部地址发生器和地址选择器的操作的控制器；和

用于解码地址选择器的输出以选择存储单元的地址解码器。”

经形式审查合格后，专利复审委员会受理了该请求，于2005年12月2日向复审请求人发出复审请求受理通知书，同时向国家知识产权局实质审查部门发出前置审查通知书。

国家知识产权局实质审查部门在前置审查意见书中仍然坚持原驳回决定。

专利复审委员会依法组成合议组对本复审请求进行了审查。

经审查，合议组认为本案事实已经清楚，可以依法作出决定。

二、决定的理由

由于复审请求人在提出复审请求时提交的权利要求书符合专利法实施细则第六十条第一款和专利法第三十三条的规定，所以本复审决定所针对的申请文本是申请日提交的附图第1页和第5页、说明书摘要以及于1999年11月30日提交的说明书第1～14页、附图第2～4页、摘要附图以及于2005年6月23日提交的权利要求第1～15项。

专利法第二十二条第三款规定：创造性，是指同申请日以前已有的技术相比，该发明有突出的实质性特点和显著的进步，该实用新型有实质性特点和进步。

如果现有技术中没有给出解决其技术问题的技术启示，那么该技术方案是非显而易见的，具有突出的实质性特点；如果其与现有技术相比，能够产生有益的技术效果，那么技术方案具有显著的进步。

权利要求 1 请求保护一种与外部时钟信号同步操作的半导体存储器件，其技术方案包括：包括储存数据位的多个存储单元的存储单元阵列；响应外部地址的第一内部地址发生器，产生用于读操作的一系列第一内部地址；响应外部地址的第二内部地址发生器，产生用于写操作的一系列第二内部地址；用于选择第一和第二内部地址发生器之一的输出的地址选择器；响应外部施加读和写命令信息控制第一和第二内部地址发生器和地址选择器的操作的控制器；和用于解码地址选择器的输出以选择存储单元的地址解码器。

对比文件 1 公开一种高速双端口猝发访问存储器（BAM），其能够同时在猝发访问模式和随机访问模式下工作。其中，在猝发访问模式下，连续的数据可以每个时钟周期一个字的速率被传输，在随机访问模式下，可以访问不连续的地址空间。为此，对比文件 1 的 BAM 具有两个端口，其允许在一个端口进行随机或猝发写或读操作的同时，支持在另一个端口也进行随机或猝发写或读操作。对比文件 1 的 BAM 包括：第一和第二存储单元阵列；第一和第二地址计数器；寻址装置，用于加载所述的第一和第二地址计数器中的地址值；地址复用装置，用于有选择地应用那些在所述的第一和第二地址计数器中被加载到所述的第一和第二存出阵列中的地址值；第一和第二可逆 FIFO（先进先出队列）；数据复用装置，用于有选择地把所述的第一和第二可逆 FIFO 连接到所述的第一和第二存出阵列；控制装置，用于控制所述的第一和第二可逆 FIFO 以及所述的数据复用装置的运行，从而在写访问模式的运行中，从所述的第一和第二可逆 FIFO 向所述的第一和第二存储阵列提供数据字，并在读访问模式的运行中，有选择地把保存在所述的第一和第二存储阵列中的数据字提供给所述的第一和第二可逆 FIFO。在运行中，地址总线的内容被加载到一个端口地址计数器或另一个端口地址计数器；针对所选择的端口，把写输入的状态加载到读/写启动锁存器从而用来选择数据读或数据写操作（参见对比文件 1 的说明书第 2 栏第 15 ~ 35 行、第 3 栏第 46 行至第 4 栏第 55 行和附图 1）。

这里，对比文件 1 中的第一和第二存储单元阵列相当于本申请权利要求 1 中的存储单元阵列；对比文件 1 中的地址复用装置相当于本申请权利要求 1 中的地址选择器；对比文件 1 中的控制装置相当于本申请权利要求 1 中的控制器。

然而，对比文件 1 中的第一和第二地址计数器不同于本申请权利要求 1 中的第一内部地址发生器和第二内部地址发生器。对比文件 1 中的第一和第二地址计数器都可以用于读访问模式和写访问模式，这两个地址计数器的地位和功能是相同的，并且由此控制器在读或写的操作下都可以控制这两个地址计数器的操作。而本申请权利要求 1 中的第一和第二内部地址发生器的功能是对立的，其中的一个专门用于读操作模式，而另一个专门用于写操作模式，它们不能相互替换，因此权利要求 1 与对比文件 1 公开的内容相比，其区别技术特征为“响应外部地址的第一内部地址发生器，产生用于读操作的一系列第一内部地址”和“响应外部地址的第二内部地址发生器，产生用于写操作的一系列第二内部地址”，并且对比文件 1 中也没有给出使用分离功能的内部地址发生器来分别用于读模式和写模式的技术启示。所以相对于对比文件 1 所公开的内容，权利要求 1 的技术方案对于本领域普通技术人员来说是非显而易见的，具有突出的实质性特点。也正是本申请的存储器具有这种分离的第一和第二内部地址发生器，使得其读操作和写操作的切换过程中，不需要重新解码已经解码过的地址，从而使得存储器具有较高的地址解码速度。所以相对于对比文件 1 所公开的内容，权利要求 1 的技术方案具有显著的进步。因此，权利要求 1 的技术方案具备专利法第二十二条第三款规定的创造性。

在独立权要求 1 具备创造性的情况下，其从属权利要求 2 ~4 也具备专利法第二十二条第三款规定的创造性。

综上所述，本申请权利要求 1 ~4 相对于对比文件 1 符合专利法第二十二条第三款的规定。

基于上述理由，合议组作出如下决定。

三、决定

撤销国家知识产权局于 2005 年 4 月 8 日针对 99105435.0 号发明专利申请作出的驳回决定，由国家知识产权局实质审查部门以申请日提交的附图第 1 页和第 5 页、说明书摘要以及于 1999 年 11 月 30 日提交的说明书第 1 ~14 页、附图第 2 ~4 页、摘要附图以及于 2005 年 6 月 23 日提交的权利要求第 1 ~15 项为基础继续进行审批程序。

根据专利法第四十一条第二款的规定，对本决定不服的，复审请求人可以在收到本决定之日起三个月内向北京市第一中级人民法院起诉。

272

管理和处理电子货币的设备和方法，媒体以及记录媒体案

复审请求审查决定（第9606号）

决　定　号　第9606号
决　定　日　2006年10月12日
发明创造名称　管理和处理电子货币的设备和方法，媒体以及记录媒体
国际分类号　G06F19/00
复审请求人　富士通株式会社
申　请　号　98106373.X
申　请　日　1998年4月9日
公　开　日　1999年4月28日
合议组组长　黄毅斐
主　审　员　涂洪文
参　审　员　李韵美

法律依据　专利法第二十二条第三款、第二十五条第一款第（二）项
决定要点

若对比文件与一项权利要求的技术方案存在区别技术特征，且未给出有关该区别技术特征的技术启示，并且此区别技术特征该权利要求所限定的技术方案带来了有益的技术效果，则该权利要求所限定的技术方案相对于上述对比文件而言具备创造性。

一、案由

本复审请求涉及名称为“管理和处理电子货币的设备和方法，媒体以及记录媒体”的98106373.X号发明专利申请（下称本申请），其申请人为富士通株式会社，申请日为1998年4月9日，优先权日为1997年10月16日，公开日为1999年4月28日。

国家知识产权局实质审查部门于2002年12月6日发出第一次审查意见通知书，其中指出：1. 权利要求1没有写明电子货币分配和存储控制装置的具体结构特征，使得如何来分配和存储电子货币是不清楚的，权利要求9也没有写明如何分配和存储电子货币，因此权利要求1、9不符合专利法实施细则第二十条第一款的规定；2. 权利要求17和权利要求18分别请求保护一种电子货币管理和处理媒体、记录媒体，其实质请求保护的是存储在这些媒体上的信息/计算机程序，因此属于专利法第二十五条第一款第（二）项规定的智力活动的规则和方法，不能被授予专利权。

申请人于2003年4月21日提交了意见陈述书并对权利要求书全文、说明书第1页进行了修改。申请人认为对权利要求1、9进行的修改克服了不清楚的缺陷，对权利要求17的修改克服了智力活动的缺陷，并删除了权利要求18。

国家知识产权局审查部门于2003年12月12日发出第二次审查意见通知书，并引用了一篇补充检索的对比文件1：CN1157966A（1997年8月27日公开），指出：对比文件1中公开了一种电子货币的保持装置，包括读/写电路、选择电路等，并且通过所述读/写电路对所述选择电路选择的电子电路进行所述电子货币的存储或支取，权利要求1与对比文件1的区别在于在媒体的存储器中设定一组根据特定目的所限定的存储区，并根据所指定的目的，实现电子货币的分配和存储，这属于一种人为的硬性规定，其内容属于非技术特征，不能给本申请作出创造性的贡献，因此权利要求1相对于对比文件1不具备突出的实质性特点和显著的进步，不符合专利法第二十二条第三款规定的创造性。同时，权利要求2~8、17相对于对比文件1也不具备创造性，权利要求9~16的目的在于保护一种商业方法，不属于中国专利法保护的客体，属于专利法第二十五条第一款第（二）项规定的不能授予专利权的智力活动的规则和方法。

申请人于2004年4月19日提交了意见陈述书以及权利要求书的全文替换，申请人认为修改后的权利要求1与对比文件1不同，因此符合专利法第二十二条第二款规定的新颖性，并且认为对比文件1所要解决的技术问题与本申请不同，并且对比文件1也没有给出将其区别特征应用到现有技术中来解决本申请提出的技术问题的启示，因此认为权利要求1具备创造性，从而权利要求2~8也具备创造性，同理权利要求9~16、17也具备新颖性、创造性。

国家知识产权局实质审查部门于2004年7月9日驳回了本申请，理由是本申请权利要求1~8、17仍然不符合专利法第二十二条第三款的规定，权利要求9~16仍然属于专利法第二十五条第一款所规定的智力活动的规则和方法。驳回决定所依据的文本是申请日提交的说明书第2~24页、附图第1~19页，2004年4月19日提交的权利要求第1~17项，2003年4月21日提交的说明书第1页，1998年4月9日提交的说明书摘要及摘要附图。对于修改后的权利要求1，驳回决定中除坚持二通中的意见外，还指出申请人在意见陈述中陈述的区别特征“涉及在同一媒体（IC卡）上设置用于不同目的的存储区”属于一种人为规定，且记录的是有关电子货币的信息，目的是实现电子货币的分配和管理，属于非技术性内容，不能给本发明带来创造性的贡献，因此坚持认为权利要求1相对于对比文件1不具备创造性。同时，驳回决定指出权利要求17也不具备创造性。在权利要求1不具备创造性的基础上，权利要求2、5、6、8的技术特征均已在对比文件1中公开，因此权利要求2、5、6、8也不具备创造性。权利要求3、4、7中的附加技术特征与对比文件1中公开的技术方案的区别在于权利要求3、4、7是针对不同的存储区域进行的，仅仅是为了实现在不同存储区之间进行电子货币的转移，这属于非技术特征，因此在权利要求1不具备创造性的前提下，权利要求3、4、7也不具备创造性。权利要求9~16请求保护一种电子货币管理和持有方法，由于该方法的发明目的和实施该方法所获得的结果都仅仅是根据不同的目的实现对电子货币的分配和管理，都是非技术性的，虽然利用了技术手段，但是该方法只是一种利用公知的技术手段所实现的商业方法，不属于专利法保护的客体，属于专利法第二十五条第一款第（二）项规定的智力活动的规则和方法。

2004年10月25日，申请人富士通株式会社（下称请求人）不服上述驳回决定，向专利复审委员会提出复审请求，并提交了修改的权利要求书。

所提交的权利要求1、9、17的内容分别为：

“1. 一种IC卡，用于管理和持有被定义为货币的电子符号的电子货币，其特征在于包括：

存储器（300），用于存储所述电子货币以得到重写；

电子货币分配和存储控制装置（100），用于在所述存储器（300）中设定根据不同的目的而限定的多个存储区（301），并根据所指定的不同的目的通过在所述多个存储区（301）中的一个或多个存储区中记录有关所述电子货币的信息而在所述多个存储区（301）中分配和存储所述电子货币；和电子货币支付执行装置（200），用于指定与所持有的所述电子货币有关的一个所需的存储区（301），并利用存储在所述指定存储区（301）中的所述电子货币执行支付。”

“9. 一种电子货币管理和持有方法，包括步骤：

以如下方式持有在IC卡上形成的存储器（300）中的被定义为货币的电子符号的电子货币，即：通过在根据多个不同的目的而在所述存储器（300）中定义的多个存储区（301）中根据所指令的目的分配和存储所述电子货币，而在所需的存储器（300）中保持所述电子货币以便重写；所述分配和存储所述电子货币通过在所述多个存储区（301）中的一个或多个记录有关所述电子货币的信息来进行。”

“17. 一种电子货币管理和持有单元，包括：

根据不同的目的而限定的多个存储区（301），用于保持被定义为货币的电子符号的电子货币以便重写；其中该电子货币通过在一或多个所述多个存储区（301）中记录与所述电子货币有关的信息而在所述多个存储区（301）中根据所指定的不同的目的被分配和存储。”

请求人认为：1. 修改后的独立权利要求9为与独立权利要求1相对应的方法权利要求，修改后的独立权利要求17为独立权利要求1所请求保护的装置中的一个部件，分别与权利要求1具备相同或相应的技术特征，因而符合专利法第三十一条第一款有关单一性的规定。2. 权利要求1请求保护一种IC卡，其中的电子货币分配和存储控制装置在IC卡的存储器（300）中设定根据不同的目的而限定的多个存储区（301）并根据不同目的通过所存储的信息分配电子货币，电子货币执行装置（200）制定一个存储区（301），并利用存储在存储区（301）中的电子货币执行支付。上述特征都没有在对比文件1中公开，而且对比文件1所公开的技术内容与本申请所请求保护的主题根本不同，对比文件1中并没有涉及在同一媒体（IC卡）上设置电子货币分配和存储控制装置（100）以及电子货币支付装置（200）等有关技术内容，而且驳回决定中所述的权利要求1和对比文件1的区别属于非技术内容是没有根据的，不能仅仅是因为涉及了金融、货币等领域，就统统归结为所解决的问题不属于技术性内容。权利要求1的方案在仅使用了单一种类的货币的情况下，通过根据不同的目的对电子货币进行分类和管理，能够取得使用电子货币的方便程度提高的技术效果，因而权利要求1所限定的技术方案不仅解决了技术问题，而且取得了有益的技术效果，而对比文件1所要解决的技术问题与本申请不同，权利要求1所限定的技术方案在对比文件1中没有公开，而且对比文件1也没有给出将上述区别技术特征应用到现有技术中来解决本发明所提出的技术问题的启示。因此权利要求1具备创造性。相应的其他权利要求也具备创造性。

形式审查合格后，专利复审委员会受理了该复审请求，并于2004年11月15日向请求人发出复审请求受理通知书，随后将本申请移交国家知识产权局实质审查部门进行前置审查。

国家知识产权局审查部门对本复审请求进行了前置审查，坚持原驳回决定，理由如下：请求人在新提交的权利要求书中仅仅是将权利要求1的主题修改为一种IC卡，并将媒体中的存储器直接限定为存储器，并没有进行任何实质性的修改，对权利要求9和权利要求17的修改也围绕于此，因此驳回决定正文中的理由依然成立。

专利复审委员会依法成立合议组对本复审请求进行审理。

经审查，合议组认为本案事实已经清楚，依法作出本复审请求审查决定。

二、决定的理由

1. 复审决定所依据的文本

请求人在请求复审时提交的修改后的权利要求书没有超出原说明书和权利要求书记载的范围，符合专利法第三十三条、专利法实施细则第六十条第一款的规定，因此本复审决定是在申请日提交的说明书第2~24页、说明书附图第1~19页、说明书摘要及其附图，2003年4月21日提交的说明书第1页和2004年10月25日提交的权利要求书第1~17项的基础上作出的。

2. 专利法第二十二条第三款

创造性，是指同申请日以前已有的技术相比，该发明有突出的实质性特点和显著的进步，该实用新型有实质性特点和进步。

若对比文件与一项权利要求的技术方案存在区别技术特征，且未给出有关该区别技术特征的技术启示，并且此区别技术特征该权利要求所限定的技术方案带来了有益的技术效果，则该权利要求所限定的技术方案相对于上述对比文件而言具备创造性。

权利要求1内容如前所述，其请求保护一种IC卡，该IC卡包括划分为多个具有不同目的和用途的存储区（301）的存储器（300）、电子货币分配和存储控制装置（100）和电子货币支付执行装置（200）。对比文件1公开了一种电子货币的保持装置（参见对比文件1说明书第1页最后一段至第5页第一段以及附图13），其中包含的IC卡包括存储区（相当于权利要求1中的存储器300）和CPU（相当于权利要求1中的电子货币分配和存储控制装置100）、EEPROM，并且IC卡上存储有用于进行货币持有和管理的程序等，对比文件1与本申请权利要求1的区别在于：1. 对比文件1中没有权利要求1中的电子货币支付执行装置；2. 权利要求1中的存储器包括多个存储区（301），而对比文件1中则是两个IC卡（每个IC卡为一个存储器）成对使用。合议组认为：对于区别技术特征1，虽然对比文件1中的IC卡在读卡器或POS终端上使用时也可以执行支付功能，但是权利要求1的IC卡上的电子货币支付执行装置还涉及对多个存储区进行选择指定，而对比文件1中的IC卡本身就是一个存储区，并且只有一个存储区，因此不涉及对多个不同的存储区进行选择的问题。对于区别技术特征2，虽然两个IC卡也可以实现与权利要求1中两个存储区相同的作用，但是对比文件1并没有给出能将两个IC卡整合在一个IC卡上并设立多个具有不同目的的存储区的技术启示，而该区别正是权利要求1所请求保护的技术方案相对于现有技术的改进，对本领域的技术人员来说即其发明点所在，在对比文件1所公开的内容的基础上，将在一张IC卡上设立各个存储区并实现不同的目的和功能结合到权利要求1的技术方案之中，也必须付出创造性劳动才能实现。由此可见，权利要求1相对于对比文件1存在上述技术上的区别，而且对比文件1也未给出任何技术启示将该区别技术特征结合到权利要求1中，并且这些技术区别导致权利要求1的技术方案的技术效果也与对比文件1有所不同，对比文件1中必须要同时持有两个IC卡才能实现与权利要求1的技术方案只需一个IC卡就可以实现的技术效果，例如可以在不同的存储区存储不同的电子货币，因此权利要求1具有突出的实质性特点和显著的进步，即权利要求1相对于对比文件1具备创造性，符合专利法第二十二条第三款的规定。

由于其引用的独立权利要求1相对于对比文件1具备创造性，因此权利要求2~8也具备创造性。

权利要求9~16请求保护一种与权利要求1~8中的IC卡对应的电子货币管理和持有方法，由于其中采用了技术手段例如存储、保持、分配、重写等，解决了技术问题例如将电子货币分类存储等，也取得了技术效果如分类和存储不同币种的货币，由此可见，权利要求9~16构成了一个完整的技术方案，不属于智力活动的规则和方法，因此权利要求9~16不属于专利法第二十五条第一款第（二）项规定的智力活动的规则和方法。

权利要求17请求保护一种电子货币管理和持有单元，其中包括有根据不同目的而使用的多个存储区，与对比文件1中的一种电子货币的保持装置（参见对比文件1说明书第1页最后一段至第5页第一段以及附图13）相比（详见前述对权利要求1的评述），对比文件1中的存储区（即每个IC卡上的存储部分作为一个存储区）在不同的IC卡上，而权利要求17中的多个存储区设立在同一媒体上，在各个不同的存储区分别记录与电子货币有关的信息，而且各存储区都分别根据该有关信息被分配和存储不同目的的电子货币，而对比文件1中并未给出其成对使用的IC卡可以整合到一张IC卡上并实现不同目的的技术启示。由此可见，权利要求17与对比文件1中公开的电子货币保持装置存在技术上的区别，对比文件1中也没有给出相关的技术启示，且本领域的技术人员需要付出创造性劳动才能将该技术特征结合到对比文件1之中，因此权利要求17具有突出的实质性特点和显著的进步，权利要求17相对于对比文件1具备创造性。

综上所述，合议组认为，本申请权利要求1~8、17请求保护的技术方案相对于对比文件1具备创造性，符合专利法第二十二条第三款的规定；权利要求9~16不属于智力活动的规则和方法，不属于专利法第二十五条第一款第（2）项规定的情形。

三、决定

撤销国家知识产权局于2004年7月9日对98106373.X号专利申请所作出的驳回决定，在申请日提交的说明书第2~24页、说明书附图第1~19页、说明书摘要及其附图以及在2003年4月21日提交的说明书第1页和2004年10月25日提交的权利要求书第1~17项的基础上，由原实质审查部门继续进行审批程序。

根据专利法第四十一条第二款的规定，对本决定不服的，请求人可以在收到本决定之日起三个月内向北京市第一中级人民法院起诉。

273

手机中的汉语输入方法案

复审请求审查决定（第9610号）

决　定　号　第9610号
决　定　日　2006年9月26日
发明创造名称　手机中的汉语输入方法
国际分类号　G06F 3/147
复审请求人　乐金电子（中国）研究开发中心有限公司
申　请　号　200310124398.1
申　请　日　2003年12月30日
公　开　日　2005年2月9日
合议组组长　崔哲勇
主　审　员　余心蕾
参　审　员　孙治国

法律依据　专利法第二十六条第三款
决定要点

如果所属领域技术人员按照说明书记载的内容，能够实现该发明的技术方案，解决其技术问题，并能产生预期的技术效果，则该发明说明书公开充分。

一、案由

本复审请求涉及申请人乐金电子（中国）研究开发中心有限公司于2003年12月30日提交的申请号为200310124398.1、发明名称为“手机中的汉语输入方法”的发明专利申请，公开日为2005年2月9日。

国家知识产权局实质审查部门依法对该专利申请进行了实质审查，于2005年6月17日发出了第一次审查意见通知书，指出本申请的说明书未对发明作出清楚、完整的说明，致使所属技术领域的技术人员不能实现该发明，不符合专利法第二十六条第三款的规定，具体理由如下：本申请中的显示步骤中只给出了对使用频率最高的一定个数的汉字分别分配特定的热键的描述，并没有给出其具体的实现方式，而同一汉字每使用一次后其频率是变化的，不同汉字的使用频率也要随其使用次数的变化而变化，这种变化将引起其对应热键的变化，而本申请中没有给出如何具体实现这种对应以及如何统计每个汉字的使用频率，并且，从附图中也无法得出该显示步骤的具体实现方式。因此，本领域技术人员无法根据说明书实现上述显示步骤，从而无法实现本发明。

申请人于2005年9月27日提交了第一次意见陈述书，指出：不同汉字的使用频率随其使用次数的变化而变化、如何统计每个汉字的使用频率，对本领域技术人员来说都是公知的。热键与汉字的对应关系主要依赖于汉字的使用频率，而这种使用频率的排列特征对本领域技术人员来说是公知的，本发明主要在于公开一种汉字输入方法，主要公开了利用热键和汉字的按使用频率排列这种技术特征来实现本发明，因此没有必要具体说明如何根据汉字的使用频率来排列汉字，只要设置热键之后，其对应关系容易实现。本发明符合专利法二十六条第三款的规定。

国家知识产权局实质审查部门于2005年12月30日发出了驳回决定。驳回理由在于：本申请没有具体给出如何利用上述热键和汉字的按使用频率排列的技术特征来实现本发明的具体实施方式，致使本领域技术人员无法根据说明书的内容再现本发明的技术方案，不符合专利法第二十六条第三款的规定。

申请人（下称请求人）对上述驳回决定不服，于2006年5月8日向专利复审委员会提交了复审请求，主要理由为：

（1）如何利用热键和汉字的按使用频率排列的具体步骤不是本申请的发明点所在，且本领域技术人员无须付出创造性劳动即可实现，故在说明书中无需具体记载；

（2）本申请中汉字的使用频率在出厂时就已经固定了；

（3）为按字频顺序排列的汉字序列设定热键是本领域的公知常识。

请求人附加了两份专利申请文件作为证明材料，一份用于证明将搜索到的汉字按使用频率排列是公知常识，一份用于证明为按字频顺序排列的汉字序列设定热键是公知常识。

经形式审查合格后，2006年5月26日专利复审委员会受理了该请求，向请求人发出了复审请求受理通知书，同时向国家知识产权局原实质审查部门发出了前置审查通知书。

在前置审查意见书中，国家知识产权局原实质审查部门坚持驳回决定。

专利复审委员会依法组成合议组，对本复审请求案进行了审理。经审理，本合议组认为本案事实已经清楚，可以依法作出复审决定。

二、决定的理由

1. 关于审查文本：请求人于2003年12月30日提交的权利要求第1～5项、说明书第1～3页、附图第1页、说明书摘要、摘要附图。

2. 关于专利法第二十六条第三款：

专利法第二十六条第三款规定：说明书应该对发明或者实用新型作出清楚、完整的说明，以所属技术领域的技术人员能够实现为准。

本发明要解决的技术问题在于：通过增加热键，使得在手机输入时，能够在输入拼音之后，直接通过热键来选择使用频率最高的汉字，从而简化汉字输入的程序。为了解决该技术问题，本申请采用的技术手段是：将特定热键和使用频率最高的汉字对应，从而在输入模式下直接利用特定热键进行高频汉字的选择，实质上是要通过不同的热键与不同频率的位次分别对应来简化输入方法。至于如何确定哪些汉字是使用频率最高的汉字，该字频是固定的还是可变的，都不是本发明所要解决的问题，而且作为已经广泛在手机中使用的技术，这应当是所属领域技术人员无须创造性劳动就可以实现的。具体来说，该热键和高频汉字的对应，本质上是某几个热键和使用频率最高的若干个位次的汉字对应，而这些位次究竟是哪些具体的汉字（是因字频固定而不变，还是因字频可变而变化），在本申请技术方案中是不予考虑的，故无须在说明书中详细记载。

另外，本申请说明书中公开了将热键和最高频率的几个汉字进行对应，至于如何实现这种对应，对于本领域技术人员来说是很容易实现的，故在说明书中亦没有必要详细记载如何实现对应的技术方案。

综上，本发明的说明书清楚、完整的公开了解决其技术问题的技术方案，本领域技术人员根据其记载，能够实现该发明。该申请不存在公开不充分的问题。

三、决定

撤销国家知识产权局于2005年12月30日作出的驳回第200310124398.1号申请的决定，由原实质审查部门以驳回决定依据的文本继续进行审批程序。

复审请求人对本决定不服的，可以根据专利法第四十一条第二款的规定，自收到本决定之日起三个月内向北京市第一中级人民法院起诉。

274

可预先测试效能的芯片制作流程及其测试方法案

复审请求审查决定（第9615号）

决　定　号 第9615号
决　定　日 2006年12月12日
发明创造名称 可预先测试效能的芯片制作流程及其测试方法
国际分类号 H01L21/82　21/00
复审请求人 威盛电子股份有限公司
专利申请号 02122244.4
申　请　日 2002年6月3日
公　开　日 2003年5月28日
合议组组长 黄毅斐
主　审　员 朱芳芳
参　审　员 周雷鸣

法律依据 专利法第二十六条第三款
决定要点

专利法第二十六条第三款规定：说明书应当对发明或者实用新型作出清楚、完整的说明，以所属技术领域的技术人员能够实现为准。

在这一规定中，所属技术领域的技术人员能够实现，是指所属技术领域的技术人员按照说明书记载的内容，就能够实现该发明的技术方案，解决其技术问题，并产生预期的技术效果。

一、案由

本复审请求涉及申请日为2002年6月3日、公开日为2003年5月28日、发明名称为“可预先测试效能的芯片制作流程及其测试方法”的发明专利申请（下称本申请），其申请号为02122244.4，申请人为威盛电子股份有限公司。

针对申请人于申请日提交的原始申请文件，国家知识产权局实质审查部门于2004年7月2日发出第一次审查意见通知书，在本次通知书中指出：本申请说明书公开不充分，不符合专利法第二十六条第三款的规定。

申请人于2004年11月11日答复第一次审查意见通知书时，仅提交了意见陈述书，陈述了本申请说明书公开充分的理由。

国家知识产权局实质审查部门于2005年2月18日依据本申请不符合专利法第二十六条第三款的规定对本申请作出了驳回决定，驳回针对的文本是：申请人于申请日提交的原始申请文件，驳回的主要理由是：本申请请求保护一种“可预先测试效能的芯片的制作流程”，该流程包括如权利要求1所述的4个步骤，而该流程中的核心步骤——利用效能测试程序分析该芯片的效能，并根据该结果对芯片设计进行修正——在说明书和权利要求书中完全没有给出其具体实施的方式，在给出几个例子，即新南桥芯片设计的效能测试分析、IDE 控制器效能测试分析等中，没有任何可操作的流程，也就是说，本发明的说明书中仅仅给出任务和设想，表明了一种愿望和结果，而未给出任何使所属技术领域的技术人员能够实施的技术手段，从而所属技术领域的技术人员根据说明书的记载，不能实现该发明。

申请人（下称复审请求人）对驳回决定不服，于2005 年5 月30 日向专利复审委员会提出了复审请求，同时提交了下述证据：

证据1：本专利申请的公开说明书复印件共13 页；

证据2：《积体电路制程及设备技术手册》第601 页到第623 页的复印件。

其复审请求的主要理由是：（1）证据1 的第7 页第24 行至第8 页第9 行以及附图3 和4 对本申请如何利用效能测试程序分析芯片性能的效能的步骤作出了清楚、完整的描述；（2）测试芯片效能的模拟环境与逻辑测试的模拟环境本质上没有任何区别，都是模拟实际的环境构建虚拟的芯片运行环境，因此所属技术领域的技术人员完全不需创造性劳动即可建立类似的芯片的模拟环境；（3）本申请与现有技术的区别仅仅在于在传统芯片制作流程（如正确性测试）的基础上另外又增加了一效能测试步骤，即在本申请之前，在芯片制作过程中已存在的大量测试技术与设备均是本发明的实施基础，本申请的发明点只是在此基础之上进一步增加了一新的测试步骤，而实施该步骤的具体测试指令、测试程序和系统均为公知的测试技术；（4）本申请已经给出了利用效能测试程序分析芯片性能的效能的具体实施方式，对如何利用效能测试程序分析芯片性能的效能作出了清楚、完整的说明，达到了所属技术领域的技术人员能够实现的标准。

经形式审查合格，专利复审委员会受理了该复审请求，并于2005 年8 月4 日发出了复审请求受理通知书及前置审查通知书。

在前置审查程序中，原实质审查部门仍坚持原驳回决定。

在此基础上，专利复审委员会成立合议组对本案进行了审理。合议组在审阅了全部文件后认为，本案事实已经清楚，可以作出审查决定。

二、决定的理由

（一）关于审查文本的认定

2005 年5 月30 日，复审请求人在提交复审请求书时，未提交任何修改文件，因此，本复审请求审查决定以驳回决定所针对的文本作为审查的基础，即，申请日提交的原始申请文件。

（二）关于专利法第二十六条第三款

中国专利法第二十六条第三款规定：说明书应当对发明或者实用新型作出清楚、完整的说明，以所属技术领域的技术人员能够实现为准。

在这一规定中，所属技术领域的技术人员能够实现，是指所属技术领域的技术人员按照说明书记载的内容，就能够实现该发明的技术方案，解决其技术问题，并产生预期的技术效果。

合议组审阅了请求人于2005 年5 月30 日提交的复审请求书和本申请的原始申请文件，认为本申请的说明书已公开充分，符合专利法第二十六条第三款的有关规定，具体意见如下：

本申请所要解决的技术问题是：现有技术是在通过对芯片设计是否能够对各种命令作出正确反应进行模拟验证之后开始芯片的量产，虽然可降低设计上产生错误的几率，但并无法保证新的芯片设计的效能比旧芯片设计的高，而必须生产后进行组装测试才能知道该芯片在效能上的表现如何，这不仅在测试上要花费较长的时程，且一旦表现不如预期，则这一批制造与测试的原料也就白白浪费，无形中提高了生产成本，也消弱了产品的竞争力。

本申请要求保护的预先测试效能的芯片制作流程及其测试方法，是在测试芯片设计正确性与否之后、芯片设计批量生产之前，通过在测试芯片设计正确性与否的模拟环境下，利用效能测试程序中的测试命令来计算完成该测试命令所需的时间，以此来评估该芯片设计的效能，从而解决了上述现有技术存在的问题。

本申请与现有技术的区别仅仅在于在传统芯片制作流程（如正确性测试）的基础上另外又增加了一效能测试步骤，即在本申请之前，在芯片制作过程中已存在的测试芯片设计的模拟环境构建技术、测试技术以及测试设备均是本申请的实施基础，本申请的发明点只是将现有技术中的实际测试芯片效能的步骤提前并利用测试芯片设计正确与否的模拟环境来进行芯片效能测试，从而确保芯片的效能，并减少原料的浪费。

在本申请的说明书第4页至第6页以及附图2至4中记载了本申请的芯片制作流程、测试芯片效能方法的流程以及测试芯片效能时模拟环境，并在说明书第4页第24行至第5页第9行以及附图3中详细记载了本申请的测试芯片效能方法的具体实施步骤：步骤301，建立所设计芯片的模拟环境；步骤303，准备各式测试命令；步骤305，设定各控制器的暂存器；步骤307，从CPU模组发出预设的测试命令；步骤309，记录对应一特定功能第一个命令发出的时间T1；步骤311，记录对应该特定功能最后一个命令完成的时间T2；步骤313，比较（T2～T1）是否能达到预设标准；步骤315，如果没有达到预设标准则重新检视及修正芯片的设计。即本申请通过利用记录芯片执行从CPU模组发出预设的测试命令的时间来判断芯片的效能，而步骤309和311则提供了判断执行时间的依据，最后利用执行时间（T2～T1）即可判断该芯片的效能。

现有技术中，实际芯片设计的效能测试技术已经是成熟的技术，即对于所属领域技术人员来说，实施效能测试步骤的具体测试指令、测试程序和系统均为公知的测试技术，针对不同的芯片设计（诸如新南桥芯片设计、IDE控制器）或者芯片的不同参数指标（诸如IC能量消耗、IC输出扇出能力），所属领域的技术人员完全可以从这些公知的测试技术中选择相关的测试指令、程序和系统。

由此可知，本申请说明书中已经给出了利用效能测试程序分析芯片性能的效能的具体实施方式，对如何利用效能测试程序分析芯片性能的效能作出了清楚、完整的说明，达到了所属技术领域的技术人员能够实现的标准。

综上所述，本领域普通技术人员能够根据说明书记载的内容来实现本申请，即本申请的说明书公开充分，符合专利法第二十六条第三款的有关规定。

基于上述理由，合议组作出下述决定。

三、决定

撤销国家知识产权局于2005年2月18日对02122244.4号发明申请作出的驳回决定，由原实质审查部门以复审请求人于申请日提交的原始申请文件为基础，继续进行审批程序。

复审请求人对本决定不服的，可根据专利法第四十一条第二款的规定，在收到本决定之日起三个月内向北京市第一中级人民法院起诉。

275

高速缓存分配案

复审请求审查决定（第9624号）

决　定　号　第9624号
决　定　日　2006年12月5日
发明创造名称　高速缓存分配
国际分类号　G06F12/08
复审请求人　英特尔公司
申　请　号　200310125194. X
申　请　日　2003年12月30日
公　开　日　2004年10月6日
合议组组长　张美菊
主　审　员　涂洪文
参　审　员　孙克良

法律依据　专利法第二十六条第三款
决定要点

如果一项发明专利申请清楚完整地描述了其中使用的各种部件以及各个部件之间的操作关系，而且本领域普通技术人员可以确定这些部件的硬件本身都属于本领域公知的元件，并且在现有描述的基础上可以实现其发明目的，那么即使没有记载这些部件的具体结构和连接方式，该申请也符合专利法第二十六条第三款的规定。

一、案由

本复审请求涉及名称为“高速缓存分配”的第200310125194. X号发明专利申请（下称本申请），申请人为英特尔公司，申请日为2003年12月30日，优先权日为2003年4月2日，公开日为2004年10月6日。

在实质审查过程中，国家知识产权局实质审查部门于2005年7月29日发出第一次审查意见通知书，指出说明书不符合专利法第二十六条第三款的规定，即说明书中未描述该高速缓存设备中的关键部件的结构特征、部件之间的连接关系以及相应的接口设置，导致本领域普通技术人员根据说明书的记载不能实现本申请。

申请人于2005年12月13日提交了意见陈述书。申请人认为本领域技术人员完全能够在无需创造性劳动的情况下实现本申请的技术方案，从而解决所涉及的技术问题并达到所期望的技术效果。其中具体指出：1. 本申请针对高速缓存、处理器、外部代理和存储器的环境中的数据处理，说明书中清楚完整地描述了以上各个设备的协作，这就应该看作以上各个设备之间的连接关系；2. 对于“外部代理102包括……”、“高速缓存104包括……”、“标记符阵列106包括……”、“管理起14包括……”等内容，本领域技术人员可以将其实现为硬件或软件；3. 图2~4中清楚完整地描述了上述各个单元之间的互相操作，该流程实质上可看作为由硬件、软件和/或固件实现的计算机程序，本申请的多个功能都可以通过可配置逻辑块404来实现；4. 对于描述方法的技术方案来说，只要在说明书中清楚完整地描述了方法的各个步骤，本领域技术人员就能够依照流程实现该技术方案。

国家知识产权局于2006年1月20日驳回了本申请，理由是本申请不符合专利法第二十六条第三款的规定。驳回所依据的文本是申请日（2003年12月30日）提交的说明书第1~12页、权利要求书第1~52项、说明书摘要，2004年5月25日提交的说明书附图第1~5页及摘要附图。除了与一通中同样的理由之外，针对申请人的意见，驳回决定中指出：申请人在答复意见中陈述的理由不能作为说明书公开充分的理由，因为说明书中记载的只是部件实现的功能以及执行的过程，从说明书文字部分以及附图部分仍然不能直接唯一地导出这些部件的具体结构特征以及电路连接关系（比如引脚/接口的特征），因此不能被接受。

2006年4月28日，申请人英特尔公司（下称请求人）不服上述驳回决定，向专利复审委员会提出复审请求。除了一通答复中的理由之外，还认为：1. 对于处理器、高速缓存、存储器和外部代理，附图中显示了其连接关系，至于它们的内部结构特征以及其间引脚/接口连接关系，都属于现有技术范畴；2. 对于数据存储器06、标记阵列108和通知队列，如说明书及附图所示，它们实质上是高速缓存的一部分，因此它们的具体结构以及它们的与其他部件的连接关系可等同于高速缓存；3. 对于管理器，它实质上也是高速缓存、处理器或者CLB的一部分，因此本领域技术人员可以根据具体情况将管理器以硬件和/或软件实现；4. 根据上述理由，由于这些部件都可以由硬件和/或软件来实现，具体描述它们的硬件结构和引脚/接口是不必要的也是不可能的，因为它可以以本领域技术人员熟知的多种方式实现（包括硬件和软件）。

形式审查合格后，专利复审委员会受理了该复审请求，并于2006年6月23日向请求人发出复审请求受理通知书，随后将本申请移交原实质审查部门进行前置审查。原实质审查部门对本复审请求进行了前置审查，指出请求人没有提交克服驳回缺陷的修改文件，并且所陈述的理由不具有说服力，坚持原驳回决定。

专利复审委员会成立合议组对本复审请求进行审理。

合议组于2006年8月11日向请求人发出口头审理通知书，定于2006年9月19日进行口头审理。

2006年9月19日，合议组对本案进行了口头审理，审理中请求人的代理人出席了口头审理，对合议组成员没有回避请求，针对驳回理由，请求人指出：本申请已经记载了各个设备的协作关系，本领域的技术人员可以根据具体情况以硬件或软件的形式实现本申请，各部件之间的连接关系体现在以上协作关系中，而与其他设备的接口是本领域技术人员所熟知的，对于引脚/接口特征的描述是不必要的。

经审查，合议组认为本案事实已经清楚，可以作出复审请求审查决定。

二、决定的理由

1. 文本认定

本复审决定所依据的文本为驳回决定所依据的文本，即申请日（2003年12月30日）提交的说明书第1~12页、权利要求书第1~52项、说明书摘要，2004年5月25日提交的说明书附图第1~5页及摘要附图。

2. 关于专利法第二十六条第三款

专利法专利法第二十六条第三款规定：说明书应当对发明或者实用新型作出清楚、完整的说明，以所属技术领域的技术人员能够实现为准。

如果一项发明专利申请清楚完整地描述了其中使用的各种部件以及各个部件之间的操作关系，而且本领域普通技术人员可以确定这些部件硬件本身都属于本领域公知的元件，并且在现有描述的基础上可以实现其发明目的，那么即使没有记载这些部件的具体结构和连接关系，该申请也符合专利法第二十六条第三款的规定。

合议组认为：本申请是涉及计算机程序的发明专利申请，其中并不涉及并且也未记载对具体硬件结构的改进，其中所使用的处理器、高速缓存等硬件都属于本领域中公知的硬件，并且在说明书第4页第4段至第6页第2段以及附图1的相关部分中，对于处理器、高速缓存、存储器和外部代理都已经清楚完整地描述了其实现的结构和硬件组成，并且附图1中也显示了各个硬件部分的连接关系，在图2－4以及说明书的相关部分，指出了它们的功能和各部件之间的协作关系，至于处理器、存储器等部件所使用的具体硬件器件的内部结构特征以及其间引脚/接口连接关系，都属于公知技术范畴，在清楚了硬件构成和工作流程、相互协作关系后，本领域的技术人员可以根据本领域的基本常识来实现硬件具体的接口、引脚连接等，而且这也不是本申请的发明点所在，因此不必详加叙述。对于数据存储器106、标记阵列108和通知队列，如说明书及附图所示，它们实质上是高速缓存的一部分，因此它们的具体结构以及它们的与其他部件的连接关系可等同于高速缓存。对于管理器，它实质上也是高速缓存、处理器或者CLB（后备缓冲）的一部分，因此本领域技术人员可以根据具体情况将管理器在结合公知的硬件基础上用软件实现。根据上述理由，由于这些具有各种功能的部件对于本领域普通技术人员来说都可以在公知硬件的基础上用软件来实现，因此具体描述公知的硬件结构和引脚/接口是不必要的，因为它可以以本领域技术人员熟知的方式实现。由此可见，本申请说明书清楚完整地公开了其技术方案，致使本领域普通技术人员在现有描述的基础上足以实现本申请中的技术方案，因此符合专利法第二十六条第三款的规定。

综上所述，合议组认为，本申请说明书符合专利法第二十六条第三款的规定。

三、决定

撤销国家知识产权局于2006年1月20日对本发明专利申请所作出的驳回决定，在申请日（2003年12月30日）提交的说明书第1～12页、权利要求书第1～52项、说明书摘要，2004年5月25日提交的说明书附图第1～5页及摘要附图的基础上，由原实质审查部门继续对本申请进行审批程序。

根据专利法第四十一条第二款的规定，对本决定不服的，请求人可以在收到本决定之日起三个月内向北京市第一中级人民法院起诉。

276

遮光驱动型图像读取装置案

复审请求审查决定（第9629号）

决　定　号　第9629号
决　定　日　2006年12月4日
发明创造名称　遮光驱动型图像读取装置
国际分类号　G06K 9/20
复审请求人　鸿友科技股份有限公司
专利申请号　01111285.9
申　请　日　2001年3月16日
公　开　日　2002年10月23日
合议组组长　张美菊
主　审　员　杜　宇
参　审　员　朱芳芳

法律依据　专利法第二十二条第三款
决定要点

如果对比文件公开的技术方案与权利要求保护技术方案存在实质性不同，并且对比文件对于区别技术特征没有给出任何启示，该区别技术特征同时使权利要求保护的技术方案产生了有益效果，则该权利要求相对于对比文件具有突出的实质性特点和显著的进步，具备创造性。

一、案由

本复审请求案涉及申请日为2001年3月16日、公开日为2002年10月23日、发明名称为“遮光驱动型图像读取装置”、申请号为01111285.9的发明专利申请（下称本申请），申请人为鸿友科技股份有限公司。

在实质审查过程中，国家知识产权局实质审查部门以申请日提交的原始申请文件为基础进行审查。

国家知识产权局实质审查部门于2004年7月30日发出第一次审查意见通知书，其中指出：本申请的权利要求1~4、7~9不具备专利法第二十二第二款所规定的新颖性，权利要求5~6、10~12不具备专利法第二十二第三款所规定的创造性，权利要求3~12不符合专利法实施细则第二十三条第二款的规定。并引用了以下对比文件：

对比文件1：CN2280391Y，其公开日为1998年4月29日。

申请人于2004年12月9日针对第一次审查意见通知书提交了意见陈述书以及权利要求书和说明书的替换页，并论述了新修改的权利要求1相对于对比文件1具备新颖性和创造性的理由。修改后的权利要求书如下：

“1. 一图像读取装置，该装置至少包括：

一光源，用以提供一光线；

一图像感测元件，用于感测图像，同时产生一对应的模拟信号；

一光线遮蔽机构，用于遮蔽该光线；

该图像读取装置的特征是当光线遮蔽机构动作，使该光线被遮蔽时，进入该图像感测元件的光线会产生变化，使该图像读取装置执行一预设动作，该预设动作为该图像读取装置执行扫描的动作或者为该图像读取装置执行启动软件驱动程序的动作。

2. 如权利要求 1 所述的图像读取装置，该装置还至少包括：

一聚焦镜头，位于该图像感测元件之前，用于将图像聚焦。

3. 如权利要求 1 所述的图像读取装置，该装置还至少包括：

一反射镜，用以反射该光线。

4. 如权利要求 1 所述的图像读取装置，其中该图像感测元件可为一 CCD。

5. 如权利要求 1 所述的图像读取装置，其中该图像感测元件可为一 CIS。

6. 如权利要求 1 所述的图像读取装置，其中该光线遮蔽机构将该光线遮蔽时，将使光线无法进入该图像感测元件中。

7. 如权利要求 1 所述的图像读取装置，其中该光线遮蔽机构可垂直上下移动，以切换遮蔽该光线或不遮蔽该光线。

8. 如权利要求 1 所述的图像读取装置，其中该光线遮蔽机构是以垂直该光线行进方向移动，以切换遮蔽该光线或不遮蔽该光线。

9. 如权利要求 1 所述的图像读取装置，其中该光线遮蔽机构是以转动的方式，切换遮蔽该光线或不遮蔽该光线。

10. 一图像读取装置，该装置至少包括：

一光源，用以提供一光线；

一图像感测元件，用于感测图像，同时产生一对应的模拟信号；

一光线遮蔽机构，用于遮蔽该光线；

该图像读取装置的特征是当光线遮蔽机构动作，使该光线不被遮蔽时，进入该图像感测元件的光线会产生变化，使该图像读取装置执行一预设动作，该预设动作为该图像读取装置执行扫描的动作或者为该图像读取装置执行启动软件驱动程序的动作。

11. 如权利要求 10 所述的图像读取装置，该装置还至少包括：

一聚焦镜头，位于该图像感测元件之前，用于将图像聚焦。

12. 如权利要求 10 所述的图像读取装置，该装置还至少包括：

一反射镜，用以反射该光线。

13. 如权利要求 10 所述的图像读取装置，其中该图像感测元件可为一 CCD。

14. 如权利要求 10 所述的图像读取装置，其中该图像感测元件可为一 CIS。

15. 如权利要求 10 所述的图像读取装置，其中该光线遮蔽机构将该光线遮蔽时，将使光线无法进入该图像感测元件中。

16. 如权利要求 10 所述的图像读取装置，其中该光线遮蔽机构可垂直上下移动，以切换遮蔽该光线或不遮蔽该光线。

17. 如权利要求 10 所述的图像读取装置，其中该光线遮蔽机构是以垂直该光线行进方向移动，以切换遮蔽该光线或不遮蔽该光线。

18. 如权利要求 10 所述的图像读取装置，其中该光线遮蔽机构是以转动的方式，切换遮蔽该光线或不遮蔽该光线。”

国家知识产权局实质审查部门没有接受申请人的观点，认为权利要求 1 ~ 18 相对于对比文件 1 不具备创造性，不符合专利法第二十二条第三款关于创造性的规定，因此于 2005 年 3 月 11 日作出了驳回本申请的决定。

驳回决定主要指出：对比文件 1 公开了一种单灯管型反射 - 透射式平台型影像扫描装置；权利要求 1 所要求保护的技术方案与对比文件 1 的区别仅在于该预设动作为该图像读取装置执行扫描的动作或者为该图像读取装置执行启动软件驱动程序的动作，但是，上述区别技术特征是一种普通常识，在该对比文件的基础上结合上述普通常识以获得该权利要求所要求保护的技术方案，对所属技术领域的技术人员来说是不需要花费创造性的劳动的，因此该权利要求不具有突出的实质性特点和显著的进步，因而不具备专利法第二十二条第三款规定的创造性；同时，权利要求 2 ~ 18 也不具备创造性。

申请人（下称复审请求人）对上述驳回决定不服，于 2005 年 6 月 10 日向专利复审委员会提出了复审请求。其主要复审请求理由是：本发明权利要求 1 与对比文件 1 的区别在于，本发明的光线遮蔽机构的遮蔽动作是用于开启该图像读取装置执行扫描的动作或者该图像读取装置执行启动软件驱动程序的动作，而对比文件 1 的遮蔽动作是用于改变光路，其二者虽然均具有通过遮蔽光线而起信号变化的功能，但它们在其本身装置中所起得作用并不相同，本发明采用了这种光线遮蔽机构，可免去现有图像读取装置所具有得按键、按钮座机板以及信号排线等元件；本发明权利要求 1 所述的技术方案，实质上光线路径只有一个，该光线遮蔽机构的作用在于遮蔽此光线路径使光可以进入或是不可以进入图像感测元件之中，而对比文件 1 是提供两个光线路径，一个是用在穿透稿件，另一个是用在反射稿件，而其遮蔽机构是用以选择其中一个光线进入像感测元件之中；在其二者的发明目的不相同的情况下，本发明将一个光线遮蔽机构运用于单一的路径之中，解决了本发明的技术问题，并且起到优于现有技术的技术效果，因此本发明权利要求 1 ~ 18 具备创造性。

经形式审查合格，专利复审委员会予以受理，于 2005 年 8 月 3 日发出复审请求受理通知书和前置审查通知书。

国家知识产权局原实质审查部门对该复审请求进行了前置审查，坚持原驳回决定。

在以上审查工作的基础上，合议组认为本案事实已经清楚，可以作出本复审请求审查决定。

二、决定的理由

1. 本决定所依据的文本

本复审决定是以驳回决定所依据的文本作出的，即，2004 年 12 月 9 日提交的权利要求第 1 ~ 18 项、说明书第 1 ~ 5 页、申请日提交的附图第 1 ~ 6 页、说明书摘要及摘要附图。

2. 关于专利法第二十二条第三款

专利法第二十二条第三款规定：创造性，是指同申请日以前已有的技术相比，该发明有突出的实质性特点和显著的进步，该实用新型有实质性特点和进步。

如果对比文件公开的技术方案与权利要求保护技术方案存在实质性不同，并且对比文件对于区别技术特征没有给出任何启示，该区别技术特征同时使权利要求保护的技术方案产生了有益效果，则该权利要求相对于对比文件具有突出的实质性特点和显著的进步，具备创造性。

合议组评述本申请权利要求书时所使用的对比文件与实质审查过程中所引用的对比文件 1 相同（即 CN2280391Y）。

权利要求 1 保护一种图像读取装置。根据说明书，权利要求 1 解决的技术问题是免去现有图像读取装置启动扫描时所需的按键、按钮座机板以及信号排线等元件，从而简化图像读取装置的启动装置的结构，降低组装的工时成本，使图像读取装置的体积更小型化。

对比文件1公开了一种单灯管型反射－透射式平台型影像扫描装置，并具体公开了以下技术特征（说明书第3页第18～30行、说明书附图4A～4B）：其所要解决的技术问题是使图像读取装置同时具有扫描反射稿与穿透稿的功能；当扫描反射稿10时，将反射稿10及可自动式遮蔽罩48置于图中所示的位置，启动光源41，所射出的光线照到预扫描的反射稿10再射到反射镜46，被反射镜46反射的光线再经反射镜47反射至分光器45，进入此分光器45的光线一部分透射，另一部分被反射至聚焦元件16，经过聚焦元件16的光线被影像摄取元件18所接收，完成影像资料的摄取。另外一组经反射镜42及43反射的光线被遮蔽罩48挡住；要扫描穿透稿20时，将穿透稿20及可动式遮蔽罩48置于图中所示的位置，启动光源41，所射出的光线照到上盖11后反射穿过预扫描的穿透稿20后反射至反射镜42，被反射镜42反射的光线再经反射镜43及44反射至分光器45，进入此分光器45的光线一部分被反射，另一部分透射至聚焦元件16，经过聚焦元件16的光线被影像摄取元件18所接收，完成影像资料的摄取。另外一组经反射镜46及47反射的光线被遮蔽罩48挡住。

由此可见，权利要求1与对比文件1所解决的技术问题不同。权利要求1解决的技术问题是免去现有图像读取装置启动扫描时所需的按键、按钮座机板以及信号排线等元件，从而简化图像读取装置的启动装置的结构，降低组装的工时成本，使图像读取装置的体积更小型化。而对比文件1解决的技术问题是使图像读取装置同时具有扫描反射稿与穿透稿的功能。

权利要求1与对比文件1的区别在于：权利要求1只具有一个光线遮蔽机构，当该光线遮蔽机构动作，使光线被遮蔽时，进入该图像感测元件的光线会产生变化，使该图像读取装置执行一预设动作，该预设动作为该图像读取装置执行扫描的动作或者为该图像读取装置执行启动软件驱动程序的动作。权利要求1的技术方案中只具有一条将光线传输到所述图像感测单元的光路，该光路的变化是遮蔽或者导通，即所述图像感测单元的状态是或检测不到光线或可以检测到光线；而对比文件1具有两个光线遮蔽机构，这两光线遮蔽机构相应于扫描稿的类型分别动作，其中具有两条将光线传输到所述述影像摄取元件的光路，并保持其中一条光路是导通的，即所述影像摄取元件的状态是始终可以检测到光线。

权利要求1的上述区别技术特征可以实现开关装置的功能，其可以起到需要现有图像读取装置启动扫描时所需的按键、按钮座机板以及信号排线等元件，启动图像读取装置执行扫描的动作或者图像读取装置执行启动软件驱动程序的动作的目的，从而简化图像读取装置的启动装置的结构，降低原料和组装成本以及使图像读取装置的体积更小型化。而对比文件1公开的技术方案是使图像读取装置具备扫描反射稿和穿透稿的功能，其不具有开关装置功能，也不能实现简化图像读取装置启动装置的结构的目的。对比文件1中公开光线遮蔽机构解决的技术问题及所起到的技术效果均与权利要求1不同，本领域普通技术人员不能得到将对比文件1中公开的用于扫描反射稿与穿透稿的光线遮蔽装置应用于图像读取装置的扫描启动结构中的技术启示，因此根据对比文件1本领域普通技术人员不能显而易见地获得权利要求1所要求保护的技术方案，权利要求1符合专利法第二十二条第三款关于创造性的规定。

由于权利要求2～9是权利要求1的从属权利要求，因此在权利要求1具备创造性时，权利要求2～9也符合专利法第二十二条第三款关于创造性的规定。

权利要求10与对比文件1所解决的技术问题不同。权利要求10解决的技术问题是免去现有图像读取装置启动扫描时所需的按键、按钮座机板以及信号排线等元件，从而简化图像读取装置的启动装置的结构，而对比文件1解决的技术问题是使图像读取装置同时具有扫描反射稿与穿透稿的功能。

参见上述对比文件1公开的内容可知，权利要求10与对比文件1的区别在于：权利要求10只具有一个光线遮蔽机构，当该光线遮蔽机构动作，使光线被遮蔽时，进入该图像感测元件的光线会产生变化，使该图像读取装置执行一预设动作，该预设动作为该图像读取装置执行扫描的动作或者为该图像读取装置执行启动软件驱动程序的动作。权利要求10的技术方案中只具有一条将光线传输到所述图像感测单元的光路，该光路的变化是遮蔽或者导通，即所述图像感测单元的状态是或检测不到光线或可以检测到光线；而对比文件1具有两个光线遮蔽机构，这两光线遮蔽机构相应于扫描稿的类型分别动作，其中具有两条将光线传输到所述述影像摄取元件的光路，并保持其中一条光路是导通的，即所述影像摄取元件的状态是始终可以检测到光线。

权利要求10的上述区别技术特征可以实现开关装置的功能，其可以起到需要现有图像读取装置启动扫描时所需的按键、按钮座机板以及信号排线等元件，启动图像读取装置执行扫描的动作或者图像读取装置执行启动软件驱动程序的动作的目的，从而简化图像读取装置的启动装置的结构，降低原料和组装成本以及使图像读取装置的体积更小型化。而对比文件1公开的技术方案是使图像读取装置具备扫描反射稿和穿透稿的功能，其不具有开关装置功能，也不能实现简化图像读取装置启动装置的结构的目的。对比文件1中公开光线遮蔽机构解决的技术问题及所起到的技术效果均与权利要求10不同，本领域普通技术人员不能得到将对比文件1中公开的用于扫描反射稿与穿透稿的光线遮蔽装置应用于图像读取装置的扫描启动结构中的技术启示，因此根据对比文件1本领域普通技术人员不能显而易见地获得权利要求10所要求保护的技术方案，权利要求10符合专利法第二十二条第三款关于创造性的规定。

由于权利要求11~18是权利要求10的从属权利要求，因此在权利要求10具备创造性时，权利要求11~18也符合专利法第二十二条第三款关于创造性的规定。

综上所述，相对于对比文件1，本权利要求1~18具备专利法第二十二条第三款规定的创造性。

三、决定

撤销国家知识产权局于2005年3月11日对申请号为01111285.9的发明专利申请作出的驳回决定，由原实质审查部门以驳回决定所针对的文本，即，2004年12月9日提交的权利要求第1~18项、说明书第1~5页、申请日提交的附图第1~6页、说明书摘要及摘要附图为基础继续进行审批程序。

复审决定作出后复审请求人不服该决定的，可以根据专利法第四十一条第二款的规定，自收到本决定之日起三个月内向北京市第一中级人民法院起诉。

277

介电陶瓷组合物和层状陶瓷电容器案

复审请求审查决定（第9631号）

决　定　号　第9631号
决　定　日　2006年12月8日
发明创造名称　介电陶瓷组合物和层状陶瓷电容器
国际分类号　H01 B3/12　C04B35/01　H01G 4/12、4/005
复审请求人　株式会社村田制作所
专利申请号　99107648.6
申　请　日　1999年5月12日
公　开　日　1999年12月15日
合议组组长　黄毅斐
主　审　员　杜　宇
参　审　员　樊晓东

法律依据　专利法第二十六条第三款
决定要点

本申请说明书没有记载具体的实验数据，本领域普通技术人员无法得知本申请记载的技术方案可以得到什么样的技术效果，其是否能解决本申请所要求解决的技术问题，即本领域普通技术人员不能根据本申请说明书得知其记载的技术方案是否可以实施。

一、案由

本复审请求案涉及申请日为1999年5月12日、优先权日为1998年5月12日、发明名称为“介电陶瓷组合物和层状陶瓷电容器”、申请号为99107648.6的发明专利申请（下称本申请），申请人为株式会社村田制作所。

在实质审查过程中，国家知识产权局实质审查部门以申请日提交的权利要求1～6项、说明书第1～18页；1999年7月12日提交的附图第1～2页、说明书摘要附图；1999年5月12日提交的说明书摘要为基础进行审查。于2001年12月21日发出第一次审查意见通知书，其中指出：本申请的说明书不符合专利法第二十六条第三款的规定，权利要求1～6不符合专利法第二十六第四款的规定。

申请人于2002年3月5日针对第一次审查意见通知书提交了意见陈述书以及参考资料，其认为本领域的普通技术人员在阅读了本申请说明书公开的内容以后，能够容易地实施本申请所要求保护的技术方案。

国家知识产权局实质审查部门继续审查之后，仍认为本申请的说明书不符合专利法第二十六条第三款的规定，权利要求1～6不符合专利法第二十六第四款的规定，因此于2002年8月9日作出了驳回本申请的决定。

驳回决定主要指出：

权利要求1中的技术特征“$0.001 \leq \alpha \leq 0.06$；$0.005 \leq \beta \leq 0.06$；$0.001 < \gamma \leq .012$；$0.001 \leq g \leq 0.12$；$\gamma + g \leq 0.13$；$1.000 < m \leq 1.035$”涉及的是数值范围，说明书中应当给出两端值附近的实施例和至少一个中间值的实施例，但是说明书中并没有给出相应的实施例，因此该权利要求得不到说明书的支持，不符合专利法第二十六条第四款的规定。同时，权利要求2~6存在同样的缺陷。

本申请说明书的表只给出参数名称而没有给出具体数值，致使本领域普通技术人员不能得出说明书所描述的技术效果；说明书列举了多个试样，并在上述试样的情况下推出了α、β、γ、g、γ+g和m的取值范围，但说明书没有提及试样的名称，也未给出上述系数取值范围两个端点附近的具体数值和在这个范围内的一个中间值，致使本领域普通技术人员不能轻易得出上述系数为什么可以在这样的一个取值范围内。因此本申请未对发明作出清楚、完整的说明，致使本技术领域的技术人员不能实现该发明，不符合专利法第二十六条第三款的规定。

申请人（下称复审请求人）对上述驳回决定不服，于2002年11月8日向专利复审委员会提出了复审请求及说明书第1~12页的修改替换页。其认为：由于本申请的实施例明确阐述了α、β、γ、g、γ+g和m的取值原因，虽然没有具体罗列数据，但是本发明公开了试样的结果。本领域的普通技术人员结合其专业知识根据对本申请实施例公开的内容，完全能复现本申请数值范围的端点附近的实验结果，也就是本申请明确给出了数值范围的端点附近的实施例。

经形式审查合格，专利复审委员会予以受理，于2002年12月9日发出复审请求受理通知书和前置审查通知书。

国家知识产权局原实质审查部门对该复审请求进行了前置审查，仍坚持原驳回决定。

专利复审委员会依法成立合议组对此案进行审理，并于2006年8月7日向请求人发出了复审通知书，提出如下的复审意见：本申请中提到的并要求保护的各系数α、β、γ、g、γ+g和m的取值范围，是必须要根据具体的实验数据确定的，本申请说明书中没有公开相关的具体的实验数据，而直接给出了各系数的取值范围，由于没有所述实验数据，本领域普通技术人员不能得知为何上述各系数可以选取在本申请给出的范围内，并且本领域普通技术人员也不能得知上述各系数在本申请给出的范围内时，本申请记载的技术方案可以得到什么样的技术效果，其是否能解决本申请所要求解决的技术问题，实现发明目的，即本领域普通技术人员不能根据本申请说明书得知其记载的技术方案是否可以实施，因此本申请说明书公开不充分，其未对发明作出清楚、完整的说明，不符合专利法第二十六条第三款的规定。

2006年9月7日，复审请求人提交了意见陈述书，其认为：国家知识产权局专利局对新旧申请都一律适用新审查指南是极其不合适和不公正的，法律的公正性是必须坚持的，如果一部法律或法规丧失了公正性，那么将失去存在的意义。本申请是在1999年提交的申请，并且在2001年7月1日新专利法修改和实施之前（2000年1月14日）就进入了实审程序。因此理应“从旧兼从轻”地按照旧专利法、专利法实施细则和审查指南进行审理。根据适用于本申请的专利法和相应的审查指南的规定，本申请符合专利法第二十六条第三款的规定。

在以上审查工作的基础上，合议组认为本案事实已经清楚，可以作出本复审请求审查决定。

二、决定的理由

1. 本决定所依据的文本

本复审决定所依据的文本是复审请求人于1999年5月12日提交的权利要求第1~6项、2002年11月8日提交的说明书第1~12页、1999年7月12日提交的附图第1~2页及摘要附图、1999年5月12日提交的说明书摘要。

2. 关于专利法第二十六条第三款

专利法第二十六条第三款规定：说明书应当对发明或者实用新型作出清楚、完整的说明，以所属技术领域的技术人员能够实现为准；必要的时候，应当有附图。摘要应当简要说明发明或者实用新型的技术要点。

根据国家知识产权局令第十二号的规定，自2001年10月18日公布施行的审查指南的公布施行之日起，1993年3月10发布的审查指南及其后发布的审查指南公布同时废止。根据上述规定，在实质审查程序中，国家知识产权局原实质审查部门使用2001年10月18日公布施行的审查指南对本申请进行实质审查是恰当的。

由于国家知识产权局令第三十八号的规定，自2006年7月1日施行的审查指南的施行之日起，2001年版的审查指南及其后发布的审查指南公布同时废止。并且根据施行修订后审查指南的过渡办法的规定，自2006年7月1日起，应依据2006年7月1日起施行的审查指南对本申请进行审查。

本申请中提到的并要求保护的各系数α、β、γ、g、γ+g和m的取值范围，是必须要根据具体的实验数据确定的，虽然本申请说明书阐述了α、β、γ、g、γ+g和m的取值原因，并公开了试样所起的技术效果，但本申请说明书并没有给出具体的实验数据，也没有记载试样成分，而上述系数的取值原因和试样的技术效果都是需要具体实验数据来支持、证明的，在无法得知本申请说明书所述试样的成分以及缺少具体实验数据的情况下，本领域普通技术人员不能得知为何上述各系数可以选取在本申请给出的范围内，并且本领域普通技术人员也不能得知上述各系数在本申请给出的范围内时，本申请记载的技术方案可以得到什么样的技术效果，其是否能解决本申请所要解决的技术问题，实现发明目的，即本领域普通技术人员不能根据本申请说明书得知其记载的技术方案是否可以实施。因此本申请说明书公开不充分，其未对发明作出清楚、完整的说明，不符合专利法第二十六条第三款的规定。

而且判断说明书是否公开，是以原说明书和权利要求书记载的内容为准，申请之日后补交的实施例和实验数据不予考虑。

综上所述，本申请不符合专利法第二十六条第三款的规定。

三、决定

维持国家知识产权局于2002年8月9日对99107648.6号发明专利申请作出的驳回决定。

复审请求人对本决定不服的，可以根据专利法第四十一条第二款的规定，自收到本决定之日起三个月内向北京市第一中级人民法院起诉。

278

鼎立世界码及其改进兼容键盘案

复审请求审查决定（第9634号）

决　　定　　号　第9634号
决　　定　　日　2006年11月30日
发明创造名称　鼎立世界码及其改进兼容键盘
国 际 分 类 号　G06F 3/023
复 审 请 求 人　陈远云
申　　请　　号　00125930. X
申　　请　　日　2000年8月30日
公　　开　　日　2001年2月28日
合 议 组 组 长　黄毅斐
主　　审　　员　李韵美
参　　审　　员　朱芳芳

法 律 依 据　专利法第二十五条第一款第（二）项　专利法实施细则第二条第一款
决 定 要 点

若请求人提交的修改文本符合专利法第三十三条和专利法实施细则第六十条的规定，并且克服了驳回决定和复审通知书中指出的问题，则应当撤回原驳回决定，继续审批程序。

一、案由

本复审请求涉及名称为“鼎立世界码及其改进兼容键盘”的00125930. X号发明专利申请（下称本申请），申请人为陈远云，申请日为2000年8月30日，公开日为2001年2月28日。

国家知识产权局于2003年3月14日发出第一次审查意见通知书，主要指出如下问题：1. 权利要求1不符合专利法实施细则第二十条第一款的规定；权利要求1不符合专利法实施细则第二十条第四款的规定；权利要求1的主题名称未能充分反映该申请请求保护的主题类型，不符合专利法实施细则第二十二条第一款的规定。2. 权利要求2不符合专利法实施细则第二十条第一款的规定；权利要求2不符合专利法实施细则第二十条第一款的规定。3. 权利要求4~7不符合专利法实施细则第二十条第一款的规定。4. 权利要求9不符合专利法实施细则第二十条第四款的规定。5. 权利要求2~9不符合专利法实施细则第二十三条第一款的规定。6. 权利要求10仅仅是将计算机键盘中的若干字母键位顺序作出调整，既未采用技术手段或者利用自然法则，也未解决技术问题和产生技术效果，不符合专利法实施细则第2条第1款的规定。7. 本申请说明书不符合专利法实施细则第十八条第二款的规定。

申请人于2003年7月17日提交了意见陈述书和修改文本替换页，修改了权利要求书及说明书全文。申请人认为：键盘为了适应人，键的多少、大小及不同键符位置的布局，是区别不同键盘的最主要的技术特征，键的位置改变，是因《鼎立世界》码而产生。所产生的技术效果在原说明书第12页第2段或修改的说明书的（四）附图说明中有叙述。

国家知识产权局于2003年10月10日发出了第二次审查意见通知书，主要指出：1. 权利要求1~6不符合专利法实施细则第二十条第一款的规定。2. 权利要求1和权利要求6之间明显不具有相同或相应的技术特征，二者之间不具备单一性，不符合专利法第三十一条第一款的规定。3. 权利要求10仅仅是将计算机键盘中的若干字母键位顺序作出调整，既未采用技术手段或者利用自然法则，也未解决技术问题和产生技术效果，不符合专利法实施细则第二条第一款的规定。

申请人于2003年12月16日提交了意见陈述书，申请人在答复第二次审查意见通知书时再次修改了权利要求书全文，但未进行具体的意见陈述。

国家知识产权局于2004年7月9日以本专利权利要求10不符合专利法实施细则第二条第一款的规定为由驳回了本申请。被驳回的权利要求10如下：

“10. 一种本汉字编码方法的电子计算机兼容键盘，其特征：普通键盘的14个字母字符键`AW-EVNYUIO/ [ ] \，按所列顺序在靠近数值键的一行上如（图2）。”

驳回决定指出：权利要求10保护一种电子计算机兼容键盘，该键盘仅仅是将计算机键盘中的若干字母键位顺序作出调整，这种调整完全是人为规定产生的结果，既未采用技术手段或者利用自然法则，也未解决技术问题和产生技术效果，不符合专利法实施细则第2条第1款的规定。

陈远云（下称请求人）不服上述驳回决定，于2004年10月11日向专利复审委员会提交了复审请求。请求人在复审请求书中的主要意见是：（1）一种键盘的最主要的技术特征是键的多少、各键的键符以及各键的键位布局。因此，改变其一特征，便会形成一种新键盘产品的技术方案。按权利要求10的叙述，实际上将这种新产品键盘按从下向上的顺序，分成声母及零声母键区、韵母键区、重码选择及输入结束键（数字键等）区。这样顺序的三个键区正反映出了汉语拼音法则和音码输入法的一般法则的作用。因此，权利要求10所形成的新产品键盘的键的分区布局，是利用了自然规律和自然法则作根据的。权利要求10的键位布局特征相对于普通键盘来说是一种新的技术方案或新的技术手段。（2）请求在放弃权利要求10的条件下进行复审。但请求人并未提交修改后的申请文件。

经形式审查合格后，专利复审委员会受理了此复审请求，并于2004年11月16日向请求人发出复审请求受理通知书，同时向国家知识产权局原实质审查部门发出前置审查通知书。在前置审查意见书中，国家知识产权局原实质审查部门坚持原驳回决定。

专利复审委员会于2006年10月10日收到请求人提交的针对本申请的特点的意见陈述。

针对该复审请求，专利复审委员会组成合议组对本复审请求案进行了审理，于2006年10月18日向请求人发出复审通知书。复审通知书中主要指出：（1）复审请求人在提出复审请求时，没有提交修改文件替换页，因此，此次复审所依据的文本是驳回决定所针对的文本。（2）权利要求10请求保护一种键盘，其特征在于将普通键盘的14个字母字符键`AWEVNYUIO/ [ ] \ 按照该顺序设置在靠近数字键的一行上，尽管权利要求请求保护的主题是一种键盘，但是对其进行限定的全部内容是将代表特定字母的字符键根据人的主观意志设置在特定的位置上，即将上述14个键设置在靠近数字键的一行上，而不是其他远离数字键的位置，这种人为规定属于智力活动的规则和方法，该权利要求实质上仅仅涉及智力活动的规则和方法，而智力活动的规则和方法是指导人们进行思维、表述、判断和记忆的规则和方法，指导人们进行这类活动的规则和方法不能被授予专利权。因此，权利要求10属于专利法第二十五条第一款第（二）项规定的不能被授予专利权的范围。

请求人于2006年10月26日提交了补正书和权利要求书修改替换页，删除了权利要求10。

至此，合议组认为本案事实已经调查清楚，现依法作出审查决定。

二、决定的理由

请求人于2006年10月26日提交的权利要求书修改文本符合专利法第三十三条和专利法实施细

则第六十条的规定，合议组予以接受。同时，由于请求人删除了驳回决定以及复审通知书中认为不属于专利法保护客体的权利要求 10，从而克服了驳回决定和复审通知书指出的缺陷。

三、决定

撤销国家知识产权局于 2004 年 7 月 9 日对 00125930. X 号发明专利申请作出的驳回决定。

由国家知识产权局原实质审查部门依据 2006 年 10 月 26 日提交的权利要求第 1 ~9 项、2003 年 7 月 7 日提交的说明书第 1 ~10 页、2000 年 8 月 30 日提交的说明书附图第 1 页、说明书摘要、摘要附图继续审批程序。

根据专利法第四十一条的规定，请求人对本决定不服的，可以自收到决定之日起三个月内向北京市第一中级人民法院起诉。

279

通信设备、通信系统、通信方法和记录介质案

复审请求审查决定（第9635号）

决 定 号 第9635号
决 定 日 2006年11月15日
发明创造名称 通信设备、通信系统、通信方法和记录介质
国际分类号 G06F 17/60
复审请求人 索尼公司
申 请 号 01137961.8
申 请 日 2001年9月25日
公 开 日 2002年4月24日
合议组组长 崔哲勇
主 审 员 李韵美
参 审 员 龙 安

法律依据 专利法实施细则第二条第一款
决定要点

如果涉及计算机程序的发明专利申请的解决方案实施的目的不是解决技术问题，或者在计算机上运行计算机程序从而对外部或内部对象进行控制或处理所反映的不是利用自然规律的技术手段，或者获得的不是受自然规律约束的效果，则这种解决方案不属于专利法实施细则第二条第一款所说的技术方案，不属于专利保护的客体。

一、案由

本复审请求涉及名称为“通信设备、通信系统、通信方法和记录介质”的第01137961.8号发明专利申请（下称本申请），申请人是索尼公司，优先权日为2000年9月25日，申请日为2001年9月25日、公开日为2002年4月24日。

国家知识产权局于2003年10月10日发出了第一次审查意见通知书，通知书中主要指出本申请权利要求1~38由于其解决的不是技术问题，所获得的效果也不是技术效果，所以属于专利法第二十五条第一款第（二）项的规定的智力活动的规则和方法，属于不授予专利权的情形。

申请人于2004年2月6日针对上述审查意见通知书提交了意见陈述书以及权利要求书替换页。申请人根据说明书的描述，将各权利要求中的措词“装置”修改为“单元”，使其与原说明书描述一致，并且删除了权利要求31~38。基于修改后的权利要求，申请人认为本申请利用了硬件的技术手段，本申请要解决的问题是能够提供一种系统、设备和方法，可以既提高分送的音乐品质，又能减少用户的麻烦。因此本申请不属于专利法第二十五条规定的不授予专利权的范围。

国家知识产权局于2004年4月9日以本申请属于专利法第二十五条第一款第（二）项规定的不授予专利权的范围驳回了本申请。

驳回理由为：本申请权利要求1、12、21、30均请求保护一种通信设备，并且权利要求1、12中包括第一通信设备、第二通信设备等硬件，权利要求21中包括接收装置、写入装置等硬件。但由于其硬件结构没有发生任何变化，因此其实质上请求保护的为一种提供内容租借服务的方法，属于商业的实施方法及制度。从属权利要求2~11、13~20、22~29进一步限定了如何实施内容租借服务，其实质上请求保护的仍然为一种商业的实施方法及制度。另外申请人认为利用了所述的设备和单元等硬件的技术手段，并且解决了技术问题，可以提高分送的音乐品质，又能减少用户的麻烦，上述理由不足以说明本申请并不属于智力活动的规则和方法。首先本申请仅是通过商业的手段；其次本申请采用了服务器、计算机终端等公知硬件设备，通过运行在其上的软件而赋予了硬件设备不同的功能，而利用上述运行有软件的设备并没有解决提高音乐品质的技术问题，只是通过其完成了商业方法中的商业步骤。因此本申请没有采用技术手段，解决的不是技术问题所获得的效果也不是技术效果。综上所述，本申请属于专利法第二十五条第一款第（二）项规定的智力活动的规则和方法的范围。

申请人索尼公司（下称请求人）对驳回决定不服，于2004年07月02日向专利复审委员会提交了复审请求书。请求人在提出复审请求时提交了权利要求书替换页。基于修改后的权利要求书，请求人认为：虽然本申请用于租借系统，但是本申请所要解决技术问题在于高效地管理所借存储介质，简化操作过程，减小租借公司在库中保存存储介质的数量等等，这些都是本领域中实际存在的需要解决的技术问题，而不属于智力活动的规则和方法。修改后的各独立权利要求1、12、21中限定了“将传送预先存储的数据的所借存储介质到投递目的地的租借日期或从所述投递目的地归还所述所借存储介质的归还日期记录到所述所借存储介质上”的技术特征，显然是技术特征，不属于智力活动的规则和方法。另外本申请的从属权利要求中还包括了有关所述租借请求信息中所含有的“用来识别由所述用户选择的内容数据的内容数据ID”和“识别由所述用户选择的存储介质的存储介质ID”等技术特征，它们也都不属于智力活动的规则和方法。而是解决本领域的各种技术问题并实现更好的技术效果所需要的技术特征。正是上述技术特征使得本申请能够实现使得第二通信设备既不必管理所有所借存储介质的日期租借/归还日期，也不必具有大量存储介质来存储租借日期/归还日期的有益技术效果。因此本申请解决了技术问题利用了技术手段并产生了技术效果，不属于专利法第二十五条规定的不授予专利权的范围。

修改后的权利要求书中的独立权利要求如下：

“1. 一种通信系统，包括第一通信设备和第二通信设备，其中：

所述第一通信设备包括：

租借请求信息生成装置，用来生成租借请求信息；和

传送装置，用来传送由所述租借请求信息生成装置生成的所述租借请求信息；和

所述第二通信设备包括：

接收装置，用来接收由所述传送装置传送的所述租借请求信息；和

记录装置，用来根据所述接收装置接收到的所述租借请求信息，将传送预先存储的数据的所借存储介质到投递目的地的租借日期或从所述投递目的地归还所述所借存储介质的归还日期记录到所述所借存储介质上。”

“12. 一种通信系统，包含第一通信设备和第二通信设备，其中：

所述第一通信设备具有：

租借请求信息生成装置，用来生成包括与用户期望的音乐数据和存储介质分别对应的音乐数据ID和存储介质ID的租借请求信息；和

传送装置，用来传送由所述租借请求信息生成装置生成的所述租借请求信息；和

所述第二通信设备具有：

接收装置，用来接收由所述传送装置传送的所述租借请求信息；

搜索装置，用来搜索由所述接收装置接收到的所述租借请求信息中包括的音乐数据 ID 识别的音乐数据；

写入装置，用来把所述搜索装置搜索到的所述音乐数据和所述音乐数据 ID 写入到由所述存储介质 ID 识别的存储介质上；和

记录装置，用来将传送所借存储介质到投递目的地的租借日期和从所述投递目的地归还所借存储介质的归还日期记录到所述所借存储介质上。”

“21. 一种通信设备，包括：

接收装置，用来接收由外部设备传送的租借请求信息；

搜索装置，用来搜索由所述接收装置接收到的所述租借请求信息中包含的内容数据 ID 识别的内容数据；

写入装置，用来把由所述搜索装置搜索到的所述内容数据和内容数据 ID 写入到由所述租借请求信息中包含的存储介质 ID 识别的存储介质中；和

记录装置，用来将传送所借存储介质到投递目的地的租借日期或从所述投递目的地归还所述所借存储介质的归还日期记录到所述所借存储介质上。”

形式审查合格后，专利复审委员会受理了该复审请求，于 2004 年 7 月 14 日向请求人发出专利复审请求受理通知书，并将本案转送至原实质审查部门进行前置审查。

在前置审查意见书中，原实质审查部门坚持原驳回决定。

专利复审委员会组成合议组，对本复审请求案进行了审理。

合议组于 2006 年 8 月 11 日发出复审通知书，通知书中主要指出权利要求 1 ~ 29 均不符合专利法实施细则第二条第一款的规定。

复审请求人于 2006 年 9 月 20 日提交了意见陈述书，没有对申请文件进行修改。针对合议组在复审通知书中指出的意见，请求人认为本申请还具有其他的效果。在一般情况中，服务器存储数据库，而数据库中包括多个所租借的存储介质的所有返还日期。当用户返还所租借的存储介质时，服务器必须在数据库中搜索所租借的存储介质以及与该所租借的存储介质相关的返还日期，然后，服务器通过将返还日期与当前日期相比较，来确定该存储介质是否在租借期限内被归还。而在本申请中，如权利要求 1 中所包括的技术特征“用来根据所述接收装置接收到的所述租借请求信息，将传送预先存储数据的所借存储介质到投递目的地的租借日期或从所述投递目的地归还所借存储介质的归还日期记录到所借存储介质上”，其将所租借的存储介质的返还日期记录在该存储介质上，当用户返还所租借的存储介质时，服务器仅仅从该存储介质中读取返还日期，并且通过将从该存储介质读取的返还日期与当前日期相比较，来确定该存储介质是否在租借期限内被归还。因此在本申请权利要求 1 中，为了确定存储介质是否在租借期限内被归还，不必在数据库中搜索所租借的存储介质及其返还日期，这样本申请权利要求 1 实现了减少服务器处理负担的技术效果。因此本申请独立权利要求 1 中利用了技术手段解决了技术问题，并产生了技术效果，符合专利法实施细则第二条第一款的规定。

至此，合议组认为本案事实清楚，可以作出复审决定。

二、决定的理由

由于复审请求人在答复复审通知书时没有对申请文件进行修改，本决定所依据的文本是复审请求人于 2001 年 9 月 25 日提交的说明书第 1 ~ 26 页、说明书附图 1 ~ 24 页、说明书摘要及其附图各 1 页，2004 年 7 月 2 日提交的权利要求第 1 ~ 29 项。

专利法实施细则第二条第一款规定，专利法所称发明，是指对产品、方法或者其改进所提出的新的技术方案。

合议组认为，权利要求 1 ~ 29 不符合专利法实施细则第二条第一款的规定。

（1）权利要求 1 请求保护一种通信系统，包括第一通信设备和第二通信设备，所述第一通信设备包括用来生成租借请求信息的租借请求信息生成装置和用来传送由所述租借请求信息生成装置生成的所述租借请求信息的传送装置；第二通信设备包括用来接收由所述传送装置转送的所述租借请求信息的接收装置和记录装置，记录装置用来根据所述接收装置接收到的所述租借请求信息，将传送预先存储的数据的所借存储介质到投递目的地的租借日期或从所述投递目的地归还所述所借存储介质的归还日期到所述所借存储介质上。

权利要求 1 的解决方案要解决的问题是允许用户在任何时候都可以从丰富的储备中组到具有所要名字的内容和归还此内容，且不用遵循麻烦的程序。另一个目的是提供一种内容租借系统，它不需要租借公司准备储备。（说明书第 2 页第 11 ~ 16 行）。可见，该系统解决的问题是如何根据用户的主观愿望确定想要租借的内容，不构成技术问题。

权利要求 1 的解决方案是利用公知的两个通信设备，在第一通信设备上生成请求信息，然后将该请求信息通过传送装置发送到第二通信设备，第二通信设备接收该请求信息，在接收到该请求信息后，将根据该信息将特定的数据记录到存储介质上。该解决方案虽然通过使用了包括信息生成装置和传送装置的第一通信设备以及包括接收装置和记录装置的第二通信设备，但这些设备均是公知的装置，在通信过程中进行的诸如生成信息、传送信息、接收信息、记录信息等既没有给系统的内部性能带来改进，也没有给系统的构成构成或功能带来任何技术上的改变。所采用的手段是人为制定了租借的规则，并按照规则的要求来进行，不受自然规律的约束，因而未利用技术手段。

根据说明书第 3 页 16 行至第 4 页第 16 行的描述，权利要求 1 所达到的效果是：不用很麻烦地去造访租借商店，用户就能租到期望的存储介质。另外不会出现因为存储介质租借给了别的用户，租借商店中就没有想要的存储介质可借的问题。此外，由于租借公司没有必要在库中保存含有内容的存储介质，就不需要在这样的存储上投资金钱，能够保持较低的租借成本等等类似的效果，均不属于受自然规律约束的效果。

综上所述，权利要求 1 解决的不是技术问题，采用的也不是技术手段，没有获得技术效果。因此，权利要求 1 不符合专利法实施细则第二条第一款的规定。

（2）权利要求 2 进一步限定权利要求 1 的通信系统中的请求信息以及第二通信设备还具有写入装置。该公知的附加特征没有使解决方案在整体上具有技术性，该解决方案仍然解决的不是技术问题，采用的不是技术手段，获得的不是技术效果。因此，从属权利要求 2 也不符合专利法实施细则第二条第一款的规定。

（3）权利要求 3 进一步限定权利要求 1 的通信系统中的请求信息和记录装置的功能以及第二通信设备还包括选择装置。该公知的附加特征没有使解决方案在整体上具有技术性，该解决方案仍然解决的不是技术问题，采用的不是技术手段，获得的不是技术效果。因此，从属权利要求 3 也不符合专利法实施细则第二条第一款的规定。

（4）权利要求 4 进一步限定权利要求 1 的通信系统中的第二通信设备还包括打印装置。该公知的附加特征没有使解决方案在整体上具有技术性，该解决方案仍然解决的不是技术问题，采用的不是技术手段，获得的不是技术效果。因此，从属权利要求 4 也不符合专利法实施细则第二条第一款的规定。

（5）权利要求 5 进一步限定权利要求 4 的通信系统中的包裹是一个归还信封，并进一步限定了信封上的内容，还限定了打印装置的功能。该公知的附加特征没有使解决方案在整体上具有技术性，该解决方案仍然解决的不是技术问题，采用的不是技术手段，获得的不是技术效果。因此，从属权利要求 5 也不符合专利法实施细则第二条第一款的规定。

（6）权利要求 6 进一步限定权利要求 1 的通信系统中的第二通信设备还包括费用结算装置。该公知的附加特征没有使解决方案在整体上具有技术性，该解决方案仍然解决的不是技术问题，采用的不是技术手段，获得的不是技术效果。因此，从属权利要求 6 也不符合专利法实施细则第二条第一款的规定。

（7）权利要求 7 进一步限定权利要求 6 的通信系统的费用结算装置的功能。该公知的附加特征没有使解决方案在整体上具有技术性，该解决方案仍然解决的不是技术问题，采用的不是技术手段，获得的不是技术效果。因此，从属权利要求 7 也不符合专利法实施细则第二条第一款的规定。

（8）权利要求 8 进一步限定权利要求 7 的通信系统还提供比较装置并对比较装置的功能进行了限定。该公知的附加特征没有使解决方案在整体上具有技术性，该解决方案仍然解决的不是技术问题，采用的不是技术手段，获得的不是技术效果。因此，从属权利要求 8 也不符合专利法实施细则第二条第一款的规定。

（9）权利要求 9 进一步限定权利要求 8 的通信系统中的比较装置的功能。该公知的附加特征没有使解决方案在整体上具有技术性，该解决方案仍然解决的不是技术问题，采用的不是技术手段，获得的不是技术效果。因此，从属权利要求 9 也不符合专利法实施细则第二条第一款的规定。

（10）权利要求 10 进一步限定权利要求 1 的通信系统中的记录装置的功能。该公知的附加特征没有使解决方案在整体上具有技术性，该解决方案仍然解决的不是技术问题，采用的不是技术手段，获得的不是技术效果。因此，从属权利要求 10 也不符合专利法实施细则第二条第一款的规定。

（11）权利要求 11 进一步限定权利要求 4 的通信系统中的打印装置的功能。该公知的附加特征没有使解决方案在整体上具有技术性，该解决方案仍然解决的不是技术问题，采用的不是技术手段，获得的不是技术效果。因此，从属权利要求 11 也不符合专利法实施细则第二条第一款的规定。

（12）权利要求 12 请求保护的解决方案包括具有租借请求信息生成装置、传送装置的第一通信设备以及具有接收装置、搜索装置、写入装置、记录装置的第二通信设备。权利要求 12 存在与权利要求 1 相同的问题，详细评述参见对权利要求 1 的评述。权利要求权利要求 12 不符合专利法实施细则第二条第一款的规定。

（13）权利要求 13 ~ 20 分别是直接或间接对权利要求 12 的进一步限定，其附加的特征的详细评述可参见对权利要求 4 ~ 11 的评述。即，从属权利要求 13 ~ 20 不符合专利法实施细则第二条第一款的规定。

（14）权利要求 21 请求保护的解决方案包括接收装置、搜索装置、写入装置、记录装置，即通信系统中的一个通信设备（第二通信设备）。权利要求 21 存在与权利要求 1 相同的问题，详细评述参见对权利要求 1 的评述。权利要求权利要求 21 不符合专利法实施细则第二条第一款的规定。

（15）权利要求 22 ~ 29 分别是直接或间接对权利要求 21 的进一步限定，其附加的特征的详细评述可参见对权利要求 4 ~ 11 的评述。即，从属权利要求 22 ~ 29 也不符合专利法实施细则第二条第一款的规定。

复审请求人认为本申请还具有为了确定存储介质是否在租借期限内被归还，不必在数据库中搜索所租借的存储介质及其返还日期，从而减少服务器处理负担的效果。针对请求人的上述观点，合议组认为，请求人所提出的上述效果是由于采用了将日期记录在存储介质上这一手段所带来的，它们虽然是技术性的，但是均为公知的手段和效果，并且其仅仅是在实现本申请说明书中声称所能实现有关租借存储介质的商业效果的过程中，通过特定的步骤实现的局部效果，并非本申请最终希望达到的效果。换句话说，如果本申请想要解决的是减小服务器负载的技术问题，那么在说明书的相关部分应当对实现该技术效果的技术手段进行记载，即应当记载一整套用以达到减小处理器负担的效果的技术方案，并且在权利要求中得以体现，请求人仅用权利要求中的某一个特征能够带来效果来概括整个权利要求解决方案达到的效果是不合适的。因此，本申请要解决的仍然是本决定理由第（1）点中认定的问题，获得的也仍是本决定理由第（1）点中认定的效果。

综上所述，本申请权利要求 1 ~29 不符合专利法实施细则第二条第一款的规定。

三、决定

维持国家知识产权局于 2004 年 4 月 9 日针对第 01137961.8 号发明专利申请作出的驳回决定。

根据专利法第四十一条的规定，请求人对本决定不服的，可以自收到本决定之日起三个月内向北京市第一中级人民法院起诉。

280

用于提供保险业务的方法与系统案

复审请求审查决定（第9636号）

决　　定　　号　第9636号
决　　定　　日　2006年11月31日
发明创造名称　用于提供保险业务的方法与系统
国 际 分 类 号　G06F 17/60　G06K 9/18
请　　求　　人　西尔弗布鲁克研究股份有限公司
申　　请　　号　00816210.7
申　　请　　日　2000年10月20日
公　　开　　日　2003年2月26日
合 议 组 组 长　黄毅斐
主　　审　　员　李韵美
参　　审　　员　孙克良

法 律 依 据　专利法实施细则第二条第一款
决 定 要 点

如果涉及计算机程序的发明专利申请的解决方案的实施目的不是解决技术问题，或者在计算机上运行计算机程序从而对外部或内部对象进行控制或处理所反映的不是利用自然规律的技术手段，或者获得的不是受自然规律约束的效果，则这种解决方案不属于专利法实施细则第二条第一款所说的技术方案，不属于专利保护的客体。

一、案由

本复审请求涉及申请日为2000年10月20日，公开日为2003年2月26日，优先权日为1999年10月25日和1999年12月24日，发明名称为“用于提供保险业务的方法与系统”的专利申请（下称本申请），其申请号是00816210.7，申请人为西尔弗布鲁克研究股份有限公司。

国家知识产权局于2003年8月15日发出了第一次审查意见通知书，主要指出：权利要求1请求保护一个能使人利用一个打印在表面上的表格获得保险业务的方法，根据说明书的记载，其实质上要求保护的是一种商业实施的方法，仅仅是用于指导人们对保险业务信息进行识别、判断的规则和方法，解决的不是技术问题，采用的是非技术手段，也没有产生技术效果，因为其不能构成技术方案，实质上是一种商业实施方法，属于智力活动的规则和方法。所以权利要求1属于专利法第二十五条第一款第二项规定的情形，不能被授权。同理，权利要求2～53也属于专利法第二十五条第一款第二项规定的情形。

申请人于2003年12月30日向国家知识产权局提交了意见陈述书和权利要求书修改文本，针对第一次审查意见通知书陈述了如下意见：

申请人首先修改了权利要求，申请人认为新的权利要求解决了技术问题。根据说明书的具体描述可知道，本申请所要解决的技术问题是：利用交互式媒质的及时性和交互性，通过承载有关保险业务数据的载体，能够安全地、快捷地实现与所述数据相关的保险业务。可见所要解决的问题涉及技术性元素，即交互式媒质，承载有关保险业务数据的载体，并且尤为关键的是通过各种技术手段来执行与所述数据相关的动作，而且完成相应保险业务。因此该问题可以定性为技术问题。

其次，权利要求1是由一系列明显的技术手段构成的技术方案。虽然审查意见认为权利要求1限定是仅仅用于指导人们对保险业务信息进行识别、判断的规则和方法，并不构成技术方案，但是权利要求1中限定的技术方案的执行过程及其执行结果均是不依赖人的主观思维的。这显然不符合智力活动规则和方法的定义，权利要求1构成技术方案。并且权利要求1的技术方案可解决相应的技术问题，并获得技术效果。

权利要求1的技术方案能够取得的技术效果与上述技术问题和技术手段具有内在的逻辑联系，即：安全地、快捷地实现相关的保险业务。本申请所请求保护的用于实现保险业务的方法，并不只是泛泛地规定了一系列用于知道实现保险业务的规则，而是限定了如何实现相关保险业务的具体的技术方案。类似地，申请人认为本申请其他权利要求也不属于智力活动规则和方法。

国家知识产权局于2004年3月5日以本申请属于专利法第二十五条第一款第（二）项规定的不授予专利权的范围为由作出了驳回决定。在驳回决定中指出：正如申请人所述，本申请仅仅是将传感器设备作为一种交互式媒质，利用计算机程序及与保险业务相关的数据向用户提供保险业务。因此该发明要解决的根本问题还是向用户提供保险业务，并没有解决技术问题，实质上属于一种商业实施方法；申请人所称的技术手段，即，将包括与保险业务有关的数据的表格打印在一个表格上，将表示该表格的身份以及该表格的多个参考点的编码数据设置在一个表面；将一般传感器相对于所述表格可操作地放置，以便至少部分地根据所检测到的所述编码数据来产生表示数据，该表示数据同时表示该表格的一个身份及该传感器设备相对于该表格的位置；接收所述表示数据，并根据该表示数据识别与表现业务相关的至少一个参数。实质上上述步骤仅仅是将公知的传感器设备作为一种媒质、打印的表格作为用户接口，利用计算机程序对代表保险业务信息的数据进行处理，以便向用户提供所需要的保险业务，其实质上属于一种商业实施方法，不是技术手段，也不能构成技术方案；申请人认为本申请所取得的技术效果，即，安全地、快捷地实现相关的保险业务，仅仅是在网络环境中方便用户获取保险业务信息的普遍意义上的有有益效果。本申请属于专利法第二十五条第一款第二项规定的情形，不能被授权。

驳回决定所针对的独立权利要求的内容如下：

“1. 一个能使人利用一个打印在表面上的表格获得保险业务的方法，所述方法包括步骤：

提供所述表格，该表格包括与保险业务有关的数据，并且将表示该表格的身份以及该表格的多个参考点的编码数据设置在所述表面上；

使所述表格和编码数据基本上同时被打印到所述表面上；

将一个传感器设备相对于所述表格可操作地放置，以便至少部分地根据在该位置附近检测到的至少部分所述编码数据来产生表示数据，该表示数据同时表示该表格的一个身份以及该传感器设备相对于该表格的位置；

在一个计算机系统中，接收来自该传感器设备的所述表示数据；和

在所述计算机系统中，从所述表示数据识别与所述保险业务相关的至少一个的参数，该至少一个参数是从包括一个动作参数和一个可变参数的组中选择出来的。

2. 一个能使人利用一个打印在表面上的表格获得保险业务的方法，所述方法包括步骤：

提供所述表格，该表格包括与保险业务有关的信息，并且将表示该表格的身份以及该表格的多个

参考点的编码数据设置在该表面上；

在一个计算机系统中接收一个表格请求；

响应该请求，将该表格打印到该表面上；

将一个传感器设备相对于所述的表格可操作地放置，以便至少部分地基于在该位置附近探测的至少部分所述编码数据产生表示数据，该表示数据同时表示所述表格的一个身份以及该传感器设备相对于该表格的位置；

在该计算机系统中，接收来自所述传感器设备的所述表示数据，和

在所述计算机系统中，从该表示数据识别与保险业务相关的至少一个参数，该至少一个参数是从一个包括一个动作参数和一个可变参数的组中选择出来的。”

5. 一个能使人利用一个打印在表面上的表格获得保险业务的方法，所述方法包括步骤：

提供所述表格，该表格包括与保险业务有关的信息，并将表示该保险业务的至少一个参数的编码数据设置在所述表面上，该至少一个参数是从包括一个动作参数和一个可变参数的组中选择出来的；所使所述表格和编码数据基本上同时被打印到所述表面上；

使一个传感器设备相对于所述表格移动，以便利用至少部分所述编码数据来产生关于所述至少一个参数的数据并基本上同时产生关于该传感器设备相对于该表格的移动的数据；

在一个计算机系统中，接收来自所述传感器设备的关于所述至少一个参数以及关于该传感器设备相对该表格的移动的数据；和

在所述计算机系统中，相对于所述至少一个参数来解释所述传感器设备的移动。

6. 一个能使人利用一个打印在表面上的表格获得保险业务的方法，所述方法包括步骤：

提供所述表格，该表格包括与保险业务有关的信息，并将表示该保险业务的至少一个参数的编码数据设置在所述表面上，该至少一个参数是从包括一个动作参数和一个可变参数的组中选择出来的；

在一个计算机系统中接收一个表格请求；

响应该请求，将该表格打印到该表面上

使一个传感器设备相对于所述表格移动，以便利用至少部分所述编码数据来产生关于至少一个参数的数据并基本上同时产生关于该传感器设备相对于该表格的移动的数据；以及

在所述计算机系统中，从所述传感器设备接收关于所述至少一个参数以及关于该传感器设备相对该表格的移动的数据；和

在所述计算机系统中，相对于所述至少一个参数来解释所述传感器设备的移动。

7. 一个能使人利用包括一个表格和编码数据的物理对象获得保险业务的方法，所述方法包括步骤：

向该人提供所述表格，该表格包括与保险业务有关的信息，该编码数据表示该表格的一个身份；

设置一个传感器设备，该传感器设备包括表示该人的身份的数据并使用至少部分所述编码数据来产生关于所述表格的身份的数据；

在一个计算机系统中，接收来自所述传感器设备的关于该人的身份和关于该表格的身份的数据；和

在所述计算机系统中，从关于该人的身份和该表格的身份的数据识别保险业务。”

32. 一个能使人利用一个打印在表面上的表格获得保险业务的系统，该系统包括：

包括与保险业务有关的数据的所述表格以及具有表示该表格的身份以及该表格的多个参考点的编码数据的所述表面；

传感器设备，该传感器设备被配置成当相对于所述表格可操作地放置时，至少部分地根据在该位

置附近检测到的至少部分所述编码数据来产生表示数据，该表示数据同时表示该表格的一个身份以及该传感器设备相对于该表格的一个位置；

一个计算机系统，该计算机系统被配置成：

使所述表格和编码数据基本上同时被打印到所述表面上；

从所述传感器设备接收所述表示数据以及从所述表示数据识别与所述保险业务相关的至少一个参数，该至少一个参数是从包括一个动作参数一个可变参数的组中选择出来的。

33. 一个能使人利用一个打印在表面上的表格获得保险业务的系统，该系统包括：

包括与保险业务有关的信息的所述表格以及具有表示该表格的身份以及该表格的多个参考点的编码数据的所述表面；

传感器设备，该传感器设备被配置成当其相对于所述表格可操作地放置时，至少部分地基于在该位置附近探测的至少部分所述编码数据产生表示数据，该表示数据同时表示该表格的一个身份以及该传感器设备相对于该表格的位置；和

一个计算机系统，该计算机系统被配置为：

接收一个表格请求；

响应该请求，将该表格打印到所述表面上；

从该传感器设备接收所述表示数据；以及

从所述表示数据识别至少一个与保险业务有关的参数，该至少一个参数是从包括一个动作参数和一个可变参数的组中选择出来的。

36. 一个能使人利用一个打印在表面上的表格获得保险业务的系统，所述系统包括：

包括与保险业务有关的信息的所述表格，以及具有表示该保险业务的至少一个参数的编码数据的所述表面，该至少一个参数是从包括一个动作参数和一个可变参数的组中选择出来的；

传感器设备，传感器设备被配置成当相对于所述表格移动时产生关于所述至少一个参数以及关于所述传感器设备相对该表格的移动的表示数据；和

一个计算机系统，该计算机系统被配置为：

使所述表格和编码数据基本上同时被打印到所述表面上；

从所述传感器设备接收所述表示数据；以及

相对于所述至少一个参数来解释所述传感器设备的移动。

37. 一个能使人利用一个打印在表面上的表格获得保险业务的系统，所述系统包括：

包括与保险业务有关的信息的所述表格，以及具有表示该保险业务的至少一个参数的编码数据的所述表面，该至少一个参数是从包括一个动作参数和一个可变参数的表中选择出来的；

传感器设备，该传感器设备被配置成当相对于所述表格移动时产生关于所述至少一个参数以及关于该传感器设备相对该表格的移动的表示数据；和

一个计算机系统，该计算机系统被配置成：

接收一个表格请求；

响应该请求，将该表格打印到该表面上；

从所述传感器设备接收所述表示数据；以及

相对于所述至少一个参数来解释所述传感设备的移动。

38. 一个能使人通过利用包括一个表格和编码数据的物理对象获得保险业务的系统，该系统包括：

包括与保险业务有关的信息以及表示该表格的身份的编码数据的所述表格；

传感器设备，该传感器设备包括表示该人的身份的数据并被配置成使用至少部分所述编码数据来探测关于所述表格的身份的数据；

一个计算机系统，该计算机系统被配置成从该传感器设备接收关于该人的身份和关于该表格的身份的数据，并用于从所述接收到的数据识别保险业务。”

申请人西尔弗布鲁克研究股份有限公司（下称请求人）不服上述驳回决定，于2004年6月21日向国家知识产权局专利复审委员会提出复审请求，同时修改了权利要求书，删除了权利要求1～31，将权利要求32～53改写为权利要求1～23。

请求人指出，现有的提供保险业务的系统中存在许多问题。首先，在许多情况下，人们并不想到保险公司以直接面对保险经纪人。第二，如果通过基于电话的系统来提供保险业务，则由于同时要保持多个呼叫在线而引起的延迟，通常这种保险业务的提供很费时，并且对于致电该保险公司的用户来说成本是很高的。尽管现有的计算机系统在很大程度上可解决上述缺陷，但是仍有许多人缺乏足够的计算机知识来利用现有的计算机系统。本申请可解决现有技术中以面对面方式和基于电话的方式提供保险业务中存在的问题，使得原来对计算机知识甚少的用户利用计算机系统获取保险业务的不可能性变为现实。因此，权利要求1～23均不属于智力活动的规则和方法。

形式审查合格后，专利复审委员会受理了该复审请求，并于2004年7月5日向请求人发出复审请求受理通知书，同时将本案送至原实质审查部门进行前置审查。

原实质审查部门在前置审查意见书中坚持驳回决定中的审查意见。

专利复审委员会依法成立合议组对本申请进行审查，经审查，合议组于2006年8月9日向请求人发出了复审通知书，复审通知书指出权利要求1～23不符合专利法实施细则第二条第一款的规定。

针对上述复审通知书，请求人于2006年9月21日提交了意见陈述，没有对申请文件进行修改。请求人认为：根据现行审查指南的有关专利法第二十五条的规定，请求人认为权利要求1不应当被认为属于专利法第二十五条规定的智力活动规则和方法而排除其获得专利权的可能。

其次，根据现行审查指南有关专利法实施细则第二条的规定，如果涉及计算机程序的发明解决了技术问题，采用了技术手段并且由此获得技术效果，则这种解决方案属于专利法实施细则第二条第一款所述的技术方案，属于专利保护的客体，请求人认为，权利要求1的方案符合专利法实施细则和上述审查指南的规定。

本申请的系统是利用传感器设备，并且所述计算机系统允许用户利用该传感器设备与基于纸张的表格进行交互式通信，这种电子交互式作用为本申请的提供保险业务的带来了技术益处，改善和提高系统的数据识别和处理能力。因此，权利要求1限定的是解决技术问题的技术方案，属于专利法实施细则第二条第一款规定的技术方案，是专利法保护的客体。

合议组经合议后认为，本案事实已经清楚，可以依法作出复审决定。

二、决定的理由

关于文本

本复审决定所依据的文本是请求人于2004年6月21日提交的权利要求第1～23项，于2000年10月20日提交的说明书第1～25页、说明书附图1～16页、说明书摘要和摘要附图。

关于专利法实施细则第二条第一款

权利要求1请求保护一个能使人获得保险业务的系统，包括表格、传感器设备和计算机系统，所述表格是被打印到一个表面上，且该表面具有表示该表格的识别标记和表格的多个参考点的编码数据；传感器用于在可操作位置上探测编码数据，利用编码数据产生表示数据，该表示数据表示识别标记和传感器相对于表格的位置；计算机系统用于接收来自传感器的表示数据，从表示数据识别与保险业务相关的至少一个参数，使用该参数执行一个操作。

请求人认为，尽管现有的计算机系统在很大程度上可解决人们不想到保险公司以直接面对保险经纪人，以及由于同时要保持多个呼叫在线而引起的延迟，所引起的浪费时间的问题，但是仍有许多人缺乏足够的计算机知识来利用现有的计算机系统。本申请的系统能很容易地获得保险业务。合议组认为，从上述请求人的意见以及本申请的说明书中可以看出，权利要求 1 的解决方案所要解决的问题是能够利用计算机系统方便地购买保险，既没有给系统的内部性能带来改进，也没有给系统的构成或功能带来任何技术上的改变。该系统解决的问题是如何根据用户的主观愿望确定想要购买的具有特定内容的保险，不属于技术问题。

请求人认为，本申请的这种获取保险业务的系统使得原来对计算机知识甚少的用户利用计算机系统获取保险业务的不可能性变为现实，从而使这种通过交互方式获得保险业务的益处真正变成普遍意义上的益处。合议组认为，正如请求人所述权利要求 1 所达到的效果仍然是：更加方便地购买保险。此效果不属于受自然规律约束的技术上的效果。

即便权利要求 1 的解决方案中的部分内容涉及技术手段，但由于权利要求 1 的整体解决方案未解决技术问题，并且未获得技术效果，因此，权利要求 1 不符合专利法实施细则第二条第一款的规定。

权利要求 2 请求保护一个能使人利用一个打印在表面上的表格获得保险业务的系统，并具体限定了表格包括与保险业务有关的信息以及表格中记载的其他内容。该系统还包括传感器设备和计算机系统，根据表格上的信息进行相应的操作。权利要求 2 的解决方案所要解决的问题仍然是能够利用计算机系统方便地购买保险，既没有给系统的内部性能带来改进，也没有给系统的构成或功能带来任何技术上的改变。该系统解决的问题是如何根据用户的主观愿望确定想要购买的具有特定内容的保险，不属于技术问题（参见对权利要求 1 的评述）。即便权利要求 2 的解决方案中的部分内容涉及技术手段，但由于权利要求 2 的整体解决方案未解决技术问题，并且未获得技术效果，因此，权利要求 2 不符合专利法实施细则第二条第一款的规定。

从属权利要求 3 ~5 分别限定了参数、编码数据和表格的特征，所述进一步限定的特征仍然没有使得权利要求 3 ~5 的解决方案所要解决的问题和获得的效果具有技术性。因此，权利要求 3 ~5 不符合专利法实施细则第二条第一款的规定。

权利要求 6 请求保护一个能使人利用一个打印在表面上的表格获得保险业务的系统，并对表格所包括的内容进行了限定，该系统还包括传感器和计算机系统。权利要求 6 的解决方案所要解决的问题仍然是能够利用计算机系统方便地购买保险，既没有给系统的内部性能带来改进，也没有给系统的构成或功能带来任何技术上的改变。该系统解决的问题是如何根据用户的主观愿望确定想要购买的具有特定内容的保险，不属于技术问题（参见对权利要求 1 的评述）。即便权利要求 6 的解决方案中的部分内容涉及技术手段，但由于权利要求 6 的整体解决方案未解决技术问题，并且未获得技术效果，因此，权利要求 6 不符合专利法实施细则第二条第一款的规定。

权利要求 7 请求保护一个能使人获得保险业务的系统，该系统包括打印在一个表面上的一个表格、传感器和计算机系统。权利要求 7 的解决方案所要解决的问题仍然是能够利用计算机系统方便地购买保险，既没有给系统的内部性能带来改进，也没有给系统的构成或功能带来任何技术上的改变。该系统解决的问题是如何根据用户的主观愿望确定想要购买的具有特定内容的保险，不属于技术问题（参见对权利要求 1 的评述）。即便权利要求 7 的解决方案中的部分内容涉及技术手段，但由于权利要求 7 的整体解决方案未解决技术问题，并且未获得技术效果，因此，权利要求 7 不符合专利法实施细则第二条第一款的规定。

权利要求 8 请求保护一个能使人获得保险业务的系统，该系统包括表格、传感器、计算机系统。

权利要求 8 的解决方案所要解决的问题仍然是能够利用计算机系统方便地购买保险，既没有给系统的内部性能带来改进，也没有给系统的构成或功能带来任何技术上的改变。该系统解决的问题是如何根据用户的主观愿望确定想要购买的具有特定内容的保险，不属于技术问题（参见对权利要求 1 的评述）。即便权利要求 8 的解决方案中的部分内容涉及技术手段，但由于权利要求 8 的整体解决方案未解决技术问题，并且未获得技术效果，因此，权利要求 8 不符合专利法实施细则第二条第一款的规定。

从属权利要求 9、10 分别限定了编码数据的特征和编码数据的用途，所述进一步限定的特征仍然没有使得权利要求 9、10 的解决方案所要解决的问题和获得的效果具有技术性。因此，权利要求 9、10 不符合专利法实施细则第二条第一款的规定。

从属权利要求 11～15 分别限定了参数选择的范围，所述进一步限定的特征仍然没有使得权利要求 11～15 的解决方案所要解决的问题和获得的效果具有技术性。因此，权利要求 11～15 不符合专利法实施细则第二条第一款的规定。

从属权利要求 16～23 分别对传感器、打印机、编码数据、数据库、图像进行了进一步限定。所述进一步限定的特征仍然没有使得权利要求 16～23 的解决方案所要解决的问题和获得的效果具有技术性。因此，权利要求 16～23 不符合专利法实施细则第二条第一款的规定。

三、决定

维持国家知识产权局于 2004 年 3 月 5 日针对 00816210.7 号发明专利申请作出的驳回决定。

根据专利法第四十一条的规定，请求人对本决定不服的，可以自收到本决定之日起三个月内向北京市第一中级人民法院起诉。

281

电动洗衣机及其运转控制方法案

复审请求审查决定（第9637号）

决　定　号　第9637号
决　定　日　2006年11月27日
发明创造名称　电动洗衣机及其运转控制方法
国际分类号　D06F 18/00D06F 23/04D06F 37/12
复审请求人　三菱电机株式会社
申　请　号　02140668.5
申　请　日　2002年7月12日
公　开　日　2003年8月13日
合议组组长　张　度
主　审　员　李韵美
参　审　员　骆素芳

法律依据　专利法第二十二条第三款
决定要点

如果一项权利要求与现有技术相比，不是显而易见的，并且提供了一种技术构思不同的技术方案，即，具有突出的实质性特点和显著的进步，则该权利要求具备创造性。

一、案由

本复审请求涉及申请日为2002年7月12日，公开日为2003年8月13日，发明名称为“电动洗衣机及其运转控制方法”的发明专利申请（下称本申请），其申请号是02140668.5，申请人为三菱电机株式会社。

国家知识产权局于2004年11月26日发出了第一次审查意见通知书，在该审查意见通知书中，指出了权利要求1~15相对于对比文件1（CN1187552A，公开日为1998年7月15日）和对比文件2（JP49~85866，公开日为1974年8月16日）不符合专利法第二十二条第三款的规定的问题。

申请人于2005年3月29日提交了针对第一次审查意见通知书的意见陈述书，申请人删除了部分权利要求，提交了修改后的权利要求书、说明书、说明书摘要修改替换页。申请人认为，对比文件1涉及洗涤干燥机，这种机器将用设置在机身内的加热器加热，在机身内的空气引入洗涤兼脱水缸中，用来干燥洗涤衣物。对比文件1没有描述或者暗示本申请所提出的现有技术问题以及解决该技术问题的技术手段。在以对比文件1为最接近现有技术的情况下，本领域普通技术人员没有任何动机来将对比文件2所述技术方案或者技术手段用于对比文件1当中。在本申请当中，通过洗涤兼脱水缸的旋转作用，从设置在顶盖上的吸气口来吸入外部空气并将所吸入的外部空气送入洗涤兼脱水缸中，用来提高衣物的脱水率。

国家知识产权局于2005年5月13日以权利要求1不符合专利法第二十二条第二款的规定为由驳

回了本申请，驳回决定认为：申请人修改后权利要求 1 仍然不具有创造性。首先，对比文件 1、2 和本案的发明目的都是从“洗涤物中去除水分”；本申请实现发明目的的手段是，所述的洗衣机包括外箱、外缸、洗涤兼脱水缸、顶盖、顶盖上的吸气口，旋转洗涤兼并脱水缸产生压力，从吸气口吸入空气，使空气接触洗涤兼并脱水缸中的洗涤物。对比文件 2 公开的实现同样发明目的的手段是，所述的干燥机包括顶盖、顶盖上的吸气口，旋转脱水缸产生压力，从吸气口吸入空气，使空气接触脱水缸中洗涤物。至于权利要求 1 中的外箱、外缸、洗涤兼脱水缸在对文献 1 中明确地公开了。本领域技术人员将对比文件 2 中的干燥方式和结构和对比文件 1 结构简单组合，即可覆盖本案的权利要求 1 的全部技术特征，实现所述的发明目的。并且权利要求 1 和现有技术相比不具有显著的进步。综上所述，其权利要求 1 仍然不符合专利法第二十二条第三款的规定。

驳回决定所针对的权利要求 1 的内容如下：

“1. 电动洗衣机，它具有外箱、支撑在所述外箱中的外缸、旋转自如地配设在所述外缸中的洗涤兼脱水缸、具有设置在与所述洗涤兼脱水缸的开口部相对的位置上的盖的并关闭所述外箱的顶面的顶盖，其特征在于，在所述盖上形成有连通所述洗涤兼脱水缸的内部与所述外箱的外部的吸气口，通过所述洗涤兼脱水缸的旋转在所述洗涤兼脱水缸内产生压力，并且从所述吸气口将在所述外箱外部的空气吸入所述洗涤兼脱水缸内，使从所述外箱外部吸收的外部空气直接接触所述洗涤兼脱水缸内的洗涤物。”

申请人三菱电机株式会社（下称请求人）不服该驳回决定，于 2005 年 7 月 25 日向国家知识产权局专利复审委员会提出复审请求，其具体理由为：请求人将原权利要求 1 和 4 合并，由此构成新独立权项 1，并且合并了原权利要求 2 和 4，由此构成新独立权项 2。对比文件 1 和 2 都没有公开或者暗示原权利要求 4 的附加特征。因此新独立权项 1 和 2 相对现有技术具有创作性。此外，申请人删除了原权利要求 4 和 9，并对权利要求重新编号。

请求人提交的新的独立权利要求 1、2 为：

“1. 电动洗衣机，它具有外箱、支撑在所述外箱中的外缸、旋转自如地配设在所述外缸中的洗涤兼脱水缸、具有设置在与所述洗涤兼脱水缸的开口部相对的位置上的盖的并关闭所述外箱的顶面的顶盖，其特征在于，在所述盖上形成有连通所述洗涤兼脱水缸的内部与所述外箱的外部的吸气口，通过所述洗涤兼脱水缸的旋转在所述洗涤兼脱水缸内产生压力，并且从所述吸气口将在所述外箱外部的空气吸入所述洗涤兼脱水缸内，使从所述外箱外部吸收的外部空气直接接触所述洗涤兼脱水缸内的洗涤物，在所述洗涤兼脱水缸的内底部上，旋转自如地设有搅拌洗涤物用的旋翼，在所述旋翼上穿设有许多旋翼通气孔。

2. 电动洗衣机，它具有外箱、支撑在所述外箱中的外缸、旋转自如地配设在所述外缸中的洗涤兼脱水缸、具有设置在与所述洗涤兼脱水缸的开口部相对的位置上的盖的并关闭所述外箱的顶面的顶盖，其特征在于，在所述盖上形成有连通所述洗涤兼脱水缸的内部与所述外箱的外部的吸气口，在脱水工序结束后，所述洗涤兼脱水缸一旦停止或连续地旋转规定时间，通过所述洗涤兼脱水缸的旋转作用在所述洗涤兼脱水缸内产生压力，并且从所述吸气口将在所述外箱外部的空气吸入所述洗涤兼脱水缸内，使从所述外箱外部吸收的外部空气直接接触所述洗涤兼脱水缸内的洗涤物，在所述洗涤兼脱水缸的内底部上，旋转自如地设有搅拌洗涤物用的旋翼，在所述旋翼上穿设有许多旋翼通气孔。”

形式审查合格后，专利复审委员会受理了该复审请求，并于 2005 年 8 月 29 日向请求人发出复审请求受理通知书，同时将本案送至原实质审查部门进行前置审查。

原审查部门在前置审查意见书中仍坚持原驳回决定。

合议组经合议后认为，本案事实已经清楚，可以依法作出复审决定。

二、决定的理由

1. 关于文本

请求人在提出复审请求时提交的权利要求书的修改替换页符合专利法第三十三条和专利法实施细则第六十条的规定，因此，本复审决定所依据的文本是请求人于2005年7月25日提交的权利要求第1~7项、2005年3月29日提交的说明书第1~7页、说明书摘要、2002年7月12日提交的说明书附图第1~12页和摘要附图。

2. 关于专利法第二十二条第三款

权利要求1请求保护电动洗衣机，它具有外箱、支撑在所述外箱中的外缸、旋转自如地配设在所述外缸中的洗涤兼脱水缸、具有设置在与所述洗涤兼脱水缸的开口部相对的位置上的盖的并关闭所述外箱的顶面的顶盖，其特征在于，在所述盖上形成有连通所述洗涤兼脱水缸的内部与所述外箱的外部的吸气口，通过所述洗涤兼脱水缸的旋转在所述洗涤兼脱水缸内产生压力，并且从所述吸气口将在所述外箱外部的空气吸入所述洗涤兼脱水缸内，使从所述外箱外部吸收的外部空气直接接触所述洗涤兼脱水缸内的洗涤物。

对比文件1公开了一种洗涤干燥机，参见说明书第3页第25行至第4页第12行，它具有外壳1、外桶2、洗涤兼脱水桶15（说明书第3页第28~29行），相当于权利要求1中的外箱、外缸、洗涤兼脱水缸；具有上盖21，相当于权利要求1中的外箱顶面的顶盖，从附图1中也可以明显看到其具有一个盖，该盖与权利要求1中洗涤兼脱水缸的开口部相对的位置上的盖所在的位置和作用相同。根据以上说明可以看出，权利要求1与对比文件1的区别在于：首先，对比文件1中公开的洗涤干燥机没有在所述盖上形成有连通所述洗涤兼脱水缸的内部与所述外箱的外部的吸气口，因此，也就不能通过所述洗涤兼脱水缸的旋转在所述洗涤兼脱水缸内产生压力，并且从所述吸气口将在所述外箱外部的空气吸入所述洗涤兼脱水缸内，使从所述外箱外部吸收的外部空气直接接触所述洗涤兼脱水缸内的洗涤物；其次，从对比文件1的附图1中可以明显看出，在洗涤兼脱水缸的底部具有波轮19，并使波轮19左右旋转（说明书第4页第23行），但是该波轮19上不具有穿设的许多通气孔；此外，对比文件1也没有公开具有盖的关闭外箱的顶面的顶盖，并且该盖设置在与所述洗涤兼脱水缸的开口部相对的位置上。

对比文件2公开了一种干燥机，从附图1中可以看出其盖上部具有吸气孔7，但是对比文件2中公开的干燥机不包括波轮，其通气孔位于缸底部。

综上所述，对比文件1和2都没有公开具有通气孔的旋翼。而在权利要求1中利用该带有通气孔的旋翼的结构是这样排出含有水分的空气的（参见说明书第4页第5行至第9行）：从图3所示的形成于旋翼10上的许多旋翼通气孔11流出到洗涤兼脱水缸6外部，通过形成于洗涤兼脱水缸6的内底部上的排水兼排气孔12，并通过洗涤兼脱水缸6和外缸之间的间隙，然后，从设在外箱1上部后壁面山的排出口17排到外部。而另一种排出的方式就是从洗涤兼脱水缸6内，从直接排气口17排出（说明书第9~10行）。可见，含有水分的空气需要通过该旋翼上的通气孔，而对比文件1和2中都没有给出在旋翼上设置通气孔，并且使含有水分的空气可以通过该通气孔排出的相关技术启示。权利要求1中的旋翼在脱水过程中使洗涤物和空气接触，可获得使洗涤物的水分气化蒸发的技术效果（说明书第7页第4自然段）。因此，权利要求1相对于对比文件1和2具有突出的实质性特点和显著的进步，符合专利法第二十二条第三款的规定。

权利要求2请求保护电动洗衣机，它具有外箱、支撑在所述外箱中的外缸、旋转自如地配设在所述外缸中的洗涤兼脱水缸、具有设置在与所述洗涤兼脱水缸的开口部相对的位置上的盖的并关闭所述外箱的顶面的顶盖，其特征在于，在所述盖上形成有连通所述洗涤兼脱水缸的内部与所述外箱的外部的吸气口，在脱水工序结束后，所述洗涤兼脱水缸一旦停止或连续地旋转规定时间，通过所述洗涤兼脱水缸的旋转作用在所述洗涤兼脱水缸内产生压力，并且从所述吸气口将在所述外箱外部的空气吸入所述洗涤兼脱水缸内，使从所述外箱外部吸收的外部空气直接接触所述洗涤兼脱水缸内的洗涤物，在所述洗涤兼脱水缸的内底部上，旋转自如地设有搅拌洗涤物用的旋翼，在所述旋翼上穿设有许多旋翼通气孔。

权利要求2请求保护的技术方案与权利要求1请求保护的技术方案相比，除了增加如下技术特征外，其他技术特征与权利要求1相同。增加的技术特征为：在脱水工序结束后，所述洗涤兼脱水缸一旦停止或连续地旋转规定时间，通过所述洗涤兼脱水缸的旋转作用在所述洗涤兼脱水缸内产生压力。该技术特征也未被对比文件1或2公开，并且由于采用了该技术特征，可以获得如下技术效果：在脱水工序结束后，使投入了洗涤物的洗涤兼脱水缸旋转，利用该洗涤兼脱水缸的旋转力将空气流取入上述洗涤兼脱水缸，使该空气与上述洗涤兼脱水缸内的洗涤物接触，可使洗涤物的水分气化蒸发（说明书第7页第5自然段）。其他技术特征的评述参见对权利要求1的详细评述。因此，权利要求2相对于对比文件1和2具有突出的实质性特点和显著的进步，符合专利法第二十二条第三款的规定。

权利要求3~7均是对权利要求1或2的进一步限定，因此，在独立权利要求1和2具备创造性的基础上，它们的从属权利要求也具备创造性。

综上所述，权利要求1~7符合专利法第二十二条第三款的规定。

三、决定

撤销国家知识产权局于2005年5月13日对02140668.5号发明专利申请作出的驳回决定。

由国家知识产权局原审查部门依据请求人于2005年7月25日提交的权利要求第1~7项、2005年3月29日提交的说明书第1~7页、说明书摘要、2002年7月12日提交的说明书附图第1~12页和摘要附图继续审批程序。

根据专利法第四十一条的规定，请求人对本决定不服的，可以自收到决定之日起三个月内向北京市第一中级人民法院起诉。

282

一种鼠标指向标住处处理方法和设备案

复审请求审查决定（第 9643 号）

决　定　号　第 9643 号
决　定　日　2006 年 12 月 11 日
发明创造名称　一种鼠标指向标住处处理方法和设备
国 际 分 类 号　G06F 3/033
复 审 请 求 人　张　逶
申　请　号　02100240.1
申　请　日　2002 年 1 月 10 日
公　开　日　2003 年 7 月 23 日
合 议 组 组 长　黄毅斐
主　审　员　詹靖康
参　审　员　杜　宇

法 律 依 据　专利法实施细则第二条第一款
决 定 要 点

若一项方案未采用技术手段来解决技术问题以获得技术效果，则该方案不属于专利法意义上的技术方案，不能被授予专利权。

一、案由

本复审请求涉及名称为“一种鼠标指向标信息处理方法和设备”的 02100240.1 号发明专利申请（下称本申请），申请人为张逶，申请日为 2002 年 1 月 10 日，公开日为 2003 年 7 月 23 日。

国家知识产权局依法对本申请进行了实质审查，于 2003 年 12 月 26 日发出第一次审查意见通知书，指出本申请权利要求 1 不属于专利法实施细则第二条第一款规定的专利法意义上的技术方案，不能被授予专利权。

2004 年 4 月 30 日，申请人针对上述通知书提交了权利要求第 1～10 项的修改替换页。

修改后的权利要求如下：

“1. 一种（鼠标）指向标信息处理方法，其特征在于：鼠标指向标的追踪定位程序；

2. 根据权利要求 1 所述的一种（鼠标）指向标信息处理方法，其特征在于：鼠标指向标信息显示程序；

3. 根据权利要求 1 所述的一种（鼠标）指向标信息处理方法，其特征在于：鼠标指向标信息接收程序；

4. 根据权利要求 1 所述的一种（鼠标）指向标信息处理方法，其特征在于：鼠标指向标数据库存储程序；

5. 根据权利要求 1 所述的一种（鼠标）指向标信息处理方法，其特征在于：鼠标指向标信息内换存储程序；

6. 根据权利要求1所述的一种（鼠标）指向标信息处理方法，其特征在于：鼠标指向标信息的更换程序；

7. 根据权利要求1所述的一种（鼠标）指向标信息处理方法，其特征在于：鼠标指向标信息的时间控制程序；

8. 根据权利要求1所述的一种（鼠标）指向标信息处理方法，其特征在于：鼠标指向标信息的内容和形式或面积定时更换程序；

9. 根据权利要求1所述的一种（鼠标）指向标信息处理方法，其特征在于：鼠标指向标信息的放大缩小程序；

10. 根据权利要求1所述的一种（鼠标）指向标信息处理方法，其特征在于：包括以上特征之一：

（1）鼠标指向标信息的点击（次数）控制更换程序

（2）鼠标指向标信息的外移程序

（3）鼠标指向标信息多级显示程序

（4）鼠标指向标信息按键点击程序

（5）鼠标指向标信息点击显示控制程序

（6）鼠标指向标信息接收外连机向本机发送更新指向标存储程序当中的新数据程序。”

经过上述审查程序后，国家知识产权局以本申请不符合专利法实施细则第二条第一款的规定为理由，于2004年7月9日依据专利法第三十八条作出了驳回本专利申请的决定。驳回决定指出，本申请权利要求1请求保护一种（鼠标）指向标信息处理方法，其特征在于鼠标指向标的追踪定位程序，它不是专利法意义上的技术方案，不符合专利法实施细则第二条第一款的规定。其从属权利要求2~10存在相同的问题。

申请人（下称复审请求人）不服上述驳回决定，于2004年10月13日向专利复审委员会提出复审请求，但并无具体意见陈述，也未对申请文件作出修改。

形式审查合格后，专利复审委员会受理了该复审请求，于2004年11月1日向请求人发出复审请求受理通知书，并将本案转送至原审查部门进行前置审查。

原审查部门对该复审请求作出前置审查意见，仍然坚持原驳回决定及其理由。

专利复审委员会依法成立合议组对本复审请求进行审理。合议组于2005年10月13日向复审请求人发出复审通知书，通知书中指出：权利要求1的方案没有采用技术手段解决技术问题以获得技术效果，不构成技术方案，不符合专利法实施细则第二条第一款的规定，是不能被授予专利权的，其从属权利要求2~10也不能被允许。

针对合议组2005年10月13日发出的复审通知书，复审请求人于2005年11月25日提交了权利要求书的修改替换页，但未进行具体的意见陈述。修改后的权利要求书如下：

“1. 一种（鼠标）指向标信息处理方法，其特征在于：包含以下步骤之一：

（1）鼠标指向标的追踪定位步骤；

（2）鼠标指向标信息显示步骤；

（3）鼠标指向标信息接收步骤；

（4）鼠标指向标数据库存储步骤；

（5）鼠标指向标信息内换存储步骤；

（6）鼠标指向标信息的更换步骤；

（7）鼠标指向标信息的时间控制步骤；

（8）鼠标指向标信息的内容和形式或面积定时更换步骤；

（9）鼠标指向标信息的放大缩小步骤；

2. 根据权利要求 1 所述的一种（鼠标）指向标信息处理方法，其特征在于：包括以上特征之一：

（1）鼠标指向标信息的点击（次数）控制更换程序

（2）鼠标指向标信息的外移程序

（3）鼠标指向标信息多级显示程序

（4）鼠标指向标信息按键点击程序

（5）鼠标指向标信息点击显示控制程序

（6）鼠标指向标信息接收连机向本机发送更新指向标存储程序当中的新数据程序。”

至此，合议组认为本案事实清楚，可以作出如下决定：

二、决定的理由

1. 决定针对的文本

本复审决定针对的文本是 2002 年 1 月 10 日提交的说明书第 1 ~ 11 页、附图第 1 页、说明书摘要、摘要附图；2005 年 11 月 25 日提交的权利要求第 1、2 项。

2. 关于专利法实施细则第二条第一款

专利法实施细则第二条第一款规定，专利法所称发明，是指对产品、方法或者其改进提出的新的技术方案。本申请权利要求 1（鼠标）指向标信息处理方法的方案是包含以下步骤之一：鼠标指向标的追踪定位步骤；鼠标指向标信息显示步骤；鼠标指向标信息接收步骤；鼠标指向标数据库存储步骤；鼠标指向标信息内换存储步骤；鼠标指向标信息的更换步骤；鼠标指向标信息的时间控制步骤；鼠标指向标信息的内容和形式或面积定时更换步骤；鼠标指向标信息的放大缩小步骤。上述的任意一个步骤无法解决任何技术问题，产生任何技术效果，也就是说以上的任意一个步骤无法构成一个专利法意义上的技术方案。即，本申请权利要求 1 的方案不属于专利法实施细则第二条第一款规定的技术方案，不属于专利保护的客体。从属权利要求 2 也存在相同问题。

综上所述，权利要求 1、2 都不属于专利法实施细则第二条第一款规定的技术方案，复审请求人提出的复审理由不能成立。

三、决定

驳回复审请求，维持国家知识产权局于 2005 年 4 月 16 日作出的驳回 02100240.1 号发明专利申请的驳回决定。

复审请求人如对本决定不服，可根据专利法第四十一条第二款的规定，在收到本决定之日起三个月内向北京市第一中级人民法院起诉。

283

电子文件显示装置、其方法和记录媒体案

复审请求审查决定（第9644号）

决　　定　　号　第9644号
决　　定　　日　2006年12月4日
发明创造名称　电子文件显示装置、其方法和记录媒体
国际分类号　G06F 17/30G06F 17/28
复审请求人　世嘉股份有限公司
申　　请　　号　97190593.2
申　　请　　日　1997年5月22日
公　　开　　日　1998年9月30日
合议组组长　张　度
主　　审　　员　詹靖康
参　　审　　员　涂洪文

法律依据　专利法第二十二条第三款
决定要点

若某权利要求的技术方案相对于某对比文件是非显而易见的，则该权利要求相对于该对比文件具备创造性。

一、案由

本复审请求涉及名称为“电子文件显示装置、其方法和记录媒体”的97190593.2号发明专利申请（下称本申请），申请人为世嘉股份有限公司，申请日为1997年5月22日，进入中国国家阶段日为1998年1月22日，优先权日为1996年5月22日，公开日为1998年9月30日。

其公开文本权利要求如下：

“1. 一种电子文件显示装置，具有下述部分：用于指示文件检索的输入装置；使之预先存储由一个以上的记录构成的文件表的第1存储装置；存储表示从上述存储装置中一次以上检索过的记录的检索状况的属性信息的第2存储装置；显示所检索到的记录的显示装置；接受上述输入装置的输出信号后，从上述第1存储装置中检索该输出信号所指示的记录，读取与该本检索到的记录相对应的上述第2存储装置的属性信息，并用以所读取到的属性信息为基础的显示形态把该记录显示在上述显示装置上的处理装置。

2. 权利要求1所述的电子文件显示装置，其特征是：上述处理装置在从上述第1存储装置中检索记录的情况下，根据该新的检索来更新与已存储在第2存储装置中的该记录对应的属性信息。

3. 权利要求1所述的电子文件显示装置，其特征是：上述处理装置在从上述第1存储装置中检索记录之际，在与该记录对应的属性信息尚未存储在第2存储装置中的情况下，就新生成与该记录对应的属性信息。

4. 权利要求 1 ~ 3 中的任意一项权利要求所述的电子文件显示装置，其特征是：上述第 2 存储装置由对多个使用者中的每一个分别设置的多个存储区域构成，这些多个存储区域每一个都存储上述属性信息。

5. 权利要求 1 ~ 4 中的任意一项权利要求所述的电子文件显示装置，其特征是：上述第 1 存储装置存储多种上述文件表，上述第 2 存储装置的多个存储区域分别存储使用上述多种文件表中的哪一个表的指定信息，上述处理装置根据上述指定信息检索上述第 1 存储装置的对应文件表。

6. 权利要求 1 ~ 5 中的任意一项权利要求所述的电子文件显示装置，其特征是：具备输出时间信号的定时器，且上述处理装置把检索上述第 1 存储装置时的上述时间信号存储在上述第 2 存储装置中的同时，根据上述时间信号显示检索时间。

7. 权利要求 6 所述的电子文件显示装置，其特征是：上述处理装置根据上述时间信号以规定的定时消去已存储在上述第 2 存储装置中的属性信息。

8. 权利要求 1 ~ 6 中的任意一项权利要求所述的电子文件显示装置，其特征是：在虽然已被检索但没更新上述属性信息的次数已超过了规定次数的时候，就消去上述属性信息。

9. 权利要求 1 ~ 8 中的任意一项权利要求所述的电子文件显示装置，其特征是：上述处理装置把对同一记录的检索次数作为上述第 2 存储装置的属性信息进行记录。

10. 权利要求 1 ~ 8 中的任意一项权利要求所述的电子文件显示装置，其特征是：上述处理装置把对同一记录的检索频度作为上述第 2 存储装置的属性信息进行记录。

11. 权利要求 1 ~ 8 中的任意一项权利要求所述的电子文件显示装置，其特征是：上述处理装置根据已存储在上述第 2 存储装置中的属性信息改变所要显示的记录的颜色。

12. 权利要求 1 ~ 8 中的任意一项权利要求所述的电子文件显示装置，其特征是：上述处理装置根据已存储在上述第 2 存储装置中的属性信息使所要显示的记录时亮时灭地进行显示。

13. 一种电子文件显示方法，具备下述步骤：第 1 步骤，接受用来指示进行文件检索的输入装置的输出信号，以检索已预先存储了由一个以上的记录构成的文件表的第 1 存储装置；第 2 步骤，从第 2 存储装置中读取表示在上述第 1 步骤中从上述第 1 存储装置中已检索过一次以上的记录的检索状况的属性信息；第 3 步骤，根据有上述第 2 步骤读取到的属性信息，用显示形态显示在上述第 1 步骤中所检索到的记录。

14. 一种记录媒体，这是一种在计算机中存储有执行由下述步骤构成的程序的可以进行机械读取的记录媒体。上述步骤是：第 1 步骤，接受用来指示进行文件检索的输入装置的输出信号，以检索已预先存储了由一个以上的记录构成的文件表的第 1 存储装置；第 2 步骤，从第 2 存储装置中读取表示在上述第 1 步骤中从上述第 1 存储装置中已检索过一次以上的记录的检索状况的属性信息；第 3 步骤，根据有上述第 2 步骤读取到的属性信息，用显示形态显示在上述第 1 步骤中所检索到的记录。”

国家知识产权局依法对本申请进行了实质审查，于 2004 年 1 月 9 日发出第一次审查意见通知书并指出，对比文件 1（CN1109612A，公开日为 1995 年 10 月 4 日）公开了一种查询辅助装置的以下部件及其运作方式（参见权利要求书、说明书第 2 ~ 4 页、说明书摘要）：（1）输入查询资料库所需特定字句的键盘；（2）存储系统运行程序的只读存储器；（3）用来存储系统作业或者资料库查询相关的暂时性或永久性资料与变量的随机存取存储器；（4）用来显示资料库内容或系统运作相关信息的显示屏；（5）一中央处理单元，用于根据上述只读存储器、随机存取存储器、键盘、及由一个以上的接口电路装置输入的相关资料执行运作。对比文件 1 的技术方案与本申请的方案相比实质是相同的，本申请权利要求 1、13 相对于 CN1109612（下称对比文件 1）不具有专利法第二十二条第二款规定新颖性。权利要求 2 ~ 12 的附加技术特征属于公知常识，上述权利要求相对于对比文件 1 不符合专利法第二十二条第三款有关创造性的规定，权利要求 14 属于专利法第二十五条规定的不授予专利权的范围。

2004 年 5 月 17 日，申请人针对上述通知书提交了权利要求第 1～12 项以及说明书第 1 页的修改替换页，删除了原权利要求 2 和 14，将原权利要求 2 的内容增加到权利要求 1 和权利要求 12 中。申请人认为，权利要求 1 的方案具有对比文件的现有技术不具备的功能，权利要求 1 及其从属权利要求 2～11 具备创造性。同理，权利要求 12 也具备创造性。

修改后的权利要求如下：

“1. 一种电子文件显示装置，具有下述部分：

用于指示文件检索的输入装置；

使之预先存储由一个以上的记录构成的文件表的第 1 存储装置；

存储表示从上述存储装置中一次以上检索过的记录的检索状况的属性信息的第 2 存储装置；

显示所检索到的记录的显示装置；

接受上述输入装置的输出信号后，从上述第 1 存储装置中检索该输出信号所指示的记录，读取与该本检索到的记录相对应的上述第 2 存储装置的属性信息，并用以所读取到的属性信息为基础的显示形态把该记录显示在上述显示装置上的处理装置，其中，上述处理装置在从上述第 1 存储装置中检索记录的情况下，根据该新的检索来更新与已存储在第 2 存储装置中的该记录对应的属性信息。

2. 权利要求 1 所述的电子文件显示装置，其特征是：上述处理装置在从上述第 1 存储装置中检索记录之际，在与该记录对应的属性信息尚未存储在第 2 存储装置中的情况下，就新生成与该记录对应的属性信息。

3. 权利要求 1～2 中的任意一项权利要求所述的电子文件显示装置，其特征是：上述第 2 存储装置由对多个使用者中的每一个分别设置的多个存储区域构成，这些多个存储区域每一个都存储上述属性信息。

4. 权利要求 1～2 中的任意一项权利要求所述的电子文件显示装置，其特征是：上述第 1 存储装置存储多种上述文件表，上述第 2 存储装置的多个存储区域分别存储使用上述多种文件表中的哪一个表的指定信息，上述处理装置根据上述指定信息检索上述第 1 存储装置的对应文件表。

5. 权利要求 1～4 中的任意一项权利要求所述的电子文件显示装置，其特征是：具备输出时间信号的定时器，且上述处理装置把检索上述第 1 存储装置时的上述时间信号存储在上述第 2 存储装置中的同时，根据上述时间信号显示检索时间。

6. 权利要求 5 所述的电子文件显示装置，其特征是：上述处理装置根据上述时间信号以规定的定时消去已存储在上述第 2 存储装置中的属性信息。

7. 权利要求 1～5 中的任意一项权利要求所述的电子文件显示装置，其特征是：在虽然已被检索但没更新上述属性信息的次数已超过了规定次数的时候，就消去上述属性信息。

8. 权利要求 1～7 中的任意一项权利要求所述的电子文件显示装置，其特征是：上述处理装置把对同一记录的检索次数作为上述第 2 存储装置的属性信息进行记录。

9. 权利要求 1～7 中的任意一项权利要求所述的电子文件显示装置，其特征是：上述处理装置把对同一记录的检索频度作为上述第 2 存储装置的属性信息进行记录。

10. 权利要求 1～7 中的任意一项权利要求所述的电子文件显示装置，其特征是：上述处理装置根据已存储在上述第 2 存储装置中的属性信息改变所要显示的记录的颜色。

11. 权利要求 1～7 中的任意一项权利要求所述的电子文件显示装置，其特征是：上述处理装置根据已存储在上述第 2 存储装置中的属性信息使所要显示的记录时亮时灭地进行显示。

12. 一种电子文件显示方法，具备下述步骤：

第1步骤，接受用来指示进行文件检索的输入装置的输出信号，以检索已预先存储了由一个以上的记录构成的文件表的第1存储装置；

第2步骤，从第2存储装置中读取表示在上述第1步骤中从上述第1存储装置中已检索过一次以上的记录的检索状况的属性信息；

第3步骤，根据有上述第2步骤读取到的属性信息，用显示形态显示在上述第1步骤中所检索到的记录，

其中，从上述第1存储装置中检索记录的情况下，根据该新的检索来更新与已存储在第2存储装置中的该记录对应的属性信息。”

经过上述审查程序后，国家知识产权局以本申请不符合专利法第二十二条第三款为理由，于2004年7月2日依据专利法第三十八条作出了驳回该专利申请的决定。驳回针对的文本是1998年1月22日提交的说明书第2～12页、说明书附图第1～10页、说明书摘要、摘要附图，2004年5月17日提交的权利要求第1～12项、说明书第1页。驳回决定指出，修改后的权利要求未克服第一次审查意见通知书指出的缺陷，权利要求1～12仍不符合专利法第二十二条第三款的规定。

申请人（下称复审请求人）不服上述驳回决定，于2004年10月12日向专利复审委员会提出复审请求，未对申请文件作出修改。

复审请求人认为，对比文件1并没有教导在第2存储装置中存储由表示从第1存储装置中一次以上检索过的记录的检索状态属性信息，并且处理装置在从第1存储装置检索记录的过程中，根据新的检索，更新存储在第2存储装置中的与该记录有关的属性数据。对比文件1的方案不具有显示单词的历史检索状态的功能。可见，权利要求1、12相对于对比文件1具备专利法第二十二条第三款规定的创造性，权利要求1的从属权利要求2～11同样也具备创造性。

形式审查合格后，专利复审委员会受理了该复审请求，于2004年11月8日向复审请求人发出专利复审请求受理通知书，并将本案转送至原审查部门进行前置审查。

原审查部门对该复审请求作出前置审查意见，仍然坚持原驳回决定及其理由。

至此，合议组认为本案事实清楚，可以作出如下决定。

二、决定的理由

1. 决定针对的文本

本复审决定针对的文本是1998年1月22日提交的说明书第2～12页、说明书附图第1～10页、说明书摘要、摘要附图，2004年5月17日提交的权利要求第1～12项、说明书第1页。

2. 关于创造性

专利法第二十二条第三款规定：创造性，是指同申请日以前已有的技术相比，该发明有突出的实质性特点和显著的进步。

权利要求1的电子文件显示装置，具有下述部分：用于指示文件检索的输入装置；使之预先存储由一个以上的记录构成的文件表的第1存储装置；存储表示从上述存储装置中一次以上检索过的记录的检索状况的属性信息的第2存储装置；显示所检索到的记录的显示装置；接受上述输入装置的输出信号后，从上述第1存储装置中检索该输出信号所指示的记录，读取与该本检索到的记录相对应的上述第2存储装置的属性信息，并用以所读取到的属性信息为基础的显示形态把该记录显示在上述显示装置上的处理装置，其中，上述处理装置在从上述第1存储装置中检索记录的情况下，根据该新的检索来更新与已存储在第2存储装置中的该记录对应的属性信息。该方案要解决的问题是让该装置能够显示检索内容的历史状态，从而根据使用者的客观使用情况记录一定的信息，方便使用者的继续

使用。

对比文件 1 是一种资料库可改变及扩充的阅读查询辅助装置，该装置包括（参见对比文件 1 第 3 页第 1、2 段）：一第一只读存储器、一随机存取存储器、一第三只读存储器、一第二接口电路装置及一中央处理单元，将第一只读存储器仅储存该系统运作程序，而将资料库的内容与资料库相关的处理程序存储于第二只读存储器中；并将所欲查询的特定字或句存放于该第三只存储器中。只需添购上述储存资料库内容及资料库相关处理程序的第二只读存储器替换新装置的增强型存储器即可扩充素材而不用购买新的装置。

由以上分析可知，本申请权利要求 1 的方案与对比文件 1 的方案相比较，二者要解决的技术问题完全不同。两者的技术方案不同，后者没有公开前者的“存储表示从上述存储装置中一次以上检索过的记录的检索状况的属性信息的第 2 存储装置”，也没有教导“处理装置在从第 1 存储装置检索记录的过程中，根据新的检索，更新存储在第 2 存储装置中的与该记录有关的属性数据”。前者相对于后者而言，具有显示被检索对象自身被检索次数、时间等属性的功能，达到了根据使用者的客观使用情况记录一定的信息，并运用这些信息方便使用者继续使用的技术效果。可见，权利要求 1 相对于对比文件 1 具备专利法第二十二条第三款规定的创造性。权利要求 2 ~ 11 是权利要求 1 的从属权利要求，在权利要求 1 具备创造性的基础上，其从属权利要求 2 ~ 11 同样也具备创造性。

基于与权利要求 1 相同的理由，权利要求 12 也符合专利法第二十二条第三款的规定。

综上所述，权利要求 1 ~ 12 相对于对比文件 1 具备专利法第二十二条第三款规定的创造性。

三、决定

撤销国家知识产权局于 2004 年 7 月 2 日对 97190593.2 号专利申请所作出的驳回决定，以复审请求人于 1998 年 1 月 22 日提交的说明书第 2 ~ 12 页、说明书附图第 1 ~ 10 页、说明书摘要、摘要附图，2004 年 5 月 17 日提交的权利要求第 1 ~ 12 项、说明书第 1 页为基础，由原审查部门继续进行审查程序。

复审请求人如对本决定不服，可根据专利法第四十一条第二款的规定，在收到本决定之日起三个月内向

北京市第一中级人民法院起诉。

284

一种生殖健康管理系统案

复审请求审查决定（第9672号）

决　定　号　第9672号
决　定　日　2006年11月24日
发明创造名称　一种生殖健康管理系统
国际分类号　G06F 17/60
复审请求人　广东威尔医学科技股份有限公司
专利申请号　02134728.X
申　请　日　2002年9月13日
公　开　日　2004年3月17日
合议组组长　马　昊
主　审　员　穆丽娟
参　审　员　朱芳芳

法律依据　专利法第二十二条第三款
决定要点

在对权利要求进行创造性评价时并没有检索到某技术特征作为公知常识或者作为现有技术的证据；而仅凭本申请中说明书的记载不足以认定该技术特征为公知常识。

一、案由

本复审请求涉及申请日为2002年9月13日、公开日为2004年3月17日、名称为“一种生殖健康管理系统”的发明专利申请，其申请号为02134728.X，申请人为广东威尔医学科技股份有限公司。

在实审阶段中，国家知识产权局实审部门于2004年6月18日发出第一次审查意见通知书，指出权利要求1～9不具备专利法第二十二条第三款规定的创造性。

申请人于2004年8月3日提交了意见陈述书，同时提交了权利要求书的修改文本，修改后的权利要求书内容如下：

“1. 一种生殖健康管理系统，包括

一用于处理所采集到的计划生育有关数据、图像，并带有网卡的计算机；

其特征在于：

一与计算机连接、用于采集育龄妇女相关数据和图像信息的超声检查单元，该单元包括探头、发射与接收控制电路、放大电路、整序电路、变孔径单元、聚焦单元、STC单元、动态滤波电路、模数转化器A/D、FPGA/CPLD单元、CPU、随机存储器RAM，和多路控制脉冲发生单元；

一与计算机连接，用于采集计划生育统计对象头像的摄像头；

一与计算机连接，用于采集及核对计划生育统计对象指纹的指纹识别议；

一与计算机连接，用于与IC卡配合使用，输入、输出计划生育数据、图像信息的IC卡读写器。

2. 根据权利要求1所述生殖健康管理系统，其特征在于，所述计算机系统的PCI槽插有图形数据采集卡，通过图形数据采集卡对图形和文字数据的处理。

3. 根据权利要求2所述生殖健康管理系统，其特征在于，所述计算机系统还包括声卡、显卡，以更好的实现数据输出。”

国家知识产权局实质审查部门于2004年10月22日发出了第二次审查意见通知书，指出：权利要求1与对比文件1（CN1179298A，公开日为1998年4月22日）的区别在于其管理系统还包括与计算机连接的摄像头、指纹识别仪、IC卡读写器，分别用于采集计划生育统计对象头像、采集及核对计划生育统计对象的指纹、输入和输出计划生育数据及图像信息；以及超生检查单元的具体构成不同。而对比文件2（CN2454818Y，授权公告日为2001年10月17日）公开了一种指纹、像片防伪保管箱，包括用于阅读指纹图象的阅读识别器（指纹识别仪）、用于摄取像片等图象的摄像头、智能IC卡读写器及微型计算机，分别与权利要求1中的摄像头、指纹识别仪、IC卡读写器是相对应的。同时，所述超声检查单元的构成为现有超声诊断仪器中的相应模块（本说明书第5页最后一段也有记载），也就是说其属于公知技术。因此权利要求1相对于对比文件1和2不具有突出的实质性特点和显著的进步，不符合专利法第二十二条第三款规定的创造性。在此基础上权利要求2~3相对于两对比文件也不具备创造性，不符合专利法第二十二条第三款的规定。

申请人在2004年12月13日提交了意见陈述书中认为：本申请的技术方案解决了问题并且取得了商业上的巨大成功，权利要求1~3具备创造性。

国家知识产权局实质审查部门于2005年3月4日以该申请不符合专利法第二十二条第三款有关创造性的规定为由作出驳回决定，理由与第二次审查意见通知书相同，并且认为“发明的产品在商业上的成功能否成为该发明具备创造性的前提是这种成功是由于发明的技术特征直接导致的，而不是由于销售、宣传等其他因素造成的，而申请人所提交的销售合同和陈述的理由并不足以说明该成功是由本发明的技术特征直接导致的，因此并不能作为判断创造性的依据”。

申请人（以下称为请求人）对上述驳回决定不服，于2005年5月9日向专利复审委员会提交了复审请求书。请求人在请求书中认为：审查员在评述权利要求1中提到的关于技术特征“超声检查单元”属于公知技术，在这一点上“审查员在没有做任何核实工作的情况下就简单根据说明书所述内容认为模块已经是公知技术”是不合适的，原说明书关于该技术特征的描述“超声检查单元01可以为现有的超声诊断仪器中相应模块”为“撰写人的失误”。

随后，请求人于2005年5月11日再次提交了复审请求补充意见以及权利要求和说明书的修改文本。

专利复审委员会于2005年8月31日发出了复审请求受理通知书和前置审查通知书。

在前置审查程序中，原国家知识产权局实质审查部门坚持原驳回决定，并且认为：2005年5月11日提交的权利要求2的修改部分超出了原始说明书和权利要求书记载的范围，不符合专利法第三十三条的有关规定；同时表明按照目前掌握的文献资料无法得出本申请的超声检查单元为公知技术。

随后，请求人于2005年10月14日提交一份复审程序中意见陈述书，声明放弃2005年5月11日提交的权利要求书的修改文本。

至此，合议组认为本案的事实清楚，可以在此基础上作出审查决定。

二、决定理由

1. 依据文本：

由于请求人在2005年10月14日提交的复审程序中意见陈述书中声明放弃2005年5月11日提交的权利要求书的修改文本。因此，本决定所依据文本为驳回决定所针对的文本，即2002年9月13

日提交的说明书第 1 ~4 页、附图第 1 ~2 页、说明书摘要和摘要附图，以及 2004 年 8 月 3 日提交的权利要求第 1 ~3 项。

2. 关于专利法第二十二条第三款：

审查指南第第二部分第四章 3. 2. 1 节规定的公知常识为：本领域中解决该技术问题的惯用手段，或教科书或者工具书等中披露的解决该技术问题的技术手段。

对比可知，对比文件 1 和 2 中均没有公开“超声检查单元”，由于原国家知识产权局实质审查部门在对权利要求 1 进行创造性评价时并没有检索到该“超声检查单元”作为公知常识或者作为现有技术的证据；而仅凭本申请中说明书的记载不足以认定上述“超声检查单元”为公知常识。同时权利要求 1 限定的是包含具体结构的“超声检查单元”，没有证据证明具有上述结构的“超声检查单元”属于公知常识。综上所述，权利要求 1 的技术方案与对比文件 1 和 2 的结合相比存在很明显的区别技术特征，具有突出的实质性特点和显著的进步，因此权利要求 1 是具备创造性的，符合专利法第二十二条第三款的有关规定。同时在权利要求 1 具备创造性的情况下其从属权利要求 2 ~3 也具备创造性。

三、决定

撤销国家知识产权局于 2005 年 3 月 4 日针对本申请所作出的驳回决定。

以驳回决定所针对的申请文件文本为基础，由原审查部门继续进行审批程序。

当事人对本决定不服的，可以根据专利法第四十一条第二款的规定，自收到本决定之日起三个月内向北京市第一中级人民法院起诉。

285

一种科料清单电脑软件整合方法案

复审请求审查决定（第9674号）

决　定　号　第9674号
决　定　日　2006年12月8日
发明创造名称　一种科料清单电脑软件整合方法
国际分类号　G06F 17/50
复审请求人　陈金元
专利申请号　02101786.7
申　请　日　2002年1月18日
公　开　日　2003年7月30日
合议组组长　黄毅斐
主　审　员　穆丽娟
参　审　员　李韵美

法律依据　专利法第二十六条第三款
决定要点

说明书对发明的描述应当清楚、完整，其判断标准是本领域技术人员能够实现，如果本领域技术人员按照说明书记载的内容能够实现所要保护的技术方案，则说明书的公开是充分的。

一、案由

本复审请求涉及申请日为2002年1月18日、公开日为2003年7月30日、名称为“一种物料清单电脑软件整合方法”的发明专利申请（下称本申请），其申请号为02101786.7，申请人为陈金元。

在实审阶段中，国家知识产权局实审部门于2004年8月27日发出第一次审查意见通知书，指出本申请的说明书缺少实现物料清单整合的方法流程图，因此本申请说明书未对发明作出清楚完整的说明，不符合专利法第二十六条第三款的规定。

申请人于2004年12月21日提交了意见陈述书，申请人认为：在说明书第4页第8~21行中通过文字叙述已经清楚、完整的描述了本申请的方法的技术方案，本领域的技术人员根据所述的内容和附图能够实现本申请的方法”

国家知识产权局实质审查部门于2005年3月11日以本申请不符合专利法第二十六条第三款的规定为由作出驳回决定，理由与第一次审查意见通知书相同，并且认为“虽然在说明书对物料清单整合方法的流程的各个步骤进行了说明，图3、4为步骤的流程。可是却缺少实现物料清单整合的方法流程图。而在审查指南第二部分第九章对涉及计算机程序的发明专利申请审查进行了具体规定，其中在第第二部分第九章4.1节中规定“为了清楚、完整的描述该计算机程序的主要技术特征，说明书附图中应当给出该计算机程序的主要流程图”。

申请人（以下称为请求人）对上述驳回决定不服，于2005年6月17日向专利复审委员会提交了复审请求书，并随请求书提交了说明书第4页的修改替换页。请求人在请求书中认为：在说明书的实施方式中，首先对如何实现本申请进行了说明；接着，对照图3和4两个具体实施例的流程图叙述了本申请的物料清单整合方法。因此，从这两个图所示的流程图可以清楚地得到本申请的物料清单整合方法，并且已经清楚、完整地说明了实现本申请的方法中的各个步骤，使本领域的技术人员根据上述说明，就能够实施本申请。换句话说，本申请通过实施例给出了实施物料清单整合的方法流程图，并且对本申请进行了清楚、完整的说明，因此符合专利法第二十六条第三款的规定。

专利复审委员会于2005年8月10日发出了复审请求受理通知书和前置审查通知书。

在前置审查程序中，国家知识产权局原实质审查部门坚持原驳回决定。

合议组经合议审理认为本案的事实清楚，可以在此基础上作出审查决定。

二、决定的理由

1. 依据文本：

请求人在提出复审请求时提交的说明书第4页的修改文本主要是将所涉及方法的步骤编号进行了修改，其修改符合专利法第三十三条以及专利法实施细则第六十条的有关规定，因此，本决定所依据文本为：2002年1月18日提交的权利要求第1~8项，说明书附图第1~3页以及说明书摘要，2002年3月14日提交的说明书附图第4~9页以及摘要附图，2002年6月4日提交的说明书第1、5~6页，2002年6月21日提交的说明书第2、3页以及2005年6月17日提交的说明书第4页。

2. 关于专利法第二十六条第三款：

专利法第二十六条第三款规定：说明书应当对发明或者实用新型作出清楚、完整的说明，以所属技术领域的技术人员能够实现为准；

说明书对说明的描述应当清楚、完整，其判断标准是本领域技术人员能够实现，如果本领域技术人员按照说明书记载的内容能够实现所要保护的技术方案，则说明书的公开是充分的。

合议组认为，本申请说明书的附图3A、4A所示流程图是两个具体的实施例，结合说明书中相应部分的文字描述（参见说明书第3~6页以及附图3A、4A）可以得知：（1）步骤41为“组合图设计完成”，与步骤51均“形成一设计物件的图面”，即对应于本申请物料清单电脑软件整合方法的步骤1“执行一图面制作程序”；（2）步骤43、53和步骤47、57均“籍由执行一搜寻对比程序，对比该图面中各元件资料与企业资源规划系统（ERP）资料库中的零件是否相同”，若是则将存于该企业资源规划系统中的该零件资料载入该电脑辅助绘图系统，否则要求使用者输入零件资料，即对应于本申请整合方法的步骤2“执行一搜寻对比程序”以及步骤3“执行一使用者界面程序”；（3）步骤45和步骤55分别为“建立物料清单”、“产生为物料清单资料文档”，即在WORD或EXCEL系统上建立BOM报表，对应于本申请整合方法的步骤4“执行一物料清单产生程序”。综上所述，附图3A、4A所示方法流程图的步骤结合说明书中相应部分文字描述，即可与本申请请求保护的物料清单电脑软件整合方法的四个步骤很清楚的一一对应，并且根据本申请说明书中公开的内容，本领域普通技术人员可以实现本申请所要保护的技术方案，因此，本申请的说明书（包括附图）已经对本申请技术方案作出了清楚、完整的说明，符合专利法第二十六条第三款的有关规定。

国家知识产权局原实质审查部门所提到审查指南第二部分第九章4.1节对涉及计算机程序的发明专利申请进行审查的具体规定是：“为了清楚、完整的描述该计算机程序的主要技术特征，说明书附图中应当给出该计算机程序的主要流程图”，上述规定并不是要求说明书附图必须给出主要流程图，只有在仅使用文字描述不能或者不便于清楚、完整的描述技术方案或者主要技术特征的情况下，才必须给出主要流程图；当本领域普通技术人员根据说明书文字描述结合有关附图已可以实现一项发明所要求保护的技术方案，则应当认为说明书（包括附图）已经公开充分，其对技术方案的描述是清楚、完整的，此时并不一定要求另外再给出主要流程图，因为此时的流程图并不是用于对文字部分进行补充，而仅仅是起到使文字内容更直观的作用。

三、决定

撤销国家知识产权局于2005年3月11日针对02101786.7号申请所作出的驳回决定。

以2002年1月18日提交的权利要求第1~8项，说明书附图第1~3页以及说明书摘要，2002年3月14日提交的说明书附图第4~9页以及摘要附图，2002年6月4日提交的说明书第1、5~6页，2002年6月21日提交的说明书第2、3页以及2005年6月17日提交的说明书第4页为基础，由原审查部门继续进行审批程序。

当事人对本决定不服的，可以根据专利法第四十一条第二款的规定，自收到本决定之日起三个月内向北京市第一中级人民法院起诉。

286

形成熔通借孔结构的方法案

复审请求审查决定（第9677号）

决　定　号　第9677号
决　定　日　2006年12月13日
发明创造名称　形成熔通借孔结构的方法
国 际 分 类 号　H01L 23/52、21/768、21/28、21/3205、21/30
复 审 请 求 人　联华电子股份有限公司
专 利 申 请 号　03121651.X
申　请　日　2003年3月13日
公　开　日　2004年1月21日
合 议 组 组 长　张美菊
主　审　员　朱芳芳
参　审　员　周雷鸣

法 律 依 据　专利法第二十六条第四款和第二十二条第三款
决 定 要 点

权利要求书中的每一项权利要求所要求保护的技术方案应当是所属技术领域的技术人员能够从说明书中公开的内容得到或者概括得出的技术方案，并且不得超出说明书公开的范围。

如果一项权利要求限定的技术方案与对比文件公开的技术方案相比存在的区别技术特征，其是现有技术没有教导的，同时由于这些区别技术特征的引入使得该权利要求限定的技术方案具有有益的技术效果，那么该权利要求所述的技术方案具有突出的实质性特点和显著的进步，具备创造性。

一、案由

本复审请求涉及申请日为2003年3月13日、公开日为2004年1月21日、发明名称为“形成熔通借孔结构的方法”的发明专利申请，其申请号为03121651.X，申请人为联华电子股份有限公司。

针对申请人于申请日提交的原始申请文件，国家知识产权局实质审查部门于2005年3月18日发出第一次审查意见通知书，其中引用美国专利文献US5070384A（下称对比文件1，其公开日为1991年12月3日）作为最接近的现有技术，在本次通知书中指出：权利要求1~21不符合专利法第二十二条第三款有关创造性的规定；权利要求1、6、15不符合专利法第二十六条第四款的规定；权利要求1、4、13、21不符合专利法实施细则第二十条的规定；权利要求6、15不符合专利法实施细则第二十二条第三款的规定。

申请人于2005年6月8日答复了第一次审查意见通知书，重新提交了新修改的权利要求第1~20项、说明书第1~6页和说明书摘要，同时提交了意见陈述书，陈述了权利要求1~20具备创造性的理由。

针对申请人于2005年6月8日提交的意见陈述书和修改文本，国家知识产权局实质审查部门于

2005 年 9 月 23 日发出第二次审查意见通知书，在本次通知书中指出：权利要求 1 ~ 20 不符合专利法第二十二条第三款有关创造性的规定；权利要求 1、5、14 不符合专利法第二十六条第四款的规定；权利要求 5、14 不符合专利法实施细则第二十二条第三款的规定。

申请人于 2005 年 11 月 11 日答复了第二次审查意见通知书，重新提交了新修改的权利要求第 1 ~ 12 项和说明书第 1 ~ 6 页，同时提交了意见陈述书，陈述了权利要求 1 ~ 12 具备创造性的理由。

国家知识产权局实质审查部门于 2005 年 12 月 30 日依据本申请权利要求 1 ~ 5 不符合专利法第二十二条第三款的规定和权利要求 1、6 不符合专利法第二十六条第四款的规定对本申请作出了驳回决定，驳回的主要理由是：1. 权利要求 1 与对比文件 1 的区别在于：（1）权利要求 1 中的第一电极形成于导体栓塞上，二者是分开形成的，还形成一第二导线位于该第二电极上方；（2）其中的第三介电层是一次一体形成的；上述区别技术特征（1）在本申请说明书的背景技术部分中记载，属于本领域常规技术手段，同时认为将介电层一次形成和分几次形成都是本领域的常规技术手段，即上述区别技术特征（2）为本领域的常规技术手段，且认为本申请和对比文件 1 都是在于通过形成通孔以减小电容面积来减小电容值；从而认为本申请的权利要求 1 至 5 相对于对比文件 1 没有创造性；2. 权利要求 1 中的“一第三介电层位于部分该第二介电层上方及位于该抗熔通孔的侧壁上”和权利要求 6 中的“沉积一第三介电层位于该第二介电层上方及该抗熔通孔开口的侧壁上”在说明书中没有明确记载，得不到说明书的支持。驳回针对的文本是：于 2005 年 11 月 11 日提交的权利要求第 1 ~ 12 项、说明书第 1 ~ 6 页；于 2005 年 6 月 8 日提交的说明书摘要；于申请日提交的说明书附图第 1 ~ 3 页和摘要附图。其中驳回决定所针对的文本中的独立权利要求如下：

“1. 一种抗熔通孔结构，其特征在于，包含：

一底材，其具有一第一导线及位于该底材上方的一第一介电层，该第一介电层内具有导体栓塞；

一第一电极，位于该导体栓塞上方；

位于该底材上的一第二介电层，具有一抗熔通孔开口，其中抗熔通孔开口有意不对准于该导体栓塞；

一第三介电层，位于部分该第二介电层上方及位于该抗熔通孔的侧壁上；

一第二电极，位于该第三介电层上方；及

一第二导线，位于该第二电极上方。”

“6. 一种形成抗熔通孔结构的方法，其特征在于，包含：

提供具有一第一导线的一底材；

形成一第一介电层位于该底材上方；

形成一介层洞开口位于该第一介电层内；

沉积一第一导体层以形成一导体栓塞；

形成一缓冲层位于部份该第一介电层上方；

形成一第一电极位于该缓冲层上方及该导体栓塞上方；

形成一第二介电层位于该第一电极上方；

利用一有意不对准步骤形成一抗熔通孔开口于该第二介电层内，其中该抗熔通孔开口有意不对准于该导体栓塞；

沉积一第三介电层位于该第二介电层上方及该抗熔通孔开口的侧壁上；

溅镀一第二电极位于该第三介电层上方；及

形成一第二导线位于该第二电极上方。”

申请人（下称复审请求人）对驳回决定不服，于 2006 年 3 月 1 日向专利复审委员会提出了复审请求，同时提交了新修改的权利要求第1～12页和说明书第2至3页，其中新修改的独立权利要求1和6如下：

“1. 一种抗熔通孔结构，其特征在于，包含：

一底材，其具有一第一导线及位于该底材上方的一第一介电层，该第一介电层内具有导体栓塞；

一第一电极，位于该导体栓塞上方；

位于该底材上的一第二介电层，具有一抗熔通孔开口，其中抗熔通孔开口有意不对准于该导体栓塞；

一第三介电层，位于部分该第二介电层上方及位于该抗熔通孔的一侧壁上方；

一第二电极，位于该第三介电层上方；及

一第二导线，位于该第二电极上方。”

“6. 一种形成抗熔通孔结构的方法，其特征在于，包含：

提供具有一第一导线的一底材；

形成一第一介电层位于该底材上方；

形成一介层洞开口位于该第一介电层内；

沉积一第一导体层以形成一导体栓塞；

形成一缓冲层位于部分该第一介电层上方；

形成一第一电极位于该缓冲层上方及该导体栓塞上方；

形成一第二介电层位于该第一电极上方；

利用一有意不对准步骤形成一抗熔通孔开口于该第二介电层内，其中该抗熔通孔开口有意不对准于该导体栓塞；

沉积一第三介电层位于该第二介电层上方及该抗熔通孔开口的一侧壁上方；

溅镀一第二电极位于该第三介电层上方；及

形成一第二导线位于该第二电极上方。”

其复审请求的主要理由是：（1）新修改的权利要求1和6符合专利法第二十六条第四款的规定；（2）本申请的抗熔合结构未与扩散区域耦接，且其上电极形成于抗熔通孔开口内；而对比文件1的上电极是堆叠于掺杂多晶硅以及非结晶硅的上方；（3）本申请的技术方案强调利用一有意不对准步骤形成一抗熔通孔开口于该第二介电层内，其中该抗熔通孔开口有意不对准于该导体栓塞，而在对比文件1中未揭示独立权利要求6中的“利用一刻意不对准步骤形成一抗熔开口于该第二介电层内，其中该抗熔通孔开口有意不对准于该导体栓塞”和独立权利要求1中的“一第二介电层位于该底材上，且该第二介电层具有一抗熔通孔开口，其中该抗熔通孔开口有意不对准于该导体栓塞”的技术特征；（3）本申请是强调以“不对准”的方式形成抗熔通孔，确保发生崩溃现象时只发生在导体拴塞的角落，而从对比文件1所公开的内容无法得知其“不对准”是对应于导体栓塞，因为对比文件1并未揭示“导体栓塞”的结构；综上所述，本申请的独立权利要求1和6相对于对比文件1具备创造性，且独立权利要求1和6的从属权利要求2至5和7至12也具备创造性。

经形式审查合格，专利复审委员会受理了该复审请求，并于2006年3月30日发出了复审请求受理通知书及前置审查通知书。

在前置审查程序中，原审查部门仍坚持原驳回决定。

在此基础上，专利复审委员会成立合议组对本案进行了审理。合议组在审阅了全部文件后认为，本案事实已经清楚，可以作出审查决定。

二、决定的理由

（一）关于审查文本的认定

2006 年 3 月 1 日，复审请求人在提交复审请求书的同时提交了权利要求书全文和说明书第 2、3 页，其修改内容没有超出原始申请文件的公开范围，符合专利法第三十三条和专利法实施细则第六十条的规定。因此，本决定所依据的文本是：请求人于 2006 年 3 月 1 日提交的权利要求第 1 ~ 12 项、说明书第 2、3 页、于 2005 年 11 月 11 日提交的说明书第 1、4 ~ 6 页、于 2005 年 6 月 8 日提交的说明书摘要以及于申请日提交的说明书附图第 1 ~ 3 页和摘要附图。

（二）关于专利法第二十六条第四款

专利法第二十六条第四款中规定："权利要求书应当以说明书为依据，说明要求专利保护的范围"。

权利要求书中的每一项权利要求所要求保护的技术方案应当是所属技术领域的技术人员能够从说明书中公开的内容得到或者概括得出的技术方案，并且不得超出说明书公开的范围。

1. 关于权利要求 1 和 6 是否得到说明书的支持

在本申请的说明书第 5 页第 2 段第 3、4 行明确记载"将第三介电层 28 沉积在第二介电层 24 上方及熔通借孔开口 26 的侧壁 30 上方"，由此可知权利要求 1 中的技术特征"一第三介电层位于部分该第二介电层上方及位于该抗熔通孔的侧壁上方"和权利要求 6 中的技术特征"沉积一第三介电层位于该第二介电层上方及该抗熔通孔开口的侧壁上方"为说明书中记载的内容，即权利要求 1 和 6 所要求保护的技术方案能够从说明书中公开的内容得出，因此权利要求 1 和 6 上述技术特征得到说明书的支持，不存在驳回决定所指出的不符合专利法第二十六条第四款的规定的缺陷。

（三）关于专利法二十二条第三款

根据专利法第二十二条第三款规定：发明的创造性是指同申请日以前已有的技术相比，该发明有突出的实质性特点和显著的进步。

如果一项权利要求限定的技术方案与对比文件公开的技术方案相比存在的区别技术特征，是现有技术没有教导的，同时由于这些区别技术特征的引入使得该权利要求限定的技术方案具有有益的技术效果，那么该权利要求所述的技术方案具有突出的实质性特点和显著的进步，具备创造性。

在本决定中引用原审查部门在驳回决定中所引用的对比文件 1 作为最接近的现有技术，即：

对比文件 1：US5070384A，公开日为 1991 年 12 月 3 日。

1. 关于权利要求 1 的创造性

权利要求 1 要求保护一种抗熔通孔结构，其特征在于，包含：一底材，其具有一第一导线及位于该底材上方的一第一介电层，该第一介电层内具有导体栓塞；一第一电极，位于该导体栓塞上方；位于该底材上的一第二介电层，具有一抗熔通孔开口，其中抗熔通孔开口有意不对准于该导体栓塞；一第三介电层，位于部分该第二介电层上方及位于该抗熔通孔的一侧壁上方；一第二电极，位于该第三介电层上方；及一第二导线，位于该第二电极上方。

对比文件 1 中（说明书第 2 至 12 栏以及附图 1 ~ 3g）公开了一种合并有介电质和非晶硅夹层的抗熔元件，并具体公开了如下特征：半导体衬底 10；在该半导体衬底 10 中具有第一扩散区 12（相当于权利要求 1 中的第一导线）；位于衬底 10 上方的 BPSG 钝化层 14（相当于权利要求 1 中的第一介电层），该介电层中具有暴露出上述第一扩散区 12 的开口；在该开口及所述钝化层 14 上沉积的由第一难熔金属层 18 和阻挡金属层 20 构成下电极 16；在下电极 16 上形成的绝缘层 22（相当于权利要求 1 中的第二介电层）；通过蚀刻在所述绝缘层 22 中形成的暴露出下部电极 16 的通孔（相当于权利要求 1 中的抗熔通孔开口），在该通孔底部形成的覆盖被暴露的下电极表面的介电层 24，在所述介电层 24

上方形成的填充满上述通孔的用于减小抗熔元件的电阻的砷掺杂多晶硅层 30 和用于消除抗熔元件中的寄生电容和漏电流的非晶硅层 26；以及在所述非晶硅层 26 上形成的上电极 28。虽然对比文件 1 中没有以文字形式记载在上电极 28 的上方形成与其连接的第二导线，但是对于本领域普通技术人员来说，必然会在上电极 28 的上方形成与其连接的一导线，以将上电极 28 引出，这是不言而喻的。

权利要求 1 要求保护的技术方案与对比文件 1 中公开的技术方案相比，具有下述区别技术特征：（1）第一介电层内具有导体栓塞；（2）抗熔通孔开口有意不对准于该导体栓塞；（3）第三介电层，位于部分该第二介电层上方及位于该抗熔通孔开口的一侧壁上方。

本申请所要解决现有技术中存在的问题为：（1）传统熔通通孔结构由于采用平板式电容结构而使得电容面积大，从而使得电容量增大，以致元件的执行速度低；（2）传统熔通通孔结构中的熔通通孔开口和导体栓塞采用对准式结构，因此在崩溃电压发生在整个导体栓塞上。而独立权利要求 1 正是通过上述区别技术特征，即通过使抗熔通孔开口有意不对准于该导体栓塞来保证崩溃电压只发生在导体栓塞的角落，同时通过形成覆盖抗熔通孔开口侧壁的第三介电层来减小抗熔结构中的电容面积，从而实现电容量的减小。

而对比文件 1 中没有公开上述区别技术特征，具体地，对比文件 1 中的抗熔元件的下电极直接与扩散区 12 耦接，而不存在导体栓塞结构，从而不存在抗熔通孔开口有意不对准导体栓塞的结构，且对比文件 1 中的抗熔元件中充当电容上下电极之间的电介质由抗熔通孔底部的介电层 24 和填充满抗熔通孔的且位于上述介电层 24 上方的砷掺杂多晶硅层 30 与非晶硅层 26 共同构成，由此可见，对比文件 1 中的抗熔元件的电容仍是传统的平板式电容，并未解决本申请所要解决的技术问题，也未获得相应的技术效果，即，没有获得抗熔通口有意不对准导体栓塞所带来的保证崩溃电压只发生在导体栓塞的角落的技术效果，也不能在维持同等介电层厚度的条件下降低电容面积从而减小电容量。同时也没有证据表明上述区别技术特征为本领域的公知常识，从而使得本领域的技术人员能够很容易地利用上述区别技术特征。

综上所述，独立权利要求 1 与对比文件 1 相比，具有明显的区别技术特征，同时这些区别技术特征的存在使得该项技术方案具有区别于现有技术的有益效果，因此，权利要求 1 相对于对比文件 1 具有突出的实质性特点和显著的进步，从而具备专利法第二十二条第三款规定的创造性。

2. 关于权利要求 2 ~ 5 的创造性

权利要求 2 ~ 5 是权利要求 1 的从属权利要求，由于权利要求 1 具备创造性，对其作进一步限定的从属权利要求 2 ~ 5 同样具备创造性。

基于上述理由，合议组作出下述决定。

三、决定

撤销国家知识产权局于 2005 年 12 月 30 日作出的驳回决定，由原审查部门以复审请求人于 2006 年 3 月 1 日提交的权利要求第 1 ~ 12 项、说明书第 2 ~ 3 页、于 2005 年 11 月 11 日提交的说明书第 1、4 ~ 6 页、于 2005 年 6 月 8 日提交的说明书摘要以及于申请日提交的说明书附图第 1 ~ 3 页和摘要附图为基础，继续进行审批程序。

复审请求人对本决定不服的，可根据专利法第四十一条第二款的规定，在收到本决定之日起三个月内向北京市第一中级人民法院起诉。

287

光学指纹输入设备中鉴别潜在指纹的方法和设备案

复审请求审查决定（第9678号）

决　定　号　第9678号

决　定　日　2006年12月12日

发明创造名称　光学指纹输入设备中鉴别潜在指纹的方法和设备

国 际 分 类 号　G06K 9/00

复 审 请 求 人　利真株式会社专利

申　请　号　01808785. X

申　请　日　2001年4月27日

公　开　日　2003年10月22日

合 议 组 组 长　张美菊

主　审　员　穆丽娟

参　审　员　朱芳芳

法 律 依 据　专利法第二十六条第三款

决 定 要 点

说明书对发明的描述应当清楚、完整，其判断标准是本领域技术人员能够实现，如果本领域技术人员结合说明书的描述和现有技术能够实施该发明技术方案，则应当认为说明书的公开是充分的。

一、案由

本复审请求涉及申请日为2001年4月27日、公开日为2003年10月22日、名称为“光学指纹输入设备中鉴别潜在指纹的方法和设备”的发明专利申请，其申请号为01808785. X，申请人为利真株式会社。

在实审阶段中，国家知识产权局实审部门针对原始提交的国际申请的中文译文于2004年7月30日发出第一次审查意见通知书，指出本申请的说明书没有介绍用什么方法来确定所述的三种不同基准值，不符合专利法第二十六条第三款的规定，并且当前权利要求1~42分别请求保护一种鉴别残留在光学指纹输入设备成像表面上潜在指纹的方法和设备，上述导致说明书公开不充分的缺陷也没有在当前权利要求1~42中克服。

申请人于2004年12月9日提交了意见陈述书，认为：本申请的目的是提供一种方法和一种装置，用来鉴别潜在指纹，将没有背光光源照射到成像表面的时候通过获得的图像检测到的指纹鉴别为由于外界光的存在而检测到的潜在指纹。本申请的技术方案是如何将识别的指纹作为潜在的指纹，而不是如何来识别指纹，如何确定三种基准值不是本发明的必要技术特征，本申请的技术方案只是利用了该基准值来检测指纹是否存在，而后如何将该识别的指纹作为潜在的指纹。而该基准值的确定可以由本领域的普通技术人员来确定，因此，本申请的说明书充分公开了本发明的技术方案，符合专利法第二十六条第三款的规定。

国家知识产权局实质审查部门于2005年3月11日以本申请不符合专利法第二十六条第三款的规定为由作出驳回决定，驳回决定针对的文本是原始提交的国际申请的中文译文，其驳回理由与第一次审查意见通知书相同，并且认为“基准值的获取和设定是识别潜在指纹的前提条件，尽管上述技术特征可能不是本发明的发明点，但是它们却是实现本发明的发明目的所不可缺少的。对于不同的技术方案，获取和设定所述基准值的是不同的，而其所采用的技术手段也不尽相同。而本发明说明书中恰恰没有将实现本发明所采用的获取和设定所述基准值的特定技术手段公开，从而造成本领域普通技术人员在阅读完说明书后无法获知应该采用何种方式获取和设定所述基准值，因而无法实现本发明的发明目的”。

申请人（下称请求人）不服上述驳回决定，于2005年6月23日向专利复审委员会提交了复审请求。其主要复审理由是：对于本领域的普通技术人员来说，从灰度级计算“差的和”“和”“平均值”和“色散值”是非常容易的；基准、第一基准和第二基准等都是由本领域的普通技术人员为了检查在所获取的图像中是否包含指纹而选择的值。因此，该“基准”是从“灰度级之差的和”或“灰度级的和”的数据中选择出来的；而“第一基准值”是从“灰度级的平均值”的数据中选择出来的；以及“第二灰度级”是从“灰度级的色散值”的数据中选择出来的。可知，本发明的方法并不在于如何确定这些基准值，本领域的普通技术人员在判断指纹是否存在时，很容易利用计算的“灰度级之差的和”或“灰度级的和”“灰度级的平均值”和“灰度级的色散值”来根据需要确定上述的“基准值”，从而依据上述基准值来判断是否存在指纹，从而实现本发明的目的，因此，本发明的说明书公开是充分的，符合专利法第二十六条第三款的规定。

此外，请求人对权利要求书进行修改：将权利要求5、13和19中的“基准值”修改为“第一基准值”；权利要求6、14和20中的“基准值”修改为“第二基准值”；将原始的“第一基准”修改为“第三基准值”；将原始的“第二基准值”修改为“第四基准值”。同时请求人根据权利要求的修改相应地修改了说明书。

修改后的权利要求如下：

“1. 一种鉴别残留在光学指纹输入设备成像表面上潜在指纹的方法，它通过将背光光源照射在指纹上并且从它反射回来来获得指纹图像，该方法包括以下步骤：

不用背光光源照射成像表面而获得图像；

从获得的图像检测是否存在指纹；和

如果检测到了指纹，就将由于外界光的存在而检测到的指纹鉴别为潜在指纹。

2. 如权利要求1所述的方法，其中获得图像的步骤是通过接收整帧图像来完成的。

3. 如权利要求1所述的方法，其中获得图像的步骤是通过只接收图像顶部的一部分来完成的。

4. 如权利要求1所述的方法，其中获得图像的步骤是通过利用图像传感器的一个窗口功能，只接收图像的一部分来完成的。

5. 如权利要求1～4中任意一个权利要求所述的方法，其中检测是否存在指纹的步骤包括以下子步骤：

计算X轴或者Y轴坐标上获得的图像的相邻像素的灰度级之差的和；

将计算出来的灰度级的和与一个预先设置的第一基准值进行比较；和

如果灰度级的和大于第一基准值，就认为检测到了指纹。

6. 如权利要求1～4中任意一个权利要求所述的方法，其中检测是否存在指纹的步骤包括以下子步骤：

计算获得的图像的灰度级之差的和；

将计算出来的灰度级的和与预先设置的第二基准值进行比较；和

如果灰度级的和小于这个第二基准值，就认为检测到了指纹。

7. 如权利要求1~4中任意一个权利要求所述的方法，其中检测是否存在指纹的步骤包括以下子步骤：

计算获得的图像的灰度级的平均值和色散值；和

如果计算出来的平均值小于第三个基准值，并且计算出来的色散值大于第四个基准值，就认为检测到了指纹。

8. 一种鉴别光学指纹输入设备成像表面上残留的潜在指纹的方法，它通过将背光光源照射在指纹上并且从指纹上反射回来来获得指纹图像，该方法包括以下步骤：

通过将背光光源照射到成像表面上来获得图像；

从获得的图像检测是否存在指纹；

如果已经检测到了指纹，就在背光光源的“关闭”状态获得图像；

从获得的图像检测是否存在指纹；和

如果检测到了指纹，就将它鉴别为因为外界光而检测到的潜在指纹。

9. 如权利要求8所述的方法，其中获得图像的步骤是通过接收整帧图像来完成的。

10. 如权利要求8所述的方法，其中获得图像的步骤是通过接收图像顶部的一部分来完成的。

11. 如权利要求8所述的方法，其中获得图像的步骤是通过利用图像传感器的一个窗口功能，只接收图像的一部分来完成的。

12. 如权利要求8~11中任意一个权利要求所述的方法，其中检测是否存在指纹的步骤包括以下子步骤：

计算X轴或者Y轴坐标上获得的图像的相邻像素的灰度级之差的和；

将计算出来的灰度级的和与一个预先设置的第一基准值进行比较；和

如果灰度级的和大于第一基准值，就认为检测到了指纹。

13. 如权利要求8~11中任意一个权利要求所述的方法，其中检测是否存在指纹的步骤包括以下子步骤：

计算获得的图像的灰度级之差的和；

将计算出来的灰度级的和与预先设置的第一基准值进行比较；和

如果灰度级的和小于这个第一基准值，就认为检测到了指纹。

14. 如权利要求8~11中任意一个权利要求所述的方法，其中检测是否存在指纹的步骤包括以下子步骤：

计算获得的图像的灰度级的平均值和色散值；和

如果计算出来的平均值小于第三个基准值，并且计算出来的色散值大于第四个基准值，就认为检测到了指纹。

15. 一种鉴别光学指纹输入设备成像表面上残留的潜在指纹的方法，它通过将背光光源照射在指纹上并且从指纹上反射回来来获得指纹图像，该方法包括以下步骤：

打开和关闭照射到成像表面上的背光光源，获得图像；

从背光光源的“打开”状态下获得的图像部分检测是否存在指纹；

从背光光源的“关闭”状态下获得的图像部分检测是否存在指纹；和

如果从背光光源的“打开”状态和“关闭状态”获得的图像部分都检测到了指纹，就将指纹鉴别为因为外界光而检测到的潜在指纹。

16. 如权利要求 15 所述的方法，其中获得图像的步骤是通过接收整帧图像来完成的。

17. 如权利要求 15 所述的方法，其中获得图像的步骤是通过接收图像顶部的一部分来完成的。

18. 如权利要求 15 所述的方法，其中获得图像的步骤是通过利用图像传感器的一个窗口功能，只接收图像的一部分来完成的。

19. 如权利要求 15～18 中任意一个权利要求所述的方法，其中检测是否存在指纹的步骤包括以下子步骤：

计算 X 轴或者 Y 轴坐标上获得的图像的相邻像素的灰度级之差的和；

将计算出来的灰度级的和与一个预先设置的第一基准值进行比较；和

如果灰度级的和大于第一基准值，就认为检测到了指纹。

20. 如权利要求 15～18 中任意一个权利要求所述的方法，其中检测是否存在指纹的步骤包括以下子步骤：

计算获得的图像的灰度级之差的和；

将计算出来的灰度级的和与预先设置的第二基准值进行比较；和

如果灰度级的和小于这个第二基准值，就认为检测到了指纹。

21. 如权利要求 15～18 中任意一个权利要求所述的方法，其中检测是否存在指纹的步骤包括以下子步骤：

计算获得的图像的灰度级的平均值和色散值；和

如果计算出来的平均值小于第三个基准值，并且计算出来的色散值大于第四个基准值，就认为检测到了指纹。

22. 一种鉴别指纹输入设备成像表面上残留的潜在指纹的设备，它通过将背光光源照射在指纹上并且从指纹上反射回来来获得指纹图像，该装置包括：

控制背光光源打开和关闭的背光光源控制装置；

不用背光光源照射在成像表面上而获得指纹图像的图像获得装置：

从图像获得装置获得的图像检测是否存在指纹的指纹检测装置；和

如果指纹检测装置检测到了指纹，就将指纹鉴别为因为外界光而检测到的潜在指纹的指纹鉴别装置。

23. 如权利要求 22 所述的设备，其中的图像获得装置接收整帧图像。

24. 如权利要求 22 所述的设备，其中的图像获得装置只接收图像顶部的一部分图像。

25. 如权利要求 22 所述的设备，其中的图像获得装置利用图像传感器的一个窗口功能，只接收图像的一部分。

26. 如权利要求 22～25 中任意一个权利要求所述的设备，其中的指纹检测装置包括：

将 X 轴或者 Y 轴坐标上获得的图像的相邻像素的灰度级之差加起来的计算装置；

将加起来得到的值与一个预先设置的第一基准值进行比较的比较装置；和

如果加起来得到的值小于预先设置的第一基准值，就认为检测到了指纹的鉴别装置。

27. 如权利要求 22～25 中任意一个权利要求所述的设备，其中的指纹检测装置包括：

将获得的图像的灰度级加起来的计算装置；

将加起来得到的值与预先设置的第二基准值进行比较的比较装置；和

如果加起来得到的值小于这个第二基准值，就认为检测到了指纹的鉴别装置。

28. 如权利要求 22～25 中任意一个权利要求所述的设备，其中的指纹检测装置包括：

计算获得的图像的灰度级的平均值和色散值的计算装置；和

如果计算出来的平均值小于第三个基准值，并且计算出来的色散值大于第四个基准值，就认为检测到了指纹的鉴别装置。

29. 一种鉴别光学指纹输入设备成像表面上残留的潜在指纹的设备，它通过将背光光源照射在指纹上并且从指纹上反射回来来获得指纹图像，该设备包括：

控制背光光源打开和关闭的背光光源控制装置；

在背光光源的控制下不用背光光源照射在成像表面上而获得指纹图像的图像获得装置；

从图像获得装置获得的图像检测是否存在指纹的指纹检测装置；

其中如果指纹检测装置检测到了指纹，图像获得装置就重新获得图像而不用背光光源照亮成像表面；以及如果指纹获得装置从重新获得的图像检测到了指纹，就将指纹鉴别为因为外界光而检测到的潜在指纹的潜在指纹鉴别装置。

30. 如权利要求 29 所述的设备，其中的图像获得装置接收整屏图像。

31. 如权利要求 29 所述的设备，其中的图像获得装置只接收图像顶部的一部分图像。

32. 如权利要求 29 所述的设备，其中的图像获得装置利用图像传感器的一个窗口功能，只接收图像的一部分。

33. 如权利要求 29 ~ 32 中任意一个权利要求所述的设备，其中的指纹检测装置包括：

将 X 轴或者 Y 轴坐标上获得的图像的相邻像素的灰度级之差加起来的计算装置；

将加起来得到的值与一个预先设置的第一基准值进行比较的比较装置；和

如果加起来得到的值大于预先设置的第一基准值，就认为检测到了指纹的鉴别装置。

34. 如权利要求 29 ~ 32 中任意一个权利要求所述的设备，其中的指纹检测装置包括：

将获得的图像的灰度级加起来的计算装置；

将加起来得到的值与预先设置的第二基准值进行比较的比较装置；和

如果加起来得到的值小于这个第二基准值，就认为检测到了指纹的鉴别装置。

35. 如权利要求 29 ~ 32 中任意一个权利要求所述的设备，其中的指纹检测装置包括：

计算获得的图像的灰度级的平均值和色散值的计算装置；和

如果计算出来的平均值小于第三个基准值，并且计算出来的色散值大于第四个基准值，就认为检测到了指纹的鉴别装置。

36. 一种鉴别光学指纹输入设备成像表面上残留的潜在指纹的设备，它通过将背光光源照射在指纹上并且从指纹上反射回来来获得指纹图像，该设备包括：

控制背光光源打开和关闭的背光光源控制装置；

打开和关闭照射在成像表面的背光光源而获得指纹图像的图像获得装置；

在背光光源的“打开”状态和背光光源的“关闭”状态，分别从获得的图像部分检测是否存在指纹的指纹检测装置；

如果在背光光源的“打开”和“关闭”状态下获得的图像部分中都检测到了指纹，用于将指纹鉴别为是因为外界光而检测到的潜在指纹的潜在指纹鉴别装置。

37. 如权利要求 36 所述的设备，其中的图像获得装置接收整屏图像。

38. 如权利要求 36 所述的设备，其中的图像获得装置只接收图像顶部的一部分图像。

39. 如权利要求 36 所述的设备，其中的图像获得装置利用图像传感器的一个窗口功能，只接收图像的一部分。

40. 如权利要求 36 ~ 39 中任意一个权利要求所述的设备，其中的指纹检测装置包括：

将 X 轴或者 Y 轴坐标上获得的图像的相邻像素的灰度级之差加起来的计算装置；

将加起来得到的值与一个预先设置的第一基准值进行比较的比较装置；和

如果加起来得到的值大于预先设置的第一基准值，就认为检测到了指纹的鉴别装置。

41. 如权利要求36～39中任意一个权利要求所述的设备，其中的指纹检测装置包括：

将获得的图像的灰度级加起来的计算装置；

将加起来得到的值与一个预先设置的第二基准值进行比较的比较装置；和

如果加起来得到的值小于预先设置的第二基准值，就认为检测到了指纹的鉴别装置。

42. 如果权利要求36～39中任意一个权利要求所述的设备，其中所述的指纹检测设备包括：

用于计算所获得图像的灰度级的平均值和离散值的计算装置；和

如果计算出来的平均值小于第三个基准值，并且计算出来得到的离散值大于第四个基准值，就认为检测到了指纹的鉴别装置。"

经形式审查合格后，专利复审委员会受理了此复审请求，并于2005年8月29日向请求人发出复审请求受理通知书，同时向国家知识产权局原审查部门发出前置审查通知书。在前置审查意见书中，国家知识产权局原审查部门坚持原驳回决定。

至此，合议组认为本案的事实清楚，可以在此基础上作出审查决定。

二、决定理由

1. 依据文本：

请求人在提出复审请求提交的修改文本符合专利法第三十三条以及专利法实施细则第六十条的有关规定，因此，本决定所依据文本为：按进入中国国家阶段是提交的国际申请文件的中文译文中的说明书附图1～11页、说明书摘要以及摘要附图，于2005年6月23日提交的说明书第1～11页以及权利要求1～42项。

2. 关于专利法第二十六条第三款：

专利法第二十六条第三款规定：说明书应当对发明或者实用新型作出清楚、完整的说明，以所属技术领域的技术人员能够实现为准。

说明书对发明的描述应当清楚、完整，其判断标准是本领域技术人员能够实现，如果本领域技术人员结合说明书的描述以及他所知晓的本领域的普通技术知识能够实施该发明的技术方案，解决其技术问题，并产生预期的技术效果，则应当认为说明书的公开是充分的。

根据说明书，本申请所要解决的技术问题是精确地鉴别潜在指纹，针对该技术问题，本申请采用的技术方案是将没有背光光源照射到成像表面的时候通过获得的图像检测到的指纹鉴别为由于外界光的存在而检测到的潜在指纹。检测指纹的存在是通过下列三种方式来实现的：一、计算X轴或Y轴坐标上获得的图像相邻像素的灰度级之差的和，当灰度级之差的和大于第一基准值时，就认为检测到了指纹；二、计算获得图像的灰度级的和，当灰度级的和小于第二基准值时，就认为检测到了指纹；三、计算灰获得的图像的度级的平均值和色散值，当灰度级的平均值小于第三基准值并且灰度级的色散值大于第四基准值时，就认为检测到了指纹。说明书中已经说明这些基准值都是预先设置的基准值，因此合议组认为上述四个基准值都是由本领域的普通技术人员为了检查在所获取的图像中是否包含指纹，根据精度可通过简单试验选择的具体数值，并不需要任何特定的技术手段来实现；本领域普通技术人员可以得知，为了能检测出指纹，第一基准值是从"灰度级之差的和"数据中选择出来的适合的值，第二基准值是从"灰度级的和"数据中选择出来的适合的值，同样的，第三基准值是从"灰度级的平均值"数据中选择出来的适合的值，第四基准值是从"灰度级的色散值"数种选择出来的适合的值。因此，根据本申请现有的描述，本领域普通技术人员可以在不付出创造性劳动的基础上实现本申请说明书技术方案中基准值的选择和预设，因此，本申请的说明书不存在驳回决定所指出的不符合专利法第二十六条第三款有关规定的缺陷。

三、决定

撤销国家知识产权局于2005年3月11日针对本申请所作出的驳回决定。

以按进入中国国家阶段是提交的国际申请文件的中文译文中的说明书附图1～11页、说明书摘要以及摘要附图，于2005年6月23日提交的说明书第1～11页以及权利要求1～42项为基础，由原审查部门继续进行审批程序。

当事人对本决定不服的，可以根据专利法第四十一条第二款的规定，自收到本决定之日起三个月内向北京市第一中级人民法院起诉。

288

支付获胜的赌注的方法案

复审请求审查决定（第9679号）

决　定　号　第9679号
决　定　日　2006年12月14日
发明创造名称　支付获胜的赌注的方法
国际分类号　G06F 17/60　A63F 5/00
复审请求人　克拉伦斯·欧内斯特·鲁德
专利申请号　99815587. X
申　请　日　1999年12月6日
公　开　日　2002年1月30日
合议组组长　崔哲勇
主　审　员　穆丽娟
参　审　员　孙治国

法律依据　专利法实施细则第五十一条第三款　专利法第三十八条
决定要点

审查员在作出驳回决定之前没有给予申请人对于驳回所依据的事实和理由陈述意见的机会，因此不符合听证原则，违反了法定程序。

一、案由

本复审请求涉及申请日为1999年12月6日、公开日为2002年1月30日、名称为“支付获胜的赌注的方法”的发明专利申请，其申请号为99815587. X，申请人为克拉伦斯·欧内斯特·鲁德。

在实审阶段中，国家知识产权局实审部门于2004年6月4日发出第一次审查意见通知书，指出权利要求1～6不具备专利法第二十二条第三款规定的创造性；权利要求7～11不构成技术方案，属于专利法第二十五条第一款之（二）中不授予专利权的主题。

申请人于2004年9月17日提交了意见陈述书，同时提交了权利要求书的修改文本，认为：修改后的权利要求1～15采用了相应的技术手段来解决相应的技术问题，并取得了相应的技术效果，因此不属于专利法第二十五条第一款之（二）中不授予专利权的主题；并且修改后的权利要求1～15相对于对比文件1也具备创造性。修改后的权利要求书内容如下：

“1. 一种在轮盘赌游戏中支付获胜赌注的方法，其中多个游戏者中的每一个可以在娱乐场所的不同赔率处下几个赌注，所述方法包括下列步骤：

提供娱乐场所输入模块，用于输入获胜游戏者的多个赌注；

提供计算装置，用于为游戏者计算每一种类型的获胜赌注的支付值并总和该游戏者的总获胜值；

提供游戏者的显示屏幕，用于向轮盘赌桌周围的游戏者们显示一个游戏者的所有获胜赌注，包括每一个赌注、其类型、以及将要支付给该游戏者的总获胜值；

邻近娱乐场所输入模块提供另一个显示屏幕，用于显示输入值和将要支付给获胜游戏者的总获胜值；

定位所述另一个显示屏幕，以便管理人员可以输入获胜赌注并检查所述输入值和总获胜值显示，而不需要将他们的注意力从游戏场面移开；以及

提供链接装置，用于将计算装置和娱乐场所输入模块以及显示屏幕链接，从而在通过娱乐场所输入模块输入每一个不同的获胜赌注时，将赌注显示在游戏者的显示屏幕上并将总获胜值显示在游戏者的显示屏幕和管理人员的显示屏幕上。

2. 如权利要求1所述的方法，其中，游戏者的显示屏幕显示在每个获胜赌注下的筹码总数目、每一个获胜赌注类型的赔率、以及筹码中总获胜值和/或钱币值。

3. 如权利要求2所述的方法，其中，娱乐场所输入模块包括指定装置，用于指定各自游戏者的筹码值，从而管理人员可以通过输入在一个赌注上所下的筹码总数目来输入赌注。

4. 如权利要求3所述的方法，还包括提供具有身份识别按键的管理人员的输入模块，用于选择游戏者的令牌颜色，并且在游戏者的显示屏幕上显示所述令牌颜色。

5. 如权利要求1所述的方法，还包括提供具有多个与各种赌注类型和赌注数量相关的按键的娱乐场所输入模块，并且通过操作相应于赌注数量和赌注类型的按键来输入获胜赌注。

6. 如权利要求2所述的方法，其中，所述娱乐场所输入模块包括指定装置，用于指定各自游戏者的筹码值，从而管理人员可以通过输入在一个赌注上所下的筹码总数目来输入赌注；以及所述娱乐场所输入模块具有多个与各种赌注类型和赌注筹码数量相关的按键，并且通过操作相应于赌注筹码数量和赌注类型的按键来输入获胜赌注。

7. 如权利要求6所述的方法，还包括，通过将获胜筹码直接返回周围位置而对周围的赌注进行支付，并将周围的赌注从游戏者的显示屏幕上去除。

8. 一种支付值计算辅助装置，包括：

娱乐场所输入模块，包括：指定装置，用于指定各自游戏者的筹码值；至少一个身份识别按键，用作用于输入游戏者的识别筹码颜色的游戏者身份识别按键；以及多个与各种赌注类型和筹码赌注相关的按键；

计算装置，用于计算输入收到所述娱乐场所输入模块的获胜赌注；

游戏者的显示屏幕，用于显示所计算的获胜值；以及

管理人员的显示屏幕，用于向管理人员显示获胜赌注。

9. 如权利要求8所述的支付值计算辅助装置，其中，数据输入模块包括：0至9的数字键，用于输入赌注总值；以及下赌注的按键，相应于具有大于2：1的赔率的赌注类型。

10. 一种在娱乐场所的轮盘赌游戏中支付获胜赌注的方法，其中获胜值由权利要求9所述的帮助进行支付计算的装置计算。

11. 一种管理人员的支付值计算辅助装置，用于为由多个游戏者参与的游戏计算支付值，所述游戏允许游戏者在不同的赔率处下多个赌注，所述装置包括：

依据颜色分类的数种类型的多个筹码，每一种颜色对应于各自的游戏者；

数据输入模块，包括：标识符数据输入装置，具有专用于每一个所述颜色的数据输入按钮；筹码值数据输入装置，用于依次为具有不同赔率的每一个获胜赌注输入每一种所述筹码类型的相应货币值；赌注输入装置，用于输入相应于游戏者的获胜赌注的支付赔率的数据；以及数值输入装置，用于输入所述游戏者在所述获胜赌注上所下赌注的筹码数目；

计算模块，连接到数据输入模块，用于根据所述筹码类型数据和筹码类型数据的数值计算给所述

游戏者的支付数据、依次为具有不同赔率的每一个赌注计算支付数据、并计算获胜赌注支付赔率数据和筹码数据数值的乘积之和；

显示器，连接到计算模块，用于当数据输入到数据输入模块时，接收所述支付数据，并显示游戏者赢得的筹码数量以及所述筹码的货币值的累计总和。

12. 如权利要求11所述的支付值计算辅助装置，其中，数据输入模块包括第二显示器，用于显示输入到数据输入模块的数据。

13. 如权利要求12所述的支付值计算辅助装置，其中，所述数据输入模块包括回忆请求按键，用于请求回忆前一个计算；所述支付值计算辅助装置被安排成在激活了回忆请求按键之后，在第二显示器上显示前一个计算的细节。

14. 如权利要求12所述支付值计算辅助装置，还包括一个蜂鸣器，被安排成在管理人员将数据输入到数据输入模块时，发出蜂鸣的声音。

15. 如权利要求11所述的支付值计算辅助装置，其中，数据输入标识符装置能够使游戏者的相应彩色和其指定的货币筹码单位值被显示出来。"

国家知识产权局实质审查部门于2005年3月11日以该申请不符合专利法第二十二条第三款的规定为由作出驳回决定，理由是：权利要求11～15分别与原权利要求1～2、4～6实质上是相同的，因此不具备创造性。同时修改后的权利要求1～10与第一次审查意见通知书所针对的文本不同，属于未按照通知书的要求进行修改，不符合专利法实施细则第五十一条的规定，因此不予接受。

申请人（以下称为请求人）对上述驳回决定不服，于2005年6月27日向专利复审委员会提交了复审请求书。请求人在请求书中请求复审委员会针对2004年9月17日提交的权利要求1～15进行复审，并且认为：2004年9月17日提交的权利要求1～15采用了相应的技术手段来解决相应的技术问题，并取得了相应的技术效果，因此不属于专利法第二十一条第一款之（二）中不授予专利权的主题；并且权利要求1～15相对于对比文件1也具备创造性。

专利复审委员会于2005年8月24日发出了复审请求受理通知书和前置审查通知书，并依法成立合议组对本案进行审理。

在前置审查程序中，原国家知识产权局实质审查部门坚持原驳回决定。

至此，合议组认为本案的事实清楚，可以在此基础上作出审查决定。

二、决定理由

专利法实施细则第五十一条第三款规定：申请人在收到国务院专利行政部门发出的审查意见通知书后对申请文件进行修改的，应当按照通知书的要求进行修改。

专利法第三十八条规定：发明专利申请经申请人陈述意见或者进行修改后，国务院专利行政部门仍然认为不符合本法规定的，应当予以驳回。

审查指南（2006年版）第二部分第八章5.2.1节第（4）明确指出：如果申请人答复审查意见通知书时提交的修改文本不是按照通知书的要求作出的，而是属于上述的不能被接受的情况，则审查员应当发出修改文本不予接受通知书或审查意见通知书，说明不接受该修改文本的理由，要求申请人在指定期限内提交符合专利法实施细则第五十一条第三款规定的修改文本。

合议组认为，原审查部门没有按照审查指南的规定发出修改文本不予接受通知书或审查意见通知书，给予申请人一次修改或者陈述意见的机会，而是直接部分接受所修改的文本，并针对部分接受文本作出了驳回决定。综上所述，上述驳回决定不符合专利法第三十八条的规定，不符合听证原则，违反了法定程序。

此外，审查指南第二部分第八章5.2.1指出：在答复审查意见通知书时，如果修改的方式不符合专利法实施细则第五十一条第三款的规定，则这样的修改文本一般不予接受。

合议组认为，根据上述规定，专利法实施细则第五十一条所针对修改文本是否予以接受应当是就整个文本而言，而不应当部分不接受，部分接受，因此，原审查部门针对部分接受文本作出驳回决定的做法是不符合相关规定的。

由于本决定仅涉及程序问题，合议组不再对其他问题进行审查。

三、决定

撤销国家知识产权局于2005年3月11日针对本申请所作出的驳回决定。

以2004年9月17日提交的权利要求1~15项，进入国家阶段时即2001年7月12日提交的说明书第1~9页、附图1~4页、说明书摘要以及附图为基础，由原审查部门继续进行审批程序。

当事人对本决定不服的，可以根据专利法第四十一条第二款的规定，自收到本决定之日起三个月内向北京市第一中级人民法院起诉。

289

联机付费方法与系统案

复审请求审查决定（第9680号）

决　定　号　第9680号
决　定　日　2006年12月14日
发明创造名称　联机付费方法与系统
国际分类号　G06K 11/18　G06F 3/03　G06F 17/60　G06F 151/00
复审请求人　西尔弗布鲁克研究股份有限公司
申　请　号　00807888.2
申　请　日　2000年5月24日
公　开　日　2002年8月7日
合议组组长　马　昊
主　审　员　李韵美
参　审　员　傅　玉

法律依据　专利法实施细则第二条第一款
决定要点

如果涉及计算机程序的发明专利申请的解决方案实施的目的不是解决技术问题，或者在计算机上运行计算机程序从而对外部或内部对象进行控制或处理所反映的不是利用自然规律的技术手段，或者获得的不是受自然规律约束的效果，则这种解决方案不属于专利法实施细则第二条第一款所说的技术方案，不属于专利保护的客体。

一、案由

本复审请求涉及名称为“联机付费方法与系统”的00807888.2号发明专利申请（下称本申请），申请人是西尔弗布鲁克研究股份有限公司，优先权日为1999年5月25日（AUPQ0559）、1999年6月30日（AUPQ1313）、1999年6月30日（AUPQ1312）、1999年9月17日（AUPQ2912）、1999年10月25日（AUPQ3632），申请日为2000年5月24日，公开日为2002年8月7日。

国家知识产权局原审查部门于2003年8月29日发出了第一次审查意见通知书，在该通知书中指出权利要求1~30请求保护的是一个使人利用被打印在一个表面上的一个帐单而完成所请求的付费的方法，权利要求31~51保护的是与权利要求1~30请求保护的方法向对应的一个系统。这种方法和系统权利要求属于商业方法本身，其发明目的和效果都是非技术性的，不属于技术范畴，也不构成技术方案，不属于中国专利法保护的客体，属于专利法第二十五条第一款第二项规定的范围。

2004年3月3日，申请人针对上述审查意见通知书提交了意见陈述书以及权利要求书替换页第1~9页、说明书替换页第1~7页。申请人在意见陈述书中指出：本申请的发明目的是将基于纸张的表格和联机付费的优点结合起来，从而方便、快捷地完成有关付费，本申请的目的涉及上述两种元素结合起立的技术性手段。新权利要求1解决了将物理的表格转换成联机计算机网络中的相关形式的技术问题。权利要求1是由一系列技术手段构成的技术方案，其中记载了下列各步骤：（1）将帐单打印在一个表面上，该步骤中对帐单的识别标记和该帐单帐单上的多个参考点进行编码以产生编码数据；（2）将一个传感器相对于所述帐单可操作地放置，该步骤中利用传感器来感测编码数据以便产生相应的感测结果数据；（3）接受所述表示数据并根据该表示数据识别与所述被请求付费相关的至少一个参数，在该步骤中利用一个数据来识别其中包含的信息。以上三个步骤均为现有技术中常用的技术手段，不依赖于人的主观思维活动的技术手段。新权利要求1的技术方案能够取得的技术效果与技术问题和技术手段有内在联系，即：通过技术手段来实现对基于纸张的表格和联机付费的优点的结合，从而方便、快捷地完成有关付费。基于上述同样的理由，申请人认为其他权利要求也不属于智力活动规则和方法。因此本申请不属于专利法第二十五条第一款第二项的规定的不授予专利权的范围。

2004年4月16日，国家知识产权局原审查部门以本申请属于专利法第二十五条规定的不授予专利权的范围驳回了本申请。驳回决定指出，申请人提交的新权利要求书没有克服第一次审查意见通知书指出的缺陷，其实质没有改变，是利用计算机网络来实现传统的依据纸张付费的方法，其发明目的和效果都是非技术性的，不属于技术范畴也不构成技术方案，不属于中国专利法保护的客体，属于专利法第二十五条第一款第二项规定的范围，不能被授予专利权。

被驳回的权利要求1为：

"1. 一个使人利用被打印在一个表面上的一个帐单而完成所请求的付费的方法，该帐单包括与被请求付费相关的信息，该表面具有表示这个帐单的一个识别标记和表示这个帐单的多个参考点的编码数据，这个方法包括步骤：

使这个帐单和这个编码数据同时被打印在这个表面上；

提供一个传感器设备，当这个传感器设备被相对于这个帐单可操作地放置时，至少部分地根据探测在一个位置附近的至少一部分编码数据来产生表示数据，这个表示数据表示这个帐单的一个识别标记和这个传感器设备相对这个帐单的该位置；

在一个计算机系统中，从该传感器设备接收该表示数据；和

在这个计算机系统中，从这个表示数据中识别出与所述被请求付费相关的至少一个参数，该至少一个参数是从包括一个动作参数和一个可变参数的组中选择出来的。"

申请人西尔弗布鲁克研究股份有限公司（以下称请求人）对驳回决定不服，于2004年8月2日向专利复审委员会提交了复审请求书。请求人在提出复审请求时提交了权利要求书替换页第1~4页，说明书替换页第1~7页。基于修改后的权利要求书和说明书，请求人认为：本申请的发明目的是将基于纸张的表格和联机付费的优点结合起来，从而方便、快捷地完成有关付费。本申请的目的涉及将上述两种元素结合起来的技术性手段，因此也是技术性。这个目的是利用一系列技术手段来完成的，而不只是规定了上述结合的笼统规则。权利要求1中限定的由一系列技术手段构成的技术方案的执行过程及其执行结果均是不依赖于人的主观思维的。另外，因为联机付费方法对现有技术的贡献是技术性的，因此不应仅仅认为其实现的是付费而认为其属于商业方法。权利要求1技术方案对现有技术的贡献在于实现物理介质上承载的信息与数字计算机处理系统之间的交互通信而采取的一系列技术手段。权利要求1不属于智力活动规则和方法。基于同样的理由，权利要求2~22也不属于智力活动规则和方法。

形式审查合格后，专利复审委员会受理了该复审请求，于2004年8月16日向请求人发出了专利复审请求受理通知书，并将本案转送至原审查部门进行前置审查。

在前置审查意见中，原审查部门坚持原驳回决定。

专利复审委员会组成合议组，对本复审请求案进行了审理。

合议组于2006年8月18日发出了复审通知书，通知书中出：1. 该复审通知书所依据的文本是请求人于2004年8月2日提交的权利要求书和说明书。2. 权利要求中请求保护的技术方案所要解决的问题不属于技术问题，达到的技术效果也不属于受自然规律约束的效果，即使权利要求中的解决方案中有部分内容涉及技术手段，但由于权利要求的解决方案未解决技术问题，并且未获得技术效果，权利要求1~22不符合专利法实施细则第二条第一款的规定。

请求人于2006年9月12日提交了意见陈述书及权利要求替换页第1~4页，删除了权利要求18、19、22，并对其他权利要求进行了修改。请求人在意见陈述书中陈述了如下观点：当前权利要求1包含一系列明显的技术特征。权利要求1涉及的能够对帐单进行付费的系统包括：用于响应于和被请求付费相关的信息而打印包含该信息的帐单打印机，该帐单包含编码数据，用于该表示该帐单的识别标记和该帐单的至少一个参考点；计算机系统，其包括输入端和处理装置。其中输入端被配置成接收来自传感器设备的表示数据，该表示数据是当该传感器设备与该帐单进行交互式通信时获得的有关该帐单的识别标记和该传感器设备相对于该帐单的位置的信息；该处理装置被配制成处理该表示数据，以便根据通过处理确定的帐单识别标记和所述位置，识别与该被请求付费相关的至少一个参数。因此权利要求1不属于专利法第二十五条的规定的智力活动规则和方法。

其次权利要求1由于要将物理世界中的表格和处于虚拟数字世界中的数据传递结合起来，凭借本领域技术人员一般常识，仅仅靠规定一些规则而不将物理的表格转换成联机计算机网络中的相关形式是难于实现的。正是因为包含上述需要解决的新技术难点，因此本申请所要解决的问题是技术性的。本申请涉及使用者通过传感器设备与通过数据编码技术承载有与被请求付费相关的信息的账单以及计算系统进行交互，从而完成所要求的付费技术方案。因此本申请采用了一系列基于自然规律的手段构成了技术方案，来实现本申请的技术目的。权利要求1系统是通过完成包含与被请求付费相关的信息，账单与传感器设备以及与计算机系统之间的数据识别和数据处理这种电子数据交互作用，从而为现有技术中的对账单进行付费的系统带来了技术益处。

因此，权利要求1限定是解决技术问题的技术方案，本申请中的系统通过采用上述技术方案以改善其数据识别和处理能力，有效地实现了对有关支付信息的获取、转化、识别和传递等数据交换和处理过程，因此理应属于受自然规律约束的技术上的效果，因为该效果显然是相应的技术方案的结果而与主观愿望无关。因此请求人认为，本申请权利要求1的方案是利用技术手段实现数据处理获得符合自然规律的数据出来效果的解决方案，符合专利法实施细则第二条第一款的规定。基于类似的理由，本申请其他权利要求也符合专利法实施细则第二条第一款的规定。

修改后的权利要求1如下：

“一种能够对账单进行付费的系统，这个系统包括：

打印机，其被配置成响应于接收到与来自会计的被请求付费相关的信息而打印包含所述信息的账单，该账单包括表示这个账单的一个识别标记和表示这个账单的至少一个参考点的编码数据；和

一个计算机系统，其包括：

（a）一个输入端，其被配置成接收来自一个传感器设备的表示数据，该传感器设备基于当其被用来与该账单进行交互通信时探测到的编码数据产生该表示数据，这个表示数据表示这个账单的一个识别标记和这个传感器设备相对这个账单的位置；

（b）处理装置，其被编程和配置为处理该表示数据，以便确定该账单的识别标记和该传感器设备的该位置，以及从所确定的识别标记和位置来识别与该被请求付费相关的至少一个参数。”

至此，合议组认为本案事实清楚，可以作出复审决定。

二、决定的理由

请求人于2006年9月12日提交的权利要求书符合专利法第三十三条和专利法实施细则第六十条的规定，本复审决定依据的文本是请求人于2006年9月12日提交的权利要求第1~19项、2004年8月2日提交的说明书第1~7页、2001年11月21日提交的说明书第8~74页、说明书附图第1~46页、说明书摘要和摘要附图。

权利要求1请求保护一种能够对账单进行付费的系统，该系统包括打印机和计算机系统，其中账单上记录有识别标记和编码数据，计算机系统包括输入端与处理装置。

请求人在复审意见陈述中认为，本申请的目的是将基于纸张的表格和联机付费的优点结合起来，从而方便、快捷地完成有关付费。但是依据说明书中记载的内容可以看出，权利要求1的解决方案要解决的问题是结合纸张形式和表格进行联机付费，从而克服账单上的付费部分通常是被用手填好，并且被通过邮递系统返回的缺点。该系统解决的问题是如何根据用户的主观愿望确定如何付费，不属于技术问题。权利要求1所达到的效果也仅仅是在用户的主观愿望决定下进行付费，不属于受自然规律约束的效果。即便权利要求1的解决方案中的部分内容涉及技术手段，但由于权利要求的解决方案未解决技术问题，并且未获得技术效果，因此，权利要求1不符合专利法实施细则第二条第一款的规定。

从属权利要求2进一步限定权利要求1的系统还包括传感器设备，所述进一步限定的特征仍然没有使得权利要求2的解决方案所要解决的问题和获得的效果具有技术性。因此，权利要求2不符合专利法实施细则第二条第一款的规定。

权利要求3请求保护一个使人利用被打印在一个表面上的一个账单而完成所请求的付费的系统，该系统包括传感器设备和计算机系统。权利要求3的解决方案所要解决的问题仍然是如何根据用户的主观愿望确定如何付费，不属于技术问题（参见对权利要求1的评述）。权利要求3所达到的效果也仅仅是在用户的主观愿望确定下进行付费，不属于受自然规律约束的效果。即便权利要求3的解决方案中的部分内容涉及技术手段，但由于权利要求3的解决方案未解决技术问题，并且未获得技术效果，因此，权利要求3不符合专利法实施细则第二条第一款的规定。

从属权利要求4进一步限定了被请求付费相关的参数与账单区域的关系，权利要求5进一步限定了传感器。所述进一步限定的特征仍然没有使得权利要求4、5的解决方案所要解决的问题和获得的效果具有技术性。因此，权利要求4、5不符合专利法实施细则第二条第一款的规定。

权利要求6请求保护一种能够对账单进行付费的系统，该系统包括打印机和计算机系统。权利要求6的解决方案所要解决的问题仍然是如何根据用户的主观愿望确定如何付费，不属于技术问题（参见对权利要求1的评述）。权利要求6所达到的效果也仅仅是在用户的主观愿望确定下进行付费，不属于受自然规律约束的效果。即便权利要求6的解决方案中的部分内容涉及技术手段，但由于权利要求6的解决方案未解决技术问题，并且未获得技术效果，因此，权利要求6不符合专利法实施细则第二条第一款的规定。

权利要求7请求保护一个使人利用被打印在一个表面上的一个账单而完成所请求的付费系统，该系统包括传感器和计算机系统。权利要求7的解决方案所要解决的问题仍然是如何根据用户的主观愿望确定如何付费，不属于技术问题（参见对权利要求1的评述）。权利要求7所达到的效果也仅仅是在用户的主观愿望确定下进行付费，均不属于受自然规律约束的效果。即便权利要求7的解决方案中的部分内容涉及技术手段，但由于权利要求7的解决方案未解决技术问题，并且未获得技术效果，因此，权利要求7不符合专利法实施细则第二条第一款的规定。

权利要求8请求保护一种能够对账单进行付费的系统，包括打印机和计算机系统。权利要求8的解决方案所要解决的问题仍然是如何根据用户的主观愿望确定如何付费，不构成技术问题（参见对权利要求1的评述）。权利要求8所达到的效果也仅仅是在用户的主观愿望确定下进行付费，均不属于受自然规律约束的效果。即便权利要求8的解决方案中的部分内容涉及技术手段，但由于权利要求8的解决方案未解决技术问题，并且未获得技术效果，因此，权利要求8不符合专利法实施细则第二条第一款的规定。

从属权利要求9、10分别是对编码数据和传感器的限定，所述进一步限定的特征仍然没有使得权利要求9、10的解决方案所要解决的问题和获得的效果具有技术性。因此，权利要求9、10不符合专利法实施细则第二条第一款的规定。

从属权利要求11~14都是对参数的选择范围，所述进一步限定的特征仍然没有使得权利要求11~14的解决方案所要解决的问题和获得的效果具有技术性。因此，权利要求11~14不符合专利法实施细则第二条第一款的规定。

从属权利要求15~19分别对参数、传感器、打印机、编码数据、数据库进行了限定，所述进一步限定的特征仍然没有使得权利要求15~19的解决方案所要解决的问题和获得的效果具有技术性。因此，权利要求15~19不符合专利法实施细则第二条第一款的规定。

请求人在答复复审通知书的意见陈述中强调了本申请所要解决的问题与获得的效果都是技术性的。请求人在其意见陈述中认为本申请的目的是为了方便、快捷的完成有关付费，而合议组也已经指出结合纸张形式和表格进行联机付费，从而克服账单上的付费部分通常是被用手填好，并且被通过邮递系统返回的缺点等等问题，均是如何根据用户的主观愿望确定如何付费，不属于技术问题。针对上述问题所能获得的效果也必然仅仅是在用户的主观愿望决定下进行付费的效果，不属于受自然规律约束的效果。请求人所声称的改善数据识别和处理能力的效果是通过特定的步骤实现的局部效果，并非本申请最终希望达到的效果。换句话说，如果本申请能够获得改善数据识别和处理能力，那么在说明书的相关部分应当对实现该技术效果的技术手段进行记载，即应当记载一整套用以达到改善数据识别和处理能力的效果的技术方案，并且在权利要求中得以体现，请求人仅用权利要求中的某些特征能够带来效果来概括整个权利要求解决方案达到的效果是不合适的。

综上所述，权利要求1~19均不符合专利法实施细则第二条第一款的规定。

三、决定

维持国家知识产权局于2004年4月16日针对第00807888.2号发明专利申请作出的驳回决定。

根据专利法第四十一条的规定，请求人对本决定不服的，可以自收到本决定之日起三个月内向北京市第一中级人民法院起诉。

290

芯片卡案

复审请求审查决定（第9687号）

决　定　号　第9687号
决　定　日　2006年3月8日
发明创造名称　芯片卡
国际分类号　G06K 19/07
复审请求人　皇家菲利浦电子有限公司
申　请　号　96190780.0
申　请　日　1996年5月30日
公　开　日　1998年2月4日
合议组组长　钱　芸
主　审　员　朱　骥
参　审　员　熊　婷

法律依据　专利法实施细则第二十条第一款　专利法第二十六条第四款
决定要点
修改后的权利要求书克服了驳回决定以及复审通知书中指出的缺陷，因此在修改文本的基础上撤销原驳回决定。

一、案由

本复审请求涉及的是申请日为1996年5月30日、申请号为96190780.0、名称为“芯片卡”的发明专利申请，申请人是菲利浦电子有限公司，1998年10月23日变更为皇家菲利浦电子有限公司。

在实质审查程序中，审查员于2002年2月8日发出了第一次审查意见通知书，指出：权利要求1~3相对于对比文件1不具备专利法第二十二条第三款规定的创造性；权利要求6相对于对比文件1、2的结合不具有专利法第二十二条第三款规定的创造性；权利要求11不符合专利法第二十六条第四款的规定；权利要求11不符合专利法实施细则第二十条第一款的规定；权利要求4、7、8、10不符合专利法实施细则第二十三条第三款的规定；说明书不符合专利法实施细则第十八条的规定。申请人于2002年6月14日针对第一次审查意见通知书提交了意见陈述书和权利要求书、说明书的修改替换页，其中对权利要求书进行了修改，并陈述了独立权利要求1相对于对比文件1具有创造性的理由。

2002年8月30日，审查员发出第二次审查意见通知书，其中指出：权利要求2不简明，不符合专利法实施细则第二十条第一款的规定；权利要求11与权利要求1、2之间缺乏单一性，不符合专利法第三十条第1款的规定；权利要求1、2、4、6、11不符合专利法实施细则第二十条第一款有关清楚的规定。2002年11月4日，申请人提交了针对第二次审查意见通知书的意见陈述和权利要求书的修改替换页，针对第二次审查意见通知书中的部分意见对权利要求书进行了修改，并陈述了没有将独立权利要求2修改为从属权利要求的理由。

2002年12月6日，审查员发出第三次审查意见通知书，其中指出：权利要求1、2不符合专利法实施细则第二十条第一款有关清楚的规定；权利要求11不符合专利法第二十六条第四款的规定。2003年2月14日，申请人提交了针对第三次审查意见通知书的意见陈述书和权利要求书、说明书的全文替换页。

2003年6月27日，审查员作出驳回决定，其理由是权利要求1、2、4、6都不符合专利法实施细则第二十条第一款有关清楚的规定。具体理由是：权利要求1、2中的"所属的""该数据存储器是被芯片卡包括的并且该控制单元是用于根据工况或者是控制无触点的接口或者是控制带触点的接口和用于调节向数据存储器的存取而设置的并且规定有一个交流电压识别电路"表述的内容不清楚，因为没有清楚的表述出数据存储器与哪些部件相连以及如何连接，并且权利要求2中出现了导致权利要求不清楚的"（VSS）"和"例如"；权利要求4中的"向数据存储器存取的存储器存取权"没有表达出什么样的存储器的存取权限有不同的配置；权利要求6中的"装置"含义不清楚。驳回决定所依据的权利要求书即申请人2003年2月14日提交的权利要求书为：

"1. 芯片卡，该芯片卡是既可经由一个用触点构成的带触点的接口也可经由至少一个用一个天线线圈构成的无触点的、具有一个所属的写－读－站的接口耦合的，其中，写－读－站经由该耦合给芯片卡的工作提供电能，并且经过这种耦合还进行数据交换，并且其中，在经天线线圈耦合的情况下为了提供电能设置一个整流器，其特征在于，该整流器（5）与需要工作电压的部件直接连接，这些部件设在至少一个数据存储器（14）和一个控制单元（13）中，该数据存储器（14）是被芯片卡包括的并且该控制单元（13）是用于根据工况或者是控制无触点的接口或者是控制带触点的接口和用于调节向数据存储器（14）的存取而设置的并且规定有一个交流电压识别电路（12），用以在两种工作方式"经触点耦合"和"经天线线圈耦合"之间转换芯片卡（4），在该天线线圈上的交流电压被输往该交流电压识别电路并且该交流电压识别电路在存在这样的交流电压的情况下激活无触点的接口和在不存在这样的交流电压的情况下激活带触点的接口。

2. 芯片卡，该芯片卡是既可经由一个用触点构成的带触点的接口也可经由至少一个用一个天线线圈构成的无触点的、具有一个所属的写－读－站的接口耦合的，其中，写－读－站经由该耦合给芯片卡的工作提供电能，并且经这种耦合还进行数据交换，并且其中，在经天线线圈耦合的情况下为了提供电能设置一个整流器，其特征在于，整流器（5）与需要工作电压的部件直接连接，这些部件设在至少一个数据存储器（14）和一个控制单元（13）中，该数据存储器（14）是被芯片卡包括的并且该控制单元（13）是用于根据工况或者是控制无触点的接口或者是控制带触点的接口和用于调节向数据存储器（14）的存取而设置的并且规定有一个交流电压识别电路（2），据此，在"经触点耦合"和"经天线线圈耦合"两种工作方式下，在整流器（5）上置有工作电压，并且一个提供电源电压的触点（VSS）例如通过一个二极管（15）从整流器（5）中退耦并且在此触点（VSS）上连接有一个电压识别电路，用以在两种工作方式"经触点耦合"和"经天线线圈耦合"之间转换芯片卡（4）。

3. 根据权利要求1或2所述的芯片卡，其特征在于，只设置一根天线线圈（3）。

4. 根据权利要求1或2所述的芯片卡，其特征在于，向数据存储器（14）存取的存储器存取权是可依据工作方式"经触点耦合"和"经一个或多个天线线圈耦合"不同地配置的。

5. 根据权利要求4所述的芯片卡，其特征在于，在数据存储器（14）中设置两个存储区，它们是可依据工作方式"经触点耦合"和"经一个或多个天线线圈耦合"择一地激活的。

6. 根据权利要求1或2所述的芯片卡，其特征在于，控制单元（13）包括装置，通过这些装置，在采用"经一个或多个天线线圈耦合"工作方式时，为达到最大传输作用距离，在此工作方式下不需要的电路部件置于节电静止状态。

7. 根据权利要求1或2所述的芯片卡，其特征在于，芯片（2）安装在触点区（1）的下侧并且芯片（2）经两个接头（LA、LB）与一根绕制的、蚀刻的或印刷的、包封在芯片卡（4）中的天线线圈（3）连接。

8. 根据权利要求1或2所述的芯片卡，其特征在于，天线线圈也集成在芯片上。

9. 根据权利要求8所述的芯片卡，其特征在于，具有集成天线的芯片安装在触点区下侧。

10. 根据权利要求1或2所述的芯片卡，其特征在于，芯片安装在触点区的下侧，并且芯片经两个接头与一个小的天线绕组连接，该绕组和芯片一样也位于触点模块内部的触点区下侧。

11. 根据权利要求1或2所述的芯片卡，其特征在于，该芯片卡具有用以在工作方式“经触点耦合”和“经一个或多个天线线圈耦合”之间转换芯片卡的转换装置，芯片卡（4）还具有用于根据工作方式“经触点耦合”和/或“经天线线圈耦合”配置存储器存取权的装置。

12. 根据权利要求11所述芯片卡，其特征在于，设置两个存储区，它们是可依据工作方式“经触点耦合”和“经天线线圈耦合”择一地激活的。”

申请人（下称复审请求人）对上述驳回决定不服，于2003年10月9日向专利复审委员会提出了复审请求并且提交了权利要求书的替换页，其理由是：修改后的权利要求书克服了驳回决定中指出的缺陷。其中修改后的权利要求书为：

“1. 芯片卡，该芯片卡是既可经由一个用触点构成的带触点的接口也可经由至少一个用一个天线线圈构成的无触点的接口与写－读－站的接口耦合，其中，写－读－站经由该耦合给芯片卡的工作提供电能，并且经过这种耦合还进行数据交换，并且其中，在经所述一个或多个天线线圈耦合的情况下为了提供电能设置一个整流器，其特征在于，该整流器（5）与需要工作电压的部件直接连接，这些部件设在至少一个数据存储器（14）和一个控制单元（13）中，该数据存储器（14）是被芯片卡包括的，并且通过地址总线和数据总线与控制单元（13）相连，该控制单元（13）是用于根据工况或者是控制无触点的接口或者是控制带触点的接口和用于调节向数据存储器（14）的存取而设置的并且规定有一个交流电压识别电路（12），用以在两种工作方式“经触点耦合”和“经所述一个或多个天线线圈耦合”之间转换芯片卡（4），为了输送交流电压所述交流电压识别电路（12）与所述一个或多个天线线圈（3）相连，且在存在此类交流电压时激活无触点的接口和在不存在这样的交流电压的情况下激活带触点的接口，为此，交流电压识别电路（12）与控制单元（13）相连接。

2. 芯片卡，该芯片卡是既可经由一个用触点构成的带触点的接口也可经由至少一个用一个天线线圈构成的无触点接口与写－读－站耦合，其中，写－读－站经过该耦合给芯片卡的工作提供电能，并且经这种耦合还进行数据交换，并且其中，在经所述一个或多个天线线圈耦合的情况下为了提供电能设置一个整流器，其特征在于，该整流器（5）与需要工作电压的部件直接连接，这些部件设在至少一个数据存储器（14）和一个控制单元（13）中，该数据存储器（14）是被芯片卡包括的，且经过地址总线和数据总线与所述的控制单元（13）相连接，该控制单元（13）是用于根据工况或者是控制无触点的接口或者是控制带触点的接口和用于调节向数据存储器（14）的存取而设置的，据此，在“经触点耦合”和“经所述的一个或多个天线线圈耦合”两种工作方式下，在整流器（5）上置有工作电压，并且一个由触点构成的带触点的接口的提供电源电压的触点通过一个二极管（15）从整流器（5）中退耦并且在此触点（VSS）上连接有一个电压识别电路，用以在两种工作方式“经触点耦合”和“经天线线圈耦合”之间转换芯片卡（4）。

3. 根据权利要求1或2所述的芯片卡，其特征在于，只设置一根天线线圈（3）。

4. 根据权利要求1或2所述的芯片卡，其特征在于，向数据存储器（14）存取的存储器存取权是可依据工作方式“经触点耦合”和“经一个或多个天线线圈耦合”采用不同的方式配置的，即：

在数据存储器（14）中设置两个存储器区域，该存储器区依据工作方式“经触点耦合”和“经一个和多个天线线圈耦合”经一个或多个天线线圈耦合择一地被启动。

5. 根据权利要求 1 或 2 所述的芯片卡，其特征在于，控制单元（13）包括电路器件，通过这些电路期件，在采用“经一个或多个天线线圈耦合”工作方式时，为达到最大传输作用距离，在此工作方式下不需要的控制单元（13）的电路部件置于节电静止状态。

6. 根据权利要求 1 或 2 所述的芯片卡，其特征在于，芯片（2）安装在触点区（1）的下侧并且芯片（2）经两个接头（LA、LB）与一根绕制的、蚀刻的或印刷的、包封在芯片卡（4）中的天线线圈（3）连接。

7. 根据权利要求 1 或 2 所述的芯片卡，其特征在于，天线线圈也集成在芯片上。

8. 根据权利要求 7 所述的芯片卡，其特征在于，具有集成天线的芯片安装在触点区下侧。

9. 根据权利要求 1 或 2 所述的芯片卡，其特征在于，芯片安装在触点区的下侧，并且芯片经两个接头与一个小的天线绕组连接，该绕组和芯片一样也位于触点模块内部的触点区下侧。

10. 芯片卡，该芯片卡是既可经由一个用触点构成的带触点的接口也可经由至少一个用一个天线线圈构成的无触点的接口与写 - 读 - 站耦合，其中，写 - 读 - 站经由该耦合给芯片卡的工作提供电能，并且经过这种耦合还进行数据交换，该芯片卡具有用以在工作方式“经触点耦合”和“经一个或多个天线线圈耦合”之间转换芯片卡的转换装置，芯片卡（4）还具有用于根据工作方式“经触点耦合”和/或“经一个或多个天线线圈耦合”配置存储器存取权的装置。

11. 根据权利要求 10 所述芯片卡，其特征在于，设置两个存储区，它们是可根据工作方式“经触点耦合”和“经天线线圈耦合”择一地激活的。”

经形式审查合格，专利复审委员会受理了该复审请求，并于 2003 年 11 月 11 日发出了受理通知书，同时发出了前置审查通知书。

在前置审查中，原审查部门认为修改后的权利要求 1、2 仍然没有完全克服驳回决定中所指出的语句不通顺，表述内容不清楚的缺陷，因此坚持原驳回决定。

本案合议组于 2004 年 5 月 14 日发出了复审通知书，指出：复审请求人在提出复审请求时将原从属权利要求 11 修改为新的独立权利要求 10，该修改不是针对驳回决定所做的修改，因此该修改不符合专利法实施细则第六十条第一款的规定，同时，为加快审查，合议组对该修改文本中存在的其他问题进行了审查，其中指出 1、2、4、5 不符合专利法实施细则第二十条第一款规定，权利要求 1、2 不符合专利法第二十六条第四款的规定。

复审请求人于 2004 年 6 月 9 日寄交了意见陈述书和修改后的权利要求书及说明书替换页，其中将独立权利要求 10 修改为从属权利要求，并对权利要求 1、2、4、5 进行了修改。

2005 年 1 月 24 日，本案合议组与复审请求人的代理人进行了电话讨论，其中指出权利要求 1、2 中存在语句不通顺之处，代理人表示同意合议组意见并尽快提交修改文本。

2005 年 1 月 24 日，复审请求人提交了权利要求书的修改替换页，修改后的权利要求书为：

“1. 芯片卡，该芯片卡是既可经由一个用触点构成的带触点的接口也可经由至少一个用一个天线线圈构成的无触点的接口与写 - 读 - 站耦合，其中，写 - 读 - 站经由该耦合给芯片卡的工作提供电能，并且经过这种耦合还进行数据交换，并且其中，在经所述一个或多个天线线圈耦合的情况下为了提供电能设置一个整流器，其特征在于，该整流器（5）与一些需要工作电压的部件直接连接，这些部件设在一个数据存储器（14）和一个控制单元（13）的至少一个中，该数据存储器（14）是被芯片卡包括的，并且通过地址总线和数据总线与控制单元（13）相连，该控制单元（13）是用于根据工况或者是控制无触点的接口或者是控制带触点的接口和用于调节向数据存储器（14）的存取而设置的，并且所述芯片卡含有一个交流电压识别电路（12），用以在两种工作方式“经触点耦合”和“经所述一个或多个天线线圈耦合”之间转换芯片卡（4），为了输送交流电压，所述交流电压识别电路（12）与所述一个或多个天线线圈（3）相连，且在存在所述交流电压时激活无触点的接口和在不存在这样的交流电压的情况下激活带触点的接口，为此，所述交流电压识别电路（12）与所述控制单元（13）相连接。

2. 芯片卡，该芯片卡是既可经由一个用触点构成的带触点的接口也可经由至少一个用一个天线线圈构成的无触点接口与写－读－站耦合，其中，写－读－站经过该耦合给芯片卡的工作提供电能，并且经这种耦合还进行数据交换，并且其中，在经所述一个或多个天线线圈耦合的情况下为了提供电能设置一个整流器，其特征在于，整流器（5）与一些需要工作电压的部件直接连接，这些部件设在一个数据存储器（14）和一个控制单元（13）的至少一个中，该数据存储器（14）是被芯片卡包括的，且经过地址总线和数据总线与所述的控制单元（13）相连接，该控制单元（13）是用于根据工况或者是控制无触点的接口或者是控制带触点的接口和用于调节向数据存储器（14）的存取而设置的，据此，在“经触点耦合”和“经所述的一个或多个天线线圈耦合”两种工作方式下，在整流器（5）上置有工作电压，并且一个带触点接口的提供电源电压的触点通过一个二极管（15）从整流器（5）中退耦，并且在此触点（VSS）上连接有一个电压识别电路，用以在两种工作方式“经触点耦合”和“经天线线圈耦合”之间转换芯片卡（4）。

3. 根据权利要求1或2所述的芯片卡，其特征在于，只设置一根天线线圈（3）。

4. 根据权利要求1或2所述的芯片卡，其特征在于，向数据存储器（14）存取的存储器存取权是可依据工作方式“经触点耦合”或“经一个或多个天线线圈耦合”采用不同的方式配置的，即：在数据存储器（14）中设置两个存储器区域，该存储器区依据工作方式“经触点耦合”或“经一个或多个天线线圈耦合”经一个或多个天线线圈耦合择一地被启动。

5. 根据权利要求1或2所述的芯片卡，其特征在于，所述控制单元（13）包括电路器件，通过这些电路器件，在采用“经一个或多个天线线圈耦合”工作方式时，为达到最大传输作用距离，在此工作方式下不需要的控制单元（13）的电路部件置于节电静止状态。

6. 根据权利要求1或2所述的芯片卡，其特征在于，芯片（2）安装在触点区（1）的下侧并且芯片（2）经两个接头（LA、LB）与一根绕制的、蚀刻的或印刷的、包封在芯片卡（4）中的天线线圈（3）连接。

7. 根据权利要求1或2所述的芯片卡，其特征在于，天线线圈也集成在芯片上。

8. 根据权利要求7所述的芯片卡，其特征在于，具有集成天线的芯片安装在触点区下侧。

9. 根据权利要求1或2所述的芯片卡，其特征在于，芯片安装在触点区的下侧，并且芯片经两个接头与一个小的天线绕组连接，该绕组和芯片一样也位于触点模块内部的触点区下侧。

10. 根据权利要求1或2所述的芯片卡，其特征在于：该芯片卡具有用以在工作方式“经触点耦合”和“经一个或多个天线线圈耦合”之间转换芯片卡的转换装置，芯片卡（4）还具有用于根据工作方式“经触点耦合”或“经一个或多个天线线圈耦合”配置存储器存取权的装置。

11. 根据权利要求10所述芯片卡，其特征在于，设置两个存储区，它们是可根据工作方式“经触点耦合”或“经天线线圈耦合”择一地激活的。”

本案合议组经合议后，认为本案事实清楚，现依法作出复审决定。

二、决定的理由

1. 关于审查的文本

复审请求人于2005年1月24日提交了对权利要求书进行的修改文本，合议组注意到上述权利要求的修改并未超出原说明书和权利要求书记载的范围，此次复审决定依据的文本是复审请求人于2005年1月24日提交的权利要求1～11项、2004年6月9日提交的说明书第1～7页以及进入中国国家阶段提交的说明书附图1～3页及其说明书摘要和摘要附图。

2. 关于驳回决定中指出的缺陷

修改后的权利要求1中没有采用“所属的写－读－站”，因此不会造成写－读－站属于芯片卡的误解；修改后的权利要求1中记载了“该数据存储器是被芯片卡包括的，并且通过地址总线和数据总线与控制单元相连”，因此清楚地表述出数据总线与其他部件的连接方式，克服了驳回决定中指出的权利要求1不清楚的缺陷。

修改后的权利要求2中没有采用“所属的写－读－站”，因此不会造成写－读－站属于芯片卡的误解；修改后的权利要求2中记载了“该数据存储器是被芯片卡包括的，并且通过地址总线和数据总线与控制单元相连”，因此清楚地表述出数据总线与其他部件的连接方式，修改后的权利要求2中的“触点（VSS）”并没有因为采用了括号而导致权利要求存在不清楚的缺陷，修改后的权利要求2没有出现“例如”这样的使权利要求2保护范围不清楚的表述方式，克服了驳回决定中指出的权利要求2不清楚的缺陷。

修改后的权利要求4中的“向数据存储器存取的存储器存取权是可根据工作方式‘经触点耦合’或‘经一个或多个天线线圈耦合’采用不同的方式配置的”的含义是存储器的存取权限可根据工作方式的不同而有不同的配置，因此权利要求4的上述表述方式是清楚的，克服了驳回决定中指出的权利要求4不清楚的缺陷。

修改后的权利要求5（驳回决定中的权利要求6）中的“所述控制单元包括电路器件……在此工作方式下不需要的控制单元的电路器件置于节电静止状态”指出了控制单元是由电路器件组成的，“在采用‘经一个或多个天线线圈耦合’时不需要的控制单元的电路器件置于节电静止状态”是对控制单元所能实现功能的限定，并且本领域技术人员能够从权利要求5的描述设置控制单元从而将控制单元处于一个工作方式时将其不需要的电路部件置于节电静止状态，因此修改后的权利要求5中上述表述方式是清楚的，克服了驳回决定中指出权利要求5不清楚的缺陷。

3. 关于复审通知书指出的缺陷

请求人2005年1月24日修改的权利要求书中将复审通知书针对的独立权利要求10修改为目前的从属权利要求10，因此克服了复审通知书指出的修改不符合专利法实施细则第六十条第一款规定的缺陷。

权利要求1中的“这些部件设在一个数据存储器和一个控制单元的至少一个中”清楚的表述了需要工作电压的部件与存储器、控制单元的关系，并且请求人2004年6月9日提交的修改后的说明书中第二页最后一段中对此有记载，因此修改后的权利要求1克服了复审通知书中指出的不清楚和得不到说明书支持的缺陷。

权利要求2中的“这些部件设在一个数据存储器和一个控制单元的至少一个中”清楚的表述了需要工作电压的部件与存储器、控制单元的关系，并且请求人2004年6月9日提交的修改后的说明书中第三页第二段中对此有记载，因此修改后的权利要求2克服了复审通知书中指出的不清楚和得不到说明书支持的缺陷。

权利要求4中的“向数据存储器存取的存储器存取权是可依据工作方式‘经触点耦合’或‘经一个或多个天线线圈耦合’采用不同的方式配置的”清楚的表述了存储器区如何择一被启动，因此修改后的权利要求4克服了复审通知书指出的不清楚的缺陷。

权利要求5中“电路器件”意思表述清楚，克服了复审通知书中指出的“电路期件”不清楚的缺陷。

4. 关于电话讨论指出的缺陷

2005年1月24日，本案合议组与复审请求人的代理人进行了电话讨论，其中指出权利要求1中的“为了输送交流电压所述交流电压识别电路与所述一个或多个天线线圈相连”语句不通顺，其中应有“，”；权利要求2中的“并且一个由触点构成的带触点的接口的提供电源电压的触点通过一个二极管从整流器中退耦并且在此触点上连有一个电压识别电路”中的“由触点构成的带触点的接口的提供电源电压的触点……”意思表达不清楚，并且语句不通顺。复审请求人在2005年1月24日提交的修改的权利要求书相应部分改为：“为了输送交流电压，所述交流电压识别电路（12）与所述一个或多个天线线圈（3）相连”和“一个带触点接口的提供电源电压的触点”，意思表述清楚，已经克服了上述缺陷。

5. 综上所述，合议组认为复审请求人在2005年1月24日提交的修改的权利要求书克服了原驳回决定、复审通知书以及电话讨论中指出的缺陷，因此在修改后的文本的基础上撤销原驳回决定，由原审查部门继续进行审批程序。

三、决定

撤销国家知识产权局2003年6月27日作出的驳回决定。以复审请求人于2005年1月24日提交的权利要求书、2004年6月9日提交的说明书1～7页、进入中国国际阶段提交的说明书附图1～3页以及进入中国国际阶段提交的说明书摘要和摘要附图为基础，由原审查部门继续进行审查程序。

当事人对本决定不服的，可以根据专利法第四十条第二款的规定，自收到本决定之日起三个月内向北京市第一中级人民法院起诉。

291

半导体器件的芯片规模表面安装封装及其制造方法案

复审请求审查决定（第9691号）

决　定　号　第9691号
决　定　日　2006年11月30日
发明创造名称　半导体器件的芯片规模表面安装封装及其制造方法
国际分类号　H01L 21/50、21/304
复审请求人　维谢伊因特泰克诺洛吉公司
专利申请号　99126123.2
申　请　日　1999年12月13日
公　开　日　2001年3月21日
合议组组长　崔哲勇
主　审　员　朱芳芳
参　审　员　周雷鸣

法律依据　专利法第二十二条第二款和第三款
决定要点

在进行新颖性判断时，如果一项发明申请的权利要求所要求保护的技术方案与现有技术所公开的技术内容相比存在区别技术特征，不属于相同的技术方案，则该现有技术不能破坏该申请的新颖性。

如果一项权利要求限定的技术方案与现有技术相比存在的区别技术特征是现有技术没有教导的，同时由于这些区别技术特征的引入使得该权利要求所述的技术方案具有有益的技术效果，那么该权利要求所述的技术方案具有突出的实质性特点和显著的进步，具备创造性。

一、案由

本复审请求涉及申请日为1999年12月13日、公开日为2001年3月21日、发明名称为“半导体器件的芯片规模表面安装封装及其制造方法”的发明专利申请，其申请号为99126123.2，申请人为维谢伊因特泰克诺洛吉公司。

针对申请人于申请日提交的原始申请文本，国家知识产权局实质审查部门于2003年10月10日发出第一次审查意见通知书，其中引用美国专利文献US5910687A（下称对比文件1，其公开日为1999年6月8日）作为最接近的现有技术，并指出：权利要求1、3~38、41~63、68~70相对于对比文件1不具备专利法第二十二条第二款规定的新颖性；权利要求2、39~40、64-67相对于对比文件1不具备专利法第二十二条第三款规定的创造性。

申请人于2004年2月24日答复第一次审查意见通知书时，提交了意见陈述书，认为：对比文件1仅公开了用于减小半导体晶片厚度的减薄步骤，而没有教导在晶片中形成第一次切割且没有提及穿过顶盖形成第二次切割，因此权利要求1~70与对比文件1相比具备新颖性和创造性。

国家知识产权局于2004年5月14日依据本申请不符合专利法第二十二条的规定对本申请作出了

驳回决定，驳回针对的文本是：申请日提交的权利要求第1~70项、说明书第1~8页、说明书附图第1~13页、说明书摘要和摘要附图，其主要驳回理由是：（1）认为对比文件1中所公开的“采用任何方法选择去掉划线区域中晶片背面的半导体晶片，并且露出上层布线金属层305的一部分”并不是单纯的减薄步骤；（2）对比文件1中已经公开了“沿划线308、311穿过密封层和顶盖306”。其中驳回决定所针对的文本中的独立权利要求如下：

“1. 一种制造半导体器件封装的方法，包括：

配置半导体晶片，该半导体晶片有正面侧和背面侧并包括由划线分开的多个管芯，各管芯包括半导体器件，各管芯正面侧的表面包括钝化层和至少一个与半导体器件接触的连接焊盘；

形成与至少一个连接焊盘电接触的第一金属层，第一金属层的一部分横向延伸过管芯的边缘；

把顶盖粘附于晶片的正面侧上；

在划线区域中从晶片背面侧切穿半导体晶片，形成第一次切割，第一次切割有第一切口W1，并露出第一金属层的一部分；

在管芯背面侧的至少一部分上形成非导电层；

形成第二金属层，第二金属层与第一金属层电接触，并有在非导电层上延伸的第一部分；和

在划线区域中切穿顶盖，形成第二次切割，第二次切割的切口W2小于第一次切口W1，第二次切割保留在第一和第二金属层之间进行接触的区域。”

“39. 一种制造功率MOSFET封装的方法，包括：

配置半导体晶片，该半导体晶片有正面侧和背面侧并包括由划线分开的多个管芯，各管芯包括功率MOSFET，管芯的正面侧表面包括钝化层、栅极连接焊盘和源极连接焊盘，管芯的背面侧包括漏极引出线；

形成与栅极连接焊盘电接触的正面侧栅极金属层，正面侧栅极金属层的一部分横向延伸过管芯的边缘；

形成与源极连接焊盘电接触的正面侧源极金属层，一部分正面侧源极金属层横向延伸过管芯的边缘，正面侧栅极金属层和正面侧源极金属层彼此电绝缘；

把顶盖附着在晶片的正面侧上；

在划线区域中从晶片的背面侧切穿半导体晶片，形成第一次切割，第一次切割有第一切口W1并露出一部分正面侧栅极金属层和正面侧源极金属层；

在一部分管芯背面侧上形成非导电层，非导电层保留MOSFET的正面侧栅极金属层的未覆盖的露出部分、正面侧源极金属层的露出部分和漏极引出线的露出部分；

形成背面侧栅极金属层，背面侧栅极金属层在非导电层上延伸，并在接触的第一区域中与正面侧栅极金属层电接触；

形成背面侧源极金属层，背面侧源极金属层在非导电层上延伸，并在接触的第二区域中与正面侧源极金属层电接触；

在管芯背面侧上形成与MOSFET的漏极引出线电接触的背面侧漏极金属层；

在划线区域中切穿顶盖，形成第二次切割，第二次切割有小于第一切口W1的第二切口W2，第二次切割保留接触的第一和第二区域位置；和

在垂直于第一次切割和第二次切割的方向上切穿晶片和顶盖，分割开管芯。”

“41. 一种在半导体管芯的第一侧面上的第一位置与半导体管芯第二侧面上的第二位置之间进行电连接的方法，在管芯是半导体晶片的一部分时实施该方法，该方法包括：

形成第一金属层，第一金属层从管芯的第一侧面上的第一位置横向延伸到超过管芯边缘的晶片

区域；

把顶盖附着在晶片的第一侧面上；

从晶片的第二侧面切穿半导体晶片，露出一部分第一金属层；

形成第二金属层，第二金属层从管芯的第二侧面上的第二位置沿管芯的边缘横向延伸到超过管芯边缘且与第一金属层接触的区域；和

切穿顶盖，完整无缺地保留第一和第二金属层之间的接触区域。”

“44. 一种半导体器件的封装，包括：

包含半导体器件的半导体管芯，管芯的正面侧包括与半导体器件的至少一个引出线电接触的至少一个连接焊盘；

被附着于管芯正面侧上的顶盖；

与连接焊盘电接触的第一金属层，第一金属层的第一部分位于管芯与顶盖之间，第一金属层的第二部分横向延伸过管芯的边缘；和

邻接一部分管芯背面侧的非导电层；和

包括第一部分的第二金属层，在超过管芯边缘的位置处第二金属层的第一部分与第一金属层的第二部分电接触，并在管芯边缘周围延伸至邻接管芯背面侧上非导电层的位置处。”

“64. 一种 MOSFET 的封装，包括：

包含 MOSFET 并有宽度 X2 的半导体管芯，管芯的正面侧包括与源极引出线电接触的源极连接焊盘，与栅极引出线电接触的栅极连接焊盘，管芯的背面侧包括漏极引出线；

顶盖，有大于宽度 X2 的宽度 X1，被附着于管芯的正面侧上；

与源极连接焊盘电接触的第一源极金属层、第一源极金属层的第一部分位于管芯和顶盖之间，第一源极金属层的第二部分横向延伸过管芯的边缘；

与栅极连接焊盘电接触的第一栅极金属层、第一栅极金属层的第一部分位于管芯和顶盖之间，第一栅极金属层的第二部分横向延伸过管芯的边缘；

邻接管芯背面侧一部分的非导电层；和

在超过管芯边缘的位置上与第一源极金属层的第二部分电接触的第二源极金属层，并在管芯边缘周围延伸至管芯背面侧上邻接非导电层的位置；

在超过管芯边缘的位置上与第一栅极金属层的第二部分电接触的第二栅极金属层，并在管芯边缘周围延伸至管芯背面侧上邻接非导电层的位置，第一和第二源极金属层与第一和第二栅极金属层电绝缘；和

与漏极引出线电接触的管芯背面侧上的漏极金属层。”

“68. 一种半导体器件的封装，包括：

包含半导体器件的半导体管芯，管芯的第一侧面包括连接焊盘；

附着在管芯第一侧面上的顶盖；

与连接焊盘电接触的第一金属层，第一金属层横向延伸，并终止在超过管芯边缘的第一凸缘上；和

第二金属层，从管芯的第二侧面并沿管芯的边缘延伸过管芯的边缘然后终止在第二凸缘上，第二凸缘与第一凸缘接触。”

申请人（下称复审请求人）对驳回决定不服，于2004 年8 月16 日向专利复审委员会提出了复审请求，其复审请求的主要理由是：（1）对比文件 1 中首先形成沟槽，使得在沉积第一金属层 305 时，沟槽将形成凸起 313，其原因在于对比文件 1 没有打算形成露出该第一金属层的第一切口，而本专利

申请没有形成对比文件1中的这样的沟槽；（2）对比文件1中公开“可以使用任何从衬底晶片300的背面选择性去除衬底材料的方法，诸如……光刻选择性湿法化学蚀刻……”以露出该凸起313，而本发明申请中的形成切割显然不同于该蚀刻。

经形式审查合格，专利复审委员会受理了该复审请求，并于2004年8月23日发出了复审请求受理通知书及前置审查通知书。

在前置审查程序中，原审查部门仍坚持原驳回决定。

专利复审委员会依法成立合议组对本案进行审查。合议组在仔细阅读了本申请的申请文件、国家知识产权局作出的驳回决定以及请求人的复审请求理由后，于2006年5月10日发出复审通知书，指出：权利要求1、3、9、11~15、20~27、31~33、35、38、41~52、57~58、60、63、68~70相对于对比文件1不符合专利法第二十二条第二款有关新颖性的规定；权利要求2、4~8、10、16、18~19、28~30、34、36~37、39~40、53~56、59、61~62、64~67相对于对比文件1不符合专利法第二十二条第三款有关创造性的规定；权利要求17不清楚，不符合专利法实施细则第二十条第一款的有关规定。

针对上述复审通知书，请求人于2006年8月25日提交了意见陈述书和新修改的权利要求共71项，其中6项独立权利要求，其具体内容如下：

“1. 一种制造半导体器件封装的方法，包括：

配置半导体晶片，该半导体晶片有正面侧和背面侧并包括由划线分开的多个管芯，各管芯包括半导体器件，各管芯正面侧的表面包括钝化层和至少一个与半导体器件接触的连接焊盘，其中第一方向上的第一组划线具有第一宽度，在垂直于该第一方向上的第二组划线具有比该第一宽度小的第二宽度；

形成与至少一个连接焊盘电接触的第一金属层，第一金属层的一部分横向延伸过管芯的边缘进入第一组划线的区域；

把顶盖粘附于晶片的正面侧上；

在第一组划线的区域中而非第二组划线的区域中从晶片背面侧切穿半导体晶片，形成第一次切割，第一次切割有第一切口W1，并露出第一金属层的一部分，其中该第一切口W1大于该第二宽度；

在管芯背面侧的至少一部分上形成非导电层；

形成第二金属层，第二金属层与第一金属层电接触，并有在非导电层上延伸的第一部分；和

在第一组划线的区域中切穿顶盖，形成第二次切割，第二次切割的切口W2小于第一次切口W1，第二次切割保留在第一和第二金属层之间进行接触的区域。”

“40. 一种制造功率MOSFET封装的方法，包括：

配置半导体晶片，该半导体晶片有正面侧和背面侧并包括由划线分开的多个管芯，各管芯包括功率MOSFET，管芯的正面侧表面包括钝化层、栅极连接焊盘和源极连接焊盘，管芯的背面侧包括漏极引出线，其中第一方向上的第一组划线具有第一宽度，在垂直于该第一方向的第二方向上的第二组划线具有比该第一宽度小的第二宽度；

形成与栅极连接焊盘电接触的正面侧栅极金属层，正面侧栅极金属层的一部分横向延伸过管芯的边缘进入第一组划线的区域；

形成与源极连接焊盘电接触的正面侧源极金属层，一部分正面侧源极金属层横向延伸过管芯的边缘进入第一组划线的区域，正面侧栅极金属层和正面侧源极金属层彼此电绝缘；

把顶盖附着在晶片的正面侧上；

在第一组划线的区域中而非第二组划线的区域中从晶片的背面侧切穿半导体晶片，形成第一次切

割，第一次切割有第一切口 W1 并露出一部分正面侧栅极金属层和正面侧源极金属层，其中第一切口 W1 大于第二宽度；

在一部分管芯背面侧上形成非导电层，非导电层保留 MOSFET 的正面侧栅极金属层的未覆盖的露出部分、正面侧源极金属层的露出部分和漏极引出线的露出部分；

形成背面侧栅极金属层，背面侧栅极金属层在非导电层上延伸，并在接触的第一区域中与正面侧栅极金属层电接触；

形成背面侧源极金属层，背面侧源极金属层在非导电层上延伸，并在接触的第二区域中与正面侧源极金属层电接触；

在管芯背面侧上形成与 MOSFET 的漏极引出线电接触的背面侧漏极金属层；

在第一组划线的区域中切穿顶盖，形成第二次切割，第二次切割有小于第一切口 W1 的第二切口 W2，第二次切割保留接触的第一和第二区域位置；和

在垂直于第一次切割和第二次切割的方向上切穿晶片和顶盖，分割开管芯。”

“42. 一种在半导体管芯的第一侧面上的第一位置与半导体管芯第二侧面上的第二位置之间进行电连接的方法，在管芯是半导体晶片的一部分时实施该方法，管芯由划线分隔开，其中第一方向上的第一组划线具有第一宽度，在垂直于该第一方向的第二方向上的第二组划线具有比该第一宽度小的第二宽度，该方法包括：

形成第一金属层，第一金属层从管芯的第一侧面上的第一位置横向延伸到超过管芯边缘的晶片区域从而进入第一组划线的区域；

把顶盖附着在晶片的第一侧面上；

在第一组划线的区域中而非第二组划线的区域中从晶片的第二侧面切穿半导体晶片，露出一部分第一金属层；

形成第二金属层，第二金属层从管芯的第二侧面上的第二位置沿管芯的边缘横向延伸到超过管芯边缘且与第一金属层接触的区域；和

在第一组划线的区域中切穿顶盖，完整无缺地保留第一和第二金属层之间的接触区域。”

“45. 一种半导体器件的封装，包括：

包含半导体器件的半导体管芯，管芯的正面侧包括与半导体器件的至少一个引出线电接触的至少一个连接焊盘，其中管芯包括彼此垂直的第一边缘和第二边缘；

被附着于管芯正面侧上的顶盖；

与连接焊盘电接触的第一金属层，第一金属层的第一部分位于管芯与顶盖之间，第一金属层的第二部分横向延伸过管芯的第一边缘；和

邻接一部分管芯背面侧的非导电层；和

包括第一部分的第二金属层，在超过管芯第一边缘的位置处第二金属层的第一部分与第一金属层的第二部分电接触，并在管芯第一边缘周围延伸至邻接管芯背面侧上非导电层的位置处。”

“65. 一种 MOSFET 的封装，包括：

包含 MOSFET 并有宽度 X2 的半导体管芯，管芯的正面侧包括与源极引出线电接触的源极连接焊盘，与栅极引出线电接触的栅极连接焊盘，管芯的背面侧包括漏极引出线，其中管芯包括彼此垂直的第一边缘和第二边缘；

顶盖，有大于宽度 X2 的宽度 X1，被附着于管芯的正面侧上；

与源极连接焊盘电接触的第一源极金属层、第一源极金属层的第一部分位于管芯和顶盖之间，第一源极金属层的第二部分横向延伸过管芯的第一边缘；

与栅极连接焊盘电接触的第一栅极金属层、第一栅极金属层的第一部分位于管芯和顶盖之间，第一栅极金属层的第二部分横向延伸过管芯的第一边缘；

邻接管芯背面侧一部分的非导电层；和

在超过管芯边缘的位置上与第一源极金属层的第二部分电接触的第二源极金属层，并在管芯第一边缘周围延伸至管芯背面侧上邻接非导电层的位置；

在超过管芯第一边缘的位置上与第一栅极金属层的第二部分电接触的第二栅极金属层，并在管芯第一边缘周围延伸至管芯背面侧上邻接非导电层的位置，第一和第二源极金属层与第一和第二栅极金属层电绝缘；和

与漏极引出线电接触的管芯背面侧上的漏极金属层。”

“69. 一种半导体器件的封装，包括：

包含半导体器件的半导体管芯，管芯的第一侧面包括连接焊盘，其中管芯包括彼此垂直的第一边缘和第二边缘；

附着在管芯第一侧面上的顶盖；

与连接焊盘电接触的第一金属层，第一金属层横向延伸，并终止在超过管芯第一边缘的第一凸缘上；和

第二金属层，从管芯的第二侧面并沿管芯的边缘延伸过管芯的边缘然后终止在第二凸缘上，第二凸缘与第一凸缘接触。”

其主要陈述意见为：对比文件1教导了沟槽绕器件的所有边形成，且上层布线层延伸进所有划线区域内，结果对比文件1中所有划线不得不扩大，因此在所有方向上是等宽的；而本申请新修改的权利要求1的方法由于第一金属层不延伸进第二组划线，故第二组划线的宽度比第一组划线的宽度小，进而可在晶片上有更多区域用于形成管芯，有利地提高了晶片的利用率，新修改的独立权利要求40、42、45、65和69也因与权利要求1同样的理由而具备新颖性和创造性。

在此基础上，合议组认为本案事实已经清楚，可以作出审查决定。

二、决定的理由

（一）关于审查文本的认定

请求人于2006年8月25日答复复审通知书时对权利要求书进行了修改，经合议组审查，上述修改符合专利法第三十三条和专利法实施细则第六十条的规定，因此，此次复审决定依据的审查文本为：请求人于2006年8月25日提交的权利要求第1～71项、于申请日提交的说明书第1～8页、说明书附图第1～13页、说明书摘要及摘要附图。

（二）关于专利法第二十二条第二款和第三款

专利法第二十二条第二款中规定：“新颖性，是指在申请日以前没有同样的发明或者实用新型在国内外出版物上公开发表过、在国内公开使用过或者以其他方式为公众所知，也没有同样的发明或者实用新型由他人向国务院专利行政部门提出过申请并且记载在申请日以后公布的专利申请文件中。”

在进行新颖性判断时，如果一项发明申请权利要求所要求保护的技术方案与现有技术所公开的技术内容相比存在区别技术特征，不属于相同的技术方案，则该现有技术不能破坏该申请的新颖性。

专利法第二十二条第三款中规定：“创造性，是指同申请日以前已有的技术相比，该发明有突出的实质性特点和显著的进步”。

如果一项权利要求限定的技术方案与现有技术相比存在的区别技术特征，是现有技术没有教导的，同时由于这些区别技术特征的引入使得该权利要求所述的技术方案具有有益的技术效果，那么该权利要求所述的技术方案具有突出的实质性特点和显著的进步，具备创造性。

本决定中引用原审查部门在实审程序中所引用的对比文件 1 作为最接近的现有技术，即 US5910687A，其公开日为 1999 年 6 月 8 日。

1. 关于权利要求 1 ~ 39

（1）关于权利要求 1 ~ 39 的新颖性

权利要求 1 要求保护一种制造半导体器件封装的方法，对比文件 1（US5910687A）中（参见说明书第 6 栏第 47 行至第 13 栏第 10 行，附图 3 ~ 13）也公开了一种制造半导体器件封装的方法，并公开了以下技术特征：提供一半导体晶片 300，该半导体晶片 300 有顶表面面和背表面并包括由划线 311 分开的多个管芯，各管芯包括半导体器件，各管芯顶表面包括绝缘层 304 和一个与半导体器件接触的连接点 302（相当于权利要求 1 的焊盘）；形成与连接点 302 电接触的由金属构成的上层布线 305（相当于权利要求 1 中的第一金属层），上层布线 305 的一部分横向延伸过管芯的边缘；将密封层 306（相当于权利要求 1 的顶盖）粘附于晶片 300 的正面侧上；在划线区域中从晶片背面侧选择除去晶片材料（相当于权利要求 1 中的第一切割）以暴露出上层布线 305 的一部分；在晶片背面侧的至少一部分上形成绝缘层 321；形成下层布线 307（相当于权利要求 1 中的第二金属层），下层布线 307 与上层布线 305 电接触，并有在绝缘层 321 上延伸的第一部分；在划线区域中切穿密封层和顶盖 306，形成第二次切割，第二次切割的切口小于第一次的切口，第二次切割保留在上层布线 305 和下层布线 307 之间进行接触的区域。

权利要求 1 请求保护的技术方案与对比文件 1 中公开的制造半导体封装器件的方法相比，具有下述区别技术特征：（a）其中第一方向上的第一组划线具有第一宽度，在垂直于该第一方向的第二方向上的第二组划线具有比该第一宽度小的第二宽度；（b）第一金属层的一部分横向延伸过管芯的边缘进入第一组划线的区域；（c）在第一组划线的区域中而非第二组划线的区域中从晶片被面侧切穿半导体晶片，形成第一次切割，第一次切割有第一切口 W1，其中该第一切口 W1 大于该第二宽度。

由于具有上述区别特征，使得权利要求 1 与对比文件 1 相比具有新颖性，符合专利法第二十二条第二款的有关规定。鉴于权利要求 1 具有新颖性，其从属权利要求 2 ~ 39 也具备新颖性。

（2）关于权利要求 1 ~ 39 的创造性

由于上述区别技术特征（a）（b）和（c）的引入，使得第一金属层不延伸进第二组划线，故第二组划线的宽度比第一组划线的宽度小，进而可在晶片上有更多区域用于形成管芯，从而使得权利要求 1 请求保护的制造半导体器件封装的方法有利地提高了晶片的利用率。

而对比文件 1 教导了沟槽绕器件的所有边形成，且上层布线层延伸进所有划线区域内，结果对比文件 1 中所有划线不得不扩大，因此在所有方向上是等宽的。

由此可知，权利要求 1 请求保护的制造半导体器件封装的方法与对比文件 1 中公开的制造半导体器件封装的方法划线的设置和切割方案并不相同。

综上所述，上述区别特征（a）（b）和（c）根据现有技术的教导并非是显而易见引入的，同时由于上述区别技术特征（a）（b）和（c）的引入使得权利要求 1 所请求保护的技术方案具有区别于现有技术的有益技术效果，因此权利要求 1 相对于对比文件 1 具有突出的实质性特点和显著的进步，符合专利法第二十二条三款有关创造性的规定。鉴于权利要求 1 具备创造性，其从属权利要求 2 ~ 39 也具备创造性。

2. 关于权利要求 40 ~ 41

（1）关于权利要求 40 ~ 41 的新颖性

权利要求 40 请求保护一种制造功率 MOSFET 封装的方法。对比文件 1 中（同上）也公开了一种制造 FET 封装的方法，并具体公开了下述技术特征：提供一半导体晶片 300，该半导体晶片 300 有顶表面和背表面并包括由划线311分开的多个管芯，各管芯包括FET，各管芯顶表面包括绝缘层304和一个与FET接触的连接点302；形成与连接点302电接触的由金属构成的上层布线305（相当于权利要求39中的正面侧栅极金属层和正面侧源极金属层），上层布线305的一部分横向延伸过管芯的边缘；将密封层306粘附于晶片300的正面侧上；在划线区域中从晶片背面侧选择除去晶片材料以暴露出上层布线305的一部分；在晶片背面侧的至少一部分上形成绝缘层321；形成下层布线307（相当于权利要求39中的背面侧栅极金属层、背面侧源极金属层和背面侧漏极金属层），下层布线307与上层布线305电接触，并有在绝缘层321上延伸的第一部分；在划线区域中切穿密封层和顶盖306，形成第二次切割，第二次切割的切口小于第一次的切口，第二次切割保留在上层布线305和下层布线307之间进行接触的区域，在垂直于第一次切割和第二次切割的方向上切穿晶片和密封层306，以将管芯分割开。

对于FET器件来说，形成于管芯顶表面的与半导体器件连接的连接点必然会包含分别相应于其源极和栅极的源极连接点和栅极连接点，上层布线305必然会包含分别与源极连接点和栅极连接点连接的源极部分和栅极部分，相应地，与上层布线305连接的下层布线307也必然会包括分别与上层布线305的源极部分和栅极部分电接触的相应连接部分，以将FET的栅极与源极引出，同时还必然会具有与漏极引出线接触的相应连接部分，而将漏极引出线做在管芯背面侧是本领域的惯用技术手段；且下层布线307的这些相应连接部分必须彼此电绝缘，才能够保证FET作为正常的晶体管使用，在半导体器件封装领域中，上述这些技术特征对于分离的FET器件的封装来说是不言而喻的。

权利要求40请求保护的技术方案与对比文件1中公开的制造半导体封装的方法相比，具有下述区别技术特征：（a）其中第一方向上的第一组划线具有第一宽度，在垂直于该第一方向的第二方向上的第二组划线具有比该第一宽度小的第二宽度；（b）第一金属层的一部分横向延伸过管芯的边缘进入第一组划线的区域；（c）在第一组划线的区域中而非第二组划线的区域中从晶片被面侧切穿半导体晶片，形成第一次切割，第一次切割有第一切口W1，其中该第一切口W1大于该第二宽度；（d）将半导体器件具体限定为功率MOSFET。

由于具有上述区别特征，使得权利要求40与对比文件1相比具备新颖性，符合专利法第二十二条第二款的有关规定。鉴于权利要求40具备新颖性，其从属权利要求41也具备新颖性。

（2）关于权利要求40~41的创造性

功率MOSFET为半导体领域中常见的场效应晶体管（简称为FET），即上述区别技术特征（d）为半导体领域的公知常识。

由于上述区别技术特征（a）（b）和（c）的引入，使得第一金属层不延伸进第二组划线，故第二组划线的宽度比第一组划线的宽度小，进而可在晶片上有更多区域用于形成管芯，从而使得权利要求40请求保护的制造功率MOSFET封装的方法有利地提高了晶片的利用率。

而对比文件1教导了沟槽绕器件的所有边形成，且上层布线层延伸进所有划线区域内，结果对比文件1中所有划线不得不扩大，因此在所有方向上是等宽的。

由此可知，权利要求40请求保护的制造功率MOSFET封装的方法与对比文件1中公开的制造半导体器件封装的方法划线的设置和切割方案并不相同。

综上所述，上述区别特征（a）（b）和（c）根据现有技术的教导并非是显而易见引入的，同时由于上述区别技术特征（a）（b）和（c）的引入使得权利要求40所请求保护的技术方案具有区别于现有技术的有益技术效果，因此权利要求40相对于对比文件1具有突出的实质性特点和显著的进步，符合专利法第二十二条三款有关创造性的规定。鉴于权利要求40具备创造性，其从属权利要求41也具备创造性。

3. 关于权利要求 42 ~ 44

（1）关于权利要求 42 的新颖性

权利要求 42 要求保护一种在半导体管芯的第一侧面上的第一位置与半导体管芯第二侧面上的第二位置进行电连接的方法，对比文件 1 中（同上）公开了一种在半导体管芯的顶表面侧的第一位置与半导体管芯背面侧第二位置进行电连接的方法，在管芯是半导体晶片 300 的一部分时实施该方法，并具体公开了下述技术特征：形成上层布线 305，上层布线 305 从管芯的第一位置横向延伸超过管芯边缘的晶片区域；把密封层 306 粘附于晶片 300 的正面侧上；从晶片背面侧选择除去晶片材料（相当于权利要求 41 中的从晶片的第二侧面切穿半导体晶片）以暴露出上层布线 305 的一部分；形成下层布线 307，下层布线 307 从管芯的背面上的第二位置沿管芯的边缘横向延伸到超过管芯边缘且与上层布线 305 电接触的区域；切穿密封层 306，保留上层布线 305 和下层布线 307 之间接触的区域。

权利要求 42 请求保护的技术方案与对比文件 1 中公开的制造半导体封装器件的方法相比，具有下述区别技术特征：（a）其中第一方向上的第一组划线具有第一宽度，在垂直于该第一方向的第二方向上的第二组划线具有比该第一宽度小的第二宽度；（b）第一金属层的一部分横向延伸过管芯的边缘进入第一组划线的区域；（c）在第一组划线的区域中而非第二组划线的区域中从晶片被面侧切穿半导体晶片，形成第一次切割，第一次切割有第一切口 W1，其中该第一切口 W1 大于该第二宽度。

由于具有上述区别特征，使得权利要求 42 与对比文件 1 相比具备新颖性，符合专利法第二十二条第二款的有关规定。鉴于权利要求 42 具备新颖性，其从属权利要求 43 ~ 44 也具备新颖性。

4. 关于权利要求 45 ~ 64

（1）关于权利要求 45 ~ 64 的新颖性

权利要求 45 要求保护一种半导体器件的封装，对比文件 1 中（参见说明书第 6 栏第 47 行至第 13 栏第 10 行，附图 13）也公开了一种半导体器件的封装，并公开了以下技术特征：包含半导体器件的半导体管芯，管芯的正面侧包括与半导体器件的至少一个引出线电接触的连接点 302；管芯包括彼此垂直的第一边缘和第二边缘；被附着于管芯正面侧的密封层 306；与连接点 302 电接触的上层布线 305，上层布线 305 位于管芯与密封层 306 之间并延伸过管芯的第一和第二边缘；邻接一部分管芯背面侧的绝缘层 321；下层布线 307，在超过管芯第一和第二边缘的位置处下层布线 307 的第一部分与上层布线 305 的另一部分电接触，并在管芯的第一和第二边缘周围延伸至邻接管芯背面侧上绝缘层 321 的位置处。

权利要求 45 请求保护的技术方案与对比文件 1 中公开的技术方案相比，具有下述区别技术特征：（a）第一金属层的第二部分横向延伸过管芯的第一边缘；（b）在超过管芯第一边缘的位置处第二金属层的第一部分与第一金属层的第二部分电接触，并在管芯第一边缘周围延伸至邻接管芯背面侧上非导电层的位置处。

由于具有上述区别特征，使得权利要求 45 与对比文件 1 相比具备新颖性，符合专利法第二十二条第二款的有关规定。鉴于权利要求 45 具备新颖性，其从属权利要求 46 ~ 64 也具备新颖性。

（2）关于权利要求 45 ~ 64 的创造性

由于上述区别技术特征（a）和（b）的引入，使得第一金属层仅延伸过管芯的第一边缘，而不延伸过管芯的第二边缘，从而在尺寸上缩小了半导体器件的封装体积，进而可以提高在晶片上有更多区域用于形成管芯，从而使得权利要求 45 请求保护的技术方案有利地提高了晶片的利用率。

而对比文件 1 教导了沟槽绕器件的所有边形成，且上层布线层延伸过管芯的第一和第二边缘，结果对比文件 1 中的半导体封装的体积相对较大。

由此可知，权利要求 45 请求保护的半导体封装与对比文件 1 中公开的半导体封装在结构上并不相同。

综上所述，上述区别特征（a）和（b）根据现有技术的教导并非是显而易见引入的，同时由于上述区别技术特征（a）和（b）的引入使得权利要求45所请求保护的技术方案具有区别于现有技术的有益技术效果，因此权利要求45相对于对比文件1具有突出的实质性特点和显著的进步，符合专利法第二十二条三款有关创造性的规定。鉴于权利要求45具有创造性，其从属权利要求46~64也具备创造性。

5. 关于权利要求65~68

（1）关于权利要求65~68的新颖性

权利要求65要求保护一种MOSFET的封装，对比文件1中（参见说明书第6栏第47行至第13栏第10行，附图13）公开了一种FET的封装，并公开了以下技术特征：包含FET的半导体管芯，管芯的正面侧包括与FET的至少一个引出线电接触的连接点302；管芯包括彼此垂直的第一边缘和第二边缘；被附着于管芯正面侧的密封层306，密封层306的宽度大于管芯的宽度；与连接点302电接触的上层布线305（相当于权利要求65中的第一源极金属层和第一栅极金属层），上层布线305位于管芯与密封层306之间并延伸过管芯的第一和第二边缘；邻接一部分管芯背面侧的绝缘层321；下层布线307（相当于权利要求65中的第二源极金属层和第二栅极金属层），在超过管芯第一和第二边缘的位置处下层布线307的第一部分与上层布线305的另一部分电接触，并在管芯的第一和第二边缘周围延伸至邻接管芯背面侧上绝缘层321的位置处。

虽然对比文件1中没有以文字形式公开对于FET半导体器件的栅极、源极、漏极的引线连接方式，但对于FET来说，形成于管芯顶表面的与FET连接的连接点必然会包含分别相应于其源极和栅极的源极连接点和栅极连接点，上层布线305必然会包含分别与源极连接点和栅极连接点连接的源极部分和栅极部分，相应地，与上层布线305连接的下层布线307也必然会包括分别与上层布线305的源极部分和栅极部分电接触的相应连接部分，以将FET的栅极与源极引出，同时还必然会具有与漏极引出线接触的相应连接部分，而将漏极引出线做在管芯背面侧是本领域的惯用技术手段；且下层布线307的这些相应连接部分必须彼此电绝缘，才能够保证FET作为正常的晶体管使用，在半导体器件封装领域中，上述这些技术特征对于分离的FET的封装来说是不言而喻的。

权利要求65请求保护的技术方案与对比文件1中公开的技术方案相比，具有下述区别技术特征：（a）第一源极金属层的第二部分横向延伸过管芯的第一边缘；（b）第一栅极金属层的第二部分横向延伸过管芯的第一边缘；（c）在超过管芯第一边缘的位置上与第一源极金属层的第二部分电接触的第二源极金属层，并在管芯第一边缘周围延伸至邻接管芯背面侧上非导电层的位置；（d）在超过管芯第一边缘的位置上与第一栅极金属层的第二部分电接触的第二栅极金属层，并在管芯第一边缘周围延伸至邻接管芯背面侧上非导电层的位置；（e）将半导体器件具体限定为MOSFET。

由于具有上述区别特征，使得权利要求65与对比文件1相比具备新颖性，符合专利法第二十二条第二款的有关规定。鉴于权利要求65具备新颖性，其从属权利要求66~68也具备新颖性。

（2）关于权利要求65~68的创造性

MOSFET是半导体领域中常见的一种场效应晶体管（简称为FET），即上述区别技术特征（e）为半导体领域的公知常识。

由于上述区别技术特征（a）（b）（c）和（d）的引入，使得第一源极金属层和第一栅极仅延伸过管芯的第一边缘，而不延伸过管芯的第二边缘，从而在尺寸上缩小了FET器件的封装体积，进而可以提高在晶片上有更多区域用于形成管芯，从而使得权利要求65请求保护的技术方案有利地提高了晶片的利用率。

而对比文件 1 教导了沟槽绕器件的所有边形成，且上层布线层延伸过管芯的第一和第二边缘，结果对比文件 1 中的 FET 封装的体积相对较大。

由此可知，权利要求 65 请求保护的半导体封装与对比文件 1 中公开的半导体封装在结构上并不相同。

综上所述，上述区别特征（a）（b）（c）和（d）根据现有技术的教导并非是显而易见引入的，同时由于上述区别技术特征（a）（b）（c）和（d）的引入使得权利要求 65 所请求保护的技术方案具有区别于现有技术的有益技术效果，因此权利要求 65 相对于对比文件 1 具有突出的实质性特点和显著的进步，符合专利法第二十二条三款有关创造性的规定。鉴于权利要求 65 具备创造性，其从属权利要求 66 ~ 68 也具备创造性。

6. 关于权利要求 69 ~ 71

关于权利要求 69 ~ 71 的新颖性

权利要求 69 要求保护一种半导体器件的封装，对比文件 1 中（同上）公开了一种半导体器件的封装，并具体公开了下述技术特征：包含半导体器件的半导体管芯，管芯的第一侧面包括连接点 302；管芯包括彼此垂直的第一边缘和第二边缘；附着在管芯第一侧面的密封层 306；与连接点 302 电接触的上层布线 305，上层布线 305 延伸过管芯的第一和第二边缘并终止在第一凸缘上；下层布线 307，从管芯的背面侧延伸过管芯的第一和第二边缘然后终止在第二凸缘上，第二凸缘与第一凸缘接触。

权利要求 69 请求保护的技术方案与对比文件 1 中公开的技术方案相比，具有下述区别技术特征：（a）第一金属层横向延伸，并终止在超过管芯第一边缘的第一凸缘上；（b）第二金属层，从管芯的第二侧面并沿管芯的边缘延伸过管芯的第一边缘然后终止在第二凸缘上。

由于具有上述区别特征，使得权利要求 69 与对比文件 1 相比具备新颖性，符合专利法第二十二条第二款的有关规定。鉴于权利要求 69 具备新颖性，其从属权利要求 70 ~ 71 也具备新颖性。

7. 关于从属权利要求 17 是否符合专利法实施细则第二十条第一款的有关规定。

复审请求人根据说明书的记载将从属权利要求 17 中的附加技术特征“第一次切割不完全延伸至第一金属层”修改为“第一次切割未完全延伸穿过第一金属层”，使其所表述的含义与其引用的在先权利要求 1 中的技术特征“在划线区域中从晶片背面侧切穿半导体晶片，形成第一次切割，第一次切割有第一切口 W1，并露出第一金属层的一部分”所的表述含义一致，从而克服了复审通知书中所指出的不清楚缺陷，从而符合专利法实施细则第二十条第一款的有关规定。

综上所述，合议组认为：请求人于 2006 年 8 月 25 日提交的权利要求 1 ~ 71 克服了驳回决定和复审通知书中所指出的缺陷。

三、决定

撤销国家知识产权局于 2004 年 5 月 14 日作出的驳回决定，由原审查部门以请求人 2006 年 8 月 25 日提交的权利要求第 1 ~ 71 项以及申请日提交的说明书第 1 ~ 8 页、说明书附图第 1 ~ 13 页、说明书摘要和摘要附图作为审查基础，继续审批程序。

复审请求人对本决定不服的，可根据专利法第四十一条第二款的规定，在收到本决定之日起三个月内向北京市第一中级人民法院起诉。

292

内建版本保护器功能的智能卡案

复审请求审查决定（第9693号）

决　定　号　第9693号
决　定　日　2006年11月29日
发明创造名称　内建版本保护器功能的智能卡
国际分类号　G06F 12/14　G06F 9/445　G06K 19/07
复审请求人　华邦电子股份有限公司
申　请　号　02153570.1
申　请　日　2002年11月28日
公　开　日　2004年6月16日
合议组组长　钱　芸
主　审　员　涂洪文
参　审　员　李　熙

法律依据　专利法第二十六条第三款
决定要点

如果一项发明的发明点在于将现有技术中的多个技术特征组合成一个技术方案，且这种组合也是本领域技术人员无需创造性劳动即可实现的，则不能认为该技术方案在说明书中未充分公开。

一、案由

本复审请求涉及名称为“内建版本保护器功能的智能卡”的第02153570.1号发明专利申请（下称本申请），申请人为华邦电子股份有限公司，申请日为2002年11月28日，公开日为2004年6月16日。

国家知识产权局实质审查部门于2004年12月31日发出第一次审查意见通知书，指出本申请说明书不符合专利法第二十六条第三款的规定，即说明书中仅仅公开一些设想，并未给出任何使所属技术领域的技术人员能够实施的技术手段，仅给出一些简单的功能性描述，并未揭示使用者认证数据是如何传送至智能卡、智能卡的控制器如何实现将使用者的用户信号与电脑认证信号对比验证的功能、控制器如何发送“确认”“关闭”等信号并实现用户信号对软件的控制等，导致本领域技术人员根据说明书中的描述不能实现该发明。

申请人于2005年4月27日提交了意见陈述书及权利要求书的修改文本，并且认为说明书中已经充分完整地公开了本申请的技术特征，足以让所属领域的技术人员据此实现本申请请求保护的方案。

国家知识产权局于2006年1月13日驳回了本申请，理由是本申请不符合专利法第二十六条第三款的规定。驳回所依据的文本是申请日提交的说明书第1~3页、附图第1~2页、说明书摘要及摘要附图，2005年4月27日提交的权利要求第1~9项。驳回决定坚持了第一次审查意见通知书的理由，并且针对申请人的意见陈述，其中还指出：虽然说明书中公开了软件经打印机的PD4数据脚和智能卡的 SCIO 脚位传递使用者的认证信息，并且本领域技术人员可以从具有认证数据功能的主机电脑微控制器推测出具有数据认证功能的智能卡的控制器，但是如本申请背景技术中所述的，现有的版本保护器是由主机的处理器认证使用者的信息来实现的，而本申请的版本保护器是由智能卡实现的，该智能卡区别于现有技术的特征在于其能够实现信息验证的功能，而本申请说明书中并未对如何实现该功能作出清楚完整的说明，即并未具体公开智能卡如何实现认证的功能以及如何实现对软件的控制，导致本领域技术人员不能实现。

申请人华邦电子股份有限公司（下称复审请求人）不服上述驳回决定，于 2006 年 4 月 6 日向专利复审委员会提出复审请求。复审请求人认为：1. 本申请的说明书第 2 页末段第 2 行至第 3 页第 10 行及图 1、2 中已经公开了“软件经由打印机连接端口 12 的 PD4 数据脚位以及智能卡界面 11 的 SCIO 脚位，将使用者所输入的使用者认证信号传递至智能卡”（发明技术特征）；2. 至于复审请求人未写明智能卡的存储器模块是利用 ROM、EEPROM 及 RAM 来存储电脑认证信号，以供智能卡的微控制器（CPU）来验证该认证信号与其是否相符，认为其与公知的智能卡相比是一种共有的技术特征，按照审查指南的规定可以不作详细描述；3. 关于使用者认证数据是如何传送至智能卡、智能卡的控制器如何实现将使用者用户信号与电脑认证信号对比验证的功能、控制器如何发送“确认”“关闭”信号并实现对软件的控制等，请求人认为根据本申请说明书第 1 页第 3 行及第 7 行所述的内容可知上述特征也是公知技术；4. 至于“智能卡的控制器如何实现将使用者用户信号与电脑认证信号对比验证的功能”也属于本领域的现有技术，不必详加描述。综上所述，复审请求人认为说明书已经清楚完整地公开了其发明内容，符合专利法第二十六条第三款的规定。

经形式审查合格后，专利复审委员会受理了该复审请求，并于 2006 年 5 月 29 日向复审请求人发出复审请求受理通知书，向原审查部门发出前置审查通知书。

随后将本申请移交国家知识产权局实质审查部门进行前置审查。国家知识产权局实质审查部门对本复审请求进行了前置审查，坚持原驳回决定。

2008 年 8 月 11 日，专利复审委员会发出口头审理通知书，定于 2006 年 9 月 20 日对本案进行口头审理。

口头审理如期举行，复审请求人对合议组成员没有回避请求。审理中复审请求人认为：本申请所要解决的问题在于克服现有技术当中所存在的用主机电脑的版本保护器确认使用者的合法性的认证方式可轻易被破解的缺陷。其发明点在于将主机电脑验证版本保护器的功能转移到智能卡的微控制器上，用现有技术的智能卡来代替主机电脑进行验证。复审请求人认为本领域技术人员均知主机电脑微控制器的实现方式是借助 ROM 及 RAM 来进行的，而且公知的智能卡本身都是借助 ROM、EEPROM 及 RAM 来执行其检查功能。复审请求人认为本领域技术人员在主机电脑的微处理器检查对应于 EEPROM 所作的数据对比验证检查的现有技术的基础上通过逻辑分析推理或有限的试验可以得到本发明的智能卡的微处理器检查对应于 EEPROM 所作的数据对比验证检查，则该数据对比验证检查即非本申请所应具备的突出的实质性特点，其不过是本申请的智能卡与该 EEPROM 所共有的技术特征而已，也即该智能卡的微控制器与主机电脑的微控制器同样具有该数据对比验证检查的处理能力。

经审查，合议组认为本案事实已经清楚，现依法作出本复审请求审查决定。

二、决定的理由

1. 复审决定所依据的文本

本复审决定所依据的文本为驳回决定所依据的文本，即：申请日提交的说明书摘要及摘要附图、说明书第 1 ~3 页、附图第 1 ~2 页，2005 年 4 月 27 日提交的权利要求第 1 ~9 项。

2. 关于专利法第二十六条第三款

专利法第二十六条第三款规定：说明书应当对发明或者实用新型作出清楚、完整的说明，以所属技术领域的技术人员能够实现为准；必要的时候，应当有附图。摘要应当简要说明发明或者实用新型的技术要点。

审查指南第二部分第二章第 2. 1. 3 节第 2 段指出：说明书应当清楚地记载发明或者实用新型的技术方案，详细地描述实现发明或者实用新型的具体实施方式，完整地公开对于理解和实现发明或者实用新型必不可少的技术内容，达到所属技术领域的技术人员能够实现该发明或者实用新型的程度。

如果一项发明的发明点在于将现有技术中的多个技术特征组合成一个技术方案，且这种组合也是本领域技术人员无需创造性劳动即可实现的，则不能认为该技术方案在说明书中未充分公开。

本申请权利要求 1 如下：

“1. 一种用于一软件的安全检查系统，其特征在于，它包括：

一输入/输出界面，设置于一主机电脑上，该输入/输出界面具有一数据脚位；

一 IC 卡界面，耦接至该输入/输出界面，该 IC 卡界面具有一传递脚位；以及

一 IC 卡，其为一智能卡，其储存该软件的一电脑认证信号，用以自该 IC 卡界面读取该软件所发出的一使用者认证信号，即将一使用者所输入的该使用者认证信号经由该传递脚位而传递至该智能卡，以及检查该使用者认证信号是否与该电脑认证信号相符，而当该使用者认证信号与该电脑认证数据信号相符时，发出一确认信号以起动该软件。”

本申请的发明目的在于提供一种具有版本保护器设计的储存装置，其发明点在于将主机电脑验证版本保护器的功能转移到智能卡的微控制器上，用现有技术的智能卡来代替主机电脑进行验证。其中所采用的技术手段和技术特征都属于本领域的公知技术，本申请权利要求 1 请求保护的方案仅仅是将现有技术组合在一起以形成一个新的技术方案，本领域普通技术人员在说明书所描述内容的基础上，结合本领域的公知技术即可实现本申请权利要求 1 请求保护的技术方案，由此可见，本申请已经公开了其必不可少的技术内容即用现有技术的智能卡来代替主机电脑进行验证，因此本申请说明书公开充分，符合专利法第二十六条第三款的规定。

驳回决定中认为“该智能卡区别于现有技术的特征在于其能够实现信息验证的功能，而本申请说明书中并未对如何实现该功能作出清楚完整的说明”。合议组认为如复审请求人在口头审理当中所请求的，本申请发明点在于将主机电脑验证版本保护器的功能转移到智能卡的微控制器上，用现有技术的智能卡来代替主机电脑进行验证，其与现有技术的区别在于所采用的验证装置的不同，也即通过智能卡中的微处理器代替主机电脑中的微处理器进行用户身份验证，而未对具体的验证方法中所采取的具体步骤任何改进，也就是说验证方法中的具体的每个步骤与现有技术并无区别。而本申请的说明书中详细阐述了其发明点内容，本领域普通技术人员即可通过说明书的描述结合现有技术，从而能够实现权利要求所要求保护的具有内建版本保护器功能的智能卡并达到其发明目的，由此可见，本申请说明书公开不充分的理由不成立。

综上所述，合议组认为，本申请说明书公开充分，符合专利法第二十六条第三款的规定。

三、决定

撤销国家知识产权局于 2006 年 1 月 13 日对本发明专利申请所作出的驳回决定，在驳回决定所依据的文本，即申请日提交的说明书 1 ~ 3 页、附图第 1 ~ 2 页、说明书摘要及摘要附图，以及 2005 年 4 月 27 日提交的权利要求 1 ~ 9 项的基础上，由原审查部门继续进行审查程序。

根据专利法第四十一条第二款的规定，对本决定不服的，请求人可以在收到本决定之日起三个月内向北京市第一中级人民法院起诉。

293

因特网转接器终端、因特网转接器终端用户管理系统/程序案

复审请求审查决定（第9695号）

决　定　号　第9695号
决　定　日　2006年12月14日
发明创造名称　因特网转接器终端、因特网转接器终端用户管理系统/程序
国际分类号　G06F 17/60
复审请求人　富士通株式会社
申　请　号　02105764.8
申　请　日　2002年4月17日
公　开　日　2003年3月19日
合议组组长　张美菊
主　审　员　李韵美
参　审　员　龙　安

法律依据　专利法第二十五条第一款第（二）项
决定要点

对于涉及计算机程序的发明专利申请的解决方案，如果其执行计算机程序的目的是解决技术问题，在计算机上运行的计算机程序对外部或内部对象进行控制或处理所反映的是遵循自然规律的技术手段，并且由此获得了符合自然规律的技术效果，则此涉及计算机程序的发明专利申请的解决方案不属于专利法第二十五条第一款第（二）项规定的智力活动的规则和方法。

一、案由

本复审请求涉及名称为“因特网转接器终端、因特网转接器终端用户管理系统/程序”的02105764.8号发明专利申请（下称本申请），申请人为富士通株式会社，申请日为2002年4月17日，优先权日为2001年8月28日，公开日为2003年3月19日。

国家知识产权局于2003年12月19日发出了第一次审查意见通知书，在该通知书中主要指出的问题是：权利要求1～8、9～10的主题名称虽然是一种因特网转接器终端用户管理系统和一种通过网络执行信息通信的IA终端，但是其内容体现的仍旧是一种因特网转接器终端的管理方法，对现有技术的贡献仅仅在于利用公知硬件系统来运行一计算机程序，以维护、管理因特网转接器终端和用户信息，就其发明目的和实施该申请所获得的效果而言，都不是技术性的，属于智力活动的规则和方法；权利要求11～14请求保护一种IA终端用户管理程序，计算机程序本身由于其表现形式而被认为是一种智力活动，不能被授予专利权。

申请人于2004年7月5日提交了意见陈述书，同时提交了权利要求书修改替换页，其中删除了

原权利要求 11～14。申请人认为：新修改的文本克服了第一次审查意见通知书中指出的缺陷，本申请解决了技术问题、采用了技术手段并获得了技术效果，是可以给予专利保护的客体，不属于智力活动的规则和方法，更不能因权利要求中提及“管理”二字，就机械地认为其属于智力活动的规则和方法。

国家知识产权局于 2004 年 12 月 10 日，以权利要求 1～10 属于专利法第二十五条第一款第（二）项规定的不授予专利权的情形为由驳回了本申请。驳回决定除了指出与第一次审查意见通知书中相同的观点外，还指出：本申请的方法和系统仅仅是在公知计算机网络设备上运行的一套基于维护和管理网络及终端的用户管理系统，其硬件部分未有任何改进，对现有技术的贡献仅仅在于提供一种以公知网络为手段实现管理行为，就其发明目的和实施本申请所获得的效果而言，都不是技术性的，未能同时满足采用技术手段、解决技术问题和产生技术效果，既不符合专利法实施细则第二条第一款的规定，又属于智力活动的规则和方法。

申请人富士通株式会社（以下称复审请求人）对上述驳回决定不服，于 2005 年 3 月 25 日向专利复审委员会提交了复审请求书。复审请求人在提出复审请求时对权利要求书做了文字上的修改。

修改的独立权利要求 1、9 如下：

“1. 一种通过网络与 IA 终端连接的因特网转接器用户管理系统，包括：

一个 IA 终端用户数据库，构建在存储器单元上，存储含有用于识别 IA 终端的 IA 终端标识符的 IA 终端信息，含有所要接收的业务种类的业务信息，和含有有关接收该业务的用户的用户信息的用户登记信息；

一个位于 IA 终端用户管理系统一边的发送和接收单元，将请求输入用户登记信息的信号发送给 IA 终端，并响应请求输入的信号接收来自 IA 终端的用户登记信息；

一个用户登记信息核对单元，将位于 IA 终端用户管理系统一边的发送和接收单元接收到的用户登记信息与通过读出存储在 IA 终端用户数据库中的用户登记信息进行核对；和

一个自动登记单元，使位于 IA 终端用户管理系统一边的发送和接收单元接收来自 IA 终端的未经用户登记信息核对单元核对的用户登记信息，并将所述用户登记信息存储到 IA 终端用户数据库中。”

“9. 一种通过网络执行信息通信的 IA 终端，包括：

一个位于 IA 终端一边的发送和接收单元，该单元通过网络将含有用于识别 IA 终端的 IA 终端标识符的 IA 终端信息、含有所要接收的业务种类的业务信息和含有有关接收该业务的用户的用户信息的用户登记信息发送到管理 IA 终端的 IA 终端用户管理系统，和接收来自该管理系统的所述 IA 终端信息、所述业务信息和所述用户登记信息；和

一个输入单元，该单元根据 IA 终端用户管理系统的请求，输入不足的用户登记信息；

而位于 IA 终端一边的发送和接收单元将输入单元所输入的用户登记信息发送到 IA 终端用户管理系统。”

复审请求人认为：本申请的目的在于提供一种因特网转接器终端用户管理系统，该系统能够同等地适用于以各种不同分发方式分发的 IA 终端，而不需要 IA 终端或 IA 终端的软件控制器发生改变，并且使得用户自己能够容易地完成有关 IA 终端的信息的登记过程，即使用户对 IA 终端并不熟悉或者是首次使用 IA 终端也不例外，这显然是技术性的；本申请的系统可以自动地获得或处理所需要的各种信息，而不需要用户的人工干预。这当然是技术上的改进；本申请能够获得不必对 IA 终端的软件控制器进行改变，从而实现简化登记与 IA 终端及用户相关信息的过程的有益技术效果。

形式审查合格后，专利复审委员会受理了该复审请求，于 2005 年 5 月 8 日向复审请求人发出复审请求受理通知书，并将本案转送至原审查部门进行前置审查。在前置审查意见书中，原审查部门坚

持原驳回决定。

专利复审委员会组成合议组，对本复审请求案进行了审理。合议组经过合议认为本案事实清楚，可以作出复审决定。

二、决定的理由

1. 关于文本

复审请求人于2005年3月25日提交的权利要求书修改替换页符合专利法第三十三条和专利法实施细则第六十条的规定，因此，本复审决定所依据的文本是复审请求人于2005年3月25日提交的权利要求第1~10项、2002年4月17日提交的说明书第1~24页、说明书附图第1~36页、说明书摘要、摘要附图。

2. 关于专利法第二十五条第一款第（二）项

审查指南第二部分第九章第2节中指出：如果涉及计算机程序的发明专利申请的解决方案执行计算机程序的目的是解决技术问题，在计算机上运行计算机程序从而对外部或内部对象进行控制或处理所反映的是遵循自然规律的技术手段，并且由此获得符合自然规律的技术效果，则这种解决方案属于专利法实施细则第二条第一款所说的技术方案，属于专利保护的客体。属于专利法保护的客体的技术方案就不是专利法第二十五条第一款第（二）项规定的智力活动的规则和方法。

权利要求1请求保护一种通过网络与IA终端连接的因特网转接器用户管理系统，其要解决的问题是（参见说明书第1页第16至第2页第2行）：在现有技术中，用户将IA终端的状态登记到中心的登记过程随IA终端的各种分布方法的不同而不同，还必须准备专用IA终端本身和专用软件，以便根据所用IA终端的分布方法来控制IA终端。例如当用户购买厂家或经销商的IA终端时，不管是什么IA终端，用户必须与因特网业务提供者签订因特网连接合约，然后他还必须通过因特网与中心继续进行交互式操作来登记该IA终端。此外，当因特网业务提供者或应用业务提供者提供IA终端以及业务时，必须根据IA终端所固有的与因特网业务提供者或应用业务提供者所提供的业务相符的登记操作过程来登记IA终端的信息或用户的信息。可见，本申请目的在于提供一种IA终端用户管理系统，利用这种管理系统，不熟悉IA终端的用户或者第一次使用IA终端的用户不必改变IA终端本身或用于控制IA终端的程序就能登记IA终端本身的信息或用户的信息，即使IA终端的分布有差别也不例外。这属于专利法意义上的技术问题，并且不是针对管理的问题。

权利要求1采用了如下方案：一种通过网络与IA终端连接的因特网转接器用户管理系统，包括：一个IA终端用户数据库，构建在存储器单元上，存储含有用于识别IA终端的IA终端标识符的IA终端信息，含有所要接收的业务种类的业务信息，和含有有关接收该业务的用户的用户信息的用户登记信息；一个位于IA终端用户管理系统一边的发送和接收单元，将请求输入用户登记信息的信息发送给IA终端，并响应请求输入的信号接收来自IA终端的用户登记信息；一个用户登记信息核对单元，将位于IA终端用户管理系统一边的发送和接收单元接收到的用户登记信息与通过读出存储在IA终端用户数据库中的用户登记信息进行核对；和一个自动登记单元，使位于IA终端用户管理系统一边的发送和接收单元接收来自IA终端的未经用户登记信息核对单元核对的用户登记信息，并将所述用户登记信息存储到IA终端用户数据库中。可见，其中的构建在存储器单元上的IA终端用户数据、位于IA终端用户管理系统一边的发送和接收单元、用户登记信息核对单元、自动登记单元这些特征都是技术特征，而不是具体的管理手段、方法或规则，这些技术特征能够构成解决前述技术问题的技术方案。

同时，权利要求1的技术方案能够获得如下效果（说明书第24页最后一段）：即使IA终端的分布方法有差别，用户也不必改变IA终端和用于控制IA终端的软件就能轻易地在因特网转接器用户管理系统中登记 IA 终端的用户的信息，即，能够获得适用于多种 IA 终端分布方式得 IA 终端控制软件并且方便地进行 IA 终端的用户信息登记的技术效果。

因此，权利要求 1 请求保护的解决方案解决的是技术问题，采用了技术手段，并且获得了技术效果，不属于专利法第二十五条第一款第（二）项规定的范围。

权利要求 2 ~ 8 从属于权利要求 1，在权利要求 1 不属于专利法第二十五条第一款第（二）项规定的范围的基础上，权利要求 2 ~ 8 也不属于专利法第二十五条第一款第（二）项规定的范围。

权利要求 9 所采用的解决方案是：一种通过网络执行信息通信的 IA 终端，包括：一个位于 IA 终端一边的发送和接收单元，该单元通过网络将含有用于识别 IA 终端的 IA 终端标识符的 IA 终端信息、含有所要接收的业务种类的业务信息和含有有关接收该业务的用户的用户信息的用户登记信息发送到管理 IA 终端的 IA 终端用户管理系统，和接收来自该管理系统的所述 IA 终端信息、所述业务信息和所述用户登记信息；和一个输入单元，该单元根据 IA 终端用户管理系统的请求，输入不足的用户登记信息；而位于 IA 终端一边的发送和接收单元将输入单元所输入的用户登记信息发送到 IA 终端用户管理系统。权利要求 9 实际上请求保护的是应用在权利要求 1 系统中的 IA 终端，权利要求 9 所要解决的技术问题、所获得的技术效果与权利要求 1 相同。因此，权利要求 9 请求保护的方案解决的也是技术问题，也采用了技术手段，并且获得了技术效果，权利要求 9 不属于专利法第二十五条第一款第（二）项规定的范围。

权利要求 10 从属于权利要求 9，在权利要求 9 不属于专利法第二十五条第一款第（二）项规定的范围的基础上，权利要求 10 也不属于专利法第二十五条第一款第（二）项规定的范围。

综上所述，本申请是审查指南第二部分第九章规定的属于专利法保护的涉及计算机程序的发明，不属于专利法第二十五条第一款第（二）项规定的不能被授予专利权的范围。

三、决定

撤销国家知识产权局于 2004 年 12 月 10 日对 02105764.8 号发明专利申请作出的驳回决定。

由国家知识产权局原审查部门依据 2005 年 3 月 25 日提交的权利要求第 1 ~ 10 项、2002 年 4 月 17 日提交的说明书第 1 ~ 24 页、说明书附图第 1 ~ 36 页、说明书摘要、摘要附图继续审批程序。

根据专利法第四十一条的规定，复审请求人对本决定不服的，可以自收到决定之日起三个月内向北京市第一中级人民法院起诉。

294

债券、证券及其市场形成方法案

复审请求审查决定（第9696号）

决　定　号　第9696号
决　定　日　2006年12月1日
发明创造名称　债券、证券及其市场形成方法
国际分类号　G06F 17/60
复审请求人　佐藤通洋
申　请　号　02129610.3
申　请　日　2002年9月2日
公　开　日　2003年3月19日
合议组组长　崔哲勇
主　审　员　骆素芳
参　审　员　穆丽娟

法律依据　专利法实施细则第二条第一款
决定要点

未解决技术问题，或者未利用技术手段，或者未获得技术效果的涉及计算机程序的发明专利申请，不属于专利法实施细则第二条第一款规定的技术方案，因而不属于专利保护的客体。

一、案由

本复审请求涉及名称为“债券、证券及其市场形成方法”的第02129610.3号发明专利申请（下称本申请），申请人为佐藤通洋，申请日为2002年9月2日，优先权日为2001年9月3日、2002年2月5日，公开日为2003年3月19日。

2003年9月12日，国家知识产权局发出第一次审查意见通知书，其中指出权利要求1～13和17属于一种人为规定的商业方法，权利要求14～16虽然要求保护的是“计算机或打印机”，但实质上仅仅是利用公知的计算机和打印机实现对证券的分红、利息和打印等进行管理的方法，属于智力活动的规则和方法，因此权利要求1～17都属于专利法第二十五条第一款第（二）项的规定，不授予专利权。

针对上述审查意见通知书，申请人于2004年1月7日提交了意见陈述书，并提交了权利要求书的替换页。申请人的意见如下：根据说明书记载的内容，将要求保护的发明限定为一种证券信息印刷系统。修改后的权利要求书的内容得到说明书第16页倒数第8行至17页第7行中记载的内容以及附图6的支持。经过对权利要求书的修改，克服了审查意见通知书中指出的问题，并且修改后的权利要求具备专利法第二十二条所规定的新颖性、创造性和实用性。

2004年12月10日，国家知识产权局针对申请人于2004年1月7日提交的权利要求第1～13项、申请日提交的说明书第1～17页、附图第1～6页、说明书摘要及摘要附图，以权利要求1～13属于

专利法第二十五条第一款第（二）项的情形为由驳回了本申请。

驳回决定针对的权利要求书为：

“1. 一种证券信息印刷系统，其特征在于包括第 1 计算机、与上述第 1 计算机连接的第 1 打印机、通过网络与上述第 1 计算机连接的第 2 计算机和与上述第 2 计算机连接的打印机，

上述第 1 计算机具有输入证券信息的输入部、记忆输入到上述输入部的证券信息的第 1 记忆部、将记忆在上述第 1 记忆部中的证券信息打印在纸上的打印命令发送给上述第 1 打印机的打印命令发送装置和通过上述网络将记忆在上述第 1 记忆部中的证券信息发送给第 2 计算机的发送装置；

上述第 1 打印机具有按照从上述第 1 计算机接收到的打印命令，将表示上述证券信息的文字打印在纸上的打印装置；

上述第 2 计算机具有记忆通过上述网络从上述第 1 计算机接到的证券信息的第 2 记忆部和将记忆在上述第 2 记忆部中的证券信息打印在纸上的打印命令发送给第 2 打印机的打印命令发送装置；

第 2 打印机具有按照从第 2 计算机接收到的打印命令，将表示上述证券信息的文字打印在纸上的打印装置。

2. 如权利要求 1 所述的证券信息印刷系统，其特征在于：上述证券信息是由证券发行人为向基础建设等公共事业投入民间的资金而发行的用于筹集民间资金的证券中的国家或者地方公共团体在一定程度上保证债券发行人应所负的偿还债券的本金和利息的债务的文字信息。

3. 如权利要求 2 所述的证券信息印刷系统，其特征在于，上述基础建设等公共事业是由国家或者地方公共团体单独计划，并由国家或者地方公共团体单独完成的。

4. 如权利要求 2 所述的证券信息印刷系统，其特征在于，上述基础建设等公共事业是由民间企业单独计划，并由民间企业单独完成的。

5. 如权利要求 2 所述的证券信息印刷系统，其特征在于，上述基础建设等公共事业是由国家或者地方公共团体单独计划，并由民间企业单独完成的。

6. 如权利要求 2 所述的证券信息印刷系统，其特征在于，上述基础建设等公共事业是由同间企业单独计划，并由国家或者地方公共团体单独完成的。

7. 如权利要求 2 所述的证券信息印刷系统，其特征在于，上述基础建设等公共事业是由国家或者地方公共团体单独计划，并由国家或者地方公共团体与民间企业共同完成的。

8. 如权利要求 2 所述的证券信息印刷系统，其特征在于，上述基础建设等公共事业是由民间企业单独计划，并由国家或者地方公共团体与民间企业共同完成的。

9. 如权利要求 2 所述的证券信息印刷系统，其特征在于，上述基础建设等公共事业是由国家或者地方公共团体与民间企业共同计划，并由国家或者地方公共团体单独完成的。

10. 如权利要求 2 所述的证券信息印刷系统，其特征在于，上述基础建设等公共事业是由国家或者地方公共团体与民间企业共同计划，并由民间企业单独完成的。

11. 如权利要求 2 所述的证券信息印刷系统，其特征在于，上述基础建设等公共事业是由国家或者地方公共团体与民间企业共同计划，并由国家或者地方公共团体与民间企业共同完成的。

12. 如权利要求 2 所述的证券信息印刷系统，其特征在于，上述债券发行人的财团法人的民间城市开发机构。

13. 如权利要求 1 所述的证券信息印刷系统，其特征在于：上述证券信息为企业兑换筹集的资金而交付的资金筹集用证券中的表示该企业向该证券的所有者分配该企业的事业活动所得利益的旨趣的有关分红的文字信息；表示该企业定期向该证券的所有者支付利息的旨趣的有关利息的文字信息；和表示该企业由于倒闭、经营不良等理由，无法按照有关利息的文字内容履行利息的支付的情况下，国

家、地方公共团体或者其他公共法人在预先决定的限度内保证筹集的上述的资金的偿还的旨趣的有关保证的文字信息。”

驳回决定的理由主要是：权利要求1～13的主题名称虽然是一种证券信息印刷系统，但是其内容体现的仍旧是一种人为规定的债券及其分红、利息和打印等进行操作的方法，所要解决的问题仅是实现债券的发行和融资，虽然在新权利要求1中泛泛的提到了“计算机以及连接在计算机上的打印机”的硬件设备及操作，但其仅仅是计算机领域的公知常识，因此，就本申请的发明目的和实施该发明所获得的效果而言，都不是技术性的，依然属于智力活动的规则和方法，不属于中国专利法保护的客体。

佐藤通洋（下称请求人）不服上述驳回决定，于2005年3月25日向专利复审委员会提交了复审请求，未修改文本，其理由主要是：（1）权利要求1中所限定的技术方案给出了硬件设备的连接关系，具有技术性。驳回决定中认为权利要求1中的硬件设备和操作属于计算机领域的公知常识，但没有给出具体的对比文件来说明权利要求1所限定的硬件设备属于现有技术；（2）本发明解决了以往先印刷制作证券再通过各种流通渠道来发行该证券，证券发行较慢的技术问题；（3）本发明获得的技术有益效果是通过网络把证券相关的信息传递到普通计算机终端上并打印成证券，减少证券制作和发行的成本和流通时间。因此，本发明不属于专利法第二十五条第一款第（二）项规定的智力活动的规则和方法，属于专利法保护的客体。

经形式审查合格后，专利复审委员会受理了此复审请求，并于2005年6月1日向请求人发出复审请求受理通知书，同时向国家知识产权局原审查部门发出前置审查通知书。

在前置审查意见书中，国家知识产权局原审查部门坚持原驳回决定。

针对该复审请求，专利复审委员会组成合议组对本复审请求案进行了审理，于2006年9月19日向请求人发出复审通知书。复审通知书指出：

（1）权利要求1请求保护一种证券信息印刷系统，其中记载了第1、2计算机，第1、2打印机、第1、2记忆部等硬件设备，证券信息在计算机、打印机、记忆部中进行传输、显示、打印。其所要解决的问题是在财政困难、投资者对购入将民间企业进行的公共事业作为项目的债券抱消极态度、或金融机构对民企出资不充分等情况下现有的利用证券种类进行必要的基础建设困难的问题；解决方案中虽然包括了计算机、打印机、记忆部等，但这些都是公知的硬件设备，其针对所要解决的问题而采用的手段实质上是人为规定的证券的发行方法；取得的效果是提供一种新的金融商品，促进证券的发行流通。权利要求1所要解决的问题、为解决该问题所采用的手段和取得的效果都是非技术性的，因此，权利要求1不属于专利法实施细则第二条第一款规定的技术方案，不属于专利保护的客体。

（2）从属权利要求2～13的附加特征是对证券信息中关于保证的文字信息、基础建设的计划和完成的主体、债券发行机构、证券信息中关于分红等内容的限定，所进一步限定的特征本身是非技术性的，也没有使得权利要求2～13的解决方案所要解决的问题和获得的效果具有技术性，因此，权利要求2～13不符合专利法实施细则第二条第一款的规定。

请求人于2006年11月1日提交了意见陈述书，未修改文本，其陈述的意见主要是：（1）权利要求1的主题是“证券信息印刷系统”，其要解决的是：证券发行的成本较高、证券发行较慢的问题。而这种问题是由于以往没有有效的技术手段而带来的问题，因而是属于技术问题的。（2）关于本发明是否采用了技术手段的问题，本发明解决方案是否采用了技术手段与该权利要求所包括的装置是否为公知设备没有任何关系。无论本发明要解决的问题是什么，都应该根据权利要求的内容来判断，根据权利要求1得到的方案显然是技术方案。（3）关于本发明得到的效果是否为技术效果的问题，权利要求1的技术效果在于减少证券制作和发行的成本和流通时间。为解决技术问题而采用技术手段来直接获得的效果都是技术效果。因此，本发明要解决的问题、采用的手段、获得的效果都具有技术性，属于专利法实施细则第二条第一款规定的技术方案。从属权利要求 2～13 要解决的问题、为解决该问题所采用的手段、获得的效果也具有技术性，属于专利法实施细则第二条第一款规定的技术方案。

至此，合议组认为本案事实已经清楚，可以作出复审决定。

二、决定的理由

1. 关于决定针对的文本

请求人在提交复审请求以及答复复审通知书时未修改申请文件，因此，合议组审查所依据的文本为驳回决定所依据的文本，即：请求人于 2004 年 1 月 7 日提交的权利要求第 1～13 项，申请日 2002 年 9 月 2 日提交的说明书第 1～17 页、附图第 1～6 页、说明书摘要及摘要附图。

2. 关于专利法实施细则第二条第一款

专利法实施细则第二条第一款规定：专利法所称发明，是指对产品、方法或者其改进所提出的新的技术方案。

就本案而言，权利要求 1 的方案为：一种证券信息印刷系统，其特征在于包括第 1 计算机、与上述第 1 计算机连接的第 1 打印机、通过网络与上述第 1 计算机连接的第 2 计算机和与上述第 2 计算机连接的打印机，上述第 1 计算机具有输入证券信息的输入部、记忆输入到上述输入部的证券信息的第 1 记忆部、将记忆在上述第 1 记忆部中的证券信息打印在纸上的打印命令发送给上述第 1 打印机的打印命令发送装置和通过上述网络将记忆在上述第 1 记忆部中的证券信息发送给第 2 计算机的发送装置；上述第 1 打印机具有按照从上述第 1 计算机接收到的打印命令，将表示上述证券信息的文字打印在纸上的打印装置；上述第 2 计算机具有记忆通过上述网络从上述第 1 计算机接到的证券信息的第 2 记忆部和将记忆在上述第 2 记忆部中的证券信息打印在纸上的打印命令发送给第 2 打印机的打印命令发送装置；第 2 打印机具有按照从第 2 计算机接收到的打印命令，将表示上述证券信息的文字打印在纸上的打印装置。

权利要求 1 请求保护的证券信息印刷系统包括第 1 计算机、与第 1 计算机连接的第 1 打印机、第 1 计算机中的输入部、记忆部、第 1 计算机和第 1 打印机间的发送装置、第 1 打印机的打印装置；第 2 计算机、与第 2 计算机连接的第 2 打印机、第 2 计算机的第 2 记忆部、第 2 计算机和第 2 打印机间的发送装置、第 2 打印机的打印装置；连接第 1 计算机和第 2 计算机的网络。对于上述这些硬件设备，说明书第 16 页倒数第 8 行至第 17 页第 7 行以及附图 6 中有所描述，但是并没有任何涉及这些计算机、打印机及其网络连接关系本身的改进的内容，因此，本发明完全是利用现有技术中公知的计算机、打印机及网络。权利要求 1 的方案中限定证券信息在网络内的计算机、打印机间传输和打印，实质上是利用公知的网络进行证券的发行和流通，并且，权利要求 1 的方案在利用公知的网络进行证券的发行和流通时并没有克服任何技术困难，相应地也没有获得任何技术效果。权利要求 1 的方案所采用的手段是以先流通传播，在需要时再打印印刷的证券发行方法取代以往的先印刷制作再流通的证券发行方法，它实质上是一种人为规定的证券的发行方法，其所解决的问题及获得的效果是提供一种新的金融商品，促进证券的发行流通。因此，权利要求 1 实际所解决的问题、为解决上述问题所采用的手段以及取得的相应的效果都是非技术性的，权利要求 1 不属于专利法实施细则第二条第一款规定的技术方案，不属于专利保护的客体。

请求人在答复复审通知书时提出以下意见：①本发明要解决的是证券发行的成本较高、发行较慢的问题，得到了减少证券制作和发行的成本和流通时间的技术效果；②根据权利要求 1 得到的方案显然是技术方案。对于解决方案是否为技术方案的问题，无论本发明要解决的问题是什么，都应该根据权利要求的内容来判断。

合议组认为，对于上述第①点，网络传输本身具有成本低、速度快的特性。请求人所称的减少成本和流通时间是由网络本身的特性所具有的效果，而并不是本发明通过克服技术困难获得的技术效果。

对于上述第②点，审查指南第二部分第九章第3节第（3）点规定：未解决技术问题，或者未利用技术手段，或者未获得技术效果的涉及计算机程序的发明专利申请，不属于专利法实施细则第二条第一款规定的技术方案，因而不属于专利保护的客体。合议组认为，基于上述已经陈述的理由，权利要求1所解决的问题、为解决该问题所采用的手段和取得的效果都是非技术性的；根据审查指南的上述规定，权利要求1不属于专利法实施细则第二条第一款规定的技术方案，不属于专利保护的客体。

权利要求2~13的附加特征是对证券信息的关于保证的文字信息、基础建设的计划和完成的主体、债券发行机构、证券信息中关于分红等内容的限定，所进一步限定的特征本身是非技术性的，也没有使得权利要求2~13的解决方案所要解决的问题和获得的效果具有技术性，因此，权利要求2~13不符合专利法实施细则第二条第一款的规定。

综上所述，权利要求1~13不符合专利法实施细则第二条第一款的规定。

三、决定

维持国家知识产权局于2004年12月10日对02129610.3号发明专利申请作出的驳回决定。

请求人对本决定不服的，可以根据专利法第四十一条第二款的规定，自收到本决定之日起三个月内向北京市第一中级人民法院起诉。

295

报价中介方法及装置案

复审请求审查决定（第9708号）

决　定　号　第9708号
决　定　日　2006年11月29日
发明创造名称　报价中介方法及装置
国际分类号　G06F 17/60
复审请求人　郡是株式会社
申　请　号　01135841.6
申　请　日　2001年10月24日
公　开　日　2002年5月22日
合议组组长　崔哲勇
主　审　员　孙治国
参　审　员　骆素芳

法律依据　专利法实施细则第二条第一款
决定要点

权利要求1~8所请求保护的方案解决的不是技术问题，也并没有取得任何的技术效果，其并不是专利法意义上的技术方案，不符合专利法实施细则第二条第一款的规定。

一、案由

本复审请求涉及名称为“报价中介方法及装置”的01135841.6号发明专利申请（下称本申请），申请人为郡是株式会社，申请日为2001年10月24日，公开日为2002年5月22日。

2004年4月16日，国家知识产权局发出第一次审查意见通知书，认为：（1）本申请的权利要求1请求保护一种报价中介方法。利用相应的计算机程序对信息进行处理达到对买卖双方的报价交易进行管理的目的，本发明的实质为用于对相关信息进行管理的计算机程序，本发明解决的不是技术问题，所获得效果也不是技术效果，因此本发明不属于可给予专利保护的客体。不符合专利法实施细则第二条第一款的规定，属于专利法第二十五条第一款第（二）项规定的情形。权利要求2~6是权利要求1的从属权利要求，其附加技术特征都是对所述的用于对买卖双方的报价交易进行管理的方法做进一步的限定。权利要求2~6实质上仍属于一种智力活动的规则的方法，根据专利法第二十五条第一款第（二）项的规定而不能被允许。（2）权利要求7请求保护一种报价中介装置。使用一个公知的服务器、计算机终端、通信网络对相关的买卖双方的报价交易信息进行管理。利用相应的计算机程序对信息进行处理达到买卖双方的报价交易管理的目的。本发明虽然是一种装置，但由于其硬件结构没有发生任何变化，所以本发明的实质为用于对相关信息进行管理的计算机程序，即一种用于对买卖双方的报价交易管理的方法，本发明解决的不是技术问题，所获得效果也不是技术效果，因此，本发明不属于可给予专利保护的客体。不符合专利法实施细则第二条第一款的规定，属于专利法第二十五条第一款第（二）项规定的情形。权利要求8～10是权利要求7的从属权利要求，其附加特征都是对所述的用于对买卖双方的报价交易进行管理的方法做进一步的限定。因此，权利要求8～10实质上仍属于一种智力活动的规则的方法，根据专利法第二十五条第一款第（二）项的规定而不能被允许。

2004年8月31日，申请人在答复第一次审查意见通知书时认为：（1）本发明解决的技术问题并不仅仅在于使用因特网进行报价委托或报价答复，而且也在于迅速和适当地评价为一个报价委托作出的各种类型的报价答复。仅通过输出各种被传送的报价委托并不能得出这些报价答复，各种类型的报价答复的得出有赖于与计算机的具体交易。（2）本申请提出的方法和装置能够通过自动发或自动传真进行报价委托和对报价委托进行答复，避免了单独用电话或传真与每个企业个别进行联系，也省去了由于收到的报价书格式的不同而在比较报价时所要花费大量时间。因而，它也利用了技术手段。（3）本发明属于审查指南第二部分第九章第2.2.4节所规定的“用于外部数据处理的涉及计算机程序的发明专利申请”的情形，其所要求保护的技术方案能够根据从卖方接受的供货金额及供货概率以及从买方接受的索赔信息，更新质量优先评价、价格优先评价、交付期优先评价以及综合评价等卖方评价信息。本发明的目的在于提供一种使买方可以容易地向多个卖方报价委托的系统，同时，可以迅速且准确地对报价的答复进行评价，提高商业交易活跃性。因而，本发明能够获得技术效果。因此，本发明符合专利法实施细则第二条第一款对于发明的定义，并不属于第二十五条的情形。

2004年10月29日，国家知识产权局以本专利权利要求1～10属于专利法第二十五条第一款第（二）项、属于专利法实施细则第五十三条第二项的情形为由驳回了本申请。

郡是株式会社（下称请求人）不服上述驳回决定，于2005年2月16日向专利复审委员会提交了复审请求，并修改了权利要求，内容如下：

“1. 一种报价中介方法，是接受来自买方的报价条件的输入，对多个卖方进行报价委托，接受来自各卖方的报价结果，对买方进行报价答复的报价中介方法，其特征是包括下列步骤：

将买方的报价条件作为报价委托信息而接收，

根据从预先存储的数据计算出的卖方评价信息，对卖方进行优先顺序排列，根据该优先顺序，决定可成为报价委托方的多个卖方，

对于成为报价委托方的卖方，作出可阅读的报价委托信息，

根据上述报价委托信息将卖方的报价结果作为报价答复结果而接收，

对有报价答复的卖方按照上述的优先顺序向买方进行展示，作成买方可阅读的报价答复信息，

上述评价信息根据针对每一个买方可能选择的卖方评价方法个别地提供的算出式被算出，并预先被登录，

卖方的优先顺序的排列是基于对应买方指定的上述评价方法的上述评价信息而进行的。

2. 一种报价中介方法，是接受来自买方的报价条件的输入，对多个卖方进行报价委托，接受来自各卖方的报价结果，对买方进行报价答复的报价中介方法，其特征是包括下列步骤：

将买方的报价条件及买方指定的多个卖方作为报价委托信息而接收，

对于买方指定的卖方，作出可阅读的报价委托信息，

根据上述报价委托信息将各卖方的报价结果作为报价答复信息而接收，

根据从预先存储的数据计算出的卖方评价信息，对卖方进行优先顺序排列，对有报价答复的卖方按照上述的优先顺序向买方进行展示，并作出买方可读的报价答复信息，

上述评价信息根据针对每一个买方可能选择的卖方评价方法个别地提供的算出式被算出，并预先被登录，

卖方的优先顺序的排列是基于对应买方指定的上述评价方法的上述评价信息而进行的。

3. 一种报价中介方法，是接受来自买方的报价条件的输入，对多个卖方进行报价委托，接受来自卖方的报价结果，对买方进行报价答复的报价中介方法，其特征是包括下列步骤：

将买方的报价条件作为报价委托信息而接收，

作成卖方可阅读的报价委托信息，

根据上述报价委托信息将卖方的报价结果作为报价答复信息而接收，

根据从预先存储的数据计算出的卖方评价信息，对卖方进行优先顺序排列，对有报价答复的卖方按照上述的优先顺序向买方进行展示，作出买方可阅读的报价答复信息，

上述评价信息根据针对每一个买方可能选择的卖方评价方法个别地提供的算出式被算出，并预先被登录，

卖方的优先顺序的排列是基于对应买方指定的上述评价方法的上述评价信息而进行的。

4. 根据权利要求1至3中任一项所述的报价中介方法，其特征是上述评价信息至少包括质量优先评价、价格优先评价、交付期优先评价及综合评价。

5. 根据权利要求1~3中任何一项所述的报价中介方法，其特征是还包括步骤：根据从卖方接收的供货金额及供货概率及从买方接收的索赔信息，进一步更新上述评价信息。

6. 一种报价中介装置，是接受来自买方的报价条件的输入，对多个卖方进行报价委托，接受来自卖方的报价结果的输入，对买方进行报价答复的报价中介装置，其特征是该报价中介装置包括：

存储构成各卖方评价信息的基础的数据存储单元，

以上述数据为基础计算出评价信息的评价运算单元，

赋予从买方终端接收的对应于报价委托信息以报价委托号，将该报价委托号传送到构成报价委托方的多个卖方终端的报价委托处理单元，

从卖方终端接收对应上述报价委托号的报价答复信息，将报价答复地的多个卖方一览地展示给买方终端的报价答复处理单元，

根据上述信息对卖方排列优先顺序，根据该优先顺序，决定基于报价答复处理单元的卖方展示顺序的优先级别评价单元，

上述评价运算单元在买方终端根据针对每个可能选择的卖方评价方法个别地提供的算出式，计算出评价信息，并将该评价信息预先登录在卖方信息文件中，

上述优先级别评价单元检索上述卖方信息文件，在买方终端，对应于指定的上述评价方法的上述评价信息，对卖方进行优先顺序排列。

7. 根据权利要求6所述的报价中介装置，其特征是上述优先级别评价单元按照上述优先顺序决定构成报价委托方的多个卖方终端。

8. 根据权利要求6或权利要求7中所述的报价中介装置，其特征是上述存储单元存储的数据至少包括质量点、价格点及交付期点，上述评价运算单元计算出的评价信息至少包括质量优先评价、价格优先评价、交付期优先评价及综合评价，上述评价运算单元在计算综合评价时，直接将质量点、价格点及交付期点相加，但计算上述质量优先评价、价格优先评价、交付期优先评价时，要在质量点、价格点及交付期点中之一乘上优先评价系数后，再进行相加。”

请求人认为：（1）本发明的主题属于审查指南第二部分第九章第2.2.4节所述的“用于外部数据处理的涉及程序的发明专利申请”，其利用在公知计算机上运行的计算机程序对外部数据进行处理，以解决某个具体的技术问题。因此，本发明属于可授予专利权的涉及程序的发明专利申请，而不属于智力活动的范畴。（2）本发明虽然涉及程序，但其满足了解决技术问题、采用技术手段、实现技术效果这三个条件，因此，不属于专利法第二十五条第一款第（二）项所规定的智力活动，而是

属于可给予专利保护的客体。

经形式审查合格后，专利复审委员会受理了此复审请求，并于2005年3月14日向请求人发出复审请求受理通知书，同时向国家知识产权局原审查部门发出前置审查通知书。在前置审查意见书中，国家知识产权局原审查部门坚持原驳回决定。

针对该复审请求，专利复审委员会组成合议组对本复审请求案进行了审理，于2006年9月5日向请求人发出复审通知书。复审通知书指出：

1. 权利要求1请求保护一种报价中介方法，其利用公知的计算机及通信网络，将买方的报价条件作为报价委托信息而接收，根据从预先存储的数据计算出的卖方评价信息，对卖方进行优先顺序排列，根据该优先顺序，决定可成为报价委托方的多个卖方，对于成为报价委托方的卖方，作出可阅读的报价委托信息，根据上述报价委托信息将卖方的报价结果作为报价答复结果而接收，对有报价答复的卖方按照上述的优先顺序向买方进行展示，作成买方可阅读的报价答复信息，上述评价信息根据针对每一个买方可能选择的卖方评价方法个别地提供算出式被算出，并预先登录，卖方的优先顺序的排列是基于对应买方指定的上述评价方法的上述评价信息而进行的。该方案试图解决“买方可以容易地向多个卖方进行报价委托，同时，可以迅速且准确地对报价的答复进行评价，提高商业交易活跃性”的问题，但这仅仅是根据商业交易习惯而产生的交易方法的问题，并不是专利法意义上的技术问题；其效果仅仅在于提高了商业交易活跃性，这也并不是专利法意义上的技术效果。

由此可见，权利要求1所请求保护的方案解决的不是技术问题，也并没有取得任何的技术效果，其并不是专利法意义上的技术方案，不符合专利法实施细则第二条第一款的规定。

2. 权利要求2请求保护一种报价中介方法，其利用公知的计算机及通信网络，将买方的报价条件及买方指定的多个卖方作为报价委托信息而接收，对于买方指定的卖方，作出可阅读的报价委托信息，根据上述报价委托信息将各卖方的报价结果作为报价答复信息而接收，根据从预先存储的数据计算出的卖方评价信息，对卖方进行优先顺序排列，对有报价答复的卖方按照上述的优先顺序向买方进行展示，并作出买方可读的报价答复信息，上述评价信息根据针对每一个买方可能选择的卖方评价方法个别地提供算出式被算出，并预先登录，卖方的优先顺序的排列是基于对应买方指定的上述评价方法的上述评价信息而进行的。该方案试图解决“买方可以容易地向多个卖方进行报价委托，同时，可以迅速且准确地对报价的答复进行评价，提高商业交易活跃性”的问题，但这仅仅是根据商业交易习惯而产生的交易方法的问题，并不是专利法意义上的技术问题；其效果仅仅在于提高了商业交易活跃性，这也并不是专利法意义上的技术效果。

由此可见，权利要求2所请求保护的方案解决的不是技术问题，也并没有取得任何的技术效果，其并不是专利法意义上的技术方案，不符合专利法实施细则第二条第一款的规定。

3. 权利要求3请求保护一种报价中介方法，其利用公知的计算机及通信网络，将买方的报价条件作为报价委托信息而接收，作成卖方可阅读的报价委托信息，根据上述报价委托信息将卖方的报价结果作为报价答复信息而接收，根据从预先存储的数据计算出的卖方评价信息，对卖方进行优先顺序排列，对有报价答复的卖方按照上述的优先顺序向买方进行展示，作出买方可阅读的报价答复信息，上述评价信息根据针对每一个买方可能选择的卖方评价方法个别地提供算出式被算出，并预先登录，卖方的优先顺序的排列是基于对应买方指定的上述评价方法的上述评价信息而进行的。该方案试图解决“买方可以容易地向多个卖方进行报价委托，同时，可以迅速且准确地对报价的答复进行评价，提高商业交易活跃性”的问题，但这仅仅是根据商业交易习惯而产生的交易方法的问题，并不是专利法意义上的技术问题；其效果仅仅在于提高了商业交易活跃性，这也并不是专利法意义上的技术效果。

由此可见，权利要求3所请求保护的方案解决的不是技术问题，也并没有取得任何的技术效果，其并不是专利法意义上的技术方案，不符合专利法实施细则第二条第一款的规定。

4. 权利要求4～5均是权利要求1～3的从属权利要求，它们也没有克服权利要求1～3的上述缺陷，权利要求4～5所请求保护的方案也不是专利法意义上的技术方案，不符合专利法实施细则第二条第一款的规定。

5. 权利要求6请求保护一种报价中介装置，其利用公知的计算机、通信网络及存储装置等，存储构成各卖方评价信息的基础的数据，以上述数据为基础计算出评价信息，赋予从买方终端接收的对应于报价委托信息以报价委托号，将该报价委托号传送到构成报价委托方的多个卖方终端，从卖方终端接收对应上述报价委托号的报价答复信息，将报价答复地的多个卖方一览地展示给买方终端，根据上述信息对卖方排列优先顺序，根据该优先顺序，决定基于报价答复处理单元的卖方展示顺序，在买方终端针对每个可能选择的卖方评价方法计算出评价信息，优先级别评价单元在买方终端，对应于指定的上述评价方法的上述评价信息，对卖方进行优先顺序排列。该方案实质上试图解决“买方可以容易地向多个卖方进行报价委托，同时，可以迅速且准确地对报价的答复进行评价”的问题，但这仅仅是根据商业交易习惯而产生的交易方法的问题，并不是专利法意义上的技术问题；其效果仅仅在于提高了商业交易活跃性，这也并不是专利法意义上的技术效果。

由此可见，权利要求6所请求保护的方案解决的不是技术问题，也并没有取得任何的技术效果，其并不是专利法意义上的技术方案，不符合专利法实施细则第二条第一款的规定。

6. 权利要求7～8均是权利要求6的从属权利要求，它们也没有克服权利要求6的上述缺陷，权利要求7～8所请求保护的方案也不是专利法意义上的技术方案，不符合专利法实施细则第二条第一款的规定。

2006年10月8日，请求人提交了答复复审通知书的意见陈述书，认为：（1）本发明要解决的技术问题不是在于仅仅借助互联网进行报价委托和报价答复，而是在于将下列技术要求成为可能。也即，在进行报价委托的时候，对于可能的大量的卖主信息，通过进行预定的处理来决定一个满足一定的条件的卖主列表（说明书第12页第1～3行，图6），同时，当对于一个报价委托有大量的报价答复时，通过对大量的报价答复信息进行预定的处理来作成一有意义的报价答复列表（说明书第14页第8～11行，图11；说明书第17页第19～30行，图16），显示给买主看这一系列技术要求成为可能。如何把无秩序的大量的数据变换成可以相互比较的有意义的列表，并将它显示出来，才是本发明的真正的技术课题，当然也是满足审查基准的技术问题。（2）对于上述的技术问题，至于发信号即邮件，记忆数据方面，本发明确实采用了本领域技术人员公知的手段。但是，按照各自固有的算出式算出与对每位卖主预先登记的种种的评价方法相对应的评价信息的特定的处理，和对可能和大量的卖主以及作出报价答复的大量的卖主，对与买主指定的评价方法相对应的评价信息进行优先顺序排列，来决定满足一定的条件的卖主列表，以及作成显示有意义的标价答复列表的特定的处理等，是采用了基于本发明的技术思想的评价运算手段和优先度评价手段等的技术手段来进行的。所以，本发明所采用的技术手段，是相当于，或者说属于含计算机程序的发明所要求的一种新的技术手段，因而在采用技术手段这一点上，本发明当然满足了审查基准。（3）通过使用上述的技术手段，庞大的可能的卖主方面的信息或报价答复信息可以被变换成有意义的卖主列表或可以相互比较的具有有意义的秩序的报价答复列表，并被显示。所以本发明能够实现，在使数据信息的收集和积累变得容易的同时，也使得有效地管理使用数据信息成为可能的这样的技术效果。

合议组在对本案进行进一步合议审查的基础上，认为本案事实清楚，可以作出如下复审请求审查决定。

二、决定的理由

1. 关于审查文本

由于请求人在2006年10月8日答复复审通知书的意见陈述书时没有修改申请文件，因此，本决定所依据的文本是：于2005年2月16日提交的权利要求第1~8项，于2001年10月24日提交的说明书第1~19页、说明书附图第1~18页、说明书摘要及摘要附图。

2. 关于专利法实施细则第二条第一款

权利要求1请求保护一种报价中介方法，其利用公知的计算机及通信网络，将买方的报价条件作为报价委托信息而接收，根据从预先存储的数据计算出的卖方评价信息，对卖方进行优先顺序排列，根据该优先顺序，决定可成为报价委托方的多个卖方，对于成为报价委托方的卖方，作出可阅读的报价委托信息，根据上述报价委托信息将卖方的报价结果作为报价答复结果而接收，对有报价答复的卖方按照上述的优先顺序向买方进行展示，作成买方可阅读的报价答复信息，上述评价信息根据针对每一个买方可能选择的卖方评价方法个别地提供算出式被算出，并预先登录，卖方的优先顺序的排列是基于对应买方指定的上述评价方法的上述评价信息而进行的。该方案试图解决“买方可以容易地向多个卖方进行报价委托，同时，可以迅速且准确地对报价的答复进行评价，提高商业交易活跃性”的问题，但这仅仅是根据商业交易习惯而产生的交易方法的问题，并不是专利法意义上的技术问题；其效果仅仅在于提高了商业交易活跃性，这也并不是专利法意义上的技术效果。

由此可见，权利要求1所请求保护的方案解决的不是技术问题，也并没有取得任何的技术效果，其并不是专利法意义上的技术方案，不符合专利法实施细则第二条第一款的规定。

对于请求人在2006年10月8日答复复审通知书的意见陈述书中有关本申请解决了技术问题的解释，合议组认为：权利要求1中并没有给出采用任何具体的技术方案来解决请求人所述的“如何把无秩序的大量的数据变换成可以相互比较的有意义的列表，并将它显示出来”这一技术问题，仅仅泛泛的给出“需要把无秩序的大量的数据变换成可以相互比较的有意义的列表”的指示，而并没有给出对应的具体实现该指示的技术方案。即请求人在意见陈述书中所声称的技术问题与权利要求1的方案所实际解决的问题并不对应。从权利要求1的整个方案来看，该方案试图解决“买方可以容易地向多个卖方进行报价委托，同时，可以迅速且准确地对报价的答复进行评价，提高商业交易活跃性”的问题，但这仅仅是根据商业交易习惯而产生的交易方法的问题，并不是专利法意义上的技术问题；相应地，其效果仅仅在于提高了商业交易活跃性，这也并不是专利法意义上的技术效果。

2. 权利要求2请求保护一种报价中介方法，其利用公知的计算机及通信网络，将买方的报价条件及买方指定的多个卖方作为报价委托信息而接收，对于买方指定的卖方，作出可阅读的报价委托信息，根据上述报价委托信息将各卖方的报价结果作为报价答复信息而接收，根据从预先存储的数据计算出的卖方评价信息，对卖方进行优先顺序排列，对有报价答复的卖方按照上述的优先顺序向买方进行展示，并作出买方可读的报价答复信息，上述评价信息根据针对每一个买方可能选择的卖方评价方法个别地提供算出式被算出，并预先登录，卖方的优先顺序的排列是基于对应买方指定的上述评价方法的上述评价信息而进行的。该方案试图解决“买方可以容易地向多个卖方进行报价委托，同时，可以迅速且准确地对报价的答复进行评价，提高商业交易活跃性”的问题，但这仅仅是根据商业交易习惯而产生的交易方法的问题，并不是专利法意义上的技术问题；其效果仅仅在于提高了商业交易活跃性，这也并不是专利法意义上的技术效果。

由此可见，权利要求2所请求保护的方案解决的不是技术问题，也并没有取得任何的技术效果，其并不是专利法意义上的技术方案，不符合专利法实施细则第二条第一款的规定。

3. 权利要求3请求保护一种报价中介方法，其利用公知的计算机及通信网络，将买方的报价条件作为报价委托信息而接收，作成卖方可阅读的报价委托信息，根据上述报价委托信息将卖方的报价结果作为报价答复信息而接收，根据从预先存储的数据计算出的卖方评价信息，对卖方进行优先顺序排列，对有报价答复的卖方按照上述的优先顺序向买方进行展示，作出买方可阅读的报价答复信息，上述评价信息根据针对每一个买方可能选择的卖方评价方法个别地提供算出式被算出，并预先登录，卖方的优先顺序的排列是基于对应买方指定的上述评价方法的上述评价信息而进行的。该方案试图解决“买方可以容易地向多个卖方进行报价委托，同时，可以迅速且准确地对报价的答复进行评价，提高商业交易活跃性”的问题，但这仅仅是根据商业交易习惯而产生的交易方法的问题，并不是专利法意义上的技术问题；其效果仅仅在于提高了商业交易活跃性，这也并不是专利法意义上的技术效果。

由此可见，权利要求3所请求保护的方案解决的不是技术问题，也并没有取得任何的技术效果，其并不是专利法意义上的技术方案，不符合专利法实施细则第二条第一款的规定。

4. 权利要求4～5均是权利要求1～3的从属权利要求，其附加特征仍然没有使得权利要求4和5的方案所解决的问题和取得的效果具有技术性，因此，权利要求4～5所请求保护的方案也不是专利法意义上的技术方案，不符合专利法实施细则第二条第一款的规定。

5. 权利要求6请求保护一种报价中介装置，其利用公知的计算机、通信网络及存储装置等，存储构成各卖方评价信息的基础的数据，以上述数据为基础计算出评价信息，赋予从买方终端接收的对应于报价委托信息以报价委托号，将该报价委托号传送到构成报价委托方的多个卖方终端，从卖方终端接收对应上述报价委托号的报价答复信息，将报价答复地的多个卖方一览地展示给买方终端，根据上述信息对卖方排列优先顺序，根据该优先顺序，决定基于报价答复处理单元的卖方展示顺序，在买方终端针对每个可能选择的卖方评价方法计算出评价信息，优先级别评价单元在买方终端，对应于指定的上述评价方法的上述评价信息，对卖方进行优先顺序排列。该方案实质上试图解决“买方可以容易地向多个卖方进行报价委托，同时，可以迅速且准确地对报价的答复进行评价”的问题，但这仅仅是根据商业交易习惯而产生的交易方法的问题，并不是专利法意义上的技术问题；其效果仅仅在于提高了商业交易活跃性，这也并不是专利法意义上的技术效果。

由此可见，权利要求6所请求保护的方案解决的不是技术问题，也并没有取得任何的技术效果，其并不是专利法意义上的技术方案，不符合专利法实施细则第二条第一款的规定。

6. 权利要求7～8均是权利要求6的从属权利要求，其附加特征仍然没有使得权利要求7和8的方案所解决的问题和取得的效果具有技术性，因此，权利要求7～8所请求保护的方案也不是专利法意义上的技术方案，不符合专利法实施细则第二条第一款的规定。

三、决定

请求人的复审请求不成立，维持国家知识产权局于2004年10月29日对申请号为01135841.6号发明专利申请所作出的驳回决定。

当事人对本决定不服的，可以根据专利法第四十一条第二款的规定，自收到本决定之日起三个月内向北京市第一中级人民法院起诉。

296

掩模交易系统及方法案

复审请求审查决定（第9711号）

决　定　号　第9711号
决　定　日　2006年12月6日
发明创造名称　掩模交易系统及方法
国 际 分 类 号　G06F 17/60
复 审 请 求 人　株式会社东芝
申　请　号　02142751.8
申　请　日　2002年9月20日
公　开　日　2003年4月16日
合 议 组 组 长　张美菊
主　审　员　孙治国
参　审　员　龙　安

法 律 依 据　专利法实施细则第二条第一款
决 定 要 点

如果权利要求所要求保护的方案的目的和效果都是非技术性的，那么该权利要求所要求保护的方案不是专利法实施细则第二条第一款所规定的技术方案。

一、案由

本复审请求涉及名称为“掩模交易系统及方法”的第02142751.8号发明专利申请（下称本申请），申请人为株式会社东芝，申请日为2002年9月20日，公开日为2003年4月16日。

2003年10月10日，国家知识产权局发出第一次审查意见通知书，主要指出：

（1）当前权利要求1请求保护一种用于交易制造半导体装置用的光掩膜的系统，对比文件1（WO0150362A1，公开日为2001年7月12日）公开了一种数据销售代理系统，其权利要求1、51的技术特征公开了本申请中的销售中介部、购买中介部和图像提供部。在记录介质的硬件中存储有与可变项有关的问题数据，该记录介质硬件就相当于本专利要求中的制作订购存储部。至于本专利权利要求中的图像存储部实质上是一个存储单元，对比文件1中的记录介质硬件公开了此技术特征，二者的不同仅仅在于上面存储的内容不同，但是存储器上存储的内容并没有使存储器的结构发生变化，属于非技术特征。由此可见，对比文件1公开了权利要求1的全部技术特征。二者的不同在于在它们的硬件结构上所执行的交易方法不同，但是该交易方法的目的和效果都是非技术性的，不能对装置作出创造性贡献，因此，本申请权利要求1不具有创造性。

（2）对比文件1的权利要求1公开了当前权利要求2的附加技术特征，其中的数据处理装置进行预定数据处理，以便生成反映订单发送者对通过所述通信路径从第一通信装置传输的所述问题的回答的所述模拟生物。该数据处理装置相当于本权利要求中的模拟部，因此，在其引用的权利要求1不具备创造性的情况下，当前权利要求 2 不具备创造性。

权利要求 3 限定部分的技术特征为模拟部通过上述购买代理使得掩膜购买者输入上述曝光装置的规格。通过购买者的输入接收订购数据对本领域的普通技术人员来说是解决此问题的常用手段。因此，在其引用的权利要求 2 不具备创造性的情况下，当前权利要求 3 也不具备创造性。

当前权利要求 4 的附加技术特征为该掩腊交易系统还具有检查数据存储部和检查数据提供部。对比文件 1 的权利要求 1、51 中公开了存储有与可变项有关的问题数据的记录介质的硬件，该记录介质硬件就相当于本专利要求中的制作订购存储部，将数据销售给购买者一端的装置相当于本专利要求中的检查数据提供部。至于其中存储和提供的数据的不同是否是技术特征，不能对装置作出贡献，因此，权利要求 4 不具有创造性；权利要求 5 的附加技术特征对本领域的普通技术人来说属于公知常识，因此权利要求 5 不具有创造性；权利要求 6 的附加技术特征仅仅是对交易方法的限定，并不能对该权利要求作出创造性贡献，因此，当前权利要求 6 也不具备创造性；当前权利要求 7 的附加技术特征是可以直接导出的，因此当前权利要求 7 不具备创造性。

（3）当前权利要求 8 ~ 17 请求保护一种用计算机实现的交易制造半导体装置用的光掩膜的方法，所要解决的问题仅仅是根据掩膜购买者与掩膜销售者之间密切的信息交换，可以更正确的判断掩膜制品可否。就其发明目的和实施该发明所获得的效果而言，都不是技术性的，属于智力活动的规则和方法，不属于中国专利法保护的客体，因此，当前权利要求 8 ~ 17 不符合专利法第二十五条第一款第（二）项的规定。

针对上述审查意见通知书，申请人于 2004 年 4 月 8 日提交了意见陈述书，并提交了新的权利要求 1 ~ 6 项。申请人在意见陈述书中的主要意见为：

（1）将原权利要求 2 的内容合并在权利要求 1 中，并认为本申请与对比文件 1 的发明目的不同：对比文件 1 的目的在于提高模拟生物或宠物机器人的趣味性、娱乐性；而本发明的目的在于以与制造完成的状态相应的价格进行光掩膜的交易。在网络构成这一点上两者之间没有大的区别，但，从接受订购者的一方的视点以时间顺序追踪到制品被选出来为止的过程来看，两者最大区别在于价格的确定是在实际制品的制造之前还是在其后，对比文件 1 中虽然有制造前的模拟结果，但没有出示制造后的制品数据的技术特征。从技术效果上看，本发明的最终目的在于“适当价格的确定”，对比文件 1·则是“满足购买者的嗜好”，两者之间有本质的区别。

因此，本申请修改后的权利要求 1 的技术方案与对比文件 1 相比具备创造性；修改后的权利要求 2 ~ 6 也同样具备创造性。

（2）原权利要求 8 ~ 17 删除，不存在不符合专利法第二十五条第一款第（二）项的理由。

2004 年 11 月 12 日，国家知识产权局以本申请权利要求 1 ~ 6 项不符合专利法第二十二第三款的规定为由驳回了本申请。驳回所针对的权利要求书如下：

“1. 一种用于交易制造半导体装置用的光掩模的系统，其特征在于，该系统包括：

购买中介部，用于通过网络与掩模购买者进行信息交换；

销售中介部，与掩模销售者进行信息交换；

制作订购存储部，用于存储包括通过上述购买中介部输入的掩模规格的掩模订购；

图像存储部，用于存储通过上述销售中介部输入的形状图像，该形状图像为依据上述掩模规格在掩模制造工厂制作的掩模制品中，显示图案拐角部分的二维形状的形状图像；

图像提供部，用于通过上述购买中介部向上述掩模购买者提供上述形状图像；以及

模拟部，用于根据曝光装置的规格，制作成利用上述具有形状图像的图案拐角部曝光时的转印图像的；

其中，上述图像提供部通过购买代理向上述掩模购买者提供上述转印图像。

2. 如权利要求1中所述的掩模交易系统，其特征在于，上述模拟部通过上述购买代理使得掩模购买者输入上述曝光装置的规格。

3. 如权利要求1至2中任意一项所述的掩模交易系统，其特征在于，该系统还具有：

检查数据存储部，用于存储通过上述销售代理输入的上述掩模制品中缺陷的检查数据；以及

检查数据提供部，用于通过上述购买代理向上述掩模购买者提供上述检查数据。

4. 如权利要求1至2中任意一项所述的掩模交易系统，其特征在于，该系统还具有，向上述掩模购买者提供上述形状图像后，通过上述购买代理部让掩模购买者选择是购买上述掩模制品，还是根据上述掩模的规格重新制作掩模的进行选择部。

5. 如权利要求4中所述的掩模交易系统，其特征在于，上述进行选择部还让掩模购买者选择是否重新设定上述掩模制品的价格。

6. 如权利要求5中所述的掩模交易系统，其特征在于，上述进行选择部具有输入重新设定上述掩模制品价格的理由的装置。”

驳回决定中的主要意见为：本申请与对比文件1的区别仅在于在它们的硬件结构上所执行的交易方法不同，但该交易方法的目的和效果都是非技术的，不能对装置作出创造性贡献；尽管申请人指出二者实现的交易过程是不同的，并且发明目的不同，但是该部分内容并不属于专利法意义上的技术特征，仅仅是在相同的结构上实现了不同的交易方法，因此，权利要求1不具备专利法第二十二条第三款所规定的创造性；权利要求2、4的附加技术特征为常用手段，权利要求3、5的限定部分不是技术性的，权利要求6的附加技术特征是可以从对比文件1中直接导出的，因此，权利要求2~6也不具备创造性。

申请人（下称请求人）对上述驳回决定不服，于2005年2月28日向国家知识产权局专利复审委员会提出复审请求，并且提交了修改后的权利要求1~6项、说明书第2~3页的替换页，以克服驳回决定中所指出的缺陷。

修改后的权利要求如下：

“1. 一种掩模交易系统，包括能够交换用于交易制造半导体装置用的光掩模的电子信息的网络和存储上述电子信息的数据库组，其特征在于，该系统进一步包括：

对购买上述光掩模的掩模购买者进行上述电子信息的输入输出的作为网络终端形式的购买中介部；

对销售上述光掩模的掩模销售者侧进行上述电子信息的输入输出的作为网络终形式的销售中介部；

存储包括通过上述购买中介部输入的光掩模的规格的掩模制作订购的作为制作订购数据库形式的制作订购存储部；

存储通过上述销售中介部输入的形状图像的作为数据库形式的图像存储部，该形状图像为显示依据上述光掩模的规格在掩模制造工厂制作的掩模制品中图案拐角部分的二维形状的形状图像；

作为通过上述购买中介部向上述掩模购买者提供上述形状图像的作为程序形式的图像提供部；以及

根据用于上述光掩模的制作的曝光装置的规格、预测用具有上述形状图像的图案拐角部曝光时的转印图像的作为曝光模拟器形式的模拟部；

其中，上述图像提供部通过上述购买代理部向上述掩模购买者提供上述转印图像。

2. 如权利要求1中所述的掩模交易系统，其特征在于，上述模拟部通过上述购买代理使得掩模

购买者输入上述曝光装置的规格。

3. 如权利要求1至2中任意一项所述的掩模交易系统，其特征在于，该系统还具有：

存储通过上述销售代理部输入的上述掩模制品中缺陷的检查数据的作为数据库形式的检查数据存储部；以及

通过上述购买代理部向上述掩模购买者提供上述检查数据的作为程序形式的检查数据提供部。

4. 如权利要求1至2中任意一项所述的掩模交易系统，其特征在于，该系统还具有：向上述掩模购买者提供上述形状图像后、通过上述购买代理部让上述掩模购买者选择是购买上述掩模制品还是根据上述掩模的规格重新制作掩模的作为程序形式的进行选择部。

5. 如权利要求4中所述的掩模交易系统，其特征在于，上述进行选择部还让掩模购买者选择是否重新设定上述掩模制品的价格。

6. 如权利要求5中所述的掩模交易系统，其特征在于，上述进行选择部具有输入重新设定上述掩模制品价格的理由的装置。”

请求人认为：本申请与对比文件1的发明目的以及要解决的技术问题不同；本申请权利要求1的技术特征与对比文件1相比有着本质区别，（1）对比文件1中未记载“存储通过上述销售中介部输入的形状图像的作为数据库形式的图像存储部，该形状图像为显示依据上述光掩膜的规格在掩膜制造工厂制作的掩膜制品中图案拐角部分的二维形状的形状图像”“作为通过上述购买中介部向上述掩膜购买者提供上述形状图像的作为程序形式的图像提供部”技术特征；（2）本申请的“模拟部”与对比文件1中的“数据处理装置”不同，本申请的模拟部是根据用于上述光掩膜的制作的曝光装置的规格、预测用具有上述形状图像的图案拐角部曝光时的转印图像的作为曝光模拟器形式的模拟部，而对比文件1的数据处理装置则是“一边反应与从上述第I通信手段通过上述通信线路发送的上述询问对应的上述订购者的应答，一边进行用于生成上述模拟生物和/或上述硬件的规定的数据处理”；因此，权利要求1是具备创造性，从而，从属权利要求2~6也创造性。

经形式审查合格后，专利复审委员会受理了此复审请求，并于2005年3月25日向请求人发出复审请求受理通知书，同时向国家知识产权局原审查部门发出前置审查通知书。在前置审查意见书中，国家知识产权局原审查部门坚持原驳回决定。

针对该复审请求，专利复审委员会组成合议组对本复审请求案进行了审理，于2005年9月28日向请求人发出复审通知书，要求其在指定的期限内进行答复。复审通知书指出：

（1）请求人在提出复审请求时提交了申请文件的修改替换页，所述修改文本符合专利法第三十三条和专利法实施细则第六十条第一款的规定。因此，本复审通知书所依据的文本是：本申请于2005年2月28日提交的说明书第2~3页、权利要求书第1~2页，申请日提交的说明书第1、4~11页、附图第1~7页、说明书摘要及摘要附图。

（2）当前权利要求1不符合专利法实施细则第二条第一款的规定。

当前权利要求1请求保护一种用于交易制造半导体装置用的光掩膜的系统，对比文件1（WO0150362A1）公开了一种数据销售代理系统，并具体公开了以下技术特征（见其权利要求51、53）：所述销售代理系统包括有配置在制作者一方的第一通信装置（相当于本申请权利要求1中的制作订购存储部）、配置在销售受托者一方的第二通信装置（相当于本申请权利要求1中的销售中介部）和配置在购买者一方的第三通信装置（相当于本申请权利要求1中的购买中介部）；其中第二通信装置包括委托接受装置，对通过所述通信路径从第一通信装置发出的、由所述制作者制作的所述虚拟生物的所述那一部分数据进行委托接受处理（相当于本申请权利要求1中的模拟部）；销售装置，用于将数据销售给购买者一端，所述销售装置通过通信路径，将用于根据指定的所述那一部分数据模拟显示所述虚拟生物的行为或动作的图像数据传输到所访问的第三通信装置（相当于本申请权利要求1中的图像提供部）；第一通信装置，配置在作为软件保存在硬件中和根据所述软件行动和动作的虚拟生物中的一部分数据的制作者一方上。可见，对比文件1中已经公开了其技术方案中具有存储软件的硬件设备的技术特征，而本申请权利要求1中的图像存储部实质上就是一个存储单元，因此对比文件1中的具有存储功能的硬件设备就相当于权利要求1中的图像存储部。

可见，对比文件1已经公开了权利要求1中的硬件结构部分，而权利要求1与对比文件1的区别仅仅在于：权利要求1将公知的计算机销售代理系统用于光掩膜的交易中，而该光掩膜交易的目的是根据掩膜购买者和销售者之间密切的信息交换，可以更正确地判断掩膜制品是否适合于购买者，其效果是简化了交易的流程，使得买卖双方对于产品质量是否符合要求可以实现互通以便降低生产成本，促成交易。由此可见，权利要求1所要求保护的方案的目的和效果都是非技术性的，因此权利要求1所要求保护的方案不是专利法实施细则第二条第一款所规定的技术方案。

（3）当前权利要求2~6不符合专利法实施细则第二条第一款的规定。

当前权利要求2限定部分的附加特征是“上述模拟部通过上述购买代理部使得掩模购买者输入上述曝光装置的规格”，该附加特征的目的和效果均仅限于使得用户输入规格。因此权利要求2所要求保护的方案的目的也是根据掩膜购买者和销售者之间密切的信息交换，可以更正确地判断掩膜制品是否适合于购买者，其效果是简化了交易的流程，使得买卖双方对于产品质量是否符合要求可以实现互通以便降低生产成本，促成交易。由此可知，其目的和效果都是非技术性的，因此权利要求2所要求保护的方案不是专利法实施细则第二条第一款所规定的技术方案。

权利要求3的附加技术特征为“掩膜交易系统还具有检查数据存储部，用于存储通过上述销售代理输入的上述掩模制品中缺陷的检查数据；以及检查数据提供部，用于通过上述购买代理向上述掩模购买者提供上述检查数据。”对比文件1（见其权利要求1、51）中公开了存储有与可变项有关的问题数据的记录介质的硬件，该记录介质硬件就相当于本权利要求中的检查数据存储部的硬件。将数据销售（提供）给购买者一端的装置相当于本权利要求中的检查数据提供部。可见，对比文件1已经公开了权利要求3中的硬件结构部分，而权利要求3所要求保护的方案与对比文件1的区别仅在于：权利要求3将公知的记录介质的硬件和检查数据提供部件用于光掩膜的交易中，而该光掩膜交易的目的是根据掩膜购买者和销售者之间密切的信息交换，可以更正确地判断掩膜制品是否适合于购买者，其效果是简化了交易的流程，使得买卖双方对于产品质量是否符合要求可以实现互通以便降低生产成本，促成交易。由此可见，权利要求3所要求保护的方案的目的和效果都是非技术性的，因此权利要求3所要求保护的方案不是专利法实施细则第二条第一款所规定的技术方案。

权利要求4限定部分的附加技术特征为“该系统还具有向上述掩模购买者提供上述形状图像后、通过上述购买代理部让掩模购买者选择是购买上述掩模制品，还是根据上述掩模的规格重新制作掩模的作为程序形式的进行选择部”。在交易时对购买者提供选择单元使其进行选择对本领域的普通技术人员来说是公知常识。可见，对比文件1结合公知常识已经公开了权利要求4中的硬件结构部分，而权利要求4与对比文件1的区别仅在于：权利要求4将公知的选择部件用于光掩膜的交易中，而该光掩膜交易的目的是根据掩膜购买者和销售者之间密切的信息交换，可以更正确地判断掩膜制品是否适合于购买者，其效果是简化了交易的流程，使得买卖双方对于产品质量是否符合要求可以实现互通以便降低生产成本，促成交易。由此可见，权利要求4所要求保护的方案的目的和效果都是非技术性的，因此权利要求4所要求保护的方案也不是专利法实施细则第二条第一款所规定的技术方案。

权利要求5、6限定部分的附加技术特征分别为“上述进行选择部还让掩模购买者选择是否重新设定上述掩模制品的价格”“上述进行选择部具有输入重新设定上述掩模制品价格的理由的装置”。

上述的附加技术特征仅仅涉及商品交易的价格选择以及输入理由的装置，而且其中输入理由的装置也是公知的输入部件。权利要求5、6所要求保护的方案的目的是根据掩膜购买者和销售者之间密切的信息交换，可以更正确地判断掩膜制品是否适合于购买者，其效果是简化了交易的流程，使得买卖双方对于产品质量是否符合要求可以实现互通以便降低生产成本，促成交易。由此可知，其目的和效果都是非技术性的，因此权利要求5、6所要求保护的方案也不是专利法实施细则第二条第一款所规定的新的技术方案。

请求人于2005年11月2日提交了意见陈述书，认为：（1）即使硬件资源相同，作为技术思想的发明的信息处理装置，特征在于软件和硬件资源协同动作，来进行与使用目的相对应的特有的信息处理，因此，复审通知书中认为本申请权利要求1的方案虽然具有“图像处理”相同，由于该图像处理是软件技术中的一般性的通用技术，所以本申请权利要求1的信息处理装置与对比文件1的信息处理装置是相同，上述判断还应该考虑构成该技术特征的不可分割的软件的内容；（2）本申请权利要求1的方案中的图像处理是关于半导体装置的“图案拐角部的二维形状图像”而对比文件1中的“图像处理”是虚拟生物的行为或动作，其需要图像随时间变化，表现如同生物运动那样的技术，虽然本申请权利要求1的图像处理和对比文件1共同属于计算机软件技术的图像处理，但如果比较静止的微细二维图案形成技术和运动的三维物体构成技术，则会发现包含于其中的是本质不相同的技术领域的内容，本申请权利要求1的图像存储部、图像提供部以及模拟部，在技术内容上讲与对比文件1是不相同的；（3）本申请权利要求1用多个技术特征描述了一个完整的技术方案，该技术方案可以在工业上实施，并获得相应的技术效果，因此，本申请权利要求1的发明是对产品所提出的新的技术方案，符合专利法实施细则第二条第一款的规定，从而，本申请权利要求2～6也符合专利法实施细则第二条第一款的规定。

至此，合议组认为本案事实已经清楚，可以作出复审决定。

二、决定的理由

1. 关于审查的文本

请求人在答复复审通知书时未对申请文件进行修改。因此，本决定所依据的文本为复审通知书所依据的文本，即：2005年2月28日提交的说明书第2～3页、权利要求第1～6项，申请日提交的说明书第1、4～11页、附图第1～7页、说明书摘要及摘要附图。

2. 关于专利法实施细则第二条第一款

（1）当前权利要求1不符合专利法实施细则第二条第一款的规定。

当前权利要求1请求保护一种用于交易制造半导体装置用的光掩膜的系统，该系统中的各种中介部、各种存储部、模拟部、图像提供部利用的就是现有技术中公知的计算机系统、数据存储装置、数据处理装置，并且该系统中利用的网络和数据库组也是本领域中公知的技术，因此该系统中的各硬件组成部分均是现有的公知硬件，而且在WO0150362A公开了一种数据销售代理系统也都使用了这样的公知硬件（见其权利要求51、53），其中所述销售代理系统包括有配置在制作者一方的第一通信装置的硬件（相当于本申请权利要求1中的制作订购存储部的硬件）、配置在销售受托者一方的第二通信装置的硬件（相当于本申请权利要求1中的销售中介部的硬件）和配置在购买者一方的第三通信装置的硬件（相当于本申请权利要求1中的购买中介部的硬件）；其中第二通信装置包括委托接受装置，对通过所述通信路径从第一通信装置发出的、由所述制作者制作的所述虚拟生物的所述那一部分数据进行委托接受处理的硬件（相当于本申请权利要求1中的模拟部的硬件）；销售装置，用于将数据销售给购买者一端，所述销售装置通过通信路径，将用于根据指定的所述那一部分数据模拟显示所述虚拟生物的行为或动作的图像数据传输到所访问的第三通信装置（其中数据提供传输所用到的硬件相当于本申请权利要求1中的图像提供部的硬件）；第一通信装置，配置在作为软件保存在硬件中和根据所述软件行动和动作的虚拟生物中的一部分数据的制作者一方上。

可见，权利要求1中的硬件结构部分均是现有的公知技术，而权利要求1与公知的现有技术的区别仅仅在于：权利要求1将公知的使用网络和数据库的计算机系统用于光掩膜的交易中，而该光掩膜交易的目的是根据掩膜购买者和销售者之间密切的信息交换，可以更正确地判断掩膜制品是否适合于购买者，其效果是简化了交易的流程，使得买卖双方对于产品质量是否符合要求可以实现互通以便降低生产成本，促成交易。由此可见，权利要求1所要求保护的方案的目的和效果都是非技术性的，因此权利要求1所要求保护的方案不是专利法实施细则第二条第一款所规定的技术方案。

虽然请求人强调本申请中的图像处理是关于半导体装置的“图像拐角部的二维形状图像”进行细微二维图像的处理，但合议组认为在权利要求1的方案中仅仅记载存储二维形状的形状图像的存储部，以及要根据规格预测转印图像的模拟部，其中并没有记载任何针对技术问题而进行的细微图像处理的具体技术手段，其仅仅是交易系统中执行交易方法的一个交易步骤，因此请求人关于本申请权利要求1具有技术性的理由，合议组不予接受。

（2）权利要求2～6不符合专利法实施细则第二条第一款的规定。

权利要求2限定部分的附加特征是“上述模拟部通过上述购买代理部使得掩模购买者输入上述曝光装置的规格”，该附加特征的目的和效果均仅限于使得用户输入规格。因此权利要求2所要求保护的方案的目的也是根据掩膜购买者和销售者之间密切的信息交换，可以更正确地判断掩膜制品是否适合于购买者，其效果是简化了交易的流程，使得买卖双方对于产品质量是否符合要求可以实现互通以便降低生产成本，促成交易。由此可知，其目的和效果都是非技术性的，因此权利要求2所要求保护的方案不是专利法实施细则第二条第一款所规定的技术方案。

权利要求3的附加技术特征为“掩膜交易系统还具有检查数据存储部，用于存储通过上述销售代理输入的上述掩模制品中缺陷的检查数据；以及检查数据提供部，用于通过上述购买代理向上述掩模购买者提供上述检查数据。”但是，该附加技术特征中的硬件数据存储部和数据提供部是现有的公知技术，例如在WO0150362A1（见其权利要求1、51）中公开了存储有与可变项有关的问题数据的记录介质的硬件，该记录介质硬件就相当于本权利要求中的检查数据存储部的硬件。可见，权利要求3中的硬件结构部分均是现有的公知技术，而权利要求3所要求保护的方案与公知的现有技术的区别仅在于：权利要求3将公知的硬件用于光掩膜的交易中，而该光掩膜交易的目的是根据掩膜购买者和销售者之间密切的信息交换，可以更正确地判断掩膜制品是否适合于购买者，其效果是简化了交易的流程，使得买卖双方对于产品质量是否符合要求可以实现互通以便降低生产成本，促成交易。由此可见，权利要求3所要求保护的方案的目的和效果都是非技术性的，因此权利要求3所要求保护的方案不是专利法实施细则第二条第一款所规定的技术方案。

权利要求4限定部分的附加技术特征为“该系统还具有向上述掩模购买者提供上述形状图像后、通过上述购买代理部让掩模购买者选择是购买上述掩模制品，还是根据上述掩模的规格重新制作掩模的作为程序形式的进行选择部”。在交易时对购买者提供选择单元使其进行选择对本领域的普通技术人员来说是公知常识。可见，权利要求4中的硬件结构部分均是现有的公知技术，而权利要求4与现有技术的区别仅在于：权利要求4将公知的硬件用于光掩膜的交易中，而该光掩膜交易的目的是根据掩膜购买者和销售者之间密切的信息交换，可以更正确地判断掩膜制品是否适合于购买者，其效果是简化了交易的流程，使得买卖双方对于产品质量是否符合要求可以实现互通以便降低生产成本，促成交易。由此可见，权利要求4所要求保护的方案的目的和效果都是非技术性的，因此权利要求4所要求保护的方案也不是专利法实施细则第二条第一款所规定的技术方案。

权利要求5、6限定部分的附加技术特征分别为“上述进行选择部还让掩模购买者选择是否重新设定上述掩模制品的价格”“上述进行选择部具有输入重新设定上述掩模制品价格的理由的装置”。上述的附加技术特征仅仅涉及商品交易的价格选择以及输入理由的装置，而且其中的输入装置也是公知的输入部件。权利要求5、6所要求保护的方案的目的是根据掩膜购买者和销售者之间密切的信息交换，可以更正确地判断掩膜制品是否适合于购买者，其效果是简化了交易的流程，使得买卖双方对于产品质量是否符合要求可以实现互通以便降低生产成本，促成交易。由此可知，其目的和效果都是非技术性的，因此权利要求5、6所要求保护的方案也不是专利法实施细则第二条第一款所规定的技术方案。

综上所述，本申请权利要求1~6所要求保护的方案不是专利法实施细则第二条第一款所规定的技术方案，本申请依然存在复审通知书所指出的缺陷，合议组可以依法作出如下审查决定。

三、决定

维持国家知识产权局于2004年11月12日对申请号为02142751.8号发明专利申请作出的驳回决定。

当事人对本决定不服的，可以根据专利法第四十一条第二款的规定，自收到本决定之日起三个月内向北京市第一中级人民法院起诉。

297

具近似音检索的汉字注音或拼音三维输入方法案

复审请求审查决定（第9714号）

决　定　号　第9714号
决　定　日　2006年12月13日
发明创造名称　具近似音检索的汉字注音或拼音三维输入方法
国际分类号　G06F 3/023
复审请求人　郑有志
专利申请号　00120800.4
申　请　日　2000年7月14日
公　开　日　2002年2月6日
合议组组长　张　度
主　审　员　杜　宇
参　审　员　周雷鸣

法律依据　专利法第二十二条第三款
决定要点

如果对比文件公开的技术方案与本申请技术方案存在实质性不同，并且对比文件对本申请权利要求的区别技术特征均没有给出任何启示，该区别技术特征使权利要求的技术方案产生了有益效果，则相对于对比文件，该权利要求的技术方案具有突出的实质性特点和显著的进步，具备创造性。

一、案由

本复审请求案涉及申请日为2000年7月14日、发明名称为“具近似音检索的汉字注音或拼音三维输入方法”、申请号为00120800.4的发明专利申请（下称本申请），申请人为郑有志。

在实质审查过程中，国家知识产权局实质审查部门以申请日提交的权利要求第1~9项、说明书第1~11页、说明书附图第1页、说明书摘要及摘要附图、2000年9月8日提交的说明书第12页的文件为基础进行审查。

国家知识产权局实质审查部门于2004年1月30日发出第一次审查意见通知书，其中指出：本申请的权利要求1~9相对于对比文件1和2均不具备专利法第二十二条第三款所规定的创造性。并引用了以下对比文件：

对比文件1：CN1159620A，其公开日为1997年9月17日；

对比文件2：CN87107634A，其公开日为1988年5月18日。

申请人于2004年4月8日针对第一次审查意见通知书提交了意见陈述书以及权利要求书和说明书、说明书摘要的替换页，并论述了新修改的权利要求1相对于对比文件1和2具备创造性的理由。修改后的权利要求书如下：

“1. 一种具近似音检索的汉字注音或拼音三维输入方法，此三维阵列的纵轴以汉字注音或拼音的声母、注音的介音及注音的韵母依序排列而成，而横轴为以一空白栏位、注音的韵母、注音的介音以及“注音的介音+注音的韵母”的混合体排列而成，第三轴以汉字注音或拼音的声符表列而成，而经三维对应配置成中文字输入方法；

其特征在于：当输入完还没有“声符”的汉字注音或拼音组合时，即可由一般的汉字注音或拼音符号使用规则，判知此汉字注音或拼音组合是否有近似音存在，当有近似音存在时，即可由近似音的音符资料与纵轴、横轴座标的对映关系，找到并相应显示其第三轴的中文资料，并与原输入汉字注音或拼音组合的第三轴中文资料并同显示。

2. 根据权利要求1所述的具近似音检索的汉字注音或拼音三维输入方法，其特征在于，于选择近似音的第三轴汉字注音或拼音组合时，可相应显示其同音字集，而于萤幕上直接方便点选所欲的文字。

3. 根据权利要求1所述的具近似音检索的汉字注音或拼音三维输入方法，其特征在于，其中该注音的介音+注音的韵母的混合体，为以各注音的介音与各注音的韵母交叉排列而成。

4. 根据权利要求3所述的具近似音检索的汉字注音或拼音三维输入方法，其特征在于，其中该交叉排列的注音的介音+注音的韵母的混合体，为将其中的不存在的栏位化简去除；其中可将注音的介音与注音的韵母的混合体中的相同注音的韵母而中文字互不重叠的栏位整合于同一栏位中，形成同一注音的韵母对应一个以上的注音的介音的混合栏位，据以缩短栏位数量。

5. 根据权利要求1所述的具近似音检索的汉字注音或拼音三维输入方法，其特征在于，其中位在纵轴的注音的韵母栏位为仅以单一横向栏位排列而成。

6. 根据权利要求1所述的具近似音检索的汉字注音或拼音三维输入方法，其特征在于，其显示中文资料方式可依实际需要加以调整。

7. 一种电子产品，其是运用如权利要求1至6的任一项的汉字注音或拼音三维输入方法的设备。”

国家知识产权局实质审查部门继续审查，仍认为权利要求1~7相对于对比文件1和2不符合专利法第二十二条第三款关于创造性的规定，因此于2004年12月24日作出了驳回本申请的决定。

驳回决定指出：“权利要求1要求保护的是一种具近似音检索的汉字注音或拼音三维输入方法，而对比文件1已经公开了一种汉字拼音的三维输入方法。也就是说，这种利用三维的方式来进行汉字输入的想法，已经不是申请人第一次提出来的。至于在行、列和纵三个方向安排对应具体的汉字拼音的内容（声母、韵母以及介音等）属于人为规定的内容，那么不同的申请人本着输入便利的原则，可能会采取不同的规定，其结果也是各有优势。那么申请人在权利要求1中强调在第三维输入时，采用“声符”来确定同音字。为此，审查员提供了对比文件2作为证据。而对比文件2公开的是一种同音词的选择法，由于其与本申请的领域相同，都是涉及中文输入的方法，另外也是通过声调来确定同音字的，因此对于本领域的技术人员来说，将对比文件1和对比文件2结合获得权利要求1的技术方案是显而易见的。至于申请人在意见陈述书中提到的本申请具有的突出的实质性特点和显著的进步中的a和b特点，在原始文本中并没有体现，因此不能作为本申请具备创造性的理由。至于提到c特点中所谓的边看边选的方式，也早已是本领域的公知技术，例如，微软的智能ABC输入法就具有这一功能，因此这一点也不能作为本申请创造性成立的理由。基于上述原因，审查员认为本申请的权利要求1不具备突出的实质性特点和显著的进步，因而不具备专利法第二十二条第三款的规定。

至于权利要求的附加技术特征中的屏幕点选这一特点，在属于一种公知的技术，因此也不具备专利法第二十二条第三款规定的创造性。

申请人强调的权利要求3至6中所描述的特点，是人为规定的内容，并且在原始文本中没有体现出申请人所描述的效果。因此权利要求 3 至 6 不符合专利法第二十二条第三款的规定。

由于权利要求 1 至 6 不具备创造性，因此权利要求 7 也不具备专利法第二十二条第三款规定的创造性。”

申请人（下称复审请求人）对上述驳回决定不服，于 2005 年 1 月 17 日向专利复审委员会提出了复审请求。

经形式审查合格，专利复审委员会予以受理，于 2005 年 3 月 21 日发出复审请求受理通知书和前置审查通知书。

国家知识产权局原实质审查部门对该复审请求进行了前置审查，坚持原驳回决定。

在以上审查工作的基础上，合议组认为本案事实已经清楚，可以作出本复审请求审查决定。

二、决定的理由

1. 本决定所依据的文本

本复审决定是以驳回决定所依据的文本作出的，即，2004 年 4 月 8 日提交的权利要求第 1 ~ 7 项、说明书第 1 ~ 7 页、说明书摘要；申请日提交的说明书第 8 ~ 11 页、附图第 1 页、摘要附图；2000 年 9 月 8 日提交的说明书第 12 页。

2. 关于专利法第二十二条第三款

合议组评述本申请权利要求书时所使用的对比文件与实质审查过程中所引用的对比文件相同。

对比文件 1 公开了一种汉字拼音的三维输入方法（见说明书第 1 ~ 4 页），该输入方法采用“行”“列”“纵”作为每个中文字的唯一标识，其中“行”根据汉语拼音方案声母表顺序排列，“列”是根据汉语拼音方案韵母表顺序排列，“纵”是根据国际码顺序按照键盘 26 个西文字母顺序排列。

对比文件 2 公开了一种用于中文同音字的输入法（说明书第 4 页第 4 ~ 第 5 段，附图 1 ~ 4），将汉字按声调分为四类，并把它们分别显示在相应于各声调的屏幕显示区，然后利用个别键或键的组合，从多个同音字中选择汉字。

将权利要求 1 的技术方案与对比文件 1 公开的上述技术内容进行对比可知，权利要求 1 与对比文件 1 的区别是：（1）可以使用注音输入；（2）对比文件 1 的行根据汉语拼音声母表顺序排列，而权利要求 1 的横轴以一空白栏位、注音的韵母、注音的介音以及“注音的介音 + 注音的韵母”的混合体排列；（3）对比文件 1 的纵是根据国际码顺序按照键盘 26 个西文字母顺序排列，而权利要求 1 的第三轴以汉字注音或拼音的声符表列而成，该第三轴显示具有与输入汉字近似音的音符资料。

由此可见权利要求 1 与对比文件 1 所解决的技术问题不同。权利要求 1 解决的技术问题是提供一种可以消除使用者拼音不准或不能分辨近似音困扰的输入法，即使拼错近似音也可以不用重新输入得到正确中文字，并能矫正使用者拼音，从而提高输入的准确度及速度。对比文件 1 解决的技术问题是提供一种完全适应计算机国际编码和系统软件网络传输、应用处理的输入法。对比文件 1 公开的技术方案中的“纵”不能显示与输入汉字近似音的音符资料，因此对比文件 1 没有公开可以实现在拼错近似音时，不重新输入即可得到正确中文字并矫正使用者拼音的内容，对比文件 1 没有给出任何可以根据近似音输入中文字的技术启示。并且由于权利要求 1 支持拼音和注音输入，对比文件 1 只支持拼音输入，两者的码元以及码元与键盘的对应关系也均不相同。

对比文件 2 虽然公开可以从多个同音字中选择中文字的技术方案，但其只能显示同音字，而不能显示与输入汉字近似音的音符资料，其不能起到显示近似音，根据近似音输入中文字，并矫正使用者拼音的效果，因此对比文件 2 也没有披露上述区别技术特征（1）（2）和（3）。

由于对比文件 1 没有给出根据近似音输入中文字可以应用到其上的技术启示，并且对比文件 2 也没有公开根据近似音输入中文字的内容，根据对比文件 1 和 2 本领域普通技术员得到权利要求 1 要求保护的技术方案也是需要付出创造性的劳动的，因此权利要求 1 相对于对比文件 1 和 2 具有突出的实质性特点和显著的进步，符合专利法第二十二条第三款的规定。

在权利要求 1 相对于对比文件 1 和 2 的结合具备创造性的情况下，其从属权利要求 2 ~6 相对于对比文件 1 和 2 也符合专利法第二十二条第三款的关于创造性规定。

权利要求 7 要求保护一种运用权利要求 1 ~6 任一项所保护的输入方法的设备，由于权利要求 1 ~6 具备创造性，因此权利要求 7 也具备专利法第二十二条第三款规定的创造性。

综上所述，权利要求 1 ~7 符合专利法第二十二条第三款的规定。

三、决定

撤销国家知识产权局于 2004 年 12 月 24 日对申请号为 00120800. 4 的发明专利申请作出的驳回决定，由原审查部门以驳回决定所针对的 2004 年 4 月 8 日提交的权利要求第 1 ~7 项、说明书第 1 ~7 页、说明书摘要；申请日提交的说明书第 8 ~11 页、附图第 1 页、摘要附图；2000 年 9 月 8 日提交的说明书第 12 页的文本为基础继续进行审批程序。

复审决定作出后复审请求人不服该决定的，可以根据专利法第四十一条第二款的规定，自收到本决定之日起三个月内向北京市第一中级人民法院起诉。

298

智能型充电系统案

复审请求审查决定（第9717号）

决　定　号　第9717号
决　定　日　2006年12月14日
发明创造名称　智能型充电系统
国际分类号　H02J 7/00　H01M 10/44
复审请求人　神基科技股份有限公司
申　请　号　00137799.X
申　请　日　2000年12月26日
公　开　日　2002年7月31日
合议组组长　熊　婷
主　审　员　周雷鸣
参　审　员　孙克良

法律依据　专利法第二十六条第三款
决定要点

所属技术领域的技术人员按照说明书记载的内容不能够实现发明的技术方案，解决其技术问题，产生预期的技术效果，因此说明书不符合中国专利法第二十六条第三款的规定。

一、案由

本复审请求涉及专利号为00137799.X的发明专利申请（下称本申请），本申请的名称为“智能型充电系统”、申请日为2000年12月26日、申请人为神基科技股份有限公司。

国家知识产权局原实质审查部门于2003年5月9日发出第一次审查意见通知书，指出：说明书中不符合专利法第二十六条第三款的规定，权利要求1~6不符合专利法第二十六条第四款的规定。

针对第一次审查意见通知书，申请人于2003年9月24日提交了意见陈述书、权利要求书第1页的替换页和说明书第1~3页的替换页，并认为：“电压判断单元”“电压调整单元”“电源”“充电电池”是本领域的技术人员熟知的电路结构，上述单元之间的连接关系在说明书中已经描述清楚，如何实现调整电压是公知技术，充电保护电路起到了保护充电电池的作用，因此说明书和权利要求克服了一通中指出的缺陷。

国家知识产权局实质审查部门于2004年2月6日驳回了本申请，驳回决定针对的文本是：申请人2003年9月24日提交的说明书第1~3页、权利要求第1页和申请日提交的说明书附图第1~2页、说明书摘要及摘要附图；驳回的理由是：说明书中没有说明如何避免充电保护电路不起作用，或者是以什么标准来启动充电保护电路，而充电保护电路不工作就会使充电系统在充电电池的电压太高时，不能启动充电保护电路以切断充电电源而保护充电电池，由此可见，如何避免充电保护电路不起作用是构成本充电系统十分重要的技术手段，但在说明书中没有清楚、完整地表述，因而本申请不符合专利法第二十六条第三款的规定。

申请人（下称复审请求人）对驳回决定不服，于2004年5月18日向国家知识产权局专利复审委员会提交了复审请求，但未修改申请文件，复审请求的理由是：

（1）本申请的智能型充电系统中具有与现有技术相同的充电保护电路，仅仅在充电过程中，增加的电压控制方法及系统才会工作，在其他情况下，如果电压发生异常，充电保护电路会正常工作，本申请的技术方案中不存在充电保护电路失效的问题；（2）处于充电过程中，本申请的方法步骤43中可设定“判断电压是否过高的电压值”，将该电压值设置成低于原有充电保护电路的触发电压值，即可避免原有充电保护电路的触发，电压的控制由本申请的电压控制方法及装置来控制；（3）在充电过程中，如果电压控制方法及装置出现了故障，由原有的充电保护电路和传统技术中的工作方式相同；（4）电压控制方法及装置只针对充电过程设计，不处于充电过程中则不工作；不存在充电保护电路不起作用的情况。因此说明书符合专利法第二十六条第三款的规定。

2004年6月17日国家知识产权局专利复审委员会发出了复审补正通知书，指出：复审请求书中复审代理人姓名与专利申请时代理人姓名不一致。

针对该补正书，复审请求人于2004年6月22日提交了复审请求书替换页和意见陈述书，克服了补正通知书中指出的缺陷。

专利复审委员会于2004年6月8日发出了复审请求受理通知书和前置审查通知书。

在前置审查程序中，国家知识产权局实质审查部门仍坚持原驳回决定。

在此基础上，专利复审委员会依法成立合议组对本案进行审查，并于2006年9月5日发出了复审通知书，其中指出：

（1）复审请求人没有提交新的申请文件，复审通知书依据的文本与驳回决定依据的文本相同；（2）根据说明书记载的本申请要解决的技术问题、发明目的、实现发明目的的技术方案等，由说明书可知，本申请中“判断电压值过高过低的标准，是与电池的充电保护电路的启动值相比较”，根据现有技术的常识可知，电池的电压值高于充电保护电路的启动值时，启动充电保护电路，充电保护电路将切断充电电源，使得充电系统无法给电池充电，所属技术领域的技术人员采用说明书记载的技术手段不能解决读回电压值（等于电池的电压值）大于电池的充电保护电路的启动值时，不启动充电保护电路，保证充电系统继续工作，解决本申请的技术问题，产生预期的技术效果，因此说明书不符合专利法第二十六条第三款的规定；（3）复审请求将判断电压是否过高的电压值设置成低于电压保护电路的触发电压值与说明书中记载的“判断电压值过高过低的标准，是与电池的充电保护电路的启动值相比较，判断如果电池的电压值过高，则将电池的充电电压往下调”中判断的标准不一致等；因此复审理由不成立。

针对复审通知书，复审请求人提交了意见陈述书，其主要理由是：（1）本申请的智能充电系统具有的充电保护电路与现有技术中的充电保护电路相同，本申请的改进点在于增加了一“软件”电压控制方法及装置；（2）本申请的电压控制方法及装置有3种工作状态，处于充电过程中，本申请的方法步骤43中可设定“判断电压是否过高的电压值”，将该电压值设置成低于原有充电保护电路的触发电压值，即可避免原有充电保护电路的触发，电压的控制由本申请的电压控制方法及装置来控制，说明书中记载的“判断电压值过高过低的标准，是与电池的充电保护电路的启动值相比较”并不意味着将判断充电电压是否过高的电压值直接设定为充电保护电路的启动值，而是表达了充电保护电路的启动值是判断充电电压是否过高的一个重要依据；处于充电过程中，如果上述“软件”电压控制方法及装置出现了故障，不能正常工作，其原有的充电保护电路和传统技术中的工作方式相同；电压控制方法及装置只针对充电过程设计，不处于充电过程中则“软件”不工作，不存在充电保护电路不起作用的情况；因此说明书符合专利法第二十六条第三款的规定；（3）希望对本申请进行口头审理。

经合议，合议组认为本案事实清楚，依法作出本复审请求审查决定。

二、决定的理由

1. 依据文本

复审请求人在提出复审请求和答复复审通知书时未提交修改文本，因此本复审决定依据的文本是复审请求人2003年9月24日提交的说明书第1～3页、权利要求第1页和申请日提交的说明书附图第1～2页、说明书摘要及摘要附图。

2. 关于专利法第二十六条第三款

中国专利法第二十六条第三款规定，说明书应当对发明或者实用新型作出清楚、完整的说明，以所属领域的技术人员能够实现为准。

本申请涉及智能型充电系统。本申请要解决的技术问题是：在电池接近饱和时，很可能会因为电池充电时电压太高，而启动充电保护线路，切断充电电源，造成电池没有完全充足，以致影响到电池的供电时间。因此需要提供一种智能型充电系统，解决电池充电不能完全充足的问题。说明书中记载的解决技术问题的技术方案包括：电压读回单元31读取充电过程中电池的电压值，电压判断单元32判断该读回的电压值，其中判断电压值过高过低的标准，是与电池的充电保护电路的启动值相比较，判断如果电池的电压值过高，则将电池的充电电压往下调整等。由说明书可知，本申请中“判断电压值过高过低的标准，是与电池的充电保护电路的启动值相比较”。根据本领域普通技术人员的公知常识可知，电池的电压值高于充电保护电路的启动值时，启动充电保护电路，充电保护电路将切断充电电源，使得充电系统无法给电池充电。也就是说，说明书中没有清楚、完整的说明：当电池的电压值高于充电保护电路的启动值时，如何保证充电系统继续工作，而不启动充电保护电路。因此，在读回电压值（等于电池的电压值）大于电池的充电保护电路的启动值时，所属技术领域的技术人员采用说明书记载的技术手段不能实现不启动充电保护电路，保证充电系统继续工作的技术问题，并产生预期的技术效果。因此说明书不符合专利法第二十六条第三款的规定。

对于复审请求人的意见，合议组认为，（1）说明书中未记载“软件”电压控制方法及装置控制仅仅在充电过程中才会工作，在其他情况下，该软件不会工作，如果电压产生异常的情况下，与现有技术相同的“硬件”——充电保护电路仍然正常工作，而“软件”判断电压过高过低的标准是读回电压值与电池的充电启动电路的启动值相比较，根据常理，电池充电电压高于电池的充电保护电路的启动值时，启动充电保护电路，切断充电电源，不再继续向电池充电，因此说明书中没有写明如何保证电池电压过高则将充电电池电压往下调，从而始终保证电池充电而不切断充电保护电路；（2）复审请求人将说明书中记载的“判断电压值过高过低的标准，是与电池的充电保护电路的启动值相比较”解释为：不意味着将判断充电电压是否过高的电压值直接设定为充电保护电路的启动值，而是表达了充电保护电路的启动值是判断充电电压是否过高的一个重要依据，合议组认为，按照常理，与启动值相比较，即以启动值为参照，高于启动值的为高，低于启动值的为低，上述解释与常理相佐，因此上述解释没有依据，（3）合议组已经给复审请求人进行书面陈述意见的机会，本案事实清楚，无需进行口头审理。

综上所述，合议组认为本申请不符合专利法第二十六条第三款的规定。根据上述事实和理由，本案合议组作出如下决定。

三、决定

维持国家知识产权局于 2004 年 2 月 6 日对 00137799. X 号发明专利申请作出的驳回决定。

根据专利法第四十一条第二款的规定，对本决定不服的，可以在收到本通知之日起三个月内向北京市第一中级人民法院起诉。

299

计算机及其数据通信控制方法案

复审请求审查决定（第9719号）

决　定　号　第9719号
决　定　日　2006年12月1日
发明创造名称　计算机及其数据通信控制方法
国际分类号　G06F 1/16
复审请求人　三星电子株式会社
申　请　号　01140390. X
申　请　日　2001年12月20日
公　开　日　2002年12月11日
合议组组长　崔哲勇
主　审　员　詹靖康
参　审　员　骆素芳

法律依据　专利法实施细则第二十条第一款
决定要点

若本领域技术人员根据公知常识能够清楚地理解权利要求请求保护的范围，则该权利要求符合专利法实施细则第二十条第一款的规定。

一、案由

本复审请求涉及申请号为01140390. X、名称为“计算机及其数据通信控制方法”的发明专利申请（下称本申请），其优先权日为2001年5月7日、2001年7月26日，申请日为2001年12月20日，公开日为2002年12月11日，申请人为三星电子株式会社。本申请公开时的权利要求如下：

“1. 一种装备有LAN信号处理单元和调制解调器信号处理单元的计算机系统，包括：

共用连接器，一个要连接到LAN信号处理单元的外LAN连接器和一个要连接到调制解调器信号处理单元的外调制解调器连接器被有选择地连接到其上；

连接器检测器，其设置在共用连接器上，并且检测外LAN连接器和外调制解调器连接器中哪一个连接到共用连接器；和

控制部件，控制要发送到对应于连接器检测器检测到的LAN信号处理单元和调制解调器信号处理单元中的一个外连接器的预定信号。

2. 根据权利要求1所述的计算机系统，其中共用连接器包括LAN信号处理单元和调制解调器信号处理单元共同使用的共用插脚，和仅为LAN信号处理单元使用的专用插脚。

3. 根据权利要求1所述的计算机系统，其中连接器检测器设置在共用连接器的侧壁上，并且响应于其与外LAN连接器的接触输出检测信号。

4. 根据权利要求1所述的计算机系统，其中控制部件是由一个双态继电开关构成的，其控制要

发送到对应于连接器检测器检测到的 LAN 信号处理单元和调制解调器信号处理单元中的一个外连接器的预定信号。

5. 根据权利要求 2 所述的计算机系统，其中双态继电开关包括负电位和正电位侧，与共用插脚连接的共用接线端，用于与 LAN 信号处理单元连接的 LAN 选择接线端，和用于与调制解调器信号处理单元连接的调制解调器选择接线端，并且

负电位和正电位侧的共用接线端连接到对应于连接器检测器检测到的外连接器的 LAN 选择接线端或调制解调器选择接线端。

6. 根据权利要求 4 所述的计算机系统，其中双态继电开关包括：负电位和正电位侧，与共用插脚连接的共用接线端，用于与 LAN 信号处理单元连接的 LAN 选择接线端，和用于与调制解调器信号处理单元连接的调制解调器选择接线端，并且

负电位和正电位侧的共用接线端连接到对应于连接器检测器检测到的外连接器的 LAN 选择接线端或调制解调器选择接线端。

7. 根据权利要求 1 所述的计算机系统，其中 LAN 信号处理单元和调制解调器信号处理单元设置在一个主板上，并且将共用连接器设置在主板的一侧。

8. 根据权利要求 1 所述的计算机系统，其中 LAN 和调制解调器信号处理单元设置在一个组合卡上，并且组合卡包括连接器检测器和控制部件。

9. 一种控制计算机系统的数据通信的方法，上述计算机系统装备有 LAN 信号处理单元和调制解调器信号处理单元，该方法包括步骤：

提供共用连接器，一个要连接到 LAN 信号处理单元的外 LAN 连接器和一个要连接到调制解调器信号处理单元的外调制解调器连接器被有选择地连接到其上；

把外 LAN 连接器和外调制解调器连接器中的一个连接到共用连接器中；检测连接到共用连接器的外连接器的种类；和

控制要发送到对应于连接器检测器检测到的 LAN 信号处理单元和调制解调器信号处理单元中的一个外连接器的预定信号。

10. 根据权利要求 9 所述的方法，其中检测步骤是通过设置在共用连接器的侧壁上的一个开关并且响应其与外 LAN 连接器的接触输出检测信号而完成的。”

国家知识产权局原审查部门依法对本申请进行了实质审查，于 2003 年 12 月 5 日发出第一次审查意见通知书，指出本申请的权利要求 1、9 所涉及的“控制部件”“控制步骤”没有具体限定，内容不清楚，不符合专利法实施细则第二十条第一款的规定。

2004 年 4 月 20 日，申请人针对上述审查意见通知书提交了意见陈述书，认为权利要求 1、9 符合专利法实施细则二十条第一款的规定。意见陈述书指出，权利要求 1 中的结构、部件是清楚的，在说明书中也有相应的记载。权利要求 9 的控制步骤所完成的功能是本领域技术人员能够实现的，其保护范围是清楚的。

经过上述审查程序后，国家知识产权局原审查部门于 2004 年 8 月 6 日作出了驳回本申请的决定，其理由是权利要求 1、9 中未具体限定“控制部件”的内部结构，导致权利要求 1、9 要求保护范围不清楚，不符合专利法实施细则第二十条第一款的规定。

申请人（下称复审请求人）不服上述驳回决定，于 2004 年 11 月 15 日向专利复审委员会提出复审请求，未对申请文件作出修改。复审请求人认为说明书示出了“控制部件”的实施例，即，“双态继电开关”，此外，本领域技术人员也能够知道除了“双态继电开关”还有其他方式或部件能够实现上述功能。本申请权利要求 1、9 符合专利法实施细则第二十条第一款的规定。

形式审查合格后，专利复审委员会受理了该复审请求，于 2004 年 12 月 14 日向复审请求人发出复审请求受理通知书，并将本案转送至原审查部门进行前置审查。

原审查部门对该复审请求作出前置审查意见，仍然坚持原驳回决定及其理由。

专利复审委员会依法组成合议组对该复审请求案进行了审理，并于 2005 年 9 月 29 日向复审请求人发出复审通知书，通知书中指出：权利要求 1 中的“控制要发送到对应于连接器检测器检测到的 LAN 信号处理单元和调制解调器信号处理单元中的一个外连接器的预定信号”层次混乱、表述不清，造成权利要求请求保护的范围不清楚，不符合专利法实施细则第二十条第一款的规定。权利要求 4、9 也存在相同问题。

针对合议组 2005 年 9 月 29 日发出的复审通知书，复审请求人于 2005 年 11 月 28 日提交了权利要求第 1 ~ 10 项的修改替换页，重新撰写了权利要求 1、4、9。修改后的权利要求如下：

“1. 一种装备有 LAN 信号处理单元和调制解调器信号处理单元的计算机系统，包括：

共用连接器，一个要连接到 LAN 信号处理单元的外 LAN 连接器和一个要连接到调制解调器信号处理单元的外调制解调器连接器被有选择地连接到其上；

连接器检测器，其设置在共用连接器上，并且检测外 LAN 连接器和外调制解调器连接器中哪一个连接到共用连接器；和

控制部件，用于当连接器检测器检测到外 LAN 连接器连接到共用连接器时，将来自共用连接器的信号传送到 LAN 信号处理单元，当连接器检测器检测到外调制解调连接器连接到共用连接器时，将来自共用连接器的信号传送到调制解调信号处理单元。

2. 根据权利要求 1 所述的计算机系统，其中共用连接器包括 LAN 信号处理单元和调制解调器信号处理单元共同使用的共用插脚，和仅为 LAN 信号处理单元使用的专用插脚。

3. 根据权利要求 1 所述的计算机系统，其中连接器检测器设置在共用连接器的侧壁上，并且响应于其与外 LAN 连接器的接触输出检测信号。

4. 根据权利要求 1 所述的计算机系统，其中控制部件是由一个双态继电开关构成的，用于当连接器检测器检测刀外 LAN 连接器连接到共用连接器时，将来自共用连接器的信号传送到 LAN 信号处理单元，当连接器检测器检测到外调制解调连接器连接到共用连接器时，将来自共用连接器的信号传送到调制解调信号处理单元。

5. 根据权利要求 2 所述的计算机系统，其中双态继电开关包括负电位和正电位侧，与共用插脚连接的共用接线端，用于与 LAN 信号处理单元连接的 LAN 选择接线端，和用于与调制解调器信号处理单元连接的调制解调器选择接线端，并且

负电位和正电位侧的共用接线端连接到对应于连接器检测器检测到的外连接器的 LAN 选择接线端或调制解调器选择接线端。

6. 根据权利要求 4 所述的计算机系统，其中双态继电开关包括：负电位和正电位侧，与共用插脚连接的共用接线端，用于与 LAN 信号处理单元连接的 LAN 选择接线端，和用于与调制解调器信号处理单元连接的调制解调器选择接线端，并且

负电位和正电位侧的共用接线端连接到对应于连接器检测器检测到的外连接器的 LAN 选择接线端或调制解调器选择接线端。

7. 根据权利要求 1 所述的计算机系统，其中 LAN 信号处理单元和调制解调器信号处理单元设置在一个主板上，并且将共用连接器设置在主板的一侧。

8. 根据权利要求 1 所述的计算机系统，其中 LAN 和调制解调器信号处理单元设置在一个组合卡上，并且组合卡包括连接器检测器和控制部件。

9. 一种控制计算机系统的数据通信的方法，上述计算机系统装备有 LAN 信号处理单元和调制解调器信号处理单元，该方法包括步骤：

10. 提供共用连接器，一个要连接到 LAN 信号处理单元的外 LAN 连接器和一个要连接到调制解调器信号处理单元的外调制解调器连接器被有选择地连接到其上；

把外 LAN 连接器和外调制解调器连接器中的一个连接到共用连接器中；

检测连接到共用连接器的外连接器的种类；和

当检测到外 LAN 连接器连接到共用连接器时，将来自共用连接器的信号传送到 LAN 信号处理单元，当检测到外调制解调连接器连接到共用连接器时，将来自共用连接器的信号传送到调制解调信号处理单元。

10. 根据权利要求 9 所述的方法，其中检测步骤是通过设置在共用连接器的侧壁上的一个开关并且响应其与外 LAN 连接器的接触输出检测信号而完成的。”

至此，合议组认为本案事实清楚，可以作出如下决定：

二、决定的理由

1. 决定针对的文本

复审请求人于 2005 年 11 月 28 日提交的权利要求修改文本符合专利法第三十三条和专利法实施细则第六十条第一款的规定，合议组予以接受。

本复审决定针对的文本是复审请求人于 2001 年 12 月 20 日提交的说明书第 1 ~ 8 页、说明书附图第 1 ~ 5 页、说明书摘要、摘要附图，2005 年 11 月 28 日提交的权利要求第 1 ~ 10 项。

2. 关于专利法实施细则第二十条第一款

专利法实施细则第二十条第一款规定：权利要求书应当说明发明或者实用新型的技术特征，清楚、简要地表述请求保护的范围。

复审请求人在答复复审意见通知书时将原权利要求 1、4、9 中的“控制要发送到对应于连接器检测器检测到的 LAN 信号处理单元和调制解调器信号处理单元中的一个外连接器的预定信号”修改为“当连接器检测器检测到外 LAN 连接器连接到共用连接器时，将来自共用连接器的信号传送到 LAN 信号处理单元，当连接器检测器检测到外调制解调连接器连接到共用连接器时，将来自共用连接器的信号传送到调制解调信号处理单元”。

合议组认为，修改后的权利要求 1 和权利要求 4 分别清楚地限定了控制部件和双态继电开关的功能，即，当连接器检测器检测到外 LAN 连接器连接到共用连接器时，将来自共用连接器的信号传送到 LAN 信号处理单元，当连接器检测器检测到外调制解调连接器连接到共用连接器时，将来自共用连接器的信号传送到调制解调信号处理单元。并且，修改后的权利要求 9 清楚地限定了实现上述功能的步骤。上述功能实质是响应外部电信号而对回路进行切换。本领域普通技术人员能够在现有元器件或其组合中选择具有上述功能的部件，达到与说明书实施例部分公开的“双态继电开关”相同的功能和效果，这对于本领域技术人员而言属于公知常识。综上所述，因此，目前的权利要求第 1、4、9 项请求保护的范围清楚，符合专利法实施细则第二十条第一款的规定。

三、决定

撤销国家知识产权局于 2004 年 8 月 6 日对 01140390. x 号专利申请所作出的驳回决定，以复审请求人于 2001 年 12 月 20 日提交的说明书第 1 ~ 8 页、说明书附图第 1 ~ 5 页、说明书摘要、摘要附图，2005 年 11 月 28 日提交的权利要求第 1 ~ 10 项为基础，由原审查部门继续进行审批程序。

复审请求人如对本决定不服，可根据专利法第四十一条第二款的规定，在收到本决定之日起三个月内向北京市第一中级人民法院起诉。

300

阴极射线管案

复审请求审查决定（第9737号）

决　定　号　第9737号
决　定　日　2006年12月11日
发明创造名称　阴极射线管
国际分类号　H01J 29/88、29/02
审请求人　松下电器产业株式会社
申　请　号　00102691.7
申　请　日　2000年2月24日
公　布　日　2000年8月30日
合议组组长　张　度
主　审　员　张汉国
参　审　员　石　清

法律依据　专利法第三十七、第三十八条
决定要点
驳回决定在评述新出现的权利要求的创造性时，依据的证据所体现的特定事实和驳回的理由没有在作出驳回决定前告知申请人，因此驳回不符合听证原则的规定。

一、案由

复审请求人松下电器产业株式会社（下称请求人）不服国家知识产权局于2003年5月9日作出的关于申请号为00102691.7、发明名称为“阴极射线管”的发明专利申请的驳回决定，于2003年8月22日向国家知识产权局专利复审委员会（下称复审委员会）提出复审请求，复审委员会于2003年9月16日受理了此案，并组成合议组对此案进行审理。

申请日提交的权利要求书含有独立权利要求1和从属权利要求2～4，为：

“1. 一种阴极射线管，在玻璃屏盘的表面上设置在其表面电阻值为1×10^3【Ω／□】以上的反射防止膜上层积有反射防止膜的表面处理膜，在所述表面处理膜上形成与所述导电膜导通并且接地的接地电极，

其特征在于，所述接地电极的表面积在500【mm^2】以上。

2. 如权利要求1所述的阴极射线管，在所述玻璃屏盘的有效画面外，与所述玻璃屏盘外边缘大致平行并且带状地设置所述接地电极，该电极的长度为100【mm】以上，宽度为5【mm】以上。

3. 如权利要求1所述的阴极射线管，在所述玻璃屏盘外边缘部分内的至少设有阳极端子的一侧上，设置所述接地电极。

4. 如权利要求1所述的阴极射线管，利用超声波固定器形成所述接地电极。”

在实质审查程序中，实审审查员于2002年10月25日发出第一次审查意见通知书，引用了两篇

对比文件，分别为：

1. 日本专利申请公开公报 JP 平 11～17385A

2. 日本专利申请公开公报 JP 平 8～287850A

该通知书认为，权利要求 1 中的“在玻璃屏盘的表面上设置在其表面电阻值为 1×10^{3}【Ω／□】以上的发射防止膜上层积有反射防止膜的表面处理膜”的表述不清楚，导致权利要求 1 不符合专利法实施细则第 20 条第 1 款的规定，根据说明书的记载，上述表述应当为“在玻璃屏盘的表面上设置在其表面电阻值为 1×10^{3}【Ω／□】以上的导电膜上层积有反射防止膜的表面处理膜”。即使按照说明书作出上述修改，修改后的权利要求 1 的技术特征也被对比文件 1 所公开，故权利要求 1 不具有新颖性，权利要求 2、3 的附加技术特征被对比文件 1 公开，故权利要求 2、3 相对于对比文件 1 也不具有新颖性。

该通知书还认为，权利要求 4 的附加技术特征“被对比文件 2（参见权利要求 1、说明书第【0059】和【0069】段，附图 4）披露了，对比文件 2 指出：接地电极 19 是利用超声波固定器形成的。利用超声波固定器形成该接地电极是本领域常用的方法。因此，当独立权利要求 1 不具有新颖性时，从属权利要求 4 不具备创造性”。该通知书的最后一段还指出：“基于上述理由，本申请的全部权利要求不具备新颖性和/或创造性，同时说明书中也没有记载其他任何可以授予专利权的实质内容，因而即使申请人对权利要求进行重新组合和/或根据说明书记载的内容作进一步的限定，本申请也不具备授予专利权的前景。”

申请人（即复审阶段的请求人）于 2003 年 3 月 7 日针对第一次审查意见通知书提交了意见陈述书，并修改了权利要求。修改后的权利要求为：

“1. 一种阴极射线管，在玻璃屏盘的表面上设置在其表面电阻值为 1×10^{3}【Ω／□】以上的导电膜上层积有反射防止膜的表面处理膜，在所述表面处理膜上形成贯通上述反射防止膜、与所述导电膜导通并且接地的接地电极，

其特征在于，所述接地电极的表面积在 500【mm^2】以上。

2. 如权利要求 1 所述的阴极射线管，在所述玻璃屏盘的有效画面外，与所述玻璃屏盘外边缘大致平行并且带状地设置所述接地电极，该电极的长度为 100【mm】以上，宽度为 5【mm】以上。

3. 如权利要求 1 所述的阴极射线管，在所述玻璃屏盘外边缘部分内的至少设有阳极端子的一侧上，设置所述接地电极。

4. 如权利要求 1 所述的阴极射线管，利用超声波固定器形成所述接地电极。”

修改后的权利要求 1 在原独立权利要求 1 的基础上进一步限定了“接地电极贯通反射防止膜”。申请人认为，修改后的权利要求 1 克服了不清楚的缺陷，并且由于对比文件 1 中没有记载接地电极贯通反射防止膜，而权利要求 1 中的接地电极贯通反射防止膜而与导电膜导通，该区别使得修改后的权利要求 1 相对于对比文件 1、2 具备创造性，在此基础上，权利要求 2～4 也具备创造性。

实审审查员在收到申请人的上述意见陈述书后，直接以 2003 年 3 月 7 日修改（以下简称初次修改）后的权利要求 1～4 相对于对比文件 1、2 不具备创造性为由作出驳回决定。驳回决定针对的文本是申请人于 2003 年 3 月 7 日提交的权利要求第 1～4 项，申请日提交的说明书及其附图。

驳回决定关于权利要求 1 不具备创造性的具体理由是：“权利要求 1 与对比文件 1 相比，区别在于：接地电极是贯通所述反射防止膜、与导电膜导通的。而这个区别被对比文件 2（参见权利要求 1，说明书第【0059】和【0069】段，附图 4）披露了，对比文件 2 指出：接地电极 19 贯通反射防止膜 15、与导电膜 16 导通。这个区别在对比文件 2 和本申请中所起的作用是相同的，都是通过将接地电极贯通反射防止膜与导电膜直接导通，从而使得接地电极与导电膜之间的连接电阻变得很小，从而可

以得到很好的抑制电场泄漏的效果。由此可见，对比文件2给出了将上述区别应用到对比文件1中从而得出独立权利要求1请求保护的技术方案的启示，因此，独立权利要求1相对于对比文件1和2不具有突出的实质性特点和显著的进步，即不具备创造性，不符合专利法第二十二条第三款的规定”。

申请人不服该决定，以该申请具备创造性为由，向专利复审委提出复审请求，请求人在提出复审请求时提交了进一步修改（以下简称再次修改）后的权利要求书。

再次修改后的权利要求书为：

“1. 一种阴极射线管，在玻璃屏盘的表面上，设置在表面电阻值为1×10^3【Ω／□】以上的导电膜上层积有为绝缘膜的反射防止膜的表面处理膜，在所述表面处理膜上形成贯通上述反射防止膜、与所述导电膜导通并且接地的接地电极，其特征在于，所述接地电极的表面积在500【mm^2】以上。

2. 如权利要求1所述的阴极射线管，在所述玻璃屏盘的有效画面外，与所述玻璃屏盘外边缘大致平行并且带状地设置所述接地电极，该电极的长度为100【mm】以上，宽度为5【mm】以上。

3. 如权利要求1所述的阴极射线管，在所述玻璃屏盘外边缘部分内的至少设有阳极端子的一侧上，设置所述接地电极。

4. 如权利要求1所述的阴极射线管，利用超声波固定器形成所述接地电极。”

经形式审查合格，专利复审委员会受理了该复审请求，并向请求人发出了受理通知书。

综上，合议组认为本案事实已经清楚，可以依法作出审查决定。

二、决定的理由

专利法第三十七条规定：“国务院专利行政部门对发明专利申请进行实质审查后，认为不符合本法规定的，应当通知申请人，要求其在指定的期限内陈述意见，或者对其申请进行修改；无正当理由逾期不答复的，该申请即被视为撤回。”专利法第三十八条规定：“发明专利申请经申请人陈述意见或者进行修改后，国务院专利行政部门仍然认为不符合本法规定的，应当予以驳回。”作出驳回决定时适用的2001年版审查指南第八章第6.1.1节中有关“驳回申请的条件”的规定：“审查员在作出驳回决定之前，应当将其经实质审查认定申请属于专利法实施细则第五十三条规定的应予以驳回的事实、理由、证据和法律依据通知申请人，并给申请人至少一次陈述意见和/或进行修改申请文件的机会。”2006年版审查指南规定：“审查员在作出驳回决定之前，应当将其经实质审查认定申请属于专利法实施细则第五十三条规定的应予以驳回的事实、理由和证据通知申请人，并给申请人至少一次陈述意见和/或进行修改申请文件的机会。”可见，不管是作出驳回决定时适用的审查指南还是现行审查指南，其关于“驳回的条件”均要求将驳回的事实、理由和证据通知申请人，并给申请人至少一次陈述意见和/或进行修改申请文件的机会。

合议组认为，驳回决定不符合专利法第三十七条、第三十八条以及审查指南的上述规定中规定的听证原则，应予以撤销。具体理由为：

本案中，驳回的原因是初次修改后的权利要求1~4相对于对比文件1、2公开的特定内容不具备创造性。合议组认为，初次修改后的权利要求1以前没有出现，并且与以前的权利要求存在实质上的不同；评价初次修改后的权利要求1的创造性时使用的对比文件2的特定内容，没有事先以足够清楚的方式告知申请人，而且采用该特定内容和对比文件1结合评价创造性的组合方式也没有事先告知申请人。可见，在评述权利要求1的创造性时，驳回决定中依据的证据所体现的特定事实和驳回的理由没有在作出驳回决定前告知申请人，因此驳回不符合专利法第三十七条、第三十八条以及审查指南关于听证原则的规定，不满足审查指南规定的驳回条件。驳回决定剥夺了申请人的听证权利这一基本程序权利，应予以撤销。由于权利要求2~4是权利要求1的从属权利要求，对权利要求2~4创造性的评述也存在与对权利要求1创造性评述同样的不符合听证原则规定的问题。

需要说明的是，尽管实审审查员在第一次审查意见通知书中曾经指出："基于上述理由，本申请的全部权利要求不具备新颖性和/或创造性，同时说明书中也没有记载其他任何可以授予专利权的实质内容，因而即使申请人对权利要求进行重新组合和/或根据说明书记载的内容作进一步的限定，本申请也不具备授予专利权的前景。"但是在本案中这一告知是不充分的，不足以使其后的驳回决定满足听证原则的规定。在本案中，申请人为克服权利要求不具备新颖性和创造性的缺陷将说明书中的技术特征"接地电极贯通反射防止膜、与导电膜导通"补入权利要求，并且详细阐述了新权利要求为何具有创造性的理由。而实审审查员在第一次审查意见通知书中只在先说明了原权利要求中的技术特征均被对比文件1、2公开，但是并未能说明说明书中的所有可以用来限定权利要求的技术特征均被对比文件所公开，或者相对于对比文件公开的内容没有实质性区别。因此，实审审查员不能以上述第一次审查意见通知书中的笼统内容为依据，认为之后的驳回均符合对听证的要求。

还需要说明的是，本案中尽管驳回决定使用的对比文件2中的特定内容"接地电极19贯通反射防止膜15、与导电膜16导通"所属的部分（对比文件2的权利要求1，说明书第【0059】和【0069】段，附图4）已经在先告知了申请人，但是由于在先告知的内容—"接地电极19是利用超声波固定器形成的"与驳回决定中使用到的内容不同，该所属部分的内容较多，在仅告知部分内容的情况下，不应当认为其他部分的内容也已告知。

三、决定

撤销国家知识产权局于2003年5月9日对00102691.7号专利申请所作出的驳回决定，以复审请求人在申请日提交的说明书及其附图、说明书摘要及其附图以及2003年3月7日提交的权利要求第1~4项为基础，由原审查部门继续审批程序。根据专利法第四十一条第二款的规定，对本决定不服的，复审请求人可以在收到本通知之日起三个月内向北京市第一中级人民法院起诉。

301

交易数据管理系统、方法及其程序案

复审请求审查决定（第9747号）

决　定　号　第9747号
决　定　日　2006年11月30日
发明创造名称　交易数据管理系统、方法及其程序
国际分类号　G06F 17/60
复审请求人　富士通株式会社
申　请　号　03121365.0
申　请　日　2003年3月26日
优先权日　2002年3月27日
公　开　日　2003年10月8日
合议组组长　崔哲勇
主　审　员　哈雅坤
参　审　员　詹靖康

法律依据　专利法第二十二条第三款
决定要点

如果一项权利要求的技术特征未被对比文件完全公开，存在区别技术特征，并且该区别技术特征不是所属技术领域的公知常识，也不能从该对比文件中得到技术启示，则该权利要求相对于所述对比文件具有突出的实质性特点和显著的进步，从而具备创造性。

一、案由

本复审请求涉及发明名称为“交易数据管理系统、方法及其程序”、申请号为03121365.0的发明专利申请，其申请日为2003年3月26日，优先权日为2002年3月27日，申请人为富士通株式会社。

原审查部门对本申请进行了实质审查，于2004年4月30日，针对原始申请文件发出了第一次审查意见通知书，该通知书中指出：权利要求1～15所请求保护的交易数据管理系统不具备专利法第二十二条第三款规定的创造性；权利要求16～20所请求保护的交易数据管理方法以及权利要求21所谋求保护的交易数据管理程序不属于专利法保护的客体，属于专利法第二十五条第一款第二项所规定的智力活动的规则和方法。具体而言，在评述产品权利要求1～15的创造性的过程中，引用了一篇对比文件（CN1330788A，其公开日为2002年1月9日）（即，对比文件1）作为最接近的现有技术。该对比文件1涉及一种由高层装置与终端装置管理交易记录的信息处理方法与信息处理装置，其发明目的在于：提供一种当数据遭破坏时也可以简单且正确地进行数据恢复的信息处理方法与信息处理装置。其要点在于：每次交易时把POS终端装置12输入的交易记录信息发送给服务管理器11，服务管理器11对交易记录信息加以储存，当POS终端装置12出现故障并在故障排除之后，从POS终端装

置 12 向服务管理器 11 发出恢复指示，从服务管理器 11 获取当日交易记录信息和前日硬盘汇总信息，于是根据该交易记录信息和硬盘汇总信息对当日交易记录信息和硬盘汇总信息进行恢复，从而使得 POS 终端装置 12 恢复到故障发生前的状态。由此可见，对比文件 1 与本发明要解决的问题相似，而且实际上已经涵盖了本发明大部分的主要特征，区别之处在于："服务器包括确定单元，用于确定是否已经完成交易数据的接收；还包括通知单元，用于当确定还没有完成交易数据的接收时将交易数据的接收未完成的情况通知给客户机"。审查员认为上述区别特征是本领域的常用手段，属于公知常识，并且将普通的 ATM 机局域网通信作为一个示例来说明其常用性及公知性，即：普通的 ATM 机局域网通信中必然要规定一种通信协议以便保证通信数据的完整性，而对应于这种通信协议，服务器通常还具备"确定单元"，用以确定是否已经完成数据的接收；以及通知单元，用以当确定还没有完成数据的接收时，将数据的接收未完成的情况通知给 ATM 机。

2004 年 9 月 14 日，申请人针对第一次审查意见通知书提交了意见陈述书，并提交了权利要求书修改替换页，其中修改了权利要求 1 ~ 15，删除了权利要求 16 ~ 21，同时陈述了新修改后的权利要求 1 ~ 15 具备创造性的理由。申请人认为：虽然对比文件 1 确实公布了在任何一个终端上出现故障时进行恢复，但是并未公开在 POS 终端向管理器发送的交易数据的接收被中断的情况下进行恢复。对比文件 1 所解决的情况就是本申请在背景技术部分中所述的情况，即：为了解决"当 POS 终端的交易数据的接收被中断时，必须从头开始再次发送交易数据，这样用户必须再次正确地输入交易数据所以必须要存储大量的交易数据以进行传输数据的恢复"的问题。如上所述，本发明是对对比文件 1 的技术方案的改进。

2005 年 5 月 13 日，原审查部门以权利要求 1 ~ 15 不符合专利法第二十二条第三款为由驳回了本申请。驳回决定所针对的申请文件为：2004 年 9 月 14 日提交的权利要求第 1 ~ 15 项以及申请日提交的说明书第 1 ~ 10 页、附图第 1 ~ 8 页、说明书摘要和摘要附图。其中针对申请人在其意见陈述书中的理由，特别指出：1）即使申请人将"是否已经完成"具体限定成"是否未被中断"以试图与现有技术相区别，但是这种情况属于公知常识；2）对于从属权利要求当中针对采用"返回交易数据"来完成"数据恢复"这一操作所作的具体限定，也属于公知常识。

申请人（下称复审请求人）对上述驳回决定不服，于 2005 年 8 月 23 日向专利复审委员会提出复审请求，陈述了本申请具备专利法第二十二条第三款所规定的创造性的理由。复审请求人认为：对比文件 1 没有揭示与本申请相同的问题，也没有揭示与本发明相同的解决问题的技术方案。另外，审查员不应当简单地认为权利要求 1 中所述的"确定单元""通知单元"和权利要求中 2 中的"返回单元"均为公知常识，实际这些单元的结合才是解决本发明所述问题的根本。

2005 年 9 月 13 日，经形式审查合格后，专利复审委员会受理了该请求，向复审请求人发出了复审请求受理通知书，并将本案送至原审查部门进行前置审查。原审查部门在前置审查意见书中坚持原驳回决定。

专利复审委员会本案合议组在认真研究国家知识产权局作出的驳回决定以及复审请求人所提交的复审请求书后，向复审请求人发出了复审通知书，要求复审请求人在指定期限内答复和修改。在该通知书中合议组指出：权利要求 1 缺少必要技术特征且得不到说明书的支持，从而不符合专利法实施细则第二十一条第二款和专利法第二十六条第四款，同时权利要求 11 也缺少必要技术特征，从而不符合专利法实施细则第二十一条第二款。

对此，复审请求人于 2006 年 4 月 10 提交了意见陈述书及权利要求书的修改替换页，但该次的修改未以驳回决定所依据的权利要求书为基础，故该修改文本合议组不予接受。为了克服上面所述的未以正确文本作为基础进行修改的缺陷，复审请求人于 2006 年 6 月 28 日重新提交了意见陈述书及权利要求书的修改替换页，但该次的修改存在引用关系明显错误的缺陷，故该修改文本合议组不予接受。为了消除上面所述的缺陷，复审请求人又于2006年11月2日重新提交了意见陈述书及权利要求书的修改替换页。

新修改后的权利要求书如下：

“1. 一种交易数据管理系统，包括多个客户机和通过通信网络连接的一个Web服务器，和一个连接到所述Web服务器以进行通信的数据库服务器，该系统对从客户机发送到Web服务器的交易数据进行管理，其特征在于所述的数据库服务器包括：

存储单元，存储从客户机接收的交易数据；

所述的Web服务器包括：

接收单元，无论何时从客户机发送交易数据，该单元依次接收该数据；

确定单元，确定交易数据的接收是否未被中终端；

通知单元，当确定单元确定交易数据的接收已被中断时，该单元把交易数据的接收被中断的情况通知给客户机；以及

返回单元，当确定单元确定交易数据的接收已被中断时，该返回单元把交易数据返回到客户机，其中所述数据已经在先前的发送中发生发送中断之前被发送了，并在中断之前已被累积在服务器中。

2. 根据权利要求1所述的交易数据管理系统，其中所述的返回单元包括，当确定单元确定交易数据的接收已被中断时，在从客户机新接收交易数据之前该返回单元把交易数据返回到客户机，其中所述数据已经在先前的发送中发生发送中断之前被发送了，并在中断之前已被累积在所述的数据库服务器中。

3. 根据权利要求1所述的交易数据管理系统，其中所述的返回单元包括一个单元，该单元生成涉及客户机中待显示的交易数据的屏幕信息，并把生成的屏幕数据发送到客户机。

4. 根据权利要求2所述的交易数据管理系统，其中所述的返回单元包括一个单元，该单元生成涉及客户机上待显示的交易数据的屏幕信息，并把生成的屏幕数据发送到客户机。

5. 一种交易数据管理系统，包括Web服务器和一个连接到Web服务器以进行通信的数据库服务器，这些Web服务器中的每一个通过通信网络连接到多个客户机，该系统对从客户机发送到Web服务器的交易数据进行管理，其特征在于Web服务器包括：

接收单元，无论何时从客户机发送交易数据，该单元依次接收该数据；

确定单元，确定交易数据的接收是否未被中断；

通知单元，当确定单元确定交易数据的接收已被中断时，该单元把交易数据的接收已被中断的情况通知给客户机；其中数据库服务器包括存储单元，用于存储由Web服务器中的接收单元接收的数据；以及

返回单元，当确定单元确定交易数据的接收已被中断时，该返回单元把交易数据返回到客户机，其中所述数据已经在先前的发送中发生发送中断之前从客户机发送到Web服务器，并在中断之前已被累积在数据库服务器的存储单元中。

6. 根据权利要求5所述的交易数据管理系统，其中所述的返回单元包括，当确定单元确定交易数据的接收已被中断时，在从客户机新接收交易数据之前该返回单元把交易数据返回到客户机，其中所述数据已经在先前的发送中发生发送中断之前被发送了，并在中断之前已被累积在数据库服务器的存储单元中。

7. 根据权利要求5所述的交易数据管理系统，其中所述的返回单元包括一个单元，该单元生成涉及客户机中待显示的交易数据的屏幕信息，并把生成的屏幕数据发送到客户机。

8. 根据权利要求6述的交易数据管理系统，其中所述的返回单元包括一个单元，该单元生成涉及客户机上待显示的交易数据的屏幕信息，并把生成的屏幕数据发送到客户机。”

至此，本案合议组认为本案事实已经清楚，可以作出以下决定。

二、决定的理由

1. 关于依据的文本

由于复审请求人在2006年11月2日重新提交了权利要求书修改替换页，并且经合议组审查认为此次修改的权利要求书已经克服合议组在复审通知书中所指出的缺陷并且符合专利法第三十三条和专利法实施细则第六十条的有关规定，故本次复审通知书所依据的审查文本为：2006年11月2日提交的权利要求第1～8项以及申请日提交的说明书第1～10页、附图第1～8页、说明书摘要和摘要附图。

2. 关于专利法第二十二条第三款

专利法第二十二条第三款规定：创造性，是指同申请日以前已有的技术相比，该发明有突出的实质性特点和显著的进步。

针对本案的发明专利申请而言，其中：

（一）权利要求1请求保护一种交易数据管理系统。对比文件1公开了一种信息处理装置，其中（参见说明书第1页第6行至第15行，第21页第16行至第18行，第18页第11行至第13行，附图1，21，16）披露了以下技术特征：POS系统由设置在总部的主计算机和设置在各个店铺的服务管理器与POS终端装置构成，服务管理器对其连接的复数POS终端装置的交易记录信息以及汇总信息统一进行管理（相当于将一个服务器与多个客户机相连组成通信网络，从而实现对交易数据的管理）；交易记录信息51被POS终端装置12发送给服务管理器11，继而存储在服务管理器11的存储单元27的当日启动装置交易记录信息管理单元27a里（相当于该服务管理器包括存储单元，存储从客户机接收的交易数据），服务管理器11一通过LAN线路13接收到POS终端装置12输出的交易记录信息51时，就对自己内部设定的当日交易记录信息51进行更新，而后结束处理（相当于该服务管理器包括接收单元，无论何时从客户机发送交易数据，该单元依次接收该数据）。

通过对比文件1所披露的上述内容可知，对比文件1虽然公开了权利要求1的部分技术特征，但是对比文件1所公开的内容与权利要求1请求保护的技术方案之间仍然存在区别技术特征，即：（1）权利要求1所述的交易数据管理系统包括一个Web服务器和一个连接到所述Web服务器以进行通信的数据库服务器；（2）上述数据库服务器包括存储单元，存储从客户机接收的交易数据；（3）确定单元（确定交易数据的接收是否未被中断）、通知单元（当确定单元确定交易数据的接收已被中断时，该单元把交易数据的接收被中断的情况通知给客户机）和返回单元（当确定单元确定交易数据的接收已被中断时，该返回单元把交易数据返回到客户机，其中所述数据已经在先前的发送中发生发送中断之前被发送了，并在中断之前已被累积在服务器中）这三个功能模块被设置在与上述数据库服务器相连的另一个服务器（即，Web服务器）上。然而，对比文件1所述的信息处理装置仅包括一个服务器（即，服务管理器），并且该服务器管理器也不具备权利要求1中确定单元、通知单元和返回单元这三个功能模块的功能。更进一步而言，从该权利要求1中的确定单元、通知单元和返回单元的功能及其所完成的数据处理工作来看，判断交易数据的发送处理是否中断的过程（或称“判断方式”）以及交易数据的恢复处理过程（或称“恢复方式”）皆不同于对比文件1。由此可见，本申请的权利要求1所请求保护的技术方案与对比文件1的技术方案存在区别技术特征，并且这种区别技术特征对于本领域的普通技术人员来说并不是一种公知常识，因此在对比文件1的基础上得出本申请的权利要求1所请求保护的技术方案仍需要付出创造性的劳动。鉴于上述理由，合议组认为权利要求

1 符合专利法第二十二条第三款关于创造性的规定。

（二）独立权利要求 5 也请求保护一种交易数据管理系统。基于与评述权利要求 1 相同的理由，独立权利要求 5 也符合专利法第二十二条第三款关于创造性的规定。

（三）在独立权利要求 1 和 5 相对于对比文件 1 均具备创造性的前提下，分别直接或间接引用上述这两项独立权利要求的各项从属权利要求也均符合专利法第二十二条第三款关于创造性的规定。

综上，复审请求人在 2006 年 11 月 2 日所提交的权利要求书修改替换页已经克服了原驳回决定中所指出的缺陷，故复审请求的理由成立。至于说明书和权利要求书是否还存在其他缺陷，均留待后续程序继续审查。

三、决定

撤销国家知识产权局于 2005 年 5 月 13 日针对 03121365.0 号发明专利申请所作出的驳回决定。由原审查部门依据 2006 年 11 月 2 日提交的权利要求第 1 ~ 8 项以及申请日提交的说明书第 1 ~ 10 页、附图第 1 ~ 8 页、说明书摘要和摘要附图继续进行审批程序。

复审请求人如对本决定不服，可根据专利法第四十一条第二款的规定，在收到本决定之日起三个月内向北京市第一中级人民法院起诉。

302

阴极射线管案

复审请求审查决定（第9749号）

决　定　号　第9749号
决　定　日　2006年12月13日
发明创造名称　阴极射线管
国际分类号　H01J 29/48
复审请求人　株式会社日立制作所
专利申请号　02127171.2
申　请　日　2002年7月30日
公　开　日　2003年3月12日
合议组组长　熊　婷
主　审　员　杜　宇
参　审　员　樊晓东

法律依据　专利法第二十二条第三条
决定要点

对比文件给出了技术启示，根据对比文件本领域普通技术人员得到本申请所要求保护的技术方案是显而易见的，本申请相对于对比文件不具有突出的实质性特点和显著的进步，因此本申请不具备创造性。

一、案由

本复审请求案涉及申请日为2002年7月30日、优先权日为2001年7月30日、发明名称为"阴极射线管"的、申请号为02127171.2的发明专利申请（下称本申请），申请人为株式会社日立制作所。

国家知识产权局实质审查部门于2004年4月23日发出第一次审查意见通知书，主要指出：本申请的权利要求1~9均不具备专利法第二十二条第三款所规定的创造性。并引用了以下对比文件：

对比文件1：US6031326，其公开日为2000年2月29日；

对比文件2：JP特开2000~188067A，其公开日为2000年7月4日。

申请人于2004年9月8日针对第一次审查意见通知书提交了意见陈述书，论述了本申请的技术方案相对于对比文件1和2具备创造性的理由。

国家知识产权局实质审查部门没有接受申请人的观点，仍认为权利要求1~9相对于对比文件1不符合专利法第二十二条第三款关于创造性的规定，因此于2004年11月26日作出了驳回本申请的决定。

驳回决定主要指出："权利要求1请求保护一种阴极射线管，对比文件1也公开了一种阴极射线管，包括：屏面部分，管颈部分，锥体部分，荧光屏，电子枪；电子枪具有阴极，控制电极，加速电极，前级阳极电极，分割成多个电极的聚焦电极，阳极电极，多个分割聚焦电极以给定的间隔沿阴极射线管的管轴方向排列。

权利要求 1 与对比文件 1 相比，其区别技术特征为：多个分割前级阳极电极以给定的间隔沿阴极射线管的管轴方向排列。

权利要求 1 的技术方案相对于对比文件 1 要实际解决的技术问题是：改进前级阳极电极的结构，减少其中产生的涡流并使速度调制磁场容易进入电子束传输区。

对比文件 2 公开了一种的前级阳极电极的结构，其以螺旋状的形式按给定间隔分割成多个电极（仍保持电气连接），并沿阴极射线管的管轴方向排列。这与上述区别技术特征实质上是一样的，都采用相同的原理和方式解决了同样的技术问题（即上述要实际解决的技术问题），并产生相同的技术效果。

对比文件 2 公开的前级阳极电极在结构上呈现螺旋状，其相当于把前级阳极电极分割成按给定间隔沿管轴方向排列的电气互连的多个部分（即权利要求 1 的技术方案），产生的效果相同，都是把前级阳极电极分割成多个较小的电极以减少其中产生的涡流，同时留出多个给定大小的间隔使速度调制磁场容易进入电子束传输区。可见，把对比文件 2 的启示应用到对比文件 1，以解决上述实际要解决的技术问题，没有产生意料不到的技术效果，对于本领域普通技术人员来说是显而易见的。因此，申请人的上述陈述理由是不成立的，该权利要求相对于对比文件 1 和 2 不具有突出的实质性特点和显著的进步，不符合专利法第二十二条第三款规定的创造性。

权利要求 7 请求保护一种有电子枪的阴极射线管，对比文件 1 也公开了这样一种阴极射线管，包括：阴极，控制电极，加速电极，前级阳极电极，聚焦电极，阳极电极，安装在各个电极侧壁上的电极支承体埋入并固定到绝缘支承体；聚焦电极包括：前级聚焦电极和后级聚焦电极，前级聚焦电极安排在阴极侧，后级聚焦电极有插入到阳极中的部分，且前级聚焦电极和后级聚焦电极电气互相连接。

权利要求 7 与对比文件 1 相比，其区别技术特征为：前级阳极电极包括：第一前级阳极和第二前级阳极，第一前级阳极安排在阴极侧，第二前级阳极安排在聚焦电极侧，且第一前级阳极和第二前级阳极电气互相连接。

权利要求 7 的技术方案相对于对比文件 1 实际要解决的技术问题是：改进前级阳极电极的结构，减少其中产生的涡流并使速度调制磁场容易进入电子束传输区。

对比文件 2 公开了上述区别技术特征（参见对比文件 2 的说明书第 3 栏第 16 段至第 4 栏第 22 段，附图 1、2），具体包括：前级阳极电极包括：第一前级阳极和第二前级阳极，第一前级阳极（见对比文件 2 的附图标记 12）安排在阴极侧，第二前级阳极（见附图标记 13）安排在聚焦电极侧，且第一前级阳极和第二前级阳极电气互相连接（见附图标记 11、12、13）。

对于本领域普通技术人员来讲，调整螺旋状部分的长短和螺纹数可以容易的将前级阳极电极分割成 2 个或 2 个以上的部分，所起的作用是把前级阳极电极分割成多个较小的电极以减少其中产生的涡流，同时留出多个给定大小的间隔使速度调制磁场容易进入电子束传输区，与上述区别技术特征在权利要求 7 中所起的作用相同。

可见，把对比文件 2 的启示应用到对比文件 1，以解决上述实际要解决的技术问题，没有产生意料不到的技术效果，对于本领域普通技术人员来说是显而易见的。因此，权利要求 7 相对于对比文件 1 和 2 不具备突出的实质性特点和显著的进步，不符合专利法第二十二条第三款规定的创造性。

权利要求 2 ~ 6，8 ~ 9 不具备创造性，不符合专利法第二十二条第三款的规定。”

驳回决定所针对的独立权利要求 1 和 7 如下：

“1. 一种包括真空管壳的阴极射线管，该真空管壳是由屏面部分，管颈部分和锥体部分构成，荧

光屏形成在屏面部分，管颈部分中安放电子枪，而锥体部分连接屏面部分和管颈部分，其中

电子枪具有阴极，控制电极，加速电极，分割成多个电极的前级

阳极电极，分割成多个电极的聚焦电极，和阳极电极，

多个分割前级阳极块以给定的间隔沿阴极射线管的管轴方向排列，和

多个分割聚焦电极以给定的间隔沿阴极射线管的管轴方向排列。”

“7. 一种有电子枪的阴极射线管，其中阴极，控制电极，加速电极，前级阳极电极，聚焦电极，和阳极电极都沿管轴方向排列，安装在各个电极侧壁上的电极支承体埋入并固定到绝缘支承体，其中

前级阳极电极包括：第一前级阳极和第二前级阳极，第一前级阳极安排在阴极侧，第二前级阳极安排在聚焦电极侧，且第一前级阳极和第二前级阳极电气互相连接，

聚焦电极包括：前级聚焦电极和后级聚焦电极，前级聚焦电极安排在阴极侧，后级聚焦电极有插入到阳极中的部分，且前级聚焦电极和后级聚焦电极电气互相连接。”

申请人（下称复审请求人）对上述驳回决定不服，于2005年8月11日向专利复审委员会提出了复审请求，其主要认为：对比文件2建议前级阳极电极具有VM间隙，而不是在对比文件1所述的结构（聚焦电极）上有VM间隙，所以对比文件1和2相结合是很困难的，其结合也得不到本申请的技术方案。

经形式审查合格，专利复审委员会予以受理，于2005年5月19日发出复审请求受理通知书和前置审查通知书。

国家知识产权局原实质审查部门对该复审请求进行了前置审查，坚持原驳回决定。

专利复审委员会依法成立合议组对此案进行审理，并于2006年6月26日向请求人发出了复审通知书，该通知书仍采用与实质审查程序中相同的对比文件，即对比文件1（US6031326）和对比文件2（JP特开2000~188067A），具体审查意见为：

权利要求1要求保护一种阴极射线管。对比文件1公开了一种阴极射线管，并公开了以下技术特征（参见说明书第7栏第36行至第10栏第25行，第15栏第36~56行，附图2、4、11），屏面部分71，管颈部分72，锥体部分76，荧光屏71a，电子枪74；电子枪具有阴极K，控制电极1，加速电极2，前级阳极电极3，分割成多个电极的聚焦电极4，阳极电极5，多个分割聚焦电极以给定的间隔沿阴极射线管的管轴方向排列401、402、VM。权利要求1与对比文件1相比，其区别技术特征为：多个分割前级阳极电极以给定的间隔沿阴极射线管的管轴方向排列。权利要求1的技术方案相对于对比文件1实际要解决的技术问题是：改进前级阳极电极的结构，减少其中产生的涡流并使速度调制磁场容易进入电子束传输区。对比文件2公开了一种阴极射线管（参见对比文件2的说明书第3栏第16段至第4栏第22段，附图1、2）：阴极射线管具有：由屏面部分2、管颈部分和锥体部分构成的真空管壳，荧光屏形成在屏面部分，锥体连接屏面部分和管颈部分，管颈部分中安放电子枪4，所述电子枪具有阴极6、控制电极5、加速电极7、前级阳极电极8、聚焦电极9和阳极10，其中所述前级阳极电极和聚焦电极可以具有按阴极射线管的管轴方向排列的螺旋状部分，以使所述电极中形成间隙。既在对比文件2中所述前级阳极电极和聚焦电极中也具有间隙，此结构与权利要求1的类似，所起的作用也与权利要求1相同，都是为了速度调制线圈产生的磁场可以容易地进入电子束传输区，从而获得足够的速度调制效应提高显示图像的对比度。对比文件2给出解决上述技术问题的技术启示，且该权利要求没有产生意料不到的技术效果，在结合对比文件1和2的基础上，本领域普通技术人员得到权利要求1所要求保护的技术方案是显而易见的。因此，权利要求1相对于对比文件1和2不具备突出的实质性特点和显著的进步，不符合专利法第二十二条第三款关于创造性的规定。

权利要求2~6相对于对比文件1和2，不符合专利法第二十二条第三款关于创造性的规定

权利要求7要求保护一种有电子枪的阴极射线管，对比文件1也公开了这样一种阴极射线管（说明书第7栏第36行至第10栏第25行，第15栏第36~56行，附图2、4、11），其包括：阴极K，控制电极1，加速电极2，前级阳极电极3，聚焦电极4，阳极电极5，安装在各个电极侧壁上的电极支承体11、21、31、51埋入并固定到绝缘支承体；聚焦电极包括：前级聚焦电极和后级聚焦电极，前级聚焦电极402安排在阴极侧，后级聚焦电极401有插入到阳极中的部分4a，且前级聚焦电极和后级聚焦电极电气互相连接42。权利要求7与对比文件1的区别是：前级阳极电极包括：第一前级阳极和第二前级阳极，第一前级阳极安排在阴极侧，第二前级阳极安排在聚焦电极侧，且第一前级阳极和第二前级阳极电气互相连接。权利要求7的技术方案相对于对比文件1实际要解决的技术问题是：改进前级阳极电极的结构，减少其中产生的涡流并使速度调制磁场容易进入电子束传输区。对比文件2披露了一种阴极射线管，并公开了上述区别技术特征（参见说明书第3栏第16段至第4栏第22段，附图1、2）：前级阳极电极为螺旋状，其包括端部12（相当于第一前级阳极）和盘状电极13（相当于第二前级阳极），端部12安排在阴极侧，盘状电极13安排在聚焦电极侧，且端部12和盘状电极13电气互相连接。对比文件2中所述螺旋状的前级阳极电极所起的作用是把前级阳极电极分割成多个较小的电极以减少其中产生的涡流，同时留出多个给定大小的间隙使速度调制磁场容易进入电子束传输区，与上述区别技术特征在权利要求7中所起的作用相同。对比文件2给出解决上述技术问题的技术启示，且该权利要求没有产生意料不到的技术效果，对于本领域普通技术人员来说是显而易见的。因此，权利要求7相对于对比文件1和2不具有突出的实质性特点和显著的进步，不符合专利法第二十二条第三款关于创造性的规定。

权利要求8和9相对于对比文件1和2，不符合专利法第二十二条第三款关于创造性的规定。

复审请求人于2006年8月11日提交了意见陈述书以及权利要求书替换页，将权利要求书中的术语进行了统一，复审请求人认为：对比文件1公开的是具有VM间隙的聚焦电极，而对比文件2建议最好在前级阳极上形成缠绕部分，而不是在聚焦电极上形成缠绕部分。也就是对比文件2建议前级阳极电极具有VM间隙，而不是在聚焦电极（对比文件1所述的结构）上有VM间隙，所以，对比文件1和2相结合是很困难的，其结合也得不到本发明的技术方案，本发明相对对比文件1和2相比具有专利性。

修改后的权利要求书如下：

“1. 一种包括真空管壳的阴极射线管，该真空管壳是由屏面部分，管颈部分和锥体部分构成，荧光屏形成在屏面部分，管颈部分中安放电子枪，而锥体部分连接屏面部分和管颈部分，其中

电子枪具有阴极，控制电极，加速电极，分割成多个电极的前级阳极电极，分割成多个电极的聚焦电极，和阳极电极，

多个分割的前级阳极以给定的间隔沿阴极射线管的管轴方向排列，和

多个分割的聚焦电极以给定的间隔沿阴极射线管的管轴方向排列。

2. 按照权利要求1的阴极射线管，其中前级阳极电极被分割成两块，而聚焦电极被分割成四块。

3. 按照权利要求1的阴极射线管，其中前级阳极电极被分割成两块，和聚焦电极被分割成两块。

4. 按照权利要求2的阴极射线管，其中两个分割的前级阳极电极块之间的距离等于或大于0.5mm并且等于或小于1.5mm。

5. 按照权利要求3的阴极射线管，其中两个分割的前级阳极电极块之间的距离等于或大于0.5mm并且等于或小于1.5mm，而两个分块聚焦电极之间的距离等于或大于0.5mm并且等于或小于1.5mm。

6. 按照权利要求1的阴极射线管，其中阴极射线管的总长度等于或大于240mm并且等于或小

于260mm。

7. 一种有电子枪的阴极射线管，其中阴极，控制电极，加速电极，前级阳极电极，聚焦电极，和阳极电极都沿管轴方向排列，安装在各个电极侧壁上的电极支承体埋入并固定到绝缘支承体，其中

前级阳极电极包括：第一前级阳极和第二前级阳极，第一前级阳极安排在阴极侧，第二前级阳极安排在聚焦电极侧，且第一前级阳极和第二前级阳极电气互相连接，

聚焦电极包括：前级聚焦电极和后级聚焦电极，前级聚焦电极安排在阴极侧，后级聚焦电极有插入到阳极中的部分，且前级聚焦电极和后级聚焦电极电气互相连接。

8. 按照权利要求7的阴极射线管，其中阴极射线管的总长度等于或大于240mm并且等于或小于260mm。

9. 按照权利要求7的阴极射线管，其中两个分割的前级阳极电极之间的距离等于或大于0.5mm并且等于或小于1.5mm。”

在以上审查工作的基础上，合议组认为本案事实已经清楚，可以作出本复审请求审查决定。

二、决定的理由

1. 本决定所依据的文本

由于复审请求人答复复审通知书时提交的修改文本符合专利法第三十三条和专利法实施细则第六十条的规定，因此本复审决定所依据的文本为复审请求人于2006年8月11日提交的权利要求第1~9项；于申请日提交的说明书第1~17页、说明书附图第1~12页、说明书摘要及摘要附图。

2. 关于专利法第二十二条第三款

专利法第二十二条第三款规定：创造性，是指同申请日以前已有的技术相比，该发明有突出的实质性特点和显著的进步，该实用新型有实质性特点和进步。

合议组评述本申请权利要求书时所使用的对比文件与实质审查过程中所引用的对比文件相同。

权利要求1要求保护一种阴极射线管。对比文件1公开了一种阴极射线管，并公开了以下技术特征（参见说明书第7栏第36行至第10栏第25行，第15栏第36~56行，附图2、4、11），屏面部分71，管颈部分72，锥体部分76，荧光屏71a，电子枪74；电子枪具有阴极K，控制电极1，加速电极2，前级阳极电极3，分割成多个电极的聚焦电极4，阳极电极5，多个分割聚焦电极以给定的间隔沿阴极射线管的管轴方向排列401、402、VM。

权利要求1与对比文件1相比，其区别技术特征为：多个分割的前级阳极电极以给定的间隔沿阴极射线管的管轴方向排列。

权利要求1的技术方案相对于对比文件1实际要解决的技术问题是：改进前级阳极电极的结构，减少其中产生的涡流并使速度调制磁场容易进入电子束传输区。

对比文件2公开了一种阴极射线管（参见对比文件2的说明书第3栏第16段至第4栏第22段，附图1、2）：阴极射线管具有：由屏面部分2、管颈部分和锥体部分构成的真空管壳，荧光屏形成在屏面部分，锥体连接屏面部分和管颈部分，管颈部分中安放电子枪4，所述电子枪具有阴极6、控制电极5、加速电极7、前级阳极电极8、聚焦电极9和阳极10，其中所述前级阳极电极和聚焦电极可以具有按阴极射线管的管轴方向排列的螺旋状部分，所述聚焦电极的结构并不是如复审请求人在答复复审通知书的意见陈述中声称的那样“对比文件2建议最好在前级阳极电极上形成缠绕部分，而不是在聚焦电极上形成缠绕部分”，对比文件2明确指出（说明书第4栏第1行至第15行）：所述缠绕状部分同样可以设置在聚焦电极上，只是缠绕状部分设置在所述前级阳极电极上时速度调制效应效果更好。由于所述前级阳极电极和聚焦电极可以具有所述螺旋状部分，从而使所述前级阳极电极和聚焦电极中也具有间隙，此结构与权利要求1的所述所述前级阳极电极和聚焦电极的结构类似，两者都具

有间隙，并且两者所起的作用也相同，都是为了速度调制线圈产生的磁场可以容易地进入电子束传输区，从而获得足够的速度调制效应提高显示图像的对比度。对比文件2给出解决上述技术问题的技术启示，在结合对比文件1和2的基础上，本领域普通技术人员得到权利要求1所要求保护的技术方案是显而易见的。因此，权利要求1相对于对比文件1和2不具有突出的实质性特点和显著的进步，不符合专利法第二十二条第三款规定的创造性。

权利要求2和3是权利要求1的从属权利要求1，权利要求2的附加技术特征是：其中前级阳极电极被分割成两块，而聚焦电极被分割成四块；权利要求3的附加技术特征是：其中前级阳极电极被分割成两块，和聚焦电极被分割成两块。对比文件1公开了聚焦电极可以被分割成两块（具体出处同上），并且在结合对比文件1和2的基础上，本领域普通技术人员可以得到将前级阳极电极和聚焦电极分割成几块的技术方案，而且具体将前级阳极电极和聚焦电极分割成多少块，是本领域普通技术人员根据实际需要进行设计的，这也不需要付出创造性的劳动，因此在结合对比文件1和2的基础上，本领域普通技术人员得到权利要求2和3所要求保护的技术方案是显而易见的，权利要求2和3不具有突出的实质性特点和显著的进步，不符合专利法第二十二条第三款关于创造性的规定。

权利要求4是权利要求1的从属权利要求，其附加技术特征别是：其中两个分块前级阳极电极之间的距离等于或大于0.5mm并且等于或小于1.5mm；权利要求5是权利要求1的从属权利要求，其附加技术特征分别是：其中两个分块前级阳极电极之间的距离等于或大于0.5mm并且等于或小于1.5mm，而两块分块聚焦电极之间的距离等于或大于0.5mm并且等于或小于1.5mm。对比文件2公开了所述螺旋状部分上的间隙在0~2.5mm之间的范围内（具体出处同上），并且对比文件2选择电极之间距离范围的原理与本申请选择该范围的原理一样，即如果间隙设置的过小，则进入到电子束路径的磁场较少，减小了速度调制效应；如果间隙设置的过大，则外界的干扰磁场或干扰电场容易进入电子束路径，使电子束发生形变，在不同长度的阴极射线管中，上述范围可以可以根据实际情况（如不同规格阴极射线管的长度也不同）作相应调整。该数值范围的选择原理是本领域的公知常识，本领域普通技术人员根据公知常识在把上述间距由0~2.5mm进一步限定到0.5~1.5mm之间时，是一种简单的选择，没有产生意料不到的技术效果，也不需要付出创造性的劳动，因此当权利要求4和5引用的权利要求不具备创造性时，它们也不符合专利法第二十二条第三款关于创造性的规定。

权利要求6是权利要求1的从属权利要求，其附加技术特征是：阴极射线管的总长度等于或大于240mm并且等于或小于260mm。上述技术特征是本领域的公知常识，在结合对比文件1和2的基础上，本领域普通技术人员得到权利要求6所要求保护的技术方案是显而易见的，因此权利要求6不符合专利法第二十二条第三款关于创造性的规定。

权利要求7要求保护一种有电子枪的阴极射线管，对比文件1也公开了这样一种阴极射线管（说明书第7栏第36行至第10栏第25行，第15栏第36~56行，附图2、4、11），其包括：阴极K，控制电极1，加速电极2，前级阳极电极3，聚焦电极4，阳极电极5，安装在各个电极侧壁上的电极支承体11、21、31、51埋入并固定到绝缘支承体；聚焦电极包括：前级聚焦电极和后级聚焦电极，前级聚焦电极402安排在阴极侧，后级聚焦电极401有插入到阳极中的部分4a，且前级聚焦电极和后级聚焦电极电气互相连接42。

权利要求7与对比文件1的区别是：前级阳极电极包括第一前级阳极和第二前级阳极，第一前级阳极安排在阴极侧，第二前级阳极安排在聚焦电极侧，且第一前级阳极和第二前级阳极电气互相连接。

权利要求7的技术方案相对于对比文件1实际要解决的技术问题是：改进前级阳极电极的结构，减少其中产生的涡流并使速度调制磁场容易进入电子束传输区。

对比文件2披露了一种阴极射线管，并公开了上述区别技术特征（参见说明书第3栏第16段至第4栏第22段，附图1、2）：前级阳极电极为螺旋状，其包括端部12（相当于第一前级阳极）和盘状电极13（相当于第二前级阳极），端部12安排在阴极侧，盘状电极13安排在聚焦电极侧，且端部12和盘状电极13电气互相连接。对比文件2中所述螺旋状的前级阳极电极所起的作用是把前级阳极电极分割成多个较小的电极以减少其中产生的涡流，同时留出多个给定大小的间隙使速度调制磁场容易进入电子束传输区，并且所述聚焦电极也可以具有螺旋状部分起到与所述螺旋状的前级阳极电极相同的作用，对比文件2公开的前级阳极电极盒聚焦电极的结构与上述区别技术特征在权利要求7中所起的作用相同。对比文件2给出解决上述技术问题的技术启示，在结合对比文件1和2的基础上，本领域普通技术人员得到权利要求7所要求保护的技术方案是显而易见的。因此，权利要求7相对于对比文件1和2不具有突出的实质性特点和显著的进步，不符合专利法第二十二条第三款规定的创造性。

权利要求8是权利要求7的从属权利要求，其附加技术特征是：阴极射线管的总长度等于或大于240mm并且等于或小于260mm。上述技术特征是本领域的公知常识，在结合对比文件1和2的基础上，本领域普通技术人员得到权利要求8所要求保护的技术方案是显而易见的，因此权利要求8不符合专利法第二十二条第三款关于创造性的规定。

权利要求9是权利要求7的从属权利要求，其附加技术特征是：其中两个分块前级阳极电极之间的距离等于或大于0.5mm并且等于或小于1.5mm。对比文件2公开了所述螺旋状部分上的间隙在0～2.5mm之间的范围内（具体出处同上），并且对比文件2选择电极之间距离范围的原理与本申请选择该范围的原理一样，即如果间隙设置的过小，则进入到电子束路径的磁场较少，减小了速度调制效应；如果间隙设置的过大，则外界的干扰磁场或干扰电场容易进入电子束路径，使电子束发生形变，在不同长度的阴极射线管中，上述范围可以可以根据实际情况（如不同规格阴极射线管的长度也不同）作相应调整。该数值范围的选择原理是本领域的公知常识，本领域普通技术人员根据公知常识在把上述间距由0～2.5mm进一步限定到0.5～1.5mm之间时，是一种简单的选择，没有产生意料不到的技术效果，也不需要付出创造性的劳动，因此当权利要求9引用的权利要求不具备创造性时，该权利要求也不符合专利法第二十二条第三款关于创造性的规定。

综上所述，本申请权利要求1～9不具备专利法第二十二条第三款规定的创造性。

三、决定

维持国家知识产权局于2004年11月26日对02127171.2号发明专利申请作出的驳回决定。

复审请求人对本决定不服的，可以根据专利法第四十一条第二款的规定，自收到本决定之日起三个月内向北京市第一中级人民法院起诉。

303

基于模块变形的集成电路宏模块布图规划和布局方法案

复审请求审查决定（第9751号）

决　定　号　第9751号
决　定　日　2006年12月18日
发明创造名称　基于模块变形的集成电路宏模块布图规划和布局方法
国际分类号　G06F 17/50
复审请求人　清华大学
申　请　号　02103835. X
申　请　日　2002年3月29日
公　开　日　2003年10月15日
合议组组长　崔哲勇
主　审　员　余心蕾
参　审　员　詹靖康

法律依据　专利法实施细则第二条第一款
决定要点

如果一项发明要求保护的方案包含了遵循自然规律的技术手段，解决了技术问题，并由此获得了符合自然规律的技术效果，则该发明符合专利法实施细则第二条第一款的规定。

一、案由

本复审请求涉及申请人清华大学于2002年3月29日提交的、申请号为02103835. x、发明名称为”基于模块变形的集成电路宏模块布图规划和布局方法”的发明专利申请。

国家知识产权局实审部门于2004年11月12日发出了第一次审查意见通知书，指出：本申请的权利要求1～4属于智力活动的规则和方法，属于专利法第二十五条第一款第（二）项规定的不授予专利权的主题。

申请人于2005年3月11日提交了第一次意见陈述书，并认为：本发明所述的算法构成的程序是在已知的计算机上运行来实现的，其采用的技术手段就是计算机；本发明的技术特征在于由各个用于处理不同的电路物理量的步骤来实现的，取得了电路的布局结果，其和计算机相结合，构成了一种解决电路布局问题的方法。

国家知识产权局 实审部门于2005年8月12日作出了驳回决定，驳回决定所针对的权利要求为：

”1. 基于模块变形的集成电路宏模块布图规划和布局方法，包括模块变形策略，其特征在于：它以原问题为基础，通过改变模块大小和相应引线端位置即模块变形来生成一系列逐步逼近原问题的简单的布局问题，再逐步求解这一系列逼近原问题的简单布局问题获取原问题的解，在逐步逼近过程中，用近似因子 α 控制模块变形的程度，按照近似问题的近似程度递增的顺序即近似因子 α 递减的顺序，从最简单的近似问题开始，并把当前近似问题的解的结构即模块间位置关系作为下一个近似问题的初始解的结构，逐步求解这一系列近似问题，直到近似因子 α 为 1 时，各模块大小等于原始各模块大小，近似问题即为原问题，其中的步骤依次如下：

1）初始化

设置：

（1）近似因子的初始值，也就是 α 的最大值；

（2）求解近似问题时局部搜索次数 NOIMPUP；

（3）设置最终布局的目标宽长比及其权重；

（4）设置目标函数中总线长的权重；

2）从模块描述文件读入模块及线网信息：

（1）读入模块四角坐标，并根据模块四角坐标计算模块的宽、高；

（2）读入模块上引线端坐标，并将其转化为相对模块左下角的坐标；

（3）按读入顺序给模块编号，并计算总模块数、各模块面积之和；

（4）按下列公式计算读入的所有模块（设为 n 个）的宽、高平均值；

$$\overline{w} = \frac{1}{n}\sum_i w_i$$

$$\overline{h} = \frac{1}{n}\sum_i w_i$$

其中：w_i：第 i 个模块的宽，h_i：第 i 个模块的高；

3）构造初始布局的拓扑结构即模块间的位置关系，并记为 A；

4）计算布局问题的最优或近似最优解：

（1）根据近似因子 α 的值按下列公式之一计算模块在近似问题中的实际尺寸，

$$\begin{cases} w_i(\alpha_k) = \begin{cases} (\overline{w}/10^{pw} + (w_i/10^{pw} - \overline{w}/10^{pw})^{\alpha_k}) \times 10^{pw}, w_i > \overline{w} \\ (\overline{w}/10^{pw} - (\overline{w}/10^{pw} - w_i/10^{pw})^{\alpha_k}) \times 10^{pw}, w_i < \overline{w} \end{cases} \\ h_i(\alpha_k) = \begin{cases} (\overline{h}/10^{ph} + (h_i/10^{ph} - \overline{h}/10^{ph})^{\alpha_k}) \times 10^{ph}, h_i > \overline{h} \\ (\overline{h}/10^{ph} - (\overline{h}/10^{ph} - h_i/10^{ph})^{\alpha_k}) \times 10^{ph}, h_i < \overline{h} \end{cases} \end{cases}$$

其中：w_i、h_i 分别为模块 i 的宽、高；

w_i（α）、h_i（α）分别为模块 i 在近似因子 α 下的实际的宽、高；

pw，ph 为归一化参数，其取值满足

$$max\ (w_{i_{i\in\{1,\dots,n\}}})\ /10^{pw} \in (0,\ 1],\ \max_{i\in\{1,\dots,n\}}(h_i)/10^{ph} \in (0,1]\ ;$$

$$\begin{cases} w_i(\alpha_k) = w_i^{\alpha_k} \\ h_i(\alpha_k) = h_i^{\alpha_k} \end{cases},$$

$$\begin{cases} w_i(\alpha_k) = w_i^{1/\alpha_k} \\ h_i(\alpha_k) = h_i^{1/\alpha_k} \end{cases}$$

$$\begin{cases} w_i(\alpha_k) = \begin{cases} \overline{w} + \dfrac{1}{\alpha_k}(w_i - \overline{w}), w_i \geqslant \overline{w} \\ \overline{w} - \dfrac{1}{\alpha_k}(\overline{w} - w_i), w_i < \overline{w} \end{cases} \\ h_i(\alpha_k) = \begin{cases} \overline{h} + \dfrac{1}{\alpha_k}(h_i - \overline{h}), h_i \geqslant \overline{h} \\ \overline{h} - \dfrac{1}{\alpha_k}(\overline{h} - h_i), h_i \leqslant \overline{h} \end{cases} \end{cases}$$

（2）根据模块间拓扑关系 A，建立对应于拓扑结构 A 的布局 Q；

（3）用下列公式根据当前各模块大小计算相应引线端相对该模块左下角顶点的坐标 $(pin\backslash\text{-}x_j^{\ i}(\alpha), pin\backslash\text{-}y_j^{\ i}(\alpha))$；

$$\begin{cases} pin\backslash\text{-}x_j^{\ i}(\alpha) = pin\backslash\text{-}x_j^{\ i} \times w_i(\alpha)/w_i \\ pin\backslash\text{-}y_j^{\ i}(\alpha) = pin\backslash\text{-}y_j^{\ i} \times h_i(\alpha)/h_i \end{cases}$$

其中：$pin\text{-}x_i^j, pin\text{-}y_i^j$ 是原问题中属于第 i 个模块的第 j 个引线端相对模块 i 左下角顶点的坐标；

w_i、h_i：原问题中模块 i 的宽和高；

再用下述公式根据模块右上角坐标计算引线端在布局中的位置 $(p\backslash\text{-}x_j^{\ i}(\alpha), p\backslash\text{-}y_i^{\ j}(\alpha))$；

$$\begin{cases} p\backslash\text{-}x_j^{\ i}(\alpha) = x_i - (w_i(\alpha) - pin\backslash\text{-}x_j^{\ i}(\alpha)) \\ p\backslash\text{-}y_i^{\ j}(\alpha) = y_i - (h_i(\alpha) - pin\backslash\text{-}y_j^{\ i}(\alpha)) \end{cases}$$

其中：xi, yi，为本布局中模块 i 的右上角坐标；

（4）根据下述公式计算各线网线长估计值，及总线长估计值，单个线网的线长根据线网中的引线端位置用半周长模型进行估计：

某线网 E 有 k 个引线端 p_1（$p\_\ x_1$，$p\_\ y_1$），…，p_k（$p\_\ x_k$，$p\_\ y_k$）括号内坐标为引线端在布局中的坐标；则：该线网的线长 *WireLength*（E）用下述公式估计，

$$WireLength(E) = \left(\max_{i\in\{1,\ldots,k\}}(p\_\ x_i) - \min_{i\in\{1,\ldots,k\}}(p\_\ x_i)\right) + \left(\max_{i\in\{1,\ldots,k\}}(p\_\ y_i) - \min_{i\in\{1,\ldots,k\}}(p\_\ y_i)\right)$$

总线长估计值为：

$$TotalWireLength = \sum_{k=1}^{L} WireLength(E), L \text{ 为线网的个数}$$

（5）用下列公式评价 Q，得到目标函数值 $Cost_Q$；

$$Cost_Q = Area + \lambda \times TotalWireLength + \omega \times Rs^2$$

其中：*Area* 为芯片面积

$$Area = \max_{i\in[1\ldots n]}\{x_i\} \times \max_{i\in[1\ldots n]}\{y_i\}$$

TotalWireLength（总线长）为各线网估算长度之和；

λ 为总线长的权重，ω 为宽长比的权重；

设 R 为期望的芯片宽长比，*ration* 为芯片实际宽长比即 $\dfrac{\max_{i\in[1\ldots n]}\{x_i\}}{\max_{i\in[1\ldots n]}\{y_i\}}$，则：

$$Rs = |R - max(ration, 1/ration)|;$$

（6）运用局部搜索的方法，求取当前近似问题实例的局部最优解；

5）输出当前布局 Q；

6）用下述公式计算下一个近似问题的近似因子 χ_d：

$$\alpha_d = \begin{cases} \alpha_{d-1} - 1 & \alpha_{d-1} > 2, d > 0 \\ \alpha_{d-1} - 0.2 & 1.5 < \alpha_{d-1} <= 2, d > 0 \\ \alpha_{d-1} - 0.1 & 1.1 < \alpha_{d-1} <= 1.5, d > 0 \\ \alpha_{d-1} - 0.02 & 1 < \alpha_{d-1} <= 1.1, d > 0 \\ 6 & d = 0 \end{cases}$$

如果$\chi_d >= 1$，则以当前的拓扑结构 A 作为初始布局的拓扑结构，求解下一个近似问题；

7）如果$\chi_d < 1$，则输出的当前布局即为最终布局，即原问题实例的最终解。

2. 根据权利要求 1 所述的基于模块变形的集成电路宏模块布图规划和布局方法，其特征在于：步骤 3）所述的构造初始布局的拓扑结构是指按照模块编号由小到大的顺序，从设定的起始位置沿网格由下向上，然后由左向右的顺序，依次安置模块到矩形网格的方法构造初始布局的拓扑结构。

3. 根据权利要求 1 所述的基于模块变形的集成电路宏模块布图规划和布局方法，其特征在于：所述的步骤 4）中的(2)，即根据模块间的拓扑关系 A，建立对应拓扑结构 A 的布局 Q 是指从左下角坐标顶点所在的网格开始，从右下角向左上角作一条对角线（135 对角线），依次从 x 方向右移一个网格，再从右下角向左上角作一条对角线，如此重复，一直做到右上角的网格为止；再从第一条对角线开始，依次两两连接对角线的左上角，且每条对角线只被连接一次；从第二条对角线开始依次两两连接对角线的右下角，且每条对角线只被连接一次；然后从左下角坐标顶点所在网格开始，沿连接对角线所形成的连线顺序依次计算各模块的右上角坐标，建立相应的布局，在计算过程中，各模块左面和下面的模块的坐标都已经先期计算过；并计算芯片的宽长比。

4. 根据权利要求 1 所述的基于模块变形的集成电路宏模块布图规划和布局方法，其特征在于：所述步骤 4）中的(6)，即运用局部搜索算法求取当前近似问题实例的局部最优解，它包含有以下步骤：

从循环变量 $R=0$ 开始，当 $R < NOIMPUP$ 时，重复如下步骤：

1）用下列方法之一从当前布局产生新的布局，把新的拓扑结构记为 A_1：

要改变布局的拓扑结构，用下列方法：

（1）交换两个模块的位置；

（2）把一个模块移动到另外一个位置；

要改变模块方向以有利于优化线长时，用下列方法：

（3）随机选择一个模块进行旋转，旋转角度通过随机函数选取为 90°，或 180°，或 270°；

（4）随机选择一个模块进行翻转，翻转轴通过随机函数选取为水平轴，或垂直轴或模块对角线；

2）建立对应于拓扑结构 A_1 的布局 Q_1，即计算各模块的右上角坐标，并计算芯片的宽长比；

3）根据当前各模块大小用上面已述的公式计算相应引线端相对相应模块左下角的坐标；并根据模块右上角坐标用上面已述公式计算引线端在新布局 Q_1 中的位置；

4）根据上面已述公式计算各线网线长估计值，及总线长估计值；

5）用上面已述的目标函数公式计算 Q_1 目标函数值 $Cost_{Q1}$；

6）如果 $Cost_{Q1} <= Cost_Q$ 则接受 A_1，令 $A = A_1$，$Q = Q_1$，$R = 0$，$Cost_Q = Cost_{Q1}$；

如果 $Cost_{Q1} > Cost_Q$，则 $R = R+1$。”

驳回决定指出：权利要求1仅仅给出了一种思路，但其所记载的步骤仅仅以自然语言的形式描述了一种算法，没有给出具体的技术手段，没有描述实现所述求解的技术特征，算法本身是非技术性的，故权利要求1属于专利法第二十五条第一款第（二）项规定的不授予专利权的主题，其从属权利要求也没有克服上述问题，因此也是不允许的。

申请人下称复审请求人不服上述驳回决定，于2005年11月4日提交了复审请求，其主要理由为：（1）驳回理由中承认"同意申请人陈述的本申请利用了技术手段的观点"，但结论中仍认为"本申请仍然属于专利法第二十五条第一款第二项规定的不授予专利权的主题"，其观点前后矛盾。（2）驳回决定认为本发明的权利要求没有给出技术特征，没有解决技术问题，没有取得技术效果。但本发明提出的基于模块变形的解决宏模块布局问题的工业工具，显然是一个技术问题；而算法本身的技术性取决于其运算的变量是否具有技术特征的性质，以及计算的结果是否解决了一个特定的技术问题。而模块级布局这一技术问题就是通过模块变形来实现的，这在权利要求1的七个步骤中得到了体现，这些步骤都是技术特征。（3）驳回决定还有如下错误：没有认识到在一块芯片上根据期望的宽长比以及总线长和宽长比之间的重要度来改变模块形状，实现模块的重新布局本身就是一个技术问题；不认识引线端在布局中的位置及各模块的宽长比本身就是一个技术特征，模块变形必须通过改变这些技术特征才能实现。

经形式审查合格后，2005年12月13日专利复审委员会受理了该请求，向复审请求人发出了复审请求受理通知书，同时向国家知识产权局原审查部门发出了前置审查通知书。

在前置审查意见书中，国家知识产权局原审查部门仍坚持原驳回决定。

专利复审委员会依法组成合议组，对本复审请求案进行了审理。经审理，本合议组认为本案事实已经清楚，可以依法作出复审决定。

二、决定的理由

由于复审请求人在提交复审请求时没有作出修改，故本决定针对的文本为：复审请求人于2002年3月29日提交的说明书摘要、摘要附图、权利要求第1～4项、说明书第1～4页，说明书附图第1～14页，2002年6月14日提交的说明书第5～12页。

专利法实施细则第二条第一款规定：专利法所称发明，是指对产品、方法或者其改进所提出的技术方案。

就本申请而言，其针对集成电路计算机辅助设计领域中模块级布局存在的处理问题的规模有限或稳定性差等问题，提出了一种更稳定、高效的基于模块变形的集成电路宏模块布图规划与布局方法来作为解决宏模块布图问题的工业工具。权利要求1要求保护一种基于模块变形的集成电路宏模块布图规划和布局方法，其采用的手段是：通过模块变形即改变模块大小和相应引线位置的方式，来获得符合用户需求的模块布局；其要解决的问题是：如何获得一个最优或近似最优的模块布局，使得芯片面积或其他优化目标组成的目标函数值达到最优；其获得的效果是：使得总线长和芯片宽长比等组成的目标函数质量最优，从而获得最合理的的模块布局。可见，该权利要求请求保护的技术方案采用了对外部对象进行处理的技术手段，解决了如何在芯片上获得最优或近似最优的模块布局的技术问题，并获得了相应的技术效果，该权利要求请求保护的解决方案属于专利法实施细则第二条第一款所述的技术方案，属于专利保护的客体，同时也不属于专利法第二十五条第一款第二项规定的不授权的客体。

相应的，其从属权利要求2～4同样符合专利法实施细则第二条第一款规定。

基于上述理由，合议组作出下述决定：

三、决定

撤销国家知识产权局于2005年8月12日作出的驳回第02103835.*X*号申请的决定，由原审查部门以驳回决定依据的文本继续进行审批程序。

复审请求人对本决定不服的，可以根据专利法第四十一条第二款的规定，自收到本决定之日起三个月内向北京市第一中级人民法院起诉。

304

一种数字编码及其在计算机智能管理上应用的方法案

复审请求审查决定（第9799号）

决　定　号　第9799号
决　定　日　2006年11月9日
发明创造名称　一种数字编码及其在计算机智能管理上应用的方法
国际分类号　G06F 3/023
复审请求人　郭学义
申　请　号　02113253.4
申　请　日　2002年1月16日
公　开　日　2002年9月11日
合议组组长　张　度
主　审　员　詹靖康
参　审　员　孙治国

法律依据　专利法第二十五条第一款；专利法实施细则第六十条第一款；专利法实施细则第六十二条第一款

决定要点

若某申请涉及一种运算数据的处理方法，具体而言仅涉及数据的编码规则，则它是一种纯粹的数学表示方法，其实质是一种信息表述方法，属于人为制定的规则，即智力活动的规则与方法，不能被授予专利权。

一、案由

本复审请求涉及名称为“一种数字编码及其在计算机智能管理上应用的方法”的02113253.4号发明专利申请下称本申请，申请人为郭学义，申请日为2002年1月16日，公开日为2002年9月11日。2002年12月16日，申请人依据专利法第三十三条和专利法实施细则第五十一条的规定对申请文件进行了修改，提交了说明书第4、5、7页的替换页以及权利要求第1~4项的全文替换页。

国家知识产权局依法对本申请进行了实质审查，于2003年7月18日发出第一次审查意见通知书，指出本申请权利要求第1~4项属于专利法第二十五条第一款第二项规定的智力活动规则和方法，不能被授予专利权。

2003年9月23日，申请人提交了意见陈述书。由于该意见陈述书存在缺陷，国家知识产权局于2003年10月24日发出了对审查意见通知书答复的补正通知书，要求申请人予以补正。

2003年11月3日，申请人针对上述通知书提交了意见陈述书。申请人指出，本发明利用公知计算机上运行的计算机程序对外部数据进行处理，解决某个具体技术问题，利用了技术手段，能够获得技术效果，属于可给予保护的客体。申请人同时提交了《一种数字编码及其在计算机智能管理上应用的方法》的补充说明材料 13 页。

经过上述审查程序后，国家知识产权局以本申请为专利法第二十五条规定的不能被授予专利权的客体为理由，于 2004 年 4 月 16 日依据专利法第三十八条作出了驳回该专利申请的决定。驳回决定指出，本申请权利要求 1 ~4 请求保护一种数字编码方法，它本身属于一种信息表述方法，只取决于发明人的人为规定，即按照发明人制定的编码规则对字节进行编码，它属于专利法第二十五条第一款第二项的智力活动的规则和方法，不能被授予专利权。

申请人下称复审请求人不服上述驳回决定，于 2004 年 5 月 28 日向专利复审委员会提出复审请求，并同时提交了说明书第 2 页替换页和权利要求书替换页。请求人指出，“1. 申请人于（2003 -9 -27）日邮寄（《意见陈述书》及说明《一种数值编码及其在计算机智能管理上应用的方法 1 ~13 页》），并于（2003 -10 -24）对审查意见通知书答复的补正通知书。补交刘安宁处（《意见陈述书》及说明《一种数值编码及其在计算机智能管理上应用的方法 1 ~13 页》）为对补正通知书的正式答复。但第一次审查意见通知书及驳回决定均未采纳。2. 本申请权利要求书符合专利法实施细则第二十一条的规定。”替换后的权利要求书如下：

“1 一种数字编码方法，其特征在于将每个字节作为基本单位，取 x_0，x_1轴和 y_0，y_1，y_2，y_3轴；将轴的交点分别命名为：$x_0\ y_0=1$，$x_0\ y_1=02$，$x_1\ y_1=04$，x_1，$y_0=08$，$x_0\ y_2=10$，$x_0\ y_3=20$，$x_1\ y_2=80$，$x_1\ y_3=40$；于是，这 8 点构成基本结构单元，数字比为 1:2；将该 8 点沿 x 轴展开，便得到按顺序编排的字节编码。

2 如权利要求 1 所述的数字编码方法，其特征在于所述编码为“8，4，2，1”码，并以其为基数展开作（1 +1）运算（列表法），于是：

$a=01+02+04+08+10+20+40+80=FFH$

3 如权利要求 1 所述的数字编码方法，其特征在于当“m”为一确定值时，m！按以下方式展开排列，Am 位区间变量（三角形计数器）：

$a=A_1\times(m-1)!+A_2\times(m-2)!+\cdots\cdots+1\times1!$

当 m 不断增大且足够大时，m！趋于无穷大。

4 如权利要求 1 所述的数字编码方法，其特征在于对 n 进制，m 位计数器，a 按位区间变量展开，则

$a=a_1\times n^{(m-1)}+a_2\times n^{(m-2)}+\cdots+a_m\times n^0$。”

经形式审查合格后，专利复审委员会受理了该复审请求，于 2004 年 6 月 29 日发出复审请求受理通知书及前置审查通知书。

原审查部门对该复审请求作出前置审查意见，仍然坚持原驳回决定及其理由。

复审请求人于 2005 年 1 月 4 日、2005 年 2 月 16 日、2005 年 3 月 21 日以及 2005 年 8 月 28 日先后 4 次提交了补充材料。其中，2005 年 1 月 4 日提交的材料中包括权利要求书全文替换页、说明书第 2 页的替换页；2005 年 2 月 16 日提交的材料中包括说明书摘要、权利要求书、说明书、说明书附图的全部替换页；2005 年 3 月 21 日以及 2005 年 8 月 28 日提交的补充材料为说明材料，未对申请文件作出修改。

合议组于 2005 年 9 月 29 日向复审请求人发出复审通知书，通知书中主要指出以下 3 点意见：

1. 复审请求人在复审请求中于 2005 年 1 月 4 日、2005 年 2 月 16 日对申请文件作出的主动修改既不是在提出复审请求时作出的，也不是对专利复审委员会的复审通知书作出的答复，不符合专利法实施细则第六十条第一款的规定，因此不予接受。

2. 复审请求人于2003年9月23日针对第一次审查意见通知书提出的意见陈述书表格填写不符合要求。2003年10月24日，国家知识产权局针对上述缺陷，向复审请求人发出了对审查意见通知书答复的补正通知书，要求在两个月内予以补正。2003年11月3日，复审请求人再次针对第一次审查意见通知书提交了意见陈述书以及附件“《一种数字编码及其在计算机智能管理上应用的方法》的补充说明”，但并未针对第一次审查意见通知书所提出的问题对申请文件进行修改。由此可见，复审请求人收到了国家知识产权局于2003年10月24日发出的对审查意见通知书答复的补正通知书，国家知识产权局的工作流程符合专利法实施细则第四十五条的规定。国家知识产权局在作出驳回决定之前，已经给复审请求人提供至少一次针对驳回理由和证据陈述意见和/或修改申请文件的机会，决定中涉及的驳回理由和所依据的证据已在审查意见通知书中已经告知过申请人，符合听证原则。

3. 本申请权利要求1~4项是一种信息表述方法，属于人为制定的规则，即智力活动的规则与方法，不属于专利法可以给予保护的客体，因而依据专利法第二十五条不能授予专利权。

针对合议组2005年9月29日发出的复审通知书，复审请求人于2005年10月26日提交了意见陈述书及附件。

在2005年10月26日提交的文件中，复审请求人没有进行具体的意见陈述，提交的附件是说明书全文替换页第1~8页；权利要求第1~5项，说明书摘要1页。

合议组于2005年11月16日再次发出复审通知书，指出：复审请求人于2005年10月26日提交的权利要求3所记载的“将1、2项所述复数中所含单数从大到小逐一相减，便求得n个2单数”以及权利要求4所记载的“对于字符串，按照顺序可以将字符分为第1、2、3…N个字符，计算机将按顺序读取字符，当顺序改变时，按以下方法求解不同的排列。（m！-1）=（m-1）×（m-1）！+（m-2）×（m-2）！+…+（0）…×（0！）”在原说明书和权利要求书中均无记载；从原说明书和权利要求书所公开的内容也无法直接导出上述内容。与权利要求3、4上述内容对应的说明书部分的修改也超出了原说明书和权利要求书记载的范围，不符合专利法第三十三条的规定。此外，权利要求1~5项仍然属于智力活动的规则方法，属于专利法第二十五条规定的情况。

针对合议组2005年11月16日发出的复审通知书，复审请求人于2005年12月11日提交了意见陈述书及说明书第1、2、3页以及权利要求1~4项的替换页。修改后的权利要求如下：

“1 一种数字编码方法，其特征在于将计算机的每个字节作为基本单位，取x_0，x_1轴和y_0，y_1，y_2，y_3轴；将轴的交点分别命名为：

$x_0\ y_0=1$，$x_0\ y_1=02$，$x_1\ y_1=04$，x_1，$y_0=08$，

$x_0\ y_2=10$，$x_0\ y_3=20$，$x_1\ y_2=80$，$x_1\ y_3=40$；

于是，这8点构成基本结构单元，数字比为1:2；将该8点沿x轴展开，便得到按顺序编排的字节编码。

2 如权利要求1所述的数字编码方法，其特征在于所述编码为“8，4，2，1”码，并以其为基数展开作（1+1）组合运算，于是：

$a=01+02+04+08+10+20+40+80=FFH$

3 如权利要求1所述的数字编码方法，其特征在于当“m”为一确定值时，m！按以下方式展开排列运算，Am位区间变量。

$a=A_1\times(m-1)!+A_2\times(m-2)!+\cdots\cdots+A_{(m-1)}\times 1!$

当m不断增大且足够大时，m！趋于无穷大。

4 如权利要求1所述的数字编码方法，其特征在于对n进制，m位数计数（计数器），a按位区间变量展开，则$a=a_1\times n^{(m-1)}+a_2\times n^{(m-2)}+\cdots\cdots+a_m\times n^0$。”

复审请求人于2006年1月4日、2006年8月13日先后2次提交了补充材料，其中2006年1月4日提交的材料中包括说明书、权利要求书、说明书摘要、说明书附图的全文替换页，2006年8月13日提交的补充材料仅为说明材料，未对申请文件作出修改。

至此，合议组认为本案事实清楚，依法作出如下决定：

二、决定的理由

1. 决定针对的文本

专利法实施细则第六十条第一款规定，请求人在提出复审请求或者在对专利复审委员会的复审通知书作出答复时，可以修改专利申请文件；但是，修改应当仅限于消除驳回决定或者复审通知书指出的缺陷。专利法实施细则第六十二条第一款规定，专利复审委员会进行复审后，认为复审请求不符合专利法和专利法实施本细则有关规定的，应当通知复审请求人，要求其在指定期限内陈述意见。复审通知书中已明确告知复审请求人，答复复审通知书的期限为收到通知之日起一个月。复审请求人在2005年12月11日对申请文件作出修改后，于2006年1月4日再次针对合议组于2005年11月16日发出的复审通知书对申请文件作出的修改超出了专利法实施细则第六十二条第一款规定的期限。并且，复审请求人于2006年1月4日提交的申请文件并未按照合议组指出的缺陷进行修改，而是将原权利要求请求保护的一个方案分割为八个方案，故该修改文本也不符合专利法实施细则第六十条第一款的规定，合议组不予接受。

请求人于2005年12月11日提交的说明书替换页和权利要求第1~4项的修改文本符合专利法及专利法实施细则的相关规定，合议组予以接受。

本复审决定针对的文本是2005年12月11日提交的说明书第1~3页、权利要求书第1~4项；2002年12月16日提交的说明书第4、5、7页；2002年1月16日提交的说明书第6、8页以及说明书附图第1页、说明书摘要。

2. 关于专利法第二十五条

专利法第二十五条规定，对智力活动的规则和方法不授予专利权。

如说明书所述，本申请涉及一种运算数据的处理方法，具体而言涉及数据的编码。其目的在于提供一种能够压缩存储空间、采用精确的点对点的数据编码方法，以提高计算机运算速度。本申请权利要求1~4则是一种纯粹的数学表示方法。取x_0、x_1轴和y_0、y_1、y_2、y_3轴；将轴的交点分别命名为：$x_0\ y_0=1$，$x_0\ y_1=02$，$x_1\ y_1=04$，$x_1\ y_0=08$，$x_0\ y_2=10$，$x_0\ y_3=20$，$x_1\ y_2=80$，$x_1\ y_3=40$；于是，这8点构成基本结构单元，数字比为1:2；将该8点沿x轴展开，便得到按顺序编排的字节编码，这实质是一种信息表述方法，属于人为制定的规则，即智力活动的规则与方法。

综上所述，权利要求1~4都属于专利法第二十五条第一款第二项规定的不能授予专利权的客体，复审请求人提出的复审理由不能成立。

三、决定

驳回复审请求，维持国家知识产权局于2004年4月16日作出的驳回02113253.4号发明专利申请的驳回决定。

复审请求人如对本决定不服，可根据专利法第四十一条第二款的规定，在收到本决定之日起三个月内向北京市第一中级人民法院起诉。

北京市第一中级人民法院
行政判决书

（2007）一中行初字第1645号

原告郭学义，男，1947年2月17日出生，汉族，退休工人，住贵州省贵定县盘江镇双龙井路5号附5号。

被告国家知识产权局专利复审委员会，住所地北京市海淀区北四环西路9号。

法定代表人廖涛，副主任。

委托代理人唐向阳，男，国家知识产权局专利复审委员会审查员。

委托代理人杨存吉，男，国家知识产权局专利复审委员会审查员。

原告郭学义不服被告国家知识产权局专利复审委员会专利复审请求审查决定，于2007年3月30日向本院提起行政诉讼。本院受理后，依法组成合议庭并于2007年12月19日公开开庭审理了本案。原告郭学义，被告的委托代理人唐向阳、杨存吉到庭参加了诉讼。本案现已审理终结。

2006年11月9日，被告作出第9799号复审请求审查决定（以下简称第9799号决定），决定维持中华人民共和国国家知识产权局：（以下简称国家知识产权局）于2004年4月16日作出的驳回第0211 3253.4号发明专利申请（以下简称本申请）的驳回决定。决定认为：

1. 决定针对的文本

《中华人民共和国专利法实施细则》（以下简称《细则》）第六十条第一款规定，请求人在提出复审请求或者在对专利复审委员会的复审通知书作出答复时，可以修改专利申请文件；但是，修改应当仅限于消除驳回决定或者复审通知书指出的缺陷。《细则》第六十二条第一款规定，专利复审委员会进行复审后，认为复审请求不符合专利法和本细则有关规定的，应当通知复审请求人，要求其在指定期限内陈述意见。复审通知书中已明确告知复审请求人，答复复审通知书的期限为收到通知之日起一个月。

原告在2005年12月11日对申请文件作出修改后，于2006年1月4日再次针对被告于2005年11月16日发出的复审通知书对申请文件作出的修改超出了《细则》第六十二条第一款规定的期限。并且，原告于2006年1月4日提交的申请文件并未按照被告指出的缺陷进行修改，而是将原权利要求请求保护的一个方案分割为八个方案，故该修改文本也不符合《细则》第六十条第一款的规定，被告不予接受。

原告于2005年12月11日提交的说明书替换页和权利要求第1～4项的修改文本符合《中华人民共和国专利法》（以下简称《专利法》）及《细则》的相关规定，被告予以接受。

本复审决定针对的文本是2005年12月11日提交的说明书第1～3页、权利要求书第1～4项；2002年12月16日提交的说明书第4、5、7页；2002年1月16日提交的说明书第6、8页以及说明书附图第1页、说明书摘要。

2. 关于《专利法》第二十五条

如说明书所述，本申请涉及一种运算数据的处理方法，具体而言涉及数据的编码。其目的在于提供一种能够压缩存储空间、采用精确的点对点的数据编码方法，以提高计算机运算速度。本申请权利要求1～4则是一种纯粹的数学表示方法。取x_0、x_1轴和y_0、y_1、y_2、y_3轴；将轴的交点分别命名为：

$x_0y_0=1$，$x_0y_1=02$，$x_1y_1=04$，$x_1y_0=08$，$x_0y_2=10$，$x_0y_3=20$，$x_1y_2=80$，$x_1y_3=40$；于是，这8点构成基本结构单元，数字比为1:2；将该8点沿x轴展开，便得到按顺序编排的字节编码，这实质是一种信息表述方法，属于人为制定的规则，即智力活动的规则与方法。

综上所述，权利要求1～4都属于《专利法》第二十五条第一款第（二）项规定的不能授予专利权的客体，原告提出的复审理由不能成立。

基于上述理由，被告作出决定，维持国家知识产权局于2004年4月16日作出的驳回本申请的驳回决定。

被告在法定的举证期限内向本院提交并经庭审质证的证据为第9799号决定所针对的文本，用于证明被告审查的对象。

原告诉称：1. 十六进制是计算机中广泛应用的一种计数、计算方法。其表述为以字节为单位，每字节由八位组成，是约定俗成的自然法则，而每位数值之间的数学关系及解码方法首先由原告"发现、提出"。并将组合、排列与之结合。将计算机中线性描述的方法继承，并发展成为平面上点与点之间的地址、图形关系的数字描述方法和数字解码方法，并在实际应用中产生了显著的效果。这一方法在说明书中已经得到证实；2. 对于说明书中存在的缺陷，原告在申请期间对其进行的修改、补充、完善，符合《专利法》的规定。综上，第9799号决定证据不足、适用法律法规错误，原告请求法院撤销第9799号决定。

原告向法院提交了如下证据：1. 2002年2月26日的补证书；2. 2002年12月13日的补证书，上述证据用以证明本申请的发明思想和技术要点。

被告辩称，本申请权利要求1～4是一种纯粹的数学表示方法，其实质是一种表述方法属于人为制订的规则，即智力活动的规则与方法，属于《专利法》第二十五条第一款第（二）项规定的不能授予专利权的客体。综上，第9799号决定认定事实清楚、适用法律正确、审理程序合法、审理结论正确，原告的诉讼理由不成立，请求法院依法驳回原告的诉讼请求，维持第9799号决定。

经庭审质证，原告对被告提交的证据没有异议。被告对原告提交的证据的关联性、合法性、真实性均无异议，但不同意原告主张的证明作用。本院认为，被告及原告提交的证据与被诉第9799号决定有关，且合法，各方当事人对其真实性均无异议，能够证明本案的事实，本院予以采纳。

根据上述有效证据及各方当事人在庭审中无争议的陈述，本院确认如下事实：

本案涉及申请日为2002年1月16日，公开日为2002年9月11日，申请号为0211 325 3.4，名称为"一种数字编码及其在计算机智能管理上应用的方法"的发明专利申请（即本申请），申请人是郭学义（即本案原告）。

2002年12月16日，原告依据《专利法》第三十三条和《细则》第五十一条的规定对申请文件进行了修改，提交了说明书第4、5、7页的替换页以及权利要求第1～4项的全文替换页。

国家知识产权局依法对本申请进行了实质审查，于2003年7月18日发出第一次审查意见通知书，指出本申请权利要求第1～4项属于《专利法》第二十五条第一款第（二）项规定的智力活动规则和方法，不能被授予专利权。

2003年9月23日，原告提交了意见陈述书。由于该意见陈述书存在缺陷，国家知识产权局于2003年10月24日发出了对审查意见通知书答复的补正通知书，要求原告予以补正。

2003年11月3日，原告针对上述通知书提交了意见陈述书。原告指出，本发明利用公知计算机上运行的计算机程序对外部数据进行处理，解决某个具体技术问题，利用了技术手段，能够获得技术效果，属于可给予保护的客体。原告同时提交了《一种数字编码及其在计算机智能管理上应用的方法》的补充说明材料13页。

经过上述审查程序后，国家知识产权局以本申请为《专利法》第二十五条规定的不能被授予专利权的客体为理由，于2004年4月16日依据《专利法》第三十八条作出了驳回该专利申请的决定。驳回决定指出，本申请权利要求1～4请求保护一种数字编码方法，它本身属于一种信息表述方法，只取决于发明人的人为规定，即按照发明人制定的编码规则对字节进行编码，它属于《专利法》第二十五条第一款第（二）项的智力活动的规则和方法，不能被授予专利权。

原告不服上述驳回决定，于2004年5月28日向被告提出复审请求，并同时提交了说明书第2页替换页和权利要求书替换页。原告指出，"1. 原告于（2003-9-27）日邮寄（《意见陈述书》及说明《一种数值编码及其在计算机智能管理上应用的方法1～13页》），并于（2003—10—24）对审查意见通知书答复的补正通知书。补交刘安宁处（《意见陈述书》及说明《一种数值编码及其在计算机智能管理上应用的方法1～13页》）为对补正通知书的正式答复。但《第一次审查意见通知书》及《驳回决定》均未采纳。2. 本申请权利要求书符合《细则》第二十一条的规定。"替换后的权利要求书如下：

"1. 一种数字编码方法，其特征在于将每个字节作为基本单位，取 x_0，x_1 轴和 y_0，y_1，y_2，y_3 轴；将轴的交点分别命名为：$x_0\ y_0=1$，$x_0\ y_1=02$，$x_1\ y_1=04$，x_1，$y_0=08$，$x_0\ y_2=10$，$x_0\ y_3=20$，$x_1\ y_2=80$，$x_1\ y_3=40$；于是，这8点构成基本结构单元，数字比为1:2；将该8点沿x轴展开，便得到按顺序编排的字节编码。

2. 如权利要求l所述的数字编码方法，其特征在于所述编码为"8，4，2，1"码，并以其为基数展开作（1+1）运算（列表法），于是：

$a=01+02+04+08+10+20+40+80=FFH$

3. 如权利要求1所述的数字编码方法，其特征在于当"m"为一确定值时，m！按以下方式展开排列，Am位区间变量（三角形计数器）：

$a=A_1\times(m-1)!+A_2\times(m-2)!+\cdots\cdots+1\times1!$

当m不断增大且足够大时，m！趋于无穷大。

4. 如权利要求1所述的数字编码方法，其特征在于对n进制，m位计数器，a按位区间变量展开，则

$a=a_1\times n^{(m-1)}+a_2\times n^{(m-2)}+\cdots\cdots+a_m\times n^0$。"

经形式审查合格后，被告受理了该复审请求，于2004年6月29日发出复审请求受理通知书及前置审查通知书。原审查部门对该复审请求作出前置审查意见，仍然坚持原驳回决定及其理由。

原告于2005年1月4日、2005年2月16日、2005年3月21日以及2005年8月28日先后4次提交了补充材料。其中，2005年1月4日提交的材料中包括权利要求书全文替换页、说明书第2页的替换页；2005年2月16日提交的材料中包括说明书摘要、权利要求书、说明书、说明书附图的全部替换页；2005年3月21日以及2005年8月28日提交的补充材料为说明材料，未对申请文件作出修改。

被告于2005年9月29日向原告发出复审通知书，通知书中主要指出以下3点意见：

1. 原告在复审请求中于2005年1月4日、2005年2月16日对申请文件作出的主动修改既不是在提出复审请求时作出的，也不是对被告的复审通知书作出的答复，不符合《细则》第六十条第一款的规定，因此不予接受。

2. 原告于2003年9月23日针对第一次审查意见通知书提出的意见陈述书表格填写不符合要求。2003年10月24日，国家知识产权局针对上述缺陷，向原告发出了对审查意见通知书答复的补正通知书，要求在两个月内予以补正。2003年11月3日，原告再次针对第一次审查意见通知书提交了意

见陈述书以及附件“《一种数字编码及其在计算机智能管理上应用的方法》的补充说明”，但并未针对第一次审查意见通知书所提出的问题对申请文件进行修改。由此可见，原告收到了国家知识产权局于2003年10月24日发出的对审查意见通知书答复的补正通知书，国家知识产权局的工作流程符合《细则》第四十五条的规定。国家知识产权局在作出驳回决定之前，已经给原告提供至少一次针对驳回理由和证据陈述意见和/或修改申请文件的机会，决定中涉及的驳回理由和所依据的证据在审查意见通知书中已经告知过原告，符合听证原则。

3. 本申请权利要求1~4项是一种信息表述方法，属于人为制定的规则，即智力活动的规则与方法，不属于专利法可以给予保护的客体，因而依据《专利法》第二十五条不能授予专利权。

针对被告2005年9月29日发出的复审通知书，原告于2005年10月26日提交了意见陈述书及附件。

在2005年10月26日提交的文件中，原告没有进行具体的意见陈述，提交的附件是说明书全文替换页第1~8页；权利要求第1~5项，说明书摘要1页。

被告于2005年11月16日再次发出复审通知书，指出：原告于2005年10月26日提交的权利要求3所记载的“将1、2项所述复数中所含单数从大到小逐一相减，便求得n个2单数”以及权利要求4所记载的“对于字符串，按照顺序可以将字符分为第1、2、3…N个字符，计算机将按顺序读取字符，当顺序改变时，按以下方法求解不同的排列。$(m!-1)=(m-1)\times(m-1)!+(m-2)\times(m-2)!+\cdots\cdots+(0)\cdots\times(0!)$”在原说明书和权利要求书中均无记载；从原说明书和权利要求书所公开的内容也无法直接导出上述内容。与权利要求3、4上述内容对应的说明书部分的修改也超出了原说明书和权利要求书记载的范围，不符合《专利法》第三十三条的规定。此外，权利要求1~5项仍然属于智力活动的规则方法，属于《专利法》第二十五条规定的情况。

针对被告2005年11月16日发出的复审通知书，原告于2005年12月11日提交了意见陈述书及说明书第1、2、3页以及权利要求1~4项的替换页。修改后的权利要求如下：

“1. 一种数字编码方法，其特征在于将计算机的每个字节作为基本单位，取x_0，x_1轴和y_0，y_1，y_2，y_3轴；将轴的交点分别命名为：

$x_0\ y_0=1$，$x_0\ y_1=02$，$x_1\ y_1=04$，x_1，$y_0=08$，

$x_0\ y_2=10$，$x_0\ y_3=20$，$x_1\ y_2=80$，$x_1\ y_3'=40$；

于是，这8点构成基本结构单元，数字比为1∶2；将该8点沿x轴展开，便得到按/顷序编排的字节编码。

2. 如权利要求1所述的数字编码方法，其特征在于所述编码为“8，4，2，1”码，并以其为基数展开作（1+1）组合运算，于是：

$a=01+02+04+08+10+20+40+80=FFH$

3. 如权利要求1所述的数字编码方法，其特征在于当“m”，为一确定值时，m！按以下方式展开排列运算，Am位区间变量。

$a=A_1\times(m-1)!+A_2\times(m-2)\ 1\ +\cdots\cdots+A_{(m-1)}\times 1!$

当m不断增大且足够大时，m！趋于无穷大。

4. 如权利要求1所述的数字编码方法，其特征在于对n进制，m位数计数（计数器），a按位区间变量展开，则

$a=a_1\times n^{(m-1)}+a_2\times n^{(m-2)}+...+a_m\times n^0$。”

原告于2006年1月4日、2006年8月13日先后2次提交了补充材料，其中2006年1月4日提交的材料中包括说明书、权利要求书、说明书摘要、说明书附图的全文替换页，2006年8月13日提

交的补充材料仅为说明材料，未对申请文件作出修改。

至此，被告认为本案事实清楚，作出第9799号决定。原告不服该决定诉至本院。

本院认为，根据《专利法》第二十五条规定，对智力活动的规则和方法不授予专利权。

本案中，如说明书所述，本申请涉及一种运算数据的处理方法，具体而言涉及数据的编码。其目的在于提供一种能够压缩存储空间、采用精确的点对点的数据编码方法，以提高计算机运算速度。本申请权利要求1～4则是一种纯粹的数学表示方法。取 x_0、x_1 轴和 y_0、y_1、y_2、y_3 轴；将轴的交点分别命名为：$x_0y_0=1$，$x_0y_1=02$，$x_1y_1=04$，$x_1y_0=08$，$x_0y_2=10$，$x_0y_3=20$，$x_1y_2=80$，$x_1y_3=40$；于是，这8点构成基本结构单元，数字比为1:2；将该8点沿x轴展开，便得到按顺序编排的字节编码，这实质是一种信息表述方法，属于人为制定的规则，即智力活动的规则与方法。本中请权利要求1～4都属于《专利法》第二十五条第一款第（二）项规定的不能授予专利权的客体。

综上所述，第9799号决定认定事实清楚、适用法律正确、审理程序合法，本院予以维持。原告的诉讼请求缺乏事实及法律依据，本院不予支持。据此，本院依照《中华人民共和国行政诉讼法》第五十四条第（一）项之规定，判决如下：

维持被告国家知识产权局专利复审委员会于二〇〇六年十一月九日作出的第9799号复审请求审查决定。

案件受理费100元，由原告郭学义负担（已交纳）。

如不服本判决，可在判决书送达之日起15日内，向本院递交上诉状，并按对方当事人的人数提出副本，预交上诉案件受理费100元，上诉于北京市高级人民法院。

审　判　长　齐　莹
代理审判员　乔　军
人民陪审员　张靛卿
二〇〇八年一月八日
书　记　员　赵　锋

305

化妆咨询装置案

复审请求审查决定（第9815号）

决　定　号　第9851号
决　定　日　2006年7月3日
发明创造名称　化妆咨询装置
国 际 分 类 号　G06F 17/50　A45D 44/00　A61B 5/00
复 审 请 求 人　株式会社资生堂
申　请　号　01801025.3
申　请　日　2001年4月19日
公　开　日　2002年8月28日
合 议 组 组 长　张　度
主　审　员　郎亦虹
参　审　员　涂洪文

法 律 依 据　专利法第三十三条
决 定 要 点

专利法第三十三条规定：申请人可以对其专利申请文件进行修改，但是，对发明和实用新型专利申请文件的修改不得超出原说明书和权利要求书记载的范围；请求人在修改说明书的过程中，将与所要求保护的主题更加相关的现有技术内容补充入背景技术部分，这种修改虽然使说明书增加了原申请文件未曾记载的内容，但由于修改仅涉及背景技术而不涉及发明本身，且增加的内容是优先权日前已经公知的现有技术，因此是允许的。

一、案由

本复审请求涉及申请日为2001年4月19日，公开日为2002年8月28日，进入国家阶段日为2001年12月20日，发明名称为“化妆咨询装置”的发明专利申请下称本申请，其申请号是01801025.3，申请人为株式会社资生堂。

应申请人于2003年1月22日提出的实审请求，同时提交说明书第6页修改替换页（下称“主动修改”），实审部门于2004年1月9日发出第一次审查意见通知书。通知书中指出：

1. 权利要求1至8请求保护的范围不清楚，不符合专利法实施细则第二十条第一款之规定；

2. 主动修改不符合专利法第三十三条之规定，理由为：主动修改中增加了一个公式（1），该公式在原始申请文件中未作记载，也不能从原始申请文件所公开的内容中直接导出。

针对第一次审查意见通知书，申请人于2004年7月26日提交了意见陈述书、修改后的权利要求第1至8项、说明书第8页以及现有技术证明资料；申请人认为：主动修改中引入的公式（1）是本领域技术人员能够从现有技术中明显得到的，现有技术资料能够证明这一点（参见第38页公式3.8）；因此主动修改没有超出原始公开的范围。

在此基础上，实审部门于2005年8月5日发出第二次审查意见通知书；通知书中指出：

1. 权利要求1至7不符合专利法第二十二条第三款有关创造性之规定；

2. 主动修改不符合专利法第三十三条之规定；理由为：主动修改增加了公式（1），该公式在原始申请文件中未作记载，也不能从原始申请文本所公开的内容中直接导出。

针对第二次审查意见通知书，申请人于2005年12月20日提交了意见陈述书、修改后的权利要求第1至10项、说明书第6页以及说明书附图第7页；修改包括：

将主动修改中引入的公式（1）删除，同时在上下文的表述上进行文字调整，将"以使用了所求转换矩阵的公式（1）"修改为"利用所求得的转换矩阵的各要素"将"求转换矩阵"修改为"转换矩阵要素的计算"将"将各自的CIE刺激值XYZ带入公式（1），以求转换矩阵中各要素"修改为"从各自的CIE刺激值XYZ求出转换矩阵中各要素"，从而在缺少公式（1）的具体内容的情况下，使说明书上下文的描述清楚。

在此基础上，实审部门于2006年3月24日作出驳回决定，驳回所依据的文本是：进入国家阶段时提交的说明书第1至5页、第7页、说明书附图第1至6页、说明书摘要及摘要附图，2004年7月26日提交的说明书第8页，2005年12月20日提交的说明书第6页、权利要求第1至10项、说明书附图第7页；驳回理由是：申请文件的修改不符合专利法第三十三条之规定。理由是：

原始申请记载的是通过将各刺激值带入一特定的公式（1），经过运算最终求出转换矩阵各要素；而修改后从说明书中删除了"带入公式（1）"，变为从各刺激值求转换矩阵中的各要素，就是说可以不通过特定的公式（1）计算而求得；该手段不能从原始申请文本中直接且毫无疑义地导出；因此修改不符合专利法第三十三条之规定。

申请人于2006年7月10日针对驳回决定提出复审请求，同时提交了说明书第1至8页、说明书附图第7页的修改替换页以及现有技术证明资料；修改包括：将公式（1）的具体内容补充入说明书的背景技术部分。

形式审查合格后，专利复审委员会受理了该复审请求，于2006年8月10日向复审请求人发出复审请求受理通知书，并将本案转送至原实审部门进行前置审查。

在前置审查意见书中，原实审部门坚持原驳回决定。

专利复审委员会成立合议组，对本复审请求进行了审理。经审查，合议组认为：本案事实清楚，可以作出复审决定。

二、决定的理由

本次复审所依据的文本是：复审请求人于2006年7月10日提交的说明书第1至8页、说明书附图第7页，2005年12月20日提交的权利要求第1至10项，于2001年12月20日提交的说明书附图第1至6页、说明书摘要及摘要附图。

经审查，上述修改是为了消除驳回决定指出的缺陷所做的修改，符合专利法实施细则第六十条的规定。

专利法第三十三条规定：申请人可以对其专利申请文件进行修改，但是，对发明和实用新型专利申请文件的修改不得超出原说明书和权利要求书记载的范围。

公式（1）是图像处理领域实现从RGB颜色表示系统到XYZ颜色表示系统转换的公知技术手段。本申请所提交的三份技术资料的公开日均早于本申请的优先权日，其中，在进行颜色表示系统的转换时，分别引用了三个矩阵形式的转换公式，这三个公式作为将从输入设备获得的RGB信号数据转换为XYZ颜色的公式，已经被国际照明委员会规定为CIE颜色系统，同时被日本相关行业引为行业标准；三个公式与本申请的公式（1）相比，虽然在形式上略有不同，但实质上是一个公式——

首先，三个公式与公式（1）所适用的技术领域相同，均为计算机图像处理领域；

其次，三个公式与公式（1）所要解决的技术问题相同，技术原理相同，均用于实现从 RGB 颜色表示系统到 XYZ 颜色表示系统的转换；

第三，三个公式与公式（1）的对应分量类型相同，排列方式亦相同；套用上述三个公式，公式（1）各分量的表示也是能够唯一确定的。

公式（1）相对于已经公开的现有技术，只是表述方式存在区别，其本质是相同的。因此，对于本领域普通技术人员而言，能够从现有技术中明显得到公式（1），公式（1）可以作为现有技术使用。

复审请求人在修改说明书的过程中，将与所要求保护的主题更加相关的现有技术内容补充入背景技术部分，这种修改虽然使说明书增加了原申请文件未曾记载的内容，但由于修改仅涉及背景技术而不涉及发明本身，且增加的内容是优先权日前已经公知的现有技术，因此是允许的。

综上所述，复审请求人将公式（1）补充入说明书的背景技术部分，这种修改符合专利法第三十三条之规定。

三、决定

撤销国家知识产权局于 2006 年 3 月 24 日对 01801025.3 号发明专利申请作出的驳回决定，由原审查部门在 2006 年 7 月 10 日提交的说明书第 1 至 8 页、说明书附图第 7 页，于 2005 年 12 月 20 日提交的权利要求第 1 至 10 项，于 2001 年 12 月 20 日提交的说明书附图第 1 至 6 页、说明书摘要及摘要附图的基础上继续进行后续的审批程序。

当事人对本决定不服的，可以根据专利法第四十六条第二款的规定，自收到本决定之日起三个月内向北京市第一中级人民法院起诉。

306

笔画编码法案

复审请求审查决定（第9819号）

决　　定　　号　第9819号
决　　定　　日　2006年12月18日
发明创造名称　笔画编码法
国 际 分 类 号　G06F 3/023
复 审 请 求 人　张鄂生
申　　请　　号　01106487.0
申　　请　　日　2001年2月19日
公　　开　　日　2001年11月21日
合 议 组 组 长　张美菊
主　　审　　员　邢文飞
参　　审　　员　龙　安

法 律 依 据　专利法第二十六条第三款
决 定 要 点

一项申请的说明书应当清楚、完整地写明为解决技术问题而采用的技术方案，使所属技术领域的技术人员按照说明书记载的内容，不需要付出创造性的劳动，就能够实施该申请。

一、案由

本复审请求涉及国家知识产权局于2004年1月9日驳回的、名称为“笔画编码法”的发明专利申请（下称本申请），其申请号为01106487.0，申请日为2001年2月19日，公开日为2001年11月21日，申请人为张鄂生。

在实质审查程序中，国家知识产权局实质审查部门于2003年2月14日发出第一次审查意见通知书，主要指出：权利要求1相对于对比文件1（CN1264859A，2000年8月30日公开）不具有突出的实质性特点和显著的进步，不符合专利法的二十二条第三款的规定；权利要求2相对于对比文件2（CN1120193A，1996年4月10日公开）不具备突出的实质性特点和显著的进步，不符合专利法的二十二条第三款的规定；权利要求3、4中分别记载的“码元是26个英文字母或与之对应的由数字1至9组成的两位数字”和“笔型相交中的笔画横、笔型框中的笔画竖、笔型叉中的笔画撇、笔画框中的笔画折”都不清楚，不符合专利法实施细则第二十条第一款的规定；说明书未分成五部分并在每部分前面加标题，不符合专利法实施细则第十八条第一款的规定。

2003年4月24日，申请人提交了意见陈述书，并提交了说明书摘要1页，权利要求书2页、说明书5页，申请人的主要陈述意见为：本申请的权利要求1、2均具备创造性，同时请求人对权利要求3、4的不清楚之处进行了澄清。

2003年年8月8日，实质审查部门发出第二次审查意见通知书，主要指出：1）权利要求2的修改不符合专利法第三十三条的规定，说明书的修改也不符合专利法第三十三条的规定；2）权利要求1～4均不清楚，不符合专利法实施细则第二十条第一款的规定；3）权利要求2缺少必要技术特征，不符合专利法实施细则第二十一条第二款的规定；4）说明书中还存在多处内容不符合专利法实施细则第十八条第一款的规定。

2003年10月23日，申请人提交了意见陈述书，并提交了说明书摘要1页，权利要求书3页、说明书6页，申请人对权利要求1～3及说明书均进行了修改，并对权利要求1～3及说明书中存在的问题进行了澄清。

国家知识产权局实质审查部门于2004年1月9日驳回了本申请，其理由是：权利要求1记载了："按结构拆分汉字；先拆分成部首和偏旁，再分别拆分成首笔型和尾笔型，然后拆分成形态相近、笔型相关的九笔即九类基础笔形定码"，未清楚写明偏旁拆成首笔型和尾笔型后，如何将偏旁取码，是"首笔型"和"尾笔型"中哪些笔画被取码；该权利要求1记载了"部首取两码，其中部首在上方、左边时取首笔型，部首在下方、右边时取尾笔型"，未清楚写明部首取了首笔型或尾笔型，又是如何取码的；该权利要求1记载"除部首之外的笔型取四码，即首尾笔型各取两码"，未清楚写明"首尾笔型"是如何取码的，因此权利要求1不清楚，不符合专利法实施细则第二十条第一款的规定。

其中该驳回决定所针对的权利要求1的内容如下：

"1. 一种利用数字取码的计算机汉字输入方法，采用九笔六码输入，它的码元是计算机数字键盘中的数字，其特征是：先按结构拆分汉字，再按笔顺排列编码、取码，它的码元是1至9数字，九笔分别是"横、竖、撇、点、折、笔形相交中的笔形横、笔型方框中的笔型竖、笔型叉中的笔形撇、笔型框中的首笔形折"九类基础笔形，其中码元1、3、5、7、8分别代表笔形"横、竖、撇、点、折"，码元2代表笔形相交中的笔形横，码元4代表笔型方框中的笔形竖，码元6代表笔型叉中的笔形撇，码元9代表笔型框中的首笔形折，数字0是补码，安排在数字键盘的0键位上，按结构拆分汉字、取码的步骤如下：

（1）构拆分汉字；先拆分成部首和偏旁，再分别拆分成首笔型和尾笔型，然后拆分成形态相近、笔型相关联的九笔即九类基础笔形，

（2）取码：部首取两码，其中部首在上方、左边时取首笔型，部首在下方、右边时取尾笔型；除部首之外的笔型取四码，即首尾笔型各取两码，

（3）不足码长者以补码添之，

（4）利用计算机键盘的相应键位，按照具体汉字的结构拆分来取码并输入所述汉字。"申请人（下称请求人）对上述驳回决定不服，于2004年3月4日向专利复审委员会提出了复审请求，但未提交修改文件，其复审请求理由主要是：权利要求1记载的内容仅仅是说明作为取码的前提的汉字的拆分规则，汉字的取码规则以及汉字拆分后"除部首之外的笔型"的取码规则，并不涉及取码方法、拆分方法，而"驳回的理由"却将汉字拆分和取码混淆在一起，该规则是按九类基础笔形直接取码，本申请符合专利法实施细则第二十条第一款的规定。

经形式审查合格，专利复审委员会受理了该复审请求，并于2004年4月5日发出了复审请求受理通知书以及前置审查通知书。

在前置审查程序中，国家知识产权局原实质审查部门仍坚持原驳回决定。

在此基础上，专利复审委员会依法成立合议组对本案进行审理。本案合议组对驳回决定所依据的申请文件以及全部复审理由进行审查后，于2006年9月29日发出了复审意见通知书，指出：1）在说明书第1页倒数第11～12行中记载的"取码：部首取两码，其中部首在上方、左边时取首笔型，

部首在下方时、右边时取尾笔型；除部首之外的笔型取四码，及首尾笔型各取两码“以及第 2 页倒数第 5 ~6 行中记载的”码元为数字时，部首取两码，其中部首在上方、左边时取首笔型，部首在下方时、右边时取尾笔型；除部首之外的笔型取四码，及首尾笔型各取两码”在原始说明书和权利要求书中均未记载，因此请求人对说明书的修改超出了原始说明书和权利要求书记载的范围，同时说明书中上述超范围的修改也出现在权利要求 1、3 中，因此请求人对权利要求的修改也超出了原始说明书和权利要求书的记载，不符合专利法第三十三条的规定；2）即使请求人克服了修改超范围的问题而删除了超范围的内容，说明书也不符合专利法第二十六条第三款的规定。

请求人于2006 年11 月3 日提交了意见陈述书，并提交了修改的权利要求书，修改了权利要求 1、3，并认为：

1. 原始权利要求书和说明书记载“取码：部首取一码，其中部首在上方、左边时取首笔型，部首在下方、右边时取尾笔型；除部首之外的笔型取两码，及首尾笔型各取一码”（归纳为“一码、两码”），其对于英文键输入汉字来说是正确的，但对用数字键输入汉字来说是错的，与实施例一不符，这是笔误；为此申请人依据实施例 1，将其修改为”取码：部首取两码，其中部首在上方、左边时取首笔型，部首在下方、右边时取尾笔型；除部首之外的笔型取四码，即首尾笔型各取两码”（归纳为“两码、四码”），因此说明书及权利要求书的修改未超范围。

2. 由原说明书记载的“按结构拆分汉字、取码的步骤”中可知，“笔型”是包括“笔画”在内的“字形”，有时“笔画”也是“字形”；“基本笔形”是包括“基本笔画”在内的“基本字形”；“各”字由“夂”和“口”组成，其按照汉字上、下的结构划定，它们是位居上、下方的“基本笔型”；在九类基础笔画中，“横、竖、撇、点、折”中的折和“笔型框中的首笔划折（乛）”中的“折”含义相同，前者的“折”包括了后者的“折”，但是后者的“折”是与“笔型框”连用的“折”，这样便于取码，笔型框的含义是其具有“口”的外形，或类似“口”的外形。

3. 独体字不拆分，属于部首的独体字，按数字编码时取两码，按其首尾笔画取码，非部首的独体字，按笔画连续取码。

4. 解释了简化的规则和取码的方法，解释了简单字的划分标准，并认为其他的实施例是本输入方法的补充。

修改后的权利要求 1、3 为：

“1. 一种利用数字取码的计算机汉字输入方法，采用九笔六码输入，它的码元是计算机数字键盘中的数字，其特征是：先按结构拆分汉字，再按笔顺排列编码、取码，它的码元是 1 至 9 数字，九笔分别是”横、竖、撇、点、折、笔形相交中的笔形横、笔型方框中的笔型竖、笔型叉中的笔形撇、笔型框中的首笔形折“九类基础笔形，其中，码元 1、3、5、7、8 分别代表笔形”横、竖、撇、点、折”，码元 2 代表笔形相交中的笔形横，码元 4 代表笔型方框中的笔形竖，码元 6 代表笔型叉中的笔形撇，码元 9 代表笔型框中的首笔形折，数字 0 是补码，安排在数字键盘的 0 键位上，

按结构拆分汉字、取码的步骤如下：

（1）按结构拆分汉字；先拆分成部首和偏旁，再分别拆分成首笔型和尾笔型，然后拆分成形态相近、笔型相关联的九笔即九类基础笔画，

（2）取码：部首取两码，其中部首在上方、左边时取首笔型，取完“首笔型”之后，就取“首笔型”的第一笔画为第一码，末笔画为第二码；部首在下方、右边时取尾笔型，

除部首之外的笔型取四码，即首尾笔型各取两码，取完“首笔型”之后，就取“首笔型”的第一笔画码为第三码，末笔画为第四码；取完“尾笔型”之后，就取“尾笔型”的第一笔画码为第五码，末笔画为第六码，

（3）不足码长者以补码添之，

（4）利用计算机键盘的相应键位，按照具体汉字的结构拆分来取码并输入所述汉字。

3. 一种利用数字和汉字笔形的取码的计算机汉字输入方法，它的码元是计算机数字键盘中的数字或英文字母，其特征是：先按结构拆分汉字，再按笔顺排列编码、取码，以九笔二十六键输入，它的码元是26个英文字母或与之对应的由数字1至9组成的两位数字，每个英文字母或与之对应的两位数字代表相应的笔型，英文字母Z或数字90是补码，九笔是指“横、竖、撇、点、折、笔形相交中的笔形横、笔型方框中的笔型竖、笔型叉中的笔形撇、笔型框中的首笔形折”九类基础笔形，

按结构拆分汉字、取码的步骤如下：

（1）按结构拆分汉字；先拆分成部首和偏旁，再分别拆分成首笔型和尾笔型，然后拆分成形态相近、笔型相关联的九笔即九类基础笔画，

（2）取码：

码元为字母时，部首取一码，其中部首在上方、左边时取首笔型，部首在下方、右边时取尾笔型；除部首之外的笔型取两码，及首尾笔型各取一码，

码元为数字时，部首取两码，其中部首在上方、左边时取首笔型，部首在下方、右边时取尾笔型；除部首之外的笔型取四码，即首尾笔型各取两码，如果部首在上方、左边时，取完“首笔型”之后，就按笔画码前部部首键位表中所列笔型取“首笔型”的两码为第三码和第四码；取完“尾笔型”之后，就按笔画码后部部首键位表中所列笔型取“尾笔型”的两码为第五码和第六码，

（3）不足码长者以补码添之，

（4）部首在上方、左边时的取码：

A或11：一二豆王耳鬥髟辰比厂示；B或13：工石西覀酉豕瓦歹页雨匚臣；C或21：土士耒韦青走老麦赤；D或22：扌弋寸；E或23：十车革大九尢犬其；F或24：卄戈；G或26：木；H或33：丨止业巾骨卤山齿水殳卜小黑片疋；I或38：月门几皿用见风贝；J或41：日曰目；K或42：口足黾；L或44：囗里罒田虫𧾷；M或54：亻隹 臼鬼鼠；N或55：丿彳彡血鼻禾斤白舌自手身爪瓜毛；O或56：人 钅金食；P或57：牛缶竹⺮矢气爫；Q或58：勹儿饣鱼鸟角欠夕；R或66：犭夂豸舟龙；S或71：丶亠讠麻言广衣方鹿文；T或72：冫礻疒衤立辛音；73或U：氵；V或77：八羊米谷火父；W或78：冖忄宀心斗户穴门；X或88：纟巛毌母中凵爿系厶幺；Y或89：乙阝癶马子孑卩彐刀矛疋艮皮羽己弓；Z或90：女聿力尸又巳，

（5）部首在下方、右边时的取码：

A或11：一二工止鱼彐；B或13：豆业皿血金鸟立马；C或21：王土士里隹；D或22：耳车舟毋母子孑女；E或23：十革辛斗；F或24：井用鼻牛角羊聿；G或26：耒木禾麻米；H或33：丨韦右阝巾斤卩臣；I或38：青骨月儿；J或41：日曰白音；K或42：石口舌言谷；L或44：西酉卤目囗田臼自；M或54：鬥山齿刂手缶竹凵；N或55：丿彡厂髟身广户爿刀矛力尸；O或56：走大足人矢欠火疋；P或57：辰豕水氺爪食衣；Q或58：艮比老尢见儿方鹿；R或66：麦殳风攵支文父皮又；S或71：弋犬戈卜龙；T或72：示瓦赤寸小糸；73或U：歹黑虫鬼瓜夕灬厶幺；V或77：页其贝八穴；W或78：雨心羽；X或88：匚片鼠门乚己；Y或89：巳黾毛气乙辶弓廴，

（6）利用计算机键盘的相应键位，按照具体汉字的结构拆分来取码并输入所述汉字。”至此，合议组认为本案事实清楚，可以依法作出如下复审请求审查决定。

二、决定的理由

1. 审查的基础

请求人答复复审通知书时修改了权利要求书，因此本复审决定所依据的文本为：2003年10月23

日提交的说明书1～6页、说明书摘要，2006年11月3日提交的权利要求书第1～3项。

2. 关于专利法第二十六条第三款

专利法第二十六条第三款规定，说明书应当对发明或实用新型作出清楚完整的说明，以所属技术领域的技术人员能够实现为准。

一项申请的说明书应当清楚、完整地写明为解决技术问题而采用的技术方案，使所属技术领域的技术人员按照说明书记载的内容，不需要创造性的劳动，就能够实施该申请。

本申请的说明书涉及一种计算机汉字输入方法，其按结构拆分汉字，并进行取码，合议组在仔细研读了本申请的说明书后，仍然认为本申请存在下列不清楚之处：

第一，说明书中没有定义基本笔型，因此不知道基本笔型究竟是“笔画”，还是一个“字形”，即基本笔型和基础笔画有何关系？1～9代表的是基础笔画，那么基本笔型究竟是什么，在原始说明书第4页第4行中出现“各拆分为上、下两个基本笔型”，这里的基本笔型是如何划定的？

其次，在九类基础笔画中，“横、竖、撇、点、折”中的折和“笔型框中的首笔划折（乛）”各自代表什么含义，是否“横、竖、撇、点、折”中的折包括了“笔型框中的首笔划折（乛）”，而且笔型框是什么样的笔型，也没有具体说明；

第三，在本申请拆分汉字和取码规则中，都是按照偏旁和部首进行拆分和取码，那么对于独体字是如何拆分和取码的，说明书中却未见描述，比如“龙”“于”等独体字，；

第四，在其他实施例的单字的数字码的简单字的数字取码中，在“简”的实施例中，全码是577841，简码5741，简化的规则是什么？如何简化的？

请求人于2006年11月14日提交的意见陈述书中虽然对上述内容进行了澄清，请求人首先认为：“笔型”是包括“笔画”在内的“字形”，有时“笔画”也是“字形”；“基本笔形”是包括“基本笔画”在内的“基本字形”，但是合议组从说明书和权利要求书中仅仅记载了使用笔型和笔画，均不能得出具有上述含义的结论，并且请求人所述上述关系中笔型和笔画也是混乱的，含义也是不清楚的，因此该观点，合议组不予接受；其次，请求人认为：在九类基础笔画中，“横、竖、撇、点、折”中的折和“笔型框中的首笔划折（乛）”中的“折”含义相同，前者的“折”包括了后者的“折”，但是后者的“折”是与“笔型框”连用的“折”，笔型框的含义是其具有“口”的外形，或类似“口”的外形，但是合议组从说明书和权利要求书中，均不能得出上述结论，而且原始说明书和权利要求书均没有关于上述内容的论述，因此合议组不予接受；第三，请求人认为：独体字不拆分，属于部首的独体字，按数字编码时取两码，按其首尾笔画取码，非部首的独体字，按笔画连续取码，但是这种对独体字的取码规则在原始说明书和权利要求书中均未记载，而且从原始说明书和权利要求书中均不能导出，因此合议组对请求人关于独体字的拆分编码规则的解释不予接受；第四，请求人认为：对于三个基本笔型的简单字，删除中间的基本笔型，但是说明书和权利要求书均未规定上述的简化规则，虽然说明书通过一个“简”字的实施例，但是对其他的字是否这样简化没有论述，因此无法确认上述的简化规则对其他字通用，因此合议组对请求人关于简化规则的解释不予接受。

综上所述，合议组认为本申请说明书并没有清楚地记载其汉字拆分和取码方法，本领域的普通技术人员根据说明书的记载无法实现针对所有汉字的计算机汉字输入方法，因此本申请的说明书公开不充分。本申请的说明书依然存在复审通知书中所指出的不符合专利法的二十六条第三款的缺陷，合议组依法作出本复审决定。

另外合议组注意到请求人于2006年11月3日提交的权利要求第1～3项中，权利要求1和权利要求3存在修改超范围的问题，主要是请求人在答复复审通知书时在权利要求1、3中补充的特征超出了原说明书和权利要求书记载的范围，不符合专利法第三十三条的规定。

三、决定

1. 维持国家知识产权局于 2004 年 1 月 9 日对 01106487.0 号发明专利申请作出的驳回决定。

2. 请求人对本决定不服的，可以根据专利法第四十一条第二款的规定，自收到本决定之日起三个月内向北京市第一中级人民法院起诉。

307

给调整后的能源行业进行保险的系统和方法案

复审请求审查决定（第9832号）

决　定　号　第9832号
决　定　日　2006年12月20日
发明创造名称　给调整后的能源行业进行保险的系统和方法
国际分类号　G06F 17/60
复审请求人　ACE INA控股公司
申　请　号　00813203.8
申　请　日　2000年8月7日
优先权日　1999年8月6日
公　开　日　2003年5月28日
合议组组长　崔哲勇
主　审　员　唐向阳
参　审　员　周雷鸣

法律依据　专利法实施细则第二条第一款和专利法实施细则第六十条第一款
决定要点

专利法所称的发明是指对产品、方法或者其改进所提出的新的技术方案。涉及计算机程序的发明专利申请只有构成技术方案才是专利保护的客体。

请求人在提出复审请求或者在对专利复审委员会的复审通知书作出答复时，可以修改专利申请文件；但是，修改应当仅限于消除驳回决定或者复审通知书指出的缺陷。

一、案由

本复审请求涉及申请日为2000年8月7日、申请号为00813203.8、名称为“给调整后的能源行业进行保险的系统和方法”的发明专利申请（下称本申请），其申请人为ACE INA控股公司，优先权日为1999年8月6日。

实质审查过程中，国家知识产权局于2004年3月12日发出第一次审查意见通知书，指出权利要求1~42请求保护的保险方法属于一种商业方法，而不是利用自然规律和自然力的技术方案；权利要求43~46请求保护的系统对现有技术的贡献在于其使用的保单生成方法本身，所以权利要求1~46都属于专利法第二十五条第一款第（二）项规定的智力活动的规则和方法。

针对审查员的第一次审查意见通知书，申请人于2004年7月27日提交了意见陈述书以及权利要求1~4的修改替换页，其中删除了原权利要求1~42，对原权利要求43和44作了形式上的修改，将原权利要求43~46重新编号为新的权利要求1~4。申请人认为，本申请的特征在于由计算机终端组成的硬件以及作为系统或网络一部分的软件系统所执行的处理过程，因此不只是智力活动的规则和方法，而是一个采用了技术手段的具体的系统，通过该系统执行计算机终端的处理过程，是一个特定的技术方案；本申请的发明目的是在调整后的电力行业中管理预算降低成本，通过采用计算机和网络技术来实现，这种效果就是技术效果；本申请是利用了计算机技术和硬件资源的一种基于技术原理的创造，利用了技术手段，解决了技术问题并获得了上述技术效果，所以不属于专利法第二十五条第一款第（二）项规定的智力活动的规则和方法。修改后的权利要求1~4如下：

"1. 一种计算机实现的系统，用于生成对能源行业中的风险进行保险的保险单，其中购电方与订约供电方签定标的供电合同，并且按照该供电合同，当阻止订约供电方满足供方全部或部分电力需求的非计划事故出现时，订约供电方没有向购电方提供电力的义务，该系统包括一台计算机，该计算机至少接收以下系数作为其输入：使保险单生效的供电方电力需求；替换或替代电力的保险价格；以及一个或多个非计划事故，其中这些事故引起替换或替代电力的需求，并且根据所述保险单，当替换电力的市场价格超过保险价格时，引发赔偿责任；其中赔偿责任包括赔偿所述被保险人与所述替换电力有关的成本，或者向被保险人提供所述替代电力；其中所述计算机根据所述系数计算保单，并根据计算结果输出所述保单。

2. 权利要求1的系统，其中所述计算机实现的系统是由许多联网计算机组成的。

3. 一种计算机实现的系统，用于生成对能源行业中的风险进行保险的保险单，其中供电方与订约购电方签定标的供电合同，并且按照该供电合同，当阻止订约供电方满足供电方全部或部分责任的非计划事故出现时，供电方有向购电方提供电力的义务，该系统包括一台计算机，该计算机至少接收以下系数作为其输入：供电方请求保险单承保的供方电力责任，其中所述保险单向供电方提供保险责任范围，以使供电方免于与出现的非计划事故有关的财务损失；该保险单生效的承保期限；替换或替代电力的保险价格；以及一个或多个非计划事故，其中这些事故引起替换或替代电力的需求，并且根据所述保险单，当替换电力的市场价格超过保险价格时，引发赔偿责任；其中赔偿责任包括赔偿所述被保险人与所述替换电力有关的成本，或者向被保险人提供所述替代电力；其中所述计算机根据所述系数计算保单，并根据计算结果输出所述保单。

4. 权利要求3的系统，其中所述计算机实现的系统是由许多联网计算机组成的。"

国家知识产权局于2005年7月15日驳回了本申请，驳回决定依据的是专利法第二十五条第一款第（二）项的规定，其具体理由是：权利要求1~4请求保护一种计算机实现的系统，该系统的物理结构本身并没有发生变化，对现有技术的贡献在于其使用的保单生成方法本身，属于专利法第二十五条第一款第（二）项规定的智力活动的规则和方法；虽然本申请使用了计算机，但其发明目的和效果都仅涉及给调整后的能源行业进行保险，并生成保险单的方法及其系统，其解决的既不是技术问题，也没有产生技术效果，且在权利要求1~4中缺乏与计算机相结合的具体实现手段，而只是将欲保护的保单生成方法抽象地体现在现有的计算机系统上，由于该保单生成方法属于一种人为的规定和安排，将其添加在现有的计算机上并没有使现有的计算机的结构和性能得到显著的改善，因此权利要求1~4属于专利法第二十五条第一款第（二）项规定的智力活动的规则和方法。

申请人（下称复审请求人）不服国家知识产权局作出的上述驳回决定，于2005年10月31日向专利复审委员会提交了复审请求书，陈述意见并提交了权利要求1~46的修改替换页，修改后的独立权利要求1、22、43、45如下：

"1. 一种在出现阻止供电方满足购电方的全部或部分电力需求的非计划事件时，为购电方提供财务损失补偿的自动方法，所述购电方的电力需求包括在与订约供电方之间签订的标的供电合同中，其中订约供电方在发生非计划事件时没有向购电方提供电力的义务，该方法包括以下步骤：

（A）在计算机应用中指定并输入购电方请求承保的供方电力需求，以免受与出现的非计划事件有关的财物损失；

（B）在计算机应用中指定并输入如果发生非计划事件将提供财物损失补偿的承保期限；

（C）在计算机应用中指定并输入电力价格和可用性数据；

（D）通过计算机应用生成购电方将为可获得财物损失赔偿而支付的费用；

（E）在计算机应用中输入并存储一个或多个非计划事件，如果替代电力的市场价格超过购电方和供电方签约的价格时，所述非计划事件引发对购电方财务损失的赔偿责任；

（F）在承保期限内，接收由购电方支付的关于可获得财物损失赔偿的费用；

（G）通过计算机应用生成由购电方进行的所述支付的至少一条记录，并向购电方签发至少一个费用付款凭证表格，所述费用付款凭证表格表明当所述非计划事件发生时，购电方有资格获得与出现的非计划事件有关的财物损失的赔偿。"

"22. 一种在出现阻止供电方满足购电方的全部或部分电力需求的非计划事件时，从替代电力和财务损失补偿组成的组中的选择一样提供给供电方的自动方法，所述供电方的电力需求包括在与订约购电方之间签订的标的供电合同中，其中订约供电方在发生非计划事件时有向购电方提供电力的义务，该方法包括以下步骤：

（A）通过从由对赔偿与出现非计划事件相关的财务损失和提供替代电力二者组成的组中选择一样，在计算机应用中输入购电方请求承保的供方电力责任；

（B）在计算机应用中指定并输入如果发生非计划事件，供电方可以从由替代电力和赔偿财务损失组成的组中选择一个的承保期限；

（C）在计算机应用中指定并输入电力价格和可用性数据；

（D）通过使用电力价格和可用性数据和时间期间数据，生产供电方将为可以从由替代电力和赔偿财务损失组成的组中选择一样而支付的费用；

（E）在计算机应用中输入并存储一个或多个非计划事件，如果替代电力的市场价格超过购电方和供电方签约的价格时，所述非计划事件引发提供从由替代电力和赔偿供电方的财务损失组成的组中所选择的一样；

（F）在承保期限内，接收由供电方支付的关于可以从由替代电力和赔偿财务损失组成的组中选择一样而支付的费用；

（G）在计算机应用中生成由供电方进行的所述支付的至少一条记录，并向供电方签发至少一个费用付款凭证表格，所述费用付款凭证表格表明当所述非计划事件发生时，供电方有资格从由替代电力和赔偿与非计划事件相关的财务损失组成的组中选择一样。"

与驳回决定针对的权利要求 1 相比，其中将"一种计算机实现的系统"修改为"一种在出现阻止供电方满足购电方的全部或部分电力需求的非计划事件时，为购电方提供财务损失补偿的自动方法"，增加了 F 和 G 两个步骤，并在权利要求中多处增加了"在计算机应用中"的限定。复审请求人对原始申请文件中的独立权利要求 22 作了类似的修改，并增加了 42 项权利要求，在权利要求 1 和 22 各自的部分从属权利要求中增加了"在计算机应用中"的限定，权利要求 43 ~ 46 与进入中国国家阶段时提交的国际申请文件的文本中的权利要求 43 ~ 46 完全一样。

复审请求人认为，修改后的权利要求 1 和 22 分别要求保护一种方法，从其主题名称和本发明技术方案中的技术内容可看出，本发明采用计算机应用，即由计算机终端组成的硬件以及作为系统或网络一部分的软件系统作为技术手段，对供电方或购电方有关的各种外部物理数据执行处理过程，属于可给予专利保护的涉及计算机程序的发明，本申请所达到的合理预算和降低成本的效果，并不是通过普通的管理手段实现的，而是通过技术手段实现的，即通过采用计算机和网络技术而实现的，所以其效果就是技术效果，因此本申请解决了技术问题，利用了技术手段，并取得了上述的技术效果，所以不属于专利法第二十五条第一款第（二）项规定的智力活动的规则和方法。

经形式审查合格后，专利复审委员会受理了该复审请求，于2005年12月8日向复审请求人发出复审请求受理通知书，同时向国家知识产权局原实质审查部门发出前置审查通知书。

在前置审查意见书中，审查员认为权利要求1～46仍然属于专利法第二十五条第一款第（二）项规定的智力活动的规则和方法的范围，所以坚持驳回决定。

专利复审委员会依法成立合议组对本案进行复审，于2006年7月25日向复审请求人发出了复审通知书，主要指出：复审请求人在提出复审请求时提交的修改文本不符合专利法实施细则第六十条第一款的规定；而驳回决定所针对的权利要求1～4不属于专利法实施细则第二条第一款规定的技术方案。

复审请求人于2006年11月9日提交了对复审通知书的答复意见，但是没有提交新的修改文件。复审请求人认为其提出复审请求时提交的修改文本符合专利法实施细则第六十条第一款的规定，并且复审通知书没有使用专利法第二十五条第一款第（二）项的规定，因此请求撤销驳回决定。

至此，合议组认为，本案的事实已经清楚，依法作出本决定。

二、决定的理由

1. 关于修改文本

专利法实施细则第六十条第一款规定：请求人在提出复审请求或者在对专利复审委员会的复审通知书作出答复时，可以修改专利申请文件；但是，修改应当仅限于消除驳回决定或者复审通知书指出的缺陷。

就本案而言，复审请求人在提出复审请求时提交了新的权利要求1～46，将权利要求1的主题“一种计算机实现的系统”修改为“一种在出现阻止供电方满足购电方的全部或部分电力需求的非计划事件时，为购电方提供财务损失补偿的自动方法”，而复审请求人在提出复审请求时改变了独立权利要求的主题类型、主题名称以及相应的特征，并且增加了42项权利要求。上述修改显然不是针对驳回决定指出的缺陷，因为驳回决定指出权利要求1～4属于专利法第二十五条第一款第（二）项规定的智力活动的规则和方法，即复审请求人的修改没有仅限于克服驳回决定指出的权利要求1～4属于专利法第二十五条第一款第（二）项规定的智力活动的规则和方法的缺陷，因此复审请求时提交的修改文本不符合专利法实施细则第六十条第一款的规定，合议组不予接受。

2. 关于专利保护的客体

专利法实施细则第二条第一款规定：专利法所称的发明是指对产品、方法或者其改进所提出的新的技术方案。涉及计算机程序的发明专利申请只有构成技术方案才是专利保护的客体。

由于复审请求人在提出复审请求时提出的修改不符合专利法实施细则第六十条第一款的规定，所以合议组对该修改文本不予接受，现仅对驳回决定所针对的审查文本提出复审决定意见。

1）权利要求1请求保护一种计算机实现的系统，该系统根据购电方与供电方签定标的供电合同生成对能源行业中的风险进行保险的保险单。

该系统所要解决的问题是向保险系统提供基于风险评估而不是基于市场机制的可预测定价等，允许电力卖方以更高的信用向更多客户销售电力，同时允许电力买方以不同层次的稳定性寻找代用能源，获得有利条款并节省资金。实际上是寻求一种买方和卖方都能接受的保险方法，并不构成技术问题。

该系统采用的手段是通过计算机输入并存储一些系数生成购电方需要支付的保费，由计算机根据所述系数计算保单并输出所述保单。虽然复审请求人强调其在计算机上的应用，但是其采用的均为公知的计算机技术，缺乏与计算机相结合的具体实现手段，而只是将欲保护的保单生成方法抽象地体现在公知的计算机系统上，并没有给计算机的构成或功能带来任何技术上的改变，因此不构成技术手段。

该系统所获得的效果只是生成保单，限定具体保险责任，从而实现管理预算和降低成本的效果，并不是技术效果。

由此可见，权利要求 1 实际上是利用公知的计算机技术来完成一种商业规则的运作，该系统没有解决技术问题、没有采用技术手段、获得的不是受自然规律约束的技术效果，所以权利要求 1 不属于专利法实施细则第二条第一款规定的技术方案，不属于专利保护的客体。

2）权利要求 2 的附加技术特征是”所述计算机实现的系统是由许多联网计算机组成的”，这只是公知的计算机和网络技术。由于其引用的权利要求 1 不属于专利法实施细则第二条第一款规定的技术方案，所以权利要求 2 也不属于专利法实施细则第二条第一款规定的技术方案，不属于专利保护的客体。

3）权利要求 3 也是请求保护一种计算机实现的系统，该系统采用的均为公知的计算机技术，缺乏与计算机相结合的具体实现手段，而只是将欲保护的保单生成方法抽象地体现在公知的计算机系统上，并没有给计算机的构成或功能带来任何技术上的改变，不满足要解决的技术问题、采用的技术手段、实现的技术效果均为技术性的条件，所以权利要求 3 也不属于专利法实施细则第二条第一款规定的技术方案，不属于专利保护的客体，具体理由参见以上对权利要求 1 的评述。

4）权利要求 4 的附加技术特征是“所述计算机实现的系统是由许多联网计算机组成的”，这只是公知的计算机和网络技术。由于其引用的权利要求 3 不属于专利法实施细则第二条第一款规定的技术方案，所以权利要求 4 也不属于专利法实施细则第二条第一款规定的技术方案，不属于专利保护的客体。

基于上述理由，合议组作出如下决定。

三、决定

维持国家知识产权局于 2005 年 7 月 15 日对 00813203. 8 号发明专利申请作出的驳回决定。

复审请求人对本决定不服的，可根据专利法第四十一条第二款的规定，自收到本决定之日起三个月内向北京市第一中级人民法院起诉。

308

显示装置的远程调整方法及显示装置案

复审请求审查决定（第9834号）

决　定　号　第9834号
决　定　日　2006年12月5日
发明创造名称　显示装置的远程调整方法及显示装置
国际分类号　G06F 13/42
复审请求人　恩益禧三菱电机视讯有限公司
申　请　号　02122880.9
申　请　日　2002年6月18日
优先权日　1999年6月25日
公　开　日　2003年1月22日
合议组组长　崔哲勇
主　审　员　唐向阳
参　审　员　周雷鸣

法律依据　专利法第二十五条第一款第（二）项和专利法实施细则第二条第一款
决定要点

1. 如果一项权利要求就整体而言并不是一种智力活动的规则和方法，不应当依据专利法第二十五条第一款第（二）项排出其获得专利权的可能性。

2. 专利法所称的发明是指对产品、方法或者其改进所提出的新的技术方案。涉及计算机程序的发明专利申请只有构成技术方案才是专利保护的客体。

一、案由

本复审请求涉及申请日为2002年6月18日、申请号为02122880.9、名称为“显示装置的远程调整方法及显示装置”的发明专利申请（下称本申请），其申请人为恩益禧三菱电机视讯有限公司，优先权日为2001年6月18日。

实质审查过程中，国家知识产权局于2003年12月26日发出第一次审查意见通知书，认为权利要求1~9属于专利法第二十五条第一款第（二）项规定的智力活动的规则和方法，不属于专利保护的客体。审查员认为：本申请只是预先定义一种扩张的DDC2BI标准，在已有命令组的基础上新增定义了两条命令，而如何定义并构造扩张的DDC2BI标准是本申请的发明点及核心内容，但其实质上属于一种信息的表述方式，源于人的思维，经过推理、分析和判断产生出抽象的结果，没有采用任何技术手段或利用自然法则，也未解决技术问题和产生技术效果。

针对审查员的第一次审查意见通知书，申请人于2004年3月31日陈述了意见，但没有提交修改文件。申请人认为：本申请要解决的问题是“VCP（控制项目及调整项目）空间不足”以及“与现行规格的互换性”，属于技术问题；权利要求1中包含“确定上位码”（工序a），而后“用对应于上述已确定的上位码的控制项目码组……进行远程调整”（工序 b）的技术手段，也就是说，权利要求 1 中记述的并非是仅单单定义“上位码”这一扩张规格，而是在计算机显示装置间的“上位码确定”以及其后的“基于已确定的上位码的调整”一类的技术过程，权利要求 1 ~ 7 以及与它们有相同实质性特征的权利要求 8 ~ 9，并非是对于信息的表现形式一类的人为的规定进行单纯叙述的内容，而是对于技术手段进行规定的内容；本申请通过采用上述技术手段得到了“互换性的维持”以及“可容易地扩张”的技术效果，所以权利要求 1 ~ 9 并非属于专利法第二十五条第一款第（二）项规定的智力活动的规则和方法。

国家知识产权局于 2005 年 3 月 4 日驳回了本申请，驳回决定依据的是专利法第二十五条第一款第（二）项的规定，其具体理由是：权利要求 1 所述的显示装置的远程调整方法是在预先定义的扩张的 DDC2BI 标准以及所述新增定义命令组的基础上控制实现的，如果没有所述扩张了的 DDC2BI 标准以及新增命令的定义，本申请将无法达到“可维持与规定规格的互换性，且容易地扩张控制项目码”的效果（而所述效果并非技术性）；本申请并不是对显示装置的远程调整技术作出的具体改进（由计算机对显示装置进行远程调整的通信技术为一般惯用技术），而是对 DDC2BI 标准作出的改进（扩张），即权利要求 1 对于现有技术的贡献仅仅在于定义并构造了扩张的 DDC2BI 标准，然而，定义并构造扩张的 DDC2BI 标准的过程属于智力活动的规则和方法的范畴；权利要求 9 由于该显示装置的硬件结构没有发生任何变化，因此权利要求 9 请求保护的内容实质上是权利要求 1 ~ 8 所述的显示装置的远程调整的方法，所以权利要求 9 与权利要求 1 ~ 8 同样属于专利法第二十五条第一款第（二）项规定的智力活动的规则和方法。

申请人（下称复审请求人）不服国家知识产权局作出的上述驳回决定，于 2005 年 6 月 8 日向专利复审委员会提交了复审请求，陈述意见并提交了权利要求 1 ~ 9 的修改替换页。其中修改后的权利要求 1 ~ 9 如下：

“1. 一种显示装置的远程调整方法，是用于通过计算机来远程调整显示装置的按规定规格的显示装置的被扩张了的远程调整方法，

上述规定规格具有 1 组控制项目码组，

对应于包含上述规定规格的上述 1 组控制项目码组以及至少一个上述规定规格外的其他的 1 组控制项目码组的多组控制项目码组各组的上位码被预先定义，

上述远程调整方法，包括

（a）在上述计算机，显示装置之间确定上述上位码的工序；

（b）用对应于上述已确定的上位码的控制项目码组，由上述计算机对上述显示装置进行远程调整的工序。

2. 权利要求 1 记载的显示装置的远程调整方法，其中

上述工序（a）包括

（a－1）从上述计算机向上述显示装置发送读取上述上位码的命令的工序；

（a－2）当从上述显示装置对上述命令没有响应的情况时，判定上述显示装置不适应于扩张的工序。

3. 权利要求 1 记载的显示装置的远程调整方法，其中

上述工序（a）包括

（a－1）从上述计算机向上述显示装置发送读取上述上位码的命令的工序；

（a－2）从上述显示装置向上述计算机发送上述上位码的可变范围的上限值以及/或者下限值的工序。

4. 权利要求 1 记载的显示装置的远程调整方法，其中

上述上位码的确定值预先被定为工场调整用，

还具备（c）在上述显示装置侧，当缺省时复位为与上述确定值不同的值的工序。

5. 权利要求 3 记载的显示装置的远程调整方法，其中

上述工序（a）还包括

（a－3）上述上位码可变范围的上述上限值以及/或者下限值范围外的上位码，从上述计算机指定到上述显示装置的情况时，在上述显示装置忽略之的工序。

6. 权利要求 1 记载的显示装置的远程调整方法，其中

上述工序（a）包括

（a－1）上述计算机向上述显示装置指定上述上位码的值的工序；

（a－2）上述显示装置向上述计算机返回自身的上述值的工序。

7. 权利要求 1 记载的显示装置的远程调整方法，其中

上述工序（a）包括

（a－1）上述计算机向上述显示装置发送询问含上述上位码的支持的调整项目支持状况的命令的工序；

（a－2）上述显示装置向上述计算机发送响应命令的工序；

（a－3）上述响应命令内容中不包含上述上位码的情况时判定上述显示装置为不适应于扩张的工序。

8. 一种显示装置的远程调整方法，是用于通过计算机来远程调整显示装置的按规定规格的显示装置的被扩张的远程调整方法，

上述规定规格有控制项目码组，

预先准备了多个页，这些页当中的一个页分配有上述规定规格的上述控制项目码组，其他的各页可分别分配其他的控制项目码组的各组，

上述远程调整方法，包括

（a）在上述计算机，显示装置之间确定上述页的工序；

（b）用上述确定的页的上述控制项目码组，由上述计算机对上述显示装置进行远程调整的工序。

9. 一种显示装置，

可根据权利要求 1 至权利要求 8 中的任意一项记载的显示装置的远程调整方法由计算机进行远程调整。”

复审请求人认为，在权利要求 1 中加入了“至少一个上述规定规格的其他 1 组控制项目码组”，由此明确表示了满足规定规格的控制项目码组和规定规格外的控制项目码组都包含在多组控制项目码组中，这样就使得在 MCCS 规格外的例如将来的 VESA 标准规格用的控制项目码组用的页，以及工场调整用的控制项目码组用的页，也包含在本申请的远程调整方法中，由此达到“能够维持与规定规格之间的互换性并且能够容易地扩张控制项目码”的技术效果，从而克服了驳回决定所指的缺陷；“VCP 的区域中产生不足”以及“单纯地将 VCP 扩张成例如 0000－FFFFh，会失去与现行规格之间的互换性”的问题，都涉及个人计算机显示监视器间处理的 VCP 的技术事项；而工序（a）和工序（b）所记载的技术步骤都是技术手段，不只是定义并构造了扩张的 DDC2BI 规格”，而且，从属权利要求 2～7 具体描述了确定上位码的技术步骤；由此可见，本发明对于“VCP 的区域不足”以及“与现行规格之间的互换性”的技术问题，通过采用“确定上位码”以及接着其后的“基于已确定的上位码的调整”的技术手段，能够达到“维持互换性”以及“能够容易扩张”的技术效果。

经形式审查合格后，专利复审委员会受理了该复审请求，于2005年8月4日向复审请求人发出复审请求受理通知书，同时向国家知识产权局原实质审查部门发出前置审查通知书。

在前置审查过程中，审查员坚持驳回决定。

至此，合议组认为，本案的事实已经清楚，可以作出本决定。

二、决定的理由

1. 审查文本的认定

由于复审请求人在提出复审请求时提交的权利要求1~9符号专利法第三十三条以及专利法实施细则第六十条第一款的规定，所以本复审决定是以复审请求人于2005年6月8日提交的权利要求第1~9项、以及2002年6月18日提交的说明书第1~13页、说明书附图第1~8页、说明书摘要和摘要附图为基础作出的。

2. 关于专利法第二十五条第一款第（二）项

根据专利法第二十五条第一款第（二）项的规定，对智力活动的规则和方法不授予专利权。但是，如果一项权利要求在对其进行限定的全部内容中既包含智力活动的规则和方法的内容，又包含技术特征，则该权利要求就整体而言并不是一种智力活动的规则和方法，不应当依据专利法第二十五条第一款第（二）项排出其获得专利权的可能性。

就本案而言，权利要求1涉及一种显示装置的远程调整方法，是用于通过计算机来远程调整显示装置的按规定规格的显示装置的被扩张了的远程调整方法，该方法中工序（a）和工序（b）所记载的步骤都是技术手段，所以权利要求1包含技术特征，不属于专利法第二十五条第一款第（二）项规定的智力活动的规则和方法。而其从属权利要求2~7对上述工序作了具体限定，因此也不属于专利法第二十五条第一款第（二）项规定的智力活动的规则和方法。基于与对权利要求1的判断的相同理由，权利要求8和9也不属于专利法第二十五条第一款第（二）项规定的智力活动的规则和方法。

3. 关于专利法实施细则第二条第一款

根据专利法实施细则第二条第一款的规定，专利法所称的发明是指对产品、方法或者其改进所提出的新的技术方案。涉及计算机程序的发明专利申请只有构成技术方案才是专利保护的客体。

权利要求1要求保护一种显示装置的远程调整方法，其对于VCP表格的扩张，不是单单在原有程序基础上新增定义三条命令，而是通过预先定义上位码扩张了VCP空间，并且通过预设、获得和确定规定规格的上位码的步骤，解决与现行规格互换的技术问题。该远程调整方法虽然对显示装置的硬件结构没有带来改进，但其针对“VCP的区域不足”以及“与现行规格之间的互换性”的技术问题，采用了“确定上位码”以及紧接其后的“基于已确定的上位码的调整”的技术手段，在原有的方法流程中增加了预设、获得和确定上位码的步骤，并且根据已确定的上位码对显示装置进行相应的调整，从而获得了“维持互换性”以及“能够容易扩张”的技术效果，所以权利要求1对于要解决的技术问题采用了相应的技术手段，并获得了相应的技术效果，属于专利法实施细则第二条第一款规定的技术方案，属于专利保护的客体。

权利要求2~7对权利要求1的远程调整方法的步骤作了进一步限定，增加了附加的技术特征，因此权利要求2~7也属于专利法实施细则第二条第一款规定的技术方案，属于专利保护的客体。

权利要求8也涉及一种显示装置的远程调整方法，其与权利要求1的区别仅在于预先准备了多个页来分配各个控制项目码组，其余的调整步骤与权利要求1相同。从上文中对权利要求1的评述可知，基于相同的理由，权利要求8对于要解决的技术问题也采用了相应的技术手段，并获得了相应的技术效果，属于专利法实施细则第二条第一款规定的技术方案，属于专利保护的客体。

权利要求9是使用了权利要求1~8中的任意一项的远程调整方法的显示装置，由于权利要求1~8属于专利法实施细则第二条第一款规定的技术方案，所以使用了权利要求1~8中的任意一项的远程调整方法的权利要求9属于专利法实施细则第二条第一款规定的技术方案，属于专利保护的客体。

基于上述事实和理由，合议组作出如下决定。

三、决定

撤销国家知识产权局于2005年3月4日对02122880.9号发明专利申请作出的驳回决定。由原审查部门以2005年6月8日提交的权利要求第1~9项、以及2002年6月18日提交的说明书第1~13页、说明书附图第1~8页、说明书摘要和摘要附图为基础继续审查程序。

复审请求人对本决定不服的，可根据专利法第四十一条第二款的规定，自收到本决定之日起三个月内向北京市第一中级人民法院起诉。

309

电脑汉字典码输入方法案

复审请求审查决定（第9837号）

决 定 号 第9837号
决 定 日 2006年12月25日
发明创造名称 电脑汉字典码输入方法
国际分类号 G06F 3/033、3/023
复审请求人 北京北大方正电子有限公司
专利申请号 01115560.4
申 请 日 2001年4月28日
公 开 日 2002年的2月11日
合议组组长 熊 婷
主 审 员 杜 宇
参 审 员 樊晓东

法律依据 专利法第二十五条第一款第（二）项
决定要点

权利要求1~10要求保护的方案实质上只是汉字输入法的使用方法或规则，其未采用技术手段或利用自然法则，而仅仅是来源于人的思维，是人为制定的一种汉字输入法的使用规则，因此权利要求1~10所要求保护的技术方案属于专利法第二十五条第一款第（二）项关于智力活动的规则和方法的规定的范围。

一、案由

本复审请求案涉及申请日为2001年4月28日、发明名称为“电脑汉字典码输入方法”、公开日为2002年的2月11日、申请号为01115560.4的发明专利申请（下称本申请），申请人为北京北大方正电子有限公司。

在实质审查过程中，国家知识产权局实质审查部门以申请日提交的原始申请文件为基础进行审查。本申请权利要求书如下：

“1. 一种电脑汉字典码输入方法，使用电脑鼠标为输入工具，其特征在于以汉字的部首、拼音、笔画、笔顺、笔画数、部件和间架结构的特征作为输入汉字的检索条件，采用电脑交互式图形界面的人机互动形式，以选择目标汉字特征组合的方法，通过鼠标点击实现电脑的汉字输入：

将部首、拼音、笔画、笔顺、笔画数、部件和间架结构特征作为索引制作电脑屏幕的汉字输入交互式图形界面，在该图形界面上设置汉字部首、部件或输入汉字的候选窗口及特征条件的选择窗口；

汉字输入的步骤是：在特征条件选择窗口中给出的各个候选特征中用鼠标单击各目标特征，在汉字部首、部件或输入汉字的候选窗口中相应给出具有点击特征的汉字部首、部件或汉字菜单；用鼠标选择单击目标部首或部件后，再继续点击特征选择条件窗口中给出的各个候选特征中的接续目标特征，直到在汉字部首、部件或输入汉字的候选窗口中出现目标汉字，用鼠标双击该汉字实现向电脑文件中的输入；

鼠标可以是桌面鼠标，或者触摸式鼠标；

以电脑软件支持所述输入方法在电脑中的实现。

2. 如权利要求 1 所述的电脑汉字典码输入方法，其特征在于所述的电脑交互式图形界面上设置输入汉字所在的内存字库索引窗口，所述的内存字库包括标准字库和自定义字库；字库索引可以预设在图形界面上，或在字库索引窗口中设置滚动条；用鼠标点击目标字库以限定目标汉字所在的选择范围。

3. 如权利要求 1 所述的电脑汉字典码输入方法，其特征在于图形界面上的输入汉字候选窗口是具有模糊查询功能的显示窗口，拖动滚动条可以显示笔画数特征的选择范围之外增加或者减少笔画数的汉字，或者可以显示拼音特征的选择范围之外近似发音的汉字。

4. 如权利要求 1 所述的电脑汉字典码输入方法，其特征在于在图形界面上设置有画图窗口，使用鼠标可以在该窗口中画出部首、部件或已知的汉字结构，显示在汉字候选窗口，进而再接续进行目标汉字的检索和输入。

5. 如权利要求 1 所述的电脑汉字典码输入方法，其特征在于图形界面上设置语音输入窗口，可以将电脑外设的语音接收器收到的语音信号数据在该窗口中显示出对应的汉字部首、部件或汉字菜单；再接续进行目标汉字的检索和输入。

6. 如权利要求 1 所述的电脑汉字典码输入方法，其特征在于图形界面上设置自定义窗口，在汉字候选窗口中出现目标汉字时用鼠标单击目标汉字，然后在自定义窗口给该目标汉字定义，再双击目标汉字或者点击确认键，实现对目标汉字的自定义和向电脑文件中的输入。

7. 如权利要求 1 所述的电脑汉字典码输入方法，其特征在于图形界面上设置的汉字部首、部件或输入汉字候选窗口也是汉字词语联想窗口，在窗口上设置联想功能键；单击目标汉字后，再单击联想功能键，在窗口中可以出现该目标汉字组成的语词或短句；双击目标语词或短句实现语词或短句的输入；覆盖语词或短句中的单字或词组，再点击确认键，实现该被覆盖单字或词组的输入。

8. 如权利要求 1 所述的电脑汉字典码输入方法，其特征在于在电脑键盘上有对应图形界面上各窗口而设置的快捷键，“↑”、“↓”键用以调整窗口中特征数字的大小，“1、2、3、4、5”数字键盘用以对应笔画的“横、竖、撇、捺、折”。

9. 如权利要求 8 所述的电脑汉字典码输入方法，其特征在于所述的键盘是数码小键盘。

10. 如权利要求 8 所述的电脑汉字典码输入方法，其特征在于所述的键盘是电话手机键盘。”

国家知识产权局实质审查部门于 2004 年 2 月 6 日发出第一次审查意见通知书，其中指出：本申请的权利要求 1 ~ 10 属于专利法第二十五条第一款第（二）项规定的范围。

申请人于 2004 年 4 月 16 日针对第一次审查意见通知书提交了意见陈述书，其认为：本申请描述了汉字编码方法的技术特征；本申请在与电脑技术结合上没有使用键盘，而是使用了鼠标，但是二者都是电脑的输入装置，在技术上是等同的，本申请以电脑显示屏幕的界面与鼠标输入方式结合，取代键盘输入汉字的传统方法，具有更直观的优点，因此本申请技术方案符合授予专利权的条件。

国家知识产权局实质审查部门继续审查，仍认为权利要求 1 ~ 10 相对于对比文件 1 不具备新颖性，属于专利法第二十五条第一款第（二）项规定的范围，不能被授予专利权，因此于 2004 年 8 月 6 日作出了驳回本申请的决定。

驳回决定主要指出：“权利要求 1 ~ 10 请求保护一种电脑汉字典码输入方法，其具体记载了‘用鼠标选择单击目标部首或部件后，再继续点击特征选择条件窗口中给出的各个候选特征中的接续目标特征’，例如在部首与笔画数的组合来检索汉字的过程中，首先按照部首的笔画数在对话框中找到该部首，然后输入该字的剩余笔画数以从候选字对话框中找出该字。然而，这仅仅给出了一种输入汉字的规则，其源于人的思维，并未采用技术手段或者利用自然法则，属于专利法第二十五条第一款第（二）项所述的智力活动规则和方法的范围，因此不能被授予专利权”

申请人（下称复审请求人）对上述驳回决定不服，于2004年10月26日向专利复审委员会提出了复审请求，其主要认为：1. 本发明的目的是为了解决生僻汉字的计算机输入问题；2. 本申请公开的技术方案中采用了以下技术手段：本发明通过电脑主机、显示器、鼠标等硬件来实现，通过计算机对其内部存储的数据如各类汉字标准字库进行处理，将检索和查询方法编成相应的计算机程序并通过计算机等信息处理装置来实现，采用了电脑交互式图形界面将各类汉字标准字库内部的大量汉字信息转变为界面上的简捷操作，便于在键盘上使用，在键盘上设置了对应的快捷键；3. 本发明的技术效果在于它有效地解决了现实中大量生僻汉字的计算机输入问题，即使不是生僻汉字，对于不知读音或通过其他汉字输入方法无法输入的汉字，或是完全不懂其他汉字输入方法的用户，本申请都将是一种很好的计算机汉字输入解决方案。

经形式审查合格，专利复审委员会予以受理，于2004年12月23日发出复审请求受理通知书和前置审查通知书。国家知识产权局原实质审查部门对该复审请求进行了前置审查，坚持原驳回决定。

专利复审委员会依法成立合议组对此案进行审理，并于2006年9月6日向复审请求人发出了复审通知书，提出如下的复审意见：权利要求1~10要求保护的方案实质上只是所述汉字典码输入法的使用方法或规则，其未采用技术手段或利用自然法则，而仅仅是来源于人的思维，是人为制定的一种汉字输入法的使用规则，因此权利要求1~10所要求保护的技术方案不属于可以被授予专利权的汉字输入方法，其属于专利法第二十五条第一款第（二）项关于智力活动的规则和方法的规定的情况，不能被授予专利权。

复审请求人于2006年10月20日提交了意见陈述书，其主要认为：本申请公开的计算机汉字输入方法打破了常规输入法的编码方式，将复杂的编码信息经过科学的加工转化为用户容易接收的鼠标和键盘操作，实现了生僻汉字计算机输入的技术突破，而且该输入方法的实现采用了多项技术手段，并不是一种输入汉字的规则，因此本申请属于专利法保护的客体。

二、决定的理由

1. 本决定所依据的文本

本复审决定是以驳回决定所依据的文本作出的，即，申请日提交的权利要求书第1~2页、说明书第1~8页、附图第1~5页、说明书摘要及摘要附图。

2. 关于专利法第二十五条第一款第（二）项

专利法第二十五条第一款第（二）项规定：智力活动的规则和方法不授予专利权。

权利要求1要求保护一种电脑汉字典码输入方法，其具体记载了用鼠标选择单击目标部首或部件后，再继续点击特征选择条件窗口中给出的各个候选特征中的接续目标特征的输入汉字的方法，例如在部首与笔画数的组合来检索汉字的过程中，首先按照部首的笔画数在对话框中找到该部首，然后输入该字的剩余笔画数以从候选字对话框中找出该字。该方法仅记载了人机交互的界面上如何用鼠标点击所述界面上的输入汉字的候选窗口和特征条件的选择窗口上点击由部首、拼音、笔画、笔顺、笔画数部件和间架结构构成的索引直至选取到目标汉字的方法，而该方法仅仅是所述汉字典码输入法的使用方法或操作说明，由于该方法没有记载计算机如何对鼠标点击的所述索引进行处理，以使该索引能与各类汉字标准字库中的汉字相关联，从而可以得到目标汉字的技术特征，电脑主机、显示器、鼠标等硬件特征都是用来限定汉字输入法的使用方法或操作说明的特征，并不是计算机如何根据索引在汉字标准字库中搜索汉字并输出目标汉字的技术特征，缺少上述技术特征导致权利要求 1 要求保护的方案只是通过鼠标利用所述汉字典码输入法输入汉字的使用方法或规则，其未采用技术手段或利用自然法则，而仅仅是来源于人的思维，是人为制定的一种汉字输入法的使用规则，因此权利要求 1 所要求保护的方案不属于可以被授予专利权的汉字输入方法，其属于专利法第二十五条第一款第（二）项关于智力活动的规则和方法的规定的范围，不能被授予专利权。

复审请求人认为本申请所公开的典码输入方法是一种非常规的计算机汉字输入方法，其打破了常规输入法的编码方法，使用鼠标代替键盘，采用了电脑交互式图形界面将各类汉字标准字库内部的汉字信息转变为界面上的简捷操作，并认为检索和查询方法编成相应的计算机程序对于本领域普通技术人员来说可以不经创造性劳动就能实现。合议组认为权利要求 1 要求保护的方案只是记载了如何使用鼠标在电脑交互图形界面上点击索引最终选择到显示在电脑交互图形界面上的目标汉字，其没有记载计算机如何对鼠标点击的所述索引进行处理，以使该索引能与各类汉字标准字库中的汉字相关联，从而可以得到目标汉字，并将目标汉字显示在电脑交互图形界面的技术特征，权利要求 1 要求保护的方案其实质上记载的是如何使用电脑主机、显示器、鼠标等硬件输入汉字的使用方法或操作说明，其属于专利法第二十五条第一款第（二）项关于智力活动的规则和方法的规定的情况，不能被授予专利权。

权利要求 2 ~7 是对使用鼠标如何在人机交互的界面点击索引的进一步限定；权利要求 8、9、10 是对上述输入方法中键盘的限定，其保护的方法仍是所述汉字典码输入法输入汉字的使用方法或操作说明，是人为制定的一种汉字输入法的使用规则，其保护的方法仍是所述汉字典码输入法输入汉字的使用方法或操作说明，是人为制定的一种汉字输入法的使用规则，因此权利要求 2 ~10 属于专利法第二十五条第一款第（二）项关于智力活动的规则和方法的规定的范围。

综上所述，权利要求 1 ~10 属于专利法第二十五条第一款第（二）项关于智力活动的规则和方法的规定的范围，不能被授予专利权。

三、决定

维持国家知识产权局于 2004 年 8 月 6 日对 01115560.4 号发明专利申请作出的驳回决定。

复审请求人对本决定不服的，可以根据专利法第四十一条第二款的规定，自收到本决定之日起三个月内向北京市第一中级人民法院起诉。

310

汉字的两笔输入法及其键盘案

复审请求审查决定（第9838号）

决　定　号　第9838号
决　定　日　2006年12月14日
发明创造名称　汉字的两笔输入法及其键盘
国 际 分 类 号　G06F 3/023
复 审 请 求 人　曾建航
专 利 申 请 号　00122356.9
申　请　日　2000年8月29日
公　开　日　2001年2月28日
合 议 组 组 长　张　度
主　审　员　左　一
参　审　员　熊　婷

法 律 依 据　专利法第三十三条
决 定 要 点

根据专利法第三十三条的规定，如果申请的内容通过增加、改变和/或删除其中的一部分，致使所属技术领域的技术人员看到的信息可以从原申请公开的信息中直接地、毫无疑义地确定，那么，这种修改就是允许的。

因此修改后的说明书已经克服了驳回决定和复审通知书所指出的缺陷，驳回理由已不存在，应该撤销驳回决定。

一、案由

本复审请求涉及申请日为2000年8月29日、名称为“汉字的两笔输入法及其键盘”的发明专利申请（下称本申请），申请号为00122356.9，申请人为曾建航。

在实质审查过程中，国家知识产权局实质审查部门针对申请日提交的原始说明书第1~4页、附图第1页，2000年11月4日提交的权利要求第1~5项以及说明书摘要（下称文本1）进行审查，于2002年11月8日发出第一次审查意见通知书，指出本申请说明书不符合专利法第二十六条第三款的规定。

针对上述审查意见通知书，申请人于2003年2月7日提交了意见陈述书和权利要求书的全文替换页1页以及说明书的全文替换页共4页。其中说明书的修订是基于：①根据第一次意见通知书提出的问题进行修订，②对“为本领域技术人员依据说明书和权利要求书实现本发明”的问题进一步阐述，③对某些前后不一致的用词进行调整，如首双、尾双（末双）、特码分别调整尾首两笔、尾两笔、特符，④在原权利要求书3－（2）第二行的低笔字应该与原说明书中五－（2）汉字的三键输入码表中的第四行的第二键所指出的特码一致，上述笔误现调整为“特符”。

国家知识产权局实质审查部门针对申请人2003年2月7日提交的权利要求第1~5项、说明书第1~4页，以及申请日提交的原始附图第1页和2000年11月4日提交的说明书摘要（下称文本2），于2003年3月21日发出第二次审查意见通知书，指出申请人在说明书中增加了“常用符”分类代码的符号内容，增加了“低尾字”和“重尾字”的例字，所增加的内容在原始申请文本中没有记载，此外，说明书删除了（七）值得注意的情况，使得原始申请文件中的技术方案发生了变化，因此上述这些修改超出了原说明书和权利要求书记载的范围，不符合专利法第三十三条的规定。此外，告知申请人，经过如此修改的说明书仍然没有克服第一次审查意见通知书中指出的问题，仍然不符合专利法第二十六条第三款的规定。

针对上述审查意见通知书，申请人于2003年3月27日提交了意见陈述书和说明书的全文替换页共4页。其对说明书作了如下修改：①删除2003年2月7日提交的说明书中的有关低笔字和重尾字的例字和常用符中新增的内容，②恢复原说明书“（七）值得注意的情况”的内容。

国家知识产权局实质审查部门针对申请人于2003年3月27日提交的说明书第1~4页，2003年2月7日提交的权利要求第1~5项，以及申请日提交的说明书附图第1页和2000年11月4日提交的说明书摘要（下称文本3），于2003年8月1日作出了驳回决定，其具体理由是说明书第2页记载的一种汉字首部是“字首两段均为三笔且处于同一横行”、说明书第3页中“低笔字和单段字的第三码由辅助键（特符）顶替”、说明书第3页的“汉字的三码输入顺序”表中所记载的单段字的取码为“字首两笔+字尾两笔+特符”超出了原始申请文件所记载的范围，因此上述修改不符合专利法第三十三条的规定。

申请人（下称复审请求人）对上述驳回决定不服，于2003年8月18日向专利复审委员会提出复审请求并提交了说明书和权利要求书的修改替换页。复审请求人认为驳回决定中所提及的问题完全可以通过修改途径予以解决，不应直接停止审查程序。

经形式审查合格后，专利复审委员会受理了上述复审请求，于2003年9月16日发出复审请求受理通知书和前置审查通知书。

原实质审查部门对该复审请求进行了前置审查，认为复审请求人在提复审请求时提交的修改文本仍然不符合专利法第三十三条的规定，坚持原驳回决定。具体理由如下：

（1）说明书第2页第（四）部分的第（1）项中的例字“鸵”在原始申请文件中没有记载；（2）说明书第3页中的①低笔字的例字“乙、厂、于、戈”及其码元在原始申请文件中没有记载；（3）说明书第3页中的②重尾字的例字“延、郅、勒、犰”及其码元在原始申请文件中没有记载；（4）说明书第3页中的③常用符的“符号内容”和“数量”在原始申请文件中没有记载；（5）说明书第3页中的③常用符的“代码”A－H和（空，标点符号的代码），与原始申请文件中的“各符号对应的分类码表”中分类字母Z、ZA－ZH不一致（参见原始说明书第3页）。

在此基础上，专利复审委员会依法成立合议组，对本案进行审查。

合议组于2006年10月10日发出复审通知书，该复审通知书针对的文本是2003年3月27日提交的说明书第1~4页，2003年2月7日提交的权利要求第1~5项，以及申请日提交的说明书附图第1页和2000年11月4日提交的说明书摘要（下称文本4），该复审通知书指出：复审请求人于2003年8月18日提交的说明书不符合专利法第三十三条的规定。具体理由是：（1）说明书第3页第8行“低笔字的第二码由辅助键（特符）顶替”在原始申请文件中没有记载，而且根据原始申请文件记载的内容以及说明书附图都不能直接地、毫无疑义地确定上述内容。（2）说明书第3页第17~26行中的③常用符的“代码”“符号名称”“符号内容”和“数量”的列表与原始申请文件中所记载的“各符号对应的分类码表”内容不一致，原始申请文件的列表中只有两项，没有“符号内容”和“数量”

的具体内容。而且“符号名称”和“代码”的对应关系也与原始申请文件列表中的内容不一致。例如，在原始公开说明书第3页第6行的“各符号对应的分类码表”中“引号符”的代码为“ZA”，而在2003年8月18日提交的说明书第3页第17~26行的列表中“引号符”的代码为“A”。由此可见，根据原始申请文件记载的内容以及说明书附图都不能直接地、毫无疑义地确定上述内容。

复审请求人于2006年11月23日寄交了意见陈述书以及说明书全文的修改替换页。复审请求人认为修改的文本已经按照审查员的要求对说明书进行了恢复修改。

至此，合议组在阅读了全部申请文件，并研究了驳回决定和复审请求人的复审理由后，认为本案事实已经清楚，可以作出如下复审请求审查决定。

二、决定的理由

1. 审查文本

由于复审请求人于2006年11月23日提交了说明书全文替换页，因此本复审决定所依据的文本是：2006年11月23日提交的说明书第1~7页，2003年8月18日提交的权利要求第1~5项，以及2000年8月29日提交的说明书附图第1页和2000年11月4日提交的说明书摘要（下称文本5）。

2. 关于专利法第三十三条

专利法第三十三条规定：“申请人可以对其专利申请文件进行修改，但是，对发明和实用新型专利申请文件的修改不得超出原说明书和权利要求书记载的范围。”

（1）关于复审通知书所指出的缺陷

文本5的说明书已经删除了复审通知书中指出的超范围的内容“低笔字的第二码由辅助键（特符）顶替”（参见文本4的说明书第3页第8行）；同时也删除了复审通知书中指出的常用符对应码表中超范围的“符号内容”和“数量”部分（参见文本4的说明书第3页第17~26行的列表），并且修改了“符号名称”和“代码”的对应关系使之与文本1说明书列表中的内容一致（参见文本5的说明书第4页13－15行的列表）。因此，上述修改已经克服了复审通知书所指出的缺陷。

（2）关于驳回决定所指出的缺陷

文本5的说明书将驳回决定所指出的超范围的内容“字首两段均为三笔且处于同一横行”（参见文本3的说明书第2页第24行）改为“不多于三笔的首段与次段，其笔形相同且同处一行的组合”（参见文本5的第3页倒数第3行），文本5中的上述修改内容与文本1说明书公开的内容“不多于三笔的首段与次段，其笔形相同且同处一行的组合”（参见文本1的说明书第2页第29行）一致；同时删除了驳回决定所指出的超范围的内容“低笔字和单段字的第三码由辅助键（特符）顶替”（参见文本3的说明书第3页第5行）；并且还将驳回决定所指出的超范围的内容：单段字的取码为“字首两笔＋字尾两笔＋特符”（参见文本3的说明书第3页第16~20行“汉字的三键输入码表”）改为：单段字的取码为“首部首双＋字尾两笔＋字三四笔”（参见文本5的第4页倒数第2行“汉字的三键输入码表”），文本5中的上述修改内容与文本1说明书公开的内容“首部首双＋字尾两笔＋字三四笔”（参见文本1的说明书第3页第10~14行“汉字的三键输入码表”）一致。因此，上述修改已经克服了复审通知书所指出的缺陷。

（3）关于前置审查意见书所指出的缺陷

关于前置意见指出的第一点缺陷，合议组认为，请求人将“鸵”作为例字添入文本5的说明书第2页第16~18行的汉字首段及其后若干段在同一竖列位置的组合，如下述左右型汉字下面的具体例字，并指出“鸵”字的首部为“鸟”，这种修改并未超出原申请记载的内容，符合专利法第三十三条的规定，具体理由是：原申请文本（文本1）的说明书第2页已经举例指出左右型汉字的首部和余部包括：汉字：财 髅 铜 须 鲜 饮 注 驻 经，其对应的首部分别为：贝，骨，钅，多，鱼，饣，氵，马，纟，而“鸵”字为左右型汉字是公知常识，根据原申请文本公开的上述首部和余部的判断规则，本领域人员可以毫无疑义地确定“鸵”字的首部为“鸟”；关于前置意见指出的第二点缺陷，文本5的说明书已经删除了前置意见第二点所指出的超范围的内容：低笔字的例字“乙、厂、于、戈”及其码元；关于前置意见指出的第三点缺陷，文本5的说明书已经删除了前置意见第三点所指出的超范围的内容：重尾字的例字“延、郅、勒、犰”及其码元；关于前置意见指出的第四、五点缺陷，文本5的说明书已经删除了前置意见第四、五点所指出的超范围的内容“符号内容”和“数量”部分（参见文本4的说明书第3页第17~26行的列表），并且修改了常用符的“代码”A－H和“标点符号的代码”的对应关系使之与文本1说明书列表中的内容一致（参见文本5的说明书第4页13~15行的列表）。因此，上述修改已经克服了前置审查意见书所指出的缺陷。

此外，经过合议组的核对，未发现复审请求人于2006年11月23日提交的说明书存在其他不符合专利法三十三条规定的缺陷。综上所述，鉴于复审请求人于2006年11月23日提交的说明书已经克服了驳回决定和复审通知书所指出的不符合专利法第三十三条的规定的缺陷，驳回理由已不存在，应该撤销驳回决定。

至于本申请有无其他不符合专利法及其专利法实施细则相关规定的问题，留待原审查部门继续审查。

三、决定

撤销国家知识产权局于2003年8月1日针对00122356.9号发明专利申请作出的驳回决定。由原审查部门以复审请求人于2006年11月23日提交的说明书第1~7页，2003年8月18日提交的权利要求第1~5项，以及2000年8月29日提交的说明书附图第1页和2000年11月4日提交的说明书摘要为基础继续进行审批程序。

当事人对本决定不服的，可以根据专利法第四十一条第二款的规定，自收到本决定之日起三个月内向北京市第一中级人民法院起诉。

311

供碱性电池用的离心雾化的锌合金粉末案

复审请求审查决定（第9849号）

决　定　号　第9849号

决　定　日　2006年7月12日

发明创造名称　供碱性电池用的离心雾化的锌合金粉末

国际分类号　H01M 4/42　C22C 1/04　B22F 9/10

复审请求人　尤密考公司

专利申请号　00803387.0

申　请　日　2000年2月3日

公　开　日　2002年7月31日

合议组组长　张美菊

主　审　员　孙克良

参　审　员　龙　安

法律依据　专利法第二十二条第三款

决定要点

在两篇对比文件具有结合的技术启示的情况下，如果一篇对比文件中的一个技术方案与另一篇对比文件的相关技术手段的结合公开了权利要求的所有技术特征，那么该权利要求所要求保护的技术方案不具备创造性。

一、案由

本复审请求涉及申请号为00803387.0、申请日为2000年2月3日、公开日为2002年3月6日、优先权日为1999年2月9日、发明名称为“供碱性电池用的离心雾化的锌合金粉末”的发明专利申请（下称本申请），申请人为尤密考公司。

国家知识产权局实质审查部门于2003年7月4日发出了第一次审查意见通知书，指出权利要求1、2、5~10不具备新颖性和创造性，权利要求1~4、6不符合专利法实施细则第二十条第一款的规定。通知书共引用三篇对比文件：对比文件1：CN 1118610 A，公开日为1996年3月13日；

对比文件2：JP 昭64－52379 A，公开日为1989年2月28日；

对比文件3：JP 特开平5－151975 A，公开日为1993年6月18日。

申请人于2003年11月19日提交了意见陈述书和权利要求书的全文替换页。其主要意见是：1、本发明产品的权利要求只能写成“方法限定产品”的形式，因为产品的结构不能清楚地描述，因此权利要求1是清楚的；2. 对比文件1、2、3虽然都公开了权利要求1、2、5、6的一些特征，但它们却不能结合而成为权利要求1、2、5、6所要求保护的技术方案；3、没有技术启示使本领域技术人员结合对比文件1和2来得到权利要求7的技术方案，因此权利要求7具备创造性；由于权利要求7具备创造性，所以从属权利要求8~10也具备创造性。

针对2003年11月19日提交的权利要求第1－10项、进入中国国家阶段提交的中文译文的说明书第1～6页、说明书摘要，按国际初步审查报告附件的中文译文的说明书第7页，国家知识产权局于2004年3月5日作出了驳回决定。具体理由是：权利要求1采用了方法特征限定产品，因此不符合专利法实施细则第二十条第一款的规定；权利要求2～6由于由于引用权利要求1，因此同样不符合专利法实施细则第二十条第一款的规定；权利要求7～10的技术方案相对于对比文件1和2的结合或对比文件1、2和3的结合不符合专利法第二十二条第三款有关创造性的规定。

申请人（下称请求人）对上述驳回决定不服，于2004年6月14日向专利复审委员会提出复审请求，并提交了权利要求书的替换页。请求人所作的主要修改是：1. 删除了原权利要求3、5和6；2将原权利要求1、2、4改为方法权利要求；3删除权利要求7－10。复审请求的主要理由是：对比文件2的作者声称在氧含量低于4%的任何情况下的效果是不清楚的，而请求人经过研究得到的结论是当保护气氛中的氧含量高于0.2%时是不可能得到球形或接近于球形的；对于本领域的普通技术人员来说，即使从对比文件1得到用离心雾化的方法制得的粉末，以及选择其中氧含量高于0.2的保护气氛，但是本发明的含量仍然不是显而易见的，因为氧含量高于0.2%的保护气氛不能提供球形颗粒，从而获得对比文件2中所述的改进的侵蚀性；因此本领域的技术人员无论基于对比文件1或2和/或它们的结合，都不能得到新的权利要求1～3，因此其符合专利法第二十二条第三款的规定。修改后的权利要求书包括3项权利要求，具体如下：

"1. 一种制备供碱性电池用的锌合金粉末的方法，其包括离心雾化由以下任一成分组成的锌合金的步骤：

（a）0.005～2重量%的铟和0.005～0.2重量%的Al和Bi之任一种，或者

（b）0.005～2重量%的铟和0.005～0.2重量%的Bi，和0.001～0.5重量%的Al和Ca之任一种或二种；或者（c）0.005～2重量%的Bi和Al之任一种或二种，

和0～0.5重量%的Pb，其余部分是锌，

其特征在于离心雾化方法是在保护气氛下进行的，在该保护气氛中氧含量按体积计为0.2%～4%。

2. 一种制备供碱性电池用的锌合金粉末的方法，其包括离心雾化由以下任一成分组成的锌合金的步骤：

（a）0.01～2重量%的铟和0.01～0.2重量%的Al和Bi之任一种，或者

（b）0.005～2重量%的铟和0.01～0.2重量%的Bi，和0.003～0.5重量%的Al和Ca之任一种或二种；或者（c）0.01～2重量%的Bi和Al之任一种或二种，

和0～0.5重量%的Pb，其余部分是锌，

其特征在于离心雾化方法是在保护气氛下进行的，在该保护气氛中氧含量按体积计在0.2%至4%之间。

3. 权利要求1或2方法，其特征在于在保护气氛中的氧含量按体积计为0.2%～3.5%。"

经形式审查合格后，专利复审委员会受理了该复审请求，于2004年7月5日发出了复审请求受理通知书和前置审查通知书。

原审查部门对本案进行了前置审查，原审查部门认为修改后的权利要求1～3仍不具备创造性，因此，坚持驳回决定。

专利复审委员会依法成立合议组对本案进行审查，于2005年10月26日发出了复审通知书。指出权利要求1～3相对于对比文件1～3的结合不具有创造性。

请求人于2005年12月10日提交了意见陈述书及测试报告，其陈述的主要意见是：对比文件2的气雾化保护气氛应用到对比文件1的离心雾化制备的合金上，并不能得到本申请权利要求的技术方

案；所述测试报告对选自对比文件1和对比文件2的合金（所选的合金不在本申请要求保护的范围内）、在保护气氛下采用对比文件2所述的传统气雾化方法制备的合金，以及在保护气氛下采用对比文件1所述的离心雾化方法制备的合金进行测试，结果显示，在保护气氛下对对比文件的合金进行雾化，不会在雾化方面带来改进；因此，只有在特定的气氛下进行离心雾化方法并结合特定的合金，才可以得到用于碱性电池的具有改进特性的合金。

合议组认为本案事实清楚，可以作出审查决定。

二、决定的理由

1. 关于文本

复审请求人在提出复审请求时对申请文件进行的修改符合专利法第三十三条和专利法实施细则第六十条的规定，因此合议组将2004年6月14日提交的权利要求第1~3项，进入中国国家阶段提交的中文译文的说明书第1~6页，说明书摘要，按国际初步审查报告附件的中文译文的说明书第7页，作为复审决定所依据的文本。

2. 关于创造性

根据专利法第二十二条第三款规定，发明的创造性是指同申请日以前已有的技术相比，该发明有突出的实质性特点和显著的进步。

本复审决定所引用的对比文件与驳回决定相同，即：

对比文件1：CN1118610A，公开日为1996年3月13日；

对比文件2：JP昭64-52379A，公开日为1989年2月28日；

对比文件3：JP特开平5-151975A，公开日为1993年6月18日。

1）权利要求1要求保护一种制造供碱性电池用的锌合金粉末的方法，其包括离心雾化由以下成分组成的锌合金的步骤：a）0.005~2重量%的铟和0.005~0.2重量%的Al和Bi之任一种，或者（b）0.005~2重量%的铟和0.005~0.2重量%的Bi，和0.001~0.5重量%的Al和Ca之任一种或二种；或者（c）0.005~2重量%的Bi和Al之任一种或二种，和0~0.5重量%的Pb，其余部分是锌，其特征在于该离心雾化方法是在保护气氛下进行的，在该保护气氛中氧含量按体积计为0.2%~4%。

该权利要求中粉末的成分实际上包含下列8种组分之一，以及0-0.5重量%的Pb，其余部分是锌，8种组分用符号（1）-（8）表示：

（1）0.005~2重量%的铟和0.005~0.2重量%的Al；（2）0.005~2重量%的铟和0.005~0.2重量%的Bi；（3）0.005~2重量%的铟和0.005~0.2重量%的Bi和0.001~0.5重量%的Al；（4）0.005~2%的铟和0.005~0.2重量%的Bi和0.001~0.5重量%的Ca；（5）0.005~2%的铟和0.005~0.2重量%的Bi和0.001~0.5重量%的Al和Ca；（6）0.005~2%的Bi；（7）0.005~2%的Al；（8）0.005~2%的Bi和Al；

其中组分（1）（3）（5）（8）已在对比文件1公开。对比文件1公开了一种制造碱性电池用的锌合金粉末的方法，并具体公开（见对比文件1的权利要求1和10、说明书第5页第4行）了以下技术特征：锌粉按重量计由以下成分组成：0.0001~0.0095重量% Al；0.001-2重量% Bi（且进一步限定其数值范围为0.003~0.2重量%）和0.005~2重量% In之任一种或二种；0.003~2重量% Pb；并任选含有0.003~2重量% Ca；其余为Zn和上述金属中不可避免的杂质，并进一步公开了该粉末合金可采用离心雾化的方法得到。该权利要求所要保护的技术方案与对比文件1所公开的技术方案相比，其区别在于：“雾化方法是在保护气氛下进行的，而该保护气氛中的氧含量按体积计为0.2~4重量%”，对比文件2公开了一种碱性电池用的锌合金粉末的制造方法，该方法所用的雾化保护氛围中氧含量为2重量%（见对比文件2的说明书表1的实施例2），而该技术特征在对比文件2中所起的作用是增加合金粉末的耐腐蚀性从而降低析氢量（见说明书第2页第1栏3-6行），并且在客观上也起到防止过度氧化并提高电池容量的作用，这与本申请中所起的作用（本申请说明书第1页21行）相同。因此本领域技术人员在对比文件1的基础上结合对比文件2而得到权利要求1所要保护的技术方案是显而易见的，并且没有取得意料不到的技术效果，因此权利要求1所要求保护的技术方案相对于对比文件1和2不具有突出的实质性特点和显著的进步，不符合专利法第二十二条第三款所规定的创造性。

权利要求1的组分（7）的“0.005~2重量%的Al和0~0.5重量% Pb，余量为Zn”的技术特征也已在对比文件2中公开（见比较例2）：粉末组分为Zn-0.05% Pb-0.05% Al-1% Hg。因此在对比文件1、2的基础上简单选择对比文件2所公开的组分而得到权利要求1要求保护的具有组分（7）的技术方案，对本领域技术人员而言是显而易见的，并且没有取得意料不到的技术效果，因此权利要求1仍然不具备专利法第二十二条第三款所规定的创造性。

权利要求1中的组分（2）的“0.005~2重量%的铟和0.005~0.2重量%的Bi；0~0.5重量%的Pb，其余部分是锌”、（4）的“0.005~2重量%的铟和0.005~0.2重量%的Bi和0.001~0.5重量%的Ca；0~0.5重量%的Pb，其余部分是锌”、（6）的“0.005~2重量%的Bi；0~0.5重量%的Pb，其余部分是锌”，对比文件3（见说明书第5页表格中的No.6、8和13，其涉及电池电极的元素含量）公开了一种电池用锌合金粉的含量，可以为以下三种组分：0.20重量%的Pb和0.05重量%的Bi；0.20重量%的In、0.10重量%的Pb和0.05重量%，因此在对比文件1、2的基础上简单选择对比文件3中的合金粉的组分而得到权利要求1要求保护的具有组分（2）（4）和（6）的技术方案，对本领域技术人员来说是显而易见的，并且没有取得意料不到的技术效果，因此权利要求1不具有突出的实质性特点和显著的进步，不符合专利法第二十二条第三款所规定的创造性。

2）权利要求2同样涉及8种并列的技术方案，可将其分为与权利要求1相对应的8种技术方案，仅将各元素的百分含量数值改变，并用符号（1”）-（8”）表示。

其中组分（3”）、（5”）已在对比文件1公开。对比文件1公开（见对比文件1的权利要求1和10、说明书第5页第4行）了一种制造碱性电池用的锌合金粉末的方法，锌粉按重量计由以下成分组成：0.0001-0.0095重量% Al；0.001-2重量% Bi（且进一步限定其数值范围为0.003-0.2重量%）和0.005-2重量% In之任一种或二种；0.003-2重量% Pb；并任选含有0.003-2重量% Ca；其余为Zn和上述金属中不可避免的杂质，并进一步公开了该粉末合金可采用离心雾化的方法得到。该权利要求所要保护的技术方案与对比文件1所公开的技术方案相比，其区别在于：“雾化方法是在保护气氛下进行的，而该保护气氛中的氧含量按体积计为0.2-4重量%“，对比文件2公开了一种碱性电池用的锌合金粉末的制造方法，该方法所用的保护氛围中氧含量为2重量%（见对比文件2的说明书表1的实施例2），而该技术特征在对比文件2中所起的作用是增加合金粉末的耐腐蚀性从而降低析氢量（见对比文件2的说明书第2页第1栏3~6行），并且在客观上也起到防止过度氧化并提高电池容量的作用，这与本申请中所起的作用（本申请的说明书第1页21行）相同。因此本领域技术人员在对比文件1的基础上结合对比文件2而得到权利要求2所要保护的具有组分（3”）和（5”）的技术方案是显而易见的，并且没有取得意料不到的技术效果，因此权利要求2所要求保护的技术方案相对于对比文件1和2不具有突出的实质性特点和显著的进步，不符合专利法第二十二条第三款所规定的创造性。

其中组分（1”）、（8”）已在对比文件1中公开（见对比文件1的权利要求1和10），区别仅在于权利要求2中的铝含量略有提高，而本领域技术人员知道，对比文件1所公开的铝元素的含量加入到粉末中能给予粉末足够的耐腐蚀性，且铝含量提高时有时还会引起短路问题，因此在对比文件1和2公开的基础上得到权利要求2所要保护的具有组分（1”）和（8”）的技术方案，不具备突出的实质性特点和显著的进步，权利要求2不具备创造性，不符合专利法第二十二条第三款的规定。

权利要求2中的组分（7”）的“0.005～2重量%的Al和0～0.5重量% Pb，余量为Zn“的技术特征已在对比文件2中公开（见对比文件2的比较例2），因此在对比文件1、2的基础上简单选择对比文件2公开的组分而得到权利要求2要求保护的具有组分（7”）的技术方案，对本领域技术人员而言是显而易见的，并且没有取得意料不到的技术效果，因此权利要求2不具备专利法第二十二条第三款所规定的创造性。

权利要求2中的组分（2”）的“0.01～2重量%的铟和0.01～0.2重量%的Bi；0～0.5重量%的Pb，其余部分是锌”、（4”）的“0.005～2重量”%的铟和0.01～0.2重量%的Bi和0.003～0.5重量%的Ca；0～0.5重量%的Pb，其余部分是锌”、（6”）的“0.01～2重量%的Bi；0～0.5重量%的Pb，其余部分是锌”，对比文件3（见对比文件3的说明书第5页表格中的No.6、8和13，其涉及电池电极的元素含量）公开了一种电池用锌合金粉的含量，可以为以下三种组分：0.20重量%的Pb和0.05重量%的Bi；0.20重量%的In、0.10重量%的Pb和0.05重量%，因此在对比文件1、2公开的基础上简单结合对比文件3公开的锌合金组分得到权利要求1要求保护的具有组分（2”）（4”）和（6”）的技术方案，对本领域技术人员来说是显而易见的，并且没有取得意料不到的技术效果，因此权利要求1不具有突出的实质性特点和显著的进步，不符合专利法第二十二条第三款所规定的创造性。

3）权利要求3的附加技术特征是“在保护气氛中的氧含量按体积计为0.2% －3.5%。对比文件2中公开（见实施例1）了氧含量为1.0%，其作用与本申请相同，因此当其引起的权利要求1或2不具有创造性时，权利要求3也不具备创造性，不符合专利法第二十二条第三款的规定。

请求人在针对复审通知书的意见陈述书中认为：1. 单纯地将对比文件1其中的一个技术方案与对比文件2结合，不足以预测到本发明的内容；2. 只有在特定的气氛下进行离心雾化方法并结合特定的合金，才可以得到用于碱性电池时具有改进特性的合金。合议组认为：1. 在评述创造性时，在两篇对比文件具有结合的技术启示的情况下，如果一篇对比文件的其中的一个技术方案与另一篇对比文件的相关技术手段结合公开了权利要求的所有技术特征，那么该权利要求所要求保护的技术方案不具备创造性。就本案而言，对比文件2中保护氛围中的氧含量已经公开了本申请的氧含量，并且其在对比文件2中的作用与本申请相同，对于本领域的技术人员来说，这已经给出了将对比文件2结合到对比文件1中的启示，可以不需花费创造性的劳动而得到本申请所要求保护的部分技术方案。2. 由于本申请的原始申请文件中并未记载本申请的材料和气氛是经过特定选择的，也未记载这些材料对本申请有何特殊重要意义和作用，并且请求人提交的并非权威机关出具的正式测试报告，因而请求人的第二点意见及所提交的测试报告也不能被合议组接受。合议组并不否认对比文件1和2与本申请的区别，不同条件得到不同的结果是很正常的，该测试报告将对比文件1和2割裂来分别测试各锌合金的特性，其未考虑到对比文件1和2结合的技术启示，对于本领域的技术人员来说，在考虑到对比文件1和2结合的启示下，得到本申请的技术方案是很容易的，其效果也是可以预见的，因此该测试报告的观点合议组也不予接受。

基于上述理由，合议组作出下述决定。

三、决定

维持国家知识产权局于2004年3月5日作出的驳回00803387.0号发明专利申请的决定。

请求人对本决定不服的，可以根据专利法第四十一条第二款的规定，自收到本决定之日起三个月内向北京市第一中级人民法院起诉。

312

在印刷电路板的制造中制备通孔的方法案

复审请求审查决定（第9855号）

决 定 号 第9855号
决 定 日 2006年12月25日
发明创造名称 在印刷电路板的制造中制备通孔的方法
国 际 分 类 号 H05K 3/00
复 审 请 求 人 三井金属鉱业株式会社
专 利 申 请 号 99104905.5
申 请 日 1999年3月31日
公 开 日 1999年12月8日
合 议 组 组 长 熊 婷
主 审 员 杜 宇
参 审 员 孙克良

法 律 依 据 专利法第二十二条第三款
决 定 要 点

如果对比文件公开的技术方案与本申请技术方案存在实质性不同，并且对比文件对本申请权利要求的区别技术特征均没有给出任何启示，该区别技术特征使权利要求的技术方案产生了有益效果，则相对于对比文件，该权利要求的技术方案具有突出的实质性特点和显著的进步，具备创造性。

一、案由

本复审请求案涉及申请日为1999年3月31日、优先权日为1998年4月1日、公开日为1999年12月8日、发明名称为"在印刷电路板的制造中制备通孔的方法"、申请号为99104905.5的发明专利申请（下称本申请），申请人为三井金属鉱业株式会社。

在实质审查过程中，国家知识产权局实质审查部门以申请日提交的原始申请文件为基础进行审查。

国家知识产权局实质审查部门于2003年7月18日发出第一次审查意见通知书，其中指出：本申请的权利要求1~7均不具备专利法第二十二第三款所规定的创造性，权利要求1和3不符合专利法实施细则第二十条第一款的规定，说明书不符合专利法实施细则第十八条、第十九条的规定。并引用了以下对比文件：

对比文件1：JP10-75069A，其公开日为1998年3月17日；

对比文件2：Formation of microvias in epoxy-glass composites by laser ablation, A. N. PARGELLIS ET AL. OPTICS AND LASER TECHNOLOGY, VOL, 22, NO.3, June 1990, pages 205-207，其公开日为1990年6月30日；

对比文件3：WO97/41713A1，其公开日为1997年11月6日；

对比文件4：US4917758A，其公开日为1990年4月17日。

申请人于2003年11月25日针对第一次审查意见通知书提交了意见陈述书以及权利要求第1~7项和说明书第1、2、5、7页的替换页，其认为：对比文件1和2均未揭示本申请权利要求1中多层印刷线路板中外层铜箔厚度与内部线路厚度之间的关系，如果用作外层的铜箔厚度超过内部布线图案的五分之一，当用激光束在外层铜箔和绝缘树脂层中同时形成通孔时，不仅会破坏绝缘树脂层，而且会损坏内部布线图案，因此权利要求1相对对比文件1和2具备创造性；由于权利要求1具备创造性，因而从属权利要求2~7也相应地具备创造性。

国家知识产权局实质审查部门于2004年1月9日发出第二次审查意见通知书，其中引入对比文件5：A. KESTENBAUM ET AL. Laser drilling of microvias in epoxy - glass printed circuit boards, IEEE TRANSACTIONS ON COMPONENTS, HYBRIDS, AND MANUFACTURING TECHNOLOGY, 1990, vol. 13 (4): 1055 - 1062，其公开日为1990年12月31日，并指出权利要求1相对于对比文件1和5或对比文件1和2不具备创造性；其从属权利要求2~7也不具备创造性。

2004年5月17日，申请人针对第二次审查意见通知书提交了意见陈述书以及权利要求第1~7项的替换页，其认为特定的外层铜箔厚度以及外层铜箔厚度与内部线路厚度的特定比例的组合是关键的，权利要求1要求保护的技术方案能实现微通孔的良好加工，由于对比文件1、2和5均没有揭示或暗示修改后的权利要求1中的这一技术特征，因此权利要求1相对于对比文件1和5或对比文件1和2具备创造性；由于权利要求1具备创造性，因而从属权利要求2~7页相应地具备创造性。修改后的权利要求书如下：

“1. 一种制备多层印刷线路板的方法，其中将具有内部布线图案的内芯和外层铜箔与位于内部布线图案和外层铜箔之间的有机绝缘树脂层进行层压，得到多层板（a），在多层板（a）上形成通孔以得到具有通孔的多层板（b），外层铜箔和内部布线图案互相之间进行电连接，其中所述外层铜箔的厚度不超过4微米，并且该厚度不超过所述内部线路厚度的1/4.5，所述通孔是通过激光照射，在所述外层铜箔和所述有机绝缘层中同时形成的。

2. 如权利要求1所述的方法，其中所述多层板（a）是通过将位于载体上的外层超薄铜箔与介入铜箔和内芯之间的有机绝缘树脂一同层压到包含内部布线图案的内芯上，再除去载体而制得的。

3. 如权利要求1所述的方法，其中所述多层板（a）按如下步骤制得：将位于载体上的外层铜箔层压到内芯上，所述外层铜箔的厚度不小于4微米，除去载体，并部分溶解外层铜箔以将其厚度减薄至不超过4微米。

4. 如权利要求1或3所述的方法，其中外层铜箔的厚度为4微米或更厚，在将所述外层铜箔与所述内芯进行层压之后，通过蚀刻将所述外层铜箔进行部分溶解，以使其厚度减薄至不超过4微米，且该厚度不超过内部线路厚度的1/4.5。

5. 如权利要求1所述的方法，其中所述多层板（a）按如下步骤制得：将热固性树脂施涂在外层铜箔上，加热该热固性树脂至半固化状态以得到复合铜箔，将该复合铜箔层压到包含内部布线图案的内芯的相背两表面的一面或两面上，接着加热。

6. 如权利要求1所述的方法，其中外部布线图案按如下步骤制得：在所述具有通孔的多层板（b）上形成外部铜层，在外部铜层上施涂光敏抗蚀剂，接着形成抗蚀图案，将所得产品进行酸性蚀刻以部分除去外部铜层和外层铜箔。

7. 如权利要求1所述的方法，其中外部布线图案按如下步骤制得：在所述具有通孔的多层板（b）上施涂光敏抗蚀剂，接着形成抗蚀图案，在抗蚀图案之间和通孔的树脂面上形成外部铜层，在除去抗蚀图案之后，将所得产品进行酸性蚀刻以除去外层铜箔的一部分，这些部分是除去抗蚀图案而暴露在外的部分。”

国家知识产权局实质审查部门继续审查，仍认为权利要求1～7不具备创造性，因此于2005年1月14日作出了驳回本申请的决定。

驳回决定主要指出：独立权利要求1请求保护一种制备多层印刷线路板的方法，对比文件1也公开了一种多层印刷线路板的制造方法，并具体披露了以下技术特征（见对比文件1说明书第4栏第49行至第5栏第25行，及附图1－3）：将具有电路布线图案（42）的层压板（40，相当于权利要求1中的带有内部布线图案的内芯）、和带有树脂层的铜箔（44，相当于权利要求1中的外层铜箔和位于内部图案和外层铜箔之间的有机绝缘树脂）进行层压，得到多层板（见对比文件1说明书第4栏第49行至第5栏第7行）；在多层板上形成通孔（46），使得外层铜箔与内部布线图案实现电连接，所述通孔（46）是通过激光照射，在所述外层铜箔和所述绝缘层中同时形成的（见对比文件1说明书第5栏第23～25行）。

权利要求1与对比文件1相比，区别在于：权利要求1所述外层铜箔的厚度不超过4微米、并不超过所述内部线路厚度的1/4.5。其所要解决的技术问题是为了实现微小直径通孔的良好加工。

对比文件5公开了一种印刷电路板激光形成微小通孔的方法，并具体披露了以下试验数据（见对比文件5说明书第1059页第1段）：基板上表面铜箔（相当于权利要求1中的外层铜箔）的厚度为1/8 oz（4.45微米，略大于权利要求1中的4微米），底部铜箔（相当于权利要求1中的内部线路）厚度可选为1 oz（35.56微米），由此可知，外层铜箔为所述内部线路厚度的1/7.99（落在了权利要求1中不超过1/4.5的数值范围内），且其所起作用与在本发明中相同，也是为了实现微小直径通孔的良好加工。

上述区别技术特征与对比文件5披露的上述技术特征相比的不同之处仅在于：对比文件5中基板上表面铜箔（相当于权利要求1中的外层铜箔）的厚度为1/8 oz（4.45微米）、略大于权利要求1中的4微米。但是对本领域技术人员来说，在对比文件5披露的4.45微米实现微小直径通孔的良好加工的启示下，完全可以通过有限次常规试验选择出外层铜箔及内部线路厚度的适宜数值范围，而不需要付出创造性劳动。而且权利要求1中的外层铜箔厚度不超过4微米与对比文件5中披露的4.45微米相比并没有带来预料不到的技术效果。

由此可知，上述对比文件5和本技术领域的公知常识给出了将上述区别技术特征与对比文件1相结合以解决微小直径通孔良好加工的启示，也就是说，在对比文件1的基础上结合对比文件5和本技术领域的公知常识得出权利要求1的技术方案，对本领域技术人员来说是显而易见的，且没有产生预料不到的技术效果。因此，该权利要求1不具有突出的实质性特点和显著的进步，因而不符合专利法第二十二条第三款有关创造性的规定。

相对于对比文件1、3和5，权利要求2不具备创造性；相对于对比文件1、4和5，权利要求3、4不具备创造性；相对于对比文件1和5，权利要求5、6和7不具备创造性。

申请人（下称复审请求人）对上述驳回决定不服，于2005年4月21日向专利复审委员会提出了复审请求，其提供了实验数据证明权利要求1的技术方案相对于对比文件1和5的组合取得了意想不到的技术效果。

经形式审查合格，专利复审委员会予以受理，于2005年6月24日发出复审请求受理通知书和前置审查通知书。国家知识产权局原实质审查部门对该复审请求进行了前置审查，坚持原驳回决定。

在以上审查工作的基础上，合议组认为本案事实已经清楚，可以作出本复审请求审查决定。

二、决定的理由

1. 本决定所依据的文本

本复审决定是以驳回决定所依据的文本作出的，即，2004 年 5 月 17 日提交的权利要求第 1 ~ 7 项、2003 年 11 月 28 日提交的说明书第 1、2、5、7 页、申请日提交的说明书第 3、4、6、8 页、附图第 1 ~ 2 页、说明书摘要及摘要附图。

2. 关于专利法第二十二条第三款

合议组评述本申请权利要求书时所使用的对比文件与实质审查过程中所引用的对比文件相同，即对比文件 1（JP10 - 75069A）、对比文件 3（WO97/41713A1）、对比文件 4（US4917758A）和对比文件 5（A. KESTENBAUM ET AL. Laser drilling of microvias in epoxy - glass printed circuit boards, IEEE TRANSACTIONS ON COMPONENTS, HYBRIDS, AND MANUFACTURING TECHNOLOGY, 1990, vol. 13 (4): 1055 - 1062）。

专利法第二十二条第三款规定：创造性，是指同申请日以前已有的技术相比，该发明有突出的实质性特点和显著的进步，该实用新型有实质性特点和进步。

独立权利要求 1 请求保护一种制备多层印刷线路板的方法，对比文件 1 也公开了一种多层印刷线路板的制造方法，并具体披露了以下技术特征（见对比文件 1 说明书第 4 栏第 49 行至第 5 栏第 25 行，及附图 1 - 3）：将具有电路布线图案 42 的层压板 40（相当于权利要求 1 中的带有内部布线图案的内芯）、和带有树脂层的铜箔 44（相当于权利要求 1 中的外层铜箔和位于内部图案和外层铜箔之间的有机绝缘树脂）进行层压，得到多层板（见对比文件 1 说明书第 4 栏第 49 行至第 5 栏第 7 行）；在多层板上形成通孔 46，使得外层铜箔与内部布线图案实现电连接，所述通孔 46 是通过激光照射，在所述外层铜箔和所述绝缘层中同时形成的（见对比文件 1 说明书第 5 栏第 23 ~ 25 行）。

权利要求 1 与对比文件 1 相比，区别在于：权利要求 1 所述外层铜箔的厚度不超过 4 微米、并不超过所述内部线路厚度的 1/4.5。其所要解决的技术问题是为了实现微小直径通孔的良好加工。

对比文件 3 公开了一种形成良好电路板布线的方法，其具体公开了多层板的制造方法：多层板是通过将位于载体上的外层超薄铜箔与介入铜箔和内芯之间的有机绝缘树脂一同层压到包含内部布线图案的内芯上，再除去载体而制得的（参见对比文件 3 说明书第 1 页第 28 行至第 2 页第 9 行）。

对比文件 4 公开了一种电路板薄铜箔的制备方法：将在基板上形成较厚的铜箔，然后对整个铜箔进行蚀刻，直到获得预定的铜箔厚度（参见对比文件 4 摘要部分）。

对比文件 5 公开了一种印刷电路板激光形成微小通孔的方法，其要解决的技术问题是在使用激光打孔时防止微小通孔的直径扩大，并具体披露了以下试验数据（见对比文件 5 第 1059 页第 1 段）：基板上表面铜箔（相当于权利要求 1 中的外层铜箔）的厚度为 1/8 oz 即 4.45 微米，底部铜箔（相当于权利要求 1 中的内部线路）厚度可选为 1 oz 即 35.56 微米，外层铜箔为所述内部线路厚度的 1/7.99。

对比文件 5 公开了基板上表面铜箔的厚度为 4.45 微米的技术方案，但其没有公开所述表面铜箔厚度小于 4.45 或 4 微米的技术方案，本领域普通技术人员从对比文件 5 公开的技术方案中不能得知将所述表面铜箔厚度设置为小于 4.45 或 4 微米时，加工所述微小直径通孔时所述微小直径通孔的击穿率，并且权利要求 1 与对比文件 5 解决的技术问题不同，从对比文件 5 公开的内容中也不能得到任何关于使所述表面铜箔厚度小于 4.45 或 4 微米可以增加所述微小直径通孔的击穿率的技术启示，由于对比文件 1 和 5 均没有给出技术启示，对于本领域普技术人员来说，结合对比文件 1 和 5 得到的技术方案，不能教导本领域普通技术人员在表面铜箔的厚度小于 4.45 微米的范围内通过实验选择该表面铜箔厚度以取得良好的击穿率，而且当所述外层铜箔厚度在权利要求 1 所要求保护的范围内时（即所述外层铜箔的厚度小于或等于 4 微米），在对微小直径通孔的加工时所述微小直径通孔的击穿率大大高于所述外层铜箔为4.45微米时的击穿率，因此，结合对比文件1和5本领域普通技术技术人员不能显而易见地得到权利要求1所要求保护的技术方案；并且对比文件3和4也没有记载表面铜箔厚度小于4.45或4微米可以增加所述微小直径通孔的击穿率的技术方案，或给出任何相关的技术启示，在结合对比文件1、3和5或对比文件1、4和5的基础上，本领域普通技术技术人员不能显而易见地得到权利要求1所要求保护的技术方案。因此相对于对比文件1、3和5或对比文件1、4和5，权利要求1具有突出的实质性特点和显著的进步，符合专利法第二十二条第三款关于创造性的规定。

在权利要求1相对于对比文件1和5或对比文件1、3和5或对比文件1、4和5的结合具备创造性的情况下，其从属权利要求2~7也符合专利法第二十二条第三款的关于创造性规定。

综上所述，本申请权利要求1~7，具备专利法第二十二条第三款规定的创造性。

三、决定

撤销国家知识产权局于2005年1月14日对申请号为99104905.5的发明专利申请作出的驳回决定，由原审查部门以驳回决定所针对的2004年5月17日提交的权利要求第1~7项、2003年11月28日提交的说明书第1、2、5、7页、申请日提交的说明书第3、4、6、8页、附图第1~2页、说明书摘要及摘要附图的文本为基础继续进行审批程序。

复审决定作出后复审请求人不服该决定的，可以根据专利法第四十一条第二款的规定，自收到本决定之日起三个月内向北京市第一中级人民法院起诉。

313

离子溅射泵案

复审请求审查决定（第9856号）

决　定　号　第9856号
决　定　日　2006年12月18日
发明创造名称　离子溅射泵
国际分类号　H01J 41/12、37/18
复审请求人　爱发科股份有限公司
专利申请号　01800923.9
申　请　日　2001年3月13日
公　开　日　2002年8月28日
合议组组长　张美菊
主　审　员　杜　宇
参　审　员　樊晓东

法律依据　专利法第二十二条第三款
决定要点

如果一项权利要求与一篇对比文件相比较存在区别技术特征，但在其他对比文件中公开了这些区别技术特征，并且给出了将其应用到第一篇对比文件中而得到该权利要求所要求保护的技术方案的启示，则本领域普通技术人员将这些对比文件结合起来，从而得到该权利要求所要求保护的技术方案是显而易见的，该权利要求相对于这些对比文件的结合不具有突出的实质性特点和显著的进步，不符合专利法第二十二条第三款有关创造性的规定。

一、案由

本复审请求案涉及申请日为2001年3月13日、公开日为2002年8月28日、优先权日分别为2000年3月13日和2001年3月13日、进入国家阶段的日期为2001年12月13日、发明名称为“离子溅射泵”、申请号为01800923.9的发明专利申请（下称本申请），申请人为爱发科股份有限公司。

在实质审查过程中，国家知识产权局实质审查部门以进入中国国家阶段时提交的原始申请的中文译文为基础进行审查。

国家知识产权局实质审查部门于2004年3月5日发出第一次审查意见通知书，其中指出：本申请的权利要求1~9相对于对比文件1~3的结合均不具备专利法第二十二第三款所规定的创造性。所引用的对比文件如下：

对比文件1：US4890029A，公开日为1989年12月26日；

对比文件2：JP特开昭49-130511A，公开日为1974年12月13日；

对比文件3：JP特开昭48-74166A，公开日为1973年10月5日。

申请人于2004年9月6日针对第一次审查意见通知书提交了意见陈述书以及权利要求书的替换

页，其认为：修改后的权利要求1的技术特征“设置于筒状部分的外侧各凹部中的每个永久磁铁具有与真空容器的中心轴线垂直的截面为向外扩大的楔形的柱状体结构”、“设置于筒状部分的内侧各凹部中的每个阳极具有与真空容器的中心轴线方向的投影图为向外扩大的楔形的筒状体结构”在对比文件1～3中均未公开和暗示，上述技术特征可以有效地避免电子图像的模糊和电子束当前值的减弱，使放电区域可以最大限度的延伸以加大泵的排气率，并且具有使泵简化的优点，因此权利要求1所要求保护的技术方案相对对比文件1～3具有实质性的区别技术特征，具备创造性；修改后的权利要求2～7均从属于上述修改后的权利要求1，由于所述权利要求1具备创造性，从而权利要求2～7也具备创造性。修改后的权利要求书如下：

“1. 一种离子溅射泵，在真空容器内设置有阳极和阴极，通过在两电极间加上高电压，在磁场的作用下使电子做螺旋运动，残留气体分子与螺旋运动着的电子相碰撞而被离子化，溅射阴极，吸附到阳极的表面等上，从而进行排气，其特征在于，

真空容器壁筒状部分的横截面形状作成凹凸形状，在该凹凸横截面形状筒状部分的外侧各凹部中朝着同一个磁极方向地分别设置具有同一形状、同一特性的永久磁铁，在真空容器周围部分外侧的各个凹部中设置的永久磁铁是与真空容器的中心轴线方向垂直的横截面为向外扩大的楔形的柱状体，

在该凹凸横截面形状筒状部分的内侧各凹部与真空容器壁离开地分别设置筒状的阳极，在真空容器周围部分内侧的各个凹部中设置的阳极是在真空容器中心轴线方向的投影图为向外扩大的楔形的筒状体，

将真空容器壁的筒状部分作为阴极，在真空容器内，使周围上开有排气孔的筒状磁屏蔽部件与上述多个永久磁铁及多个阳极同心状地配置，并且分别轴对称、等间距地排列上述这些多个永久磁铁及多个阳极。

2. 如权利要求1所述的离子溅射泵，其特征在于，每个所述永久磁铁的楔形的柱状体具有多角形横截面。

3. 如权利要求1所述的离子溅射泵，其特征在于，每个所述永久磁铁的楔形的柱状体具有圆形横截面。

4. 如权利要求1所述的离子溅射泵，其特征在于，每个所述阳极的楔形的筒状体具有多角形横截面。

5. 如权利要求1所述的离子溅射泵，其特征在于，真空容器周围部分的外侧及内侧的凹部交替地被排列着、多个永久磁铁及多个阳极被交替排列着。

6. 如权利要求1所述的离子溅射泵，其特征在于，至少设有设置多个永久磁铁及多个阳极的凹部的真空容器的周围部分及磁屏蔽部件是圆筒形，多个永久磁铁和多个阳极基本轴对称地排列在同一个圆周上。

7. 如权利要求1所述的离子溅射泵，其特征在于，在真空容器内设置的磁屏蔽部件为多边形的筒状体。”

国家知识产权局实质审查部门继续审查，仍认为权利要求1～7不符合专利法第二十二条第三款关于创造性的规定，因此于2004年12月31日作出了驳回本申请的决定。

驳回决定主要指出：权利要求1请求保护一种离子溅射泵，对比文件1（参见说明书第2栏第1～25行，附图7）也公开了一种离子泵，其在结构上与本发明十分相近的，并且其所解决的技术问题是使离子泵真空度提高而又不增加其尺寸和重量，而且使电子枪处于磁场的零点，这与本发明所解决的技术问题也是一致的，权利要求1与对比文件1的区别仅在于一些细节结构特征：（1）筒状阳极在真空容器中心轴线方向的投影图为向外扩大的楔形，（2）将真空容器壁的筒状部分作为阴极，（3）

筒状磁屏蔽部件上开有排气孔。

上述区别技术特征（1）是筒状阳极在具体形状上与对比文件1有所区别，但是本领域普通技术人员为了解决上述技术问题是很容易想到将依次排列在楔形电子腔室中的逐个增大的多个筒状体改成一个整体的呈楔形的筒状体，因此该区别技术特征（1）是与对比文件1中相应的技术特征的简单置换。

上述区别特征（2）的作用在于在保证泵的基本结构的前提下减小泵的重量，结构上也更简化一些。但是对于这种利用已有的容器壁兼做阴极的设计也是相当基本的设计，在对比文件2中（参见说明书页码43页左上栏第5行至左下栏第5行，附图1）就披露了这样的一种电子放电式真空装置，因此本领域普通技术人员就会从对比文件2中得到将真空容器壁兼做阴极的设计与对比文件1结合起来解决本发明要解决的技术问题的启示。

上述区别技术特征（3）的改进在于保证磁屏蔽效果的同时能够很好地排气，对比文件3披露了具有带排气孔的磁屏蔽部件的真空电子装置，磁屏蔽部件5和6上设置排气孔5a、6a。这与该区别技术特征（3）所要解决的任务是相同的，因此，本领域普通技术人员就会从对比文件3中得到磁屏蔽部件上开排气孔的设计与对比文件1结合起来解决本发明要解决的技术问题的启示。

综上所述，权利要求1相对于对比文件1、2和3来说不具有突出的实质性特点和显著的进步，不符合专利法第二十二条第三款有关创造性的规定。

相对于对比文件1、2和3从属权利要求2~7也不符合专利法第二十二条第三款有关创造性的规定。

申请人（下称复审请求人）对上述驳回决定不服，于2005年4月11日向专利复审委员会提出了复审请求以及权利要求书的替换页，其认为：对比文件3中所公开的磁屏蔽部件必须为二重结构，而修改后的权利要求1仅采用单个磁屏蔽部件，通过上述区别技术特征，可以使结构更为简单，并且实现整体结构的小型轻量化；即使将对比文件2和3公开的相应技术特征应用到对比文件1中而着意组成类似本申请的结构，也无法将在真空容器内部的各部件的表面设置得小于本申请表面积，因此修改后的权利要求1相对于对比文件1、2和3具备创造性，其从属权利要求2~7也具备创造性。

修改后的权利要求书如下：

"1. 一种离子溅射泵，包括一真空容器，将真空容器壁筒状部分的横截面形状作成凹凸形状，在该凹凸横截面形状筒状部分的外侧各凹部中朝着同一个磁极方向地分别设置多个具有同一形状、同一特性的永久磁铁，在真空容器内设置有阳极和阴极，通过在两电极间加上高电压，在磁场的作用下使电子做螺旋运动，残留气体分子与螺旋运动着的电子相碰撞而被离子化，离子化的分子溅射阴极以激活其表面，被激活的阴极表面和阳极表面吸附气体分子，从而进行排气，其特征在于，

将真空容器壁作为阴极，在筒状部分外侧的各凹部中设置的永久磁铁是与真空容器的中心轴线方向垂直的横截面为向外扩大的楔形的柱状体，

阴极由多个筒状的阳极构件构成，每个筒状的阳极构件以从真空容器壁离开的方式分别设置在相应的内侧的各凹部中，每个在筒状部分内侧的各个凹部中设置的阳极是在真空容器中心轴线方向的投影图为向外扩大的楔形的筒体状，

相对于所述泵的中心轴对称、等间距地排列所述这些多个永磁铁及多个阳极，

使周围开有多个排气孔的单个筒状磁屏蔽部件与所述多个永久磁铁及多个阳极同心状地配置。

2. 如权利要求1所述的离子溅射泵，其特征在于，每个所述永久磁铁的楔形的柱状体具有多边形横截面。

3. 如权利要求1所述的离子溅射泵，其特征在于，每个所述永久磁铁的楔形的柱状体具有圆形

横截面。

4. 如权利要求1所述的离子溅射泵，其特征在于，每个所述阳极的楔形的筒状体具有多边形横截面。

5. 如权利要求1所述的离子溅射泵，其特征在于，真空容器筒状部分的外侧及内侧的凹部交替地被排列着，多个永久磁铁及多个阳极被交替排列着。

6. 如权利要求1所述的离子溅射泵，其特征在于，包含设置有多个永久磁铁及多个阳极的凹部的真空容器的周围部分及磁屏蔽部件是圆筒形，所述多个永久磁铁和所述多个阳极相对于所述泵的中心轴对称地排列在同一个圆周上。

7. 如权利要求1所述的离子溅射泵，其特征在于，在真空容器内设置的磁屏蔽部件为多边形的筒状体。”

经形式审查合格，专利复审委员会予以受理，于2005年6月1日发出复审请求受理通知书和前置审查通知书。

国家知识产权局原实质审查部门对该复审请求进行了前置审查，坚持原驳回决定。

专利复审委员会依法成立合议组对此案进行审理，并于2006年9月8日向请求人发出了复审通知书，主要复审意见为：对比文件1披露了一种离子溅射泵，对比文件1解决的技术问题是使离子泵真空度提高而不增加其尺寸和重量，并且对比文件2和3给出了将其公开的区别技术特征应用到对比文件1而得到本申请技术方案的启示，在此基础上本领域普通技术人员将对比文件2和3应用到对比文件1中从而得到权利要求1所要求保护的技术方案是显而易见的，因此权利要求1相对于对比文件1、2和3来说不具有突出的实质性特点和显著的进步，不符合专利法第二十二条第三款有关创造性的规定；相对于对比文件1、2和3，权利要求2~7也不符合专利法第二十二条第三款有关创造性的规定。

复审请求人于2006年10月23日提交了意见陈述书，其认为：对比文件1中两个相邻的永久磁铁之间配置有由多个电极构成元件所构成的阳极组件，本申请的单一的楔形电极构成阳极与对比文件1的阳极存在明显不同，对比文件1没有公开或暗示上述技术特征，即使将对比文件2和3中所公开的公知技术应用到对比文件1中，对于本领域的普通技术人员来说，不付出创造性劳动是无法轻易地获得本申请要求保护的技术方案，因此权利要求1~7具备创造性。

在以上审查工作的基础上，合议组认为本案事实已经清楚，可以作出本复审请求审查决定。

二、决定的理由

1. 本决定所依据的文本

由于复审请求人提交复审请求书时对权利要求的修改符合专利法第三十三条和专利法实施细则第六十条第一款的规定，因此本复审决定所依据的文本为复审请求人于2005年4月11日提交的权利要求第1~7项、进入中国国家阶段时提交的说明书第1~5页、附图第1~3页、说明书摘要及摘要附图。

2. 关于专利法第二十二条第三款

合议组评述本申请权利要求书时所使用的对比文件与实质审查过程中所引用的对比文件，即对比文件1（US4890029）、对比文件2（JP特开昭49-130511A）和对比文件3（JP特开昭48-74166A）。

专利法第二十二条第三款规定：创造性，是指同申请日以前已有的技术相比，该发明有突出的实质性特点和显著的进步，该实用新型有实质性特点和进步。

权利要求1要求保护一种离子溅射泵，对比文件1披露了一种离子溅射泵，并具体公开了以下技术特征（见说明书第2栏第1~25行，说明书第3栏第38~43行，说明书第4栏第58行至第5栏19

行，附图7)：该离子泵设置有圆筒状正电极35（相当于阳极）和吸收电极361、362（相当于阴极），在两电极间加上高压电，从而进行离子泵的排气操作，楔形板状的永久磁铁341、342以放射状与圆筒状正电极35和吸收电极361、362相对应地交替排列，电子枪室30有着楔形剪裁形状，并且以辐射状排列，楔形板状的永久磁铁341、342在与电子枪室30一一对应相配合的楔形剪裁形状中排列，圆筒状正电极35等距离地排列在相邻的永久磁铁341、342之间，并且圆筒状正电极35的轴朝向永久磁铁341、342形成静态磁场方向，吸收电极361、362交替放射状排列对应圆筒状磁屏蔽部件320的中心轴。

权利要求1与对比文件1的区别是：（1）筒状阳极在真空容器中心轴线方向的投影图为向外扩大的楔形，（2）将真空容器壁的筒状部分作为阴极，（3）单个筒状磁屏蔽部件上开有排气孔。

区别技术特征（1）中的筒状阳极在具体形状上与对比文件1有所区别，对比文件1中公开的正电极35为多个筒状体在楔形剪裁的电子枪室30中以朝向中心轴的方向逐个增大依次排列，其整体为楔形，而权利要求1中的阳极是一个整体的楔形筒状体，但是由于对比文件1中正电极整体排布成楔形，对比文件1解决的技术问题是使离子泵真空度提高而不增加其尺寸和重量，而提高真空度需要简化真空容器中各部件的结构以减小所述各部件的表面积，为了使得阳极结构更加简单，在布置与装配上更加容易，本领域普通技术人员很容易地想到将依次排列在楔形电子腔室中的逐个增大的多个筒状体改成一个整体的呈楔形的筒状体，并且在本申请中也没有记载采用单一的楔形电极具有其他的意料不到的技术效果，因此该区别技术特征（1）是与对比文件1中相应的技术特征的简单替换，本领域普通技术人员得到上述技术启示是显而易见的。

区别技术特征（2）的作用在于在保证泵的基本结构的前提下减小泵的重量，结构上也更简化一些。但是对于这种利用已有的容器壁兼做阴极的设计也是公知的设计，在对比文件2中（见说明书页码43页左上栏第5行至左下栏第5行，附图1）就披露了这样的一种电子放电式真空装置，其中阴极板21同时也兼做真空容器壁，即真空容器壁与阴极均由图标21所示的部件来承担，其所起的作用就是简化结构而且减小重量，这与区别技术特征（2）在本申请中所起的作用是相同的，并且对比文件1中的阴极也是与磁铁、正电极交替排布，因此本领域普通技术人员能够从对比文件2中获得将真空容器壁兼做阴极的设计与对比文件1结合起来而得到本申请的凹凸状真空容器壁作为阴极的技术启示。

区别技术特征（3）的改进在于保证磁屏蔽效果的同时能够很好地排气，对比文件3中（见说明书页码409页左上栏第2～13行，附图1、2）就披露了具有带排气孔的磁屏蔽部件的真空电子装置，磁屏蔽部件5和6上设置排气孔5a、6a。虽然区别技术特征（3）中的筒状磁屏蔽部件是单个部件，而对比文件3中的磁屏蔽部件为双重结构，但两者所起的作用是相同的，都是在磁屏蔽的同时能够很好地排气，对于本领域普通技术人员来说对比文件3给出了在磁屏蔽部件上设置排气孔从而能够得到更好的排气效果的技术启示，为了实现良好排气的目的，本领域普通技术人员将对比文件3应用到对比文件1中在磁屏蔽部件上设置排气孔是显而易见的。

对比文件1解决的技术问题是使离子泵真空度提高而不增加其尺寸和重量，并且对比文件2和3给出了将其应用到对比文件1而得到本申请技术方案的启示，在此基础上本领域普通技术人员将对比文件2和3应用到对比文件1中从而得到权利要求1所要求保护的技术方案是显而易见的，因此权利要求1相对于对比文件1、2和3来说不具有突出的实质性特点和显著的进步，不符合专利法第二十二条第三款有关创造性的规定。

权利要求2、3和4对权利要求1作了进一步的限定，但其附加技术特征是本领域常用的技术手段，其所述的永久磁铁的横截面的形状以及阳极的横截面形状都是本领域普通技术人员的常规性的选择，因此当权利要求 2、3 和 4 引用的权利要求 1 不具备创造性的时候，其也不符合专利法第二十二条第三款关于创造性的规定。

在对比文件 1（见说明书第 4 栏第 58 行至第 5 栏第 10 行，附图 7）中公开了以下技术特征：真空容器筒状部分的外侧及内侧的凹部交替地排列，多个永久磁铁及多个正电极被交替排列；保护设置有多个永久磁铁及多个正电极的凹部的真空容器的肘部部分及磁屏蔽部分是圆筒形，所述多个永久磁铁和所述多个正电极相对于所述泵的中心轴对称地排列在同一圆周上，因此权利要求 5 和 6 的附加技术特征已经在对比文件 1 中公开，其也不符合专利法第二十二条第三款关于创造性的规定。

权利要求 7 对权利要求 1 进一步限定，限定在真空容器内设置的磁屏蔽部件为多边形的筒状体。对于本领域普通技术人员来说上述限定是一种常规设计，因此当权利要求 7 引用的权利要求 1 不具备创造性的时候，其也不符合专利法第二十二条第三款关于创造性的规定。

综上所述，本申请权利要求 1 ~ 7 不符合专利法第二十二条第三款关于创造性的规定。

三、决定

维持国家知识产权局于 2004 年 12 月 31 日对 01800923. 9 号发明专利申请作出的驳回决定。

复审请求人对本决定不服的，可以根据专利法第四十一条第二款的规定，自收到本决定之日起三个月内向北京市第一中级人民法院起诉。

314

隔臭自动坐便器和蹲便器案

复审请求审查决定（第 9857 号）

决　　定　　号　第 9857 号
决　　定　　日　2006 年 12 月 25 日
发明创造名称　隔臭自动坐便器和蹲便器
国 际 分 类 号　E03D　11/10
复 审 请 求 人　王　榕
申　　请　　号　02102955.5
申　　请　　日　2002 年 2 月 3 日
公　　开　　日　2003 年 8 月 20 日
合 议 组 组 长　黄毅斐
主　　审　　员　王伟艳
参　　审　　员　孙克良

法 律 依 据　专利法第三十三条
决 定 要 点
若申请人对申请文件的修改并未使公众从修改后文件中获取到不同于原申请文件记载的信息，则这种修改符合专利法第三十三条的规定。

一、案由

本复审请求涉及申请日为 2002 年 2 月 3 日，名称为“隔臭自动坐便器和蹲便器”的发明专利申请（下称本申请），其申请号是 02102955.5，申请人是王榕。

2003 年 4 月 18 日申请人修改了申请文件，并提交了说明书、权利要求书、说明书附图的替换页。本申请于 2003 年 8 月 20 日公开后，应申请人的实质审查请求，国家知识产权局实质审查部门依法对其进行了实质审查，并于 2004 年 6 月 4 日发出第一次审查意见通知书，指出：2003 年 4 月 18 日提交的修改文件多处超出原始申请文件记载的范围，不符合专利法第三十三条的规定。

2004 年 9 月 19 日申请人提交了答复第一次审查意见通知书的意见陈述书，同时提交了说明书、权利要求书、说明书附图第 2、3、5、10 页的修改替换页。

2005 年 3 月 18 日，国家知识产权局发出第二次审查意见通知书，指出：修改后的申请文件仍然存在多处超出原始申请文件记载的范围，不符合专利法第三十三条的规定。

针对第二次审查意见通知书，申请人于 2005 年 5 月 14 日再次修改了申请文件，同时提交了说明书、说明书附图第 1、3、4、5、6、7、8、9、10 页以及权利要求书替换页。

2005 年 9 月 9 日，国家知识产权局驳回了本申请。驳回理由是申请文件的修改不符合专利法第三十三条的规定。驳回所针对的文本是申请人于 2005 年 5 月 14 日提交的权利要求第 1 ~ 10 项、说明书第 1 ~ 10 页、附图第 1、3 ~ 10 页、2004 年 9 月 19 日提交的附图第 2 页以及申请日提交的说明书摘要以及摘要附图。

申请人（下称复审请求人）对上述驳回决定不服，于2005年12月17日向专利复审委员会提出复审请求。

复审请求的理由是：由于经济条件所限，没有请专利代理，所以不清楚专利法第三十三条的含义，不知道如何修改，并认为修改没有超范围，请求复审。

经形式审查合格，专利复审委员会受理了该复审请求，并于2006年2月7日发出了受理通知书及前置审查通知书。

在前置审查意见中，针对复审请求人的复审理由，原审查部门坚持原驳回决定。

在此基础上，专利复审委员会依法成立合议组对本案进行审查。合议组于2006年6月12日向复审请求人发出复审通知书，指出：驳回决定所针对的文本中多处修改内容既未明确记载在原始申请文件中，也不能从原始公开的信息中直接地、毫无异议地导出，因此，修改不符合专利法第三十三条的规定，并具体列出了修改超范围之处以及合议组认为修改超范围的理由。

针对上述复审通知书，复审请求人于2006年7月25日提交了意见陈述书，陈述了其将权利要求书和说明书全部修改为原始申请文件，唯一的改动是把第一次申请的权利要求书中的技术内容复制到说明书中，使之互相呼应。同时提交了权利要求书、说明书、说明书附图以及说明书摘要和摘要附图替换页。其中的独立权利要求如下：

“1. 一种坐便器或蹲便器，由便池，冲洗水槽，排污管组成，其特征是在排污管口设置一浮板阀，由排污管存水隔臭弯管提供适当水位，设置防溅接尿斜面及其侧冲洗水槽。

2. 一种浮板阀制造方法，其特征是利用浮力和重力对转轴为支点的杠杆力矩大小变化工作，通过对体积和重力的适当设置的制造无动力的自动启闭浮板阀的方法。”

在上述工作的基础上，合议组认为本案事实已经清楚，依法作出如下审查决定。

二、决定的理由

1. 关于专利法第三十三条的规定

复审请求人于2006年7月25日提交的经修改的申请文件符合专利法实施细则第六十条的规定。合议组核实了此次修改申请文件，除了权利要求2与原始权利要求书的权利要求2不同以及将权利要求书技术方案加到原始说明书中之外，该修改文件的内容与原始申请文件内容相同。

此次修改后的权利要求2为“一种浮板阀制造方法，其特征是利用浮力和重力对转轴为支点的杠杆力矩大小变化工作，通过对体积和重力的适当设置的制造无动力的自动启闭浮板阀的方法”。原始申请文件中的权利要求2为“一种浮板阀制造方法，由浮板、密封圈组成，其特征是利用浮力和重力对转轴为支点的杠杆力矩大小变化工作，通过对体积和重力的适当设置的制造无动力的自动启闭浮板阀的方法”。由此，修改后的权利要求2删除了“由浮板、密封圈组成”，合议组认为，这种修改克服了原权利要求2主题类型不明确的缺陷，且修改后的权利要求2的技术方案与原权利要求2的技术方案实质相同，因此，符合专利法第三十三条的规定。

复审请求人将权利要求书技术方案加到原始说明书中，该修改并未超出原说明书和权利要求书记载的范围，因此，符合专利法第三十三条的规定。

综上所述，复审请求人于2006年7月25日提交的经修改的申请文件符合专利法第三十三条的规定。

三、决定

撤销国家知识产权局于2005年9月9日对02102955.5号发明专利申请作出的驳回决定。在请求人于2006年7月25日提交的权利要求第1~8项、说明书第1~7页、说明书附图第1~10页以及说明书摘要和摘要附图的基础上，由原审查部门继续进行审批程序。

复审请求人如对本复审决定不服，可根据中国专利法第四十一条第二款的规定，在收到本决定之日起三个月内向北京市第一中级人民法院起诉。

315

可自动备份数据于非挥发性存储器的个人数字助理系统案

复审请求审查决定（第9858号）

决　定　号　第9858号
决　定　日　2006年12月21日
发明创造名称　可自动备份数据于非挥发性存储器的个人数字助理系统
国际分类号　G06F 17/40
复审请求人　倚天资讯股份有限公司
申　请　号　98105192.8
申　请　日　1998年3月26日
公　开　日　1999年10月6日
合议组组长　张美菊
主　审　员　杜　宇
参　审　员　李韵美

法律依据　专利法实施细则第二十条第一款、专利法第二十二条第三款
决定要点

在某一技术特征无法用结构特征来限定，或者技术特征用结构特征限定不如用功能或效果特征来限定更为恰当，而且该功能或者效果能通过说明书中规定的实验或者操作或者所属技术领域的惯用手段直接和肯定地验证的情况下，使用功能或者效果特征来限定发明才可能是允许的。

如果对比文件公开的技术方案与权利要求保护技术方案存在实质性不同，并且对比文件对于区别技术特征没有给出任何启示，该区别技术特征同时使权利要求保护的技术方案产生了有益效果，则该权利要求相对于对比文件具有突出的实质性特点和显著的进步，具备创造性。

一、案由

本复审请求案涉及申请日为1998年3月26日、公开日为1999年10月6日、发明名称为“可自动备份数据于非挥发性存储器的个人数字助理系统”、申请号为98105192.8的发明专利申请（下称本申请），申请人为倚天资讯股份有限公司。

在实质审查过程中，国家知识产权局实质审查部门以申请日提交的原始申请文件为基础进行审查。

国家知识产权局实质审查部门于2002年3月29日发出第一次审查意见通知书，其中指出：本申请的权利要求1～6、8～12不具备专利法第二十二第三款所规定的创造性性，权利要求7、8、13不符合专利法实施细则第二十条第一款的规定，并引用了以下对比文件：

对比文件1：JP特开平8－139798A，其公开日为1996年5月31日；

对比文件2：JP特开平8－147222A，其公开日为1996年6月7日。

申请人于2002年7月23日针对第一次审查意见通知书提交了意见陈述书以及权利要求书、说明书、说明书附图、说明书摘要和摘要附图的替换页，并论述了新修改的权利要求1～5相对于对比文件1和2具备创造性的理由。修改后的权利要求书如下：

“1. 一种个人数字助理装置，该个人数字助理装置可直接输入并储存一使用者信息，在供应该个人数字助理装置的供应电源的输出离开其工作区时，该使用者信息仍然存在，该个人数字助理装置至少包含：

只读存储装置，用于储存一信息判断程序，该信息判断程序用于检查该个人数字助理系统中所储存的该使用者信息是否正确；

随机存取存储装置，用于储存该使用者信息，该使用者信息在该供应电源的输出离开其工作区时，该随机存取存储装置内所储存的数据会消失；

中央处理装置，用于处理该使用者信息，以及

显示装置，用于将由该中央处理装置传送到该显示装置的讯号以光能的形式显示在该显示装置表面上；

其特征在于，所述个人数字助理装置还包括：

非挥发性存储装置，用于储存该使用者信息，在该供应电源的输出离开其工作区时，该使用者信息仍然存在，而且该第一系统程序可以被取代；

所述中央处理装置依据所设定的自动备份模式，将该使用者信息备份于该非挥发性存储装置中，并以该只读存储装置中的该信息判断程序，判断存储于该非挥发性存储装置中的该使用者信息，与储存于该随机存取存储装置中的该使用信息是否相同。

2. 如权利要求1所述的个人数字助理装置，其特征在于，上述中央处理装置建立一数据库，并且进行该个人数位助理系统工作；且上述中央处理装置还进行该使用者信息的备份工作；当该随机存取存储装置中的该使用者信息为正确时，将该使用者资讯备份到该非挥发性存储装置中；当该随机存取存储装置中的该使用者信息为不正确且该非挥发性存储装置中的该使用者信息为正确时，将该非挥发性存储装置中的该使用者信息，重新储存到该随机存取存储装置；当该随机存取存储装置中与该非挥发性存储装置中的该使用者信息均不正确时，则重新建立该数据库。

3. 如权利要求1所述的个人数字助理装置，其特征在于，该中央处理装置每隔一段时间，自行将储存在该静态随机存取存储装置中的使用者信息备份于该非挥发性存储装置。

4. 如权利要求1所述的个人数字助理装置，其特征在于，该中央处理装置随时将该使用者信息备份于该非挥发性存储装置。

5. 如权利要求1所述的个人数字助理装置，其特征在于，上述中央处理装置还接收手动备份指令，以手动方式，将该使用者信息备份于该非挥发性存储装置。”

国家知识产权局实质审查部门继续审查，仍认为权利要求1、3～5相对于对比文件1和2不符合专利法第二十二条第三款关于创造性的规定；权利要求2的附加技术特征完全为中央处理装置的执行步骤，用此类非结构特征来限定装置，造成权利要求2的类型及保护范围不清楚，不符合专利法实施细则第二十条第一款的规定，因此于2002年10月11日作出了驳回本申请的决定。

驳回决定主要指出：权利要求1与对比文件1的区别在于权利要求1的装置中包含用于存储使用者信息的非挥发性存储装置，而对比文件1的装置中不含此部件，另外权利要求1限定中央处理装置判断信息的正确性并依据设定的自动备份模式备份，在对比文件1中也无描述，对比文件2披露了一种个人数字助理装置，并公开了利用个人数字助理装置外部的非挥发性存储装置存储由该个人数字助

理装置传送来的数据，并且本领域技术人员了解，比较、判读属 CPU 的基本功能，在对比文件 1 的基础上，将对比文件 2 中的非挥发性存储装置移入个人数字助理装置内部、相应地使中央处理装置判断信息的正确性并进行自动备份从而得到权利要求 1 的技术方案使容易想到的，因此权利要求 1 相对于对比文件 1 和 2 不具备专利法第二十二条第三款规定的创造性；权利要求 3 ~5 相对于对比文件 1 和 2 也不具备创造性；权利要求 2 不符合专利法实施细则第二十条第一款。

申请人（下称复审请求人）对上述驳回决定不服，于 2002 年 12 月 6 日向专利复审委员会提出了复审请求及权利要求第 1 ~7 项的替换页。其主要复审请求理由是：本申请的自动备份是 PDA 依系统本身的设定，定期或者随时进行数据库的备份，无须仰赖外接其他装置、或使用者，其与对比文件 2 完全不同，增强 PDA 在携带使用上的便利性，并且本申请的个人数字助理系统，更具有一资料判断程序，判断资料的正确性，若有错误时会进行资料重新存储，以避免把错误信息由静态随机存取存储器中，储存到非挥发性存储装置中，且当静态随机存取存储器数据库的资料不正确时，将非挥发性存储器装置中正确的数据库重新储存到静态随机存取存储器，更确保了资料的安全性，此技术特征对比文件 1 和 2 皆未揭露，因此本申请克服了现有技术存在的缺点和不足，具有显著的进步，符合专利法第二十二条第三款关于创造性的规定。

经形式审查合格，专利复审委员会予以受理，于 2002 年 12 月 25 日发出复审请求受理通知书和前置审查通知书。

国家知识产权局原实审部门对该复审请求进行了前置审查，认为权利要求 1、3 ~6 仍然不具备创造性，权利要求 2、7 ~10 不符合专利法实施细则第二十条第一款的规定，坚持原驳回决定。

专利复审委员会依法成立合议组对此案进行审理，并于 2006 年 9 月 8 日向复审请求人发出了复审通知书，主要指出：对比文件 1 披露了一种用于处理电话号码与姓名地址信息的个人数字助理装置，权利要求 1 与对比文件 1 的区别是：（1）权利要求 1 具有用于存储使用者信息的非挥发性存储装置；（2）权利要求 1 中央处理装置判断随机存取存储装置内的信息与非挥发性存储装置的信息是否相同，并依据设定的自动备份模式在非挥发性存储装置中进行备份。对比文件 2 披露了一种个人信息管理装置，对比文件 2 给出了使用非挥发性存储器储存备份信息以保证信息在电池耗尽时不会丢失的技术启示，为了解决当供应电源消失时，个人数字助理装置中储存的信息不丢失的技术问题，在对比文件 1 的基础上，本领域普通技术人员很容易地想到将对比文件 2 中公开的在非挥发性存储器中保存备份信息的数据备份方式应用到对比文件 1 中，并将非挥发性存储器设置在个人数字助理装置内部，因此权利要求 1 相对于对比文件 1 和 2 的结合不具有突出的实质性特点和显著的进步，不符合专利法第二十二条第三条关于创造性的规定。

2006 年 10 月 31 日，复审委员会收到复审请求人提交的意见陈述书及权利要求第 1 ~5 项的替换页，其主要认为：将原权利要求 2 的附加技术特征补充到原权利要求 1 中，形成新的权利要求 1，修改后的权利要求 1 ~5 相对于对比文件 1 和 2 具备创造性。

修改后的权利要求如下：

“1. 一种个人数字助理装置，该个人数字助理装置可直接输入并储存一使用者信息，在供应该个人数字助理装置的供应电源的输出离开其工作区时，该使用者信息仍然存在，该个人数字助理装置至少包含：

只读存储装置，用于储存一信息判断程序，该信息判断程序用于检查该个人数字助理系统中所储存的该使用者信息是否正确；

非挥发性存储装置，可重复读写数据，用于储存该使用者信息，在该供应电源的输出离开其工作区时，该使用者信息仍然存在；

随机存取存储装置，用于储存该使用者信息，该使用者信息在该供应电源的输出离开其工作区时，该随机存取存储装置内所储存的数据会消失；

中央处理装置，用于处理该使用者信息，其中该中央处理装置依所设定的自动备份模式，将该使用者信息备份于该非挥发性存储装置中，并以该只读存储装置中的该信息判断程序，判断存储于该非挥发性存储装置中的该使用者信息，与储存于该随机存取存储装置的该使用信息是否相同；以及

显示装置，用于将由该中央处理装置传送到该显示装置的讯号以光能的形式显示在该显示装置表面上；

上述中央处理装置执行该信息判断程序后，形成一信息控制装置，其中该信息控制装置建立一数据库，并且进行该个人数位助理系统工作；且该信息控制装置更进行该使用者信息的备份工作，当该随机存取存储装置中的该使用者信息为正确时，将该使用者资讯备份到该非挥发性存储装置中，当该随机存取存储装置中的该使用者信息为不正确且该非挥发性存储装置中的该使用者信息为正确时，将该非挥发性存储装置中的该使用者信息，重新储存到该随机存取存储装置，当该随机存取存储装置中与该非挥发性存储装置中的该使用者信息均不正确时，则重新建立该数据库。

2. 如权利要求 1 所述的装置，其特征在于，上述自动备份模式时指该中央处理装置每隔一段时间，自行将储存在该静态随机存取存储装置中的使用者信息备份于该非挥发性存储装置。

3. 如权利要求 1 所述的装置，其特征在于，上述自动备份模式是指该中央处理装置随时将该使用者信息备份于该非挥发性存储装置。

4. 如权利要求 1 所述的装置，其特征在于，上述中央处理装置还具有手动备份功能，以手动方式，将该使用者信息备份于该非挥发性存储装置。

5. 如权利要求 1 所述的装置，其特征在于，上述非挥发性存储装置为一快闪存储器。”

在以上审查工作的基础上，合议组认为本案事实已经清楚，可以作出本复审请求审查决定。

二、决定的理由

1. 本决定所依据的文本

由于复审请求人答复复审通知书时的提交的修改文本符合专利法第三十三条和专利法实施细则第六十条的规定，因此本复审决定所依据的文本为于 2006 年 10 月 31 日复审委员会收到复审请求人提交的权利要求第 1 ~ 5 项；复审请求人于 2002 年 7 月 23 日提交的说明书第 1 - 6 页、附图第 1 - 3 页、说明书摘要及摘要附图。

2. 关于专利法实施细则第二十条第一款

专利法实施细则第二十条第一款规定：权利要求书应当说明发明或者实用新型的技术特征，清楚、简要地表述请求保护的范围。

通常，对产品权利要求来说，应当尽量避免使用功能或者效果特征来限定发明。只有在某一技术特征无法用结构特征来限定，或者技术特征用结构特征限定不如用功能或效果特征来限定更为恰当，而且该功能或者效果能通过说明书中规定的实验或者操作或者所属技术领域的惯用手段直接和肯定地验证的情况下，使用功能或者效果特征来限定发明才可能是允许的。

权利要求 1 要求保护一种个人数字助理装置，权利要求 1 限定了所述信息控制装置的功能，该功能特征相当于驳回决定所针对的权利要求 2 的附加技术特征，上述装置实现的功能实质上是中央处理装置通过运行相应的程序实现的，对于中央处理装置运行计算机程序而实现功能用结构特征限定不如用功能限定更为恰当，而如何利用中央处理装置运行相应程序实现上述装置实现的功能是本领域的公知常识，本领域普通技术人员可以清楚、明确地得知权利要求 1 所要求保护的技术方案的保护范围，因此权利要求 1 符合专利法实施细则第二十条第一款的规定。

3. 关于专利法第二十二条第三款

专利法第二十二条第三款规定：创造性，是指同申请日以前已有的技术相比，该发明有突出的实质性特点和显著的进步，该实用新型有实质性特点和进步。

如果对比文件公开的技术方案与权利要求保护技术方案存在实质性不同，并且对比文件对于区别技术特征没有给出任何启示，该区别技术特征同时使权利要求保护的技术方案产生了有益效果，则该权利要求相对于对比文件具有突出的实质性特点和显著的进步，具备创造性。

合议组评述本申请权利要求书时所使用的对比文件与实质审查过程中所引用的对比文件相同，即对比文件1（JP 特开平 8 - 139798A）和对比文件2（JP 特开平 8 - 147222A）。

权利要求1要求保护一种个人数字助理装置，其包括只读存储装置、非挥发性存储装置、随机存取存储装置、中央处理装置、显示装置、信息控制装置。对比文件1披露了一种用于处理电话号码与姓名地址信息的个人数字助理装置（见说明书第3栏第22~44行，附图5），该装置包括：用于存储处理程序的只读存储器 ROM（相当于权利要求1的只读存储装置）；用于存储使用者电话号码、姓名等信息的随机存取存储器 RAM（相当于权利要求1的随机存取存储装置），当电池耗尽时，该信息消失；用于处理信息的中央处理单元（相当于权利要求1的中央处理装置）；以及用于显示由中央处理单元传送的处理结果的液晶显示器（相当于权利要求1的显示装置）。可见权利要求1与对比文件1的区别是：（1）权利要求1具有用于存储使用者信息的非挥发性存储装置；（2）权利要求1中央处理装置判断随机存取存储装置内的信息与非挥发性存储装置的信息是否相同，并依据设定的自动备份模式在非挥发性存储装置中进行备份；（3）该信息控制装置建立一数据库进行该使用者信息的备份工作，当该随机存取存储装置中的该使用者信息为正确时，将该使用者资讯备份到该非挥发性存储装置中，当该随机存取存储装置中的该使用者信息为不正确且该非挥发性存储装置中的该使用者信息为正确时，将该非挥发性存储装置中的该使用者信息，重新储存到该随机存取存储装置，当该随机存取存储装置中与该非挥发性存储装置洪的该使用者信息均不正确时，则重新建立该数据库。

对比文件2披露了一种个人信息管理装置（见说明书第5栏第44行至第6栏第9行，附图1）：在个人信息装置具有的 PDA 侧数据传输控制部件 11a 用于充电时传输个人信息管理装置管理的数据，传输完成控制部分 11b 用于在备份结束时关断个人信息管理装置的电源，计算机30具有充电开始检测部件32，用于检测是否开始充电，备份侧数据传输控制部分31用于在充电时在非挥发性存储器中存储由个人信息管理装置传输来的数据，当电池耗尽时，该非挥发性存储装置中所存储的数据仍然存在。

虽然对比文件2公开了使用外部的非挥发性存储器与个人数字助理装置连接，储存备份信息以保证信息在个人数字助理装置电池耗尽时不会丢失的技术方案，解决了当供应电源消失时，个人数字助理装置中储存的信息不丢失的问题，但对比文件2没有公开区别技术特征（3），其公开的技术方案不对静态随机存取存储器与非挥发性存储器中存储的数据进行比较，不能判断上述数据的正确性，不能避免存储了错误信息，当上述数据不正确时，不能恢复正确的数据，并且对比文件2也没有给出任何与之相关的技术启示，由于对比文件1和2都没有公开区别技术特征（3），即使本领域普通技术人员将对比文件1和2结合，也不能不花费创造性的劳动就得到与权利要求1限定的技术方案，权利要求1所保护的技术方案可以确保用户资料的正确性、安全性与使用的方便性的功能，因此相对于对比文件1和2，权利要求1具有突出的实质性特点和显著的进步，符合专利法第二十二条第三款关于创造性的规定。

由于权利要求2~5是权利要求1的从属权利要求，因此在权利要求1具备创造性时，权利要求2~5相对于对比文件1结合对比文件2也符合专利法第二十二条第三款关于创造性的规定。

综上所述，相对于对比文件1和2，本权利要求1～5具备专利法第二十二条第三款规定的创造性。

三、决定

撤销国家知识产权局于2002年10月11日对申请号为98105192.8的发明专利申请作出的驳回决定，由原实质审查部门以于2006年10月31日复审委员会收到复审请求人提交的权利要求1～5、复审请求人于2002年7月23日提交的说明书第1～6页、附图第1～3页、说明书摘要及摘要附图的文本为基础继续进行审批程序。

复审决定作出后复审请求人不服该决定的，可以根据专利法第四十一条第二款的规定，自收到本决定之日起三个月内向北京市第一中级人民法院起诉。

316

可自动备份会计电算化软件的代码对偶输入法案

复审请求审查决定（第9864号）

决　定　号　第9864号
决　定　日　2006年12月22日
发明创造名称　会计电算化软件的代码对偶输入法
国 际 分 类 号　G06F 3/023
复 审 请 求 人　曾伏云
申　请　号　00113207.5
申　请　日　2000年1月10日
公　开　日　2000年8月9日
合 议 组 组 长　石　清
主　审　员　张汉国
参　审　员　左　一

法 律 依 据　专利法实施细则第二条第一款，专利法第二十五条第一款第二项
决 定 要 点

由于本申请权利要求仅仅给出了一些人为定义和编制会计方法的构思，实质上并没有描述任何相关方法的技术方案，本领域技术人员不可能在此基础上实施本申请的所谓“会计电算化软件的代码对偶输入法”，因此该权利要求不是专利法意义上的技术方案，不符合专利法实施细则第二条第一款的规定。

一、案由

1. 本复审请求涉及申请人为曾伏云、申请号为00113207.5、名称为“会计电算化软件的代码对偶输入法”的发明专利申请，申请日为2000年1月10日，申请时权利要求书包括一项独立权利要求1和一项从属权利要求2，共两项权利要求。2000年4月14日，申请人按照国家知识产权局初审审查员的要求，提交了说明书附图。2000年6月27日，申请人向专利局提交了权利要求书的替换页，修改后的权利要求书具有四项权利要求。

应申请人提出的实审请求，国家知识产权局实审部门对上述申请进行了实质审查，并于2002年11月8日发出了第一次审查意见通知书，通知书中指出：权利要求1不是技术方案，作为权利要求1的从属权利要求的权利要求2～4也存在同样的问题，因此权利要求1～4不符合专利法实施细则第二条第一款的规定；本发明涉及会计软件的程序编制方法，即编程方法，包括科目的设置、科目格式的设定、科目代码的规定、帐户格式的设定等一系列编制软件所使用的基本构件和/或手段，这种基本编程构件和/或手段的设定完全以人的主观意念为转移，不涉及使用任何技术手段，并且实施这种设定或者编程方法的结果也不是技术效果，因此本发明属于智力活动范畴，根据专利法第二十五条第一款第二项的规定，本发明不具有专利授权的前景。

申请人于2002年11月30日针对第一次审查意见通知书提交了意见陈述书，并附新修改的权利要求书和说明书。申请人同时提交了7份附件，附件1是用友企业级财务软件目录页V8.10，附件2是用友企业级财务软件V8.10第14页，附件3是用友企业级财务软件V8.10第27页，附件4是用友企业级财务软件V8.10第21页，附件5是《会计电算化程序设计技巧100例》第50~51页，附件6是《会计电算化程序设计技巧100例》第60-61页，附件7是《科学学》第689~690页。修改后的权利要求书为：

“1. 一种会计电算化软件的代码对偶输入法，这是一种会计用于输入计算机记帐的方法，其特征是采用字母Y和N打头，后面是5个数字共6个字节组成正负科目代码，如“Y00101”是“现金”代码，“N10101”是“实收资本”代码，全部代码有序构成，每一代码有三层意思，前两位Y0和N1是借贷“合计金额”码，Y001和N101四位是对外科目码，全6位码是内部科目码或称基准码；字母打头是应用数据库字段名的规则要求，Y与N同时表示复式帐目中借、贷科目属性及其对偶形式；代码特征全部与电脑键盘符号对应；现行企业会计制度的科目表编号，是三位数字的顺序号方式，没有字母打头，没有正负属性标识，如科目表的101号是“现金”编号，301号是“实收资本”编号，本代码标识与它们不同。

2. 根据权利要求1所述的“会计电算化软件的代码对偶输入法”，其代码在于能应用于非对偶的记帐系统中，即与会计帐目对应的出纳和各物资、业务部门管理的实体帐目，也能使用本代码。“

申请人在意见陈述书中论述了新修改的文本符合专利法有关规定的理由。

申请人于2003年1月2日再次提交意见陈述书。

2003年6月5日，国家知识产权局针对申请人于2002年11月30日提交的说明书、权利要求书作出驳回决定。驳回理由是：权利要求1请求保护一种会计电算化的代码输入法，但是，其中并没有描述如何在输入装置输入所述的电算化代码，以及与所述输入方法相关的任何方法技术特征。它仅仅给出了一些纯粹的人为定义（例如数据格式）和相关定义的人为解释（例如各代码的内在含义），例如“采用字母Y和N打头，后面是5个数字共6个字节组成正负科目代码”“Y00101是‘现金’代码，N10101是‘实收’代码”，等等。在该权利要求中，没有显现和/或描述任何相关方法的技术方案，本领域技术人员不可能在此基础上实施本发明的所谓“会计电算化的代码输入方法”，故权利要求1不是技术方案，不符合专利法实施细则第二条第一款的规定。基于同样的道理，权利要求2也不符合专利法实施细则第二条第一款的规定。

2. 申请人（下称请求人）不服上述驳回决定，于2003年7月4日向专利复审委员会提出复审请求，并提交了系统软盘两张以及软盘所涉及的“会计及出纳、物资系统”使用说明书一份。请求人于2003年7月6日对其于2003年7月4日提交的复审请求书附件进行了补充说明。

经形式审查合格，专利复审委员会受理了上述请求，并按审查指南的规定要求原审查部门作出前置审查意见通知书。

原审查部门作出前置审查意见书，认为请求人的复审理由不成立，坚持原驳回决定。

专利复审委员会组成合议组对本案进行审查。

专利复审委员会分别于2004年10月25日、2005年7月4日、2005年7月25日收到请求人提交的复审意见陈述书。历次复审意见陈述书的主要理由是：1. 权利要求1、2涉及技术手段，并不属于智力活动的范畴；2. 把会计和记帐方法列入智力活动的规则和方法是不妥的；3. 目前会计理论和实践均从西方引进，不能照搬照抄，古老的“借贷记账法”已经不适合现代技术的发展，本申请的方法是对它的革新，有重要的现实意义。

合议组于2006年10月13日向请求人发出复审通知书。在复审通知书中，合议组指出：1. 驳回决定针对的文本是请求人于2002年11月30日提交的权利要求书和说明书，但是请求人于2002年11月30提交的说明书不仅在形式上不符合说明书的撰写要求，而且在具体内容上也不符合说明书的撰写要求，该说明书实质上并不是专利法意义上的说明书，而类似于一个意见陈述书，因此不应该以其作为驳回的文本。鉴于本案涉及的问题实质是权利要求是否符合专利法实施细则第二条第一款的规定，实审员在第一次审查意见通知书中也已经指出本发明申请不具有授权前景，合议组决定就权利要求是否符合专利法实施细则第二条第一款的规定继续进行审查。本复审通知书所依据的审查文本是请求人于2002年11月30日提交的权利要求书和申请日提交的说明书以及2000年4月14日提交的说明书附图。2. 权利要求1请求保护一种会计电算化软件的代码对偶输入法，是会计用于输入计算机记帐的方法，其特征是采用Y和N打头，后面是5个数字共6个字节组成正负科目代码，然后就是对该正负科目代码的人为定义，以及为什么要采用Y、N字母开头的解释，和指出该代码标识和现行会计制度的科目表编号的不同。可见，权利要求1只是给出了采用Y和N打头，后面是5个数字共6个字节组成正负科目代码来进行代码对偶输入的一种构思，并没有具体描述如何在输入装置输入所述的电算化代码、以及与所述输入方法相关的任何方法技术特征。因此在权利要求1中，实质上并没有描述任何相关方法的技术方案，本领域技术人员不可能在此基础上实施本申请的所谓“会计电算化软件的代码对偶输入法”。并且，根据审查指南第二部分第一章第4.2节规定，“统计、会计和记账的方法”属于智力活动的规则和方法。因此，权利要求1属于智力活动的规则和方法，不符合专利法第二十五条第一款第二项的规定，此外该权利要求不是专利法意义上的技术方案，也不符合专利法实施细则第二条第一款的规定。权利要求2的附加技术特征是对权利要求1中的代码的应用范围作出限定，基于与权利要求1的评述同样的道理，权利要求2也不符合专利法第二十五条第一款第二项和专利法实施细则第二条第一款的规定。3. 请求人在复审请求书和后续的意见陈述书中从技术特征的角度出发，描述了本发明在“完整的复式记账”“报表上的记账功能”“账户格式及其计算关系”“账簿和报表的同一性”“观念整体与单体的双重管理”上采取的做法和带来的技术效果。但是，这些做法并不具体，其往往是讲采用本发明的记账构思所要带来的观念上的突破和实际应用上会产生的效果，其并非真正意义上的技术手段，因此该理由不能证明本申请符合专利法及其专利法实施细则的规定。尽管请求人提交了相关的软盘，以证明本申请能够应用并且具有好的技术效果，但是软盘与本申请之间并不具有对应性，软盘仅多能够认为是利用本申请的发明构思做成的产品，不能以此来证明本申请符合专利法及其专利法实施细则的规定。4. 本申请说明书和权利要求书中公开的发明方案涉及一种会计电算化软件的代码对偶输入法，具体而言，涉及会计软件的编程方法，包括对科目格式的设定、账户格式的设定等一系列设定，该设定完全是以人的主观意念为转移，不涉及任何技术手段，根据审查指南第二部分第一章第4.2节的规定，属于智力活动的规则和方法，不符合专利法第二十五条第一款第二项的规定，因此本申请即使经过修改也不具有授权的前景。

专利复审委员会于2006年11月14日收到请求人于2006年11月11日提交的复审意见陈述书。在该复审意见陈述书中，请求人对合议组发出的复审通知书进行了答复，以夹叙夹议的方式提交了修改后的所谓的“说明书”和“权利要求书”。在该“说明书”和“权利要求书”中，请求人对本申请涉及的会计电算化代码对偶输入法的思路和具体步骤进行了解释和说明。

综上，合议组认为本案事实已经清楚，可以作出审查决定。

二、决定的理由

1. 审查文本

合议组经审查认为，请求人于2006年11月11日提交的“说明书”和“权利要求书”在形式上和具体内容上均不符合说明书的撰写要求。在形式上，请求人将“说明书”和“权利要求书”连在一起放在意见陈述的正文内容中，以意见陈述的方式来撰写，与审查指南的规定不符。该“说明书”分为“1. 修改申请说明书；1.1 建立数据库和输入屏幕格式；1.2 传送数据和计入帐户数值的运算；1.3 代码帐目转换成文字名称的帐目输出；1.4 系统使用的环境。”几部分。在该“说明书”的具体内容上，第一段写到，“本申请专利的‘会计电算化的代码对偶输入法’，是使用‘FOXPRO2.5B’DOS 版本的关系数据库语言编写的。它使用科目代码技术在数据库字段上建立帐户结构，它的数据流程如原说明书附图（19 页）所示的线路，进行软件设计编写程序。”，实际上是引用原说明书记载的内容来作为修改后的说明书的内容。其实，该“说明书”从其具体内容上来看，省略了原说明书中的许多内容，将原说明书中共 18 页的内容根据自己的认识进行了重写，浓缩到现在的 7 页多，这实际上是对本申请说明书的一个解释和说明。就该“权利要求书”的形式和内容而言，根据专利法第二十六条第四款的规定，权利要求书应当以说明书为依据，说明要求专利保护的范围，根据专利法实施细则第二十条第一款的规定，权利要求书应当说明发明或者实用新型的技术特征，清楚、简要地表述请求保护的范围。但是，该“权利要求书”对权利要求却采用分段进行描写，并且在描述中掺杂了权利要求特征之外的很多内容，比如在权利要求 1 中写到：“这是一种会计电算化软件的代码对偶输入法，代码是数据流程最基本的技术”“这是数据流程中的最基础的工作”“因此，根据字段名的规则和会计科目有借方和贷方的属性”“使用账户代码在数据库字段上建立与报表对应的明细账户，账户代码发挥了重要作用，特别是解决了字段名账户的唯一性问题”。其实，该“权利要求书”也类似于对权利要求的一个意见陈述。

综上，合议组认为，请求人于 2006 年 11 月 11 日提交的复审意见陈述书中包含的上述“说明书”和“权利要求书”均不能视为专利法意义上的说明书和权利要求书的修改文本，不能作为审查文本，合议组将其视为意见陈述在审查中予以考虑。

本复审决定针对的文本和复审通知书针对的审查文本相同，是请求人于 2002 年 11 月 30 日提交的权利要求书和申请日提交的说明书以及 2000 年 4 月 14 日提交的说明书附图。

2. 关于权利要求 1、2 是否符合专利法实施细则第二条第一款、专利法第二十五条第一款第二项规定的问题

根据专利法实施细则第二条第一款的规定，专利法所称发明，是指对产品、方法或者其改进所提出的新的技术方案。

根据专利法第二十五条第一款第二项的规定，智力活动的规则和方法不授予专利权。

合议组认为，权利要求 1 请求保护一种会计电算化软件的代码对偶输入法，是会计用于输入计算机记账的方法，其特征是采用 Y 和 N 打头，后面是 5 个数字共 6 个字节组成正负科目代码，然后就是对该正负科目代码的人为定义，以及为什么要采用 Y、N 字母开头的解释，和指出该代码标识和现行会计制度的科目表编号的不同。可见，权利要求 1 只是给出了采用 Y 和 N 打头，后面是 5 个数字共 6 个字节组成正负科目代码来进行代码对偶输入的一种构思，并没有具体描述如何在输入装置输入所述的电算化代码、以及与所述输入方法相关的任何方法技术特征。因此在权利要求 1 中，实质上并没有描述任何相关方法的技术方案，本领域技术人员不可能在此基础上实施本申请的所谓“会计电算化软件的代码对偶输入法”，因此，该权利要求不是专利法意义上的技术方案，不符合专利法实施细则第二条第一款的规定。

并且，根据审查指南第二部分第一章第 4.2 节规定，“统计、会计和记账的方法”属于智力活动的规则和方法。因此，权利要求 1 也属于智力活动的规则和方法，不符合专利法第二十五条第一款第二项的规定。

权利要求 2 的附加技术特征是：“其代码在于能应用于非对偶的记帐系统中，即与会计账目对应

的出纳和各物资、业务部门管理的实体账目，也能使用本代码。”权利要求2的附加技术特征是对权利要求1中的代码的应用范围作出限定，基于与权利要求1的评述同样的道理，权利要求2也不符合专利法实施细则第二条第一款和专利法第二十五条第一款第二项的规定。

在复审通知书和专利复审委员会于2004年10月25日、2005年7月4日、2005年7月25日收到的请求人提交的复审意见陈述书中，请求人从技术特征的角度出发，描述了本发明在“完整的复式记账”“报表上的记账功能”“账户格式及其计算关系”“账簿和报表的同一性”“观念整体与单体的双重管理”上采取的做法和带来的技术效果。但是，这些做法并不具体，其往往是讲采用本发明的记账构思所要带来的观念上的突破和实际应用上会产生的效果，其并非真正意义上的技术手段，因此该理由不能证明本申请符合专利法及其专利法实施细则的规定。尽管请求人提交了相关的软盘，以证明本申请能够应用并且具有好的技术效果，但是软盘与本申请之间并不具有对应性，软盘仅多能够认为是利用本申请的构思做成的产品，不能以此来证明本申请符合专利法及其专利法实施细则的规定。

在请求人于2006年11月11日提交的复审意见陈述书中，请求人在涉及权利要求的部分，介绍了本申请中科目代码的设置以及使用账户代码在数据库字段上建立与报表对应的明细账户中账户代码的重要作用；在涉及说明书的部分，依次介绍了本申请科目代码的设计，屏幕格式的设计，传送和添加数据，账户余额的计算和记录，对数据输入、传送以及存储的完成，将代码账目转换成文字名称的账目输出，系统使用的环境，从理论和实践介绍了本系统与“借贷记帐法“的不同。合议组认为，请求人的该理由并没有改变本申请的实质。本申请说明书和权利要求书中公开的发明方案涉及一种会计电算化软件的代码对偶输入法，具体而言，涉及会计软件的编程方法，包括对科目格式的设定、帐户格式的设定等一系列设定，该设定完全是以人的主观意念为转移，不涉及任何技术手段，根据审查指南第二部分第一章第4.2节的规定，属于智力活动的规则和方法，不符合专利法第二十五条第一款第二项的规定，因此本申请即使再经过修改也不具有授权的前景，这也是合议组决定不再给予请求人修改申请文件机会的原因。

综上所述，合议组认为由于本申请并未克服驳回决定和复审通知书中所指出的权利要求1~2不符合专利法实施细则第二条第一款以及专利法第二十五条第一款第二项规定的缺陷，请求人的复审请求理由不能成立，依法应当予以驳回。

三、决定。

维持国家知识产权局于2003年6月5日对00113207.5号发明专利申请所作出的驳回决定。请求人对本决定不服的，可以根据专利法第四十一条第二款的规定，自收到本决定之日起三个月内向北京市第一中级人民法院起诉。

317

比赛游戏装置、比赛游戏的进行方法及记录媒体案

复审请求审查决定（第9866号）

决　定　号　第9866号
决　定　日　2006年12月18日
发明创造名称　比赛游戏装置、比赛游戏的进行方法及记录媒体
国际分类号　G06F　9/06　A63F　13/00
复审请求人　科乐美股份有限公司
申　请　号　01118503.1
申　请　日　2001年5月29日
公　开　日　2002年1月9日
合议组组长　张美菊
主　审　员　杜　宇
参　审　员　龙　安

法律依据　专利法实施细则第二条第一款
决定要点

如果一项权利要求保护的方案没有解决技术问题，也没有取得技术效果，则该权利要求保护的方案不是技术方案，不符合专利法实施细则第二条第一款的规定。

一、案由

本复审请求涉及申请日为2001年5月29日、优先权日为2000年6月19日、公开日为2002年1月9日、发明名称为"比赛游戏装置、比赛游戏的进行方法及记录媒体"、申请号为01118503.1的发明专利申请（下称本申请），申请人为科乐美股份有限公司。

在实质审查过程中，国家知识产权局实质审查部门以申请日提交的原始申请文件为基础进行审查。

国家知识产权局实质审查部门于2003年4月4日发出第一次审查意见通知书，其中指出：本申请的权利要求1~5不符合专利法实施细则第二十条第一款的规定，权利要求6~9属于专利法第二十五条规定的不授予专利权的范围。

2003年8月4日，申请人针对第一次审查意见通知书提交了意见陈述书以及权利要求书的替换页，申请人认为：修改后的权利要求1和4说明了信息保存机构、日程管理机构、计时机构、比赛控制机构四个部分的技术特征以及结构连接特征；权利要求2、3、5也分别说明了所限定特征的技术特征以及结构连接特征；权利要求6和7说明了比赛游戏进行方法所使用的利用自然法则的技术特征的步骤。

国家知识产权局实质审查部门于2003年11月21日发出第二次审查意见通知书，其中指出：说权利要求1~7属于专利法第二十五条规定的不授予专利权的范围。

年1月17日，申请人针对第二次审查意见通知书提交了意见陈述书，申请人认为：本申请赛条件信息保存机构、日程管理机构、计时机构、比赛控制机构，这些机构都是具体的装置是符合自然法则的自然力因素的技术装置或机构，本申请利用上述的技术装置构成了权利要方案，其解决了本申请的技术问题，产生技术效果，因此本申请不属于智力活动的规则和

家知识产权局实质审查部门对本申请继续审查，仍认为权利要求1~7属于专利法第二十五条款第（二）项规定的不授予专利权的情况，因此于2004年4月23日作出了驳回本申请的决定。

驳回决定主要指出："权利要求1要求保护一种游戏装置，包括比赛条件信息保存机构、日程管机构、计时机构和比赛控制机构组成，上述装置属于本领域技术人员的常用的装置，没有任何结构征上的改造。权利要求1对现有技术作出贡献的是通过上述装置实现的比赛游戏方法。比赛游戏方是一种比赛游戏的规则和方法，它仅是指导人们对信息进行思维、识别、判断和记忆的规则和方法，没有采用技术手段或者利用自然法则，也没有解决技术问题和产生技术效果，不能构成技术方案。因此权利要求1属于专利法第二十五条第一款第（二）项规定的情形，不能被授予专利权。

权利要求2~3对权利要求1进一步限定，其实质上也属于比赛游戏的方法和规则，属于专利法第二十五条第一款第二项规定的情形，不能被授予专利权。

权利要求4要求保护一种比赛游戏装置，所述装置包括比赛条件信息保存机构、日程管理机构、计时机构和比赛控制机构，这些装置属于本领域技术人员的常用的装置，没有任何结构特征上的改造。权利要求4对现有技术作出贡献的是通过上述装置实现的比赛游戏方法。比赛游戏方法是一种比赛游戏的规则和方法，它仅是指导人们对信息进行思维、识别、判断和记忆的规则和方法，没有采用技术手段或者利用自然法则，也没有解决技术问题和产生技术效果，不能构成技术方案。因此权利要求4属于专利法第二十五条第一款第（二）项规定的情形，不能被授予专利权。

权利要求5对权利要求4进一步限定，其实质上也属于比赛游戏的方法和规则，属于专利法第二十五条第一款第二项规定的情形，不能被授予专利权。

权利要求6要求保护一种比赛游戏进行方法，是一种比赛游戏的规则和方法，它仅是指导人们对信息进行思维、识别、判断和记忆的规则和方法，没有采用技术手段或者利用自然法则，也没有解决技术问题和产生技术效果，不能构成技术方案。因此权利要求6属于专利法第二十五条第一款第（二）项规定的情形，不能被授予专利权。

权利要求7要求保护一种比赛游戏进行方法，是一种比赛游戏的规则和方法，它仅是指导人们对信息进行思维、识别、判断和记忆的规则和方法，没有采用技术手段或者利用自然法则，也没有解决技术问题和产生技术效果，不能构成技术方案。因此权利要求7属于专利法第二十五条第一款第（二）项规定的情形，不能被授予专利权。"申请人（下称复审请求人）对上述驳回决定不服，于2004年7月27日向专利复审委员会提出了复审请求以及权利要求书的替换页，其认为修改后的权利要求1~4是技术方案。修改后的权利要求书如下：

"1. 一种比赛游戏装置，包括：

第一存储部，存储多个一般比赛信息，每个一般比赛信息用于执行一般比赛；

第二存储部，存储由一般信息执行的，用于循环执行多个一般比赛确定顺序的第1日程信息；

第三存储部，存储至少一个特别比赛信息，该特别比赛信息用于执行至少一个特别比赛；

第四存储部，存储第2日程信息，该第2日程信息是在执行特别比赛时，确定时间的时间表；

计时机构，计时时间；

比赛控制机构，按照第1日程信息，从第二存储部读出第1日程信息和第一存储部读出一般比赛

信息，以便循环执行一般比赛，同时检测是否由与第 2 日程信息确定的时间匹配的计时机构
间；和

中断机构，在控制装置判断由第 2 日程信息确定的时间匹配的计时时间的同时，中断机
存储部读出特别比赛信息，以便中止一般比赛的循环执行，使得特别比赛是在当前执行的一
一的和在随后一般比赛中的一个之间执行。

2. 根据权利要求 1 的比赛游戏装置，其特征是，计时时间是实时时间。

3. 一种比赛游戏装置，包括：

第一存储部，存储多个一般比赛信息，每个一般比赛信息执行具有一个名称的一般比赛；

第二存储部，存储一个第 1 日程信息，该日程信息是由存储在第一存储部中，由一般信息抄
的，用于循环执行多个一般比赛确定比赛顺序；

第三存储部，存储至少一个特别比赛信息，该特别比赛信息用于执行特别比赛；

第四存储部，存储第 2 日程信息，该日程信息是确定以后执行特别游戏比赛的一般比赛中的一个
名称；

信息更新部，改变由第 2 日程信息确定的一般比赛的名称；

比赛控制机构，依照第 1 日程信息，从第二存储部读出第 1 日程信息和从第一存储部读出一般比赛信息，以便循环执行一般比赛，同时检测是否由与第 2 日程信息确定的一般比赛游戏名称匹配的，在当前执行的正常名称；和

中断机构，在控制装置判断由第 2 日程信息确定的一般比赛名称匹配的执行一般比赛名称时，中断机构从第三存储部读出特别比赛信息，以便中止一般比赛的循环执行，使得特别比赛是在当前执行的一般比赛中的一个和在随后一般比赛中的一个之间执行。

4. 一种比赛游戏装置，由比赛条件信息保存机构、日程管理机构、计时机构和比赛控制机构组成，能够连续执行多个一般比赛和至少一个特别比赛，其特征在于，

比赛条件信息保存机构，用于保存完成一般比赛及特别比赛所必要的比赛条件信息，连接于比赛控制机构并提供有关比赛条件信息；

日程管理机构，用于保存确定上述多个一般比赛的执行顺序的第 1 日程信息和确定上述特别比赛的预定开始时间的第 2 日程信息，连接于比赛控制机构并提供有关计时的信息；

计时机构，用于对由第 2 日程信息所确定的时刻进行计时，连接于比赛控制机构并提供有关计时的信息；

比赛控制结构，用于由计时机构检测到在按照第 1 日程信息的一般比赛的进行当中或刚执行完时由第 2 日程信息规定的特别比赛的预定开始时刻已经到来的场合，在该一般比赛执行完后读出对应特别比赛的比赛条件信息，执行特别比赛，在执行完该特别比赛后，执行按照上述第 1 日程信息的下一个预定开始的一般比赛，分别与上述的比赛条件信息保存机构、日程管理机构和计时机构连接。”

经形式审查合格，专利复审委员会予以受理，于 2004 年 8 月 18 日发出复审请求受理通知书和前置审查通知书。

国家知识产权局原实质审查部门对该复审请求进行了前置审查，坚持原驳回决定。

专利复审委员会依法成立合议组对本复审请求进行审理，并于 2006 年 8 月 29 日向复审请求人发出了复审通知书，主要指出：权利要求 1 ~ 4 请求保护一种比赛游戏装置，其要解决的问题是使游戏者可以长期保持对比赛游戏的兴趣，其不是技术问题，并且也没有取得技术效果，因此权利要求 1 ~ 4 不属于专利法实施细则第二条第一款规定的技术方案，不属于专利保护的客体。

2006 年 10 月 13 日，复审请求人提交了意见陈述书，其主要认为：本申请为解决说明书背景技

术所述游戏装置运行时间短的技术问题，采用权利要求1~4所述的技术方案，并现实本申请的目的，因而属于专利保护客体。

在以上审查工作的基础上，合议组认为本案事实已经清楚，可以作出本复审请求审查决定。

二、决定的理由

1. 本决定所依据的文本

由于复审请求人提交复审请求书同时提交的修改文本符合专利法第三十三条和专利法实施细则第六十条的规定，因此本复审决定所依据的文本为复审通知书所依据的文本，即，复审请求人于2004年7月27日提交的权利要求第1~4项；申请日提交的说明书第1~13页、附图第1~8页、说明书摘要及摘要附图。

2. 关于专利法实施细则第二条第一款

权利要求1请求保护一种比赛游戏装置，实质上其要解决的问题是使游戏者可以长期保持对比赛游戏的兴趣，其解决该问题的方案是制定执行一般比赛和特别比赛的规则，在一般比赛结束后，如果符合预定条件即触发特别比赛。其解决的问题并非是解决生产生活中的技术问题，根据说明书和权利要求书其采用的手段没有针对现有的比赛游戏装置的硬件构成和连接关系进行任何技术上的改进，只是现有在硬件装置上实现了一种安排比赛游戏的规则和方法，根据该规则和方法通过在比赛类游戏的特定时间插入特别游戏而制定与现有比赛游戏规则不同的游戏安排管理规则来吸引游戏者，保持游戏的可玩性，而这样的规则和方法只是来源人的思维，仅仅是一种人为规定，不是技术手段，从而利用上述规则和方法所获得的使游戏者可以长期保持对比赛游戏的兴趣的效果也不是技术效果，因此权利要求1没有解决技术问题也没有获得技术效果，不属于专利法实施细则第二条第一款规定的技术方案，不属于专利保护的客体。

权利要求2进一步限定游戏的计时时间是实时时间，而游戏时间是实时时间还是虚拟时间都是根据游戏规则确定的，上述进一步限定的特征仍然是对游戏比赛的规则的限定，并没有使得权利要求2的解决方案所要解决的问题和获得的效果具有技术性。权利要求2不符合专利法实施细则第二条第一款的规定。

权利要求3请求保护一种比赛游戏装置，实质上其要解决的问题是使游戏者可以长期保持对比赛游戏的兴趣，其解决该问题的方案是制定执行一般比赛和特别比赛的规则，在一般比赛结束后，如果符合预定条件即触发特别比赛。其解决的问题并非是解决生产生活中的技术问题，根据说明书和权利要求书其采用的手段没有针对现有的比赛游戏装置的硬件构成和连接关系进行任何技术上的改进，只是在现有硬件上实现了一种安排比赛游戏的规则和方法，根据该规则和方法通过在比赛类游戏的特定时间插入特别游戏而制定与现有比赛游戏规则不同的游戏安排管理规则来吸引游戏者，保持游戏的可玩性，而这样的规则和方法只是来源人的思维，仅仅是一种人为规定，不是技术手段，从而利用上述规则和方法所获得的使游戏者可以长期保持对比赛游戏的兴趣的效果也不是技术效果，因此权利要求3没有解决技术问题也没有获得技术效果，不属于专利法实施细则第二条第一款规定的技术方案，不属于专利保护的客体。

权利要求4请求保护一种比赛游戏装置，实质上其要解决的问题是使游戏者可以长期保持对比赛游戏的兴趣，其解决该问题的方案是制定执行一般比赛和特别比赛的规则，如果符合预定条件中断执行一般比赛的循环，而触发特别比赛。其解决的问题并非是解决生产生活中的技术问题，根据说明书和权利要求书其采用的手段没有针对现有的比赛游戏装置的硬件构成和连接关系进行任何技术上的改进，只是在现有硬件上实现了一种安排比赛游戏的规则和方法，根据该规则和方法通过在比赛类游戏的特定时间插入特别游戏而制定与现有比赛游戏规则不同的游戏安排管理规则来吸引游戏者，保持游戏的可玩性，而这样的规则和方法只是来源人的思维，仅仅是一种人为规定，不是技术手段，从而利用上述规则和方法所获得的使游戏者可以长期保持对比赛游戏的兴趣的效果也不是技术效果，因此权利要求4没有解决技术问题也没有获得技术效果，不属于专利法实施细则第二条第一款规定的技术方案，不属于专利保护的客体。

本申请解决的问题并不是如复审请求人所声称的提供一种能长期运行的比赛游戏装置，因为在权利要求和说明书中并没有记载由于技术缺陷（例如：能源、硬件缺陷等原因）而使游戏装置不能长期运行的问题并解决它，本申请只是通过利用现有的中断机构控制、规定不同于现有游戏的游戏规则，提高游戏的可玩性，相对于现有游戏使游戏者对本申请要求保护游戏装置长期保持游戏兴趣，从而使游戏装置长期运行，其目的实质上还是在于使游戏者可以长期保持对比赛游戏的兴趣，本申请解决的这样的问题并不是生产生活中的技术问题，因此复审请求人申辩的本申请解决技术问题的理由合议组不能接受。

综上所述，权利要求1~4不符合专利法实施细则第二条第一款的规定。

三、决定

维持国家知识产权局于2004年4月23日对01118503.1号发明专利申请作出的驳回决定。

复审请求人对本决定不服的，可以根据专利法第四十一条第二款的规定，自收到本决定之日起三个月内向北京市第一中级人民法院起诉。

318

判定光放大器故障的方法案

复审请求审查决定（第9875号）

决　　定　　号　第9875号
决　　定　　日　2006年12月20日
发明创造名称　判定光放大器故障的方法
国 际 分 类 号　H04B 10/08，H04B 10/17
复 审 请 求 人　北方电讯网络有限公司
申　　请　　号　97193429.0
申　　请　　日　1997年1月22日
公　　开　　日　1999年4月21日
合 议 组 组 长　石　竞
主　　审　　员　马红梅
参　　审　　员　张宗任

法 律 依 据　专利法第二十二条第三款
决 定 要 点

复审程序中，针对创造性问题修改后的权利要求对驳回决定所针对的权利要求作了进一步限定，所增加的技术特征在没有超出原始公开的情况下，既未在驳回决定所引用的对比文件中公开，也不能从中得出技术启示，其技术效果也是不可预知的，那么，该权利要求具备创造性。

一、案由

本复审请求涉及名称为“判定光放大器故障的方法”的第97193429.0号发明专利申请（下称本申请），优先权日为1996年3月28日，申请日为1997年1月22日，公开日为1999年4月21日，申请人为北方电讯有限公司，2000年3月23日申请人变更为北方电讯网络有限公司。

国家知识产权局原审查部门于2002年4月26日发出第一次审查意见通知书，通知书指出：权利要求1~5、7~9、17、19相对于对比文件1（EP0652613A2）和对比文件2（GB2268852A）的结合不具备专利法第二十二条第三款的规定的创造性；权利要求12、15、28、30、31、36不符合专利法实施细则第二十条的规定；说明书不符合专利法实施细则第十八条和第十九条的规定。

2002年8月28日，申请人针对上述审查意见通知书提交了意见陈述书以及权利要求书替换页、说明书替换页、说明书附图替换页。其中权利要求中删除了原权利要求1~6以及21、25，对其他权利要求和说明书进行了适应性修改。申请人在意见陈述书中指出：修改后的权利要求书和说明书意见说明书附图克服了审查意见通知书的指出的缺陷，并且没有超出原申请文本的范围。对比文件1和对比文件2中都没有公开或者建议一个故障检索系统，其中在输入输出光信号上从一个用户信息传输信道推导性能参数，且将所述推导的性能参数与预期的性能参数进行对比。因此申请人认为修改后的权利要求数相对于对比文件具备新颖性和创造性。

国家知识产权局原审查部门于2002年11月15日发出第二次审查意见通知书，通知书中指出权利要求1～3、12相对于对比文件1和2不符合专利法第二十二条第三款的规定；权利要求14的修改不符合专利法第三十三条的规定；权利要求1～28、30～33不符合专利法实施细则第二十条第一款的规定。

2003年1月24日，申请人针对上述审查意见通知书提交了意见陈述书以及权利要求替换页、说明书替换页。其中权利要求书中删除了原权利要求7和11，并修改了其他权利要求的表述方式以及说明书相应部分。请求人认为：针对修改后的权利要求1～3的方案是通过测量输入和输出光信号得到一个性能参数，其中推导的方法不仅仅是对比文件2中所教导的简单比较输入和输出信号；从对比文件2的描述中本领域的普通技术人员不能得到将比较输入输出的信号扩展到基于测量输入和输出信号推导出各种其他形式的性能参数的启示；同时，在本领域中包含了多个不同的比较方式和比较参数，从而实现对光放大器的故障检测，这是一种具备创造性的劳动，从对比文件1或对比文件2出发都不会得到将他们结合的启示。修改后的权利要求1～3、10相对于对比文件1和2具备新颖性和创造性。

2003年6月13日，国家知识产权局实质审查部门以本申请权利要求1～3、10相对于对比文件1和2的结合不具备创造性，不符专利法第二十二条第三款的规定为由驳回了本申请。驳回决定所针对的权利要求如下：

“1. 一种基于性能参数的用于含有M个传输信道的光放大器模块的故障检测系统，其中M是等于或者大于1的整数，所述故障检测系统包括：

用于存储所述性能参数的一个预期值的存储器单元；

用于确定所述性能参数的一个测量值的测量装置；

用于比较上述性能参数的预期值与上述性能参数的测量值的比较单元；以及

根据上述比较的结果当上述性能参数的测量值偏离上述性能参数的预期值时产生一个误差信号的误差信号产生装置；

其特征在于通过测量所述光放大器模块的传输信道的输出光信号和输入光信号得出上述性能参数的测量值。

2. 按照权利要求1的故障检测系统，其特征在于，还包括一个用于根据上述误差信号表示所述光放大器模块的一个故障的告警单元。

3. 按照权利要求1或2的故障检测系统，其特征在于，其中上述的测量装置包括：

用于得到一个对每个传输信道的输入值作为上述光放大器模块所收到的上述输入光信号功率的函数的装置，以及

用于得到一个对每个传输信道的输出值作为上述光放大器模块所发送的上述输出光信号功率的函数的装置。”

“10. 一种用于基于一个性能参数检测具有M个传输信道的光放大器模块的方法，M是大于或者等于1的整数，该方法包括以下步骤：

提供一个预期的性能参数值；

确定所述性能参数的一个测量值；

比较上述性能参数的测量值与上述预期的性能参数值；和

当上述性能参数的测量值与上述预期的性能参数值不相等时产生一个误差信号；

其特征在于，所述性能参数的测量值通过测量表示所述光放大器模块的每个传输信道上的输出光信号的功率的一个输出值来确定。”

申请人北方电讯网络有限公司（下称请求人）于2003年9月28日就本申请向专利复审委员会提交了复审请求书。其理由为：对比文件2的披露仅仅是光学放大器的放大比的测量，根本无助于本发明所针对的技术问题的克服，因此本申请权利要求1～3、10符合专利法第二十二条第三款的规定。

经形式审查合格后，专利复审委员会受理了该复审请求，于2003年11月12日向请求人发出复审请求受理通知书，并将本申请转送至原实质审查部门进行前置审查。

在前置审查意见书中，原审查部门坚持原驳回决定。

专利复审委员会依法成立合议组，对本复审请求案进行了审理。

合议组于2005年1月27日发出复审通知书，在通知书中指出：权利要求1与对比文件1的实质性区别在于（1）权利要求1的故障检测系统用于M信道，而对比文件1用于单信道；（2）权利要求1的性能参数的测量值是通过测量光放大器模块的传输信道的输出光信号和输入光信号得出的，而对比文件1是通过测量光电平值来得出的；首先，对于区别技术特征（1）来讲，本案权利要求1中所述对M个传输信道的故障检测，其实质上还是分别针对每个信息传输信道进行的，信道与信道之间并没有什么实质性的联系，对单信道进行故障检测与对双向信道或多信道进行故障检测原理是完全相同的；其次，对于区别技术特征（2）来讲，其已经被对比文件2披露，对比文件2所说的光继生器也是通过测量光放大器的输出光信号和输入光信号从而得出性能参数——放大率，继而用该性能参数衡量光放大器是否出现故障的，并且该光继生器同样具有区分是光放大器故障还是输入信号丢失的功能，这与本发明所要解决的技术问题是相同的，因此，对比文件2给出了通过测量光放大器的传输信道的输出光信号和输入光信号来检测光放大器故障的技术启示。因此，权利要求1相对于对比文件1、2的结合不具有突出的实质性特点和显著的进步，不符合专利法第二十二条第三款的规定，不具备创造性。从属权利要求2、3的附加技术特征均已被对比文件2披露，对比文件2所述的监控系统包含放大器控制器11，该放大器控制器通过比较输入信号监控信息和输出信号监控信息来得出放大率，并输出3类监控告警信息，其相当于上述“告警单元”；此外，对比文件2中的用于接收输入光主信号的输入监控器9即相当于上述“用于得到一个对每个传输信道的输入值作为上述光放大器模块所收到的上述输入光信号功率的函数的装置”、用于接收放大后的光信号的输出监控器10即相当于上述“用于得到一个对每个传输信道的输出值作为上述光放大器模块所发送的上述输出光信号功率的函数的装置”，本领域普通技术人员可容易地将对比文件1和2结合起来形成权利要求2、3所述的技术方案，所以，从属权利要求2、3也不符合专利法第二十二条第三款的规定，不具备创造性。权利要求10与对比文件1的实质性区别在于（1）权利要求10的检测方法用于M信道，而对比文件1用于单信道；（2）权利要求10的性能参数的测量值是通过测量表示光放大器模块的每个传输信道上的输出光信号的功率的一个输出值来确定的，而对比文件1是通过测量光电平值来得出的；首先，对于区别技术特征（1）来讲，本案权利要求10中所述对M个传输信道的故障检测，其实质上还是分别针对每个信息传输信道进行的，信道与信道之间并没有什么实质性的联系，对单信道进行故障检测与对双向信道或多信道进行故障检测原理是完全相同的；其次，对于区别技术特征（2）来讲，其已经被对比文件2披露，对比文件2所说的光继生器也是通过测量光放大器的输出光信号和输入光信号从而得出性能参数——放大率，继而用该性能参数衡量光放大器是否出现故障的，并且该光继生器同样具有区分是光放大器故障还是输入信号丢失的功能，这与本发明所要解决的技术问题是相同的，因此，对比文件2给出了通过测量光放大器的传输信道的输出光信号和输入光信号来检测光放大器故障的技术启示。因此权利要求10也不符合专利法第二十二条第三款的规定，不具备创造性。

请求人于2005年4月25日提交了意见陈述书，同时提交了权利要求书替换页以及说明书1～5页的替换页，将原权利要求3和4合并到原权利要求1中，并且将原权利要求13、14合并到原权利要求 10 中。请求人认为：原权利要求 4 的特征以及原权利要求 13、14 的特征均没有被对比文件 1 或者 2 公开，因此修改后的权利要求书相对于对比文件 1 和 2 具备创造性。修改后的独立权利要求如下：

"1. 一种基于性能参数的用于含有 M 个传输信道的光放大器模块的故障检测系统，其中 M 是等于或者大于 1 的整数，所述故障检测系统包括：

用于存储所述性能参数的一个预期值的存储器单元；

用于确定所述性能参数的一个测量值的测量装置；

用于比较上述性能参数的预期值与上述性能参数的测量值的比较单元；以及

根据上述比较的结果当上述性能参数的测量值偏离上述性能参数的预期值时产生一个误差信号的误差信号产生装置；

其特征在于通过测量所述光放大器模块的传输信道的输出光信号和输入光信号得出上述性能参数的测量值；

其中上述的测量装置包括：

用于得到一个对每个传输信道的输入值作为上述光放大器模块所收到的上述输入光信号功率的函数的装置，

用于得到一个对每个传输信道的输出值作为上述光放大器模块所发送的上述输出光信号功率的函数的装置；

一个用于在 M 大于 1 时根据所述传输信道的所述输出值确定一个组合输出值的第一计算装置；以及

一个用于在 M 大于 1 时根据所述传输信道的所述输入值确定一个组合输入值的第二计算装置。"

"8. 一种用于基于一个性能参数检测具有 M 个传输信道的光放大器模块的方法，M 是大于或者等于 1 的整数，该方法包括以下步骤：

提供一个预期的性能参数值；

确定所述性能参数的一个测量值；

比较上述性能参数的测量值与上述预期的性能参数值；和

当上述性能参数的测量值与上述预期的性能参数值不相等时产生一个误差信号；

其特征在于，所述性能参数的测量值通过测量表示所述光放大器模块的每个传输信道上的输出光信号的功率的一个输出值来确定；

对每个所述传输信道，测量一个表示每个传输信道上的输入光信号的输入值；

其中上述性能参数的测量值是一个上述输出值和上述输入值之间的对应值，以及上述的预期参数值是对一个传输信道的规定输出值和门限之间的一个对应值。"

至此，合议组认为本案事实清楚，可以作出复审请求审查决定。

二、决定理由

1. 依据文本

由于请求人在答复复审通知书时提交的修改文本符合专利法第三十三条以及专利法实施细则第六十条的规定，因此，本决定所依据文本为 2003 年 1 月 24 日提交的说明书第 6 ~ 21 页、2005 年 4 月 25 日提交的权利要求第 1 ~ 27 项和说明书第 1 ~ 5 页、进入中国国家阶段时（即 1998 年 9 月 28 日）提交的附图第 2 ~ 13 页和说明书摘要以及 2002 年 8 月 28 日提交的附图第 1 页。

2. 关于专利法第二十二条第三款

本申请公开了一种用于检测光放大器故障的方法和装置，其只要放大器没有达到预期的性能参数，就产生一个告警，而且其可以分辨是输入损耗还是光器件故障，从而产生不同的告警信号。

权利要求1请求保护一种基于性能参数的用于含有M个传输信道的光放大器模块的故障检测系统，其特征包括：其中M是等于或者大于1的整数；所述故障检测系统包括：用于存储所述性能参数的一个预期值的存储器单元；用于确定所述性能参数的一个测量值的测量装置；用于比较上述性能参数的预期值与上述性能参数的测量值的比较单元；以及根据上述比较的结果当上述性能参数的测量值偏离上述性能参数的预期值时产生一个误差信号的误差信号产生装置；通过测量所述光放大器模块的传输信道的输出光信号和输入光信号得出上述性能参数的测量值；上述的测量装置包括：用于得到一个对每个传输信道的输入值作为上述光放大器模块所收到的上述输入光信号功率的函数的装置，用于得到一个对每个传输信道的输出值作为上述光放大器模块所发送的上述输出光信号功率的函数的装置；一个用于在M大于1时根据所述传输信道的所述输出值确定一个组合输出值的第一计算装置；以及一个用于在M大于1时根据所述传输信道的所述输入值确定一个组合输入值的第二计算装置。

对比文件1公开了一种包括故障信号生成装置的光纤放大器，并具体公开了以下技术特征（参见说明书第7、8页以及附图10、15、16）：故障信号生成装置225包含：用于生成并存储预期参考电平的参考电平生成器207（相当于权利要求1的“存储器单元”）；用于接收由光分路耦合器204输出的光信号并对光电平进行光电转换的光接收器205（相当于权利要求1的“测量装置”）；用于将光接收器205输出的电信号与由参考电平生成器207输出的预期参考电平值进行比较并根据比较的结果生成电平误差信号g的差分放大器206（相当于权利要求1的“比较单元”和“误差信号产生装置”）。对比文件2公开了一种光传输系统的监控系统（见附图1及说明书第3页第1~3段，第5页倒数第1~2段）：该系统包括若干光继生器1，每一光继生器都包括一个光放大器6、输入监控器9、输出监控器10、放大器控制器11、控制电路14，该光继生器同样具有区分是光放大器故障还是输入信号丢失的功能，因此，对比文件2给出了通过测量光放大器的传输信道的输出光信号和输入光信号来检测光放大器故障的技术启示。但对比文件1和2都没有公开权利要求1的如下特征：测量装置包括：用于得到一个对每个传输信道的输入值作为上述光放大器模块所收到的上述输入光信号功率的函数的装置，用于得到一个对每个传输信道的输出值作为上述光放大器模块所发送的上述输出光信号功率的函数的装置；一个用于在M大于1时根据所述传输信道的所述输出值确定一个组合输出值的第一计算装置；以及一个用于在M大于1时根据所述传输信道的所述输入值确定一个组合输入值的第二计算装置。同时对比文件1和2都没有给出相应的技术启示，因此权利要求1相对于对比文件1和2的结合具有实质性特点，同时采用上述区别技术特征的权利要求1的技术方案能够获得有效产生不同告警信号的技术效果。综上所述，相对于对比文件1和2的结合，权利要求1所要保护的技术方案具备创造性，符合专利法第二十二条第三款的规定。

权利要求8请求保护一种用于基于一个性能参数检测具有M个传输信道的光放大器模块的方法，M是大于或者等于1的整数，该方法包括以下步骤：提供一个预期的性能参数值；确定所述性能参数的一个测量值；比较上述性能参数的测量值与上述预期的性能参数值；和当上述性能参数的测量值与上述预期的性能参数值不相等时产生一个误差信号；所述性能参数的测量值通过测量表示所述光放大器模块的每个传输信道上的输出光信号的功率的一个输出值来确定；对每个所述传输信道，测量一个表示每个传输信道上的输入光信号的输入值；其中上述性能参数的测量值是一个上述输出值和上述输入值之间的对应值，以及上述的预期参数值是一个对一个传输信道的规定输出值和门限之间的对应值。

对比文件1（参见说明书第7、8页以及附图10、15、16）公开了如下技术特征：故障信号生成装置225在参考电平生成器207中生成并存储预期参考电平；然后由光接收器205接收由光分路耦合器 204 输出的光信号并对光电平进行光电转换，此外，由差分放大器 206 将光接收器 205 输出的电信号与由参考电平生成器 207 输出的预期参考电平值进行比较并根据比较的结果生成电平误差信号 g。虽然对比文件 2 给出了通过测量光放大器的传输信道的输出光信号功率来检测光放大器故障的技术启示。但对比文件 1 和 2 都没有公开权利要求 8 的如下特征：对每个所述传输信道，测量一个表示每个传输信道上的输入光信号的输入值；其中上述性能参数的测量值是一个上述输出值和上述输入值之间的对应值，以及上述的预期参数值是一个对一个传输信道的规定输出值和门限之间的对应值。而对比文件 1 和 2 都没有给出相应的技术启示，因此权利要求 8 相对于对比文件 1 和 2 的结合具有实质性特点，同时采用上述区别技术特征的权利要求 8 的技术方案能够有效产生不同的告警信号的技术效果。综上所述，相对于对比文件 1 和 2 的结合，权利要求 8 所要保护的技术方案具备创造性，符合专利法第二十二条第三款的规定。

在独立权利要求 1 和 8 具备创造性的前提下，其从属权利要求相对于对比文件 1 和 2 的结合也均具备创造性，符合专利法第二十二条第三款的规定。

综上所述，相对于对比文件 1 和 2 的结合，本申请修改后的权利要求已经克服了驳回决定和复审通知书所指出的缺陷。

三、决定

撤销国家知识产权局于 2003 年 6 月 13 日针对 97193429.0 号发明专利申请所作出的驳回决定。

以 2003 年 1 月 24 日提交的说明书第 6 ~ 21 页、2005 年 4 月 25 日提交的权利要求第 1 ~ 27 项和说明书第 1 ~ 5 页、1998 年 9 月 28 日提交的附图第 2 ~ 13 页和说明书摘要以及 2002 年 8 月 28 日提交的附图第 1 页为基础，由原审查部门继续进行审批程序。

当事人对本决定不服的，可以根据专利法第四十条第二款的规定，自收到本决定之日起三个月内向北京市第一中级人民法院起诉。

319

延迟电路案

复审请求审查决定（第9877号）

决　定　号　第9877号
决　定　日　2006年12月11日
发明创造名称　延迟电路
国际分类号　H03K 19/02
复审请求人　LG半导体株式会社
申　请　号　98100713.9
申　请　日　1998年3月6日
公　开　日　1999年5月19日
合议组组长　崔哲勇
主　审　员　左　一
参　审　员　苏　青

法律依据　专利法第二十六条第三款
决定要点

本申请说明书中记载的所谓解决本发明问题的技术手段对于所属技术领域的技术人员来说是含糊不清的，根据说明书记载的内容无法具体实施。因此，本申请说明书不符合专利法第二十六条第三款的规定，应维持原驳回决定。

一、案由

本复审请求涉及申请日为1998年3月6日、优先权日为1997年11月1日、公开日为1999年5月19日、名称为“延迟电路”的发明专利申请（下称本申请），申请号为98100713.9，申请人为LG半导体株式会社。

在实审过程中，国家知识产权局实审部门针对本申请人的原始文本进行审查，于2003年1月10日发出第一次审查意见通知书，在该通知书中引用了三篇对比文件：

对比文件1：US5175452A美国专利文件，公开日为1992年12月29日；

对比文件2：US5243228A美国专利文件，公开日为1993年9月7日；

对比文件3：US5283631A美国专利文件，公开日为1994年2月1日。

该通知书指出：本申请权利要求1和6中所述的“可变电容器”得不到说明书的支持，因此上述权利要求不符合专利法第二十六条第四款的规定；权利要求2和8中存在表达含义不确定的描述，因此上述权利要求也不符合专利法实施细则第二十条第一款的规定；权利要求1、2、5相比对比文件1不符合专利法第二十二条第二款所规定的新颖性；权利要求3、4相比对比文件1和2不符合专利法第二十二条第三款所规定的创造性；权利要求6相比对比文件1和3不符合专利法第二十二条第三款所规定的创造性；权利要求7既不符合专利法实施细则第二十条第一款有关权利要求应当简洁的规定，同时也相比对比文件1~3不符合专利法第二十二条第三款所规定的创造性；权利要求8相比对比文件1不符合专利法第二十二条第三款所规定的创造性。

针对上述审查意见通知书，申请人于2003年5月22日提交了意见陈述书，以及权利要求书和说明书的替换页，将从属权利要求2、5和6的特征加入到独立权利要求1中，此外，在权利要求1中加入了特征“电容器的源极和漏极共同与一地电压相连”，申请人认为上述特征在对比文件1~3中均未公开。

原实审部门于2003年7月11日作出驳回决定，该驳回决定所针对的文本是申请日提交的说明书附图第1~5页、说明书摘要和摘要附图，2003年5月22日提交的权利要求第1~3项、说明书第1~4页。驳回的理由是：权利要求1相比对比文件1和3不符合专利法第二十二条第三款所规定的创造性，权利要求2和3相比对比文件1~3不符合专利法第二十二条第三款所规定的创造性。驳回决定所针对的权利要求书的内容如下：

“1. 一种延迟电路，包括：

多个以串联连接的第一延迟电路；

其中每个第一延迟电路包括：

一个使输入电压信号倒相的倒相器，该倒相器具有一对PMOS晶体管和NMOS晶体管，它们的栅极相连以形成一输入端，漏极相连以形成一输出端，源极分别与外加电压和地电压连接；和

电容器，其栅极与倒相器的输出端相连，源极和漏极共同与一地电压相连。

2. 根据权利要求1的延迟电路，其中所述PMOS晶体管的衬底与该PMOS晶体管的源极连接。

3. 根据权利要求1的延迟电路，其中所述NMOS晶体管的衬底具有一个与其源极电势不同的电势。”

申请人（下称请求人）对上述驳回决定不服，于2003年10月27日向专利复审委员会提出复审请求，并提交了权利要求书的修改替换页，请求人认为修改后的权利要求书已经克服了驳回决定所指出的问题。修改的权利要求书的内容如下：

“1. 一种延迟电路，包括：

多个以串联连接的延迟电路和一个可变电容器，每个延迟电路具有一个使输入电压信号倒相的倒相器，所述可变电容器连接到地电势并连接到该倒相器的输出端，其中可变电容器包括一个晶体管，其具有用于连接到一个可调电压上的衬底，以便调整可变电容器的电容值。

2. 根据权利要求1的延迟电路，其中所述倒相器包括一个其源极与一第一电源电压连接的PMOS晶体管，和一个其漏极与该PMOS晶体管公共连接以形成一输出端、其源极与一第二电源电压连接的NMOS晶体管，该PMOS晶体管和NMOS晶体管的栅极公共连接以形成一输入端。

3. 根据权利要求2的延迟电路，其中所述PMOS晶体管的衬底与该PMOS晶体管的源极连接。

4. 根据权利要求2的延迟电路，其中所述NMOS晶体管包括一个衬底，该衬底的电势与NMOS晶体管源极的电势不同。

5. 根据权利要求2的延迟电路，其中所述第一和第二电源电压分别是一个外部施加电压和一个地电压。

6. 根据权利要求5的延迟电路，其中所述NMOS晶体管的衬底具有与NMOS晶体管源极电势不同的电势。

7. 根据权利要求1的延迟电路，其中所述延迟电路在一个具有三沟槽结构的半导体衬底上形成。

8. 根据权利要求1的延迟电路，还包括连接到所述多个倒相器中的每个上的第一电势，其中该可变电容器防止根据该第一电势变化的时间延迟。

9. 根据权利要求 8 的延迟电路，其中可变电容器的晶体管包括一个用作一第一电极的栅极，和被公共连接以形成一第二电极的源极和漏极。

10. 根据权利要求 9 的延迟电路，其中该晶体管为 NMOS 晶体管。

11. 根据权利要求 9 的延迟电路，其中每个倒相器包括：

具有第一和第二电极和一个控制电极的第一倒相器晶体管，该第一电极用于连接到一个第一电压电势上，

具有第一和第二电极的第二倒相器，和

一个控制电极，该第二倒相器晶体管的第一电极连接到该第一倒相器晶体管的第二电极上，从而形成一个输出端，该第二倒相器晶体管的第二电极连接到一个第二电压电势上，并且该第二倒相器晶体管的控制电极连接到该第一倒相器晶体管的控制电极上，从而形成一个输入端。

12. 一种延迟电路，包括：

多个串联连接的倒相器；和

包括一个可变晶体管的可变电容器，该晶体管包括：

连接到一个倒相器的输出端上的第一电极，

公共连接从而形成一个第二电极的源极和漏极，该第二电极用于连接到一个地电势上，和

用于连接到一个可变电压上以便调整该可变电容器的电容值的衬底。

13. 根据权利要求 12 的延迟电路，其中每个倒相器包括：

第一倒相器晶体管，其具有第一和第二电极以及一个控制电极，该第一电极连接到一个第一电压电势上，

具有第一和第二电极的第二倒相器晶体管，和

一个控制电极，该第二倒相器晶体管的第一电极连接到该第一倒相器晶体管的第二电极上，从而形成一个输出端，该第二倒相器晶体管的第二电极连接到一个第二电压电势上，并且该第二倒相器晶体管的控制电极连接到该第一倒相器晶体管的控制电极上，从而形成一个输入端。

14. 根据权利要求 13 的延迟电路，其中该第一倒相器晶体管的衬底连接到第一倒相器晶体管的第一电极上，该第一倒相器晶体管用于连接到该第一电压电势上。

15. 根据权利要求 13 的延迟电路，其中该第二倒相器晶体管的基底连接到一个不同于该第二电压电势的第三电压电势上。

16. 根据权利要求 13 的延迟电路，其中该第一和第二电势分别为外部一施加电压和一地电压。”

经形式审查，该复审请求符合规定的形式要求，专利复审委员会于 2003 年 12 月 19 日发出受理通知书和前置审查通知书。

原实审部门对该复审请求进行了前置审查，认为修改后的权利要求 1、8、9、12 中提到的“可变电容器”在原始申请文本说明书的具体实施方式部分没有提到，在实质上得不到说明书的支持，不符合专利法第二十六条第四款的规定。权利要求 1 和 12 中“可变电容器包括一个晶体管，其具有用于连接到一个可调电压上的衬底，以便调整可变电容器的电容值”超出了原始申请所公开的范围；权利要求 11 中“具有第一和第二电极的第二倒相器”以及权利要求 15 中“一个不同于第二电压电势的第三电压电势”在原始申请中没有提到，因此不符合专利法第三十三条的规定；权利要求 2、9、12 中“公共连接”的具体含义不清楚，使得其要求的保护范围不清楚；权利要求 15 中的“基底”具体含义不清楚，不符合专利法实施细则第二十条第一款的规定。此外，权利要求书的实质内容已经被对比文件 1 ~ 3 所覆盖，不具备新颖性或创造性。

在此基础上，专利复审委员会依法成立合议组，对本案进行审查。

合议组于2006年5月30日发出复审通知书，此次复审所依据的文本是请求人于2003年10月27日提交的权利要求第1~16项，2003年5月22日提交的说明书第1~4页，申请日提交的说明书附图第1~5页、说明书摘要和摘要附图。该复审通知书指出：

权利要求1中的“多个以串联连接的延迟电路”“每个延迟电路具有一个使输入电压信号倒相的倒相器”“可变电容器”以及“其中可变电容器包括一个晶体管，其具有用于连接到一个可调电压上的衬底，以便调整可变电容器的电容值”，权利要求8、9中的“可变电容器”，权利要求11中所述的每个倒相器包括“具有第一和第二电极的第二倒相器”，权利要求12中提到的“包括一个可变晶体管的可变电容器”，上述内容均超出了原说明书和权利要求书记载的范围；不符合专利法第三十三条的规定。

此外，合议组还指出本申请说明书公开不充分，不符合专利法第二十六条第三款的规定。具体来说，本申请说明书中没有具体描述在外部施加电压VCC降低或者升高时应该如何调节衬底电压VBBC才能维持延迟时间恒定，也没有具体说明衬底电压VBBC能够维持延迟时间恒定的基本原理，总之，既没有理论分析和定量计算，也没有提供相关实验数据作为证据；此外，本领域中，MOS电路的延迟时间是以输入、输出波形对应边上等于最大幅度50%的两点间时间间隔定义的，具体分为上升沿延迟时间t_{PLH}和下降沿延迟时间t_{PLH}，本申请的说明书中并没有明确其延迟时间到底是指上升沿延迟时间t_{PHL}还是下降沿延迟时间t_{PLH}或者两者的折中，说明书附图中也不能明确延迟时间所代表的时间段，因此本领域技术人员根据本申请的说明书及其附图都不能明确其“延迟时间”的具体含义，更无法推导出电容器的衬底电压VBBC能够维持延迟时间恒定。

请求人于2006年9月4日提交了意见陈述书以及权利要求书的修改替换页。请求人认为修改后的权利要求书没有超出原说明书和权利要求书记载的范围，符合专利法第三十三条的规定。此外，请求人针对复审通知书所指出的说明书公开不充分陈述意见如下：①当高于阈值电压VTH的电压施加到用作电容器C1-Cn-1的NMC1-NMCn时，电容器具有一定的电容。通过控制电容器衬底电压VBBC增加了的阈值电压V_{TH}，当输入低的外部电压VCC时，电容器C1-Cn-1不会引起的延迟，下级的反相器INV2-INVn的栅电容变成反相器输出端的等效电容，于是，当输入低的外部电压LowVcc时，相对于增加了的等效导通电阻，保持统一的时间恒定的延迟时间；当输入高的外部电压HighVcc时，由于输入的外部电压高于电容器C1-Cn-1的阈值电压V_{TH}，NMOS晶体管NMC1-NMCn的电容器C_G对RC延迟有影响，于是，与输入低的电压LowVcc的情况类似，通过小的晶体管导通电阻，RC延迟时间能够保持（参见说明书第3页第23行至第4页第6行）；因此复审请求人认为，说明书给出了解决本发明问题的技术手段，即，用于增加阈值电压V_{TH}的电容器的衬底电压输入到NMOS晶体管的衬底。②在本发明说明书中提及的“延迟时间”表示延迟电路所延迟的时间值，这对于本领域技术人员来说是清楚的。基于上述理由，请求人认为本申请说明书对本发明作出了清楚、完整的说明，所属技术人员能够实现。修改后的权利要求书的内容如下：

“1. 一种延迟电路，包括：

多个使输入电压信号倒相的倒相器和一个可变电容器，所述可变电容器连接到地电势并连接到该倒相器的输出端，其中可变电容器包括一个晶体管，其具有用于连接到一个可调电压上的衬底，以便调整可变电容器的电容数值。

2. 根据权利要求1的延迟电路，其中所述倒相器包括一个其源极与一第一电源电压连接的PMOS晶体管，和一个其漏极与该PMOS晶体管公共连接以形成一输出端、其源极与一第二电源电压连接的NMOS晶体管，该PMOS晶体管和NMOS晶体管的栅极公共连接以形成一输入端。

3. 根据权利要求2的延迟电路，其中所述PMOS晶体管的衬底与该PMOS晶体管的源极连接。

4. 根据权利要求2的延迟电路，其中所述NMOS晶体管包括一个衬底，该衬底的电势与NMOS晶体管源极的电势不同。

5. 根据权利要求2的延迟电路，其中所述第一和第二电源电压分别是一个外部施加电压和一个地电压。

6. 根据权利要求5的延迟电路，其中所述NMOS晶体管的衬底具有与NMOS晶体管源极电势不同的电势。

7. 根据权利要求1的延迟电路，其中所述延迟电路在一个具有三沟槽结构的半导体衬底上形成。

8. 根据权利要求1的延迟电路，还包括连接到所述多个倒相器中的每个上的第一电势，其中该可变电容器防止根据该第一电势变化的时间延迟。

9. 根据权利要求8的延迟电路，其中可变电容器的晶体管包括一个用作一第一电极的栅极，和被公共连接以形成一第二电极的源极和漏极。

10. 根据权利要求9的延迟电路，其中该晶体管为NMOS晶体管。

11. 根据权利要求9的延迟电路，其中每个倒相器包括：

具有第一和第二电极和一个控制电极的第一倒相器晶体管，该第一电极用于连接到一个第一电压电势上，

具有第一和第二电极的第二倒相器晶体管，和

一个控制电极，该第二倒相器晶体管的第一电极连接到该第一倒相器晶体管的第二电极上，从而形成一个输出端，该第二倒相器晶体管的第二电极连接到一个第二电压电势上，并且该第二倒相器晶体管的控制电极连接到该第一倒相器晶体管的控制电极上，从而形成一个输入端。

12. 一种延迟电路，包括：

多个串联连接的倒相器；和

包括一个可变晶体管的可变电容器，该晶体管包括：

连接到一个倒相器的输出端上的第一电极，

公共连接从而形成一个第二电极的源极和漏极，该第二电极用于连接到一个地电势上，和

用于连接到一个可变电压上以便调整该可变电容器的电容值的衬底。

13. 根据权利要求12的延迟电路，其中每个倒相器包括：

第一倒相器晶体管，其具有第一和第二电极以及一个控制电极，该第一电极连接到一个第一电压电势上，

具有第一和第二电极的第二倒相器晶体管，和

一个控制电极，该第二倒相器晶体管的第一电极连接到该第一倒相器晶体管的第二电极上，从而形成一个输出端，该第二倒相器晶体管的第二电极连接到一个第二电压电势上，并且该第二倒相器晶体管的控制电极连接到该第一倒相器晶体管的控制电极上，从而形成一个输入端。

14. 根据权利要求13的延迟电路，其中该第一倒相器晶体管的衬底连接到第一倒相器晶体管的第一电极上，该第一倒相器晶体管用于连接到该第一电压电势上。

15. 根据权利要求13的延迟电路，其中该第二倒相器晶体管的基底连接到一个不同于该第二电压电势的第三电压电势上。

16. 根据权利要求13的延迟电路，其中该第一和第二电势分别为外部一施加电压和一地电压。”

至此，合议组在阅读了全部申请文件，并研究了驳回决定和请求人的复审理由后，认为本案事实已经清楚，可以作出如下复审请求审查决定。

二、决定的理由

1. 审查文本

由于复审请求人在2006年9月4日提交的权利要求书中已经删除了原复审通知书中指出的不符合专利法第三十三条规定的“多个以串联连接的延迟电路”以及“每个延迟电路具有一个使输入电压信号倒相的倒相器”，此外，申请人在2006年9月4日提交的意见陈述书中指出NMOS晶体管操作为可变电容器，因此合议组认为基于这种特定理解，权利要求书中的“可变电容器”可以得到说明书的支持，符合专利法三十三条的规定。

此外，复审请求人在2006年9月4日提交的权利要求11中将“具有第一和第二电极的第二倒相器”改为“具有第一和第二电极的第二倒相器晶体管”，根据说明书的内容可见第一和第二倒相器晶体管实际对应于延迟电路中的PMOS晶体管和NMOS晶体管，因此上述修改得到说明书的支持，符合专利法第三十三条的规定。

此外，合议组认为目前的修改文本已经克服了复审通知书中所指出的不符合专利法三十三条的缺陷，并且未发现上述修改文本中还存在其他不符合专利法第三十三条规定的缺陷。

基于上述理由，本复审决定所依据的文本是：2006年9月4日提交的权利要求第1~16项，2003年5月22日提交的说明书第1~4页，申请日提交的说明书附图第1~5页、说明书摘要和摘要附图。

2. 关于专利法第二十六条第三款

专利法第二十六条第三款规定：说明书应当对发明或者实用新型作出清楚、完整的说明，以所属技术领域的技术人员能够实现为准。

所属技术领域的技术人员能够实现，是指所属技术领域的技术人员按照说明书记载的内容，就能够实现该发明或者实用新型的技术方案，解决其技术问题，并且产生预期的技术效果。

本发明的目的是提供一种延迟电路，该电路在外部施加电压VCC降低或者升高时，可以通过调节电容器的衬底电压VBBC来维持延迟时间恒定。但说明书中仅仅在第3页第18~20行描述“电容器衬底电压VBBC被分别加到电容器C1至Cn-1的NMOS晶体管NMC1至NMCn的衬底中，用于防止延迟时间根据外部施加电压VCC的变化而变化”；说明书第3页第21~29行描述了当外部施加较低电压LOW VCC输入时的情况，具体内容为“由于由NMOS晶体管NM1至NMIn-1构成的电容器C1至Cn-1每个都具有一恒定电容CoxLW，所以当一超过阈值电压Vth的电压被分别施加到各栅极时，此时利用上述的特征通过调整施加到该电容器的NMOS晶体管NMC1至NMCn的衬底上的电容器衬底电压VBBC增加该阈值电压Vth，另一电路的倒相器INV2至INVn的栅极电容变为处于当一较低外部电压VCC被输入时不发生由电容器C1至Cn-1产生的延迟的状态的该倒相器输出端的有效电容”；说明书第4页第11~14行描述了“在根据本发明的延迟电路中，一个预定电压被分别不同地施加到所述倒相器的NMOS晶体管和所述电容器的NMOS晶体管的衬底上，以便这两个衬底具有不同的阈值电压，从而获得一个与外部施加电压的变化无关的恒定的延迟时间“。但是上述内容并没有具体描述在外部施加电压VCC变化时，应该如何对应于VCC的变化自适应地调节衬底电压VBBC才能维持延迟时间恒定；而且仅仅提出了衬底电压VBBC可以使衬底具有不同阈值电压，并没有计算公式或者一系列实验数据来说明用衬底电压VBBC来维持延迟时间恒定的基本原理，因此本申请说明书没有清楚介绍实现本发明调节电容器的衬底电压VBBC来维持延迟时间恒定这一任务的具体技术手段，根据说明书记载的内容无法具体实施通过调节衬底电压VBBC来维持延迟时间恒定这一技术方案。

针对请求人意见陈述中的观点①，合议组认为，请求人所述的解决本发明问题的技术手段（即，用于增加阈值电压V_{TH}的电容器的衬底电压输入到NMOS晶体管的衬底）并没有公开在外部施加电压

VCC 降低或者升高时应该如何调节衬底电压 VBBC 才能维持延迟时间恒定，更没有任何实验数据或者计算公式来定量地表述在维持延迟时间恒定的条件下，外部施加电压 VCC 和衬底电压 VBBC 之间应该有什么样的对应关系。因此，本领域技术人员仍然无法具体实施本申请的技术方案。

综上所述，合议组认为本申请的说明书公开不充分，不符合专利法第二十六条第三款的规定。因此，本申请并没有克服复审通知书所指出的不符合专利法第二十六条第三款的规定的缺陷。

三、决定

维持国家知识产权局于 2003 年 7 月 11 日对 98100713.9 号发明专利申请所作出的驳回决定。

当事人对本决定不服的，可以根据专利法第四十一条第二款的规定，自收到本决定之日起三个月内向北京市第一中级人民法院起诉。

320

电子音乐散发服务系统和方法案

复审请求审查决定（第9882号）

决　定　号　第9882号
决　定　日　2006年12月25日
发明创造名称　电子音乐散发服务系统和方法
国 际 分 类 号　G06F 17/00
复 审 请 求 人　三星电子株式会社
申　请　号　00137168.1
申　请　日　2000年12月29日
公　开　日　2001年11月21日
合 议 组 组 长　熊　婷
主　审　员　杜　宇
参　审　员　李韵美

法 律 依 据　专利法实施细则第二条第一款　专利法第二十五条第一款第（二）项
决 定 要 点

如果权利要求保护的方案利用技术手段解决了技术问题，并取得了技术效果，则该权利要求保护的方案是技术方案，符合专利法实施细则第二条第一款的规定；该权利要求就整体而言并不是一种智力活动的规则和方法，不属于专利法第二十五条第一款第（二）项规定的范围。

一、案由

本复审请求案涉及申请日为2000年12月29日、优先权日为2000年5月9日、公开日为2001年11月21日、发明名称为“电子音乐散发服务系统和方法”、申请号为00137168.1的发明专利申请（下称本申请），申请人为三星电子株式会社。

在实质审查过程中，国家知识产权局实质审查部门以申请日提交的原始申请文件为基础进行审查。

国家知识产权局实质审查部门于2002年12月6日发出第一次审查意见通知书，其中指出：本申请不符合专利法第二十六条第三款的规定。

2003年5月21日，申请人针对第一次审查意见通知书提交了意见陈述书以及权利要求书的替换页，并论述了本申请已充分公开的理由。

国家知识产权局实质审查部门于2004年7月23日发出第二次审查意见通知书，其中指出：本申请的权利要求1～11均属于专利法第二十五条第一款第（二）项规定的范围。

2004年10月8日，申请人针对第二次审查意见通知书提交了意见陈述书以及权利要求书、说明书和说明书摘要的替换页，其主要认为：本申请各个权利要求所涉及的计算机以及网络技术特征不完全属于公知公用的技术；各个权利要求都没有要求保护纯粹的计算机程序，而是要求保护在用于多媒体文件的电子音乐散发服务系统中的邮件服务方法或网络环境中的一种电子音乐散发服务系统，Web服务器、文件数据库和流服务器是实现本申请技术方案的技术特征；本申请解决了在用户直接编写多媒体文件的同时，通过计算机通信网络将用户直接地编写的文件方便地显示给用户，产生了从而克服了现有EMD服务中，只是下载或流动音乐或音乐视频文件，从而不能处理例如音乐视频文件因其容量极大而不适合下载的问题，因此本申请的各个技术方案采用了技术手段，解决了技术问题，并产生了技术效果。

修改后的权利要求书如下：

“1. 一种网络环境中的一种电子音乐散发（EMD）服务系统，该EMD服务系统包含：

一个供加载多媒体文件用的web服务器，其中多媒体文件是从链接到网络上的用户终端中使用同步多媒体集成语言（SMIL）格式生成的，而该web服务器能生成一个相应于多媒体文件的超文本标记语言（HTML）文件，并显示该文件，使得用户能通过web浏览器存取该HTML文件；

一个用于存储加载了的多媒体文件和相应的HTML文件的文件数据库；及

一种在流服务中通过链接到网页上的web浏览器在文件数据库中搜索所需要的多媒体文件和在流服务中提供该多媒体文件的流服务器。

2. 如权利要求1所述的EMD服务系统，其中web服务器包含：

一个从web浏览器加载多媒体文件的加载单元；

一个生成相应于多媒体文件的HTML文件的HTML生成单元；

一个以预网页的形式显示为每个成员生成的HTML文件的文件信息显示单元；及

一个用户定命令处理单元，用于当用户通过web浏览器存取网页上的HTML文件时，用该单元接收相应的多媒体文件的命令。

3. 如权利要求1所述的EMD服务系统，其中该系统还包含发送相应于多媒体文件的HTML文件的邮件服务器，该多媒体文件是在电子邮件中由链接到网页上的web浏览器所请求的文件。

4. 一种在电子音乐散发（EMD）服务系统中的多媒体文件服务方法，该多媒体文件服务方法包含步骤：

（a）从用户终端的web浏览器中加载用户终端正在使用同步多媒体集成语言（SMIL）格式生成的多媒体文件；

（b）生成一个相应于加载的多媒体文件的HTML文件，并将该文件存储在文件数据库中；及

（c）以网页的形式显示存储在文件数据库中的该文件，使得用户能通过web浏览器存取该文件。

5. 如权利要求4所述的EMD服务系统，其中在步骤（c），在每个成员的网页上显示为每个成员生成的HTML文件。

6. 如权利要求4所述的EMD服务系统，其中在步骤（c），在集中为每个成员生成的HTML文件后，显示将HTML文件分类成不同清单表格的网页。

7. 一种在用于多媒体文件的电子音乐散发（EMD）服务系统中的流服务方法；其中该多媒体文件是使用同步多媒体集成语言（SMIL）格式生成的，该流服务方法包含步骤：

（a）参考存储多媒体文件和相应的超文本标记语言的（HTML）文件的文件数据库，以网页的形式显示该文件信息；

（b）确定用户是否通过web浏览器存取网页上的HTML文件和是否选择播放想要播放的多媒体文件；及

（c）当用户选择播放时，在流服务中搜索文件数据库并提供相应的多媒体文件。

8. 如权利要求7所述的流服务方法，其中在步骤（a），在用户终端生成多媒体文件和通过网络

加载该文件。

9. 一种在用于多媒体文件的电子音乐散发（EMD）服务系统中的邮件服务方法；其中多媒体文件是使用同步多媒体集成语言（SMIL）格式生的，该邮件服务方法包含步骤：

（a）参考存储多媒体文件和相应的超文本标记语言的（HTML）文件的文件数据库，以网页的形式显示该文件；

（b）确定用户是否通过 web 浏览器存取网页上的 HTML 文件和是否选择发送一个想要的多媒体文件的邮件；及

（c）当用户想要发送邮件时，在附带了相应的 HTML 文件后发送电子邮件到由用户指定的其他边。

10. 如权利要求 9 所述的邮件服务方法，其中在步骤（a），在用户终端生成多媒体文件和通过网络加载该文件。

11. 如权利要求 9 所述的邮件服务方法，其中在步骤（c）后，在步骤（c）发送的电子邮件的接收器通过该接收器的 web 浏览器存取附带了的相应的 HTML 文件，便接收了相应的多媒体文件的服务。”

国家知识产权局实质审查部门继续审查，仍认为本申请的权利要求 1 ~ 11 均属于专利法第二十五条第一款第（二）项规定的范围，因此于 2004 年 12 月 10 日作出了驳回本申请的决定。

驳回决定主要指出：权利要求 1 利用公知公用的计算机及网络技术，对用户通过多媒体文件“编写工具”生成的多媒体文件，以流服务的表格提供加载、浏览等服务，权利要求 1 是在现有的音乐散发服务系统的基础上，利用同步多媒体集成语言格式，而构成该权利要求 1 所请求保护的电子音乐散发服务系统，但由于其硬件结构没有发生任何变化，其相对现有技术的区别仅仅在于本申请人利用一种属于编程方法的非技术手段人为设定的这一编写/生成多媒体文件的软件操作平台，因而权利要求 1 属于专利法第二十五条第一款第（二）项规定的范围；基于上述理由独立权利要求 4、7、9 也属于专利法第二十五条第一款第（二）项规定的范围，不能授予专利权；权利要求 2、3、5、6、8、10、11 对现有技术的贡献仅仅在于上述属于智力活动的规则和方法的部分，因此权利要求 2、3、5、6、8、10、11 属于专利法第二十五条第一款第（二）项规定的范围，不能授予专利权。

申请人（下称复审请求人）对上述驳回决定不服，于 2005 年 3 月 23 日向专利复审委员会提出了复审请求，其主要认为：1. 申请人不同意驳回决定中关于权利要求 1 是由申请人使用属于编程方法的非技术手段人为规定的意见；2. 国家知识产权局实质审查部门一再认为本申请的各技术方案中的硬件结构特征与公知技术没有任何区别，然而却不提供具有这种技术特征的任何对比文件，这似乎有违专利法和审查指南关于专利审查应该以事实为依据，以法律为准绳的审查原则；3. 虽然申请人认为 SMIL 生成单元如何使用 SMIL 格式生成 SMIL 文件，SMIL 加载单元如何加载 SMIL 文件，HTML 生成单元如何生成相应于 SMIL 的 HTML 文件是现有技术，可是这与本申请所涉及的计算机与现有的通用计算机不同并不矛盾。

经形式审查合格，专利复审委员会予以受理，于 2005 年 5 月 8 日发出复审请求受理通知书和前置审查通知书。

国家知识产权局原实质审查部门对该复审请求进行了前置审查，坚持原驳回决定。

在以上审查工作的基础上，合议组认为本案事实已经清楚，可以作出本复审请求审查决定。

二、决定的理由

1. 本决定所依据的文本

本复审决定是以驳回决定所依据的文本作出的，即，2004 年 10 月 8 日提交的权利要求第 1 ~ 11

项、说明书第 1 ~7 页、说明书摘要，申请日提交的附图第 1 ~3 页及摘要附图。

2. 关于专利法实施细则第二条第一款

权利要求 1 请求保护一种网络环境中的电子音乐散发服务系统，其包含：一个供加载多媒体文件用的 web 服务器，其中多媒体文件是从链接到网络上的用户终端中使用同步多媒体集成语言（SMIL）格式生成的，而该 web 服务器能生成一个相应于多媒体文件的超文本标记语言（HTML）文件，并显示该文件，使得用户能通过 web 浏览器存取该 HTML 文件；一个用于存储加载了的多媒体文件和相应的 HTML 文件的文件数据库；及一种在流服务中通过链接到网页上的 web 浏览器在文件数据库中搜索所需要的多媒体文件和在流服务中提供该多媒体文件的流服务器。

现有的通过计算机网络提供的电子音乐散发服务系统，只能下载音乐或音乐视频文件，其存在不能传输因容量极大而不适合下载或不能下载的音乐视频等多媒体文件给用户的问题。权利要求 1 解决的问题是提供一种在用户直接编写多媒体文件的同时，通过计算机通信网络将用户直接编写的文件方便地显示给用户的电子音乐散发服务系统，该系统可以处理现有技术中不能处理的大容量的音乐视频等多媒体文件，使通过计算机网络传播大容量的音乐视频等多媒体文件成为可能，权利要求 1 要求保护的电子音乐散发系统克服了现有电子音乐散发系统不能传送大容量的音乐视频等多媒体文件给用户的缺陷，因此权利要求 1 保护的方案解决的问题是技术问题。

权利要求 1 要求保护的方案采用了以下技术手段：一个供加载多媒体文件用的 web 服务器，其中多媒体文件是从链接到网络上的用户终端中使用同步多媒体集成语言（SMIL）格式生成的，而该 web 服务器能生成一个相应于多媒体文件的超文本标记语言（HTML）文件，并显示该文件，使得用户能通过 web 浏览器存取该 HTML 文件；一个用于存储加载了的多媒体文件和相应的 HTML 文件的文件数据库；及一种在流服务中通过链接到网页上的 web 浏览器在文件数据库中搜索所需要的多媒体文件和在流服务中提供该多媒体文件和在流服务中提供该多媒体文件的流服务器。通过上述手段使用户需要的多媒体文件被分成多个小数据包，并将该由多个小数据包构成的多媒体文件以数据流的形式提供给用户。

由于采用了上述技术手段，用户可以通过权利要求 1 要求保护的电子音乐散发服务系统获得大容量的音乐视频等多媒体文件，取得了可以利用该电子音乐散发系统将大容量的音乐视频等多媒体文件传送给用户的技术效果。

由于权利要求 1 保护的方案解决了技术问题，采用了技术手段，并取得了技术效果，因此权利要求 1 保护的方案是技术方案，符合专利法实施细则第二条第一款的规定。

由于权利要求 2、3 是权利要求 1 的从属权利要求，在权利要求 1 符合专利法实施细则第二条第一款的规定的基础上，权利要求 2、3 保护的方案也是技术方案，符合专利法实施细则第二条第一款的规定。

权利要求 4 请求保护一种网络环境中的电子音乐散发服务方法，该多媒体文件服务方法包含步骤：（a）从用户终端的 web 浏览器中加载用户终端正在使用同步多媒体集成语言（SMIL）格式生成的多媒体文件；（b）生成一个相应于加载的多媒体文件的 HTML 文件，并将该文件存储在文件数据库中；及（c）以网页的表格显示存储在文件数据库中的该文件，使得用户能通过 web 浏览器存取该文件。

现有的通过计算机网络提供的电子音乐散发服务方法，只能下载音乐或音乐视频文件，其存在不能传输因容量极大而不适合下载或不能下载的音乐视频等多媒体文件给用户的问题。权利要求 4 解决的问题是提供一种在用户直接编写多媒体文件的同时，通过计算机通信网络将用户直接编写的文件方便地显示给用户的电子音乐散发服务方法，该方法可以处理现有技术中不能处理的大容量的音乐视频等多媒体文件，使通过计算机网络传播大容量的音乐视频等多媒体文件成为可能，权利要求4要求保护的方法克服了现有电子音乐散发系统不能传送大容量的音乐视频等多媒体文件给用户的缺陷，因此权利要求4保护的方案解决的问题是技术问题。

权利要求4要求保护的方案采用了以下技术手段：从用户终端的web浏览器中加载用户终端正在使用同步多媒体集成语言（SMIL）格式生成的多媒体文件；生成一个相应于加载的多媒体文件的HTML文件，并将该文件存储在文件数据库中；以网页的形式显示存储在文件数据库中的该文件，使得用户能通过web浏览器存取该文件。通过上述手段使用户需要的多媒体文件被分成多个小数据包，并将该多个小数据包以数据流的形式提供给用户。

由于采用了上述技术手段，用户可以通过权利要求4要求保护的电子音乐散发服务方法获得大容量的音乐视频等多媒体文件，取得了可以利用该电子音乐散发方法将大容量的音乐视频等多媒体文件传送给用户的技术效果。

由于权利要求4保护的方案段解决了技术问题，采用了技术手段，并取得了技术效果，因此权利要求4保护的方案是技术方案，符合专利法实施细则第二条第一款的规定。

由于权利要求5、6是权利要求4的从属权利要求，在权利要求4符合专利法实施细则第二条第一款的规定的基础上，权利要求5、6保护的方案也是技术方案，符合专利法实施细则第二条第一款的规定。

权利要求7请求保护一种在用于多媒体文件的电子音乐散发服务系统中的流服务方法，该多媒体文件是使用同步多媒体集成语言（SMIL）格式生成的，该流服务方法包含步骤：（a）参考存储多媒体文件和相应的超文本标记语言的（HTML）文件的文件数据库，以网页的形式显示该文件信息；（b）确定用户是否通过web浏览器存取网页上的HTML文件和是否选择播放想要播放的多媒体文件；及

（c）当用户选择播放时，在流服务中搜索文件数据库并提供相应的多媒体文件。

现有的通过计算机网络提供的电子音乐散发服务方法，只能下载音乐或音乐视频文件，当音乐视频等多媒体文件容量过大不适合或不能下载时，用户不能播放该多媒体文件。权利要求7解决的问题是提供一种在用户直接编写多媒体文件的同时，通过计算机通信网络将用户直接编写的文件方便地显示给用户的电子音乐散发服务方法，该方法可以处理现有技术中不能处理的大容量的音乐视频等多媒体文件，从而用户通过计算机网络使用web浏览器播放大容量的音乐视频等多媒体文件成为可能，权利要求7要求保护的方法克服了现有电子音乐散发系统不能传送大容量的音乐视频等多媒体文件给用户的缺陷，因此权利要求7保护的方案解决的问题是技术问题。

权利要求7要求保护的方案采用了以下技术手段：该多媒体文件是使用，该流服务方法包含步骤：（a）参考存储同步多媒体集成语言格式生成的多媒体文件和相应的超文本标记语言的（HTML）文件的文件数据库，以网页的形式显示该文件信息；（b）确定用户是否通过web浏览器存取网页上的HTML文件和是否选择播放想要播放的多媒体文件；（c）当用户选择播放时，在流服务中搜索文件数据库并提供相应的多媒体文件。

由于采用了上述技术手段，用户需要的多媒体文件被分成多个小数据包，并且该由多个小数据包构成的多媒体文件以数据流的形式提供给用户，从而用户可以通过web浏览器播放该多媒体文件，取得了可以利用该电子音乐散发方法将大容量的音乐视频等多媒体文件传送给用户的技术效果。

由于权利要求7保护的方案解决了技术问题，采用了技术手段，并取得了技术效果，因此权利要求7保护的方案是技术方案，符合专利法实施细则第二条第一款的规定。

权利要求8是权利要求7的从属权利要求，在权利要求7符合专利法实施细则第二条第一款的规

定的基础上，权利要求 8 保护的方案也是技术方案，符合专利法实施细则第二条第一款的规定。

权利要求 9 请求保护一种在用于多媒体文件的电子音乐散发服务系统中的邮件服务方法，其中多媒体文件是使用同步多媒体集成语言（SMIL）格式生的，该邮件服务方法包含步骤：（a）参考存储多媒体文件和相应的超文本标记语言的（HTML）文件的文件数据库，以网页的形式显示该文件；（b）确定用户是否通过 web 浏览器存取网页上的 HTML 文件和是否选择发送一个想要的多媒体文件的邮件；及（c）当用户想要发送邮件时，在附带了相应的 HTML 文件后发送电子邮件到由用户指定的其他边。

现有的通过计算机网络提供的电子音乐散发服务方法，只能下载音乐或音乐视频文件，当音乐视频等多媒体文件容量过大不适合或不能下载时，用户不能播放该多媒体文件。权利要求 9 解决的问题是提供一种在用户直接编写多媒体文件的同时，通过计算机通信网络将用户直接编写的文件方便地显示给用户的电子音乐散发服务方法，该方法可以处理现有技术中不能处理的大容量的音乐视频等多媒体文件，从而用户通过计算机网络使用电子邮件散发大容量的音乐视频等多媒体文件成为可能，权利要求 9 要求保护的方法克服了现有电子音乐散发系统不能散发大容量的音乐视频等多媒体文件给用户的缺陷，因此权利要求 9 保护的方案解决的问题是技术问题。

权利要求 9 要求保护的方案采用了以下技术手段：（a）参考存储同步多媒体集成语言格式生成的多媒体文件和相应的超文本标记语言的（HTML）文件的文件数据库，以网页的形式显示该文件；（b）确定用户是否通过 web 浏览器存取网页上的 HTML 文件和是否选择发送一个想要的多媒体文件的邮件；（c）当用户想要发送邮件时，在附带了相应的 HTML 文件后发送电子邮件到由用户指定的其他边。由于采用了上述技术手段，用户需要发送的多媒体文件被分成多个小数据包，当接收者收到电子邮件时，根据电子邮件中与多媒体文件对应的 HTML 文件，该由多个小数据包构成的多媒体文件以数据流的形式提供给接收者，从而用户可以通过电子邮件散发多媒体文件，取得了可以利用该电子音乐散发方法将大容量的音乐视频等多媒体文件传送给用户的技术效果。

由于权利要求 9 保护的方案解决了技术问题，采用了技术手段，并取得了技术效果，因此权利要求 9 保护的方案是技术方案，符合专利法实施细则第二条第一款的规定。

由于权利要求 10、11 是权利要求 9 的从属权利要求，在权利要求 9 符合专利法实施细则第二条第一款的规定的基础上，权利要求 10、11 保护的方案也是技术方案，符合专利法实施细则第二条第一款的规定。

3. 关于专利法第二十五条第一款第（二）项

由于权利要求 1 ~ 11 要求保护的方案是技术方案，其包含技术特征，就整体而言权利要求 1 ~ 11 保护的不是一种智力活动的规则和方法，因此权利要求 1 ~ 11 不属于专利法第二十五条第一款第（二）项规定的范围。

综上所述，权利要求 1 ~ 11 符合专利法实施细则第二条第一款，不属于专利法第二十五条第一款第（二）项规定的范围。

三、决定

撤销国家知识产权局于 2004 年 12 月 10 日对申请号为 00137168.1 的发明专利申请作出的驳回决定，由原实质审查部门以驳回决定所针对的 2004 年 10 月 8 日提交的权利要求第 1 ~ 11 项、说明书第 1 ~ 7 页、说明书摘要、申请日提交的附图第 1 ~ 3 页及摘要附图的文本为基础继续进行审批程序。

复审决定作出后复审请求人不服该决定的，可以根据专利法第四十一条第二款的规定，自收到本决定之日起三个月内向北京市第一中级人民法院起诉。

321

辨识便携式装置的网络服务器系统及其使用方法案

复审请求审查决定（第9898号）

决　定　号　第9898号
决　定　日　2006年12月19日
发明创造名称　辨识便携式装置的网络服务器系统及其使用方法
国际分类号　G06F 15/00
复审请求人　威盛电子股份有限公司
申　请　号　03158073.4
申　请　日　2003年9月4日
优 先 权 日　2002年9月6日
公　开　日　2004年4月7日
合议组组长　张　度
主　审　员　唐向阳
参　审　员　杜　宇

法律依据　专利法第二十二条第三款
决定要点

如果要求保护的发明相对于最接近的现有技术的区别技术特征能获得更好的技术效果，也不存在将上述区别技术特征应用到该最接近的现有技术以解决其存在的技术问题的启示，则发明是非显而易见的。

一、案由

本复审请求涉及申请日为2003年9月4日、申请号为03158073.4、名称为“辨识便携式装置的网络服务器系统及其使用方法”的发明专利申请（下称本申请），其申请人为威盛电子股份有限公司，优先权日为2002年9月6日。

实质审查过程中，国家知识产权局于2005年1月7日发出第一次审查意见通知书，认为本申请的权利要求1～12相对于对比文件1（CN1298243A，公开日为2001年6月6日）不具备专利法第二十二条第三款规定的创造性。审查员认为：权利要求1与对比文件1相比，其区别在于所传送的数据的内容，而这种内容的不同仅是一种人为的规定，对权利要求1所保护的网络服务器系统来说并没有产生任何实质性的改变，因此权利要求1不具备创造性。权利要求2～4的附加技术特征对本领域技术人员来说是显而易见的，而权利要求5、6张采用什么样的辨识数据是可以由技术人员任意规定的，所以权利要求2～6也不具备创造性。权利要求7～12是与权利要求1～6对应的方法权利要求，基于类似的理由，权利要求7～12也不具备创造性。

针对审查员的第一次审查意见通知书，申请人于2005年5月19日提交了意见陈述书以及权利要求第1～6项、说明书第1～4页和说明书摘要的修改替换页。申请人删除了原权利要求1～6，对原权利要求 7 ~ 12 作了形式修改，并重新编号为权利要求 1 ~ 6。修改后的权利要求书如下：

“1. 一种网络服务器系统经由网络识别便携式装置的方法，包括下列步骤：

所述网络服务器取得一便携式装置的至少一唯一辨识数据；

将所述唯一辨识数据结合到一分组的一标题；

所述便携式装置发送所述分组；

一网页服务器经由一网络接收所述分组；和

所述网页服务器从所接收的该分组的所述标题中取得该便携式装置的所述唯一辨识数据。

2. 如权利要求 1 所述的网络服务器系统经由网络识别便携式装置的方法，还包括在该网页服务器依据该唯一辨识数据由一数据库检索相应该便携式装置的制造日期与产品规格。

3. 如权利要求 1 所述的网络服务器系统经由网络识别便携式装置的方法，其中该分组遵循超文本传输协议。

4. 如权利要求 1 所述的网络服务器系统经由网络识别便携式装置的方法，其中该网络为固接式网络或无线网络。

5. 如权利要求 1 所述的网络服务器系统经由网络识别便携式装置的方法，其中该便携式装置为智能型移动电话，该唯一辨识数据为该智能型移动电话的国际移动设备身份。

6. 如权利要求 1 所述的网络服务器系统经由网络识别便携式装置的方法，其中该便携式装置为手提式计算机，该唯一辨识数据为该手提式计算机的中央处理单元识别码、该手提式计算机的基本输入输出系统识别码或网络适配卡识别码。”

申请人认为：对比文件 1 的内容与本申请识别便携式装置的网络服务器系统互不关联，不能用来评述本申请的创造性；对比文件 1 是移动终端和网站间的信息沟通，而本申请的方法则是网络服务器系统识别移动终端的方法，传送数据的不同导致基本方案和具体的实施步骤不同；权利要求 1 所要求保护的技术方案与对比文件 1 公开的内容相比，无论在发明目的、技术效果和技术方案方面都存在很大的差异，本领域技术人员不可能在对比文件 1 的基础上不经过创造性劳动而得到本申请的技术方案，因此本申请的方法相对于对比文件 1 具备创造性。

国家知识产权局于 2005 年 7 月 8 日驳回了本申请，驳回决定依据的是专利法第二十二条第三款的规定，其具体理由是：权利要求 1 与对比文件 1 相比其区别仅在于：便携式装置与网页服务器之间传送的是辨识数据，以及该数据传送的格式，这种区别仅是一种人为的规定，针对不同类型的数据本领域技术人员显然也可以规定出不同的传送格式，即权利要求 1 中要求保护的技术方案仅在于基于公知的网络服务器与终端之间的数据传输技术来传送其所规定的辨识数据，由此可见，权利要求 1 相对于对比文件 1 不具备专利法第二十二条第三款规定的创造性。针对申请人的意见，审查员认为，对于当前权利要求 1 ~ 6 所保护的技术方案和对比文件 1 中的使 WAP 移动电话及与 WEB 网站实现沟通的系统来说，两者均是基于网络服务器与终端之间的信息传送技术来实现的；从对比文件 1 中也可得知在 WEB 服务器接收到可携带终端发送的相关数据信息和从 WEB 服务器向可携带终端发送出网页信息的过程中，其必然也经过了根据接收到的数据信息在数据库中进行适当的检索而发送出相应的网页信息的过程，由此可见，当前权利要求 1 ~ 6 所保护的技术方案仅是采用已知的技术手段来传送识别不同的数据类型。

申请人（下称复审请求人）不服国家知识产权局作出的上述驳回决定，于 2005 年 10 月 8 日向专利复审委员会提交了复审请求，陈述意见但没有提交修改文本。复审请求人重申了在答复一通时陈述的意见，并认为，对比文件 1 仅仅公开了“取得信息、接收信息和传送信息”的三个步骤，并没有公开本申请权利要求 1 当中描述的“将所述唯一识别数据结合到一分组的一标题”的特征步骤，而作为方法权利要求，“取得至少一唯一辨识数据”是本申请的方法的技术特征之一，正因为是取得“辨识数据”，所以才导致下个步骤“……结合……”的进行，因此“取得至少一唯一辨识数据”不应当被认为是一种人为规定。

经形式审查合格后，专利复审委员会受理了该复审请求，于2005年11月2日向复审请求人发出复审请求受理通知书，同时向国家知识产权局原实质审查部门发出前置审查通知书。

在前置审查过程中，原实质审查部门认为本申请的技术方案实际上就是利用已有的网络通信技术在终端和服务器之间传送不同内容的数据信息，所以坚持驳回决定。

至此，合议组认为，本案的事实已经清楚，可以作出本决定。

二、决定的理由

1. 审查文本的认定

由于复审请求人在提出复审请求时没有提交修改文本，所以本复审决定是以驳回决定依据的文本为基础作出的。

2. 使用的对比文件

本复审决定采用了与实质审查过程中相同的对比文件1（CN1298243A，公开日为2001年6月6日）。

3. 关于创造性

专利法第二十二条第三款规定：发明的创造性，是指同申请日以前已有的技术相比，该发明有突出的实质性特点和显著的进步。

本申请的权利要求1涉及一种网络服务器系统经由网络识别便携式装置的方法，其所要解决的技术问题是要将便携式装置的唯一辨识信息整合至超文本传输协议分组的标题，并在网络服务器上依据分组标题内的信息辨识便携式装置，该方法包括以下步骤：取得一便携式装置的至少一唯一辨识数据、将所述唯一辨识数据结合到一分组的一标题、由便携式装置发送所述分组、网页服务器经由一网络接收所述分组和所述网页服务器从所接收的该分组的所述标题中取得该便携式装置的所述唯一辨识数据。

对比文件1公开了一种使WAP移动电话与WEB网站实现沟通的方法和系统，其所要解决的技术问题是要使得WAP上网装置（如WAP手机）的用户能够浏览WEB网站，在该系统中，首先是从可携带型上网装置取得初始条件与目的地端网站WEB服务器的相关数据信息，WEB服务器接收该信息，将要送出的网页或网页检索数据信息转换成符合无线应用协议WAP的网页，并将该网页信息显示在用户的手机上（参见对比文件1的权利要求1）。

由此可见，权利要求1所要求保护的技术方案与对比文件1所公开的内容在所要解决的技术问题、所采取的技术手段和所获得的技术效果上均不相同。对比文件1涉及的是使WAP移动电话与WEB网站实现沟通的方法，通过将HTML格式文件转换成WAP文件格式来实现；而本申请涉及的是网络服务器系统经由网络识别便携式装置的方法，目的是在网页服务器上依据从便携式装置的唯一辨识信息整合得来的信息辨识便携式装置。同时，在所采取的技术手段上，即在传送数据的方式上，对比文件1的WEB服务器发送的是网页或网页检索数据信息，用来转换数据协议，而本申请的网页服务器是通过从网络接收的分组信息中获取唯一辨识数据、将其结合到分组的标题的处理、发送分组以及再从中取得唯一辨识数据来实现。对比文件1中并没有公开关于“唯一识别数据”的特征步骤，而本申请中获取唯一辨识数据、将其结合到分组的标题的处理、发送分组以及再从中取得唯一辨识数据的技术特征并不是一种人为规定，通过执行上述处理步骤实现了在网页服务器上依据分组标题内的信息辨识便携式装置、从而更有效地进行网络信息交换的技术效果。因此，本申请与对比文件1在所要解决的技术问题、所采取的技术手段和相应获得的技术效果上均不相同，并且在现有技术中并不存在将上述区别特征应用到对比文件1中以解决本申请所提出的技术问题的启示，所以权利要求1所要求保护的技术方案相对于对比文件1所公开的内容是非显而易见的，具备专利法第二十二条第三款所规定的创造性。

权利要求2~6对权利要求1的网络服务器系统经由网络识别便携式装置的方法的步骤作了进一步限定，由于其引用的权利要求1具备创造性，所以权利要求2~6也具备专利法第二十二条第三款所规定的创造性。

基于上述事实和理由，合议组作出如下决定。

三、决定

撤销国家知识产权局于2005年7月8日对03158073.4号发明专利申请作出的驳回决定。由原审查部门以驳回决定依据的文本为基础继续审查程序。

复审请求人对本决定不服的，可根据专利法第四十一条第二款的规定，自收到本决定之日起三个月内向北京市第一中级人民法院起诉。

322

使用影子对象进行核准控制的面向对象系统和方法案

复审请求审查决定（第9899号）

决　定　号　第9899号
决　定　日　2006年12月15日
发明创造名称　使用影子对象进行核准控制的面向对象系统和方法
国际分类号　G06F 12/00、12/14、17/30、H04L12/24、29/06
复审请求人　国际商业机器公司
申　请　号　02125131.2
申　请　日　2002年6月28日
公　开　日　2003年12月31日
合议组组长　张美菊
主　审　员　杜　宇
参　审　员　詹靖康

法律依据　专利法第二十五条第一款
决定要点

如果权利要求保护的方案利用技术手段解决了技术问题，并取得了技术效果，则该权利要求保护的方案不属于专利法第二十五条第一款第（二）项规定的智力活动的规则和方法的范围。

一、案由

本复审请求案涉及申请日为2002年6月28日、发明名称为“使用影子对象进行核准控制的面向对象系统和方法”、申请号为02125131.2的发明专利申请（下称本申请），申请人为国际商业机器公司。

在实质审查过程中，国家知识产权局实质审查部门以申请日提交的原始申请文件为基础进行审查。

国家知识产权局实质审查部门于2004年9月10日发出第一次审查意见通知书，其中指出：本申请的权利要求1～18均属于专利法第二十五条第一款第（二）项规定的智力活动的规则和方法的范围。

申请人于2004年11月29日针对第一次审查意见通知书提交了意见陈述书，其认为：权利要求1～18不属于专利法第二十五条第一款第（二）项所规定的智力活动的规则和方法的范围。

国家知识产权局实质审查部门仍认为权利要求1～18属于专利法第二十五条第一款第（二）项规定的智力活动的规则和方法的范围，因此于2005年1月7日作出了驳回本申请的决定。

驳回针对的独立权利要求1、8如下：

“1. 一种使用影子对象进行核准控制的面向对象方法，包括下列步骤：

（1）调用一业务操作；

（2）判断所述业务操作是否需要得到核准；

（3）如果需要核准，则建立与原业务对象和连接器对应的影子业务对象和连接器，在所述影子业务对象和连接器上执行所述业务操作，并将所有的操作结果保存在所述影子业务对象中，将所有待发送的消息缓存在所述连接器中；

（4）如果所述业务操作得到核准，则用影子业务对象替换所述原业务对象。”

“8. 一种使用影子对象进行核准控制的面向对象系统，包括：

业务操作装置，用于执行业务操作；

执行管理装置，用于对所述业务操作装置的操作进行管理；

判断单元，与执行管理装置相连，用于判断业务操作是否需要核准；

核准管理装置，用于进行核准管理，如果业务操作需要核准，则为该业务操作产生与一原业务对象和连接器相应的影子业务对象和连接器，用于保存该业务操作后的结果，并在得到核准后用所述影子业务对象替换所述相应的原业务对象，以产生核准后的处理结果。”

驳回决定指出：本申请的系统和方法所采取的技术手段实质上就是运用代码或指定专门的核准人员实现所述业务操作和核准管理的，实质上也是一种管理手段或方法，而不是一种利用自然规律和自然力的技术方案，所述的业务操作也只是利用代码片段、核准逻辑和现有的装置来实现的，由说明书的记载可知，本申请所请求保护的系统和方法实质上是利用现有的装置来验证使用者/用户身份的一种核实标准，而该标准是一种人为规定的某行业或商业中的某一标准/准则，也可以说属于一种商业上管理、运营的手段，所以本申请实质上就是一种应用于电子商务上的系统，属于一种商业实施和经济管理的控制系统，是通过相应代码或人为规定的某一商业标准来实现的，因而其内容仅仅是一种指导人们进行思维和判断的方法/人为的规定/经营管理方法，而不是一种利用自然规律和自然力的技术方案，属于专利法第二十五条第一款第（二）项所述的智力活动的规则和方法的范围，因此不能被授予专利权。

申请人（下称复审请求人）对上述驳回决定不服，于2005年4月4日向专利复审委员会提出了复审请求，其主要认为：本申请不是要求保护核准标准或规则本身，也不是要求保护对信息或交易执行什么样的业务操作，而是提供一种核准控制系统和方法，通过这种核准控制系统和方法能够提供对核准的灵活、高效、易于修改和补充的实施，因此本申请的核准控制系统和方法解决的是技术问题，并采取了相应的技术手段，获得了技术效果，因此权利要求1～18不属于专利法第二十五条第一款第（二）项所规定的智力活动的规则和方法的范围。

经形式审查合格，专利复审委员会予以受理，于2005年5月8日发出复审请求受理通知书和前置审查通知书。

国家知识产权局原实质审查部门对该复审请求进行了前置审查，坚持原驳回决定。

在以上审查工作的基础上，合议组认为本案事实已经清楚，可以作出本复审请求审查决定。

二、决定的理由

1. 本决定所依据的文本

本复审决定是以驳回决定所依据的文本作出的，即，申请日提交的权利要求第1～18项、说明书第1～11页、附图第1～3页、说明书摘要及摘要附图。

2. 关于专利法第二十五条第一款第（二）项

根据专利法第二十五条第一款第（二）项的规定，智力活动的规则和方法不授予专利权。如果一项权利要求解决了技术问题，使用了技术手段，并获得了技术效果，那么该权利要求就不属于专利法第二十五条第一款第（二）项规定的智力活动的规则和方法的范围。

权利要求1要求保护一种使用影子对象进行核准控制的面向对象方法，其包括以下步骤（1）调用一业务操作；（2）判断所述业务操作是否需要得到核准；（3）如果需要核准，则建立与原业务对象和连接器对应的影子业务对象和连接器，在所述影子业务对象和连接器上执行所述业务操作，并将所有的操作结果保存在所述影子业务对象中，将所有待发送的消息缓存在所述连接器中；（4）如果所述业务操作得到核准，则用影子业务对象替换所述原业务对象。

根据说明书的记载，在现有的电子商务中，金融交易等对客户的操作需要进行核准的系统中，由于核准操作代码和客户业务操作代码混合在一起，两者基于同一个原始数据进行操作，因此现有的需要进行的核准系统存在如下缺陷：1. 不适当的方法划分引起了系统的缺陷，其中很多缺陷必须在对全部的功能和性能测试以后，或对系统进行修改后才能被发现，但对于新命令较少的系统，则不太容易对这些缺陷进行更正；2. 不能够将核准逻辑从业务逻辑中分离出来，也就不能进行灵活的开发等工作，系统的性能难以得到提高。本申请所解决的问题是将核准操作从客户业务操作中分离出来，使与核准操作相关的数据易于修改和更新，从而克服了所述现有需要进行核准的系统中的缺陷，因此本申请解决的问题是技术问题。

权利要求1要求保护的方案采用了以下手段：为了需要核准的业务操作，调用一业务操作，判断所述业务操作是否需要得到核准，如果需要，建立与原业务对象和连接器对应的影子业务对象和连接器，在所述影子业务对象和连接器上执行所述业务操作，操作结果缓存在影子业务对象的连接器中，如果所述业务操作得到核准，则用影子业务对象替换所述原业务对象。由于上述手段是针对本申请的技术问题所采用的手段，其并不是要依赖商业管理、运营手段来实现，因此上述手段是技术手段。

由于采用了上述技术手段，可以将核准逻辑与业务逻辑分开，实现业务操作的系统开发商只需要关注业务逻辑的实现，不用考虑核准逻辑，而核准逻辑可以由另一组开发商独立地处理；业务逻辑的代码和核准逻辑代码可以独立地进行改变，因此可以更容易地将业务操作定制为代码片断、业务对象和连接器等，并构建更复杂的核准逻辑；通过保持原业务对象和经修改的影子对象，可以向核准人员（或核准代码）提供更丰富的信息，使其可以检查业务操作之前的原始内容，也可以检查业务操作之中或之后的内容，因此权利要求1取得了技术效果。

权利要求1保护的方案利用技术手段解决了技术问题，并取得了技术效果，因此权利要求1保护的方案是技术方案，并不是专利法第二十五条第一款第（二）项规定的智力活动规则和方法。

由于权利要求2~7是权利要求1的从属权利要求，在权利要求1不属于专利法第二十五条第一款规定的情况时，权利要求2~7保护的方案也是技术方案，不属于专利法第二十条第一款第（二）项规定的智力活动的规则和方法的范围。

权利要求8要求保护一种使用影子对象进行核准控制的面向对象系统，其是相对应于权利要求1所要求保护的方法的装置权利要求，在其要求保护的系统中执行了权利要求1所要求保护的方法，因此参照对权利要求1的评述，权利要求8要求保护的系统也利用技术手段解决了技术问题，并取得了技术效果，权利要求8保护的方案是技术方案，不属于专利法第二十五条第一款第（二）项规定的智力活动规则和方法。

由于权利要求9~18是权利要求8的从属权利要求，在权利要求8不属于专利法第二十五条第一款规定的情况时，权利要求9~18保护的方案也是技术方案，不属于专利法第二十五条第一款第（二）项规定的智力活动的规则和方法的范围。

综上所述，权利要求1~18不属于专利法第二十五条第一款第（二）项规定的智力活动的规则和方法的范围，不存在驳回决定所指出的缺陷。

三、决定

撤销国家知识产权局于2005年1月7日对申请号为02125131.2的发明专利申请作出的驳回决定，由原实质审查部门以驳回决定所针对的申请日提交的权利要求第1~18项、说明书第1~11页、附图第1~3页、说明书摘要及摘要附图的文本为基础继续进行审批程序。

复审决定作出后复审请求人不服该决定的，可以根据专利法第四十一条第二款的规定，自收到本决定之日起三个月内向北京市第一中级人民法院起诉。

323

高压放电灯案

复审请求审查决定（第9904号）

决　定　号　第9904号
决　定　日　2006年11月23日
发明创造名称　高压放电灯
国际分类号　H01J 61/36
复审请求人　皇家菲利浦电子有限公司
申　请　号　01800977.8
申　请　日　2001年4月6日
优 先 权 日　2000年4月19日
公　开　日　2002年8月28日
合议组组长　熊　婷
主　审　员　汤　锷
参　审　员　涂洪文

法律依据　专利法第二十二条第三款
决定要点

在判断现有技术是否给出了相关的技术启示时，不仅应当考虑现有技术中是否已经公开了该区别技术特征，还应当从解决的技术问题和达到的技术效果出发，考虑该区别技术特征在现有技术中所起的作用与其在本申请中所起的作用是否相同。

一、案由

本复审请求涉及申请日为2001年4月6日，申请号是01800977.8，发明名称为“高压放电灯”的发明专利申请（下称本申请），申请人是皇家菲利浦电子有限公司，优先权日是2000年4月19日。

在实质审查程序中，国家知识产权局原实质审查部门于2004年6月18日发出第一次审查意见通知书，指出，权利要求1相对于对比文件1（CN1224531A，公开日为1999年7月28日）不具有突出的实质性特点和显著的进步，不符合专利法第二十二条第三款有关创造性的规定。权利要求2的附加技术特征被对比文件1公开，权利要求3、4的附加技术特征被对比文件2（US4602956A，公开日为1986年7月29日）公开，权利要求5的附加技术特征为公知常识，权利要求6的附加技术特征被对比文件2公开，因此，在其所引用的权利要求不具备创造性的时候，从属权利要求2~6也不具备专利法第二十二条第三款规定的创造性。

申请人于2004年10月29日提交了答复第一次审查意见通知书的意见陈述书，申请人认为，权利要求1~6具备创造性。

原实质审查部门于2004年12月24日发出第二次审查意见通知书，指出，权利要求1相对于对比文件1和对比文件3（US5424609A，公开日为1995年6月13日）不具备创造性，从属权利要求2~6

也不具备创造性，同时还指出权利要求1不符合专利法第二十六条第四款、专利法实施细则第二十条第一款的规定。

申请人于2005年3月8日提交了答复第二次审查意见通知书的意见陈述书，同时对权利要求书和说明书作了修改。申请人认为，修改后的申请文件符合专利法及其专利法实施细则的相关规定。

原实质审查部门于2005年4月22日发出第三次审查意见通知书，指出权利要求1和说明书的修改超范围，同时指出，权利要求1~5仍然不具备创造性，并特别指出，虽然本申请的线性结构与对比文件3的第二部分包覆第一部件的结构存在微小差别，但二者所产生的技术效果是相同的，因此，权利要求1相对于对比文件1和3不具备创造性。

申请人于2005年7月7日提交了答复第三次审查意见通知书的意见陈述书，并对权利要求书和说明书作了修改，同时，申请人认为，权利要求1及其从属权利要求具备创造性。

经审查，国家知识产权局在2005年8月12日以本申请的权利要求1~5不具备专利法第二十二条第三款规定的创造性为由，作出了驳回决定。

驳回决定所针对的文本为：2005年7月7日提交的权利要求第1~5项、说明书第1页；进入中国国家阶段时提交的国际申请文件的说明书第2~3页、说明书附图第1页、说明书摘要和摘要附图。

驳回决定所针对的权利要求书为：

“1. 一种高压放电灯，具有一放电管，该放电管能够密封一放电空间，具有一陶瓷壁，并被一陶瓷插头封闭，上述放电空间容设一通过引线元件与电流导体相连接的电极，该引线元件以紧配合突入陶瓷插头，通过一密封陶瓷以气密方式相连接，并具有一在气密连接区域处形成一金属陶瓷的第一部件，其特征在于：该引线元件还包括一第二部件，该第二部件是一连接于所述金属陶瓷并且在电极方向从金属陶瓷伸出的金属部件，所述金属部件主要由Mo或W或二者的合金形成。

2. 如权利要求1所述的灯，其特征在于：电极包括一与引线元件的金属部件相连接的电极条。

3. 如权利要求1或2所述的灯，其特征在于：金属陶瓷按体积来说最多具有45%的金属含量。

4. 如权利要求3所述的灯，其特征在于：金属陶瓷按体积来说具有不超过35%的金属含量。

5. 如权利要求1、2、3或4所述的灯，其特征在于：金属陶瓷的金属对应于引线元件的金属部件的金属。”

驳回决定的理由是：权利要求1请求保护一种高压放电灯，对比文件1也公开了一种高压放电灯（见对比文件1的说明书第3页第10行至第4页第20行，图2），包括：一放电管（见对比文件1的附图标记3），该放电管能够密封一放电空间（见附图标记11），具有一陶瓷壁（见附图标记31），并被一陶瓷插头（见附图标记34、35）封闭，上述放电空间容设一通过引线元件（见附图标记41、51）与电流导体（见附图标记40、50）相连接的电极（见附图标记4、5），通过一密封陶瓷（见附图标记10）以气密方式相连接，并具有一在气密连接区域处形成一金属陶瓷（见附图标记41、51）的第一部件。

权利要求1与对比文件1相比，其区别技术特征在于：该引线元件以紧配合突入陶瓷插头；该引线元件还包括一第二部件，该第二部件是一连接于所述金属陶瓷并且在电极方向从金属陶瓷伸出的金属部件，所述金属部件主要由Mo或W或二者的合金形成。

其中，区别技术特征“引线元件以紧配合突入陶瓷插头”是本领域的公知技术（参见对比文件3），对本领域普通技术人员来讲是显而易见的。

对比文件3公开了其他的区别技术特征（见对比文件3的说明书第6栏第47~65行，第7栏第13~44行，第11栏第1~10行，附图4），包括：第一部件351a（相当于本申请的第一部件），由抗卤化物材料构成的第二部件356a（相当于本申请的第二金属部件）覆盖在第一部件上。

从组成材料上看，对比文件3还指出，第一部件由陶瓷合金（见对比文件3的说明书第7栏第15~20行）构成，第二部件可由钨、钼等抗高温、卤化物侵蚀的金属（见对比文件3的说明书第7栏第48~50行的钨/钼金属线圈，第6栏第54~62行的钨层，第12栏第40~42的钼棒）构成。其中第二部件的作用是保护引线元件，减少其受到的高温、卤化物侵蚀危害（说明书第6栏第50~62行）。可见，对比文件3中的部件351a、356a的组成材料与权利要求1中第二部件的组成材料是相应的。

从结构上看（见对比文件3的附图4），对比文件3的第二部件356a覆盖（必然也是“连接”）在第一部件351a上，并且在电极方向也有伸出的一层，符合权利要求1中的文字叙述“第二部件是一连接于所述金属陶瓷并且在电极方向从金属陶瓷伸出的金属部件”所概括的范围；另外，虽然本申请的第一、二部件呈线性结构，与对比文件3的第二部件包覆第一部件的结构存在微小差别，但都属于“第二部件连接于第一部件”的范围内，且二者所产生的技术效果是相同的，都是：第二金属部件阻隔第一部件和电极，以保护第一部件少受高温和卤化物侵蚀的危害。对于本领域普通技术人员来讲，这种结构上的简单变化并没有带来实质改进和意料不到的技术效果，不能带来创造性的贡献。

因此，权利要求1相对于对比文件1、3不具有突出的实质性特点和显著的进步，不具备专利法第二十二条第三款规定的创造性。

从属权利要求2的附加技术特征被对比文件1公开，从属权利要求3、4的附加技术特征被对比文件2公开，从属权利要求5的附加技术特征属于公知常识，因此，当其引用的权利要求不具备创造性的情况下，从属权利要求2~5也不具备创造性。

申请人皇家菲利浦电子有限公司（下称复审请求人）不服上述驳回决定，于2005年11月28日向国家知识产权局专利复审委员会提出复审请求，没有对申请文件作出修改。复审请求人认为：对比文件3没有任何部分涉及或意识到灯过早损坏的问题，如由于电极的折断或插头的破裂。权利要求1所要求保护的技术方案相对于对比文件1和3具备创造性，符合专利法第二十二条第三款的规定，其从属权利要求2~5也具备创造性。

专利复审委员会于2006年2月21日向复审请求人发出了复审请求受理通知书，并将该复审请求书连同原申请案卷一并送交作出驳回决定的原实质审查部门进行前置审查，在前置审查意见书中，国家知识产权局原实质审查部门认为，权利要求1相对于对比文件1的区别技术特征在于：权利要求1中该引线元件还包括第二部件，该第二部件是连接于所述金属陶瓷并且在电极方向从金属陶瓷伸出的金属部件，所述金属部件主要由Mo或W或二者的合金形成。相应的实际解决的技术问题是：改进对比文件1中引线元件的结构，在金属陶瓷部分上设置一个保护部分，避免其过于接近电极的放电空间而受到高温和卤化物的侵蚀。而对比文件3公开了该区别技术特征，并且该区别技术特征在对比文件3中的作用与其在本申请中所起的作用相同，覆盖部分356a与本申请的“第二部件”相对应，因此，本领域技术人员在对比文件3的启示下，能够将对比文件3中披露的覆盖部分356a应用到对比文件1以解决上述实际所要解决的技术问题。因而，权利要求1不具备创造性，不符合专利法第二十二条第三款的规定，其从属权利要求2~5也不具备创造性，因而坚持原驳回决定。

针对本复审请求，专利复审委员会依法成立合议组对本复审请求进行审理，经研究，本案合议组认为本案事实已经清楚，可以作出复审决定。

二、决定的理由

1. 审查文本

本复审决定所依据的文本是驳回决定针对的文本，即，2005年7月7日提交的权利要求第1~5项、说明书第1页及进入中国国家阶段时提交的国际申请文件的说明书第2~3页、说明书附图第1

页、说明书摘要和摘要附图。

2. 关于创造性的问题

专利法第二十二条第三款规定，创造性，是指同申请日以前已有的技术相比，该发明有突出的实质性特点与显著的进步。

在判断现有技术是否给出了相关的技术启示时，不仅应当考虑现有技术中是否已经公开了该区别技术特征，还应当从解决的技术问题和达到的技术效果出发，考虑该区别技术特征在现有技术中所起的作用与其在本申请中所起的作用是否相同。

具体就本案而言：

权利要求1请求保护一种高压放电灯，对比文件1公开了一种高压放电灯，并具体公开如下特征（见对比文件1的说明书第3页第10行至第4页第20行，图2）：一放电管3，该放电管能够密封一放电空间11，具有一陶瓷壁31，并被一陶瓷插头（见附图标记34、35）封闭，上述放电空间容设一通过引线元件（见附图标记41、51）与电流导体（见附图标记40、50）相连接的电极（见附图标记4、5），通过一密封陶瓷10以气密方式相连接，并具有一在气密连接区域处形成一金属陶瓷（见附图标记41、51）的第一部件。

权利要求1与对比文件1相比可见，两者的区别在于对比文件1没有公开权利要求1中如下技术特征：该引线元件以紧配合突入陶瓷插头；该引线元件还包括一第二部件，该第二部件是一连接于所述金属陶瓷并且在电极方向从金属陶瓷伸出的金属部件，所述金属部件主要由Mo或W或二者的合金形成。

对比文件3公开了一种高压放电灯，并具体公开如下特征（见对比文件3的说明书第6栏第47~65行，第7栏第13~44行，第11栏第1~10行，附图4）：杆的狭窄部分355a由抗卤化物材料构成的覆盖部分356a所覆盖。对比文件3中所公开的覆盖部分356a的作用是保护引线元件，减少其受到的高温、卤化物侵蚀危害。

本申请权利要求1的引线元件包括金属陶瓷的第一部件和金属的第二部件，第二部件是一连接于所述金属陶瓷并且在电极方向从金属陶瓷伸出的金属部件，而对比文件3公开的356a是覆盖在355a上；由此可见，两者的结构是不同的。另外，权利要求1所述的这种使引线元件分割的结构，其所要解决的技术问题和所达到的技术效果是：对于适用于较大电极电流的较大尺寸的电极（超过一毫米的内部插头直径），能够有效地抑制由于电极的折断或插头的破裂而导致灯过早的损坏的问题（参见本申请说明书第2页第1－3行，第3页第16~17行）。而对比文件3中并没有记载有关上述技术问题和技术效果的内容，对比文件3中所公开的覆盖部分的作用是减少高温、卤化物侵蚀危害。也就是说，没有充足的证据证明本领域技术人员有动机将对比文件3与对比文件1结合以得到权利要求1所要求保护的技术方案。同时，权利要求1的上述区别技术特征为本申请带来了有益的技术效果，即有效地抑制由于电极的折断或插头的破裂而导致灯过早的损坏的问题。

综上所述，权利要求1所要求保护的技术方案相对于对比文件1和3是非显而易见的，并且该技术方案获得了有益的技术效果，因此，相对于对比文件1和3，权利要求1具有突出的实质性特点与显著的进步，具备创造性。

对比文件2公开的是有关放电灯用的复合金属陶瓷，未公开上述区别技术特征，也没有公开有关上述技术问题和技术效果的内容，因此，权利要求1所要求保护的技术方案相对于对比文件1、2和3也是非显而易见的，权利要求1相对于对比文件1、2和3具有突出的实质性特点与显著的进步，具备创造性。

权利要求2~5是直接或间接引用权利要求1的从属权利要求，在权利要求1相对于对比文件1、

2 以及对比文件 1、2 和 3 都具备创造性的情况下，其从属权利要求 2 - 5 也相应地具备创造性，符合专利法第二十二条第三款的规定。

三、决定

撤销国家知识产权局于 2005 年 8 月 12 日对 01800977.8 号发明专利申请作出的驳回决定。

由国家知识产权局原实质审查部门依据 2005 年 7 月 7 日提交的权利要求第 1 ~ 5 项、说明书第 1 页及进入中国国家阶段时提交的国际申请文件的说明书第 2 ~ 3 页、说明书附图第 1 页、说明书摘要和摘要附图继续审查程序。

根据专利法第四十一条的规定，复审请求人对本决定不服的，可以自收到通知之日起三个月内向北京市第一中级人民法院起诉。

324

热电组件的制造及制造过程中所使用的焊料案

复审请求审查决定（第9909号）

决　定　号 第9909号
决　定　日 2006年12月20日
发明创造名称 热电组件的制造及制造过程中所使用的焊料
国 际 分 类 号 HOIL 35/08
复 审 请 求 人 米尔科公司
申　请　号 96197447.8
申　请　日 1996年9月30日
公　开　日 1999年3月17日
合 议 组 组 长 张　度
主　审　员 左　一
参　审　员 崔哲勇

法 律 依 据 专利法第二十二条第三款、第三十一条
决 定 要 点

如果一项权利要求的技术方案相对于对比文件公开的技术方案而言，存在区别技术特征，具备更好的技术效果，对本领域技术人员来说，对比文件并没有给出将所述区别技术特征运用到对比文件的技术方案中以得到该项权利要求要求保护的技术方案的启示，因此该项权利要求具有突出的实质性特点和显著的进步，具备专利法第二十二条第三款规定的创造性。

一、案由

本复审请求涉及申请日为1996年9月30日、优先权日为1995年10月3日、进入国家阶段日期为1998年4月3日、公开日为1999年3月17日、名称为“热电组件的制造及制造过程中所使用的焊料”的PCT发明专利申请（下称本申请），申请号为96197447.8，申请人为米尔科公司。

国家知识产权局实质审查部门于2003年6月13日作出驳回决定，该驳回决定所针对的文本是进入中国国家阶段时提交的国际申请文件的说明书第2~5页、说明书摘要及摘要附图，国际初步审查报告的附件中的权利要求第1~22项、说明书第1页、说明书附图第1~2页。驳回决定所引用的对比文件为：

对比文件1：US4489742A，公开日为1984年12月25日；

对比文件2：US4503131A，公开日为1985年3月5日；

对比文件3：US3449173A，公开日为1969年6月10日。

驳回的理由是：①权利要求1相对于对比文件1、2和3不符合专利法第二十二条第三款有关创造性的规定，具体理由是，对比文件1公开了一种热电器件及其制造方法，并具体公开了（见对比文件1的说明书第5~6栏及图1）以下技术特征：一种热电器件10，它包含由半导体材料制成的n

型和 p 型热电元件 18、20；电导元件 12、14、16（相当于汇流条）；将热电元件连接到电导元件的粘结结构 22、24、26、28（相当于焊料），粘结结构含有 100% 重量比的铋或 85% 重量比的铋、15% 重量比的锑；金属化层 30、32、34（相当于汇流条的表面）位于粘结结构和电导元件之间，金属化层可由镍、铁或铜或它们的合金构成，用以改善粘附力及防止扩散。权利要求 1 与对比文件 1 的区别在于：权利要求 1 中的热电元件两端淀积有薄涂层，薄涂层包含 50% ~100% 重量比的铋，其余主要是锑；汇流条带有磷含量至少为 3.5% 重量比的磷镍表面。对比文件 2 公开了一种电接触材料，并具体公开了以下技术特征（见对比文件 2 的说明书第 10 栏第 16 – 60 行及图 14）：在导电材料 31（相当于汇流条）的上面形成无电镀的镍 – 磷阻挡层 32（相当于汇流条的表面），作为电接触材料的无电镀的镍 – 磷阻挡层 32 中的磷至少为 10%，最多不超过 15%，无电镀的镍 – 磷阻挡层 32 在对比文件 2 中所起的作用是改善粘附力及避免导电材料 31 被腐蚀，能起到与在权利要求 1 中完全相同的作用，在对比文件 2 的技术启示下，本领域普通技术人员很容易想到将对比文件 1 中的金属化层设计为含有一定磷的镍 – 磷材料。对比文件 3 公开了一种用软焊料电连接半导体的热电组件及其制造方法，并具体公开了（见对比文件 3 的说明书第 3 栏第 1 ~15 行及图 4）以下技术特征：一薄层铋（相当于薄涂层）淀积在 n 型或 p 型半导体圆盘（即热电元件）的两个相反的表面上，薄层铋在对比文件 3 中所起的作用是为了更好地将金属与半导体电连接，与在权利要求 1 中所起的作用相同，在对比文件 3 的技术启示下，本领域普通技术人员很容易想到在对比文件 1 中的热电元件的两端分别淀积一薄层铋。②从属权利要求 2、3、7 的附加技术特征也被对比文件 1 所公开，从属权利要求 4 ~6、8 的附加技术特征也被对比文件 2 所公开，故从属权利要求 2 ~8 相对于对比文件 1、2 和 3 不符合专利法第二十二条第三款有关创造性的规定；③从属权利要求 9 ~17 是与权利要求 1 ~8 的热电组件相对应的热电组件的制造方法，所述方法的步骤为常规的步骤，只是对热电组件的材料进行了限定，由于所述材料构成的热电组件不具备创造型，因此从属权利要求 9 ~17 相对于对比文件 1、2 和 3 不符合专利法第二十二条第三款有关创造性的规定；④从属权利要求 18 ~22 实质上均是权利要求 1 的热电组件的用途，对本领域技术人员来说利用热电组件本身的性质来发电等是显而易见的，故从属权利要求 18 ~22 相对于对比文件 1、2 和 3 不符合专利法第二十二条第三款有关创造性的规定。驳回决定所针对的独立权利要求 1、9 的内容如下：

"1. 一种热电组件，它包含：

a. 由半导体材料制成的 n 型和 p 型热电元件阵列；

b. 淀积在元件二端的由导电材料构成的薄涂层，所述材料包含大约 50% ~100% 重量比的铋，其余主要是锑；

c. 带有磷镍表面的汇流条，其中所述表面的磷含量至少为 3.5% 重量比；

d. 将上述涂覆过的热电元件连接到上述汇流条上的上述磷镍的焊料，此焊料含有 50% ~99% 重量比的铋和 50% ~1% 重量比的锑。

9. 一种耐高温应用的热电组件的制造方法，它包含下列步骤：

a. 在热电元件二端淀积一种导电材料，上述材料含有大约 50% ~100% 重量比的铋，其余主要是锑；

b. 在汇流条上制作磷镍表面；

c. 用一种由大约 50% ~99% 重量比的铋和大约 50% ~1% 重量比的锑组成的焊料，将上述导电材料连接于上述磷镍表面，其中铋和锑的综合重量百分比约为 100%。"

申请人（下称复审请求人）对上述驳回决定不服，于 2003 年 9 月 27 日向专利复审委员会提出复审请求并提交了两份附件作为参考资料。在复审请求书的主要理由为：本申请权利要求相对于对比文件1－3具备创造性，具体理由为：①对比文件1教导使用镍与本发明完全不同，而且对比文件1没有公开1）在导电元件上的磷镍涂层，和2）在导电元件上的铋/铋锑涂层。②虽然对比文件2教导了在导体上的磷镍合金涂层以改善粘附力和避免导电材料由于迁移被腐蚀，但对比文件2与焊接毫不相关，本领域技术人员不会想到选用其来教导一个焊接结构。③对比文件3教导了在用铋涂覆半导体元件后应用锡焊料，因此对比文件3教导的焊料与本申请的目的不同。综上所述，申请人认为本申请权利要求相对于对比文件1～3具备新颖性和创造性。

经形式审查合格后，专利复审委员会受理了上述复审请求，并于2003年11月12日发出复审请求受理通知书和前置审查通知书。

原实质审查部门对该复审请求进行了前置审查，原实质审查部门认为对于本领域普通技术人员来说，在对比文件1的教导下结合对比文件2和3给出的技术启示以得到权利要求1应该是显而易见的，这样的结合也并未取得预料不到的技术效果，因此坚持原驳回决定。

在此基础上，专利复审委员会依法成立合议组，对本案进行审查。

合议组于2006年10月10日发出复审通知书，该复审通知书所依据的文本与驳回决定所依据的文本相同，即进入中国国家阶段时提交的中文说明书第2～5页、说明书摘要和摘要附图，国际初步审查报告附件的中文说明书第1页、权利要求第1～22项、说明书附图第1～2页，该复审通知指出：独立权利要求18～22与独立权利要求1和9所要求保护的技术方案之间不具备单一性，因此不符合专利法第三十一条的规定。

复审请求人于2006年11月13日提交了意见陈述书以及权利要求书的修改替换页，其中删除了权利要求18～22，未对权利要求1～17进行修改。复审请求人认为修改后的文本克服了复审通知书所指出的缺陷。

至此，合议组在阅读了全部申请文件，并研究了驳回决定和复审请求人的复审理由后，认为本案事实已经清楚，可以作出如下复审请求审查决定。

二、决定的理由

1. 审查文本

合议组经审查，未发现复审请求人于2006年11月13日提交的权利要求第1～17项存在不符合专利法第三十三条及其专利法实施细则第六十条第一款规定的缺陷，因此对其予以接受。本复审决定所依据的文本是：2006年11月13日提交的权利要求第1～17项，进入中国国家阶段时提交的国际申请文件的说明书第2～5页、说明书摘要及摘要附图，国际初步审查报告的附件中的说明书第1页、说明书附图第1～2页。

2. 关于专利法第二十二条第三款

本审查决定所依据的对比文件与实质审查阶段依据的对比文件相同，即：

对比文件1：US4489742A，公开日为1984年12月25日；

对比文件2：US4503131A，公开日为1985年3月5日；

对比文件3：US3449173A，公开日为1969年6月10日。

1）关于权利要求1的创造性

权利要求1要求保护一种热电组件，它包含如下技术特征：a. 由半导体材料制成的n型和p型热电元件阵列；b. 淀积在元件二端的由导电材料构成的薄涂层，所述材料包含大约50%～100%重量比的铋，其余主要是锑；c. 带有磷镍表面的汇流条，其中所述表面的磷含量至少为3.5%重量比；d. 将上述涂覆过的热电元件连接到上述汇流条上的上述磷镍的焊料，此焊料含有50%～99%重量比的铋和50%～1%重量比的锑。

对比文件1公开了一种热电器件及其制造方法，并具体公开了（见对比文件1的说明书第5～6栏及图1）以下技术特征：一种热电器件10，它包含由半导体材料制成的n型和p型热电元件18、20；电导元件12、14、16（相当于汇流条）；将热电元件连接到电导元件的粘结结构22、24、26、28（相当于焊料），粘结结构含有100%重量比的铋或85%重量比的铋、15%重量比的锑；金属化层30、32、34（相当于汇流条的表面）位于粘结结构和电导元件之间，金属化层可由镍、铁或铜或它们的合金构成，用以改善粘附力及防止扩散。权利要求1与对比文件1的区别在于：①对比文件1没有公开权利要求1中的特征b和特征c，②对比文件1中的粘结结构（相当于焊料）的具体元素构成与特征d中的组分不完全相同。

对比文件2公开了一种电接触材料，并具体公开了以下技术特征（见对比文件2的说明书第10栏第16～60行及图14）：在导电材料31的上面形成无电镀的镍－磷合金层32，在该阻挡层32的上面覆盖一贵重金属层33，其中作为电接触材料的无电镀的镍－磷合金层32中的磷至少为10%，最多不超过15%。

对比文件3公开了一种用软焊料电连接半导体的热电组件及其制造方法，并具体公开了（见对比文件3的说明书第3栏第1～15行及图4）以下技术特征：一薄层铋淀积在n型或p型半导体圆盘的两个相反的表面上。

由此可见，对比文件1和对比文件3均涉及热电组件，而对比文件2虽然公开了一种镍－磷合金层（相当于特征c中的磷镍表面），但对比文件2仅仅涉及具有串联排列沉积物的电接触材料，其整体技术方案均不涉及热电组件。而且，对比文件1和3中并没有给出将热电组件与电接触材料结合的技术启示，而对比文件2中的镍－磷合金层32位于半导体层和贵金属层之间，也不存在镍－磷合金层与焊料连接从而防止焊料中的元素扩散的技术启示。因此本领域技术人员无法将对比文件2与对比文件1和3结合得到权利要求1的技术方案。

对于驳回决定中“无电镀的镍－磷阻挡层32在对比文件2中所起的作用是改善粘附力及避免导电材料31被腐蚀，能起到与在权利要求1中完全相同的作用，在对比文件2的技术启示下，本领域普通技术人员很容易想到将对比文件1中的金属化层设计为含有一定磷的镍－磷材料”以及前置意见中“对比文件2给出了在导电材料的表面形成磷含量至少为10%且最多不超过15%的无电镀的“镍－磷层”的技术启示”，合议组认为，首先，如前所述，对比文件2的技术领域与本申请的技术领域存在较大差别，对比文件2的电接触材料并不涉及热电组件领域所要面对的长期暴露于高温的工作环境，对比文件2中无电镀的镍－磷阻挡层32“改善粘附力及避免导电材料31被腐蚀“实质是指防止在电镀过程中金属材料的腐蚀；其次，对比文件2中的镍－磷合金层32位于半导体层和贵金属层之间，而权利要求1的技术方案在磷镍层和热电元件之间还设有焊料和合金薄涂层，是用三个层来避免热电元件被掺杂，因此其作用并不完全相同，且解决技术问题的技术手段也完全不同，故对比文件2不能给出相应的技术启示。

权利要求1中通过特征b、c、d的三个层结构能够实现防止热电元件被掺杂并且在提高的温度（包括高达275摄氏度）下具有更高寿命和较低失效率的技术效果，并且这种焊接结构能够有效防止在热电元件之间形成电阻器，同时还无需昂贵的扩散阻挡层。

基于上述理由，本领域技术人员在对比文件1和3的基础上无法结合对比文件2得到本申请权利要求1要求保护的技术方案。因此，权利要求1相对于对比文件1～3符合专利法第二十二条第三款的规定。

2）关于权利要求2～8

权利要求2～8为权利要求1的从属权利要求，在权利要求1相对于对比文件1～3符合专利法第二十二条第三款的情况下，权利要求 2 ~ 8 相对于对比文件 1 ~ 3 也符合专利法第二十二条第三款有关创造性的规定。

3）关于权利要求 9

权利要求 9 要求保护一种耐高温应用的热电组件的制造方法，它包含下列步骤：a. 在热电元件二端淀积一种导电材料，上述材料含有大约 50% ~100% 重量比的铋，其余主要是锑；b. 在汇流条上制作磷镍表面；c. 用一种由大约 50% ~99% 重量比的铋和大约 50% ~1% 重量比的锑组成的焊料，将上述导电材料连接于上述磷镍表面，其中铋和锑的综合重量百分比约为 100% 。

对比文件 1 公开了一种热电器件及其制造方法，并具体公开了（见对比文件 1 的说明书第 5 ~ 6 栏及图 1）以下技术特征：一种热电器件 10，它包含由半导体材料制成的 n 型和 p 型热电元件 18、20；电导元件 12、14、16；将热电元件连接到电导元件的粘结结构 22、24、26、28（相当于焊料），粘结结构含有 100% 重量比的铋或 85% 重量比的铋、15% 重量比的锑；金属化层 30、32、34（相当于汇流条的表面）位于粘结结构和电导元件之间，金属化层可由镍、铁或铜或它们的合金构成，用以改善粘附力及防止扩散。权利要求 9 与对比文件 1 的区别在于：对比文件 1 没有公开权利要求 9 中的特征 a 和特征 b，也没有公开特征 c 中的"将上述导电材料连接于上述磷镍表面。"

对比文件 2 公开了一种电接触材料，并具体公开了以下技术特征（见对比文件 2 的说明书第 10 栏第 16 ~60 行及图 14）：在导电材料 31 的上面形成无电镀的镍 – 磷合金层 32，在该阻挡层 32 的上面覆盖一贵重金属层 33，其中作为电接触材料的无电镀的镍 – 磷合金层 32 中的磷至少为 10%，最多不超过 15% 。

对比文件 3 公开了一种用软焊料电连接半导体的热电组件及其制造方法，并具体公开了（见对比文件 3 的说明书第 3 栏第 1 ~15 行及图 4）以下技术特征：一薄层铋淀积在 n 型或 p 型半导体圆盘的两个相反的表面上。

由此可见，对比文件 1 和对比文件 3 均涉及热电组件，而对比文件 2 虽然公开了一种镍 – 磷合金层，但对比文件 2 仅仅涉及具有串联排列沉积物的电接触材料，其整体技术方案均不涉及热电组件。而且，对比文件 1 和 3 中并没有给出将热电组件与电接触材料结合的技术启示，而对比文件 2 中的镍 – 磷合金层 32 位于半导体层和贵金属层之间，也不存在镍 – 磷合金层与焊料连接从而防止焊料中的元素扩散的技术启示，也不能给出"在汇流条上制作磷镍层"（特征 b）以及"将上述导电材料连接于上述磷镍表面"这样的技术启示。因此本领域技术人员无法将对比文件 2 与对比文件 1 和 3 结合得到权利要求 1 的技术方案。

权利要求 9 中的特征 a 和特征 b 和特征 c 中的"将上述导电材料连接于上述磷镍表面"能够防止热电元件被掺杂并且在提高的温度（包括高达 275 摄氏度）下具有更高寿命和较低失效率，并且这种焊接结构能够有效防止在热电元件之间形成电阻器，同时还无需昂贵的扩散阻挡层。

由此可见，本领域技术人员无法结合将对比文件 2 结合到对比文件 1 和 3 中得到权利要求 9 的技术方案。因此，权利要求 9 相对于对比文件 1 ~3 符合专利法第二十二条第三款的规定。

4）关于权利要求 10 ~17

权利要求 10 ~17 为权利要求 9 的从属权利要求，在权利要求 9 相对于对比文件 1 ~3 符合专利法第二十二条第三款的情况下，权利要求 10 ~17 也相对于对比文件 1 ~3 符合专利法第二十二条第三款有关创造性的规定。

3. 关于专利法第三十一条

复审请求人于 2006 年 11 月 13 日提交的权利要求书已经删除了权利要求 18 ~22，从而克服了复审通知书中所指出的上述权利要求与独立权利要求 1 和 9 所要求保护的技术方案之间不具备单一性不符合专利法第三十一条规定的缺陷。

综上所述，本案合议组认为，本申请文本不存在驳回决定指出的权利要求 1 ~6 相对于对比文件 1 ~3 不符合专利法第二十二条第三款的缺陷，且已经克服了复审通知书所指出的不符合专利法第三十一条规定的缺陷。

至于本申请有无其他不符合专利法及其专利法实施细则相关规定的问题留待原审查部门继续审查。

三、决定

撤销国家知识产权局于 2003 年 6 月 13 日针对第 96197447.8 号发明专利申请作出的驳回决定。由原审查部门以复审请求人于 2006 年 11 月 13 日提交的权利要求第 1 ~17 项，进入中国国家阶段时提交的国际申请文件的说明书第 2 ~5 页、说明书摘要及摘要附图，国际初步审查报告的附件中的说明书第 1 页、说明书附图第 1 ~2 页为基础继续进行审批程序。

当事人对本决定不服的，可以根据专利法第四十一条第二款的规定，自收到本决定之日起三个月内向北京市第一中级人民法院起诉。

325

实现移动个人化计算环境系统的智能卡案

复审请求审查决定（第9931号）

决　定　号 第9931号
决　定　日 2006年12月26日
发明创造名称 实现移动个人化计算环境系统的智能卡
国际分类号 G06F　17/30
复审请求人 360度网络股份有限公司
申　请　号 01808581.4
申　请　日 2001年2月28日
公　开　日 2003年8月27日
合议组组长 熊　婷
主　审　员 涂洪文
参　审　员 樊晓东

法律依据 专利法第二十二条第三款
决定要点

若多篇对比文件未公开一项权利要求的某些技术特征，也未给出相应的技术启示，并且具有此区别技术特征的权利要求所要求保护的技术方案具有有益的技术效果，则该权利要求所限定的技术方案相对于上述对比文件的结合而言具备创造性。

一、案由

本复审请求涉及申请号为01808581.4的名称为“实现移动个人化计算环境系统的智能卡”的发明专利申请（下称本申请），其优先权日分别为2000年2月28日、2001年2月28日，进入中国国家阶段日为2002年10月25日，申请人为360度网络股份有限公司。

国家知识产权局实质审查部门针对进入中国国家阶段时提交的说明书第1～9页、权利要求第1～45项以及2003年1月21日提交的附图第1～9页和2002年10月25日提交的说明书摘要及摘要附图。于2004年6月11日发出第一次审查意见通知书，其中引用了下述对比文件：

对比文件1：GB2324395A，公开日为1998年10月21日；

对比文件2：US5983273A，公开日为1999年11月9日；

对比文件3：US5995965A，公开日为1999年11年30日。

该通知书指出权利要求1～45不具备创造性，权利要求1～45不符合专利法第二十六条第四款的规定，权利要求22～25、34、40不符合专利法实施细则第二十条的规定。

申请人于2004年10月26日提交了意见陈述书及权利要求书的修改文本。申请人认为：本申请是利用智能卡对新环境中的计算机自动进行用户的个人化设置，使用户能在新计算机上拥有个人化的计算环境，当数据不足时可以通过互联网下载后进行配置并更新该智能卡。而对比文件1是利用智能卡的数据进行娱乐的技术方案，所述智能卡只是用于为娱乐传输装置通过电信通信提供个人化信息以过滤其所接收的其他信息，无论哪个用户在何处娱乐所得到的娱乐环境对于不同客户都是相同的，不存在环境不一致的问题。根据上述理由认为权利要求1和对比文件1功能和配置不同，因此权利要求1具备新颖性。对比文件2和对比文件3也没有涉及根据智能卡中的个人配置信息配置客户机环境的问题，因此即使它们结合起来也不能得出权利要求1不具备创造性。

国家知识产权局实质审查部门于2004年12月3日发出第二次审查意见通知书，引用了下述对比文件：

对比文件2：US5983273A，公开日为1999年11月9日；

对比文件3：US5995965A，公开日为1999年11年30日。

对比文件4：1997年IEEE conference on boston MA，USA 9－12的《Intelligent transportion system》第637－642页的主题为“Internet Multimedia on Wheels：connecting cars to cyberspace”的文章。

该通知书指出，(1) 对比文件4公开了绝大部分权利要求1的技术特征，其区别在于权利要求1所述的计算机个人化环境数据，在对比文件4已经披露工作系统选择、喜爱的网站、电话号码、网络书签等的基础上，本领域普通技术人员不难根据具体的需要来选择其区别特征中的各种个人化信息，因此权利要求1相对于对比文件4不具备创造性。(2) 权利要求2与对比文件4相比区别在于“如果所述智能卡没有足够信息来把所述客户机配置到用户较佳个人化计算环境，则从服务器检索正确的个人化计算环境数据”。但是该特征在对比文件2中已经被披露：“用户环境信息可存储在一个或多个Web TV服务器上的一个或多个用户数据库上，智能卡登陆后，能根据智能卡上的唯一识别号码检索到对应的账户上，然后根据用户账号送出对应的个人化信息”。因此，对比文件2给出了将该区别特征应用到对比文件4中以解决其技术问题的启示，因此在对比文件4结合对比文件2的基础上得出权利要求2不具备专利法第二十二条第三款规定的创造性。(3) 权利要求3的附加技术特征被对比文件3公开，并且对比文件3给出了将其技术特征应用于对比文件4以解决其技术问题的启示，所以在对比文件4结合对比文件2、对比文件3的基础上可以得出权利要求3也不具备创造性。(4) 权利要求4的前3个附加技术特征都已经在对比文件2中公开，而关于“服务器中存储尺寸大于智能卡中的信息量”对本领域技术人员是显而易见的，因此权利要求4在对比文件4、2结合该公知常识的基础上不具备创造性。(5) 权利要求5、6、7的附加技术特征都已经在对比文件2和3中隐含，因为对比文件2和3中分别披露了在用户信息数据库和在智能卡上存储用户信息，那么必然存在对应的用户记录管理装置，因此在对比文件4的基础上结合对比文件2、3得出权利要求5、6、7不具备创造性。(6) 权利要求8～14、16～17的附加技术特征属于本领域公知常识，因此不具备创造性；权利要求15的附加技术特征已经被对比文件2公开，因此权利要求15也不具备创造性；权利要求18～34请求保护一种在计算机环境中通过智能卡可移动地存储、管理、并且检索移动计算机用户个人化环境的装置，与权利要求1～17一一对应，因此权利要求18～34也不具备创造性。

申请人于2005年2月18日提交了意见陈述书及权利要求书的修改替换页，新修改的权利要求1、18分别对应于原权利要求1、17，并且在原权利要求1、17的基础上增加了新技术特征“从智能卡接受所需的用户输入指定信息以便将客户机配置成至少部分为用户较佳个人化计算环境”，另外增加了两个从属权利要求18、36，限定了其智能卡为存储卡/存储器。申请人认为对比文件4中并没有详细描述如何利用智能卡中的信息来配置汽车的个性化环境，即没有具体公开如何读取智能卡中的信息等等，只是给出了相应的技术构思。另外，对比文件4仅仅揭示了本申请的主题，并未具体描述权利要求1中的各个步骤。因此权利要求1、18及其从属权利要求具备创造性。

国家知识产权局于2005年4月22日驳回了该申请，理由与第二次审查意见通知书类似，另外还指出增加的两个从属权利要求的技术特征也可以从对比文件4中导出，因此权利要求18和36也同样不具备创造性。

驳回决定所针对的独立权利要求1和权利要求19内容如下：

“1. 一种在计算机环境中通过智能卡可移动地存储，管理，并且检索移动计算机用户个人化计算环境的方法，其特征在于，包括下面步骤：

从智能卡读取用户个人化计算环境数据；

从智能卡接受所需的用户输入指定信息以便将客户机配置成至少部分为用户较佳个人化计算环境；

为所述客户机提供客户自身配置方法，以使得客户机根据所述个人化计算环境数据将其计算环境配置成用户的较佳个人化环境；以及

其中所述个人化计算环境数据包括，但不限制于：工作系统选择，喜爱的网站，电子邮件地址，信用卡信息，ISP信息，程序选择和程序环境”。

“19. 一种在计算机环境中通过智能卡可移动地存储，管理，并且检索移动计算机用户个人化计算环境的装置，其特征在于，包括：

智能卡；

从所述智能卡中读取用户个人化计算环境数据的模块；

从智能卡接受所需的用户输入指定信息以便将客户机配置成至少部分为用户较佳个人化计算环境的模块；

在客户机上的客户自身配制装置，用于使所述为个人化计算环境数据将其计算环境配置成用户的较佳个人化计算环境；以及

其中所述个人化计算环境数据包括，但不限制于：工作系统选择，喜爱的网站，电子邮件地址，信用卡信息，ISP信息，程序选择和程序环境”。

2005年8月8日，申请人（下称复审请求人）不服上述驳回决定，向专利复审委员会提出复审请求。

复审请求人认为：对比文件4只是理论上提出了本申请的技术目的，并没有揭示出如何实现上述技术目的或效果，即如何解决技术问题。因此认为对比文件4只是一种设计构思和理念，而非具体的技术方案，本领域普通技术人员即使参照对比文件4所提出的设想，如果不经过创造性的劳动，也很难推导出本申请权利要求中记载的方案，因此复审请求人认为权利要求1及其从属权利要求具备创造性。

形式审查合格后，专利复审委员会受理了该复审请求，并于2005年9月7日向请求人发出复审请求受理通知书，随后将本申请移交实质审查部门进行前置审查。

实质审查部门对本复审请求进行了前置审查，坚持原驳回决定，理由如下：虽然对比文件4没有披露具体实现步骤，但是在其披露的智能卡可用于配置个人化的车座、气候、电话号码、网络书签和人机界面的基础上，本领域普通技术人员容易想到，为了实现该方案可以采用下列步骤：从智能卡中读取用户个人化环境数据，从智能卡接收用户输入指定信息，并为所述客户机提供客户自身配置方法。上述步骤属于本领域普通技术人员在其常规设计能力范围内容易想到的实施步骤。

专利复审委员会依法成立合议组对本复审请求进行审理。

经审查，合议组认为本案事实已经清楚，现作出本复审请求审查决定。

二、决定的理由

1. 复审决定所依据的文本：

鉴于复审请求人在提出复审请求时，没有提交新修改文本，因此本次复审决定所依据的文本是驳回决定所针对的文本，即进入中国国家阶段时提交的说明书第1～9页、2005年2月18日提交的权利要求第1～36项以及2003年1月21日提交的附图第1～9页和2002年10月25日提交的说明书摘要及摘要附图。

2. 专利法第二十二条第三款规定：

专利法第二十二条第三款规定：创造性，是指同申请日以前已有的技术相比，该发明有突出的实质性特点和显著的进步，该实用新型有实质性特点和进步。

若多篇对比文件未公开一项权利要求的某些技术特征，也未给出相应的技术启示，并且具有此区别技术特征的权利要求所要求保护的技术方案具有有益的技术效果，则该权利要求所限定的技术方案相对于上述对比文件的结合而言具备创造性。

合议组评价本申请权利要求时所采用的对比文件与驳回决定过程中所引用的对比文件相同（即对比文件4：1997年IEEE conference on boston MA，USA 9－12的Intelligent transportion system的主题为"Internet Multimedia on Wheels：connecting cars to cyberspace"的文章的第637～642页，对比文件2：US5983273A，对比文件3：US5995965A）。

本申请权利要求1请求保护一种在计算机环境中通过智能卡可移动地存储，管理，并且检索移动计算机用户个人化计算环境的方法（特征（1）），包括下述特征：

（2）从智能卡读取用户个人化计算环境数据；

（3）从智能卡接受所需的用户输入指定信息以便将客户机配置成至少部分为用户较佳个人化计算环境；

（4）为所述客户机提供客户自身配置方法，以使得客户机根据所述个人化计算环境数据将其计算环境配置成用户的较佳个人化环境；以及

（5）其中所述个人化计算环境数据包括，但不限制于：工作系统选择，喜爱的网站，电子邮件地址，信用卡信息，ISP信息，程序选择和程序环境。

对比文件4公开了一种车载的互联网媒体（参见说明书637页右栏倒数第5～8行），其中提供了在封闭空间使用可与互联网通信的娱乐系统，其主要特征包括：将汽车连入网上空间，在汽车上的车载的互联网媒体，它集成了无线通讯系统和基本计算设备提供该汽车与互联网上任何一服务器的静态或动态连接，并公开了车载的个人化设备（包括智能卡，即相当于权利要求1中的智能卡）可用于配置个人化的车座、气候、电话号码、网络书签和人机界面（相当于权利要求1的特征（5））。由此可见，首先对比文件4与本申请所要解决的技术问题不同。其次，对比文件4仅仅记载了其配置个人化车载系统后能够实现的功能，并未公开权利要求1中的各个特征（1）（2）（3）（4），因此对比文件4没有给出任何技术启示来实现这些功能。由于其中没有采取任何技术手段，因此其必然无法获得与本申请权利要求1相同的技术效果。因此权利要求1相对于对比文件4具备创造性。

对比文件2公开了一种用于提供用户账号的物理安全和提供个人化优选用户环境的访问的方法和设备，用于通过在客户机上使用智能卡，服务器对该智能卡的独特信息进行鉴别，然后从网上下载用户的优选个人化环境至互联网客户端（参见说明书第5栏第32行至第6栏第63行，第8栏第6～27行以及附图7），由此可见，对比文件2仅公开了权利要求1中的特征（2）及特征（5）的部分内容。由于本申请权利要求1是从智能卡上读取个人化计算环境，而对比文件2中是从互联网下载个人化计算环境，由此可见，其要解决的技术问题存在很大区别，而且对比文件2中仅公开了权利要求1中的

部分技术特征，也即采取的技术手段不同，因此导致的技术效果显然也不同。而且对比文件2也没有给出将其技术手段应用到对比文件4中以解决其技术问题的启示，因此，在对比文件4结合对比文件2的基础上，权利要求1也具备创造性。

对比文件3公开了一种用于远程访问用户数据记录的方法和系统（参见说明书第4栏第15~17行，第12栏第2~10行），具体公开了持智能卡的用户在线使用该智能卡时，由于该智能卡被封装了个人信息，其被使用后立即激活一本地计算机，使该本地计算机随即对远程的健康、金融等数据库进行访问，然后下载其个人信息至该智能卡，用户对数据库所做的修改也更新至远程数据库，由此可见，对比文件3中并未涉及对个人化计算环境的配置等问题，只涉及对网络数据库数据的下载及更新，对比文件3仅公开了权利要求1中的特征（2）的内容。对比文件3与本申请要解决的技术问题也不相同，而且也仅公开权利要求1中的部分技术特征，因此所带来的技术效果也必然不同，而且对比文件3也没有给出将其技术手段应用于对比文件4和对比文件2以解决其技术问题的启示，因此即使在对比文件4结合对比文件2和对比文件3的基础上，权利要求1也具备创造性。

由于其直接或间接引用的权利要求1具备创造性，因此其从属权利要求2~18也具备创造性。

本申请权利要求19是与权利要求1技术特征一一对应的装置权利要求，其请求保护一种在计算机环境中通过智能卡可移动地存储，管理，并且检索移动计算机用户个人化计算环境的装置。与权利要求1中类似，权利要求1相对于对比文件4、对比文件4结合对比文件2、对比文件4结合对比文件2和对比文件3的基础上均具备创造性（具体内容参见对权利要求1的评述）。

由于其直接或间接引用的权利要求19具备创造性，因此其从属权利要求20~36也具备创造性。

综上所述，本申请权利要求1~36请求保护的技术方案相对于所引用的对比文件具备创造性，符合专利法第二十二条第三款的规定。

三、决定

撤销国家知识产权局于2005年4月22日对本发明专利申请所作出的驳回决定，在驳回决定所依据的文本，即2004年10月26日提交的说明书第1~9页、2005年2月18日提交的权利要求第1~36项以及2003年1月21日提交的附图第1~9页和2002年10月25日提交的说明书摘要及摘要附图的基础上，继续进行审批程序。

根据专利法第四十一条第二款的规定，复审请求人对本决定不服的，可以在收到本决定之日起三个月内向北京市第一中级人民法院起诉。

326

互联网浏览控制方法案

复审请求审查决定（第9932号）

决　定　号　第9932号

决　定　日　2006年12月26日

发明创造名称　互联网浏览控制方法

国际分类号　G06F 17/30、13/00

复审请求人　电子技巧股份有限公司

申　请　号　01810118.6

申　请　日　2001年3月23日

优先权日　2000年3月31日

公　开　日　2003年7月16日

合议组组长　崔哲勇

主　审　员　涂洪文

参　审　员　唐向阳

法律依据　专利法第二十五条第一款第（二）项　专利法实施细则第二条第一款

决定要点

如果在一项发明专利申请所请求保护的方案中，既采用了技术手段，也解决了技术问题，并且也获得了技术效果，则该方案不属于智力活动的规则和方法，构成一个完整的技术方案，符合专利法实施细则第二条第一款的规定。

一、案由

本复审请求涉及申请号为01810118.6、发明名称为“互联网浏览控制方法”的发明专利申请（下称本申请），其申请日为2001年3月23日，优先权日为2000年3月31日，进入国家阶段日为2002年11月25日，申请人是电子技巧股份有限公司。

国家知识产权局实质审查部门依法对本申请进行了实质审查，于2004年12月10日发出第一次审查意见通知书，其中引用了对比文件1：JP2951307A，公开日为1999年9月20日。其中指出：权利要求1请求保护一种互联网浏览控制方法，用4个数据库分别存储可访问网站、禁止访问网站、禁止关键词和有益关键词。对比文件1公开了一种电子公告板系统，其中也公开了检查是否包含有害词消息，从数据库中进行检索，存在有害关键词时，则拒绝将该消息载于互联网公告板系统。因此认为权利要求1与最接近的现有技术相比，其所要解决的问题和所获得的效果都不是技术性的，因此权利要求1属于专利法第二十五条第一款第（二）项规定的智力活动的规则和方法。同理，权利要求4～10也属于专利法第二十五条第一款第（二）项规定的不能授权的范围。权利要求11～12请求保护一种计算机可读媒体，其实质是请求保护存储在媒体上的计算机程序，因此也属于专利法第二十五条第一款第（二）项规定的智力活动的规则和方法。权利要求2～3请求保护一种互联网浏览控制方法，但是其中仅仅是对访问互联网的时间进行限定或者只对客户机进行分类，而这些都属于人为规定，因此权利要求2～3也属于专利法第二十五条第一款第（二）项规定的智力活动的规则和方法。权利要求13～14请求保护一种互联网浏览控制装置，由于其中的描述都属于人为规定，因此权利要求13～14不符合专利法实施细则第二条第一款关于发明的定义。

针对第一次审查意见通知书，申请人于2005年2月26日提交了意见陈述书和权利要求书的全文替换。并且申请人还指出：本申请利用计算机系统和第一至第四数据库以及采取各个步骤取得了技术效果，即显示或不显示从互联网站检索到的信息或内容，因此权利要求1所记载的步骤不是智力活动的步骤，而是通过计算机硬件实现的技术过程，因此修改后的权利要求1不属于专利法第二十五条第一款第（二）项规定的智力活动的规则和方法。权利要求11、13中也存在“用于允许显示信息的计算机程序部件”和“用于允许显示信息的装置”的技术特征，因此修改后的权利要求11、13也不属于专利法第二十五条第一款第（二）项规定的智力活动的规则和方法。

针对申请人对一通的答复，国家知识产权局实质审查部门于2005年4月8日发出了第二次审查意见通知书，指出权利要求1～10对现有技术的贡献仅仅在于按怎样的规则组合几个不同的关键词数据库过滤禁止访问的网站，所解决的不是技术问题，效果也不是遵循自然规律的技术效果，仍然属于智力活动的规则和方法。权利要求11～12请求保护一种计算机可读取媒体，其实质请求保护的是存储在该媒体上的计算机程序，因此也属于智力活动的规则和方法。权利要求13～14请求保护一种通过利用计算机系统控制通过互联网进行外部访问的装置，与权利要求1相同，其对现有技术的贡献仅仅在于按怎样的规则组合几个不同的关键词数据库过滤禁止访问的网站，所解决的不是技术问题，效果也不是遵循自然规律的技术效果，因此不是专利法实施细则第二条第一款规定的技术方案。

申请人于2005年6月22日针对第二次审查意见通知书作出了答复，删除了权利要求11、12，并修改了权利要求1、13。并且指出，对比文件1中不包括存储有益关键词的数据库，只公开如果信息中包含有害关键词则阻止该信息写入公告板，但是本申请可以解决因此带来的问题，即如果同时存在有益关键词和有害关键词时则允许访问该网站，因此本申请相对于对比文件1也具备创造性。

国家知识产权局实质审查部门于2005年9月9日驳回了本申请，理由是本申请不符合专利法实施细则第二条第一款的规定并且属于专利法第二十五条第一款第（二）项规定的智力活动的规则和方法，驳回所依据的文本是进入国家阶段时（2002年11月25日）提交的说明书摘要及摘要附图、说明书附图第1～5页、说明书第1～12页，2005年6月22日提交的权利要求书第1～12项。驳回决定中仍然坚持认为权利要求1～10属于智力活动的规则和方法，属于专利法第二十五条第一款第（二）项规定的智力活动的规则和方法，权利要求11～12不是技术方案，不符合专利法实施细则第二条第一款的规定。

2005年12月10日，申请人电子技巧股份有限公司（下称复审请求人）不服上述驳回决定，向专利复审委员会提出复审请求，并提交了权利要求书和说明书第1页的修改文本。复审请求人删除了权利要求1～12，原权利要求13、14作为修改后的权利要求1、2，并且将发明名称修改为“互联网浏览控制装置”。

修改后的权利要求1如下所示：

“一种用于由一个计算机系统（1）控制通过互联网（2）对外部站（6）的访问的设备，所述计算机系统（1）包括：第1数据库（8），用于存储可访问的互联网站的统一资源定位器（URL）列表；第2数据库（9），用于存储被禁止的互联网站的URL列表；第3数据库（10），用于存储禁止关键词；以及第4数据库（11），用于存储有益关键词；以及在所述计算机系统上运行的计算机程序；所述设备包括：

装置，用于响应于用户（5）要访问其 URL 存储在第一或第二数据库中的互联网站的请求（S1），允许通过所述计算机系统对其 URL 存储在所述第 1 数据库中的互联网站进行访问（S5），而禁止通过计算机系统对其 URL 存储在所述第 2 数据库中的互联网站进行访问（S8），

装置，用于响应于用户要访问其 URL 既没有存储在第一数据库也没有存储在第二数据库中的互联网站的请求，通过所述计算机系统检查从 URL 既没有存储在第一数据库也没有存储在第二数据库中的互联网站检索到的信息或内容，从而检查在所检索的信息或内容中是否存在存储在第三数据库中的禁止关键字（S9，S10），

装置，用于在所检索的信息或内容中不存在存储在第三数据库中的禁止关键字的情况下，允许通过所述计算机系统显示从 URL 既没有存储在第一数据库也没有存储在第二数据库中的互联网站检索到的信息或内容（S11，S7），

装置，用于在所检索的信息或内容中存在存储在第三数据库中的禁止关键字的情况下，通过所述计算机系统检查所检索的信息或内容，以检查是否存在存储在第四数据库中的有益关键字（S12），以及

装置，用于仅仅在具有在第三数据库中的禁止关键字的信息或内容中存在存储在第四数据库中的有益关键字的情况下，才允许通过所述计算机系统向用户显示从 URL 既没有存储在第一数据库也没有存储在第二数据库中的互联网站检索到的信息或内容（S12，S7），

其中，所述第四数据库不禁止包含有害关键词的所述信息或内容，所述信息或内容在显示器屏幕上显示以供所述用户浏览”。

复审请求人认为，修改后的文本是可以被授权的，本申请修改后的权利要求 1、2 请求保护一种包括计算机系统的装置，在该计算机系统中安装并运行一种改进的过滤计算机程序，并且强调修改后的权利要求 1、2 具有技术效果，并解决了已有技术过滤程序的技术问题，即仅仅因为存在有害的关键词就禁止浏览一些有用的信息。复审请求人还提交了用于宣传本产品的宣传册以证明其实际效果。

形式审查合格后，专利复审委员会受理了该复审请求，并于 2006 年 2 月 7 日向复审请求人发出复审请求受理通知书，随后将本申请送交国家知识产权局实质审查部门进行前置审查。

国家知识产权局实质审查部门对本复审请求进行了前置审查，坚持驳回决定，其中指出：对比文件 1 与权利要求 1 硬件设施相同，区别仅在于过滤有禁止访问的网站数据库不同，其贡献仅在于按怎样的规则组合几个不同的关键词数据库过滤禁止访问的网站，所要解决的不是技术问题，效果也不是技术效果，因此坚持驳回决定。

在此基础上，专利复审委员会依法成立合议组对本案进行审理。经审查，合议组认为本案事实清楚，可以依法作出本复审请求审查决定。

二、决定的理由

1. 审查文本

文本确定为进入国家阶段日（2002 年 11 月 25 日）提交的说明书摘要及摘要附图、说明书附图第 1 ~ 5 页、说明书第 2 ~ 12 页，2005 年 12 月 10 日提交的说明书第 1 页、权利要求书第 1 ~ 2 项。

2. 关于专利法第二十五条第一款第（二）项

专利法第二十五条规定：对下列各项，不授予专利权：

（一）科学发现；

（二）智力活动的规则和方法；

（三）疾病的诊断和治疗方法；

（四）动物和植物品种；

（五）用原子核变换方法获得的物质。

审查指南第二部分第一章第4.2节规定：如果一项权利要求在对其进行限定的全部内容中既包括智力活动的规则和方法的内容，又包括技术特征，则该权利要求就整体而言并不是一种智力活动的规则和方法，不应当依据专利法第二十五条排除其获得专利权的可能性。

由于权利要求1中包含多项技术特征，例如计算机系统包括第一至第四数据库，包含能实现各种功能的5个装置等，由此可见，权利要求1就其整体而言并不是一种智力活动的规则和方法，不应当依据专利法第二十五条排除其获得专利权的可能性。

3. 关于专利法实施细则第二条第一款

专利法实施细则第二条第一款规定：专利法所称发明，是指对产品、方法或者其改进所提出的新的技术方案。

审查指南第二部分第一章第2节中指出：专利法所称的发明，是指对产品、方法或其改进所提出的新的技术方案。技术方案是对要解决的技术问题所采取的利用了自然规律的技术手段的集合。

如果在一项发明专利申请所请求保护的方案中，既采用了技术手段，也解决了技术问题，并且也获得了技术效果，则该方案构成一个完整的技术方案，符合专利法实施细则第二条第一款的规定。

权利要求1请求保护一种用于由一个计算机系统（1）控制通过互联网（2）对外部站（6）访问的设备，虽然其硬件设备如计算机系统、显示设备等都属于公知技术（例如参见对比文件1的权利要求书及附图1－2），但是现有用于控制外部网站访问的公知技术中一般仅有一个用于存储禁止关键词的数据库，一旦发现信息中包含有被禁止的关键词即不显示该信息。而本申请的权利要求1请求保护的技术方案中包含4个数据库，分别存储可访问的网站、禁止访问的网站、禁止的关键词、有益的关键词，当访问未存储在可访问网站数据库和禁止访问网站数据库中的网站时，系统对该网站的关键词进行检索，如果没有禁止的关键词，则允许访问，有禁止关键词则检索是否还包含有益关键词，如果包含有益关键词则允许访问，否则禁止访问。由此可见，本申请采取了与现有公知技术不同的技术手段，即采用4个数据库分别对可访问的网站、禁止访问的网站、禁止的关键词、有益的关键词进行存储，以此实现其对互联网内容的浏览进行控制，同时也就是解决了技术问题，并且也获得了对网站内容进行过滤的技术效果，因此权利要求1构成一个完整的技术方案，符合专利法实施细则第二条第一款的规定。

在权利要求1符合专利法实施细则第二条第一款规定的前提下，从属权利要求2也符合专利法实施细则第二条第一款的规定。

三、决定

撤销国家知识产权局于2005年9月9日对本发明专利申请所作出的驳回决定，在进入国家阶段日（2002年11月25日）提交的说明书摘要及摘要附图、说明书附图第1～5页、说明书第2～12页，2005年12月10日提交的说明书第1页、权利要求书第1～2项的基础上，由国家知识产权局实质审查部门继续对本申请进行审批程序。

根据专利法第四十一条第二款的规定，对本决定不服的，请求人可以在收到本决定之日起三个月内向北京市第一中级人民法院起诉。

无效宣告请求决定

001

高、中温直埋滑动式复合保温热力管案

无效宣告请求审查决定（第7769号）

决　定　号 第7769号
决　定　日 2005年11月30日
发明创造名称 高、中温直埋滑动式复合保温热力管
国 际 分 类 号 F16L 59/147
无 效 请 求 人 大连科华热力管道有限公司
专 利 权 人 中国科学院大连化学物理研究所
专　利　号 94228804.1
申　请　日 1994年6月7日
授 权 公 告 日 1995年6月7日
合 议 组 组 长 张　度
主　审　员 詹靖康
参　审　员 樊晓东

法 律 依 据 专利法二十二条第二款、第三款
决 定 要 点

在进行实用新型创造性审查时，如果技术方案中的非形状、构造技术特征导致该产品的形状、构造或者其结合产生变化，则只考虑该技术特征所导致的产品形状、构造或者其结合的变化，而不考虑该非形状、构造技术特征本身。技术方案中的那些不导致产品的形状、构造或者其结合产生变化的技术特征视为不存在。

一、案由

本无效宣告请求涉及国家知识产权局专利局于1995年6月7日授权公告的、名称为“高、中温直埋滑动式复合保温热力管”的实用新型专利（下称本专利），其申请日为1994年6月7日，申请号为94228804.1，专利权人为中国科学院大连化学物理研究所（下称被请求人）。2001年9月18日，专利复审委员会曾对本专利作出第3922号无效宣告请求审查决定，其维持有效的权利要求如下：

“1. 一种直埋滑动式复合保温热力管，其特征是内钢管与保温层间填充一无机润滑剂层，内钢管相对外保温层和保护层可以自由位移（滑动）。

2. 按照权利要求1所述的热力管，其特征在于无机润滑层可采用石墨或二硫化钼。”

针对上述专利权，大连科华热力管道有限公司（下称请求人）于2004年10月15日向专利复审委员会提出了无效宣告请求。其理由是本专利权利要求1、2不符合专利法第二十二条第二款、第三款的规定。请求人所提交的证据如下：

附件1：中国矿业大学出版社1993年6月出版的《实用直埋供热管道技术》版权页、第72页、第73页复印件共2页（下称对比文件1）；

附件2：落款为“中国科学院大连化学物理研究所高新技术总公司、大连凯华建筑新技术工程有限公司，1994.2”的《直埋高、中温复合保温热力管技术和设计》封面、封底以及第3页、第4页的复印件共4页（下称对比文件2）；

附件3：落款为“中国城镇供热协会技术咨询部1990年6月沈阳”的《热网直埋技术研讨会论文汇编》封面、第33页复印件共2页（下称对比文件3）；

附件4：山西科学教育出版社1986年5月出版的《热力管道设计手册》的版权页以及第285页的复印件共2页（下称对比文件4）；

附件5：高等教育出版社1993年8月出版的《润滑剂与添加剂》的封二、版权页、第1~3页、第6页、第150~159页的复印件共8页（下称对比文件5）；

附件6：ZL94228804.1号实用新型专利说明书。

请求人在请求书中指出，本专利权利要求1相对于对比文件1~4不具有专利法第二十二条第二款、第三款规定的新颖性和创造性；权利要求2相对于对比文件1~5不具备新颖性和创造性。

经形式审查合格，专利复审委员会受理了上述请求，于2005年2月25日向请求人及被请求人发出无效宣告请求受理通知书，并将无效宣告请求书及其附件的副本转送被请求人。与此同时，专利复审委员会成立合议组对本案进行审查。

合议组于2005年4月4日收到了被请求人提交的意见陈述书。被请求人对本专利权利要求进行了修改，修改后的权利要求如下：

“1. 一种高、中温滑动式复合保温热力管，其特征是内钢管与保温层间填充一无机润滑剂层，内钢管相对外保温层和保护层可以自由位移（滑动）。

2. 按照权利要求1所述的热力管，其特征在于无机润滑层可采用石墨或二硫化钼。”

被请求人在意见陈述中认为，对比文件2、3都不是公开出版物，不具有法律效力。对比文件1~4都没有公开本专利的全部技术特征，对比文件5所公开的内容不经过创造性劳动无法在对比文件1~4的基础上与之结合而实现本专利。本专利相对于对比文件1~5具备专利法第二十二条第二款、第三款规定的新颖性和创造性。

本案合议组于2005年10月8日向双方当事人发出口头审理通知书，定于2005年11月21日下午举行口头审理，同时将被请求人于2005年4月4日提交的意见陈述书转送给请求人。

口头审理如期举行。双方当事人均参加了口头审理。双方当事人对合议组成员没有回避请求。双方当事人对对方出庭人员的身份没有异议。请求人当庭明确表示放弃使用对比文件3。请求人当庭出示对比文件1、2、4、5的原件；被请求人当庭核实，对对比文件1、4、5的真实性没有异议；对对比文件2的真实性和公开时间有异议。合议组当庭告知双方当事人，合议组于2005年4月4日收到的被请求人对权利要求书的修改不符合审查指南的相关规定，合议组不予接受。请求人明确其无效理由为：对比文件1、2、4分别评述本专利权利要求1的新颖性；对比文件1、2、4分别结合对比文件5评述本专利权利要求1、2的创造性。合议组核实对比文件1的内容为原件的第72页、第73页。

在上述工作的基础上，合议组认为本案事实已经清楚，可以作出决定。

二、决定的理由

由于合议组于2005年4月4日收到的被请求人对权利要求书的修改不符合审查指南的相关规定，合议组不予接受，因此本决定所针对的权利要求为2001年9月18日专利复审委员会作出的第3922号无效宣告请求审查决定所维持有效的权利要求。

1. 关于证据

审查指南第二部分第三章2.1.3.1规定，专利法意义上的出版物是指记载有技术或设计内容的独立存在的有形传播载体，并且应当表明其发表者或出版者以及公开发表或出版时间。对比文件2是落款为“中国科学院大连化学物理研究所高新技术总公司、大连凯华建筑新技术工程有限公司，1994. 2”的《直埋高、中温复合保温热力管技术和设计》封面、封底以及第3页、第4页的复印件共4页。虽然该对比文件的封面上有“中国科学院大连化学物理研究所高新技术总公司、大连凯华建筑新技术工程有限公司，1994. 2”字样，但由于它不是正规出版物，请求人也没有相关证据证明它的真实性、是否公开发表过、发表时间为何时，故合议组不能将其认定为专利法意义上的公开出版物。合议组对该对比文件不予接受。由于口审中请求人放弃使用对比文件3，故合议组不再对其进行评述。对比文件1、4、5的公开日分别为1993年6月30日、1986年5月31日和1993年8月31日，均早于本专利的申请日1994年6月7日，可以作为评价本专利新颖性和创造性的现有技术。

2. 新颖性

新颖性，是指在申请日以前没有同样的发明或者实用新型在国内外出版物上公开发表过、在国内公开使用过或者以其他方式为公众所知，也没有同样的发明或者实用新型由他人向专利局提出过申请并且记载在申请日以后（含申请日）公布的专利申请文件中。

本专利权利要求1请求保护的直埋滑动式复合保温热力管包括：（1）内钢管；（2）保温层间；（3）内钢管与保温层之间填充的无机润滑剂层；（4）内钢管相对外保温层和保护层可以自由位移（滑动）。

对比文件1中第72页第2段公开了“脱开式保温管，保温层和钢管之间涂一层低软化点的涂料，如低标号的沥青、重油等。它受热后融化，管道可以在保温层内自由伸缩”。对比文件1没有公开“无机润滑剂层”的特征，本专利权利要求1相对于对比文件1具备专利法二十二条第二款规定的新颖性。

对比文件4中第285页倒数第2段公开了“管道与泡沫混凝土之间存在一定间隙，这间隙是在管道安装后，在外面涂抹一层重油或沥青，受热之后，重油或沥青挥发所造成的，以保证管道在泡沫混凝土中自由膨胀与收缩”。该对比文件未公开本专利权利要求1的任何特征，本专利权利要求1相对于对比文件4具备专利法二十二条第二款规定的新颖性。

在独立权利要求1具有新颖性的情况下，其从属权利要求2也具备新颖性。

3. 创造性

创造性是指同申请日以前已有的技术相比，该发明有突出的实质性特点和显著的进步，该实用新型有实质性特点和进步。

本专利权利要求1和对比文件1所公开的内容如上所述。对比文件1中的钢管、保温层、低标号的沥青、重油等低软化点的涂料分别对应于权利要求1中的内钢管、保温层、无机润滑剂层；前者的管道可以在保温层内自由伸缩，与后者内钢管相对外保温层和保护层可以自由位移（滑动）也是相同的。

权利要求1与对比文件1相比，区别仅在于：前者内钢管与保温层之间填充的是无机润滑剂层，后者在保温层和钢管之间涂的是一层低软化点的涂料，如低标号的沥青、重油等，属于有机润滑剂。该区别是一种材料特征的区别。

审查指南第四部分第六章2. 1部分规定：“……材料的不同并未带来产品在形状、构造或者其结合上发生变化的，即使由于材料的不同使得包括材料特征在内的该技术方案的技术效果优于或不同于最接近的现有技术，该材料特征在实用新型的创造性审查中仍然不予考虑。”以对比文件1所公开的脱开式保温管为基础，不考虑以上材料特征的区别，本领域技术人员无需付出创造性劳动，很容易就能得到权利要求1请求保护的技术方案。可见，本专利权利要求1相对于对比文件2不具有专利法二十二条第三款规定的创造性。

本专利权利要求2的附加技术特征是“无机润滑层可采用石墨或二硫化钼”。基于与评述权利要求1相同的理由，该附加技术特征在本案创造性审查中不予考虑。在独立权利要求1不具备创造性的情况下，其从属权利要求2也不具备创造性，不符合专利法第二十二条第三款的规定。

三、决定

宣告94228804.1号实用新型专利权全部无效。

当事人对本决定不服的，可以根据专利法第四十六条第二款的规定，自收到本决定之日起三个月内向北京市第一中级人民法院起诉。根据该款的规定，一方当事人起诉后，另一方当事人应当作为第三人参加诉讼。

北京市第一中级人民法院
行政判决书

（2006）一中行初字第515号

原告中国科学院大连化学物理研究所，住所地辽宁省大连市沙河口区中山路457－41号。

法定代表人包信和，所长。

委托代理人汪惠民，男，中科专利商标代理有限责任公司专利代理人。

委托代理人陈桢，男，中科专利商标代理有限责任公司专利代理人。

被告国家知识产权局专利复审委员会，住所地北京市海淀区北四环西路9号银谷大厦10～12层。

法定代表人廖涛，副主任。

委托代理人詹靖康，男，国家知识产权局专利复审委员会审查员。

委托代理人杜微科，男，国家知识产权局专利复审委员会审查员。

第三人大连科华热力管道有限公司，住所地辽宁省大连市高新园区七贤岭高新街3号。

法定代表人杨明学，董事长。

委托代理人史卫义，辽宁诚至律师事务所律师。

原告中国科学院大连化学物理研究所不服被告国家知识产权局专利复审委员会于2005年11月30日作出的第7769号无效宣告请求审查决定（下称被诉决定），向本院提起行政诉讼。本院受理后，依法组成合议庭，并依法通知与被诉决定存在法律上利害关系的大连科华热力管道有限公司，作为本案第三人参加诉讼。2006年5月25日，本院公开开庭审理了本案。原告的委托代理人汪惠民、陈桢，被告的委托代理人詹靖康、杜微科，第三人的委托代理人史卫义，到庭参加了诉讼。现本案已审理终结。

2005年11月30日，被告根据第三人的无效请求，针对申请日为1994年6月7日、申请号为94228804.1、授权公告日为1995年6月7日、专利权人为本案原告、名称为“高、中温直埋滑动式复合保温热力管”的实用新型专利（下称本专利），作出被诉决定：宣告本专利权全部无效。

原告不服，诉称：被诉决定程序违法，认定事实错误。首先，第三人在无效阶段从未提出过在评述本专利权利要求1时，本专利和对比文件1（即中国矿业大学出版社1993年6月出版的《实用直埋供热管道技术》版权页、第72页、第73页复印件共2页）的区别为材料特征，在评价创造性时不予考虑的观点；而被告主动引入该观点，违反了请求原则。而且，被告也未就此相关的问题进行过任何询问，没有给予原告举证和发表意见的机会，又违反了听证原则。其次，对比文件 1 所介绍的脱开式保温管的第 4 个技术特征在一定条件下才可以实现，即必须是涂料层受热熔化才可实现，而且这种脱开式保温管，也不能用于高、中温介质的输送。被诉决定在引用对比文件 1 时明确记载有“它受热后熔化，管道可以在保温层内自由伸缩”，但被告在评述本专利创造性时，却忽略了对比文件 1 所述的重要技术特征“它受热后熔化”。综上，请求法院撤销被诉决定。

被告辩称：首先，原告称的“区别为材料特征的区别，在评价创造性时不予考虑”不是无效理由，而是被告在判断权利要求是否具备创造性时所采取的判断标准。而且，原告与第三人均以书面和口头形式充分陈述了意见。因而，被诉决定程序合法。其次，根据《审查指南》第四部分第六章第 2.1 节的规定，以对比文件 1 所公开的脱开式保温管为基础，不考虑材料特征的区别，本领域技术人员无需付出创造性劳动，就很容易得到本专利权利要求 1 请求保护的技术方案。综上，请求法院驳回原告的诉讼请求，维持被诉决定。

第三人陈述意见称：首先，第三人在无效阶段提交的无效请求书中，已经指出本专利与对比文件 1 的区别仅为材料特征的区别，故，被诉决定未违反法定程序。其次，在本专利属于产品结构特征发明而不属于产品用途发明前提下，其产品用途不能给予实用新型专利保护。因此，在评价本专利创造性时，无需考虑本专利用途。第三，本专利与对比文件 1 的区别仅在于材料不同，而本专利材料的不同并未带来产品在形状、构造或其结合上发生变化，因而本专利权利要求 1 无创造性；在此前提下，结合对比文件 1 和 5 公开的内容，权利要求 2 同样也不具备创造性。故，请求法院驳回原告的诉讼请求，维持被诉决定。

在法定期限内，被告为证明被诉决定的合法性，向本院提交了以下证据：

1. 对比文件 1；

2. 落款为“中国科学院大连化学物理研究所高新技术总公司、大连凯华建筑新技术工程有限公司，1994.2”的《直埋高、中温复合保温热力管技术和设计》封面、封底以及第 3 页、第 4 页的复印件共 4 页（即被诉决定中的对比文件 2）；

3. 山西科学教育出版社 1986 年 5 月出版的《热力管道设计手册》的版权页以及第 285 页的复印件共 2 页（即被诉决定中的对比文件 4）；

4. 高等教育出版社 1993 年 8 月出版的《润滑剂与添加剂》的封二、版权页、第 1 ~ 3 页、第 6 页、第 150 ~ 159 页的复印件共 8 页（即被诉决定中的对比文件 5）；

5. 本专利说明书；

6. 口头审理记录表。

原告向本院提交了以下证据：

1. 无效宣告请求受理通知书，证明被告受理第三人提出的对原告专利的无效宣告请求。

2. 无效宣告请求书，证明第三人提出的无效宣告请求理由，证明被告违反了请求原则和听证原则。

3. 对比文件 1。

4. 对比文件 2。

5. 对比文件 4。

6. 对比文件 5。

7. 本专利说明书。

第三人未向本院提交证据。

经庭审质证，原告与第三人对于被告证据的真实性、合法性均无异议；被告与第三人对于原告证据的真实性、合法性均无异议。本院经审查认为，被告与原告提交的证据均为无效宣告审查程序中的证据，且真实、合法，与本案有关联，可以用作认定本案事实的依据，本院均予确认。

根据上述有效证据及各方当事人无争议的陈述，本院认定事实如下：

2001 年 9 月 18 日，被告曾对本专利作出第 3922 号的无效宣告请求审查决定，其维持有效的权利要求内容如下：

“1. 一种直埋滑动式复合保温热力管，其特征是内钢管与保温层间填充一无机润滑剂层，内钢管相对外保温层和保护层可以自由位移（滑动）。

2. 按照权利要求 1 所述的热力管，其特征在于无机润滑层可采用石墨或二硫化钼。”

针对本专利权，第三人于 2004 年 10 月 15 日向被告提出无效宣告请求，理由是本专利权利要求 1、2 不符合《专利法》第二十二条第二款、第三款的规定。第三人同时提交了对比文件 1～5 及本专利说明书。第三人在请求书中指出，本专利权利要求 1 相对于对比文件 1～4 不具备《专利法》第二十二条第二款、第三款规定的新颖性和创造性；权利要求 2 相对于对比文件 1～5 不具备新颖性和创造性。

经形式审查合格，被告受理了上述请求后，依法将有关材料进行了转文。

被告于 2005 年 4 月 4 日收到了原告提交的意见陈述书，其对本专利权利要求进行了修改，修改后的权利要求如下：

“1. 一种高、中温滑动式复合保温热力管，其特征是内钢管与保温层间填充一无机润滑剂层，内钢管相对外保温层和保护层可以自由位移（滑动）。

2. 按照权利要求 1 所述的热力管，其特征在于无机润滑层可采用石墨或二硫化钼。”

原告在意见陈述中认为，对比文件 2、3 都不是公开出版物，不具法律效力。对比文件 1～4 均未公开本专利的全部技术特征，对比文件 5 所公开的内容不经过创造性劳动无法在对比文件 1～4 的基础上与之结合而实现本专利。本专利相对于 5 份对比文件具备新颖性和创造性。被告将上述材料亦依法进行了转文。

2005 年 11 月 21 日，被告进行口头审理，原告与第三人均参加了口头审理。第三人当庭出示对比文件 1、2、4、5 的原件并明确表示放弃使用对比文件 3。原告对对比文件 1、4、5 的真实性无异议；对对比文件 2 的真实性和公开时间有异议。被告当庭告知原告，2005 年 4 月 4 日对权利要求书的修改不符合《审查指南》的相关规定，不予接受。第三人明确其无效理由为：对比文件 1、2、4 分别评述本专利权利要求 1 的新颖性；对比文件 1、2、4 分别结合对比文件 5 评述本专利权利要求 1、2 的创造性。被告核实对比文件 1 的内容为原件的第 72 页、第 73 页。

基于上述事实，被告作出被诉决定，理由如下：

一、审查基础

原告对权利要求书的修改不符合《审查指南》的相关规定，故被诉决定所针对的权利要求为 2001 年 9 月 18 日国家知识产权局专利复审委员会作出的第 3922 号无效宣告请求审查决定所维持有效的权利要求。

二、关于证据

对比文件 2 不是正规出版物，第三人也无相关证据证明其真实性、是否公开发表过、发表时间为何时，故不能将其认定为专利法意义上的公开出版物，对该对比文件不予接受。由于口审中第三人放弃使用对比文件 3，故不再对其进行评述。对比文件 1、4、5 的公开日均早于本专利的申请日，可以作为评价本专利新颖性和创造性的现有技术。

三、关于新颖性问题

本专利权利要求1请求保护的直埋滑动式复合保温热力管包括：（1）内钢管；（2）保温层间；（3）内钢管与保温层之间填充的无机润滑剂层；（4）内钢管相对外保温层和保护层可以自由位移（滑动）。

对比文件1中第72页第2段公开了"脱开式保温管，保温层和钢管之间涂一层低软化点的涂料，如低标号的沥青、重油等。它受热后熔化，管道可以在保温层内自由伸缩"。对比文件1未公开"无机润滑剂层"的特征，本专利权利要求1相对于对比文件1具备《专利法》第二十二条第二款规定的新颖性。

对比文件4中第285页倒数第2段公开了"管道与泡沫混凝土之间存在一定间隙，这间隙是在管道安装后，在外面涂抹一层重油或沥青，受热之后，重油或沥青挥发所造成的，以保证管道在泡沫混凝土中自由膨胀与收缩"。该对比文件未公开本专利权利要求1的任何特征，本专利权利要求1相对于对比文件4具备《专利法》第二十二条第二款规定的新颖性。

在独立权利要求1具备新颖性的情况下，其从属权利要求2也具备新颖性。

四、关于创造性问题

对比文件1中的钢管、保温层、低标号的沥青、重油等低软化点的涂料分别对应于权利要求1中的内钢管、保温层、无机润滑剂层；前者的管道可以在保温层内自由伸缩，与后者内钢管相对外保温层和保护层可以自由位移（滑动）也是相同的。

权利要求1与对比文件1相比，区别仅在于：前者内钢管与保温层之间填充的是无机润滑剂层，后者在保温层和钢管之间涂的是一层低软化点的涂料，如低标号的沥青、重油等，属于有机润滑剂。该区别是一种材料特征的区别。

以对比文件1所公开的脱开式保温管为基础，不考虑以上材料特征的区别，本领域技术人员无需付出创造性劳动，很容易就能得到权利要求1请求保护的技术方案。故本专利权利要求1相对于对比文件2不具备《专利法》第二十二条第三款规定的创造性。

本专利权利要求2的附加技术特征是"无机润滑层可采用石墨或二硫化钼"。基于与评述权利要求1相同的理由，该附加技术特征在本案创造性审查中不予考虑。在独立权利要求1不具备创造性的情况下，其从属权利要求2也不具备创造性。

被告不服被诉决定，在法定期限内向本院提起行政诉讼。在庭审中，原告与第三人均表示对下述内容无异议：被诉决定的"案由"部分；被诉决定的审查基础；被诉决定对对比文件的认定；被诉决定对本专利具备新颖性的评价。

本院认为：关于原告与第三人对被诉决定中无异议的内容，本院经书面审查，对其合法性予以确认。在此基础上，本案的争议点在于：被告行政程序的合法性；被诉决定认定本专利不具备创造性的合法性。

关于被告行政程序合法性的问题。第三人在无效阶段提交的无效请求书续页1中记载有："……（对比文件1与本专利）两者对比存在的技术差别仅仅在于：对比文献1公开的保温层与钢管之间涂一层低软化点的涂料为有机涂层，如低标号沥青、重油等；而该专利权利要求1公开的内钢管与保温层间填充一无机润滑剂层，如石墨或二硫化钼。"即，第三人在无效请求书中已经表明了对比文件1与本专利的差别仅仅在于材料特征的差别。而且，"区别为材料特征的区别，在评价创造性时不予考虑"是被告在判断权利要求是否具备创造性时所采取的判断标准。此外，在被告举行的口头审理中，原告与第三人均就相关问题发表了各自的意见。因此，原告认为被告违反了《审查指南》规定的请求原则与听证原则缺乏事实依据，本院不予支持。

关于本专利创造性的问题。对比文件1中第72页第2段公开了“脱开式保温管，保温层和钢管之间涂一层低软化点的涂料，如低标号的沥青、重油等。它受热后熔化，管道可以在保温层内自由伸缩”。本专利权利要求1请求保护的直埋滑动式复合保温热力管包括：（1）内钢管；（2）保温层间；（3）内钢管与保温层之间填充的无机润滑剂层；（4）内钢管相对外保温层和保护层可以自由位移（滑动）。而对比文件1中的钢管、保温层、低标号沥青、重油等软化点的涂料分别对应于权利要求1中的内钢管、保温层、无机润滑剂层；前者的管道可以在保温层内自由伸缩，与后者内钢管相对外保温层和保护层可以自由位移（滑动）也是相同的。被告基于此认定，本专利权利要求1与对比文件1的区别仅是一种材料特征的区别正确。

被告根据对比文件1与本专利权利要求1的区别特征，认定以对比文件1所公开的脱开式保温管道为基础，不考虑以上材料特征的区别，本领域技术人员无需付出创造性劳动，就很容易得到权利要求1请求保护的技术方案，符合《审查指南》第四部分第六章第2.1节的规定。

本专利权利要求2是权利要求1的从属权利要求，在权利要求1不具备创造性的情况下，被告基于与评价权利要求1创造性相同的理由，认定权利要求2不具备创造性，也是正确的。

鉴于本专利系实用新型专利，且其与对比文件1的差别仅在于材料特征，而结合前述《审查指南》第四部分第六章第2.1节的规定，原告认为被诉决定应当对对比文件1不能用于高、中温介质的输送以及“受热后熔化”之特点评述，缺乏法律依据，本院不予支持。

因此，被诉决定认定事实清楚，适用法律正确，审查程序合法，本院应予维持。原告的诉讼请求缺乏事实及法律依据，本院不予支持。

综上，依照《中华人民共和国行政诉讼法》第五十四条第（一）项，判决如下：

维持国家知识产权局专利复审委员会于二〇〇五年十一月三十日作出的第7769号无效宣告请求审查决定。

案件受理费1000元，由原告中国科学院大连化学物理研究所负担（已交纳）。

如不服本判决，各方当事人可于判决书送达之日起15日内，向本院递交上诉状，并按对方当事人人数提出副本，上诉于北京市高级人民法院。上诉人在接到人民法院预交上诉费用的通知后7日内未预交，又不提出缓交申请的，按自动撤回上诉处理。

审　判　长　饶亚东
代理审判员　张靛卿
代理审判员　司品华
二〇〇六年六月二十六日
书　记　员　王　丽

北京市高级人民法院
行政判决书

（2006）高行终字第448号

上诉人（一审原告）中国科学院大连化学物理研究所，住所地辽宁省大连市沙河口区中山路457－41号。

法定代表人包信和，所长。

委托代理人汪惠民，男，中科专利商标代理有限责任公司专利代理人。

委托代理人陈桢，男，中科专利商标代理有限责任公司专利代理人。

被上诉人（一审被告）国家知识产权局专利复审委员会，住所地北京市海淀区北四环西路9号银谷大厦10～12层。

法定代表人廖涛，副主任。

法定代表人杨明学，董事长。

委托代理人詹靖康，男，国家知识产权局专利复审委员会审查员。

委托代理人杜微科，男，国家知识产权局专利复审委员会审查员。

被上诉人（一审第三人）大连科华热力管道有限公司，住所地辽宁省大连市高新园区七贤岭高新街3号。

委托代理人史卫义，辽宁诚至律师事务所律师。

一、案由

上诉人中国科学院大连化学物理研究所（下称大连研究所）因专利无效宣告请求审查决定一案，不服北京市第一中级人民法院（2006）一中行初字第515号行政判决，向本院提起上诉。本院受理后，依法组成合议庭于2006年11月1日公开开庭审理了本案，上诉人大连研究所的委托代理人汪惠民、陈桢，被上诉人国家知识产权局专利复审委员会（下称专利复委）的委托代理人杜微科，被上诉人大连科华热力管道有限公司（下称科华公司）的委托代理人史卫义到庭参加了诉讼。

本案现已审理终结。北京市第一中级人民法院判决认为，科华公司在无效请求书中已经表明了对比文件1与本专利的差别仅仅在于材料特征的差别。而且，“区别为材料特征的区别，在评价创造性时不予考虑”是专利复审委在判断权利要求是否具备创造性时所采取的判断标准。因此，大连研究所认为专利复审委违反了《审查指南》规定的请求原则与听证原则缺乏事实依据。而对比文件1中的钢管、保温层、低标号沥青、重油等软化点的涂料分别对应于权利要求1中的内钢管、保温层、无机润滑剂层；前者的管道可以在保温层内自由伸缩，与后者内钢管相对外保温层和保护层可以自由位移（滑动）也是相同的。专利复审委认定本专利权利要求1与对比文件1的区别仅是一种材料特征的区别正确。专利复审委根据对比文件1与本专利权利要求1的区别特征，认定以对比文件1所公开的脱开式保温管道为基础，不考虑以上材料特征的区别，本领域技术人员无需付出创造性劳动，就很容易得到权利要求1请求保护的技术方案，符合《审查指南》第四部分第六章第2.1节的规定。本专利权利要求2是权利要求1的从属权利要求，在权利要求1不具备创造性的情况下，专利复审委基于与评价权利要求1创造性相同的理由，认定权利要求2不具备创造性，也是正确的。被诉决定认定事实清楚，适用法律正确，审查程序合法。依照《中华人民共和国行政诉讼法》第五十四条第（一）项，判决维持专利复审委于二〇〇五年十一月三十日作出的第7769号无效宣告请求审查决定。

大连研究所不服上述一审判决上诉称，本专利与对比文件1适用不同的领域，对比文件1适用于热水供热管网所采用的直埋复合保温管系中，本专利适用于热电、石油、化工系统蒸气管道地下直接埋敷设的高温（>320℃）中温（150～320℃）的直埋式复合保温热力管所使用的技术领域。对比文件1所介绍的脱开式保温管的第4个技术特征是在一定条件下才可以实现，即必须是涂料层受热熔化才可实现管道可以在保温层内自由伸缩。被诉决定在引用对比文件1时明确记载有“它受热后熔化，管道可以在保温层内自由伸缩”，但专利复审委和一审法院在评述本专利创造性时，却忽略了对比文件1所述的重要技术特征“它受热后熔化”。专利复审委认定本专利与对比文件1的区别仅是材料特征的认定错误。请求撤销（2006）一中行初字第515号行政判决，撤销第7769号的无效宣告请求审查决定。

专利复审委辩称，首先，本专利虽然名称为“高、中温直埋滑动式复合保温热力管”，但权利要求中并无关于“高、中温介质输送”的技术特征。“高、中温”并不是一个明确的概念，上诉人没有根据否认对比文件1所输送的介质不是“高、中温”介质。其次，在进行实用新型创造性审查时。材料特征、方法特征等未带来产品形状、构造或其结合的变化的特征视为不存在。对比文件1的低软化点涂料“受热后溶化”并未造成结构变化，其所公开的脱开式保温管结构与权利要求1完全相同，而使用条件实质是方法特征。因此，在不考虑材料特征的区别的情况下，本领域技术人员无需付出创造性劳动，就很容易得到本专利权利要求1请求保护的技术方案。请求法院驳回上诉，维持（2006）一中行初字第515号行政判决，维持第7769号的无效宣告请求审查决定。

科华公司辩称，首先，同意专利复审委的辩论意见。其次，在本专利与对比文件1可以适用相同的领域。最后，本专利与对比文件1的区别仅在于材料不同，而本专利材料的不同并未带来产品在形状、构造或其结合上发生变化，因而本专利权利要求1无创造性；在此前提下，结合对比文件1和对比文件5公开的内容，权利要求2同样也不具有创造性。故，请求驳回上诉，维持（2006）一中行初字第515号行政判决，维持第7769号的无效宣告请求审查决定。

二、事实认定经审理查明，本专利是申请日为1994年6月7日，申请号为94228804.1，授权公告日为1995年6月7日，专利权人为本案上诉人，名称为“高、中温直埋滑动式复合保温热力管”的实用新型专利。2001年9月18日，专利复审委曾对本专利作出第3922号的无效宣告请求审查决定，其维持有效的权利要求内容如下：“1. 一种直埋滑动式复合保温热力管，其特征是内钢管与保温层间填充一无机润滑剂层，内钢管相对外保温层和保护层可以自由位移（滑动）。2. 按照权利要求1所述的热力管，其特征在于无机润滑层可采用石墨或二硫化钼。”针对本专利权，科华公司于2004年10月15日向专利复审委提出无效宣告请求，理由是本专利权利要求1、2不符合《中华人民共和国专利法》（下称《专利法》）第二十二条第二款、第三款的规定。科华公司同时提交了本专利说明书及如下对比文件：（1）中国矿业大学出版社1993年6月出版的《实用直埋供热管道技术》版权页、第72页、第73页复印件，即对比文件1；（2）落款为“中国科学院大连化学物理研究所高新技术总公司、大连凯华建筑新技术工程有限公司，1994.2”的《直埋高、中温复合保温热力管技术和设计》封面、封底以及第3页、第4页的复印件共4页，即对比文件2；（3）落款为“中国城镇供热协会技术咨询部1990年6月沈阳”的《热网直埋技术研讨会论文汇编》封面、第33页复印件共2页，即对比文件3；（4）山西科学教育出版社1986年5月出版的《热力管道设计手册》的版权页以及第285页的复印件共2页，对比文件4；（5）高等教育出版社1993年8月出版的《润滑剂与添加剂》的封二、版权页、第1~3页、第6页、第150~159页的复印件共8页，即对比文件5。科华公司在请求书中指出，本专利权利要求1相对于对比文件1、对比文件2、对比文件3、对比文件4不具有《专利法》第二十二条第二款、第三款规定的新颖性和创造性；权利要求2相对于对比文件1、对比文件2、对比文件3、对比文件4、对比文件5不具备新颖性和创造性。经形式审查合格，专利复审委受理了上述请求后，依法将有关材料进行了转文。专利复委于2005年4月4日收到了大连研究所提交的意见陈述书，其对本专利权利要求进行了修改，修改后的权利要求如下：“1. 一种高、中温滑动式复合保温热力管，其特征是内钢管与保温层间填充一无机润滑剂层，内钢管相对外保温层和保护层可以自由位移（滑动）。2. 按照权利要求1所述的热力管，其特征在于无机润滑层可采用石墨或二硫化钼。”大连研究所在意见陈述中认为，对比文件2、对比文件3都不是公开出版物，不具法律效力。对比文件1、对比文件2、对比文件3、对比文件4均未公开本专利的全部技术特征，对比文件5所公开的内容不经过创造性劳动无法在对比文件1、对比文件2、对比文件3、对比文件4的基础上与之结合而实现本专利。本专利相对于5份对比文件具备新颖性和创造性。专利复审委将上述材料进行了转文。2005年11月21日，专利复审委进行口头审理，双方当事人均参加了口头审理。科华公司当庭出示对比文件1、对比文件2、对比文件4、对比文件5的原件并明确表示放弃使用对比文件3。大连研究所对对比文件1、对比文件4、对比文件5的真实性无异议；对对比文件2的真实性和公开时间有异议。专利复审委当庭告知大连研究所，2005年4月4日对权利要求书的修改不符合《审查指南》的相关规定，不予接受。科华公司明确其无效理由为：对比文件1、对比文件2、对比文件4分别评述本专利权利要求1的新颖性；对比文件1、对比文件2、对比文件4分别结合对比文件5评述本专利权利要求1、2的创造性。专利复审委核实对比文件1的内容为原件的第72页、第73页。

2005年11月30日专利复审委认为事实已经查明，遂作出第7769号无效宣告请求审查决定，宣告本专利无效，其理由如下：（1）审查基础：大连研究所对权利要求书的修改不符合《审查指南》的相关规定，故被诉决定所针对的权利要求为2001年9月18日国家知识产权局专利复审委员会作出的第3922号无效宣告请求审查决定所维持有效的权利要求。（2）关于证据：对比文件2不是正规出版物，科华公司也无相关证据证明其真实性、是否公开发表过、发表时间为何时，故不能将其认定为专利法意义上的公开出版物，对该对比文件不予接受。由于口审中科华公司放弃使用对比文件3，故不再对其进行评述。对比文件1、对比文件4、对比文件5的公开日均早于本专利的申请日，可以作为评价本专利新颖性和创造性的现有技术。（3）关于新颖性问题：本专利权利要求1请求保护的直埋滑动式复合保温热力管包括：①内钢管；②保温层间；③内钢管与保温层之间填充的无机润滑剂层；④内钢管相对外保温层和保护层可以自由位移（滑动）。对比文件1中第72页第2段公开了“脱开式保温管，保温层和钢管之间涂一层低软化点的涂料，如低标号的沥青、重油等。它受热后熔化，管道可以在保温层内自由伸缩”。对比文件1未公开“无机润滑剂层”的特征，本专利权利要求1相对于对比文件1具有《专利法》第二十二条第二款规定的新颖性。对比文件4中第285页倒数第2段公开了“管道与泡沫混凝土之间存在一定间隙，这间隙是在管道安装后，在外面涂抹一层重油或沥青，受热之后，重油或沥青挥发所造成的，以保证管道在泡沫混凝土中自由膨胀与收缩”。该对比文件未公开本专利权利要求1的任何特征，本专利权利要求1相对于对比文件4具备《专利法》第二十二条第二款规定的新颖性。在独立权利要求1具备新颖性的情况下，其从属权利要求2也具备新颖性。（4）关于创造性问题：对比文件1中的钢管、保温层、低标号的沥青、重油等低软化点的涂料分别对应于权利要求1中的内钢管、保温层、无机润滑剂层；前者的管道可以在保温层内自由伸缩，与后者内钢管相对外保温层和保护层可以自由位移（滑动）也是相同的。权利要求1与对比文件1相比，区别仅在于：前者内钢管与保温层之间填充的是无机润滑剂层，后者在保温层和钢管之间涂的是一层低软化点的涂料，如低标号的沥青、重油等，属于有机润滑剂。该区别是一种材料特征的区别。以对比文件1所公开的脱开式保温管为基础，不考虑以上材料特征的区别，本领域技术人员无需付出创造性劳动，很容易就能得到权利要求1请求保护的技术方案。故本专利权利要求1相对于对比文件1不具有《专利法》第二十二条第三款规定的创造性。本专利权利要求2的附加技术特征是“无机润滑层可采用石墨或二硫化钼”。基于与评述权利要求1相同的理由，该附加技术特征在本案创造性审查中不予考虑。在独立权利要求1不具备创造性的情况下，其从属权利要求2也不具备创造性。大连研究所不服上述无效宣告请求审查决定，在法定期限内向北京市第一中级人民法院提起行政诉讼。一审法院经审理，判决维持被诉的无效宣告请求审查决定。大连研究所不服一审判决上诉至本院。在法定期限内，专利复审委向一审法院提交并经当庭质证的证据有：①对比文件1；②对比文件2；③对比文件4；④对比文件5；⑤本专利说明书；⑥口头审理记录表。大连研究所向一审法院提交的证据有：①无效宣告请求受理通知书；②无效宣告请求书；③对比文件1；④对比文件2；⑤对比文件4；

⑥对比文件5；⑦本专利说明书。科华公司未向一审法院提交证据。

三、判决理由

上述证据已随案移送本院，经本院审查认为，大连研究所与专利复审委提交的证据均为无效宣告审查程序中的证据，且真实、合法，与本案有关联，可以用作认定本案事实的依据，一审法院予以认定正确，本院予以确认。上诉人大连研究所在二审中提交了以下证据：（1）中国矿业大学出版社1993年6月出版的《实用直埋供热管道技术》版权页等8页；（2）中国矿业大学出版社1997年4月再版的《实用直埋供热管道技术》版权页等7页。大连研究所在二审中新提交的证据，因其在一审诉讼程序中未提交，且在二审中提交无正当理由。根据《最高人民法院关于行政诉讼证据若干问题的规定》第七条第二款的规定，本院应不予接纳。本院认为：在一审庭审中，大连研究所与科华公司均表示对被诉决定的“案由”部分、审查基础、对比文件的认定、本专利具有新颖性的评价无异议。二审中仍坚持上述陈述。经本庭审查，一审判决对上述事实的认定正确，本院予以确认。在此基础上本案争议的焦点是，本专利与对比文件1是否属于同一技术领域的问题，本专利是否具有创造性的问题。关于本专利与对比文件1是否属于同一技术领域的问题。实用新型的技术领域应当是要求保护的实用新型技术方案所属或者直接应用的具体技术领域，而不是实用新型本身。本专利虽然名称为“高、中温直埋滑动式复合保温热力管”，但其权利要求书中并未关于“高、中温介质输送”的技术特征。实用新型专利权保护的范围以其权利要求的内容为准，在说明书中提到，而在权利要求中未具体要求保护的技术内容，不能作为专利权保护的范围。本专利与对比文件1同属直埋供热管道技术，上诉人称本专利与对比文件1属不同技术领域无事实依据，本院不予支持。关于本专利是否具备创造性的问题。根据《专利法》第二十二条的规定，创造性，是指同申请日以前已有的技术相比，该实用新型有实质性特点和进步。对比文件1中的钢管、保温层、低标号沥青、重油等软化点的涂料分别对应于本专利权利要求1中的内钢管、保温层、无机润滑剂层；前者的管道可以在保温层内自由伸缩，与后者内钢管相对外保温层和保护层可以自由位移（滑动）也是相同的。虽然对比文件1的低软化点涂料“受热后熔化”，但其“受热后熔化”并未造成对比文件1的结构变化。其所公开的脱开式保温管结构与权利要求1要求保护的保温热力管结构完全相同，而使用条件实质是方法特征。本专利权利要求1与对比文件1的区别仅是一种材料特征的区别。因此，在不考虑材料特征的区别的情况下，本领域技术人员无需付出创造性劳动，就很容易得到本专利权利要求1请求保护的技术方案。专利复审委认定本专利权利要求1不具备创造性正确。本专利权利要求2是权利要求1的从属权利要求，在权利要求1不具备创造性的情况下，专利复审委基于与评价权利要求1创造性相同的理由，认定权利要求2不具备创造性，也是正确的。

四、判决内容

综上，一审法院认定事实清楚，适用法律正确，审查程序合法。依照《中华人民共和国行政诉讼法》第六十一条第（一）项之规定，判决如下：驳回上诉，维持原判。二审案件受理费1000元，由上诉人中国科学院大连化学物理研究所负担（已交纳）。本判决为终审判决。

审 判 长　朱海宏
代理审判员　景　滔
代理审判员　任全胜
判 决 日 期　二〇〇六年十二月二十二日
书 记 员　王　芳

002

三型聚丙烯内衬铜增强复合管案

无效宣告请求审查决定（第7780号）

决　定　号　第7780号
决　定　日　2005年12月1日
发明创造名称　三型聚丙烯内衬铜增强复合管
国 际 分 类 号　F16L 9/147
无 效 请 求 人　上海爱康新型建材有限公司
专 利 权 人　上海宝洋塑业有限公司
专　利　号　02266442.4
申　请　日　2002年8月21日
授 权 公 告 日　2003年8月13日
合 议 组 组 长　马　昊
主　审　员　詹靖康
参　审　员　龙　安

法 律 依 据　专利法第二十二条第二款、第三款
决 定 要 点

在进行实用新型创造性审查时，如果技术方案中的非形状、构造技术特征导致该产品的形状、构造或者其结合产生变化，则只考虑该技术特征所导致的产品形状、构造或者其结合的变化，而不考虑该非形状、构造技术特征本身。技术方案中的那些不导致产品的形状、构造或者其结合产生变化的技术特征视为不存在。

一、案由

本无效宣告请求涉及国家知识产权局专利局于2003年8月13日授权公告的、名称为“三型聚丙烯内衬铜增强复合管”的实用新型专利（下称本专利），其申请日为2002年8月21日，申请号为02266442.4，专利权人为上海宝洋塑业有限公司（下称被请求人）。其授权公告时的权利要求书为：

“1. 三型聚丙烯内衬铜增强复合管，其特征是：在紫铜管的外侧沿周向和纵向均匀包覆三型聚丙烯塑料，其间置有胶粘层，两者经胶粘层热熔粘合挤出成型。

2. 根据权利要求1所述的三型聚丙烯内衬铜增强复合管，其特征是：三型聚丙烯塑料的厚度为紫铜管管壁厚度的1～100倍。

3. 根据权利要求1或2所述的三型聚丙烯内衬铜增强复合管，其特征是：三型聚丙烯塑料的主体材质可为PP－R、PP－C、PP－B。

4. 根据权利要求1所述的三型聚丙烯内衬铜增强复合管，其特征是：紫铜管的主体材质可以是符合卫生标准要求的有缝或无缝管。”

针对上述专利权，上海爱康新型建材有限公司（下称请求人）于2005年1月5日向专利复审委

员会提出了无效宣告请求。其理由是本专利权利要求 1～4 不符合专利法第二十二条的规定。请求人所提交的证据如下：

附件 1：99208543.8 号实用新型专利说明书，授权公告日为2001 年7 月4 日（下称对比文件1）；

附件 2：98207811.0 号实用新型专利说明书，授权公告日为 1999 年 10 月 20 日（下称对比文件 2）。

请求人在请求书中指出，本专利权利要求 1 相对于对比文件 1、2 不具有专利法第二十二条第二款规定的新颖性。权利要求 2～4 相对于对比文件 1、2 不具备创造性。

经形式审查合格，专利复审委员会受理了上述请求，于 2005 年 3 月 18 日向请求人及被请求人发出无效宣告请求受理通知书，并将无效宣告请求书及其附件的副本转送被请求人。同时，专利复审委员会成立合议组对本案进行审查。

被请求人于 2005 年 4 月 22 日提交了意见陈述书，对权利要求书进行了修改。被请求人指出，修改后的权利要求 1、2 符合专利法第二十二条第三款有关创造性的规定。

修改后的权利要求书如下：

“1. 一种三型聚丙烯内衬铜增强复合管，在紫铜管的外侧沿周向和纵向均匀包覆三型聚丙烯塑料，其间置有胶粘层，两者经胶粘层热熔粘合挤出成型，其特征在于：该三型聚丙烯塑料的主体材质可为 PP－R、PP－C、PP－B。

2. 根据权利要求 1 所述的三型聚丙烯内衬铜增强复合管，其特征在于：三型聚丙烯塑料的厚度为紫铜管管壁厚度的 1～100 倍。”

本案合议组于 2005 年 9 月 16 日将被请求人于 2005 年 4 月 22 日提交的意见陈述书转送给请求人，于 2005 年 9 月 20 日向双方当事人发出口头审理通知书，定于 2005 年 10 月 27 日举行口头审理。

请求人于 2005 年 10 月 17 日补充了证据及相应的无效理由，补充的证据具体如下：

附件 3：中华人民共和国国家标准 GB/T 18742.1－2002 复印件；

附件 4：中华人民共和国国家标准 GB/T 18742.2－2002 复印件；

附件 5：中国工业管件网网页打印件一页。

口头审理如期举行。双方当事人均参加了口头审理。合议组认为被请求人于 2005 年 4 月 22 日提交的经修改的权利要求书符合专利法、专利法实施细则的规定，可以接受，本次口头审理以此文本为基础进行。请求人明确其无效理由是本专利不具备新颖性和创造性。合议组当庭将请求人于 2005 年 10 月 17 日提交的意见陈述书及附件的复印件转交给被请求人。合议组当庭告知双方当事人，请求人于 2005 年 10 月 17 日提交的附件 3～5 由于超过专利法实施细则和审查指南规定的一个月期限，合议组不予接受。被请求人认为当庭已充分发表意见，不需再提交书面意见。

在上述工作的基础上，合议组认为本案事实已经清楚，可以作出决定。

二、决定的理由

1. 关于证据

合议组已当庭告知双方当事人请求人于 2005 年 10 月 17 日提交的附件 3～5 由于超过专利法实施细则和审查指南规定的一个月期限，合议组不予接受。请求人提交的有效证据为对比文件 1 和对比文件 2，其公开日均早于本专利的申请日，可以作为评价本专利新颖性和创造性的现有技术。

2. 新颖性

新颖性，是指在申请日以前没有同样的发明或者实用新型在国内外出版物上公开发表过、在国内公开使用过或者以其他方式为公众所知，也没有同样的发明或者实用新型由他人向专利局提出过申请并且记载在申请日以后（含申请日）公布的专利申请文件中。

本专利权利要求1请求保护一种三型聚丙烯内衬铜增强复合管，具有以下特征：

（1）紫铜管；

（2）（紫铜管）外侧沿周向和纵向均匀包覆三型聚丙烯塑料；

（3）其间置有胶粘层，两者经胶粘层热熔粘合挤出成型；

（4）三型聚丙烯塑料的主体材质可为PP－R、PP－C、PP－B。

对比文件1公开了一种新型塑铜复合管，包括有内、外两层，其外层为塑料外层，内层为铜内层，塑料外层与铜内层之间由热熔胶粘合。

对比文件1没有公开权利要求1的特征（1）和特征（4），故本专利权利要求1相对于对比文件1具备专利法二十二条第二款规定的新颖性。在独立权利要求1具备新颖性的情况下，其从属权利要求2也具备新颖性。

对比文件2公开了一种塑料不锈钢自来水管，由外、中、内三层构成，外层为防腐耐压层，内层为防锈层，中间层为粘合层，三层叠合呈整体壁层。防腐耐压层为工程塑料，防锈层为不锈钢材质。

对比文件2没有公开权利要求1的特征（1）和特征（4），故本专利权利要求1相对于对比文件2具备专利法二十二条第二款规定的新颖性。在独立权利要求1具备新颖性的情况下，其从属权利要求2也具备新颖性。

3. 创造性

创造性是指同申请日以前已有的技术相比，该发明有突出的实质性特点和显著的进步，该实用新型有实质性特点和进步。

将本专利权利要求1的技术方案与对比文件2相比，对比文件2中的防腐耐压外层相当于权利要求1中的在紫铜管外侧沿周向和纵向均匀包覆盖的三聚型丙稀塑料；防锈内层相当于权利要求1中的紫铜管；中间粘合层相当于权利要求1中的胶粘层。权利要求1与对比文件2的结构是相同的，两者的区别仅在于：（1）前者内层为紫铜管而后者内层为不锈钢材质；（2）前者外层为三型聚丙烯塑料，主体材质可为PP－R、PP－C、PP－B而后者仅公开防腐耐压层为工程塑料。

审查指南第四部分第六章2.1部分规定："……材料的不同并未带来产品在形状、构造或者其结合上发生变化的，即使由于材料的不同使得包括材料特征在内的该技术方案的技术效果优于或不同于最接近的现有技术，该材料特征在实用新型的创造性审查中仍然不予考虑。"权利要求1与对比文件2的上述两点区别都是所使用的材料不同，即，紫铜与不锈钢不同，概括的工程塑料与具体的PP－R、PP－C、PP－B三型聚丙烯塑料的不同。在不考虑上述材料特征差别的情况下，以对比文件2所公开的塑料不锈钢自来水管为基础，本领域技术人员无需付出创造性劳动，很容易就能得到权利要求1请求保护的技术方案。可见，本专利权利要求1相对于对比文件2不具备专利法二十二条第三款规定的创造性。

本专利权利要求2的附加技术特征是"三型聚丙烯塑料的厚度为紫铜管管壁厚度的1～100倍"。对比文件2说明书第二页还公开了：防腐耐压层为工程塑料，厚度为3～4mm，防锈层为不锈钢材质，厚度为0.3～0.4mm。可见，对比文件2所公开的技术方案中防腐耐压层的厚度是防锈层厚度的7.5倍（3mm/0.4mm）到13.3倍（4mm/0.3mm），该范围落入"1～100倍"这一范围之内。可见，从属权利要求2的附加技术特征已被对比文件2公开，在独立权利要求1不具备创造性的情况下，其从属权利要求也不具备创造性，不符合专利法第二十二条第三款的规定。

三、决定

宣告02266442.4号实用新型专利权全部无效。

当事人对本决定不服的，可以根据专利法第四十六条第二款的规定，自收到本决定之日起三个月内向北京市第一中级人民法院起诉。根据该款的规定，一方当事人起诉后，另一方当事人应当作为第三人参加诉讼。

003

包装盒盒盖案

无效宣告请求审查决定（第7785号）

决　定　号　第7785号
决　定　日　2005年11月9日
发明创造名称　包装盒盒盖
国际分类号　B65D 85/36
无效请求人　林玉莲
专利权人　李　英
专　利　号　02217392.7
申　请　日　2002年5月15日
授权公告日　2003年8月27日
合议组组长　白剑锋
主　审　员　陈　勇
参　审　员　冯　涛

法律依据　专利法第二十六条第三款　专利法实施细则第二十条第一款　专利法第二十二条第二款、第三款

决定要点

说明书中省略本领域一般技术常识的描述，并不会影响所属领域技术人员对实用新型专利技术方案的实施，因此该专利符合专利法第二十六条第三款的规定。

如果一项权利要求限定的技术方案与一篇对比文件相比的区别技术特征已经被另一对比文件披露，且其发挥的作用相同，则该项权利要求不具备创造性；如果区别技术特征在另一对比文件中没有给出启示，且并非公知常识，则应当认为该权利要求具备专利法第二十二条第三款规定的创造性。

一、案由

本无效宣告请求涉及申请日为2002年5月15日，授权公告日为2003年8月27日，名称为“包装盒盒盖”的02217392.7号实用新型专利（下称本专利），专利权人为李英（下称被请求人）。授权公告的权利要求书如下：

“1. 包装盒盒盖，它主要包括盖体，其特征在于：在盖体内设有挂条，在挂条上设一挂孔。

2. 按权利要求1所述的包装盒盒盖，其特征在于：在盖体的外围设一框架。

3. 按权利要求2所述的包装盒盒盖，其特征在于：在框架的内四周设有阶梯平台，框架与盖体连为一体，在盖体的四周与框架之间形成凹槽。

4. 按权利要求2所述的包装盒盒盖，其特征在于：在框架内设有至少一根框条，在框架内设置的框条可横向、竖向或斜向设置。”

针对上述专利权，林玉莲（下称请求人）于2005年3月21日向专利复审委员会提出了无效宣告

请求，其理由是本专利不符合专利法第二十六条第三款、第四款和专利法第二十二条第二款、第三款以及专利法实施细则第二十条第一款和专利法实施细则第二十一条第二款的规定，请求宣告本专利全部无效。与此同时，请求人提交了以下证据：

证据1：ZL00249643.7号中国实用新型专利说明书的复印件，授权公告日为2001年10月10日；

证据2：ZL01238616.2号中国实用新型专利说明书的复印件，授权公告日为2002年1月9日。

请求人认为：（1）本专利说明书没有对如何实现盒盖悬挂和装饰的功能作出清楚、完整的说明，因此不符合专利法第二十六条第三款的规定。（2）权利要求1~4的技术方案在说明书中没有任何记载，因而没有得到说明书的支持，不符合专利法第二十六条第四款的规定。（3）权利要求4中使用了“可”这样含义不确定的用语，使得保护范围不清楚，因而不符合专利法实施细则第二十条第一款的规定。（4）权利要求1中没有公开“盒盖如何实现挂饰功能”的技术特征，因而权利要求1缺少完成其技术方案的必要技术特征，不符合专利法实施细则第二十一条第二款的规定。（5）证据1已经公开了权利要求1的所有技术特征，因此权利要求1不具备新颖性。（6）证据1和证据2结合可以否定权利要求1~4的创造性。

专利复审委员会经形式审查合格后，于2005年3月21日发出了无效宣告请求受理通知书，并将上述无效宣告请求书及所附相关文件副本转给被请求人，要求其在指定期限内陈述意见。同时依法成立合议组对本案进行审查。

对此，被请求人在指定期限内未进行任何意见陈述。

专利复审委员会于2005年7月28日向双方当事人发出口头审理通知书，定于2005年9月7日在专利复审委员会举行口头审理。

口头审理如期举行，仅请求人一方参加了口头审理。请求人对合议组成员无回避请求。请求人当庭放弃专利法第二十六条第四款和专利法实施细则第二十条第二款作为无效理由。请求人主张：（1）说明书中没有公开“盖体与框架”的连接关系，因此无法实现本专利的技术方案，故本专利不符合专利法第二十六条第三款的规定；（2）在权利要求2中未对“盖体与框架”的连接关系作出清楚的限定，导致保护范围不清楚，不符合专利法实施细则第二十条第一款的规定；（3）证据1破坏权利要求1和权利要求2的新颖性；（4）证据1单独或者证据1和证据2结合破坏权利要求1~4的创造性。合议组当庭告知请求人，仅以口头审理中请求人提出的无效理由和范围作出审查决定。

在上述程序基础上，合议组认为本案事实已经清楚，可以依法作出如下审查决定。

二、决定的理由

1. 本专利是否符合专利法第二十六条第三款

专利法第二十六条第三款规定：说明书应当对发明或者实用新型作出清楚、完整的说明，以所属技术领域的技术人员能够实现为准。

请求人认为：说明书中没有公开“盖体与框架”的连接关系，因此无法实现本专利的技术方案，故本专利不符合专利法第二十六条第三款的规定。

合议组认为，在说明书第1页第26~27行记载有“在盖体1的外围设一框架2”，已经清楚地限定了盖体和框架这两个部件之间的相互位置关系。为实现本专利所要求保护的包装盒盒盖，盖体和框架之间应该连接在一起以保证其使用，这是肯定的。至于这两个部件之间具体采用什么样的连接方式进行连接，虽然在本专利说明书中没有公开，但是这些内容属于所属技术领域的技术人员的一般技术常识，是不需要进行创造性的思维就可以想到的，本领域技术人员完全可以采用本领域中公知的各种连接方式来实现本专利的技术方案，因此本专利符合专利法第二十六条第三款的规定。

2. 关于本专利是否符合专利法实施细则第二十条第一款的规定

请求人认为：在权利要求 2 中未对“盖体与框架”的连接关系作出清楚的限定，导致保护范围不清楚，不符合专利法实施细则第二十条第一款的规定。

合议组认为，首先，在权利要求 2 中记载有“在盖体的外围设一框架”，这一特征已经清楚地限定了盖体和框架这两个部件之间的相互位置关系。

其次，为实现本专利所要求保护的包装盒盒盖，盖体和框架之间应该连接在一起以保证其使用。至于在盖体和框架之间具体采用什么样的连接方式进行连接，这些都是现有技术中的内容，属于本领域中的一般技术常识，对此不作限定并不会导致该权利要求的保护范围不清楚。

因此权利要求 2 符合专利法实施细则第二十条第一款的规定。

3. 关于本专利是否符合专利法第二十二条第二款、第三款的规定

专利法第二十二条第二款规定：新颖性，是指在申请日以前没有同样的发明或者实用新型在国内外出版物上公开发表过、在国内公开使用过或者以其他方式为公众所知，也没有同样的发明或者实用新型由他人向国务院专利行政部门提出过申请并且记载在申请日以后公布的专利申请文件中。

专利法第二十二条第三款规定：创造性，是指同申请日以前已有的技术相比，该发明有突出的实质性特点和显著的进步，该实用新型有实质性特点和进步。

证据 1 和证据 2 均为本专利申请日前的公开出版物，合议组已经核实它们的真实性，故证据 1 和证据 2 可以作为现有技术来评价本专利的新颖性和创造性。

请求人主张：证据 1 破坏权利要求 1 和权利要求 2 的新颖性；证据 1 单独或者证据 1 和证据 2 结合破坏权利要求 1 ~4 的创造性。

依据审查指南第四部分第三章第 3. 1 节请求原则的规定，合议组在下面仅以请求人指明的证据对比方式来评述本专利的新颖性和创造性。

证据 1 涉及一种包装盒盒盖，其中具体披露了以下技术内容（参见该证据说明书第 1 页第 23 ~ 24 行及附图 1）：在内盖 4（相当于本专利中的盖体 1）上设一挂钩 5（相当于本专利中的挂条 3）。

本专利权利要求 1 与证据 1 相比较，存在以下区别：本专利权利要求 1 中明确记载了“在挂条上设一挂孔”这一技术特征，而证据 1 所公开的技术方案中却是仅设置挂钩，挂钩本身形成一敞口圆环。由于存在上述区别，所以本专利权利要求 1 与证据 1 公开的技术方案不同，因而权利要求 1 具备新颖性。在权利要求 1 具备新颖性的基础上，其从属权利要求 2 也具备新颖性。

证据 2 涉及一种包装盒盒盖，其中具体披露了以下技术内容（参见该证据说明书第 1 页倒数第 3 ~4行及附图 1 －3）：在盒盖一侧面 2 上设置一吊挂孔 3。

在证据 2 中设置吊挂孔的目的也是为了悬挂该盒盖，使盒盖成为可作吊挂用的装饰品。这一作用与吊挂孔在本专利中的作用相同，本领域技术人员在解决悬挂盒盖这一问题时，根据证据 2 的教导，将证据 1 和证据 2 结合起来以获得本专利权利要求 1 要求保护的技术方案并不需要付出创造性的劳动，因此权利要求 1 不具备创造性。

权利要求 2 的附加技术特征为“在盖体的外围设一框架”，在证据 1 中也公开了以下技术内容（参见证据 1 说明书第 1 页第 22 行及附图 1）：包装盒包括盖体 1（相当于本专利中的框架）和与盖体 1 连为一体的内盖 4（相当于本专利中的盖体）。可见，权利要求 2 的附加技术特征已经被证据 1 所公开，在其引用的权利要求 1 不具备创造性的基础上，权利要求 2 也不具备创造性。

权利要求 3 为：“3. 按权利要求 2 所述的包装盒盒盖，其特征在于：在框架的内四周设有阶梯平台，框架与盖体连为一体，在盖体的四周与框架之间形成凹槽。”

通过上面的分析可知，无论证据 1 和证据 2 单独使用，还是它们之间组合使用，均未公开权利要

求3中的“在盖体的四周与框架之间形成凹槽”这一区别技术特征，同时也未能就上述区别技术特征给出任何相应的技术启示和教导。虽然在本专利说明书中没有明确记载与该凹槽配合的盒体上的具体结构，但本领域技术人员根据盒盖与盒体之间具有的连接关系，自然会想到在盒体上设置有与该凹槽配合的相应结构。由于这一区别技术特征的存在，在盒盖与包装盒盒体配合在一起时，客观上可以增强盒盖与盒体之间配合的稳定性和牢靠性。因此本领域技术人员在证据1或者证据1和证据2结合的基础上得到权利要求3所要求保护的技术方案并非显而易见，故权利要求3具备创造性。

权利要求4的内容为“4. 按权利要求2所述的包装盒盒盖，其特征在于：在框架内设有至少一根框条，在框架内设置的框条可横向、竖向或斜向设置。”

权利要求4中的附加技术特征为“在框架内设有至少一根框条，在框架内设置的框条可横向、竖向或斜向设置。”这些技术特征均未被证据1和证据2所公开，并且在证据1和证据2中也未给出相应的技术启示和教导，同时也没有证据表明上述技术特征为本领域中的公知常识。由于上述技术特征的存在，可以增加框架的强度同时使盒盖具有更好地观赏性，因此权利要求4要求保护的技术方案并非是显而易见的，故权利要求4相对于证据1或者证据1和证据2的结合均具备创造性。

三、决定

宣告02217392.7号实用新型专利的权利要求1和权利要求2无效，在权利要求3和权利要求4的基础上维持02217392.7号实用新型专利权继续有效。

当事人对本决定不服的，可以根据专利法第四十六条第二款的规定，自收到本决定之日起三个月内向北京市第一中级人民法院起诉。根据该款的规定，一方当事人起诉后，另一方当事人应当作为第三人参加诉讼。

004

可更换液晶显示卡的装置案

无效宣告请求审查决定（第7788号）

决　　定　　号　第7788号
决　　定　　日　2005年11月17日
发明创造名称　可更换液晶显示卡的装置
国 际 分 类 号　G06F 9/02
无 效 请 求 人　梁均培
专 利 权 人　刘少宏
专　　利　　号　02225694.6
申　　请　　日　2002年2月4日
授权公告日　2002年12月18日
合议组组长　马　昊
主　审　员　周雷鸣
参　审　员　熊　婷

法 律 依 据　专利法第二十二条第三款
决 定 要 点

如果一项权利要求所限定的技术方案与现有技术相比具有区别技术特征，并且现有技术中没有给出采用这一区别技术特征的技术启示，同时该区别技术特征能带来预料不到的技术效果，则该权利要求具备创造性。

一、案由

本无效宣告请求涉及国家知识产权局专利局于2002年12月18日授权公告的02225694.6号实用新型专利权（下称本专利），其名称为“可更换液晶显示卡的装置”，申请日为2002年2月4日，专利权人（下称被请求人）为刘少宏。

本专利授权公告的权利要求书如下：

“1. 一种可更换液晶显示卡的装置，包括机壳和装在其内的电路板，其特征在于，所述机壳上设有可插装液晶显示卡的显示窗；所述电路板上设有微处理器、存储多个不同显示类别程序的存储器、以及与所述微处理器的显示输出端连接的显示触点；所述电路板上还装有一个导电橡胶条，所述导电橡胶条的一面压在所述显示触点上、另一面与所述液晶显示卡的管脚直接导电接触。

2. 根据权利要求1所述的装置，其特征在于，所述电路板上还设有与所述微处理器连接的多个触片式开关，所述触片开关中的一个或多个可被所述液晶显示卡外框上对应的凹凸件触发，向所述微处理器输出显示类别选择信号。

3. 根据权利要求1所述的装置，其特征在于，所述机壳显示窗的上部设有与所述液晶显示卡外框上部的卡扣配合的卡扣座，所述机壳显示窗的下部设有与所述液晶显示卡外框下部的卡销配合的卡销插槽。

4. 根据权利要求2中所述的装置，其特征在于，所述存储器存储有多个不同显示要求的游戏节目，被所述液晶显示卡外框上的凹凸点触发的所述触片式开关向所述微处理器输出显示类别选择信号，选择激活所述存储器中相同显示要求的游戏节目。

5. 根据权利要求4所述的装置，其特征在于，所述机壳内还装有与所述微处理器连接的控制按键及用于播出游戏音乐的喇叭，还设有供电电池和用于输入外接电源的插孔。”

2003年9月16日，梁均培（下称请求人）向专利复审委员会提出了宣告本专利无效的请求，其理由是本专利权利要求1~5不符合专利法第二十二条第三款关于创造性的规定。请求人所提交的附件如下：

附件1：ZL97229878.9号实用新型专利说明书（下称对比文件1），其申请日是1997年12月8日，授权公告日是2000年1月5日；

附件2：ZL94212320.4号实用新型专利说明书（下称对比文件2），其申请日是1994年5月25日，授权公告日是1995年7月12日；

附件3：ZL93107738.9号发明专利申请公开说明书（下称对比文件3），其申请日是1993年6月21日，公开日是1994年2月16日；

附件4：声称为申请日前公开的电路图1页（下称对比文件4）。

经形式审查合格，专利复审委员会受理了该无效宣告请求，并于2003年9月16日向双方当事人发出无效宣告请求受理通知书，并将无效宣告请求书及其附件清单中所列附件的副本转给被请求人，要求被请求人在指定期限内陈述意见。

在无效宣告请求受理通知书所指定的期限内，被请求人于2003年10月9日提交了意见陈述书，认为权利要求1~5具备创造性。

2005年3月22日专利复审委员会向双方当事人发出口头审理通知书，定于2005年5月10日举行口头审理。口头审理如期举行。请求人出席口头审理，被请求人缺席口头审理。

专利复审委员会成立新的合议组。于2005年9月29日向双方当事人发出口头审理通知书，定于2005年11月17日举行口头审理。

口头审理如期举行。双方当事人均出席了口头审理。在口头审理中，（1）双方当事人对对方出庭人员的身份无异议，对合议组成员无回避请求；（2）请求人当庭放弃对比文件4作为证据使用；（3）被请求人对对比文件1、对比文件2和对比文件3的真实性没有异议；（4）请求人明确其无效请求的理由为：本专利权利要求1相对于对比文件1和对比文件2的结合或相对于对比文件1和对比文件3的结合不具备创造性；从属权利要求2~5相对于对比文件1、对比文件2和公知常识的结合或相对于对比文件1、对比文件3和公知常识的结合不具备创造性。

至此，合议组经过合议，认为双方当事人已经充分地陈述了意见，本案事实已经清楚，依法作出如下审查决定。

二、决定的理由

1. 关于证据

鉴于请求人放弃对比文件4作为无效证据，因此合议组对该证据不予评述。

对比文件1、2和对比文件3均为授权公告日在本专利的申请日之前的专利文献，而且被请求人对对比文件1、2和对比文件3的真实性没有异议，因此对比文件1、2和对比文件3可以用于评价本专利的创造性。

2. 关于权利要求 1 ~ 5 的创造性

专利法第二十二条第三款规定：创造性，是指同申请日以前已有的技术相比，该发明有突出的实质性特点和显著进步，该实用新型有实质性特点和进步。

对比文件 1 公开了一种可换卡式游戏机（参见对比文件 1 说明书全文及附图 1 ~ 4），其中游戏机包括机壳、电源、线路板和/或游戏卡、发声装置、显示器和按键开关，线路板和/或游戏卡上装有微处理器、程序存储器、数据存储器和显示驱动器，微处理器与程序存储器、数据存储器和显示驱动器以总线相连接，微处理器与按键开关、发声装置等以总线中相应管脚相连接；机壳上装有游戏卡插座和显示放大装置；游戏卡插在游戏卡插座中。

对比文件 2 公开了一种袖珍游戏机（参见对比文件 2 说明书全文及附图 1），该游戏机由上面板（6）、液晶显示板（14）、专用俄罗斯方块电路板（15）、导电胶条（19）组成，其中专用俄罗斯方块电路板（15）用螺钉（22）紧固在上面板（6）的背面，液晶显示板（14）安装在专用俄罗斯方块电路板（15）与上面板（6）之间，导电胶条（19）安装在专用俄罗斯方块电路板（15）与液晶显示板（14）之间，组装好的上面板（6）卡入上盖（5）内组成上壳体（1）。

对比文件 3 公开了一种连接方法（参见对比文件 3 说明书全文及附图 2 ~ 5），该装置包括 LCD（30）和印刷电路板（20）以及控制电路和例如太阳能电池的能源，该方法用于利用称为斑马纹接触条（15）形式的导电橡胶的连接装置，使所述薄型 LCD（30）与在下面的所述印刷电路板（20）相连接。

请求人主张对比文件 1 是与本专利最接近的现有技术，用对比文件 1 和对比文件 2 的结合或对比文件 1 和对比文件 3 的结合评价本专利权利要求 1 的创造性；被请求人认为对比文件 1 是本专利的现有技术。

将本专利权利要求 1 与对比文件 1 进行了对比，本专利权利要求 1 与对比文件 1 的区别是：（1）本专利权利要求 1 所保护的主题是可更换液晶显示卡的装置，对比文件 1 公开的是可换卡式游戏机；（2）本专利机壳上设有可插装液晶显示卡的显示窗，对比文件 1 是插取游戏卡的插卡窗口，其显示器装在机壳内；（3）本专利的电路板上有存储多个不同显示类别程序的存储器以及与微处理器的显示输出端连接的显示触点，对比文件 1 中公开的是线路板和/或游戏卡上装有节目的存储器，微处理器与显示器直接连接而没有公开显示触点；（4）本专利电路板上有一个一面压在所述显示触点上、另一面与所述液晶显示卡的管脚直接导电接触的导电橡胶条，对比文件 1 的线路板上微处理器与液晶显示卡直接连接而没有公开导电橡胶条。

对比文件 2 公开了使用导电胶条（对应于本专利的导电橡胶条）连接显示板（对应于本专利的显示器）和电路板，对比文件 3 公开了使用斑马纹接触条形式的导电橡胶（对应于本专利的导电橡胶条）连接 LCD 的显示器和印刷电路板。

合议组认为，对比文件 1 和对比文件 2 的结合或者对比文件 1 和对比文件 3 的结合均没有公开本专利权利要求 1 中保护的区别特征（1）、（2）和区别特征（3），并且现有技术中没有给出采用上述区别技术特征（1）、（2）和区别特征（3）的技术启示，同时本专利记载了上述区别特征（1）、（2）和区别特征（3）可以解决“通过在一个主机上选择插接不同的液晶显示卡，每一种液晶显示卡可激活同一显示类别的一个或多个游戏节目，使得低档游戏机或相关产品领域真正做到一个多功能装置可以根据节目配备不同 LCD 卡，实现低成本的多节目游戏或多功能”，能带来预料不到的技术效果。因此本专利权利要求 1 相对于对比文件 1 和对比文件 2 或对比文件 1 和对比文件 3 具备实质性特点和进步，因而符合专利法第二十二条第三款有关创造性的规定。

在无效请求理由中，请求人认为，本专利权利要求 1 包含了四个必要技术特征：A. 机壳和装在其内的电路板，B. 机壳上设有可插装液晶显示的显示窗，C. 电路板上设有微处理器及输出连接显示触点、存储器，D. 导电橡胶条分别连接显示触点和显示卡的管脚；并且对比文件1中公开了区别技术特征A、B和C，对比文件2和对比文件3分别公开了区别技术特征D；因此权利要求1不符合专利法第二十二条第三款的规定。合议组认为，①关于必要技术特征B，本专利的显示窗是用于插装液晶显示卡，而对比文件1的插卡窗口是用于插取游戏卡，“显示窗”与“插卡窗口”所解决的技术问题不同，因此不存在将“插卡窗口”应用到本专利中解决插装液晶显示卡的技术启示；②关于必要技术特征C，本专利中明确了与微处理器的输出端连接的是显示触点，存储器是用于存储不同显示类别程序以满足选择插接不同液晶显示卡时每一种液晶显示卡可激活同一显示类别的游戏节目，而对比文件1中没有公开显示触点，其中的存储器是用来存储多个游戏节目的，并没有限定存储的节目是否属于一种或多种类型，因此所属领域的技术人员不经创造性劳动不能得出插接不同液晶显示卡时每一种液晶显示卡可激活同一显示类别的游戏节目；③关于必要技术特征D，本专利的导电橡胶条连接显示触点和液晶显示卡的管脚，对比文件2或对比文件3中均没有公开“显示触点”，因此对比文件2或对比文件3中的导电橡胶条的连接部件也不同于本专利的连接部件；④本专利与对比文件1请求保护的主题不同，本专利权利要求1中“可更换液晶显示卡的装置”是通过在一个主机上选择插接不同的液晶显示卡，每一种液晶显示卡可激活同一显示类别的一个或多个游戏节目，使得低档游戏机或相关产品领域真正做到一个多功能装置可以根据节目配备不同LCD卡，而对比文件1公开的可换卡式游戏机是通过更换游戏卡实现游戏节目的更换。因此，无效请求理由不成立。

本专利从属权利要求2~5均是直接或间接从属于权利要求1的，在权利要求1具备创造性的前提下，权利要求2~5也具备创造性。

综上所述，本专利权利要求1~5符合专利法第二十二条第三款的规定。

三、决定

维持02225694.6号实用新型专利权有效。

当事人对本决定不服的，可以根据专利法第四十六条第二款的规定，自收到本决定之日起三个月内向北京市第一中级人民法院起诉。根据该款的规定，一方当事人起诉后，另一方当事人应当作为第三人参加诉讼。

北京市第一中级人民法院
行政裁定书

（2006）一中行初字第397号

原告梁均培，男，1963年2月20日出生，汉族，住广东省深圳市宝安区铁岗村第二工业区2栋。

委托代理人王雄杰，深圳市雄杰专利商标代理有限公司专利代理人。

委托代理人胡玉智，深圳市雄杰专利商标代理有限公司专利专利工程师。

被告国家知识产权局专利复审委员会，住所地北京市海淀区北四环西路9号银谷大厦10~12层。

法定代表人廖涛，副主任。

委托代理人周雷鸣，国家知识产权局专利复审委员会审查员。

委托代理人郭健国，国家知识产权局专利复审委员会审查员。

第三人刘少宏。

原告梁均培因专利行政决定一案，不服被告国家知识产权局专利复审委员会作出的第 7788 号无效宣告请求审查决定，向本院提起诉讼。本院受理后，依法组成合议庭。在诉讼期间，原告梁均培向本院递交了撤诉申请书，申请撤回起诉。

经审查，本院认为，原告有权在诉讼期间依法处分其诉讼权利。原告在诉讼期间自愿申请撤诉的行为，是其依法处分其诉权的真实意思表示。该行为未侵犯国家、集体和他人的合法权益，本院应予准许。据此，依照《中华人民共和国行政诉讼法》第五十一条的规定，裁定如下：

准许原告梁均培撤回起诉。

案件受理费 1000 元，减半收取 500 元，由原告梁均培负担（已交纳）。

审 判 长 张 杰
审 判 员 李纪红
人民陪审员 欧万雄
二〇〇六 年四月二十八日
书 记 员 龙 非

005

带有附加插座或插头的电池组案

无效宣告请求审查决定（第7818号）

决　定　号　第7818号
决　定　日　2005年12月8日
发明创造名称　带有附加插座或插头的电池组
国 际 分 类 号　H01M 2/06
无 效 请 求 人　郑州万迪来光机电有限公司
专 利 权 人　郑州珂玛电子技术有限公司
专　利　号　03284174.4
申　请　日　2003年8月29日
授 权 公 告 日　2004年10月6日
合 议 组 组 长　石　竞
主　审　员　李韵美
参　审　员　左　一

法 律 依 据　专利法第二十二条第二款、第三款
决 定 要 点
请求人提供的证据不足，不能破坏本专利的新颖性和创造性。

一、案由

本无效宣告请求涉及国家知识产权局专利局2004年10月6日授权公告、名称为“带有附加插座或插头的电池组”的ZL03284174.4号实用新型专利（下称本专利），本案专利的申请日为2003年8月29日、专利权人是郑州珂玛电子技术有限公司。本专利授权公告的权利要求为：

“1. 一种带有附加插座或插头的电池组，含有安装于上、下壳体内的单体蓄电池组和电路板，在电池组的封装壳体上设有和电池组电路板上充、放电输入输出端连接的插头或插座，其特征是：在电池组的封装壳体上安装有附加充、放电连接器，该连接器两端可直接或间接与电池组正极和负极连接。

2. 根据权利要求1所述的电池组，其特征是：附加的充、放电连接器可为插座或插头，或为由加长电缆引出的一端带有插头或插座的连接器。

3. 根据权利要求1或2所述的电池组，其特征是：附加的充、放电连接器与电池组连接的一端可直接连接可充电电池组的正、负极，或通过相应的过压、过流保护电路与电池组的正、负端连接。”

针对上述专利权，郑州万迪来光机电有限公司（下称请求人），于2004年12月22日向专利复审委员会提出无效宣告请求。请求人所提交的证据为：

附件1：郑州市中原区公证处出具的（2004）郑中证经字第776号公证书复印件共6页；

附件2：郑州友联印刷有限公司出具的证明复印件1页、发票号为00220716的河南增值税专用发票复印件1页、图片复印件2页，共4页。

其无效宣告理由为权利要求1不具备新颖性，权利要求2和3不具备创造性。

经形式审查合格，专利复审委员会于2005年1月27日受理了上述无效宣告请求，向双方当事人发出无效宣告请求受理通知书，并将附件清单中所列附件副本转送专利权人（下称被请求人）。

本案合议组于2005年10月18日向双方当事人发出口头审理通知书，定于2005年11月29日进行口头审理，双方当事人在规定期限内未对合议组成员提出回避请求。

请求人提交了口头审理通知书回执，表示参加口头审理，被请求人未提交口头审理通知书回执。

口头审理于2005年11月29日如期举行，被请求人没有出席口头审理。在口头审理中，请求人对合议组成员没有回避请求；请求人当庭出示附件1（郑州市中原区公证处2004年12月7日出具的（2004）郑中证经字第776号《公证书》）、附件2（郑州友联印刷有限公司出具的《证明》1页；河南增值税专用发票NO. 00220716，1页；附件2中2页图片）的原件；但附件1中不包括请求人所称的日期为2002年9月16日的“河南省郑州市工业发票存根联NO. 0283465”，即其附件1复印件中的最后一页，经合议组核实，前5页复印件与原件一致；合议组当庭核实附件2的复印件与原件一致；请求人明确其无效理由为：附件1、2分别评述本专利权利要求1不具备新颖性；权利要求2、3的附加技术特征属于公知常识，因此不具备创造性。口头审理期间请求人充分陈述了意见。

基于上述的工作，合议组认为本案事实已经清楚，可以作出本决定。

二、决定的理由

关于证据：

附件1为郑州市中原区公证处出具的（2004）郑中经字第776号《公证书》，经合议组在口头审理程序中核实，该公证书中不包括请求人在提出无效宣告请求时提交的附件1的第6页，即编号为0283465的河南省郑州市工业发票存根联。并且请求人也没有提交该发票存根联的原件，因此，无法核实编号为0283465的河南省郑州市工业发票存根联的真实性，合议组对编号为0283465的河南省郑州市工业发票存根联不予采信。

附件1由四个部分组成：

（1）载有郑州市中原区公证处公章和公证员王国忠签章的公证书正文，共1页；

（2）载有王国忠、赵耀东、樊会宇、徐亚楠签字的现场工作记录，共1页；

（3）载有郑州电视台总工办公章的用户使用报告，共1页；

（4）GP－L115B摄录机电池照片一张。

在公证书正文中，记载了如下事实：公证员王国忠与公证员樊会宇及申请人的委托代理人赵耀东于二〇〇四年十二月七日十五时三十分来到郑州市淮河路67号郑州电视台四楼410房间徐亚楠副台长办公室，徐亚楠副台长向郑州万迪来光机电有限公司的委托代理人出具了《用户使用报告》及GP－L115B摄录机电池照片一张。公证员樊会宇现场制作了《现场工作记录》一份（共一页）。兹证明与本公证书相粘连的《现场工作记录》的复印件与原件内容相符。原件上申请人的委托代理人赵耀东、公证员王国忠、公证人员樊会宇、郑州电视台副台长徐亚楠的签名属实。

合议组认为，该公证书可以证实赵耀东、王国忠、樊会宇、徐亚楠的在《现场工作记录》上的签名属实，以及徐亚楠向郑州万迪来光机电有限公司的委托代理人出具了《用户使用报告》及GP－L115B摄录机电池照片一张的事实。该公证书并未对《用户使用报告》及GP－L115B摄录机电池照片两者内容的真实性进行公正。《用户使用报告》和GP－L115B摄录机电池照片是郑州电视台出具的使用情况说明，属于证人证言，在证人没有出庭作证并且没有其他佐证的情况下，不能确认其真实性，即无法核实《用户使用报告》和 GP－L115B 摄录机电池照片内容的真实性，合议组不予采信。即便该《用户使用报告》和 GP－L115B 摄录机电池照片的内容的真实性得到确认，其中记载的内容也无法涵盖权利要求 1 请求保护技术方案的全部技术特征，不能影响权利要求 1 的新颖性。

附件 2 是郑州友联印刷有限公司出具的证明，称郑州友联印刷有限公司 2003 年 1 月 6 日开具的 NO. 00220716 号增值税发票中"印刷费（产品样本）"系印制郑州万迪来光机电有限公司的产品样本彩页产生的费用。合议组认为，在所附图片上没有记载印刷日期，而该证明正文部分仅能证明郑州友联印刷有限公司于 2003 年 1 月 6 日给郑州万迪来光机电有限公司开具了 NO. 00220716 号增值税发票，并且该增值税发票上记载的"印刷费（产品样本）"指的是印制郑州万迪来光机电有限公司的产品样本彩页所支出的费用，其不能证明该产品样本是何时公开的。因此，附件 2 不能证明郑州万迪来光机电有限公司的产品样本彩页在本专利申请日之前已经处于为公众所知的状态，在无其他附件佐证的情况下，不能以其评价本专利的新颖性和创造性。

综上所述，请求人提供的证据不足，不能破坏本专利的新颖性和创造性。

三、决定

驳回请求人所提出的无效宣告请求，维持 03284174.4 号专利权有效。

当事人对本决定不服的，可以根据专利法第四十六条第二款的规定，自收到本决定之日起三个月内向北京市第一中级人民法院起诉。根据该条款的规定，一方当事人起诉后，另一方当事人应当作为第三人参加诉讼。

006

三相互不相扰配电变压器、开关组合装置案

无效宣告请求审查决定（第7824号）

决　定　号　第7824号
决　定　日　2005年12月1日
发明创造名称　三相互不相扰配电变压器、开关组合装置
发明创造名称　H02B 1/18　H01H 85/04
无效请求人Ⅰ　沈阳变压器研究所有限公司
无效请求人Ⅱ　北京新华都特种变压器有限公司
专 利 权 人　张旭俊　李澍霖
专　利　号　97200554.4
申　请　日　1997年1月14日
授权公告日　1998年4月29日
合议组组长　于　萍
主　审　员　詹靖康
参　审　员　崔哲勇

法 律 依 据　专利法第二十二条第三款、第四款、第二十六条第三款、第四款
决 定 要 点

如果一项权利要求包含有两个并列的技术方案A和B，其中的一个技术方案A得不到说明书的支持，则应宣告该技术方案A无效。如果另一个技术方案B得到了说明书的支持，同时请求人提出的其他无效请求理由对该技术方案B也不成立，则应维持该技术方案B有效。

一、案由

本无效宣告请求涉及国家知识产权局专利局于1998年4月29日授权公告的、名称为“三相互不相扰配电变压器、开关组合装置”的实用新型专利（下称本专利），其申请日为1997年1月14日，申请号为97200554.4，专利权人为张旭俊、李澍霖。其授权公告的权利要求为：

“1. 三相互不相扰配电变压器、开关组合装置，它是在一个具有引出线套管的密封外壳中，装有铁芯、线圈和高压熔断器、高压负荷开关、调压开关的主体以及填充绝缘，其操作、监测、控制机构与低压开关都装在壳体外的同一块面板上，它的铁芯是五柱的磁路结构，中间的三个芯柱上分别绕有A、B、C三相的高压线圈WA1、WB1、WC1和低压线圈WA2、WB2、WC2，线圈的接线方式有Y0/Y0方式，其特征在于：其中低压线圈的接线为Y0方式，由a，b，c，n四个端点输出，而在每相高压线圈上串接高压熔断器RA，RB，RC，分别与三相高压线圈WA1，WB1，WC1构成三相‘高压相臂’A′X臂、B′Y臂、C′Z臂，高压侧的接线方式是以‘高压相臂’为单元，接成Δ形，由A′，B′，C′三个端点作为高电压输入端。

2. 如权利要求1所述的三相互不相扰配电变压器、开关组合装置，其特征在于：它的‘高压相

臂’接线方式是三角形（Δ）接法，最优选择为Δ/Y0－11方式，其连接次序如下：A′连Z、B′连X、C′连Y，由A′、B′、C′三个端点作高电压输入端。

3. 如权利要求1或2所述的三相互不相扰配电变压器、开关组合装置，其特征在于：每个‘高压相臂’中的高压熔断器，是两个串在其中的高压熔断器，其中一个是遮断电流熔断器，另一个是过负荷电流熔断器。”

针对上述专利权，沈阳变压器研究所有限公司、北京新华都特种变压器有限公司（以下统称请求人）于2004年4月5日向专利复审委员会提出了无效宣告请求，请求人所提交的证据如下：

证据1：US2198489号美国专利，公开日为1940年4月23日（下称对比文件1）；

证据2：EP0024934A1号欧洲专利，公开日为1981年3月11日（下称对比文件2）；

证据3：《电机工程手册》封面、封底及第25～11页、第25～59页共四页的复印件，出版时间为1984年10月（下称对比文件3）。

请求人认为权利要求1的高压端要同时制造成Y0/Y0和△/Y0两种方式，这无法实现，因此本专利不符合专利法第二十二条第四款有关实用性的规定；权利要求1中“线圈的接线方式有Y0/Y0方式”得不到说明书的支持，不符合专利法第二十六条第四款的规定；说明书第3页有关实施例2的描述与附图不一致，不符合专利法第二十六条第三款的规定；权利要求1不具备新颖性和创造性，不符合专利法第二十二条第1款、第2款、第3款、第4款的规定；权利要求2、3也不符合专利法第二十二条第1款、第2款、第3款、第4款的规定。

经形式审查合格，专利复审委员会受理了上述无效宣告请求，并于2004年4月6日向双方当事人发出无效宣告请求受理通知书，并将无效宣告请求书及其附件的副本转送专利权人（下称被请求人）。

被请求人于2004年5月12日提交了意见陈述书，所提交的附件如下：

附件1：“BZ系列变压器组合装置产品名称型号注册证书”复印件2页；

附件2：《变压器》2000年第4期，“有关组合式变压器的一些问题”复印件共2页；

附件3：《2000年中国供电国际会议论文集》“BZ系列变压器组合装置”复印件共8页；

附件4：《高压开关行业通讯》2004年第4期封面及目录页及“对预装式变压电站中解决‘三相互扰’问题的综述”复印件共9页；

附件5：“美式箱变”ANCI标准英文版首页及题目中译文复印件共2页；

附件6：“关于下发‘BZ系列变压器组合装置’研讨会会议纪要的通知”（国家计划委员会交通能源司1998年4月10日发文），复印件共6页；

附件7：有关本案实用新型专利检索、与本案专利内容相同的PCT国际申请检索欧洲专利局检索结果复印件；

附件8：有关本案专利内容相同的美国、澳大利亚、欧洲、俄罗斯的国际发明证书及相关部分译文的复印件；

附件9：与本案专利内容相同的中国发明专利证书及全文复印件；

附件10：与本案专利内容相同的国内优先权发明专利申请的受理通知书复印件；

附件11：被请求人收到国家知识产权局专利复审委员会邮递本案专利无效宣告请求受理通知书的邮封及邮戳复印件；

被请求人认为：

（1）本专利中没有任何文字或内容表示“同时”实现Y0/Y0和△/Y0两种联接组，在某一台产品中，联接组只能是一种，权利要求1具有专利法二十二条第四款规定的实用性。

（2）权利要求 1 中的“线圈的接线方式有 Y0/Y0 方式”是美国普遍使用的方式，是公知技术，因此申请人没有对其列举具体实施方案，请求人提出的“本案专利权利要求 1 得不到说明书的支持”也是不能成立的。

（3）说明书中的 RA1、RA2、RB1、RB2、RC1、RC2 分别接在高压线圈 WA1、WB1、WC1 的两端，而附图 2b 中将接于 A′端的两个熔断器按习惯标识为 RA1、RA2、至于 B′端和 C′端的标识均分别相同，这是因为 RA1、RB1、RC1 与 RA2、RB2、RC2 两个品种名称分别相同，参数规格分别相同，相间完全可以替换，说明书中的“分别”二字并没有强调“按顺序”，这是普通技术人员公知的常识。

（4）请求人未提交对比文件 1、2 的中文译文，该外文证据应当视为未提交。

（5）权利要求 1 中的技术特征 1 ~ 4、6 都属于现有技术，但不是国内任何变压器都应该具有上述技术特征；对比文件 2 是单相变压器，与三相变压器是两个品种，两者有着根本区别，因此不能破坏本专利的新颖性和创造性。

（6）在权利要求 1 具备新颖性和创造性的情况下，权利要求 2、3 也具备新颖性和创造性。

本案合议组于 2005 年 3 月 7 日向双方当事人发出口头审理通知书和转文通知书，定于 2005 年 4 月 22 日上午举行口头审理，同时将被请求人于 2004 年 5 月 12 日提交的意见陈述书及其附件转送给请求人。

合议组于 2005 年 3 月 28 日收到了被请求人的口审回执，表示愿意参加口头审理；被请求人还提出了要求对方当事人的代理人北京金之桥知识产权代理有限公司代理人林建军回避本案审理的回避请求。

专利复审委员会于 2005 年 4 月 15 日向请求人发出外文证据处理通知书，要求其对 2004 年 4 月 5 日提交的对比文件 1 和对比文件 2 的使用部分补交中文译文，请求人于当天面取了通知书。

合议组于 2005 年 4 月 15 日收到了请求人提交的对比文件 1 中标号的中文译文 3 页、对比文件 2 中标号的中文译文 1 页。

被请求人于 2004 年 4 月 18 日面取了请求人于 2005 年 4 月 15 日提交的对比文件 1 中标号的中文译文 3 页、对比文件 2 中标号的中文译文 1 页。

口头审理如期举行，双方当事人均出席口头审理并各自陈述了意见。

双方当事人对合议组成员没有回避请求。请求人对被请求方出席人员出庭身份没有异议，被请求人对请求人的代理人提出回避请求，口头审理暂时中止，合议组对被请求人的回避请求进行合议。合议组经过合议认为请求人的证据不充分、理由不成立，请求人代理人可以以代理人身份参加口审。合议组在恢复口审时向双方当事人宣布了合议组的合议结果，口头审理继续进行。被请求人对对比文件 1、2、3 的真实性没有异议，被请求人认为对比文件 1 的译文中的标号 28 应翻译成熔断器、标号 196 保险丝应翻译成熔丝，请求人当庭明确表示同意被请求人的翻译，被请求人对对比文件 1、2 的译文其他部分的准确性没有异议。请求人当庭明确仅采用对比文件 1、2 的附图和附图标记译文，对比文件 1 使用第 1 页图 3、第 2 页图 2、图 6；对比文件 2 使用图 1、4。请求人明确其无效理由为：本专利权利要求 1 不符合专利法二十二条第四款的规定；本专利权利要求 1 不符合专利法第二十六条第四款的规定；本专利说明书不符合法二十六条第三款的规定；本专利权利要求 1 ~ 3 相对于对比文件 1、2、3 结合不符合专利法二十二条第三款的规定。

请求人认为本专利权利要求 1 相对于被请求人于 2004 年 5 月 12 日提交的附件 7“欧洲专利局检索报告”中记载的对比文件 US2229531 不具备新颖性，本专利相对于被请求人于 2004 年 5 月 12 日提交的附件 9“98805194. X 发明专利说明书”不符合专利法实施细则第十三条的规定。合议组当庭告知双方当事人，根据专利法实施细则第六十六条规定，对上述两个新理由和新证据不予接受。

被请求人认为权利要求1包括两个并列技术方案，其中线圈接法分别为Y0/Y0方式和△/Y0方式。被请求人指出Y0/Y0接法中的熔断器的常规接法在三相五芯柱的情况下必然会实现三相互不相扰，而且是已有技术，因此本专利说明书没有必要对此进行详细说明。请求人认为权利要求1的前序部分均为公知常识，但对比文件1~3均未公开。

请求人对被请求人于2004年5月12日提交的附件的真实性没有异议。合议组告知双方当事人口审之后不再接受任何新的证据和意见陈述。请求人认为即使按照被请求人的解释，权利要求包括两个技术方案，其中Y0/Y0接法的技术方案也是已有技术，是没有新颖性、创造性的。

在上述工作的基础上，合议组认为双方当事人已经充分发表意见，本案事实清楚，可以作出本决定。

二、决定的理由

1. 关于证据

对比文件1、对比文件2为专利文献，属于公开出版物，且其公开日在本专利的申请日之前，被请求人对对比文件1、2的真实性无异议，请求人与被请求人就对比文件1和对比文件2的附图标记译文达成一致，请求人当庭明确仅采用对比文件1、2的附图和附图标记译文；对比文件1使用第1页图3、第2页图2、图6，对比文件2使用图1、4。对比文件1和对比文件2公开的上述相应部分内容可以作为本案中评价本专利创造性的已有技术证据。

对比文件3是机械工业出版社出版的《电机工程手册》第25章第11页和第59页，属于专利法意义上的公开出版物，其出版时间为是1984年2月，在本专利申请日之前。因此对比文件3公开的内容属于本专利的已有技术，能够用于评价本专利的创造性。

2. 关于专利法第二十二条第四款

实用性是指发明或者实用新型申请的主题必须能够在产业上制造或者使用，并且能够产生积极效果。

根据审查指南第二部分第五章第3.1节的规定，对实用性的审查应当以申请日提交的说明书（包括附图）和权利要求书所公开的整体技术内容为依据，而不仅仅局限于权利要求所记载的内容。另外，能否实施是以所属技术领域的技术人员能否实现为标准。

请求人认为权利要求1中第4行至第6行描述了本专利权利要求1的高压线圈与低压线圈的接线方式为Y0/Y0方式，而其特征部分对接线方式的描述为△/Y0方式，普通技术人员无法将高压线圈与低压线圈的接线方式同时制造成Y0/Y0和△/Y0方式，因而本专利权利要求1的技术方案无法实现，不具有专利法第二十二条第四款规定的实用性。被请求人认为，本专利权利要求1请求保护一种装置而不是一台装置，它具有两个并列的技术方案，其中线圈接法分别为Y0/Y0和△/Y0方式，Y0/Y0和△/Y0接线方式并不是在一台装置中同时实现的，本专利完全可以实现。

合议组认为，虽然本专利权利要求1前序部分有“线圈的接线方式有Y0/Y0方式”的描述，而特征部分所限定的线圈接法为△/Y0方式，但对于所属技术领域的普通技术人员来说，Y0/Y0型和△/Y0型是变压器中线圈常见的接线方式，对于一个变压器来说，其线圈不可能同时接成Y0/Y0和△/Y0，这是公知常识。另外，本专利说明书的前序部分描述了在美国普通使用的三相五柱Y0/Y0接线方式配电变压器集成式配电柜，说明书技术解决方案及实施例部分描述了为解决本实用新型专利的技术问题的技术解决方案，即线圈接法为△/Y0方式的技术方案。所以，根据说明书的公开的内容以及本领域的公知常识，本领域的普通技术人员很显然不会将本专利权利要求1理解为其变压器线圈接法同时为Y0/Y0型和△/Y0型。本发明可以制造、使用，所以对请求人的这一无效理由不予支持。

3. 关于专利法第二十六条第四款

专利法第二十六条第四款规定，权利要求书应当以说明书为依据，说明要求专利保护的范围。

权利要求书应当以说明书为依据，是指权利要求应当得到说明书的支持。权利要求书不仅应当在表述形式上得到说明书的支持，而且应当在实质上得到说明书的支持。就是说，权利要求书中的每一项权利要求所要求保护的技术方案应当是所属技术领域的技术人员能够从说明书中公开的内容直接得到或者概括得出的技术方案，并且权利要求的范围不得超出说明书记载的内容。

请求人提出：权利要求 1 记载了“线圈的接线方式有 Y0/Y0 方式”，而在说明书的发明内容和具体实施方式中没有提及和描述过“线圈的接线方式有 Y0/Y0 方式”，因而权利要求 1 不符合专利法第二十六条第四款的规定。

被请求人认为，本专利权利要求 1 包括两个并列的技术方案，其中线圈接法分别为 Y0/Y0 和△/Y0方式。而前序部分是公知常识，只能应用于中点直接接地的电力系统中。而本专利的核心部分是权利要求 1 中的特征部分，与前序部分的不同点是将“三相互不相扰”的专利预期效果扩大到中点不接地、经消弧线圈、小电阻接地的电力系统之中。请求人还认为，其中的 Y0/Y0 方案，在本专利说明书背景技术部分进行了清楚的阐述，所以得到了说明书的支持。根据被请求人的这一解释，本专利权利要求 1 包括如下两个并列的技术方案：

Y0/Y0 方案：三相互不相扰配电变压器、开关组合装置，它是在一个具有引出线套管的密封外壳中，装有铁芯、线圈和高压熔断器、高压负荷开关、调压开关的主体以及填充绝缘，其操作、监测、控制机构与低压开关都装在壳体外的同一块面板上，它的铁芯是五柱的磁路结构，中间的三个芯柱上分别绕有 A、B、C 三相的高压线圈 WA1、WB1、WC1 和低压线圈 WA2、WB2、WC2，线圈的接线方式有 Y0/Y0 方式。

△/Y0 方案：三相互不相扰配电变压器、开关组合装置，它是在一个具有引出线套管的密封外壳中，装有铁芯、线圈和高压熔断器、高压负荷开关、调压开关的主体以及填充绝缘，其操作、监测、控制机构与低压开关都装在壳体外的同一块面板上，它的铁芯是五柱的磁路结构，中间的三个芯柱上分别绕有 A、B、C 三相的高压线圈 WA1、WB1、WC1 和低压线圈 WA2、WB2、WC2，其特征在于：其中低压线圈的接线为 Y0 方式，由 a、b、c、n 四个端点输出，而在每相高压线圈上串接高压熔断器 RA、RB、RC 分别与三相高压线圈 WA1、WB1、WC1 构成三相‘高压相臂’A′X 臂、B′Y 臂、C′Z 臂，高压侧的接线方式是以‘高压相臂’为单元，接成 Δ 形，由 A′、B′、C′三个端点作为高电压输入端。

关于 Y0/Y0 方案，合议组认为：本专利说明书中有关“Y0/Y0 方案”只是在背景技术部分有相关描述。而在说明书的技术解决方案以及实施例中均没有关于采用线圈接线方式为 Y0/Y0 方式的完整的技术方案用于解决本专利的技术问题的描述。特别是根据专利权人对权利要求 1 的解释，其中的“Y0/Y0 方案”中应包含有“其操作、检测、控制机构与低压开关都装在壳体外的同一块面板上,”以及“中间的三个芯柱上分别绕有 A、B、C 三相的高压线圈 WA1、WB1、WC1 和低压线圈 WA2、WB2、WC2,”这些技术特征。而在整个说明书中均没有包含以上特征的“Y0/Y0 方案”的完整技术方案的描述，因此，本专利权利要求 1 所述的“Y0/Y0 方案”得不到说明书的支持，不符合专利法第二十六条第四款的规定。

4. 关于专利法第二十六条第三款

专利法第二十六条第三款规定，说明书应当对发明或者实用新型作出清楚、完整的说明，以所属技术领域的技术人员能够实现为标准；必要的时候，应当有附图。

请求人认为说明书第 3 页有关实施例 2 的描述与附图不一致，因此本专利不符合专利法二十六条第三款的规定。被请求人认为，因为 RA1、RB1、RC1 与 RA2、RB2、RC2 两个品种名称分别相同，参数规格分别相同，故相互之间完全可以替换，说明书中的“分别”二字并没有强调“按顺序”，这是普通技术人员公知的常识。

合议组认为，说明书中描述“两个 RA1、RA2、RB1、RB2、RC1、RC2 分别接在高压线圈 WA1、WB1、WC1 的两端，其中 RA1、RB1、RC1 是遮断电流熔断器，RA2、RB2、RC2 是过符合熔断器”，而附图 2b 中将接于 A’端的两个熔断器标识为 RA1、RA2，将接于 B’端的两个熔断器标识为 RB1、RB2，将接于 C’端的两个熔断器标识为 RC1、RC2，以上描述的差别不会造成不清楚，因为 RA1、RB1、RC1 与 RA2、RB2、RC2 两个品种名称分别相同，参数规格分别相同，故相间完全可以替换，无论从文字描述还是附图表示的连接方法都可以保证每一个线圈两侧分别连接两种不同类型的熔断器，从而达到本专利的技术效果。本专利说明书对实用新型的说明是清楚完整的，本领域技术人员根据说明书的描述能够实现本实用新型，因此本专利符合专利法第二十六条第三款的规定。

5. 关于专利法第二十二条第三款

专利法第二十二条第三款规定的创造性是指，同申请日以前已有的技术相比，该发明有突出的实质性特点和显著的进步，该实用新型有实质性特点和进步。

如上所述，独立权利要求 1 的前序部分中“Y0/Y0 方案”不符合专利法第二十六条第四款的规定，故在此对其创造性不再予以评述，以下仅对权利要求 1 中的“△/Y0 方案”的创造性进行评述，该方案为：“三相互不相扰配电变压器、开关组合装置，它是在一个具有引出线套管的密封外壳中，装有铁芯、线圈和高压熔断器、高压负荷开关、调压开关的主体以及填充绝缘，其操作、监测、控制机构与低压开关都安装在壳体外的同一块面板上，它的铁芯是五柱的磁路结构，中间的三个芯柱上分别绕有 A、B、C 三相的高压线圈 WA1、WB1、WC1 和低压线圈 WA2、WB2、WC2，其中低压线圈的接线为 Y0 方式，由 a、b、c、n 四个端点输出，而在每相高压线圈上串接高压熔断器 RA，RB，RC，分别与三相高压线圈 WA1、WB1、WC1 构成三相‘高压相臂’A′X 臂、B′Y 臂、C′Z 臂，高压侧的接线方式是以‘高压相臂’为单元，接成△形，由 A′，B′，C′三个端点作为高电压的输入端。”

请求人认为：权利要求 1 前序部分技术特征都属于公知常识。特征部分高压相臂上连接熔断器、高压侧的接线方式为△接法等特征都在对比文件 1 的图 6 中公开；对比文件 1 和权利要求 1 相比，其区别在于熔断器在对比文件 1 中是接在△外部，而本专利则是接在△内部。对比文件 2 的图 1、图 4 公开了一种变压器高压线圈中串联熔断器的方案，因此普通技术人员无需创造性劳动，就可以将对比文件 2 所使用的技术方案应用到对比文件 1 中，从而得到权利要求 1 请求保护的技术方案。可见，权利要求 1 不具备专利法第二十二条第三款规定的创造性。权利要求 2 的附加技术特征在对比文件 3 中已公开，权利要求 3 的附加技术特征属于公知常识，因此从属权利要求 2、3 同样不符合专利法第二十二条第三款的规定。

被请求人认为：对比文件 2 是单相变压器，它与三相变压器是两个不同的品种，接线方式不同。本专利相对于对比文件 1 中的三相变压器有“三相互不相扰”的技术效果，因此本专利具备新颖性和创造性。

合议组认为，如请求人所承认的，权利要求 1 前序部分的特征在对比文件 1 ~ 3 均未公开；本专利权利要求 1 与对比文件 1 相比，区别还在于前者技术方案中的熔断器连接在由“高压相臂”组成的△形内部，而后者的熔断器则在△形外部。对比文件 2 中图 1、图 4 所示单向变压器中的负载（11）的接法不存在△形内部或外部之分，而且对于单相熔断器而言也不存在各相之间“相互不相扰”的技术效果，可见对比文件 2 没有给出将熔断器连接在△形内部的技术启示。对比文件 3 中没有披露任何有关“熔断器”的内容。本领域技术人员根据对比文件 1、2、3 所公开的内容不能得到任何启示以将任意两篇或者全部三篇对比文件结合来解决本专利所要解决的技术问题。本专利权利要求1中的“△/Y0方案”使得中点不接地的配电变压器具备三相互不相扰的技术效果。可见，本专利权利要求1相对于对比文件1~3具有实质性特点和进步，符合专利法第二十二条第三款有关创造性的规定。

由于权利要求1中的“△/Y0方案”具备创造性，因此其从属权利要求2、3也都具备专利法第二十二条第三款规定的创造性。

三、决定

宣告97200554.4号实用新型专利权利要求1中的“Y0/Y0方案”无效。在权利要求1中“△/Y0方案”的基础上维持专利权有效。

当事人对本决定不服的，可以根据专利法第四十六条第二款的规定，自收到本决定之日起三个月内向北京市第一中级人民法院起诉。根据该款的规定，一方当事人起诉后，另一方当事人应当作为第三人参加诉讼。

北京市第一中级人民法院 行政判决书

（2006）一中行初字第432号

原告沈阳变压器研究所有限公司，住所地辽宁省沈阳市浑南高新技术产业开发区78号。

原告北京新华都特种变压器有限公司，住所地北京市朝阳区青年路北口姚家园。

法定代表人于海年，董事长。

法定代表人谭勇，董事长。

上述两原告之共同委托代理人林建军，北京金之桥知识产权代理有限公司专利代理人。

被告国家知识产权局专利复审委员会，住所地北京市海淀区北四环西路9号银谷大厦10~12层。

法定代表人廖涛，副主任。

委托代理人詹靖康，该委员会审查员。

委托代理人耿博，该委员会审查员。

第三人李澍霖，男，1940年1月13日出生，汉族，上海明昱科技发展有限公司总经理，住上海市长宁区安化路115号204室。

第三人张旭俊，男，1937年3月29日出生，汉族，江西省电力试验研究院退休总工程师，住江西省南昌市永外正街246号。

一、案由

原告沈阳变压器研究所有限公司（下称沈阳变压器公司）和北京新华都特种变压器有限公司（下称新华都公司）不服被告国家知识产权局专利复审委员会（下称专利复审委员会）于2005年12月1日作出的第7824号无效宣告请求审查决定（下称第7824号决定），于法定期限内向本院提起诉讼。本院于2006年3月21日受理本案后，依法组成合议庭，并按照有关法律规定通知李澍霖、张旭俊作为第三人参加诉讼，于2006年7月12日公开开庭进行了审理。原告沈阳变压器公司和新华都公司的委托代理人林建军，被告专利复审委员会的委托代理人詹靖康、耿博，第三人李澍霖（同时作为第三人张旭俊的委托代理人）到庭参加了诉讼。本案现已审理终结。

专利复审委员会第7824号决定系就沈阳变压器公司和新华都公司针对张旭俊、李澍霖享有的第97200554.4号实用新型专利（下称本专利）所提出的无效宣告请求作出的。专利复审委员会在该决定中认定：1. 关于专利法第二十二条第四款。虽然本专利权利要求1前序部分有“线圈的接线方式有Y0/Y0方式”的描述，而特征部分所限定的线圈接法为△/Y0方式，但对于所属技术领域的普通技术人员来说，Y0/Y0型和△/Y0型是变压器中线圈常见的接线方式，对于一个变压器来说，其线圈不可能同时接成Y0/Y0和△/Y0，这是公知常识。另外，本专利说明书的前序部分描述了在美国普通使用的三相五柱Y0/Y0接线方式配电变压器集成式配电柜，说明书技术解决方案及实施例部分描述了为解决本实用新型专利的技术问题的技术解决方案，即线圈接法为△/Y0方式的技术方案。所以，根据说明书公开的内容以及本领域的公知常识，本领域的普通技术人员显然不会将本专利权利要求1理解为其变压器线圈接法同时为Y0/Y0型和△/Y0型。本发明可以制造、使用，符合专利法第二十二条第四款的规定。2. 关于专利法第二十六条第四款。本专利权利要求1包括两个并列的技术方案：Y0/Y0方案和△/Y0方案。由于本专利说明书中有关“Y0/Y0方案”只是在背景技术部分有相关描述。而在说明书的技术解决方案以及实施例中均没有关于采用线圈接线方式为Y0/Y0方式的完整的技术方案用于解决本专利的技术问题的描述。因此，本专利权利要求1所述的“Y0/Y0方案”得不到说明书的支持，不符合专利法第二十六条第四款的规定。3. 关于专利法第二十六条第三款。说明书中描述“两个RA1，RA2，RB1，RB2，RC1，RC2分别接在高压线圈WA1，WB1，WC1的两端，其中RA1，RB1，RC1是遮断电流熔断器，RA2，RB2，RC2是过符合熔断器”，而附图2b中将接于A′端的两个熔断器标识为RA1、RA2，将接于B′端的两个熔断器标识为RB1、RB2，将接于C′端的两个熔断器标识为RC1、RC2，以上描述的差别不会造成不清楚，因为RA1、RB1、RC1与RA2、RB2、RC2两个品种名称分别相同，参数规格分别相同，故相互间完全可以替换，无论从文字描述还是附图表示的连接方法都可以保证每一个线圈两侧分别连接两种不同类型的熔断器，从而达到本专利的技术效果。本专利说明书对实用新型的说明是清楚完整的，本领域技术人员根据说明书的描述能够实现本实用新型，因此本专利符合专利法二十六条第三款的规定。4. 本专利权利要求1中的“△/Y0方案”相对于对比文件具备创造性，其从属权利要求2、3也都具备创造性。综上，被告作出第7824号决定，宣告本专利权利要求1中的“Y0/Y0方案”无效，在权利要求1中“△/Y0方案”的基础上维持专利权有效。

原告沈阳变压器公司和新华都公司不服第7824号决定，在法定期限内向本院提起行政诉讼，其诉称：1. 第7824号决定对本专利权利要求1包含两个技术方案的事实认定错误，有违公平公正的原则。根据《审查指南》的有关规定，作为两个并列技术方案是要用“或者”或者“和”并列几个必择其一的方式进行撰写。而本专利的独立权利要求没有这样的限定，被告认定其是两个技术方案没有任何法律依据和事实依据。根据专利法实施细则第二十二条第一款的规定，本案专利的前序部分是与现有技术共有的必要技术特征，而并不是被告和第三人所认为的前序是一个完整的背景技术方案。本专利的独立权利要求的前序部分和特征部分合在一起，构成限定本专利的完整技术方案。被告将前序和特征部分解释为两个并列的技术方案，没有任何法律依据。因此，第7824号决定认定独立权利要求包含两个并列的技术方案的基本事实错误。

由于本专利的其特征部分之前的内容得不到说明书的支持，因此，本专利应予以全部无效。同时，本专利的保护范围不清楚、前后矛盾，本技术领域的普通技术人员是无法实施。因此，本专利不具备实用性。本专利说明书的描述与附图不一致，普通的技术人员按照说明书的描述和附图中的标识不能够实现本专利，也不符合专利法第二十六条第三款之规定。2. 第7824号决定对于双方在口审中认定的事实未予以体现。口头审理过程中，第三人称本专利与现有技术相比有三点不同，具体为：

（1）五柱的磁路结构；（2）高压负荷开关；（3）熔断器接入高压相臂组成的△形接法，但在第 7824 号决定中并没有将这三点不同之处予以描述。这种行为将损害原告的合法利益，也有违法律的公平公正的原则。3. 被告不接受原告提出的证据和理由损害了原告的合法利益。原告在口头审理时引用第三人于 2004 年 5 月 12 日提交的附件 7 来评判本专利的新颖性和创造性及引用第三人提交的附件 9 来说明本专利不符合专利法实施细则第十三条的规定。被告对于上述理由不予接受，有失公平公正的原则。原告引用的上述证据都是第三人提交的，因此，不属于新证据的范畴。综上，原告请求法院撤销第 7824 号决定，判令被告重新作出无效宣告请求审查决定。

被告专利复审委员会辩称：1. 关于独立权利要求是否包含两个技术方案。本专利权利要求 1 前序部分有“线圈的接线方式有 Y0/Y0 方式”的描述，而特征部分所限定的线圈接法为△/Y0 方式，对于所属技术领域的普通技术人员来说，Y0/Y0 型和△/Y0 型是变压器中线圈常见的接线方式，对于一个变压器来说，其线圈不可能同时接成 Y0/Y0 和△/Y0。根据说明书的公开的内容以及本领域的公知常识，本领域的普通技术人员显然不会将本专利权利要求 1 理解为其变压器线圈接法同时为 Y0/Y0 型和△/Y0 型，而分别是 Y0/Y0 和△/Y0 这两种情况。2. 本专利具备实用性，符合专利法第二十二条第四款的规定。3. 关于专利法第二十六条第四款。如上述第 1 点的分析，权利要求 1 包括 Y0/Y0 和△/Y0 这两种情况，其中仅“Y0/Y0 方案”得不到说明书的支持，不符合专利法第二十六条第四款的规定。4. 关于专利法第二十六条第三款。说明书与附图虽不一致，但无论从文字描述还是附图表示的连接方法都可以保证每一个线圈两侧分别连接两种不同类型的熔断器，从而达到本专利的技术效果。本专利说明书对实用新型的说明是清楚完整的，本领域技术人员根据说明书的描述能够实现本实用新型，因此本专利符合专利法第二十六条第三款的规定。5. 关于未接受的理由和证据。原告于 2005 年 4 月 22 日口头审理时提出了本专利不具备新颖性的无效理由，用于支持该理由的证据是第三人于 2004 年 5 月 12 日提交的附件 7“欧洲专利局检索报告”中记载的对比文件 US2229531；原告还提出了本专利不符合专利法实施细则第十三条规定的无效理由，用于支持该理由的证据是第三人于 2004 年 5 月 12 日提交的附件 9“ 98805194. X 发明专利说明书”。

上述理由和证据都是原告在口头审理进行时才首次提出的，根据专利法实施细则第六十六条规定，合议组对上述两个新理由和新证据不予接受。综上所述，被告认为第 7824 号决定认定事实清楚、适用法律正确、审理程序合法，应予维持。

第三人李澍霖、张旭俊述称：1. 被告认定“两个联结组方案”反映了本专利的客观内容，完全正确。本专利的主题与最接近的现有技术（即前序部分）共有的必要技术特征就是“三相互不相扰”，线圈接线方式有 Y0/Y0 方式，特征部分联接组为△/Y0，有别于前序部分中的 Y0/Y0。Y0/Y0 联接组是公知技术；特征部分即本专利的核心部分是△/Y0 联接组，与前序部分的不同点是将“三相互不相扰”扩大到中（性）点不接地、经消弧线圈、小电阻接地包括中（性）点直接接地的全工况接地方式的电网中，所有这些在权利要求书和说明书中表达的很清楚。权利要求 1 中 Y0/Y0 与△/Y0的并列关系是用“其特征在于……”之前的“逗号”来表达的，在文字叙述上是用“线圈的接线方式有 Y0/Y0 方式”中的“有”字来表达的，这样特征部分中的△/Y0 就是“逗号”之后的“还有”部分，从而完成了并列与相互区别的关系。2. 关于专利法第二十六条第三款。设备元件品种名称相同，参数相同，因而可以相互替换是公知常识，普通的技术人员按照说明书的描述和附图中的标识能够实现本专利。3. 本专利符合关于专利法第二十二条第四款。综上，被告作出的第 7824 号决定正确，应予维持。

二、事实认定

本院经审理查明：1997 年 1 月 14 日，张旭俊、李澍霖向原中国专利局提出名称为“三相互不相扰配电变压器、开关组合装置”的实用新型专利申请，该申请于1998年4月29日被授权公告，专利号为97200554.4，专利权人为张旭俊、李澍霖。本专利授权公告的权利要求为：“1. 三相互不相扰配电变压器、开关组合装置，它是在一个具有引出线套管的密封外壳中，装有铁芯、线圈和高压熔断器、高压负荷开关、调压开关的主体以及填充绝缘，其操作、监测、控制机构与低压开关都装在壳体外的同一块面板上，它的铁芯是五柱的磁路结构，中间的三个芯柱上分别绕有A、B、C三相的高压线圈WA1、WB1、WC1和低压线圈WA2、WB2、WC2，线圈的接线方式有Y0/Y0方式，其特征在于：其中低压线圈的接线为Y0方式，由a、b、c、n四个端点输出，而在每相高压线圈上串接高压熔断器RA，RB，RC，分别与三相高压线圈WA1，WB1，WC1构成三相‘高压相臂’A′X臂、B′Y臂、C′Z臂，高压侧的接线方式是以‘高压相臂’为单元，接成△形，由A′，B′，C′三个端点作为高电压输入端。2. 如权利要求1所述的三相互不相扰配电变压器、开关组合装置，其特征在于：它的‘高压相臂’接线方式是三角形（△）接法，最优选择为△/Y0－11方式，其连接次序如下：A′连Z、B′连X、C′连Y，由A′、B′、C′三个端点作高电压输入端。3. 如权利要求1或2所述的三相互不相扰配电变压器、开关组合装置，其特征在于：每个‘高压相臂’中的高压熔断器，是两个串在其中的高压熔断器，其中一个是遮断电流熔断器，另一个是过负荷电流熔断器。”在本专利的说明书中记载有如下内容：“目前，我国配电柜多使用三相三柱△/Y0接线方式的配电变压器……而美国则普遍使用三相五柱Y0/Y0接线方式……但其缺点是不能在中点不接地的系统中使用。本实用新型的设计方案是：……其变压器的铁芯（3）是五柱磁路结构，在中间的三个芯柱上，分别绕有A、B、C三相的高压线圈WA1、WB1、WC1和低压线圈WA2、WB2、WC2，其中低压线圈的接线方式为Y0接线，即低压线圈的三个非极性端x、y、z短接并引出中性点n，由a、b、c、n四个端点输出，成为Y0接线方式，本设计方案的特征在于：在每相高压线圈上串接高压熔断器RA、RB、RC，分别与三相高压线圈WA1、WB1、WC1构成三相‘高压相臂’A′X臂、B′Y臂、C′Z臂，高压侧的接线方式是以‘高压相臂’为单元，接成△形方式，由A′、B′、C′三个端点作高电压输入端。”本专利说明书技术解决方案和实施例部分以及附图仅涉及线圈接法为△/Y0方式的技术方案。其中在实施例2中文字表述为“RA1，RA2，RB1，RB2，RC1，RC2分别接在高压线圈WA1，WB1，WC1的两端”，而与之对应的附图2b中接于WA1两端的两个熔断器为RA1、RB2，接于WB1两端的两个熔断器为RB1、RC2，接于WC1两端的两个熔断器为RC1、RA2。2004年4月5日，沈阳变压器公司和新华都公司针对本专利向专利复审委员会提出无效宣告请求，认为本专利权利要求1的高压端要同时制造成Y0/Y0和△/Y0两种方式，这无法实现，因此本专利不符合专利法第二十二条第四款有关实用性的规定；权利要求1中“线圈的接线方式有Y0/Y0方式”得不到说明书的支持，不符合专利法第二十六条第四款的规定；说明书第3页有关实施例2的描述与附图不一致，不符合专利法第二十六条第三款的规定；权利要求1、2、3不符合专利法第二十二条的规定，并提交了相关证据。

2005年4月22日，专利复审委员会进行了口头审理。在口头审理中，沈阳变压器公司和新华都公司提出本专利权利要求1相对于张旭俊、李澍霖于2004年5月12日提交的附件7“欧洲专利局检索报告”中记载的对比文件US2229531不具备新颖性，本专利相对于张旭俊、李澍霖于2004年5月12日提交的附件9“98805194.X发明专利说明书”不符合专利法实施细则第十三条的规定。专利复审委员会的合议组当庭告知双方当事人，根据专利法实施细则第六十六条规定，对上述两个新理由和新证据不予接受。2005年12月1日，专利复审委员会作出第7824号决定。在本案诉讼过程中，原告明确表示对第7824号决定中有关本专利创造性评述部分的认定没有异议。第三人承认其在口头审理中曾陈述本专利权利要求1与现有技术相比，有三个方面的特征没有公开：五柱的磁路结构；高压负荷开关；熔断器介入高压相臂组成的△形接法。上述陈述也记载在口头审理记录表中。以上事实，有第 7824 号决定、本专利授权说明书、口头审理记录表及当事人陈述等证据在案佐证。

三、判决理由

本院认为：

一、关于被告未接受原告在口头审理中提出的证据和理由是否违反法律规定 专利法实施细则第六十六条规定：在专利复审委员会受理无效宣告请求后，请求人可以在提出无效宣告请求之日起一个月内增加理由或者补充证据。逾期增加理由或者补充证据的，专利复审委员会可以不予考虑。《审查指南》对此进一步规定：对请求人在提出无效宣告请求之日起一个月后提出的需要新的证据支持的新的无效宣告理由和提交的用于证明在提出无效宣告请求之日起一个月内未举证主张的具体事实的新证据，合议组不予考虑。本案中，原告在口头审理中提出的关于本专利不符合专利法实施细则第十三条的规定属于提出无效宣告请求之日起一个月后提出的需要新的证据支持的新的无效宣告理由，其主张使用的证据即第三人于 2004 年 5 月 12 日提交的附件 7“欧洲专利局检索报告”和附件 9“98805194. X 发明专利说明书”均是由第三人在无效宣告请求之日起一个月后才提交的新的证据。因此被告未接受上述理由和证据并在口头审理中当庭告知原告的做法符合专利法实施细则及《审查指南》的规定。原告如果认为上述理由、证据可以破坏本专利的专利性，可以再次启动无效宣告请求审查程序。因此原告关于被告程序违法的主张不能成立。

二、关于第 7824 号决定未记载本专利与现有技术的区别特征是否违反法律规定

无效宣告请求审查决定是被告针对无效宣告请求作出裁决的法律文书，其主要写明经过审理查明的事实和证据以及作出决定的理由和依据。本案中，原告所主张的本专利与现有技术的三个区别特征涉及本专利的创造性。由于被告在评述本专利的创造性时依据其他区别特征就足以认定本专利具备创造性，因此无需将所有的区别特征在第 7824 号决定中一一记载。而且对于原告主张的本专利与现有技术的三点区别特征，第三人亦认可并记载在口头审理记录表中，故被告的行为并不会损害原告的合法利益。原告关于第 7824 号决定未记载本专利与现有技术的区别特征从而违反法律规定的理由不能成立。

三、关于本专利权利要求 1 技术方案的解释及专利法第二十二条第四款、第二十六条第四款

根据本案当事人的诉辩主张，本专利权利要求 1 是否符合专利法第二十二条第四款、第二十六条第四款的规定的关键在于对本专利权利要求 1 的解释。专利法第五十六条规定，实用新型专利权的保护范围以其权利要求的内容为准，说明书及附图可以用于解释权利要求。在解释权利要求时，应当以本领域普通技术人员作为认定主体。正如原告所述，根据《审查指南》的规定，如果是两个并列的技术方案，一般要用“或者”或者“和”并列几个必择其一的方式进行撰写。但对于特殊情况的权利要求书应当根据权利要求书及说明书、附图作合理、公平且符合立法宗旨的解释。对于本专利权利要求 1 而言，对于线圈的接线方式，在前序部分表述为“有 Y0/Y0 方式”，而在特征部分又限定为“△/Y0 方式”。从本专利说明书的背景技术介绍来看，Y0/Y0 方式是美国常用的方式；从说明书的解决技术方案、实施例及附图来看，本专利采用与 Y0/Y0 方式不同的△/Y0 接线方式达到三相互不相扰的技术效果。对于本领域技术人员来说，Y0/Y0 型和△/Y0 型是变压器中线圈常见的接线方式，对于一个变压器来说，其线圈不可能同时接成 Y0/Y0 和△/Y0。在这种情况下，本领域技术人员综合本专利权利要求书及说明书、附图，考虑到权利要求 1 中前序部分关于“Y0/Y0 方式”的措词为“有”的特殊情况，一般会将本专利权利要求 1 前序部分“有 Y0/Y0 方式”理解成一种技术方案，并将特征部分的“△/Y0 方式”理解成“Y0/Y0 方式”的一个特征替换，从而将权利要求 1 解释成两个并列的技术方案，即 Y0/Y0 方案和△/Y0 方案。在这种情况下，根据本专利说明书公开的内容以及本领域的公知常识，对于本领域技术人员来说，上述技术方案可以制造、使用并产生积极效果，

因此本专利符合专利法第二十二条第四款的规定。对于“Y0/Y0 方案”，由于本专利说明书及附图均未涉及该技术方案的描述，因此该技术方案没有得到说明书的支持，不符合专利法第二十六条第四款的规定；而对于“△/Y0 方案”，本领域的技术人员能够从说明书中公开的内容直接得到或者概括得出，得到说明书的支持，符合专利法第二十六条第四款的规定。因此，被告将本专利权利要求 1 解释成上述两个技术方案并依据专利法第二十六条第四款的规定将“Y0/Y0 方案”无效，维持“△/Y0 方案”的结论既较好地处理了权利要求 1 撰写存在的问题，又公平、合理地确定了本专利专利权人对技术进步作出贡献的范围，该解释符合专利法立法宗旨。原告关于被告不能将本专利权利要求 1 解释成两个技术方案以及本专利不符合专利法第二十二条第四款、第二十六条第四款规定的起诉理由不能成立，本院不予支持。

四、关于专利法第二十六条第三款

专利法第二十六条第三款规定，说明书应当对发明或者实用新型作出清楚、完整的说明，以所属技术领域的技术人员能够实现为标准；必要的时候，应当有附图。对于原告所主张的本专利说明书第 3 页有关实施例 2 的描述与附图不一致的问题，本院认为：虽然说明书文字描述的熔断器标识与附图 2b 中的标识存在不对应的情况，但对于本领域技术人员来说，由于 RA1、RB1、RC1 与 RA2、RB2、RC2 两者品种名称分别相同，参数规格分别相同，相互间完全可以替换，因此无论从文字描述还是附图表示的连接方法都可以保证每一个线圈两侧分别连接两种不同类型的熔断器，从而能够实现本实用新型，达到本专利的技术效果。因此原告关于本专利不符合专利法第二十六条第三款规定的主张不能成立。

五、判决内容

综上所述，被告作出的第 7824 号决定认定事实清楚，适用法律正确，程序合法，应予维持。原告要求撤销第 7824 号决定的理由不能成立。依照《中华人民共和国行政诉讼法》第五十四条第（一）项之规定，本院判决如下：维持被告国家知识产权局专利复审委员会作出的第 7824 号无效宣告请求审查决定。案件受理费 1000 元，由原告沈阳变压器研究所有限公司、北京新华都特种变压器有限公司负担（已交纳）。如不服本判决，各方当事人可于本判决送达之日起 15 日内，向本院提交上诉状及其副本，并交纳上诉案件受理费 1000 元，上诉于北京市高级人民法院。

审　判　长　刘海旗
代理审判员　任　进
代理审判员　周云川
判 决 日 期　2006－09－20
书　记　员　王　溪

北京市高级人民法院
行政判决书

（2007）高行终字第 21 号

上诉人（原审原告）沈阳变压器研究所有限公司，住所地辽宁省沈阳市浑南高新技术产业开发区 78 号。

法定代表人于海年，董事长。

上诉人（原审原告）北京新华都特种变压器有限公司，住所地北京市朝阳区青年路北口姚家园。

法定代表人谭勇，董事长。

上述两上诉人之共同委托代理人林建军，北京金之桥知识产权代理有限公司专利代理人。

被上诉人（原审被告）国家知识产权局专利复审委员会，住所地北京市海淀区北四环西路9号银谷大厦10～12层。

法定代表人廖涛，副主任。

委托代理人詹靖康，该委员会审查员。

委托代理人耿博，该委员会审查员。

原审第三人李澍霖，男，汉族，1940年1月13日出生，上海明昱科技发展有限公司总经理，住上海市长宁区安化路115号204室。

原审第三人张旭俊，男，汉族，1937年3月29日出生，江西省电力试验研究院退休总工程师，住江西省南昌市永外正街246号。

委托代理人李澍霖，男，1940年1月13日出生，汉族，上海明昱科技发展有限公司总经理，住上海市长宁区安化路115号204室。

上诉人沈阳变压器研究所有限公司（下称沈阳变压器公司）、北京新华都特种变压器有限公司（下称新华都公司）因专利权无效行政纠纷一案，不服北京市第一中级人民法院（2006）一中行初字第432号行政判决，向本院提起上诉。本院2007年1月15日受理后，依法组成合议庭，于2007年1月25日公开开庭进行了审理。上诉人沈阳变压器公司、新华都公司的委托代理人林建军，被上诉人国家知识产权局专利复审委员会（下称专利复审委员会）的委托代理人詹靖康、耿博，原审第三人李澍霖（同时作为第三人张旭俊的委托代理人）到庭参加了诉讼。本案现已审理终结。

“三相互不相扰配电变压器、开关组合装置”实用新型专利（下称本专利）的申请日为1997年1月14日，授权公告日为1998年4月29日，专利权人为张旭俊、李澍霖。2004年4月5日，沈阳变压器公司和新华都公司针对本专利向专利复审委员会提出无效宣告请求，理由为本专利权利要求1的高压端要同时制造成Y0/Y0和△/Y0两种方式无法实现，因此，本专利不符合专利法第二十二条第四款有关实用性的规定；权利要求1中“线圈的接线方式有Y0/Y0方式”得不到说明书的支持，不符合专利法第二十六条第四款的规定；说明书第3页有关实施例2的描述与附图不一致，不符合专利法第二十六条第三款的规定；权利要求1、2、3不符合专利法第二十二条的规定。2005年12月1日，专利复审委员会作出第7824号无效宣告请求审查决定（下称第7824号决定），宣告本专利权利要求1中的“Y0/Y0方案”无效，在权利要求1中“△/Y0方案”的基础上维持专利权有效。沈阳变压器公司和新华都公司不服第7824号决定，向北京市第一中级人民法院提起行政诉讼。

北京市第一中级人民法院认为，原告所主张的本专利与现有技术的三个区别特征涉及本专利的创造性，由于被告依据其他区别特征就足以认定本专利具备创造性，因此，无需将所有的区别特征在第7824号决定中一一记载。对于原告主张的本专利与现有技术的三点区别特征，第三人亦认可并记载在口头审理记录表中，故被告的行为并不会损害原告的合法利益。

对于本专利权利要求1中线圈的接线方式，在前序部分表述为“有Y0/Y0方式”，而在特征部分又限定为“△/Y0方式”。从说明书的解决技术方案、实施例及附图来看，本专利采用与Y0/Y0方式不同的△/Y0接线方式达到三相互不相扰的技术效果。对于本领域技术人员来说，Y0/Y0型和△/Y0型是变压器中线圈常见的接线方式，对于一个变压器来说，其线圈不可能同时接成Y0/Y0和△/Y0。在这种情况下，本领域技术人员综合本专利权利要求书、说明书及附图，考虑到权利要求1中前序部分关于“Y0/Y0 方式”的措词为“有”的特殊情况，一般会将本专利权利要求 1 前序部分“有 Y0/Y0 方式”理解成一种技术方案，并将特征部分的“△/Y0 方式”理解成“Y0/Y0 方式”的一个特征替换，从而将权利要求 1 解释成两个并列的技术方案，即 Y0/Y0 方案和△/Y0 方案，因此，本专利符合专利法第二十二条第四款的规定。对于“Y0/Y0 方案”，由于本专利说明书及附图均未涉及该技术方案的描述，因此，该技术方案没有得到说明书的支持，不符合专利法第二十六条第四款的规定；而对于“△/Y0 方案”，本领域的技术人员能够从说明书中公开的内容直接得到或者概括得出，得到说明书的支持，符合专利法第二十六条第四款的规定。

虽然说明书文字描述的熔断器标识与附图 2b 中的标识存在不对应的情况，但对于本领域技术人员来说，由于 RA1、RB1、RC1 与 RA2、RB2、RC2 两者品种名称分别相同，参数规格分别相同，相互间完全可以替换，因此，无论从文字描述还是附图表示的连接方法都可以保证每一个线圈两侧分别连接两种不同类型的熔断器，从而能够实现本实用新型，达到本专利的技术效果。

据此，北京市第一中级人民法院依照《中华人民共和国行政诉讼法》第六十一条第（一）项之规定，判决：维持第 7824 号决定。

沈阳变压器公司和新华都公司不服原审判决，向本院提起上诉，请求撤销原审判决和第 7824 号决定，判令专利复审委员会重新作出无效决定。其理由为：1. 原审判决对本专利权利要求 1 包含两个技术方案的事实认定错误。根据《审查指南》的有关规定，作为两个并列技术方案是要用“或者”或者“和”并列几个必择其一的方式进行撰写，而本专利的独立权利要求没有这样的限定，原审判决认定其是两个技术方案没有任何法律依据和事实依据。根据专利法实施细则第二十二条第一款的规定，本案专利的前序部分是与现有技术共有的必要技术特征，而并不是原审判决认定的前序是一个完整的背景技术方案。本专利的独立权利要求的前序部分和特征部分合在一起，构成限定本专利的完整技术方案。原审判决将前序和特征部分解释为两个并列的技术方案，没有任何法律依据。由于本专利的其特征部分之前的内容得不到说明书的支持，因此，本专利应予以全部无效。同时，本专利的保护范围不清楚、前后矛盾，本领域普通技术人员无法实施。因此，本专利不具备实用性。本专利说明书的描述与附图不一致，普通技术人员按照说明书的描述和附图中的标识不能够实现本专利，也不符合专利法第二十六条第三款之规定。2. 第 7824 号决定对于双方在口头审理中认定的事实未予以体现。口头审理过程中，第三人称本专利与现有技术相比有三点不同，具体为：（1）五柱的磁路结构；（2）高压负荷开关；（3）熔断器接入高压相臂组成的△形接法，但在第 7824 号决定中并没有对这三点不同之处予以描述。这种行为将损害原告的合法利益，也有违法律的公平公正原则。专利复审委员会、李澍霖、张旭俊服从原审判决。

本院经审理查明：

1997 年 1 月 14 日，张旭俊、李澍霖向原中国专利局提出名称为“三相互不相扰配电变压器、开关组合装置”的实用新型专利申请，该申请于 1998 年 4 月 29 日被授权公告，专利号为 97200554.4，专利权人为张旭俊、李澍霖。本专利授权公告的权利要求为：

“1. 三相互不相扰配电变压器、开关组合装置，它是在一个具有引出线套管的密封外壳中，装有铁芯、线圈和高压熔断器、高压负荷开关、调压开关的主体以及填充绝缘，其操作、监测、控制机构与低压开关都装在壳体外的同一块面板上，它的铁芯是五柱的磁路结构，中间的三个芯柱上分别绕有 A、B、C 三相的高压线圈 WA1、WB1、WC1 和低压线圈 WA2、WB2、WC2，线圈的接线方式有 Y0/Y0 方式，其特征在于：其中低压线圈的接线为 Y0 方式，由 a，b，c，n 四个端点输出，而在每相高压线圈上串接高压熔断器 RA，RB，RC，分别与三相高压线圈 WA1，WB1，WC1 构成三相‘高压相臂’A′X 臂、B′Y 臂、C′Z 臂，高压侧的接线方式是以‘高压相臂’为单元，接成 Δ 形，由 A′，B′，

C′三个端点作为高电压输入端。

2. 如权利要求1所述的三相互不相扰配电变压器、开关组合装置，其特征在于：它的‘高压相臂’接线方式是三角形（Δ）接法，最优选择为Δ/Y0－11方式，其连接次序如下：A′连Z、B′连X、C′连Y，由A′、B′、C′三个端点作高电压输入端。

3. 如权利要求1或2所述的三相互不相扰配电变压器、开关组合装置，其特征在于：每个‘高压相臂’中的高压熔断器，是两个串在其中的高压熔断器，其中一个是遮断电流熔断器，另一个是过负荷电流熔断器。”

在本专利的说明书中记载有如下内容：“目前，我国配电柜多使用三相三柱Δ/Y0接线方式的配电变压器……而美国则普遍使用三相五柱Y0/Y0接线方式……但其缺点是不能在中点不接地的系统中使用。本实用新型的设计方案是：……其变压器的铁芯（3）是五柱磁路结构，在中间的三个芯柱上，分别绕有A、B、C三相的高压线圈WA1、WB1、WC1和低压线圈WA2、WB2、WC2，其中低压线圈的接线方式为Y0接线，即低压线圈的三个非极性端x、y、z短接并引出中性点n，由a、b、c、n四个端点输出，成为Y0接线方式，本设计方案的特征在于：在每相高压线圈上串接高压熔断器RA、RB、RC，分别与三相高压线圈WA1、WB1、WC1构成三相‘高压相臂’A′X臂、B′Y臂、C′Z臂，高压侧的接线方式是以‘高压相臂’为单元，接成Δ形方式，由A′、B′、C′三个端点作高电压输入端。”本专利说明书技术解决方案和实施例部分以及附图仅涉及线圈接法为Δ/Y0方式的技术方案。在实施例2中文字表述为“RA1，RA2，RB1，RB2，RC1，RC2分别接在高压线圈WA1，WB1，WC1的两端”，而与之对应的附图2b中接于WA1两端的两个熔断器为RA1、RB2，接于WB1两端的两个熔断器为RB1、RC2，接于WC1两端的两个熔断器为RC1、RA2。

2004年4月5日，沈阳变压器公司和新华都公司针对本专利向专利复审委员会提出无效宣告请求，认为本专利权利要求1的高压端要同时制造成Y0/Y0和△/Y0两种方式无法实现，因此，本专利不符合专利法第二十二条第四款有关实用性的规定；权利要求1中“线圈的接线方式有Y0/Y0方式”得不到说明书的支持，不符合专利法二十六条第四款的规定；说明书第3页有关实施例2的描述与附图不一致，不符合专利法第二十六条第三款的规定；权利要求1、2、3不符合专利法第二十二条的规定，并提交了相关证据。

2005年4月22日，专利复审委员会进行了口头审理。在口头审理中，沈阳变压器公司和新华都公司提出本专利权利要求1相对于张旭俊、李澍霖于2004年5月12日提交的附件7“欧洲专利局检索报告”中记载的对比文件US2229531不具备新颖性，本专利相对于张旭俊、李澍霖于2004年5月12日提交的附件9“98805194.X发明专利说明书”不符合专利法实施细则第十三条的规定。专利复审委员会的合议组当庭告知双方当事人，根据专利法实施细则第六十六条的规定，对上述两个新理由和新证据不予接受。

2005年12月1日，专利复审委员会作出第7824号决定，认定：1. 关于专利法第二十二条第四款。虽然本专利权利要求1前序部分有“线圈的接线方式有Y0/Y0方式”的描述，而特征部分所限定的线圈接法为△/Y0方式，但对于所属技术领域的普通技术人员来说，Y0/Y0型和△/Y0型是变压器中线圈常见的接线方式，对于一个变压器来说，其线圈不可能同时接成Y0/Y0和△/Y0，这是公知常识。另外，本专利说明书的前序部分描述了在美国普遍使用的三相五柱Y0/Y0接线方式配电变压器集成式配电柜，说明书技术解决方案及实施例部分描述了为解决本实用新型专利的技术问题的技术解决方案，即线圈接法为△/Y0方式的技术方案。所以，根据说明书公开的内容以及本领域的公知常识，本领域普通技术人员显然不会将本专利权利要求1理解为变压器线圈接法同时为Y0/Y0型和△/Y0型。本发明可以制造、使用，符合专利法第二十二条第四款的规定。2. 关于专利法第二十六条第四款。本专利权利要求 1 包括两个并列的技术方案：Y0/Y0 方案和△/Y0 方案。由于本专利说明书中有关“Y0/Y0 方案”只是在背景技术部分有相关描述。而在说明书的技术解决方案以及实施例中均没有关于采用线圈接线方式为 Y0/Y0 方式的完整的技术方案用于解决本专利的技术问题的描述，因此，本专利权利要求 1 所述的“Y0/Y0 方案”得不到说明书的支持，不符合专利法第二十六条第四款的规定。3. 关于专利法第二十六条第三款。说明书中描述“两个 RA1，RA2，RB1，RB2，RC1，RC2 分别接在高压线圈 WA1，WB1，WC1 的两端，其中 RA1，RB1，RC1 是遮断电流熔断器，RA2，RB2，RC2 是过符合熔断器”，而附图 2b 中将接于 A′端的两个熔断器标识为 RA1、RA2，将接于 B′端的两个熔断器标识为 RB1、RB2，将接于 C′端的两个熔断器标识为 RC1、RC2，以上描述的差别不会造成不清楚，因为 RA1、RB1、RC1 与 RA2、RB2、RC2 两个品种名称分别相同，参数规格分别相同，相互间完全可以替换，无论从文字描述还是附图表示的连接方法都可以保证每一个线圈两侧分别连接两种不同类型的熔断器，从而达到本专利的技术效果。本专利说明书对本专利的说明是清楚完整的，本领域技术人员根据说明书的描述能够实现本专利的技术方案，因此，本专利符合专利法二十六条第三款的规定。4. 本专利权利要求 1 中的“△/Y0 方案”相对于对比文件具备创造性，其从属权利要求 2、3 也都具备创造性。综上，专利复审委员会作出第 7824 号决定，宣告本专利权利要求 1 中的“Y0/Y0 方案”无效，在权利要求 1 中“△/Y0 方案”的基础上维持专利权有效。

在本案诉讼过程中，沈阳变压器公司和新华都公司明确表示对第 7824 号决定中有关本专利创造性评述部分的认定没有异议。两原审第三人承认其曾在口头审理中陈述本专利权利要求 1 与现有技术相比有三个方面的特征没有公开：五柱的磁路结构；高压负荷开关；熔断器介入高压相臂组成的△形接法。上述陈述也记载在口头审理记录表中。

以上事实，有第 7824 号决定、本专利授权说明书、口头审理记录表及当事人陈述等证据在案佐证。

本院认为：

一、关于第 7824 号决定未记载本专利与现有技术的区别特征是否损害两上诉人的合法权益的问题

在使用多篇对比文件评价专利的创造性时，专利复审委员会应当根据本专利与最接近的对比文件之间的区别技术特征，判断现有技术整体上是否存在技术启示。对于具有多个区别特征的，如仅依据部分区别特征就足以认定本专利具备创造性，专利复审委员会无需将所有的区别特征在无效决定中一一记载。而且，原审第三人对于两上诉人主张的本专利与现有技术的三点区别特征亦予认可并记载在口头审理记录表中，故专利复审委员会的行为并不会损害两上诉人的合法利益。两上诉人关于第 7824 号决定未记载本专利与现有技术的区别特征，损害其合法利益的上诉理由不能成立。

二、关于如何对本专利权利要求 1 进行解释以及本专利权利要求 1 是否符合专利法第二十二条第四款、第二十六条第四款的规定

本案的核心问题在于如何对本专利权利要求 1 进行解释。专利法第五十六条规定，实用新型专利权的保护范围以其权利要求的内容为准，说明书及附图可以用于解释权利要求。在解释权利要求时，应当以本领域普通技术人员作为认定主体。

根据《审查指南》的规定，如果是两个并列的技术方案，一般要用并列几个必择其一的方式进行撰写。本案中，对于本专利权利要求 1 而言，对于线圈的接线方式，在前序部分表述为“有Y0/Y0 方式”，而在特征部分又限定为“△/Y0 方式”。Y0/Y0 型和△/Y0 型对本领域普通技术人员而言是变压器中线圈的接线方式。对于一个变压器而言，其线圈不可能同时接成 Y0/Y0 和△/Y0，这是公知常识。严格意义上，本专利权利要求 1 在概括两个并列技术方案时未使用“或者”或者“和”的词

语确有不妥之处，但是，本领域普通技术人员从权利要求书及说明书、实施例、附图可以知晓：Y0/Y0方式是美国常用的方式，而本专利是采用与Y0/Y0方式不同的△/Y0接线方式达到三相互不相扰的技术效果。在这种情况下，本领域技术人员综合本专利权利要求书及说明书、附图，考虑到权利要求1中前序部分关于“Y0/Y0方式”的措词为“有”的特殊情况，一般会将本专利权利要求1前序部分“有Y0/Y0方式”理解成一种技术方案，并将特征部分的“△/Y0方式”理解成“Y0/Y0方式”的一个特征替换，从而将权利要求1解释成两个并列的技术方案，即Y0/Y0方案和△/Y0方案。

在上述情况下，根据本专利说明书公开的内容以及本领域公知常识，对于本领域技术人员来说，上述技术方案可以制造、使用并产生积极效果，因此，本专利符合专利法第二十二条第四款的规定。对于“Y0/Y0方案”，由于本专利说明书及附图均未涉及该技术方案的描述，因此，该技术方案没有得到说明书的支持，不符合专利法第二十六条第四款的规定；而对于“△/Y0方案”，本领域的技术人员能够从说明书公开的内容中直接得到或者概括，从而得到说明书的支持，符合专利法第二十六条第四款的规定。因此，上诉人沈阳变压器公司和新华都公司关于原审判决将本专利权利要求1解释成两个技术方案错误以及本专利不符合专利法第二十二条第四款、第二十六条第四款规定的上诉主张不能成立，本院不予支持。

三、关于专利法第二十六条第三款

专利法第二十六条第三款规定，说明书应当对发明或者实用新型作出清楚、完整的说明，以所属技术领域的技术人员能够实现为标准；必要的时候，应当有附图。本案中，虽然本专利说明书文字描述的熔断器标识与附图2b中的标识存在不对应的情况，但对于本领域技术人员来说，由于RA1、RB1、RC1与RA2、RB2、RC2两者品种名称分别相同，参数规格分别相同，相互间完全可以替换，因此，无论从文字描述还是附图表示的连接方法都可以保证每一个线圈两侧分别连接两种不同类型的熔断器，从而能够实现技术方案，达到本专利的技术效果。因此，上诉人沈阳变压器公司和新华都公司关于本专利不符合专利法第二十六条第三款规定的主张不能成立。

综上，原审判决认定事实清楚，适用法律正确，应予维持。沈阳变压器公司和新华都公司的上诉理由不能成立，本院不予支持。依照《中华人民共和国行政诉讼法》第六十一条第（一）项之规定，本院判决如下：

驳回上诉，维持原判。

一审案件受理费1000元，由沈阳变压器研究所有限公司、北京新华都特种变压器有限公司负担（已交纳）；二审案件受理费1000元，由沈阳变压器研究所有限公司、北京新华都特种变压器有限公司各负担500元（已交纳）。

本判决为终审判决。

审　判　长　刘继祥
代理审判员　潘　伟
代理审判员　焦　彦
二〇〇七年三月十四日
书　记　员　毕　怡
书　记　员　刘　悠

007

羽毛饰品案

无效宣告请求审查决定（第7826号）

决　定　号　第7826号
决　定　日　2005年11月11日
发明创造名称　羽毛饰品
国 际 分 类 号　A44C 25/00
无 效 请 求 人　张成华
专 利 权 人　郑义雄　张永凤　陈炳来
专　　利　号　200320105160. X
申　请　日　2003年11月1日
授 权 公 告 日　2004年11月3日
合 议 组 组 长　马志远
主　审　员　翁晓君
参　审　员　张宗任

法 律 依 据　专利法第二十二条第二款、第三款
决 定 要 点

如果实用新型专利的一项权利要求中的主要技术特征均已被现有技术中的一份对比文件所公开，未被公开的技术特征属于本领域普通技术人员的公知常识，该权利要求不具有实质性特点和进步，因此，该权利要求所述技术方案不具备创造性。

一项权利要求所述技术方案与对比文件公开的结构存在着区别技术特征，并且由于上述区别技术特征的使用给本专利带来了有益效果，本领域的普通技术人员从现有技术中得不到实现该技术方案的任何启示，那么，该权利要求所述技术方案具备新颖性和创造性。

一、案由

本无效宣告请求涉及国家知识产权局专利局于2004年11月3日授权公告的，名称为“羽毛饰品”的实用新型专利（下称本专利），其申请号是200320105160. X，申请日是2003年11月1日，专利权人是郑义雄、张永凤、陈炳来。

本实用新型专利授权的权利要求书内容如下：

“1. 一种羽毛饰品，其特征在于：羽毛上设有配戴件。

2. 根据权利要求1所述的羽毛饰品，其特征在于：所述的羽毛为带有中心杆［1］的彩色鸡毛。

3. 根据权利要求2所述的羽毛饰品，其特征在于：所述的配戴件的结构为：在中心杆［1］的端头固定接有配戴针［2］。

4. 根据权利要求3所述的羽毛饰品，其特征在于：所述的中心杆［1］上套有固定套［3］，配戴针［2］的一端被夹在固定套［3］和中心杆［1］之间并加有胶［4］。

5. 根据权利要求4所述的羽毛饰品，其特征在于：所述的被夹在固定套［3］和中心杆［1］之间的配戴针［2］的端头设有钩［5］。

6. 根据权利要求2所述的羽毛饰品，其特征在于：所述的配戴件的结构为：在羽毛上固定粘有不干胶。”

针对上述专利权，张成华（下称请求人）于2005年2月3日向专利复审委员会提出无效宣告请求，其理由是本专利的权利要求1不符合专利法第二十二条第二款的规定；权利要求2～6不符合专利法第二十二条第三款的规定；与此同时，请求人提交了如下附件作为证据：

附件1－1：德国专利公报DE7908090U1，其公开日为1979年7月19日（下称对比文件1）；

附件1－2：德国专利公报DE7908090U1的有关中文译文；

附件2：申请号为02113075.2的中国发明专利申请公开说明书，其名称为“一种羽毛装饰礼品的制作方法”，其公开日为2002年11月27日，其申请人为“丁煜琤”（下称对比文件2）；

附件3－1：国际申请公报W003/089255A1，其公开日为2003年10月30日（下称对比文件3）；

附件3－2：国际申请公报W003/089255A1的有关中文译文，即该国际申请进入中国国家阶段的申请号为02808281.8的中国发明专利申请公开说明书。

请求人指出：（1）本专利权利要求1中的全部技术特征被对比文件1公开，因此权利要求1相对于对比文件1不具备新颖性，不符合专利法第二十二条第二款有关新颖性的规定；（2）本专利权利要求2引用权利要求1，在对比文件1中公开了：该羽毛可以使用各种各样的家禽羽毛，羽毛带有中心杆；并且将鸡毛或其他家禽类的羽毛染成彩色，这是本领域的公知常识，而且在对比文件2中的多处公开了将羽毛漂染成所需要的颜色的教导，因此权利要求2不符合专利法第二十二条第三款有关创造性的规定；（3）本专利权利要求3引用权利要求2，其附加技术特征在对比文件1中公开：羽毛的中心杆的端头配备有安全针，因此权利要求3不符合专利法第二十二条第三款有关创造性的规定；（4）本专利权利要求4引用权利要求3，对比文件1公开了技术特征：支座上焊接有夹持架，夹持架上设有一个由铁片做成的凹槽，中心杆固定在夹持架和支座之间并镶嵌在凹槽内，安全针的一端被夹在夹持架上，而为了使得中心杆、安全针及固定套之间更加牢固，使用胶进行粘接，这是本领域公知的技术手段，因此权利要求4不符合专利法第二十二条第三款有关创造性的规定；（5）本专利权利要求5引用权利要求4，在安全针的端头设置钩，这是本领域的公知常识，因此权利要求5不符合专利法第二十二条第三款有关创造性的规定；（6）本专利权利要求6引用权利要求2，在对比文件3中公开了：具有羽毛形状的装饰品，其中具有隔离纸层、粘合剂层、羽毛，可以将其作为饰品粘在衣服上，起到装饰的作用，与在本实用新型中的作用相同，利用不干胶粘东西也是日常生活中采用的惯用手段，因此权利要求6不符合专利法第二十二条第三款有关创造性的规定。

经形式审查合格后，专利复审委员会受理了该无效宣告请求，于2005年3月18日向双方当事人发出了无效宣告请求受理通知书，并将专利权无效宣告请求书及其附件清单中所列附件副本转给了专利权人（下称被请求人），要求其在指定的期限内答复。专利复审委员会依法成立合议组对本案进行审查。

被请求人逾期未作出答复。

合议组于2005年8月4日向双方当事人发出了口头审理通知书，定于2005年9月27日进行口头审理。

专利复审委员会于2005年8月17日收到请求人提交的口头审理通知书回执，表示如期参加口头审理，但是没有收到被请求人的口头审理通知书回执。

口头审理如期举行，被请求人没有出席口头审理。请求人明确其无效理由是：权利要求1相对于对比文件1不具备新颖性，不符合专利法第二十二条第二款的规定；权利要求2、3、4、6相对于对比文件1和公知常识不具备创造性，权利要求5相对于对比文件1不具备创造性，不符合专利法第二十二条第三款的规定。

至此，合议组认为本案事实已经清楚，可以依法作出审查决定。

二、决定的理由

1. 审查的基础

由于被请求人对专利文本未提出任何修改，对本无效宣告请求案的审理，以本专利授权公告的文本为基础。

2. 关于证据

请求人请求宣告本专利权无效时所提交的证据是对比文件1～3，此三份证据都是公开于本专利的申请日之前的专利文献，作为公开出版物，所公开的内容可以作为评价本专利新颖性和创造性的现有技术，由于被请求人对专利复审委员会发出的无效宣告请求受理通知书未作出答复，因此视为被请求人对对比文件1和对比文件3的中文译文的准确性无异议。

3. 关于新颖性

专利法第二十二条第二款规定：新颖性，是指在申请日以前没有同样的发明或者实用新型在国内外出版物上公开发表过、在国内公开使用过或者以其他方式为公众所知，也没有同样的发明或者实用新型由他人向国务院专利行政部门提出过申请并且记载在申请日以后公布的专利申请文件中。

本专利权利要求1要求保护一种羽毛饰品，其中所包括的技术特征为：羽毛设有配戴件。对比文件1公开了一种羽毛饰品的夹持架，主要公开了以下相关特征：将各种各样禽鸟的羽毛混合、捆扎、别在一起，这种帽饰具有一个带有安全针的夹持架，放在一个帽子上作为饰品（参见对比文件1的说明书中文译文第1页第7行至第8行及附图）。根据上述公开的内容可以很清楚地知道，对比文件1所公开的就是一种羽毛饰品，并且在羽毛上设有带有安全针的夹持架，而且此“带有安全针的夹持架”是配戴件的一个具体的下位概念。由此可知，本专利权利要求1的全部技术特征已经在对比文件1中公开，两者属于同一技术领域，又采取了相同的技术方案，达到相同的效果，因此本专利权利要求1相对于对比文件1不具备新颖性，不符合专利法第二十二条第二款的规定。

4. 关于创造性

专利法第二十二条第三款规定：创造性，是指同申请日以前已有的技术相比，该发明具有突出的实质性特点和显著的进步，该实用新型有实质性特点和进步。并且专利法实施细则第三十条规定：已有技术，是指申请日以前在国内外出版物上公开发表、在国内公开使用或者以其他方式为公众所知的技术，即现有技术。

（1）关于权利要求2的创造性。

权利要求2从属于权利要求1，其进一步限定的技术特征是：“所述的羽毛为带有中心杆的彩色鸡毛”。从对比文件1的说明书中文译文的第1页第7行可知，此饰品为各种各样禽鸟的羽毛，并且从对比文件1的附图中可以很清楚看出，此饰品是带有中心杆的羽毛；并且作为一种装饰品，为了使装饰品具有更加美观的技术效果，将其染成各种各样的颜色，这是本领域技术人员所公知的技术常识。在对比文件1的基础上结合上述公知常识以获得本专利权利要求2要求保护的技术方案并获得上述效果是显而易见的。所以在其引用的权利要求1不具备新颖性时，权利要求2要求保护的技术方案相对于上述现有技术不具备实质性特点和进步，因而不具备创造性，不符合专利法第二十二条第三款的规定。

（2）关于权利要求 3 的创造性。

权利要求 3 从属于权利要求 2，其进一步限定的技术特征是："所述的配戴件的结构为：在中心杆的端头固定接有配戴针"。对比文件 1 公开了以下技术特征："这种帽饰具有一个带有安全针的夹持架"（参见对比文件 1 的说明书中文译文第 1 页第 7 行至第 8 行），并且从说明书附图中可以清楚地看出，该带有安全针的夹持架被固定在中心杆的端头，所以权利要求 3 所进一步限定的技术特征已经被对比文件 1 公开。因此在其引用的权利要求 2 不具备创造性时，权利要求 3 要求保护的技术方案也不具备创造性，不符合专利法第二十二条第三款的规定。

（3）关于权利要求 4 的创造性。

权利要求 4 从属于权利要求 3，其进一步限定的技术特征是："所述的中心杆上套有固定套，配戴针［2］的一端被夹在固定套和中心杆之间并加有胶。"对比文件 1 公开了以下技术特征："将该夹持架弯曲成 U 型，该夹持架具有一个用铁片做成的凹槽，将别针镶嵌在凹槽内并且机械的夹住，由此保持了固定性"（参见对比文件 1 的说明书中文译文第 1 页第 9 行至第 10 行）；"将别针装在相对该夹持架的一侧，该夹持架被焊接或固定在装饰品、支座（A）或证章上"（参见对比文件 1 的说明书中文译文第 1 页第 11 行至第 12 行）。由此可知，本专利权利要求 1 所要求保护的技术方案与对比文件 1 的区别在于，权利要求 1 的技术方案是将配戴针的一端夹在固定套和中心杆之间，而且在它们之间加有胶，而对比文件 1 的技术方案是将安全针固定在夹持架上的凹槽中，而并没有记载中心杆与安全针和夹持架的位置关系，即便从对比文件 1 的附图中也只能看出此中心杆位于 U 型夹持架的底部外侧，而此中心杆与安全针没有任何连接关系，也就是说在对比文件 1 中并没有记载固定套、配戴针和中心杆三者如本专利权利要求 4 所述的位置关系，而且本专利使用上述位置关系使得羽毛饰品的结构更加简单，也就是说这一位置关系使得本专利权利要求 4 保护的技术方案是非显而易见的，上述区别技术特征的使用给本专利技术方案带来了有益效果，本领域的普通技术人员从现有技术中得不到实现该技术方案的技术启示，因此请求人提供的对比文件 1 结合公知技术不足以否定本专利权利要求 4 的创造性，所以本专利权利要求 4 所要求保护的技术方案具备创造性。

（4）关于权利要求 5 的创造性。

由于权利要求 5 直接从属于权利要求 4，所以当权利要求 4 具备创造性时，权利要求 5 也同样具备创造性。

（5）关于权利要求 6 的创造性。

权利要求 6 从属于权利要求 2，其进一步限定的技术特征是："所述的配戴件的结构为：在羽毛上固定粘有不干胶"。根据日常生活常识可知，将一个物体粘到另一物体上，使用不干胶是一种公知的方法。所以在对比文件 1 的基础上结合上述公知常识以获得本专利权利要求 6 要求保护的技术方案是显而易见的。因此在其引用的权利要求 2 不具备创造性时，权利要求 6 要求保护的技术方案也不具备创造性，不符合专利法第二十二条第三款的规定。

综上所述，相对于对比文件 1，本专利权利要求 1 不具备新颖性，不符合专利法第二十二条第二款的规定，权利要求 2、3 和权利要求 6 不具备创造性，不符合专利法第二十二条第三款的规定，权利要求 4、5 具备创造性，符合专利法第二十二条第三款的规定。

因此，合议组作出如下决定。

三、决定

宣告第 200320105160. X 号实用新型专利权的权利要求 1、2、3 和权利要求 6 专利权无效，维持权利要求 4、5 的专利权有效。

当事人对本决定不服的，可以根据专利法第四十六条第二款的规定，自收到本决定之日起三个月内向北京市第一中级人民法院起诉。根据该款规定，一方当事人起诉后，另一方当事人应当作为第三人参加诉讼。

中国人口普查
CHINA POPULATION CENSUS

2020

江苏省人口普查年鉴

(第2册)

JIANGSU POPULATION CENSUS YEARBOOK 2020

(BOOK 2)

江　苏　省　统　计　局
江苏省第七次全国人口普查领导小组办公室 编

Compiled by
Jiangsu Provincial Bureau of Statistics
Office of the Leading Group of Jiangsu province for the Seventh National Population Census

中国统计出版社
China Statistics Press

图书在版编目（CIP）数据

江苏省人口普查年鉴. 2020. 第 2 册 / 江苏省统计局, 江苏省第七次全国人口普查领导小组办公室编. -- 北京 : 中国统计出版社, 2022.7
ISBN 978-7-5037-9843-6

Ⅰ. ①江… Ⅱ. ①江… ②江… Ⅲ. ①人口普查－统计资料－江苏－2020－年鉴 Ⅳ. ①C924.255.3-54

中国版本图书馆 CIP 数据核字(2022)第 114661 号

江苏省人口普查年鉴-2020（第 2 册）

作　　者/江苏省统计局　江苏省第七次全国人口普查领导小组办公室编
责任编辑/郭　栋
执行编辑/周小睿
封面设计/李雪燕
出版发行/中国统计出版社有限公司
通信地址/北京市丰台区西三环南路甲 6 号　邮政编码/100073
发行电话/邮购（010）63376909　书店（010）68783171
网　　址/http://www.zgtjcbs.com/
印　　刷/河北鑫兆源印刷有限公司
经　　销/新华书店
开　　本/880mm×1230mm　1/16
字　　数/1724 千字
印　　张/54
版　　别/2022 年 7 月第 1 版
版　　次/2022 年 7 月第 1 次印刷
定　　价/980.00 元（全五册附光盘）

目　　录

第 2 册

第一部分　全部数据资料(续)

第五卷　家庭

第六卷　死亡

第七卷　户口登记状况

第一部分　全部数据资料

第五卷　家庭

5-1　全省不同规模的家庭户类别

单位：户

家庭户规模	家庭户户数	一代户	二代户	三代户	四代户	五代及以上户
总　计	**29910849**	**15025242**	**10302199**	**4378053**	**205124**	**231**
一人户	6975663	6975663				
二人户	9635959	7574467	2061492			
三人户	6499826	284023	5864078	351725		
四人户	3718062	101453	2080031	1526150	10428	
五人户	1957228	43558	239445	1617320	56891	14
六人户	837511	19143	41515	698294	78511	48
七人户	191310	7990	9575	129381	44274	90
八人户	54635	4976	3356	35157	11091	55
九人户	19086	3051	1203	12316	2499	17
十人及以上户	21569	10918	1504	7710	1430	7

5-1a　全省不同规模的家庭户类别(城市)

单位：户

家庭户规模	家庭户户数	一代户	二代户	三代户	四代户	五代及以上户
总　计	**13771191**	**6631282**	**5142568**	**1931843**	**65431**	**67**
一人户	3067551	3067551				
二人户	4276759	3330843	945916			
三人户	3400163	133452	3125548	141163		
四人户	1723277	51614	961231	707797	2635	
五人户	887297	25363	88791	756058	17078	7
六人户	333330	10853	15153	279543	27769	12
七人户	55989	3853	3599	34103	14409	25
八人户	15124	2376	1353	8569	2810	16
九人户	5073	1339	427	2833	468	6
十人及以上户	6628	4038	550	1777	262	1

5-1b 全省不同规模的家庭户类别(镇)

单位：户

家庭户规模	家庭户户数	一代户	二代户	三代户	四代户	五代及以上户
总计	**7566565**	**3664305**	**2693879**	**1153326**	**54995**	**60**
一人户	1725822	1725822				
二人户	2373782	1840456	533326			
三人户	1569985	52169	1429895	87921		
四人户	1031821	20688	636250	372213	2670	
五人户	525472	10839	77056	422810	14762	5
六人户	248184	5202	12542	210180	20248	12
七人户	59986	2460	2894	42056	12550	26
八人户	17223	1510	1009	11261	3433	10
九人户	6402	1025	384	4156	832	5
十人及以上户	7888	4134	523	2729	500	2

5-1c 全省不同规模的家庭户类别(乡村)

单位：户

家庭户规模	家庭户户数	一代户	二代户	三代户	四代户	五代及以上户
总计	**8573093**	**4729655**	**2465752**	**1292884**	**84698**	**104**
一人户	2182290	2182290				
二人户	2985418	2403168	582250			
三人户	1529678	98402	1308635	122641		
四人户	962964	29151	482550	446140	5123	
五人户	544459	7356	73598	438452	25051	2
六人户	255997	3088	13820	208571	30494	24
七人户	75335	1677	3082	53222	17315	39
八人户	22288	1090	994	15327	4848	29
九人户	7611	687	392	5327	1199	6
十人及以上户	7053	2746	431	3204	668	4

5-2　各地区分年龄、性别的一人户

单位：户

地　区	合　计			14岁及以下		
	合计	男	女	小计	男	女
江　苏	**6975663**	**3677613**	**3298050**	**225856**	**125831**	**100025**
南京市	**766561**	**402591**	**363970**	**15635**	**8372**	**7263**
玄武区	42120	20415	21705	932	485	447
秦淮区	69529	32139	37390	1152	601	551
建邺区	50578	25027	25551	755	411	344
鼓楼区	85487	39933	45554	1828	982	846
浦口区	37229	20040	17189	922	474	448
栖霞区	76138	41441	34697	1229	641	588
雨花台区	49607	27683	21924	790	423	367
江宁区	138455	76225	62230	3461	1842	1619
六合区	50044	26899	23145	1188	632	556
溧水区	40698	21738	18960	1211	668	543
高淳区	34810	18505	16305	679	356	323
南京江北新区	91866	52546	39320	1488	857	631
无锡市	**594203**	**333885**	**260318**	**10255**	**5494**	**4761**
锡山区	70914	45487	25427	983	541	442
惠山区	61591	38989	22602	1107	602	505
滨湖区	46166	23444	22722	545	301	244
梁溪区	92519	46407	46112	1550	820	730
新吴区	48584	26899	21685	1270	686	584
江苏无锡经济开发区	21239	11884	9355	477	243	234
江阴市	143249	82564	60685	2853	1532	1321
宜兴市	109941	58211	51730	1470	769	701
徐州市	**650968**	**328408**	**322560**	**34853**	**19937**	**14916**
鼓楼区	38980	19728	19252	1039	577	462
云龙区	36161	18036	18125	1393	774	619
贾汪区	29559	14599	14960	1202	697	505
泉山区	53893	24496	29397	1564	846	718
铜山区	77081	40053	37028	3316	1966	1350
丰县	79194	39210	39984	5263	3079	2184
沛县	69631	33893	35738	3617	2066	1551
睢宁县	74220	38938	35282	4898	2765	2133
徐州经济技术开发区	24537	13856	10681	801	450	351
新沂市	70790	36265	34525	4208	2379	1829
邳州市	96922	49334	47588	7552	4338	3214
常州市	**449663**	**249151**	**200512**	**8935**	**4785**	**4150**
天宁区	53266	27331	25935	797	436	361
钟楼区	53343	28960	24383	881	448	433
新北区	66200	38582	27618	1505	831	674
武进区	105146	63478	41668	1782	957	825
金坛区	61878	31675	30203	1181	635	546
江苏省常州市经济开发区	35123	22257	12866	544	290	254
溧阳市	74707	36868	37839	2245	1188	1057

5-2 续表 1

单位：户

地区	合计			14岁及以下		
	合计	男	女	小计	男	女
苏州市	**1019593**	**592996**	**426597**	**20627**	**11055**	**9572**
虎丘区	50805	29360	21445	925	512	413
吴中区	111795	65824	45971	2611	1413	1198
相城区	77424	46509	30915	1598	832	766
姑苏区	90062	43631	46431	1317	705	612
吴江区	143763	88575	55188	2471	1353	1118
苏州工业园区	66365	35273	31092	1528	811	717
常熟市	111194	65926	45268	1243	703	540
张家港市	118119	68850	49269	1656	864	792
昆山市	176985	103270	73715	5866	3116	2750
太仓市	73081	45778	27303	1412	746	666
南通市	**731861**	**338208**	**393653**	**16166**	**8573**	**7593**
崇川区	57242	27125	30117	1572	830	742
港闸区	32435	17574	14861	585	291	294
通州区	94133	42987	51146	1791	914	877
如东县	81663	39073	42590	1259	683	576
南通经济技术开发区	20395	11164	9231	398	194	204
通州湾示范区	14742	5975	8767	316	157	159
苏锡通科技产业园区	8707	4268	4439	256	135	121
启东市	139394	57727	81667	3902	2094	1808
如皋市	90869	45212	45657	1999	1046	953
海门市	110345	45662	64683	2546	1376	1170
海安市	81936	41441	40495	1542	853	689
连云港市	**322523**	**166853**	**155670**	**20112**	**11655**	**8457**
连云区	13258	7206	6052	271	151	120
海州区	50605	24936	25669	2351	1319	1032
赣榆区	69891	33745	36146	3379	1928	1451
东海县	69297	37295	32002	4852	2817	2035
灌云县	53240	28440	24800	3959	2303	1656
灌南县	45841	24021	21820	4456	2653	1803
连云港经济技术开发区	6987	3766	3221	138	78	60
连云港高新技术产业开发区	8158	4243	3915	565	323	242
江苏连云港徐圩新区	4104	2573	1531	97	58	39
江苏省连云港市云台山风景名胜区	1142	628	514	44	25	19
淮安市	**379808**	**199717**	**180091**	**20792**	**11619**	**9173**
淮安区	71747	37851	33896	3425	1945	1480
淮阴区	55002	29752	25250	3318	1869	1449
清江浦区	44201	21843	22358	2127	1178	949
洪泽区	28852	15205	13647	1191	645	546
涟水县	68335	35811	32524	4591	2631	1960
盱眙县	54541	29365	25176	3218	1746	1472
金湖县	28220	14560	13660	604	331	273
淮安经济技术开发区	21435	11348	10087	1526	829	697
工业园区	959	518	441	30	16	14
生态文旅区	4440	2306	2134	639	362	277
苏淮高新区	2076	1158	918	123	67	56

5-2 续表 2

单位：户

地区	合计			14岁及以下		
	合计	男	女	小计	男	女
盐城市	**655259**	**337122**	**318137**	**29519**	**16924**	**12595**
亭湖区	56328	29241	27087	2474	1406	1068
盐都区	63544	33088	30456	2229	1309	920
大丰区	69413	34699	34714	1152	620	532
响水县	36566	19467	17099	2861	1679	1182
滨海县	81137	42958	38179	6155	3590	2565
阜宁县	85179	45268	39911	6255	3632	2623
射阳县	79993	40709	39284	3151	1733	1418
建湖县	62063	31850	30213	1829	1027	802
盐城经济技术开发区	7278	4156	3122	203	122	81
江苏省盐南高新区	19331	10516	8815	1460	849	611
东台市	94427	45170	49257	1750	957	793
扬州市	**369472**	**186328**	**183144**	**9443**	**5011**	**4432**
广陵区	46017	23788	22229	1601	839	762
邗江区	42362	21314	21048	1301	740	561
江都区	85930	41648	44282	1425	731	694
宝应县	64576	32653	31923	1955	1045	910
扬州经济技术开发区	16228	8344	7884	503	288	215
蜀冈瘦西湖景区	8628	4223	4405	414	220	194
生态新城	4062	2114	1948	117	61	56
仪征市	46417	23923	22494	1017	524	493
高邮市	55252	28321	26931	1110	563	547
镇江市	**264578**	**140245**	**124333**	**5608**	**3072**	**2536**
京口区	29301	14640	14661	587	314	273
润州区	21516	10793	10723	545	306	239
丹徒区	23386	12632	10754	455	252	203
镇江新区	18220	9681	8539	426	250	176
江苏镇江高新区	3938	2237	1701	49	25	24
丹阳市	82322	45749	36573	1395	796	599
扬中市	22361	11701	10660	493	265	228
句容市	63534	32812	30722	1658	864	794
泰州市	**432115**	**222096**	**210019**	**11905**	**6842**	**5063**
海陵区	40200	20022	20178	955	536	419
高港区	20301	10642	9659	385	224	161
姜堰区	69477	35242	34235	1357	752	605
泰州医药高新技术产业开发区	14231	8019	6212	369	200	169
兴化市	132343	67584	64759	5809	3444	2365
靖江市	53847	28953	24894	752	382	370
泰兴市	101716	51634	50082	2278	1304	974
宿迁市	**339059**	**180013**	**159046**	**22006**	**12492**	**9514**
宿城区	46351	24755	21596	2395	1357	1038
宿豫区	33911	18694	15217	1614	909	705
沭阳县	97939	51971	45968	7044	4023	3021
泗阳县	56799	28776	28023	3985	2279	1706
泗洪县	68980	36813	32167	4824	2757	2067
宿迁经济技术开发区	11580	6428	5152	615	337	278
宿迁市湖滨新区	10072	5553	4519	569	309	260
苏州宿迁工业园区	1601	889	712	150	79	71
宿迁市洋河新区	11826	6134	5692	810	442	368

5-2 续表 3

单位：户

地　区	15-19岁			20-24岁		
	小计	男	女	小计	男	女
江　苏	**119006**	**71721**	**47285**	**353737**	**210912**	**142825**
南京市	**10093**	**5822**	**4271**	**64728**	**34995**	**29733**
玄武区	584	325	259	3430	1726	1704
秦淮区	878	462	416	4988	2370	2618
建邺区	651	381	270	7408	3735	3673
鼓楼区	1354	715	639	8694	4106	4588
浦口区	473	310	163	2861	1644	1217
栖霞区	886	526	360	6320	3563	2757
雨花台区	475	302	173	4357	2553	1804
江宁区	1946	1177	769	10717	6175	4542
六合区	719	375	344	1776	1096	680
溧水区	496	288	208	1621	907	714
高淳区	374	220	154	1009	583	426
南京江北新区	1257	741	516	11547	6537	5010
无锡市	**8989**	**5476**	**3513**	**36444**	**22664**	**13780**
锡山区	1368	927	441	5640	3855	1785
惠山区	871	579	292	3650	2492	1158
滨湖区	518	302	216	2922	1657	1265
梁溪区	1295	718	577	7049	3749	3300
新吴区	614	360	254	3568	2188	1380
江苏无锡经济开发区	224	142	82	1592	938	654
江阴市	2663	1567	1096	7913	5202	2711
宜兴市	1436	881	555	4110	2583	1527
徐州市	**11403**	**7326**	**4077**	**25939**	**16152**	**9787**
鼓楼区	447	261	186	2162	1300	862
云龙区	522	324	198	2148	1205	943
贾汪区	423	285	138	967	714	253
泉山区	738	395	343	2989	1551	1438
铜山区	1096	760	336	2525	1741	784
丰县	1869	1247	622	2901	1922	979
沛县	1022	687	335	1946	1291	655
睢宁县	1238	758	480	3361	1984	1377
徐州经济技术开发区	445	285	160	1803	1278	525
新沂市	1228	816	412	2200	1376	824
邳州市	2375	1508	867	2937	1790	1147
常州市	**6618**	**4093**	**2525**	**25660**	**16409**	**9251**
天宁区	681	391	290	2896	1669	1227
钟楼区	730	428	302	3158	1868	1290
新北区	1133	707	426	5019	3278	1741
武进区	1947	1268	679	7894	5212	2682
金坛区	643	385	258	2280	1444	836
江苏省常州市经济开发区	565	374	191	2036	1497	539
溧阳市	919	540	379	2377	1441	936

5-2　续表 4　　　　　　　　　　　　　　　　　　　　　　　　单位：户

地　区	15-19岁			20-24岁		
	小计	男	女	小计	男	女
苏州市	**17423**	**10981**	**6442**	**74336**	**45961**	**28375**
虎丘区	849	553	296	5377	3193	2184
吴中区	2215	1408	807	9376	5770	3606
相城区	1386	905	481	5782	3731	2051
姑苏区	1102	601	501	6201	2998	3203
吴江区	3007	2026	981	10289	6927	3362
苏州工业园区	805	448	357	6075	3159	2916
常熟市	1719	1033	686	6942	4447	2495
张家港市	2021	1267	754	6245	4180	2065
昆山市	3055	1905	1150	13283	8361	4922
太仓市	1264	835	429	4766	3195	1571
南通市	**8939**	**5034**	**3905**	**21596**	**12480**	**9116**
崇川区	1443	782	661	4145	2077	2068
港闸区	440	260	180	2030	1191	839
通州区	1035	566	469	2229	1350	879
如东县	733	398	335	1332	799	533
南通经济技术开发区	271	147	124	1548	917	631
通州湾示范区	129	74	55	280	180	100
苏锡通科技产业园区	104	67	37	387	252	135
启东市	1491	873	618	3053	1891	1162
如皋市	1041	590	451	1913	1050	863
海门市	1157	654	503	2742	1588	1154
海安市	1095	623	472	1937	1185	752
连云港市	**7464**	**4810**	**2654**	**14193**	**8847**	**5346**
连云区	173	96	77	684	445	239
海州区	1179	690	489	2570	1473	1097
赣榆区	1092	704	388	2030	1337	693
东海县	1727	1134	593	3103	2020	1083
灌云县	1485	1001	484	2494	1544	950
灌南县	1520	1000	520	2088	1317	771
连云港经济技术开发区	60	34	26	494	257	237
连云港高新技术产业开发区	163	107	56	459	268	191
江苏连云港徐圩新区	45	33	12	237	160	77
江苏省连云港市云台山风景名胜区	20	11	9	34	26	8
淮安市	**9936**	**5694**	**4242**	**15641**	**9034**	**6607**
淮安区	1559	971	588	2714	1689	1025
淮阴区	1159	710	449	2168	1265	903
清江浦区	1193	673	520	2460	1310	1150
洪泽区	509	298	211	943	540	403
涟水县	3024	1635	1389	2648	1572	1076
盱眙县	1470	809	661	2160	1193	967
金湖县	213	121	92	622	350	272
淮安经济技术开发区	542	328	214	1517	893	624
工业园区	22	11	11	55	35	20
生态文旅区	192	111	81	266	137	129
苏淮高新区	53	27	26	88	50	38

5-2 续表 5

单位：户

地 区	15-19岁			20-24岁		
	小计	男	女	小计	男	女
盐城市	**13272**	**7948**	**5324**	**21051**	**12629**	**8422**
亭湖区	1523	889	634	2325	1386	939
盐都区	1078	648	430	2312	1401	911
大丰区	819	420	399	2004	1226	778
响水县	964	618	346	1386	873	513
滨海县	2140	1409	731	2815	1716	1099
阜宁县	1833	1061	772	2639	1577	1062
射阳县	1356	771	585	2312	1346	966
建湖县	1116	692	424	1556	982	574
盐城经济技术开发区	98	56	42	400	243	157
江苏省盐南高新区	655	375	280	1269	691	578
东台市	1690	1009	681	2033	1188	845
扬州市	**5567**	**3076**	**2491**	**12466**	**7081**	**5385**
广陵区	639	387	252	1930	1084	846
邗江区	769	430	339	2445	1366	1079
江都区	1280	715	565	2124	1158	966
宝应县	1039	563	476	1786	1068	718
扬州经济技术开发区	298	167	131	943	569	374
蜀冈瘦西湖景区	118	63	55	446	251	195
生态新城	46	28	18	94	55	39
仪征市	623	322	301	1321	747	574
高邮市	755	401	354	1377	783	594
镇江市	**3522**	**2108**	**1414**	**10417**	**6282**	**4135**
京口区	351	202	149	1537	853	684
润州区	279	150	129	933	487	446
丹徒区	176	114	62	515	330	185
镇江新区	235	143	92	959	555	404
江苏镇江高新区	26	17	9	143	87	56
丹阳市	1260	769	491	3497	2315	1182
扬中市	417	274	143	675	410	265
句容市	778	439	339	2158	1245	913
泰州市	**7994**	**4711**	**3283**	**13572**	**8246**	**5326**
海陵区	1335	771	564	2107	1224	883
高港区	446	260	186	677	399	278
姜堰区	1071	635	436	1691	1002	689
泰州医药高新技术产业开发区	330	177	153	1144	704	440
兴化市	2050	1309	741	3452	2116	1336
靖江市	845	465	380	1742	1090	652
泰兴市	1917	1094	823	2759	1711	1048
宿迁市	**7786**	**4642**	**3144**	**17694**	**10132**	**7562**
宿城区	1338	720	618	3020	1692	1328
宿豫区	591	354	237	2060	1200	860
沭阳县	1775	1119	656	4769	2665	2104
泗阳县	1443	895	548	2550	1487	1063
泗洪县	1776	1009	767	3231	1870	1361
宿迁经济技术开发区	229	147	82	837	492	345
宿迁市湖滨新区	240	141	99	438	263	175
苏州宿迁工业园区	17	14	3	117	72	45
宿迁市洋河新区	377	243	134	672	391	281

5-2　续表 6　　　　　　　　　　　　　　　　　　　　　　　　　　　单位：户

地　区	25-29岁			30-34岁			35-39岁		
	小计	男	女	小计	男	女	小计	男	女
江　苏	**616143**	**378519**	**237624**	**643521**	**395493**	**248028**	**398897**	**238543**	**160354**
南京市	**112540**	**64491**	**48049**	**88235**	**52919**	**35316**	**48919**	**29306**	**19613**
玄武区	6302	3272	3030	4872	2658	2214	2693	1489	1204
秦淮区	8537	4045	4492	7246	3682	3564	4620	2502	2118
建邺区	11245	5709	5536	6912	3718	3194	3717	2086	1631
鼓楼区	12416	5900	6516	8725	4508	4217	5216	2852	2364
浦口区	5086	3045	2041	3770	2289	1481	1935	1173	762
栖霞区	11684	6916	4768	9768	6183	3585	5432	3488	1944
雨花台区	8649	5297	3352	6720	4337	2383	3655	2340	1315
江宁区	22392	13867	8525	19515	12109	7406	10739	6520	4219
六合区	3544	2210	1334	3454	2112	1342	1961	1140	821
溧水区	3271	2080	1191	2986	1873	1113	1626	974	652
高淳区	1892	1173	719	1731	1093	638	999	621	378
南京江北新区	17522	10977	6545	12536	8357	4179	6326	4121	2205
无锡市	**64392**	**41841**	**22551**	**70252**	**46096**	**24156**	**43421**	**27992**	**15429**
锡山区	9029	6410	2619	10267	7443	2824	6328	4470	1858
惠山区	6672	4681	1991	7496	5382	2114	5282	3742	1540
滨湖区	5464	3231	2233	4953	2978	1975	2937	1778	1159
梁溪区	10699	6001	4698	9995	5829	4166	6158	3727	2431
新吴区	7851	4939	2912	8353	5295	3058	4407	2680	1727
江苏无锡经济开发区	3045	1950	1095	3058	2029	1029	1789	1133	656
江阴市	13811	9450	4361	17594	11514	6080	11383	7229	4154
宜兴市	7821	5179	2642	8536	5626	2910	5137	3233	1904
徐州市	**48026**	**29848**	**18178**	**54802**	**32671**	**22131**	**31876**	**18247**	**13629**
鼓楼区	4319	2736	1583	4204	2502	1702	2648	1521	1127
云龙区	4238	2488	1750	4662	2758	1904	2698	1519	1179
贾汪区	1587	1093	494	2302	1525	777	1367	859	508
泉山区	5472	3011	2461	5314	2934	2380	3282	1731	1551
铜山区	5172	3680	1492	5907	4092	1815	3305	2101	1204
丰县	5386	3421	1965	4729	2734	1995	2823	1653	1170
沛县	4490	2905	1585	4904	2984	1920	2876	1728	1148
睢宁县	5156	2991	2165	5764	3187	2577	3085	1616	1469
徐州经济技术开发区	3441	2390	1051	3828	2584	1244	1711	1083	628
新沂市	4027	2458	1569	5581	3160	2421	3307	1867	1440
邳州市	4738	2675	2063	7607	4211	3396	4774	2569	2205
常州市	**44551**	**29808**	**14743**	**47000**	**31470**	**15530**	**30236**	**19334**	**10902**
天宁区	5334	3160	2174	5391	3309	2082	3670	2110	1560
钟楼区	5596	3621	1975	5990	3931	2059	3895	2512	1383
新北区	9026	6164	2862	8970	6021	2949	5312	3392	1920
武进区	12765	8808	3957	13750	9483	4267	8653	5692	2961
金坛区	3900	2623	1277	4358	2890	1468	2711	1671	1040
江苏省常州市经济开发区	3263	2468	795	3996	2996	1000	2887	2084	803
溧阳市	4667	2964	1703	4545	2840	1705	3108	1873	1235

5-2 续表 7

单位：户

地　　区	25-29岁			30-34岁			35-39岁		
	小计	男	女	小计	男	女	小计	男	女
苏州市	**138995**	**87264**	**51731**	**160742**	**102939**	**57803**	**96105**	**61265**	**34840**
虎丘区	9641	5907	3734	9079	5852	3227	4764	3006	1758
吴中区	17562	11163	6399	19677	12679	6998	11178	7191	3987
相城区	11089	7157	3932	12596	8150	4446	7374	4875	2499
姑苏区	10001	4965	5036	8975	4842	4133	5782	3258	2524
吴江区	18638	12494	6144	22983	15337	7646	13407	8845	4562
苏州工业园区	14037	7894	6143	13444	7891	5553	7034	4133	2901
常熟市	12235	7961	4274	15274	10048	5226	9417	6303	3114
张家港市	10555	7150	3405	13941	9298	4643	8967	6046	2921
昆山市	27367	17267	10100	34673	21899	12774	20966	12684	8282
太仓市	7870	5306	2564	10100	6943	3157	7216	4924	2292
南通市	**36549**	**21999**	**14550**	**40520**	**24999**	**15521**	**28055**	**16570**	**11485**
崇川区	6438	3447	2991	6183	3350	2833	3954	2141	1813
港闸区	3804	2400	1404	4122	2615	1507	2458	1550	908
通州区	4060	2549	1511	4773	3065	1708	3263	1996	1267
如东县	2202	1277	925	2474	1557	917	1887	1090	797
南通经济技术开发区	3044	1863	1181	2924	1940	984	1651	1025	626
通州湾示范区	351	224	127	370	240	130	290	196	94
苏锡通科技产业园区	577	401	176	739	493	246	475	288	187
启东市	4857	3109	1748	5470	3675	1795	4424	2790	1634
如皋市	3450	1891	1559	4579	2538	2041	3245	1720	1525
海门市	4315	2577	1738	4927	3026	1901	3569	2021	1548
海安市	3451	2261	1190	3959	2500	1459	2839	1753	1086
连云港市	**22919**	**13959**	**8960**	**26817**	**15619**	**11198**	**16524**	**9139**	**7385**
连云区	1152	755	397	1441	907	534	839	532	307
海州区	4282	2423	1859	5068	2727	2341	3359	1775	1584
赣榆区	3711	2591	1120	4216	2731	1485	2332	1391	941
东海县	5343	3305	2038	6505	3877	2628	3781	2058	1723
灌云县	3344	1876	1468	3679	2002	1677	2546	1351	1195
灌南县	2374	1267	1107	3087	1561	1526	2353	1211	1142
连云港经济技术开发区	938	566	372	915	586	329	455	270	185
连云港高新技术产业开发区	1345	838	507	1331	784	547	562	304	258
江苏连云港徐圩新区	390	304	86	486	378	108	250	212	38
江苏省连云港市云台山风景名胜区	40	34	6	89	66	23	47	35	12
淮安市	**25695**	**14691**	**11004**	**25650**	**13787**	**11863**	**17150**	**8835**	**8315**
淮安区	4299	2578	1721	3556	1893	1663	2469	1284	1185
淮阴区	3818	2223	1595	3525	1900	1625	2326	1243	1083
清江浦区	4172	2358	1814	4161	2169	1992	2712	1344	1368
洪泽区	1418	819	599	1387	754	633	1122	599	523
涟水县	3844	2166	1678	4521	2476	2045	3054	1543	1511
盱眙县	3321	1738	1583	3706	1937	1769	2623	1361	1262
金湖县	1243	740	503	1082	686	396	724	409	315
淮安经济技术开发区	2756	1612	1144	2982	1598	1384	1652	834	818
工业园区	81	48	33	69	34	35	55	31	24
生态文旅区	589	338	251	493	250	243	326	142	184
苏淮高新区	154	71	83	168	90	78	87	45	42

5-2　续表 8　　　　单位：户

地　区	25-29岁			30-34岁			35-39岁		
	小计	男	女	小计	男	女	小计	男	女
盐城市	**31110**	**19162**	**11948**	**36554**	**21066**	**15488**	**26396**	**14206**	**12190**
亭湖区	3482	2125	1357	4375	2537	1838	2998	1553	1445
盐都区	3621	2346	1275	3978	2346	1632	2457	1341	1116
大丰区	2913	1918	995	3347	2165	1182	2214	1318	896
响水县	1815	1020	795	2557	1306	1251	1965	1019	946
滨海县	4352	2504	1848	4754	2568	2186	4007	2155	1852
阜宁县	3507	2033	1474	4446	2315	2131	3948	2021	1927
射阳县	3248	2001	1247	3642	2125	1517	2959	1577	1382
建湖县	2224	1450	774	3197	1923	1274	1870	1063	807
盐城经济技术开发区	621	414	207	725	452	273	451	281	170
江苏省盐南高新区	2437	1579	858	2714	1595	1119	1523	809	714
东台市	2890	1772	1118	2819	1734	1085	2004	1069	935
扬州市	**22188**	**13548**	**8640**	**20518**	**12277**	**8241**	**14032**	**7820**	**6212**
广陵区	3940	2406	1534	3859	2293	1566	2673	1529	1144
邗江区	4531	2599	1932	4263	2365	1898	2730	1423	1307
江都区	3545	2210	1335	3183	2001	1182	2468	1417	1051
宝应县	2900	1818	1082	2293	1403	890	1521	818	703
扬州经济技术开发区	1874	1166	708	1697	1052	645	992	570	422
蜀冈瘦西湖景区	753	453	300	736	426	310	534	314	220
生态新城	207	139	68	324	200	124	218	131	87
仪征市	2480	1591	889	2357	1473	884	1648	932	716
高邮市	1958	1166	792	1806	1064	742	1248	686	562
镇江市	**18956**	**12069**	**6887**	**20429**	**12497**	**7932**	**13416**	**7993**	**5423**
京口区	2319	1364	955	2434	1444	990	1665	980	685
润州区	1739	987	752	1759	984	775	1159	654	505
丹徒区	1175	793	382	1412	884	528	1105	697	408
镇江新区	1544	999	545	1716	1107	609	1086	658	428
江苏镇江高新区	362	262	100	375	247	128	227	142	85
丹阳市	6294	4246	2048	6868	4424	2444	4490	2806	1684
扬中市	1312	806	506	1379	795	584	957	554	403
句容市	4211	2612	1599	4486	2612	1874	2727	1502	1225
泰州市	**22700**	**14389**	**8311**	**21456**	**12956**	**8500**	**14056**	**8181**	**5875**
海陵区	3503	2119	1384	3102	1771	1331	2024	1092	932
高港区	1132	756	376	1007	640	367	689	402	287
姜堰区	2760	1816	944	2547	1578	969	1742	1022	720
泰州医药高新技术产业开发区	2014	1266	748	1760	1107	653	956	602	354
兴化市	5916	3621	2295	5629	3097	2532	3531	2006	1525
靖江市	3105	2049	1056	3538	2395	1143	2342	1454	888
泰兴市	4270	2762	1508	3873	2368	1505	2772	1603	1169
宿迁市	**27522**	**15450**	**12072**	**30546**	**16197**	**14349**	**18711**	**9655**	**9056**
宿城区	4375	2537	1838	5112	2859	2253	2582	1417	1165
宿豫区	3162	1911	1251	3448	1998	1450	1870	1081	789
沭阳县	8160	4470	3690	7928	3977	3951	5816	2890	2926
泗阳县	3964	2151	1813	4527	2197	2330	2996	1377	1619
泗洪县	4656	2521	2135	5674	3020	2654	3459	1846	1613
宿迁经济技术开发区	1366	834	532	1600	928	672	780	412	368
宿迁市湖滨新区	655	363	292	835	470	365	420	250	170
苏州宿迁工业园区	327	205	122	429	235	194	198	101	97
宿迁市洋河新区	857	458	399	993	513	480	590	281	309

5-2 续表 9 单位：户

地区	40-44岁			45-49岁			50-54岁		
	小计	男	女	小计	男	女	小计	男	女
江　苏	**410287**	**226127**	**184160**	**507592**	**270710**	**236882**	**654421**	**362170**	**292251**
南京市	**43284**	**24470**	**18814**	**48404**	**26623**	**21781**	**56806**	**32418**	**24388**
玄武区	2308	1281	1027	2616	1363	1253	2783	1475	1308
秦淮区	3752	1994	1758	4147	2112	2035	4604	2430	2174
建邺区	2726	1539	1187	2674	1403	1271	2687	1431	1256
鼓楼区	4430	2284	2146	4865	2474	2391	5550	2897	2653
浦口区	2036	1186	850	2444	1366	1078	3056	1827	1229
栖霞区	4879	2846	2033	5288	2956	2332	5821	3292	2529
雨花台区	3126	1875	1251	3443	1974	1469	3714	2136	1578
江宁区	8827	5063	3764	8589	4915	3674	9826	5709	4117
六合区	2688	1416	1272	3468	1757	1711	5456	3252	2204
溧水区	1902	1077	825	2793	1681	1112	3730	2323	1407
高淳区	1397	770	627	2426	1339	1087	3122	1786	1336
南京江北新区	5213	3139	2074	5651	3283	2368	6457	3860	2597
无锡市	**42659**	**25538**	**17121**	**50554**	**29711**	**20843**	**53210**	**32587**	**20623**
锡山区	6052	3993	2059	6648	4338	2310	6462	4421	2041
惠山区	5166	3434	1732	6438	4367	2071	6425	4515	1910
滨湖区	2888	1638	1250	3393	1800	1593	3668	2004	1664
梁溪区	5544	3121	2423	6311	3370	2941	6867	3599	3268
新吴区	3407	1901	1506	3167	1696	1471	2859	1644	1215
江苏无锡经济开发区	1430	839	591	1695	943	752	1583	918	665
江阴市	11772	7001	4771	14237	8387	5850	14383	9040	5343
宜兴市	6400	3611	2789	8665	4810	3855	10963	6446	4517
徐州市	**30072**	**15929**	**14143**	**41023**	**21031**	**19992**	**59574**	**30063**	**29511**
鼓楼区	2507	1329	1178	3117	1558	1559	3614	1834	1780
云龙区	2318	1160	1158	2598	1324	1274	2863	1392	1471
贾汪区	1145	664	481	1631	877	754	2683	1435	1248
泉山区	3071	1500	1571	4054	1870	2184	4663	2085	2578
铜山区	3050	1805	1245	4061	2285	1776	6677	3548	3129
丰县	3358	1692	1666	5152	2500	2652	7967	3753	4214
沛县	3027	1582	1445	4088	1956	2132	6930	3247	3683
睢宁县	3264	1693	1571	4533	2256	2277	7412	3859	3553
徐州经济技术开发区	1300	687	613	1382	736	646	1748	920	828
新沂市	3111	1725	1386	4773	2559	2214	6802	3705	3097
邳州市	3921	2092	1829	5634	3110	2524	8215	4285	3930
常州市	**30907**	**17972**	**12935**	**38783**	**21932**	**16851**	**42841**	**24883**	**17958**
天宁区	3720	2066	1654	4704	2517	2187	4988	2737	2251
钟楼区	3698	2167	1531	4583	2580	2003	4991	2885	2106
新北区	4668	2690	1978	5072	2972	2100	5250	3180	2070
武进区	8646	5274	3372	9926	6012	3914	9515	6022	3493
金坛区	3137	1653	1484	4851	2418	2433	6397	3315	3082
江苏省常州市经济开发区	3009	1998	1011	3811	2515	1296	3702	2559	1143
溧阳市	4029	2124	1905	5836	2918	2918	7998	4185	3813

5-2 续表 10 单位：户

地区	40-44岁			45-49岁			50-54岁		
	小计	男	女	小计	男	女	小计	男	女
苏州市	**77401**	**47161**	**30240**	**77719**	**46574**	**31145**	**76428**	**47703**	**28725**
虎丘区	3257	1997	1260	2959	1799	1160	2784	1660	1124
吴中区	8428	5166	3262	7934	4646	3288	7572	4538	3034
相城区	6080	3909	2171	6178	3928	2250	6144	3903	2241
姑苏区	4816	2620	2196	5308	2732	2576	6170	3367	2803
吴江区	11430	6975	4455	12217	7484	4733	12221	7778	4443
苏州工业园区	4215	2323	1892	3095	1661	1434	2723	1508	1215
常熟市	8789	5523	3266	9705	5906	3799	9664	6329	3335
张家港市	8926	5673	3253	10983	6939	4044	12049	7943	4106
昆山市	14679	8561	6118	11824	6702	5122	10316	6144	4172
太仓市	6781	4414	2367	7516	4777	2739	6785	4533	2252
南通市	**37277**	**18408**	**18869**	**48607**	**22186**	**26421**	**74193**	**35194**	**38999**
崇川区	3779	1923	1856	4309	2099	2210	4822	2422	2400
港闸区	2359	1362	997	2532	1451	1081	2858	1684	1174
通州区	4200	2076	2124	5936	2675	3261	8937	4193	4744
如东县	3132	1524	1608	4551	2058	2493	8959	4448	4511
南通经济技术开发区	1498	830	668	1380	789	591	1489	878	611
通州湾示范区	484	263	221	830	360	470	1477	600	877
苏锡通科技产业园区	532	311	221	538	292	246	741	398	343
启东市	6572	3300	3272	8659	3998	4661	12833	5721	7112
如皋市	4697	2203	2494	6503	2857	3646	10927	5524	5403
海门市	5766	2497	3269	7575	2983	4592	11161	4484	6677
海安市	4258	2119	2139	5794	2624	3170	9989	4842	5147
连云港市	**16363**	**8375**	**7988**	**21647**	**11167**	**10480**	**29892**	**15805**	**14087**
连云区	862	467	395	1223	728	495	1444	926	518
海州区	3413	1628	1785	4075	2094	1981	4737	2457	2280
赣榆区	2238	1113	1125	3722	1583	2139	6151	2687	3464
东海县	3365	1802	1563	4795	2513	2282	6480	3500	2980
灌云县	2790	1510	1280	3166	1817	1349	4872	2764	2108
灌南县	2514	1209	1305	3153	1583	1570	4369	2428	1941
连云港经济技术开发区	397	206	191	488	276	212	611	378	233
连云港高新技术产业开发区	499	223	276	628	282	346	680	314	366
江苏连云港徐圩新区	238	179	59	347	258	89	463	300	163
江苏省连云港市云台山风景名胜区	47	38	9	50	33	17	85	51	34
淮安市	**21073**	**10532**	**10541**	**29413**	**15199**	**14214**	**41551**	**23301**	**18250**
淮安区	3427	1663	1764	5229	2662	2567	7498	4179	3319
淮阴区	3057	1645	1412	3677	2044	1633	5698	3292	2406
清江浦区	3095	1450	1645	3685	1746	1939	4496	2316	2180
洪泽区	1704	846	858	2689	1379	1310	3777	2205	1572
涟水县	3713	1897	1816	5356	2766	2590	7457	4089	3368
盱眙县	2831	1503	1328	4280	2421	1859	6218	3612	2606
金湖县	1217	574	643	2494	1194	1300	3970	2266	1704
淮安经济技术开发区	1551	731	820	1537	730	807	1862	996	866
工业园区	46	23	23	59	38	21	72	48	24
生态文旅区	329	146	183	285	140	145	280	150	130
苏淮高新区	103	54	49	122	79	43	223	148	75

5-2 续表 11

单位：户

地区	40-44岁			45-49岁			50-54岁		
	小计	男	女	小计	男	女	小计	男	女
盐城市	**32759**	**16906**	**15853**	**45837**	**23511**	**22326**	**72103**	**39893**	**32210**
亭湖区	3890	1979	1911	4945	2541	2404	6660	3656	3004
盐都区	2883	1542	1341	4125	2193	1932	6452	3663	2789
大丰区	3381	1802	1579	4917	2585	2332	8360	4763	3597
响水县	1742	952	790	2377	1314	1063	3681	2189	1492
滨海县	4045	2166	1879	5211	2789	2422	7489	4405	3084
阜宁县	4381	2236	2145	6032	3146	2886	8983	4917	4066
射阳县	3912	2014	1898	6096	3180	2916	10199	5711	4488
建湖县	2812	1464	1348	4418	2133	2285	7323	3819	3504
盐城经济技术开发区	342	191	151	497	273	224	825	525	300
江苏省盐南高新区	1638	763	875	1754	886	868	1724	918	806
东台市	3733	1797	1936	5465	2471	2994	10407	5327	5080
扬州市	**21164**	**10373**	**10791**	**28983**	**13363**	**15620**	**43103**	**22287**	**20816**
广陵区	3047	1591	1456	3639	1899	1740	4720	2623	2097
邗江区	3107	1488	1619	3458	1621	1837	4038	2016	2022
江都区	5034	2408	2626	7147	3003	4144	11169	5355	5814
宝应县	2950	1434	1516	4565	2114	2451	7919	4153	3766
扬州经济技术开发区	1106	542	564	1251	581	670	1336	659	677
蜀冈瘦西湖景区	623	304	319	756	349	407	803	396	407
生态新城	233	128	105	351	192	159	424	231	193
仪征市	2570	1318	1252	3689	1765	1924	5994	3193	2801
高邮市	2494	1160	1334	4127	1839	2288	6700	3661	3039
镇江市	**15265**	**8318**	**6947**	**21618**	**11752**	**9866**	**27087**	**15785**	**11302**
京口区	1803	968	835	2521	1307	1214	2923	1631	1292
润州区	1275	672	603	1888	953	935	2211	1223	988
丹徒区	1108	606	502	1680	975	705	2495	1544	951
镇江新区	1268	706	562	1417	746	671	1495	833	662
江苏镇江高新区	214	131	83	373	224	149	478	277	201
丹阳市	4910	2830	2080	7032	3963	3069	8393	5092	3301
扬中市	1272	640	632	1878	1035	843	2357	1366	991
句容市	3415	1765	1650	4829	2549	2280	6735	3819	2916
泰州市	**22667**	**12061**	**10606**	**29920**	**14402**	**15518**	**46327**	**24629**	**21698**
海陵区	2626	1343	1283	2860	1252	1608	3656	1780	1876
高港区	1010	547	463	1509	733	776	2272	1197	1075
姜堰区	3534	1795	1739	4655	2114	2541	7971	3953	4018
泰州医药高新技术产业开发区	951	526	425	967	488	479	1123	634	489
兴化市	5375	3036	2339	6913	3737	3176	12496	7175	5321
靖江市	3592	2014	1578	4367	2182	2185	6211	3497	2714
泰兴市	5579	2800	2779	8649	3896	4753	12598	6393	6205
宿迁市	**19396**	**10084**	**9312**	**25084**	**13259**	**11825**	**31306**	**17622**	**13684**
宿城区	2724	1490	1234	3154	1686	1468	4007	2195	1812
宿豫区	1914	1099	815	2270	1310	960	2981	1822	1159
沭阳县	5175	2696	2479	6982	3688	3294	8811	5090	3721
泗阳县	3368	1539	1829	4293	2036	2257	5433	2822	2611
泗洪县	4164	2210	1954	5846	3160	2686	7066	3953	3113
宿迁经济技术开发区	844	429	415	867	437	430	939	529	410
宿迁市湖滨新区	391	228	163	583	364	219	827	528	299
苏州宿迁工业园区	108	49	59	99	52	47	83	36	47
宿迁市洋河新区	708	344	364	990	526	464	1159	647	512

5-2　续表 12　　　　　　　　　　　　　　　　　　　　单位：户

地　区	55-59岁			60-64岁			65岁及以上		
	小计	男	女	小计	男	女	小计	男	女
江　苏	**574334**	**331616**	**242718**	**449487**	**258291**	**191196**	**2022382**	**807680**	**1214702**
南京市	**56954**	**32524**	**24430**	**42853**	**23123**	**19730**	**178110**	**67528**	**110582**
玄武区	3162	1663	1499	2674	1319	1355	9764	3359	6405
秦淮区	5567	2925	2642	5319	2618	2701	18719	6398	12321
建邺区	2597	1287	1310	2180	989	1191	7026	2338	4688
鼓楼区	6263	3293	2970	5768	2822	2946	20378	7100	13278
浦口区	2981	1840	1141	1912	1118	794	9753	3768	5985
栖霞区	5832	3280	2552	4373	2400	1973	14626	5350	9276
雨花台区	3517	1942	1575	2654	1388	1266	8507	3116	5391
江宁区	8776	5122	3654	5978	3334	2644	27689	10392	17297
六合区	5341	3444	1897	3914	2458	1456	16535	7007	9528
溧水区	3688	2314	1374	2208	1353	855	15166	6200	8966
高淳区	3380	2015	1365	1740	1106	634	16061	7443	8618
南京江北新区	5850	3399	2451	4133	2218	1915	13886	5057	8829
无锡市	**43350**	**26640**	**16710**	**30261**	**17511**	**12750**	**140416**	**52335**	**88081**
锡山区	4650	3165	1485	2601	1705	896	10886	4219	6667
惠山区	4482	3105	1377	2673	1655	1018	11329	4435	6894
滨湖区	3460	1872	1588	2733	1325	1408	12685	4558	8127
梁溪区	6736	3568	3168	6294	3188	3106	24021	8717	15304
新吴区	2278	1253	1025	1672	889	783	9138	3368	5770
江苏无锡经济开发区	1380	746	634	1026	555	471	3940	1448	2492
江阴市	10274	6739	3535	6401	3998	2403	29965	10905	19060
宜兴市	10090	6192	3898	6861	4196	2665	38452	14685	23767
徐州市	**52908**	**28073**	**24835**	**41765**	**22721**	**19044**	**218727**	**86410**	**132317**
鼓楼区	3587	1902	1685	2580	1220	1360	8756	2988	5768
云龙区	2686	1298	1388	2014	965	1049	8021	2829	5192
贾汪区	2412	1261	1151	1953	1031	922	11887	4158	7729
泉山区	4621	2234	2387	3548	1586	1962	14577	4753	9824
铜山区	6057	3245	2812	5114	2792	2322	30801	12038	18763
丰县	6284	3230	3054	5153	2893	2260	28309	11086	17223
沛县	5921	2983	2938	4599	2423	2176	26211	10041	16170
睢宁县	6138	3515	2623	4516	2793	1723	24855	11521	13334
徐州经济技术开发区	1451	786	665	1019	535	484	5608	2122	3486
新沂市	6088	3396	2692	4646	2682	1964	24819	10142	14677
邳州市	7663	4223	3440	6623	3801	2822	34883	14732	20151
常州市	**36714**	**21691**	**15023**	**24833**	**14528**	**10305**	**112585**	**42246**	**70339**
天宁区	4292	2311	1981	3379	1791	1588	13414	4834	8580
钟楼区	4200	2379	1821	3115	1655	1460	12506	4486	8020
新北区	4362	2692	1670	2975	1758	1217	12908	4897	8011
武进区	7250	4571	2679	4371	2691	1680	18647	7488	11159
金坛区	6461	3724	2737	4526	2733	1793	21433	8184	13249
江苏省常州市经济开发区	2580	1758	822	1665	1038	627	7065	2680	4385
溧阳市	7569	4256	3313	4802	2862	1940	26612	9677	16935

5-2 续表 13

单位：户

地区	55-59岁			60-64岁			65岁及以上		
	小计	男	女	小计	男	女	小计	男	女
苏州市	**60249**	**38188**	**22061**	**41191**	**24765**	**16426**	**178377**	**69140**	**109237**
虎丘区	2276	1392	884	1465	799	666	7429	2690	4739
吴中区	5961	3602	2359	3993	2345	1648	15288	5903	9385
相城区	4262	2806	1456	2523	1580	943	12412	4733	7679
姑苏区	6849	3786	3063	6549	3487	3062	26992	10270	16722
吴江区	8899	5827	3072	5510	3470	2040	22691	10059	12632
苏州工业园区	2363	1276	1087	1791	850	941	9255	3319	5936
常熟市	7838	5262	2576	5454	3570	1884	22914	8841	14073
张家港市	8815	6024	2791	5602	3603	1999	28359	9863	18496
昆山市	8048	4866	3182	5207	3061	2146	21701	8704	12997
太仓市	4938	3347	1591	3097	2000	1097	11336	4758	6578
南通市	**74487**	**37567**	**36920**	**61758**	**32106**	**29652**	**283714**	**103092**	**180622**
崇川区	4018	2046	1972	2824	1325	1499	13755	4683	9072
港闸区	2209	1294	915	1513	842	671	7525	2634	4891
通州区	9352	4653	4699	7680	4082	3598	40877	14868	26009
如东县	9644	5497	4147	8183	4801	3382	37307	14941	22366
南通经济技术开发区	1142	688	454	761	413	348	4289	1480	2809
通州湾示范区	1739	758	981	1488	720	768	6988	2203	4785
苏锡通科技产业园区	689	377	312	506	261	245	3163	993	2170
启东市	14700	6448	8252	12806	5548	7258	60627	18280	42347
如皋市	10431	6027	4404	8939	5397	3542	33145	14369	18776
海门市	11579	4873	6706	9651	4380	5271	45357	15203	30154
海安市	8984	4906	4078	7407	4337	3070	30681	13438	17243
连云港市	**25455**	**14329**	**11126**	**22760**	**12766**	**9994**	**98377**	**40382**	**57995**
连云区	1154	734	420	777	398	379	3238	1067	2171
海州区	4034	2214	1820	3373	1749	1624	12164	4387	7777
赣榆区	5896	2898	2998	5772	2984	2788	29352	11798	17554
东海县	5156	2909	2247	4226	2365	1861	19964	8995	10969
灌云县	4281	2652	1629	4083	2544	1539	16541	7076	9465
灌南县	3513	2088	1425	3383	2088	1295	13031	5616	7415
连云港经济技术开发区	518	310	208	424	250	174	1549	555	994
连云港高新技术产业开发区	509	263	246	360	182	178	1057	355	702
江苏连云港徐圩新区	308	207	101	244	137	107	999	347	652
江苏省连云港市云台山风景名胜区	86	54	32	118	69	49	482	186	296
淮安市	**33872**	**20452**	**13420**	**29475**	**18201**	**11274**	**109560**	**48372**	**61188**
淮安区	6557	3929	2628	5958	3697	2261	25056	11361	13695
淮阴区	4733	2875	1858	4715	3039	1676	16808	7647	9161
清江浦区	3568	1975	1593	2849	1466	1383	9683	3858	5825
洪泽区	2990	1898	1092	2391	1414	977	8731	3808	4923
涟水县	5763	3410	2353	5241	3314	1927	19123	8312	10811
盱眙县	5259	3337	1922	4314	2817	1497	15141	6891	8250
金湖县	3198	2000	1198	2546	1582	964	10307	4307	6000
淮安经济技术开发区	1338	745	593	1022	602	420	3150	1450	1700
工业园区	59	33	26	91	61	30	320	140	180
生态文旅区	204	105	99	181	102	79	656	323	333
苏淮高新区	203	145	58	167	107	60	585	275	310

5-2 续表 14

单位：户

地区	55-59岁			60-64岁			65岁及以上		
	小计	男	女	小计	男	女	小计	男	女
盐城市	**63889**	**37810**	**26079**	**54605**	**32719**	**21886**	**228164**	**94348**	**133816**
亭湖区	5151	2908	2243	3806	2203	1603	14699	6058	8641
盐都区	5723	3250	2473	4843	2843	2000	23843	10206	13637
大丰区	8059	4982	3077	6417	3658	2759	25830	9242	16588
响水县	2941	1923	1018	3052	1936	1116	11225	4638	6587
滨海县	6391	3986	2405	6648	4078	2570	27130	11592	15538
阜宁县	7753	4588	3165	7348	4658	2690	28054	13084	14970
射阳县	8890	5306	3584	7075	4280	2795	27153	10665	16488
建湖县	6121	3422	2699	5093	2949	2144	24504	10926	13578
盐城经济技术开发区	650	428	222	552	352	200	1914	819	1095
江苏省盐南高新区	1210	695	515	772	386	386	2175	970	1205
东台市	11000	6322	4678	8999	5376	3623	41637	16148	25489
扬州市	**36195**	**20373**	**15822**	**27779**	**16053**	**11726**	**128034**	**55066**	**72968**
广陵区	4207	2330	1877	3476	1874	1602	12286	4933	7353
邗江区	3496	1843	1653	2586	1401	1185	9638	4022	5616
江都区	8571	4656	3915	6557	3740	2817	33427	14254	19173
宝应县	6463	3742	2721	5069	3065	2004	26116	11430	14686
扬州经济技术开发区	1204	625	579	932	490	442	4092	1635	2457
蜀冈瘦西湖景区	794	394	400	573	297	276	2078	756	1322
生态新城	382	209	173	317	180	137	1349	560	789
仪征市	5286	3030	2256	3769	2229	1540	15663	6799	8864
高邮市	5792	3544	2248	4500	2777	1723	23385	10677	12708
镇江市	**26648**	**16249**	**10399**	**19450**	**11525**	**7925**	**82162**	**32595**	**49567**
京口区	2852	1596	1256	2060	1070	990	8249	2911	5338
润州区	2238	1264	974	1688	927	761	5802	2186	3616
丹徒区	2679	1710	969	2146	1255	891	8440	3472	4968
镇江新区	1554	923	631	1238	693	545	5282	2068	3214
江苏镇江高新区	428	258	170	314	188	126	949	379	570
丹阳市	8015	5112	2903	5806	3584	2222	24362	9812	14550
扬中市	2267	1370	897	1992	1185	807	7362	3001	4361
句容市	6615	4016	2599	4206	2623	1583	21716	8766	12950
泰州市	**37859**	**21711**	**16148**	**31825**	**18887**	**12938**	**171834**	**75081**	**96753**
海陵区	3109	1643	1466	2407	1348	1059	12516	5143	7373
高港区	1748	951	797	1631	967	664	7795	3566	4229
姜堰区	6423	3496	2927	5362	3159	2203	30364	13920	16444
泰州医药高新技术产业开发区	883	476	407	693	397	296	3041	1442	1599
兴化市	10794	6295	4499	8578	5080	3498	61800	26668	35132
靖江市	5048	3144	1904	4406	2751	1655	17899	7530	10369
泰兴市	9854	5706	4148	8748	5185	3563	38419	16812	21607
宿迁市	**25754**	**16009**	**9745**	**20932**	**13386**	**7546**	**92322**	**41085**	**51237**
宿城区	3256	1976	1280	2644	1648	996	11744	5178	6566
宿豫区	2349	1512	837	2176	1373	803	9476	4125	5351
沭阳县	7599	4869	2730	6699	4399	2300	27181	12085	15096
泗阳县	4340	2542	1798	3857	2390	1467	16043	7061	8982
泗洪县	5796	3567	2229	3651	2314	1337	18837	8586	10251
宿迁经济技术开发区	674	429	245	556	387	169	2273	1067	1206
宿迁市湖滨新区	797	505	292	703	474	229	3614	1658	1956
苏州宿迁工业园区	39	28	11	11	9	2	23	9	14
宿迁市洋河新区	904	581	323	635	392	243	3131	1316	1815

5-2a 各地区分年龄、性别的一人户(城市)

单位：户

地　区	合计			14岁及以下		
	合计	男	女	小计	男	女
江　苏	**3067551**	**1606626**	**1460925**	**82440**	**44861**	**37579**
南京市	**645032**	**336162**	**308870**	**12348**	**6585**	**5763**
玄武区	42120	20415	21705	932	485	447
秦淮区	69529	32139	37390	1152	601	551
建邺区	50578	25027	25551	755	411	344
鼓楼区	85487	39933	45554	1828	982	846
浦口区	29094	15609	13485	704	362	342
栖霞区	71218	38853	32365	1116	573	543
雨花台区	48578	27121	21457	782	419	363
江宁区	106203	59026	47177	2463	1295	1168
六合区	15832	7869	7963	328	170	158
溧水区	20079	10574	9505	524	296	228
高淳区	16526	8213	8313	345	169	176
南京江北新区	89788	51383	38405	1419	822	597
无锡市	**375498**	**204537**	**170961**	**7196**	**3844**	**3352**
锡山区	41157	27003	14154	659	357	302
惠山区	34169	20559	13610	853	457	396
滨湖区	43297	21657	21640	506	276	230
梁溪区	92519	46407	46112	1550	820	730
新吴区	42284	22880	19404	1148	618	530
江苏无锡经济开发区	21239	11884	9355	477	243	234
江阴市	57427	32123	25304	1272	691	581
宜兴市	43406	22024	21382	731	382	349
徐州市	**218363**	**107435**	**110928**	**8889**	**4915**	**3974**
鼓楼区	38980	19728	19252	1039	577	462
云龙区	34752	17310	17442	1346	746	600
贾汪区	11302	5410	5892	359	189	170
泉山区	53893	24496	29397	1564	846	718
铜山区	19613	10033	9580	668	368	300
丰县						
沛县						
睢宁县						
徐州经济技术开发区	268	137	131	12	9	3
新沂市	27666	14439	13227	1743	970	773
邳州市	31889	15882	16007	2158	1210	948
常州市	**272399**	**149752**	**122647**	**5474**	**2974**	**2500**
天宁区	45660	22837	22823	693	388	305
钟楼区	49284	26377	22907	821	417	404
新北区	46845	27348	19497	1161	650	511
武进区	63664	38085	25579	1256	686	570
金坛区	27874	14276	13598	538	291	247
江苏省常州市经济开发区	12719	7754	4965	204	113	91
溧阳市	26353	13075	13278	801	429	372

5-2a　续表 1

单位：户

地　　区	合　　计			14岁及以下		
	合计	男	女	小计	男	女
苏州市	**543170**	**302508**	**240662**	**13161**	**6998**	**6163**
虎丘区	44514	25395	19119	843	468	375
吴中区	66882	36958	29924	1967	1058	909
相城区	65533	38723	26810	1380	714	666
姑苏区	90062	43631	46431	1317	705	612
吴江区	59405	37649	21756	1368	723	645
苏州工业园区						
常熟市	54973	31142	23831	697	380	317
张家港市	29685	15825	13860	462	243	219
昆山市	105458	58020	47438	4393	2330	2063
太仓市	26658	15165	11493	734	377	357
南通市	**253968**	**120096**	**133872**	**7495**	**4007**	**3488**
崇川区	57242	27125	30117	1572	830	742
港闸区	32027	17359	14668	574	285	289
通州区	30529	13955	16574	944	496	448
如东县						
南通经济技术开发区						
通州湾示范区						
苏锡通科技产业园区						
启东市	44546	18867	25679	1776	937	839
如皋市	25624	12655	12969	757	402	355
海门市	28122	11548	16574	920	519	401
海安市	35878	18587	17291	952	538	414
连云港市	**74081**	**37062**	**37019**	**3396**	**1882**	**1514**
连云区	12809	6890	5919	259	146	113
海州区	42380	20648	21732	1977	1105	872
赣榆区	16366	7620	8746	1111	602	509
东海县	728	445	283	24	15	9
灌云县						
灌南县						
连云港经济技术开发区						
连云港高新技术产业开发区						
江苏连云港徐圩新区	1555	1309	246	1		1
江苏省连云港市云台山风景名胜区	243	150	93	24	14	10
淮安市	**93256**	**47005**	**46251**	**4738**	**2673**	**2065**
淮安区	22861	11600	11261	991	592	399
淮阴区	18369	9623	8746	1347	769	578
清江浦区	40332	19695	20637	1957	1077	880
洪泽区	11694	6087	5607	443	235	208
涟水县						
盱眙县						
金湖县						
淮安经济技术开发区						
工业园区						
生态文旅区						
苏淮高新区						

5-2a 续表 2

单位：户

地　　区	合　计			14岁及以下		
	合计	男	女	小计	男	女
盐城市	**128690**	**67304**	**61386**	**5696**	**3265**	**2431**
亭湖区	42813	22250	20563	2078	1192	886
盐都区	18631	10103	8528	704	431	273
大丰区	20151	10444	9707	560	295	265
响水县						
滨海县						
阜宁县						
射阳县						
建湖县						
盐城经济技术开发区	605	317	288	40	24	16
江苏省盐南高新区	19331	10516	8815	1460	849	611
东台市	27159	13674	13485	854	474	380
扬州市	**145698**	**72162**	**73536**	**4422**	**2355**	**2067**
广陵区	36912	18596	18316	1422	743	679
邗江区	32924	16475	16449	1145	642	503
江都区	23222	11118	12104	466	240	226
宝应县						
扬州经济技术开发区						
蜀冈瘦西湖景区	8628	4223	4405	414	220	194
生态新城	2176	1213	963	85	45	40
仪征市	26670	13446	13224	618	329	289
高邮市	15166	7091	8075	272	136	136
镇江市	**130622**	**67624**	**62998**	**3244**	**1761**	**1483**
京口区	28168	13964	14204	570	305	265
润州区	21374	10715	10659	539	304	235
丹徒区	9415	5294	4121	227	124	103
镇江新区						
江苏镇江高新区	3938	2237	1701	49	25	24
丹阳市	30028	16046	13982	667	373	294
扬中市	11692	6193	5499	381	211	170
句容市	26007	13175	12832	811	419	392
泰州市	**135374**	**67472**	**67902**	**3869**	**2214**	**1655**
海陵区	33449	16508	16941	813	449	364
高港区	8929	4651	4278	217	121	96
姜堰区	23048	11613	11435	707	402	305
泰州医药高新技术产业开发区						
兴化市	23524	11664	11860	952	570	382
靖江市	19677	9819	9858	339	177	162
泰兴市	26747	13217	13530	841	495	346
宿迁市	**51400**	**27507**	**23893**	**2512**	**1388**	**1124**
宿城区	24437	12740	11697	1065	598	467
宿豫区	14438	8067	6371	617	355	262
沭阳县						
泗阳县						
泗洪县						
宿迁经济技术开发区						
宿迁市湖滨新区	4356	2401	1955	285	146	139
苏州宿迁工业园区	1601	889	712	150	79	71
宿迁市洋河新区	6568	3410	3158	395	210	185

5-2a　续表 3

单位：户

地　区	15-19岁			20-24岁		
	小计	男	女	小计	男	女
江　苏	**52687**	**30956**	**21731**	**214489**	**122524**	**91965**
南京市	**8670**	**5001**	**3669**	**61495**	**32963**	**28532**
玄武区	584	325	259	3430	1726	1704
秦淮区	878	462	416	4988	2370	2618
建邺区	651	381	270	7408	3735	3673
鼓楼区	1354	715	639	8694	4106	4588
浦口区	403	272	131	2630	1492	1138
栖霞区	840	500	340	6170	3470	2700
雨花台区	474	302	172	4284	2507	1777
江宁区	1405	856	549	9749	5573	4176
六合区	320	154	166	742	440	302
溧水区	313	186	127	1244	687	557
高淳区	220	125	95	671	361	310
南京江北新区	1228	723	505	11485	6496	4989
无锡市	**5670**	**3395**	**2275**	**26430**	**15801**	**10629**
锡山区	886	605	281	4000	2691	1309
惠山区	510	331	179	2347	1540	807
滨湖区	462	265	197	2767	1544	1223
梁溪区	1295	718	577	7049	3749	3300
新吴区	526	303	223	3091	1857	1234
江苏无锡经济开发区	224	142	82	1592	938	654
江阴市	1035	591	444	3238	2104	1134
宜兴市	732	440	292	2346	1378	968
徐州市	**3397**	**2017**	**1380**	**10942**	**6320**	**4622**
鼓楼区	447	261	186	2162	1300	862
云龙区	499	309	190	2049	1149	900
贾汪区	156	85	71	391	272	119
泉山区	738	395	343	2989	1551	1438
铜山区	260	159	101	972	596	376
丰县						
沛县						
睢宁县						
徐州经济技术开发区	5	3	2	6	4	2
新沂市	496	326	170	1168	737	431
邳州市	796	479	317	1205	711	494
常州市	**4319**	**2588**	**1731**	**18978**	**11721**	**7257**
天宁区	573	314	259	2601	1459	1142
钟楼区	635	360	275	2908	1689	1219
新北区	820	501	319	4171	2662	1509
武进区	1268	812	456	5881	3749	2132
金坛区	410	234	176	1475	929	546
江苏省常州市经济开发区	162	104	58	613	437	176
溧阳市	451	263	188	1329	796	533

5-2a 续表 4 单位：户

地 区	15-19岁			20-24岁		
	小计	男	女	小计	男	女
苏州市	**9509**	**5808**	**3701**	**44446**	**26118**	**18328**
虎丘区	768	502	266	4963	2923	2040
吴中区	1256	741	515	6030	3375	2655
相城区	1163	754	409	5110	3214	1896
姑苏区	1102	601	501	6201	2998	3203
吴江区	1410	961	449	5541	3738	1803
苏州工业园区						
常熟市	960	547	413	4523	2769	1754
张家港市	557	330	227	2123	1283	840
昆山市	1790	1069	721	7848	4548	3300
太仓市	503	303	200	2107	1270	837
南通市	**4689**	**2637**	**2052**	**12028**	**6589**	**5439**
崇川区	1443	782	661	4145	2077	2068
港闸区	430	252	178	2012	1184	828
通州区	583	308	275	1049	594	455
如东县						
南通经济技术开发区						
通州湾示范区						
苏锡通科技产业园区						
启东市	711	423	288	1415	828	587
如皋市	540	318	222	1024	529	495
海门市	439	238	201	1152	619	533
海安市	543	316	227	1231	758	473
连云港市	**1474**	**847**	**627**	**3750**	**2208**	**1542**
连云区	170	94	76	671	436	235
海州区	974	556	418	2186	1232	954
赣榆区	306	179	127	685	387	298
东海县	13	12	1	57	41	16
灌云县						
灌南县						
连云港经济技术开发区						
连云港高新技术产业开发区						
江苏连云港徐圩新区	5	3	2	146	109	37
江苏省连云港市云台山风景名胜区	6	3	3	5	3	2
淮安市	**2295**	**1348**	**947**	**4995**	**2791**	**2204**
淮安区	587	365	222	1198	712	486
淮阴区	387	240	147	1048	609	439
清江浦区	1104	616	488	2313	1210	1103
洪泽区	217	127	90	436	260	176
涟水县						
盱眙县						
金湖县						
淮安经济技术开发区						
工业园区						
生态文旅区						
苏淮高新区						

5-2a 续表 5

单位：户

地 区	15-19岁			20-24岁		
	小计	男	女	小计	男	女
盐城市	**3328**	**1953**	**1375**	**6936**	**4057**	**2879**
亭湖区	1004	591	413	2069	1220	849
盐都区	389	222	167	1428	822	606
大丰区	403	211	192	1083	667	416
响水县						
滨海县						
阜宁县						
射阳县						
建湖县						
盐城经济技术开发区	16	9	7	44	32	12
江苏省盐南高新区	655	375	280	1269	691	578
东台市	861	545	316	1043	625	418
扬州市	**2425**	**1362**	**1063**	**7271**	**4029**	**3242**
广陵区	553	324	229	1749	952	797
邗江区	603	350	253	2289	1268	1021
江都区	416	234	182	1060	559	501
宝应县						
扬州经济技术开发区						
蜀冈瘦西湖景区	118	63	55	446	251	195
生态新城	34	21	13	63	40	23
仪征市	458	233	225	988	566	422
高邮市	243	137	106	676	393	283
镇江市	**2168**	**1261**	**907**	**6344**	**3660**	**2684**
京口区	339	194	145	1503	827	676
润州区	277	150	127	927	483	444
丹徒区	103	65	38	325	218	107
镇江新区						
江苏镇江高新区	26	17	9	143	87	56
丹阳市	634	369	265	1778	1090	688
扬中市	340	228	112	504	301	203
句容市	449	238	211	1164	654	510
泰州市	**3396**	**1996**	**1400**	**6820**	**4003**	**2817**
海陵区	702	417	285	2031	1168	863
高港区	326	180	146	472	271	201
姜堰区	586	350	236	1061	632	429
泰州医药高新技术产业开发区						
兴化市	678	425	253	1004	594	410
靖江市	349	188	161	997	594	403
泰兴市	755	436	319	1255	744	511
宿迁市	**1347**	**743**	**604**	**4054**	**2264**	**1790**
宿城区	778	379	399	1972	1051	921
宿豫区	261	155	106	1316	762	554
沭阳县						
泗阳县						
泗洪县						
宿迁经济技术开发区						
宿迁市湖滨新区	124	80	44	264	159	105
苏州宿迁工业园区	17	14	3	117	72	45
宿迁市洋河新区	167	115	52	385	220	165

5-2a 续表 6

单位：户

地区	25-29岁			30-34岁			35-39岁		
	小计	男	女	小计	男	女	小计	男	女
江　苏	**383616**	**230980**	**152636**	**373264**	**225104**	**148160**	**224248**	**131103**	**93145**
南京市	**106727**	**60766**	**45961**	**82000**	**48910**	**33090**	**45026**	**26779**	**18247**
玄武区	6302	3272	3030	4872	2658	2214	2693	1489	1204
秦淮区	8537	4045	4492	7246	3682	3564	4620	2502	2118
建邺区	11245	5709	5536	6912	3718	3194	3717	2086	1631
鼓楼区	12416	5900	6516	8725	4508	4217	5216	2852	2364
浦口区	4710	2792	1918	3370	2045	1325	1671	985	686
栖霞区	11464	6765	4699	9534	6023	3511	5255	3367	1888
雨花台区	8540	5215	3325	6603	4251	2352	3604	2306	1298
江宁区	20615	12770	7845	17487	10843	6644	9333	5644	3689
六合区	1460	868	592	1356	764	592	787	390	397
溧水区	2570	1652	918	2197	1382	815	1172	688	484
高淳区	1437	861	576	1273	749	524	727	414	313
南京江北新区	17431	10917	6514	12425	8287	4138	6231	4056	2175
无锡市	**47318**	**29914**	**17404**	**48132**	**30590**	**17542**	**28761**	**17913**	**10848**
锡山区	6343	4527	1816	6739	4894	1845	3939	2795	1144
惠山区	4564	3100	1464	4650	3125	1525	3033	2015	1018
滨湖区	5193	3035	2158	4624	2733	1891	2725	1620	1105
梁溪区	10699	6001	4698	9995	5829	4166	6158	3727	2431
新吴区	6972	4348	2624	7319	4585	2734	3836	2270	1566
江苏无锡经济开发区	3045	1950	1095	3058	2029	1029	1789	1133	656
江阴市	6162	4193	1969	7182	4596	2586	4638	2857	1781
宜兴市	4340	2760	1580	4565	2799	1766	2643	1496	1147
徐州市	**20860**	**12423**	**8437**	**24050**	**13671**	**10379**	**14748**	**7971**	**6777**
鼓楼区	4319	2736	1583	4204	2502	1702	2648	1521	1127
云龙区	4056	2390	1666	4513	2675	1838	2604	1463	1141
贾汪区	684	426	258	1025	621	404	647	371	276
泉山区	5472	3011	2461	5314	2934	2380	3282	1731	1551
铜山区	1817	1199	618	2116	1278	838	1183	665	518
丰县									
沛县									
睢宁县									
徐州经济技术开发区	11	8	3	20	13	7	5	1	4
新沂市	2235	1425	810	3091	1710	1381	1860	1002	858
邳州市	2266	1228	1038	3767	1938	1829	2519	1217	1302
常州市	**33884**	**22213**	**11671**	**34606**	**22595**	**12011**	**21541**	**13281**	**8260**
天宁区	4858	2828	2030	4765	2849	1916	3220	1800	1420
钟楼区	5235	3344	1891	5541	3591	1950	3575	2272	1303
新北区	7605	5143	2462	7296	4823	2473	4170	2630	1540
武进区	9589	6468	3121	10027	6688	3339	5957	3769	2188
金坛区	2673	1807	866	2904	1942	962	1812	1076	736
江苏省常州市经济开发区	1240	927	313	1408	1059	349	982	693	289
溧阳市	2684	1696	988	2665	1643	1022	1825	1041	784

5-2a　续表 7

单位：户

地　　区	25-29岁			30-34岁			35-39岁		
	小计	男	女	小计	男	女	小计	男	女
苏州市	**83449**	**50267**	**33182**	**90621**	**55379**	**35242**	**53070**	**32128**	**20942**
虎丘区	8976	5455	3521	8326	5313	3013	4309	2666	1643
吴中区	11639	6802	4837	12048	7034	5014	6776	4047	2729
相城区	9884	6265	3619	10964	6943	4021	6297	4068	2229
姑苏区	10001	4965	5036	8975	4842	4133	5782	3258	2524
吴江区	10565	7195	3370	12044	8298	3746	6333	4281	2052
苏州工业园区									
常熟市	7746	4844	2902	8726	5414	3312	5098	3257	1841
张家港市	3501	2202	1299	3984	2364	1620	2484	1506	978
昆山市	17497	10360	7137	21526	12667	8859	13320	7403	5917
太仓市	3640	2179	1461	4028	2504	1524	2671	1642	1029
南通市	**20478**	**11926**	**8552**	**21646**	**12564**	**9082**	**14840**	**8287**	**6553**
崇川区	6438	3447	2991	6183	3350	2833	3954	2141	1813
港闸区	3776	2384	1392	4086	2591	1495	2444	1540	904
通州区	1868	1134	734	2069	1259	810	1451	833	618
如东县									
南通经济技术开发区									
通州湾示范区									
苏锡通科技产业园区									
启东市	2410	1432	978	2554	1524	1030	2101	1171	930
如皋市	1853	1002	851	2337	1266	1071	1566	806	760
海门市	1815	981	834	1897	990	907	1542	701	841
海安市	2318	1546	772	2520	1584	936	1782	1095	687
连云港市	**6648**	**4011**	**2637**	**8064**	**4512**	**3552**	**4991**	**2733**	**2258**
连云区	1129	738	391	1385	860	525	796	493	303
海州区	3738	2098	1640	4443	2372	2071	2940	1546	1394
赣榆区	1412	881	531	1816	930	886	1017	487	530
东海县	121	78	43	112	77	35	62	40	22
灌云县									
灌南县									
连云港经济技术开发区									
连云港高新技术产业开发区									
江苏连云港徐圩新区	241	210	31	289	258	31	168	160	8
江苏省连云港市云台山风景名胜区	7	6	1	19	15	4	8	7	1
淮安市	**8816**	**5128**	**3688**	**8378**	**4319**	**4059**	**5871**	**2886**	**2985**
淮安区	1966	1152	814	1705	826	879	1330	614	716
淮阴区	2104	1283	821	1915	1013	902	1231	620	611
清江浦区	3953	2225	1728	3963	2057	1906	2610	1284	1326
洪泽区	793	468	325	795	423	372	700	368	332
涟水县									
盱眙县									
金湖县									
淮安经济技术开发区									
工业园区									
生态文旅区									
苏淮高新区									

5-2a 续表 8

单位：户

地　区	25-29岁			30-34岁			35-39岁		
	小计	男	女	小计	男	女	小计	男	女
盐城市	**11351**	**7225**	**4126**	**12612**	**7482**	**5130**	**7989**	**4206**	**3783**
亭湖区	3167	1918	1249	3909	2254	1655	2673	1359	1314
盐都区	2310	1541	769	2318	1373	945	1384	742	642
大丰区	1819	1213	606	2008	1267	741	1266	700	566
响水县									
滨海县									
阜宁县									
射阳县									
建湖县									
盐城经济技术开发区	44	28	16	63	26	37	45	25	20
江苏省盐南高新区	2437	1579	858	2714	1595	1119	1523	809	714
东台市	1574	946	628	1600	967	633	1098	571	527
扬州市	**13715**	**8282**	**5433**	**12526**	**7255**	**5271**	**8472**	**4555**	**3917**
广陵区	3576	2158	1418	3267	1881	1386	2274	1243	1031
邗江区	4277	2430	1847	3900	2142	1758	2470	1282	1188
江都区	1986	1245	741	1626	961	665	1132	589	543
宝应县									
扬州经济技术开发区									
蜀冈瘦西湖景区	753	453	300	736	426	310	534	314	220
生态新城	160	106	54	248	154	94	174	104	70
仪征市	1869	1219	650	1754	1120	634	1220	689	531
高邮市	1094	671	423	995	571	424	668	334	334
镇江市	**12012**	**7509**	**4503**	**12479**	**7402**	**5077**	**8291**	**4725**	**3566**
京口区	2263	1317	946	2364	1387	977	1610	942	668
润州区	1730	982	748	1746	977	769	1151	649	502
丹徒区	910	639	271	1083	680	403	812	505	307
镇江新区									
江苏镇江高新区	362	262	100	375	247	128	227	142	85
丹阳市	3404	2246	1158	3464	2134	1330	2208	1291	917
扬中市	1039	629	410	1026	571	455	732	400	332
句容市	2304	1434	870	2421	1406	1015	1551	796	755
泰州市	**11846**	**7467**	**4379**	**10767**	**6292**	**4475**	**6920**	**3653**	**3267**
海陵区	3382	2049	1333	3002	1702	1300	1950	1041	909
高港区	810	530	280	737	440	297	500	285	215
姜堰区	1873	1262	611	1671	1040	631	1060	595	465
泰州医药高新技术产业开发区									
兴化市	1756	1038	718	1813	946	867	1265	624	641
靖江市	1915	1226	689	1871	1160	711	1069	551	518
泰兴市	2110	1362	748	1673	1004	669	1076	557	519
宿迁市	**6512**	**3849**	**2663**	**7383**	**4133**	**3250**	**3728**	**1986**	**1742**
宿城区	3073	1788	1285	3668	2027	1641	1774	940	834
宿豫区	2181	1363	818	2194	1301	893	1142	629	513
沭阳县									
泗阳县									
泗洪县									
宿迁经济技术开发区									
宿迁市湖滨新区	400	226	174	458	253	205	230	129	101
苏州宿迁工业园区	327	205	122	429	235	194	198	101	97
宿迁市洋河新区	531	267	264	634	317	317	384	187	197

5-2a　续表 9　　　　单位：户

地　区	40-44岁			45-49岁			50-54岁		
	小计	男	女	小计	男	女	小计	男	女
江　苏	**215838**	**114754**	**101084**	**239981**	**123207**	**116774**	**258568**	**138524**	**120044**
南京市	**38158**	**21326**	**16832**	**41011**	**22048**	**18963**	**44601**	**24633**	**19968**
玄武区	2308	1281	1027	2616	1363	1253	2783	1475	1308
秦淮区	3752	1994	1758	4147	2112	2035	4604	2430	2174
建邺区	2726	1539	1187	2674	1403	1271	2687	1431	1256
鼓楼区	4430	2284	2146	4865	2474	2391	5550	2897	2653
浦口区	1641	939	702	1876	1008	868	2207	1268	939
栖霞区	4639	2710	1929	4962	2767	2195	5370	3022	2348
雨花台区	3080	1844	1236	3386	1943	1443	3648	2090	1558
江宁区	7213	4055	3158	6700	3709	2991	6765	3729	3036
六合区	1139	541	598	1300	552	748	1516	828	688
溧水区	1232	633	599	1616	876	740	1821	1034	787
高淳区	894	428	466	1345	640	705	1402	714	688
南京江北新区	5104	3078	2026	5524	3201	2323	6248	3715	2533
无锡市	**26650**	**15329**	**11321**	**29841**	**16683**	**13158**	**30149**	**17324**	**12825**
锡山区	3439	2308	1131	3576	2359	1217	3380	2309	1071
惠山区	2762	1696	1066	3137	1976	1161	2997	1940	1057
滨湖区	2651	1475	1176	3133	1639	1494	3374	1814	1560
梁溪区	5544	3121	2423	6311	3370	2941	6867	3599	3268
新吴区	2916	1560	1356	2612	1333	1279	2345	1294	1051
江苏无锡经济开发区	1430	839	591	1695	943	752	1583	918	665
江阴市	4758	2740	2018	5403	3081	2322	5329	3197	2132
宜兴市	3150	1590	1560	3974	1982	1992	4274	2253	2021
徐州市	**13455**	**6839**	**6616**	**16962**	**8367**	**8595**	**19733**	**9781**	**9952**
鼓楼区	2507	1329	1178	3117	1558	1559	3614	1834	1780
云龙区	2265	1134	1131	2517	1276	1241	2762	1335	1427
贾汪区	580	299	281	828	412	416	1158	611	547
泉山区	3071	1500	1571	4054	1870	2184	4663	2085	2578
铜山区	1094	607	487	1284	660	624	1701	869	832
丰县									
沛县									
睢宁县									
徐州经济技术开发区	11	5	6	10	6	4	29	22	7
新沂市	1846	966	880	2524	1220	1304	2996	1550	1446
邳州市	2081	999	1082	2628	1365	1263	2810	1475	1335
常州市	**20696**	**11527**	**9169**	**24013**	**12909**	**11104**	**23857**	**13210**	**10647**
天宁区	3157	1699	1458	3919	2024	1895	4199	2228	1971
钟楼区	3419	1971	1448	4200	2320	1880	4572	2591	1981
新北区	3409	1914	1495	3444	1965	1479	3264	1928	1336
武进区	5509	3227	2282	5842	3377	2465	5109	3051	2058
金坛区	2028	997	1031	2906	1329	1577	2858	1348	1510
江苏省常州市经济开发区	1007	682	325	1198	751	447	1244	841	403
溧阳市	2167	1037	1130	2504	1143	1361	2611	1223	1388

5-2a 续表 10 单位：户

地　区	40-44岁			45-49岁			50-54岁		
	小计	男	女	小计	男	女	小计	男	女
苏州市	**40723**	**23536**	**17187**	**38232**	**21596**	**16636**	**36281**	**21016**	**15265**
虎丘区	2810	1679	1131	2477	1430	1047	2183	1228	955
吴中区	4865	2782	2083	4593	2615	1978	4460	2514	1946
相城区	5032	3161	1871	5029	3148	1881	4978	3108	1870
姑苏区	4816	2620	2196	5308	2732	2576	6170	3367	2803
吴江区	4580	2842	1738	4117	2514	1603	3859	2405	1454
苏州工业园区									
常熟市	4621	2751	1870	4639	2588	2051	4110	2432	1678
张家港市	2359	1301	1058	2660	1461	1199	2719	1541	1178
昆山市	9181	4977	4204	6886	3683	3203	5662	3136	2526
太仓市	2459	1423	1036	2523	1425	1098	2140	1285	855
南通市	**18852**	**8609**	**10243**	**21461**	**9450**	**12011**	**25066**	**11983**	**13083**
崇川区	3779	1923	1856	4309	2099	2210	4822	2422	2400
港闸区	2337	1351	986	2508	1436	1072	2817	1658	1159
通州区	1924	871	1053	2357	1003	1354	2865	1333	1532
如东县									
南通经济技术开发区									
通州湾示范区									
苏锡通科技产业园区									
启东市	3262	1351	1911	3758	1495	2263	4462	1862	2600
如皋市	2111	922	1189	2423	1059	1364	2874	1432	1442
海门市	2667	896	1771	2698	903	1795	2637	1036	1601
海安市	2772	1295	1477	3408	1455	1953	4589	2240	2349
连云港市	**4938**	**2386**	**2552**	**6268**	**3154**	**3114**	**7090**	**3740**	**3350**
连云区	829	440	389	1181	693	488	1386	875	511
海州区	2994	1399	1595	3601	1796	1805	4002	2021	1981
赣榆区	928	397	531	1265	484	781	1465	656	809
东海县	32	19	13	41	27	14	53	34	19
灌云县									
灌南县									
连云港经济技术开发区									
连云港高新技术产业开发区									
江苏连云港徐圩新区	146	122	24	173	150	23	169	143	26
江苏省连云港市云台山风景名胜区	9	9		7	4	3	15	11	4
淮安市	**7217**	**3310**	**3907**	**8523**	**4005**	**4518**	**9937**	**5109**	**4828**
淮安区	1779	751	1028	2115	960	1155	2387	1221	1166
淮阴区	1485	751	734	1524	768	756	1818	927	891
清江浦区	2943	1355	1588	3412	1575	1837	4083	2050	2033
洪泽区	1010	453	557	1472	702	770	1649	911	738
涟水县									
盱眙县									
金湖县									
淮安经济技术开发区									
工业园区									
生态文旅区									
苏淮高新区									

5-2a　续表 11　　　　单位：户

地　区	40-44岁			45-49岁			50-54岁		
	小计	男	女	小计	男	女	小计	男	女
盐城市	**9844**	**4718**	**5126**	**11298**	**5518**	**5780**	**13679**	**7210**	**6469**
亭湖区	3398	1681	1717	4163	2079	2084	5038	2673	2365
盐都区	1413	668	745	1639	775	864	1893	983	910
大丰区	1722	810	912	1869	919	950	2236	1141	1095
响水县									
滨海县									
阜宁县									
射阳县									
建湖县									
盐城经济技术开发区	37	20	17	44	19	25	65	38	27
江苏省盐南高新区	1638	763	875	1754	886	868	1724	918	806
东台市	1636	776	860	1829	840	989	2723	1457	1266
扬州市	**11480**	**5349**	**6131**	**13803**	**6044**	**7759**	**16189**	**7993**	**8196**
广陵区	2586	1304	1282	2948	1454	1494	3737	2003	1734
邗江区	2695	1244	1451	2839	1292	1547	3028	1454	1574
江都区	2204	938	1266	2649	990	1659	2963	1355	1608
宝应县									
扬州经济技术开发区									
蜀冈瘦西湖景区	623	304	319	756	349	407	803	396	407
生态新城	158	89	69	239	126	113	244	138	106
仪征市	1877	943	934	2554	1193	1361	3495	1756	1739
高邮市	1337	527	810	1818	640	1178	1919	891	1028
镇江市	**9084**	**4666**	**4418**	**12224**	**6206**	**6018**	**13294**	**7213**	**6081**
京口区	1734	923	811	2408	1226	1182	2783	1525	1258
润州区	1265	667	598	1871	940	931	2198	1216	982
丹徒区	691	365	326	868	486	382	962	560	402
镇江新区									
江苏镇江高新区	214	131	83	373	224	149	478	277	201
丹阳市	2288	1213	1075	2919	1474	1445	2831	1513	1318
扬中市	927	435	492	1298	658	640	1262	684	578
句容市	1965	932	1033	2487	1198	1289	2780	1438	1342
泰州市	**11108**	**5307**	**5801**	**12535**	**5173**	**7362**	**14536**	**7011**	**7525**
海陵区	2441	1236	1205	2615	1119	1496	3064	1461	1603
高港区	648	337	311	757	340	417	918	484	434
姜堰区	2075	956	1119	2246	958	1288	2659	1264	1395
泰州医药高新技术产业开发区									
兴化市	1730	874	856	1756	848	908	2273	1255	1018
靖江市	1847	863	984	2100	800	1300	2360	1040	1320
泰兴市	2367	1041	1326	3061	1108	1953	3262	1507	1755
宿迁市	**3633**	**1852**	**1781**	**3810**	**2054**	**1756**	**4156**	**2301**	**1855**
宿城区	1770	905	865	1753	942	811	1896	1008	888
宿豫区	1069	565	504	1101	587	514	1154	664	490
沭阳县									
泗阳县									
泗洪县									
宿迁经济技术开发区									
宿迁市湖滨新区	210	111	99	274	164	110	340	210	130
苏州宿迁工业园区	108	49	59	99	52	47	83	36	47
宿迁市洋河新区	476	222	254	583	309	274	683	383	300

5-2a 续表 12

单位：户

地区	55-59岁			60-64岁			65岁及以上		
	小计	男	女	小计	男	女	小计	男	女
江　苏	**221346**	**121368**	**99978**	**160187**	**84748**	**75439**	**640887**	**238497**	**402390**
南京市	**44422**	**24256**	**20166**	**34146**	**17543**	**16603**	**126428**	**45352**	**81076**
玄武区	3162	1663	1499	2674	1319	1355	9764	3359	6405
秦淮区	5567	2925	2642	5319	2618	2701	18719	6398	12321
建邺区	2597	1287	1310	2180	989	1191	7026	2338	4688
鼓楼区	6263	3293	2970	5768	2822	2946	20378	7100	13278
浦口区	2103	1250	853	1354	754	600	6425	2442	3983
栖霞区	5326	2955	2371	3990	2162	1828	12552	4539	8013
雨花台区	3453	1905	1548	2593	1357	1236	8131	2982	5149
江宁区	5782	3182	2600	3793	1968	1825	14898	5402	9496
六合区	1458	869	589	1016	593	423	4410	1700	2710
溧水区	1601	885	716	796	433	363	4993	1822	3171
高淳区	1454	782	672	706	415	291	6052	2555	3497
南京江北新区	5656	3260	2396	3957	2113	1844	13080	4715	8365
无锡市	**25284**	**14236**	**11048**	**18773**	**9877**	**8896**	**81294**	**29631**	**51663**
锡山区	2318	1515	803	1196	760	436	4682	1883	2799
惠山区	2181	1353	828	1384	779	605	5751	2247	3504
滨湖区	3244	1718	1526	2601	1236	1365	12017	4302	7715
梁溪区	6736	3568	3168	6294	3188	3106	24021	8717	15304
新吴区	1872	976	896	1477	753	724	8170	2983	5187
江苏无锡经济开发区	1380	746	634	1026	555	471	3940	1448	2492
江阴市	4017	2452	1565	2627	1454	1173	11766	4167	7599
宜兴市	3536	1908	1628	2168	1152	1016	10947	3884	7063
徐州市	**17956**	**9287**	**8669**	**13160**	**6591**	**6569**	**54211**	**19253**	**34958**
鼓楼区	3587	1902	1685	2580	1220	1360	8756	2988	5768
云龙区	2604	1255	1349	1953	934	1019	7584	2644	4940
贾汪区	1032	545	487	755	415	340	3687	1164	2523
泉山区	4621	2234	2387	3548	1586	1962	14577	4753	9824
铜山区	1562	819	743	1127	617	510	5829	2196	3633
丰县									
沛县									
睢宁县									
徐州经济技术开发区	18	12	6	19	10	9	122	44	78
新沂市	2324	1287	1037	1501	842	659	5882	2404	3478
邳州市	2208	1233	975	1677	967	710	7774	3060	4714
常州市	**19342**	**10664**	**8678**	**12892**	**6942**	**5950**	**52797**	**19128**	**33669**
天宁区	3652	1897	1755	2884	1466	1418	11139	3885	7254
钟楼区	3886	2166	1720	2931	1538	1393	11561	4118	7443
新北区	2573	1496	1077	1651	912	739	7281	2724	4557
武进区	3539	2058	1481	2074	1207	867	7613	2993	4620
金坛区	2451	1285	1166	1425	771	654	6394	2267	4127
江苏省常州市经济开发区	997	638	359	730	439	291	2934	1070	1864
溧阳市	2244	1124	1120	1197	609	588	5875	2071	3804

5-2a　续表 13　　　　单位：户

地区	55-59岁			60-64岁			65岁及以上		
	小计	男	女	小计	男	女	小计	男	女
苏州市	**29273**	**16865**	**12408**	**20369**	**11151**	**9218**	**84036**	**31646**	**52390**
虎丘区	1809	1051	758	1173	600	573	5877	2080	3797
吴中区	3442	1871	1571	2188	1180	1008	7618	2939	4679
相城区	3483	2245	1238	2055	1265	790	10158	3838	6320
姑苏区	6849	3786	3063	6549	3487	3062	26992	10270	16722
吴江区	2660	1640	1020	1482	845	637	5446	2207	3239
苏州工业园区									
常熟市	3234	1892	1342	2072	1205	867	8547	3063	5484
张家港市	1917	1146	771	1115	613	502	5804	1835	3969
昆山市	4286	2317	1969	2818	1465	1353	10251	4065	6186
太仓市	1593	917	676	917	491	426	3343	1349	1994
南通市	**21698**	**11052**	**10646**	**15786**	**7944**	**7842**	**69929**	**25048**	**44881**
崇川区	4018	2046	1972	2824	1325	1499	13755	4683	9072
港闸区	2172	1265	907	1482	823	659	7389	2590	4799
通州区	2597	1309	1288	1928	1000	928	10894	3815	7079
如东县									
南通经济技术开发区									
通州湾示范区									
苏锡通科技产业园区									
启东市	4440	2015	2425	3482	1494	1988	14175	4335	9840
如皋市	2469	1379	1090	1779	1027	752	5891	2513	3378
海门市	2459	1100	1359	1766	814	952	8130	2751	5379
海安市	3543	1938	1605	2525	1461	1064	9695	4361	5334
连云港市	**5808**	**3273**	**2535**	**4609**	**2388**	**2221**	**17045**	**5928**	**11117**
连云区	1111	702	409	757	383	374	3135	1030	2105
海州区	3407	1836	1571	2807	1428	1379	9311	3259	6052
赣榆区	1145	621	524	933	501	432	4283	1495	2788
东海县	40	24	16	34	16	18	139	62	77
灌云县									
灌南县									
连云港经济技术开发区									
连云港高新技术产业开发区									
江苏连云港徐圩新区	88	80	8	52	44	8	77	30	47
江苏省连云港市云台山风景名胜区	17	10	7	26	16	10	100	52	48
淮安市	**7650**	**4267**	**3383**	**5788**	**3155**	**2633**	**19048**	**8014**	**11034**
淮安区	1972	1086	886	1450	859	591	5381	2462	2919
淮阴区	1295	723	572	1063	623	440	3152	1297	1855
清江浦区	3233	1753	1480	2518	1255	1263	8243	3238	5005
洪泽区	1150	705	445	757	418	339	2272	1017	1255
涟水县									
盱眙县									
金湖县									
淮安经济技术开发区									
工业园区									
生态文旅区									
苏淮高新区									

5-2a 续表 14

单位：户

地区	55-59岁			60-64岁			65岁及以上		
	小计	男	女	小计	男	女	小计	男	女
盐城市	**10845**	**6149**	**4696**	**7516**	**4251**	**3265**	**27596**	**11270**	**16326**
亭湖区	3715	2030	1685	2557	1459	1098	9042	3794	5248
盐都区	1354	722	632	831	492	339	2968	1332	1636
大丰区	1839	1064	775	1258	666	592	4088	1491	2597
响水县									
滨海县									
阜宁县									
射阳县									
建湖县									
盐城经济技术开发区	39	27	12	32	23	9	136	46	90
江苏省盐南高新区	1210	695	515	772	386	386	2175	970	1205
东台市	2688	1611	1077	2066	1225	841	9187	3637	5550
扬州市	**13063**	**6859**	**6204**	**8964**	**4817**	**4147**	**33368**	**13262**	**20106**
广陵区	3251	1735	1516	2602	1360	1242	8947	3439	5508
邗江区	2470	1233	1237	1659	856	803	5549	2282	3267
江都区	1991	1020	971	1382	777	605	5347	2210	3137
宝应县									
扬州经济技术开发区									
蜀冈瘦西湖景区	794	394	400	573	297	276	2078	756	1322
生态新城	199	103	96	143	89	54	429	198	231
仪征市	2955	1609	1346	1694	930	764	7188	2859	4329
高邮市	1403	765	638	911	508	403	3830	1518	2312
镇江市	**11961**	**6764**	**5197**	**8137**	**4520**	**3617**	**31384**	**11937**	**19447**
京口区	2716	1495	1221	1987	1025	962	7891	2798	5093
润州区	2221	1254	967	1680	922	758	5769	2171	3598
丹徒区	784	484	300	600	355	245	2050	813	1237
镇江新区									
江苏镇江高新区	428	258	170	314	188	126	949	379	570
丹阳市	2396	1358	1038	1448	821	627	5991	2164	3827
扬中市	1045	581	464	771	446	325	2367	1049	1318
句容市	2371	1334	1037	1337	763	574	6367	2563	3804
泰州市	**11126**	**5937**	**5189**	**7838**	**4274**	**3564**	**34613**	**14145**	**20468**
海陵区	2508	1288	1220	1897	1012	885	9044	3566	5478
高港区	699	376	323	522	281	241	2323	1006	1317
姜堰区	1867	969	898	1248	677	571	5995	2508	3487
泰州医药高新技术产业开发区									
兴化市	2025	1125	900	1323	719	604	6949	2646	4303
靖江市	1772	927	845	1183	682	501	3875	1611	2264
泰兴市	2255	1252	1003	1665	903	762	6427	2808	3619
宿迁市	**2918**	**1759**	**1159**	**2209**	**1295**	**914**	**9138**	**3883**	**5255**
宿城区	1383	794	589	1072	587	485	4233	1721	2512
宿豫区	700	428	272	535	314	221	2168	944	1224
沭阳县									
泗阳县									
泗洪县									
宿迁经济技术开发区									
宿迁市湖滨新区	296	184	112	242	167	75	1233	572	661
苏州宿迁工业园区	39	28	11	11	9	2	23	9	14
宿迁市洋河新区	500	325	175	349	218	131	1481	637	844

5-2b 各地区分年龄、性别的一人户(镇)

单位：户

地区	合计			14岁及以下		
	合计	男	女	小计	男	女
江 苏	**1725822**	**915529**	**810293**	**64190**	**36308**	**27882**
南京市	**13321**	**7445**	**5876**	**323**	**181**	**142**
玄武区						
秦淮区						
建邺区						
鼓楼区						
浦口区	212	106	106	1	1	
栖霞区						
雨花台区	1029	562	467	8	4	4
江宁区						
六合区	8188	4653	3535	213	121	92
溧水区	2905	1504	1401	93	50	43
高淳区	987	620	367	8	5	3
南京江北新区						
无锡市	**97708**	**57254**	**40454**	**1441**	**759**	**682**
锡山区	20394	12613	7781	226	126	100
惠山区	7892	4851	3041	102	62	40
滨湖区						
梁溪区						
新吴区						
江苏无锡经济开发区						
江阴市	42534	24624	17910	817	423	394
宜兴市	26888	15166	11722	296	148	148
徐州市	**192671**	**98015**	**94656**	**10505**	**6008**	**4497**
鼓楼区						
云龙区	1409	726	683	47	28	19
贾汪区	5544	2660	2884	194	123	71
泉山区						
铜山区	21414	11031	10383	865	512	353
丰县	39077	19473	19604	2420	1370	1050
沛县	38272	18556	19716	1947	1114	833
睢宁县	37178	18912	18266	2430	1361	1069
徐州经济技术开发区	21371	12198	9173	627	349	278
新沂市	11599	5790	5809	682	394	288
邳州市	16807	8669	8138	1293	757	536
常州市	**55563**	**30861**	**24702**	**962**	**514**	**448**
天宁区	3215	1822	1393	56	26	30
钟楼区						
新北区	10271	5731	4540	159	85	74
武进区	13200	7745	5455	137	77	60
金坛区	7135	3702	3433	123	70	53
江苏省常州市经济开发区	7876	4897	2979	139	70	69
溧阳市	13866	6964	6902	348	186	162

5-2b 续表 1

单位：户

地　区	合　计			14岁及以下		
	合计	男	女	小计	男	女
苏州市	**258421**	**151686**	**106735**	**4648**	**2546**	**2102**
虎丘区	315	171	144	2	1	1
吴中区	16804	10420	6384	274	149	125
相城区	7141	4889	2252	87	40	47
姑苏区						
吴江区	49705	29412	20293	766	438	328
苏州工业园区	66365	35273	31092	1528	811	717
常熟市	28286	17984	10302	285	173	112
张家港市	46014	26958	19056	674	372	302
昆山市	21207	12467	8740	607	339	268
太仓市	22584	14112	8472	425	223	202
南通市	**215811**	**104495**	**111316**	**4293**	**2273**	**2020**
崇川区						
港闸区						
通州区	31584	15180	16404	464	223	241
如东县	46992	22751	24241	959	523	436
南通经济技术开发区	20395	11164	9231	398	194	204
通州湾示范区	5392	2416	2976	110	55	55
苏锡通科技产业园区	3296	1733	1563	43	23	20
启东市	26633	11637	14996	728	405	323
如皋市	32076	16252	15824	699	368	331
海门市	32785	14900	17885	670	360	310
海安市	16658	8462	8196	222	122	100
连云港市	**125387**	**65068**	**60319**	**7433**	**4212**	**3221**
连云区	240	216	24			
海州区	3852	1951	1901	182	104	78
赣榆区	18895	9099	9796	720	389	331
东海县	32471	17223	15248	1792	996	796
灌云县	27891	14829	13062	1698	959	739
灌南县	25095	12847	12248	2262	1313	949
连云港经济技术开发区	6143	3341	2802	117	67	50
连云港高新技术产业开发区	8158	4243	3915	565	323	242
江苏连云港徐圩新区	2507	1249	1258	92	56	36
江苏省连云港市云台山风景名胜区	135	70	65	5	5	
淮安市	**126515**	**66534**	**59981**	**7557**	**4327**	**3230**
淮安区	11478	6105	5373	511	286	225
淮阴区	9577	5270	4307	534	300	234
清江浦区	453	259	194	9	7	2
洪泽区	3715	2060	1655	101	54	47
涟水县	33336	17204	16132	2490	1475	1015
盱眙县	27371	14213	13158	1364	786	578
金湖县	12515	6551	5964	273	167	106
淮安经济技术开发区	21435	11348	10087	1526	829	697
工业园区	396	217	179	12	7	5
生态文旅区	4440	2306	2134	639	362	277
苏淮高新区	1799	1001	798	98	54	44

5-2b 续表 2

单位：户

地 区	合 计			14岁及以下		
	合计	男	女	小计	男	女
盐城市	**243355**	**125257**	**118098**	**11982**	**6913**	**5069**
亭湖区	4906	2550	2356	168	92	76
盐都区	9708	5122	4586	398	231	167
大丰区	21310	10581	10729	283	148	135
响水县	19372	10056	9316	1265	724	541
滨海县	43807	22855	20952	3038	1777	1261
阜宁县	47066	24325	22741	3793	2226	1567
射阳县	45591	23326	22265	1947	1094	853
建湖县	25676	13281	12395	685	390	295
盐城经济技术开发区	4174	2500	1674	76	49	27
江苏省盐南高新区						
东台市	21745	10661	11084	329	182	147
扬州市	**83617**	**42200**	**41417**	**1961**	**1045**	**916**
广陵区	2770	1584	1186	57	28	29
邗江区	3690	1886	1804	66	41	25
江都区	23588	11457	12131	377	190	187
宝应县	25906	12838	13068	765	408	357
扬州经济技术开发区	14405	7381	7024	454	259	195
蜀冈瘦西湖景区						
生态新城	847	410	437	12	6	6
仪征市	4319	2329	1990	79	37	42
高邮市	8092	4315	3777	151	76	75
镇江市	**68627**	**38305**	**30322**	**1220**	**727**	**493**
京口区	547	342	205	2	2	
润州区						
丹徒区	5260	2812	2448	76	44	32
镇江新区	15172	8090	7082	372	223	149
江苏镇江高新区						
丹阳市	33579	19671	13908	471	287	184
扬中市	3517	1882	1635	29	17	12
句容市	10552	5508	5044	270	154	116
泰州市	**104471**	**55755**	**48716**	**3044**	**1739**	**1305**
海陵区	2059	1037	1022	24	13	11
高港区	3131	1651	1480	47	34	13
姜堰区	12395	6367	6028	193	108	85
泰州医药高新技术产业开发区	13180	7459	5721	347	184	163
兴化市	35657	19209	16448	1519	892	627
靖江市	10418	5757	4661	155	75	80
泰兴市	27631	14275	13356	759	433	326
宿迁市	**140355**	**72654**	**67701**	**8821**	**5064**	**3757**
宿城区	3126	1682	1444	180	100	80
宿豫区	4777	2754	2023	183	101	82
沭阳县	54899	28718	26181	3763	2179	1584
泗阳县	30300	14964	15336	2056	1186	870
泗洪县	37434	19216	18218	2119	1208	911
宿迁经济技术开发区	8557	4655	3902	471	258	213
宿迁市湖滨新区	1262	665	597	49	32	17
苏州宿迁工业园区						
宿迁市洋河新区						

5-2b 续表 3

单位：户

地　区	15-19岁			20-24岁		
	小计	男	女	小计	男	女
江　苏	**34430**	**20550**	**13880**	**76183**	**46928**	**29255**
南京市	**136**	**79**	**57**	**751**	**460**	**291**
玄武区						
秦淮区						
建邺区						
鼓楼区						
浦口区	2		2	2	2	
栖霞区						
雨花台区	1		1	73	46	27
江宁区						
六合区	95	55	40	548	340	208
溧水区	32	20	12	104	57	47
高淳区	6	4	2	24	15	9
南京江北新区						
无锡市	**1699**	**1047**	**652**	**5242**	**3583**	**1659**
锡山区	333	220	113	1139	811	328
惠山区	119	74	45	447	305	142
滨湖区						
梁溪区						
新吴区						
江苏无锡经济开发区						
江阴市	901	532	369	2778	1847	931
宜兴市	346	221	125	878	620	258
徐州市	**3608**	**2321**	**1287**	**8225**	**5266**	**2959**
鼓楼区						
云龙区	23	15	8	99	56	43
贾汪区	59	42	17	163	119	44
泉山区						
铜山区	308	214	94	626	446	180
丰县	962	617	345	1606	1026	580
沛县	565	355	210	1237	800	437
睢宁县	665	412	253	1915	1105	810
徐州经济技术开发区	387	249	138	1729	1225	504
新沂市	219	152	67	364	202	162
邳州市	420	265	155	486	287	199
常州市	**883**	**577**	**306**	**2434**	**1662**	**772**
天宁区	54	40	14	133	96	37
钟楼区						
新北区	206	129	77	559	393	166
武进区	251	163	88	694	475	219
金坛区	43	27	16	179	115	64
江苏省常州市经济开发区	171	116	55	541	374	167
溧阳市	158	102	56	328	209	119

5-2b　续表 4

单位：户

地　区	15-19岁			20-24岁		
	小计	男	女	小计	男	女
苏州市	**4227**	**2701**	**1526**	**17378**	**10757**	**6621**
虎丘区	1	1		33	18	15
吴中区	332	232	100	1229	820	409
相城区	132	94	38	420	329	91
姑苏区						
吴江区	1070	711	359	3122	2049	1073
苏州工业园区	805	448	357	6075	3159	2916
常熟市	461	297	164	1487	1024	463
张家港市	738	479	259	2408	1636	772
昆山市	343	214	129	1322	858	464
太仓市	345	225	120	1282	864	418
南通市	**2718**	**1528**	**1190**	**6152**	**3772**	**2380**
崇川区						
港闸区						
通州区	331	180	151	790	530	260
如东县	644	352	292	1063	641	422
南通经济技术开发区	271	147	124	1548	917	631
通州湾示范区	61	40	21	126	84	42
苏锡通科技产业园区	30	20	10	171	114	57
启东市	314	184	130	684	426	258
如皋市	326	182	144	525	299	226
海门市	349	210	139	908	566	342
海安市	392	213	179	337	195	142
连云港市	**2938**	**1879**	**1059**	**5893**	**3613**	**2280**
连云区	1		1	10	7	3
海州区	109	73	36	189	110	79
赣榆区	276	174	102	456	322	134
东海县	858	533	325	1793	1126	667
灌云县	691	449	242	1304	806	498
灌南县	755	488	267	1109	672	437
连云港经济技术开发区	45	25	20	479	247	232
连云港高新技术产业开发区	163	107	56	459	268	191
江苏连云港徐圩新区	40	30	10	90	51	39
江苏省连云港市云台山风景名胜区				4	4	
淮安市	**4193**	**2251**	**1942**	**5557**	**3192**	**2365**
淮安区	205	132	73	323	208	115
淮阴区	180	102	78	302	176	126
清江浦区	5	5		10	9	1
洪泽区	52	32	20	76	39	37
涟水县	2137	1078	1059	1405	828	577
盱眙县	695	363	332	1146	612	534
金湖县	128	72	56	406	230	176
淮安经济技术开发区	542	328	214	1517	893	624
工业园区	12	5	7	28	18	10
生态文旅区	192	111	81	266	137	129
苏淮高新区	45	23	22	78	42	36

5-2b 续表 5

单位：户

地　　区	15-19岁			20-24岁		
	小计	男	女	小计	男	女
盐城市	**5991**	**3497**	**2494**	**8180**	**4891**	**3289**
亭湖区	415	238	177	109	81	28
盐都区	282	166	116	294	197	97
大丰区	202	103	99	455	271	184
响水县	498	323	175	787	486	301
滨海县	1143	733	410	1654	982	672
阜宁县	1185	636	549	1667	955	712
射阳县	997	564	433	1626	950	676
建湖县	598	377	221	824	551	273
盐城经济技术开发区	52	30	22	321	188	133
江苏省盐南高新区						
东台市	619	327	292	443	230	213
扬州市	**1871**	**1028**	**843**	**2646**	**1557**	**1089**
广陵区	34	25	9	55	42	13
邗江区	115	51	64	79	51	28
江都区	628	351	277	492	263	229
宝应县	574	322	252	880	520	360
扬州经济技术开发区	253	142	111	856	512	344
蜀冈瘦西湖景区						
生态新城	7	3	4	11	3	8
仪征市	44	24	20	94	57	37
高邮市	216	110	106	179	109	70
镇江市	**830**	**526**	**304**	**2954**	**1922**	**1032**
京口区	5	3	2	25	20	5
润州区						
丹徒区	25	16	9	84	53	31
镇江新区	210	131	79	913	528	385
江苏镇江高新区						
丹阳市	475	308	167	1358	975	383
扬中市	24	13	11	65	39	26
句容市	91	55	36	509	307	202
泰州市	**2309**	**1318**	**991**	**3334**	**2072**	**1262**
海陵区	13	6	7	24	14	10
高港区	32	21	11	89	58	31
姜堰区	277	155	122	220	128	92
泰州医药高新技术产业开发区	294	153	141	1124	689	435
兴化市	563	363	200	915	584	331
靖江市	288	156	132	252	156	96
泰兴市	842	464	378	710	443	267
宿迁市	**3027**	**1798**	**1229**	**7437**	**4181**	**3256**
宿城区	53	29	24	125	79	46
宿豫区	65	33	32	202	136	66
沭阳县	996	616	380	2923	1594	1329
泗阳县	837	503	334	1551	882	669
泗洪县	882	502	380	1884	1060	824
宿迁经济技术开发区	174	106	68	696	402	294
宿迁市湖滨新区	20	9	11	56	28	28
苏州宿迁工业园区						
宿迁市洋河新区						

5-2b 续表 6

单位：户

地区	25-29岁			30-34岁			35-39岁		
	小计	男	女	小计	男	女	小计	男	女
江苏	**136371**	**84607**	**51764**	**158086**	**96128**	**61958**	**104345**	**60345**	**44000**
南京市	**1638**	**1098**	**540**	**1580**	**1020**	**560**	**795**	**494**	**301**
玄武区									
秦淮区									
建邺区									
鼓楼区									
浦口区	6	6		5	2	3	6	2	4
栖霞区									
雨花台区	109	82	27	117	86	31	51	34	17
江宁区									
六合区	1287	852	435	1213	780	433	582	362	220
溧水区	193	126	67	209	125	84	132	80	52
高淳区	43	32	11	36	27	9	24	16	8
南京江北新区									
无锡市	**9075**	**6340**	**2735**	**11278**	**7791**	**3487**	**7427**	**4903**	**2524**
锡山区	1912	1357	555	2470	1790	680	1675	1159	516
惠山区	732	516	216	850	625	225	629	446	183
滨湖区									
梁溪区									
新吴区									
江苏无锡经济开发区									
江阴市	4461	3053	1408	5767	3765	2002	3697	2313	1384
宜兴市	1970	1414	556	2191	1611	580	1426	985	441
徐州市	**16082**	**10013**	**6069**	**18052**	**10561**	**7491**	**10215**	**5681**	**4534**
鼓楼区									
云龙区	182	98	84	149	83	66	94	56	38
贾汪区	275	184	91	480	301	179	286	179	107
泉山区									
铜山区	1452	997	455	1646	1130	516	1053	662	391
丰县	3240	1976	1264	3084	1692	1392	1928	1051	877
沛县	3000	1881	1119	3371	1908	1463	2012	1106	906
睢宁县	3246	1826	1420	3673	1891	1782	2066	980	1086
徐州经济技术开发区	3318	2299	1019	3665	2467	1198	1613	1019	594
新沂市	629	344	285	828	459	369	453	240	213
邳州市	740	408	332	1156	630	526	710	388	322
常州市	**4127**	**2913**	**1214**	**4650**	**3210**	**1440**	**3346**	**2163**	**1183**
天宁区	225	153	72	272	181	91	207	133	74
钟楼区									
新北区	945	663	282	1015	708	307	695	428	267
武进区	1129	801	328	1307	942	365	978	645	333
金坛区	288	210	78	362	238	124	221	138	83
江苏省常州市经济开发区	772	565	207	900	638	262	673	469	204
溧阳市	768	521	247	794	503	291	572	350	222

5-2b 续表 7 单位：户

地区	25-29岁			30-34岁			35-39岁		
	小计	男	女	小计	男	女	小计	男	女
苏州市	**34176**	**21421**	**12755**	**40920**	**26397**	**14523**	**24722**	**15876**	**8846**
虎丘区	36	20	16	28	20	8	18	11	7
吴中区	2221	1545	676	3063	2180	883	1774	1182	592
相城区	753	575	178	1059	793	266	700	532	168
姑苏区									
吴江区	5392	3448	1944	7177	4505	2672	4558	2862	1696
苏州工业园区	14037	7894	6143	13444	7891	5553	7034	4133	2901
常熟市	2730	1891	839	3914	2783	1131	2462	1732	730
张家港市	4149	2834	1315	5536	3758	1778	3523	2362	1161
昆山市	2747	1717	1030	3794	2434	1360	2465	1578	887
太仓市	2111	1497	614	2905	2033	872	2188	1484	704
南通市	**11013**	**6870**	**4143**	**13043**	**8561**	**4482**	**8958**	**5491**	**3467**
崇川区									
港闸区									
通州区	1578	1055	523	1976	1336	640	1320	858	462
如东县	1781	1026	755	2020	1260	760	1540	870	670
南通经济技术开发区	3044	1863	1181	2924	1940	984	1651	1025	626
通州湾示范区	171	117	54	206	139	67	149	102	47
苏锡通科技产业园区	265	183	82	334	234	100	176	120	56
启东市	1056	677	379	1281	880	401	1009	646	363
如皋市	956	537	419	1518	887	631	1271	691	580
海门市	1626	1066	560	2099	1438	661	1310	855	455
海安市	536	346	190	685	447	238	532	324	208
连云港市	**10500**	**6225**	**4275**	**12409**	**6939**	**5470**	**7875**	**4088**	**3787**
连云区	16	13	3	38	35	3	32	32	
海州区	304	170	134	354	191	163	245	125	120
赣榆区	874	646	228	965	698	267	593	389	204
东海县	3434	2045	1389	4293	2352	1941	2526	1232	1294
灌云县	1934	1082	852	2317	1216	1101	1785	915	870
灌南县	1533	786	747	2055	994	1061	1639	797	842
连云港经济技术开发区	909	548	361	847	539	308	406	242	164
连云港高新技术产业开发区	1345	838	507	1331	784	547	562	304	258
江苏连云港徐圩新区	147	94	53	193	119	74	81	51	30
江苏省连云港市云台山风景名胜区	4	3	1	16	11	5	6	1	5
淮安市	**9494**	**5394**	**4100**	**10271**	**5484**	**4787**	**7225**	**3572**	**3653**
淮安区	532	313	219	422	226	196	388	197	191
淮阴区	485	269	216	481	258	223	388	214	174
清江浦区	18	13	5	18	11	7	12	5	7
洪泽区	99	51	48	82	50	32	90	56	34
涟水县	2157	1207	950	2686	1421	1265	2006	945	1061
盱眙县	1855	989	866	2146	1075	1071	1715	826	889
金湖县	835	522	313	780	499	281	542	294	248
淮安经济技术开发区	2756	1612	1144	2982	1598	1384	1652	834	818
工业园区	35	25	10	32	15	17	22	15	7
生态文旅区	589	338	251	493	250	243	326	142	184
苏淮高新区	133	55	78	149	81	68	84	44	40

5-2b　续表 8　　　　单位：户

地　区	25-29岁			30-34岁			35-39岁		
	小计	男	女	小计	男	女	小计	男	女
盐城市	**12103**	**7316**	**4787**	**15200**	**8552**	**6648**	**12658**	**6524**	**6134**
亭湖区	156	100	56	198	124	74	166	88	78
盐都区	388	250	138	529	320	209	409	213	196
大丰区	604	369	235	742	493	249	565	345	220
响水县	1099	635	464	1588	774	814	1296	624	672
滨海县	2700	1544	1156	3212	1687	1525	2924	1502	1422
阜宁县	2347	1345	1002	3173	1635	1538	2976	1453	1523
射阳县	2337	1443	894	2643	1556	1087	2242	1152	1090
建湖县	1301	884	417	1841	1144	697	1168	624	544
盐城经济技术开发区	515	347	168	591	390	201	337	215	122
江苏省盐南高新区									
东台市	656	399	257	683	429	254	575	308	267
扬州市	**4696**	**2956**	**1740**	**4422**	**2751**	**1671**	**3281**	**1818**	**1463**
广陵区	104	74	30	186	129	57	123	81	42
邗江区	144	93	51	209	134	75	163	89	74
江都区	747	459	288	770	494	276	754	435	319
宝应县	1569	1025	544	1204	739	465	939	465	474
扬州经济技术开发区	1737	1069	668	1607	992	615	944	541	403
蜀冈瘦西湖景区									
生态新城	29	22	7	33	20	13	27	16	11
仪征市	158	89	69	166	96	70	139	81	58
高邮市	208	125	83	247	147	100	192	110	82
镇江市	**5108**	**3407**	**1701**	**5854**	**3779**	**2075**	**3838**	**2435**	**1403**
京口区	35	29	6	48	40	8	30	21	9
润州区									
丹徒区	138	75	63	166	105	61	168	109	59
镇江新区	1420	926	494	1568	1012	556	988	594	394
江苏镇江高新区									
丹阳市	2258	1599	659	2698	1838	860	1848	1232	616
扬中市	105	75	30	163	109	54	118	82	36
句容市	1152	703	449	1211	675	536	686	397	289
泰州市	**5773**	**3640**	**2133**	**6021**	**3702**	**2319**	**4125**	**2491**	**1634**
海陵区	39	22	17	34	27	7	36	23	13
高港区	124	92	32	112	85	27	72	45	27
姜堰区	331	201	130	312	182	130	278	166	112
泰州医药高新技术产业开发区	1989	1248	741	1741	1094	647	934	588	346
兴化市	1711	1083	628	1908	1122	786	1308	787	521
靖江市	496	324	172	667	470	197	518	333	185
泰兴市	1083	670	413	1247	722	525	979	549	430
宿迁市	**12586**	**7014**	**5572**	**14386**	**7381**	**7005**	**9880**	**4809**	**5071**
宿城区	137	71	66	255	149	106	172	99	73
宿豫区	290	176	114	405	248	157	295	190	105
沭阳县	5402	3006	2396	5517	2767	2750	4206	1996	2210
泗阳县	2606	1413	1193	3085	1455	1630	2181	985	1196
泗洪县	2900	1587	1313	3648	1905	1743	2318	1178	1140
宿迁经济技术开发区	1182	725	457	1366	785	581	655	336	319
宿迁市湖滨新区	69	36	33	110	72	38	53	25	28
苏州宿迁工业园区									
宿迁市洋河新区									

5-2b 续表 9

单位：户

地区	40-44岁			45-49岁			50-54岁		
	小计	男	女	小计	男	女	小计	男	女
江 苏	**113153**	**60130**	**53023**	**139489**	**72732**	**66757**	**178094**	**97090**	**81004**
南京市	**842**	**445**	**397**	**969**	**538**	**431**	**1162**	**649**	**513**
玄武区									
秦淮区									
建邺区									
鼓楼区									
浦口区	8	6	2	14	10	4	22	13	9
栖霞区									
雨花台区	46	31	15	57	31	26	66	46	20
江宁区									
六合区	585	297	288	606	326	280	684	368	316
溧水区	170	85	85	221	116	105	292	153	139
高淳区	33	26	7	71	55	16	98	69	29
南京江北新区									
无锡市	**8064**	**4774**	**3290**	**9791**	**5788**	**4003**	**10214**	**6456**	**3758**
锡山区	1825	1152	673	2068	1317	751	2062	1390	672
惠山区	666	420	246	898	592	306	856	576	280
滨湖区									
梁溪区									
新吴区									
江苏无锡经济开发区									
江阴市	3784	2127	1657	4418	2477	1941	4328	2685	1643
宜兴市	1789	1075	714	2407	1402	1005	2968	1805	1163
徐州市	**10035**	**4970**	**5065**	**12921**	**6399**	**6522**	**18279**	**9092**	**9187**
鼓楼区									
云龙区	53	26	27	81	48	33	101	57	44
贾汪区	207	113	94	301	159	142	522	269	253
泉山区									
铜山区	956	535	421	1181	674	507	1911	1021	890
丰县	2309	1092	1217	3119	1489	1630	4002	1890	2112
沛县	2159	1026	1133	2713	1227	1486	3985	1854	2131
睢宁县	2122	975	1147	2734	1266	1468	3714	1822	1892
徐州经济技术开发区	1219	634	585	1251	651	600	1483	757	726
新沂市	412	235	177	691	392	299	1119	630	489
邳州市	598	334	264	850	493	357	1442	792	650
常州市	**3868**	**2196**	**1672**	**5246**	**2964**	**2282**	**6054**	**3520**	**2534**
天宁区	231	135	96	324	187	137	319	191	128
钟楼区									
新北区	728	398	330	940	515	425	1051	618	433
武进区	1139	660	479	1438	850	588	1428	896	532
金坛区	303	154	149	490	265	225	785	410	375
江苏省常州市经济开发区	690	435	255	883	569	314	840	549	291
溧阳市	777	414	363	1171	578	593	1631	856	775

5-2b　续表 10　　　　单位：户

地　区	40-44岁			45-49岁			50-54岁		
	小计	男	女	小计	男	女	小计	男	女
苏州市	**20325**	**12352**	**7973**	**20781**	**12501**	**8280**	**20743**	**13026**	**7717**
虎丘区	14	6	8	11	6	5	27	12	15
吴中区	1401	869	532	1297	743	554	1169	720	449
相城区	694	515	179	751	520	231	763	536	227
姑苏区									
吴江区	4285	2442	1843	4802	2799	2003	4927	3028	1899
苏州工业园区	4215	2323	1892	3095	1661	1434	2723	1508	1215
常熟市	2389	1586	803	2788	1823	965	2944	2021	923
张家港市	3414	2173	1241	4217	2650	1567	4605	2987	1618
昆山市	1813	1064	749	1556	883	673	1388	810	578
太仓市	2100	1374	726	2264	1416	848	2197	1404	793
南通市	**11518**	**6042**	**5476**	**14626**	**7106**	**7520**	**22406**	**11097**	**11309**
崇川区									
港闸区									
通州区	1582	844	738	2200	1047	1153	3056	1481	1575
如东县	2447	1166	1281	3030	1390	1640	5211	2604	2607
南通经济技术开发区	1498	830	668	1380	789	591	1489	878	611
通州湾示范区	242	127	115	371	187	184	512	223	289
苏锡通科技产业园区	216	140	76	211	124	87	326	199	127
启东市	1269	725	544	1664	906	758	2473	1234	1239
如皋市	1868	951	917	2421	1112	1309	3980	2057	1923
海门市	1614	845	769	2222	993	1229	3313	1475	1838
海安市	782	414	368	1127	558	569	2046	946	1100
连云港市	**7764**	**3853**	**3911**	**9435**	**4786**	**4649**	**11885**	**6311**	**5574**
连云区	30	26	4	33	30	3	41	38	3
海州区	268	127	141	274	175	99	403	233	170
赣榆区	546	296	250	935	425	510	1582	738	844
东海县	2235	1104	1131	2757	1355	1402	3144	1707	1437
灌云县	1914	1006	908	2106	1179	927	2771	1519	1252
灌南县	1815	823	992	2095	984	1111	2435	1275	1160
连云港经济技术开发区	360	187	173	430	244	186	528	327	201
连云港高新技术产业开发区	499	223	276	628	282	346	680	314	366
江苏连云港徐圩新区	91	56	35	169	107	62	290	154	136
江苏省连云港市云台山风景名胜区	6	5	1	8	5	3	11	6	5
淮安市	**8435**	**4032**	**4403**	**11243**	**5601**	**5642**	**14732**	**7904**	**6828**
淮安区	521	250	271	920	484	436	1417	794	623
淮阴区	555	315	240	667	388	279	1101	635	466
清江浦区	19	12	7	31	21	10	58	36	22
洪泽区	152	82	70	331	191	140	576	354	222
涟水县	2422	1140	1282	3152	1504	1648	3807	1944	1863
盱眙县	1884	907	977	2632	1387	1245	3396	1802	1594
金湖县	884	387	497	1556	670	886	2016	1050	966
淮安经济技术开发区	1551	731	820	1537	730	807	1862	996	866
工业园区	29	15	14	25	16	9	31	20	11
生态文旅区	329	146	183	285	140	145	280	150	130
苏淮高新区	89	47	42	107	70	37	188	123	65

5-2b 续表 11

单位：户

地区	40-44岁			45-49岁			50-54岁		
	小计	男	女	小计	男	女	小计	男	女
盐城市	**15593**	**7771**	**7822**	**20534**	**10132**	**10402**	**29198**	**15583**	**13615**
亭湖区	235	137	98	322	177	145	582	318	264
盐都区	637	343	294	847	431	416	1233	653	580
大丰区	921	542	379	1547	829	718	2745	1589	1156
响水县	1246	658	588	1608	871	737	2172	1269	903
滨海县	3062	1552	1510	3572	1812	1760	4542	2526	2016
阜宁县	3255	1544	1711	4051	1948	2103	5185	2648	2537
射阳县	2983	1464	1519	4173	2109	2064	6051	3212	2839
建湖县	1811	825	986	2598	1072	1526	3649	1702	1947
盐城经济技术开发区	241	131	110	311	167	144	433	267	166
江苏省盐南高新区									
东台市	1202	575	627	1505	716	789	2606	1399	1207
扬州市	**5962**	**2806**	**3156**	**7887**	**3441**	**4446**	**10986**	**5440**	**5546**
广陵区	172	98	74	228	129	99	358	203	155
邗江区	267	143	124	343	169	174	443	225	218
江都区	1707	784	923	2347	968	1379	3462	1620	1842
宝应县	2024	887	1137	2676	1099	1577	3670	1764	1906
扬州经济技术开发区	1027	503	524	1148	524	624	1185	577	608
蜀冈瘦西湖景区									
生态新城	43	18	25	53	34	19	96	52	44
仪征市	253	135	118	320	147	173	570	325	245
高邮市	469	238	231	772	371	401	1202	674	528
镇江市	**4310**	**2511**	**1799**	**5763**	**3269**	**2494**	**6968**	**4153**	**2815**
京口区	42	29	13	71	47	24	70	53	17
润州区									
丹徒区	188	105	83	360	216	144	594	352	242
镇江新区	1152	640	512	1241	630	611	1253	676	577
江苏镇江高新区									
丹阳市	2077	1269	808	3010	1769	1241	3672	2320	1352
扬中市	162	103	59	246	167	79	406	250	156
句容市	689	365	324	835	440	395	973	502	471
泰州市	**6322**	**3495**	**2827**	**7970**	**4162**	**3808**	**11912**	**6688**	**5224**
海陵区	80	47	33	100	53	47	222	130	92
高港区	141	80	61	247	122	125	374	212	162
姜堰区	572	300	272	787	382	405	1556	819	737
泰州医药高新技术产业开发区	925	513	412	925	461	464	1031	583	448
兴化市	2011	1188	823	2477	1409	1068	4018	2339	1679
靖江市	785	471	314	853	481	372	1233	746	487
泰兴市	1808	896	912	2581	1254	1327	3478	1859	1619
宿迁市	**10115**	**4883**	**5232**	**12323**	**6045**	**6278**	**13555**	**7171**	**6384**
宿城区	173	85	88	283	130	153	391	196	195
宿豫区	299	190	109	384	237	147	531	332	199
沭阳县	3722	1874	1848	4402	2220	2182	4835	2659	2176
泗阳县	2361	997	1364	2757	1216	1541	3000	1498	1502
泗洪县	2799	1364	1435	3744	1865	1879	4042	2072	1970
宿迁经济技术开发区	708	342	366	684	339	345	646	342	304
宿迁市湖滨新区	53	31	22	69	38	31	110	72	38
苏州宿迁工业园区									
宿迁市洋河新区									

5-2b　续表 12　　　　单位：户

地　区	55-59岁			60-64岁			65岁及以上		
	小计	男	女	小计	男	女	小计	男	女
江　苏	**146232**	**86373**	**59859**	**108597**	**63762**	**44835**	**466652**	**190576**	**276076**
南京市	**1012**	**622**	**390**	**637**	**369**	**268**	**3476**	**1490**	**1986**
玄武区									
秦淮区									
建邺区									
鼓楼区									
浦口区	28	17	11	15	9	6	103	38	65
栖霞区									
雨花台区	64	37	27	61	31	30	376	134	242
江宁区									
六合区	554	339	215	356	207	149	1465	606	859
溧水区	254	153	101	156	86	70	1049	453	596
高淳区	112	76	36	49	36	13	483	259	224
南京江北新区									
无锡市	**7495**	**4936**	**2559**	**4429**	**2838**	**1591**	**21553**	**8039**	**13514**
锡山区	1518	1057	461	928	624	304	4238	1610	2628
惠山区	614	419	195	346	206	140	1633	610	1023
滨湖区									
梁溪区									
新吴区									
江苏无锡经济开发区									
江阴市	2898	1922	976	1551	999	552	7134	2481	4653
宜兴市	2465	1538	927	1604	1009	595	8548	3338	5210
徐州市	**14825**	**8042**	**6783**	**11059**	**6085**	**4974**	**58865**	**23577**	**35288**
鼓楼区									
云龙区	82	43	39	61	31	30	437	185	252
贾汪区	468	252	216	349	182	167	2240	737	1503
泉山区									
铜山区	1674	892	782	1397	736	661	8345	3212	5133
丰县	2962	1569	1393	2197	1245	952	11248	4456	6792
沛县	3251	1731	1520	2298	1161	1137	11734	4393	7341
睢宁县	2863	1598	1265	1973	1182	791	9777	4494	5283
徐州经济技术开发区	1195	641	554	819	417	402	4065	1490	2575
新沂市	959	530	429	729	423	306	4514	1789	2725
邳州市	1371	786	585	1236	708	528	6505	2821	3684
常州市	**5312**	**3262**	**2050**	**3294**	**2003**	**1291**	**15387**	**5877**	**9510**
天宁区	249	163	86	186	119	67	959	398	561
钟楼区									
新北区	893	558	335	565	325	240	2515	911	1604
武进区	1129	718	411	641	393	248	2929	1125	1804
金坛区	933	567	366	617	380	237	2791	1128	1663
江苏省常州市经济开发区	549	352	197	315	199	116	1403	561	842
溧阳市	1559	904	655	970	587	383	4790	1754	3036

5-2b 续表 13

单位：户

地区	55-59岁			60-64岁			65岁及以上		
	小计	男	女	小计	男	女	小计	男	女
苏州市	**15934**	**10347**	**5587**	**10129**	**6262**	**3867**	**44438**	**17500**	**26938**
虎丘区	24	16	8	24	17	7	97	43	54
吴中区	949	613	336	605	390	215	2490	977	1513
相城区	465	344	121	260	183	77	1057	428	629
姑苏区									
吴江区	3573	2263	1310	2021	1244	777	8012	3623	4389
苏州工业园区	2363	1276	1087	1791	850	941	9255	3319	5936
常熟市	2214	1570	644	1358	953	405	5254	2131	3123
张家港市	3489	2392	1097	2213	1432	781	11048	3883	7165
昆山市	1170	718	452	769	487	282	3233	1365	1868
太仓市	1687	1155	532	1088	706	382	3992	1731	2261
南通市	**22062**	**11828**	**10234**	**18141**	**9896**	**8245**	**80881**	**30031**	**50850**
崇川区									
港闸区									
通州区	3097	1591	1506	2552	1406	1146	12638	4629	8009
如东县	5354	3040	2314	4240	2490	1750	18703	7389	11314
南通经济技术开发区	1142	688	454	761	413	348	4289	1480	2809
通州湾示范区	644	332	312	522	276	246	2278	734	1544
苏锡通科技产业园区	248	158	90	162	92	70	1114	326	788
启东市	2650	1211	1439	2418	1075	1343	11087	3268	7819
如皋市	3784	2270	1514	3173	1906	1267	11555	4992	6563
海门市	3208	1454	1754	2782	1311	1471	12684	4327	8357
海安市	1935	1084	851	1531	927	604	6533	2886	3647
连云港市	**9331**	**5397**	**3934**	**7815**	**4457**	**3358**	**32109**	**13308**	**18801**
连云区	24	21	3	7	7		8	7	1
海州区	264	150	114	214	109	105	1046	384	662
赣榆区	1511	759	752	1599	845	754	8838	3418	5420
东海县	2167	1278	889	1501	872	629	5971	2623	3348
灌云县	2342	1443	899	1940	1172	768	7089	3083	4006
灌南县	1838	1081	757	1638	961	677	5921	2673	3248
连云港经济技术开发区	452	274	178	357	208	149	1213	433	780
连云港高新技术产业开发区	509	263	246	360	182	178	1057	355	702
江苏连云港徐圩新区	218	126	92	186	91	95	910	314	596
江苏省连云港市云台山风景名胜区	6	2	4	13	10	3	56	18	38
淮安市	**10793**	**6522**	**4271**	**8486**	**5154**	**3332**	**28529**	**13101**	**15428**
淮安区	1181	747	434	1020	583	437	4038	1885	2153
淮阴区	897	567	330	908	579	329	3079	1467	1612
清江浦区	40	26	14	43	30	13	190	84	106
洪泽区	444	299	145	369	234	135	1343	618	725
涟水县	2483	1448	1035	2009	1228	781	6582	2986	3596
盱眙县	2607	1571	1036	1915	1179	736	6016	2716	3300
金湖县	1402	876	526	833	498	335	2860	1286	1574
淮安经济技术开发区	1338	745	593	1022	602	420	3150	1450	1700
工业园区	16	6	10	36	22	14	118	53	65
生态文旅区	204	105	99	181	102	79	656	323	333
苏淮高新区	181	132	49	150	97	53	497	233	264

5-2b 续表 14

单位：户

地 区	55-59岁			60-64岁			65岁及以上		
	小计	男	女	小计	男	女	小计	男	女
盐城市	**24131**	**14241**	**9890**	**18781**	**11139**	**7642**	**69004**	**28698**	**40306**
亭湖区	525	305	220	399	227	172	1631	663	968
盐都区	1027	585	442	709	434	275	2955	1299	1656
大丰区	2569	1621	948	2097	1192	905	8580	3079	5501
响水县	1647	1049	598	1401	829	572	4765	1814	2951
滨海县	3501	2097	1404	3033	1787	1246	11426	4856	6570
阜宁县	4233	2435	1798	3400	2045	1355	11801	5455	6346
射阳县	4839	2825	2014	3554	2102	1452	12199	4855	7344
建湖县	2709	1499	1210	1830	1074	756	6662	3139	3523
盐城经济技术开发区	337	216	121	261	171	90	699	329	370
江苏省盐南高新区									
东台市	2744	1609	1135	2097	1278	819	8286	3209	5077
扬州市	**8720**	**5017**	**3703**	**5943**	**3467**	**2476**	**25242**	**10874**	**14368**
广陵区	313	193	120	289	181	108	851	401	450
邗江区	386	216	170	303	185	118	1172	489	683
江都区	2659	1493	1166	1693	971	722	7952	3429	4523
宝应县	2728	1567	1161	1730	1006	724	7147	3036	4111
扬州经济技术开发区	1038	539	499	802	415	387	3354	1308	2046
蜀冈瘦西湖景区									
生态新城	73	38	35	64	34	30	399	164	235
仪征市	507	309	198	428	273	155	1561	756	805
高邮市	1016	662	354	634	402	232	2806	1291	1515
镇江市	**6682**	**4237**	**2445**	**4970**	**3003**	**1967**	**20130**	**8336**	**11794**
京口区	55	44	11	30	21	9	134	33	101
润州区									
丹徒区	691	439	252	565	328	237	2205	970	1235
镇江新区	1193	698	495	931	509	422	3931	1523	2408
江苏镇江高新区									
丹阳市	3443	2287	1156	2470	1565	905	9799	4222	5577
扬中市	384	241	143	389	224	165	1426	562	864
句容市	916	528	388	585	356	229	2635	1026	1609
泰州市	**9444**	**5617**	**3827**	**7443**	**4509**	**2934**	**36774**	**16322**	**20452**
海陵区	227	141	86	153	98	55	1107	463	644
高港区	272	149	123	299	175	124	1322	578	744
姜堰区	1251	739	512	1028	618	410	5590	2569	3021
泰州医药高新技术产业开发区	789	433	356	600	338	262	2481	1175	1306
兴化市	3241	1963	1278	2255	1379	876	13731	6100	7631
靖江市	994	627	367	894	554	340	3283	1364	1919
泰兴市	2670	1565	1105	2214	1347	867	9260	4073	5187
宿迁市	**10491**	**6305**	**4186**	**7470**	**4580**	**2890**	**30264**	**13423**	**16841**
宿城区	292	178	114	187	118	69	878	448	430
宿豫区	414	272	142	357	230	127	1352	609	743
沭阳县	3910	2450	1460	3151	2002	1149	12072	5355	6717
泗阳县	2192	1234	958	1600	934	666	6074	2661	3413
泗洪县	3127	1844	1283	1780	1041	739	8191	3590	4601
宿迁经济技术开发区	449	270	179	305	200	105	1221	550	671
宿迁市湖滨新区	107	57	50	90	55	35	476	210	266
苏州宿迁工业园区									
宿迁市洋河新区									

5-2c 各地区分年龄、性别的一人户(乡村)

单位：户

地区	合计			14岁及以下		
	合计	男	女	小计	男	女
江苏	**2182290**	**1155458**	**1026832**	**79226**	**44662**	**34564**
南京市	**108208**	**58984**	**49224**	**2964**	**1606**	**1358**
玄武区						
秦淮区						
建邺区						
鼓楼区						
浦口区	7923	4325	3598	217	111	106
栖霞区	4920	2588	2332	113	68	45
雨花台区						
江宁区	32252	17199	15053	998	547	451
六合区	26024	14377	11647	647	341	306
溧水区	17714	9660	8054	594	322	272
高淳区	17297	9672	7625	326	182	144
南京江北新区	2078	1163	915	69	35	34
无锡市	**120997**	**72094**	**48903**	**1618**	**891**	**727**
锡山区	9363	5871	3492	98	58	40
惠山区	19530	13579	5951	152	83	69
滨湖区	2869	1787	1082	39	25	14
梁溪区						
新吴区	6300	4019	2281	122	68	54
江苏无锡经济开发区						
江阴市	43288	25817	17471	764	418	346
宜兴市	39647	21021	18626	443	239	204
徐州市	**239934**	**122958**	**116976**	**15459**	**9014**	**6445**
鼓楼区						
云龙区						
贾汪区	12713	6529	6184	649	385	264
泉山区						
铜山区	36054	18989	17065	1783	1086	697
丰县	40117	19737	20380	2843	1709	1134
沛县	31359	15337	16022	1670	952	718
睢宁县	37042	20026	17016	2468	1404	1064
徐州经济技术开发区	2898	1521	1377	162	92	70
新沂市	31525	16036	15489	1783	1015	768
邳州市	48226	24783	23443	4101	2371	1730
常州市	**121701**	**68538**	**53163**	**2499**	**1297**	**1202**
天宁区	4391	2672	1719	48	22	26
钟楼区	4059	2583	1476	60	31	29
新北区	9084	5503	3581	185	96	89
武进区	28282	17648	10634	389	194	195
金坛区	26869	13697	13172	520	274	246
江苏省常州市经济开发区	14528	9606	4922	201	107	94
溧阳市	34488	16829	17659	1096	573	523

5-2c　续表 1

单位：户

地　　区	合　　计			14岁及以下		
	合计	男	女	小计	男	女
苏州市	**218002**	**138802**	**79200**	**2818**	**1511**	**1307**
虎丘区	5976	3794	2182	80	43	37
吴中区	28109	18446	9663	370	206	164
相城区	4750	2897	1853	131	78	53
姑苏区						
吴江区	34653	21514	13139	337	192	145
苏州工业园区						
常熟市	27935	16800	11135	261	150	111
张家港市	42420	26067	16353	520	249	271
昆山市	50320	32783	17537	866	447	419
太仓市	23839	16501	7338	253	146	107
南通市	**262082**	**113617**	**148465**	**4378**	**2293**	**2085**
崇川区						
港闸区	408	215	193	11	6	5
通州区	32020	13852	18168	383	195	188
如东县	34671	16322	18349	300	160	140
南通经济技术开发区						
通州湾示范区	9350	3559	5791	206	102	104
苏锡通科技产业园区	5411	2535	2876	213	112	101
启东市	68215	27223	40992	1398	752	646
如皋市	33169	16305	16864	543	276	267
海门市	49438	19214	30224	956	497	459
海安市	29400	14392	15008	368	193	175
连云港市	**123055**	**64723**	**58332**	**9283**	**5561**	**3722**
连云区	209	100	109	12	5	7
海州区	4373	2337	2036	192	110	82
赣榆区	34630	17026	17604	1548	937	611
东海县	36098	19627	16471	3036	1806	1230
灌云县	25349	13611	11738	2261	1344	917
灌南县	20746	11174	9572	2194	1340	854
连云港经济技术开发区	844	425	419	21	11	10
连云港高新技术产业开发区						
江苏连云港徐圩新区	42	15	27	4	2	2
江苏省连云港市云台山风景名胜区	764	408	356	15	6	9
淮安市	**160037**	**86178**	**73859**	**8497**	**4619**	**3878**
淮安区	37408	20146	17262	1923	1067	856
淮阴区	27056	14859	12197	1437	800	637
清江浦区	3416	1889	1527	161	94	67
洪泽区	13443	7058	6385	647	356	291
涟水县	34999	18607	16392	2101	1156	945
盱眙县	27170	15152	12018	1854	960	894
金湖县	15705	8009	7696	331	164	167
淮安经济技术开发区						
工业园区	563	301	262	18	9	9
生态文旅区						
苏淮高新区	277	157	120	25	13	12

5-2c 续表 2

单位：户

地 区	合 计			14岁及以下		
	合计	男	女	小计	男	女
盐城市	**283214**	**144561**	**138653**	**11841**	**6746**	**5095**
亭湖区	8609	4441	4168	228	122	106
盐都区	35205	17863	17342	1127	647	480
大丰区	27952	13674	14278	309	177	132
响水县	17194	9411	7783	1596	955	641
滨海县	37330	20103	17227	3117	1813	1304
阜宁县	38113	20943	17170	2462	1406	1056
射阳县	34402	17383	17019	1204	639	565
建湖县	36387	18569	17818	1144	637	507
盐城经济技术开发区	2499	1339	1160	87	49	38
江苏省盐南高新区						
东台市	45523	20835	24688	567	301	266
扬州市	**140157**	**71966**	**68191**	**3060**	**1611**	**1449**
广陵区	6335	3608	2727	122	68	54
邗江区	5748	2953	2795	90	57	33
江都区	39120	19073	20047	582	301	281
宝应县	38670	19815	18855	1190	637	553
扬州经济技术开发区	1823	963	860	49	29	20
蜀冈瘦西湖景区						
生态新城	1039	491	548	20	10	10
仪征市	15428	8148	7280	320	158	162
高邮市	31994	16915	15079	687	351	336
镇江市	**65329**	**34316**	**31013**	**1144**	**584**	**560**
京口区	586	334	252	15	7	8
润州区	142	78	64	6	2	4
丹徒区	8711	4526	4185	152	84	68
镇江新区	3048	1591	1457	54	27	27
江苏镇江高新区						
丹阳市	18715	10032	8683	257	136	121
扬中市	7152	3626	3526	83	37	46
句容市	26975	14129	12846	577	291	286
泰州市	**192270**	**98869**	**93401**	**4992**	**2889**	**2103**
海陵区	4692	2477	2215	118	74	44
高港区	8241	4340	3901	121	69	52
姜堰区	34034	17262	16772	457	242	215
泰州医药高新技术产业开发区	1051	560	491	22	16	6
兴化市	73162	36711	36451	3338	1982	1356
靖江市	23752	13377	10375	258	130	128
泰兴市	47338	24142	23196	678	376	302
宿迁市	**147304**	**79852**	**67452**	**10673**	**6040**	**4633**
宿城区	18788	10333	8455	1150	659	491
宿豫区	14696	7873	6823	814	453	361
沭阳县	43040	23253	19787	3281	1844	1437
泗阳县	26499	13812	12687	1929	1093	836
泗洪县	31546	17597	13949	2705	1549	1156
宿迁经济技术开发区	3023	1773	1250	144	79	65
宿迁市湖滨新区	4454	2487	1967	235	131	104
苏州宿迁工业园区						
宿迁市洋河新区	5258	2724	2534	415	232	183

5-2c　续表 3　　　　单位：户

地　区	15-19岁			20-24岁		
	小计	男	女	小计	男	女
江　苏	**31889**	**20215**	**11674**	**63065**	**41460**	**21605**
南京市	**1287**	**742**	**545**	**2482**	**1572**	**910**
玄武区						
秦淮区						
建邺区						
鼓楼区						
浦口区	68	38	30	229	150	79
栖霞区	46	26	20	150	93	57
雨花台区						
江宁区	541	321	220	968	602	366
六合区	304	166	138	486	316	170
溧水区	151	82	69	273	163	110
高淳区	148	91	57	314	207	107
南京江北新区	29	18	11	62	41	21
无锡市	**1620**	**1034**	**586**	**4772**	**3280**	**1492**
锡山区	149	102	47	501	353	148
惠山区	242	174	68	856	647	209
滨湖区	56	37	19	155	113	42
梁溪区						
新吴区	88	57	31	477	331	146
江苏无锡经济开发区						
江阴市	727	444	283	1897	1251	646
宜兴市	358	220	138	886	585	301
徐州市	**4398**	**2988**	**1410**	**6772**	**4566**	**2206**
鼓楼区						
云龙区						
贾汪区	208	158	50	413	323	90
泉山区						
铜山区	528	387	141	927	699	228
丰县	907	630	277	1295	896	399
沛县	457	332	125	709	491	218
睢宁县	573	346	227	1446	879	567
徐州经济技术开发区	53	33	20	68	49	19
新沂市	513	338	175	668	437	231
邳州市	1159	764	395	1246	792	454
常州市	**1416**	**928**	**488**	**4248**	**3026**	**1222**
天宁区	54	37	17	162	114	48
钟楼区	95	68	27	250	179	71
新北区	107	77	30	289	223	66
武进区	428	293	135	1319	988	331
金坛区	190	124	66	626	400	226
江苏省常州市经济开发区	232	154	78	882	686	196
溧阳市	310	175	135	720	436	284

5-2c 续表 4

单位：户

地　区	15-19岁			20-24岁		
	小计	男	女	小计	男	女
苏州市	**3687**	**2472**	**1215**	**12512**	**9086**	**3426**
虎丘区	80	50	30	381	252	129
吴中区	627	435	192	2117	1575	542
相城区	91	57	34	252	188	64
姑苏区						
吴江区	527	354	173	1626	1140	486
苏州工业园区						
常熟市	298	189	109	932	654	278
张家港市	726	458	268	1714	1261	453
昆山市	922	622	300	4113	2955	1158
太仓市	416	307	109	1377	1061	316
南通市	**1532**	**869**	**663**	**3416**	**2119**	**1297**
崇川区						
港闸区	10	8	2	18	7	11
通州区	121	78	43	390	226	164
如东县	89	46	43	269	158	111
南通经济技术开发区						
通州湾示范区	68	34	34	154	96	58
苏锡通科技产业园区	74	47	27	216	138	78
启东市	466	266	200	954	637	317
如皋市	175	90	85	364	222	142
海门市	369	206	163	682	403	279
海安市	160	94	66	369	232	137
连云港市	**3052**	**2084**	**968**	**4550**	**3026**	**1524**
连云区	2	2		3	2	1
海州区	96	61	35	195	131	64
赣榆区	510	351	159	889	628	261
东海县	856	589	267	1253	853	400
灌云县	794	552	242	1190	738	452
灌南县	765	512	253	979	645	334
连云港经济技术开发区	15	9	6	15	10	5
连云港高新技术产业开发区						
江苏连云港徐圩新区				1		1
江苏省连云港市云台山风景名胜区	14	8	6	25	19	6
淮安市	**3448**	**2095**	**1353**	**5089**	**3051**	**2038**
淮安区	767	474	293	1193	769	424
淮阴区	592	368	224	818	480	338
清江浦区	84	52	32	137	91	46
洪泽区	240	139	101	431	241	190
涟水县	887	557	330	1243	744	499
盱眙县	775	446	329	1014	581	433
金湖县	85	49	36	216	120	96
淮安经济技术开发区						
工业园区	10	6	4	27	17	10
生态文旅区						
苏淮高新区	8	4	4	10	8	2

5-2c　续表 5

单位：户

地　区	15-19岁			20-24岁		
	小计	男	女	小计	男	女
盐城市	**3953**	**2498**	**1455**	**5935**	**3681**	**2254**
亭湖区	104	60	44	147	85	62
盐都区	407	260	147	590	382	208
大丰区	214	106	108	466	288	178
响水县	466	295	171	599	387	212
滨海县	997	676	321	1161	734	427
阜宁县	648	425	223	972	622	350
射阳县	359	207	152	686	396	290
建湖县	518	315	203	732	431	301
盐城经济技术开发区	30	17	13	35	23	12
江苏省盐南高新区						
东台市	210	137	73	547	333	214
扬州市	**1271**	**686**	**585**	**2549**	**1495**	**1054**
广陵区	52	38	14	126	90	36
邗江区	51	29	22	77	47	30
江都区	236	130	106	572	336	236
宝应县	465	241	224	906	548	358
扬州经济技术开发区	45	25	20	87	57	30
蜀冈瘦西湖景区						
生态新城	5	4	1	20	12	8
仪征市	121	65	56	239	124	115
高邮市	296	154	142	522	281	241
镇江市	**524**	**321**	**203**	**1119**	**700**	**419**
京口区	7	5	2	9	6	3
润州区	2		2	6	4	2
丹徒区	48	33	15	106	59	47
镇江新区	25	12	13	46	27	19
江苏镇江高新区						
丹阳市	151	92	59	361	250	111
扬中市	53	33	20	106	70	36
句容市	238	146	92	485	284	201
泰州市	**2289**	**1397**	**892**	**3418**	**2171**	**1247**
海陵区	620	348	272	52	42	10
高港区	88	59	29	116	70	46
姜堰区	208	130	78	410	242	168
泰州医药高新技术产业开发区	36	24	12	20	15	5
兴化市	809	521	288	1533	938	595
靖江市	208	121	87	493	340	153
泰兴市	320	194	126	794	524	270
宿迁市	**3412**	**2101**	**1311**	**6203**	**3687**	**2516**
宿城区	507	312	195	923	562	361
宿豫区	265	166	99	542	302	240
沭阳县	779	503	276	1846	1071	775
泗阳县	606	392	214	999	605	394
泗洪县	894	507	387	1347	810	537
宿迁经济技术开发区	55	41	14	141	90	51
宿迁市湖滨新区	96	52	44	118	76	42
苏州宿迁工业园区						
宿迁市洋河新区	210	128	82	287	171	116

5-2c 续表 6

单位：户

地　区	25-29岁			30-34岁			35-39岁		
	小计	男	女	小计	男	女	小计	男	女
江　苏	**96156**	**62932**	**33224**	**112171**	**74261**	**37910**	**70304**	**47095**	**23209**
南京市	**4175**	**2627**	**1548**	**4655**	**2989**	**1666**	**3098**	**2033**	**1065**
玄武区									
秦淮区									
建邺区									
鼓楼区									
浦口区	370	247	123	395	242	153	258	186	72
栖霞区	220	151	69	234	160	74	177	121	56
雨花台区									
江宁区	1777	1097	680	2028	1266	762	1406	876	530
六合区	797	490	307	885	568	317	592	388	204
溧水区	508	302	206	580	366	214	322	206	116
高淳区	412	280	132	422	317	105	248	191	57
南京江北新区	91	60	31	111	70	41	95	65	30
无锡市	**7999**	**5587**	**2412**	**10842**	**7715**	**3127**	**7233**	**5176**	**2057**
锡山区	774	526	248	1058	759	299	714	516	198
惠山区	1376	1065	311	1996	1632	364	1620	1281	339
滨湖区	271	196	75	329	245	84	212	158	54
梁溪区									
新吴区	879	591	288	1034	710	324	571	410	161
江苏无锡经济开发区									
江阴市	3188	2204	984	4645	3153	1492	3048	2059	989
宜兴市	1511	1005	506	1780	1216	564	1068	752	316
徐州市	**11084**	**7412**	**3672**	**12700**	**8439**	**4261**	**6913**	**4595**	**2318**
鼓楼区									
云龙区									
贾汪区	628	483	145	797	603	194	434	309	125
泉山区									
铜山区	1903	1484	419	2145	1684	461	1069	774	295
丰县	2146	1445	701	1645	1042	603	895	602	293
沛县	1490	1024	466	1533	1076	457	864	622	242
睢宁县	1910	1165	745	2091	1296	795	1019	636	383
徐州经济技术开发区	112	83	29	143	104	39	93	63	30
新沂市	1163	689	474	1662	991	671	994	625	369
邳州市	1732	1039	693	2684	1643	1041	1545	964	581
常州市	**6540**	**4682**	**1858**	**7744**	**5665**	**2079**	**5349**	**3890**	**1459**
天宁区	251	179	72	354	279	75	243	177	66
钟楼区	361	277	84	449	340	109	320	240	80
新北区	476	358	118	659	490	169	447	334	113
武进区	2047	1539	508	2416	1853	563	1718	1278	440
金坛区	939	606	333	1092	710	382	678	457	221
江苏省常州市经济开发区	1251	976	275	1688	1299	389	1232	922	310
溧阳市	1215	747	468	1086	694	392	711	482	229

5-2c　续表 7　　　　单位：户

地　区	25-29岁			30-34岁			35-39岁		
	小计	男	女	小计	男	女	小计	男	女
苏州市	**21370**	**15576**	**5794**	**29201**	**21163**	**8038**	**18313**	**13261**	**5052**
虎丘区	629	432	197	725	519	206	437	329	108
吴中区	3702	2816	886	4566	3465	1101	2628	1962	666
相城区	452	317	135	573	414	159	377	275	102
姑苏区									
吴江区	2681	1851	830	3762	2534	1228	2516	1702	814
苏州工业园区									
常熟市	1759	1226	533	2634	1851	783	1857	1314	543
张家港市	2905	2114	791	4421	3176	1245	2960	2178	782
昆山市	7123	5190	1933	9353	6798	2555	5181	3703	1478
太仓市	2119	1630	489	3167	2406	761	2357	1798	559
南通市	**5058**	**3203**	**1855**	**5831**	**3874**	**1957**	**4257**	**2792**	**1465**
崇川区									
港闸区	28	16	12	36	24	12	14	10	4
通州区	614	360	254	728	470	258	492	305	187
如东县	421	251	170	454	297	157	347	220	127
南通经济技术开发区									
通州湾示范区	180	107	73	164	101	63	141	94	47
苏锡通科技产业园区	312	218	94	405	259	146	299	168	131
启东市	1391	1000	391	1635	1271	364	1314	973	341
如皋市	641	352	289	724	385	339	408	223	185
海门市	874	530	344	931	598	333	717	465	252
海安市	597	369	228	754	469	285	525	334	191
连云港市	**5771**	**3723**	**2048**	**6344**	**4168**	**2176**	**3658**	**2318**	**1340**
连云区	7	4	3	18	12	6	11	7	4
海州区	240	155	85	271	164	107	174	104	70
赣榆区	1425	1064	361	1435	1103	332	722	515	207
东海县	1788	1182	606	2100	1448	652	1193	786	407
灌云县	1410	794	616	1362	786	576	761	436	325
灌南县	841	481	360	1032	567	465	714	414	300
连云港经济技术开发区	29	18	11	68	47	21	49	28	21
连云港高新技术产业开发区									
江苏连云港徐圩新区	2		2	4	1	3	1	1	
江苏省连云港市云台山风景名胜区	29	25	4	54	40	14	33	27	6
淮安市	**7385**	**4169**	**3216**	**7001**	**3984**	**3017**	**4054**	**2377**	**1677**
淮安区	1801	1113	688	1429	841	588	751	473	278
淮阴区	1229	671	558	1129	629	500	707	409	298
清江浦区	201	120	81	180	101	79	90	55	35
洪泽区	526	300	226	510	281	229	332	175	157
涟水县	1687	959	728	1835	1055	780	1048	598	450
盱眙县	1466	749	717	1560	862	698	908	535	373
金湖县	408	218	190	302	187	115	182	115	67
淮安经济技术开发区									
工业园区	46	23	23	37	19	18	33	16	17
生态文旅区									
苏淮高新区	21	16	5	19	9	10	3	1	2

5-2c 续表 8 单位：户

地区	25-29岁			30-34岁			35-39岁		
	小计	男	女	小计	男	女	小计	男	女
盐城市	**7656**	**4621**	**3035**	**8742**	**5032**	**3710**	**5749**	**3476**	**2273**
亭湖区	159	107	52	268	159	109	159	106	53
盐都区	923	555	368	1131	653	478	664	386	278
大丰区	490	336	154	597	405	192	383	273	110
响水县	716	385	331	969	532	437	669	395	274
滨海县	1652	960	692	1542	881	661	1083	653	430
阜宁县	1160	688	472	1273	680	593	972	568	404
射阳县	911	558	353	999	569	430	717	425	292
建湖县	923	566	357	1356	779	577	702	439	263
盐城经济技术开发区	62	39	23	71	36	35	69	41	28
江苏省盐南高新区									
东台市	660	427	233	536	338	198	331	190	141
扬州市	**3777**	**2310**	**1467**	**3570**	**2271**	**1299**	**2279**	**1447**	**832**
广陵区	260	174	86	406	283	123	276	205	71
邗江区	110	76	34	154	89	65	97	52	45
江都区	812	506	306	787	546	241	582	393	189
宝应县	1331	793	538	1089	664	425	582	353	229
扬州经济技术开发区	137	97	40	90	60	30	48	29	19
蜀冈瘦西湖景区生态新城	18	11	7	43	26	17	17	11	6
仪征市	453	283	170	437	257	180	289	162	127
高邮市	656	370	286	564	346	218	388	242	146
镇江市	**1836**	**1153**	**683**	**2096**	**1316**	**780**	**1287**	**833**	**454**
京口区	21	18	3	22	17	5	25	17	8
润州区	9	5	4	13	7	6	8	5	3
丹徒区	127	79	48	163	99	64	125	83	42
镇江新区	124	73	51	148	95	53	98	64	34
江苏镇江高新区									
丹阳市	632	401	231	706	452	254	434	283	151
扬中市	168	102	66	190	115	75	107	72	35
句容市	755	475	280	854	531	323	490	309	181
泰州市	**5081**	**3282**	**1799**	**4668**	**2962**	**1706**	**3011**	**2037**	**974**
海陵区	82	48	34	66	42	24	38	28	10
高港区	198	134	64	158	115	43	117	72	45
姜堰区	556	353	203	564	356	208	404	261	143
泰州医药高新技术产业开发区	25	18	7	19	13	6	22	14	8
兴化市	2449	1500	949	1908	1029	879	958	595	363
靖江市	694	499	195	1000	765	235	755	570	185
泰兴市	1077	730	347	953	642	311	717	497	220
宿迁市	**8424**	**4587**	**3837**	**8777**	**4683**	**4094**	**5103**	**2860**	**2243**
宿城区	1165	678	487	1189	683	506	636	378	258
宿豫区	691	372	319	849	449	400	433	262	171
沭阳县	2758	1464	1294	2411	1210	1201	1610	894	716
泗阳县	1358	738	620	1442	742	700	815	392	423
泗洪县	1756	934	822	2026	1115	911	1141	668	473
宿迁经济技术开发区	184	109	75	234	143	91	125	76	49
宿迁市湖滨新区	186	101	85	267	145	122	137	96	41
苏州宿迁工业园区									
宿迁市洋河新区	326	191	135	359	196	163	206	94	112

5-2c 续表 9

单位：户

地 区	40-44岁			45-49岁			50-54岁		
	小计	男	女	小计	男	女	小计	男	女
江 苏	**81296**	**51243**	**30053**	**128122**	**74771**	**53351**	**217759**	**126556**	**91203**
南京市	**4284**	**2699**	**1585**	**6424**	**4037**	**2387**	**11043**	**7136**	**3907**
玄武区									
秦淮区									
建邺区									
鼓楼区									
浦口区	387	241	146	554	348	206	827	546	281
栖霞区	240	136	104	326	189	137	451	270	181
雨花台区									
江宁区	1614	1008	606	1889	1206	683	3061	1980	1081
六合区	964	578	386	1562	879	683	3256	2056	1200
溧水区	500	359	141	956	689	267	1617	1136	481
高淳区	470	316	154	1010	644	366	1622	1003	619
南京江北新区	109	61	48	127	82	45	209	145	64
无锡市	**7945**	**5435**	**2510**	**10922**	**7240**	**3682**	**12847**	**8807**	**4040**
锡山区	788	533	255	1004	662	342	1020	722	298
惠山区	1738	1318	420	2403	1799	604	2572	1999	573
滨湖区	237	163	74	260	161	99	294	190	104
梁溪区									
新吴区	491	341	150	555	363	192	514	350	164
江苏无锡经济开发区									
江阴市	3230	2134	1096	4416	2829	1587	4726	3158	1568
宜兴市	1461	946	515	2284	1426	858	3721	2388	1333
徐州市	**6582**	**4120**	**2462**	**11140**	**6265**	**4875**	**21562**	**11190**	**10372**
鼓楼区									
云龙区									
贾汪区	358	252	106	502	306	196	1003	555	448
泉山区									
铜山区	1000	663	337	1596	951	645	3065	1658	1407
丰县	1049	600	449	2033	1011	1022	3965	1863	2102
沛县	868	556	312	1375	729	646	2945	1393	1552
睢宁县	1142	718	424	1799	990	809	3698	2037	1661
徐州经济技术开发区	70	48	22	121	79	42	236	141	95
新沂市	853	524	329	1558	947	611	2687	1525	1162
邳州市	1242	759	483	2156	1252	904	3963	2018	1945
常州市	**6343**	**4249**	**2094**	**9524**	**6059**	**3465**	**12930**	**8153**	**4777**
天宁区	332	232	100	461	306	155	470	318	152
钟楼区	279	196	83	383	260	123	419	294	125
新北区	531	378	153	688	492	196	935	634	301
武进区	1998	1387	611	2646	1785	861	2978	2075	903
金坛区	806	502	304	1455	824	631	2754	1557	1197
江苏省常州市经济开发区	1312	881	431	1730	1195	535	1618	1169	449
溧阳市	1085	673	412	2161	1197	964	3756	2106	1650

5-2c 续表 10

单位：户

地 区	40-44岁			45-49岁			50-54岁		
	小计	男	女	小计	男	女	小计	男	女
苏州市	**16353**	**11273**	**5080**	**18706**	**12477**	**6229**	**19404**	**13661**	**5743**
虎丘区	433	312	121	471	363	108	574	420	154
吴中区	2162	1515	647	2044	1288	756	1943	1304	639
相城区	354	233	121	398	260	138	403	259	144
姑苏区									
吴江区	2565	1691	874	3298	2171	1127	3435	2345	1090
苏州工业园区									
常熟市	1779	1186	593	2278	1495	783	2610	1876	734
张家港市	3153	2199	954	4106	2828	1278	4725	3415	1310
昆山市	3685	2520	1165	3382	2136	1246	3266	2198	1068
太仓市	2222	1617	605	2729	1936	793	2448	1844	604
南通市	**6907**	**3757**	**3150**	**12520**	**5630**	**6890**	**26721**	**12114**	**14607**
崇川区									
港闸区	22	11	11	24	15	9	41	26	15
通州区	694	361	333	1379	625	754	3016	1379	1637
如东县	685	358	327	1521	668	853	3748	1844	1904
南通经济技术开发区									
通州湾示范区	242	136	106	459	173	286	965	377	588
苏锡通科技产业园区	316	171	145	327	168	159	415	199	216
启东市	2041	1224	817	3237	1597	1640	5898	2625	3273
如皋市	718	330	388	1659	686	973	4073	2035	2038
海门市	1485	756	729	2655	1087	1568	5211	1973	3238
海安市	704	410	294	1259	611	648	3354	1656	1698
连云港市	**3661**	**2136**	**1525**	**5944**	**3227**	**2717**	**10917**	**5754**	**5163**
连云区	3	1	2	9	5	4	17	13	4
海州区	151	102	49	200	123	77	332	203	129
赣榆区	764	420	344	1522	674	848	3104	1293	1811
东海县	1098	679	419	1997	1131	866	3283	1759	1524
灌云县	876	504	372	1060	638	422	2101	1245	856
灌南县	699	386	313	1058	599	459	1934	1153	781
连云港经济技术开发区	37	19	18	58	32	26	83	51	32
连云港高新技术产业开发区									
江苏连云港徐圩新区	1	1		5	1	4	4	3	1
江苏省连云港市云台山风景名胜区	32	24	8	35	24	11	59	34	25
淮安市	**5421**	**3190**	**2231**	**9647**	**5593**	**4054**	**16882**	**10288**	**6594**
淮安区	1127	662	465	2194	1218	976	3694	2164	1530
淮阴区	1017	579	438	1486	888	598	2779	1730	1049
清江浦区	133	83	50	242	150	92	355	230	125
洪泽区	542	311	231	886	486	400	1552	940	612
涟水县	1291	757	534	2204	1262	942	3650	2145	1505
盱眙县	947	596	351	1648	1034	614	2822	1810	1012
金湖县	333	187	146	938	524	414	1954	1216	738
淮安经济技术开发区									
工业园区	17	8	9	34	22	12	41	28	13
生态文旅区									
苏淮高新区	14	7	7	15	9	6	35	25	10

5-2c 续表 11

单位：户

地 区	40-44岁			45-49岁			50-54岁		
	小计	男	女	小计	男	女	小计	男	女
盐城市	**7322**	**4417**	**2905**	**14005**	**7861**	**6144**	**29226**	**17100**	**12126**
亭湖区	257	161	96	460	285	175	1040	665	375
盐都区	833	531	302	1639	987	652	3326	2027	1299
大丰区	738	450	288	1501	837	664	3379	2033	1346
响水县	496	294	202	769	443	326	1509	920	589
滨海县	983	614	369	1639	977	662	2947	1879	1068
阜宁县	1126	692	434	1981	1198	783	3798	2269	1529
射阳县	929	550	379	1923	1071	852	4148	2499	1649
建湖县	1001	639	362	1820	1061	759	3674	2117	1557
盐城经济技术开发区	64	40	24	142	87	55	327	220	107
江苏省盐南高新区									
东台市	895	446	449	2131	915	1216	5078	2471	2607
扬州市	**3722**	**2218**	**1504**	**7293**	**3878**	**3415**	**15928**	**8854**	**7074**
广陵区	289	189	100	463	316	147	625	417	208
邗江区	145	101	44	276	160	116	567	337	230
江都区	1123	686	437	2151	1045	1106	4744	2380	2364
宝应县	926	547	379	1889	1015	874	4249	2389	1860
扬州经济技术开发区	79	39	40	103	57	46	151	82	69
蜀冈瘦西湖景区									
生态新城	32	21	11	59	32	27	84	41	43
仪征市	440	240	200	815	425	390	1929	1112	817
高邮市	688	395	293	1537	828	709	3579	2096	1483
镇江市	**1871**	**1141**	**730**	**3631**	**2277**	**1354**	**6825**	**4419**	**2406**
京口区	27	16	11	42	34	8	70	53	17
润州区	10	5	5	17	13	4	13	7	6
丹徒区	229	136	93	452	273	179	939	632	307
镇江新区	116	66	50	176	116	60	242	157	85
江苏镇江高新区									
丹阳市	545	348	197	1103	720	383	1890	1259	631
扬中市	183	102	81	334	210	124	689	432	257
句容市	761	468	293	1507	911	596	2982	1879	1103
泰州市	**5237**	**3259**	**1978**	**9415**	**5067**	**4348**	**19879**	**10930**	**8949**
海陵区	105	60	45	145	80	65	370	189	181
高港区	221	130	91	505	271	234	980	501	479
姜堰区	887	539	348	1622	774	848	3756	1870	1886
泰州医药高新技术产业开发区	26	13	13	42	27	15	92	51	41
兴化市	1634	974	660	2680	1480	1200	6205	3581	2624
靖江市	960	680	280	1414	901	513	2618	1711	907
泰兴市	1404	863	541	3007	1534	1473	5858	3027	2831
宿迁市	**5648**	**3349**	**2299**	**8951**	**5160**	**3791**	**13595**	**8150**	**5445**
宿城区	781	500	281	1118	614	504	1720	991	729
宿豫区	546	344	202	785	486	299	1296	826	470
沭阳县	1453	822	631	2580	1468	1112	3976	2431	1545
泗阳县	1007	542	465	1536	820	716	2433	1324	1109
泗洪县	1365	846	519	2102	1295	807	3024	1881	1143
宿迁经济技术开发区	136	87	49	183	98	85	293	187	106
宿迁市湖滨新区	128	86	42	240	162	78	377	246	131
苏州宿迁工业园区									
宿迁市洋河新区	232	122	110	407	217	190	476	264	212

5-2c 续表 12

单位：户

地　　区	55-59岁			60-64岁			65岁及以上		
	小计	男	女	小计	男	女	小计	男	女
江　苏	**206756**	**123875**	**82881**	**180703**	**109781**	**70922**	**914843**	**378607**	**536236**
南京市	**11520**	**7646**	**3874**	**8070**	**5211**	**2859**	**48206**	**20686**	**27520**
玄武区									
秦淮区									
建邺区									
鼓楼区									
浦口区	850	573	277	543	355	188	3225	1288	1937
栖霞区	506	325	181	383	238	145	2074	811	1263
雨花台区									
江宁区	2994	1940	1054	2185	1366	819	12791	4990	7801
六合区	3329	2236	1093	2542	1658	884	10660	4701	5959
溧水区	1833	1276	557	1256	834	422	9124	3925	5199
高淳区	1814	1157	657	985	655	330	9526	4629	4897
南京江北新区	194	139	55	176	105	71	806	342	464
无锡市	**10571**	**7468**	**3103**	**7059**	**4796**	**2263**	**37569**	**14665**	**22904**
锡山区	814	593	221	477	321	156	1966	726	1240
惠山区	1687	1333	354	943	670	273	3945	1578	2367
滨湖区	216	154	62	132	89	43	668	256	412
梁溪区									
新吴区	406	277	129	195	136	59	968	385	583
江苏无锡经济开发区									
江阴市	3359	2365	994	2223	1545	678	11065	4257	6808
宜兴市	4089	2746	1343	3089	2035	1054	18957	7463	11494
徐州市	**20127**	**10744**	**9383**	**17546**	**10045**	**7501**	**105651**	**43580**	**62071**
鼓楼区									
云龙区									
贾汪区	912	464	448	849	434	415	5960	2257	3703
泉山区									
铜山区	2821	1534	1287	2590	1439	1151	16627	6630	9997
丰县	3322	1661	1661	2956	1648	1308	17061	6630	10431
沛县	2670	1252	1418	2301	1262	1039	14477	5648	8829
睢宁县	3275	1917	1358	2543	1611	932	15078	7027	8051
徐州经济技术开发区	238	133	105	181	108	73	1421	588	833
新沂市	2805	1579	1226	2416	1417	999	14423	5949	8474
邳州市	4084	2204	1880	3710	2126	1584	20604	8851	11753
常州市	**12060**	**7765**	**4295**	**8647**	**5583**	**3064**	**44401**	**17241**	**27160**
天宁区	391	251	140	309	206	103	1316	551	765
钟楼区	314	213	101	184	117	67	945	368	577
新北区	896	638	258	759	521	238	3112	1262	1850
武进区	2582	1795	787	1656	1091	565	8105	3370	4735
金坛区	3077	1872	1205	2484	1582	902	12248	4789	7459
江苏省常州市经济开发区	1034	768	266	620	400	220	2728	1049	1679
溧阳市	3766	2228	1538	2635	1666	969	15947	5852	10095

5-2c　续表 13

单位：户

地　区	55-59岁			60-64岁			65岁及以上		
	小计	男	女	小计	男	女	小计	男	女
苏州市	**15042**	**10976**	**4066**	**10693**	**7352**	**3341**	**49903**	**19994**	**29909**
虎丘区	443	325	118	268	182	86	1455	567	888
吴中区	1570	1118	452	1200	775	425	5180	1987	3193
相城区	314	217	97	208	132	76	1197	467	730
姑苏区									
吴江区	2666	1924	742	2007	1381	626	9233	4229	5004
苏州工业园区									
常熟市	2390	1800	590	2024	1412	612	9113	3647	5466
张家港市	3409	2486	923	2274	1558	716	11507	4145	7362
昆山市	2592	1831	761	1620	1109	511	8217	3274	4943
太仓市	1658	1275	383	1092	803	289	4001	1678	2323
南通市	**30727**	**14687**	**16040**	**27831**	**14266**	**13565**	**132904**	**48013**	**84891**
崇川区									
港闸区	37	29	8	31	19	12	136	44	92
通州区	3658	1753	1905	3200	1676	1524	17345	6424	10921
如东县	4290	2457	1833	3943	2311	1632	18604	7552	11052
南通经济技术开发区									
通州湾示范区	1095	426	669	966	444	522	4710	1469	3241
苏锡通科技产业园区	441	219	222	344	169	175	2049	667	1382
启东市	7610	3222	4388	6906	2979	3927	35365	10677	24688
如皋市	4178	2378	1800	3987	2464	1523	15699	6864	8835
海门市	5912	2319	3593	5103	2255	2848	24543	8125	16418
海安市	3506	1884	1622	3351	1949	1402	14453	6191	8262
连云港市	**10316**	**5659**	**4657**	**10336**	**5921**	**4415**	**49223**	**21146**	**28077**
连云区	19	11	8	13	8	5	95	30	65
海州区	363	228	135	352	212	140	1807	744	1063
赣榆区	3240	1518	1722	3240	1638	1602	16231	6885	9346
东海县	2949	1607	1342	2691	1477	1214	13854	6310	7544
灌云县	1939	1209	730	2143	1372	771	9452	3993	5459
灌南县	1675	1007	668	1745	1127	618	7110	2943	4167
连云港经济技术开发区	66	36	30	67	42	25	336	122	214
连云港高新技术产业开发区									
江苏连云港徐圩新区	2	1	1	6	2	4	12	3	9
江苏省连云港市云台山风景名胜区	63	42	21	79	43	36	326	116	210
淮安市	**15429**	**9663**	**5766**	**15201**	**9892**	**5309**	**61983**	**27257**	**34726**
淮安区	3404	2096	1308	3488	2255	1233	15637	7014	8623
淮阴区	2541	1585	956	2744	1837	907	10577	4883	5694
清江浦区	295	196	99	288	181	107	1250	536	714
洪泽区	1396	894	502	1265	762	503	5116	2173	2943
涟水县	3280	1962	1318	3232	2086	1146	12541	5326	7215
盱眙县	2652	1766	886	2399	1638	761	9125	4175	4950
金湖县	1796	1124	672	1713	1084	629	7447	3021	4426
淮安经济技术开发区									
工业园区	43	27	16	55	39	16	202	87	115
生态文旅区									
苏淮高新区	22	13	9	17	10	7	88	42	46

5-2c 续表 14

单位：户

地区	55-59岁			60-64岁			65岁及以上		
	小计	男	女	小计	男	女	小计	男	女
盐城市	**28913**	**17420**	**11493**	**28308**	**17329**	**10979**	**131564**	**54380**	**77184**
亭湖区	911	573	338	850	517	333	4026	1601	2425
盐都区	3342	1943	1399	3303	1917	1386	17920	7575	10345
大丰区	3651	2297	1354	3062	1800	1262	13162	4672	8490
响水县	1294	874	420	1651	1107	544	6460	2824	3636
滨海县	2890	1889	1001	3615	2291	1324	15704	6736	8968
阜宁县	3520	2153	1367	3948	2613	1335	16253	7629	8624
射阳县	4051	2481	1570	3521	2178	1343	14954	5810	9144
建湖县	3412	1923	1489	3263	1875	1388	17842	7787	10055
盐城经济技术开发区	274	185	89	259	158	101	1079	444	635
江苏省盐南高新区									
东台市	5568	3102	2466	4836	2873	1963	24164	9302	14862
扬州市	**14412**	**8497**	**5915**	**12872**	**7769**	**5103**	**69424**	**30930**	**38494**
广陵区	643	402	241	585	333	252	2488	1093	1395
邗江区	640	394	246	624	360	264	2917	1251	1666
江都区	3921	2143	1778	3482	1992	1490	20128	8615	11513
宝应县	3735	2175	1560	3339	2059	1280	18969	8394	10575
扬州经济技术开发区	166	86	80	130	75	55	738	327	411
蜀冈瘦西湖景区									
生态新城	110	68	42	110	57	53	521	198	323
仪征市	1824	1112	712	1647	1026	621	6914	3184	3730
高邮市	3373	2117	1256	2955	1867	1088	16749	7868	8881
镇江市	**8005**	**5248**	**2757**	**6343**	**4002**	**2341**	**30648**	**12322**	**18326**
京口区	81	57	24	43	24	19	224	80	144
润州区	17	10	7	8	5	3	33	15	18
丹徒区	1204	787	417	981	572	409	4185	1689	2496
镇江新区	361	225	136	307	184	123	1351	545	806
江苏镇江高新区									
丹阳市	2176	1467	709	1888	1198	690	8572	3426	5146
扬中市	838	548	290	832	515	317	3569	1390	2179
句容市	3328	2154	1174	2284	1504	780	12714	5177	7537
泰州市	**17289**	**10157**	**7132**	**16544**	**10104**	**6440**	**100447**	**44614**	**55833**
海陵区	374	214	160	357	238	119	2365	1114	1251
高港区	777	426	351	810	511	299	4150	1982	2168
姜堰区	3305	1788	1517	3086	1864	1222	18779	8843	9936
泰州医药高新技术产业开发区	94	43	51	93	59	34	560	267	293
兴化市	5528	3207	2321	5000	2982	2018	41120	17922	23198
靖江市	2282	1590	692	2329	1515	814	10741	4555	6186
泰兴市	4929	2889	2040	4869	2935	1934	22732	9931	12801
宿迁市	**12345**	**7945**	**4400**	**11253**	**7511**	**3742**	**52920**	**23779**	**29141**
宿城区	1581	1004	577	1385	943	442	6633	3009	3624
宿豫区	1235	812	423	1284	829	455	5956	2572	3384
沭阳县	3689	2419	1270	3548	2397	1151	15109	6730	8379
泗阳县	2148	1308	840	2257	1456	801	9969	4400	5569
泗洪县	2669	1723	946	1871	1273	598	10646	4996	5650
宿迁经济技术开发区	225	159	66	251	187	64	1052	517	535
宿迁市湖滨新区	394	264	130	371	252	119	1905	876	1029
苏州宿迁工业园区									
宿迁市洋河新区	404	256	148	286	174	112	1650	679	971

5-3 各地区家庭户中民族混合户户数

单位：户、%

地区	家庭户户数	单一民族户		二个民族户		三个民族户		四个及以上民族户	
		户数	占家庭户比重	户数	占家庭户比重	户数	占家庭户比重	户数	占家庭户比重
江　苏	**29910849**	**29748998**	**99.46**	**160078**	**0.54**	**1656**	**0.01**	**117**	
南京市	**3138775**	**3098898**	**98.73**	**39685**	**1.26**	**184**	**0.01**	**8**	
玄武区	173057	170256	98.38	2790	1.61	11	0.01		
秦淮区	278725	271646	97.46	7062	2.53	17	0.01		
建邺区	190280	185799	97.65	4466	2.35	15	0.01		
鼓楼区	339954	334802	98.48	5138	1.51	14			
浦口区	142758	141420	99.06	1330	0.93	7		1	
栖霞区	299891	296846	98.98	3027	1.01	16	0.01	2	
雨花台区	201916	199309	98.71	2593	1.28	14	0.01		
江宁区	581866	577517	99.25	4308	0.74	39	0.01	2	
六合区	236154	233215	98.76	2927	1.24	12	0.01		
溧水区	173641	172836	99.54	800	0.46	5			
高淳区	160829	159709	99.30	1113	0.69	5		2	
南京江北新区	359704	355543	98.84	4131	1.15	29	0.01	1	
无锡市	**2687898**	**2666262**	**99.20**	**21276**	**0.79**	**345**	**0.01**	**15**	
锡山区	309453	305703	98.79	3666	1.18	80	0.03	4	
惠山区	302826	300294	99.16	2489	0.82	42	0.01	1	
滨湖区	204167	203123	99.49	1034	0.51	10			
梁溪区	385154	383052	99.45	2082	0.54	19		1	
新吴区	232528	230415	99.09	2097	0.90	15	0.01	1	
江苏无锡经济开发区	112781	111930	99.25	838	0.74	13	0.01		
江阴市	647571	641698	99.09	5738	0.89	128	0.02	7	
宜兴市	493418	490047	99.32	3332	0.68	38	0.01	1	
徐州市	**3097995**	**3091569**	**99.79**	**6399**	**0.21**	**24**		**3**	
鼓楼区	161988	161284	99.57	700	0.43	4			
云龙区	164397	163795	99.63	598	0.36	4			
贾汪区	151888	151593	99.81	295	0.19				
泉山区	233914	232951	99.59	961	0.41			2	
铜山区	404923	404247	99.83	671	0.17	5			
丰县	336524	335765	99.77	756	0.22	3			
沛县	359549	358954	99.83	593	0.16	2			
睢宁县	360742	360221	99.86	520	0.14	1			
徐州经济技术开发区	124718	124401	99.75	316	0.25	1			
新沂市	327282	326734	99.83	546	0.17	1		1	
邳州市	472070	471624	99.91	443	0.09	3			
常州市	**1942531**	**1932766**	**99.50**	**9639**	**0.50**	**121**	**0.01**	**5**	
天宁区	250802	249845	99.62	949	0.38	8			
钟楼区	240409	239506	99.62	899	0.37	4			
新北区	309823	308340	99.52	1467	0.47	16	0.01		
武进区	448200	445540	99.41	2624	0.59	35	0.01	1	
金坛区	238164	237004	99.51	1138	0.48	20	0.01	2	
江苏省常州市经济开发区	154507	153111	99.10	1368	0.89	26	0.02	2	
溧阳市	300626	299420	99.60	1194	0.40	12			

5-3 续表 1

单位：户、%

地　　区	家庭户户　数	单一民族户		二个民族户		三个民族户		四个及以上民族户	
		户数	占家庭户比重	户数	占家庭户比重	户数	占家庭户比重	户数	占家庭户比重
苏州市	**4273563**	**4245249**	**99.34**	**27987**	**0.65**	**317**	**0.01**	**10**	
虎丘区	244244	242196	99.16	2025	0.83	23	0.01		
吴中区	447304	444461	99.36	2805	0.63	37	0.01	1	
相城区	302332	300026	99.24	2284	0.76	21	0.01	1	
姑苏区	354555	352757	99.49	1792	0.51	5		1	
吴江区	531236	527745	99.34	3426	0.64	63	0.01	2	
苏州工业园区	330953	327365	98.92	3559	1.08	28	0.01	1	
常熟市	541027	538354	99.51	2630	0.49	42	0.01	1	
张家港市	521840	518879	99.43	2920	0.56	41	0.01		
昆山市	704966	700292	99.34	4641	0.66	30		3	
太仓市	295106	293174	99.35	1905	0.65	27	0.01		
南通市	**2897075**	**2883129**	**99.52**	**13578**	**0.47**	**338**	**0.01**	**30**	
崇川区	266974	265398	99.41	1473	0.55	92	0.03	11	
港闸区	138103	137517	99.58	559	0.40	25	0.02	2	
通州区	400688	398690	99.50	1951	0.49	43	0.01	4	
如东县	340881	338597	99.33	2273	0.67	10		1	
南通经济技术开发区	91644	91102	99.41	523	0.57	16	0.02	3	
通州湾示范区	41392	41242	99.64	149	0.36	1			
苏锡通科技产业园区	33344	33060	99.15	271	0.81	13	0.04		
启东市	436111	435256	99.80	844	0.19	11			
如皋市	429888	427533	99.45	2320	0.54	32	0.01	3	
海门市	384993	383558	99.63	1400	0.36	33	0.01	2	
海安市	333057	331176	99.44	1815	0.54	62	0.02	4	
连云港市	**1547754**	**1544147**	**99.77**	**3595**	**0.23**	**12**			
连云区	58302	58070	99.60	231	0.40	1			
海州区	248485	248021	99.81	464	0.19				
赣榆区	353011	352486	99.85	523	0.15	2			
东海县	339057	337978	99.68	1074	0.32	5			
灌云县	245664	244985	99.72	677	0.28	2			
灌南县	208108	207786	99.85	322	0.15				
连云港经济技术开发区	30127	30047	99.73	80	0.27				
连云港高新技术产业开发区	41929	41735	99.54	192	0.46	2			
江苏连云港徐圩新区	14215	14200	99.89	15	0.11				
江苏省连云港市云台山风景名胜区	8856	8839	99.81	17	0.19				
淮安市	**1625374**	**1620795**	**99.72**	**4557**	**0.28**	**21**		**1**	
淮安区	287962	287121	99.71	840	0.29			1	
淮阴区	252610	251798	99.68	808	0.32	4			
清江浦区	204020	203112	99.55	907	0.44	1			
洪泽区	111305	111101	99.82	204	0.18				
涟水县	294032	293395	99.78	628	0.21	9			
盱眙县	224333	223859	99.79	472	0.21	2			
金湖县	115882	115625	99.78	255	0.22	2			
淮安经济技术开发区	90457	90151	99.66	304	0.34	2			
工业园区	4993	4980	99.74	12	0.24	1	0.02		
生态文旅区	31477	31371	99.66	106	0.34				
苏淮高新区	8303	8282	99.75	21	0.25				

5-3　续表 2

单位：户、%

地　　区	家庭户户　数	单一民族户		二个民族户		三个民族户		四个及以上民族户	
		户数	占家庭户比重	户数	占家庭户比重	户数	占家庭户比重	户数	占家庭户比重
盐城市	**2609831**	**2601172**	**99.67**	**8619**	**0.33**	**36**		**4**	
亭湖区	242546	241903	99.73	640	0.26	3			
盐都区	243030	242402	99.74	626	0.26	2			
大丰区	276533	275066	99.47	1462	0.53	5			
响水县	162082	161579	99.69	501	0.31	2			
滨海县	311931	311178	99.76	751	0.24	2			
阜宁县	310422	309545	99.72	875	0.28	2			
射阳县	310568	309666	99.71	898	0.29	4			
建湖县	245608	245114	99.80	493	0.20	1			
盐城经济技术开发区	32020	31813	99.35	207	0.65				
江苏省盐南高新区	108352	108085	99.75	263	0.24	3		1	
东台市	366739	364821	99.48	1903	0.52	12		3	
扬州市	**1606252**	**1598830**	**99.54**	**7305**	**0.45**	**95**	**0.01**	**22**	
广陵区	185079	184058	99.45	1003	0.54	15	0.01	3	
邗江区	217770	216642	99.48	1119	0.51	7		2	
江都区	348516	347240	99.63	1228	0.35	44	0.01	4	
宝应县	260245	259791	99.83	450	0.17	3		1	
扬州经济技术开发区	76593	76168	99.45	415	0.54	8	0.01	2	
蜀冈瘦西湖景区	45881	45608	99.40	271	0.59	2			
生态新城	19832	19755	99.61	74	0.37	2	0.01	1	0.01
仪征市	196979	196195	99.60	771	0.39	6		7	
高邮市	255357	253373	99.22	1974	0.77	8		2	
镇江市	**1144197**	**1136687**	**99.34**	**7411**	**0.65**	**88**	**0.01**	**11**	
京口区	126098	124163	98.47	1926	1.53	9	0.01		
润州区	90800	89690	98.78	1101	1.21	8	0.01	1	
丹徒区	109037	108527	99.53	498	0.46	9	0.01	3	
镇江新区	87080	86591	99.44	469	0.54	16	0.02	4	
江苏镇江高新区	20733	20569	99.21	160	0.77	4	0.02		
丹阳市	361077	359322	99.51	1738	0.48	17			
扬中市	107740	107479	99.76	251	0.23	8	0.01	2	
句容市	241632	240346	99.47	1268	0.52	17	0.01	1	
泰州市	**1707632**	**1702185**	**99.68**	**5386**	**0.32**	**55**		**6**	
海陵区	193439	192881	99.71	552	0.29	6			
高港区	90494	89984	99.44	505	0.56	4		1	
姜堰区	269546	268786	99.72	753	0.28	7			
泰州医药高新技术产业开发区	68622	68345	99.60	277	0.40				
兴化市	454445	453854	99.87	583	0.13	8			
靖江市	244175	243076	99.55	1075	0.44	19	0.01	5	
泰兴市	386911	385259	99.57	1641	0.42	11			
宿迁市	**1631972**	**1627309**	**99.71**	**4641**	**0.28**	**20**		**2**	
宿城区	218724	218069	99.70	649	0.30	6			
宿豫区	152193	151886	99.80	305	0.20	2			
沭阳县	522896	521823	99.79	1070	0.20	3			
泗阳县	274233	272660	99.43	1570	0.57	3			
泗洪县	300263	299691	99.81	569	0.19	3			
宿迁经济技术开发区	60238	60126	99.81	111	0.18	1			
宿迁市湖滨新区	42768	42646	99.71	118	0.28	2		2	
苏州宿迁工业园区	9370	9323	99.50	47	0.50				
宿迁市洋河新区	51287	51085	99.61	202	0.39				

5-3a 各地区家庭户中民族混合户户数(城市)

单位：户、%

地　　区	家庭户户　数	单一民族户		二个民族户		三个民族户		四个及以上民族户	
		户数	占家庭户比重	户数	占家庭户比重	户数	占家庭户比重	户数	占家庭户比重
江　苏	**13771191**	**13683167**	**99.36**	**87165**	**0.63**	**796**	**0.01**	**63**	
南京市	**2631956**	**2595478**	**98.61**	**36310**	**1.38**	**162**	**0.01**	**6**	
玄武区	173057	170256	98.38	2790	1.61	11	0.01		
秦淮区	278725	271646	97.46	7062	2.53	17	0.01		
建邺区	190280	185799	97.65	4466	2.35	15	0.01		
鼓楼区	339954	334802	98.48	5138	1.51	14			
浦口区	111597	110462	98.98	1129	1.01	5		1	
栖霞区	278725	275775	98.94	2933	1.05	16	0.01	1	
雨花台区	198694	196114	98.70	2566	1.29	14	0.01		
江宁区	447363	443739	99.19	3590	0.80	33	0.01	1	
六合区	82675	80976	97.94	1693	2.05	6	0.01		
溧水区	95335	94973	99.62	361	0.38	1			
高淳区	83273	82784	99.41	486	0.58	1		2	
南京江北新区	352278	348152	98.83	4096	1.16	29	0.01	1	
无锡市	**1767422**	**1756310**	**99.37**	**10959**	**0.62**	**149**	**0.01**	**4**	
锡山区	172814	171290	99.12	1496	0.87	28	0.02		
惠山区	185253	183712	99.17	1507	0.81	33	0.02	1	
滨湖区	189359	188424	99.51	928	0.49	7			
梁溪区	385154	383052	99.45	2082	0.54	19		1	
新吴区	210181	208359	99.13	1807	0.86	14	0.01	1	
江苏无锡经济开发区	112781	111930	99.25	838	0.74	13	0.01		
江阴市	295084	293617	99.50	1439	0.49	27	0.01	1	
宜兴市	216796	215926	99.60	862	0.40	8			
徐州市	**1026190**	**1023271**	**99.72**	**2906**	**0.28**	**11**		**2**	
鼓楼区	161988	161284	99.57	700	0.43	4			
云龙区	157691	157097	99.62	590	0.37	4			
贾汪区	60138	60002	99.77	136	0.23				
泉山区	233914	232951	99.59	961	0.41			2	
铜山区	108087	107910	99.84	176	0.16	1			
丰县									
沛县									
睢宁县									
徐州经济技术开发区	1516	1516	100.00						
新沂市	124693	124502	99.85	190	0.15	1			
邳州市	178163	178009	99.91	153	0.09	1			
常州市	**1232773**	**1228121**	**99.62**	**4608**	**0.37**	**42**		**2**	
天宁区	213374	212623	99.65	745	0.35	6			
钟楼区	225800	224994	99.64	803	0.36	3			
新北区	224711	223568	99.49	1132	0.50	11			
武进区	259174	258213	99.63	951	0.37	10			
金坛区	123450	123007	99.64	434	0.35	7	0.01	2	
江苏省常州市经济开发区	63326	63044	99.55	280	0.44	2			
溧阳市	122938	122672	99.78	263	0.21	3			

5-3a　续表 1

单位：户、%

地　区	家庭户户数	单一民族户		二个民族户		三个民族户		四个及以上民族户	
		户数	占家庭户比重	户数	占家庭户比重	户数	占家庭户比重	户数	占家庭户比重
苏州市	**2348822**	**2334770**	**99.40**	**13918**	**0.59**	**130**	**0.01**	**4**	
虎丘区	219593	217734	99.15	1838	0.84	21	0.01		
吴中区	270333	268739	99.41	1572	0.58	21	0.01	1	
相城区	263516	261579	99.26	1918	0.73	18	0.01	1	
姑苏区	354555	352757	99.49	1792	0.51	5		1	
吴江区	218560	217246	99.40	1303	0.60	11	0.01		
苏州工业园区									
常熟市	271462	270426	99.62	1018	0.38	18	0.01		
张家港市	167957	167158	99.52	788	0.47	11	0.01		
昆山市	461608	458661	99.36	2927	0.63	19		1	
太仓市	121238	120470	99.37	762	0.63	6			
南通市	**1123578**	**1118937**	**99.59**	**4445**	**0.40**	**178**	**0.02**	**18**	
崇川区	266974	265398	99.41	1473	0.55	92	0.03	11	
港闸区	136933	136353	99.58	553	0.40	25	0.02	2	
通州区	141467	140872	99.58	587	0.41	7		1	
如东县									
南通经济技术开发区									
通州湾示范区									
苏锡通科技产业园区									
启东市	160623	160351	99.83	267	0.17	5			
如皋市	125278	124824	99.64	446	0.36	6		2	
海门市	129764	129403	99.72	346	0.27	14	0.01	1	
海安市	162539	161736	99.51	773	0.48	29	0.02	1	
连云港市	**356218**	**355508**	**99.80**	**708**	**0.20**	**2**			
连云区	57016	56792	99.61	223	0.39	1			
海州区	200551	200170	99.81	381	0.19				
赣榆区	92013	91914	99.89	98	0.11	1			
东海县	2811	2810	99.96	1	0.04				
灌云县									
灌南县									
连云港经济技术开发区									
连云港高新技术产业开发区									
江苏连云港徐圩新区	2388	2384	99.83	4	0.17				
江苏省连云港市云台山风景名胜区	1439	1438	99.93	1	0.07				
淮安市	**445247**	**443791**	**99.67**	**1452**	**0.33**	**4**			
淮安区	108666	108439	99.79	227	0.21				
淮阴区	100217	99931	99.71	283	0.28	3			
清江浦区	184128	183271	99.53	856	0.46	1			
洪泽区	52236	52150	99.84	86	0.16				
涟水县									
盱眙县									
金湖县									
淮安经济技术开发区									
工业园区									
生态文旅区									
苏淮高新区									

5-3a 续表 2

单位：户、%

地　　区	家庭户户　数	单一民族户		二个民族户		三个民族户		四个及以上民族户	
		户数	占家庭户比重	户数	占家庭户比重	户数	占家庭户比重	户数	占家庭户比重
盐城市	**599130**	**597659**	**99.75**	**1453**	**0.24**	**14**		**4**	
亭湖区	183381	183013	99.80	366	0.20	2			
盐都区	92520	92347	99.81	171	0.18	2			
大丰区	90362	90155	99.77	207	0.23				
响水县									
滨海县									
阜宁县									
射阳县									
建湖县									
盐城经济技术开发区	1783	1773	99.44	10	0.56				
江苏省盐南高新区	108352	108085	99.75	263	0.24	3		1	
东台市	122732	122286	99.64	436	0.36	7	0.01	3	
扬州市	**697137**	**693840**	**99.53**	**3253**	**0.47**	**29**		**15**	
广陵区	145406	144526	99.39	864	0.59	13	0.01	3	
邗江区	167623	166705	99.45	911	0.54	5		2	
江都区	116849	116412	99.63	435	0.37	1		1	
宝应县									
扬州经济技术开发区									
蜀冈瘦西湖景区	45881	45608	99.40	271	0.59	2			
生态新城	10349	10304	99.57	42	0.41	2	0.02	1	0.01
仪征市	112441	112012	99.62	420	0.37	2		7	0.01
高邮市	98588	98273	99.68	310	0.31	4		1	
镇江市	**593296**	**588503**	**99.19**	**4743**	**0.80**	**45**	**0.01**	**5**	
京口区	121582	119682	98.44	1891	1.56	9	0.01		
润州区	90458	89349	98.77	1100	1.22	8	0.01	1	
丹徒区	49632	49376	99.48	251	0.51	3	0.01	2	
镇江新区									
江苏镇江高新区	20733	20569	99.21	160	0.77	4	0.02		
丹阳市	142375	141616	99.47	751	0.53	8	0.01		
扬中市	58882	58761	99.79	113	0.19	6	0.01	2	
句容市	109634	109150	99.56	477	0.44	7	0.01		
泰州市	**690350**	**688593**	**99.75**	**1733**	**0.25**	**23**		**1**	
海陵区	166485	166030	99.73	450	0.27	5			
高港区	45210	45010	99.56	199	0.44			1	
姜堰区	119676	119392	99.76	281	0.23	3			
泰州医药高新技术产业开发区									
兴化市	111235	111074	99.86	157	0.14	4			
靖江市	113923	113590	99.71	325	0.29	8	0.01		
泰兴市	133821	133497	99.76	321	0.24	3			
宿迁市	**259072**	**258386**	**99.74**	**677**	**0.26**	**7**		**2**	
宿城区	124924	124611	99.75	310	0.25	3			
宿豫区	76404	76255	99.80	147	0.19	2			
沭阳县									
泗阳县									
泗洪县									
宿迁经济技术开发区									
宿迁市湖滨新区	19397	19344	99.73	49	0.25	2	0.01	2	0.01
苏州宿迁工业园区	9370	9323	99.50	47	0.50				
宿迁市洋河新区	28977	28853	99.57	124	0.43				

5-3b　各地区家庭户中民族混合户户数(镇)

单位：户、%

地　　区	家庭户户　数	单一民族户		二个民族户		三个民族户		四个及以上民族户	
		户数	占家庭户比重	户数	占家庭户比重	户数	占家庭户比重	户数	占家庭户比重
江　苏	**7566565**	**7535506**	**99.59**	**30700**	**0.41**	**333**		**26**	
南京市	**61470**	**60781**	**98.88**	**686**	**1.12**	**3**			
玄武区									
秦淮区									
建邺区									
鼓楼区									
浦口区	676	674	99.70	2	0.30				
栖霞区									
雨花台区	3222	3195	99.16	27	0.84				
江宁区									
六合区	41840	41255	98.60	582	1.39	3	0.01		
溧水区	11547	11488	99.49	59	0.51				
高淳区	4185	4169	99.62	16	0.38				
南京江北新区									
无锡市	**432644**	**428701**	**99.09**	**3889**	**0.90**	**54**	**0.01**		
锡山区	95118	93809	98.62	1287	1.35	22	0.02		
惠山区	40394	40175	99.46	217	0.54	2			
滨湖区									
梁溪区									
新吴区									
江苏无锡经济开发区									
江阴市	182442	180772	99.08	1646	0.90	24	0.01		
宜兴市	114690	113945	99.35	739	0.64	6	0.01		
徐州市	**959692**	**958099**	**99.83**	**1585**	**0.17**	**7**		**1**	
鼓楼区									
云龙区	6706	6698	99.88	8	0.12				
贾汪区	27576	27556	99.93	20	0.07				
泉山区									
铜山区	116804	116671	99.89	133	0.11				
丰县	170213	169745	99.73	466	0.27	2			
沛县	202394	202073	99.84	319	0.16	2			
睢宁县	194707	194462	99.87	244	0.13	1			
徐州经济技术开发区	105477	105216	99.75	260	0.25	1			
新沂市	56612	56539	99.87	72	0.13			1	
邳州市	79203	79139	99.92	63	0.08	1			
常州市	**232616**	**231460**	**99.50**	**1140**	**0.49**	**16**	**0.01**		
天宁区	15893	15825	99.57	68	0.43				
钟楼区									
新北区	43625	43482	99.67	141	0.32	2			
武进区	58726	58359	99.38	365	0.62	2			
金坛区	26729	26563	99.38	160	0.60	6	0.02		
江苏省常州市经济开发区	34404	34147	99.25	254	0.74	3	0.01		
溧阳市	53239	53084	99.71	152	0.29	3	0.01		

5-3b 续表 1

单位：户、%

地区	家庭户户数	单一民族户		二个民族户		三个民族户		四个及以上民族户	
		户数	占家庭户比重	户数	占家庭户比重	户数	占家庭户比重	户数	占家庭户比重
苏州市	**1104093**	**1095790**	**99.25**	**8225**	**0.74**	**75**	**0.01**	**3**	
虎丘区	1588	1575	99.18	13	0.82				
吴中区	68593	68198	99.42	392	0.57	3			
相城区	22260	22110	99.33	150	0.67				
姑苏区									
吴江区	178932	177993	99.48	930	0.52	9	0.01		
苏州工业园区	330953	327365	98.92	3559	1.08	28	0.01	1	
常熟市	126129	125335	99.37	784	0.62	9	0.01	1	
张家港市	204151	202985	99.43	1153	0.56	13	0.01		
昆山市	85575	84902	99.21	668	0.78	4		1	
太仓市	85912	85327	99.32	576	0.67	9	0.01		
南通市	**826252**	**821765**	**99.46**	**4385**	**0.53**	**92**	**0.01**	**10**	
崇川区									
港闸区									
通州区	126732	125994	99.42	711	0.56	24	0.02	3	
如东县	193728	192613	99.42	1108	0.57	6		1	
南通经济技术开发区	91644	91102	99.41	523	0.57	16	0.02	3	
通州湾示范区	15727	15663	99.59	64	0.41				
苏锡通科技产业园区	13590	13438	98.88	142	1.04	10	0.07		
启东市	81657	81421	99.71	230	0.28	6	0.01		
如皋市	137354	136640	99.48	704	0.51	9	0.01	1	
海门市	107628	107032	99.45	584	0.54	11	0.01	1	
海安市	58192	57862	99.43	319	0.55	10	0.02	1	
连云港市	**581526**	**580350**	**99.80**	**1171**	**0.20**	**5**			
连云区	363	360	99.17	3	0.83				
海州区	19119	19094	99.87	25	0.13				
赣榆区	98301	98163	99.86	138	0.14				
东海县	154854	154507	99.78	344	0.22	3			
灌云县	121040	120787	99.79	253	0.21				
灌南县	109329	109195	99.88	134	0.12				
连云港经济技术开发区	24367	24297	99.71	70	0.29				
连云港高新技术产业开发区	41929	41735	99.54	192	0.46	2			
江苏连云港徐圩新区	11542	11531	99.90	11	0.10				
江苏省连云港市云台山风景名胜区	682	681	99.85	1	0.15				
淮安市	**576710**	**575256**	**99.75**	**1443**	**0.25**	**11**			
淮安区	41016	40917	99.76	99	0.24				
淮阴区	38474	38318	99.59	155	0.40	1			
清江浦区	2197	2193	99.82	4	0.18				
洪泽区	11306	11296	99.91	10	0.09				
涟水县	156440	156118	99.79	317	0.20	5			
盱眙县	131387	131110	99.79	275	0.21	2			
金湖县	64181	64033	99.77	147	0.23	1			
淮安经济技术开发区	90457	90151	99.66	304	0.34	2			
工业园区	2385	2380	99.79	5	0.21				
生态文旅区	31477	31371	99.66	106	0.34				
苏淮高新区	7390	7369	99.72	21	0.28				

5-3b　续表 2

单位：户、%

地　　区	家庭户户　数	单一民族户		二个民族户		三个民族户		四个及以上民族户	
		户数	占家庭户比重	户数	占家庭户比重	户数	占家庭户比重	户数	占家庭户比重
盐城市	**991364**	**989006**	**99.76**	**2347**	**0.24**	**11**			
亭湖区	21322	21232	99.58	90	0.42				
盐都区	37813	37766	99.88	47	0.12				
大丰区	77747	77371	99.52	374	0.48	2			
响水县	91943	91735	99.77	207	0.23	1			
滨海县	170144	169853	99.83	289	0.17	2			
阜宁县	175419	175092	99.81	326	0.19	1			
射阳县	180052	179714	99.81	334	0.19	4			
建湖县	136374	136141	99.83	232	0.17	1			
盐城经济技术开发区	19544	19422	99.38	122	0.62				
江苏省盐南高新区									
东台市	81006	80680	99.60	326	0.40				
扬州市	**388064**	**386985**	**99.72**	**1060**	**0.27**	**15**		**4**	
广陵区	13682	13644	99.72	36	0.26	2	0.01		
邗江区	19160	19100	99.69	59	0.31	1	0.01		
江都区	88416	88193	99.75	220	0.25	2		1	
宝应县	134574	134360	99.84	212	0.16	1		1	
扬州经济技术开发区	69623	69235	99.44	378	0.54	8	0.01	2	
蜀冈瘦西湖景区									
生态新城	3846	3838	99.79	8	0.21				
仪征市	19592	19538	99.72	54	0.28				
高邮市	39171	39077	99.76	93	0.24	1			
镇江市	**296154**	**294631**	**99.49**	**1485**	**0.50**	**32**	**0.01**	**6**	
京口区	1952	1927	98.72	25	1.28				
润州区									
丹徒区	22953	22867	99.63	81	0.35	4	0.02	1	
镇江新区	75019	74556	99.38	443	0.59	16	0.02	4	0.01
江苏镇江高新区									
丹阳市	142739	142073	99.53	660	0.46	6			
扬中市	15694	15636	99.63	58	0.37				
句容市	37797	37572	99.40	218	0.58	6	0.02	1	
泰州市	**390516**	**389363**	**99.70**	**1144**	**0.29**	**7**		**2**	
海陵区	9346	9325	99.78	21	0.22				
高港区	14969	14889	99.47	79	0.53	1	0.01		
姜堰区	41043	40934	99.73	108	0.26	1			
泰州医药高新技术产业开发区	63554	63306	99.61	248	0.39				
兴化市	124635	124504	99.89	128	0.10	3			
靖江市	43005	42761	99.43	241	0.56	1		2	
泰兴市	93964	93644	99.66	319	0.34	1			
宿迁市	**725464**	**723319**	**99.70**	**2140**	**0.29**	**5**			
宿城区	14235	14195	99.72	40	0.28				
宿豫区	20251	20216	99.83	35	0.17				
沭阳县	301507	301004	99.83	502	0.17	1			
泗阳县	162084	160935	99.29	1148	0.71	1			
泗洪县	177230	176897	99.81	331	0.19	2			
宿迁经济技术开发区	45075	45000	99.83	74	0.16	1			
宿迁市湖滨新区	5082	5072	99.80	10	0.20				
苏州宿迁工业园区									
宿迁市洋河新区									

5-3c 各地区家庭户中民族混合户户数(乡村)

单位：户、%

地区	家庭户户数	单一民族户		二个民族户		三个民族户		四个及以上民族户	
		户数	占家庭户比重	户数	占家庭户比重	户数	占家庭户比重	户数	占家庭户比重
江苏	**8573093**	**8530325**	**99.50**	**42213**	**0.49**	**527**	**0.01**	**28**	
南京市	**445349**	**442639**	**99.39**	**2689**	**0.60**	**19**		**2**	
玄武区									
秦淮区									
建邺区									
鼓楼区									
浦口区	30485	30284	99.34	199	0.65	2	0.01		
栖霞区	21166	21071	99.55	94	0.44			1	
雨花台区									
江宁区	134503	133778	99.46	718	0.53	6		1	
六合区	111639	110984	99.41	652	0.58	3			
溧水区	66759	66375	99.42	380	0.57	4	0.01		
高淳区	73371	72756	99.16	611	0.83	4	0.01		
南京江北新区	7426	7391	99.53	35	0.47				
无锡市	**487832**	**481251**	**98.65**	**6428**	**1.32**	**142**	**0.03**	**11**	
锡山区	41521	40604	97.79	883	2.13	30	0.07	4	0.01
惠山区	77179	76407	99.00	765	0.99	7	0.01		
滨湖区	14808	14699	99.26	106	0.72	3	0.02		
梁溪区									
新吴区	22347	22056	98.70	290	1.30	1			
江苏无锡经济开发区									
江阴市	170045	167309	98.39	2653	1.56	77	0.05	6	
宜兴市	161932	160176	98.92	1731	1.07	24	0.01	1	
徐州市	**1112113**	**1110199**	**99.83**	**1908**	**0.17**	**6**			
鼓楼区									
云龙区									
贾汪区	64174	64035	99.78	139	0.22				
泉山区									
铜山区	180032	179666	99.80	362	0.20	4			
丰县	166311	166020	99.83	290	0.17	1			
沛县	157155	156881	99.83	274	0.17				
睢宁县	166035	165759	99.83	276	0.17				
徐州经济技术开发区	17725	17669	99.68	56	0.32				
新沂市	145977	145693	99.81	284	0.19				
邳州市	214704	214476	99.89	227	0.11	1			
常州市	**477142**	**473185**	**99.17**	**3891**	**0.82**	**63**	**0.01**	**3**	
天宁区	21535	21397	99.36	136	0.63	2	0.01		
钟楼区	14609	14512	99.34	96	0.66	1	0.01		
新北区	41487	41290	99.53	194	0.47	3	0.01		
武进区	130300	128968	98.98	1308	1.00	23	0.02	1	
金坛区	87985	87434	99.37	544	0.62	7	0.01		
江苏省常州市经济开发区	56777	55920	98.49	834	1.47	21	0.04	2	
溧阳市	124449	123664	99.37	779	0.63	6			

5-3c　续表 1　　　　单位：户、%

地　　区	家庭户户　数	单一民族户		二个民族户		三个民族户		四个及以上民族户	
		户数	占家庭户比重	户数	占家庭户比重	户数	占家庭户比重	户数	占家庭户比重
苏州市	**820648**	**814689**	**99.27**	**5844**	**0.71**	**112**	**0.01**	**3**	
虎丘区	23063	22887	99.24	174	0.75	2	0.01		
吴中区	108378	107524	99.21	841	0.78	13	0.01		
相城区	16556	16337	98.68	216	1.30	3	0.02		
姑苏区									
吴江区	133744	132506	99.07	1193	0.89	43	0.03	2	
苏州工业园区									
常熟市	143436	142593	99.41	828	0.58	15	0.01		
张家港市	149732	148736	99.33	979	0.65	17	0.01		
昆山市	157783	156729	99.33	1046	0.66	7		1	
太仓市	87956	87377	99.34	567	0.64	12	0.01		
南通市	**947245**	**942427**	**99.49**	**4748**	**0.50**	**68**	**0.01**	**2**	
崇川区									
港闸区	1170	1164	99.49	6	0.51				
通州区	132489	131824	99.50	653	0.49	12	0.01		
如东县	147153	145984	99.21	1165	0.79	4			
南通经济技术开发区									
通州湾示范区	25665	25579	99.66	85	0.33	1			
苏锡通科技产业园区	19754	19622	99.33	129	0.65	3	0.02		
启东市	193831	193484	99.82	347	0.18				
如皋市	167256	166069	99.29	1170	0.70	17	0.01		
海门市	147601	147123	99.68	470	0.32	8	0.01		
海安市	112326	111578	99.33	723	0.64	23	0.02	2	
连云港市	**610010**	**608289**	**99.72**	**1716**	**0.28**	**5**			
连云区	923	918	99.46	5	0.54				
海州区	28815	28757	99.80	58	0.20				
赣榆区	162697	162409	99.82	287	0.18	1			
东海县	181392	180661	99.60	729	0.40	2			
灌云县	124624	124198	99.66	424	0.34	2			
灌南县	98779	98591	99.81	188	0.19				
连云港经济技术开发区	5760	5750	99.83	10	0.17				
连云港高新技术产业开发区									
江苏连云港徐圩新区	285	285	100.00						
江苏省连云港市云台山风景名胜区	6735	6720	99.78	15	0.22				
淮安市	**603417**	**601748**	**99.72**	**1662**	**0.28**	**6**		**1**	
淮安区	138280	137765	99.63	514	0.37			1	
淮阴区	113919	113549	99.68	370	0.32				
清江浦区	17695	17648	99.73	47	0.27				
洪泽区	47763	47655	99.77	108	0.23				
涟水县	137592	137277	99.77	311	0.23	4			
盱眙县	92946	92749	99.79	197	0.21				
金湖县	51701	51592	99.79	108	0.21	1			
淮安经济技术开发区									
工业园区	2608	2600	99.69	7	0.27	1	0.04		
生态文旅区									
苏淮高新区	913	913	100.00						

5-3c 续表 2

单位：户、%

地　　区	家庭户户　数	单一民族户		二个民族户		三个民族户		四个及以上民族户	
		户数	占家庭户比重	户数	占家庭户比重	户数	占家庭户比重	户数	占家庭户比重
盐城市	**1019337**	**1014507**	**99.53**	**4819**	**0.47**	**11**			
亭湖区	37843	37658	99.51	184	0.49	1			
盐都区	112697	112289	99.64	408	0.36				
大丰区	108424	107540	99.18	881	0.81	3			
响水县	70139	69844	99.58	294	0.42	1			
滨海县	141787	141325	99.67	462	0.33				
阜宁县	135003	134453	99.59	549	0.41	1			
射阳县	130516	129952	99.57	564	0.43				
建湖县	109234	108973	99.76	261	0.24				
盐城经济技术开发区	10693	10618	99.30	75	0.70				
江苏省盐南高新区									
东台市	163001	161855	99.30	1141	0.70	5			
扬州市	**521051**	**518005**	**99.42**	**2992**	**0.57**	**51**	**0.01**	**3**	
广陵区	25991	25888	99.60	103	0.40				
邗江区	30987	30837	99.52	149	0.48	1			
江都区	143251	142635	99.57	573	0.40	41	0.03	2	
宝应县	125671	125431	99.81	238	0.19	2			
扬州经济技术开发区	6970	6933	99.47	37	0.53				
蜀冈瘦西湖景区生态新城	5637	5613	99.57	24	0.43				
仪征市	64946	64645	99.54	297	0.46	4	0.01		
高邮市	117598	116023	98.66	1571	1.34	3		1	
镇江市	**254747**	**253553**	**99.53**	**1183**	**0.46**	**11**			
京口区	2564	2554	99.61	10	0.39				
润州区	342	341	99.71	1	0.29				
丹徒区	36452	36284	99.54	166	0.46	2	0.01		
镇江新区	12061	12035	99.78	26	0.22				
江苏镇江高新区									
丹阳市	75963	75633	99.57	327	0.43	3			
扬中市	33164	33082	99.75	80	0.24	2	0.01		
句容市	94201	93624	99.39	573	0.61	4			
泰州市	**626766**	**624229**	**99.60**	**2509**	**0.40**	**25**		**3**	
海陵区	17608	17526	99.53	81	0.46	1	0.01		
高港区	30315	30085	99.24	227	0.75	3	0.01		
姜堰区	108827	108460	99.66	364	0.33	3			
泰州医药高新技术产业开发区	5068	5039	99.43	29	0.57				
兴化市	218575	218276	99.86	298	0.14	1			
靖江市	87247	86725	99.40	509	0.58	10	0.01	3	
泰兴市	159126	158118	99.37	1001	0.63	7			
宿迁市	**647436**	**645604**	**99.72**	**1824**	**0.28**	**8**			
宿城区	79565	79263	99.62	299	0.38	3			
宿豫区	55538	55415	99.78	123	0.22				
沭阳县	221389	220819	99.74	568	0.26	2			
泗阳县	112149	111725	99.62	422	0.38	2			
泗洪县	123033	122794	99.81	238	0.19	1			
宿迁经济技术开发区	15163	15126	99.76	37	0.24				
宿迁市湖滨新区	18289	18230	99.68	59	0.32				
苏州宿迁工业园区									
宿迁市洋河新区	22310	22232	99.65	78	0.35				

5-4　各地区有60岁及以上人口的家庭户户数

单位：户

地　区	合　计	有一个60岁及以上人口的户				有二个60岁及以上人口的户				有三个60岁及以上人口的户
		小计	独自居住	只与未成年人口共同居住	其他	小计	只有一对60岁及以上夫妇居住	只有一对60岁及以上夫妇与未成年人口共同居住	其他	
江　苏	**11791927**	**5876812**	**2471869**	**84269**	**3320674**	**5714410**	**3167276**	**142624**	**2404510**	**200705**
南京市	**1082636**	**537910**	**220963**	**3728**	**313219**	**529324**	**314943**	**7645**	**206736**	**15402**
玄武区	65550	30818	12438	263	18117	33606	18925	567	14114	1126
秦淮区	118826	57138	24038	458	32642	59628	34412	979	24237	2060
建邺区	59626	27253	9206	164	17883	31476	17423	421	13632	897
鼓楼区	136663	64946	26146	518	38282	69420	37794	1111	30515	2297
浦口区	47860	23985	11665	155	12165	23227	15386	292	7549	648
栖霞区	92170	46246	18999	248	26999	44796	27645	529	16622	1128
雨花台区	57953	29037	11161	140	17736	28151	16991	339	10821	765
江宁区	172187	86318	33667	549	52102	83599	48996	990	33613	2270
六合区	99192	50627	20449	428	29750	46856	27635	864	18357	1709
溧水区	66452	34909	17374	295	17240	30888	21559	516	8813	655
高淳区	71332	38700	17801	227	20672	31910	20114	447	11349	722
南京江北新区	94825	47933	18019	283	29631	45767	28063	590	17114	1125
无锡市	**936331**	**453007**	**170677**	**2363**	**279967**	**470248**	**267104**	**5343**	**197801**	**13076**
锡山区	91624	44032	13487	218	30327	45807	21205	504	24098	1785
惠山区	91106	44214	14002	225	29987	45555	23786	484	21285	1337
滨湖区	76583	35791	15418	130	20243	39733	25332	372	14029	1059
梁溪区	146300	71317	30315	427	40575	72883	43382	997	28504	2100
新吴区	67937	32370	10810	151	21409	34652	19353	336	14963	915
江苏无锡经济开发区	30855	15010	4966	80	9964	15495	9257	164	6074	350
江阴市	223354	108674	36366	562	71746	111842	57229	1250	53363	2838
宜兴市	208572	101599	45313	570	55716	104281	67560	1236	35485	2692
徐州市	**1156112**	**601610**	**260492**	**13145**	**327973**	**536857**	**310603**	**20190**	**206064**	**17645**
鼓楼区	51253	25737	11336	253	14148	24952	15527	575	8850	564
云龙区	46582	23351	10035	274	13042	22800	13967	502	8331	431
贾汪区	58049	29673	13840	398	15435	27726	17083	652	9991	650
泉山区	81922	39572	18125	499	20948	41397	26211	1011	14175	953
铜山区	151751	78618	35915	1036	41667	71373	44383	1846	25144	1760
丰县	133025	68477	33462	1648	33367	62095	40086	2392	19617	2453
沛县	135338	69037	30810	1256	36971	64171	39854	1846	22471	2130
睢宁县	149353	82284	29371	2274	50639	64778	29579	3547	31652	2291
徐州经济技术开发区	33374	17062	6627	228	10207	15961	9529	453	5979	351
新沂市	121461	65989	29465	1537	34987	53755	29522	2202	22031	1717
邳州市	194004	101810	41506	3742	56562	87849	44862	5164	37823	4345
常州市	**678873**	**340214**	**137418**	**2478**	**200318**	**329480**	**196524**	**4610**	**128346**	**9179**
天宁区	89020	42626	16793	253	25580	45177	27295	598	17284	1217
钟楼区	79950	38547	15621	274	22652	40346	24674	602	15070	1057
新北区	95635	49387	15883	302	33202	45034	23521	527	20986	1214
武进区	136270	66233	23018	407	42808	67732	35922	827	30983	2305
金坛区	101141	52835	25959	405	26471	47112	33014	646	13452	1194
江苏省常州市经济开发区	47279	23818	8730	117	14971	22760	12988	225	9547	701
溧阳市	129578	66768	31414	720	34634	61319	39110	1185	21024	1491

5-4 续表 1

单位：户

地　　区	合　计	有一个60岁及以上人口的户				有二个60岁及以上人口的户				有三个60岁及以上人口的户
		小计	独自居住	只与未成年人口共同居住	其他	小计	只有一对60岁及以上夫妇居住	只有一对60岁及以上夫妇与未成年人口共同居住	其他	
苏州市	**1336663**	**617152**	**219568**	**3617**	**393967**	**685921**	**333652**	**6503**	**345766**	**33590**
虎丘区	68130	31704	8894	138	22672	35070	16085	335	18650	1356
吴中区	126622	59306	19281	421	39604	64813	28521	666	35626	2503
相城区	82179	39404	14935	199	24270	41374	21240	349	19785	1401
姑苏区	147680	71849	33541	408	37900	73774	43927	891	28956	2057
吴江区	170541	84218	28201	524	55493	81836	35073	671	46092	4487
苏州工业园区	87902	41597	11046	241	30310	45057	20743	502	23812	1248
常熟市	213310	89377	28368	429	60580	116065	48547	857	66661	7868
张家港市	176482	80642	33961	413	46268	93077	54867	961	37249	2763
昆山市	161286	77542	26908	661	49973	80273	40613	938	38722	3471
太仓市	102531	41513	14433	183	26897	54582	24036	333	30213	6436
南通市	**1459203**	**696626**	**345472**	**6738**	**344416**	**728932**	**431953**	**11413**	**285566**	**33645**
崇川区	91612	42972	16579	305	26088	46534	26183	624	19727	2106
港闸区	45189	21660	9038	118	12504	22307	12871	212	9224	1222
通州区	209821	98714	48557	866	49291	105647	59594	1585	44468	5460
如东县	211936	95365	45490	832	49043	109768	60094	1927	47747	6803
南通经济技术开发区	25325	11553	5050	64	6439	13292	8915	126	4251	480
通州湾示范区	24850	11857	8476	168	3213	12770	9814	251	2705	223
苏锡通科技产业园区	14063	6254	3669	43	2542	7579	5375	73	2131	230
启东市	216837	102238	73433	1052	27753	112744	91376	1414	19954	1855
如皋市	250935	129019	42084	1477	85458	114398	43595	2555	68248	7518
海门市	188144	90206	55008	1221	33977	95479	67648	1561	26270	2459
海安市	180491	86788	38088	592	48108	88414	46488	1085	40841	5289
连云港市	**602268**	**293415**	**121137**	**7476**	**164802**	**301156**	**154413**	**13809**	**132934**	**7697**
连云区	19770	8896	4015	83	4798	10648	6579	209	3860	226
海州区	86903	40764	15537	607	24620	44947	22098	1152	21697	1192
赣榆区	137741	67302	35124	991	31187	69176	45759	1781	21636	1263
东海县	131421	66603	24190	2323	40090	62883	28430	3489	30964	1935
灌云县	107177	51657	20624	1519	29514	54109	24712	3467	25930	1411
灌南县	88054	43944	16414	1773	25757	42856	18376	3345	21135	1254
连云港经济技术开发区	11040	5080	1973	47	3060	5785	2943	104	2738	175
连云港高新技术产业开发区	10140	4835	1417	72	3346	5188	2358	114	2716	117
江苏连云港徐圩新区	5660	2451	1243	34	1174	3133	2044	99	990	76
江苏省连云港市云台山风景名胜区	4362	1883	600	27	1256	2431	1114	49	1268	48
淮安市	**680836**	**360302**	**139035**	**9451**	**211816**	**310595**	**150911**	**14672**	**145012**	**9939**
淮安区	140777	76514	31014	2252	43248	62259	28891	3575	29793	2004
淮阴区	110228	60067	21523	1279	37265	48467	22268	2095	24104	1694
清江浦区	67471	34744	12532	450	21762	31851	16647	675	14529	876
洪泽区	49277	25743	11122	559	14062	22851	11985	765	10101	683
涟水县	126655	66560	24364	2506	39690	58228	25370	4012	28846	1867
盱眙县	96089	50595	19455	1768	29372	44072	20804	2552	20716	1422
金湖县	52833	25539	12853	311	12375	26350	17340	514	8496	944
淮安经济技术开发区	23563	13008	4172	170	8666	10303	5135	219	4949	252
工业园区	2345	1271	411	29	831	1038	459	46	533	36
生态文旅区	7479	4039	837	82	3120	3348	1251	145	1952	92
苏淮高新区	4119	2222	752	45	1425	1828	761	74	993	69

5-4　续表 2　　　　单位：户

地　　区	合　计	有一个60岁及以上人口的户				有二个60岁及以上人口的户				有三个60岁及以上人口的户
		小计	独自居住	只与未成年人口共同居住	其他	小计	只有一对60岁及以上夫妇居住	只有一对60岁及以上夫妇与未成年人口共同居住	其他	
盐城市	**1189461**	**592705**	**282769**	**12999**	**296937**	**579490**	**341092**	**21955**	**216443**	**17266**
亭湖区	91490	46113	18505	577	27031	43640	23253	903	19484	1737
盐都区	110756	57095	28686	1078	27331	52383	31717	1568	19098	1278
大丰区	126499	58999	32247	504	26248	65651	47138	1151	17362	1849
响水县	72206	35150	14277	1412	19461	36183	16925	2816	16442	873
滨海县	142787	71762	33778	2744	35240	69361	37034	4890	27437	1664
阜宁县	147292	78737	35402	2504	40831	66707	34199	3993	28515	1848
射阳县	140912	69188	34228	1613	33347	69893	42946	2627	24320	1831
建湖县	115393	58142	29597	1022	27523	55878	36085	1431	18362	1373
盐城经济技术开发区	14039	6979	2466	82	4431	6797	3178	158	3461	263
江苏省盐南高新区	24762	12233	2947	201	9085	12194	5028	293	6873	335
东台市	203325	98307	50636	1262	46409	100803	63589	2125	35089	4215
扬州市	**751490**	**384435**	**155813**	**4570**	**224052**	**352922**	**183069**	**6640**	**163213**	**14133**
广陵区	77091	39633	15762	459	23412	35908	18246	600	17062	1550
邗江区	84017	41983	12224	325	29434	40381	17274	580	22527	1653
江都区	180124	93404	39984	999	52421	83525	44182	1450	37893	3195
宝应县	132084	69390	31185	1321	36884	60509	32459	1757	26293	2185
扬州经济技术开发区	28476	14011	5024	136	8851	13950	7284	274	6392	515
蜀冈瘦西湖景区	17046	8154	2651	79	5424	8536	4030	177	4329	356
生态新城	10616	5266	1666	34	3566	5107	1925	69	3113	243
仪征市	89100	47478	19432	434	27612	39855	21842	703	17310	1767
高邮市	132936	65116	27885	783	36448	65151	35827	1030	28294	2669
镇江市	**476809**	**239646**	**101612**	**1697**	**136337**	**230128**	**137514**	**3234**	**89380**	**7035**
京口区	50823	24183	10309	169	13705	25884	16126	380	9378	756
润州区	35539	17594	7490	109	9995	17470	10605	201	6664	475
丹徒区	52264	26201	10586	198	15417	25194	14041	423	10730	869
镇江新区	32652	16347	6520	114	9713	15891	9843	259	5789	414
江苏镇江高新区	7081	3497	1263	21	2213	3491	2189	41	1261	93
丹阳市	148118	74891	30168	495	44228	71151	40393	995	29763	2076
扬中市	50705	25375	9354	162	15859	24329	12134	283	11912	1001
句容市	99627	51558	25922	429	25207	46718	32183	652	13883	1351
泰州市	**831594**	**437663**	**203659**	**5969**	**228035**	**379845**	**220733**	**8617**	**150495**	**14086**
海陵区	81922	39131	14923	307	23901	41294	22736	592	17966	1497
高港区	46324	25899	9426	232	16241	19588	9348	385	9855	837
姜堰区	136648	73592	35726	850	37016	60702	36910	988	22804	2354
泰州医药高新技术产业开发区	24975	13221	3734	101	9386	11170	4916	183	6071	584
兴化市	230848	118820	70378	2716	45726	108809	72450	3898	32461	3219
靖江市	115843	57718	22305	360	35053	55843	29479	666	25698	2282
泰兴市	195034	109282	47167	1403	60712	82439	44894	1905	35640	3313
宿迁市	**609651**	**322127**	**113254**	**10038**	**198835**	**279512**	**124765**	**17993**	**136754**	**8012**
宿城区	75302	41879	14388	946	26545	32574	15484	1493	15597	849
宿豫区	55590	29925	11652	767	17506	24981	12960	1418	10603	684
沭阳县	204620	103804	33880	3351	66573	97779	38676	6778	52325	3037
泗阳县	111984	58362	19900	2260	36202	51998	21737	4051	26210	1624
泗洪县	106079	56701	22488	1989	32224	48265	24726	3093	20446	1113
宿迁经济技术开发区	16983	9617	2829	144	6644	7168	3231	232	3705	198
宿迁市湖滨新区	18249	10319	4317	160	5842	7686	4077	275	3334	244
苏州宿迁工业园区	728	433	34	7	392	286	79	14	193	9
宿迁市洋河新区	20116	11087	3766	414	6907	8775	3795	639	4341	254

5-4a 各地区有60岁及以上人口的家庭户户数(城市)

单位：户

地区	合计	有一个60岁及以上人口的户				有二个60岁及以上人口的户				有三个60岁及以上人口的户
		小计	独自居住	只与未成年人口共同居住	其他	小计	只有一对60岁及以上夫妇居住	只有一对60岁及以上夫妇与未成年人口共同居住	其他	
江苏	**4336620**	**2119138**	**801074**	**18887**	**1299177**	**2149110**	**1191061**	**33150**	**924899**	**68372**
南京市	**833030**	**408323**	**160574**	**2804**	**244945**	**412986**	**241787**	**5978**	**165221**	**11721**
玄武区	65550	30818	12438	263	18117	33606	18925	567	14114	1126
秦淮区	118826	57138	24038	458	32642	59628	34412	979	24237	2060
建邺区	59626	27253	9206	164	17883	31476	17423	421	13632	897
鼓楼区	136663	64946	26146	518	38282	69420	37794	1111	30515	2297
浦口区	33492	16855	7779	102	8974	16214	10471	190	5553	423
栖霞区	81071	40853	16542	210	24101	39262	24323	469	14470	956
雨花台区	56637	28362	10724	139	17499	27524	16488	338	10698	751
江宁区	109415	54353	18691	342	35320	53764	30380	656	22728	1298
六合区	27687	13614	5426	131	8057	13684	8672	237	4775	389
溧水区	25198	13100	5789	107	7204	11887	7994	213	3680	211
高淳区	27659	14880	6758	97	8025	12534	8134	220	4180	245
南京江北新区	91206	46151	17037	273	28841	43987	26771	577	16639	1068
无锡市	**566220**	**273346**	**100067**	**1447**	**171832**	**285468**	**164097**	**3370**	**118001**	**7406**
锡山区	40308	20014	5878	114	14022	19734	9573	252	9909	560
惠山区	50317	24962	7135	141	17686	24653	12319	274	12060	702
滨湖区	71094	33251	14618	118	18515	36900	23731	347	12822	943
梁溪区	146300	71317	30315	427	40575	72883	43382	997	28504	2100
新吴区	61546	29275	9647	130	19498	31469	17768	307	13394	802
江苏无锡经济开发区	30855	15010	4966	80	9964	15495	9257	164	6074	350
江阴市	95963	46434	14393	225	31816	48369	25966	554	21849	1160
宜兴市	69837	33083	13115	212	19756	35965	22101	475	13389	789
徐州市	**314973**	**158225**	**67371**	**2185**	**88669**	**152773**	**90086**	**3694**	**58993**	**3975**
鼓楼区	51253	25737	11336	253	14148	24952	15527	575	8850	564
云龙区	44194	22168	9537	264	12367	21622	13373	480	7769	404
贾汪区	20269	10130	4442	87	5601	9940	5878	184	3878	199
泉山区	81922	39572	18125	499	20948	41397	26211	1011	14175	953
铜山区	33196	16572	6956	148	9468	16262	9858	297	6107	362
丰县										
沛县										
睢宁县										
徐州经济技术开发区	613	320	141	1	178	288	169	5	114	5
新沂市	32570	17874	7383	322	10169	14201	7495	383	6323	495
邳州市	50956	25852	9451	611	15790	24111	11575	759	11777	993
常州市	**357105**	**175605**	**65689**	**1259**	**108657**	**176817**	**105195**	**2506**	**69116**	**4683**
天宁区	72795	34513	14023	223	20267	37308	23366	502	13440	974
钟楼区	74731	35817	14492	262	21063	37932	23355	571	14006	982
新北区	57963	29910	8932	191	20787	27377	14592	323	12462	676
武进区	56260	28000	9687	204	18109	27506	15506	353	11647	754
金坛区	38415	19449	7819	155	11475	18488	11928	284	6276	478
江苏省常州市经济开发区	19767	9716	3664	41	6011	9743	5947	105	3691	308
溧阳市	37174	18200	7072	183	10945	18463	10501	368	7594	511

5-4a 续表 1

单位：户

地区	合计	有一个60岁及以上人口的户				有二个60岁及以上人口的户				有三个60岁及以上人口的户
		小计	独自居住	只与未成年人口共同居住	其他	小计	只有一对60岁及以上夫妇居住	只有一对60岁及以上夫妇与未成年人口共同居住	其他	
苏州市	**641416**	**304054**	**104405**	**1946**	**197703**	**325533**	**162522**	**3443**	**159568**	**11829**
虎丘区	58435	27186	7050	122	20014	30116	13406	285	16425	1133
吴中区	62661	30421	9806	212	20403	31223	14852	308	16063	1017
相城区	68301	32768	12213	173	20382	34470	17882	276	16312	1063
姑苏区	147680	71849	33541	408	37900	73774	43927	891	28956	2057
吴江区	49127	24429	6928	157	17344	23707	9977	218	13512	991
苏州工业园区										
常熟市	82876	35636	10619	222	24795	44999	19755	388	24856	2241
张家港市	46194	21021	6919	140	13962	24665	13755	303	10607	508
昆山市	94605	46715	13069	420	33226	46235	21265	622	24348	1655
太仓市	31537	14029	4260	92	9677	16344	7703	152	8489	1164
南通市	**418200**	**198357**	**85715**	**1731**	**110911**	**210361**	**121802**	**2710**	**85849**	**9482**
崇川区	91612	42972	16579	305	26088	46534	26183	624	19727	2106
港闸区	44574	21377	8871	115	12391	21999	12708	209	9082	1198
通州区	56719	27355	12822	244	14289	28304	16488	421	11395	1060
如东县										
南通经济技术开发区										
通州湾示范区										
苏锡通科技产业园区										
启东市	59371	27603	17657	284	9662	31109	24184	374	6551	659
如皋市	53398	27081	7670	249	19162	24739	9463	363	14913	1578
海门市	44410	20085	9896	318	9871	23638	15931	327	7380	687
海安市	68116	31884	12220	216	19448	34038	16845	392	16801	2194
连云港市	**113441**	**53198**	**21654**	**665**	**30879**	**58826**	**32068**	**1295**	**25463**	**1417**
连云区	19224	8663	3892	82	4689	10342	6384	203	3755	219
海州区	65309	31052	12118	409	18525	33342	17237	733	15372	915
赣榆区	26669	12461	5216	153	7092	13956	7945	325	5686	252
东海县	1124	501	173	14	314	604	179	21	404	19
灌云县										
灌南县										
连云港经济技术开发区										
连云港高新技术产业开发区										
江苏连云港徐圩新区	425	231	129	3	99	190	122	6	62	4
江苏省连云港市云台山风景名胜区	690	290	126	4	160	392	201	7	184	8
淮安市	**137750**	**71369**	**24836**	**1216**	**45317**	**64603**	**32048**	**1671**	**30884**	**1778**
淮安区	37618	19812	6831	478	12503	17262	7644	592	9026	544
淮阴区	27011	14053	4215	177	9661	12609	6204	231	6174	349
清江浦区	56891	29140	10761	353	18026	27063	14683	555	11825	688
洪泽区	16230	8364	3029	208	5127	7669	3517	293	3859	197
涟水县										
盱眙县										
金湖县										
淮安经济技术开发区										
工业园区										
生态文旅区										
苏淮高新区										

5-4a 续表 2

单位：户

地区	合计	有一个60岁及以上人口的户				有二个60岁及以上人口的户				有三个60岁及以上人口的户
		小计	独自居住	只与未成年人口共同居住	其他	小计	只有一对60岁及以上夫妇居住	只有一对60岁及以上夫妇与未成年人口共同居住	其他	
盐城市	**187023**	**92416**	**35112**	**1189**	**56115**	**91159**	**48228**	**1840**	**41091**	**3448**
亭湖区	59585	30390	11599	365	18426	27927	14127	487	13313	1268
盐都区	23972	12202	3799	200	8203	11459	5312	279	5868	311
大丰区	24990	11663	5346	122	6195	12951	8710	234	4007	376
响水县										
滨海县										
阜宁县										
射阳县										
建湖县										
盐城经济技术开发区	683	369	168	6	195	305	126	11	168	9
江苏省盐南高新区	24762	12233	2947	201	9085	12194	5028	293	6873	335
东台市	53031	25559	11253	295	14011	26323	14925	536	10862	1149
扬州市	**244247**	**121970**	**42332**	**1269**	**78369**	**117898**	**58343**	**1913**	**57642**	**4379**
广陵区	54287	27982	11549	359	16074	25323	13107	453	11763	982
邗江区	54034	26360	7208	201	18951	26684	11636	360	14688	990
江都区	39937	20314	6729	258	13327	18988	9326	327	9335	635
宝应县										
扬州经济技术开发区										
蜀冈瘦西湖景区	17046	8154	2651	79	5424	8536	4030	177	4329	356
生态新城	4588	2346	572	16	1758	2150	629	31	1490	92
仪征市	40127	20661	8882	186	11593	18774	11266	316	7192	692
高邮市	34228	16153	4741	170	11242	17443	8349	249	8845	632
镇江市	**206127**	**101268**	**39521**	**793**	**60954**	**101937**	**59327**	**1463**	**41147**	**2922**
京口区	48665	23171	9878	162	13131	24769	15438	371	8960	725
润州区	35456	17531	7449	107	9975	17450	10594	201	6655	475
丹徒区	16515	8192	2650	48	5494	8052	4351	90	3611	271
镇江新区										
江苏镇江高新区	7081	3497	1263	21	2213	3491	2189	41	1261	93
丹阳市	44741	21530	7439	201	13890	22662	12247	404	10011	549
扬中市	20482	10456	3138	83	7235	9640	4013	125	5502	386
句容市	33187	16891	7704	171	9016	15873	10495	231	5147	423
泰州市	**250617**	**125008**	**42451**	**1770**	**80787**	**121050**	**61096**	**2335**	**57619**	**4559**
海陵区	65728	31065	10941	262	19862	33422	17890	508	15024	1241
高港区	18776	9672	2845	72	6755	8698	3859	143	4696	406
姜堰区	40532	21102	7243	381	13478	18630	9520	404	8706	800
泰州医药高新技术产业开发区										
兴化市	38280	18839	8272	603	9964	18970	11238	611	7121	471
靖江市	39598	19078	5058	153	13867	19764	8240	252	11272	756
泰兴市	47703	25252	8092	299	16861	21566	10349	417	10800	885
宿迁市	**66471**	**35999**	**11347**	**613**	**24039**	**29699**	**14462**	**932**	**14305**	**773**
宿城区	32464	17132	5305	240	11587	14965	7452	375	7138	367
宿豫区	16723	9152	2703	177	6272	7394	3639	233	3522	177
沭阳县										
泗阳县										
泗洪县										
宿迁经济技术开发区										
宿迁市湖滨新区	6879	3839	1475	52	2312	2941	1521	87	1333	99
苏州宿迁工业园区	728	433	34	7	392	286	79	14	193	9
宿迁市洋河新区	9677	5443	1830	137	3476	4113	1771	223	2119	121

5-4b　各地区有60岁及以上人口的家庭户户数(镇)

单位：户

地　区	合　计	有一个60岁及以上人口的户				有二个60岁及以上人口的户				有三个60岁及以上人口的户
		小计	独自居住	只与未成年人口共同居住	其他	小计	只有一对60岁及以上夫妇居住	只有一对60岁及以上夫妇与未成年人口共同居住	其他	
江　苏	**2779770**	**1390401**	**575249**	**24805**	**790347**	**1341525**	**719154**	**38665**	**583706**	**47844**
南京市	**18067**	**9370**	**4113**	**76**	**5181**	**8486**	**5780**	**136**	**2570**	**211**
玄武区										
秦淮区										
建邺区										
鼓楼区										
浦口区	358	166	118		48	190	166	1	23	2
栖霞区										
雨花台区	1316	675	437	1	237	627	503	1	123	14
江宁区										
六合区	9487	4934	1821	52	3061	4442	2910	87	1445	111
溧水区	4554	2362	1205	14	1143	2142	1558	32	552	50
高淳区	2352	1233	532	9	692	1085	643	15	427	34
南京江北新区										
无锡市	**146120**	**69978**	**25982**	**401**	**43595**	**73852**	**39409**	**830**	**33613**	**2290**
锡山区	34596	15937	5166	71	10700	17844	8038	177	9629	815
惠山区	12294	5777	1979	36	3762	6340	3692	59	2589	177
滨湖区										
梁溪区										
新吴区										
江苏无锡经济开发区										
江阴市	54277	25874	8685	143	17046	27695	13276	331	14088	708
宜兴市	44953	22390	10152	151	12087	21973	14403	263	7307	590
徐州市	**320001**	**167012**	**69924**	**3890**	**93198**	**148007**	**82738**	**5561**	**59708**	**4982**
鼓楼区										
云龙区	2388	1183	498	10	675	1178	594	22	562	27
贾汪区	10409	5211	2589	97	2525	5068	3095	136	1837	130
泉山区										
铜山区	41603	21330	9742	315	11273	19779	11926	513	7340	494
丰县	55991	28643	13445	688	14510	26204	16218	918	9068	1144
沛县	63062	32238	14032	628	17578	29916	18322	846	10748	908
睢宁县	64593	35317	11750	955	22612	28376	12321	1356	14699	900
徐州经济技术开发区	25054	12657	4884	160	7613	12154	7350	333	4471	243
新沂市	21109	11478	5243	239	5996	9372	5127	404	3841	259
邳州市	35792	18955	7741	798	10416	15960	7785	1033	7142	877
常州市	**88027**	**44620**	**18681**	**324**	**25615**	**42198**	**24961**	**577**	**16660**	**1209**
天宁区	6174	3092	1145	10	1937	2994	1563	34	1397	88
钟楼区										
新北区	16514	8463	3080	56	5327	7834	4094	85	3655	217
武进区	20546	9730	3570	52	6108	10441	5662	129	4650	375
金坛区	12815	6597	3408	53	3136	6048	4488	88	1472	170
江苏省常州市经济开发区	9498	4752	1718	22	3012	4613	2583	49	1981	133
溧阳市	22480	11986	5760	131	6095	10268	6571	192	3505	226

5-4b 续表 1

单位：户

地区	合计	有一个60岁及以上人口的户				有二个60岁及以上人口的户				有三个60岁及以上人口的户
		小计	独自居住	只与未成年人口共同居住	其他	小计	只有一对60岁及以上夫妇居住	只有一对60岁及以上夫妇与未成年人口共同居住	其他	
苏州市	**332170**	**154399**	**54567**	**858**	**98974**	**170091**	**82806**	**1625**	**85660**	**7680**
虎丘区	671	277	121	2	154	389	282	4	103	5
吴中区	19855	9320	3095	67	6158	10133	4248	100	5785	402
相城区	6675	3278	1317	8	1953	3245	1575	28	1642	152
姑苏区										
吴江区	52801	26888	10033	177	16678	24870	11466	228	13176	1043
苏州工业园区	87902	41597	11046	241	30310	45057	20743	502	23812	1248
常熟市	48246	20364	6612	87	13665	25980	10028	211	15741	1902
张家港市	66578	30404	13261	138	17005	35147	21577	345	13225	1027
昆山市	20073	9580	4002	80	5498	10124	5700	102	4322	369
太仓市	29369	12691	5080	58	7553	15146	7187	105	7854	1532
南通市	**418633**	**199601**	**99022**	**1974**	**98605**	**208922**	**120872**	**3489**	**84561**	**10110**
崇川区										
港闸区										
通州区	64856	30309	15190	263	14856	32828	18360	463	14005	1719
如东县	107400	48656	22943	467	25246	55345	30297	968	24080	3399
南通经济技术开发区	25325	11553	5050	64	6439	13292	8915	126	4251	480
通州湾示范区	8471	4015	2800	64	1151	4371	3323	93	955	85
苏锡通科技产业园区	5593	2459	1276	18	1165	3007	1967	28	1012	127
启东市	40615	19213	13505	199	5509	20985	16479	326	4180	417
如皋市	81916	41958	14728	515	26715	37615	14658	892	22065	2343
海门市	50821	24559	15466	252	8841	25617	18164	396	7057	645
海安市	33636	16879	8064	132	8683	15862	8709	197	6956	895
连云港市	**195099**	**96535**	**39924**	**2347**	**54264**	**96073**	**48135**	**3965**	**43973**	**2491**
连云区	20	16	15		1	4	4			
海州区	6916	3269	1260	86	1923	3582	1537	158	1887	65
赣榆区	39858	19744	10437	261	9046	19759	12915	519	6325	355
东海县	44487	22410	7472	557	14381	21354	8858	786	11710	723
灌云县	43966	21568	9029	591	11948	21868	10409	1100	10359	530
灌南县	36273	18586	7559	712	10315	17164	7814	1117	8233	523
连云港经济技术开发区	8014	3784	1570	35	2179	4122	2256	77	1789	108
连云港高新技术产业开发区	10140	4835	1417	72	3346	5188	2358	114	2716	117
江苏连云港徐圩新区	5107	2166	1096	31	1039	2871	1891	91	889	70
江苏省连云港市云台山风景名胜区	318	157	69	2	86	161	93	3	65	
淮安市	**196606**	**104325**	**37015**	**3260**	**64050**	**89452**	**42191**	**4487**	**42774**	**2829**
淮安区	21489	11485	5058	313	6114	9669	4762	579	4328	335
淮阴区	18805	10383	3987	289	6107	8125	3683	446	3996	297
清江浦区	1176	617	233	6	378	540	286	21	233	19
洪泽区	5915	3139	1712	61	1366	2697	1770	75	852	79
涟水县	48317	25859	8591	1140	16128	21706	9234	1404	11068	752
盱眙县	46128	24038	7931	1022	15085	21425	9596	1291	10538	665
金湖县	19090	9254	3693	123	5438	9577	5615	218	3744	259
淮安经济技术开发区	23563	13008	4172	170	8666	10303	5135	219	4949	252
工业园区	1007	538	154	12	372	451	203	23	225	18
生态文旅区	7479	4039	837	82	3120	3348	1251	145	1952	92
苏淮高新区	3637	1965	647	42	1276	1611	656	66	889	61

5-4b　续表 2　　　　　　　　　　　　　　　　　　　　　　　　　单位：户

地　区	合　计	有一个60岁及以上人口的户				有二个60岁及以上人口的户				有三个60岁及以上人口的户
		小计	独自居住	只与未成年人口共同居住	其他	小计	只有一对60岁及以上夫妇居住	只有一对60岁及以上夫妇与未成年人口共同居住	其他	
盐城市	**383232**	**192357**	**87785**	**4908**	**99664**	**185650**	**106262**	**7216**	**72172**	**5225**
亭湖区	9750	4780	2030	67	2683	4817	2807	112	1898	153
盐都区	14673	7540	3664	215	3661	6981	4231	235	2515	152
大丰区	38959	18193	10677	147	7369	20182	15080	336	4766	584
响水县	32930	16091	6166	668	9257	16478	7721	1084	7673	361
滨海县	61357	31493	14459	1299	15735	29257	15222	1823	12212	607
阜宁县	65209	35006	15201	1067	18738	29282	14506	1471	13305	921
射阳县	65312	32525	15753	682	16090	31910	19451	1098	11361	877
建湖县	46172	22877	8492	520	13865	22760	12806	604	9350	535
盐城经济技术开发区	7229	3562	960	44	2558	3506	1472	65	1969	161
江苏省盐南高新区										
东台市	41641	20290	10383	199	9708	20477	12966	388	7123	874
扬州市	**163548**	**83548**	**31185**	**1234**	**51129**	**77044**	**38815**	**1636**	**36593**	**2956**
广陵区	6725	3464	1140	26	2298	3103	1442	44	1617	158
邗江区	9141	4691	1475	44	3172	4236	1799	77	2360	214
江都区	42688	22005	9645	226	12134	19976	10964	337	8675	707
宝应县	49571	25531	8877	625	16029	23242	10913	735	11594	798
扬州经济技术开发区	24882	12064	4156	101	7807	12377	6508	208	5661	441
蜀冈瘦西湖景区										
生态新城	2213	1080	463	3	614	1078	548	12	518	55
仪征市	9457	5295	1989	54	3252	3951	1975	63	1913	211
高邮市	18871	9418	3440	155	5823	9081	4666	160	4255	372
镇江市	**119024**	**60334**	**25100**	**387**	**34847**	**56938**	**33644**	**801**	**22493**	**1752**
京口区	669	331	164	3	164	334	235	4	95	4
润州区										
丹徒区	12638	6345	2770	55	3520	6056	3356	108	2592	237
镇江新区	26014	12894	4862	85	7947	12794	7893	219	4682	326
江苏镇江高新区										
丹阳市	58282	30004	12269	174	17561	27424	15563	349	11512	854
扬中市	8915	4385	1815	25	2545	4336	2339	38	1959	194
句容市	12506	6375	3220	45	3110	5994	4258	83	1653	137
泰州市	**182306**	**95966**	**44217**	**1378**	**50371**	**82980**	**48159**	**1902**	**32919**	**3360**
海陵区	5278	2608	1260	14	1334	2583	1612	31	940	87
高港区	8036	4497	1621	41	2835	3395	1646	71	1678	144
姜堰区	23174	12497	6618	116	5763	10271	6685	143	3443	406
泰州医药高新技术产业开发区	21901	11428	3081	86	8261	9958	4365	157	5436	515
兴化市	56786	28388	15986	674	11728	27371	17803	882	8686	1027
靖江市	20695	10404	4177	75	6152	9927	5509	119	4299	364
泰兴市	46436	26144	11474	372	14298	19475	10539	499	8437	817
宿迁市	**216937**	**112356**	**37734**	**3768**	**70854**	**101832**	**45382**	**6440**	**50010**	**2749**
宿城区	5072	2946	1065	134	1747	2071	991	182	898	55
宿豫区	7995	4191	1709	145	2337	3698	1952	307	1439	106
沭阳县	92748	46845	15223	1444	30178	44526	18046	2732	23748	1377
泗阳县	49633	25624	7674	966	16984	23356	9810	1580	11966	653
泗洪县	49386	26007	9971	974	15062	22952	11976	1492	9484	427
宿迁经济技术开发区	9952	5514	1526	82	3906	4335	2091	113	2131	103
宿迁市湖滨新区	2151	1229	566	23	640	894	516	34	344	28
苏州宿迁工业园区										
宿迁市洋河新区										

5-4c 各地区有60岁及以上人口的家庭户户数(乡村)

单位：户

地区	合计	有一个60岁及以上人口的户				有二个60岁及以上人口的户				有三个60岁及以上人口的户
		小计	独自居住	只与未成年人口共同居住	其他	小计	只有一对60岁及以上夫妇居住	只有一对60岁及以上夫妇与未成年人口共同居住	其他	
江苏	**4675537**	**2367273**	**1095546**	**40577**	**1231150**	**2223775**	**1257061**	**70809**	**895905**	**84489**
南京市	**231539**	**120217**	**56276**	**848**	**63093**	**107852**	**67376**	**1531**	**38945**	**3470**
玄武区										
秦淮区										
建邺区										
鼓楼区										
浦口区	14010	6964	3768	53	3143	6823	4749	101	1973	223
栖霞区	11099	5393	2457	38	2898	5534	3322	60	2152	172
雨花台区										
江宁区	62772	31965	14976	207	16782	29835	18616	334	10885	972
六合区	62018	32079	13202	245	18632	28730	16053	540	12137	1209
溧水区	36700	19447	10380	174	8893	16859	12007	271	4581	394
高淳区	41321	22587	10511	121	11955	18291	11337	212	6742	443
南京江北新区	3619	1782	982	10	790	1780	1292	13	475	57
无锡市	**223991**	**109683**	**44628**	**515**	**64540**	**110928**	**63598**	**1143**	**46187**	**3380**
锡山区	16720	8081	2443	33	5605	8229	3594	75	4560	410
惠山区	28495	13475	4888	48	8539	14562	7775	151	6636	458
滨湖区	5489	2540	800	12	1728	2833	1601	25	1207	116
梁溪区										
新吴区	6391	3095	1163	21	1911	3183	1585	29	1569	113
江苏无锡经济开发区										
江阴市	73114	36366	13288	194	22884	35778	17987	365	17426	970
宜兴市	93782	46126	22046	207	23873	46343	31056	498	14789	1313
徐州市	**521138**	**276373**	**123197**	**7070**	**146106**	**236077**	**137779**	**10935**	**87363**	**8688**
鼓楼区										
云龙区										
贾汪区	27371	14332	6809	214	7309	12718	8110	332	4276	321
泉山区										
铜山区	76952	40716	19217	573	20926	35332	22599	1036	11697	904
丰县	77034	39834	20017	960	18857	35891	23868	1474	10549	1309
沛县	72276	36799	16778	628	19393	34255	21532	1000	11723	1222
睢宁县	84760	46967	17621	1319	28027	36402	17258	2191	16953	1391
徐州经济技术开发区	7707	4085	1602	67	2416	3519	2010	115	1394	103
新沂市	67782	36637	16839	976	18822	30182	16900	1415	11867	963
邳州市	107256	57003	24314	2333	30356	47778	25502	3372	18904	2475
常州市	**233741**	**119989**	**53048**	**895**	**66046**	**110465**	**66368**	**1527**	**42570**	**3287**
天宁区	10051	5021	1625	20	3376	4875	2366	62	2447	155
钟楼区	5219	2730	1129	12	1589	2414	1319	31	1064	75
新北区	21158	11014	3871	55	7088	9823	4835	119	4869	321
武进区	59464	28503	9761	151	18591	29785	14754	345	14686	1176
金坛区	49911	26789	14732	197	11860	22576	16598	274	5704	546
江苏省常州市经济开发区	18014	9350	3348	54	5948	8404	4458	71	3875	260
溧阳市	69924	36582	18582	406	17594	32588	22038	625	9925	754

5-4c　续表 1

单位：户

地　区	合　计	有一个60岁及以上人口的户				有二个60岁及以上人口的户				有三个60岁及以上人口的户
		小计	独自居住	只与未成年人口共同居住	其他	小计	只有一对60岁及以上夫妇居住	只有一对60岁及以上夫妇与未成年人口共同居住	其他	
苏州市	**363077**	**158699**	**60596**	**813**	**97290**	**190297**	**88324**	**1435**	**100538**	**14081**
虎丘区	9024	4241	1723	14	2504	4565	2397	46	2122	218
吴中区	44106	19565	6380	142	13043	23457	9421	258	13778	1084
相城区	7203	3358	1405	18	1935	3659	1783	45	1831	186
姑苏区										
吴江区	68613	32901	11240	190	21471	33259	13630	225	19404	2453
苏州工业园区										
常熟市	82188	33377	11137	120	22120	45086	18764	258	26064	3725
张家港市	63710	29217	13781	135	15301	33265	19535	313	13417	1228
昆山市	46608	21247	9837	161	11249	23914	13648	214	10052	1447
太仓市	41625	14793	5093	33	9667	23092	9146	76	13870	3740
南通市	**622370**	**298668**	**160735**	**3033**	**134900**	**309649**	**189279**	**5214**	**115156**	**14053**
崇川区										
港闸区	615	283	167	3	113	308	163	3	142	24
通州区	88246	41050	20545	359	20146	44515	24746	701	19068	2681
如东县	104536	46709	22547	365	23797	54423	29797	959	23667	3404
南通经济技术开发区										
通州湾示范区	16379	7842	5676	104	2062	8399	6491	158	1750	138
苏锡通科技产业园区	8470	3795	2393	25	1377	4572	3408	45	1119	103
启东市	116851	55422	42271	569	12582	60650	50713	714	9223	779
如皋市	115621	59980	19686	713	39581	52044	19474	1300	31270	3597
海门市	92913	45562	29646	651	15265	46224	33553	838	11833	1127
海安市	78739	38025	17804	244	19977	38514	20934	496	17084	2200
连云港市	**293728**	**143682**	**59559**	**4464**	**79659**	**146257**	**74210**	**8549**	**63498**	**3789**
连云区	526	217	108	1	108	302	191	6	105	7
海州区	14678	6443	2159	112	4172	8023	3324	261	4438	212
赣榆区	71214	35097	19471	577	15049	35461	24899	937	9625	656
东海县	85810	43692	16545	1752	25395	40925	19393	2682	18850	1193
灌云县	63211	30089	11595	928	17566	32241	14303	2367	15571	881
灌南县	51781	25358	8855	1061	15442	25692	10562	2228	12902	731
连云港经济技术开发区	3026	1296	403	12	881	1663	687	27	949	67
连云港高新技术产业开发区										
江苏连云港徐圩新区	128	54	18		36	72	31	2	39	2
江苏省连云港市云台山风景名胜区	3354	1436	405	21	1010	1878	820	39	1019	40
淮安市	**346480**	**184608**	**77184**	**4975**	**102449**	**156540**	**76672**	**8514**	**71354**	**5332**
淮安区	81670	45217	19125	1461	24631	35328	16485	2404	16439	1125
淮阴区	64412	35631	13321	813	21497	27733	12381	1418	13934	1048
清江浦区	9404	4987	1538	91	3358	4248	1678	99	2471	169
洪泽区	27132	14240	6381	290	7569	12485	6698	397	5390	407
涟水县	78338	40701	15773	1366	23562	36522	16136	2608	17778	1115
盱眙县	49961	26557	11524	746	14287	22647	11208	1261	10178	757
金湖县	33743	16285	9160	188	6937	16773	11725	296	4752	685
淮安经济技术开发区										
工业园区	1338	733	257	17	459	587	256	23	308	18
生态文旅区										
苏淮高新区	482	257	105	3	149	217	105	8	104	8

5-4c 续表 2

单位：户

地　　区	合　计	有一个60岁及以上人口的户 小计	独自居住	只与未成年人口共同居住	其他	有二个60岁及以上人口的户 小计	只有一对60岁及以上夫妇居住	只有一对60岁及以上夫妇与未成年人口共同居住	其他	有三个60岁及以上人口的户
盐城市	**619206**	**307932**	**159872**	**6902**	**141158**	**302681**	**186602**	**12899**	**103180**	**8593**
亭湖区	22155	10943	4876	145	5922	10896	6319	304	4273	316
盐都区	72111	37353	21223	663	15467	33943	22174	1054	10715	815
大丰区	62550	29143	16224	235	12684	32518	23348	581	8589	889
响水县	39276	19059	8111	744	10204	19705	9204	1732	8769	512
滨海县	81430	40269	19319	1445	19505	40104	21812	3067	15225	1057
阜宁县	82083	43731	20201	1437	22093	37425	19693	2522	15210	927
射阳县	75600	36663	18475	931	17257	37983	23495	1529	12959	954
建湖县	69221	35265	21105	502	13658	33118	23279	827	9012	838
盐城经济技术开发区	6127	3048	1338	32	1678	2986	1580	82	1324	93
江苏省盐南高新区										
东台市	108653	52458	29000	768	22690	54003	35698	1201	17104	2192
扬州市	**343695**	**178917**	**82296**	**2067**	**94554**	**157980**	**85911**	**3091**	**68978**	**6798**
广陵区	16079	8187	3073	74	5040	7482	3697	103	3682	410
邗江区	20842	10932	3541	80	7311	9461	3839	143	5479	449
江都区	97499	51085	23610	515	26960	44561	23892	786	19883	1853
宝应县	82513	43859	22308	696	20855	37267	21546	1022	14699	1387
扬州经济技术开发区	3594	1947	868	35	1044	1573	776	66	731	74
蜀冈瘦西湖景区										
生态新城	3815	1840	631	15	1194	1879	748	26	1105	96
仪征市	39516	21522	8561	194	12767	17130	8601	324	8205	864
高邮市	79837	39545	19704	458	19383	38627	22812	621	15194	1665
镇江市	**151658**	**78044**	**36991**	**517**	**40536**	**71253**	**44543**	**970**	**25740**	**2361**
京口区	1489	681	267	4	410	781	453	5	323	27
润州区	83	63	41	2	20	20	11		9	
丹徒区	23111	11664	5166	95	6403	11086	6334	225	4527	361
镇江新区	6638	3453	1658	29	1766	3097	1950	40	1107	88
江苏镇江高新区										
丹阳市	45095	23357	10460	120	12777	21065	12583	242	8240	673
扬中市	21308	10534	4401	54	6079	10353	5782	120	4451	421
句容市	53934	28292	14998	213	13081	24851	17430	338	7083	791
泰州市	**398671**	**216689**	**116991**	**2821**	**96877**	**175815**	**111478**	**4380**	**59957**	**6167**
海陵区	10916	5458	2722	31	2705	5289	3234	53	2002	169
高港区	19512	11730	4960	119	6651	7495	3843	171	3481	287
姜堰区	72942	39993	21865	353	17775	31801	20705	441	10655	1148
泰州医药高新技术产业开发区	3074	1793	653	15	1125	1212	551	26	635	69
兴化市	135782	71593	46120	1439	24034	62468	43409	2405	16654	1721
靖江市	55550	28236	13070	132	15034	26152	15730	295	10127	1162
泰兴市	100895	57886	27601	732	29553	41398	24006	989	16403	1611
宿迁市	**326243**	**173772**	**64173**	**5657**	**103942**	**147981**	**64921**	**10621**	**72439**	**4490**
宿城区	37766	21801	8018	572	13211	15538	7041	936	7561	427
宿豫区	30872	16582	7240	445	8897	13889	7369	878	5642	401
沭阳县	111872	56959	18657	1907	36395	53253	20630	4046	28577	1660
泗阳县	62351	32738	12226	1294	19218	28642	11927	2471	14244	971
泗洪县	56693	30694	12517	1015	17162	25313	12750	1601	10962	686
宿迁经济技术开发区	7031	4103	1303	62	2738	2833	1140	119	1574	95
宿迁市湖滨新区	9219	5251	2276	85	2890	3851	2040	154	1657	117
苏州宿迁工业园区										
宿迁市洋河新区	10439	5644	1936	277	3431	4662	2024	416	2222	133

5-5 各地区有65岁及以上人口的家庭户户数

单位：户

地 区	合 计	有一个65岁及以上人口的户				有二个65岁及以上人口的户				有三个65岁及以上人口的户
		小计	独自居住	只与未成年人口共同居住	其他	小计	只有一对65岁及以上夫妇居住	只有一对65岁及以上夫妇与未成年人口共同居住	其他	
江 苏	**9214389**	**5209943**	**2022382**	**52252**	**3135309**	**3920320**	**2262011**	**67196**	**1591113**	**84126**
南京市	**821466**	**462770**	**178110**	**2307**	**282353**	**353051**	**222250**	**3652**	**127149**	**5645**
玄武区	49719	26481	9764	178	16539	22905	13559	315	9031	333
秦淮区	89745	49352	18719	271	30362	39741	24173	502	15066	652
建邺区	43012	22913	7026	95	15792	19823	11561	195	8067	276
鼓楼区	103422	55898	20378	315	35205	46755	26841	597	19317	769
浦口区	37361	21212	9753	92	11367	15830	11163	132	4535	319
栖霞区	66486	37565	14626	148	22791	28515	18756	219	9540	406
雨花台区	41149	23420	8507	77	14836	17484	11281	147	6056	245
江宁区	129906	74123	27689	350	46084	54899	34763	460	19676	884
六合区	77724	45275	16535	251	28489	31759	19245	374	12140	690
溧水区	54772	31837	15166	198	16473	22604	16497	228	5879	331
高淳区	60971	36311	16061	170	20080	24307	15729	233	8345	353
南京江北新区	67199	38383	13886	162	24335	28429	18682	250	9497	387
无锡市	**725625**	**392357**	**140416**	**1426**	**250515**	**327974**	**193526**	**2452**	**131996**	**5294**
锡山区	70100	37776	10886	115	26775	31577	14928	200	16449	747
惠山区	69965	38057	11329	146	26582	31370	17051	216	14103	538
滨湖区	59588	31050	12685	77	18288	28119	18597	174	9348	419
梁溪区	110900	60719	24021	260	36438	49494	30719	492	18283	687
新吴区	51568	27283	9138	80	18065	23903	14419	152	9332	382
江苏无锡经济开发区	22095	11868	3940	44	7884	10068	6533	64	3471	159
江阴市	173607	94353	29965	352	64036	78129	41661	564	35904	1125
宜兴市	167802	91251	38452	352	52447	75314	49618	590	25106	1237
徐州市	**915510**	**535929**	**218727**	**8899**	**308303**	**370544**	**226394**	**10699**	**133451**	**9037**
鼓楼区	37141	21033	8756	145	12132	15882	10250	272	5360	226
云龙区	34292	19363	8021	185	11157	14758	9482	246	5030	171
贾汪区	46270	27013	11887	295	14831	18907	12210	341	6356	350
泉山区	62127	33810	14577	327	18906	27938	18412	519	9007	379
铜山区	121274	71032	30801	741	39490	49382	32372	1026	15984	860
丰县	108110	61958	28309	1082	32567	44790	30329	1272	13189	1362
沛县	109168	63276	26211	841	36224	44763	29388	973	14402	1129
睢宁县	120560	74075	24855	1535	47685	45371	22240	1894	21237	1114
徐州经济技术开发区	25440	14728	5608	170	8950	10562	6661	232	3669	150
新沂市	97331	59276	24819	1073	33384	37179	21814	1151	14214	876
邳州市	153797	90365	34883	2505	52977	61012	33236	2773	25003	2420
常州市	**526496**	**292187**	**112585**	**1531**	**178071**	**230390**	**142459**	**2220**	**85711**	**3919**
天宁区	67838	36493	13414	159	22920	30865	19362	290	11213	480
钟楼区	61031	32916	12506	170	20240	27727	17671	292	9764	388
新北区	72477	41588	12908	183	28497	30376	16608	236	13532	513
武进区	106171	56735	18647	230	37858	48431	26339	374	21718	1005
金坛区	78708	45530	21433	238	23859	32621	23545	285	8791	557
江苏省常州市经济开发区	36646	20350	7065	81	13204	16006	9445	107	6454	290
溧阳市	103625	58575	26612	470	31493	44364	29489	636	14239	686

5-5 续表 1

单位：户

地　区	合　计	有一个65岁及以上人口的户				有二个65岁及以上人口的户				有三个65岁及以上人口的户
		小计	独自居住	只与未成年人口共同居住	其他	小计	只有一对65岁及以上夫妇居住	只有一对65岁及以上夫妇与未成年人口共同居住	其他	
苏州市	**1033534**	**543094**	**178377**	**2138**	**362579**	**477125**	**241756**	**2865**	**232504**	**13315**
虎丘区	50290	26580	7429	70	19081	23211	11936	144	11131	499
吴中区	95545	51164	15288	267	35609	43505	20333	286	22886	876
相城区	62517	33919	12412	122	21385	28049	15600	148	12301	549
姑苏区	112951	62036	26992	267	34777	50215	31760	454	18001	700
吴江区	135347	76480	22691	329	53460	57154	24232	317	32605	1713
苏州工业园区	62512	33252	9255	135	23862	28756	15277	215	13264	504
常熟市	172287	85260	22914	231	62115	84142	34670	356	49116	2885
张家港市	137972	70759	28359	235	42165	66038	40582	396	25060	1175
昆山市	120635	64630	21701	391	42538	54426	29869	399	24158	1579
太仓市	83478	39014	11336	91	27587	41629	17497	150	23982	2835
南通市	**1167225**	**639075**	**283714**	**3670**	**351691**	**513755**	**307311**	**4572**	**201872**	**14395**
崇川区	70403	37275	13755	169	23351	32205	19312	290	12603	923
港闸区	35404	19181	7525	62	11594	15661	9467	98	6096	562
通州区	171705	93731	40877	472	52382	75493	43132	612	31749	2481
如东县	173921	91663	37307	387	53969	79257	42447	646	36164	3001
南通经济技术开发区	19127	10018	4289	32	5697	8916	6360	51	2505	193
通州湾示范区	19716	10416	6988	77	3351	9202	7295	98	1808	98
苏锡通科技产业园区	11264	5823	3163	23	2637	5336	3932	29	1375	105
启东市	166247	88732	60627	545	27560	76692	64325	504	11863	823
如皋市	204223	120089	33145	892	86052	81045	30177	1112	49756	3089
海门市	148297	80428	45357	668	34403	66832	48774	673	17385	1037
海安市	146918	81719	30681	343	50695	63116	32089	459	30568	2083
连云港市	**456281**	**257249**	**98377**	**4620**	**154252**	**195802**	**108747**	**6400**	**80655**	**3230**
连云区	14720	7636	3238	48	4350	6982	4511	96	2375	102
海州区	64270	34623	12164	371	22088	29200	15491	525	13184	447
赣榆区	107240	60685	29352	644	30689	46026	32244	868	12914	529
东海县	102945	60313	19964	1512	38837	41771	20593	1741	19437	861
灌云县	79346	44439	16541	894	27004	34312	17352	1479	15481	595
灌南县	65449	37627	13031	1057	23539	27278	12830	1542	12906	544
连云港经济技术开发区	8061	4332	1549	24	2759	3663	2013	44	1606	66
连云港高新技术产业开发区	6862	3758	1057	39	2662	3067	1539	52	1476	37
江苏连云港徐圩新区	4196	2114	999	18	1097	2053	1434	37	582	29
江苏省连云港市云台山风景名胜区	3192	1722	482	13	1227	1450	740	16	694	20
淮安市	**519233**	**314130**	**109560**	**5729**	**198841**	**201260**	**103181**	**6691**	**91388**	**3843**
淮安区	110643	68663	25056	1403	42204	41283	20360	1690	19233	697
淮阴区	83442	52135	16808	807	34520	30616	14863	902	14851	691
清江浦区	49230	28998	9683	257	19058	19912	11063	267	8577	320
洪泽区	37765	22570	8731	327	13512	14936	8078	314	6544	259
涟水县	97402	58256	19123	1511	37622	38342	17795	1954	18593	804
盱眙县	72676	43343	15141	1033	27169	28819	14337	1185	13297	514
金湖县	41457	23350	10307	189	12854	17703	11811	204	5688	404
淮安经济技术开发区	16563	10462	3150	104	7208	6016	3278	66	2672	85
工业园区	1777	1108	320	18	770	656	311	19	326	13
生态文旅区	5071	3199	656	48	2495	1842	794	60	988	30
苏淮高新区	3207	2046	585	32	1429	1135	485	30	619	26

5-5　续表 2

单位：户

地　　区	合　计	有一个65岁及以上人口的户				有二个65岁及以上人口的户				有三个65岁及以上人口的户
		小计	独自居住	只与未成年人口共同居住	其他	小计	只有一对65岁及以上夫妇居住	只有一对65岁及以上夫妇与未成年人口共同居住	其他	
盐城市	**914509**	**523050**	**228164**	**7721**	**287165**	**384578**	**236484**	**9739**	**138355**	**6881**
亭湖区	69246	39562	14699	334	24529	28887	16005	364	12518	797
盐都区	89310	52069	23843	726	27500	36717	23232	788	12697	524
大丰区	94971	51431	25830	261	25340	42847	31161	422	11264	693
响水县	52881	30132	11225	813	18094	22424	11672	1204	9548	325
滨海县	108218	62821	27130	1667	34024	44737	25775	2223	16739	660
阜宁县	113753	69083	28054	1641	39388	43903	23820	1940	18143	767
射阳县	105531	59570	27153	879	31538	45231	29011	1106	15114	730
建湖县	93492	53541	24504	611	28426	39356	26248	711	12397	595
盐城经济技术开发区	10622	6116	1914	49	4153	4398	2142	63	2193	108
江苏省盐南高新区	17295	9891	2175	121	7595	7271	3163	119	3989	133
东台市	159190	88834	41637	619	46578	68807	44255	799	23753	1549
扬州市	**610901**	**354810**	**128034**	**2905**	**223871**	**250131**	**131193**	**3196**	**115742**	**5960**
广陵区	59412	34926	12286	280	22360	23905	12439	286	11180	581
邗江区	65247	37722	9638	181	27903	26928	11862	257	14809	597
江都区	150233	87466	33427	605	53434	61394	32651	700	28043	1373
宝应县	109457	64858	26116	869	37873	43617	23419	916	19282	982
扬州经济技术开发区	22040	12483	4092	82	8309	9360	5154	123	4083	197
蜀冈瘦西湖景区	12688	6975	2078	43	4854	5585	2773	86	2726	128
生态新城	8517	4803	1349	16	3438	3612	1359	25	2228	102
仪征市	72075	43510	15663	282	27565	27777	15319	314	12144	788
高邮市	111232	62067	23385	547	38135	47953	26217	489	21247	1212
镇江市	**373624**	**212645**	**82162**	**1031**	**129452**	**158069**	**96625**	**1399**	**60045**	**2910**
京口区	38783	20866	8249	105	12512	17605	11448	191	5966	312
润州区	26579	14838	5802	62	8974	11537	7316	86	4135	204
丹徒区	41017	23548	8440	128	14980	17120	9605	185	7330	349
镇江新区	24741	14332	5282	68	8982	10257	6676	94	3487	152
江苏镇江高新区	5265	2918	949	12	1957	2307	1500	19	788	40
丹阳市	116475	66736	24362	303	42071	48868	28177	423	20268	871
扬中市	39774	23087	7362	91	15634	16352	7984	111	8257	335
句容市	80990	46320	21716	262	24342	34023	23919	290	9814	647
泰州市	**681948**	**403206**	**171834**	**3860**	**227512**	**272404**	**162137**	**4221**	**106046**	**6338**
海陵区	65575	36186	12516	181	23489	28749	16348	266	12135	640
高港区	37530	23737	7795	146	15796	13449	6441	177	6831	344
姜堰区	114068	68814	30364	565	37885	44211	26904	516	16791	1043
泰州医药高新技术产业开发区	19600	11944	3041	55	8848	7428	3361	75	3992	228
兴化市	193836	110994	61800	1802	47392	81191	56523	2034	22634	1651
靖江市	93053	52818	17899	217	34702	39274	20891	279	18104	961
泰兴市	158286	98713	38419	894	59400	58102	31669	874	25559	1471
宿迁市	**468037**	**279441**	**92322**	**6415**	**180704**	**185237**	**89948**	**9090**	**86199**	**3359**
宿城区	57440	35792	11744	597	23451	21338	10916	758	9664	310
宿豫区	43084	26460	9476	510	16474	16335	9007	708	6620	289
沭阳县	153039	88792	27181	2099	59512	63039	27689	3272	32078	1208
泗阳县	86765	51210	16043	1419	33748	34824	15743	2103	16978	731
泗洪县	84598	50144	18837	1325	29982	33923	18682	1659	13582	531
宿迁经济技术开发区	12587	8004	2273	96	5635	4519	2195	104	2220	64
宿迁市湖滨新区	14365	9136	3614	105	5417	5118	2882	139	2097	111
苏州宿迁工业园区	413	273	23	6	244	139	49	6	84	1
宿迁市洋河新区	15746	9630	3131	258	6241	6002	2785	341	2876	114

5-5a 各地区有65岁及以上人口的家庭户户数(城市)

单位：户

地区	合计	有一个65岁及以上人口的户				有二个65岁及以上人口的户				有三个65岁及以上人口的户
		小计	独自居住	只与未成年人口共同居住	其他	小计	只有一对65岁及以上夫妇居住	只有一对65岁及以上夫妇与未成年人口共同居住	其他	
江苏	**3260224**	**1801190**	**640887**	**10876**	**1149427**	**1432152**	**837698**	**15020**	**579434**	**26882**
南京市	**615595**	**342359**	**126428**	**1683**	**214248**	**269249**	**167730**	**2895**	**98624**	**3987**
玄武区	49719	26481	9764	178	16539	22905	13559	315	9031	333
秦淮区	89745	49352	18719	271	30362	39741	24173	502	15066	652
建邺区	43012	22913	7026	95	15792	19823	11561	195	8067	276
鼓楼区	103422	55898	20378	315	35205	46755	26841	597	19317	769
浦口区	25467	14541	6425	58	8058	10738	7426	83	3229	188
栖霞区	57557	32548	12552	123	19873	24676	16327	200	8149	333
雨花台区	40038	22809	8131	76	14602	16993	10876	147	5970	236
江宁区	78700	44308	14898	209	29201	33915	21053	303	12559	477
六合区	20967	11798	4410	70	7318	9021	6004	114	2903	148
溧水区	19787	11367	4993	64	6310	8319	5955	92	2272	101
高淳区	22892	13619	6052	68	7499	9158	6187	103	2868	115
南京江北新区	64289	36725	13080	156	23489	27205	17768	244	9193	359
无锡市	**428638**	**231374**	**81294**	**849**	**149231**	**194389**	**117975**	**1511**	**74903**	**2875**
锡山区	29670	16288	4682	61	11545	13129	6728	93	6308	253
惠山区	37662	20955	5751	94	15110	16431	8765	125	7541	276
滨湖区	55257	28773	12017	69	16687	26106	17461	165	8480	378
梁溪区	110900	60719	24021	260	36438	49494	30719	492	18283	687
新吴区	46637	24650	8170	70	16410	21656	13245	135	8276	331
江苏无锡经济开发区	22095	11868	3940	44	7884	10068	6533	64	3471	159
江阴市	72712	39440	11766	137	27537	32835	18615	231	13989	437
宜兴市	53705	28681	10947	114	17620	24670	15909	206	8555	354
徐州市	**237378**	**134496**	**54211**	**1420**	**78865**	**101057**	**62627**	**1853**	**36577**	**1825**
鼓楼区	37141	21033	8756	145	12132	15882	10250	272	5360	226
云龙区	32407	18289	7584	176	10529	13961	9038	232	4691	157
贾汪区	15534	8954	3687	63	5204	6495	4027	84	2384	85
泉山区	62127	33810	14577	327	18906	27938	18412	519	9007	379
铜山区	25606	14392	5829	108	8455	11039	7099	156	3784	175
丰县										
沛县										
睢宁县										
徐州经济技术开发区	462	288	122	1	165	172	102	4	66	2
新沂市	24916	15249	5882	202	9165	9395	5304	212	3879	272
邳州市	39185	22481	7774	398	14309	16175	8395	374	7406	529
常州市	**268308**	**146120**	**52797**	**745**	**92578**	**120234**	**75265**	**1172**	**43797**	**1954**
天宁区	54948	29271	11139	139	17993	25294	16517	241	8536	383
钟楼区	56904	30515	11561	161	18793	26030	16699	275	9056	359
新北区	42832	24385	7281	106	16998	18146	10349	150	7647	301
武进区	41715	22463	7613	101	14749	18937	11292	147	7498	315
金坛区	28684	16021	6394	83	9544	12435	8474	127	3834	228
江苏省常州市经济开发区	14938	8174	2934	29	5211	6622	4251	42	2329	142
溧阳市	28287	15291	5875	126	9290	12770	7683	190	4897	226

5-5a　续表 1　　　　单位：户

地　区	合　计	有一个65岁及以上人口的户				有二个65岁及以上人口的户				有三个65岁及以上人口的户
		小计	独自居住	只与未成年人口共同居住	其他	小计	只有一对65岁及以上夫妇居住	只有一对65岁及以上夫妇与未成年人口共同居住	其他	
苏州市	**476010**	**254402**	**84036**	**1087**	**169279**	**217026**	**117140**	**1489**	**98397**	**4582**
虎丘区	42529	22464	5877	59	16528	19658	9941	128	9589	407
吴中区	44853	24406	7618	126	16662	20088	10518	121	9449	359
相城区	51152	27823	10158	103	17562	22927	13061	110	9756	402
姑苏区	112951	62036	26992	267	34777	50215	31760	454	18001	700
吴江区	36129	20179	5446	79	14654	15538	6973	91	8474	412
苏州工业园区										
常熟市	63667	31661	8547	112	23002	31166	14029	151	16986	840
张家港市	34090	17238	5804	68	11366	16635	10073	125	6437	217
昆山市	67010	36844	10251	230	26363	29420	15209	248	13963	746
太仓市	23629	11751	3343	43	8365	11379	5576	61	5742	499
南通市	**324284**	**175250**	**69929**	**842**	**104479**	**145018**	**86532**	**1145**	**57341**	**4016**
崇川区	70403	37275	13755	169	23351	32205	19312	290	12603	923
港闸区	34905	18917	7389	61	11467	15439	9345	97	5997	549
通州区	44911	24886	10894	113	13879	19559	11951	163	7445	466
如东县										
南通经济技术开发区										
通州湾示范区										
苏锡通科技产业园区										
启东市	43970	23038	14175	123	8740	20642	16631	141	3870	290
如皋市	42091	24478	5891	126	18461	17005	6381	159	10465	608
海门市	33233	16941	8130	139	8672	16000	11252	128	4620	292
海安市	54771	29715	9695	111	19909	24168	11660	167	12341	888
连云港市	**83850**	**45027**	**17045**	**420**	**27562**	**38274**	**22224**	**614**	**15436**	**549**
连云区	14288	7414	3135	48	4231	6774	4370	93	2311	100
海州区	47685	25745	9311	258	16176	21592	11880	345	9367	348
赣榆区	20183	10931	4283	102	6546	9165	5641	163	3361	87
东海县	883	489	139	8	342	385	120	9	256	9
灌云县										
灌南县										
连云港经济技术开发区										
连云港高新技术产业开发区										
江苏连云港徐圩新区	302	175	77	2	96	126	79	2	45	1
江苏省连云港市云台山风景名胜区	509	273	100	2	171	232	134	2	96	4
淮安市	**99255**	**58983**	**19048**	**608**	**39327**	**39641**	**21174**	**635**	**17832**	**631**
淮安区	27550	16829	5381	233	11215	10548	5107	233	5208	173
淮阴区	19082	11455	3152	93	8210	7501	3977	74	3450	126
清江浦区	41027	23864	8243	188	15433	16904	9757	225	6922	259
洪泽区	11596	6835	2272	94	4469	4688	2333	103	2252	73
涟水县										
盱眙县										
金湖县										
淮安经济技术开发区										
工业园区										
生态文旅区										
苏淮高新区										

5-5a 续表 2

单位：户

地区	合计	有一个65岁及以上人口的户				有二个65岁及以上人口的户				有三个65岁及以上人口的户
		小计	独自居住	只与未成年人口共同居住	其他	小计	只有一对65岁及以上夫妇居住	只有一对65岁及以上夫妇与未成年人口共同居住	其他	
盐城市	**138403**	**78077**	**27596**	**672**	**49809**	**58895**	**32443**	**768**	**25684**	**1431**
亭湖区	44445	25298	9042	212	16044	18522	9747	199	8576	625
盐都区	17656	10366	2968	127	7271	7181	3590	139	3452	109
大丰区	17756	9443	4088	56	5299	8170	5645	87	2438	143
响水县										
滨海县										
阜宁县										
射阳县										
建湖县										
盐城经济技术开发区	541	329	136	4	189	210	89	8	113	2
江苏省盐南高新区	17295	9891	2175	121	7595	7271	3163	119	3989	133
东台市	40710	22750	9187	152	13411	17541	10209	216	7116	419
扬州市	**187297**	**106792**	**33368**	**726**	**72698**	**78848**	**40434**	**857**	**37557**	**1657**
广陵区	41045	23885	8947	225	14713	16803	9093	219	7491	357
邗江区	40629	22901	5549	105	17247	17399	7939	158	9302	329
江都区	30815	17681	5347	139	12195	12877	6524	148	6205	257
宝应县										
扬州经济技术开发区										
蜀冈瘦西湖景区	12688	6975	2078	43	4854	5585	2773	86	2726	128
生态新城	3574	2114	429	9	1676	1425	392	10	1023	35
仪征市	31918	18589	7188	110	11291	13022	8014	139	4869	307
高邮市	26628	14647	3830	95	10722	11737	5699	97	5941	244
镇江市	**156308**	**86703**	**31384**	**447**	**54872**	**68395**	**41545**	**622**	**26228**	**1210**
京口区	37068	19961	7891	100	11970	16804	10947	187	5670	303
润州区	26519	14789	5769	61	8959	11526	7307	86	4133	204
丹徒区	12246	6897	2050	32	4815	5240	2961	29	2250	109
镇江新区										
江苏镇江高新区	5265	2918	949	12	1957	2307	1500	19	788	40
丹阳市	33854	18444	5991	110	12343	15184	8661	158	6365	226
扬中市	15406	9082	2367	44	6671	6202	2547	43	3612	122
句容市	25950	14612	6367	88	8157	11132	7622	100	3410	206
泰州市	**195569**	**111355**	**34613**	**1021**	**75721**	**82336**	**42773**	**1028**	**38535**	**1878**
海陵区	51807	28367	9044	149	19174	22926	12734	226	9966	514
高港区	14900	8737	2323	41	6373	5989	2696	53	3240	174
姜堰区	32105	18905	5995	223	12687	12873	6640	186	6047	327
泰州医药高新技术产业开发区										
兴化市	29496	16554	6949	352	9253	12761	8116	274	4371	181
靖江市	30086	16610	3875	80	12655	13174	5617	101	7456	302
泰兴市	37175	22182	6427	176	15579	14613	6970	188	7455	380
宿迁市	**49329**	**30252**	**9138**	**356**	**20758**	**18790**	**9836**	**431**	**8523**	**287**
宿城区	23849	14265	4233	129	9903	9457	5083	165	4209	127
宿豫区	12323	7662	2168	98	5396	4600	2440	114	2046	61
沭阳县										
泗阳县										
泗洪县										
宿迁经济技术开发区										
宿迁市湖滨新区	5402	3471	1233	38	2200	1889	1033	40	816	42
苏州宿迁工业园区	413	273	23	6	244	139	49	6	84	1
宿迁市洋河新区	7342	4581	1481	85	3015	2705	1231	106	1368	56

5-5b 各地区有65岁及以上人口的家庭户户数(镇)

单位：户

地区	合计	有一个65岁及以上人口的户				有二个65岁及以上人口的户				有三个65岁及以上人口的户
		小计	独自居住	只与未成年人口共同居住	其他	小计	只有一对65岁及以上夫妇居住	只有一对65岁及以上夫妇与未成年人口共同居住	其他	
江苏	**2153083**	**1224533**	**466652**	**14555**	**743326**	**907913**	**508916**	**17507**	**381490**	**20637**
南京市	**14018**	**8144**	**3476**	**48**	**4620**	**5770**	**4121**	**59**	**1590**	**104**
玄武区										
秦淮区										
建邺区										
鼓楼区										
浦口区	308	162	103		59	145	126		19	1
栖霞区										
雨花台区	1111	611	376	1	234	491	405		86	9
江宁区										
六合区	6809	3989	1465	32	2492	2773	1938	34	801	47
溧水区	3750	2190	1049	8	1133	1534	1151	15	368	26
高淳区	2040	1192	483	7	702	827	501	10	316	21
南京江北新区										
无锡市	**115030**	**61806**	**21553**	**242**	**40011**	**52237**	**28514**	**384**	**23339**	**987**
锡山区	27176	14263	4238	37	9988	12579	5655	71	6853	334
惠山区	9535	4974	1633	22	3319	4489	2714	22	1753	72
滨湖区										
梁溪区										
新吴区										
江苏无锡经济开发区										
江阴市	42265	22582	7134	92	15356	19387	9708	163	9516	296
宜兴市	36054	19987	8548	91	11348	15782	10437	128	5217	285
徐州市	**253243**	**148813**	**58865**	**2605**	**87343**	**101789**	**60493**	**2910**	**38386**	**2641**
鼓楼区										
云龙区	1885	1074	437	9	628	797	444	14	339	14
贾汪区	8415	4829	2240	78	2511	3512	2224	77	1211	74
泉山区										
铜山区	33420	19511	8345	233	10933	13660	8631	290	4739	249
丰县	44840	25573	11248	447	13878	18599	12139	488	5972	668
沛县	49748	28939	11734	415	16790	20327	13232	416	6679	482
睢宁县	50828	31059	9777	619	20663	19347	9149	682	9516	422
徐州经济技术开发区	18695	10686	4065	116	6505	7908	5057	172	2679	101
新沂市	17063	10384	4514	169	5701	6547	3827	220	2500	132
邳州市	28349	16758	6505	519	9734	11092	5790	551	4751	499
常州市	**69350**	**38967**	**15387**	**211**	**23369**	**29884**	**18102**	**296**	**11486**	**499**
天宁区	4902	2748	959	7	1782	2117	1150	16	951	37
钟楼区										
新北区	12896	7449	2515	41	4893	5366	2868	35	2463	81
武进区	16260	8575	2929	29	5617	7520	4126	66	3328	165
金坛区	10093	5827	2791	36	3000	4199	3135	41	1023	67
江苏省常州市经济开发区	7335	4039	1403	15	2621	3252	1882	31	1339	44
溧阳市	17864	10329	4790	83	5456	7430	4941	107	2382	105

5-5b 续表 1

单位：户

地　区	合　计	有一个65岁及以上人口的户				有二个65岁及以上人口的户				有三个65岁及以上人口的户
		小计	独自居住	只与未成年人口共同居住	其他	小计	只有一对65岁及以上夫妇居住	只有一对65岁及以上夫妇与未成年人口共同居住	其他	
苏州市	**255358**	**134788**	**44438**	**496**	**89854**	**117557**	**60231**	**680**	**56646**	**3013**
虎丘区	472	225	97		128	247	196		51	
吴中区	15197	8191	2490	43	5658	6871	2989	43	3839	135
相城区	5338	2912	1057	6	1849	2351	1173	13	1165	75
姑苏区										
吴江区	41362	23878	8012	112	15754	17106	7959	98	9049	378
苏州工业园区	62512	33252	9255	135	23862	28756	15277	215	13264	504
常熟市	39283	19702	5254	45	14403	18889	7181	85	11623	692
张家港市	52001	26749	11048	81	15620	24834	15951	127	8756	418
昆山市	15294	8160	3233	45	4882	6969	4249	40	2680	165
太仓市	23899	11719	3992	29	7698	11534	5256	59	6219	646
南通市	**335520**	**184009**	**80881**	**1038**	**102090**	**147133**	**85503**	**1323**	**60307**	**4378**
崇川区										
港闸区										
通州区	53186	28804	12638	134	16032	23593	13270	177	10146	789
如东县	87117	46036	18703	218	27115	39616	21321	319	17976	1465
南通经济技术开发区	19127	10018	4289	32	5697	8916	6360	51	2505	193
通州湾示范区	6642	3535	2278	33	1224	3066	2409	27	630	41
苏锡通科技产业园区	4533	2301	1114	11	1176	2176	1487	14	675	56
启东市	31119	16673	11087	89	5497	14252	11580	116	2556	194
如皋市	66534	39010	11555	298	27157	26527	10163	380	15984	997
海门市	39904	21904	12684	144	9076	17721	12962	164	4595	279
海安市	27358	15728	6533	79	9116	11266	5951	75	5240	364
连云港市	**145062**	**82564**	**32109**	**1348**	**49107**	**61404**	**33737**	**1803**	**25864**	**1094**
连云区	12	11	8		3	1	1			
海州区	5193	2880	1046	47	1787	2286	1152	67	1067	27
赣榆区	31145	17983	8838	170	8975	12999	9040	266	3693	163
东海县	34007	19587	5971	357	13259	14094	6435	403	7256	326
灌云县	31921	17945	7089	331	10525	13762	7244	463	6055	214
灌南县	26108	15200	5921	367	8912	10652	5405	481	4766	256
连云港经济技术开发区	5776	3166	1213	20	1933	2566	1527	34	1005	44
连云港高新技术产业开发区	6862	3758	1057	39	2662	3067	1539	52	1476	37
江苏连云港徐圩新区	3809	1895	910	16	969	1887	1335	35	517	27
江苏省连云港市云台山风景名胜区	229	139	56	1	82	90	59	2	29	
淮安市	**145031**	**88176**	**28529**	**1811**	**57836**	**55770**	**28235**	**1911**	**25624**	**1085**
淮安区	17040	10422	4038	192	6192	6502	3349	262	2891	116
淮阴区	14290	9079	3079	194	5806	5092	2441	195	2456	119
清江浦区	899	561	190	5	366	330	186	8	136	8
洪泽区	4600	2784	1343	41	1400	1787	1189	25	573	29
涟水县	35836	21731	6582	605	14544	13765	6354	638	6773	340
盱眙县	33348	19863	6016	531	13316	13267	6391	547	6329	218
金湖县	13840	7825	2860	55	4910	5902	3706	74	2122	113
淮安经济技术开发区	16563	10462	3150	104	7208	6016	3278	66	2672	85
工业园区	741	467	118	6	343	269	130	7	132	5
生态文旅区	5071	3199	656	48	2495	1842	794	60	988	30
苏淮高新区	2803	1783	497	30	1256	998	417	29	552	22

5-5b 续表 2

单位：户

地区	合计	有一个65岁及以上人口的户				有二个65岁及以上人口的户				有三个65岁及以上人口的户
		小计	独自居住	只与未成年人口共同居住	其他	小计	只有一对65岁及以上夫妇居住	只有一对65岁及以上夫妇与未成年人口共同居住	其他	
盐城市	**286625**	**164809**	**69004**	**2727**	**93078**	**119669**	**72179**	**3070**	**44420**	**2147**
亭湖区	7505	4256	1631	37	2588	3196	1922	42	1232	53
盐都区	11329	6639	2955	127	3557	4619	2933	105	1581	71
大丰区	29598	16051	8580	84	7387	13328	10045	125	3158	219
响水县	23588	13317	4765	354	8198	10135	5338	436	4361	136
滨海县	45361	26713	11426	715	14572	18417	10394	832	7191	231
阜宁县	48680	29716	11801	662	17253	18523	9823	676	8024	441
射阳县	47637	26948	12199	338	14411	20330	12983	426	6921	359
建湖县	35518	20155	6662	282	13211	15137	8891	275	5971	226
盐城经济技术开发区	5323	3057	699	24	2334	2194	968	26	1200	72
江苏省盐南高新区										
东台市	32086	17957	8286	104	9567	13790	8882	127	4781	339
扬州市	**131099**	**76364**	**25242**	**705**	**50417**	**53486**	**27174**	**769**	**25543**	**1249**
广陵区	5245	3173	851	14	2308	2010	889	21	1100	62
邗江区	7357	4352	1172	26	3154	2915	1216	39	1660	90
江都区	35485	20552	7952	134	12466	14627	8037	164	6426	306
宝应县	39024	22941	7147	357	15437	15735	7468	344	7923	348
扬州经济技术开发区	18998	10641	3354	56	7231	8195	4555	97	3543	162
蜀冈瘦西湖景区										
生态新城	1805	982	399	1	582	793	418	5	370	30
仪征市	7565	4798	1561	32	3205	2677	1321	29	1327	90
高邮市	15620	8925	2806	85	6034	6534	3270	70	3194	161
镇江市	**93019**	**53758**	**20130**	**236**	**33392**	**38551**	**23080**	**319**	**15152**	**710**
京口区	529	292	134	2	156	236	167	2	67	1
润州区										
丹徒区	10066	5812	2205	31	3576	4160	2282	47	1831	94
镇江新区	19519	11186	3931	51	7204	8207	5374	77	2756	126
江苏镇江高新区										
丹阳市	45905	26813	9799	109	16905	18736	10616	150	7970	356
扬中市	7199	4093	1426	17	2650	3034	1608	16	1410	72
句容市	9801	5562	2635	26	2901	4178	3033	27	1118	61
泰州市	**148432**	**87771**	**36774**	**870**	**50127**	**59071**	**35184**	**899**	**22988**	**1590**
海陵区	4451	2497	1107	10	1380	1903	1205	13	685	51
高港区	6422	4121	1322	32	2767	2245	1106	32	1107	56
姜堰区	19429	11660	5590	81	5989	7583	4890	76	2617	186
泰州医药高新技术产业开发区	17071	10279	2481	48	7750	6594	2982	65	3547	198
兴化市	46780	26193	13731	430	12032	20006	13625	440	5941	581
靖江市	16701	9513	3283	44	6186	7033	3938	51	3044	155
泰兴市	37578	23508	9260	225	14023	13707	7438	222	6047	363
宿迁市	**161296**	**94564**	**30264**	**2218**	**62082**	**65592**	**32363**	**3084**	**30145**	**1140**
宿城区	3877	2468	878	89	1501	1392	727	87	578	17
宿豫区	6128	3726	1352	86	2288	2362	1351	137	874	40
沭阳县	67433	38924	12072	845	26007	27946	12668	1306	13972	563
泗阳县	37025	21671	6074	536	15061	15076	6979	756	7341	278
泗洪县	37980	22247	8191	598	13458	15532	8850	733	5949	201
宿迁经济技术开发区	7177	4469	1221	48	3200	2678	1404	48	1226	30
宿迁市湖滨新区	1676	1059	476	16	567	606	384	17	205	11
苏州宿迁工业园区										
宿迁市洋河新区										

5-5c 各地区有65岁及以上人口的家庭户户数(乡村)

单位：户

地区	合计	有一个65岁及以上人口的户				有二个65岁及以上人口的户				有三个65岁及以上人口的户
		小计	独自居住	只与未成年人口共同居住	其他	小计	只有一对65岁及以上夫妇居住	只有一对65岁及以上夫妇与未成年人口共同居住	其他	
江苏	**3801082**	**2184220**	**914843**	**26821**	**1242556**	**1580255**	**915397**	**34669**	**630189**	**36607**
南京市	**191853**	**112267**	**48206**	**576**	**63485**	**78032**	**50399**	**698**	**26935**	**1554**
玄武区										
秦淮区										
建邺区										
鼓楼区										
浦口区	11586	6509	3225	34	3250	4947	3611	49	1287	130
栖霞区	8929	5017	2074	25	2918	3839	2429	19	1391	73
雨花台区										
江宁区	51206	29815	12791	141	16883	20984	13710	157	7117	407
六合区	49948	29488	10660	149	18679	19965	11303	226	8436	495
溧水区	31235	18280	9124	126	9030	12751	9391	121	3239	204
高淳区	36039	21500	9526	95	11879	14322	9041	120	5161	217
南京江北新区	2910	1658	806	6	846	1224	914	6	304	28
无锡市	**181957**	**99177**	**37569**	**335**	**61273**	**81348**	**47037**	**557**	**33754**	**1432**
锡山区	13254	7225	1966	17	5242	5869	2545	36	3288	160
惠山区	22768	12128	3945	30	8153	10450	5572	69	4809	190
滨湖区	4331	2277	668	8	1601	2013	1136	9	868	41
梁溪区										
新吴区	4931	2633	968	10	1655	2247	1174	17	1056	51
江苏无锡经济开发区										
江阴市	58630	32331	11065	123	21143	25907	13338	170	12399	392
宜兴市	78043	42583	18957	147	23479	34862	23272	256	11334	598
徐州市	**424889**	**252620**	**105651**	**4874**	**142095**	**167698**	**103274**	**5936**	**58488**	**4571**
鼓楼区										
云龙区										
贾汪区	22321	13230	5960	154	7116	8900	5959	180	2761	191
泉山区										
铜山区	62248	37129	16627	400	20102	24683	16642	580	7461	436
丰县	63270	36385	17061	635	18689	26191	18190	784	7217	694
沛县	59420	34337	14477	426	19434	24436	16156	557	7723	647
睢宁县	69732	43016	15078	916	27022	26024	13091	1212	11721	692
徐州经济技术开发区	6283	3754	1421	53	2280	2482	1502	56	924	47
新沂市	55352	33643	14423	702	18518	21237	12683	719	7835	472
邳州市	86263	51126	20604	1588	28934	33745	19051	1848	12846	1392
常州市	**188838**	**107100**	**44401**	**575**	**62124**	**80272**	**49092**	**752**	**30428**	**1466**
天宁区	7988	4474	1316	13	3145	3454	1695	33	1726	60
钟楼区	4127	2401	945	9	1447	1697	972	17	708	29
新北区	16749	9754	3112	36	6606	6864	3391	51	3422	131
武进区	48196	25697	8105	100	17492	21974	10921	161	10892	525
金坛区	39931	23682	12248	119	11315	15987	11936	117	3934	262
江苏省常州市经济开发区	14373	8137	2728	37	5372	6132	3312	34	2786	104
溧阳市	57474	32955	15947	261	16747	24164	16865	339	6960	355

5-5c　续表 1

单位：户

地　　区	合　计	有一个65岁及以上人口的户				有二个65岁及以上人口的户				有三个65岁及以上人口的户
		小计	独自居住	只与未成年人口共同居住	其他	小计	只有一对65岁及以上夫妇居住	只有一对65岁及以上夫妇与未成年人口共同居住	其他	
苏州市	**302166**	**153904**	**49903**	**555**	**103446**	**142542**	**64385**	**696**	**77461**	**5720**
虎丘区	7289	3891	1455	11	2425	3306	1799	16	1491	92
吴中区	35495	18567	5180	98	13289	16546	6826	122	9598	382
相城区	6027	3184	1197	13	1974	2771	1366	25	1380	72
姑苏区										
吴江区	57856	32423	9233	138	23052	24510	9300	128	15082	923
苏州工业园区										
常熟市	69337	33897	9113	74	24710	34087	13460	120	20507	1353
张家港市	51881	26772	11507	86	15179	24569	14558	144	9867	540
昆山市	38331	19626	8217	116	11293	18037	10411	111	7515	668
太仓市	35950	15544	4001	19	11524	18716	6665	30	12021	1690
南通市	**507421**	**279816**	**132904**	**1790**	**145122**	**221604**	**135276**	**2104**	**84224**	**6001**
崇川区										
港闸区	499	264	136	1	127	222	122	1	99	13
通州区	73608	40041	17345	225	22471	32341	17911	272	14158	1226
如东县	86804	45627	18604	169	26854	39641	21126	327	18188	1536
南通经济技术开发区										
通州湾示范区	13074	6881	4710	44	2127	6136	4887	71	1178	57
苏锡通科技产业园区	6731	3522	2049	12	1461	3160	2445	15	700	49
启东市	91158	49021	35365	333	13323	41798	36114	247	5437	339
如皋市	95598	56601	15699	468	40434	37513	13633	573	23307	1484
海门市	75160	41583	24543	385	16655	33111	24560	381	8170	466
海安市	64789	36276	14453	153	21670	27682	14478	217	12987	831
连云港市	**227369**	**129658**	**49223**	**2852**	**77583**	**96124**	**52786**	**3983**	**39355**	**1587**
连云区	420	211	95		116	207	140	3	64	2
海州区	11392	5998	1807	66	4125	5322	2459	113	2750	72
赣榆区	55912	31771	16231	372	15168	23862	17563	439	5860	279
东海县	68055	40237	13854	1147	25236	27292	14038	1329	11925	526
灌云县	47425	26494	9452	563	16479	20550	10108	1016	9426	381
灌南县	39341	22427	7110	690	14627	16626	7425	1061	8140	288
连云港经济技术开发区	2285	1166	336	4	826	1097	486	10	601	22
连云港高新技术产业开发区										
江苏连云港徐圩新区	85	44	12		32	40	20		20	1
江苏省连云港市云台山风景名胜区	2454	1310	326	10	974	1128	547	12	569	16
淮安市	**274947**	**166971**	**61983**	**3310**	**101678**	**105849**	**53772**	**4145**	**47932**	**2127**
淮安区	66053	41412	15637	978	24797	24233	11904	1195	11134	408
淮阴区	50070	31601	10577	520	20504	18023	8445	633	8945	446
清江浦区	7304	4573	1250	64	3259	2678	1125	34	1519	53
洪泽区	21569	12951	5116	192	7643	8461	4556	186	3719	157
涟水县	61566	36525	12541	906	23078	24577	11441	1316	11820	464
盱眙县	39328	23480	9125	502	13853	15552	7946	638	6968	296
金湖县	27617	15525	7447	134	7944	11801	8105	130	3566	291
淮安经济技术开发区										
工业园区	1036	641	202	12	427	387	181	12	194	8
生态文旅区										
苏淮高新区	404	263	88	2	173	137	69	1	67	4

5-5c 续表 2

单位：户

地区	合计	有一个65岁及以上人口的户				有二个65岁及以上人口的户				有三个65岁及以上人口的户
		小计	独自居住	只与未成年人口共同居住	其他	小计	只有一对65岁及以上夫妇居住	只有一对65岁及以上夫妇与未成年人口共同居住	其他	
盐城市	**489481**	**280164**	**131564**	**4322**	**144278**	**206014**	**131862**	**5901**	**68251**	**3303**
亭湖区	17296	10008	4026	85	5897	7169	4336	123	2710	119
盐都区	60325	35064	17920	472	16672	24917	16709	544	7664	344
大丰区	47617	25937	13162	121	12654	21349	15471	210	5668	331
响水县	29293	16815	6460	459	9896	12289	6334	768	5187	189
滨海县	62857	36108	15704	952	19452	26320	15381	1391	9548	429
阜宁县	65073	39367	16253	979	22135	25380	13997	1264	10119	326
射阳县	57894	32622	14954	541	17127	24901	16028	680	8193	371
建湖县	57974	33386	17842	329	15215	24219	17357	436	6426	369
盐城经济技术开发区	4758	2730	1079	21	1630	1994	1085	29	880	34
江苏省盐南高新区										
东台市	86394	48127	24164	363	23600	37476	25164	456	11856	791
扬州市	**292505**	**171654**	**69424**	**1474**	**100756**	**117797**	**63585**	**1570**	**52642**	**3054**
广陵区	13122	7868	2488	41	5339	5092	2457	46	2589	162
邗江区	17261	10469	2917	50	7502	6614	2707	60	3847	178
江都区	83933	49233	20128	332	28773	33890	18090	388	15412	810
宝应县	70433	41917	18969	512	22436	27882	15951	572	11359	634
扬州经济技术开发区	3042	1842	738	26	1078	1165	599	26	540	35
蜀冈瘦西湖景区										
生态新城	3138	1707	521	6	1180	1394	549	10	835	37
仪征市	32592	20123	6914	140	13069	12078	5984	146	5948	391
高邮市	68984	38495	16749	367	21379	29682	17248	322	12112	807
镇江市	**124297**	**72184**	**30648**	**348**	**41188**	**51123**	**32000**	**458**	**18665**	**990**
京口区	1186	613	224	3	386	565	334	2	229	8
润州区	60	49	33	1	15	11	9		2	
丹徒区	18705	10839	4185	65	6589	7720	4362	109	3249	146
镇江新区	5222	3146	1351	17	1778	2050	1302	17	731	26
江苏镇江高新区										
丹阳市	36716	21479	8572	84	12823	14948	8900	115	5933	289
扬中市	17169	9912	3569	30	6313	7116	3829	52	3235	141
句容市	45239	26146	12714	148	13284	18713	13264	163	5286	380
泰州市	**337947**	**204080**	**100447**	**1969**	**101664**	**130997**	**84180**	**2294**	**44523**	**2870**
海陵区	9317	5322	2365	22	2935	3920	2409	27	1484	75
高港区	16208	10879	4150	73	6656	5215	2639	92	2484	114
姜堰区	62534	38249	18779	261	19209	23755	15374	254	8127	530
泰州医药高新技术产业开发区	2529	1665	560	7	1098	834	379	10	445	30
兴化市	117560	68247	41120	1020	26107	48424	34782	1320	12322	889
靖江市	46266	26695	10741	93	15861	19067	11336	127	7604	504
泰兴市	83533	53023	22732	493	29798	29782	17261	464	12057	728
宿迁市	**257412**	**154625**	**52920**	**3841**	**97864**	**100855**	**47749**	**5575**	**47531**	**1932**
宿城区	29714	19059	6633	379	12047	10489	5106	506	4877	166
宿豫区	24633	15072	5956	326	8790	9373	5216	457	3700	188
沭阳县	85606	49868	15109	1254	33505	35093	15021	1966	18106	645
泗阳县	49740	29539	9969	883	18687	19748	8764	1347	9637	453
泗洪县	46618	27897	10646	727	16524	18391	9832	926	7633	330
宿迁经济技术开发区	5410	3535	1052	48	2435	1841	791	56	994	34
宿迁市湖滨新区	7287	4606	1905	51	2650	2623	1465	82	1076	58
苏州宿迁工业园区										
宿迁市洋河新区	8404	5049	1650	173	3226	3297	1554	235	1508	58

5-6 各地区有80岁及以上人口的家庭户户数

单位：户

地区	合计	有一个80岁及以上人口的户				有二个80岁及以上人口的户				有三个80岁及以上人口的户
		小计	独自居住	只与未成年人口共同居住	其他	小计	只有一对80岁及以上夫妇居住	只有一对80岁及以上夫妇与未成年人口共同居住	其他	
江苏	**2273349**	**1927226**	**667907**	**8218**	**1251101**	**344133**	**208478**	**1648**	**134007**	**1990**
南京市	**200451**	**168440**	**55853**	**315**	**112272**	**31875**	**20041**	**75**	**11759**	**136**
玄武区	15151	11858	3602	26	8230	3287	1966	12	1309	6
秦淮区	25616	20795	6641	43	14111	4790	2915	17	1858	31
建邺区	9406	7808	2183	9	5616	1592	973	5	614	6
鼓楼区	30559	24300	7754	47	16499	6219	3617	10	2592	40
浦口区	8672	7402	3059	11	4332	1257	920	2	335	13
栖霞区	15494	13106	4482	17	8607	2375	1623	3	749	13
雨花台区	9349	7975	2620	7	5348	1367	915	3	449	7
江宁区	26388	23038	7606	56	15376	3346	2160	8	1178	4
六合区	17558	15276	4352	34	10890	2278	1246	6	1026	4
溧水区	12098	10767	4261	24	6482	1330	980	2	348	1
高淳区	14914	13282	4878	23	8381	1630	1020	4	606	2
南京江北新区	15246	12833	4415	18	8400	2404	1706	3	695	9
无锡市	**165873**	**139413**	**46644**	**227**	**92542**	**26375**	**16529**	**53**	**9793**	**85**
锡山区	15275	13014	3482	16	9516	2257	1158	3	1096	4
惠山区	14228	12101	3352	15	8734	2118	1211	4	903	9
滨湖区	14744	11938	4384	10	7544	2790	1926	1	863	16
梁溪区	28527	23267	8603	41	14623	5250	3471	14	1765	10
新吴区	10637	8838	3108	15	5715	1799	1244	3	552	
江苏无锡经济开发区	4143	3385	1179	3	2203	758	541	1	216	
江阴市	39676	33322	10091	74	23157	6346	3618	17	2711	8
宜兴市	38643	33548	12445	53	21050	5057	3360	10	1687	38
徐州市	**235147**	**199836**	**74668**	**1516**	**123652**	**34857**	**22348**	**310**	**12199**	**454**
鼓楼区	9256	7804	3013	25	4766	1443	982	4	457	9
云龙区	8293	6977	2941	30	4006	1313	878	6	429	3
贾汪区	11565	9861	4353	51	5457	1681	1178	11	492	23
泉山区	17573	14301	5684	45	8572	3257	2282	17	958	15
铜山区	29072	25040	10423	124	14493	4001	2804	20	1177	31
丰县	27853	23535	9438	188	13909	4256	2900	39	1317	62
沛县	26593	22689	8427	124	14138	3858	2648	19	1191	46
睢宁县	32410	27884	8130	248	19506	4491	2389	52	2050	35
徐州经济技术开发区	5643	4868	1792	26	3050	775	535	7	233	
新沂市	25423	21932	8571	162	13199	3465	2192	26	1247	26
邳州市	41466	34945	11896	493	22556	6317	3560	109	2648	204
常州市	**120825**	**103426**	**35929**	**250**	**67247**	**17332**	**11272**	**44**	**6016**	**67**
天宁区	16287	13353	4501	20	8832	2919	1967	8	944	15
钟楼区	14399	12005	4191	21	7793	2392	1541	3	848	2
新北区	15108	13076	3640	31	9405	2023	1199	2	822	9
武进区	23059	19613	5585	43	13985	3435	1960	6	1469	11
金坛区	18515	16123	6824	34	9265	2374	1786	4	584	18
江苏省常州市经济开发区	8694	7424	2309	16	5099	1267	809	1	457	3
溧阳市	24763	21832	8879	85	12868	2922	2010	20	892	9

5-6 续表 1

单位：户

地　　区	合　计	有一个80岁及以上人口的户				有二个80岁及以上人口的户				有三个80岁及以上人口的户
		小计	独自居住	只与未成年人口共同居住	其他	小计	只有一对80岁及以上夫妇居住	只有一对80岁及以上夫妇与未成年人口共同居住	其他	
苏州市	**251106**	**208612**	**63443**	**396**	**144773**	**42393**	**23202**	**95**	**19096**	**101**
虎丘区	11390	9383	2770	9	6604	2002	1249	2	751	5
吴中区	22129	18543	5248	57	13238	3575	1886	11	1678	11
相城区	13987	11768	4663	23	7082	2219	1435	6	778	
姑苏区	31391	25547	10291	44	15212	5825	4018	15	1792	19
吴江区	33867	29130	7610	85	21435	4727	2166	10	2551	10
苏州工业园区	11224	9175	3406	11	5758	2043	1380		663	6
常熟市	44332	37017	7687	41	29289	7304	2856	19	4429	11
张家港市	33749	27691	10789	38	16864	6039	4025	17	1997	19
昆山市	26599	22203	7619	77	14507	4387	2674	12	1701	9
太仓市	22438	18155	3360	11	14784	4272	1513	3	2756	11
南通市	**330248**	**275198**	**109567**	**482**	**165149**	**54827**	**35211**	**108**	**19508**	**223**
崇川区	18735	15163	5131	27	10005	3539	2370	6	1163	33
港闸区	10196	8436	3051	5	5380	1746	1151	2	593	14
通州区	48872	40947	15725	79	25143	7903	4980	12	2911	22
如东县	50709	42518	14081	44	28393	8162	4661	14	3487	29
南通经济技术开发区	4727	3854	1661	6	2187	870	657		213	3
通州湾示范区	5714	4644	3045	10	1589	1070	914	4	152	
苏锡通科技产业园区	3189	2552	1330	5	1217	634	511		123	3
启东市	47940	38819	26743	31	12045	9078	8066	10	1002	43
如皋市	58353	50167	10483	153	39531	8151	3013	38	5100	35
海门市	40060	32874	18022	60	14792	7165	5586	14	1565	21
海安市	41753	35224	10295	62	24867	6509	3302	8	3199	20
连云港市	**107226**	**91358**	**32545**	**728**	**58085**	**15738**	**9569**	**168**	**6001**	**130**
连云区	3270	2759	1121	4	1634	509	348		161	2
海州区	15332	12762	4235	50	8477	2548	1532	13	1003	22
赣榆区	25095	21319	9956	103	11260	3769	2766	16	987	7
东海县	25068	21595	6157	267	15171	3438	1777	55	1606	35
灌云县	18810	16057	5561	144	10352	2717	1591	39	1087	36
灌南县	14533	12546	4063	152	8331	1959	1015	42	902	28
连云港经济技术开发区	2000	1695	570	1	1124	305	211		94	
连云港高新技术产业开发区	1384	1184	371	4	809	200	118	3	79	
江苏连云港徐圩新区	1076	872	383	2	487	204	164		40	
江苏省连云港市云台山风景名胜区	658	569	128	1	440	89	47		42	
淮安市	**124721**	**108037**	**32149**	**841**	**75047**	**16549**	**8547**	**157**	**7845**	**135**
淮安区	26329	23140	7371	193	15576	3170	1553	36	1581	19
淮阴区	21290	18453	4914	125	13414	2801	1345	24	1432	36
清江浦区	12316	10393	3175	33	7185	1911	1092	4	815	12
洪泽区	8750	7591	2471	60	5060	1147	621	8	518	12
涟水县	23068	19972	5516	213	14243	3054	1453	47	1554	42
盱眙县	17314	14917	4479	142	10296	2390	1257	29	1104	7
金湖县	9865	8515	2979	38	5498	1344	815	7	522	6
淮安经济技术开发区	3640	3148	825	21	2302	491	289	1	201	1
工业园区	442	374	85	4	285	68	34	1	33	
生态文旅区	923	821	167	3	651	102	58		44	
苏淮高新区	784	713	167	9	537	71	30		41	

5-6　续表 2

单位：户

地　区	合　计	有一个80岁及以上人口的户				有二个80岁及以上人口的户				有三个80岁及以上人口的户
		小计	独自居住	只与未成年人口共同居住	其他	小计	只有一对80岁及以上夫妇居住	只有一对80岁及以上夫妇与未成年人口共同居住	其他	
盐城市	**222049**	**189331**	**74050**	**1092**	**114189**	**32493**	**20961**	**201**	**11331**	**225**
亭湖区	17624	14728	4692	54	9982	2834	1564	11	1259	62
盐都区	20586	17623	7114	116	10393	2955	1888	23	1044	8
大丰区	24602	20568	9355	36	11177	4025	3006	11	1008	9
响水县	11811	10177	3603	93	6481	1630	1041	25	564	4
滨海县	24500	21282	8818	211	12253	3202	2091	41	1070	16
阜宁县	25981	22741	8187	262	14292	3178	1790	33	1355	62
射阳县	25119	21394	8934	131	12329	3712	2474	19	1219	13
建湖县	20889	17796	6849	86	10861	3086	2014	10	1062	7
盐城经济技术开发区	2469	2121	536	8	1577	343	158	6	179	5
江苏省盐南高新区	3365	2853	587	17	2249	498	218		280	14
东台市	45103	38048	15375	78	22595	7030	4717	22	2291	25
扬州市	**139434**	**120838**	**35495**	**544**	**84799**	**18501**	**9954**	**87**	**8460**	**95**
广陵区	14480	12456	3805	55	8596	2011	1095	9	907	13
邗江区	14077	12225	2472	19	9734	1844	859	6	979	8
江都区	34366	29795	9314	85	20396	4556	2500	18	2038	15
宝应县	24067	21103	7084	148	13871	2939	1587	27	1325	25
扬州经济技术开发区	4993	4261	1181	10	3070	731	458	2	271	1
蜀冈瘦西湖景区	3137	2609	668	14	1927	527	291	4	232	1
生态新城	2020	1720	432	5	1283	295	145		150	5
仪征市	16922	14756	4131	50	10575	2153	1205	8	940	13
高邮市	25372	21913	6408	158	15347	3445	1814	13	1618	14
镇江市	**80699**	**70431**	**22855**	**122**	**47454**	**10208**	**6394**	**15**	**3799**	**60**
京口区	9944	8185	2782	9	5394	1746	1210	4	532	13
润州区	6171	5267	1750	8	3509	898	608		290	6
丹徒区	8534	7543	2181	18	5344	987	562	2	423	4
镇江新区	4847	4237	1361	8	2868	602	411	1	190	8
江苏镇江高新区	1081	946	240	2	704	134	86		48	1
丹阳市	24298	21405	6816	31	14558	2880	1758	1	1121	13
扬中市	8682	7553	2002	13	5538	1126	505	5	616	3
句容市	17142	15295	5723	33	9539	1835	1254	2	579	12
泰州市	**171306**	**146570**	**53377**	**568**	**92625**	**24584**	**14982**	**90**	**9512**	**152**
海陵区	15844	13484	3955	19	9510	2352	1391	1	960	8
高港区	9457	8345	2143	20	6182	1108	519	3	586	4
姜堰区	30244	25762	9583	76	16103	4466	2699	12	1755	16
泰州医药高新技术产业开发区	4682	4070	853	7	3210	610	288		322	2
兴化市	48092	40711	20722	280	19709	7329	5579	45	1705	52
靖江市	22127	18779	5051	28	13700	3330	1692	9	1629	18
泰兴市	40860	35419	11070	138	24211	5389	2814	20	2555	52
宿迁市	**124264**	**105736**	**31332**	**1137**	**73267**	**18401**	**9468**	**245**	**8688**	**127**
宿城区	15521	13449	4021	109	9319	2065	1103	18	944	7
宿豫区	11341	9795	3135	95	6565	1539	833	19	687	7
沭阳县	40819	34436	9370	405	24661	6339	2998	90	3251	44
泗阳县	22326	18912	5189	236	13487	3367	1598	55	1714	47
泗洪县	22576	18976	6473	218	12285	3590	2161	54	1375	10
宿迁经济技术开发区	3284	2867	748	15	2104	417	220	2	195	
宿迁市湖滨新区	4365	3800	1374	20	2406	558	307	2	249	7
苏州宿迁工业园区	47	43	2		41	4	3		1	
宿迁市洋河新区	3985	3458	1020	39	2399	522	245	5	272	5

5-6a 各地区有80岁及以上人口的家庭户户数(城市)

单位：户

地　区	合　计	有一个80岁及以上人口的户				有二个80岁及以上人口的户				有三个80岁及以上人口的户
		小计	独自居住	只与未成年人口共同居住	其他	小计	只有一对80岁及以上夫妇居住	只有一对80岁及以上夫妇与未成年人口共同居住	其他	
江　苏	**781951**	**650554**	**216507**	**1405**	**432642**	**130686**	**82027**	**320**	**48339**	**711**
南京市	**152888**	**126344**	**41760**	**205**	**84379**	**26419**	**16748**	**60**	**9611**	**125**
玄武区	15151	11858	3602	26	8230	3287	1966	12	1309	6
秦淮区	25616	20795	6641	43	14111	4790	2915	17	1858	31
建邺区	9406	7808	2183	9	5616	1592	973	5	614	6
鼓楼区	30559	24300	7754	47	16499	6219	3617	10	2592	40
浦口区	5713	4885	1977	7	2901	818	598	1	219	10
栖霞区	13449	11293	3903	11	7379	2143	1480	2	661	13
雨花台区	9011	7682	2480	7	5195	1322	880	3	439	7
江宁区	14865	12709	4101	25	8583	2153	1441	2	710	3
六合区	4802	4113	1375	5	2733	689	449	1	239	
溧水区	4280	3799	1568	2	2229	481	374	1	106	
高淳区	5473	4848	2012	8	2828	625	432	3	190	
南京江北新区	14563	12254	4164	15	8075	2300	1623	3	674	9
无锡市	**97150**	**80421**	**27584**	**109**	**52728**	**16688**	**11032**	**33**	**5623**	**41**
锡山区	5860	4988	1444	3	3541	870	501	1	368	2
惠山区	7518	6402	1718	8	4676	1110	644	2	464	6
滨湖区	13725	11065	4181	9	6875	2648	1844	1	803	12
梁溪区	28527	23267	8603	41	14623	5250	3471	14	1765	10
新吴区	9616	7977	2806	12	5159	1639	1140	3	496	
江苏无锡经济开发区	4143	3385	1179	3	2203	758	541	1	216	
江阴市	16175	13467	3842	21	9604	2703	1654	4	1045	5
宜兴市	11586	9870	3811	12	6047	1710	1237	7	466	6
徐州市	**60470**	**50520**	**19418**	**218**	**30884**	**9869**	**6553**	**46**	**3270**	**81**
鼓楼区	9256	7804	3013	25	4766	1443	982	4	457	9
云龙区	7899	6633	2799	28	3806	1265	851	6	408	1
贾汪区	3945	3350	1454	14	1882	591	410	1	180	4
泉山区	17573	14301	5684	45	8572	3257	2282	17	958	15
铜山区	5606	4745	1876	16	2853	859	593		266	2
丰县										
沛县										
睢宁县										
徐州经济技术开发区	110	95	41	1	53	15	12		3	
新沂市	6343	5458	1985	33	3440	872	515	6	351	13
邳州市	9738	8134	2566	56	5512	1567	908	12	647	37
常州市	**60227**	**50248**	**16982**	**103**	**33163**	**9941**	**6616**	**26**	**3299**	**38**
天宁区	13424	10849	3819	16	7014	2561	1769	6	786	14
钟楼区	13468	11168	3903	20	7245	2298	1490	2	806	2
新北区	8578	7321	2055	14	5252	1252	785	1	466	5
武进区	8338	6919	2113	16	4790	1417	904	4	509	2
金坛区	6464	5516	2100	10	3406	937	687	2	248	11
江苏省常州市经济开发区	3789	3187	1026	6	2155	600	410	1	189	2
溧阳市	6166	5288	1966	21	3301	876	571	10	295	2

5-6a　续表 1　　　　单位：户

地　区	合　计	有一个80岁及以上人口的户				有二个80岁及以上人口的户				有三个80岁及以上人口的户
		小计	独自居住	只与未成年人口共同居住	其他	小计	只有一对80岁及以上夫妇居住	只有一对80岁及以上夫妇与未成年人口共同居住	其他	
苏州市	**109315**	**89827**	**29948**	**173**	**59706**	**19436**	**12153**	**37**	**7246**	**52**
虎丘区	9284	7619	2148	7	5464	1661	1049	2	610	4
吴中区	9330	7636	2406	25	5205	1691	1080	5	606	3
相城区	11043	9265	3826	14	5425	1778	1203	4	571	
姑苏区	31391	25547	10291	44	15212	5825	4018	15	1792	19
吴江区	7818	6570	1786	17	4767	1247	618	3	626	1
苏州工业园区										
常熟市	15297	12575	3061	15	9499	2714	1315	2	1397	8
张家港市	6960	5621	2109	6	3506	1334	959	3	372	5
昆山市	12654	10540	3280	39	7221	2105	1337	3	765	9
太仓市	5538	4454	1041	6	3407	1081	574		507	3
南通市	**88692**	**72884**	**26560**	**112**	**46212**	**15720**	**9999**	**32**	**5689**	**88**
崇川区	18735	15163	5131	27	10005	3539	2370	6	1163	33
港闸区	10014	8284	2988	5	5291	1716	1132	2	582	14
通州区	12124	10161	4260	11	5890	1959	1359	5	595	4
如东县										
南通经济技术开发区										
通州湾示范区										
苏锡通科技产业园区										
启东市	11857	9465	5874	13	3578	2375	1983	6	386	17
如皋市	12053	10198	1900	21	8277	1847	675	8	1164	8
海门市	8035	6384	3128	12	3244	1646	1236	1	409	5
海安市	15874	13229	3279	23	9927	2638	1244	4	1390	7
连云港市	**19521**	**16189**	**5903**	**52**	**10234**	**3308**	**2101**	**14**	**1193**	**24**
连云区	3185	2688	1087	4	1597	495	341		154	2
海州区	11450	9388	3299	35	6054	2042	1251	11	780	20
赣榆区	4538	3809	1420	10	2379	727	483	3	241	2
东海县	172	152	35	3	114	20	8		12	
灌云县										
灌南县										
连云港经济技术开发区										
连云港高新技术产业开发区										
江苏连云港徐圩新区	79	70	26		44	9	7		2	
江苏省连云港市云台山风景名胜区	97	82	36		46	15	11		4	
淮安市	**23808**	**20185**	**6123**	**62**	**14000**	**3588**	**2045**	**8**	**1535**	**35**
淮安区	6472	5636	1776	14	3846	827	426	3	398	9
淮阴区	4530	3832	922	13	2897	691	388	1	302	7
清江浦区	10282	8570	2742	22	5806	1700	1019	4	677	12
洪泽区	2524	2147	683	13	1451	370	212		158	7
涟水县										
盱眙县										
金湖县										
淮安经济技术开发区										
工业园区										
生态文旅区										
苏淮高新区										

5-6a 续表 2

单位：户

地区	合计	有一个80岁及以上人口的户				有二个80岁及以上人口的户				有三个80岁及以上人口的户
		小计	独自居住	只与未成年人口共同居住	其他	小计	只有一对80岁及以上夫妇居住	只有一对80岁及以上夫妇与未成年人口共同居住	其他	
盐城市	**34498**	**28722**	**9320**	**98**	**19304**	**5682**	**3292**	**22**	**2368**	**94**
亭湖区	11429	9358	2968	38	6352	2010	1054	9	947	61
盐都区	3613	3118	840	14	2264	491	264	3	224	4
大丰区	4486	3684	1444	3	2237	798	571	1	226	4
响水县										
滨海县										
阜宁县										
射阳县										
建湖县										
盐城经济技术开发区	142	123	60	1	62	19	9	1	9	
江苏省盐南高新区	3365	2853	587	17	2249	498	218		280	14
东台市	11463	9586	3421	25	6140	1866	1176	8	682	11
扬州市	**42846**	**36486**	**9980**	**99**	**26407**	**6329**	**3541**	**17**	**2771**	**31**
广陵区	10303	8731	2995	42	5694	1564	906	9	649	8
邗江区	8592	7291	1483	7	5801	1295	651	1	643	6
江都区	6589	5676	1520	10	4146	909	513	2	394	4
宝应县										
扬州经济技术开发区										
蜀冈瘦西湖景区	3137	2609	668	14	1927	527	291	4	232	1
生态新城	717	642	108	2	532	75	21		54	
仪征市	7619	6480	2083	12	4385	1130	745	1	384	9
高邮市	5889	5057	1123	12	3922	829	414		415	3
镇江市	**34538**	**29395**	**9349**	**47**	**19999**	**5111**	**3360**	**7**	**1744**	**32**
京口区	9565	7859	2673	9	5177	1693	1178	4	511	13
润州区	6155	5251	1739	8	3504	898	608		290	6
丹徒区	2376	2046	496	5	1545	327	191		136	3
镇江新区										
江苏镇江高新区	1081	946	240	2	704	134	86		48	1
丹阳市	6814	5846	1811	7	4028	965	633	1	331	3
扬中市	3188	2752	609	9	2134	436	194	2	240	
句容市	5359	4695	1781	7	2907	658	470		188	6
泰州市	**45744**	**38833**	**10546**	**78**	**28209**	**6855**	**3671**	**10**	**3174**	**56**
海陵区	12315	10475	2757	15	7703	1834	1036		798	6
高港区	3528	3060	640	6	2414	466	200	1	265	2
姜堰区	7989	6752	1887	14	4851	1231	642		589	6
泰州医药高新技术产业开发区										
兴化市	6690	5665	2421	19	3225	1023	727	3	293	2
靖江市	6623	5547	1045	5	4497	1067	500	2	565	9
泰兴市	8599	7334	1796	19	5519	1234	566	4	664	31
宿迁市	**12254**	**10500**	**3034**	**49**	**7417**	**1740**	**916**	**8**	**816**	**14**
宿城区	5937	5052	1443	16	3593	881	481	2	398	4
宿豫区	2947	2505	675	12	1818	439	230	4	205	3
沭阳县										
泗阳县										
泗洪县										
宿迁经济技术开发区										
宿迁市湖滨新区	1605	1396	451	7	938	205	105	1	99	4
苏州宿迁工业园区	47	43	2		41	4	3		1	
宿迁市洋河新区	1718	1504	463	14	1027	211	97	1	113	3

5-6b　各地区有80岁及以上人口的家庭户户数(镇)

单位：户

地　　区	合　计	有一个80岁及以上人口的户				有二个80岁及以上人口的户				有三个80岁及以上人口的户
		小计	独自居住	只与未成年人口共同居住	其他	小计	只有一对80岁及以上夫妇居住	只有一对80岁及以上夫妇与未成年人口共同居住	其他	
江　苏	**517903**	**440442**	**152738**	**1848**	**285856**	**76840**	**46292**	**348**	**30200**	**621**
南京市	**3133**	**2744**	**972**	**3**	**1769**	**388**	**291**	**1**	**96**	**1**
玄武区										
秦淮区										
建邺区										
鼓楼区										
浦口区	96	75	33		42	21	19		2	
栖霞区										
雨花台区	338	293	140		153	45	35		10	
江宁区										
六合区	1351	1172	375	3	794	178	137	1	40	1
溧水区	812	721	273		448	91	72		19	
高淳区	536	483	151		332	53	28		25	
南京江北新区										
无锡市	**25743**	**21998**	**6987**	**39**	**14972**	**3715**	**2132**	**9**	**1574**	**30**
锡山区	6209	5291	1408	9	3874	916	439	2	475	2
惠山区	2000	1685	509	3	1173	313	210		103	2
滨湖区										
梁溪区										
新吴区										
江苏无锡经济开发区										
江阴市	9449	7956	2468	17	5471	1492	840	7	645	1
宜兴市	8085	7066	2602	10	4454	994	643		351	25
徐州市	**62505**	**53257**	**19550**	**419**	**33288**	**9087**	**5756**	**88**	**3243**	**161**
鼓楼区										
云龙区	394	344	142	2	200	48	27		21	2
贾汪区	2036	1721	797	11	913	308	207	3	98	7
泉山区										
铜山区	7714	6712	2810	34	3868	986	712	9	265	16
丰县	11322	9503	3710	78	5715	1777	1169	18	590	42
沛县	12082	10172	3837	54	6281	1881	1297	7	577	29
睢宁县	12801	11006	3139	92	7775	1779	949	16	814	16
徐州经济技术开发区	3976	3401	1263	19	2119	575	413	5	157	
新沂市	4438	3873	1614	25	2234	563	356	5	202	2
邳州市	7742	6525	2238	104	4183	1170	626	25	519	47
常州市	**15671**	**13675**	**4772**	**42**	**8861**	**1985**	**1283**	**4**	**698**	**11**
天宁区	1096	959	310		649	137	84	1	52	
钟楼区										
新北区	2768	2440	712	11	1717	324	181		143	4
武进区	3601	3071	902	7	2162	526	320		206	4
金坛区	2296	1996	802	6	1188	300	217		83	
江苏省常州市经济开发区	1567	1344	411	3	930	223	145		78	
溧阳市	4343	3865	1635	15	2215	475	336	3	136	3

5-6b 续表 1

单位：户

地　　区	合　计	有一个80岁及以上人口的户				有二个80岁及以上人口的户				有三个80岁及以上人口的户
		小计	独自居住	只与未成年人口共同居住	其他	小计	只有一对80岁及以上夫妇居住	只有一对80岁及以上夫妇与未成年人口共同居住	其他	
苏州市	**58955**	**49160**	**15711**	**71**	**33378**	**9772**	**5513**	**23**	**4236**	**23**
虎丘区	78	66	24		42	12	11		1	
吴中区	3577	3047	905	4	2138	525	251		274	5
相城区	1306	1111	373	2	736	195	113	1	81	
姑苏区										
吴江区	10067	8664	2764	28	5872	1399	757	1	641	4
苏州工业园区	11224	9175	3406	11	5758	2043	1380		663	6
常熟市	10297	8701	1700	6	6995	1595	585	10	1000	1
张家港市	12830	10486	4233	12	6241	2338	1602	8	728	6
昆山市	3311	2800	1131	5	1664	511	335	1	175	
太仓市	6265	5110	1175	3	3932	1154	479	2	673	1
南通市	**94070**	**78641**	**30567**	**134**	**47940**	**15369**	**9665**	**31**	**5673**	**60**
崇川区										
港闸区										
通州区	14823	12403	4714	16	7673	2412	1494	5	913	8
如东县	25294	21091	7049	20	14022	4183	2407	8	1768	20
南通经济技术开发区	4727	3854	1661	6	2187	870	657		213	3
通州湾示范区	1828	1490	931	1	558	338	282	1	55	
苏锡通科技产业园区	1377	1091	489		602	284	215		69	2
启东市	9108	7354	4951	7	2396	1743	1516	1	226	11
如皋市	18508	15956	3643	53	12260	2544	1023	13	1508	8
海门市	10766	8885	4964	21	3900	1874	1476	2	396	7
海安市	7639	6517	2165	10	4342	1121	595	1	525	1
连云港市	**33409**	**28503**	**10576**	**172**	**17755**	**4853**	**2980**	**36**	**1837**	**53**
连云区										
海州区	1182	1038	359	5	674	144	93	1	50	
赣榆区	7143	6116	2944	23	3149	1024	741	5	278	3
东海县	7924	6811	1804	54	4953	1101	554	9	538	12
灌云县	7381	6232	2336	47	3849	1131	695	9	427	18
灌南县	5891	5058	1927	37	3094	813	440	9	364	20
连云港经济技术开发区	1470	1232	467		765	238	176		62	
连云港高新技术产业开发区	1384	1184	371	4	809	200	118	3	79	
江苏连云港徐圩新区	984	790	354	2	434	194	157		37	
江苏省连云港市云台山风景名胜区	50	42	14		28	8	6		2	
淮安市	**32815**	**28255**	**7976**	**192**	**20087**	**4506**	**2401**	**22**	**2083**	**54**
淮安区	3918	3429	1123	29	2277	489	228	2	259	
淮阴区	3531	3069	870	27	2172	452	214	4	234	10
清江浦区	241	208	61		147	33	14		19	
洪泽区	1029	880	335	5	540	147	97	1	49	2
涟水县	8341	7150	1908	51	5191	1156	575	9	572	35
盱眙县	7205	6149	1658	40	4451	1052	566	4	482	4
金湖县	3150	2656	867	7	1782	492	320	1	171	2
淮安经济技术开发区	3640	3148	825	21	2302	491	289	1	201	1
工业园区	172	144	23		121	28	14		14	
生态文旅区	923	821	167	3	651	102	58		44	
苏淮高新区	665	601	139	9	453	64	26		38	

5-6b　续表 2

单位：户

地　　区	合　计	有一个80岁及以上人口的户				有二个80岁及以上人口的户				有三个80岁及以上人口的户
		小计	独自居住	只与未成年人口共同居住	其他	小计	只有一对80岁及以上夫妇居住	只有一对80岁及以上夫妇与未成年人口共同居住	其他	
盐城市	**67425**	**57574**	**22247**	**276**	**35051**	**9751**	**6308**	**49**	**3394**	**100**
亭湖区	1863	1588	499	1	1088	274	174		100	1
盐都区	2492	2119	850	12	1257	372	238	3	131	1
大丰区	7829	6596	3131	11	3454	1230	952	6	272	3
响水县	5088	4384	1538	30	2816	700	460	11	229	4
滨海县	10111	8802	3714	64	5024	1302	863	8	431	7
阜宁县	11025	9628	3569	88	5971	1339	770	5	564	58
射阳县	11365	9595	4082	37	5476	1763	1172	8	583	7
建湖县	7450	6260	1733	19	4508	1184	687	2	495	6
盐城经济技术开发区	1226	1052	178	2	872	169	69	3	97	5
江苏省盐南高新区										
东台市	8976	7550	2953	12	4585	1418	923	3	492	8
扬州市	**28961**	**25144**	**6946**	**70**	**18128**	**3787**	**2032**	**14**	**1741**	**30**
广陵区	1155	1023	175	5	843	130	53		77	2
邗江区	1548	1380	274	3	1103	166	63	1	102	2
江都区	8229	7131	2275	17	4839	1093	614	3	476	5
宝应县	8022	7022	2008	25	4989	985	508	7	470	15
扬州经济技术开发区	4297	3630	990	8	2632	666	428	2	236	1
蜀冈瘦西湖景区										
生态新城	530	423	157	1	265	102	76		26	5
仪征市	1737	1541	338	6	1197	196	88	1	107	
高邮市	3443	2994	729	5	2260	449	202		247	
镇江市	**19146**	**16903**	**5278**	**20**	**11605**	**2224**	**1346**	**4**	**874**	**19**
京口区	126	109	45		64	17	12		5	
润州区										
丹徒区	2143	1903	560	4	1339	240	118	2	120	
镇江新区	3748	3272	984	3	2285	469	327		142	7
江苏镇江高新区										
丹阳市	9608	8510	2667	9	5834	1089	652		437	9
扬中市	1575	1377	369	1	1007	196	89	1	106	2
句容市	1946	1732	653	3	1076	213	148	1	64	1
泰州市	**36702**	**31353**	**11282**	**122**	**19949**	**5315**	**3283**	**17**	**2015**	**34**
海陵区	1167	993	394	2	597	173	114	1	58	1
高港区	1685	1474	375	3	1096	210	102	1	107	1
姜堰区	5174	4391	1784	13	2594	779	503	1	275	4
泰州医药高新技术产业开发区	4012	3480	674	5	2801	530	244		286	2
兴化市	11051	9254	4446	60	4748	1783	1333	6	444	14
靖江市	3841	3273	913	2	2358	567	310	3	254	1
泰兴市	9772	8488	2696	37	5755	1273	677	5	591	11
宿迁市	**39368**	**33235**	**9874**	**288**	**23073**	**6088**	**3302**	**50**	**2736**	**45**
宿城区	1017	884	290	18	576	132	65		67	1
宿豫区	1498	1303	396	6	901	193	111	3	79	2
沭阳县	16957	14213	4128	134	9951	2716	1347	25	1344	28
泗阳县	8744	7387	1841	63	5483	1344	672	13	659	13
泗洪县	8928	7516	2639	60	4817	1411	934	9	468	1
宿迁经济技术开发区	1744	1515	388	6	1121	229	131		98	
宿迁市湖滨新区	480	417	192	1	224	63	42		21	
苏州宿迁工业园区										
宿迁市洋河新区										

5-6c 各地区有80岁及以上人口的家庭户户数(乡村)

单位：户

地区	合计	有一个80岁及以上人口的户				有二个80岁及以上人口的户				有三个80岁及以上人口的户
		小计	独自居住	只与未成年人口共同居住	其他	小计	只有一对80岁及以上夫妇居住	只有一对80岁及以上夫妇与未成年人口共同居住	其他	
江苏	**973495**	**836230**	**298662**	**4965**	**532603**	**136607**	**80159**	**980**	**55468**	**658**
南京市	**44430**	**39352**	**13121**	**107**	**26124**	**5068**	**3002**	**14**	**2052**	**10**
玄武区										
秦淮区										
建邺区										
鼓楼区										
浦口区	2863	2442	1049	4	1389	418	303	1	114	3
栖霞区	2045	1813	579	6	1228	232	143	1	88	
雨花台区										
江宁区	11523	10329	3505	31	6793	1193	719	6	468	1
六合区	11405	9991	2602	26	7363	1411	660	4	747	3
溧水区	7006	6247	2420	22	3805	758	534	1	223	1
高淳区	8905	7951	2715	15	5221	952	560	1	391	2
南京江北新区	683	579	251	3	325	104	83		21	
无锡市	**42980**	**36994**	**12073**	**79**	**24842**	**5972**	**3365**	**11**	**2596**	**14**
锡山区	3206	2735	630	4	2101	471	218		253	
惠山区	4710	4014	1125	4	2885	695	357	2	336	1
滨湖区	1019	873	203	1	669	142	82		60	4
梁溪区										
新吴区	1021	861	302	3	556	160	104		56	
江苏无锡经济开发区										
江阴市	14052	11899	3781	36	8082	2151	1124	6	1021	2
宜兴市	18972	16612	6032	31	10549	2353	1480	3	870	7
徐州市	**112172**	**96059**	**35700**	**879**	**59480**	**15901**	**10039**	**176**	**5686**	**212**
鼓楼区										
云龙区										
贾汪区	5584	4790	2102	26	2662	782	561	7	214	12
泉山区										
铜山区	15752	13583	5737	74	7772	2156	1499	11	646	13
丰县	16531	14032	5728	110	8194	2479	1731	21	727	20
沛县	14511	12517	4590	70	7857	1977	1351	12	614	17
睢宁县	19609	16878	4991	156	11731	2712	1440	36	1236	19
徐州经济技术开发区	1557	1372	488	6	878	185	110	2	73	
新沂市	14642	12601	4972	104	7525	2030	1321	15	694	11
邳州市	23986	20286	7092	333	12861	3580	2026	72	1482	120
常州市	**44927**	**39503**	**14175**	**105**	**25223**	**5406**	**3373**	**14**	**2019**	**18**
天宁区	1767	1545	372	4	1169	221	114	1	106	1
钟楼区	931	837	288	1	548	94	51	1	42	
新北区	3762	3315	873	6	2436	447	233	1	213	
武进区	11120	9623	2570	20	7033	1492	736	2	754	5
金坛区	9755	8611	3922	18	4671	1137	882	2	253	7
江苏省常州市经济开发区	3338	2893	872	7	2014	444	254		190	1
溧阳市	14254	12679	5278	49	7352	1571	1103	7	461	4

5-6c　续表 1

单位：户

地　　区	合　计	有一个80岁及以上人口的户				有二个80岁及以上人口的户				有三个80岁及以上人口的户
		小计	独自居住	只与未成年人口共同居住	其他	小计	只有一对80岁及以上夫妇居住	只有一对80岁及以上夫妇与未成年人口共同居住	其他	
苏州市	**82836**	**69625**	**17784**	**152**	**51689**	**13185**	**5536**	**35**	**7614**	**26**
虎丘区	2028	1698	598	2	1098	329	189		140	1
吴中区	9222	7860	1937	28	5895	1359	555	6	798	3
相城区	1638	1392	464	7	921	246	119	1	126	
姑苏区										
吴江区	15982	13896	3060	40	10796	2081	791	6	1284	5
苏州工业园区										
常熟市	18738	15741	2926	20	12795	2995	956	7	2032	2
张家港市	13959	11584	4447	20	7117	2367	1464	6	897	8
昆山市	10634	8863	3208	33	5622	1771	1002	8	761	
太仓市	10635	8591	1144	2	7445	2037	460	1	1576	7
南通市	**147486**	**123673**	**52440**	**236**	**70997**	**23738**	**15547**	**45**	**8146**	**75**
崇川区										
港闸区	182	152	63		89	30	19		11	
通州区	21925	18383	6751	52	11580	3532	2127	2	1403	10
如东县	25415	21427	7032	24	14371	3979	2254	6	1719	9
南通经济技术开发区										
通州湾示范区	3886	3154	2114	9	1031	732	632	3	97	
苏锡通科技产业园区	1812	1461	841	5	615	350	296		54	1
启东市	26975	22000	15918	11	6071	4960	4567	3	390	15
如皋市	27792	24013	4940	79	18994	3760	1315	17	2428	19
海门市	21259	17605	9930	27	7648	3645	2874	11	760	9
海安市	18240	15478	4851	29	10598	2750	1463	3	1284	12
连云港市	**54296**	**46666**	**16066**	**504**	**30096**	**7577**	**4488**	**118**	**2971**	**53**
连云区	85	71	34		37	14	7		7	
海州区	2700	2336	577	10	1749	362	188	1	173	2
赣榆区	13414	11394	5592	70	5732	2018	1542	8	468	2
东海县	16972	14632	4318	210	10104	2317	1215	46	1056	23
灌云县	11429	9825	3225	97	6503	1586	896	30	660	18
灌南县	8642	7488	2136	115	5237	1146	575	33	538	8
连云港经济技术开发区	530	463	103	1	359	67	35		32	
连云港高新技术产业开发区										
江苏连云港徐圩新区	13	12	3		9	1			1	
江苏省连云港市云台山风景名胜区	511	445	78	1	366	66	30		36	
淮安市	**68098**	**59597**	**18050**	**587**	**40960**	**8455**	**4101**	**127**	**4227**	**46**
淮安区	15939	14075	4472	150	9453	1854	899	31	924	10
淮阴区	13229	11552	3122	85	8345	1658	743	19	896	19
清江浦区	1793	1615	372	11	1232	178	59		119	
洪泽区	5197	4564	1453	42	3069	630	312	7	311	3
涟水县	14727	12822	3608	162	9052	1898	878	38	982	7
盱眙县	10109	8768	2821	102	5845	1338	691	25	622	3
金湖县	6715	5859	2112	31	3716	852	495	6	351	4
淮安经济技术开发区										
工业园区	270	230	62	4	164	40	20	1	19	
生态文旅区										
苏淮高新区	119	112	28		84	7	4		3	

5-6c 续表 2

单位：户

地区	合计	有一个80岁及以上人口的户				有二个80岁及以上人口的户				有三个80岁及以上人口的户
		小计	独自居住	只与未成年人口共同居住	其他	小计	只有一对80岁及以上夫妇居住	只有一对80岁及以上夫妇与未成年人口共同居住	其他	
盐城市	**120126**	**103035**	**42483**	**718**	**59834**	**17060**	**11361**	**130**	**5569**	**31**
亭湖区	4332	3782	1225	15	2542	550	336	2	212	
盐都区	14481	12386	5424	90	6872	2092	1386	17	689	3
大丰区	12287	10288	4780	22	5486	1997	1483	4	510	2
响水县	6723	5793	2065	63	3665	930	581	14	335	
滨海县	14389	12480	5104	147	7229	1900	1228	33	639	9
阜宁县	14956	13113	4618	174	8321	1839	1020	28	791	4
射阳县	13754	11799	4852	94	6853	1949	1302	11	636	6
建湖县	13439	11536	5116	67	6353	1902	1327	8	567	1
盐城经济技术开发区	1101	946	298	5	643	155	80	2	73	
江苏省盐南高新区										
东台市	24664	20912	9001	41	11870	3746	2618	11	1117	6
扬州市	**67627**	**59208**	**18569**	**375**	**40264**	**8385**	**4381**	**56**	**3948**	**34**
广陵区	3022	2702	635	8	2059	317	136		181	3
邗江区	3937	3554	715	9	2830	383	145	4	234	
江都区	19548	16988	5519	58	11411	2554	1373	13	1168	6
宝应县	16045	14081	5076	123	8882	1954	1079	20	855	10
扬州经济技术开发区	696	631	191	2	438	65	30		35	
蜀冈瘦西湖景区生态新城	773	655	167	2	486	118	48		70	
仪征市	7566	6735	1710	32	4993	827	372	6	449	4
高邮市	16040	13862	4556	141	9165	2167	1198	13	956	11
镇江市	**27015**	**24133**	**8228**	**55**	**15850**	**2873**	**1688**	**4**	**1181**	**9**
京口区	253	217	64		153	36	20		16	
润州区	16	16	11		5					
丹徒区	4015	3594	1125	9	2460	420	253		167	1
镇江新区	1099	965	377	5	583	133	84	1	48	1
江苏镇江高新区										
丹阳市	7876	7049	2338	15	4696	826	473		353	1
扬中市	3919	3424	1024	3	2397	494	222	2	270	1
句容市	9837	8868	3289	23	5556	964	636	1	327	5
泰州市	**88860**	**76384**	**31549**	**368**	**44467**	**12414**	**8028**	**63**	**4323**	**62**
海陵区	2362	2016	804	2	1210	345	241		104	1
高港区	4244	3811	1128	11	2672	432	217	1	214	1
姜堰区	17081	14619	5912	49	8658	2456	1554	11	891	6
泰州医药高新技术产业开发区	670	590	179	2	409	80	44		36	
兴化市	30351	25792	13855	201	11736	4523	3519	36	968	36
靖江市	11663	9959	3093	21	6845	1696	882	4	810	8
泰兴市	22489	19597	6578	82	12937	2882	1571	11	1300	10
宿迁市	**72642**	**62001**	**18424**	**800**	**42777**	**10573**	**5250**	**187**	**5136**	**68**
宿城区	8567	7513	2288	75	5150	1052	557	16	479	2
宿豫区	6896	5987	2064	77	3846	907	492	12	403	2
沭阳县	23862	20223	5242	271	14710	3623	1651	65	1907	16
泗阳县	13582	11525	3348	173	8004	2023	926	42	1055	34
泗洪县	13648	11460	3834	158	7468	2179	1227	45	907	9
宿迁经济技术开发区	1540	1352	360	9	983	188	89	2	97	
宿迁市湖滨新区	2280	1987	731	12	1244	290	160	1	129	3
苏州宿迁工业园区										
宿迁市洋河新区	2267	1954	557	25	1372	311	148	4	159	2

第一部分　全部数据资料

第六卷　死亡

6-1　各地区分年龄、性别的死亡人口

(2019.11.1-2020.10.31)

单位：人

地　区	死亡人口			0岁		
	合计	男	女	小计	男	女
江　苏	**513741**	**284791**	**228950**	**636**	**379**	**257**
南京市	**40146**	**22719**	**17427**	**52**	**36**	**16**
玄武区	2641	1447	1194	3	1	2
秦淮区	5378	3038	2340	5	4	1
建邺区	1590	932	658	3	3	
鼓楼区	5421	3015	2406	2		2
浦口区	2217	1213	1004	5	5	
栖霞区	2780	1633	1147	3		3
雨花台区	1946	1120	826	2	1	1
江宁区	4340	2521	1819	7	6	1
六合区	4565	2498	2067	3	3	
溧水区	2742	1542	1200	2		2
高淳区	3057	1773	1284	7	6	1
南京江北新区	3469	1987	1482	10	7	3
无锡市	**38010**	**21429**	**16581**	**44**	**31**	**13**
锡山区	3707	2062	1645	1	1	
惠山区	3265	1882	1383	3	2	1
滨湖区	2832	1578	1254	3	2	1
梁溪区	7073	3985	3088	11	6	5
新吴区	2587	1475	1112	12	8	4
江苏无锡经济开发区	885	510	375	1		1
江阴市	8570	4822	3748	8	7	1
宜兴市	9091	5115	3976	5	5	
徐州市	**57160**	**32126**	**25034**	**96**	**49**	**47**
鼓楼区	1889	1092	797	3		3
云龙区	1983	1162	821	1	1	
贾汪区	3102	1718	1384	2	1	1
泉山区	3418	1949	1469	2		2
铜山区	7048	3983	3065	20	8	12
丰县	6729	3653	3076	8	5	3
沛县	6831	3864	2967	8	5	3
睢宁县	7755	4325	3430	14	8	6
徐州经济技术开发区	1439	853	586	2	2	
新沂市	6258	3514	2744	11	6	5
邳州市	10708	6013	4695	25	13	12
常州市	**26345**	**14723**	**11622**	**44**	**25**	**19**
天宁区	3130	1757	1373	5	2	3
钟楼区	2660	1524	1136	4	3	1
新北区	3774	2053	1721	8	4	4
武进区	4734	2556	2178	9	6	3
金坛区	4446	2502	1944	4	3	1
江苏省常州市经济开发区	1882	1050	832	2	1	1
溧阳市	5719	3281	2438	12	6	6

6-1 续表 1

单位：人

地区	死亡人口			0岁		
	合计	男	女	小计	男	女
苏州市	**46240**	**24973**	**21267**	**61**	**40**	**21**
虎丘区	2173	1217	956	3	3	
吴中区	4370	2354	2016	3	1	2
相城区	2775	1506	1269	4	2	2
姑苏区	4714	2609	2105	4	4	
吴江区	5707	3122	2585	3	1	2
苏州工业园区	2084	1128	956	10	9	1
常熟市	9372	4840	4532	11	7	4
张家港市	6406	3608	2798	5	4	1
昆山市	5330	2852	2478	17	8	9
太仓市	3309	1737	1572	1	1	
南通市	**66145**	**35905**	**30240**	**65**	**27**	**38**
崇川区	2844	1589	1255	4	1	3
港闸区	1680	894	786	1		1
通州区	9570	5211	4359	6	3	3
如东县	9983	5448	4535	5	2	3
南通经济技术开发区	917	502	415	2	2	
通州湾示范区	1129	604	525			
苏锡通科技产业园区	468	254	214			
启东市	10530	5665	4865	6	2	4
如皋市	11990	6549	5441	12	5	7
海门市	8236	4431	3805	3		3
海安市	8798	4758	4040	26	12	14
连云港市	**28305**	**16091**	**12214**	**38**	**26**	**12**
连云区	791	435	356	3	1	2
海州区	3534	2082	1452	3	3	
赣榆区	7034	4020	3014	8	8	
东海县	6636	3742	2894	5	5	
灌云县	4870	2742	2128	11	5	6
灌南县	4194	2350	1844	7	4	3
连云港经济技术开发区	532	308	224	1		1
连云港高新技术产业开发区	245	141	104			
江苏连云港徐圩新区	280	167	113			
江苏省连云港市云台山风景名胜区	189	104	85			
淮安市	**33586**	**18567**	**15019**	**39**	**21**	**18**
淮安区	7606	4174	3432	11	5	6
淮阴区	5285	2977	2308	6	2	4
清江浦区	3318	1936	1382	6	4	2
洪泽区	2309	1227	1082	4	3	1
涟水县	6664	3696	2968	8	4	4
盱眙县	4686	2534	2152			
金湖县	2507	1340	1167			
淮安经济技术开发区	643	354	289	3	2	1
工业园区	118	64	54	1	1	
生态文旅区	217	140	77			
苏淮高新区	233	125	108			

6-1　续表 2

单位：人

地　　区	死亡人口			0岁		
	合计	男	女	小计	男	女
盐城市	**52890**	**28838**	**24052**	**50**	**29**	**21**
亭湖区	3793	2137	1656	3	3	
盐都区	5305	2904	2401	6	2	4
大丰区	5323	2851	2472	2	2	
响水县	3234	1854	1380	2	2	
滨海县	5780	3126	2654	14	6	8
阜宁县	6792	3720	3072	3	2	1
射阳县	5750	3065	2685	9	3	6
建湖县	5252	2905	2347	3	3	
盐城经济技术开发区	701	384	317			
江苏省盐南高新区	718	379	339	2	2	
东台市	10242	5513	4729	6	4	2
扬州市	**35364**	**19496**	**15868**	**23**	**17**	**6**
广陵区	3230	1745	1485	5	4	1
邗江区	2817	1577	1240	4	4	
江都区	8459	4622	3837	4	2	2
宝应县	7389	4066	3323	3	2	1
扬州经济技术开发区	1204	659	545	1	1	
蜀冈瘦西湖景区	542	301	241	2	1	1
生态新城	522	297	225			
仪征市	4262	2342	1920			
高邮市	6939	3887	3052	4	3	1
镇江市	**21391**	**11698**	**9693**	**21**	**12**	**9**
京口区	2056	1166	890	1	1	
润州区	1452	841	611	2	1	1
丹徒区	2302	1189	1113	2	2	
镇江新区	1714	917	797			
江苏镇江高新区	213	108	105	1	1	
丹阳市	7129	3879	3250	7	4	3
扬中市	2366	1292	1074	1	1	
句容市	4159	2306	1853	7	2	5
泰州市	**35482**	**19943**	**15539**	**26**	**19**	**7**
海陵区	2963	1698	1265	3	1	2
高港区	2222	1236	986	3	3	
姜堰区	5987	3354	2633	3	3	
泰州医药高新技术产业开发区	1170	625	545			
兴化市	8930	5069	3861	4	2	2
靖江市	4320	2397	1923	1	1	
泰兴市	9890	5564	4326	12	9	3
宿迁市	**32677**	**18283**	**14394**	**77**	**47**	**30**
宿城区	4156	2369	1787	23	13	10
宿豫区	2951	1661	1290	3	1	2
沭阳县	10593	5848	4745	23	15	8
泗阳县	6096	3413	2683	11	5	6
泗洪县	5902	3327	2575	5	5	
宿迁经济技术开发区	793	437	356	8	5	3
宿迁市湖滨新区	1169	641	528	2	1	1
苏州宿迁工业园区	11	8	3			
宿迁市洋河新区	1006	579	427	2	2	

6-1 续表 3

单位：人

地 区	1-4岁			5-9岁			10-14岁		
	小计	男	女	小计	男	女	小计	男	女
江 苏	**517**	**299**	**218**	**418**	**245**	**173**	**650**	**381**	**269**
南京市	**37**	**15**	**22**	**23**	**13**	**10**	**44**	**24**	**20**
玄武区	1		1	1		1	3	1	2
秦淮区	2	1	1	1	1		4	1	3
建邺区	2		2	2	2		2	1	1
鼓楼区	1	1		2	2		4	4	
浦口区	3	1	2	4	1	3	2	2	
栖霞区	2	1	1				1	1	
雨花台区				3	1	2	4	2	2
江宁区	9	6	3	3	1	2	7	4	3
六合区	10	3	7	2	1	1	3	2	1
溧水区				2	2		4		4
高淳区	2	1	1	1	1		2	1	1
南京江北新区	5	1	4	2	1	1	8	5	3
无锡市	**44**	**22**	**22**	**21**	**10**	**11**	**35**	**17**	**18**
锡山区	3	1	2				2		2
惠山区	4	3	1	3	2	1	3	3	
滨湖区	4	1	3	2	1	1	4	1	3
梁溪区	7	2	5	7	1	6	9	6	3
新吴区	9	5	4	1	1		3		3
江苏无锡经济开发区	2	1	1	1	1		3	2	1
江阴市	9	5	4	3	1	2	7	5	2
宜兴市	6	4	2	4	3	1	4		4
徐州市	**68**	**46**	**22**	**59**	**32**	**27**	**130**	**85**	**45**
鼓楼区				1	1		2	2	
云龙区	2	2		1	1		9	6	3
贾汪区	2	1	1	2	1	1	4	1	3
泉山区	2	2		4	1	3	4	1	3
铜山区	8	5	3	13	9	4	14	12	2
丰县	9	6	3	6	3	3	16	8	8
沛县	6	3	3	6	3	3	24	15	9
睢宁县	11	6	5	7	3	4	15	11	4
徐州经济技术开发区	9	7	2	4		4	5	3	2
新沂市	9	7	2	3	1	2	19	15	4
邳州市	10	7	3	12	9	3	18	11	7
常州市	**22**	**14**	**8**	**16**	**9**	**7**	**22**	**16**	**6**
天宁区	3	2	1	2		2	1		1
钟楼区	1	1					3	2	1
新北区	4	3	1	5	4	1	5	3	2
武进区	6	4	2	6	3	3	4	4	
金坛区	1	1		1		1	5	4	1
江苏省常州市经济开发区	3	1	2	1	1				
溧阳市	4	2	2	1	1		4	3	1

6-1　续表 4

单位：人

地　区	1-4岁			5-9岁			10-14岁		
	小计	男	女	小计	男	女	小计	男	女
苏州市	**59**	**29**	**30**	**36**	**22**	**14**	**43**	**26**	**17**
虎丘区	3		3	2	1	1	1	1	
吴中区	7	4	3	5	4	1	4	2	2
相城区	3		3	1	1		6	5	1
姑苏区	2	2		3	1	2	1	1	
吴江区	6	5	1	1		1	4	3	1
苏州工业园区	4	1	3	2		2	1		1
常熟市	7	3	4	6	3	3	4	3	1
张家港市	9	5	4	6	5	1	6	4	2
昆山市	15	8	7	10	7	3	15	7	8
太仓市	3	1	2				1		1
南通市	**38**	**22**	**16**	**31**	**18**	**13**	**41**	**18**	**23**
崇川区	1	1					2	1	1
港闸区				2		2	1	1	
通州区	5	2	3	3	1	2	9	3	6
如东县	4	3	1	4	2	2	2	1	1
南通经济技术开发区				1	1		1		1
通州湾示范区	5	5							
苏锡通科技产业园区									
启东市	4	1	3	5	4	1	4	4	
如皋市	8	3	5	9	5	4	15	6	9
海门市	5	5		2	2		5	2	3
海安市	6	2	4	5	3	2	2		2
连云港市	**31**	**24**	**7**	**36**	**19**	**17**	**74**	**44**	**30**
连云区									
海州区	3	3		4	2	2	10	4	6
赣榆区	10	8	2	14	7	7	16	10	6
东海县	5	3	2	6	3	3	21	13	8
灌云县	8	7	1	7	3	4	15	6	9
灌南县	5	3	2	3	3		10	9	1
连云港经济技术开发区									
连云港高新技术产业开发区				2	1	1			
江苏连云港徐圩新区									
江苏省连云港市云台山风景名胜区							2	2	
淮安市	**46**	**26**	**20**	**40**	**26**	**14**	**50**	**25**	**25**
淮安区	9	4	5	15	10	5	11	6	5
淮阴区	7	4	3	6	2	4	11	5	6
清江浦区	4	2	2	5	3	2	4	2	2
洪泽区	2	1	1	1		1	3	1	2
涟水县	14	9	5	7	6	1	6	5	1
盱眙县	5	2	3	1	1		10	2	8
金湖县	1	1		4	3	1	2	2	
淮安经济技术开发区	3	2	1				2	2	
工业园区	1	1		1	1				
生态文旅区							1		1
苏淮高新区									

6-1 续表 5

单位：人

地区	1-4岁			5-9岁			10-14岁		
	小计	男	女	小计	男	女	小计	男	女
盐城市	**56**	**34**	**22**	**44**	**35**	**9**	**71**	**38**	**33**
亭湖区	8	7	1	3	2	1	3	2	1
盐都区	7	4	3	7	7		7	6	1
大丰区	4	2	2	3	1	2	3	1	2
响水县	4	4		3	2	1	11	4	7
滨海县	7	4	3	2	2		14	7	7
阜宁县	6	3	3	8	5	3	8	6	2
射阳县	5	1	4	3	3		9	4	5
建湖县	11	7	4	4	3	1	8	6	2
盐城经济技术开发区							1	1	
江苏省盐南高新区	1		1	1	1		2		2
东台市	3	2	1	10	9	1	5	1	4
扬州市	**21**	**13**	**8**	**16**	**8**	**8**	**23**	**13**	**10**
广陵区	3	3		2		2	1	1	
邗江区	1	1		4	1	3	3	1	2
江都区	1	1		3	2	1	7	7	
宝应县	8	4	4	2	2		5	1	4
扬州经济技术开发区									
蜀冈瘦西湖景区							1		1
生态新城	1		1						
仪征市	3	1	2	1	1		2		2
高邮市	4	3	1	4	2	2	4	3	1
镇江市	**16**	**6**	**10**	**9**	**3**	**6**	**14**	**11**	**3**
京口区	1		1	2		2			
润州区	1		1				6	4	2
丹徒区	3		3						
镇江新区	4	4					1	1	
江苏镇江高新区									
丹阳市	3	1	2	4	1	3	4	4	
扬中市	3	1	2	1	1				
句容市	1		1	2	1	1	3	2	1
泰州市	**20**	**10**	**10**	**22**	**10**	**12**	**21**	**11**	**10**
海陵区	3	2	1	2		2	4	1	3
高港区	2	2					1	1	
姜堰区	1		1	3	3		3		3
泰州医药高新技术产业开发区	1	1					1	1	
兴化市	5	3	2	5		5	9	6	3
靖江市	1		1	6	5	1			
泰兴市	7	2	5	6	2	4	3	2	1
宿迁市	**59**	**38**	**21**	**65**	**40**	**25**	**82**	**53**	**29**
宿城区	5	2	3	7	4	3	8	6	2
宿豫区	2	1	1	3	3		8	5	3
沭阳县	23	16	7	21	15	6	25	16	9
泗阳县	15	12	3	16	10	6	19	13	6
泗洪县	7	5	2	9	4	5	16	9	7
宿迁经济技术开发区	2	1	1	2	1	1	1		1
宿迁市湖滨新区	1		1	4	2	2	2	1	1
苏州宿迁工业园区	1	1		1	1				
宿迁市洋河新区	3		3	2		2	3	3	

6-1　续表 6　　　　单位：人

地　区	15-19岁			20-24岁			25-29岁		
	小计	男	女	小计	男	女	小计	男	女
江　苏	**721**	**459**	**262**	**929**	**631**	**298**	**1680**	**1134**	**546**
南京市	**51**	**32**	**19**	**41**	**25**	**16**	**105**	**74**	**31**
玄武区	2	1	1	2	1	1	1		1
秦淮区	1	1		3	3		6	4	2
建邺区	2	1	1	2		2	3	3	
鼓楼区	7	5	2	7	6	1	8	5	3
浦口区	4	2	2	5	4	1	11	9	2
栖霞区	2	2		4		4	7	4	3
雨花台区	3	3		1	1		8	6	2
江宁区	10	7	3	2	1	1	14	9	5
六合区	4	2	2	4	2	2	22	14	8
溧水区	9	5	4	5	3	2	9	6	3
高淳区	1	1		2	2		7	6	1
南京江北新区	6	2	4	4	2	2	9	8	1
无锡市	**52**	**30**	**22**	**71**	**50**	**21**	**101**	**61**	**40**
锡山区	7	4	3	6	3	3	4	2	2
惠山区	9	6	3	9	6	3	10	8	2
滨湖区	4	2	2	5	3	2	7	5	2
梁溪区	5	2	3	11	9	2	11	5	6
新吴区	2		2	7	5	2	9	8	1
江苏无锡经济开发区	2		2	2	1	1	2	1	1
江阴市	13	9	4	15	11	4	24	13	11
宜兴市	10	7	3	16	12	4	34	19	15
徐州市	**102**	**74**	**28**	**107**	**75**	**32**	**268**	**188**	**80**
鼓楼区	2	2		4	3	1	7	4	3
云龙区	4	3	1	2	2		2	2	
贾汪区	5	5		5	2	3	15	7	8
泉山区	3		3	3	3		5	4	1
铜山区	11	8	3	19	12	7	36	30	6
丰县	13	10	3	17	13	4	44	32	12
沛县	15	10	5	6	5	1	49	33	16
睢宁县	8	5	3	16	10	6	38	23	15
徐州经济技术开发区	3	3		4	1	3	5	3	2
新沂市	9	9		10	9	1	17	11	6
邳州市	29	19	10	21	15	6	50	39	11
常州市	**38**	**30**	**8**	**51**	**34**	**17**	**71**	**42**	**29**
天宁区	3	3		3	2	1	9	4	5
钟楼区	1	1		2	2		5	2	3
新北区	7	7		8	4	4	9	5	4
武进区	12	9	3	16	14	2	14	9	5
金坛区	4	4		8	4	4	6	3	3
江苏省常州市经济开发区	3	2	1	2	1	1	4	3	1
溧阳市	8	4	4	12	7	5	24	16	8

6-1 续表 7

单位：人

地区	15-19岁			20-24岁			25-29岁		
	小计	男	女	小计	男	女	小计	男	女
苏州市	**77**	**49**	**28**	**113**	**82**	**31**	**153**	**101**	**52**
虎丘区	6	4	2	2	2		4	3	1
吴中区	8	5	3	7	6	1	16	11	5
相城区	7	6	1	6	6		16	7	9
姑苏区	1	1		7	4	3	10	6	4
吴江区	6	3	3	11	9	2	14	6	8
苏州工业园区	3	3		2	2		7	5	2
常熟市	14	6	8	11	6	5	15	13	2
张家港市	9	6	3	17	13	4	13	9	4
昆山市	19	14	5	39	28	11	50	34	16
太仓市	4	1	3	11	6	5	8	7	1
南通市	**55**	**38**	**17**	**79**	**42**	**37**	**127**	**81**	**46**
崇川区	3	2	1	2	1	1	2		2
港闸区	2		2				2	1	1
通州区	6	5	1	10	4	6	23	15	8
如东县	11	9	2	12	7	5	15	9	6
南通经济技术开发区	2	2		3	3		3	3	
通州湾示范区				2		2	4	1	3
苏锡通科技产业园区							4	3	1
启东市	8	6	2	11	4	7	23	15	8
如皋市	11	5	6	12	8	4	22	17	5
海门市	3	3		15	12	3	11	6	5
海安市	9	6	3	12	3	9	18	11	7
连云港市	**68**	**51**	**17**	**90**	**72**	**18**	**145**	**109**	**36**
连云区	2	1	1	1		1	1	1	
海州区	6	5	1	15	13	2	19	14	5
赣榆区	19	16	3	29	21	8	49	38	11
东海县	12	9	3	15	12	3	28	19	9
灌云县	19	14	5	17	14	3	27	20	7
灌南县	7	4	3	12	11	1	16	13	3
连云港经济技术开发区									
连云港高新技术产业开发区	2	1	1				2	1	1
江苏连云港徐圩新区							3	3	
江苏省连云港市云台山风景名胜区	1	1		1	1				
淮安市	**51**	**27**	**24**	**74**	**48**	**26**	**126**	**85**	**41**
淮安区	14	8	6	14	10	4	31	19	12
淮阴区	10	5	5	14	11	3	30	19	11
清江浦区	4	1	3	8	2	6	13	7	6
洪泽区	6	3	3	1		1	8	6	2
涟水县	6	5	1	13	9	4	25	21	4
盱眙县	5	4	1	7	4	3	14	8	6
金湖县	2		2	4	2	2	1	1	
淮安经济技术开发区	3		3	11	9	2	3	3	
工业园区									
生态文旅区	1	1		1	1		1	1	
苏淮高新区				1		1			

6-1 续表 8

单位：人

地区	15-19岁			20-24岁			25-29岁		
	小计	男	女	小计	男	女	小计	男	女
盐城市	**59**	**34**	**25**	**91**	**69**	**22**	**159**	**112**	**47**
亭湖区	6	4	2	7	6	1	6	2	4
盐都区	10	5	5	8	7	1	12	10	2
大丰区	4	3	1	9	4	5	9	7	2
响水县	7	3	4	7	7		12	9	3
滨海县	9	6	3	14	12	2	28	20	8
阜宁县	4	1	3	11	8	3	20	12	8
射阳县	6	4	2	20	16	4	22	15	7
建湖县	3	2	1	4	2	2	14	9	5
盐城经济技术开发区	2	1	1	1	1		4	4	
江苏省盐南高新区	1	1		1		1	2	1	1
东台市	7	4	3	9	6	3	30	23	7
扬州市	**38**	**23**	**15**	**35**	**21**	**14**	**81**	**54**	**27**
广陵区	4	1	3	5	3	2	8	7	1
邗江区	3	3		4	3	1	8	5	3
江都区	5	3	2	3	1	2	18	12	6
宝应县	7	7		10	7	3	21	12	9
扬州经济技术开发区	3	1	2				3	2	1
蜀冈瘦西湖景区	1	1		1	1		1	1	
生态新城							1		1
仪征市	3	1	2	6	4	2	12	9	3
高邮市	12	6	6	6	2	4	9	6	3
镇江市	**25**	**13**	**12**	**26**	**16**	**10**	**54**	**33**	**21**
京口区	4	3	1	2		2	5	3	2
润州区	1		1				5	4	1
丹徒区	3	1	2	2	1	1	7	4	3
镇江新区	2	1	1	3	3		2		2
江苏镇江高新区							1	1	
丹阳市	10	5	5	12	8	4	16	10	6
扬中市	2	1	1	1	1		5	4	1
句容市	3	2	1	6	3	3	13	7	6
泰州市	**29**	**14**	**15**	**52**	**32**	**20**	**105**	**76**	**29**
海陵区	4	1	3	6	4	2	8	5	3
高港区	1		1	5	5		10	5	5
姜堰区	5	2	3	6	2	4	19	14	5
泰州医药高新技术产业开发区	1		1	3	1	2	8	5	3
兴化市	5	3	2	11	8	3	21	18	3
靖江市	6	5	1	7	2	5	12	9	3
泰兴市	7	3	4	14	10	4	27	20	7
宿迁市	**76**	**44**	**32**	**99**	**65**	**34**	**185**	**118**	**67**
宿城区	10	5	5	17	11	6	26	19	7
宿豫区	5	2	3	9	6	3	16	9	7
沭阳县	22	14	8	24	19	5	69	40	29
泗阳县	14	10	4	22	14	8	32	23	9
泗洪县	18	9	9	17	8	9	29	20	9
宿迁经济技术开发区	2	2		2	2		4	1	3
宿迁市湖滨新区	4	2	2	4	2	2	4	3	1
苏州宿迁工业园区									
宿迁市洋河新区	1		1	4	3	1	5	3	2

6-1 续表 9 单位：人

地区	30-34岁			35-39岁			40-44岁		
	小计	男	女	小计	男	女	小计	男	女
江苏	**2597**	**1799**	**798**	**2948**	**2014**	**934**	**4732**	**3253**	**1479**
南京市	**163**	**99**	**64**	**244**	**171**	**73**	**378**	**258**	**120**
玄武区	10	4	6	15	12	3	20	16	4
秦淮区	18	7	11	27	17	10	42	26	16
建邺区	3	2	1	12	8	4	20	16	4
鼓楼区	26	16	10	22	13	9	47	32	15
浦口区	9	4	5	15	12	3	28	20	8
栖霞区	12	9	3	15	12	3	32	23	9
雨花台区	4	3	1	17	15	2	19	16	3
江宁区	24	14	10	38	27	11	62	42	20
六合区	15	9	6	22	16	6	46	29	17
溧水区	11	7	4	16	10	6	22	11	11
高淳区	7	6	1	21	16	5	19	13	6
南京江北新区	24	18	6	24	13	11	21	14	7
无锡市	**151**	**106**	**45**	**195**	**120**	**75**	**358**	**238**	**120**
锡山区	8	4	4	20	9	11	23	14	9
惠山区	17	13	4	25	17	8	39	31	8
滨湖区	8	5	3	11	5	6	34	23	11
梁溪区	24	15	9	43	29	14	67	36	31
新吴区	6	5	1	16	11	5	30	20	10
江苏无锡经济开发区	10	8	2	10	5	5	7	4	3
江阴市	44	30	14	47	26	21	86	56	30
宜兴市	34	26	8	23	18	5	72	54	18
徐州市	**434**	**322**	**112**	**460**	**333**	**127**	**653**	**472**	**181**
鼓楼区	13	6	7	12	11	1	23	17	6
云龙区	22	18	4	23	14	9	26	17	9
贾汪区	26	21	5	24	18	6	40	31	9
泉山区	13	9	4	27	19	8	45	29	16
铜山区	57	42	15	85	54	31	84	67	17
丰县	50	41	9	50	41	9	90	66	24
沛县	61	49	12	57	42	15	90	66	24
睢宁县	48	38	10	40	32	8	64	46	18
徐州经济技术开发区	10	8	2	19	17	2	21	18	3
新沂市	49	32	17	46	33	13	65	45	20
邳州市	85	58	27	77	52	25	105	70	35
常州市	**111**	**76**	**35**	**127**	**91**	**36**	**216**	**146**	**70**
天宁区	14	10	4	12	10	2	28	17	11
钟楼区	11	8	3	16	12	4	18	14	4
新北区	20	15	5	24	17	7	35	26	9
武进区	16	9	7	20	12	8	43	28	15
金坛区	22	13	9	16	10	6	28	17	11
江苏省常州市经济开发区	6	6		6	5	1	17	11	6
溧阳市	22	15	7	33	25	8	47	33	14

6-1 续表 10

单位：人

地区	30-34岁			35-39岁			40-44岁		
	小计	男	女	小计	男	女	小计	男	女
苏州市	**231**	**155**	**76**	**257**	**159**	**98**	**352**	**238**	**114**
虎丘区	7	4	3	13	10	3	18	12	6
吴中区	22	16	6	29	19	10	34	21	13
相城区	19	7	12	11	9	2	26	23	3
姑苏区	18	8	10	30	12	18	23	14	9
吴江区	23	18	5	17	12	5	31	23	8
苏州工业园区	14	11	3	17	8	9	26	17	9
常熟市	21	16	5	29	15	14	54	39	15
张家港市	44	28	16	25	16	9	50	36	14
昆山市	55	42	13	71	49	22	74	44	30
太仓市	8	5	3	15	9	6	16	9	7
南通市	**196**	**133**	**63**	**235**	**155**	**80**	**372**	**258**	**114**
崇川区	8	6	2	11	4	7	14	8	6
港闸区	2	1	1	5	1	4	4	3	1
通州区	33	22	11	28	24	4	40	26	14
如东县	26	20	6	25	13	12	56	38	18
南通经济技术开发区	5	4	1	4	3	1	7	6	1
通州湾示范区	4	4		4	3	1	5	4	1
苏锡通科技产业园区	2	1	1	2	1	1	2	1	1
启东市	20	15	5	37	25	12	70	48	22
如皋市	46	32	14	57	37	20	68	50	18
海门市	20	13	7	22	16	6	39	26	13
海安市	30	15	15	40	28	12	67	48	19
连云港市	**265**	**192**	**73**	**259**	**194**	**65**	**335**	**244**	**91**
连云区	6	3	3	9	5	4	6	3	3
海州区	27	20	7	39	29	10	46	31	15
赣榆区	76	55	21	48	35	13	68	46	22
东海县	56	38	18	60	49	11	85	64	21
灌云县	43	31	12	51	38	13	64	50	14
灌南县	41	32	9	41	29	12	50	38	12
连云港经济技术开发区	6	5	1	2	2		1		1
连云港高新技术产业开发区	2	1	1	2	1	1	6	5	1
江苏连云港徐圩新区	4	4		3	2	1	5	4	1
江苏省连云港市云台山风景名胜区	4	3	1	4	4		4	3	1
淮安市	**207**	**142**	**65**	**206**	**134**	**72**	**350**	**244**	**106**
淮安区	40	27	13	44	34	10	73	50	23
淮阴区	39	27	12	41	21	20	77	55	22
清江浦区	15	13	2	27	16	11	39	23	16
洪泽区	7	6	1	7	4	3	27	19	8
涟水县	55	36	19	41	27	14	60	42	18
盱眙县	35	25	10	28	20	8	50	37	13
金湖县	8	2	6	13	8	5	10	8	2
淮安经济技术开发区	4	4		4	3	1	11	7	4
工业园区	2	1	1						
生态文旅区	1	1		1	1		2	2	
苏淮高新区	1		1				1	1	

6-1　续表 11　　　　单位：人

地　区	30-34岁			35-39岁			40-44岁		
	小计	男	女	小计	男	女	小计	男	女
盐城市	**273**	**196**	**77**	**330**	**218**	**112**	**498**	**338**	**160**
亭湖区	27	19	8	25	14	11	32	18	14
盐都区	31	25	6	24	14	10	55	33	22
大丰区	17	9	8	18	14	4	34	27	7
响水县	32	25	7	25	17	8	33	29	4
滨海县	39	30	9	53	40	13	58	43	15
阜宁县	32	20	12	69	48	21	76	53	23
射阳县	27	21	6	41	26	15	61	42	19
建湖县	17	11	6	22	15	7	53	33	20
盐城经济技术开发区	4	4		7	7		9	8	1
江苏省盐南高新区	3	2	1	5	1	4	11	3	8
东台市	44	30	14	41	22	19	76	49	27
扬州市	**123**	**85**	**38**	**157**	**105**	**52**	**299**	**186**	**113**
广陵区	10	4	6	14	8	6	28	15	13
邗江区	9	7	2	22	13	9	33	21	12
江都区	28	19	9	25	19	6	66	43	23
宝应县	35	27	8	41	28	13	70	41	29
扬州经济技术开发区	4	3	1	4	2	2	15	8	7
蜀冈瘦西湖景区	2	1	1	3	2	1	5	1	4
生态新城	2	2		4	4		5	3	2
仪征市	10	6	4	20	14	6	30	19	11
高邮市	23	16	7	24	15	9	47	35	12
镇江市	**73**	**48**	**25**	**82**	**54**	**28**	**178**	**118**	**60**
京口区	13	9	4	6	4	2	25	19	6
润州区	3	3		6	3	3	14	13	1
丹徒区	9	6	3	10	6	4	19	11	8
镇江新区	4	2	2	13	5	8	11	7	4
江苏镇江高新区	1	1					4	3	1
丹阳市	25	13	12	23	21	2	70	42	28
扬中市	4	3	1	8	5	3	13	7	6
句容市	14	11	3	16	10	6	22	16	6
泰州市	**112**	**73**	**39**	**139**	**96**	**43**	**321**	**214**	**107**
海陵区	8	3	5	11	9	2	16	11	5
高港区	8	3	5	9	9		18	14	4
姜堰区	11	10	1	27	19	8	53	31	22
泰州医药高新技术产业开发区	4	2	2	7	4	3	11	6	5
兴化市	43	27	16	36	26	10	74	47	27
靖江市	15	14	1	12	9	3	46	33	13
泰兴市	23	14	9	37	20	17	103	72	31
宿迁市	**258**	**172**	**86**	**257**	**184**	**73**	**422**	**299**	**123**
宿城区	28	19	9	33	23	10	55	37	18
宿豫区	29	21	8	26	17	9	36	29	7
沭阳县	108	77	31	91	61	30	136	97	39
泗阳县	40	21	19	53	39	14	94	63	31
泗洪县	33	20	13	33	27	6	70	47	23
宿迁经济技术开发区	8	6	2	5	3	2	3	1	2
宿迁市湖滨新区	7	5	2	9	7	2	13	12	1
苏州宿迁工业园区							2	1	1
宿迁市洋河新区	5	3	2	7	7		13	12	1

6-1　续表 12

单位：人

地　区	45-49岁			50-54岁			55-59岁		
	小计	男	女	小计	男	女	小计	男	女
江　苏	**9012**	**5966**	**3046**	**17507**	**11445**	**6062**	**20773**	**14015**	**6758**
南京市	**606**	**380**	**226**	**1182**	**777**	**405**	**1632**	**1137**	**495**
玄武区	22	13	9	43	28	15	89	66	23
秦淮区	61	40	21	126	76	50	206	159	47
建邺区	17	11	6	33	23	10	63	41	22
鼓楼区	65	42	23	114	79	35	207	150	57
浦口区	37	23	14	71	44	27	85	56	29
栖霞区	28	18	10	85	58	27	134	97	37
雨花台区	29	21	8	63	43	20	81	57	24
江宁区	85	58	27	151	97	54	172	114	58
六合区	68	45	23	168	117	51	199	141	58
溧水区	72	41	31	91	57	34	133	86	47
高淳区	54	28	26	110	64	46	113	66	47
南京江北新区	68	40	28	127	91	36	150	104	46
无锡市	**595**	**386**	**209**	**1030**	**651**	**379**	**1377**	**947**	**430**
锡山区	69	48	21	110	68	42	138	94	44
惠山区	58	37	21	96	55	41	111	76	35
滨湖区	50	32	18	74	44	30	79	50	29
梁溪区	90	52	38	149	93	56	274	198	76
新吴区	48	25	23	62	38	24	68	42	26
江苏无锡经济开发区	11	7	4	27	19	8	31	24	7
江阴市	143	104	39	258	172	86	324	219	105
宜兴市	126	81	45	254	162	92	352	244	108
徐州市	**1296**	**903**	**393**	**2418**	**1633**	**785**	**2627**	**1772**	**855**
鼓楼区	34	25	9	71	57	14	113	81	32
云龙区	38	23	15	84	64	20	115	85	30
贾汪区	66	46	20	115	75	40	136	96	40
泉山区	77	54	23	113	72	41	206	147	59
铜山区	147	108	39	331	222	109	328	216	112
丰县	154	112	42	260	168	92	255	167	88
沛县	180	127	53	326	228	98	290	199	91
睢宁县	170	107	63	345	223	122	346	232	114
徐州经济技术开发区	42	32	10	60	43	17	81	56	25
新沂市	169	120	49	303	207	96	282	189	93
邳州市	219	149	70	410	274	136	475	304	171
常州市	**454**	**281**	**173**	**749**	**486**	**263**	**1132**	**793**	**339**
天宁区	47	29	18	71	44	27	122	89	33
钟楼区	40	21	19	75	46	29	116	90	26
新北区	69	46	23	124	82	42	172	118	54
武进区	86	54	32	113	64	49	189	128	61
金坛区	62	37	25	148	96	52	196	130	66
江苏省常州市经济开发区	28	13	15	44	32	12	83	61	22
溧阳市	122	81	41	174	122	52	254	177	77

6-1 续表 13

单位：人

地区	45-49岁			50-54岁			55-59岁		
	小计	男	女	小计	男	女	小计	男	女
苏州市	**601**	**372**	**229**	**1086**	**692**	**394**	**1491**	**1005**	**486**
虎丘区	30	13	17	41	28	13	85	52	33
吴中区	56	33	23	109	65	44	143	98	45
相城区	42	25	17	75	42	33	90	56	34
姑苏区	59	39	20	85	49	36	185	136	49
吴江区	61	33	28	133	81	52	143	83	60
苏州工业园区	31	18	13	64	47	17	67	46	21
常熟市	100	70	30	169	105	64	269	171	98
张家港市	90	65	25	183	133	50	227	171	56
昆山市	84	53	31	161	99	62	187	121	66
太仓市	48	23	25	66	43	23	95	71	24
南通市	**838**	**531**	**307**	**1961**	**1315**	**646**	**2393**	**1598**	**795**
崇川区	38	25	13	86	53	33	98	67	31
港闸区	25	14	11	46	31	15	55	41	14
通州区	120	75	45	276	184	92	359	242	117
如东县	98	63	35	281	177	104	349	219	130
南通经济技术开发区	7	5	2	28	19	9	29	20	9
通州湾示范区	15	10	5	31	21	10	39	28	11
苏锡通科技产业园区	5	1	4	13	11	2	27	19	8
启东市	118	77	41	300	216	84	415	275	140
如皋市	204	122	82	395	264	131	469	319	150
海门市	92	66	26	240	159	81	268	184	84
海安市	116	73	43	265	180	85	285	184	101
连云港市	**637**	**444**	**193**	**1153**	**773**	**380**	**1363**	**914**	**449**
连云区	22	15	7	29	21	8	37	22	15
海州区	87	62	25	130	101	29	177	123	54
赣榆区	128	90	38	290	194	96	346	227	119
东海县	151	101	50	273	189	84	301	195	106
灌云县	103	76	27	192	129	63	245	171	74
灌南县	120	81	39	198	114	84	194	136	58
连云港经济技术开发区	11	10	1	16	8	8	31	23	8
连云港高新技术产业开发区	4	2	2	12	8	4	9	6	3
江苏连云港徐圩新区	7	5	2	7	4	3	13	7	6
江苏省连云港市云台山风景名胜区	4	2	2	6	5	1	10	4	6
淮安市	**748**	**518**	**230**	**1362**	**861**	**501**	**1480**	**998**	**482**
淮安区	161	117	44	279	179	100	308	212	96
淮阴区	138	99	39	215	140	75	257	175	82
清江浦区	86	59	27	170	115	55	153	116	37
洪泽区	34	18	16	65	32	33	111	81	30
涟水县	162	112	50	262	163	99	286	177	109
盱眙县	106	73	33	220	138	82	219	144	75
金湖县	36	24	12	92	58	34	97	61	36
淮安经济技术开发区	12	8	4	36	22	14	24	13	11
工业园区	3	2	1	2		2	5	4	1
生态文旅区	7	3	4	9	6	3	14	10	4
苏淮高新区	3	3		12	8	4	6	5	1

6-1　续表 14　　　　单位：人

地　区	45-49岁			50-54岁			55-59岁		
	小计	男	女	小计	男	女	小计	男	女
盐城市	**961**	**638**	**323**	**2051**	**1332**	**719**	**2251**	**1488**	**763**
亭湖区	84	57	27	147	94	53	183	119	64
盐都区	93	63	30	191	112	79	229	152	77
大丰区	98	60	38	228	162	66	232	146	86
响水县	93	67	26	148	113	35	154	116	38
滨海县	122	86	36	241	157	84	238	161	77
阜宁县	136	94	42	269	160	109	273	174	99
射阳县	108	65	43	249	166	83	282	187	95
建湖县	65	45	20	172	113	59	182	128	54
盐城经济技术开发区	9	4	5	40	24	16	38	22	16
江苏省盐南高新区	19	11	8	32	19	13	31	17	14
东台市	134	86	48	334	212	122	409	266	143
扬州市	**568**	**381**	**187**	**1246**	**783**	**463**	**1245**	**808**	**437**
广陵区	57	34	23	114	78	36	115	69	46
邗江区	45	28	17	89	50	39	131	80	51
江都区	125	85	40	277	192	85	277	185	92
宝应县	117	75	42	302	178	124	245	170	75
扬州经济技术开发区	14	11	3	42	21	21	39	26	13
蜀冈瘦西湖景区	10	7	3	19	13	6	23	15	8
生态新城	6	5	1	19	11	8	20	13	7
仪征市	66	45	21	155	95	60	160	109	51
高邮市	128	91	37	229	145	84	235	141	94
镇江市	**339**	**209**	**130**	**695**	**440**	**255**	**956**	**638**	**318**
京口区	34	19	15	58	38	20	76	48	28
润州区	18	16	2	58	40	18	65	49	16
丹徒区	32	20	12	68	46	22	92	62	30
镇江新区	32	21	11	51	29	22	95	54	41
江苏镇江高新区	6	2	4	6	4	2	12	7	5
丹阳市	114	70	44	218	133	85	320	217	103
扬中市	39	23	16	90	50	40	105	72	33
句容市	64	38	26	146	100	46	191	129	62
泰州市	**572**	**376**	**196**	**1239**	**817**	**422**	**1324**	**897**	**427**
海陵区	45	30	15	85	64	21	92	68	24
高港区	44	27	17	92	63	29	85	59	26
姜堰区	80	48	32	180	109	71	202	133	69
泰州医药高新技术产业开发区	19	14	5	36	19	17	44	22	22
兴化市	116	66	50	301	194	107	323	213	110
靖江市	60	39	21	146	86	60	176	123	53
泰兴市	208	152	56	399	282	117	402	279	123
宿迁市	**797**	**547**	**250**	**1335**	**885**	**450**	**1502**	**1020**	**482**
宿城区	95	65	30	168	105	63	191	142	49
宿豫区	64	46	18	126	87	39	128	76	52
沭阳县	248	156	92	439	306	133	560	368	192
泗阳县	162	109	53	234	164	70	242	168	74
泗洪县	150	111	39	254	157	97	257	177	80
宿迁经济技术开发区	20	17	3	34	17	17	36	20	16
宿迁市湖滨新区	26	18	8	34	20	14	41	28	13
苏州宿迁工业园区							1	1	
宿迁市洋河新区	32	25	7	46	29	17	46	40	6

6-1 续表 15

单位：人

地 区	60-64岁			65-69岁			70-74岁		
	小计	男	女	小计	男	女	小计	男	女
江 苏	**29811**	**20457**	**9354**	**47663**	**31657**	**16006**	**58475**	**37462**	**21013**
南京市	**2300**	**1664**	**636**	**3617**	**2386**	**1231**	**4402**	**2892**	**1510**
玄武区	145	103	42	198	126	72	223	143	80
秦淮区	361	258	103	461	310	151	528	366	162
建邺区	103	78	25	164	101	63	169	123	46
鼓楼区	312	229	83	435	286	149	454	311	143
浦口区	125	91	34	200	135	65	252	168	84
栖霞区	143	112	31	242	164	78	363	241	122
雨花台区	125	86	39	186	115	71	230	148	82
江宁区	267	200	67	442	296	146	542	350	192
六合区	262	177	85	463	309	154	572	364	208
溧水区	124	85	39	258	164	94	344	212	132
高淳区	107	81	26	272	180	92	356	212	144
南京江北新区	226	164	62	296	200	96	369	254	115
无锡市	**2095**	**1476**	**619**	**3469**	**2347**	**1122**	**4624**	**3071**	**1553**
锡山区	197	140	57	362	232	130	501	339	162
惠山区	180	129	51	307	212	95	430	278	152
滨湖区	148	94	54	223	158	65	334	206	128
梁溪区	482	347	135	617	420	197	704	497	207
新吴区	135	93	42	235	173	62	367	240	127
江苏无锡经济开发区	59	46	13	70	52	18	111	71	40
江阴市	458	323	135	769	524	245	1104	756	348
宜兴市	436	304	132	886	576	310	1073	684	389
徐州市	**3453**	**2435**	**1018**	**5634**	**3816**	**1818**	**6068**	**3915**	**2153**
鼓楼区	142	110	32	204	128	76	207	125	82
云龙区	137	99	38	191	143	48	186	123	63
贾汪区	190	116	74	328	206	122	309	193	116
泉山区	189	130	59	299	204	95	308	195	113
铜山区	435	302	133	693	460	233	782	502	280
丰县	372	254	118	626	421	205	824	544	280
沛县	386	282	104	734	493	241	789	493	296
睢宁县	410	306	104	724	511	213	791	521	270
徐州经济技术开发区	107	71	36	121	80	41	176	112	64
新沂市	392	274	118	676	468	208	644	413	231
邳州市	693	491	202	1038	702	336	1052	694	358
常州市	**1464**	**1023**	**441**	**2450**	**1666**	**784**	**3148**	**2028**	**1120**
天宁区	162	107	55	292	196	96	317	193	124
钟楼区	142	109	33	251	175	76	326	222	104
新北区	224	159	65	391	265	126	463	292	171
武进区	248	164	84	406	280	126	585	362	223
金坛区	272	185	87	412	286	126	535	344	191
江苏省常州市经济开发区	101	73	28	180	115	65	255	162	93
溧阳市	315	226	89	518	349	169	667	453	214

6-1　续表 16

单位：人

地区	60-64岁			65-69岁			70-74岁		
	小计	男	女	小计	男	女	小计	男	女
苏州市	**2128**	**1445**	**683**	**3708**	**2503**	**1205**	**4922**	**3239**	**1683**
虎丘区	104	76	28	176	111	65	249	172	77
吴中区	214	144	70	353	240	113	482	321	161
相城区	137	96	41	253	174	79	315	207	108
姑苏区	243	185	58	377	271	106	443	292	151
吴江区	239	156	83	467	311	156	602	399	203
苏州工业园区	114	66	48	210	146	64	233	141	92
常熟市	415	277	138	712	457	255	1048	692	356
张家港市	303	214	89	480	338	142	709	481	228
昆山市	245	153	92	419	279	140	510	320	190
太仓市	114	78	36	261	176	85	331	214	117
南通市	**3504**	**2335**	**1169**	**5393**	**3539**	**1854**	**7102**	**4649**	**2453**
崇川区	142	89	53	223	136	87	297	210	87
港闸区	61	41	20	147	97	50	149	93	56
通州区	515	354	161	797	550	247	1066	696	370
如东县	489	343	146	782	522	260	1047	671	376
南通经济技术开发区	47	34	13	73	50	23	95	63	32
通州湾示范区	65	39	26	104	65	39	116	81	35
苏锡通科技产业园区	29	19	10	36	27	9	41	24	17
启东市	639	431	208	862	560	302	1078	699	379
如皋市	604	412	192	953	632	321	1371	906	465
海门市	421	267	154	681	449	232	895	602	293
海安市	492	306	186	735	451	284	947	604	343
连云港市	**2025**	**1366**	**659**	**2995**	**1973**	**1022**	**3023**	**1845**	**1178**
连云区	44	29	15	86	60	26	90	58	32
海州区	235	169	66	336	234	102	382	232	150
赣榆区	505	331	174	754	517	237	774	497	277
东海县	437	289	148	676	430	246	700	416	284
灌云县	396	268	128	500	319	181	492	272	220
灌南县	325	227	98	513	319	194	458	286	172
连云港经济技术开发区	38	28	10	47	32	15	49	36	13
连云港高新技术产业开发区	16	12	4	29	25	4	36	20	16
江苏连云港徐圩新区	12	5	7	34	23	11	26	18	8
江苏省连云港市云台山风景名胜区	17	8	9	20	14	6	16	10	6
淮安市	**2338**	**1597**	**741**	**3304**	**2139**	**1165**	**3821**	**2380**	**1441**
淮安区	555	382	173	773	487	286	998	609	389
淮阴区	393	274	119	542	368	174	523	360	163
清江浦区	260	176	84	274	185	89	347	227	120
洪泽区	148	88	60	190	121	69	265	165	100
涟水县	462	334	128	735	467	268	789	483	306
盱眙县	313	206	107	454	293	161	444	270	174
金湖县	127	84	43	220	135	85	303	177	126
淮安经济技术开发区	33	19	14	69	47	22	65	31	34
工业园区	12	10	2	10	8	2	13	9	4
生态文旅区	18	14	4	20	15	5	37	24	13
苏淮高新区	17	10	7	17	13	4	37	25	12

6-1 续表 17

单位：人

地　区	60-64岁			65-69岁			70-74岁		
	小计	男	女	小计	男	女	小计	男	女
盐城市	**3498**	**2314**	**1184**	**5091**	**3303**	**1788**	**6281**	**3751**	**2530**
亭湖区	242	173	69	341	238	103	438	249	189
盐都区	310	199	111	516	345	171	665	399	266
大丰区	330	218	112	438	270	168	602	351	251
响水县	283	178	105	341	230	111	339	216	123
滨海县	428	269	159	601	378	223	742	450	292
阜宁县	453	303	150	754	491	263	839	518	321
射阳县	401	289	112	567	364	203	719	396	323
建湖县	331	202	129	582	364	218	642	398	244
盐城经济技术开发区	41	27	14	75	54	21	83	53	30
江苏省盐南高新区	45	27	18	77	49	28	72	39	33
东台市	634	429	205	799	520	279	1140	682	458
扬州市	**1855**	**1217**	**638**	**3576**	**2355**	**1221**	**4720**	**2968**	**1752**
广陵区	182	128	54	310	206	104	406	275	131
邗江区	157	98	59	295	189	106	371	231	140
江都区	395	254	141	847	580	267	1206	747	459
宝应县	391	249	142	771	486	285	1036	647	389
扬州经济技术开发区	73	45	28	124	81	43	167	112	55
蜀冈瘦西湖景区	43	29	14	48	27	21	52	32	20
生态新城	30	26	4	45	28	17	56	38	18
仪征市	264	176	88	436	279	157	562	358	204
高邮市	320	212	108	700	479	221	864	528	336
镇江市	**1220**	**832**	**388**	**2246**	**1473**	**773**	**2813**	**1729**	**1084**
京口区	113	77	36	166	121	45	210	127	83
润州区	98	69	29	140	94	46	173	118	55
丹徒区	122	81	41	270	171	99	345	208	137
镇江新区	111	75	36	147	94	53	245	142	103
江苏镇江高新区	9	4	5	22	16	6	25	17	8
丹阳市	417	288	129	823	553	270	953	597	356
扬中市	121	88	33	223	139	84	278	160	118
句容市	229	150	79	455	285	170	584	360	224
泰州市	**1908**	**1330**	**578**	**3247**	**2210**	**1037**	**4404**	**3000**	**1404**
海陵区	154	108	46	260	179	81	352	231	121
高港区	125	85	40	194	131	63	318	212	106
姜堰区	312	213	99	499	335	164	700	485	215
泰州医药高新技术产业开发区	66	43	23	113	72	41	114	78	36
兴化市	469	304	165	861	584	277	1121	770	351
靖江市	234	165	69	447	293	154	572	382	190
泰兴市	548	412	136	873	616	257	1227	842	385
宿迁市	**2023**	**1423**	**600**	**2933**	**1947**	**986**	**3147**	**1995**	**1152**
宿城区	250	189	61	363	246	117	445	290	155
宿豫区	210	146	64	285	194	91	265	174	91
沭阳县	732	508	224	936	605	331	1005	600	405
泗阳县	350	242	108	564	358	206	619	382	237
泗洪县	290	203	87	505	336	169	521	353	168
宿迁经济技术开发区	39	27	12	69	51	18	90	64	26
宿迁市湖滨新区	79	59	20	122	93	29	113	69	44
苏州宿迁工业园区	1		1	2	2				
宿迁市洋河新区	72	49	23	87	62	25	89	63	26

6-1　续表 18　　　　单位：人

地　区	75-79岁			80-84岁			85-89岁		
	小计	男	女	小计	男	女	小计	男	女
江　苏	**72888**	**43287**	**29601**	**89022**	**47628**	**41394**	**85287**	**38735**	**46552**
南京市	**5188**	**3095**	**2093**	**7117**	**3916**	**3201**	**7343**	**3526**	**3817**
玄武区	303	184	119	495	248	247	587	310	277
秦淮区	613	362	251	945	521	424	1057	507	550
建邺区	204	123	81	251	146	105	278	138	140
鼓楼区	582	350	232	991	513	478	1138	530	608
浦口区	290	171	119	387	209	178	408	163	245
栖霞区	404	234	170	528	295	233	481	247	234
雨花台区	266	154	112	358	206	152	349	174	175
江宁区	628	378	250	743	426	317	667	324	343
六合区	583	341	242	765	395	370	782	338	444
溧水区	380	240	140	463	271	192	462	223	239
高淳区	477	302	175	556	326	230	548	296	252
南京江北新区	458	256	202	635	360	275	586	276	310
无锡市	**5156**	**3237**	**1919**	**6300**	**3478**	**2822**	**6333**	**2937**	**3396**
锡山区	549	345	204	632	344	288	550	230	320
惠山区	485	314	171	517	299	218	482	235	247
滨湖区	378	237	141	467	269	198	515	250	265
梁溪区	848	549	299	1143	638	505	1311	611	700
新吴区	345	227	118	412	230	182	365	169	196
江苏无锡经济开发区	121	80	41	132	73	59	137	63	74
江阴市	1255	734	521	1552	816	736	1319	590	729
宜兴市	1175	751	424	1445	809	636	1654	789	865
徐州市	**8176**	**4751**	**3425**	**9055**	**4916**	**4139**	**8947**	**3912**	**5035**
鼓楼区	253	146	107	269	131	138	330	159	171
云龙区	252	151	101	302	144	158	316	154	162
贾汪区	419	239	180	520	296	224	490	212	278
泉山区	431	239	192	653	368	285	593	287	306
铜山区	1070	598	472	1061	622	439	1047	448	599
丰县	906	526	380	1044	537	507	1089	427	662
沛县	942	562	380	1010	542	468	979	422	557
睢宁县	1270	731	539	1322	713	609	1183	477	706
徐州经济技术开发区	209	129	80	210	122	88	236	110	126
新沂市	831	505	326	1056	570	486	1014	415	599
邳州市	1593	925	668	1608	871	737	1670	801	869
常州市	**3628**	**2155**	**1473**	**4308**	**2284**	**2024**	**4315**	**2056**	**2259**
天宁区	392	256	136	527	288	239	592	294	298
钟楼区	330	200	130	463	243	220	443	204	239
新北区	557	311	246	636	321	315	555	252	303
武进区	656	383	273	808	417	391	728	340	388
金坛区	646	373	273	705	380	325	732	365	367
江苏省常州市经济开发区	274	169	105	306	170	136	298	131	167
溧阳市	773	463	310	863	465	398	967	470	497

6-1 续表 19

单位：人

地　区	75-79岁			80-84岁			85-89岁		
	小计	男	女	小计	男	女	小计	男	女
苏州市	**6095**	**3767**	**2328**	**8200**	**4427**	**3773**	**8745**	**3930**	**4815**
虎丘区	310	191	119	364	217	147	390	178	212
吴中区	595	362	233	753	388	365	847	387	460
相城区	358	224	134	491	250	241	498	218	280
姑苏区	562	363	199	777	421	356	946	458	488
吴江区	758	488	270	1096	618	478	1148	543	605
苏州工业园区	255	143	112	363	210	153	361	162	199
常熟市	1366	822	544	1780	925	855	1707	691	1016
张家港市	896	584	312	1104	593	511	1106	507	599
昆山市	601	366	235	924	494	430	1023	456	567
太仓市	394	224	170	548	311	237	719	330	389
南通市	**9093**	**5540**	**3553**	**11898**	**6527**	**5371**	**11758**	**5372**	**6386**
崇川区	327	216	111	482	289	193	496	258	238
港闸区	222	149	73	296	165	131	336	137	199
通州区	1268	789	479	1624	893	731	1714	780	934
如东县	1412	837	575	1849	1019	830	1879	911	968
南通经济技术开发区	122	69	53	141	82	59	171	73	98
通州湾示范区	173	99	74	181	102	79	205	88	117
苏锡通科技产业园区	55	38	17	84	52	32	95	32	63
启东市	1308	783	525	1877	1035	842	1980	880	1100
如皋市	1751	1053	698	2249	1213	1036	1843	826	1017
海门市	1166	746	420	1433	776	657	1508	672	836
海安市	1289	761	528	1682	901	781	1531	715	816
连云港市	**3690**	**2125**	**1565**	**4474**	**2399**	**2075**	**4485**	**2120**	**2365**
连云区	103	58	45	104	51	53	144	64	80
海州区	439	242	197	624	330	294	556	281	275
赣榆区	885	531	354	1048	560	488	1164	541	623
东海县	885	533	352	1121	611	510	1144	542	602
灌云县	646	352	294	704	382	322	734	351	383
灌南县	573	323	250	668	350	318	532	238	294
连云港经济技术开发区	69	39	30	105	63	42	94	40	54
连云港高新技术产业开发区	28	13	15	35	16	19	39	23	16
江苏连云港徐圩新区	38	17	21	42	26	16	50	31	19
江苏省连云港市云台山风景名胜区	24	17	7	23	10	13	28	9	19
淮安市	**5167**	**2965**	**2202**	**6040**	**3130**	**2910**	**4890**	**2175**	**2715**
淮安区	1113	627	486	1469	739	730	1063	452	611
淮阴区	734	434	300	919	492	427	758	316	442
清江浦区	513	297	216	626	335	291	479	227	252
洪泽区	404	218	186	434	219	215	363	166	197
涟水县	937	563	374	1197	635	562	956	420	536
盱眙县	812	441	371	760	377	383	688	322	366
金湖县	459	266	193	427	226	201	433	198	235
淮安经济技术开发区	103	65	38	105	55	50	85	40	45
工业园区	19	6	13	22	9	13	16	9	7
生态文旅区	33	23	10	35	23	12	22	12	10
苏淮高新区	40	25	15	46	20	26	27	13	14

6-1　续表 20

单位：人

地　区	75-79岁			80-84岁			85-89岁		
	小计	男	女	小计	男	女	小计	男	女
盐城市	**7834**	**4416**	**3418**	**9762**	**4859**	**4903**	**8264**	**3754**	**4510**
亭湖区	564	317	247	718	362	356	609	301	308
盐都区	812	472	340	1005	480	525	867	414	453
大丰区	885	477	408	980	489	491	864	398	466
响水县	414	244	170	530	269	261	440	193	247
滨海县	761	417	344	1035	498	537	828	340	488
阜宁县	982	548	434	1232	620	612	959	433	526
射阳县	842	444	398	1033	476	557	835	356	479
建湖县	827	511	316	1061	554	507	816	356	460
盐城经济技术开发区	99	47	52	107	59	48	103	42	61
江苏省盐南高新区	103	61	42	143	72	71	96	50	46
东台市	1545	878	667	1918	980	938	1847	871	976
扬州市	**5377**	**3207**	**2170**	**6439**	**3455**	**2984**	**5855**	**2551**	**3304**
广陵区	450	257	193	573	279	294	523	235	288
邗江区	418	262	156	477	270	207	422	202	220
江都区	1315	787	528	1502	798	704	1417	566	851
宝应县	1170	684	486	1364	727	637	1213	525	688
扬州经济技术开发区	143	96	47	209	105	104	209	97	112
蜀冈瘦西湖景区	65	30	35	89	53	36	102	55	47
生态新城	83	50	33	93	56	37	95	38	57
仪征市	566	340	226	790	420	370	715	311	404
高邮市	1167	701	466	1342	747	595	1159	522	637
镇江市	**3153**	**1825**	**1328**	**3448**	**1822**	**1626**	**3517**	**1539**	**1978**
京口区	296	180	116	399	210	189	367	183	184
润州区	204	113	91	211	125	86	263	122	141
丹徒区	331	180	151	354	169	185	371	134	237
镇江新区	251	147	104	308	173	135	257	100	157
江苏镇江高新区	32	13	19	31	17	14	31	14	17
丹阳市	1021	591	430	1082	539	543	1174	518	656
扬中市	402	242	160	415	232	183	380	163	217
句容市	616	359	257	648	357	291	674	305	369
泰州市	**5325**	**3289**	**2036**	**6331**	**3450**	**2881**	**5709**	**2554**	**3155**
海陵区	437	277	160	565	308	257	538	246	292
高港区	343	216	127	318	167	151	345	149	196
姜堰区	873	548	325	1142	630	512	1044	486	558
泰州医药高新技术产业开发区	200	126	74	191	106	85	200	79	121
兴化市	1450	871	579	1683	932	751	1467	692	775
靖江市	664	423	241	721	390	331	590	247	343
泰兴市	1358	828	530	1711	917	794	1525	655	870
宿迁市	**5006**	**2915**	**2091**	**5650**	**2965**	**2685**	**5126**	**2309**	**2817**
宿城区	686	411	275	733	381	352	584	250	334
宿豫区	446	262	184	521	280	241	441	199	242
沭阳县	1511	837	674	1791	939	852	1710	794	916
泗阳县	934	578	356	990	536	454	1001	451	550
泗洪县	977	558	419	1054	552	502	948	435	513
宿迁经济技术开发区	127	75	52	143	72	71	112	38	74
宿迁市湖滨新区	179	102	77	220	97	123	186	83	103
苏州宿迁工业园区							3	2	1
宿迁市洋河新区	146	92	54	198	108	90	141	57	84

6-1 续表 21

单位：人

地区	90-94岁			95-99岁			100岁及以上		
	小计	男	女	小计	男	女	小计	男	女
江 苏	**49353**	**18330**	**31023**	**15577**	**4610**	**10967**	**2545**	**605**	**1940**
南京市	**4248**	**1754**	**2494**	**1184**	**387**	**797**	**189**	**58**	**131**
玄武区	348	143	205	96	37	59	34	10	24
秦淮区	644	281	363	239	81	158	28	12	16
建邺区	199	88	111	50	22	28	8	2	6
鼓楼区	722	330	392	228	94	134	47	17	30
浦口区	215	83	132	55	9	46	6	1	5
栖霞区	227	96	131	54	13	41	13	6	7
雨花台区	156	62	94	38	6	32	4		4
江宁区	359	132	227	102	28	74	6	1	5
六合区	461	159	302	97	25	72	14	6	8
溧水区	281	108	173	49	10	39	5	1	4
高淳区	309	140	169	76	25	51	10		10
南京江北新区	327	132	195	100	37	63	14	2	12
无锡市	**4365**	**1701**	**2664**	**1389**	**459**	**930**	**205**	**54**	**151**
锡山区	376	139	237	126	40	86	23	5	18
惠山区	341	115	226	117	34	83	19	7	12
滨湖区	346	150	196	117	36	81	19	4	15
梁溪区	908	355	553	307	98	209	45	16	29
新吴区	321	136	185	122	38	84	12	1	11
江苏无锡经济开发区	106	34	72	36	17	19	4	1	3
江阴市	867	340	527	235	76	159	30	5	25
宜兴市	1100	432	668	329	120	209	53	15	38
徐州市	**5132**	**1880**	**3252**	**1652**	**448**	**1204**	**325**	**69**	**256**
鼓楼区	146	62	84	42	17	25	11	5	6
云龙区	201	87	114	54	19	35	15	4	11
贾汪区	277	112	165	100	32	68	27	7	20
泉山区	335	145	190	85	33	52	21	7	14
铜山区	589	203	386	194	51	143	24	4	20
丰县	645	219	426	208	50	158	43	3	40
沛县	645	229	416	184	47	137	44	9	35
睢宁县	689	259	430	211	56	155	33	7	26
徐州经济技术开发区	87	30	57	23	5	18	5	1	4
新沂市	489	152	337	138	26	112	26	7	19
邳州市	1029	382	647	413	112	301	76	15	61
常州市	**2918**	**1139**	**1779**	**922**	**297**	**625**	**139**	**32**	**107**
天宁区	382	163	219	118	36	82	28	12	16
钟楼区	303	135	168	95	29	66	15	5	10
新北区	314	88	226	127	28	99	17	3	14
武进区	563	209	354	176	51	125	30	6	24
金坛区	483	189	294	147	57	90	13	1	12
江苏省常州市经济开发区	197	64	133	61	27	34	11	2	9
溧阳市	676	291	385	198	69	129	25	3	22

6-1　续表 22　　单位：人

地　区	90-94岁			95-99岁			100岁及以上		
	小计	男	女	小计	男	女	小计	男	女
苏州市	**5860**	**2131**	**3729**	**1752**	**498**	**1254**	**270**	**63**	**207**
虎丘区	262	106	156	74	20	54	29	13	16
吴中区	529	194	335	133	31	102	21	2	19
相城区	333	114	219	71	32	39	13	2	11
姑苏区	625	255	370	271	74	197	42	13	29
吴江区	718	266	452	198	60	138	28	4	24
苏州工业园区	215	67	148	78	24	54	7	2	5
常熟市	1224	424	800	365	86	279	45	9	36
张家港市	816	300	516	261	86	175	47	10	37
昆山市	617	211	406	175	56	119	19	3	16
太仓市	521	194	327	126	29	97	19	5	14
南通市	**7663**	**2787**	**4876**	**2826**	**818**	**2008**	**477**	**102**	**375**
崇川区	405	159	246	166	55	111	37	8	29
港闸区	212	86	126	100	29	71	12	4	8
通州区	1184	424	760	420	110	310	64	9	55
如东县	1142	438	704	435	132	303	60	12	48
南通经济技术开发区	130	47	83	37	13	24	9	3	6
通州湾示范区	135	43	92	39	11	28	2		2
苏锡通科技产业园区	52	21	31	17	4	13	4		4
启东市	1202	418	784	474	142	332	89	25	64
如皋市	1313	479	834	486	138	348	92	17	75
海门市	982	315	667	361	95	266	64	15	49
海安市	906	357	549	291	89	202	44	9	35
连云港市	**2264**	**879**	**1385**	**707**	**233**	**474**	**148**	**45**	**103**
连云区	72	33	39	27	10	17	5		5
海州区	280	137	143	89	37	52	27	10	17
赣榆区	609	233	376	166	47	119	28	8	20
东海县	491	169	322	139	47	92	25	5	20
灌云县	424	181	243	141	44	97	31	9	22
灌南县	296	95	201	102	29	73	23	6	17
连云港经济技术开发区	42	16	26	19	5	14	1	1	
连云港高新技术产业开发区	17	3	14	3	2	1	1	1	
江苏连云港徐圩新区	23	10	13	12	8	4	1		1
江苏省连云港市云台山风景名胜区	10	2	8	9	4	5	6	5	1
淮安市	**2386**	**795**	**1591**	**707**	**194**	**513**	**154**	**37**	**117**
淮安区	474	157	317	122	32	90	29	8	21
淮阴区	395	133	262	132	30	102	38	5	33
清江浦区	213	99	114	62	25	37	10	2	8
洪泽区	176	57	119	43	15	28	10	4	6
涟水县	438	124	314	163	41	122	42	13	29
盱眙县	398	133	265	101	31	70	16	3	13
金湖县	206	69	137	58	14	44	4	1	3
淮安经济技术开发区	52	17	35	12	4	8	3	1	2
工业园区	9	3	6	2		2			
生态文旅区	9	2	7	3	1	2	2		2
苏淮高新区	16	1	15	9	1	8			

6-1 续表 23 单位：人

地区	90-94岁			95-99岁			100岁及以上		
	小计	男	女	小计	男	女	小计	男	女
盐城市	**3856**	**1451**	**2405**	**1204**	**374**	**830**	**206**	**55**	**151**
亭湖区	263	117	146	69	28	41	15	5	10
盐都区	358	127	231	82	27	55	10	1	9
大丰区	405	162	243	134	39	95	24	9	15
响水县	253	99	154	89	25	64	14	2	12
滨海县	367	155	212	147	39	108	32	6	26
阜宁县	462	173	289	170	40	130	26	8	18
射阳县	367	134	233	128	49	79	16	4	12
建湖县	324	112	212	97	30	67	14	1	13
盐城经济技术开发区	64	21	43	11	5	6	3		3
江苏省盐南高新区	57	19	38	10	2	8	4	2	2
东台市	936	332	604	267	90	177	48	17	31
扬州市	**2828**	**995**	**1833**	**761**	**228**	**533**	**78**	**23**	**55**
广陵区	316	109	207	88	25	63	16	4	12
邗江区	251	88	163	66	20	46	4		4
江都区	717	250	467	202	61	141	19	8	11
宝应县	451	152	299	118	40	78	9	2	7
扬州经济技术开发区	128	43	85	25	4	21	1	1	
蜀冈瘦西湖景区	57	23	34	15	7	8	3	2	1
生态新城	47	20	27	13	3	10	2		2
仪征市	342	117	225	107	35	72	12	2	10
高邮市	519	193	326	127	33	94	12	4	8
镇江市	**1913**	**718**	**1195**	**526**	**147**	**379**	**67**	**12**	**55**
京口区	203	100	103	62	23	39	13	1	12
润州区	139	54	85	40	13	27	5		5
丹徒区	204	75	129	50	9	41	8	3	5
镇江新区	140	51	89	30	6	24	7	2	5
江苏镇江高新区	27	5	22	5	3	2			
丹阳市	622	208	414	195	55	140	16	1	15
扬中市	212	84	128	54	13	41	9	2	7
句容市	366	141	225	90	25	65	9	3	6
泰州市	**3374**	**1161**	**2213**	**1048**	**279**	**769**	**154**	**25**	**129**
海陵区	292	126	166	66	21	45	12	3	9
高港区	218	67	151	69	14	55	14	4	10
姜堰区	587	221	366	212	57	155	25	5	20
泰州医药高新技术产业开发区	114	40	74	31	6	25	6		6
兴化市	716	242	474	193	59	134	17	2	15
靖江市	421	137	284	159	34	125	24		24
泰兴市	1026	328	698	318	88	230	56	11	45
宿迁市	**2546**	**939**	**1607**	**899**	**248**	**651**	**133**	**30**	**103**
宿城区	313	118	195	105	30	75	11	3	8
宿豫区	229	83	146	89	18	71	10	2	8
沭阳县	797	279	518	277	77	200	45	9	36
泗阳县	475	164	311	181	46	135	28	5	23
泗洪县	503	220	283	176	61	115	30	10	20
宿迁经济技术开发区	66	32	34	18	2	16	2		2
宿迁市湖滨新区	85	29	56	30	8	22	4		4
苏州宿迁工业园区									
宿迁市洋河新区	78	14	64	23	6	17	3	1	2

6-1a 各地区分年龄、性别的死亡人口
(2019.11.1-2020.10.31)(城市)

单位：人

地区	死亡人口			0岁		
	合计	男	女	小计	男	女
江苏	**167557**	**94011**	**73546**	**266**	**154**	**112**
南京市	**31203**	**17629**	**13574**	**40**	**27**	**13**
玄武区	2641	1447	1194	3	1	2
秦淮区	5378	3038	2340	5	4	1
建邺区	1590	932	658	3	3	
鼓楼区	5421	3015	2406	2		2
浦口区	1420	768	652	4	4	
栖霞区	2276	1333	943	1		1
雨花台区	1873	1071	802	2	1	1
江宁区	2955	1727	1228	5	4	1
六合区	2177	1185	992	1	1	
溧水区	1223	663	560	2		2
高淳区	998	583	415	2	2	
南京江北新区	3251	1867	1384	10	7	3
无锡市	**23420**	**13276**	**10144**	**36**	**23**	**13**
锡山区	1367	753	614			
惠山区	2171	1266	905	2	1	1
滨湖区	2628	1461	1167	3	2	1
梁溪区	7073	3985	3088	11	6	5
新吴区	2587	1475	1112	12	8	4
江苏无锡经济开发区	885	510	375	1		1
江阴市	3792	2153	1639	5	4	1
宜兴市	2917	1673	1244	2	2	
徐州市	**13278**	**7565**	**5713**	**24**	**9**	**15**
鼓楼区	1889	1092	797	3		3
云龙区	1873	1096	777	1	1	
贾汪区	1231	695	536	2	1	1
泉山区	3418	1949	1469	2		2
铜山区	1318	738	580	3	1	2
丰县						
沛县						
睢宁县						
徐州经济技术开发区	31	21	10			
新沂市	1307	723	584	2	1	1
邳州市	2211	1251	960	11	5	6
常州市	**12421**	**7022**	**5399**	**27**	**14**	**13**
天宁区	2541	1439	1102	5	2	3
钟楼区	2453	1403	1050	4	3	1
新北区	1977	1088	889	8	4	4
武进区	1602	890	712	4	3	1
金坛区	1560	913	647	2	1	1
江苏省常州市经济开发区	846	467	379	1		1
溧阳市	1442	822	620	3	1	2

6-1a 续表 1

单位：人

地 区	死亡人口			0岁		
	合计	男	女	小计	男	女
苏州市	**21284**	**11727**	**9557**	**38**	**24**	**14**
虎丘区	1773	991	782	2	2	
吴中区	2164	1205	959	3	1	2
相城区	2119	1178	941	2	1	1
姑苏区	4714	2609	2105	4	4	
吴江区	1691	924	767	2	1	1
苏州工业园区						
常熟市	3580	1898	1682	6	4	2
张家港市	1430	819	611	2	2	
昆山市	3135	1736	1399	16	8	8
太仓市	678	367	311	1	1	
南通市	**17095**	**9388**	**7707**	**36**	**17**	**19**
崇川区	2844	1589	1255	4	1	3
港闸区	1680	894	786	1		1
通州区	2571	1378	1193	1	1	
如东县						
南通经济技术开发区						
通州湾示范区						
苏锡通科技产业园区						
启东市	2843	1591	1252	4	2	2
如皋市	2457	1409	1048	3	2	1
海门市	1481	835	646	2		2
海安市	3219	1692	1527	21	11	10
连云港市	**4754**	**2751**	**2003**	**5**	**3**	**2**
连云区	759	422	337	3	1	2
海州区	2572	1511	1061	1	1	
赣榆区	1296	746	550	1	1	
东海县	27	18	9			
灌云县						
灌南县						
连云港经济技术开发区						
连云港高新技术产业开发区						
江苏连云港徐圩新区	44	28	16			
江苏省连云港市云台山风景名胜区	56	26	30			
淮安市	**6510**	**3695**	**2815**	**12**	**7**	**5**
淮安区	1782	989	793	2	1	1
淮阴区	1121	614	507	3	1	2
清江浦区	2834	1666	1168	5	3	2
洪泽区	773	426	347	2	2	
涟水县						
盱眙县						
金湖县						
淮安经济技术开发区						
工业园区						
生态文旅区						
苏淮高新区						

6-1a　续表 2　　　　单位：人

地　区	死亡人口			0岁		
	合计	男	女	小计	男	女
盐城市	**7374**	**4096**	**3278**	**8**	**7**	**1**
亭湖区	2307	1326	981	2	2	
盐都区	1082	606	476	1		1
大丰区	726	408	318	2	2	
响水县						
滨海县						
阜宁县						
射阳县						
建湖县						
盐城经济技术开发区	44	26	18			
江苏省盐南高新区	718	379	339	2	2	
东台市	2497	1351	1146	1	1	
扬州市	**9469**	**5215**	**4254**	**12**	**8**	**4**
广陵区	2120	1125	995	3	2	1
邗江区	1511	851	660	3	3	
江都区	1243	699	544	2		2
宝应县						
扬州经济技术开发区						
蜀冈瘦西湖景区	542	301	241	2	1	1
生态新城	190	102	88			
仪征市	2194	1205	989			
高邮市	1669	932	737	2	2	
镇江市	**8738**	**4877**	**3861**	**11**	**7**	**4**
京口区	1943	1113	830	1	1	
润州区	1419	822	597	2	1	1
丹徒区	543	273	270	2	2	
镇江新区	44	25	19			
江苏镇江高新区	213	108	105	1	1	
丹阳市	1899	1073	826	1	1	
扬中市	1208	658	550	1	1	
句容市	1469	805	664	3		3
泰州市	**8269**	**4641**	**3628**	**5**	**3**	**2**
海陵区	2201	1285	916	2	1	1
高港区	712	391	321	1	1	
姜堰区	1388	775	613			
泰州医药高新技术产业开发区						
兴化市	870	485	385	1		1
靖江市	1252	677	575			
泰兴市	1846	1028	818	1	1	
宿迁市	**3742**	**2129**	**1613**	**12**	**5**	**7**
宿城区	1779	1035	744	7	3	4
宿豫区	828	473	355	2	1	1
沭阳县						
泗阳县						
泗洪县						
宿迁经济技术开发区	37	12	25	2	1	1
宿迁市湖滨新区	629	337	292	1		1
苏州宿迁工业园区	11	8	3			
宿迁市洋河新区	458	264	194			

6-1a 续表 3　　　　单位：人

地　区	1-4岁			5-9岁			10-14岁		
	小计	男	女	小计	男	女	小计	男	女
江　苏	**163**	**78**	**85**	**140**	**77**	**63**	**199**	**106**	**93**
南京市	**28**	**11**	**17**	**18**	**9**	**9**	**36**	**22**	**14**
玄武区	1		1	1		1	3	1	2
秦淮区	2	1	1	1	1		4	1	3
建邺区	2		2	2	2		2	1	1
鼓楼区	1	1		2	2		4	4	
浦口区	3	1	2	4	1	3	2	2	
栖霞区	2	1	1				1	1	
雨花台区				3	1	2	4	2	2
江宁区	5	4	1	2		2	6	4	2
六合区	7	2	5				1	1	
溧水区							1		1
高淳区				1	1				
南京江北新区	5	1	4	2	1	1	8	5	3
无锡市	**29**	**12**	**17**	**18**	**8**	**10**	**26**	**13**	**13**
锡山区	2	1	1						
惠山区	3	2	1	3	2	1	1	1	
滨湖区	4	1	3	2	1	1	4	1	3
梁溪区	7	2	5	7	1	6	9	6	3
新吴区	9	5	4	1	1		3		3
江苏无锡经济开发区	2	1	1	1	1		3	2	1
江阴市	1		1	3	1	2	5	3	2
宜兴市	1		1	1	1		1		1
徐州市	**11**	**7**	**4**	**13**	**10**	**3**	**24**	**14**	**10**
鼓楼区				1	1		2	2	
云龙区	1	1		1	1		8	5	3
贾汪区							1		1
泉山区	2	2		4	1	3	4	1	3
铜山区	1		1	2	2		2	2	
丰县									
沛县									
睢宁县									
徐州经济技术开发区									
新沂市	2	1	1				3	3	
邳州市	5	3	2	5	5		4	1	3
常州市	**9**	**6**	**3**	**10**	**6**	**4**	**16**	**10**	**6**
天宁区	3	2	1	2		2	1		1
钟楼区	1	1					3	2	1
新北区	2	2		3	2	1	4	2	2
武进区	2	1	1	4	3	1	2	2	
金坛区							2	1	1
江苏省常州市经济开发区	1		1						
溧阳市				1	1		4	3	1

6-1a　续表 4

单位：人

地　　区	1-4岁			5-9岁			10-14岁		
	小计	男	女	小计	男	女	小计	男	女
苏州市	**35**	**17**	**18**	**21**	**14**	**7**	**29**	**19**	**10**
虎丘区	3		3	1	1		1	1	
吴中区	5	3	2	5	4	1	3	1	2
相城区	3		3				4	3	1
姑苏区	2	2		3	1	2	1	1	
吴江区	4	4		1		1	2	2	
苏州工业园区									
常熟市	2		2	3	2	1	1	1	
张家港市	1		1	3	3		5	4	1
昆山市	15	8	7	5	3	2	12	6	6
太仓市									
南通市	**10**	**6**	**4**	**7**	**3**	**4**	**14**	**4**	**10**
崇川区	1	1					2	1	1
港闸区				2		2	1	1	
通州区	1	1		1	1		3		3
如东县									
南通经济技术开发区									
通州湾示范区									
苏锡通科技产业园区									
启东市	2	1	1	1		1	1	1	
如皋市	1		1				4	1	3
海门市	1	1					2		2
海安市	4	2	2	3	2	1	1		1
连云港市	**3**	**3**		**5**	**3**	**2**	**9**	**4**	**5**
连云区									
海州区	1	1		3	2	1	4	2	2
赣榆区	2	2		2	1	1	4	1	3
东海县									
灌云县									
灌南县									
连云港经济技术开发区									
连云港高新技术产业开发区									
江苏连云港徐圩新区									
江苏省连云港市云台山风景名胜区							1	1	
淮安市	**6**	**3**	**3**	**14**	**7**	**7**	**9**	**3**	**6**
淮安区	1		1	5	4	1	2	1	1
淮阴区	1	1		4	1	3	1		1
清江浦区	4	2	2	4	2	2	4	2	2
洪泽区				1		1	2		2
涟水县									
盱眙县									
金湖县									
淮安经济技术开发区									
工业园区									
生态文旅区									
苏淮高新区									

6-1a 续表 5

单位：人

地区	1-4岁			5-9岁			10-14岁		
	小计	男	女	小计	男	女	小计	男	女
盐城市	**10**	**6**	**4**	**10**	**8**	**2**	**9**	**3**	**6**
亭湖区	4	3	1	3	2	1	2	1	1
盐都区	4	3	1	2	2		2	2	
大丰区	1		1				1		1
响水县									
滨海县									
阜宁县									
射阳县									
建湖县									
盐城经济技术开发区									
江苏省盐南高新区	1		1	1	1		2		2
东台市				4	3	1	2		2
扬州市	**6**	**4**	**2**	**8**	**1**	**7**	**6**	**3**	**3**
广陵区	2	2		2		2	1	1	
邗江区	1	1		4	1	3	2	1	1
江都区				1		1	1	1	
宝应县									
扬州经济技术开发区									
蜀冈瘦西湖景区							1		1
生态新城	1		1						
仪征市	1		1				1		1
高邮市	1	1		1		1			
镇江市	**5**		**5**	**4**		**4**	**6**	**3**	**3**
京口区	1		1	1		1			
润州区	1		1				5	3	2
丹徒区	2		2						
镇江新区									
江苏镇江高新区									
丹阳市				3		3			
扬中市	1		1						
句容市							1		1
泰州市	**7**	**2**	**5**	**3**	**2**	**1**	**6**	**1**	**5**
海陵区	2	2		1		1	4	1	3
高港区									
姜堰区	1		1	1	1		2		2
泰州医药高新技术产业开发区									
兴化市	1		1						
靖江市				1	1				
泰兴市	3		3						
宿迁市	**4**	**1**	**3**	**9**	**6**	**3**	**9**	**7**	**2**
宿城区				2	1	1	5	5	
宿豫区				2	2		4	2	2
沭阳县									
泗阳县									
泗洪县									
宿迁经济技术开发区									
宿迁市湖滨新区	1		1	3	2	1			
苏州宿迁工业园区	1	1		1	1				
宿迁市洋河新区	2		2	1		1			

6-1a　续表 6

单位：人

地　区	15-19岁			20-24岁			25-29岁		
	小计	男	女	小计	男	女	小计	男	女
江　苏	**264**	**168**	**96**	**310**	**204**	**106**	**476**	**304**	**172**
南京市	**38**	**24**	**14**	**31**	**18**	**13**	**67**	**48**	**19**
玄武区	2	1	1	2	1	1	1		1
秦淮区	1	1		3	3		6	4	2
建邺区	2	1	1	2		2	3	3	
鼓楼区	7	5	2	7	6	1	8	5	3
浦口区	1	1		3	2	1	7	7	
栖霞区	2	2		4		4	6	3	3
雨花台区	3	3		1	1		7	5	2
江宁区	9	6	3	2	1	1	10	7	3
六合区	1		1				5	2	3
溧水区	4	2	2	2	1	1	4	3	1
高淳区				1	1		2	2	
南京江北新区	6	2	4	4	2	2	8	7	1
无锡市	**33**	**17**	**16**	**51**	**35**	**16**	**56**	**36**	**20**
锡山区	3	2	1	5	2	3	3	1	2
惠山区	6	4	2	8	5	3	8	7	1
滨湖区	4	2	2	5	3	2	6	4	2
梁溪区	5	2	3	11	9	2	11	5	6
新吴区	2		2	7	5	2	9	8	1
江苏无锡经济开发区	2		2	2	1	1	2	1	1
江阴市	4	2	2	8	6	2	10	5	5
宜兴市	7	5	2	5	4	1	7	5	2
徐州市	**25**	**19**	**6**	**19**	**17**	**2**	**38**	**28**	**10**
鼓楼区	2	2		4	3	1	7	4	3
云龙区	4	3	1	2	2		2	2	
贾汪区	3	3		2	1	1	2	1	1
泉山区	3		3	3	3		5	4	1
铜山区	1	1		4	4		6	5	1
丰县									
沛县									
睢宁县									
徐州经济技术开发区	1	1							
新沂市	3	3		2	2		4	1	3
邳州市	8	6	2	2	2		12	11	1
常州市	**26**	**21**	**5**	**20**	**12**	**8**	**30**	**13**	**17**
天宁区	3	3		2	1	1	7	3	4
钟楼区	1	1		2	2		5	2	3
新北区	3	3		5	2	3	7	3	4
武进区	10	7	3	6	5	1	4	1	3
金坛区	4	4		1		1	3	2	1
江苏省常州市经济开发区	3	2	1	1	1		1		1
溧阳市	2	1	1	3	1	2	3	2	1

6-1a 续表 7

单位：人

地区	15-19岁			20-24岁			25-29岁		
	小计	男	女	小计	男	女	小计	男	女
苏州市	**48**	**31**	**17**	**72**	**52**	**20**	**97**	**62**	**35**
虎丘区	6	4	2	1	1		4	3	1
吴中区	4	3	1	6	5	1	10	7	3
相城区	6	5	1	6	6		12	5	7
姑苏区	1	1		7	4	3	10	6	4
吴江区	3	1	2	3	2	1	7	2	5
苏州工业园区									
常熟市	7	3	4	7	3	4	5	5	
张家港市	4	2	2	5	3	2	4	2	2
昆山市	14	11	3	35	26	9	40	28	12
太仓市	3	1	2	2	2		5	4	1
南通市	**20**	**14**	**6**	**16**	**8**	**8**	**39**	**23**	**16**
崇川区	3	2	1	2	1	1	2		2
港闸区	2		2				2	1	1
通州区	4	4		3	2	1	8	5	3
如东县									
南通经济技术开发区									
通州湾示范区									
苏锡通科技产业园区									
启东市	5	4	1				10	7	3
如皋市	2	1	1	3	3		6	4	2
海门市				2	1	1	2	1	1
海安市	4	3	1	6	1	5	9	5	4
连云港市	**9**	**6**	**3**	**18**	**13**	**5**	**22**	**16**	**6**
连云区	2	1	1	1		1	1	1	
海州区	5	4	1	7	6	1	13	9	4
赣榆区	2	1	1	10	7	3	7	5	2
东海县									
灌云县									
灌南县									
连云港经济技术开发区									
连云港高新技术产业开发区									
江苏连云港徐圩新区							1	1	
江苏省连云港市云台山风景名胜区									
淮安市	**11**	**4**	**7**	**14**	**7**	**7**	**31**	**16**	**15**
淮安区	4	2	2	4	2	2	7	2	5
淮阴区	2		2	4	3	1	9	6	3
清江浦区	3	1	2	6	2	4	11	6	5
洪泽区	2	1	1				4	2	2
涟水县									
盱眙县									
金湖县									
淮安经济技术开发区									
工业园区									
生态文旅区									
苏淮高新区									

6-1a　续表 8　　　　单位：人

地　区	15-19岁			20-24岁			25-29岁		
	小计	男	女	小计	男	女	小计	男	女
盐城市	**14**	**10**	**4**	**16**	**11**	**5**	**19**	**12**	**7**
亭湖区	5	3	2	7	6	1	6	2	4
盐都区	3	2	1	2	2		3	3	
大丰区	1	1		3	1	2	2		2
响水县									
滨海县									
阜宁县									
射阳县									
建湖县									
盐城经济技术开发区									
江苏省盐南高新区	1	1		1		1	2	1	1
东台市	4	3	1	3	2	1	6	6	
扬州市	**8**	**5**	**3**	**13**	**9**	**4**	**16**	**12**	**4**
广陵区	2	1	1	5	3	2	4	3	1
邗江区	2	2		3	3		4	1	3
江都区							1	1	
宝应县									
扬州经济技术开发区									
蜀冈瘦西湖景区	1	1		1	1		1	1	
生态新城									
仪征市	2		2	2	2		5	5	
高邮市	1	1		2		2	1	1	
镇江市	**14**	**7**	**7**	**14**	**6**	**8**	**19**	**13**	**6**
京口区	4	3	1	2		2	5	3	2
润州区	1		1				5	4	1
丹徒区				2	1	1			
镇江新区									
江苏镇江高新区							1	1	
丹阳市	6	3	3	5	2	3	3	3	
扬中市	1		1	1	1		3	2	1
句容市	2	1	1	4	2	2	2		2
泰州市	**8**	**4**	**4**	**11**	**7**	**4**	**23**	**14**	**9**
海陵区	4	1	3	6	4	2	8	5	3
高港区				2	2		2		2
姜堰区	2	1	1						
泰州医药高新技术产业开发区									
兴化市	1	1		1	1		3	1	2
靖江市				2		2	4	3	1
泰兴市	1	1					6	5	1
宿迁市	**10**	**6**	**4**	**15**	**9**	**6**	**19**	**11**	**8**
宿城区	6	4	2	7	4	3	8	5	3
宿豫区	2	1	1	6	4	2	7	4	3
沭阳县									
泗阳县									
泗洪县									
宿迁经济技术开发区									
宿迁市湖滨新区	2	1	1	2	1	1	1		1
苏州宿迁工业园区									
宿迁市洋河新区							3	2	1

6-1a　续表 9　　　　　　　　　　　　　　　　　　　　　　单位：人

地　区	30-34岁			35-39岁			40-44岁		
	小计	男	女	小计	男	女	小计	男	女
江　苏	**827**	**543**	**284**	**1081**	**712**	**369**	**1657**	**1100**	**557**
南京市	**138**	**83**	**55**	**195**	**135**	**60**	**305**	**204**	**101**
玄武区	10	4	6	15	12	3	20	16	4
秦淮区	18	7	11	27	17	10	42	26	16
建邺区	3	2	1	12	8	4	20	16	4
鼓楼区	26	16	10	22	13	9	47	32	15
浦口区	7	3	4	13	10	3	19	12	7
栖霞区	10	7	3	14	11	3	28	21	7
雨花台区	4	3	1	16	14	2	18	15	3
江宁区	21	11	10	31	24	7	48	30	18
六合区	8	7	1	10	6	4	25	15	10
溧水区	5	3	2	5	3	2	13	6	7
高淳区	2	2		8	6	2	6	3	3
南京江北新区	24	18	6	22	11	11	19	12	7
无锡市	**100**	**70**	**30**	**134**	**82**	**52**	**236**	**152**	**84**
锡山区	7	3	4	8	3	5	14	8	6
惠山区	11	9	2	18	13	5	20	15	5
滨湖区	7	5	2	10	5	5	31	21	10
梁溪区	24	15	9	43	29	14	67	36	31
新吴区	6	5	1	16	11	5	30	20	10
江苏无锡经济开发区	10	8	2	10	5	5	7	4	3
江阴市	27	19	8	23	12	11	40	26	14
宜兴市	8	6	2	6	4	2	27	22	5
徐州市	**97**	**71**	**26**	**120**	**88**	**32**	**171**	**117**	**54**
鼓楼区	13	6	7	12	11	1	23	17	6
云龙区	17	15	2	21	14	7	25	17	8
贾汪区	12	11	1	6	6		16	13	3
泉山区	13	9	4	27	19	8	45	29	16
铜山区	13	9	4	20	13	7	21	15	6
丰县									
沛县									
睢宁县									
徐州经济技术开发区									
新沂市	11	7	4	14	10	4	13	7	6
邳州市	18	14	4	20	15	5	28	19	9
常州市	**65**	**42**	**23**	**65**	**50**	**15**	**113**	**73**	**40**
天宁区	11	8	3	9	8	1	26	15	11
钟楼区	11	8	3	15	12	3	14	12	2
新北区	17	12	5	16	11	5	21	14	7
武进区	9	4	5	8	5	3	18	9	9
金坛区	9	6	3	8	7	1	13	9	4
江苏省常州市经济开发区	2	2		3	3		5	1	4
溧阳市	6	2	4	6	4	2	16	13	3

6-1a 续表 10

单位：人

地 区	30-34岁			35-39岁			40-44岁		
	小计	男	女	小计	男	女	小计	男	女
苏州市	**136**	**89**	**47**	**164**	**102**	**62**	**195**	**130**	**65**
虎丘区	6	3	3	13	10	3	15	10	5
吴中区	17	12	5	16	12	4	25	17	8
相城区	13	6	7	10	8	2	22	19	3
姑苏区	18	8	10	30	12	18	23	14	9
吴江区	12	10	2	11	7	4	10	6	4
苏州工业园区									
常熟市	7	6	1	14	7	7	21	14	7
张家港市	16	10	6	8	6	2	15	11	4
昆山市	45	33	12	56	37	19	57	33	24
太仓市	2	1	1	6	3	3	7	6	1
南通市	**51**	**29**	**22**	**85**	**52**	**33**	**122**	**80**	**42**
崇川区	8	6	2	11	4	7	14	8	6
港闸区	2	1	1	5	1	4	4	3	1
通州区	11	6	5	11	9	2	15	8	7
如东县									
南通经济技术开发区									
通州湾示范区									
苏锡通科技产业园区									
启东市	5	4	1	15	11	4	31	20	11
如皋市	13	7	6	14	7	7	17	14	3
海门市				6	5	1	11	8	3
海安市	12	5	7	23	15	8	30	19	11
连云港市	**38**	**28**	**10**	**50**	**37**	**13**	**57**	**42**	**15**
连云区	6	3	3	9	5	4	6	3	3
海州区	22	16	6	29	23	6	39	29	10
赣榆区	8	7	1	9	6	3	9	7	2
东海县	1	1		2	2				
灌云县									
灌南县									
连云港经济技术开发区									
连云港高新技术产业开发区									
江苏连云港徐圩新区	1	1					2	2	
江苏省连云港市云台山风景名胜区				1	1		1	1	
淮安市	**31**	**24**	**7**	**45**	**27**	**18**	**81**	**57**	**24**
淮安区	7	6	1	14	11	3	16	12	4
淮阴区	10	6	4	9	3	6	24	19	5
清江浦区	12	10	2	20	12	8	32	17	15
洪泽区	2	2		2	1	1	9	9	
涟水县									
盱眙县									
金湖县									
淮安经济技术开发区									
工业园区									
生态文旅区									
苏淮高新区									

6-1a 续表 11

单位：人

地区	30-34岁			35-39岁			40-44岁		
	小计	男	女	小计	男	女	小计	男	女
盐城市	**48**	**31**	**17**	**42**	**21**	**21**	**75**	**47**	**28**
亭湖区	20	13	7	12	6	6	18	12	6
盐都区	7	7		4	2	2	16	9	7
大丰区	7	3	4	6	5	1	10	10	
响水县									
滨海县									
阜宁县									
射阳县									
建湖县									
盐城经济技术开发区									
江苏省盐南高新区	3	2	1	5	1	4	11	3	8
东台市	11	6	5	15	7	8	20	13	7
扬州市	**27**	**14**	**13**	**66**	**40**	**26**	**90**	**48**	**42**
广陵区	7	2	5	8	3	5	21	9	12
邗江区	3	2	1	19	12	7	17	9	8
江都区	4	3	1	5	4	1	14	8	6
宝应县									
扬州经济技术开发区									
蜀冈瘦西湖景区	2	1	1	3	2	1	5	1	4
生态新城	1	1		2	2		2		2
仪征市	4	2	2	17	11	6	19	12	7
高邮市	6	3	3	12	6	6	12	9	3
镇江市	**29**	**21**	**8**	**39**	**24**	**15**	**86**	**63**	**23**
京口区	12	8	4	6	4	2	25	19	6
润州区	3	3		6	3	3	13	12	1
丹徒区	2	2		5	3	2	5	3	2
镇江新区									
江苏镇江高新区	1	1					4	3	1
丹阳市	5	2	3	7	5	2	20	14	6
扬中市	2	1	1	7	4	3	8	3	5
句容市	4	4		8	5	3	11	9	2
泰州市	**37**	**20**	**17**	**41**	**31**	**10**	**83**	**57**	**26**
海陵区	8	3	5	9	8	1	9	6	3
高港区	5	1	4	5	5		7	6	1
姜堰区	4	4		11	6	5	20	8	12
泰州医药高新技术产业开发区									
兴化市	5		5	8	6	2	9	6	3
靖江市	10	9	1	2	2		14	11	3
泰兴市	5	3	2	6	4	2	24	20	4
宿迁市	**30**	**21**	**9**	**35**	**23**	**12**	**43**	**30**	**13**
宿城区	11	9	2	15	9	6	20	11	9
宿豫区	11	7	4	12	7	5	10	8	2
沭阳县									
泗阳县									
泗洪县									
宿迁经济技术开发区									
宿迁市湖滨新区	5	3	2	5	4	1	5	4	1
苏州宿迁工业园区							2	1	1
宿迁市洋河新区	3	2	1	3	3		6	6	

6-1a 续表 12

单位：人

地 区	45-49岁			50-54岁			55-59岁		
	小计	男	女	小计	男	女	小计	男	女
江 苏	**2927**	**1893**	**1034**	**5349**	**3483**	**1866**	**6964**	**4798**	**2166**
南京市	**463**	**292**	**171**	**877**	**582**	**295**	**1269**	**884**	**385**
玄武区	22	13	9	43	28	15	89	66	23
秦淮区	61	40	21	126	76	50	206	159	47
建邺区	17	11	6	33	23	10	63	41	22
鼓楼区	65	42	23	114	79	35	207	150	57
浦口区	29	19	10	48	30	18	61	36	25
栖霞区	25	18	7	62	44	18	106	79	27
雨花台区	29	21	8	62	43	19	77	54	23
江宁区	63	41	22	103	65	38	120	74	46
六合区	31	20	11	88	62	26	99	61	38
溧水区	38	18	20	37	22	15	67	41	26
高淳区	17	11	6	44	24	20	33	23	10
南京江北新区	66	38	28	117	86	31	141	100	41
无锡市	**388**	**241**	**147**	**657**	**411**	**246**	**822**	**563**	**259**
锡山区	35	22	13	49	30	19	49	33	16
惠山区	37	22	15	66	33	33	73	52	21
滨湖区	48	31	17	70	41	29	68	45	23
梁溪区	90	52	38	149	93	56	274	198	76
新吴区	48	25	23	62	38	24	68	42	26
江苏无锡经济开发区	11	7	4	27	19	8	31	24	7
江阴市	68	44	24	134	90	44	139	90	49
宜兴市	51	38	13	100	67	33	120	79	41
徐州市	**293**	**200**	**93**	**535**	**370**	**165**	**724**	**517**	**207**
鼓楼区	34	25	9	71	57	14	113	81	32
云龙区	34	20	14	82	62	20	109	81	28
贾汪区	30	20	10	38	22	16	53	43	10
泉山区	77	54	23	113	72	41	206	147	59
铜山区	29	20	9	54	38	16	76	54	22
丰县									
沛县									
睢宁县									
徐州经济技术开发区				1	1		3	3	
新沂市	44	33	11	73	53	20	75	53	22
邳州市	45	28	17	103	65	38	89	55	34
常州市	**218**	**133**	**85**	**326**	**216**	**110**	**547**	**388**	**159**
天宁区	39	24	15	58	36	22	106	78	28
钟楼区	36	20	16	67	41	26	108	85	23
新北区	34	20	14	65	42	23	85	62	23
武进区	41	26	15	26	16	10	66	44	22
金坛区	23	15	8	48	34	14	64	38	26
江苏省常州市经济开发区	16	7	9	17	13	4	40	33	7
溧阳市	29	21	8	45	34	11	78	48	30

6-1a 续表 13

单位：人

地 区	45-49岁			50-54岁			55-59岁		
	小计	男	女	小计	男	女	小计	男	女
苏州市	**321**	**200**	**121**	**511**	**316**	**195**	**730**	**489**	**241**
虎丘区	28	11	17	33	23	10	70	40	30
吴中区	33	20	13	63	37	26	71	49	22
相城区	32	20	12	58	34	24	69	44	25
姑苏区	59	39	20	85	49	36	185	136	49
吴江区	21	13	8	44	23	21	43	24	19
苏州工业园区									
常熟市	48	35	13	71	50	21	97	60	37
张家港市	20	10	10	45	31	14	54	37	17
昆山市	64	45	19	98	61	37	117	80	37
太仓市	16	7	9	14	8	6	24	19	5
南通市	**262**	**167**	**95**	**528**	**350**	**178**	**639**	**431**	**208**
崇川区	38	25	13	86	53	33	98	67	31
港闸区	25	14	11	46	31	15	55	41	14
通州区	36	27	9	87	49	38	112	74	38
如东县									
南通经济技术开发区									
通州湾示范区									
苏锡通科技产业园区									
启东市	43	27	16	82	66	16	123	78	45
如皋市	47	29	18	69	41	28	98	71	27
海门市	24	15	9	45	32	13	51	36	15
海安市	49	30	19	113	78	35	102	64	38
连云港市	**119**	**86**	**33**	**186**	**134**	**52**	**246**	**160**	**86**
连云区	21	14	7	29	21	8	36	22	14
海州区	68	50	18	99	75	24	131	95	36
赣榆区	28	22	6	55	36	19	71	41	30
东海县				2	2		1	1	
灌云县									
灌南县									
连云港经济技术开发区									
连云港高新技术产业开发区									
江苏连云港徐圩新区	1		1				2		2
江苏省连云港市云台山风景名胜区	1		1	1		1	5	1	4
淮安市	**171**	**116**	**55**	**311**	**199**	**112**	**331**	**247**	**84**
淮安区	40	28	12	81	54	27	82	59	23
淮阴区	40	27	13	57	32	25	65	50	15
清江浦区	75	51	24	147	101	46	133	101	32
洪泽区	16	10	6	26	12	14	51	37	14
涟水县									
盱眙县									
金湖县									
淮安经济技术开发区									
工业园区									
生态文旅区									
苏淮高新区									

6-1a　续表 14

单位：人

地　区	45-49岁			50-54岁			55-59岁		
	小计	男	女	小计	男	女	小计	男	女
盐城市	**149**	**100**	**49**	**309**	**194**	**115**	**350**	**223**	**127**
亭湖区	49	33	16	96	61	35	122	80	42
盐都区	20	15	5	48	28	20	57	38	19
大丰区	21	14	7	41	28	13	39	29	10
响水县									
滨海县									
阜宁县									
射阳县									
建湖县									
盐城经济技术开发区				1	1		1	1	
江苏省盐南高新区	19	11	8	32	19	13	31	17	14
东台市	40	27	13	91	57	34	100	58	42
扬州市	**155**	**108**	**47**	**354**	**229**	**125**	**394**	**249**	**145**
广陵区	40	23	17	81	53	28	83	48	35
邗江区	21	13	8	49	32	17	78	42	36
江都区	19	14	5	43	31	12	56	38	18
宝应县									
扬州经济技术开发区									
蜀冈瘦西湖景区	10	7	3	19	13	6	23	15	8
生态新城	2	2		7	4	3	5	2	3
仪征市	30	23	7	90	51	39	86	61	25
高邮市	33	26	7	65	45	20	63	43	20
镇江市	**141**	**85**	**56**	**295**	**185**	**110**	**387**	**266**	**121**
京口区	29	15	14	56	36	20	74	47	27
润州区	18	16	2	58	40	18	64	48	16
丹徒区	3	1	2	15	11	4	18	7	11
镇江新区	1	1					3	2	1
江苏镇江高新区	6	2	4	6	4	2	12	7	5
丹阳市	33	20	13	60	37	23	86	60	26
扬中市	24	15	9	47	23	24	65	47	18
句容市	27	15	12	53	34	19	65	48	17
泰州市	**149**	**95**	**54**	**301**	**195**	**106**	**342**	**238**	**104**
海陵区	35	24	11	62	45	17	71	56	15
高港区	11	9	2	28	18	10	29	21	8
姜堰区	26	14	12	50	29	21	51	33	18
泰州医药高新技术产业开发区									
兴化市	12	7	5	34	21	13	37	22	15
靖江市	23	11	12	54	26	28	65	44	21
泰兴市	42	30	12	73	56	17	89	62	27
宿迁市	**98**	**70**	**28**	**159**	**102**	**57**	**183**	**143**	**40**
宿城区	42	32	10	88	54	34	92	76	16
宿豫区	28	17	11	33	23	10	42	28	14
沭阳县									
泗阳县									
泗洪县									
宿迁经济技术开发区	2	2		2	1	1	3	1	2
宿迁市湖滨新区	15	11	4	16	11	5	22	14	8
苏州宿迁工业园区							1	1	
宿迁市洋河新区	11	8	3	20	13	7	23	23	

6-1a 续表 15

单位：人

地 区	60-64岁			65-69岁			70-74岁		
	小计	男	女	小计	男	女	小计	男	女
江 苏	**9624**	**6673**	**2951**	**14886**	**9982**	**4904**	**18461**	**12069**	**6392**
南京市	**1854**	**1339**	**515**	**2728**	**1812**	**916**	**3291**	**2184**	**1107**
玄武区	145	103	42	198	126	72	223	143	80
秦淮区	361	258	103	461	310	151	528	366	162
建邺区	103	78	25	164	101	63	169	123	46
鼓楼区	312	229	83	435	286	149	454	311	143
浦口区	77	54	23	130	91	39	158	106	52
栖霞区	122	97	25	190	126	64	294	196	98
雨花台区	122	85	37	178	109	69	223	142	81
江宁区	181	136	45	289	199	90	380	254	126
六合区	123	78	45	198	135	63	275	169	106
溧水区	56	38	18	110	71	39	128	76	52
高淳区	35	24	11	97	66	31	122	66	56
南京江北新区	217	159	58	278	192	86	337	232	105
无锡市	**1370**	**963**	**407**	**2085**	**1419**	**666**	**2758**	**1859**	**899**
锡山区	76	49	27	138	81	57	195	128	67
惠山区	128	93	35	201	136	65	277	196	81
滨湖区	139	88	51	211	150	61	313	188	125
梁溪区	482	347	135	617	420	197	704	497	207
新吴区	135	93	42	235	173	62	367	240	127
江苏无锡经济开发区	59	46	13	70	52	18	111	71	40
江阴市	201	144	57	335	233	102	457	322	135
宜兴市	150	103	47	278	174	104	334	217	117
徐州市	**867**	**596**	**271**	**1321**	**911**	**410**	**1303**	**828**	**475**
鼓楼区	142	110	32	204	128	76	207	125	82
云龙区	128	92	36	180	134	46	171	112	59
贾汪区	86	53	33	132	92	40	123	78	45
泉山区	189	130	59	299	204	95	308	195	113
铜山区	80	51	29	140	93	47	129	88	41
丰县									
沛县									
睢宁县									
徐州经济技术开发区	2	1	1	4	4		6	4	2
新沂市	101	64	37	136	92	44	133	79	54
邳州市	139	95	44	226	164	62	226	147	79
常州市	**682**	**472**	**210**	**1161**	**778**	**383**	**1449**	**951**	**498**
天宁区	131	82	49	241	164	77	238	149	89
钟楼区	133	100	33	230	159	71	303	204	99
新北区	120	86	34	189	130	59	235	147	88
武进区	82	54	28	155	102	53	191	122	69
金坛区	98	70	28	144	98	46	185	116	69
江苏省常州市经济开发区	39	26	13	75	45	30	110	76	34
溧阳市	79	54	25	127	80	47	187	137	50

6-1a　续表 16

单位：人

地　区	60-64岁			65-69岁			70-74岁		
	小计	男	女	小计	男	女	小计	男	女
苏州市	**1015**	**712**	**303**	**1674**	**1153**	**521**	**2264**	**1510**	**754**
虎丘区	88	64	24	148	91	57	212	150	62
吴中区	104	69	35	189	126	63	238	162	76
相城区	108	79	29	187	135	52	243	157	86
姑苏区	243	185	58	377	271	106	443	292	151
吴江区	76	50	26	131	85	46	171	108	63
苏州工业园区									
常熟市	153	103	50	247	164	83	403	271	132
张家港市	59	44	15	115	88	27	164	119	45
昆山市	155	100	55	234	160	74	312	196	116
太仓市	29	18	11	46	33	13	78	55	23
南通市	**860**	**563**	**297**	**1406**	**896**	**510**	**1804**	**1210**	**594**
崇川区	142	89	53	223	136	87	297	210	87
港闸区	61	41	20	147	97	50	149	93	56
通州区	153	107	46	215	136	79	290	184	106
如东县									
南通经济技术开发区									
通州湾示范区									
苏锡通科技产业园区									
启东市	146	99	47	234	162	72	277	181	96
如皋市	120	79	41	191	119	72	286	201	85
海门市	76	53	23	121	84	37	174	126	48
海安市	162	95	67	275	162	113	331	215	116
连云港市	**313**	**221**	**92**	**464**	**321**	**143**	**510**	**327**	**183**
连云区	42	28	14	85	59	26	86	56	30
海州区	163	122	41	228	157	71	268	173	95
赣榆区	100	67	33	132	89	43	143	92	51
东海县	2	1	1	5	4	1	5	2	3
灌云县									
灌南县									
连云港经济技术开发区									
连云港高新技术产业开发区									
江苏连云港徐圩新区	1	1		10	8	2	3	1	2
江苏省连云港市云台山风景名胜区	5	2	3	4	4		5	3	2
淮安市	**489**	**333**	**156**	**569**	**363**	**206**	**687**	**442**	**245**
淮安区	134	95	39	173	103	70	200	122	78
淮阴区	87	60	27	110	67	43	104	67	37
清江浦区	222	150	72	221	150	71	296	197	99
洪泽区	46	28	18	65	43	22	87	56	31
涟水县									
盱眙县									
金湖县									
淮安经济技术开发区									
工业园区									
生态文旅区									
苏淮高新区									

6-1a 续表 17

单位：人

地　区	60-64岁			65-69岁			70-74岁		
	小计	男	女	小计	男	女	小计	男	女
盐城市	**447**	**302**	**145**	**626**	**435**	**191**	**793**	**452**	**341**
亭湖区	151	109	42	177	125	52	238	140	98
盐都区	73	51	22	111	85	26	125	63	62
大丰区	32	19	13	64	41	23	67	37	30
响水县									
滨海县									
阜宁县									
射阳县									
建湖县									
盐城经济技术开发区	1	1		6	4	2	5	4	1
江苏省盐南高新区	45	27	18	77	49	28	72	39	33
东台市	145	95	50	191	131	60	286	169	117
扬州市	**518**	**345**	**173**	**931**	**586**	**345**	**1162**	**731**	**431**
广陵区	122	84	38	193	128	65	234	156	78
邗江区	85	56	29	153	87	66	196	128	68
江都区	65	40	25	138	100	38	187	115	72
宝应县									
扬州经济技术开发区									
蜀冈瘦西湖景区	43	29	14	48	27	21	52	32	20
生态新城	10	7	3	18	14	4	18	14	4
仪征市	129	85	44	221	128	93	282	175	107
高邮市	64	44	20	160	102	58	193	111	82
镇江市	**512**	**342**	**170**	**862**	**575**	**287**	**1027**	**650**	**377**
京口区	109	74	35	154	114	40	199	118	81
润州区	96	67	29	136	90	46	167	114	53
丹徒区	36	21	15	65	45	20	77	44	33
镇江新区	3	2	1	8	3	5	6	5	1
江苏镇江高新区	9	4	5	22	16	6	25	17	8
丹阳市	109	78	31	201	130	71	229	164	65
扬中市	62	39	23	115	72	43	130	71	59
句容市	88	57	31	161	105	56	194	117	77
泰州市	**437**	**307**	**130**	**710**	**487**	**223**	**1052**	**681**	**371**
海陵区	114	78	36	196	134	62	259	173	86
高港区	45	30	15	62	42	20	113	76	37
姜堰区	71	48	23	103	71	32	172	116	56
泰州医药高新技术产业开发区									
兴化市	50	36	14	82	58	24	112	64	48
靖江市	64	43	21	122	79	43	154	99	55
泰兴市	93	72	21	145	103	42	242	153	89
宿迁市	**260**	**178**	**82**	**349**	**246**	**103**	**361**	**244**	**117**
宿城区	112	80	32	161	106	55	188	120	68
宿豫区	62	42	20	74	51	23	69	49	20
沭阳县									
泗阳县									
泗洪县									
宿迁经济技术开发区	4	1	3	2	2		2		2
宿迁市湖滨新区	49	33	16	69	53	16	55	38	17
苏州宿迁工业园区	1		1	2	2				
宿迁市洋河新区	32	22	10	41	32	9	47	37	10

6-1a 续表 18

单位：人

地区	75-79岁			80-84岁			85-89岁		
	小计	男	女	小计	男	女	小计	男	女
江苏	**22551**	**13558**	**8993**	**28751**	**15570**	**13181**	**28797**	**13548**	**15249**
南京市	**3914**	**2307**	**1607**	**5542**	**3044**	**2498**	**5796**	**2761**	**3035**
玄武区	303	184	119	495	248	247	587	310	277
秦淮区	613	362	251	945	521	424	1057	507	550
建邺区	204	123	81	251	146	105	278	138	140
鼓楼区	582	350	232	991	513	478	1138	530	608
浦口区	186	103	83	239	132	107	252	94	158
栖霞区	309	178	131	436	244	192	411	202	209
雨花台区	251	139	112	343	199	144	339	169	170
江宁区	406	251	155	496	282	214	454	218	236
六合区	291	178	113	361	190	171	369	155	214
溧水区	168	99	69	208	116	92	211	103	108
高淳区	169	98	71	175	115	60	167	88	79
南京江北新区	432	242	190	602	338	264	533	247	286
无锡市	**3143**	**2008**	**1135**	**3847**	**2139**	**1708**	**3936**	**1850**	**2086**
锡山区	198	120	78	208	124	84	200	86	114
惠山区	336	217	119	348	203	145	330	161	169
滨湖区	349	221	128	429	240	189	480	235	245
梁溪区	848	549	299	1143	638	505	1311	611	700
新吴区	345	227	118	412	230	182	365	169	196
江苏无锡经济开发区	121	80	41	132	73	59	137	63	74
江阴市	571	347	224	693	378	315	614	268	346
宜兴市	375	247	128	482	253	229	499	257	242
徐州市	**1777**	**1000**	**777**	**2178**	**1170**	**1008**	**2127**	**972**	**1155**
鼓楼区	253	146	107	269	131	138	330	159	171
云龙区	238	145	93	287	135	152	300	147	153
贾汪区	148	92	56	182	108	74	208	74	134
泉山区	431	239	192	653	368	285	593	287	306
铜山区	221	115	106	204	114	90	195	75	120
丰县									
沛县									
睢宁县									
徐州经济技术开发区	2	2		5	4	1	3	1	2
新沂市	154	83	71	225	113	112	179	73	106
邳州市	330	178	152	353	197	156	319	156	163
常州市	**1592**	**958**	**634**	**2080**	**1109**	**971**	**2048**	**1006**	**1042**
天宁区	298	198	100	421	236	185	491	248	243
钟楼区	299	181	118	427	222	205	410	192	218
新北区	290	162	128	350	176	174	289	139	150
武进区	220	130	90	271	144	127	241	119	122
金坛区	212	128	84	255	147	108	260	134	126
江苏省常州市经济开发区	110	65	45	129	69	60	141	63	78
溧阳市	163	94	69	227	115	112	216	111	105

6-1a 续表 19

单位：人

地 区	75-79岁			80-84岁			85-89岁		
	小计	男	女	小计	男	女	小计	男	女
苏州市	**2663**	**1679**	**984**	**3621**	**1993**	**1628**	**4025**	**1854**	**2171**
虎丘区	256	160	96	294	171	123	325	150	175
吴中区	271	165	106	352	203	149	413	190	223
相城区	260	168	92	376	202	174	375	171	204
姑苏区	562	363	199	777	421	356	946	458	488
吴江区	228	148	80	333	185	148	338	169	169
苏州工业园区									
常熟市	489	306	183	630	325	305	671	296	375
张家港市	180	112	68	260	147	113	257	112	145
昆山市	333	209	124	492	278	214	557	247	310
太仓市	84	48	36	107	61	46	143	61	82
南通市	**2323**	**1440**	**883**	**2975**	**1678**	**1297**	**2973**	**1390**	**1583**
崇川区	327	216	111	482	289	193	496	258	238
港闸区	222	149	73	296	165	131	336	137	199
通州区	349	214	135	409	218	191	441	194	247
如东县									
南通经济技术开发区									
通州湾示范区									
苏锡通科技产业园区									
启东市	387	238	149	490	285	205	528	244	284
如皋市	382	243	139	474	282	192	358	179	179
海门市	194	121	73	239	134	105	262	128	134
海安市	462	259	203	585	305	280	552	250	302
连云港市	**646**	**368**	**278**	**767**	**386**	**381**	**770**	**370**	**400**
连云区	98	55	43	101	51	50	133	59	74
海州区	331	183	148	450	225	225	422	201	221
赣榆区	203	123	80	205	106	99	195	101	94
东海县	5	3	2	3	1	2	1	1	
灌云县									
灌南县									
连云港经济技术开发区									
连云港高新技术产业开发区									
江苏连云港徐圩新区	4	2	2	5	3	2	9	6	3
江苏省连云港市云台山风景名胜区	5	2	3	3		3	10	2	8
淮安市	**962**	**548**	**414**	**1204**	**633**	**571**	**979**	**438**	**541**
淮安区	278	155	123	346	183	163	262	105	157
淮阴区	133	74	59	178	88	90	184	77	107
清江浦区	437	258	179	538	289	249	414	198	216
洪泽区	114	61	53	142	73	69	119	58	61
涟水县									
盱眙县									
金湖县									
淮安经济技术开发区									
工业园区									
生态文旅区									
苏淮高新区									

6-1a 续表 20 单位：人

地 区	75-79岁			80-84岁			85-89岁		
	小计	男	女	小计	男	女	小计	男	女
盐城市	**1081**	**616**	**465**	**1367**	**686**	**681**	**1218**	**612**	**606**
亭湖区	342	196	146	442	219	223	387	211	176
盐都区	152	87	65	209	97	112	146	77	69
大丰区	120	71	49	117	58	59	111	51	60
响水县									
滨海县									
阜宁县									
射阳县									
建湖县									
盐城经济技术开发区	6	2	4	8	5	3	10	5	5
江苏省盐南高新区	103	61	42	143	72	71	96	50	46
东台市	358	199	159	448	235	213	468	218	250
扬州市	**1337**	**776**	**561**	**1653**	**882**	**771**	**1615**	**764**	**851**
广陵区	284	155	129	390	185	205	360	174	186
邗江区	219	138	81	240	141	99	240	122	118
江都区	157	99	58	203	107	96	205	91	114
宝应县									
扬州经济技术开发区									
蜀冈瘦西湖景区	65	30	35	89	53	36	102	55	47
生态新城	29	15	14	34	20	14	41	13	28
仪征市	302	183	119	412	219	193	356	157	199
高邮市	281	156	125	285	157	128	311	152	159
镇江市	**1304**	**763**	**541**	**1415**	**763**	**652**	**1500**	**702**	**798**
京口区	281	172	109	373	197	176	346	180	166
润州区	201	112	89	206	123	83	257	121	136
丹徒区	79	42	37	79	38	41	93	33	60
镇江新区	6	4	2	8	3	5	4	2	2
江苏镇江高新区	32	13	19	31	17	14	31	14	17
丹阳市	282	160	122	295	156	139	332	159	173
扬中市	206	134	72	212	115	97	187	83	104
句容市	217	126	91	211	114	97	250	110	140
泰州市	**1214**	**745**	**469**	**1437**	**767**	**670**	**1300**	**604**	**696**
海陵区	327	207	120	418	228	190	396	193	203
高港区	106	68	38	98	47	51	98	43	55
姜堰区	201	126	75	252	141	111	242	107	135
泰州医药高新技术产业开发区									
兴化市	133	78	55	157	88	69	125	67	58
靖江市	184	115	69	192	111	81	168	68	100
泰兴市	263	151	112	320	152	168	271	126	145
宿迁市	**595**	**350**	**245**	**665**	**320**	**345**	**510**	**225**	**285**
宿城区	301	182	119	298	146	152	245	114	131
宿豫区	135	76	59	139	76	63	98	44	54
沭阳县									
泗阳县									
泗洪县									
宿迁经济技术开发区	3	2	1	5	1	4	5	1	4
宿迁市湖滨新区	99	58	41	125	43	82	95	42	53
苏州宿迁工业园区							3	2	1
宿迁市洋河新区	57	32	25	98	54	44	64	22	42

6-1a 续表 21　　　　单位：人

地区	90-94岁			95-99岁			100岁及以上		
	小计	男	女	小计	男	女	小计	男	女
江　苏	**17382**	**6916**	**10466**	**5546**	**1816**	**3730**	**936**	**259**	**677**
南京市	**3409**	**1446**	**1963**	**995**	**343**	**652**	**169**	**54**	**115**
玄武区	348	143	205	96	37	59	34	10	24
秦淮区	644	281	363	239	81	158	28	12	16
建邺区	199	88	111	50	22	28	8	2	6
鼓楼区	722	330	392	228	94	134	47	17	30
浦口区	136	54	82	36	5	31	5	1	4
栖霞区	196	85	111	44	12	32	13	6	7
雨花台区	151	59	92	36	6	30	4		4
江宁区	243	91	152	76	24	52	5	1	4
六合区	228	87	141	49	13	36	7	3	4
溧水区	142	55	87	20	6	14	2		2
高淳区	89	43	46	26	8	18	2		2
南京江北新区	311	130	181	95	35	60	14	2	12
无锡市	**2658**	**1037**	**1621**	**908**	**301**	**607**	**129**	**37**	**92**
锡山区	120	38	82	46	18	28	11	4	7
惠山区	204	66	138	78	22	56	13	6	7
滨湖区	320	140	180	107	33	74	18	4	14
梁溪区	908	355	553	307	98	209	45	16	29
新吴区	321	136	185	122	38	84	12	1	11
江苏无锡经济开发区	106	34	72	36	17	19	4	1	3
江阴市	343	128	215	100	30	70	11	1	10
宜兴市	336	140	196	112	45	67	15	4	11
徐州市	**1183**	**476**	**707**	**356**	**123**	**233**	**72**	**22**	**50**
鼓楼区	146	62	84	42	17	25	11	5	6
云龙区	194	84	110	53	19	34	15	4	11
贾汪区	126	57	69	47	15	32	14	5	9
泉山区	335	145	190	85	33	52	21	7	14
铜山区	88	30	58	27	8	19	2		2
丰县									
沛县									
睢宁县									
徐州经济技术开发区	2		2	2		2			
新沂市	110	37	73	20	7	13	3	1	2
邳州市	182	61	121	80	24	56	6		6
常州市	**1388**	**576**	**812**	**469**	**164**	**305**	**80**	**24**	**56**
天宁区	328	141	187	97	29	68	24	12	12
钟楼区	281	125	156	88	26	62	15	5	10
新北区	159	50	109	64	17	47	11	2	9
武进区	175	73	102	56	17	39	11	3	8
金坛区	157	70	87	65	33	32	7		7
江苏省常州市经济开发区	106	40	66	40	19	21	6	2	4
溧阳市	182	77	105	59	23	36	6		6

6-1a 续表 22

单位：人

地 区	90-94岁			95-99岁			100岁及以上		
	小计	男	女	小计	男	女	小计	男	女
苏州市	**2640**	**1002**	**1638**	**856**	**251**	**605**	**129**	**28**	**101**
虎丘区	206	79	127	52	13	39	9	4	5
吴中区	260	98	162	63	21	42	13		13
相城区	266	88	178	56	25	31	11	2	9
姑苏区	625	255	370	271	74	197	42	13	29
吴江区	199	73	126	47	11	36	5		5
苏州工业园区									
常熟市	499	186	313	174	51	123	25	6	19
张家港市	149	60	89	55	15	40	9	1	8
昆山市	353	132	221	113	33	80	12	2	10
太仓市	83	31	52	25	8	17	3		3
南通市	**2018**	**760**	**1258**	**771**	**240**	**531**	**136**	**27**	**109**
崇川区	405	159	246	166	55	111	37	8	29
港闸区	212	86	126	100	29	71	12	4	8
通州区	293	104	189	110	33	77	18	1	17
如东县									
南通经济技术开发区									
通州湾示范区									
苏锡通科技产业园区									
启东市	301	111	190	131	44	87	27	6	21
如皋市	266	95	171	90	31	59	13		13
海门市	181	63	118	74	21	53	14	6	8
海安市	360	142	218	100	27	73	15	2	13
连云港市	**367**	**163**	**204**	**119**	**47**	**72**	**31**	**13**	**18**
连云区	69	33	36	26	10	16	5		5
海州区	201	98	103	67	30	37	20	9	11
赣榆区	91	29	62	18	2	16	1		1
东海县									
灌云县									
灌南县									
连云港经济技术开发区									
连云港高新技术产业开发区									
江苏连云港徐圩新区	3	2	1	1	1		1		1
江苏省连云港市云台山风景名胜区	3	1	2	7	4	3	4	4	
淮安市	**394**	**157**	**237**	**121**	**52**	**69**	**38**	**12**	**26**
淮安区	78	26	52	29	13	16	17	5	12
淮阴区	71	25	46	16	5	11	9	2	7
清江浦区	184	87	97	57	25	32	9	2	7
洪泽区	61	19	42	19	9	10	3	3	
涟水县									
盱眙县									
金湖县									
淮安经济技术开发区									
工业园区									
生态文旅区									
苏淮高新区									

6-1a 续表 23

单位：人

地区	90-94岁			95-99岁			100岁及以上		
	小计	男	女	小计	男	女	小计	男	女
盐城市	**585**	**245**	**340**	**163**	**59**	**104**	**35**	**16**	**19**
亭湖区	171	79	92	43	19	24	10	4	6
盐都区	76	27	49	20	6	14	1		1
大丰区	42	20	22	28	12	16	11	6	5
响水县									
滨海县									
阜宁县									
射阳县									
建湖县									
盐城经济技术开发区	5	2	3	1	1				
江苏省盐南高新区	57	19	38	10	2	8	4	2	2
东台市	234	98	136	61	19	42	9	4	5
扬州市	**823**	**310**	**513**	**242**	**81**	**161**	**33**	**10**	**23**
广陵区	210	72	138	59	18	41	9	3	6
邗江区	124	42	82	45	15	30	3		3
江都区	112	36	76	23	7	16	7	4	3
宝应县									
扬州经济技术开发区									
蜀冈瘦西湖景区	57	23	34	15	7	8	3	2	1
生态新城	14	6	8	5	2	3	1		1
仪征市	166	70	96	61	20	41	8	1	7
高邮市	140	61	79	34	12	22	2		2
镇江市	**811**	**327**	**484**	**226**	**73**	**153**	**31**	**2**	**29**
京口区	197	100	97	55	21	34	13	1	12
润州区	135	52	83	40	13	27	5		5
丹徒区	49	18	31	10	1	9	1	1	
镇江新区	5	3	2						
江苏镇江高新区	27	5	22	5	3	2			
丹阳市	162	57	105	54	22	32	6		6
扬中市	108	43	65	24	4	20	4		4
句容市	128	49	79	38	9	29	2		2
泰州市	**830**	**310**	**520**	**232**	**60**	**172**	**41**	**11**	**30**
海陵区	218	103	115	42	10	32	10	3	7
高港区	84	20	64	14	1	13	2	1	1
姜堰区	124	52	72	46	14	32	9	4	5
泰州医药高新技术产业开发区									
兴化市	70	25	45	24	3	21	5	1	4
靖江市	132	44	88	53	11	42	8		8
泰兴市	202	66	136	53	21	32	7	2	5
宿迁市	**276**	**107**	**169**	**88**	**22**	**66**	**12**	**3**	**9**
宿城区	130	61	69	40	12	28	1	1	
宿豫区	61	25	36	27	5	22	4	1	3
沭阳县									
泗阳县									
泗洪县									
宿迁经济技术开发区	6		6	1		1			
宿迁市湖滨新区	45	16	29	10	3	7	4		4
苏州宿迁工业园区									
宿迁市洋河新区	34	5	29	10	2	8	3	1	2

6-1b 各地区分年龄、性别的死亡人口
(2019.11.1-2020.10.31)(镇)

单位：人

地　区	死亡人口			0岁		
	合计	男	女	小计	男	女
江　苏	**138675**	**77270**	**61405**	**148**	**99**	**49**
南京市	**954**	**545**	**409**	**1**	**1**	
玄武区						
秦淮区						
建邺区						
鼓楼区						
浦口区	46	25	21			
栖霞区						
雨花台区	73	49	24			
江宁区						
六合区	431	241	190	1	1	
溧水区	320	182	138			
高淳区	84	48	36			
南京江北新区						
无锡市	**8081**	**4579**	**3502**	**6**	**6**	
锡山区	1507	851	656	1	1	
惠山区	668	385	283	1	1	
滨湖区						
梁溪区						
新吴区						
江苏无锡经济开发区						
江阴市	2670	1518	1152	3	3	
宜兴市	3236	1825	1411	1	1	
徐州市	**16757**	**9530**	**7227**	**26**	**14**	**12**
鼓楼区						
云龙区	110	66	44			
贾汪区	514	284	230			
泉山区						
铜山区	2035	1153	882	8	2	6
丰县	2350	1281	1069	1	1	
沛县	3344	1920	1424	2	1	1
睢宁县	3336	1922	1414	8	4	4
徐州经济技术开发区	1038	609	429	1	1	
新沂市	1226	688	538	4	4	
邳州市	2804	1607	1197	2	1	1
常州市	**4472**	**2487**	**1985**	**5**	**4**	**1**
天宁区	174	97	77			
钟楼区						
新北区	716	396	320			
武进区	1213	665	548	2	1	1
金坛区	782	415	367	1	1	
江苏省常州市经济开发区	307	161	146			
溧阳市	1280	753	527	2	2	

6-1b 续表 1

单位：人

地区	死亡人口			0岁		
	合计	男	女	小计	男	女
苏州市	**15293**	**8201**	**7092**	**19**	**12**	**7**
虎丘区	114	65	49			
吴中区	1005	532	473			
相城区	250	127	123	1		1
姑苏区						
吴江区	2795	1513	1282	1		1
苏州工业园区	2084	1128	956	10	9	1
常熟市	3329	1699	1630	3	1	2
张家港市	3229	1821	1408	3	2	1
昆山市	1045	547	498	1		1
太仓市	1442	769	673			
南通市	**22114**	**12043**	**10071**	**9**	**5**	**4**
崇川区						
港闸区						
通州区	3543	1945	1598	2	1	1
如东县	4833	2667	2166	1		1
南通经济技术开发区	917	502	415	2	2	
通州湾示范区	635	336	299			
苏锡通科技产业园区	239	131	108			
启东市	1961	1072	889			
如皋市	4230	2304	1926	1	1	
海门市	3891	2060	1831			
海安市	1865	1026	839	3	1	2
连云港市	**8705**	**4986**	**3719**	**10**	**6**	**4**
连云区						
海州区	276	171	105	1	1	
赣榆区	2138	1245	893	4	4	
东海县	1713	968	745			
灌云县	1878	1063	815	3	1	2
灌南县	1791	1019	772	1		1
连云港经济技术开发区	417	236	181	1		1
连云港高新技术产业开发区	245	141	104			
江苏连云港徐圩新区	236	139	97			
江苏省连云港市云台山风景名胜区	11	4	7			
淮安市	**9493**	**5381**	**4112**	**9**	**7**	**2**
淮安区	1191	672	519	1	1	
淮阴区	1332	763	569	1		1
清江浦区	32	17	15			
洪泽区	276	149	127	1	1	
涟水县	2778	1613	1165	2	2	
盱眙县	1580	875	705			
金湖县	1129	630	499			
淮安经济技术开发区	643	354	289	3	2	1
工业园区	118	64	54	1	1	
生态文旅区	217	140	77			
苏淮高新区	197	104	93			

6-1b　续表 2

单位：人

地　区	死亡人口			0岁		
	合计	男	女	小计	男	女
盐城市	**17064**	**9491**	**7573**	**17**	**11**	**6**
亭湖区	378	224	154			
盐都区	1643	895	748	2	1	1
大丰区	1790	963	827			
响水县	1479	880	599	1	1	
滨海县	2130	1173	957	5	4	1
阜宁县	2739	1541	1198	2	1	1
射阳县	2220	1220	1000	4	2	2
建湖县	2129	1211	918	2	2	
盐城经济技术开发区	606	336	270			
江苏省盐南高新区						
东台市	1950	1048	902	1		1
扬州市	**8843**	**4969**	**3874**	**5**	**5**	
广陵区	277	157	120	1	1	
邗江区	322	175	147			
江都区	2262	1227	1035	1	1	
宝应县	2828	1620	1208	2	2	
扬州经济技术开发区	1020	553	467	1	1	
蜀冈瘦西湖景区						
生态新城	118	74	44			
仪征市	483	278	205			
高邮市	1533	885	648			
镇江市	**6387**	**3475**	**2912**	**6**	**3**	**3**
京口区	35	20	15			
润州区						
丹徒区	597	303	294			
镇江新区	1470	785	685			
江苏镇江高新区						
丹阳市	2794	1537	1257	5	3	2
扬中市	662	359	303			
句容市	829	471	358	1		1
泰州市	**8299**	**4687**	**3612**	**7**	**6**	**1**
海陵区	251	133	118			
高港区	555	326	229	2	2	
姜堰区	1317	729	588			
泰州医药高新技术产业开发区	1102	592	510			
兴化市	1818	1051	767	1	1	
靖江市	937	522	415			
泰兴市	2319	1334	985	4	3	1
宿迁市	**12213**	**6896**	**5317**	**28**	**19**	**9**
宿城区	202	112	90	1		1
宿豫区	442	259	183			
沭阳县	4859	2724	2135	12	8	4
泗阳县	3257	1837	1420	6	4	2
泗洪县	2704	1532	1172	3	3	
宿迁经济技术开发区	549	317	232	6	4	2
宿迁市湖滨新区	200	115	85			
苏州宿迁工业园区						
宿迁市洋河新区						

6-1b 续表 3

单位：人

地区	1-4岁			5-9岁			10-14岁		
	小计	男	女	小计	男	女	小计	男	女
江 苏	**164**	**99**	**65**	**114**	**66**	**48**	**154**	**97**	**57**
南京市				**1**	**1**				
玄武区									
秦淮区									
建邺区									
鼓楼区									
浦口区									
栖霞区									
雨花台区									
江宁区									
六合区									
溧水区				1	1				
高淳区									
南京江北新区									
无锡市	**10**	**6**	**4**	**1**	**1**		**6**	**3**	**3**
锡山区	1		1				1		1
惠山区	1	1					2	2	
滨湖区									
梁溪区									
新吴区									
江苏无锡经济开发区									
江阴市	6	4	2				1	1	
宜兴市	2	1	1	1	1		2		2
徐州市	**23**	**16**	**7**	**21**	**6**	**15**	**39**	**30**	**9**
鼓楼区									
云龙区	1	1					1	1	
贾汪区									
泉山区									
铜山区	2	1	1	6	2	4	3	3	
丰县	3	3		2	1	1	7	4	3
沛县	4	3	1	3	1	2	12	9	3
睢宁县	5	2	3	4	1	3	6	5	1
徐州经济技术开发区	6	4	2	2		2	2	1	1
新沂市	2	2					3	2	1
邳州市				4	1	3	5	5	
常州市	**5**	**2**	**3**	**4**	**2**	**2**	**2**	**2**	
天宁区									
钟楼区									
新北区	1		1	1	1		1	1	
武进区				1		1	1	1	
金坛区				1		1			
江苏省常州市经济开发区	1		1	1	1				
溧阳市	3	2	1						

6-1b 续表 4

单位：人

地区	1-4岁			5-9岁			10-14岁		
	小计	男	女	小计	男	女	小计	男	女
苏州市	**21**	**10**	**11**	**9**	**5**	**4**	**7**	**3**	**4**
虎丘区				1		1			
吴中区	2	1	1						
相城区				1	1		2	2	
姑苏区									
吴江区	2	1	1				1	1	
苏州工业园区	4	1	3	2		2	1		1
常熟市	2	1	1						
张家港市	8	5	3	1	1		1		1
昆山市				4	3	1	1		1
太仓市	3	1	2				1		1
南通市	**13**	**7**	**6**	**8**	**4**	**4**	**16**	**8**	**8**
崇川区									
港闸区									
通州区	3	1	2	2		2	2	2	
如东县	3	2	1	3	2	1	2	1	1
南通经济技术开发区				1	1		1		1
通州湾示范区	2	2							
苏锡通科技产业园区									
启东市	1		1				2	2	
如皋市	2		2	1		1	9	3	6
海门市	2	2		1	1				
海安市									
连云港市	**8**	**6**	**2**	**8**	**5**	**3**	**14**	**9**	**5**
连云区									
海州区	1	1					1		1
赣榆区	2	1	1	5	3	2	3	3	
东海县							2	1	1
灌云县	3	3		1	1		4	1	3
灌南县	2	1	1				4	4	
连云港经济技术开发区									
连云港高新技术产业开发区				2	1	1			
江苏连云港徐圩新区									
江苏省连云港市云台山风景名胜区									
淮安市	**16**	**10**	**6**	**9**	**9**		**11**	**6**	**5**
淮安区	1	1		3	3				
淮阴区	1	1					2	1	1
清江浦区									
洪泽区									
涟水县	8	4	4	4	4		2	2	
盱眙县	2	1	1				3		3
金湖县				1	1		1	1	
淮安经济技术开发区	3	2	1				2	2	
工业园区	1	1		1	1				
生态文旅区							1		1
苏淮高新区									

6-1b 续表 5

单位：人

地　区	1-4岁			5-9岁			10-14岁		
	小计	男	女	小计	男	女	小计	男	女
盐城市	**19**	**11**	**8**	**14**	**9**	**5**	**18**	**10**	**8**
亭湖区	1	1							
盐都区	1		1	2	2		1	1	
大丰区				2	1	1			
响水县	2	2		1		1	6	2	4
滨海县	5	2	3	1	1		4	3	1
阜宁县	3	3		5	3	2	3	2	1
射阳县	1		1				1	1	
建湖县	6	3	3	2	1	1	3	1	2
盐城经济技术开发区									
江苏省盐南高新区									
东台市				1	1				
扬州市	**4**	**2**	**2**	**3**	**2**	**1**	**4**	**2**	**2**
广陵区									
邗江区									
江都区	1	1							
宝应县	2	1	1				3	1	2
扬州经济技术开发区									
蜀冈瘦西湖景区									
生态新城									
仪征市	1		1						
高邮市				3	2	1	1	1	
镇江市	**6**	**4**	**2**	**2**	**1**	**1**	**3**	**3**	
京口区									
润州区									
丹徒区									
镇江新区	4	4					1	1	
江苏镇江高新区									
丹阳市	1		1	1	1		2	2	
扬中市	1		1						
句容市				1		1			
泰州市	**5**	**4**	**1**	**9**	**4**	**5**	**3**	**2**	**1**
海陵区				1		1			
高港区									
姜堰区				1	1		1		1
泰州医药高新技术产业开发区	1	1					1	1	
兴化市	1	1		2		2	1	1	
靖江市				1	1				
泰兴市	3	2	1	4	2	2			
宿迁市	**34**	**21**	**13**	**25**	**17**	**8**	**31**	**19**	**12**
宿城区	1		1						
宿豫区	1		1						
沭阳县	16	10	6	9	6	3	12	7	5
泗阳县	8	6	2	9	7	2	10	8	2
泗洪县	6	4	2	5	3	2	7	4	3
宿迁经济技术开发区	2	1	1	2	1	1	1		1
宿迁市湖滨新区							1		1
苏州宿迁工业园区									
宿迁市洋河新区									

6-1b　续表 6　　　　单位：人

地　区	15-19岁			20-24岁			25-29岁		
	小计	男	女	小计	男	女	小计	男	女
江　苏	**195**	**120**	**75**	**257**	**177**	**80**	**497**	**331**	**166**
南京市	**3**	**2**	**1**				**7**	**6**	**1**
玄武区									
秦淮区									
建邺区									
鼓楼区									
浦口区									
栖霞区									
雨花台区							1	1	
江宁区									
六合区							4	4	
溧水区	3	2	1				1		1
高淳区							1	1	
南京江北新区									
无锡市	**12**	**8**	**4**	**9**	**6**	**3**	**31**	**16**	**15**
锡山区	4	2	2						
惠山区	1	1					1		1
滨湖区									
梁溪区									
新吴区									
江苏无锡经济开发区									
江阴市	6	4	2	3	2	1	10	5	5
宜兴市	1	1		6	4	2	20	11	9
徐州市	**28**	**19**	**9**	**32**	**20**	**12**	**100**	**64**	**36**
鼓楼区									
云龙区									
贾汪区	1	1					6		6
泉山区									
铜山区	4	2	2	5	2	3	17	13	4
丰县	4	3	1	6	4	2	17	12	5
沛县	4	2	2	1	1		21	16	5
睢宁县	4	3	1	9	5	4	18	8	10
徐州经济技术开发区	2	2		3	1	2	5	3	2
新沂市	1	1		2	2		4	3	1
邳州市	8	5	3	6	5	1	12	9	3
常州市	**4**	**3**	**1**	**12**	**8**	**4**	**5**	**3**	**2**
天宁区									
钟楼区									
新北区	2	2		1		1			
武进区	1	1		5	5		1		1
金坛区				3	2	1			
江苏省常州市经济开发区				1		1	2	2	
溧阳市	1		1	2	1	1	2	1	1

6-1b 续表 7

单位：人

地区	15-19岁			20-24岁			25-29岁		
	小计	男	女	小计	男	女	小计	男	女
苏州市	**18**	**13**	**5**	**33**	**26**	**7**	**35**	**24**	**11**
虎丘区				1	1				
吴中区	1	1		1	1		5	3	2
相城区	1	1					1	1	
姑苏区									
吴江区	2	1	1	7	6	1	4	2	2
苏州工业园区	3	3		2	2		7	5	2
常熟市	4	2	2	4	3	1	6	5	1
张家港市	4	3	1	10	8	2	5	4	1
昆山市	2	2		4	2	2	6	3	3
太仓市	1		1	4	3	1	1	1	
南通市	**16**	**11**	**5**	**30**	**17**	**13**	**47**	**33**	**14**
崇川区									
港闸区									
通州区				2		2	5	3	2
如东县	5	4	1	7	4	3	9	7	2
南通经济技术开发区	2	2		3	3		3	3	
通州湾示范区				1		1	1		1
苏锡通科技产业园区							4	3	1
启东市	1	1		3	1	2	4	3	1
如皋市	4	1	3	5	2	3	8	6	2
海门市	3	3		9	7	2	9	5	4
海安市	1		1				4	3	1
连云港市	**21**	**15**	**6**	**27**	**22**	**5**	**36**	**27**	**9**
连云区									
海州区				3	3		1	1	
赣榆区	5	5		7	4	3	12	9	3
东海县	4	4		6	6		3	1	2
灌云县	7	4	3	2	1	1	9	6	3
灌南县	3	1	2	9	8	1	7	7	
连云港经济技术开发区									
连云港高新技术产业开发区	2	1	1				2	1	1
江苏连云港徐圩新区							2	2	
江苏省连云港市云台山风景名胜区									
淮安市	**17**	**8**	**9**	**29**	**19**	**10**	**37**	**31**	**6**
淮安区	1		1				7	6	1
淮阴区	6	4	2	4	3	1	8	5	3
清江浦区				1		1			
洪泽区	1		1				2	2	
涟水县	2	2		6	4	2	11	10	1
盱眙县	1	1		3	1	2	5	4	1
金湖县	2		2	2	1	1			
淮安经济技术开发区	3		3	11	9	2	3	3	
工业园区									
生态文旅区	1	1		1	1		1	1	
苏淮高新区				1		1			

6-1b　续表 8

单位：人

地　区	15-19岁			20-24岁			25-29岁		
	小计	男	女	小计	男	女	小计	男	女
盐城市	**23**	**13**	**10**	**28**	**20**	**8**	**62**	**41**	**21**
亭湖区									
盐都区	6	3	3	2	1	1	5	4	1
大丰区	2	2		2	1	1	4	4	
响水县	2	2		4	4		6	4	2
滨海县	2	1	1	2	1	1	9	5	4
阜宁县	3	1	2	7	6	1	11	6	5
射阳县	4	2	2	6	5	1	10	5	5
建湖县	2	1	1	2	1	1	8	5	3
盐城经济技术开发区	2	1	1	1	1		4	4	
江苏省盐南高新区									
东台市				2		2	5	4	1
扬州市	**11**	**7**	**4**	**8**	**4**	**4**	**20**	**11**	**9**
广陵区	1		1						
邗江区				1		1	1	1	
江都区	3	2	1	1		1	8	5	3
宝应县	2	2		5	3	2	4	2	2
扬州经济技术开发区	3	1	2				3	2	1
蜀冈瘦西湖景区									
生态新城									
仪征市							4	1	3
高邮市	2	2		1	1				
镇江市	**7**	**4**	**3**	**8**	**6**	**2**	**16**	**9**	**7**
京口区									
润州区									
丹徒区	1		1						
镇江新区	2	1	1	3	3		2		2
江苏镇江高新区									
丹阳市	3	2	1	4	3	1	8	3	5
扬中市							2	2	
句容市	1	1		1		1	4	4	
泰州市	**7**	**1**	**6**	**11**	**5**	**6**	**29**	**23**	**6**
海陵区									
高港区							5	3	2
姜堰区	1		1	1		1	7	6	1
泰州医药高新技术产业开发区	1		1	3	1	2	8	5	3
兴化市	1	1		2	1	1	2	2	
靖江市				1	1		3	3	
泰兴市	4		4	4	2	2	4	4	
宿迁市	**28**	**16**	**12**	**30**	**24**	**6**	**72**	**43**	**29**
宿城区				2	2				
宿豫区	2		2				5	2	3
沭阳县	8	5	3	12	10	2	31	17	14
泗阳县	5	4	1	9	6	3	19	13	6
泗洪县	10	4	6	5	4	1	12	9	3
宿迁经济技术开发区	2	2		1	1		4	1	3
宿迁市湖滨新区	1	1		1	1		1	1	
苏州宿迁工业园区									
宿迁市洋河新区									

6-1b 续表 9

单位：人

地区	30-34岁			35-39岁			40-44岁		
	小计	男	女	小计	男	女	小计	男	女
江 苏	**772**	**547**	**225**	**801**	**552**	**249**	**1329**	**940**	**389**
南京市	**2**		**2**	**8**	**6**	**2**	**9**	**5**	**4**
玄武区									
秦淮区									
建邺区									
鼓楼区									
浦口区									
栖霞区									
雨花台区				1	1		1	1	
江宁区									
六合区	2		2	3	3		4	1	3
溧水区				1	1		2	1	1
高淳区				3	1	2	2	2	
南京江北新区									
无锡市	**25**	**20**	**5**	**37**	**22**	**15**	**67**	**43**	**24**
锡山区				8	3	5	6	4	2
惠山区	3	2	1	6	3	3	13	11	2
滨湖区									
梁溪区									
新吴区									
江苏无锡经济开发区									
江阴市	12	9	3	13	8	5	28	16	12
宜兴市	10	9	1	10	8	2	20	12	8
徐州市	**140**	**104**	**36**	**137**	**101**	**36**	**208**	**161**	**47**
鼓楼区									
云龙区	5	3	2	2		2	1		1
贾汪区	3	2	1	4	3	1	3	3	
泉山区									
铜山区	18	14	4	25	15	10	27	23	4
丰县	22	18	4	16	11	5	45	31	14
沛县	30	23	7	29	23	6	55	44	11
睢宁县	22	19	3	18	14	4	26	18	8
徐州经济技术开发区	7	5	2	17	15	2	19	17	2
新沂市	9	4	5	9	7	2	12	9	3
邳州市	24	16	8	17	13	4	20	16	4
常州市	**12**	**11**	**1**	**21**	**16**	**5**	**32**	**26**	**6**
天宁区	1	1							
钟楼区									
新北区	1	1		6	4	2	3	3	
武进区	1	1		5	4	1	12	10	2
金坛区	2	2		2		2	5	3	2
江苏省常州市经济开发区	2	2					5	3	2
溧阳市	5	4	1	8	8		7	7	

6-1b 续表 10

单位：人

地 区	30-34岁			35-39岁			40-44岁		
	小计	男	女	小计	男	女	小计	男	女
苏州市	**79**	**56**	**23**	**62**	**37**	**25**	**106**	**70**	**36**
虎丘区	1	1							
吴中区	4	3	1	4	3	1	4	1	3
相城区	5		5				1	1	
姑苏区									
吴江区	10	7	3	5	4	1	14	10	4
苏州工业园区	14	11	3	17	8	9	26	17	9
常熟市	12	9	3	7	3	4	20	13	7
张家港市	21	15	6	11	7	4	27	19	8
昆山市	6	6		11	8	3	11	8	3
太仓市	6	4	2	7	4	3	3	1	2
南通市	**67**	**50**	**17**	**67**	**51**	**16**	**113**	**77**	**36**
崇川区									
港闸区									
通州区	12	11	1	9	7	2	16	11	5
如东县	13	8	5	13	9	4	27	17	10
南通经济技术开发区	5	4	1	4	3	1	7	6	1
通州湾示范区	3	3		4	3	1	4	3	1
苏锡通科技产业园区	2	1	1				1		1
启东市	4	3	1	9	7	2	9	5	4
如皋市	13	10	3	15	14	1	23	16	7
海门市	9	6	3	7	5	2	15	10	5
海安市	6	4	2	6	3	3	11	9	2
连云港市	**96**	**72**	**24**	**84**	**63**	**21**	**101**	**72**	**29**
连云区									
海州区	2	2		2	1	1	3		3
赣榆区	22	14	8	20	14	6	26	16	10
东海县	16	11	5	16	14	2	20	14	6
灌云县	22	15	7	25	18	7	20	19	1
灌南县	24	21	3	14	11	3	22	16	6
连云港经济技术开发区	5	5		2	2		1		1
连云港高新技术产业开发区	2	1	1	2	1	1	6	5	1
江苏连云港徐圩新区	3	3		3	2	1	3	2	1
江苏省连云港市云台山风景名胜区									
淮安市	**60**	**41**	**19**	**63**	**40**	**23**	**101**	**73**	**28**
淮安区	3		3	7	6	1	13	10	3
淮阴区	10	10		9	3	6	15	9	6
清江浦区									
洪泽区	1	1		1		1	5	1	4
涟水县	20	14	6	21	15	6	29	22	7
盱眙县	16	10	6	12	7	5	19	16	3
金湖县	3		3	8	5	3	6	5	1
淮安经济技术开发区	4	4		4	3	1	11	7	4
工业园区	2	1	1						
生态文旅区	1	1		1	1		2	2	
苏淮高新区							1	1	

6-1b 续表 11

单位：人

地 区	30-34岁			35-39岁			40-44岁		
	小计	男	女	小计	男	女	小计	男	女
盐城市	**104**	**70**	**34**	**111**	**73**	**38**	**196**	**134**	**62**
亭湖区	2	2		6	3	3	7	3	4
盐都区	14	10	4	6	4	2	18	9	9
大丰区	4	2	2	5	4	1	13	9	4
响水县	17	13	4	10	8	2	18	17	1
滨海县	19	11	8	17	12	5	23	17	6
阜宁县	17	10	7	23	15	8	34	24	10
射阳县	10	8	2	19	11	8	25	15	10
建湖县	11	6	5	11	7	4	36	23	13
盐城经济技术开发区	2	2		6	6		9	8	1
江苏省盐南高新区									
东台市	8	6	2	8	3	5	13	9	4
扬州市	**33**	**24**	**9**	**41**	**25**	**16**	**70**	**47**	**23**
广陵区				2	2		2	2	
邗江区	3	3					3	3	
江都区	7	4	3	9	7	2	11	7	4
宝应县	12	9	3	21	11	10	23	16	7
扬州经济技术开发区	3	2	1	3	1	2	14	7	7
蜀冈瘦西湖景区									
生态新城	1	1		1	1		2	2	
仪征市				1	1		4	2	2
高邮市	7	5	2	4	2	2	11	8	3
镇江市	**25**	**16**	**9**	**25**	**16**	**9**	**44**	**27**	**17**
京口区									
润州区									
丹徒区	3	1	2	1		1	6	4	2
镇江新区	4	2	2	11	5	6	9	6	3
江苏镇江高新区									
丹阳市	14	9	5	9	9		24	12	12
扬中市	1	1		1	1		2	2	
句容市	3	3		3	1	2	3	3	
泰州市	**19**	**12**	**7**	**37**	**23**	**14**	**83**	**62**	**21**
海陵区							1	1	
高港区	1	1					5	4	1
姜堰区	1	1		7	7		12	10	2
泰州医药高新技术产业开发区	4	2	2	7	4	3	11	6	5
兴化市	8	5	3	6	3	3	15	13	2
靖江市				4	3	1	12	8	4
泰兴市	5	3	2	13	6	7	27	20	7
宿迁市	**110**	**71**	**39**	**108**	**79**	**29**	**199**	**143**	**56**
宿城区	5	3	2				6	4	2
宿豫区	5	3	2	2	1	1	5	4	1
沭阳县	52	36	16	52	37	15	86	69	17
泗阳县	20	12	8	35	25	10	54	35	19
泗洪县	21	12	9	15	13	2	42	27	15
宿迁经济技术开发区	7	5	2	3	2	1	3	1	2
宿迁市湖滨新区				1	1		3	3	
苏州宿迁工业园区									
宿迁市洋河新区									

6-1b 续表 12

单位：人

地 区	45-49岁			50-54岁			55-59岁		
	小计	男	女	小计	男	女	小计	男	女
江 苏	**2561**	**1725**	**836**	**4944**	**3255**	**1689**	**5758**	**3858**	**1900**
南京市	**13**	**10**	**3**	**42**	**26**	**16**	**41**	**34**	**7**
玄武区									
秦淮区									
建邺区									
鼓楼区									
浦口区				1	1				
栖霞区									
雨花台区				1		1	4	3	1
江宁区									
六合区	6	4	2	19	14	5	25	21	4
溧水区	7	6	1	18	9	9	9	7	2
高淳区				3	2	1	3	3	
南京江北新区									
无锡市	**123**	**88**	**35**	**205**	**132**	**73**	**324**	**229**	**95**
锡山区	22	15	7	42	27	15	65	45	20
惠山区	19	14	5	20	15	5	22	14	8
滨湖区									
梁溪区									
新吴区									
江苏无锡经济开发区									
江阴市	40	35	5	68	44	24	104	73	31
宜兴市	42	24	18	75	46	29	133	97	36
徐州市	**426**	**296**	**130**	**753**	**498**	**255**	**771**	**509**	**262**
鼓楼区									
云龙区	4	3	1	2	2		6	4	2
贾汪区	10	8	2	20	14	6	25	15	10
泉山区									
铜山区	40	28	12	96	65	31	78	51	27
丰县	67	49	18	82	51	31	89	60	29
沛县	102	70	32	163	108	55	154	103	51
睢宁县	75	49	26	164	106	58	152	104	48
徐州经济技术开发区	33	25	8	46	32	14	55	40	15
新沂市	36	23	13	62	41	21	63	39	24
邳州市	59	41	18	118	79	39	149	93	56
常州市	**76**	**53**	**23**	**150**	**97**	**53**	**212**	**146**	**66**
天宁区	3	2	1	7	5	2	5	3	2
钟楼区									
新北区	16	13	3	16	13	3	36	23	13
武进区	13	10	3	39	20	19	61	44	17
金坛区	11	6	5	33	21	12	43	29	14
江苏省常州市经济开发区	4	2	2	11	9	2	14	11	3
溧阳市	29	20	9	44	29	15	53	36	17

6-1b 续表 13

单位：人

地 区	45-49岁			50-54岁			55-59岁		
	小计	男	女	小计	男	女	小计	男	女
苏州市	**187**	**118**	**69**	**380**	**255**	**125**	**470**	**314**	**156**
虎丘区	1	1					1	1	
吴中区	8	4	4	19	11	8	34	22	12
相城区	5	3	2	5	2	3	11	6	5
姑苏区									
吴江区	36	17	19	64	43	21	68	38	30
苏州工业园区	31	18	13	64	47	17	67	46	21
常熟市	31	23	8	54	31	23	109	69	40
张家港市	48	40	8	98	73	25	118	91	27
昆山市	10	4	6	42	21	21	25	14	11
太仓市	17	8	9	34	27	7	37	27	10
南通市	**248**	**169**	**79**	**665**	**442**	**223**	**805**	**544**	**261**
崇川区									
港闸区									
通州区	37	25	12	93	64	29	128	89	39
如东县	50	36	14	145	95	50	188	120	68
南通经济技术开发区	7	5	2	28	19	9	29	20	9
通州湾示范区	8	6	2	19	12	7	25	17	8
苏锡通科技产业园区	1		1	5	4	1	13	12	1
启东市	23	15	8	44	28	16	68	46	22
如皋市	65	42	23	159	107	52	165	116	49
海门市	38	30	8	120	77	43	125	83	42
海安市	19	10	9	52	36	16	64	41	23
连云港市	**221**	**147**	**74**	**366**	**255**	**111**	**404**	**279**	**125**
连云区									
海州区	3	1	2	8	7	1	12	9	3
赣榆区	48	33	15	84	61	23	104	74	30
东海县	50	29	21	81	58	23	75	47	28
灌云县	49	36	13	67	43	24	89	62	27
灌南县	51	32	19	94	67	27	77	54	23
连云港经济技术开发区	10	9	1	13	7	6	26	20	6
连云港高新技术产业开发区	4	2	2	12	8	4	9	6	3
江苏连云港徐圩新区	6	5	1	7	4	3	11	7	4
江苏省连云港市云台山风景名胜区							1		1
淮安市	**226**	**158**	**68**	**385**	**241**	**144**	**461**	**298**	**163**
淮安区	21	18	3	38	28	10	56	38	18
淮阴区	35	23	12	51	35	16	71	44	27
清江浦区				3	2	1	1	1	
洪泽区	3	1	2	4	2	2	15	12	3
涟水县	83	62	21	120	72	48	121	77	44
盱眙县	41	24	17	73	42	31	89	58	31
金湖县	19	15	4	40	26	14	61	38	23
淮安经济技术开发区	12	8	4	36	22	14	24	13	11
工业园区	3	2	1	2		2	5	4	1
生态文旅区	7	3	4	9	6	3	14	10	4
苏淮高新区	2	2		9	6	3	4	3	1

6-1b　续表 14

单位：人

地　　区	45-49岁			50-54岁			55-59岁		
	小计	男	女	小计	男	女	小计	男	女
盐城市	**346**	**227**	**119**	**690**	**469**	**221**	**787**	**527**	**260**
亭湖区	13	9	4	16	9	7	14	9	5
盐都区	33	21	12	61	38	23	79	53	26
大丰区	34	19	15	79	61	18	66	36	30
响水县	44	34	10	58	43	15	82	64	18
滨海县	59	41	18	82	52	30	94	65	29
阜宁县	52	33	19	115	74	41	118	75	43
射阳县	47	28	19	90	61	29	112	78	34
建湖县	26	19	7	84	62	22	84	60	24
盐城经济技术开发区	9	4	5	36	22	14	35	19	16
江苏省盐南高新区									
东台市	29	19	10	69	47	22	103	68	35
扬州市	**142**	**94**	**48**	**319**	**197**	**122**	**313**	**213**	**100**
广陵区	5	4	1	13	9	4	9	6	3
邗江区	10	6	4	8	3	5	16	13	3
江都区	34	21	13	72	50	22	80	55	25
宝应县	45	29	16	123	73	50	96	72	24
扬州经济技术开发区	12	10	2	35	19	16	34	21	13
蜀冈瘦西湖景区									
生态新城	1		1	5	3	2	8	5	3
仪征市	6	4	2	16	12	4	18	11	7
高邮市	29	20	9	47	28	19	52	30	22
镇江市	**105**	**64**	**41**	**206**	**125**	**81**	**296**	**189**	**107**
京口区	4	3	1	1	1				
润州区									
丹徒区	13	9	4	19	8	11	19	12	7
镇江新区	26	16	10	46	26	20	80	44	36
江苏镇江高新区									
丹阳市	39	23	16	89	53	36	133	88	45
扬中市	12	6	6	21	17	4	25	17	8
句容市	11	7	4	30	20	10	39	28	11
泰州市	**130**	**90**	**40**	**270**	**178**	**92**	**312**	**205**	**107**
海陵区	3	1	2	5	5		6	2	4
高港区	10	5	5	26	18	8	23	14	9
姜堰区	16	11	5	33	15	18	45	28	17
泰州医药高新技术产业开发区	19	14	5	31	19	12	42	21	21
兴化市	28	17	11	56	39	17	72	53	19
靖江市	13	11	2	25	17	8	34	28	6
泰兴市	41	31	10	94	65	29	90	59	31
宿迁市	**318**	**211**	**107**	**513**	**340**	**173**	**562**	**371**	**191**
宿城区	4	3	1	7	4	3	7	4	3
宿豫区	10	7	3	24	17	7	16	7	9
沭阳县	121	69	52	197	139	58	256	163	93
泗阳县	87	58	29	140	93	47	131	94	37
泗洪县	74	57	17	115	73	42	122	84	38
宿迁经济技术开发区	17	14	3	20	10	10	22	14	8
宿迁市湖滨新区	5	3	2	10	4	6	8	5	3
苏州宿迁工业园区									
宿迁市洋河新区									

6-1b 续表 15

单位：人

地　区	60-64岁			65-69岁			70-74岁		
	小计	男	女	小计	男	女	小计	男	女
江　苏	**8171**	**5597**	**2574**	**12794**	**8510**	**4284**	**15735**	**10018**	**5717**
南京市	**45**	**32**	**13**	**95**	**63**	**32**	**99**	**65**	**34**
玄武区									
秦淮区									
建邺区									
鼓楼区									
浦口区	5	3	2	3	2	1	5	3	2
栖霞区									
雨花台区	3	1	2	8	6	2	7	6	1
江宁区									
六合区	25	20	5	53	36	17	38	23	15
溧水区	11	7	4	22	15	7	42	28	14
高淳区	1	1		9	4	5	7	5	2
南京江北新区									
无锡市	**395**	**284**	**111**	**742**	**490**	**252**	**1053**	**687**	**366**
锡山区	86	67	19	141	97	44	193	138	55
惠山区	32	23	9	54	39	15	100	58	42
滨湖区									
梁溪区									
新吴区									
江苏无锡经济开发区									
江阴市	137	96	41	232	152	80	366	248	118
宜兴市	140	98	42	315	202	113	394	243	151
徐州市	**1010**	**720**	**290**	**1624**	**1092**	**532**	**1851**	**1185**	**666**
鼓楼区									
云龙区	9	7	2	11	9	2	15	11	4
贾汪区	28	19	9	46	24	22	64	40	24
泉山区									
铜山区	118	83	35	205	130	75	227	141	86
丰县	128	85	43	221	143	78	297	196	101
沛县	198	145	53	376	248	128	363	221	142
睢宁县	192	148	44	307	227	80	335	219	116
徐州经济技术开发区	76	48	28	82	51	31	140	86	54
新沂市	75	56	19	127	90	37	122	71	51
邳州市	186	129	57	249	170	79	288	200	88
常州市	**251**	**173**	**78**	**418**	**289**	**129**	**543**	**339**	**204**
天宁区	13	11	2	12	9	3	23	11	12
钟楼区									
新北区	42	30	12	81	52	29	103	69	34
武进区	66	40	26	107	77	30	145	88	57
金坛区	42	27	15	72	49	23	96	57	39
江苏省常州市经济开发区	15	11	4	26	17	9	42	20	22
溧阳市	73	54	19	120	85	35	134	94	40

6-1b 续表 16

单位：人

地区	60-64岁			65-69岁			70-74岁		
	小计	男	女	小计	男	女	小计	男	女
苏州市	**716**	**479**	**237**	**1242**	**835**	**407**	**1626**	**1047**	**579**
虎丘区	2	2		3	2	1	7	4	3
吴中区	56	42	14	70	47	23	114	78	36
相城区	11	7	4	21	12	9	22	16	6
姑苏区									
吴江区	122	78	44	221	146	75	305	207	98
苏州工业园区	114	66	48	210	146	64	233	141	92
常熟市	152	102	50	264	174	90	356	221	135
张家港市	169	120	49	245	165	80	346	225	121
昆山市	39	26	13	96	65	31	97	63	34
太仓市	51	36	15	112	78	34	146	92	54
南通市	**1194**	**781**	**413**	**1851**	**1243**	**608**	**2323**	**1497**	**826**
崇川区									
港闸区									
通州区	191	120	71	298	216	82	382	245	137
如东县	256	182	74	379	247	132	478	303	175
南通经济技术开发区	47	34	13	73	50	23	95	63	32
通州湾示范区	36	18	18	59	32	27	61	43	18
苏锡通科技产业园区	15	12	3	17	14	3	15	8	7
启东市	114	80	34	164	108	56	206	138	68
如皋市	234	149	85	348	245	103	470	299	171
海门市	193	116	77	325	207	118	413	279	134
海安市	108	70	38	188	124	64	203	119	84
连云港市	**610**	**421**	**189**	**930**	**614**	**316**	**930**	**573**	**357**
连云区									
海州区	17	13	4	34	29	5	28	17	11
赣榆区	141	99	42	234	173	61	245	159	86
东海县	112	69	43	174	107	67	172	111	61
灌云县	151	106	45	184	113	71	194	105	89
灌南县	131	95	36	222	133	89	192	116	76
连云港经济技术开发区	29	22	7	29	19	10	39	27	12
连云港高新技术产业开发区	16	12	4	29	25	4	36	20	16
江苏连云港徐圩新区	11	4	7	24	15	9	23	17	6
江苏省连云港市云台山风景名胜区	2	1	1				1	1	
淮安市	**662**	**472**	**190**	**944**	**628**	**316**	**1021**	**645**	**376**
淮安区	90	70	20	118	79	39	139	87	52
淮阴区	89	67	22	146	105	41	135	96	39
清江浦区	2	1	1	3	3		1	1	
洪泽区	22	17	5	18	11	7	38	25	13
涟水县	204	150	54	285	189	96	285	185	100
盱眙县	119	77	42	157	95	62	150	90	60
金湖县	57	38	19	103	65	38	126	76	50
淮安经济技术开发区	33	19	14	69	47	22	65	31	34
工业园区	12	10	2	10	8	2	13	9	4
生态文旅区	18	14	4	20	15	5	37	24	13
苏淮高新区	16	9	7	15	11	4	32	21	11

6-1b 续表 17

单位：人

地 区	60-64岁			65-69岁			70-74岁		
	小计	男	女	小计	男	女	小计	男	女
盐城市	**1197**	**797**	**400**	**1628**	**1073**	**555**	**2051**	**1237**	**814**
亭湖区	25	18	7	47	34	13	48	31	17
盐都区	97	61	36	144	102	42	205	124	81
大丰区	118	82	36	139	79	60	217	126	91
响水县	131	86	45	142	96	46	163	106	57
滨海县	160	100	60	225	146	79	266	154	112
阜宁县	191	129	62	285	198	87	347	206	141
射阳县	165	118	47	214	134	80	272	166	106
建湖县	155	99	56	217	135	82	244	147	97
盐城经济技术开发区	39	26	13	66	48	18	72	47	25
江苏省盐南高新区									
东台市	116	78	38	149	101	48	217	130	87
扬州市	**477**	**295**	**182**	**844**	**566**	**278**	**1173**	**756**	**417**
广陵区	11	6	5	24	18	6	47	37	10
邗江区	22	9	13	34	22	12	45	24	21
江都区	109	64	45	193	138	55	300	187	113
宝应县	160	98	62	269	167	102	389	252	137
扬州经济技术开发区	64	40	24	111	73	38	139	92	47
蜀冈瘦西湖景区									
生态新城	8	8		11	6	5	11	9	2
仪征市	28	20	8	38	30	8	57	40	17
高邮市	75	50	25	164	112	52	185	115	70
镇江市	**369**	**260**	**109**	**657**	**446**	**211**	**885**	**547**	**338**
京口区	3	2	1	1	1		3	2	1
润州区									
丹徒区	22	15	7	78	42	36	95	65	30
镇江新区	99	67	32	115	76	39	211	121	90
江苏镇江高新区									
丹阳市	153	113	40	319	225	94	382	234	148
扬中市	35	27	8	55	38	17	75	50	25
句容市	57	36	21	89	64	25	119	75	44
泰州市	**490**	**334**	**156**	**777**	**498**	**279**	**978**	**673**	**305**
海陵区	14	10	4	17	11	6	28	21	7
高港区	28	18	10	56	37	19	68	47	21
姜堰区	78	57	21	125	71	54	137	85	52
泰州医药高新技术产业开发区	66	43	23	108	70	38	110	75	35
兴化市	105	62	43	184	115	69	223	161	62
靖江市	55	37	18	84	48	36	131	94	37
泰兴市	144	107	37	203	146	57	281	190	91
宿迁市	**755**	**549**	**206**	**1042**	**673**	**369**	**1202**	**767**	**435**
宿城区	11	10	1	13	9	4	20	10	10
宿豫区	35	25	10	59	44	15	32	22	10
沭阳县	357	253	104	405	266	139	467	288	179
泗阳县	191	137	54	291	174	117	334	207	127
泗洪县	128	97	31	216	139	77	253	174	79
宿迁经济技术开发区	25	19	6	42	31	11	67	51	16
宿迁市湖滨新区	8	8		16	10	6	29	15	14
苏州宿迁工业园区									
宿迁市洋河新区									

6-1b　续表 18

单位：人

地　区	75-79岁			80-84岁			85-89岁		
	小计	男	女	小计	男	女	小计	男	女
江　苏	**20052**	**11937**	**8115**	**24063**	**13061**	**11002**	**22519**	**10225**	**12294**
南京市	**130**	**81**	**49**	**171**	**93**	**78**	**185**	**84**	**101**
玄武区									
秦淮区									
建邺区									
鼓楼区									
浦口区	5	2	3	12	7	5	10	4	6
栖霞区									
雨花台区	15	15		15	7	8	10	5	5
江宁区									
六合区	52	27	25	73	37	36	83	35	48
溧水区	47	30	17	51	32	19	65	31	34
高淳区	11	7	4	20	10	10	17	9	8
南京江北新区									
无锡市	**1109**	**689**	**420**	**1389**	**778**	**611**	**1333**	**612**	**721**
锡山区	235	151	84	269	140	129	227	90	137
惠山区	85	53	32	109	65	44	84	35	49
滨湖区									
梁溪区									
新吴区									
江苏无锡经济开发区									
江阴市	389	225	164	478	253	225	413	195	218
宜兴市	400	260	140	533	320	213	609	292	317
徐州市	**2434**	**1464**	**970**	**2692**	**1467**	**1225**	**2477**	**1100**	**1377**
鼓楼区									
云龙区	14	6	8	15	9	6	16	7	9
贾汪区	85	54	31	98	49	49	66	34	32
泉山区									
铜山区	304	182	122	336	188	148	273	124	149
丰县	309	182	127	379	197	182	381	142	239
沛县	455	280	175	508	287	221	453	200	253
睢宁县	527	307	220	577	310	267	494	221	273
徐州经济技术开发区	146	88	58	163	94	69	160	75	85
新沂市	177	114	63	188	101	87	205	88	117
邳州市	417	251	166	428	232	196	429	209	220
常州市	**661**	**372**	**289**	**704**	**379**	**325**	**722**	**341**	**381**
天宁区	32	17	15	26	16	10	27	11	16
钟楼区									
新北区	114	63	51	100	49	51	105	51	54
武进区	169	105	64	211	107	104	186	89	97
金坛区	114	60	54	120	59	61	132	65	67
江苏省常州市经济开发区	46	25	21	49	30	19	46	15	31
溧阳市	186	102	84	198	118	80	226	110	116

6-1b 续表 19

单位：人

地区	75-79岁			80-84岁			85-89岁		
	小计	男	女	小计	男	女	小计	男	女
苏州市	**2118**	**1301**	**817**	**2773**	**1499**	**1274**	**2845**	**1255**	**1590**
虎丘区	16	11	5	12	8	4	16	7	9
吴中区	153	95	58	196	93	103	186	77	109
相城区	43	26	17	40	21	19	51	16	35
姑苏区									
吴江区	383	246	137	514	277	237	564	262	302
苏州工业园区	255	143	112	363	210	153	361	162	199
常熟市	504	300	204	671	362	309	609	232	377
张家港市	462	311	151	543	285	258	541	251	290
昆山市	132	70	62	195	103	92	207	99	108
太仓市	170	99	71	239	140	99	310	149	161
南通市	**3053**	**1866**	**1187**	**3965**	**2224**	**1741**	**3965**	**1813**	**2152**
崇川区									
港闸区									
通州区	478	301	177	581	349	232	666	307	359
如东县	675	398	277	888	511	377	883	423	460
南通经济技术开发区	122	69	53	141	82	59	171	73	98
通州湾示范区	95	53	42	100	58	42	121	56	65
苏锡通科技产业园区	43	28	15	36	21	15	45	13	32
启东市	215	131	84	375	213	162	380	179	201
如皋市	605	367	238	787	415	372	669	299	370
海门市	557	354	203	711	386	325	702	304	398
海安市	263	165	98	346	189	157	328	159	169
连云港市	**1155**	**642**	**513**	**1389**	**737**	**652**	**1339**	**659**	**680**
连云区									
海州区	38	21	17	49	26	23	38	24	14
赣榆区	267	153	114	295	163	132	374	176	198
东海县	228	135	93	301	150	151	287	147	140
灌云县	266	144	122	293	156	137	272	139	133
灌南县	240	133	107	291	151	140	216	99	117
连云港经济技术开发区	53	27	26	86	51	35	71	26	45
连云港高新技术产业开发区	28	13	15	35	16	19	39	23	16
江苏连云港徐圩新区	34	15	19	37	23	14	41	25	16
江苏省连云港市云台山风景名胜区	1	1		2	1	1	1		1
淮安市	**1449**	**843**	**606**	**1710**	**933**	**777**	**1347**	**631**	**716**
淮安区	170	88	82	242	127	115	170	72	98
淮阴区	184	107	77	241	133	108	172	73	99
清江浦区	3	2	1	13	6	7	2		2
洪泽区	46	27	19	49	28	21	37	13	24
涟水县	385	230	155	534	291	243	406	197	209
盱眙县	274	155	119	241	126	115	216	111	105
金湖县	201	122	79	184	116	68	198	91	107
淮安经济技术开发区	103	65	38	105	55	50	85	40	45
工业园区	19	6	13	22	9	13	16	9	7
生态文旅区	33	23	10	35	23	12	22	12	10
苏淮高新区	31	18	13	44	19	25	23	13	10

6-1b　续表 20

单位：人

地　　区	75-79岁			80-84岁			85-89岁		
	小计	男	女	小计	男	女	小计	男	女
盐城市	**2518**	**1437**	**1081**	**3086**	**1585**	**1501**	**2548**	**1158**	**1390**
亭湖区	46	30	16	71	42	29	52	20	32
盐都区	259	156	103	308	136	172	271	127	144
大丰区	300	163	137	338	166	172	271	130	141
响水县	210	127	83	238	127	111	205	92	113
滨海县	293	154	139	372	203	169	295	123	172
阜宁县	383	214	169	495	261	234	374	184	190
射阳县	315	171	144	393	187	206	329	145	184
建湖县	331	213	118	425	225	200	330	148	182
盐城经济技术开发区	85	42	43	93	52	41	83	35	48
江苏省盐南高新区									
东台市	296	167	129	353	186	167	338	154	184
扬州市	**1394**	**829**	**565**	**1625**	**906**	**719**	**1452**	**659**	**793**
广陵区	43	23	20	50	25	25	36	12	24
邗江区	51	27	24	48	31	17	47	24	23
江都区	367	220	147	431	220	211	379	148	231
宝应县	467	269	198	496	294	202	472	229	243
扬州经济技术开发区	120	77	43	179	89	90	175	83	92
蜀冈瘦西湖景区									
生态新城	19	13	6	24	15	9	13	6	7
仪征市	66	37	29	100	61	39	92	41	51
高邮市	261	163	98	297	171	126	238	116	122
镇江市	**938**	**544**	**394**	**1053**	**547**	**506**	**1022**	**429**	**593**
京口区	8	3	5	7	4	3	7	3	4
润州区									
丹徒区	86	47	39	101	45	56	84	33	51
镇江新区	216	126	90	268	151	117	221	87	134
江苏镇江高新区									
丹阳市	389	236	153	419	210	209	474	211	263
扬中市	114	58	56	119	65	54	120	45	75
句容市	125	74	51	139	72	67	116	50	66
泰州市	**1266**	**804**	**462**	**1480**	**829**	**651**	**1324**	**575**	**749**
海陵区	41	26	15	53	29	24	48	18	30
高港区	89	59	30	84	45	39	82	44	38
姜堰区	196	119	77	255	147	108	226	109	117
泰州医药高新技术产业开发区	185	116	69	173	98	75	190	73	117
兴化市	287	174	113	337	197	140	313	136	177
靖江市	165	111	54	163	84	79	110	37	73
泰兴市	303	199	104	415	229	186	355	158	197
宿迁市	**1827**	**1065**	**762**	**2026**	**1084**	**942**	**1960**	**909**	**1051**
宿城区	41	25	16	31	17	14	36	16	20
宿豫区	56	41	15	63	36	27	83	38	45
沭阳县	659	357	302	803	436	367	805	375	430
泗阳县	508	315	193	525	274	251	510	252	258
泗洪县	441	257	184	464	242	222	420	185	235
宿迁经济技术开发区	89	54	35	97	51	46	79	29	50
宿迁市湖滨新区	33	16	17	43	28	15	27	14	13
苏州宿迁工业园区									
宿迁市洋河新区									

6-1b 续表 21

单位：人

地区	90-94岁			95-99岁			100岁及以上		
	小计	男	女	小计	男	女	小计	男	女
江　苏	**12940**	**4763**	**8177**	**4033**	**1148**	**2885**	**674**	**145**	**529**
南京市	**87**	**33**	**54**	**14**	**2**	**12**	**1**	**1**	
玄武区									
秦淮区									
建邺区									
鼓楼区									
浦口区	5	3	2						
栖霞区									
雨花台区	5	3	2	2		2			
江宁区									
六合区	35	12	23	7	2	5	1	1	
溧水区	35	12	23	5		5			
高淳区	7	3	4						
南京江北新区									
无锡市	**895**	**361**	**534**	**267**	**88**	**179**	**42**	**10**	**32**
锡山区	145	59	86	53	12	41	8		8
惠山区	86	39	47	24	8	16	5	1	4
滨湖区									
梁溪区									
新吴区									
江苏无锡经济开发区									
江阴市	284	119	165	67	25	42	10	1	9
宜兴市	380	144	236	123	43	80	19	8	11
徐州市	**1444**	**526**	**918**	**435**	**121**	**314**	**86**	**17**	**69**
鼓楼区									
云龙区	7	3	4	1		1			
贾汪区	39	13	26	12	5	7	4		4
泉山区									
铜山区	178	59	119	56	21	35	9	4	5
丰县	206	71	135	57	16	41	11	1	10
沛县	308	109	199	85	24	61	18	2	16
睢宁县	285	117	168	94	31	63	14	4	10
徐州经济技术开发区	58	19	39	11	1	10	4	1	3
新沂市	93	28	65	21	2	19	11	1	10
邳州市	270	107	163	98	21	77	15	4	11
常州市	**485**	**187**	**298**	**135**	**31**	**104**	**13**	**3**	**10**
天宁区	18	10	8	6	1	5	1		1
钟楼区									
新北区	69	20	49	17	1	16	1		1
武进区	143	50	93	40	10	30	4	2	2
金坛区	81	28	53	21	5	16	3	1	2
江苏省常州市经济开发区	33	11	22	8	2	6	1		1
溧阳市	141	68	73	43	12	31	3		3

6-1b　续表 22

单位：人

地　区	90-94岁			95-99岁			100岁及以上		
	小计	男	女	小计	男	女	小计	男	女
苏州市	**1890**	**664**	**1226**	**565**	**161**	**404**	**92**	**17**	**75**
虎丘区	24	15	9	12	4	8	17	8	9
吴中区	112	45	67	31	5	26	5		5
相城区	23	10	13	5	2	3	1		1
姑苏区									
吴江区	347	126	221	109	40	69	16	1	15
苏州工业园区	215	67	148	78	24	54	7	2	5
常熟市	398	132	266	110	16	94	13		13
张家港市	418	148	270	130	45	85	20	3	17
昆山市	119	39	80	32	11	21	5		5
太仓市	234	82	152	58	14	44	8	3	5
南通市	**2534**	**898**	**1636**	**968**	**271**	**697**	**157**	**32**	**125**
崇川区									
港闸区									
通州区	442	148	294	175	41	134	19	4	15
如东县	562	219	343	218	73	145	28	6	22
南通经济技术开发区	130	47	83	37	13	24	9	3	6
通州湾示范区	70	23	47	25	7	18	1		1
苏锡通科技产业园区	29	13	16	10	2	8	3		3
启东市	231	82	149	88	26	62	20	4	16
如皋市	431	158	273	178	45	133	38	9	29
海门市	455	136	319	167	45	122	30	4	26
海安市	184	72	112	70	19	51	9	2	7
连云港市	**709**	**281**	**428**	**212**	**72**	**140**	**35**	**9**	**26**
连云区									
海州区	27	13	14	5	2	3	3		3
赣榆区	183	63	120	48	16	32	9	2	7
东海县	127	54	73	33	10	23	6		6
灌云县	160	73	87	50	15	35	7	2	5
灌南县	135	51	84	48	16	32	8	3	5
连云港经济技术开发区	37	16	21	14	4	10	1	1	
连云港高新技术产业开发区	17	3	14	3	2	1	1	1	
江苏连云港徐圩新区	20	8	12	11	7	4			
江苏省连云港市云台山风景名胜区	3		3						
淮安市	**675**	**223**	**452**	**208**	**51**	**157**	**53**	**14**	**39**
淮安区	86	33	53	24	5	19	1		1
淮阴区	105	36	69	39	7	32	8	1	7
清江浦区	2	1	1				1		1
洪泽区	26	8	18	5		5	2		2
涟水县	164	54	110	60	18	42	26	9	17
盱眙县	114	43	71	36	11	25	9	3	6
金湖县	96	25	71	20	5	15	1		1
淮安经济技术开发区	52	17	35	12	4	8	3	1	2
工业园区	9	3	6	2		2			
生态文旅区	9	2	7	3	1	2	2		2
苏淮高新区	12	1	11	7		7			

6-1b 续表 23 单位：人

地区	90-94岁			95-99岁			100岁及以上		
	小计	男	女	小计	男	女	小计	男	女
盐城市	**1202**	**482**	**720**	**366**	**98**	**268**	**53**	**9**	**44**
亭湖区	23	11	12	5	2	3	2		2
盐都区	107	37	70	19	4	15	3	1	2
大丰区	154	66	88	41	11	30	1	1	
响水县	89	39	50	46	13	33	4		4
滨海县	134	62	72	51	14	37	12	2	10
阜宁县	194	81	113	70	14	56	7	1	6
射阳县	149	63	86	50	20	30	4		4
建湖县	113	46	67	31	7	24	6		6
盐城经济技术开发区	53	15	38	9	4	5	2		2
江苏省盐南高新区									
东台市	186	62	124	44	9	35	12	4	8
扬州市	**710**	**258**	**452**	**177**	**61**	**116**	**18**	**6**	**12**
广陵区	29	12	17	2		2	2		2
邗江区	27	8	19	6	1	5			
江都区	191	75	116	59	19	40	6	3	3
宝应县	180	65	115	52	24	28	5	1	4
扬州经济技术开发区	102	31	71	22	4	18			
蜀冈瘦西湖景区									
生态新城	10	4	6	4	1	3			
仪征市	41	15	26	10	3	7	1		1
高邮市	130	48	82	22	9	13	4	2	2
镇江市	**551**	**190**	**361**	**141**	**37**	**104**	**22**	**8**	**14**
京口区				1	1				
润州区									
丹徒区	54	16	38	11	4	7	4	2	2
镇江新区	120	42	78	26	5	21	6	2	4
江苏镇江高新区									
丹阳市	243	79	164	75	20	55	8	1	7
扬中市	61	23	38	15	5	10	3	2	1
句容市	73	30	43	13	2	11	1	1	
泰州市	**780**	**288**	**492**	**235**	**65**	**170**	**47**	**6**	**41**
海陵区	28	8	20	5	1	4	1		1
高港区	52	24	28	17	4	13	7	1	6
姜堰区	131	48	83	37	13	24	7	1	6
泰州医药高新技术产业开发区	108	37	71	28	6	22	6		6
兴化市	134	57	77	37	12	25	3		3
靖江市	99	31	68	33	8	25	4		4
泰兴市	228	83	145	78	21	57	19	4	15
宿迁市	**978**	**372**	**606**	**310**	**90**	**220**	**55**	**13**	**42**
宿城区	12	4	8	4	1	3	1		1
宿豫区	24	9	15	18	3	15	2		2
沭阳县	379	136	243	101	32	69	19	5	14
泗阳县	267	88	179	85	23	62	13	2	11
泗洪县	243	109	134	84	26	58	18	6	12
宿迁经济技术开发区	48	26	22	10		10	2		2
宿迁市湖滨新区	5		5	8	5	3			
苏州宿迁工业园区									
宿迁市洋河新区									

6-1c　各地区分年龄、性别的死亡人口
(2019.11.1-2020.10.31)(乡村)

单位：人

地　区	死亡人口			0岁		
	合计	男	女	小计	男	女
江　苏	**207509**	**113510**	**93999**	**222**	**126**	**96**
南京市	**7989**	**4545**	**3444**	**11**	**8**	**3**
玄武区						
秦淮区						
建邺区						
鼓楼区						
浦口区	751	420	331	1	1	
栖霞区	504	300	204	2		2
雨花台区						
江宁区	1385	794	591	2	2	
六合区	1957	1072	885	1	1	
溧水区	1199	697	502			
高淳区	1975	1142	833	5	4	1
南京江北新区	218	120	98			
无锡市	**6509**	**3574**	**2935**	**2**	**2**	
锡山区	833	458	375			
惠山区	426	231	195			
滨湖区	204	117	87			
梁溪区						
新吴区						
江苏无锡经济开发区						
江阴市	2108	1151	957			
宜兴市	2938	1617	1321	2	2	
徐州市	**27125**	**15031**	**12094**	**46**	**26**	**20**
鼓楼区						
云龙区						
贾汪区	1357	739	618			
泉山区						
铜山区	3695	2092	1603	9	5	4
丰县	4379	2372	2007	7	4	3
沛县	3487	1944	1543	6	4	2
睢宁县	4419	2403	2016	6	4	2
徐州经济技术开发区	370	223	147	1	1	
新沂市	3725	2103	1622	5	1	4
邳州市	5693	3155	2538	12	7	5
常州市	**9452**	**5214**	**4238**	**12**	**7**	**5**
天宁区	415	221	194			
钟楼区	207	121	86			
新北区	1081	569	512			
武进区	1919	1001	918	3	2	1
金坛区	2104	1174	930	1	1	
江苏省常州市经济开发区	729	422	307	1	1	
溧阳市	2997	1706	1291	7	3	4

6-1c 续表 1 单位：人

地区	死亡人口			0岁		
	合计	男	女	小计	男	女
苏州市	**9663**	**5045**	**4618**	**4**	**4**	
虎丘区	286	161	125	1	1	
吴中区	1201	617	584			
相城区	406	201	205	1	1	
姑苏区						
吴江区	1221	685	536			
苏州工业园区						
常熟市	2463	1243	1220	2	2	
张家港市	1747	968	779			
昆山市	1150	569	581			
太仓市	1189	601	588			
南通市	**26936**	**14474**	**12462**	**20**	**5**	**15**
崇川区						
港闸区						
通州区	3456	1888	1568	3	1	2
如东县	5150	2781	2369	4	2	2
南通经济技术开发区						
通州湾示范区	494	268	226			
苏锡通科技产业园区	229	123	106			
启东市	5726	3002	2724	2		2
如皋市	5303	2836	2467	8	2	6
海门市	2864	1536	1328	1		1
海安市	3714	2040	1674	2		2
连云港市	**14846**	**8354**	**6492**	**23**	**17**	**6**
连云区	32	13	19			
海州区	686	400	286	1	1	
赣榆区	3600	2029	1571	3	3	
东海县	4896	2756	2140	5	5	
灌云县	2992	1679	1313	8	4	4
灌南县	2403	1331	1072	6	4	2
连云港经济技术开发区	115	72	43			
连云港高新技术产业开发区						
江苏连云港徐圩新区						
江苏省连云港市云台山风景名胜区	122	74	48			
淮安市	**17583**	**9491**	**8092**	**18**	**7**	**11**
淮安区	4633	2513	2120	8	3	5
淮阴区	2832	1600	1232	2	1	1
清江浦区	452	253	199	1	1	
洪泽区	1260	652	608	1		1
涟水县	3886	2083	1803	6	2	4
盱眙县	3106	1659	1447			
金湖县	1378	710	668			
淮安经济技术开发区						
工业园区						
生态文旅区						
苏淮高新区	36	21	15			

6-1c 续表 2

单位：人

地 区	死亡人口			0岁		
	合计	男	女	小计	男	女
盐城市	**28452**	**15251**	**13201**	**25**	**11**	**14**
亭湖区	1108	587	521	1	1	
盐都区	2580	1403	1177	3	1	2
大丰区	2807	1480	1327			
响水县	1755	974	781	1	1	
滨海县	3650	1953	1697	9	2	7
阜宁县	4053	2179	1874	1	1	
射阳县	3530	1845	1685	5	1	4
建湖县	3123	1694	1429	1	1	
盐城经济技术开发区	51	22	29			
江苏省盐南高新区						
东台市	5795	3114	2681	4	3	1
扬州市	**17052**	**9312**	**7740**	**6**	**4**	**2**
广陵区	833	463	370	1	1	
邗江区	984	551	433	1	1	
江都区	4954	2696	2258	1	1	
宝应县	4561	2446	2115	1		1
扬州经济技术开发区	184	106	78			
蜀冈瘦西湖景区						
生态新城	214	121	93			
仪征市	1585	859	726			
高邮市	3737	2070	1667	2	1	1
镇江市	**6266**	**3346**	**2920**	**4**	**2**	**2**
京口区	78	33	45			
润州区	33	19	14			
丹徒区	1162	613	549			
镇江新区	200	107	93			
江苏镇江高新区						
丹阳市	2436	1269	1167	1		1
扬中市	496	275	221			
句容市	1861	1030	831	3	2	1
泰州市	**18914**	**10615**	**8299**	**14**	**10**	**4**
海陵区	511	280	231	1		1
高港区	955	519	436			
姜堰区	3282	1850	1432	3	3	
泰州医药高新技术产业开发区	68	33	35			
兴化市	6242	3533	2709	2	1	1
靖江市	2131	1198	933	1	1	
泰兴市	5725	3202	2523	7	5	2
宿迁市	**16722**	**9258**	**7464**	**37**	**23**	**14**
宿城区	2175	1222	953	15	10	5
宿豫区	1681	929	752	1		1
沭阳县	5734	3124	2610	11	7	4
泗阳县	2839	1576	1263	5	1	4
泗洪县	3198	1795	1403	2	2	
宿迁经济技术开发区	207	108	99			
宿迁市湖滨新区	340	189	151	1	1	
苏州宿迁工业园区						
宿迁市洋河新区	548	315	233	2	2	

6-1c 续表 3

单位：人

地区	1-4岁			5-9岁			10-14岁		
	小计	男	女	小计	男	女	小计	男	女
江 苏	**190**	**122**	**68**	**164**	**102**	**62**	**297**	**178**	**119**
南京市	**9**	**4**	**5**	**4**	**3**	**1**	**8**	**2**	**6**
玄武区									
秦淮区									
建邺区									
鼓楼区									
浦口区									
栖霞区									
雨花台区									
江宁区	4	2	2	1	1		1		1
六合区	3	1	2	2	1	1	2	1	1
溧水区				1	1		3		3
高淳区	2	1	1				2	1	1
南京江北新区									
无锡市	**5**	**4**	**1**	**2**	**1**	**1**	**3**	**1**	**2**
锡山区							1		1
惠山区									
滨湖区									
梁溪区									
新吴区									
江苏无锡经济开发区									
江阴市	2	1	1				1	1	
宜兴市	3	3		2	1	1	1		1
徐州市	**34**	**23**	**11**	**25**	**16**	**9**	**67**	**41**	**26**
鼓楼区									
云龙区									
贾汪区	2	1	1	2	1	1	3	1	2
泉山区									
铜山区	5	4	1	5	5		9	7	2
丰县	6	3	3	4	2	2	9	4	5
沛县	2		2	3	2	1	12	6	6
睢宁县	6	4	2	3	2	1	9	6	3
徐州经济技术开发区	3	3		2		2	3	2	1
新沂市	5	4	1	3	1	2	13	10	3
邳州市	5	4	1	3	3		9	5	4
常州市	**8**	**6**	**2**	**2**	**1**	**1**	**4**	**4**	
天宁区									
钟楼区									
新北区	1	1		1	1				
武进区	4	3	1	1		1	1	1	
金坛区	1	1					3	3	
江苏省常州市经济开发区	1	1							
溧阳市	1		1						

6-1c 续表 4

单位：人

地 区	1-4岁			5-9岁			10-14岁		
	小计	男	女	小计	男	女	小计	男	女
苏州市	**3**	**2**	**1**	**6**	**3**	**3**	**7**	**4**	**3**
虎丘区									
吴中区							1	1	
相城区									
姑苏区									
吴江区							1		1
苏州工业园区									
常熟市	3	2	1	3	1	2	3	2	1
张家港市				2	1	1			
昆山市				1	1		2	1	1
太仓市									
南通市	**15**	**9**	**6**	**16**	**11**	**5**	**11**	**6**	**5**
崇川区									
港闸区									
通州区	1		1				4	1	3
如东县	1	1		1		1			
南通经济技术开发区									
通州湾示范区	3	3							
苏锡通科技产业园区									
启东市	1		1	4	4		1	1	
如皋市	5	3	2	8	5	3	2	2	
海门市	2	2		1	1		3	2	1
海安市	2		2	2	1	1	1		1
连云港市	**20**	**15**	**5**	**23**	**11**	**12**	**51**	**31**	**20**
连云区									
海州区	1	1		1		1	5	2	3
赣榆区	6	5	1	7	3	4	9	6	3
东海县	5	3	2	6	3	3	19	12	7
灌云县	5	4	1	6	2	4	11	5	6
灌南县	3	2	1	3	3		6	5	1
连云港经济技术开发区									
连云港高新技术产业开发区									
江苏连云港徐圩新区									
江苏省连云港市云台山风景名胜区							1	1	
淮安市	**24**	**13**	**11**	**17**	**10**	**7**	**30**	**16**	**14**
淮安区	7	3	4	7	3	4	9	5	4
淮阴区	5	2	3	2	1	1	8	4	4
清江浦区				1	1				
洪泽区	2	1	1				1	1	
涟水县	6	5	1	3	2	1	4	3	1
盱眙县	3	1	2	1	1		7	2	5
金湖县	1	1		3	2	1	1	1	
淮安经济技术开发区									
工业园区									
生态文旅区									
苏淮高新区									

6-1c 续表 5　　单位：人

地　区	1-4岁			5-9岁			10-14岁		
	小计	男	女	小计	男	女	小计	男	女
盐城市	**27**	**17**	**10**	**20**	**18**	**2**	**44**	**25**	**19**
亭湖区	3	3					1	1	
盐都区	2	1	1	3	3		4	3	1
大丰区	3	2	1	1		1	2	1	1
响水县	2	2		2	2		5	2	3
滨海县	2	2		1	1		10	4	6
阜宁县	3		3	3	2	1	5	4	1
射阳县	4	1	3	3	3		8	3	5
建湖县	5	4	1	2	2		5	5	
盐城经济技术开发区							1	1	
江苏省盐南高新区									
东台市	3	2	1	5	5		3	1	2
扬州市	**11**	**7**	**4**	**5**	**5**		**13**	**8**	**5**
广陵区	1	1							
邗江区							1		1
江都区				2	2		6	6	
宝应县	6	3	3	2	2		2		2
扬州经济技术开发区									
蜀冈瘦西湖景区									
生态新城									
仪征市	1	1		1	1		1		1
高邮市	3	2	1				3	2	1
镇江市	**5**	**2**	**3**	**3**	**2**	**1**	**5**	**5**	
京口区				1		1			
润州区							1	1	
丹徒区	1		1						
镇江新区									
江苏镇江高新区									
丹阳市	2	1	1				2	2	
扬中市	1	1		1	1				
句容市	1		1	1	1		2	2	
泰州市	**8**	**4**	**4**	**10**	**4**	**6**	**12**	**8**	**4**
海陵区	1		1						
高港区	2	2					1	1	
姜堰区				1	1				
泰州医药高新技术产业开发区									
兴化市	3	2	1	3		3	8	5	3
靖江市	1		1	4	3	1			
泰兴市	1		1	2		2	3	2	1
宿迁市	**21**	**16**	**5**	**31**	**17**	**14**	**42**	**27**	**15**
宿城区	4	2	2	5	3	2	3	1	2
宿豫区	1	1		1	1		4	3	1
沭阳县	7	6	1	12	9	3	13	9	4
泗阳县	7	6	1	7	3	4	9	5	4
泗洪县	1	1		4	1	3	9	5	4
宿迁经济技术开发区									
宿迁市湖滨新区				1		1	1	1	
苏州宿迁工业园区									
宿迁市洋河新区	1		1	1		1	3	3	

6-1c　续表 6　　　　　　　　　　　　　　　　　　　　　　　　　　　　　单位：人

地　区	15-19岁			20-24岁			25-29岁		
	小计	男	女	小计	男	女	小计	男	女
江　苏	**262**	**171**	**91**	**362**	**250**	**112**	**707**	**499**	**208**
南京市	**10**	**6**	**4**	**10**	**7**	**3**	**31**	**20**	**11**
玄武区									
秦淮区									
建邺区									
鼓楼区									
浦口区	3	1	2	2	2		4	2	2
栖霞区							1	1	
雨花台区									
江宁区	1	1					4	2	2
六合区	3	2	1	4	2	2	13	8	5
溧水区	2	1	1	3	2	1	4	3	1
高淳区	1	1		1	1		4	3	1
南京江北新区							1	1	
无锡市	**7**	**5**	**2**	**11**	**9**	**2**	**14**	**9**	**5**
锡山区				1	1		1	1	
惠山区	2	1	1	1	1		1	1	
滨湖区							1	1	
梁溪区									
新吴区									
江苏无锡经济开发区									
江阴市	3	3		4	3	1	4	3	1
宜兴市	2	1	1	5	4	1	7	3	4
徐州市	**49**	**36**	**13**	**56**	**38**	**18**	**130**	**96**	**34**
鼓楼区									
云龙区									
贾汪区	1	1		3	1	2	7	6	1
泉山区									
铜山区	6	5	1	10	6	4	13	12	1
丰县	9	7	2	11	9	2	27	20	7
沛县	11	8	3	5	4	1	28	17	11
睢宁县	4	2	2	7	5	2	20	15	5
徐州经济技术开发区				1		1			
新沂市	5	5		6	5	1	9	7	2
邳州市	13	8	5	13	8	5	26	19	7
常州市	**8**	**6**	**2**	**19**	**14**	**5**	**36**	**26**	**10**
天宁区				1	1		2	1	1
钟楼区									
新北区	2	2		2	2		2	2	
武进区	1	1		5	4	1	9	8	1
金坛区				4	2	2	3	1	2
江苏省常州市经济开发区							1	1	
溧阳市	5	3	2	7	5	2	19	13	6

6-1c 续表 7　　　　单位：人

地　　区	15-19岁			20-24岁			25-29岁		
	小计	男	女	小计	男	女	小计	男	女
苏州市	**11**	**5**	**6**	**8**	**4**	**4**	**21**	**15**	**6**
虎丘区									
吴中区	3	1	2				1	1	
相城区							3	1	2
姑苏区									
吴江区	1	1		1	1		3	2	1
苏州工业园区									
常熟市	3	1	2				4	3	1
张家港市	1	1		2	2		4	3	1
昆山市	3	1	2				4	3	1
太仓市				5	1	4	2	2	
南通市	**19**	**13**	**6**	**33**	**17**	**16**	**41**	**25**	**16**
崇川区									
港闸区									
通州区	2	1	1	5	2	3	10	7	3
如东县	6	5	1	5	3	2	6	2	4
南通经济技术开发区									
通州湾示范区				1		1	3	1	2
苏锡通科技产业园区									
启东市	2	1	1	8	3	5	9	5	4
如皋市	5	3	2	4	3	1	8	7	1
海门市				4	4				
海安市	4	3	1	6	2	4	5	3	2
连云港市	**38**	**30**	**8**	**45**	**37**	**8**	**87**	**66**	**21**
连云区									
海州区	1	1		5	4	1	5	4	1
赣榆区	12	10	2	12	10	2	30	24	6
东海县	8	5	3	9	6	3	25	18	7
灌云县	12	10	2	15	13	2	18	14	4
灌南县	4	3	1	3	3		9	6	3
连云港经济技术开发区									
连云港高新技术产业开发区									
江苏连云港徐圩新区									
江苏省连云港市云台山风景名胜区	1	1		1	1				
淮安市	**23**	**15**	**8**	**31**	**22**	**9**	**58**	**38**	**20**
淮安区	9	6	3	10	8	2	17	11	6
淮阴区	2	1	1	6	5	1	13	8	5
清江浦区	1		1	1		1	2	1	1
洪泽区	3	2	1	1		1	2	2	
涟水县	4	3	1	7	5	2	14	11	3
盱眙县	4	3	1	4	3	1	9	4	5
金湖县				2	1	1	1	1	
淮安经济技术开发区									
工业园区									
生态文旅区									
苏淮高新区									

6-1c　续表 8　　　　单位：人

地　区	15-19岁			20-24岁			25-29岁		
	小计	男	女	小计	男	女	小计	男	女
盐城市	**22**	**11**	**11**	**47**	**38**	**9**	**78**	**59**	**19**
亭湖区	1	1							
盐都区	1		1	4	4		4	3	1
大丰区	1		1	4	2	2	3	3	
响水县	5	1	4	3	3		6	5	1
滨海县	7	5	2	12	11	1	19	15	4
阜宁县	1		1	4	2	2	9	6	3
射阳县	2	2		14	11	3	12	10	2
建湖县	1	1		2	1	1	6	4	2
盐城经济技术开发区									
江苏省盐南高新区									
东台市	3	1	2	4	4		19	13	6
扬州市	**19**	**11**	**8**	**14**	**8**	**6**	**45**	**31**	**14**
广陵区	1		1				4	4	
邗江区	1	1					3	3	
江都区	2	1	1	2	1	1	9	6	3
宝应县	5	5		5	4	1	17	10	7
扬州经济技术开发区									
蜀冈瘦西湖景区									
生态新城							1		1
仪征市	1	1		4	2	2	3	3	
高邮市	9	3	6	3	1	2	8	5	3
镇江市	**4**	**2**	**2**	**4**	**4**		**19**	**11**	**8**
京口区									
润州区									
丹徒区	2	1	1				7	4	3
镇江新区									
江苏镇江高新区									
丹阳市	1		1	3	3		5	4	1
扬中市	1	1							
句容市				1	1		7	3	4
泰州市	**14**	**9**	**5**	**30**	**20**	**10**	**53**	**39**	**14**
海陵区									
高港区	1		1	3	3		3	2	1
姜堰区	2	1	1	5	2	3	12	8	4
泰州医药高新技术产业开发区									
兴化市	3	1	2	8	6	2	16	15	1
靖江市	6	5	1	4	1	3	5	3	2
泰兴市	2	2		10	8	2	17	11	6
宿迁市	**38**	**22**	**16**	**54**	**32**	**22**	**94**	**64**	**30**
宿城区	4	1	3	8	5	3	18	14	4
宿豫区	1	1		3	2	1	4	3	1
沭阳县	14	9	5	12	9	3	38	23	15
泗阳县	9	6	3	13	8	5	13	10	3
泗洪县	8	5	3	12	4	8	17	11	6
宿迁经济技术开发区				1	1				
宿迁市湖滨新区	1		1	1		1	2	2	
苏州宿迁工业园区									
宿迁市洋河新区	1		1	4	3	1	2	1	1

6-1c 续表 9 单位：人

地区	30-34岁			35-39岁			40-44岁		
	小计	男	女	小计	男	女	小计	男	女
江苏	**998**	**709**	**289**	**1066**	**750**	**316**	**1746**	**1213**	**533**
南京市	**23**	**16**	**7**	**41**	**30**	**11**	**64**	**49**	**15**
玄武区									
秦淮区									
建邺区									
鼓楼区									
浦口区	2	1	1	2	2		9	8	1
栖霞区	2	2		1	1		4	2	2
雨花台区									
江宁区	3	3		7	3	4	14	12	2
六合区	5	2	3	9	7	2	17	13	4
溧水区	6	4	2	10	6	4	7	4	3
高淳区	5	4	1	10	9	1	11	8	3
南京江北新区				2	2		2	2	
无锡市	**26**	**16**	**10**	**24**	**16**	**8**	**55**	**43**	**12**
锡山区	1	1		4	3	1	3	2	1
惠山区	3	2	1	1	1		6	5	1
滨湖区	1		1	1		1	3	2	1
梁溪区									
新吴区									
江苏无锡经济开发区									
江阴市	5	2	3	11	6	5	18	14	4
宜兴市	16	11	5	7	6	1	25	20	5
徐州市	**197**	**147**	**50**	**203**	**144**	**59**	**274**	**194**	**80**
鼓楼区									
云龙区									
贾汪区	11	8	3	14	9	5	21	15	6
泉山区									
铜山区	26	19	7	40	26	14	36	29	7
丰县	28	23	5	34	30	4	45	35	10
沛县	31	26	5	28	19	9	35	22	13
睢宁县	26	19	7	22	18	4	38	28	10
徐州经济技术开发区	3	3		2	2		2	1	1
新沂市	29	21	8	23	16	7	40	29	11
邳州市	43	28	15	40	24	16	57	35	22
常州市	**34**	**23**	**11**	**41**	**25**	**16**	**71**	**47**	**24**
天宁区	2	1	1	3	2	1	2	2	
钟楼区				1		1	4	2	2
新北区	2	2		2	2		11	9	2
武进区	6	4	2	7	3	4	13	9	4
金坛区	11	5	6	6	3	3	10	5	5
江苏省常州市经济开发区	2	2		3	2	1	7	7	
溧阳市	11	9	2	19	13	6	24	13	11

6-1c　续表 10　　　　　　　　　　　　　　　　　　　　　　　　单位：人

地　区	30-34岁			35-39岁			40-44岁		
	小计	男	女	小计	男	女	小计	男	女
苏州市	**16**	**10**	**6**	**31**	**20**	**11**	**51**	**38**	**13**
虎丘区							3	2	1
吴中区	1	1		9	4	5	5	3	2
相城区	1	1		1	1		3	3	
姑苏区									
吴江区	1	1		1	1		7	7	
苏州工业园区									
常熟市	2	1	1	8	5	3	13	12	1
张家港市	7	3	4	6	3	3	8	6	2
昆山市	4	3	1	4	4		6	3	3
太仓市				2	2		6	2	4
南通市	**78**	**54**	**24**	**83**	**52**	**31**	**137**	**101**	**36**
崇川区									
港闸区									
通州区	10	5	5	8	8		9	7	2
如东县	13	12	1	12	4	8	29	21	8
南通经济技术开发区									
通州湾示范区	1	1					1	1	
苏锡通科技产业园区				2	1	1	1	1	
启东市	11	8	3	13	7	6	30	23	7
如皋市	20	15	5	28	16	12	28	20	8
海门市	11	7	4	9	6	3	13	8	5
海安市	12	6	6	11	10	1	26	20	6
连云港市	**131**	**92**	**39**	**125**	**94**	**31**	**177**	**130**	**47**
连云区									
海州区	3	2	1	8	5	3	4	2	2
赣榆区	46	34	12	19	15	4	33	23	10
东海县	39	26	13	42	33	9	65	50	15
灌云县	21	16	5	26	20	6	44	31	13
灌南县	17	11	6	27	18	9	28	22	6
连云港经济技术开发区	1		1						
连云港高新技术产业开发区									
江苏连云港徐圩新区									
江苏省连云港市云台山风景名胜区	4	3	1	3	3		3	2	1
淮安市	**116**	**77**	**39**	**98**	**67**	**31**	**168**	**114**	**54**
淮安区	30	21	9	23	17	6	44	28	16
淮阴区	19	11	8	23	15	8	38	27	11
清江浦区	3	3		7	4	3	7	6	1
洪泽区	4	3	1	4	3	1	13	9	4
涟水县	35	22	13	20	12	8	31	20	11
盱眙县	19	15	4	16	13	3	31	21	10
金湖县	5	2	3	5	3	2	4	3	1
淮安经济技术开发区									
工业园区									
生态文旅区									
苏淮高新区	1		1						

6-1c 续表 11

单位：人

地区	30-34岁			35-39岁			40-44岁		
	小计	男	女	小计	男	女	小计	男	女
盐城市	**121**	**95**	**26**	**177**	**124**	**53**	**227**	**157**	**70**
亭湖区	5	4	1	7	5	2	7	3	4
盐都区	10	8	2	14	8	6	21	15	6
大丰区	6	4	2	7	5	2	11	8	3
响水县	15	12	3	15	9	6	15	12	3
滨海县	20	19	1	36	28	8	35	26	9
阜宁县	15	10	5	46	33	13	42	29	13
射阳县	17	13	4	22	15	7	36	27	9
建湖县	6	5	1	11	8	3	17	10	7
盐城经济技术开发区	2	2		1	1				
江苏省盐南高新区									
东台市	25	18	7	18	12	6	43	27	16
扬州市	**63**	**47**	**16**	**50**	**40**	**10**	**139**	**91**	**48**
广陵区	3	2	1	4	3	1	5	4	1
邗江区	3	2	1	3	1	2	13	9	4
江都区	17	12	5	11	8	3	41	28	13
宝应县	23	18	5	20	17	3	47	25	22
扬州经济技术开发区	1	1		1	1		1	1	
蜀冈瘦西湖景区									
生态新城				1	1		1	1	
仪征市	6	4	2	2	2		7	5	2
高邮市	10	8	2	8	7	1	24	18	6
镇江市	**19**	**11**	**8**	**18**	**14**	**4**	**48**	**28**	**20**
京口区	1	1							
润州区							1	1	
丹徒区	4	3	1	4	3	1	8	4	4
镇江新区				2		2	2	1	1
江苏镇江高新区									
丹阳市	6	2	4	7	7		26	16	10
扬中市	1	1					3	2	1
句容市	7	4	3	5	4	1	8	4	4
泰州市	**56**	**41**	**15**	**61**	**42**	**19**	**155**	**95**	**60**
海陵区				2	1	1	6	4	2
高港区	2	1	1	4	4		6	4	2
姜堰区	6	5	1	9	6	3	21	13	8
泰州医药高新技术产业开发区									
兴化市	30	22	8	22	17	5	50	28	22
靖江市	5	5		6	4	2	20	14	6
泰兴市	13	8	5	18	10	8	52	32	20
宿迁市	**118**	**80**	**38**	**114**	**82**	**32**	**180**	**126**	**54**
宿城区	12	7	5	18	14	4	29	22	7
宿豫区	13	11	2	12	9	3	21	17	4
沭阳县	56	41	15	39	24	15	50	28	22
泗阳县	20	9	11	18	14	4	40	28	12
泗洪县	12	8	4	18	14	4	28	20	8
宿迁经济技术开发区	1	1		2	1	1			
宿迁市湖滨新区	2	2		3	2	1	5	5	
苏州宿迁工业园区									
宿迁市洋河新区	2	1	1	4	4		7	6	1

6-1c　续表 12

单位：人

地　区	45-49岁			50-54岁			55-59岁		
	小计	男	女	小计	男	女	小计	男	女
江　苏	**3524**	**2348**	**1176**	**7214**	**4707**	**2507**	**8051**	**5359**	**2692**
南京市	**130**	**78**	**52**	**263**	**169**	**94**	**322**	**219**	**103**
玄武区									
秦淮区									
建邺区									
鼓楼区									
浦口区	8	4	4	22	13	9	24	20	4
栖霞区	3		3	23	14	9	28	18	10
雨花台区									
江宁区	22	17	5	48	32	16	52	40	12
六合区	31	21	10	61	41	20	75	59	16
溧水区	27	17	10	36	26	10	57	38	19
高淳区	37	17	20	63	38	25	77	40	37
南京江北新区	2	2		10	5	5	9	4	5
无锡市	**84**	**57**	**27**	**168**	**108**	**60**	**231**	**155**	**76**
锡山区	12	11	1	19	11	8	24	16	8
惠山区	2	1	1	10	7	3	16	10	6
滨湖区	2	1	1	4	3	1	11	5	6
梁溪区									
新吴区									
江苏无锡经济开发区									
江阴市	35	25	10	56	38	18	81	56	25
宜兴市	33	19	14	79	49	30	99	68	31
徐州市	**577**	**407**	**170**	**1130**	**765**	**365**	**1132**	**746**	**386**
鼓楼区									
云龙区									
贾汪区	26	18	8	57	39	18	58	38	20
泉山区									
铜山区	78	60	18	181	119	62	174	111	63
丰县	87	63	24	178	117	61	166	107	59
沛县	78	57	21	163	120	43	136	96	40
睢宁县	95	58	37	181	117	64	194	128	66
徐州经济技术开发区	9	7	2	13	10	3	23	13	10
新沂市	89	64	25	168	113	55	144	97	47
邳州市	115	80	35	189	130	59	237	156	81
常州市	**160**	**95**	**65**	**273**	**173**	**100**	**373**	**259**	**114**
天宁区	5	3	2	6	3	3	11	8	3
钟楼区	4	1	3	8	5	3	8	5	3
新北区	19	13	6	43	27	16	51	33	18
武进区	32	18	14	48	28	20	62	40	22
金坛区	28	16	12	67	41	26	89	63	26
江苏省常州市经济开发区	8	4	4	16	10	6	29	17	12
溧阳市	64	40	24	85	59	26	123	93	30

6-1c 续表 13

单位：人

地区	45-49岁			50-54岁			55-59岁		
	小计	男	女	小计	男	女	小计	男	女
苏州市	**93**	**54**	**39**	**195**	**121**	**74**	**291**	**202**	**89**
虎丘区	1	1		8	5	3	14	11	3
吴中区	15	9	6	27	17	10	38	27	11
相城区	5	2	3	12	6	6	10	6	4
姑苏区									
吴江区	4	3	1	25	15	10	32	21	11
苏州工业园区									
常熟市	21	12	9	44	24	20	63	42	21
张家港市	22	15	7	40	29	11	55	43	12
昆山市	10	4	6	21	17	4	45	27	18
太仓市	15	8	7	18	8	10	34	25	9
南通市	**328**	**195**	**133**	**768**	**523**	**245**	**949**	**623**	**326**
崇川区									
港闸区									
通州区	47	23	24	96	71	25	119	79	40
如东县	48	27	21	136	82	54	161	99	62
南通经济技术开发区									
通州湾示范区	7	4	3	12	9	3	14	11	3
苏锡通科技产业园区	4	1	3	8	7	1	14	7	7
启东市	52	35	17	174	122	52	224	151	73
如皋市	92	51	41	167	116	51	206	132	74
海门市	30	21	9	75	50	25	92	65	27
海安市	48	33	15	100	66	34	119	79	40
连云港市	**297**	**211**	**86**	**601**	**384**	**217**	**713**	**475**	**238**
连云区	1	1					1		1
海州区	16	11	5	23	19	4	34	19	15
赣榆区	52	35	17	151	97	54	171	112	59
东海县	101	72	29	190	129	61	225	147	78
灌云县	54	40	14	125	86	39	156	109	47
灌南县	69	49	20	104	47	57	117	82	35
连云港经济技术开发区	1	1		3	1	2	5	3	2
连云港高新技术产业开发区									
江苏连云港徐圩新区									
江苏省连云港市云台山风景名胜区	3	2	1	5	5		4	3	1
淮安市	**351**	**244**	**107**	**666**	**421**	**245**	**688**	**453**	**235**
淮安区	100	71	29	160	97	63	170	115	55
淮阴区	63	49	14	107	73	34	121	81	40
清江浦区	11	8	3	20	12	8	19	14	5
洪泽区	15	7	8	35	18	17	45	32	13
涟水县	79	50	29	142	91	51	165	100	65
盱眙县	65	49	16	147	96	51	130	86	44
金湖县	17	9	8	52	32	20	36	23	13
淮安经济技术开发区									
工业园区									
生态文旅区									
苏淮高新区	1	1		3	2	1	2	2	

6-1c　续表 14　　　　　　　　　　　　　　　　　　　　　　　　单位：人

地　区	45-49岁			50-54岁			55-59岁		
	小计	男	女	小计	男	女	小计	男	女
盐城市	**466**	**311**	**155**	**1052**	**669**	**383**	**1114**	**738**	**376**
亭湖区	22	15	7	35	24	11	47	30	17
盐都区	40	27	13	82	46	36	93	61	32
大丰区	43	27	16	108	73	35	127	81	46
响水县	49	33	16	90	70	20	72	52	20
滨海县	63	45	18	159	105	54	144	96	48
阜宁县	84	61	23	154	86	68	155	99	56
射阳县	61	37	24	159	105	54	170	109	61
建湖县	39	26	13	88	51	37	98	68	30
盐城经济技术开发区				3	1	2	2	2	
江苏省盐南高新区									
东台市	65	40	25	174	108	66	206	140	66
扬州市	**271**	**179**	**92**	**573**	**357**	**216**	**538**	**346**	**192**
广陵区	12	7	5	20	16	4	23	15	8
邗江区	14	9	5	32	15	17	37	25	12
江都区	72	50	22	162	111	51	141	92	49
宝应县	72	46	26	179	105	74	149	98	51
扬州经济技术开发区	2	1	1	7	2	5	5	5	
蜀冈瘦西湖景区									
生态新城	3	3		7	4	3	7	6	1
仪征市	30	18	12	49	32	17	56	37	19
高邮市	66	45	21	117	72	45	120	68	52
镇江市	**93**	**60**	**33**	**194**	**130**	**64**	**273**	**183**	**90**
京口区	1	1		1	1		2	1	1
润州区							1	1	
丹徒区	16	10	6	34	27	7	55	43	12
镇江新区	5	4	1	5	3	2	12	8	4
江苏镇江高新区									
丹阳市	42	27	15	69	43	26	101	69	32
扬中市	3	2	1	22	10	12	15	8	7
句容市	26	16	10	63	46	17	87	53	34
泰州市	**293**	**191**	**102**	**668**	**444**	**224**	**670**	**454**	**216**
海陵区	7	5	2	18	14	4	15	10	5
高港区	23	13	10	38	27	11	33	24	9
姜堰区	38	23	15	97	65	32	106	72	34
泰州医药高新技术产业开发区				5		5	2	1	1
兴化市	76	42	34	211	134	77	214	138	76
靖江市	24	17	7	67	43	24	77	51	26
泰兴市	125	91	34	232	161	71	223	158	65
宿迁市	**381**	**266**	**115**	**663**	**443**	**220**	**757**	**506**	**251**
宿城区	49	30	19	73	47	26	92	62	30
宿豫区	26	22	4	69	47	22	70	41	29
沭阳县	127	87	40	242	167	75	304	205	99
泗阳县	75	51	24	94	71	23	111	74	37
泗洪县	76	54	22	139	84	55	135	93	42
宿迁经济技术开发区	1	1		12	6	6	11	5	6
宿迁市湖滨新区	6	4	2	8	5	3	11	9	2
苏州宿迁工业园区									
宿迁市洋河新区	21	17	4	26	16	10	23	17	6

6-1c 续表 15

单位：人

地　区	60-64岁			65-69岁			70-74岁		
	小计	男	女	小计	男	女	小计	男	女
江　苏	**12016**	**8187**	**3829**	**19983**	**13165**	**6818**	**24279**	**15375**	**8904**
南京市	**401**	**293**	**108**	**794**	**511**	**283**	**1012**	**643**	**369**
玄武区									
秦淮区									
建邺区									
鼓楼区									
浦口区	43	34	9	67	42	25	89	59	30
栖霞区	21	15	6	52	38	14	69	45	24
雨花台区									
江宁区	86	64	22	153	97	56	162	96	66
六合区	114	79	35	212	138	74	259	172	87
溧水区	57	40	17	126	78	48	174	108	66
高淳区	71	56	15	166	110	56	227	141	86
南京江北新区	9	5	4	18	8	10	32	22	10
无锡市	**330**	**229**	**101**	**642**	**438**	**204**	**813**	**525**	**288**
锡山区	35	24	11	83	54	29	113	73	40
惠山区	20	13	7	52	37	15	53	24	29
滨湖区	9	6	3	12	8	4	21	18	3
梁溪区									
新吴区									
江苏无锡经济开发区									
江阴市	120	83	37	202	139	63	281	186	95
宜兴市	146	103	43	293	200	93	345	224	121
徐州市	**1576**	**1119**	**457**	**2689**	**1813**	**876**	**2914**	**1902**	**1012**
鼓楼区									
云龙区									
贾汪区	76	44	32	150	90	60	122	75	47
泉山区									
铜山区	237	168	69	348	237	111	426	273	153
丰县	244	169	75	405	278	127	527	348	179
沛县	188	137	51	358	245	113	426	272	154
睢宁县	218	158	60	417	284	133	456	302	154
徐州经济技术开发区	29	22	7	35	25	10	30	22	8
新沂市	216	154	62	413	286	127	389	263	126
邳州市	368	267	101	563	368	195	538	347	191
常州市	**531**	**378**	**153**	**871**	**599**	**272**	**1156**	**738**	**418**
天宁区	18	14	4	39	23	16	56	33	23
钟楼区	9	9		21	16	5	23	18	5
新北区	62	43	19	121	83	38	125	76	49
武进区	100	70	30	144	101	43	249	152	97
金坛区	132	88	44	196	139	57	254	171	83
江苏省常州市经济开发区	47	36	11	79	53	26	103	66	37
溧阳市	163	118	45	271	184	87	346	222	124

6-1c　续表 16　　　　单位：人

地　区	60-64岁			65-69岁			70-74岁		
	小计	男	女	小计	男	女	小计	男	女
苏州市	**397**	**254**	**143**	**792**	**515**	**277**	**1032**	**682**	**350**
虎丘区	14	10	4	25	18	7	30	18	12
吴中区	54	33	21	94	67	27	130	81	49
相城区	18	10	8	45	27	18	50	34	16
姑苏区									
吴江区	41	28	13	115	80	35	126	84	42
苏州工业园区									
常熟市	110	72	38	201	119	82	289	200	89
张家港市	75	50	25	120	85	35	199	137	62
昆山市	51	27	24	89	54	35	101	61	40
太仓市	34	24	10	103	65	38	107	67	40
南通市	**1450**	**991**	**459**	**2136**	**1400**	**736**	**2975**	**1942**	**1033**
崇川区									
港闸区									
通州区	171	127	44	284	198	86	394	267	127
如东县	233	161	72	403	275	128	569	368	201
南通经济技术开发区									
通州湾示范区	29	21	8	45	33	12	55	38	17
苏锡通科技产业园区	14	7	7	19	13	6	26	16	10
启东市	379	252	127	464	290	174	595	380	215
如皋市	250	184	66	414	268	146	615	406	209
海门市	152	98	54	235	158	77	308	197	111
海安市	222	141	81	272	165	107	413	270	143
连云港市	**1102**	**724**	**378**	**1601**	**1038**	**563**	**1583**	**945**	**638**
连云区	2	1	1	1	1		4	2	2
海州区	55	34	21	74	48	26	86	42	44
赣榆区	264	165	99	388	255	133	386	246	140
东海县	323	219	104	497	319	178	523	303	220
灌云县	245	162	83	316	206	110	298	167	131
灌南县	194	132	62	291	186	105	266	170	96
连云港经济技术开发区	9	6	3	18	13	5	10	9	1
连云港高新技术产业开发区									
江苏连云港徐圩新区									
江苏省连云港市云台山风景名胜区	10	5	5	16	10	6	10	6	4
淮安市	**1187**	**792**	**395**	**1791**	**1148**	**643**	**2113**	**1293**	**820**
淮安区	331	217	114	482	305	177	659	400	259
淮阴区	217	147	70	286	196	90	284	197	87
清江浦区	36	25	11	50	32	18	50	29	21
洪泽区	80	43	37	107	67	40	140	84	56
涟水县	258	184	74	450	278	172	504	298	206
盱眙县	194	129	65	297	198	99	294	180	114
金湖县	70	46	24	117	70	47	177	101	76
淮安经济技术开发区									
工业园区									
生态文旅区									
苏淮高新区	1	1		2	2		5	4	1

6-1c 续表 17

单位：人

地区	60-64岁			65-69岁			70-74岁		
	小计	男	女	小计	男	女	小计	男	女
盐城市	**1854**	**1215**	**639**	**2837**	**1795**	**1042**	**3437**	**2062**	**1375**
亭湖区	66	46	20	117	79	38	152	78	74
盐都区	140	87	53	261	158	103	335	212	123
大丰区	180	117	63	235	150	85	318	188	130
响水县	152	92	60	199	134	65	176	110	66
滨海县	268	169	99	376	232	144	476	296	180
阜宁县	262	174	88	469	293	176	492	312	180
射阳县	236	171	65	353	230	123	447	230	217
建湖县	176	103	73	365	229	136	398	251	147
盐城经济技术开发区	1		1	3	2	1	6	2	4
江苏省盐南高新区									
东台市	373	256	117	459	288	171	637	383	254
扬州市	**860**	**577**	**283**	**1801**	**1203**	**598**	**2385**	**1481**	**904**
广陵区	49	38	11	93	60	33	125	82	43
邗江区	50	33	17	108	80	28	130	79	51
江都区	221	150	71	516	342	174	719	445	274
宝应县	231	151	80	502	319	183	647	395	252
扬州经济技术开发区	9	5	4	13	8	5	28	20	8
蜀冈瘦西湖景区									
生态新城	12	11	1	16	8	8	27	15	12
仪征市	107	71	36	177	121	56	223	143	80
高邮市	181	118	63	376	265	111	486	302	184
镇江市	**339**	**230**	**109**	**727**	**452**	**275**	**901**	**532**	**369**
京口区	1	1		11	6	5	8	7	1
润州区	2	2		4	4		6	4	2
丹徒区	64	45	19	127	84	43	173	99	74
镇江新区	9	6	3	24	15	9	28	16	12
江苏镇江高新区									
丹阳市	155	97	58	303	198	105	342	199	143
扬中市	24	22	2	53	29	24	73	39	34
句容市	84	57	27	205	116	89	271	168	103
泰州市	**981**	**689**	**292**	**1760**	**1225**	**535**	**2374**	**1646**	**728**
海陵区	26	20	6	47	34	13	65	37	28
高港区	52	37	15	76	52	24	137	89	48
姜堰区	163	108	55	271	193	78	391	284	107
泰州医药高新技术产业开发区				5	2	3	4	3	1
兴化市	314	206	108	595	411	184	786	545	241
靖江市	115	85	30	241	166	75	287	189	98
泰兴市	311	233	78	525	367	158	704	499	205
宿迁市	**1008**	**696**	**312**	**1542**	**1028**	**514**	**1584**	**984**	**600**
宿城区	127	99	28	189	131	58	237	160	77
宿豫区	113	79	34	152	99	53	164	103	61
沭阳县	375	255	120	531	339	192	538	312	226
泗阳县	159	105	54	273	184	89	285	175	110
泗洪县	162	106	56	289	197	92	268	179	89
宿迁经济技术开发区	10	7	3	25	18	7	21	13	8
宿迁市湖滨新区	22	18	4	37	30	7	29	16	13
苏州宿迁工业园区									
宿迁市洋河新区	40	27	13	46	30	16	42	26	16

6-1c　续表 18

单位：人

地　区	75-79岁			80-84岁			85-89岁		
	小计	男	女	小计	男	女	小计	男	女
江　苏	**30285**	**17792**	**12493**	**36208**	**18997**	**17211**	**33971**	**14962**	**19009**
南京市	**1144**	**707**	**437**	**1404**	**779**	**625**	**1362**	**681**	**681**
玄武区									
秦淮区									
建邺区									
鼓楼区									
浦口区	99	66	33	136	70	66	146	65	81
栖霞区	95	56	39	92	51	41	70	45	25
雨花台区									
江宁区	222	127	95	247	144	103	213	106	107
六合区	240	136	104	331	168	163	330	148	182
溧水区	165	111	54	204	123	81	186	89	97
高淳区	297	197	100	361	201	160	364	199	165
南京江北新区	26	14	12	33	22	11	53	29	24
无锡市	**904**	**540**	**364**	**1064**	**561**	**503**	**1064**	**475**	**589**
锡山区	116	74	42	155	80	75	123	54	69
惠山区	64	44	20	60	31	29	68	39	29
滨湖区	29	16	13	38	29	9	35	15	20
梁溪区									
新吴区									
江苏无锡经济开发区									
江阴市	295	162	133	381	185	196	292	127	165
宜兴市	400	244	156	430	236	194	546	240	306
徐州市	**3965**	**2287**	**1678**	**4185**	**2279**	**1906**	**4343**	**1840**	**2503**
鼓楼区									
云龙区									
贾汪区	186	93	93	240	139	101	216	104	112
泉山区									
铜山区	545	301	244	521	320	201	579	249	330
丰县	597	344	253	665	340	325	708	285	423
沛县	487	282	205	502	255	247	526	222	304
睢宁县	743	424	319	745	403	342	689	256	433
徐州经济技术开发区	61	39	22	42	24	18	73	34	39
新沂市	500	308	192	643	356	287	630	254	376
邳州市	846	496	350	827	442	385	922	436	486
常州市	**1375**	**825**	**550**	**1524**	**796**	**728**	**1545**	**709**	**836**
天宁区	62	41	21	80	36	44	74	35	39
钟楼区	31	19	12	36	21	15	33	12	21
新北区	153	86	67	186	96	90	161	62	99
武进区	267	148	119	326	166	160	301	132	169
金坛区	320	185	135	330	174	156	340	166	174
江苏省常州市经济开发区	118	79	39	128	71	57	111	53	58
溧阳市	424	267	157	438	232	206	525	249	276

6-1c 续表 19

单位：人

地区	75-79岁			80-84岁			85-89岁		
	小计	男	女	小计	男	女	小计	男	女
苏州市	**1314**	**787**	**527**	**1806**	**935**	**871**	**1875**	**821**	**1054**
虎丘区	38	20	18	58	38	20	49	21	28
吴中区	171	102	69	205	92	113	248	120	128
相城区	55	30	25	75	27	48	72	31	41
姑苏区									
吴江区	147	94	53	249	156	93	246	112	134
苏州工业园区									
常熟市	373	216	157	479	238	241	427	163	264
张家港市	254	161	93	301	161	140	308	144	164
昆山市	136	87	49	237	113	124	259	110	149
太仓市	140	77	63	202	110	92	266	120	146
南通市	**3717**	**2234**	**1483**	**4958**	**2625**	**2333**	**4820**	**2169**	**2651**
崇川区									
港闸区									
通州区	441	274	167	634	326	308	607	279	328
如东县	737	439	298	961	508	453	996	488	508
南通经济技术开发区									
通州湾示范区	78	46	32	81	44	37	84	32	52
苏锡通科技产业园区	12	10	2	48	31	17	50	19	31
启东市	706	414	292	1012	537	475	1072	457	615
如皋市	764	443	321	988	516	472	816	348	468
海门市	415	271	144	483	256	227	544	240	304
海安市	564	337	227	751	407	344	651	306	345
连云港市	**1889**	**1115**	**774**	**2318**	**1276**	**1042**	**2376**	**1091**	**1285**
连云区	5	3	2	3		3	11	5	6
海州区	70	38	32	125	79	46	96	56	40
赣榆区	415	255	160	548	291	257	595	264	331
东海县	652	395	257	817	460	357	856	394	462
灌云县	380	208	172	411	226	185	462	212	250
灌南县	333	190	143	377	199	178	316	139	177
连云港经济技术开发区	16	12	4	19	12	7	23	14	9
连云港高新技术产业开发区									
江苏连云港徐圩新区									
江苏省连云港市云台山风景名胜区	18	14	4	18	9	9	17	7	10
淮安市	**2756**	**1574**	**1182**	**3126**	**1564**	**1562**	**2564**	**1106**	**1458**
淮安区	665	384	281	881	429	452	631	275	356
淮阴区	417	253	164	500	271	229	402	166	236
清江浦区	73	37	36	75	40	35	63	29	34
洪泽区	244	130	114	243	118	125	207	95	112
涟水县	552	333	219	663	344	319	550	223	327
盱眙县	538	286	252	519	251	268	472	211	261
金湖县	258	144	114	243	110	133	235	107	128
淮安经济技术开发区									
工业园区									
生态文旅区									
苏淮高新区	9	7	2	2	1	1	4		4

6-1c 续表 20

单位：人

地区	75-79岁			80-84岁			85-89岁		
	小计	男	女	小计	男	女	小计	男	女
盐城市	**4235**	**2363**	**1872**	**5309**	**2588**	**2721**	**4498**	**1984**	**2514**
亭湖区	176	91	85	205	101	104	170	70	100
盐都区	401	229	172	488	247	241	450	210	240
大丰区	465	243	222	525	265	260	482	217	265
响水县	204	117	87	292	142	150	235	101	134
滨海县	468	263	205	663	295	368	533	217	316
阜宁县	599	334	265	737	359	378	585	249	336
射阳县	527	273	254	640	289	351	506	211	295
建湖县	496	298	198	636	329	307	486	208	278
盐城经济技术开发区	8	3	5	6	2	4	10	2	8
江苏省盐南高新区									
东台市	891	512	379	1117	559	558	1041	499	542
扬州市	**2646**	**1602**	**1044**	**3161**	**1667**	**1494**	**2788**	**1128**	**1660**
广陵区	123	79	44	133	69	64	127	49	78
邗江区	148	97	51	189	98	91	135	56	79
江都区	791	468	323	868	471	397	833	327	506
宝应县	703	415	288	868	433	435	741	296	445
扬州经济技术开发区	23	19	4	30	16	14	34	14	20
蜀冈瘦西湖景区									
生态新城	35	22	13	35	21	14	41	19	22
仪征市	198	120	78	278	140	138	267	113	154
高邮市	625	382	243	760	419	341	610	254	356
镇江市	**911**	**518**	**393**	**980**	**512**	**468**	**995**	**408**	**587**
京口区	7	5	2	19	9	10	14		14
润州区	3	1	2	5	2	3	6	1	5
丹徒区	166	91	75	174	86	88	194	68	126
镇江新区	29	17	12	32	19	13	32	11	21
江苏镇江高新区									
丹阳市	350	195	155	368	173	195	368	148	220
扬中市	82	50	32	84	52	32	73	35	38
句容市	274	159	115	298	171	127	308	145	163
泰州市	**2845**	**1740**	**1105**	**3414**	**1854**	**1560**	**3085**	**1375**	**1710**
海陵区	69	44	25	94	51	43	94	35	59
高港区	148	89	59	136	75	61	165	62	103
姜堰区	476	303	173	635	342	293	576	270	306
泰州医药高新技术产业开发区	15	10	5	18	8	10	10	6	4
兴化市	1030	619	411	1189	647	542	1029	489	540
靖江市	315	197	118	366	195	171	312	142	170
泰兴市	792	478	314	976	536	440	899	371	528
宿迁市	**2584**	**1500**	**1084**	**2959**	**1561**	**1398**	**2656**	**1175**	**1481**
宿城区	344	204	140	404	218	186	303	120	183
宿豫区	255	145	110	319	168	151	260	117	143
沭阳县	852	480	372	988	503	485	905	419	486
泗阳县	426	263	163	465	262	203	491	199	292
泗洪县	536	301	235	590	310	280	528	250	278
宿迁经济技术开发区	35	19	16	41	20	21	28	8	20
宿迁市湖滨新区	47	28	19	52	26	26	64	27	37
苏州宿迁工业园区									
宿迁市洋河新区	89	60	29	100	54	46	77	35	42

6-1c 续表 21　　单位：人

地区	90-94岁			95-99岁			100岁及以上		
	小计	男	女	小计	男	女	小计	男	女
江　苏	**19031**	**6651**	**12380**	**5998**	**1646**	**4352**	**935**	**201**	**734**
南京市	**752**	**275**	**477**	**175**	**42**	**133**	**19**	**3**	**16**
玄武区									
秦淮区									
建邺区									
鼓楼区									
浦口区	74	26	48	19	4	15	1		1
栖霞区	31	11	20	10	1	9			
雨花台区									
江宁区	116	41	75	26	4	22	1		1
六合区	198	60	138	41	10	31	6	2	4
溧水区	104	41	63	24	4	20	3	1	2
高淳区	213	94	119	50	17	33	8		8
南京江北新区	16	2	14	5	2	3			
无锡市	**812**	**303**	**509**	**214**	**70**	**144**	**34**	**7**	**27**
锡山区	111	42	69	27	10	17	4	1	3
惠山区	51	10	41	15	4	11	1		1
滨湖区	26	10	16	10	3	7	1		1
梁溪区									
新吴区									
江苏无锡经济开发区									
江阴市	240	93	147	68	21	47	9	3	6
宜兴市	384	148	236	94	32	62	19	3	16
徐州市	**2505**	**878**	**1627**	**861**	**204**	**657**	**167**	**30**	**137**
鼓楼区									
云龙区									
贾汪区	112	42	70	41	12	29	9	2	7
泉山区									
铜山区	323	114	209	111	22	89	13		13
丰县	439	148	291	151	34	117	32	2	30
沛县	337	120	217	99	23	76	26	7	19
睢宁县	404	142	262	117	25	92	19	3	16
徐州经济技术开发区	27	11	16	10	4	6	1		1
新沂市	286	87	199	97	17	80	12	5	7
邳州市	577	214	363	235	67	168	55	11	44
常州市	**1045**	**376**	**669**	**318**	**102**	**216**	**46**	**5**	**41**
天宁区	36	12	24	15	6	9	3		3
钟楼区	22	10	12	7	3	4			
新北区	86	18	68	46	10	36	5	1	4
武进区	245	86	159	80	24	56	15	1	14
金坛区	245	91	154	61	19	42	3		3
江苏省常州市经济开发区	58	13	45	13	6	7	4		4
溧阳市	353	146	207	96	34	62	16	3	13

6-1c　续表 22

单位：人

地　区	90-94岁			95-99岁			100岁及以上		
	小计	男	女	小计	男	女	小计	男	女
苏州市	**1330**	**465**	**865**	**331**	**86**	**245**	**49**	**18**	**31**
虎丘区	32	12	20	10	3	7	3	1	2
吴中区	157	51	106	39	5	34	3	2	1
相城区	44	16	28	10	5	5	1		1
姑苏区									
吴江区	172	67	105	42	9	33	7	3	4
苏州工业园区									
常熟市	327	106	221	81	19	62	7	3	4
张家港市	249	92	157	76	26	50	18	6	12
昆山市	145	40	105	30	12	18	2	1	1
太仓市	204	81	123	43	7	36	8	2	6
南通市	**3111**	**1129**	**1982**	**1087**	**307**	**780**	**184**	**43**	**141**
崇川区									
港闸区									
通州区	449	172	277	135	36	99	27	4	23
如东县	580	219	361	217	59	158	32	6	26
南通经济技术开发区									
通州湾示范区	65	20	45	14	4	10	1		1
苏锡通科技产业园区	23	8	15	7	2	5	1		1
启东市	670	225	445	255	72	183	42	15	27
如皋市	616	226	390	218	62	156	41	8	33
海门市	346	116	230	120	29	91	20	5	15
海安市	362	143	219	121	43	78	20	5	15
连云港市	**1188**	**435**	**753**	**376**	**114**	**262**	**82**	**23**	**59**
连云区	3		3	1		1			
海州区	52	26	26	17	5	12	4	1	3
赣榆区	335	141	194	100	29	71	18	6	12
东海县	364	115	249	106	37	69	19	5	14
灌云县	264	108	156	91	29	62	24	7	17
灌南县	161	44	117	54	13	41	15	3	12
连云港经济技术开发区	5		5	5	1	4			
连云港高新技术产业开发区									
江苏连云港徐圩新区									
江苏省连云港市云台山风景名胜区	4	1	3	2		2	2	1	1
淮安市	**1317**	**415**	**902**	**378**	**91**	**287**	**63**	**11**	**52**
淮安区	310	98	212	69	14	55	11	3	8
淮阴区	219	72	147	77	18	59	21	2	19
清江浦区	27	11	16	5		5			
洪泽区	89	30	59	19	6	13	5	1	4
涟水县	274	70	204	103	23	80	16	4	12
盱眙县	284	90	194	65	20	45	7		7
金湖县	110	44	66	38	9	29	3	1	2
淮安经济技术开发区									
工业园区									
生态文旅区									
苏淮高新区	4		4	2	1	1			

6-1c 续表 23

单位：人

地区	90-94岁			95-99岁			100岁及以上		
	小计	男	女	小计	男	女	小计	男	女
盐城市	**2069**	**724**	**1345**	**675**	**217**	**458**	**118**	**30**	**88**
亭湖区	69	27	42	21	7	14	3	1	2
盐都区	175	63	112	43	17	26	6		6
大丰区	209	76	133	65	16	49	12	2	10
响水县	164	60	104	43	12	31	10	2	8
滨海县	233	93	140	96	25	71	20	4	16
阜宁县	268	92	176	100	26	74	19	7	12
射阳县	218	71	147	78	29	49	12	4	8
建湖县	211	66	145	66	23	43	8	1	7
盐城经济技术开发区	6	4	2	1		1	1		1
江苏省盐南高新区									
东台市	516	172	344	162	62	100	27	9	18
扬州市	**1295**	**427**	**868**	**342**	**86**	**256**	**27**	**7**	**20**
广陵区	77	25	52	27	7	20	5	1	4
邗江区	100	38	62	15	4	11	1		1
江都区	414	139	275	120	35	85	6	1	5
宝应县	271	87	184	66	16	50	4	1	3
扬州经济技术开发区	26	12	14	3		3	1	1	
蜀冈瘦西湖景区									
生态新城	23	10	13	4		4	1		1
仪征市	135	32	103	36	12	24	3	1	2
高邮市	249	84	165	71	12	59	6	2	4
镇江市	**551**	**201**	**350**	**159**	**37**	**122**	**14**	**2**	**12**
京口区	6		6	6	1	5			
润州区	4	2	2						
丹徒区	101	41	60	29	4	25	3		3
镇江新区	15	6	9	4	1	3	1		1
江苏镇江高新区									
丹阳市	217	72	145	66	13	53	2		2
扬中市	43	18	25	15	4	11	2		2
句容市	165	62	103	39	14	25	6	2	4
泰州市	**1764**	**563**	**1201**	**581**	**154**	**427**	**66**	**8**	**58**
海陵区	46	15	31	19	10	9	1		1
高港区	82	23	59	38	9	29	5	2	3
姜堰区	332	121	211	129	30	99	9		9
泰州医药高新技术产业开发区	6	3	3	3		3			
兴化市	512	160	352	132	44	88	9	1	8
靖江市	190	62	128	73	15	58	12		12
泰兴市	596	179	417	187	46	141	30	5	25
宿迁市	**1292**	**460**	**832**	**501**	**136**	**365**	**66**	**14**	**52**
宿城区	171	53	118	61	17	44	9	2	7
宿豫区	144	49	95	44	10	34	4	1	3
沭阳县	418	143	275	176	45	131	26	4	22
泗阳县	208	76	132	96	23	73	15	3	12
泗洪县	260	111	149	92	35	57	12	4	8
宿迁经济技术开发区	12	6	6	7	2	5			
宿迁市湖滨新区	35	13	22	12		12			
苏州宿迁工业园区									
宿迁市洋河新区	44	9	35	13	4	9			

6-2 各地区分性别、受教育程度的3岁及以上死亡人口
(2019.11.1-2020.10.31)

单位：人

地区	3岁及以上死亡人口			未上过学		
	合计	男	女	小计	男	女
江苏	**512829**	**284255**	**228574**	**117440**	**36921**	**80519**
南京市	**40069**	**22676**	**17393**	**7988**	**2675**	**5313**
玄武区	2637	1446	1191	59	7	52
秦淮区	5373	3034	2339	448	82	366
建邺区	1585	929	656	273	76	197
鼓楼区	5418	3014	2404	422	107	315
浦口区	2210	1208	1002	654	242	412
栖霞区	2775	1632	1143	506	137	369
雨花台区	1944	1119	825	466	145	321
江宁区	4328	2512	1816	1318	492	826
六合区	4555	2494	2061	1511	475	1036
溧水区	2740	1542	1198	645	265	380
高淳区	3049	1766	1283	1251	543	708
南京江北新区	3455	1980	1475	435	104	331
无锡市	**37943**	**21386**	**16557**	**4533**	**1206**	**3327**
锡山区	3705	2061	1644	389	90	299
惠山区	3261	1880	1381	404	78	326
滨湖区	2826	1575	1251	200	51	149
梁溪区	7059	3978	3081	428	87	341
新吴区	2570	1464	1106	213	49	164
江苏无锡经济开发区	882	509	373	61	10	51
江阴市	8557	4811	3746	1067	250	817
宜兴市	9083	5108	3975	1771	591	1180
徐州市	**57027**	**32053**	**24974**	**13717**	**4622**	**9095**
鼓楼区	1886	1092	794	214	57	157
云龙区	1981	1160	821	329	102	227
贾汪区	3100	1717	1383	1172	429	743
泉山区	3415	1948	1467	383	84	299
铜山区	7025	3972	3053	1836	619	1217
丰县	6715	3645	3070	1591	452	1139
沛县	6819	3857	2962	1627	528	1099
睢宁县	7735	4313	3422	2267	787	1480
徐州经济技术开发区	1430	846	584	373	143	230
新沂市	6243	3505	2738	1808	641	1167
邳州市	10678	5998	4680	2117	780	1337
常州市	**26285**	**14689**	**11596**	**3839**	**1116**	**2723**
天宁区	3124	1755	1369	259	48	211
钟楼区	2656	1521	1135	213	46	167
新北区	3762	2046	1716	522	112	410
武进区	4720	2547	2173	592	134	458
金坛区	4441	2498	1943	1003	354	649
江苏省常州市经济开发区	1878	1048	830	192	41	151
溧阳市	5704	3274	2430	1058	381	677

6-2 续表 1

单位：人

地区	3岁及以上死亡人口			未上过学		
	合计	男	女	小计	男	女
苏州市	**46150**	**24917**	**21233**	**11147**	**3659**	**7488**
虎丘区	2167	1214	953	811	302	509
吴中区	4362	2350	2012	1246	465	781
相城区	2770	1504	1266	785	280	505
姑苏区	4708	2603	2105	438	127	311
吴江区	5700	3117	2583	1418	550	868
苏州工业园区	2072	1119	953	682	229	453
常熟市	9359	4832	4527	2114	553	1561
张家港市	6397	3602	2795	1342	382	960
昆山市	5307	2840	2467	1323	477	846
太仓市	3308	1736	1572	988	294	694
南通市	**66058**	**35865**	**30193**	**13317**	**3825**	**9492**
崇川区	2840	1588	1252	502	146	356
港闸区	1679	894	785	457	132	325
通州区	9563	5207	4356	1920	545	1375
如东县	9976	5445	4531	2695	855	1840
南通经济技术开发区	915	500	415	124	39	85
通州湾示范区	1125	600	525	199	58	141
苏锡通科技产业园区	468	254	214	73	21	52
启东市	10521	5663	4858	2113	556	1557
如皋市	11974	6543	5431	1842	497	1345
海门市	8229	4427	3802	1339	353	986
海安市	8768	4744	4024	2053	623	1430
连云港市	**28253**	**16053**	**12200**	**7490**	**2792**	**4698**
连云区	788	434	354	228	73	155
海州区	3530	2078	1452	803	311	492
赣榆区	7021	4008	3013	2242	886	1356
东海县	6628	3735	2893	1225	488	737
灌云县	4855	2733	2122	1431	510	921
灌南县	4186	2345	1841	1041	314	727
连云港经济技术开发区	531	308	223	239	98	141
连云港高新技术产业开发区	245	141	104	85	29	56
江苏连云港徐圩新区	280	167	113	89	45	44
江苏省连云港市云台山风景名胜区	189	104	85	107	38	69
淮安市	**33522**	**18532**	**14990**	**9367**	**3120**	**6247**
淮安区	7591	4167	3424	2355	722	1633
淮阴区	5276	2973	2303	1243	392	851
清江浦区	3309	1930	1379	629	252	377
洪泽区	2304	1224	1080	618	183	435
涟水县	6647	3687	2960	1232	348	884
盱眙县	4684	2533	2151	2313	908	1405
金湖县	2506	1339	1167	565	177	388
淮安经济技术开发区	638	351	287	209	78	131
工业园区	117	63	54	40	10	30
生态文旅区	217	140	77	61	25	36
苏淮高新区	233	125	108	102	25	77

6-2　续表 2　　单位：人

地　　区	3岁及以上死亡人口			未上过学		
	合计	男	女	小计	男	女
盐城市	**52804**	**28787**	**24017**	**15545**	**4451**	**11094**
亭湖区	3787	2132	1655	945	284	661
盐都区	5293	2899	2394	1693	512	1181
大丰区	5319	2848	2471	1791	499	1292
响水县	3229	1849	1380	1321	460	861
滨海县	5761	3117	2644	1810	547	1263
阜宁县	6786	3717	3069	1734	475	1259
射阳县	5739	3061	2678	1457	369	1088
建湖县	5240	2896	2344	1078	296	782
盐城经济技术开发区	701	384	317	243	58	185
江苏省盐南高新区	715	377	338	233	65	168
东台市	10234	5507	4727	3240	886	2354
扬州市	**35330**	**19471**	**15859**	**9381**	**2953**	**6428**
广陵区	3224	1740	1484	496	118	378
邗江区	2813	1573	1240	719	251	468
江都区	8454	4619	3835	2035	531	1504
宝应县	7381	4060	3321	2279	722	1557
扬州经济技术开发区	1203	658	545	316	81	235
蜀冈瘦西湖景区	540	300	240	68	22	46
生态新城	521	297	224	135	53	82
仪征市	4261	2342	1919	1209	402	807
高邮市	6933	3882	3051	2124	773	1351
镇江市	**21364**	**11686**	**9678**	**3965**	**989**	**2976**
京口区	2054	1165	889	229	65	164
润州区	1449	840	609	223	76	147
丹徒区	2299	1187	1112	598	120	478
镇江新区	1714	917	797	249	69	180
江苏镇江高新区	212	107	105	43	10	33
丹阳市	7120	3875	3245	1256	238	1018
扬中市	2365	1291	1074	438	111	327
句容市	4151	2304	1847	929	300	629
泰州市	**35445**	**19917**	**15528**	**7782**	**2204**	**5578**
海陵区	2958	1695	1263	854	266	588
高港区	2218	1232	986	343	68	275
姜堰区	5983	3351	2632	1398	439	959
泰州医药高新技术产业开发区	1170	625	545	319	83	236
兴化市	8923	5065	3858	2530	823	1707
靖江市	4318	2396	1922	461	63	398
泰兴市	9875	5553	4322	1877	462	1415
宿迁市	**32579**	**18223**	**14356**	**9369**	**3309**	**6060**
宿城区	4130	2354	1776	1231	407	824
宿豫区	2947	1659	1288	985	299	686
沭阳县	10564	5830	4734	2885	1058	1827
泗阳县	6079	3402	2677	1223	406	817
泗洪县	5895	3322	2573	1931	738	1193
宿迁经济技术开发区	785	432	353	341	122	219
宿迁市湖滨新区	1166	640	526	439	153	286
苏州宿迁工业园区	10	7	3	2	1	1
宿迁市洋河新区	1003	577	426	332	125	207

6-2 续表 3 单位：人

地区	学前教育			小学		
	小计	男	女	小计	男	女
江苏	**4646**	**1932**	**2714**	**260437**	**147646**	**112791**
南京市	**256**	**114**	**142**	**16402**	**9042**	**7360**
玄武区	6	3	3	827	312	515
秦淮区	9	3	6	1587	705	882
建邺区	8	3	5	463	237	226
鼓楼区	9	4	5	1661	731	930
浦口区	20	7	13	1109	631	478
栖霞区	10	5	5	1185	669	516
雨花台区	6	3	3	694	387	307
江宁区	30	16	14	2094	1324	770
六合区	64	26	38	2205	1374	831
溧水区	51	21	30	1655	967	688
高淳区	26	18	8	1405	898	507
南京江北新区	17	5	12	1517	807	710
无锡市	**129**	**47**	**82**	**19392**	**10196**	**9196**
锡山区	19	9	10	2337	1255	1082
惠山区	6	4	2	1669	911	758
滨湖区	6	3	3	1244	573	671
梁溪区	14	7	7	2590	1203	1387
新吴区	2		2	1249	651	598
江苏无锡经济开发区	2	1	1	396	185	211
江阴市	31	5	26	4830	2578	2252
宜兴市	49	18	31	5077	2840	2237
徐州市	**582**	**245**	**337**	**29622**	**17026**	**12596**
鼓楼区	10	3	7	725	344	381
云龙区	7	5	2	737	394	343
贾汪区	28	14	14	1294	804	490
泉山区	18	7	11	1201	580	621
铜山区	60	23	37	3676	2173	1503
丰县	43	17	26	3661	2029	1632
沛县	46	12	34	3425	1953	1472
睢宁县	101	46	55	4255	2550	1705
徐州经济技术开发区	14	3	11	631	367	264
新沂市	73	34	39	3417	2066	1351
邳州市	182	81	101	6600	3766	2834
常州市	**61**	**32**	**29**	**13365**	**7091**	**6274**
天宁区	7	2	5	1293	606	687
钟楼区	4	3	1	1140	558	582
新北区	8	4	4	1816	930	886
武进区	8	3	5	2709	1382	1327
金坛区	15	7	8	2467	1431	1036
江苏省常州市经济开发区	7	4	3	992	501	491
溧阳市	12	9	3	2948	1683	1265

6-2　续表 4

单位：人

地　区	学前教育			小　学		
	小计	男	女	小计	男	女
苏州市	**473**	**216**	**257**	**24366**	**13729**	**10637**
虎丘区	18	6	12	928	605	323
吴中区	34	16	18	2284	1323	961
相城区	50	25	25	1541	909	632
姑苏区	20	7	13	1977	893	1084
吴江区	128	64	64	3389	1973	1416
苏州工业园区	20	7	13	692	422	270
常熟市	45	22	23	5413	2945	2468
张家港市	45	18	27	3614	2086	1528
昆山市	70	33	37	2869	1597	1272
太仓市	43	18	25	1659	976	683
南通市	**538**	**203**	**335**	**37982**	**21041**	**16941**
崇川区	14	6	8	1156	621	535
港闸区	11	3	8	911	541	370
通州区	87	26	61	5920	3347	2573
如东县	111	43	68	5349	3149	2200
南通经济技术开发区	1	1		631	333	298
通州湾示范区	10	2	8	649	333	316
苏锡通科技产业园区	2		2	288	159	129
启东市	83	32	51	5886	3220	2666
如皋市	79	33	46	7582	4085	3497
海门市	49	24	25	4786	2539	2247
海安市	91	33	58	4824	2714	2110
连云港市	**231**	**114**	**117**	**13051**	**7477**	**5574**
连云区	5	2	3	274	156	118
海州区	13	8	5	1416	791	625
赣榆区	46	25	21	3140	1902	1238
东海县	67	32	35	3440	1847	1593
灌云县	35	14	21	2317	1337	980
灌南县	56	29	27	2041	1173	868
连云港经济技术开发区				169	107	62
连云港高新技术产业开发区	2	1	1	78	52	26
江苏连云港徐圩新区	7	3	4	131	77	54
江苏省连云港市云台山风景名胜区				45	35	10
淮安市	**268**	**98**	**170**	**15507**	**8961**	**6546**
淮安区	70	23	47	3797	2328	1469
淮阴区	36	18	18	2475	1393	1082
清江浦区	19	5	14	1418	804	614
洪泽区	59	19	40	1220	705	515
涟水县	40	11	29	2904	1540	1364
盱眙县	10	6	4	1597	986	611
金湖县	24	8	16	1515	836	679
淮安经济技术开发区	2	2		305	176	129
工业园区	2	1	1	59	39	20
生态文旅区				126	90	36
苏淮高新区	6	5	1	91	64	27

6-2 续表 5 单位：人

地区	学前教育			小学		
	小计	男	女	小计	男	女
盐城市	**491**	**194**	**297**	**25376**	**15027**	**10349**
亭湖区	28	13	15	1932	1140	792
盐都区	51	22	29	2584	1569	1015
大丰区	76	24	52	2347	1455	892
响水县	13	5	8	1205	801	404
滨海县	17	11	6	2509	1433	1076
阜宁县	24	8	16	3409	1986	1423
射阳县	60	16	44	3041	1689	1352
建湖县	81	32	49	3026	1702	1324
盐城经济技术开发区	2	1	1	308	202	106
江苏省盐南高新区	5	2	3	280	169	111
东台市	134	60	74	4735	2881	1854
扬州市	**650**	**255**	**395**	**18695**	**11163**	**7532**
广陵区	21	4	17	1623	835	788
邗江区	41	24	17	1493	900	593
江都区	164	66	98	4848	2891	1957
宝应县	139	45	94	3866	2409	1457
扬州经济技术开发区	16	8	8	593	354	239
蜀冈瘦西湖景区	2		2	234	122	112
生态新城	2		2	268	151	117
仪征市	117	42	75	2133	1274	859
高邮市	148	66	82	3637	2227	1410
镇江市	**174**	**78**	**96**	**10958**	**5898**	**5060**
京口区	10	5	5	873	433	440
润州区	3	2	1	625	331	294
丹徒区	28	10	18	1175	663	512
镇江新区	32	32		944	473	471
江苏镇江高新区				111	55	56
丹阳市	39	11	28	3549	1891	1658
扬中市	32	10	22	1374	753	621
句容市	30	8	22	2307	1299	1008
泰州市	**477**	**173**	**304**	**19687**	**11513**	**8174**
海陵区	34	14	20	1343	843	500
高港区	12	5	7	1326	714	612
姜堰区	109	38	71	3327	1980	1347
泰州医药高新技术产业开发区	10	3	7	612	370	242
兴化市	180	66	114	4993	3189	1804
靖江市	16	7	9	2530	1293	1237
泰兴市	116	40	76	5556	3124	2432
宿迁市	**316**	**163**	**153**	**16034**	**9482**	**6552**
宿城区	10	3	7	1967	1225	742
宿豫区	16	6	10	1356	871	485
沭阳县	119	68	51	5792	3300	2492
泗阳县	72	31	41	2666	1488	1178
泗洪县	79	44	35	2838	1696	1142
宿迁经济技术开发区	12	7	5	309	205	104
宿迁市湖滨新区	3	2	1	608	392	216
苏州宿迁工业园区	1	1		3	2	1
宿迁市洋河新区	4	1	3	495	303	192

6-2　续表 6

单位：人

地　区	初　中			高　中			大学专科		
	小计	男	女	小计	男	女	小计	男	女
江　苏	**98030**	**73000**	**25030**	**23329**	**18014**	**5315**	**5513**	**4143**	**1370**
南京市	**8661**	**5942**	**2719**	**4280**	**3113**	**1167**	**1304**	**929**	**375**
玄武区	762	432	330	521	363	158	220	152	68
秦淮区	1715	1100	615	1084	772	312	293	198	95
建邺区	462	333	129	233	179	54	75	47	28
鼓楼区	1593	971	622	1011	689	322	333	231	102
浦口区	286	218	68	94	75	19	27	21	6
栖霞区	698	537	161	274	210	64	64	45	19
雨花台区	480	355	125	198	149	49	65	53	12
江宁区	567	432	135	191	155	36	78	62	16
六合区	595	468	127	144	124	20	22	16	6
溧水区	264	197	67	88	64	24	29	23	6
高淳区	262	218	44	85	75	10	14	10	4
南京江北新区	977	681	296	357	258	99	84	71	13
无锡市	**10150**	**7145**	**3005**	**2609**	**1928**	**681**	**698**	**522**	**176**
锡山区	779	566	213	144	117	27	24	14	10
惠山区	922	683	239	188	146	42	47	35	12
滨湖区	898	611	287	307	209	98	98	71	27
梁溪区	2626	1673	953	961	679	282	269	196	73
新吴区	854	575	279	154	111	43	60	48	12
江苏无锡经济开发区	308	227	81	73	54	19	18	15	3
江阴市	2049	1531	518	437	339	98	100	73	27
宜兴市	1714	1279	435	345	273	72	82	70	12
徐州市	**10532**	**8069**	**2463**	**1942**	**1574**	**368**	**443**	**363**	**80**
鼓楼区	683	496	187	210	156	54	34	28	6
云龙区	631	444	187	193	149	44	51	38	13
贾汪区	526	403	123	68	56	12	6	6	
泉山区	1094	719	375	469	358	111	150	119	31
铜山区	1264	997	267	146	125	21	33	28	5
丰县	1215	967	248	168	148	20	32	27	5
沛县	1458	1145	313	198	159	39	59	54	5
睢宁县	986	815	171	112	104	8	13	10	3
徐州经济技术开发区	323	256	67	63	54	9	20	19	1
新沂市	790	636	154	135	113	22	12	9	3
邳州市	1562	1191	371	180	152	28	33	25	8
常州市	**6971**	**4895**	**2076**	**1438**	**1080**	**358**	**345**	**266**	**79**
天宁区	1003	682	321	372	263	109	99	83	16
钟楼区	886	606	280	274	206	68	73	54	19
新北区	1148	803	345	182	136	46	53	36	17
武进区	1180	857	323	153	113	40	49	33	16
金坛区	814	591	223	112	92	20	23	18	5
江苏省常州市经济开发区	549	396	153	107	82	25	15	11	4
溧阳市	1391	960	431	238	188	50	33	31	2

6-2 续表 7

单位：人

地 区	初 中			高 中			大学专科		
	小计	男	女	小计	男	女	小计	男	女
苏州市	**7100**	**5090**	**2010**	**2046**	**1499**	**547**	**594**	**423**	**171**
虎丘区	245	185	60	79	60	19	36	26	10
吴中区	554	368	186	159	114	45	55	42	13
相城区	280	203	77	82	64	18	25	19	6
姑苏区	1399	964	435	615	440	175	131	85	46
吴江区	607	414	193	119	88	31	30	21	9
苏州工业园区	385	247	138	145	106	39	61	46	15
常熟市	1371	1007	364	300	214	86	76	58	18
张家港市	1052	841	211	231	189	42	74	56	18
昆山市	743	518	225	209	150	59	72	49	23
太仓市	464	343	121	107	74	33	34	21	13
南通市	**11509**	**8693**	**2816**	**2106**	**1650**	**456**	**407**	**307**	**100**
崇川区	756	523	233	271	192	79	88	60	28
港闸区	245	177	68	44	33	11	7	5	2
通州区	1327	1038	289	230	189	41	54	45	9
如东县	1511	1155	356	253	202	51	41	29	12
南通经济技术开发区	129	102	27	21	19	2	8	5	3
通州湾示范区	236	181	55	27	24	3	4	2	2
苏锡通科技产业园区	86	61	25	17	12	5	2	1	1
启东市	2022	1536	486	333	258	75	59	46	13
如皋市	1972	1531	441	411	329	82	62	48	14
海门市	1794	1302	492	221	174	47	23	22	1
海安市	1431	1087	344	278	218	60	59	44	15
连云港市	**5718**	**4289**	**1429**	**1380**	**1086**	**294**	**270**	**210**	**60**
连云区	191	140	51	65	47	18	14	8	6
海州区	837	612	225	331	255	76	105	83	22
赣榆区	1220	919	301	260	191	69	82	61	21
东海县	1469	1030	439	392	307	85	24	20	4
灌云县	919	734	185	129	117	12	19	17	2
灌南县	879	700	179	140	111	29	14	11	3
连云港经济技术开发区	90	74	16	25	22	3	6	5	1
连云港高新技术产业开发区	46	30	16	18	16	2	5	4	1
江苏连云港徐圩新区	39	28	11	12	12		1	1	
江苏省连云港市云台山风景名胜区	28	22	6	8	8				
淮安市	**6787**	**5074**	**1713**	**1298**	**1046**	**252**	**211**	**162**	**49**
淮安区	1134	898	236	173	146	27	45	34	11
淮阴区	1301	987	314	186	156	30	27	22	5
清江浦区	847	569	278	316	236	80	48	37	11
洪泽区	324	252	72	71	55	16	10	9	1
涟水县	2113	1502	611	315	254	61	35	25	10
盱眙县	608	501	107	136	117	19	15	11	4
金湖县	303	238	65	71	56	15	18	15	3
淮安经济技术开发区	92	73	19	20	16	4	9	5	4
工业园区	14	11	3	1	1		1	1	
生态文旅区	24	19	5	3	3		2	2	
苏淮高新区	27	24	3	6	6		1	1	

6-2　续表 8　　　　单位：人

地　区	初　中			高　中			大学专科		
	小计	男	女	小计	男	女	小计	男	女
盐城市	**9211**	**7310**	**1901**	**1765**	**1471**	**294**	**297**	**239**	**58**
亭湖区	652	504	148	173	142	31	42	36	6
盐都区	801	649	152	150	136	14	10	9	1
大丰区	865	684	181	187	150	37	40	27	13
响水县	586	490	96	93	82	11	9	9	
滨海县	1173	923	250	208	169	39	29	21	8
阜宁县	1361	1030	331	213	177	36	31	28	3
射阳县	965	801	164	175	151	24	30	25	5
建湖县	841	690	151	167	135	32	32	27	5
盐城经济技术开发区	122	100	22	21	18	3	4	4	
江苏省盐南高新区	126	89	37	49	39	10	14	9	5
东台市	1719	1350	369	329	272	57	56	44	12
扬州市	**5138**	**3967**	**1171**	**1081**	**854**	**227**	**251**	**176**	**75**
广陵区	785	568	217	213	154	59	50	32	18
邗江区	393	272	121	103	76	27	40	29	11
江都区	1157	923	234	187	155	32	45	38	7
宝应县	909	722	187	156	142	14	24	14	10
扬州经济技术开发区	190	149	41	52	39	13	21	15	6
蜀冈瘦西湖景区	139	93	46	71	48	23	19	11	8
生态新城	99	80	19	14	11	3	2	2	
仪征市	625	494	131	137	104	33	27	17	10
高邮市	841	666	175	148	125	23	23	18	5
镇江市	**4754**	**3552**	**1202**	**1113**	**855**	**258**	**263**	**203**	**60**
京口区	589	404	185	232	164	68	63	52	11
润州区	422	299	123	132	97	35	30	24	6
丹徒区	426	339	87	53	40	13	13	10	3
镇江新区	402	278	124	67	48	19	16	13	3
江苏镇江高新区	36	24	12	12	11	1	4	3	1
丹阳市	1806	1376	430	352	267	85	81	57	24
扬中市	395	307	88	99	86	13	21	19	2
句容市	678	525	153	166	142	24	35	25	10
泰州市	**5872**	**4683**	**1189**	**1222**	**1024**	**198**	**291**	**230**	**61**
海陵区	483	376	107	172	136	36	52	43	9
高港区	411	334	77	94	86	8	17	11	6
姜堰区	925	715	210	174	141	33	36	29	7
泰州医药高新技术产业开发区	182	134	48	25	23	2	21	11	10
兴化市	995	812	183	182	141	41	29	24	5
靖江市	976	763	213	244	198	46	62	51	11
泰兴市	1900	1549	351	331	299	32	74	61	13
宿迁市	**5627**	**4291**	**1336**	**1049**	**834**	**215**	**139**	**113**	**26**
宿城区	708	546	162	173	140	33	28	24	4
宿豫区	498	406	92	80	68	12	7	4	3
沭阳县	1513	1188	325	205	179	26	40	32	8
泗阳县	1708	1181	527	382	270	112	21	19	2
泗洪县	859	690	169	150	126	24	29	24	5
宿迁经济技术开发区	94	72	22	23	21	2	5	4	1
宿迁市湖滨新区	93	75	18	19	15	4	4	3	1
苏州宿迁工业园区	3	3					1		1
宿迁市洋河新区	151	130	21	17	15	2	4	3	1

6-2 续表 9　　　　单位：人

地　区	大学本科			硕士研究生			博士研究生		
	小计	男	女	小计	男	女	小计	男	女
江　苏	**3273**	**2475**	**798**	**136**	**102**	**34**	**25**	**22**	**3**
南京市	**1113**	**809**	**304**	**52**	**40**	**12**	**13**	**12**	**1**
玄武区	233	170	63	9	7	2			
秦淮区	229	167	62	7	6	1	1	1	
建邺区	64	49	15	4	2	2	3	3	
鼓楼区	369	265	104	19	15	4	1	1	
浦口区	14	9	5				6	5	1
栖霞区	36	28	8	1		1	1	1	
雨花台区	33	25	8	2	2				
江宁区	45	28	17	5	3	2			
六合区	13	10	3	1	1				
溧水区	8	5	3						
高淳区	6	4	2						
南京江北新区	63	49	14	4	4		1	1	
无锡市	**423**	**334**	**89**	**9**	**8**	**1**			
锡山区	12	9	3	1	1				
惠山区	24	22	2	1	1				
滨湖区	73	57	16						
梁溪区	169	131	38	2	2				
新吴区	34	27	7	4	3	1			
江苏无锡经济开发区	24	17	7						
江阴市	43	35	8						
宜兴市	44	36	8	1	1				
徐州市	**181**	**147**	**34**	**5**	**5**		**3**	**2**	**1**
鼓楼区	10	8	2						
云龙区	33	28	5						
贾汪区	6	5	1						
泉山区	95	77	18	2	2		3	2	1
铜山区	9	6	3	1	1				
丰县	5	5							
沛县	6	6							
睢宁县	1	1							
徐州经济技术开发区	5	3	2	1	1				
新沂市	8	6	2						
邳州市	3	2	1	1	1				
常州市	**258**	**201**	**57**	**7**	**7**		**1**	**1**	
天宁区	87	67	20	3	3		1	1	
钟楼区	66	48	18						
新北区	33	25	8						
武进区	28	24	4	1	1				
金坛区	6	4	2	1	1				
江苏省常州市经济开发区	16	13	3						
溧阳市	22	20	2	2	2				

6-2　续表 10

单位：人

地　区	大学本科			硕士研究生			博士研究生		
	小计	男	女	小计	男	女	小计	男	女
苏州市	**396**	**281**	**115**	**25**	**17**	**8**	**3**	**3**	
虎丘区	45	28	17	4	1	3	1	1	
吴中区	29	21	8	1	1				
相城区	6	3	3	1	1				
姑苏区	121	81	40	6	5	1	1	1	
吴江区	7	6	1	1		1	1	1	
苏州工业园区	82	58	24	5	4	1			
常熟市	38	32	6	2	1	1			
张家港市	38	29	9	1	1				
昆山市	18	14	4	3	2	1			
太仓市	12	9	3	1	1				
南通市	**191**	**142**	**49**	**7**	**3**	**4**	**1**	**1**	
崇川区	51	39	12	2	1	1			
港闸区	3	3		1		1			
通州区	25	17	8						
如东县	15	12	3	1		1			
南通经济技术开发区				1	1				
通州湾示范区									
苏锡通科技产业园区									
启东市	25	15	10						
如皋市	25	19	6	1	1				
海门市	16	12	4				1	1	
海安市	31	25	6	1		1			
连云港市	**101**	**77**	**24**	**12**	**8**	**4**			
连云区	11	8	3						
海州区	25	18	7						
赣榆区	21	17	4	10	7	3			
东海县	11	11							
灌云县	5	4	1						
灌南县	14	7	7	1		1			
连云港经济技术开发区	2	2							
连云港高新技术产业开发区	11	9	2						
江苏连云港徐圩新区	1	1							
江苏省连云港市云台山风景名胜区				1	1				
淮安市	**82**	**69**	**13**	**2**	**2**				
淮安区	17	16	1						
淮阴区	8	5	3						
清江浦区	30	25	5	2	2				
洪泽区	2	1	1						
涟水县	8	7	1						
盱眙县	5	4	1						
金湖县	10	9	1						
淮安经济技术开发区	1	1							
工业园区									
生态文旅区	1	1							
苏淮高新区									

6-2 续表 11

单位：人

地区	大学本科			硕士研究生			博士研究生		
	小计	男	女	小计	男	女	小计	男	女
盐城市	**115**	**92**	**23**	**4**	**3**	**1**			
亭湖区	14	13	1	1		1			
盐都区	4	2	2						
大丰区	13	9	4						
响水县	2	2							
滨海县	12	10	2	3	3				
阜宁县	14	13	1						
射阳县	11	10	1						
建湖县	15	14	1						
盐城经济技术开发区	1	1							
江苏省盐南高新区	8	4	4						
东台市	21	14	7						
扬州市	**132**	**101**	**31**	**2**	**2**				
广陵区	35	28	7	1	1				
邗江区	24	21	3						
江都区	18	15	3						
宝应县	8	6	2						
扬州经济技术开发区	15	12	3						
蜀冈瘦西湖景区	6	3	3	1	1				
生态新城	1		1						
仪征市	13	9	4						
高邮市	12	7	5						
镇江市	**128**	**106**	**22**	**6**	**3**	**3**	**3**	**2**	**1**
京口区	57	41	16				1	1	
润州区	13	10	3				1	1	
丹徒区	5	4	1	1	1				
镇江新区	4	4							
江苏镇江高新区	4	4		1		1	1		1
丹阳市	35	34	1	2	1	1			
扬中市	6	5	1						
句容市	4	4		2	1	1			
泰州市	**110**	**87**	**23**	**4**	**3**	**1**			
海陵区	20	17	3						
高港区	15	14	1						
姜堰区	13	8	5	1	1				
泰州医药高新技术产业开发区	1	1							
兴化市	14	10	4						
靖江市	29	21	8						
泰兴市	18	16	2	3	2	1			
宿迁市	**43**	**29**	**14**	**1**	**1**		**1**	**1**	
宿城区	12	8	4	1	1				
宿豫区	5	5							
沭阳县	10	5	5						
泗阳县	6	6					1	1	
泗洪县	9	4	5						
宿迁经济技术开发区	1	1							
宿迁市湖滨新区									
苏州宿迁工业园区									
宿迁市洋河新区									

6-2a 各地区分性别、受教育程度的3岁及以上死亡人口 (2019.11.1-2020.10.31)(城市)

单位：人

地区	3岁及以上死亡人口			未上过学		
	合计	男	女	小计	男	女
江 苏	**167195**	**93813**	**73382**	**28882**	**8833**	**20049**
南京市	**31141**	**17596**	**13545**	**4987**	**1540**	**3447**
玄武区	2637	1446	1191	59	7	52
秦淮区	5373	3034	2339	448	82	366
建邺区	1585	929	656	273	76	197
鼓楼区	5418	3014	2404	422	107	315
浦口区	1414	764	650	336	119	217
栖霞区	2273	1332	941	436	115	321
雨花台区	1871	1070	801	449	141	308
江宁区	2946	1720	1226	859	318	541
六合区	2170	1183	987	698	233	465
溧水区	1221	663	558	245	96	149
高淳区	996	581	415	370	153	217
南京江北新区	3237	1860	1377	392	93	299
无锡市	**23370**	**13247**	**10123**	**2234**	**545**	**1689**
锡山区	1367	753	614	136	26	110
惠山区	2168	1265	903	288	54	234
滨湖区	2622	1458	1164	179	49	130
梁溪区	7059	3978	3081	428	87	341
新吴区	2570	1464	1106	213	49	164
江苏无锡经济开发区	882	509	373	61	10	51
江阴市	3787	2149	1638	406	78	328
宜兴市	2915	1671	1244	523	192	331
徐州市	**13247**	**7552**	**5695**	**2237**	**702**	**1535**
鼓楼区	1886	1092	794	214	57	157
云龙区	1871	1094	777	301	87	214
贾汪区	1229	694	535	367	137	230
泉山区	3415	1948	1467	383	84	299
铜山区	1315	737	578	313	99	214
丰县						
沛县						
睢宁县						
徐州经济技术开发区	31	21	10	8	3	5
新沂市	1303	721	582	332	114	218
邳州市	2197	1245	952	319	121	198
常州市	**12388**	**7005**	**5383**	**1248**	**313**	**935**
天宁区	2535	1437	1098	190	34	156
钟楼区	2449	1400	1049	185	39	146
新北区	1967	1082	885	277	72	205
武进区	1596	886	710	138	30	108
金坛区	1558	912	646	245	90	155
江苏省常州市经济开发区	844	467	377	91	14	77
溧阳市	1439	821	618	122	34	88

6-2a 续表 1

单位：人

地　区	3岁及以上死亡人口			未上过学		
	合计	男	女	小计	男	女
苏州市	**21227**	**11692**	**9535**	**4560**	**1563**	**2997**
虎丘区	1768	989	779	623	229	394
吴中区	2158	1202	956	595	258	337
相城区	2116	1177	939	627	232	395
姑苏区	4708	2603	2105	438	127	311
吴江区	1686	920	766	347	137	210
苏州工业园区						
常熟市	3574	1894	1680	764	182	582
张家港市	1427	817	610	267	76	191
昆山市	3113	1724	1389	720	280	440
太仓市	677	366	311	179	42	137
南通市	**17053**	**9368**	**7685**	**3248**	**946**	**2302**
崇川区	2840	1588	1252	502	146	356
港闸区	1679	894	785	457	132	325
通州区	2570	1377	1193	515	160	355
如东县						
南通经济技术开发区						
通州湾示范区						
苏锡通科技产业园区						
启东市	2838	1589	1249	388	107	281
如皋市	2454	1407	1047	413	134	279
海门市	1478	834	644	248	69	179
海安市	3194	1679	1515	725	198	527
连云港市	**4748**	**2747**	**2001**	**1024**	**366**	**658**
连云区	756	421	335	218	69	149
海州区	2571	1510	1061	433	150	283
赣榆区	1294	744	550	309	118	191
东海县	27	18	9	6	5	1
灌云县						
灌南县						
连云港经济技术开发区						
连云港高新技术产业开发区						
江苏连云港徐圩新区	44	28	16	19	11	8
江苏省连云港市云台山风景名胜区	56	26	30	39	13	26
淮安市	**6495**	**3686**	**2809**	**1149**	**408**	**741**
淮安区	1780	988	792	367	110	257
淮阴区	1118	613	505	186	54	132
清江浦区	2826	1661	1165	470	210	260
洪泽区	771	424	347	126	34	92
涟水县						
盱眙县						
金湖县						
淮安经济技术开发区						
工业园区						
生态文旅区						
苏淮高新区						

6-2a 续表 2

单位：人

地区	3岁及以上死亡人口			未上过学		
	合计	男	女	小计	男	女
盐城市	**7359**	**4085**	**3274**	**2023**	**594**	**1429**
亭湖区	2302	1322	980	501	159	342
盐都区	1078	604	474	323	107	216
大丰区	724	406	318	170	44	126
响水县						
滨海县						
阜宁县						
射阳县						
建湖县						
盐城经济技术开发区	44	26	18	16	3	13
江苏省盐南高新区	715	377	338	233	65	168
东台市	2496	1350	1146	780	216	564
扬州市	**9454**	**5206**	**4248**	**2161**	**711**	**1450**
广陵区	2116	1122	994	268	63	205
邗江区	1508	848	660	281	99	182
江都区	1241	699	542	251	65	186
宝应县						
扬州经济技术开发区						
蜀冈瘦西湖景区	540	300	240	68	22	46
生态新城	189	102	87	37	14	23
仪征市	2193	1205	988	603	200	403
高邮市	1667	930	737	653	248	405
镇江市	**8725**	**4870**	**3855**	**1311**	**343**	**968**
京口区	1941	1112	829	203	60	143
润州区	1416	821	595	222	76	146
丹徒区	541	271	270	139	30	109
镇江新区	44	25	19	6	3	3
江苏镇江高新区	212	107	105	43	10	33
丹阳市	1898	1072	826	233	45	188
扬中市	1207	657	550	234	57	177
句容市	1466	805	661	231	62	169
泰州市	**8261**	**4636**	**3625**	**1718**	**483**	**1235**
海陵区	2197	1282	915	563	187	376
高港区	711	390	321	114	19	95
姜堰区	1387	775	612	303	101	202
泰州医药高新技术产业开发区						
兴化市	869	485	384	228	73	155
靖江市	1252	677	575	164	18	146
泰兴市	1845	1027	818	346	85	261
宿迁市	**3727**	**2123**	**1604**	**982**	**319**	**663**
宿城区	1772	1032	740	425	140	285
宿豫区	826	472	354	162	49	113
沭阳县						
泗阳县						
泗洪县						
宿迁经济技术开发区	35	11	24	20	2	18
宿迁市湖滨新区	627	337	290	230	73	157
苏州宿迁工业园区	10	7	3	2	1	1
宿迁市洋河新区	457	264	193	143	54	89

6-2a 续表 3

单位：人

地　区	学前教育			小　学		
	小计	男	女	小计	男	女
江　苏	**1043**	**433**	**610**	**76213**	**41136**	**35077**
南京市	**133**	**54**	**79**	**11722**	**6081**	**5641**
玄武区	6	3	3	827	312	515
秦淮区	9	3	6	1587	705	882
建邺区	8	3	5	463	237	226
鼓楼区	9	4	5	1661	731	930
浦口区	12	5	7	744	400	344
栖霞区	9	4	5	886	496	390
雨花台区	6	3	3	661	361	300
江宁区	16	8	8	1359	853	506
六合区	19	9	10	1017	613	404
溧水区	20	4	16	710	385	325
高淳区	3	3		435	268	167
南京江北新区	16	5	11	1372	720	652
无锡市	**73**	**26**	**47**	**10831**	**5501**	**5330**
锡山区	7	4	3	790	420	370
惠山区	6	4	2	1059	591	468
滨湖区	6	3	3	1117	499	618
梁溪区	14	7	7	2590	1203	1387
新吴区	2		2	1249	651	598
江苏无锡经济开发区	2	1	1	396	185	211
江阴市	18	1	17	2056	1081	975
宜兴市	18	6	12	1574	871	703
徐州市	**105**	**44**	**61**	**5828**	**3093**	**2735**
鼓楼区	10	3	7	725	344	381
云龙区	5	3	2	684	362	322
贾汪区	9	7	2	540	311	229
泉山区	18	7	11	1201	580	621
铜山区	11	3	8	651	369	282
丰县						
沛县						
睢宁县						
徐州经济技术开发区				14	10	4
新沂市	5	2	3	669	379	290
邳州市	47	19	28	1344	738	606
常州市	**27**	**16**	**11**	**5653**	**2885**	**2768**
天宁区	5	2	3	931	425	506
钟楼区	4	3	1	1017	483	534
新北区	2	2		853	444	409
武进区	2	1	1	929	482	447
金坛区	8	3	5	860	497	363
江苏省常州市经济开发区	5	4	1	413	205	208
溧阳市	1	1		650	349	301

6-2a 续表 4

单位：人

地区	学前教育			小学		
	小计	男	女	小计	男	女
苏州市	**205**	**99**	**106**	**10375**	**5767**	**4608**
虎丘区	16	5	11	759	488	271
吴中区	12	8	4	1049	610	439
相城区	35	16	19	1117	679	438
姑苏区	20	7	13	1977	893	1084
吴江区	38	19	19	1020	577	443
苏州工业园区						
常熟市	23	10	13	1865	1051	814
张家港市	12	7	5	726	409	317
昆山市	44	24	20	1576	886	690
太仓市	5	3	2	286	174	112
南通市	**110**	**39**	**71**	**9097**	**5005**	**4092**
崇川区	14	6	8	1156	621	535
港闸区	11	3	8	911	541	370
通州区	11	4	7	1525	820	705
如东县						
南通经济技术开发区						
通州湾示范区						
苏锡通科技产业园区						
启东市	19	4	15	1593	853	740
如皋市	15	7	8	1456	837	619
海门市	8	3	5	735	402	333
海安市	32	12	20	1721	931	790
连云港市	**20**	**12**	**8**	**1880**	**1052**	**828**
连云区	5	2	3	257	150	107
海州区	10	6	4	1016	537	479
赣榆区	4	4		577	347	230
东海县	1		1	8	4	4
灌云县						
灌南县						
连云港经济技术开发区						
连云港高新技术产业开发区						
江苏连云港徐圩新区				14	8	6
江苏省连云港市云台山风景名胜区				8	6	2
淮安市	**70**	**27**	**43**	**3026**	**1688**	**1338**
淮安区	19	8	11	922	527	395
淮阴区	4	1	3	484	259	225
清江浦区	9	3	6	1206	660	546
洪泽区	38	15	23	414	242	172
涟水县						
盱眙县						
金湖县						
淮安经济技术开发区						
工业园区						
生态文旅区						
苏淮高新区						

6-2a 续表 5

单位：人

地　区	学前教育			小　学		
	小计	男	女	小计	男	女
盐城市	**57**	**23**	**34**	**3370**	**2025**	**1345**
亭湖区	18	6	12	1160	678	482
盐都区	11	5	6	510	304	206
大丰区	8	4	4	304	177	127
响水县						
滨海县						
阜宁县						
射阳县						
建湖县						
盐城经济技术开发区				25	20	5
江苏省盐南高新区	5	2	3	280	169	111
东台市	15	6	9	1091	677	414
扬州市	**109**	**41**	**68**	**4485**	**2528**	**1957**
广陵区	12	2	10	990	475	515
邗江区	26	12	14	806	464	342
江都区	8	5	3	658	378	280
宝应县						
扬州经济技术开发区						
蜀冈瘦西湖景区	2		2	234	122	112
生态新城				96	49	47
仪征市	47	17	30	1041	623	418
高邮市	14	5	9	660	417	243
镇江市	**47**	**19**	**28**	**4131**	**2153**	**1978**
京口区	9	5	4	806	402	404
润州区	3	2	1	598	317	281
丹徒区	9	3	6	275	145	130
镇江新区				20	10	10
江苏镇江高新区				111	55	56
丹阳市	8	3	5	842	434	408
扬中市	8	4	4	661	363	298
句容市	10	2	8	818	427	391
泰州市	**71**	**29**	**42**	**3995**	**2240**	**1755**
海陵区	21	10	11	978	590	388
高港区	1		1	382	199	183
姜堰区	18	7	11	712	414	298
泰州医药高新技术产业开发区						
兴化市	12	7	5	393	239	154
靖江市	4	2	2	590	299	291
泰兴市	15	3	12	940	499	441
宿迁市	**16**	**4**	**12**	**1820**	**1118**	**702**
宿城区	2		2	800	492	308
宿豫区	8	1	7	445	263	182
沭阳县						
泗阳县						
泗洪县						
宿迁经济技术开发区				7	4	3
宿迁市湖滨新区	3	2	1	333	216	117
苏州宿迁工业园区	1	1		3	2	1
宿迁市洋河新区	2		2	232	141	91

6-2a　续表 6

单位：人

地　区	初　中			高　中			大学专科		
	小计	男	女	小计	男	女	小计	男	女
江　苏	**40286**	**28086**	**12200**	**14020**	**10318**	**3702**	**3956**	**2916**	**1040**
南京市	**7779**	**5222**	**2557**	**4085**	**2947**	**1138**	**1270**	**900**	**370**
玄武区	762	432	330	521	363	158	220	152	68
秦淮区	1715	1100	615	1084	772	312	293	198	95
建邺区	462	333	129	233	179	54	75	47	28
鼓楼区	1593	971	622	1011	689	322	333	231	102
浦口区	208	152	56	75	59	16	24	19	5
栖霞区	594	453	141	250	193	57	61	42	19
雨花台区	462	339	123	195	147	48	63	52	11
江宁区	417	313	104	172	139	33	74	59	15
六合区	332	244	88	84	69	15	11	7	4
溧水区	160	119	41	57	39	18	22	16	6
高淳区	123	104	19	49	43	6	10	6	4
南京江北新区	951	662	289	354	255	99	84	71	13
无锡市	**7177**	**4923**	**2254**	**2066**	**1498**	**568**	**610**	**457**	**153**
锡山区	336	231	105	74	56	18	17	10	7
惠山区	621	463	158	136	106	30	40	30	10
滨湖区	853	577	276	296	202	94	98	71	27
梁溪区	2626	1673	953	961	679	282	269	196	73
新吴区	854	575	279	154	111	43	60	48	12
江苏无锡经济开发区	308	227	81	73	54	19	18	15	3
江阴市	980	738	242	237	185	52	64	46	18
宜兴市	599	439	160	135	105	30	44	41	3
徐州市	**3571**	**2538**	**1033**	**1079**	**834**	**245**	**268**	**213**	**55**
鼓楼区	683	496	187	210	156	54	34	28	6
云龙区	610	430	180	188	147	41	50	37	13
贾汪区	267	198	69	36	32	4	5	5	
泉山区	1094	719	375	469	358	111	150	119	31
铜山区	284	220	64	43	35	8	8	7	1
丰县									
沛县									
睢宁县									
徐州经济技术开发区	7	6	1	1	1		1	1	
新沂市	210	157	53	74	60	14	8	6	2
邳州市	416	312	104	58	45	13	12	10	2
常州市	**3889**	**2615**	**1274**	**1061**	**783**	**278**	**283**	**215**	**68**
天宁区	868	575	293	355	249	106	97	82	15
钟楼区	837	571	266	269	203	66	72	53	19
新北区	639	425	214	130	94	36	40	25	15
武进区	415	295	120	65	47	18	30	18	12
金坛区	357	247	110	66	57	9	16	13	3
江苏省常州市经济开发区	242	170	72	71	56	15	12	9	3
溧阳市	531	332	199	105	77	28	16	15	1

6-2a 续表 7 单位：人

地区	初中			高中			大学专科		
	小计	男	女	小计	男	女	小计	男	女
苏州市	**3954**	**2744**	**1210**	**1424**	**1024**	**400**	**417**	**294**	**123**
虎丘区	212	156	56	72	55	17	36	26	10
吴中区	305	188	117	124	85	39	48	36	12
相城区	239	173	66	73	57	16	18	16	2
姑苏区	1399	964	435	615	440	175	131	85	46
吴江区	214	141	73	43	30	13	21	14	7
苏州工业园区									
常熟市	638	445	193	207	146	61	46	36	10
张家港市	293	224	69	71	61	10	36	24	12
昆山市	515	349	166	175	126	49	64	44	20
太仓市	139	104	35	44	24	20	17	13	4
南通市	**3309**	**2418**	**891**	**916**	**674**	**242**	**245**	**190**	**55**
崇川区	756	523	233	271	192	79	88	60	28
港闸区	245	177	68	44	33	11	7	5	2
通州区	396	303	93	82	58	24	26	23	3
如东县									
南通经济技术开发区									
通州湾示范区									
苏锡通科技产业园区									
启东市	607	450	157	170	127	43	45	37	8
如皋市	418	310	108	115	91	24	29	21	8
海门市	374	271	103	91	68	23	14	13	1
海安市	513	384	129	143	105	38	36	31	5
连云港市	**1147**	**817**	**330**	**462**	**340**	**122**	**156**	**117**	**39**
连云区	186	137	49	65	47	18	14	8	6
海州区	688	494	194	301	226	75	98	79	19
赣榆区	248	167	81	90	62	28	44	30	14
东海县	9	7	2	3	2	1			
灌云县									
灌南县									
连云港经济技术开发区									
连云港高新技术产业开发区									
江苏连云港徐圩新区	8	6	2	2	2				
江苏省连云港市云台山风景名胜区	8	6	2	1	1				
淮安市	**1621**	**1091**	**530**	**500**	**371**	**129**	**84**	**66**	**18**
淮安区	370	266	104	74	56	18	21	15	6
淮阴区	350	228	122	78	58	20	9	9	
清江浦区	760	500	260	304	227	77	47	36	11
洪泽区	141	97	44	44	30	14	7	6	1
涟水县									
盱眙县									
金湖县									
淮安经济技术开发区									
工业园区									
生态文旅区									
苏淮高新区									

6-2a 续表 8

单位：人

地区	初中			高中			大学专科		
	小计	男	女	小计	男	女	小计	男	女
盐城市	**1365**	**1024**	**341**	**404**	**318**	**86**	**99**	**74**	**25**
亭湖区	444	337	107	130	101	29	34	28	6
盐都区	184	144	40	42	38	4	5	5	
大丰区	162	122	40	52	41	11	21	13	8
响水县									
滨海县									
阜宁县									
射阳县									
建湖县									
盐城经济技术开发区	3	3							
江苏省盐南高新区	126	89	37	49	39	10	14	9	5
东台市	446	329	117	131	99	32	25	19	6
扬州市	**1877**	**1333**	**544**	**590**	**433**	**157**	**146**	**94**	**52**
广陵区	585	402	183	183	127	56	46	28	18
邗江区	254	169	85	82	59	23	38	27	11
江都区	231	174	57	71	59	12	13	10	3
宝应县									
扬州经济技术开发区									
蜀冈瘦西湖景区	139	93	46	71	48	23	19	11	8
生态新城	45	31	14	10	7	3	1	1	
仪征市	367	269	98	106	78	28	20	11	9
高邮市	256	195	61	67	55	12	9	6	3
镇江市	**2209**	**1581**	**628**	**725**	**539**	**186**	**182**	**141**	**41**
京口区	576	393	183	226	158	68	63	52	11
润州区	418	295	123	131	96	35	30	24	6
丹徒区	88	69	19	20	15	5	6	6	
镇江新区	16	11	5	2	1	1			
江苏镇江高新区	36	24	12	12	11	1	4	3	1
丹阳市	561	408	153	179	124	55	47	32	15
扬中市	223	163	60	61	53	8	15	13	2
句容市	291	218	73	94	81	13	17	11	6
泰州市	**1702**	**1275**	**427**	**537**	**419**	**118**	**159**	**127**	**32**
海陵区	403	310	93	162	126	36	50	42	8
高港区	158	126	32	40	34	6	8	4	4
姜堰区	268	187	81	66	51	15	13	11	2
泰州医药高新技术产业开发区									
兴化市	153	108	45	60	41	19	17	13	4
靖江市	311	219	92	119	89	30	42	34	8
泰兴市	409	325	84	90	78	12	29	23	6
宿迁市	**686**	**505**	**181**	**171**	**138**	**33**	**37**	**28**	**9**
宿城区	383	270	113	126	101	25	24	21	3
宿豫区	174	130	44	29	24	5	5	2	3
沭阳县									
泗阳县									
泗洪县									
宿迁经济技术开发区	8	5	3						
宿迁市湖滨新区	51	39	12	7	5	2	3	2	1
苏州宿迁工业园区	3	3					1		1
宿迁市洋河新区	67	58	9	9	8	1	4	3	1

6-2a 续表 9

单位：人

地　区	大学本科			硕士研究生			博士研究生		
	小计	男	女	小计	男	女	小计	男	女
江　苏	**2660**	**1989**	**671**	**117**	**87**	**30**	**18**	**15**	**3**
南京市	**1104**	**804**	**300**	**52**	**40**	**12**	**9**	**8**	**1**
玄武区	233	170	63	9	7	2			
秦淮区	229	167	62	7	6	1	1	1	
建邺区	64	49	15	4	2	2	3	3	
鼓楼区	369	265	104	19	15	4	1	1	
浦口区	13	9	4				2	1	1
栖霞区	35	28	7	1		1	1	1	
雨花台区	33	25	8	2	2				
江宁区	44	27	17	5	3	2			
六合区	8	7	1	1	1				
溧水区	7	4	3						
高淳区	6	4	2						
南京江北新区	63	49	14	4	4		1	1	
无锡市	**370**	**289**	**81**	**9**	**8**	**1**			
锡山区	6	5	1	1	1				
惠山区	17	16	1	1	1				
滨湖区	73	57	16						
梁溪区	169	131	38	2	2				
新吴区	34	27	7	4	3	1			
江苏无锡经济开发区	24	17	7						
江阴市	26	20	6						
宜兴市	21	16	5	1	1				
徐州市	**153**	**123**	**30**	**3**	**3**		**3**	**2**	**1**
鼓楼区	10	8	2						
云龙区	33	28	5						
贾汪区	5	4	1						
泉山区	95	77	18	2	2		3	2	1
铜山区	4	3	1	1	1				
丰县									
沛县									
睢宁县									
徐州经济技术开发区									
新沂市	5	3	2						
邳州市	1		1						
常州市	**221**	**172**	**49**	**5**	**5**		**1**	**1**	
天宁区	85	66	19	3	3		1	1	
钟楼区	65	48	17						
新北区	26	20	6						
武进区	16	12	4	1	1				
金坛区	5	4	1	1	1				
江苏省常州市经济开发区	10	9	1						
溧阳市	14	13	1						

6-2a　续表 10　　单位：人

地　区	大学本科			硕士研究生			博士研究生		
	小计	男	女	小计	男	女	小计	男	女
苏州市	**270**	**186**	**84**	**20**	**13**	**7**	**2**	**2**	
虎丘区	45	28	17	4	1	3	1	1	
吴中区	24	16	8	1	1				
相城区	6	3	3	1	1				
姑苏区	121	81	40	6	5	1	1	1	
吴江区	2	2		1		1			
苏州工业园区									
常熟市	29	23	6	2	1	1			
张家港市	21	15	6	1	1				
昆山市	16	13	3	3	2	1			
太仓市	6	5	1	1	1				
南通市	**123**	**94**	**29**	**5**	**2**	**3**			
崇川区	51	39	12	2	1	1			
港闸区	3	3		1		1			
通州区	15	9	6						
如东县									
南通经济技术开发区									
通州湾示范区									
苏锡通科技产业园区									
启东市	16	11	5						
如皋市	7	6	1	1	1				
海门市	8	8							
海安市	23	18	5	1		1			
连云港市	**49**	**36**	**13**	**10**	**7**	**3**			
连云区	11	8	3						
海州区	25	18	7						
赣榆区	12	9	3	10	7	3			
东海县									
灌云县									
灌南县									
连云港经济技术开发区									
连云港高新技术产业开发区									
江苏连云港徐圩新区	1	1							
江苏省连云港市云台山风景名胜区									
淮安市	**43**	**33**	**10**	**2**	**2**				
淮安区	7	6	1						
淮阴区	7	4	3						
清江浦区	28	23	5	2	2				
洪泽区	1		1						
涟水县									
盱眙县									
金湖县									
淮安经济技术开发区									
工业园区									
生态文旅区									
苏淮高新区									

6-2a 续表 11

单位：人

地　区	大学本科			硕士研究生			博士研究生		
	小计	男	女	小计	男	女	小计	男	女
盐城市	**40**	**27**	**13**	**1**		**1**			
亭湖区	14	13	1	1		1			
盐都区	3	1	2						
大丰区	7	5	2						
响水县									
滨海县									
阜宁县									
射阳县									
建湖县									
盐城经济技术开发区									
江苏省盐南高新区	8	4	4						
东台市	8	4	4						
扬州市	**84**	**64**	**20**	**2**	**2**				
广陵区	31	24	7	1	1				
邗江区	21	18	3						
江都区	9	8	1						
宝应县									
扬州经济技术开发区									
蜀冈瘦西湖景区	6	3	3	1	1				
生态新城									
仪征市	9	7	2						
高邮市	8	4	4						
镇江市	**111**	**89**	**22**	**6**	**3**	**3**	**3**	**2**	**1**
京口区	57	41	16				1	1	
润州区	13	10	3				1	1	
丹徒区	3	2	1	1	1				
镇江新区									
江苏镇江高新区	4	4		1		1	1		1
丹阳市	26	25	1	2	1	1			
扬中市	5	4	1						
句容市	3	3		2	1	1			
泰州市	**78**	**62**	**16**	**1**	**1**				
海陵区	20	17	3						
高港区	8	8							
姜堰区	7	4	3						
泰州医药高新技术产业开发区									
兴化市	6	4	2						
靖江市	22	16	6						
泰兴市	15	13	2	1	1				
宿迁市	**14**	**10**	**4**	**1**	**1**				
宿城区	11	7	4	1	1				
宿豫区	3	3							
沭阳县									
泗阳县									
泗洪县									
宿迁经济技术开发区									
宿迁市湖滨新区									
苏州宿迁工业园区									
宿迁市洋河新区									

6-2b　各地区分性别、受教育程度的3岁及以上死亡人口 (2019.11.1-2020.10.31)(镇)

单位：人

地　　区	3岁及以上死亡人口			未上过学		
	合计	男	女	小计	男	女
江　苏	**138442**	**77119**	**61323**	**31502**	**10065**	**21437**
南京市	**953**	**544**	**409**	**270**	**107**	**163**
玄武区						
秦淮区						
建邺区						
鼓楼区						
浦口区	46	25	21	25	12	13
栖霞区						
雨花台区	73	49	24	17	4	13
江宁区						
六合区	430	240	190	105	32	73
溧水区	320	182	138	84	40	44
高淳区	84	48	36	39	19	20
南京江北新区						
无锡市	**8067**	**4568**	**3499**	**1259**	**382**	**877**
锡山区	1505	850	655	178	52	126
惠山区	667	384	283	64	14	50
滨湖区						
梁溪区						
新吴区						
江苏无锡经济开发区						
江阴市	2662	1511	1151	373	111	262
宜兴市	3233	1823	1410	644	205	439
徐州市	**16718**	**9507**	**7211**	**3780**	**1307**	**2473**
鼓楼区						
云龙区	110	66	44	28	15	13
贾汪区	514	284	230	191	71	120
泉山区						
铜山区	2026	1150	876	482	161	321
丰县	2347	1278	1069	400	93	307
沛县	3339	1917	1422	728	245	483
睢宁县	3326	1917	1409	846	305	541
徐州经济技术开发区	1033	606	427	241	91	150
新沂市	1221	683	538	329	121	208
邳州市	2802	1606	1196	535	205	330
常州市	**4464**	**2482**	**1982**	**755**	**233**	**522**
天宁区	174	97	77	16	3	13
钟楼区						
新北区	715	396	319	71	10	61
武进区	1211	664	547	148	38	110
金坛区	781	414	367	242	85	157
江苏省常州市经济开发区	307	161	146	27	8	19
溧阳市	1276	750	526	251	89	162

6-2b 续表 1

单位：人

地　区	3岁及以上死亡人口			未上过学		
	合计	男	女	小计	男	女
苏州市	**15266**	**8185**	**7081**	**3870**	**1250**	**2620**
虎丘区	114	65	49	78	40	38
吴中区	1003	531	472	278	90	188
相城区	249	127	122	77	23	54
姑苏区						
吴江区	2793	1512	1281	684	266	418
苏州工业园区	2072	1119	953	682	229	453
常熟市	3326	1698	1628	657	184	473
张家港市	3223	1817	1406	745	210	535
昆山市	1044	547	497	278	92	186
太仓市	1442	769	673	391	116	275
南通市	**22097**	**12033**	**10064**	**4080**	**1150**	**2930**
崇川区						
港闸区						
通州区	3540	1943	1597	652	174	478
如东县	4831	2667	2164	1202	390	812
南通经济技术开发区	915	500	415	124	39	85
通州湾示范区	633	334	299	118	31	87
苏锡通科技产业园区	239	131	108	58	19	39
启东市	1960	1072	888	423	102	321
如皋市	4228	2303	1925	529	130	399
海门市	3889	2058	1831	546	140	406
海安市	1862	1025	837	428	125	303
连云港市	**8691**	**4976**	**3715**	**2242**	**831**	**1411**
连云区						
海州区	274	169	105	104	43	61
赣榆区	2133	1240	893	686	276	410
东海县	1713	968	745	256	103	153
灌云县	1873	1060	813	452	157	295
灌南县	1790	1019	771	402	118	284
连云港经济技术开发区	416	236	180	179	69	110
连云港高新技术产业开发区	245	141	104	85	29	56
江苏连云港徐圩新区	236	139	97	70	34	36
江苏省连云港市云台山风景名胜区	11	4	7	8	2	6
淮安市	**9474**	**5368**	**4106**	**2483**	**854**	**1629**
淮安区	1189	670	519	356	103	253
淮阴区	1331	763	568	277	83	194
清江浦区	32	17	15	14	3	11
洪泽区	275	148	127	91	27	64
涟水县	2770	1608	1162	424	144	280
盱眙县	1579	874	705	652	267	385
金湖县	1129	630	499	273	94	179
淮安经济技术开发区	638	351	287	209	78	131
工业园区	117	63	54	40	10	30
生态文旅区	217	140	77	61	25	36
苏淮高新区	197	104	93	86	20	66

6-2b 续表 2

单位：人

地 区	3岁及以上死亡人口			未上过学		
	合计	男	女	小计	男	女
盐城市	**17034**	**9473**	**7561**	**4418**	**1306**	**3112**
亭湖区	378	224	154	58	16	42
盐都区	1640	894	746	493	142	351
大丰区	1790	963	827	555	155	400
响水县	1476	877	599	587	228	359
滨海县	2122	1168	954	488	147	341
阜宁县	2736	1539	1197	542	146	396
射阳县	2216	1218	998	514	145	369
建湖县	2121	1206	915	389	113	276
盐城经济技术开发区	606	336	270	207	49	158
江苏省盐南高新区						
东台市	1949	1048	901	585	165	420
扬州市	**8836**	**4962**	**3874**	**2187**	**665**	**1522**
广陵区	276	156	120	50	11	39
邗江区	322	175	147	88	27	61
江都区	2260	1225	1035	519	119	400
宝应县	2825	1617	1208	729	238	491
扬州经济技术开发区	1019	552	467	238	58	180
蜀冈瘦西湖景区						
生态新城	118	74	44	21	7	14
仪征市	483	278	205	126	39	87
高邮市	1533	885	648	416	166	250
镇江市	**6380**	**3472**	**2908**	**1267**	**328**	**939**
京口区	35	20	15	4	1	3
润州区						
丹徒区	597	303	294	153	32	121
镇江新区	1470	785	685	220	62	158
江苏镇江高新区						
丹阳市	2788	1534	1254	553	122	431
扬中市	662	359	303	120	30	90
句容市	828	471	357	217	81	136
泰州市	**8289**	**4678**	**3611**	**1739**	**494**	**1245**
海陵区	251	133	118	91	19	72
高港区	553	324	229	118	34	84
姜堰区	1317	729	588	312	104	208
泰州医药高新技术产业开发区	1102	592	510	299	78	221
兴化市	1816	1049	767	396	136	260
靖江市	937	522	415	93	11	82
泰兴市	2313	1329	984	430	112	318
宿迁市	**12173**	**6871**	**5302**	**3152**	**1158**	**1994**
宿城区	200	112	88	69	22	47
宿豫区	442	259	183	148	49	99
沭阳县	4842	2714	2128	1258	461	797
泗阳县	3247	1829	1418	546	187	359
泗洪县	2699	1529	1170	867	333	534
宿迁经济技术开发区	543	313	230	220	88	132
宿迁市湖滨新区	200	115	85	44	18	26
苏州宿迁工业园区						
宿迁市洋河新区						

6-2b 续表 3

单位：人

地　区	学前教育			小　学		
	小计	男	女	小计	男	女
江　苏	**1290**	**557**	**733**	**73453**	**41832**	**31621**
南京市	**13**	**4**	**9**	**510**	**303**	**207**
玄武区						
秦淮区						
建邺区						
鼓楼区						
浦口区				15	7	8
栖霞区						
雨花台区				33	26	7
江宁区						
六合区	2		2	239	138	101
溧水区	10	4	6	191	112	79
高淳区	1		1	32	20	12
南京江北新区						
无锡市	**24**	**10**	**14**	**4653**	**2583**	**2070**
锡山区	6	3	3	975	530	445
惠山区				347	181	166
滨湖区						
梁溪区						
新吴区						
江苏无锡经济开发区						
江阴市	4	1	3	1501	822	679
宜兴市	14	6	8	1830	1050	780
徐州市	**157**	**66**	**91**	**9174**	**5297**	**3877**
鼓楼区						
云龙区	2	2		53	32	21
贾汪区	3		3	223	137	86
泉山区						
铜山区	11	3	8	1087	640	447
丰县	5	1	4	1369	739	630
沛县	9	2	7	1633	915	718
睢宁县	50	27	23	1914	1159	755
徐州经济技术开发区	14	3	11	440	239	201
新沂市	21	8	13	690	408	282
邳州市	42	20	22	1765	1028	737
常州市	**13**	**6**	**7**	**2371**	**1271**	**1100**
天宁区				108	56	52
钟楼区						
新北区	3	1	2	384	193	191
武进区	2	1	1	682	345	337
金坛区	1		1	415	241	174
江苏省常州市经济开发区	1		1	149	68	81
溧阳市	6	4	2	633	368	265

6-2b 续表 4

单位：人

地 区	学前教育			小 学		
	小计	男	女	小计	男	女
苏州市	**177**	**75**	**102**	**8344**	**4739**	**3605**
虎丘区				32	21	11
吴中区	7	3	4	564	331	233
相城区	1	1		149	88	61
姑苏区						
吴江区	73	33	40	1647	940	707
苏州工业园区	20	7	13	692	422	270
常熟市	17	9	8	2140	1109	1031
张家港市	23	8	15	1764	1035	729
昆山市	4	1	3	603	348	255
太仓市	32	13	19	753	445	308
南通市	**184**	**68**	**116**	**13089**	**7194**	**5895**
崇川区						
港闸区						
通州区	44	15	29	2224	1256	968
如东县	65	23	42	2520	1463	1057
南通经济技术开发区	1	1		631	333	298
通州湾示范区	7	1	6	353	183	170
苏锡通科技产业园区	1		1	127	74	53
启东市	9	4	5	1069	606	463
如皋市	17	5	12	2739	1434	1305
海门市	30	17	13	2401	1247	1154
海安市	10	2	8	1025	598	427
连云港市	**74**	**33**	**41**	**4075**	**2355**	**1720**
连云区						
海州区				108	76	32
赣榆区	15	8	7	949	588	361
东海县	25	13	12	926	493	433
灌云县	13	4	9	921	519	402
灌南县	12	4	8	835	471	364
连云港经济技术开发区				139	86	53
连云港高新技术产业开发区	2	1	1	78	52	26
江苏连云港徐圩新区	7	3	4	117	69	48
江苏省连云港市云台山风景名胜区				2	1	1
淮安市	**54**	**30**	**24**	**4292**	**2493**	**1799**
淮安区	3	3		604	372	232
淮阴区	13	8	5	639	359	280
清江浦区				10	7	3
洪泽区	5		5	143	91	52
涟水县	15	6	9	1125	614	511
盱眙县	4	3	1	585	336	249
金湖县	5	3	2	617	353	264
淮安经济技术开发区	2	2		305	176	129
工业园区	2	1	1	59	39	20
生态文旅区				126	90	36
苏淮高新区	5	4	1	79	56	23

6-2b 续表 5

单位：人

地　　区	学前教育			小　学		
	小计	男	女	小计	男	女
盐城市	**132**	**56**	**76**	**8061**	**4635**	**3426**
亭湖区	1	1		229	133	96
盐都区	10	4	6	795	471	324
大丰区	25	5	20	813	488	325
响水县	1	1		526	344	182
滨海县	9	6	3	915	483	432
阜宁县	6	1	5	1372	787	585
射阳县	11	5	6	1151	635	516
建湖县	34	15	19	1127	622	505
盐城经济技术开发区	2	1	1	260	171	89
江苏省盐南高新区						
东台市	33	17	16	873	501	372
扬州市	**159**	**53**	**106**	**4807**	**2887**	**1920**
广陵区	5	1	4	149	83	66
邗江区	2	1	1	186	113	73
江都区	55	22	33	1319	790	529
宝应县	35	7	28	1482	914	568
扬州经济技术开发区	13	6	7	510	290	220
蜀冈瘦西湖景区						
生态新城				67	42	25
仪征市	17	5	12	260	163	97
高邮市	32	11	21	834	492	342
镇江市	**74**	**42**	**32**	**3375**	**1830**	**1545**
京口区				24	12	12
润州区						
丹徒区	3	1	2	315	178	137
镇江新区	32	32		799	398	401
江苏镇江高新区						
丹阳市	10	2	8	1405	770	635
扬中市	19	4	15	397	217	180
句容市	10	3	7	435	255	180
泰州市	**119**	**49**	**70**	**4737**	**2791**	**1946**
海陵区	7	2	5	119	84	35
高港区	6	4	2	311	192	119
姜堰区	33	13	20	690	400	290
泰州医药高新技术产业开发区	10	3	7	577	351	226
兴化市	43	18	25	1114	684	430
靖江市	4	1	3	603	312	291
泰兴市	16	8	8	1323	768	555
宿迁市	**110**	**65**	**45**	**5965**	**3454**	**2511**
宿城区				93	58	35
宿豫区	4	3	1	192	125	67
沭阳县	43	28	15	2589	1485	1104
泗阳县	21	10	11	1453	791	662
泗洪县	34	19	15	1267	757	510
宿迁经济技术开发区	8	5	3	233	156	77
宿迁市湖滨新区				138	82	56
苏州宿迁工业园区						
宿迁市洋河新区						

6-2b 续表 6

单位：人

地 区	初中			高中			大学专科		
	小计	男	女	小计	男	女	小计	男	女
江 苏	**25892**	**19590**	**6302**	**4880**	**3948**	**932**	**969**	**753**	**216**
南京市	**127**	**103**	**24**	**24**	**20**	**4**	**6**	**5**	**1**
玄武区									
秦淮区									
建邺区									
鼓楼区									
浦口区	5	5					1	1	
栖霞区									
雨花台区	18	16	2	3	2	1	2	1	1
江宁区									
六合区	68	55	13	11	11		2	2	
溧水区	28	20	8	6	5	1	1	1	
高淳区	8	7	1	4	2	2			
南京江北新区									
无锡市	**1702**	**1254**	**448**	**327**	**256**	**71**	**63**	**49**	**14**
锡山区	287	217	70	49	42	7	4	2	2
惠山区	206	150	56	38	30	8	6	4	2
滨湖区									
梁溪区									
新吴区									
江苏无锡经济开发区									
江阴市	634	462	172	114	85	29	25	20	5
宜兴市	575	425	150	126	99	27	28	23	5
徐州市	**3034**	**2360**	**674**	**447**	**367**	**80**	**103**	**90**	**13**
鼓楼区									
云龙区	21	14	7	5	2	3	1	1	
贾汪区	86	69	17	11	7	4			
泉山区									
铜山区	389	299	90	44	36	8	11	10	1
丰县	480	366	114	74	63	11	15	12	3
沛县	789	611	178	137	105	32	37	33	4
睢宁县	450	368	82	55	49	6	10	8	2
徐州经济技术开发区	258	204	54	56	48	8	18	17	1
新沂市	157	125	32	20	17	3	1	1	
邳州市	404	304	100	45	40	5	10	8	2
常州市	**1134**	**827**	**307**	**151**	**112**	**39**	**22**	**18**	**4**
天宁区	44	35	9	5	2	3			
钟楼区									
新北区	221	165	56	26	20	6	6	5	1
武进区	322	239	83	42	29	13	10	7	3
金坛区	110	79	31	12	8	4	1	1	
江苏省常州市经济开发区	113	74	39	13	8	5			
溧阳市	324	235	89	53	45	8	5	5	

6-2b 续表 7

单位：人

地区	初中			高中			大学专科		
	小计	男	女	小计	男	女	小计	男	女
苏州市	**2139**	**1563**	**576**	**474**	**364**	**110**	**139**	**101**	**38**
虎丘区	3	3		1	1				
吴中区	131	87	44	15	12	3	4	4	
相城区	13	10	3	5	4	1	4	1	3
姑苏区									
吴江区	304	208	96	70	53	17	9	7	2
苏州工业园区	385	247	138	145	106	39	61	46	15
常熟市	431	335	96	58	43	15	16	11	5
张家港市	529	431	98	120	98	22	28	24	4
昆山市	133	90	43	19	12	7	6	4	2
太仓市	210	152	58	41	35	6	11	4	7
南通市	**3972**	**3001**	**971**	**630**	**511**	**119**	**93**	**71**	**22**
崇川区									
港闸区									
通州区	512	405	107	83	72	11	18	15	3
如东县	858	644	214	144	114	30	30	22	8
南通经济技术开发区	129	102	27	21	19	2	8	5	3
通州湾示范区	139	106	33	13	11	2	3	2	1
苏锡通科技产业园区	36	26	10	15	11	4	2	1	1
启东市	383	300	83	64	52	12	8	6	2
如皋市	753	586	167	162	126	36	14	12	2
海门市	826	584	242	73	60	13	5	5	
海安市	336	248	88	55	46	9	5	3	2
连云港市	**1796**	**1344**	**452**	**401**	**332**	**69**	**61**	**49**	**12**
连云区									
海州区	48	37	11	11	11		3	2	1
赣榆区	399	302	97	65	51	14	15	11	4
东海县	390	265	125	100	80	20	8	6	2
灌云县	396	300	96	76	66	10	12	11	1
灌南县	417	332	85	98	78	20	11	9	2
连云港经济技术开发区	68	55	13	23	20	3	6	5	1
连云港高新技术产业开发区	46	30	16	18	16	2	5	4	1
江苏连云港徐圩新区	31	22	9	10	10		1	1	
江苏省连云港市云台山风景名胜区	1	1							
淮安市	**2128**	**1567**	**561**	**406**	**335**	**71**	**89**	**68**	**21**
淮安区	184	153	31	29	27	2	10	9	1
淮阴区	346	266	80	46	40	6	10	7	3
清江浦区	8	7	1						
洪泽区	31	25	6	4	4		1	1	
涟水县	979	667	312	193	152	41	29	20	9
盱眙县	257	198	59	69	59	10	9	8	1
金湖县	171	129	42	37	29	8	17	14	3
淮安经济技术开发区	92	73	19	20	16	4	9	5	4
工业园区	14	11	3	1	1		1	1	
生态文旅区	24	19	5	3	3		2	2	
苏淮高新区	22	19	3	4	4		1	1	

6-2b　续表 8

单位：人

地　区	初　中			高　中			大学专科		
	小计	男	女	小计	男	女	小计	男	女
盐城市	**3458**	**2680**	**778**	**766**	**631**	**135**	**140**	**111**	**29**
亭湖区	72	56	16	16	16		2	2	
盐都区	287	230	57	52	45	7	3	2	1
大丰区	317	250	67	67	55	12	11	8	3
响水县	309	255	54	44	40	4	7	7	
滨海县	536	396	140	134	106	28	25	17	8
阜宁县	639	458	181	138	112	26	26	23	3
射阳县	410	327	83	106	87	19	17	13	4
建湖县	410	329	81	120	91	29	28	23	5
盐城经济技术开发区	113	94	19	20	17	3	3	3	
江苏省盐南高新区									
东台市	365	285	80	69	62	7	18	13	5
扬州市	**1320**	**1056**	**264**	**264**	**225**	**39**	**65**	**48**	**17**
广陵区	59	49	10	10	9	1	1	1	
邗江区	33	24	9	10	7	3	1	1	
江都区	288	228	60	59	50	9	15	12	3
宝应县	462	359	103	94	84	10	17	9	8
扬州经济技术开发区	171	133	38	51	38	13	21	15	6
蜀冈瘦西湖景区									
生态新城	28	23	5	1	1		1	1	
仪征市	64	59	5	10	8	2	3	3	
高邮市	215	181	34	29	28	1	6	6	
镇江市	**1369**	**1039**	**330**	**224**	**175**	**49**	**56**	**43**	**13**
京口区	4	4		3	3				
润州区									
丹徒区	108	82	26	13	6	7	3	2	1
镇江新区	339	232	107	60	44	16	16	13	3
江苏镇江高新区									
丹阳市	691	536	155	98	80	18	24	17	7
扬中市	98	83	15	23	20	3	4	4	
句容市	129	102	27	27	22	5	9	7	2
泰州市	**1361**	**1071**	**290**	**263**	**225**	**38**	**62**	**41**	**21**
海陵区	28	22	6	5	5		1	1	
高港区	97	75	22	17	16	1	4	3	1
姜堰区	227	167	60	44	36	8	9	7	2
泰州医药高新技术产业开发区	170	126	44	24	22	2	21	11	10
兴化市	209	170	39	46	34	12	7	6	1
靖江市	179	146	33	45	42	3	11	9	2
泰兴市	451	365	86	82	70	12	9	4	5
宿迁市	**2352**	**1725**	**627**	**503**	**395**	**108**	**70**	**59**	**11**
宿城区	31	27	4	6	5	1	1		1
宿豫区	79	66	13	17	14	3	1	1	
沭阳县	792	605	187	124	108	16	28	24	4
泗阳县	955	640	315	247	178	69	19	17	2
泗洪县	419	330	89	92	74	18	15	12	3
宿迁经济技术开发区	61	45	16	15	14	1	5	4	1
宿迁市湖滨新区	15	12	3	2	2		1	1	
苏州宿迁工业园区									
宿迁市洋河新区									

6-2b 续表 9

单位：人

地区	大学本科			硕士研究生			博士研究生		
	小计	男	女	小计	男	女	小计	男	女
江 苏	**440**	**360**	**80**	**13**	**11**	**2**	**3**	**3**	
南京市	**3**	**2**	**1**						
玄武区									
秦淮区									
建邺区									
鼓楼区									
浦口区									
栖霞区									
雨花台区									
江宁区									
六合区	3	2	1						
溧水区									
高淳区									
南京江北新区									
无锡市	**39**	**34**	**5**						
锡山区	6	4	2						
惠山区	6	5	1						
滨湖区									
梁溪区									
新吴区									
江苏无锡经济开发区									
江阴市	11	10	1						
宜兴市	16	15	1						
徐州市	**22**	**19**	**3**	**1**	**1**				
鼓楼区									
云龙区									
贾汪区									
泉山区									
铜山区	2	1	1						
丰县	4	4							
沛县	6	6							
睢宁县	1	1							
徐州经济技术开发区	5	3	2	1	1				
新沂市	3	3							
邳州市	1	1							
常州市	**17**	**14**	**3**	**1**	**1**				
天宁区	1	1							
钟楼区									
新北区	4	2	2						
武进区	5	5							
金坛区									
江苏省常州市经济开发区	4	3	1						
溧阳市	3	3		1	1				

6-2b　续表 10　　　　单位：人

地　　区	大学本科			硕士研究生			博士研究生		
	小计	男	女	小计	男	女	小计	男	女
苏州市	**117**	**88**	**29**	**5**	**4**	**1**	**1**	**1**	
虎丘区									
吴中区	4	4							
相城区									
姑苏区									
吴江区	5	4	1				1	1	
苏州工业园区	82	58	24	5	4	1			
常熟市	7	7							
张家港市	14	11	3						
昆山市	1		1						
太仓市	4	4							
南通市	**47**	**36**	**11**	**1**	**1**		**1**	**1**	
崇川区									
港闸区									
通州区	7	6	1						
如东县	12	11	1						
南通经济技术开发区				1	1				
通州湾示范区									
苏锡通科技产业园区									
启东市	4	2	2						
如皋市	14	10	4						
海门市	7	4	3				1	1	
海安市	3	3							
连云港市	**41**	**32**	**9**	**1**		**1**			
连云区									
海州区									
赣榆区	4	4							
东海县	8	8							
灌云县	3	3							
灌南县	14	7	7	1		1			
连云港经济技术开发区	1	1							
连云港高新技术产业开发区	11	9	2						
江苏连云港徐圩新区									
江苏省连云港市云台山风景名胜区									
淮安市	**22**	**21**	**1**						
淮安区	3	3							
淮阴区									
清江浦区									
洪泽区									
涟水县	5	5							
盱眙县	3	3							
金湖县	9	8	1						
淮安经济技术开发区	1	1							
工业园区									
生态文旅区	1	1							
苏淮高新区									

6-2b 续表 11

单位：人

地 区	大学本科			硕士研究生			博士研究生		
	小计	男	女	小计	男	女	小计	男	女
盐城市	**56**	**51**	**5**	**3**	**3**				
亭湖区									
盐都区									
大丰区	2	2							
响水县	2	2							
滨海县	12	10	2	3	3				
阜宁县	13	12	1						
射阳县	7	6	1						
建湖县	13	13							
盐城经济技术开发区	1	1							
江苏省盐南高新区									
东台市	6	5	1						
扬州市	**34**	**28**	**6**						
广陵区	2	2							
邗江区	2	2							
江都区	5	4	1						
宝应县	6	6							
扬州经济技术开发区	15	12	3						
蜀冈瘦西湖景区									
生态新城									
仪征市	3	1	2						
高邮市	1	1							
镇江市	**15**	**15**							
京口区									
润州区									
丹徒区	2	2							
镇江新区	4	4							
江苏镇江高新区									
丹阳市	7	7							
扬中市	1	1							
句容市	1	1							
泰州市	**7**	**6**	**1**	**1**	**1**				
海陵区									
高港区									
姜堰区	1	1		1	1				
泰州医药高新技术产业开发区	1	1							
兴化市	1	1							
靖江市	2	1	1						
泰兴市	2	2							
宿迁市	**20**	**14**	**6**				**1**	**1**	
宿城区									
宿豫区	1	1							
沭阳县	8	3	5						
泗阳县	5	5					1	1	
泗洪县	5	4	1						
宿迁经济技术开发区	1	1							
宿迁市湖滨新区									
苏州宿迁工业园区									
宿迁市洋河新区									

6-2c　各地区分性别、受教育程度的3岁及以上死亡人口(2019.11.1-2020.10.31)(乡村)

单位：人

地　区	3岁及以上死亡人口			未上过学		
	合计	男	女	小计	男	女
江　苏	**207192**	**113323**	**93869**	**57056**	**18023**	**39033**
南京市	**7975**	**4536**	**3439**	**2731**	**1028**	**1703**
玄武区						
秦淮区						
建邺区						
鼓楼区						
浦口区	750	419	331	293	111	182
栖霞区	502	300	202	70	22	48
雨花台区						
江宁区	1382	792	590	459	174	285
六合区	1955	1071	884	708	210	498
溧水区	1199	697	502	316	129	187
高淳区	1969	1137	832	842	371	471
南京江北新区	218	120	98	43	11	32
无锡市	**6506**	**3571**	**2935**	**1040**	**279**	**761**
锡山区	833	458	375	75	12	63
惠山区	426	231	195	52	10	42
滨湖区	204	117	87	21	2	19
梁溪区						
新吴区						
江苏无锡经济开发区						
江阴市	2108	1151	957	288	61	227
宜兴市	2935	1614	1321	604	194	410
徐州市	**27062**	**14994**	**12068**	**7700**	**2613**	**5087**
鼓楼区						
云龙区						
贾汪区	1357	739	618	614	221	393
泉山区						
铜山区	3684	2085	1599	1041	359	682
丰县	4368	2367	2001	1191	359	832
沛县	3480	1940	1540	899	283	616
睢宁县	4409	2396	2013	1421	482	939
徐州经济技术开发区	366	219	147	124	49	75
新沂市	3719	2101	1618	1147	406	741
邳州市	5679	3147	2532	1263	454	809
常州市	**9433**	**5202**	**4231**	**1836**	**570**	**1266**
天宁区	415	221	194	53	11	42
钟楼区	207	121	86	28	7	21
新北区	1080	568	512	174	30	144
武进区	1913	997	916	306	66	240
金坛区	2102	1172	930	516	179	337
江苏省常州市经济开发区	727	420	307	74	19	55
溧阳市	2989	1703	1286	685	258	427

6-2c 续表 1

单位：人

地 区	3岁及以上死亡人口			未上过学		
	合计	男	女	小计	男	女
苏州市	**9657**	**5040**	**4617**	**2717**	**846**	**1871**
虎丘区	285	160	125	110	33	77
吴中区	1201	617	584	373	117	256
相城区	405	200	205	81	25	56
姑苏区						
吴江区	1221	685	536	387	147	240
苏州工业园区						
常熟市	2459	1240	1219	693	187	506
张家港市	1747	968	779	330	96	234
昆山市	1150	569	581	325	105	220
太仓市	1189	601	588	418	136	282
南通市	**26908**	**14464**	**12444**	**5989**	**1729**	**4260**
崇川区						
港闸区						
通州区	3453	1887	1566	753	211	542
如东县	5145	2778	2367	1493	465	1028
南通经济技术开发区						
通州湾示范区	492	266	226	81	27	54
苏锡通科技产业园区	229	123	106	15	2	13
启东市	5723	3002	2721	1302	347	955
如皋市	5292	2833	2459	900	233	667
海门市	2862	1535	1327	545	144	401
海安市	3712	2040	1672	900	300	600
连云港市	**14814**	**8330**	**6484**	**4224**	**1595**	**2629**
连云区	32	13	19	10	4	6
海州区	685	399	286	266	118	148
赣榆区	3594	2024	1570	1247	492	755
东海县	4888	2749	2139	963	380	583
灌云县	2982	1673	1309	979	353	626
灌南县	2396	1326	1070	639	196	443
连云港经济技术开发区	115	72	43	60	29	31
连云港高新技术产业开发区						
江苏连云港徐圩新区						
江苏省连云港市云台山风景名胜区	122	74	48	60	23	37
淮安市	**17553**	**9478**	**8075**	**5735**	**1858**	**3877**
淮安区	4622	2509	2113	1632	509	1123
淮阴区	2827	1597	1230	780	255	525
清江浦区	451	252	199	145	39	106
洪泽区	1258	652	606	401	122	279
涟水县	3877	2079	1798	808	204	604
盱眙县	3105	1659	1446	1661	641	1020
金湖县	1377	709	668	292	83	209
淮安经济技术开发区						
工业园区						
生态文旅区						
苏淮高新区	36	21	15	16	5	11

6-2c　续表 2

单位：人

地　区	3岁及以上死亡人口			未上过学		
	合计	男	女	小计	男	女
盐城市	**28411**	**15229**	**13182**	**9104**	**2551**	**6553**
亭湖区	1107	586	521	386	109	277
盐都区	2575	1401	1174	877	263	614
大丰区	2805	1479	1326	1066	300	766
响水县	1753	972	781	734	232	502
滨海县	3639	1949	1690	1322	400	922
阜宁县	4050	2178	1872	1192	329	863
射阳县	3523	1843	1680	943	224	719
建湖县	3119	1690	1429	689	183	506
盐城经济技术开发区	51	22	29	20	6	14
江苏省盐南高新区						
东台市	5789	3109	2680	1875	505	1370
扬州市	**17040**	**9303**	**7737**	**5033**	**1577**	**3456**
广陵区	832	462	370	178	44	134
邗江区	983	550	433	350	125	225
江都区	4953	2695	2258	1265	347	918
宝应县	4556	2443	2113	1550	484	1066
扬州经济技术开发区	184	106	78	78	23	55
蜀冈瘦西湖景区						
生态新城	214	121	93	77	32	45
仪征市	1585	859	726	480	163	317
高邮市	3733	2067	1666	1055	359	696
镇江市	**6259**	**3344**	**2915**	**1387**	**318**	**1069**
京口区	78	33	45	22	4	18
润州区	33	19	14	1		1
丹徒区	1161	613	548	306	58	248
镇江新区	200	107	93	23	4	19
江苏镇江高新区						
丹阳市	2434	1269	1165	470	71	399
扬中市	496	275	221	84	24	60
句容市	1857	1028	829	481	157	324
泰州市	**18895**	**10603**	**8292**	**4325**	**1227**	**3098**
海陵区	510	280	230	200	60	140
高港区	954	518	436	111	15	96
姜堰区	3279	1847	1432	783	234	549
泰州医药高新技术产业开发区	68	33	35	20	5	15
兴化市	6238	3531	2707	1906	614	1292
靖江市	2129	1197	932	204	34	170
泰兴市	5717	3197	2520	1101	265	836
宿迁市	**16679**	**9229**	**7450**	**5235**	**1832**	**3403**
宿城区	2158	1210	948	737	245	492
宿豫区	1679	928	751	675	201	474
沭阳县	5722	3116	2606	1627	597	1030
泗阳县	2832	1573	1259	677	219	458
泗洪县	3196	1793	1403	1064	405	659
宿迁经济技术开发区	207	108	99	101	32	69
宿迁市湖滨新区	339	188	151	165	62	103
苏州宿迁工业园区						
宿迁市洋河新区	546	313	233	189	71	118

6-2c 续表 3

单位：人

地　区	学前教育			小　学		
	小计	男	女	小计	男	女
江　苏	**2313**	**942**	**1371**	**110771**	**64678**	**46093**
南京市	**110**	**56**	**54**	**4170**	**2658**	**1512**
玄武区						
秦淮区						
建邺区						
鼓楼区						
浦口区	8	2	6	350	224	126
栖霞区	1	1		299	173	126
雨花台区						
江宁区	14	8	6	735	471	264
六合区	43	17	26	949	623	326
溧水区	21	13	8	754	470	284
高淳区	22	15	7	938	610	328
南京江北新区	1		1	145	87	58
无锡市	**32**	**11**	**21**	**3908**	**2112**	**1796**
锡山区	6	2	4	572	305	267
惠山区				263	139	124
滨湖区				127	74	53
梁溪区						
新吴区						
江苏无锡经济开发区						
江阴市	9	3	6	1273	675	598
宜兴市	17	6	11	1673	919	754
徐州市	**320**	**135**	**185**	**14620**	**8636**	**5984**
鼓楼区						
云龙区						
贾汪区	16	7	9	531	356	175
泉山区						
铜山区	38	17	21	1938	1164	774
丰县	38	16	22	2292	1290	1002
沛县	37	10	27	1792	1038	754
睢宁县	51	19	32	2341	1391	950
徐州经济技术开发区				177	118	59
新沂市	47	24	23	2058	1279	779
邳州市	93	42	51	3491	2000	1491
常州市	**21**	**10**	**11**	**5341**	**2935**	**2406**
天宁区	2		2	254	125	129
钟楼区				123	75	48
新北区	3	1	2	579	293	286
武进区	4	1	3	1098	555	543
金坛区	6	4	2	1192	693	499
江苏省常州市经济开发区	1		1	430	228	202
溧阳市	5	4	1	1665	966	699

6-2c　续表 4　　　　单位：人

地　　区	学前教育			小　　学		
	小计	男	女	小计	男	女
苏州市	**91**	**42**	**49**	**5647**	**3223**	**2424**
虎丘区	2	1	1	137	96	41
吴中区	15	5	10	671	382	289
相城区	14	8	6	275	142	133
姑苏区						
吴江区	17	12	5	722	456	266
苏州工业园区						
常熟市	5	3	2	1408	785	623
张家港市	10	3	7	1124	642	482
昆山市	22	8	14	690	363	327
太仓市	6	2	4	620	357	263
南通市	**244**	**96**	**148**	**15796**	**8842**	**6954**
崇川区						
港闸区						
通州区	32	7	25	2171	1271	900
如东县	46	20	26	2829	1686	1143
南通经济技术开发区						
通州湾示范区	3	1	2	296	150	146
苏锡通科技产业园区	1		1	161	85	76
启东市	55	24	31	3224	1761	1463
如皋市	47	21	26	3387	1814	1573
海门市	11	4	7	1650	890	760
海安市	49	19	30	2078	1185	893
连云港市	**137**	**69**	**68**	**7096**	**4070**	**3026**
连云区				17	6	11
海州区	3	2	1	292	178	114
赣榆区	27	13	14	1614	967	647
东海县	41	19	22	2506	1350	1156
灌云县	22	10	12	1396	818	578
灌南县	44	25	19	1206	702	504
连云港经济技术开发区				30	21	9
连云港高新技术产业开发区						
江苏连云港徐圩新区						
江苏省连云港市云台山风景名胜区				35	28	7
淮安市	**144**	**41**	**103**	**8189**	**4780**	**3409**
淮安区	48	12	36	2271	1429	842
淮阴区	19	9	10	1352	775	577
清江浦区	10	2	8	202	137	65
洪泽区	16	4	12	663	372	291
涟水县	25	5	20	1779	926	853
盱眙县	6	3	3	1012	650	362
金湖县	19	5	14	898	483	415
淮安经济技术开发区						
工业园区						
生态文旅区						
苏淮高新区	1	1		12	8	4

6-2c 续表 5 单位：人

地区	学前教育			小学		
	小计	男	女	小计	男	女
盐城市	**302**	**115**	**187**	**13945**	**8367**	**5578**
亭湖区	9	6	3	543	329	214
盐都区	30	13	17	1279	794	485
大丰区	43	15	28	1230	790	440
响水县	12	4	8	679	457	222
滨海县	8	5	3	1594	950	644
阜宁县	18	7	11	2037	1199	838
射阳县	49	11	38	1890	1054	836
建湖县	47	17	30	1899	1080	819
盐城经济技术开发区				23	11	12
江苏省盐南高新区						
东台市	86	37	49	2771	1703	1068
扬州市	**382**	**161**	**221**	**9403**	**5748**	**3655**
广陵区	4	1	3	484	277	207
邗江区	13	11	2	501	323	178
江都区	101	39	62	2871	1723	1148
宝应县	104	38	66	2384	1495	889
扬州经济技术开发区	3	2	1	83	64	19
蜀冈瘦西湖景区						
生态新城	2		2	105	60	45
仪征市	53	20	33	832	488	344
高邮市	102	50	52	2143	1318	825
镇江市	**53**	**17**	**36**	**3452**	**1915**	**1537**
京口区	1		1	43	19	24
润州区				27	14	13
丹徒区	16	6	10	585	340	245
镇江新区				125	65	60
江苏镇江高新区						
丹阳市	21	6	15	1302	687	615
扬中市	5	2	3	316	173	143
句容市	10	3	7	1054	617	437
泰州市	**287**	**95**	**192**	**10955**	**6482**	**4473**
海陵区	6	2	4	246	169	77
高港区	5	1	4	633	323	310
姜堰区	58	18	40	1925	1166	759
泰州医药高新技术产业开发区				35	19	16
兴化市	125	41	84	3486	2266	1220
靖江市	8	4	4	1337	682	655
泰兴市	85	29	56	3293	1857	1436
宿迁市	**190**	**94**	**96**	**8249**	**4910**	**3339**
宿城区	8	3	5	1074	675	399
宿豫区	4	2	2	719	483	236
沭阳县	76	40	36	3203	1815	1388
泗阳县	51	21	30	1213	697	516
泗洪县	45	25	20	1571	939	632
宿迁经济技术开发区	4	2	2	69	45	24
宿迁市湖滨新区				137	94	43
苏州宿迁工业园区						
宿迁市洋河新区	2	1	1	263	162	101

6-2c 续表 6

单位：人

地 区	初中			高中			大学专科		
	小计	男	女	小计	男	女	小计	男	女
江 苏	**31852**	**25324**	**6528**	**4429**	**3748**	**681**	**588**	**474**	**114**
南京市	**755**	**617**	**138**	**171**	**146**	**25**	**28**	**24**	**4**
玄武区									
秦淮区									
建邺区									
鼓楼区									
浦口区	73	61	12	19	16	3	2	1	1
栖霞区	104	84	20	24	17	7	3	3	
雨花台区									
江宁区	150	119	31	19	16	3	4	3	1
六合区	195	169	26	49	44	5	9	7	2
溧水区	76	58	18	25	20	5	6	6	
高淳区	131	107	24	32	30	2	4	4	
南京江北新区	26	19	7	3	3				
无锡市	**1271**	**968**	**303**	**216**	**174**	**42**	**25**	**16**	**9**
锡山区	156	118	38	21	19	2	3	2	1
惠山区	95	70	25	14	10	4	1	1	
滨湖区	45	34	11	11	7	4			
梁溪区									
新吴区									
江苏无锡经济开发区									
江阴市	435	331	104	86	69	17	11	7	4
宜兴市	540	415	125	84	69	15	10	6	4
徐州市	**3927**	**3171**	**756**	**416**	**373**	**43**	**72**	**60**	**12**
鼓楼区									
云龙区									
贾汪区	173	136	37	21	17	4	1	1	
泉山区									
铜山区	591	478	113	59	54	5	14	11	3
丰县	735	601	134	94	85	9	17	15	2
沛县	669	534	135	61	54	7	22	21	1
睢宁县	536	447	89	57	55	2	3	2	1
徐州经济技术开发区	58	46	12	6	5	1	1	1	
新沂市	423	354	69	41	36	5	3	2	1
邳州市	742	575	167	77	67	10	11	7	4
常州市	**1948**	**1453**	**495**	**226**	**185**	**41**	**40**	**33**	**7**
天宁区	91	72	19	12	12		2	1	1
钟楼区	49	35	14	5	3	2	1	1	
新北区	288	213	75	26	22	4	7	6	1
武进区	443	323	120	46	37	9	9	8	1
金坛区	347	265	82	34	27	7	6	4	2
江苏省常州市经济开发区	194	152	42	23	18	5	3	2	1
溧阳市	536	393	143	80	66	14	12	11	1

6-2c 续表 7

单位：人

地　区	初　中			高　中			大学专科		
	小计	男	女	小计	男	女	小计	男	女
苏州市	**1007**	**783**	**224**	**148**	**111**	**37**	**38**	**28**	**10**
虎丘区	30	26	4	6	4	2			
吴中区	118	93	25	20	17	3	3	2	1
相城区	28	20	8	4	3	1	3	2	1
姑苏区									
吴江区	89	65	24	6	5	1			
苏州工业园区									
常熟市	302	227	75	35	25	10	14	11	3
张家港市	230	186	44	40	30	10	10	8	2
昆山市	95	79	16	15	12	3	2	1	1
太仓市	115	87	28	22	15	7	6	4	2
南通市	**4228**	**3274**	**954**	**560**	**465**	**95**	**69**	**46**	**23**
崇川区									
港闸区									
通州区	419	330	89	65	59	6	10	7	3
如东县	653	511	142	109	88	21	11	7	4
南通经济技术开发区									
通州湾示范区	97	75	22	14	13	1	1		1
苏锡通科技产业园区	50	35	15	2	1	1			
启东市	1032	786	246	99	79	20	6	3	3
如皋市	801	635	166	134	112	22	19	15	4
海门市	594	447	147	57	46	11	4	4	
海安市	582	455	127	80	67	13	18	10	8
连云港市	**2775**	**2128**	**647**	**517**	**414**	**103**	**53**	**44**	**9**
连云区	5	3	2						
海州区	101	81	20	19	18	1	4	2	2
赣榆区	573	450	123	105	78	27	23	20	3
东海县	1070	758	312	289	225	64	16	14	2
灌云县	523	434	89	53	51	2	7	6	1
灌南县	462	368	94	42	33	9	3	2	1
连云港经济技术开发区	22	19	3	2	2				
连云港高新技术产业开发区									
江苏连云港徐圩新区									
江苏省连云港市云台山风景名胜区	19	15	4	7	7				
淮安市	**3038**	**2416**	**622**	**392**	**340**	**52**	**38**	**28**	**10**
淮安区	580	479	101	70	63	7	14	10	4
淮阴区	605	493	112	62	58	4	8	6	2
清江浦区	79	62	17	12	9	3	1	1	
洪泽区	152	130	22	23	21	2	2	2	
涟水县	1134	835	299	122	102	20	6	5	1
盱眙县	351	303	48	67	58	9	6	3	3
金湖县	132	109	23	34	27	7	1	1	
淮安经济技术开发区									
工业园区									
生态文旅区									
苏淮高新区	5	5		2	2				

6-2c　续表 8　　单位：人

地　　区	初　　中			高　　中			大学专科		
	小计	男	女	小计	男	女	小计	男	女
盐城市	**4388**	**3606**	**782**	**595**	**522**	**73**	**58**	**54**	**4**
亭湖区	136	111	25	27	25	2	6	6	
盐都区	330	275	55	56	53	3	2	2	
大丰区	386	312	74	68	54	14	8	6	2
响水县	277	235	42	49	42	7	2	2	
滨海县	637	527	110	74	63	11	4	4	
阜宁县	722	572	150	75	65	10	5	5	
射阳县	555	474	81	69	64	5	13	12	1
建湖县	431	361	70	47	44	3	4	4	
盐城经济技术开发区	6	3	3	1	1		1	1	
江苏省盐南高新区									
东台市	908	736	172	129	111	18	13	12	1
扬州市	**1941**	**1578**	**363**	**227**	**196**	**31**	**40**	**34**	**6**
广陵区	141	117	24	20	18	2	3	3	
邗江区	106	79	27	11	10	1	1	1	
江都区	638	521	117	57	46	11	17	16	1
宝应县	447	363	84	62	58	4	7	5	2
扬州经济技术开发区	19	16	3	1	1				
蜀冈瘦西湖景区									
生态新城	26	26		3	3				
仪征市	194	166	28	21	18	3	4	3	1
高邮市	370	290	80	52	42	10	8	6	2
镇江市	**1176**	**932**	**244**	**164**	**141**	**23**	**25**	**19**	**6**
京口区	9	7	2	3	3				
润州区	4	4		1	1				
丹徒区	230	188	42	20	19	1	4	2	2
镇江新区	47	35	12	5	3	2			
江苏镇江高新区									
丹阳市	554	432	122	75	63	12	10	8	2
扬中市	74	61	13	15	13	2	2	2	
句容市	258	205	53	45	39	6	9	7	2
泰州市	**2809**	**2337**	**472**	**422**	**380**	**42**	**70**	**62**	**8**
海陵区	52	44	8	5	5		1		1
高港区	156	133	23	37	36	1	5	4	1
姜堰区	430	361	69	64	54	10	14	11	3
泰州医药高新技术产业开发区	12	8	4	1	1				
兴化市	633	534	99	76	66	10	5	5	
靖江市	486	398	88	80	67	13	9	8	1
泰兴市	1040	859	181	159	151	8	36	34	2
宿迁市	**2589**	**2061**	**528**	**375**	**301**	**74**	**32**	**26**	**6**
宿城区	294	249	45	41	34	7	3	3	
宿豫区	245	210	35	34	30	4	1	1	
沭阳县	721	583	138	81	71	10	12	8	4
泗阳县	753	541	212	135	92	43	2	2	
泗洪县	440	360	80	58	52	6	14	12	2
宿迁经济技术开发区	25	22	3	8	7	1			
宿迁市湖滨新区	27	24	3	10	8	2			
苏州宿迁工业园区									
宿迁市洋河新区	84	72	12	8	7	1			

6-2c 续表 9

单位：人

地 区	大学本科			硕士研究生			博士研究生		
	小计	男	女	小计	男	女	小计	男	女
江 苏	**173**	**126**	**47**	**6**	**4**	**2**	**4**	**4**	
南京市	**6**	**3**	**3**				**4**	**4**	
玄武区									
秦淮区									
建邺区									
鼓楼区									
浦口区	1		1				4	4	
栖霞区	1		1						
雨花台区									
江宁区	1	1							
六合区	2	1	1						
溧水区	1	1							
高淳区									
南京江北新区									
无锡市	**14**	**11**	**3**						
锡山区									
惠山区	1	1							
滨湖区									
梁溪区									
新吴区									
江苏无锡经济开发区									
江阴市	6	5	1						
宜兴市	7	5	2						
徐州市	**6**	**5**	**1**	**1**	**1**				
鼓楼区									
云龙区									
贾汪区	1	1							
泉山区									
铜山区	3	2	1						
丰县	1	1							
沛县									
睢宁县									
徐州经济技术开发区									
新沂市									
邳州市	1	1		1	1				
常州市	**20**	**15**	**5**	**1**	**1**				
天宁区	1		1						
钟楼区	1		1						
新北区	3	3							
武进区	7	7							
金坛区	1		1						
江苏省常州市经济开发区	2	1	1						
溧阳市	5	4	1	1	1				

6-2c　续表 10

单位：人

地　区	大学本科			硕士研究生			博士研究生		
	小计	男	女	小计	男	女	小计	男	女
苏州市	**9**	**7**	**2**						
虎丘区									
吴中区	1	1							
相城区									
姑苏区									
吴江区									
苏州工业园区									
常熟市	2	2							
张家港市	3	3							
昆山市	1	1							
太仓市	2		2						
南通市	**21**	**12**	**9**	**1**		**1**			
崇川区									
港闸区									
通州区	3	2	1						
如东县	3	1	2	1		1			
南通经济技术开发区									
通州湾示范区									
苏锡通科技产业园区									
启东市	5	2	3						
如皋市	4	3	1						
海门市	1		1						
海安市	5	4	1						
连云港市	**11**	**9**	**2**	**1**	**1**				
连云区									
海州区									
赣榆区	5	4	1						
东海县	3	3							
灌云县	2	1	1						
灌南县									
连云港经济技术开发区	1	1							
连云港高新技术产业开发区									
江苏连云港徐圩新区									
江苏省连云港市云台山风景名胜区				1	1				
淮安市	**17**	**15**	**2**						
淮安区	7	7							
淮阴区	1	1							
清江浦区	2	2							
洪泽区	1	1							
涟水县	3	2	1						
盱眙县	2	1	1						
金湖县	1	1							
淮安经济技术开发区									
工业园区									
生态文旅区									
苏淮高新区									

6-2c 续表 11 单位：人

地区	大学本科			硕士研究生			博士研究生		
	小计	男	女	小计	男	女	小计	男	女
盐城市	**19**	**14**	**5**						
亭湖区									
盐都区	1	1							
大丰区	4	2	2						
响水县									
滨海县									
阜宁县	1	1							
射阳县	4	4							
建湖县	2	1	1						
盐城经济技术开发区									
江苏省盐南高新区									
东台市	7	5	2						
扬州市	**14**	**9**	**5**						
广陵区	2	2							
邗江区	1	1							
江都区	4	3	1						
宝应县	2		2						
扬州经济技术开发区									
蜀冈瘦西湖景区									
生态新城	1		1						
仪征市	1	1							
高邮市	3	2	1						
镇江市	**2**	**2**							
京口区									
润州区									
丹徒区									
镇江新区									
江苏镇江高新区									
丹阳市	2	2							
扬中市									
句容市									
泰州市	**25**	**19**	**6**	**2**	**1**	**1**			
海陵区									
高港区	7	6	1						
姜堰区	5	3	2						
泰州医药高新技术产业开发区									
兴化市	7	5	2						
靖江市	5	4	1						
泰兴市	1	1		2	1	1			
宿迁市	**9**	**5**	**4**						
宿城区	1	1							
宿豫区	1	1							
沭阳县	2	2							
泗阳县	1	1							
泗洪县	4		4						
宿迁经济技术开发区									
宿迁市湖滨新区									
苏州宿迁工业园区									
宿迁市洋河新区									

6-3　各地区分性别、婚姻状况的15岁及以上死亡人口

(2019.11.1-2020.10.31)

单位：人

地　区	15岁及以上死亡人口			未　婚		
	合计	男	女	小计	男	女
江　苏	**511520**	**283487**	**228033**	**17084**	**15129**	**1955**
南京市	**39990**	**22631**	**17359**	**1211**	**1030**	**181**
玄武区	2633	1445	1188	54	35	19
秦淮区	5366	3031	2335	125	96	29
建邺区	1581	926	655	30	17	13
鼓楼区	5412	3008	2404	123	100	23
浦口区	2203	1204	999	73	62	11
栖霞区	2774	1631	1143	57	41	16
雨花台区	1937	1116	821	43	37	6
江宁区	4314	2504	1810	157	141	16
六合区	4547	2489	2058	172	162	10
溧水区	2734	1540	1194	104	92	12
高淳区	3045	1764	1281	198	196	2
南京江北新区	3444	1973	1471	75	51	24
无锡市	**37866**	**21349**	**16517**	**873**	**745**	**128**
锡山区	3701	2060	1641	78	67	11
惠山区	3252	1872	1380	77	62	15
滨湖区	2819	1573	1246	44	35	9
梁溪区	7039	3970	3069	135	104	31
新吴区	2562	1461	1101	61	52	9
江苏无锡经济开发区	878	506	372	23	16	7
江阴市	8543	4804	3739	156	137	19
宜兴市	9072	5103	3969	299	272	27
徐州市	**56807**	**31914**	**24893**	**1864**	**1708**	**156**
鼓楼区	1883	1089	794	27	20	7
云龙区	1970	1152	818	39	36	3
贾汪区	3092	1714	1378	93	85	8
泉山区	3406	1945	1461	39	33	6
铜山区	6993	3949	3044	272	248	24
丰县	6690	3631	3059	217	200	17
沛县	6787	3838	2949	223	208	15
睢宁县	7708	4297	3411	344	332	12
徐州经济技术开发区	1419	841	578	45	42	3
新沂市	6216	3485	2731	201	187	14
邳州市	10643	5973	4670	364	317	47
常州市	**26241**	**14659**	**11582**	**701**	**619**	**82**
天宁区	3119	1753	1366	55	42	13
钟楼区	2652	1518	1134	37	34	3
新北区	3752	2039	1713	104	91	13
武进区	4709	2539	2170	126	114	12
金坛区	4435	2494	1941	148	131	17
江苏省常州市经济开发区	1876	1047	829	44	38	6
溧阳市	5698	3269	2429	187	169	18

6-3 续表 1

单位：人

地　　区	15岁及以上死亡人口			未　婚		
	合计	男	女	小计	男	女
苏州市	**46041**	**24856**	**21185**	**1060**	**829**	**231**
虎丘区	2164	1212	952	31	24	7
吴中区	4351	2343	2008	109	76	33
相城区	2761	1498	1263	65	55	10
姑苏区	4704	2601	2103	131	98	33
吴江区	5693	3113	2580	146	111	35
苏州工业园区	2067	1118	949	44	39	5
常熟市	9344	4824	4520	166	133	33
张家港市	6380	3590	2790	132	114	18
昆山市	5273	2822	2451	186	148	38
太仓市	3304	1735	1569	50	31	19
南通市	**65970**	**35820**	**30150**	**2019**	**1801**	**218**
崇川区	2837	1586	1251	31	18	13
港闸区	1676	893	783	37	26	11
通州区	9547	5202	4345	301	272	29
如东县	9968	5440	4528	389	359	30
南通经济技术开发区	913	499	414	24	21	3
通州湾示范区	1124	599	525	23	22	1
苏锡通科技产业园区	468	254	214	8	7	1
启东市	10511	5654	4857	263	232	31
如皋市	11946	6530	5416	350	313	37
海门市	8221	4422	3799	240	219	21
海安市	8759	4741	4018	353	312	41
连云港市	**28126**	**15978**	**12148**	**1088**	**976**	**112**
连云区	788	434	354	8	6	2
海州区	3514	2070	1444	89	69	20
赣榆区	6986	3987	2999	341	313	28
东海县	6599	3718	2881	255	234	21
灌云县	4829	2721	2108	210	188	22
灌南县	4169	2331	1838	162	146	16
连云港经济技术开发区	531	308	223	6	5	1
连云港高新技术产业开发区	243	140	103	8	7	1
江苏连云港徐圩新区	280	167	113	6	5	1
江苏省连云港市云台山风景名胜区	187	102	85	3	3	
淮安市	**33411**	**18469**	**14942**	**1329**	**1166**	**163**
淮安区	7560	4149	3411	308	283	25
淮阴区	5255	2964	2291	292	270	22
清江浦区	3299	1925	1374	155	93	62
洪泽区	2299	1222	1077	55	49	6
涟水县	6629	3672	2957	266	247	19
盱眙县	4670	2529	2141	155	140	15
金湖县	2500	1334	1166	51	42	9
淮安经济技术开发区	635	348	287	31	27	4
工业园区	115	61	54	2	2	
生态文旅区	216	140	76	7	7	
苏淮高新区	233	125	108	7	6	1

6-3 续表 2

单位：人

地区	15岁及以上死亡人口			未婚		
	合计	男	女	小计	男	女
盐城市	**52669**	**28702**	**23967**	**1796**	**1654**	**142**
亭湖区	3776	2123	1653	97	79	18
盐都区	5278	2885	2393	198	182	16
大丰区	5311	2845	2466	125	111	14
响水县	3214	1842	1372	115	101	14
滨海县	5743	3107	2636	236	222	14
阜宁县	6767	3704	3063	291	275	16
射阳县	5724	3054	2670	183	168	15
建湖县	5226	2886	2340	177	165	12
盐城经济技术开发区	700	383	317	23	22	1
江苏省盐南高新区	712	376	336	24	20	4
东台市	10218	5497	4721	327	309	18
扬州市	**35281**	**19445**	**15836**	**1366**	**1231**	**135**
广陵区	3219	1737	1482	97	81	16
邗江区	2805	1570	1235	93	79	14
江都区	8444	4610	3834	349	323	26
宝应县	7371	4057	3314	283	255	28
扬州经济技术开发区	1203	658	545	33	29	4
蜀冈瘦西湖景区	539	300	239	8	6	2
生态新城	521	297	224	7	6	1
仪征市	4256	2340	1916	193	173	20
高邮市	6923	3876	3047	303	279	24
镇江市	**21331**	**11666**	**9665**	**590**	**523**	**67**
京口区	2052	1165	887	44	32	12
润州区	1443	836	607	29	24	5
丹徒区	2297	1187	1110	74	69	5
镇江新区	1709	912	797	41	36	5
江苏镇江高新区	212	107	105	2	2	
丹阳市	7111	3869	3242	202	181	21
扬中市	2361	1289	1072	51	45	6
句容市	4146	2301	1845	147	134	13
泰州市	**35393**	**19893**	**15500**	**1752**	**1610**	**142**
海陵区	2951	1694	1257	125	105	20
高港区	2216	1230	986	126	118	8
姜堰区	5977	3348	2629	326	303	23
泰州医药高新技术产业开发区	1168	623	545	73	70	3
兴化市	8907	5058	3849	502	467	35
靖江市	4312	2391	1921	137	124	13
泰兴市	9862	5549	4313	463	423	40
宿迁市	**32394**	**18105**	**14289**	**1435**	**1237**	**198**
宿城区	4113	2344	1769	168	144	24
宿豫区	2935	1651	1284	120	107	13
沭阳县	10501	5786	4715	443	388	55
泗阳县	6035	3373	2662	263	213	50
泗洪县	5865	3304	2561	276	239	37
宿迁经济技术开发区	780	430	350	31	28	3
宿迁市湖滨新区	1160	637	523	76	64	12
苏州宿迁工业园区	9	6	3			
宿迁市洋河新区	996	574	422	58	54	4

6-3 续表 3　　单位：人

地　区	有配偶			离　婚			丧　偶		
	小计	男	女	小计	男	女	小计	男	女
江　苏	**274710**	**183887**	**90823**	**6150**	**4799**	**1351**	**213576**	**79672**	**133904**
南京市	**22290**	**15349**	**6941**	**896**	**660**	**236**	**15593**	**5592**	**10001**
玄武区	1495	1028	467	62	49	13	1022	333	689
秦淮区	2965	2059	906	190	141	49	2086	735	1351
建邺区	944	670	274	58	41	17	549	198	351
鼓楼区	3000	2057	943	148	105	43	2141	746	1395
浦口区	1210	808	402	19	14	5	901	320	581
栖霞区	1638	1175	463	77	54	23	1002	361	641
雨花台区	1170	791	379	65	48	17	659	240	419
江宁区	2536	1759	777	49	34	15	1572	570	1002
六合区	2355	1579	776	60	42	18	1960	706	1254
溧水区	1437	958	479	31	24	7	1162	466	696
高淳区	1564	1072	492	46	40	6	1237	456	781
南京江北新区	1976	1393	583	91	68	23	1302	461	841
无锡市	**21394**	**14909**	**6485**	**597**	**453**	**144**	**15002**	**5242**	**9760**
锡山区	2120	1486	634	40	27	13	1463	480	983
惠山区	1939	1387	552	42	34	8	1194	389	805
滨湖区	1712	1122	590	54	38	16	1009	378	631
梁溪区	3829	2659	1170	201	153	48	2874	1054	1820
新吴区	1566	1073	493	23	17	6	912	319	593
江苏无锡经济开发区	554	391	163	11	8	3	290	91	199
江阴市	4831	3389	1442	96	71	25	3460	1207	2253
宜兴市	4843	3402	1441	130	105	25	3800	1324	2476
徐州市	**30103**	**20244**	**9859**	**716**	**564**	**152**	**24124**	**9398**	**14726**
鼓楼区	1163	820	343	45	25	20	648	224	424
云龙区	1120	799	321	38	27	11	773	290	483
贾汪区	1656	1101	555	51	40	11	1292	488	804
泉山区	2001	1411	590	77	58	19	1289	443	846
铜山区	3829	2585	1244	102	87	15	2790	1029	1761
丰县	3407	2306	1101	67	52	15	2999	1073	1926
沛县	3667	2491	1176	77	64	13	2820	1075	1745
睢宁县	3809	2455	1354	71	62	9	3484	1448	2036
徐州经济技术开发区	812	563	249	19	16	3	543	220	323
新沂市	3330	2218	1112	66	52	14	2619	1028	1591
邳州市	5309	3495	1814	103	81	22	4867	2080	2787
常州市	**14546**	**10041**	**4505**	**486**	**375**	**111**	**10508**	**3624**	**6884**
天宁区	1760	1226	534	98	68	30	1206	417	789
钟楼区	1582	1085	497	73	58	15	960	341	619
新北区	2062	1413	649	53	40	13	1533	495	1038
武进区	2523	1707	816	77	56	21	1983	662	1321
金坛区	2377	1615	762	46	35	11	1864	713	1151
江苏省常州市经济开发区	1093	756	337	29	21	8	710	232	478
溧阳市	3149	2239	910	110	97	13	2252	764	1488

6-3 续表 4

单位：人

地区	有配偶			离婚			丧偶		
	小计	男	女	小计	男	女	小计	男	女
苏州市	**25321**	**16865**	**8456**	**516**	**380**	**136**	**19144**	**6782**	**12362**
虎丘区	1245	842	403	19	11	8	869	335	534
吴中区	2603	1661	942	44	31	13	1595	575	1020
相城区	1574	1036	538	20	18	2	1102	389	713
姑苏区	2607	1802	805	98	67	31	1868	634	1234
吴江区	3056	1950	1106	49	38	11	2442	1014	1428
苏州工业园区	1225	793	432	29	24	5	769	262	507
常熟市	4914	3324	1590	81	62	19	4183	1305	2878
张家港市	3464	2429	1035	85	63	22	2699	984	1715
昆山市	2923	1871	1052	56	42	14	2108	761	1347
太仓市	1710	1157	553	35	24	11	1509	523	986
南通市	**34569**	**23346**	**11223**	**485**	**388**	**97**	**28897**	**10285**	**18612**
崇川区	1739	1173	566	30	18	12	1037	377	660
港闸区	873	602	271	15	12	3	751	253	498
通州区	5057	3471	1586	48	40	8	4141	1419	2722
如东县	5132	3492	1640	87	73	14	4360	1516	2844
南通经济技术开发区	461	313	148	6	5	1	422	160	262
通州湾示范区	598	395	203	11	10	1	492	172	320
苏锡通科技产业园区	259	179	80	4	2	2	197	66	131
启东市	5553	3763	1790	101	77	24	4594	1582	3012
如皋市	6209	4157	2052	78	67	11	5309	1993	3316
海门市	4252	2907	1345	48	38	10	3681	1258	2423
海安市	4436	2894	1542	57	46	11	3913	1489	2424
连云港市	**15250**	**9984**	**5266**	**347**	**278**	**69**	**11441**	**4740**	**6701**
连云区	449	303	146	15	10	5	316	115	201
海州区	2020	1351	669	51	43	8	1354	607	747
赣榆区	3731	2462	1269	61	52	9	2853	1160	1693
东海县	3494	2243	1251	84	70	14	2766	1171	1595
灌云县	2613	1706	907	59	49	10	1947	778	1169
灌南县	2268	1461	807	52	37	15	1687	687	1000
连云港经济技术开发区	275	193	82	11	8	3	239	102	137
连云港高新技术产业开发区	146	100	46	5	2	3	84	31	53
江苏连云港徐圩新区	150	102	48	6	4	2	118	56	62
江苏省连云港市云台山风景名胜区	104	63	41	3	3		77	33	44
淮安市	**17625**	**11388**	**6237**	**319**	**256**	**63**	**14138**	**5659**	**8479**
淮安区	3877	2475	1402	58	47	11	3317	1344	1973
淮阴区	2756	1834	922	59	49	10	2148	811	1337
清江浦区	1899	1251	648	39	33	6	1206	548	658
洪泽区	1198	759	439	16	13	3	1030	401	629
涟水县	3515	2244	1271	70	55	15	2778	1126	1652
盱眙县	2432	1551	881	58	45	13	2025	793	1232
金湖县	1321	835	486	11	10	1	1117	447	670
淮安经济技术开发区	309	211	98	4		4	291	110	181
工业园区	58	37	21	2	2		53	20	33
生态文旅区	143	105	38	2	2		64	26	38
苏淮高新区	117	86	31				109	33	76

6-3 续表 5　　　　单位：人

地　区	有配偶			离　婚			丧　偶		
	小计	男	女	小计	男	女	小计	男	女
盐城市	**27826**	**18017**	**9809**	**510**	**421**	**89**	**22537**	**8610**	**13927**
亭湖区	2030	1340	690	32	22	10	1617	682	935
盐都区	2824	1840	984	46	37	9	2210	826	1384
大丰区	2894	1872	1022	48	41	7	2244	821	1423
响水县	1740	1161	579	55	49	6	1304	531	773
滨海县	3062	1935	1127	53	47	6	2392	903	1489
阜宁县	3439	2175	1264	87	65	22	2950	1189	1761
射阳县	3035	1937	1098	67	54	13	2439	895	1544
建湖县	2820	1849	971	36	31	5	2193	841	1352
盐城经济技术开发区	358	233	125	4	4		315	124	191
江苏省盐南高新区	377	237	140	4	4		307	115	192
东台市	5247	3438	1809	78	67	11	4566	1683	2883
扬州市	**18746**	**12402**	**6344**	**323**	**258**	**65**	**14846**	**5554**	**9292**
广陵区	1755	1164	591	30	21	9	1337	471	866
邗江区	1599	1083	516	19	17	2	1094	391	703
江都区	4509	3017	1492	70	57	13	3516	1213	2303
宝应县	3765	2445	1320	59	47	12	3264	1310	1954
扬州经济技术开发区	692	456	236	13	10	3	465	163	302
蜀冈瘦西湖景区	334	214	120	6	4	2	191	76	115
生态新城	291	199	92	7	7		216	85	131
仪征市	2187	1470	717	49	38	11	1827	659	1168
高邮市	3614	2354	1260	70	57	13	2936	1186	1750
镇江市	**11652**	**7829**	**3823**	**287**	**228**	**59**	**8802**	**3086**	**5716**
京口区	1254	828	426	22	15	7	732	290	442
润州区	864	576	288	36	27	9	514	209	305
丹徒区	1189	775	414	31	25	6	1003	318	685
镇江新区	951	613	338	22	17	5	695	246	449
江苏镇江高新区	106	74	32	3	2	1	101	29	72
丹阳市	3754	2554	1200	93	77	16	3062	1057	2005
扬中市	1237	846	391	20	17	3	1053	381	672
句容市	2297	1563	734	60	48	12	1642	556	1086
泰州市	**18672**	**12743**	**5929**	**312**	**251**	**61**	**14657**	**5289**	**9368**
海陵区	1663	1167	496	27	20	7	1136	402	734
高港区	1129	786	343	21	17	4	940	309	631
姜堰区	3041	2047	994	42	32	10	2568	966	1602
泰州医药高新技术产业开发区	582	382	200	12	8	4	501	163	338
兴化市	4833	3189	1644	65	56	9	3507	1346	2161
靖江市	2379	1660	719	49	36	13	1747	571	1176
泰兴市	5045	3512	1533	96	82	14	4258	1532	2726
宿迁市	**16716**	**10770**	**5946**	**356**	**287**	**69**	**13887**	**5811**	**8076**
宿城区	2194	1482	712	51	45	6	1700	673	1027
宿豫区	1554	1020	534	39	29	10	1222	495	727
沭阳县	5555	3431	2124	109	91	18	4394	1876	2518
泗阳县	2988	1927	1061	56	44	12	2728	1189	1539
泗洪县	3018	1979	1039	69	54	15	2502	1032	1470
宿迁经济技术开发区	403	264	139	9	7	2	337	131	206
宿迁市湖滨新区	533	346	187	15	10	5	536	217	319
苏州宿迁工业园区	8	6	2				1		1
宿迁市洋河新区	463	315	148	8	7	1	467	198	269

6-3a 各地区分性别、婚姻状况的15岁及以上死亡人口 (2019.11.1-2020.10.31)(城市)

单位：人

地　区	15岁及以上死亡人口			未　婚		
	合计	男	女	小计	男	女
江　苏	**166789**	**93596**	**73193**	**4086**	**3287**	**799**
南京市	**31081**	**17560**	**13521**	**774**	**613**	**161**
玄武区	2633	1445	1188	54	35	19
秦淮区	5366	3031	2335	125	96	29
建邺区	1581	926	655	30	17	13
鼓楼区	5412	3008	2404	123	100	23
浦口区	1407	760	647	49	43	6
栖霞区	2272	1331	941	38	24	14
雨花台区	1864	1067	797	37	31	6
江宁区	2937	1715	1222	94	79	15
六合区	2168	1181	987	68	62	6
溧水区	1220	663	557	39	34	5
高淳区	995	580	415	50	48	2
南京江北新区	3226	1853	1373	67	44	23
无锡市	**23311**	**13220**	**10091**	**480**	**387**	**93**
锡山区	1365	752	613	28	22	6
惠山区	2162	1260	902	51	41	10
滨湖区	2615	1456	1159	41	32	9
梁溪区	7039	3970	3069	135	104	31
新吴区	2562	1461	1101	61	52	9
江苏无锡经济开发区	878	506	372	23	16	7
江阴市	3778	2145	1633	68	55	13
宜兴市	2912	1670	1242	73	65	8
徐州市	**13206**	**7525**	**5681**	**253**	**223**	**30**
鼓楼区	1883	1089	794	27	20	7
云龙区	1862	1088	774	33	30	3
贾汪区	1228	694	534	27	23	4
泉山区	3406	1945	1461	39	33	6
铜山区	1310	733	577	49	46	3
丰县						
沛县						
睢宁县						
徐州经济技术开发区	31	21	10	1	1	
新沂市	1300	718	582	20	18	2
邳州市	2186	1237	949	57	52	5
常州市	**12359**	**6986**	**5373**	**247**	**202**	**45**
天宁区	2530	1435	1095	44	32	12
钟楼区	2445	1397	1048	36	33	3
新北区	1960	1078	882	47	38	9
武进区	1590	881	709	37	31	6
金坛区	1556	911	645	38	32	6
江苏省常州市经济开发区	844	467	377	16	13	3
溧阳市	1434	817	617	29	23	6

6-3a 续表 1

单位：人

地区	15岁及以上死亡人口			未婚		
	合计	男	女	小计	男	女
苏州市	**21161**	**11653**	**9508**	**549**	**416**	**133**
虎丘区	1766	987	779	24	17	7
吴中区	2148	1196	952	66	43	23
相城区	2110	1174	936	49	41	8
姑苏区	4704	2601	2103	131	98	33
吴江区	1682	917	765	30	20	10
苏州工业园区						
常熟市	3568	1891	1677	68	52	16
张家港市	1419	810	609	33	27	6
昆山市	3087	1711	1376	135	112	23
太仓市	677	366	311	13	6	7
南通市	**17028**	**9358**	**7670**	**372**	**299**	**73**
崇川区	2837	1586	1251	31	18	13
港闸区	1676	893	783	37	26	11
通州区	2565	1375	1190	85	74	11
如东县						
南通经济技术开发区						
通州湾示范区						
苏锡通科技产业园区						
启东市	2835	1587	1248	52	44	8
如皋市	2449	1406	1043	50	40	10
海门市	1476	834	642	24	22	2
海安市	3190	1677	1513	93	75	18
连云港市	**4732**	**2738**	**1994**	**125**	**98**	**27**
连云区	756	421	335	7	5	2
海州区	2563	1505	1058	62	44	18
赣榆区	1287	741	546	52	45	7
东海县	27	18	9	3	3	
灌云县						
灌南县						
连云港经济技术开发区						
连云港高新技术产业开发区						
江苏连云港徐圩新区	44	28	16	1	1	
江苏省连云港市云台山风景名胜区	55	25	30			
淮安市	**6469**	**3675**	**2794**	**264**	**186**	**78**
淮安区	1772	983	789	48	38	10
淮阴区	1112	611	501	58	51	7
清江浦区	2817	1657	1160	142	84	58
洪泽区	768	424	344	16	13	3
涟水县						
盱眙县						
金湖县						
淮安经济技术开发区						
工业园区						
生态文旅区						
苏淮高新区						

6-3a　续表 2　　　　单位：人

地　区	15岁及以上死亡人口			未　婚		
	合计	男	女	小计	男	女
盐城市	**7337**	**4072**	**3265**	**208**	**181**	**27**
亭湖区	2296	1318	978	49	36	13
盐都区	1073	599	474	34	31	3
大丰区	722	406	316	14	11	3
响水县						
滨海县						
阜宁县						
射阳县						
建湖县						
盐城经济技术开发区	44	26	18			
江苏省盐南高新区	712	376	336	24	20	4
东台市	2490	1347	1143	87	83	4
扬州市	**9437**	**5199**	**4238**	**227**	**189**	**38**
广陵区	2112	1120	992	44	32	12
邗江区	1501	845	656	31	26	5
江都区	1239	698	541	32	29	3
宝应县						
扬州经济技术开发区						
蜀冈瘦西湖景区	539	300	239	8	6	2
生态新城	189	102	87	2	2	
仪征市	2192	1205	987	78	68	10
高邮市	1665	929	736	32	26	6
镇江市	**8712**	**4867**	**3845**	**176**	**140**	**36**
京口区	1940	1112	828	39	28	11
润州区	1411	818	593	26	21	5
丹徒区	539	271	268	18	17	1
镇江新区	44	25	19			
江苏镇江高新区	212	107	105	2	2	
丹阳市	1895	1072	823	38	30	8
扬中市	1206	657	549	22	18	4
句容市	1465	805	660	31	24	7
泰州市	**8248**	**4633**	**3615**	**270**	**232**	**38**
海陵区	2192	1281	911	87	71	16
高港区	711	390	321	15	10	5
姜堰区	1384	774	610	57	51	6
泰州医药高新技术产业开发区						
兴化市	868	485	383	26	23	3
靖江市	1251	676	575	21	16	5
泰兴市	1842	1027	815	64	61	3
宿迁市	**3708**	**2110**	**1598**	**141**	**121**	**20**
宿城区	1765	1026	739	56	47	9
宿豫区	820	468	352	37	32	5
沭阳县						
泗阳县						
泗洪县						
宿迁经济技术开发区	35	11	24	1	1	
宿迁市湖滨新区	624	335	289	24	20	4
苏州宿迁工业园区	9	6	3			
宿迁市洋河新区	455	264	191	23	21	2

6-3a 续表 3 单位：人

地 区	有配偶			离 婚			丧 偶		
	小计	男	女	小计	男	女	小计	男	女
江 苏	**94879**	**64399**	**30480**	**2722**	**1983**	**739**	**65102**	**23927**	**41175**
南京市	**17612**	**12187**	**5425**	**800**	**579**	**221**	**11895**	**4181**	**7714**
玄武区	1495	1028	467	62	49	13	1022	333	689
秦淮区	2965	2059	906	190	141	49	2086	735	1351
建邺区	944	670	274	58	41	17	549	198	351
鼓楼区	3000	2057	943	148	105	43	2141	746	1395
浦口区	770	514	256	11	8	3	577	195	382
栖霞区	1334	964	370	75	53	22	825	290	535
雨花台区	1127	759	368	65	48	17	635	229	406
江宁区	1759	1231	528	38	25	13	1046	380	666
六合区	1163	779	384	32	18	14	905	322	583
溧水区	641	417	224	15	10	5	525	202	323
高淳区	559	385	174	17	15	2	369	132	237
南京江北新区	1855	1324	531	89	66	23	1215	419	796
无锡市	**13451**	**9323**	**4128**	**416**	**312**	**104**	**8964**	**3198**	**5766**
锡山区	812	553	259	14	10	4	511	167	344
惠山区	1313	933	380	28	24	4	770	262	508
滨湖区	1593	1039	554	54	38	16	927	347	580
梁溪区	3829	2659	1170	201	153	48	2874	1054	1820
新吴区	1566	1073	493	23	17	6	912	319	593
江苏无锡经济开发区	554	391	163	11	8	3	290	91	199
江阴市	2154	1523	631	47	32	15	1509	535	974
宜兴市	1630	1152	478	38	30	8	1171	423	748
徐州市	**7593**	**5199**	**2394**	**242**	**172**	**70**	**5118**	**1931**	**3187**
鼓楼区	1163	820	343	45	25	20	648	224	424
云龙区	1049	753	296	38	27	11	742	278	464
贾汪区	666	452	214	27	18	9	508	201	307
泉山区	2001	1411	590	77	58	19	1289	443	846
铜山区	748	501	247	20	16	4	493	170	323
丰县									
沛县									
睢宁县									
徐州经济技术开发区	19	17	2	1	1		10	2	8
新沂市	737	472	265	18	14	4	525	214	311
邳州市	1210	773	437	16	13	3	903	399	504
常州市	**7179**	**4927**	**2252**	**280**	**201**	**79**	**4653**	**1656**	**2997**
天宁区	1448	1012	436	92	63	29	946	328	618
钟楼区	1458	996	462	68	53	15	883	315	568
新北区	1136	773	363	31	23	8	746	244	502
武进区	917	616	301	27	18	9	609	216	393
金坛区	883	601	282	17	12	5	618	266	352
江苏省常州市经济开发区	484	332	152	21	13	8	323	109	214
溧阳市	853	597	256	24	19	5	528	178	350

6-3a　续表 4

单位：人

地　　区	有配偶			离　婚			丧　偶		
	小计	男	女	小计	男	女	小计	男	女
苏州市	**12145**	**8109**	**4036**	**272**	**189**	**83**	**8195**	**2939**	**5256**
虎丘区	1048	699	349	17	9	8	677	262	415
吴中区	1439	881	558	25	17	8	618	255	363
相城区	1215	817	398	16	14	2	830	302	528
姑苏区	2607	1802	805	98	67	31	1868	634	1234
吴江区	999	630	369	12	7	5	641	260	381
苏州工业园区									
常熟市	1870	1301	569	37	28	9	1593	510	1083
张家港市	782	574	208	29	20	9	575	189	386
昆山市	1809	1150	659	32	23	9	1111	426	685
太仓市	376	255	121	6	4	2	282	101	181
南通市	**9488**	**6389**	**3099**	**134**	**95**	**39**	**7034**	**2575**	**4459**
崇川区	1739	1173	566	30	18	12	1037	377	660
港闸区	873	602	271	15	12	3	751	253	498
通州区	1409	932	477	17	14	3	1054	355	699
如东县									
南通经济技术开发区									
通州湾示范区									
苏锡通科技产业园区									
启东市	1608	1119	489	24	16	8	1151	408	743
如皋市	1361	925	436	11	7	4	1027	434	593
海门市	814	561	253	7	6	1	631	245	386
海安市	1684	1077	607	30	22	8	1383	503	880
连云港市	**2732**	**1834**	**898**	**68**	**53**	**15**	**1807**	**753**	**1054**
连云区	433	297	136	15	10	5	301	109	192
海州区	1468	988	480	42	34	8	991	439	552
赣榆区	765	508	257	9	7	2	461	181	280
东海县	16	11	5				8	4	4
灌云县									
灌南县									
连云港经济技术开发区									
连云港高新技术产业开发区									
江苏连云港徐圩新区	17	12	5	2	2		24	13	11
江苏省连云港市云台山风景名胜区	33	18	15				22	7	15
淮安市	**3612**	**2361**	**1251**	**71**	**57**	**14**	**2522**	**1071**	**1451**
淮安区	979	637	342	14	11	3	731	297	434
淮阴区	625	398	227	16	11	5	413	151	262
清江浦区	1588	1056	532	33	29	4	1054	488	566
洪泽区	420	270	150	8	6	2	324	135	189
涟水县									
盱眙县									
金湖县									
淮安经济技术开发区									
工业园区									
生态文旅区									
苏淮高新区									

6-3a 续表 5

单位：人

地 区	有配偶			离 婚			丧 偶		
	小计	男	女	小计	男	女	小计	男	女
盐城市	**3961**	**2591**	**1370**	**72**	**54**	**18**	**3096**	**1246**	**1850**
亭湖区	1233	821	412	25	18	7	989	443	546
盐都区	593	387	206	11	9	2	435	172	263
大丰区	445	296	149	8	5	3	255	94	161
响水县									
滨海县									
阜宁县									
射阳县									
建湖县									
盐城经济技术开发区	19	15	4				25	11	14
江苏省盐南高新区	377	237	140	4	4		307	115	192
东台市	1294	835	459	24	18	6	1085	411	674
扬州市	**5397**	**3545**	**1852**	**105**	**80**	**25**	**3708**	**1385**	**2323**
广陵区	1188	761	427	24	17	7	856	310	546
邗江区	912	608	304	10	9	1	548	202	346
江都区	739	505	234	10	8	2	458	156	302
宝应县									
扬州经济技术开发区									
蜀冈瘦西湖景区	334	214	120	6	4	2	191	76	115
生态新城	117	75	42	2	2		68	23	45
仪征市	1214	793	421	32	24	8	868	320	548
高邮市	893	589	304	21	16	5	719	298	421
镇江市	**5077**	**3403**	**1674**	**122**	**92**	**30**	**3337**	**1232**	**2105**
京口区	1202	791	411	21	14	7	678	279	399
润州区	852	568	284	35	26	9	498	203	295
丹徒区	293	181	112	1	1		227	72	155
镇江新区	32	19	13				12	6	6
江苏镇江高新区	106	74	32	3	2	1	101	29	72
丹阳市	1091	754	337	28	21	7	738	267	471
扬中市	663	438	225	11	10	1	510	191	319
句容市	838	578	260	23	18	5	573	185	388
泰州市	**4657**	**3206**	**1451**	**81**	**58**	**23**	**3240**	**1137**	**2103**
海陵区	1259	897	362	25	19	6	821	294	527
高港区	395	276	119	8	8		293	96	197
姜堰区	778	514	264	7	3	4	542	206	336
泰州医药高新技术产业开发区									
兴化市	506	338	168	7	4	3	329	120	209
靖江市	717	488	229	20	14	6	493	158	335
泰兴市	1002	693	309	14	10	4	762	263	499
宿迁市	**1975**	**1325**	**650**	**59**	**41**	**18**	**1533**	**623**	**910**
宿城区	1018	693	325	24	19	5	667	267	400
宿豫区	439	292	147	20	12	8	324	132	192
沭阳县									
泗阳县									
泗洪县									
宿迁经济技术开发区	18	6	12				16	4	12
宿迁市湖滨新区	285	183	102	10	6	4	305	126	179
苏州宿迁工业园区	8	6	2				1		1
宿迁市洋河新区	207	145	62	5	4	1	220	94	126

6-3b　各地区分性别、婚姻状况的15岁及以上死亡人口 (2019.11.1-2020.10.31)(镇)

单位：人

地　区	15岁及以上死亡人口			未　婚		
	合计	男	女	小计	男	女
江　苏	**138095**	**76909**	**61186**	**4510**	**4008**	**502**
南京市	**952**	**543**	**409**	**30**	**28**	**2**
玄武区						
秦淮区						
建邺区						
鼓楼区						
浦口区	46	25	21			
栖霞区						
雨花台区	73	49	24	6	6	
江宁区						
六合区	430	240	190	7	7	
溧水区	319	181	138	9	7	2
高淳区	84	48	36	8	8	
南京江北新区						
无锡市	**8058**	**4563**	**3495**	**222**	**199**	**23**
锡山区	1504	850	654	40	35	5
惠山区	664	381	283	16	13	3
滨湖区						
梁溪区						
新吴区						
江苏无锡经济开发区						
江阴市	2660	1510	1150	45	42	3
宜兴市	3230	1822	1408	121	109	12
徐州市	**16648**	**9464**	**7184**	**560**	**506**	**54**
鼓楼区						
云龙区	108	64	44	6	6	
贾汪区	514	284	230	13	11	2
泉山区						
铜山区	2016	1145	871	63	54	9
丰县	2337	1272	1065	67	59	8
沛县	3323	1906	1417	81	75	6
睢宁县	3313	1910	1403	142	136	6
徐州经济技术开发区	1027	603	424	34	32	2
新沂市	1217	680	537	49	43	6
邳州市	2793	1600	1193	105	90	15
常州市	**4456**	**2477**	**1979**	**138**	**126**	**12**
天宁区	174	97	77			
钟楼区						
新北区	713	394	319	26	24	2
武进区	1209	663	546	36	34	2
金坛区	780	414	366	30	28	2
江苏省常州市经济开发区	305	160	145	8	6	2
溧阳市	1275	749	526	38	34	4

6-3b 续表 1

单位：人

地　区	15岁及以上死亡人口			未　婚		
	合计	男	女	小计	男	女
苏州市	**15237**	**8171**	**7066**	**326**	**262**	**64**
虎丘区	113	65	48	3	3	
吴中区	1003	531	472	26	18	8
相城区	246	124	122	3	2	1
姑苏区						
吴江区	2791	1511	1280	90	67	23
苏州工业园区	2067	1118	949	44	39	5
常熟市	3324	1697	1627	61	52	9
张家港市	3216	1813	1403	62	54	8
昆山市	1039	544	495	21	16	5
太仓市	1438	768	670	16	11	5
南通市	**22068**	**12019**	**10049**	**701**	**634**	**67**
崇川区						
港闸区						
通州区	3534	1941	1593	105	98	7
如东县	4824	2662	2162	165	150	15
南通经济技术开发区	913	499	414	24	21	3
通州湾示范区	633	334	299	10	10	
苏锡通科技产业园区	239	131	108	8	7	1
启东市	1958	1070	888	37	35	2
如皋市	4217	2300	1917	131	117	14
海门市	3888	2057	1831	139	124	15
海安市	1862	1025	837	82	72	10
连云港市	**8665**	**4960**	**3705**	**321**	**285**	**36**
连云区						
海州区	273	169	104	10	9	1
赣榆区	2124	1234	890	100	94	6
东海县	1711	967	744	67	61	6
灌云县	1867	1057	810	62	50	12
灌南县	1784	1014	770	65	56	9
连云港经济技术开发区	416	236	180	4	4	
连云港高新技术产业开发区	243	140	103	8	7	1
江苏连云港徐圩新区	236	139	97	5	4	1
江苏省连云港市云台山风景名胜区	11	4	7			
淮安市	**9448**	**5349**	**4099**	**342**	**304**	**38**
淮安区	1186	667	519	37	35	2
淮阴区	1328	761	567	72	66	6
清江浦区	32	17	15	1		1
洪泽区	275	148	127	8	6	2
涟水县	2762	1601	1161	101	92	9
盱眙县	1575	874	701	53	45	8
金湖县	1127	628	499	25	20	5
淮安经济技术开发区	635	348	287	31	27	4
工业园区	115	61	54	2	2	
生态文旅区	216	140	76	7	7	
苏淮高新区	197	104	93	5	4	1

6-3b　续表 2　　单位：人

地　　区	15岁及以上死亡人口			未　　婚		
	合计	男	女	小计	男	女
盐城市	**16996**	**9450**	**7546**	**514**	**455**	**59**
亭湖区	377	223	154	6	5	1
盐都区	1637	891	746	71	62	9
大丰区	1788	962	826	39	34	5
响水县	1469	875	594	36	29	7
滨海县	2115	1163	952	61	57	4
阜宁县	2726	1532	1194	96	85	11
射阳县	2214	1217	997	63	56	7
建湖县	2116	1204	912	64	55	9
盐城经济技术开发区	606	336	270	23	22	1
江苏省盐南高新区						
东台市	1948	1047	901	55	50	5
扬州市	**8827**	**4958**	**3869**	**290**	**254**	**36**
广陵区	276	156	120	6	5	1
邗江区	322	175	147	14	11	3
江都区	2260	1225	1035	83	73	10
宝应县	2821	1616	1205	72	63	9
扬州经济技术开发区	1019	552	467	23	19	4
蜀冈瘦西湖景区						
生态新城	118	74	44	1	1	
仪征市	482	278	204	32	27	5
高邮市	1529	882	647	59	55	4
镇江市	**6370**	**3464**	**2906**	**199**	**185**	**14**
京口区	35	20	15			
润州区						
丹徒区	597	303	294	20	18	2
镇江新区	1465	780	685	35	32	3
江苏镇江高新区						
丹阳市	2785	1531	1254	87	81	6
扬中市	661	359	302	22	21	1
句容市	827	471	356	35	33	2
泰州市	**8275**	**4671**	**3604**	**417**	**385**	**32**
海陵区	250	133	117	11	9	2
高港区	553	324	229	41	40	1
姜堰区	1315	728	587	65	63	2
泰州医药高新技术产业开发区	1100	590	510	70	67	3
兴化市	1813	1048	765	107	95	12
靖江市	936	521	415	30	28	2
泰兴市	2308	1327	981	93	83	10
宿迁市	**12095**	**6820**	**5275**	**450**	**385**	**65**
宿城区	200	112	88	9	9	
宿豫区	441	259	182	22	17	5
沭阳县	4810	2693	2117	172	145	27
泗阳县	3224	1812	1412	90	81	9
泗洪县	2683	1518	1165	115	98	17
宿迁经济技术开发区	538	311	227	22	19	3
宿迁市湖滨新区	199	115	84	20	16	4
苏州宿迁工业园区						
宿迁市洋河新区						

6-3b 续表 3 单位：人

地 区	有配偶			离婚			丧偶		
	小计	男	女	小计	男	女	小计	男	女
江 苏	**73575**	**49371**	**24204**	**1478**	**1188**	**290**	**58532**	**22342**	**36190**
南京市	**527**	**358**	**169**	**14**	**11**	**3**	**381**	**146**	**235**
玄武区									
秦淮区									
建邺区									
鼓楼区									
浦口区	35	22	13				11	3	8
栖霞区									
雨花台区	43	32	11				24	11	13
江宁区									
六合区	237	158	79	11	10	1	175	65	110
溧水区	169	118	51	1		1	140	56	84
高淳区	43	28	15	2	1	1	31	11	20
南京江北新区									
无锡市	**4438**	**3151**	**1287**	**100**	**74**	**26**	**3298**	**1139**	**2159**
锡山区	856	606	250	16	11	5	592	198	394
惠山区	389	284	105	9	5	4	250	79	171
滨湖区									
梁溪区									
新吴区									
江苏无锡经济开发区									
江阴市	1496	1058	438	24	17	7	1095	393	702
宜兴市	1697	1203	494	51	41	10	1361	469	892
徐州市	**8792**	**5894**	**2898**	**171**	**140**	**31**	**7125**	**2924**	**4201**
鼓楼区									
云龙区	71	46	25				31	12	19
贾汪区	281	184	97	6	5	1	214	84	130
泉山区									
铜山区	1121	750	371	25	20	5	807	321	486
丰县	1188	817	371	28	21	7	1054	375	679
沛县	1860	1270	590	39	32	7	1343	529	814
睢宁县	1652	1087	565	27	23	4	1492	664	828
徐州经济技术开发区	607	412	195	15	12	3	371	147	224
新沂市	648	424	224	13	11	2	507	202	305
邳州市	1364	904	460	18	16	2	1306	590	716
常州市	**2404**	**1649**	**755**	**75**	**68**	**7**	**1839**	**634**	**1205**
天宁区	104	76	28	1	1		69	20	49
钟楼区									
新北区	377	263	114	13	10	3	297	97	200
武进区	641	436	205	13	12	1	519	181	338
金坛区	412	264	148	7	6	1	331	116	215
江苏省常州市经济开发区	167	109	58	4	4		126	41	85
溧阳市	703	501	202	37	35	2	497	179	318

6-3b　续表 4　　　　单位：人

地　区	有配偶			离　婚			丧　偶		
	小计	男	女	小计	男	女	小计	男	女
苏州市	**8162**	**5411**	**2751**	**167**	**135**	**32**	**6582**	**2363**	**4219**
虎丘区	37	31	6				73	31	42
吴中区	516	350	166	9	7	2	452	156	296
相城区	136	84	52				107	38	69
姑苏区									
吴江区	1429	905	524	26	24	2	1246	515	731
苏州工业园区	1225	793	432	29	24	5	769	262	507
常熟市	1769	1170	599	28	22	6	1466	453	1013
张家港市	1758	1220	538	42	32	10	1354	507	847
昆山市	558	357	201	16	14	2	444	157	287
太仓市	734	501	233	17	12	5	671	244	427
南通市	**11500**	**7844**	**3656**	**155**	**127**	**28**	**9712**	**3414**	**6298**
崇川区									
港闸区									
通州区	1882	1306	576	16	12	4	1531	525	1006
如东县	2557	1749	808	38	30	8	2064	733	1331
南通经济技术开发区	461	313	148	6	5	1	422	160	262
通州湾示范区	339	223	116	8	7	1	276	94	182
苏锡通科技产业园区	136	96	40	3	1	2	92	27	65
启东市	1037	723	314	25	18	7	859	294	565
如皋市	2185	1463	722	32	30	2	1869	690	1179
海门市	1946	1325	621	22	19	3	1781	589	1192
海安市	957	646	311	5	5		818	302	516
连云港市	**4689**	**3109**	**1580**	**119**	**92**	**27**	**3536**	**1474**	**2062**
连云区									
海州区	152	105	47	3	3		108	52	56
赣榆区	1154	781	373	16	14	2	854	345	509
东海县	896	570	326	25	21	4	723	315	408
灌云县	1031	681	350	24	20	4	750	306	444
灌南县	964	636	328	33	23	10	722	299	423
连云港经济技术开发区	208	144	64	9	7	2	195	81	114
连云港高新技术产业开发区	146	100	46	5	2	3	84	31	53
江苏连云港徐圩新区	133	90	43	4	2	2	94	43	51
江苏省连云港市云台山风景名胜区	5	2	3				6	2	4
淮安市	**5132**	**3398**	**1734**	**99**	**76**	**23**	**3875**	**1571**	**2304**
淮安区	572	396	176	10	7	3	567	229	338
淮阴区	687	458	229	13	12	1	556	225	331
清江浦区	15	12	3	1	1		15	4	11
洪泽区	138	97	41	5	4	1	124	41	83
涟水县	1477	964	513	36	28	8	1148	517	631
盱眙县	987	624	363	22	16	6	513	189	324
金湖县	643	420	223	4	4		455	184	271
淮安经济技术开发区	309	211	98	4		4	291	110	181
工业园区	58	37	21	2	2		53	20	33
生态文旅区	143	105	38	2	2		64	26	38
苏淮高新区	103	74	29				89	26	63

6-3b 续表 5

单位：人

地　　区	有配偶			离　婚			丧　偶		
	小计	男	女	小计	男	女	小计	男	女
盐城市	**9250**	**6092**	**3158**	**193**	**163**	**30**	**7039**	**2740**	**4299**
亭湖区	213	139	74	3	2	1	155	77	78
盐都区	881	578	303	15	13	2	670	238	432
大丰区	984	632	352	16	14	2	749	282	467
响水县	835	573	262	23	22	1	575	251	324
滨海县	1195	766	429	20	18	2	839	322	517
阜宁县	1369	899	470	50	37	13	1211	511	700
射阳县	1225	802	423	28	22	6	898	337	561
建湖县	1204	810	394	17	15	2	831	324	507
盐城经济技术开发区	314	204	110	3	3		266	107	159
江苏省盐南高新区									
东台市	1030	689	341	18	17	1	845	291	554
扬州市	**4757**	**3214**	**1543**	**85**	**64**	**21**	**3695**	**1426**	**2269**
广陵区	148	106	42	2	2		120	43	77
邗江区	184	122	62	2	2		122	40	82
江都区	1224	824	400	19	14	5	934	314	620
宝应县	1527	1027	500	30	24	6	1192	502	690
扬州经济技术开发区	600	394	206	12	9	3	384	130	254
蜀冈瘦西湖景区									
生态新城	64	47	17	1	1		52	25	27
仪征市	222	169	53	2	1	1	226	81	145
高邮市	788	525	263	17	11	6	665	291	374
镇江市	**3332**	**2248**	**1084**	**83**	**69**	**14**	**2756**	**962**	**1794**
京口区	24	18	6				11	2	9
润州区									
丹徒区	293	191	102	9	6	3	275	88	187
镇江新区	807	521	286	18	14	4	605	213	392
江苏镇江高新区									
丹阳市	1405	959	446	40	36	4	1253	455	798
扬中市	325	235	90	5	4	1	309	99	210
句容市	478	324	154	11	9	2	303	105	198
泰州市	**4275**	**2918**	**1357**	**78**	**64**	**14**	**3505**	**1304**	**2201**
海陵区	141	94	47	1	1		97	29	68
高港区	281	203	78	3	2	1	228	79	149
姜堰区	651	423	228	16	12	4	583	230	353
泰州医药高新技术产业开发区	546	362	184	10	6	4	474	155	319
兴化市	976	652	324	14	14		716	287	429
靖江市	522	366	156	6	4	2	378	123	255
泰兴市	1158	818	340	28	25	3	1029	401	628
宿迁市	**6317**	**4085**	**2232**	**139**	**105**	**34**	**5189**	**2245**	**2944**
宿城区	103	65	38	3	3		85	35	50
宿豫区	263	182	81	2	1	1	154	59	95
沭阳县	2584	1622	962	58	47	11	1996	879	1117
泗阳县	1594	1024	570	35	27	8	1505	680	825
泗洪县	1409	941	468	34	22	12	1125	457	668
宿迁经济技术开发区	277	195	82	5	3	2	234	94	140
宿迁市湖滨新区	87	56	31	2	2		90	41	49
苏州宿迁工业园区									
宿迁市洋河新区									

6-3c　各地区分性别、婚姻状况的15岁及以上死亡人口(2019.11.1-2020.10.31)(乡村)

单位：人

地　区	15岁及以上死亡人口			未　婚		
	合计	男	女	小计	男	女
江　苏	**206636**	**112982**	**93654**	**8488**	**7834**	**654**
南京市	**7957**	**4528**	**3429**	**407**	**389**	**18**
玄武区						
秦淮区						
建邺区						
鼓楼区						
浦口区	750	419	331	24	19	5
栖霞区	502	300	202	19	17	2
雨花台区						
江宁区	1377	789	588	63	62	1
六合区	1949	1068	881	97	93	4
溧水区	1195	696	499	56	51	5
高淳区	1966	1136	830	140	140	
南京江北新区	218	120	98	8	7	1
无锡市	**6497**	**3566**	**2931**	**171**	**159**	**12**
锡山区	832	458	374	10	10	
惠山区	426	231	195	10	8	2
滨湖区	204	117	87	3	3	
梁溪区						
新吴区						
江苏无锡经济开发区						
江阴市	2105	1149	956	43	40	3
宜兴市	2930	1611	1319	105	98	7
徐州市	**26953**	**14925**	**12028**	**1051**	**979**	**72**
鼓楼区						
云龙区						
贾汪区	1350	736	614	53	51	2
泉山区						
铜山区	3667	2071	1596	160	148	12
丰县	4353	2359	1994	150	141	9
沛县	3464	1932	1532	142	133	9
睢宁县	4395	2387	2008	202	196	6
徐州经济技术开发区	361	217	144	10	9	1
新沂市	3699	2087	1612	132	126	6
邳州市	5664	3136	2528	202	175	27
常州市	**9426**	**5196**	**4230**	**316**	**291**	**25**
天宁区	415	221	194	11	10	1
钟楼区	207	121	86	1	1	
新北区	1079	567	512	31	29	2
武进区	1910	995	915	53	49	4
金坛区	2099	1169	930	80	71	9
江苏省常州市经济开发区	727	420	307	20	19	1
溧阳市	2989	1703	1286	120	112	8

6-3c　续表 1　　　　单位：人

地　　区	15岁及以上死亡人口			未　　婚		
	合计	男	女	小计	男	女
苏州市	**9643**	**5032**	**4611**	**185**	**151**	**34**
虎丘区	285	160	125	4	4	
吴中区	1200	616	584	17	15	2
相城区	405	200	205	13	12	1
姑苏区						
吴江区	1220	685	535	26	24	2
苏州工业园区						
常熟市	2452	1236	1216	37	29	8
张家港市	1745	967	778	37	33	4
昆山市	1147	567	580	30	20	10
太仓市	1189	601	588	21	14	7
南通市	**26874**	**14443**	**12431**	**946**	**868**	**78**
崇川区						
港闸区						
通州区	3448	1886	1562	111	100	11
如东县	5144	2778	2366	224	209	15
南通经济技术开发区						
通州湾示范区	491	265	226	13	12	1
苏锡通科技产业园区	229	123	106			
启东市	5718	2997	2721	174	153	21
如皋市	5280	2824	2456	169	156	13
海门市	2857	1531	1326	77	73	4
海安市	3707	2039	1668	178	165	13
连云港市	**14729**	**8280**	**6449**	**642**	**593**	**49**
连云区	32	13	19	1	1	
海州区	678	396	282	17	16	1
赣榆区	3575	2012	1563	189	174	15
东海县	4861	2733	2128	185	170	15
灌云县	2962	1664	1298	148	138	10
灌南县	2385	1317	1068	97	90	7
连云港经济技术开发区	115	72	43	2	1	1
连云港高新技术产业开发区						
江苏连云港徐圩新区						
江苏省连云港市云台山风景名胜区	121	73	48	3	3	
淮安市	**17494**	**9445**	**8049**	**723**	**676**	**47**
淮安区	4602	2499	2103	223	210	13
淮阴区	2815	1592	1223	162	153	9
清江浦区	450	251	199	12	9	3
洪泽区	1256	650	606	31	30	1
涟水县	3867	2071	1796	165	155	10
盱眙县	3095	1655	1440	102	95	7
金湖县	1373	706	667	26	22	4
淮安经济技术开发区						
工业园区						
生态文旅区						
苏淮高新区	36	21	15	2	2	

6-3c　续表 2

单位：人

地　区	15岁及以上死亡人口			未　婚		
	合计	男	女	小计	男	女
盐城市	**28336**	**15180**	**13156**	**1074**	**1018**	**56**
亭湖区	1103	582	521	42	38	4
盐都区	2568	1395	1173	93	89	4
大丰区	2801	1477	1324	72	66	6
响水县	1745	967	778	79	72	7
滨海县	3628	1944	1684	175	165	10
阜宁县	4041	2172	1869	195	190	5
射阳县	3510	1837	1673	120	112	8
建湖县	3110	1682	1428	113	110	3
盐城经济技术开发区	50	21	29			
江苏省盐南高新区						
东台市	5780	3103	2677	185	176	9
扬州市	**17017**	**9288**	**7729**	**849**	**788**	**61**
广陵区	831	461	370	47	44	3
邗江区	982	550	432	48	42	6
江都区	4945	2687	2258	234	221	13
宝应县	4550	2441	2109	211	192	19
扬州经济技术开发区	184	106	78	10	10	
蜀冈瘦西湖景区						
生态新城	214	121	93	4	3	1
仪征市	1582	857	725	83	78	5
高邮市	3729	2065	1664	212	198	14
镇江市	**6249**	**3335**	**2914**	**215**	**198**	**17**
京口区	77	33	44	5	4	1
润州区	32	18	14	3	3	
丹徒区	1161	613	548	36	34	2
镇江新区	200	107	93	6	4	2
江苏镇江高新区						
丹阳市	2431	1266	1165	77	70	7
扬中市	494	273	221	7	6	1
句容市	1854	1025	829	81	77	4
泰州市	**18870**	**10589**	**8281**	**1065**	**993**	**72**
海陵区	509	280	229	27	25	2
高港区	952	516	436	70	68	2
姜堰区	3278	1846	1432	204	189	15
泰州医药高新技术产业开发区	68	33	35	3	3	
兴化市	6226	3525	2701	369	349	20
靖江市	2125	1194	931	86	80	6
泰兴市	5712	3195	2517	306	279	27
宿迁市	**16591**	**9175**	**7416**	**844**	**731**	**113**
宿城区	2148	1206	942	103	88	15
宿豫区	1674	924	750	61	58	3
沭阳县	5691	3093	2598	271	243	28
泗阳县	2811	1561	1250	173	132	41
泗洪县	3182	1786	1396	161	141	20
宿迁经济技术开发区	207	108	99	8	8	
宿迁市湖滨新区	337	187	150	32	28	4
苏州宿迁工业园区						
宿迁市洋河新区	541	310	231	35	33	2

6-3c 续表 3

单位：人

地区	有配偶			离婚			丧偶		
	小计	男	女	小计	男	女	小计	男	女
江苏	**106256**	**70117**	**36139**	**1950**	**1628**	**322**	**89942**	**33403**	**56539**
南京市	**4151**	**2804**	**1347**	**82**	**70**	**12**	**3317**	**1265**	**2052**
玄武区									
秦淮区									
建邺区									
鼓楼区									
浦口区	405	272	133	8	6	2	313	122	191
栖霞区	304	211	93	2	1	1	177	71	106
雨花台区									
江宁区	777	528	249	11	9	2	526	190	336
六合区	955	642	313	17	14	3	880	319	561
溧水区	627	423	204	15	14	1	497	208	289
高淳区	962	659	303	27	24	3	837	313	524
南京江北新区	121	69	52	2	2		87	42	45
无锡市	**3505**	**2435**	**1070**	**81**	**67**	**14**	**2740**	**905**	**1835**
锡山区	452	327	125	10	6	4	360	115	245
惠山区	237	170	67	5	5		174	48	126
滨湖区	119	83	36				82	31	51
梁溪区									
新吴区									
江苏无锡经济开发区									
江阴市	1181	808	373	25	22	3	856	279	577
宜兴市	1516	1047	469	41	34	7	1268	432	836
徐州市	**13718**	**9151**	**4567**	**303**	**252**	**51**	**11881**	**4543**	**7338**
鼓楼区									
云龙区									
贾汪区	709	465	244	18	17	1	570	203	367
泉山区									
铜山区	1960	1334	626	57	51	6	1490	538	952
丰县	2219	1489	730	39	31	8	1945	698	1247
沛县	1807	1221	586	38	32	6	1477	546	931
睢宁县	2157	1368	789	44	39	5	1992	784	1208
徐州经济技术开发区	186	134	52	3	3		162	71	91
新沂市	1945	1322	623	35	27	8	1587	612	975
邳州市	2735	1818	917	69	52	17	2658	1091	1567
常州市	**4963**	**3465**	**1498**	**131**	**106**	**25**	**4016**	**1334**	**2682**
天宁区	208	138	70	5	4	1	191	69	122
钟楼区	124	89	35	5	5		77	26	51
新北区	549	377	172	9	7	2	490	154	336
武进区	965	655	310	37	26	11	855	265	590
金坛区	1082	750	332	22	17	5	915	331	584
江苏省常州市经济开发区	442	315	127	4	4		261	82	179
溧阳市	1593	1141	452	49	43	6	1227	407	820

6-3c 续表 4

单位：人

地区	有配偶			离婚			丧偶		
	小计	男	女	小计	男	女	小计	男	女
苏州市	**5014**	**3345**	**1669**	**77**	**56**	**21**	**4367**	**1480**	**2887**
虎丘区	160	112	48	2	2		119	42	77
吴中区	648	430	218	10	7	3	525	164	361
相城区	223	135	88	4	4		165	49	116
姑苏区									
吴江区	628	415	213	11	7	4	555	239	316
苏州工业园区									
常熟市	1275	853	422	16	12	4	1124	342	782
张家港市	924	635	289	14	11	3	770	288	482
昆山市	556	364	192	8	5	3	553	178	375
太仓市	600	401	199	12	8	4	556	178	378
南通市	**13581**	**9113**	**4468**	**196**	**166**	**30**	**12151**	**4296**	**7855**
崇川区									
港闸区									
通州区	1766	1233	533	15	14	1	1556	539	1017
如东县	2575	1743	832	49	43	6	2296	783	1513
南通经济技术开发区									
通州湾示范区	259	172	87	3	3		216	78	138
苏锡通科技产业园区	123	83	40	1	1		105	39	66
启东市	2908	1921	987	52	43	9	2584	880	1704
如皋市	2663	1769	894	35	30	5	2413	869	1544
海门市	1492	1021	471	19	13	6	1269	424	845
海安市	1795	1171	624	22	19	3	1712	684	1028
连云港市	**7829**	**5041**	**2788**	**160**	**133**	**27**	**6098**	**2513**	**3585**
连云区	16	6	10				15	6	9
海州区	400	258	142	6	6		255	116	139
赣榆区	1812	1173	639	36	31	5	1538	634	904
东海县	2582	1662	920	59	49	10	2035	852	1183
灌云县	1582	1025	557	35	29	6	1197	472	725
灌南县	1304	825	479	19	14	5	965	388	577
连云港经济技术开发区	67	49	18	2	1	1	44	21	23
连云港高新技术产业开发区									
江苏连云港徐圩新区									
江苏省连云港市云台山风景名胜区	66	43	23	3	3		49	24	25
淮安市	**8881**	**5629**	**3252**	**149**	**123**	**26**	**7741**	**3017**	**4724**
淮安区	2326	1442	884	34	29	5	2019	818	1201
淮阴区	1444	978	466	30	26	4	1179	435	744
清江浦区	296	183	113	5	3	2	137	56	81
洪泽区	640	392	248	3	3		582	225	357
涟水县	2038	1280	758	34	27	7	1630	609	1021
盱眙县	1445	927	518	36	29	7	1512	604	908
金湖县	678	415	263	7	6	1	662	263	399
淮安经济技术开发区									
工业园区									
生态文旅区									
苏淮高新区	14	12	2				20	7	13

6-3c 续表 5

单位：人

地区	有配偶			离婚			丧偶		
	小计	男	女	小计	男	女	小计	男	女
盐城市	**14615**	**9334**	**5281**	**245**	**204**	**41**	**12402**	**4624**	**7778**
亭湖区	584	380	204	4	2	2	473	162	311
盐都区	1350	875	475	20	15	5	1105	416	689
大丰区	1465	944	521	24	22	2	1240	445	795
响水县	905	588	317	32	27	5	729	280	449
滨海县	1867	1169	698	33	29	4	1553	581	972
阜宁县	2070	1276	794	37	28	9	1739	678	1061
射阳县	1810	1135	675	39	32	7	1541	558	983
建湖县	1616	1039	577	19	16	3	1362	517	845
盐城经济技术开发区	25	14	11	1	1		24	6	18
江苏省盐南高新区									
东台市	2923	1914	1009	36	32	4	2636	981	1655
扬州市	**8592**	**5643**	**2949**	**133**	**114**	**19**	**7443**	**2743**	**4700**
广陵区	419	297	122	4	2	2	361	118	243
邗江区	503	353	150	7	6	1	424	149	275
江都区	2546	1688	858	41	35	6	2124	743	1381
宝应县	2238	1418	820	29	23	6	2072	808	1264
扬州经济技术开发区	92	62	30	1	1		81	33	48
蜀冈瘦西湖景区									
生态新城	110	77	33	4	4		96	37	59
仪征市	751	508	243	15	13	2	733	258	475
高邮市	1933	1240	693	32	30	2	1552	597	955
镇江市	**3243**	**2178**	**1065**	**82**	**67**	**15**	**2709**	**892**	**1817**
京口区	28	19	9	1	1		43	9	34
润州区	12	8	4	1	1		16	6	10
丹徒区	603	403	200	21	18	3	501	158	343
镇江新区	112	73	39	4	3	1	78	27	51
江苏镇江高新区									
丹阳市	1258	841	417	25	20	5	1071	335	736
扬中市	249	173	76	4	3	1	234	91	143
句容市	981	661	320	26	21	5	766	266	500
泰州市	**9740**	**6619**	**3121**	**153**	**129**	**24**	**7912**	**2848**	**5064**
海陵区	263	176	87	1		1	218	79	139
高港区	453	307	146	10	7	3	419	134	285
姜堰区	1612	1110	502	19	17	2	1443	530	913
泰州医药高新技术产业开发区	36	20	16	2	2		27	8	19
兴化市	3351	2199	1152	44	38	6	2462	939	1523
靖江市	1140	806	334	23	18	5	876	290	586
泰兴市	2885	2001	884	54	47	7	2467	868	1599
宿迁市	**8424**	**5360**	**3064**	**158**	**141**	**17**	**7165**	**2943**	**4222**
宿城区	1073	724	349	24	23	1	948	371	577
宿豫区	852	546	306	17	16	1	744	304	440
沭阳县	2971	1809	1162	51	44	7	2398	997	1401
泗阳县	1394	903	491	21	17	4	1223	509	714
泗洪县	1609	1038	571	35	32	3	1377	575	802
宿迁经济技术开发区	108	63	45	4	4		87	33	54
宿迁市湖滨新区	161	107	54	3	2	1	141	50	91
苏州宿迁工业园区									
宿迁市洋河新区	256	170	86	3	3		247	104	143

6-4　全省分年龄、性别的死亡人口状况
(2019.11.1-2020.10.31)

单位：人、‰

年　龄	平均人口			死亡人口			死亡率		
	合计	男	女	合计	男	女	合计	男	女
总　计	**84752234**	**43042520**	**41709714**	**513741**	**284791**	**228950**	**6.06**	**6.62**	**5.49**
0-4岁	**3976452**	**2081420**	**1895032**	**1153**	**678**	**475**	**0.29**	**0.33**	**0.25**
0	652397	339861	312536	636	379	257	0.97	1.12	0.82
1	702301	365440	336861	155	84	71	0.22	0.23	0.21
2	804927	419542	385385	121	73	48	0.15	0.17	0.12
3	964869	505995	458874	142	85	57	0.15	0.17	0.12
4	851958	450582	401376	99	57	42	0.12	0.13	0.10
5-9岁	**4742967**	**2539114**	**2203853**	**418**	**245**	**173**	**0.09**	**0.10**	**0.08**
5	956593	508795	447798	124	72	52	0.13	0.14	0.12
6	924220	492850	431370	72	39	33	0.08	0.08	0.08
7	993190	531515	461675	84	51	33	0.08	0.10	0.07
8	959389	515542	443847	82	48	34	0.09	0.09	0.08
9	909575	490412	419163	56	35	21	0.06	0.07	0.05
10-14岁	**4310315**	**2334614**	**1975701**	**650**	**381**	**269**	**0.15**	**0.16**	**0.14**
10	902342	487488	414854	90	57	33	0.10	0.12	0.08
11	886098	479835	406263	102	59	43	0.12	0.12	0.11
12	879807	475919	403888	143	77	66	0.16	0.16	0.16
13	844487	457630	386857	146	82	64	0.17	0.18	0.17
14	797581	433742	363839	169	106	63	0.21	0.24	0.17
15-19岁	**3528724**	**1930828**	**1597896**	**721**	**459**	**262**	**0.20**	**0.24**	**0.16**
15	763953	417773	346180	148	93	55	0.19	0.22	0.16
16	673627	371185	302442	147	90	57	0.22	0.24	0.19
17	670465	368969	301496	152	105	47	0.23	0.28	0.16
18	681602	371974	309628	134	92	42	0.20	0.25	0.14
19	739077	400927	338150	140	79	61	0.19	0.20	0.18
20-24岁	**4095495**	**2229447**	**1866048**	**929**	**631**	**298**	**0.23**	**0.28**	**0.16**
20	749393	407300	342093	149	113	36	0.20	0.28	0.11
21	749549	409142	340407	146	98	48	0.19	0.24	0.14
22	786782	431445	355337	180	116	64	0.23	0.27	0.18
23	852434	463844	388590	199	126	73	0.23	0.27	0.19
24	957337	517716	439621	255	178	77	0.27	0.34	0.18
25-29岁	**6016646**	**3178640**	**2838006**	**1680**	**1134**	**546**	**0.28**	**0.36**	**0.19**
25	1006318	542307	464011	273	184	89	0.27	0.34	0.19
26	1043058	555078	487980	295	194	101	0.28	0.35	0.21
27	1128096	595827	532269	281	191	90	0.25	0.32	0.17
28	1272508	667387	605121	355	245	110	0.28	0.37	0.18
29	1566666	818041	748625	476	320	156	0.30	0.39	0.21

6-4 续表 1

单位：人、‰

年 龄	平均人口			死亡人口			死亡率		
	合计	男	女	合计	男	女	合计	男	女
30-34岁	**7760018**	**3948538**	**3811480**	**2597**	**1799**	**798**	**0.33**	**0.46**	**0.21**
30	1815423	934691	880732	508	349	159	0.28	0.37	0.18
31	1626625	827905	798720	499	354	145	0.31	0.43	0.18
32	1633402	830079	803323	557	386	171	0.34	0.47	0.21
33	1462769	739193	723576	551	370	181	0.38	0.50	0.25
34	1221799	616670	605129	482	340	142	0.39	0.55	0.23
35-39岁	**5676657**	**2863687**	**2812970**	**2948**	**2014**	**934**	**0.52**	**0.70**	**0.33**
35	1083892	547861	536031	419	277	142	0.39	0.51	0.26
36	1078927	543943	534984	533	375	158	0.49	0.69	0.30
37	1180848	597814	583034	640	436	204	0.54	0.73	0.35
38	1323634	667642	655992	718	484	234	0.54	0.72	0.36
39	1009356	506427	502929	638	442	196	0.63	0.87	0.39
40-44岁	**5598486**	**2803932**	**2794554**	**4732**	**3253**	**1479**	**0.85**	**1.16**	**0.53**
40	1112430	559365	553065	757	530	227	0.68	0.95	0.41
41	1118395	560283	558112	864	597	267	0.77	1.07	0.48
42	1096877	548242	548635	883	583	300	0.81	1.06	0.55
43	1118199	559876	558323	1085	771	314	0.97	1.38	0.56
44	1152585	576166	576419	1143	772	371	0.99	1.34	0.64
45-49岁	**6664621**	**3316127**	**3348494**	**9012**	**5966**	**3046**	**1.35**	**1.80**	**0.91**
45	1145731	570960	574771	1222	823	399	1.07	1.44	0.69
46	1189885	592521	597364	1401	908	493	1.18	1.53	0.83
47	1296199	646638	649561	1669	1108	561	1.29	1.71	0.86
48	1427289	711755	715534	2103	1376	727	1.47	1.93	1.02
49	1605517	794253	811264	2617	1751	866	1.63	2.20	1.07
50-54岁	**7955103**	**3927274**	**4027829**	**17507**	**11445**	**6062**	**2.20**	**2.91**	**1.51**
50	1648873	813227	835646	3037	1980	1057	1.84	2.43	1.26
51	1754619	865421	889198	3432	2287	1145	1.96	2.64	1.29
52	1497410	734413	762997	3313	2075	1238	2.21	2.83	1.62
53	1424828	703443	721385	3531	2311	1220	2.48	3.29	1.69
54	1629373	810770	818603	4194	2792	1402	2.57	3.44	1.71
55-59岁	**6097814**	**3030573**	**3067241**	**20773**	**14015**	**6758**	**3.41**	**4.62**	**2.20**
55	1448957	714117	734840	4168	2758	1410	2.88	3.86	1.92
56	1522646	758262	764384	4693	3124	1569	3.08	4.12	2.05
57	1523824	764330	759494	5239	3529	1710	3.44	4.62	2.25
58	880932	436637	444295	3585	2519	1066	4.07	5.77	2.40
59	721455	357227	364228	3088	2085	1003	4.28	5.84	2.75
60-64岁	**4924452**	**2488279**	**2436173**	**29811**	**20457**	**9354**	**6.05**	**8.22**	**3.84**
60	751381	377119	374262	3761	2601	1160	5.01	6.90	3.10
61	881681	449332	432349	4851	3360	1491	5.50	7.48	3.45
62	1137753	579833	557920	6535	4559	1976	5.74	7.86	3.54
63	1142629	576353	566276	7226	4951	2275	6.32	8.59	4.02
64	1011008	505642	505366	7438	4986	2452	7.36	9.86	4.85

6-4　续表 2　　　　单位：人、‰

年　龄	平均人口			死亡人口			死亡率		
	合计	男	女	合计	男	女	合计	男	女
65-69岁	**4997415**	**2482934**	**2514481**	**47663**	**31657**	**16006**	**9.54**	**12.75**	**6.37**
65	1203727	605804	597923	9297	6262	3035	7.72	10.34	5.08
66	1038573	516990	521583	9041	6052	2989	8.71	11.71	5.73
67	1041516	517280	524236	9862	6604	3258	9.47	12.77	6.21
68	945994	465770	480224	10082	6660	3422	10.66	14.30	7.13
69	767605	377090	390515	9381	6079	3302	12.22	16.12	8.46
70-74岁	**3448831**	**1694371**	**1754460**	**58475**	**37462**	**21013**	**16.96**	**22.11**	**11.98**
70	822777	409708	413069	10774	7074	3700	13.09	17.27	8.96
71	744519	365180	379339	11532	7452	4080	15.49	20.41	10.76
72	693788	339295	354493	11892	7578	4314	17.14	22.33	12.17
73	620649	303480	317169	11973	7575	4398	19.29	24.96	13.87
74	567098	276708	290390	12304	7783	4521	21.70	28.13	15.57
75-79岁	**2270806**	**1081354**	**1189452**	**72888**	**43287**	**29601**	**32.10**	**40.03**	**24.89**
75	522945	253904	269041	13177	8070	5107	25.20	31.78	18.98
76	481548	231186	250362	13483	8154	5329	28.00	35.27	21.29
77	428391	204036	224355	13828	8198	5630	32.28	40.18	25.09
78	439033	205932	233101	15892	9377	6515	36.20	45.53	27.95
79	398889	186296	212593	16508	9488	7020	41.38	50.93	33.02
80-84岁	**1500741**	**668173**	**832568**	**89022**	**47628**	**41394**	**59.32**	**71.28**	**49.72**
80	344607	157660	186947	15898	8851	7047	46.13	56.14	37.70
81	334600	152056	182544	17437	9639	7798	52.11	63.39	42.72
82	299226	134313	164913	18438	9930	8508	61.62	73.93	51.59
83	263897	115139	148758	18087	9477	8610	68.54	82.31	57.88
84	258411	109005	149406	19162	9731	9431	74.15	89.27	63.12
85-89岁	**829775**	**326389**	**503386**	**85287**	**38735**	**46552**	**102.78**	**118.68**	**92.48**
85	225465	92536	132929	19269	9412	9857	85.46	101.71	74.15
86	205565	82488	123077	19211	8842	10369	93.45	107.19	84.25
87	156691	61061	95630	16971	7785	9186	108.31	127.50	96.06
88	133599	50363	83236	15568	6719	8849	116.53	133.41	106.31
89	108455	39941	68514	14268	5977	8291	131.56	149.65	121.01
90-94岁	**285715**	**96488**	**189227**	**49353**	**18330**	**31023**	**172.74**	**189.97**	**163.95**
90	90268	31908	58360	13498	5408	8090	149.53	169.49	138.62
91	74306	25322	48984	12292	4696	7596	165.42	185.45	155.07
92	54838	18149	36689	9778	3547	6231	178.31	195.44	169.83
93	37290	12103	25187	7482	2634	4848	200.64	217.63	192.48
94	29013	9006	20007	6303	2045	4258	217.25	227.07	212.83
95-99岁	**63763**	**18361**	**45402**	**15577**	**4610**	**10967**	**244.30**	**251.08**	**241.55**
95	22904	6871	16033	5169	1640	3529	225.68	238.68	220.11
96	17154	4896	12258	4100	1239	2861	239.01	253.06	233.40
97	10749	3006	7743	2815	800	2015	261.88	266.13	260.24
98	7743	2142	5601	2096	534	1562	270.70	249.30	278.88
99	5213	1446	3767	1397	397	1000	267.98	274.55	265.46
100岁及以上	**7438**	**1977**	**5461**	**2545**	**605**	**1940**	**342.16**	**306.02**	**355.25**

6-4a 全省分年龄、性别的死亡人口状况(2019.11.1-2020.10.31)(城市)

单位：人、‰

年 龄	平均人口			死亡人口			死亡率		
	合计	男	女	合计	男	女	合计	男	女
总 计	**40228635**	**20364205**	**19864430**	**167557**	**94011**	**73546**	**4.17**	**4.62**	**3.70**
0-4岁	**1994053**	**1042073**	**951980**	**429**	**232**	**197**	**0.22**	**0.22**	**0.21**
0	329792	171715	158077	266	154	112	0.81	0.90	0.71
1	350682	182087	168595	56	23	33	0.16	0.13	0.20
2	403751	210207	193544	40	21	19	0.10	0.10	0.10
3	496940	259945	236995	44	22	22	0.09	0.08	0.09
4	412888	218119	194769	23	12	11	0.06	0.06	0.06
5-9岁	**2215757**	**1186355**	**1029402**	**140**	**77**	**63**	**0.06**	**0.06**	**0.06**
5	471653	250476	221177	50	27	23	0.11	0.11	0.10
6	446027	237860	208167	26	11	15	0.06	0.05	0.07
7	468946	251434	217512	28	17	11	0.06	0.07	0.05
8	432961	232813	200148	23	14	9	0.05	0.06	0.04
9	396170	213772	182398	13	8	5	0.03	0.04	0.03
10-14岁	**1814963**	**980443**	**834520**	**199**	**106**	**93**	**0.11**	**0.11**	**0.11**
10	379209	204795	174414	22	14	8	0.06	0.07	0.05
11	369743	200251	169492	34	17	17	0.09	0.08	0.10
12	374702	201869	172833	42	20	22	0.11	0.10	0.13
13	346336	186938	159398	42	22	20	0.12	0.12	0.13
14	344973	186590	158383	59	33	26	0.17	0.18	0.16
15-19岁	**2057473**	**1111810**	**945663**	**264**	**168**	**96**	**0.13**	**0.15**	**0.10**
15	388986	210906	178080	42	24	18	0.11	0.11	0.10
16	362166	198563	163603	55	30	25	0.15	0.15	0.15
17	386049	210241	175808	61	39	22	0.16	0.19	0.13
18	429009	230201	198808	59	44	15	0.14	0.19	0.08
19	491263	261899	229364	47	31	16	0.10	0.12	0.07
20-24岁	**2403147**	**1289126**	**1114021**	**310**	**204**	**106**	**0.13**	**0.16**	**0.10**
20	487924	260704	227220	45	30	15	0.09	0.12	0.07
21	456154	245326	210828	56	39	17	0.12	0.16	0.08
22	452125	244622	207503	65	38	27	0.14	0.16	0.13
23	479208	256851	222357	61	38	23	0.13	0.15	0.10
24	527736	281623	246113	83	59	24	0.16	0.21	0.10
25-29岁	**3261120**	**1699982**	**1561138**	**476**	**304**	**172**	**0.15**	**0.18**	**0.11**
25	552097	293011	259086	74	48	26	0.13	0.16	0.10
26	569987	299205	270782	87	57	30	0.15	0.19	0.11
27	616024	321297	294727	80	48	32	0.13	0.15	0.11
28	687562	356213	331349	98	64	34	0.14	0.18	0.10
29	835450	430256	405194	137	87	50	0.16	0.20	0.12

6-4a 续表 1

单位：人、‰

年 龄	平均人口			死亡人口			死亡率		
	合计	男	女	合计	男	女	合计	男	女
30-34岁	**4247625**	**2128232**	**2119393**	**827**	**543**	**284**	**0.19**	**0.26**	**0.13**
30	968528	491548	476980	151	99	52	0.16	0.20	0.11
31	889439	446246	443193	163	109	54	0.18	0.24	0.12
32	899717	449999	449718	175	117	58	0.19	0.26	0.13
33	813681	404086	409595	168	112	56	0.21	0.28	0.14
34	676260	336353	339907	170	106	64	0.25	0.32	0.19
35-39岁	**3168462**	**1579093**	**1589369**	**1081**	**712**	**369**	**0.34**	**0.45**	**0.23**
35	594440	297092	297348	122	81	41	0.21	0.27	0.14
36	597857	298310	299547	201	134	67	0.34	0.45	0.22
37	670921	335433	335488	237	159	78	0.35	0.47	0.23
38	744966	370256	374710	278	177	101	0.37	0.48	0.27
39	560278	278002	282276	243	161	82	0.43	0.58	0.29
40-44岁	**2969432**	**1481131**	**1488301**	**1657**	**1100**	**557**	**0.56**	**0.74**	**0.37**
40	614311	306084	308227	264	190	74	0.43	0.62	0.24
41	605050	300446	304604	286	193	93	0.47	0.64	0.31
42	581509	288934	292575	280	165	115	0.48	0.57	0.39
43	580182	290565	289617	393	276	117	0.68	0.95	0.40
44	588380	295102	293278	434	276	158	0.74	0.94	0.54
45-49岁	**3153606**	**1582561**	**1571045**	**2927**	**1893**	**1034**	**0.93**	**1.20**	**0.66**
45	570898	286513	284385	426	272	154	0.75	0.95	0.54
46	579236	290942	288294	453	292	161	0.78	1.00	0.56
47	618398	311942	306456	561	370	191	0.91	1.19	0.62
48	660935	332861	328074	684	443	241	1.03	1.33	0.73
49	724139	360303	363836	803	516	287	1.11	1.43	0.79
50-54岁	**3406472**	**1680629**	**1725843**	**5349**	**3483**	**1866**	**1.57**	**2.07**	**1.08**
50	726408	360634	365774	947	616	331	1.30	1.71	0.90
51	764195	377217	386978	1057	677	380	1.38	1.79	0.98
52	637608	312534	325074	1008	635	373	1.58	2.03	1.15
53	598193	294371	303822	1083	710	373	1.81	2.41	1.23
54	680068	335873	344195	1254	845	409	1.84	2.52	1.19
55-59岁	**2674264**	**1315351**	**1358913**	**6964**	**4798**	**2166**	**2.60**	**3.65**	**1.59**
55	631830	309747	322083	1352	925	427	2.14	2.99	1.33
56	686020	337950	348070	1569	1051	518	2.29	3.11	1.49
57	663946	328544	335402	1764	1227	537	2.66	3.73	1.60
58	375136	183965	191171	1185	854	331	3.16	4.64	1.73
59	317332	155145	162187	1094	741	353	3.45	4.78	2.18
60-64岁	**2010521**	**994789**	**1015732**	**9624**	**6673**	**2951**	**4.79**	**6.71**	**2.91**
60	338661	167772	170889	1324	916	408	3.91	5.46	2.39
61	363990	182170	181820	1606	1119	487	4.41	6.14	2.68
62	472413	235208	237205	2121	1488	633	4.49	6.33	2.67
63	442678	217717	224961	2252	1575	677	5.09	7.23	3.01
64	392779	191922	200857	2321	1575	746	5.91	8.21	3.71

6-4a 续表 2 单位：人、‰

年 龄	平均人口			死亡人口			死亡率		
	合计	男	女	合计	男	女	合计	男	女
65-69岁	**1864044**	**907672**	**956372**	**14886**	**9982**	**4904**	**7.99**	**11.00**	**5.13**
65	461411	226775	234636	2824	1929	895	6.12	8.51	3.81
66	391017	189940	201077	2927	1942	985	7.49	10.22	4.90
67	382834	185934	196900	3039	2056	983	7.94	11.06	4.99
68	343646	166230	177416	3111	2061	1050	9.05	12.40	5.92
69	285136	138793	146343	2985	1994	991	10.47	14.37	6.77
70-74岁	**1238986**	**602905**	**636081**	**18461**	**12069**	**6392**	**14.90**	**20.02**	**10.05**
70	302481	148926	153555	3412	2255	1157	11.28	15.14	7.53
71	268066	130261	137805	3672	2435	1237	13.70	18.69	8.98
72	248908	120780	128128	3882	2526	1356	15.60	20.91	10.58
73	223154	108117	115037	3756	2429	1327	16.83	22.47	11.54
74	196377	94821	101556	3739	2424	1315	19.04	25.56	12.95
75-79岁	**780361**	**369185**	**411176**	**22551**	**13558**	**8993**	**28.90**	**36.72**	**21.87**
75	179268	86451	92817	4101	2554	1547	22.88	29.54	16.67
76	163477	78040	85437	4087	2512	1575	25.00	32.19	18.43
77	146157	69121	77036	4211	2518	1693	28.81	36.43	21.98
78	151614	70477	81137	4938	2947	1991	32.57	41.82	24.54
79	139845	65096	74749	5214	3027	2187	37.28	46.50	29.26
80-84岁	**537819**	**241837**	**295982**	**28751**	**15570**	**13181**	**53.46**	**64.38**	**44.53**
80	124861	56984	67877	5236	2946	2290	41.93	51.70	33.74
81	119734	54494	65240	5585	3111	2474	46.65	57.09	37.92
82	106189	48381	57808	5930	3190	2740	55.84	65.93	47.40
83	94054	41855	52199	5822	3074	2748	61.90	73.44	52.64
84	92981	40123	52858	6178	3249	2929	66.44	80.98	55.41
85-89岁	**298891**	**123488**	**175403**	**28797**	**13548**	**15249**	**96.35**	**109.71**	**86.94**
85	80439	33991	46448	6304	3121	3183	78.37	91.82	68.53
86	72488	30408	42080	6412	3041	3371	88.46	100.01	80.11
87	57293	23515	33778	5853	2745	3108	102.16	116.73	92.01
88	48880	19735	29145	5360	2461	2899	109.66	124.70	99.47
89	39791	15839	23952	4868	2180	2688	122.34	137.63	112.22
90-94岁	**105314**	**39042**	**66272**	**17382**	**6916**	**10466**	**165.05**	**177.14**	**157.92**
90	33338	12755	20583	4738	2033	2705	142.12	159.39	131.42
91	27363	10275	17088	4327	1761	2566	158.13	171.39	150.16
92	20278	7450	12828	3479	1337	2142	171.57	179.46	166.98
93	13689	4875	8814	2665	1004	1661	194.68	205.95	188.45
94	10646	3687	6959	2173	781	1392	204.11	211.83	200.03
95-99岁	**23426**	**7647**	**15779**	**5546**	**1816**	**3730**	**236.75**	**237.48**	**236.39**
95	8400	2856	5544	1849	662	1187	220.12	231.79	214.11
96	6299	2001	4298	1451	475	976	230.35	237.38	227.08
97	4013	1297	2716	983	317	666	244.95	244.41	245.21
98	2908	910	1998	779	211	568	267.88	231.87	284.28
99	1806	583	1223	484	151	333	268.00	259.01	272.28
100岁及以上	**2899**	**854**	**2045**	**936**	**259**	**677**	**322.87**	**303.28**	**331.05**

6-4b 全省分年龄、性别的死亡人口状况
(2019.11.1-2020.10.31)(镇)

单位：人、‰

年 龄	平均人口			死亡人口			死亡率		
	合计	男	女	合计	男	女	合计	男	女
总 计	**21976621**	**11143032**	**10833589**	**138675**	**77270**	**61405**	**6.31**	**6.93**	**5.67**
0-4岁	**1104581**	**579252**	**525329**	**312**	**198**	**114**	**0.28**	**0.34**	**0.22**
0	174451	90871	83580	148	99	49	0.85	1.09	0.59
1	192756	100441	92315	46	26	20	0.24	0.26	0.22
2	223539	116505	107034	39	26	13	0.17	0.22	0.12
3	268048	140921	127127	43	26	17	0.16	0.18	0.13
4	245787	130514	115273	36	21	15	0.15	0.16	0.13
5-9岁	**1407426**	**756242**	**651184**	**114**	**66**	**48**	**0.08**	**0.09**	**0.07**
5	274251	146290	127961	35	21	14	0.13	0.14	0.11
6	271147	145112	126035	14	8	6	0.05	0.06	0.05
7	294246	158021	136225	23	13	10	0.08	0.08	0.07
8	290136	156558	133578	26	13	13	0.09	0.08	0.10
9	277646	150261	127385	16	11	5	0.06	0.07	0.04
10-14岁	**1322697**	**721004**	**601693**	**154**	**97**	**57**	**0.12**	**0.13**	**0.09**
10	277118	150924	126194	27	19	8	0.10	0.13	0.06
11	270338	147067	123271	29	19	10	0.11	0.13	0.08
12	265541	144542	120999	26	15	11	0.10	0.10	0.09
13	259157	141651	117506	39	21	18	0.15	0.15	0.15
14	250543	136820	113723	33	23	10	0.13	0.17	0.09
15-19岁	**951646**	**523974**	**427672**	**195**	**120**	**75**	**0.20**	**0.23**	**0.18**
15	247230	135774	111456	44	27	17	0.18	0.20	0.15
16	216012	119289	96723	36	22	14	0.17	0.18	0.14
17	184222	102275	81947	40	30	10	0.22	0.29	0.12
18	151860	83655	68205	34	19	15	0.22	0.23	0.22
19	152322	82981	69341	41	22	19	0.27	0.27	0.27
20-24岁	**938659**	**511831**	**426828**	**257**	**177**	**80**	**0.27**	**0.35**	**0.19**
20	154282	84749	69533	43	38	5	0.28	0.45	0.07
21	165422	90847	74575	37	26	11	0.22	0.29	0.15
22	181907	99890	82017	35	21	14	0.19	0.21	0.17
23	203265	110692	92573	63	39	24	0.31	0.35	0.26
24	233783	125653	108130	79	53	26	0.34	0.42	0.24
25-29岁	**1543713**	**808620**	**735093**	**497**	**331**	**166**	**0.32**	**0.41**	**0.23**
25	250200	134735	115465	87	54	33	0.35	0.40	0.29
26	263098	139316	123782	97	64	33	0.37	0.46	0.27
27	286944	150124	136820	70	50	20	0.24	0.33	0.15
28	329364	170901	158463	108	75	33	0.33	0.44	0.21
29	414107	213544	200563	135	88	47	0.33	0.41	0.23

6-4b 续表 1

单位：人、‰

年龄	平均人口			死亡人口			死亡率		
	合计	男	女	合计	男	女	合计	男	女
30-34岁	**2025053**	**1018840**	**1006213**	**772**	**547**	**225**	**0.38**	**0.54**	**0.22**
30	482152	244535	237617	152	106	46	0.32	0.43	0.19
31	422970	212697	210273	154	117	37	0.36	0.55	0.18
32	422927	212937	209990	162	111	51	0.38	0.52	0.24
33	377568	189153	188415	167	110	57	0.44	0.58	0.30
34	319436	159518	159918	137	103	34	0.43	0.65	0.21
35-39岁	**1483357**	**739824**	**743533**	**801**	**552**	**249**	**0.54**	**0.75**	**0.33**
35	289647	144720	144927	136	88	48	0.47	0.61	0.33
36	286319	142219	144100	140	101	39	0.49	0.71	0.27
37	303165	151708	151457	180	117	63	0.59	0.77	0.42
38	341768	170716	171052	191	136	55	0.56	0.80	0.32
39	262458	130461	131997	154	110	44	0.59	0.84	0.33
40-44岁	**1470685**	**727932**	**742753**	**1329**	**940**	**389**	**0.90**	**1.29**	**0.52**
40	287737	142865	144872	237	161	76	0.82	1.13	0.52
41	292720	144946	147774	231	165	66	0.79	1.14	0.45
42	288487	142721	145766	270	190	80	0.94	1.33	0.55
43	296746	146636	150110	285	202	83	0.96	1.38	0.55
44	304995	150764	154231	306	222	84	1.00	1.47	0.54
45-49岁	**1769481**	**873360**	**896121**	**2561**	**1725**	**836**	**1.45**	**1.98**	**0.93**
45	303845	149784	154061	349	247	102	1.15	1.65	0.66
46	315073	155806	159267	404	254	150	1.28	1.63	0.94
47	342630	169241	173389	452	302	150	1.32	1.78	0.87
48	379148	187356	191792	611	407	204	1.61	2.17	1.06
49	428785	211173	217612	745	515	230	1.74	2.44	1.06
50-54岁	**2097083**	**1030068**	**1067015**	**4944**	**3255**	**1689**	**2.36**	**3.16**	**1.58**
50	439128	214830	224298	903	588	315	2.06	2.74	1.40
51	462599	226901	235698	990	685	305	2.14	3.02	1.29
52	394207	192364	201843	917	558	359	2.33	2.90	1.78
53	374026	183928	190098	958	636	322	2.56	3.46	1.69
54	427123	212045	215078	1176	788	388	2.75	3.72	1.80
55-59岁	**1516454**	**753741**	**762713**	**5758**	**3858**	**1900**	**3.80**	**5.12**	**2.49**
55	364868	179259	185609	1170	755	415	3.21	4.21	2.24
56	377006	188031	188975	1302	866	436	3.45	4.61	2.31
57	378479	190243	188236	1477	1017	460	3.90	5.35	2.44
58	218476	107813	110663	961	654	307	4.40	6.07	2.77
59	177625	88395	89230	848	566	282	4.77	6.40	3.16
60-64岁	**1195692**	**603659**	**592033**	**8171**	**5597**	**2574**	**6.83**	**9.27**	**4.35**
60	180363	90603	89760	1016	710	306	5.63	7.84	3.41
61	217862	111261	106601	1326	919	407	6.09	8.26	3.82
62	273263	139403	133860	1801	1246	555	6.59	8.94	4.15
63	279402	140447	138955	2013	1377	636	7.20	9.80	4.58
64	244802	121945	122857	2015	1345	670	8.23	11.03	5.45

6-4b　续表 2

单位：人、‰

年　龄	平均人口			死亡人口			死亡率		
	合计	男	女	合计	男	女	合计	男	女
65-69岁	**1189979**	**589603**	**600376**	**12794**	**8510**	**4284**	**10.75**	**14.43**	**7.14**
65	287598	144213	143385	2475	1687	788	8.61	11.70	5.50
66	248718	123403	125315	2409	1619	790	9.69	13.12	6.30
67	248789	123578	125211	2711	1846	865	10.90	14.94	6.91
68	224483	110156	114327	2702	1779	923	12.04	16.15	8.07
69	180391	88253	92138	2497	1579	918	13.84	17.89	9.96
70-74岁	**804537**	**394918**	**409619**	**15735**	**10018**	**5717**	**19.56**	**25.37**	**13.96**
70	191714	95438	96276	2909	1895	1014	15.17	19.86	10.53
71	172920	84454	88466	3029	1964	1065	17.52	23.26	12.04
72	160709	78478	82231	3124	2018	1106	19.44	25.71	13.45
73	144696	70788	73908	3280	2028	1252	22.67	28.65	16.94
74	134498	65760	68738	3393	2113	1280	25.23	32.13	18.62
75-79岁	**538608**	**255692**	**282916**	**20052**	**11937**	**8115**	**37.23**	**46.69**	**28.68**
75	124954	60328	64626	3570	2174	1396	28.57	36.04	21.60
76	113788	54572	59216	3718	2239	1479	32.67	41.03	24.98
77	101940	48442	53498	3792	2295	1497	37.20	47.38	27.98
78	103811	48589	55222	4377	2614	1763	42.16	53.80	31.93
79	94115	43761	50354	4595	2615	1980	48.82	59.76	39.32
80-84岁	**346638**	**154477**	**192161**	**24063**	**13061**	**11002**	**69.42**	**84.55**	**57.25**
80	80112	36793	43319	4301	2398	1903	53.69	65.18	43.93
81	77566	35180	42386	4717	2676	2041	60.81	76.07	48.15
82	69418	31057	38361	4992	2763	2229	71.91	88.97	58.11
83	60401	26475	33926	4874	2563	2311	80.69	96.81	68.12
84	59141	24972	34169	5179	2661	2518	87.57	106.56	73.69
85-89岁	**188603**	**73517**	**115086**	**22519**	**10225**	**12294**	**119.40**	**139.08**	**106.82**
85	51850	21128	30722	5182	2549	2633	99.94	120.65	85.70
86	46850	18748	28102	5046	2346	2700	107.71	125.13	96.08
87	35216	13562	21654	4448	2061	2387	126.31	151.97	110.23
88	30058	11175	18883	4039	1706	2333	134.37	152.66	123.55
89	24629	8904	15725	3804	1563	2241	154.45	175.54	142.51
90-94岁	**64972**	**21740**	**43232**	**12940**	**4763**	**8177**	**199.16**	**219.09**	**189.14**
90	20499	7216	13283	3573	1423	2150	174.30	197.20	161.86
91	16846	5658	11188	3190	1202	1988	189.36	212.44	177.69
92	12382	3991	8391	2595	946	1649	209.58	237.03	196.52
93	8589	2804	5785	1972	681	1291	229.60	242.87	223.16
94	6656	2071	4585	1610	511	1099	241.89	246.74	239.69
95-99岁	**15028**	**4276**	**10752**	**4033**	**1148**	**2885**	**268.37**	**268.48**	**268.32**
95	5340	1602	3738	1345	400	945	251.87	249.69	252.81
96	3971	1108	2863	1048	307	741	263.91	277.08	258.82
97	2533	710	1823	781	208	573	308.33	292.96	314.32
98	1879	506	1373	527	141	386	280.47	278.66	281.14
99	1305	350	955	332	92	240	254.41	262.86	251.31
100岁及以上	**1729**	**462**	**1267**	**674**	**145**	**529**	**389.82**	**313.85**	**417.52**

6-4c 全省分年龄、性别的死亡人口状况 (2019.11.1-2020.10.31)(乡村)

单位：人、‰

年龄	平均人口			死亡人口			死亡率		
	合计	男	女	合计	男	女	合计	男	女
总计	**22546978**	**11535283**	**11011695**	**207509**	**113510**	**93999**	**9.20**	**9.84**	**8.54**
0-4岁	**877818**	**460095**	**417723**	**412**	**248**	**164**	**0.47**	**0.54**	**0.39**
0	148154	77275	70879	222	126	96	1.50	1.63	1.35
1	158863	82912	75951	53	35	18	0.33	0.42	0.24
2	177637	92830	84807	42	26	16	0.24	0.28	0.19
3	199881	105129	94752	55	37	18	0.28	0.35	0.19
4	193283	101949	91334	40	24	16	0.21	0.24	0.18
5-9岁	**1119784**	**596517**	**523267**	**164**	**102**	**62**	**0.15**	**0.17**	**0.12**
5	210689	112029	98660	39	24	15	0.19	0.21	0.15
6	207046	109878	97168	32	20	12	0.15	0.18	0.12
7	229998	122060	107938	33	21	12	0.14	0.17	0.11
8	236292	126171	110121	33	21	12	0.14	0.17	0.11
9	235759	126379	109380	27	16	11	0.11	0.13	0.10
10-14岁	**1172655**	**633167**	**539488**	**297**	**178**	**119**	**0.25**	**0.28**	**0.22**
10	246015	131769	114246	41	24	17	0.17	0.18	0.15
11	246017	132517	113500	39	23	16	0.16	0.17	0.14
12	239564	129508	110056	75	42	33	0.31	0.32	0.30
13	238994	129041	109953	65	39	26	0.27	0.30	0.24
14	202065	110332	91733	77	50	27	0.38	0.45	0.29
15-19岁	**519605**	**295044**	**224561**	**262**	**171**	**91**	**0.50**	**0.58**	**0.41**
15	127737	71093	56644	62	42	20	0.49	0.59	0.35
16	95449	53333	42116	56	38	18	0.59	0.71	0.43
17	100194	56453	43741	51	36	15	0.51	0.64	0.34
18	100733	58118	42615	41	29	12	0.41	0.50	0.28
19	95492	56047	39445	52	26	26	0.54	0.46	0.66
20-24岁	**753689**	**428490**	**325199**	**362**	**250**	**112**	**0.48**	**0.58**	**0.34**
20	107187	61847	45340	61	45	16	0.57	0.73	0.35
21	127973	72969	55004	53	33	20	0.41	0.45	0.36
22	152750	86933	65817	80	57	23	0.52	0.66	0.35
23	169961	96301	73660	75	49	26	0.44	0.51	0.35
24	195818	110440	85378	93	66	27	0.47	0.60	0.32
25-29岁	**1211813**	**670038**	**541775**	**707**	**499**	**208**	**0.58**	**0.74**	**0.38**
25	204021	114561	89460	112	82	30	0.55	0.72	0.34
26	209973	116557	93416	111	73	38	0.53	0.63	0.41
27	225128	124406	100722	131	93	38	0.58	0.75	0.38
28	255582	140273	115309	149	106	43	0.58	0.76	0.37
29	317109	174241	142868	204	145	59	0.64	0.83	0.41

6-4c 续表 1

单位：人、‰

年 龄	平均人口			死亡人口			死亡率		
	合计	男	女	合计	男	女	合计	男	女
30-34岁	**1487340**	**801466**	**685874**	**998**	**709**	**289**	**0.67**	**0.88**	**0.42**
30	364743	198608	166135	205	144	61	0.56	0.73	0.37
31	314216	168962	145254	182	128	54	0.58	0.76	0.37
32	310758	167143	143615	220	158	62	0.71	0.95	0.43
33	271520	145954	125566	216	148	68	0.80	1.01	0.54
34	226103	120799	105304	175	131	44	0.77	1.08	0.42
35-39岁	**1024838**	**544770**	**480068**	**1066**	**750**	**316**	**1.04**	**1.38**	**0.66**
35	199805	106049	93756	161	108	53	0.81	1.02	0.57
36	194751	103414	91337	192	140	52	0.99	1.35	0.57
37	206762	110673	96089	223	160	63	1.08	1.45	0.66
38	236900	126670	110230	249	171	78	1.05	1.35	0.71
39	186620	97964	88656	241	171	70	1.29	1.75	0.79
40-44岁	**1158369**	**594869**	**563500**	**1746**	**1213**	**533**	**1.51**	**2.04**	**0.95**
40	210382	110416	99966	256	179	77	1.22	1.62	0.77
41	220625	114891	105734	347	239	108	1.57	2.08	1.02
42	226881	116587	110294	333	228	105	1.47	1.96	0.95
43	241271	122675	118596	407	293	114	1.69	2.39	0.96
44	259210	130300	128910	403	274	129	1.55	2.10	1.00
45-49岁	**1741534**	**860206**	**881328**	**3524**	**2348**	**1176**	**2.02**	**2.73**	**1.33**
45	270988	134663	136325	447	304	143	1.65	2.26	1.05
46	295576	145773	149803	544	362	182	1.84	2.48	1.21
47	335171	165455	169716	656	436	220	1.96	2.64	1.30
48	387206	191538	195668	808	526	282	2.09	2.75	1.44
49	452593	222777	229816	1069	720	349	2.36	3.23	1.52
50-54岁	**2451548**	**1216577**	**1234971**	**7214**	**4707**	**2507**	**2.94**	**3.87**	**2.03**
50	483337	237763	245574	1187	776	411	2.46	3.26	1.67
51	527825	261303	266522	1385	925	460	2.62	3.54	1.73
52	465595	229515	236080	1388	882	506	2.98	3.84	2.14
53	452609	225144	227465	1490	965	525	3.29	4.29	2.31
54	522182	262852	259330	1764	1159	605	3.38	4.41	2.33
55-59岁	**1907096**	**961481**	**945615**	**8051**	**5359**	**2692**	**4.22**	**5.57**	**2.85**
55	452259	225111	227148	1646	1078	568	3.64	4.79	2.50
56	459620	232281	227339	1822	1207	615	3.96	5.20	2.71
57	481399	245543	235856	1998	1285	713	4.15	5.23	3.02
58	287320	144859	142461	1439	1011	428	5.01	6.98	3.00
59	226498	113687	112811	1146	778	368	5.06	6.84	3.26
60-64岁	**1718239**	**889831**	**828408**	**12016**	**8187**	**3829**	**6.99**	**9.20**	**4.62**
60	232357	118744	113613	1421	975	446	6.12	8.21	3.93
61	299829	155901	143928	1919	1322	597	6.40	8.48	4.15
62	392077	205222	186855	2613	1825	788	6.66	8.89	4.22
63	420549	218189	202360	2961	1999	962	7.04	9.16	4.75
64	373427	191775	181652	3102	2066	1036	8.31	10.77	5.70

6-4c 续表 2 单位：人、‰

年龄	平均人口			死亡人口			死亡率		
	合计	男	女	合计	男	女	合计	男	女
65-69岁	**1943392**	**985659**	**957733**	**19983**	**13165**	**6818**	**10.28**	**13.36**	**7.12**
65	454718	234816	219902	3998	2646	1352	8.79	11.27	6.15
66	398838	203647	195191	3705	2491	1214	9.29	12.23	6.22
67	409893	207768	202125	4112	2702	1410	10.03	13.00	6.98
68	377865	189384	188481	4269	2820	1449	11.30	14.89	7.69
69	302078	150044	152034	3899	2506	1393	12.91	16.70	9.16
70-74岁	**1405308**	**696548**	**708760**	**24279**	**15375**	**8904**	**17.28**	**22.07**	**12.56**
70	328582	165344	163238	4453	2924	1529	13.55	17.68	9.37
71	303533	150465	153068	4831	3053	1778	15.92	20.29	11.62
72	284171	140037	144134	4886	3034	1852	17.19	21.67	12.85
73	252799	124575	128224	4937	3118	1819	19.53	25.03	14.19
74	236223	116127	120096	5172	3246	1926	21.89	27.95	16.04
75-79岁	**951837**	**456477**	**495360**	**30285**	**17792**	**12493**	**31.82**	**38.98**	**25.22**
75	218723	107125	111598	5506	3342	2164	25.17	31.20	19.39
76	204283	98574	105709	5678	3403	2275	27.79	34.52	21.52
77	180294	86473	93821	5825	3385	2440	32.31	39.15	26.01
78	183608	86866	96742	6577	3816	2761	35.82	43.93	28.54
79	164929	77439	87490	6699	3846	2853	40.62	49.66	32.61
80-84岁	**616284**	**271859**	**344425**	**36208**	**18997**	**17211**	**58.75**	**69.88**	**49.97**
80	139634	63883	75751	6361	3507	2854	45.55	54.90	37.68
81	137300	62382	74918	7135	3852	3283	51.97	61.75	43.82
82	123619	54875	68744	7516	3977	3539	60.80	72.47	51.48
83	109442	46809	62633	7391	3840	3551	67.53	82.04	56.70
84	106289	43910	62379	7805	3821	3984	73.43	87.02	63.87
85-89岁	**342281**	**129384**	**212897**	**33971**	**14962**	**19009**	**99.25**	**115.64**	**89.29**
85	93176	37417	55759	7783	3742	4041	83.53	100.01	72.47
86	86227	33332	52895	7753	3455	4298	89.91	103.65	81.26
87	64182	23984	40198	6670	2979	3691	103.92	124.21	91.82
88	54661	19453	35208	6169	2552	3617	112.86	131.19	102.73
89	44035	15198	28837	5596	2234	3362	127.08	146.99	116.59
90-94岁	**115429**	**35706**	**79723**	**19031**	**6651**	**12380**	**164.87**	**186.27**	**155.29**
90	36431	11937	24494	5187	1952	3235	142.38	163.53	132.07
91	30097	9389	20708	4775	1733	3042	158.65	184.58	146.90
92	22178	6708	15470	3704	1264	2440	167.01	188.43	157.72
93	15012	4424	10588	2845	949	1896	189.52	214.51	179.07
94	11711	3248	8463	2520	753	1767	215.18	231.83	208.79
95-99岁	**25309**	**6438**	**18871**	**5998**	**1646**	**4352**	**236.99**	**255.67**	**230.62**
95	9164	2413	6751	1975	578	1397	215.52	239.54	206.93
96	6884	1787	5097	1601	457	1144	232.57	255.74	224.45
97	4203	999	3204	1051	275	776	250.06	275.28	242.20
98	2956	726	2230	790	182	608	267.25	250.69	272.65
99	2102	513	1589	581	154	427	276.40	300.19	268.72
100岁及以上	**2810**	**661**	**2149**	**935**	**201**	**734**	**332.74**	**304.08**	**341.55**

第一部分　全部数据资料

第七卷　户口登记状况

7-1 全省按现住地、户口登记地、

现住地	户口					
	合计			省内		
	合计	男	女	小计	男	女
江　苏	**29979948**	**15793646**	**14186302**	**19671338**	**9902505**	**9768833**
南京市	**4409031**	**2319486**	**2089545**	**3060566**	**1553570**	**1506996**
玄武区	257471	131747	125724	161991	79582	82409
秦淮区	343142	172314	170828	252322	123372	128950
建邺区	285901	147992	137909	212330	105847	106483
鼓楼区	386020	186949	199071	284144	134832	149312
浦口区	155104	81144	73960	110881	56009	54872
栖霞区	589090	313215	275875	401205	205445	195760
雨花台区	389352	209005	180347	258725	133877	124848
江宁区	982415	530663	451752	641541	333869	307672
六合区	167475	85357	82118	134984	67208	67776
溧水区	190160	104170	85990	140242	72652	67590
高淳区	86118	45110	41008	67733	33794	33939
南京江北新区	576783	311820	264963	394468	207083	187385
无锡市	**3441700**	**1865348**	**1576352**	**1771017**	**913990**	**857027**
锡山区	474502	266863	207639	190436	101167	89269
惠山区	454981	252089	202892	209539	110931	98608
滨湖区	300362	161008	139354	167541	86891	80650
梁溪区	454365	233166	221199	305710	151831	153879
新吴区	391706	215262	176444	215703	113920	101783
江苏无锡经济开发区	164854	88537	76317	95194	48438	46756
江阴市	703747	386427	317320	307915	162378	145537
宜兴市	497183	261996	235187	278979	138434	140545
徐州市	**1997139**	**983542**	**1013597**	**1748772**	**854080**	**894692**
鼓楼区	206854	105035	101819	174634	86485	88149
云龙区	212360	105951	106409	176852	86973	89879
贾汪区	79870	39259	40611	69033	33545	35488
泉山区	248180	121398	126782	208890	100835	108055
铜山区	234200	114608	119592	179759	85142	94617
丰县	142502	70477	72025	131545	65395	66150
沛县	181180	88220	92960	165329	81168	84161
睢宁县	206845	97709	109136	194270	92572	101698
徐州经济技术开发区	142184	74125	68059	122201	62795	59406
新沂市	143011	68001	75010	134083	64013	70070
邳州市	199953	98759	101194	192176	95157	97019
常州市	**2429433**	**1316363**	**1113070**	**1395521**	**718700**	**676821**
天宁区	325569	168321	157248	200618	98163	102455
钟楼区	344934	183085	161849	212383	108205	104178
新北区	390877	211015	179862	233844	120716	113128
武进区	673250	373789	299461	347175	185986	161189
金坛区	236137	123525	112612	155841	76982	78859
江苏省常州市经济开发区	238149	133988	104161	97035	52762	44273
溧阳市	220517	122640	97877	148625	75886	72739

性别分的户口登记地在外乡镇街道的人口

单位：人

登记地								
市辖区内人户分离			省内流动人口			省外		
小计	男	女	小计	男	女	小计	男	女
6316191	**3052541**	**3263650**	**13355147**	**6849964**	**6505183**	**10308610**	**5891141**	**4417469**
1757219	**859873**	**897346**	**1303347**	**693697**	**609650**	**1348465**	**765916**	**582549**
91261	43371	47890	70730	36211	34519	95480	52165	43315
162112	76856	85256	90210	46516	43694	90820	48942	41878
135399	65029	70370	76931	40818	36113	73571	42145	31426
169271	79906	89365	114873	54926	59947	101876	52117	49759
68708	33714	34994	42173	22295	19878	44223	25135	19088
210284	104864	105420	190921	100581	90340	187885	107770	80115
150619	74863	75756	108106	59014	49092	130627	75128	55499
304516	151980	152536	337025	181889	155136	340874	196794	144080
105500	51004	54496	29484	16204	13280	32491	18149	14342
103864	52065	51799	36378	20587	15791	49918	31518	18400
59120	28599	30521	8613	5195	3418	18385	11316	7069
196565	97622	98943	197903	109461	88442	182315	104737	77578
431682	**203320**	**228362**	**1339335**	**710670**	**628665**	**1670683**	**951358**	**719325**
54278	25580	28698	136158	75587	60571	284066	165696	118370
57332	26771	30561	152207	84160	68047	245442	141158	104284
69780	33084	36696	97761	53807	43954	132821	74117	58704
153630	72572	81058	152080	79259	72821	148655	81335	67320
56490	26551	29939	159213	87369	71844	176003	101342	74661
40172	18762	21410	55022	29676	25346	69660	40099	29561
			307915	162378	145537	395832	224049	171783
			278979	138434	140545	218204	123562	94642
560871	**267344**	**293527**	**1187901**	**586736**	**601165**	**248367**	**129462**	**118905**
132102	63649	68453	42532	22836	19696	32220	18550	13670
107849	51772	56077	69003	35201	33802	35508	18978	16530
54499	26022	28477	14534	7523	7011	10837	5714	5123
150991	71164	79827	57899	29671	28228	39290	20563	18727
115430	54737	60693	64329	30405	33924	54441	29466	24975
			131545	65395	66150	10957	5082	5875
			165329	81168	84161	15851	7052	8799
			194270	92572	101698	12575	5137	7438
			122201	62795	59406	19983	11330	8653
			134083	64013	70070	8928	3988	4940
			192176	95157	97019	7777	3602	4175
597906	**283501**	**314405**	**797615**	**435199**	**362416**	**1033912**	**597663**	**436249**
118066	55237	62829	82552	42926	39626	124951	70158	54793
102081	48352	53729	110302	59853	50449	132551	74880	57671
97062	45951	51111	136782	74765	62017	157033	90299	66734
123040	58312	64728	224135	127674	96461	326075	187803	138272
124992	59576	65416	30849	17406	13443	80296	46543	33753
32665	16073	16592	64370	36689	27681	141114	81226	59888
			148625	75886	72739	71892	46754	25138

7-1 续表 1

现住地	户口					
	合计			省内		
	合计	男	女	小计	男	女
苏州市	**6705065**	**3705460**	**2999605**	**2775205**	**1443595**	**1331610**
虎丘区	469519	259274	210245	227077	116955	110122
吴中区	768674	424579	344095	344332	180299	164033
相城区	502552	281462	221090	214730	113187	101543
姑苏区	417307	210779	206528	255378	124929	130449
吴江区	769407	431572	337835	217021	114620	102401
苏州工业园区	648573	350470	298103	305090	153911	151179
常熟市	826054	457194	368860	347824	182321	165503
张家港市	686721	371955	314766	297445	153302	144143
昆山市	1218976	690259	528717	436350	233743	202607
太仓市	397282	227916	169366	129958	70328	59630
南通市	**2160554**	**1148965**	**1011589**	**1370056**	**684148**	**685908**
崇川区	410884	207091	203793	306266	149373	156893
港闸区	244408	129370	115038	167693	85603	82090
通州区	292814	157896	134918	141566	70924	70642
如东县	129262	68747	60515	93283	47268	46015
南通经济技术开发区	190710	106699	84011	116158	61354	54804
通州湾示范区	17051	9985	7066	10707	6017	4690
苏锡通科技产业园区	37198	21712	15486	13073	7579	5494
启东市	204681	110603	94078	138840	68806	70034
如皋市	150191	76253	73938	110953	53749	57204
海门市	306550	163380	143170	154668	74649	80019
海安市	176805	97229	79576	116849	58826	58023
连云港市	**827284**	**419529**	**407755**	**740212**	**372523**	**367689**
连云区	66533	37115	29418	52572	27995	24577
海州区	197131	99207	97924	183929	92183	91746
赣榆区	97470	48091	49379	86668	43192	43476
东海县	133088	66016	67072	124667	62334	62333
灌云县	93891	47007	46884	89720	44833	44887
灌南县	86148	43160	42988	79968	39323	40645
连云港经济技术开发区	35427	18261	17166	30420	15524	14896
连云港高新技术产业开发区	101154	49545	51609	81409	40738	40671
江苏连云港徐圩新区	13351	9826	3525	7931	5167	2764
江苏省连云港市云台山风景名胜区	3091	1301	1790	2928	1234	1694
淮安市	**1133357**	**556693**	**576664**	**1057274**	**517277**	**539997**
淮安区	158605	77064	81541	150289	72593	77696
淮阴区	144016	70255	73761	133838	65696	68142
清江浦区	207471	101591	105880	194251	94532	99719
洪泽区	77240	37601	39639	74030	35876	38154
涟水县	141373	69213	72160	136252	66853	69399
盱眙县	147203	70536	76667	139062	66530	72532
金湖县	93250	46831	46419	86657	42908	43749
淮安经济技术开发区	128002	65755	62247	109184	55940	53244
工业园区	1753	1014	739	1211	647	564
生态文旅区	30167	14554	15613	28551	13653	14898
苏淮高新区	4277	2279	1998	3949	2049	1900

单位：人

登记地

市辖区内人户分离			省内流动人口			省外		
小计	男	女	小计	男	女	小计	男	女
416607	**200579**	**216028**	**2358598**	**1243016**	**1115582**	**3929860**	**2261865**	**1667995**
68221	33027	35194	158856	83928	74928	242442	142319	100123
89693	43466	46227	254639	136833	117806	424342	244280	180062
74188	36180	38008	140542	77007	63535	287822	168275	119547
116921	55659	61262	138457	69270	69187	161929	85850	76079
67584	32247	35337	149437	82373	67064	552386	316952	235434
			305090	153911	151179	343483	196559	146924
			347824	182321	165503	478230	274873	203357
			297445	153302	144143	389276	218653	170623
			436350	233743	202607	782626	456516	326110
			129958	70328	59630	267324	157588	109736
341251	**161539**	**179712**	**1028805**	**522609**	**506196**	**790498**	**464817**	**325681**
167390	79637	87753	138876	69736	69140	104618	57718	46900
81099	39100	41999	86594	46503	40091	76715	43767	32948
86872	39869	47003	54694	31055	23639	151248	86972	64276
			93283	47268	46015	35979	21479	14500
			116158	61354	54804	74552	45345	29207
3760	1957	1803	6947	4060	2887	6344	3968	2376
2130	976	1154	10943	6603	4340	24125	14133	9992
			138840	68806	70034	65841	41797	24044
			110953	53749	57204	39238	22504	16734
			154668	74649	80019	151882	88731	63151
			116849	58826	58023	59956	38403	21553
222735	**110096**	**112639**	**517477**	**262427**	**255050**	**87072**	**47006**	**40066**
29897	14945	14952	22675	13050	9625	13961	9120	4841
117804	57619	60185	66125	34564	31561	13202	7024	6178
70629	35191	35438	16039	8001	8038	10802	4899	5903
			124667	62334	62333	8421	3682	4739
			89720	44833	44887	4171	2174	1997
			79968	39323	40645	6180	3837	2343
			30420	15524	14896	5007	2737	2270
			81409	40738	40671	19745	8807	10938
3223	1924	1299	4708	3243	1465	5420	4659	761
1182	417	765	1746	817	929	163	67	96
433385	**211035**	**222350**	**623889**	**306242**	**317647**	**76083**	**39416**	**36667**
126783	60474	66309	23506	12119	11387	8316	4471	3845
101655	51346	50309	32183	14350	17833	10178	4559	5619
140044	68025	72019	54207	26507	27700	13220	7059	6161
64279	30886	33393	9751	4990	4761	3210	1725	1485
			136252	66853	69399	5121	2360	2761
			139062	66530	72532	8141	4006	4135
			86657	42908	43749	6593	3923	2670
			109184	55940	53244	18818	9815	9003
624	304	320	587	343	244	542	367	175
			28551	13653	14898	1616	901	715
			3949	2049	1900	328	230	98

7-1 续表 2

现住地	户口					
	合计			省内		
	合计	男	女	小计	男	女
盐城市	**1550651**	**773558**	**777093**	**1430367**	**707996**	**722371**
亭湖区	216978	111112	105866	201428	102760	98668
盐都区	177988	90273	87715	167657	84694	82963
大丰区	147935	76405	71530	130070	65752	64318
响水县	109130	53225	55905	103375	50233	53142
滨海县	137230	66950	70280	129053	62816	66237
阜宁县	138690	67435	71255	133446	65201	68245
射阳县	155292	76138	79154	145753	71185	74568
建湖县	171619	83912	87707	164784	80777	84007
盐城经济技术开发区	29280	14718	14562	23636	11743	11893
江苏省盐南高新区	145141	70546	74595	137064	66656	70408
东台市	121368	62844	58524	94101	46179	47922
扬州市	**1433750**	**733932**	**699818**	**1172522**	**583435**	**589087**
广陵区	239223	129203	110020	190299	99380	90919
邗江区	321044	161188	159856	257925	127354	130571
江都区	215943	109466	106477	171975	83639	88336
宝应县	153963	75483	78480	142745	69145	73600
扬州经济技术开发区	116413	60490	55923	88519	44491	44028
蜀冈瘦西湖景区	59565	30152	29413	51170	25110	26060
生态新城	19625	10786	8839	12006	6540	5466
仪征市	132201	69800	62401	103839	52793	51046
高邮市	175773	87364	88409	154044	74983	79061
镇江市	**1352182**	**707738**	**644444**	**933652**	**471218**	**462434**
京口区	181996	93092	88904	146200	72971	73229
润州区	123552	61903	61649	107174	52842	54332
丹徒区	142040	77803	64237	101539	53864	47675
镇江新区	143299	75972	67327	102804	52172	50632
江苏镇江高新区	37752	20059	17693	30324	15674	14650
丹阳市	393867	205900	187967	207670	103361	104309
扬中市	94757	51342	43415	62952	32650	30302
句容市	234919	121667	113252	174989	87684	87305
泰州市	**1304926**	**659314**	**645612**	**1070604**	**525243**	**545361**
海陵区	256952	125450	131502	211825	101544	110281
高港区	74251	38262	35989	56930	28246	28684
姜堰区	188691	92067	96624	168677	80844	87833
泰州医药高新技术产业开发区	107468	54664	52804	80263	38908	41355
兴化市	212073	108270	103803	190011	96067	93944
靖江市	254658	131393	123265	199135	98246	100889
泰兴市	210833	109208	101625	163763	81388	82375
宿迁市	**1234876**	**603718**	**631158**	**1145570**	**556730**	**588840**
宿城区	165696	80825	84871	148409	71503	76906
宿豫区	128173	64559	63614	119248	59579	59669
沭阳县	334835	161661	173174	315946	152713	163233
泗阳县	198208	95507	102701	189036	91291	97745
泗洪县	277131	132827	144304	261770	125664	136106
宿迁经济技术开发区	66504	34318	32186	60167	30605	29562
宿迁市湖滨新区	34915	19033	15882	25297	12223	13074
苏州宿迁工业园区	15081	8049	7032	12954	6966	5988
宿迁市洋河新区	14333	6939	7394	12743	6186	6557

单位：人

登记地								
市辖区内人户分离			省内流动人口			省　外		
小计	男	女	小计	男	女	小计	男	女
447266	**224394**	**222872**	**983101**	**483602**	**499499**	**120284**	**65562**	**54722**
123450	62178	61272	77978	40582	37396	15550	8352	7198
127084	64278	62806	40573	20416	20157	10331	5579	4752
108463	54224	54239	21607	11528	10079	17865	10653	7212
			103375	50233	53142	5755	2992	2763
			129053	62816	66237	8177	4134	4043
			133446	65201	68245	5244	2234	3010
			145753	71185	74568	9539	4953	4586
			164784	80777	84007	6835	3135	3700
			23636	11743	11893	5644	2975	2669
88269	43714	44555	48795	22942	25853	8077	3890	4187
			94101	46179	47922	27267	16665	10602
363880	**172458**	**191422**	**808642**	**410977**	**397665**	**261228**	**150497**	**110731**
96455	47791	48664	93844	51589	42255	48924	29823	19101
110978	52939	58039	146947	74415	72532	63119	33834	29285
119579	54149	65430	52396	29490	22906	43968	25827	18141
			142745	69145	73600	11218	6338	4880
			88519	44491	44028	27894	15999	11895
33363	15810	17553	17807	9300	8507	8395	5042	3353
3505	1769	1736	8501	4771	3730	7619	4246	3373
			103839	52793	51046	28362	17007	11355
			154044	74983	79061	21729	12381	9348
231404	**113029**	**118375**	**702248**	**358189**	**344059**	**418530**	**236520**	**182010**
85278	40855	44423	60922	32116	28806	35796	20121	15675
75370	36493	38877	31804	16349	15455	16378	9061	7317
53232	26976	26256	48307	26888	21419	40501	23939	16562
			102804	52172	50632	40495	23800	16695
17524	8705	8819	12800	6969	5831	7428	4385	3043
			207670	103361	104309	186197	102539	83658
			62952	32650	30302	31805	18692	13113
			174989	87684	87305	59930	33983	25947
277463	**131067**	**146396**	**793141**	**394176**	**398965**	**234322**	**134071**	**100251**
121369	57587	63782	90456	43957	46499	45127	23906	21221
23321	10893	12428	33609	17353	16256	17321	10016	7305
132773	62587	70186	35904	18257	17647	20014	11223	8791
			80263	38908	41355	27205	15756	11449
			190011	96067	93944	22062	12203	9859
			199135	98246	100889	55523	33147	22376
			163763	81388	82375	47070	27820	19250
234522	**114306**	**120216**	**911048**	**442424**	**468624**	**89306**	**46988**	**42318**
100783	48307	52476	47626	23196	24430	17287	9322	7965
102119	50526	51593	17129	9053	8076	8925	4980	3945
			315946	152713	163233	18889	8948	9941
			189036	91291	97745	9172	4216	4956
			261770	125664	136106	15361	7163	8198
			60167	30605	29562	6337	3713	2624
14840	7246	7594	10457	4977	5480	9618	6810	2808
8313	4294	4019	4641	2672	1969	2127	1083	1044
8467	3933	4534	4276	2253	2023	1590	753	837

7-1a 全省按现住地、户口登记地、

现住地	户口					
	合计			省内		
	合计	男	女	小计	男	女
江苏	**19322446**	**10089794**	**9232652**	**13198725**	**6615555**	**6583170**
南京市	**4083202**	**2133664**	**1949538**	**2856991**	**1444051**	**1412940**
玄武区	257471	131747	125724	161991	79582	82409
秦淮区	343142	172314	170828	252322	123372	128950
建邺区	285901	147992	137909	212330	105847	106483
鼓楼区	386020	186949	199071	284144	134832	149312
浦口区	137594	71715	65879	100621	50631	49990
栖霞区	572676	303037	269639	391650	199799	191851
雨花台区	384139	206081	178058	255320	132028	123292
江宁区	833833	440734	393099	560222	287475	272747
六合区	79103	39004	40099	67577	32890	34687
溧水区	158063	87752	70311	119555	62826	56729
高淳区	73728	38159	35569	59843	29694	30149
南京江北新区	571532	308180	263352	391416	205075	186341
无锡市	**2455782**	**1312198**	**1143584**	**1426243**	**728766**	**697477**
锡山区	297365	166620	130745	132969	70011	62958
惠山区	303573	165836	137737	154266	81362	72904
滨湖区	278414	148201	130213	159594	82487	77107
梁溪区	454365	233166	221199	305710	151831	153879
新吴区	337684	182507	155177	195717	102057	93660
江苏无锡经济开发区	164854	88537	76317	95194	48438	46756
江阴市	325572	177847	147725	187328	97749	89579
宜兴市	293955	149484	144471	195465	94831	100634
徐州市	**1158839**	**577577**	**581262**	**994725**	**487703**	**507022**
鼓楼区	206854	105035	101819	174634	86485	88149
云龙区	199052	98467	100585	166010	81053	84957
贾汪区	63459	32200	31259	56020	28078	27942
泉山区	248180	121398	126782	208890	100835	108055
铜山区	160830	80921	79909	118666	56933	61733
丰县						
沛县						
睢宁县						
徐州经济技术开发区	195	82	113	162	67	95
新沂市	112432	55740	56692	107228	52924	54304
邳州市	167837	83734	84103	163115	81328	81787
常州市	**1844365**	**983853**	**860512**	**1186135**	**604098**	**582037**
天宁区	289013	148248	140765	188709	91845	96864
钟楼区	320973	168961	152012	200095	100852	99243
新北区	322066	172671	149395	201415	103312	98103
武进区	470191	258642	211549	279808	149123	130685
金坛区	169096	85484	83612	132111	64131	67980
江苏省常州市经济开发区	106243	58547	47696	59649	31953	27696
溧阳市	166783	91300	75483	124348	62882	61466

性别分的户口登记地在外乡镇街道的人口(城市)

单位：人

登记地								
						省　　外		
市辖区内人户分离			省内流动人口					
小计	男	女	小计	男	女	小计	男	女
5819763	**2813273**	**3006490**	**7378962**	**3802282**	**3576680**	**6123721**	**3474239**	**2649482**
1660693	**811247**	**849446**	**1196298**	**632804**	**563494**	**1226211**	**689613**	**536598**
91261	43371	47890	70730	36211	34519	95480	52165	43315
162112	76856	85256	90210	46516	43694	90820	48942	41878
135399	65029	70370	76931	40818	36113	73571	42145	31426
169271	79906	89365	114873	54926	59947	101876	52117	49759
63959	31347	32612	36662	19284	17378	36973	21084	15889
207436	103269	104167	184214	96530	87684	181026	103238	77788
148775	73937	74838	106545	58091	48454	128819	74053	54766
279925	138984	140941	280297	148491	131806	273611	153259	120352
58200	27832	30368	9377	5058	4319	11526	6114	5412
94644	47492	47152	24911	15334	9577	38508	24926	13582
54031	26153	27878	5812	3541	2271	13885	8465	5420
195680	97071	98609	195736	108004	87732	180116	103105	77011
402665	**190215**	**212450**	**1023578**	**538551**	**485027**	**1029539**	**583432**	**446107**
44169	20843	23326	88800	49168	39632	164396	96609	67787
42725	20436	22289	111541	60926	50615	149307	84474	64833
67452	31980	35472	92142	50507	41635	118820	65714	53106
153630	72572	81058	152080	79259	72821	148655	81335	67320
54517	25622	28895	141200	76435	64765	141967	80450	61517
40172	18762	21410	55022	29676	25346	69660	40099	29561
			187328	97749	89579	138244	80098	58146
			195465	94831	100634	98490	54653	43837
508470	**243723**	**264747**	**486255**	**243980**	**242275**	**164114**	**89874**	**74240**
132102	63649	68453	42532	22836	19696	32220	18550	13670
104360	49950	54410	61650	31103	30547	33042	17414	15628
46118	22743	23375	9902	5335	4567	7439	4122	3317
150991	71164	79827	57899	29671	28228	39290	20563	18727
74899	36217	38682	43767	20716	23051	42164	23988	18176
			162	67	95	33	15	18
			107228	52924	54304	5204	2816	2388
			163115	81328	81787	4722	2406	2316
549116	**259868**	**289248**	**637019**	**344230**	**292789**	**658230**	**379755**	**278475**
115220	53929	61291	73489	37916	35573	100304	56403	43901
99148	46752	52396	100947	54100	46847	120878	68109	52769
87937	41665	46272	113478	61647	51831	120651	69359	51292
109576	52078	57498	170232	97045	73187	190383	109519	80864
113079	53567	59512	19032	10564	8468	36985	21353	15632
24156	11877	12279	35493	20076	15417	46594	26594	20000
			124348	62882	61466	42435	28418	14017

7-1a 续表 1

现住地	户口					
	合计			省内		
	合计	男	女	小计	男	女
苏州市	**3984879**	**2156290**	**1828589**	**1878319**	**958667**	**919652**
虎丘区	436588	239428	197160	214378	109631	104747
吴中区	529456	284628	244828	271113	139195	131918
相城区	451339	249733	201606	199256	103887	95369
姑苏区	417307	210779	206528	255378	124929	130449
吴江区	391084	218060	173024	140402	73121	67281
苏州工业园区						
常熟市	491071	260943	230128	244681	123125	121556
张家港市	275195	143122	132073	163025	81158	81867
昆山市	825474	458177	367297	315211	165235	149976
太仓市	167365	91420	75945	74875	38386	36489
南通市	**1270858**	**650371**	**620487**	**935144**	**455724**	**479420**
崇川区	410884	207091	203793	306266	149373	156893
港闸区	242931	128262	114669	167057	85085	81972
通州区	132813	68915	63898	93076	46022	47054
如东县						
南通经济技术开发区						
通州湾示范区						
苏锡通科技产业园区						
启东市	108614	54393	54221	87021	41205	45816
如皋市	90946	43151	47795	75230	34731	40499
海门市	150273	75898	74375	110865	51619	59246
海安市	134397	72661	61736	95629	47689	47940
连云港市	**313866**	**164802**	**149064**	**280271**	**143938**	**136333**
连云区	64783	35723	29060	51784	27391	24393
海州区	178574	90276	88298	166680	83911	82769
赣榆区	60729	30920	29809	56708	28913	27795
东海县	219	102	117	210	98	112
灌云县						
灌南县						
连云港经济技术开发区						
连云港高新技术产业开发区						
江苏连云港徐圩新区	9283	7672	1611	4625	3523	1102
江苏省连云港市云台山风景名胜区	278	109	169	264	102	162
淮安市	**524700**	**255460**	**269240**	**497925**	**241855**	**256070**
淮安区	136064	65663	70401	131223	63049	68174
淮阴区	123408	60515	62893	116176	57292	58884
清江浦区	203291	99385	103906	190609	92658	97951
洪泽区	61937	29897	32040	59917	28856	31061
涟水县						
盱眙县						
金湖县						
淮安经济技术开发区						
工业园区						
生态文旅区						
苏淮高新区						

单位：人

登记地								
市辖区内人户分离			省内流动人口			省　　外		
小计	男	女	小计	男	女	小计	男	女
374292	**179443**	**194849**	**1504027**	**779224**	**724803**	**2106560**	**1197623**	**908937**
64950	31424	33526	149428	78207	71221	222210	129797	92413
73806	35519	38287	197307	103676	93631	258343	145433	112910
71336	34616	36720	127920	69271	58649	252083	145846	106237
116921	55659	61262	138457	69270	69187	161929	85850	76079
47279	22225	25054	93123	50896	42227	250682	144939	105743
			244681	123125	121556	246390	137818	108572
			163025	81158	81867	112170	61964	50206
			315211	165235	149976	510263	292942	217321
			74875	38386	36489	92490	53034	39456
314111	**148671**	**165440**	**621033**	**307053**	**313980**	**335714**	**194647**	**141067**
167390	79637	87753	138876	69736	69140	104618	57718	46900
81004	39042	41962	86053	46043	40010	75874	43177	32697
65717	29992	35725	27359	16030	11329	39737	22893	16844
			87021	41205	45816	21593	13188	8405
			75230	34731	40499	15716	8420	7296
			110865	51619	59246	39408	24279	15129
			95629	47689	47940	38768	24972	13796
192886	**96280**	**96606**	**87385**	**47658**	**39727**	**33595**	**20864**	**12731**
29662	14781	14881	22122	12610	9512	12999	8332	4667
109999	54043	55956	56681	29868	26813	11894	6365	5529
51519	26297	25222	5189	2616	2573	4021	2007	2014
			210	98	112	9	4	5
1576	1116	460	3049	2407	642	4658	4149	509
130	43	87	134	59	75	14	7	7
404004	**196999**	**207005**	**93921**	**44856**	**49065**	**26775**	**13605**	**13170**
118899	56739	62160	12324	6310	6014	4841	2614	2227
92506	47059	45447	23670	10233	13437	7232	3223	4009
138236	67119	71117	52373	25539	26834	12682	6727	5955
54363	26082	28281	5554	2774	2780	2020	1041	979

7-1a 续表 2

现住地	户口					
	合计			省内		
	合计	男	女	小计	男	女
盐城市	**657858**	**332031**	**325827**	**607997**	**303802**	**304195**
亭湖区	192923	98438	94485	181123	92395	88728
盐都区	142191	72208	69983	136009	68901	67108
大丰区	95396	47261	48135	89862	44315	45547
响水县						
滨海县						
阜宁县						
射阳县						
建湖县						
盐城经济技术开发区	1633	920	713	1365	723	642
江苏省盐南高新区	145141	70546	74595	137064	66656	70408
东台市	80574	42658	37916	62574	30812	31762
扬州市	**962707**	**487546**	**475161**	**804271**	**398101**	**406170**
广陵区	206268	109012	97256	171166	88706	82460
邗江区	297520	149181	148339	240005	118447	121558
江都区	142500	69562	72938	122490	58088	64402
宝应县						
扬州经济技术开发区						
蜀冈瘦西湖景区	59565	30152	29413	51170	25110	26060
生态新城	14075	7843	6232	8250	4603	3647
仪征市	101999	53284	48715	82654	41558	41096
高邮市	140780	68512	72268	128536	61589	66947
镇江市	**825534**	**421617**	**403917**	**639491**	**317669**	**321822**
京口区	176844	90174	86670	143114	71338	71776
润州区	122847	61477	61370	106927	52702	54225
丹徒区	86508	44968	41540	67104	33940	33164
镇江新区						
江苏镇江高新区	37752	20059	17693	30324	15674	14650
丹阳市	182184	92124	90060	122434	59562	62872
扬中市	66228	34737	31491	47923	24184	23739
句容市	153171	78078	75093	121665	60269	61396
泰州市	**927746**	**457368**	**470378**	**810900**	**393022**	**417878**
海陵区	250031	121741	128290	206738	98873	107865
高港区	60252	30480	29772	48364	23691	24673
姜堰区	162920	78844	84076	150574	71895	78679
泰州医药高新技术产业开发区						
兴化市	141019	71225	69794	131771	66168	65603
靖江市	178505	87769	90736	158114	76270	81844
泰兴市	135019	67309	67710	115339	56125	59214
宿迁市	**312110**	**157017**	**155093**	**280313**	**138159**	**142154**
宿城区	145329	71132	74197	132015	63851	68164
宿豫区	111092	56001	55091	104811	52551	52260
沭阳县						
泗阳县						
泗洪县						
宿迁经济技术开发区						
宿迁市湖滨新区	29755	16508	13247	20682	9970	10712
苏州宿迁工业园区	15081	8049	7032	12954	6966	5988
宿迁市洋河新区	10853	5327	5526	9851	4821	5030

单位：人

登记地								
市辖区内人户分离			省内流动人口			省外		
小计	男	女	小计	男	女	小计	男	女
390954	**195845**	**195109**	**217043**	**107957**	**109086**	**49861**	**28229**	**21632**
113524	57287	56237	67599	35108	32491	11800	6043	5757
107817	54825	52992	28192	14076	14116	6182	3307	2875
81344	40019	41325	8518	4296	4222	5534	2946	2588
			1365	723	642	268	197	71
88269	43714	44555	48795	22942	25853	8077	3890	4187
			62574	30812	31762	18000	11846	6154
326911	**155315**	**171596**	**477360**	**242786**	**234574**	**158436**	**89445**	**68991**
90733	44950	45783	80433	43756	36677	35102	20306	14796
104006	49684	54322	135999	68763	67236	57515	30734	26781
96759	43790	52969	25731	14298	11433	20010	11474	8536
33363	15810	17553	17807	9300	8507	8395	5042	3353
2050	1081	969	6200	3522	2678	5825	3240	2585
			82654	41558	41096	19345	11726	7619
			128536	61589	66947	12244	6923	5321
219123	**106203**	**112920**	**420368**	**211466**	**208902**	**186043**	**103948**	**82095**
83668	40049	43619	59446	31289	28157	33730	18836	14894
75322	36466	38856	31605	16236	15369	15920	8775	7145
42609	20983	21626	24495	12957	11538	19404	11028	8376
17524	8705	8819	12800	6969	5831	7428	4385	3043
			122434	59562	62872	59750	32562	27188
			47923	24184	23739	18305	10553	7752
			121665	60269	61396	31506	17809	13697
262552	**124236**	**138316**	**548348**	**268786**	**279562**	**116846**	**64346**	**52500**
118931	56454	62477	87807	42419	45388	43293	22868	20425
20669	9749	10920	27695	13942	13753	11888	6789	5099
122952	58033	64919	27622	13862	13760	12346	6949	5397
			131771	66168	65603	9248	5057	4191
			158114	76270	81844	20391	11499	8892
			115339	56125	59214	19680	11184	8496
213986	**105228**	**108758**	**66327**	**32931**	**33396**	**31797**	**18858**	**12939**
93534	45381	48153	38481	18470	20011	13314	7281	6033
92983	46279	46704	11828	6272	5556	6281	3450	2831
12126	5960	6166	8556	4010	4546	9073	6538	2535
8313	4294	4019	4641	2672	1969	2127	1083	1044
7030	3314	3716	2821	1507	1314	1002	506	496

7-1b　全省按现住地、户口登记地、

现住地	户口					
	合　　计			省　　内		
	合计	男	女	小计	男	女
江　苏	**7509748**	**3930657**	**3579091**	**5050916**	**2534026**	**2516890**
南京市	**75465**	**39458**	**36007**	**58047**	**29447**	**28600**
玄武区						
秦淮区						
建邺区						
鼓楼区						
浦口区	732	394	338	576	298	278
栖霞区						
雨花台区	5213	2924	2289	3405	1849	1556
江宁区						
六合区	59912	30918	28994	47436	23785	23651
溧水区	7821	4206	3615	5218	2692	2526
高淳区	1787	1016	771	1412	823	589
南京江北新区						
无锡市	**489007**	**269297**	**219710**	**185108**	**97498**	**87610**
锡山区	124804	70479	54325	40073	21595	18478
惠山区	49985	28007	21978	21703	11648	10055
滨湖区						
梁溪区						
新吴区						
江苏无锡经济开发区						
江阴市	205868	111692	94176	72735	38306	34429
宜兴市	108350	59119	49231	50597	25949	24648
徐州市	**718099**	**355951**	**362148**	**655274**	**324303**	**330971**
鼓楼区						
云龙区	13308	7484	5824	10842	5920	4922
贾汪区	6405	3000	3405	5278	2387	2891
泉山区						
铜山区	45941	22182	23759	39050	18816	20234
丰县	128266	64110	64156	120699	60431	60268
沛县	165132	81859	83273	152107	75672	76435
睢宁县	188552	89917	98635	178989	85800	93189
徐州经济技术开发区	139541	72955	66586	120061	61877	58184
新沂市	14600	6305	8295	13063	5782	7281
邳州市	16354	8139	8215	15185	7618	7567
常州市	**223003**	**123824**	**99179**	**85353**	**45354**	**39999**
天宁区	17130	9345	7785	5984	3153	2831
钟楼区						
新北区	40004	22012	17992	19184	10146	9038
武进区	69815	38375	31440	23863	12555	11308
金坛区	18447	10122	8325	7064	3672	3392
江苏省常州市经济开发区	50567	28662	21905	15901	8808	7093
溧阳市	27040	15308	11732	13357	7020	6337

性别分的户口登记地在外乡镇街道的人口(镇)

单位：人

登记地								
						省外		
市辖区内人户分离			省内流动人口					
小计	男	女	小计	男	女	小计	男	女
277378	**134317**	**143061**	**4773538**	**2399709**	**2373829**	**2458832**	**1396631**	**1062201**
44567	**22019**	**22548**	**13480**	**7428**	**6052**	**17418**	**10011**	**7407**
334	156	178	242	142	100	156	96	60
1844	926	918	1561	923	638	1808	1075	733
37745	18497	19248	9691	5288	4403	12476	7133	5343
3428	1732	1696	1790	960	830	2603	1514	1089
1216	708	508	196	115	81	375	193	182
15155	**7121**	**8034**	**169953**	**90377**	**79576**	**303899**	**171799**	**132100**
8088	3768	4320	31985	17827	14158	84731	48884	35847
7067	3353	3714	14636	8295	6341	28282	16359	11923
			72735	38306	34429	133133	73386	59747
			50597	25949	24648	57753	33170	24583
36027	**17304**	**18723**	**619247**	**306999**	**312248**	**62825**	**31648**	**31177**
3489	1822	1667	7353	4098	3255	2466	1564	902
3822	1685	2137	1456	702	754	1127	613	514
28716	13797	14919	10334	5019	5315	6891	3366	3525
			120699	60431	60268	7567	3679	3888
			152107	75672	76435	13025	6187	6838
			178989	85800	93189	9563	4117	5446
			120061	61877	58184	19480	11078	8402
			13063	5782	7281	1537	523	1014
			15185	7618	7567	1169	521	648
24555	**11943**	**12612**	**60798**	**33411**	**27387**	**137650**	**78470**	**59180**
1817	875	942	4167	2278	1889	11146	6192	4954
6804	3245	3559	12380	6901	5479	20820	11866	8954
6800	3222	3578	17063	9333	7730	45952	25820	20132
3932	1962	1970	3132	1710	1422	11383	6450	4933
5202	2639	2563	10699	6169	4530	34666	19854	14812
			13357	7020	6337	13683	8288	5395

7-1b 续表 1

现住地	户口					
	合计			省内		
	合计	男	女	小计	男	女
苏州市	**1747355**	**968878**	**778477**	**647274**	**340047**	**307227**
虎丘区	577	295	282	250	126	124
吴中区	112167	63546	48621	37568	20275	17293
相城区	26640	15807	10833	8665	4909	3756
姑苏区						
吴江区	249150	138400	110750	54495	28963	25532
苏州工业园区	648573	350470	298103	305090	153911	151179
常熟市	191883	112436	79447	63273	36491	26782
张家港市	258927	141068	117859	94585	49822	44763
昆山市	133249	73605	59644	51862	27627	24235
太仓市	126189	73251	52938	31486	17923	13563
南通市	**684876**	**383372**	**301504**	**332508**	**174108**	**158400**
崇川区						
港闸区						
通州区	112215	61546	50669	29062	14524	14538
如东县	105744	55278	50466	76811	37951	38860
南通经济技术开发区	190710	106699	84011	116158	61354	54804
通州湾示范区	13824	8337	5487	8826	5067	3759
苏锡通科技产业园区	20963	12906	8057	7861	4902	2959
启东市	59533	35124	24409	29245	15615	13630
如皋市	43128	24738	18390	25766	13998	11768
海门市	112752	63546	49206	25872	13960	11912
海安市	26007	15198	10809	12907	6737	6170
连云港市	**443828**	**222946**	**220882**	**399377**	**200465**	**198912**
连云区	1083	901	182	366	315	51
海州区	12924	6307	6617	12337	6021	6316
赣榆区	21604	10924	10680	17722	8937	8785
东海县	111437	56608	54829	105483	53655	51828
灌云县	82266	41230	41036	79116	39569	39547
灌南县	76334	38278	38056	71283	35039	36244
连云港经济技术开发区	32698	16976	15722	27944	14383	13561
连云港高新技术产业开发区	101154	49545	51609	81409	40738	40671
江苏连云港徐圩新区	3746	1887	1859	3162	1532	1630
江苏省连云港市云台山风景名胜区	582	290	292	555	276	279
淮安市	**531482**	**261944**	**269538**	**492215**	**241518**	**250697**
淮安区	8885	4454	4431	7953	3954	3999
淮阴区	8513	4141	4372	7294	3526	3768
清江浦区	557	329	228	452	260	192
洪泽区	2573	1349	1224	2288	1205	1083
涟水县	128356	62693	65663	124607	60990	63617
盱眙县	136408	64983	71425	129516	61604	67912
金湖县	82827	40916	41911	77804	38033	39771
淮安经济技术开发区	128002	65755	62247	109184	55940	53244
工业园区	1035	547	488	728	355	373
生态文旅区	30167	14554	15613	28551	13653	14898
苏淮高新区	4159	2223	1936	3838	1998	1840

单位：人

登记地	市辖区内人户分离			省内流动人口			省外		
	小计	男	女	小计	男	女	小计	男	女
	27794	**13637**	**14157**	**619480**	**326410**	**293070**	**1100081**	**628831**	**471250**
	88	47	41	162	79	83	327	169	158
	10611	5211	5400	26957	15064	11893	74599	43271	31328
	1656	867	789	7009	4042	2967	17975	10898	7077
	15439	7512	7927	39056	21451	17605	194655	109437	85218
				305090	153911	151179	343483	196559	146924
				63273	36491	26782	128610	75945	52665
				94585	49822	44763	164342	91246	73096
				51862	27627	24235	81387	45978	35409
				31486	17923	13563	94703	55328	39375
	16514	**7735**	**8779**	**315994**	**166373**	**149621**	**352368**	**209264**	**143104**
	13031	5947	7084	16031	8577	7454	83153	47022	36131
				76811	37951	38860	28933	17327	11606
				116158	61354	54804	74552	45345	29207
	2942	1560	1382	5884	3507	2377	4998	3270	1728
	541	228	313	7320	4674	2646	13102	8004	5098
				29245	15615	13630	30288	19509	10779
				25766	13998	11768	17362	10740	6622
				25872	13960	11912	86880	49586	37294
				12907	6737	6170	13100	8461	4639
	21195	**10440**	**10755**	**378182**	**190025**	**188157**	**44451**	**22481**	**21970**
	121	107	14	245	208	37	717	586	131
	6213	2950	3263	6124	3071	3053	587	286	301
	13289	6632	6657	4433	2305	2128	3882	1987	1895
				105483	53655	51828	5954	2953	3001
				79116	39569	39547	3150	1661	1489
				71283	35039	36244	5051	3239	1812
				27944	14383	13561	4754	2593	2161
				81409	40738	40671	19745	8807	10938
	1572	751	821	1590	781	809	584	355	229
				555	276	279	27	14	13
	11226	**5476**	**5750**	**480989**	**236042**	**244947**	**39267**	**20426**	**18841**
	4980	2394	2586	2973	1560	1413	932	500	432
	4424	2127	2297	2870	1399	1471	1219	615	604
	200	112	88	252	148	104	105	69	36
	1183	636	547	1105	569	536	285	144	141
				124607	60990	63617	3749	1703	2046
				129516	61604	67912	6892	3379	3513
				77804	38033	39771	5023	2883	2140
				109184	55940	53244	18818	9815	9003
	439	207	232	289	148	141	307	192	115
				28551	13653	14898	1616	901	715
				3838	1998	1840	321	225	96

7-1b 续表 2

现住地	户口					
	合计			省内		
	合计	男	女	小计	男	女
盐城市	**762910**	**374552**	**388358**	**714281**	**348970**	**365311**
亭湖区	13960	7604	6356	11051	5740	5311
盐都区	16884	8101	8783	15620	7505	8115
大丰区	26378	14201	12177	19790	10215	9575
响水县	101952	49935	52017	97137	47362	49775
滨海县	127014	62010	65004	120623	58751	61872
阜宁县	129863	63041	66822	125769	61292	64477
射阳县	139468	67868	71600	132384	64204	68180
建湖县	157298	76677	80621	151948	74296	77652
盐城经济技术开发区	25910	12846	13064	20881	10278	10603
江苏省盐南高新区						
东台市	24183	12269	11914	19078	9327	9751
扬州市	**353775**	**178817**	**174958**	**292039**	**143726**	**148313**
广陵区	12639	6925	5714	8598	4538	4060
邗江区	14731	7528	7203	11561	5778	5783
江都区	43146	22093	21053	32143	15802	16341
宝应县	142266	68937	73329	133400	64045	69355
扬州经济技术开发区	109521	56841	52680	83575	42020	41555
蜀冈瘦西湖景区						
生态新城	2578	1381	1197	1964	1016	948
仪征市	9201	4827	4374	5968	3050	2918
高邮市	19693	10285	9408	14830	7477	7353
镇江市	**400409**	**214948**	**185461**	**226943**	**117097**	**109846**
京口区	3564	2034	1530	2109	1126	983
润州区						
丹徒区	37325	22642	14683	22879	13698	9181
镇江新区	132597	70102	62495	95382	48291	47091
江苏镇江高新区						
丹阳市	168180	89755	78425	67933	34442	33491
扬中市	9119	5133	3986	4881	2714	2167
句容市	49624	25282	24342	33759	16826	16933
泰州市	**265973**	**140450**	**125523**	**191509**	**96627**	**94882**
海陵区	2713	1494	1219	1895	1016	879
高港区	6811	3691	3120	4163	2167	1996
姜堰区	12238	6341	5897	8530	4154	4376
泰州医药高新技术产业开发区	105272	53608	51664	78679	38206	40473
兴化市	51005	27213	23792	41744	21855	19889
靖江市	41053	22369	18684	24770	12816	11954
泰兴市	46881	25734	21147	31728	16413	15315
宿迁市	**813566**	**396220**	**417346**	**770988**	**374866**	**396122**
宿城区	4073	1868	2205	3305	1499	1806
宿豫区	8424	4249	4175	7165	3524	3641
沭阳县	302857	148476	154381	287811	140811	147000
泗阳县	184058	88873	95185	176780	85501	91279
泗洪县	251138	120281	130857	238390	114249	124141
宿迁经济技术开发区	61233	31624	29609	55903	28501	27402
宿迁市湖滨新区	1783	849	934	1634	781	853
苏州宿迁工业园区						
宿迁市洋河新区						

单位：人

登记地								
市辖区内人户分离			省内流动人口			省外		
小计	男	女	小计	男	女	小计	男	女
31538	**15572**	**15966**	**682743**	**333398**	**349345**	**48629**	**25582**	**23047**
5167	2577	2590	5884	3163	2721	2909	1864	1045
11783	5653	6130	3837	1852	1985	1264	596	668
14588	7342	7246	5202	2873	2329	6588	3986	2602
			97137	47362	49775	4815	2573	2242
			120623	58751	61872	6391	3259	3132
			125769	61292	64477	4094	1749	2345
			132384	64204	68180	7084	3664	3420
			151948	74296	77652	5350	2381	2969
			20881	10278	10603	5029	2568	2461
			19078	9327	9751	5105	2942	2163
27213	**12396**	**14817**	**264826**	**131330**	**133496**	**61736**	**35091**	**26645**
3351	1631	1720	5247	2907	2340	4041	2387	1654
4926	2338	2588	6635	3440	3195	3170	1750	1420
17855	7913	9942	14288	7889	6399	11003	6291	4712
			133400	64045	69355	8866	4892	3974
			83575	42020	41555	25946	14821	11125
1081	514	567	883	502	381	614	365	249
			5968	3050	2918	3233	1777	1456
			14830	7477	7353	4863	2808	2055
6714	**3877**	**2837**	**220229**	**113220**	**107009**	**173466**	**97851**	**75615**
1339	683	656	770	443	327	1455	908	547
5375	3194	2181	17504	10504	7000	14446	8944	5502
			95382	48291	47091	37215	21811	15404
			67933	34442	33491	100247	55313	44934
			4881	2714	2167	4238	2419	1819
			33759	16826	16933	15865	8456	7409
7170	**3263**	**3907**	**184339**	**93364**	**90975**	**74464**	**43823**	**30641**
902	446	456	993	570	423	818	478	340
1321	578	743	2842	1589	1253	2648	1524	1124
4947	2239	2708	3583	1915	1668	3708	2187	1521
			78679	38206	40473	26593	15402	11191
			41744	21855	19889	9261	5358	3903
			24770	12816	11954	16283	9553	6730
			31728	16413	15315	15153	9321	5832
7710	**3534**	**4176**	**763278**	**371332**	**391946**	**42578**	**21354**	**21224**
1543	643	900	1762	856	906	768	369	399
5100	2390	2710	2065	1134	931	1259	725	534
			287811	140811	147000	15046	7665	7381
			176780	85501	91279	7278	3372	3906
			238390	114249	124141	12748	6032	6716
			55903	28501	27402	5330	3123	2207
1067	501	566	567	280	287	149	68	81

7-1c 全省按现住地、户口登记地、

现住地	户口					
	合计			省内		
	合计	男	女	小计	男	女
江苏	**3147754**	**1773195**	**1374559**	**1421697**	**752924**	**668773**
南京市	**250364**	**146364**	**104000**	**145528**	**80072**	**65456**
玄武区						
秦淮区						
建邺区						
鼓楼区						
浦口区	16778	9035	7743	9684	5080	4604
栖霞区	16414	10178	6236	9555	5646	3909
雨花台区						
江宁区	148582	89929	58653	81319	46394	34925
六合区	28460	15435	13025	19971	10533	9438
溧水区	24276	12212	12064	15469	7134	8335
高淳区	10603	5935	4668	6478	3277	3201
南京江北新区	5251	3640	1611	3052	2008	1044
无锡市	**496911**	**283853**	**213058**	**159666**	**87726**	**71940**
锡山区	52333	29764	22569	17394	9561	7833
惠山区	101423	58246	43177	33570	17921	15649
滨湖区	21948	12807	9141	7947	4404	3543
梁溪区						
新吴区	54022	32755	21267	19986	11863	8123
江苏无锡经济开发区						
江阴市	172307	96888	75419	47852	26323	21529
宜兴市	94878	53393	41485	32917	17654	15263
徐州市	**120201**	**50014**	**70187**	**98773**	**42074**	**56699**
鼓楼区						
云龙区						
贾汪区	10006	4059	5947	7735	3080	4655
泉山区						
铜山区	27429	11505	15924	22043	9393	12650
丰县	14236	6367	7869	10846	4964	5882
沛县	16048	6361	9687	13222	5496	7726
睢宁县	18293	7792	10501	15281	6772	8509
徐州经济技术开发区	2448	1088	1360	1978	851	1127
新沂市	15979	5956	10023	13792	5307	8485
邳州市	15762	6886	8876	13876	6211	7665
常州市	**362065**	**208686**	**153379**	**124033**	**69248**	**54785**
天宁区	19426	10728	8698	5925	3165	2760
钟楼区	23961	14124	9837	12288	7353	4935
新北区	28807	16332	12475	13245	7258	5987
武进区	133244	76772	56472	43504	24308	19196
金坛区	48594	27919	20675	16666	9179	7487
江苏省常州市经济开发区	81339	46779	34560	21485	12001	9484
溧阳市	26694	16032	10662	10920	5984	4936

性别分的户口登记地在外乡镇街道的人口(乡村)

单位：人

登记地								
市辖区内人户分离			省内流动人口			省外		
小计	男	女	小计	男	女	小计	男	女
219050	**104951**	**114099**	**1202647**	**647973**	**554674**	**1726057**	**1020271**	**705786**
51959	**26607**	**25352**	**93569**	**53465**	**40104**	**104836**	**66292**	**38544**
4415	2211	2204	5269	2869	2400	7094	3955	3139
2848	1595	1253	6707	4051	2656	6859	4532	2327
24591	12996	11595	56728	33398	23330	67263	43535	23728
9555	4675	4880	10416	5858	4558	8489	4902	3587
5792	2841	2951	9677	4293	5384	8807	5078	3729
3873	1738	2135	2605	1539	1066	4125	2658	1467
885	551	334	2167	1457	710	2199	1632	567
13862	**5984**	**7878**	**145804**	**81742**	**64062**	**337245**	**196127**	**141118**
2021	969	1052	15373	8592	6781	34939	20203	14736
7540	2982	4558	26030	14939	11091	67853	40325	27528
2328	1104	1224	5619	3300	2319	14001	8403	5598
1973	929	1044	18013	10934	7079	34036	20892	13144
			47852	26323	21529	124455	70565	53890
			32917	17654	15263	61961	35739	26222
16374	**6317**	**10057**	**82399**	**35757**	**46642**	**21428**	**7940**	**13488**
4559	1594	2965	3176	1486	1690	2271	979	1292
11815	4723	7092	10228	4670	5558	5386	2112	3274
			10846	4964	5882	3390	1403	1987
			13222	5496	7726	2826	865	1961
			15281	6772	8509	3012	1020	1992
			1978	851	1127	470	237	233
			13792	5307	8485	2187	649	1538
			13876	6211	7665	1886	675	1211
24235	**11690**	**12545**	**99798**	**57558**	**42240**	**238032**	**139438**	**98594**
1029	433	596	4896	2732	2164	13501	7563	5938
2933	1600	1333	9355	5753	3602	11673	6771	4902
2321	1041	1280	10924	6217	4707	15562	9074	6488
6664	3012	3652	36840	21296	15544	89740	52464	37276
7981	4047	3934	8685	5132	3553	31928	18740	13188
3307	1557	1750	18178	10444	7734	59854	34778	25076
			10920	5984	4936	15774	10048	5726

7-1c 续表 1

现住地	户口					
	合计			省内		
	合计	男	女	小计	男	女
苏州市	**972831**	**580292**	**392539**	**249612**	**144881**	**104731**
虎丘区	32354	19551	12803	12449	7198	5251
吴中区	127051	76405	50646	35651	20829	14822
相城区	24573	15922	8651	6809	4391	2418
姑苏区						
吴江区	129173	75112	54061	22124	12536	9588
苏州工业园区						
常熟市	143100	83815	59285	39870	22705	17165
张家港市	152599	87765	64834	39835	22322	17513
昆山市	260253	158477	101776	69277	40881	28396
太仓市	103728	63245	40483	23597	14019	9578
南通市	**204820**	**115222**	**89598**	**102404**	**54316**	**48088**
崇川区						
港闸区	1477	1108	369	636	518	118
通州区	47786	27435	20351	19428	10378	9050
如东县	23518	13469	10049	16472	9317	7155
南通经济技术开发区						
通州湾示范区	3227	1648	1579	1881	950	931
苏锡通科技产业园区	16235	8806	7429	5212	2677	2535
启东市	36534	21086	15448	22574	11986	10588
如皋市	16117	8364	7753	9957	5020	4937
海门市	43525	23936	19589	17931	9070	8861
海安市	16401	9370	7031	8313	4400	3913
连云港市	**69590**	**31781**	**37809**	**60564**	**28120**	**32444**
连云区	667	491	176	422	289	133
海州区	5633	2624	3009	4912	2251	2661
赣榆区	15137	6247	8890	12238	5342	6896
东海县	21432	9306	12126	18974	8581	10393
灌云县	11625	5777	5848	10604	5264	5340
灌南县	9814	4882	4932	8685	4284	4401
连云港经济技术开发区	2729	1285	1444	2476	1141	1335
连云港高新技术产业开发区						
江苏连云港徐圩新区	322	267	55	144	112	32
江苏省连云港市云台山风景名胜区	2231	902	1329	2109	856	1253
淮安市	**77175**	**39289**	**37886**	**67134**	**33904**	**33230**
淮安区	13656	6947	6709	11113	5590	5523
淮阴区	12095	5599	6496	10368	4878	5490
清江浦区	3623	1877	1746	3190	1614	1576
洪泽区	12730	6355	6375	11825	5815	6010
涟水县	13017	6520	6497	11645	5863	5782
盱眙县	10795	5553	5242	9546	4926	4620
金湖县	10423	5915	4508	8853	4875	3978
淮安经济技术开发区						
工业园区	718	467	251	483	292	191
生态文旅区						
苏淮高新区	118	56	62	111	51	60

单位：人

登记地								
市辖区内人户分离			省内流动人口			省外		
小计	男	女	小计	男	女	小计	男	女
14521	**7499**	**7022**	**235091**	**137382**	**97709**	**723219**	**435411**	**287808**
3183	1556	1627	9266	5642	3624	19905	12353	7552
5276	2736	2540	30375	18093	12282	91400	55576	35824
1196	697	499	5613	3694	1919	17764	11531	6233
4866	2510	2356	17258	10026	7232	107049	62576	44473
			39870	22705	17165	103230	61110	42120
			39835	22322	17513	112764	65443	47321
			69277	40881	28396	190976	117596	73380
			23597	14019	9578	80131	49226	30905
10626	**5133**	**5493**	**91778**	**49183**	**42595**	**102416**	**60906**	**41510**
95	58	37	541	460	81	841	590	251
8124	3930	4194	11304	6448	4856	28358	17057	11301
			16472	9317	7155	7046	4152	2894
818	397	421	1063	553	510	1346	698	648
1589	748	841	3623	1929	1694	11023	6129	4894
			22574	11986	10588	13960	9100	4860
			9957	5020	4937	6160	3344	2816
			17931	9070	8861	25594	14866	10728
			8313	4400	3913	8088	4970	3118
8654	**3376**	**5278**	**51910**	**24744**	**27166**	**9026**	**3661**	**5365**
114	57	57	308	232	76	245	202	43
1592	626	966	3320	1625	1695	721	373	348
5821	2262	3559	6417	3080	3337	2899	905	1994
			18974	8581	10393	2458	725	1733
			10604	5264	5340	1021	513	508
			8685	4284	4401	1129	598	531
			2476	1141	1335	253	144	109
75	57	18	69	55	14	178	155	23
1052	374	678	1057	482	575	122	46	76
18155	**8560**	**9595**	**48979**	**25344**	**23635**	**10041**	**5385**	**4656**
2904	1341	1563	8209	4249	3960	2543	1357	1186
4725	2160	2565	5643	2718	2925	1727	721	1006
1608	794	814	1582	820	762	433	263	170
8733	4168	4565	3092	1647	1445	905	540	365
			11645	5863	5782	1372	657	715
			9546	4926	4620	1249	627	622
			8853	4875	3978	1570	1040	530
185	97	88	298	195	103	235	175	60
			111	51	60	7	5	2

7-1c 续表 2

现住地	户口					
	合计			省内		
	合计	男	女	小计	男	女
盐城市	**129883**	**66975**	**62908**	**108089**	**55224**	**52865**
亭湖区	10095	5070	5025	9254	4625	4629
盐都区	18913	9964	8949	16028	8288	7740
大丰区	26161	14943	11218	20418	11222	9196
响水县	7178	3290	3888	6238	2871	3367
滨海县	10216	4940	5276	8430	4065	4365
阜宁县	8827	4394	4433	7677	3909	3768
射阳县	15824	8270	7554	13369	6981	6388
建湖县	14321	7235	7086	12836	6481	6355
盐城经济技术开发区	1737	952	785	1390	742	648
江苏省盐南高新区						
东台市	16611	7917	8694	12449	6040	6409
扬州市	**117268**	**67569**	**49699**	**76212**	**41608**	**34604**
广陵区	20316	13266	7050	10535	6136	4399
邗江区	8793	4479	4314	6359	3129	3230
江都区	30297	17811	12486	17342	9749	7593
宝应县	11697	6546	5151	9345	5100	4245
扬州经济技术开发区	6892	3649	3243	4944	2471	2473
蜀冈瘦西湖景区						
生态新城	2972	1562	1410	1792	921	871
仪征市	21001	11689	9312	15217	8185	7032
高邮市	15300	8567	6733	10678	5917	4761
镇江市	**126239**	**71173**	**55066**	**67218**	**36452**	**30766**
京口区	1588	884	704	977	507	470
润州区	705	426	279	247	140	107
丹徒区	18207	10193	8014	11556	6226	5330
镇江新区	10702	5870	4832	7422	3881	3541
江苏镇江高新区						
丹阳市	43503	24021	19482	17303	9357	7946
扬中市	19410	11472	7938	10148	5752	4396
句容市	32124	18307	13817	19565	10589	8976
泰州市	**111207**	**61496**	**49711**	**68195**	**35594**	**32601**
海陵区	4208	2215	1993	3192	1655	1537
高港区	7188	4091	3097	4403	2388	2015
姜堰区	13533	6882	6651	9573	4795	4778
泰州医药高新技术产业开发区	2196	1056	1140	1584	702	882
兴化市	20049	9832	10217	16496	8044	8452
靖江市	35100	21255	13845	16251	9160	7091
泰兴市	28933	16165	12768	16696	8850	7846
宿迁市	**109200**	**50481**	**58719**	**94269**	**43705**	**50564**
宿城区	16294	7825	8469	13089	6153	6936
宿豫区	8657	4309	4348	7272	3504	3768
沭阳县	31978	13185	18793	28135	11902	16233
泗阳县	14150	6634	7516	12256	5790	6466
泗洪县	25993	12546	13447	23380	11415	11965
宿迁经济技术开发区	5271	2694	2577	4264	2104	2160
宿迁市湖滨新区	3377	1676	1701	2981	1472	1509
苏州宿迁工业园区						
宿迁市洋河新区	3480	1612	1868	2892	1365	1527

单位：人

登记地								
						省外		
市辖区内人户分离			省内流动人口					
小计	男	女	小计	男	女	小计	男	女
24774	**12977**	**11797**	**83315**	**42247**	**41068**	**21794**	**11751**	**10043**
4759	2314	2445	4495	2311	2184	841	445	396
7484	3800	3684	8544	4488	4056	2885	1676	1209
12531	6863	5668	7887	4359	3528	5743	3721	2022
			6238	2871	3367	940	419	521
			8430	4065	4365	1786	875	911
			7677	3909	3768	1150	485	665
			13369	6981	6388	2455	1289	1166
			12836	6481	6355	1485	754	731
			1390	742	648	347	210	137
			12449	6040	6409	4162	1877	2285
9756	**4747**	**5009**	**66456**	**36861**	**29595**	**41056**	**25961**	**15095**
2371	1210	1161	8164	4926	3238	9781	7130	2651
2046	917	1129	4313	2212	2101	2434	1350	1084
4965	2446	2519	12377	7303	5074	12955	8062	4893
			9345	5100	4245	2352	1446	906
			4944	2471	2473	1948	1178	770
374	174	200	1418	747	671	1180	641	539
			15217	8185	7032	5784	3504	2280
			10678	5917	4761	4622	2650	1972
5567	**2949**	**2618**	**61651**	**33503**	**28148**	**59021**	**34721**	**24300**
271	123	148	706	384	322	611	377	234
48	27	21	199	113	86	458	286	172
5248	2799	2449	6308	3427	2881	6651	3967	2684
			7422	3881	3541	3280	1989	1291
			17303	9357	7946	26200	14664	11536
			10148	5752	4396	9262	5720	3542
			19565	10589	8976	12559	7718	4841
7741	**3568**	**4173**	**60454**	**32026**	**28428**	**43012**	**25902**	**17110**
1536	687	849	1656	968	688	1016	560	456
1331	566	765	3072	1822	1250	2785	1703	1082
4874	2315	2559	4699	2480	2219	3960	2087	1873
			1584	702	882	612	354	258
			16496	8044	8452	3553	1788	1765
			16251	9160	7091	18849	12095	6754
			16696	8850	7846	12237	7315	4922
12826	**5544**	**7282**	**81443**	**38161**	**43282**	**14931**	**6776**	**8155**
5706	2283	3423	7383	3870	3513	3205	1672	1533
4036	1857	2179	3236	1647	1589	1385	805	580
			28135	11902	16233	3843	1283	2560
			12256	5790	6466	1894	844	1050
			23380	11415	11965	2613	1131	1482
			4264	2104	2160	1007	590	417
1647	785	862	1334	687	647	396	204	192
1437	619	818	1455	746	709	588	247	341

7-2 全省按户口登记地、年龄、性别分的

年 龄	户口					
	合 计			省 内		
	合计	男	女	小计	男	女
总 计	**29979948**	**15793646**	**14186302**	**19671338**	**9902505**	**9768833**
0-4岁	**1136122**	**596680**	**539442**	**823907**	**430583**	**393324**
0	123313	64236	59077	95716	49713	46003
1	211776	110764	101012	155595	80934	74661
2	230619	120442	110177	166175	86324	79851
3	278210	146214	131996	198400	103817	94583
4	292204	155024	137180	208021	109795	98226
5-9岁	**1408305**	**764810**	**643495**	**973825**	**524255**	**449570**
5	274459	147144	127315	194082	103173	90909
6	280183	151575	128608	194980	104468	90512
7	277183	150916	126267	190124	102711	87413
8	301470	164305	137165	206622	111723	94899
9	275010	150870	124140	188017	102180	85837
10-14岁	**1251879**	**692300**	**559579**	**885668**	**486649**	**399019**
10	263426	145396	118030	180713	98997	81716
11	263520	145972	117548	181120	99613	81507
12	246535	136226	110309	173557	95452	78105
13	242024	133677	108347	176561	97101	79460
14	236374	131029	105345	173717	95486	78231
15-19岁	**2040517**	**1114528**	**925989**	**1489149**	**787076**	**702073**
15	330977	181130	149847	275361	148933	126428
16	414688	227552	187136	340654	182627	158027
17	389056	216409	172647	297455	158894	138561
18	397577	217835	179742	268138	140170	127968
19	508219	271602	236617	307541	156452	151089
20-24岁	**2440611**	**1335430**	**1105181**	**1307298**	**671345**	**635953**
20	539081	289897	249184	301887	153959	147928
21	485447	263942	221505	259433	132227	127206
22	463474	258395	205079	237868	123908	113960
23	463107	256660	206447	243293	126337	116956
24	489502	266536	222966	264817	134914	129903
25-29岁	**3050069**	**1625323**	**1424746**	**1751547**	**873693**	**877854**
25	552464	298869	253595	310191	157255	152936
26	548271	292972	255299	314632	157746	156886
27	599808	318585	281223	342904	170013	172891
28	642126	340936	301190	369193	183538	185655
29	707400	373961	333439	414627	205141	209486

户口登记地在外乡镇街道的人口

单位：人

登记地					
			省外		
其中市辖区内人户分离					
小计	男	女	小计	男	女
6316191	**3052541**	**3263650**	**10308610**	**5891141**	**4417469**
289149	**150886**	**138263**	**312215**	**166097**	**146118**
35385	18394	16991	27597	14523	13074
54834	28589	26245	56181	29830	26351
57805	29920	27885	64444	34118	30326
68494	35903	32591	79810	42397	37413
72631	38080	34551	84183	45229	38954
301997	**161291**	**140706**	**434480**	**240555**	**193925**
65802	34815	30987	80377	43971	36406
61539	32652	28887	85203	47107	38096
57270	30767	26503	87059	48205	38854
61974	33232	28742	94848	52582	42266
55412	29825	25587	86993	48690	38303
263938	**142336**	**121602**	**366211**	**205651**	**160560**
54133	29122	25011	82713	46399	36314
54303	29297	25006	82400	46359	36041
51550	27879	23671	72978	40774	32204
53457	28893	24564	65463	36576	28887
50495	27145	23350	62657	35543	27114
407222	**214034**	**193188**	**551368**	**327452**	**223916**
86687	45770	40917	55616	32197	23419
115320	60471	54849	74034	44925	29109
98621	51970	46651	91601	57515	34086
59200	31379	27821	129439	77665	51774
47394	24444	22950	200678	115150	85528
264212	**129916**	**134296**	**1133313**	**664085**	**469228**
46288	23691	22597	237194	135938	101256
43315	21718	21597	226014	131715	94299
50499	24768	25731	225606	134487	91119
57986	28213	29773	219814	130323	89491
66124	31526	34598	224685	131622	93063
494412	**229458**	**264954**	**1298522**	**751630**	**546892**
80931	38374	42557	242273	141614	100659
87352	40839	46513	233639	135226	98413
97625	45001	52624	256904	148572	108332
107725	49778	57947	272933	157398	115535
120779	55466	65313	292773	168820	123953

7-2 续表 1

年龄	户口					
	合计			省内		
	合计	男	女	小计	男	女
30-34岁	**3985976**	**2099025**	**1886951**	**2352714**	**1157517**	**1195197**
30	926316	490852	435464	551132	273803	277329
31	873569	458029	415540	522708	256077	266631
32	763236	400461	362775	446686	218720	227966
33	787136	413901	373235	464450	227816	236634
34	635719	335782	299937	367738	181101	186637
35-39岁	**2570961**	**1365097**	**1205864**	**1560304**	**774832**	**785472**
35	521398	278935	242463	299412	149340	150072
36	505583	269954	235629	295379	147559	147820
37	487712	259503	228209	293750	145956	147794
38	559993	296257	263736	355028	175868	179160
39	496275	260448	235827	316735	156109	160626
40-44岁	**2264190**	**1188541**	**1075649**	**1435365**	**712639**	**722726**
40	426606	224257	202349	260671	128195	132476
41	483068	253401	229667	311346	153980	157366
42	460514	240213	220301	295732	146269	149463
43	434369	228139	206230	278933	139316	139617
44	459633	242531	217102	288683	144879	143804
45-49岁	**2428225**	**1283809**	**1144416**	**1481825**	**746729**	**735096**
45	447718	236399	211319	274369	137997	136372
46	467776	247303	220473	277879	139811	138068
47	471865	250032	221833	279364	140865	138499
48	502518	266557	235961	302861	153286	149575
49	538348	283518	254830	347352	174770	172582
50-54岁	**2530439**	**1309181**	**1221258**	**1705916**	**840988**	**864928**
50	563719	293679	270040	370234	184528	185706
51	530153	275917	254236	357136	177574	179562
52	546798	282075	264723	369304	181407	187897
53	420309	215175	205134	283072	137518	145554
54	469460	242335	227125	326170	159961	166209
55-59岁	**1796411**	**908656**	**887755**	**1314090**	**637781**	**676309**
55	437127	222329	214798	312751	151624	161127
56	396140	200161	195979	285704	138010	147694
57	447838	227707	220131	330377	161174	169203
58	332998	168358	164640	243733	118442	125291
59	182308	90101	92207	141525	68531	72994
60-64岁	**1057834**	**530775**	**527059**	**850808**	**419736**	**431072**
60	187712	93408	94304	150099	73712	76387
61	177314	89627	87687	143767	71569	72198
62	224758	114602	110156	180199	90099	90100
63	252432	126342	126090	203107	99749	103358
64	215618	106796	108822	173636	84607	89029

单位：人

登记地					
其中市辖区内人户分离			省外		
小计	男	女	小计	男	女
705869	**319643**	**386226**	**1633262**	**941508**	**691754**
154733	70325	84408	375184	217049	158135
155430	70258	85172	350861	201952	148909
136735	61854	74881	316550	181741	134809
144127	65070	79057	322686	186085	136601
114844	52136	62708	267981	154681	113300
513155	**234044**	**279111**	**1010657**	**590265**	**420392**
91211	41676	49535	221986	129595	92391
90301	41392	48909	210204	122395	87809
96765	43904	52861	193962	113547	80415
124003	56550	67453	204965	120389	84576
110875	50522	60353	179540	104339	75201
504225	**234512**	**269713**	**828825**	**475902**	**352923**
92965	42692	50273	165935	96062	69873
109606	50509	59097	171722	99421	72301
103372	47730	55642	164782	93944	70838
97919	45978	51941	155436	88823	66613
100363	47603	52760	170950	97652	73298
503463	**241342**	**262121**	**946400**	**537080**	**409320**
94802	44990	49812	173349	98402	74947
95059	45406	49653	189897	107492	82405
95666	45961	49705	192501	109167	83334
101813	49328	52485	199657	113271	86386
116123	55657	60466	190996	108748	82248
555909	**264736**	**291173**	**824523**	**468193**	**356330**
122831	58675	64156	193485	109151	84334
117920	56229	61691	173017	98343	74674
120428	57162	63266	177494	100668	76826
88972	41853	47119	137237	77657	59580
105758	50817	54941	143290	82374	60916
468132	**227091**	**241041**	**482321**	**270875**	**211446**
104210	49932	54278	124376	70705	53671
102006	49270	52736	110436	62151	48285
122612	59731	62881	117461	66533	50928
86748	42451	44297	89265	49916	39349
52556	25707	26849	40783	21570	19213
319704	**157717**	**161987**	**207026**	**111039**	**95987**
57882	28642	29240	37613	19696	17917
54178	26870	27308	33547	18058	15489
67138	33474	33664	44559	24503	20056
76318	37376	38942	49325	26593	22732
64188	31355	32833	41982	22189	19793

7-2 续表 2

年龄	户口					
	合计			省内		
	合计	男	女	小计	男	女
65-69岁	**897058**	**442783**	**454275**	**739667**	**361900**	**377767**
65	219409	108655	110754	179246	87715	91531
66	209136	103254	105882	171583	83806	87777
67	171945	84527	87418	141380	68981	72399
68	167542	82785	84757	139534	68521	71013
69	129026	63562	65464	107924	52877	55047
70-74岁	**487076**	**247228**	**239848**	**425044**	**215392**	**209652**
70	117941	59666	58275	100693	50782	49911
71	113402	57873	55529	98676	50221	48455
72	96495	48624	47871	84755	42549	42206
73	84116	42893	41223	74174	37834	36340
74	75122	38172	36950	66746	34006	32740
75-79岁	**280746**	**136926**	**143820**	**251443**	**123081**	**128362**
75	64886	32441	32445	57784	28956	28828
76	62853	31242	31611	56355	28129	28226
77	51538	24880	26658	45988	22310	23678
78	49776	24039	25737	44748	21738	23010
79	51693	24324	27369	46568	21948	24620
80-84岁	**185809**	**85459**	**100350**	**168283**	**77136**	**91147**
80	44652	21100	23552	40240	19074	21166
81	37732	17360	20372	34235	15718	18517
82	38913	18157	20756	35282	16392	18890
83	33222	14965	18257	30142	13459	16683
84	31290	13877	17413	28384	12493	15891
85-89岁	**110720**	**46010**	**64710**	**101484**	**41655**	**59829**
85	28919	12343	16576	26426	11118	15308
86	26169	10925	15244	23898	9835	14063
87	23136	9542	13594	21162	8607	12555
88	17766	7237	10529	16353	6621	9732
89	14730	5963	8767	13645	5474	8171
90-94岁	**42965**	**16195**	**26770**	**40001**	**14973**	**25028**
90	13344	5227	8117	12310	4775	7535
91	10282	3926	6356	9593	3631	5962
92	8829	3250	5579	8244	3004	5240
93	5970	2174	3796	5579	2034	3545
94	4540	1618	2922	4275	1529	2746
95-99岁	**11781**	**4079**	**7702**	**10972**	**3812**	**7160**
95	3857	1338	2519	3605	1254	2351
96	2988	1021	1967	2791	958	1833
97	2145	737	1408	2007	695	1312
98	1525	521	1004	1421	494	927
99	1266	462	804	1148	411	737
100岁及以上	**2254**	**811**	**1443**	**2028**	**733**	**1295**

单位：人

登记地					
其中市辖区内人户分离			省　　外		
小计	男	女	小计	男	女
289439	**140455**	**148984**	**157391**	**80883**	**76508**
66991	32352	34639	40163	20940	19223
66879	32566	34313	37553	19448	18105
54986	26657	28329	30565	15546	15019
55935	27140	28795	28008	14264	13744
44648	21740	22908	21102	10685	10417
183845	**91659**	**92186**	**62032**	**31836**	**30196**
42590	21187	21403	17248	8884	8364
42824	21447	21377	14726	7652	7074
36458	18001	18457	11740	6075	5665
32947	16508	16439	9942	5059	4883
29026	14516	14510	8376	4166	4210
109877	**53204**	**56673**	**29303**	**13845**	**15458**
24886	12328	12558	7102	3485	3617
24610	12010	12600	6498	3113	3385
20010	9683	10327	5550	2570	2980
19721	9536	10185	5028	2301	2727
20650	9647	11003	5125	2376	2749
74937	**33989**	**40948**	**17526**	**8323**	**9203**
17865	8347	9518	4412	2026	2386
15466	6995	8471	3497	1642	1855
15462	7057	8405	3631	1765	1866
13416	5963	7453	3080	1506	1574
12728	5627	7101	2906	1384	1522
44882	**18379**	**26503**	**9236**	**4355**	**4881**
11938	5015	6923	2493	1225	1268
10570	4347	6223	2271	1090	1181
9261	3722	5539	1974	935	1039
7138	2882	4256	1413	616	797
5975	2413	3562	1085	489	596
17353	**6463**	**10890**	**2964**	**1222**	**1742**
5367	2097	3270	1034	452	582
4228	1614	2614	689	295	394
3606	1317	2289	585	246	339
2380	835	1545	391	140	251
1772	600	1172	265	89	176
3955	**1253**	**2702**	**809**	**267**	**542**
1395	447	948	252	84	168
1035	327	708	197	63	134
717	229	488	138	42	96
466	135	331	104	27	77
342	115	227	118	51	67
516	**133**	**383**	**226**	**78**	**148**

7-2a 全省按户口登记地、年龄、性别分的

年龄	户口					
	合计			省内		
	合计	男	女	小计	男	女
总计	**19322446**	**10089794**	**9232652**	**13198725**	**6615555**	**6583170**
0-4岁	**714259**	**374434**	**339825**	**529627**	**276348**	**253279**
0	79905	41596	38309	62908	32643	30265
1	135225	70690	64535	101649	52916	48733
2	144816	75514	69302	106879	55416	51463
3	172837	90607	82230	125790	65707	60083
4	181476	96027	85449	132401	69666	62735
5-9岁	**830092**	**450316**	**379776**	**583258**	**313287**	**269971**
5	167046	89357	77689	120753	64027	56726
6	165898	89535	76363	117310	62624	54686
7	161554	88019	73535	112483	60685	51798
8	176838	96321	80517	122889	66327	56562
9	158756	87084	71672	109823	59624	50199
10-14岁	**722030**	**398765**	**323265**	**513890**	**281620**	**232270**
10	152053	83722	68331	105314	57490	47824
11	151504	83818	67686	105159	57686	47473
12	141035	77989	63046	99663	54743	44920
13	140472	77414	63058	103277	56609	46668
14	136966	75822	61144	100477	55092	45385
15-19岁	**1335042**	**723257**	**611785**	**959661**	**502438**	**457223**
15	190988	104315	86673	155979	83924	72055
16	247227	135264	111963	197806	105313	92493
17	240570	133370	107200	178840	94704	84136
18	278282	150627	127655	190351	98585	91766
19	377975	199681	178294	236685	119912	116773
20-24岁	**1749348**	**942918**	**806430**	**977326**	**500410**	**476916**
20	405458	214845	190613	237434	120375	117059
21	358693	191746	166947	200104	101287	98817
22	327273	179445	147828	174985	90728	84257
23	321748	175613	146135	176067	91417	84650
24	336176	181269	154907	188736	96603	92133
25-29岁	**2022515**	**1076430**	**946085**	**1214587**	**612861**	**601726**
25	374819	201298	173521	218571	111497	107074
26	368430	196280	172150	220410	111488	108922
27	398504	211608	186896	238554	119771	118783
28	421617	223498	198119	254759	128083	126676
29	459145	243746	215399	282293	142022	140271

户口登记地在外乡镇街道的人口(城市)

单位：人

登记地					
其中市辖区内人户分离			省外		
小计	男	女	小计	男	女
5819763	**2813273**	**3006490**	**6123721**	**3474239**	**2649482**
266889	**139329**	**127560**	**184632**	**98086**	**86546**
32647	16998	15649	16997	8953	8044
50574	26408	24166	33576	17774	15802
53214	27574	25640	37937	20098	17839
63216	33148	30068	47047	24900	22147
67238	35201	32037	49075	26361	22714
278543	**149010**	**129533**	**246834**	**137029**	**109805**
60789	32184	28605	46293	25330	20963
56723	30144	26579	48588	26911	21677
52726	28416	24310	49071	27334	21737
57238	30763	26475	53949	29994	23955
51067	27503	23564	48933	27460	21473
242644	**131206**	**111438**	**208140**	**117145**	**90995**
49663	26815	22848	46739	26232	20507
49880	26955	22925	46345	26132	20213
47359	25657	21702	41372	23246	18126
49358	26748	22610	37195	20805	16390
46384	25031	21353	36489	20730	15759
352191	**185135**	**167056**	**375381**	**220819**	**154562**
74958	39508	35450	35009	20391	14618
97225	51090	46135	49421	29951	19470
83088	43926	39162	61730	38666	23064
52845	27926	24919	87931	52042	35889
44075	22685	21390	141290	79769	61521
246397	**121901**	**124496**	**772022**	**442508**	**329514**
43509	22323	21186	168024	94470	73554
40503	20361	20142	158589	90459	68130
47098	23179	23919	152288	88717	63571
53920	26455	27465	145681	84196	61485
61367	29583	31784	147440	84666	62774
455941	**214786**	**241155**	**807928**	**463569**	**344359**
74853	35971	38882	156248	89801	66447
80691	38253	42438	148020	84792	63228
89993	42109	47884	159950	91837	68113
99290	46607	52683	166858	95415	71443
111114	51846	59268	176852	101724	75128

7-2a 续表 1

年龄	户口					
	合计			省内		
	合计	男	女	小计	男	女
30-34岁	**2536828**	**1337123**	**1199705**	**1579941**	**786892**	**793049**
30	591279	314233	277046	367711	185549	182162
31	557125	292783	264342	350392	174159	176233
32	485516	255196	230320	300825	149067	151758
33	500820	262934	237886	313782	155295	158487
34	402088	211977	190111	247231	122822	124409
35-39岁	**1622812**	**860918**	**761894**	**1041272**	**520656**	**520616**
35	325470	174131	151339	197159	99233	97926
36	315126	168612	146514	193314	97643	95671
37	307433	163557	143876	195404	97841	97563
38	358805	189139	169666	241359	120055	121304
39	315978	165479	150499	214036	105884	108152
40-44岁	**1424357**	**746746**	**677611**	**968844**	**482722**	**486122**
40	269422	141339	128083	176610	87213	89397
41	307460	161059	146401	211776	105170	106606
42	291328	151591	139737	200173	99380	100793
43	271774	142630	129144	187312	93837	93475
44	284373	150127	134246	192973	97122	95851
45-49岁	**1484715**	**782382**	**702333**	**986052**	**497400**	**488652**
45	275116	145136	129980	182852	92170	90682
46	285139	150565	134574	185260	93438	91822
47	287769	151923	135846	186032	93891	92141
48	305974	161831	144143	201190	102017	99173
49	330717	172927	157790	230718	115884	114834
50-54岁	**1583328**	**803529**	**779799**	**1141179**	**555954**	**585225**
50	347437	179414	168023	245934	122233	123701
51	330682	169405	161277	238377	117343	121034
52	342841	173524	169317	247521	120216	127305
53	263229	131311	131918	188949	90257	98692
54	299139	149875	149264	220398	105905	114493
55-59岁	**1196577**	**585203**	**611374**	**916103**	**434669**	**481434**
55	283793	139869	143924	213893	101499	112394
56	263108	128422	134686	199672	94291	105381
57	302124	148232	153892	233147	111012	122135
58	223783	109310	114473	170582	80982	89600
59	123769	59370	64399	98809	46885	51924
60-64岁	**731199**	**356479**	**374720**	**598080**	**288358**	**309722**
60	129798	62803	66995	106131	51079	55052
61	122560	60045	62515	101038	49041	51997
62	155104	76790	78314	126414	61701	64713
63	175239	85289	89950	143419	68876	74543
64	148498	71552	76946	121078	57661	63417

单位：人

登记地					
其中市辖区内人户分离			省　　外		
小计	男	女	小计	男	女
651942	**298640**	**353302**	**956887**	**550231**	**406656**
142164	65603	76561	223568	128684	94884
143415	65638	77777	206733	118624	88109
126409	57869	68540	184691	106129	78562
133339	60750	72589	187038	107639	79399
106615	48780	57835	154857	89155	65702
478379	**219327**	**259052**	**581540**	**340262**	**241278**
84803	39028	45775	128311	74898	53413
84122	38852	45270	121812	70969	50843
90320	41153	49167	112029	65716	46313
115739	52985	62754	117446	69084	48362
103395	47309	56086	101942	59595	42347
468299	**218275**	**250024**	**455513**	**264024**	**191489**
86697	39954	46743	92812	54126	38686
101813	47047	54766	95684	55889	39795
95973	44378	51595	91155	52211	38944
90794	42672	48122	84462	48793	35669
93022	44224	48798	91400	53005	38395
465024	**223004**	**242020**	**498663**	**284982**	**213681**
87924	41811	46113	92264	52966	39298
87824	42015	45809	99879	57127	42752
88273	42417	45856	101737	58032	43705
94050	45588	48462	104784	59814	44970
106953	51173	55780	99999	57043	42956
512641	**243190**	**269451**	**442149**	**247575**	**194574**
113167	53988	59179	101503	57181	44322
108707	51726	56981	92305	52062	40243
111302	52579	58723	95320	53308	42012
81828	38286	43542	74280	41054	33226
97637	46611	51026	78741	43970	34771
435885	**209915**	**225970**	**280474**	**150534**	**129940**
96493	45926	50567	69900	38370	31530
94841	45525	49316	63436	34131	29305
114436	55296	59140	68977	37220	31757
80837	39237	41600	53201	28328	24873
49278	23931	25347	24960	12485	12475
299275	**146338**	**152937**	**133119**	**68121**	**64998**
54561	26760	27801	23667	11724	11943
50739	24911	25828	21522	11004	10518
62843	31099	31744	28690	15089	13601
71236	34591	36645	31820	16413	15407
59896	28977	30919	27420	13891	13529

7-2a 续表 2

年龄	户口					
	合计			省内		
	合计	男	女	小计	男	女
65-69岁	**619878**	**299944**	**319934**	**516843**	**248354**	**268489**
65	151507	73251	78256	125027	59972	65055
66	145885	70669	75216	121230	58235	62995
67	118302	57016	61286	98357	47090	51267
68	115009	55813	59196	96806	46741	50065
69	89175	43195	45980	75423	36316	39107
70-74岁	**330261**	**163693**	**166568**	**290370**	**143451**	**146919**
70	80966	40265	40701	69832	34604	35228
71	77586	38685	38901	68029	33784	34245
72	65042	31955	33087	57499	28083	29416
73	56845	28175	28670	50502	24989	25513
74	49822	24613	25209	44508	21991	22517
75-79岁	**184603**	**88045**	**96558**	**166167**	**79271**	**86896**
75	42633	20812	21821	38106	18563	19543
76	41496	20083	21413	37367	18095	19272
77	33663	15959	17704	30215	14367	15848
78	32584	15472	17112	29420	14001	15419
79	34227	15719	18508	31059	14245	16814
80-84岁	**123383**	**55705**	**67678**	**112481**	**50556**	**61925**
80	29448	13596	15852	26730	12352	14378
81	25239	11440	13799	23053	10416	12637
82	25720	11711	14009	23449	10619	12830
83	22017	9767	12250	20141	8871	11270
84	20959	9191	11768	19108	8298	10810
85-89岁	**73633**	**30108**	**43525**	**67915**	**27489**	**40426**
85	19279	8058	11221	17745	7324	10421
86	17246	7111	10135	15866	6462	9404
87	15290	6128	9162	14082	5572	8510
88	11893	4794	7099	11000	4421	6579
89	9925	4017	5908	9222	3710	5512
90-94岁	**28742**	**10762**	**17980**	**26932**	**9999**	**16933**
90	8929	3509	5420	8305	3228	5077
91	6889	2617	4272	6466	2432	4034
92	5983	2178	3805	5611	2025	3586
93	3914	1415	2499	3683	1328	2355
94	3027	1043	1984	2867	986	1881
95-99岁	**7567**	**2615**	**4952**	**7060**	**2446**	**4614**
95	2502	868	1634	2351	819	1532
96	1925	666	1259	1800	620	1180
97	1387	473	914	1304	449	855
98	981	325	656	910	309	601
99	772	283	489	695	249	446
100岁及以上	**1277**	**422**	**855**	**1137**	**374**	**763**

单位：人

登记地					
其中市辖区内人户分离			省　外		
小计	男	女	小计	男	女
268457	**128989**	**139468**	**103035**	**51590**	**51445**
62277	29797	32480	26480	13279	13201
62337	30066	32271	24655	12434	12221
50988	24467	26521	19945	9926	10019
51671	24812	26859	18203	9072	9131
41184	19847	21337	13752	6879	6873
167544	**82258**	**85286**	**39891**	**20242**	**19649**
39096	19290	19806	11134	5661	5473
39195	19353	19842	9557	4901	4656
33134	16084	17050	7543	3872	3671
29933	14731	15202	6343	3186	3157
26186	12800	13386	5314	2622	2692
99550	**47272**	**52278**	**18436**	**8774**	**9662**
22408	10818	11590	4527	2249	2278
22182	10605	11577	4129	1988	2141
18206	8669	9537	3448	1592	1856
17917	8541	9376	3164	1471	1693
18837	8639	10198	3168	1474	1694
68709	**30723**	**37986**	**10902**	**5149**	**5753**
16393	7534	8859	2718	1244	1474
14176	6331	7845	2186	1024	1162
14111	6332	7779	2271	1092	1179
12312	5389	6923	1876	896	980
11717	5137	6580	1851	893	958
41359	**16779**	**24580**	**5718**	**2619**	**3099**
11005	4569	6436	1534	734	800
9715	3956	5759	1380	649	731
8539	3388	5151	1208	556	652
6592	2643	3949	893	373	520
5508	2223	3285	703	307	396
16009	**5931**	**10078**	**1810**	**763**	**1047**
4960	1931	3029	624	281	343
3877	1468	2409	423	185	238
3348	1228	2120	372	153	219
2196	764	1432	231	87	144
1628	540	1088	160	57	103
3644	**1157**	**2487**	**507**	**169**	**338**
1293	406	887	151	49	102
961	312	649	125	46	79
654	216	438	83	24	59
431	124	307	71	16	55
305	99	206	77	34	43
441	**108**	**333**	**140**	**48**	**92**

7-2b 全省按户口登记地、年龄、性别分的

年龄	户口					
	合计			省内		
	合计	男	女	小计	男	女
总计	**7509748**	**3930657**	**3579091**	**5050916**	**2534026**	**2516890**
0-4岁	**325474**	**171467**	**154007**	**244541**	**128374**	**116167**
0	34349	17895	16454	27501	14311	13190
1	58684	30851	27833	44413	23188	21225
2	65496	34250	31246	48762	25450	23312
3	81256	42779	38477	60635	31809	28826
4	85689	45692	39997	63230	33616	29614
5-9岁	**448830**	**244209**	**204621**	**328621**	**177908**	**150713**
5	82394	44295	38099	60746	32489	28257
6	88689	48063	40626	65275	35188	30087
7	89788	48921	40867	65507	35554	29953
8	97334	53143	44191	70883	38522	32361
9	90625	49787	40838	66210	36155	30055
10-14岁	**416068**	**231229**	**184839**	**314250**	**174184**	**140066**
10	86629	48169	38460	63595	35248	28347
11	86624	48218	38406	63673	35343	28330
12	82864	45863	37001	62358	34470	27888
13	80755	44912	35843	62375	34622	27753
14	79196	44067	35129	62249	34501	27748
15-19岁	**579411**	**317837**	**261574**	**465128**	**250404**	**214724**
15	119790	65687	54103	106404	58101	48303
16	144383	79403	64980	128627	69942	58685
17	124178	68986	55192	105577	57395	48182
18	91987	50888	41099	65748	35143	30605
19	99073	52873	46200	58772	29823	28949
20-24岁	**486264**	**268006**	**218258**	**259328**	**133050**	**126278**
20	99234	54051	45183	52160	26961	25199
21	91030	50265	40765	47521	24586	22935
22	94226	53026	41200	49153	25629	23524
23	96647	53733	42914	51929	26632	25297
24	105127	56931	48196	58565	29242	29323
25-29岁	**708746**	**371296**	**337450**	**415761**	**202600**	**213161**
25	121927	65592	56335	70381	35107	35274
26	123853	65294	58559	72580	35689	36891
27	138506	72165	66341	80643	38960	41683
28	152066	79575	72491	88844	43368	45476
29	172394	88670	83724	103313	49476	53837

户口登记地在外乡镇街道的人口(镇)

单位：人

登记地					
其中市辖区内人户分离			省　　外		
小计	男	女	小计	男	女
277378	**134317**	**143061**	**2458832**	**1396631**	**1062201**
13347	**6947**	**6400**	**80933**	**43093**	**37840**
1679	849	830	6848	3584	3264
2500	1291	1209	14271	7663	6608
2697	1370	1327	16734	8800	7934
3167	1677	1490	20621	10970	9651
3304	1760	1544	22459	12076	10383
13961	**7351**	**6610**	**120209**	**66301**	**53908**
2975	1581	1394	21648	11806	9842
2779	1467	1312	23414	12875	10539
2695	1401	1294	24281	13367	10914
2902	1531	1371	26451	14621	11830
2610	1371	1239	24415	13632	10783
13125	**6925**	**6200**	**101818**	**57045**	**44773**
2719	1420	1299	23034	12921	10113
2715	1442	1273	22951	12875	10076
2562	1381	1181	20506	11393	9113
2534	1328	1206	18380	10290	8090
2595	1354	1241	16947	9566	7381
37792	**20234**	**17558**	**114283**	**67433**	**46850**
7972	4284	3688	13386	7586	5800
13141	6934	6207	15756	9461	6295
11356	5930	5426	18601	11591	7010
3812	2198	1614	26239	15745	10494
1511	888	623	40301	23050	17251
9102	**4312**	**4790**	**226936**	**134956**	**91980**
1304	702	602	47074	27090	19984
1420	708	712	43509	25679	17830
1807	891	916	45073	27397	17676
2115	967	1148	44718	27101	17617
2456	1044	1412	46562	27689	18873
20368	**8460**	**11908**	**292985**	**168696**	**124289**
3132	1333	1799	51546	30485	21061
3443	1418	2025	51273	29605	21668
3918	1578	2340	57863	33205	24658
4619	1939	2680	63222	36207	27015
5256	2192	3064	69081	39194	29887

7-2b 续表 1

年龄	户口					
	合计			省内		
	合计	男	女	小计	男	女
30-34岁	**1007266**	**517946**	**489320**	**603503**	**288782**	**314721**
30	233847	120836	113011	143502	69291	74211
31	220516	112559	107957	134415	63781	70634
32	192136	98434	93702	113213	53985	59228
33	198589	102329	96260	117625	56363	61262
34	162178	83788	78390	94748	45362	49386
35-39岁	**667531**	**345419**	**322112**	**412638**	**199114**	**213524**
35	137047	71385	65662	80908	39264	41644
36	134261	69520	64741	81029	39009	42020
37	127201	65885	61316	78544	37898	40646
38	141917	73457	68460	90302	43700	46602
39	127105	65172	61933	81855	39243	42612
40-44岁	**574092**	**295224**	**278868**	**365265**	**177163**	**188102**
40	109048	56102	52946	67068	32136	34932
41	121933	62345	59588	78833	37833	41000
42	116215	59493	56722	74976	36262	38714
43	110266	56897	53369	71017	34823	36194
44	116630	60387	56243	73371	36109	37262
45-49岁	**610455**	**317652**	**292803**	**373176**	**184595**	**188581**
45	113187	58600	54587	69540	34355	35185
46	117982	61396	56586	70044	34534	35510
47	118414	61824	56590	70245	34854	35391
48	126149	65750	60399	76102	37696	38406
49	134723	70082	64641	87245	43156	44089
50-54岁	**615935**	**316439**	**299496**	**415930**	**202831**	**213099**
50	140218	71911	68307	92524	45164	47360
51	129200	66742	62458	87154	42872	44282
52	132388	67664	64724	89384	43325	46059
53	102494	52454	50040	69199	33425	35774
54	111635	57668	53967	77669	38045	39624
55-59岁	**406426**	**207230**	**199196**	**295527**	**143793**	**151734**
55	102241	52272	49969	72839	35360	37479
56	88748	45273	43475	63387	30643	32744
57	99534	51168	48366	72729	35782	36947
58	75061	38270	36791	54846	26709	28137
59	40842	20247	20595	31726	15299	16427
60-64岁	**231196**	**116589**	**114607**	**185919**	**91980**	**93939**
60	41009	20530	20479	32638	16040	16598
61	38787	19873	18914	31433	15809	15624
62	49067	25134	23933	39393	19762	19631
63	54647	27438	27209	43770	21556	22214
64	47686	23614	24072	38685	18813	19872

单位：人

登记地					
其中市辖区内人户分离			省外		
小计	男	女	小计	男	女
29931	**12631**	**17300**	**403763**	**229164**	**174599**
6885	2894	3991	90345	51545	38800
6552	2768	3784	86101	48778	37323
5629	2346	3283	78923	44449	34474
6080	2591	3489	80964	45966	34998
4785	2032	2753	67430	38426	29004
20376	**8822**	**11554**	**254893**	**146305**	**108588**
3796	1628	2168	56139	32121	24018
3584	1551	2033	53232	30511	22721
3797	1696	2101	48657	27987	20670
4791	2104	2687	51615	29757	21858
4408	1843	2565	45250	25929	19321
21497	**9738**	**11759**	**208827**	**118061**	**90766**
3710	1587	2123	41980	23966	18014
4748	2088	2660	43100	24512	18588
4449	1998	2451	41239	23231	18008
4262	2025	2237	39249	22074	17175
4328	2040	2288	43259	24278	18981
21746	**10344**	**11402**	**237279**	**133057**	**104222**
3989	1877	2112	43647	24245	19402
4170	1942	2228	47938	26862	21076
4172	1998	2174	48169	26970	21199
4315	2047	2268	50047	28054	21993
5100	2480	2620	47478	26926	20552
23414	**11297**	**12117**	**200005**	**113608**	**86397**
5260	2504	2756	47694	26747	20947
5009	2366	2643	42046	23870	18176
4882	2388	2494	43004	24339	18665
3903	1886	2017	33295	19029	14266
4360	2153	2207	33966	19623	14343
16788	**8560**	**8228**	**110899**	**63437**	**47462**
4085	2011	2074	29402	16912	12490
3767	1883	1884	25361	14630	10731
4223	2176	2047	26805	15386	11419
3074	1611	1463	20215	11561	8654
1639	879	760	9116	4948	4168
9970	**5302**	**4668**	**45277**	**24609**	**20668**
1641	899	742	8371	4490	3881
1664	924	740	7354	4064	3290
2086	1096	990	9674	5372	4302
2465	1284	1181	10877	5882	4995
2114	1099	1015	9001	4801	4200

7-2b 续表 2

年 龄	户口 合 计			省 内		
	合计	男	女	小计	男	女
65-69岁	**198944**	**98036**	**100908**	**164414**	**80171**	**84243**
65	49009	24297	24712	40305	19655	20650
66	45299	22245	23054	37087	18006	19081
67	38783	19058	19725	31966	15608	16358
68	37620	18610	19010	31451	15405	16046
69	28233	13826	14407	23605	11497	12108
70-74岁	**104465**	**53065**	**51400**	**90986**	**46019**	**44967**
70	25522	12893	12629	21774	10933	10841
71	24201	12426	11775	21018	10727	10291
72	20919	10581	10338	18330	9229	9101
73	17662	8986	8676	15507	7877	7630
74	16161	8179	7982	14357	7253	7104
75-79岁	**61086**	**29545**	**31541**	**54741**	**26600**	**28141**
75	14346	7049	7297	12787	6297	6490
76	13714	6846	6868	12327	6181	6146
77	11389	5435	5954	10193	4889	5304
78	10885	5142	5743	9772	4648	5124
79	10752	5073	5679	9662	4585	5077
80-84岁	**37516**	**17304**	**20212**	**33725**	**15509**	**18216**
80	9336	4418	4918	8349	3960	4389
81	7467	3441	4026	6709	3097	3612
82	7935	3730	4205	7143	3347	3796
83	6728	3053	3675	6076	2713	3363
84	6050	2662	3388	5448	2392	3056
85-89岁	**20704**	**8739**	**11965**	**18847**	**7821**	**11026**
85	5620	2484	3136	5107	2205	2902
86	4975	2091	2884	4514	1861	2653
87	4311	1822	2489	3902	1627	2275
88	3196	1292	1904	2922	1171	1751
89	2602	1050	1552	2402	957	1445
90-94岁	**7153**	**2685**	**4468**	**6588**	**2452**	**4136**
90	2289	853	1436	2079	767	1312
91	1678	660	1018	1547	601	946
92	1424	523	901	1325	478	847
93	1018	363	655	942	338	604
94	744	286	458	695	268	427
95-99岁	**1847**	**604**	**1243**	**1718**	**557**	**1161**
95	623	213	410	577	197	380
96	462	132	330	430	123	307
97	348	116	232	323	104	219
98	218	77	141	208	73	135
99	196	66	130	180	60	120
100岁及以上	**339**	**136**	**203**	**310**	**119**	**191**

单位：人

其中市辖区内人户分离			省外		
小计	男	女	小计	男	女
9994	**5198**	**4796**	**34530**	**17865**	**16665**
2291	1139	1152	8704	4642	4062
2204	1151	1053	8212	4239	3973
1933	1029	904	6817	3450	3367
2003	1054	949	6169	3205	2964
1563	825	738	4628	2329	2299
7007	**3745**	**3262**	**13479**	**7046**	**6433**
1544	795	749	3748	1960	1788
1581	834	747	3183	1699	1484
1414	771	643	2589	1352	1237
1287	692	595	2155	1109	1046
1181	653	528	1804	926	878
4389	**2303**	**2086**	**6345**	**2945**	**3400**
1051	577	474	1559	752	807
1033	536	497	1387	665	722
771	409	362	1196	546	650
774	376	398	1113	494	619
760	405	355	1090	488	602
2604	**1323**	**1281**	**3791**	**1795**	**1996**
620	337	283	987	458	529
541	264	277	758	344	414
555	274	281	792	383	409
466	244	222	652	340	312
422	204	218	602	270	332
1413	**629**	**784**	**1857**	**918**	**939**
392	190	202	513	279	234
349	157	192	461	230	231
274	111	163	409	195	214
214	94	120	274	121	153
184	77	107	200	93	107
451	**171**	**280**	**565**	**233**	**332**
148	55	93	210	86	124
110	43	67	131	59	72
93	33	60	99	45	54
60	22	38	76	25	51
40	18	22	49	18	31
93	**23**	**70**	**129**	**47**	**82**
29	12	17	46	16	30
24	3	21	32	9	23
20	2	18	25	12	13
10	3	7	10	4	6
10	3	7	16	6	10
10	**2**	**8**	**29**	**17**	**12**

7-2c 全省按户口登记地、年龄、性别分的

年龄	户口					
	合计			省内		
	合计	男	女	小计	男	女
总计	**3147754**	**1773195**	**1374559**	**1421697**	**752924**	**668773**
0-4岁	**96389**	**50779**	**45610**	**49739**	**25861**	**23878**
0	9059	4745	4314	5307	2759	2548
1	17867	9223	8644	9533	4830	4703
2	20307	10678	9629	10534	5458	5076
3	24117	12828	11289	11975	6301	5674
4	25039	13305	11734	12390	6513	5877
5-9岁	**129383**	**70285**	**59098**	**61946**	**33060**	**28886**
5	25019	13492	11527	12583	6657	5926
6	25596	13977	11619	12395	6656	5739
7	25841	13976	11865	12134	6472	5662
8	27298	14841	12457	12850	6874	5976
9	25629	13999	11630	11984	6401	5583
10-14岁	**113781**	**62306**	**51475**	**57528**	**30845**	**26683**
10	24744	13505	11239	11804	6259	5545
11	25392	13936	11456	12288	6584	5704
12	22636	12374	10262	11536	6239	5297
13	20797	11351	9446	10909	5870	5039
14	20212	11140	9072	10991	5893	5098
15-19岁	**126064**	**73434**	**52630**	**64360**	**34234**	**30126**
15	20199	11128	9071	12978	6908	6070
16	23078	12885	10193	14221	7372	6849
17	24308	14053	10255	13038	6795	6243
18	27308	16320	10988	12039	6442	5597
19	31171	19048	12123	12084	6717	5367
20-24岁	**204999**	**124506**	**80493**	**70644**	**37885**	**32759**
20	34389	21001	13388	12293	6623	5670
21	35724	21931	13793	11808	6354	5454
22	41975	25924	16051	13730	7551	6179
23	44712	27314	17398	15297	8288	7009
24	48199	28336	19863	17516	9069	8447
25-29岁	**318808**	**177597**	**141211**	**121199**	**58232**	**62967**
25	55718	31979	23739	21239	10651	10588
26	55988	31398	24590	21642	10569	11073
27	62798	34812	27986	23707	11282	12425
28	68443	37863	30580	25590	12087	13503
29	75861	41545	34316	29021	13643	15378

户口登记地在外乡镇街道的人口(乡村)

单位：人

登记地					
其中市辖区内人户分离			省外		
小计	男	女	小计	男	女
219050	**104951**	**114099**	**1726057**	**1020271**	**705786**
8913	**4610**	**4303**	**46650**	**24918**	**21732**
1059	547	512	3752	1986	1766
1760	890	870	8334	4393	3941
1894	976	918	9773	5220	4553
2111	1078	1033	12142	6527	5615
2089	1119	970	12649	6792	5857
9493	**4930**	**4563**	**67437**	**37225**	**30212**
2038	1050	988	12436	6835	5601
2037	1041	996	13201	7321	5880
1849	950	899	13707	7504	6203
1834	938	896	14448	7967	6481
1735	951	784	13645	7598	6047
8169	**4205**	**3964**	**56253**	**31461**	**24792**
1751	887	864	12940	7246	5694
1708	900	808	13104	7352	5752
1629	841	788	11100	6135	4965
1565	817	748	9888	5481	4407
1516	760	756	9221	5247	3974
17239	**8665**	**8574**	**61704**	**39200**	**22504**
3757	1978	1779	7221	4220	3001
4954	2447	2507	8857	5513	3344
4177	2114	2063	11270	7258	4012
2543	1255	1288	15269	9878	5391
1808	871	937	19087	12331	6756
8713	**3703**	**5010**	**134355**	**86621**	**47734**
1475	666	809	22096	14378	7718
1392	649	743	23916	15577	8339
1594	698	896	28245	18373	9872
1951	791	1160	29415	19026	10389
2301	899	1402	30683	19267	11416
18103	**6212**	**11891**	**197609**	**119365**	**78244**
2946	1070	1876	34479	21328	13151
3218	1168	2050	34346	20829	13517
3714	1314	2400	39091	23530	15561
3816	1232	2584	42853	25776	17077
4409	1428	2981	46840	27902	18938

7-2c 续表 1

年龄	户口					
	合计			省内		
	合计	男	女	小计	男	女
30-34岁	**441882**	**243956**	**197926**	**169270**	**81843**	**87427**
30	101190	55783	45407	39919	18963	20956
31	95928	52687	43241	37901	18137	19764
32	85584	46831	38753	32648	15668	16980
33	87727	48638	39089	33043	16158	16885
34	71453	40017	31436	25759	12917	12842
35-39岁	**280618**	**158760**	**121858**	**106394**	**55062**	**51332**
35	58881	33419	25462	21345	10843	10502
36	56196	31822	24374	21036	10907	10129
37	53078	30061	23017	19802	10217	9585
38	59271	33661	25610	23367	12113	11254
39	53192	29797	23395	20844	10982	9862
40-44岁	**265741**	**146571**	**119170**	**101256**	**52754**	**48502**
40	48136	26816	21320	16993	8846	8147
41	53675	29997	23678	20737	10977	9760
42	52971	29129	23842	20583	10627	9956
43	52329	28612	23717	20604	10656	9948
44	58630	32017	26613	22339	11648	10691
45-49岁	**333055**	**183775**	**149280**	**122597**	**64734**	**57863**
45	59415	32663	26752	21977	11472	10505
46	64655	35342	29313	22575	11839	10736
47	65682	36285	29397	23087	12120	10967
48	70395	38976	31419	25569	13573	11996
49	72908	40509	32399	29389	15730	13659
50-54岁	**331176**	**189213**	**141963**	**148807**	**82203**	**66604**
50	76064	42354	33710	31776	17131	14645
51	70271	39770	30501	31605	17359	14246
52	71569	40887	30682	32399	17866	14533
53	54586	31410	23176	24924	13836	11088
54	58686	34792	23894	28103	16011	12092
55-59岁	**193408**	**116223**	**77185**	**102460**	**59319**	**43141**
55	51093	30188	20905	26019	14765	11254
56	44284	26466	17818	22645	13076	9569
57	46180	28307	17873	24501	14380	10121
58	34154	20778	13376	18305	10751	7554
59	17697	10484	7213	10990	6347	4643
60-64岁	**95439**	**57707**	**37732**	**66809**	**39398**	**27411**
60	16905	10075	6830	11330	6593	4737
61	15967	9709	6258	11296	6719	4577
62	20587	12678	7909	14392	8636	5756
63	22546	13615	8931	15918	9317	6601
64	19434	11630	7804	13873	8133	5740

单位：人

登记地					
其中市辖区内人户分离			省　　外		
小计	男	女	小计	男	女
23996	**8372**	**15624**	**272612**	**162113**	**110499**
5684	1828	3856	61271	36820	24451
5463	1852	3611	58027	34550	23477
4697	1639	3058	52936	31163	21773
4708	1729	2979	54684	32480	22204
3444	1324	2120	45694	27100	18594
14400	**5895**	**8505**	**174224**	**103698**	**70526**
2612	1020	1592	37536	22576	14960
2595	989	1606	35160	20915	14245
2648	1055	1593	33276	19844	13432
3473	1461	2012	35904	21548	14356
3072	1370	1702	32348	18815	13533
14429	**6499**	**7930**	**164485**	**93817**	**70668**
2558	1151	1407	31143	17970	13173
3045	1374	1671	32938	19020	13918
2950	1354	1596	32388	18502	13886
2863	1281	1582	31725	17956	13769
3013	1339	1674	36291	20369	15922
16693	**7994**	**8699**	**210458**	**119041**	**91417**
2889	1302	1587	37438	21191	16247
3065	1449	1616	42080	23503	18577
3221	1546	1675	42595	24165	18430
3448	1693	1755	44826	25403	19423
4070	2004	2066	43519	24779	18740
19854	**10249**	**9605**	**182369**	**107010**	**75359**
4404	2183	2221	44288	25223	19065
4204	2137	2067	38666	22411	16255
4244	2195	2049	39170	23021	16149
3241	1681	1560	29662	17574	12088
3761	2053	1708	30583	18781	11802
15459	**8616**	**6843**	**90948**	**56904**	**34044**
3632	1995	1637	25074	15423	9651
3398	1862	1536	21639	13390	8249
3953	2259	1694	21679	13927	7752
2837	1603	1234	15849	10027	5822
1639	897	742	6707	4137	2570
10459	**6077**	**4382**	**28630**	**18309**	**10321**
1680	983	697	5575	3482	2093
1775	1035	740	4671	2990	1681
2209	1279	930	6195	4042	2153
2617	1501	1116	6628	4298	2330
2178	1279	899	5561	3497	2064

7-2c 续表 2

年龄	户口					
	合计			省内		
	合计	男	女	小计	男	女
65-69岁	**78236**	**44803**	**33433**	**58410**	**33375**	**25035**
65	18893	11107	7786	13914	8088	5826
66	17952	10340	7612	13266	7565	5701
67	14860	8453	6407	11057	6283	4774
68	14913	8362	6551	11277	6375	4902
69	11618	6541	5077	8896	5064	3832
70-74岁	**52350**	**30470**	**21880**	**43688**	**25922**	**17766**
70	11453	6508	4945	9087	5245	3842
71	11615	6762	4853	9629	5710	3919
72	10534	6088	4446	8926	5237	3689
73	9609	5732	3877	8165	4968	3197
74	9139	5380	3759	7881	4762	3119
75-79岁	**35057**	**19336**	**15721**	**30535**	**17210**	**13325**
75	7907	4580	3327	6891	4096	2795
76	7643	4313	3330	6661	3853	2808
77	6486	3486	3000	5580	3054	2526
78	6307	3425	2882	5556	3089	2467
79	6714	3532	3182	5847	3118	2729
80-84岁	**24910**	**12450**	**12460**	**22077**	**11071**	**11006**
80	5868	3086	2782	5161	2762	2399
81	5026	2479	2547	4473	2205	2268
82	5258	2716	2542	4690	2426	2264
83	4477	2145	2332	3925	1875	2050
84	4281	2024	2257	3828	1803	2025
85-89岁	**16383**	**7163**	**9220**	**14722**	**6345**	**8377**
85	4020	1801	2219	3574	1589	1985
86	3948	1723	2225	3518	1512	2006
87	3535	1592	1943	3178	1408	1770
88	2677	1151	1526	2431	1029	1402
89	2203	896	1307	2021	807	1214
90-94岁	**7070**	**2748**	**4322**	**6481**	**2522**	**3959**
90	2126	865	1261	1926	780	1146
91	1715	649	1066	1580	598	982
92	1422	549	873	1308	501	807
93	1038	396	642	954	368	586
94	769	289	480	713	275	438
95-99岁	**2367**	**860**	**1507**	**2194**	**809**	**1385**
95	732	257	475	677	238	439
96	601	223	378	561	215	346
97	410	148	262	380	142	238
98	326	119	207	303	112	191
99	298	113	185	273	102	171
100岁及以上	**638**	**253**	**385**	**581**	**240**	**341**

单位：人

登记地					
其中市辖区内人户分离			省外		
小计	男	女	小计	男	女
10988	**6268**	**4720**	**19826**	**11428**	**8398**
2423	1416	1007	4979	3019	1960
2338	1349	989	4686	2775	1911
2065	1161	904	3803	2170	1633
2261	1274	987	3636	1987	1649
1901	1068	833	2722	1477	1245
9294	**5656**	**3638**	**8662**	**4548**	**4114**
1950	1102	848	2366	1263	1103
2048	1260	788	1986	1052	934
1910	1146	764	1608	851	757
1727	1085	642	1444	764	680
1659	1063	596	1258	618	640
5938	**3629**	**2309**	**4522**	**2126**	**2396**
1427	933	494	1016	484	532
1395	869	526	982	460	522
1033	605	428	906	432	474
1030	619	411	751	336	415
1053	603	450	867	414	453
3624	**1943**	**1681**	**2833**	**1379**	**1454**
852	476	376	707	324	383
749	400	349	553	274	279
796	451	345	568	290	278
638	330	308	552	270	282
589	286	303	453	221	232
2110	**971**	**1139**	**1661**	**818**	**843**
541	256	285	446	212	234
506	234	272	430	211	219
448	223	225	357	184	173
332	145	187	246	122	124
283	113	170	182	89	93
893	**361**	**532**	**589**	**226**	**363**
259	111	148	200	85	115
241	103	138	135	51	84
165	56	109	114	48	66
124	49	75	84	28	56
104	42	62	56	14	42
218	**73**	**145**	**173**	**51**	**122**
73	29	44	55	19	36
50	12	38	40	8	32
43	11	32	30	6	24
25	8	17	23	7	16
27	13	14	25	11	14
65	**23**	**42**	**57**	**13**	**44**

7-3 全省按现住地、性别分的户口登记地在外省的人口

单位：人

现住地	户口登记地					
	合计			北京		
	合计	男	女	小计	男	女
江　苏	**10308610**	**5891141**	**4417469**	**17910**	**10474**	**7436**
南京市	**1348465**	**765916**	**582549**	**5033**	**2955**	**2078**
玄武区	95480	52165	43315	642	354	288
秦淮区	90820	48942	41878	362	204	158
建邺区	73571	42145	31426	590	343	247
鼓楼区	101876	52117	49759	613	332	281
浦口区	44223	25135	19088	127	82	45
栖霞区	187885	107770	80115	643	378	265
雨花台区	130627	75128	55499	247	157	90
江宁区	340874	196794	144080	1110	672	438
六合区	32491	18149	14342	55	32	23
溧水区	49918	31518	18400	56	38	18
高淳区	18385	11316	7069	49	30	19
南京江北新区	182315	104737	77578	539	333	206
无锡市	**1670683**	**951358**	**719325**	**1796**	**1043**	**753**
锡山区	284066	165696	118370	157	93	64
惠山区	245442	141158	104284	170	105	65
滨湖区	132821	74117	58704	330	191	139
梁溪区	148655	81335	67320	335	182	153
新吴区	176003	101342	74661	200	124	76
江苏无锡经济开发区	69660	40099	29561	276	150	126
江阴市	395832	224049	171783	150	96	54
宜兴市	218204	123562	94642	178	102	76
徐州市	**248367**	**129462**	**118905**	**864**	**484**	**380**
鼓楼区	32220	18550	13670	88	52	36
云龙区	35508	18978	16530	116	57	59
贾汪区	10837	5714	5123	19	9	10
泉山区	39290	20563	18727	207	108	99
铜山区	54441	29466	24975	221	134	87
丰县	10957	5082	5875	35	23	12
沛县	15851	7052	8799	28	16	12
睢宁县	12575	5137	7438	25	17	8
徐州经济技术开发区	19983	11330	8653	56	34	22
新沂市	8928	3988	4940	32	17	15
邳州市	7777	3602	4175	37	17	20
常州市	**1033912**	**597663**	**436249**	**1059**	**646**	**413**
天宁区	124951	70158	54793	190	113	77
钟楼区	132551	74880	57671	155	97	58
新北区	157033	90299	66734	207	121	86
武进区	326075	187803	138272	235	135	100
金坛区	80296	46543	33753	125	75	50
江苏省常州市经济开发区	141114	81226	59888	33	22	11
溧阳市	71892	46754	25138	114	83	31

7-3　续表 1　　　　单位：人

现住地	户口登记地					
	合计			北京		
	合计	男	女	小计	男	女
苏州市	**3929860**	**2261865**	**1667995**	**4759**	**2841**	**1918**
虎丘区	242442	142319	100123	634	391	243
吴中区	424342	244280	180062	500	301	199
相城区	287822	168275	119547	249	141	108
姑苏区	161929	85850	76079	381	227	154
吴江区	552386	316952	235434	191	110	81
苏州工业园区	343483	196559	146924	1735	991	744
常熟市	478230	274873	203357	256	157	99
张家港市	389276	218653	170623	225	142	83
昆山市	782626	456516	326110	459	294	165
太仓市	267324	157588	109736	129	87	42
南通市	**790498**	**464817**	**325681**	**1062**	**614**	**448**
崇川区	104618	57718	46900	242	134	108
港闸区	76715	43767	32948	85	53	32
通州区	151248	86972	64276	114	56	58
如东县	35979	21479	14500	107	59	48
南通经济技术开发区	74552	45345	29207	88	61	27
通州湾示范区	6344	3968	2376	11	5	6
苏锡通科技产业园区	24125	14133	9992	2	1	1
启东市	65841	41797	24044	121	72	49
如皋市	39238	22504	16734	64	34	30
海门市	151882	88731	63151	129	80	49
海安市	59956	38403	21553	99	59	40
连云港市	**87072**	**47006**	**40066**	**415**	**225**	**190**
连云区	13961	9120	4841	70	40	30
海州区	13202	7024	6178	133	71	62
赣榆区	10802	4899	5903	44	25	19
东海县	8421	3682	4739	57	32	25
灌云县	4171	2174	1997	8	3	5
灌南县	6180	3837	2343	18	9	9
连云港经济技术开发区	5007	2737	2270	19	12	7
连云港高新技术产业开发区	19745	8807	10938	62	29	33
江苏连云港徐圩新区	5420	4659	761	4	4	
江苏省连云港市云台山风景名胜区	163	67	96			
淮安市	**76083**	**39416**	**36667**	**256**	**151**	**105**
淮安区	8316	4471	3845	26	15	11
淮阴区	10178	4559	5619	42	25	17
清江浦区	13220	7059	6161	84	52	32
洪泽区	3210	1725	1485	7	2	5
涟水县	5121	2360	2761	22	16	6
盱眙县	8141	4006	4135	23	13	10
金湖县	6593	3923	2670	12	3	9
淮安经济技术开发区	18818	9815	9003	27	16	11
工业园区	542	367	175			
生态文旅区	1616	901	715	11	7	4
苏淮高新区	328	230	98	2	2	

7-3 续表 2

单位：人

现住地	户口登记地					
	合计			北京		
	合计	男	女	小计	男	女
盐城市	**120284**	**65562**	**54722**	**378**	**214**	**164**
亭湖区	15550	8352	7198	53	25	28
盐都区	10331	5579	4752	22	12	10
大丰区	17865	10653	7212	45	33	12
响水县	5755	2992	2763	18	10	8
滨海县	8177	4134	4043	33	15	18
阜宁县	5244	2234	3010	28	17	11
射阳县	9539	4953	4586	39	23	16
建湖县	6835	3135	3700	19	11	8
盐城经济技术开发区	5644	2975	2669	24	15	9
江苏省盐南高新区	8077	3890	4187	52	29	23
东台市	27267	16665	10602	45	24	21
扬州市	**261228**	**150497**	**110731**	**880**	**492**	**388**
广陵区	48924	29823	19101	163	94	69
邗江区	63119	33834	29285	250	134	116
江都区	43968	25827	18141	92	54	38
宝应县	11218	6338	4880	33	19	14
扬州经济技术开发区	27894	15999	11895	106	54	52
蜀冈瘦西湖景区	8395	5042	3353	70	37	33
生态新城	7619	4246	3373	24	17	7
仪征市	28362	17007	11355	90	53	37
高邮市	21729	12381	9348	52	30	22
镇江市	**418530**	**236520**	**182010**	**613**	**359**	**254**
京口区	35796	20121	15675	153	83	70
润州区	16378	9061	7317	63	41	22
丹徒区	40501	23939	16562	88	54	34
镇江新区	40495	23800	16695	70	46	24
江苏镇江高新区	7428	4385	3043	8	5	3
丹阳市	186197	102539	83658	120	71	49
扬中市	31805	18692	13113	35	21	14
句容市	59930	33983	25947	76	38	38
泰州市	**234322**	**134071**	**100251**	**471**	**277**	**194**
海陵区	45127	23906	21221	123	68	55
高港区	17321	10016	7305	35	18	17
姜堰区	20014	11223	8791	54	32	22
泰州医药高新技术产业开发区	27205	15756	11449	53	38	15
兴化市	22062	12203	9859	53	29	24
靖江市	55523	33147	22376	58	34	24
泰兴市	47070	27820	19250	95	58	37
宿迁市	**89306**	**46988**	**42318**	**324**	**173**	**151**
宿城区	17287	9322	7965	76	47	29
宿豫区	8925	4980	3945	22	10	12
沭阳县	18889	8948	9941	115	64	51
泗阳县	9172	4216	4956	21	9	12
泗洪县	15361	7163	8198	60	26	34
宿迁经济技术开发区	6337	3713	2624	9	5	4
宿迁市湖滨新区	9618	6810	2808	12	7	5
苏州宿迁工业园区	2127	1083	1044	4	2	2
宿迁市洋河新区	1590	753	837	5	3	2

7-3 续表 3

单位：人

现住地	户口登记地 天津 小计	男	女	河北 小计	男	女	山西 小计	男	女
江　苏	**16826**	**9306**	**7520**	**150379**	**90836**	**59543**	**145986**	**87563**	**58423**
南京市	**5255**	**2794**	**2461**	**26275**	**15048**	**11227**	**20983**	**11872**	**9111**
玄武区	697	366	331	2407	1186	1221	1800	911	889
秦淮区	236	148	88	1316	769	547	984	562	422
建邺区	291	146	145	1314	772	542	999	566	433
鼓楼区	506	265	241	2214	1137	1077	1644	801	843
浦口区	193	91	102	639	377	262	438	223	215
栖霞区	893	408	485	4074	2321	1753	3405	1881	1524
雨花台区	201	112	89	2623	1575	1048	1750	1034	716
江宁区	1348	741	607	6212	3584	2628	5828	3386	2442
六合区	41	27	14	530	305	225	202	113	89
溧水区	88	50	38	830	574	256	853	553	300
高淳区	17	15	2	304	203	101	199	138	61
南京江北新区	744	425	319	3812	2245	1567	2881	1704	1177
无锡市	**2031**	**1089**	**942**	**18085**	**10688**	**7397**	**20781**	**12509**	**8272**
锡山区	217	134	83	2925	1799	1126	3268	2008	1260
惠山区	177	96	81	2763	1629	1134	2261	1408	853
滨湖区	602	299	303	2660	1482	1178	1728	980	748
梁溪区	219	107	112	2167	1248	919	1377	758	619
新吴区	285	160	125	1983	1156	827	8550	5162	3388
江苏无锡经济开发区	211	106	105	903	507	396	762	435	327
江阴市	163	98	65	2993	1830	1163	1789	1129	660
宜兴市	157	89	68	1691	1037	654	1046	629	417
徐州市	**683**	**379**	**304**	**7765**	**4361**	**3404**	**5039**	**2807**	**2232**
鼓楼区	71	39	32	1199	725	474	510	332	178
云龙区	129	78	51	1200	627	573	423	192	231
贾汪区	7	5	2	173	78	95	179	70	109
泉山区	136	73	63	1106	610	496	672	382	290
铜山区	138	77	61	2105	1234	871	2209	1295	914
丰县	34	24	10	306	152	154	146	66	80
沛县	31	13	18	261	120	141	166	66	100
睢宁县	24	9	15	235	116	119	124	53	71
徐州经济技术开发区	58	40	18	623	378	245	310	182	128
新沂市	19	8	11	266	156	110	184	109	75
邳州市	36	13	23	291	165	126	116	60	56
常州市	**1073**	**647**	**426**	**9345**	**5793**	**3552**	**10574**	**6587**	**3987**
天宁区	120	63	57	1009	587	422	561	314	247
钟楼区	124	62	62	1180	658	522	1065	614	451
新北区	261	163	98	1768	1029	739	3224	1932	1292
武进区	310	175	135	2616	1599	1017	3101	1916	1185
金坛区	89	61	28	865	583	282	945	639	306
江苏省常州市经济开发区	34	21	13	877	558	319	928	624	304
溧阳市	135	102	33	1030	779	251	750	548	202

7-3 续表 4

单位：人

现住地	户口登记地								
	天津			河北			山西		
	小计	男	女	小计	男	女	小计	男	女
苏州市	**3936**	**2166**	**1770**	**45505**	**27439**	**18066**	**59211**	**35979**	**23232**
虎丘区	383	203	180	3974	2420	1554	7715	4768	2947
吴中区	425	231	194	4229	2460	1769	5980	3584	2396
相城区	249	131	118	2986	1829	1157	3324	2079	1245
姑苏区	254	138	116	2225	1220	1005	1555	849	706
吴江区	224	140	84	6540	3965	2575	5578	3390	2188
苏州工业园区	1094	562	532	6031	3461	2570	10074	5906	4168
常熟市	271	172	99	4142	2570	1572	4497	2946	1551
张家港市	212	120	92	3629	2279	1350	2519	1533	986
昆山市	618	351	267	8800	5300	3500	15917	9611	6306
太仓市	206	118	88	2949	1935	1014	2052	1313	739
南通市	**852**	**510**	**342**	**11533**	**7239**	**4294**	**8859**	**5788**	**3071**
崇川区	178	84	94	2038	1034	1004	2027	1145	882
港闸区	49	32	17	1569	904	665	809	515	294
通州区	67	41	26	1324	838	486	893	578	315
如东县	94	69	25	583	406	177	319	222	97
南通经济技术开发区	85	57	28	1284	854	430	993	667	326
通州湾示范区	5	3	2	121	75	46	48	33	15
苏锡通科技产业园区	16	12	4	253	177	76	278	204	74
启东市	110	69	41	967	697	270	1083	738	345
如皋市	55	29	26	931	591	340	387	231	156
海门市	129	72	57	1401	922	479	1057	788	269
海安市	64	42	22	1062	741	321	965	667	298
连云港市	**382**	**227**	**155**	**3453**	**2013**	**1440**	**2005**	**1110**	**895**
连云区	62	38	24	564	358	206	328	230	98
海州区	84	46	38	525	280	245	195	99	96
赣榆区	31	17	14	267	131	136	141	79	62
东海县	34	16	18	299	163	136	73	28	45
灌云县	13	12	1	119	72	47	45	23	22
灌南县	9	6	3	437	354	83	308	222	86
连云港经济技术开发区	23	10	13	178	99	79	83	43	40
连云港高新技术产业开发区	110	67	43	842	364	478	691	262	429
江苏连云港徐圩新区	16	15	1	218	191	27	136	124	12
江苏省连云港市云台山风景名胜区				4	1	3	5		5
淮安市	**181**	**100**	**81**	**2294**	**1256**	**1038**	**1207**	**582**	**625**
淮安区	21	7	14	212	95	117	120	47	73
淮阴区	22	13	9	498	250	248	259	74	185
清江浦区	59	37	22	442	261	181	234	133	101
洪泽区	7	5	2	65	39	26	17	6	11
涟水县	5	4	1	91	46	45	59	29	30
盱眙县	19	11	8	115	42	73	50	23	27
金湖县	13	6	7	294	214	80	98	71	27
淮安经济技术开发区	28	11	17	496	259	237	332	179	153
工业园区				41	29	12	10	7	3
生态文旅区	7	6	1	35	17	18	25	11	14
苏淮高新区				5	4	1	3	2	1

7-3　续表 5　　单位：人

现住地	户口登记地 天津 小计	天津 男	天津 女	河北 小计	河北 男	河北 女	山西 小计	山西 男	山西 女
盐城市	**407**	**245**	**162**	**3235**	**1925**	**1310**	**2297**	**1338**	**959**
亭湖区	73	35	38	477	266	211	281	152	129
盐都区	24	19	5	259	145	114	165	90	75
大丰区	32	15	17	399	272	127	387	236	151
响水县	34	26	8	147	83	64	110	73	37
滨海县	19	11	8	211	119	92	131	77	54
阜宁县	20	12	8	121	51	70	70	34	36
射阳县	36	19	17	229	143	86	129	80	49
建湖县	24	14	10	192	96	96	85	33	52
盐城经济技术开发区	49	27	22	108	71	37	203	122	81
江苏省盐南高新区	60	43	17	339	168	171	224	106	118
东台市	36	24	12	753	511	242	512	335	177
扬州市	**530**	**295**	**235**	**8761**	**6250**	**2511**	**4014**	**2340**	**1674**
广陵区	81	47	34	4660	3842	818	567	336	231
邗江区	203	102	101	1195	630	565	1236	667	569
江都区	72	44	28	728	461	267	374	192	182
宝应县	17	9	8	245	130	115	122	68	54
扬州经济技术开发区	47	26	21	913	525	388	1068	651	417
蜀冈瘦西湖景区	18	8	10	154	95	59	72	38	34
生态新城	5	3	2	68	39	29	35	16	19
仪征市	52	35	17	367	249	118	218	148	70
高邮市	35	21	14	431	279	152	322	224	98
镇江市	**800**	**460**	**340**	**5322**	**3189**	**2133**	**4653**	**2778**	**1875**
京口区	357	217	140	745	408	337	932	529	403
润州区	56	25	31	286	161	125	100	47	53
丹徒区	85	58	27	695	442	253	713	453	260
镇江新区	69	45	24	877	566	311	794	529	265
江苏镇江高新区	11	8	3	121	69	52	63	34	29
丹阳市	92	43	49	1013	581	432	945	511	434
扬中市	33	18	15	395	276	119	329	218	111
句容市	97	46	51	1190	686	504	777	457	320
泰州市	**508**	**299**	**209**	**5012**	**3123**	**1889**	**4560**	**2690**	**1870**
海陵区	96	53	43	1154	626	528	1250	698	552
高港区	40	24	16	382	266	116	267	170	97
姜堰区	47	31	16	323	183	140	225	134	91
泰州医药高新技术产业开发区	56	32	24	696	432	264	1637	982	655
兴化市	36	21	15	514	313	201	274	177	97
靖江市	147	90	57	948	628	320	468	292	176
泰兴市	86	48	38	995	675	320	439	237	202
宿迁市	**188**	**95**	**93**	**3794**	**2512**	**1282**	**1803**	**1183**	**620**
宿城区	38	16	22	610	360	250	268	138	130
宿豫区	10	4	6	288	176	112	139	82	57
沭阳县	55	22	33	534	312	222	205	107	98
泗阳县	21	8	13	193	110	83	72	28	44
泗洪县	27	17	10	332	158	174	174	84	90
宿迁经济技术开发区	9	4	5	246	161	85	74	45	29
宿迁市湖滨新区	24	21	3	1516	1203	313	830	672	158
苏州宿迁工业园区	2	1	1	55	24	31	29	21	8
宿迁市洋河新区	2	2		20	8	12	12	6	6

7-3 续表 6

单位：人

现住地	户口登记地								
	内蒙古			辽宁			吉林		
	小计	男	女	小计	男	女	小计	男	女
江苏	**41638**	**22534**	**19104**	**76802**	**42864**	**33938**	**87629**	**47733**	**39896**
南京市	**8998**	**4766**	**4232**	**15209**	**8187**	**7022**	**15087**	**8040**	**7047**
玄武区	889	476	413	1354	686	668	1057	566	491
秦淮区	512	274	238	1034	538	496	1069	538	531
建邺区	453	238	215	1018	556	462	899	480	419
鼓楼区	673	322	351	1231	550	681	1043	482	561
浦口区	240	101	139	430	223	207	816	454	362
栖霞区	1525	823	702	2255	1212	1043	2407	1276	1131
雨花台区	615	349	266	1169	672	497	1017	545	472
江宁区	2273	1165	1108	3547	1941	1606	3800	2113	1687
六合区	177	89	88	290	183	107	286	149	137
溧水区	269	174	95	369	237	132	445	258	187
高淳区	91	53	38	116	68	48	160	94	66
南京江北新区	1281	702	579	2396	1321	1075	2088	1085	1003
无锡市	**5099**	**2732**	**2367**	**8867**	**4892**	**3975**	**11666**	**6207**	**5459**
锡山区	823	460	363	1348	789	559	1550	869	681
惠山区	787	408	379	1211	683	528	1694	949	745
滨湖区	854	438	416	1227	638	589	1562	734	828
梁溪区	625	297	328	1361	711	650	1598	774	824
新吴区	620	366	254	1088	612	476	1983	1096	887
江苏无锡经济开发区	345	182	163	597	297	300	796	392	404
江阴市	604	336	268	1301	744	557	1521	850	671
宜兴市	441	245	196	734	418	316	962	543	419
徐州市	**2391**	**1219**	**1172**	**2756**	**1437**	**1319**	**2785**	**1432**	**1353**
鼓楼区	191	113	78	276	150	126	375	225	150
云龙区	241	110	131	338	159	179	366	165	201
贾汪区	67	27	40	62	29	33	84	39	45
泉山区	300	144	156	421	205	216	364	184	180
铜山区	887	512	375	752	443	309	535	283	252
丰县	96	45	51	117	64	53	240	119	121
沛县	128	47	81	153	66	87	215	86	129
睢宁县	90	37	53	111	50	61	132	59	73
徐州经济技术开发区	184	101	83	338	194	144	286	170	116
新沂市	90	38	52	81	32	49	80	39	41
邳州市	117	45	72	107	45	62	108	63	45
常州市	**2781**	**1584**	**1197**	**5243**	**3172**	**2071**	**6653**	**3836**	**2817**
天宁区	244	132	112	567	301	266	584	304	280
钟楼区	360	177	183	708	383	325	821	444	377
新北区	535	298	237	1143	656	487	1098	613	485
武进区	790	426	364	1190	709	481	1762	993	769
金坛区	257	159	98	434	277	157	1022	648	374
江苏省常州市经济开发区	197	128	69	680	502	178	610	349	261
溧阳市	398	264	134	521	344	177	756	485	271

7-3 续表 7

单位：人

现住地	户口登记地								
	内蒙古			辽宁			吉林		
	小计	男	女	小计	男	女	小计	男	女
苏州市	**11755**	**6441**	**5314**	**23764**	**13119**	**10645**	**29216**	**15972**	**13244**
虎丘区	1062	577	485	1947	1096	851	2532	1386	1146
吴中区	1438	763	675	2308	1208	1100	3156	1716	1440
相城区	847	473	374	1555	865	690	1880	1030	850
姑苏区	703	360	343	1490	742	748	1578	745	833
吴江区	1080	622	458	1944	1110	834	2800	1603	1197
苏州工业园区	1863	963	900	4234	2244	1990	5035	2653	2382
常熟市	818	493	325	2196	1324	872	2323	1366	957
张家港市	808	449	359	1849	1088	761	2228	1223	1005
昆山市	2613	1436	1177	4626	2510	2116	6070	3328	2742
太仓市	523	305	218	1615	932	683	1614	922	692
南通市	**2557**	**1490**	**1067**	**6742**	**4089**	**2653**	**6418**	**3736**	**2682**
崇川区	496	249	247	1083	555	528	904	466	438
港闸区	246	155	91	572	360	212	482	271	211
通州区	354	209	145	1264	740	524	852	504	348
如东县	179	118	61	404	242	162	429	252	177
南通经济技术开发区	248	141	107	781	505	276	904	517	387
通州湾示范区	18	10	8	71	53	18	33	23	10
苏锡通科技产业园区	36	23	13	129	83	46	200	122	78
启东市	273	172	101	587	394	193	662	406	256
如皋市	195	105	90	399	243	156	487	277	210
海门市	265	149	116	1012	640	372	887	552	335
海安市	247	159	88	440	274	166	578	346	232
连云港市	**1050**	**563**	**487**	**2075**	**1205**	**870**	**2465**	**1343**	**1122**
连云区	173	104	69	473	302	171	342	198	144
海州区	190	91	99	343	163	180	379	188	191
赣榆区	192	93	99	160	74	86	552	251	301
东海县	92	36	56	124	53	71	148	62	86
灌云县	37	17	20	53	31	22	72	42	30
灌南县	44	32	12	64	37	27	58	26	32
连云港经济技术开发区	90	52	38	189	103	86	146	67	79
连云港高新技术产业开发区	178	94	84	328	141	187	438	220	218
江苏连云港徐圩新区	53	44	9	334	297	37	318	283	35
江苏省连云港市云台山风景名胜区	1		1	7	4	3	12	6	6
淮安市	**706**	**359**	**347**	**1013**	**576**	**437**	**1023**	**506**	**517**
淮安区	103	68	35	121	85	36	95	46	49
淮阴区	46	25	21	90	43	47	137	58	79
清江浦区	116	65	51	205	112	93	214	103	111
洪泽区	11	6	5	30	16	14	35	17	18
涟水县	25	11	14	72	32	40	51	22	29
盱眙县	34	13	21	82	45	37	112	50	62
金湖县	68	44	24	58	33	25	73	41	32
淮安经济技术开发区	277	110	167	296	181	115	265	143	122
工业园区	9	7	2	5	3	2	6	5	1
生态文旅区	15	8	7	43	20	23	28	16	12
苏淮高新区	2	2		11	6	5	7	5	2

7-3 续表 8 单位：人

现住地	户口登记地								
	内蒙古			辽宁			吉林		
	小计	男	女	小计	男	女	小计	男	女
盐城市	**1018**	**578**	**440**	**1858**	**1014**	**844**	**1961**	**1042**	**919**
亭湖区	166	87	79	168	84	84	230	121	109
盐都区	90	43	47	123	67	56	167	82	85
大丰区	165	96	69	210	109	101	227	125	102
响水县	43	28	15	79	45	34	84	46	38
滨海县	55	28	27	74	43	31	86	43	43
阜宁县	40	18	22	40	21	19	65	34	31
射阳县	108	69	39	579	323	256	286	163	123
建湖县	49	24	25	76	41	35	89	46	43
盐城经济技术开发区	28	17	11	67	38	29	165	80	85
江苏省盐南高新区	78	40	38	155	72	83	308	152	156
东台市	196	128	68	287	171	116	254	150	104
扬州市	**1480**	**757**	**723**	**2607**	**1467**	**1140**	**2648**	**1420**	**1228**
广陵区	269	136	133	520	283	237	507	278	229
邗江区	461	227	234	675	358	317	644	315	329
江都区	236	118	118	413	244	169	468	274	194
宝应县	74	41	33	69	39	30	90	40	50
扬州经济技术开发区	134	69	65	230	127	103	331	187	144
蜀冈瘦西湖景区	33	12	21	124	80	44	76	45	31
生态新城	23	12	11	37	24	13	47	26	21
仪征市	150	81	69	389	227	162	290	149	141
高邮市	100	61	39	150	85	65	195	106	89
镇江市	**1760**	**970**	**790**	**3143**	**1751**	**1392**	**3665**	**1965**	**1700**
京口区	318	182	136	650	343	307	656	334	322
润州区	66	34	32	229	122	107	146	70	76
丹徒区	231	133	98	467	263	204	425	233	192
镇江新区	233	132	101	458	265	193	509	283	226
江苏镇江高新区	49	23	26	47	22	25	62	31	31
丹阳市	363	191	172	547	320	227	1078	574	504
扬中市	69	39	30	171	100	71	165	101	64
句容市	431	236	195	574	316	258	624	339	285
泰州市	**1330**	**686**	**644**	**2414**	**1338**	**1076**	**2586**	**1440**	**1146**
海陵区	278	145	133	456	234	222	580	312	268
高港区	117	61	56	224	122	102	187	100	87
姜堰区	127	49	78	241	111	130	189	99	90
泰州医药高新技术产业开发区	249	135	114	333	184	149	370	224	146
兴化市	151	79	72	195	90	105	174	79	95
靖江市	195	106	89	524	327	197	527	305	222
泰兴市	213	111	102	441	270	171	559	321	238
宿迁市	**713**	**389**	**324**	**1111**	**617**	**494**	**1456**	**794**	**662**
宿城区	124	65	59	202	108	94	395	221	174
宿豫区	85	48	37	168	97	71	160	102	58
沭阳县	125	55	70	227	105	122	279	132	147
泗阳县	78	32	46	119	65	54	157	62	95
泗洪县	54	23	31	97	41	56	109	49	60
宿迁经济技术开发区	60	34	26	68	33	35	82	38	44
宿迁市湖滨新区	163	125	38	206	155	51	214	161	53
苏州宿迁工业园区	18	5	13	12	7	5	30	12	18
宿迁市洋河新区	6	2	4	12	6	6	30	17	13

7-3 续表 9

单位：人

现住地	户口登记地								
	黑龙江			上海			浙江		
	小计	男	女	小计	男	女	小计	男	女
江苏	**156873**	**84021**	**72852**	**154242**	**86007**	**68235**	**307467**	**170714**	**136753**
南京市	**22582**	**11888**	**10694**	**53801**	**28847**	**24954**	**46239**	**25120**	**21119**
玄武区	1456	744	712	3254	1718	1536	3725	1946	1779
秦淮区	1613	770	843	4129	2189	1940	3538	1906	1632
建邺区	1330	696	634	4202	2253	1949	2293	1312	981
鼓楼区	1606	746	860	5514	2926	2588	4859	2404	2455
浦口区	618	312	306	2804	1481	1323	916	489	427
栖霞区	3420	1880	1540	6752	3600	3152	5813	3010	2803
雨花台区	1850	981	869	5796	3156	2640	4343	2450	1893
江宁区	6231	3367	2864	11452	6205	5247	11560	6466	5094
六合区	422	209	213	2113	1086	1027	970	534	436
溧水区	902	536	366	1171	631	540	1807	1037	770
高淳区	235	129	106	471	257	214	661	418	243
南京江北新区	2899	1518	1381	6143	3345	2798	5754	3148	2606
无锡市	**20714**	**11046**	**9668**	**11460**	**6609**	**4851**	**41065**	**22506**	**18559**
锡山区	2893	1593	1300	843	527	316	5230	2935	2295
惠山区	3376	1842	1534	1408	803	605	4874	2708	2166
滨湖区	2239	1135	1104	1900	1064	836	4887	2565	2322
梁溪区	3144	1540	1604	2241	1260	981	9756	5257	4499
新吴区	2774	1518	1256	1052	653	399	3050	1677	1373
江苏无锡经济开发区	1308	674	634	1223	707	516	1474	803	671
江阴市	2980	1676	1304	1738	976	762	5810	3254	2556
宜兴市	2000	1068	932	1055	619	436	5984	3307	2677
徐州市	**6115**	**2925**	**3190**	**990**	**565**	**425**	**7147**	**3848**	**3299**
鼓楼区	706	366	340	121	62	59	1012	578	434
云龙区	741	362	379	175	100	75	1855	977	878
贾汪区	150	73	77	18	11	7	179	93	86
泉山区	822	367	455	236	124	112	885	452	433
铜山区	1106	580	526	77	43	34	1225	631	594
丰县	473	204	269	63	44	19	203	112	91
沛县	691	310	381	100	54	46	527	325	202
睢宁县	296	118	178	57	35	22	399	201	198
徐州经济技术开发区	469	243	226	47	33	14	404	236	168
新沂市	259	120	139	41	20	21	307	162	145
邳州市	402	182	220	55	39	16	151	81	70
常州市	**12319**	**6882**	**5437**	**6173**	**3511**	**2662**	**21466**	**11855**	**9611**
天宁区	1143	588	555	1201	655	546	5170	2806	2364
钟楼区	1710	885	825	974	520	454	3364	1831	1533
新北区	2343	1276	1067	1001	575	426	3216	1759	1457
武进区	3523	1977	1546	1293	727	566	5204	2873	2331
金坛区	858	505	353	438	260	178	1559	886	673
江苏省常州市经济开发区	1661	963	698	616	346	270	1336	761	575
溧阳市	1081	688	393	650	428	222	1617	939	678

7-3 续表 10 单位：人

现住地	户口登记地								
	黑龙江			上海			浙江		
	小计	男	女	小计	男	女	小计	男	女
苏州市	**56938**	**30867**	**26071**	**38026**	**21469**	**16557**	**105424**	**57700**	**47724**
虎丘区	4289	2405	1884	1479	841	638	4149	2211	1938
吴中区	5970	3210	2760	1946	1102	844	7101	3829	3272
相城区	3923	2105	1818	1047	628	419	8389	4748	3641
姑苏区	3306	1595	1711	2163	1220	943	7372	3763	3609
吴江区	5525	3118	2407	1638	975	663	11427	6222	5205
苏州工业园区	7964	4202	3762	3983	2320	1663	6909	3662	3247
常熟市	3945	2199	1746	2027	1244	783	35642	19605	16037
张家港市	3838	2120	1718	1508	932	576	6319	3469	2850
昆山市	13588	7334	6254	16555	8948	7607	12409	6805	5604
太仓市	4590	2579	2011	5680	3259	2421	5707	3386	2321
南通市	**11187**	**6291**	**4896**	**12736**	**7695**	**5041**	**30522**	**17922**	**12600**
崇川区	1764	838	926	1772	951	821	5470	2922	2548
港闸区	1009	548	461	425	249	176	3097	1770	1327
通州区	1599	928	671	1141	666	475	5035	2940	2095
如东县	680	382	298	802	489	313	2541	1579	962
南通经济技术开发区	1355	807	548	672	433	239	1535	963	572
通州湾示范区	87	46	41	151	97	54	442	286	156
苏锡通科技产业园区	333	212	121	187	121	66	379	242	137
启东市	1089	642	447	3584	2188	1396	2316	1407	909
如皋市	801	420	381	538	352	186	1621	928	693
海门市	1422	853	569	2630	1612	1018	5149	3017	2132
海安市	1048	615	433	834	537	297	2937	1868	1069
连云港市	**4928**	**2469**	**2459**	**556**	**327**	**229**	**3300**	**1980**	**1320**
连云区	840	443	397	68	45	23	379	259	120
海州区	915	442	473	120	77	43	861	499	362
赣榆区	1525	723	802	60	36	24	381	218	163
东海县	411	194	217	74	43	31	447	256	191
灌云县	92	48	44	27	17	10	308	210	98
灌南县	151	83	68	46	33	13	360	233	127
连云港经济技术开发区	327	155	172	27	16	11	89	52	37
连云港高新技术产业开发区	485	225	260	131	57	74	438	221	217
江苏连云港徐圩新区	172	152	20	3	3		34	31	3
江苏省连云港市云台山风景名胜区	10	4	6				3	1	2
淮安市	**1780**	**892**	**888**	**729**	**422**	**307**	**4628**	**2700**	**1928**
淮安区	159	80	79	109	67	42	506	292	214
淮阴区	258	115	143	104	41	63	459	257	202
清江浦区	433	213	220	199	115	84	1291	721	570
洪泽区	51	21	30	29	17	12	158	100	58
涟水县	130	61	69	84	50	34	350	203	147
盱眙县	133	60	73	33	17	16	466	277	189
金湖县	187	115	72	59	41	18	341	221	120
淮安经济技术开发区	366	193	173	82	56	26	925	548	377
工业园区	14	8	6	5	3	2	13	8	5
生态文旅区	40	19	21	21	12	9	100	61	39
苏淮高新区	9	7	2	4	3	1	19	12	7

7-3　续表 11　　　　单位：人

现住地	户口登记地								
	黑龙江			上海			浙江		
	小计	男	女	小计	男	女	小计	男	女
盐城市	**2552**	**1272**	**1280**	**2853**	**1669**	**1184**	**7538**	**4478**	**3060**
亭湖区	243	126	117	277	159	118	614	340	274
盐都区	246	127	119	267	153	114	494	267	227
大丰区	386	200	186	526	336	190	1432	906	526
响水县	126	59	67	52	30	22	879	586	293
滨海县	142	59	83	193	112	81	649	408	241
阜宁县	111	39	72	175	109	66	292	136	156
射阳县	294	157	137	198	109	89	716	403	313
建湖县	155	60	95	470	247	223	387	197	190
盐城经济技术开发区	173	93	80	62	40	22	176	95	81
江苏省盐南高新区	254	112	142	241	140	101	600	340	260
东台市	422	240	182	392	234	158	1299	800	499
扬州市	**4312**	**2283**	**2029**	**11970**	**6539**	**5431**	**9933**	**5599**	**4334**
广陵区	747	385	362	1680	943	737	2248	1242	1006
邗江区	1078	566	512	2186	1201	985	2487	1370	1117
江都区	773	402	371	2580	1403	1177	1402	756	646
宝应县	221	103	118	1126	617	509	436	230	206
扬州经济技术开发区	409	215	194	828	456	372	1612	961	651
蜀冈瘦西湖景区	153	84	69	393	215	178	230	141	89
生态新城	159	93	66	118	71	47	121	72	49
仪征市	425	235	190	1181	634	547	731	453	278
高邮市	347	200	147	1878	999	879	666	374	292
镇江市	**6000**	**3260**	**2740**	**5876**	**3391**	**2485**	**15783**	**8836**	**6947**
京口区	820	399	421	952	514	438	1359	750	609
润州区	307	160	147	610	335	275	773	411	362
丹徒区	636	330	306	629	372	257	1652	1007	645
镇江新区	843	500	343	550	334	216	1720	993	727
江苏镇江高新区	164	96	68	98	55	43	200	118	82
丹阳市	1708	939	769	1669	982	687	6420	3524	2896
扬中市	369	202	167	627	401	226	1077	623	454
句容市	1153	634	519	741	398	343	2582	1410	1172
泰州市	**4758**	**2558**	**2200**	**8539**	**4626**	**3913**	**9545**	**5248**	**4297**
海陵区	1011	529	482	1391	706	685	2619	1335	1284
高港区	373	186	187	607	343	264	498	290	208
姜堰区	475	225	250	1159	645	514	1102	618	484
泰州医药高新技术产业开发区	743	456	287	574	306	268	462	279	183
兴化市	328	150	178	1448	751	697	1238	681	557
靖江市	1009	602	407	1520	809	711	1498	836	662
泰兴市	819	410	409	1840	1066	774	2128	1209	919
宿迁市	**2688**	**1388**	**1300**	**533**	**337**	**196**	**4877**	**2922**	**1955**
宿城区	541	273	268	112	69	43	635	336	299
宿豫区	440	214	226	61	40	21	401	254	147
沭阳县	547	270	277	80	51	29	1476	917	559
泗阳县	314	144	170	124	85	39	771	449	322
泗洪县	192	92	100	82	49	33	958	587	371
宿迁经济技术开发区	270	137	133	27	20	7	355	213	142
宿迁市湖滨新区	302	214	88	16	9	7	182	112	70
苏州宿迁工业园区	42	23	19	1		1	56	33	23
宿迁市洋河新区	40	21	19	30	14	16	43	21	22

7-3 续表 12 单位：人

现住地	户口登记地								
	安徽			福建			江西		
	小计	男	女	小计	男	女	小计	男	女
江苏	**3080824**	**1725315**	**1355509**	**184982**	**106483**	**78499**	**321432**	**186562**	**134870**
南京市	**525090**	**292578**	**232512**	**30338**	**17282**	**13056**	**43908**	**25830**	**18078**
玄武区	23968	12720	11248	2233	1232	1001	3057	1823	1234
秦淮区	42514	21886	20628	1821	1044	777	3250	1878	1372
建邺区	30567	16449	14118	1497	860	637	2271	1330	941
鼓楼区	39644	20009	19635	2883	1502	1381	3752	2009	1743
浦口区	19117	10768	8349	680	397	283	941	544	397
栖霞区	65694	37713	27981	2880	1616	1264	5243	3093	2150
雨花台区	59574	33812	25762	4273	2537	1736	4420	2614	1806
江宁区	131228	75304	55924	7132	4135	2997	11852	7013	4839
六合区	14628	7927	6701	951	558	393	933	544	389
溧水区	16765	10631	6134	769	434	335	1785	1138	647
高淳区	7328	4303	3025	326	184	142	596	382	214
南京江北新区	74063	41056	33007	4893	2783	2110	5808	3462	2346
无锡市	**513686**	**288627**	**225059**	**26324**	**15019**	**11305**	**44984**	**26037**	**18947**
锡山区	76494	43696	32798	4547	2560	1987	8648	5125	3523
惠山区	101131	56955	44176	3515	2067	1448	6846	3949	2897
滨湖区	40855	23069	17786	1961	983	978	3758	2208	1550
梁溪区	52063	28752	23311	5445	3078	2367	6914	3810	3104
新吴区	38457	21343	17114	1699	969	730	3633	2092	1541
江苏无锡经济开发区	20647	11919	8728	835	473	362	1740	1007	733
江阴市	115016	64318	50698	3376	1961	1415	6947	4035	2912
宜兴市	69023	38575	30448	4946	2928	2018	6498	3811	2687
徐州市	**70583**	**35988**	**34595**	**4570**	**2607**	**1963**	**4516**	**2513**	**2003**
鼓楼区	10174	5464	4710	764	425	339	484	294	190
云龙区	10795	5604	5191	912	503	409	683	394	289
贾汪区	1691	953	738	173	84	89	186	96	90
泉山区	17641	9038	8603	817	446	371	604	333	271
铜山区	14201	7281	6920	839	472	367	1127	676	451
丰县	1714	768	946	101	62	39	186	97	89
沛县	1525	687	838	149	93	56	248	130	118
睢宁县	5137	2180	2957	182	96	86	290	126	164
徐州经济技术开发区	5816	3272	2544	206	133	73	362	193	169
新沂市	1126	431	695	306	220	86	204	100	104
邳州市	763	310	453	121	73	48	142	74	68
常州市	**395880**	**224422**	**171458**	**13036**	**7580**	**5456**	**26507**	**15852**	**10655**
天宁区	54389	30404	23985	2262	1306	956	3774	2159	1615
钟楼区	62662	35300	27362	2236	1277	959	4005	2300	1705
新北区	53734	30163	23571	2683	1557	1126	4764	2759	2005
武进区	133550	75789	57761	3132	1804	1328	7343	4381	2962
金坛区	19561	11021	8540	1024	603	421	1963	1208	755
江苏省常州市经济开发区	51661	29294	22367	764	447	317	2558	1522	1036
溧阳市	20323	12451	7872	935	586	349	2100	1523	577

7-3　续表 13　　　　　　　　　　　　　　　　　　　　　　　　单位：人

现住地	户口登记地								
	安徽			福建			江西		
	小计	男	女	小计	男	女	小计	男	女
苏州市	**1031539**	**577334**	**454205**	**64687**	**37095**	**27592**	**132065**	**76058**	**56007**
虎丘区	52282	29417	22865	2898	1632	1266	8440	4917	3523
吴中区	106385	59945	46440	5484	3047	2437	14390	8340	6050
相城区	83387	47191	36196	4928	2825	2103	11926	6918	5008
姑苏区	58370	31262	27108	3653	2012	1641	7416	3920	3496
吴江区	125816	70405	55411	6069	3501	2568	12653	7339	5314
苏州工业园区	58473	32533	25940	5067	2795	2272	10140	5742	4398
常熟市	197270	110473	86797	9531	5623	3908	15987	9277	6710
张家港市	112925	62215	50710	7520	4257	3263	8281	4733	3548
昆山市	163193	91379	71814	11784	6852	4932	34112	19638	14474
太仓市	73438	42514	30924	7753	4551	3202	8720	5234	3486
南通市	**211484**	**121694**	**89790**	**16502**	**9717**	**6785**	**24485**	**14793**	**9692**
崇川区	24470	13800	10670	3218	1792	1426	4375	2465	1910
港闸区	28285	15702	12583	2939	1663	1276	2675	1514	1161
通州区	50198	27966	22232	2651	1589	1062	3648	2155	1493
如东县	7982	4778	3204	1194	732	462	1308	791	517
南通经济技术开发区	17499	10285	7214	1039	661	378	1998	1280	718
通州湾示范区	1738	1019	719	67	42	25	209	123	86
苏锡通科技产业园区	6986	3909	3077	153	107	46	589	352	237
启东市	16538	10165	6373	901	542	359	2053	1308	745
如皋市	8804	5096	3708	1488	903	585	1374	819	555
海门市	35869	20619	15250	1379	809	570	2765	1735	1030
海安市	13115	8355	4760	1473	877	596	3491	2251	1240
连云港市	**8635**	**4470**	**4165**	**2248**	**1375**	**873**	**2399**	**1271**	**1128**
连云区	1161	732	429	161	105	56	241	151	90
海州区	1791	1003	788	585	324	261	388	217	171
赣榆区	779	309	470	293	193	100	198	84	114
东海县	832	356	476	361	210	151	252	126	126
灌云县	516	239	277	78	42	36	116	65	51
灌南县	732	373	359	339	274	65	177	121	56
连云港经济技术开发区	443	249	194	60	38	22	91	57	34
连云港高新技术产业开发区	2125	1015	1110	355	178	177	892	418	474
江苏连云港徐圩新区	237	185	52	15	11	4	40	32	8
江苏省连云港市云台山风景名胜区	19	9	10	1		1	4		4
淮安市	**13544**	**6959**	**6585**	**2190**	**1265**	**925**	**2296**	**1270**	**1026**
淮安区	1220	625	595	250	146	104	244	157	87
淮阴区	1529	767	762	348	190	158	294	171	123
清江浦区	2330	1247	1083	678	394	284	451	246	205
洪泽区	595	290	305	78	48	30	106	57	49
涟水县	824	374	450	175	108	67	154	79	75
盱眙县	2850	1361	1489	136	78	58	212	99	113
金湖县	1565	861	704	71	42	29	175	95	80
淮安经济技术开发区	2183	1165	1018	404	227	177	575	324	251
工业园区	58	40	18	8	6	2	7	2	5
生态文旅区	343	191	152	38	24	14	62	31	31
苏淮高新区	47	38	9	4	2	2	16	9	7

7-3 续表 14

单位：人

现住地	户口登记地								
	安徽			福建			江西		
	小计	男	女	小计	男	女	小计	男	女
盐城市	**15974**	**8347**	**7627**	**3621**	**2126**	**1495**	**4248**	**2357**	**1891**
亭湖区	1857	1008	849	645	364	281	470	264	206
盐都区	1435	767	668	306	172	134	543	296	247
大丰区	2234	1284	950	788	473	315	515	292	223
响水县	901	353	548	151	86	65	184	98	86
滨海县	1417	655	762	178	102	76	257	123	134
阜宁县	772	297	475	127	72	55	249	124	125
射阳县	1554	802	752	240	145	95	286	139	147
建湖县	1291	590	701	210	117	93	262	124	138
盐城经济技术开发区	462	226	236	59	36	23	173	103	70
江苏省盐南高新区	1073	510	563	297	173	124	437	235	202
东台市	2978	1855	1123	620	386	234	872	559	313
扬州市	**73476**	**41616**	**31860**	**5695**	**3366**	**2329**	**8664**	**5040**	**3624**
广陵区	13494	7878	5616	1473	875	598	1444	821	623
邗江区	19977	10961	9016	1166	637	529	2650	1527	1123
江都区	11890	6839	5051	857	529	328	1458	872	586
宝应县	1670	940	730	225	122	103	477	282	195
扬州经济技术开发区	6685	3637	3048	557	332	225	809	454	355
蜀冈瘦西湖景区	2840	1678	1162	208	112	96	315	181	134
生态新城	2508	1403	1105	53	31	22	119	67	52
仪征市	9405	5447	3958	366	208	158	728	447	281
高邮市	5007	2833	2174	790	520	270	664	389	275
镇江市	**149979**	**83960**	**66019**	**8800**	**5078**	**3722**	**15801**	**9042**	**6759**
京口区	7913	4353	3560	1061	635	426	1768	1027	741
润州区	5192	2908	2284	549	305	244	839	464	375
丹徒区	11716	6721	4995	908	542	366	1530	960	570
镇江新区	12279	6994	5285	1148	646	502	1640	937	703
江苏镇江高新区	3048	1781	1267	101	47	54	357	203	154
丹阳市	78114	43069	35045	3474	1989	1485	5713	3180	2533
扬中市	11089	6414	4675	369	214	155	1831	1096	735
句容市	20628	11720	8908	1190	700	490	2123	1175	948
泰州市	**51817**	**29871**	**21946**	**5127**	**2896**	**2231**	**9209**	**5181**	**4028**
海陵区	8253	4526	3727	1184	656	528	2311	1253	1058
高港区	4288	2438	1850	350	189	161	498	304	194
姜堰区	4071	2326	1745	516	294	222	1010	567	443
泰州医药高新技术产业开发区	3580	2118	1462	467	238	229	593	343	250
兴化市	4326	2490	1836	503	280	223	938	533	405
靖江市	15558	9080	6478	1086	636	450	1762	1017	745
泰兴市	11741	6893	4848	1021	603	418	2097	1164	933
宿迁市	**19137**	**9449**	**9688**	**1844**	**1077**	**767**	**2350**	**1318**	**1032**
宿城区	3084	1722	1362	285	168	117	363	201	162
宿豫区	1735	962	773	219	128	91	251	132	119
沭阳县	3029	1339	1690	595	342	253	565	306	259
泗阳县	1620	711	909	225	144	81	332	163	169
泗洪县	7064	3236	3828	216	117	99	358	183	175
宿迁经济技术开发区	1354	754	600	218	120	98	176	114	62
宿迁市湖滨新区	650	412	238	39	31	8	235	186	49
苏州宿迁工业园区	334	194	140	28	17	11	31	19	12
宿迁市洋河新区	267	119	148	19	10	9	39	14	25

7-3 续表 15 单位：人

现住地	户口登记地								
	山东			河南			湖北		
	小计	男	女	小计	男	女	小计	男	女
江苏	**584765**	**341159**	**243606**	**2197232**	**1327133**	**870099**	**351541**	**198003**	**153538**
南京市	**70049**	**40624**	**29425**	**187109**	**117708**	**69401**	**35259**	**20122**	**15137**
玄武区	5762	2920	2842	21485	13127	8358	2126	1183	943
秦淮区	3856	2170	1686	10177	6305	3872	2085	1069	1016
建邺区	3419	2097	1322	9082	6202	2880	2077	1245	832
鼓楼区	5861	3041	2820	11014	6347	4667	2628	1336	1292
浦口区	1443	880	563	5871	3954	1917	1044	593	451
栖霞区	11131	6573	4558	27373	17114	10259	4338	2550	1788
雨花台区	5791	3409	2382	17177	10696	6481	3258	1890	1368
江宁区	18818	11024	7794	49966	30507	19459	9637	5542	4095
六合区	1656	985	671	4104	2670	1434	794	410	384
溧水区	2292	1520	772	7537	5226	2311	1783	1155	628
高淳区	831	556	275	1990	1493	497	946	627	319
南京江北新区	9189	5449	3740	21333	14067	7266	4543	2522	2021
无锡市	**71792**	**42025**	**29767**	**349135**	**208335**	**140800**	**47972**	**26801**	**21171**
锡山区	9541	5805	3736	71218	43211	28007	8969	5141	3828
惠山区	9300	5646	3654	45962	27610	18352	6466	3670	2796
滨湖区	7141	3785	3356	26687	15938	10749	3708	2054	1654
梁溪区	8681	4924	3757	19856	11523	8333	4195	2215	1980
新吴区	9458	5532	3926	52342	31269	21073	6887	3874	3013
江苏无锡经济开发区	3067	1737	1330	14926	9075	5851	1778	1001	777
江阴市	17807	10519	7288	91476	53425	38051	10988	6127	4861
宜兴市	6797	4077	2720	26668	16284	10384	4981	2719	2262
徐州市	**41338**	**20891**	**20447**	**40412**	**24008**	**16404**	**3744**	**1817**	**1927**
鼓楼区	4398	2449	1949	6756	4267	2489	388	195	193
云龙区	4904	2557	2347	6797	4175	2622	547	289	258
贾汪区	2566	1233	1333	2337	1475	862	176	100	76
泉山区	4713	2471	2242	5352	3180	2172	445	221	224
铜山区	6862	3650	3212	8156	4905	3251	778	426	352
丰县	2701	1263	1438	1971	1108	863	179	64	115
沛县	6022	2649	3373	1840	924	916	210	79	131
睢宁县	759	323	436	1526	694	832	286	97	189
徐州经济技术开发区	3931	2256	1675	3479	2116	1363	320	179	141
新沂市	2419	1087	1332	1075	533	542	236	85	151
邳州市	2063	953	1110	1123	631	492	179	82	97
常州市	**33293**	**20464**	**12829**	**172926**	**105491**	**67435**	**32251**	**18505**	**13746**
天宁区	3190	1786	1404	21581	13086	8495	2768	1529	1239
钟楼区	6059	3545	2514	19380	11546	7834	3904	2195	1709
新北区	6596	3991	2605	32844	19975	12869	4744	2720	2024
武进区	8552	5224	3328	54091	32489	21602	7748	4560	3188
金坛区	2177	1414	763	9898	6408	3490	6400	3490	2910
江苏省常州市经济开发区	3514	2130	1384	22834	13459	9375	4082	2387	1695
溧阳市	3205	2374	831	12298	8528	3770	2605	1624	981

7-3 续表 16 单位：人

现住地	户口登记地								
	山东			河南			湖北		
	小计	男	女	小计	男	女	小计	男	女
苏州市	**206518**	**121820**	**84698**	**1098498**	**656427**	**442071**	**165293**	**93944**	**71349**
虎丘区	18679	11070	7609	64663	40246	24417	9451	5370	4081
吴中区	23635	13652	9983	128402	77052	51350	15104	8598	6506
相城区	13059	7839	5220	78348	47379	30969	10764	6322	4442
姑苏区	10011	5397	4614	32951	18576	14375	4841	2354	2487
吴江区	20672	12174	8498	199617	116836	82781	15737	8823	6914
苏州工业园区	37064	21861	15203	88256	53139	35117	14102	7964	6138
常熟市	16051	9626	6425	99366	58857	40509	11997	6849	5148
张家港市	17056	9890	7166	118300	67960	50340	18193	10141	8052
昆山市	35116	21081	14035	235747	144198	91549	41604	23958	17646
太仓市	15175	9230	5945	52848	32184	20664	23500	13565	9935
南通市	**77591**	**45967**	**31624**	**155421**	**95822**	**59599**	**27664**	**16121**	**11543**
崇川区	12243	6852	5391	14987	9126	5861	3305	1724	1581
港闸区	9353	5579	3774	9513	5853	3660	2178	1219	959
通州区	16657	9595	7062	32145	18846	13299	4490	2573	1917
如东县	3038	1897	1141	4610	3088	1522	1291	716	575
南通经济技术开发区	9187	5521	3666	13716	8851	4865	4835	2841	1994
通州湾示范区	843	552	291	845	557	288	244	181	63
苏锡通科技产业园区	1967	1156	811	5135	3092	2043	762	459	303
启东市	5565	3606	1959	12397	8682	3715	2017	1296	721
如皋市	2217	1420	797	5447	3565	1882	1817	894	923
海门市	13960	7988	5972	47749	28077	19672	3789	2232	1557
海安市	2561	1801	760	8877	6085	2792	2936	1986	950
连云港市	**12557**	**6704**	**5853**	**14970**	**9693**	**5277**	**2215**	**1183**	**1032**
连云区	1919	1248	671	3642	2646	996	373	224	149
海州区	1792	951	841	1806	1081	725	373	196	177
赣榆区	2748	1249	1499	1013	530	483	239	88	151
东海县	1472	610	862	1464	763	701	194	76	118
灌云县	445	301	144	629	357	272	164	77	87
灌南县	498	313	185	1322	964	358	241	138	103
连云港经济技术开发区	828	475	353	1029	628	401	124	63	61
连云港高新技术产业开发区	2174	944	1230	2084	1028	1056	395	225	170
江苏连云港徐圩新区	670	610	60	1939	1670	269	107	95	12
江苏省连云港市云台山风景名胜区	11	3	8	42	26	16	5	1	4
淮安市	**5371**	**3124**	**2247**	**11564**	**6841**	**4723**	**2389**	**1269**	**1120**
淮安区	440	261	179	1785	1176	609	163	77	86
淮阴区	631	318	313	1220	652	568	249	113	136
清江浦区	943	496	447	1689	1037	652	441	229	212
洪泽区	303	196	107	438	277	161	120	59	61
涟水县	394	201	193	733	385	348	199	83	116
盱眙县	395	236	159	845	498	347	282	140	142
金湖县	379	261	118	986	650	336	295	185	110
淮安经济技术开发区	1615	976	639	3508	1918	1590	532	315	217
工业园区	57	45	12	68	55	13	17	9	8
生态文旅区	172	99	73	222	141	81	74	44	30
苏淮高新区	42	35	7	70	52	18	17	15	2

7-3 续表 17

单位：人

现住地	户口登记地								
	山东			河南			湖北		
	小计	男	女	小计	男	女	小计	男	女
盐城市	**8375**	**5139**	**3236**	**19938**	**12048**	**7890**	**3930**	**1976**	**1954**
亭湖区	909	516	393	3234	1920	1314	359	191	168
盐都区	536	305	231	1997	1238	759	441	207	234
大丰区	1936	1362	574	2450	1710	740	568	290	278
响水县	630	387	243	724	379	345	156	68	88
滨海县	633	377	256	1160	686	474	249	110	139
阜宁县	255	116	139	608	282	326	207	80	127
射阳县	604	361	243	1080	666	414	296	123	173
建湖县	533	242	291	769	408	361	227	88	139
盐城经济技术开发区	351	195	156	1101	641	460	155	85	70
江苏省盐南高新区	478	251	227	1022	553	469	200	87	113
东台市	1510	1027	483	5793	3565	2228	1072	647	425
扬州市	**14417**	**8583**	**5834**	**40918**	**26019**	**14899**	**7858**	**4116**	**3742**
广陵区	3091	1831	1260	7423	4775	2648	1446	805	641
邗江区	2959	1562	1397	7486	4372	3114	1594	779	815
江都区	2374	1506	868	7622	5183	2439	1846	924	922
宝应县	713	450	263	2298	1495	803	339	186	153
扬州经济技术开发区	1867	1119	748	4367	2697	1670	721	371	350
蜀冈瘦西湖景区	562	330	232	1183	792	391	300	180	120
生态新城	379	224	155	2625	1398	1227	177	105	72
仪征市	1461	958	503	4257	2944	1313	737	399	338
高邮市	1011	603	408	3657	2363	1294	698	367	331
镇江市	**24801**	**14289**	**10512**	**47298**	**28567**	**18731**	**11942**	**6506**	**5436**
京口区	2502	1400	1102	4119	2502	1617	1058	565	493
润州区	2117	1195	922	1660	1017	643	495	243	252
丹徒区	2200	1306	894	4787	3049	1738	1147	619	528
镇江新区	2854	1727	1127	6487	4097	2390	1364	765	599
江苏镇江高新区	460	282	178	926	618	308	218	125	93
丹阳市	6379	3606	2773	16617	9496	7121	5047	2763	2284
扬中市	4665	2691	1974	3239	2102	1137	959	464	495
句容市	3624	2082	1542	9463	5686	3777	1654	962	692
泰州市	**12020**	**7664**	**4356**	**43488**	**27101**	**16387**	**8580**	**4366**	**4214**
海陵区	2464	1328	1136	7924	4673	3251	1694	750	944
高港区	847	531	316	3048	1927	1121	842	417	425
姜堰区	802	522	280	3230	2030	1200	808	360	448
泰州医药高新技术产业开发区	1285	824	461	9495	5380	4115	852	496	356
兴化市	991	588	403	3546	2211	1335	906	398	508
靖江市	3407	2317	1090	8832	5820	3012	1880	1061	819
泰兴市	2224	1554	670	7413	5060	2353	1598	884	714
宿迁市	**6643**	**3865**	**2778**	**15555**	**9073**	**6482**	**2444**	**1277**	**1167**
宿城区	1570	957	613	4097	2385	1712	350	195	155
宿豫区	955	566	389	1424	894	530	256	142	114
沭阳县	1380	744	636	2874	1419	1455	636	326	310
泗阳县	529	251	278	1134	554	580	313	143	170
泗洪县	609	282	327	1393	746	647	364	154	210
宿迁经济技术开发区	531	333	198	1210	768	442	247	156	91
宿迁市湖滨新区	778	562	216	2067	1645	422	174	109	65
苏州宿迁工业园区	197	121	76	930	407	523	68	37	31
宿迁市洋河新区	94	49	45	426	255	171	36	15	21

7-3 续表 18

单位：人

现住地	户口登记地								
	湖南			广东			广西		
	小计	男	女	小计	男	女	小计	男	女
江苏	**162317**	**90696**	**71621**	**72270**	**40987**	**31283**	**73065**	**36098**	**36967**
南京市	**18935**	**10563**	**8372**	**17559**	**10117**	**7442**	**12838**	**5994**	**6844**
玄武区	1463	762	701	1601	898	703	1200	545	655
秦淮区	1157	600	557	1167	678	489	635	312	323
建邺区	947	514	433	1163	730	433	536	249	287
鼓楼区	1521	716	805	1815	969	846	943	386	557
浦口区	490	278	212	340	188	152	371	142	229
栖霞区	2554	1444	1110	3043	1735	1308	2522	1197	1325
雨花台区	1691	966	725	1534	871	663	995	454	541
江宁区	4930	2857	2073	3970	2330	1640	2897	1358	1539
六合区	399	241	158	149	87	62	145	68	77
溧水区	902	587	315	510	361	149	565	280	285
高淳区	496	295	201	100	59	41	154	82	72
南京江北新区	2385	1303	1082	2167	1211	956	1875	921	954
无锡市	**25996**	**14427**	**11569**	**8791**	**4946**	**3845**	**8926**	**4650**	**4276**
锡山区	5809	3389	2420	1105	628	477	1457	790	667
惠山区	3819	2192	1627	838	477	361	1103	610	493
滨湖区	1989	1024	965	1272	615	657	1124	595	529
梁溪区	1798	886	912	1726	1051	675	755	373	382
新吴区	2347	1306	1041	889	513	376	940	470	470
江苏无锡经济开发区	859	467	392	733	433	300	412	209	203
江阴市	6752	3735	3017	1180	648	532	1513	772	741
宜兴市	2623	1428	1195	1048	581	467	1622	831	791
徐州市	**2475**	**1188**	**1287**	**2133**	**1113**	**1020**	**2118**	**770**	**1348**
鼓楼区	155	73	82	168	92	76	180	102	78
云龙区	257	126	131	281	140	141	332	118	214
贾汪区	95	41	54	85	16	69	125	26	99
泉山区	302	156	146	366	196	170	153	59	94
铜山区	752	403	349	698	421	277	731	281	450
丰县	119	27	92	89	53	36	74	9	65
沛县	180	91	89	116	53	63	187	57	130
睢宁县	187	60	127	103	31	72	109	40	69
徐州经济技术开发区	153	77	76	81	41	40	87	41	46
新沂市	166	81	85	93	50	43	77	16	61
邳州市	109	53	56	53	20	33	63	21	42
常州市	**12404**	**7181**	**5223**	**4470**	**2628**	**1842**	**6318**	**3570**	**2748**
天宁区	1139	588	551	611	315	296	428	214	214
钟楼区	1615	921	694	689	375	314	895	459	436
新北区	1963	1088	875	886	515	371	974	496	478
武进区	3585	2097	1488	1001	577	424	2390	1380	1010
金坛区	965	589	376	432	289	143	433	254	179
江苏省常州市经济开发区	1862	1061	801	295	170	125	556	286	270
溧阳市	1275	837	438	556	387	169	642	481	161

7-3　续表 19　　　　单位：人

现住地	户口登记地								
	湖南			广东			广西		
	小计	男	女	小计	男	女	小计	男	女
苏州市	**66206**	**37473**	**28733**	**22220**	**12628**	**9592**	**22159**	**11357**	**10802**
虎丘区	3935	2230	1705	1575	879	696	1581	746	835
吴中区	8061	4545	3516	2720	1509	1211	3658	1811	1847
相城区	5698	3293	2405	1909	1104	805	1752	982	770
姑苏区	2199	1021	1178	1297	714	583	1009	438	571
吴江区	8094	4615	3479	1904	1066	838	2597	1385	1212
苏州工业园区	5780	3067	2713	3671	2087	1584	2464	1197	1267
常熟市	5719	3366	2353	2457	1469	988	2042	1065	977
张家港市	3189	1759	1430	1147	652	495	1336	695	641
昆山市	18224	10477	7747	4294	2405	1889	4536	2384	2152
太仓市	5307	3100	2207	1246	743	503	1184	654	530
南通市	**15669**	**8966**	**6703**	**5008**	**2915**	**2093**	**6619**	**3472**	**3147**
崇川区	1949	1029	920	1164	609	555	1398	597	801
港闸区	1105	597	508	704	401	303	399	187	212
通州区	2410	1404	1006	696	418	278	968	567	401
如东县	1372	713	659	312	195	117	358	211	147
南通经济技术开发区	1993	1146	847	395	258	137	695	384	311
通州湾示范区	165	112	53	39	24	15	100	67	33
苏锡通科技产业园区	484	289	195	44	24	20	161	86	75
启东市	1205	739	466	415	251	164	702	348	354
如皋市	1007	518	489	282	148	134	368	184	184
海门市	2058	1217	841	573	349	224	929	495	434
海安市	1921	1202	719	384	238	146	541	346	195
连云港市	**1183**	**596**	**587**	**1158**	**561**	**597**	**1227**	**476**	**751**
连云区	194	123	71	163	95	68	66	39	27
海州区	213	97	116	197	105	92	92	34	58
赣榆区	124	56	68	168	68	100	73	15	58
东海县	120	44	76	113	54	59	268	120	148
灌云县	68	30	38	47	19	28	51	23	28
灌南县	76	31	45	37	20	17	46	22	24
连云港经济技术开发区	56	31	25	80	48	32	30	9	21
连云港高新技术产业开发区	269	140	129	333	138	195	575	197	378
江苏连云港徐圩新区	62	44	18	16	13	3	20	14	6
江苏省连云港市云台山风景名胜区	1		1	4	1	3	6	3	3
淮安市	**1608**	**802**	**806**	**893**	**472**	**421**	**1179**	**440**	**739**
淮安区	113	55	58	117	59	58	81	21	60
淮阴区	231	82	149	72	38	34	289	88	201
清江浦区	228	121	107	206	106	100	197	81	116
洪泽区	108	61	47	31	12	19	36	17	19
涟水县	125	70	55	56	22	34	55	11	44
盱眙县	134	69	65	94	39	55	109	45	64
金湖县	162	87	75	84	50	34	87	55	32
淮安经济技术开发区	443	222	221	204	129	75	308	113	195
工业园区	23	13	10	7	5	2	5	5	
生态文旅区	32	16	16	21	11	10	12	4	8
苏淮高新区	9	6	3	1	1				

7-3 续表 20

单位：人

现住地	户口登记地								
	湖南			广东			广西		
	小计	男	女	小计	男	女	小计	男	女
盐城市	**2862**	**1370**	**1492**	**1399**	**751**	**648**	**1727**	**659**	**1068**
亭湖区	281	145	136	208	115	93	449	153	296
盐都区	269	130	139	164	91	73	151	77	74
大丰区	459	228	231	180	93	87	178	59	119
响水县	75	33	42	43	23	20	38	9	29
滨海县	153	65	88	73	27	46	88	33	55
阜宁县	84	27	57	81	40	41	50	15	35
射阳县	243	122	121	121	68	53	121	39	82
建湖县	139	50	89	80	36	44	75	18	57
盐城经济技术开发区	124	57	67	142	89	53	161	57	104
江苏省盐南高新区	114	54	60	136	71	65	139	47	92
东台市	921	459	462	171	98	73	277	152	125
扬州市	**3410**	**1826**	**1584**	**2535**	**1416**	**1119**	**2636**	**1201**	**1435**
广陵区	632	366	266	363	213	150	274	143	131
邗江区	765	357	408	1146	611	535	1446	648	798
江都区	513	287	226	234	125	109	279	108	171
宝应县	210	118	92	77	44	33	66	31	35
扬州经济技术开发区	352	190	162	181	106	75	211	97	114
蜀冈瘦西湖景区	157	68	89	124	69	55	40	24	16
生态新城	81	48	33	36	19	17	48	24	24
仪征市	325	183	142	193	120	73	132	65	67
高邮市	375	209	166	181	109	72	140	61	79
镇江市	**5997**	**3410**	**2587**	**2827**	**1641**	**1186**	**3995**	**2036**	**1959**
京口区	629	380	249	367	214	153	766	394	372
润州区	221	101	120	225	139	86	98	55	43
丹徒区	538	341	197	534	336	198	719	393	326
镇江新区	451	250	201	267	174	93	322	174	148
江苏镇江高新区	115	68	47	52	31	21	51	29	22
丹阳市	2649	1468	1181	749	403	346	1320	640	680
扬中市	333	191	142	96	53	43	152	80	72
句容市	1061	611	450	537	291	246	567	271	296
泰州市	**4121**	**2181**	**1940**	**2560**	**1414**	**1146**	**2398**	**1076**	**1322**
海陵区	700	347	353	890	462	428	841	336	505
高港区	316	180	136	128	70	58	100	55	45
姜堰区	438	209	229	251	138	113	179	78	101
泰州医药高新技术产业开发区	336	197	139	321	174	147	227	106	121
兴化市	375	179	196	208	128	80	199	86	113
靖江市	859	473	386	409	226	183	457	223	234
泰兴市	1097	596	501	353	216	137	395	192	203
宿迁市	**1451**	**713**	**738**	**717**	**385**	**332**	**925**	**397**	**528**
宿城区	260	131	129	135	71	64	197	66	131
宿豫区	132	67	65	68	40	28	95	38	57
沭阳县	428	212	216	179	112	67	181	50	131
泗阳县	186	90	96	100	55	45	89	33	56
泗洪县	194	64	130	135	49	86	107	38	69
宿迁经济技术开发区	125	75	50	60	35	25	57	39	18
宿迁市湖滨新区	67	39	28	22	13	9	187	129	58
苏州宿迁工业园区	31	19	12	13	7	6	6	2	4
宿迁市洋河新区	28	16	12	5	3	2	6	2	4

7-3　续表 21

单位：人

现住地	户口登记地								
	海南			重庆			四川		
	小计	男	女	小计	男	女	小计	男	女
江　苏	**10219**	**5074**	**5145**	**171797**	**93450**	**78347**	**623230**	**343239**	**279991**
南京市	**2745**	**1462**	**1283**	**13386**	**7087**	**6299**	**45421**	**25287**	**20134**
玄武区	350	175	175	1250	694	556	2828	1403	1425
秦淮区	108	51	57	714	340	374	2580	1368	1212
建邺区	114	57	57	766	428	338	2355	1394	961
鼓楼区	268	154	114	1054	482	572	2981	1424	1557
浦口区	108	40	68	348	177	171	1212	636	576
栖霞区	649	347	302	2035	974	1061	6915	3944	2971
雨花台区	125	68	57	890	502	388	3818	2057	1761
江宁区	555	304	251	3249	1773	1476	11579	6604	4975
六合区	21	8	13	299	148	151	1085	582	503
溧水区	59	28	31	722	415	307	2478	1546	932
高淳区	19	11	8	262	161	101	888	527	361
南京江北新区	369	219	150	1797	993	804	6702	3802	2900
无锡市	**1006**	**450**	**556**	**49663**	**27101**	**22562**	**158999**	**87779**	**71220**
锡山区	121	53	68	10462	5847	4615	28566	15879	12687
惠山区	86	38	48	3951	2210	1741	23119	13140	9979
滨湖区	199	96	103	2487	1307	1180	10838	5876	4962
梁溪区	179	66	113	1985	977	1008	12534	6602	5932
新吴区	75	34	41	6217	3385	2832	10427	5647	4780
江苏无锡经济开发区	80	44	36	1289	715	574	8422	4745	3677
江阴市	150	69	81	15118	8153	6965	50272	27697	22575
宜兴市	116	50	66	8154	4507	3647	14821	8193	6628
徐州市	**461**	**218**	**243**	**2247**	**1049**	**1198**	**8848**	**4117**	**4731**
鼓楼区	26	13	13	163	85	78	991	626	365
云龙区	51	33	18	237	114	123	862	396	466
贾汪区	5	2	3	76	35	41	627	296	331
泉山区	38	17	21	312	150	162	1002	484	518
铜山区	237	115	122	657	347	310	2085	990	1095
丰县	11	7	4	134	50	84	485	161	324
沛县	23	9	14	158	49	109	997	399	598
睢宁县	17	2	15	173	66	107	493	151	342
徐州经济技术开发区	16	4	12	176	99	77	527	278	249
新沂市	13	5	8	81	23	58	426	175	251
邳州市	24	11	13	80	31	49	353	161	192
常州市	**677**	**309**	**368**	**17682**	**9621**	**8061**	**100474**	**56095**	**44379**
天宁区	54	29	25	1410	706	704	13920	7475	6445
钟楼区	120	62	58	1460	751	709	8123	4490	3633
新北区	72	28	44	1764	971	793	13157	7211	5946
武进区	267	107	160	6297	3453	2844	34610	19452	15158
金坛区	49	20	29	3896	2059	1837	6610	3742	2868
江苏省常州市经济开发区	46	29	17	1615	903	712	19782	11022	8760
溧阳市	69	34	35	1240	778	462	4272	2703	1569

7-3 续表 22 单位：人

现住地	户口登记地								
	海南			重庆			四川		
	小计	男	女	小计	男	女	小计	男	女
苏州市	**2206**	**1139**	**1067**	**51809**	**28421**	**23388**	**202380**	**111675**	**90705**
虎丘区	144	68	76	2789	1532	1257	10548	5906	4642
吴中区	218	101	117	4654	2523	2131	27880	15427	12453
相城区	118	65	53	4307	2445	1862	14111	8114	5997
姑苏区	173	71	102	1584	743	841	6113	3084	3029
吴江区	262	175	87	5181	2868	2313	27198	14885	12313
苏州工业园区	482	260	222	3339	1767	1572	13300	7184	6116
常熟市	211	95	116	6735	3724	3011	18800	10638	8162
张家港市	96	38	58	7377	4016	3361	38996	21442	17554
昆山市	402	209	193	10133	5527	4606	32687	17826	14861
太仓市	100	57	43	5710	3276	2434	12747	7169	5578
南通市	**714**	**350**	**364**	**16031**	**9059**	**6972**	**32692**	**18946**	**13746**
崇川区	154	87	67	2226	1148	1078	5128	2778	2350
港闸区	50	20	30	1302	726	576	2948	1663	1285
通州区	42	18	24	3096	1734	1362	5095	2948	2147
如东县	59	25	34	1012	587	425	1844	1001	843
南通经济技术开发区	56	36	20	2359	1353	1006	2931	1755	1176
通州湾示范区	8	3	5	140	82	58	286	171	115
苏锡通科技产业园区	11	5	6	943	535	408	1109	632	477
启东市	53	21	32	1126	691	435	3626	2175	1451
如皋市	82	36	46	1090	583	507	2052	1098	954
海门市	115	52	63	1454	841	613	4337	2639	1698
海安市	84	47	37	1283	779	504	3336	2086	1250
连云港市	**295**	**125**	**170**	**1201**	**650**	**551**	**4193**	**2040**	**2153**
连云区	17	7	10	174	105	69	802	535	267
海州区	36	15	21	204	94	110	512	233	279
赣榆区	78	32	46	79	26	53	499	192	307
东海县	35	18	17	88	24	64	326	95	231
灌云县	6	2	4	132	74	58	464	223	241
灌南县	6	2	4	115	72	43	255	130	125
连云港经济技术开发区	7	2	5	68	38	30	162	86	76
连云港高新技术产业开发区	108	45	63	227	118	109	1026	432	594
江苏连云港徐圩新区	2	2		113	99	14	141	112	29
江苏省连云港市云台山风景名胜区				1		1	6	2	4
淮安市	**210**	**86**	**124**	**1066**	**537**	**529**	**3822**	**1840**	**1982**
淮安区	16	8	8	112	58	54	439	206	233
淮阴区	17	6	11	185	103	82	553	259	294
清江浦区	49	22	27	204	96	108	634	318	316
洪泽区	8	5	3	49	33	16	212	118	94
涟水县	13	6	7	79	37	42	361	149	212
盱眙县	8	2	6	111	56	55	512	257	255
金湖县	23	7	16	120	58	62	382	199	183
淮安经济技术开发区	71	28	43	172	76	96	586	259	327
工业园区	3	1	2	8	6	2	24	14	10
生态文旅区	2	1	1	22	12	10	108	53	55
苏淮高新区				4	2	2	11	8	3

7-3 续表 23 单位：人

现住地	户口登记地								
	海南			重庆			四川		
	小计	男	女	小计	男	女	小计	男	女
盐城市	**225**	**98**	**127**	**2308**	**1125**	**1183**	**6782**	**3372**	**3410**
亭湖区	31	16	15	243	131	112	880	461	419
盐都区	10	7	3	164	65	99	551	264	287
大丰区	28	13	15	506	272	234	952	504	448
响水县	12	1	11	103	59	44	300	134	166
滨海县	7	1	6	134	53	81	589	244	345
阜宁县	14	7	7	117	50	67	273	99	174
射阳县	23	7	16	216	91	125	571	262	309
建湖县	19	6	13	120	47	73	501	240	261
盐城经济技术开发区	24	13	11	45	28	17	306	160	146
江苏省盐南高新区	32	17	15	110	46	64	343	143	200
东台市	25	10	15	550	283	267	1516	861	655
扬州市	**456**	**226**	**230**	**3747**	**2021**	**1726**	**13430**	**7141**	**6289**
广陵区	44	18	26	453	247	206	2200	1289	911
邗江区	247	139	108	769	406	363	2871	1312	1559
江都区	49	22	27	829	456	373	2185	1231	954
宝应县	10	5	5	178	89	89	607	317	290
扬州经济技术开发区	37	20	17	375	189	186	1378	732	646
蜀冈瘦西湖景区	13	6	7	108	68	40	407	257	150
生态新城	4	1	3	65	41	24	233	137	96
仪征市	31	8	23	563	319	244	2179	1185	994
高邮市	21	7	14	407	206	201	1370	681	689
镇江市	**480**	**286**	**194**	**7208**	**3938**	**3270**	**29220**	**16007**	**13213**
京口区	168	108	60	714	386	328	2413	1304	1109
润州区	16	6	10	295	157	138	802	408	394
丹徒区	130	91	39	949	546	403	2869	1705	1164
镇江新区	45	20	25	665	360	305	2391	1324	1067
江苏镇江高新区	5	3	2	80	52	28	392	234	158
丹阳市	62	30	32	3082	1667	1415	15603	8476	7127
扬中市	12	6	6	403	221	182	2103	1169	934
句容市	42	22	20	1020	549	471	2647	1387	1260
泰州市	**532**	**241**	**291**	**4301**	**2289**	**2012**	**12658**	**6849**	**5809**
海陵区	160	69	91	641	307	334	2345	1121	1224
高港区	39	15	24	317	166	151	796	460	336
姜堰区	38	17	21	336	165	171	975	499	476
泰州医药高新技术产业开发区	41	18	23	316	174	142	1071	581	490
兴化市	27	10	17	654	389	265	1450	760	690
靖江市	137	69	68	1090	586	504	3302	1912	1390
泰兴市	90	43	47	947	502	445	2719	1516	1203
宿迁市	**212**	**84**	**128**	**1148**	**552**	**596**	**4311**	**2091**	**2220**
宿城区	42	18	24	167	84	83	844	439	405
宿豫区	10	2	8	144	65	79	464	230	234
沭阳县	44	21	23	320	145	175	1033	465	568
泗阳县	46	19	27	153	65	88	616	270	346
泗洪县	54	20	34	190	90	100	633	283	350
宿迁经济技术开发区	6	2	4	77	46	31	302	185	117
宿迁市湖滨新区	7	2	5	54	35	19	272	153	119
苏州宿迁工业园区	3		3	22	12	10	61	32	29
宿迁市洋河新区				21	10	11	86	34	52

7-3 续表 24　　单位：人

现住地	户口登记地								
	贵州			云南			西藏		
	小计	男	女	小计	男	女	小计	男	女
江　苏	**498835**	**278426**	**220409**	**259813**	**143938**	**115875**	**8489**	**4093**	**4396**
南京市	**42067**	**23792**	**18275**	**22219**	**12887**	**9332**	**1820**	**859**	**961**
玄武区	4207	2283	1924	1456	726	730	306	125	181
秦淮区	1811	1042	769	919	492	427	33	28	5
建邺区	1585	970	615	888	537	351	52	29	23
鼓楼区	2127	1035	1092	1098	524	574	155	73	82
浦口区	2115	1198	917	629	322	307	127	52	75
栖霞区	6381	3316	3065	4159	2577	1582	489	248	241
雨花台区	2243	1253	990	1359	750	609	47	23	24
江宁区	10153	5943	4210	5853	3558	2295	427	200	227
六合区	843	434	409	415	221	194	4	2	2
溧水区	2676	1514	1162	1936	1138	798	5	4	1
高淳区	781	439	342	667	338	329	9	5	4
南京江北新区	7145	4365	2780	2840	1704	1136	166	70	96
无锡市	**110172**	**62495**	**47677**	**42715**	**23640**	**19075**	**272**	**131**	**141**
锡山区	18724	11024	7700	5895	3370	2525	29	12	17
惠山区	8915	5192	3723	4682	2700	1982	15	10	5
滨湖区	4478	2501	1977	1867	1073	794	103	43	60
梁溪区	2780	1362	1418	1503	706	797	17	10	7
新吴区	6988	4138	2850	2941	1716	1225	50	33	17
江苏无锡经济开发区	3357	1966	1391	1011	594	417	7	2	5
江阴市	34055	19156	14899	9135	4963	4172	39	16	23
宜兴市	30875	17156	13719	15681	8518	7163	12	5	7
徐州市	**11503**	**5587**	**5916**	**3125**	**1129**	**1996**	**616**	**260**	**356**
鼓楼区	1392	867	525	226	134	92	154	96	58
云龙区	1865	1039	826	145	67	78	51	21	30
贾汪区	782	356	426	254	81	173	1		1
泉山区	922	494	428	175	73	102	73	32	41
铜山区	2784	1342	1442	973	442	531	135	76	59
丰县	544	215	329	170	39	131	12	7	5
沛县	817	358	459	193	41	152	5	1	4
睢宁县	737	223	514	379	69	310	24	11	13
徐州经济技术开发区	552	312	240	193	93	100	136	6	130
新沂市	576	206	370	249	54	195	17	6	11
邳州市	532	175	357	168	36	132	8	4	4
常州市	**63780**	**36809**	**26971**	**37977**	**21295**	**16682**	**299**	**113**	**186**
天宁区	4254	2385	1869	1497	797	700	13	6	7
钟楼区	4971	2755	2216	1928	1065	863	53	24	29
新北区	6717	3915	2802	3496	1958	1538	204	68	136
武进区	19342	11059	8283	11794	6593	5201	9	5	4
金坛区	5200	2889	2311	11183	6092	5091	9	4	5
江苏省常州市经济开发区	14759	8555	6204	4912	2791	2121	4	1	3
溧阳市	8537	5251	3286	3167	1999	1168	7	5	2

7-3　续表 25

单位：人

现住地	户口登记地								
	贵州			云南			西藏		
	小计	男	女	小计	男	女	小计	男	女
苏州市	**144172**	**83528**	**60644**	**77389**	**44196**	**33193**	**310**	**146**	**164**
虎丘区	7866	4727	3139	5624	3334	2290	36	17	19
吴中区	14487	8378	6109	8841	4891	3950	42	26	16
相城区	12408	7516	4892	7456	4351	3105	15	3	12
姑苏区	3308	1562	1746	1418	597	821	99	44	55
吴江区	42098	24034	18064	14032	7929	6103	31	18	13
苏州工业园区	7923	4433	3490	5804	3304	2500	28	16	12
常熟市	11483	6837	4646	8386	5054	3332	11	4	7
张家港市	12300	6869	5431	7413	4023	3390	15	5	10
昆山市	20703	12402	8301	11269	6540	4729	23	9	14
太仓市	11596	6770	4826	7146	4173	2973	10	4	6
南通市	**46452**	**25491**	**20961**	**23453**	**13703**	**9750**	**2302**	**1182**	**1120**
崇川区	4746	2440	2306	2798	1482	1316	649	284	365
港闸区	2051	1111	940	1690	883	807	592	266	326
通州区	6706	3803	2903	3404	2030	1374	16	6	10
如东县	2231	1070	1161	1268	684	584	15	7	8
南通经济技术开发区	3575	2008	1567	2022	1264	758	766	528	238
通州湾示范区	293	159	134	149	92	57	3	1	2
苏锡通科技产业园区	2091	1156	935	827	481	346			
启东市	2855	1668	1187	2208	1365	843	14	6	8
如皋市	3779	1864	1915	1716	979	737	166	34	132
海门市	13621	7602	6019	3510	2076	1434	62	41	21
海安市	4504	2610	1894	3861	2367	1494	19	9	10
连云港市	**4134**	**1854**	**2280**	**2344**	**640**	**1704**	**471**	**204**	**267**
连云区	469	270	199	115	72	43	2	1	1
海州区	410	207	203	148	52	96	8	4	4
赣榆区	266	79	187	241	51	190	15	6	9
东海县	421	144	277	382	25	357			
灌云县	283	104	179	195	39	156	2		2
灌南县	344	136	208	231	67	164	2	1	1
连云港经济技术开发区	130	74	56	50	29	21	1		1
连云港高新技术产业开发区	1598	700	898	942	274	668	441	192	249
江苏连云港徐圩新区	196	134	62	38	31	7			
江苏省连云港市云台山风景名胜区	17	6	11	2		2			
淮安市	**6983**	**2853**	**4130**	**2779**	**1046**	**1733**	**924**	**426**	**498**
淮安区	1135	469	666	299	107	192	4	1	3
淮阴区	1262	387	875	469	113	356	8	4	4
清江浦区	807	329	478	344	149	195	22	12	10
洪泽区	413	184	229	101	37	64	1	1	
涟水县	542	208	334	260	53	207	2	2	
盱眙县	627	223	404	428	200	228	4		4
金湖县	532	277	255	183	101	82	2	1	1
淮安经济技术开发区	1538	709	829	591	219	372	871	401	470
工业园区	49	24	25	83	54	29			
生态文旅区	60	34	26	13	10	3	4	2	2
苏淮高新区	18	9	9	8	3	5	6	2	4

7-3 续表 26

单位：人

现住地	户口登记地								
	贵州			云南			西藏		
	小计	男	女	小计	男	女	小计	男	女
盐城市	**10002**	**4662**	**5340**	**4871**	**2058**	**2813**	**292**	**148**	**144**
亭湖区	1417	671	746	522	248	274	99	55	44
盐都区	823	417	406	293	124	169	5	3	2
大丰区	1655	861	794	708	344	364	1	1	
响水县	415	169	246	167	60	107	2	2	
滨海县	610	251	359	486	191	295	3	2	1
阜宁县	909	418	491	257	30	227	2		2
射阳县	699	285	414	440	149	291	5	4	1
建湖县	450	176	274	255	61	194	3	1	2
盐城经济技术开发区	717	290	427	152	83	69	39	20	19
江苏省盐南高新区	431	159	272	205	59	146	126	57	69
东台市	1876	965	911	1386	709	677	7	3	4
扬州市	**13097**	**7131**	**5966**	**9446**	**5453**	**3993**	**459**	**266**	**193**
广陵区	1922	1117	805	1264	740	524	26	14	12
邗江区	3528	1823	1705	1107	559	548	347	198	149
江都区	2203	1286	917	2357	1305	1052	16	8	8
宝应县	855	441	414	534	251	283	4	2	2
扬州经济技术开发区	1171	639	532	1635	1054	581	43	29	14
蜀冈瘦西湖景区	322	203	119	152	105	47	4	4	
生态新城	207	119	88	184	101	83			
仪征市	1573	854	719	1344	907	437	14	7	7
高邮市	1316	649	667	869	431	438	5	4	1
镇江市	**23968**	**13149**	**10819**	**20946**	**11514**	**9432**	**397**	**211**	**186**
京口区	1839	1066	773	1018	561	457	123	77	46
润州区	473	269	204	203	92	111	10	7	3
丹徒区	2983	1716	1267	1384	792	592	55	22	33
镇江新区	1667	952	715	754	457	297	6	2	4
江苏镇江高新区	299	177	122	292	166	126	1	1	
丹阳市	13066	7009	6057	14575	7827	6748	12	7	5
扬中市	1261	728	533	1030	624	406	3	1	2
句容市	2380	1232	1148	1690	995	695	187	94	93
泰州市	**15099**	**8049**	**7050**	**9510**	**5340**	**4170**	**285**	**126**	**159**
海陵区	2747	1326	1421	1257	627	630	202	84	118
高港区	1107	678	429	569	317	252	4	1	3
姜堰区	1435	790	645	725	395	330	25	15	10
泰州医药高新技术产业开发区	1041	572	469	525	303	222	9	4	5
兴化市	1911	1005	906	805	355	450	9	4	5
靖江市	3380	1906	1474	3663	2238	1425	11	7	4
泰兴市	3478	1772	1706	1966	1105	861	25	11	14
宿迁市	**7406**	**3026**	**4380**	**3039**	**1037**	**2002**	**42**	**21**	**21**
宿城区	1258	546	712	436	160	276	8	4	4
宿豫区	494	240	254	421	228	193	11	7	4
沭阳县	2126	756	1370	861	226	635	13	6	7
泗阳县	1137	423	714	368	91	277	5	2	3
泗洪县	1027	438	589	491	140	351	3	2	1
宿迁经济技术开发区	268	120	148	119	57	62			
宿迁市湖滨新区	848	405	443	274	122	152	2		2
苏州宿迁工业园区	27	14	13	14	6	8			
宿迁市洋河新区	221	84	137	55	7	48			

7-3　续表 27　　　　　　　　　　　　　　　　　　　　　　　　单位：人

现住地	户口登记地								
	陕西			甘肃			青海		
	小计	男	女	小计	男	女	小计	男	女
江　苏	**274052**	**164533**	**109519**	**204939**	**117364**	**87575**	**20005**	**10298**	**9707**
南京市	**23369**	**14311**	**9058**	**21700**	**12515**	**9185**	**3576**	**1745**	**1831**
玄武区	1791	988	803	1503	836	667	376	191	185
秦淮区	1424	842	582	1118	619	499	121	51	70
建邺区	1238	826	412	1022	596	426	140	67	73
鼓楼区	1592	862	730	1387	716	671	253	119	134
浦口区	695	445	250	665	373	292	126	53	73
栖霞区	4027	2570	1457	4285	2468	1817	667	343	324
雨花台区	1629	982	647	1421	822	599	177	88	89
江宁区	6162	3783	2379	5331	3081	2250	947	453	494
六合区	419	249	170	408	214	194	46	22	24
溧水区	1132	757	375	921	555	366	82	38	44
高淳区	355	245	110	255	159	96	18	7	11
南京江北新区	2905	1762	1143	3384	2076	1308	623	313	310
无锡市	**39414**	**23389**	**16025**	**22002**	**12577**	**9425**	**2167**	**1119**	**1048**
锡山区	6716	4209	2507	5553	3244	2309	267	141	126
惠山区	3736	2251	1485	2508	1433	1075	218	122	96
滨湖区	3096	1805	1291	1492	858	634	312	159	153
梁溪区	2657	1484	1173	1775	900	875	320	170	150
新吴区	6513	3933	2580	3752	2144	1608	354	174	180
江苏无锡经济开发区	1511	871	640	666	380	286	153	70	83
江阴市	7674	4476	3198	4411	2528	1883	286	150	136
宜兴市	7511	4360	3151	1845	1090	755	257	133	124
徐州市	**4111**	**2035**	**2076**	**3771**	**1956**	**1815**	**1353**	**716**	**637**
鼓楼区	294	158	136	510	336	174	130	74	56
云龙区	332	169	163	367	191	176	137	66	71
贾汪区	147	65	82	188	106	82	26	13	13
泉山区	518	264	254	282	127	155	160	81	79
铜山区	1292	738	554	1125	655	470	500	292	208
丰县	300	110	190	178	49	129	82	41	41
沛县	331	114	217	238	79	159	98	41	57
睢宁县	214	78	136	219	80	139	49	25	24
徐州经济技术开发区	325	183	142	395	235	160	57	30	27
新沂市	181	75	106	109	31	78	49	27	22
邳州市	177	81	96	160	67	93	65	26	39
常州市	**20374**	**12409**	**7965**	**14846**	**8645**	**6201**	**1194**	**628**	**566**
天宁区	1418	773	645	1016	525	491	131	70	61
钟楼区	1904	1087	817	1550	810	740	174	71	103
新北区	4368	2586	1782	2620	1538	1082	203	105	98
武进区	5581	3415	2166	5319	3082	2237	393	221	172
金坛区	2206	1361	845	1278	774	504	155	76	79
江苏省常州市经济开发区	2700	1597	1103	1971	1168	803	72	40	32
溧阳市	2197	1590	607	1092	748	344	66	45	21

7-3 续表 28

单位：人

现住地	户口登记地								
	陕西			甘肃			青海		
	小计	男	女	小计	男	女	小计	男	女
苏州市	**142908**	**86434**	**56474**	**104173**	**59513**	**44660**	**4932**	**2643**	**2289**
虎丘区	12252	7581	4671	9387	5324	4063	489	277	212
吴中区	16213	9897	6316	9340	5212	4128	500	260	240
相城区	7196	4443	2753	4976	2903	2073	305	162	143
姑苏区	2922	1505	1417	2256	1047	1209	382	209	173
吴江区	19985	12164	7821	12242	6792	5450	392	223	169
苏州工业园区	21683	12894	8789	14083	7891	6192	755	395	360
常熟市	9025	5736	3289	5951	3492	2459	369	206	163
张家港市	6668	3697	2971	3868	2153	1715	493	253	240
昆山市	38956	23592	15364	34978	20474	14504	1013	523	490
太仓市	8008	4925	3083	7092	4225	2867	234	135	99
南通市	**17972**	**10748**	**7224**	**12737**	**7752**	**4985**	**1609**	**875**	**734**
崇川区	2382	1331	1051	2130	1162	968	482	225	257
港闸区	1208	727	481	858	515	343	141	74	67
通州区	2846	1719	1127	2887	1747	1140	162	98	64
如东县	866	543	323	787	468	319	54	35	19
南通经济技术开发区	1762	1060	702	1405	888	517	156	97	59
通州湾示范区	127	93	34	53	35	18	20	10	10
苏锡通科技产业园区	597	360	237	389	254	135	28	18	10
启东市	1733	1129	604	1130	735	395	173	103	70
如皋市	905	545	360	630	359	271	88	37	51
海门市	3824	2112	1712	1354	896	458	172	108	64
海安市	1722	1129	593	1114	693	421	133	70	63
连云港市	**1885**	**1104**	**781**	**2658**	**1422**	**1236**	**496**	**216**	**280**
连云区	525	349	176	470	315	155	96	51	45
海州区	297	159	138	342	178	164	91	45	46
赣榆区	191	87	104	172	64	108	61	30	31
东海县	115	42	73	124	51	73	26	11	15
灌云县	78	49	29	53	23	30	21	9	12
灌南县	134	75	59	98	45	53	7	3	4
连云港经济技术开发区	117	66	51	163	85	78	14	8	6
连云港高新技术产业开发区	285	150	135	896	365	531	165	48	117
江苏连云港徐圩新区	142	127	15	340	296	44	15	11	4
江苏省连云港市云台山风景名胜区	1		1						
淮安市	**1706**	**967**	**739**	**1796**	**881**	**915**	**798**	**315**	**483**
淮安区	181	111	70	129	68	61	26	11	15
淮阴区	154	64	90	219	119	100	26	13	13
清江浦区	279	148	131	239	120	119	56	25	31
洪泽区	70	37	33	51	25	26	5	1	4
涟水县	127	48	79	88	31	57	19	10	9
盱眙县	107	43	64	181	93	88	4	1	3
金湖县	199	131	68	113	59	54	4	2	2
淮安经济技术开发区	532	353	179	727	339	388	650	248	402
工业园区	9	7	2	12	10	2			
生态文旅区	42	22	20	31	15	16	8	4	4
苏淮高新区	6	3	3	6	2	4			

7-3　续表 29　　　　单位：人

现住地	户口登记地								
	陕　西			甘　肃			青　海		
	小计	男	女	小计	男	女	小计	男	女
盐城市	**2980**	**1732**	**1248**	**4026**	**2412**	**1614**	**785**	**449**	**336**
亭湖区	345	205	140	415	252	163	49	21	28
盐都区	327	183	144	369	195	174	33	9	24
大丰区	409	255	154	366	216	150	23	13	10
响水县	106	57	49	102	53	49	44	22	22
滨海县	292	165	127	195	101	94	21	14	7
阜宁县	86	23	63	126	56	70	21	8	13
射阳县	180	83	97	137	63	74	42	24	18
建湖县	149	65	84	143	69	74	12	4	8
盐城经济技术开发区	130	90	40	287	147	140	32	14	18
江苏省盐南高新区	171	81	90	232	83	149	100	21	79
东台市	785	525	260	1654	1177	477	408	299	109
扬州市	**4562**	**2711**	**1851**	**5309**	**3030**	**2279**	**1192**	**631**	**561**
广陵区	916	591	325	610	323	287	154	57	97
邗江区	913	494	419	1849	1060	789	499	288	211
江都区	886	555	331	721	402	319	204	98	106
宝应县	204	109	95	221	105	116	42	24	18
扬州经济技术开发区	658	389	269	695	402	293	94	67	27
蜀冈瘦西湖景区	128	82	46	151	98	53	22	10	12
生态新城	129	69	60	94	60	34	7	3	4
仪征市	409	250	159	554	341	213	62	26	36
高邮市	319	172	147	414	239	175	108	58	50
镇江市	**7439**	**4472**	**2967**	**5965**	**3453**	**2512**	**965**	**509**	**456**
京口区	776	444	332	893	563	330	176	77	99
润州区	277	144	133	126	74	52	35	17	18
丹徒区	776	484	292	892	547	345	239	136	103
镇江新区	898	558	340	847	505	342	107	66	41
江苏镇江高新区	102	52	50	72	39	33	13	7	6
丹阳市	3062	1803	1259	1794	967	827	157	77	80
扬中市	512	351	161	347	216	131	17	12	5
句容市	1036	636	400	994	542	452	221	117	104
泰州市	**5574**	**3321**	**2253**	**4562**	**2546**	**2016**	**490**	**240**	**250**
海陵区	821	478	343	1120	564	556	122	63	59
高港区	441	274	167	372	197	175	43	24	19
姜堰区	357	205	152	527	329	198	62	30	32
泰州医药高新技术产业开发区	784	504	280	864	523	341	45	31	14
兴化市	402	231	171	275	131	144	42	17	25
靖江市	1757	966	791	699	418	281	68	30	38
泰兴市	1012	663	349	705	384	321	108	45	63
宿迁市	**1758**	**900**	**858**	**1394**	**662**	**732**	**448**	**212**	**236**
宿城区	384	204	180	256	127	129	96	49	47
宿豫区	174	87	87	173	64	109	62	27	35
沭阳县	502	238	264	269	112	157	107	50	57
泗阳县	192	92	100	135	68	67	42	17	25
泗洪县	183	85	98	131	52	79	45	23	22
宿迁经济技术开发区	172	103	69	130	67	63	44	21	23
宿迁市湖滨新区	73	46	27	217	127	90	39	20	19
苏州宿迁工业园区	58	35	23	44	29	15	2		2
宿迁市洋河新区	20	10	10	39	16	23	11	5	6

7-3 续表 30

单位：人

现住地	户口登记地					
	宁夏			新疆		
	小计	男	女	小计	男	女
江　苏	**14343**	**7953**	**6390**	**38708**	**18285**	**20423**
南京市	**3565**	**1914**	**1651**	**8050**	**3722**	**4328**
玄武区	406	194	212	831	387	444
秦淮区	110	60	50	427	209	218
建邺区	129	62	67	334	141	193
鼓楼区	253	128	125	744	320	424
浦口区	87	27	60	593	235	358
栖霞区	777	471	306	1536	688	848
雨花台区	158	93	65	436	210	226
江宁区	945	469	476	1882	916	966
六合区	22	12	10	84	40	44
溧水区	48	33	15	161	70	91
高淳区	17	9	8	44	29	15
南京江北新区	613	356	257	978	477	501
无锡市	**1143**	**662**	**481**	**3960**	**1827**	**2133**
锡山区	207	111	96	484	254	230
惠山区	141	79	62	370	176	194
滨湖区	226	128	98	1239	474	765
梁溪区	130	68	62	519	244	275
新吴区	141	91	50	308	155	153
江苏无锡经济开发区	73	41	32	199	97	102
江阴市	106	65	41	482	247	235
宜兴市	119	79	40	359	180	179
徐州市	**789**	**438**	**351**	**3119**	**1605**	**1514**
鼓楼区	47	24	23	271	134	137
云龙区	116	43	73	253	106	147
贾汪区	17	11	6	342	291	51
泉山区	40	14	26	226	78	148
铜山区	384	257	127	870	465	405
丰县	34	20	14	160	79	81
沛县	43	17	26	171	78	93
睢宁县	24	9	15	174	81	93
徐州经济技术开发区	49	27	22	347	144	203
新沂市	19	8	11	147	74	73
邳州市	16	8	8	158	75	83
常州市	**1021**	**585**	**436**	**1817**	**948**	**869**
天宁区	73	34	39	234	108	126
钟楼区	92	42	50	270	134	136
新北区	147	89	58	301	144	157
武进区	473	256	217	574	329	245
金坛区	85	61	24	180	96	84
江苏省常州市经济开发区	59	39	20	96	51	45
溧阳市	92	64	28	162	86	76

7-3　续表 31　　　　单位：人

现住地	户口登记地					
	宁　夏			新　疆		
	小计	男	女	小计	男	女
苏州市	**3827**	**2071**	**1756**	**8035**	**3970**	**4065**
虎丘区	514	270	244	1125	478	647
吴中区	398	208	190	877	454	423
相城区	201	117	84	509	274	235
姑苏区	204	89	115	696	346	350
吴江区	372	225	147	487	240	247
苏州工业园区	772	399	373	1375	667	708
常熟市	286	170	116	436	236	200
张家港市	156	87	69	812	413	399
昆山市	783	425	358	1414	700	714
太仓市	141	81	60	304	162	142
南通市	**705**	**433**	**272**	**2920**	**1437**	**1483**
崇川区	155	62	93	685	347	338
港闸区	138	98	40	243	112	131
通州区	93	58	35	395	198	197
如东县	31	21	10	209	99	110
南通经济技术开发区	61	47	14	157	77	80
通州湾示范区	10	7	3	18	7	11
苏锡通科技产业园区	14	12	2	22	9	13
启东市	77	54	23	261	128	133
如皋市	46	25	21	402	187	215
海门市	46	27	19	235	131	104
海安市	34	22	12	293	142	151
连云港市	**195**	**86**	**109**	**1979**	**874**	**1105**
连云区	29	17	12	43	18	25
海州区	22	10	12	150	63	87
赣榆区	24	10	14	188	83	105
东海县	30	11	19	39	19	20
灌云县	6	4	2	43	19	24
灌南县	5	5		20	10	10
连云港经济技术开发区	15	7	8	368	135	233
连云港高新技术产业开发区	49	8	41	1103	512	591
江苏连云港徐圩新区	15	14	1	24	15	9
江苏省连云港市云台山风景名胜区				1		1
淮安市	**161**	**78**	**83**	**987**	**401**	**586**
淮安区	9	4	5	81	49	32
淮阴区	25	12	13	482	159	323
清江浦区	23	10	13	123	61	62
洪泽区	4	2	2	71	36	35
涟水县	3	1	2	23	8	15
盱眙县	9	5	4	26	10	16
金湖县	5	1	4	23	12	11
淮安经济技术开发区	78	41	37	136	57	79
工业园区	1	1				
生态文旅区	4	1	3	21	9	12
苏淮高新区				1		1

7-3 续表 32 单位：人

现住地	户口登记地					
	宁夏			新疆		
	小计	男	女	小计	男	女
盐城市	**925**	**559**	**366**	**917**	**399**	**518**
亭湖区	85	27	58	470	194	276
盐都区	20	11	9	37	13	24
大丰区	41	22	19	59	33	26
响水县	11	5	6	19	8	11
滨海县	16	11	5	23	8	15
阜宁县	11	4	7	33	15	18
射阳县	24	8	16	43	23	20
建湖县	8	4	4	43	20	23
盐城经济技术开发区	74	23	51	55	20	35
江苏省盐南高新区	67	18	49	53	23	30
东台市	568	426	142	82	42	40
扬州市	**378**	**210**	**168**	**2408**	**1052**	**1356**
广陵区	48	27	21	205	107	98
邗江区	109	64	45	1276	467	809
江都区	83	33	50	224	110	114
宝应县	6	3	3	49	28	21
扬州经济技术开发区	55	33	22	325	171	154
蜀冈瘦西湖景区	2		2	34	20	14
生态新城	15	13	2	18	10	8
仪征市	33	20	13	103	55	48
高邮市	27	17	10	174	84	90
镇江市	**994**	**584**	**410**	**1893**	**909**	**984**
京口区	232	139	93	319	167	152
润州区	15	6	9	94	48	46
丹徒区	253	153	100	271	135	136
镇江新区	56	34	22	124	65	59
江苏镇江高新区	6	2	4	15	7	8
丹阳市	133	65	68	634	261	373
扬中市	54	33	21	60	27	33
句容市	245	152	93	376	199	177
泰州市	**474**	**260**	**214**	**1794**	**775**	**1019**
海陵区	96	54	42	397	176	221
高港区	54	30	24	432	163	269
姜堰区	40	20	20	247	107	140
泰州医药高新技术产业开发区	63	43	20	117	59	58
兴化市	15	5	10	69	33	36
靖江市	83	43	40	189	90	99
泰兴市	123	65	58	343	147	196
宿迁市	**166**	**73**	**93**	**829**	**366**	**463**
宿城区	47	19	28	407	143	264
宿豫区	13	6	7	50	28	22
沭阳县	19	6	13	85	38	47
泗阳县	25	8	17	55	25	30
泗洪县	18	7	11	61	28	33
宿迁经济技术开发区	16	11	5	25	17	8
宿迁市湖滨新区	17	11	6	131	84	47
苏州宿迁工业园区	1	1		8	3	5
宿迁市洋河新区	10	4	6	7		7

7-3a　全省按现住地、性别分的户口登记地在外省的人口(城市)

单位：人

现住地	户口登记地					
	合计			北京		
	合计	男	女	小计	男	女
江　苏	**6123721**	**3474239**	**2649482**	**13372**	**7834**	**5538**
南京市	**1226211**	**689613**	**536598**	**4891**	**2856**	**2035**
玄武区	95480	52165	43315	642	354	288
秦淮区	90820	48942	41878	362	204	158
建邺区	73571	42145	31426	590	343	247
鼓楼区	101876	52117	49759	613	332	281
浦口区	36973	21084	15889	124	80	44
栖霞区	181026	103238	77788	635	370	265
雨花台区	128819	74053	54766	247	157	90
江宁区	273611	153259	120352	1038	623	415
六合区	11526	6114	5412	22	11	11
溧水区	38508	24926	13582	44	30	14
高淳区	13885	8465	5420	37	21	16
南京江北新区	180116	103105	77011	537	331	206
无锡市	**1029539**	**583432**	**446107**	**1610**	**921**	**689**
锡山区	164396	96609	67787	132	78	54
惠山区	149307	84474	64833	138	86	52
滨湖区	118820	65714	53106	327	190	137
梁溪区	148655	81335	67320	335	182	153
新吴区	141967	80450	61517	194	120	74
江苏无锡经济开发区	69660	40099	29561	276	150	126
江阴市	138244	80098	58146	101	62	39
宜兴市	98490	54653	43837	107	53	54
徐州市	**164114**	**89874**	**74240**	**656**	**367**	**289**
鼓楼区	32220	18550	13670	88	52	36
云龙区	33042	17414	15628	113	57	56
贾汪区	7439	4122	3317	14	7	7
泉山区	39290	20563	18727	207	108	99
铜山区	42164	23988	18176	183	117	66
丰县						
沛县						
睢宁县						
徐州经济技术开发区	33	15	18			
新沂市	5204	2816	2388	23	12	11
邳州市	4722	2406	2316	28	14	14
常州市	**658230**	**379755**	**278475**	**925**	**563**	**362**
天宁区	100304	56403	43901	187	111	76
钟楼区	120878	68109	52769	153	95	58
新北区	120651	69359	51292	192	112	80
武进区	190383	109519	80864	196	113	83
金坛区	36985	21353	15632	91	52	39
江苏省常州市经济开发区	46594	26594	20000	19	13	6
溧阳市	42435	28418	14017	87	67	20

7-3a 续表 1

单位：人

现住地	户口登记地					
	合计			北京		
	合计	男	女	小计	男	女
苏州市	**2106560**	**1197623**	**908937**	**2594**	**1580**	**1014**
虎丘区	222210	129797	92413	609	376	233
吴中区	258343	145433	112910	428	263	165
相城区	252083	145846	106237	243	138	105
姑苏区	161929	85850	76079	381	227	154
吴江区	250682	144939	105743	132	78	54
苏州工业园区						
常熟市	246390	137818	108572	201	121	80
张家港市	112170	61964	50206	146	88	58
昆山市	510263	292942	217321	360	228	132
太仓市	92490	53034	39456	94	61	33
南通市	**335714**	**194647**	**141067**	**661**	**384**	**277**
崇川区	104618	57718	46900	242	134	108
港闸区	75874	43177	32697	85	53	32
通州区	39737	22893	16844	80	41	39
如东县						
南通经济技术开发区						
通州湾示范区						
苏锡通科技产业园区						
启东市	21593	13188	8405	59	36	23
如皋市	15716	8420	7296	41	26	15
海门市	39408	24279	15129	79	51	28
海安市	38768	24972	13796	75	43	32
连云港市	**33595**	**20864**	**12731**	**200**	**113**	**87**
连云区	12999	8332	4667	67	37	30
海州区	11894	6365	5529	100	55	45
赣榆区	4021	2007	2014	29	17	12
东海县	9	4	5			
灌云县						
灌南县						
连云港经济技术开发区						
连云港高新技术产业开发区						
江苏连云港徐圩新区	4658	4149	509	4	4	
江苏省连云港市云台山风景名胜区	14	7	7			
淮安市	**26775**	**13605**	**13170**	**151**	**89**	**62**
淮安区	4841	2614	2227	21	12	9
淮阴区	7232	3223	4009	41	24	17
清江浦区	12682	6727	5955	84	52	32
洪泽区	2020	1041	979	5	1	4
涟水县						
盱眙县						
金湖县						
淮安经济技术开发区						
工业园区						
生态文旅区						
苏淮高新区						

7-3a 续表 2

单位：人

现住地	户口登记地					
	合计			北京		
	合计	男	女	小计	男	女
盐城市	**49861**	**28229**	**21632**	**179**	**103**	**76**
亭湖区	11800	6043	5757	51	24	27
盐都区	6182	3307	2875	15	8	7
大丰区	5534	2946	2588	31	25	6
响水县						
滨海县						
阜宁县						
射阳县						
建湖县						
盐城经济技术开发区	268	197	71			
江苏省盐南高新区	8077	3890	4187	52	29	23
东台市	18000	11846	6154	30	17	13
扬州市	**158436**	**89445**	**68991**	**650**	**369**	**281**
广陵区	35102	20306	14796	153	89	64
邗江区	57515	30734	26781	242	132	110
江都区	20010	11474	8536	59	35	24
宝应县						
扬州经济技术开发区						
蜀冈瘦西湖景区	8395	5042	3353	70	37	33
生态新城	5825	3240	2585	9	8	1
仪征市	19345	11726	7619	77	48	29
高邮市	12244	6923	5321	40	20	20
镇江市	**186043**	**103948**	**82095**	**420**	**243**	**177**
京口区	33730	18836	14894	153	83	70
润州区	15920	8775	7145	63	41	22
丹徒区	19404	11028	8376	45	26	19
镇江新区						
江苏镇江高新区	7428	4385	3043	8	5	3
丹阳市	59750	32562	27188	87	53	34
扬中市	18305	10553	7752	28	18	10
句容市	31506	17809	13697	36	17	19
泰州市	**116846**	**64346**	**52500**	**330**	**184**	**146**
海陵区	43293	22868	20425	118	65	53
高港区	11888	6789	5099	27	15	12
姜堰区	12346	6949	5397	43	25	18
泰州医药高新技术产业开发区						
兴化市	9248	5057	4191	41	21	20
靖江市	20391	11499	8892	48	28	20
泰兴市	19680	11184	8496	53	30	23
宿迁市	**31797**	**18858**	**12939**	**105**	**62**	**43**
宿城区	13314	7281	6033	71	43	28
宿豫区	6281	3450	2831	17	9	8
沭阳县						
泗阳县						
泗洪县						
宿迁经济技术开发区						
宿迁市湖滨新区	9073	6538	2535	10	6	4
苏州宿迁工业园区	2127	1083	1044	4	2	2
宿迁市洋河新区	1002	506	496	3	2	1

7-3a 续表 3

单位：人

现住地	户口登记地 天津 小计	天津 男	天津 女	河北 小计	河北 男	河北 女	山西 小计	山西 男	山西 女
江 苏	**13004**	**7076**	**5928**	**99176**	**57518**	**41658**	**93589**	**55276**	**38313**
南京市	**5150**	**2725**	**2425**	**24674**	**13916**	**10758**	**19478**	**10868**	**8610**
玄武区	697	366	331	2407	1186	1221	1800	911	889
秦淮区	236	148	88	1316	769	547	984	562	422
建邺区	291	146	145	1314	772	542	999	566	433
鼓楼区	506	265	241	2214	1137	1077	1644	801	843
浦口区	189	90	99	592	346	246	429	219	210
栖霞区	890	405	485	3997	2255	1742	3334	1835	1499
雨花台区	200	111	89	2608	1566	1042	1723	1020	703
江宁区	1288	700	588	5470	3022	2448	4867	2721	2146
六合区	21	13	8	142	79	63	42	24	18
溧水区	76	45	31	599	420	179	699	456	243
高淳区	15	13	2	231	146	85	104	70	34
南京江北新区	741	423	318	3784	2218	1566	2853	1683	1170
无锡市	**1834**	**959**	**875**	**13550**	**7812**	**5738**	**14499**	**8576**	**5923**
锡山区	159	90	69	2166	1334	832	2401	1489	912
惠山区	144	76	68	1862	1044	818	1528	931	597
滨湖区	598	295	303	2421	1317	1104	1528	838	690
梁溪区	219	107	112	2167	1248	919	1377	758	619
新吴区	262	147	115	1706	975	731	5270	3139	2131
江苏无锡经济开发区	211	106	105	903	507	396	762	435	327
江阴市	139	83	56	1620	971	649	1040	660	380
宜兴市	102	55	47	705	416	289	593	326	267
徐州市	**469**	**264**	**205**	**5835**	**3323**	**2512**	**4034**	**2337**	**1697**
鼓楼区	71	39	32	1199	725	474	510	332	178
云龙区	114	70	44	1164	607	557	396	176	220
贾汪区	4	3	1	107	48	59	156	61	95
泉山区	136	73	63	1106	610	496	672	382	290
铜山区	109	65	44	1867	1092	775	2080	1247	833
丰县									
沛县									
睢宁县									
徐州经济技术开发区									
新沂市	9	3	6	191	125	66	146	100	46
邳州市	26	11	15	201	116	85	74	39	35
常州市	**935**	**545**	**390**	**6941**	**4155**	**2786**	**8302**	**5055**	**3247**
天宁区	116	62	54	901	516	385	488	282	206
钟楼区	123	61	62	1010	544	466	990	570	420
新北区	247	155	92	1548	893	655	2979	1781	1198
武进区	290	161	129	1907	1158	749	2529	1538	991
金坛区	50	31	19	509	313	196	352	219	133
江苏省常州市经济开发区	24	14	10	418	247	171	481	301	180
溧阳市	85	61	24	648	484	164	483	364	119

7-3a　续表 4

单位：人

现 住 地	户口登记地								
	天　　津			河　　北			山　　西		
	小计	男	女	小计	男	女	小计	男	女
苏州市	**2328**	**1284**	**1044**	**27220**	**15922**	**11298**	**32804**	**19855**	**12949**
虎丘区	363	192	171	3739	2273	1466	7351	4529	2822
吴中区	386	209	177	3118	1734	1384	3818	2238	1580
相城区	238	125	113	2623	1585	1038	2815	1721	1094
姑苏区	254	138	116	2225	1220	1005	1555	849	706
吴江区	150	92	58	4816	2901	1915	3538	2141	1397
苏州工业园区									
常熟市	181	109	72	2555	1463	1092	2464	1579	885
张家港市	125	65	60	1198	668	530	895	543	352
昆山市	495	278	217	5914	3472	2442	9681	5813	3868
太仓市	136	76	60	1032	606	426	687	442	245
南通市	**489**	**269**	**220**	**6153**	**3550**	**2603**	**4960**	**3067**	**1893**
崇川区	178	84	94	2038	1034	1004	2027	1145	882
港闸区	47	31	16	1539	878	661	807	513	294
通州区	48	28	20	672	415	257	601	391	210
如东县									
南通经济技术开发区									
通州湾示范区									
苏锡通科技产业园区									
启东市	60	36	24	372	239	133	367	249	118
如皋市	35	20	15	362	203	159	138	74	64
海门市	72	40	32	505	322	183	261	181	80
海安市	49	30	19	665	459	206	759	514	245
连云港市	**171**	**106**	**65**	**1356**	**841**	**515**	**649**	**428**	**221**
连云区	62	38	24	536	333	203	262	167	95
海州区	76	41	35	504	271	233	189	97	92
赣榆区	18	12	6	110	53	57	63	41	22
东海县									
灌云县									
灌南县									
连云港经济技术开发区									
连云港高新技术产业开发区									
江苏连云港徐圩新区	15	15		206	184	22	134	123	11
江苏省连云港市云台山风景名胜区							1		1
淮安市	**99**	**58**	**41**	**1109**	**587**	**522**	**579**	**238**	**341**
淮安区	16	6	10	186	83	103	96	33	63
淮阴区	19	12	7	438	216	222	237	68	169
清江浦区	58	36	22	432	256	176	234	133	101
洪泽区	6	4	2	53	32	21	12	4	8
涟水县									
盱眙县									
金湖县									
淮安经济技术开发区									
工业园区									
生态文旅区									
苏淮高新区									

7-3a 续表 5

单位：人

现住地	户口登记地								
	天津			河北			山西		
	小计	男	女	小计	男	女	小计	男	女
盐城市	**200**	**119**	**81**	**1566**	**884**	**682**	**983**	**539**	**444**
亭湖区	72	35	37	383	204	179	173	76	97
盐都区	17	15	2	174	89	85	94	53	41
大丰区	26	11	15	150	83	67	85	37	48
响水县									
滨海县									
阜宁县									
射阳县									
建湖县									
盐城经济技术开发区	1	1		8	6	2	14	12	2
江苏省盐南高新区	60	43	17	339	168	171	224	106	118
东台市	24	14	10	512	334	178	393	255	138
扬州市	**392**	**214**	**178**	**3141**	**1829**	**1312**	**2182**	**1220**	**962**
广陵区	74	41	33	790	466	324	461	262	199
邗江区	199	100	99	1146	601	545	1081	583	498
江都区	44	27	17	396	248	148	145	68	77
宝应县									
扬州经济技术开发区									
蜀冈瘦西湖景区	18	8	10	154	95	59	72	38	34
生态新城	1	1		51	29	22	31	12	19
仪征市	38	26	12	274	185	89	165	113	52
高邮市	18	11	7	330	205	125	227	144	83
镇江市	**563**	**315**	**248**	**2639**	**1496**	**1143**	**1938**	**1096**	**842**
京口区	357	217	140	715	385	330	901	504	397
润州区	56	25	31	279	156	123	100	47	53
丹徒区	21	10	11	265	152	113	176	104	72
镇江新区									
江苏镇江高新区	11	8	3	121	69	52	63	34	29
丹阳市	62	27	35	442	238	204	314	177	137
扬中市	24	13	11	205	130	75	75	49	26
句容市	32	15	17	612	366	246	309	181	128
泰州市	**305**	**179**	**126**	**2684**	**1543**	**1141**	**1990**	**1118**	**872**
海陵区	93	50	43	1130	616	514	1236	693	543
高港区	34	20	14	254	172	82	178	111	67
姜堰区	37	24	13	214	118	96	158	92	66
泰州医药高新技术产业开发区									
兴化市	22	14	8	225	136	89	97	52	45
靖江市	58	35	23	380	209	171	133	71	62
泰兴市	61	36	25	481	292	189	188	99	89
宿迁市	**69**	**39**	**30**	**2308**	**1660**	**648**	**1191**	**879**	**312**
宿城区	35	15	20	513	300	213	222	117	105
宿豫区	9	3	6	217	129	88	106	67	39
沭阳县									
泗阳县									
泗洪县									
宿迁经济技术开发区									
宿迁市湖滨新区	21	18	3	1507	1200	307	823	668	155
苏州宿迁工业园区	2	1	1	55	24	31	29	21	8
宿迁市洋河新区	2	2		16	7	9	11	6	5

7-3a　续表 6

单位：人

现住地	户口登记地								
	内蒙古			辽宁			吉林		
	小计	男	女	小计	男	女	小计	男	女
江　苏	**28598**	**15329**	**13269**	**51982**	**28239**	**23743**	**57572**	**30747**	**26825**
南京市	**8564**	**4506**	**4058**	**14436**	**7681**	**6755**	**13989**	**7364**	**6625**
玄武区	889	476	413	1354	686	668	1057	566	491
秦淮区	512	274	238	1034	538	496	1069	538	531
建邺区	453	238	215	1018	556	462	899	480	419
鼓楼区	673	322	351	1231	550	681	1043	482	561
浦口区	226	92	134	378	185	193	725	394	331
栖霞区	1505	807	698	2213	1178	1035	2355	1243	1112
雨花台区	609	345	264	1162	666	496	1002	538	464
江宁区	2072	1043	1029	3185	1708	1477	3215	1739	1476
六合区	51	25	26	96	57	39	101	47	54
溧水区	223	145	78	299	197	102	338	202	136
高淳区	76	42	34	96	57	39	122	68	54
南京江北新区	1275	697	578	2370	1303	1067	2063	1067	996
无锡市	**3926**	**2074**	**1852**	**7266**	**3911**	**3355**	**9240**	**4792**	**4448**
锡山区	548	295	253	1039	610	429	1156	650	506
惠山区	594	308	286	897	475	422	1066	576	490
滨湖区	721	366	355	1187	613	574	1458	682	776
梁溪区	625	297	328	1361	711	650	1598	774	824
新吴区	543	316	227	970	528	442	1756	950	806
江苏无锡经济开发区	345	182	163	597	297	300	796	392	404
江阴市	326	190	136	814	443	371	855	465	390
宜兴市	224	120	104	401	234	167	555	303	252
徐州市	**1714**	**936**	**778**	**1860**	**986**	**874**	**1729**	**916**	**813**
鼓楼区	191	113	78	276	150	126	375	225	150
云龙区	236	108	128	329	153	176	349	154	195
贾汪区	44	23	21	34	16	18	56	26	30
泉山区	300	144	156	421	205	216	364	184	180
铜山区	805	485	320	668	403	265	450	249	201
丰县									
沛县									
睢宁县									
徐州经济技术开发区									
新沂市	61	32	29	56	25	31	58	34	24
邳州市	77	31	46	76	34	42	77	44	33
常州市	**1979**	**1077**	**902**	**3827**	**2164**	**1663**	**4592**	**2562**	**2030**
天宁区	230	124	106	533	280	253	524	267	257
钟楼区	350	171	179	672	363	309	786	423	363
新北区	456	251	205	1021	577	444	926	513	413
武进区	575	305	270	899	517	382	1182	642	540
金坛区	121	67	54	190	109	81	383	240	143
江苏省常州市经济开发区	95	58	37	219	131	88	271	153	118
溧阳市	152	101	51	293	187	106	520	324	196

7-3a 续表 7

单位：人

现住地	户口登记地								
	内蒙古			辽宁			吉林		
	小计	男	女	小计	男	女	小计	男	女
苏州市	**6913**	**3763**	**3150**	**13931**	**7432**	**6499**	**16734**	**8938**	**7796**
虎丘区	983	530	453	1841	1025	816	2372	1296	1076
吴中区	975	498	477	1758	870	888	2237	1173	1064
相城区	774	430	344	1427	777	650	1671	896	775
姑苏区	703	360	343	1490	742	748	1578	745	833
吴江区	702	408	294	1063	610	453	1690	983	707
苏州工业园区									
常熟市	473	280	193	1500	847	653	1329	747	582
张家港市	293	161	132	856	476	380	945	486	459
昆山市	1805	980	825	3394	1749	1645	4281	2273	2008
太仓市	205	116	89	602	336	266	631	339	292
南通市	**1406**	**796**	**610**	**3233**	**1905**	**1328**	**3134**	**1770**	**1364**
崇川区	496	249	247	1083	555	528	904	466	438
港闸区	237	147	90	544	333	211	466	255	211
通州区	211	126	85	549	323	226	542	321	221
如东县									
南通经济技术开发区									
通州湾示范区									
苏锡通科技产业园区									
启东市	108	65	43	206	130	76	205	113	92
如皋市	90	46	44	143	81	62	249	135	114
海门市	107	56	51	414	289	125	358	234	124
海安市	157	107	50	294	194	100	410	246	164
连云港市	**461**	**256**	**205**	**1195**	**784**	**411**	**1130**	**707**	**423**
连云区	165	97	68	459	292	167	335	193	142
海州区	177	86	91	328	158	170	364	178	186
赣榆区	70	30	40	84	44	40	123	58	65
东海县									
灌云县									
灌南县									
连云港经济技术开发区									
连云港高新技术产业开发区									
江苏连云港徐圩新区	49	43	6	324	290	34	308	278	30
江苏省连云港市云台山风景名胜区									
淮安市	**206**	**114**	**92**	**340**	**175**	**165**	**409**	**190**	**219**
淮安区	51	30	21	47	21	26	54	25	29
淮阴区	34	17	17	76	38	38	108	46	62
清江浦区	115	64	51	192	102	90	214	103	111
洪泽区	6	3	3	25	14	11	33	16	17
涟水县									
盱眙县									
金湖县									
淮安经济技术开发区									
工业园区									
生态文旅区									
苏淮高新区									

7-3a　续表 8　　　　单位：人

现住地	户口登记地								
	内蒙古			辽　宁			吉　林		
	小计	男	女	小计	男	女	小计	男	女
盐城市	**448**	**243**	**205**	**652**	**346**	**306**	**908**	**475**	**433**
亭湖区	150	76	74	153	75	78	203	107	96
盐都区	65	27	38	98	54	44	138	65	73
大丰区	43	20	23	69	28	41	86	46	40
响水县									
滨海县									
阜宁县									
射阳县									
建湖县									
盐城经济技术开发区				1		1	1	1	
江苏省盐南高新区	78	40	38	155	72	83	308	152	156
东台市	112	80	32	176	117	59	172	104	68
扬州市	**982**	**489**	**493**	**1783**	**980**	**803**	**1631**	**845**	**786**
广陵区	200	94	106	414	214	200	398	210	188
邗江区	443	218	225	648	347	301	618	298	320
江都区	79	39	40	154	79	75	146	76	70
宝应县									
扬州经济技术开发区									
蜀冈瘦西湖景区	33	12	21	124	80	44	76	45	31
生态新城	17	9	8	33	22	11	36	20	16
仪征市	131	72	59	320	188	132	222	121	101
高邮市	79	45	34	90	50	40	135	75	60
镇江市	**980**	**528**	**452**	**1680**	**898**	**782**	**1941**	**997**	**944**
京口区	295	165	130	618	323	295	607	306	301
润州区	65	33	32	229	122	107	146	70	76
丹徒区	98	50	48	183	90	93	193	105	88
镇江新区									
江苏镇江高新区	49	23	26	47	22	25	62	31	31
丹阳市	174	88	86	272	154	118	520	264	256
扬中市	45	23	22	90	50	40	78	47	31
句容市	254	146	108	241	137	104	335	174	161
泰州市	**674**	**337**	**337**	**1256**	**648**	**608**	**1407**	**749**	**658**
海陵区	272	142	130	437	222	215	573	309	264
高港区	80	41	39	181	97	84	137	73	64
姜堰区	84	37	47	155	68	87	136	71	65
泰州医药高新技术产业开发区									
兴化市	65	33	32	77	32	45	66	29	37
靖江市	80	35	45	192	100	92	211	107	104
泰兴市	93	49	44	214	129	85	284	160	124
宿迁市	**345**	**210**	**135**	**523**	**329**	**194**	**728**	**442**	**286**
宿城区	95	44	51	162	86	76	359	197	162
宿豫区	64	35	29	136	78	58	105	61	44
沭阳县									
泗阳县									
泗洪县									
宿迁经济技术开发区									
宿迁市湖滨新区	163	125	38	201	152	49	205	156	49
苏州宿迁工业园区	18	5	13	12	7	5	30	12	18
宿迁市洋河新区	5	1	4	12	6	6	29	16	13

7-3a 续表 9

单位：人

现住地	户口登记地								
	黑龙江			上海			浙江		
	小计	男	女	小计	男	女	小计	男	女
江苏	**102992**	**54259**	**48733**	**110045**	**60548**	**49497**	**212497**	**115330**	**97167**
南京市	**21163**	**11031**	**10132**	**47936**	**25780**	**22156**	**41453**	**22324**	**19129**
玄武区	1456	744	712	3254	1718	1536	3725	1946	1779
秦淮区	1613	770	843	4129	2189	1940	3538	1906	1632
建邺区	1330	696	634	4202	2253	1949	2293	1312	981
鼓楼区	1606	746	860	5514	2926	2588	4859	2404	2455
浦口区	581	286	295	2165	1157	1008	791	421	370
栖霞区	3326	1816	1510	6268	3334	2934	5746	2968	2778
雨花台区	1822	965	857	5742	3126	2616	4321	2441	1880
江宁区	5457	2886	2571	8899	4846	4053	8158	4480	3678
六合区	160	77	83	733	375	358	451	236	215
溧水区	745	437	308	713	399	314	1334	768	566
高淳区	186	101	85	255	152	103	535	330	205
南京江北新区	2881	1507	1374	6062	3305	2757	5702	3112	2590
无锡市	**15939**	**8338**	**7601**	**9550**	**5488**	**4062**	**32200**	**17438**	**14762**
锡山区	2043	1115	928	597	373	224	3769	2117	1652
惠山区	2442	1289	1153	917	524	393	3612	1994	1618
滨湖区	2028	1009	1019	1850	1032	818	4746	2484	2262
梁溪区	3144	1540	1604	2241	1260	981	9756	5257	4499
新吴区	2360	1262	1098	1007	622	385	2733	1486	1247
江苏无锡经济开发区	1308	674	634	1223	707	516	1474	803	671
江阴市	1623	921	702	1130	633	497	2940	1642	1298
宜兴市	991	528	463	585	337	248	3170	1655	1515
徐州市	**3616**	**1789**	**1827**	**661**	**360**	**301**	**5238**	**2768**	**2470**
鼓楼区	706	366	340	121	62	59	1012	578	434
云龙区	704	343	361	172	97	75	1778	927	851
贾汪区	111	55	56	11	7	4	166	88	78
泉山区	822	367	455	236	124	112	885	452	433
铜山区	813	438	375	63	35	28	1072	548	524
丰县									
沛县									
睢宁县									
徐州经济技术开发区	1		1						
新沂市	159	77	82	24	10	14	209	113	96
邳州市	300	143	157	34	25	9	116	62	54
常州市	**8957**	**4898**	**4059**	**4988**	**2811**	**2177**	**16846**	**9277**	**7569**
天宁区	975	496	479	1102	596	506	4936	2670	2266
钟楼区	1598	818	780	959	513	446	3145	1706	1439
新北区	1934	1044	890	861	486	375	2636	1421	1215
武进区	2630	1451	1179	988	546	442	3403	1934	1469
金坛区	471	269	202	302	167	135	1045	583	462
江苏省常州市经济开发区	730	416	314	289	165	124	623	349	274
溧阳市	619	404	215	487	338	149	1058	614	444

7-3a　续表 10

单位：人

现住地	户口登记地								
	黑龙江			上海			浙江		
	小计	男	女	小计	男	女	小计	男	女
苏州市	**33800**	**17937**	**15863**	**23738**	**13218**	**10520**	**74416**	**40053**	**34363**
虎丘区	4103	2293	1810	1421	806	615	3848	2039	1809
吴中区	4195	2176	2019	1490	854	636	5649	2971	2678
相城区	3580	1894	1686	957	588	369	7979	4493	3486
姑苏区	3306	1595	1711	2163	1220	943	7372	3763	3609
吴江区	3419	1911	1508	621	360	261	3873	2085	1788
苏州工业园区									
常熟市	2369	1258	1111	1355	804	551	29991	16127	13864
张家港市	1390	723	667	865	498	367	3284	1757	1527
昆山市	9452	5009	4443	12873	6923	5950	9565	5176	4389
太仓市	1986	1078	908	1993	1165	828	2855	1642	1213
南通市	**5851**	**3196**	**2655**	**5969**	**3436**	**2533**	**13973**	**7851**	**6122**
崇川区	1764	838	926	1772	951	821	5470	2922	2548
港闸区	995	535	460	424	248	176	3096	1769	1327
通州区	928	556	372	648	372	276	804	464	340
如东县									
南通经济技术开发区									
通州湾示范区									
苏锡通科技产业园区									
启东市	413	243	170	1120	636	484	775	444	331
如皋市	342	170	172	272	168	104	902	470	432
海门市	600	364	236	1224	734	490	1022	588	434
海安市	809	490	319	509	327	182	1904	1194	710
连云港市	**2331**	**1214**	**1117**	**223**	**147**	**76**	**1379**	**832**	**547**
连云区	826	435	391	68	45	23	342	227	115
海州区	854	408	446	116	75	41	767	440	327
赣榆区	497	232	265	36	24	12	242	139	103
东海县									
灌云县									
灌南县									
连云港经济技术开发区									
连云港高新技术产业开发区									
江苏连云港徐圩新区	153	138	15	3	3		28	26	2
江苏省连云港市云台山风景名胜区	1	1							
淮安市	**775**	**361**	**414**	**381**	**203**	**178**	**2171**	**1226**	**945**
淮安区	106	45	61	79	50	29	412	241	171
淮阴区	203	93	110	87	30	57	350	190	160
清江浦区	426	209	217	194	112	82	1269	707	562
洪泽区	40	14	26	21	11	10	140	88	52
涟水县									
盱眙县									
金湖县									
淮安经济技术开发区									
工业园区									
生态文旅区									
苏淮高新区									

7-3a 续表 11

单位：人

现住地	户口登记地 黑龙江 小计	男	女	上海 小计	男	女	浙江 小计	男	女
盐城市	**1087**	**556**	**531**	**1070**	**621**	**449**	**2293**	**1279**	**1014**
亭湖区	206	106	100	231	131	100	544	303	241
盐都区	186	92	94	135	74	61	340	185	155
大丰区	127	52	75	293	182	111	353	193	160
响水县									
滨海县									
阜宁县									
射阳县									
建湖县									
盐城经济技术开发区	5	3	2	1	1		5	3	2
江苏省盐南高新区	254	112	142	241	140	101	600	340	260
东台市	309	191	118	169	93	76	451	255	196
扬州市	**2829**	**1492**	**1337**	**7031**	**3828**	**3203**	**6256**	**3431**	**2825**
广陵区	624	314	310	1452	815	637	1825	987	838
邗江区	1020	535	485	1925	1056	869	2366	1299	1067
江都区	334	162	172	1240	649	591	870	454	416
宝应县									
扬州经济技术开发区									
蜀冈瘦西湖景区	153	84	69	393	215	178	230	141	89
生态新城	134	79	55	46	28	18	97	58	39
仪征市	316	178	138	921	498	423	450	263	187
高邮市	248	140	108	1054	567	487	418	229	189
镇江市	**3091**	**1598**	**1493**	**3507**	**1985**	**1522**	**8781**	**4831**	**3950**
京口区	779	374	405	931	503	428	1332	732	600
润州区	304	157	147	608	335	273	740	389	351
丹徒区	336	168	168	260	150	110	864	505	359
镇江新区									
江苏镇江高新区	164	96	68	98	55	43	200	118	82
丹阳市	689	356	333	780	458	322	3424	1836	1588
扬中市	263	146	117	387	251	136	488	279	209
句容市	556	301	255	443	233	210	1733	972	761
泰州市	**2361**	**1187**	**1174**	**4833**	**2574**	**2259**	**6454**	**3427**	**3027**
海陵区	980	506	474	1288	652	636	2569	1304	1265
高港区	248	126	122	431	248	183	353	198	155
姜堰区	326	158	168	711	384	327	835	457	378
泰州医药高新技术产业开发区									
兴化市	121	53	68	496	262	234	665	357	308
靖江市	329	170	159	971	500	471	916	498	418
泰兴市	357	174	183	936	528	408	1116	613	503
宿迁市	**1192**	**662**	**530**	**158**	**97**	**61**	**1037**	**593**	**444**
宿城区	471	238	233	88	54	34	527	280	247
宿豫区	353	173	180	44	30	14	265	161	104
沭阳县									
泗阳县									
泗洪县									
宿迁经济技术开发区									
宿迁市湖滨新区	297	211	86	13	7	6	156	100	56
苏州宿迁工业园区	42	23	19	1		1	56	33	23
宿迁市洋河新区	29	17	12	12	6	6	33	19	14

7-3a 续表 12

单位：人

现住地	户口登记地								
	安徽			福建			江西		
	小计	男	女	小计	男	女	小计	男	女
江　苏	**1926678**	**1072531**	**854147**	**123698**	**70237**	**53461**	**215873**	**124094**	**91779**
南京市	**473847**	**261879**	**211968**	**28234**	**16001**	**12233**	**40360**	**23548**	**16812**
玄武区	23968	12720	11248	2233	1232	1001	3057	1823	1234
秦淮区	42514	21886	20628	1821	1044	777	3250	1878	1372
建邺区	30567	16449	14118	1497	860	637	2271	1330	941
鼓楼区	39644	20009	19635	2883	1502	1381	3752	2009	1743
浦口区	14633	8380	6253	664	387	277	894	517	377
栖霞区	62750	35918	26832	2846	1592	1254	5121	3014	2107
雨花台区	58706	33315	25391	4207	2491	1716	4379	2587	1792
江宁区	103062	57845	45217	6083	3470	2613	9568	5517	4051
六合区	5689	3001	2688	242	136	106	395	217	178
溧水区	13113	8385	4728	615	370	245	1489	977	512
高淳区	5965	3495	2470	278	160	118	454	275	179
南京江北新区	73236	40476	32760	4865	2757	2108	5730	3404	2326
无锡市	**328606**	**183872**	**144734**	**18995**	**10647**	**8348**	**32302**	**18437**	**13865**
锡山区	43622	25026	18596	3396	1922	1474	5938	3489	2449
惠山区	63610	35370	28240	2463	1408	1055	4841	2732	2109
滨湖区	36723	20624	16099	1818	892	926	3514	2053	1461
梁溪区	52063	28752	23311	5445	3078	2367	6914	3810	3104
新吴区	32955	18091	14864	1575	888	687	3117	1765	1352
江苏无锡经济开发区	20647	11919	8728	835	473	362	1740	1007	733
江阴市	42039	23766	18273	1956	1139	817	3190	1844	1346
宜兴市	36947	20324	16623	1507	847	660	3048	1737	1311
徐州市	**50412**	**26550**	**23862**	**3706**	**2083**	**1623**	**3096**	**1816**	**1280**
鼓楼区	10174	5464	4710	764	425	339	484	294	190
云龙区	10314	5302	5012	889	489	400	638	363	275
贾汪区	1254	791	463	136	64	72	156	85	71
泉山区	17641	9038	8603	817	446	371	604	333	271
铜山区	9897	5418	4479	725	386	339	975	599	376
丰县									
沛县									
睢宁县									
徐州经济技术开发区	8	3	5	5	2	3			
新沂市	611	301	310	266	206	60	128	78	50
邳州市	513	233	280	104	65	39	111	64	47
常州市	**265666**	**150675**	**114991**	**9728**	**5600**	**4128**	**20101**	**12000**	**8101**
天宁区	45525	25483	20042	2122	1227	895	3374	1938	1436
钟楼区	56973	32037	24936	2077	1179	898	3756	2152	1604
新北区	39504	22236	17268	2132	1231	901	4060	2354	1706
武进区	82302	46784	35518	1800	1017	783	4950	2949	2001
金坛区	9989	5634	4355	576	318	258	1288	791	497
江苏省常州市经济开发区	19229	10886	8343	370	221	149	1156	683	473
溧阳市	12144	7615	4529	651	407	244	1517	1133	384

7-3a 续表 13 单位：人

现住地	户口登记地								
	安徽			福建			江西		
	小计	男	女	小计	男	女	小计	男	女
苏州市	**556717**	**307321**	**249396**	**37570**	**21256**	**16314**	**82671**	**46703**	**35968**
虎丘区	46214	25796	20418	2549	1430	1119	7964	4604	3360
吴中区	66042	36586	29456	4196	2276	1920	8723	4881	3842
相城区	73648	41356	32292	4543	2582	1961	10889	6220	4669
姑苏区	58370	31262	27108	3653	2012	1641	7416	3920	3496
吴江区	48884	27240	21644	2360	1328	1032	7648	4398	3250
苏州工业园区									
常熟市	97413	53617	43796	7223	4185	3038	8718	4894	3824
张家港市	33337	18007	15330	2031	1138	893	3692	2127	1565
昆山市	109168	60053	49115	8793	5062	3731	23887	13479	10408
太仓市	23641	13404	10237	2222	1243	979	3734	2180	1554
南通市	**95005**	**54432**	**40573**	**9113**	**5211**	**3902**	**12788**	**7536**	**5252**
崇川区	24470	13800	10670	3218	1792	1426	4375	2465	1910
港闸区	28150	15620	12530	2835	1595	1240	2665	1508	1157
通州区	12071	6689	5382	603	355	248	1078	634	444
如东县									
南通经济技术开发区									
通州湾示范区									
苏锡通科技产业园区									
启东市	5163	3107	2056	366	232	134	730	449	281
如皋市	3584	2025	1559	692	413	279	671	386	285
海门市	13097	7758	5339	509	292	217	1137	717	420
海安市	8470	5433	3037	890	532	358	2132	1377	755
连云港市	**3234**	**1896**	**1338**	**823**	**474**	**349**	**736**	**426**	**310**
连云区	1061	650	411	143	88	55	219	130	89
海州区	1619	916	703	560	311	249	375	211	164
赣榆区	362	169	193	107	64	43	112	57	55
东海县	1		1						
灌云县									
灌南县									
连云港经济技术开发区									
连云港高新技术产业开发区									
江苏连云港徐圩新区	190	161	29	13	11	2	30	28	2
江苏省连云港市云台山风景名胜区	1		1						
淮安市	**4579**	**2367**	**2212**	**1188**	**685**	**503**	**897**	**524**	**373**
淮安区	859	450	409	221	132	89	200	130	70
淮阴区	1043	525	518	244	136	108	190	116	74
清江浦区	2237	1179	1058	670	388	282	441	242	199
洪泽区	440	213	227	53	29	24	66	36	30
涟水县									
盱眙县									
金湖县									
淮安经济技术开发区									
工业园区									
生态文旅区									
苏淮高新区									

7-3a　续表 14　　　　单位：人

现住地	户口登记地								
	安徽			福建			江西		
	小计	男	女	小计	男	女	小计	男	女
盐城市	**6308**	**3578**	**2730**	**1833**	**1047**	**786**	**1997**	**1173**	**824**
亭湖区	1559	845	714	550	298	252	383	212	171
盐都区	1016	556	460	259	147	112	379	214	165
大丰区	874	486	388	333	173	160	211	112	99
响水县									
滨海县									
阜宁县									
射阳县									
建湖县									
盐城经济技术开发区	29	17	12	1	1		13	7	6
江苏省盐南高新区	1073	510	563	297	173	124	437	235	202
东台市	1757	1164	593	393	255	138	574	393	181
扬州市	**47764**	**27055**	**20709**	**4140**	**2432**	**1708**	**5752**	**3305**	**2447**
广陵区	10530	6126	4404	1290	764	526	1239	695	544
邗江区	17994	9876	8118	1123	617	506	2474	1427	1047
江都区	6395	3645	2750	562	334	228	764	440	324
宝应县									
扬州经济技术开发区									
蜀冈瘦西湖景区	2840	1678	1162	208	112	96	315	181	134
生态新城	1918	1085	833	23	14	9	91	52	39
仪征市	5998	3502	2496	251	137	114	445	261	184
高邮市	2089	1143	946	683	454	229	424	249	175
镇江市	**63223**	**35296**	**27927**	**4588**	**2661**	**1927**	**8732**	**5011**	**3721**
京口区	7425	4047	3378	871	527	344	1727	998	729
润州区	5118	2862	2256	549	305	244	822	453	369
丹徒区	7041	3930	3111	460	264	196	864	512	352
镇江新区									
江苏镇江高新区	3048	1781	1267	101	47	54	357	203	154
丹阳市	23995	13133	10862	1717	1002	715	2632	1471	1161
扬中市	6705	3846	2859	266	157	109	1265	784	481
句容市	9891	5697	4194	624	359	265	1065	590	475
泰州市	**26726**	**14972**	**11754**	**3281**	**1843**	**1438**	**5710**	**3165**	**2545**
海陵区	7911	4315	3596	1150	640	510	2244	1217	1027
高港区	3057	1722	1335	281	154	127	370	233	137
姜堰区	2576	1469	1107	403	221	182	723	412	311
泰州医药高新技术产业开发区									
兴化市	1697	970	727	297	161	136	408	228	180
靖江市	6360	3616	2744	556	320	236	800	467	333
泰兴市	5125	2880	2245	594	347	247	1165	608	557
宿迁市	**4591**	**2638**	**1953**	**499**	**297**	**202**	**731**	**450**	**281**
宿城区	2264	1303	961	234	137	97	266	150	116
宿豫区	1277	697	580	184	104	80	183	89	94
沭阳县									
泗阳县									
泗洪县									
宿迁经济技术开发区									
宿迁市湖滨新区	537	358	179	37	30	7	225	181	44
苏州宿迁工业园区	334	194	140	28	17	11	31	19	12
宿迁市洋河新区	179	86	93	16	9	7	26	11	15

7-3a 续表 15 单位：人

现 住 地	户口登记地								
	山 东			河 南			湖 北		
	小计	男	女	小计	男	女	小计	男	女
江 苏	**348612**	**200979**	**147633**	**1221702**	**739699**	**482003**	**204874**	**113528**	**91346**
南京市	**64703**	**36967**	**27736**	**168156**	**104463**	**63693**	**32412**	**18267**	**14145**
玄武区	5762	2920	2842	21485	13127	8358	2126	1183	943
秦淮区	3856	2170	1686	10177	6305	3872	2085	1069	1016
建邺区	3419	2097	1322	9082	6202	2880	2077	1245	832
鼓楼区	5861	3041	2820	11014	6347	4667	2628	1336	1292
浦口区	1333	810	523	5006	3352	1654	935	528	407
栖霞区	10776	6316	4460	26254	16284	9970	4186	2441	1745
雨花台区	5696	3346	2350	16879	10507	6372	3205	1856	1349
江宁区	15904	8986	6918	39184	22944	16240	8066	4455	3611
六合区	567	313	254	1133	705	428	307	137	170
溧水区	1789	1211	578	5749	4007	1742	1508	999	509
高淳区	658	408	250	1256	934	322	786	529	257
南京江北新区	9082	5349	3733	20937	13749	7188	4503	2489	2014
无锡市	**48931**	**28346**	**20585**	**208893**	**125474**	**83419**	**29976**	**16519**	**13457**
锡山区	5975	3708	2267	42802	26064	16738	4495	2625	1870
惠山区	5802	3424	2378	27694	16410	11284	3791	2079	1712
滨湖区	6604	3453	3151	21894	13072	8822	3393	1858	1535
梁溪区	8681	4924	3757	19856	11523	8333	4195	2215	1980
新吴区	7884	4541	3343	40957	24260	16697	5565	3087	2478
江苏无锡经济开发区	3067	1737	1330	14926	9075	5851	1778	1001	777
江阴市	7374	4504	2870	28640	17833	10807	4130	2300	1830
宜兴市	3544	2055	1489	12124	7237	4887	2629	1354	1275
徐州市	**23613**	**12646**	**10967**	**26484**	**16156**	**10328**	**2343**	**1259**	**1084**
鼓楼区	4398	2449	1949	6756	4267	2489	388	195	193
云龙区	4593	2378	2215	6167	3717	2450	516	269	247
贾汪区	1936	973	963	1270	792	478	94	61	33
泉山区	4713	2471	2242	5352	3180	2172	445	221	224
铜山区	5318	3014	2304	5699	3469	2230	640	386	254
丰县									
沛县									
睢宁县									
徐州经济技术开发区	2	1	1	9	5	4			
新沂市	1618	832	786	541	312	229	135	64	71
邳州市	1035	528	507	690	414	276	125	63	62
常州市	**24250**	**14660**	**9590**	**116250**	**70645**	**45605**	**20025**	**11459**	**8566**
天宁区	2762	1536	1226	17857	10858	6999	2262	1240	1022
钟楼区	5471	3193	2278	17680	10526	7154	3626	2044	1582
新北区	5677	3413	2264	25580	15528	10052	3909	2237	1672
武进区	5515	3310	2205	34683	20749	13934	4617	2684	1933
金坛区	1306	830	476	4347	2784	1563	2763	1533	1230
江苏省常州市经济开发区	1737	1048	689	8850	5155	3695	1202	691	511
溧阳市	1782	1330	452	7253	5045	2208	1646	1030	616

7-3a　续表 16　　　　单位：人

现住地	户口登记地								
	山东			河南			湖北		
	小计	男	女	小计	男	女	小计	男	女
苏州市	**110284**	**63794**	**46490**	**564634**	**337495**	**227139**	**89935**	**49755**	**40180**
虎丘区	17543	10365	7178	59463	36862	22601	8615	4867	3748
吴中区	15521	8714	6807	80399	47825	32574	8730	4725	4005
相城区	11507	6833	4674	67791	40610	27181	9296	5371	3925
姑苏区	10011	5397	4614	32951	18576	14375	4841	2354	2487
吴江区	13831	8047	5784	88641	52710	35931	8447	4679	3768
苏州工业园区									
常熟市	8358	4871	3487	45268	26469	18799	6219	3289	2930
张家港市	5160	2921	2239	28490	16327	12163	4060	2183	1877
昆山市	22586	13314	9272	145186	88250	56936	27924	15576	12348
太仓市	5767	3332	2435	16445	9866	6579	11803	6711	5092
南通市	**35468**	**20666**	**14802**	**48114**	**30265**	**17849**	**11428**	**6517**	**4911**
崇川区	12243	6852	5391	14987	9126	5861	3305	1724	1581
港闸区	9135	5430	3705	9420	5782	3638	2174	1217	957
通州区	5893	3337	2556	5977	3603	2374	1348	781	567
如东县									
南通经济技术开发区									
通州湾示范区									
苏锡通科技产业园区									
启东市	1684	998	686	4389	2844	1545	687	419	268
如皋市	848	496	352	1699	1011	688	892	370	522
海门市	4044	2437	1607	5690	3903	1787	1108	703	405
海安市	1621	1116	505	5952	3996	1956	1914	1303	611
连云港市	**5087**	**3136**	**1951**	**6611**	**4778**	**1833**	**873**	**508**	**365**
连云区	1826	1165	661	3340	2407	933	322	187	135
海州区	1665	896	769	1480	878	602	345	186	159
赣榆区	965	489	476	330	174	156	103	42	61
东海县	1		1	4	3	1			
灌云县									
灌南县									
连云港经济技术开发区									
连云港高新技术产业开发区									
江苏连云港徐圩新区	629	586	43	1448	1310	138	103	93	10
江苏省连云港市云台山风景名胜区	1		1	9	6	3			
淮安市	**1908**	**993**	**915**	**3150**	**1836**	**1314**	**837**	**425**	**412**
淮安区	300	167	133	684	448	236	130	66	64
淮阴区	513	254	259	690	326	364	189	94	95
清江浦区	913	477	436	1547	930	617	422	220	202
洪泽区	182	95	87	229	132	97	96	45	51
涟水县									
盱眙县									
金湖县									
淮安经济技术开发区									
工业园区									
生态文旅区									
苏淮高新区									

7-3a 续表 17　　　　单位：人

现住地	户口登记地								
	山东			河南			湖北		
	小计	男	女	小计	男	女	小计	男	女
盐城市	**3136**	**1905**	**1231**	**9013**	**5386**	**3627**	**1672**	**965**	**707**
亭湖区	714	397	317	1697	975	722	274	139	135
盐都区	378	217	161	879	523	356	299	156	143
大丰区	430	225	205	706	433	273	252	122	130
响水县									
滨海县									
阜宁县									
射阳县									
建湖县									
盐城经济技术开发区	12	6	6	53	44	9	26	19	7
江苏省盐南高新区	478	251	227	1022	553	469	200	87	113
东台市	1124	809	315	4656	2858	1798	621	442	179
扬州市	**8701**	**4941**	**3760**	**23896**	**14811**	**9085**	**4566**	**2430**	**2136**
广陵区	2552	1435	1117	5664	3571	2093	1091	605	486
邗江区	2702	1423	1279	6419	3713	2706	1364	684	680
江都区	994	572	422	2965	1910	1055	795	406	389
宝应县									
扬州经济技术开发区									
蜀冈瘦西湖景区	562	330	232	1183	792	391	300	180	120
生态新城	272	152	120	2146	1140	1006	144	87	57
仪征市	1059	703	356	3161	2188	973	486	272	214
高邮市	560	326	234	2358	1497	861	386	196	190
镇江市	**13559**	**7602**	**5957**	**20968**	**12559**	**8409**	**5579**	**2881**	**2698**
京口区	2382	1331	1051	3904	2354	1550	1012	531	481
润州区	1930	1091	839	1617	984	633	488	238	250
丹徒区	1130	620	510	2501	1560	941	602	310	292
镇江新区									
江苏镇江高新区	460	282	178	926	618	308	218	125	93
丹阳市	2583	1438	1145	5512	3144	2368	1818	968	850
扬中市	2912	1630	1282	1734	1102	632	648	280	368
句容市	2162	1210	952	4774	2797	1977	793	429	364
泰州市	**5935**	**3428**	**2507**	**18261**	**11251**	**7010**	**4518**	**2135**	**2383**
海陵区	2379	1278	1101	7426	4361	3065	1620	711	909
高港区	649	390	259	1851	1124	727	553	280	273
姜堰区	492	294	198	1849	1168	681	509	228	281
泰州医药高新技术产业开发区									
兴化市	529	306	223	1523	965	558	392	170	222
靖江市	1024	609	415	2744	1744	1000	728	373	355
泰兴市	862	551	311	2868	1889	979	716	373	343
宿迁市	**3037**	**1895**	**1142**	**7272**	**4580**	**2692**	**710**	**408**	**302**
宿城区	1336	811	525	3085	1802	1283	263	146	117
宿豫区	691	385	306	1048	648	400	190	107	83
沭阳县									
泗阳县									
泗洪县									
宿迁经济技术开发区									
宿迁市湖滨新区	737	538	199	1974	1585	389	161	104	57
苏州宿迁工业园区	197	121	76	930	407	523	68	37	31
宿迁市洋河新区	76	40	36	235	138	97	28	14	14

7-3a　续表 18　　　　单位：人

现住地	户口登记地								
	湖南			广东			广西		
	小计	男	女	小计	男	女	小计	男	女
江苏	**94035**	**51536**	**42499**	**53124**	**30090**	**23034**	**45541**	**21995**	**23546**
南京市	**17355**	**9507**	**7848**	**16773**	**9624**	**7149**	**12144**	**5617**	**6527**
玄武区	1463	762	701	1601	898	703	1200	545	655
秦淮区	1157	600	557	1167	678	489	635	312	323
建邺区	947	514	433	1163	730	433	536	249	287
鼓楼区	1521	716	805	1815	969	846	943	386	557
浦口区	478	273	205	330	183	147	350	134	216
栖霞区	2513	1418	1095	3037	1732	1305	2499	1186	1313
雨花台区	1663	952	711	1523	865	658	993	453	540
江宁区	4038	2213	1825	3406	1971	1435	2581	1129	1452
六合区	118	60	58	65	34	31	47	21	26
溧水区	719	491	228	431	311	120	389	234	155
高淳区	379	225	154	75	47	28	104	54	50
南京江北新区	2359	1283	1076	2160	1206	954	1867	914	953
无锡市	**14191**	**7657**	**6534**	**7299**	**4120**	**3179**	**5361**	**2718**	**2643**
锡山区	2743	1587	1156	777	451	326	604	318	286
惠山区	2059	1150	909	651	376	275	597	314	283
滨湖区	1849	939	910	1255	606	649	993	522	471
梁溪区	1798	886	912	1726	1051	675	755	373	382
新吴区	2008	1092	916	813	465	348	805	399	406
江苏无锡经济开发区	859	467	392	733	433	300	412	209	203
江阴市	1696	921	775	697	376	321	566	279	287
宜兴市	1179	615	564	647	362	285	629	304	325
徐州市	**1618**	**859**	**759**	**1615**	**890**	**725**	**1454**	**567**	**887**
鼓楼区	155	73	82	168	92	76	180	102	78
云龙区	249	120	129	273	137	136	280	89	191
贾汪区	70	31	39	69	12	57	113	26	87
泉山区	302	156	146	366	196	170	153	59	94
铜山区	664	375	289	646	404	242	653	262	391
丰县									
沛县									
睢宁县									
徐州经济技术开发区	1		1						
新沂市	101	64	37	59	35	24	34	11	23
邳州市	76	40	36	34	14	20	41	18	23
常州市	**7487**	**4273**	**3214**	**3747**	**2189**	**1558**	**4067**	**2268**	**1799**
天宁区	744	376	368	578	298	280	311	152	159
钟楼区	1444	805	639	667	361	306	824	415	409
新北区	1595	882	713	795	467	328	794	392	402
武进区	1920	1094	826	812	471	341	1295	749	546
金坛区	497	295	202	303	194	109	227	132	95
江苏省常州市经济开发区	491	279	212	177	103	74	186	93	93
溧阳市	796	542	254	415	295	120	430	335	95

7-3a 续表 19 单位：人

现住地	户口登记地								
	湖南			广东			广西		
	小计	男	女	小计	男	女	小计	男	女
苏州市	**37332**	**20484**	**16848**	**13491**	**7542**	**5949**	**12292**	**6058**	**6234**
虎丘区	3713	2105	1608	1478	817	661	1462	686	776
吴中区	4090	2137	1953	2049	1101	948	2376	1087	1289
相城区	4988	2824	2164	1778	1020	758	1466	795	671
姑苏区	2199	1021	1178	1297	714	583	1009	438	571
吴江区	4488	2530	1958	1002	573	429	1195	631	564
苏州工业园区									
常熟市	2859	1523	1336	1696	1006	690	1054	490	564
张家港市	1054	556	498	587	336	251	540	295	245
昆山市	12050	6737	5313	2989	1625	1364	2727	1393	1334
太仓市	1891	1051	840	615	350	265	463	243	220
南通市	**6210**	**3513**	**2697**	**3192**	**1825**	**1367**	**2963**	**1457**	**1506**
崇川区	1949	1029	920	1164	609	555	1398	597	801
港闸区	1094	588	506	703	400	303	397	185	212
通州区	644	377	267	314	202	112	244	139	105
如东县									
南通经济技术开发区									
通州湾示范区									
苏锡通科技产业园区									
启东市	408	237	171	170	105	65	213	126	87
如皋市	428	214	214	166	82	84	192	85	107
海门市	546	340	206	387	244	143	176	107	69
海安市	1141	728	413	288	183	105	343	218	125
连云港市	**481**	**262**	**219**	**441**	**247**	**194**	**183**	**86**	**97**
连云区	163	96	67	152	89	63	59	33	26
海州区	199	91	108	182	98	84	83	33	50
赣榆区	59	31	28	91	47	44	24	6	18
东海县									
灌云县									
灌南县									
连云港经济技术开发区									
连云港高新技术产业开发区									
江苏连云港徐圩新区	60	44	16	16	13	3	17	14	3
江苏省连云港市云台山风景名胜区									
淮安市	**562**	**266**	**296**	**370**	**196**	**174**	**544**	**185**	**359**
淮安区	81	41	40	89	52	37	60	14	46
淮阴区	183	63	120	59	31	28	261	78	183
清江浦区	224	119	105	203	105	98	195	80	115
洪泽区	74	43	31	19	8	11	28	13	15
涟水县									
盱眙县									
金湖县									
淮安经济技术开发区									
工业园区									
生态文旅区									
苏淮高新区									

7-3a　续表 20　　单位：人

现住地	户口登记地								
	湖南			广东			广西		
	小计	男	女	小计	男	女	小计	男	女
盐城市	**1192**	**669**	**523**	**697**	**384**	**313**	**856**	**360**	**496**
亭湖区	190	87	103	194	108	86	405	138	267
盐都区	193	102	91	135	76	59	102	55	47
大丰区	207	99	108	106	53	53	47	13	34
响水县									
滨海县									
阜宁县									
射阳县									
建湖县									
盐城经济技术开发区	10	8	2	10	8	2	7	5	2
江苏省盐南高新区	114	54	60	136	71	65	139	47	92
东台市	478	319	159	116	68	48	156	102	54
扬州市	**2048**	**1049**	**999**	**1981**	**1088**	**893**	**1986**	**921**	**1065**
广陵区	526	309	217	309	183	126	211	105	106
邗江区	720	328	392	1119	600	519	1415	638	777
江都区	198	107	91	162	87	75	108	53	55
宝应县									
扬州经济技术开发区									
蜀冈瘦西湖景区	157	68	89	124	69	55	40	24	16
生态新城	42	25	17	21	9	12	34	15	19
仪征市	194	103	91	121	70	51	86	43	43
高邮市	211	109	102	125	70	55	92	43	49
镇江市	**3125**	**1730**	**1395**	**1641**	**945**	**696**	**1872**	**944**	**928**
京口区	585	347	238	364	211	153	744	379	365
润州区	215	98	117	225	139	86	98	55	43
丹徒区	270	164	106	138	71	67	120	51	69
镇江新区									
江苏镇江高新区	115	68	47	52	31	21	51	29	22
丹阳市	1218	638	580	396	229	167	415	214	201
扬中市	176	100	76	71	39	32	77	41	36
句容市	546	315	231	395	225	170	367	175	192
泰州市	**2036**	**1057**	**979**	**1664**	**915**	**749**	**1404**	**607**	**797**
海陵区	665	332	333	888	461	427	826	327	499
高港区	243	145	98	101	54	47	69	36	33
姜堰区	281	143	138	206	116	90	117	60	57
泰州医药高新技术产业开发区									
兴化市	125	56	69	101	59	42	95	44	51
靖江市	343	172	171	155	85	70	129	64	65
泰兴市	379	209	170	213	140	73	168	76	92
宿迁市	**398**	**210**	**188**	**213**	**125**	**88**	**415**	**207**	**208**
宿城区	194	96	98	115	64	51	151	45	106
宿豫区	98	47	51	63	39	24	74	31	43
沭阳县									
泗阳县									
泗洪县									
宿迁经济技术开发区									
宿迁市湖滨新区	54	34	20	19	12	7	180	127	53
苏州宿迁工业园区	31	19	12	13	7	6	6	2	4
宿迁市洋河新区	21	14	7	3	3		4	2	2

7-3a 续表 21

单位：人

现住地	户口登记地								
	海南			重庆			四川		
	小计	男	女	小计	男	女	小计	男	女
江苏	**7327**	**3664**	**3663**	**88657**	**47406**	**41251**	**326193**	**178200**	**147993**
南京市	**2632**	**1386**	**1246**	**12258**	**6420**	**5838**	**40713**	**22365**	**18348**
玄武区	350	175	175	1250	694	556	2828	1403	1425
秦淮区	108	51	57	714	340	374	2580	1368	1212
建邺区	114	57	57	766	428	338	2355	1394	961
鼓楼区	268	154	114	1054	482	572	2981	1424	1557
浦口区	108	40	68	314	161	153	1095	574	521
栖霞区	647	346	301	1949	912	1037	6605	3735	2870
雨花台区	124	67	57	881	494	387	3750	2018	1732
江宁区	463	238	225	2665	1397	1268	9027	4928	4099
六合区	9	4	5	114	56	58	315	135	180
溧水区	57	26	31	582	359	223	1919	1256	663
高淳区	16	10	6	183	113	70	653	397	256
南京江北新区	368	218	150	1786	984	802	6605	3733	2872
无锡市	**826**	**368**	**458**	**23526**	**12656**	**10870**	**88668**	**48432**	**40236**
锡山区	92	42	50	3047	1731	1316	16143	8951	7192
惠山区	71	34	37	2170	1207	963	10905	6114	4791
滨湖区	187	89	98	2251	1170	1081	9920	5329	4591
梁溪区	179	66	113	1985	977	1008	12534	6602	5932
新吴区	68	28	40	4577	2437	2140	8668	4613	4055
江苏无锡经济开发区	80	44	36	1289	715	574	8422	4745	3677
江阴市	73	32	41	2998	1607	1391	17562	9663	7899
宜兴市	76	33	43	5209	2812	2397	4514	2415	2099
徐州市	**356**	**180**	**176**	**1344**	**711**	**633**	**5183**	**2751**	**2432**
鼓楼区	26	13	13	163	85	78	991	626	365
云龙区	35	21	14	201	92	109	723	308	415
贾汪区	1		1	39	20	19	425	240	185
泉山区	38	17	21	312	150	162	1002	484	518
铜山区	230	114	116	540	326	214	1569	862	707
丰县									
沛县									
睢宁县									
徐州经济技术开发区							1		1
新沂市	5	4	1	34	15	19	229	114	115
邳州市	21	11	10	55	23	32	243	117	126
常州市	**583**	**259**	**324**	**9665**	**5218**	**4447**	**49461**	**27513**	**21948**
天宁区	48	26	22	993	471	522	7708	4128	3580
钟楼区	120	62	58	1282	660	622	7517	4145	3372
新北区	66	25	41	1324	729	595	9581	5241	4340
武进区	239	92	147	3274	1762	1512	14989	8365	6624
金坛区	36	14	22	1449	765	684	3058	1758	1300
江苏省常州市经济开发区	15	8	7	614	336	278	3943	2154	1789
溧阳市	59	32	27	729	495	234	2665	1722	943

7-3a 续表 22

单位：人

现住地	户口登记地								
	海南			重庆			四川		
	小计	男	女	小计	男	女	小计	男	女
苏州市	**1307**	**668**	**639**	**25671**	**13675**	**11996**	**96233**	**52159**	**44074**
虎丘区	138	63	75	2463	1328	1135	8984	4955	4029
吴中区	176	79	97	2832	1456	1376	13640	7341	6299
相城区	108	57	51	3665	2049	1616	12185	6934	5251
姑苏区	173	71	102	1584	743	841	6113	3084	3029
吴江区	208	148	60	2041	1125	916	10184	5606	4578
苏州工业园区									
常熟市	128	52	76	2586	1330	1256	7637	4118	3519
张家港市	44	18	26	1528	801	727	13181	7181	6000
昆山市	270	141	129	7025	3766	3259	20563	10953	9610
太仓市	62	39	23	1947	1077	870	3746	1987	1759
南通市	**386**	**196**	**190**	**6697**	**3701**	**2996**	**15038**	**8567**	**6471**
崇川区	154	87	67	2226	1148	1078	5128	2778	2350
港闸区	50	20	30	1298	723	575	2923	1643	1280
通州区	16	8	8	787	443	344	1312	722	590
如东县									
南通经济技术开发区									
通州湾示范区									
苏锡通科技产业园区									
启东市	21	7	14	416	240	176	980	576	404
如皋市	54	22	32	581	311	270	742	338	404
海门市	47	23	24	520	292	228	1765	1122	643
海安市	44	29	15	869	544	325	2188	1388	800
连云港市	**74**	**31**	**43**	**492**	**290**	**202**	**1434**	**862**	**572**
连云区	15	6	9	164	95	69	728	478	250
海州区	32	14	18	188	88	100	402	192	210
赣榆区	25	9	16	29	9	20	172	83	89
东海县							1		1
灌云县									
灌南县									
连云港经济技术开发区									
连云港高新技术产业开发区									
江苏连云港徐圩新区	2	2		111	98	13	131	109	22
江苏省连云港市云台山风景名胜区									
淮安市	**73**	**34**	**39**	**398**	**193**	**205**	**1410**	**704**	**706**
淮安区	12	7	5	89	46	43	278	130	148
淮阴区	10	5	5	82	33	49	381	188	193
清江浦区	48	22	26	192	89	103	604	304	300
洪泽区	3		3	35	25	10	147	82	65
涟水县									
盱眙县									
金湖县									
淮安经济技术开发区									
工业园区									
生态文旅区									
苏淮高新区									

7-3a　续表 23　　　　单位：人

现住地	户口登记地								
	海南			重庆			四川		
	小计	男	女	小计	男	女	小计	男	女
盐城市	**94**	**49**	**45**	**813**	**412**	**401**	**2505**	**1346**	**1159**
亭湖区	27	14	13	196	100	96	735	370	365
盐都区	6	5	1	109	43	66	387	192	195
大丰区	10	4	6	127	62	65	258	136	122
响水县									
滨海县									
阜宁县									
射阳县									
建湖县									
盐城经济技术开发区				2	1	1	34	27	7
江苏省盐南高新区	32	17	15	110	46	64	343	143	200
东台市	19	9	10	269	160	109	748	478	270
扬州市	**364**	**184**	**180**	**2181**	**1191**	**990**	**7778**	**4062**	**3716**
广陵区	36	14	22	339	185	154	1562	936	626
邗江区	243	138	105	694	369	325	2626	1182	1444
江都区	27	11	16	397	218	179	932	533	399
宝应县									
扬州经济技术开发区									
蜀冈瘦西湖景区	13	6	7	108	68	40	407	257	150
生态新城	3	1	2	51	35	16	153	88	65
仪征市	24	7	17	365	212	153	1452	761	691
高邮市	18	7	11	227	104	123	646	305	341
镇江市	**259**	**146**	**113**	**3252**	**1745**	**1507**	**10620**	**5721**	**4899**
京口区	167	107	60	622	333	289	2115	1129	986
润州区	16	6	10	285	150	135	768	384	384
丹徒区	19	8	11	462	256	206	1077	639	438
镇江新区									
江苏镇江高新区	5	3	2	80	52	28	392	234	158
丹阳市	31	12	19	840	453	387	3687	1955	1732
扬中市	5	2	3	288	147	141	1154	633	521
句容市	16	8	8	675	354	321	1427	747	680
泰州市	**319**	**142**	**177**	**2063**	**1039**	**1024**	**5849**	**3018**	**2831**
海陵区	158	68	90	616	298	318	2220	1064	1156
高港区	28	12	16	235	128	107	530	301	229
姜堰区	33	15	18	206	101	105	508	264	244
泰州医药高新技术产业开发区									
兴化市	14	5	9	194	110	84	552	275	277
靖江市	35	16	19	452	223	229	1123	635	488
泰兴市	51	26	25	360	179	181	916	479	437
宿迁市	**54**	**21**	**33**	**297**	**155**	**142**	**1301**	**700**	**601**
宿城区	36	17	19	131	69	62	632	342	290
宿豫区	10	2	8	79	33	46	316	164	152
沭阳县									
泗阳县									
泗洪县									
宿迁经济技术开发区									
宿迁市湖滨新区	5	2	3	47	31	16	243	140	103
苏州宿迁工业园区	3		3	22	12	10	61	32	29
宿迁市洋河新区				18	10	8	49	22	27

7-3a　续表 24　　　　单位：人

现住地	户口登记地								
	贵州			云南			西藏		
	小计	男	女	小计	男	女	小计	男	女
江　苏	**224559**	**126773**	**97786**	**108759**	**61079**	**47680**	**5507**	**2619**	**2888**
南京市	**37408**	**20975**	**16433**	**19146**	**11020**	**8126**	**1812**	**853**	**959**
玄武区	4207	2283	1924	1456	726	730	306	125	181
秦淮区	1811	1042	769	919	492	427	33	28	5
建邺区	1585	970	615	888	537	351	52	29	23
鼓楼区	2127	1035	1092	1098	524	574	155	73	82
浦口区	1881	1045	836	556	295	261	127	52	75
栖霞区	6131	3144	2987	3999	2467	1532	489	248	241
雨花台区	2214	1238	976	1341	737	604	47	23	24
江宁区	8015	4493	3522	4191	2424	1767	423	197	226
六合区	194	90	104	117	56	61	1		1
溧水区	1691	1055	636	1451	927	524	5	4	1
高淳区	491	275	216	404	209	195	8	4	4
南京江北新区	7061	4305	2756	2726	1626	1100	166	70	96
无锡市	**45634**	**26001**	**19633**	**16505**	**9236**	**7269**	**234**	**116**	**118**
锡山区	8052	4871	3181	2988	1762	1226	4	2	2
惠山区	5077	2902	2175	2206	1291	915	15	10	5
滨湖区	4136	2287	1849	1517	882	635	103	43	60
梁溪区	2780	1362	1418	1503	706	797	17	10	7
新吴区	5203	3019	2184	2013	1093	920	50	33	17
江苏无锡经济开发区	3357	1966	1391	1011	594	417	7	2	5
江阴市	7546	4398	3148	2493	1415	1078	33	14	19
宜兴市	9483	5196	4287	2774	1493	1281	5	2	3
徐州市	**6652**	**3594**	**3058**	**1586**	**780**	**806**	**424**	**227**	**197**
鼓楼区	1392	867	525	226	134	92	154	96	58
云龙区	1523	836	687	120	49	71	51	21	30
贾汪区	429	186	243	171	71	100	1		1
泉山区	922	494	428	175	73	102	73	32	41
铜山区	1972	1020	952	762	401	361	128	73	55
丰县									
沛县									
睢宁县									
徐州经济技术开发区	4	2	2						
新沂市	183	87	96	65	34	31	13	3	10
邳州市	227	102	125	67	18	49	4	2	2
常州市	**27871**	**16204**	**11667**	**14307**	**8103**	**6204**	**41**	**21**	**20**
天宁区	2746	1555	1191	948	500	448	12	6	6
钟楼区	4284	2358	1926	1587	883	704	3	1	2
新北区	4620	2669	1951	1937	1081	856	4	2	2
武进区	7294	4184	3110	3988	2211	1777	7	3	4
金坛区	2179	1201	978	3643	1998	1645	7	4	3
江苏省常州市经济开发区	2708	1537	1171	604	318	286	1		1
溧阳市	4040	2700	1340	1600	1112	488	7	5	2

7-3a 续表 25 单位：人

现住地	户口登记地								
	贵州			云南			西藏		
	小计	男	女	小计	男	女	小计	男	女
苏州市	**63300**	**36722**	**26578**	**30684**	**17281**	**13403**	**251**	**119**	**132**
虎丘区	7189	4316	2873	5141	3040	2101	36	17	19
吴中区	8276	4684	3592	3330	1744	1586	40	25	15
相城区	10394	6265	4129	6225	3614	2611	13	3	10
姑苏区	3308	1562	1746	1418	597	821	99	44	55
吴江区	11703	6833	4870	4212	2421	1791	27	16	11
苏州工业园区									
常熟市	4434	2488	1946	2645	1541	1104	7	3	4
张家港市	3187	1812	1375	1163	610	553	10	3	7
昆山市	11804	7073	4731	5533	3155	2378	17	7	10
太仓市	3005	1689	1316	1017	559	458	2	1	1
南通市	**14297**	**7954**	**6343**	**10161**	**5830**	**4331**	**1445**	**602**	**843**
崇川区	4746	2440	2306	2798	1482	1316	649	284	365
港闸区	2024	1091	933	1668	869	799	591	265	326
通州区	1149	636	513	736	437	299	5	4	1
如东县									
南通经济技术开发区									
通州湾示范区									
苏锡通科技产业园区									
启东市	767	463	304	613	389	224	10	5	5
如皋市	1110	551	559	412	202	210	165	33	132
海门市	1984	1228	756	1406	877	529	7	3	4
海安市	2517	1545	972	2528	1574	954	18	8	10
连云港市	**972**	**541**	**431**	**300**	**163**	**137**	**23**	**10**	**13**
连云区	446	254	192	104	64	40	2	1	1
海州区	331	166	165	111	47	64	8	4	4
赣榆区	55	24	31	48	21	27	13	5	8
东海县	1		1						
灌云县									
灌南县									
连云港经济技术开发区									
连云港高新技术产业开发区									
江苏连云港徐圩新区	139	97	42	36	31	5			
江苏省连云港市云台山风景名胜区				1		1			
淮安市	**1942**	**755**	**1187**	**733**	**276**	**457**	**30**	**15**	**15**
淮安区	328	140	188	118	61	57	4	1	3
淮阴区	727	249	478	253	62	191	5	2	3
清江浦区	738	298	440	301	131	170	21	12	9
洪泽区	149	68	81	61	22	39			
涟水县									
盱眙县									
金湖县									
淮安经济技术开发区									
工业园区									
生态文旅区									
苏淮高新区									

7-3a　续表 26　　单位：人

现住地	户口登记地								
	贵州			云南			西藏		
	小计	男	女	小计	男	女	小计	男	女
盐城市	**2906**	**1443**	**1463**	**1537**	**787**	**750**	**231**	**116**	**115**
亭湖区	1150	515	635	371	154	217	97	54	43
盐都区	221	107	114	115	35	80	4	2	2
大丰区	263	124	139	114	46	68	1	1	
响水县									
滨海县									
阜宁县									
射阳县									
建湖县									
盐城经济技术开发区	17	14	3	5	4	1			
江苏省盐南高新区	431	159	272	205	59	146	126	57	69
东台市	824	524	300	727	489	238	3	2	1
扬州市	**7052**	**3864**	**3188**	**4061**	**2361**	**1700**	**396**	**226**	**170**
广陵区	1333	781	552	666	380	286	18	9	9
邗江区	3103	1583	1520	1019	513	506	347	198	149
江都区	821	487	334	454	250	204	9	4	5
宝应县									
扬州经济技术开发区									
蜀冈瘦西湖景区	322	203	119	152	105	47	4	4	
生态新城	140	78	62	147	82	65			
仪征市	795	458	337	1112	776	336	14	7	7
高邮市	538	274	264	511	255	256	4	4	
镇江市	**8452**	**4654**	**3798**	**6029**	**3316**	**2713**	**329**	**182**	**147**
京口区	1716	1004	712	958	524	434	123	77	46
润州区	464	262	202	179	78	101	10	7	3
丹徒区	1014	565	449	481	274	207			
镇江新区									
江苏镇江高新区	299	177	122	292	166	126	1	1	
丹阳市	3315	1734	1581	2788	1490	1298	12	7	5
扬中市	474	278	196	353	207	146	3	1	2
句容市	1170	634	536	978	577	401	180	89	91
泰州市	**6134**	**3167**	**2967**	**3081**	**1651**	**1430**	**270**	**121**	**149**
海陵区	2565	1229	1336	1223	613	610	202	84	118
高港区	659	399	260	327	199	128	2	1	1
姜堰区	547	302	245	283	177	106	25	15	10
泰州医药高新技术产业开发区									
兴化市	650	330	320	383	176	207	9	4	5
靖江市	723	405	318	442	266	176	11	7	4
泰兴市	990	502	488	423	220	203	21	10	11
宿迁市	**1939**	**899**	**1040**	**629**	**275**	**354**	**21**	**11**	**10**
宿城区	760	325	435	240	102	138	8	4	4
宿豫区	242	131	111	120	56	64	11	7	4
沭阳县									
泗阳县									
泗洪县									
宿迁经济技术开发区									
宿迁市湖滨新区	797	386	411	241	109	132	2		2
苏州宿迁工业园区	27	14	13	14	6	8			
宿迁市洋河新区	113	43	70	14	2	12			

7-3a 续表 27 单位：人

现住地	户口登记地								
	陕西			甘肃			青海		
	小计	男	女	小计	男	女	小计	男	女
江苏	**163225**	**97212**	**66013**	**130787**	**74696**	**56091**	**13673**	**7034**	**6639**
南京市	**21532**	**12987**	**8545**	**20405**	**11673**	**8732**	**3439**	**1671**	**1768**
玄武区	1791	988	803	1503	836	667	376	191	185
秦淮区	1424	842	582	1118	619	499	121	51	70
建邺区	1238	826	412	1022	596	426	140	67	73
鼓楼区	1592	862	730	1387	716	671	253	119	134
浦口区	657	420	237	620	354	266	121	51	70
栖霞区	3834	2405	1429	4169	2386	1783	654	335	319
雨花台区	1610	971	639	1399	810	589	177	88	89
江宁区	5201	3069	2132	4685	2630	2055	892	418	474
六合区	158	89	69	159	79	80	23	11	12
溧水区	901	614	287	817	492	325	53	27	26
高淳区	283	191	92	173	103	70	11	5	6
南京江北新区	2843	1710	1133	3353	2052	1301	618	308	310
无锡市	**27957**	**16498**	**11459**	**16198**	**9204**	**6994**	**1714**	**869**	**845**
锡山区	4796	3062	1734	4323	2543	1780	210	112	98
惠山区	2166	1249	917	1467	834	633	156	83	73
滨湖区	2684	1547	1137	1378	780	598	289	147	142
梁溪区	2657	1484	1173	1775	900	875	320	170	150
新吴区	5175	3035	2140	3047	1707	1340	304	149	155
江苏无锡经济开发区	1511	871	640	666	380	286	153	70	83
江阴市	3619	2184	1435	2608	1530	1078	142	68	74
宜兴市	5349	3066	2283	934	530	404	140	70	70
徐州市	**2530**	**1418**	**1112**	**2397**	**1405**	**992**	**929**	**516**	**413**
鼓楼区	294	158	136	510	336	174	130	74	56
云龙区	312	161	151	328	173	155	132	64	68
贾汪区	80	45	35	139	89	50	20	11	9
泉山区	518	264	254	282	127	155	160	81	79
铜山区	1105	677	428	976	606	370	435	260	175
丰县									
沛县									
睢宁县									
徐州经济技术开发区	2	2							
新沂市	101	52	49	56	25	31	20	12	8
邳州市	118	59	59	106	49	57	32	14	18
常州市	**13117**	**7923**	**5194**	**10303**	**5913**	**4390**	**923**	**466**	**457**
天宁区	1031	559	472	900	461	439	120	63	57
钟楼区	1788	1021	767	1478	768	710	166	67	99
新北区	3345	1960	1385	2332	1368	964	186	95	91
武进区	3404	2066	1338	3500	1997	1503	275	148	127
金坛区	1001	597	404	571	340	231	91	39	52
江苏省常州市经济开发区	1286	739	547	743	429	314	41	22	19
溧阳市	1262	981	281	779	550	229	44	32	12

7-3a 续表 28

单位：人

现住地	户口登记地 陕西 小计	男	女	甘肃 小计	男	女	青海 小计	男	女
苏州市	**77828**	**46515**	**31313**	**61436**	**34762**	**26674**	**2993**	**1590**	**1403**
虎丘区	11568	7130	4438	8996	5073	3923	471	265	206
吴中区	7096	4142	2954	5408	2949	2459	360	192	168
相城区	6031	3661	2370	4311	2498	1813	264	141	123
姑苏区	2922	1505	1417	2256	1047	1209	382	209	173
吴江区	15621	9536	6085	9324	5085	4239	269	149	120
苏州工业园区									
常熟市	4174	2560	1614	2892	1690	1202	257	134	123
张家港市	2476	1333	1143	1068	565	503	167	81	86
昆山市	25401	15131	10270	24155	14107	10048	721	367	354
太仓市	2539	1517	1022	3026	1748	1278	102	52	50
南通市	**8208**	**4872**	**3336**	**6419**	**3783**	**2636**	**910**	**451**	**459**
崇川区	2382	1331	1051	2130	1162	968	482	225	257
港闸区	1141	687	454	844	508	336	141	74	67
通州区	805	506	299	1486	874	612	37	23	14
如东县									
南通经济技术开发区									
通州湾示范区									
苏锡通科技产业园区									
启东市	631	387	244	432	284	148	87	50	37
如皋市	373	222	151	259	141	118	50	19	31
海门市	1670	949	721	510	339	171	38	21	17
海安市	1206	790	416	758	475	283	75	39	36
连云港市	**1007**	**653**	**354**	**1159**	**786**	**373**	**223**	**117**	**106**
连云区	516	341	175	449	298	151	96	51	45
海州区	279	152	127	307	160	147	84	41	43
赣榆区	80	39	41	78	40	38	28	14	14
东海县	1	1							
灌云县									
灌南县									
连云港经济技术开发区									
连云港高新技术产业开发区									
江苏连云港徐圩新区	131	120	11	325	288	37	15	11	4
江苏省连云港市云台山风景名胜区									
淮安市	**558**	**287**	**271**	**561**	**294**	**267**	**96**	**42**	**54**
淮安区	127	75	52	92	51	41	21	8	13
淮阴区	118	49	69	189	104	85	19	10	9
清江浦区	277	147	130	234	117	117	53	23	30
洪泽区	36	16	20	46	22	24	3	1	2
涟水县									
盱眙县									
金湖县									
淮安经济技术开发区									
工业园区									
生态文旅区									
苏淮高新区									

7-3a 续表 29

单位：人

现住地	户口登记地								
	陕西			甘肃			青海		
	小计	男	女	小计	男	女	小计	男	女
盐城市	**1349**	**823**	**526**	**2386**	**1515**	**871**	**574**	**351**	**223**
亭湖区	208	104	104	299	165	134	43	18	25
盐都区	175	97	78	208	100	108	15	4	11
大丰区	130	74	56	134	69	65	19	11	8
响水县									
滨海县									
阜宁县									
射阳县									
建湖县									
盐城经济技术开发区	9	6	3	4	3	1			
江苏省盐南高新区	171	81	90	232	83	149	100	21	79
东台市	656	461	195	1509	1095	414	397	297	100
扬州市	**2405**	**1401**	**1004**	**3584**	**2087**	**1497**	**843**	**449**	**394**
广陵区	514	306	208	480	253	227	131	45	86
邗江区	822	439	383	1789	1033	756	489	283	206
江都区	369	244	125	364	216	148	88	51	37
宝应县									
扬州经济技术开发区									
蜀冈瘦西湖景区	128	82	46	151	98	53	22	10	12
生态新城	94	50	44	70	47	23	3	2	1
仪征市	284	178	106	429	270	159	37	16	21
高邮市	194	102	92	301	170	131	73	42	31
镇江市	**3166**	**1825**	**1341**	**2682**	**1522**	**1160**	**559**	**277**	**282**
京口区	737	418	319	867	546	321	176	77	99
润州区	276	143	133	126	74	52	35	17	18
丹徒区	382	234	148	237	128	109	63	33	30
镇江新区									
江苏镇江高新区	102	52	50	72	39	33	13	7	6
丹阳市	870	489	381	576	297	279	74	37	37
扬中市	241	159	82	172	100	72	8	6	2
句容市	558	330	228	632	338	294	190	100	90
泰州市	**2976**	**1677**	**1299**	**2620**	**1427**	**1193**	**306**	**153**	**153**
海陵区	792	465	327	1106	556	550	120	62	58
高港区	276	173	103	276	152	124	31	17	14
姜堰区	236	137	99	440	286	154	33	20	13
泰州医药高新技术产业开发区									
兴化市	190	104	86	139	68	71	32	14	18
靖江市	1062	530	532	276	159	117	32	13	19
泰兴市	420	268	152	383	206	177	58	27	31
宿迁市	**592**	**333**	**259**	**637**	**325**	**312**	**164**	**82**	**82**
宿城区	324	183	141	218	114	104	84	43	41
宿豫区	137	66	71	142	48	94	49	23	26
沭阳县									
泗阳县									
泗洪县									
宿迁经济技术开发区									
宿迁市湖滨新区	56	39	17	207	122	85	21	12	9
苏州宿迁工业园区	58	35	23	44	29	15	2		2
宿迁市洋河新区	17	10	7	26	12	14	8	4	4

7-3a　续表 30　　　　单位：人

现住地	户口登记地					
	宁夏			新疆		
	小计	男	女	小计	男	女
江　苏	**10602**	**5900**	**4702**	**27468**	**12811**	**14657**
南京市	**3457**	**1840**	**1617**	**7691**	**3499**	**4192**
玄武区	406	194	212	831	387	444
秦淮区	110	60	50	427	209	218
建邺区	129	62	67	334	141	193
鼓楼区	253	128	125	744	320	424
浦口区	85	26	59	586	232	354
栖霞区	773	468	305	1525	680	845
雨花台区	155	91	64	434	209	225
江宁区	869	419	450	1639	748	891
六合区	15	8	7	39	18	21
溧水区	40	27	13	120	55	65
高淳区	14	6	8	37	25	12
南京江北新区	608	351	257	975	475	500
无锡市	**941**	**546**	**395**	**3168**	**1407**	**1761**
锡山区	144	78	66	235	114	121
惠山区	109	62	47	257	122	135
滨湖区	221	124	97	1227	471	756
梁溪区	130	68	62	519	244	275
新吴区	111	72	39	271	131	140
江苏无锡经济开发区	73	41	32	199	97	102
江阴市	62	37	25	232	118	114
宜兴市	91	64	27	228	110	118
徐州市	**582**	**337**	**245**	**1978**	**1083**	**895**
鼓楼区	47	24	23	271	134	137
云龙区	99	35	64	244	98	146
贾汪区	8	5	3	325	286	39
泉山区	40	14	26	226	78	148
铜山区	364	247	117	756	410	346
丰县						
沛县						
睢宁县						
徐州经济技术开发区						
新沂市	12	6	6	57	30	27
邳州市	12	6	6	99	47	52
常州市	**871**	**496**	**375**	**1475**	**763**	**712**
天宁区	63	30	33	208	92	116
钟楼区	87	40	47	262	128	134
新北区	141	87	54	269	129	140
武进区	436	238	198	484	281	203
金坛区	37	23	14	103	53	50
江苏省常州市经济开发区	32	23	9	40	22	18
溧阳市	75	55	20	109	58	51

7-3a 续表 31

单位：人

现住地	户口登记地					
	宁夏			新疆		
	小计	男	女	小计	男	女
苏州市	**2312**	**1236**	**1076**	**5141**	**2506**	**2635**
虎丘区	495	257	238	1098	462	636
吴中区	283	144	139	722	359	363
相城区	184	106	78	490	260	230
姑苏区	204	89	115	696	346	350
吴江区	280	170	110	313	145	168
苏州工业园区						
常熟市	140	79	61	264	144	120
张家港市	73	41	32	325	164	161
昆山市	580	311	269	1064	541	523
太仓市	73	39	34	169	85	84
南通市	**446**	**256**	**190**	**1597**	**789**	**808**
崇川区	155	62	93	685	347	338
港闸区	138	98	40	243	112	131
通州区	26	17	9	123	69	54
如东县						
南通经济技术开发区						
通州湾示范区						
苏锡通科技产业园区						
启东市	43	30	13	98	49	49
如皋市	31	17	14	193	89	104
海门市	29	15	14	96	50	46
海安市	24	17	7	159	73	86
连云港市	**74**	**45**	**29**	**273**	**125**	**148**
连云区	29	17	12	43	18	25
海州区	21	9	12	148	63	85
赣榆区	9	5	4	59	29	30
东海县						
灌云县						
灌南县						
连云港经济技术开发区						
连云港高新技术产业开发区						
江苏连云港徐圩新区	15	14	1	23	15	8
江苏省连云港市云台山风景名胜区						
淮安市	**56**	**27**	**29**	**663**	**260**	**403**
淮安区	8	4	4	72	45	27
淮阴区	23	12	11	460	152	308
清江浦区	21	9	12	123	61	62
洪泽区	4	2	2	8	2	6
涟水县						
盱眙县						
金湖县						
淮安经济技术开发区						
工业园区						
生态文旅区						
苏淮高新区						

7-3a 续表 32

单位：人

现住地	户口登记地					
	宁夏			新疆		
	小计	男	女	小计	男	女
盐城市	**733**	**474**	**259**	**643**	**281**	**362**
亭湖区	76	20	56	466	193	273
盐都区	17	8	9	23	6	17
大丰区	9	4	5	40	22	18
响水县						
滨海县						
阜宁县						
射阳县						
建湖县						
盐城经济技术开发区						
江苏省盐南高新区	67	18	49	53	23	30
东台市	564	424	140	61	37	24
扬州市	**239**	**139**	**100**	**1822**	**752**	**1070**
广陵区	40	22	18	180	90	90
邗江区	106	63	43	1259	458	801
江都区	30	11	19	109	58	51
宝应县						
扬州经济技术开发区						
蜀冈瘦西湖景区	2		2	34	20	14
生态新城	11	10	1	7	2	5
仪征市	29	19	10	89	51	38
高邮市	21	14	7	144	73	71
镇江市	**606**	**355**	**251**	**1262**	**589**	**673**
京口区	232	139	93	315	165	150
润州区	15	6	9	94	48	46
丹徒区	34	17	17	68	32	36
镇江新区						
江苏镇江高新区	6	2	4	15	7	8
丹阳市	62	28	34	445	172	273
扬中市	31	21	10	39	14	25
句容市	226	142	84	286	151	135
泰州市	**205**	**112**	**93**	**1194**	**520**	**674**
海陵区	96	54	42	390	174	216
高港区	25	15	10	402	153	249
姜堰区	23	12	11	157	75	82
泰州医药高新技术产业开发区						
兴化市	9	3	6	34	20	14
靖江市	9	6	3	69	36	33
泰兴市	43	22	21	142	62	80
宿迁市	**80**	**37**	**43**	**561**	**237**	**324**
宿城区	42	17	25	388	137	251
宿豫区	10	4	6	41	23	18
沭阳县						
泗阳县						
泗洪县						
宿迁经济技术开发区						
宿迁市湖滨新区	17	11	6	117	74	43
苏州宿迁工业园区	1	1		8	3	5
宿迁市洋河新区	10	4	6	7		7

7-3b 全省按现住地、性别分的户口登记地在外省的人口(镇)

单位：人

现住地	户口登记地					
	合计			北京		
	合计	男	女	小计	男	女
江苏	**2458832**	**1396631**	**1062201**	**3718**	**2149**	**1569**
南京市	**17418**	**10011**	**7407**	**33**	**23**	**10**
玄武区						
秦淮区						
建邺区						
鼓楼区						
浦口区	156	96	60			
栖霞区						
雨花台区	1808	1075	733			
江宁区						
六合区	12476	7133	5343	25	18	7
溧水区	2603	1514	1089	8	5	3
高淳区	375	193	182			
南京江北新区						
无锡市	**303899**	**171799**	**132100**	**105**	**68**	**37**
锡山区	84731	48884	35847	20	12	8
惠山区	28282	16359	11923	11	6	5
滨湖区						
梁溪区						
新吴区						
江苏无锡经济开发区						
江阴市	133133	73386	59747	34	24	10
宜兴市	57753	33170	24583	40	26	14
徐州市	**62825**	**31648**	**31177**	**150**	**90**	**60**
鼓楼区						
云龙区	2466	1564	902	3		3
贾汪区	1127	613	514			
泉山区						
铜山区	6891	3366	3525	27	14	13
丰县	7567	3679	3888	17	11	6
沛县	13025	6187	6838	23	13	10
睢宁县	9563	4117	5446	21	16	5
徐州经济技术开发区	19480	11078	8402	54	33	21
新沂市	1537	523	1014	3	2	1
邳州市	1169	521	648	2	1	1
常州市	**137650**	**78470**	**59180**	**64**	**38**	**26**
天宁区	11146	6192	4954	2	1	1
钟楼区						
新北区	20820	11866	8954	7	4	3
武进区	45952	25820	20132	12	7	5
金坛区	11383	6450	4933	7	4	3
江苏省常州市经济开发区	34666	19854	14812	13	8	5
溧阳市	13683	8288	5395	23	14	9

7-3b 续表 1

单位：人

现住地	户口登记地					
	合计			北京		
	合计	男	女	小计	男	女
苏州市	**1100081**	**628831**	**471250**	**1986**	**1154**	**832**
虎丘区	327	169	158	2	1	1
吴中区	74599	43271	31328	32	18	14
相城区	17975	10898	7077			
姑苏区						
吴江区	194655	109437	85218	54	28	26
苏州工业园区	343483	196559	146924	1735	991	744
常熟市	128610	75945	52665	40	28	12
张家港市	164342	91246	73096	61	41	20
昆山市	81387	45978	35409	39	29	10
太仓市	94703	55328	39375	23	18	5
南通市	**352368**	**209264**	**143104**	**319**	**190**	**129**
崇川区						
港闸区						
通州区	83153	47022	36131	21	9	12
如东县	28933	17327	11606	90	48	42
南通经济技术开发区	74552	45345	29207	88	61	27
通州湾示范区	4998	3270	1728	6	3	3
苏锡通科技产业园区	13102	8004	5098	1	1	
启东市	30288	19509	10779	47	29	18
如皋市	17362	10740	6622	16	7	9
海门市	86880	49586	37294	35	21	14
海安市	13100	8461	4639	15	11	4
连云港市	**44451**	**22481**	**21970**	**186**	**93**	**93**
连云区	717	586	131			
海州区	587	286	301	32	15	17
赣榆区	3882	1987	1895	8	3	5
东海县	5954	2953	3001	46	25	21
灌云县	3150	1661	1489	7	2	5
灌南县	5051	3239	1812	14	8	6
连云港经济技术开发区	4754	2593	2161	17	11	6
连云港高新技术产业开发区	19745	8807	10938	62	29	33
江苏连云港徐圩新区	584	355	229			
江苏省连云港市云台山风景名胜区	27	14	13			
淮安市	**39267**	**20426**	**18841**	**89**	**51**	**38**
淮安区	932	500	432	4	2	2
淮阴区	1219	615	604			
清江浦区	105	69	36			
洪泽区	285	144	141			
涟水县	3749	1703	2046	18	14	4
盱眙县	6892	3379	3513	18	9	9
金湖县	5023	2883	2140	9	1	8
淮安经济技术开发区	18818	9815	9003	27	16	11
工业园区	307	192	115			
生态文旅区	1616	901	715	11	7	4
苏淮高新区	321	225	96	2	2	

7-3b　续表 2　　　　单位：人

现住地	户口登记地					
	合　计			北　京		
	合计	男	女	小计	男	女
盐城市	**48629**	**25582**	**23047**	**160**	**87**	**73**
亭湖区	2909	1864	1045	1	1	
盐都区	1264	596	668	3	1	2
大丰区	6588	3986	2602	10	5	5
响水县	4815	2573	2242	15	9	6
滨海县	6391	3259	3132	24	10	14
阜宁县	4094	1749	2345	17	10	7
射阳县	7084	3664	3420	38	23	15
建湖县	5350	2381	2969	17	9	8
盐城经济技术开发区	5029	2568	2461	23	14	9
江苏省盐南高新区						
东台市	5105	2942	2163	12	5	7
扬州市	**61736**	**35091**	**26645**	**188**	**98**	**90**
广陵区	4041	2387	1654	6	3	3
邗江区	3170	1750	1420	5	2	3
江都区	11003	6291	4712	18	9	9
宝应县	8866	4892	3974	30	17	13
扬州经济技术开发区	25946	14821	11125	104	53	51
蜀冈瘦西湖景区						
生态新城	614	365	249	15	9	6
仪征市	3233	1777	1456	9	4	5
高邮市	4863	2808	2055	1	1	
镇江市	**173466**	**97851**	**75615**	**148**	**92**	**56**
京口区	1455	908	547			
润州区						
丹徒区	14446	8944	5502	35	23	12
镇江新区	37215	21811	15404	65	43	22
江苏镇江高新区						
丹阳市	100247	55313	44934	26	13	13
扬中市	4238	2419	1819	3	2	1
句容市	15865	8456	7409	19	11	8
泰州市	**74464**	**43823**	**30641**	**92**	**61**	**31**
海陵区	818	478	340			
高港区	2648	1524	1124	4	2	2
姜堰区	3708	2187	1521	2	2	
泰州医药高新技术产业开发区	26593	15402	11191	53	38	15
兴化市	9261	5358	3903	6	2	4
靖江市	16283	9553	6730	5	3	2
泰兴市	15153	9321	5832	22	14	8
宿迁市	**42578**	**21354**	**21224**	**198**	**104**	**94**
宿城区	768	369	399			
宿豫区	1259	725	534	2	1	1
沭阳县	15046	7665	7381	110	63	47
泗阳县	7278	3372	3906	18	9	9
泗洪县	12748	6032	6716	58	25	33
宿迁经济技术开发区	5330	3123	2207	9	5	4
宿迁市湖滨新区	149	68	81	1	1	
苏州宿迁工业园区						
宿迁市洋河新区						

7-3b　续表 3　　　　单位：人

现住地	户口登记地 天津 小计	天津 男	天津 女	河北 小计	河北 男	河北 女	山西 小计	山西 男	山西 女
江　苏	**3098**	**1767**	**1331**	**33247**	**20487**	**12760**	**32442**	**19547**	**12895**
南京市	**29**	**17**	**12**	**352**	**199**	**153**	**177**	**98**	**79**
玄武区									
秦淮区									
建邺区									
鼓楼区									
浦口区	1		1	1	1		1		1
栖霞区									
雨花台区	1	1		15	9	6	27	14	13
江宁区									
六合区	17	12	5	288	163	125	111	55	56
溧水区	10	4	6	47	25	22	38	29	9
高淳区				1	1				
南京江北新区									
无锡市	**127**	**81**	**46**	**2160**	**1327**	**833**	**1454**	**902**	**552**
锡山区	52	40	12	558	353	205	682	419	263
惠山区	23	12	11	259	163	96	142	87	55
滨湖区									
梁溪区									
新吴区									
江苏无锡经济开发区									
江阴市	16	9	7	710	421	289	378	221	157
宜兴市	36	20	16	633	390	243	252	175	77
徐州市	**170**	**91**	**79**	**1553**	**886**	**667**	**757**	**393**	**364**
鼓楼区									
云龙区	15	8	7	36	20	16	27	16	11
贾汪区	1	1		16	9	7	8	4	4
泉山区									
铜山区	20	7	13	167	116	51	72	33	39
丰县	24	15	9	235	120	115	102	46	56
沛县	26	9	17	218	111	107	111	52	59
睢宁县	21	9	12	168	81	87	94	39	55
徐州经济技术开发区	58	40	18	617	375	242	303	179	124
新沂市	1	1		33	15	18	14	6	8
邳州市	4	1	3	63	39	24	26	18	8
常州市	**58**	**44**	**14**	**1017**	**724**	**293**	**836**	**557**	**279**
天宁区	4	1	3	53	37	16	35	17	18
钟楼区									
新北区	5	5		132	80	52	183	108	75
武进区	3	2	1	183	115	68	139	81	58
金坛区	16	11	5	178	141	37	133	100	33
江苏省常州市经济开发区	3	3		264	190	74	238	180	58
溧阳市	27	22	5	207	161	46	108	71	37

7-3b 续表 4

单位：人

现住地	户口登记地								
	天津			河北			山西		
	小计	男	女	小计	男	女	小计	男	女
苏州市	**1408**	**754**	**654**	**12853**	**7790**	**5063**	**16791**	**9986**	**6805**
虎丘区	1	1		5	3	2	2	2	
吴中区	25	13	12	526	333	193	858	526	332
相城区	3	1	2	188	116	72	182	123	59
姑苏区									
吴江区	51	34	17	1281	768	513	1378	820	558
苏州工业园区	1094	562	532	6031	3461	2570	10074	5906	4168
常熟市	64	45	19	1072	740	332	1087	725	362
张家港市	71	44	27	1837	1177	660	1024	582	442
昆山市	44	22	22	841	469	372	1517	887	630
太仓市	55	32	23	1072	723	349	669	415	254
南通市	**288**	**196**	**92**	**4544**	**3101**	**1443**	**3211**	**2228**	**983**
崇川区									
港闸区									
通州区	12	8	4	503	315	188	181	100	81
如东县	78	56	22	482	337	145	244	174	70
南通经济技术开发区	85	57	28	1284	854	430	993	667	326
通州湾示范区	3	2	1	117	73	44	44	32	12
苏锡通科技产业园区	12	10	2	182	134	48	204	155	49
启东市	38	25	13	422	322	100	532	341	191
如皋市	14	9	5	489	347	142	198	137	61
海门市	37	23	14	819	554	265	712	549	163
海安市	9	6	3	246	165	81	103	73	30
连云港市	**202**	**117**	**85**	**1924**	**1097**	**827**	**1286**	**658**	**628**
连云区				19	16	3	62	59	3
海州区	8	5	3	11	5	6	3	1	2
赣榆区	12	5	7	97	59	38	60	34	26
东海县	30	14	16	260	156	104	50	22	28
灌云县	11	11		84	44	40	38	20	18
灌南县	9	6	3	429	351	78	299	217	82
连云港经济技术开发区	22	9	13	170	95	75	81	42	39
连云港高新技术产业开发区	110	67	43	842	364	478	691	262	429
江苏连云港徐圩新区				12	7	5	2	1	1
江苏省连云港市云台山风景名胜区									
淮安市	**74**	**37**	**37**	**1040**	**565**	**475**	**556**	**297**	**259**
淮安区	4	1	3	12	7	5	7	2	5
淮阴区	1		1	29	17	12	10	2	8
清江浦区				3	1	2			
洪泽区				2	1	1			
涟水县	4	3	1	71	32	39	50	24	26
盱眙县	19	11	8	109	38	71	42	18	24
金湖县	11	5	6	256	178	78	79	54	25
淮安经济技术开发区	28	11	17	496	259	237	332	179	153
工业园区				22	11	11	8	5	3
生态文旅区	7	6	1	35	17	18	25	11	14
苏淮高新区				5	4	1	3	2	1

7-3b　续表 5

单位：人

现住地	户口登记地								
	天津			河北			山西		
	小计	男	女	小计	男	女	小计	男	女
盐城市	**176**	**104**	**72**	**1256**	**765**	**491**	**1007**	**610**	**397**
亭湖区	1		1	82	55	27	104	75	29
盐都区	1		1	30	16	14	19	6	13
大丰区	1	1		166	130	36	185	128	57
响水县	34	26	8	128	74	54	98	66	32
滨海县	18	11	7	150	76	74	103	59	44
阜宁县	18	10	8	93	35	58	66	32	34
射阳县	29	14	15	156	91	65	93	52	41
建湖县	23	13	10	180	90	90	72	25	47
盐城经济技术开发区	45	23	22	89	56	33	185	108	77
江苏省盐南高新区									
东台市	6	6		182	142	40	82	59	23
扬州市	**96**	**57**	**39**	**1576**	**945**	**631**	**1478**	**889**	**589**
广陵区	5	4	1	230	171	59	38	23	15
邗江区	3	2	1	34	17	17	142	76	66
江都区	17	11	6	139	81	58	72	39	33
宝应县	17	9	8	216	117	99	110	59	51
扬州经济技术开发区	45	26	19	879	506	373	1048	639	409
蜀冈瘦西湖景区									
生态新城	4	2	2	8	5	3	4	4	
仪征市	2	1	1	31	23	8	15	9	6
高邮市	3	2	1	39	25	14	49	40	9
镇江市	**203**	**125**	**78**	**2066**	**1274**	**792**	**2188**	**1323**	**865**
京口区				27	21	6	29	24	5
润州区									
丹徒区	58	43	15	357	241	116	467	296	171
镇江新区	63	43	20	822	530	292	768	511	257
江苏镇江高新区									
丹阳市	27	14	13	457	279	178	534	282	252
扬中市	1		1	24	14	10	124	78	46
句容市	54	25	29	379	189	190	266	132	134
泰州市	**168**	**98**	**70**	**1695**	**1115**	**580**	**2219**	**1361**	**858**
海陵区				2	1	1	6	3	3
高港区	3	2	1	51	29	22	31	18	13
姜堰区	6	5	1	61	37	24	38	28	10
泰州医药高新技术产业开发区	56	32	24	690	427	263	1637	982	655
兴化市	13	7	6	245	151	94	110	85	25
靖江市	77	45	32	308	207	101	247	154	93
泰兴市	13	7	6	338	263	75	150	91	59
宿迁市	**99**	**46**	**53**	**1211**	**699**	**512**	**482**	**245**	**237**
宿城区				14	6	8	1		1
宿豫区				22	14	8	18	9	9
沭阳县	51	21	30	481	294	187	182	101	81
泗阳县	17	7	10	175	103	72	63	24	39
泗洪县	23	15	8	299	139	160	152	71	81
宿迁经济技术开发区	8	3	5	219	143	76	65	39	26
宿迁市湖滨新区				1		1	1	1	
苏州宿迁工业园区									
宿迁市洋河新区									

7-3b 续表 6

单位：人

现住地	户口登记地								
	内蒙古			辽宁			吉林		
	小计	男	女	小计	男	女	小计	男	女
江　苏	**9077**	**4891**	**4186**	**18297**	**10463**	**7834**	**21081**	**11571**	**9510**
南京市	**117**	**62**	**55**	**181**	**108**	**73**	**194**	**105**	**89**
玄武区									
秦淮区									
建邺区									
鼓楼区									
浦口区	1	1					1	1	
栖霞区									
雨花台区	6	4	2	7	6	1	15	7	8
江宁区									
六合区	84	44	40	135	82	53	138	80	58
溧水区	24	12	12	38	20	18	39	17	22
高淳区	2	1	1	1		1	1		1
南京江北新区									
无锡市	**585**	**336**	**249**	**826**	**478**	**348**	**1124**	**631**	**493**
锡山区	235	141	94	227	131	96	285	157	128
惠山区	55	31	24	134	89	45	233	136	97
滨湖区									
梁溪区									
新吴区									
江苏无锡经济开发区									
江阴市	153	79	74	247	136	111	364	203	161
宜兴市	142	85	57	218	122	96	242	135	107
徐州市	**513**	**228**	**285**	**740**	**400**	**340**	**846**	**432**	**414**
鼓楼区									
云龙区	5	2	3	9	6	3	17	11	6
贾汪区	8		8	7	3	4	17	8	9
泉山区									
铜山区	45	13	32	54	32	22	49	25	24
丰县	67	32	35	87	49	38	194	98	96
沛县	99	39	60	125	62	63	161	66	95
睢宁县	72	32	40	98	46	52	107	46	61
徐州经济技术开发区	181	98	83	332	192	140	281	167	114
新沂市	15	3	12	14	5	9	7	3	4
邳州市	21	9	12	14	5	9	13	8	5
常州市	**421**	**269**	**152**	**774**	**572**	**202**	**939**	**554**	**385**
天宁区	7	4	3	10	6	4	27	15	12
钟楼区									
新北区	58	34	24	66	43	23	120	66	54
武进区	76	46	30	119	74	45	290	166	124
金坛区	37	23	14	66	34	32	210	127	83
江苏省常州市经济开发区	54	38	16	372	320	52	143	79	64
溧阳市	189	124	65	141	95	46	149	101	48

7-3b　续表 7　　　　　　　　　　　　　　　　　　　　　　　　　　单位：人

现 住 地	户口登记地								
	内 蒙 古			辽　宁			吉　林		
	小计	男	女	小计	男	女	小计	男	女
苏州市	**3567**	**1892**	**1675**	**7751**	**4332**	**3419**	**9388**	**5116**	**4272**
虎丘区	4	1	3	5	2	3	4	3	1
吴中区	271	138	133	317	196	121	454	253	201
相城区	41	22	19	52	34	18	80	41	39
姑苏区									
吴江区	272	154	118	685	387	298	863	483	380
苏州工业园区	1863	963	900	4234	2244	1990	5035	2653	2382
常熟市	202	124	78	471	329	142	692	428	264
张家港市	397	218	179	759	449	310	949	529	420
昆山市	310	158	152	493	278	215	734	392	342
太仓市	207	114	93	735	413	322	577	334	243
南通市	**927**	**564**	**363**	**2884**	**1784**	**1100**	**2720**	**1614**	**1106**
崇川区									
港闸区									
通州区	114	68	46	616	361	255	239	138	101
如东县	152	101	51	305	182	123	338	199	139
南通经济技术开发区	248	141	107	781	505	276	904	517	387
通州湾示范区	17	10	7	65	50	15	32	23	9
苏锡通科技产业园区	28	20	8	73	45	28	131	82	49
启东市	104	65	39	222	151	71	329	198	131
如皋市	70	42	28	212	133	79	194	123	71
海门市	143	87	56	548	318	230	457	276	181
海安市	51	30	21	62	39	23	96	58	38
连云港市	**491**	**269**	**222**	**773**	**373**	**400**	**1113**	**545**	**568**
连云区	7	6	1	5	5		6	4	2
海州区	4	1	3	8	4	4	6	4	2
赣榆区	65	38	27	34	17	17	259	127	132
东海县	75	33	42	109	49	60	132	58	74
灌云县	32	14	18	48	26	22	67	38	29
灌南县	41	32	9	51	28	23	54	25	29
连云港经济技术开发区	85	50	35	186	102	84	143	65	78
连云港高新技术产业开发区	178	94	84	328	141	187	438	220	218
江苏连云港徐圩新区	4	1	3	3		3	3	2	1
江苏省连云港市云台山风景名胜区				1	1		5	2	3
淮安市	**413**	**182**	**231**	**542**	**304**	**238**	**553**	**285**	**268**
淮安区	8	3	5				22	13	9
淮阴区	4	4		6	4	2	12	6	6
清江浦区				2	2				
洪泽区				2	1	1	1		1
涟水县	20	10	10	65	30	35	44	20	24
盱眙县	30	10	20	73	38	35	111	50	61
金湖县	55	34	21	40	20	20	60	30	30
淮安经济技术开发区	277	110	167	296	181	115	265	143	122
工业园区	2	1	1	4	2	2	3	2	1
生态文旅区	15	8	7	43	20	23	28	16	12
苏淮高新区	2	2		11	6	5	7	5	2

7-3b 续表 8

单位：人

现住地	户口登记地								
	内蒙古			辽宁			吉林		
	小计	男	女	小计	男	女	小计	男	女
盐城市	**411**	**237**	**174**	**939**	**511**	**428**	**799**	**426**	**373**
亭湖区	11	7	4	10	7	3	24	13	11
盐都区	5	4	1	15	7	8	11	5	6
大丰区	60	37	23	57	31	26	58	32	26
响水县	42	28	14	70	38	32	80	43	37
滨海县	45	19	26	67	39	28	67	35	32
阜宁县	35	15	20	35	19	16	58	30	28
射阳县	92	57	35	473	258	215	232	130	102
建湖县	45	20	25	69	36	33	70	36	34
盐城经济技术开发区	26	16	10	63	36	27	158	74	84
江苏省盐南高新区									
东台市	50	34	16	80	40	40	41	28	13
扬州市	**304**	**159**	**145**	**502**	**281**	**221**	**635**	**348**	**287**
广陵区	20	10	10	40	24	16	29	19	10
邗江区	10	5	5	16	6	10	24	15	9
江都区	67	34	33	106	59	47	121	66	55
宝应县	56	28	28	64	36	28	79	38	41
扬州经济技术开发区	128	67	61	223	126	97	322	184	138
蜀冈瘦西湖景区									
生态新城	3	3					6	3	3
仪征市	7	2	5	34	18	16	22	10	12
高邮市	13	10	3	19	12	7	32	13	19
镇江市	**564**	**312**	**252**	**1156**	**662**	**494**	**1372**	**764**	**608**
京口区	23	17	6	30	18	12	48	28	20
润州区									
丹徒区	95	57	38	254	155	99	163	92	71
镇江新区	225	128	97	447	260	187	479	267	212
江苏镇江高新区									
丹阳市	116	62	54	198	122	76	478	267	211
扬中市	7	5	2	21	12	9	24	16	8
句容市	98	43	55	206	95	111	180	94	86
泰州市	**467**	**244**	**223**	**743**	**421**	**322**	**807**	**474**	**333**
海陵区	5	3	2	7	4	3	5	2	3
高港区	26	15	11	14	7	7	31	19	12
姜堰区	18	4	14	51	27	24	31	17	14
泰州医药高新技术产业开发区	244	132	112	329	181	148	370	224	146
兴化市	57	28	29	81	42	39	75	36	39
靖江市	61	34	27	155	99	56	132	78	54
泰兴市	56	28	28	106	61	45	163	98	65
宿迁市	**297**	**137**	**160**	**486**	**237**	**249**	**591**	**277**	**314**
宿城区	11	8	3	5	3	2	4	2	2
宿豫区	13	9	4	13	9	4	43	34	9
沭阳县	103	46	57	208	100	108	249	119	130
泗阳县	74	31	43	114	62	52	137	55	82
泗洪县	49	19	30	79	31	48	92	41	51
宿迁经济技术开发区	47	24	23	65	31	34	64	25	39
宿迁市湖滨新区				2	1	1	2	1	1
苏州宿迁工业园区									
宿迁市洋河新区									

7-3b 续表 9

单位：人

现住地	户口登记地								
	黑龙江			上海			浙江		
	小计	男	女	小计	男	女	小计	男	女
江苏	**37309**	**20159**	**17150**	**27587**	**16058**	**11529**	**63374**	**36573**	**26801**
南京市	**326**	**174**	**152**	**618**	**331**	**287**	**451**	**255**	**196**
玄武区									
秦淮区									
建邺区									
鼓楼区									
浦口区	2	2		26	15	11	1	1	
栖霞区									
雨花台区	28	16	12	54	30	24	22	9	13
江宁区									
六合区	198	95	103	430	227	203	342	191	151
溧水区	92	59	33	96	55	41	76	46	30
高淳区	6	2	4	12	4	8	10	8	2
南京江北新区									
无锡市	**2183**	**1189**	**994**	**1094**	**636**	**458**	**4897**	**2764**	**2133**
锡山区	679	371	308	195	122	73	1146	652	494
惠山区	263	146	117	245	131	114	593	347	246
滨湖区									
梁溪区									
新吴区									
江苏无锡经济开发区									
江阴市	781	427	354	386	226	160	1759	982	777
宜兴市	460	245	215	268	157	111	1399	783	616
徐州市	**1960**	**921**	**1039**	**250**	**150**	**100**	**1646**	**947**	**699**
鼓楼区									
云龙区	37	19	18	3	3		77	50	27
贾汪区	19	12	7	1		1	10	5	5
泉山区									
铜山区	156	75	81	7	4	3	96	54	42
丰县	359	163	196	35	23	12	165	92	73
沛县	574	262	312	94	50	44	488	301	187
睢宁县	244	101	143	47	28	19	334	168	166
徐州经济技术开发区	464	240	224	47	33	14	401	235	166
新沂市	44	22	22	8	5	3	53	29	24
邳州市	63	27	36	8	4	4	22	13	9
常州市	**1484**	**843**	**641**	**535**	**322**	**213**	**2359**	**1274**	**1085**
天宁区	45	25	20	45	27	18	150	89	61
钟楼区									
新北区	306	166	140	87	54	33	400	230	170
武进区	322	176	146	121	74	47	1070	533	537
金坛区	130	79	51	35	24	11	174	98	76
江苏省常州市经济开发区	332	189	143	162	95	67	321	184	137
溧阳市	349	208	141	85	48	37	244	140	104

7-3b　续表 10　　　　　　单位：人

现住地	户口登记地								
	黑龙江			上海			浙江		
	小计	男	女	小计	男	女	小计	男	女
苏州市	**16822**	**9132**	**7690**	**10962**	**6293**	**4669**	**21991**	**12255**	**9736**
虎丘区	11	6	5	1	1		6	3	3
吴中区	848	465	383	272	140	132	822	463	359
相城区	127	72	55	44	26	18	280	170	110
姑苏区									
吴江区	1606	906	700	821	488	333	5732	3081	2651
苏州工业园区	7964	4202	3762	3983	2320	1663	6909	3662	3247
常熟市	1064	623	441	406	272	134	3308	2034	1274
张家港市	1827	1027	800	494	335	159	2057	1153	904
昆山市	1649	868	781	1791	975	816	1147	646	501
太仓市	1726	963	763	3150	1736	1414	1730	1043	687
南通市	**4416**	**2581**	**1835**	**4623**	**2974**	**1649**	**10907**	**6567**	**4340**
崇川区									
港闸区									
通州区	529	285	244	336	194	142	2640	1506	1134
如东县	529	292	237	620	385	235	1642	981	661
南通经济技术开发区	1355	807	548	672	433	239	1535	963	572
通州湾示范区	70	38	32	81	57	24	284	188	96
苏锡通科技产业园区	216	144	72	67	49	18	180	120	60
启东市	514	308	206	1695	1105	590	991	620	371
如皋市	386	216	170	203	143	60	593	380	213
海门市	684	417	267	764	489	275	2466	1420	1046
海安市	133	74	59	185	119	66	576	389	187
连云港市	**1909**	**931**	**978**	**268**	**147**	**121**	**1551**	**935**	**616**
连云区	10	5	5				30	27	3
海州区	30	19	11	1	1		45	26	19
赣榆区	509	255	254	14	8	6	98	62	36
东海县	350	169	181	35	23	12	283	164	119
灌云县	76	37	39	24	14	10	259	177	82
灌南县	128	69	59	38	29	9	309	204	105
连云港经济技术开发区	314	148	166	25	15	10	83	49	34
连云港高新技术产业开发区	485	225	260	131	57	74	438	221	217
江苏连云港徐圩新区	7	4	3				6	5	1
江苏省连云港市云台山风景名胜区									
淮安市	**860**	**444**	**416**	**253**	**164**	**89**	**2127**	**1267**	**860**
淮安区	19	9	10	12	7	5	57	33	24
淮阴区	21	9	12	2	2		39	23	16
清江浦区				1	1		3	2	1
洪泽区				1	1		7	4	3
涟水县	106	47	59	49	29	20	264	151	113
盱眙县	125	56	69	26	15	11	433	255	178
金湖县	165	99	66	53	37	16	275	174	101
淮安经济技术开发区	366	193	173	82	56	26	925	548	377
工业园区	9	5	4	2	1	1	6	4	2
生态文旅区	40	19	21	21	12	9	100	61	39
苏淮高新区	9	7	2	4	3	1	18	12	6

7-3b　续表 11　　　　单位：人

现住地	户口登记地								
	黑龙江			上海			浙江		
	小计	男	女	小计	男	女	小计	男	女
盐城市	**1115**	**541**	**574**	**1171**	**673**	**498**	**4095**	**2510**	**1585**
亭湖区	24	14	10	26	15	11	58	31	27
盐都区	19	10	9	59	33	26	111	63	48
大丰区	126	68	58	132	82	50	729	484	245
响水县	114	53	61	42	24	18	744	506	238
滨海县	119	54	65	156	90	66	565	360	205
阜宁县	104	37	67	129	79	50	244	113	131
射阳县	249	138	111	153	87	66	450	238	212
建湖县	129	50	79	316	166	150	330	167	163
盐城经济技术开发区	161	85	76	49	29	20	163	88	75
江苏省盐南高新区									
东台市	70	32	38	109	68	41	701	460	241
扬州市	**982**	**515**	**467**	**3351**	**1822**	**1529**	**2836**	**1630**	**1206**
广陵区	42	20	22	133	69	64	215	131	84
邗江区	31	18	13	167	88	79	55	33	22
江都区	214	111	103	813	444	369	338	184	154
宝应县	181	86	95	792	436	356	392	200	192
扬州经济技术开发区	394	208	186	804	440	364	1593	949	644
蜀冈瘦西湖景区									
生态新城	17	9	8	32	19	13	10	5	5
仪征市	33	21	12	126	66	60	108	61	47
高邮市	70	42	28	484	260	224	125	67	58
镇江市	**2296**	**1297**	**999**	**1725**	**1030**	**695**	**5251**	**3003**	**2248**
京口区	39	24	15	13	7	6	21	14	7
润州区									
丹徒区	236	128	108	273	163	110	567	377	190
镇江新区	773	447	326	511	315	196	1649	958	691
江苏镇江高新区									
丹阳市	852	482	370	706	422	284	2513	1415	1098
扬中市	19	13	6	89	47	42	98	59	39
句容市	377	203	174	133	76	57	403	180	223
泰州市	**1729**	**1002**	**727**	**2469**	**1339**	**1130**	**2070**	**1224**	**846**
海陵区	18	12	6	56	29	27	27	18	9
高港区	61	34	27	96	43	53	105	71	34
姜堰区	63	33	30	233	133	100	136	86	50
泰州医药高新技术产业开发区	732	449	283	551	291	260	447	274	173
兴化市	161	79	82	613	321	292	408	232	176
靖江市	417	241	176	342	185	157	257	148	109
泰兴市	277	154	123	578	337	241	690	395	295
宿迁市	**1227**	**589**	**638**	**268**	**177**	**91**	**3193**	**1942**	**1251**
宿城区	13	3	10	11	7	4	21	11	10
宿豫区	32	12	20	11	8	3	66	44	22
沭阳县	482	245	237	69	46	23	1315	828	487
泗阳县	287	133	154	94	66	28	652	370	282
泗洪县	170	79	91	57	30	27	819	502	317
宿迁经济技术开发区	242	117	125	26	20	6	319	187	132
宿迁市湖滨新区	1		1				1		1
苏州宿迁工业园区									
宿迁市洋河新区									

7-3b 续表 12

单位：人

现住地	户口登记地								
	安徽			福建			江西		
	小计	男	女	小计	男	女	小计	男	女
江苏	**660477**	**367760**	**292717**	**45761**	**26670**	**19091**	**66929**	**38557**	**28372**
南京市	**7633**	**4260**	**3373**	**711**	**431**	**280**	**474**	**289**	**185**
玄武区									
秦淮区									
建邺区									
鼓楼区									
浦口区	56	32	24						
栖霞区									
雨花台区	868	497	371	66	46	20	41	27	14
江宁区									
六合区	5588	3090	2498	626	374	252	371	221	150
溧水区	855	506	349	19	11	8	58	39	19
高淳区	266	135	131				4	2	2
南京江北新区									
无锡市	**87972**	**49112**	**38860**	**5370**	**3156**	**2214**	**6403**	**3743**	**2660**
锡山区	22422	12731	9691	896	498	398	2140	1276	864
惠山区	11642	6628	5014	374	217	157	723	428	295
滨湖区									
梁溪区									
新吴区									
江苏无锡经济开发区									
江阴市	37535	20570	16965	973	554	419	2171	1226	945
宜兴市	16373	9183	7190	3127	1887	1240	1369	813	556
徐州市	**16780**	**8432**	**8348**	**741**	**465**	**276**	**1201**	**637**	**564**
鼓楼区									
云龙区	481	302	179	23	14	9	45	31	14
贾汪区	183	90	93	8	2	6	14	5	9
泉山区									
铜山区	3022	1435	1587	93	74	19	97	55	42
丰县	1369	671	698	82	52	30	147	83	64
沛县	1265	628	637	135	86	49	232	130	102
睢宁县	4353	1953	2400	164	89	75	246	119	127
徐州经济技术开发区	5744	3237	2507	200	130	70	357	189	168
新沂市	253	74	179	25	12	13	47	17	30
邳州市	110	42	68	11	6	5	16	8	8
常州市	**48575**	**27103**	**21472**	**1676**	**968**	**708**	**2800**	**1619**	**1181**
天宁区	4183	2287	1896	81	48	33	218	118	100
钟楼区									
新北区	8048	4463	3585	359	212	147	492	283	209
武进区	17512	9734	7778	567	311	256	902	503	399
金坛区	2777	1552	1225	231	142	89	245	143	102
江苏省常州市经济开发区	12253	6896	5357	243	137	106	666	395	271
溧阳市	3802	2171	1631	195	118	77	277	177	100

7-3b 续表 13

单位：人

现住地	户口登记地								
	安徽			福建			江西		
	小计	男	女	小计	男	女	小计	男	女
苏州市	**282006**	**157549**	**124457**	**20588**	**11814**	**8774**	**31613**	**18171**	**13442**
虎丘区	115	58	57	7	4	3	5	2	3
吴中区	20279	11455	8824	747	438	309	2918	1704	1214
相城区	5746	3380	2366	259	154	105	588	378	210
姑苏区									
吴江区	48497	26782	21715	3289	1920	1369	3657	2102	1555
苏州工业园区	58473	32533	25940	5067	2795	2272	10140	5742	4398
常熟市	54167	30773	23394	1569	963	606	4323	2568	1755
张家港市	48098	26188	21910	4951	2782	2169	3274	1806	1468
昆山市	18814	10419	8395	1102	642	460	3915	2206	1709
太仓市	27817	15961	11856	3597	2116	1481	2793	1663	1130
南通市	**89531**	**51658**	**37873**	**5865**	**3542**	**2323**	**8930**	**5523**	**3407**
崇川区									
港闸区									
通州区	27373	15097	12276	1680	1009	671	1640	952	688
如东县	6852	4099	2753	983	586	397	1159	692	467
南通经济技术开发区	17499	10285	7214	1039	661	378	1998	1280	718
通州湾示范区	1313	801	512	65	41	24	162	98	64
苏锡通科技产业园区	3597	2055	1542	84	58	26	339	208	131
启东市	7728	4852	2876	372	216	156	1005	641	364
如皋市	4144	2433	1711	619	364	255	508	309	199
海门市	18128	10195	7933	647	383	264	1134	701	433
海安市	2897	1841	1056	376	224	152	985	642	343
连云港市	**4691**	**2336**	**2355**	**1368**	**879**	**489**	**1533**	**796**	**737**
连云区	88	71	17	17	16	1	21	20	1
海州区	109	58	51	19	12	7	11	6	5
赣榆区	253	108	145	154	115	39	55	22	33
东海县	612	297	315	354	208	146	213	121	92
灌云县	405	192	213	76	41	35	94	50	44
灌南县	649	345	304	334	272	62	151	102	49
连云港经济技术开发区	408	232	176	57	37	20	87	54	33
连云港高新技术产业开发区	2125	1015	1110	355	178	177	892	418	474
江苏连云港徐圩新区	34	13	21	2		2	9	3	6
江苏省连云港市云台山风景名胜区	8	5	3						
淮安市	**7589**	**3870**	**3719**	**891**	**515**	**376**	**1226**	**657**	**569**
淮安区	183	98	85	12	5	7	30	17	13
淮阴区	258	137	121	92	46	46	62	34	28
清江浦区	22	18	4						
洪泽区	54	25	29	24	18	6	6	3	3
涟水县	697	311	386	118	74	44	122	62	60
盱眙县	2582	1228	1354	130	75	55	194	94	100
金湖县	1177	629	548	63	39	24	157	83	74
淮安经济技术开发区	2183	1165	1018	404	227	177	575	324	251
工业园区	43	30	13	6	5	1	2		2
生态文旅区	343	191	152	38	24	14	62	31	31
苏淮高新区	47	38	9	4	2	2	16	9	7

7-3b 续表 14 单位：人

现住地	户口登记地								
	安徽			福建			江西		
	小计	男	女	小计	男	女	小计	男	女
盐城市	**7625**	**3755**	**3870**	**1381**	**827**	**554**	**1728**	**907**	**821**
亭湖区	227	131	96	77	60	17	58	38	20
盐都区	227	111	116	27	14	13	65	28	37
大丰区	726	413	313	312	212	100	196	117	79
响水县	819	339	480	144	83	61	165	91	74
滨海县	1262	602	660	168	93	75	225	112	113
阜宁县	701	280	421	94	47	47	229	116	113
射阳县	1328	711	617	169	93	76	209	91	118
建湖县	1113	501	612	197	113	84	226	105	121
盐城经济技术开发区	426	206	220	58	35	23	155	95	60
江苏省盐南高新区									
东台市	796	461	335	135	77	58	200	114	86
扬州市	**16577**	**9200**	**7377**	**1135**	**667**	**468**	**2074**	**1189**	**885**
广陵区	1369	798	571	139	83	56	88	54	34
邗江区	1130	626	504	30	13	17	117	62	55
江都区	3211	1797	1414	212	146	66	402	242	160
宝应县	1399	771	628	209	112	97	431	256	175
扬州经济技术开发区	6258	3391	2867	405	233	172	770	428	342
蜀冈瘦西湖景区									
生态新城	192	103	89	15	8	7	11	6	5
仪征市	1313	709	604	56	31	25	126	65	61
高邮市	1705	1005	700	69	41	28	129	76	53
镇江市	**65673**	**36585**	**29088**	**3528**	**1991**	**1537**	**5232**	**2916**	**2316**
京口区	263	170	93	185	106	79	21	15	6
润州区									
丹徒区	2205	1344	861	321	195	126	477	324	153
镇江新区	11209	6376	4833	1129	632	497	1443	809	634
江苏镇江高新区									
丹阳市	43779	24193	19586	1548	869	679	2523	1376	1147
扬中市	1365	755	610	30	20	10	136	76	60
句容市	6852	3747	3105	315	169	146	632	316	316
泰州市	**13928**	**8280**	**5648**	**1314**	**732**	**582**	**2392**	**1396**	**996**
海陵区	179	110	69	11	6	5	35	19	16
高港区	714	401	313	53	26	27	62	34	28
姜堰区	821	474	347	49	34	15	113	68	45
泰州医药高新技术产业开发区	3314	1964	1350	459	233	226	567	325	242
兴化市	2046	1208	838	160	94	66	459	277	182
靖江市	3239	1907	1332	257	143	114	597	330	267
泰兴市	3615	2216	1399	325	196	129	559	343	216
宿迁市	**11897**	**5620**	**6277**	**1193**	**683**	**510**	**1323**	**714**	**609**
宿城区	273	137	136	15	10	5	35	20	15
宿豫区	243	129	114	14	8	6	34	21	13
沭阳县	2524	1195	1329	547	313	234	491	276	215
泗阳县	1393	599	794	213	135	78	289	135	154
泗洪县	6218	2870	3348	188	98	90	320	165	155
宿迁经济技术开发区	1192	667	525	216	119	97	148	95	53
宿迁市湖滨新区	54	23	31				6	2	4
苏州宿迁工业园区									
宿迁市洋河新区									

7-3b　续表 15

单位：人

现住地	户口登记地								
	山东			河南			湖北		
	小计	男	女	小计	男	女	小计	男	女
江　苏	**163843**	**95262**	**68581**	**562760**	**332702**	**230058**	**88732**	**49905**	**38827**
南京市	**1015**	**608**	**407**	**2094**	**1337**	**757**	**477**	**271**	**206**
玄武区									
秦淮区									
建邺区									
鼓楼区									
浦口区	4	3	1	31	22	9			
栖霞区									
雨花台区	95	63	32	298	189	109	53	34	19
江宁区									
六合区	772	458	314	1424	901	523	306	175	131
溧水区	135	77	58	309	203	106	117	61	56
高淳区	9	7	2	32	22	10	1	1	
南京江北新区									
无锡市	**11608**	**6734**	**4874**	**68568**	**39900**	**28668**	**9280**	**5186**	**4094**
锡山区	2617	1514	1103	20241	12226	8015	3331	1877	1454
惠山区	1152	701	451	4856	2988	1868	660	376	284
滨湖区									
梁溪区									
新吴区									
江苏无锡经济开发区									
江阴市	5845	3309	2536	36174	20163	16011	4077	2247	1830
宜兴市	1994	1210	784	7297	4523	2774	1212	686	526
徐州市	**14419**	**7098**	**7321**	**8679**	**4991**	**3688**	**1020**	**477**	**543**
鼓楼区									
云龙区	311	179	132	630	458	172	31	20	11
贾汪区	256	120	136	319	230	89	31	18	13
泉山区									
铜山区	1013	477	536	973	553	420	81	28	53
丰县	2193	1066	1127	950	526	424	125	54	71
沛县	5471	2485	2986	1272	681	591	158	71	87
睢宁县	562	240	322	924	409	515	212	79	133
徐州经济技术开发区	3884	2230	1654	3311	2015	1296	311	177	134
新沂市	397	146	251	167	52	115	42	14	28
邳州市	332	155	177	133	67	66	29	16	13
常州市	**3424**	**2142**	**1282**	**20581**	**12369**	**8212**	**4649**	**2622**	**2027**
天宁区	269	155	114	1706	1010	696	248	137	111
钟楼区									
新北区	527	314	213	4298	2611	1687	464	272	192
武进区	982	595	387	6304	3682	2622	1088	634	454
金坛区	258	171	87	1077	695	382	1302	678	624
江苏省常州市经济开发区	706	425	281	5314	3101	2213	1092	631	461
溧阳市	682	482	200	1882	1270	612	455	270	185

7-3b 续表 16

单位：人

现住地	户口登记地								
	山东			河南			湖北		
	小计	男	女	小计	男	女	小计	男	女
苏州市	**69895**	**41301**	**28594**	**306615**	**180516**	**126099**	**45227**	**25591**	**19636**
虎丘区	9	5	4	95	56	39	13	8	5
吴中区	3811	2216	1595	18210	10957	7253	3166	1841	1325
相城区	914	570	344	4385	2769	1616	894	548	346
姑苏区									
吴江区	4896	2867	2029	75066	42854	32212	5356	2948	2408
苏州工业园区	37064	21861	15203	88256	53139	35117	14102	7964	6138
常熟市	4923	3076	1847	29753	17804	11949	3276	2033	1243
张家港市	8415	4799	3616	49222	27905	21317	8711	4792	3919
昆山市	3891	2260	1631	23326	13931	9395	4230	2371	1859
太仓市	5972	3647	2325	18302	11101	7201	5479	3086	2393
南通市	**33249**	**20003**	**13246**	**84923**	**51287**	**33636**	**13332**	**7874**	**5458**
崇川区									
港闸区									
通州区	8854	5169	3685	20335	11532	8803	2093	1157	936
如东县	2671	1643	1028	4004	2657	1347	1122	627	495
南通经济技术开发区	9187	5521	3666	13716	8851	4865	4835	2841	1994
通州湾示范区	610	429	181	687	463	224	232	175	57
苏锡通科技产业园区	1080	660	420	2947	1845	1102	442	276	166
启东市	2453	1649	804	5200	3704	1496	1016	668	348
如皋市	1068	719	349	2615	1822	793	709	416	293
海门市	6708	3761	2947	33728	19214	14514	2222	1263	959
海安市	618	452	166	1691	1199	492	661	451	210
连云港市	**6019**	**3007**	**3012**	**6383**	**3760**	**2623**	**1146**	**619**	**527**
连云区	34	29	5	228	181	47	50	37	13
海州区	69	27	42	95	53	42	14	5	9
赣榆区	1122	576	546	368	221	147	84	40	44
东海县	1015	476	539	960	541	419	145	69	76
灌云县	321	194	127	400	227	173	138	66	72
灌南县	458	290	168	917	682	235	195	113	82
连云港经济技术开发区	803	461	342	939	562	377	120	62	58
连云港高新技术产业开发区	2174	944	1230	2084	1028	1056	395	225	170
江苏连云港徐圩新区	22	10	12	385	260	125	4	2	2
江苏省连云港市云台山风景名胜区	1		1	7	5	2	1		1
淮安市	**2908**	**1732**	**1176**	**5923**	**3341**	**2582**	**1329**	**733**	**596**
淮安区	46	29	17	187	132	55	5	2	3
淮阴区	32	12	20	119	64	55	29	12	17
清江浦区	1		1	29	25	4			
洪泽区	8	4	4	31	16	15	3	1	2
涟水县	343	174	169	461	218	243	166	69	97
盱眙县	362	221	141	590	335	255	224	104	120
金湖县	275	176	99	683	423	260	264	163	101
淮安经济技术开发区	1615	976	639	3508	1918	1590	532	315	217
工业园区	12	6	6	28	21	7	15	8	7
生态文旅区	172	99	73	222	141	81	74	44	30
苏淮高新区	42	35	7	65	48	17	17	15	2

7-3b　续表 17　　　　单位：人

现住地	户口登记地 山东 小计	山东 男	山东 女	河南 小计	河南 男	河南 女	湖北 小计	湖北 男	湖北 女
盐城市	**3600**	**2007**	**1593**	**6741**	**3925**	**2816**	**1550**	**723**	**827**
亭湖区	136	88	48	1260	769	491	60	40	20
盐都区	68	33	35	188	103	85	66	26	40
大丰区	584	359	225	771	555	216	135	65	70
响水县	584	364	220	508	270	238	138	65	73
滨海县	489	270	219	846	499	347	211	99	112
阜宁县	227	101	126	431	191	240	169	68	101
射阳县	489	282	207	763	449	314	229	92	137
建湖县	458	194	264	537	254	283	193	74	119
盐城经济技术开发区	324	176	148	908	501	407	121	62	59
江苏省盐南高新区									
东台市	241	140	101	529	334	195	228	132	96
扬州市	**3638**	**2185**	**1453**	**9806**	**6171**	**3635**	**1984**	**1011**	**973**
广陵区	111	67	44	534	334	200	168	84	84
邗江区	160	87	73	553	340	213	124	55	69
江都区	550	330	220	1788	1211	577	488	247	241
宝应县	582	349	233	1666	1024	642	288	152	136
扬州经济技术开发区	1796	1077	719	4125	2534	1591	710	365	345
蜀冈瘦西湖景区									
生态新城	55	43	12	70	42	28	11	6	5
仪征市	125	74	51	388	239	149	74	36	38
高邮市	259	158	101	682	447	235	121	66	55
镇江市	**7553**	**4455**	**3098**	**19736**	**11700**	**8036**	**4810**	**2669**	**2141**
京口区	54	31	23	121	83	38	21	16	5
润州区									
丹徒区	781	509	272	1574	1016	558	359	211	148
镇江新区	2596	1563	1033	6142	3876	2266	1262	694	568
江苏镇江高新区									
丹阳市	3041	1738	1303	8687	4932	3755	2683	1485	1198
扬中市	375	217	158	661	395	266	107	68	39
句容市	706	397	309	2551	1398	1153	378	195	183
泰州市	**3721**	**2483**	**1238**	**17563**	**10647**	**6916**	**2558**	**1423**	**1135**
海陵区	21	13	8	182	122	60	29	16	13
高港区	100	77	23	454	286	168	120	59	61
姜堰区	98	63	35	703	461	242	121	66	55
泰州医药高新技术产业开发区	1269	816	453	9406	5326	4080	834	486	348
兴化市	367	226	141	1531	948	583	365	184	181
靖江市	1184	792	392	2746	1751	995	553	299	254
泰兴市	682	496	186	2541	1753	788	536	313	223
宿迁市	**2794**	**1507**	**1287**	**5148**	**2758**	**2390**	**1370**	**706**	**664**
宿城区	20	9	11	128	70	58	18	10	8
宿豫区	99	72	27	162	98	64	36	22	14
沭阳县	1199	666	533	2143	1096	1047	539	293	246
泗阳县	483	227	256	805	378	427	259	110	149
泗洪县	518	240	278	1001	536	465	301	132	169
宿迁经济技术开发区	459	284	175	891	570	321	211	137	74
宿迁市湖滨新区	16	9	7	18	10	8	6	2	4
苏州宿迁工业园区									
宿迁市洋河新区									

7-3b 续表 18

单位：人

现住地	户口登记地 湖南 小计	男	女	广东 小计	男	女	广西 小计	男	女
江　苏	**40750**	**22722**	**18028**	**14260**	**8031**	**6229**	**17243**	**8601**	**8642**
南京市	**272**	**158**	**114**	**115**	**72**	**43**	**92**	**50**	**42**
玄武区									
秦淮区									
建邺区									
鼓楼区									
浦口区							8	4	4
栖霞区									
雨花台区	28	14	14	11	6	5	2	1	1
江宁区									
六合区	196	125	71	72	48	24	61	32	29
溧水区	44	18	26	28	17	11	20	13	7
高淳区	4	1	3	4	1	3	1		1
南京江北新区									
无锡市	**5695**	**3204**	**2491**	**879**	**479**	**400**	**1688**	**898**	**790**
锡山区	2415	1415	1000	274	151	123	673	365	308
惠山区	272	149	123	69	37	32	118	69	49
滨湖区									
梁溪区									
新吴区									
江苏无锡经济开发区									
江阴市	2317	1261	1056	284	152	132	428	223	205
宜兴市	691	379	312	252	139	113	469	241	228
徐州市	**615**	**277**	**338**	**373**	**162**	**211**	**454**	**166**	**288**
鼓楼区									
云龙区	8	6	2	8	3	5	52	29	23
贾汪区	9	7	2	8	3	5	2		2
泉山区									
铜山区	46	24	22	34	13	21	33	11	22
丰县	79	21	58	45	24	21	36	6	30
沛县	144	85	59	93	46	47	152	56	96
睢宁县	152	52	100	83	26	57	75	22	53
徐州经济技术开发区	148	76	72	81	41	40	84	40	44
新沂市	16	2	14	14	4	10	15	1	14
邳州市	13	4	9	7	2	5	5	1	4
常州市	**2000**	**1098**	**902**	**293**	**156**	**137**	**779**	**459**	**320**
天宁区	261	132	129	19	11	8	37	17	20
钟楼区									
新北区	195	105	90	68	34	34	77	44	33
武进区	635	356	279	54	24	30	287	169	118
金坛区	132	77	55	25	10	15	55	31	24
江苏省常州市经济开发区	515	268	247	62	36	26	153	75	78
溧阳市	262	160	102	65	41	24	170	123	47

7-3b　续表 19　　　　单位：人

现住地	户口登记地								
	湖南			广东			广西		
	小计	男	女	小计	男	女	小计	男	女
苏州市	**17101**	**9607**	**7494**	**6857**	**3900**	**2957**	**6081**	**3111**	**2970**
虎丘区	3		3	1	1		4		4
吴中区	1964	1154	810	399	232	167	614	330	284
相城区	449	276	173	74	44	30	151	95	56
姑苏区									
吴江区	2214	1233	981	786	427	359	723	375	348
苏州工业园区	5780	3067	2713	3671	2087	1584	2464	1197	1267
常熟市	1786	1138	648	555	335	220	611	362	249
张家港市	1369	746	623	426	241	185	470	221	249
昆山市	2042	1144	898	554	300	254	664	319	345
太仓市	1494	849	645	391	233	158	380	212	168
南通市	**7261**	**4228**	**3033**	**1479**	**908**	**571**	**2721**	**1495**	**1226**
崇川区									
港闸区									
通州区	1121	636	485	282	160	122	255	135	120
如东县	960	498	462	285	184	101	270	172	98
南通经济技术开发区	1993	1146	847	395	258	137	695	384	311
通州湾示范区	137	100	37	31	20	11	93	66	27
苏锡通科技产业园区	243	157	86	33	18	15	73	43	30
启东市	652	427	225	184	119	65	419	192	227
如皋市	431	251	180	83	52	31	126	73	53
海门市	1147	653	494	127	67	60	667	345	322
海安市	577	360	217	59	30	29	123	85	38
连云港市	**606**	**308**	**298**	**630**	**287**	**343**	**952**	**377**	**575**
连云区	31	27	4	5	4	1	7	6	1
海州区	4	2	2	8	3	5	5	1	4
赣榆区	40	19	21	35	11	24	17	2	15
东海县	89	40	49	98	48	50	234	120	114
灌云县	61	29	32	43	17	26	38	21	17
灌南县	59	22	37	34	19	15	42	20	22
连云港经济技术开发区	51	29	22	74	47	27	30	9	21
连云港高新技术产业开发区	269	140	129	333	138	195	575	197	378
江苏连云港徐圩新区	2		2				2		2
江苏省连云港市云台山风景名胜区							2	1	1
淮安市	**888**	**452**	**436**	**454**	**247**	**207**	**562**	**223**	**339**
淮安区	8	2	6	8	3	5	11	4	7
淮阴区	30	16	14	6	3	3	12	6	6
清江浦区				1		1			
洪泽区	4	1	3	2	1	1	6	3	3
涟水县	98	57	41	51	21	30	46	9	37
盱眙县	118	57	61	82	34	48	86	31	55
金湖县	135	68	67	75	43	32	78	50	28
淮安经济技术开发区	443	222	221	204	129	75	308	113	195
工业园区	11	7	4	3	1	2	3	3	
生态文旅区	32	16	16	21	11	10	12	4	8
苏淮高新区	9	6	3	1	1				

7-3b 续表 20

单位：人

现住地	户口登记地								
	湖南			广东			广西		
	小计	男	女	小计	男	女	小计	男	女
盐城市	**1049**	**474**	**575**	**581**	**307**	**274**	**615**	**221**	**394**
亭湖区	66	50	16	12	6	6	30	13	17
盐都区	39	13	26	14	5	9	13	4	9
大丰区	129	68	61	47	27	20	70	32	38
响水县	66	27	39	34	19	15	38	9	29
滨海县	127	55	72	62	22	40	58	20	38
阜宁县	76	25	51	75	37	38	42	14	28
射阳县	142	64	78	99	54	45	73	26	47
建湖县	115	42	73	66	31	35	66	16	50
盐城经济技术开发区	100	45	55	129	80	49	149	50	99
江苏省盐南高新区									
东台市	189	85	104	43	26	17	76	37	39
扬州市	**877**	**481**	**396**	**382**	**231**	**151**	**406**	**174**	**232**
广陵区	37	20	17	32	18	14	30	20	10
邗江区	36	21	15	21	9	12	19	6	13
江都区	133	66	67	37	21	16	84	29	55
宝应县	180	100	80	68	39	29	54	24	30
扬州经济技术开发区	325	175	150	152	91	61	166	71	95
蜀冈瘦西湖景区									
生态新城	16	10	6	4	4		6	3	3
仪征市	48	25	23	33	26	7	20	10	10
高邮市	102	64	38	35	23	12	27	11	16
镇江市	**2137**	**1231**	**906**	**1059**	**636**	**423**	**1786**	**919**	**867**
京口区	32	24	8	3	3		19	12	7
润州区									
丹徒区	196	129	67	378	255	123	565	325	240
镇江新区	416	228	188	262	171	91	320	174	146
江苏镇江高新区									
丹阳市	1188	679	509	314	157	157	753	349	404
扬中市	42	23	19	2	2		26	12	14
句容市	263	148	115	100	48	52	103	47	56
泰州市	**1407**	**783**	**624**	**728**	**415**	**313**	**724**	**352**	**372**
海陵区	11	6	5				6	4	2
高港区	42	21	21	12	7	5	15	7	8
姜堰区	81	39	42	22	11	11	31	12	19
泰州医药高新技术产业开发区	330	192	138	316	172	144	225	105	120
兴化市	180	98	82	89	61	28	70	28	42
靖江市	295	164	131	214	118	96	239	108	131
泰兴市	468	263	205	75	46	29	138	88	50
宿迁市	**842**	**421**	**421**	**430**	**231**	**199**	**383**	**156**	**227**
宿城区	11	7	4	5	3	2	12	3	9
宿豫区	21	12	9	3	1	2	13	6	7
沭阳县	360	189	171	158	103	55	135	45	90
泗阳县	171	86	85	94	52	42	73	32	41
泗洪县	162	58	104	112	39	73	100	38	62
宿迁经济技术开发区	117	69	48	58	33	25	50	32	18
宿迁市湖滨新区									
苏州宿迁工业园区									
宿迁市洋河新区									

7-3b 续表 21 单位：人

现住地	户口登记地								
	海南			重庆			四川		
	小计	男	女	小计	男	女	小计	男	女
江　苏	**2129**	**1047**	**1082**	**48339**	**26385**	**21954**	**158591**	**86493**	**72098**
南京市	**14**	**7**	**7**	**134**	**68**	**66**	**622**	**343**	**279**
玄武区									
秦淮区									
建邺区									
鼓楼区									
浦口区							9	6	3
栖霞区									
雨花台区	1	1		9	8	1	68	39	29
江宁区									
六合区	11	4	7	88	44	44	405	223	182
溧水区	2	2		37	16	21	131	70	61
高淳区							9	5	4
南京江北新区									
无锡市	**103**	**43**	**60**	**13487**	**7363**	**6124**	**33254**	**18241**	**15013**
锡山区	19	6	13	5761	3176	2585	8321	4586	3735
惠山区	9	2	7	595	311	284	3929	2178	1751
滨湖区									
梁溪区									
新吴区									
江苏无锡经济开发区									
江阴市	51	25	26	5405	2909	2496	15178	8236	6942
宜兴市	24	10	14	1726	967	759	5826	3241	2585
徐州市	**77**	**31**	**46**	**653**	**299**	**354**	**2468**	**1122**	**1346**
鼓楼区									
云龙区	16	12	4	36	22	14	139	88	51
贾汪区				9	2	7	55	25	30
泉山区									
铜山区	4	1	3	47	12	35	200	72	128
丰县	4	3	1	97	47	50	326	141	185
沛县	21	9	12	122	46	76	786	359	427
睢宁县	15	2	13	139	62	77	348	122	226
徐州经济技术开发区	14	4	10	172	98	74	487	272	215
新沂市	1		1	20	4	16	80	24	56
邳州市	2		2	11	6	5	47	19	28
常州市	**29**	**16**	**13**	**3559**	**1902**	**1657**	**18627**	**10286**	**8341**
天宁区	2	1	1	205	124	81	2587	1409	1178
钟楼区									
新北区	5	3	2	228	125	103	1803	980	823
武进区	9	7	2	1403	744	659	6555	3654	2901
金坛区	2		2	1191	614	577	1049	542	507
江苏省常州市经济开发区	9	5	4	288	161	127	5846	3248	2598
溧阳市	2		2	244	134	110	787	453	334

7-3b 续表 22 单位：人

现住地	户口登记地								
	海南			重庆			四川		
	小计	男	女	小计	男	女	小计	男	女
苏州市	**720**	**383**	**337**	**15339**	**8372**	**6967**	**60299**	**32834**	**27465**
虎丘区	1	1					6		6
吴中区	17	12	5	846	469	377	6060	3325	2735
相城区	5	4	1	305	184	121	984	572	412
姑苏区									
吴江区	43	23	20	1910	1022	888	10578	5637	4941
苏州工业园区	482	260	222	3339	1767	1572	13300	7184	6116
常熟市	69	39	30	2597	1483	1114	6083	3529	2554
张家港市	41	16	25	3303	1763	1540	14167	7666	6501
昆山市	36	17	19	1015	528	487	3914	2036	1878
太仓市	26	11	15	2024	1156	868	5207	2885	2322
南通市	**214**	**109**	**105**	**7098**	**4101**	**2997**	**13513**	**8008**	**5505**
崇川区									
港闸区									
通州区	8	4	4	1742	963	779	2770	1562	1208
如东县	46	19	27	775	453	322	1388	762	626
南通经济技术开发区	56	36	20	2359	1353	1006	2931	1755	1176
通州湾示范区	8	3	5	118	73	45	242	150	92
苏锡通科技产业园区	6	2	4	351	211	140	669	407	262
启东市	19	10	9	429	273	156	1854	1122	732
如皋市	20	10	10	348	205	143	944	577	367
海门市	32	15	17	716	419	297	1941	1181	760
海安市	19	10	9	260	151	109	774	492	282
连云港市	**194**	**83**	**111**	**636**	**343**	**293**	**2263**	**1027**	**1236**
连云区	2	1	1	9	9		56	39	17
海州区	2		2	7	2	5	34	8	26
赣榆区	34	17	17	30	14	16	177	83	94
东海县	31	15	16	68	22	46	209	82	127
灌云县	4	1	3	117	68	49	395	200	195
灌南县	6	2	4	109	71	38	205	101	104
连云港经济技术开发区	7	2	5	66	38	28	152	80	72
连云港高新技术产业开发区	108	45	63	227	118	109	1026	432	594
江苏连云港徐圩新区				2	1	1	9	2	7
江苏省连云港市云台山风景名胜区				1		1			
淮安市	**127**	**48**	**79**	**547**	**280**	**267**	**1860**	**878**	**982**
淮安区	2	1	1	5	1	4	72	39	33
淮阴区	4	1	3	87	68	19	79	45	34
清江浦区				2		2	5	2	3
洪泽区	3	3		5	2	3	13	9	4
涟水县	12	5	7	63	29	34	279	111	168
盱眙县	8	2	6	94	48	46	436	222	214
金湖县	22	6	16	87	38	49	257	121	136
淮安经济技术开发区	71	28	43	172	76	96	586	259	327
工业园区	3	1	2	6	4	2	14	9	5
生态文旅区	2	1	1	22	12	10	108	53	55
苏淮高新区				4	2	2	11	8	3

7-3b 续表 23

单位：人

现住地	户口登记地								
	海南			重庆			四川		
	小计	男	女	小计	男	女	小计	男	女
盐城市	**99**	**35**	**64**	**987**	**463**	**524**	**2850**	**1375**	**1475**
亭湖区	1		1	35	24	11	107	72	35
盐都区				27	9	18	62	24	38
大丰区	11	4	7	196	96	100	412	222	190
响水县	10	1	9	90	52	38	256	123	133
滨海县	6	1	5	100	38	62	406	174	232
阜宁县	13	6	7	107	47	60	217	73	144
射阳县	16	4	12	151	64	87	451	219	232
建湖县	17	6	11	108	43	65	292	123	169
盐城经济技术开发区	24	13	11	41	26	15	263	131	132
江苏省盐南高新区									
东台市	1		1	132	64	68	384	214	170
扬州市	**70**	**34**	**36**	**897**	**463**	**434**	**3041**	**1592**	**1449**
广陵区	5	2	3	35	17	18	138	72	66
邗江区	4	1	3	46	25	21	101	52	49
江都区	17	9	8	224	123	101	620	331	289
宝应县	8	4	4	142	73	69	440	217	223
扬州经济技术开发区	31	17	14	282	134	148	1235	651	584
蜀冈瘦西湖景区									
生态新城				8	3	5	53	35	18
仪征市	4	1	3	69	35	34	160	85	75
高邮市	1		1	91	53	38	294	149	145
镇江市	**190**	**126**	**64**	**2910**	**1594**	**1316**	**13687**	**7522**	**6165**
京口区	1	1		76	43	33	216	129	87
润州区									
丹徒区	109	83	26	367	221	146	1137	679	458
镇江新区	44	19	25	619	330	289	2231	1238	993
江苏镇江高新区									
丹阳市	22	15	7	1664	898	766	9251	5049	4202
扬中市	1		1	30	16	14	394	214	180
句容市	13	8	5	154	86	68	458	213	245
泰州市	**172**	**86**	**86**	**1402**	**794**	**608**	**3902**	**2192**	**1710**
海陵区	2	1	1	4	2	2	85	40	45
高港区	6	3	3	42	19	23	138	85	53
姜堰区	1	1		61	39	22	182	105	77
泰州医药高新技术产业开发区	41	18	23	295	162	133	1059	576	483
兴化市	10	5	5	341	210	131	587	342	245
靖江市	95	51	44	312	163	149	970	536	434
泰兴市	17	7	10	347	199	148	881	508	373
宿迁市	**120**	**46**	**74**	**690**	**343**	**347**	**2205**	**1073**	**1132**
宿城区				17	7	10	47	16	31
宿豫区				48	24	24	72	34	38
沭阳县	28	13	15	258	128	130	858	412	446
泗阳县	38	15	23	128	55	73	486	218	268
泗洪县	47	17	30	166	85	81	481	227	254
宿迁经济技术开发区	5	1	4	69	41	28	253	163	90
宿迁市湖滨新区	2		2	4	3	1	8	3	5
苏州宿迁工业园区									
宿迁市洋河新区									

7-3b 续表 24　　单位：人

现住地	户口登记地								
	贵州			云南			西藏		
	小计	男	女	小计	男	女	小计	男	女
江苏	**134208**	**73548**	**60660**	**72978**	**39665**	**33313**	**2840**	**1410**	**1430**
南京市	**449**	**259**	**190**	**261**	**158**	**103**	**1**		**1**
玄武区									
秦淮区									
建邺区									
鼓楼区									
浦口区	10	5	5	1		1			
栖霞区									
雨花台区	29	15	14	18	13	5			
江宁区									
六合区	242	150	92	163	106	57	1		1
溧水区	164	88	76	73	38	35			
高淳区	4	1	3	6	1	5			
南京江北新区									
无锡市	**27272**	**15417**	**11855**	**9360**	**5098**	**4262**	**30**	**11**	**19**
锡山区	7149	4144	3005	1796	1019	777	25	10	15
惠山区	745	441	304	405	220	185			
滨湖区									
梁溪区									
新吴区									
江苏无锡经济开发区									
江阴市	11313	6245	5068	2905	1522	1383	3	1	2
宜兴市	8065	4587	3478	4254	2337	1917	2		2
徐州市	**2356**	**1088**	**1268**	**791**	**259**	**532**	**178**	**25**	**153**
鼓楼区									
云龙区	342	203	139	25	18	7			
贾汪区	84	44	40	14	3	11			
泉山区									
铜山区	223	90	133	55	14	41	1		1
丰县	233	98	135	95	30	65	10	5	5
沛县	491	243	248	123	35	88	5	1	4
睢宁县	334	100	234	205	47	158	24	11	13
徐州经济技术开发区	473	271	202	189	93	96	135	6	129
新沂市	107	26	81	37	6	31	3	2	1
邳州市	69	13	56	48	13	35			
常州市	**9668**	**5448**	**4220**	**7257**	**4034**	**3223**	**203**	**67**	**136**
天宁区	482	263	219	236	130	106			
钟楼区									
新北区	1110	656	454	725	403	322	200	66	134
武进区	3054	1730	1324	2687	1498	1189			
金坛区	625	336	289	795	425	370			
江苏省常州市经济开发区	2601	1462	1139	1955	1100	855	3	1	2
溧阳市	1796	1001	795	859	478	381			

7-3b 续表 25

单位：人

现住地	户口登记地								
	贵州			云南			西藏		
	小计	男	女	小计	男	女	小计	男	女
苏州市	**39265**	**22278**	**16987**	**23013**	**12922**	**10091**	**47**	**24**	**23**
虎丘区	10	5	5	2	1	1			
吴中区	2296	1339	957	2074	1143	931			
相城区	886	528	358	482	272	210	1		1
姑苏区									
吴江区	14037	7946	6091	5263	2931	2332	3	2	1
苏州工业园区	7923	4433	3490	5804	3304	2500	28	16	12
常熟市	3424	2110	1314	2669	1626	1043	2	1	1
张家港市	4257	2317	1940	2975	1564	1411	4	1	3
昆山市	2754	1456	1298	1031	529	502	3	2	1
太仓市	3678	2144	1534	2713	1552	1161	6	2	4
南通市	**24619**	**13677**	**10942**	**9730**	**5807**	**3923**	**849**	**578**	**271**
崇川区									
港闸区									
通州区	4494	2559	1935	2087	1208	879	8	2	6
如东县	1312	668	644	1023	546	477	15	7	8
南通经济技术开发区	3575	2008	1567	2022	1264	758	766	528	238
通州湾示范区	251	147	104	129	84	45	3	1	2
苏锡通科技产业园区	1082	613	469	425	267	158			
启东市	1565	915	650	964	590	374	2	1	1
如皋市	1424	773	651	1036	649	387			
海门市	9767	5317	4450	1209	688	521	54	38	16
海安市	1149	677	472	835	511	324	1	1	
连云港市	**2415**	**1066**	**1349**	**1398**	**401**	**997**	**447**	**194**	**253**
连云区	13	10	3	11	8	3			
海州区	16	7	9	6		6			
赣榆区	71	26	45	77	27	50	2	1	1
东海县	193	72	121	121	18	103			
灌云县	158	64	94	93	22	71	1		1
灌南县	196	87	109	100	23	77	2	1	1
连云港经济技术开发区	117	67	50	47	29	18	1		1
连云港高新技术产业开发区	1598	700	898	942	274	668	441	192	249
江苏连云港徐圩新区	52	33	19	1		1			
江苏省连云港市云台山风景名胜区	1		1						
淮安市	**2860**	**1254**	**1606**	**1495**	**615**	**880**	**889**	**409**	**480**
淮安区	164	71	93	30	7	23			
淮阴区	158	64	94	81	20	61			
清江浦区	9	5	4	26	13	13	1		1
洪泽区	32	6	26	4	1	3	1	1	
涟水县	225	79	146	166	38	128	2	2	
盱眙县	321	105	216	379	186	193	2		2
金湖县	315	163	152	124	70	54	2	1	1
淮安经济技术开发区	1538	709	829	591	219	372	871	401	470
工业园区	21	10	11	73	48	25			
生态文旅区	60	34	26	13	10	3	4	2	2
苏淮高新区	17	8	9	8	3	5	6	2	4

7-3b 续表 26

单位：人

现住地	户口登记地								
	贵州			云南			西藏		
	小计	男	女	小计	男	女	小计	男	女
盐城市	**3822**	**1729**	**2093**	**1853**	**782**	**1071**	**54**	**31**	**23**
亭湖区	119	75	44	124	89	35	2	1	1
盐都区	99	41	58	24	5	19	1	1	
大丰区	872	474	398	320	170	150			
响水县	234	89	145	120	48	72	2	2	
滨海县	332	133	199	284	108	176	3	2	1
阜宁县	513	239	274	157	28	129			
射阳县	367	154	213	277	107	170	5	4	1
建湖县	247	86	161	146	35	111	2	1	1
盐城经济技术开发区	633	241	392	141	79	62	39	20	19
江苏省盐南高新区									
东台市	406	197	209	260	113	147			
扬州市	**3041**	**1613**	**1428**	**2481**	**1449**	**1032**	**51**	**32**	**19**
广陵区	224	117	107	77	41	35	1		1
邗江区	165	89	76	36	22	14			
江都区	540	309	231	292	140	152	5	3	2
宝应县	614	316	298	414	207	207	3	1	2
扬州经济技术开发区	962	512	450	1498	964	534	42	28	14
蜀冈瘦西湖景区									
生态新城	25	15	10	11	6	5			
仪征市	247	129	118	57	32	25			
高邮市	264	126	138	96	37	59			
镇江市	**10735**	**5814**	**4921**	**10671**	**5785**	**4886**	**61**	**25**	**36**
京口区	112	56	56	48	30	18			
润州区									
丹徒区	1380	824	556	608	363	245	53	21	32
镇江新区	1407	800	607	491	288	203	6	2	4
江苏镇江高新区									
丹阳市	7113	3781	3332	8934	4779	4155			
扬中市	172	89	83	358	204	154			
句容市	551	264	287	232	121	111	2	2	
泰州市	**4985**	**2743**	**2242**	**3288**	**1873**	**1415**	**10**	**4**	**6**
海陵区	88	46	42	5	3	2			
高港区	204	131	73	111	48	63	1		1
姜堰区	425	250	175	236	129	107			
泰州医药高新技术产业开发区	1005	552	453	503	290	213	9	4	5
兴化市	704	392	312	298	150	148			
靖江市	1308	692	616	1493	881	612			
泰兴市	1251	680	571	642	372	270			
宿迁市	**2721**	**1162**	**1559**	**1380**	**482**	**898**	**20**	**10**	**10**
宿城区	43	17	26	41	12	29			
宿豫区	85	38	47	156	87	69			
沭阳县	1193	494	699	528	173	355	12	6	6
泗阳县	579	219	360	236	64	172	5	2	3
泗洪县	640	307	333	315	96	219	3	2	1
宿迁经济技术开发区	174	83	91	101	50	51			
宿迁市湖滨新区	7	4	3	3		3			
苏州宿迁工业园区									
宿迁市洋河新区									

7-3b　续表 27

单位：人

现住地	户口登记地								
	陕西			甘肃			青海		
	小计	男	女	小计	男	女	小计	男	女
江　苏	**67723**	**40176**	**27547**	**46193**	**26040**	**20153**	**4667**	**2411**	**2256**
南京市	**250**	**150**	**100**	**251**	**139**	**112**	**20**	**11**	**9**
玄武区									
秦淮区									
建邺区									
鼓楼区									
浦口区	1	1		2	2				
栖霞区									
雨花台区	19	11	8	22	12	10			
江宁区									
六合区	157	93	64	171	95	76	12	6	6
溧水区	72	45	27	55	29	26	8	5	3
高淳区	1		1	1	1				
南京江北新区									
无锡市	**4900**	**2853**	**2047**	**2633**	**1481**	**1152**	**221**	**125**	**96**
锡山区	1336	803	533	912	512	400	47	24	23
惠山区	453	281	172	235	132	103	31	22	9
滨湖区									
梁溪区									
新吴区									
江苏无锡经济开发区									
江阴市	2369	1313	1056	1031	561	470	77	45	32
宜兴市	742	456	286	455	276	179	66	34	32
徐州市	**1120**	**493**	**627**	**1019**	**476**	**543**	**335**	**163**	**172**
鼓楼区									
云龙区	20	8	12	39	18	21	5	2	3
贾汪区	21	8	13	19	10	9	3	1	2
泉山区									
铜山区	104	42	62	64	30	34	43	24	19
丰县	197	73	124	117	41	76	61	30	31
沛县	233	93	140	170	64	106	84	35	49
睢宁县	163	64	99	172	68	104	39	20	19
徐州经济技术开发区	319	179	140	388	231	157	55	29	26
新沂市	41	14	27	20	3	17	23	12	11
邳州市	22	12	10	30	11	19	22	10	12
常州市	**2928**	**1764**	**1164**	**1792**	**1038**	**754**	**134**	**84**	**50**
天宁区	138	75	63	74	42	32	7	4	3
钟楼区									
新北区	630	377	253	192	110	82	12	7	5
武进区	932	555	377	531	280	251	67	45	22
金坛区	371	233	138	216	136	80	21	10	11
江苏省常州市经济开发区	408	236	172	593	357	236	18	12	6
溧阳市	449	288	161	186	113	73	9	6	3

7-3b 续表 28

单位：人

现住地	户口登记地								
	陕西			甘肃			青海		
	小计	男	女	小计	男	女	小计	男	女
苏州市	**41073**	**24548**	**16525**	**25855**	**14634**	**11221**	**1426**	**763**	**663**
虎丘区	4	1	3	5	1	4	1		1
吴中区	4785	2979	1806	1759	1017	742	66	29	37
相城区	563	349	214	259	150	109	16	8	8
姑苏区									
吴江区	3316	1937	1379	1968	1099	869	101	62	39
苏州工业园区	21683	12894	8789	14083	7891	6192	755	395	360
常熟市	2478	1622	856	1659	985	674	63	37	26
张家港市	2588	1450	1138	1929	1078	851	240	130	110
昆山市	3234	1863	1371	1935	1067	868	110	55	55
太仓市	2422	1453	969	2258	1346	912	74	47	27
南通市	**7422**	**4503**	**2919**	**5143**	**3219**	**1924**	**539**	**338**	**201**
崇川区									
港闸区									
通州区	1753	1023	730	1118	684	434	106	63	43
如东县	684	427	257	673	406	267	46	29	17
南通经济技术开发区	1762	1060	702	1405	888	517	156	97	59
通州湾示范区	118	89	29	50	35	15	15	8	7
苏锡通科技产业园区	310	213	97	285	183	102	16	12	4
启东市	860	558	302	507	314	193	46	30	16
如皋市	415	262	153	324	193	131	31	17	14
海门市	1219	669	550	570	392	178	96	68	28
海安市	301	202	99	211	124	87	27	14	13
连云港市	**734**	**395**	**339**	**1367**	**594**	**773**	**247**	**89**	**158**
连云区	3	3		3	3				
海州区	9	5	4	28	14	14	2	1	1
赣榆区	58	28	30	51	19	32	27	16	11
东海县	81	34	47	92	44	48	17	7	10
灌云县	66	44	22	39	16	23	16	7	9
灌南县	110	63	47	84	42	42	6	2	4
连云港经济技术开发区	115	65	50	159	83	76	14	8	6
连云港高新技术产业开发区	285	150	135	896	365	531	165	48	117
江苏连云港徐圩新区	7	3	4	15	8	7			
江苏省连云港市云台山风景名胜区									
淮安市	**994**	**595**	**399**	**1132**	**533**	**599**	**691**	**269**	**422**
淮安区	7	3	4	7	3	4	3	2	1
淮阴区	17	9	8	13	6	7	5	2	3
清江浦区									
洪泽区	15	10	5						
涟水县	98	38	60	71	28	43	19	10	9
盱眙县	94	38	56	167	83	84	3	1	2
金湖县	178	115	63	104	53	51	3	2	1
淮安经济技术开发区	532	353	179	727	339	388	650	248	402
工业园区	5	4	1	6	4	2			
生态文旅区	42	22	20	31	15	16	8	4	4
苏淮高新区	6	3	3	6	2	4			

7-3b 续表 29

单位：人

现住地	户口登记地 陕西 小计	陕西 男	陕西 女	甘肃 小计	甘肃 男	甘肃 女	青海 小计	青海 男	青海 女
盐城市	**1183**	**655**	**528**	**1227**	**656**	**571**	**180**	**86**	**94**
亭湖区	130	98	32	110	83	27	5	3	2
盐都区	17	7	10	46	24	22	3		3
大丰区	144	90	54	112	68	44	3	1	2
响水县	96	54	42	73	37	36	44	22	22
滨海县	273	160	113	175	92	83	17	12	5
阜宁县	70	23	47	115	49	66	20	7	13
射阳县	138	60	78	115	55	60	39	22	17
建湖县	133	55	78	130	65	65	11	3	8
盐城经济技术开发区	117	81	36	280	142	138	32	14	18
江苏省盐南高新区									
东台市	65	27	38	71	41	30	6	2	4
扬州市	**1278**	**740**	**538**	**1278**	**687**	**591**	**222**	**133**	**89**
广陵区	213	144	69	58	28	30	13	7	6
邗江区	72	46	26	48	22	26	8	5	3
江都区	178	97	81	183	83	100	47	24	23
宝应县	156	78	78	193	97	96	33	19	14
扬州经济技术开发区	551	320	231	644	370	274	87	64	23
蜀冈瘦西湖景区									
生态新城	16	10	6	15	8	7	2		2
仪征市	43	20	23	64	37	27	15	7	8
高邮市	49	25	24	73	42	31	17	7	10
镇江市	**3133**	**1904**	**1229**	**2406**	**1434**	**972**	**335**	**199**	**136**
京口区	27	18	9	24	17	7			
润州区									
丹徒区	287	169	118	576	374	202	167	99	68
镇江新区	773	473	300	784	474	310	102	64	38
江苏镇江高新区									
丹阳市	1793	1086	707	791	440	351	49	27	22
扬中市	71	47	24	52	31	21	1	1	
句容市	182	111	71	179	98	81	16	8	8
泰州市	**1762**	**1094**	**668**	**1501**	**869**	**632**	**104**	**51**	**53**
海陵区	22	12	10	9	5	4	2	1	1
高港区	82	46	36	52	26	26	1	1	
姜堰区	40	21	19	44	23	21	9	3	6
泰州医药高新技术产业开发区	779	502	277	853	520	333	45	31	14
兴化市	151	90	61	103	50	53	5	2	3
靖江市	343	193	150	256	145	111	19	8	11
泰兴市	345	230	115	184	100	84	23	5	18
宿迁市	**946**	**482**	**464**	**589**	**280**	**309**	**213**	**100**	**113**
宿城区	4	1	3	12	4	8	3	1	2
宿豫区	22	15	7	19	12	7	7	2	5
沭阳县	436	217	219	211	98	113	92	45	47
泗阳县	169	80	89	120	63	57	36	13	23
泗洪县	165	79	86	109	42	67	35	18	17
宿迁经济技术开发区	147	89	58	111	57	54	35	19	16
宿迁市湖滨新区	3	1	2	7	4	3	5	2	3
苏州宿迁工业园区									
宿迁市洋河新区									

7-3b 续表 30 单位：人

现 住 地	户口登记地					
	宁 夏			新 疆		
	小计	男	女	小计	男	女
江 苏	**2715**	**1452**	**1263**	**8464**	**4129**	**4335**
南京市	**5**	**3**	**2**	**50**	**25**	**25**
玄武区						
秦淮区						
建邺区						
鼓楼区						
浦口区						
栖霞区						
雨花台区	3	2	1	2	1	1
江宁区						
六合区	2	1	1	40	20	20
溧水区				8	4	4
高淳区						
南京江北新区						
无锡市	**104**	**56**	**48**	**517**	**287**	**230**
锡山区	58	30	28	219	123	96
惠山区	9	3	6	47	28	19
滨湖区						
梁溪区						
新吴区						
江苏无锡经济开发区						
江阴市	23	16	7	146	80	66
宜兴市	14	7	7	105	56	49
徐州市	**154**	**79**	**75**	**807**	**370**	**437**
鼓楼区						
云龙区	17	8	9	9	8	1
贾汪区	2	2		3	1	2
泉山区						
铜山区	8	6	2	57	32	25
丰县	24	14	10	92	45	47
沛县	31	14	17	118	55	63
睢宁县	18	7	11	129	59	70
徐州经济技术开发区	47	26	21	343	142	201
新沂市	4	1	3	33	18	15
邳州市	3	1	2	23	10	13
常州市	**42**	**21**	**21**	**147**	**77**	**70**
天宁区	7	3	4	8	4	4
钟楼区						
新北区	5	1	4	18	10	8
武进区	8	3	5	40	22	18
金坛区	9	7	2	16	7	9
江苏省常州市经济开发区	7	4	3	32	18	14
溧阳市	6	3	3	33	16	17

7-3b　续表 31　　　　　　　　　　　　　　　　　　　　　　　　　　　　单位：人

现住地	户口登记地					
	宁夏			新疆		
	小计	男	女	小计	男	女
苏州市	**1168**	**624**	**544**	**2374**	**1185**	**1189**
虎丘区				5	3	2
吴中区	73	36	37	90	50	40
相城区	7	5	2	10	7	3
姑苏区						
吴江区	67	39	28	142	82	60
苏州工业园区	772	399	373	1375	667	708
常熟市	87	55	32	110	58	52
张家港市	58	35	23	368	191	177
昆山市	66	33	33	186	76	110
太仓市	38	22	16	88	51	37
南通市	**212**	**146**	**66**	**899**	**461**	**438**
崇川区						
港闸区						
通州区	48	28	20	195	95	100
如东县	29	19	10	156	78	78
南通经济技术开发区	61	47	14	157	77	80
通州湾示范区	6	6		9	5	4
苏锡通科技产业园区	12	10	2	14	6	8
启东市	27	18	9	92	46	46
如皋市	13	8	5	129	70	59
海门市	12	8	4	91	55	36
海安市	4	2	2	56	29	27
连云港市	**104**	**35**	**69**	**1615**	**720**	**895**
连云区						
海州区	1	1				
赣榆区	11	3	8	60	31	29
东海县	21	10	11	31	16	15
灌云县	4	2	2	35	17	18
灌南县	4	4		18	9	9
连云港经济技术开发区	14	7	7	367	135	232
连云港高新技术产业开发区	49	8	41	1103	512	591
江苏连云港徐圩新区				1		1
江苏省连云港市云台山风景名胜区						
淮安市	**98**	**49**	**49**	**297**	**130**	**167**
淮安区				7	4	3
淮阴区				11	3	8
清江浦区						
洪泽区				61	33	28
涟水县	2	1	1	19	7	12
盱眙县	9	5	4	25	10	15
金湖县	5	1	4	16	7	9
淮安经济技术开发区	78	41	37	136	57	79
工业园区						
生态文旅区	4	1	3	21	9	12
苏淮高新区				1		1

7-3b 续表 32

单位：人

现 住 地	户口登记地					
	宁 夏			新 疆		
	小计	男	女	小计	男	女
盐城市	**156**	**62**	**94**	**219**	**98**	**121**
亭湖区	8	6	2	1		1
盐都区				5	3	2
大丰区	11	6	5	13	9	4
响水县	9	3	6	18	8	10
滨海县	14	9	5	19	5	14
阜宁县	9	4	5	30	14	16
射阳县	23	7	16	36	18	18
建湖县	7	3	4	35	19	16
盐城经济技术开发区	73	23	50	54	19	35
江苏省盐南高新区						
东台市	2	1	1	8	3	5
扬州市	**94**	**49**	**45**	**456**	**246**	**210**
广陵区	3	2	1	8	5	3
邗江区	3	1	2	10	6	4
江都区	28	12	16	59	33	26
宝应县	4	1	3	45	26	19
扬州经济技术开发区	52	31	21	315	167	148
蜀冈瘦西湖景区						
生态新城	1	1		4	3	1
仪征市	1		1	3	1	2
高邮市	2	1	1	12	5	7
镇江市	**335**	**199**	**136**	**520**	**265**	**255**
京口区				2	1	1
润州区						
丹徒区	217	134	83	184	94	90
镇江新区	55	34	21	122	64	58
江苏镇江高新区						
丹阳市	52	25	27	155	77	78
扬中市	3	1	2	2	2	
句容市	8	5	3	55	27	28
泰州市	**181**	**104**	**77**	**363**	**163**	**200**
海陵区				1		1
高港区	4	2	2	13	5	8
姜堰区	3	2	1	29	14	15
泰州医药高新技术产业开发区	63	43	20	112	55	57
兴化市	4	1	3	22	9	13
靖江市	69	35	34	93	43	50
泰兴市	38	21	17	93	37	56
宿迁市	**62**	**25**	**37**	**200**	**102**	**98**
宿城区	1		1	3	2	1
宿豫区	1	1		4	3	1
沭阳县	15	6	9	69	34	35
泗阳县	22	6	16	48	23	25
泗洪县	17	7	10	52	24	28
宿迁经济技术开发区	6	5	1	23	15	8
宿迁市湖滨新区				1	1	
苏州宿迁工业园区						
宿迁市洋河新区						

7-3c　全省按现住地、性别分的户口登记地在外省的人口(乡村)

单位：人

现住地	户口登记地					
	合计			北京		
	合计	男	女	小计	男	女
江　苏	**1726057**	**1020271**	**705786**	**820**	**491**	**329**
南京市	**104836**	**66292**	**38544**	**109**	**76**	**33**
玄武区						
秦淮区						
建邺区						
鼓楼区						
浦口区	7094	3955	3139	3	2	1
栖霞区	6859	4532	2327	8	8	
雨花台区						
江宁区	67263	43535	23728	72	49	23
六合区	8489	4902	3587	8	3	5
溧水区	8807	5078	3729	4	3	1
高淳区	4125	2658	1467	12	9	3
南京江北新区	2199	1632	567	2	2	
无锡市	**337245**	**196127**	**141118**	**81**	**54**	**27**
锡山区	34939	20203	14736	5	3	2
惠山区	67853	40325	27528	21	13	8
滨湖区	14001	8403	5598	3	1	2
梁溪区						
新吴区	34036	20892	13144	6	4	2
江苏无锡经济开发区						
江阴市	124455	70565	53890	15	10	5
宜兴市	61961	35739	26222	31	23	8
徐州市	**21428**	**7940**	**13488**	**58**	**27**	**31**
鼓楼区						
云龙区						
贾汪区	2271	979	1292	5	2	3
泉山区						
铜山区	5386	2112	3274	11	3	8
丰县	3390	1403	1987	18	12	6
沛县	2826	865	1961	5	3	2
睢宁县	3012	1020	1992	4	1	3
徐州经济技术开发区	470	237	233	2	1	1
新沂市	2187	649	1538	6	3	3
邳州市	1886	675	1211	7	2	5
常州市	**238032**	**139438**	**98594**	**70**	**45**	**25**
天宁区	13501	7563	5938	1	1	
钟楼区	11673	6771	4902	2	2	
新北区	15562	9074	6488	8	5	3
武进区	89740	52464	37276	27	15	12
金坛区	31928	18740	13188	27	19	8
江苏省常州市经济开发区	59854	34778	25076	1	1	
溧阳市	15774	10048	5726	4	2	2

7-3c 续表 1

单位：人

现住地	户口登记地					
	合计			北京		
	合计	男	女	小计	男	女
苏州市	**723219**	**435411**	**287808**	**179**	**107**	**72**
虎丘区	19905	12353	7552	23	14	9
吴中区	91400	55576	35824	40	20	20
相城区	17764	11531	6233	6	3	3
姑苏区						
吴江区	107049	62576	44473	5	4	1
苏州工业园区						
常熟市	103230	61110	42120	15	8	7
张家港市	112764	65443	47321	18	13	5
昆山市	190976	117596	73380	60	37	23
太仓市	80131	49226	30905	12	8	4
南通市	**102416**	**60906**	**41510**	**82**	**40**	**42**
崇川区						
港闸区	841	590	251			
通州区	28358	17057	11301	13	6	7
如东县	7046	4152	2894	17	11	6
南通经济技术开发区						
通州湾示范区	1346	698	648	5	2	3
苏锡通科技产业园区	11023	6129	4894	1		1
启东市	13960	9100	4860	15	7	8
如皋市	6160	3344	2816	7	1	6
海门市	25594	14866	10728	15	8	7
海安市	8088	4970	3118	9	5	4
连云港市	**9026**	**3661**	**5365**	**29**	**19**	**10**
连云区	245	202	43	3	3	
海州区	721	373	348	1	1	
赣榆区	2899	905	1994	7	5	2
东海县	2458	725	1733	11	7	4
灌云县	1021	513	508	1	1	
灌南县	1129	598	531	4	1	3
连云港经济技术开发区	253	144	109	2	1	1
连云港高新技术产业开发区						
江苏连云港徐圩新区	178	155	23			
江苏省连云港市云台山风景名胜区	122	46	76			
淮安市	**10041**	**5385**	**4656**	**16**	**11**	**5**
淮安区	2543	1357	1186	1	1	
淮阴区	1727	721	1006	1	1	
清江浦区	433	263	170			
洪泽区	905	540	365	2	1	1
涟水县	1372	657	715	4	2	2
盱眙县	1249	627	622	5	4	1
金湖县	1570	1040	530	3	2	1
淮安经济技术开发区						
工业园区	235	175	60			
生态文旅区						
苏淮高新区	7	5	2			

7-3c　续表 2

单位：人

现住地	户口登记地					
	合计			北京		
	合计	男	女	小计	男	女
盐城市	**21794**	**11751**	**10043**	**39**	**24**	**15**
亭湖区	841	445	396	1		1
盐都区	2885	1676	1209	4	3	1
大丰区	5743	3721	2022	4	3	1
响水县	940	419	521	3	1	2
滨海县	1786	875	911	9	5	4
阜宁县	1150	485	665	11	7	4
射阳县	2455	1289	1166	1		1
建湖县	1485	754	731	2	2	
盐城经济技术开发区	347	210	137	1	1	
江苏省盐南高新区						
东台市	4162	1877	2285	3	2	1
扬州市	**41056**	**25961**	**15095**	**42**	**25**	**17**
广陵区	9781	7130	2651	4	2	2
邗江区	2434	1350	1084	3		3
江都区	12955	8062	4893	15	10	5
宝应县	2352	1446	906	3	2	1
扬州经济技术开发区	1948	1178	770	2	1	1
蜀冈瘦西湖景区						
生态新城	1180	641	539			
仪征市	5784	3504	2280	4	1	3
高邮市	4622	2650	1972	11	9	2
镇江市	**59021**	**34721**	**24300**	**45**	**24**	**21**
京口区	611	377	234			
润州区	458	286	172			
丹徒区	6651	3967	2684	8	5	3
镇江新区	3280	1989	1291	5	3	2
江苏镇江高新区						
丹阳市	26200	14664	11536	7	5	2
扬中市	9262	5720	3542	4	1	3
句容市	12559	7718	4841	21	10	11
泰州市	**43012**	**25902**	**17110**	**49**	**32**	**17**
海陵区	1016	560	456	5	3	2
高港区	2785	1703	1082	4	1	3
姜堰区	3960	2087	1873	9	5	4
泰州医药高新技术产业开发区	612	354	258			
兴化市	3553	1788	1765	6	6	
靖江市	18849	12095	6754	5	3	2
泰兴市	12237	7315	4922	20	14	6
宿迁市	**14931**	**6776**	**8155**	**21**	**7**	**14**
宿城区	3205	1672	1533	5	4	1
宿豫区	1385	805	580	3		3
沭阳县	3843	1283	2560	5	1	4
泗阳县	1894	844	1050	3		3
泗洪县	2613	1131	1482	2	1	1
宿迁经济技术开发区	1007	590	417			
宿迁市湖滨新区	396	204	192	1		1
苏州宿迁工业园区						
宿迁市洋河新区	588	247	341	2	1	1

7-3c 续表 3

单位：人

现住地	户口登记地								
	天津			河北			山西		
	小计	男	女	小计	男	女	小计	男	女
江　苏	**724**	**463**	**261**	**17956**	**12831**	**5125**	**19955**	**12740**	**7215**
南京市	**76**	**52**	**24**	**1249**	**933**	**316**	**1328**	**906**	**422**
玄武区									
秦淮区									
建邺区									
鼓楼区									
浦口区	3	1	2	46	30	16	8	4	4
栖霞区	3	3		77	66	11	71	46	25
雨花台区									
江宁区	60	41	19	742	562	180	961	665	296
六合区	3	2	1	100	63	37	49	34	15
溧水区	2	1	1	184	129	55	116	68	48
高淳区	2	2		72	56	16	95	68	27
南京江北新区	3	2	1	28	27	1	28	21	7
无锡市	**70**	**49**	**21**	**2375**	**1549**	**826**	**4828**	**3031**	**1797**
锡山区	6	4	2	201	112	89	185	100	85
惠山区	10	8	2	642	422	220	591	390	201
滨湖区	4	4		239	165	74	200	142	58
梁溪区									
新吴区	23	13	10	277	181	96	3280	2023	1257
江苏无锡经济开发区									
江阴市	8	6	2	663	438	225	371	248	123
宜兴市	19	14	5	353	231	122	201	128	73
徐州市	**44**	**24**	**20**	**377**	**152**	**225**	**248**	**77**	**171**
鼓楼区									
云龙区									
贾汪区	2	1	1	50	21	29	15	5	10
泉山区									
铜山区	9	5	4	71	26	45	57	15	42
丰县	10	9	1	71	32	39	44	20	24
沛县	5	4	1	43	9	34	55	14	41
睢宁县	3		3	67	35	32	30	14	16
徐州经济技术开发区				6	3	3	7	3	4
新沂市	9	4	5	42	16	26	24	3	21
邳州市	6	1	5	27	10	17	16	3	13
常州市	**80**	**58**	**22**	**1387**	**914**	**473**	**1436**	**975**	**461**
天宁区				55	34	21	38	15	23
钟楼区	1	1		170	114	56	75	44	31
新北区	9	3	6	88	56	32	62	43	19
武进区	17	12	5	526	326	200	433	297	136
金坛区	23	19	4	178	129	49	460	320	140
江苏省常州市经济开发区	7	4	3	195	121	74	209	143	66
溧阳市	23	19	4	175	134	41	159	113	46

7-3c 续表 4

单位：人

现住地	户口登记地								
	天津			河北			山西		
	小计	男	女	小计	男	女	小计	男	女
苏州市	**200**	**128**	**72**	**5432**	**3727**	**1705**	**9616**	**6138**	**3478**
虎丘区	19	10	9	230	144	86	362	237	125
吴中区	14	9	5	585	393	192	1304	820	484
相城区	8	5	3	175	128	47	327	235	92
姑苏区									
吴江区	23	14	9	443	296	147	662	429	233
苏州工业园区									
常熟市	26	18	8	515	367	148	946	642	304
张家港市	16	11	5	594	434	160	600	408	192
昆山市	79	51	28	2045	1359	686	4719	2911	1808
太仓市	15	10	5	845	606	239	696	456	240
南通市	**75**	**45**	**30**	**836**	**588**	**248**	**688**	**493**	**195**
崇川区									
港闸区	2	1	1	30	26	4	2	2	
通州区	7	5	2	149	108	41	111	87	24
如东县	16	13	3	101	69	32	75	48	27
南通经济技术开发区									
通州湾示范区	2	1	1	4	2	2	4	1	3
苏锡通科技产业园区	4	2	2	71	43	28	74	49	25
启东市	12	8	4	173	136	37	184	148	36
如皋市	6		6	80	41	39	51	20	31
海门市	20	9	11	77	46	31	84	58	26
海安市	6	6		151	117	34	103	80	23
连云港市	**9**	**4**	**5**	**173**	**75**	**98**	**70**	**24**	**46**
连云区				9	9		4	4	
海州区				10	4	6	3	1	2
赣榆区	1		1	60	19	41	18	4	14
东海县	4	2	2	39	7	32	23	6	17
灌云县	2	1	1	35	28	7	7	3	4
灌南县				8	3	5	9	5	4
连云港经济技术开发区	1	1		8	4	4	2	1	1
连云港高新技术产业开发区									
江苏连云港徐圩新区	1		1						
江苏省连云港市云台山风景名胜区				4	1	3	4		4
淮安市	**8**	**5**	**3**	**145**	**104**	**41**	**72**	**47**	**25**
淮安区	1		1	14	5	9	17	12	5
淮阴区	2	1	1	31	17	14	12	4	8
清江浦区	1	1		7	4	3			
洪泽区	1	1		10	6	4	5	2	3
涟水县	1	1		20	14	6	9	5	4
盱眙县				6	4	2	8	5	3
金湖县	2	1	1	38	36	2	19	17	2
淮安经济技术开发区									
工业园区				19	18	1	2	2	
生态文旅区									
苏淮高新区									

7-3c 续表 5

单位：人

现住地	户口登记地								
	天津			河北			山西		
	小计	男	女	小计	男	女	小计	男	女
盐城市	**31**	**22**	**9**	**413**	**276**	**137**	**307**	**189**	**118**
亭湖区				12	7	5	4	1	3
盐都区	6	4	2	55	40	15	52	31	21
大丰区	5	3	2	83	59	24	117	71	46
响水县				19	9	10	12	7	5
滨海县	1		1	61	43	18	28	18	10
阜宁县	2	2		28	16	12	4	2	2
射阳县	7	5	2	73	52	21	36	28	8
建湖县	1	1		12	6	6	13	8	5
盐城经济技术开发区	3	3		11	9	2	4	2	2
江苏省盐南高新区									
东台市	6	4	2	59	35	24	37	21	16
扬州市	**42**	**24**	**18**	**4044**	**3476**	**568**	**354**	**231**	**123**
广陵区	2	2		3640	3205	435	68	51	17
邗江区	1		1	15	12	3	13	8	5
江都区	11	6	5	193	132	61	157	85	72
宝应县				29	13	16	12	9	3
扬州经济技术开发区	2		2	34	19	15	20	12	8
蜀冈瘦西湖景区									
生态新城				9	5	4			
仪征市	12	8	4	62	41	21	38	26	12
高邮市	14	8	6	62	49	13	46	40	6
镇江市	**34**	**20**	**14**	**617**	**419**	**198**	**527**	**359**	**168**
京口区				3	2	1	2	1	1
润州区				7	5	2			
丹徒区	6	5	1	73	49	24	70	53	17
镇江新区	6	2	4	55	36	19	26	18	8
江苏镇江高新区									
丹阳市	3	2	1	114	64	50	97	52	45
扬中市	8	5	3	166	132	34	130	91	39
句容市	11	6	5	199	131	68	202	144	58
泰州市	**35**	**22**	**13**	**633**	**465**	**168**	**351**	**211**	**140**
海陵区	3	3		22	9	13	8	2	6
高港区	3	2	1	77	65	12	58	41	17
姜堰区	4	2	2	48	28	20	29	14	15
泰州医药高新技术产业开发区				6	5	1			
兴化市	1		1	44	26	18	67	40	27
靖江市	12	10	2	260	212	48	88	67	21
泰兴市	12	5	7	176	120	56	101	47	54
宿迁市	**20**	**10**	**10**	**275**	**153**	**122**	**130**	**59**	**71**
宿城区	3	1	2	83	54	29	45	21	24
宿豫区	1	1		49	33	16	15	6	9
沭阳县	4	1	3	53	18	35	23	6	17
泗阳县	4	1	3	18	7	11	9	4	5
泗洪县	4	2	2	33	19	14	22	13	9
宿迁经济技术开发区	1	1		27	18	9	9	6	3
宿迁市湖滨新区	3	3		8	3	5	6	3	3
苏州宿迁工业园区									
宿迁市洋河新区				4	1	3	1		1

7-3c 续表 6

单位：人

现住地	户口登记地								
	内蒙古			辽宁			吉林		
	小计	男	女	小计	男	女	小计	男	女
江苏	**3963**	**2314**	**1649**	**6523**	**4162**	**2361**	**8976**	**5415**	**3561**
南京市	**317**	**198**	**119**	**592**	**398**	**194**	**904**	**571**	**333**
玄武区									
秦淮区									
建邺区									
鼓楼区									
浦口区	13	8	5	52	38	14	90	59	31
栖霞区	20	16	4	42	34	8	52	33	19
雨花台区									
江宁区	201	122	79	362	233	129	585	374	211
六合区	42	20	22	59	44	15	47	22	25
溧水区	22	17	5	32	20	12	68	39	29
高淳区	13	10	3	19	11	8	37	26	11
南京江北新区	6	5	1	26	18	8	25	18	7
无锡市	**588**	**322**	**266**	**775**	**503**	**272**	**1302**	**784**	**518**
锡山区	40	24	16	82	48	34	109	62	47
惠山区	138	69	69	180	119	61	395	237	158
滨湖区	133	72	61	40	25	15	104	52	52
梁溪区									
新吴区	77	50	27	118	84	34	227	146	81
江苏无锡经济开发区									
江阴市	125	67	58	240	165	75	302	182	120
宜兴市	75	40	35	115	62	53	165	105	60
徐州市	**164**	**55**	**109**	**156**	**51**	**105**	**210**	**84**	**126**
鼓楼区									
云龙区									
贾汪区	15	4	11	21	10	11	11	5	6
泉山区									
铜山区	37	14	23	30	8	22	36	9	27
丰县	29	13	16	30	15	15	46	21	25
沛县	29	8	21	28	4	24	54	20	34
睢宁县	18	5	13	13	4	9	25	13	12
徐州经济技术开发区	3	3		6	2	4	5	3	2
新沂市	14	3	11	11	2	9	15	2	13
邳州市	19	5	14	17	6	11	18	11	7
常州市	**381**	**238**	**143**	**642**	**436**	**206**	**1122**	**720**	**402**
天宁区	7	4	3	24	15	9	33	22	11
钟楼区	10	6	4	36	20	16	35	21	14
新北区	21	13	8	56	36	20	52	34	18
武进区	139	75	64	172	118	54	290	185	105
金坛区	99	69	30	178	134	44	429	281	148
江苏省常州市经济开发区	48	32	16	89	51	38	196	117	79
溧阳市	57	39	18	87	62	25	87	60	27

7-3c 续表 7

单位：人

现住地	户口登记地								
	内蒙古			辽宁			吉林		
	小计	男	女	小计	男	女	小计	男	女
苏州市	**1275**	**786**	**489**	**2082**	**1355**	**727**	**3094**	**1918**	**1176**
虎丘区	75	46	29	101	69	32	156	87	69
吴中区	192	127	65	233	142	91	465	290	175
相城区	32	21	11	76	54	22	129	93	36
姑苏区									
吴江区	106	60	46	196	113	83	247	137	110
苏州工业园区									
常熟市	143	89	54	225	148	77	302	191	111
张家港市	118	70	48	234	163	71	334	208	126
昆山市	498	298	200	739	483	256	1055	663	392
太仓市	111	75	36	278	183	95	406	249	157
南通市	**224**	**130**	**94**	**625**	**400**	**225**	**564**	**352**	**212**
崇川区									
港闸区	9	8	1	28	27	1	16	16	
通州区	29	15	14	99	56	43	71	45	26
如东县	27	17	10	99	60	39	91	53	38
南通经济技术开发区									
通州湾示范区	1		1	6	3	3	1		1
苏锡通科技产业园区	8	3	5	56	38	18	69	40	29
启东市	61	42	19	159	113	46	128	95	33
如皋市	35	17	18	44	29	15	44	19	25
海门市	15	6	9	50	33	17	72	42	30
海安市	39	22	17	84	41	43	72	42	30
连云港市	**98**	**38**	**60**	**107**	**48**	**59**	**222**	**91**	**131**
连云区	1	1		9	5	4	1	1	
海州区	9	4	5	7	1	6	9	6	3
赣榆区	57	25	32	42	13	29	170	66	104
东海县	17	3	14	15	4	11	16	4	12
灌云县	5	3	2	5	5		5	4	1
灌南县	3		3	13	9	4	4	1	3
连云港经济技术开发区	5	2	3	3	1	2	3	2	1
连云港高新技术产业开发区									
江苏连云港徐圩新区				7	7		7	3	4
江苏省连云港市云台山风景名胜区	1		1	6	3	3	7	4	3
淮安市	**87**	**63**	**24**	**131**	**97**	**34**	**61**	**31**	**30**
淮安区	44	35	9	74	64	10	19	8	11
淮阴区	8	4	4	8	1	7	17	6	11
清江浦区	1	1		11	8	3			
洪泽区	5	3	2	3	1	2	1	1	
涟水县	5	1	4	7	2	5	7	2	5
盱眙县	4	3	1	9	7	2	1		1
金湖县	13	10	3	18	13	5	13	11	2
淮安经济技术开发区									
工业园区	7	6	1	1	1		3	3	
生态文旅区									
苏淮高新区									

7-3c　续表 8　　　　单位：人

现住地	户口登记地								
	内蒙古			辽宁			吉林		
	小计	男	女	小计	男	女	小计	男	女
盐城市	**159**	**98**	**61**	**267**	**157**	**110**	**254**	**141**	**113**
亭湖区	5	4	1	5	2	3	3	1	2
盐都区	20	12	8	10	6	4	18	12	6
大丰区	62	39	23	84	50	34	83	47	36
响水县	1		1	9	7	2	4	3	1
滨海县	10	9	1	7	4	3	19	8	11
阜宁县	5	3	2	5	2	3	7	4	3
射阳县	16	12	4	106	65	41	54	33	21
建湖县	4	4		7	5	2	19	10	9
盐城经济技术开发区	2	1	1	3	2	1	6	5	1
江苏省盐南高新区									
东台市	34	14	20	31	14	17	41	18	23
扬州市	**194**	**109**	**85**	**322**	**206**	**116**	**382**	**227**	**155**
广陵区	49	32	17	66	45	21	80	49	31
邗江区	8	4	4	11	5	6	2	2	
江都区	90	45	45	153	106	47	201	132	69
宝应县	18	13	5	5	3	2	11	2	9
扬州经济技术开发区	6	2	4	7	1	6	9	3	6
蜀冈瘦西湖景区									
生态新城	3		3	4	2	2	5	3	2
仪征市	12	7	5	35	21	14	46	18	28
高邮市	8	6	2	41	23	18	28	18	10
镇江市	**216**	**130**	**86**	**307**	**191**	**116**	**352**	**204**	**148**
京口区				2	2		1		1
润州区	1	1							
丹徒区	38	26	12	30	18	12	69	36	33
镇江新区	8	4	4	11	5	6	30	16	14
江苏镇江高新区									
丹阳市	73	41	32	77	44	33	80	43	37
扬中市	17	11	6	60	38	22	63	38	25
句容市	79	47	32	127	84	43	109	71	38
泰州市	**189**	**105**	**84**	**415**	**269**	**146**	**372**	**217**	**155**
海陵区	1		1	12	8	4	2	1	1
高港区	11	5	6	29	18	11	19	8	11
姜堰区	25	8	17	35	16	19	22	11	11
泰州医药高新技术产业开发区	5	3	2	4	3	1			
兴化市	29	18	11	37	16	21	33	14	19
靖江市	54	37	17	177	128	49	184	120	64
泰兴市	64	34	30	121	80	41	112	63	49
宿迁市	**71**	**42**	**29**	**102**	**51**	**51**	**137**	**75**	**62**
宿城区	18	13	5	35	19	16	32	22	10
宿豫区	8	4	4	19	10	9	12	7	5
沭阳县	22	9	13	19	5	14	30	13	17
泗阳县	4	1	3	5	3	2	20	7	13
泗洪县	5	4	1	18	10	8	17	8	9
宿迁经济技术开发区	13	10	3	3	2	1	18	13	5
宿迁市湖滨新区				3	2	1	7	4	3
苏州宿迁工业园区									
宿迁市洋河新区	1	1					1	1	

7-3c 续表 9

单位：人

现住地	户口登记地								
	黑龙江			上海			浙江		
	小计	男	女	小计	男	女	小计	男	女
江苏	**16572**	**9603**	**6969**	**16610**	**9401**	**7209**	**31596**	**18811**	**12785**
南京市	**1093**	**683**	**410**	**5247**	**2736**	**2511**	**4335**	**2541**	**1794**
玄武区									
秦淮区									
建邺区									
鼓楼区									
浦口区	35	24	11	613	309	304	124	67	57
栖霞区	94	64	30	484	266	218	67	42	25
雨花台区									
江宁区	774	481	293	2553	1359	1194	3402	1986	1416
六合区	64	37	27	950	484	466	177	107	70
溧水区	65	40	25	362	177	185	397	223	174
高淳区	43	26	17	204	101	103	116	80	36
南京江北新区	18	11	7	81	40	41	52	36	16
无锡市	**2592**	**1519**	**1073**	**816**	**485**	**331**	**3968**	**2304**	**1664**
锡山区	171	107	64	51	32	19	315	166	149
惠山区	671	407	264	246	148	98	669	367	302
滨湖区	211	126	85	50	32	18	141	81	60
梁溪区									
新吴区	414	256	158	45	31	14	317	191	126
江苏无锡经济开发区									
江阴市	576	328	248	222	117	105	1111	630	481
宜兴市	549	295	254	202	125	77	1415	869	546
徐州市	**539**	**215**	**324**	**79**	**55**	**24**	**263**	**133**	**130**
鼓楼区									
云龙区									
贾汪区	20	6	14	6	4	2	3		3
泉山区									
铜山区	137	67	70	7	4	3	57	29	28
丰县	114	41	73	28	21	7	38	20	18
沛县	117	48	69	6	4	2	39	24	15
睢宁县	52	17	35	10	7	3	65	33	32
徐州经济技术开发区	4	3	1				3	1	2
新沂市	56	21	35	9	5	4	45	20	25
邳州市	39	12	27	13	10	3	13	6	7
常州市	**1878**	**1141**	**737**	**650**	**378**	**272**	**2261**	**1304**	**957**
天宁区	123	67	56	54	32	22	84	47	37
钟楼区	112	67	45	15	7	8	219	125	94
新北区	103	66	37	53	35	18	180	108	72
武进区	571	350	221	184	107	77	731	406	325
金坛区	257	157	100	101	69	32	340	205	135
江苏省常州市经济开发区	599	358	241	165	86	79	392	228	164
溧阳市	113	76	37	78	42	36	315	185	130

7-3c　续表 10

单位：人

现住地	户口登记地								
	黑龙江			上海			浙江		
	小计	男	女	小计	男	女	小计	男	女
苏州市	**6316**	**3798**	**2518**	**3326**	**1958**	**1368**	**9017**	**5392**	**3625**
虎丘区	175	106	69	57	34	23	295	169	126
吴中区	927	569	358	184	108	76	630	395	235
相城区	216	139	77	46	14	32	130	85	45
姑苏区									
吴江区	500	301	199	196	127	69	1822	1056	766
苏州工业园区									
常熟市	512	318	194	266	168	98	2343	1444	899
张家港市	621	370	251	149	99	50	978	559	419
昆山市	2487	1457	1030	1891	1050	841	1697	983	714
太仓市	878	538	340	537	358	179	1122	701	421
南通市	**920**	**514**	**406**	**2144**	**1285**	**859**	**5642**	**3504**	**2138**
崇川区									
港闸区	14	13	1	1	1		1	1	
通州区	142	87	55	157	100	57	1591	970	621
如东县	151	90	61	182	104	78	899	598	301
南通经济技术开发区									
通州湾示范区	17	8	9	70	40	30	158	98	60
苏锡通科技产业园区	117	68	49	120	72	48	199	122	77
启东市	162	91	71	769	447	322	550	343	207
如皋市	73	34	39	63	41	22	126	78	48
海门市	138	72	66	642	389	253	1661	1009	652
海安市	106	51	55	140	91	49	457	285	172
连云港市	**688**	**324**	**364**	**65**	**33**	**32**	**370**	**213**	**157**
连云区	4	3	1				7	5	2
海州区	31	15	16	3	1	2	49	33	16
赣榆区	519	236	283	10	4	6	41	17	24
东海县	61	25	36	39	20	19	164	92	72
灌云县	16	11	5	3	3		49	33	16
灌南县	23	14	9	8	4	4	51	29	22
连云港经济技术开发区	13	7	6	2	1	1	6	3	3
连云港高新技术产业开发区									
江苏连云港徐圩新区	12	10	2						
江苏省连云港市云台山风景名胜区	9	3	6				3	1	2
淮安市	**145**	**87**	**58**	**95**	**55**	**40**	**330**	**207**	**123**
淮安区	34	26	8	18	10	8	37	18	19
淮阴区	34	13	21	15	9	6	70	44	26
清江浦区	7	4	3	4	2	2	19	12	7
洪泽区	11	7	4	7	5	2	11	8	3
涟水县	24	14	10	35	21	14	86	52	34
盱眙县	8	4	4	7	2	5	33	22	11
金湖县	22	16	6	6	4	2	66	47	19
淮安经济技术开发区									
工业园区	5	3	2	3	2	1	7	4	3
生态文旅区									
苏淮高新区							1		1

7-3c 续表 11

单位：人

现住地	户口登记地								
	黑龙江			上海			浙江		
	小计	男	女	小计	男	女	小计	男	女
盐城市	**350**	**175**	**175**	**612**	**375**	**237**	**1150**	**689**	**461**
亭湖区	13	6	7	20	13	7	12	6	6
盐都区	41	25	16	73	46	27	43	19	24
大丰区	133	80	53	101	72	29	350	229	121
响水县	12	6	6	10	6	4	135	80	55
滨海县	23	5	18	37	22	15	84	48	36
阜宁县	7	2	5	46	30	16	48	23	25
射阳县	45	19	26	45	22	23	266	165	101
建湖县	26	10	16	154	81	73	57	30	27
盐城经济技术开发区	7	5	2	12	10	2	8	4	4
江苏省盐南高新区									
东台市	43	17	26	114	73	41	147	85	62
扬州市	**501**	**276**	**225**	**1588**	**889**	**699**	**841**	**538**	**303**
广陵区	81	51	30	95	59	36	208	124	84
邗江区	27	13	14	94	57	37	66	38	28
江都区	225	129	96	527	310	217	194	118	76
宝应县	40	17	23	334	181	153	44	30	14
扬州经济技术开发区	15	7	8	24	16	8	19	12	7
蜀冈瘦西湖景区									
生态新城	8	5	3	40	24	16	14	9	5
仪征市	76	36	40	134	70	64	173	129	44
高邮市	29	18	11	340	172	168	123	78	45
镇江市	**613**	**365**	**248**	**644**	**376**	**268**	**1751**	**1002**	**749**
京口区	2	1	1	8	4	4	6	4	2
润州区	3	3		2		2	33	22	11
丹徒区	64	34	30	96	59	37	221	125	96
镇江新区	70	53	17	39	19	20	71	35	36
江苏镇江高新区									
丹阳市	167	101	66	183	102	81	483	273	210
扬中市	87	43	44	151	103	48	491	285	206
句容市	220	130	90	165	89	76	446	258	188
泰州市	**668**	**369**	**299**	**1237**	**713**	**524**	**1021**	**597**	**424**
海陵区	13	11	2	47	25	22	23	13	10
高港区	64	26	38	80	52	28	40	21	19
姜堰区	86	34	52	215	128	87	131	75	56
泰州医药高新技术产业开发区	11	7	4	23	15	8	15	5	10
兴化市	46	18	28	339	168	171	165	92	73
靖江市	263	191	72	207	124	83	325	190	135
泰兴市	185	82	103	326	201	125	322	201	121
宿迁市	**269**	**137**	**132**	**107**	**63**	**44**	**647**	**387**	**260**
宿城区	57	32	25	13	8	5	87	45	42
宿豫区	55	29	26	6	2	4	70	49	21
沭阳县	65	25	40	11	5	6	161	89	72
泗阳县	27	11	16	30	19	11	119	79	40
泗洪县	22	13	9	25	19	6	139	85	54
宿迁经济技术开发区	28	20	8	1		1	36	26	10
宿迁市湖滨新区	4	3	1	3	2	1	25	12	13
苏州宿迁工业园区									
宿迁市洋河新区	11	4	7	18	8	10	10	2	8

7-3c　续表 12

单位：人

现住地	户口登记地								
	安徽			福建			江西		
	小计	男	女	小计	男	女	小计	男	女
江　苏	**493669**	**285024**	**208645**	**15523**	**9576**	**5947**	**38630**	**23911**	**14719**
南京市	**43610**	**26439**	**17171**	**1393**	**850**	**543**	**3074**	**1993**	**1081**
玄武区									
秦淮区									
建邺区									
鼓楼区									
浦口区	4428	2356	2072	16	10	6	47	27	20
栖霞区	2944	1795	1149	34	24	10	122	79	43
雨花台区									
江宁区	28166	17459	10707	1049	665	384	2284	1496	788
六合区	3351	1836	1515	83	48	35	167	106	61
溧水区	2797	1740	1057	135	53	82	238	122	116
高淳区	1097	673	424	48	24	24	138	105	33
南京江北新区	827	580	247	28	26	2	78	58	20
无锡市	**97108**	**55643**	**41465**	**1959**	**1216**	**743**	**6279**	**3857**	**2422**
锡山区	10450	5939	4511	255	140	115	570	360	210
惠山区	25879	14957	10922	678	442	236	1282	789	493
滨湖区	4132	2445	1687	143	91	52	244	155	89
梁溪区									
新吴区	5502	3252	2250	124	81	43	516	327	189
江苏无锡经济开发区									
江阴市	35442	19982	15460	447	268	179	1586	965	621
宜兴市	15703	9068	6635	312	194	118	2081	1261	820
徐州市	**3391**	**1006**	**2385**	**123**	**59**	**64**	**219**	**60**	**159**
鼓楼区									
云龙区									
贾汪区	254	72	182	29	18	11	16	6	10
泉山区									
铜山区	1282	428	854	21	12	9	55	22	33
丰县	345	97	248	19	10	9	39	14	25
沛县	260	59	201	14	7	7	16		16
睢宁县	784	227	557	18	7	11	44	7	37
徐州经济技术开发区	64	32	32	1	1		5	4	1
新沂市	262	56	206	15	2	13	29	5	24
邳州市	140	35	105	6	2	4	15	2	13
常州市	**81639**	**46644**	**34995**	**1632**	**1012**	**620**	**3606**	**2233**	**1373**
天宁区	4681	2634	2047	59	31	28	182	103	79
钟楼区	5689	3263	2426	159	98	61	249	148	101
新北区	6182	3464	2718	192	114	78	212	122	90
武进区	33736	19271	14465	765	476	289	1491	929	562
金坛区	6795	3835	2960	217	143	74	430	274	156
江苏省常州市经济开发区	20179	11512	8667	151	89	62	736	444	292
溧阳市	4377	2665	1712	89	61	28	306	213	93

7-3c 续表 13

单位：人

现住地	户口登记地								
	安徽			福建			江西		
	小计	男	女	小计	男	女	小计	男	女
苏州市	**192816**	**112464**	**80352**	**6529**	**4025**	**2504**	**17781**	**11184**	**6597**
虎丘区	5953	3563	2390	342	198	144	471	311	160
吴中区	20064	11904	8160	541	333	208	2749	1755	994
相城区	3993	2455	1538	126	89	37	449	320	129
姑苏区									
吴江区	28435	16383	12052	420	253	167	1348	839	509
苏州工业园区									
常熟市	45690	26083	19607	739	475	264	2946	1815	1131
张家港市	31490	18020	13470	538	337	201	1315	800	515
昆山市	35211	20907	14304	1889	1148	741	6310	3953	2357
太仓市	21980	13149	8831	1934	1192	742	2193	1391	802
南通市	**26948**	**15604**	**11344**	**1524**	**964**	**560**	**2767**	**1734**	**1033**
崇川区									
港闸区	135	82	53	104	68	36	10	6	4
通州区	10754	6180	4574	368	225	143	930	569	361
如东县	1130	679	451	211	146	65	149	99	50
南通经济技术开发区									
通州湾示范区	425	218	207	2	1	1	47	25	22
苏锡通科技产业园区	3389	1854	1535	69	49	20	250	144	106
启东市	3647	2206	1441	163	94	69	318	218	100
如皋市	1076	638	438	177	126	51	195	124	71
海门市	4644	2666	1978	223	134	89	494	317	177
海安市	1748	1081	667	207	121	86	374	232	142
连云港市	**710**	**238**	**472**	**57**	**22**	**35**	**130**	**49**	**81**
连云区	12	11	1	1	1		1	1	
海州区	63	29	34	6	1	5	2		2
赣榆区	164	32	132	32	14	18	31	5	26
东海县	219	59	160	7	2	5	39	5	34
灌云县	111	47	64	2	1	1	22	15	7
灌南县	83	28	55	5	2	3	26	19	7
连云港经济技术开发区	35	17	18	3	1	2	4	3	1
连云港高新技术产业开发区									
江苏连云港徐圩新区	13	11	2				1	1	
江苏省连云港市云台山风景名胜区	10	4	6	1		1	4		4
淮安市	**1376**	**722**	**654**	**111**	**65**	**46**	**173**	**89**	**84**
淮安区	178	77	101	17	9	8	14	10	4
淮阴区	228	105	123	12	8	4	42	21	21
清江浦区	71	50	21	8	6	2	10	4	6
洪泽区	101	52	49	1	1		34	18	16
涟水县	127	63	64	57	34	23	32	17	15
盱眙县	268	133	135	6	3	3	18	5	13
金湖县	388	232	156	8	3	5	18	12	6
淮安经济技术开发区									
工业园区	15	10	5	2	1	1	5	2	3
生态文旅区									
苏淮高新区									

7-3c　续表 14　　单位：人

现住地	户口登记地 安徽 小计	男	女	福建 小计	男	女	江西 小计	男	女
盐城市	**2041**	**1014**	**1027**	**407**	**252**	**155**	**523**	**277**	**246**
亭湖区	71	32	39	18	6	12	29	14	15
盐都区	192	100	92	20	11	9	99	54	45
大丰区	634	385	249	143	88	55	108	63	45
响水县	82	14	68	7	3	4	19	7	12
滨海县	155	53	102	10	9	1	32	11	21
阜宁县	71	17	54	33	25	8	20	8	12
射阳县	226	91	135	71	52	19	77	48	29
建湖县	178	89	89	13	4	9	36	19	17
盐城经济技术开发区	7	3	4				5	1	4
江苏省盐南高新区									
东台市	425	230	195	92	54	38	98	52	46
扬州市	**9135**	**5361**	**3774**	**420**	**267**	**153**	**838**	**546**	**292**
广陵区	1595	954	641	44	28	16	117	72	45
邗江区	853	459	394	13	7	6	59	38	21
江都区	2284	1397	887	83	49	34	292	190	102
宝应县	271	169	102	16	10	6	46	26	20
扬州经济技术开发区	427	246	181	152	99	53	39	26	13
蜀冈瘦西湖景区									
生态新城	398	215	183	15	9	6	17	9	8
仪征市	2094	1236	858	59	40	19	157	121	36
高邮市	1213	685	528	38	25	13	111	64	47
镇江市	**21083**	**12079**	**9004**	**684**	**426**	**258**	**1837**	**1115**	**722**
京口区	225	136	89	5	2	3	20	14	6
润州区	74	46	28				17	11	6
丹徒区	2470	1447	1023	127	83	44	189	124	65
镇江新区	1070	618	452	19	14	5	197	128	69
江苏镇江高新区									
丹阳市	10340	5743	4597	209	118	91	558	333	225
扬中市	3019	1813	1206	73	37	36	430	236	194
句容市	3885	2276	1609	251	172	79	426	269	157
泰州市	**11163**	**6619**	**4544**	**532**	**321**	**211**	**1107**	**620**	**487**
海陵区	163	101	62	23	10	13	32	17	15
高港区	517	315	202	16	9	7	66	37	29
姜堰区	674	383	291	64	39	25	174	87	87
泰州医药高新技术产业开发区	266	154	112	8	5	3	26	18	8
兴化市	583	312	271	46	25	21	71	28	43
靖江市	5959	3557	2402	273	173	100	365	220	145
泰兴市	3001	1797	1204	102	60	42	373	213	160
宿迁市	**2649**	**1191**	**1458**	**152**	**97**	**55**	**296**	**154**	**142**
宿城区	547	282	265	36	21	15	62	31	31
宿豫区	215	136	79	21	16	5	34	22	12
沭阳县	505	144	361	48	29	19	74	30	44
泗阳县	227	112	115	12	9	3	43	28	15
泗洪县	846	366	480	28	19	9	38	18	20
宿迁经济技术开发区	162	87	75	2	1	1	28	19	9
宿迁市湖滨新区	59	31	28	2	1	1	4	3	1
苏州宿迁工业园区									
宿迁市洋河新区	88	33	55	3	1	2	13	3	10

7-3c 续表 15

单位：人

现住地	户口登记地								
	山东			河南			湖北		
	小计	男	女	小计	男	女	小计	男	女
江苏	**72310**	**44918**	**27392**	**412770**	**254732**	**158038**	**57935**	**34570**	**23365**
南京市	**4331**	**3049**	**1282**	**16859**	**11908**	**4951**	**2370**	**1584**	**786**
玄武区									
秦淮区									
建邺区									
鼓楼区									
浦口区	106	67	39	834	580	254	109	65	44
栖霞区	355	257	98	1119	830	289	152	109	43
雨花台区									
江宁区	2914	2038	876	10782	7563	3219	1571	1087	484
六合区	317	214	103	1547	1064	483	181	98	83
溧水区	368	232	136	1479	1016	463	158	95	63
高淳区	164	141	23	702	537	165	159	97	62
南京江北新区	107	100	7	396	318	78	40	33	7
无锡市	**11253**	**6945**	**4308**	**71674**	**42961**	**28713**	**8716**	**5096**	**3620**
锡山区	949	583	366	8175	4921	3254	1143	639	504
惠山区	2346	1521	825	13412	8212	5200	2015	1215	800
滨湖区	537	332	205	4793	2866	1927	315	196	119
梁溪区									
新吴区	1574	991	583	11385	7009	4376	1322	787	535
江苏无锡经济开发区									
江阴市	4588	2706	1882	26662	15429	11233	2781	1580	1201
宜兴市	1259	812	447	7247	4524	2723	1140	679	461
徐州市	**3306**	**1147**	**2159**	**5249**	**2861**	**2388**	**381**	**81**	**300**
鼓楼区									
云龙区									
贾汪区	374	140	234	748	453	295	51	21	30
泉山区									
铜山区	531	159	372	1484	883	601	57	12	45
丰县	508	197	311	1021	582	439	54	10	44
沛县	551	164	387	568	243	325	52	8	44
睢宁县	197	83	114	602	285	317	74	18	56
徐州经济技术开发区	45	25	20	159	96	63	9	2	7
新沂市	404	109	295	367	169	198	59	7	52
邳州市	696	270	426	300	150	150	25	3	22
常州市	**5619**	**3662**	**1957**	**36095**	**22477**	**13618**	**7577**	**4424**	**3153**
天宁区	159	95	64	2018	1218	800	258	152	106
钟楼区	588	352	236	1700	1020	680	278	151	127
新北区	392	264	128	2966	1836	1130	371	211	160
武进区	2055	1319	736	13104	8058	5046	2043	1242	801
金坛区	613	413	200	4474	2929	1545	2335	1279	1056
江苏省常州市经济开发区	1071	657	414	8670	5203	3467	1788	1065	723
溧阳市	741	562	179	3163	2213	950	504	324	180

7-3c　续表 16　　　　单位：人

现住地	户口登记地								
	山东			河南			湖北		
	小计	男	女	小计	男	女	小计	男	女
苏州市	**26339**	**16725**	**9614**	**227249**	**138416**	**88833**	**30131**	**18598**	**11533**
虎丘区	1127	700	427	5105	3328	1777	823	495	328
吴中区	4303	2722	1581	29793	18270	11523	3208	2032	1176
相城区	638	436	202	6172	4000	2172	574	403	171
姑苏区									
吴江区	1945	1260	685	35910	21272	14638	1934	1196	738
苏州工业园区									
常熟市	2770	1679	1091	24345	14584	9761	2502	1527	975
张家港市	3481	2170	1311	40588	23728	16860	5422	3166	2256
昆山市	8639	5507	3132	67235	42017	25218	9450	6011	3439
太仓市	3436	2251	1185	18101	11217	6884	6218	3768	2450
南通市	**8874**	**5298**	**3576**	**22384**	**14270**	**8114**	**2904**	**1730**	**1174**
崇川区									
港闸区	218	149	69	93	71	22	4	2	2
通州区	1910	1089	821	5833	3711	2122	1049	635	414
如东县	367	254	113	606	431	175	169	89	80
南通经济技术开发区									
通州湾示范区	233	123	110	158	94	64	12	6	6
苏锡通科技产业园区	887	496	391	2188	1247	941	320	183	137
启东市	1428	959	469	2808	2134	674	314	209	105
如皋市	301	205	96	1133	732	401	216	108	108
海门市	3208	1790	1418	8331	4960	3371	459	266	193
海安市	322	233	89	1234	890	344	361	232	129
连云港市	**1451**	**561**	**890**	**1976**	**1155**	**821**	**196**	**56**	**140**
连云区	59	54	5	74	58	16	1		1
海州区	58	28	30	231	150	81	14	5	9
赣榆区	661	184	477	315	135	180	52	6	46
东海县	456	134	322	500	219	281	49	7	42
灌云县	124	107	17	229	130	99	26	11	15
灌南县	40	23	17	405	282	123	46	25	21
连云港经济技术开发区	25	14	11	90	66	24	4	1	3
连云港高新技术产业开发区									
江苏连云港徐圩新区	19	14	5	106	100	6			
江苏省连云港市云台山风景名胜区	9	3	6	26	15	11	4	1	3
淮安市	**555**	**399**	**156**	**2491**	**1664**	**827**	**223**	**111**	**112**
淮安区	94	65	29	914	596	318	28	9	19
淮阴区	86	52	34	411	262	149	31	7	24
清江浦区	29	19	10	113	82	31	19	9	10
洪泽区	113	97	16	178	129	49	21	13	8
涟水县	51	27	24	272	167	105	33	14	19
盱眙县	33	15	18	255	163	92	58	36	22
金湖县	104	85	19	303	227	76	31	22	9
淮安经济技术开发区									
工业园区	45	39	6	40	34	6	2	1	1
生态文旅区									
苏淮高新区				5	4	1			

7-3c 续表 17

单位：人

现住地	户口登记地								
	山东			河南			湖北		
	小计	男	女	小计	男	女	小计	男	女
盐城市	**1639**	**1227**	**412**	**4184**	**2737**	**1447**	**708**	**288**	**420**
亭湖区	59	31	28	277	176	101	25	12	13
盐都区	90	55	35	930	612	318	76	25	51
大丰区	922	778	144	973	722	251	181	103	78
响水县	46	23	23	216	109	107	18	3	15
滨海县	144	107	37	314	187	127	38	11	27
阜宁县	28	15	13	177	91	86	38	12	26
射阳县	115	79	36	317	217	100	67	31	36
建湖县	75	48	27	232	154	78	34	14	20
盐城经济技术开发区	15	13	2	140	96	44	8	4	4
江苏省盐南高新区									
东台市	145	78	67	608	373	235	223	73	150
扬州市	**2078**	**1457**	**621**	**7216**	**5037**	**2179**	**1308**	**675**	**633**
广陵区	428	329	99	1225	870	355	187	116	71
邗江区	97	52	45	514	319	195	106	40	66
江都区	830	604	226	2869	2062	807	563	271	292
宝应县	131	101	30	632	471	161	51	34	17
扬州经济技术开发区	71	42	29	242	163	79	11	6	5
蜀冈瘦西湖景区									
生态新城	52	29	23	409	216	193	22	12	10
仪征市	277	181	96	708	517	191	177	91	86
高邮市	192	119	73	617	419	198	191	105	86
镇江市	**3689**	**2232**	**1457**	**6594**	**4308**	**2286**	**1553**	**956**	**597**
京口区	66	38	28	94	65	29	25	18	7
润州区	187	104	83	43	33	10	7	5	2
丹徒区	289	177	112	712	473	239	186	98	88
镇江新区	258	164	94	345	221	124	102	71	31
江苏镇江高新区									
丹阳市	755	430	325	2418	1420	998	546	310	236
扬中市	1378	844	534	844	605	239	204	116	88
句容市	756	475	281	2138	1491	647	483	338	145
泰州市	**2364**	**1753**	**611**	**7664**	**5203**	**2461**	**1504**	**808**	**696**
海陵区	64	37	27	316	190	126	45	23	22
高港区	98	64	34	743	517	226	169	78	91
姜堰区	212	165	47	678	401	277	178	66	112
泰州医药高新技术产业开发区	16	8	8	89	54	35	18	10	8
兴化市	95	56	39	492	298	194	149	44	105
靖江市	1199	916	283	3342	2325	1017	599	389	210
泰兴市	680	507	173	2004	1418	586	346	198	148
宿迁市	**812**	**463**	**349**	**3135**	**1735**	**1400**	**364**	**163**	**201**
宿城区	214	137	77	884	513	371	69	39	30
宿豫区	165	109	56	214	148	66	30	13	17
沭阳县	181	78	103	731	323	408	97	33	64
泗阳县	46	24	22	329	176	153	54	33	21
泗洪县	91	42	49	392	210	182	63	22	41
宿迁经济技术开发区	72	49	23	319	198	121	36	19	17
宿迁市湖滨新区	25	15	10	75	50	25	7	3	4
苏州宿迁工业园区									
宿迁市洋河新区	18	9	9	191	117	74	8	1	7

7-3c　续表 18　　　　单位：人

现住地	户口登记地								
	湖南			广东			广西		
	小计	男	女	小计	男	女	小计	男	女
江　苏	**27532**	**16438**	**11094**	**4886**	**2866**	**2020**	**10281**	**5502**	**4779**
南京市	**1308**	**898**	**410**	**671**	**421**	**250**	**602**	**327**	**275**
玄武区									
秦淮区									
建邺区									
鼓楼区									
浦口区	12	5	7	10	5	5	13	4	9
栖霞区	41	26	15	6	3	3	23	11	12
雨花台区									
江宁区	892	644	248	564	359	205	316	229	87
六合区	85	56	29	12	5	7	37	15	22
溧水区	139	78	61	51	33	18	156	33	123
高淳区	113	69	44	21	11	10	49	28	21
南京江北新区	26	20	6	7	5	2	8	7	1
无锡市	**6110**	**3566**	**2544**	**613**	**347**	**266**	**1877**	**1034**	**843**
锡山区	651	387	264	54	26	28	180	107	73
惠山区	1488	893	595	118	64	54	388	227	161
滨湖区	140	85	55	17	9	8	131	73	58
梁溪区									
新吴区	339	214	125	76	48	28	135	71	64
江苏无锡经济开发区									
江阴市	2739	1553	1186	199	120	79	519	270	249
宜兴市	753	434	319	149	80	69	524	286	238
徐州市	**242**	**52**	**190**	**145**	**61**	**84**	**210**	**37**	**173**
鼓楼区									
云龙区									
贾汪区	16	3	13	8	1	7	10		10
泉山区									
铜山区	42	4	38	18	4	14	45	8	37
丰县	40	6	34	44	29	15	38	3	35
沛县	36	6	30	23	7	16	35	1	34
睢宁县	35	8	27	20	5	15	34	18	16
徐州经济技术开发区	4	1	3				3	1	2
新沂市	49	15	34	20	11	9	28	4	24
邳州市	20	9	11	12	4	8	17	2	15
常州市	**2917**	**1810**	**1107**	**430**	**283**	**147**	**1472**	**843**	**629**
天宁区	134	80	54	14	6	8	80	45	35
钟楼区	171	116	55	22	14	8	71	44	27
新北区	173	101	72	23	14	9	103	60	43
武进区	1030	647	383	135	82	53	808	462	346
金坛区	336	217	119	104	85	19	151	91	60
江苏省常州市经济开发区	856	514	342	56	31	25	217	118	99
溧阳市	217	135	82	76	51	25	42	23	19

7-3c 续表 19

单位：人

现住地	户口登记地								
	湖南			广东			广西		
	小计	男	女	小计	男	女	小计	男	女
苏州市	**11773**	**7382**	**4391**	**1872**	**1186**	**686**	**3786**	**2188**	**1598**
虎丘区	219	125	94	96	61	35	115	60	55
吴中区	2007	1254	753	272	176	96	668	394	274
相城区	261	193	68	57	40	17	135	92	43
姑苏区									
吴江区	1392	852	540	116	66	50	679	379	300
苏州工业园区									
常熟市	1074	705	369	206	128	78	377	213	164
张家港市	766	457	309	134	75	59	326	179	147
昆山市	4132	2596	1536	751	480	271	1145	672	473
太仓市	1922	1200	722	240	160	80	341	199	142
南通市	**2198**	**1225**	**973**	**337**	**182**	**155**	**935**	**520**	**415**
崇川区									
港闸区	11	9	2	1	1		2	2	
通州区	645	391	254	100	56	44	469	293	176
如东县	412	215	197	27	11	16	88	39	49
南通经济技术开发区									
通州湾示范区	28	12	16	8	4	4	7	1	6
苏锡通科技产业园区	241	132	109	11	6	5	88	43	45
启东市	145	75	70	61	27	34	70	30	40
如皋市	148	53	95	33	14	19	50	26	24
海门市	365	224	141	59	38	21	86	43	43
海安市	203	114	89	37	25	12	75	43	32
连云港市	**96**	**26**	**70**	**87**	**27**	**60**	**92**	**13**	**79**
连云区				6	2	4			
海州区	10	4	6	7	4	3	4		4
赣榆区	25	6	19	42	10	32	32	7	25
东海县	31	4	27	15	6	9	34		34
灌云县	7	1	6	4	2	2	13	2	11
灌南县	17	9	8	3	1	2	4	2	2
连云港经济技术开发区	5	2	3	6	1	5			
连云港高新技术产业开发区									
江苏连云港徐圩新区							1		1
江苏省连云港市云台山风景名胜区	1		1	4	1	3	4	2	2
淮安市	**158**	**84**	**74**	**69**	**29**	**40**	**73**	**32**	**41**
淮安区	24	12	12	20	4	16	10	3	7
淮阴区	18	3	15	7	4	3	16	4	12
清江浦区	4	2	2	2	1	1	2	1	1
洪泽区	30	17	13	10	3	7	2	1	1
涟水县	27	13	14	5	1	4	9	2	7
盱眙县	16	12	4	12	5	7	23	14	9
金湖县	27	19	8	9	7	2	9	5	4
淮安经济技术开发区									
工业园区	12	6	6	4	4		2	2	
生态文旅区									
苏淮高新区									

7-3c 续表 20

单位：人

现住地	户口登记地								
	湖南			广东			广西		
	小计	男	女	小计	男	女	小计	男	女
盐城市	**621**	**227**	**394**	**121**	**60**	**61**	**256**	**78**	**178**
亭湖区	25	8	17	2	1	1	14	2	12
盐都区	37	15	22	15	10	5	36	18	18
大丰区	123	61	62	27	13	14	61	14	47
响水县	9	6	3	9	4	5			
滨海县	26	10	16	11	5	6	30	13	17
阜宁县	8	2	6	6	3	3	8	1	7
射阳县	101	58	43	22	14	8	48	13	35
建湖县	24	8	16	14	5	9	9	2	7
盐城经济技术开发区	14	4	10	3	1	2	5	2	3
江苏省盐南高新区									
东台市	254	55	199	12	4	8	45	13	32
扬州市	**485**	**296**	**189**	**172**	**97**	**75**	**244**	**106**	**138**
广陵区	69	37	32	22	12	10	33	18	15
邗江区	9	8	1	6	2	4	12	4	8
江都区	182	114	68	35	17	18	87	26	61
宝应县	30	18	12	9	5	4	12	7	5
扬州经济技术开发区	27	15	12	29	15	14	45	26	19
蜀冈瘦西湖景区									
生态新城	23	13	10	11	6	5	8	6	2
仪征市	83	55	28	39	24	15	26	12	14
高邮市	62	36	26	21	16	5	21	7	14
镇江市	**735**	**449**	**286**	**127**	**60**	**67**	**337**	**173**	**164**
京口区	12	9	3				3	3	
润州区	6	3	3						
丹徒区	72	48	24	18	10	8	34	17	17
镇江新区	35	22	13	5	3	2	2		2
江苏镇江高新区									
丹阳市	243	151	92	39	17	22	152	77	75
扬中市	115	68	47	23	12	11	49	27	22
句容市	252	148	104	42	18	24	97	49	48
泰州市	**678**	**341**	**337**	**168**	**84**	**84**	**270**	**117**	**153**
海陵区	24	9	15	2	1	1	9	5	4
高港区	31	14	17	15	9	6	16	12	4
姜堰区	76	27	49	23	11	12	31	6	25
泰州医药高新技术产业开发区	6	5	1	5	2	3	2	1	1
兴化市	70	25	45	18	8	10	34	14	20
靖江市	221	137	84	40	23	17	89	51	38
泰兴市	250	124	126	65	30	35	89	28	61
宿迁市	**211**	**82**	**129**	**74**	**29**	**45**	**127**	**34**	**93**
宿城区	55	28	27	15	4	11	34	18	16
宿豫区	13	8	5	2		2	8	1	7
沭阳县	68	23	45	21	9	12	46	5	41
泗阳县	15	4	11	6	3	3	16	1	15
泗洪县	32	6	26	23	10	13	7		7
宿迁经济技术开发区	8	6	2	2	2		7	7	
宿迁市湖滨新区	13	5	8	3	1	2	7	2	5
苏州宿迁工业园区									
宿迁市洋河新区	7	2	5	2		2	2		2

7-3c 续表 21 单位：人

现住地	户口登记地								
	海南			重庆			四川		
	小计	男	女	小计	男	女	小计	男	女
江苏	**763**	**363**	**400**	**34801**	**19659**	**15142**	**138446**	**78546**	**59900**
南京市	**99**	**69**	**30**	**994**	**599**	**395**	**4086**	**2579**	**1507**
玄武区									
秦淮区									
建邺区									
鼓楼区									
浦口区				34	16	18	108	56	52
栖霞区	2	1	1	86	62	24	310	209	101
雨花台区									
江宁区	92	66	26	584	376	208	2552	1676	876
六合区	1		1	97	48	49	365	224	141
溧水区				103	40	63	428	220	208
高淳区	3	1	2	79	48	31	226	125	101
南京江北新区	1	1		11	9	2	97	69	28
无锡市	**77**	**39**	**38**	**12650**	**7082**	**5568**	**37077**	**21106**	**15971**
锡山区	10	5	5	1654	940	714	4102	2342	1760
惠山区	6	2	4	1186	692	494	8285	4848	3437
滨湖区	12	7	5	236	137	99	918	547	371
梁溪区									
新吴区	7	6	1	1640	948	692	1759	1034	725
江苏无锡经济开发区									
江阴市	26	12	14	6715	3637	3078	17532	9798	7734
宜兴市	16	7	9	1219	728	491	4481	2537	1944
徐州市	**28**	**7**	**21**	**250**	**39**	**211**	**1197**	**244**	**953**
鼓楼区									
云龙区									
贾汪区	4	2	2	28	13	15	147	31	116
泉山区									
铜山区	3		3	70	9	61	316	56	260
丰县	7	4	3	37	3	34	159	20	139
沛县	2		2	36	3	33	211	40	171
睢宁县	2		2	34	4	30	145	29	116
徐州经济技术开发区	2		2	4	1	3	39	6	33
新沂市	7	1	6	27	4	23	117	37	80
邳州市	1		1	14	2	12	63	25	38
常州市	**65**	**34**	**31**	**4458**	**2501**	**1957**	**32386**	**18296**	**14090**
天宁区	4	2	2	212	111	101	3625	1938	1687
钟楼区				178	91	87	606	345	261
新北区	1		1	212	117	95	1773	990	783
武进区	19	8	11	1620	947	673	13066	7433	5633
金坛区	11	6	5	1256	680	576	2503	1442	1061
江苏省常州市经济开发区	22	16	6	713	406	307	9993	5620	4373
溧阳市	8	2	6	267	149	118	820	528	292

7-3c　续表 22

单位：人

现住地	户口登记地								
	海南			重庆			四川		
	小计	男	女	小计	男	女	小计	男	女
苏州市	**179**	**88**	**91**	**10799**	**6374**	**4425**	**45848**	**26682**	**19166**
虎丘区	5	4	1	326	204	122	1558	951	607
吴中区	25	10	15	976	598	378	8180	4761	3419
相城区	5	4	1	337	212	125	942	608	334
姑苏区									
吴江区	11	4	7	1230	721	509	6436	3642	2794
苏州工业园区									
常熟市	14	4	10	1552	911	641	5080	2991	2089
张家港市	11	4	7	2546	1452	1094	11648	6595	5053
昆山市	96	51	45	2093	1233	860	8210	4837	3373
太仓市	12	7	5	1739	1043	696	3794	2297	1497
南通市	**114**	**45**	**69**	**2236**	**1257**	**979**	**4141**	**2371**	**1770**
崇川区									
港闸区				4	3	1	25	20	5
通州区	18	6	12	567	328	239	1013	664	349
如东县	13	6	7	237	134	103	456	239	217
南通经济技术开发区									
通州湾示范区				22	9	13	44	21	23
苏锡通科技产业园区	5	3	2	592	324	268	440	225	215
启东市	13	4	9	281	178	103	792	477	315
如皋市	8	4	4	161	67	94	366	183	183
海门市	36	14	22	218	130	88	631	336	295
海安市	21	8	13	154	84	70	374	206	168
连云港市	**27**	**11**	**16**	**73**	**17**	**56**	**496**	**151**	**345**
连云区				1	1		18	18	
海州区	2	1	1	9	4	5	76	33	43
赣榆区	19	6	13	20	3	17	150	26	124
东海县	4	3	1	20	2	18	116	13	103
灌云县	2	1	1	15	6	9	69	23	46
灌南县				6	1	5	50	29	21
连云港经济技术开发区				2		2	10	6	4
连云港高新技术产业开发区									
江苏连云港徐圩新区							1	1	
江苏省连云港市云台山风景名胜区							6	2	4
淮安市	**10**	**4**	**6**	**121**	**64**	**57**	**552**	**258**	**294**
淮安区	2		2	18	11	7	89	37	52
淮阴区	3		3	16	2	14	93	26	67
清江浦区	1		1	10	7	3	25	12	13
洪泽区	2	2		9	6	3	52	27	25
涟水县	1	1		16	8	8	82	38	44
盱眙县				17	8	9	76	35	41
金湖县	1	1		33	20	13	125	78	47
淮安经济技术开发区									
工业园区				2	2		10	5	5
生态文旅区									
苏淮高新区									

7-3c 续表 23 单位：人

现住地	户口登记地								
	海南			重庆			四川		
	小计	男	女	小计	男	女	小计	男	女
盐城市	**32**	**14**	**18**	**508**	**250**	**258**	**1427**	**651**	**776**
亭湖区	3	2	1	12	7	5	38	19	19
盐都区	4	2	2	28	13	15	102	48	54
大丰区	7	5	2	183	114	69	282	146	136
响水县	2		2	13	7	6	44	11	33
滨海县	1		1	34	15	19	183	70	113
阜宁县	1	1		10	3	7	56	26	30
射阳县	7	3	4	65	27	38	120	43	77
建湖县	2		2	12	4	8	209	117	92
盐城经济技术开发区				2	1	1	9	2	7
江苏省盐南高新区									
东台市	5	1	4	149	59	90	384	169	215
扬州市	**22**	**8**	**14**	**669**	**367**	**302**	**2611**	**1487**	**1124**
广陵区	3	2	1	79	45	34	500	281	219
邗江区				29	12	17	144	78	66
江都区	5	2	3	208	115	93	633	367	266
宝应县	2	1	1	36	16	20	167	100	67
扬州经济技术开发区	6	3	3	93	55	38	143	81	62
蜀冈瘦西湖景区									
生态新城	1		1	6	3	3	27	14	13
仪征市	3		3	129	72	57	567	339	228
高邮市	2		2	89	49	40	430	227	203
镇江市	**31**	**14**	**17**	**1046**	**599**	**447**	**4913**	**2764**	**2149**
京口区				16	10	6	82	46	36
润州区				10	7	3	34	24	10
丹徒区	2		2	120	69	51	655	387	268
镇江新区	1	1		46	30	16	160	86	74
江苏镇江高新区									
丹阳市	9	3	6	578	316	262	2665	1472	1193
扬中市	6	4	2	85	58	27	555	322	233
句容市	13	6	7	191	109	82	762	427	335
泰州市	**41**	**13**	**28**	**836**	**456**	**380**	**2907**	**1639**	**1268**
海陵区				21	7	14	40	17	23
高港区	5		5	40	19	21	128	74	54
姜堰区	4	1	3	69	25	44	285	130	155
泰州医药高新技术产业开发区				21	12	9	12	5	7
兴化市	3		3	119	69	50	311	143	168
靖江市	7	2	5	326	200	126	1209	741	468
泰兴市	22	10	12	240	124	116	922	529	393
宿迁市	**38**	**17**	**21**	**161**	**54**	**107**	**805**	**318**	**487**
宿城区	6	1	5	19	8	11	165	81	84
宿豫区				17	8	9	76	32	44
沭阳县	16	8	8	62	17	45	175	53	122
泗阳县	8	4	4	25	10	15	130	52	78
泗洪县	7	3	4	24	5	19	152	56	96
宿迁经济技术开发区	1	1		8	5	3	49	22	27
宿迁市湖滨新区				3	1	2	21	10	11
苏州宿迁工业园区									
宿迁市洋河新区				3		3	37	12	25

7-3c 续表 24

单位：人

现住地	户口登记地								
	贵州			云南			西藏		
	小计	男	女	小计	男	女	小计	男	女
江 苏	**140068**	**78105**	**61963**	**78076**	**43194**	**34882**	**142**	**64**	**78**
南京市	**4210**	**2558**	**1652**	**2812**	**1709**	**1103**	**7**	**6**	**1**
玄武区									
秦淮区									
建邺区									
鼓楼区									
浦口区	224	148	76	72	27	45			
栖霞区	250	172	78	160	110	50			
雨花台区									
江宁区	2138	1450	688	1662	1134	528	4	3	1
六合区	407	194	213	135	59	76	2	2	
溧水区	821	371	450	412	173	239			
高淳区	286	163	123	257	128	129	1	1	
南京江北新区	84	60	24	114	78	36			
无锡市	**37266**	**21077**	**16189**	**16850**	**9306**	**7544**	**8**	**4**	**4**
锡山区	3523	2009	1514	1111	589	522			
惠山区	3093	1849	1244	2071	1189	882			
滨湖区	342	214	128	350	191	159			
梁溪区									
新吴区	1785	1119	666	928	623	305			
江苏无锡经济开发区									
江阴市	15196	8513	6683	3737	2026	1711	3	1	2
宜兴市	13327	7373	5954	8653	4688	3965	5	3	2
徐州市	**2495**	**905**	**1590**	**748**	**90**	**658**	**14**	**8**	**6**
鼓楼区									
云龙区									
贾汪区	269	126	143	69	7	62			
泉山区									
铜山区	589	232	357	156	27	129	6	3	3
丰县	311	117	194	75	9	66	2	2	
沛县	326	115	211	70	6	64			
睢宁县	403	123	280	174	22	152			
徐州经济技术开发区	75	39	36	4		4	1		1
新沂市	286	93	193	147	14	133	1	1	
邳州市	236	60	176	53	5	48	4	2	2
常州市	**26241**	**15157**	**11084**	**16413**	**9158**	**7255**	**55**	**25**	**30**
天宁区	1026	567	459	313	167	146	1		1
钟楼区	687	397	290	341	182	159	50	23	27
新北区	987	590	397	834	474	360			
武进区	8994	5145	3849	5119	2884	2235	2	2	
金坛区	2396	1352	1044	6745	3669	3076	2		2
江苏省常州市经济开发区	9450	5556	3894	2353	1373	980			
溧阳市	2701	1550	1151	708	409	299			

7-3c 续表 25　　单位：人

现住地	户口登记地								
	贵州			云南			西藏		
	小计	男	女	小计	男	女	小计	男	女
苏州市	**41607**	**24528**	**17079**	**23692**	**13993**	**9699**	**12**	**3**	**9**
虎丘区	667	406	261	481	293	188			
吴中区	3915	2355	1560	3437	2004	1433	2	1	1
相城区	1128	723	405	749	465	284	1		1
姑苏区									
吴江区	16358	9255	7103	4557	2577	1980	1		1
苏州工业园区									
常熟市	3625	2239	1386	3072	1887	1185	2		2
张家港市	4856	2740	2116	3275	1849	1426	1	1	
昆山市	6145	3873	2272	4705	2856	1849	3		3
太仓市	4913	2937	1976	3416	2062	1354	2	1	1
南通市	**7536**	**3860**	**3676**	**3562**	**2066**	**1496**	**8**	**2**	**6**
崇川区									
港闸区	27	20	7	22	14	8	1	1	
通州区	1063	608	455	581	385	196	3		3
如东县	919	402	517	245	138	107			
南通经济技术开发区									
通州湾示范区	42	12	30	20	8	12			
苏锡通科技产业园区	1009	543	466	402	214	188			
启东市	523	290	233	631	386	245	2		2
如皋市	1245	540	705	268	128	140	1	1	
海门市	1870	1057	813	895	511	384	1		1
海安市	838	388	450	498	282	216			
连云港市	**747**	**247**	**500**	**646**	**76**	**570**	**1**		**1**
连云区	10	6	4						
海州区	63	34	29	31	5	26			
赣榆区	140	29	111	116	3	113			
东海县	227	72	155	261	7	254			
灌云县	125	40	85	102	17	85	1		1
灌南县	148	49	99	131	44	87			
连云港经济技术开发区	13	7	6	3		3			
连云港高新技术产业开发区									
江苏连云港徐圩新区	5	4	1	1		1			
江苏省连云港市云台山风景名胜区	16	6	10	1		1			
淮安市	**2181**	**844**	**1337**	**551**	**155**	**396**	**5**	**2**	**3**
淮安区	643	258	385	151	39	112			
淮阴区	377	74	303	135	31	104	3	2	1
清江浦区	60	26	34	17	5	12			
洪泽区	232	110	122	36	14	22			
涟水县	317	129	188	94	15	79			
盱眙县	306	118	188	49	14	35	2		2
金湖县	217	114	103	59	31	28			
淮安经济技术开发区									
工业园区	28	14	14	10	6	4			
生态文旅区									
苏淮高新区	1	1							

7-3c　续表 26　　　　单位：人

现住地	户口登记地								
	贵州			云南			西藏		
	小计	男	女	小计	男	女	小计	男	女
盐城市	**3274**	**1490**	**1784**	**1481**	**489**	**992**	**7**	**1**	**6**
亭湖区	148	81	67	27	5	22			
盐都区	503	269	234	154	84	70			
大丰区	520	263	257	274	128	146			
响水县	181	80	101	47	12	35			
滨海县	278	118	160	202	83	119			
阜宁县	396	179	217	100	2	98	2		2
射阳县	332	131	201	163	42	121			
建湖县	203	90	113	109	26	83	1		1
盐城经济技术开发区	67	35	32	6		6			
江苏省盐南高新区									
东台市	646	244	402	399	107	292	4	1	3
扬州市	**3004**	**1654**	**1350**	**2904**	**1643**	**1261**	**12**	**8**	**4**
广陵区	365	219	146	521	319	202	7	5	2
邗江区	260	151	109	52	24	28			
江都区	842	490	352	1611	915	696	2	1	1
宝应县	241	125	116	120	44	76	1	1	
扬州经济技术开发区	209	127	82	137	90	47	1	1	
蜀冈瘦西湖景区									
生态新城	42	26	16	26	13	13			
仪征市	531	267	264	175	99	76			
高邮市	514	249	265	262	139	123	1		1
镇江市	**4781**	**2681**	**2100**	**4246**	**2413**	**1833**	**7**	**4**	**3**
京口区	11	6	5	12	7	5			
润州区	9	7	2	24	14	10			
丹徒区	589	327	262	295	155	140	2	1	1
镇江新区	260	152	108	263	169	94			
江苏镇江高新区									
丹阳市	2638	1494	1144	2853	1558	1295			
扬中市	615	361	254	319	213	106			
句容市	659	334	325	480	297	183	5	3	2
泰州市	**3980**	**2139**	**1841**	**3141**	**1816**	**1325**	**5**	**1**	**4**
海陵区	94	51	43	29	11	18			
高港区	244	148	96	131	70	61	1		1
姜堰区	463	238	225	206	89	117			
泰州医药高新技术产业开发区	36	20	16	22	13	9			
兴化市	557	283	274	124	29	95			
靖江市	1349	809	540	1728	1091	637			
泰兴市	1237	590	647	901	513	388	4	1	3
宿迁市	**2746**	**965**	**1781**	**1030**	**280**	**750**	**1**		**1**
宿城区	455	204	251	155	46	109			
宿豫区	167	71	96	145	85	60			
沭阳县	933	262	671	333	53	280	1		1
泗阳县	558	204	354	132	27	105			
泗洪县	387	131	256	176	44	132			
宿迁经济技术开发区	94	37	57	18	7	11			
宿迁市湖滨新区	44	15	29	30	13	17			
苏州宿迁工业园区									
宿迁市洋河新区	108	41	67	41	5	36			

7－3c 续表 27

单位：人

现住地	户口登记地								
	陕西			甘肃			青海		
	小计	男	女	小计	男	女	小计	男	女
江苏	**43104**	**27145**	**15959**	**27959**	**16628**	**11331**	**1665**	**853**	**812**
南京市	**1587**	**1174**	**413**	**1044**	**703**	**341**	**117**	**63**	**54**
玄武区									
秦淮区									
建邺区									
鼓楼区									
浦口区	37	24	13	43	17	26	5	2	3
栖霞区	193	165	28	116	82	34	13	8	5
雨花台区									
江宁区	961	714	247	646	451	195	55	35	20
六合区	104	67	37	78	40	38	11	5	6
溧水区	159	98	61	49	34	15	21	6	15
高淳区	71	54	17	81	55	26	7	2	5
南京江北新区	62	52	10	31	24	7	5	5	
无锡市	**6557**	**4038**	**2519**	**3171**	**1892**	**1279**	**232**	**125**	**107**
锡山区	584	344	240	318	189	129	10	5	5
惠山区	1117	721	396	806	467	339	31	17	14
滨湖区	412	258	154	114	78	36	23	12	11
梁溪区									
新吴区	1338	898	440	705	437	268	50	25	25
江苏无锡经济开发区									
江阴市	1686	979	707	772	437	335	67	37	30
宜兴市	1420	838	582	456	284	172	51	29	22
徐州市	**461**	**124**	**337**	**355**	**75**	**280**	**89**	**37**	**52**
鼓楼区									
云龙区									
贾汪区	46	12	34	30	7	23	3	1	2
泉山区									
铜山区	83	19	64	85	19	66	22	8	14
丰县	103	37	66	61	8	53	21	11	10
沛县	98	21	77	68	15	53	14	6	8
睢宁县	51	14	37	47	12	35	10	5	5
徐州经济技术开发区	4	2	2	7	4	3	2	1	1
新沂市	39	9	30	33	3	30	6	3	3
邳州市	37	10	27	24	7	17	11	2	9
常州市	**4329**	**2722**	**1607**	**2751**	**1694**	**1057**	**137**	**78**	**59**
天宁区	249	139	110	42	22	20	4	3	1
钟楼区	116	66	50	72	42	30	8	4	4
新北区	393	249	144	96	60	36	5	3	2
武进区	1245	794	451	1288	805	483	51	28	23
金坛区	834	531	303	491	298	193	43	27	16
江苏省常州市经济开发区	1006	622	384	635	382	253	13	6	7
溧阳市	486	321	165	127	85	42	13	7	6

7-3c 续表 28 单位：人

现住地	户口登记地								
	陕西			甘肃			青海		
	小计	男	女	小计	男	女	小计	男	女
苏州市	**24007**	**15371**	**8636**	**16882**	**10117**	**6765**	**513**	**290**	**223**
虎丘区	680	450	230	386	250	136	17	12	5
吴中区	4332	2776	1556	2173	1246	927	74	39	35
相城区	602	433	169	406	255	151	25	13	12
姑苏区									
吴江区	1048	691	357	950	608	342	22	12	10
苏州工业园区									
常熟市	2373	1554	819	1400	817	583	49	35	14
张家港市	1604	914	690	871	510	361	86	42	44
昆山市	10321	6598	3723	8888	5300	3588	182	101	81
太仓市	3047	1955	1092	1808	1131	677	58	36	22
南通市	**2342**	**1373**	**969**	**1175**	**750**	**425**	**160**	**86**	**74**
崇川区									
港闸区	67	40	27	14	7	7			
通州区	288	190	98	283	189	94	19	12	7
如东县	182	116	66	114	62	52	8	6	2
南通经济技术开发区									
通州湾示范区	9	4	5	3		3	5	2	3
苏锡通科技产业园区	287	147	140	104	71	33	12	6	6
启东市	242	184	58	191	137	54	40	23	17
如皋市	117	61	56	47	25	22	7	1	6
海门市	935	494	441	274	165	109	38	19	19
海安市	215	137	78	145	94	51	31	17	14
连云港市	**144**	**56**	**88**	**132**	**42**	**90**	**26**	**10**	**16**
连云区	6	5	1	18	14	4			
海州区	9	2	7	7	4	3	5	3	2
赣榆区	53	20	33	43	5	38	6		6
东海县	33	7	26	32	7	25	9	4	5
灌云县	12	5	7	14	7	7	5	2	3
灌南县	24	12	12	14	3	11	1	1	
连云港经济技术开发区	2	1	1	4	2	2			
连云港高新技术产业开发区									
江苏连云港徐圩新区	4	4							
江苏省连云港市云台山风景名胜区	1		1						
淮安市	**154**	**85**	**69**	**103**	**54**	**49**	**11**	**4**	**7**
淮安区	47	33	14	30	14	16	2	1	1
淮阴区	19	6	13	17	9	8	2	1	1
清江浦区	2	1	1	5	3	2	3	2	1
洪泽区	19	11	8	5	3	2	2		2
涟水县	29	10	19	17	3	14			
盱眙县	13	5	8	14	10	4	1		1
金湖县	21	16	5	9	6	3	1		1
淮安经济技术开发区									
工业园区	4	3	1	6	6				
生态文旅区									
苏淮高新区									

7-3c 续表 29

单位：人

现住地	户口登记地								
	陕西			甘肃			青海		
	小计	男	女	小计	男	女	小计	男	女
盐城市	**448**	**254**	**194**	**413**	**241**	**172**	**31**	**12**	**19**
亭湖区	7	3	4	6	4	2	1		1
盐都区	135	79	56	115	71	44	15	5	10
大丰区	135	91	44	120	79	41	1	1	
响水县	10	3	7	29	16	13			
滨海县	19	5	14	20	9	11	4	2	2
阜宁县	16		16	11	7	4	1	1	
射阳县	42	23	19	22	8	14	3	2	1
建湖县	16	10	6	13	4	9	1	1	
盐城经济技术开发区	4	3	1	3	2	1			
江苏省盐南高新区									
东台市	64	37	27	74	41	33	5		5
扬州市	**879**	**570**	**309**	**447**	**256**	**191**	**127**	**49**	**78**
广陵区	189	141	48	72	42	30	10	5	5
邗江区	19	9	10	12	5	7	2		2
江都区	339	214	125	174	103	71	69	23	46
宝应县	48	31	17	28	8	20	9	5	4
扬州经济技术开发区	107	69	38	51	32	19	7	3	4
蜀冈瘦西湖景区									
生态新城	19	9	10	9	5	4	2	1	1
仪征市	82	52	30	61	34	27	10	3	7
高邮市	76	45	31	40	27	13	18	9	9
镇江市	**1140**	**743**	**397**	**877**	**497**	**380**	**71**	**33**	**38**
京口区	12	8	4	2		2			
润州区	1	1							
丹徒区	107	81	26	79	45	34	9	4	5
镇江新区	125	85	40	63	31	32	5	2	3
江苏镇江高新区									
丹阳市	399	228	171	427	230	197	34	13	21
扬中市	200	145	55	123	85	38	8	5	3
句容市	296	195	101	183	106	77	15	9	6
泰州市	**836**	**550**	**286**	**441**	**250**	**191**	**80**	**36**	**44**
海陵区	7	1	6	5	3	2			
高港区	83	55	28	44	19	25	11	6	5
姜堰区	81	47	34	43	20	23	20	7	13
泰州医药高新技术产业开发区	5	2	3	11	3	8			
兴化市	61	37	24	33	13	20	5	1	4
靖江市	352	243	109	167	114	53	17	9	8
泰兴市	247	165	82	138	78	60	27	13	14
宿迁市	**220**	**85**	**135**	**168**	**57**	**111**	**71**	**30**	**41**
宿城区	56	20	36	26	9	17	9	5	4
宿豫区	15	6	9	12	4	8	6	2	4
沭阳县	66	21	45	58	14	44	15	5	10
泗阳县	23	12	11	15	5	10	6	4	2
泗洪县	18	6	12	22	10	12	10	5	5
宿迁经济技术开发区	25	14	11	19	10	9	9	2	7
宿迁市湖滨新区	14	6	8	3	1	2	13	6	7
苏州宿迁工业园区									
宿迁市洋河新区	3		3	13	4	9	3	1	2

7-3c　续表 30　　　　单位：人

现住地	户口登记地					
	宁夏			新疆		
	小计	男	女	小计	男	女
江　苏	**1026**	**601**	**425**	**2776**	**1345**	**1431**
南京市	**103**	**71**	**32**	**309**	**198**	**111**
玄武区						
秦淮区						
建邺区						
鼓楼区						
浦口区	2	1	1	7	3	4
栖霞区	4	3	1	11	8	3
雨花台区						
江宁区	76	50	26	243	168	75
六合区	5	3	2	5	2	3
溧水区	8	6	2	33	11	22
高淳区	3	3		7	4	3
南京江北新区	5	5		3	2	1
无锡市	**98**	**60**	**38**	**275**	**133**	**142**
锡山区	5	3	2	30	17	13
惠山区	23	14	9	66	26	40
滨湖区	5	4	1	12	3	9
梁溪区						
新吴区	30	19	11	37	24	13
江苏无锡经济开发区						
江阴市	21	12	9	104	49	55
宜兴市	14	8	6	26	14	12
徐州市	**53**	**22**	**31**	**334**	**152**	**182**
鼓楼区						
云龙区						
贾汪区	7	4	3	14	4	10
泉山区						
铜山区	12	4	8	57	23	34
丰县	10	6	4	68	34	34
沛县	12	3	9	53	23	30
睢宁县	6	2	4	45	22	23
徐州经济技术开发区	2	1	1	4	2	2
新沂市	3	1	2	57	26	31
邳州市	1	1		36	18	18
常州市	**108**	**68**	**40**	**195**	**108**	**87**
天宁区	3	1	2	18	12	6
钟楼区	5	2	3	8	6	2
新北区	1	1		14	5	9
武进区	29	15	14	50	26	24
金坛区	39	31	8	61	36	25
江苏省常州市经济开发区	20	12	8	24	11	13
溧阳市	11	6	5	20	12	8

7-3c 续表 31　　单位：人

现住地	户口登记地					
	宁夏			新疆		
	小计	男	女	小计	男	女
苏州市	**347**	**211**	**136**	**520**	**279**	**241**
虎丘区	19	13	6	22	13	9
吴中区	42	28	14	65	45	20
相城区	10	6	4	9	7	2
姑苏区						
吴江区	25	16	9	32	13	19
苏州工业园区						
常熟市	59	36	23	62	34	28
张家港市	25	11	14	119	58	61
昆山市	137	81	56	164	83	81
太仓市	30	20	10	47	26	21
南通市	**47**	**31**	**16**	**424**	**187**	**237**
崇川区						
港闸区						
通州区	19	13	6	77	34	43
如东县	2	2		53	21	32
南通经济技术开发区						
通州湾示范区	4	1	3	9	2	7
苏锡通科技产业园区	2	2		8	3	5
启东市	7	6	1	71	33	38
如皋市	2		2	80	28	52
海门市	5	4	1	48	26	22
海安市	6	3	3	78	40	38
连云港市	**17**	**6**	**11**	**91**	**29**	**62**
连云区						
海州区				2		2
赣榆区	4	2	2	69	23	46
东海县	9	1	8	8	3	5
灌云县	2	2		8	2	6
灌南县	1	1		2	1	1
连云港经济技术开发区	1		1	1		1
连云港高新技术产业开发区						
江苏连云港徐圩新区						
江苏省连云港市云台山风景名胜区				1		1
淮安市	**7**	**2**	**5**	**27**	**11**	**16**
淮安区	1		1	2		2
淮阴区	2		2	11	4	7
清江浦区	2	1	1			
洪泽区				2	1	1
涟水县	1		1	4	1	3
盱眙县				1		1
金湖县				7	5	2
淮安经济技术开发区						
工业园区	1	1				
生态文旅区						
苏淮高新区						

7-3c　续表 32　　　　单位：人

现住地	户口登记地					
	宁　夏			新　疆		
	小计	男	女	小计	男	女
盐城市	**36**	**23**	**13**	**55**	**20**	**35**
亭湖区	1	1		3	1	2
盐都区	3	3		9	4	5
大丰区	21	12	9	6	2	4
响水县	2	2		1		1
滨海县	2	2		4	3	1
阜宁县	2		2	3	1	2
射阳县	1	1		7	5	2
建湖县	1	1		8	1	7
盐城经济技术开发区	1		1	1	1	
江苏省盐南高新区						
东台市	2	1	1	13	2	11
扬州市	**45**	**22**	**23**	**130**	**54**	**76**
广陵区	5	3	2	17	12	5
邗江区				7	3	4
江都区	25	10	15	56	19	37
宝应县	2	2		4	2	2
扬州经济技术开发区	3	2	1	10	4	6
蜀冈瘦西湖景区						
生态新城	3	2	1	7	5	2
仪征市	3	1	2	11	3	8
高邮市	4	2	2	18	6	12
镇江市	**53**	**30**	**23**	**111**	**55**	**56**
京口区				2	1	1
润州区						
丹徒区	2	2		19	9	10
镇江新区	1		1	2	1	1
江苏镇江高新区						
丹阳市	19	12	7	34	12	22
扬中市	20	11	9	19	11	8
句容市	11	5	6	35	21	14
泰州市	**88**	**44**	**44**	**237**	**92**	**145**
海陵区				6	2	4
高港区	25	13	12	17	5	12
姜堰区	14	6	8	61	18	43
泰州医药高新技术产业开发区				5	4	1
兴化市	2	1	1	13	4	9
靖江市	5	2	3	27	11	16
泰兴市	42	22	20	108	48	60
宿迁市	**24**	**11**	**13**	**68**	**27**	**41**
宿城区	4	2	2	16	4	12
宿豫区	2	1	1	5	2	3
沭阳县	4		4	16	4	12
泗阳县	3	2	1	7	2	5
泗洪县	1		1	9	4	5
宿迁经济技术开发区	10	6	4	2	2	
宿迁市湖滨新区				13	9	4
苏州宿迁工业园区						
宿迁市洋河新区						

7-4 全省按现住地、离开户口登记地时间分的户口登记地在外乡镇街道的人口

单位：人

现住地	离开户口登记地时间							
	合计							
	合计	半年以上，不满一年	一年以上，不满二年	二年以上，不满三年	三年以上，不满四年	四年以上，不满五年	五年以上，不满十年	十年以上
江　苏	**29979948**	**5695345**	**4139727**	**3936216**	**3148776**	**2212867**	**5220088**	**5626929**
南京市	**4409031**	**852777**	**719742**	**656423**	**483123**	**297826**	**694038**	**705102**
玄武区	257471	52289	46090	40879	34253	18725	33545	31690
秦淮区	343142	53592	51815	47792	33933	25061	59747	71202
建邺区	285901	57159	50795	42676	28307	19859	45618	41487
鼓楼区	386020	79326	65883	59258	39358	23559	58916	59720
浦口区	155104	34590	25778	24238	18226	9971	21262	21039
栖霞区	589090	107626	91161	84893	68622	40674	96086	100028
雨花台区	389352	60136	52019	47385	41532	26828	70485	90967
江宁区	982415	205074	165932	152346	105589	60404	144395	148675
六合区	167475	32486	26763	26603	19058	12813	27920	21832
溧水区	190160	37213	33691	29795	21251	13490	28292	26428
高淳区	86118	23498	13475	12457	8820	5818	12434	9616
南京江北新区	576783	109788	96340	88101	64174	40624	95338	82418
无锡市	**3441700**	**656849**	**372966**	**352775**	**313997**	**220932**	**648768**	**875413**
锡山区	474502	79168	55029	49406	42155	30562	87413	130769
惠山区	454981	57745	51606	48433	46614	32165	82600	135818
滨湖区	300362	46194	42428	38355	31221	18488	52795	70881
梁溪区	454365	60078	45522	43735	39562	29847	93625	141996
新吴区	391706	134126	47239	38908	34163	22194	58718	56358
江苏无锡经济开发区	164854	20635	15981	16124	15259	11064	34028	51763
江阴市	703747	203759	67542	68253	58360	40244	128792	136797
宜兴市	497183	55144	47619	49561	46663	36368	110797	151031
徐州市	**1997139**	**376462**	**333993**	**311720**	**220155**	**163561**	**301414**	**289834**
鼓楼区	206854	32241	30711	29423	22236	19445	34998	37800
云龙区	212360	36388	33877	33529	26483	19300	32025	30758
贾汪区	79870	13181	14894	10230	7943	6503	14661	12458
泉山区	248180	37916	42301	36637	26518	19968	41038	43802
铜山区	234200	40271	40883	38946	27733	14584	33345	38438
丰县	142502	23010	23683	26301	16671	10571	22475	19791
沛县	181180	29965	29486	28393	21172	18145	30200	23819
睢宁县	206845	43207	35406	32304	22919	19611	29089	24309
徐州经济技术开发区	142184	26064	24962	23643	15738	11960	22316	17501
新沂市	143011	26256	22814	21493	15231	11062	23101	23054
邳州市	199953	67963	34976	30821	17511	12412	18166	18104
常州市	**2429433**	**356829**	**265765**	**276061**	**257400**	**178799**	**479070**	**615509**
天宁区	325569	36991	34100	38194	33774	25182	69813	87515
钟楼区	344934	40855	36262	38737	37743	23881	67401	100055
新北区	390877	70954	41835	44501	43925	28496	77790	83376
武进区	673250	94819	78488	76785	69126	49546	127613	176873
金坛区	236137	35257	23057	25590	26428	17129	50987	57689
江苏省常州市经济开发区	238149	24820	21301	22927	23062	18566	49452	78021
溧阳市	220517	53133	30722	29327	23342	15999	36014	31980

7-4　续表 1

单位：人

现住地	离开户口登记地时间							
	合计							
	合计	半年以上，不满一年	一年以上，不满二年	二年以上，不满三年	三年以上，不满四年	四年以上，不满五年	五年以上，不满十年	十年以上
苏州市	**6705065**	**1381279**	**783061**	**737398**	**639435**	**486099**	**1197040**	**1480753**
虎丘区	469519	112750	73613	60407	44835	28715	72405	76794
吴中区	768674	189622	105622	90714	72458	49845	113426	146987
相城区	502552	106177	60943	56471	50073	34236	89420	105232
姑苏区	417307	56963	48306	43716	38639	30540	82532	116611
吴江区	769407	158918	85838	82098	69120	55809	128761	188863
苏州工业园区	648573	94648	80047	75622	65628	52607	143598	136423
常熟市	826054	145120	95332	87832	79600	76851	152491	188828
张家港市	686721	98708	67381	73281	65366	47970	145875	188140
昆山市	1218976	352704	126032	126096	116694	81001	193368	223081
太仓市	397282	65669	39947	41161	37022	28525	75164	109794
南通市	**2160554**	**472566**	**390541**	**325192**	**222769**	**166643**	**292993**	**289850**
崇川区	410884	80729	71172	67713	45561	31878	56522	57309
港闸区	244408	33367	35839	38488	32596	24976	43092	36050
通州区	292814	66351	50954	45584	29090	22327	39474	39034
如东县	129262	30443	20167	16928	11121	9410	17068	24125
南通经济技术开发区	190710	36149	38180	32934	21488	16434	25943	19582
通州湾示范区	17051	3990	5743	2861	888	752	1120	1697
苏锡通科技产业园区	37198	8479	6095	4760	3418	2728	5412	6306
启东市	204681	62992	31946	26089	18717	12849	22424	29664
如皋市	150191	30034	27863	23590	14867	12592	23256	17989
海门市	306550	69338	71496	43761	30985	21477	34953	34540
海安市	176805	50694	31086	22484	14038	11220	23729	23554
连云港市	**827284**	**154254**	**135859**	**130782**	**87494**	**61378**	**136351**	**121166**
连云区	66533	10928	7809	7856	6828	5996	13943	13173
海州区	197131	33497	29164	30647	21475	15173	32926	34249
赣榆区	97470	23657	16109	15016	7889	5979	13446	15374
东海县	133088	27514	24613	20835	12498	8877	18383	20368
灌云县	93891	14333	12500	13464	9766	8189	20426	15213
灌南县	86148	14346	10984	14269	10622	7254	20845	7828
连云港经济技术开发区	35427	6778	5453	4872	3015	2611	6325	6373
连云港高新技术产业开发区	101154	16775	26727	22090	14326	6541	8101	6594
江苏连云港徐圩新区	13351	6018	2197	1449	798	522	1279	1088
江苏省连云港市云台山风景名胜区	3091	408	303	284	277	236	677	906
淮安市	**1133357**	**194030**	**164303**	**171074**	**137528**	**91944**	**215390**	**159088**
淮安区	158605	27524	24731	25523	18816	13389	26220	22402
淮阴区	144016	24353	21662	22047	19258	9695	23351	23650
清江浦区	207471	36495	29300	32926	27081	16013	36258	29398
洪泽区	77240	8457	6595	9898	9275	8099	21446	13470
涟水县	141373	29148	19705	20416	16461	12070	26471	17102
盱眙县	147203	22525	20420	22296	18541	13029	31164	19228
金湖县	93250	10481	9442	10612	9656	8301	26390	18368
淮安经济技术开发区	128002	27360	26015	21887	13480	8539	18258	12463
工业园区	1753	503	338	242	145	83	286	156
生态文旅区	30167	6584	5638	4865	4505	2467	4472	1636
苏淮高新区	4277	600	457	362	310	259	1074	1215

7-4 续表 2

单位：人

现住地	离开户口登记地时间							
	合计							
	合计	半年以上，不满一年	一年以上，不满二年	二年以上，不满三年	三年以上，不满四年	四年以上，不满五年	五年以上，不满十年	十年以上
盐城市	**1550651**	**277682**	**217071**	**221671**	**174837**	**120257**	**292320**	**246813**
亭湖区	216978	39533	38180	38905	28453	15395	29976	26536
盐都区	177988	25376	27883	29245	22412	15834	34666	22572
大丰区	147935	27597	21111	22641	16121	10427	26967	23071
响水县	109130	16955	11699	11873	12370	8377	23588	24268
滨海县	137230	24696	18094	17620	14070	11305	27371	24074
阜宁县	138690	26331	17246	17650	13731	9801	30934	22997
射阳县	155292	25594	18988	19583	17748	14007	31307	28065
建湖县	171619	16247	13073	17536	19196	16161	49382	40024
盐城经济技术开发区	29280	9404	5567	5815	3541	1234	2426	1293
江苏省盐南高新区	145141	26273	26205	25002	18486	11667	20804	16704
东台市	121368	39676	19025	15801	8709	6049	14899	17209
扬州市	**1433750**	**299805**	**200709**	**189663**	**153191**	**109573**	**228638**	**252171**
广陵区	239223	39591	50268	33344	27527	18067	27629	42797
邗江区	321044	72893	50568	46637	32234	21904	43512	53296
江都区	215943	47865	26202	26159	20431	15051	36394	43841
宝应县	153963	28003	15778	21023	18186	15645	32125	23203
扬州经济技术开发区	116413	31764	13405	14175	12755	8653	17928	17733
蜀冈瘦西湖景区	59565	11142	7204	7710	6325	4336	11909	10939
生态新城	19625	6720	2090	1690	1849	1189	2356	3731
仪征市	132201	31484	15356	16156	12926	9185	21458	25636
高邮市	175773	30343	19838	22769	20958	15543	35327	30995
镇江市	**1352182**	**219009**	**179677**	**183268**	**156255**	**107291**	**261305**	**245377**
京口区	181996	25444	23055	26553	20896	14433	35936	35679
润州区	123552	15361	13525	15686	14661	12690	29984	21645
丹徒区	142040	28792	18969	20674	17308	9643	24338	22316
镇江新区	143299	20719	16415	18130	15787	11215	38337	22696
江苏镇江高新区	37752	3437	3918	5119	4891	4982	9777	5628
丹阳市	393867	52094	50594	51789	47263	31284	75574	85269
扬中市	94757	16834	12746	11267	10872	7464	15217	20357
句容市	234919	56328	40455	34050	24577	15580	32142	31787
泰州市	**1304926**	**232100**	**190923**	**184580**	**148969**	**101810**	**238403**	**208141**
海陵区	256952	38879	43803	43239	35012	19333	41008	35678
高港区	74251	13212	9315	9511	9149	6068	14969	12027
姜堰区	188691	28993	27171	27689	22318	18074	42414	22032
泰州医药高新技术产业开发区	107468	27593	18739	15658	12062	7643	14847	10926
兴化市	212073	46800	35559	30737	20180	14273	32914	31610
靖江市	254658	25763	24944	27753	29144	22532	59728	64794
泰兴市	210833	50860	31392	29993	21104	13887	32523	31074
宿迁市	**1234876**	**221703**	**185117**	**195609**	**153623**	**106754**	**234358**	**137712**
宿城区	165696	36377	31029	29611	20877	10643	23552	13607
宿豫区	128173	26514	18752	20547	15161	10535	23793	12871
沭阳县	334835	54898	52863	55709	40572	29199	62124	39470
泗阳县	198208	37543	23874	28922	26128	17032	39790	24919
泗洪县	277131	35963	35633	38674	37485	30550	64080	34746
宿迁经济技术开发区	66504	11803	9934	12296	7406	4810	12864	7391
宿迁市湖滨新区	34915	11424	8131	4170	2791	2099	4213	2087
苏州宿迁工业园区	15081	4465	3068	2898	1750	890	1370	640
宿迁市洋河新区	14333	2716	1833	2782	1453	996	2572	1981

7-4　续表 3　　　　单位：人

现住地	离开户口登记地时间							
	省内							
	小计	半年以上，不满一年	一年以上，不满二年	二年以上，不满三年	三年以上，不满四年	四年以上，不满五年	五年以上，不满十年	十年以上
江　苏	**19671338**	**3574357**	**2714877**	**2687495**	**2115167**	**1498628**	**3521655**	**3559159**
南京市	**3060566**	**574119**	**480374**	**455613**	**330361**	**209389**	**497517**	**513193**
玄武区	161991	30813	27132	24803	20087	12081	23605	23470
秦淮区	252322	37669	36812	34492	24359	18381	45092	55517
建邺区	212330	39318	36205	31505	21010	15274	36404	32614
鼓楼区	284144	58955	48264	43680	27687	17210	42677	45671
浦口区	110881	23975	17711	18194	13090	7441	15570	14900
栖霞区	401205	73463	59482	57518	46273	28025	66335	70109
雨花台区	258725	39672	33299	30944	26738	17222	47219	63631
江宁区	641541	130061	103749	99649	68576	39114	96178	104214
六合区	134984	24994	22011	22599	15865	10514	22316	16685
溧水区	140242	23805	21566	22035	16755	11033	23328	21720
高淳区	67733	17209	10459	10138	7183	4713	10144	7887
南京江北新区	394468	74185	63684	60056	42738	28381	68649	56775
无锡市	**1771017**	**340155**	**188753**	**185007**	**158333**	**113483**	**335908**	**449378**
锡山区	190436	27224	21320	20519	16920	12209	36202	56042
惠山区	209539	29641	27312	24491	20315	13869	36691	57220
滨湖区	167541	26248	22727	20755	15975	10522	30729	40585
梁溪区	305710	41231	30280	30253	27588	20352	63683	92323
新吴区	215703	76744	22280	20240	18042	12146	32998	33253
江苏无锡经济开发区	95194	12863	9777	9960	9154	6622	20159	26659
江阴市	307915	98321	28368	30028	24503	16983	52992	56720
宜兴市	278979	27883	26689	28761	25836	20780	62454	86576
徐州市	**1748772**	**332732**	**288822**	**271628**	**190680**	**145122**	**267172**	**252616**
鼓楼区	174634	25951	24515	24796	19238	16971	30829	32334
云龙区	176852	29938	27818	28021	22025	16396	26663	25991
贾汪区	69033	10011	12810	8799	7260	5904	13356	10893
泉山区	208890	31878	35079	30447	21997	16766	35125	37598
铜山区	179759	33458	28715	27531	18448	11556	27580	32471
丰县	131545	20839	22348	24577	15530	9837	20749	17665
沛县	165329	27062	27134	26280	19705	16665	27579	20904
睢宁县	194270	40664	33803	30689	21615	18410	27154	21935
徐州经济技术开发区	122201	21726	21161	20309	13702	10418	19652	15233
新沂市	134083	24801	21783	20413	14443	10361	21322	20960
邳州市	192176	66404	33656	29766	16717	11838	17163	16632
常州市	**1395521**	**194498**	**152119**	**165216**	**152511**	**104719**	**282968**	**343490**
天宁区	200618	20267	20799	24833	21932	16187	44742	51858
钟楼区	212383	24985	22701	24939	24185	14945	41886	58742
新北区	233844	44692	25193	27405	26546	17166	46579	46263
武进区	347175	49131	42632	41200	35189	25064	64179	89780
金坛区	155841	15920	13510	17050	18728	12117	37539	40977
江苏省常州市经济开发区	97035	10347	8976	9713	9368	7236	19935	31460
溧阳市	148625	29156	18308	20076	16563	12004	28108	24410

7-4 续表 4

单位：人

现住地	离开户口登记地时间							
	省内							
	小计	半年以上，不满一年	一年以上，不满二年	二年以上，不满三年	三年以上，不满四年	四年以上，不满五年	五年以上，不满十年	十年以上
苏州市	**2775205**	**564889**	**314278**	**305367**	**260020**	**196172**	**509774**	**624705**
虎丘区	227077	46818	35596	30788	22959	14130	36721	40065
吴中区	344332	84261	45590	40184	31126	22745	51952	68474
相城区	214730	44762	24636	23967	21653	14838	41389	43485
姑苏区	255378	36460	29849	26654	23287	18816	49915	70397
吴江区	217021	41377	23977	23673	18893	15482	37615	56004
苏州工业园区	305090	42669	35598	34292	30021	24503	69903	68104
常熟市	347824	56970	37861	38466	34550	28777	67611	83589
张家港市	297445	44264	30499	34444	29420	21161	63035	74622
昆山市	436350	144452	36880	39190	36639	26590	66586	86013
太仓市	129958	22856	13792	13709	11472	9130	25047	33952
南通市	**1370056**	**283098**	**236151**	**205269**	**144003**	**111051**	**199559**	**190925**
崇川区	306266	59364	51547	47874	34241	24857	44566	43817
港闸区	167693	22284	24080	26920	23536	18178	30579	22116
通州区	141566	32339	23956	20796	13459	10504	19903	20609
如东县	93283	19133	14193	12202	8032	7201	13046	19476
南通经济技术开发区	116158	22451	22973	20561	13388	10364	16051	10370
通州湾示范区	10707	2105	3984	1812	475	407	665	1259
苏锡通科技产业园区	13073	3201	1961	1639	1213	898	1948	2213
启东市	138840	39991	20825	18068	12363	9129	15793	22671
如皋市	110953	18612	20486	18194	11336	9848	18736	13741
海门市	154668	36343	32747	21848	15740	10885	18951	18154
海安市	116849	27275	19399	15355	10220	8780	19321	16499
连云港市	**740212**	**135814**	**118902**	**117065**	**78979**	**56283**	**124035**	**109134**
连云区	52572	7660	5704	6169	5514	4965	11627	10933
海州区	183929	31172	27273	28804	20070	14194	30658	31758
赣榆区	86668	21636	14803	13849	6884	5265	11391	12840
东海县	124667	26058	23519	19820	11728	8292	16859	18391
灌云县	89720	13049	12043	13037	9333	7974	19745	14539
灌南县	79968	13036	10315	13554	10000	6689	19131	7243
连云港经济技术开发区	30420	5776	4551	4193	2516	2228	5513	5643
连云港高新技术产业开发区	81409	14124	19321	16416	12081	6066	7393	6008
江苏连云港徐圩新区	7931	2935	1097	956	585	385	1058	915
江苏省连云港市云台山风景名胜区	2928	368	276	267	268	225	660	864
淮安市	**1057274**	**176980**	**148127**	**160032**	**129638**	**87493**	**205647**	**149357**
淮安区	150289	25282	23471	24388	17954	12929	25085	21180
淮阴区	133838	22076	19824	20513	17843	9270	22187	22125
清江浦区	194251	33792	27052	31054	25395	15200	34308	27450
洪泽区	74030	7552	6179	9491	9002	7891	20881	13034
涟水县	136252	28129	18863	19752	15959	11703	25686	16160
盱眙县	139062	21195	19403	21456	17738	12163	29594	17513
金湖县	86657	8826	8391	9628	9063	7840	25390	17519
淮安经济技术开发区	109184	23302	18986	18580	12008	7803	16981	11524
工业园区	1211	294	217	162	101	62	239	136
生态文旅区	28551	6030	5359	4684	4299	2381	4269	1529
苏淮高新区	3949	502	382	324	276	251	1027	1187

7-4　续表 5　　　　单位：人

现住地	离开户口登记地时间							
	省内							
	小计	半年以上，不满一年	一年以上，不满二年	二年以上，不满三年	三年以上，不满四年	四年以上，不满五年	五年以上，不满十年	十年以上
盐城市	**1430367**	**238047**	**196367**	**206129**	**163917**	**114067**	**278167**	**233673**
亭湖区	201428	36603	34999	35513	25804	14452	28657	25400
盐都区	167657	22518	25380	27766	21450	15208	33562	21773
大丰区	130070	22686	17682	20099	14534	9547	24360	21162
响水县	103375	15372	11014	11178	11751	7938	22738	23384
滨海县	129053	22677	17031	16705	13404	10769	25930	22537
阜宁县	133446	24943	16605	16922	13258	9474	30033	22211
射阳县	145753	22630	17576	18626	16962	13471	29805	26683
建湖县	164784	14791	12252	16842	18499	15598	47989	38813
盐城经济技术开发区	23636	6840	4431	4938	2986	1115	2190	1136
江苏省盐南高新区	137064	24292	24027	23630	17765	11262	19970	16118
东台市	94101	24695	15370	13910	7504	5233	12933	14456
扬州市	**1172522**	**224707**	**155632**	**155605**	**128718**	**94072**	**198474**	**215314**
广陵区	190299	30206	36810	26505	22741	15097	23090	35850
邗江区	257925	56351	38600	36871	26417	18266	36538	44882
江都区	171975	33073	21079	21173	16578	12560	30933	36579
宝应县	142745	24707	14065	19834	17132	14825	30570	21612
扬州经济技术开发区	88519	21957	9705	10600	9890	6979	14620	14768
蜀冈瘦西湖景区	51170	8335	6070	6717	5532	3870	10815	9831
生态新城	12006	3667	1037	971	1174	749	1683	2725
仪征市	103839	23133	11481	12777	10308	7423	17819	20898
高邮市	154044	23278	16785	20157	18946	14303	32406	28169
镇江市	**933652**	**141243**	**113638**	**122820**	**107762**	**77488**	**194652**	**176049**
京口区	146200	19440	17045	20170	15930	12034	30764	30817
润州区	107174	12515	11351	13443	12812	11158	26911	18984
丹徒区	101539	19939	12259	13735	11718	7294	18810	17784
镇江新区	102804	11060	9749	11955	11443	8194	31937	18466
江苏镇江高新区	30324	2401	2949	3994	4144	4275	8208	4353
丹阳市	207670	25339	26410	28297	25685	16967	40883	44089
扬中市	62952	10336	8025	7453	7198	5175	10477	14288
句容市	174989	40213	25850	23773	18832	12391	26662	27268
泰州市	**1070604**	**170520**	**154011**	**153858**	**125004**	**87699**	**205775**	**173737**
海陵区	211825	30538	33723	34687	29119	16805	35792	31161
高港区	56930	8294	6542	7375	7342	5034	12635	9708
姜堰区	168677	23488	24525	24919	20407	16726	39322	19290
泰州医药高新技术产业开发区	80263	14554	13734	12668	10043	6609	12851	9804
兴化市	190011	40217	32514	27578	18062	13008	30041	28591
靖江市	199135	17813	18774	22204	23409	18317	48668	49950
泰兴市	163763	35616	24199	24427	16622	11200	26466	25233
宿迁市	**1145570**	**197555**	**167703**	**183886**	**145241**	**101590**	**222007**	**127588**
宿城区	148409	30722	27625	27118	19343	9801	21660	12140
宿豫区	119248	23817	17328	19419	14333	9988	22395	11968
沭阳县	315946	50941	49578	53107	38694	28034	58989	36603
泗阳县	189036	35797	22484	27651	25141	16463	38314	23186
泗洪县	261770	33110	33383	36811	35442	29099	61256	32669
宿迁经济技术开发区	60167	9845	8872	11351	6817	4467	11956	6859
宿迁市湖滨新区	25297	7631	3982	3182	2574	2036	4000	1892
苏州宿迁工业园区	12954	3399	2805	2644	1608	814	1147	537
宿迁市洋河新区	12743	2293	1646	2603	1289	888	2290	1734

7-4 续表 6　　　　单位：人

现住地	离开户口登记地时间							
	省外							
	小计	半年以上，不满一年	一年以上，不满二年	二年以上，不满三年	三年以上，不满四年	四年以上，不满五年	五年以上，不满十年	十年以上
江　苏	**10308610**	**2120988**	**1424850**	**1248721**	**1033609**	**714239**	**1698433**	**2067770**
南京市	**1348465**	**278658**	**239368**	**200810**	**152762**	**88437**	**196521**	**191909**
玄武区	95480	21476	18958	16076	14166	6644	9940	8220
秦淮区	90820	15923	15003	13300	9574	6680	14655	15685
建邺区	73571	17841	14590	11171	7297	4585	9214	8873
鼓楼区	101876	20371	17619	15578	11671	6349	16239	14049
浦口区	44223	10615	8067	6044	5136	2530	5692	6139
栖霞区	187885	34163	31679	27375	22349	12649	29751	29919
雨花台区	130627	20464	18720	16441	14794	9606	23266	27336
江宁区	340874	75013	62183	52697	37013	21290	48217	44461
六合区	32491	7492	4752	4004	3193	2299	5604	5147
溧水区	49918	13408	12125	7760	4496	2457	4964	4708
高淳区	18385	6289	3016	2319	1637	1105	2290	1729
南京江北新区	182315	35603	32656	28045	21436	12243	26689	25643
无锡市	**1670683**	**316694**	**184213**	**167768**	**155664**	**107449**	**312860**	**426035**
锡山区	284066	51944	33709	28887	25235	18353	51211	74727
惠山区	245442	28104	24294	23942	26299	18296	45909	78598
滨湖区	132821	19946	19701	17600	15246	7966	22066	30296
梁溪区	148655	18847	15242	13482	11974	9495	29942	49673
新吴区	176003	57382	24959	18668	16121	10048	25720	23105
江苏无锡经济开发区	69660	7772	6204	6164	6105	4442	13869	25104
江阴市	395832	105438	39174	38225	33857	23261	75800	80077
宜兴市	218204	27261	20930	20800	20827	15588	48343	64455
徐州市	**248367**	**43730**	**45171**	**40092**	**29475**	**18439**	**34242**	**37218**
鼓楼区	32220	6290	6196	4627	2998	2474	4169	5466
云龙区	35508	6450	6059	5508	4458	2904	5362	4767
贾汪区	10837	3170	2084	1431	683	599	1305	1565
泉山区	39290	6038	7222	6190	4521	3202	5913	6204
铜山区	54441	6813	12168	11415	9285	3028	5765	5967
丰县	10957	2171	1335	1724	1141	734	1726	2126
沛县	15851	2903	2352	2113	1467	1480	2621	2915
睢宁县	12575	2543	1603	1615	1304	1201	1935	2374
徐州经济技术开发区	19983	4338	3801	3334	2036	1542	2664	2268
新沂市	8928	1455	1031	1080	788	701	1779	2094
邳州市	7777	1559	1320	1055	794	574	1003	1472
常州市	**1033912**	**162331**	**113646**	**110845**	**104889**	**74080**	**196102**	**272019**
天宁区	124951	16724	13301	13361	11842	8995	25071	35657
钟楼区	132551	15870	13561	13798	13558	8936	25515	41313
新北区	157033	26262	16642	17096	17379	11330	31211	37113
武进区	326075	45688	35856	35585	33937	24482	63434	87093
金坛区	80296	19337	9547	8540	7700	5012	13448	16712
江苏省常州市经济开发区	141114	14473	12325	13214	13694	11330	29517	46561
溧阳市	71892	23977	12414	9251	6779	3995	7906	7570

7-4　续表 7　　单位：人

现住地	离开户口登记地时间							
	省外							
	小计	半年以上，不满一年	一年以上，不满二年	二年以上，不满三年	三年以上，不满四年	四年以上，不满五年	五年以上，不满十年	十年以上
苏州市	**3929860**	**816390**	**468783**	**432031**	**379415**	**289927**	**687266**	**856048**
虎丘区	242442	65932	38017	29619	21876	14585	35684	36729
吴中区	424342	105361	60032	50530	41332	27100	61474	78513
相城区	287822	61415	36307	32504	28420	19398	48031	61747
姑苏区	161929	20503	18457	17062	15352	11724	32617	46214
吴江区	552386	117541	61861	58425	50227	40327	91146	132859
苏州工业园区	343483	51979	44449	41330	35607	28104	73695	68319
常熟市	478230	88150	57471	49366	45050	48074	84880	105239
张家港市	389276	54444	36882	38837	35946	26809	82840	113518
昆山市	782626	208252	89152	86906	80055	54411	126782	137068
太仓市	267324	42813	26155	27452	25550	19395	50117	75842
南通市	**790498**	**189468**	**154390**	**119923**	**78766**	**55592**	**93434**	**98925**
崇川区	104618	21365	19625	19839	11320	7021	11956	13492
港闸区	76715	11083	11759	11568	9060	6798	12513	13934
通州区	151248	34012	26998	24788	15631	11823	19571	18425
如东县	35979	11310	5974	4726	3089	2209	4022	4649
南通经济技术开发区	74552	13698	15207	12373	8100	6070	9892	9212
通州湾示范区	6344	1885	1759	1049	413	345	455	438
苏锡通科技产业园区	24125	5278	4134	3121	2205	1830	3464	4093
启东市	65841	23001	11121	8021	6354	3720	6631	6993
如皋市	39238	11422	7377	5396	3531	2744	4520	4248
海门市	151882	32995	38749	21913	15245	10592	16002	16386
海安市	59956	23419	11687	7129	3818	2440	4408	7055
连云港市	**87072**	**18440**	**16957**	**13717**	**8515**	**5095**	**12316**	**12032**
连云区	13961	3268	2105	1687	1314	1031	2316	2240
海州区	13202	2325	1891	1843	1405	979	2268	2491
赣榆区	10802	2021	1306	1167	1005	714	2055	2534
东海县	8421	1456	1094	1015	770	585	1524	1977
灌云县	4171	1284	457	427	433	215	681	674
灌南县	6180	1310	669	715	622	565	1714	585
连云港经济技术开发区	5007	1002	902	679	499	383	812	730
连云港高新技术产业开发区	19745	2651	7406	5674	2245	475	708	586
江苏连云港徐圩新区	5420	3083	1100	493	213	137	221	173
江苏省连云港市云台山风景名胜区	163	40	27	17	9	11	17	42
淮安市	**76083**	**17050**	**16176**	**11042**	**7890**	**4451**	**9743**	**9731**
淮安区	8316	2242	1260	1135	862	460	1135	1222
淮阴区	10178	2277	1838	1534	1415	425	1164	1525
清江浦区	13220	2703	2248	1872	1686	813	1950	1948
洪泽区	3210	905	416	407	273	208	565	436
涟水县	5121	1019	842	664	502	367	785	942
盱眙县	8141	1330	1017	840	803	866	1570	1715
金湖县	6593	1655	1051	984	593	461	1000	849
淮安经济技术开发区	18818	4058	7029	3307	1472	736	1277	939
工业园区	542	209	121	80	44	21	47	20
生态文旅区	1616	554	279	181	206	86	203	107
苏淮高新区	328	98	75	38	34	8	47	28

7-4 续表 8

单位：人

现住地	离开户口登记地时间							
	省外							
	小计	半年以上，不满一年	一年以上，不满二年	二年以上，不满三年	三年以上，不满四年	四年以上，不满五年	五年以上，不满十年	十年以上
盐城市	**120284**	**39635**	**20704**	**15542**	**10920**	**6190**	**14153**	**13140**
亭湖区	15550	2930	3181	3392	2649	943	1319	1136
盐都区	10331	2858	2503	1479	962	626	1104	799
大丰区	17865	4911	3429	2542	1587	880	2607	1909
响水县	5755	1583	685	695	619	439	850	884
滨海县	8177	2019	1063	915	666	536	1441	1537
阜宁县	5244	1388	641	728	473	327	901	786
射阳县	9539	2964	1412	957	786	536	1502	1382
建湖县	6835	1456	821	694	697	563	1393	1211
盐城经济技术开发区	5644	2564	1136	877	555	119	236	157
江苏省盐南高新区	8077	1981	2178	1372	721	405	834	586
东台市	27267	14981	3655	1891	1205	816	1966	2753
扬州市	**261228**	**75098**	**45077**	**34058**	**24473**	**15501**	**30164**	**36857**
广陵区	48924	9385	13458	6839	4786	2970	4539	6947
邗江区	63119	16542	11968	9766	5817	3638	6974	8414
江都区	43968	14792	5123	4986	3853	2491	5461	7262
宝应县	11218	3296	1713	1189	1054	820	1555	1591
扬州经济技术开发区	27894	9807	3700	3575	2865	1674	3308	2965
蜀冈瘦西湖景区	8395	2807	1134	993	793	466	1094	1108
生态新城	7619	3053	1053	719	675	440	673	1006
仪征市	28362	8351	3875	3379	2618	1762	3639	4738
高邮市	21729	7065	3053	2612	2012	1240	2921	2826
镇江市	**418530**	**77766**	**66039**	**60448**	**48493**	**29803**	**66653**	**69328**
京口区	35796	6004	6010	6383	4966	2399	5172	4862
润州区	16378	2846	2174	2243	1849	1532	3073	2661
丹徒区	40501	8853	6710	6939	5590	2349	5528	4532
镇江新区	40495	9659	6666	6175	4344	3021	6400	4230
江苏镇江高新区	7428	1036	969	1125	747	707	1569	1275
丹阳市	186197	26755	24184	23492	21578	14317	34691	41180
扬中市	31805	6498	4721	3814	3674	2289	4740	6069
句容市	59930	16115	14605	10277	5745	3189	5480	4519
泰州市	**234322**	**61580**	**36912**	**30722**	**23965**	**14111**	**32628**	**34404**
海陵区	45127	8341	10080	8552	5893	2528	5216	4517
高港区	17321	4918	2773	2136	1807	1034	2334	2319
姜堰区	20014	5505	2646	2770	1911	1348	3092	2742
泰州医药高新技术产业开发区	27205	13039	5005	2990	2019	1034	1996	1122
兴化市	22062	6583	3045	3159	2118	1265	2873	3019
靖江市	55523	7950	6170	5549	5735	4215	11060	14844
泰兴市	47070	15244	7193	5566	4482	2687	6057	5841
宿迁市	**89306**	**24148**	**17414**	**11723**	**8382**	**5164**	**12351**	**10124**
宿城区	17287	5655	3404	2493	1534	842	1892	1467
宿豫区	8925	2697	1424	1128	828	547	1398	903
沭阳县	18889	3957	3285	2602	1878	1165	3135	2867
泗阳县	9172	1746	1390	1271	987	569	1476	1733
泗洪县	15361	2853	2250	1863	2043	1451	2824	2077
宿迁经济技术开发区	6337	1958	1062	945	589	343	908	532
宿迁市湖滨新区	9618	3793	4149	988	217	63	213	195
苏州宿迁工业园区	2127	1066	263	254	142	76	223	103
宿迁市洋河新区	1590	423	187	179	164	108	282	247

7-4a　全省按现住地、离开户口登记地时间分的户口登记地在外乡镇街道的人口(城市)

单位：人

现住地	离开户口登记地时间							
	合计							
	合计	半年以上，不满一年	一年以上，不满二年	二年以上，不满三年	三年以上，不满四年	四年以上，不满五年	五年以上，不满十年	十年以上
江　苏	**19322446**	**3567533**	**2709081**	**2581745**	**2074312**	**1420918**	**3341073**	**3627784**
南京市	**4083202**	**774543**	**667065**	**608785**	**451666**	**278217**	**648547**	**654379**
玄武区	257471	52289	46090	40879	34253	18725	33545	31690
秦淮区	343142	53592	51815	47792	33933	25061	59747	71202
建邺区	285901	57159	50795	42676	28307	19859	45618	41487
鼓楼区	386020	79326	65883	59258	39358	23559	58916	59720
浦口区	137594	31558	23891	21898	16304	8603	18200	17140
栖霞区	572676	103127	88928	83137	67451	39707	93913	96413
雨花台区	384139	59268	51449	46858	41067	26524	69611	89362
江宁区	833833	167037	138714	129677	91908	52987	126507	127003
六合区	79103	14252	13354	12756	9296	6041	13421	9983
溧水区	158063	29398	28073	25033	17960	11731	23908	21960
高淳区	73728	19184	12173	11208	8026	5079	10735	7323
南京江北新区	571532	108353	95900	87613	63803	40341	94426	81096
无锡市	**2455782**	**447908**	**274480**	**258736**	**230558**	**163310**	**461963**	**618827**
锡山区	297365	48861	35359	30536	27046	19789	55873	79901
惠山区	303573	41443	37078	33939	32978	22881	53878	81376
滨湖区	278414	42738	40299	36177	29500	17201	48716	63783
梁溪区	454365	60078	45522	43735	39562	29847	93625	141996
新吴区	337684	110372	38731	33513	30234	20275	53717	50842
江苏无锡经济开发区	164854	20635	15981	16124	15259	11064	34028	51763
江阴市	325572	93046	32099	34177	28039	19685	57389	61137
宜兴市	293955	30735	29411	30535	27940	22568	64737	88029
徐州市	**1158839**	**219370**	**197403**	**180181**	**129942**	**92800**	**171900**	**167243**
鼓楼区	206854	32241	30711	29423	22236	19445	34998	37800
云龙区	199052	31535	31304	31078	23930	19132	31712	30361
贾汪区	63459	10411	13179	8686	6706	5366	11578	7533
泉山区	248180	37916	42301	36637	26518	19968	41038	43802
铜山区	160830	28477	32116	30197	22131	9014	20396	18499
丰县								
沛县								
睢宁县								
徐州经济技术开发区	195	32	17	17	18	16	38	57
新沂市	112432	20917	18576	17475	12899	8988	17448	16129
邳州市	167837	57841	29199	26668	15504	10871	14692	13062
常州市	**1844365**	**263451**	**205211**	**214223**	**199942**	**135861**	**370153**	**455524**
天宁区	289013	32489	29870	33066	30058	22291	62833	78406
钟楼区	320973	37332	33186	35625	35058	22242	63624	93906
新北区	322066	57835	35397	37225	36843	23999	65332	65435
武进区	470191	65600	58632	56059	48791	34361	87058	119690
金坛区	169096	22552	15831	19154	20429	12661	39181	39288
江苏省常州市经济开发区	106243	10256	9312	10409	10367	7708	23298	34893
溧阳市	166783	37387	22983	22685	18396	12599	28827	23906

7-4a 续表 1

单位：人

现住地	离开户口登记地时间							
	合计							
	合计	半年以上，不满一年	一年以上，不满二年	二年以上，不满三年	三年以上，不满四年	四年以上，不满五年	五年以上，不满十年	十年以上
苏州市	**3984879**	**835879**	**470611**	**441744**	**382843**	**282708**	**700302**	**870792**
虎丘区	436588	104837	68813	56706	42322	26747	67355	69808
吴中区	529456	134445	69772	58369	47464	33971	78508	106927
相城区	451339	93369	54306	50396	45511	31291	81897	94569
姑苏区	417307	56963	48306	43716	38639	30540	82532	116611
吴江区	391084	77509	48708	46729	37538	30065	65779	84756
苏州工业园区								
常熟市	491071	75443	50696	51596	47393	40861	101462	123620
张家港市	275195	38482	30316	34507	29244	20255	55746	66645
昆山市	825474	231413	82755	82885	79887	57113	133398	158023
太仓市	167365	23418	16939	16840	14845	11865	33625	49833
南通市	**1270858**	**250797**	**217119**	**198145**	**141725**	**105408**	**188485**	**169179**
崇川区	410884	80729	71172	67713	45561	31878	56522	57309
港闸区	242931	32826	35634	38246	32560	24925	43003	35737
通州区	132813	30556	22852	20677	13502	10578	18519	16129
如东县								
南通经济技术开发区								
通州湾示范区								
苏锡通科技产业园区								
启东市	108614	29413	17072	15856	10173	7914	13105	15081
如皋市	90946	13905	16255	14437	10029	9112	16726	10482
海门市	150273	30933	30573	22710	18045	11374	19852	16786
海安市	134397	32435	23561	18506	11855	9627	20758	17655
连云港市	**313866**	**60971**	**46467**	**46107**	**32100**	**23446**	**51738**	**53037**
连云区	64783	10289	7514	7709	6696	5916	13632	13027
海州区	178574	30558	26750	27874	19517	13282	29142	31451
赣榆区	60729	15051	10525	9641	5434	3988	8286	7804
东海县	219	36	23	30	17	13	44	56
灌云县								
灌南县								
连云港经济技术开发区								
连云港高新技术产业开发区								
江苏连云港徐圩新区	9283	4996	1627	826	407	221	569	637
江苏省连云港市云台山风景名胜区	278	41	28	27	29	26	65	62
淮安市	**524700**	**83514**	**75263**	**83429**	**68655**	**42515**	**95391**	**75933**
淮安区	136064	22034	21652	22736	17011	11907	22909	17815
淮阴区	123408	20013	19658	19857	17435	8263	19515	18667
清江浦区	203291	35265	28680	32443	26807	15798	35630	28668
洪泽区	61937	6202	5273	8393	7402	6547	17337	10783
涟水县								
盱眙县								
金湖县								
淮安经济技术开发区								
工业园区								
生态文旅区								
苏淮高新区								

7-4a　续表 2　　　　单位：人

现住地	离开户口登记地时间							
	合计							
	合计	半年以上，不满一年	一年以上，不满二年	二年以上，不满三年	三年以上，不满四年	四年以上，不满五年	五年以上，不满十年	十年以上
盐城市	**657858**	**120858**	**112463**	**114152**	**82648**	**50404**	**102882**	**74451**
亭湖区	192923	33694	35397	35841	25932	13873	26163	22023
盐都区	142191	16803	22593	24722	20006	13581	29122	15364
大丰区	95396	15524	14036	16927	12169	7146	17239	12355
响水县								
滨海县								
阜宁县								
射阳县								
建湖县								
盐城经济技术开发区	1633	539	406	423	70	52	99	44
江苏省盐南高新区	145141	26273	26205	25002	18486	11667	20804	16704
东台市	80574	28025	13826	11237	5985	4085	9455	7961
扬州市	**962707**	**177761**	**143267**	**133346**	**107601**	**75242**	**155176**	**170314**
广陵区	206268	32199	40780	29444	24962	16585	24467	37831
邗江区	297520	68316	47961	44249	30734	20638	39888	45734
江都区	142500	22010	18104	19183	15133	11386	27773	28911
宝应县								
扬州经济技术开发区								
蜀冈瘦西湖景区	59565	11142	7204	7710	6325	4336	11909	10939
生态新城	14075	5394	1323	982	1438	906	1457	2575
仪征市	101999	21258	12148	12404	10348	7563	17991	20287
高邮市	140780	17442	15747	19374	18661	13828	31691	24037
镇江市	**825534**	**119073**	**106629**	**113266**	**97892**	**72053**	**166574**	**150047**
京口区	176844	25000	22702	26077	20496	14098	34978	33493
润州区	122847	15154	13469	15641	14601	12625	29872	21485
丹徒区	86508	12737	9287	11214	9901	7628	19818	15923
镇江新区								
江苏镇江高新区	37752	3437	3918	5119	4891	4982	9777	5628
丹阳市	182184	24416	23668	24700	22476	15425	35973	35526
扬中市	66228	10124	8731	8053	8257	5547	10887	14629
句容市	153171	28205	24854	22462	17270	11748	25269	23363
泰州市	**927746**	**141980**	**136680**	**136042**	**111716**	**77278**	**180727**	**143323**
海陵区	250031	36767	43023	42565	34469	18947	39993	34267
高港区	60252	9387	7290	8065	7807	5300	12931	9472
姜堰区	162920	21700	24229	24492	20464	16774	38772	16489
泰州医药高新技术产业开发区								
兴化市	141019	31438	26116	21698	13925	9676	21783	16383
靖江市	178505	15664	16086	19001	20414	16564	44701	46075
泰兴市	135019	27024	19936	20221	14637	10017	22547	20637
宿迁市	**312110**	**71428**	**56423**	**53589**	**37024**	**21676**	**47235**	**24735**
宿城区	145329	31443	28272	26884	18774	9185	20019	10752
宿豫区	111092	23091	16195	17940	13261	9200	20740	10665
沭阳县								
泗阳县								
泗洪县								
宿迁经济技术开发区								
宿迁市湖滨新区	29755	10479	7497	3563	2215	1687	3097	1217
苏州宿迁工业园区	15081	4465	3068	2898	1750	890	1370	640
宿迁市洋河新区	10853	1950	1391	2304	1024	714	2009	1461

7-4a 续表 3

单位：人

现住地	离开户口登记地时间							
	省内							
	小计	半年以上，不满一年	一年以上，不满二年	二年以上，不满三年	三年以上，不满四年	四年以上，不满五年	五年以上，不满十年	十年以上
江　苏	**13198725**	**2352670**	**1842903**	**1817993**	**1440719**	**998077**	**2337404**	**2408959**
南京市	**2856991**	**528902**	**448270**	**424514**	**310038**	**196629**	**468434**	**480204**
玄武区	161991	30813	27132	24803	20087	12081	23605	23470
秦淮区	252322	37669	36812	34492	24359	18381	45092	55517
建邺区	212330	39318	36205	31505	21010	15274	36404	32614
鼓楼区	284144	58955	48264	43680	27687	17210	42677	45671
浦口区	100621	22233	16535	16594	11968	6640	13876	12775
栖霞区	391650	71234	58243	56351	45520	27447	64983	67872
雨花台区	255320	39046	32905	30596	26445	17044	46719	62565
江宁区	560222	110219	89251	87316	61056	35150	86106	91124
六合区	67577	11925	11506	11231	8036	5199	11570	8110
溧水区	119555	19303	18182	18783	14638	9843	20345	18461
高淳区	59843	14654	9787	9434	6708	4149	9021	6090
南京江北新区	391416	73533	63448	59729	42524	28211	68036	55935
无锡市	**1426243**	**267296**	**155807**	**152317**	**130688**	**94062**	**271496**	**354577**
锡山区	132969	17828	15287	14518	12314	8818	25859	38345
惠山区	154266	23709	21642	18797	15461	10598	26588	37471
滨湖区	159594	24865	21856	19889	15368	10061	29258	38297
梁溪区	305710	41231	30280	30253	27588	20352	63683	92323
新吴区	195717	67918	19700	18392	16485	11388	30935	30899
江苏无锡经济开发区	95194	12863	9777	9960	9154	6622	20159	26659
江阴市	187328	59821	17789	19579	15689	10901	31368	32181
宜兴市	195465	19061	19476	20929	18629	15322	43646	58402
徐州市	**994725**	**192297**	**164756**	**151569**	**108624**	**81008**	**150555**	**145916**
鼓楼区	174634	25951	24515	24796	19238	16971	30829	32334
云龙区	166010	25887	25774	26013	19956	16259	26438	25683
贾汪区	56020	8165	11601	7477	6203	4982	10748	6844
泉山区	208890	31878	35079	30447	21997	16766	35125	37598
铜山区	118666	23521	21359	20122	13859	6952	16840	16013
丰县								
沛县								
睢宁县								
徐州经济技术开发区	162	27	14	12	15	16	30	48
新沂市	107228	20030	17947	16750	12397	8573	16442	15089
邳州市	163115	56838	28467	25952	14959	10489	14103	12307
常州市	**1186135**	**160754**	**130384**	**142345**	**132896**	**90246**	**245882**	**283628**
天宁区	188709	19002	19343	23126	20733	15207	42545	48753
钟楼区	200095	22791	20881	23119	22704	14227	40379	55994
新北区	201415	37778	22236	23972	23731	15266	40879	37553
武进区	279808	39596	36307	34430	28749	20439	51051	69236
金坛区	132111	12618	11144	14761	16521	10408	33403	33256
江苏省常州市经济开发区	59649	5800	5407	6051	6100	4341	13007	18943
溧阳市	124348	23169	15066	16886	14358	10358	24618	19893

7-4a　续表 4　　　　单位：人

现住地	离开户口登记地时间							
	省内							
	小计	半年以上，不满一年	一年以上，不满二年	二年以上，不满三年	三年以上，不满四年	四年以上，不满五年	五年以上，不满十年	十年以上
苏州市	**1878319**	**387525**	**217573**	**210907**	**179170**	**130590**	**337563**	**414991**
虎丘区	214378	43699	33773	29376	22078	13381	34719	37352
吴中区	271113	68222	35875	30929	24096	17613	40235	54143
相城区	199256	41093	22773	22180	20434	13925	39080	39771
姑苏区	255378	36460	29849	26654	23287	18816	49915	70397
吴江区	140402	24761	16652	16317	13173	10808	25136	33555
苏州工业园区								
常熟市	244681	36349	24992	26992	24725	18584	51467	61572
张家港市	163025	23808	18283	22302	18162	12404	33388	34678
昆山市	315211	101217	26784	27994	26603	19693	48758	64162
太仓市	74875	11916	8592	8163	6612	5366	14865	19361
南通市	**935144**	**179776**	**155413**	**144803**	**105872**	**81263**	**145998**	**122019**
崇川区	306266	59364	51547	47874	34241	24857	44566	43817
港闸区	167057	22139	24008	26835	23521	18154	30553	21847
通州区	93076	22358	16223	14832	9346	7136	12909	10272
如东县								
南通经济技术开发区								
通州湾示范区								
苏锡通科技产业园区								
启东市	87021	22787	13234	12866	8005	6605	10738	12786
如皋市	75230	10844	13235	12038	8434	7772	14410	8497
海门市	110865	23455	21454	16812	13085	8805	15451	11803
海安市	95629	18829	15712	13546	9240	7934	17371	12997
连云港市	**280271**	**52686**	**41333**	**41973**	**28941**	**21200**	**46645**	**47493**
连云区	51784	7352	5598	6099	5453	4935	11504	10843
海州区	166680	28562	25078	26237	18235	12394	27078	29096
赣榆区	56708	14350	10002	9181	4966	3719	7551	6939
东海县	210	35	20	29	16	13	43	54
灌云县								
灌南县								
连云港经济技术开发区								
连云港高新技术产业开发区								
江苏连云港徐圩新区	4625	2348	614	400	244	113	405	501
江苏省连云港市云台山风景名胜区	264	39	21	27	27	26	64	60
淮安市	**497925**	**78165**	**70665**	**79293**	**64988**	**40977**	**91610**	**72227**
淮安区	131223	21198	20881	21934	16381	11584	22176	17069
淮阴区	116176	18519	18161	18577	16248	7986	18791	17894
清江浦区	190609	32755	26557	30635	25151	15007	33721	26783
洪泽区	59917	5693	5066	8147	7208	6400	16922	10481
涟水县								
盱眙县								
金湖县								
淮安经济技术开发区								
工业园区								
生态文旅区								
苏淮高新区								

7-4a 续表 5

单位：人

现住地	离开户口登记地时间							
	省内							
	小计	半年以上，不满一年	一年以上，不满二年	二年以上，不满三年	三年以上，不满四年	四年以上，不满五年	五年以上，不满十年	十年以上
盐城市	**607997**	**102253**	**102728**	**107144**	**78104**	**48215**	**98572**	**70981**
亭湖区	181123	31368	32847	33233	24050	13271	25193	21161
盐都区	136009	15649	20871	23582	19266	13132	28460	15049
大丰区	89862	14447	13100	16035	11517	6823	16339	11601
响水县								
滨海县								
阜宁县								
射阳县								
建湖县								
盐城经济技术开发区	1365	414	374	395	49	35	67	31
江苏省盐南高新区	137064	24292	24027	23630	17765	11262	19970	16118
东台市	62574	16083	11509	10269	5457	3692	8543	7021
扬州市	**804271**	**138300**	**114961**	**110386**	**91671**	**65182**	**136217**	**147554**
广陵区	171166	25993	32649	24205	21152	14106	20885	32176
邗江区	240005	53070	36699	35023	25296	17338	33733	38846
江都区	122490	17632	15644	16201	12979	9990	24695	25349
宝应县								
扬州经济技术开发区								
蜀冈瘦西湖景区	51170	8335	6070	6717	5532	3870	10815	9831
生态新城	8250	2786	600	602	906	554	958	1844
仪征市	82654	16245	9368	10004	8471	6296	15386	16884
高邮市	128536	14239	13931	17634	17335	13028	29745	22624
镇江市	**639491**	**86875**	**76337**	**84865**	**76241**	**58297**	**136519**	**120357**
京口区	143114	19264	16892	19927	15714	11880	30164	29273
润州区	106927	12475	11327	13425	12791	11143	26859	18907
丹徒区	67104	9856	7007	8255	7584	5949	15838	12615
镇江新区								
江苏镇江高新区	30324	2401	2949	3994	4144	4275	8208	4353
丹阳市	122434	14841	15510	17117	15621	10858	25078	23409
扬中市	47923	6898	6022	5788	5990	4203	8093	10929
句容市	121665	21140	16630	16359	14397	9989	22279	20871
泰州市	**810900**	**117489**	**116495**	**118503**	**98747**	**69921**	**163596**	**126149**
海陵区	206738	28995	33204	34237	28733	16498	35025	30046
高港区	48364	6245	5380	6441	6492	4535	11281	7990
姜堰区	150574	18540	22389	22853	19233	15843	36699	15017
泰州医药高新技术产业开发区								
兴化市	131771	27929	24801	20254	13128	9244	20837	15578
靖江市	158114	13182	13827	17041	18562	15139	40565	39798
泰兴市	115339	22598	16894	17677	12599	8662	19189	17720
宿迁市	**280313**	**60352**	**48181**	**49374**	**34739**	**20487**	**44317**	**22863**
宿城区	132015	27231	25440	24790	17525	8577	18655	9797
宿豫区	104811	21150	15235	17128	12654	8804	19742	10098
沭阳县								
泗阳县								
泗洪县								
宿迁经济技术开发区								
宿迁市湖滨新区	20682	6860	3429	2631	2035	1649	2961	1117
苏州宿迁工业园区	12954	3399	2805	2644	1608	814	1147	537
宿迁市洋河新区	9851	1712	1272	2181	917	643	1812	1314

7-4a 续表 6 单位：人

现住地	离开户口登记地时间							
	省外							
	小计	半年以上，不满一年	一年以上，不满二年	二年以上，不满三年	三年以上，不满四年	四年以上，不满五年	五年以上，不满十年	十年以上
江 苏	**6123721**	**1214863**	**866178**	**763752**	**633593**	**422841**	**1003669**	**1218825**
南京市	**1226211**	**245641**	**218795**	**184271**	**141628**	**81588**	**180113**	**174175**
玄武区	95480	21476	18958	16076	14166	6644	9940	8220
秦淮区	90820	15923	15003	13300	9574	6680	14655	15685
建邺区	73571	17841	14590	11171	7297	4585	9214	8873
鼓楼区	101876	20371	17619	15578	11671	6349	16239	14049
浦口区	36973	9325	7356	5304	4336	1963	4324	4365
栖霞区	181026	31893	30685	26786	21931	12260	28930	28541
雨花台区	128819	20222	18544	16262	14622	9480	22892	26797
江宁区	273611	56818	49463	42361	30852	17837	40401	35879
六合区	11526	2327	1848	1525	1260	842	1851	1873
溧水区	38508	10095	9891	6250	3322	1888	3563	3499
高淳区	13885	4530	2386	1774	1318	930	1714	1233
南京江北新区	180116	34820	32452	27884	21279	12130	26390	25161
无锡市	**1029539**	**180612**	**118673**	**106419**	**99870**	**69248**	**190467**	**264250**
锡山区	164396	31033	20072	16018	14732	10971	30014	41556
惠山区	149307	17734	15436	15142	17517	12283	27290	43905
滨湖区	118820	17873	18443	16288	14132	7140	19458	25486
梁溪区	148655	18847	15242	13482	11974	9495	29942	49673
新吴区	141967	42454	19031	15121	13749	8887	22782	19943
江苏无锡经济开发区	69660	7772	6204	6164	6105	4442	13869	25104
江阴市	138244	33225	14310	14598	12350	8784	26021	28956
宜兴市	98490	11674	9935	9606	9311	7246	21091	29627
徐州市	**164114**	**27073**	**32647**	**28612**	**21318**	**11792**	**21345**	**21327**
鼓楼区	32220	6290	6196	4627	2998	2474	4169	5466
云龙区	33042	5648	5530	5065	3974	2873	5274	4678
贾汪区	7439	2246	1578	1209	503	384	830	689
泉山区	39290	6038	7222	6190	4521	3202	5913	6204
铜山区	42164	4956	10757	10075	8272	2062	3556	2486
丰县								
沛县								
睢宁县								
徐州经济技术开发区	33	5	3	5	3		8	9
新沂市	5204	887	629	725	502	415	1006	1040
邳州市	4722	1003	732	716	545	382	589	755
常州市	**658230**	**102697**	**74827**	**71878**	**67046**	**45615**	**124271**	**171896**
天宁区	100304	13487	10527	9940	9325	7084	20288	29653
钟楼区	120878	14541	12305	12506	12354	8015	23245	37912
新北区	120651	20057	13161	13253	13112	8733	24453	27882
武进区	190383	26004	22325	21629	20042	13922	36007	50454
金坛区	36985	9934	4687	4393	3908	2253	5778	6032
江苏省常州市经济开发区	46594	4456	3905	4358	4267	3367	10291	15950
溧阳市	42435	14218	7917	5799	4038	2241	4209	4013

7-4a 续表 7

单位：人

现住地	离开户口登记地时间							
	省外							
	小计	半年以上，不满一年	一年以上，不满二年	二年以上，不满三年	三年以上，不满四年	四年以上，不满五年	五年以上，不满十年	十年以上
苏州市	**2106560**	**448354**	**253038**	**230837**	**203673**	**152118**	**362739**	**455801**
虎丘区	222210	61138	35040	27330	20244	13366	32636	32456
吴中区	258343	66223	33897	27440	23368	16358	38273	52784
相城区	252083	52276	31533	28216	25077	17366	42817	54798
姑苏区	161929	20503	18457	17062	15352	11724	32617	46214
吴江区	250682	52748	32056	30412	24365	19257	40643	51201
苏州工业园区								
常熟市	246390	39094	25704	24604	22668	22277	49995	62048
张家港市	112170	14674	12033	12205	11082	7851	22358	31967
昆山市	510263	130196	55971	54891	53284	37420	84640	93861
太仓市	92490	11502	8347	8677	8233	6499	18760	30472
南通市	**335714**	**71021**	**61706**	**53342**	**35853**	**24145**	**42487**	**47160**
崇川区	104618	21365	19625	19839	11320	7021	11956	13492
港闸区	75874	10687	11626	11411	9039	6771	12450	13890
通州区	39737	8198	6629	5845	4156	3442	5610	5857
如东县								
南通经济技术开发区								
通州湾示范区								
苏锡通科技产业园区								
启东市	21593	6626	3838	2990	2168	1309	2367	2295
如皋市	15716	3061	3020	2399	1595	1340	2316	1985
海门市	39408	7478	9119	5898	4960	2569	4401	4983
海安市	38768	13606	7849	4960	2615	1693	3387	4658
连云港市	**33595**	**8285**	**5134**	**4134**	**3159**	**2246**	**5093**	**5544**
连云区	12999	2937	1916	1610	1243	981	2128	2184
海州区	11894	1996	1672	1637	1282	888	2064	2355
赣榆区	4021	701	523	460	468	269	735	865
东海县	9	1	3	1	1		1	2
灌云县								
灌南县								
连云港经济技术开发区								
连云港高新技术产业开发区								
江苏连云港徐圩新区	4658	2648	1013	426	163	108	164	136
江苏省连云港市云台山风景名胜区	14	2	7		2		1	2
淮安市	**26775**	**5349**	**4598**	**4136**	**3667**	**1538**	**3781**	**3706**
淮安区	4841	836	771	802	630	323	733	746
淮阴区	7232	1494	1497	1280	1187	277	724	773
清江浦区	12682	2510	2123	1808	1656	791	1909	1885
洪泽区	2020	509	207	246	194	147	415	302
涟水县								
盱眙县								
金湖县								
淮安经济技术开发区								
工业园区								
生态文旅区								
苏淮高新区								

7-4a　续表 8

单位：人

现住地	离开户口登记地时间							
	省外							
	小计	半年以上，不满一年	一年以上，不满二年	二年以上，不满三年	三年以上，不满四年	四年以上，不满五年	五年以上，不满十年	十年以上
盐城市	**49861**	**18605**	**9735**	**7008**	**4544**	**2189**	**4310**	**3470**
亭湖区	11800	2326	2550	2608	1882	602	970	862
盐都区	6182	1154	1722	1140	740	449	662	315
大丰区	5534	1077	936	892	652	323	900	754
响水县								
滨海县								
阜宁县								
射阳县								
建湖县								
盐城经济技术开发区	268	125	32	28	21	17	32	13
江苏省盐南高新区	8077	1981	2178	1372	721	405	834	586
东台市	18000	11942	2317	968	528	393	912	940
扬州市	**158436**	**39461**	**28306**	**22960**	**15930**	**10060**	**18959**	**22760**
广陵区	35102	6206	8131	5239	3810	2479	3582	5655
邗江区	57515	15246	11262	9226	5438	3300	6155	6888
江都区	20010	4378	2460	2982	2154	1396	3078	3562
宝应县								
扬州经济技术开发区								
蜀冈瘦西湖景区	8395	2807	1134	993	793	466	1094	1108
生态新城	5825	2608	723	380	532	352	499	731
仪征市	19345	5013	2780	2400	1877	1267	2605	3403
高邮市	12244	3203	1816	1740	1326	800	1946	1413
镇江市	**186043**	**32198**	**30292**	**28401**	**21651**	**13756**	**30055**	**29690**
京口区	33730	5736	5810	6150	4782	2218	4814	4220
润州区	15920	2679	2142	2216	1810	1482	3013	2578
丹徒区	19404	2881	2280	2959	2317	1679	3980	3308
镇江新区								
江苏镇江高新区	7428	1036	969	1125	747	707	1569	1275
丹阳市	59750	9575	8158	7583	6855	4567	10895	12117
扬中市	18305	3226	2709	2265	2267	1344	2794	3700
句容市	31506	7065	8224	6103	2873	1759	2990	2492
泰州市	**116846**	**24491**	**20185**	**17539**	**12969**	**7357**	**17131**	**17174**
海陵区	43293	7772	9819	8328	5736	2449	4968	4221
高港区	11888	3142	1910	1624	1315	765	1650	1482
姜堰区	12346	3160	1840	1639	1231	931	2073	1472
泰州医药高新技术产业开发区								
兴化市	9248	3509	1315	1444	797	432	946	805
靖江市	20391	2482	2259	1960	1852	1425	4136	6277
泰兴市	19680	4426	3042	2544	2038	1355	3358	2917
宿迁市	**31797**	**11076**	**8242**	**4215**	**2285**	**1189**	**2918**	**1872**
宿城区	13314	4212	2832	2094	1249	608	1364	955
宿豫区	6281	1941	960	812	607	396	998	567
沭阳县								
泗阳县								
泗洪县								
宿迁经济技术开发区								
宿迁市湖滨新区	9073	3619	4068	932	180	38	136	100
苏州宿迁工业园区	2127	1066	263	254	142	76	223	103
宿迁市洋河新区	1002	238	119	123	107	71	197	147

7-4b 全省按现住地、离开户口登记地时间分的户口登记地在外乡镇街道的人口(镇)

单位：人

现住地	离开户口登记地时间							
	合计							
	合计	半年以上，不满一年	一年以上，不满二年	二年以上，不满三年	三年以上，不满四年	四年以上，不满五年	五年以上，不满十年	十年以上
江　苏	**7509748**	**1365938**	**1044744**	**1010467**	**796891**	**588647**	**1380105**	**1322956**
南京市	**75465**	**14045**	**11947**	**12331**	**9000**	**6088**	**12902**	**9152**
玄武区								
秦淮区								
建邺区								
鼓楼区								
浦口区	732	107	123	84	71	45	100	202
栖霞区								
雨花台区	5213	868	570	527	465	304	874	1605
江宁区								
六合区	59912	11050	9961	10632	7552	4996	10012	5709
溧水区	7821	1427	1191	1005	842	685	1714	957
高淳区	1787	593	102	83	70	58	202	679
南京江北新区								
无锡市	**489007**	**96381**	**47434**	**47145**	**41514**	**29700**	**96180**	**130653**
锡山区	124804	20814	15193	14306	10863	7513	21599	34516
惠山区	49985	5528	4414	4830	4639	3139	9458	17977
滨湖区								
梁溪区								
新吴区								
江苏无锡经济开发区								
江阴市	205868	57836	18124	17292	15962	11590	39925	45139
宜兴市	108350	12203	9703	10717	10050	7458	25198	33021
徐州市	**718099**	**134567**	**123612**	**118486**	**80332**	**62213**	**108421**	**90468**
鼓楼区								
云龙区	13308	4853	2573	2451	2553	168	313	397
贾汪区	6405	1093	768	706	518	487	1245	1588
泉山区								
铜山区	45941	7345	6001	5963	3668	3625	8108	11231
丰县	128266	20186	22088	24600	15333	9618	20174	16267
沛县	165132	27257	27821	26613	19831	16908	27105	19597
睢宁县	188552	39187	33128	30069	21209	18303	26242	20414
徐州经济技术开发区	139541	25603	24678	23356	15507	11730	21891	16776
新沂市	14600	2838	2779	2339	974	868	2245	2557
邳州市	16354	6205	3776	2389	739	506	1098	1641
常州市	**223003**	**36250**	**24613**	**25350**	**22634**	**16668**	**40219**	**57269**
天宁区	17130	1641	1934	2603	1735	1380	3164	4673
钟楼区								
新北区	40004	7563	4104	4737	4232	2641	7112	9615
武进区	69815	10003	6918	7027	7303	4975	14265	19324
金坛区	18447	3096	1961	1877	1773	1459	3066	5215
江苏省常州市经济开发区	50567	6423	5559	5310	5053	4255	9134	14833
溧阳市	27040	7524	4137	3796	2538	1958	3478	3609

7-4b　续表 1　　　　单位：人

现住地	离开户口登记地时间							
	合　　计							
	合计	半年以上，不满一年	一年以上，不满二年	二年以上，不满三年	三年以上，不满四年	四年以上，不满五年	五年以上，不满十年	十年以上
苏州市	**1747355**	**301202**	**198914**	**187900**	**164409**	**132374**	**345689**	**416867**
虎丘区	577	180	126	97	26	21	68	59
吴中区	112167	19216	17855	15325	11404	7622	18770	21975
相城区	26640	5047	3525	3206	2450	1745	4455	6212
姑苏区								
吴江区	249150	49966	23311	21307	19346	16456	42427	76337
苏州工业园区	648573	94648	80047	75622	65628	52607	143598	136423
常熟市	191883	38924	25379	20948	19354	18958	30415	37905
张家港市	258927	33844	23350	23901	22710	17695	59894	77533
昆山市	133249	39427	13218	15098	12321	8103	21478	23604
太仓市	126189	19950	12103	12396	11170	9167	24584	36819
南通市	**684876**	**157754**	**135624**	**105422**	**66413**	**50249**	**83298**	**86116**
崇川区								
港闸区								
通州区	112215	22186	19860	18382	11341	8499	15775	16172
如东县	105744	24005	17685	14802	9057	7925	14132	18138
南通经济技术开发区	190710	36149	38180	32934	21488	16434	25943	19582
通州湾示范区	13824	3311	5378	2456	634	518	653	874
苏锡通科技产业园区	20963	5429	3455	2603	1884	1474	2751	3367
启东市	59533	20347	10466	7433	5996	3087	5485	6719
如皋市	43128	10930	9482	7545	3804	2643	4560	4164
海门市	112752	24999	26183	16443	10667	8630	12185	13645
海安市	26007	10398	4935	2824	1542	1039	1814	3455
连云港市	**443828**	**78457**	**81352**	**76642**	**49312**	**33132**	**72291**	**52642**
连云区	1083	346	217	103	77	49	235	56
海州区	12924	1951	1696	1996	1337	1398	2764	1782
赣榆区	21604	5312	3919	3833	1316	1016	2522	3686
东海县	111437	22872	22046	18242	10704	7378	14734	15461
灌云县	82266	11779	11078	12049	8778	7484	18441	12657
灌南县	76334	12258	9884	13085	9554	6532	18964	6057
连云港经济技术开发区	32698	6356	5142	4560	2792	2389	5732	5727
连云港高新技术产业开发区	101154	16775	26727	22090	14326	6541	8101	6594
江苏连云港徐圩新区	3746	746	561	616	385	296	702	440
江苏省连云港市云台山风景名胜区	582	62	82	68	43	49	96	182
淮安市	**531482**	**94218**	**79399**	**78485**	**61777**	**43767**	**105868**	**67968**
淮安区	8885	2155	1299	1220	609	602	1223	1777
淮阴区	8513	2035	720	891	812	674	1728	1653
清江浦区	557	204	85	64	24	18	60	102
洪泽区	2573	589	256	268	239	323	347	551
涟水县	128356	26134	18053	18808	15322	11197	24539	14303
盱眙县	136408	20226	18940	20997	17484	12288	29234	17239
金湖县	82827	8083	7780	8980	8905	7350	24742	16987
淮安经济技术开发区	128002	27360	26015	21887	13480	8539	18258	12463
工业园区	1035	266	170	159	104	56	212	68
生态文旅区	30167	6584	5638	4865	4505	2467	4472	1636
苏淮高新区	4159	582	443	346	293	253	1053	1189

7-4b 续表 2

单位：人

现住地	离开户口登记地时间							
	合计							
	合计	半年以上，不满一年	一年以上，不满二年	二年以上，不满三年	三年以上，不满四年	四年以上，不满五年	五年以上，不满十年	十年以上
盐城市	**762910**	**118824**	**89234**	**94542**	**82804**	**62747**	**170473**	**144286**
亭湖区	13960	3133	1388	1958	1850	949	2050	2632
盐都区	16884	2922	2449	2221	1132	1268	3031	3861
大丰区	26378	5455	3348	3062	2092	1873	5603	4945
响水县	101952	15342	10984	11105	11725	7912	22402	22482
滨海县	127014	21419	17093	16612	13299	10732	25893	21966
阜宁县	129863	23483	16229	16706	13091	9334	29808	21212
射阳县	139468	20133	17549	18169	16673	13161	29198	24585
建湖县	157298	12372	11482	16131	17875	15212	47194	37032
盐城经济技术开发区	25910	8031	5030	5268	3370	1113	2142	956
江苏省盐南高新区								
东台市	24183	6534	3682	3310	1697	1193	3152	4615
扬州市	**353775**	**78407**	**39930**	**44208**	**37621**	**29165**	**61849**	**62595**
广陵区	12639	2107	2483	1531	1132	780	1843	2763
邗江区	14731	2688	1784	1607	882	794	2272	4704
江都区	43146	11377	5267	4864	3712	2558	5714	9654
宝应县	142266	23620	14387	19834	17318	15153	30789	21165
扬州经济技术开发区	109521	29067	12348	13040	12233	8335	17210	17288
蜀冈瘦西湖景区								
生态新城	2578	545	348	247	138	103	576	621
仪征市	9201	2337	1018	1080	871	534	1351	2010
高邮市	19693	6666	2295	2005	1335	908	2094	4390
镇江市	**400409**	**67445**	**56033**	**54676**	**46797**	**27530**	**75586**	**72342**
京口区	3564	352	279	363	288	227	640	1415
润州区								
丹徒区	37325	6936	8207	8256	6482	1339	2827	3278
镇江新区	132597	18508	15339	16762	14953	10440	35119	21476
江苏镇江高新区								
丹阳市	168180	19859	20688	21340	19771	12543	32214	41765
扬中市	9119	2121	1178	897	616	818	1522	1967
句容市	49624	19669	10342	7058	4687	2163	3264	2441
泰州市	**265973**	**61342**	**41309**	**36868**	**28568**	**18459**	**40296**	**39131**
海陵区	2713	654	374	290	222	173	437	563
高港区	6811	1625	816	835	692	432	1109	1302
姜堰区	12238	3434	1597	1879	952	652	1701	2023
泰州医药高新技术产业开发区	105272	26914	18322	15305	11943	7555	14615	10618
兴化市	51005	10826	7015	6762	4616	3405	7816	10565
靖江市	41053	5089	5343	4876	5846	3808	8039	8052
泰兴市	46881	12800	7842	6921	4297	2434	6579	6008
宿迁市	**813566**	**127046**	**115343**	**128412**	**105710**	**76555**	**167033**	**93467**
宿城区	4073	525	497	591	476	360	919	705
宿豫区	8424	1438	1290	1317	1030	759	1653	937
沭阳县	302857	48380	49176	51846	37699	27149	56281	32326
泗阳县	184058	34357	22061	27120	24769	16133	37799	21819
泗洪县	251138	31496	32824	35583	34571	27636	58262	30766
宿迁经济技术开发区	61233	10578	9230	11661	6915	4368	11852	6629
宿迁市湖滨新区	1783	272	265	294	250	150	267	285
苏州宿迁工业园区								
宿迁市洋河新区								

7-4b 续表 3

单位：人

现住地	离开户口登记地时间							
	省内							
	小计	半年以上，不满一年	一年以上，不满二年	二年以上，不满三年	三年以上，不满四年	四年以上，不满五年	五年以上，不满十年	十年以上
江　苏	**5050916**	**886027**	**705752**	**713001**	**555199**	**411032**	**956855**	**823050**
南京市	**58047**	**10397**	**9404**	**10185**	**7332**	**4861**	**9514**	**6354**
玄武区								
秦淮区								
建邺区								
鼓楼区								
浦口区	576	72	81	71	61	39	84	168
栖霞区								
雨花台区	3405	626	394	348	293	178	500	1066
江宁区								
六合区	47436	8318	8185	9018	6343	4122	7622	3828
溧水区	5218	1006	694	686	580	476	1127	649
高淳区	1412	375	50	62	55	46	181	643
南京江北新区								
无锡市	**185108**	**36701**	**17205**	**17868**	**15111**	**11019**	**36276**	**50928**
锡山区	40073	6282	4764	4660	3306	2437	6960	11664
惠山区	21703	2321	1939	2140	1948	1343	4138	7874
滨湖区								
梁溪区								
新吴区								
江苏无锡经济开发区								
江阴市	72735	23068	6091	5976	5173	3777	13294	15356
宜兴市	50597	5030	4411	5092	4684	3462	11884	16034
徐州市	**655274**	**122642**	**113513**	**108837**	**73742**	**57045**	**98932**	**80563**
鼓楼区								
云龙区	10842	4051	2044	2008	2069	137	225	308
贾汪区	5278	816	550	610	464	405	1079	1354
泉山区								
铜山区	39050	6569	5147	5090	3017	3028	6738	9461
丰县	120699	18912	21135	23152	14451	9114	18943	14992
沛县	152107	24889	25810	24788	18593	15634	24971	17422
睢宁县	178989	37343	31847	28746	20142	17327	24785	18799
徐州经济技术开发区	120061	21395	20943	20069	13519	10228	19289	14618
新沂市	13063	2650	2569	2163	843	731	1928	2179
邳州市	15185	6017	3468	2211	644	441	974	1430
常州市	**85353**	**14709**	**9935**	**10040**	**7872**	**5963**	**14435**	**22399**
天宁区	5984	584	840	914	580	463	1004	1599
钟楼区								
新北区	19184	4055	2030	2269	1651	1052	3314	4813
武进区	23863	3762	2460	2357	2262	1511	4636	6875
金坛区	7064	804	675	631	707	699	1170	2378
江苏省常州市经济开发区	15901	2265	1959	1850	1429	1261	2540	4597
溧阳市	13357	3239	1971	2019	1243	977	1771	2137

7-4b 续表 4

单位：人

现住地	离开户口登记地时间							
	省内							
	小计	半年以上，不满一年	一年以上，不满二年	二年以上，不满三年	三年以上，不满四年	四年以上，不满五年	五年以上，不满十年	十年以上
苏州市	**647274**	**110112**	**70668**	**69213**	**60136**	**48381**	**133821**	**154943**
虎丘区	250	77	65	38	14	16	23	17
吴中区	37568	5958	5253	4691	3503	2686	6877	8600
相城区	8665	1435	1131	1075	717	611	1458	2238
姑苏区								
吴江区	54495	11246	5212	4887	3986	3205	9004	16955
苏州工业园区	305090	42669	35598	34292	30021	24503	69903	68104
常熟市	63273	12675	7917	7539	6625	5932	9822	12763
张家港市	94585	12558	8443	8529	8183	6281	22559	28032
昆山市	51862	17817	4123	5287	4545	3035	7963	9092
太仓市	31486	5677	2926	2875	2542	2112	6212	9142
南通市	**332508**	**74671**	**64402**	**50765**	**31454**	**24269**	**41509**	**45438**
崇川区								
港闸区								
通州区	29062	5253	4754	3754	2581	2142	4457	6121
如东县	76811	15170	12651	10736	6710	6084	10847	14613
南通经济技术开发区	116158	22451	22973	20561	13388	10364	16051	10370
通州湾示范区	8826	1786	3806	1621	337	280	365	631
苏锡通科技产业园区	7861	2241	1227	920	697	462	1043	1271
启东市	29245	9903	5119	3565	2946	1392	2440	3880
如皋市	25766	5409	5945	5004	2228	1492	2899	2789
海门市	25872	7175	5365	3382	1968	1560	2349	4073
海安市	12907	5283	2562	1222	599	493	1058	1690
连云港市	**399377**	**70876**	**70605**	**67892**	**44578**	**30785**	**66562**	**48079**
连云区	366	141	75	37	23	10	67	13
海州区	12337	1857	1605	1888	1266	1347	2660	1714
赣榆区	17722	4541	3459	3375	986	742	1754	2865
东海县	105483	21951	21227	17479	10124	6953	13627	14122
灌云县	79116	10888	10729	11712	8405	7304	17931	12147
灌南县	71283	11401	9348	12480	9000	6023	17430	5601
连云港经济技术开发区	27944	5434	4283	3899	2313	2027	4961	5027
连云港高新技术产业开发区	81409	14124	19321	16416	12081	6066	7393	6008
江苏连云港徐圩新区	3162	483	476	549	338	268	645	403
江苏省连云港市云台山风景名胜区	555	56	82	57	42	45	94	179
淮安市	**492215**	**85868**	**69445**	**72667**	**58214**	**41274**	**101013**	**63734**
淮安区	7953	1844	1170	1099	536	564	1078	1662
淮阴区	7294	1624	617	773	716	601	1529	1434
清江浦区	452	153	64	51	22	14	55	93
洪泽区	2288	468	213	250	218	315	304	520
涟水县	124607	25503	17417	18275	14916	10880	23899	13717
盱眙县	129516	19249	18121	20289	16772	11497	27833	15755
金湖县	77804	7063	7011	8242	8399	6932	23880	16277
淮安经济技术开发区	109184	23302	18986	18580	12008	7803	16981	11524
工业园区	728	147	118	115	67	41	178	62
生态文旅区	28551	6030	5359	4684	4299	2381	4269	1529
苏淮高新区	3838	485	369	309	261	246	1007	1161

7-4b　续表 5

单位：人

现住地	离开户口登记地时间							
	省内							
	小计	半年以上，不满一年	一年以上，不满二年	二年以上，不满三年	三年以上，不满四年	四年以上，不满五年	五年以上，不满十年	十年以上
盐城市	**714281**	**106199**	**81707**	**87769**	**77742**	**59611**	**163018**	**138235**
亭湖区	11051	2876	916	1242	1111	636	1786	2484
盐都区	15620	2668	2270	2068	1019	1160	2783	3652
大丰区	19790	3290	2196	2028	1579	1559	4653	4485
响水县	97137	14064	10402	10535	11178	7525	21667	21766
滨海县	120623	20228	16197	15835	12727	10260	24662	20714
阜宁县	125769	22595	15759	16069	12674	9037	29016	20619
射阳县	132384	18226	16351	17385	16061	12740	27958	23663
建湖县	151948	11477	10867	15524	17279	14733	45972	36096
盐城经济技术开发区	20881	5812	3951	4428	2854	1018	1965	853
江苏省盐南高新区								
东台市	19078	4963	2798	2655	1260	943	2556	3903
扬州市	**292039**	**59847**	**31267**	**36958**	**31486**	**25211**	**53951**	**53319**
广陵区	8598	1340	1643	1068	691	522	1297	2037
邗江区	11561	2047	1364	1281	652	587	1787	3843
江都区	32143	8187	3862	3686	2645	1841	4331	7591
宝应县	133400	21237	13076	18820	16442	14425	29475	19925
扬州经济技术开发区	83575	20599	8761	9635	9436	6711	14015	14418
蜀冈瘦西湖景区								
生态新城	1964	429	210	156	82	80	515	492
仪征市	5968	1447	655	697	575	339	879	1376
高邮市	14830	4561	1696	1615	963	706	1652	3637
镇江市	**226943**	**38242**	**29539**	**30196**	**25978**	**15375**	**47080**	**40533**
京口区	2109	133	110	174	149	97	411	1035
润州区								
丹徒区	22879	4997	4398	4750	3517	899	1772	2546
镇江新区	95382	9778	9065	11125	10928	7706	29206	17574
江苏镇江高新区								
丹阳市	67933	7814	8697	8931	8038	4854	12909	16690
扬中市	4881	1211	702	483	320	387	739	1039
句容市	33759	14309	6567	4733	3026	1432	2043	1649
泰州市	**191509**	**37115**	**29884**	**28206**	**20818**	**13921**	**31083**	**30482**
海陵区	1895	415	243	189	156	140	316	436
高港区	4163	856	474	558	444	275	703	853
姜堰区	8530	2487	1207	1202	550	420	1164	1500
泰州医药高新技术产业开发区	78679	14083	13409	12385	9970	6550	12685	9597
兴化市	41744	8621	5767	5539	3592	2744	6433	9048
靖江市	24770	2803	3367	3330	3465	2236	4860	4709
泰兴市	31728	7850	5417	5003	2641	1556	4922	4339
宿迁市	**770988**	**118648**	**108178**	**122405**	**100736**	**73317**	**159661**	**88043**
宿城区	3305	421	392	494	384	289	737	588
宿豫区	7165	1209	1051	1173	883	656	1417	776
沭阳县	287811	45431	46288	49631	36092	26117	53787	30465
泗阳县	176780	33084	20975	26069	23975	15654	36512	20511
泗洪县	238390	29303	30887	33951	32770	26395	55869	29215
宿迁经济技术开发区	55903	8956	8339	10819	6394	4070	11098	6227
宿迁市湖滨新区	1634	244	246	268	238	136	241	261
苏州宿迁工业园区								
宿迁市洋河新区								

7-4b 续表 6

单位：人

现住地	离开户口登记地时间							
	省外							
	小计	半年以上，不满一年	一年以上，不满二年	二年以上，不满三年	三年以上，不满四年	四年以上，不满五年	五年以上，不满十年	十年以上
江苏	**2458832**	**479911**	**338992**	**297466**	**241692**	**177615**	**423250**	**499906**
南京市	**17418**	**3648**	**2543**	**2146**	**1668**	**1227**	**3388**	**2798**
玄武区								
秦淮区								
建邺区								
鼓楼区								
浦口区	156	35	42	13	10	6	16	34
栖霞区								
雨花台区	1808	242	176	179	172	126	374	539
江宁区								
六合区	12476	2732	1776	1614	1209	874	2390	1881
溧水区	2603	421	497	319	262	209	587	308
高淳区	375	218	52	21	15	12	21	36
南京江北新区								
无锡市	**303899**	**59680**	**30229**	**29277**	**26403**	**18681**	**59904**	**79725**
锡山区	84731	14532	10429	9646	7557	5076	14639	22852
惠山区	28282	3207	2475	2690	2691	1796	5320	10103
滨湖区								
梁溪区								
新吴区								
江苏无锡经济开发区								
江阴市	133133	34768	12033	11316	10789	7813	26631	29783
宜兴市	57753	7173	5292	5625	5366	3996	13314	16987
徐州市	**62825**	**11925**	**10099**	**9649**	**6590**	**5168**	**9489**	**9905**
鼓楼区								
云龙区	2466	802	529	443	484	31	88	89
贾汪区	1127	277	218	96	54	82	166	234
泉山区								
铜山区	6891	776	854	873	651	597	1370	1770
丰县	7567	1274	953	1448	882	504	1231	1275
沛县	13025	2368	2011	1825	1238	1274	2134	2175
睢宁县	9563	1844	1281	1323	1067	976	1457	1615
徐州经济技术开发区	19480	4208	3735	3287	1988	1502	2602	2158
新沂市	1537	188	210	176	131	137	317	378
邳州市	1169	188	308	178	95	65	124	211
常州市	**137650**	**21541**	**14678**	**15310**	**14762**	**10705**	**25784**	**34870**
天宁区	11146	1057	1094	1689	1155	917	2160	3074
钟楼区								
新北区	20820	3508	2074	2468	2581	1589	3798	4802
武进区	45952	6241	4458	4670	5041	3464	9629	12449
金坛区	11383	2292	1286	1246	1066	760	1896	2837
江苏省常州市经济开发区	34666	4158	3600	3460	3624	2994	6594	10236
溧阳市	13683	4285	2166	1777	1295	981	1707	1472

7-4b 续表 7

单位：人

现住地	离开户口登记地时间							
	省外							
	小计	半年以上，不满一年	一年以上，不满二年	二年以上，不满三年	三年以上，不满四年	四年以上，不满五年	五年以上，不满十年	十年以上
苏州市	**1100081**	**191090**	**128246**	**118687**	**104273**	**83993**	**211868**	**261924**
虎丘区	327	103	61	59	12	5	45	42
吴中区	74599	13258	12602	10634	7901	4936	11893	13375
相城区	17975	3612	2394	2131	1733	1134	2997	3974
姑苏区								
吴江区	194655	38720	18099	16420	15360	13251	33423	59382
苏州工业园区	343483	51979	44449	41330	35607	28104	73695	68319
常熟市	128610	26249	17462	13409	12729	13026	20593	25142
张家港市	164342	21286	14907	15372	14527	11414	37335	49501
昆山市	81387	21610	9095	9811	7776	5068	13515	14512
太仓市	94703	14273	9177	9521	8628	7055	18372	27677
南通市	**352368**	**83083**	**71222**	**54657**	**34959**	**25980**	**41789**	**40678**
崇川区								
港闸区								
通州区	83153	16933	15106	14628	8760	6357	11318	10051
如东县	28933	8835	5034	4066	2347	1841	3285	3525
南通经济技术开发区	74552	13698	15207	12373	8100	6070	9892	9212
通州湾示范区	4998	1525	1572	835	297	238	288	243
苏锡通科技产业园区	13102	3188	2228	1683	1187	1012	1708	2096
启东市	30288	10444	5347	3868	3050	1695	3045	2839
如皋市	17362	5521	3537	2541	1576	1151	1661	1375
海门市	86880	17824	20818	13061	8699	7070	9836	9572
海安市	13100	5115	2373	1602	943	546	756	1765
连云港市	**44451**	**7581**	**10747**	**8750**	**4734**	**2347**	**5729**	**4563**
连云区	717	205	142	66	54	39	168	43
海州区	587	94	91	108	71	51	104	68
赣榆区	3882	771	460	458	330	274	768	821
东海县	5954	921	819	763	580	425	1107	1339
灌云县	3150	891	349	337	373	180	510	510
灌南县	5051	857	536	605	554	509	1534	456
连云港经济技术开发区	4754	922	859	661	479	362	771	700
连云港高新技术产业开发区	19745	2651	7406	5674	2245	475	708	586
江苏连云港徐圩新区	584	263	85	67	47	28	57	37
江苏省连云港市云台山风景名胜区	27	6		11	1	4	2	3
淮安市	**39267**	**8350**	**9954**	**5818**	**3563**	**2493**	**4855**	**4234**
淮安区	932	311	129	121	73	38	145	115
淮阴区	1219	411	103	118	96	73	199	219
清江浦区	105	51	21	13	2	4	5	9
洪泽区	285	121	43	18	21	8	43	31
涟水县	3749	631	636	533	406	317	640	586
盱眙县	6892	977	819	708	712	791	1401	1484
金湖县	5023	1020	769	738	506	418	862	710
淮安经济技术开发区	18818	4058	7029	3307	1472	736	1277	939
工业园区	307	119	52	44	37	15	34	6
生态文旅区	1616	554	279	181	206	86	203	107
苏淮高新区	321	97	74	37	32	7	46	28

7-4b 续表 8 单位：人

现住地	离开户口登记地时间							
	省外							
	小计	半年以上，不满一年	一年以上，不满二年	二年以上，不满三年	三年以上，不满四年	四年以上，不满五年	五年以上，不满十年	十年以上
盐城市	**48629**	**12625**	**7527**	**6773**	**5062**	**3136**	**7455**	**6051**
亭湖区	2909	257	472	716	739	313	264	148
盐都区	1264	254	179	153	113	108	248	209
大丰区	6588	2165	1152	1034	513	314	950	460
响水县	4815	1278	582	570	547	387	735	716
滨海县	6391	1191	896	777	572	472	1231	1252
阜宁县	4094	888	470	637	417	297	792	593
射阳县	7084	1907	1198	784	612	421	1240	922
建湖县	5350	895	615	607	596	479	1222	936
盐城经济技术开发区	5029	2219	1079	840	516	95	177	103
江苏省盐南高新区								
东台市	5105	1571	884	655	437	250	596	712
扬州市	**61736**	**18560**	**8663**	**7250**	**6135**	**3954**	**7898**	**9276**
广陵区	4041	767	840	463	441	258	546	726
邗江区	3170	641	420	326	230	207	485	861
江都区	11003	3190	1405	1178	1067	717	1383	2063
宝应县	8866	2383	1311	1014	876	728	1314	1240
扬州经济技术开发区	25946	8468	3587	3405	2797	1624	3195	2870
蜀冈瘦西湖景区生态新城	614	116	138	91	56	23	61	129
仪征市	3233	890	363	383	296	195	472	634
高邮市	4863	2105	599	390	372	202	442	753
镇江市	**173466**	**29203**	**26494**	**24480**	**20819**	**12155**	**28506**	**31809**
京口区	1455	219	169	189	139	130	229	380
润州区								
丹徒区	14446	1939	3809	3506	2965	440	1055	732
镇江新区	37215	8730	6274	5637	4025	2734	5913	3902
江苏镇江高新区								
丹阳市	100247	12045	11991	12409	11733	7689	19305	25075
扬中市	4238	910	476	414	296	431	783	928
句容市	15865	5360	3775	2325	1661	731	1221	792
泰州市	**74464**	**24227**	**11425**	**8662**	**7750**	**4538**	**9213**	**8649**
海陵区	818	239	131	101	66	33	121	127
高港区	2648	769	342	277	248	157	406	449
姜堰区	3708	947	390	677	402	232	537	523
泰州医药高新技术产业开发区	26593	12831	4913	2920	1973	1005	1930	1021
兴化市	9261	2205	1248	1223	1024	661	1383	1517
靖江市	16283	2286	1976	1546	2381	1572	3179	3343
泰兴市	15153	4950	2425	1918	1656	878	1657	1669
宿迁市	**42578**	**8398**	**7165**	**6007**	**4974**	**3238**	**7372**	**5424**
宿城区	768	104	105	97	92	71	182	117
宿豫区	1259	229	239	144	147	103	236	161
沭阳县	15046	2949	2888	2215	1607	1032	2494	1861
泗阳县	7278	1273	1086	1051	794	479	1287	1308
泗洪县	12748	2193	1937	1632	1801	1241	2393	1551
宿迁经济技术开发区	5330	1622	891	842	521	298	754	402
宿迁市湖滨新区	149	28	19	26	12	14	26	24
苏州宿迁工业园区								
宿迁市洋河新区								

7-4c 全省按现住地、离开户口登记地时间分的户口登记地在外乡镇街道的人口(乡村)

单位：人

现住地	离开户口登记地时间							
	合计							
	合计	半年以上，不满一年	一年以上，不满二年	二年以上，不满三年	三年以上，不满四年	四年以上，不满五年	五年以上，不满十年	十年以上
江苏	**3147754**	**761874**	**385902**	**344004**	**277573**	**203302**	**498910**	**676189**
南京市	**250364**	**64189**	**40730**	**35307**	**22457**	**13521**	**32589**	**41571**
玄武区								
秦淮区								
建邺区								
鼓楼区								
浦口区	16778	2925	1764	2256	1851	1323	2962	3697
栖霞区	16414	4499	2233	1756	1171	967	2173	3615
雨花台区								
江宁区	148582	38037	27218	22669	13681	7417	17888	21672
六合区	28460	7184	3448	3215	2210	1776	4487	6140
溧水区	24276	6388	4427	3757	2449	1074	2670	3511
高淳区	10603	3721	1200	1166	724	681	1497	1614
南京江北新区	5251	1435	440	488	371	283	912	1322
无锡市	**496911**	**112560**	**51052**	**46894**	**41925**	**27922**	**90625**	**125933**
锡山区	52333	9493	4477	4564	4246	3260	9941	16352
惠山区	101423	10774	10114	9664	8997	6145	19264	36465
滨湖区	21948	3456	2129	2178	1721	1287	4079	7098
梁溪区								
新吴区	54022	23754	8508	5395	3929	1919	5001	5516
江苏无锡经济开发区								
江阴市	172307	52877	17319	16784	14359	8969	31478	30521
宜兴市	94878	12206	8505	8309	8673	6342	20862	29981
徐州市	**120201**	**22525**	**12978**	**13053**	**9881**	**8548**	**21093**	**32123**
鼓楼区								
云龙区								
贾汪区	10006	1677	947	838	719	650	1838	3337
泉山区								
铜山区	27429	4449	2766	2786	1934	1945	4841	8708
丰县	14236	2824	1595	1701	1338	953	2301	3524
沛县	16048	2708	1665	1780	1341	1237	3095	4222
睢宁县	18293	4020	2278	2235	1710	1308	2847	3895
徐州经济技术开发区	2448	429	267	270	213	214	387	668
新沂市	15979	2501	1459	1679	1358	1206	3408	4368
邳州市	15762	3917	2001	1764	1268	1035	2376	3401
常州市	**362065**	**57128**	**35941**	**36488**	**34824**	**26270**	**68698**	**102716**
天宁区	19426	2861	2296	2525	1981	1511	3816	4436
钟楼区	23961	3523	3076	3112	2685	1639	3777	6149
新北区	28807	5556	2334	2539	2850	1856	5346	8326
武进区	133244	19216	12938	13699	13032	10210	26290	37859
金坛区	48594	9609	5265	4559	4226	3009	8740	13186
江苏省常州市经济开发区	81339	8141	6430	7208	7642	6603	17020	28295
溧阳市	26694	8222	3602	2846	2408	1442	3709	4465

7-4c 续表 1

单位：人

现住地	离开户口登记地时间							
	合计							
	合计	半年以上，不满一年	一年以上，不满二年	二年以上，不满三年	三年以上，不满四年	四年以上，不满五年	五年以上，不满十年	十年以上
苏州市	**972831**	**244198**	**113536**	**107754**	**92183**	**71017**	**151049**	**193094**
虎丘区	32354	7733	4674	3604	2487	1947	4982	6927
吴中区	127051	35961	17995	17020	13590	8252	16148	18085
相城区	24573	7761	3112	2869	2112	1200	3068	4451
姑苏区								
吴江区	129173	31443	13819	14062	12236	9288	20555	27770
苏州工业园区								
常熟市	143100	30753	19257	15288	12853	17032	20614	27303
张家港市	152599	26382	13715	14873	13412	10020	30235	43962
昆山市	260253	81864	30059	28113	24486	15785	38492	41454
太仓市	103728	22301	10905	11925	11007	7493	16955	23142
南通市	**204820**	**64015**	**37798**	**21625**	**14631**	**10986**	**21210**	**34555**
崇川区								
港闸区	1477	541	205	242	36	51	89	313
通州区	47786	13609	8242	6525	4247	3250	5180	6733
如东县	23518	6438	2482	2126	2064	1485	2936	5987
南通经济技术开发区								
通州湾示范区	3227	679	365	405	254	234	467	823
苏锡通科技产业园区	16235	3050	2640	2157	1534	1254	2661	2939
启东市	36534	13232	4408	2800	2548	1848	3834	7864
如皋市	16117	5199	2126	1608	1034	837	1970	3343
海门市	43525	13406	14740	4608	2273	1473	2916	4109
海安市	16401	7861	2590	1154	641	554	1157	2444
连云港市	**69590**	**14826**	**8040**	**8033**	**6082**	**4800**	**12322**	**15487**
连云区	667	293	78	44	55	31	76	90
海州区	5633	988	718	777	621	493	1020	1016
赣榆区	15137	3294	1665	1542	1139	975	2638	3884
东海县	21432	4606	2544	2563	1777	1486	3605	4851
灌云县	11625	2554	1422	1415	988	705	1985	2556
灌南县	9814	2088	1100	1184	1068	722	1881	1771
连云港经济技术开发区	2729	422	311	312	223	222	593	646
连云港高新技术产业开发区								
江苏连云港徐圩新区	322	276	9	7	6	5	8	11
江苏省连云港市云台山风景名胜区	2231	305	193	189	205	161	516	662
淮安市	**77175**	**16298**	**9641**	**9160**	**7096**	**5662**	**14131**	**15187**
淮安区	13656	3335	1780	1567	1196	880	2088	2810
淮阴区	12095	2305	1284	1299	1011	758	2108	3330
清江浦区	3623	1026	535	419	250	197	568	628
洪泽区	12730	1666	1066	1237	1634	1229	3762	2136
涟水县	13017	3014	1652	1608	1139	873	1932	2799
盱眙县	10795	2299	1480	1299	1057	741	1930	1989
金湖县	10423	2398	1662	1632	751	951	1648	1381
淮安经济技术开发区								
工业园区	718	237	168	83	41	27	74	88
生态文旅区								
苏淮高新区	118	18	14	16	17	6	21	26

7-4c 续表 2

单位：人

现住地	离开户口登记地时间							
	合计							
	合计	半年以上，不满一年	一年以上，不满二年	二年以上，不满三年	三年以上，不满四年	四年以上，不满五年	五年以上，不满十年	十年以上
盐城市	**129883**	**38000**	**15374**	**12977**	**9385**	**7106**	**18965**	**28076**
亭湖区	10095	2706	1395	1106	671	573	1763	1881
盐都区	18913	5651	2841	2302	1274	985	2513	3347
大丰区	26161	6618	3727	2652	1860	1408	4125	5771
响水县	7178	1613	715	768	645	465	1186	1786
滨海县	10216	3277	1001	1008	771	573	1478	2108
阜宁县	8827	2848	1017	944	640	467	1126	1785
射阳县	15824	5461	1439	1414	1075	846	2109	3480
建湖县	14321	3875	1591	1405	1321	949	2188	2992
盐城经济技术开发区	1737	834	131	124	101	69	185	293
江苏省盐南高新区								
东台市	16611	5117	1517	1254	1027	771	2292	4633
扬州市	**117268**	**43637**	**17512**	**12109**	**7969**	**5166**	**11613**	**19262**
广陵区	20316	5285	7005	2369	1433	702	1319	2203
邗江区	8793	1889	823	781	618	472	1352	2858
江都区	30297	14478	2831	2112	1586	1107	2907	5276
宝应县	11697	4383	1391	1189	868	492	1336	2038
扬州经济技术开发区	6892	2697	1057	1135	522	318	718	445
蜀冈瘦西湖景区								
生态新城	2972	781	419	461	273	180	323	535
仪征市	21001	7889	2190	2672	1707	1088	2116	3339
高邮市	15300	6235	1796	1390	962	807	1542	2568
镇江市	**126239**	**32491**	**17015**	**15326**	**11566**	**7708**	**19145**	**22988**
京口区	1588	92	74	113	112	108	318	771
润州区	705	207	56	45	60	65	112	160
丹徒区	18207	9119	1475	1204	925	676	1693	3115
镇江新区	10702	2211	1076	1368	834	775	3218	1220
江苏镇江高新区								
丹阳市	43503	7819	6238	5749	5016	3316	7387	7978
扬中市	19410	4589	2837	2317	1999	1099	2808	3761
句容市	32124	8454	5259	4530	2620	1669	3609	5983
泰州市	**111207**	**28778**	**12934**	**11670**	**8685**	**6073**	**17380**	**25687**
海陵区	4208	1458	406	384	321	213	578	848
高港区	7188	2200	1209	611	650	336	929	1253
姜堰区	13533	3859	1345	1318	902	648	1941	3520
泰州医药高新技术产业开发区	2196	679	417	353	119	88	232	308
兴化市	20049	4536	2428	2277	1639	1192	3315	4662
靖江市	35100	5010	3515	3876	2884	2160	6988	10667
泰兴市	28933	11036	3614	2851	2170	1436	3397	4429
宿迁市	**109200**	**23229**	**13351**	**13608**	**10889**	**8523**	**20090**	**19510**
宿城区	16294	4409	2260	2136	1627	1098	2614	2150
宿豫区	8657	1985	1267	1290	870	576	1400	1269
沭阳县	31978	6518	3687	3863	2873	2050	5843	7144
泗阳县	14150	3186	1813	1802	1359	899	1991	3100
泗洪县	25993	4467	2809	3091	2914	2914	5818	3980
宿迁经济技术开发区	5271	1225	704	635	491	442	1012	762
宿迁市湖滨新区	3377	673	369	313	326	262	849	585
苏州宿迁工业园区								
宿迁市洋河新区	3480	766	442	478	429	282	563	520

7-4c 续表 3

单位：人

现住地	离开户口登记地时间							
	省内							
	小计	半年以上，不满一年	一年以上，不满二年	二年以上，不满三年	三年以上，不满四年	四年以上，不满五年	五年以上，不满十年	十年以上
江苏	**1421697**	**335660**	**166222**	**156501**	**119249**	**89519**	**227396**	**327150**
南京市	**145528**	**34820**	**22700**	**20914**	**12991**	**7899**	**19569**	**26635**
玄武区								
秦淮区								
建邺区								
鼓楼区								
浦口区	9684	1670	1095	1529	1061	762	1610	1957
栖霞区	9555	2229	1239	1167	753	578	1352	2237
雨花台区								
江宁区	81319	19842	14498	12333	7520	3964	10072	13090
六合区	19971	4751	2320	2350	1486	1193	3124	4747
溧水区	15469	3496	2690	2566	1537	714	1856	2610
高淳区	6478	2180	622	642	420	518	942	1154
南京江北新区	3052	652	236	327	214	170	613	840
无锡市	**159666**	**36158**	**15741**	**14822**	**12534**	**8402**	**28136**	**43873**
锡山区	17394	3114	1269	1341	1300	954	3383	6033
惠山区	33570	3611	3731	3554	2906	1928	5965	11875
滨湖区	7947	1383	871	866	607	461	1471	2288
梁溪区								
新吴区	19986	8826	2580	1848	1557	758	2063	2354
江苏无锡经济开发区								
江阴市	47852	15432	4488	4473	3641	2305	8330	9183
宜兴市	32917	3792	2802	2740	2523	1996	6924	12140
徐州市	**98773**	**17793**	**10553**	**11222**	**8314**	**7069**	**17685**	**26137**
鼓楼区								
云龙区								
贾汪区	7735	1030	659	712	593	517	1529	2695
泉山区								
铜山区	22043	3368	2209	2319	1572	1576	4002	6997
丰县	10846	1927	1213	1425	1079	723	1806	2673
沛县	13222	2173	1324	1492	1112	1031	2608	3482
睢宁县	15281	3321	1956	1943	1473	1083	2369	3136
徐州经济技术开发区	1978	304	204	228	168	174	333	567
新沂市	13792	2121	1267	1500	1203	1057	2952	3692
邳州市	13876	3549	1721	1603	1114	908	2086	2895
常州市	**124033**	**19035**	**11800**	**12831**	**11743**	**8510**	**22651**	**37463**
天宁区	5925	681	616	793	619	517	1193	1506
钟楼区	12288	2194	1820	1820	1481	718	1507	2748
新北区	13245	2859	927	1164	1164	848	2386	3897
武进区	43504	5773	3865	4413	4178	3114	8492	13669
金坛区	16666	2498	1691	1658	1500	1010	2966	5343
江苏省常州市经济开发区	21485	2282	1610	1812	1839	1634	4388	7920
溧阳市	10920	2748	1271	1171	962	669	1719	2380

7-4c　续表 4　　　　单位：人

现住地	离开户口登记地时间							
	省内							
	小计	半年以上，不满一年	一年以上，不满二年	二年以上，不满三年	三年以上，不满四年	四年以上，不满五年	五年以上，不满十年	十年以上
苏州市	**249612**	**67252**	**26037**	**25247**	**20714**	**17201**	**38390**	**54771**
虎丘区	12449	3042	1758	1374	867	733	1979	2696
吴中区	35651	10081	4462	4564	3527	2446	4840	5731
相城区	6809	2234	732	712	502	302	851	1476
姑苏区								
吴江区	22124	5370	2113	2469	1734	1469	3475	5494
苏州工业园区								
常熟市	39870	7946	4952	3935	3200	4261	6322	9254
张家港市	39835	7898	3773	3613	3075	2476	7088	11912
昆山市	69277	25418	5973	5909	5491	3862	9865	12759
太仓市	23597	5263	2274	2671	2318	1652	3970	5449
南通市	**102404**	**28651**	**16336**	**9701**	**6677**	**5519**	**12052**	**23468**
崇川区								
港闸区	636	145	72	85	15	24	26	269
通州区	19428	4728	2979	2210	1532	1226	2537	4216
如东县	16472	3963	1542	1466	1322	1117	2199	4863
南通经济技术开发区								
通州湾示范区	1881	319	178	191	138	127	300	628
苏锡通科技产业园区	5212	960	734	719	516	436	905	942
启东市	22574	7301	2472	1637	1412	1132	2615	6005
如皋市	9957	2359	1306	1152	674	584	1427	2455
海门市	17931	5713	5928	1654	687	520	1151	2278
海安市	8313	3163	1125	587	381	353	892	1812
连云港市	**60564**	**12252**	**6964**	**7200**	**5460**	**4298**	**10828**	**13562**
连云区	422	167	31	33	38	20	56	77
海州区	4912	753	590	679	569	453	920	948
赣榆区	12238	2745	1342	1293	932	804	2086	3036
东海县	18974	4072	2272	2312	1588	1326	3189	4215
灌云县	10604	2161	1314	1325	928	670	1814	2392
灌南县	8685	1635	967	1074	1000	666	1701	1642
连云港经济技术开发区	2476	342	268	294	203	201	552	616
连云港高新技术产业开发区								
江苏连云港徐圩新区	144	104	7	7	3	4	8	11
江苏省连云港市云台山风景名胜区	2109	273	173	183	199	154	502	625
淮安市	**67134**	**12947**	**8017**	**8072**	**6436**	**5242**	**13024**	**13396**
淮安区	11113	2240	1420	1355	1037	781	1831	2449
淮阴区	10368	1933	1046	1163	879	683	1867	2797
清江浦区	3190	884	431	368	222	179	532	574
洪泽区	11825	1391	900	1094	1576	1176	3655	2033
涟水县	11645	2626	1446	1477	1043	823	1787	2443
盱眙县	9546	1946	1282	1167	966	666	1761	1758
金湖县	8853	1763	1380	1386	664	908	1510	1242
淮安经济技术开发区								
工业园区	483	147	99	47	34	21	61	74
生态文旅区								
苏淮高新区	111	17	13	15	15	5	20	26

7-4c 续表 5

单位：人

现住地	离开户口登记地时间							
	省内							
	小计	半年以上，不满一年	一年以上，不满二年	二年以上，不满三年	三年以上，不满四年	四年以上，不满五年	五年以上，不满十年	十年以上
盐城市	**108089**	**29595**	**11932**	**11216**	**8071**	**6241**	**16577**	**24457**
亭湖区	9254	2359	1236	1038	643	545	1678	1755
盐都区	16028	4201	2239	2116	1165	916	2319	3072
大丰区	20418	4949	2386	2036	1438	1165	3368	5076
响水县	6238	1308	612	643	573	413	1071	1618
滨海县	8430	2449	834	870	677	509	1268	1823
阜宁县	7677	2348	846	853	584	437	1017	1592
射阳县	13369	4404	1225	1241	901	731	1847	3020
建湖县	12836	3314	1385	1318	1220	865	2017	2717
盐城经济技术开发区	1390	614	106	115	83	62	158	252
江苏省盐南高新区								
东台市	12449	3649	1063	986	787	598	1834	3532
扬州市	**76212**	**26560**	**9404**	**8261**	**5561**	**3679**	**8306**	**14441**
广陵区	10535	2873	2518	1232	898	469	908	1637
邗江区	6359	1234	537	567	469	341	1018	2193
江都区	17342	7254	1573	1286	954	729	1907	3639
宝应县	9345	3470	989	1014	690	400	1095	1687
扬州经济技术开发区	4944	1358	944	965	454	268	605	350
蜀冈瘦西湖景区生态新城	1792	452	227	213	186	115	210	389
仪征市	15217	5441	1458	2076	1262	788	1554	2638
高邮市	10678	4478	1158	908	648	569	1009	1908
镇江市	**67218**	**16126**	**7762**	**7759**	**5543**	**3816**	**11053**	**15159**
京口区	977	43	43	69	67	57	189	509
润州区	247	40	24	18	21	15	52	77
丹徒区	11556	5086	854	730	617	446	1200	2623
镇江新区	7422	1282	684	830	515	488	2731	892
江苏镇江高新区								
丹阳市	17303	2684	2203	2249	2026	1255	2896	3990
扬中市	10148	2227	1301	1182	888	585	1645	2320
句容市	19565	4764	2653	2681	1409	970	2340	4748
泰州市	**68195**	**15916**	**7632**	**7149**	**5439**	**3857**	**11096**	**17106**
海陵区	3192	1128	276	261	230	167	451	679
高港区	4403	1193	688	376	406	224	651	865
姜堰区	9573	2461	929	864	624	463	1459	2773
泰州医药高新技术产业开发区	1584	471	325	283	73	59	166	207
兴化市	16496	3667	1946	1785	1342	1020	2771	3965
靖江市	16251	1828	1580	1833	1382	942	3243	5443
泰兴市	16696	5168	1888	1747	1382	982	2355	3174
宿迁市	**94269**	**18555**	**11344**	**12107**	**9766**	**7786**	**18029**	**16682**
宿城区	13089	3070	1793	1834	1434	935	2268	1755
宿豫区	7272	1458	1042	1118	796	528	1236	1094
沭阳县	28135	5510	3290	3476	2602	1917	5202	6138
泗阳县	12256	2713	1509	1582	1166	809	1802	2675
泗洪县	23380	3807	2496	2860	2672	2704	5387	3454
宿迁经济技术开发区	4264	889	533	532	423	397	858	632
宿迁市湖滨新区	2981	527	307	283	301	251	798	514
苏州宿迁工业园区								
宿迁市洋河新区	2892	581	374	422	372	245	478	420

7-4c 续表 6 单位：人

现住地	离开户口登记地时间							
	省外							
	小计	半年以上，不满一年	一年以上，不满二年	二年以上，不满三年	三年以上，不满四年	四年以上，不满五年	五年以上，不满十年	十年以上
江 苏	**1726057**	**426214**	**219680**	**187503**	**158324**	**113783**	**271514**	**349039**
南京市	**104836**	**29369**	**18030**	**14393**	**9466**	**5622**	**13020**	**14936**
玄武区								
秦淮区								
建邺区								
鼓楼区								
浦口区	7094	1255	669	727	790	561	1352	1740
栖霞区	6859	2270	994	589	418	389	821	1378
雨花台区								
江宁区	67263	18195	12720	10336	6161	3453	7816	8582
六合区	8489	2433	1128	865	724	583	1363	1393
溧水区	8807	2892	1737	1191	912	360	814	901
高淳区	4125	1541	578	524	304	163	555	460
南京江北新区	2199	783	204	161	157	113	299	482
无锡市	**337245**	**76402**	**35311**	**32072**	**29391**	**19520**	**62489**	**82060**
锡山区	34939	6379	3208	3223	2946	2306	6558	10319
惠山区	67853	7163	6383	6110	6091	4217	13299	24590
滨湖区	14001	2073	1258	1312	1114	826	2608	4810
梁溪区								
新吴区	34036	14928	5928	3547	2372	1161	2938	3162
江苏无锡经济开发区								
江阴市	124455	37445	12831	12311	10718	6664	23148	21338
宜兴市	61961	8414	5703	5569	6150	4346	13938	17841
徐州市	**21428**	**4732**	**2425**	**1831**	**1567**	**1479**	**3408**	**5986**
鼓楼区								
云龙区								
贾汪区	2271	647	288	126	126	133	309	642
泉山区								
铜山区	5386	1081	557	467	362	369	839	1711
丰县	3390	897	382	276	259	230	495	851
沛县	2826	535	341	288	229	206	487	740
睢宁县	3012	699	322	292	237	225	478	759
徐州经济技术开发区	470	125	63	42	45	40	54	101
新沂市	2187	380	192	179	155	149	456	676
邳州市	1886	368	280	161	154	127	290	506
常州市	**238032**	**38093**	**24141**	**23657**	**23081**	**17760**	**46047**	**65253**
天宁区	13501	2180	1680	1732	1362	994	2623	2930
钟楼区	11673	1329	1256	1292	1204	921	2270	3401
新北区	15562	2697	1407	1375	1686	1008	2960	4429
武进区	89740	13443	9073	9286	8854	7096	17798	24190
金坛区	31928	7111	3574	2901	2726	1999	5774	7843
江苏省常州市经济开发区	59854	5859	4820	5396	5803	4969	12632	20375
溧阳市	15774	5474	2331	1675	1446	773	1990	2085

7-4c 续表 7

单位：人

现 住 地	离开户口登记地时间							
	省　　外							
	小计	半年以上，不满一年	一年以上，不满二年	二年以上，不满三年	三年以上，不满四年	四年以上，不满五年	五年以上，不满十年	十年以上
苏州市	**723219**	**176946**	**87499**	**82507**	**71469**	**53816**	**112659**	**138323**
虎丘区	19905	4691	2916	2230	1620	1214	3003	4231
吴中区	91400	25880	13533	12456	10063	5806	11308	12354
相城区	17764	5527	2380	2157	1610	898	2217	2975
姑苏区								
吴江区	107049	26073	11706	11593	10502	7819	17080	22276
苏州工业园区								
常熟市	103230	22807	14305	11353	9653	12771	14292	18049
张家港市	112764	18484	9942	11260	10337	7544	23147	32050
昆山市	190976	56446	24086	22204	18995	11923	28627	28695
太仓市	80131	17038	8631	9254	8689	5841	12985	17693
南通市	**102416**	**35364**	**21462**	**11924**	**7954**	**5467**	**9158**	**11087**
崇川区								
港闸区	841	396	133	157	21	27	63	44
通州区	28358	8881	5263	4315	2715	2024	2643	2517
如东县	7046	2475	940	660	742	368	737	1124
南通经济技术开发区								
通州湾示范区	1346	360	187	214	116	107	167	195
苏锡通科技产业园区	11023	2090	1906	1438	1018	818	1756	1997
启东市	13960	5931	1936	1163	1136	716	1219	1859
如皋市	6160	2840	820	456	360	253	543	888
海门市	25594	7693	8812	2954	1586	953	1765	1831
海安市	8088	4698	1465	567	260	201	265	632
连云港市	**9026**	**2574**	**1076**	**833**	**622**	**502**	**1494**	**1925**
连云区	245	126	47	11	17	11	20	13
海州区	721	235	128	98	52	40	100	68
赣榆区	2899	549	323	249	207	171	552	848
东海县	2458	534	272	251	189	160	416	636
灌云县	1021	393	108	90	60	35	171	164
灌南县	1129	453	133	110	68	56	180	129
连云港经济技术开发区	253	80	43	18	20	21	41	30
连云港高新技术产业开发区								
江苏连云港徐圩新区	178	172	2		3	1		
江苏省连云港市云台山风景名胜区	122	32	20	6	6	7	14	37
淮安市	**10041**	**3351**	**1624**	**1088**	**660**	**420**	**1107**	**1791**
淮安区	2543	1095	360	212	159	99	257	361
淮阴区	1727	372	238	136	132	75	241	533
清江浦区	433	142	104	51	28	18	36	54
洪泽区	905	275	166	143	58	53	107	103
涟水县	1372	388	206	131	96	50	145	356
盱眙县	1249	353	198	132	91	75	169	231
金湖县	1570	635	282	246	87	43	138	139
淮安经济技术开发区								
工业园区	235	90	69	36	7	6	13	14
生态文旅区								
苏淮高新区	7	1	1	1	2	1	1	

7-4c　续表 8

单位：人

现住地	离开户口登记地时间							
	省　外							
	小计	半年以上，不满一年	一年以上，不满二年	二年以上，不满三年	三年以上，不满四年	四年以上，不满五年	五年以上，不满十年	十年以上
盐城市	**21794**	**8405**	**3442**	**1761**	**1314**	**865**	**2388**	**3619**
亭湖区	841	347	159	68	28	28	85	126
盐都区	2885	1450	602	186	109	69	194	275
大丰区	5743	1669	1341	616	422	243	757	695
响水县	940	305	103	125	72	52	115	168
滨海县	1786	828	167	138	94	64	210	285
阜宁县	1150	500	171	91	56	30	109	193
射阳县	2455	1057	214	173	174	115	262	460
建湖县	1485	561	206	87	101	84	171	275
盐城经济技术开发区	347	220	25	9	18	7	27	41
江苏省盐南高新区								
东台市	4162	1468	454	268	240	173	458	1101
扬州市	**41056**	**17077**	**8108**	**3848**	**2408**	**1487**	**3307**	**4821**
广陵区	9781	2412	4487	1137	535	233	411	566
邗江区	2434	655	286	214	149	131	334	665
江都区	12955	7224	1258	826	632	378	1000	1637
宝应县	2352	913	402	175	178	92	241	351
扬州经济技术开发区	1948	1339	113	170	68	50	113	95
蜀冈瘦西湖景区								
生态新城	1180	329	192	248	87	65	113	146
仪征市	5784	2448	732	596	445	300	562	701
高邮市	4622	1757	638	482	314	238	533	660
镇江市	**59021**	**16365**	**9253**	**7567**	**6023**	**3892**	**8092**	**7829**
京口区	611	49	31	44	45	51	129	262
润州区	458	167	32	27	39	50	60	83
丹徒区	6651	4033	621	474	308	230	493	492
镇江新区	3280	929	392	538	319	287	487	328
江苏镇江高新区								
丹阳市	26200	5135	4035	3500	2990	2061	4491	3988
扬中市	9262	2362	1536	1135	1111	514	1163	1441
句容市	12559	3690	2606	1849	1211	699	1269	1235
泰州市	**43012**	**12862**	**5302**	**4521**	**3246**	**2216**	**6284**	**8581**
海陵区	1016	330	130	123	91	46	127	169
高港区	2785	1007	521	235	244	112	278	388
姜堰区	3960	1398	416	454	278	185	482	747
泰州医药高新技术产业开发区	612	208	92	70	46	29	66	101
兴化市	3553	869	482	492	297	172	544	697
靖江市	18849	3182	1935	2043	1502	1218	3745	5224
泰兴市	12237	5868	1726	1104	788	454	1042	1255
宿迁市	**14931**	**4674**	**2007**	**1501**	**1123**	**737**	**2061**	**2828**
宿城区	3205	1339	467	302	193	163	346	395
宿豫区	1385	527	225	172	74	48	164	175
沭阳县	3843	1008	397	387	271	133	641	1006
泗阳县	1894	473	304	220	193	90	189	425
泗洪县	2613	660	313	231	242	210	431	526
宿迁经济技术开发区	1007	336	171	103	68	45	154	130
宿迁市湖滨新区	396	146	62	30	25	11	51	71
苏州宿迁工业园区								
宿迁市洋河新区	588	185	68	56	57	37	85	100

7-5 全省按户口登记地、性别、受教育程度分的户口登记地在外乡镇街道的人口

单位：人

受教育程度	合计			省内		
	合计	男	女	小计	男	女
总　计	**29414240**	**15498204**	**13916036**	**19253852**	**9685534**	**9568318**
未上过学	483341	131993	351348	340034	86987	253047
学前教育	876311	462388	413923	625689	327791	297898
小　学	4569716	2139856	2429860	2894802	1290825	1603977
初　中	10099858	5508212	4591646	5650935	2864102	2786833
高　中	5793656	3253059	2540597	4009836	2155375	1854461
大学专科	3825633	2068009	1757624	2873552	1520140	1353412
大学本科	3357612	1713603	1644009	2584275	1291348	1292927
硕士研究生	362546	191495	171051	245621	130075	115546
博士研究生	45567	29589	15978	29108	18891	10217

7-5 续表

单位：人

受教育程度	省内			省外		
	其中市辖区内人户分离					
	小计	男	女	小计	男	女
总　计	**6168167**	**2975638**	**3192529**	**10160388**	**5812670**	**4347718**
未上过学	103179	25501	77678	143307	45006	98301
学前教育	215119	112365	102754	250622	134597	116025
小　学	798912	346261	452651	1674914	849031	825883
初　中	1514235	708673	805562	4448923	2644110	1804813
高　中	1395759	704678	691081	1783820	1097684	686136
大学专科	1007014	510211	496803	952081	547869	404212
大学本科	988234	488966	499268	773337	422255	351082
硕士研究生	126433	66475	59958	116925	61420	55505
博士研究生	19282	12508	6774	16459	10698	5761

7-5a　全省按户口登记地、性别、受教育程度分的户口登记地在外乡镇街道的人口(城市)

单位：人

受教育程度	合计			省内		
	合计	男	女	小计	男	女
总　计	**18962500**	**9901994**	**9060506**	**12927289**	**6474580**	**6452709**
未上过学	298398	78927	219471	211274	52464	158810
学前教育	540359	284447	255912	393707	205741	187966
小　学	2624925	1208205	1416720	1732516	758977	973539
初　中	5833252	3154615	2678637	3461955	1745998	1715957
高　中	3786441	2098469	1687972	2654219	1411299	1242920
大学专科	2845063	1526802	1318261	2165867	1141920	1023947
大学本科	2684779	1361802	1322977	2069996	1029402	1040594
硕士研究生	308963	162495	146468	211709	111832	99877
博士研究生	40320	26232	14088	26046	16947	9099

7-5a　续表

单位：人

受教育程度	省内 其中市辖区内人户分离			省外		
	小计	男	女	小计	男	女
总　计	**5683328**	**2742293**	**2941035**	**6035211**	**3427414**	**2607797**
未上过学	91754	22350	69404	87124	26463	60661
学前教育	198603	103721	94882	146652	78706	67946
小　学	715532	308758	406774	892409	449228	443181
初　中	1351572	631738	719834	2371297	1408617	962680
高　中	1276138	642162	633976	1132222	687170	445052
大学专科	952974	483882	469092	679196	384882	294314
大学本科	953528	472060	481468	614783	332400	282383
硕士研究生	124206	65286	58920	97254	50663	46591
博士研究生	19021	12336	6685	14274	9285	4989

7-5b 全省按户口登记地、性别、受教育程度分的户口登记地在外乡镇街道的人口(镇)

单位：人

受教育程度	合计			省内		
	合计	男	女	小计	男	女
总 计	**7351219**	**3847661**	**3503558**	**4930240**	**2471077**	**2459163**
未上过学	122107	32934	89173	91444	23010	68434
学前教育	259916	137728	122188	193455	102049	91406
小 学	1293401	602149	691252	867363	388111	479252
初 中	2755895	1470699	1285196	1613827	803565	810262
高 中	1520996	856971	664025	1109864	603887	505977
大学专科	777316	423409	353907	581924	309781	272143
大学本科	570820	296114	274706	440612	223448	217164
硕士研究生	46310	24841	21469	29222	15646	13576
博士研究生	4458	2816	1642	2529	1580	949

7-5b 续表

单位：人

受教育程度	省内			省外		
	其中市辖区内人户分离					
	小计	男	女	小计	男	女
总 计	**270502**	**130807**	**139695**	**2420979**	**1376584**	**1044395**
未上过学	5011	1315	3696	30663	9924	20739
学前教育	9939	5247	4692	66461	35679	30782
小 学	42365	18415	23950	426038	214038	212000
初 中	86756	40738	46018	1142068	667134	474934
高 中	75199	39334	35865	411132	253084	158048
大学专科	30047	15239	14808	195392	113628	81764
大学本科	20004	9866	10138	130208	72666	57542
硕士研究生	1085	597	488	17088	9195	7893
博士研究生	96	56	40	1929	1236	693

7-5c　全省按户口登记地、性别、受教育程度分的户口登记地在外乡镇街道的人口(乡村)

单位：人

受教育程度	合计			省内		
	合计	男	女	小计	男	女
总　计	**3100521**	**1748549**	**1351972**	**1396323**	**739877**	**656446**
未上过学	62836	20132	42704	37316	11513	25803
学前教育	76036	40213	35823	38527	20001	18526
小　学	651390	329502	321888	294923	143737	151186
初　中	1510711	882898	627813	575153	314539	260614
高　中	486219	297619	188600	245753	140189	105564
大学专科	203254	117798	85456	125761	68439	57322
大学本科	102013	55687	46326	73667	38498	35169
硕士研究生	7273	4159	3114	4690	2597	2093
博士研究生	789	541	248	533	364	169

7-5c　续表

单位：人

受教育程度	省内 其中市辖区内人户分离			省外		
	小计	男	女	小计	男	女
总　计	**214337**	**102538**	**111799**	**1704198**	**1008672**	**695526**
未上过学	6414	1836	4578	25520	8619	16901
学前教育	6577	3397	3180	37509	20212	17297
小　学	41015	19088	21927	356467	185765	170702
初　中	75907	36197	39710	935558	568359	367199
高　中	44422	23182	21240	240466	157430	83036
大学专科	23993	11090	12903	77493	49359	28134
大学本科	14702	7040	7662	28346	17189	11157
硕士研究生	1142	592	550	2583	1562	1021
博士研究生	165	116	49	256	177	79

7-6　全省按现住地、受教育程度、性别分的户口登记地在本省其他乡镇街道的人口

单位：人

现住地	合计			未上过学		
	合计	男	女	小计	男	女
江　苏	**19253852**	**9685534**	**9568318**	**340034**	**86987**	**253047**
南京市	**3001819**	**1522930**	**1478889**	**56063**	**14859**	**41204**
玄武区	159742	78416	81326	1313	423	890
秦淮区	248489	121347	127142	4062	1046	3016
建邺区	208759	103978	104781	3737	1047	2690
鼓楼区	280472	132907	147565	4914	1245	3669
浦口区	108371	54665	53706	2164	651	1513
栖霞区	394796	202111	192685	6725	1709	5016
雨花台区	253935	131329	122606	6783	1596	5187
江宁区	629125	327405	301720	11976	3479	8497
六合区	130354	64883	65471	3822	772	3050
溧水区	136206	70508	65698	3420	963	2457
高淳区	65849	32812	33037	1977	626	1351
南京江北新区	385721	202569	183152	5170	1302	3868
无锡市	**1735860**	**895737**	**840123**	**23443**	**5817**	**17626**
锡山区	186319	99028	87291	2858	766	2092
惠山区	205289	108717	96572	4070	990	3080
滨湖区	164998	85559	79439	2441	579	1862
梁溪区	300476	149133	151343	4338	913	3425
新吴区	210919	111400	99519	1899	457	1442
江苏无锡经济开发区	93285	47453	45832	1966	429	1537
江阴市	301654	159212	142442	3091	846	2245
宜兴市	272920	135235	137685	2780	837	1943
徐州市	**1700830**	**828725**	**872105**	**25055**	**7242**	**17813**
鼓楼区	170017	84076	85941	2428	664	1764
云龙区	171890	84394	87496	2586	676	1910
贾汪区	67271	32573	34698	1567	515	1052
泉山区	203949	98172	105777	3171	846	2325
铜山区	175578	82990	92588	2251	670	1581
丰县	127564	63271	64293	1321	373	948
沛县	160234	78474	81760	2474	765	1709
睢宁县	188408	89488	98920	2575	687	1888
徐州经济技术开发区	117799	60420	57379	2023	622	1401
新沂市	130522	62176	68346	2541	738	1803
邳州市	187598	92691	94907	2118	686	1432
常州市	**1367433**	**704063**	**663370**	**20388**	**5578**	**14810**
天宁区	196985	96290	100695	2623	581	2042
钟楼区	208570	106277	102293	3356	889	2467
新北区	228560	117936	110624	3344	782	2562
武进区	340547	182490	158057	4783	1471	3312
金坛区	152405	75160	77245	2814	804	2010
江苏省常州市经济开发区	95271	51811	43460	1471	417	1054
溧阳市	145095	74099	70996	1997	634	1363

7-6　续表 1　　　　单位：人

现住地	合计			未上过学		
	合计	男	女	小计	男	女
苏州市	**2722389**	**1416325**	**1306064**	**45978**	**12096**	**33882**
虎丘区	222686	114656	108030	3959	856	3103
吴中区	338258	177137	161121	6905	2093	4812
相城区	210002	110751	99251	3988	1071	2917
姑苏区	251425	122866	128559	4325	995	3330
吴江区	212279	112175	100104	3940	1045	2895
苏州工业园区	299759	151207	148552	5184	1119	4065
常熟市	341233	178962	162271	3431	1031	2400
张家港市	291116	150027	141089	4433	1082	3351
昆山市	427946	229379	198567	7285	2081	5204
太仓市	127685	69165	58520	2528	723	1805
南通市	**1345207**	**671451**	**673756**	**16904**	**4676**	**12228**
崇川区	301046	146652	154394	4777	1135	3642
港闸区	163834	83585	80249	2374	692	1682
通州区	138803	69534	69269	1628	494	1134
如东县	91914	46565	45349	1208	370	838
南通经济技术开发区	113622	60045	53577	987	360	627
通州湾示范区	10614	5967	4647	94	21	73
苏锡通科技产业园区	12837	7463	5374	166	52	114
启东市	136604	67733	68871	1463	503	960
如皋市	108846	52640	56206	1283	325	958
海门市	152252	73444	78808	1350	413	937
海安市	114835	57823	57012	1574	311	1263
连云港市	**724421**	**364202**	**360219**	**15017**	**4039**	**10978**
连云区	51338	27375	23963	1640	393	1247
海州区	180186	90244	89942	4545	1210	3335
赣榆区	84417	41963	42454	1333	340	993
东海县	122209	60981	61228	1711	493	1218
灌云县	87620	43724	43896	1696	472	1224
灌南县	78336	38467	39869	1394	433	961
连云港经济技术开发区	29622	15126	14496	852	202	650
连云港高新技术产业开发区	80006	39999	40007	1407	349	1058
江苏连云港徐圩新区	7834	5127	2707	283	106	177
江苏省连云港市云台山风景名胜区	2853	1196	1657	156	41	115
淮安市	**1031921**	**504180**	**527741**	**23322**	**4948**	**18374**
淮安区	146709	70778	75931	3160	661	2499
淮阴区	130895	64137	66758	1988	429	1559
清江浦区	190157	92405	97752	3120	612	2508
洪泽区	72277	34978	37299	1501	345	1156
涟水县	132564	64954	67610	2656	612	2044
盱眙县	135617	64772	70845	5093	1027	4066
金湖县	84149	41627	42522	2458	562	1896
淮安经济技术开发区	106805	54688	52117	1979	469	1510
工业园区	1184	630	554	45	10	35
生态文旅区	27708	13210	14498	1041	168	873
苏淮高新区	3856	2001	1855	281	53	228

7-6 续表 2

单位：人

现住地	合计			未上过学		
	合计	男	女	小计	男	女
盐城市	**1400201**	**692460**	**707741**	**26859**	**6503**	**20356**
亭湖区	198085	101025	97060	3730	1010	2720
盐都区	163592	82615	80977	3029	712	2317
大丰区	127173	64245	62928	2435	624	1811
响水县	100951	48984	51967	3191	723	2468
滨海县	126263	61361	64902	2674	604	2070
阜宁县	130244	63542	66702	2022	626	1396
射阳县	142718	69655	73063	2794	665	2129
建湖县	161132	78978	82154	2794	588	2206
盐城经济技术开发区	23252	11528	11724	347	96	251
江苏省盐南高新区	134279	65185	69094	2027	450	1577
东台市	92512	45342	47170	1816	405	1411
扬州市	**1150099**	**571882**	**578217**	**25997**	**6649**	**19348**
广陵区	187340	97848	89492	3069	904	2165
邗江区	253559	125090	128469	4150	1113	3037
江都区	168590	81972	86618	3859	916	2943
宝应县	139536	67462	72074	3490	836	2654
扬州经济技术开发区	86776	43540	43236	1580	396	1184
蜀冈瘦西湖景区	50399	24719	25680	1360	417	943
生态新城	11822	6442	5380	246	101	145
仪征市	101288	51471	49817	2805	727	2078
高邮市	150789	73338	77451	5438	1239	4199
镇江市	**914679**	**461554**	**453125**	**15074**	**3972**	**11102**
京口区	143959	71823	72136	2463	602	1861
润州区	105504	51969	53535	1882	499	1383
丹徒区	99609	52886	46723	1690	446	1244
镇江新区	100678	51123	49555	2140	619	1521
江苏镇江高新区	29739	15390	14349	622	141	481
丹阳市	203313	101143	102170	2784	736	2048
扬中市	61737	32015	29722	952	284	668
句容市	170140	85205	84935	2541	645	1896
泰州市	**1047866**	**513464**	**534402**	**18874**	**4056**	**14818**
海陵区	207648	99371	108277	4237	938	3299
高港区	55426	27506	27920	1055	180	875
姜堰区	165154	78966	86188	2026	511	1515
泰州医药高新技术产业开发区	78192	37813	40379	1625	340	1285
兴化市	186009	94055	91954	5557	1113	4444
靖江市	195052	96144	98908	1701	399	1302
泰兴市	160385	79609	80776	2673	575	2098
宿迁市	**1111127**	**538561**	**572566**	**27060**	**6552**	**20508**
宿城区	144244	69327	74917	3057	643	2414
宿豫区	114928	57352	57576	2516	637	1879
沭阳县	306769	147821	158948	4699	1554	3145
泗阳县	183640	88479	95161	3348	712	2636
泗洪县	253746	121418	132328	10232	2299	7933
宿迁经济技术开发区	58245	29559	28686	1770	376	1394
宿迁市湖滨新区	24797	11966	12831	707	182	525
苏州宿迁工业园区	12361	6645	5716	272	53	219
宿迁市洋河新区	12397	5994	6403	459	96	363

7-6 续表 3

单位：人

现住地	学前教育			小学		
	小计	男	女	小计	男	女
江苏	**625689**	**327791**	**297898**	**2894802**	**1290825**	**1603977**
南京市	**79325**	**41403**	**37922**	**357382**	**159668**	**197714**
玄武区	3420	1821	1599	15973	6770	9203
秦淮区	6155	3231	2924	27027	11950	15077
建邺区	5136	2684	2452	22464	10430	12034
鼓楼区	5870	3017	2853	29848	13067	16781
浦口区	3541	1894	1647	18000	8493	9507
栖霞区	8755	4590	4165	38902	17904	20998
雨花台区	6359	3311	3048	28601	12969	15632
江宁区	15900	8342	7558	69886	32503	37383
六合区	5583	2891	2692	22809	9290	13519
溧水区	5532	2829	2703	23330	11147	12183
高淳区	2401	1265	1136	12608	5288	7320
南京江北新区	10673	5528	5145	47934	19857	28077
无锡市	**47404**	**24786**	**22618**	**245546**	**109148**	**136398**
锡山区	5054	2614	2440	30653	13682	16971
惠山区	4751	2507	2244	29860	13573	16287
滨湖区	3867	2069	1798	18549	8337	10212
梁溪区	7424	3906	3518	37354	15942	21412
新吴区	7059	3696	3363	27869	11878	15991
江苏无锡经济开发区	2289	1176	1113	12251	5439	6812
江阴市	8370	4342	4028	44154	20245	23909
宜兴市	8590	4476	4114	44856	20052	24804
徐州市	**68888**	**36560**	**32328**	**265046**	**123828**	**141218**
鼓楼区	5817	3084	2733	19711	9047	10664
云龙区	6152	3213	2939	18624	8505	10119
贾汪区	2478	1337	1141	11683	5846	5837
泉山区	6308	3362	2946	22067	9954	12113
铜山区	5960	3165	2795	22842	10818	12024
丰县	6432	3409	3023	23821	11322	12499
沛县	7519	4009	3510	29717	14497	15220
睢宁县	9751	5015	4736	43389	19366	24023
徐州经济技术开发区	5612	3046	2566	14302	6667	7635
新沂市	5278	2821	2457	24353	11319	13034
邳州市	7581	4099	3482	34537	16487	18050
常州市	**39934**	**20800**	**19134**	**188895**	**84771**	**104124**
天宁区	5491	2890	2601	24553	10642	13911
钟楼区	5400	2841	2559	26199	11554	14645
新北区	6506	3411	3095	30028	13017	17011
武进区	9512	4924	4588	47598	22030	25568
金坛区	5407	2789	2618	25085	10874	14211
江苏省常州市经济开发区	2571	1336	1235	14729	6864	7865
溧阳市	5047	2609	2438	20703	9790	10913

7-6 续表 4　　单位：人

现住地	学前教育			小学		
	小计	男	女	小计	男	女
苏州市	**81948**	**42600**	**39348**	**400718**	**180110**	**220608**
虎丘区	6101	3212	2889	28155	12403	15752
吴中区	9445	4996	4449	46771	21618	25153
相城区	6897	3516	3381	34940	16258	18682
姑苏区	6063	3178	2885	31917	13533	18384
吴江区	7455	3802	3653	36266	16606	19660
苏州工业园区	7869	4042	3827	38377	15899	22478
常熟市	10496	5490	5006	45094	20800	24294
张家港市	11187	5813	5374	51653	24031	27622
昆山市	13070	6790	6280	67612	29571	38041
太仓市	3365	1761	1604	19933	9391	10542
南通市	**38031**	**19618**	**18413**	**169560**	**78744**	**90816**
崇川区	8497	4400	4097	30633	13439	17194
港闸区	5586	2848	2738	19957	9373	10584
通州区	3983	2128	1855	21367	10163	11204
如东县	1832	946	886	11955	5824	6131
南通经济技术开发区	4111	2147	1964	13724	6486	7238
通州湾示范区	138	66	72	968	505	463
苏锡通科技产业园区	328	175	153	2274	1303	971
启东市	3032	1521	1511	18916	8991	9925
如皋市	4107	2107	2000	16784	7471	9313
海门市	4332	2227	2105	20331	9422	10909
海安市	2085	1053	1032	12651	5767	6884
连云港市	**24311**	**13007**	**11304**	**109689**	**50177**	**59512**
连云区	1797	952	845	8333	3973	4360
海州区	5593	2986	2607	26561	11862	14699
赣榆区	3317	1786	1531	11403	5232	6171
东海县	3714	1949	1765	17968	8103	9865
灌云县	3599	1966	1633	16429	7460	8969
灌南县	3302	1763	1539	17462	8126	9336
连云港经济技术开发区	1044	563	481	3991	1887	2104
连云港高新技术产业开发区	1669	890	779	5602	2484	3118
江苏连云港徐圩新区	138	77	61	1385	787	598
江苏省连云港市云台山风景名胜区	138	75	63	555	263	292
淮安市	**38499**	**20122**	**18377**	**188871**	**77165**	**111706**
淮安区	6117	3206	2911	30843	13127	17716
淮阴区	3769	2024	1745	17586	7365	10221
清江浦区	5942	3186	2756	27306	11424	15882
洪泽区	3057	1478	1579	17894	7096	10798
涟水县	5452	2870	2582	22570	9135	13435
盱眙县	5919	3091	2828	34345	13915	20430
金湖县	3842	1970	1872	18079	6768	11311
淮安经济技术开发区	3361	1768	1593	13820	5729	8091
工业园区	45	23	22	228	106	122
生态文旅区	889	453	436	5279	2093	3186
苏淮高新区	106	53	53	921	407	514

7-6　续表 5

单位：人

现住地	学前教育			小　　学		
	小计	男	女	小计	男	女
盐城市	**50898**	**27076**	**23822**	**233615**	**104155**	**129460**
亭湖区	5370	2867	2503	28032	12427	15605
盐都区	6232	3367	2865	26317	11742	14575
大丰区	4646	2419	2227	18972	8890	10082
响水县	4348	2344	2004	21147	9393	11754
滨海县	5327	2886	2441	25157	11592	13565
阜宁县	6264	3348	2916	26819	12304	14515
射阳县	5419	2833	2586	26716	11974	14742
建湖县	6441	3387	3054	33076	14293	18783
盐城经济技术开发区	592	304	288	2161	981	1180
江苏省盐南高新区	4068	2163	1905	12858	5125	7733
东台市	2191	1158	1033	12360	5434	6926
扬州市	**38576**	**19970**	**18606**	**194489**	**86578**	**107911**
广陵区	5109	2683	2426	30533	14645	15888
邗江区	6953	3565	3388	31310	13691	17619
江都区	5991	3108	2883	32291	14586	17705
宝应县	6091	3149	2942	29729	12392	17337
扬州经济技术开发区	2660	1381	1279	10782	4745	6037
蜀冈瘦西湖景区	1369	724	645	7643	3460	4183
生态新城	332	170	162	2861	1464	1397
仪征市	3960	2088	1872	18229	8412	9817
高邮市	6111	3102	3009	31111	13183	17928
镇江市	**27621**	**14406**	**13215**	**140029**	**61604**	**78425**
京口区	3802	2016	1786	18252	7875	10377
润州区	3223	1682	1541	15400	6721	8679
丹徒区	2992	1536	1456	14647	6739	7908
镇江新区	3388	1766	1622	18060	7963	10097
江苏镇江高新区	932	473	459	4999	2274	2725
丹阳市	6023	3126	2897	32930	14154	18776
扬中市	1505	797	708	9896	4574	5322
句容市	5756	3010	2746	25845	11304	14541
泰州市	**35491**	**18354**	**17137**	**176945**	**76106**	**100839**
海陵区	6006	3046	2960	31741	13238	18503
高港区	2135	1079	1056	10173	4173	6000
姜堰区	6805	3544	3261	28322	12345	15977
泰州医药高新技术产业开发区	3021	1596	1425	11089	4621	6468
兴化市	6951	3683	3268	40864	18791	22073
靖江市	6288	3181	3107	27663	11845	15818
泰兴市	4285	2225	2060	27093	11093	16000
宿迁市	**54763**	**29089**	**25674**	**224017**	**98771**	**125246**
宿城区	5759	3077	2682	22678	9583	13095
宿豫区	5582	2999	2583	20503	8844	11659
沭阳县	15557	8318	7239	62478	28277	34201
泗阳县	8881	4702	4179	33428	14906	18522
泗洪县	14124	7369	6755	64866	28356	36510
宿迁经济技术开发区	2659	1477	1182	10731	4670	6061
宿迁市湖滨新区	787	387	400	4703	2120	2583
苏州宿迁工业园区	836	447	389	1764	775	989
宿迁市洋河新区	578	313	265	2866	1240	1626

7-6 续表 6 单位：人

现住地	初中			高中			大学专科		
	小计	男	女	小计	男	女	小计	男	女
江　苏	**5650935**	**2864102**	**2786833**	**4009836**	**2155375**	**1854461**	**2873552**	**1520140**	**1353412**
南京市	**645579**	**338814**	**306765**	**559287**	**293980**	**265307**	**507668**	**269680**	**237988**
玄武区	26842	13440	13402	27827	13434	14393	22553	11047	11506
秦淮区	52353	26060	26293	56183	27593	28590	42698	21174	21524
建邺区	39217	20290	18927	38855	19228	19627	36240	18868	17372
鼓楼区	54028	26468	27560	55222	27139	28083	44143	21314	22829
浦口区	26503	14432	12071	21915	11434	10481	15276	7438	7838
栖霞区	85726	47422	38304	73826	39367	34459	67367	36694	30673
雨花台区	58463	31528	26935	46876	25036	21840	40982	22462	18520
江宁区	125240	66349	58891	109322	59381	49941	119907	65083	54824
六合区	37464	19009	18455	27371	15162	12209	19838	10723	9115
溧水区	36156	19466	16690	25516	14767	10749	22046	11868	10178
高淳区	19836	9769	10067	13553	7679	5874	8492	4484	4008
南京江北新区	83751	44581	39170	62821	33760	29061	68126	38525	29601
无锡市	**561661**	**300283**	**261378**	**333203**	**183547**	**149656**	**288027**	**153580**	**134447**
锡山区	67435	37636	29799	33843	19641	14202	24331	13349	10982
惠山区	67278	37490	29788	34954	20540	14414	44770	23744	21026
滨湖区	39878	21447	18431	28624	15396	13228	34455	19192	15263
梁溪区	88502	45241	43261	61984	32197	29787	51706	26946	24760
新吴区	66754	36191	30563	39596	22598	16998	40298	22109	18189
江苏无锡经济开发区	27030	14513	12517	17512	9374	8138	13866	7313	6553
江阴市	111179	60920	50259	65513	36654	28859	38138	20447	17691
宜兴市	93605	46845	46760	51177	27147	24030	40463	20480	19983
徐州市	**481588**	**224909**	**256679**	**396464**	**203198**	**193266**	**263710**	**134578**	**129132**
鼓楼区	45395	22064	23331	40404	20006	20398	34623	18566	16057
云龙区	37587	17844	19743	32873	16458	16415	29295	15210	14085
贾汪区	21820	10201	11619	15305	7849	7456	8026	4085	3941
泉山区	44498	20555	23943	47913	23772	24141	42508	21107	21401
铜山区	44264	19915	24349	36207	17927	18280	31481	15571	15910
丰县	41231	19393	21838	32263	17152	15111	16095	8412	7683
沛县	56927	26156	30771	34754	18200	16554	19067	9803	9264
睢宁县	65601	29951	35650	41757	22000	19757	16455	8130	8325
徐州经济技术开发区	27199	13577	13622	25402	13645	11757	29945	15802	14143
新沂市	39803	17928	21875	34169	17534	16635	16317	7954	8363
邳州市	57263	27325	29938	55417	28655	26762	19898	9938	9960
常州市	**436207**	**227152**	**209055**	**260976**	**141585**	**119391**	**215849**	**119139**	**96710**
天宁区	59833	30170	29663	39685	20390	19295	30927	15026	15901
钟楼区	61616	32614	29002	39141	20726	18415	30642	16767	13875
新北区	64777	33645	31132	40091	22377	17714	37490	20239	17251
武进区	109940	59799	50141	54031	29988	24043	67655	40166	27489
金坛区	54944	26098	28846	31324	17226	14098	19711	10701	9010
江苏省常州市经济开发区	38837	21603	17234	17968	10430	7538	12818	7454	5364
溧阳市	46260	23223	23037	38736	20448	18288	16606	8786	7820

7-6 续表 7

单位：人

现住地	初中			高中			大学专科		
	小计	男	女	小计	男	女	小计	男	女
苏州市	**804131**	**433909**	**370222**	**511888**	**289203**	**222685**	**447939**	**239823**	**208116**
虎丘区	54465	29669	24796	40786	23406	17380	44352	22544	21808
吴中区	90477	49328	41149	66325	37340	28985	64599	34528	30071
相城区	65023	36137	28886	35281	20174	15107	33221	17362	15859
姑苏区	64582	32521	32061	50451	26270	24181	45683	22954	22729
吴江区	69559	38272	31287	40055	22828	17227	30365	16620	13745
苏州工业园区	60356	30445	29911	55260	30864	24396	57709	31814	25895
常熟市	130676	70496	60180	57615	32294	25321	43198	23401	19797
张家港市	93699	50085	43614	50372	27784	22588	40479	21131	19348
昆山市	127389	69981	57408	94463	55886	38577	69815	38950	30865
太仓市	47905	26975	20930	21280	12357	8923	18518	10519	7999
南通市	**415490**	**209247**	**206243**	**303417**	**156740**	**146677**	**214506**	**110483**	**104023**
崇川区	63336	30873	32463	60795	30976	29819	62665	32392	30273
港闸区	46041	23738	22303	28944	15564	13380	32316	16315	16001
通州区	51060	25669	25391	30920	15906	15014	17302	8914	8388
如东县	29944	14832	15112	26491	13728	12763	10670	5784	4886
南通经济技术开发区	28409	15753	12656	25078	13088	11990	26637	14533	12104
通州湾示范区	2277	1318	959	5666	3242	2424	892	489	403
苏锡通科技产业园区	5339	3035	2304	2151	1336	815	1538	956	582
启东市	57183	29169	28014	28100	14273	13827	13742	6847	6895
如皋市	31077	14781	16296	30047	15782	14265	14194	6568	7626
海门市	59603	28992	30611	34890	16960	17930	19405	9725	9680
海安市	41221	21087	20134	30335	15885	14450	15145	7960	7185
连云港市	**202156**	**100315**	**101841**	**189971**	**101059**	**88912**	**102237**	**53061**	**49176**
连云区	16219	9233	6986	10307	5820	4487	7307	3907	3400
海州区	51699	26053	25646	43550	22784	20766	28801	15194	13607
赣榆区	19552	9161	10391	29347	15710	13637	10843	5397	5446
东海县	34109	16402	17707	41174	21478	19696	14365	7704	6661
灌云县	30584	14813	15771	21884	11630	10254	7455	4112	3343
灌南县	27817	13076	14741	18997	10166	8831	5397	2834	2563
连云港经济技术开发区	7281	3743	3538	8801	4729	4072	4126	2171	1955
连云港高新技术产业开发区	11271	5676	5595	13627	7411	6216	22666	10866	11800
江苏连云港徐圩新区	2629	1759	870	1653	1074	579	1020	770	250
江苏省连云港市云台山风景名胜区	995	399	596	631	257	374	257	106	151
淮安市	**332057**	**163266**	**168791**	**220729**	**120802**	**99927**	**118490**	**63464**	**55026**
淮安区	47640	22185	25455	32477	17693	14784	14570	7803	6767
淮阴区	40251	19859	20392	31329	17416	13913	13626	7431	6195
清江浦区	53814	26024	27790	41570	21821	19749	26326	13917	12409
洪泽区	26534	13574	12960	14069	7739	6330	5621	2915	2706
涟水县	50875	24728	26147	32051	17203	14848	12990	7283	5707
盱眙县	47310	23707	23603	25710	14147	11563	9543	4944	4599
金湖县	28767	14796	13971	18211	10847	7364	8411	4513	3898
淮安经济技术开发区	27037	13506	13531	19187	10582	8605	23491	12524	10967
工业园区	471	269	202	166	94	72	146	81	65
生态文旅区	7775	3733	4042	5352	2865	2487	3537	1912	1625
苏淮高新区	1583	885	698	607	395	212	229	141	88

7-6 续表 8

单位：人

现住地	初中			高中			大学专科		
	小计	男	女	小计	男	女	小计	男	女
盐城市	**470960**	**223919**	**247041**	**335130**	**181627**	**153503**	**161058**	**85260**	**75798**
亭湖区	54799	27229	27570	48348	25574	22774	26959	14984	11975
盐都区	56830	27541	29289	41410	22915	18495	19425	10823	8602
大丰区	39875	19345	20530	31364	17254	14110	18433	9846	8587
响水县	39732	18641	21091	19471	10810	8661	7361	4051	3310
滨海县	49215	22981	26234	27844	14658	13186	8580	4630	3950
阜宁县	51512	24034	27478	27807	14982	12825	9633	4990	4643
射阳县	52200	24595	27605	35528	18875	16653	12704	6778	5926
建湖县	64943	30785	34158	33384	18960	14424	12640	6795	5845
盐城经济技术开发区	4505	2268	2237	4927	2996	1931	2945	1741	1204
江苏省盐南高新区	27973	12773	15200	35734	19038	16696	32136	15310	16826
东台市	29376	13727	15649	29313	15565	13748	10242	5312	4930
扬州市	**346889**	**174053**	**172836**	**225606**	**121497**	**104109**	**168617**	**89130**	**79487**
广陵区	57498	30940	26558	43965	24727	19238	27750	14241	13509
邗江区	51109	25035	26074	40923	21303	19620	53836	28727	25109
江都区	59628	29102	30526	33189	17382	15807	20261	10353	9908
宝应县	50764	24326	26438	27877	15192	12685	13097	7089	6008
扬州经济技术开发区	20253	10415	9838	16407	8788	7619	17931	9595	8336
蜀冈瘦西湖景区	13991	7057	6934	11630	5743	5887	7323	3857	3466
生态新城	5354	3018	2336	1750	1028	722	788	400	388
仪征市	31667	16142	15525	21799	11791	10008	13392	7246	6146
高邮市	56625	28018	28607	28066	15543	12523	14239	7622	6617
镇江市	**286272**	**145712**	**140560**	**187383**	**100805**	**86578**	**129030**	**68935**	**60095**
京口区	36581	18305	18276	28043	14008	14035	21873	11703	10170
润州区	31463	15521	15942	22390	11304	11086	14954	7955	6999
丹徒区	28725	15585	13140	18126	9842	8284	13818	7491	6327
镇江新区	32933	16709	16224	20526	11300	9226	14438	8051	6387
江苏镇江高新区	10365	5601	4764	5953	3249	2704	3650	1992	1658
丹阳市	75109	38332	36777	41326	23077	18249	22672	11595	11077
扬中市	20196	10700	9496	12702	7233	5469	9924	5212	4712
句容市	50900	24959	25941	38317	20792	17525	27701	14936	12765
泰州市	**323448**	**157742**	**165706**	**223297**	**120813**	**102484**	**144669**	**76266**	**68403**
海陵区	53568	26259	27309	39486	21236	18250	34198	18218	15980
高港区	17503	8960	8543	10735	6045	4690	7879	4169	3710
姜堰区	54772	24996	29776	36199	18711	17488	20345	10404	9941
泰州医药高新技术产业开发区	18789	9394	9395	12117	6548	5569	15964	7928	8036
兴化市	65407	33242	32165	41500	23287	18213	16001	8672	7329
靖江市	59444	28785	30659	44507	23609	20898	29869	15670	14199
泰兴市	53965	26106	27859	38753	21377	17376	20413	11205	9208
宿迁市	**344497**	**164781**	**179716**	**262485**	**140519**	**121966**	**111752**	**56741**	**55011**
宿城区	38671	19147	19524	30267	16264	14003	16062	8302	7760
宿豫区	35222	17986	17236	26848	14137	12711	15300	8104	7196
沭阳县	102402	46593	55809	77207	40716	36491	27568	13874	13694
泗阳县	55201	25075	30126	56824	29709	27115	15422	8050	7372
泗洪县	81431	39829	41602	47422	25780	21642	20917	10489	10428
宿迁经济技术开发区	18116	9369	8747	13517	7516	6001	7524	4112	3412
宿迁市湖滨新区	5530	2793	2737	6016	3806	2210	6117	2183	3934
苏州宿迁工业园区	3269	1709	1560	2193	1391	802	2000	1192	808
宿迁市洋河新区	4655	2280	2375	2191	1200	991	842	435	407

7-6　续表 9　　　　单位：人

现住地	大学本科			硕士研究生			博士研究生		
	小计	男	女	小计	男	女	小计	男	女
江　苏	**2584275**	**1291348**	**1292927**	**245621**	**130075**	**115546**	**29108**	**18891**	**10217**
南京市	**676429**	**338719**	**337710**	**103840**	**55184**	**48656**	**16246**	**10623**	**5623**
玄武区	46131	22679	23452	12774	6829	5945	2909	1973	936
秦淮区	50281	24873	25408	8348	4480	3868	1382	940	442
建邺区	51722	25295	26427	10226	5380	4846	1162	756	406
鼓楼区	68531	31335	37196	15237	7649	7588	2679	1673	1006
浦口区	18288	8866	9422	2383	1266	1117	301	191	110
栖霞区	98238	46664	51574	12808	6213	6595	2449	1548	901
雨花台区	57130	29391	27739	8135	4623	3512	606	413	193
江宁区	152450	78498	73952	21242	11651	9591	3202	2119	1083
六合区	12742	6633	6109	675	371	304	50	32	18
溧水区	19437	9059	10378	720	382	338	49	27	22
高淳区	6581	3476	3105	379	214	165	22	11	11
南京江北新区	94898	51950	42948	10913	6126	4787	1435	940	495
无锡市	**215278**	**106948**	**108330**	**19814**	**10651**	**9163**	**1484**	**977**	**507**
锡山区	20452	10475	9977	1592	806	786	101	59	42
惠山区	18184	9120	9064	1340	696	644	82	57	25
滨湖区	31847	15488	16359	4804	2704	2100	533	347	186
梁溪区	44675	21570	23105	4269	2270	1999	224	148	76
新吴区	24937	13053	11884	2383	1338	1045	124	80	44
江苏无锡经济开发区	15705	7796	7909	2427	1253	1174	239	160	79
江阴市	29398	14757	14641	1704	928	776	107	73	34
宜兴市	30080	14689	15391	1295	656	639	74	53	21
徐州市	**182823**	**89410**	**93413**	**15173**	**7683**	**7490**	**2083**	**1317**	**766**
鼓楼区	20115	9858	10257	1378	693	685	146	94	52
云龙区	42304	21255	21049	2254	1106	1148	215	127	88
贾汪区	6205	2652	3553	164	78	86	23	10	13
泉山区	33349	16422	16927	3646	1853	1793	489	301	188
铜山区	26566	11801	14765	5043	2481	2562	964	642	322
丰县	6150	3063	3087	233	135	98	18	12	6
沛县	9426	4866	4560	317	160	157	33	18	15
睢宁县	8544	4171	4373	313	153	160	23	15	8
徐州经济技术开发区	12174	6397	5777	1055	618	437	87	46	41
新沂市	7731	3714	4017	301	153	148	29	15	14
邳州市	10259	5211	5048	469	253	216	56	37	19
常州市	**190263**	**96864**	**93399**	**13837**	**7453**	**6384**	**1084**	**721**	**363**
天宁区	30908	15062	15846	2765	1388	1377	200	141	59
钟楼区	39324	19308	20016	2675	1440	1235	217	138	79
新北区	42869	22570	20299	3215	1733	1482	240	162	78
武进区	43098	21872	21226	3634	2042	1592	296	198	98
金坛区	12440	6314	6126	627	323	304	53	31	22
江苏省常州市经济开发区	6480	3474	3006	366	213	153	31	20	11
溧阳市	15144	8264	6880	555	314	241	47	31	16

7-6 续表 10　　　　单位：人

现住地	大学本科			硕士研究生			博士研究生		
	小计	男	女	小计	男	女	小计	男	女
苏州市	**391563**	**198360**	**193203**	**35298**	**18394**	**16904**	**2926**	**1830**	**1096**
虎丘区	39918	19899	20019	4661	2480	2181	289	187	102
吴中区	48982	24718	24264	4333	2254	2079	421	262	159
相城区	27912	14708	13204	2506	1376	1130	234	149	85
姑苏区	42888	20613	22275	4996	2482	2514	520	320	200
吴江区	22789	12024	10765	1754	913	841	96	65	31
苏州工业园区	64601	31670	32931	9535	4836	4699	868	518	350
常熟市	48417	24194	24223	2086	1122	964	220	134	86
张家港市	37546	19158	18388	1661	882	779	86	61	25
昆山市	45384	24509	20875	2790	1517	1273	138	94	44
太仓市	13126	6867	6259	976	532	444	54	40	14
南通市	**175911**	**86294**	**89617**	**10540**	**5105**	**5435**	**848**	**544**	**304**
崇川区	64020	30411	33609	5803	2693	3110	520	333	187
港闸区	27260	14390	12870	1268	609	659	88	56	32
通州区	11872	5912	5960	625	318	307	46	30	16
如东县	9391	4857	4534	408	219	189	15	5	10
南通经济技术开发区	13824	7217	6607	791	414	377	61	47	14
通州湾示范区	550	305	245	27	20	7	2	1	1
苏锡通科技产业园区	999	581	418	40	23	17	2	2	
启东市	13808	6240	7568	337	175	162	23	14	9
如皋市	10853	5350	5503	462	231	231	39	25	14
海门市	11950	5501	6449	364	190	174	27	14	13
海安市	11384	5530	5854	415	213	202	25	17	8
连云港市	**76320**	**39934**	**36386**	**4348**	**2377**	**1971**	**372**	**233**	**139**
连云区	5433	2914	2519	283	172	111	19	11	8
海州区	18255	9497	8758	1093	602	491	89	56	33
赣榆区	8129	4092	4037	456	227	229	37	18	19
东海县	8804	4651	4153	336	182	154	28	19	9
灌云县	5726	3135	2591	222	122	100	25	14	11
灌南县	3802	1968	1834	150	89	61	15	12	3
连云港经济技术开发区	3257	1690	1567	251	130	121	19	11	8
连云港高新技术产业开发区	22118	11415	10703	1508	817	691	138	91	47
江苏连云港徐圩新区	682	521	161	43	33	10	1		1
江苏省连云港市云台山风景名胜区	114	51	63	6	3	3	1	1	
淮安市	**103837**	**50990**	**52847**	**5480**	**2985**	**2495**	**636**	**438**	**198**
淮安区	11460	5863	5597	419	221	198	23	19	4
淮阴区	21440	9117	12323	768	409	359	138	87	51
清江浦区	29764	14126	15638	2059	1122	937	256	173	83
洪泽区	3446	1744	1702	146	80	66	9	7	2
涟水县	5667	2945	2722	269	151	118	34	27	7
盱眙县	7392	3764	3628	274	157	117	31	20	11
金湖县	4203	2096	2107	171	70	101	7	5	2
淮安经济技术开发区	16786	9420	7366	1022	600	422	122	90	32
工业园区	79	44	35	4	3	1			
生态文旅区	3479	1808	1671	341	168	173	15	10	5
苏淮高新区	121	63	58	7	4	3	1		1

7-6　续表 11　　　　单位：人

现住地	大学本科			硕士研究生			博士研究生		
	小计	男	女	小计	男	女	小计	男	女
盐城市	**115832**	**60735**	**55097**	**5294**	**2837**	**2457**	**555**	**348**	**207**
亭湖区	29548	16162	13386	1070	622	448	229	150	79
盐都区	9840	5258	4582	471	239	232	38	18	20
大丰区	10950	5598	5352	471	252	219	27	17	10
响水县	5484	2898	2586	203	117	86	14	7	7
滨海县	7168	3837	3331	280	159	121	18	14	4
阜宁县	5933	3125	2808	229	119	110	25	14	11
射阳县	7101	3805	3296	245	122	123	11	8	3
建湖县	7539	3998	3541	293	158	135	22	14	8
盐城经济技术开发区	7578	3040	4538	157	78	79	40	24	16
江苏省盐南高新区	17793	9446	8347	1573	807	766	117	73	44
东台市	6898	3568	3330	302	164	138	14	9	5
扬州市	**137580**	**67505**	**70075**	**11400**	**5901**	**5499**	**945**	**599**	**346**
广陵区	18233	9008	9225	1149	682	467	34	18	16
邗江区	58514	28124	30390	6159	3142	3017	605	390	215
江都区	12821	6272	6549	519	237	282	31	16	15
宝应县	8215	4335	3880	255	131	124	18	12	6
扬州经济技术开发区	15003	7137	7866	2028	1006	1022	132	77	55
蜀冈瘦西湖景区	6496	3132	3364	520	283	237	67	46	21
生态新城	446	235	211	33	17	16	12	9	3
仪征市	8979	4817	4162	430	229	201	27	19	8
高邮市	8873	4445	4428	307	174	133	19	12	7
镇江市	**116303**	**58574**	**57729**	**11637**	**6679**	**4958**	**1330**	**867**	**463**
京口区	27382	13982	13400	4873	2872	2001	690	460	230
润州区	14578	7433	7145	1485	773	712	129	81	48
丹徒区	17472	9784	7688	2034	1396	638	105	67	38
镇江新区	8531	4369	4162	571	283	288	91	63	28
江苏镇江高新区	2912	1494	1418	279	145	134	27	21	6
丹阳市	21568	9679	11889	851	415	436	50	29	21
扬中市	6284	3077	3207	261	130	131	17	8	9
句容市	17576	8756	8820	1283	665	618	221	138	83
泰州市	**119339**	**57058**	**62281**	**5464**	**2841**	**2623**	**339**	**228**	**111**
海陵区	36867	15616	21251	1441	749	692	104	71	33
高港区	5604	2718	2886	322	171	151	20	11	9
姜堰区	16052	8110	7942	598	319	279	35	26	9
泰州医药高新技术产业开发区	14262	6696	7566	1247	643	604	78	47	31
兴化市	9376	5071	4305	326	178	148	27	18	9
靖江市	24623	12176	12447	917	451	466	40	28	12
泰兴市	12555	6671	5884	613	330	283	35	27	8
宿迁市	**82797**	**39957**	**42840**	**3496**	**1985**	**1511**	**260**	**166**	**94**
宿城区	26514	11587	14927	1185	688	497	51	36	15
宿豫区	8566	4428	4138	364	200	164	27	17	10
沭阳县	16197	8110	8087	577	331	246	84	48	36
泗阳县	10084	5071	5013	418	236	182	34	18	16
泗洪县	14214	6988	7226	493	273	220	47	35	12
宿迁经济技术开发区	3741	1931	1810	182	104	78	5	4	1
宿迁市湖滨新区	859	448	411	74	45	29	4	2	2
苏州宿迁工业园区	1870	991	879	151	82	69	6	5	1
宿迁市洋河新区	752	403	349	52	26	26	2	1	1

7-6a 全省按现住地、受教育程度、性别分的户口登记地在本省其他乡镇街道的人口(城市)

单位：人

现住地	合计			未上过学		
	合计	男	女	小计	男	女
江　苏	**12927289**	**6474580**	**6452709**	**211274**	**52464**	**158810**
南京市	**2803058**	**1415863**	**1387195**	**49822**	**12732**	**37090**
玄武区	159742	78416	81326	1313	423	890
秦淮区	248489	121347	127142	4062	1046	3016
建邺区	208759	103978	104781	3737	1047	2690
鼓楼区	280472	132907	147565	4914	1245	3669
浦口区	98262	49363	48899	1698	495	1203
栖霞区	385309	196495	188814	6448	1606	4842
雨花台区	250601	129524	121077	6580	1554	5026
江宁区	549047	281681	267366	9670	2619	7051
六合区	65584	31865	33719	2036	329	1707
溧水区	115929	60901	55028	2975	823	2152
高淳区	58148	28804	29344	1333	284	1049
南京江北新区	382716	200582	182134	5056	1261	3795
无锡市	**1397815**	**714018**	**683797**	**18011**	**4289**	**13722**
锡山区	130021	68485	61536	2008	540	1468
惠山区	151017	79683	71334	2690	639	2051
滨湖区	157194	81234	75960	2228	522	1706
梁溪区	300476	149133	151343	4338	913	3425
新吴区	191219	99684	91535	1635	384	1251
江苏无锡经济开发区	93285	47453	45832	1966	429	1537
江阴市	183403	95757	87646	1526	378	1148
宜兴市	191200	92589	98611	1620	484	1136
徐州市	**968868**	**474067**	**494801**	**13911**	**3925**	**9986**
鼓楼区	170017	84076	85941	2428	664	1764
云龙区	161151	78531	82620	2493	649	1844
贾汪区	54491	27234	27257	1215	390	825
泉山区	203949	98172	105777	3171	846	2325
铜山区	115914	55541	60373	1169	340	829
丰县						
沛县						
睢宁县						
徐州经济技术开发区	158	64	94	1		1
新沂市	104234	51369	52865	1880	533	1347
邳州市	158954	79080	79874	1554	503	1051
常州市	**1161568**	**591279**	**570289**	**15893**	**4149**	**11744**
天宁区	185284	90083	95201	2439	525	1914
钟楼区	196425	98994	97431	3123	814	2309
新北区	196639	100786	95853	2724	605	2119
武进区	274354	146215	128139	3286	933	2353
金坛区	129023	62510	66513	2068	611	1457
江苏省常州市经济开发区	58522	31343	27179	824	217	607
溧阳市	121321	61348	59973	1429	444	985

7-6a　续表 1

单位：人

现住地	合计			未上过学		
	合计	男	女	小计	男	女
苏州市	**1841854**	**939756**	**902098**	**31008**	**7986**	**23022**
虎丘区	210246	107472	102774	3582	766	2816
吴中区	266297	136715	129582	5487	1635	3852
相城区	194753	101575	93178	3699	972	2727
姑苏区	251425	122866	128559	4325	995	3330
吴江区	137014	71384	65630	2694	640	2054
苏州工业园区						
常熟市	239885	120664	119221	2251	602	1649
张家港市	159582	79339	80243	2197	554	1643
昆山市	308993	161986	147007	5417	1487	3930
太仓市	73659	37755	35904	1356	335	1021
南通市	**917874**	**446875**	**470999**	**11856**	**3047**	**8809**
崇川区	301046	146652	154394	4777	1135	3642
港闸区	163201	83068	80133	2360	686	1674
通州区	91296	45136	46160	993	291	702
如东县						
南通经济技术开发区						
通州湾示范区						
苏锡通科技产业园区						
启东市	85601	40522	45079	757	271	486
如皋市	73621	33874	39747	814	181	633
海门市	109167	50779	58388	838	250	588
海安市	93942	46844	47098	1317	233	1084
连云港市	**274043**	**140671**	**133372**	**6562**	**1682**	**4880**
连云区	50552	26772	23780	1622	386	1236
海州区	163377	82199	81178	3980	1049	2931
赣榆区	55054	27996	27058	776	175	601
东海县	203	93	110	7		7
灌云县						
灌南县						
连云港经济技术开发区						
连云港高新技术产业开发区						
江苏连云港徐圩新区	4598	3510	1088	161	69	92
江苏省连云港市云台山风景名胜区	259	101	158	16	3	13
淮安市	**486535**	**235958**	**250577**	**8059**	**1592**	**6467**
淮安区	127906	61369	66537	2475	479	1996
淮阴区	113582	55907	57675	1580	309	1271
清江浦区	186592	90577	96015	3006	584	2422
洪泽区	58455	28105	30350	998	220	778
涟水县						
盱眙县						
金湖县						
淮安经济技术开发区						
工业园区						
生态文旅区						
苏淮高新区						

7-6a 续表 2

单位：人

现住地	合计			未上过学		
	合计	男	女	小计	男	女
盐城市	**595268**	**297184**	**298084**	**9463**	**2294**	**7169**
亭湖区	178173	90870	87303	3092	834	2258
盐都区	132395	67042	65353	2129	505	1624
大丰区	87562	43117	44445	1141	283	858
响水县						
滨海县						
阜宁县						
射阳县						
建湖县						
盐城经济技术开发区	1351	714	637	17	6	11
江苏省盐南高新区	134279	65185	69094	2027	450	1577
东台市	61508	30256	31252	1057	216	841
扬州市	**789179**	**390374**	**398805**	**17399**	**4364**	**13035**
广陵区	168455	87298	81157	2786	817	1969
邗江区	235932	116328	119604	3533	931	2602
江都区	119925	56827	63098	2713	601	2112
宝应县						
扬州经济技术开发区						
蜀冈瘦西湖景区	50399	24719	25680	1360	417	943
生态新城	8125	4534	3591	142	69	73
仪征市	80624	40499	40125	2269	555	1714
高邮市	125719	60169	65550	4596	974	3622
镇江市	**626541**	**311081**	**315460**	**9632**	**2395**	**7237**
京口区	140911	70212	70699	2324	570	1754
润州区	105257	51829	53428	1880	498	1382
丹徒区	65478	33125	32353	1199	300	899
镇江新区						
江苏镇江高新区	29739	15390	14349	622	141	481
丹阳市	119754	58197	61557	1510	359	1151
扬中市	46997	23710	23287	622	172	450
句容市	118405	58618	59787	1475	355	1120
泰州市	**793327**	**383986**	**409341**	**14072**	**2780**	**11292**
海陵区	202644	96740	105904	4071	889	3182
高港区	47062	23050	24012	939	143	796
姜堰区	147371	70191	77180	1586	381	1205
泰州医药高新技术产业开发区						
兴化市	128787	64713	64074	4274	739	3535
靖江市	154616	74470	80146	1226	268	958
泰兴市	112847	54822	58025	1976	360	1616
宿迁市	**271359**	**133468**	**137891**	**5586**	**1229**	**4357**
宿城区	128287	61892	66395	2486	485	2001
宿豫区	100836	50498	50338	2023	507	1516
沭阳县						
泗阳县						
泗洪县						
宿迁经济技术开发区						
宿迁市湖滨新区	20286	9760	10526	494	123	371
苏州宿迁工业园区	12361	6645	5716	272	53	219
宿迁市洋河新区	9589	4673	4916	311	61	250

7-6a　续表 3

单位：人

现住地	学前教育			小　学		
	小计	男	女	小计	男	女
江　苏	**393707**	**205741**	**187966**	**1732516**	**758977**	**973539**
南京市	**72528**	**37899**	**34629**	**321623**	**142219**	**179404**
玄武区	3420	1821	1599	15973	6770	9203
秦淮区	6155	3231	2924	27027	11950	15077
建邺区	5136	2684	2452	22464	10430	12034
鼓楼区	5870	3017	2853	29848	13067	16781
浦口区	3297	1770	1527	15520	7246	8274
栖霞区	8531	4479	4052	36739	16731	20008
雨花台区	6274	3277	2997	28138	12740	15398
江宁区	13603	7147	6456	57224	25836	31388
六合区	2512	1275	1237	11009	4351	6658
溧水区	4946	2560	2386	19449	9085	10364
高淳区	2163	1138	1025	10932	4475	6457
南京江北新区	10621	5500	5121	47300	19538	27762
无锡市	**37936**	**19807**	**18129**	**182670**	**78718**	**103952**
锡山区	3454	1747	1707	18741	8075	10666
惠山区	3477	1825	1652	20042	8818	11224
滨湖区	3702	1975	1727	16914	7561	9353
梁溪区	7424	3906	3518	37354	15942	21412
新吴区	6552	3436	3116	25306	10624	14682
江苏无锡经济开发区	2289	1176	1113	12251	5439	6812
江阴市	5031	2578	2453	23860	10283	13577
宜兴市	6007	3164	2843	28202	11976	16226
徐州市	**35186**	**18786**	**16400**	**129479**	**60557**	**68922**
鼓楼区	5817	3084	2733	19711	9047	10664
云龙区	5986	3119	2867	17762	8068	9694
贾汪区	2077	1126	951	9106	4596	4510
泉山区	6308	3362	2946	22067	9954	12113
铜山区	3677	1968	1709	11911	5523	6388
丰县						
沛县						
睢宁县						
徐州经济技术开发区	2	1	1	31	17	14
新沂市	4476	2396	2080	19457	9207	10250
邳州市	6843	3730	3113	29434	14145	15289
常州市	**34542**	**17957**	**16585**	**148457**	**65037**	**83420**
天宁区	5163	2718	2445	22055	9430	12625
钟楼区	5166	2715	2451	24626	10799	13827
新北区	5657	2964	2693	23451	9827	13624
武进区	7663	3938	3725	33904	15247	18657
金坛区	4902	2532	2370	19805	8401	11404
江苏省常州市经济开发区	1619	832	787	8172	3639	4533
溧阳市	4372	2258	2114	16444	7694	8750

7-6a 续表 4

单位：人

现住地	学前教育			小学		
	小计	男	女	小计	男	女
苏州市	**56461**	**29302**	**27159**	**260528**	**114298**	**146230**
虎丘区	5780	3046	2734	26025	11291	14734
吴中区	6937	3638	3299	33948	15328	18620
相城区	6521	3327	3194	32101	14770	17331
姑苏区	6063	3178	2885	31917	13533	18384
吴江区	5049	2578	2471	21733	9469	12264
苏州工业园区						
常熟市	7881	4106	3775	31634	13926	17708
张家港市	6496	3336	3160	24126	10792	13334
昆山市	9975	5168	4807	49084	20887	28197
太仓市	1759	925	834	9960	4302	5658
南通市	**26252**	**13506**	**12746**	**108546**	**48510**	**60036**
崇川区	8497	4400	4097	30633	13439	17194
港闸区	5581	2844	2737	19792	9242	10550
通州区	2461	1323	1138	12730	5914	6816
如东县						
南通经济技术开发区						
通州湾示范区						
苏锡通科技产业园区						
启东市	1687	847	840	10096	4325	5771
如皋市	3209	1631	1578	11728	5063	6665
海门市	3214	1644	1570	13831	6271	7560
海安市	1603	817	786	9736	4256	5480
连云港市	**9128**	**4878**	**4250**	**38827**	**17775**	**21052**
连云区	1789	947	842	8229	3913	4316
海州区	4863	2569	2294	23066	10313	12753
赣榆区	2411	1327	1084	6816	3079	3737
东海县	6	2	4	45	24	21
灌云县						
灌南县						
连云港经济技术开发区						
连云港高新技术产业开发区						
江苏连云港徐圩新区	44	26	18	613	416	197
江苏省连云港市云台山风景名胜区	15	7	8	58	30	28
淮安市	**17232**	**9026**	**8206**	**81198**	**33574**	**47624**
淮安区	5626	2956	2670	26570	11232	15338
淮阴区	3300	1775	1525	13790	5703	8087
清江浦区	5792	3109	2683	26578	11091	15487
洪泽区	2514	1186	1328	14260	5548	8712
涟水县						
盱眙县						
金湖县						
淮安经济技术开发区						
工业园区						
生态文旅区						
苏淮高新区						

7-6a　续表 5

单位：人

现 住 地	学前教育			小　学		
	小计	男	女	小计	男	女
盐城市	**19484**	**10368**	**9116**	**76132**	**33217**	**42915**
亭湖区	4842	2576	2266	23916	10562	13354
盐都区	5360	2907	2453	19802	8763	11039
大丰区	3823	1986	1837	12355	5697	6658
响水县						
滨海县						
阜宁县						
射阳县						
建湖县						
盐城经济技术开发区	34	16	18	84	41	43
江苏省盐南高新区	4068	2163	1905	12858	5125	7733
东台市	1357	720	637	7117	3029	4088
扬州市	**25980**	**13467**	**12513**	**122167**	**53767**	**68400**
广陵区	4603	2415	2188	26194	12391	13803
邗江区	6506	3352	3154	27423	11891	15532
江都区	4618	2377	2241	21053	9098	11955
宝应县						
扬州经济技术开发区						
蜀冈瘦西湖景区	1369	724	645	7643	3460	4183
生态新城	232	121	111	1918	1013	905
仪征市	3238	1725	1513	13260	5849	7411
高邮市	5414	2753	2661	24676	10065	14611
镇江市	**19230**	**10020**	**9210**	**89636**	**38210**	**51426**
京口区	3724	1973	1751	17504	7545	9959
润州区	3215	1679	1536	15353	6700	8653
丹徒区	2506	1288	1218	10462	4703	5759
镇江新区						
江苏镇江高新区	932	473	459	4999	2274	2725
丹阳市	3496	1812	1684	17203	6804	10399
扬中市	1095	570	525	6606	2832	3774
句容市	4262	2225	2037	17509	7352	10157
泰州市	**27723**	**14316**	**13407**	**130863**	**54999**	**75864**
海陵区	5883	2978	2905	30630	12688	17942
高港区	1887	964	923	8508	3387	5121
姜堰区	6382	3325	3057	24658	10640	14018
泰州医药高新技术产业开发区						
兴化市	5237	2821	2416	27903	12833	15070
靖江市	5439	2723	2716	21358	8823	12535
泰兴市	2895	1505	1390	17806	6628	11178
宿迁市	**12025**	**6409**	**5616**	**42390**	**18096**	**24294**
宿城区	5121	2734	2387	18442	7678	10764
宿豫区	4986	2667	2319	16768	7240	9528
沭阳县						
泗阳县						
泗洪县						
宿迁经济技术开发区						
宿迁市湖滨新区	622	311	311	3262	1465	1797
苏州宿迁工业园区	836	447	389	1764	775	989
宿迁市洋河新区	460	250	210	2154	938	1216

7-6a 续表 6 单位：人

现住地	初中			高中			大学专科		
	小计	男	女	小计	男	女	小计	男	女
江苏	**3461955**	**1745998**	**1715957**	**2654219**	**1411299**	**1242920**	**2165867**	**1141920**	**1023947**
南京市	**584580**	**303884**	**280696**	**521248**	**271879**	**249369**	**481888**	**254917**	**226971**
玄武区	26842	13440	13402	27827	13434	14393	22553	11047	11506
秦淮区	52353	26060	26293	56183	27593	28590	42698	21174	21524
建邺区	39217	20290	18927	38855	19228	19627	36240	18868	17372
鼓楼区	54028	26468	27560	55222	27139	28083	44143	21314	22829
浦口区	23186	12584	10602	20013	10406	9607	14392	6977	7415
栖霞区	82088	45083	37005	72169	38384	33785	66614	36245	30369
雨花台区	57465	30966	26499	46103	24585	21518	40476	22148	18328
江宁区	99459	50940	48519	92437	49298	43139	109713	58924	50789
六合区	18814	9281	9533	15260	8345	6915	9287	4919	4368
溧水区	30837	16372	14465	22701	13131	9570	20354	10960	9394
高淳区	17680	8644	9036	12162	6947	5215	7653	4080	3573
南京江北新区	82611	43756	38855	62316	33389	28927	67765	38261	29504
无锡市	**416662**	**217922**	**198740**	**271747**	**148214**	**123533**	**255844**	**137306**	**118538**
锡山区	42764	23436	19328	25994	15011	10983	19749	10858	8891
惠山区	44946	24249	20697	25267	14867	10400	38333	21021	17312
滨湖区	37062	19768	17294	27058	14425	12633	33519	18683	14836
梁溪区	88502	45241	43261	61984	32197	29787	51706	26946	24760
新吴区	57482	30493	26989	36086	20324	15762	37822	20624	17198
江苏无锡经济开发区	27030	14513	12517	17512	9374	8138	13866	7313	6553
江阴市	58032	31204	26828	40696	22585	18111	28687	15596	13091
宜兴市	60844	29018	31826	37150	19431	17719	32162	16265	15897
徐州市	**241487**	**115802**	**125685**	**225228**	**113741**	**111487**	**173630**	**88573**	**85057**
鼓楼区	45395	22064	23331	40404	20006	20398	34623	18566	16057
云龙区	36154	17063	19091	31893	15818	16075	28791	14917	13874
贾汪区	15921	7921	8000	13101	6946	6155	7137	3736	3401
泉山区	44498	20555	23943	47913	23772	24141	42508	21107	21401
铜山区	21644	10434	11210	20197	9927	10270	27353	13690	13663
丰县									
沛县									
睢宁县									
徐州经济技术开发区	67	25	42	36	14	22	13	4	9
新沂市	29502	14174	15328	26661	14107	12554	14953	7415	7538
邳州市	48306	23566	24740	45023	23151	21872	18252	9138	9114
常州市	**346552**	**175979**	**170573**	**224004**	**120356**	**103648**	**196973**	**108111**	**88862**
天宁区	54655	27246	27409	37512	19141	18371	30160	14671	15489
钟楼区	57998	30451	27547	36875	19477	17398	26696	13996	12700
新北区	51109	25824	25285	33952	18894	15058	35011	18968	16043
武进区	79207	42169	37038	43790	24044	19746	62503	37329	25174
金坛区	45175	20707	24468	27399	14784	12615	17766	9511	8255
江苏省常州市经济开发区	20841	11184	9657	11936	6942	4994	10129	5884	4245
溧阳市	37567	18398	19169	32540	17074	15466	14708	7752	6956

7-6a 续表 7

单位：人

现住地	初中			高中			大学专科		
	小计	男	女	小计	男	女	小计	男	女
苏州市	**501598**	**263285**	**238313**	**353676**	**195712**	**157964**	**328948**	**172800**	**156148**
虎丘区	49701	26732	22969	38665	22149	16516	42827	21603	21224
吴中区	62894	33199	29695	51707	28399	23308	56726	30000	26726
相城区	58431	31966	26465	32453	18355	14098	31746	16431	15315
姑苏区	64582	32521	32061	50451	26270	24181	45683	22954	22729
吴江区	38878	21158	17720	25929	14538	11391	23087	12666	10421
苏州工业园区									
常熟市	81236	41802	39434	42126	23022	19104	34052	18056	15996
张家港市	37274	18448	18826	29512	15418	14094	27973	14374	13599
昆山市	85421	45506	39915	69707	40353	29354	53534	29300	24234
太仓市	23181	11953	11228	13126	7208	5918	13320	7416	5904
南通市	**265687**	**128833**	**136854**	**200028**	**101491**	**98537**	**157585**	**79471**	**78114**
崇川区	63336	30873	32463	60795	30976	29819	62665	32392	30273
港闸区	45732	23475	22257	28862	15496	13366	32288	16295	15993
通州区	31145	15526	15619	21750	10928	10822	12434	6361	6073
如东县									
南通经济技术开发区									
通州湾示范区									
苏锡通科技产业园区									
启东市	33222	15657	17565	20690	10113	10577	10639	5186	5453
如皋市	19718	8650	11068	17270	8598	8672	11536	5172	6364
海门市	39828	18311	21517	26365	12559	13806	14643	7003	7640
海安市	32706	16341	16365	24296	12821	11475	13380	7062	6318
连云港市	**74022**	**38456**	**35566**	**69958**	**37630**	**32328**	**43761**	**23412**	**20349**
连云区	15827	8913	6914	10134	5679	4455	7248	3860	3388
海州区	45322	23015	22307	39740	20817	18923	27632	14623	13009
赣榆区	11240	5297	5943	19017	10366	8651	8059	4268	3791
东海县	51	29	22	30	14	16	45	15	30
灌云县									
灌南县									
连云港经济技术开发区									
连云港高新技术产业开发区									
江苏连云港徐圩新区	1478	1166	312	994	739	255	761	640	121
江苏省连云港市云台山风景名胜区	104	36	68	43	15	28	16	6	10
淮安市	**147072**	**71018**	**76054**	**109306**	**59071**	**50235**	**56373**	**30090**	**26283**
淮安区	40603	18557	22046	28521	15504	13017	13204	7082	6122
淮阴区	32948	16467	16481	28008	15668	12340	12427	6804	5623
清江浦区	52444	25269	27175	40863	21439	19424	26035	13765	12270
洪泽区	21077	10725	10352	11914	6460	5454	4707	2439	2268
涟水县									
盱眙县									
金湖县									
淮安经济技术开发区									
工业园区									
生态文旅区									
苏淮高新区									

7-6a 续表 8

单位：人

现住地	初中			高中			大学专科		
	小计	男	女	小计	男	女	小计	男	女
盐城市	**162358**	**77438**	**84920**	**155695**	**83205**	**72490**	**97714**	**50998**	**46716**
亭湖区	47409	23460	23949	43438	22829	20609	25399	14106	11293
盐都区	44315	21379	22936	33840	18666	15174	17705	9900	7805
大丰区	24838	11430	13408	21300	11311	9989	14452	7542	6910
响水县									
滨海县									
阜宁县									
射阳县									
建湖县									
盐城经济技术开发区	304	159	145	745	406	339	65	33	32
江苏省盐南高新区	27973	12773	15200	35734	19038	16696	32136	15310	16826
东台市	17519	8237	9282	20638	10955	9683	7957	4107	3850
扬州市	**223972**	**111084**	**112888**	**155683**	**83356**	**72327**	**126210**	**66459**	**59751**
广陵区	49674	26330	23344	40354	22669	17685	26151	13371	12780
邗江区	44990	21840	23150	37081	19237	17844	52219	27935	24284
江都区	39992	18701	21291	23872	12327	11545	16442	8356	8086
宝应县									
扬州经济技术开发区									
蜀冈瘦西湖景区	13991	7057	6934	11630	5743	5887	7323	3857	3466
生态新城	4032	2295	1737	1127	675	452	388	205	183
仪征市	24257	12010	12247	18051	9756	8295	11335	6186	5149
高邮市	47036	22851	24185	23568	12949	10619	12352	6549	5803
镇江市	**186598**	**92142**	**94456**	**135429**	**71422**	**64007**	**95139**	**50296**	**44843**
京口区	35332	17603	17729	27585	13721	13864	21621	11562	10059
润州区	31330	15438	15892	22355	11284	11071	14939	7948	6991
丹徒区	18253	9315	8938	14371	7663	6708	10134	5430	4704
镇江新区									
江苏镇江高新区	10365	5601	4764	5953	3249	2704	3650	1992	1658
丹阳市	40772	19805	20967	27023	14689	12334	16657	8323	8334
扬中市	14677	7375	7302	10183	5722	4461	8112	4270	3842
句容市	35869	17005	18864	27959	15094	12865	20026	10771	9255
泰州市	**239311**	**113647**	**125664**	**170138**	**91324**	**78814**	**113696**	**60370**	**53326**
海陵区	51890	25377	26513	38167	20449	17718	33799	18032	15767
高港区	14485	7226	7259	9327	5263	4064	6628	3505	3123
姜堰区	47981	21638	26343	32108	16543	15565	18789	9640	9149
泰州医药高新技术产业开发区									
兴化市	42170	21105	21065	28875	16218	12657	12599	6834	5765
靖江市	46250	21341	24909	35243	18372	16871	25831	13419	12412
泰兴市	36535	16960	19575	26418	14479	11939	16050	8940	7110
宿迁市	**72056**	**36508**	**35548**	**62079**	**33898**	**28181**	**38106**	**19117**	**18989**
宿城区	32029	16090	15939	27903	15058	12845	15165	7869	7296
宿豫区	29345	15010	14335	24709	12970	11739	14494	7699	6795
沭阳县									
泗阳县									
泗洪县									
宿迁经济技术开发区									
宿迁市湖滨新区	3940	1984	1956	5438	3472	1966	5767	2010	3757
苏州宿迁工业园区	3269	1709	1560	2193	1391	802	2000	1192	808
宿迁市洋河新区	3473	1715	1758	1836	1007	829	680	347	333

7-6a 续表 9

单位：人

现住地	大学本科			硕士研究生			博士研究生		
	小计	男	女	小计	男	女	小计	男	女
江　苏	**2069996**	**1029402**	**1040594**	**211709**	**111832**	**99877**	**26046**	**16947**	**9099**
南京市	**652812**	**327377**	**325435**	**102477**	**54440**	**48037**	**16080**	**10516**	**5564**
玄武区	46131	22679	23452	12774	6829	5945	2909	1973	936
秦淮区	50281	24873	25408	8348	4480	3868	1382	940	442
建邺区	51722	25295	26427	10226	5380	4846	1162	756	406
鼓楼区	68531	31335	37196	15237	7649	7588	2679	1673	1006
浦口区	17526	8460	9066	2333	1237	1096	297	188	109
栖霞区	97505	46234	51271	12772	6189	6583	2443	1544	899
雨花台区	56851	29237	27614	8109	4604	3505	605	413	192
江宁区	143381	73621	69760	20473	11251	9222	3087	2045	1042
六合区	6329	3183	3146	313	169	144	24	13	11
溧水区	13989	7610	6379	639	338	301	39	22	17
高淳区	5857	3031	2826	348	195	153	20	10	10
南京江北新区	94709	51819	42890	10905	6119	4786	1433	939	494
无锡市	**194826**	**96729**	**98097**	**18710**	**10105**	**8605**	**1409**	**928**	**481**
锡山区	15998	8140	7858	1227	629	598	86	49	37
惠山区	15013	7594	7419	1186	624	562	63	46	17
滨湖区	31400	15259	16141	4781	2696	2085	530	345	185
梁溪区	44675	21570	23105	4269	2270	1999	224	148	76
新吴区	23889	12419	11470	2325	1302	1023	122	78	44
江苏无锡经济开发区	15705	7796	7909	2427	1253	1174	239	160	79
江阴市	23969	12231	11738	1510	836	674	92	66	26
宜兴市	24177	11720	12457	985	495	490	53	36	17
徐州市	**135205**	**65075**	**70130**	**12880**	**6418**	**6462**	**1862**	**1190**	**672**
鼓楼区	20115	9858	10257	1378	693	685	146	94	52
云龙区	35688	17709	17979	2187	1072	1115	197	116	81
贾汪区	5785	2450	3335	133	61	72	16	8	8
泉山区	33349	16422	16927	3646	1853	1793	489	301	188
铜山区	24112	10615	13497	4904	2414	2490	947	630	317
丰县									
沛县									
睢宁县									
徐州经济技术开发区	8	3	5						
新沂市	7018	3395	3623	265	130	135	22	12	10
邳州市	9130	4623	4507	367	195	172	45	29	16
常州市	**180785**	**91839**	**88946**	**13333**	**7170**	**6163**	**1029**	**681**	**348**
天宁区	30356	14834	15522	2746	1379	1367	198	139	59
钟楼区	39063	19171	19892	2664	1435	1229	214	136	78
新北区	41360	21853	19507	3141	1694	1447	234	157	77
武进区	40222	20402	19820	3496	1966	1530	283	187	96
金坛区	11352	5688	5664	518	257	261	38	19	19
江苏省常州市经济开发区	4685	2457	2228	294	174	120	22	14	8
溧阳市	13747	7434	6313	474	265	209	40	29	11

7-6a 续表 10

单位：人

现住地	大学本科			硕士研究生			博士研究生		
	小计	男	女	小计	男	女	小计	男	女
苏州市	**284276**	**142903**	**141373**	**23487**	**12283**	**11204**	**1872**	**1187**	**685**
虎丘区	38854	19276	19578	4529	2426	2103	283	183	100
吴中区	44252	22235	22017	3957	2038	1919	389	243	146
相城区	27120	14268	12852	2452	1341	1111	230	145	85
姑苏区	42888	20613	22275	4996	2482	2514	520	320	200
吴江区	18067	9504	8563	1502	779	723	75	52	23
苏州工业园区									
常熟市	38719	18081	20638	1822	972	850	164	97	67
张家港市	30609	15666	14943	1329	704	625	66	47	19
昆山市	33664	18117	15547	2084	1096	988	107	72	35
太仓市	10103	5143	4960	816	445	371	38	28	10
南通市	**138254**	**67306**	**70948**	**8932**	**4246**	**4686**	**734**	**465**	**269**
崇川区	64020	30411	33609	5803	2693	3110	520	333	187
港闸区	27231	14366	12865	1268	609	659	87	55	32
通州区	9232	4514	4718	513	257	256	38	22	16
如东县									
南通经济技术开发区									
通州湾示范区									
苏锡通科技产业园区									
启东市	8204	3971	4233	289	143	146	17	9	8
如皋市	8941	4373	4568	380	189	191	25	17	8
海门市	10124	4570	5554	300	158	142	24	13	11
海安市	10502	5101	5401	379	197	182	23	16	7
连云港市	**29939**	**15805**	**14134**	**1718**	**957**	**761**	**128**	**76**	**52**
连云区	5404	2893	2511	280	170	110	19	11	8
海州区	17645	9187	8458	1049	577	472	80	49	31
赣榆区	6356	3286	3070	352	183	169	27	15	12
东海县	16	8	8	1		1	2	1	1
灌云县									
灌南县									
连云港经济技术开发区									
连云港高新技术产业开发区									
江苏连云港徐圩新区	512	428	84	35	26	9			
江苏省连云港市云台山风景名胜区	6	3	3	1	1				
淮安市	**63677**	**29578**	**34099**	**3209**	**1734**	**1475**	**409**	**275**	**134**
淮安区	10545	5363	5182	344	180	164	18	16	2
淮阴区	20690	8720	11970	709	379	330	130	82	48
清江浦区	29581	14036	15545	2039	1113	926	254	171	83
洪泽区	2861	1459	1402	117	62	55	7	6	1
涟水县									
盱眙县									
金湖县									
淮安经济技术开发区									
工业园区									
生态文旅区									
苏淮高新区									

7-6a　续表 11　　　　单位：人

现住地	大学本科			硕士研究生			博士研究生		
	小计	男	女	小计	男	女	小计	男	女
盐城市	**70414**	**37485**	**32929**	**3609**	**1926**	**1683**	**399**	**253**	**146**
亭湖区	28830	15762	13068	1025	595	430	222	146	76
盐都区	8837	4722	4115	376	186	190	31	14	17
大丰区	9273	4662	4611	365	194	171	15	12	3
响水县									
滨海县									
阜宁县									
射阳县									
建湖县									
盐城经济技术开发区	92	48	44	8	5	3	2		2
江苏省盐南高新区	17793	9446	8347	1573	807	766	117	73	44
东台市	5589	2845	2744	262	139	123	12	8	4
扬州市	**108166**	**52772**	**55394**	**8831**	**4611**	**4220**	**771**	**494**	**277**
广陵区	17545	8621	8924	1116	667	449	32	17	15
邗江区	57474	27644	29830	6107	3111	2996	599	387	212
江都区	10777	5156	5621	435	200	235	23	11	12
宝应县									
扬州经济技术开发区									
蜀冈瘦西湖景区	6496	3132	3364	520	283	237	67	46	21
生态新城	250	133	117	25	15	10	11	8	3
仪征市	7821	4208	3613	370	194	176	23	16	7
高邮市	7803	3878	3925	258	141	117	16	9	7
镇江市	**80864**	**40926**	**39938**	**8962**	**4989**	**3973**	**1051**	**681**	**370**
京口区	27264	13911	13353	4867	2867	2000	690	460	230
润州区	14571	7428	7143	1485	773	712	129	81	48
丹徒区	7746	3998	3748	716	374	342	91	54	37
镇江新区									
江苏镇江高新区	2912	1494	1418	279	145	134	27	21	6
丹阳市	12405	6058	6347	652	326	326	36	21	15
扬中市	5450	2646	2804	237	115	122	15	8	7
句容市	10516	5391	5125	726	389	337	63	36	27
泰州市	**93482**	**44441**	**49041**	**3816**	**1959**	**1857**	**226**	**150**	**76**
海陵区	36665	15512	21153	1435	744	691	104	71	33
高港区	4981	2407	2574	287	144	143	20	11	9
姜堰区	15268	7704	7564	569	299	270	30	21	9
泰州医药高新技术产业开发区									
兴化市	7452	4015	3437	258	136	122	19	12	7
靖江市	18477	9144	9333	761	360	401	31	20	11
泰兴市	10639	5659	4980	506	276	230	22	15	7
宿迁市	**37296**	**17166**	**20130**	**1745**	**994**	**751**	**76**	**51**	**25**
宿城区	25938	11278	14660	1156	668	488	47	32	15
宿豫区	8159	4210	3949	333	183	150	19	12	7
沭阳县									
泗阳县									
泗洪县									
宿迁经济技术开发区									
宿迁市湖滨新区	700	356	344	61	38	23	2	1	1
苏州宿迁工业园区	1870	991	879	151	82	69	6	5	1
宿迁市洋河新区	629	331	298	44	23	21	2	1	1

7-6b　全省按现住地、受教育程度、性别分的户口登记地在本省其他乡镇街道的人口(镇)

单位：人

现住地	合计			未上过学		
	合计	男	女	小计	男	女
江　苏	**4930240**	**2471077**	**2459163**	**91444**	**23010**	**68434**
南京市	**55658**	**28259**	**27399**	**1416**	**382**	**1034**
玄武区						
秦淮区						
建邺区						
鼓楼区						
浦口区	570	295	275	22	2	20
栖霞区						
雨花台区	3334	1805	1529	203	42	161
江宁区						
六合区	45331	22759	22572	838	161	677
溧水区	5039	2589	2450	86	25	61
高淳区	1384	811	573	267	152	115
南京江北新区						
无锡市	**181071**	**95399**	**85672**	**2315**	**641**	**1674**
锡山区	39241	21162	18079	517	139	378
惠山区	21249	11397	9852	455	105	350
滨湖区						
梁溪区						
新吴区						
江苏无锡经济开发区						
江阴市	71200	37536	33664	764	212	552
宜兴市	49381	25304	24077	579	185	394
徐州市	**635118**	**313580**	**321538**	**8357**	**2449**	**5908**
鼓楼区						
云龙区	10739	5863	4876	93	27	66
贾汪区	5170	2326	2844	145	54	91
泉山区						
铜山区	38095	18301	19794	531	154	377
丰县	116821	58361	58460	1014	294	720
沛县	147283	73117	74166	2108	662	1446
睢宁县	173461	82887	90574	2121	533	1588
徐州经济技术开发区	115696	59527	56169	1957	603	1354
新沂市	12802	5654	7148	225	69	156
邳州市	15051	7544	7507	163	53	110
常州市	**83819**	**44556**	**39263**	**1478**	**449**	**1029**
天宁区	5877	3092	2785	67	23	44
钟楼区						
新北区	18878	9993	8885	277	83	194
武进区	23433	12334	11099	409	140	269
金坛区	6933	3596	3337	224	62	162
江苏省常州市经济开发区	15610	8650	6960	255	67	188
溧阳市	13088	6891	6197	246	74	172

7-6b　续表 1　　　　单位：人

现住地	合计			未上过学		
	合计	男	女	小计	男	女
苏州市	**634814**	**333648**	**301166**	**10353**	**2618**	**7735**
虎丘区	237	118	119	12	1	11
吴中区	36782	19852	16930	741	244	497
相城区	8492	4812	3680	164	52	112
姑苏区						
吴江区	53393	28379	25014	802	253	549
苏州工业园区	299759	151207	148552	5184	1119	4065
常熟市	62119	35903	26216	475	194	281
张家港市	92366	48688	43678	1535	332	1203
昆山市	50829	27099	23730	757	219	538
太仓市	30837	17590	13247	683	204	479
南通市	**327041**	**171318**	**155723**	**3291**	**1061**	**2230**
崇川区						
港闸区						
通州区	28514	14235	14279	338	109	229
如东县	75781	37424	38357	920	265	655
南通经济技术开发区	113622	60045	53577	987	360	627
通州湾示范区	8776	5040	3736	45	8	37
苏锡通科技产业园区	7735	4840	2895	113	35	78
启东市	28905	15445	13460	249	86	163
如皋市	25479	13857	11622	252	81	171
海门市	25484	13773	11711	266	85	181
海安市	12745	6659	6086	121	32	89
连云港市	**391222**	**196140**	**195082**	**6454**	**1766**	**4688**
连云区	366	315	51	6	3	3
海州区	12014	5852	6162	358	108	250
赣榆区	17439	8785	8654	207	70	137
东海县	103520	52567	50953	1154	314	840
灌云县	77263	38585	38678	1337	359	978
灌南县	69780	34254	35526	1102	345	757
连云港经济技术开发区	27202	14008	13194	735	173	562
连云港高新技术产业开发区	80006	39999	40007	1407	349	1058
江苏连云港徐圩新区	3092	1505	1587	115	34	81
江苏省连云港市云台山风景名胜区	540	270	270	33	11	22
淮安市	**479229**	**234818**	**244411**	**13085**	**2770**	**10315**
淮安区	7793	3869	3924	227	54	173
淮阴区	7141	3451	3690	155	50	105
清江浦区	446	256	190	20	2	18
洪泽区	2243	1181	1062	121	38	83
涟水县	121044	59157	61887	2317	509	1808
盱眙县	126149	59883	66266	4682	933	3749
金湖县	75447	36828	38619	2237	490	1747
淮安经济技术开发区	106805	54688	52117	1979	469	1510
工业园区	706	343	363	29	5	24
生态文旅区	27708	13210	14498	1041	168	873
苏淮高新区	3747	1952	1795	277	52	225

7-6b 续表 2

单位：人

现住地	合计			未上过学		
	合计	男	女	小计	男	女
盐城市	**698743**	**341029**	**357714**	**13357**	**3143**	**10214**
亭湖区	10878	5655	5223	264	60	204
盐都区	15355	7378	7977	286	60	226
大丰区	19490	10053	9437	567	144	423
响水县	94855	46189	48666	2864	637	2227
滨海县	117993	57376	60617	2284	499	1785
阜宁县	122745	59719	63026	1719	530	1189
射阳县	129560	62790	66770	2332	555	1777
建湖县	148497	72590	75907	2387	494	1893
盐城经济技术开发区	20540	10086	10454	279	76	203
江苏省盐南高新区						
东台市	18830	9193	9637	375	88	287
扬州市	**286064**	**140568**	**145496**	**6411**	**1602**	**4809**
广陵区	8466	4468	3998	108	30	78
邗江区	11368	5679	5689	359	104	255
江都区	31586	15520	16066	696	176	520
宝应县	130352	62441	67911	3123	716	2407
扬州经济技术开发区	81951	41145	40806	1491	376	1115
蜀冈瘦西湖景区						
生态新城	1931	1004	927	60	22	38
仪征市	5822	2967	2855	111	39	72
高邮市	14588	7344	7244	463	139	324
镇江市	**222283**	**114724**	**107559**	**3722**	**1003**	**2719**
京口区	2078	1109	969	90	19	71
润州区						
丹徒区	22740	13626	9114	170	49	121
镇江新区	93432	47333	46099	1819	470	1349
江苏镇江高新区						
丹阳市	66579	33745	32834	968	293	675
扬中市	4795	2663	2132	110	34	76
句容市	32659	16248	16411	565	138	427
泰州市	**187594**	**94555**	**93039**	**3195**	**818**	**2377**
海陵区	1855	999	856	49	14	35
高港区	4055	2120	1935	45	17	28
姜堰区	8402	4086	4316	177	44	133
泰州医药高新技术产业开发区	76623	37119	39504	1566	333	1233
兴化市	41014	21466	19548	763	233	530
靖江市	24428	12626	11802	231	57	174
泰兴市	31217	16139	15078	364	120	244
宿迁市	**747584**	**362483**	**385101**	**18010**	**4308**	**13702**
宿城区	3217	1452	1765	119	32	87
宿豫区	6956	3422	3534	187	50	137
沭阳县	279214	136242	142972	3900	1307	2593
泗阳县	171702	82846	88856	2890	552	2338
泗洪县	230817	110251	120566	9229	2012	7217
宿迁经济技术开发区	54084	27511	26573	1625	338	1287
宿迁市湖滨新区	1594	759	835	60	17	43
苏州宿迁工业园区						
宿迁市洋河新区						

7-6b 续表 3

单位：人

现住地	学前教育			小学		
	小计	男	女	小计	男	女
江 苏	**193455**	**102049**	**91406**	**867363**	**388111**	**479252**
南京市	**2871**	**1494**	**1377**	**9108**	**3668**	**5440**
玄武区						
秦淮区						
建邺区						
鼓楼区						
浦口区	7	2	5	112	52	60
栖霞区						
雨花台区	85	34	51	463	229	234
江宁区						
六合区	2494	1323	1171	7374	2821	4553
溧水区	255	116	139	910	436	474
高淳区	30	19	11	249	130	119
南京江北新区						
无锡市	**5544**	**2886**	**2658**	**31019**	**14729**	**16290**
锡山区	1119	602	517	7731	3586	4145
惠山区	538	285	253	3405	1596	1809
滨湖区						
梁溪区						
新吴区						
江苏无锡经济开发区						
江阴市	2152	1131	1021	10774	5190	5584
宜兴市	1735	868	867	9109	4357	4752
徐州市	**30788**	**16298**	**14490**	**115087**	**54030**	**61057**
鼓楼区						
云龙区	166	94	72	862	437	425
贾汪区	185	102	83	1045	515	530
泉山区						
铜山区	1548	826	722	6565	3205	3360
丰县	6184	3290	2894	21659	10351	11308
沛县	7094	3788	3306	27060	13320	13740
睢宁县	9411	4848	4563	40129	17933	22196
徐州经济技术开发区	5550	3011	2539	13875	6475	7400
新沂市	353	191	162	1871	838	1033
邳州市	297	148	149	2021	956	1065
常州市	**2313**	**1226**	**1087**	**14232**	**6790**	**7442**
天宁区	151	79	72	1100	525	575
钟楼区						
新北区	500	267	233	3372	1631	1741
武进区	705	375	330	3962	1891	2071
金坛区	200	107	93	1651	746	905
江苏省常州市经济开发区	387	213	174	2277	1094	1183
溧阳市	370	185	185	1870	903	967

7-6b 续表 4

单位：人

现住地	学前教育			小学		
	小计	男	女	小计	男	女
苏州市	**19705**	**10245**	**9460**	**96054**	**43141**	**52913**
虎丘区	9	4	5	37	15	22
吴中区	1752	946	806	6464	3017	3447
相城区	265	130	135	1579	766	813
姑苏区						
吴江区	1904	975	929	9742	4598	5144
苏州工业园区	7869	4042	3827	38377	15899	22478
常熟市	1744	932	812	7880	3960	3920
张家港市	3624	1902	1722	18436	8577	9859
昆山市	1524	797	727	8181	3705	4476
太仓市	1014	517	497	5358	2604	2754
南通市	**8769**	**4560**	**4209**	**41732**	**20499**	**21233**
崇川区						
港闸区						
通州区	866	464	402	4820	2269	2551
如东县	1424	722	702	8987	4221	4766
南通经济技术开发区	4111	2147	1964	13724	6486	7238
通州湾示范区	63	31	32	549	304	245
苏锡通科技产业园区	148	74	74	1381	867	514
启东市	661	330	331	4247	2381	1866
如皋市	609	320	289	3148	1519	1629
海门市	638	346	292	3407	1677	1730
海安市	249	126	123	1469	775	694
连云港市	**13098**	**7034**	**6064**	**58176**	**26654**	**31522**
连云区				16	10	6
海州区	550	316	234	2451	1074	1377
赣榆区	486	253	233	2145	1030	1115
东海县	3023	1594	1429	14035	6338	7697
灌云县	3247	1779	1468	14134	6435	7699
灌南县	3058	1631	1427	15350	7182	8168
连云港经济技术开发区	949	506	443	3589	1695	1894
连云港高新技术产业开发区	1669	890	779	5602	2484	3118
江苏连云港徐圩新区	93	50	43	745	355	390
江苏省连云港市云台山风景名胜区	23	15	8	109	51	58
淮安市	**19449**	**10138**	**9311**	**90862**	**36035**	**54827**
淮安区	284	141	143	1625	688	937
淮阴区	238	122	116	1579	659	920
清江浦区	14	6	8	80	35	45
洪泽区	69	33	36	496	220	276
涟水县	5082	2682	2400	19826	7875	11951
盱眙县	5737	2994	2743	31626	12712	18914
金湖县	3638	1869	1769	15472	5555	9917
淮安经济技术开发区	3361	1768	1593	13820	5729	8091
工业园区	31	17	14	161	68	93
生态文旅区	889	453	436	5279	2093	3186
苏淮高新区	106	53	53	898	401	497

7-6b　续表 5　　　　单位：人

现住地	学前教育			小学		
	小计	男	女	小计	男	女
盐城市	**28509**	**15209**	**13300**	**132274**	**59121**	**73153**
亭湖区	297	166	131	2060	942	1118
盐都区	441	229	212	2748	1189	1559
大丰区	446	235	211	3058	1434	1624
响水县	4116	2220	1896	19493	8702	10791
滨海县	5078	2750	2328	22723	10390	12333
阜宁县	5986	3219	2767	25100	11507	13593
射阳县	5069	2668	2401	23281	10345	12936
建湖县	6120	3226	2894	29418	12620	16798
盐城经济技术开发区	527	273	254	1819	828	991
江苏省盐南高新区						
东台市	429	223	206	2574	1164	1410
扬州市	**10510**	**5411**	**5099**	**53530**	**23005**	**30525**
广陵区	229	122	107	1617	765	852
邗江区	293	134	159	2338	1069	1269
江都区	971	508	463	6759	3032	3727
宝应县	5831	3002	2829	27414	11240	16174
扬州经济技术开发区	2523	1309	1214	10258	4514	5744
蜀冈瘦西湖景区						
生态新城	44	27	17	439	212	227
仪征市	204	106	98	1274	589	685
高邮市	415	203	212	3431	1584	1847
镇江市	**6612**	**3472**	**3140**	**35277**	**15975**	**19302**
京口区	64	37	27	467	195	272
润州区						
丹徒区	239	121	118	1696	844	852
镇江新区	3138	1635	1503	16396	7143	9253
江苏镇江高新区						
丹阳市	2028	1075	953	11825	5490	6335
扬中市	161	80	81	946	487	459
句容市	982	524	458	3947	1816	2131
泰州市	**5994**	**3148**	**2846**	**31179**	**13932**	**17247**
海陵区	47	28	19	459	218	241
高港区	139	61	78	773	351	422
姜堰区	182	95	87	1484	668	816
泰州医药高新技术产业开发区	2989	1581	1408	10755	4456	6299
兴化市	1233	623	610	8794	4073	4721
靖江市	546	302	244	3201	1451	1750
泰兴市	858	458	400	5713	2715	2998
宿迁市	**39293**	**20928**	**18365**	**158833**	**70532**	**88301**
宿城区	129	73	56	944	403	541
宿豫区	365	213	152	1773	748	1025
沭阳县	14546	7825	6721	56115	25544	30571
泗阳县	8458	4495	3963	31067	13923	17144
泗洪县	13263	6910	6353	58663	25446	33217
宿迁经济技术开发区	2468	1384	1084	9839	4276	5563
宿迁市湖滨新区	64	28	36	432	192	240
苏州宿迁工业园区						
宿迁市洋河新区						

7-6b 续表 6

单位：人

现住地	初中			高中			大学专科		
	小计	男	女	小计	男	女	小计	男	女
江 苏	**1613827**	**803565**	**810262**	**1109864**	**603887**	**505977**	**581924**	**309781**	**272143**
南京市	**15003**	**7623**	**7380**	**10624**	**5914**	**4710**	**10154**	**5666**	**4488**
玄武区									
秦淮区									
建邺区									
鼓楼区									
浦口区	178	92	86	135	79	56	60	36	24
栖霞区									
雨花台区	998	562	436	773	451	322	506	314	192
江宁区									
六合区	12183	6132	6051	8584	4749	3835	8613	4789	3824
溧水区	1403	731	672	947	533	414	826	436	390
高淳区	241	106	135	185	102	83	149	91	58
南京江北新区									
无锡市	**73191**	**40151**	**33040**	**35874**	**20230**	**15644**	**18286**	**9494**	**8792**
锡山区	16132	9236	6896	6070	3506	2564	3521	1912	1609
惠山区	8177	4647	3530	4172	2461	1711	2437	1302	1135
滨湖区									
梁溪区									
新吴区									
江苏无锡经济开发区									
江阴市	30193	16387	13806	16485	9250	7235	6741	3498	3243
宜兴市	18689	9881	8808	9147	5013	4134	5587	2782	2805
徐州市	**197885**	**92873**	**105012**	**154217**	**81606**	**72611**	**83027**	**42858**	**40169**
鼓楼区									
云龙区	1433	781	652	980	640	340	504	293	211
贾汪区	2239	986	1253	973	412	561	398	171	227
泉山区									
铜山区	13795	6182	7613	11301	5824	5477	2632	1263	1369
丰县	36732	17457	19275	30333	16158	14175	15097	7920	7177
沛县	50971	24005	26966	32847	17311	15536	18067	9343	8724
睢宁县	59067	27212	31855	39134	20724	18410	15394	7638	7756
徐州经济技术开发区	26319	13200	13119	25021	13504	11517	29769	15727	14042
新沂市	3854	1546	2308	5513	2622	2891	603	231	372
邳州市	3475	1504	1971	8115	4411	3704	563	272	291
常州市	**33793**	**18615**	**15178**	**19975**	**11017**	**8958**	**6935**	**3751**	**3184**
天宁区	2332	1288	1044	1496	851	645	408	190	218
钟楼区									
新北区	7377	4072	3305	4657	2575	2082	1626	847	779
武进区	10219	5590	4629	4878	2679	2199	1922	1010	912
金坛区	3085	1658	1427	1056	609	447	461	270	191
江苏省常州市经济开发区	6431	3661	2770	3656	2039	1617	1409	855	554
溧阳市	4349	2346	2003	4232	2264	1968	1109	579	530

7-6b 续表 7

单位：人

现住地	初中			高中			大学专科		
	小计	男	女	小计	男	女	小计	男	女
苏州市	**193432**	**104894**	**88538**	**114702**	**66074**	**48628**	**94270**	**52386**	**41884**
虎丘区	51	31	20	29	14	15	52	31	21
吴中区	13337	7482	5855	7082	4127	2955	4487	2533	1954
相城区	3586	2133	1453	1707	1032	675	768	476	292
姑苏区									
吴江区	21027	11437	9590	10381	6024	4357	5568	3005	2563
苏州工业园区	60356	30445	29911	55260	30864	24396	57709	31814	25895
常熟市	28408	16341	12067	9703	5847	3856	5610	3352	2258
张家港市	37259	20217	17042	15774	9292	6482	9913	5399	4514
昆山市	15618	8539	7079	9785	5782	4003	7026	3934	3092
太仓市	13790	8269	5521	4981	3092	1889	3137	1842	1295
南通市	**106015**	**56846**	**49169**	**85201**	**45111**	**40090**	**47330**	**25881**	**21449**
崇川区									
港闸区									
通州区	12491	6213	6278	5506	2860	2646	2683	1369	1314
如东县	23250	11141	12109	23363	11843	11520	8899	4688	4211
南通经济技术开发区	28409	15753	12656	25078	13088	11990	26637	14533	12104
通州湾示范区	1440	903	537	5403	3089	2314	764	413	351
苏锡通科技产业园区	3123	1886	1237	1302	877	425	992	668	324
启东市	12914	7480	5434	4433	2503	1930	1648	899	749
如皋市	7745	4332	3413	10511	5915	4596	1790	966	824
海门市	11816	6442	5374	5216	2740	2476	2858	1803	1055
海安市	4827	2696	2131	4389	2196	2193	1059	542	517
连云港市	**106722**	**51899**	**54823**	**108431**	**57933**	**50498**	**52970**	**27119**	**25851**
连云区	191	162	29	108	99	9	34	31	3
海州区	4468	2210	2258	3070	1587	1483	714	348	366
赣榆区	4244	2084	2160	7953	4278	3675	1425	608	817
东海县	27921	13576	14345	37019	19728	17291	12512	6846	5666
灌云县	26510	12842	13668	20088	10586	9502	6647	3684	2963
灌南县	24312	11365	12947	17604	9400	8204	4818	2509	2309
连云港经济技术开发区	6560	3366	3194	8221	4479	3742	3828	2057	1771
连云港高新技术产业开发区	11271	5676	5595	13627	7411	6216	22666	10866	11800
江苏连云港徐圩新区	1081	533	548	639	317	322	246	122	124
江苏省连云港市云台山风景名胜区	164	85	79	102	48	54	80	48	32
淮安市	**159628**	**79107**	**80521**	**99827**	**55126**	**44701**	**57176**	**30704**	**26472**
淮安区	2809	1454	1355	1992	1080	912	494	260	234
淮阴区	3014	1447	1567	1447	791	656	426	230	196
清江浦区	198	126	72	77	57	20	34	18	16
洪泽区	1047	604	443	300	177	123	128	67	61
涟水县	46319	22404	23915	29973	16073	13900	12138	6812	5326
盱眙县	43901	21788	22113	24273	13314	10959	8830	4556	4274
金湖县	25730	13047	12683	16550	9760	6790	7795	4140	3655
淮安经济技术开发区	27037	13506	13531	19187	10582	8605	23491	12524	10967
工业园区	258	134	124	92	48	44	84	46	38
生态文旅区	7775	3733	4042	5352	2865	2487	3537	1912	1625
苏淮高新区	1540	864	676	584	379	205	219	139	80

7-6b 续表 8 单位：人

现住地	初中			高中			大学专科		
	小计	男	女	小计	男	女	小计	男	女
盐城市	**266187**	**124745**	**141442**	**158929**	**86506**	**72423**	**56258**	**30310**	**25948**
亭湖区	3706	1885	1821	3222	1845	1377	916	534	382
盐都区	5976	2747	3229	4598	2461	2137	829	435	394
大丰区	8110	4087	4023	4299	2483	1816	1996	1125	871
响水县	37310	17534	19776	18631	10352	8279	7014	3870	3144
滨海县	45765	21394	24371	26803	14107	12696	8185	4414	3771
阜宁县	48597	22540	26057	26587	14270	12317	9026	4650	4376
射阳县	46542	21585	24957	33374	17554	15820	11966	6361	5605
建湖县	59918	28163	31755	31118	17618	13500	12074	6490	5584
盐城经济技术开发区	3743	1876	1867	3884	2414	1470	2674	1566	1108
江苏省盐南高新区									
东台市	6520	2934	3586	6413	3402	3011	1578	865	713
扬州市	**93693**	**46122**	**47571**	**57746**	**31202**	**26544**	**36003**	**19237**	**16766**
广陵区	3278	1790	1488	2017	1112	905	750	399	351
邗江区	3917	2020	1897	2857	1545	1312	999	505	494
江都区	12074	5998	6076	6911	3631	3280	2635	1370	1265
宝应县	47268	22309	24959	26299	14266	12033	12427	6688	5739
扬州经济技术开发区	18854	9696	9158	15419	8320	7099	17185	9204	7981
蜀冈瘦西湖景区									
生态新城	579	316	263	371	204	167	284	140	144
仪征市	2244	1199	1045	1035	537	498	571	298	273
高邮市	5479	2794	2685	2837	1587	1250	1152	633	519
镇江市	**73593**	**38877**	**34716**	**40092**	**22447**	**17645**	**27653**	**15138**	**12515**
京口区	822	469	353	326	211	115	201	115	86
润州区									
丹徒区	5645	3574	2071	1589	917	672	2713	1514	1199
镇江新区	30443	15388	15055	19110	10521	8589	13734	7662	6072
江苏镇江高新区									
丹阳市	26624	14175	12449	11269	6607	4662	4966	2677	2289
扬中市	1712	990	722	941	569	372	601	320	281
句容市	8347	4281	4066	6857	3622	3235	5438	2850	2588
泰州市	**57185**	**29556**	**27629**	**40110**	**22087**	**18023**	**25054**	**12931**	**12123**
海陵区	692	367	325	346	232	114	158	79	79
高港区	1415	776	639	715	409	306	588	311	277
姜堰区	3091	1469	1622	2360	1230	1130	693	358	335
泰州医药高新技术产业开发区	18254	9183	9071	11698	6334	5364	15828	7877	7951
兴化市	16406	8790	7616	9971	5624	4347	2446	1339	1107
靖江市	6819	3615	3204	5628	3082	2546	2426	1413	1013
泰兴市	10508	5356	5152	9392	5176	4216	2915	1554	1361
宿迁市	**237500**	**112257**	**125243**	**184136**	**98634**	**85502**	**66808**	**34306**	**32502**
宿城区	1344	602	742	370	188	182	191	93	98
宿豫区	3026	1535	1491	1021	579	442	400	201	199
沭阳县	92065	42542	49523	71914	38438	33476	25401	12946	12455
泗阳县	50423	22818	27605	54358	28463	25895	14581	7600	6981
泗洪县	73587	35914	37673	43483	23741	19742	18920	9499	9421
宿迁经济技术开发区	16509	8586	7923	12767	7088	5679	7125	3886	3239
宿迁市湖滨新区	546	260	286	223	137	86	190	81	109
苏州宿迁工业园区									
宿迁市洋河新区									

7-6b　续表 9　　　　　　　　　　　　　　　　　　　　　　　　单位：人

现住地	大学本科			硕士研究生			博士研究生		
	小计	男	女	小计	男	女	小计	男	女
江　苏	**440612**	**223448**	**217164**	**29222**	**15646**	**13576**	**2529**	**1580**	**949**
南京市	**6094**	**3289**	**2805**	**364**	**209**	**155**	**24**	**14**	**10**
玄武区									
秦淮区									
建邺区									
鼓楼区									
浦口区	54	30	24	2	2				
栖霞区									
雨花台区	279	154	125	26	19	7	1		1
江宁区									
六合区	4940	2613	2327	287	159	128	18	12	6
溧水区	567	290	277	40	20	20	5	2	3
高淳区	254	202	52	9	9				
南京江北新区									
无锡市	**14009**	**6860**	**7149**	**789**	**381**	**408**	**44**	**27**	**17**
锡山区	3803	2007	1796	337	166	171	11	8	3
惠山区	1952	944	1008	99	48	51	14	9	5
滨湖区									
梁溪区									
新吴区									
江苏无锡经济开发区									
江阴市	3952	1811	2141	131	54	77	8	3	5
宜兴市	4302	2098	2204	222	113	109	11	7	4
徐州市	**43638**	**22306**	**21332**	**1946**	**1066**	**880**	**173**	**94**	**79**
鼓楼区									
云龙区	6616	3546	3070	67	34	33	18	11	7
贾汪区	175	83	92	8	3	5	2		2
泉山区									
铜山区	1643	806	837	72	37	35	8	4	4
丰县	5614	2783	2831	178	103	75	10	5	5
沛县	8846	4546	4300	264	128	136	26	14	12
睢宁县	7917	3858	4059	272	131	141	16	10	6
徐州经济技术开发区	12074	6351	5723	1044	610	434	87	46	41
新沂市	365	149	216	15	7	8	3	1	2
邳州市	388	184	204	26	13	13	3	3	
常州市	**4846**	**2573**	**2273**	**223**	**117**	**106**	**24**	**18**	**6**
天宁区	308	129	179	13	5	8	2	2	
钟楼区									
新北区	1011	486	525	53	28	25	5	4	1
武进区	1283	624	659	51	21	30	4	4	
金坛区	238	134	104	15	9	6	3	1	2
江苏省常州市经济开发区	1147	693	454	43	23	20	5	5	
溧阳市	859	507	352	48	31	17	5	2	3

7-6b 续表 10 单位：人

现住地	大学本科			硕士研究生			博士研究生		
	小计	男	女	小计	男	女	小计	男	女
苏州市	**94444**	**48133**	**46311**	**10864**	**5561**	**5303**	**990**	**596**	**394**
虎丘区	43	20	23	4	2	2			
吴中区	2703	1377	1326	199	117	82	17	9	8
相城区	400	209	191	22	13	9	1	1	
姑苏区									
吴江区	3753	1972	1781	199	104	95	17	11	6
苏州工业园区	64601	31670	32931	9535	4836	4699	868	518	350
常熟市	8062	5142	2920	188	104	84	49	31	18
张家港市	5537	2811	2726	274	148	126	14	10	4
昆山市	7576	3926	3650	348	188	160	14	9	5
太仓市	1769	1006	763	95	49	46	10	7	3
南通市	**33161**	**16526**	**16635**	**1447**	**772**	**675**	**95**	**62**	**33**
崇川区									
港闸区									
通州区	1733	909	824	74	39	35	3	3	
如东县	8561	4346	4215	364	195	169	13	3	10
南通经济技术开发区	13824	7217	6607	791	414	377	61	47	14
通州湾示范区	487	273	214	23	18	5	2	1	1
苏锡通科技产业园区	645	415	230	29	16	13	2	2	
启东市	4729	1749	2980	21	15	6	3	2	1
如皋市	1352	684	668	64	36	28	8	4	4
海门市	1227	651	576	54	29	25	2		2
海安市	603	282	321	27	10	17	1		1
连云港市	**42825**	**22317**	**20508**	**2350**	**1291**	**1059**	**196**	**127**	**69**
连云区	10	9	1	1	1				
海州区	380	193	187	18	13	5	5	3	2
赣榆区	926	441	485	52	20	32	1	1	
东海县	7605	4021	3584	237	140	97	14	10	4
灌云县	5107	2794	2313	177	97	80	16	9	7
灌南县	3402	1738	1664	128	79	49	6	5	1
连云港经济技术开发区	3085	1607	1478	220	117	103	15	8	7
连云港高新技术产业开发区	22118	11415	10703	1508	817	691	138	91	47
江苏连云港徐圩新区	164	87	77	8	7	1	1		1
江苏省连云港市云台山风景名胜区	28	12	16	1		1			
淮安市	**36985**	**19687**	**17298**	**2024**	**1113**	**911**	**193**	**138**	**55**
淮安区	332	180	152	28	11	17	2	1	1
淮阴区	263	143	120	17	8	9	2	1	1
清江浦区	22	11	11	1	1				
洪泽区	76	38	38	6	4	2			
涟水县	5152	2662	2490	213	121	92	24	19	5
盱眙县	6836	3435	3401	241	137	104	23	14	9
金湖县	3876	1907	1969	145	57	88	4	3	1
淮安经济技术开发区	16786	9420	7366	1022	600	422	122	90	32
工业园区	48	23	25	3	2	1			
生态文旅区	3479	1808	1671	341	168	173	15	10	5
苏淮高新区	115	60	55	7	4	3	1		1

7-6b　续表 11　　　　单位：人

现住地	大学本科			硕士研究生			博士研究生		
	小计	男	女	小计	男	女	小计	男	女
盐城市	**41719**	**21168**	**20551**	**1388**	**748**	**640**	**122**	**79**	**43**
亭湖区	389	211	178	22	11	11	2	1	1
盐都区	440	235	205	37	22	15			
大丰区	953	514	439	54	27	27	7	4	3
响水县	5244	2766	2478	173	102	71	10	6	4
滨海县	6885	3664	3221	257	147	110	13	11	2
阜宁县	5525	2892	2633	187	100	87	18	11	7
射阳县	6757	3601	3156	228	113	115	11	8	3
建湖县	7178	3825	3353	263	141	122	21	13	8
盐城经济技术开发区	7429	2957	4472	147	72	75	38	24	14
江苏省盐南高新区									
东台市	919	503	416	20	13	7	2	1	1
扬州市	**25674**	**12735**	**12939**	**2342**	**1162**	**1180**	**155**	**92**	**63**
广陵区	447	243	204	19	7	12	1		1
邗江区	566	278	288	35	22	13	4	2	2
江都区	1473	775	698	61	27	34	6	3	3
宝应县	7748	4094	3654	227	116	111	15	10	5
扬州经济技术开发区	14165	6701	7464	1932	952	980	124	73	51
蜀冈瘦西湖景区									
生态新城	149	82	67	5	1	4			
仪征市	348	179	169	31	17	14	4	3	1
高邮市	778	383	395	32	20	12	1	1	
镇江市	**32532**	**16015**	**16517**	**2538**	**1620**	**918**	**264**	**177**	**87**
京口区	103	59	44	5	4	1			
润州区									
丹徒区	9366	5578	3788	1309	1017	292	13	12	1
镇江新区	8149	4174	3975	554	277	277	89	63	26
江苏镇江高新区									
丹阳市	8706	3342	5364	179	78	101	14	8	6
扬中市	317	180	137	7	3	4			
句容市	5891	2682	3209	484	241	243	148	94	54
泰州市	**23248**	**11207**	**12041**	**1527**	**808**	**719**	**102**	**68**	**34**
海陵区	101	58	43	3	3				
高港区	351	173	178	29	22	7			
姜堰区	399	209	190	14	11	3	2	2	
泰州医药高新技术产业开发区	14212	6667	7545	1243	641	602	78	47	31
兴化市	1358	755	603	36	24	12	7	5	2
靖江市	5447	2632	2815	122	67	55	8	7	1
泰兴市	1380	713	667	80	40	40	7	7	
宿迁市	**41437**	**20632**	**20805**	**1420**	**798**	**622**	**147**	**88**	**59**
宿城区	115	58	57	5	3	2			
宿豫区	175	92	83	7	4	3	2		2
沭阳县	14757	7344	7413	446	256	190	70	40	30
泗阳县	9522	4768	4754	375	213	162	28	14	14
泗洪县	13218	6477	6741	414	223	191	40	29	11
宿迁经济技术开发区	3577	1851	1726	169	98	71	5	4	1
宿迁市湖滨新区	73	42	31	4	1	3	2	1	1
苏州宿迁工业园区									
宿迁市洋河新区									

7-6c 全省按现住地、受教育程度、性别分的户口登记地在本省其他乡镇街道的人口(乡村)

单位：人

现住地	合计			未上过学		
	合计	男	女	小计	男	女
江　苏	**1396323**	**739877**	**656446**	**37316**	**11513**	**25803**
南京市	**143103**	**78808**	**64295**	**4825**	**1745**	**3080**
玄武区						
秦淮区						
建邺区						
鼓楼区						
浦口区	9539	5007	4532	444	154	290
栖霞区	9487	5616	3871	277	103	174
雨花台区						
江宁区	80078	45724	34354	2306	860	1446
六合区	19439	10259	9180	948	282	666
溧水区	15238	7018	8220	359	115	244
高淳区	6317	3197	3120	377	190	187
南京江北新区	3005	1987	1018	114	41	73
无锡市	**156974**	**86320**	**70654**	**3117**	**887**	**2230**
锡山区	17057	9381	7676	333	87	246
惠山区	33023	17637	15386	925	246	679
滨湖区	7804	4325	3479	213	57	156
梁溪区						
新吴区	19700	11716	7984	264	73	191
江苏无锡经济开发区						
江阴市	47051	25919	21132	801	256	545
宜兴市	32339	17342	14997	581	168	413
徐州市	**96844**	**41078**	**55766**	**2787**	**868**	**1919**
鼓楼区						
云龙区						
贾汪区	7610	3013	4597	207	71	136
泉山区						
铜山区	21569	9148	12421	551	176	375
丰县	10743	4910	5833	307	79	228
沛县	12951	5357	7594	366	103	263
睢宁县	14947	6601	8346	454	154	300
徐州经济技术开发区	1945	829	1116	65	19	46
新沂市	13486	5153	8333	436	136	300
邳州市	13593	6067	7526	401	130	271
常州市	**122046**	**68228**	**53818**	**3017**	**980**	**2037**
天宁区	5824	3115	2709	117	33	84
钟楼区	12145	7283	4862	233	75	158
新北区	13043	7157	5886	343	94	249
武进区	42760	23941	18819	1088	398	690
金坛区	16449	9054	7395	522	131	391
江苏省常州市经济开发区	21139	11818	9321	392	133	259
溧阳市	10686	5860	4826	322	116	206

7-6c　续表 1

单位：人

现住地	合计			未上过学		
	合计	男	女	小计	男	女
苏州市	**245721**	**142921**	**102800**	**4617**	**1492**	**3125**
虎丘区	12203	7066	5137	365	89	276
吴中区	35179	20570	14609	677	214	463
相城区	6757	4364	2393	125	47	78
姑苏区						
吴江区	21872	12412	9460	444	152	292
苏州工业园区						
常熟市	39229	22395	16834	705	235	470
张家港市	39168	22000	17168	701	196	505
昆山市	68124	40294	27830	1111	375	736
太仓市	23189	13820	9369	489	184	305
南通市	**100292**	**53258**	**47034**	**1757**	**568**	**1189**
崇川区						
港闸区	633	517	116	14	6	8
通州区	18993	10163	8830	297	94	203
如东县	16133	9141	6992	288	105	183
南通经济技术开发区						
通州湾示范区	1838	927	911	49	13	36
苏锡通科技产业园区	5102	2623	2479	53	17	36
启东市	22098	11766	10332	457	146	311
如皋市	9746	4909	4837	217	63	154
海门市	17601	8892	8709	246	78	168
海安市	8148	4320	3828	136	46	90
连云港市	**59156**	**27391**	**31765**	**2001**	**591**	**1410**
连云区	420	288	132	12	4	8
海州区	4795	2193	2602	207	53	154
赣榆区	11924	5182	6742	350	95	255
东海县	18486	8321	10165	550	179	371
灌云县	10357	5139	5218	359	113	246
灌南县	8556	4213	4343	292	88	204
连云港经济技术开发区	2420	1118	1302	117	29	88
连云港高新技术产业开发区						
江苏连云港徐圩新区	144	112	32	7	3	4
江苏省连云港市云台山风景名胜区	2054	825	1229	107	27	80
淮安市	**66157**	**33404**	**32753**	**2178**	**586**	**1592**
淮安区	11010	5540	5470	458	128	330
淮阴区	10172	4779	5393	253	70	183
清江浦区	3119	1572	1547	94	26	68
洪泽区	11579	5692	5887	382	87	295
涟水县	11520	5797	5723	339	103	236
盱眙县	9468	4889	4579	411	94	317
金湖县	8702	4799	3903	221	72	149
淮安经济技术开发区						
工业园区	478	287	191	16	5	11
生态文旅区						
苏淮高新区	109	49	60	4	1	3

7-6c 续表 2

单位：人

现住地	合计			未上过学		
	合计	男	女	小计	男	女
盐城市	**106190**	**54247**	**51943**	**4039**	**1066**	**2973**
亭湖区	9034	4500	4534	374	116	258
盐都区	15842	8195	7647	614	147	467
大丰区	20121	11075	9046	727	197	530
响水县	6096	2795	3301	327	86	241
滨海县	8270	3985	4285	390	105	285
阜宁县	7499	3823	3676	303	96	207
射阳县	13158	6865	6293	462	110	352
建湖县	12635	6388	6247	407	94	313
盐城经济技术开发区	1361	728	633	51	14	37
江苏省盐南高新区						
东台市	12174	5893	6281	384	101	283
扬州市	**74856**	**40940**	**33916**	**2187**	**683**	**1504**
广陵区	10419	6082	4337	175	57	118
邗江区	6259	3083	3176	258	78	180
江都区	17079	9625	7454	450	139	311
宝应县	9184	5021	4163	367	120	247
扬州经济技术开发区	4825	2395	2430	89	20	69
蜀冈瘦西湖景区						
生态新城	1766	904	862	44	10	34
仪征市	14842	8005	6837	425	133	292
高邮市	10482	5825	4657	379	126	253
镇江市	**65855**	**35749**	**30106**	**1720**	**574**	**1146**
京口区	970	502	468	49	13	36
润州区	247	140	107	2	1	1
丹徒区	11391	6135	5256	321	97	224
镇江新区	7246	3790	3456	321	149	172
江苏镇江高新区						
丹阳市	16980	9201	7779	306	84	222
扬中市	9945	5642	4303	220	78	142
句容市	19076	10339	8737	501	152	349
泰州市	**66945**	**34923**	**32022**	**1607**	**458**	**1149**
海陵区	3149	1632	1517	117	35	82
高港区	4309	2336	1973	71	20	51
姜堰区	9381	4689	4692	263	86	177
泰州医药高新技术产业开发区	1569	694	875	59	7	52
兴化市	16208	7876	8332	520	141	379
靖江市	16008	9048	6960	244	74	170
泰兴市	16321	8648	7673	333	95	238
宿迁市	**92184**	**42610**	**49574**	**3464**	**1015**	**2449**
宿城区	12740	5983	6757	452	126	326
宿豫区	7136	3432	3704	306	80	226
沭阳县	27555	11579	15976	799	247	552
泗阳县	11938	5633	6305	458	160	298
泗洪县	22929	11167	11762	1003	287	716
宿迁经济技术开发区	4161	2048	2113	145	38	107
宿迁市湖滨新区	2917	1447	1470	153	42	111
苏州宿迁工业园区						
宿迁市洋河新区	2808	1321	1487	148	35	113

7-6c　续表 3

单位：人

现 住 地	学前教育			小　学		
	小计	男	女	小计	男	女
江　苏	**38527**	**20001**	**18526**	**294923**	**143737**	**151186**
南京市	**3926**	**2010**	**1916**	**26651**	**13781**	**12870**
玄武区						
秦淮区						
建邺区						
鼓楼区						
浦口区	237	122	115	2368	1195	1173
栖霞区	224	111	113	2163	1173	990
雨花台区						
江宁区	2297	1195	1102	12662	6667	5995
六合区	577	293	284	4426	2118	2308
溧水区	331	153	178	2971	1626	1345
高淳区	208	108	100	1427	683	744
南京江北新区	52	28	24	634	319	315
无锡市	**3924**	**2093**	**1831**	**31857**	**15701**	**16156**
锡山区	481	265	216	4181	2021	2160
惠山区	736	397	339	6413	3159	3254
滨湖区	165	94	71	1635	776	859
梁溪区						
新吴区	507	260	247	2563	1254	1309
江苏无锡经济开发区						
江阴市	1187	633	554	9520	4772	4748
宜兴市	848	444	404	7545	3719	3826
徐州市	**2914**	**1476**	**1438**	**20480**	**9241**	**11239**
鼓楼区						
云龙区						
贾汪区	216	109	107	1532	735	797
泉山区						
铜山区	735	371	364	4366	2090	2276
丰县	248	119	129	2162	971	1191
沛县	425	221	204	2657	1177	1480
睢宁县	340	167	173	3260	1433	1827
徐州经济技术开发区	60	34	26	396	175	221
新沂市	449	234	215	3025	1274	1751
邳州市	441	221	220	3082	1386	1696
常州市	**3079**	**1617**	**1462**	**26206**	**12944**	**13262**
天宁区	177	93	84	1398	687	711
钟楼区	234	126	108	1573	755	818
新北区	349	180	169	3205	1559	1646
武进区	1144	611	533	9732	4892	4840
金坛区	305	150	155	3629	1727	1902
江苏省常州市经济开发区	565	291	274	4280	2131	2149
溧阳市	305	166	139	2389	1193	1196

7-6c 续表 4 单位：人

现住地	学前教育			小学		
	小计	男	女	小计	男	女
苏州市	**5782**	**3053**	**2729**	**44136**	**22671**	**21465**
虎丘区	312	162	150	2093	1097	996
吴中区	756	412	344	6359	3273	3086
相城区	111	59	52	1260	722	538
姑苏区						
吴江区	502	249	253	4791	2539	2252
苏州工业园区						
常熟市	871	452	419	5580	2914	2666
张家港市	1067	575	492	9091	4662	4429
昆山市	1571	825	746	10347	4979	5368
太仓市	592	319	273	4615	2485	2130
南通市	**3010**	**1552**	**1458**	**19282**	**9735**	**9547**
崇川区						
港闸区	5	4	1	165	131	34
通州区	656	341	315	3817	1980	1837
如东县	408	224	184	2968	1603	1365
南通经济技术开发区						
通州湾示范区	75	35	40	419	201	218
苏锡通科技产业园区	180	101	79	893	436	457
启东市	684	344	340	4573	2285	2288
如皋市	289	156	133	1908	889	1019
海门市	480	237	243	3093	1474	1619
海安市	233	110	123	1446	736	710
连云港市	**2085**	**1095**	**990**	**12686**	**5748**	**6938**
连云区	8	5	3	88	50	38
海州区	180	101	79	1044	475	569
赣榆区	420	206	214	2442	1123	1319
东海县	685	353	332	3888	1741	2147
灌云县	352	187	165	2295	1025	1270
灌南县	244	132	112	2112	944	1168
连云港经济技术开发区	95	57	38	402	192	210
连云港高新技术产业开发区						
江苏连云港徐圩新区	1	1		27	16	11
江苏省连云港市云台山风景名胜区	100	53	47	388	182	206
淮安市	**1818**	**958**	**860**	**16811**	**7556**	**9255**
淮安区	207	109	98	2648	1207	1441
淮阴区	231	127	104	2217	1003	1214
清江浦区	136	71	65	648	298	350
洪泽区	474	259	215	3138	1328	1810
涟水县	370	188	182	2744	1260	1484
盱眙县	182	97	85	2719	1203	1516
金湖县	204	101	103	2607	1213	1394
淮安经济技术开发区						
工业园区	14	6	8	67	38	29
生态文旅区						
苏淮高新区				23	6	17

7-6c　续表 5　　单位：人

现住地	学前教育			小学		
	小计	男	女	小计	男	女
盐城市	**2905**	**1499**	**1406**	**25209**	**11817**	**13392**
亭湖区	231	125	106	2056	923	1133
盐都区	431	231	200	3767	1790	1977
大丰区	377	198	179	3559	1759	1800
响水县	232	124	108	1654	691	963
滨海县	249	136	113	2434	1202	1232
阜宁县	278	129	149	1719	797	922
射阳县	350	165	185	3435	1629	1806
建湖县	321	161	160	3658	1673	1985
盐城经济技术开发区	31	15	16	258	112	146
江苏省盐南高新区						
东台市	405	215	190	2669	1241	1428
扬州市	**2086**	**1092**	**994**	**18792**	**9806**	**8986**
广陵区	277	146	131	2722	1489	1233
邗江区	154	79	75	1549	731	818
江都区	402	223	179	4479	2456	2023
宝应县	260	147	113	2315	1152	1163
扬州经济技术开发区	137	72	65	524	231	293
蜀冈瘦西湖景区						
生态新城	56	22	34	504	239	265
仪征市	518	257	261	3695	1974	1721
高邮市	282	146	136	3004	1534	1470
镇江市	**1779**	**914**	**865**	**15116**	**7419**	**7697**
京口区	14	6	8	281	135	146
润州区	8	3	5	47	21	26
丹徒区	247	127	120	2489	1192	1297
镇江新区	250	131	119	1664	820	844
江苏镇江高新区						
丹阳市	499	239	260	3902	1860	2042
扬中市	249	147	102	2344	1255	1089
句容市	512	261	251	4389	2136	2253
泰州市	**1774**	**890**	**884**	**14903**	**7175**	**7728**
海陵区	76	40	36	652	332	320
高港区	109	54	55	892	435	457
姜堰区	241	124	117	2180	1037	1143
泰州医药高新技术产业开发区	32	15	17	334	165	169
兴化市	481	239	242	4167	1885	2282
靖江市	303	156	147	3104	1571	1533
泰兴市	532	262	270	3574	1750	1824
宿迁市	**3445**	**1752**	**1693**	**22794**	**10143**	**12651**
宿城区	509	270	239	3292	1502	1790
宿豫区	231	119	112	1962	856	1106
沭阳县	1011	493	518	6363	2733	3630
泗阳县	423	207	216	2361	983	1378
泗洪县	861	459	402	6203	2910	3293
宿迁经济技术开发区	191	93	98	892	394	498
宿迁市湖滨新区	101	48	53	1009	463	546
苏州宿迁工业园区						
宿迁市洋河新区	118	63	55	712	302	410

7-6c 续表 6

单位：人

现住地	初中			高中			大学专科		
	小计	男	女	小计	男	女	小计	男	女
江　苏	**575153**	**314539**	**260614**	**245753**	**140189**	**105564**	**125761**	**68439**	**57322**
南京市	**45996**	**27307**	**18689**	**27415**	**16187**	**11228**	**15626**	**9097**	**6529**
玄武区									
秦淮区									
建邺区									
鼓楼区									
浦口区	3139	1756	1383	1767	949	818	824	425	399
栖霞区	3638	2339	1299	1657	983	674	753	449	304
雨花台区									
江宁区	25781	15409	10372	16885	10083	6802	10194	6159	4035
六合区	6467	3596	2871	3527	2068	1459	1938	1015	923
溧水区	3916	2363	1553	1868	1103	765	866	472	394
高淳区	1915	1019	896	1206	630	576	690	313	377
南京江北新区	1140	825	315	505	371	134	361	264	97
无锡市	**71808**	**42210**	**29598**	**25582**	**15103**	**10479**	**13897**	**6780**	**7117**
锡山区	8539	4964	3575	1779	1124	655	1061	579	482
惠山区	14155	8594	5561	5515	3212	2303	4000	1421	2579
滨湖区	2816	1679	1137	1566	971	595	936	509	427
梁溪区									
新吴区	9272	5698	3574	3510	2274	1236	2476	1485	991
江苏无锡经济开发区									
江阴市	22954	13329	9625	8332	4819	3513	2710	1353	1357
宜兴市	14072	7946	6126	4880	2703	2177	2714	1433	1281
徐州市	**42216**	**16234**	**25982**	**17019**	**7851**	**9168**	**7053**	**3147**	**3906**
鼓楼区									
云龙区									
贾汪区	3660	1294	2366	1231	491	740	491	178	313
泉山区									
铜山区	8825	3299	5526	4709	2176	2533	1496	618	878
丰县	4499	1936	2563	1930	994	936	998	492	506
沛县	5956	2151	3805	1907	889	1018	1000	460	540
睢宁县	6534	2739	3795	2623	1276	1347	1061	492	569
徐州经济技术开发区	813	352	461	345	127	218	163	71	92
新沂市	6447	2208	4239	1995	805	1190	761	308	453
邳州市	5482	2255	3227	2279	1093	1186	1083	528	555
常州市	**55862**	**32558**	**23304**	**16997**	**10212**	**6785**	**11941**	**7277**	**4664**
天宁区	2846	1636	1210	677	398	279	359	165	194
钟楼区	3618	2163	1455	2266	1249	1017	3946	2771	1175
新北区	6291	3749	2542	1482	908	574	853	424	429
武进区	20514	12040	8474	5363	3265	2098	3230	1827	1403
金坛区	6684	3733	2951	2869	1833	1036	1484	920	564
江苏省常州市经济开发区	11565	6758	4807	2376	1449	927	1280	715	565
溧阳市	4344	2479	1865	1964	1110	854	789	455	334

7-6c　续表 7　　　　单位：人

现住地	初中			高中			大学专科		
	小计	男	女	小计	男	女	小计	男	女
苏州市	**109101**	**65730**	**43371**	**43510**	**27417**	**16093**	**24721**	**14637**	**10084**
虎丘区	4713	2906	1807	2092	1243	849	1473	910	563
吴中区	14246	8647	5599	7536	4814	2722	3386	1995	1391
相城区	3006	2038	968	1121	787	334	707	455	252
姑苏区									
吴江区	9654	5677	3977	3745	2266	1479	1710	949	761
苏州工业园区									
常熟市	21032	12353	8679	5786	3425	2361	3536	1993	1543
张家港市	19166	11420	7746	5086	3074	2012	2593	1358	1235
昆山市	26350	15936	10414	14971	9751	5220	9255	5716	3539
太仓市	10934	6753	4181	3173	2057	1116	2061	1261	800
南通市	**43788**	**23568**	**20220**	**18188**	**10138**	**8050**	**9591**	**5131**	**4460**
崇川区									
港闸区	309	263	46	82	68	14	28	20	8
通州区	7424	3930	3494	3664	2118	1546	2185	1184	1001
如东县	6694	3691	3003	3128	1885	1243	1771	1096	675
南通经济技术开发区									
通州湾示范区	837	415	422	263	153	110	128	76	52
苏锡通科技产业园区	2216	1149	1067	849	459	390	546	288	258
启东市	11047	6032	5015	2977	1657	1320	1455	762	693
如皋市	3614	1799	1815	2266	1269	997	868	430	438
海门市	7959	4239	3720	3309	1661	1648	1904	919	985
海安市	3688	2050	1638	1650	868	782	706	356	350
连云港市	**21412**	**9960**	**11452**	**11582**	**5496**	**6086**	**5506**	**2530**	**2976**
连云区	201	158	43	65	42	23	25	16	9
海州区	1909	828	1081	740	380	360	455	223	232
赣榆区	4068	1780	2288	2377	1066	1311	1359	521	838
东海县	6137	2797	3340	4125	1736	2389	1808	843	965
灌云县	4074	1971	2103	1796	1044	752	808	428	380
灌南县	3505	1711	1794	1393	766	627	579	325	254
连云港经济技术开发区	721	377	344	580	250	330	298	114	184
连云港高新技术产业开发区									
江苏连云港徐圩新区	70	60	10	20	18	2	13	8	5
江苏省连云港市云台山风景名胜区	727	278	449	486	194	292	161	52	109
淮安市	**25357**	**13141**	**12216**	**11596**	**6605**	**4991**	**4941**	**2670**	**2271**
淮安区	4228	2174	2054	1964	1109	855	872	461	411
淮阴区	4289	1945	2344	1874	957	917	773	397	376
清江浦区	1172	629	543	630	325	305	257	134	123
洪泽区	4410	2245	2165	1855	1102	753	786	409	377
涟水县	4556	2324	2232	2078	1130	948	852	471	381
盱眙县	3409	1919	1490	1437	833	604	713	388	325
金湖县	3037	1749	1288	1661	1087	574	616	373	243
淮安经济技术开发区									
工业园区	213	135	78	74	46	28	62	35	27
生态文旅区									
苏淮高新区	43	21	22	23	16	7	10	2	8

7-6c 续表 8 单位：人

现住地	初中			高中			大学专科		
	小计	男	女	小计	男	女	小计	男	女
盐城市	**42415**	**21736**	**20679**	**20506**	**11916**	**8590**	**7086**	**3952**	**3134**
亭湖区	3684	1884	1800	1688	900	788	644	344	300
盐都区	6539	3415	3124	2972	1788	1184	891	488	403
大丰区	6927	3828	3099	5765	3460	2305	1985	1179	806
响水县	2422	1107	1315	840	458	382	347	181	166
滨海县	3450	1587	1863	1041	551	490	395	216	179
阜宁县	2915	1494	1421	1220	712	508	607	340	267
射阳县	5658	3010	2648	2154	1321	833	738	417	321
建湖县	5025	2622	2403	2266	1342	924	566	305	261
盐城经济技术开发区	458	233	225	298	176	122	206	142	64
江苏省盐南高新区									
东台市	5337	2556	2781	2262	1208	1054	707	340	367
扬州市	**29224**	**16847**	**12377**	**12177**	**6939**	**5238**	**6404**	**3434**	**2970**
广陵区	4546	2820	1726	1594	946	648	849	471	378
邗江区	2202	1175	1027	985	521	464	618	287	331
江都区	7562	4403	3159	2406	1424	982	1184	627	557
宝应县	3496	2017	1479	1578	926	652	670	401	269
扬州经济技术开发区	1399	719	680	988	468	520	746	391	355
蜀冈瘦西湖景区									
生态新城	743	407	336	252	149	103	116	55	61
仪征市	5166	2933	2233	2713	1498	1215	1486	762	724
高邮市	4110	2373	1737	1661	1007	654	735	440	295
镇江市	**26081**	**14693**	**11388**	**11862**	**6936**	**4926**	**6238**	**3501**	**2737**
京口区	427	233	194	132	76	56	51	26	25
润州区	133	83	50	35	20	15	15	7	8
丹徒区	4827	2696	2131	2166	1262	904	971	547	424
镇江新区	2490	1321	1169	1416	779	637	704	389	315
江苏镇江高新区									
丹阳市	7713	4352	3361	3034	1781	1253	1049	595	454
扬中市	3807	2335	1472	1578	942	636	1211	622	589
句容市	6684	3673	3011	3501	2076	1425	2237	1315	922
泰州市	**26952**	**14539**	**12413**	**13049**	**7402**	**5647**	**5919**	**2965**	**2954**
海陵区	986	515	471	973	555	418	241	107	134
高港区	1603	958	645	693	373	320	663	353	310
姜堰区	3700	1889	1811	1731	938	793	863	406	457
泰州医药高新技术产业开发区	535	211	324	419	214	205	136	51	85
兴化市	6831	3347	3484	2654	1445	1209	956	499	457
靖江市	6375	3829	2546	3636	2155	1481	1612	838	774
泰兴市	6922	3790	3132	2943	1722	1221	1448	711	737
宿迁市	**34941**	**16016**	**18925**	**16270**	**7987**	**8283**	**6838**	**3318**	**3520**
宿城区	5298	2455	2843	1994	1018	976	706	340	366
宿豫区	2851	1441	1410	1118	588	530	406	204	202
沭阳县	10337	4051	6286	5293	2278	3015	2167	928	1239
泗阳县	4778	2257	2521	2466	1246	1220	841	450	391
泗洪县	7844	3915	3929	3939	2039	1900	1997	990	1007
宿迁经济技术开发区	1607	783	824	750	428	322	399	226	173
宿迁市湖滨新区	1044	549	495	355	197	158	160	92	68
苏州宿迁工业园区									
宿迁市洋河新区	1182	565	617	355	193	162	162	88	74

7-6c　续表 9　　单位：人

现住地	大学本科			硕士研究生			博士研究生		
	小计	男	女	小计	男	女	小计	男	女
江　苏	**73667**	**38498**	**35169**	**4690**	**2597**	**2093**	**533**	**364**	**169**
南京市	**17523**	**8053**	**9470**	**999**	**535**	**464**	**142**	**93**	**49**
玄武区									
秦淮区									
建邺区									
鼓楼区									
浦口区	708	376	332	48	27	21	4	3	1
栖霞区	733	430	303	36	24	12	6	4	2
雨花台区									
江宁区	9069	4877	4192	769	400	369	115	74	41
六合区	1473	837	636	75	43	32	8	7	1
溧水区	4881	1159	3722	41	24	17	5	3	2
高淳区	470	243	227	22	10	12	2	1	1
南京江北新区	189	131	58	8	7	1	2	1	1
无锡市	**6443**	**3359**	**3084**	**315**	**165**	**150**	**31**	**22**	**9**
锡山区	651	328	323	28	11	17	4	2	2
惠山区	1219	582	637	55	24	31	5	2	3
滨湖区	447	229	218	23	8	15	3	2	1
梁溪区									
新吴区	1048	634	414	58	36	22	2	2	
江苏无锡经济开发区									
江阴市	1477	715	762	63	38	25	7	4	3
宜兴市	1601	871	730	88	48	40	10	10	
徐州市	**3980**	**2029**	**1951**	**347**	**199**	**148**	**48**	**33**	**15**
鼓楼区									
云龙区									
贾汪区	245	119	126	23	14	9	5	2	3
泉山区									
铜山区	811	380	431	67	30	37	9	8	1
丰县	536	280	256	55	32	23	8	7	1
沛县	580	320	260	53	32	21	7	4	3
睢宁县	627	313	314	41	22	19	7	5	2
徐州经济技术开发区	92	43	49	11	8	3			
新沂市	348	170	178	21	16	5	4	2	2
邳州市	741	404	337	76	45	31	8	5	3
常州市	**4632**	**2452**	**2180**	**281**	**166**	**115**	**31**	**22**	**9**
天宁区	244	99	145	6	4	2			
钟楼区	261	137	124	11	5	6	3	2	1
新北区	498	231	267	21	11	10	1	1	
武进区	1593	846	747	87	55	32	9	7	2
金坛区	850	492	358	94	57	37	12	11	1
江苏省常州市经济开发区	648	324	324	29	16	13	4	1	3
溧阳市	538	323	215	33	18	15	2		2

7-6c 续表 10　　　　单位：人

现住地	大学本科			硕士研究生			博士研究生		
	小计	男	女	小计	男	女	小计	男	女
苏州市	**12843**	**7324**	**5519**	**947**	**550**	**397**	**64**	**47**	**17**
虎丘区	1021	603	418	128	52	76	6	4	2
吴中区	2027	1106	921	177	99	78	15	10	5
相城区	392	231	161	32	22	10	3	3	
姑苏区									
吴江区	969	548	421	53	30	23	4	2	2
苏州工业园区									
常熟市	1636	971	665	76	46	30	7	6	1
张家港市	1400	681	719	58	30	28	6	4	2
昆山市	4144	2466	1678	358	233	125	17	13	4
太仓市	1254	718	536	65	38	27	6	5	1
南通市	**4496**	**2462**	**2034**	**161**	**87**	**74**	**19**	**17**	**2**
崇川区									
港闸区	29	24	5				1	1	
通州区	907	489	418	38	22	16	5	5	
如东县	830	511	319	44	24	20	2	2	
南通经济技术开发区									
通州湾示范区	63	32	31	4	2	2			
苏锡通科技产业园区	354	166	188	11	7	4			
启东市	875	520	355	27	17	10	3	3	
如皋市	560	293	267	18	6	12	6	4	2
海门市	599	280	319	10	3	7	1	1	
海安市	279	147	132	9	6	3	1	1	
连云港市	**3556**	**1812**	**1744**	**280**	**129**	**151**	**48**	**30**	**18**
连云区	19	12	7	2	1	1			
海州区	230	117	113	26	12	14	4	4	
赣榆区	847	365	482	52	24	28	9	2	7
东海县	1183	622	561	98	42	56	12	8	4
灌云县	619	341	278	45	25	20	9	5	4
灌南县	400	230	170	22	10	12	9	7	2
连云港经济技术开发区	172	83	89	31	13	18	4	3	1
连云港高新技术产业开发区									
江苏连云港徐圩新区	6	6							
江苏省连云港市云台山风景名胜区	80	36	44	4	2	2	1	1	
淮安市	**3175**	**1725**	**1450**	**247**	**138**	**109**	**34**	**25**	**9**
淮安区	583	320	263	47	30	17	3	2	1
淮阴区	487	254	233	42	22	20	6	4	2
清江浦区	161	79	82	19	8	11	2	2	
洪泽区	509	247	262	23	14	9	2	1	1
涟水县	515	283	232	56	30	26	10	8	2
盱眙县	556	329	227	33	20	13	8	6	2
金湖县	327	189	138	26	13	13	3	2	1
淮安经济技术开发区									
工业园区	31	21	10	1	1				
生态文旅区									
苏淮高新区	6	3	3						

7-6c　续表 11　　　　单位：人

现住地	大学本科			硕士研究生			博士研究生		
	小计	男	女	小计	男	女	小计	男	女
盐城市	**3699**	**2082**	**1617**	**297**	**163**	**134**	**34**	**16**	**18**
亭湖区	329	189	140	23	16	7	5	3	2
盐都区	563	301	262	58	31	27	7	4	3
大丰区	724	422	302	52	31	21	5	1	4
响水县	240	132	108	30	15	15	4	1	3
滨海县	283	173	110	23	12	11	5	3	2
阜宁县	408	233	175	42	19	23	7	3	4
射阳县	344	204	140	17	9	8			
建湖县	361	173	188	30	17	13	1	1	
盐城经济技术开发区	57	35	22	2	1	1			
江苏省盐南高新区									
东台市	390	220	170	20	12	8			
扬州市	**3740**	**1998**	**1742**	**227**	**128**	**99**	**19**	**13**	**6**
广陵区	241	144	97	14	8	6	1	1	
邗江区	474	202	272	17	9	8	2	1	1
江都区	571	341	230	23	10	13	2	2	
宝应县	467	241	226	28	15	13	3	2	1
扬州经济技术开发区	838	436	402	96	54	42	8	4	4
蜀冈瘦西湖景区									
生态新城	47	20	27	3	1	2	1	1	
仪征市	810	430	380	29	18	11			
高邮市	292	184	108	17	13	4	2	2	
镇江市	**2907**	**1633**	**1274**	**137**	**70**	**67**	**15**	**9**	**6**
京口区	15	12	3	1	1				
润州区	7	5	2						
丹徒区	360	208	152	9	5	4	1	1	
镇江新区	382	195	187	17	6	11	2		2
江苏镇江高新区									
丹阳市	457	279	178	20	11	9			
扬中市	517	251	266	17	12	5	2		2
句容市	1169	683	486	73	35	38	10	8	2
泰州市	**2609**	**1410**	**1199**	**121**	**74**	**47**	**11**	**10**	**1**
海陵区	101	46	55	3	2	1			
高港区	272	138	134	6	5	1			
姜堰区	385	197	188	15	9	6	3	3	
泰州医药高新技术产业开发区	50	29	21	4	2	2			
兴化市	566	301	265	32	18	14	1	1	
靖江市	699	400	299	34	24	10	1	1	
泰兴市	536	299	237	27	14	13	6	5	1
宿迁市	**4064**	**2159**	**1905**	**331**	**193**	**138**	**37**	**27**	**10**
宿城区	461	251	210	24	17	7	4	4	
宿豫区	232	126	106	24	13	11	6	5	1
沭阳县	1440	766	674	131	75	56	14	8	6
泗阳县	562	303	259	43	23	20	6	4	2
泗洪县	996	511	485	79	50	29	7	6	1
宿迁经济技术开发区	164	80	84	13	6	7			
宿迁市湖滨新区	86	50	36	9	6	3			
苏州宿迁工业园区									
宿迁市洋河新区	123	72	51	8	3	5			

7-7 全省按现住地、受教育程度、性别分的户口登记地在外省的人口

单位：人

现住地	合计			未上过学		
	合计	男	女	小计	男	女
江　苏	**10160388**	**5812670**	**4347718**	**143307**	**45006**	**98301**
南京市	**1331798**	**757054**	**574744**	**20610**	**5795**	**14815**
玄武区	94753	51776	42977	497	144	353
秦淮区	89775	48388	41387	1523	369	1154
建邺区	72807	41748	31059	1313	422	891
鼓楼区	100868	51586	49282	1846	421	1425
浦口区	43600	24797	18803	696	187	509
栖霞区	185858	106721	79137	2488	695	1793
雨花台区	128541	73975	54566	3289	929	2360
江宁区	336646	194536	142110	5656	1729	3927
六合区	31819	17776	14043	806	191	615
溧水区	49344	31222	18122	475	128	347
高淳区	18132	11192	6940	269	85	184
南京江北新区	179655	103337	76318	1752	495	1257
无锡市	**1641949**	**936088**	**705861**	**25494**	**7851**	**17643**
锡山区	279076	163032	116044	3636	1101	2535
惠山区	240966	138869	102097	6018	1775	4243
滨湖区	131110	73218	57892	2430	727	1703
梁溪区	145959	79904	66055	2560	718	1842
新吴区	173389	99925	73464	1442	437	1005
江苏无锡经济开发区	68376	39435	28941	1666	505	1161
江阴市	389026	220386	168640	4415	1417	2998
宜兴市	214047	121319	92728	3327	1171	2156
徐州市	**244698**	**127507**	**117191**	**3236**	**805**	**2431**
鼓楼区	31726	18283	13443	394	115	279
云龙区	34906	18655	16251	461	123	338
贾汪区	10733	5655	5078	166	36	130
泉山区	38510	20144	18366	626	170	456
铜山区	53955	29206	24749	465	99	366
丰县	10814	5000	5814	125	22	103
沛县	15535	6896	8639	302	71	231
睢宁县	12393	5039	7354	176	40	136
徐州经济技术开发区	19632	11149	8483	297	70	227
新沂市	8821	3929	4892	159	39	120
邳州市	7673	3551	4122	65	20	45
常州市	**1017785**	**589113**	**428672**	**20135**	**6248**	**13887**
天宁区	122918	69085	53833	2400	655	1745
钟楼区	130242	73627	56615	3609	1158	2451
新北区	154586	89038	65548	2712	699	2013
武进区	321085	185193	135892	5769	1870	3899
金坛区	79011	45836	33175	2176	728	1448
江苏省常州市经济开发区	138821	80010	58811	2430	762	1668
溧阳市	71122	46324	24798	1039	376	663

7-7 续表 1

单位：人

现住地	合计			未上过学		
	合计	男	女	小计	男	女
苏州市	**3876692**	**2233840**	**1642852**	**45814**	**15035**	**30779**
虎丘区	239302	140677	98625	2916	849	2067
吴中区	419550	241719	177831	6477	2366	4111
相城区	283533	166026	117507	4305	1402	2903
姑苏区	159415	84513	74902	2625	740	1885
吴江区	544969	313033	231936	5490	1948	3542
苏州工业园区	339278	194349	144929	3851	1084	2767
常熟市	471243	271171	200072	2792	1089	1703
张家港市	382368	214991	167377	5377	1677	3700
昆山市	773466	451773	321693	7237	2343	4894
太仓市	263568	155588	107980	4744	1537	3207
南通市	**778584**	**458459**	**320125**	**10058**	**3549**	**6509**
崇川区	103222	56989	46233	1347	402	945
港闸区	75471	43110	32361	1859	656	1203
通州区	148624	85567	63057	2235	801	1434
如东县	35533	21221	14312	368	123	245
南通经济技术开发区	73440	44757	28683	607	217	390
通州湾示范区	6264	3921	2343	76	25	51
苏锡通科技产业园区	23693	13912	9781	335	93	242
启东市	65157	41408	23749	580	231	349
如皋市	38821	22282	16539	384	111	273
海门市	149048	87235	61813	1772	733	1039
海安市	59311	38057	21254	495	157	338
连云港市	**85936**	**46424**	**39512**	**1118**	**325**	**793**
连云区	13727	9007	4720	212	60	152
海州区	12985	6909	6076	280	89	191
赣榆区	10606	4797	5809	213	64	149
东海县	8291	3617	4674	93	26	67
灌云县	4107	2138	1969	47	11	36
灌南县	6124	3810	2314	51	12	39
连云港经济技术开发区	4899	2690	2209	66	17	49
连云港高新技术产业开发区	19632	8740	10892	127	29	98
江苏连云港徐圩新区	5405	4650	755	27	17	10
江苏省连云港市云台山风景名胜区	160	66	94	2		2
淮安市	**75127**	**38922**	**36205**	**840**	**229**	**611**
淮安区	8202	4417	3785	121	34	87
淮阴区	10080	4506	5574	96	24	72
清江浦区	13032	6951	6081	150	35	115
洪泽区	3161	1698	1463	39	9	30
涟水县	5044	2323	2721	58	13	45
盱眙县	8030	3956	4074	161	46	115
金湖县	6497	3879	2618	61	23	38
淮安经济技术开发区	18639	9716	8923	104	28	76
工业园区	537	363	174	11	5	6
生态文旅区	1586	886	700	35	10	25
苏淮高新区	319	227	92	4	2	2

7-7 续表 2

单位：人

现住地	合计			未上过学		
	合计	男	女	小计	男	女
盐城市	**118980**	**64867**	**54113**	**1500**	**388**	**1112**
亭湖区	15383	8264	7119	113	25	88
盐都区	10207	5513	4694	101	23	78
大丰区	17653	10536	7117	346	113	233
响水县	5685	2959	2726	102	25	77
滨海县	8091	4091	4000	137	26	111
阜宁县	5174	2196	2978	96	18	78
射阳县	9430	4892	4538	133	32	101
建湖县	6734	3070	3664	84	20	64
盐城经济技术开发区	5608	2959	2649	28	6	22
江苏省盐南高新区	7962	3829	4133	79	25	54
东台市	27053	16558	10495	281	75	206
扬州市	**258090**	**148882**	**109208**	**3961**	**1480**	**2481**
广陵区	48343	29510	18833	440	163	277
邗江区	62455	33494	28961	782	237	545
江都区	43411	25530	17881	737	263	474
宝应县	11054	6254	4800	213	80	133
扬州经济技术开发区	27574	15827	11747	367	125	242
蜀冈瘦西湖景区	8290	4993	3297	432	295	137
生态新城	7533	4201	3332	80	30	50
仪征市	27974	16818	11156	587	192	395
高邮市	21456	12255	9201	323	95	228
镇江市	**411416**	**232749**	**178667**	**7073**	**2282**	**4791**
京口区	35389	19937	15452	523	159	364
润州区	16116	8924	7192	296	106	190
丹徒区	39964	23647	16317	576	182	394
镇江新区	39778	23407	16371	555	195	360
江苏镇江高新区	7297	4320	2977	144	39	105
丹阳市	182672	100659	82013	3769	1230	2539
扬中市	31380	18453	12927	522	172	350
句容市	58820	33402	25418	688	199	489
泰州市	**231251**	**132426**	**98825**	**2255**	**725**	**1530**
海陵区	44639	23664	20975	460	138	322
高港区	17025	9856	7169	185	57	128
姜堰区	19725	11064	8661	209	62	147
泰州医药高新技术产业开发区	26918	15606	11312	206	50	156
兴化市	21729	12033	9696	257	86	171
靖江市	54742	32737	22005	414	147	267
泰兴市	46473	27466	19007	524	185	339
宿迁市	**88082**	**46339**	**41743**	**1213**	**294**	**919**
宿城区	17066	9205	7861	160	38	122
宿豫区	8793	4906	3887	118	31	87
沭阳县	18639	8817	9822	173	45	128
泗阳县	9052	4163	4889	132	30	102
泗洪县	15058	6993	8065	403	96	307
宿迁经济技术开发区	6238	3666	2572	130	24	106
宿迁市湖滨新区	9573	6788	2785	49	17	32
苏州宿迁工业园区	2098	1063	1035	18	4	14
宿迁市洋河新区	1565	738	827	30	9	21

7-7　续表 3

单位：人

现住地	学前教育			小学		
	小计	男	女	小计	男	女
江　苏	**250622**	**134597**	**116025**	**1674914**	**849031**	**825883**
南京市	**23833**	**12863**	**10970**	**167546**	**85581**	**81965**
玄武区	1099	585	514	8483	3915	4568
秦淮区	1683	885	798	10639	5020	5619
建邺区	975	542	433	8134	4450	3684
鼓楼区	1488	795	693	10771	5073	5698
浦口区	902	496	406	7487	4115	3372
栖霞区	2883	1592	1291	18009	9549	8460
雨花台区	2975	1599	1376	18363	9370	8993
江宁区	6175	3407	2768	42205	21986	20219
六合区	931	484	447	6759	3190	3569
溧水区	917	490	427	8893	5397	3496
高淳区	390	202	188	3640	2037	1603
南京江北新区	3415	1786	1629	24163	11479	12684
无锡市	**45077**	**24278**	**20799**	**324647**	**163465**	**161182**
锡山区	7280	3983	3297	56683	28133	28550
惠山区	6681	3648	3033	52341	26739	25602
滨湖区	2997	1564	1433	19287	9902	9385
梁溪区	4071	2183	1888	24217	11739	12478
新吴区	4092	2192	1900	22038	10644	11394
江苏无锡经济开发区	1691	907	784	13627	7091	6536
江阴市	10667	5724	4943	73696	36954	36742
宜兴市	7598	4077	3521	62758	32263	30495
徐州市	**6235**	**3302**	**2933**	**32264**	**15265**	**16999**
鼓楼区	762	402	360	4130	2184	1946
云龙区	995	557	438	4545	2331	2214
贾汪区	207	113	94	1822	1008	814
泉山区	1112	574	538	5032	2433	2599
铜山区	918	465	453	4854	2172	2682
丰县	283	152	131	1698	713	985
沛县	542	299	243	2678	1147	1531
睢宁县	441	217	224	2633	1038	1595
徐州经济技术开发区	561	298	263	1996	978	1018
新沂市	208	110	98	1441	585	856
邳州市	206	115	91	1435	676	759
常州市	**28982**	**15725**	**13257**	**212044**	**108311**	**103733**
天宁区	3930	2086	1844	25369	12745	12624
钟楼区	3834	2098	1736	24910	12641	12269
新北区	4206	2259	1947	29238	14387	14851
武进区	9211	5002	4209	68318	34832	33486
金坛区	2143	1176	967	20706	10568	10138
江苏省常州市经济开发区	4083	2225	1858	29995	15508	14487
溧阳市	1575	879	696	13508	7630	5878

7-7 续表 4 单位：人

现住地	学前教育			小学		
	小计	男	女	小计	男	女
苏州市	**92722**	**49614**	**43108**	**580815**	**293169**	**287646**
虎丘区	4880	2610	2270	27050	13719	13331
吴中区	9274	4899	4375	63890	32559	31331
相城区	7206	3820	3386	51740	26957	24783
姑苏区	4601	2513	2088	25418	12361	13057
吴江区	13837	7457	6380	100505	51477	49028
苏州工业园区	6360	3391	2969	35387	17012	18375
常熟市	12446	6766	5680	58853	30391	28462
张家港市	12320	6595	5725	83348	42392	40956
昆山市	14711	7770	6941	85726	40994	44732
太仓市	7087	3793	3294	48898	25307	23591
南通市	**22460**	**12056**	**10404**	**135753**	**71305**	**64448**
崇川区	2678	1421	1257	13944	7212	6732
港闸区	2567	1325	1242	14697	7700	6997
通州区	4939	2660	2279	31851	16492	15359
如东县	839	460	379	5973	3117	2856
南通经济技术开发区	1989	1079	910	11369	5977	5392
通州湾示范区	126	65	61	1182	671	511
苏锡通科技产业园区	727	395	332	5133	2552	2581
启东市	1400	782	618	10717	6011	4706
如皋市	915	477	438	7455	3691	3764
海门市	5130	2780	2350	24078	12548	11530
海安市	1150	612	538	9354	5334	4020
连云港市	**1723**	**945**	**778**	**9509**	**4690**	**4819**
连云区	328	188	140	1670	903	767
海州区	343	199	144	1629	761	868
赣榆区	335	179	156	1600	677	923
东海县	225	119	106	1207	507	700
灌云县	79	30	49	792	373	419
灌南县	91	52	39	727	343	384
连云港经济技术开发区	163	84	79	532	265	267
连云港高新技术产业开发区	125	69	56	698	321	377
江苏连云港徐圩新区	31	23	8	640	535	105
江苏省连云港市云台山风景名胜区	3	2	1	14	5	9
淮安市	**1493**	**795**	**698**	**10256**	**4678**	**5578**
淮安区	166	89	77	1379	602	777
淮阴区	138	79	59	1175	460	715
清江浦区	330	169	161	1640	809	831
洪泽区	66	34	32	638	311	327
涟水县	128	71	57	764	342	422
盱眙县	214	115	99	1981	878	1103
金湖县	118	65	53	1032	526	506
淮安经济技术开发区	280	148	132	1240	537	703
工业园区	7	5	2	94	54	40
生态文旅区	43	19	24	276	137	139
苏淮高新区	3	1	2	37	22	15

7-7 续表 5

单位：人

现住地	学前教育			小学		
	小计	男	女	小计	男	女
盐城市	**2413**	**1286**	**1127**	**16424**	**7646**	**8778**
亭湖区	263	126	137	1344	600	744
盐都区	250	126	124	1412	709	703
大丰区	452	252	200	3181	1618	1563
响水县	109	57	52	962	437	525
滨海县	189	91	98	1553	760	793
阜宁县	148	82	66	962	350	612
射阳县	191	102	89	1801	825	976
建湖县	219	119	100	1157	479	678
盐城经济技术开发区	58	30	28	253	105	148
江苏省盐南高新区	148	86	62	518	236	282
东台市	386	215	171	3281	1527	1754
扬州市	**5713**	**3034**	**2679**	**45654**	**24614**	**21040**
广陵区	1069	562	507	8447	4824	3623
邗江区	1162	629	533	7743	3961	3782
江都区	1098	602	496	9337	5092	4245
宝应县	279	147	132	2205	1152	1053
扬州经济技术开发区	571	286	285	3647	1842	1805
蜀冈瘦西湖景区	156	84	72	1842	1132	710
生态新城	151	86	65	1644	852	792
仪征市	681	363	318	6433	3564	2869
高邮市	546	275	271	4356	2195	2161
镇江市	**12396**	**6693**	**5703**	**86252**	**43785**	**42467**
京口区	713	392	321	4566	2227	2339
润州区	571	317	254	3236	1728	1508
丹徒区	956	511	445	6502	3452	3050
镇江新区	1257	665	592	6839	3580	3259
江苏镇江高新区	196	111	85	1633	847	786
丹阳市	6294	3387	2907	46675	23046	23629
扬中市	779	421	358	7776	4359	3417
句容市	1630	889	741	9025	4546	4479
泰州市	**5431**	**2888**	**2543**	**40940**	**20991**	**19949**
海陵区	899	473	426	5850	2921	2929
高港区	483	250	233	3074	1534	1540
姜堰区	525	287	238	3800	1906	1894
泰州医药高新技术产业开发区	404	216	188	2651	1340	1311
兴化市	509	270	239	3858	1854	2004
靖江市	1474	796	678	11911	6340	5571
泰兴市	1137	596	541	9796	5096	4700
宿迁市	**2144**	**1118**	**1026**	**12810**	**5531**	**7279**
宿城区	335	167	168	2164	1016	1148
宿豫区	198	96	102	1151	531	620
沭阳县	494	255	239	3235	1259	1976
泗阳县	217	125	92	1361	539	822
泗洪县	542	293	249	3069	1342	1727
宿迁经济技术开发区	178	93	85	1007	509	498
宿迁市湖滨新区	64	37	27	321	145	176
苏州宿迁工业园区	65	28	37	157	68	89
宿迁市洋河新区	51	24	27	345	122	223

7-7 续表 6　　单位：人

现住地	初中			高中			大学专科		
	小计	男	女	小计	男	女	小计	男	女
江　苏	**4448923**	**2644110**	**1804813**	**1783820**	**1097684**	**686136**	**952081**	**547869**	**404212**
南京市	**388234**	**243433**	**144801**	**218284**	**133861**	**84423**	**177375**	**98844**	**78531**
玄武区	21025	12970	8055	10785	6402	4383	7759	4100	3659
秦淮区	27156	15565	11591	20304	11458	8846	13500	6902	6598
建邺区	20256	13091	7165	12709	7649	5060	12771	6852	5919
鼓楼区	24854	14213	10641	17236	9702	7534	13362	6429	6933
浦口区	14271	9206	5065	8096	4449	3647	4561	2377	2184
栖霞区	49312	32049	17263	32894	21470	11424	22913	13536	9377
雨花台区	38171	23894	14277	19524	11953	7571	17831	10201	7630
江宁区	104388	65284	39104	55315	34630	20685	48046	27488	20558
六合区	12275	7618	4657	5249	3215	2034	3240	1735	1505
溧水区	19098	13060	6038	8062	5613	2449	6133	3477	2656
高淳区	7740	4988	2752	3210	2161	1049	1625	980	645
南京江北新区	49688	31495	18193	24900	15159	9741	25634	14767	10867
无锡市	**791363**	**470294**	**321069**	**254267**	**156499**	**97768**	**119943**	**69276**	**50667**
锡山区	143116	86912	56204	40725	26276	14449	16514	10123	6391
惠山区	115820	70377	45443	32250	20531	11719	20105	11334	8771
滨湖区	47205	28801	18404	17731	10618	7113	14942	8625	6317
梁溪区	60328	34971	25357	27509	15907	11602	17010	9047	7963
新吴区	83958	48805	35153	34962	21730	13232	17886	10708	7178
江苏无锡经济开发区	28291	17323	10968	11085	6788	4297	5954	3388	2566
江阴市	210054	121932	88122	66541	40302	26239	17525	10428	7097
宜兴市	102591	61173	41418	23464	14347	9117	10007	5623	4384
徐州市	**82356**	**42906**	**39450**	**38999**	**20621**	**18378**	**33164**	**18033**	**15131**
鼓楼区	11443	6862	4581	5520	3061	2459	7294	4439	2855
云龙区	11280	6410	4870	5861	3266	2595	4307	2324	1983
贾汪区	4271	2409	1862	1499	814	685	996	638	358
泉山区	12404	6847	5557	7135	3884	3251	5522	2777	2745
铜山区	11894	5938	5956	5115	2675	2440	6367	3669	2698
丰县	5040	2278	2762	2246	1140	1106	990	480	510
沛县	6935	2973	3962	2641	1270	1371	1540	683	857
睢宁县	5591	2217	3374	2125	900	1225	963	403	560
徐州经济技术开发区	6296	3783	2513	3768	2148	1620	3569	1862	1707
新沂市	3865	1673	2192	1678	807	871	927	458	469
邳州市	3337	1516	1821	1411	656	755	689	300	389
常州市	**498931**	**298170**	**200761**	**138656**	**88276**	**50380**	**71174**	**43866**	**27308**
天宁区	61841	36490	25351	16537	9932	6605	7840	4398	3442
钟楼区	60514	36051	24463	19602	12070	7532	8495	4805	3690
新北区	71707	42568	29139	23367	14881	8486	12343	7461	4882
武进区	158944	94551	64393	38617	24444	14173	25874	16042	9832
金坛区	36024	21489	14535	11049	7285	3764	4521	3009	1512
江苏省常州市经济开发区	76175	44733	31442	15476	9757	5719	7773	5085	2688
溧阳市	33726	22288	11438	14008	9907	4101	4328	3066	1262

7-7　续表 7　　　　单位：人

现住地	初中			高中			大学专科		
	小计	男	女	小计	男	女	小计	男	女
苏州市	**1806445**	**1063708**	**742737**	**790565**	**489494**	**301071**	**347841**	**203379**	**144462**
虎丘区	94861	57629	37232	60741	38380	22361	28314	16199	12115
吴中区	186011	111214	74797	89218	54869	34349	41521	23401	18120
相城区	136726	83000	53726	47377	29631	17746	23040	13381	9659
姑苏区	59290	32881	26409	29772	16575	13197	20961	10847	10114
吴江区	279779	163303	116476	95042	58997	36045	34588	20401	14187
苏州工业园区	103567	60719	42848	91549	56959	34590	47449	27973	19476
常熟市	284660	164117	120543	71201	44029	27172	26555	16335	10220
张家港市	203040	117183	85857	49068	29769	19299	19114	11253	7861
昆山市	317717	188030	129687	218073	135587	82486	90365	53725	36640
太仓市	140794	85632	55162	38524	24698	13826	15934	9864	6070
南通市	**379901**	**231270**	**148631**	**122998**	**76893**	**46105**	**67756**	**40573**	**27183**
崇川区	32120	18936	13184	19769	11320	8449	18278	10139	8139
港闸区	31439	18853	12586	11435	6887	4548	7911	4241	3670
通州区	79636	46632	33004	20822	13156	7666	6806	4356	2450
如东县	16438	9831	6607	6781	4315	2466	2921	1928	993
南通经济技术开发区	31466	19903	11563	13314	8477	4837	11727	7210	4517
通州湾示范区	2504	1594	910	1263	901	362	938	544	394
苏锡通科技产业园区	13492	8132	5360	2622	1780	842	976	660	316
启东市	35897	23515	12382	8746	6002	2744	3830	2655	1175
如皋市	19479	11944	7535	6400	3669	2731	2639	1431	1208
海门市	83909	49652	34257	22063	13838	8225	8457	5347	3110
海安市	33521	22278	11243	9783	6548	3235	3273	2062	1211
连云港市	**25377**	**14961**	**10416**	**14911**	**8295**	**6616**	**17908**	**8493**	**9415**
连云区	4902	3339	1563	2584	1751	833	1868	1273	595
海州区	4191	2302	1889	2891	1595	1296	1872	981	891
赣榆区	3874	1807	2067	2390	1088	1302	1445	626	819
东海县	3105	1445	1660	2265	914	1351	896	364	532
灌云县	1736	890	846	761	427	334	336	189	147
灌南县	3034	1937	1097	1383	932	451	481	310	171
连云港经济技术开发区	1262	765	497	1097	583	514	596	335	261
连云港高新技术产业开发区	1357	828	529	908	493	415	9164	3353	5811
江苏连云港徐圩新区	1843	1614	229	599	501	98	1226	1054	172
江苏省连云港市云台山风景名胜区	73	34	39	33	11	22	24	8	16
淮安市	**24164**	**13299**	**10865**	**12790**	**7051**	**5739**	**13457**	**6859**	**6598**
淮安区	3537	2035	1502	1317	748	569	744	442	302
淮阴区	3032	1497	1535	1505	756	749	658	364	294
清江浦区	3949	2292	1657	2337	1352	985	1501	841	660
洪泽区	1436	825	611	568	300	268	218	118	100
涟水县	2260	1007	1253	1056	508	548	489	229	260
盱眙县	3510	1804	1706	1133	580	553	539	266	273
金湖县	2691	1653	1038	1551	960	591	638	403	235
淮安经济技术开发区	2803	1567	1236	2986	1648	1338	8335	3988	4347
工业园区	286	207	79	67	41	26	47	34	13
生态文旅区	520	316	204	219	115	104	239	139	100
苏淮高新区	140	96	44	51	43	8	49	35	14

7-7 续表 8

单位：人

现住地	初中			高中			大学专科		
	小计	男	女	小计	男	女	小计	男	女
盐城市	**45326**	**24975**	**20351**	**29098**	**17610**	**11488**	**12188**	**6617**	**5571**
亭湖区	3895	2223	1672	4088	2258	1830	1300	768	532
盐都区	4060	2145	1915	2923	1669	1254	966	566	400
大丰区	7465	4478	2987	3286	2162	1124	1843	1187	656
响水县	2704	1387	1317	987	591	396	436	237	199
滨海县	3494	1647	1847	1352	756	596	725	404	321
阜宁县	2477	1026	1451	917	426	491	364	174	190
射阳县	4435	2326	2109	1725	989	736	681	328	353
建湖县	3152	1417	1735	1292	652	640	504	234	270
盐城经济技术开发区	1245	712	533	1160	785	375	636	469	167
江苏省盐南高新区	1477	818	659	1548	868	680	3102	1214	1888
东台市	10922	6796	4126	9820	6454	3366	1631	1036	595
扬州市	**99252**	**60909**	**38343**	**42057**	**25460**	**16597**	**28983**	**16744**	**12239**
广陵区	20800	13476	7324	9469	5872	3597	5069	2971	2098
邗江区	15532	9037	6495	7880	4492	3388	10245	5718	4527
江都区	20547	12731	7816	6431	3873	2558	3039	1691	1348
宝应县	4673	2808	1865	1872	1071	801	878	504	374
扬州经济技术开发区	9586	5728	3858	4904	3124	1780	5007	3023	1984
蜀冈瘦西湖景区	2754	1718	1036	1639	942	697	766	438	328
生态新城	3785	2123	1662	1309	770	539	343	195	148
仪征市	12200	7741	4459	4561	2842	1719	2026	1241	785
高邮市	9375	5547	3828	3992	2474	1518	1610	963	647
镇江市	**172152**	**101283**	**70869**	**61346**	**37030**	**24316**	**31602**	**18122**	**13480**
京口区	8527	4957	3570	4155	2325	1830	2405	1278	1127
润州区	5582	3160	2422	2853	1578	1275	1755	974	781
丹徒区	12487	7560	4927	5273	3154	2119	3002	1691	1311
镇江新区	14806	8808	5998	8358	5206	3152	5358	3436	1922
江苏镇江高新区	3139	1984	1155	1197	754	443	507	303	204
丹阳市	91594	53164	38430	23241	13972	9269	5986	3450	2536
扬中市	13750	8288	5462	4982	3054	1928	2794	1682	1112
句容市	22267	13362	8905	11287	6987	4300	9795	5308	4487
泰州市	**102277**	**61830**	**40447**	**37743**	**23190**	**14553**	**20327**	**11516**	**8811**
海陵区	14855	8741	6114	6730	3889	2841	6004	2992	3012
高港区	7265	4450	2815	3241	1964	1277	1646	963	683
姜堰区	9268	5443	3825	3286	1874	1412	1469	835	634
泰州医药高新技术产业开发区	13521	7776	5745	3995	2639	1356	3697	2327	1370
兴化市	9727	5579	4148	4690	2778	1912	1639	887	752
靖江市	25126	15897	9229	8438	5387	3051	2811	1730	1081
泰兴市	22515	13944	8571	7363	4659	2704	3061	1782	1279
宿迁市	**33145**	**17072**	**16073**	**22106**	**13404**	**8702**	**10363**	**5547**	**4816**
宿城区	7771	4461	3310	3183	1783	1400	1465	804	661
宿豫区	3104	1810	1294	2088	1277	811	1439	787	652
沭阳县	8053	3765	4288	3889	1948	1941	1502	728	774
泗阳县	3376	1501	1875	2540	1284	1256	794	363	431
泗洪县	5742	2732	3010	2890	1430	1460	1570	685	885
宿迁经济技术开发区	2555	1554	1001	1267	818	449	707	440	267
宿迁市湖滨新区	751	457	294	5642	4481	1161	2567	1546	1021
苏州宿迁工业园区	1065	448	617	405	273	132	219	139	80
宿迁市洋河新区	728	344	384	202	110	92	100	55	45

7-7 续表 9

单位：人

现住地	大学本科			硕士研究生			博士研究生		
	小计	男	女	小计	男	女	小计	男	女
江　苏	**773337**	**422255**	**351082**	**116925**	**61420**	**55505**	**16459**	**10698**	**5761**
南京市	**270981**	**142513**	**128468**	**55491**	**28069**	**27422**	**9444**	**6095**	**3349**
玄武区	31533	16474	15059	10891	5391	5500	2681	1795	886
秦淮区	11839	6165	5674	2694	1678	1016	437	346	91
建邺区	14014	7293	6721	2410	1299	1111	225	150	75
鼓楼区	22727	10599	12128	7391	3597	3794	1193	757	436
浦口区	6322	3302	3020	1132	579	553	133	86	47
栖霞区	46342	22998	23344	8856	3568	5288	2161	1264	897
雨花台区	24588	13638	10950	3612	2252	1360	188	139	49
江宁区	61554	32955	28599	11604	5977	5627	1703	1080	623
六合区	2117	1123	994	403	194	209	39	26	13
溧水区	5360	2837	2523	368	195	173	38	25	13
高淳区	1107	660	447	142	72	70	9	7	2
南京江北新区	43478	24469	19009	5988	3267	2721	637	420	217
无锡市	**70838**	**38763**	**32075**	**9174**	**4970**	**4204**	**1146**	**692**	**454**
锡山区	10422	6131	4291	663	342	321	37	31	6
惠山区	6958	4016	2942	749	412	337	44	37	7
滨湖区	21734	10460	11274	4015	2105	1910	769	416	353
梁溪区	9220	4790	4430	996	511	485	48	38	10
新吴区	8000	4805	3195	947	552	395	64	52	12
江苏无锡经济开发区	5038	2829	2209	909	529	380	115	75	40
江阴市	5611	3310	2301	482	298	184	35	21	14
宜兴市	3855	2422	1433	413	221	192	34	22	12
徐州市	**40931**	**22201**	**18730**	**6584**	**3685**	**2899**	**929**	**689**	**240**
鼓楼区	1945	1078	867	218	127	91	20	15	5
云龙区	6831	3386	3445	575	232	343	51	26	25
贾汪区	1739	619	1120	30	15	15	3	3	
泉山区	5820	3045	2775	736	330	406	123	84	39
铜山区	19622	11298	8324	4037	2356	1681	683	534	149
丰县	400	200	200	32	15	17			
沛县	831	418	413	64	33	31	2	2	
睢宁县	429	200	229	35	24	11			
徐州经济技术开发区	2327	1474	853	784	521	263	34	15	19
新沂市	498	234	264	38	17	21	7	6	1
邳州市	489	249	240	35	15	20	6	4	2
常州市	**43204**	**25664**	**17540**	**4258**	**2568**	**1690**	**401**	**285**	**116**
天宁区	4426	2489	1937	535	267	268	40	23	17
钟楼区	8630	4430	4200	596	335	261	52	39	13
新北区	9834	6057	3777	1087	661	426	92	65	27
武进区	12979	7573	5406	1220	769	451	153	110	43
金坛区	1964	1299	665	405	265	140	23	17	6
江苏省常州市经济开发区	2705	1826	879	170	105	65	14	9	5
溧阳市	2666	1990	676	245	166	79	27	22	5

7-7 续表 10 单位：人

现住地	大学本科			硕士研究生			博士研究生		
	小计	男	女	小计	男	女	小计	男	女
苏州市	**186300**	**104994**	**81306**	**23548**	**12719**	**10829**	**2642**	**1728**	**914**
虎丘区	17725	9692	8033	2547	1415	1132	268	184	84
吴中区	21056	11252	9804	1935	1042	893	168	117	51
相城区	11848	7098	4750	1187	670	517	104	67	37
姑苏区	14447	7503	6944	2084	963	1121	217	130	87
吴江区	14376	8675	5701	1245	697	548	107	78	29
苏州工业园区	40719	21663	19056	9139	4752	4387	1257	796	461
常熟市	13796	7875	5921	817	491	326	123	78	45
张家港市	9381	5700	3681	653	370	283	67	52	15
昆山市	36234	21304	14930	3164	1865	1299	239	155	84
太仓市	6718	4232	2486	777	454	323	92	71	21
南通市	**36652**	**21188**	**15464**	**2716**	**1441**	**1275**	**290**	**184**	**106**
崇川区	13579	6861	6718	1378	630	748	129	68	61
港闸区	5316	3315	2001	231	123	108	16	10	6
通州区	2185	1372	813	126	80	46	24	18	6
如东县	2071	1337	734	128	97	31	14	13	1
南通经济技术开发区	2643	1683	960	281	180	101	44	31	13
通州湾示范区	158	109	49	13	9	4	4	3	1
苏锡通科技产业园区	388	286	102	19	13	6	1	1	
启东市	3768	2085	1683	201	115	86	18	12	6
如皋市	1441	892	549	97	60	37	11	7	4
海门市	3449	2234	1215	172	91	81	18	12	6
海安市	1654	1014	640	70	43	27	11	9	2
连云港市	**13795**	**7940**	**5855**	**1482**	**696**	**786**	**113**	**79**	**34**
连云区	2013	1413	600	145	77	68	5	3	2
海州区	1580	864	716	185	106	79	14	12	2
赣榆区	669	322	347	75	30	45	5	4	1
东海县	453	218	235	46	23	23	1	1	
灌云县	333	203	130	23	15	8			
灌南县	331	209	122	26	15	11			
连云港经济技术开发区	931	518	413	243	114	129	9	9	
连云港高新技术产业开发区	6481	3312	3169	694	286	408	78	49	29
江苏连云港徐圩新区	993	875	118	45	30	15	1	1	
江苏省连云港市云台山风景名胜区	11	6	5						
淮安市	**11324**	**5588**	**5736**	**689**	**348**	**341**	**114**	**75**	**39**
淮安区	889	443	446	47	22	25	2	2	
淮阴区	3404	1292	2112	53	20	33	19	14	5
清江浦区	2883	1323	1560	195	97	98	47	33	14
洪泽区	175	92	83	21	9	12			
涟水县	257	136	121	29	15	14	3	2	1
盱眙县	442	236	206	48	29	19	2	2	
金湖县	376	235	141	26	13	13	4	1	3
淮安经济技术开发区	2633	1656	977	224	124	100	34	20	14
工业园区	24	17	7	1		1			
生态文旅区	208	132	76	43	17	26	3	1	2
苏淮高新区	33	26	7	2	2				

7-7　续表 11　　单位：人

现住地	大学本科			硕士研究生			博士研究生		
	小计	男	女	小计	男	女	小计	男	女
盐城市	**11223**	**5897**	**5326**	**722**	**399**	**323**	**86**	**49**	**37**
亭湖区	4164	2151	2013	170	85	85	46	28	18
盐都区	466	258	208	26	16	10	3	1	2
大丰区	981	657	324	95	66	29	4	3	1
响水县	361	213	148	24	12	12			
滨海县	583	372	211	56	34	22	2	1	1
阜宁县	190	106	84	18	13	5	2	1	1
射阳县	425	269	156	38	21	17	1		1
建湖县	294	131	163	30	16	14	2	2	
盐城经济技术开发区	2176	828	1348	45	20	25	7	4	3
江苏省盐南高新区	909	490	419	162	83	79	19	9	10
东台市	674	422	252	58	33	25			
扬州市	**27346**	**14175**	**13171**	**4639**	**2180**	**2459**	**485**	**286**	**199**
广陵区	2464	1352	1112	544	266	278	41	24	17
邗江区	16430	8200	8230	2400	1058	1342	281	162	119
江都区	1886	1094	792	308	172	136	28	12	16
宝应县	777	409	368	141	73	68	16	10	6
扬州经济技术开发区	2751	1354	1397	689	312	377	52	33	19
蜀冈瘦西湖景区	579	323	256	104	47	57	18	14	4
生态新城	156	98	58	63	46	17	2	1	1
仪征市	1303	775	528	165	88	77	18	12	6
高邮市	1000	570	430	225	118	107	29	18	11
镇江市	**34607**	**19978**	**14629**	**5408**	**3195**	**2213**	**580**	**381**	**199**
京口区	11056	6622	4434	3049	1721	1328	395	256	139
润州区	1538	902	636	266	145	121	19	14	5
丹徒区	10037	6300	3737	1096	774	322	35	23	12
镇江新区	2317	1351	966	248	140	108	40	26	14
江苏镇江高新区	416	244	172	57	31	26	8	7	1
丹阳市	4773	2209	2564	303	172	131	37	29	8
扬中市	686	424	262	78	43	35	13	10	3
句容市	3784	1926	1858	311	169	142	33	16	17
泰州市	**20337**	**10263**	**10074**	**1755**	**895**	**860**	**186**	**128**	**58**
海陵区	9504	4338	5166	304	153	151	33	19	14
高港区	923	521	402	188	102	86	20	15	5
姜堰区	974	556	418	173	87	86	21	14	7
泰州医药高新技术产业开发区	1996	1038	958	416	195	221	32	25	7
兴化市	857	471	386	171	98	73	21	10	11
靖江市	4322	2308	2014	217	112	105	29	20	9
泰兴市	1761	1031	730	286	148	138	30	25	5
宿迁市	**5799**	**3091**	**2708**	**459**	**255**	**204**	**43**	**27**	**16**
宿城区	1848	857	991	129	70	59	11	9	2
宿豫区	652	348	304	42	25	17	1	1	
沭阳县	1220	775	445	54	33	21	19	9	10
泗阳县	555	284	271	72	35	37	5	2	3
泗洪县	789	387	402	49	25	24	4	3	1
宿迁经济技术开发区	340	192	148	52	34	18	2	2	
宿迁市湖滨新区	164	98	66	15	7	8			
苏州宿迁工业园区	145	90	55	24	13	11			
宿迁市洋河新区	86	60	26	22	13	9	1	1	

7-7a 全省按现住地、受教育程度、性别分的户口登记地在外省的人口(城市)

单位：人

现住地	合计			未上过学		
	合计	男	女	小计	男	女
江　苏	**6035211**	**3427414**	**2607797**	**87124**	**26463**	**60661**
南京市	**1211182**	**681625**	**529557**	**18164**	**4983**	**13181**
玄武区	94753	51776	42977	497	144	353
秦淮区	89775	48388	41387	1523	369	1154
建邺区	72807	41748	31059	1313	422	891
鼓楼区	100868	51586	49282	1846	421	1425
浦口区	36467	20808	15659	448	123	325
栖霞区	179067	102224	76843	2392	665	1727
雨花台区	126777	72922	53855	3233	917	2316
江宁区	270189	151446	118743	4351	1218	3133
六合区	11294	5981	5313	293	65	228
溧水区	38054	24683	13371	347	97	250
高淳区	13669	8354	5315	204	62	142
南京江北新区	177462	101709	75753	1717	480	1237
无锡市	**1011322**	**573715**	**437607**	**15588**	**4581**	**11007**
锡山区	161344	94963	66381	2159	628	1531
惠山区	146425	82983	63442	3320	931	2389
滨湖区	117335	64937	52398	2046	607	1439
梁溪区	145959	79904	66055	2560	718	1842
新吴区	139596	79164	60432	1195	348	847
江苏无锡经济开发区	68376	39435	28941	1666	505	1161
江阴市	135620	78656	56964	1468	416	1052
宜兴市	96667	53673	42994	1174	428	746
徐州市	**161737**	**88602**	**73135**	**1897**	**521**	**1376**
鼓楼区	31726	18283	13443	394	115	279
云龙区	32460	17102	15358	456	121	335
贾汪区	7364	4079	3285	78	25	53
泉山区	38510	20144	18366	626	170	456
铜山区	41849	23827	18022	228	55	173
丰县						
沛县						
睢宁县						
徐州经济技术开发区	33	15	18			
新沂市	5149	2784	2365	87	24	63
邳州市	4646	2368	2278	28	11	17
常州市	**647896**	**374305**	**273591**	**12062**	**3589**	**8473**
天宁区	98619	55516	43103	2004	530	1474
钟楼区	118783	66983	51800	3225	1028	2197
新北区	118741	68382	50359	2032	482	1550
武进区	187501	108015	79486	2955	926	2029
金坛区	36358	21008	15350	775	271	504
江苏省常州市经济开发区	45842	26195	19647	640	175	465
溧阳市	42052	28206	13846	431	177	254

7-7a　续表 1

单位：人

现住地	合计			未上过学		
	合计	男	女	小计	男	女
苏州市	**2077243**	**1182220**	**895023**	**26471**	**8434**	**18037**
虎丘区	219347	128298	91049	2542	728	1814
吴中区	255393	143861	111532	4450	1607	2843
相城区	248181	143783	104398	3840	1227	2613
姑苏区	159415	84513	74902	2625	740	1885
吴江区	247653	143347	104306	2665	829	1836
苏州工业园区						
常熟市	242287	135647	106640	1627	607	1020
张家港市	110125	60889	49236	1632	492	1140
昆山市	503808	289622	214186	5340	1665	3675
太仓市	91034	52260	38774	1750	539	1211
南通市	**330889**	**192076**	**138813**	**5165**	**1728**	**3437**
崇川区	103222	56989	46233	1347	402	945
港闸区	74641	42528	32113	1840	650	1190
通州区	39050	22533	16517	710	226	484
如东县						
南通经济技术开发区						
通州湾示范区						
苏锡通科技产业园区						
启东市	21307	13021	8286	210	94	116
如皋市	15499	8304	7195	203	56	147
海门市	38809	23952	14857	542	210	332
海安市	38361	24749	13612	313	90	223
连云港市	**33067**	**20594**	**12473**	**563**	**180**	**383**
连云区	12765	8219	4546	212	60	152
海州区	11699	6260	5439	254	84	170
赣榆区	3929	1959	1970	78	22	56
东海县	9	4	5			
灌云县						
灌南县						
连云港经济技术开发区						
连云港高新技术产业开发区						
江苏连云港徐圩新区	4652	4145	507	19	14	5
江苏省连云港市云台山风景名胜区	13	7	6			
淮安市	**26421**	**13406**	**13015**	**239**	**60**	**179**
淮安区	4776	2582	2194	42	16	26
淮阴区	7162	3182	3980	39	9	30
清江浦区	12500	6622	5878	140	34	106
洪泽区	1983	1020	963	18	1	17
涟水县						
盱眙县						
金湖县						
淮安经济技术开发区						
工业园区						
生态文旅区						
苏淮高新区						

7-7a 续表 2

单位：人

现住地	合计			未上过学		
	合计	男	女	小计	男	女
盐城市	**49312**	**27940**	**21372**	**380**	**109**	**271**
亭湖区	11670	5976	5694	79	20	59
盐都区	6091	3258	2833	51	13	38
大丰区	5435	2890	2545	79	21	58
响水县						
滨海县						
阜宁县						
射阳县						
建湖县						
盐城经济技术开发区	268	197	71	2		2
江苏省盐南高新区	7962	3829	4133	79	25	54
东台市	17886	11790	6096	90	30	60
扬州市	**156491**	**88442**	**68049**	**2360**	**947**	**1413**
广陵区	34650	20061	14589	336	125	211
邗江区	56915	30425	26490	618	189	429
江都区	19727	11320	8407	334	121	213
宝应县						
扬州经济技术开发区						
蜀冈瘦西湖景区	8290	4993	3297	432	295	137
生态新城	5760	3206	2554	66	27	39
仪征市	19076	11595	7481	374	130	244
高邮市	12073	6842	5231	200	60	140
镇江市	**183021**	**102382**	**80639**	**2786**	**874**	**1912**
京口区	33364	18672	14692	461	140	321
润州区	15665	8642	7023	294	105	189
丹徒区	19032	10830	8202	388	119	269
镇江新区						
江苏镇江高新区	7297	4320	2977	144	39	105
丹阳市	58627	31970	26657	960	297	663
扬中市	18038	10401	7637	273	89	184
句容市	30998	17547	13451	266	85	181
泰州市	**115183**	**63445**	**51738**	**1213**	**388**	**825**
海陵区	42829	22637	20192	417	130	287
高港区	11679	6675	5004	128	36	92
姜堰区	12154	6842	5312	96	27	69
泰州医药高新技术产业开发区						
兴化市	9083	4970	4113	106	34	72
靖江市	20058	11321	8737	201	69	132
泰兴市	19380	11000	8380	265	92	173
宿迁市	**31447**	**18662**	**12785**	**236**	**69**	**167**
宿城区	13144	7187	5957	97	24	73
宿豫区	6181	3394	2787	71	22	49
沭阳县						
泗阳县						
泗洪县						
宿迁经济技术开发区						
宿迁市湖滨新区	9038	6521	2517	32	13	19
苏州宿迁工业园区	2098	1063	1035	18	4	14
宿迁市洋河新区	986	497	489	18	6	12

7-7a　续表 3　　　　单位：人

现住地	学前教育			小学		
	小计	男	女	小计	男	女
江　苏	**146652**	**78706**	**67946**	**892409**	**449228**	**443181**
南京市	**21170**	**11440**	**9730**	**143040**	**72081**	**70959**
玄武区	1099	585	514	8483	3915	4568
秦淮区	1683	885	798	10639	5020	5619
建邺区	975	542	433	8134	4450	3684
鼓楼区	1488	795	693	10771	5073	5698
浦口区	714	381	333	5659	3215	2444
栖霞区	2786	1537	1249	16467	8684	7783
雨花台区	2931	1580	1351	18075	9232	8843
江宁区	4748	2631	2117	29739	14816	14923
六合区	344	182	162	2321	1073	1248
溧水区	680	369	311	6381	3930	2451
高淳区	327	176	151	2670	1482	1188
南京江北新区	3395	1777	1618	23701	11191	12510
无锡市	**28299**	**15236**	**13063**	**179802**	**89636**	**90166**
锡山区	4229	2312	1917	28605	14116	14489
惠山区	4390	2396	1994	29130	14633	14497
滨湖区	2643	1379	1264	16168	8250	7918
梁溪区	4071	2183	1888	24217	11739	12478
新吴区	3685	1963	1722	18154	8663	9491
江苏无锡经济开发区	1691	907	784	13627	7091	6536
江阴市	4114	2237	1877	24407	12184	12223
宜兴市	3476	1859	1617	25494	12960	12534
徐州市	**3813**	**2032**	**1781**	**18549**	**9427**	**9122**
鼓楼区	762	402	360	4130	2184	1946
云龙区	970	540	430	4295	2141	2154
贾汪区	157	82	75	1121	688	433
泉山区	1112	574	538	5032	2433	2599
铜山区	559	289	270	2496	1229	1267
丰县						
沛县						
睢宁县						
徐州经济技术开发区				9	4	5
新沂市	111	65	46	700	348	352
邳州市	142	80	62	766	400	366
常州市	**18090**	**9717**	**8373**	**116905**	**59022**	**57883**
天宁区	3147	1671	1476	18480	9268	9212
钟楼区	3457	1886	1571	22281	11251	11030
新北区	3177	1701	1476	20327	9925	10402
武进区	5142	2733	2409	32400	16219	16181
金坛区	1052	576	476	8177	4307	3870
江苏省常州市经济开发区	1270	676	594	8563	4176	4387
溧阳市	845	474	371	6677	3876	2801

7-7a 续表 4 单位：人

现住地	学前教育			小学		
	小计	男	女	小计	男	女
苏州市	**51175**	**27317**	**23858**	**285130**	**141610**	**143520**
虎丘区	4458	2364	2094	23148	11522	11626
吴中区	5413	2845	2568	36773	18499	18274
相城区	6592	3513	3079	45454	23565	21889
姑苏区	4601	2513	2088	25418	12361	13057
吴江区	5904	3142	2762	33766	16927	16839
苏州工业园区						
常熟市	7522	4111	3411	29635	15115	14520
张家港市	3537	1903	1634	21124	10565	10559
昆山市	10510	5513	4997	55034	25699	29335
太仓市	2638	1413	1225	14778	7357	7421
南通市	**9295**	**4920**	**4375**	**55836**	**29508**	**26328**
崇川区	2678	1421	1257	13944	7212	6732
港闸区	2551	1319	1232	14528	7593	6935
通州区	1217	637	580	8160	4240	3920
如东县						
南通经济技术开发区						
通州湾示范区						
苏锡通科技产业园区						
启东市	519	287	232	3189	1764	1425
如皋市	475	236	239	3112	1573	1539
海门市	1117	620	497	7042	3741	3301
海安市	738	400	338	5861	3385	2476
连云港市	**816**	**469**	**347**	**4085**	**2233**	**1852**
连云区	327	187	140	1631	880	751
海州区	299	170	129	1401	659	742
赣榆区	168	95	73	551	247	304
东海县				1		1
灌云县						
灌南县						
连云港经济技术开发区						
连云港高新技术产业开发区						
江苏连云港徐圩新区	21	17	4	501	447	54
江苏省连云港市云台山风景名胜区	1		1			
淮安市	**568**	**300**	**268**	**3134**	**1485**	**1649**
淮安区	108	58	50	658	303	355
淮阴区	88	57	31	575	250	325
清江浦区	323	163	160	1545	762	783
洪泽区	49	22	27	356	170	186
涟水县						
盱眙县						
金湖县						
淮安经济技术开发区						
工业园区						
生态文旅区						
苏淮高新区						

7-7a　续表 5　　　　单位：人

现住地	学前教育			小　学		
	小计	男	女	小计	男	女
盐城市	**975**	**528**	**447**	**4560**	**2278**	**2282**
亭湖区	214	99	115	1045	476	569
盐都区	181	93	88	770	413	357
大丰区	224	129	95	916	450	466
响水县						
滨海县						
阜宁县						
射阳县						
建湖县						
盐城经济技术开发区	3	1	2	23	12	11
江苏省盐南高新区	148	86	62	518	236	282
东台市	205	120	85	1288	691	597
扬州市	**3464**	**1859**	**1605**	**24803**	**13299**	**11504**
广陵区	839	432	407	5836	3210	2626
邗江区	1020	556	464	6289	3198	3091
江都区	565	317	248	3867	2067	1800
宝应县						
扬州经济技术开发区						
蜀冈瘦西湖景区	156	84	72	1842	1132	710
生态新城	106	62	44	1218	635	583
仪征市	470	251	219	3750	2077	1673
高邮市	308	157	151	2001	980	1021
镇江市	**5413**	**2953**	**2460**	**34679**	**17740**	**16939**
京口区	658	368	290	4054	1963	2091
润州区	548	307	241	3103	1658	1445
丹徒区	706	379	327	4117	2176	1941
镇江新区						
江苏镇江高新区	196	111	85	1633	847	786
丹阳市	2026	1098	928	13022	6360	6662
扬中市	465	253	212	4464	2567	1897
句容市	814	437	377	4286	2169	2117
泰州市	**3024**	**1649**	**1375**	**19366**	**9728**	**9638**
海陵区	860	451	409	5462	2724	2738
高港区	352	189	163	1987	1005	982
姜堰区	368	213	155	2104	1073	1031
泰州医药高新技术产业开发区						
兴化市	230	129	101	1422	684	738
靖江市	666	376	290	4536	2285	2251
泰兴市	548	291	257	3855	1957	1898
宿迁市	**550**	**286**	**264**	**2520**	**1181**	**1339**
宿城区	251	137	114	1267	607	660
宿豫区	148	72	76	724	352	372
沭阳县						
泗阳县						
泗洪县						
宿迁经济技术开发区						
宿迁市湖滨新区	50	30	20	187	84	103
苏州宿迁工业园区	65	28	37	157	68	89
宿迁市洋河新区	36	19	17	185	70	115

7-7a 续表 6 单位：人

现住地	初中			高中			大学专科		
	小计	男	女	小计	男	女	小计	男	女
江　苏	**2371297**	**1408617**	**962680**	**1132222**	**687170**	**445052**	**679196**	**384882**	**294314**
南京市	**337568**	**209135**	**128433**	**197222**	**119751**	**77471**	**167175**	**92246**	**74929**
玄武区	21025	12970	8055	10785	6402	4383	7759	4100	3659
秦淮区	27156	15565	11591	20304	11458	8846	13500	6902	6598
建邺区	20256	13091	7165	12709	7649	5060	12771	6852	5919
鼓楼区	24854	14213	10641	17236	9702	7534	13362	6429	6933
浦口区	11251	7322	3929	7038	3843	3195	4160	2164	1996
栖霞区	46053	29759	16294	31897	20758	11139	22489	13248	9241
雨花台区	37415	23408	14007	19166	11719	7447	17671	10100	7571
江宁区	75816	45516	30300	42821	26238	16583	42197	23527	18670
六合区	4252	2461	1791	1939	1126	813	1146	584	562
溧水区	14985	10327	4658	6439	4473	1966	5395	2991	2404
高淳区	5788	3768	2020	2316	1507	809	1303	749	554
南京江北新区	48717	30735	17982	24572	14876	9696	25422	14600	10822
无锡市	**448606**	**266403**	**182203**	**169603**	**103118**	**66485**	**98341**	**56227**	**42114**
锡山区	78021	47726	30295	28840	18352	10488	12657	7749	4908
惠山区	65378	38811	26567	21684	13455	8229	16170	9096	7074
滨湖区	40103	24364	15739	15917	9373	6544	14173	8136	6037
梁溪区	60328	34971	25357	27509	15907	11602	17010	9047	7963
新吴区	63188	36131	27057	28815	17486	11329	16072	9514	6558
江苏无锡经济开发区	28291	17323	10968	11085	6788	4297	5954	3388	2566
江阴市	68498	41093	27405	23379	14547	8832	9682	5738	3944
宜兴市	44799	25984	18815	12374	7210	5164	6623	3559	3064
徐州市	**46481**	**26385**	**20096**	**24638**	**13538**	**11100**	**24879**	**14106**	**10773**
鼓楼区	11443	6862	4581	5520	3061	2459	7294	4439	2855
云龙区	10741	6008	4733	5746	3189	2557	4242	2284	1958
贾汪区	2410	1505	905	1045	604	441	864	586	278
泉山区	12404	6847	5557	7135	3884	3251	5522	2777	2745
铜山区	5740	3132	2608	3130	1709	1421	5678	3376	2302
丰县									
沛县									
睢宁县									
徐州经济技术开发区	17	9	8	5	1	4	1		1
新沂市	1943	1078	865	1146	645	501	736	405	331
邳州市	1783	944	839	911	445	466	542	239	303
常州市	**296438**	**176686**	**119752**	**102193**	**64234**	**37959**	**58842**	**35637**	**23205**
天宁区	48424	28711	19713	14519	8640	5879	7261	4045	3216
钟楼区	54830	32639	22191	18236	11207	7029	7563	4216	3347
新北区	51747	30486	21261	19531	12457	7074	11297	6791	4506
武进区	84809	50142	34667	26744	16651	10093	22280	13689	8591
金坛区	16348	9594	6754	6022	3752	2270	2570	1622	948
江苏省常州市经济开发区	21630	12549	9081	7342	4524	2818	4733	3062	1671
溧阳市	18650	12565	6085	9799	7003	2796	3138	2212	926

7-7a　续表 7

单位：人

现住地	初中			高中			大学专科		
	小计	男	女	小计	男	女	小计	男	女
苏州市	**893642**	**521041**	**372601**	**466301**	**283096**	**183205**	**223481**	**127196**	**96285**
虎丘区	84919	51315	33604	57738	36398	21340	26769	15171	11598
吴中区	97708	57584	40124	57449	34337	23112	33249	18207	15042
相城区	117497	70630	46867	41298	25425	15873	21103	12058	9045
姑苏区	59290	32881	26409	29772	16575	13197	20961	10847	10114
吴江区	117810	69393	48417	54811	33798	21013	21863	12786	9077
苏州工业园区									
常熟市	135397	75973	59424	40735	24262	16473	17085	10107	6978
张家港市	50628	28655	21973	18190	10596	7594	8749	4939	3810
昆山市	187875	109598	78277	150081	91709	58372	65364	38065	27299
太仓市	42518	25012	17506	16227	9996	6231	8338	5016	3322
南通市	**140258**	**85851**	**54407**	**57145**	**34773**	**22372**	**36393**	**20534**	**15859**
崇川区	32120	18936	13184	19769	11320	8449	18278	10139	8139
港闸区	31031	18553	12478	11299	6788	4511	7864	4206	3658
通州区	19112	11269	7843	6289	3928	2361	2460	1539	921
如东县									
南通经济技术开发区									
通州湾示范区									
苏锡通科技产业园区									
启东市	10493	6458	4035	3903	2579	1324	1742	1112	630
如皋市	6445	3595	2850	2897	1565	1332	1501	764	737
海门市	19809	12834	6975	6399	4151	2248	2453	1472	981
海安市	21248	14206	7042	6589	4442	2147	2095	1302	793
连云港市	**10555**	**6834**	**3721**	**6233**	**3818**	**2415**	**5439**	**3505**	**1934**
连云区	4423	2938	1485	2293	1517	776	1765	1187	578
海州区	3560	1972	1588	2673	1480	1193	1787	940	847
赣榆区	1118	585	533	794	403	391	700	349	351
东海县	2	1	1	2	2		4	1	3
灌云县									
灌南县									
连云港经济技术开发区									
连云港高新技术产业开发区									
江苏连云港徐圩新区	1441	1332	109	471	416	55	1182	1027	155
江苏省连云港市云台山风景名胜区	11	6	5				1	1	
淮安市	**7665**	**4341**	**3324**	**4690**	**2558**	**2132**	**2657**	**1484**	**1173**
淮安区	1646	947	699	939	534	405	561	332	229
淮阴区	1539	829	710	1062	521	541	472	255	217
清江浦区	3685	2113	1572	2257	1298	959	1456	810	646
洪泽区	795	452	343	432	205	227	168	87	81
涟水县									
盱眙县									
金湖县									
淮安经济技术开发区									
工业园区									
生态文旅区									
苏淮高新区									

7-7a 续表 8　　单位：人

现住地	初中			高中			大学专科		
	小计	男	女	小计	男	女	小计	男	女
盐城市	**14442**	**8747**	**5695**	**15217**	**9138**	**6079**	**6788**	**3402**	**3386**
亭湖区	2690	1514	1176	2421	1152	1269	900	489	411
盐都区	2176	1157	1019	1691	881	810	809	468	341
大丰区	1834	962	872	1044	545	499	763	422	341
响水县									
滨海县									
阜宁县									
射阳县									
建湖县									
盐城经济技术开发区	158	121	37	45	32	13	18	16	2
江苏省盐南高新区	1477	818	659	1548	868	680	3102	1214	1888
东台市	6107	4175	1932	8468	5660	2808	1196	793	403
扬州市	**53657**	**32196**	**21461**	**26448**	**15639**	**10809**	**19576**	**11128**	**8448**
广陵区	12865	7743	5122	7544	4515	3029	4390	2520	1870
邗江区	13105	7623	5482	7072	4015	3057	9908	5532	4376
江都区	8283	4979	3304	3449	2029	1420	1757	977	780
宝应县									
扬州经济技术开发区									
蜀冈瘦西湖景区	2754	1718	1036	1639	942	697	766	438	328
生态新城	3044	1695	1349	959	560	399	206	121	85
仪征市	8265	5292	2973	3335	2080	1255	1592	995	597
高邮市	5341	3146	2195	2450	1498	952	957	545	412
镇江市	**68643**	**39758**	**28885**	**31631**	**18373**	**13258**	**17822**	**9737**	**8085**
京口区	7588	4336	3252	3883	2121	1762	2305	1209	1096
润州区	5340	2995	2345	2825	1557	1268	1736	961	775
丹徒区	7067	4241	2826	3615	2120	1495	1939	1117	822
镇江新区									
江苏镇江高新区	3139	1984	1155	1197	754	443	507	303	204
丹阳市	27070	15407	11663	10430	5930	4500	3074	1700	1374
扬中市	7670	4448	3222	3368	1958	1410	1296	767	529
句容市	10769	6347	4422	6313	3933	2380	6965	3680	3285
泰州市	**43803**	**25807**	**17996**	**20621**	**11994**	**8627**	**12459**	**6617**	**5842**
海陵区	13863	8132	5731	6506	3773	2733	5930	2951	2979
高港区	4675	2779	1896	2496	1480	1016	1158	699	459
姜堰区	5283	3131	2152	2243	1236	1007	1116	627	489
泰州医药高新技术产业开发区									
兴化市	3285	1847	1438	2359	1376	983	1062	557	505
靖江市	8609	5135	3474	3551	2077	1474	1367	742	625
泰兴市	8088	4783	3305	3466	2052	1414	1826	1041	785
宿迁市	**9539**	**5433**	**4106**	**10280**	**7140**	**3140**	**5344**	**3063**	**2281**
宿城区	5607	3289	2318	2706	1516	1190	1299	720	579
宿豫区	1922	1145	777	1449	823	626	1238	647	591
沭阳县									
泗阳县									
泗洪县									
宿迁经济技术开发区									
宿迁市湖滨新区	527	341	186	5566	4443	1123	2511	1515	996
苏州宿迁工业园区	1065	448	617	405	273	132	219	139	80
宿迁市洋河新区	418	210	208	154	85	69	77	42	35

7-7a　续表 9　　　　单位：人

现住地	大学本科			硕士研究生			博士研究生		
	小计	男	女	小计	男	女	小计	男	女
江　苏	**614783**	**332400**	**282383**	**97254**	**50663**	**46591**	**14274**	**9285**	**4989**
南京市	**262936**	**138392**	**124544**	**54579**	**27581**	**26998**	**9328**	**6016**	**3312**
玄武区	31533	16474	15059	10891	5391	5500	2681	1795	886
秦淮区	11839	6165	5674	2694	1678	1016	437	346	91
建邺区	14014	7293	6721	2410	1299	1111	225	150	75
鼓楼区	22727	10599	12128	7391	3597	3794	1193	757	436
浦口区	6019	3144	2875	1059	539	520	119	77	42
栖霞区	46026	22776	23250	8803	3538	5265	2154	1259	895
雨花台区	24494	13581	10913	3604	2246	1358	188	139	49
江宁区	57691	30716	26975	11182	5743	5439	1644	1041	603
六合区	831	409	422	151	72	79	17	9	8
溧水区	3487	2313	1174	313	165	148	27	18	9
高淳区	935	544	391	118	60	58	8	6	2
南京江北新区	43340	24378	18962	5963	3253	2710	635	419	216
无锡市	**61375**	**33181**	**28194**	**8605**	**4673**	**3932**	**1103**	**660**	**443**
锡山区	6313	3793	2520	494	266	228	26	21	5
惠山区	5672	3272	2400	646	360	286	35	29	6
滨湖区	21524	10321	11203	3994	2092	1902	767	415	352
梁溪区	9220	4790	4430	996	511	485	48	38	10
新吴区	7508	4476	3032	915	531	384	64	52	12
江苏无锡经济开发区	5038	2829	2209	909	529	380	115	75	40
江阴市	3646	2176	1470	401	249	152	25	16	9
宜兴市	2454	1524	930	250	135	115	23	14	9
徐州市	**34959**	**18845**	**16114**	**5631**	**3077**	**2554**	**890**	**671**	**219**
鼓楼区	1945	1078	867	218	127	91	20	15	5
云龙区	5402	2564	2838	559	229	330	49	26	23
贾汪区	1660	575	1085	26	11	15	3	3	
泉山区	5820	3045	2775	736	330	406	123	84	39
铜山区	19311	11155	8156	4025	2349	1676	682	533	149
丰县									
沛县									
睢宁县									
徐州经济技术开发区	1	1							
新沂市	383	196	187	36	17	19	7	6	1
邳州市	437	231	206	31	14	17	6	4	2
常州市	**39176**	**22871**	**16305**	**3812**	**2282**	**1530**	**378**	**267**	**111**
天宁区	4216	2365	1851	530	263	267	38	23	15
钟楼区	8553	4386	4167	586	331	255	52	39	13
新北区	9486	5833	3653	1052	642	410	92	65	27
武进区	11874	6829	5045	1154	725	429	143	101	42
金坛区	1254	782	472	141	91	50	19	13	6
江苏省常州市经济开发区	1535	953	582	122	76	46	7	4	3
溧阳市	2258	1723	535	227	154	73	27	22	5

7-7a 续表 10

单位：人

现住地	大学本科			硕士研究生			博士研究生		
	小计	男	女	小计	男	女	小计	男	女
苏州市	**117215**	**65848**	**51367**	**12622**	**6874**	**5748**	**1206**	**804**	**402**
虎丘区	17060	9270	7790	2450	1351	1099	263	179	84
吴中区	18451	9733	8718	1750	947	803	150	102	48
相城区	11177	6679	4498	1119	622	497	101	64	37
姑苏区	14447	7503	6944	2084	963	1121	217	130	87
吴江区	9803	5885	3918	960	534	426	71	53	18
苏州工业园区									
常熟市	9608	5064	4544	587	348	239	91	60	31
张家港市	5760	3455	2305	450	241	209	55	43	12
昆山市	26818	15751	11067	2598	1502	1096	188	120	68
太仓市	4091	2508	1583	624	366	258	70	53	17
南通市	**24494**	**13596**	**10898**	**2092**	**1038**	**1054**	**211**	**128**	**83**
崇川区	13579	6861	6718	1378	630	748	129	68	61
港闸区	5281	3286	1995	231	123	108	16	10	6
通州区	987	617	370	93	60	33	22	17	5
如东县									
南通经济技术开发区									
通州湾示范区									
苏锡通科技产业园区									
启东市	1083	629	454	152	87	65	16	11	5
如皋市	789	465	324	70	44	26	7	6	1
海门市	1331	860	471	105	56	49	11	8	3
海安市	1444	878	566	63	38	25	10	8	2
连云港市	**4918**	**3303**	**1615**	**436**	**234**	**202**	**22**	**18**	**4**
连云区	1966	1372	594	143	75	68	5	3	2
海州区	1532	842	690	180	102	78	13	11	2
赣榆区	448	227	221	69	28	41	3	3	
东海县									
灌云县									
灌南县									
连云港经济技术开发区									
连云港高新技术产业开发区									
江苏连云港徐圩新区	972	862	110	44	29	15	1	1	
江苏省连云港市云台山风景名胜区									
淮安市	**7101**	**2990**	**4111**	**299**	**139**	**160**	**68**	**49**	**19**
淮安区	783	375	408	37	15	22	2	2	
淮阴区	3316	1228	2088	52	19	33	19	14	5
清江浦区	2856	1313	1543	191	96	95	47	33	14
洪泽区	146	74	72	19	9	10			
涟水县									
盱眙县									
金湖县									
淮安经济技术开发区									
工业园区									
生态文旅区									
苏淮高新区									

7-7a　续表 11　　　　单位：人

现住地	大学本科			硕士研究生			博士研究生		
	小计	男	女	小计	男	女	小计	男	女
盐城市	**6419**	**3445**	**2974**	**461**	**254**	**207**	**70**	**39**	**31**
亭湖区	4107	2114	1993	168	84	84	46	28	18
盐都区	387	217	170	24	16	8	2		2
大丰区	512	318	194	60	41	19	3	2	1
响水县									
滨海县									
阜宁县									
射阳县									
建湖县									
盐城经济技术开发区	16	12	4	3	3				
江苏省盐南高新区	909	490	419	162	83	79	19	9	10
东台市	488	294	194	44	27	17			
扬州市	**22253**	**11499**	**10754**	**3546**	**1651**	**1895**	**384**	**224**	**160**
广陵区	2280	1238	1042	523	256	267	37	22	15
邗江区	16253	8110	8143	2373	1043	1330	277	159	118
江都区	1268	729	539	190	96	94	14	5	9
宝应县									
扬州经济技术开发区									
蜀冈瘦西湖景区	579	323	256	104	47	57	18	14	4
生态新城	99	59	40	60	46	14	2	1	1
仪征市	1132	684	448	143	76	67	15	10	5
高邮市	642	356	286	153	87	66	21	13	8
镇江市	**17634**	**10418**	**7216**	**3924**	**2205**	**1719**	**489**	**324**	**165**
京口区	10980	6566	4414	3040	1713	1327	395	256	139
润州区	1534	900	634	266	145	121	19	14	5
丹徒区	1061	605	456	120	63	57	19	10	9
镇江新区									
江苏镇江高新区	416	244	172	57	31	26	8	7	1
丹阳市	1798	1028	770	220	128	92	27	22	5
扬中市	436	276	160	58	35	23	8	8	
句容市	1409	799	610	163	90	73	13	7	6
泰州市	**13566**	**6657**	**6909**	**1019**	**531**	**488**	**112**	**74**	**38**
海陵区	9461	4310	5151	297	147	150	33	19	14
高港区	708	392	316	158	83	75	17	12	5
姜堰区	793	452	341	134	73	61	17	10	7
泰州医药高新技术产业开发区									
兴化市	527	289	238	81	49	32	11	5	6
靖江市	961	551	410	147	71	76	20	15	5
泰兴市	1116	663	453	202	108	94	14	13	1
宿迁市	**2737**	**1355**	**1382**	**228**	**124**	**104**	**13**	**11**	**2**
宿城区	1777	815	962	129	70	59	11	9	2
宿豫区	587	308	279	41	24	17	1	1	
沭阳县									
泗阳县									
泗洪县									
宿迁经济技术开发区									
宿迁市湖滨新区	150	88	62	15	7	8			
苏州宿迁工业园区	145	90	55	24	13	11			
宿迁市洋河新区	78	54	24	19	10	9	1	1	

7-7b 全省按现住地、受教育程度、性别分的户口登记地在外省的人口(镇)

单位：人

现住地	合计			未上过学		
	合计	男	女	小计	男	女
江苏	**2420979**	**1376584**	**1044395**	**30663**	**9924**	**20739**
南京市	**17041**	**9815**	**7226**	**333**	**73**	**260**
玄武区						
秦淮区						
建邺区						
鼓楼区						
浦口区	153	95	58	7	2	5
栖霞区						
雨花台区	1764	1053	711	56	12	44
江宁区						
六合区	12201	6986	5215	235	54	181
溧水区	2558	1493	1065	31	4	27
高淳区	365	188	177	4	1	3
南京江北新区						
无锡市	**298639**	**169048**	**129591**	**4093**	**1312**	**2781**
锡山区	83343	48166	35177	1001	305	696
惠山区	27728	16093	11635	725	214	511
滨湖区						
梁溪区						
新吴区						
江苏无锡经济开发区						
江阴市	130989	72254	58735	1423	463	960
宜兴市	56579	32535	24044	944	330	614
徐州市	**61749**	**31072**	**30677**	**850**	**197**	**653**
鼓楼区						
云龙区	2446	1553	893	5	2	3
贾汪区	1114	605	509	17	3	14
泉山区						
铜山区	6770	3292	3478	101	17	84
丰县	7451	3610	3841	60	12	48
沛县	12753	6055	6698	248	61	187
睢宁县	9410	4030	5380	105	27	78
徐州经济技术开发区	19133	10899	8234	279	64	215
新沂市	1510	509	1001	22	8	14
邳州市	1162	519	643	13	3	10
常州市	**135522**	**77354**	**58168**	**2684**	**871**	**1813**
天宁区	10968	6098	4870	157	41	116
钟楼区						
新北区	20536	11702	8834	288	98	190
武进区	45226	25440	19786	935	312	623
金坛区	11200	6355	4845	281	84	197
江苏省常州市经济开发区	34084	19565	14519	800	266	534
溧阳市	13508	8194	5314	223	70	153

7-7b　续表 1　　　　单位：人

现住地	合计			未上过学		
	合计	男	女	小计	男	女
苏州市	**1083719**	**620183**	**463536**	**12091**	**3887**	**8204**
虎丘区	319	165	154	4	1	3
吴中区	73580	42737	30843	989	369	620
相城区	17728	10780	6948	257	86	171
姑苏区						
吴江区	191508	107775	83733	1701	674	1027
苏州工业园区	339278	194349	144929	3851	1084	2767
常熟市	126828	75013	51815	653	271	382
张家港市	161044	89477	71567	2176	641	1535
昆山市	80254	45375	34879	700	222	478
太仓市	93180	54512	38668	1760	539	1221
南通市	**346867**	**206297**	**140570**	**3752**	**1429**	**2323**
崇川区						
港闸区						
通州区	81620	46192	35428	1213	462	751
如东县	28573	17112	11461	285	106	179
南通经济技术开发区	73440	44757	28683	607	217	390
通州湾示范区	4952	3239	1713	37	14	23
苏锡通科技产业园区	12929	7919	5010	186	47	139
启东市	30034	19367	10667	228	84	144
如皋市	17214	10655	6559	107	42	65
海门市	85139	48670	36469	967	412	555
海安市	12966	8386	4580	122	45	77
连云港市	**43962**	**22231**	**21731**	**410**	**120**	**290**
连云区	717	586	131			
海州区	578	282	296	7	1	6
赣榆区	3821	1960	1861	76	26	50
东海县	5848	2899	2949	63	23	40
灌云县	3099	1635	1464	34	11	23
灌南县	5011	3217	1794	33	11	22
连云港经济技术开发区	4653	2548	2105	62	16	46
连云港高新技术产业开发区	19632	8740	10892	127	29	98
江苏连云港徐圩新区	576	350	226	8	3	5
江苏省连云港市云台山风景名胜区	27	14	13			
淮安市	**38767**	**20175**	**18592**	**427**	**136**	**291**
淮安区	912	491	421	19	5	14
淮阴区	1204	608	596	23	11	12
清江浦区	105	69	36	1		1
洪泽区	281	143	138	6	4	2
涟水县	3688	1671	2017	42	11	31
盱眙县	6786	3330	3456	135	40	95
金湖县	4949	2848	2101	51	21	30
淮安经济技术开发区	18639	9716	8923	104	28	76
工业园区	305	191	114	8	5	3
生态文旅区	1586	886	700	35	10	25
苏淮高新区	312	222	90	3	1	2

7-7b 续表 2

单位：人

现住地	合计			未上过学		
	合计	男	女	小计	男	女
盐城市	**48068**	**25276**	**22792**	**598**	**167**	**431**
亭湖区	2887	1849	1038	15	4	11
盐都区	1251	589	662	11	5	6
大丰区	6524	3946	2578	133	48	85
响水县	4752	2542	2210	83	22	61
滨海县	6317	3223	3094	82	17	65
阜宁县	4041	1722	2319	44	10	34
射阳县	6991	3612	3379	76	23	53
建湖县	5261	2326	2935	61	16	45
盐城经济技术开发区	4994	2553	2441	20	6	14
江苏省盐南高新区						
东台市	5050	2914	2136	73	16	57
扬州市	**60942**	**34688**	**26254**	**919**	**326**	**593**
广陵区	3978	2355	1623	48	12	36
邗江区	3141	1738	1403	75	25	50
江都区	10839	6205	4634	199	76	123
宝应县	8723	4818	3905	164	70	94
扬州经济技术开发区	25670	14676	10994	328	114	214
蜀冈瘦西湖景区						
生态新城	608	362	246	5	1	4
仪征市	3178	1748	1430	54	15	39
高邮市	4805	2786	2019	46	13	33
镇江市	**170266**	**96117**	**74149**	**3268**	**1048**	**2220**
京口区	1422	891	531	36	11	25
润州区						
丹徒区	14382	8910	5472	92	26	66
镇江新区	36548	21439	15109	507	169	338
江苏镇江高新区						
丹阳市	98286	54255	44031	2286	757	1529
扬中市	4177	2384	1793	97	27	70
句容市	15451	8238	7213	250	58	192
泰州市	**73564**	**43342**	**30222**	**573**	**184**	**389**
海陵区	807	476	331	21	4	17
高港区	2600	1500	1100	33	14	19
姜堰区	3662	2160	1502	44	15	29
泰州医药高新技术产业开发区	26314	15254	11060	195	47	148
兴化市	9137	5297	3840	70	26	44
靖江市	16053	9429	6624	73	26	47
泰兴市	14991	9226	5765	137	52	85
宿迁市	**41873**	**20986**	**20887**	**665**	**174**	**491**
宿城区	749	363	386	12	2	10
宿豫区	1239	711	528	16	4	12
沭阳县	14836	7552	7284	104	34	70
泗阳县	7180	3331	3849	80	21	59
泗洪县	12477	5882	6595	347	90	257
宿迁经济技术开发区	5247	3081	2166	102	22	80
宿迁市湖滨新区	145	66	79	4	1	3
苏州宿迁工业园区						
宿迁市洋河新区						

7-7b　续表 3　　单位：人

现住地	学前教育			小学		
	小计	男	女	小计	男	女
江　苏	**66461**	**35679**	**30782**	**426038**	**214038**	**212000**
南京市	**510**	**266**	**244**	**3248**	**1553**	**1695**
玄武区						
秦淮区						
建邺区						
鼓楼区						
浦口区	2		2	22	13	9
栖霞区						
雨花台区	44	19	25	288	138	150
江宁区						
六合区	366	194	172	2331	1099	1232
溧水区	86	47	39	501	253	248
高淳区	12	6	6	106	50	56
南京江北新区						
无锡市	**8562**	**4603**	**3959**	**65685**	**33073**	**32612**
锡山区	2181	1191	990	19100	9529	9571
惠山区	772	418	354	6522	3379	3143
滨湖区						
梁溪区						
新吴区						
江苏无锡经济开发区						
江阴市	3525	1873	1652	23219	11457	11762
宜兴市	2084	1121	963	16844	8708	8136
徐州市	**1985**	**1038**	**947**	**9182**	**4195**	**4987**
鼓楼区						
云龙区	25	17	8	250	190	60
贾汪区	21	17	4	204	100	104
泉山区						
铜山区	246	108	138	1212	507	705
丰县	216	115	101	1085	485	600
沛县	479	264	215	2107	975	1132
睢宁县	372	185	187	1903	816	1087
徐州经济技术开发区	555	294	261	1895	926	969
新沂市	51	25	26	289	96	193
邳州市	20	13	7	237	100	137
常州市	**4211**	**2333**	**1878**	**32943**	**16746**	**16197**
天宁区	373	199	174	2983	1488	1495
钟楼区						
新北区	605	328	277	4488	2214	2274
武进区	1478	830	648	11977	6149	5828
金坛区	332	179	153	3099	1514	1585
江苏省常州市经济开发区	1062	600	462	7459	3861	3598
溧阳市	361	197	164	2937	1520	1417

7-7b 续表 4

单位：人

现住地	学前教育			小学		
	小计	男	女	小计	男	女
苏州市	**28556**	**15321**	**13235**	**172716**	**86527**	**86189**
虎丘区	10	4	6	58	24	34
吴中区	2415	1276	1139	12820	6494	6326
相城区	442	225	217	3387	1801	1586
姑苏区						
吴江区	5714	3136	2578	40622	20663	19959
苏州工业园区	6360	3391	2969	35387	17012	18375
常熟市	2981	1589	1392	16337	8487	7850
张家港市	6130	3309	2821	35390	17736	17654
昆山市	1649	870	779	10855	5168	5687
太仓市	2855	1521	1334	17860	9142	8718
南通市	**10244**	**5556**	**4688**	**59972**	**31469**	**28503**
崇川区						
港闸区						
通州区	2884	1581	1303	17653	8985	8668
如东县	697	386	311	4508	2362	2146
南通经济技术开发区	1989	1079	910	11369	5977	5392
通州湾示范区	81	44	37	828	496	332
苏锡通科技产业园区	272	135	137	2554	1313	1241
启东市	577	333	244	4579	2650	1929
如皋市	354	198	156	3101	1598	1503
海门市	3161	1682	1479	13138	6796	6342
海安市	229	118	111	2242	1292	950
连云港市	**752**	**395**	**357**	**3957**	**1903**	**2054**
连云区	1	1		18	10	8
海州区	19	13	6	107	45	62
赣榆区	109	55	54	547	243	304
东海县	185	97	88	863	396	467
灌云县	66	27	39	571	294	277
灌南县	80	46	34	538	278	260
连云港经济技术开发区	157	81	76	498	246	252
连云港高新技术产业开发区	125	69	56	698	321	377
江苏连云港徐圩新区	10	6	4	114	69	45
江苏省连云港市云台山风景名胜区				3	1	2
淮安市	**784**	**419**	**365**	**4988**	**2266**	**2722**
淮安区	21	13	8	191	83	108
淮阴区	30	12	18	235	108	127
清江浦区	1		1	17	8	9
洪泽区	6	3	3	57	20	37
涟水县	101	57	44	473	206	267
盱眙县	193	105	88	1683	758	925
金湖县	99	56	43	721	359	362
淮安经济技术开发区	280	148	132	1240	537	703
工业园区	7	5	2	58	28	30
生态文旅区	43	19	24	276	137	139
苏淮高新区	3	1	2	37	22	15

7-7b　续表 5

单位：人

现住地	学前教育			小　学		
	小计	男	女	小计	男	女
盐城市	**1106**	**570**	**536**	**7269**	**3375**	**3894**
亭湖区	36	20	16	169	67	102
盐都区	43	20	23	238	101	137
大丰区	140	73	67	1379	743	636
响水县	98	51	47	780	371	409
滨海县	164	78	86	888	401	487
阜宁县	124	67	57	628	230	398
射阳县	150	74	76	1233	576	657
建湖县	192	101	91	821	349	472
盐城经济技术开发区	52	28	24	183	74	109
江苏省盐南高新区						
东台市	107	58	49	950	463	487
扬州市	**1517**	**788**	**729**	**10575**	**5384**	**5191**
广陵区	100	56	44	723	404	319
邗江区	92	42	50	702	368	334
江都区	334	187	147	2189	1120	1069
宝应县	247	128	119	1692	870	822
扬州经济技术开发区	529	263	266	3218	1600	1618
蜀冈瘦西湖景区						
生态新城	7	5	2	132	66	66
仪征市	88	43	45	841	405	436
高邮市	120	64	56	1078	551	527
镇江市	**5437**	**2925**	**2512**	**37224**	**18593**	**18631**
京口区	46	19	27	323	159	164
润州区						
丹徒区	109	60	49	957	512	445
镇江新区	1178	624	554	5981	3102	2879
江苏镇江高新区						
丹阳市	3440	1853	1587	26393	13075	13318
扬中市	112	61	51	1176	598	578
句容市	552	308	244	2394	1147	1247
泰州市	**1492**	**766**	**726**	**11297**	**5828**	**5469**
海陵区	18	8	10	176	92	84
高港区	77	32	45	545	251	294
姜堰区	88	41	47	814	451	363
泰州医药高新技术产业开发区	386	207	179	2509	1260	1249
兴化市	205	106	99	1642	838	804
靖江市	371	185	186	2894	1502	1392
泰兴市	347	187	160	2717	1434	1283
宿迁市	**1305**	**699**	**606**	**6982**	**3126**	**3856**
宿城区	29	16	13	173	65	108
宿豫区	28	12	16	197	93	104
沭阳县	424	227	197	2314	1011	1303
泗阳县	188	105	83	929	389	540
泗洪县	477	258	219	2497	1124	1373
宿迁经济技术开发区	156	80	76	832	428	404
宿迁市湖滨新区	3	1	2	40	16	24
苏州宿迁工业园区						
宿迁市洋河新区						

7-7b 续表 6

单位：人

现住地	初中			高中			大学专科		
	小计	男	女	小计	男	女	小计	男	女
江苏	**1142068**	**667134**	**474934**	**411132**	**253084**	**158048**	**195392**	**113628**	**81764**
南京市	**6316**	**3931**	**2385**	**3137**	**1994**	**1143**	**2075**	**1194**	**881**
玄武区									
秦淮区									
建邺区									
鼓楼区									
浦口区	54	36	18	36	27	9	17	11	6
栖霞区									
雨花台区	756	486	270	358	234	124	160	101	59
江宁区									
六合区	4480	2824	1656	2151	1342	809	1576	877	699
溧水区	874	506	368	541	368	173	305	192	113
高淳区	152	79	73	51	23	28	17	13	4
南京江北新区									
无锡市	**157959**	**92252**	**65707**	**43923**	**26997**	**16926**	**11295**	**6763**	**4532**
锡山区	45189	27131	18058	8941	5937	3004	2998	1843	1155
惠山区	13844	8402	5442	3717	2392	1325	1418	882	536
滨湖区									
梁溪区									
新吴区									
江苏无锡经济开发区									
江阴市	71119	39922	31197	25282	14826	10456	4974	2909	2065
宜兴市	27807	16797	11010	5983	3842	2141	1905	1129	776
徐州市	**24234**	**12194**	**12040**	**11656**	**6092**	**5564**	**7251**	**3561**	**3690**
鼓楼区									
云龙区	539	402	137	115	77	38	65	40	25
贾汪区	613	360	253	178	88	90	50	21	29
泉山区									
铜山区	3237	1610	1627	1321	737	584	442	215	227
丰县	3133	1484	1649	1785	936	849	793	395	398
沛县	5359	2496	2863	2296	1166	1130	1398	651	747
睢宁县	4022	1693	2329	1765	766	999	811	335	476
徐州经济技术开发区	6039	3652	2387	3703	2125	1578	3548	1849	1699
新沂市	742	248	494	244	83	161	79	25	54
邳州市	550	249	301	249	114	135	65	30	35
常州市	**73713**	**43335**	**30378**	**14963**	**9331**	**5632**	**4921**	**3273**	**1648**
天宁区	5848	3382	2466	1114	692	422	361	226	135
钟楼区									
新北区	11592	6879	4713	2603	1579	1024	700	441	259
武进区	24849	14481	10368	4409	2682	1727	1177	725	452
金坛区	5687	3401	2286	1195	790	405	458	288	170
江苏省常州市经济开发区	18794	10840	7954	3618	2256	1362	1473	1046	427
溧阳市	6943	4352	2591	2024	1332	692	752	547	205

7-7b 续表 7 单位：人

现住地	初中			高中			大学专科		
	小计	男	女	小计	男	女	小计	男	女
苏州市	**500057**	**291464**	**208593**	**208977**	**129796**	**79181**	**91069**	**54469**	**36600**
虎丘区	126	70	56	54	30	24	30	14	16
吴中区	37297	22210	15087	13810	8641	5169	4666	2835	1831
相城区	9416	5903	3513	2928	1947	981	983	639	344
姑苏区									
吴江区	100482	57249	43233	29173	17888	11285	9851	5789	4062
苏州工业园区	103567	60719	42848	91549	56959	34590	47449	27973	19476
常熟市	79241	46661	32580	18229	11730	6499	5861	3929	1932
张家港市	85172	48280	36892	21163	12858	8305	7873	4726	3147
昆山市	33844	19582	14262	19036	11403	7633	9420	5535	3885
太仓市	50912	30790	20122	13035	8340	4695	4936	3029	1907
南通市	**185465**	**112341**	**73124**	**51590**	**32937**	**18653**	**25217**	**15991**	**9226**
崇川区									
港闸区									
通州区	46365	26824	19541	10018	6182	3836	2585	1603	982
如东县	12942	7736	5206	5625	3573	2052	2508	1649	859
南通经济技术开发区	31466	19903	11563	13314	8477	4837	11727	7210	4517
通州湾示范区	1739	1181	558	1178	856	322	927	536	391
苏锡通科技产业园区	7426	4613	2813	1574	1123	451	627	455	172
启东市	17354	11640	5714	3659	2586	1073	1189	808	381
如皋市	9551	6309	3242	2828	1724	1104	815	479	336
海门市	50992	29028	21964	11522	7174	4348	4118	2768	1350
海安市	7630	5107	2523	1872	1242	630	721	483	238
连云港市	**10640**	**6250**	**4390**	**6774**	**3809**	**2965**	**11711**	**4741**	**6970**
连云区	369	307	62	243	195	48	60	49	11
海州区	257	128	129	115	59	56	41	20	21
赣榆区	1584	836	748	950	522	428	413	207	206
东海县	2065	1108	957	1516	723	793	715	332	383
灌云县	1237	643	594	625	343	282	268	142	126
灌南县	2331	1532	799	1251	850	401	436	286	150
连云港经济技术开发区	1138	680	458	1069	570	499	570	326	244
连云港高新技术产业开发区	1357	828	529	908	493	415	9164	3353	5811
江苏连云港徐圩新区	292	184	108	93	52	41	37	22	15
江苏省连云港市云台山风景名胜区	10	4	6	4	2	2	7	4	3
淮安市	**11266**	**6033**	**5233**	**6771**	**3704**	**3067**	**10183**	**4988**	**5195**
淮安区	475	269	206	129	76	53	40	20	20
淮阴区	619	307	312	212	120	92	70	40	30
清江浦区	64	48	16	17	10	7	4	3	1
洪泽区	170	85	85	30	22	8	10	7	3
涟水县	1544	655	889	848	407	441	415	194	221
盱眙县	2815	1431	1384	1001	509	492	481	232	249
金湖县	1973	1163	810	1240	734	506	509	307	202
淮安经济技术开发区	2803	1567	1236	2986	1648	1338	8335	3988	4347
工业园区	148	100	48	38	20	18	32	23	9
生态文旅区	520	316	204	219	115	104	239	139	100
苏淮高新区	135	92	43	51	43	8	48	35	13

7-7b 续表 8

单位：人

现住地	初中			高中			大学专科		
	小计	男	女	小计	男	女	小计	男	女
盐城市	**20472**	**10717**	**9755**	**10077**	**5947**	**4130**	**3985**	**2256**	**1729**
亭湖区	741	442	299	1541	1037	504	344	248	96
盐都区	629	297	332	228	114	114	66	36	30
大丰区	3286	2021	1265	926	622	304	403	254	149
响水县	2137	1127	1010	887	541	346	386	206	180
滨海县	2743	1333	1410	1213	682	531	621	334	287
阜宁县	1899	774	1125	824	375	449	319	150	169
射阳县	3163	1664	1499	1417	782	635	576	272	304
建湖县	2308	974	1334	1104	535	569	461	210	251
盐城经济技术开发区	936	510	426	1066	716	350	540	388	152
江苏省盐南高新区									
东台市	2630	1575	1055	871	543	328	269	158	111
扬州市	**24675**	**14592**	**10083**	**10522**	**6487**	**4035**	**7370**	**4385**	**2985**
广陵区	1854	1085	769	756	470	286	328	222	106
邗江区	1385	807	578	544	318	226	223	120	103
江都区	5196	3088	2108	1701	1041	660	730	409	321
宝应县	3582	2074	1508	1516	853	663	744	417	327
扬州经济技术开发区	8922	5327	3595	4528	2885	1643	4773	2865	1908
蜀冈瘦西湖景区									
生态新城	225	145	80	145	94	51	52	24	28
仪征市	1450	840	610	474	289	185	174	104	70
高邮市	2061	1226	835	858	537	321	346	224	122
镇江市	**74473**	**43696**	**30777**	**22315**	**13816**	**8499**	**10231**	**6212**	**4019**
京口区	650	431	219	207	156	51	89	61	28
润州区									
丹徒区	2314	1402	912	586	356	230	611	295	316
镇江新区	13330	7874	5456	7857	4882	2975	5192	3336	1856
江苏镇江高新区									
丹阳市	50639	29607	21032	10177	6373	3804	2470	1463	1007
扬中市	2019	1211	808	540	349	191	167	96	71
句容市	5521	3171	2350	2948	1700	1248	1702	961	741
泰州市	**36225**	**22030**	**14195**	**11230**	**7267**	**3963**	**5933**	**3720**	**2213**
海陵区	445	283	162	88	51	37	32	21	11
高港区	1161	699	462	414	269	145	215	132	83
姜堰区	1977	1205	772	465	291	174	152	89	63
泰州医药高新技术产业开发区	13170	7566	5604	3938	2603	1335	3680	2318	1362
兴化市	4599	2756	1843	1836	1116	720	456	272	184
靖江市	6764	4315	2449	2068	1324	744	654	430	224
泰兴市	8109	5206	2903	2421	1613	808	744	458	286
宿迁市	**16573**	**8299**	**8274**	**9197**	**4907**	**4290**	**4151**	**2075**	**2076**
宿城区	393	200	193	80	52	28	46	21	25
宿豫区	596	325	271	248	163	85	120	88	32
沭阳县	6245	3107	3138	3188	1709	1479	1324	669	655
泗阳县	2453	1089	1364	2161	1074	1087	749	339	410
泗洪县	4703	2246	2457	2419	1223	1196	1295	580	715
宿迁经济技术开发区	2139	1310	829	1076	676	400	593	365	228
宿迁市湖滨新区	44	22	22	25	10	15	24	13	11
苏州宿迁工业园区									
宿迁市洋河新区									

7-7b　续表 9　　　　　　　　　　　　　　　　　　　　　　　　单位：人

现住地	大学本科			硕士研究生			博士研究生		
	小计	男	女	小计	男	女	小计	男	女
江　苏	**130208**	**72666**	**57542**	**17088**	**9195**	**7893**	**1929**	**1236**	**693**
南京市	**1226**	**709**	**517**	**184**	**85**	**99**	**12**	**10**	**2**
玄武区									
秦淮区									
建邺区									
鼓楼区									
浦口区	12	6	6	2		2	1		1
栖霞区									
雨花台区	94	57	37	8	6	2			
江宁区									
六合区	902	518	384	152	70	82	8	8	
溧水区	198	113	85	19	8	11	3	2	1
高淳区	20	15	5	3	1	2			
南京江北新区									
无锡市	**6686**	**3811**	**2875**	**405**	**212**	**193**	**31**	**25**	**6**
锡山区	3762	2151	1611	160	69	91	11	10	1
惠山区	667	370	297	56	30	26	7	6	1
滨湖区									
梁溪区									
新吴区									
江苏无锡经济开发区									
江阴市	1383	765	618	61	38	23	3	1	2
宜兴市	874	525	349	128	75	53	10	8	2
徐州市	**5620**	**3179**	**2441**	**934**	**599**	**335**	**37**	**17**	**20**
鼓楼区									
云龙区	1429	822	607	16	3	13	2		2
贾汪区	30	15	15	1	1				
泉山区									
铜山区	205	94	111	6	4	2			
丰县	351	170	181	28	13	15			
沛县	800	407	393	64	33	31	2	2	
睢宁县	397	184	213	35	24	11			
徐州经济技术开发区	2298	1453	845	783	521	262	33	15	18
新沂市	83	24	59						
邳州市	27	10	17	1		1			
常州市	**1970**	**1391**	**579**	**107**	**67**	**40**	**10**	**7**	**3**
天宁区	127	68	59	3	2	1	2		2
钟楼区									
新北区	233	148	85	27	15	12			
武进区	383	251	132	16	8	8	2	2	
金坛区	139	91	48	9	8	1			
江苏省常州市经济开发区	833	665	168	39	26	13	6	5	1
溧阳市	255	168	87	13	8	5			

7-7b　续表 10　　　　单位：人

现住地	大学本科			硕士研究生			博士研究生		
	小计	男	女	小计	男	女	小计	男	女
苏州市	**58839**	**32577**	**26262**	**10050**	**5274**	**4776**	**1364**	**868**	**496**
虎丘区	34	21	13	3	1	2			
吴中区	1481	860	621	93	44	49	9	8	1
相城区	303	174	129	10	3	7	2	2	
姑苏区									
吴江区	3687	2213	1474	250	142	108	28	21	7
苏州工业园区	40719	21663	19056	9139	4752	4387	1257	796	461
常熟市	3343	2241	1102	155	90	65	28	15	13
张家港市	2974	1819	1155	159	103	56	7	5	2
昆山市	4590	2502	2088	142	84	58	18	9	9
太仓市	1708	1084	624	99	55	44	15	12	3
南通市	**9984**	**6162**	**3822**	**569**	**358**	**211**	**74**	**54**	**20**
崇川区									
港闸区									
通州区	880	544	336	21	10	11	1	1	
如东县	1883	1206	677	113	83	30	12	11	1
南通经济技术开发区	2643	1683	960	281	180	101	44	31	13
通州湾示范区	147	101	46	11	8	3	4	3	1
苏锡通科技产业园区	275	223	52	14	9	5	1	1	
启东市	2404	1244	1160	42	21	21	2	1	1
如皋市	434	292	142	22	12	10	2	1	1
海门市	1175	776	399	59	30	29	7	4	3
海安市	143	93	50	6	5	1	1	1	
连云港市	**8601**	**4504**	**4097**	**1029**	**450**	**579**	**88**	**59**	**29**
连云区	24	22	2	2	2				
海州区	28	13	15	4	3	1			
赣榆区	139	70	69	3	1	2			
东海县	397	198	199	43	21	22	1	1	
灌云县	278	162	116	20	13	7			
灌南县	318	201	117	24	13	11			
连云港经济技术开发区	912	510	402	238	110	128	9	9	
连云港高新技术产业开发区	6481	3312	3169	694	286	408	78	49	29
江苏连云港徐圩新区	21	13	8	1	1				
江苏省连云港市云台山风景名胜区	3	3							
淮安市	**3925**	**2402**	**1523**	**377**	**201**	**176**	**46**	**26**	**20**
淮安区	31	21	10	6	4	2			
淮阴区	15	10	5						
清江浦区				1		1			
洪泽区	2	2							
涟水县	233	124	109	29	15	14	3	2	1
盱眙县	429	225	204	47	28	19	2	2	
金湖县	328	196	132	24	11	13	4	1	3
淮安经济技术开发区	2633	1656	977	224	124	100	34	20	14
工业园区	13	10	3	1		1			
生态文旅区	208	132	76	43	17	26	3	1	2
苏淮高新区	33	26	7	2	2				

7-7b　续表 11

单位：人

现住地	大学本科			硕士研究生			博士研究生		
	小计	男	女	小计	男	女	小计	男	女
盐城市	**4320**	**2111**	**2209**	**227**	**125**	**102**	**14**	**8**	**6**
亭湖区	41	31	10						
盐都区	35	16	19	1		1			
大丰区	243	175	68	14	10	4			
响水县	357	212	145	24	12	12			
滨海县	550	344	206	54	33	21	2	1	1
阜宁县	183	102	81	18	13	5	2	1	1
射阳县	339	201	138	36	20	16	1		1
建湖县	283	123	160	29	16	13	2	2	
盐城经济技术开发区	2150	811	1339	40	16	24	7	4	3
江苏省盐南高新区									
东台市	139	96	43	11	5	6			
扬州市	**4312**	**2217**	**2095**	**966**	**456**	**510**	**86**	**53**	**33**
广陵区	148	97	51	17	7	10	4	2	2
邗江区	99	46	53	19	10	9	2	2	
江都区	402	233	169	80	47	33	8	4	4
宝应县	656	342	314	110	56	54	12	8	4
扬州经济技术开发区	2646	1285	1361	674	304	370	52	33	19
蜀冈瘦西湖景区									
生态新城	41	27	14	1		1			
仪征市	82	42	40	13	9	4	2	1	1
高邮市	238	145	93	52	23	29	6	3	3
镇江市	**15837**	**8835**	**7002**	**1399**	**941**	**458**	**82**	**51**	**31**
京口区	64	47	17	7	7				
润州区									
丹徒区	8732	5544	3188	967	703	264	14	12	2
镇江新区	2225	1292	933	239	135	104	39	25	14
江苏镇江高新区									
丹阳市	2798	1080	1718	75	42	33	8	5	3
扬中市	53	37	16	11	5	6	2		2
句容市	1965	835	1130	100	49	51	19	9	10
泰州市	**6122**	**3190**	**2932**	**636**	**314**	**322**	**56**	**43**	**13**
海陵区	23	13	10	4	4				
高港区	130	88	42	23	13	10	2	2	
姜堰区	97	57	40	23	9	14	2	2	
泰州医药高新技术产业开发区	1990	1035	955	414	193	221	32	25	7
兴化市	261	145	116	61	34	27	7	4	3
靖江市	3176	1614	1562	49	30	19	4	3	1
泰兴市	445	238	207	62	31	31	9	7	2
宿迁市	**2766**	**1578**	**1188**	**205**	**113**	**92**	**29**	**15**	**14**
宿城区	16	7	9						
宿豫区	33	25	8	1	1				
沭阳县	1170	756	414	48	30	18	19	9	10
泗阳县	544	278	266	71	34	37	5	2	3
泗洪县	690	335	355	45	23	22	4	3	1
宿迁经济技术开发区	308	174	134	40	25	15	1	1	
宿迁市湖滨新区	5	3	2						
苏州宿迁工业园区									
宿迁市洋河新区									

7-7c 全省按现住地、受教育程度、性别分的户口登记地在外省的人口(乡村)

单位：人

现住地	合计			未上过学		
	合计	男	女	小计	男	女
江　苏	**1704198**	**1008672**	**695526**	**25520**	**8619**	**16901**
南京市	**103575**	**65614**	**37961**	**2113**	**739**	**1374**
玄武区						
秦淮区						
建邺区						
鼓楼区						
浦口区	6980	3894	3086	241	62	179
栖霞区	6791	4497	2294	96	30	66
雨花台区						
江宁区	66457	43090	23367	1305	511	794
六合区	8324	4809	3515	278	72	206
溧水区	8732	5046	3686	97	27	70
高淳区	4098	2650	1448	61	22	39
南京江北新区	2193	1628	565	35	15	20
无锡市	**331988**	**193325**	**138663**	**5813**	**1958**	**3855**
锡山区	34389	19903	14486	476	168	308
惠山区	66813	39793	27020	1973	630	1343
滨湖区	13775	8281	5494	384	120	264
梁溪区						
新吴区	33793	20761	13032	247	89	158
江苏无锡经济开发区						
江阴市	122417	69476	52941	1524	538	986
宜兴市	60801	35111	25690	1209	413	796
徐州市	**21212**	**7833**	**13379**	**489**	**87**	**402**
鼓楼区						
云龙区						
贾汪区	2255	971	1284	71	8	63
泉山区						
铜山区	5336	2087	3249	136	27	109
丰县	3363	1390	1973	65	10	55
沛县	2782	841	1941	54	10	44
睢宁县	2983	1009	1974	71	13	58
徐州经济技术开发区	466	235	231	18	6	12
新沂市	2162	636	1526	50	7	43
邳州市	1865	664	1201	24	6	18
常州市	**234367**	**137454**	**96913**	**5389**	**1788**	**3601**
天宁区	13331	7471	5860	239	84	155
钟楼区	11459	6644	4815	384	130	254
新北区	15309	8954	6355	392	119	273
武进区	88358	51738	36620	1879	632	1247
金坛区	31453	18473	12980	1120	373	747
江苏省常州市经济开发区	58895	34250	24645	990	321	669
溧阳市	15562	9924	5638	385	129	256

7-7c　续表 1

单位：人

现住地	合计			未上过学		
	合计	男	女	小计	男	女
苏州市	**715730**	**431437**	**284293**	**7252**	**2714**	**4538**
虎丘区	19636	12214	7422	370	120	250
吴中区	90577	55121	35456	1038	390	648
相城区	17624	11463	6161	208	89	119
姑苏区						
吴江区	105808	61911	43897	1124	445	679
苏州工业园区						
常熟市	102128	60511	41617	512	211	301
张家港市	111199	64625	46574	1569	544	1025
昆山市	189404	116776	72628	1197	456	741
太仓市	79354	48816	30538	1234	459	775
南通市	**100828**	**60086**	**40742**	**1141**	**392**	**749**
崇川区						
港闸区	830	582	248	19	6	13
通州区	27954	16842	11112	312	113	199
如东县	6960	4109	2851	83	17	66
南通经济技术开发区						
通州湾示范区	1312	682	630	39	11	28
苏锡通科技产业园区	10764	5993	4771	149	46	103
启东市	13816	9020	4796	142	53	89
如皋市	6108	3323	2785	74	13	61
海门市	25100	14613	10487	263	111	152
海安市	7984	4922	3062	60	22	38
连云港市	**8907**	**3599**	**5308**	**145**	**25**	**120**
连云区	245	202	43			
海州区	708	367	341	19	4	15
赣榆区	2856	878	1978	59	16	43
东海县	2434	714	1720	30	3	27
灌云县	1008	503	505	13		13
灌南县	1113	593	520	18	1	17
连云港经济技术开发区	246	142	104	4	1	3
连云港高新技术产业开发区						
江苏连云港徐圩新区	177	155	22			
江苏省连云港市云台山风景名胜区	120	45	75	2		2
淮安市	**9939**	**5341**	**4598**	**174**	**33**	**141**
淮安区	2514	1344	1170	60	13	47
淮阴区	1714	716	998	34	4	30
清江浦区	427	260	167	9	1	8
洪泽区	897	535	362	15	4	11
涟水县	1356	652	704	16	2	14
盱眙县	1244	626	618	26	6	20
金湖县	1548	1031	517	10	2	8
淮安经济技术开发区						
工业园区	232	172	60	3		3
生态文旅区						
苏淮高新区	7	5	2	1	1	

7-7c 续表 2

单位：人

现住地	合计			未上过学		
	合计	男	女	小计	男	女
盐城市	**21600**	**11651**	**9949**	**522**	**112**	**410**
亭湖区	826	439	387	19	1	18
盐都区	2865	1666	1199	39	5	34
大丰区	5694	3700	1994	134	44	90
响水县	933	417	516	19	3	16
滨海县	1774	868	906	55	9	46
阜宁县	1133	474	659	52	8	44
射阳县	2439	1280	1159	57	9	48
建湖县	1473	744	729	23	4	19
盐城经济技术开发区	346	209	137	6		6
江苏省盐南高新区						
东台市	4117	1854	2263	118	29	89
扬州市	**40657**	**25752**	**14905**	**682**	**207**	**475**
广陵区	9715	7094	2621	56	26	30
邗江区	2399	1331	1068	89	23	66
江都区	12845	8005	4840	204	66	138
宝应县	2331	1436	895	49	10	39
扬州经济技术开发区	1904	1151	753	39	11	28
蜀冈瘦西湖景区						
生态新城	1165	633	532	9	2	7
仪征市	5720	3475	2245	159	47	112
高邮市	4578	2627	1951	77	22	55
镇江市	**58129**	**34250**	**23879**	**1019**	**360**	**659**
京口区	603	374	229	26	8	18
润州区	451	282	169	2	1	1
丹徒区	6550	3907	2643	96	37	59
镇江新区	3230	1968	1262	48	26	22
江苏镇江高新区						
丹阳市	25759	14434	11325	523	176	347
扬中市	9165	5668	3497	152	56	96
句容市	12371	7617	4754	172	56	116
泰州市	**42504**	**25639**	**16865**	**469**	**153**	**316**
海陵区	1003	551	452	22	4	18
高港区	2746	1681	1065	24	7	17
姜堰区	3909	2062	1847	69	20	49
泰州医药高新技术产业开发区	604	352	252	11	3	8
兴化市	3509	1766	1743	81	26	55
靖江市	18631	11987	6644	140	52	88
泰兴市	12102	7240	4862	122	41	81
宿迁市	**14762**	**6691**	**8071**	**312**	**51**	**261**
宿城区	3173	1655	1518	51	12	39
宿豫区	1373	801	572	31	5	26
沭阳县	3803	1265	2538	69	11	58
泗阳县	1872	832	1040	52	9	43
泗洪县	2581	1111	1470	56	6	50
宿迁经济技术开发区	991	585	406	28	2	26
宿迁市湖滨新区	390	201	189	13	3	10
苏州宿迁工业园区						
宿迁市洋河新区	579	241	338	12	3	9

7-7c 续表 3

单位：人

现住地	学前教育			小学		
	小计	男	女	小计	男	女
江苏	**37509**	**20212**	**17297**	**356467**	**185765**	**170702**
南京市	**2153**	**1157**	**996**	**21258**	**11947**	**9311**
玄武区						
秦淮区						
建邺区						
鼓楼区						
浦口区	186	115	71	1806	887	919
栖霞区	97	55	42	1542	865	677
雨花台区						
江宁区	1427	776	651	12466	7170	5296
六合区	221	108	113	2107	1018	1089
溧水区	151	74	77	2011	1214	797
高淳区	51	20	31	864	505	359
南京江北新区	20	9	11	462	288	174
无锡市	**8216**	**4439**	**3777**	**79160**	**40756**	**38404**
锡山区	870	480	390	8978	4488	4490
惠山区	1519	834	685	16689	8727	7962
滨湖区	354	185	169	3119	1652	1467
梁溪区						
新吴区	407	229	178	3884	1981	1903
江苏无锡经济开发区						
江阴市	3028	1614	1414	26070	13313	12757
宜兴市	2038	1097	941	20420	10595	9825
徐州市	**437**	**232**	**205**	**4533**	**1643**	**2890**
鼓楼区						
云龙区						
贾汪区	29	14	15	497	220	277
泉山区						
铜山区	113	68	45	1146	436	710
丰县	67	37	30	613	228	385
沛县	63	35	28	571	172	399
睢宁县	69	32	37	730	222	508
徐州经济技术开发区	6	4	2	92	48	44
新沂市	46	20	26	452	141	311
邳州市	44	22	22	432	176	256
常州市	**6681**	**3675**	**3006**	**62196**	**32543**	**29653**
天宁区	410	216	194	3906	1989	1917
钟楼区	377	212	165	2629	1390	1239
新北区	424	230	194	4423	2248	2175
武进区	2591	1439	1152	23941	12464	11477
金坛区	759	421	338	9430	4747	4683
江苏省常州市经济开发区	1751	949	802	13973	7471	6502
溧阳市	369	208	161	3894	2234	1660

7-7c 续表 4

单位：人

现住地	学前教育			小学		
	小计	男	女	小计	男	女
苏州市	**12991**	**6976**	**6015**	**122969**	**65032**	**57937**
虎丘区	412	242	170	3844	2173	1671
吴中区	1446	778	668	14297	7566	6731
相城区	172	82	90	2899	1591	1308
姑苏区						
吴江区	2219	1179	1040	26117	13887	12230
苏州工业园区						
常熟市	1943	1066	877	12881	6789	6092
张家港市	2653	1383	1270	26834	14091	12743
昆山市	2552	1387	1165	19837	10127	9710
太仓市	1594	859	735	16260	8808	7452
南通市	**2921**	**1580**	**1341**	**19945**	**10328**	**9617**
崇川区						
港闸区	16	6	10	169	107	62
通州区	838	442	396	6038	3267	2771
如东县	142	74	68	1465	755	710
南通经济技术开发区						
通州湾示范区	45	21	24	354	175	179
苏锡通科技产业园区	455	260	195	2579	1239	1340
启东市	304	162	142	2949	1597	1352
如皋市	86	43	43	1242	520	722
海门市	852	478	374	3898	2011	1887
海安市	183	94	89	1251	657	594
连云港市	**155**	**81**	**74**	**1467**	**554**	**913**
连云区				21	13	8
海州区	25	16	9	121	57	64
赣榆区	58	29	29	502	187	315
东海县	40	22	18	343	111	232
灌云县	13	3	10	221	79	142
灌南县	11	6	5	189	65	124
连云港经济技术开发区	6	3	3	34	19	15
连云港高新技术产业开发区						
江苏连云港徐圩新区				25	19	6
江苏省连云港市云台山风景名胜区	2	2		11	4	7
淮安市	**141**	**76**	**65**	**2134**	**927**	**1207**
淮安区	37	18	19	530	216	314
淮阴区	20	10	10	365	102	263
清江浦区	6	6		78	39	39
洪泽区	11	9	2	225	121	104
涟水县	27	14	13	291	136	155
盱眙县	21	10	11	298	120	178
金湖县	19	9	10	311	167	144
淮安经济技术开发区						
工业园区				36	26	10
生态文旅区						
苏淮高新区						

7-7c　续表 5

单位：人

现住地	学前教育			小学		
	小计	男	女	小计	男	女
盐城市	**332**	**188**	**144**	**4595**	**1993**	**2602**
亭湖区	13	7	6	130	57	73
盐都区	26	13	13	404	195	209
大丰区	88	50	38	886	425	461
响水县	11	6	5	182	66	116
滨海县	25	13	12	665	359	306
阜宁县	24	15	9	334	120	214
射阳县	41	28	13	568	249	319
建湖县	27	18	9	336	130	206
盐城经济技术开发区	3	1	2	47	19	28
江苏省盐南高新区						
东台市	74	37	37	1043	373	670
扬州市	**732**	**387**	**345**	**10276**	**5931**	**4345**
广陵区	130	74	56	1888	1210	678
邗江区	50	31	19	752	395	357
江都区	199	98	101	3281	1905	1376
宝应县	32	19	13	513	282	231
扬州经济技术开发区	42	23	19	429	242	187
蜀冈瘦西湖景区						
生态新城	38	19	19	294	151	143
仪征市	123	69	54	1842	1082	760
高邮市	118	54	64	1277	664	613
镇江市	**1546**	**815**	**731**	**14349**	**7452**	**6897**
京口区	9	5	4	189	105	84
润州区	23	10	13	133	70	63
丹徒区	141	72	69	1428	764	664
镇江新区	79	41	38	858	478	380
江苏镇江高新区						
丹阳市	828	436	392	7260	3611	3649
扬中市	202	107	95	2136	1194	942
句容市	264	144	120	2345	1230	1115
泰州市	**915**	**473**	**442**	**10277**	**5435**	**4842**
海陵区	21	14	7	212	105	107
高港区	54	29	25	542	278	264
姜堰区	69	33	36	882	382	500
泰州医药高新技术产业开发区	18	9	9	142	80	62
兴化市	74	35	39	794	332	462
靖江市	437	235	202	4481	2553	1928
泰兴市	242	118	124	3224	1705	1519
宿迁市	**289**	**133**	**156**	**3308**	**1224**	**2084**
宿城区	55	14	41	724	344	380
宿豫区	22	12	10	230	86	144
沭阳县	70	28	42	921	248	673
泗阳县	29	20	9	432	150	282
泗洪县	65	35	30	572	218	354
宿迁经济技术开发区	22	13	9	175	81	94
宿迁市湖滨新区	11	6	5	94	45	49
苏州宿迁工业园区						
宿迁市洋河新区	15	5	10	160	52	108

7-7c 续表 6

单位：人

现住地	初中			高中			大学专科		
	小计	男	女	小计	男	女	小计	男	女
江　苏	**935558**	**568359**	**367199**	**240466**	**157430**	**83036**	**77493**	**49359**	**28134**
南京市	**44350**	**30367**	**13983**	**17925**	**12116**	**5809**	**8125**	**5404**	**2721**
玄武区									
秦淮区									
建邺区									
鼓楼区									
浦口区	2966	1848	1118	1022	579	443	384	202	182
栖霞区	3259	2290	969	997	712	285	424	288	136
雨花台区									
江宁区	28572	19768	8804	12494	8392	4102	5849	3961	1888
六合区	3543	2333	1210	1159	747	412	518	274	244
溧水区	3239	2227	1012	1082	772	310	433	294	139
高淳区	1800	1141	659	843	631	212	305	218	87
南京江北新区	971	760	211	328	283	45	212	167	45
无锡市	**184798**	**111639**	**73159**	**40741**	**26384**	**14357**	**10307**	**6286**	**4021**
锡山区	19906	12055	7851	2944	1987	957	859	531	328
惠山区	36598	23164	13434	6849	4684	2165	2517	1356	1161
滨湖区	7102	4437	2665	1814	1245	569	769	489	280
梁溪区									
新吴区	20770	12674	8096	6147	4244	1903	1814	1194	620
江苏无锡经济开发区									
江阴市	70437	40917	29520	17880	10929	6951	2869	1781	1088
宜兴市	29985	18392	11593	5107	3295	1812	1479	935	544
徐州市	**11641**	**4327**	**7314**	**2705**	**991**	**1714**	**1034**	**366**	**668**
鼓楼区									
云龙区									
贾汪区	1248	544	704	276	122	154	82	31	51
泉山区									
铜山区	2917	1196	1721	664	229	435	247	78	169
丰县	1907	794	1113	461	204	257	197	85	112
沛县	1576	477	1099	345	104	241	142	32	110
睢宁县	1569	524	1045	360	134	226	152	68	84
徐州经济技术开发区	240	122	118	60	22	38	20	13	7
新沂市	1180	347	833	288	79	209	112	28	84
邳州市	1004	323	681	251	97	154	82	31	51
常州市	**128780**	**78149**	**50631**	**21500**	**14711**	**6789**	**7411**	**4956**	**2455**
天宁区	7569	4397	3172	904	600	304	218	127	91
钟楼区	5684	3412	2272	1366	863	503	932	589	343
新北区	8368	5203	3165	1233	845	388	346	229	117
武进区	49286	29928	19358	7464	5111	2353	2417	1628	789
金坛区	13989	8494	5495	3832	2743	1089	1493	1099	394
江苏省常州市经济开发区	35751	21344	14407	4516	2977	1539	1567	977	590
溧阳市	8133	5371	2762	2185	1572	613	438	307	131

7-7c 续表 7

单位：人

现住地	初中			高中			大学专科		
	小计	男	女	小计	男	女	小计	男	女
苏州市	**412746**	**251203**	**161543**	**115287**	**76602**	**38685**	**33291**	**21714**	**11577**
虎丘区	9816	6244	3572	2949	1952	997	1515	1014	501
吴中区	51006	31420	19586	17959	11891	6068	3606	2359	1247
相城区	9813	6467	3346	3151	2259	892	954	684	270
姑苏区									
吴江区	61487	36661	24826	11058	7311	3747	2874	1826	1048
苏州工业园区									
常熟市	70022	41483	28539	12237	8037	4200	3609	2299	1310
张家港市	67240	40248	26992	9715	6315	3400	2492	1588	904
昆山市	95998	58850	37148	48956	32475	16481	15581	10125	5456
太仓市	47364	29830	17534	9262	6362	2900	2660	1819	841
南通市	**54178**	**33078**	**21100**	**14263**	**9183**	**5080**	**6146**	**4048**	**2098**
崇川区									
港闸区	408	300	108	136	99	37	47	35	12
通州区	14159	8539	5620	4515	3046	1469	1761	1214	547
如东县	3496	2095	1401	1156	742	414	413	279	134
南通经济技术开发区									
通州湾示范区	765	413	352	85	45	40	11	8	3
苏锡通科技产业园区	6066	3519	2547	1048	657	391	349	205	144
启东市	8050	5417	2633	1184	837	347	899	735	164
如皋市	3483	2040	1443	675	380	295	323	188	135
海门市	13108	7790	5318	4142	2513	1629	1886	1107	779
海安市	4643	2965	1678	1322	864	458	457	277	180
连云港市	**4182**	**1877**	**2305**	**1904**	**668**	**1236**	**758**	**247**	**511**
连云区	110	94	16	48	39	9	43	37	6
海州区	374	202	172	103	56	47	44	21	23
赣榆区	1172	386	786	646	163	483	332	70	262
东海县	1038	336	702	747	189	558	177	31	146
灌云县	499	247	252	136	84	52	68	47	21
灌南县	703	405	298	132	82	50	45	24	21
连云港经济技术开发区	124	85	39	28	13	15	26	9	17
连云港高新技术产业开发区									
江苏连云港徐圩新区	110	98	12	35	33	2	7	5	2
江苏省连云港市云台山风景名胜区	52	24	28	29	9	20	16	3	13
淮安市	**5233**	**2925**	**2308**	**1329**	**789**	**540**	**617**	**387**	**230**
淮安区	1416	819	597	249	138	111	143	90	53
淮阴区	874	361	513	231	115	116	116	69	47
清江浦区	200	131	69	63	44	19	41	28	13
洪泽区	471	288	183	106	73	33	40	24	16
涟水县	716	352	364	208	101	107	74	35	39
盱眙县	695	373	322	132	71	61	58	34	24
金湖县	718	490	228	311	226	85	129	96	33
淮安经济技术开发区									
工业园区	138	107	31	29	21	8	15	11	4
生态文旅区									
苏淮高新区	5	4	1				1		1

7-7c 续表 8

单位：人

现住地	初中			高中			大学专科		
	小计	男	女	小计	男	女	小计	男	女
盐城市	**10412**	**5511**	**4901**	**3804**	**2525**	**1279**	**1415**	**959**	**456**
亭湖区	464	267	197	126	69	57	56	31	25
盐都区	1255	691	564	1004	674	330	91	62	29
大丰区	2345	1495	850	1316	995	321	677	511	166
响水县	567	260	307	100	50	50	50	31	19
滨海县	751	314	437	139	74	65	104	70	34
阜宁县	578	252	326	93	51	42	45	24	21
射阳县	1272	662	610	308	207	101	105	56	49
建湖县	844	443	401	188	117	71	43	24	19
盐城经济技术开发区	151	81	70	49	37	12	78	65	13
江苏省盐南高新区									
东台市	2185	1046	1139	481	251	230	166	85	81
扬州市	**20920**	**14121**	**6799**	**5087**	**3334**	**1753**	**2037**	**1231**	**806**
广陵区	6081	4648	1433	1169	887	282	351	229	122
邗江区	1042	607	435	264	159	105	114	66	48
江都区	7068	4664	2404	1281	803	478	552	305	247
宝应县	1091	734	357	356	218	138	134	87	47
扬州经济技术开发区	664	401	263	376	239	137	234	158	76
蜀冈瘦西湖景区									
生态新城	516	283	233	205	116	89	85	50	35
仪征市	2485	1609	876	752	473	279	260	142	118
高邮市	1973	1175	798	684	439	245	307	194	113
镇江市	**29036**	**17829**	**11207**	**7400**	**4841**	**2559**	**3549**	**2173**	**1376**
京口区	289	190	99	65	48	17	11	8	3
润州区	242	165	77	28	21	7	19	13	6
丹徒区	3106	1917	1189	1072	678	394	452	279	173
镇江新区	1476	934	542	501	324	177	166	100	66
江苏镇江高新区									
丹阳市	13885	8150	5735	2634	1669	965	442	287	155
扬中市	4061	2629	1432	1074	747	327	1331	819	512
句容市	5977	3844	2133	2026	1354	672	1128	667	461
泰州市	**22249**	**13993**	**8256**	**5892**	**3929**	**1963**	**1935**	**1179**	**756**
海陵区	547	326	221	136	65	71	42	20	22
高港区	1429	972	457	331	215	116	273	132	141
姜堰区	2008	1107	901	578	347	231	201	119	82
泰州医药高新技术产业开发区	351	210	141	57	36	21	17	9	8
兴化市	1843	976	867	495	286	209	121	58	63
靖江市	9753	6447	3306	2819	1986	833	790	558	232
泰兴市	6318	3955	2363	1476	994	482	491	283	208
宿迁市	**7033**	**3340**	**3693**	**2629**	**1357**	**1272**	**868**	**409**	**459**
宿城区	1771	972	799	397	215	182	120	63	57
宿豫区	586	340	246	391	291	100	81	52	29
沭阳县	1808	658	1150	701	239	462	178	59	119
泗阳县	923	412	511	379	210	169	45	24	21
泗洪县	1039	486	553	471	207	264	275	105	170
宿迁经济技术开发区	416	244	172	191	142	49	114	75	39
宿迁市湖滨新区	180	94	86	51	28	23	32	18	14
苏州宿迁工业园区									
宿迁市洋河新区	310	134	176	48	25	23	23	13	10

7-7c　续表 9　　　　单位：人

现住地	大学本科			硕士研究生			博士研究生		
	小计	男	女	小计	男	女	小计	男	女
江　苏	**28346**	**17189**	**11157**	**2583**	**1562**	**1021**	**256**	**177**	**79**
南京市	**6819**	**3412**	**3407**	**728**	**403**	**325**	**104**	**69**	**35**
玄武区									
秦淮区									
建邺区									
鼓楼区									
浦口区	291	152	139	71	40	31	13	9	4
栖霞区	316	222	94	53	30	23	7	5	2
雨花台区									
江宁区	3863	2239	1624	422	234	188	59	39	20
六合区	384	196	188	100	52	48	14	9	5
溧水区	1675	411	1264	36	22	14	8	5	3
高淳区	152	101	51	21	11	10	1	1	
南京江北新区	138	91	47	25	14	11	2	1	1
无锡市	**2777**	**1771**	**1006**	**164**	**85**	**79**	**12**	**7**	**5**
锡山区	347	187	160	9	7	2			
惠山区	619	374	245	47	22	25	2	2	
滨湖区	210	139	71	21	13	8	2	1	1
梁溪区									
新吴区	492	329	163	32	21	11			
江苏无锡经济开发区									
江阴市	582	369	213	20	11	9	7	4	3
宜兴市	527	373	154	35	11	24	1		1
徐州市	**352**	**177**	**175**	**19**	**9**	**10**	**2**	**1**	**1**
鼓楼区									
云龙区									
贾汪区	49	29	20	3	3				
泉山区									
铜山区	106	49	57	6	3	3	1	1	
丰县	49	30	19	4	2	2			
沛县	31	11	20						
睢宁县	32	16	16						
徐州经济技术开发区	28	20	8	1		1	1		1
新沂市	32	14	18	2		2			
邳州市	25	8	17	3	1	2			
常州市	**2058**	**1402**	**656**	**339**	**219**	**120**	**13**	**11**	**2**
天宁区	83	56	27	2	2				
钟楼区	77	44	33	10	4	6			
新北区	115	76	39	8	4	4			
武进区	722	493	229	50	36	14	8	7	1
金坛区	571	426	145	255	166	89	4	4	
江苏省常州市经济开发区	337	208	129	9	3	6	1		1
溧阳市	153	99	54	5	4	1			

7-7c 续表 10

单位：人

现住地	大学本科			硕士研究生			博士研究生		
	小计	男	女	小计	男	女	小计	男	女
苏州市	**10246**	**6569**	**3677**	**876**	**571**	**305**	**72**	**56**	**16**
虎丘区	631	401	230	94	63	31	5	5	
吴中区	1124	659	465	92	51	41	9	7	2
相城区	368	245	123	58	45	13	1	1	
姑苏区									
吴江区	886	577	309	35	21	14	8	4	4
苏州工业园区									
常熟市	845	570	275	75	53	22	4	3	1
张家港市	647	426	221	44	26	18	5	4	1
昆山市	4826	3051	1775	424	279	145	33	26	7
太仓市	919	640	279	54	33	21	7	6	1
南通市	**2174**	**1430**	**744**	**55**	**45**	**10**	**5**	**2**	**3**
崇川区									
港闸区	35	29	6						
通州区	318	211	107	12	10	2	1		1
如东县	188	131	57	15	14	1	2	2	
南通经济技术开发区									
通州湾示范区	11	8	3	2	1	1			
苏锡通科技产业园区	113	63	50	5	4	1			
启东市	281	212	69	7	7				
如皋市	218	135	83	5	4	1	2		2
海门市	943	598	345	8	5	3			
海安市	67	43	24	1		1			
连云港市	**276**	**133**	**143**	**17**	**12**	**5**	**3**	**2**	**1**
连云区	23	19	4						
海州区	20	9	11	1	1		1	1	
赣榆区	82	25	57	3	1	2	2	1	1
东海县	56	20	36	3	2	1			
灌云县	55	41	14	3	2	1			
灌南县	13	8	5	2	2				
连云港经济技术开发区	19	8	11	5	4	1			
连云港高新技术产业开发区									
江苏连云港徐圩新区									
江苏省连云港市云台山风景名胜区	8	3	5						
淮安市	**298**	**196**	**102**	**13**	**8**	**5**			
淮安区	75	47	28	4	3	1			
淮阴区	73	54	19	1	1				
清江浦区	27	10	17	3	1	2			
洪泽区	27	16	11	2		2			
涟水县	24	12	12						
盱眙县	13	11	2	1	1				
金湖县	48	39	9	2	2				
淮安经济技术开发区									
工业园区	11	7	4						
生态文旅区									
苏淮高新区									

7-7c　续表 11　　　　单位：人

现 住 地	大学本科			硕士研究生			博士研究生		
	小计	男	女	小计	男	女	小计	男	女
盐城市	**484**	**341**	**143**	**34**	**20**	**14**	**2**	**2**	
亭湖区	16	6	10	2	1	1			
盐都区	44	25	19	1		1	1	1	
大丰区	226	164	62	21	15	6	1	1	
响水县	4	1	3						
滨海县	33	28	5	2	1	1			
阜宁县	7	4	3						
射阳县	86	68	18	2	1	1			
建湖县	11	8	3	1		1			
盐城经济技术开发区	10	5	5	2	1	1			
江苏省盐南高新区									
东台市	47	32	15	3	1	2			
扬州市	**781**	**459**	**322**	**127**	**73**	**54**	**15**	**9**	**6**
广陵区	36	17	19	4	3	1			
邗江区	78	44	34	8	5	3	2	1	1
江都区	216	132	84	38	29	9	6	3	3
宝应县	121	67	54	31	17	14	4	2	2
扬州经济技术开发区	105	69	36	15	8	7			
蜀冈瘦西湖景区									
生态新城	16	12	4	2		2			
仪征市	89	49	40	9	3	6	1	1	
高邮市	120	69	51	20	8	12	2	2	
镇江市	**1136**	**725**	**411**	**85**	**49**	**36**	**9**	**6**	**3**
京口区	12	9	3	2	1	1			
润州区	4	2	2						
丹徒区	244	151	93	9	8	1	2	1	1
镇江新区	92	59	33	9	5	4	1	1	
江苏镇江高新区									
丹阳市	177	101	76	8	2	6	2	2	
扬中市	197	111	86	9	3	6	3	2	1
句容市	410	292	118	48	30	18	1		1
泰州市	**649**	**416**	**233**	**100**	**50**	**50**	**18**	**11**	**7**
海陵区	20	15	5	3	2	1			
高港区	85	41	44	7	6	1	1	1	
姜堰区	84	47	37	16	5	11	2	2	
泰州医药高新技术产业开发区	6	3	3	2	2				
兴化市	69	37	32	29	15	14	3	1	2
靖江市	185	143	42	21	11	10	5	2	3
泰兴市	200	130	70	22	9	13	7	5	2
宿迁市	**296**	**158**	**138**	**26**	**18**	**8**	**1**	**1**	
宿城区	55	35	20						
宿豫区	32	15	17						
沭阳县	50	19	31	6	3	3			
泗阳县	11	6	5	1	1				
泗洪县	99	52	47	4	2	2			
宿迁经济技术开发区	32	18	14	12	9	3	1	1	
宿迁市湖滨新区	9	7	2						
苏州宿迁工业园区									
宿迁市洋河新区	8	6	2	3	3				

7-8 全省分年龄、性别、迁移原因的户口登记地在外乡镇街道的人口

单位：人

年龄	合计			工作就业		
	合计	男	女	小计	男	女
总　计	**29979948**	**15793646**	**14186302**	**13082742**	**7811736**	**5271006**
0-4岁	**1136122**	**596680**	**539442**			
0	123313	64236	59077			
1	211776	110764	101012			
2	230619	120442	110177			
3	278210	146214	131996			
4	292204	155024	137180			
5-9岁	**1408305**	**764810**	**643495**			
5	274459	147144	127315			
6	280183	151575	128608			
7	277183	150916	126267			
8	301470	164305	137165			
9	275010	150870	124140			
10-14岁	**1251879**	**692300**	**559579**	**1469**	**871**	**598**
10	263426	145396	118030	238	132	106
11	263520	145972	117548	270	159	111
12	246535	136226	110309	263	143	120
13	242024	133677	108347	316	196	120
14	236374	131029	105345	382	241	141
15-19岁	**2040517**	**1114528**	**925989**	**271507**	**178735**	**92772**
15	330977	181130	149847	12455	7781	4674
16	414688	227552	187136	29859	19814	10045
17	389056	216409	172647	51791	35012	16779
18	397577	217835	179742	74219	48782	25437
19	508219	271602	236617	103183	67346	35837
20-24岁	**2440611**	**1335430**	**1105181**	**1173930**	**707161**	**466769**
20	539081	289897	249184	138160	88177	49983
21	485447	263942	221505	175074	108852	66222
22	463474	258395	205079	248114	149259	98855
23	463107	256660	206447	289954	171980	117974
24	489502	266536	222966	322628	188893	133735
25-29岁	**3050069**	**1625323**	**1424746**	**2035139**	**1194288**	**840851**
25	552464	298869	253595	371167	217337	153830
26	548271	292972	255299	367896	215044	152852
27	599808	318585	281223	402583	235841	166742
28	642126	340936	301190	427420	251727	175693
29	707400	373961	333439	466073	274339	191734

7-8 续表 1

单位：人

年 龄	合 计			工作就业		
	合计	男	女	小计	男	女
30-34岁	**3985976**	**2099025**	**1886951**	**2589243**	**1523984**	**1065259**
30	926316	490852	435464	609043	360793	248250
31	873569	458029	415540	567177	332913	234264
32	763236	400461	362775	495344	290417	204927
33	787136	413901	373235	506813	297999	208814
34	635719	335782	299937	410866	241862	169004
35-39岁	**2570961**	**1365097**	**1205864**	**1600019**	**949313**	**650706**
35	521398	278935	242463	339165	201827	137338
36	505583	269954	235629	325745	193272	132473
37	487712	259503	228209	305483	181764	123719
38	559993	296257	263736	335644	199536	136108
39	496275	260448	235827	293982	172914	121068
40-44岁	**2264190**	**1188541**	**1075649**	**1340432**	**778467**	**561965**
40	426606	224257	202349	256333	150297	106036
41	483068	253401	229667	281623	164783	116840
42	460514	240213	220301	270122	155737	114385
43	434369	228139	206230	256307	148314	107993
44	459633	242531	217102	276047	159336	116711
45-49岁	**2428225**	**1283809**	**1144416**	**1488413**	**861261**	**627152**
45	447718	236399	211319	273789	157495	116294
46	467776	247303	220473	292024	167703	124321
47	471865	250032	221833	294180	169781	124399
48	502518	266557	235961	309879	179615	130264
49	538348	283518	254830	318541	186667	131874
50-54岁	**2530439**	**1309181**	**1221258**	**1350176**	**817444**	**532732**
50	563719	293679	270040	324343	190513	133830
51	530153	275917	254236	290311	174235	116076
52	546798	282075	264723	290866	176242	114624
53	420309	215175	205134	217135	132993	84142
54	469460	242335	227125	227521	143461	84060
55-59岁	**1796411**	**908656**	**887755**	**718503**	**465199**	**253304**
55	437127	222329	214798	196306	124688	71618
56	396140	200161	195979	165368	106172	59196
57	447838	227707	220131	171985	113137	58848
58	332998	168358	164640	124894	82197	42697
59	182308	90101	92207	59950	39005	20945
60-64岁	**1057834**	**530775**	**527059**	**261266**	**174372**	**86894**
60	187712	93408	94304	52833	34777	18056
61	177314	89627	87687	45764	30711	15053
62	224758	114602	110156	55654	37856	17798
63	252432	126342	126090	59053	39495	19558
64	215618	106796	108822	47962	31533	16429
65岁及以上	**2018409**	**979491**	**1038918**	**252645**	**160641**	**92004**

7-8 续表 2 单位：人

年 龄	学习培训			随同离开/投亲靠友			拆迁/搬家		
	小计	男	女	小计	男	女	小计	男	女
总 计	**2950864**	**1550529**	**1400335**	**3250773**	**1577848**	**1672925**	**5883991**	**2987301**	**2896690**
0-4岁	**10405**	**5456**	**4949**	**736174**	**387042**	**349132**	**189564**	**99323**	**90241**
0	234	107	127	79088	41152	37936	19607	10301	9306
1	670	348	322	138494	72464	66030	33429	17374	16055
2	1135	585	550	150645	78683	71962	37588	19679	17909
3	3550	1839	1711	180170	94681	85489	47301	24878	22423
4	4816	2577	2239	187777	100062	87715	51639	27091	24548
5-9岁	**285139**	**157477**	**127662**	**723194**	**392282**	**330912**	**250805**	**135028**	**115777**
5	5211	2770	2441	175066	94046	81020	49661	26578	23083
6	60560	33219	27341	141766	76632	65134	49556	26589	22967
7	69282	38210	31072	134115	72922	61193	48397	26214	22183
8	77739	42959	34780	143130	77857	65273	53665	28965	24700
9	72347	40319	32028	129117	70825	58292	49526	26682	22844
10-14岁	**362507**	**202805**	**159702**	**537255**	**296786**	**240469**	**240648**	**131264**	**109384**
10	70195	39420	30775	121306	66692	54614	48384	26336	22048
11	72535	40674	31861	118654	65586	53068	49096	26868	22228
12	70299	39339	30960	106437	58777	47660	48017	26039	21978
13	72232	40215	32017	98770	54667	44103	49043	26750	22293
14	77246	43157	34089	92088	51064	41024	46108	25271	20837
15-19岁	**1330188**	**693702**	**636486**	**219953**	**122728**	**97225**	**147643**	**81584**	**66059**
15	200885	108422	92463	63646	35326	28320	37186	20518	16668
16	281900	151188	130712	52823	29491	23332	33896	18532	15364
17	248685	132412	116273	43505	24194	19311	30363	16800	13563
18	253858	130281	123577	33129	18731	14398	24704	13782	10922
19	344860	171399	173461	26850	14986	11864	21494	11952	9542
20-24岁	**817469**	**414604**	**402865**	**129598**	**66971**	**62627**	**187051**	**98431**	**88620**
20	337408	168251	169157	25227	13774	11453	23684	13000	10684
21	243520	121788	121732	22581	11940	10641	26913	14195	12718
22	124094	65324	58770	27369	14026	13343	38200	19922	18278
23	67060	35507	31553	27553	13916	13637	45688	23858	21830
24	45387	23734	21653	26868	13315	13553	52566	27456	25110
25-29岁	**83362**	**45345**	**38017**	**125956**	**57602**	**68354**	**416281**	**217469**	**198812**
25	31362	16802	14560	27803	13672	14131	65498	34404	31094
26	18526	10133	8393	24970	11819	13151	71580	37339	34241
27	13914	7634	6280	24590	11180	13410	81421	42461	38960
28	10687	5847	4840	23784	10473	13311	91929	48142	43787
29	8873	4929	3944	24809	10458	14351	105853	55123	50730

7-8 续表 3

单位：人

年 龄	学习培训			随同离开/投亲靠友			拆迁/搬家		
	小计	男	女	小计	男	女	小计	男	女
30-34岁	**27841**	**14889**	**12952**	**118743**	**43882**	**74861**	**654270**	**331611**	**322659**
30	8972	4854	4118	29471	11802	17669	142531	73335	69196
31	6379	3435	2944	26219	9898	16321	142231	72312	69919
32	4964	2684	2280	22529	8108	14421	125781	63594	62187
33	4385	2263	2122	22747	7959	14788	134427	67613	66814
34	3141	1653	1488	17777	6115	11662	109300	54757	54543
35-39岁	**11393**	**5698**	**5695**	**70289**	**22741**	**47548**	**493751**	**246247**	**247504**
35	2461	1260	1201	14327	4808	9519	89845	44965	44880
36	2242	1124	1118	13757	4531	9226	89717	45061	44656
37	2180	1083	1097	13108	4196	8912	93085	46144	46941
38	2516	1232	1284	15470	4961	10509	115897	57653	58244
39	1994	999	995	13627	4245	9382	105207	52424	52783
40-44岁	**7123**	**3377**	**3746**	**60641**	**17672**	**42969**	**507473**	**251373**	**256100**
40	1590	760	830	11253	3478	7775	88710	43945	44765
41	1638	779	859	12934	3992	8942	107589	53336	54253
42	1457	676	781	12304	3551	8753	104301	51566	52735
43	1250	581	669	11722	3290	8432	100167	49629	50538
44	1188	581	607	12428	3361	9067	106706	52897	53809
45-49岁	**4776**	**2297**	**2479**	**70590**	**18239**	**52351**	**571776**	**283848**	**287928**
45	1082	536	546	12110	3297	8813	103095	51150	51945
46	979	468	511	12766	3312	9454	106795	52856	53939
47	909	433	476	13271	3369	9902	108801	54003	54798
48	873	419	454	15061	3867	11194	118271	59219	59052
49	933	441	492	17382	4394	12988	134814	66620	68194
50-54岁	**3695**	**1673**	**2022**	**103475**	**26958**	**76517**	**641769**	**316581**	**325188**
50	903	421	482	19499	4864	14635	142122	69897	72225
51	770	358	412	20767	5320	15447	135727	66958	68769
52	761	329	432	22679	5858	16821	139272	68338	70934
53	590	263	327	18684	4881	13803	104061	51124	52937
54	671	302	369	21846	6035	15811	120587	60264	60323
55-59岁	**2482**	**1097**	**1385**	**94574**	**27980**	**66594**	**501379**	**253927**	**247452**
55	608	280	328	21467	6026	15441	115865	57839	58026
56	533	226	307	20427	5936	14491	108861	55020	53841
57	614	286	328	23841	7161	16680	128841	65564	63277
58	462	192	270	18217	5598	12619	92842	47500	45342
59	265	113	152	10622	3259	7363	54970	28004	26966
60-64岁	**1548**	**712**	**836**	**69643**	**25251**	**44392**	**331169**	**170796**	**160373**
60	258	121	137	11309	3864	7445	59934	30778	29156
61	278	128	150	11239	3998	7241	56067	29208	26859
62	326	150	176	14788	5505	9283	69848	36474	33374
63	368	173	195	17133	6276	10857	78553	40566	37987
64	318	140	178	15174	5608	9566	66767	33770	32997
65岁及以上	**2936**	**1397**	**1539**	**190688**	**71714**	**118974**	**750412**	**369819**	**380593**

7-8 续表 4 单位：人

年 龄	寄挂户口			婚姻嫁娶			照料孙子女		
	小计	男	女	小计	男	女	小计	男	女
总 计	**335979**	**184393**	**151586**	**1033989**	**203968**	**830021**	**1005953**	**315022**	**690931**
0-4岁	**14605**	**7577**	**7028**						
0	1572	820	752						
1	3036	1581	1455						
2	3223	1647	1576						
3	3445	1808	1637						
4	3329	1721	1608						
5-9岁	**14438**	**7633**	**6805**						
5	3195	1669	1526						
6	2832	1515	1317						
7	2712	1429	1283						
8	2963	1569	1394						
9	2736	1451	1285						
10-14岁	**14177**	**7643**	**6534**	**27**	**17**	**10**			
10	2654	1400	1254	4	4				
11	2800	1538	1262	9	6	3			
12	2787	1497	1290	4	3	1			
13	2980	1624	1356	3	2	1			
14	2956	1584	1372	7	2	5			
15-19岁	**8448**	**4739**	**3709**	**3254**	**316**	**2938**	**18**	**6**	**12**
15	2090	1144	946	151	58	93	3	1	2
16	1909	1051	858	241	58	183	1		1
17	1849	1041	808	412	64	348	7	4	3
18	1222	715	507	844	69	775	5	1	4
19	1378	788	590	1606	67	1539	2		2
20-24岁	**18463**	**10189**	**8274**	**47488**	**3039**	**44449**	**41**	**5**	**36**
20	1707	912	795	2883	119	2764	3	1	2
21	2319	1279	1040	4553	168	4385	3		3
22	3804	2151	1653	7947	419	7528	11	3	8
23	4762	2678	2084	12630	812	11818	17		17
24	5871	3169	2702	19475	1521	17954	7	1	6
25-29岁	**36432**	**19403**	**17029**	**223884**	**29993**	**193891**	**103**	**28**	**75**
25	7200	3817	3383	29525	2891	26634	13	1	12
26	7303	3920	3383	36793	4317	32476	15	4	11
27	7539	4010	3529	45463	6027	39436	24	6	18
28	7262	3882	3380	52504	7505	44999	26	7	19
29	7128	3774	3354	59599	9253	50346	25	10	15

7-8　续表 5　　　　单位：人

年　龄	寄挂户口			婚姻嫁娶			照料孙子女		
	小计	男	女	小计	男	女	小计	男	女
30-34岁	**35554**	**18955**	**16599**	**313904**	**56128**	**257776**	**4030**	**1315**	**2715**
30	8551	4580	3971	76988	12491	64497	799	253	546
31	7800	4183	3617	71803	12153	59650	844	260	584
32	6774	3532	3242	60413	11059	49354	779	236	543
33	6767	3625	3142	59698	11463	48235	871	302	569
34	5662	3035	2627	45002	8962	36040	737	264	473
35-39岁	**26993**	**14520**	**12473**	**149012**	**32205**	**116807**	**3240**	**1141**	**2099**
35	4777	2545	2232	33341	6956	26385	640	236	404
36	4846	2649	2197	30124	6214	23910	558	201	357
37	5063	2754	2309	27828	5975	21853	590	217	373
38	6396	3419	2977	31779	7216	24563	765	249	516
39	5911	3153	2758	25940	5844	20096	687	238	449
40-44岁	**27057**	**14193**	**12864**	**92118**	**22132**	**69986**	**4871**	**1547**	**3324**
40	5126	2681	2445	20175	4740	15435	658	227	431
41	5805	3069	2736	20988	5101	15887	945	306	639
42	5512	2936	2576	18354	4385	13969	972	311	661
43	5279	2738	2541	16489	3978	12511	1024	338	686
44	5335	2769	2566	16112	3928	12184	1272	365	907
45-49岁	**26208**	**13870**	**12338**	**67401**	**16284**	**51117**	**27231**	**5303**	**21928**
45	5088	2636	2452	14547	3432	11115	1697	405	1292
46	4976	2660	2316	13572	3187	10385	2576	594	1982
47	5066	2680	2386	12951	3177	9774	4026	821	3205
48	5384	2889	2495	12873	3192	9681	6994	1310	5684
49	5694	3005	2689	13458	3296	10162	11938	2173	9765
50-54岁	**27301**	**14672**	**12629**	**53601**	**13859**	**39742**	**172930**	**35805**	**137125**
50	6076	3217	2859	13223	3248	9975	19032	3585	15447
51	5759	3064	2695	11541	2976	8565	27993	5598	22395
52	5808	3055	2753	11364	2954	8410	37547	7683	29864
53	4457	2479	1978	8336	2180	6156	37510	7802	29708
54	5201	2857	2344	9137	2501	6636	50848	11137	39711
55-59岁	**22545**	**13137**	**9408**	**32179**	**9568**	**22611**	**274845**	**68045**	**206800**
55	5207	2934	2273	8219	2262	5957	55948	12768	43180
56	4871	2798	2073	7325	2133	5192	56972	13210	43762
57	5738	3427	2311	7920	2452	5468	71189	18074	53115
58	4178	2503	1675	5656	1787	3869	57626	15007	42619
59	2551	1475	1076	3059	934	2125	33110	8986	24124
60-64岁	**15257**	**8996**	**6261**	**17815**	**6482**	**11333**	**234282**	**81942**	**152340**
60	2765	1585	1180	3239	1087	2152	37078	11371	25707
61	2568	1588	980	3001	1086	1915	37568	12609	24959
62	3304	1922	1382	3944	1438	2506	50066	17800	32266
63	3465	2039	1426	4172	1563	2609	58779	21255	37524
64	3155	1862	1293	3459	1308	2151	50791	18907	31884
65岁及以上	**48501**	**28866**	**19635**	**33306**	**13945**	**19361**	**284362**	**119885**	**164477**

7-8 续表 6　　单位：人

年　龄	为子女就学			养老/康养			其　他		
	小计	男	女	小计	男	女	小计	男	女
总　计	**561816**	**227811**	**334005**	**394328**	**176128**	**218200**	**1479513**	**758910**	**720603**
0-4岁							**185374**	**97282**	**88092**
0							22812	11856	10956
1							36147	18997	17150
2							38028	19848	18180
3							43744	23008	20736
4							44643	23573	21070
5-9岁							**134729**	**72390**	**62339**
5							41326	22081	19245
6							25469	13620	11849
7							22677	12141	10536
8							23973	12955	11018
9							21284	11593	9691
10-14岁				**6**	**3**	**3**	**95790**	**52911**	**42879**
10				3	2	1	20642	11410	9232
11							20156	11141	9015
12							18728	10428	8300
13				2	1	1	18678	10222	8456
14				1		1	17586	9710	7876
15-19岁	**442**	**237**	**205**	**23**	**11**	**12**	**59041**	**32470**	**26571**
15	90	43	47	5	2	3	14466	7835	6631
16	117	66	51	2	2		13940	7350	6590
17	96	47	49	10	4	6	12338	6831	5507
18	76	42	34	4	2	2	9516	5430	4086
19	63	39	24	2	1	1	8781	5024	3757
20-24岁	**3217**	**1002**	**2215**	**44**	**24**	**20**	**63310**	**34004**	**29306**
20	246	113	133	8	4	4	9755	5546	4209
21	309	104	205	4	2	2	10171	5614	4557
22	497	151	346	10	5	5	13428	7135	6293
23	852	249	603	9	6	3	14582	7654	6928
24	1313	385	928	13	7	6	15374	8055	7319
25-29岁	**33005**	**11647**	**21358**	**97**	**69**	**28**	**95810**	**49479**	**46331**
25	2350	740	1610	15	9	6	17531	9196	8335
26	3614	1202	2412	15	13	2	17559	9181	8378
27	5650	1935	3715	17	12	5	18607	9479	9128
28	8564	3016	5548	20	15	5	19930	10322	9608
29	12827	4754	8073	30	20	10	22183	11301	10882

7-8　续表 7　　　　单位：人

年　龄	为子女就学			养老/康养			其　他		
	小计	男	女	小计	男	女	小计	男	女
30-34岁	**118920**	**46222**	**72698**	**150**	**100**	**50**	**123321**	**61939**	**61382**
30	21353	8120	13233	30	21	9	28578	14603	13975
31	23937	9193	14744	34	25	9	27145	13657	13488
32	23153	9040	14113	23	14	9	23476	11777	11699
33	27076	10611	16465	36	20	16	24316	12046	12270
34	23401	9258	14143	27	20	7	19806	9856	9950
35-39岁	**127326**	**48991**	**78335**	**151**	**103**	**48**	**88787**	**44138**	**44649**
35	20419	8139	12280	22	18	4	16401	8181	8220
36	21680	8422	13258	36	22	14	16878	8458	8420
37	23631	9048	14583	24	19	5	16720	8303	8417
38	31189	11878	19311	33	20	13	20304	10093	10211
39	30407	11504	18903	36	24	12	18484	9103	9381
40-44岁	**133030**	**54797**	**78233**	**242**	**149**	**93**	**91203**	**44834**	**46369**
40	26600	10310	16290	25	17	8	16136	7802	8334
41	32640	12716	19924	49	31	18	18857	9288	9569
42	28609	11717	16892	60	40	20	18823	9294	9529
43	23854	10209	13645	53	30	23	18224	9032	9192
44	21327	9845	11482	55	31	24	19163	9418	9745
45-49岁	**67374**	**31124**	**36250**	**598**	**283**	**315**	**103858**	**51300**	**52558**
45	17294	7948	9346	73	36	37	18943	9464	9479
46	14850	6943	7907	83	37	46	19155	9543	9612
47	12657	5885	6772	95	45	50	19909	9838	10071
48	11605	5401	6204	147	78	69	21431	10567	10864
49	10968	4947	6021	200	87	113	24420	11888	12532
50-54岁	**35149**	**15232**	**19917**	**20574**	**7468**	**13106**	**121769**	**59489**	**62280**
50	9923	4349	5574	2424	874	1550	26174	12711	13463
51	7976	3539	4437	3740	1312	2428	25569	12557	13012
52	7326	3130	4196	4659	1642	3017	26516	12844	13672
53	4956	2111	2845	4120	1441	2679	20460	9901	10559
54	4968	2103	2865	5631	2199	3432	23050	11476	11574
55-59岁	**16822**	**6964**	**9858**	**36773**	**14611**	**22162**	**96309**	**48128**	**48181**
55	4483	1878	2605	6643	2548	4095	22381	11106	11275
56	3735	1563	2172	7276	2892	4384	20772	10211	10561
57	3974	1642	2332	9541	3816	5725	24195	12148	12047
58	2970	1194	1776	7975	3186	4789	18178	9194	8984
59	1660	687	973	5338	2169	3169	10783	5469	5314
60-64岁	**10588**	**4311**	**6277**	**51473**	**24621**	**26852**	**64793**	**33292**	**31501**
60	1802	729	1073	7123	3293	3830	11371	5803	5568
61	1712	701	1011	7961	3780	4181	11156	5818	5338
62	2118	868	1250	11021	5379	5642	13689	7210	6479
63	2577	1050	1527	13150	6266	6884	15182	7659	7523
64	2379	963	1416	12218	5903	6315	13395	6802	6593
65岁及以上	**15943**	**7284**	**8659**	**284197**	**128686**	**155511**	**155419**	**77254**	**78165**

7-8a 全省分年龄、性别、迁移原因的户口登记地在外乡镇街道的人口(城市)

单位：人

年 龄	合 计			工作就业		
	合计	男	女	小计	男	女
总 计	**19322446**	**10089794**	**9232652**	**8044730**	**4752073**	**3292657**
0-4岁	**714259**	**374434**	**339825**			
0	79905	41596	38309			
1	135225	70690	64535			
2	144816	75514	69302			
3	172837	90607	82230			
4	181476	96027	85449			
5-9岁	**830092**	**450316**	**379776**			
5	167046	89357	77689			
6	165898	89535	76363			
7	161554	88019	73535			
8	176838	96321	80517			
9	158756	87084	71672			
10-14岁	**722030**	**398765**	**323265**	**795**	**466**	**329**
10	152053	83722	68331	128	70	58
11	151504	83818	67686	144	85	59
12	141035	77989	63046	142	75	67
13	140472	77414	63058	164	99	65
14	136966	75822	61144	217	137	80
15-19岁	**1335042**	**723257**	**611785**	**173307**	**112689**	**60618**
15	190988	104315	86673	7524	4682	2842
16	247227	135264	111963	19328	12816	6512
17	240570	133370	107200	33247	22428	10819
18	278282	150627	127655	47315	30468	16847
19	377975	199681	178294	65893	42295	23598
20-24岁	**1749348**	**942918**	**806430**	**785026**	**460109**	**324917**
20	405458	214845	190613	89442	55971	33471
21	358693	191746	166947	114911	69649	45262
22	327273	179445	147828	166152	96862	69290
23	321748	175613	146135	195928	112844	83084
24	336176	181269	154907	218593	124783	93810
25-29岁	**2022515**	**1076430**	**946085**	**1343196**	**775878**	**567318**
25	374819	201298	173521	250676	143381	107295
26	368430	196280	172150	246921	141847	105074
27	398504	211608	186896	266930	154039	112891
28	421617	223498	198119	278437	161593	116844
29	459145	243746	215399	300232	175018	125214

7-8a 续表 1

单位：人

年 龄	合 计			工作就业		
	合计	男	女	小计	男	女
30-34岁	**2536828**	**1337123**	**1199705**	**1615699**	**942198**	**673501**
30	591279	314233	277046	386069	226551	159518
31	557125	292783	264342	356260	206972	149288
32	485516	255196	230320	307944	179220	128724
33	500820	262934	237886	313393	182536	130857
34	402088	211977	190111	252033	146919	105114
35-39岁	**1622812**	**860918**	**761894**	**976636**	**575949**	**400687**
35	325470	174131	151339	206323	122012	84311
36	315126	168612	146514	198318	117031	81287
37	307433	163557	143876	186821	110444	76377
38	358805	189139	169666	206236	121809	84427
39	315978	165479	150499	178938	104653	74285
40-44岁	**1424357**	**746746**	**677611**	**797098**	**461766**	**335332**
40	269422	141339	128083	153469	89590	63879
41	307460	161059	146401	169770	99089	70681
42	291328	151591	139737	161725	92856	68869
43	271774	142630	129144	151336	87344	63992
44	284373	150127	134246	160798	92887	67911
45-49岁	**1484715**	**782382**	**702333**	**853343**	**493249**	**360094**
45	275116	145136	129980	158444	91185	67259
46	285139	150565	134574	167119	95972	71147
47	287769	151923	135846	168179	96843	71336
48	305974	161831	144143	176870	102444	74426
49	330717	172927	157790	182731	106805	75926
50-54岁	**1583328**	**803529**	**779799**	**774678**	**466758**	**307920**
50	347437	179414	168023	185776	108913	76863
51	330682	169405	161277	167225	99888	67337
52	342841	173524	169317	166906	100815	66091
53	263229	131311	131918	123861	75273	48588
54	299139	149875	149264	130910	81869	49041
55-59岁	**1196577**	**585203**	**611374**	**421865**	**269717**	**152148**
55	283793	139869	143924	114033	71823	42210
56	263108	128422	134686	97020	61385	35635
57	302124	148232	153892	101659	65901	35758
58	223783	109310	114473	73587	47760	25827
59	123769	59370	64399	35566	22848	12718
60-64岁	**731199**	**356479**	**374720**	**155484**	**101643**	**53841**
60	129798	62803	66995	31404	20361	11043
61	122560	60045	62515	27161	17869	9292
62	155104	76790	78314	33167	22116	11051
63	175239	85289	89950	35296	23088	12208
64	148498	71552	76946	28456	18209	10247
65岁及以上	**1369344**	**651294**	**718050**	**147603**	**91651**	**55952**

7-8a 续表 2 单位：人

年 龄	学习培训			随同离开/投亲靠友			拆迁/搬家		
	小计	男	女	小计	男	女	小计	男	女
总 计	**2039248**	**1063226**	**976022**	**2019860**	**971725**	**1048135**	**4090955**	**2069744**	**2021211**
0-4岁	**6742**	**3520**	**3222**	**459655**	**241277**	**218378**	**123226**	**64335**	**58891**
0	164	78	86	51332	26715	24617	12592	6573	6019
1	440	222	218	87885	45979	41906	21902	11365	10537
2	751	385	366	93812	48986	44826	24592	12821	11771
3	2322	1180	1142	110855	58041	52814	30626	16093	14533
4	3065	1655	1410	115771	61556	54215	33514	17483	16031
5-9岁	**165076**	**91106**	**73970**	**422072**	**228776**	**193296**	**155381**	**83354**	**72027**
5	3222	1689	1533	105582	56562	49020	31694	16957	14737
6	35546	19470	16076	83165	44818	38347	30683	16459	14224
7	39975	22122	17853	77424	42154	35270	29577	15936	13641
8	45019	24798	20221	82776	45088	37688	33199	17817	15382
9	41314	23027	18287	73125	40154	32971	30228	16185	14043
10-14岁	**206704**	**115628**	**91076**	**304555**	**168116**	**136439**	**146488**	**79444**	**67044**
10	39767	22287	17480	68836	37836	31000	29614	15978	13636
11	40985	23065	17920	67149	37025	30124	29929	16304	13625
12	39572	22167	17405	59970	33149	26821	28983	15690	13293
13	41648	23137	18511	56111	30969	25142	30080	16310	13770
14	44732	24972	19760	52489	29137	23352	27882	15162	12720
15-19岁	**878389**	**454565**	**423824**	**140531**	**77686**	**62845**	**100440**	**55047**	**45393**
15	111279	59835	51444	38727	21387	17340	23910	13146	10764
16	161381	86060	75321	34044	18786	15258	23135	12537	10598
17	149232	78981	70251	28447	15660	12787	20813	11410	9403
18	184790	94416	90374	21518	12018	9500	17312	9590	7722
19	271707	135273	136434	17795	9835	7960	15270	8364	6906
20-24岁	**667902**	**337636**	**330266**	**87046**	**44565**	**42481**	**131400**	**68673**	**62727**
20	273188	136068	137120	17039	9180	7859	16869	9094	7775
21	199252	99274	99978	15171	8000	7171	18993	9973	9020
22	100884	52901	47983	18335	9324	9011	26719	13813	12906
23	55997	29388	26609	18594	9305	9289	32024	16654	15370
24	38581	20005	18576	17907	8756	9151	36795	19139	17656
25-29岁	**68029**	**37129**	**30900**	**83375**	**37755**	**45620**	**293277**	**152756**	**140521**
25	26241	14020	12221	18545	9000	9545	46040	24099	21941
26	15230	8362	6868	16679	7833	8846	50420	26047	24373
27	11156	6198	4958	16342	7310	9032	57505	29963	27542
28	8374	4636	3738	15592	6809	8783	65115	34029	31086
29	7028	3913	3115	16217	6803	9414	74197	38618	35579

7-8a　续表 3

单位：人

年　龄	学习培训			随同离开/投亲靠友			拆迁/搬家		
	小计	男	女	小计	男	女	小计	男	女
30-34岁	**21570**	**11676**	**9894**	**77682**	**29004**	**48678**	**456983**	**231557**	**225426**
30	6958	3798	3160	19023	7599	11424	97557	50073	47484
31	4981	2728	2253	17069	6497	10572	98698	50310	48388
32	3805	2069	1736	14811	5386	9425	88671	44875	43796
33	3419	1781	1638	15008	5366	9642	94931	47736	47195
34	2407	1300	1107	11771	4156	7615	77126	38563	38563
35-39岁	**8605**	**4354**	**4251**	**45925**	**15542**	**30383**	**345367**	**171826**	**173541**
35	1876	970	906	9314	3246	6068	61850	30880	30970
36	1700	865	835	8842	3043	5799	61578	30886	30692
37	1645	827	818	8562	2868	5694	64828	32133	32695
38	1911	931	980	10248	3437	6811	82556	40868	41688
39	1473	761	712	8959	2948	6011	74555	37059	37496
40-44岁	**5268**	**2543**	**2725**	**39986**	**12393**	**27593**	**359127**	**177530**	**181597**
40	1190	579	611	7512	2499	5013	63151	31298	31853
41	1196	584	612	8627	2807	5820	76516	37856	38660
42	1077	508	569	8046	2438	5608	73836	36397	37439
43	930	426	504	7648	2302	5346	70727	35013	35714
44	875	446	429	8153	2347	5806	74897	36966	37931
45-49岁	**3477**	**1710**	**1767**	**46313**	**12570**	**33743**	**401354**	**198573**	**202781**
45	799	409	390	7940	2248	5692	72358	35728	36630
46	704	346	358	8336	2253	6083	75081	37048	38033
47	655	319	336	8620	2302	6318	76661	37894	38767
48	654	312	342	9875	2696	7179	82720	41341	41379
49	665	324	341	11542	3071	8471	94534	46562	47972
50-54岁	**2534**	**1123**	**1411**	**70320**	**19001**	**51319**	**449302**	**221043**	**228259**
50	622	283	339	13036	3397	9639	99683	49038	50645
51	530	244	286	14118	3747	10371	95055	46742	48313
52	529	222	307	15352	4126	11226	97784	47908	49876
53	390	171	219	12741	3433	9308	72182	35341	36841
54	463	203	260	15073	4298	10775	84598	42014	42584
55-59岁	**1772**	**755**	**1017**	**66725**	**20141**	**46584**	**362033**	**182940**	**179093**
55	425	192	233	14955	4289	10666	82067	40967	41100
56	396	162	234	14450	4325	10125	79067	39819	39248
57	438	188	250	16899	5140	11759	94264	47717	46547
58	331	132	199	12879	4050	8829	67100	34208	32892
59	182	81	101	7542	2337	5205	39535	20229	19306
60-64岁	**1114**	**503**	**611**	**48949**	**17955**	**30994**	**240082**	**123121**	**116961**
60	189	84	105	7917	2764	5153	44227	22590	21637
61	199	94	105	8020	2855	5165	40909	21235	19674
62	231	103	128	10484	3965	6519	50444	26097	24347
63	265	118	147	11990	4431	7559	56877	29163	27714
64	230	104	126	10538	3940	6598	47625	24036	23589
65岁及以上	**2066**	**978**	**1088**	**126726**	**46944**	**79782**	**526495**	**259545**	**266950**

7-8a 续表 4

单位：人

年 龄	寄挂户口			婚姻嫁娶			照料孙子女		
	小计	男	女	小计	男	女	小计	男	女
总 计	**201073**	**109263**	**91810**	**579027**	**131534**	**447493**	**766850**	**240558**	**526292**
0-4岁	**9110**	**4745**	**4365**						
0	1076	573	503						
1	1923	1016	907						
2	1997	1013	984						
3	2107	1093	1014						
4	2007	1050	957						
5-9岁	**8422**	**4483**	**3939**						
5	1863	973	890						
6	1596	854	742						
7	1573	821	752						
8	1750	945	805						
9	1640	890	750						
10-14岁	**8336**	**4550**	**3786**	**15**	**10**	**5**			
10	1579	857	722	3	3				
11	1679	943	736	4	2	2			
12	1650	892	758	4	3	1			
13	1729	947	782						
14	1699	911	788	4	2	2			
15-19岁	**4792**	**2664**	**2128**	**1078**	**205**	**873**	**11**	**5**	**6**
15	1185	640	545	76	40	36	2	1	1
16	1064	582	482	109	41	68	1		1
17	1042	569	473	137	44	93	5	3	2
18	735	441	294	260	42	218	2	1	1
19	766	432	334	496	38	458	1		1
20-24岁	**11581**	**6360**	**5221**	**21586**	**1952**	**19634**	**31**	**5**	**26**
20	1023	553	470	1013	82	931	3	1	2
21	1462	819	643	1734	87	1647	1		1
22	2401	1349	1052	3360	261	3099	8	3	5
23	2977	1654	1323	5887	512	5375	14		14
24	3718	1985	1733	9592	1010	8582	5	1	4
25-29岁	**23616**	**12492**	**11124**	**128804**	**20930**	**107874**	**67**	**22**	**45**
25	4479	2377	2102	15959	1953	14006	8	1	7
26	4587	2449	2138	20991	2983	18008	10	3	7
27	4783	2522	2261	26258	4207	22051	18	6	12
28	4989	2635	2354	30924	5290	25634	16	4	12
29	4778	2509	2269	34672	6497	28175	15	8	7

7-8a 续表 5

单位：人

年 龄	寄挂户口			婚姻嫁娶			照料孙子女		
	小计	男	女	小计	男	女	小计	男	女
30-34岁	**22610**	**12026**	**10584**	**184704**	**39046**	**145658**	**2772**	**953**	**1819**
30	5556	2966	2590	44688	8638	36050	535	178	357
31	4885	2620	2265	42125	8578	33547	576	191	385
32	4176	2163	2013	35919	7823	28096	535	165	370
33	4365	2320	2045	35496	7845	27651	619	220	399
34	3628	1957	1671	26476	6162	20314	507	199	308
35-39岁	**17139**	**9128**	**8011**	**87277**	**22082**	**65195**	**2255**	**851**	**1404**
35	3050	1608	1442	19323	4766	14557	438	174	264
36	3124	1669	1455	17108	4179	12929	362	135	227
37	3153	1705	1448	16302	4150	12152	412	165	247
38	4042	2131	1911	19160	4967	14193	541	186	355
39	3770	2015	1755	15384	4020	11364	502	191	311
40-44岁	**16779**	**8708**	**8071**	**52419**	**14717**	**37702**	**3279**	**1085**	**2194**
40	3316	1694	1622	11839	3257	8582	459	163	296
41	3683	1933	1750	12223	3417	8806	644	214	430
42	3466	1827	1639	10453	2910	7543	664	220	444
43	3183	1652	1531	9196	2627	6569	683	234	449
44	3131	1602	1529	8708	2506	6202	829	254	575
45-49岁	**15727**	**8333**	**7394**	**34765**	**10137**	**24628**	**19379**	**3724**	**15655**
45	2916	1532	1384	7848	2184	5664	1140	282	858
46	3038	1613	1425	7021	2025	4996	1779	420	1359
47	3127	1655	1472	6700	2014	4686	2826	553	2273
48	3293	1751	1542	6564	1985	4579	4958	907	4051
49	3353	1782	1571	6632	1929	4703	8676	1562	7114
50-54岁	**15904**	**8407**	**7497**	**25780**	**7840**	**17940**	**130087**	**26520**	**103567**
50	3506	1841	1665	6366	1934	4432	14080	2610	11470
51	3334	1734	1600	5546	1702	3844	20839	4099	16740
52	3473	1810	1663	5512	1684	3828	28211	5617	22594
53	2603	1432	1171	3931	1157	2774	28329	5828	22501
54	2988	1590	1398	4425	1363	3062	38628	8366	30262
55-59岁	**13035**	**7528**	**5507**	**16976**	**5353**	**11623**	**211877**	**52206**	**159671**
55	2945	1625	1320	4193	1243	2950	42990	9679	33311
56	2739	1572	1167	3806	1191	2615	44002	10201	33801
57	3369	1989	1380	4280	1417	2863	55017	13919	41098
58	2457	1453	1004	3042	995	2047	44421	11556	32865
59	1525	889	636	1655	507	1148	25447	6851	18596
60-64岁	**8600**	**4986**	**3614**	**9584**	**3400**	**6184**	**180116**	**63062**	**117054**
60	1656	949	707	1762	595	1167	28494	8715	19779
61	1465	885	580	1600	568	1032	28870	9671	19199
62	1836	1042	794	2133	745	1388	38432	13687	24745
63	1915	1090	825	2229	803	1426	45330	16474	28856
64	1728	1020	708	1860	689	1171	38990	14515	24475
65岁及以上	**25422**	**14853**	**10569**	**16039**	**5862**	**10177**	**216976**	**92125**	**124851**

7-8a 续表 6 单位：人

年 龄	为子女就学			养老/康养			其 他		
	小计	男	女	小计	男	女	小计	男	女
总 计	**358181**	**151340**	**206841**	**276527**	**118757**	**157770**	**945995**	**481574**	**464421**
0-4岁							**115526**	**60557**	**54969**
0							14741	7657	7084
1							23075	12108	10967
2							23664	12309	11355
3							26927	14200	12727
4							27119	14283	12836
5-9岁							**79141**	**42597**	**36544**
5							24685	13176	11509
6							14908	7934	6974
7							13005	6986	6019
8							14094	7673	6421
9							12449	6828	5621
10-14岁				**3**	**2**	**1**	**55134**	**30549**	**24585**
10				1	1		12125	6690	5435
11							11614	6394	5220
12							10714	6013	4701
13				1	1		10739	5951	4788
14				1		1	9942	5501	4441
15-19岁	**311**	**165**	**146**	**9**	**4**	**5**	**36174**	**20227**	**15947**
15	65	27	38	3	2	1	8217	4555	3662
16	85	45	40				8080	4397	3683
17	70	36	34	4	1	3	7573	4238	3335
18	49	28	21				6301	3623	2678
19	42	29	13	2	1	1	6003	3414	2589
20-24岁	**1663**	**559**	**1104**	**23**	**12**	**11**	**43090**	**23047**	**20043**
20	156	87	69	5	2	3	6720	3807	2913
21	176	67	109	2	2		6991	3875	3116
22	252	81	171	5	3	2	9157	4848	4309
23	434	141	293	2	1	1	9891	5114	4777
24	645	183	462	9	4	5	10331	5403	4928
25-29岁	**18504**	**6740**	**11764**	**54**	**41**	**13**	**63593**	**32687**	**30906**
25	1227	395	832	9	5	4	11635	6067	5568
26	1918	638	1280	10	9	1	11664	6109	5555
27	3066	1060	2006	10	8	2	12436	6295	6141
28	4911	1747	3164	11	10	1	13248	6745	6503
29	7382	2900	4482	14	9	5	14610	7471	7139

7-8a　续表 7　　　　单位：人

年　龄	为子女就学			养老/康养			其　他		
	小计	男	女	小计	男	女	小计	男	女
30-34岁	**74148**	**30050**	**44098**	**95**	**61**	**34**	**80565**	**40552**	**40013**
30	12494	4971	7523	15	10	5	18384	9449	8935
31	14672	5894	8778	25	18	7	17834	8975	8859
32	14444	5875	8569	10	7	3	15201	7613	7588
33	17476	7107	10369	27	14	13	16086	8009	8077
34	15062	6203	8859	18	12	6	13060	6506	6554
35-39岁	**81729**	**32466**	**49263**	**97**	**63**	**34**	**57782**	**28657**	**29125**
35	12706	5175	7531	13	10	3	10577	5290	5287
36	13251	5357	7894	28	16	12	10815	5431	5384
37	14901	5892	9009	15	14	1	10794	5359	5435
38	20701	8161	12540	19	12	7	13391	6637	6754
39	20170	7881	12289	22	11	11	12205	5940	6265
40-44岁	**90867**	**38817**	**52050**	**151**	**95**	**56**	**59383**	**29092**	**30291**
40	17826	7115	10711	13	10	3	10647	5134	5513
41	22358	9060	13298	36	23	13	12407	6076	6331
42	19708	8341	11367	36	25	11	12317	6069	6248
43	16300	7225	9075	34	19	15	11737	5788	5949
44	14675	7076	7599	32	18	14	12275	6025	6250
45-49岁	**42980**	**21097**	**21883**	**375**	**169**	**206**	**67002**	**32820**	**34182**
45	11468	5524	5944	49	23	26	12154	6021	6133
46	9627	4755	4872	54	26	28	12380	6107	6273
47	8067	3997	4070	65	30	35	12869	6316	6553
48	7119	3576	3543	83	42	41	13838	6777	7061
49	6699	3245	3454	124	48	76	15761	7599	8162
50-54岁	**20788**	**9588**	**11200**	**14546**	**5108**	**9438**	**79389**	**38141**	**41248**
50	5777	2707	3070	1696	569	1127	16895	8122	8773
51	4724	2276	2448	2623	891	1732	16688	8082	8606
52	4375	1944	2431	3311	1141	2170	17388	8257	9131
53	2901	1322	1579	2895	976	1919	13396	6378	7018
54	3011	1339	1672	4021	1531	2490	15022	7302	7720
55-59岁	**10516**	**4423**	**6093**	**26499**	**10152**	**16347**	**65279**	**31988**	**33291**
55	2738	1192	1546	4682	1674	3008	14765	7185	7580
56	2379	1000	1379	5234	2007	3227	14015	6760	7255
57	2566	1087	1479	6973	2709	4264	16659	8165	8494
58	1859	748	1111	5727	2237	3490	12380	6171	6209
59	974	396	578	3883	1525	2358	7460	3707	3753
60-64岁	**6526**	**2706**	**3820**	**36562**	**16977**	**19585**	**44182**	**22126**	**22056**
60	1103	465	638	5178	2323	2855	7868	3957	3911
61	1067	444	623	5645	2582	3063	7624	3842	3782
62	1263	510	753	7837	3711	4126	9277	4814	4463
63	1571	656	915	9382	4389	4993	10384	5077	5307
64	1522	631	891	8520	3972	4548	9029	4436	4593
65岁及以上	**10149**	**4729**	**5420**	**198113**	**86073**	**112040**	**99755**	**48534**	**51221**

7-8b 全省分年龄、性别、迁移原因的户口登记地在外乡镇街道的人口(镇)

单位：人

年龄	合计			工作就业		
	合计	男	女	小计	男	女
总计	**7509748**	**3930657**	**3579091**	**3129367**	**1857941**	**1271426**
0-4岁	**325474**	**171467**	**154007**			
0	34349	17895	16454			
1	58684	30851	27833			
2	65496	34250	31246			
3	81256	42779	38477			
4	85689	45692	39997			
5-9岁	**448830**	**244209**	**204621**			
5	82394	44295	38099			
6	88689	48063	40626			
7	89788	48921	40867			
8	97334	53143	44191			
9	90625	49787	40838			
10-14岁	**416068**	**231229**	**184839**	**467**	**281**	**186**
10	86629	48169	38460	83	48	35
11	86624	48218	38406	78	47	31
12	82864	45863	37001	82	48	34
13	80755	44912	35843	108	61	47
14	79196	44067	35129	116	77	39
15-19岁	**579411**	**317837**	**261574**	**58291**	**38471**	**19820**
15	119790	65687	54103	3260	2023	1237
16	144383	79403	64980	6465	4199	2266
17	124178	68986	55192	11057	7375	3682
18	91987	50888	41099	15708	10471	5237
19	99073	52873	46200	21801	14403	7398
20-24岁	**486264**	**268006**	**218258**	**245031**	**150241**	**94790**
20	99234	54051	45183	28997	18694	10303
21	91030	50265	40765	36496	23086	13410
22	94226	53026	41200	51279	31636	19643
23	96647	53733	42914	60373	36498	23875
24	105127	56931	48196	67886	40327	27559
25-29岁	**708746**	**371296**	**337450**	**455204**	**267577**	**187627**
25	121927	65592	56335	79209	47074	32135
26	123853	65294	58559	79913	46866	33047
27	138506	72165	66341	89273	52328	36945
28	152066	79575	72491	97919	57720	40199
29	172394	88670	83724	108890	63589	45301

7-8b　续表 1　　单位：人

年　龄	合　计			工作就业		
	合计	男	女	小计	男	女
30-34岁	**1007266**	**517946**	**489320**	**636969**	**371886**	**265083**
30	233847	120836	113011	146689	86225	60464
31	220516	112559	107957	138595	80742	57853
32	192136	98434	93702	122434	71065	51369
33	198589	102329	96260	126090	73537	52553
34	162178	83788	78390	103161	60317	42844
35-39岁	**667531**	**345419**	**322112**	**405100**	**237414**	**167686**
35	137047	71385	65662	86460	50751	35709
36	134261	69520	64741	83246	48745	34501
37	127201	65885	61316	77254	45461	31793
38	141917	73457	68460	84099	49346	34753
39	127105	65172	61933	74041	43111	30930
40-44岁	**574092**	**295224**	**278868**	**337342**	**193669**	**143673**
40	109048	56102	52946	64870	37680	27190
41	121933	62345	59588	70241	40488	29753
42	116215	59493	56722	67638	38571	29067
43	110266	56897	53369	64816	37184	27632
44	116630	60387	56243	69777	39746	30031
45-49岁	**610455**	**317652**	**292803**	**370987**	**212039**	**158948**
45	113187	58600	54587	68852	38898	29954
46	117982	61396	56586	73107	41521	31586
47	118414	61824	56590	73313	41810	31503
48	126149	65750	60399	76856	44026	32830
49	134723	70082	64641	78859	45784	33075
50-54岁	**615935**	**316439**	**299496**	**329034**	**197257**	**131777**
50	140218	71911	68307	80072	46460	33612
51	129200	66742	62458	70487	42006	28481
52	132388	67664	64724	70806	42320	28486
53	102494	52454	50040	53073	32360	20713
54	111635	57668	53967	54596	34111	20485
55-59岁	**406426**	**207230**	**199196**	**169223**	**109429**	**59794**
55	102241	52272	49969	47186	29764	17422
56	88748	45273	43475	38648	24955	13693
57	99534	51168	48366	40133	26336	13797
58	75061	38270	36791	29271	19270	10001
59	40842	20247	20595	13985	9104	4881
60-64岁	**231196**	**116589**	**114607**	**61222**	**41039**	**20183**
60	41009	20530	20479	12457	8212	4245
61	38787	19873	18914	10868	7349	3519
62	49067	25134	23933	12906	8813	4093
63	54647	27438	27209	13740	9210	4530
64	47686	23614	24072	11251	7455	3796
65岁及以上	**432054**	**210114**	**221940**	**60497**	**38638**	**21859**

7-8b 续表 2

单位：人

年 龄	学习培训			随同离开/投亲靠友			拆迁/搬家		
	小计	男	女	小计	男	女	小计	男	女
总 计	**785823**	**419429**	**366394**	**921340**	**451112**	**470228**	**1446446**	**739798**	**706648**
0-4岁	**2967**	**1578**	**1389**	**206943**	**109056**	**97887**	**54543**	**28784**	**25759**
0	59	24	35	21388	11105	10283	5644	2994	2650
1	188	109	79	37674	19822	17852	9399	4899	4500
2	311	158	153	42012	21875	20137	10672	5637	5035
3	998	533	465	51756	27314	24442	13872	7308	6564
4	1411	754	657	54113	28940	25173	14956	7946	7010
5-9岁	**97713**	**53899**	**43814**	**223458**	**121453**	**102005**	**79453**	**43123**	**36330**
5	1604	862	742	51768	27897	23871	14645	7883	6762
6	20345	11163	9182	43633	23635	19998	15565	8346	7219
7	23800	13029	10771	41931	22801	19130	15709	8628	7081
8	26726	14818	11908	44757	24367	20390	17230	9402	7828
9	25238	14027	11211	41369	22753	18616	16304	8864	7440
10-14岁	**127601**	**71508**	**56093**	**173059**	**96039**	**77020**	**79339**	**43780**	**35559**
10	24744	13914	10830	38557	21323	17234	15880	8795	7085
11	25392	14206	11186	37663	20974	16689	16103	8895	7208
12	25173	14127	11046	34615	19108	15507	16013	8715	7298
13	25221	14121	11100	32251	18046	14205	16070	8855	7215
14	27071	15140	11931	29973	16588	13385	15273	8520	6753
15-19岁	**399366**	**211728**	**187638**	**60886**	**34464**	**26422**	**39067**	**22035**	**17032**
15	80407	43737	36670	19203	10735	8468	11130	6185	4945
16	108695	59051	49644	14631	8320	6311	9072	5061	4011
17	88906	47983	40923	11776	6700	5076	7928	4504	3424
18	58473	30388	28085	8683	4988	3695	6060	3470	2590
19	62885	30569	32316	6593	3721	2872	4877	2815	2062
20-24岁	**131151**	**67003**	**64148**	**32217**	**16792**	**15425**	**43773**	**23245**	**20528**
20	55699	27699	28000	5957	3320	2637	5136	2939	2197
21	38731	19576	19155	5452	2866	2586	6125	3226	2899
22	20521	10901	9620	6910	3549	3361	9000	4750	4250
23	9940	5437	4503	6900	3516	3384	10868	5695	5173
24	6260	3390	2870	6998	3541	3457	12644	6635	6009
25-29岁	**13948**	**7412**	**6536**	**33223**	**15530**	**17693**	**102975**	**54115**	**48860**
25	4706	2538	2168	7196	3649	3547	15829	8381	7448
26	3007	1605	1402	6461	3121	3340	17432	9298	8134
27	2505	1294	1211	6420	3013	3407	19984	10428	9556
28	2083	1073	1010	6412	2858	3554	22642	11911	10731
29	1647	902	745	6734	2889	3845	27088	14097	12991

7-8b　续表 3　　　　单位：人

年　龄	学习培训			随同离开/投亲靠友			拆迁/搬家		
	小计	男	女	小计	男	女	小计	男	女
30-34岁	**5561**	**2851**	**2710**	**32347**	**11572**	**20775**	**168522**	**85223**	**83299**
30	1812	944	868	8199	3266	4933	38611	19944	18667
31	1261	642	619	7314	2677	4637	37216	18718	18498
32	1017	539	478	6132	2156	3976	31354	15788	15566
33	833	417	416	6044	1975	4069	33714	16978	16736
34	638	309	329	4658	1498	3160	27627	13795	13832
35-39岁	**2387**	**1142**	**1245**	**19151**	**5541**	**13610**	**128304**	**64172**	**64132**
35	502	248	254	3907	1194	2713	24226	12198	12028
36	468	223	245	3895	1181	2714	24429	12254	12175
37	463	221	242	3575	1022	2553	24412	12086	12326
38	501	253	248	4109	1163	2946	28682	14411	14271
39	453	197	256	3665	981	2684	26555	13223	13332
40-44岁	**1581**	**690**	**891**	**15868**	**3888**	**11980**	**126034**	**62571**	**63463**
40	354	157	197	2909	727	2182	22134	10885	11249
41	375	161	214	3339	869	2470	26777	13286	13491
42	333	145	188	3290	822	2468	25836	12831	13005
43	260	120	140	3119	731	2388	24699	12241	12458
44	259	107	152	3211	739	2472	26588	13328	13260
45-49岁	**1061**	**477**	**584**	**18305**	**4091**	**14214**	**141098**	**70645**	**70453**
45	232	103	129	3163	755	2408	25306	12735	12571
46	215	95	120	3337	758	2579	26349	13128	13221
47	216	97	119	3496	763	2733	26680	13423	13257
48	183	88	95	3888	846	3042	29355	14733	14622
49	215	94	121	4421	969	3452	33408	16626	16782
50-54岁	**906**	**414**	**492**	**25237**	**5868**	**19369**	**154928**	**76448**	**78480**
50	224	109	115	4938	1074	3864	34734	17067	17667
51	192	93	99	5062	1179	3883	32782	16208	16574
52	184	77	107	5489	1252	4237	33293	16257	17036
53	153	71	82	4511	1045	3466	25554	12553	13001
54	153	64	89	5237	1318	3919	28565	14363	14202
55-59岁	**568**	**261**	**307**	**21443**	**5814**	**15629**	**109787**	**55558**	**54229**
55	151	68	83	5006	1296	3710	26662	13265	13397
56	107	47	60	4642	1183	3459	23289	11795	11494
57	140	76	64	5369	1472	3897	27427	14055	13372
58	103	45	58	4035	1174	2861	20402	10449	9953
59	67	25	42	2391	689	1702	12007	5994	6013
60-64岁	**346**	**155**	**191**	**15968**	**5384**	**10584**	**67428**	**34988**	**32440**
60	60	30	30	2666	837	1829	11974	6190	5784
61	65	25	40	2510	859	1651	11362	5945	5417
62	77	36	41	3300	1116	2184	14209	7533	6676
63	80	40	40	3955	1367	2588	15904	8318	7586
64	64	24	40	3537	1205	2332	13979	7002	6977
65岁及以上	**667**	**311**	**356**	**43235**	**15620**	**27615**	**151195**	**75111**	**76084**

7-8b 续表 4

单位：人

年 龄	寄挂户口			婚姻嫁娶			照料孙子女		
	小计	男	女	小计	男	女	小计	男	女
总 计	**65397**	**35919**	**29478**	**272000**	**44525**	**227475**	**217732**	**68648**	**149084**
0-4岁	**3242**	**1680**	**1562**						
0	320	167	153						
1	694	359	335						
2	730	376	354						
3	737	387	350						
4	761	391	370						
5-9岁	**3312**	**1726**	**1586**						
5	720	364	356						
6	677	361	316						
7	635	337	298						
8	680	345	335						
9	600	319	281						
10-14岁	**3207**	**1741**	**1466**	**9**	**5**	**4**			
10	596	316	280	1	1				
11	620	331	289	4	3	1			
12	596	323	273						
13	701	385	316	2	1	1			
14	694	386	308	2		2			
15-19岁	**2024**	**1168**	**856**	**1060**	**88**	**972**	**7**	**1**	**6**
15	522	292	230	40	16	24	1		1
16	481	278	203	77	16	61			
17	460	274	186	131	16	115	2	1	1
18	263	151	112	284	21	263	3		3
19	298	173	125	528	19	509	1		1
20-24岁	**3386**	**1842**	**1544**	**14902**	**781**	**14121**	**7**		**7**
20	317	169	148	937	24	913			
21	413	215	198	1466	61	1405	2		2
22	715	397	318	2541	110	2431	2		2
23	876	484	392	3931	209	3722	3		3
24	1065	577	488	6027	377	5650			
25-29岁	**6350**	**3342**	**3008**	**59628**	**6421**	**53207**	**22**	**4**	**18**
25	1337	688	649	8328	686	7642	3		3
26	1335	690	645	9809	961	8848	3	1	2
27	1277	679	598	12095	1294	10801	4		4
28	1166	636	530	13438	1544	11894	6	2	4
29	1235	649	586	15958	1936	14022	6	1	5

7-8b 续表 5

单位：人

年 龄	寄挂户口			婚姻嫁娶			照料孙子女		
	小计	男	女	小计	男	女	小计	男	女
30-34岁	**6059**	**3242**	**2817**	**82148**	**11678**	**70470**	**1088**	**336**	**752**
30	1495	834	661	20690	2733	17957	229	69	160
31	1321	688	633	18805	2448	16357	235	64	171
32	1098	586	512	15525	2218	13307	200	62	138
33	1132	601	531	15293	2403	12890	229	81	148
34	1013	533	480	11835	1876	9959	195	60	135
35-39岁	**5059**	**2709**	**2350**	**39642**	**6860**	**32782**	**886**	**264**	**622**
35	938	508	430	9043	1441	7602	175	58	117
36	882	488	394	8462	1367	7095	180	58	122
37	954	516	438	7512	1313	6199	160	49	111
38	1145	596	549	7980	1511	6469	201	57	144
39	1140	601	539	6645	1228	5417	170	42	128
40-44岁	**5193**	**2727**	**2466**	**23496**	**4710**	**18786**	**1425**	**433**	**992**
40	975	515	460	5132	1006	4126	177	61	116
41	1131	583	548	5248	1057	4191	265	84	181
42	1052	580	472	4667	939	3728	273	84	189
43	1037	538	499	4198	834	3364	306	96	210
44	998	511	487	4251	874	3377	404	108	296
45-49岁	**5222**	**2729**	**2493**	**17358**	**3701**	**13657**	**6891**	**1452**	**5439**
45	1008	493	515	3817	789	3028	488	113	375
46	955	507	448	3469	721	2748	701	157	544
47	1013	540	473	3275	661	2614	1047	248	799
48	1052	574	478	3328	739	2589	1768	368	1400
49	1194	615	579	3469	791	2678	2887	566	2321
50-54岁	**5595**	**3081**	**2514**	**13985**	**3370**	**10615**	**38428**	**8533**	**29895**
50	1307	695	612	3526	762	2764	4402	900	3502
51	1148	630	518	3017	728	2289	6425	1385	5040
52	1124	576	548	2903	675	2228	8347	1901	6446
53	935	542	393	2192	589	1603	8230	1796	6434
54	1081	638	443	2347	616	1731	11024	2551	8473
55-59岁	**4737**	**2763**	**1974**	**7658**	**2232**	**5426**	**57508**	**14658**	**42850**
55	1054	586	468	1971	538	1433	11779	2851	8928
56	1035	589	446	1736	479	1257	11807	2781	9026
57	1242	746	496	1873	564	1309	14744	3842	10902
58	903	550	353	1352	416	936	12082	3185	8897
59	503	292	211	726	235	491	7096	1999	5097
60-64岁	**2914**	**1743**	**1171**	**4222**	**1497**	**2725**	**50153**	**17553**	**32600**
60	538	303	235	783	261	522	7962	2473	5489
61	499	338	161	700	247	453	8052	2721	5331
62	603	362	241	952	334	618	10808	3830	6978
63	632	375	257	979	371	608	12433	4455	7978
64	642	365	277	808	284	524	10898	4074	6824
65岁及以上	**9097**	**5426**	**3671**	**7892**	**3182**	**4710**	**61317**	**25414**	**35903**

7-8b 续表 6

单位：人

年龄	为子女就学			养老/康养			其他		
	小计	男	女	小计	男	女	小计	男	女
总计	**195083**	**73511**	**121572**	**85545**	**39290**	**46255**	**391015**	**200484**	**190531**
0-4岁							**57779**	**30369**	**27410**
0							6938	3605	3333
1							10729	5662	5067
2							11771	6204	5567
3							13893	7237	6656
4							14448	7661	6787
5-9岁							**44894**	**24008**	**20886**
5							13657	7289	6368
6							8469	4558	3911
7							7713	4126	3587
8							7941	4211	3730
9							7114	3824	3290
10-14岁				**3**	**1**	**2**	**32383**	**17874**	**14509**
10				2	1	1	6766	3771	2995
11							6764	3762	3002
12							6385	3542	2843
13				1		1	6401	3443	2958
14							6067	3356	2711
15-19岁	**105**	**56**	**49**	**11**	**4**	**7**	**18594**	**9822**	**8772**
15	21	13	8	2		2	5204	2686	2518
16	25	16	9	1	1		4936	2461	2475
17	18	8	10	5	2	3	3895	2123	1772
18	23	10	13	3	1	2	2487	1388	1099
19	18	9	9				2072	1164	908
20-24岁	**1448**	**414**	**1034**	**14**	**10**	**4**	**14335**	**7678**	**6657**
20	83	26	57	3	2	1	2105	1178	927
21	121	34	87	1		1	2223	1201	1022
22	218	62	156	3	2	1	3037	1619	1418
23	392	101	291	5	4	1	3359	1789	1570
24	634	191	443	2	2		3611	1891	1720
25-29岁	**13928**	**4775**	**9153**	**23**	**14**	**9**	**23445**	**12106**	**11339**
25	1065	340	725	3	2	1	4251	2234	2017
26	1633	551	1082	2	1	1	4258	2200	2058
27	2474	850	1624	3	2	1	4471	2277	2194
28	3518	1238	2280	7	3	4	4875	2590	2285
29	5238	1796	3442	8	6	2	5590	2805	2785

7-8b　续表 7　　　　单位：人

年　龄	为子女就学			养老/康养			其　他		
	小计	男	女	小计	男	女	小计	男	女
30-34岁	**43139**	**15688**	**27451**	**34**	**23**	**11**	**31399**	**15447**	**15952**
30	8526	3071	5455	11	8	3	7585	3742	3843
31	8930	3197	5733	5	3	2	6834	3380	3454
32	8391	3065	5326	6	3	3	5979	2952	3027
33	9232	3396	5836	7	4	3	6015	2937	3078
34	8060	2959	5101	5	5		4986	2436	2550
35-39岁	**44028**	**16016**	**28012**	**31**	**23**	**8**	**22943**	**11278**	**11665**
35	7467	2887	4580	7	6	1	4322	2094	2228
36	8190	2995	5195	4	3	1	4505	2206	2299
37	8450	3057	5393	5	4	1	4416	2156	2260
38	10111	3594	6517	8	3	5	5081	2523	2558
39	9810	3483	6327	7	7		4619	2299	2320
40-44岁	**40138**	**15287**	**24851**	**39**	**21**	**18**	**22976**	**11228**	**11748**
40	8397	3089	5308	6	4	2	4094	1978	2116
41	9770	3482	6288	4	2	2	4783	2333	2450
42	8430	3212	5218	8	6	2	4688	2303	2385
43	7199	2858	4341	9	4	5	4623	2291	2332
44	6342	2646	3696	12	5	7	4788	2323	2465
45-49岁	**23367**	**9599**	**13768**	**148**	**72**	**76**	**26018**	**12847**	**13171**
45	5555	2303	3252	16	7	9	4750	2404	2346
46	5017	2097	2920	21	9	12	4811	2403	2408
47	4393	1814	2579	16	7	9	4965	2461	2504
48	4290	1740	2550	41	20	21	5388	2616	2772
49	4112	1645	2467	54	29	25	6104	2963	3141
50-54岁	**13745**	**5389**	**8356**	**4868**	**1792**	**3076**	**29209**	**14287**	**14922**
50	3989	1567	2422	578	221	357	6448	3056	3392
51	3109	1205	1904	884	315	569	6094	2993	3101
52	2828	1140	1688	1103	391	712	6311	3075	3236
53	1950	750	1200	994	354	640	4902	2394	2508
54	1869	727	1142	1309	511	798	5454	2769	2685
55-59岁	**5971**	**2410**	**3561**	**8247**	**3423**	**4824**	**21284**	**10682**	**10602**
55	1653	656	997	1585	672	913	5194	2576	2618
56	1274	532	742	1630	681	949	4580	2231	2349
57	1326	521	805	2029	836	1193	5251	2720	2531
58	1060	429	631	1847	740	1107	4006	2012	1994
59	658	272	386	1156	494	662	2253	1143	1110
60-64岁	**3874**	**1531**	**2343**	**11595**	**5680**	**5915**	**13474**	**7019**	**6455**
60	666	247	419	1519	743	776	2384	1234	1150
61	618	247	371	1791	894	897	2322	1248	1074
62	822	346	476	2475	1232	1243	2915	1532	1383
63	950	373	577	2940	1382	1558	3034	1547	1487
64	818	318	500	2870	1429	1441	2819	1458	1361
65岁及以上	**5340**	**2346**	**2994**	**60532**	**28227**	**32305**	**32282**	**15839**	**16443**

7-8c 全省分年龄、性别、迁移原因的户口登记地在外乡镇街道的人口(乡村)

单位：人

年龄	合计			工作就业		
	合计	男	女	小计	男	女
总计	**3147754**	**1773195**	**1374559**	**1908645**	**1201722**	**706923**
0-4岁	**96389**	**50779**	**45610**			
0	9059	4745	4314			
1	17867	9223	8644			
2	20307	10678	9629			
3	24117	12828	11289			
4	25039	13305	11734			
5-9岁	**129383**	**70285**	**59098**			
5	25019	13492	11527			
6	25596	13977	11619			
7	25841	13976	11865			
8	27298	14841	12457			
9	25629	13999	11630			
10-14岁	**113781**	**62306**	**51475**	**207**	**124**	**83**
10	24744	13505	11239	27	14	13
11	25392	13936	11456	48	27	21
12	22636	12374	10262	39	20	19
13	20797	11351	9446	44	36	8
14	20212	11140	9072	49	27	22
15-19岁	**126064**	**73434**	**52630**	**39909**	**27575**	**12334**
15	20199	11128	9071	1671	1076	595
16	23078	12885	10193	4066	2799	1267
17	24308	14053	10255	7487	5209	2278
18	27308	16320	10988	11196	7843	3353
19	31171	19048	12123	15489	10648	4841
20-24岁	**204999**	**124506**	**80493**	**143873**	**96811**	**47062**
20	34389	21001	13388	19721	13512	6209
21	35724	21931	13793	23667	16117	7550
22	41975	25924	16051	30683	20761	9922
23	44712	27314	17398	33653	22638	11015
24	48199	28336	19863	36149	23783	12366
25-29岁	**318808**	**177597**	**141211**	**236739**	**150833**	**85906**
25	55718	31979	23739	41282	26882	14400
26	55988	31398	24590	41062	26331	14731
27	62798	34812	27986	46380	29474	16906
28	68443	37863	30580	51064	32414	18650
29	75861	41545	34316	56951	35732	21219

7-8c　续表 1

单位：人

年　龄	合　计			工作就业		
	合计	男	女	小计	男	女
30-34岁	**441882**	**243956**	**197926**	**336575**	**209900**	**126675**
30	101190	55783	45407	76285	48017	28268
31	95928	52687	43241	72322	45199	27123
32	85584	46831	38753	64966	40132	24834
33	87727	48638	39089	67330	41926	25404
34	71453	40017	31436	55672	34626	21046
35-39岁	**280618**	**158760**	**121858**	**218283**	**135950**	**82333**
35	58881	33419	25462	46382	29064	17318
36	56196	31822	24374	44181	27496	16685
37	53078	30061	23017	41408	25859	15549
38	59271	33661	25610	45309	28381	16928
39	53192	29797	23395	41003	25150	15853
40-44岁	**265741**	**146571**	**119170**	**205992**	**123032**	**82960**
40	48136	26816	21320	37994	23027	14967
41	53675	29997	23678	41612	25206	16406
42	52971	29129	23842	40759	24310	16449
43	52329	28612	23717	40155	23786	16369
44	58630	32017	26613	45472	26703	18769
45-49岁	**333055**	**183775**	**149280**	**264083**	**155973**	**108110**
45	59415	32663	26752	46493	27412	19081
46	64655	35342	29313	51798	30210	21588
47	65682	36285	29397	52688	31128	21560
48	70395	38976	31419	56153	33145	23008
49	72908	40509	32399	56951	34078	22873
50-54岁	**331176**	**189213**	**141963**	**246464**	**153429**	**93035**
50	76064	42354	33710	58495	35140	23355
51	70271	39770	30501	52599	32341	20258
52	71569	40887	30682	53154	33107	20047
53	54586	31410	23176	40201	25360	14841
54	58686	34792	23894	42015	27481	14534
55-59岁	**193408**	**116223**	**77185**	**127415**	**86053**	**41362**
55	51093	30188	20905	35087	23101	11986
56	44284	26466	17818	29700	19832	9868
57	46180	28307	17873	30193	20900	9293
58	34154	20778	13376	22036	15167	6869
59	17697	10484	7213	10399	7053	3346
60-64岁	**95439**	**57707**	**37732**	**44560**	**31690**	**12870**
60	16905	10075	6830	8972	6204	2768
61	15967	9709	6258	7735	5493	2242
62	20587	12678	7909	9581	6927	2654
63	22546	13615	8931	10017	7197	2820
64	19434	11630	7804	8255	5869	2386
65岁及以上	**217011**	**118083**	**98928**	**44545**	**30352**	**14193**

7-8c 续表 2

单位：人

年 龄	学习培训			随同离开/投亲靠友			拆迁/搬家		
	小计	男	女	小计	男	女	小计	男	女
总 计	**125793**	**67874**	**57919**	**309573**	**155011**	**154562**	**346590**	**177759**	**168831**
0-4岁	**696**	**358**	**338**	**69576**	**36709**	**32867**	**11795**	**6204**	**5591**
0	11	5	6	6368	3332	3036	1371	734	637
1	42	17	25	12935	6663	6272	2128	1110	1018
2	73	42	31	14821	7822	6999	2324	1221	1103
3	230	126	104	17559	9326	8233	2803	1477	1326
4	340	168	172	17893	9566	8327	3169	1662	1507
5-9岁	**22350**	**12472**	**9878**	**77664**	**42053**	**35611**	**15971**	**8551**	**7420**
5	385	219	166	17716	9587	8129	3322	1738	1584
6	4669	2586	2083	14968	8179	6789	3308	1784	1524
7	5507	3059	2448	14760	7967	6793	3111	1650	1461
8	5994	3343	2651	15597	8402	7195	3236	1746	1490
9	5795	3265	2530	14623	7918	6705	2994	1633	1361
10-14岁	**28202**	**15669**	**12533**	**59641**	**32631**	**27010**	**14821**	**8040**	**6781**
10	5684	3219	2465	13913	7533	6380	2890	1563	1327
11	6158	3403	2755	13842	7587	6255	3064	1669	1395
12	5554	3045	2509	11852	6520	5332	3021	1634	1387
13	5363	2957	2406	10408	5652	4756	2893	1585	1308
14	5443	3045	2398	9626	5339	4287	2953	1589	1364
15-19岁	**52433**	**27409**	**25024**	**18536**	**10578**	**7958**	**8136**	**4502**	**3634**
15	9199	4850	4349	5716	3204	2512	2146	1187	959
16	11824	6077	5747	4148	2385	1763	1689	934	755
17	10547	5448	5099	3282	1834	1448	1622	886	736
18	10595	5477	5118	2928	1725	1203	1332	722	610
19	10268	5557	4711	2462	1430	1032	1347	773	574
20-24岁	**18416**	**9965**	**8451**	**10335**	**5614**	**4721**	**11878**	**6513**	**5365**
20	8521	4484	4037	2231	1274	957	1679	967	712
21	5537	2938	2599	1958	1074	884	1795	996	799
22	2689	1522	1167	2124	1153	971	2481	1359	1122
23	1123	682	441	2059	1095	964	2796	1509	1287
24	546	339	207	1963	1018	945	3127	1682	1445
25-29岁	**1385**	**804**	**581**	**9358**	**4317**	**5041**	**20029**	**10598**	**9431**
25	415	244	171	2062	1023	1039	3629	1924	1705
26	289	166	123	1830	865	965	3728	1994	1734
27	253	142	111	1828	857	971	3932	2070	1862
28	230	138	92	1780	806	974	4172	2202	1970
29	198	114	84	1858	766	1092	4568	2408	2160

7-8c　续表 3　　　　单位：人

年　龄	学习培训			随同离开/投亲靠友			拆迁/搬家		
	小计	男	女	小计	男	女	小计	男	女
30-34岁	**710**	**362**	**348**	**8714**	**3306**	**5408**	**28765**	**14831**	**13934**
30	202	112	90	2249	937	1312	6363	3318	3045
31	137	65	72	1836	724	1112	6317	3284	3033
32	142	76	66	1586	566	1020	5756	2931	2825
33	133	65	68	1695	618	1077	5782	2899	2883
34	96	44	52	1348	461	887	4547	2399	2148
35-39岁	**401**	**202**	**199**	**5213**	**1658**	**3555**	**20080**	**10249**	**9831**
35	83	42	41	1106	368	738	3769	1887	1882
36	74	36	38	1020	307	713	3710	1921	1789
37	72	35	37	971	306	665	3845	1925	1920
38	104	48	56	1113	361	752	4659	2374	2285
39	68	41	27	1003	316	687	4097	2142	1955
40-44岁	**274**	**144**	**130**	**4787**	**1391**	**3396**	**22312**	**11272**	**11040**
40	46	24	22	832	252	580	3425	1762	1663
41	67	34	33	968	316	652	4296	2194	2102
42	47	23	24	968	291	677	4629	2338	2291
43	60	35	25	955	257	698	4741	2375	2366
44	54	28	26	1064	275	789	5221	2603	2618
45-49岁	**238**	**110**	**128**	**5972**	**1578**	**4394**	**29324**	**14630**	**14694**
45	51	24	27	1007	294	713	5431	2687	2744
46	60	27	33	1093	301	792	5365	2680	2685
47	38	17	21	1155	304	851	5460	2686	2774
48	36	19	17	1298	325	973	6196	3145	3051
49	53	23	30	1419	354	1065	6872	3432	3440
50-54岁	**255**	**136**	**119**	**7918**	**2089**	**5829**	**37539**	**19090**	**18449**
50	57	29	28	1525	393	1132	7705	3792	3913
51	48	21	27	1587	394	1193	7890	4008	3882
52	48	30	18	1838	480	1358	8195	4173	4022
53	47	21	26	1432	403	1029	6325	3230	3095
54	55	35	20	1536	419	1117	7424	3887	3537
55-59岁	**142**	**81**	**61**	**6406**	**2025**	**4381**	**29559**	**15429**	**14130**
55	32	20	12	1506	441	1065	7136	3607	3529
56	30	17	13	1335	428	907	6505	3406	3099
57	36	22	14	1573	549	1024	7150	3792	3358
58	28	15	13	1303	374	929	5340	2843	2497
59	16	7	9	689	233	456	3428	1781	1647
60-64岁	**88**	**54**	**34**	**4726**	**1912**	**2814**	**23659**	**12687**	**10972**
60	9	7	2	726	263	463	3733	1998	1735
61	14	9	5	709	284	425	3796	2028	1768
62	18	11	7	1004	424	580	5195	2844	2351
63	23	15	8	1188	478	710	5772	3085	2687
64	24	12	12	1099	463	636	5163	2732	2431
65岁及以上	**203**	**108**	**95**	**20727**	**9150**	**11577**	**72722**	**35163**	**37559**

7-8c 续表 4

单位：人

年龄	寄挂户口			婚姻嫁娶			照料孙子女		
	小计	男	女	小计	男	女	小计	男	女
总计	**69509**	**39211**	**30298**	**182962**	**27909**	**155053**	**21371**	**5816**	**15555**
0-4岁	**2253**	**1152**	**1101**						
0	176	80	96						
1	419	206	213						
2	496	258	238						
3	601	328	273						
4	561	280	281						
5-9岁	**2704**	**1424**	**1280**						
5	612	332	280						
6	559	300	259						
7	504	271	233						
8	533	279	254						
9	496	242	254						
10-14岁	**2634**	**1352**	**1282**	**3**	**2**	**1**			
10	479	227	252						
11	501	264	237	1	1				
12	541	282	259						
13	550	292	258	1	1				
14	563	287	276	1		1			
15-19岁	**1632**	**907**	**725**	**1116**	**23**	**1093**			
15	383	212	171	35	2	33			
16	364	191	173	55	1	54			
17	347	198	149	144	4	140			
18	224	123	101	300	6	294			
19	314	183	131	582	10	572			
20-24岁	**3496**	**1987**	**1509**	**11000**	**306**	**10694**	**3**		**3**
20	367	190	177	933	13	920			
21	444	245	199	1353	20	1333			
22	688	405	283	2046	48	1998	1		1
23	909	540	369	2812	91	2721			
24	1088	607	481	3856	134	3722	2		2
25-29岁	**6466**	**3569**	**2897**	**35452**	**2642**	**32810**	**14**	**2**	**12**
25	1384	752	632	5238	252	4986	2		2
26	1381	781	600	5993	373	5620	2		2
27	1479	809	670	7110	526	6584	2		2
28	1107	611	496	8142	671	7471	4	1	3
29	1115	616	499	8969	820	8149	4	1	3

7-8c 续表 5

单位：人

年 龄	寄挂户口			婚姻嫁娶			照料孙子女		
	小计	男	女	小计	男	女	小计	男	女
30-34岁	**6885**	**3687**	**3198**	**47052**	**5404**	**41648**	**170**	**26**	**144**
30	1500	780	720	11610	1120	10490	35	6	29
31	1594	875	719	10873	1127	9746	33	5	28
32	1500	783	717	8969	1018	7951	44	9	35
33	1270	704	566	8909	1215	7694	23	1	22
34	1021	545	476	6691	924	5767	35	5	30
35-39岁	**4795**	**2683**	**2112**	**22093**	**3263**	**18830**	**99**	**26**	**73**
35	789	429	360	4975	749	4226	27	4	23
36	840	492	348	4554	668	3886	16	8	8
37	956	533	423	4014	512	3502	18	3	15
38	1209	692	517	4639	738	3901	23	6	17
39	1001	537	464	3911	596	3315	15	5	10
40-44岁	**5085**	**2758**	**2327**	**16203**	**2705**	**13498**	**167**	**29**	**138**
40	835	472	363	3204	477	2727	22	3	19
41	991	553	438	3517	627	2890	36	8	28
42	994	529	465	3234	536	2698	35	7	28
43	1059	548	511	3095	517	2578	35	8	27
44	1206	656	550	3153	548	2605	39	3	36
45-49岁	**5259**	**2808**	**2451**	**15278**	**2446**	**12832**	**961**	**127**	**834**
45	1164	611	553	2882	459	2423	69	10	59
46	983	540	443	3082	441	2641	96	17	79
47	926	485	441	2976	502	2474	153	20	133
48	1039	564	475	2981	468	2513	268	35	233
49	1147	608	539	3357	576	2781	375	45	330
50-54岁	**5802**	**3184**	**2618**	**13836**	**2649**	**11187**	**4415**	**752**	**3663**
50	1263	681	582	3331	552	2779	550	75	475
51	1277	700	577	2978	546	2432	729	114	615
52	1211	669	542	2949	595	2354	989	165	824
53	919	505	414	2213	434	1779	951	178	773
54	1132	629	503	2365	522	1843	1196	220	976
55-59岁	**4773**	**2846**	**1927**	**7545**	**1983**	**5562**	**5460**	**1181**	**4279**
55	1208	723	485	2055	481	1574	1179	238	941
56	1097	637	460	1783	463	1320	1163	228	935
57	1127	692	435	1767	471	1296	1428	313	1115
58	818	500	318	1262	376	886	1123	266	857
59	523	294	229	678	192	486	567	136	431
60-64岁	**3743**	**2267**	**1476**	**4009**	**1585**	**2424**	**4013**	**1327**	**2686**
60	571	333	238	694	231	463	622	183	439
61	604	365	239	701	271	430	646	217	429
62	865	518	347	859	359	500	826	283	543
63	918	574	344	964	389	575	1016	326	690
64	785	477	308	791	335	456	903	318	585
65岁及以上	**13982**	**8587**	**5395**	**9375**	**4901**	**4474**	**6069**	**2346**	**3723**

7-8c 续表 6

单位：人

年 龄	为子女就学			养老/康养			其 他		
	小计	男	女	小计	男	女	小计	男	女
总 计	**8552**	**2960**	**5592**	**32256**	**18081**	**14175**	**142503**	**76852**	**65651**
0-4岁							**12069**	**6356**	**5713**
0							1133	594	539
1							2343	1227	1116
2							2593	1335	1258
3							2924	1571	1353
4							3076	1629	1447
5-9岁							**10694**	**5785**	**4909**
5							2984	1616	1368
6							2092	1128	964
7							1959	1029	930
8							1938	1071	867
9							1721	941	780
10-14岁							**8273**	**4488**	**3785**
10							1751	949	802
11							1778	985	793
12							1629	873	756
13							1538	828	710
14							1577	853	724
15-19岁	**26**	**16**	**10**	**3**	**3**		**4273**	**2421**	**1852**
15	4	3	1				1045	594	451
16	7	5	2	1	1		924	492	432
17	8	3	5	1	1		870	470	400
18	4	4		1	1		728	419	309
19	3	1	2				706	446	260
20-24岁	**106**	**29**	**77**	**7**	**2**	**5**	**5885**	**3279**	**2606**
20	7		7				930	561	369
21	12	3	9	1		1	957	538	419
22	27	8	19	2		2	1234	668	566
23	26	7	19	2	1	1	1332	751	581
24	34	11	23	2	1	1	1432	761	671
25-29岁	**573**	**132**	**441**	**20**	**14**	**6**	**8772**	**4686**	**4086**
25	58	5	53	3	2	1	1645	895	750
26	63	13	50	3	3		1637	872	765
27	110	25	85	4	2	2	1700	907	793
28	135	31	104	2	2		1807	987	820
29	207	58	149	8	5	3	1983	1025	958

7-8c　续表 7

单位：人

年　龄	为子女就学			养老/康养			其　他		
	小计	男	女	小计	男	女	小计	男	女
30-34岁	**1633**	**484**	**1149**	**21**	**16**	**5**	**11357**	**5940**	**5417**
30	333	78	255	4	3	1	2609	1412	1197
31	335	102	233	4	4		2477	1302	1175
32	318	100	218	7	4	3	2296	1212	1084
33	368	108	260	2	2		2215	1100	1115
34	279	96	183	4	3	1	1760	914	846
35-39岁	**1569**	**509**	**1060**	**23**	**17**	**6**	**8062**	**4203**	**3859**
35	246	77	169	2	2		1502	797	705
36	239	70	169	4	3	1	1558	821	737
37	280	99	181	4	1	3	1510	788	722
38	377	123	254	6	5	1	1832	933	899
39	427	140	287	7	6	1	1660	864	796
40-44岁	**2025**	**693**	**1332**	**52**	**33**	**19**	**8844**	**4514**	**4330**
40	377	106	271	6	3	3	1395	690	705
41	512	174	338	9	6	3	1667	879	788
42	471	164	307	16	9	7	1818	922	896
43	355	126	229	10	7	3	1864	953	911
44	310	123	187	11	8	3	2100	1070	1030
45-49岁	**1027**	**428**	**599**	**75**	**42**	**33**	**10838**	**5633**	**5205**
45	271	121	150	8	6	2	2039	1039	1000
46	206	91	115	8	2	6	1964	1033	931
47	197	74	123	14	8	6	2075	1061	1014
48	196	85	111	23	16	7	2205	1174	1031
49	157	57	100	22	10	12	2555	1326	1229
50-54岁	**616**	**255**	**361**	**1160**	**568**	**592**	**13171**	**7061**	**6110**
50	157	75	82	150	84	66	2831	1533	1298
51	143	58	85	233	106	127	2787	1482	1305
52	123	46	77	245	110	135	2817	1512	1305
53	105	39	66	231	111	120	2162	1129	1033
54	88	37	51	301	157	144	2574	1405	1169
55-59岁	**335**	**131**	**204**	**2027**	**1036**	**991**	**9746**	**5458**	**4288**
55	92	30	62	376	202	174	2422	1345	1077
56	82	31	51	412	204	208	2177	1220	957
57	82	34	48	539	271	268	2285	1263	1022
58	51	17	34	401	209	192	1792	1011	781
59	28	19	9	299	150	149	1070	619	451
60-64岁	**188**	**74**	**114**	**3316**	**1964**	**1352**	**7137**	**4147**	**2990**
60	33	17	16	426	227	199	1119	612	507
61	27	10	17	525	304	221	1210	728	482
62	33	12	21	709	436	273	1497	864	633
63	56	21	35	828	495	333	1764	1035	729
64	39	14	25	828	502	326	1547	908	639
65岁及以上	**454**	**209**	**245**	**25552**	**14386**	**11166**	**23382**	**12881**	**10501**

7-9 全省按现住地、性别、迁移原因分的户口登记地在本省其他乡镇街道的人口

单位：人

现住地	合计			工作就业		
	合计	男	女	小计	男	女
江　苏	**19671338**	**9902505**	**9768833**	**5895904**	**3419182**	**2476722**
南京市	**3060566**	**1553570**	**1506996**	**881395**	**515529**	**365866**
玄武区	161991	79582	82409	39143	21112	18031
秦淮区	252322	123372	128950	67588	35799	31789
建邺区	212330	105847	106483	59834	33236	26598
鼓楼区	284144	134832	149312	67646	35049	32597
浦口区	110881	56009	54872	28187	17816	10371
栖霞区	401205	205445	195760	108631	65676	42955
雨花台区	258725	133877	124848	90735	54379	36356
江宁区	641541	333869	307672	202429	120081	82348
六合区	134984	67208	67776	38308	22600	15708
溧水区	140242	72652	67590	36543	23612	12931
高淳区	67733	33794	33939	18216	10961	7255
南京江北新区	394468	207083	187385	124135	75208	48927
无锡市	**1771017**	**913990**	**857027**	**718175**	**424475**	**293700**
锡山区	190436	101167	89269	96477	57668	38809
惠山区	209539	110931	98608	93058	55953	37105
滨湖区	167541	86891	80650	55059	32723	22336
梁溪区	305710	151831	153879	107219	59849	47370
新吴区	215703	113920	101783	110798	65792	45006
江苏无锡经济开发区	95194	48438	46756	39368	23304	16064
江阴市	307915	162378	145537	139656	83940	55716
宜兴市	278979	138434	140545	76540	45246	31294
徐州市	**1748772**	**854080**	**894692**	**333262**	**185998**	**147264**
鼓楼区	174634	86485	88149	32424	18350	14074
云龙区	176852	86973	89879	35007	19317	15690
贾汪区	69033	33545	35488	7997	5361	2636
泉山区	208890	100835	108055	39351	20623	18728
铜山区	179759	85142	94617	38122	21910	16212
丰县	131545	65395	66150	28902	15796	13106
沛县	165329	81168	84161	21418	12264	9154
睢宁县	194270	92572	101698	29574	15494	14080
徐州经济技术开发区	122201	62795	59406	39396	24250	15146
新沂市	134083	64013	70070	13719	7975	5744
邳州市	192176	95157	97019	47352	24658	22694
常州市	**1395521**	**718700**	**676821**	**485241**	**284747**	**200494**
天宁区	200618	98163	102455	54728	31046	23682
钟楼区	212383	108205	104178	63527	37611	25916
新北区	233844	120716	113128	82240	49069	33171
武进区	347175	185986	161189	162605	94368	68237
金坛区	155841	76982	78859	41438	23405	18033
江苏省常州市经济开发区	97035	52762	44273	47407	28314	19093
溧阳市	148625	75886	72739	33296	20934	12362

7-9　续表 1　　单位：人

现住地	合计			工作就业		
	合计	男	女	小计	男	女
苏州市	**2775205**	**1443595**	**1331610**	**1291964**	**747644**	**544320**
虎丘区	227077	116955	110122	96714	56990	39724
吴中区	344332	180299	164033	176333	100094	76239
相城区	214730	113187	101543	105616	61369	44247
姑苏区	255378	124929	130449	86349	45632	40717
吴江区	217021	114620	102401	111426	64786	46640
苏州工业园区	305090	153911	151179	146736	83021	63715
常熟市	347824	182321	165503	146885	86194	60691
张家港市	297445	153302	144143	113342	66217	47125
昆山市	436350	233743	202607	241503	142487	99016
太仓市	129958	70328	59630	67060	40854	26206
南通市	**1370056**	**684148**	**685908**	**512084**	**295479**	**216605**
崇川区	306266	149373	156893	100198	54473	45725
港闸区	167693	85603	82090	61657	35371	26286
通州区	141566	70924	70642	60732	34804	25928
如东县	93283	47268	46015	31776	18689	13087
南通经济技术开发区	116158	61354	54804	62333	37232	25101
通州湾示范区	10707	6017	4690	2986	2070	916
苏锡通科技产业园区	13073	7579	5494	8081	5425	2656
启东市	138840	68806	70034	50211	29777	20434
如皋市	110953	53749	57204	30627	17258	13369
海门市	154668	74649	80019	61982	34382	27600
海安市	116849	58826	58023	41501	25998	15503
连云港市	**740212**	**372523**	**367689**	**152873**	**89720**	**63153**
连云区	52572	27995	24577	17677	11963	5714
海州区	183929	92183	91746	42350	23997	18353
赣榆区	86668	43192	43476	13153	7401	5752
东海县	124667	62334	62333	27655	15041	12614
灌云县	89720	44833	44887	12049	7029	5020
灌南县	79968	39323	40645	16371	9063	7308
连云港经济技术开发区	30420	15524	14896	6944	4297	2647
连云港高新技术产业开发区	81409	40738	40671	12801	7708	5093
江苏连云港徐圩新区	7931	5167	2764	3575	3028	547
江苏省连云港市云台山风景名胜区	2928	1234	1694	298	193	105
淮安市	**1057274**	**517277**	**539997**	**195235**	**110832**	**84403**
淮安区	150289	72593	77696	20575	11335	9240
淮阴区	133838	65696	68142	25624	15064	10560
清江浦区	194251	94532	99719	34890	19753	15137
洪泽区	74030	35876	38154	10924	6117	4807
涟水县	136252	66853	69399	23882	13762	10120
盱眙县	139062	66530	72532	24802	13540	11262
金湖县	86657	42908	43749	27031	15497	11534
淮安经济技术开发区	109184	55940	53244	21598	12386	9212
工业园区	1211	647	564	423	290	133
生态文旅区	28551	13653	14898	4872	2663	2209
苏淮高新区	3949	2049	1900	614	425	189

7-9 续表 2

单位：人

现住地	合计			工作就业		
	合计	男	女	小计	男	女
盐城市	**1430367**	**707996**	**722371**	**296280**	**173623**	**122657**
亭湖区	201428	102760	98668	41565	23856	17709
盐都区	167657	84694	82963	40675	24224	16451
大丰区	130070	65752	64318	34971	20645	14326
响水县	103375	50233	53142	19422	10996	8426
滨海县	129053	62816	66237	20157	11903	8254
阜宁县	133446	65201	68245	21252	11827	9425
射阳县	145753	71185	74568	31169	18215	12954
建湖县	164784	80777	84007	23414	14161	9253
盐城经济技术开发区	23636	11743	11893	7758	4876	2882
江苏省盐南高新区	137064	66656	70408	30204	17252	12952
东台市	94101	46179	47922	25693	15668	10025
扬州市	**1172522**	**583435**	**589087**	**311208**	**177593**	**133615**
广陵区	190299	99380	90919	63202	36812	26390
邗江区	257925	127354	130571	61079	33608	27471
江都区	171975	83639	88336	48010	27782	20228
宝应县	142745	69145	73600	36779	20339	16440
扬州经济技术开发区	88519	44491	44028	25380	14664	10716
蜀冈瘦西湖景区	51170	25110	26060	10895	6516	4379
生态新城	12006	6540	5466	6200	3696	2504
仪征市	103839	52793	51046	27317	16474	10843
高邮市	154044	74983	79061	32346	17702	14644
镇江市	**933652**	**471218**	**462434**	**255315**	**148040**	**107275**
京口区	146200	72971	73229	29076	16574	12502
润州区	107174	52842	54332	17936	10390	7546
丹徒区	101539	53864	47675	31733	18412	13321
镇江新区	102804	52172	50632	25446	14897	10549
江苏镇江高新区	30324	15674	14650	7242	4490	2752
丹阳市	207670	103361	104309	66859	38754	28105
扬中市	62952	32650	30302	25679	15610	10069
句容市	174989	87684	87305	51344	28913	22431
泰州市	**1070604**	**525243**	**545361**	**267613**	**155867**	**111746**
海陵区	211825	101544	110281	52645	29850	22795
高港区	56930	28246	28684	14297	8643	5654
姜堰区	168677	80844	87833	32408	18277	14131
泰州医药高新技术产业开发区	80263	38908	41355	21507	12755	8752
兴化市	190011	96067	93944	57065	32338	24727
靖江市	199135	98246	100889	47423	28380	19043
泰兴市	163763	81388	82375	42268	25624	16644
宿迁市	**1145570**	**556730**	**588840**	**195259**	**109635**	**85624**
宿城区	148409	71503	76906	31970	18729	13241
宿豫区	119248	59579	59669	31718	18461	13257
沭阳县	315946	152713	163233	51149	28186	22963
泗阳县	189036	91291	97745	27344	14711	12633
泗洪县	261770	125664	136106	28832	15105	13727
宿迁经济技术开发区	60167	30605	29562	14969	8860	6109
宿迁市湖滨新区	25297	12223	13074	2380	1370	1010
苏州宿迁工业园区	12954	6966	5988	4557	2810	1747
宿迁市洋河新区	12743	6186	6557	2340	1403	937

7-9　续表 3　　　　单位：人

现住地	学习培训			随同离开/投亲靠友			拆迁/搬家		
	小计	男	女	小计	男	女	小计	男	女
江　苏	**2103294**	**1098992**	**1004302**	**2161041**	**1029579**	**1131462**	**5511122**	**2792420**	**2718702**
南京市	**401645**	**206362**	**195283**	**245135**	**114696**	**130439**	**876496**	**440179**	**436317**
玄武区	28679	14518	14161	12834	5844	6990	42602	21099	21503
秦淮区	11887	6586	5301	24695	11546	13149	80949	40372	40577
建邺区	10453	5721	4732	14224	6566	7658	74172	36749	37423
鼓楼区	34584	14841	19743	23051	10707	12344	82560	40957	41603
浦口区	11293	4207	7086	6539	3016	3523	37559	19182	18377
栖霞区	78809	38144	40665	29979	14230	15749	120520	60187	60333
雨花台区	18145	8932	9213	20650	9688	10962	80978	40624	40354
江宁区	118504	62466	56038	44625	21203	23422	154018	78040	75978
六合区	8850	4787	4063	12031	5505	6526	37352	19026	18326
溧水区	15384	6947	8437	17677	8426	9251	45647	23520	22127
高淳区	5811	3167	2644	6014	2917	3097	19654	9999	9655
南京江北新区	59246	36046	23200	32816	15048	17768	100485	50424	50061
无锡市	**137429**	**74557**	**62872**	**212488**	**101830**	**110658**	**423176**	**214484**	**208692**
锡山区	12790	7223	5567	22680	11001	11679	31129	15908	15221
惠山区	33520	18146	15374	26202	12727	13475	27351	14168	13183
滨湖区	26170	14622	11548	16174	7816	8358	41642	20731	20911
梁溪区	12908	6683	6225	29973	14243	15730	102620	51173	51447
新吴区	12939	6857	6082	27097	13374	13723	33139	16672	16467
江苏无锡经济开发区	4613	2452	2161	8737	4244	4493	24708	12236	12472
江阴市	20171	11370	8801	38429	18359	20070	67052	34664	32388
宜兴市	14318	7204	7114	43196	20066	23130	95535	48932	46603
徐州市	**218129**	**114085**	**104044**	**231096**	**113886**	**117210**	**604114**	**307251**	**296863**
鼓楼区	6775	4234	2541	17240	8193	9047	85504	43004	42500
云龙区	23399	11850	11549	23147	11093	12054	65214	33157	32057
贾汪区	8797	4318	4479	6917	3544	3373	28401	14483	13918
泉山区	21849	11899	9950	23080	10724	12356	82421	41358	41063
铜山区	43162	20485	22677	24071	11864	12207	32153	16548	15605
丰县	12839	7061	5778	20705	10398	10307	45769	23458	22311
沛县	17124	9911	7213	22474	11676	10798	55704	28274	27430
睢宁县	22199	12498	9701	30325	15047	15278	73138	36743	36395
徐州经济技术开发区	15722	7580	8142	18555	9195	9360	27071	14078	12993
新沂市	15720	7935	7785	20058	9826	10232	56089	28858	27231
邳州市	30543	16314	14229	24524	12326	12198	52650	27290	25360
常州市	**132069**	**73442**	**58627**	**187655**	**89272**	**98383**	**394447**	**199710**	**194737**
天宁区	8234	3449	4785	28142	13376	14766	68604	34428	34176
钟楼区	24776	13287	11489	30009	13890	16119	68331	34368	33963
新北区	25701	14297	11404	27997	13338	14659	62723	32270	30453
武进区	50691	29787	20904	43723	21428	22295	48474	24513	23961
金坛区	6357	3398	2959	21620	9846	11774	62006	31675	30331
江苏省常州市经济开发区	8331	4785	3546	13661	6850	6811	19519	9742	9777
溧阳市	7979	4439	3540	22503	10544	11959	64790	32714	32076

7-9 续表 4

单位：人

现住地	学习培训			随同离开/投亲靠友			拆迁/搬家		
	小计	男	女	小计	男	女	小计	男	女
苏州市	**226373**	**117130**	**109243**	**279460**	**136855**	**142605**	**541833**	**269337**	**272496**
虎丘区	33422	15466	17956	20087	9859	10228	40261	20214	20047
吴中区	40785	20853	19932	25974	12984	12990	53329	26511	26818
相城区	11973	6264	5709	21103	10168	10935	48388	24045	24343
姑苏区	15935	7920	8015	28748	13707	15041	76767	38320	38447
吴江区	17753	9389	8364	21461	10457	11004	32361	16105	16256
苏州工业园区	25609	13320	12289	28162	13440	14722	43811	21622	22189
常熟市	25435	13059	12376	40833	20504	20329	82114	40424	41690
张家港市	23123	13032	10091	35216	16990	18226	83041	41444	41597
昆山市	25290	13858	11432	45383	22568	22815	60702	30241	30461
太仓市	7048	3969	3079	12493	6178	6315	21059	10411	10648
南通市	**150736**	**75458**	**75278**	**140213**	**65462**	**74751**	**303999**	**147185**	**156814**
崇川区	39994	19300	20694	29956	13823	16133	81224	39702	41522
港闸区	16770	8952	7818	21395	9735	11660	49066	24083	24983
通州区	10509	5318	5191	16038	7656	8382	25420	12187	13233
如东县	9355	4824	4531	9357	4568	4789	16675	8247	8428
南通经济技术开发区	12866	6219	6647	16093	7593	8500	11136	5608	5528
通州湾示范区	5205	2824	2381	522	245	277	655	321	334
苏锡通科技产业园区	317	172	145	1436	666	770	1379	686	693
启东市	10521	4575	5946	13569	6259	7310	35141	16836	18305
如皋市	17348	8837	8511	11063	5196	5867	25070	12192	12878
海门市	17893	9384	8509	12042	5706	6336	30804	13768	17036
海安市	9958	5053	4905	8742	4015	4727	27429	13555	13874
连云港市	**107816**	**57372**	**50444**	**81704**	**39447**	**42257**	**225036**	**117603**	**107433**
连云区	1342	750	592	6060	2741	3319	15786	8213	7573
海州区	9053	4797	4256	21241	10201	11040	66595	34383	32212
赣榆区	18724	10694	8030	9500	4608	4892	23889	12719	11170
东海县	19965	11016	8949	11476	5763	5713	32503	17502	15001
灌云县	7950	3924	4026	13112	6374	6738	38802	20214	18588
灌南县	12351	6903	5448	10002	4928	5074	17898	9131	8767
连云港经济技术开发区	3836	2182	1654	3728	1756	1972	9681	5003	4678
连云港高新技术产业开发区	34206	16865	17341	5587	2587	3000	16930	8946	7984
江苏连云港徐圩新区	339	216	123	575	266	309	2103	1057	1046
江苏省连云港市云台山风景名胜区	50	25	25	423	223	200	849	435	414
淮安市	**132341**	**68849**	**63492**	**92133**	**43382**	**48751**	**361829**	**185105**	**176724**
淮安区	22078	12579	9499	9936	4752	5184	56287	28115	28172
淮阴区	24407	11194	13213	10490	5065	5425	37286	19738	17548
清江浦区	17909	8425	9484	19397	9124	10273	70187	35943	34244
洪泽区	4755	2363	2392	6843	3065	3778	36322	18370	17952
涟水县	18952	10429	8523	12303	5935	6368	41061	21166	19895
盱眙县	16965	9108	7857	10363	4774	5589	46351	23353	22998
金湖县	4300	2280	2020	11628	5323	6305	24498	12598	11900
淮安经济技术开发区	21053	11449	9604	8523	4090	4433	38427	20016	18411
工业园区	34	17	17	98	50	48	340	171	169
生态文旅区	1842	986	856	2161	1031	1130	8792	4475	4317
苏淮高新区	46	19	27	391	173	218	2278	1160	1118

7-9　续表 5

单位：人

现住地	学习培训			随同离开/投亲靠友			拆迁/搬家		
	小计	男	女	小计	男	女	小计	男	女
盐城市	**150914**	**79628**	**71286**	**188148**	**88094**	**100054**	**428573**	**224896**	**203677**
亭湖区	31612	17107	14505	21093	9777	11316	57428	30353	27075
盐都区	8439	4749	3690	23778	10815	12963	54676	29275	25401
大丰区	9110	5049	4061	15329	6942	8387	39057	20574	18483
响水县	12453	6870	5583	15237	7379	7858	31400	16345	15055
滨海县	14754	8069	6685	19485	9674	9811	41920	21411	20509
阜宁县	13759	7597	6162	19170	9213	9957	41259	21246	20013
射阳县	11849	6229	5620	21562	9614	11948	38906	20716	18190
建湖县	8533	4892	3641	31070	14534	16536	67572	35231	32341
盐城经济技术开发区	7000	2733	4267	1455	726	729	3968	2085	1883
江苏省盐南高新区	21978	9970	12008	11986	5571	6415	34380	18383	15997
东台市	11427	6363	5064	7983	3849	4134	18007	9277	8730
扬州市	**131080**	**67658**	**63422**	**113662**	**53343**	**60319**	**343175**	**171993**	**171182**
广陵区	13571	7728	5843	20568	9759	10809	53752	27241	26511
邗江区	58200	29167	29033	22579	10895	11684	63493	31655	31838
江都区	13822	7304	6518	15828	7254	8574	46499	22955	23544
宝应县	13082	7289	5793	13753	6270	7483	41075	20611	20464
扬州经济技术开发区	14288	6984	7304	8212	3975	4237	22176	11261	10915
蜀冈瘦西湖景区	2931	1196	1735	4684	2124	2560	19349	9743	9606
生态新城	335	185	150	1373	707	666	1597	801	796
仪征市	5674	3079	2595	9809	4747	5062	32875	16671	16204
高邮市	9177	4726	4451	16856	7612	9244	62359	31055	31304
镇江市	**70347**	**37929**	**32418**	**104870**	**48923**	**55947**	**318220**	**161297**	**156923**
京口区	16722	9605	7117	13684	6237	7447	58756	29212	29544
润州区	1854	920	934	8822	4006	4816	57336	28488	28848
丹徒区	17118	10521	6597	14428	6814	7614	21412	11024	10388
镇江新区	3271	2015	1256	10359	4915	5444	46189	23195	22994
江苏镇江高新区	833	472	361	4080	1814	2266	13386	6899	6487
丹阳市	17030	7521	9509	28943	13581	15362	56175	29280	26895
扬中市	2213	1233	980	7024	3197	3827	12214	6383	5831
句容市	11306	5642	5664	17530	8359	9171	52752	26816	25936
泰州市	**116695**	**59756**	**56939**	**127473**	**57834**	**69639**	**291544**	**149463**	**142081**
海陵区	34294	15397	18897	22141	10116	12025	57967	29430	28537
高港区	3736	2006	1730	4008	1834	2174	24545	12051	12494
姜堰区	21242	11825	9417	18253	8408	9845	43521	22047	21474
泰州医药高新技术产业开发区	9408	3833	5575	6625	3069	3556	24700	12314	12386
兴化市	20906	12283	8623	26232	12270	13962	32592	17469	15123
靖江市	15576	8022	7554	32158	14057	18101	62715	32648	30067
泰兴市	11533	6390	5143	18056	8080	9976	45504	23504	22000
宿迁市	**127720**	**66766**	**60954**	**157004**	**76555**	**80449**	**398680**	**203917**	**194763**
宿城区	19965	8514	11451	14332	6767	7565	43074	22705	20369
宿豫区	9726	4280	5446	16641	8126	8515	34975	18599	16376
沭阳县	32571	18463	14108	52363	25605	26758	99467	51874	47593
泗阳县	23695	13376	10319	33370	16336	17034	63271	31857	31414
泗洪县	27712	14799	12913	30208	14808	15400	121607	59844	61763
宿迁经济技术开发区	3617	2252	1365	6302	3105	3197	20118	10752	9366
宿迁市湖滨新区	8867	4243	4624	1750	812	938	8788	4506	4282
苏州宿迁工业园区	741	422	319	734	365	369	2209	1214	995
宿迁市洋河新区	826	417	409	1304	631	673	5171	2566	2605

7-9 续表 6

单位：人

现住地	寄挂户口			婚姻嫁娶			照料孙子女		
	小计	男	女	小计	男	女	小计	男	女
江　苏	**309367**	**170422**	**138945**	**838558**	**169366**	**669192**	**761869**	**235709**	**526160**
南京市	**92325**	**51117**	**41208**	**87461**	**18989**	**68472**	**129369**	**39895**	**89474**
玄武区	5111	2827	2284	3603	842	2761	6352	2123	4229
秦淮区	8650	4713	3937	9122	2185	6937	8053	2712	5341
建邺区	7054	3928	3126	5524	1486	4038	10132	3588	6544
鼓楼区	10282	5676	4606	7202	1707	5495	14646	5181	9465
浦口区	4980	2760	2220	4517	793	3724	3214	965	2249
栖霞区	11130	6093	5037	8417	1946	6471	11523	3525	7998
雨花台区	5934	3256	2678	6745	1471	5274	10076	3111	6965
江宁区	21364	11874	9490	16128	3756	12372	27191	7984	19207
六合区	4133	2358	1775	7281	1425	5856	6727	1649	5078
溧水区	2466	1360	1106	4895	896	3999	3897	1228	2669
高淳区	991	558	433	3074	409	2665	3119	878	2241
南京江北新区	10230	5714	4516	10953	2073	8880	24439	6951	17488
无锡市	**15232**	**8343**	**6889**	**79794**	**16010**	**63784**	**76675**	**23088**	**53587**
锡山区	1440	770	670	8235	1882	6353	8972	2525	6447
惠山区	1348	762	586	7552	1305	6247	10385	2991	7394
滨湖区	1768	917	851	6634	1518	5116	5069	1558	3511
梁溪区	2625	1389	1236	12795	2918	9877	13297	4207	9090
新吴区	2080	1137	943	7530	1717	5813	11569	3283	8286
江苏无锡经济开发区	684	393	291	3330	666	2664	7313	2253	5060
江阴市	2490	1392	1098	16219	2729	13490	9907	3054	6853
宜兴市	2797	1583	1214	17499	3275	14224	10163	3217	6946
徐州市	**25880**	**14210**	**11670**	**110593**	**16131**	**94462**	**38997**	**13026**	**25971**
鼓楼区	1853	1012	841	9945	2222	7723	4237	1443	2794
云龙区	2278	1235	1043	8469	1924	6545	5834	1911	3923
贾汪区	1424	809	615	6901	667	6234	567	205	362
泉山区	2344	1289	1055	12451	2633	9818	5274	1824	3450
铜山区	3775	2148	1627	16653	1814	14839	3069	1056	2013
丰县	1747	984	763	5518	372	5146	2336	806	1530
沛县	2415	1344	1071	11206	1451	9755	3356	1165	2191
睢宁县	2984	1616	1368	11339	977	10362	4848	1525	3323
徐州经济技术开发区	1081	592	489	7893	1759	6134	4058	1177	2881
新沂市	1861	992	869	11407	1246	10161	1610	529	1081
邳州市	4118	2189	1929	8811	1066	7745	3808	1385	2423
常州市	**15985**	**8529**	**7456**	**51941**	**11694**	**40247**	**49205**	**14268**	**34937**
天宁区	3452	1802	1650	10187	2743	7444	8434	2522	5912
钟楼区	2452	1298	1154	7699	1870	5829	7372	2151	5221
新北区	2321	1270	1051	9148	2056	7092	14342	4025	10317
武进区	3668	1930	1738	9466	2212	7254	10300	2909	7391
金坛区	1589	863	726	7548	1385	6163	4051	1183	2868
江苏省常州市经济开发区	1166	611	555	2448	568	1880	1446	446	1000
溧阳市	1337	755	582	5445	860	4585	3260	1032	2228

7-9　续表 7　　　　单位：人

现住地	寄挂户口			婚姻嫁娶			照料孙子女		
	小计	男	女	小计	男	女	小计	男	女
苏州市	**28782**	**15501**	**13281**	**77811**	**25861**	**51950**	**153783**	**47905**	**105878**
虎丘区	1499	815	684	5752	2148	3604	15323	4770	10553
吴中区	5324	2845	2479	5446	1709	3737	13970	4193	9777
相城区	2137	1144	993	3635	1195	2440	9572	2869	6703
姑苏区	3118	1691	1427	8905	2698	6207	11926	4059	7867
吴江区	3873	2073	1800	5845	1839	4006	9769	2866	6903
苏州工业园区	2259	1192	1067	7219	2447	4772	34779	11198	23581
常熟市	2885	1551	1334	17252	7044	10208	11655	3585	8070
张家港市	1892	1060	832	10643	2320	8323	11008	3223	7785
昆山市	4319	2334	1985	8791	2782	6009	28855	9223	19632
太仓市	1476	796	680	4323	1679	2644	6926	1919	5007
南通市	**12463**	**7197**	**5266**	**66976**	**19800**	**47176**	**43557**	**10510**	**33047**
崇川区	1669	857	812	10690	3351	7339	10958	2976	7982
港闸区	491	284	207	4732	1534	3198	3976	839	3137
通州区	1317	730	587	9283	3029	6254	3385	794	2591
如东县	2714	1654	1060	7243	2562	4681	2628	518	2110
南通经济技术开发区	301	147	154	4068	1320	2748	4549	938	3611
通州湾示范区	147	92	55	437	96	341	41	7	34
苏锡通科技产业园区	72	29	43	1131	325	806	126	23	103
启东市	2263	1418	845	8297	2161	6136	3258	833	2425
如皋市	1523	856	667	6964	1986	4978	4111	1045	3066
海门市	1138	675	463	5491	1213	4278	4758	1120	3638
海安市	828	455	373	8640	2223	6417	5767	1417	4350
连云港市	**16654**	**9145**	**7509**	**39411**	**5299**	**34112**	**22222**	**7710**	**14512**
连云区	752	410	342	3334	496	2838	1739	589	1150
海州区	3567	1939	1628	8719	1889	6830	7095	2609	4486
赣榆区	2876	1577	1299	6623	552	6071	1764	489	1275
东海县	3729	2079	1650	8064	925	7139	3914	1305	2609
灌云县	2382	1296	1086	3872	356	3516	814	297	517
灌南县	1784	989	795	3616	331	3285	2838	1066	1772
连云港经济技术开发区	640	332	308	1994	215	1779	645	213	432
连云港高新技术产业开发区	587	332	255	2185	434	1751	3373	1129	2244
江苏连云港徐圩新区	202	117	85	227	24	203	30	9	21
江苏省连云港市云台山风景名胜区	135	74	61	777	77	700	10	4	6
淮安市	**15778**	**8788**	**6990**	**44469**	**7445**	**37024**	**51012**	**16856**	**34156**
淮安区	2420	1312	1108	6532	1060	5472	5821	1826	3995
淮阴区	2246	1272	974	7809	984	6825	4750	1626	3124
清江浦区	2520	1451	1069	8730	2039	6691	11066	3939	7127
洪泽区	1077	609	468	2358	357	2001	2383	727	1656
涟水县	2517	1397	1120	5843	624	5219	7904	2552	5352
盱眙县	1991	1080	911	4649	584	4065	5779	1831	3948
金湖县	887	494	393	3898	854	3044	4826	1444	3382
淮安经济技术开发区	1584	878	706	3427	709	2718	3972	1295	2677
工业园区	45	25	20	96	19	77	27	10	17
生态文旅区	357	194	163	1004	196	808	4466	1601	2865
苏淮高新区	134	76	58	123	19	104	18	5	13

7-9 续表 8

单位：人

现住地	寄挂户口			婚姻嫁娶			照料孙子女		
	小计	男	女	小计	男	女	小计	男	女
盐城市	**20136**	**11122**	**9014**	**77083**	**11813**	**65270**	**44320**	**14166**	**30154**
亭湖区	4269	2378	1891	8311	1402	6909	4963	1719	3244
盐都区	2395	1286	1109	8083	956	7127	5807	1696	4111
大丰区	1765	1037	728	8512	2041	6471	3374	879	2495
响水县	1281	690	591	6347	558	5789	3230	1119	2111
滨海县	1666	920	746	6178	672	5506	3003	985	2018
阜宁县	1993	1075	918	5687	576	5111	2933	920	2013
射阳县	1191	658	533	8896	1422	7474	3234	1007	2227
建湖县	2152	1177	975	8652	902	7750	3592	1144	2448
盐城经济技术开发区	273	159	114	953	123	830	502	146	356
江苏省盐南高新区	1427	763	664	6327	1195	5132	10035	3551	6484
东台市	1724	979	745	9137	1966	7171	3647	1000	2647
扬州市	**20773**	**11394**	**9379**	**45537**	**11190**	**34347**	**41804**	**12619**	**29185**
广陵区	3768	2011	1757	5233	1231	4002	4080	1391	2689
邗江区	4779	2544	2235	8671	2327	6344	9030	2775	6255
江都区	3229	1795	1434	8786	2172	6614	7239	1967	5272
宝应县	2132	1179	953	5598	888	4710	6913	2086	4827
扬州经济技术开发区	1414	792	622	2827	654	2173	3687	1141	2546
蜀冈瘦西湖景区	534	292	242	2502	669	1833	2305	742	1563
生态新城	221	129	92	532	137	395	35	11	24
仪征市	2022	1157	865	6050	1585	4465	3269	924	2345
高邮市	2674	1495	1179	5338	1527	3811	5246	1582	3664
镇江市	**10081**	**5658**	**4423**	**43526**	**9348**	**34178**	**28341**	**9267**	**19074**
京口区	1306	721	585	5858	1367	4491	4905	1701	3204
润州区	1263	703	560	4297	947	3350	2278	791	1487
丹徒区	1224	701	523	4158	949	3209	2510	849	1661
镇江新区	829	475	354	3671	603	3068	2386	748	1638
江苏镇江高新区	271	159	112	1346	317	1029	542	156	386
丹阳市	2246	1232	1014	11651	2399	9252	8435	2767	5668
扬中市	732	439	293	5125	1210	3915	2297	709	1588
句容市	2210	1228	982	7420	1556	5864	4988	1546	3442
泰州市	**17328**	**9508**	**7820**	**54468**	**10939**	**43529**	**48635**	**15018**	**33617**
海陵区	2244	1271	973	10793	2345	8448	11457	3721	7736
高港区	673	367	306	3195	633	2562	1517	414	1103
姜堰区	2031	1112	919	7655	1587	6068	8124	2301	5823
泰州医药高新技术产业开发区	739	422	317	3383	803	2580	4349	1278	3071
兴化市	5399	2857	2542	7810	973	6837	6049	1929	4120
靖江市	3591	1993	1598	12944	2791	10153	7445	2401	5044
泰兴市	2651	1486	1165	8688	1807	6881	9694	2974	6720
宿迁市	**17950**	**9910**	**8040**	**59488**	**4847**	**54641**	**33949**	**11381**	**22568**
宿城区	1608	862	746	8782	868	7914	6001	1963	4038
宿豫区	1102	593	509	6003	644	5359	4372	1390	2982
沭阳县	6357	3566	2791	22149	1171	20978	7667	2687	4980
泗阳县	2751	1512	1239	8980	559	8421	6035	2055	3980
泗洪县	4547	2486	2061	7590	821	6769	6495	2230	4265
宿迁经济技术开发区	757	433	324	3770	607	3163	2205	696	1509
宿迁市湖滨新区	327	182	145	940	63	877	106	38	68
苏州宿迁工业园区	78	45	33	416	54	362	963	286	677
宿迁市洋河新区	423	231	192	858	60	798	105	36	69

7-9　续表 9　　　　　　　　　　　　　　　　　　　　　　单位：人

现住地	为子女就学			养老/康养			其　他		
	小计	男	女	小计	男	女	小计	男	女
江　苏	**533489**	**218074**	**315415**	**337433**	**149861**	**187572**	**1219261**	**618900**	**600361**
南京市	**63380**	**28084**	**35296**	**59976**	**26272**	**33704**	**223384**	**112447**	**110937**
玄武区	5653	2525	3128	2831	1193	1638	15183	7499	7684
秦淮区	5375	2443	2932	7319	3104	4215	28684	13912	14772
建邺区	4754	2129	2625	5352	2246	3106	20831	10198	10633
鼓楼区	11160	5029	6131	6629	2724	3905	26384	12961	13423
浦口区	2762	1238	1524	1713	766	947	10117	5266	4851
栖霞区	4138	1821	2317	5985	2706	3279	22073	11117	10956
雨花台区	2464	1129	1335	5632	2440	3192	17366	8847	8519
江宁区	4975	2126	2849	12430	5622	6808	39877	20717	19160
六合区	7157	3173	3984	1991	964	1027	11154	5721	5433
溧水区	4675	2139	2536	2234	1021	1213	6824	3503	3321
高淳区	4849	1891	2958	1100	502	598	4905	2512	2393
南京江北新区	5418	2441	2977	6760	2984	3776	19986	10194	9792
无锡市	**17300**	**7715**	**9585**	**28660**	**11939**	**16721**	**62088**	**31549**	**30539**
锡山区	1158	494	664	2337	1000	1337	5218	2696	2522
惠山区	1053	399	654	2412	1101	1311	6658	3379	3279
滨湖区	1463	679	784	4690	1903	2787	8872	4424	4448
梁溪区	3701	1741	1960	7327	2940	4387	13245	6688	6557
新吴区	1138	488	650	2739	1126	1613	6674	3474	3200
江苏无锡经济开发区	1206	517	689	1899	782	1117	3336	1591	1745
江阴市	2595	1273	1322	2856	1180	1676	8540	4417	4123
宜兴市	4986	2124	2862	4400	1907	2493	9545	4880	4665
徐州市	**52439**	**21583**	**30856**	**26819**	**12763**	**14056**	**107443**	**55147**	**52296**
鼓楼区	2177	927	1250	3593	1556	2037	10886	5544	5342
云龙区	2556	1167	1389	3194	1375	1819	7754	3944	3810
贾汪区	1736	817	919	740	393	347	5553	2948	2605
泉山区	3101	1338	1763	3903	1688	2215	15116	7459	7657
铜山区	3546	1476	2070	4372	2220	2152	10836	5621	5215
丰县	2749	1017	1732	1817	955	862	9163	4548	4615
沛县	14481	5986	8495	2669	1455	1214	14482	7642	6840
睢宁县	10710	3921	6789	1625	845	780	7528	3906	3622
徐州经济技术开发区	1525	637	888	1501	664	837	5399	2863	2536
新沂市	4000	1839	2161	1048	528	520	8571	4285	4286
邳州市	5858	2458	3400	2357	1084	1273	12155	6387	5768
常州市	**14075**	**6028**	**8047**	**19826**	**8378**	**11448**	**45077**	**22632**	**22445**
天宁区	2372	1047	1325	5076	2048	3028	11389	5702	5687
钟楼区	1548	672	876	2300	901	1399	4369	2157	2212
新北区	2671	1170	1501	2383	1014	1369	4318	2207	2111
武进区	2497	1125	1372	4658	2101	2557	11093	5613	5480
金坛区	2241	966	1275	3089	1294	1795	5902	2967	2935
江苏省常州市经济开发区	294	126	168	888	368	520	1875	952	923
溧阳市	2452	922	1530	1432	652	780	6131	3034	3097

7-9 续表 10

单位：人

现住地	为子女就学			养老/康养			其他		
	小计	男	女	小计	男	女	小计	男	女
苏州市	**28191**	**12505**	**15686**	**44550**	**18884**	**25666**	**102458**	**51973**	**50485**
虎丘区	2702	1168	1534	3665	1538	2127	7652	3987	3665
吴中区	1559	607	952	6070	2542	3528	15542	7961	7581
相城区	891	354	537	3196	1471	1725	8219	4308	3911
姑苏区	2441	1087	1354	7633	3153	4480	13556	6662	6894
吴江区	1420	594	826	2138	921	1217	10975	5590	5385
苏州工业园区	2324	977	1347	4605	1978	2627	9586	4716	4870
常熟市	6803	3191	3612	5148	2253	2895	8814	4516	4298
张家港市	6517	3050	3467	3500	1383	2117	9163	4583	4580
昆山市	1892	752	1140	6178	2620	3558	13437	6878	6559
太仓市	1642	725	917	2417	1025	1392	5514	2772	2742
南通市	**38182**	**13480**	**24702**	**25884**	**11664**	**14220**	**75962**	**37913**	**38049**
崇川区	4724	2119	2605	6617	2590	4027	20236	10182	10054
港闸区	1098	453	645	1725	766	959	6783	3586	3197
通州区	5738	1976	3762	2097	966	1131	7047	3464	3583
如东县	4037	1223	2814	2218	1166	1052	7280	3817	3463
南通经济技术开发区	451	176	275	904	388	516	3457	1733	1724
通州湾示范区	53	6	47	242	130	112	419	226	193
苏锡通科技产业园区	48	18	30	98	44	54	385	191	194
启东市	2871	919	1952	3753	1803	1950	8956	4225	4731
如皋市	5560	2010	3550	2293	1157	1136	6394	3212	3182
海门市	7327	2304	5023	3666	1594	2072	9567	4503	5064
海安市	6275	2276	3999	2271	1060	1211	5438	2774	2664
连云港市	**23851**	**10470**	**13381**	**10468**	**4838**	**5630**	**60177**	**30919**	**29258**
连云区	1289	595	694	1148	493	655	3445	1745	1700
海州区	4487	2108	2379	3835	1672	2163	16987	8588	8399
赣榆区	3563	1580	1983	1183	659	524	5393	2913	2480
东海县	4480	2064	2416	1579	750	829	11302	5889	5413
灌云县	1674	686	988	703	360	343	8362	4297	4065
灌南县	6664	2679	3985	474	214	260	7970	4019	3951
连云港经济技术开发区	485	224	261	369	164	205	2098	1138	960
连云港高新技术产业开发区	1126	500	626	1011	453	558	3603	1784	1819
江苏连云港徐圩新区	58	26	32	111	48	63	711	376	335
江苏省连云港市云台山风景名胜区	25	8	17	55	25	30	306	170	136
淮安市	**57923**	**23348**	**34575**	**19967**	**8884**	**11083**	**86587**	**43788**	**42799**
淮安区	12114	4367	7747	2039	984	1055	12487	6263	6224
淮阴区	5680	2806	2874	2453	1094	1359	13093	6853	6240
清江浦区	10991	4889	6102	4723	1984	2739	13838	6985	6853
洪泽区	1894	666	1228	1141	492	649	6333	3110	3223
涟水县	9611	3836	5775	3017	1453	1564	11162	5699	5463
盱眙县	10171	3436	6735	2757	1222	1535	15234	7602	7632
金湖县	2938	1167	1771	2079	892	1187	4572	2359	2213
淮安经济技术开发区	1553	691	862	1258	549	709	7789	3877	3912
工业园区	33	9	24	10	4	6	105	52	53
生态文旅区	2922	1475	1447	458	194	264	1677	838	839
苏淮高新区	16	6	10	32	16	16	297	150	147

7-9 续表 11

单位：人

现住地	为子女就学			养老/康养			其他		
	小计	男	女	小计	男	女	小计	男	女
盐城市	**66037**	**24988**	**41049**	**26354**	**12112**	**14242**	**132522**	**67554**	**64968**
亭湖区	4772	2162	2610	3315	1515	1800	24100	12491	11609
盐都区	5409	2250	3159	3759	1816	1943	14636	7627	7009
大丰区	5397	2350	3047	2212	1012	1200	10343	5223	5120
响水县	4762	1573	3189	1720	733	987	7523	3970	3553
滨海县	8548	2694	5854	1831	801	1030	11511	5687	5824
阜宁县	7511	2666	4845	2222	1099	1123	17660	8982	8678
射阳县	7929	3026	4903	3093	1369	1724	17924	8929	8995
建湖县	9072	3431	5641	2876	1322	1554	7851	3983	3868
盐城经济技术开发区	190	71	119	334	173	161	1203	651	552
江苏省盐南高新区	6091	2722	3369	3216	1423	1793	11420	5826	5594
东台市	6356	2043	4313	1776	849	927	8351	4185	4166
扬州市	**40009**	**15289**	**24720**	**21248**	**9569**	**11679**	**104026**	**52787**	**51239**
广陵区	2757	1163	1594	2415	1076	1339	20953	10968	9985
邗江区	4861	2113	2748	4658	2064	2594	20575	10206	10369
江都区	10004	3086	6918	3395	1586	1809	15163	7738	7425
宝应县	7732	2734	4998	3489	1545	1944	12192	6204	5988
扬州经济技术开发区	1886	797	1089	1422	604	818	7227	3619	3608
蜀冈瘦西湖景区	1404	648	756	1122	491	631	5444	2689	2755
生态新城	10	3	7	459	209	250	1244	662	582
仪征市	3080	1289	1791	2440	1131	1309	11303	5736	5567
高邮市	8275	3456	4819	1848	863	985	9925	4965	4960
镇江市	**15489**	**6969**	**8520**	**21171**	**9738**	**11433**	**66292**	**34049**	**32243**
京口区	1760	781	979	3676	1546	2130	10457	5227	5230
润州区	1095	490	605	1801	733	1068	10492	5374	5118
丹徒区	825	379	446	1784	905	879	6347	3310	3037
镇江新区	520	212	308	1880	818	1062	8253	4294	3959
江苏镇江高新区	126	58	68	329	137	192	2169	1172	997
丹阳市	4617	2095	2522	3810	1716	2094	7904	4016	3888
扬中市	1863	885	978	1212	636	576	4593	2348	2245
句容市	4683	2069	2614	6679	3247	3432	16077	8308	7769
泰州市	**63763**	**25242**	**38521**	**17513**	**7931**	**9582**	**65572**	**33685**	**31887**
海陵区	6214	2597	3617	4195	1818	2377	9875	4999	4876
高港区	1885	736	1149	370	178	192	2704	1384	1320
姜堰区	21495	8253	13242	3202	1486	1716	10746	5548	5198
泰州医药高新技术产业开发区	2506	1023	1483	1174	485	689	5872	2926	2946
兴化市	11455	4363	7092	2567	1192	1375	19936	10393	9543
靖江市	10423	4593	5830	1832	754	1078	5028	2607	2421
泰兴市	9785	3677	6108	4173	2018	2155	11411	5828	5583
宿迁市	**52850**	**22373**	**30477**	**14997**	**6889**	**8108**	**87673**	**44457**	**43216**
宿城区	6727	3216	3511	2058	891	1167	13892	6988	6904
宿豫区	3360	1577	1783	2143	1022	1121	9208	4887	4321
沭阳县	16403	6978	9425	2261	1086	1175	25559	13097	12462
泗阳县	8864	3537	5327	2768	1308	1460	11958	6040	5918
泗洪县	14176	5390	8786	4079	1823	2256	16524	8358	8166
宿迁经济技术开发区	1533	732	801	1340	599	741	5556	2569	2987
宿迁市湖滨新区	345	149	196	97	44	53	1697	816	881
苏州宿迁工业园区	1341	757	584	122	57	65	1793	956	837
宿迁市洋河新区	101	37	64	129	59	70	1486	746	740

7-9a 全省按现住地、性别、迁移原因分的户口登记地在本省其他乡镇街道的人口(城市)

单位：人

现住地	合计			工作就业		
	合计	男	女	小计	男	女
江　苏	**13198725**	**6615555**	**6583170**	**3965702**	**2270996**	**1694706**
南京市	**2856991**	**1444051**	**1412940**	**815549**	**471775**	**343774**
玄武区	161991	79582	82409	39143	21112	18031
秦淮区	252322	123372	128950	67588	35799	31789
建邺区	212330	105847	106483	59834	33236	26598
鼓楼区	284144	134832	149312	67646	35049	32597
浦口区	100621	50631	49990	26618	16689	9929
栖霞区	391650	199799	191851	104921	62943	41978
雨花台区	255320	132028	123292	89453	53556	35897
江宁区	560222	287475	272747	177200	102476	74724
六合区	67577	32890	34687	13868	7917	5951
溧水区	119555	62826	56729	30835	19772	11063
高淳区	59843	29694	30149	16033	9358	6675
南京江北新区	391416	205075	186341	122410	73868	48542
无锡市	**1426243**	**728766**	**697477**	**538772**	**315674**	**223098**
锡山区	132969	70011	62958	65264	39106	26158
惠山区	154266	81362	72904	64143	37942	26201
滨湖区	159594	82487	77107	51026	30154	20872
梁溪区	305710	151831	153879	107219	59849	47370
新吴区	195717	102057	93660	96663	56734	39929
江苏无锡经济开发区	95194	48438	46756	39368	23304	16064
江阴市	187328	97749	89579	68959	42461	26498
宜兴市	195465	94831	100634	46130	26124	20006
徐州市	**994725**	**487703**	**507022**	**199262**	**109127**	**90135**
鼓楼区	174634	86485	88149	32424	18350	14074
云龙区	166010	81053	84957	34088	18780	15308
贾汪区	56020	28078	27942	6281	4126	2155
泉山区	208890	100835	108055	39351	20623	18728
铜山区	118666	56933	61733	30636	17092	13544
丰县						
沛县						
睢宁县						
徐州经济技术开发区	162	67	95	19	13	6
新沂市	107228	52924	54304	12105	7012	5093
邳州市	163115	81328	81787	44358	23131	21227
常州市	**1186135**	**604098**	**582037**	**380223**	**220184**	**160039**
天宁区	188709	91845	96864	49132	27730	21402
钟楼区	200095	100852	99243	58748	34722	24026
新北区	201415	103312	98103	66601	39574	27027
武进区	279808	149123	130685	124672	71224	53448
金坛区	132111	64131	67980	31233	16960	14273
江苏省常州市经济开发区	59649	31953	27696	24790	14613	10177
溧阳市	124348	62882	61466	25047	15361	9686

7-9a　续表 1

单位：人

现住地	合计			工作就业		
	合计	男	女	小计	男	女
苏州市	**1878319**	**958667**	**919652**	**811324**	**460435**	**350889**
虎丘区	214378	109631	104747	89364	52237	37127
吴中区	271113	139195	131918	134335	74527	59808
相城区	199256	103887	95369	96192	55124	41068
姑苏区	255378	124929	130449	86349	45632	40717
吴江区	140402	73121	67281	71203	41184	30019
苏州工业园区						
常熟市	244681	123125	121556	87616	49745	37871
张家港市	163025	81158	81867	43558	24565	18993
昆山市	315211	165235	149976	169954	98274	71680
太仓市	74875	38386	36489	32753	19147	13606
南通市	**935144**	**455724**	**479420**	**313429**	**175977**	**137452**
崇川区	306266	149373	156893	100198	54473	45725
港闸区	167057	85085	81972	61136	34915	26221
通州区	93076	46022	47054	35737	20562	15175
如东县						
南通经济技术开发区						
通州湾示范区						
苏锡通科技产业园区						
启东市	87021	41205	45816	25068	13834	11234
如皋市	75230	34731	40499	20933	11112	9821
海门市	110865	51619	59246	36874	20243	16631
海安市	95629	47689	47940	33483	20838	12645
连云港市	**280271**	**143938**	**136333**	**70152**	**42281**	**27871**
连云区	51784	27391	24393	17119	11477	5642
海州区	166680	83911	82769	40436	22870	17566
赣榆区	56708	28913	27795	9564	5260	4304
东海县	210	98	112	10	6	4
灌云县						
灌南县						
连云港经济技术开发区						
连云港高新技术产业开发区						
江苏连云港徐圩新区	4625	3523	1102	2999	2657	342
江苏省连云港市云台山风景名胜区	264	102	162	24	11	13
淮安市	**497925**	**241855**	**256070**	**83350**	**46937**	**36413**
淮安区	131223	63049	68174	17522	9433	8089
淮阴区	116176	57292	58884	23501	13672	9829
清江浦区	190609	92658	97951	34062	19171	14891
洪泽区	59917	28856	31061	8265	4661	3604
涟水县						
盱眙县						
金湖县						
淮安经济技术开发区						
工业园区						
生态文旅区						
苏淮高新区						

7-9a 续表 2

单位：人

现住地	合计			工作就业		
	合计	男	女	小计	男	女
盐城市	**607997**	**303802**	**304195**	**141102**	**81232**	**59870**
亭湖区	181123	92395	88728	37916	21513	16403
盐都区	136009	68901	67108	33983	20113	13870
大丰区	89862	44315	45547	21605	11861	9744
响水县						
滨海县						
阜宁县						
射阳县						
建湖县						
盐城经济技术开发区	1365	723	642	419	237	182
江苏省盐南高新区	137064	66656	70408	30204	17252	12952
东台市	62574	30812	31762	16975	10256	6719
扬州市	**804271**	**398101**	**406170**	**203959**	**114541**	**89418**
广陵区	171166	88706	82460	53881	30861	23020
邗江区	240005	118447	121558	57266	31364	25902
江都区	122490	58088	64402	33178	18280	14898
宝应县						
扬州经济技术开发区						
蜀冈瘦西湖景区	51170	25110	26060	10895	6516	4379
生态新城	8250	4603	3647	4894	2934	1960
仪征市	82654	41558	41096	19685	11781	7904
高邮市	128536	61589	66947	24160	12805	11355
镇江市	**639491**	**317669**	**321822**	**156575**	**89416**	**67159**
京口区	143114	71338	71776	28119	15958	12161
润州区	106927	52702	54225	17753	10276	7477
丹徒区	67104	33940	33164	22170	12705	9465
镇江新区						
江苏镇江高新区	30324	15674	14650	7242	4490	2752
丹阳市	122434	59562	62872	30242	17297	12945
扬中市	47923	24184	23739	18786	11042	7744
句容市	121665	60269	61396	32263	17648	14615
泰州市	**810900**	**393022**	**417878**	**186049**	**105196**	**80853**
海陵区	206738	98873	107865	51215	28920	22295
高港区	48364	23691	24673	11210	6467	4743
姜堰区	150574	71895	78679	27837	15463	12374
泰州医药高新技术产业开发区						
兴化市	131771	66168	65603	33195	18339	14856
靖江市	158114	76270	81844	35742	20194	15548
泰兴市	115339	56125	59214	26850	15813	11037
宿迁市	**280313**	**138159**	**142154**	**65956**	**38221**	**27735**
宿城区	132015	63851	68164	28902	16678	12224
宿豫区	104811	52551	52260	28846	16647	12199
沭阳县						
泗阳县						
泗洪县						
宿迁经济技术开发区						
宿迁市湖滨新区	20682	9970	10712	1547	842	705
苏州宿迁工业园区	12954	6966	5988	4557	2810	1747
宿迁市洋河新区	9851	4821	5030	2104	1244	860

7-9a　续表 3　　单位：人

现住地	学习培训			随同离开/投亲靠友			拆迁/搬家		
	小计	男	女	小计	男	女	小计	男	女
江　苏	**1418922**	**734135**	**684787**	**1383504**	**652460**	**731044**	**3824102**	**1929652**	**1894450**
南京市	**377383**	**194567**	**182816**	**229718**	**107531**	**122187**	**829218**	**415958**	**413260**
玄武区	28679	14518	14161	12834	5844	6990	42602	21099	21503
秦淮区	11887	6586	5301	24695	11546	13149	80949	40372	40577
建邺区	10453	5721	4732	14224	6566	7658	74172	36749	37423
鼓楼区	34584	14841	19743	23051	10707	12344	82560	40957	41603
浦口区	11239	4175	7064	5977	2760	3217	32921	16827	16094
栖霞区	78734	38112	40622	29397	13933	15464	117954	58912	59042
雨花台区	17861	8760	9101	20260	9525	10735	80195	40210	39985
江宁区	102009	53552	48457	39918	18986	20932	135545	68600	66945
六合区	5871	3140	2731	5524	2491	3033	23490	11924	11566
溧水区	11123	6004	5119	15902	7628	8274	41024	21111	19913
高淳区	5711	3116	2595	5386	2626	2760	17864	9058	8806
南京江北新区	59232	36042	23190	32550	14919	17631	99942	50139	49803
无锡市	**115838**	**63670**	**52168**	**165913**	**78940**	**86973**	**369429**	**186518**	**182911**
锡山区	8254	4710	3544	15163	7217	7946	23999	12209	11790
惠山区	27699	15871	11828	18642	9035	9607	19838	10211	9627
滨湖区	25421	14191	11230	15303	7378	7925	40713	20279	20434
梁溪区	12908	6683	6225	29973	14243	15730	102620	51173	51447
新吴区	11772	6226	5546	25520	12558	12962	31955	16076	15879
江苏无锡经济开发区	4613	2452	2161	8737	4244	4493	24708	12236	12472
江阴市	13593	7814	5779	23235	10820	12415	50679	26239	24440
宜兴市	11578	5723	5855	29340	13445	15895	74917	38095	36822
徐州市	**122867**	**61977**	**60890**	**124148**	**59989**	**64159**	**365981**	**185963**	**180018**
鼓楼区	6775	4234	2541	17240	8193	9047	85504	43004	42500
云龙区	16636	8084	8552	22759	10890	11869	63294	32184	31110
贾汪区	8546	4179	4367	5476	2758	2718	24748	12594	12154
泉山区	21849	11899	9950	23080	10724	12356	82421	41358	41063
铜山区	34449	15546	18903	15578	7512	8066	18763	9610	9153
丰县									
沛县									
睢宁县									
徐州经济技术开发区	3	1	2	18	10	8	38	19	19
新沂市	11190	5718	5472	17427	8521	8906	47186	24276	22910
邳州市	23419	12316	11103	22570	11381	11189	44027	22918	21109
常州市	**114225**	**63458**	**50767**	**157816**	**74905**	**82911**	**363177**	**183622**	**179555**
天宁区	7251	2917	4334	26226	12436	13790	66700	33440	33260
钟楼区	19664	9925	9739	28889	13338	15551	67674	34039	33635
新北区	22455	12601	9854	22749	10813	11936	58236	29977	28259
武进区	47385	28049	19336	33539	16447	17092	40575	20487	20088
金坛区	5906	3144	2762	18435	8401	10034	56444	28783	27661
江苏省常州市经济开发区	5895	3554	2341	8433	4278	4155	15369	7577	7792
溧阳市	5669	3268	2401	19545	9192	10353	58179	29319	28860

7-9a 续表 4

单位：人

现住地	学习培训			随同离开/投亲靠友			拆迁/搬家		
	小计	男	女	小计	男	女	小计	男	女
苏州市	**163855**	**83366**	**80489**	**189433**	**92432**	**97001**	**408340**	**202561**	**205779**
虎丘区	32555	15045	17510	18966	9304	9662	38535	19346	19189
吴中区	37593	19099	18494	20017	9910	10107	40948	20306	20642
相城区	11233	5878	5355	19625	9449	10176	46540	23112	23428
姑苏区	15935	7920	8015	28748	13707	15041	76767	38320	38447
吴江区	12319	6528	5791	13752	6622	7130	20216	9966	10250
苏州工业园区									
常熟市	15998	7373	8625	29357	14662	14695	70982	34701	36281
张家港市	16228	9310	6918	17340	8280	9060	57306	28497	28809
昆山市	17173	9459	7714	34240	16946	17294	42604	21177	21427
太仓市	4821	2754	2067	7388	3552	3836	14442	7136	7306
南通市	**100806**	**50111**	**50695**	**91409**	**41941**	**49468**	**252968**	**121758**	**131210**
崇川区	39994	19300	20694	29956	13823	16133	81224	39702	41522
港闸区	16768	8951	7817	21361	9715	11646	49028	24063	24965
通州区	8019	4082	3937	9518	4474	5044	21580	10262	11318
如东县									
南通经济技术开发区									
通州湾示范区									
苏锡通科技产业园区									
启东市	4765	2354	2411	7527	3339	4188	30556	14549	16007
如皋市	9445	4303	5142	8507	3966	4541	18076	8707	9369
海门市	14276	7315	6961	7573	3505	4068	27548	12180	15368
海安市	7539	3806	3733	6967	3119	3848	24956	12295	12661
连云港市	**21263**	**12014**	**9249**	**31574**	**15054**	**16520**	**91923**	**47871**	**44052**
连云区	1341	749	592	6037	2729	3308	15674	8142	7532
海州区	7043	3781	3262	18891	9081	9810	59458	30757	28701
赣榆区	12578	7293	5285	6542	3201	3341	15950	8546	7404
东海县	5	3	2	16	11	5	106	55	51
灌云县									
灌南县									
连云港经济技术开发区									
连云港高新技术产业开发区									
江苏连云港徐圩新区	296	188	108	52	19	33	645	327	318
江苏省连云港市云台山风景名胜区				36	13	23	90	44	46
淮安市	**66266**	**33057**	**33209**	**41942**	**19766**	**22176**	**176938**	**90380**	**86558**
淮安区	20728	11903	8825	8403	4068	4335	48481	24096	24385
淮阴区	23743	10834	12909	8885	4271	4614	29954	15992	13962
清江浦区	17776	8353	9423	19103	8967	10136	68984	35340	33644
洪泽区	4019	1967	2052	5551	2460	3091	29519	14952	14567
涟水县									
盱眙县									
金湖县									
淮安经济技术开发区									
工业园区									
生态文旅区									
苏淮高新区									

7-9a 续表 5

单位：人

现住地	学习培训			随同离开/投亲靠友			拆迁/搬家		
	小计	男	女	小计	男	女	小计	男	女
盐城市	**70915**	**36672**	**34243**	**67454**	**31028**	**36426**	**173771**	**92256**	**81515**
亭湖区	30195	16331	13864	18525	8588	9937	49913	26330	23583
盐都区	4754	2764	1990	20720	9367	11353	46786	25151	21635
大丰区	5766	3093	2673	11374	5201	6173	29225	15502	13723
响水县									
滨海县									
阜宁县									
射阳县									
建湖县									
盐城经济技术开发区	621	330	291	25	12	13	101	47	54
江苏省盐南高新区	21978	9970	12008	11986	5571	6415	34380	18383	15997
东台市	7601	4184	3417	4824	2289	2535	13366	6843	6523
扬州市	**95764**	**49330**	**46434**	**79266**	**37129**	**42137**	**244733**	**122126**	**122607**
广陵区	12680	7248	5432	18173	8608	9565	50585	25650	24935
邗江区	56216	28148	28068	21139	10213	10926	58130	28899	29231
江都区	10554	5660	4894	12011	5440	6571	33967	16582	17385
宝应县									
扬州经济技术开发区									
蜀冈瘦西湖景区	2931	1196	1735	4684	2124	2560	19349	9743	9606
生态新城	202	114	88	931	485	446	1086	543	543
仪征市	5298	2885	2413	7489	3595	3894	28053	14192	13861
高邮市	7883	4079	3804	14839	6664	8175	53563	26517	27046
镇江市	**41449**	**22406**	**19043**	**72269**	**33299**	**38970**	**238329**	**120512**	**117817**
京口区	16687	9587	7100	13377	6098	7279	57369	28510	28859
润州区	1853	920	933	8791	3990	4801	57319	28480	28839
丹徒区	2515	1291	1224	11959	5615	6344	18902	9675	9227
镇江新区									
江苏镇江高新区	833	472	361	4080	1814	2266	13386	6899	6487
丹阳市	9239	4578	4661	16097	7457	8640	40050	20768	19282
扬中市	1683	935	748	5260	2279	2981	10206	5323	4883
句容市	8639	4623	4016	12705	6046	6659	41097	20857	20240
泰州市	**89035**	**46086**	**42949**	**102366**	**45881**	**56485**	**230354**	**118309**	**112045**
海陵区	33508	14925	18583	21611	9867	11744	57083	28961	28122
高港区	3525	1895	1630	3144	1432	1712	22571	11037	11534
姜堰区	19905	11127	8778	16680	7595	9085	39562	19999	19563
泰州医药高新技术产业开发区									
兴化市	17169	10210	6959	18752	8762	9990	22912	12385	10527
靖江市	8070	4198	3872	28337	12254	16083	53582	27946	25636
泰兴市	6858	3731	3127	13842	5971	7871	34644	17981	16663
宿迁市	**39256**	**17421**	**21835**	**30196**	**14565**	**15631**	**78941**	**41818**	**37123**
宿城区	19646	8365	11281	12706	6018	6688	36742	19472	17270
宿豫区	9321	4057	5264	14680	7216	7464	29254	15682	13572
沭阳县									
泗阳县									
泗洪县									
宿迁经济技术开发区									
宿迁市湖滨新区	8777	4194	4583	1081	489	592	6922	3556	3366
苏州宿迁工业园区	741	422	319	734	365	369	2209	1214	995
宿迁市洋河新区	771	383	388	995	477	518	3814	1894	1920

7-9a 续表 6 单位：人

现住地	寄挂户口			婚姻嫁娶			照料孙子女		
	小计	男	女	小计	男	女	小计	男	女
江　苏	**181613**	**98917**	**82696**	**485875**	**110560**	**375315**	**579251**	**178666**	**400585**
南京市	**80553**	**44487**	**36066**	**77961**	**17306**	**60655**	**124684**	**38770**	**85914**
玄武区	5111	2827	2284	3603	842	2761	6352	2123	4229
秦淮区	8650	4713	3937	9122	2185	6937	8053	2712	5341
建邺区	7054	3928	3126	5524	1486	4038	10132	3588	6544
鼓楼区	10282	5676	4606	7202	1707	5495	14646	5181	9465
浦口区	3784	2096	1688	3985	733	3252	3179	956	2223
栖霞区	10207	5600	4607	8093	1860	6233	11473	3509	7964
雨花台区	5790	3175	2615	6572	1439	5133	10040	3101	6939
江宁区	16194	8947	7247	13823	3254	10569	26621	7833	18788
六合区	1470	836	634	3518	702	2816	2948	763	2185
溧水区	1444	792	652	3807	734	3073	3724	1186	2538
高淳区	508	284	224	1849	304	1545	3077	867	2210
南京江北新区	10059	5613	4446	10863	2060	8803	24439	6951	17488
无锡市	**11242**	**6054**	**5188**	**60155**	**12393**	**47762**	**71707**	**21797**	**49910**
锡山区	854	450	404	4986	1015	3971	7998	2282	5716
惠山区	869	489	380	5014	929	4085	9510	2755	6755
滨湖区	1654	853	801	6261	1436	4825	5004	1546	3458
梁溪区	2625	1389	1236	12795	2918	9877	13297	4207	9090
新吴区	1880	1026	854	7132	1611	5521	11052	3159	7893
江苏无锡经济开发区	684	393	291	3330	666	2664	7313	2253	5060
江阴市	1276	689	587	10459	1876	8583	8778	2778	6000
宜兴市	1400	765	635	10178	1942	8236	8755	2817	5938
徐州市	**10831**	**5859**	**4972**	**50949**	**9994**	**40955**	**23798**	**8116**	**15682**
鼓楼区	1853	1012	841	9945	2222	7723	4237	1443	2794
云龙区	2200	1188	1012	8377	1892	6485	5801	1899	3902
贾汪区	657	384	273	3141	471	2670	527	183	344
泉山区	2344	1289	1055	12451	2633	9818	5274	1824	3450
铜山区	848	490	358	5545	866	4679	2726	922	1804
丰县									
沛县									
睢宁县									
徐州经济技术开发区	8	7	1	59	7	52	1	1	
新沂市	816	405	411	5487	988	4499	1520	493	1027
邳州市	2105	1084	1021	5944	915	5029	3712	1351	2361
常州市	**11867**	**6207**	**5660**	**41694**	**9598**	**32096**	**47677**	**13847**	**33830**
天宁区	3190	1659	1531	9546	2636	6910	8357	2501	5856
钟楼区	2356	1252	1104	7424	1807	5617	7305	2132	5173
新北区	1824	984	840	7343	1601	5742	14015	3931	10084
武进区	2305	1176	1129	6163	1558	4605	9834	2792	7042
金坛区	962	517	445	6019	1005	5014	3898	1139	2759
江苏省常州市经济开发区	638	319	319	1394	338	1056	1169	369	800
溧阳市	592	300	292	3805	653	3152	3099	983	2116

7-9a 续表 7

单位：人

现住地	寄挂户口			婚姻嫁娶			照料孙子女		
	小计	男	女	小计	男	女	小计	男	女
苏州市	**17008**	**9107**	**7901**	**50022**	**16094**	**33928**	**108869**	**33863**	**75006**
虎丘区	1373	757	616	5358	1975	3383	15092	4704	10388
吴中区	3483	1840	1643	3906	1142	2764	12726	3836	8890
相城区	1847	996	851	3206	1015	2191	9445	2835	6610
姑苏区	3118	1691	1427	8905	2698	6207	11926	4059	7867
吴江区	1516	797	719	2993	877	2116	8724	2577	6147
苏州工业园区									
常熟市	1448	768	680	11031	4309	6722	10946	3396	7550
张家港市	755	426	329	5456	1137	4319	8905	2701	6204
昆山市	2791	1479	1312	6272	1862	4410	25076	8065	17011
太仓市	677	353	324	2895	1079	1816	6029	1690	4339
南通市	**4537**	**2443**	**2094**	**37005**	**10742**	**26263**	**34907**	**8641**	**26266**
崇川区	1669	857	812	10690	3351	7339	10958	2976	7982
港闸区	487	281	206	4698	1517	3181	3976	839	3137
通州区	457	245	212	4334	1380	2954	2939	665	2274
如东县									
南通经济技术开发区									
通州湾示范区									
苏锡通科技产业园区									
启东市	669	379	290	4369	1228	3141	2977	769	2208
如皋市	513	276	237	3612	1060	2552	3852	952	2900
海门市	376	221	155	3011	668	2343	4602	1069	3533
海安市	366	184	182	6291	1538	4753	5603	1371	4232
连云港市	**4528**	**2463**	**2065**	**13916**	**2776**	**11140**	**10308**	**3578**	**6730**
连云区	737	399	338	3294	495	2799	1739	589	1150
海州区	2913	1581	1332	7483	1801	5682	6948	2554	4394
赣榆区	756	418	338	3018	469	2549	1612	433	1179
东海县	17	6	11	29	1	28			
灌云县									
灌南县									
连云港经济技术开发区									
连云港高新技术产业开发区									
江苏连云港徐圩新区	91	50	41	24	1	23	8	2	6
江苏省连云港市云台山风景名胜区	14	9	5	68	9	59	1		1
淮安市	**4907**	**2755**	**2152**	**20964**	**3958**	**17006**	**23501**	**7972**	**15529**
淮安区	1019	537	482	5332	944	4388	5711	1794	3917
淮阴区	1133	628	505	5404	764	4640	4655	1590	3065
清江浦区	2246	1300	946	8250	1966	6284	11057	3937	7120
洪泽区	509	290	219	1978	284	1694	2078	651	1427
涟水县									
盱眙县									
金湖县									
淮安经济技术开发区									
工业园区									
生态文旅区									
苏淮高新区									

7-9a 续表 8 单位：人

现住地	寄挂户口			婚姻嫁娶			照料孙子女		
	小计	男	女	小计	男	女	小计	男	女
盐城市	**6393**	**3501**	**2892**	**27343**	**5098**	**22245**	**26464**	**8445**	**18019**
亭湖区	3247	1822	1425	6586	1149	5437	4830	1671	3159
盐都区	617	310	307	5828	686	5142	5254	1536	3718
大丰区	592	346	246	4441	1133	3308	3101	794	2307
响水县									
滨海县									
阜宁县									
射阳县									
建湖县									
盐城经济技术开发区	9	6	3	26	3	23	12	4	8
江苏省盐南高新区	1427	763	664	6327	1195	5132	10035	3551	6484
东台市	501	254	247	4135	932	3203	3232	889	2343
扬州市	**12157**	**6579**	**5578**	**27790**	**7275**	**20515**	**29743**	**8968**	**20775**
广陵区	3264	1750	1514	4364	1031	3333	4002	1367	2635
邗江区	3937	2093	1844	7159	1981	5178	8855	2718	6137
江都区	1494	806	688	5115	1269	3846	6536	1785	4751
宝应县									
扬州经济技术开发区									
蜀冈瘦西湖景区	534	292	242	2502	669	1833	2305	742	1563
生态新城	84	47	37	256	56	200	20	7	13
仪征市	1405	793	612	4161	1034	3127	3040	858	2182
高邮市	1439	798	641	4233	1235	2998	4985	1491	3494
镇江市	**5577**	**3072**	**2505**	**29733**	**6438**	**23295**	**23907**	**7835**	**16072**
京口区	1272	702	570	5694	1323	4371	4888	1694	3194
润州区	1259	703	556	4296	947	3349	2276	790	1486
丹徒区	455	247	208	2553	547	2006	2373	791	1582
镇江新区									
江苏镇江高新区	271	159	112	1346	317	1029	542	156	386
丹阳市	773	424	349	7635	1533	6102	7452	2435	5017
扬中市	397	226	171	3392	763	2629	2194	674	1520
句容市	1150	611	539	4817	1008	3809	4182	1295	2887
泰州市	**10051**	**5372**	**4679**	**35721**	**7385**	**28336**	**42367**	**13205**	**29162**
海陵区	2078	1171	907	10023	2163	7860	11428	3714	7714
高港区	399	215	184	1920	410	1510	1445	398	1047
姜堰区	1235	658	577	5312	1103	4209	7908	2252	5656
泰州医药高新技术产业开发区									
兴化市	2964	1492	1472	3978	670	3308	5687	1836	3851
靖江市	2196	1179	1017	9780	1991	7789	7065	2296	4769
泰兴市	1179	657	522	4708	1048	3660	8834	2709	6125
宿迁市	**1962**	**1018**	**944**	**12622**	**1503**	**11119**	**11319**	**3629**	**7690**
宿城区	988	498	490	6394	774	5620	5958	1950	4008
宿豫区	491	258	233	4733	597	4136	4227	1334	2893
沭阳县									
泗阳县									
泗洪县									
宿迁经济技术开发区									
宿迁市湖滨新区	167	92	75	513	30	483	85	31	54
苏州宿迁工业园区	78	45	33	416	54	362	963	286	677
宿迁市洋河新区	238	125	113	566	48	518	86	28	58

7-9a　续表 9

单位：人

现住地	为子女就学			养老/康养			其　他		
	小计	男	女	小计	男	女	小计	男	女
江　苏	**338539**	**144133**	**194406**	**238965**	**102013**	**136952**	**782252**	**394023**	**388229**
南京市	**60948**	**27006**	**33942**	**56353**	**24428**	**31925**	**204624**	**102223**	**102401**
玄武区	5653	2525	3128	2831	1193	1638	15183	7499	7684
秦淮区	5375	2443	2932	7319	3104	4215	28684	13912	14772
建邺区	4754	2129	2625	5352	2246	3106	20831	10198	10633
鼓楼区	11160	5029	6131	6629	2724	3905	26384	12961	13423
浦口区	2738	1226	1512	1566	697	869	8614	4472	4142
栖霞区	4123	1814	2309	5699	2560	3139	21049	10556	10493
雨花台区	2442	1121	1321	5568	2409	3159	17139	8732	8407
江宁区	4844	2062	2782	11433	5128	6305	32635	16637	15998
六合区	5013	2220	2793	842	377	465	5033	2520	2513
溧水区	4625	2120	2505	1490	630	860	5581	2849	2732
高淳区	4806	1878	2928	929	407	522	3680	1796	1884
南京江北新区	5415	2439	2976	6695	2953	3742	19811	10091	9720
无锡市	**15999**	**7224**	**8775**	**25241**	**10339**	**14902**	**51947**	**26157**	**25790**
锡山区	1038	448	590	1840	765	1075	3573	1809	1764
惠山区	906	345	561	1975	910	1065	5670	2875	2795
滨湖区	1441	668	773	4137	1683	2454	8634	4299	4335
梁溪区	3701	1741	1960	7327	2940	4387	13245	6688	6557
新吴区	1101	478	623	2633	1080	1553	6009	3109	2900
江苏无锡经济开发区	1206	517	689	1899	782	1117	3336	1591	1745
江阴市	2287	1156	1131	2308	940	1368	5754	2976	2778
宜兴市	4319	1871	2448	3122	1239	1883	5726	2810	2916
徐州市	**20250**	**8878**	**11372**	**17640**	**7802**	**9838**	**58999**	**29998**	**29001**
鼓楼区	2177	927	1250	3593	1556	2037	10886	5544	5342
云龙区	2512	1150	1362	3147	1350	1797	7196	3636	3560
贾汪区	1687	795	892	574	266	308	4383	2322	2061
泉山区	3101	1338	1763	3903	1688	2215	15116	7459	7657
铜山区	1075	423	652	3420	1590	1830	5626	2882	2744
丰县									
沛县									
睢宁县									
徐州经济技术开发区				1	1		15	8	7
新沂市	3914	1812	2102	877	417	460	6706	3282	3424
邳州市	5784	2433	3351	2125	934	1191	9071	4865	4206
常州市	**13471**	**5788**	**7683**	**17867**	**7414**	**10453**	**38118**	**19075**	**19043**
天宁区	2343	1039	1304	4974	2000	2974	10990	5487	5503
钟楼区	1532	666	866	2269	888	1381	4234	2083	2151
新北区	2456	1079	1377	2153	914	1239	3583	1838	1745
武进区	2381	1076	1305	4203	1872	2331	8751	4442	4309
金坛区	2192	950	1242	2508	990	1518	4514	2242	2272
江苏省常州市经济开发区	222	98	124	666	274	392	1073	533	540
溧阳市	2345	880	1465	1094	476	618	4973	2450	2523

7-9a 续表 10

单位：人

现住地	为子女就学			养老/康养			其他		
	小计	男	女	小计	男	女	小计	男	女
苏州市	**23983**	**10741**	**13242**	**34138**	**14260**	**19878**	**71347**	**35808**	**35539**
虎丘区	2663	1152	1511	3223	1353	1870	7249	3758	3491
吴中区	1418	553	865	5068	2093	2975	11619	5889	5730
相城区	862	343	519	2831	1242	1589	7475	3893	3582
姑苏区	2441	1087	1354	7633	3153	4480	13556	6662	6894
吴江区	1161	489	672	1761	749	1012	6757	3332	3425
苏州工业园区									
常熟市	6626	3112	3514	4297	1879	2418	6380	3180	3200
张家港市	5963	2813	3150	2470	975	1495	5044	2454	2590
昆山市	1696	680	1016	5030	2058	2972	10375	5235	5140
太仓市	1153	512	641	1825	758	1067	2892	1405	1487
南通市	**30255**	**11188**	**19067**	**17106**	**6978**	**10128**	**52722**	**25945**	**26777**
崇川区	4724	2119	2605	6617	2590	4027	20236	10182	10054
港闸区	1098	453	645	1725	766	959	6780	3585	3195
通州区	4986	1792	3194	1118	417	701	4388	2143	2245
如东县									
南通经济技术开发区									
通州湾示范区									
苏锡通科技产业园区									
启东市	2465	859	1606	2135	936	1199	6490	2958	3532
如皋市	4904	1809	3095	1279	547	732	4109	1999	2110
海门市	7233	2281	4952	2547	1013	1534	6825	3124	3701
海安市	4845	1875	2970	1685	709	976	3894	1954	1940
连云港市	**8627**	**4016**	**4611**	**5446**	**2378**	**3068**	**22534**	**11507**	**11027**
连云区	1287	594	693	1147	492	655	3409	1725	1684
海州区	4053	1921	2132	3615	1559	2056	15840	8006	7834
赣榆区	3281	1496	1785	674	325	349	2733	1472	1261
东海县				3	1	2	24	15	9
灌云县									
灌南县									
连云港经济技术开发区									
连云港高新技术产业开发区									
江苏连云港徐圩新区	5	5		5		5	500	274	226
江苏省连云港市云台山风景名胜区	1		1	2	1	1	28	15	13
淮安市	**30255**	**12603**	**17652**	**9266**	**3958**	**5308**	**40536**	**20469**	**20067**
淮安区	11971	4324	7647	1585	744	841	10471	5206	5265
淮阴区	5555	2764	2791	2126	892	1234	11220	5885	5335
清江浦区	10952	4877	6075	4680	1959	2721	13499	6788	6711
洪泽区	1777	638	1139	875	363	512	5346	2590	2756
涟水县									
盱眙县									
金湖县									
淮安经济技术开发区									
工业园区									
生态文旅区									
苏淮高新区									

7-9a 续表 11 单位：人

现住地	为子女就学			养老/康养			其他		
	小计	男	女	小计	男	女	小计	男	女
盐城市	**24695**	**10627**	**14068**	**12135**	**5475**	**6660**	**57725**	**29468**	**28257**
亭湖区	4662	2125	2537	3117	1418	1699	22132	11448	10684
盐都区	4018	1847	2171	3096	1467	1629	10953	5660	5293
大丰区	5084	2213	2871	1582	675	907	7092	3497	3595
响水县									
滨海县									
阜宁县									
射阳县									
建湖县									
盐城经济技术开发区	25	7	18	10	5	5	117	72	45
江苏省盐南高新区	6091	2722	3369	3216	1423	1793	11420	5826	5594
东台市	4815	1713	3102	1114	487	627	6011	2965	3046
扬州市	**27420**	**11012**	**16408**	**13422**	**5883**	**7539**	**70017**	**35258**	**34759**
广陵区	2664	1126	1538	2219	984	1235	19334	10081	9253
邗江区	4412	1968	2444	4425	1946	2479	18466	9117	9349
江都区	8123	2690	5433	2123	877	1246	9389	4699	4690
宝应县									
扬州经济技术开发区									
蜀冈瘦西湖景区	1404	648	756	1122	491	631	5444	2689	2755
生态新城	6	2	4	50	28	22	721	387	334
仪征市	2925	1229	1696	1920	841	1079	8678	4350	4328
高邮市	7886	3349	4537	1563	716	847	7985	3935	4050
镇江市	**14208**	**6450**	**7758**	**13229**	**5726**	**7503**	**44215**	**22515**	**21700**
京口区	1756	781	975	3651	1534	2117	10301	5151	5150
润州区	1095	490	605	1801	733	1068	10484	5373	5111
丹徒区	802	368	434	1065	497	568	4310	2204	2106
镇江新区									
江苏镇江高新区	126	58	68	329	137	192	2169	1172	997
丹阳市	4330	1983	2347	2446	1021	1425	4170	2066	2104
扬中市	1682	803	879	728	340	388	3595	1799	1796
句容市	4417	1967	2450	3209	1464	1745	9186	4750	4436
泰州市	**57003**	**23027**	**33976**	**12942**	**5499**	**7443**	**45012**	**23062**	**21950**
海陵区	6193	2587	3606	4123	1782	2341	9476	4783	4693
高港区	1827	714	1113	238	94	144	2085	1029	1056
姜堰区	20878	8110	12768	2611	1114	1497	8646	4474	4172
泰州医药高新技术产业开发区									
兴化市	11106	4281	6825	1956	844	1112	14052	7349	6703
靖江市	8937	4113	4824	1176	424	752	3229	1675	1554
泰兴市	8062	3222	4840	2838	1241	1597	7524	3752	3772
宿迁市	**11425**	**5573**	**5852**	**4180**	**1873**	**2307**	**24456**	**12538**	**11918**
宿城区	6570	3159	3411	1934	817	1117	12175	6120	6055
宿豫区	3122	1490	1632	2020	951	1069	8117	4319	3798
沭阳县									
泗阳县									
泗洪县									
宿迁经济技术开发区									
宿迁市湖滨新区	302	135	167	42	18	24	1246	583	663
苏州宿迁工业园区	1341	757	584	122	57	65	1793	956	837
宿迁市洋河新区	90	32	58	62	30	32	1125	560	565

7-9b 全省按现住地、性别、迁移原因分的户口登记地在本省其他乡镇街道的人口(镇)

单位：人

现住地	合计			工作就业		
	合计	男	女	小计	男	女
江　苏	**5050916**	**2534026**	**2516890**	**1389303**	**803141**	**586162**
南京市	**58047**	**29447**	**28600**	**23427**	**13866**	**9561**
玄武区						
秦淮区						
建邺区						
鼓楼区						
浦口区	576	298	278	119	85	34
栖霞区						
雨花台区	3405	1849	1556	1282	823	459
江宁区						
六合区	47436	23785	23651	19749	11508	8241
溧水区	5218	2692	2526	1740	1058	682
高淳区	1412	823	589	537	392	145
南京江北新区						
无锡市	**185108**	**97498**	**87610**	**85855**	**50750**	**35105**
锡山区	40073	21595	18478	19972	11922	8050
惠山区	21703	11648	10055	9816	6005	3811
滨湖区						
梁溪区						
新吴区						
江苏无锡经济开发区						
江阴市	72735	38306	34429	39938	22909	17029
宜兴市	50597	25949	24648	16129	9914	6215
徐州市	**655274**	**324303**	**330971**	**124552**	**70865**	**53687**
鼓楼区						
云龙区	10842	5920	4922	919	537	382
贾汪区	5278	2387	2891	887	580	307
泉山区						
铜山区	39050	18816	20234	5887	3647	2240
丰县	120699	60431	60268	27469	14901	12568
沛县	152107	75672	76435	20423	11570	8853
睢宁县	178989	85800	93189	27277	14231	13046
徐州经济技术开发区	120061	61877	58184	39175	24112	15063
新沂市	13063	5782	7281	754	425	329
邳州市	15185	7618	7567	1761	862	899
常州市	**85353**	**45354**	**39999**	**37812**	**22773**	**15039**
天宁区	5984	3153	2831	2356	1375	981
钟楼区						
新北区	19184	10146	9038	8082	4797	3285
武进区	23863	12555	11308	11961	6967	4994
金坛区	7064	3672	3392	2594	1556	1038
江苏省常州市经济开发区	15901	8808	7093	8353	5187	3166
溧阳市	13357	7020	6337	4466	2891	1575

7-9b　续表 1　　　　单位：人

现住地	合计			工作就业		
	合计	男	女	小计	男	女
苏州市	**647274**	**340047**	**307227**	**324441**	**188452**	**135989**
虎丘区	250	126	124	100	53	47
吴中区	37568	20275	17293	20214	11781	8433
相城区	8665	4909	3756	4800	3028	1772
姑苏区						
吴江区	54495	28963	25532	28240	16115	12125
苏州工业园区	305090	153911	151179	146736	83021	63715
常熟市	63273	36491	26782	34802	21408	13394
张家港市	94585	49822	44763	44637	26160	18477
昆山市	51862	27627	24235	25767	14932	10835
太仓市	31486	17923	13563	19145	11954	7191
南通市	**332508**	**174108**	**158400**	**156585**	**93576**	**63009**
崇川区						
港闸区						
通州区	29062	14524	14538	15579	8534	7045
如东县	76811	37951	38860	26049	14856	11193
南通经济技术开发区	116158	61354	54804	62333	37232	25101
通州湾示范区	8826	5067	3759	2517	1771	746
苏锡通科技产业园区	7861	4902	2959	5550	3903	1647
启东市	29245	15615	13630	16032	10171	5861
如皋市	25766	13998	11768	7932	4992	2940
海门市	25872	13960	11912	15709	8964	6745
海安市	12907	6737	6170	4884	3153	1731
连云港市	**399377**	**200465**	**198912**	**76551**	**43450**	**33101**
连云区	366	315	51	351	307	44
海州区	12337	6021	6316	1276	695	581
赣榆区	17722	8937	8785	2366	1400	966
东海县	105483	53655	51828	26245	14195	12050
灌云县	79116	39569	39547	10977	6318	4659
灌南县	71283	35039	36244	15351	8414	6937
连云港经济技术开发区	27944	14383	13561	6583	4054	2529
连云港高新技术产业开发区	81409	40738	40671	12801	7708	5093
江苏连云港徐圩新区	3162	1532	1630	467	276	191
江苏省连云港市云台山风景名胜区	555	276	279	134	83	51
淮安市	**492215**	**241518**	**250697**	**101312**	**57034**	**44278**
淮安区	7953	3954	3999	1627	957	670
淮阴区	7294	3526	3768	927	578	349
清江浦区	452	260	192	151	121	30
洪泽区	2288	1205	1083	287	173	114
涟水县	124607	60990	63617	22603	12918	9685
盱眙县	129516	61604	67912	23540	12700	10840
金湖县	77804	38033	39771	24886	13984	10902
淮安经济技术开发区	109184	55940	53244	21598	12386	9212
工业园区	728	355	373	211	131	80
生态文旅区	28551	13653	14898	4872	2663	2209
苏淮高新区	3838	1998	1840	610	423	187

7-9b 续表 2 单位：人

现住地	合计			工作就业		
	合计	男	女	小计	男	女
盐城市	**714281**	**348970**	**365311**	**130181**	**76041**	**54140**
亭湖区	11051	5740	5311	2068	1383	685
盐都区	15620	7505	8115	3362	1954	1408
大丰区	19790	10215	9575	5899	3747	2152
响水县	97137	47362	49775	18883	10648	8235
滨海县	120623	58751	61872	18745	10939	7806
阜宁县	125769	61292	64477	20298	11245	9053
射阳县	132384	64204	68180	26710	15308	11402
建湖县	151948	74296	77652	21393	12861	8532
盐城经济技术开发区	20881	10278	10603	6968	4381	2587
江苏省盐南高新区						
东台市	19078	9327	9751	5855	3575	2280
扬州市	**292039**	**143726**	**148313**	**78706**	**44608**	**34098**
广陵区	8598	4538	4060	3299	1992	1307
邗江区	11561	5778	5783	2513	1426	1087
江都区	32143	15802	16341	8315	4974	3341
宝应县	133400	64045	69355	34150	18664	15486
扬州经济技术开发区	83575	42020	41555	24011	13909	10102
蜀冈瘦西湖景区						
生态新城	1964	1016	948	525	331	194
仪征市	5968	3050	2918	1796	1051	745
高邮市	14830	7477	7353	4097	2261	1836
镇江市	**226943**	**117097**	**109846**	**70356**	**40794**	**29562**
京口区	2109	1126	983	477	318	159
润州区						
丹徒区	22879	13698	9181	3976	2366	1610
镇江新区	95382	48291	47091	23595	13770	9825
江苏镇江高新区						
丹阳市	67933	34442	33491	27710	16028	11682
扬中市	4881	2714	2167	2017	1307	710
句容市	33759	16826	16933	12581	7005	5576
泰州市	**191509**	**96627**	**94882**	**60638**	**36245**	**24393**
海陵区	1895	1016	879	577	350	227
高港区	4163	2167	1996	1399	920	479
姜堰区	8530	4154	4376	2232	1296	936
泰州医药高新技术产业开发区	78679	38206	40473	21176	12541	8635
兴化市	41744	21855	19889	19742	11429	8313
靖江市	24770	12816	11954	5289	3530	1759
泰兴市	31728	16413	15315	10223	6179	4044
宿迁市	**770988**	**374866**	**396122**	**118887**	**64687**	**54200**
宿城区	3305	1499	1806	741	413	328
宿豫区	7165	3524	3641	1725	1092	633
沭阳县	287811	140811	147000	48903	26787	22116
泗阳县	176780	85501	91279	26142	13992	12150
泗洪县	238390	114249	124141	26985	13959	13026
宿迁经济技术开发区	55903	28501	27402	13970	8217	5753
宿迁市湖滨新区	1634	781	853	421	227	194
苏州宿迁工业园区						
宿迁市洋河新区						

7-9b　续表 3

单位：人

现住地	学习培训			随同离开/投亲靠友			拆迁/搬家		
	小计	男	女	小计	男	女	小计	男	女
江　苏	**613301**	**327810**	**285491**	**640073**	**309122**	**330951**	**1366964**	**699013**	**667951**
南京市	**3026**	**1690**	**1336**	**6148**	**2813**	**3335**	**10301**	**5287**	**5014**
玄武区									
秦淮区									
建邺区									
鼓楼区									
浦口区	3	2	1	18	5	13	263	119	144
栖霞区									
雨花台区	284	172	112	390	163	227	783	414	369
江宁区									
六合区	2600	1438	1162	4837	2247	2590	7620	3901	3719
溧水区	123	67	56	808	356	452	1386	712	674
高淳区	16	11	5	95	42	53	249	141	108
南京江北新区									
无锡市	**12004**	**6620**	**5384**	**26984**	**13131**	**13853**	**36475**	**19040**	**17435**
锡山区	3922	2160	1762	5229	2616	2613	5656	2947	2709
惠山区	1361	811	550	3438	1697	1741	4451	2357	2094
滨湖区									
梁溪区									
新吴区									
江苏无锡经济开发区									
江阴市	4766	2581	2185	9482	4663	4819	11813	6097	5716
宜兴市	1955	1068	887	8835	4155	4680	14555	7639	6916
徐州市	**92244**	**50421**	**41823**	**97567**	**49054**	**48513**	**205517**	**104400**	**101117**
鼓楼区									
云龙区	6763	3766	2997	388	203	185	1920	973	947
贾汪区	135	72	63	601	316	285	1839	934	905
泉山区									
铜山区	7021	3953	3068	6001	3004	2997	7696	3999	3697
丰县	12608	6951	5657	19824	9954	9870	41769	21417	20352
沛县	16993	9846	7147	21383	11113	10270	51097	25859	25238
睢宁县	21856	12300	9556	28902	14338	14564	67832	33968	33864
徐州经济技术开发区	15691	7561	8130	18319	9078	9241	26412	13711	12701
新沂市	4307	2111	2196	1249	622	627	4010	2039	1971
邳州市	6870	3861	3009	900	426	474	2942	1500	1442
常州市	**10497**	**5398**	**5099**	**12787**	**6058**	**6729**	**14826**	**7678**	**7148**
天宁区	854	455	399	923	449	474	1215	633	582
钟楼区									
新北区	2953	1532	1421	2889	1411	1478	3154	1607	1547
武进区	2438	1267	1171	3441	1689	1752	3148	1623	1525
金坛区	142	80	62	1217	503	714	2052	1110	942
江苏省常州市经济开发区	1933	955	978	2613	1235	1378	1829	970	859
溧阳市	2177	1109	1068	1704	771	933	3428	1735	1693

7-9b 续表 4

单位：人

现住地	学习培训			随同离开/投亲靠友			拆迁/搬家		
	小计	男	女	小计	男	女	小计	男	女
苏州市	**52096**	**28068**	**24028**	**70125**	**34327**	**35798**	**102098**	**50919**	**51179**
虎丘区	1	1		12	6	6	86	43	43
吴中区	1731	945	786	4128	2111	2017	6321	3110	3211
相城区	659	343	316	1144	548	596	1206	607	599
姑苏区									
吴江区	4678	2453	2225	6135	3053	3082	8260	4145	4115
苏州工业园区	25609	13320	12289	28162	13440	14722	43811	21622	22189
常熟市	7841	4856	2985	7674	3872	3802	7406	3823	3583
张家港市	5040	2754	2286	13733	6658	7075	21277	10708	10569
昆山市	5018	2553	2465	5846	2958	2888	9999	5021	4978
太仓市	1519	843	676	3291	1681	1610	3732	1840	1892
南通市	**47127**	**23777**	**23350**	**35635**	**16890**	**18745**	**38994**	**19353**	**19641**
崇川区									
港闸区									
通州区	1956	946	1010	3511	1696	1815	2507	1263	1244
如东县	9089	4697	4392	7338	3510	3828	14583	7164	7419
南通经济技术开发区	12866	6219	6647	16093	7593	8500	11136	5608	5528
通州湾示范区	5154	2789	2365	256	122	134	358	173	185
苏锡通科技产业园区	153	82	71	750	335	415	567	289	278
启东市	5292	1973	3319	2839	1332	1507	2159	1055	1104
如皋市	7221	4101	3120	1736	818	918	4583	2269	2314
海门市	3163	1820	1343	2257	1076	1181	1666	798	868
海安市	2233	1150	1083	855	408	447	1435	734	701
连云港市	**85744**	**44917**	**40827**	**45242**	**22020**	**23222**	**107620**	**56680**	**50940**
连云区				3	1	2	5	3	2
海州区	1951	986	965	1564	769	795	5401	2743	2658
赣榆区	5909	3272	2637	1769	854	915	3714	2009	1705
东海县	19677	10862	8815	10293	5177	5116	23908	13119	10789
灌云县	7872	3882	3990	12470	6071	6399	33533	17511	16022
灌南县	12245	6840	5405	9620	4716	4904	13632	6957	6675
连云港经济技术开发区	3819	2173	1646	3390	1588	1802	8838	4553	4285
连云港高新技术产业开发区	34206	16865	17341	5587	2587	3000	16930	8946	7984
江苏连云港徐圩新区	41	26	15	518	247	271	1446	726	720
江苏省连云港市云台山风景名胜区	24	11	13	28	10	18	213	113	100
淮安市	**64269**	**34828**	**29441**	**45499**	**21350**	**24149**	**154498**	**79301**	**75197**
淮安区	1152	569	583	742	307	435	2855	1447	1408
淮阴区	490	270	220	766	350	416	3157	1627	1530
清江浦区	8	5	3	40	18	22	134	66	68
洪泽区	25	15	10	105	50	55	1374	738	636
涟水县	18748	10335	8413	11597	5592	6005	35630	18425	17205
盱眙县	16879	9054	7825	9891	4581	5310	41295	20750	20545
金湖县	3996	2111	1885	11223	5128	6095	20413	10530	9883
淮安经济技术开发区	21053	11449	9604	8523	4090	4433	38427	20016	18411
工业园区	31	15	16	61	30	31	215	99	116
生态文旅区	1842	986	856	2161	1031	1130	8792	4475	4317
苏淮高新区	45	19	26	390	173	217	2206	1128	1078

7-9b　续表 5

单位：人

现住地	学习培训			随同离开/投亲靠友			拆迁/搬家		
	小计	男	女	小计	男	女	小计	男	女
盐城市	**74108**	**39616**	**34492**	**110734**	**52161**	**58573**	**223711**	**116589**	**107122**
亭湖区	1354	744	610	1350	583	767	3601	1956	1645
盐都区	2573	1387	1186	1995	883	1112	2875	1526	1349
大丰区	259	130	129	2207	964	1243	6844	3523	3321
响水县	12382	6837	5545	14809	7176	7633	28710	14996	13714
滨海县	14595	7990	6605	18611	9270	9341	39096	19981	19115
阜宁县	13640	7542	6098	18705	8975	9730	37852	19521	18331
射阳县	11495	6022	5473	20185	8930	11255	36308	19358	16950
建湖县	7857	4513	3344	29863	13956	15907	62653	32711	29942
盐城经济技术开发区	6366	2396	3970	1336	665	671	3383	1769	1614
江苏省盐南高新区									
东台市	3587	2055	1532	1673	759	914	2389	1248	1141
扬州市	**32921**	**17036**	**15885**	**27290**	**12722**	**14568**	**81633**	**41147**	**40486**
广陵区	645	330	315	1136	546	590	1914	940	974
邗江区	1745	935	810	837	398	439	3235	1636	1599
江都区	2923	1452	1471	2306	1065	1241	9529	4801	4728
宝应县	12866	7164	5702	13008	5908	7100	37988	19045	18943
扬州经济技术开发区	13442	6507	6935	7916	3816	4100	21351	10843	10508
蜀冈瘦西湖景区									
生态新城	33	19	14	218	109	109	294	153	141
仪征市	143	71	72	680	319	361	1610	804	806
高邮市	1124	558	566	1189	561	628	5712	2925	2787
镇江市	**27133**	**14564**	**12569**	**24745**	**11834**	**12911**	**67948**	**34586**	**33362**
京口区	30	15	15	153	69	84	1259	642	617
润州区									
丹徒区	14413	9126	5287	1140	550	590	1309	722	587
镇江新区	2928	1836	1092	9921	4695	5226	42828	21501	21327
江苏镇江高新区									
丹阳市	7429	2749	4680	10248	4899	5349	14094	7431	6663
扬中市	159	88	71	507	268	239	989	517	472
句容市	2174	750	1424	2776	1353	1423	7469	3773	3696
泰州市	**25183**	**12301**	**12882**	**18189**	**8460**	**9729**	**46875**	**23732**	**23143**
海陵区	109	79	30	196	92	104	477	257	220
高港区	123	62	61	403	173	230	1274	667	607
姜堰区	1113	577	536	572	277	295	1925	997	928
泰州医药高新技术产业开发区	9147	3698	5449	6466	2995	3471	24519	12216	12303
兴化市	3424	1910	1514	6006	2796	3210	5110	2677	2433
靖江市	6976	3539	3437	2070	939	1131	6288	3213	3075
泰兴市	4291	2436	1855	2476	1188	1288	7282	3705	3577
宿迁市	**86949**	**48574**	**38375**	**119128**	**58302**	**60826**	**276468**	**140301**	**136167**
宿城区	106	46	60	500	213	287	1131	564	567
宿豫区	286	157	129	1203	568	635	2626	1319	1307
沭阳县	32299	18327	13972	50502	24717	25785	87211	45682	41529
泗阳县	23575	13314	10261	32458	15903	16555	57577	28993	28584
泗洪县	27080	14482	12598	28243	13831	14412	108810	53497	55313
宿迁经济技术开发区	3546	2216	1330	5982	2963	3019	18556	9954	8602
宿迁市湖滨新区	57	32	25	240	107	133	557	292	265
苏州宿迁工业园区									
宿迁市洋河新区									

7-9b 续表 6

单位：人

现住地	寄挂户口			婚姻嫁娶			照料孙子女		
	小计	男	女	小计	男	女	小计	男	女
江　苏	**61870**	**34165**	**27705**	**220289**	**36452**	**183837**	**172110**	**53997**	**118113**
南京市	**1207**	**682**	**525**	**2674**	**545**	**2129**	**3765**	**871**	**2894**
玄武区									
秦淮区									
建邺区									
鼓楼区									
浦口区	68	43	25	28	6	22			
栖霞区									
雨花台区	144	81	63	173	32	141	36	10	26
江宁区									
六合区	781	433	348	2191	459	1732	3570	826	2744
溧水区	188	110	78	128	21	107	150	32	118
高淳区	26	15	11	154	27	127	9	3	6
南京江北新区									
无锡市	**1729**	**995**	**734**	**10437**	**1892**	**8545**	**3341**	**906**	**2435**
锡山区	424	237	187	2349	617	1732	779	197	582
惠山区	161	92	69	1148	156	992	599	173	426
滨湖区									
梁溪区									
新吴区									
江苏无锡经济开发区									
江阴市	612	366	246	3066	426	2640	935	237	698
宜兴市	532	300	232	3874	693	3181	1028	299	729
徐州市	**7200**	**3960**	**3240**	**35777**	**4983**	**30794**	**14851**	**4760**	**10091**
鼓楼区									
云龙区	78	47	31	92	32	60	33	12	21
贾汪区	222	122	100	1036	79	957	20	10	10
泉山区									
铜山区	1297	746	551	4992	558	4434	291	111	180
丰县	776	432	344	3632	304	3328	2279	783	1496
沛县	1328	731	597	7693	1382	6311	3302	1141	2161
睢宁县	1750	933	817	8460	816	7644	4793	1507	3286
徐州经济技术开发区	939	515	424	7316	1699	5617	4047	1170	2877
新沂市	278	151	127	1745	74	1671	42	13	29
邳州市	532	283	249	811	39	772	44	13	31
常州市	**1342**	**732**	**610**	**3574**	**721**	**2853**	**843**	**241**	**602**
天宁区	110	61	49	215	37	178	38	9	29
钟楼区									
新北区	256	148	108	829	222	607	219	59	160
武进区	406	204	202	1130	217	913	252	72	180
金坛区	148	78	70	361	74	287	59	14	45
江苏省常州市经济开发区	208	112	96	400	98	302	176	58	118
溧阳市	214	129	85	639	73	566	99	29	70

7-9b 续表 7 单位：人

现住地	寄挂户口			婚姻嫁娶			照料孙子女		
	小计	男	女	小计	男	女	小计	男	女
苏州市	**6667**	**3574**	**3093**	**16943**	**5597**	**11346**	**41870**	**13215**	**28655**
虎丘区	9	1	8	16	6	10	3	1	2
吴中区	684	371	313	698	256	442	932	278	654
相城区	163	80	83	195	75	120	103	27	76
姑苏区									
吴江区	1315	714	601	1506	460	1046	961	273	688
苏州工业园区	2259	1192	1067	7219	2447	4772	34779	11198	23581
常熟市	661	362	299	2501	1084	1417	570	157	413
张家港市	669	363	306	3217	690	2527	1862	460	1402
昆山市	522	292	230	884	311	573	1980	642	1338
太仓市	385	199	186	707	268	439	680	179	501
南通市	**3611**	**2038**	**1573**	**15929**	**4931**	**10998**	**8221**	**1742**	**6479**
崇川区									
港闸区									
通州区	399	213	186	2387	746	1641	340	94	246
如东县	1460	855	605	4797	1634	3163	2567	499	2068
南通经济技术开发区	301	147	154	4068	1320	2748	4549	938	3611
通州湾示范区	65	38	27	149	29	120	34	6	28
苏锡通科技产业园区	47	15	32	513	158	355	75	14	61
启东市	340	211	129	883	211	672	186	39	147
如皋市	496	269	227	1259	353	906	219	75	144
海门市	329	198	131	1055	239	816	113	39	74
海安市	174	92	82	818	241	577	138	38	100
连云港市	**6110**	**3359**	**2751**	**16789**	**2067**	**14722**	**11692**	**4052**	**7640**
连云区	1	1		1		1			
海州区	273	150	123	505	45	460	136	52	84
赣榆区	870	491	379	1413	37	1376	102	35	67
东海县	1666	917	749	5073	756	4317	3839	1283	2556
灌云县	1136	602	534	3024	303	2721	780	283	497
灌南县	953	536	417	2788	268	2520	2801	1050	1751
连云港经济技术开发区	506	261	245	1526	185	1341	636	212	424
连云港高新技术产业开发区	587	332	255	2185	434	1751	3373	1129	2244
江苏连云港徐圩新区	105	63	42	203	23	180	22	7	15
江苏省连云港市云台山风景名胜区	13	6	7	71	16	55	3	1	2
淮安市	**6143**	**3374**	**2769**	**18555**	**2865**	**15690**	**26923**	**8722**	**18201**
淮安区	396	220	176	312	42	270	64	19	45
淮阴区	289	165	124	736	62	674	43	17	26
清江浦区	28	14	14	40	8	32	2		2
洪泽区	166	84	82	86	20	66	6	3	3
涟水县	1403	779	624	4908	526	4382	7823	2522	5301
盱眙县	1265	683	582	4280	527	3753	5749	1821	3928
金湖县	513	275	238	3580	743	2837	4754	1429	3325
淮安经济技术开发区	1584	878	706	3427	709	2718	3972	1295	2677
工业园区	22	15	7	60	13	47	26	10	16
生态文旅区	357	194	163	1004	196	808	4466	1601	2865
苏淮高新区	120	67	53	122	19	103	18	5	13

7-9b 续表 8

单位：人

现住地	寄挂户口			婚姻嫁娶			照料孙子女		
	小计	男	女	小计	男	女	小计	男	女
盐城市	**7029**	**3899**	**3130**	**37142**	**4545**	**32597**	**17175**	**5507**	**11668**
亭湖区	473	269	204	827	127	700	90	32	58
盐都区	452	268	184	1043	113	930	388	110	278
大丰区	509	307	202	1836	417	1419	132	46	86
响水县	745	392	353	5268	433	4835	3201	1103	2098
滨海县	1080	585	495	5009	538	4471	2959	966	1993
阜宁县	1159	625	534	5240	520	4720	2912	913	1999
射阳县	779	420	359	7280	1141	6139	3140	979	2161
建湖县	1232	685	547	7927	779	7148	3501	1123	2378
盐城经济技术开发区	188	111	77	750	103	647	490	142	348
江苏省盐南高新区									
东台市	412	237	175	1962	374	1588	362	93	269
扬州市	**5227**	**2896**	**2331**	**11448**	**2252**	**9196**	**11384**	**3439**	**7945**
广陵区	217	121	96	334	70	264	45	14	31
邗江区	431	232	199	614	140	474	157	52	105
江都区	993	568	425	1572	367	1205	630	156	474
宝应县	1353	721	632	5225	789	4436	6845	2058	4787
扬州经济技术开发区	1356	761	595	2722	627	2095	3439	1071	2368
蜀冈瘦西湖景区									
生态新城	76	46	30	145	41	104	8	3	5
仪征市	198	115	83	401	110	291	57	19	38
高邮市	603	332	271	435	108	327	203	66	137
镇江市	**2490**	**1400**	**1090**	**8145**	**1638**	**6507**	**4008**	**1275**	**2733**
京口区	20	13	7	54	14	40	11	6	5
润州区									
丹徒区	354	206	148	694	189	505	92	38	54
镇江新区	702	397	305	3389	548	2841	2321	730	1591
江苏镇江高新区									
丹阳市	1002	532	470	2753	588	2165	901	300	601
扬中市	133	86	47	410	108	302	35	10	25
句容市	279	166	113	845	191	654	648	191	457
泰州市	**3814**	**2133**	**1681**	**8195**	**1596**	**6599**	**5793**	**1667**	**4126**
海陵区	78	47	31	224	63	161	11	2	9
高港区	138	74	64	433	70	363	46	9	37
姜堰区	303	177	126	562	104	458	157	30	127
泰州医药高新技术产业开发区	710	410	300	3163	747	2416	4283	1256	3027
兴化市	1157	631	526	1505	120	1385	295	71	224
靖江市	609	342	267	934	202	732	272	70	202
泰兴市	819	452	367	1374	290	1084	729	229	500
宿迁市	**9301**	**5123**	**4178**	**34681**	**2820**	**31861**	**22244**	**7600**	**14644**
宿城区	105	58	47	338	24	314	19	5	14
宿豫区	135	70	65	529	22	507	116	42	74
沭阳县	3850	2152	1698	16442	1046	15396	7568	2640	4928
泗阳县	1627	897	730	7679	488	7191	5996	2041	3955
泗洪县	3008	1621	1387	6227	653	5574	6367	2181	4186
宿迁经济技术开发区	531	303	228	3333	571	2762	2169	688	1481
宿迁市湖滨新区	45	22	23	133	16	117	9	3	6
苏州宿迁工业园区									
宿迁市洋河新区									

7-9b　续表 9

单位：人

现住地	为子女就学			养老/康养			其　他		
	小计	男	女	小计	男	女	小计	男	女
江　苏	**187689**	**71309**	**116380**	**72159**	**32871**	**39288**	**327158**	**166146**	**161012**
南京市	**2091**	**935**	**1156**	**1160**	**558**	**602**	**4248**	**2200**	**2048**
玄武区									
秦淮区									
建邺区									
鼓楼区									
浦口区				15	6	9	62	32	30
栖霞区									
雨花台区	22	8	14	64	31	33	227	115	112
江宁区									
六合区	2029	912	1117	607	290	317	3452	1771	1681
溧水区	27	10	17	426	210	216	242	116	126
高淳区	13	5	8	48	21	27	265	166	99
南京江北新区									
无锡市	**1003**	**386**	**617**	**1763**	**824**	**939**	**5517**	**2954**	**2563**
锡山区	97	37	60	397	191	206	1248	671	577
惠山区	101	40	61	274	127	147	354	190	164
滨湖区									
梁溪区									
新吴区									
江苏无锡经济开发区									
江阴市	232	89	143	317	138	179	1574	800	774
宜兴市	573	220	353	775	368	407	2341	1293	1048
徐州市	**31929**	**12621**	**19308**	**7423**	**3622**	**3801**	**38214**	**19617**	**18597**
鼓楼区									
云龙区	44	17	27	47	25	22	558	308	250
贾汪区	32	14	18	44	31	13	462	229	233
泉山区									
铜山区	2413	1029	1384	451	261	190	3001	1508	1493
丰县	2713	1010	1703	1536	725	811	8093	3954	4139
沛县	14452	5976	8476	2373	1208	1165	13063	6846	6217
睢宁县	10666	3906	6760	1377	660	717	6076	3141	2935
徐州经济技术开发区	1521	635	886	1458	636	822	5183	2760	2423
新沂市	46	15	31	66	40	26	566	292	274
邳州市	42	19	23	71	36	35	1212	579	633
常州市	**429**	**163**	**266**	**821**	**377**	**444**	**2422**	**1213**	**1209**
天宁区	26	6	20	82	39	43	165	89	76
钟楼区									
新北区	194	82	112	170	74	96	438	214	224
武进区	53	19	34	194	90	104	840	407	433
金坛区	23	6	17	146	77	69	322	174	148
江苏省常州市经济开发区	51	21	30	91	37	54	247	135	112
溧阳市	82	29	53	138	60	78	410	194	216

7-9b 续表 10　　　　　　　　　　　　　　　　　　　　　　　　　　　　单位：人

现住地	为子女就学			养老/康养			其他		
	小计	男	女	小计	男	女	小计	男	女
苏州市	**3692**	**1556**	**2136**	**7521**	**3228**	**4293**	**21821**	**11111**	**10710**
虎丘区				6	3	3	17	12	5
吴中区	97	40	57	771	341	430	1992	1042	950
相城区	22	7	15	35	14	21	338	180	158
姑苏区									
吴江区	230	95	135	277	120	157	2893	1535	1358
苏州工业园区	2324	977	1347	4605	1978	2627	9586	4716	4870
常熟市	129	60	69	321	140	181	1368	729	639
张家港市	525	228	297	623	240	383	3002	1561	1441
昆山市	79	29	50	479	209	270	1288	680	608
太仓市	286	120	166	404	183	221	1337	656	681
南通市	**7568**	**2184**	**5384**	**4790**	**2378**	**2412**	**14048**	**7239**	**6809**
崇川区									
港闸区									
通州区	667	159	508	471	251	220	1245	622	623
如东县	3987	1206	2781	1620	758	862	5321	2772	2549
南通经济技术开发区	451	176	275	904	388	516	3457	1733	1724
通州湾示范区	41	3	38	90	49	41	162	87	75
苏锡通科技产业园区	36	14	22	20	13	7	150	79	71
启东市	309	32	277	552	269	283	653	322	331
如皋市	623	189	434	457	277	180	1240	655	585
海门市	53	13	40	420	219	201	1107	594	513
海安市	1401	392	1009	256	154	102	713	375	338
连云港市	**14985**	**6363**	**8622**	**4064**	**1868**	**2196**	**30580**	**15689**	**14891**
连云区							5	3	2
海州区	419	183	236	91	46	45	721	352	369
赣榆区	202	62	140	182	114	68	1195	663	532
东海县	4430	2039	2391	1362	607	755	8990	4700	4290
灌云县	1649	678	971	621	308	313	7054	3613	3441
灌南县	6633	2662	3971	426	180	246	6834	3416	3418
连云港经济技术开发区	467	216	251	258	109	149	1921	1032	889
连云港高新技术产业开发区	1126	500	626	1011	453	558	3603	1784	1819
江苏连云港徐圩新区	53	21	32	105	47	58	202	96	106
江苏省连云港市云台山风景名胜区	6	2	4	8	4	4	55	30	25
淮安市	**27168**	**10580**	**16588**	**8744**	**3851**	**4893**	**39104**	**19613**	**19491**
淮安区	94	25	69	107	58	49	604	310	294
淮阴区	73	26	47	106	62	44	707	369	338
清江浦区				4	3	1	45	25	20
洪泽区	10	3	7	62	33	29	167	86	81
涟水县	9522	3802	5720	2702	1216	1486	9671	4875	4796
盱眙县	10155	3428	6727	2223	983	1240	14239	7077	7162
金湖县	2794	1116	1678	1788	735	1053	3857	1982	1875
淮安经济技术开发区	1553	691	862	1258	549	709	7789	3877	3912
工业园区	29	8	21	4	2	2	69	32	37
生态文旅区	2922	1475	1447	458	194	264	1677	838	839
苏淮高新区	16	6	10	32	16	16	279	142	137

7-9b　续表 11　　　　单位：人

现住地	为子女就学			养老/康养			其他		
	小计	男	女	小计	男	女	小计	男	女
盐城市	**39888**	**13902**	**25986**	**12001**	**5361**	**6640**	**62312**	**31349**	**30963**
亭湖区	82	28	54	120	53	67	1086	565	521
盐都区	1043	278	765	250	121	129	1639	865	774
大丰区	167	77	90	335	168	167	1602	836	766
响水县	4755	1571	3184	1623	674	949	6761	3532	3229
滨海县	8534	2691	5843	1668	705	963	10326	5086	5240
阜宁县	7485	2655	4830	2091	1009	1082	16387	8287	8100
射阳县	7594	2890	4704	2843	1232	1611	16050	7924	8126
建湖县	8600	3336	5264	2485	1103	1382	6437	3229	3208
盐城经济技术开发区	157	61	96	300	152	148	943	498	445
江苏省盐南高新区									
东台市	1471	315	1156	286	144	142	1081	527	554
扬州市	**11382**	**3788**	**7594**	**6382**	**2833**	**3549**	**25666**	**13005**	**12661**
广陵区	68	27	41	108	54	54	832	444	388
邗江区	418	134	284	125	62	63	1486	763	723
江都区	1813	375	1438	786	381	405	3276	1663	1613
宝应县	7710	2728	4982	3304	1430	1874	10951	5538	5413
扬州经济技术开发区	982	417	565	1342	568	774	7014	3501	3513
蜀冈瘦西湖景区									
生态新城	3	1	2	390	170	220	272	143	129
仪征市	24	11	13	201	107	94	858	443	415
高邮市	364	95	269	126	61	65	977	510	467
镇江市	**1018**	**407**	**611**	**5203**	**2417**	**2786**	**15897**	**8182**	**7715**
京口区	2		2	5	2	3	98	47	51
润州区									
丹徒区	15	7	8	182	107	75	704	387	317
镇江新区	502	206	296	1815	782	1033	7381	3826	3555
江苏镇江高新区									
丹阳市	241	92	149	944	458	486	2611	1365	1246
扬中市	76	33	43	199	113	86	356	184	172
句容市	182	69	113	2058	955	1103	4747	2373	2374
泰州市	**5911**	**1959**	**3952**	**2476**	**1148**	**1328**	**14435**	**7386**	**7049**
海陵区	10	5	5	29	14	15	184	107	77
高港区	34	14	20	47	27	20	266	151	115
姜堰区	549	121	428	189	115	74	928	460	468
泰州医药高新技术产业开发区	2291	984	1307	1133	469	664	5791	2890	2901
兴化市	286	63	223	270	135	135	3949	2023	1926
靖江市	1170	369	801	122	66	56	1040	546	494
泰兴市	1571	403	1168	686	322	364	2277	1209	1068
宿迁市	**40625**	**16465**	**24160**	**9811**	**4406**	**5405**	**52894**	**26588**	**26306**
宿城区	72	27	45	14	7	7	279	142	137
宿豫区	189	64	125	35	17	18	321	173	148
沭阳县	16317	6943	9374	2036	938	1098	22683	11579	11104
泗阳县	8836	3526	5310	2505	1125	1380	10385	5222	5163
泗洪县	13683	5180	8503	3906	1738	2168	14081	7107	6974
宿迁经济技术开发区	1498	715	783	1302	576	726	5016	2298	2718
宿迁市湖滨新区	30	10	20	13	5	8	129	67	62
苏州宿迁工业园区									
宿迁市洋河新区									

7-9c 全省按现住地、性别、迁移原因分的户口登记地在本省其他乡镇街道的人口(乡村)

单位：人

现住地	合计			工作就业		
	合计	男	女	小计	男	女
江　苏	**1421697**	**752924**	**668773**	**540899**	**345045**	**195854**
南京市	**145528**	**80072**	**65456**	**42419**	**29888**	**12531**
玄武区						
秦淮区						
建邺区						
鼓楼区						
浦口区	9684	5080	4604	1450	1042	408
栖霞区	9555	5646	3909	3710	2733	977
雨花台区						
江宁区	81319	46394	34925	25229	17605	7624
六合区	19971	10533	9438	4691	3175	1516
溧水区	15469	7134	8335	3968	2782	1186
高淳区	6478	3277	3201	1646	1211	435
南京江北新区	3052	2008	1044	1725	1340	385
无锡市	**159666**	**87726**	**71940**	**93548**	**58051**	**35497**
锡山区	17394	9561	7833	11241	6640	4601
惠山区	33570	17921	15649	19099	12006	7093
滨湖区	7947	4404	3543	4033	2569	1464
梁溪区						
新吴区	19986	11863	8123	14135	9058	5077
江苏无锡经济开发区						
江阴市	47852	26323	21529	30759	18570	12189
宜兴市	32917	17654	15263	14281	9208	5073
徐州市	**98773**	**42074**	**56699**	**9448**	**6006**	**3442**
鼓楼区						
云龙区						
贾汪区	7735	3080	4655	829	655	174
泉山区						
铜山区	22043	9393	12650	1599	1171	428
丰县	10846	4964	5882	1433	895	538
沛县	13222	5496	7726	995	694	301
睢宁县	15281	6772	8509	2297	1263	1034
徐州经济技术开发区	1978	851	1127	202	125	77
新沂市	13792	5307	8485	860	538	322
邳州市	13876	6211	7665	1233	665	568
常州市	**124033**	**69248**	**54785**	**67206**	**41790**	**25416**
天宁区	5925	3165	2760	3240	1941	1299
钟楼区	12288	7353	4935	4779	2889	1890
新北区	13245	7258	5987	7557	4698	2859
武进区	43504	24308	19196	25972	16177	9795
金坛区	16666	9179	7487	7611	4889	2722
江苏省常州市经济开发区	21485	12001	9484	14264	8514	5750
溧阳市	10920	5984	4936	3783	2682	1101

7-9c　续表 1　　单位：人

现住地	合计			工作就业		
	合计	男	女	小计	男	女
苏州市	**249612**	**144881**	**104731**	**156199**	**98757**	**57442**
虎丘区	12449	7198	5251	7250	4700	2550
吴中区	35651	20829	14822	21784	13786	7998
相城区	6809	4391	2418	4624	3217	1407
姑苏区						
吴江区	22124	12536	9588	11983	7487	4496
苏州工业园区						
常熟市	39870	22705	17165	24467	15041	9426
张家港市	39835	22322	17513	25147	15492	9655
昆山市	69277	40881	28396	45782	29281	16501
太仓市	23597	14019	9578	15162	9753	5409
南通市	**102404**	**54316**	**48088**	**42070**	**25926**	**16144**
崇川区						
港闸区	636	518	118	521	456	65
通州区	19428	10378	9050	9416	5708	3708
如东县	16472	9317	7155	5727	3833	1894
南通经济技术开发区						
通州湾示范区	1881	950	931	469	299	170
苏锡通科技产业园区	5212	2677	2535	2531	1522	1009
启东市	22574	11986	10588	9111	5772	3339
如皋市	9957	5020	4937	1762	1154	608
海门市	17931	9070	8861	9399	5175	4224
海安市	8313	4400	3913	3134	2007	1127
连云港市	**60564**	**28120**	**32444**	**6170**	**3989**	**2181**
连云区	422	289	133	207	179	28
海州区	4912	2251	2661	638	432	206
赣榆区	12238	5342	6896	1223	741	482
东海县	18974	8581	10393	1400	840	560
灌云县	10604	5264	5340	1072	711	361
灌南县	8685	4284	4401	1020	649	371
连云港经济技术开发区	2476	1141	1335	361	243	118
连云港高新技术产业开发区						
江苏连云港徐圩新区	144	112	32	109	95	14
江苏省连云港市云台山风景名胜区	2109	856	1253	140	99	41
淮安市	**67134**	**33904**	**33230**	**10573**	**6861**	**3712**
淮安区	11113	5590	5523	1426	945	481
淮阴区	10368	4878	5490	1196	814	382
清江浦区	3190	1614	1576	677	461	216
洪泽区	11825	5815	6010	2372	1283	1089
涟水县	11645	5863	5782	1279	844	435
盱眙县	9546	4926	4620	1262	840	422
金湖县	8853	4875	3978	2145	1513	632
淮安经济技术开发区						
工业园区	483	292	191	212	159	53
生态文旅区						
苏淮高新区	111	51	60	4	2	2

7-9c 续表 2

单位：人

现住地	合计			工作就业		
	合计	男	女	小计	男	女
盐城市	**108089**	**55224**	**52865**	**24997**	**16350**	**8647**
亭湖区	9254	4625	4629	1581	960	621
盐都区	16028	8288	7740	3330	2157	1173
大丰区	20418	11222	9196	7467	5037	2430
响水县	6238	2871	3367	539	348	191
滨海县	8430	4065	4365	1412	964	448
阜宁县	7677	3909	3768	954	582	372
射阳县	13369	6981	6388	4459	2907	1552
建湖县	12836	6481	6355	2021	1300	721
盐城经济技术开发区	1390	742	648	371	258	113
江苏省盐南高新区						
东台市	12449	6040	6409	2863	1837	1026
扬州市	**76212**	**41608**	**34604**	**28543**	**18444**	**10099**
广陵区	10535	6136	4399	6022	3959	2063
邗江区	6359	3129	3230	1300	818	482
江都区	17342	9749	7593	6517	4528	1989
宝应县	9345	5100	4245	2629	1675	954
扬州经济技术开发区	4944	2471	2473	1369	755	614
蜀冈瘦西湖景区						
生态新城	1792	921	871	781	431	350
仪征市	15217	8185	7032	5836	3642	2194
高邮市	10678	5917	4761	4089	2636	1453
镇江市	**67218**	**36452**	**30766**	**28384**	**17830**	**10554**
京口区	977	507	470	480	298	182
润州区	247	140	107	183	114	69
丹徒区	11556	6226	5330	5587	3341	2246
镇江新区	7422	3881	3541	1851	1127	724
江苏镇江高新区						
丹阳市	17303	9357	7946	8907	5429	3478
扬中市	10148	5752	4396	4876	3261	1615
句容市	19565	10589	8976	6500	4260	2240
泰州市	**68195**	**35594**	**32601**	**20926**	**14426**	**6500**
海陵区	3192	1655	1537	853	580	273
高港区	4403	2388	2015	1688	1256	432
姜堰区	9573	4795	4778	2339	1518	821
泰州医药高新技术产业开发区	1584	702	882	331	214	117
兴化市	16496	8044	8452	4128	2570	1558
靖江市	16251	9160	7091	6392	4656	1736
泰兴市	16696	8850	7846	5195	3632	1563
宿迁市	**94269**	**43705**	**50564**	**10416**	**6727**	**3689**
宿城区	13089	6153	6936	2327	1638	689
宿豫区	7272	3504	3768	1147	722	425
沭阳县	28135	11902	16233	2246	1399	847
泗阳县	12256	5790	6466	1202	719	483
泗洪县	23380	11415	11965	1847	1146	701
宿迁经济技术开发区	4264	2104	2160	999	643	356
宿迁市湖滨新区	2981	1472	1509	412	301	111
苏州宿迁工业园区						
宿迁市洋河新区	2892	1365	1527	236	159	77

7-9c　续表 3　　单位：人

现住地	学习培训			随同离开/投亲靠友			拆迁/搬家		
	小计	男	女	小计	男	女	小计	男	女
江　苏	**71071**	**37047**	**34024**	**137464**	**67997**	**69467**	**320056**	**163755**	**156301**
南京市	**21236**	**10105**	**11131**	**9269**	**4352**	**4917**	**36977**	**18934**	**18043**
玄武区									
秦淮区									
建邺区									
鼓楼区									
浦口区	51	30	21	544	251	293	4375	2236	2139
栖霞区	75	32	43	582	297	285	2566	1275	1291
雨花台区									
江宁区	16495	8914	7581	4707	2217	2490	18473	9440	9033
六合区	379	209	170	1670	767	903	6242	3201	3041
溧水区	4138	876	3262	967	442	525	3237	1697	1540
高淳区	84	40	44	533	249	284	1541	800	741
南京江北新区	14	4	10	266	129	137	543	285	258
无锡市	**9587**	**4267**	**5320**	**19591**	**9759**	**9832**	**17272**	**8926**	**8346**
锡山区	614	353	261	2288	1168	1120	1474	752	722
惠山区	4460	1464	2996	4122	1995	2127	3062	1600	1462
滨湖区	749	431	318	871	438	433	929	452	477
梁溪区									
新吴区	1167	631	536	1577	816	761	1184	596	588
江苏无锡经济开发区									
江阴市	1812	975	837	5712	2876	2836	4560	2328	2232
宜兴市	785	413	372	5021	2466	2555	6063	3198	2865
徐州市	**3018**	**1687**	**1331**	**9381**	**4843**	**4538**	**32616**	**16888**	**15728**
鼓楼区									
云龙区									
贾汪区	116	67	49	840	470	370	1814	955	859
泉山区									
铜山区	1692	986	706	2492	1348	1144	5694	2939	2755
丰县	231	110	121	881	444	437	4000	2041	1959
沛县	131	65	66	1091	563	528	4607	2415	2192
睢宁县	343	198	145	1423	709	714	5306	2775	2531
徐州经济技术开发区	28	18	10	218	107	111	621	348	273
新沂市	223	106	117	1382	683	699	4893	2543	2350
邳州市	254	137	117	1054	519	535	5681	2872	2809
常州市	**7347**	**4586**	**2761**	**17052**	**8309**	**8743**	**16444**	**8410**	**8034**
天宁区	129	77	52	993	491	502	689	355	334
钟楼区	5112	3362	1750	1120	552	568	657	329	328
新北区	293	164	129	2359	1114	1245	1333	686	647
武进区	868	471	397	6743	3292	3451	4751	2403	2348
金坛区	309	174	135	1968	942	1026	3510	1782	1728
江苏省常州市经济开发区	503	276	227	2615	1337	1278	2321	1195	1126
溧阳市	133	62	71	1254	581	673	3183	1660	1523

7-9c 续表 4

单位：人

现住地	学习培训			随同离开/投亲靠友			拆迁/搬家		
	小计	男	女	小计	男	女	小计	男	女
苏州市	**10422**	**5696**	**4726**	**19902**	**10096**	**9806**	**31395**	**15857**	**15538**
虎丘区	866	420	446	1109	549	560	1640	825	815
吴中区	1461	809	652	1829	963	866	6060	3095	2965
相城区	81	43	38	334	171	163	642	326	316
姑苏区									
吴江区	756	408	348	1574	782	792	3885	1994	1891
苏州工业园区									
常熟市	1596	830	766	3802	1970	1832	3726	1900	1826
张家港市	1855	968	887	4143	2052	2091	4458	2239	2219
昆山市	3099	1846	1253	5297	2664	2633	8099	4043	4056
太仓市	708	372	336	1814	945	869	2885	1435	1450
南通市	**2803**	**1570**	**1233**	**13169**	**6631**	**6538**	**12037**	**6074**	**5963**
崇川区									
港闸区	2	1	1	34	20	14	38	20	18
通州区	534	290	244	3009	1486	1523	1333	662	671
如东县	266	127	139	2019	1058	961	2092	1083	1009
南通经济技术开发区									
通州湾示范区	51	35	16	266	123	143	297	148	149
苏锡通科技产业园区	164	90	74	686	331	355	812	397	415
启东市	464	248	216	3203	1588	1615	2426	1232	1194
如皋市	682	433	249	820	412	408	2411	1216	1195
海门市	454	249	205	2212	1125	1087	1590	790	800
海安市	186	97	89	920	488	432	1038	526	512
连云港市	**809**	**441**	**368**	**4888**	**2373**	**2515**	**25493**	**13052**	**12441**
连云区	1	1		20	11	9	107	68	39
海州区	59	30	29	786	351	435	1736	883	853
赣榆区	237	129	108	1189	553	636	4225	2164	2061
东海县	283	151	132	1167	575	592	8489	4328	4161
灌云县	78	42	36	642	303	339	5269	2703	2566
灌南县	106	63	43	382	212	170	4266	2174	2092
连云港经济技术开发区	17	9	8	338	168	170	843	450	393
连云港高新技术产业开发区									
江苏连云港徐圩新区	2	2		5		5	12	4	8
江苏省连云港市云台山风景名胜区	26	14	12	359	200	159	546	278	268
淮安市	**1806**	**964**	**842**	**4692**	**2266**	**2426**	**30393**	**15424**	**14969**
淮安区	198	107	91	791	377	414	4951	2572	2379
淮阴区	174	90	84	839	444	395	4175	2119	2056
清江浦区	125	67	58	254	139	115	1069	537	532
洪泽区	711	381	330	1187	555	632	5429	2680	2749
涟水县	204	94	110	706	343	363	5431	2741	2690
盱眙县	86	54	32	472	193	279	5056	2603	2453
金湖县	304	169	135	405	195	210	4085	2068	2017
淮安经济技术开发区									
工业园区	3	2	1	37	20	17	125	72	53
生态文旅区									
苏淮高新区	1		1	1		1	72	32	40

7-9c　续表 5　　　　单位：人

现住地	学习培训			随同离开/投亲靠友			拆迁/搬家		
	小计	男	女	小计	男	女	小计	男	女
盐城市	**5891**	**3340**	**2551**	**9960**	**4905**	**5055**	**31091**	**16051**	**15040**
亭湖区	63	32	31	1218	606	612	3914	2067	1847
盐都区	1112	598	514	1063	565	498	5015	2598	2417
大丰区	3085	1826	1259	1748	777	971	2988	1549	1439
响水县	71	33	38	428	203	225	2690	1349	1341
滨海县	159	79	80	874	404	470	2824	1430	1394
阜宁县	119	55	64	465	238	227	3407	1725	1682
射阳县	354	207	147	1377	684	693	2598	1358	1240
建湖县	676	379	297	1207	578	629	4919	2520	2399
盐城经济技术开发区	13	7	6	94	49	45	484	269	215
江苏省盐南高新区									
东台市	239	124	115	1486	801	685	2252	1186	1066
扬州市	**2395**	**1292**	**1103**	**7106**	**3492**	**3614**	**16809**	**8720**	**8089**
广陵区	246	150	96	1259	605	654	1253	651	602
邗江区	239	84	155	603	284	319	2128	1120	1008
江都区	345	192	153	1511	749	762	3003	1572	1431
宝应县	216	125	91	745	362	383	3087	1566	1521
扬州经济技术开发区	846	477	369	296	159	137	825	418	407
蜀冈瘦西湖景区									
生态新城	100	52	48	224	113	111	217	105	112
仪征市	233	123	110	1640	833	807	3212	1675	1537
高邮市	170	89	81	828	387	441	3084	1613	1471
镇江市	**1765**	**959**	**806**	**7856**	**3790**	**4066**	**11943**	**6199**	**5744**
京口区	5	3	2	154	70	84	128	60	68
润州区	1		1	31	16	15	17	8	9
丹徒区	190	104	86	1329	649	680	1201	627	574
镇江新区	343	179	164	438	220	218	3361	1694	1667
江苏镇江高新区									
丹阳市	362	194	168	2598	1225	1373	2031	1081	950
扬中市	371	210	161	1257	650	607	1019	543	476
句容市	493	269	224	2049	960	1089	4186	2186	2000
泰州市	**2477**	**1369**	**1108**	**6918**	**3493**	**3425**	**14315**	**7422**	**6893**
海陵区	677	393	284	334	157	177	407	212	195
高港区	88	49	39	461	229	232	700	347	353
姜堰区	224	121	103	1001	536	465	2034	1051	983
泰州医药高新技术产业开发区	261	135	126	159	74	85	181	98	83
兴化市	313	163	150	1474	712	762	4570	2407	2163
靖江市	530	285	245	1751	864	887	2845	1489	1356
泰兴市	384	223	161	1738	921	817	3578	1818	1760
宿迁市	**1515**	**771**	**744**	**7680**	**3688**	**3992**	**43271**	**21798**	**21473**
宿城区	213	103	110	1126	536	590	5201	2669	2532
宿豫区	119	66	53	758	342	416	3095	1598	1497
沭阳县	272	136	136	1861	888	973	12256	6192	6064
泗阳县	120	62	58	912	433	479	5694	2864	2830
泗洪县	632	317	315	1965	977	988	12797	6347	6450
宿迁经济技术开发区	71	36	35	320	142	178	1562	798	764
宿迁市湖滨新区	33	17	16	429	216	213	1309	658	651
苏州宿迁工业园区									
宿迁市洋河新区	55	34	21	309	154	155	1357	672	685

7-9c 续表 6　　　　单位：人

现住地	寄挂户口			婚姻嫁娶			照料孙子女		
	小计	男	女	小计	男	女	小计	男	女
江　苏	**65884**	**37340**	**28544**	**132394**	**22354**	**110040**	**10508**	**3046**	**7462**
南京市	**10565**	**5948**	**4617**	**6826**	**1138**	**5688**	**920**	**254**	**666**
玄武区									
秦淮区									
建邺区									
鼓楼区									
浦口区	1128	621	507	504	54	450	35	9	26
栖霞区	923	493	430	324	86	238	50	16	34
雨花台区									
江宁区	5170	2927	2243	2305	502	1803	570	151	419
六合区	1882	1089	793	1572	264	1308	209	60	149
溧水区	834	458	376	960	141	819	23	10	13
高淳区	457	259	198	1071	78	993	33	8	25
南京江北新区	171	101	70	90	13	77			
无锡市	**2261**	**1294**	**967**	**9202**	**1725**	**7477**	**1627**	**385**	**1242**
锡山区	162	83	79	900	250	650	195	46	149
惠山区	318	181	137	1390	220	1170	276	63	213
滨湖区	114	64	50	373	82	291	65	12	53
梁溪区									
新吴区	200	111	89	398	106	292	517	124	393
江苏无锡经济开发区									
江阴市	602	337	265	2694	427	2267	194	39	155
宜兴市	865	518	347	3447	640	2807	380	101	279
徐州市	**7849**	**4391**	**3458**	**23867**	**1154**	**22713**	**348**	**150**	**198**
鼓楼区									
云龙区									
贾汪区	545	303	242	2724	117	2607	20	12	8
泉山区									
铜山区	1630	912	718	6116	390	5726	52	23	29
丰县	971	552	419	1886	68	1818	57	23	34
沛县	1087	613	474	3513	69	3444	54	24	30
睢宁县	1234	683	551	2879	161	2718	55	18	37
徐州经济技术开发区	134	70	64	518	53	465	10	6	4
新沂市	767	436	331	4175	184	3991	48	23	25
邳州市	1481	822	659	2056	112	1944	52	21	31
常州市	**2776**	**1590**	**1186**	**6673**	**1375**	**5298**	**685**	**180**	**505**
天宁区	152	82	70	426	70	356	39	12	27
钟楼区	96	46	50	275	63	212	67	19	48
新北区	241	138	103	976	233	743	108	35	73
武进区	957	550	407	2173	437	1736	214	45	169
金坛区	479	268	211	1168	306	862	94	30	64
江苏省常州市经济开发区	320	180	140	654	132	522	101	19	82
溧阳市	531	326	205	1001	134	867	62	20	42

7-9c 续表 7 单位：人

现住地	寄挂户口			婚姻嫁娶			照料孙子女		
	小计	男	女	小计	男	女	小计	男	女
苏州市	**5107**	**2820**	**2287**	**10846**	**4170**	**6676**	**3044**	**827**	**2217**
虎丘区	117	57	60	378	167	211	228	65	163
吴中区	1157	634	523	842	311	531	312	79	233
相城区	127	68	59	234	105	129	24	7	17
姑苏区									
吴江区	1042	562	480	1346	502	844	84	16	68
苏州工业园区									
常熟市	776	421	355	3720	1651	2069	139	32	107
张家港市	468	271	197	1970	493	1477	241	62	179
昆山市	1006	563	443	1635	609	1026	1799	516	1283
太仓市	414	244	170	721	332	389	217	50	167
南通市	**4315**	**2716**	**1599**	**14042**	**4127**	**9915**	**429**	**127**	**302**
崇川区									
港闸区	4	3	1	34	17	17			
通州区	461	272	189	2562	903	1659	106	35	71
如东县	1254	799	455	2446	928	1518	61	19	42
南通经济技术开发区									
通州湾示范区	82	54	28	288	67	221	7	1	6
苏锡通科技产业园区	25	14	11	618	167	451	51	9	42
启东市	1254	828	426	3045	722	2323	95	25	70
如皋市	514	311	203	2093	573	1520	40	18	22
海门市	433	256	177	1425	306	1119	43	12	31
海安市	288	179	109	1531	444	1087	26	8	18
连云港市	**6016**	**3323**	**2693**	**8706**	**456**	**8250**	**222**	**80**	**142**
连云区	14	10	4	39	1	38			
海州区	381	208	173	731	43	688	11	3	8
赣榆区	1250	668	582	2192	46	2146	50	21	29
东海县	2046	1156	890	2962	168	2794	75	22	53
灌云县	1246	694	552	848	53	795	34	14	20
灌南县	831	453	378	828	63	765	37	16	21
连云港经济技术开发区	134	71	63	468	30	438	9	1	8
连云港高新技术产业开发区									
江苏连云港徐圩新区	6	4	2						
江苏省连云港市云台山风景名胜区	108	59	49	638	52	586	6	3	3
淮安市	**4728**	**2659**	**2069**	**4950**	**622**	**4328**	**588**	**162**	**426**
淮安区	1005	555	450	888	74	814	46	13	33
淮阴区	824	479	345	1669	158	1511	52	19	33
清江浦区	246	137	109	440	65	375	7	2	5
洪泽区	402	235	167	294	53	241	299	73	226
涟水县	1114	618	496	935	98	837	81	30	51
盱眙县	726	397	329	369	57	312	30	10	20
金湖县	374	219	155	318	111	207	72	15	57
淮安经济技术开发区									
工业园区	23	10	13	36	6	30	1		1
生态文旅区									
苏淮高新区	14	9	5	1		1			

7-9c 续表 8

单位：人

现住地	寄挂户口			婚姻嫁娶			照料孙子女		
	小计	男	女	小计	男	女	小计	男	女
盐城市	**6714**	**3722**	**2992**	**12598**	**2170**	**10428**	**681**	**214**	**467**
亭湖区	549	287	262	898	126	772	43	16	27
盐都区	1326	708	618	1212	157	1055	165	50	115
大丰区	664	384	280	2235	491	1744	141	39	102
响水县	536	298	238	1079	125	954	29	16	13
滨海县	586	335	251	1169	134	1035	44	19	25
阜宁县	834	450	384	447	56	391	21	7	14
射阳县	412	238	174	1616	281	1335	94	28	66
建湖县	920	492	428	725	123	602	91	21	70
盐城经济技术开发区	76	42	34	177	17	160			
江苏省盐南高新区									
东台市	811	488	323	3040	660	2380	53	18	35
扬州市	**3389**	**1919**	**1470**	**6299**	**1663**	**4636**	**677**	**212**	**465**
广陵区	287	140	147	535	130	405	33	10	23
邗江区	411	219	192	898	206	692	18	5	13
江都区	742	421	321	2099	536	1563	73	26	47
宝应县	779	458	321	373	99	274	68	28	40
扬州经济技术开发区	58	31	27	105	27	78	248	70	178
蜀冈瘦西湖景区									
生态新城	61	36	25	131	40	91	7	1	6
仪征市	419	249	170	1488	441	1047	172	47	125
高邮市	632	365	267	670	184	486	58	25	33
镇江市	**2014**	**1186**	**828**	**5648**	**1272**	**4376**	**426**	**157**	**269**
京口区	14	6	8	110	30	80	6	1	5
润州区	4		4	1		1	2	1	1
丹徒区	415	248	167	911	213	698	45	20	25
镇江新区	127	78	49	282	55	227	65	18	47
江苏镇江高新区									
丹阳市	471	276	195	1263	278	985	82	32	50
扬中市	202	127	75	1323	339	984	68	25	43
句容市	781	451	330	1758	357	1401	158	60	98
泰州市	**3463**	**2003**	**1460**	**10552**	**1958**	**8594**	**475**	**146**	**329**
海陵区	88	53	35	546	119	427	18	5	13
高港区	136	78	58	842	153	689	26	7	19
姜堰区	493	277	216	1781	380	1401	59	19	40
泰州医药高新技术产业开发区	29	12	17	220	56	164	66	22	44
兴化市	1278	734	544	2327	183	2144	67	22	45
靖江市	786	472	314	2230	598	1632	108	35	73
泰兴市	653	377	276	2606	469	2137	131	36	95
宿迁市	**6687**	**3769**	**2918**	**12185**	**524**	**11661**	**386**	**152**	**234**
宿城区	515	306	209	2050	70	1980	24	8	16
宿豫区	476	265	211	741	25	716	29	14	15
沭阳县	2507	1414	1093	5707	125	5582	99	47	52
泗阳县	1124	615	509	1301	71	1230	39	14	25
泗洪县	1539	865	674	1363	168	1195	128	49	79
宿迁经济技术开发区	226	130	96	437	36	401	36	8	28
宿迁市湖滨新区	115	68	47	294	17	277	12	4	8
苏州宿迁工业园区									
宿迁市洋河新区	185	106	79	292	12	280	19	8	11

7-9c　续表 9　　　　单位：人

现住地	为子女就学			养老/康养			其　他		
	小计	男	女	小计	男	女	小计	男	女
江　苏	**7261**	**2632**	**4629**	**26309**	**14977**	**11332**	**109851**	**58731**	**51120**
南京市	**341**	**143**	**198**	**2463**	**1286**	**1177**	**14512**	**8024**	**6488**
玄武区									
秦淮区									
建邺区									
鼓楼区									
浦口区	24	12	12	132	63	69	1441	762	679
栖霞区	15	7	8	286	146	140	1024	561	463
雨花台区									
江宁区	131	64	67	997	494	503	7242	4080	3162
六合区	115	41	74	542	297	245	2669	1430	1239
溧水区	23	9	14	318	181	137	1001	538	463
高淳区	30	8	22	123	74	49	960	550	410
南京江北新区	3	2	1	65	31	34	175	103	72
无锡市	**298**	**105**	**193**	**1656**	**776**	**880**	**4624**	**2438**	**2186**
锡山区	23	9	14	100	44	56	397	216	181
惠山区	46	14	32	163	64	99	634	314	320
滨湖区	22	11	11	553	220	333	238	125	113
梁溪区									
新吴区	37	10	27	106	46	60	665	365	300
江苏无锡经济开发区									
江阴市	76	28	48	231	102	129	1212	641	571
宜兴市	94	33	61	503	300	203	1478	777	701
徐州市	**260**	**84**	**176**	**1756**	**1339**	**417**	**10230**	**5532**	**4698**
鼓楼区									
云龙区									
贾汪区	17	8	9	122	96	26	708	397	311
泉山区									
铜山区	58	24	34	501	369	132	2209	1231	978
丰县	36	7	29	281	230	51	1070	594	476
沛县	29	10	19	296	247	49	1419	796	623
睢宁县	44	15	29	248	185	63	1452	765	687
徐州经济技术开发区	4	2	2	42	27	15	201	95	106
新沂市	40	12	28	105	71	34	1299	711	588
邳州市	32	6	26	161	114	47	1872	943	929
常州市	**175**	**77**	**98**	**1138**	**587**	**551**	**4537**	**2344**	**2193**
天宁区	3	2	1	20	9	11	234	126	108
钟楼区	16	6	10	31	13	18	135	74	61
新北区	21	9	12	60	26	34	297	155	142
武进区	63	30	33	261	139	122	1502	764	738
金坛区	26	10	16	435	227	208	1066	551	515
江苏省常州市经济开发区	21	7	14	131	57	74	555	284	271
溧阳市	25	13	12	200	116	84	748	390	358

7-9c 续表 10

单位：人

现住地	为子女就学			养老/康养			其他		
	小计	男	女	小计	男	女	小计	男	女
苏州市	**516**	**208**	**308**	**2891**	**1396**	**1495**	**9290**	**5054**	**4236**
虎丘区	39	16	23	436	182	254	386	217	169
吴中区	44	14	30	231	108	123	1931	1030	901
相城区	7	4	3	330	215	115	406	235	171
姑苏区									
吴江区	29	10	19	100	52	48	1325	723	602
苏州工业园区									
常熟市	48	19	29	530	234	296	1066	607	459
张家港市	29	9	20	407	168	239	1117	568	549
昆山市	117	43	74	669	353	316	1774	963	811
太仓市	203	93	110	188	84	104	1285	711	574
南通市	**359**	**108**	**251**	**3988**	**2308**	**1680**	**9192**	**4729**	**4463**
崇川区									
港闸区							3	1	2
通州区	85	25	60	508	298	210	1414	699	715
如东县	50	17	33	598	408	190	1959	1045	914
南通经济技术开发区									
通州湾示范区	12	3	9	152	81	71	257	139	118
苏锡通科技产业园区	12	4	8	78	31	47	235	112	123
启东市	97	28	69	1066	598	468	1813	945	868
如皋市	33	12	21	557	333	224	1045	558	487
海门市	41	10	31	699	362	337	1635	785	850
海安市	29	9	20	330	197	133	831	445	386
连云港市	**239**	**91**	**148**	**958**	**592**	**366**	**7063**	**3723**	**3340**
连云区	2	1	1	1	1		31	17	14
海州区	15	4	11	129	67	62	426	230	196
赣榆区	80	22	58	327	220	107	1465	778	687
东海县	50	25	25	214	142	72	2288	1174	1114
灌云县	25	8	17	82	52	30	1308	684	624
灌南县	31	17	14	48	34	14	1136	603	533
连云港经济技术开发区	18	8	10	111	55	56	177	106	71
连云港高新技术产业开发区									
江苏连云港徐圩新区				1	1		9	6	3
江苏省连云港市云台山风景名胜区	18	6	12	45	20	25	223	125	98
淮安市	**500**	**165**	**335**	**1957**	**1075**	**882**	**6947**	**3706**	**3241**
淮安区	49	18	31	347	182	165	1412	747	665
淮阴区	52	16	36	221	140	81	1166	599	567
清江浦区	39	12	27	39	22	17	294	172	122
洪泽区	107	25	82	204	96	108	820	434	386
涟水县	89	34	55	315	237	78	1491	824	667
盱眙县	16	8	8	534	239	295	995	525	470
金湖县	144	51	93	291	157	134	715	377	338
淮安经济技术开发区									
工业园区	4	1	3	6	2	4	36	20	16
生态文旅区									
苏淮高新区							18	8	10

7-9c 续表 11　　单位：人

现住地	为子女就学			养老/康养			其他		
	小计	男	女	小计	男	女	小计	男	女
盐城市	**1454**	**459**	**995**	**2218**	**1276**	**942**	**12485**	**6737**	**5748**
亭湖区	28	9	19	78	44	34	882	478	404
盐都区	348	125	223	413	228	185	2044	1102	942
大丰区	146	60	86	295	169	126	1649	890	759
响水县	7	2	5	97	59	38	762	438	324
滨海县	14	3	11	163	96	67	1185	601	584
阜宁县	26	11	15	131	90	41	1273	695	578
射阳县	335	136	199	250	137	113	1874	1005	869
建湖县	472	95	377	391	219	172	1414	754	660
盐城经济技术开发区	8	3	5	24	16	8	143	81	62
江苏省盐南高新区									
东台市	70	15	55	376	218	158	1259	693	566
扬州市	**1207**	**489**	**718**	**1444**	**853**	**591**	**8343**	**4524**	**3819**
广陵区	25	10	15	88	38	50	787	443	344
邗江区	31	11	20	108	56	52	623	326	297
江都区	68	21	47	486	328	158	2498	1376	1122
宝应县	22	6	16	185	115	70	1241	666	575
扬州经济技术开发区	904	380	524	80	36	44	213	118	95
蜀冈瘦西湖景区									
生态新城	1		1	19	11	8	251	132	119
仪征市	131	49	82	319	183	136	1767	943	824
高邮市	25	12	13	159	86	73	963	520	443
镇江市	**263**	**112**	**151**	**2739**	**1595**	**1144**	**6180**	**3352**	**2828**
京口区	2		2	20	10	10	58	29	29
润州区							8	1	7
丹徒区	8	4	4	537	301	236	1333	719	614
镇江新区	18	6	12	65	36	29	872	468	404
江苏镇江高新区									
丹阳市	46	20	26	420	237	183	1123	585	538
扬中市	105	49	56	285	183	102	642	365	277
句容市	84	33	51	1412	828	584	2144	1185	959
泰州市	**849**	**256**	**593**	**2095**	**1284**	**811**	**6125**	**3237**	**2888**
海陵区	11	5	6	43	22	21	215	109	106
高港区	24	8	16	85	57	28	353	204	149
姜堰区	68	22	46	402	257	145	1172	614	558
泰州医药高新技术产业开发区	215	39	176	41	16	25	81	36	45
兴化市	63	19	44	341	213	128	1935	1021	914
靖江市	316	111	205	534	264	270	759	386	373
泰兴市	152	52	100	649	455	194	1610	867	743
宿迁市	**800**	**335**	**465**	**1006**	**610**	**396**	**10323**	**5331**	**4992**
宿城区	85	30	55	110	67	43	1438	726	712
宿豫区	49	23	26	88	54	34	770	395	375
沭阳县	86	35	51	225	148	77	2876	1518	1358
泗阳县	28	11	17	263	183	80	1573	818	755
泗洪县	493	210	283	173	85	88	2443	1251	1192
宿迁经济技术开发区	35	17	18	38	23	15	540	271	269
宿迁市湖滨新区	13	4	9	42	21	21	322	166	156
苏州宿迁工业园区									
宿迁市洋河新区	11	5	6	67	29	38	361	186	175

7-10 全省按现住地、性别、迁移原因分的户口登记地在外省的人口

单位：人

现住地	合计			工作就业		
	合计	男	女	小计	男	女
江　苏	**10308610**	**5891141**	**4417469**	**7186838**	**4392554**	**2794284**
南京市	**1348465**	**765916**	**582549**	**801948**	**504915**	**297033**
玄武区	95480	52165	43315	41904	25291	16613
秦淮区	90820	48942	41878	61240	34439	26801
建邺区	73571	42145	31426	52902	32362	20540
鼓楼区	101876	52117	49759	53442	29992	23450
浦口区	44223	25135	19088	24610	16734	7876
栖霞区	187885	107770	80115	105092	68573	36519
雨花台区	130627	75128	55499	89134	55704	33430
江宁区	340874	196794	144080	209172	132617	76555
六合区	32491	18149	14342	18746	12260	6486
溧水区	49918	31518	18400	33983	24440	9543
高淳区	18385	11316	7069	12889	8975	3914
南京江北新区	182315	104737	77578	98834	63528	35306
无锡市	**1670683**	**951358**	**719325**	**1209851**	**728432**	**481419**
锡山区	284066	165696	118370	218891	133695	85196
惠山区	245442	141158	104284	171789	105406	66383
滨湖区	132821	74117	58704	77820	47588	30232
梁溪区	148655	81335	67320	105863	60935	44928
新吴区	176003	101342	74661	138073	83001	55072
江苏无锡经济开发区	69660	40099	29561	49635	30720	18915
江阴市	395832	224049	171783	306958	180441	126517
宜兴市	218204	123562	94642	140822	86646	54176
徐州市	**248367**	**129462**	**118905**	**97560**	**62134**	**35426**
鼓楼区	32220	18550	13670	15616	10082	5534
云龙区	35508	18978	16530	16020	9837	6183
贾汪区	10837	5714	5123	4552	3434	1118
泉山区	39290	20563	18727	16809	9834	6975
铜山区	54441	29466	24975	11924	7654	4270
丰县	10957	5082	5875	4663	3057	1606
沛县	15851	7052	8799	5708	3536	2172
睢宁县	12575	5137	7438	3888	2449	1439
徐州经济技术开发区	19983	11330	8653	11911	7934	3977
新沂市	8928	3988	4940	3260	2274	986
邳州市	7777	3602	4175	3209	2043	1166
常州市	**1033912**	**597663**	**436249**	**722219**	**441458**	**280761**
天宁区	124951	70158	54793	82639	49248	33391
钟楼区	132551	74880	57671	86808	52323	34485
新北区	157033	90299	66734	102800	63114	39686
武进区	326075	187803	138272	238657	143240	95417
金坛区	80296	46543	33753	52334	33001	19333
江苏省常州市经济开发区	141114	81226	59888	107004	63721	43283
溧阳市	71892	46754	25138	51977	36811	15166

7-10　续表 1　　单位：人

现住地	合计			工作就业		
	合计	男	女	小计	男	女
苏州市	**3929860**	**2261865**	**1667995**	**3052515**	**1831954**	**1220561**
虎丘区	242442	142319	100123	180770	112532	68238
吴中区	424342	244280	180062	337419	201804	135615
相城区	287822	168275	119547	226686	137516	89170
姑苏区	161929	85850	76079	108736	60182	48554
吴江区	552386	316952	235434	441277	261280	179997
苏州工业园区	343483	196559	146924	257453	156663	100790
常熟市	478230	274873	203357	383045	225688	157357
张家港市	389276	218653	170623	281613	165340	116273
昆山市	782626	456516	326110	625953	382562	243391
太仓市	267324	157588	109736	209563	128387	81176
南通市	**790498**	**464817**	**325681**	**561231**	**349995**	**211236**
崇川区	104618	57718	46900	58599	35102	23497
港闸区	76715	43767	32948	46839	28646	18193
通州区	151248	86972	64276	116881	69550	47331
如东县	35979	21479	14500	24690	16096	8594
南通经济技术开发区	74552	45345	29207	52313	33487	18826
通州湾示范区	6344	3968	2376	3836	2615	1221
苏锡通科技产业园区	24125	14133	9992	19049	11645	7404
启东市	65841	41797	24044	49619	34013	15606
如皋市	39238	22504	16734	27044	17420	9624
海门市	151882	88731	63151	114573	69000	45573
海安市	59956	38403	21553	47788	32421	15367
连云港市	**87072**	**47006**	**40066**	**41209**	**29561**	**11648**
连云区	13961	9120	4841	9756	7336	2420
海州区	13202	7024	6178	6505	4079	2426
赣榆区	10802	4899	5903	4019	2770	1249
东海县	8421	3682	4739	3437	2167	1270
灌云县	4171	2174	1997	2376	1701	675
灌南县	6180	3837	2343	4314	3316	998
连云港经济技术开发区	5007	2737	2270	2771	1789	982
连云港高新技术产业开发区	19745	8807	10938	2925	1869	1056
江苏连云港徐圩新区	5420	4659	761	5047	4491	556
江苏省连云港市云台山风景名胜区	163	67	96	59	43	16
淮安市	**76083**	**39416**	**36667**	**36776**	**24387**	**12389**
淮安区	8316	4471	3845	4743	3278	1465
淮阴区	10178	4559	5619	3565	2435	1130
清江浦区	13220	7059	6161	6339	4130	2209
洪泽区	3210	1725	1485	1919	1297	622
涟水县	5121	2360	2761	2496	1641	855
盱眙县	8141	4006	4135	4033	2588	1445
金湖县	6593	3923	2670	4597	3145	1452
淮安经济技术开发区	18818	9815	9003	7533	4753	2780
工业园区	542	367	175	473	338	135
生态文旅区	1616	901	715	809	573	236
苏淮高新区	328	230	98	269	209	60

7-10 续表 2 单位：人

现住地	合计			工作就业		
	合计	男	女	小计	男	女
盐城市	**120284**	**65562**	**54722**	**70949**	**48060**	**22889**
亭湖区	15550	8352	7198	7051	4659	2392
盐都区	10331	5579	4752	6351	4127	2224
大丰区	17865	10653	7212	12378	8495	3883
响水县	5755	2992	2763	3148	2199	949
滨海县	8177	4134	4043	4401	3072	1329
阜宁县	5244	2234	3010	2312	1413	899
射阳县	9539	4953	4586	5060	3526	1534
建湖县	6835	3135	3700	2872	1843	1029
盐城经济技术开发区	5644	2975	2669	3012	2000	1012
江苏省盐南高新区	8077	3890	4187	3330	2046	1284
东台市	27267	16665	10602	21034	14680	6354
扬州市	**261228**	**150497**	**110731**	**147724**	**94991**	**52733**
广陵区	48924	29823	19101	32046	21124	10922
邗江区	63119	33834	29285	26246	15656	10590
江都区	43968	25827	18141	26556	17573	8983
宝应县	11218	6338	4880	6520	4278	2242
扬州经济技术开发区	27894	15999	11895	16300	10283	6017
蜀冈瘦西湖景区	8395	5042	3353	4868	3322	1546
生态新城	7619	4246	3373	5744	3301	2443
仪征市	28362	17007	11355	17501	11874	5627
高邮市	21729	12381	9348	11943	7580	4363
镇江市	**418530**	**236520**	**182010**	**251662**	**152064**	**99598**
京口区	35796	20121	15675	13769	8378	5391
润州区	16378	9061	7317	8946	5475	3471
丹徒区	40501	23939	16562	18838	11891	6947
镇江新区	40495	23800	16695	23415	14756	8659
江苏镇江高新区	7428	4385	3043	4642	3084	1558
丹阳市	186197	102539	83658	125678	72922	52756
扬中市	31805	18692	13113	21725	13629	8096
句容市	59930	33983	25947	34649	21929	12720
泰州市	**234322**	**134071**	**100251**	**150121**	**96915**	**53206**
海陵区	45127	23906	21221	23145	14060	9085
高港区	17321	10016	7305	11567	7516	4051
姜堰区	20014	11223	8791	11943	7798	4145
泰州医药高新技术产业开发区	27205	15756	11449	20950	12997	7953
兴化市	22062	12203	9859	13592	8703	4889
靖江市	55523	33147	22376	36667	24372	12295
泰兴市	47070	27820	19250	32257	21469	10788
宿迁市	**89306**	**46988**	**42318**	**43073**	**27688**	**15385**
宿城区	17287	9322	7965	10611	6864	3747
宿豫区	8925	4980	3945	5504	3685	1819
沭阳县	18889	8948	9941	9303	6022	3281
泗阳县	9172	4216	4956	4536	2859	1677
泗洪县	15361	7163	8198	5662	3573	2089
宿迁经济技术开发区	6337	3713	2624	4153	2736	1417
宿迁市湖滨新区	9618	6810	2808	959	597	362
苏州宿迁工业园区	2127	1083	1044	1574	852	722
宿迁市洋河新区	1590	753	837	771	500	271

7-10　续表 3　　单位：人

现住地	学习培训			随同离开/投亲靠友			拆迁/搬家		
	小计	男	女	小计	男	女	小计	男	女
江　苏	**847570**	**451537**	**396033**	**1089732**	**548269**	**541463**	**372869**	**194881**	**177988**
南京市	**230962**	**119251**	**111711**	**103714**	**50160**	**53554**	**71099**	**36862**	**34237**
玄武区	36270	18896	17374	5188	2518	2670	3548	1784	1764
秦淮区	4793	2989	1804	8790	4374	4416	4388	2268	2120
建邺区	3123	1692	1431	4355	2095	2260	4449	2291	2158
鼓楼区	21518	9779	11739	7936	3760	4176	6523	3329	3194
浦口区	4936	1872	3064	3292	1520	1772	5186	2658	2528
栖霞区	49464	24040	25424	11939	5855	6084	7910	4083	3827
雨花台区	9920	5081	4839	12313	6084	6229	5747	3067	2680
江宁区	58721	30964	27757	24868	12211	12657	16410	8556	7854
六合区	1080	615	465	3454	1588	1866	3521	1801	1720
溧水区	5454	2493	2961	4301	2031	2270	2535	1275	1260
高淳区	499	281	218	1759	847	912	975	533	442
南京江北新区	35184	20549	14635	15519	7277	8242	9907	5217	4690
无锡市	**95269**	**51446**	**43823**	**217849**	**109514**	**108335**	**51095**	**26994**	**24101**
锡山区	12863	7426	5437	30663	15552	15111	6359	3478	2881
惠山区	15157	8239	6918	36133	18069	18064	6038	3355	2683
滨湖区	29210	14408	14802	14153	7131	7022	2882	1485	1397
梁溪区	7440	4053	3387	18217	9240	8977	5730	2908	2822
新吴区	6045	3476	2569	16647	8559	8088	4245	2258	1987
江苏无锡经济开发区	3175	1773	1402	7628	3890	3738	1926	986	940
江阴市	12569	7306	5263	48764	24572	24192	13571	7142	6429
宜兴市	8810	4765	4045	45644	22501	23143	10344	5382	4962
徐州市	**46122**	**26134**	**19988**	**28980**	**13843**	**15137**	**27352**	**14066**	**13286**
鼓楼区	4139	2740	1399	3690	1761	1929	4716	2472	2244
云龙区	4951	2352	2599	4970	2429	2541	4608	2440	2168
贾汪区	1901	836	1065	892	429	463	961	451	510
泉山区	4718	2599	2119	5137	2454	2683	5995	3095	2900
铜山区	26977	15959	11018	4879	2338	2541	2515	1349	1166
丰县	397	209	188	1359	656	703	1029	507	522
沛县	571	332	239	2137	996	1141	2131	1053	1078
睢宁县	597	316	281	1738	778	960	1801	841	960
徐州经济技术开发区	1457	566	891	2219	1029	1190	1565	806	759
新沂市	163	81	82	1039	510	529	1143	576	567
邳州市	251	144	107	920	463	457	888	476	412
常州市	**62346**	**35498**	**26848**	**151716**	**76151**	**75565**	**46560**	**25474**	**21086**
天宁区	3588	1956	1632	21582	10922	10660	7768	4242	3526
钟楼区	10210	5381	4829	22423	11108	11315	7645	4193	3452
新北区	11616	6849	4767	21175	10482	10693	11735	6579	5156
武进区	24059	13777	10282	44653	22610	22043	5037	2795	2242
金坛区	3749	2098	1651	12964	6352	6612	6175	3256	2919
江苏省常州市经济开发区	5856	3334	2522	20286	10451	9835	4158	2291	1867
溧阳市	3268	2103	1165	8633	4226	4407	4042	2118	1924

7-10 续表 4

单位：人

现住地	学习培训			随同离开/投亲靠友			拆迁/搬家		
	小计	男	女	小计	男	女	小计	男	女
苏州市	**194714**	**105404**	**89310**	**347243**	**178329**	**168914**	**86192**	**44805**	**41387**
虎丘区	15338	7560	7778	17202	8808	8394	7984	4101	3883
吴中区	27512	14634	12878	27896	14204	13692	5662	2912	2750
相城区	11902	6923	4979	24282	12729	11553	9114	4734	4380
姑苏区	10975	5661	5314	22565	11465	11100	6276	3217	3059
吴江区	26123	14657	11466	44327	23223	21104	6503	3359	3144
苏州工业园区	26316	13126	13190	24061	12106	11955	6375	3241	3134
常熟市	18315	10110	8205	53824	28354	25470	8616	4511	4105
张家港市	23799	13329	10470	50586	25352	25234	14164	7234	6930
昆山市	23628	13298	10330	56668	28537	28131	17447	9279	8168
太仓市	10806	6106	4700	25832	13551	12281	4051	2217	1834
南通市	**61154**	**32749**	**28405**	**98107**	**50594**	**47513**	**16321**	**8643**	**7678**
崇川区	21055	10147	10908	12913	6662	6251	3587	1893	1694
港闸区	7697	4155	3542	13034	6520	6514	3861	2055	1806
通州区	5546	3071	2475	20800	10878	9922	1298	678	620
如东县	1165	660	505	4090	2071	2019	987	539	448
南通经济技术开发区	7110	4144	2966	9835	5153	4682	1276	702	574
通州湾示范区	1524	918	606	543	265	278	53	29	24
苏锡通科技产业园区	761	427	334	3359	1679	1680	239	117	122
启东市	3333	1685	1648	6363	3205	3158	1363	744	619
如皋市	1908	981	927	3984	1928	2056	1344	673	671
海门市	8518	5032	3486	18901	10043	8858	1602	858	744
海安市	2537	1529	1008	4285	2190	2095	711	355	356
连云港市	**16697**	**7134**	**9563**	**7560**	**3576**	**3984**	**4869**	**2588**	**2281**
连云区	304	202	102	1338	599	739	716	369	347
海州区	604	320	284	1668	809	859	1387	759	628
赣榆区	289	154	135	1441	692	749	1098	606	492
东海县	334	180	154	1046	499	547	374	205	169
灌云县	60	34	26	386	178	208	248	122	126
灌南县	131	66	65	336	164	172	127	59	68
连云港经济技术开发区	495	224	271	634	287	347	352	179	173
连云港高新技术产业开发区	14442	5930	8512	593	291	302	518	269	249
江苏连云港徐圩新区	36	22	14	99	47	52	45	17	28
江苏省连云港市云台山风景名胜区	2	2		19	10	9	4	3	1
淮安市	**14944**	**6379**	**8565**	**5383**	**2600**	**2783**	**4032**	**2050**	**1982**
淮安区	759	363	396	570	260	310	355	177	178
淮阴区	3332	1144	2188	681	325	356	336	166	170
清江浦区	2080	893	1187	1212	584	628	912	495	417
洪泽区	87	46	41	230	109	121	263	117	146
涟水县	170	91	79	461	205	256	228	102	126
盱眙县	388	195	193	657	317	340	784	378	406
金湖县	157	87	70	494	254	240	200	101	99
淮安经济技术开发区	7929	3541	4388	887	463	424	877	475	402
工业园区	4	3	1	27	15	12			
生态文旅区	33	15	18	144	58	86	72	38	34
苏淮高新区	5	1	4	20	10	10	5	1	4

7-10　续表 5　　　　单位：人

现住地	学习培训			随同离开/投亲靠友			拆迁/搬家		
	小计	男	女	小计	男	女	小计	男	女
盐城市	**11190**	**4995**	**6195**	**10348**	**4775**	**5573**	**4961**	**2292**	**2669**
亭湖区	4657	2231	2426	1199	528	671	547	276	271
盐都区	279	144	135	1084	503	581	654	323	331
大丰区	469	249	220	1752	820	932	618	319	299
响水县	124	59	65	490	228	262	303	141	162
滨海县	191	114	77	814	389	425	500	202	298
阜宁县	169	89	80	596	264	332	389	160	229
射阳县	187	97	90	947	405	542	433	196	237
建湖县	274	151	123	1003	448	555	774	312	462
盐城经济技术开发区	1982	717	1265	211	88	123	63	32	31
江苏省盐南高新区	2366	853	1513	569	271	298	322	160	162
东台市	492	291	201	1683	831	852	358	171	187
扬州市	**32898**	**17004**	**15894**	**24120**	**12079**	**12041**	**22174**	**11673**	**10501**
广陵区	2120	1176	944	5441	2765	2676	3524	1912	1612
邗江区	21099	10647	10452	4798	2460	2338	4468	2306	2162
江都区	1725	970	755	4393	2215	2178	3313	1714	1599
宝应县	471	262	209	909	425	484	1055	554	501
扬州经济技术开发区	4937	2511	2426	2277	1132	1145	1699	883	816
蜀冈瘦西湖景区	611	313	298	836	411	425	796	410	386
生态新城	231	129	102	717	361	356	146	77	69
仪征市	1045	617	428	2863	1418	1445	2534	1299	1235
高邮市	659	379	280	1886	892	994	4639	2518	2121
镇江市	**45655**	**25959**	**19696**	**60836**	**30526**	**30310**	**21121**	**11090**	**10031**
京口区	12336	7394	4942	3305	1575	1730	2614	1296	1318
润州区	549	306	243	2242	1087	1155	2033	1054	979
丹徒区	11083	6986	4097	5124	2545	2579	1510	792	718
镇江新区	2423	1685	738	4960	2476	2484	3042	1548	1494
江苏镇江高新区	272	159	113	1270	591	679	522	287	235
丹阳市	10341	5143	5198	33673	17144	16529	6192	3365	2827
扬中市	2202	1254	948	4298	2145	2153	687	376	311
句容市	6449	3032	3417	5964	2963	3001	4521	2372	2149
泰州市	**23544**	**11442**	**12102**	**26030**	**12425**	**13605**	**9986**	**5015**	**4971**
海陵区	11839	5393	6446	4313	2059	2254	2024	1016	1008
高港区	1267	632	635	1766	841	925	813	404	409
姜堰区	983	567	416	2167	1035	1132	1450	751	699
泰州医药高新技术产业开发区	2324	1005	1319	1568	741	827	630	319	311
兴化市	687	387	300	2469	1156	1313	1164	563	601
靖江市	4818	2567	2251	8516	4049	4467	1925	962	963
泰兴市	1626	891	735	5231	2544	2687	1980	1000	980
宿迁市	**12075**	**8142**	**3933**	**7846**	**3697**	**4149**	**7107**	**3329**	**3778**
宿城区	1701	687	1014	1220	578	642	882	457	425
宿豫区	183	110	73	950	443	507	673	335	338
沭阳县	899	653	246	2008	929	1079	977	445	532
泗阳县	214	121	93	990	464	526	705	323	382
泗洪县	739	380	359	1533	739	794	3244	1437	1807
宿迁经济技术开发区	243	157	86	680	323	357	374	209	165
宿迁市湖滨新区	7974	5963	2011	194	92	102	107	54	53
苏州宿迁工业园区	67	38	29	104	50	54	50	28	22
宿迁市洋河新区	55	33	22	167	79	88	95	41	54

7-10 续表 6

单位：人

现住地	寄挂户口			婚姻嫁娶			照料孙子女		
	小计	男	女	小计	男	女	小计	男	女
江　苏	**26612**	**13971**	**12641**	**195431**	**34602**	**160829**	**244084**	**79313**	**164771**
南京市	**14373**	**7725**	**6648**	**22703**	**4688**	**18015**	**52107**	**17252**	**34855**
玄武区	799	439	360	981	206	775	2685	935	1750
秦淮区	1138	598	540	1671	433	1238	2999	1041	1958
建邺区	1070	566	504	1062	295	767	3014	1094	1920
鼓楼区	1490	805	685	1527	444	1083	4359	1606	2753
浦口区	842	469	373	1674	267	1407	1293	420	873
栖霞区	1899	1031	868	2254	474	1780	4826	1539	3287
雨花台区	1029	537	492	1836	386	1450	5483	1717	3766
江宁区	3251	1772	1479	4271	1035	3236	13068	4331	8737
六合区	658	335	323	1790	232	1558	1381	373	1008
溧水区	313	169	144	1207	180	1027	790	252	538
高淳区	123	65	58	869	98	771	442	125	317
南京江北新区	1761	939	822	3561	638	2923	11767	3819	7948
无锡市	**904**	**474**	**430**	**20776**	**3761**	**17015**	**35590**	**10940**	**24650**
锡山区	107	56	51	2611	520	2091	6527	1954	4573
惠山区	162	99	63	2758	433	2325	6669	2136	4533
滨湖区	143	53	90	1290	291	999	2693	796	1897
梁溪区	61	37	24	2196	389	1807	4428	1442	2986
新吴区	62	33	29	1943	424	1519	4758	1453	3305
江苏无锡经济开发区	37	18	19	887	206	681	4236	1483	2753
江阴市	194	108	86	4614	860	3754	4024	1100	2924
宜兴市	138	70	68	4477	638	3839	2255	576	1679
徐州市	**504**	**243**	**261**	**26792**	**3455**	**23337**	**5785**	**1900**	**3885**
鼓楼区	37	18	19	1540	342	1198	689	223	466
云龙区	59	31	28	1528	373	1155	1353	464	889
贾汪区	47	26	21	1732	160	1572	96	27	69
泉山区	22	11	11	2031	462	1569	1291	442	849
铜山区	90	42	48	4901	690	4211	792	257	535
丰县	34	21	13	2465	100	2365	148	52	96
沛县	34	18	16	3299	205	3094	227	68	159
睢宁县	39	16	23	3548	352	3196	199	61	138
徐州经济技术开发区	12	9	3	1302	376	926	758	227	531
新沂市	39	14	25	2641	226	2415	96	33	63
邳州市	91	37	54	1805	169	1636	136	46	90
常州市	**960**	**476**	**484**	**12257**	**2672**	**9585**	**17913**	**5539**	**12374**
天宁区	242	127	115	2036	514	1522	2950	967	1983
钟楼区	141	70	71	1365	345	1020	2530	773	1757
新北区	128	66	62	2241	549	1692	5283	1663	3620
武进区	184	89	95	2733	626	2107	4545	1387	3158
金坛区	131	64	67	1667	257	1410	761	215	546
江苏省常州市经济开发区	88	39	49	733	171	562	1382	388	994
溧阳市	46	21	25	1482	210	1272	462	146	316

7-10 续表 7

单位：人

现住地	寄挂户口			婚姻嫁娶			照料孙子女		
	小计	男	女	小计	男	女	小计	男	女
苏州市	**2455**	**1149**	**1306**	**29473**	**8223**	**21250**	**104551**	**34712**	**69839**
虎丘区	66	36	30	1720	520	1200	9868	3341	6527
吴中区	236	106	130	2512	646	1866	9319	2975	6344
相城区	102	49	53	1443	357	1086	6660	2102	4558
姑苏区	87	34	53	2005	570	1435	5461	1930	3531
吴江区	733	293	440	5290	1268	4022	9163	2925	6238
苏州工业园区	204	107	97	2329	747	1582	18715	6643	12072
常熟市	387	221	166	2761	1127	1634	5080	1567	3513
张家港市	117	61	56	2940	621	2319	6124	1801	4323
昆山市	420	189	231	6694	1780	4914	29155	9902	19253
太仓市	103	53	50	1779	587	1192	5006	1526	3480
南通市	**604**	**323**	**281**	**14339**	**3223**	**11116**	**7483**	**2249**	**5234**
崇川区	110	54	56	1393	427	966	1708	566	1142
港闸区	22	14	8	854	237	617	962	281	681
通州区	91	42	49	1931	517	1414	1063	303	760
如东县	67	41	26	1783	317	1466	242	80	162
南通经济技术开发区	14	7	7	564	188	376	1258	376	882
通州湾示范区	8	4	4	158	16	142	16	3	13
苏锡通科技产业园区	5	5		195	58	137	216	47	169
启东市	129	74	55	1582	328	1254	462	137	325
如皋市	54	23	31	2718	491	2227	415	134	281
海门市	55	33	22	1520	286	1234	728	197	531
海安市	49	26	23	1641	358	1283	413	125	288
连云港市	**215**	**115**	**100**	**8996**	**841**	**8155**	**3032**	**1034**	**1998**
连云区	25	14	11	473	51	422	627	193	434
海州区	27	17	10	1032	198	834	872	326	546
赣榆区	82	45	37	2803	159	2644	297	90	207
东海县	33	19	14	2317	231	2086	219	71	148
灌云县	6	2	4	851	34	817	42	14	28
灌南县	24	6	18	888	60	828	80	27	53
连云港经济技术开发区	7	6	1	246	42	204	188	59	129
连云港高新技术产业开发区	8	5	3	240	52	188	693	247	446
江苏连云港徐圩新区	3	1	2	77	7	70	11	6	5
江苏省连云港市云台山风景名胜区				69	7	62	3	1	2
淮安市	**79**	**26**	**53**	**7992**	**1021**	**6971**	**2007**	**659**	**1348**
淮安区	12	3	9	1194	93	1101	98	20	78
淮阴区	11	2	9	1448	105	1343	147	52	95
清江浦区	7	3	4	926	210	716	684	230	454
洪泽区	7	1	6	489	67	422	37	8	29
涟水县	11	4	7	1226	103	1123	72	20	52
盱眙县	11	5	6	1342	141	1201	203	75	128
金湖县	11	2	9	723	149	574	91	32	59
淮安经济技术开发区	8	5	3	476	113	363	434	145	289
工业园区				19	2	17	7	1	6
生态文旅区	1	1		131	35	96	232	76	156
苏淮高新区				18	3	15	2		2

7-10 续表 8

单位：人

现住地	寄挂户口			婚姻嫁娶			照料孙子女		
	小计	男	女	小计	男	女	小计	男	女
盐城市	**255**	**118**	**137**	**13201**	**1047**	**12154**	**1396**	**419**	**977**
亭湖区	31	14	17	982	117	865	176	54	122
盐都区	15	10	5	1063	83	980	134	28	106
大丰区	28	18	10	1323	171	1152	193	46	147
响水县	10	3	7	1046	51	995	70	23	47
滨海县	15	4	11	1518	73	1445	90	24	66
阜宁县	8	2	6	1118	52	1066	44	13	31
射阳县	37	16	21	1711	128	1583	74	22	52
建湖县	35	16	19	1211	73	1138	75	25	50
盐城经济技术开发区	11	6	5	164	24	140	50	13	37
江苏省盐南高新区	29	13	16	479	95	384	327	119	208
东台市	36	16	20	2586	180	2406	163	52	111
扬州市	**2994**	**1580**	**1414**	**8469**	**1688**	**6781**	**3629**	**1222**	**2407**
广陵区	426	230	196	763	170	593	453	153	300
邗江区	559	296	263	1380	338	1042	1201	425	776
江都区	587	320	267	2483	420	2063	451	151	300
宝应县	328	179	149	814	108	706	158	48	110
扬州经济技术开发区	187	97	90	419	104	315	551	183	368
蜀冈瘦西湖景区	65	36	29	244	78	166	274	92	182
生态新城	24	15	9	145	37	108	35	12	23
仪征市	329	160	169	1252	212	1040	343	106	237
高邮市	489	247	242	969	221	748	163	52	111
镇江市	**1012**	**553**	**459**	**8595**	**1562**	**7033**	**6104**	**1974**	**4130**
京口区	140	78	62	720	146	574	1163	404	759
润州区	119	72	47	530	113	417	524	195	329
丹徒区	99	59	40	911	151	760	547	188	359
镇江新区	72	40	32	826	132	694	656	220	436
江苏镇江高新区	22	8	14	203	35	168	145	42	103
丹阳市	295	160	135	2884	475	2409	1765	527	1238
扬中市	84	47	37	885	214	671	315	85	230
句容市	181	89	92	1636	296	1340	989	313	676
泰州市	**2117**	**1125**	**992**	**9913**	**1388**	**8525**	**2957**	**950**	**2007**
海陵区	319	172	147	1254	238	1016	816	280	536
高港区	131	75	56	798	131	667	312	96	216
姜堰区	259	134	125	1509	190	1319	271	76	195
泰州医药高新技术产业开发区	120	69	51	392	101	291	437	144	293
兴化市	406	218	188	1583	92	1491	124	40	84
靖江市	480	241	239	1631	308	1323	506	152	354
泰兴市	402	216	186	2746	328	2418	491	162	329
宿迁市	**140**	**64**	**76**	**11925**	**1033**	**10892**	**1530**	**463**	**1067**
宿城区	18	10	8	1527	181	1346	448	130	318
宿豫区	14	5	9	999	141	858	180	54	126
沭阳县	29	10	19	4157	234	3923	187	65	122
泗阳县	21	10	11	1966	131	1835	151	47	104
泗洪县	42	19	23	2205	217	1988	257	81	176
宿迁经济技术开发区	7	3	4	431	82	349	154	47	107
宿迁市湖滨新区	6	6		224	19	205	21	3	18
苏州宿迁工业园区	1		1	77	8	69	118	32	86
宿迁市洋河新区	2	1	1	339	20	319	14	4	10

7-10　续表 9　　单位：人

现住地	为子女就学			养老/康养			其　他		
	小计	男	女	小计	男	女	小计	男	女
江　苏	**28327**	**9737**	**18590**	**56895**	**26267**	**30628**	**260252**	**140010**	**120242**
南京市	**4795**	**1880**	**2915**	**7198**	**3032**	**4166**	**39566**	**20151**	**19415**
玄武区	269	112	157	286	112	174	3550	1872	1678
秦淮区	264	103	161	590	241	349	4947	2456	2491
建邺区	226	101	125	501	194	307	2869	1455	1414
鼓楼区	516	224	292	528	220	308	4037	1958	2079
浦口区	283	110	173	263	106	157	1844	979	865
栖霞区	451	157	294	742	314	428	3308	1704	1604
雨花台区	446	171	275	821	336	485	3898	2045	1853
江宁区	704	249	455	1763	745	1018	8646	4314	4332
六合区	350	145	205	185	90	95	1326	710	616
溧水区	305	129	176	198	96	102	832	453	379
高淳区	202	73	129	88	42	46	539	277	262
南京江北新区	779	306	473	1233	536	697	3770	1928	1842
无锡市	**2502**	**745**	**1757**	**6494**	**2920**	**3574**	**30353**	**16132**	**14221**
锡山区	456	127	329	950	401	549	4639	2487	2152
惠山区	451	117	334	1116	485	631	5169	2819	2350
滨湖区	212	74	138	906	449	457	3512	1842	1670
梁溪区	261	98	163	1048	466	582	3411	1767	1644
新吴区	226	61	165	624	287	337	3380	1790	1590
江苏无锡经济开发区	194	57	137	772	361	411	1170	605	565
江阴市	291	85	206	645	275	370	4202	2160	2042
宜兴市	411	126	285	433	196	237	4870	2662	2208
徐州市	**2724**	**1077**	**1647**	**2229**	**1103**	**1126**	**10319**	**5507**	**4812**
鼓楼区	190	76	114	275	122	153	1328	714	614
云龙区	277	119	158	315	146	169	1427	787	640
贾汪区	132	56	76	50	27	23	474	268	206
泉山区	418	179	239	339	145	194	2530	1342	1188
铜山区	454	191	263	382	182	200	1527	804	723
丰县	116	38	78	218	145	73	528	297	231
沛县	500	208	292	273	141	132	971	495	476
睢宁县	357	102	255	75	43	32	333	179	154
徐州经济技术开发区	88	34	54	168	77	91	503	272	231
新沂市	90	35	55	45	24	21	412	215	197
邳州市	102	39	63	89	51	38	286	134	152
常州市	**1803**	**676**	**1127**	**3295**	**1397**	**1898**	**14843**	**8322**	**6521**
天宁区	195	74	121	586	254	332	3365	1854	1511
钟楼区	264	103	161	348	143	205	817	441	376
新北区	342	137	205	507	208	299	1206	652	554
武进区	416	171	245	984	422	562	4807	2686	2121
金坛区	225	66	159	361	147	214	1929	1087	842
江苏省常州市经济开发区	141	54	87	400	171	229	1066	606	460
溧阳市	220	71	149	109	52	57	1653	996	657

7-10 续表 10 单位：人

现住地	为子女就学			养老/康养			其他		
	小计	男	女	小计	男	女	小计	男	女
苏州市	**6758**	**2188**	**4570**	**23976**	**10809**	**13167**	**81983**	**44292**	**37691**
虎丘区	469	152	317	1210	487	723	7815	4782	3033
吴中区	796	239	557	2129	920	1209	10861	5840	5021
相城区	435	126	309	880	377	503	6318	3362	2956
姑苏区	338	121	217	1158	502	656	4328	2168	2160
吴江区	962	276	686	1494	646	848	16514	9025	7489
苏州工业园区	478	148	330	1830	811	1019	5722	2967	2755
常熟市	498	207	291	624	285	339	5080	2803	2277
张家港市	903	332	571	1100	457	643	7930	4126	3804
昆山市	1381	456	925	9908	4561	5347	11372	5952	5420
太仓市	498	131	367	3643	1763	1880	6043	3267	2776
南通市	**1917**	**610**	**1307**	**4508**	**2379**	**2129**	**24834**	**14052**	**10782**
崇川区	313	116	197	476	222	254	4464	2529	1935
港闸区	183	50	133	259	115	144	3004	1694	1310
通州区	305	104	201	454	245	209	2879	1584	1295
如东县	130	44	86	269	145	124	2556	1486	1070
南通经济技术开发区	50	14	36	187	92	95	1945	1182	763
通州湾示范区	14	3	11	59	35	24	133	80	53
苏锡通科技产业园区	18	1	17	37	22	15	246	132	114
启东市	123	30	93	1280	676	604	1587	905	682
如皋市	279	86	193	296	170	126	1196	598	598
海门市	286	71	215	900	511	389	4799	2700	2099
海安市	216	91	125	291	146	145	2025	1162	863
连云港市	**552**	**199**	**353**	**865**	**423**	**442**	**3077**	**1535**	**1542**
连云区	54	23	31	159	73	86	509	260	249
海州区	136	56	80	228	105	123	743	355	388
赣榆区	110	42	68	200	113	87	463	228	235
东海县	112	35	77	101	57	44	448	218	230
灌云县	27	6	21	20	13	7	155	70	85
灌南县	48	14	34	13	6	7	219	119	100
连云港经济技术开发区	20	6	14	53	21	32	241	124	117
连云港高新技术产业开发区	45	17	28	84	31	53	197	96	101
江苏连云港徐圩新区				7	4	3	95	64	31
江苏省连云港市云台山风景名胜区							7	1	6
淮安市	**992**	**326**	**666**	**602**	**285**	**317**	**3276**	**1683**	**1593**
淮安区	122	32	90	67	34	33	396	211	185
淮阴区	116	43	73	64	34	30	478	253	225
清江浦区	226	92	134	190	87	103	644	335	309
洪泽区	27	6	21	21	10	11	130	64	66
涟水县	111	25	86	52	25	27	294	144	150
盱眙县	199	49	150	69	32	37	455	226	229
金湖县	49	12	37	69	29	40	202	112	90
淮安经济技术开发区	55	24	31	39	18	21	580	278	302
工业园区	2	1	1	4	4		6	3	3
生态文旅区	85	42	43	25	11	14	84	52	32
苏淮高新区				2	1	1	7	5	2

7-10　续表 11

单位：人

现住地	为子女就学			养老/康养			其　他		
	小计	男	女	小计	男	女	小计	男	女
盐城市	**1095**	**245**	**850**	**909**	**488**	**421**	**5980**	**3123**	**2857**
亭湖区	65	23	42	75	42	33	767	408	359
盐都区	94	22	72	134	72	62	523	267	256
大丰区	99	31	68	105	53	52	900	451	449
响水县	83	9	74	28	13	15	453	266	187
滨海县	161	18	143	65	32	33	422	206	216
阜宁县	141	20	121	49	29	20	418	192	226
射阳县	102	17	85	76	48	28	912	498	414
建湖县	148	41	107	142	78	64	301	148	153
盐城经济技术开发区	2	1	1	15	8	7	134	86	48
江苏省盐南高新区	111	47	64	80	36	44	464	250	214
东台市	89	16	73	140	77	63	686	351	335
扬州市	**1397**	**500**	**897**	**2251**	**1159**	**1092**	**15572**	**8601**	**6971**
广陵区	120	56	64	251	135	116	3780	2102	1678
邗江区	364	150	214	487	234	253	2517	1322	1195
江都区	339	101	238	558	319	239	3563	2044	1519
宝应县	108	23	85	105	63	42	750	398	352
扬州经济技术开发区	93	38	55	198	93	105	1233	675	558
蜀冈瘦西湖景区	70	31	39	100	49	51	531	300	231
生态新城	8	3	5	80	38	42	489	273	216
仪征市	155	52	103	301	129	172	2039	1140	899
高邮市	140	46	94	171	99	72	670	347	323
镇江市	**1031**	**392**	**639**	**2721**	**1300**	**1421**	**19793**	**11100**	**8693**
京口区	105	38	67	368	161	207	1276	651	625
润州区	67	33	34	162	68	94	1206	658	548
丹徒区	85	30	55	251	113	138	2053	1184	869
镇江新区	79	27	52	249	124	125	4773	2792	1981
江苏镇江高新区	23	7	16	50	21	29	279	151	128
丹阳市	388	151	237	739	387	352	4242	2265	1977
扬中市	59	28	31	172	117	55	1378	797	581
句容市	225	78	147	730	309	421	4586	2602	1984
泰州市	**1552**	**524**	**1028**	**1353**	**722**	**631**	**6749**	**3565**	**3184**
海陵区	138	48	90	236	110	126	1043	530	513
高港区	94	33	61	93	48	45	480	240	240
姜堰区	464	163	301	257	141	116	711	368	343
泰州医药高新技术产业开发区	79	26	53	133	66	67	572	288	284
兴化市	145	26	119	140	79	61	1752	939	813
靖江市	287	109	178	121	67	54	572	320	252
泰兴市	345	119	226	373	211	162	1619	880	739
宿迁市	**1209**	**375**	**834**	**494**	**250**	**244**	**3907**	**1947**	**1960**
宿城区	117	51	66	91	43	48	672	321	351
宿豫区	48	16	32	65	29	36	309	162	147
沭阳县	257	74	183	48	28	20	1024	488	536
泗阳县	136	30	106	106	58	48	347	173	174
泗洪县	551	152	399	125	63	62	1003	502	501
宿迁经济技术开发区	32	16	16	28	15	13	235	125	110
宿迁市湖滨新区	12	7	5	13	8	5	108	61	47
苏州宿迁工业园区	48	27	21	8	2	6	80	46	34
宿迁市洋河新区	8	2	6	10	4	6	129	69	60

7-10a 全省按现住地、性别、迁移原因分的户口登记地在外省的人口(城市)

单位：人

现住地	合计			工作就业		
	合计	男	女	小计	男	女
江　苏	**6123721**	**3474239**	**2649482**	**4079028**	**2481077**	**1597951**
南京市	**1226211**	**689613**	**536598**	**721617**	**448629**	**272988**
玄武区	95480	52165	43315	41904	25291	16613
秦淮区	90820	48942	41878	61240	34439	26801
建邺区	73571	42145	31426	52902	32362	20540
鼓楼区	101876	52117	49759	53442	29992	23450
浦口区	36973	21084	15889	21821	14751	7070
栖霞区	181026	103238	77788	99890	64841	35049
雨花台区	128819	74053	54766	87816	54859	32957
江宁区	273611	153259	120352	163260	100562	62698
六合区	11526	6114	5412	5893	3672	2221
溧水区	38508	24926	13582	26899	19298	7601
高淳区	13885	8465	5420	9621	6544	3077
南京江北新区	180116	103105	77011	96929	62018	34911
无锡市	**1029539**	**583432**	**446107**	**712779**	**430699**	**282080**
锡山区	164396	96609	67787	126656	78369	48287
惠山区	149307	84474	64833	97821	59297	38524
滨湖区	118820	65714	53106	66800	40683	26117
梁溪区	148655	81335	67320	105863	60935	44928
新吴区	141967	80450	61517	107489	63888	43601
江苏无锡经济开发区	69660	40099	29561	49635	30720	18915
江阴市	138244	80098	58146	98179	60576	37603
宜兴市	98490	54653	43837	60336	36231	24105
徐州市	**164114**	**89874**	**74240**	**63202**	**39382**	**23820**
鼓楼区	32220	18550	13670	15616	10082	5534
云龙区	33042	17414	15628	15230	9229	6001
贾汪区	7439	4122	3317	3089	2315	774
泉山区	39290	20563	18727	16809	9834	6975
铜山区	42164	23988	18176	7912	4865	3047
丰县						
沛县						
睢宁县						
徐州经济技术开发区	33	15	18	18	11	7
新沂市	5204	2816	2388	2330	1667	663
邳州市	4722	2406	2316	2198	1379	819
常州市	**658230**	**379755**	**278475**	**439759**	**269727**	**170032**
天宁区	100304	56403	43901	64777	38892	25885
钟楼区	120878	68109	52769	78330	47303	31027
新北区	120651	69359	51292	75894	46705	29189
武进区	190383	109519	80864	134599	80683	53916
金坛区	36985	21353	15632	22796	14430	8366
江苏省常州市经济开发区	46594	26594	20000	32143	19179	12964
溧阳市	42435	28418	14017	31220	22535	8685

7-10a　续表 1

单位：人

现住地	合计			工作就业		
	合计	男	女	小计	男	女
苏州市	**2106560**	**1197623**	**908937**	**1592764**	**947887**	**644877**
虎丘区	222210	129797	92413	163976	101677	62299
吴中区	258343	145433	112910	195520	115217	80303
相城区	252083	145846	106237	195886	117493	78393
姑苏区	161929	85850	76079	108736	60182	48554
吴江区	250682	144939	105743	200781	120768	80013
苏州工业园区						
常熟市	246390	137818	108572	190316	109282	81034
张家港市	112170	61964	50206	73288	42657	30631
昆山市	510263	292942	217321	396275	239834	156441
太仓市	92490	53034	39456	67986	40777	27209
南通市	**335714**	**194647**	**141067**	**217789**	**136278**	**81511**
崇川区	104618	57718	46900	58599	35102	23497
港闸区	75874	43177	32697	46114	28114	18000
通州区	39737	22893	16844	28844	17549	11295
如东县						
南通经济技术开发区						
通州湾示范区						
苏锡通科技产业园区						
启东市	21593	13188	8405	15605	10199	5406
如皋市	15716	8420	7296	9899	5849	4050
海门市	39408	24279	15129	27710	18431	9279
海安市	38768	24972	13796	31018	21034	9984
连云港市	**33595**	**20864**	**12731**	**21001**	**15435**	**5566**
连云区	12999	8332	4667	8820	6560	2260
海州区	11894	6365	5529	5882	3665	2217
赣榆区	4021	2007	2014	1767	1125	642
东海县	9	4	5	5	3	2
灌云县						
灌南县						
连云港经济技术开发区						
连云港高新技术产业开发区						
江苏连云港徐圩新区	4658	4149	509	4520	4076	444
江苏省连云港市云台山风景名胜区	14	7	7	7	6	1
淮安市	**26775**	**13605**	**13170**	**11810**	**7766**	**4044**
淮安区	4841	2614	2227	2565	1739	826
淮阴区	7232	3223	4009	2168	1428	740
清江浦区	12682	6727	5955	5972	3866	2106
洪泽区	2020	1041	979	1105	733	372
涟水县						
盱眙县						
金湖县						
淮安经济技术开发区						
工业园区						
生态文旅区						
苏淮高新区						

7-10a 续表 2

单位：人

现住地	合计			工作就业		
	合计	男	女	小计	男	女
盐城市	**49861**	**28229**	**21632**	**29631**	**19751**	**9880**
亭湖区	11800	6043	5757	4103	2595	1508
盐都区	6182	3307	2875	3615	2297	1318
大丰区	5534	2946	2588	2995	1899	1096
响水县						
滨海县						
阜宁县						
射阳县						
建湖县						
盐城经济技术开发区	268	197	71	176	130	46
江苏省盐南高新区	8077	3890	4187	3330	2046	1284
东台市	18000	11846	6154	15412	10784	4628
扬州市	**158436**	**89445**	**68991**	**83560**	**52069**	**31491**
广陵区	35102	20306	14796	20930	12923	8007
邗江区	57515	30734	26781	23074	13681	9393
江都区	20010	11474	8536	11162	7074	4088
宝应县						
扬州经济技术开发区						
蜀冈瘦西湖景区	8395	5042	3353	4868	3322	1546
生态新城	5825	3240	2585	4680	2657	2023
仪征市	19345	11726	7619	11854	8068	3786
高邮市	12244	6923	5321	6992	4344	2648
镇江市	**186043**	**103948**	**82095**	**103271**	**62438**	**40833**
京口区	33730	18836	14894	12239	7351	4888
润州区	15920	8775	7145	8574	5237	3337
丹徒区	19404	11028	8376	11149	7033	4116
镇江新区						
江苏镇江高新区	7428	4385	3043	4642	3084	1558
丹阳市	59750	32562	27188	37091	21461	15630
扬中市	18305	10553	7752	12436	7601	4835
句容市	31506	17809	13697	17140	10671	6469
泰州市	**116846**	**64346**	**52500**	**67050**	**41735**	**25315**
海陵区	43293	22868	20425	21978	13287	8691
高港区	11888	6789	5099	7833	4925	2908
姜堰区	12346	6949	5397	7036	4566	2470
泰州医药高新技术产业开发区						
兴化市	9248	5057	4191	5302	3292	2010
靖江市	20391	11499	8892	12645	7914	4731
泰兴市	19680	11184	8496	12256	7751	4505
宿迁市	**31797**	**18858**	**12939**	**14795**	**9281**	**5514**
宿城区	13314	7281	6033	8232	5228	3004
宿豫区	6281	3450	2831	3825	2465	1360
沭阳县						
泗阳县						
泗洪县						
宿迁经济技术开发区						
宿迁市湖滨新区	9073	6538	2535	661	405	256
苏州宿迁工业园区	2127	1083	1044	1574	852	722
宿迁市洋河新区	1002	506	496	503	331	172

7-10a　续表 3　　　　　　　　　　　　　　　　　　　　单位：人

现住地	学习培训			随同离开/投亲靠友			拆迁/搬家		
	小计	男	女	小计	男	女	小计	男	女
江　苏	**620326**	**329091**	**291235**	**636356**	**319265**	**317091**	**266853**	**140092**	**126761**
南京市	**219400**	**112807**	**106593**	**92761**	**44979**	**47782**	**62659**	**32487**	**30172**
玄武区	36270	18896	17374	5188	2518	2670	3548	1784	1764
秦淮区	4793	2989	1804	8790	4374	4416	4388	2268	2120
建邺区	3123	1692	1431	4355	2095	2260	4449	2291	2158
鼓楼区	21518	9779	11739	7936	3760	4176	6523	3329	3194
浦口区	4824	1804	3020	2579	1203	1376	2961	1489	1472
栖霞区	49372	23993	25379	11329	5581	5748	7433	3822	3611
雨花台区	9845	5040	4805	12068	5966	6102	5660	3016	2644
江宁区	49904	25557	24347	19280	9481	9799	13351	6966	6385
六合区	380	210	170	1332	603	729	1672	853	819
溧水区	3750	2049	1701	3113	1492	1621	2068	1055	1013
高淳区	446	254	192	1396	676	720	769	429	340
南京江北新区	35175	20544	14631	15395	7230	8165	9837	5185	4652
无锡市	**73798**	**39478**	**34320**	**132520**	**66734**	**65786**	**36398**	**19140**	**17258**
锡山区	6642	3910	2732	17010	8551	8459	3653	1981	1672
惠山区	11862	6625	5237	22551	11306	11245	3812	2110	1702
滨湖区	28627	14069	14558	12273	6195	6078	2774	1423	1351
梁溪区	7440	4053	3387	18217	9240	8977	5730	2908	2822
新吴区	5333	3050	2283	15063	7745	7318	4165	2214	1951
江苏无锡经济开发区	3175	1773	1402	7628	3890	3738	1926	986	940
江阴市	5471	3256	2215	18997	9508	9489	8041	4255	3786
宜兴市	5248	2742	2506	20781	10299	10482	6297	3263	3034
徐州市	**41038**	**23542**	**17496**	**18223**	**8783**	**9440**	**19139**	**9959**	**9180**
鼓楼区	4139	2740	1399	3690	1761	1929	4716	2472	2244
云龙区	3522	1523	1999	4868	2374	2494	4589	2430	2159
贾汪区	1843	809	1034	606	281	325	757	352	405
泉山区	4718	2599	2119	5137	2454	2683	5995	3095	2900
铜山区	26549	15725	10824	2773	1337	1436	1604	842	762
丰县									
沛县									
睢宁县									
徐州经济技术开发区				4	2	2			
新沂市	113	52	61	632	321	311	793	405	388
邳州市	154	94	60	513	253	260	685	363	322
常州市	**47864**	**27351**	**20513**	**92700**	**46493**	**46207**	**38816**	**21325**	**17491**
天宁区	2962	1615	1347	17399	8786	8613	6852	3760	3092
钟楼区	8930	4606	4324	20783	10233	10550	7588	4161	3427
新北区	9911	5962	3949	15272	7657	7615	10885	6119	4766
武进区	19416	11213	8203	22623	11509	11114	3959	2220	1739
金坛区	2145	1169	976	5400	2676	2724	3740	1965	1775
江苏省常州市经济开发区	2471	1434	1037	6901	3539	3362	3163	1716	1447
溧阳市	2029	1352	677	4322	2093	2229	2629	1384	1245

7-10a 续表 4

单位：人

现住地	学习培训			随同离开/投亲靠友			拆迁/搬家		
	小计	男	女	小计	男	女	小计	男	女
苏州市	**112065**	**60219**	**51846**	**190925**	**98007**	**92918**	**56905**	**29617**	**27288**
虎丘区	14728	7236	7492	15630	8030	7600	7644	3931	3713
吴中区	22705	11823	10882	16975	8544	8431	4339	2227	2112
相城区	10969	6406	4563	21555	11384	10171	8791	4550	4241
姑苏区	10975	5661	5314	22565	11465	11100	6276	3217	3059
吴江区	12362	6774	5588	17128	8808	8320	3210	1649	1561
苏州工业园区									
常熟市	10586	5515	5071	31822	16883	14939	5051	2610	2441
张家港市	9292	5216	4076	14711	7409	7302	7556	3876	3680
昆山市	15914	9014	6900	39795	19852	19943	11838	6333	5505
太仓市	4534	2574	1960	10744	5632	5112	2200	1224	976
南通市	**36580**	**18585**	**17995**	**43198**	**21890**	**21308**	**11897**	**6252**	**5645**
崇川区	21055	10147	10908	12913	6662	6251	3587	1893	1694
港闸区	7692	4153	3539	12925	6464	6461	3861	2055	1806
通州区	1684	903	781	5719	2880	2839	950	495	455
如东县									
南通经济技术开发区									
通州湾示范区									
苏锡通科技产业园区									
启东市	543	321	222	2490	1270	1220	963	525	438
如皋市	1030	509	521	2138	1024	1114	647	287	360
海门市	2569	1336	1233	4381	2258	2123	1360	735	625
海安市	2007	1216	791	2632	1332	1300	529	262	267
连云港市	**1046**	**599**	**447**	**3345**	**1580**	**1765**	**2425**	**1298**	**1127**
连云区	302	200	102	1328	593	735	716	369	347
海州区	546	293	253	1470	711	759	1259	695	564
赣榆区	174	90	84	519	265	254	444	232	212
东海县									
灌云县									
灌南县									
连云港经济技术开发区									
连云港高新技术产业开发区									
江苏连云港徐圩新区	23	15	8	26	11	15	6	2	4
江苏省连云港市云台山风景名胜区	1	1		2		2			
淮安市	**6046**	**2327**	**3719**	**2021**	**961**	**1060**	**1680**	**863**	**817**
淮安区	641	295	346	326	151	175	323	157	166
淮阴区	3279	1115	2164	374	189	185	242	121	121
清江浦区	2066	884	1182	1168	555	613	906	492	414
洪泽区	60	33	27	153	66	87	209	93	116
涟水县									
盱眙县									
金湖县									
淮安经济技术开发区									
工业园区									
生态文旅区									
苏淮高新区									

7-10a 续表 5

单位：人

现住地	学习培训			随同离开/投亲靠友			拆迁/搬家		
	小计	男	女	小计	男	女	小计	男	女
盐城市	**7647**	**3428**	**4219**	**3882**	**1802**	**2080**	**2048**	**1016**	**1032**
亭湖区	4601	2202	2399	945	419	526	477	236	241
盐都区	136	71	65	773	352	421	599	296	303
大丰区	227	113	114	779	364	415	435	225	210
响水县									
滨海县									
阜宁县									
射阳县									
建湖县									
盐城经济技术开发区	12	5	7	11	4	7			
江苏省盐南高新区	2366	853	1513	569	271	298	322	160	162
东台市	305	184	121	805	392	413	215	99	116
扬州市	**25631**	**13188**	**12443**	**14881**	**7560**	**7321**	**13782**	**7232**	**6550**
广陵区	1868	1029	839	4132	2130	2002	3217	1743	1474
邗江区	20815	10483	10332	4225	2178	2047	3849	1994	1855
江都区	981	545	436	2203	1115	1088	1873	951	922
宝应县									
扬州经济技术开发区									
蜀冈瘦西湖景区	611	313	298	836	411	425	796	410	386
生态新城	145	84	61	478	243	235	100	52	48
仪征市	792	487	305	1867	948	919	1776	923	853
高邮市	419	247	172	1140	535	605	2171	1159	1012
镇江市	**23543**	**13249**	**10294**	**26016**	**12847**	**13169**	**12983**	**6799**	**6184**
京口区	12276	7356	4920	2978	1416	1562	2575	1275	1300
润州区	549	306	243	2157	1039	1118	2032	1054	978
丹徒区	627	321	306	3409	1664	1745	1333	695	638
镇江新区									
江苏镇江高新区	272	159	113	1270	591	679	522	287	235
丹阳市	4516	2446	2070	10628	5318	5310	3271	1761	1510
扬中市	790	436	354	2596	1303	1293	500	277	223
句容市	4513	2225	2288	2978	1516	1462	2750	1450	1300
泰州市	**15871**	**7598**	**8273**	**14020**	**6759**	**7261**	**6622**	**3326**	**3296**
海陵区	11760	5355	6405	4088	1955	2133	1944	974	970
高港区	1075	527	548	1156	562	594	673	341	332
姜堰区	765	431	334	1412	659	753	1075	546	529
泰州医药高新技术产业开发区									
兴化市	324	197	127	937	452	485	584	280	304
靖江市	974	555	419	3796	1847	1949	1083	548	535
泰兴市	973	533	440	2631	1284	1347	1263	637	626
宿迁市	**9797**	**6720**	**3077**	**1864**	**870**	**994**	**1499**	**778**	**721**
宿城区	1620	648	972	875	421	454	683	371	312
宿豫区	120	65	55	630	285	345	609	305	304
沭阳县									
泗阳县									
泗洪县									
宿迁经济技术开发区									
宿迁市湖滨新区	7952	5947	2005	135	61	74	84	43	41
苏州宿迁工业园区	67	38	29	104	50	54	50	28	22
宿迁市洋河新区	38	22	16	120	53	67	73	31	42

7-10a 续表 6

单位：人

现住地	寄挂户口			婚姻嫁娶			照料孙子女		
	小计	男	女	小计	男	女	小计	男	女
江　苏	**19460**	**10346**	**9114**	**93152**	**20974**	**72178**	**187599**	**61892**	**125707**
南京市	**12626**	**6815**	**5811**	**19274**	**4206**	**15068**	**50308**	**16765**	**33543**
玄武区	799	439	360	981	206	775	2685	935	1750
秦淮区	1138	598	540	1671	433	1238	2999	1041	1958
建邺区	1070	566	504	1062	295	767	3014	1094	1920
鼓楼区	1490	805	685	1527	444	1083	4359	1606	2753
浦口区	631	355	276	1147	197	950	1218	402	816
栖霞区	1743	950	793	2163	458	1705	4793	1529	3264
雨花台区	1017	531	486	1814	384	1430	5463	1714	3749
江宁区	2499	1371	1128	3486	840	2646	12486	4168	8318
六合区	234	129	105	731	103	628	449	125	324
溧水区	199	104	95	717	143	574	645	208	437
高淳区	67	40	27	441	69	372	433	125	308
南京江北新区	1739	927	812	3534	634	2900	11764	3818	7946
无锡市	**658**	**344**	**314**	**13595**	**2586**	**11009**	**30346**	**9697**	**20649**
锡山区	75	41	34	1471	286	1185	5203	1622	3581
惠山区	113	69	44	1879	292	1587	5682	1906	3776
滨湖区	139	51	88	1218	275	943	2565	769	1796
梁溪区	61	37	24	2196	389	1807	4428	1442	2986
新吴区	61	33	28	1851	399	1452	4422	1343	3079
江苏无锡经济开发区	37	18	19	887	206	681	4236	1483	2753
江阴市	93	56	37	2374	450	1924	2543	782	1761
宜兴市	79	39	40	1719	289	1430	1267	350	917
徐州市	**218**	**107**	**111**	**8413**	**1811**	**6602**	**4326**	**1451**	**2875**
鼓楼区	37	18	19	1540	342	1198	689	223	466
云龙区	57	30	27	1485	356	1129	1343	460	883
贾汪区	21	11	10	589	96	493	78	22	56
泉山区	22	11	11	2031	462	1569	1291	442	849
铜山区	7	4	3	1215	300	915	708	230	478
丰县									
沛县									
睢宁县									
徐州经济技术开发区				11	2	9			
新沂市	25	9	16	855	147	708	85	30	55
邳州市	49	24	25	687	106	581	132	44	88
常州市	**745**	**387**	**358**	**8297**	**2031**	**6266**	**15694**	**4988**	**10706**
天宁区	219	120	99	1793	482	1311	2821	941	1880
钟楼区	136	68	68	1297	327	970	2447	754	1693
新北区	113	59	54	1816	444	1372	5050	1589	3461
武进区	145	70	75	1634	410	1224	3760	1184	2576
金坛区	81	43	38	845	161	684	524	151	373
江苏省常州市经济开发区	32	16	16	405	89	316	783	259	524
溧阳市	19	11	8	507	118	389	309	110	199

7-10a　续表 7　　　　　　　　　　　　　　　　　　　　　　　　　　单位：人

现住地	寄挂户口			婚姻嫁娶			照料孙子女		
	小计	男	女	小计	男	女	小计	男	女
苏州市	**1306**	**636**	**670**	**17196**	**4715**	**12481**	**69370**	**23248**	**46122**
虎丘区	64	35	29	1591	487	1104	9610	3272	6338
吴中区	178	76	102	1862	466	1396	7602	2472	5130
相城区	71	38	33	1263	310	953	6445	2042	4403
姑苏区	87	34	53	2005	570	1435	5461	1930	3531
吴江区	300	151	149	2165	497	1668	6700	2224	4476
苏州工业园区									
常熟市	185	108	77	1376	534	842	3737	1205	2532
张家港市	50	26	24	972	213	759	2923	939	1984
昆山市	326	149	177	5069	1328	3741	23875	8174	15701
太仓市	45	19	26	893	310	583	3017	990	2027
南通市	**257**	**127**	**130**	**5609**	**1651**	**3958**	**4500**	**1420**	**3080**
崇川区	110	54	56	1393	427	966	1708	566	1142
港闸区	22	14	8	852	237	615	962	281	681
通州区	24	11	13	711	235	476	502	158	344
如东县									
南通经济技术开发区									
通州湾示范区									
苏锡通科技产业园区									
启东市	38	20	18	554	151	403	282	96	186
如皋市	21	8	13	811	242	569	290	92	198
海门市	17	9	8	525	137	388	411	125	286
海安市	25	11	14	763	222	541	345	102	243
连云港市	**62**	**36**	**26**	**1875**	**305**	**1570**	**1743**	**591**	**1152**
连云区	25	14	11	468	49	419	627	193	434
海州区	26	16	10	819	184	635	860	321	539
赣榆区	8	5	3	565	70	495	254	76	178
东海县				4	1	3			
灌云县									
灌南县									
连云港经济技术开发区									
连云港高新技术产业开发区									
江苏连云港徐圩新区	3	1	2	15	1	14	2	1	1
江苏省连云港市云台山风景名胜区				4		4			
淮安市	**18**	**6**	**12**	**2230**	**410**	**1820**	**932**	**307**	**625**
淮安区	2	2		518	75	443	74	18	56
淮阴区	4		4	532	82	450	142	51	91
清江浦区	7	3	4	856	200	656	682	230	452
洪泽区	5	1	4	324	53	271	34	8	26
涟水县									
盱眙县									
金湖县									
淮安经济技术开发区									
工业园区									
生态文旅区									
苏淮高新区									

7-10a　续表 8　　　　单位：人

现 住 地	寄挂户口			婚姻嫁娶			照料孙子女		
	小计	男	女	小计	男	女	小计	男	女
盐城市	**60**	**30**	**30**	**2739**	**420**	**2319**	**860**	**265**	**595**
亭湖区	16	9	7	661	98	563	162	50	112
盐都区	2		2	487	53	434	112	23	89
大丰区	6	4	2	476	81	395	126	30	96
响水县									
滨海县									
阜宁县									
射阳县									
建湖县									
盐城经济技术开发区				2		2	4		4
江苏省盐南高新区	29	13	16	479	95	384	327	119	208
东台市	7	4	3	634	93	541	129	43	86
扬州市	**1711**	**891**	**820**	**3697**	**911**	**2786**	**2629**	**904**	**1725**
广陵区	374	202	172	518	137	381	407	145	262
邗江区	483	255	228	997	260	737	1161	412	749
江都区	268	135	133	705	151	554	332	117	215
宝应县									
扬州经济技术开发区									
蜀冈瘦西湖景区	65	36	29	244	78	166	274	92	182
生态新城	13	9	4	81	18	63	25	7	18
仪征市	245	119	126	668	132	536	307	95	212
高邮市	263	135	128	484	135	349	123	36	87
镇江市	**579**	**324**	**255**	**4382**	**901**	**3481**	**4035**	**1354**	**2681**
京口区	137	76	61	691	140	551	1143	400	743
润州区	119	72	47	530	113	417	524	195	329
丹徒区	45	23	22	489	81	408	479	166	313
镇江新区									
江苏镇江高新区	22	8	14	203	35	168	145	42	103
丹阳市	102	63	39	1264	244	1020	1017	326	691
扬中市	53	33	20	460	129	331	247	68	179
句容市	101	49	52	745	159	586	480	157	323
泰州市	**1194**	**626**	**568**	**4166**	**744**	**3422**	**2113**	**693**	**1420**
海陵区	300	161	139	1074	209	865	809	278	531
高港区	80	48	32	302	62	240	264	87	177
姜堰区	165	80	85	637	116	521	241	67	174
泰州医药高新技术产业开发区									
兴化市	150	88	62	527	44	483	78	27	51
靖江市	284	139	145	795	158	637	345	105	240
泰兴市	215	110	105	831	155	676	376	129	247
宿迁市	**26**	**17**	**9**	**1679**	**283**	**1396**	**743**	**209**	**534**
宿城区	11	7	4	766	141	625	432	123	309
宿豫区	7	3	4	571	107	464	165	49	116
沭阳县									
泗阳县									
泗洪县									
宿迁经济技术开发区									
宿迁市湖滨新区	6	6		110	12	98	19	3	16
苏州宿迁工业园区	1		1	77	8	69	118	32	86
宿迁市洋河新区	1	1		155	15	140	9	2	7

7-10a　续表 9

单位：人

现住地	为子女就学			养老/康养			其他		
	小计	男	女	小计	男	女	小计	男	女
江　苏	**19642**	**7207**	**12435**	**37562**	**16744**	**20818**	**163743**	**87551**	**76192**
南京市	**4534**	**1774**	**2760**	**6730**	**2817**	**3913**	**36302**	**18334**	**17968**
玄武区	269	112	157	286	112	174	3550	1872	1678
秦淮区	264	103	161	590	241	349	4947	2456	2491
建邺区	226	101	125	501	194	307	2869	1455	1414
鼓楼区	516	224	292	528	220	308	4037	1958	2079
浦口区	235	89	146	231	96	135	1326	698	628
栖霞区	441	153	288	694	291	403	3168	1620	1548
雨花台区	443	171	272	820	336	484	3873	2036	1837
江宁区	661	235	426	1602	671	931	7082	3408	3674
六合区	221	88	133	73	35	38	541	296	245
溧水区	281	120	161	110	58	52	726	399	327
高淳区	198	72	126	76	32	44	438	224	214
南京江北新区	779	306	473	1219	531	688	3745	1912	1833
无锡市	**2067**	**659**	**1408**	**5427**	**2436**	**2991**	**21951**	**11659**	**10292**
锡山区	357	107	250	710	299	411	2619	1443	1176
惠山区	371	104	267	845	364	481	4371	2401	1970
滨湖区	209	74	135	863	429	434	3352	1746	1606
梁溪区	261	98	163	1048	466	582	3411	1767	1644
新吴区	213	59	154	582	266	316	2788	1453	1335
江苏无锡经济开发区	194	57	137	772	361	411	1170	605	565
江阴市	194	60	134	397	169	228	1955	986	969
宜兴市	268	100	168	210	82	128	2285	1258	1027
徐州市	**1359**	**561**	**798**	**1328**	**602**	**726**	**6868**	**3676**	**3192**
鼓楼区	190	76	114	275	122	153	1328	714	614
云龙区	265	115	150	308	142	166	1375	755	620
贾汪区	128	55	73	33	16	17	295	165	130
泉山区	418	179	239	339	145	194	2530	1342	1188
铜山区	179	65	114	282	129	153	935	491	444
丰县									
沛县									
睢宁县									
徐州经济技术开发区									
新沂市	81	33	48	32	17	15	258	135	123
邳州市	98	38	60	59	31	28	147	74	73
常州市	**1457**	**579**	**878**	**2555**	**1076**	**1479**	**10343**	**5798**	**4545**
天宁区	184	70	114	557	243	314	2740	1494	1246
钟楼区	259	101	158	329	136	193	779	420	359
新北区	290	120	170	453	181	272	967	523	444
武进区	358	158	200	779	335	444	3110	1737	1373
金坛区	159	50	109	180	68	112	1115	640	475
江苏省常州市经济开发区	59	27	32	203	89	114	434	246	188
溧阳市	148	53	95	54	24	30	1198	738	460

7-10a 续表 10

单位：人

现住地	为子女就学			养老/康养			其他		
	小计	男	女	小计	男	女	小计	男	女
苏州市	**4414**	**1511**	**2903**	**15086**	**6671**	**8415**	**46529**	**25112**	**21417**
虎丘区	440	142	298	1150	458	692	7377	4529	2848
吴中区	615	196	419	1595	686	909	6952	3726	3226
相城区	417	125	292	821	361	460	5865	3137	2728
姑苏区	338	121	217	1158	502	656	4328	2168	2160
吴江区	567	168	399	796	337	459	6673	3563	3110
苏州工业园区									
常熟市	342	144	198	483	215	268	2492	1322	1170
张家港市	412	177	235	497	218	279	2469	1233	1236
昆山市	1062	353	709	7504	3399	4105	8605	4506	4099
太仓市	221	85	136	1082	495	587	1768	928	840
南通市	**1415**	**476**	**939**	**1844**	**910**	**934**	**12625**	**7058**	**5567**
崇川区	313	116	197	476	222	254	4464	2529	1935
港闸区	183	50	133	259	115	144	3004	1694	1310
通州区	216	81	135	168	84	84	919	497	422
如东县									
南通经济技术开发区									
通州湾示范区									
苏锡通科技产业园区									
启东市	66	23	43	240	131	109	812	452	360
如皋市	205	61	144	158	82	76	517	266	251
海门市	254	69	185	372	198	174	1809	981	828
海安市	178	76	102	171	78	93	1100	639	461
连云港市	**255**	**107**	**148**	**457**	**217**	**240**	**1386**	**696**	**690**
连云区	54	23	31	159	73	86	500	258	242
海州区	116	50	66	214	98	116	702	332	370
赣榆区	85	34	51	84	46	38	121	64	57
东海县									
灌云县									
灌南县									
连云港经济技术开发区									
连云港高新技术产业开发区									
江苏连云港徐圩新区							63	42	21
江苏省连云港市云台山风景名胜区									
淮安市	**476**	**170**	**306**	**284**	**131**	**153**	**1278**	**664**	**614**
淮安区	116	31	85	41	21	20	235	125	110
淮阴区	111	42	69	46	21	25	334	174	160
清江浦区	223	92	131	186	84	102	616	321	295
洪泽区	26	5	21	11	5	6	93	44	49
涟水县									
盱眙县									
金湖县									
淮安经济技术开发区									
工业园区									
生态文旅区									
苏淮高新区									

7-10a 续表 11

单位：人

现住地	为子女就学			养老/康养			其他		
	小计	男	女	小计	男	女	小计	男	女
盐城市	**370**	**123**	**247**	**295**	**149**	**146**	**2329**	**1245**	**1084**
亭湖区	61	23	38	60	33	27	714	378	336
盐都区	63	15	48	57	28	29	338	172	166
大丰区	74	25	49	48	25	23	368	180	188
响水县									
滨海县									
阜宁县									
射阳县									
建湖县									
盐城经济技术开发区							63	58	5
江苏省盐南高新区	111	47	64	80	36	44	464	250	214
东台市	61	13	48	50	27	23	382	207	175
扬州市	**1032**	**390**	**642**	**1250**	**610**	**640**	**10263**	**5690**	**4573**
广陵区	115	53	62	191	93	98	3350	1851	1499
邗江区	338	137	201	424	203	221	2149	1131	1018
江都区	234	75	159	197	102	95	2055	1209	846
宝应县									
扬州经济技术开发区									
蜀冈瘦西湖景区	70	31	39	100	49	51	531	300	231
生态新城	8	3	5	12	8	4	283	159	124
仪征市	145	49	96	247	107	140	1444	798	646
高邮市	122	42	80	79	48	31	451	242	209
镇江市	**793**	**321**	**472**	**1468**	**706**	**762**	**8973**	**5009**	**3964**
京口区	104	38	66	367	161	206	1220	623	597
润州区	67	33	34	162	68	94	1206	658	548
丹徒区	79	29	50	174	79	95	1620	937	683
镇江新区									
江苏镇江高新区	23	7	16	50	21	29	279	151	128
丹阳市	321	138	183	326	180	146	1214	625	589
扬中市	43	22	21	103	66	37	1077	618	459
句容市	156	54	102	286	131	155	2357	1397	960
泰州市	**1251**	**436**	**815**	**682**	**351**	**331**	**3877**	**2078**	**1799**
海陵区	135	47	88	218	100	118	987	502	485
高港区	83	30	53	55	24	31	367	183	184
姜堰区	434	156	278	160	89	71	421	239	182
泰州医药高新技术产业开发区									
兴化市	134	23	111	45	25	20	1167	629	538
靖江市	211	89	122	57	32	25	201	112	89
泰兴市	254	91	163	147	81	66	734	413	321
宿迁市	**219**	**100**	**119**	**156**	**68**	**88**	**1019**	**532**	**487**
宿城区	110	50	60	78	35	43	507	257	250
宿豫区	43	15	28	57	25	32	254	131	123
沭阳县									
泗阳县									
泗洪县									
宿迁经济技术开发区									
宿迁市湖滨新区	12	7	5	5	3	2	89	51	38
苏州宿迁工业园区	48	27	21	8	2	6	80	46	34
宿迁市洋河新区	6	1	5	8	3	5	89	47	42

7-10b 全省按现住地、性别、迁移原因分的户口登记地在外省的人口(镇)

单位：人

现住地	合计			工作就业		
	合计	男	女	小计	男	女
江　苏	**2458832**	**1396631**	**1062201**	**1740064**	**1054800**	**685264**
南京市	**17418**	**10011**	**7407**	**11384**	**7454**	**3930**
玄武区						
秦淮区						
建邺区						
鼓楼区						
浦口区	156	96	60	80	56	24
栖霞区						
雨花台区	1808	1075	733	1318	845	473
江宁区						
六合区	12476	7133	5343	8093	5299	2794
溧水区	2603	1514	1089	1653	1117	536
高淳区	375	193	182	240	137	103
南京江北新区						
无锡市	**303899**	**171799**	**132100**	**224691**	**133008**	**91683**
锡山区	84731	48884	35847	63349	38186	25163
惠山区	28282	16359	11923	19581	12154	7427
滨湖区						
梁溪区						
新吴区						
江苏无锡经济开发区						
江阴市	133133	73386	59747	104699	59327	45372
宜兴市	57753	33170	24583	37062	23341	13721
徐州市	**62825**	**31648**	**31177**	**27792**	**18066**	**9726**
鼓楼区						
云龙区	2466	1564	902	790	608	182
贾汪区	1127	613	514	527	401	126
泉山区						
铜山区	6891	3366	3525	2342	1606	736
丰县	7567	3679	3888	3485	2196	1289
沛县	13025	6187	6838	5039	3103	1936
睢宁县	9563	4117	5446	2982	1824	1158
徐州经济技术开发区	19480	11078	8402	11665	7758	3907
新沂市	1537	523	1014	459	264	195
邳州市	1169	521	648	503	306	197
常州市	**137650**	**78470**	**59180**	**97801**	**58749**	**39052**
天宁区	11146	6192	4954	7702	4461	3241
钟楼区						
新北区	20820	11866	8954	15074	9051	6023
武进区	45952	25820	20132	33420	19597	13823
金坛区	11383	6450	4933	6950	4316	2634
江苏省常州市经济开发区	34666	19854	14812	25528	15245	10283
溧阳市	13683	8288	5395	9127	6079	3048

7-10b　续表 1　　　　单位：人

现住地	合计			工作就业		
	合计	男	女	小计	男	女
苏州市	**1100081**	**628831**	**471250**	**833465**	**497986**	**335479**
虎丘区	327	169	158	192	112	80
吴中区	74599	43271	31328	60174	36027	24147
相城区	17975	10898	7077	14364	9136	5228
姑苏区						
吴江区	194655	109437	85218	149485	86179	63306
苏州工业园区	343483	196559	146924	257453	156663	100790
常熟市	128610	75945	52665	102891	62511	40380
张家港市	164342	91246	73096	115107	66931	48176
昆山市	81387	45978	35409	61687	36488	25199
太仓市	94703	55328	39375	72112	43939	28173
南通市	**352368**	**209264**	**143104**	**266757**	**164556**	**102201**
崇川区						
港闸区						
通州区	83153	47022	36131	65581	37861	27720
如东县	28933	17327	11606	19774	12741	7033
南通经济技术开发区	74552	45345	29207	52313	33487	18826
通州湾示范区	4998	3270	1728	2959	2101	858
苏锡通科技产业园区	13102	8004	5098	10931	6962	3969
启东市	30288	19509	10779	23571	16290	7281
如皋市	17362	10740	6622	13191	8850	4341
海门市	86880	49586	37294	67486	38832	28654
海安市	13100	8461	4639	10951	7432	3519
连云港市	**44451**	**22481**	**21970**	**16788**	**11596**	**5192**
连云区	717	586	131	711	582	129
海州区	587	286	301	216	141	75
赣榆区	3882	1987	1895	1708	1264	444
东海县	5954	2953	3001	2789	1744	1045
灌云县	3150	1661	1489	1819	1250	569
灌南县	5051	3239	1812	3618	2786	832
连云港经济技术开发区	4754	2593	2161	2634	1689	945
连云港高新技术产业开发区	19745	8807	10938	2925	1869	1056
江苏连云港徐圩新区	584	355	229	352	261	91
江苏省连云港市云台山风景名胜区	27	14	13	16	10	6
淮安市	**39267**	**20426**	**18841**	**18827**	**12218**	**6609**
淮安区	932	500	432	566	390	176
淮阴区	1219	615	604	661	478	183
清江浦区	105	69	36	84	62	22
洪泽区	285	144	141	190	115	75
涟水县	3749	1703	2046	1766	1118	648
盱眙县	6892	3379	3513	3319	2113	1206
金湖县	5023	2883	2140	3380	2240	1140
淮安经济技术开发区	18818	9815	9003	7533	4753	2780
工业园区	307	192	115	255	170	85
生态文旅区	1616	901	715	809	573	236
苏淮高新区	321	225	96	264	206	58

7-10b 续表 2 单位：人

现住地	合计			工作就业		
	合计	男	女	小计	男	女
盐城市	**48629**	**25582**	**23047**	**27758**	**18547**	**9211**
亭湖区	2909	1864	1045	2454	1715	739
盐都区	1264	596	668	612	380	232
大丰区	6588	3986	2602	4960	3311	1649
响水县	4815	2573	2242	2645	1850	795
滨海县	6391	3259	3132	3454	2350	1104
阜宁县	4094	1749	2345	1752	1041	711
射阳县	7084	3664	3420	3680	2489	1191
建湖县	5350	2381	2969	2070	1288	782
盐城经济技术开发区	5029	2568	2461	2576	1680	896
江苏省盐南高新区						
东台市	5105	2942	2163	3555	2443	1112
扬州市	**61736**	**35091**	**26645**	**34877**	**22143**	**12734**
广陵区	4041	2387	1654	2615	1670	945
邗江区	3170	1750	1420	1761	1079	682
江都区	11003	6291	4712	6091	3937	2154
宝应县	8866	4892	3974	5054	3207	1847
扬州经济技术开发区	25946	14821	11125	14871	9374	5497
蜀冈瘦西湖景区						
生态新城	614	365	249	405	269	136
仪征市	3233	1777	1456	1827	1172	655
高邮市	4863	2808	2055	2253	1435	818
镇江市	**173466**	**97851**	**75615**	**107141**	**63571**	**43570**
京口区	1455	908	547	1121	755	366
润州区						
丹徒区	14446	8944	5502	2793	1752	1041
镇江新区	37215	21811	15404	21773	13657	8116
江苏镇江高新区						
丹阳市	100247	55313	44934	69862	40432	29430
扬中市	4238	2419	1819	3149	1925	1224
句容市	15865	8456	7409	8443	5050	3393
泰州市	**74464**	**43823**	**30641**	**52333**	**33768**	**18565**
海陵区	818	478	340	560	367	193
高港区	2648	1524	1124	1784	1179	605
姜堰区	3708	2187	1521	2576	1674	902
泰州医药高新技术产业开发区	26593	15402	11191	20530	12735	7795
兴化市	9261	5358	3903	6413	4126	2287
靖江市	16283	9553	6730	9111	6067	3044
泰兴市	15153	9321	5832	11359	7620	3739
宿迁市	**42578**	**21354**	**21224**	**20450**	**13138**	**7312**
宿城区	768	369	399	363	229	134
宿豫区	1259	725	534	798	563	235
沭阳县	15046	7665	7381	7795	5045	2750
泗阳县	7278	3372	3906	3535	2206	1329
泗洪县	12748	6032	6716	4466	2818	1648
宿迁经济技术开发区	5330	3123	2207	3402	2229	1173
宿迁市湖滨新区	149	68	81	91	48	43
苏州宿迁工业园区						
宿迁市洋河新区						

7-10b　续表 3　　　　　　　　　　　　　　　　　　　　　　　　单位：人

现 住 地	学习培训			随同离开/投亲靠友			拆迁/搬家		
	小计	男	女	小计	男	女	小计	男	女
江　苏	**172522**	**91619**	**80903**	**281267**	**141990**	**139277**	**79482**	**40785**	**38697**
南京市	**621**	**356**	**265**	**1892**	**873**	**1019**	**1080**	**560**	**520**
玄武区									
秦淮区									
建邺区									
鼓楼区									
浦口区	2	2		10	3	7	47	29	18
栖霞区									
雨花台区	75	41	34	245	118	127	87	51	36
江宁区									
六合区	463	265	198	1123	531	592	785	397	388
溧水区	73	44	29	445	185	260	146	77	69
高淳区	8	4	4	69	36	33	15	6	9
南京江北新区									
无锡市	**12262**	**6987**	**5275**	**43562**	**21787**	**21775**	**11080**	**5881**	**5199**
锡山区	5262	2951	2311	9853	5002	4851	2472	1362	1110
惠山区	901	513	388	5048	2506	2542	1397	774	623
滨湖区									
梁溪区									
新吴区									
江苏无锡经济开发区									
江阴市	4428	2550	1878	15838	8007	7831	4482	2327	2155
宜兴市	1671	973	698	12823	6272	6551	2729	1418	1311
徐州市	**4673**	**2381**	**2292**	**8287**	**3808**	**4479**	**7495**	**3712**	**3783**
鼓楼区									
云龙区	1429	829	600	102	55	47	19	10	9
贾汪区	19	10	9	114	61	53	100	44	56
泉山区									
铜山区	295	168	127	1424	641	783	772	427	345
丰县	320	164	156	981	459	522	968	469	499
沛县	534	314	220	1803	826	977	2032	994	1038
睢宁县	550	290	260	1390	630	760	1720	799	921
徐州经济技术开发区	1452	564	888	2167	998	1169	1561	803	758
新沂市	29	19	10	194	82	112	189	92	97
邳州市	45	23	22	112	56	56	134	74	60
常州市	**7201**	**4036**	**3165**	**22951**	**11342**	**11609**	**4842**	**2609**	**2233**
天宁区	286	162	124	1947	1006	941	851	447	404
钟楼区									
新北区	1215	615	600	3233	1584	1649	691	381	310
武进区	2480	1357	1123	7498	3728	3770	861	457	404
金坛区	635	403	232	2286	1058	1228	932	502	430
江苏省常州市经济开发区	1773	991	782	5911	2952	2959	556	325	231
溧阳市	812	508	304	2076	1014	1062	951	497	454

7-10b 续表 4

单位：人

现住地	学习培训			随同离开/投亲靠友			拆迁/搬家		
	小计	男	女	小计	男	女	小计	男	女
苏州市	**64128**	**34482**	**29646**	**107349**	**54980**	**52369**	**23494**	**12131**	**11363**
虎丘区	5	1	4	48	29	19	28	11	17
吴中区	2972	1707	1265	6305	3266	3039	897	452	445
相城区	776	437	339	1923	935	988	299	168	131
姑苏区									
吴江区	10960	6242	4718	19069	10163	8906	2956	1534	1422
苏州工业园区	26316	13126	13190	24061	12106	11955	6375	3241	3134
常熟市	5425	3232	2193	13688	7013	6675	3098	1657	1441
张家港市	9847	5546	4301	24648	12299	12349	5721	2896	2825
昆山市	3792	1929	1863	7907	4082	3825	2418	1252	1166
太仓市	4035	2262	1773	9700	5087	4613	1702	920	782
南通市	**21556**	**12437**	**9119**	**42460**	**22298**	**20162**	**3790**	**2046**	**1744**
崇川区									
港闸区									
通州区	3118	1743	1375	11483	6106	5377	287	144	143
如东县	1045	586	459	3385	1738	1647	841	462	379
南通经济技术开发区	7110	4144	2966	9835	5153	4682	1276	702	574
通州湾示范区	1474	894	580	346	170	176	48	26	22
苏锡通科技产业园区	257	137	120	1560	767	793	102	52	50
启东市	2519	1202	1317	2402	1205	1197	312	173	139
如皋市	748	406	342	1384	690	694	611	331	280
海门市	4987	3152	1835	11109	5990	5119	174	84	90
海安市	298	173	125	956	479	477	139	72	67
连云港市	**15535**	**6470**	**9065**	**3326**	**1582**	**1744**	**2134**	**1115**	**1019**
连云区	1	1		5	3	2			
海州区	43	20	23	77	40	37	109	54	55
赣榆区	79	41	38	544	254	290	434	248	186
东海县	289	156	133	835	406	429	345	186	159
灌云县	51	31	20	323	144	179	239	118	121
灌南县	124	62	62	274	137	137	112	52	60
连云港经济技术开发区	493	222	271	605	272	333	338	173	165
连云港高新技术产业开发区	14442	5930	8512	593	291	302	518	269	249
江苏连云港徐圩新区	13	7	6	70	35	35	39	15	24
江苏省连云港市云台山风景名胜区									
淮安市	**8647**	**3917**	**4730**	**2727**	**1330**	**1397**	**2121**	**1077**	**1044**
淮安区	23	16	7	103	44	59	25	16	9
淮阴区	20	9	11	155	69	86	51	24	27
清江浦区				5	3	2	2		2
洪泽区	5	4	1	23	7	16	19	10	9
涟水县	152	79	73	374	166	208	213	96	117
盱眙县	353	180	173	573	278	295	690	330	360
金湖县	123	69	54	425	223	202	167	87	80
淮安经济技术开发区	7929	3541	4388	887	463	424	877	475	402
工业园区	4	3	1	19	10	9			
生态文旅区	33	15	18	144	58	86	72	38	34
苏淮高新区	5	1	4	19	9	10	5	1	4

7-10b　续表 5

单位：人

现 住 地	学习培训			随同离开/投亲靠友			拆迁/搬家		
	小计	男	女	小计	男	女	小计	男	女
盐城市	**3071**	**1306**	**1765**	**4831**	**2180**	**2651**	**2638**	**1130**	**1508**
亭湖区	33	20	13	172	76	96	39	22	17
盐都区	65	38	27	168	72	96	40	17	23
大丰区	98	52	46	583	274	309	134	69	65
响水县	104	48	56	441	201	240	291	135	156
滨海县	167	96	71	678	330	348	478	191	287
阜宁县	139	74	65	505	214	291	374	154	220
射阳县	141	68	73	763	317	446	392	171	221
建湖县	241	136	105	858	378	480	729	295	434
盐城经济技术开发区	1965	711	1254	183	79	104	60	30	30
江苏省盐南高新区									
东台市	118	63	55	480	239	241	101	46	55
扬州市	**6443**	**3339**	**3104**	**5724**	**2768**	**2956**	**6174**	**3265**	**2909**
广陵区	151	83	68	585	287	298	209	115	94
邗江区	186	107	79	263	141	122	349	160	189
江都区	545	308	237	1138	557	581	1107	579	528
宝应县	428	239	189	757	345	412	825	431	394
扬州经济技术开发区	4846	2457	2389	2107	1037	1070	1612	839	773
蜀冈瘦西湖景区									
生态新城	11	5	6	67	31	36	18	9	9
仪征市	94	42	52	419	189	230	507	241	266
高邮市	182	98	84	388	181	207	1547	891	656
镇江市	**19593**	**11301**	**8292**	**26288**	**13395**	**12893**	**6980**	**3672**	**3308**
京口区	47	31	16	210	95	115	15	8	7
润州区									
丹徒区	10298	6575	3723	812	397	415	112	58	54
镇江新区	2339	1645	694	4641	2333	2308	2943	1497	1446
江苏镇江高新区									
丹阳市	5168	2322	2846	18358	9509	8849	2350	1287	1063
扬中市	172	91	81	533	245	288	124	66	58
句容市	1569	637	932	1734	816	918	1436	756	680
泰州市	**6789**	**3347**	**3442**	**7131**	**3411**	**3720**	**2650**	**1303**	**1347**
海陵区	21	11	10	90	39	51	48	26	22
高港区	125	66	59	342	148	194	109	46	63
姜堰区	135	84	51	354	189	165	223	121	102
泰州医药高新技术产业开发区	2308	997	1311	1457	684	773	620	311	309
兴化市	299	160	139	1167	537	630	403	198	205
靖江市	3464	1790	1674	2193	1056	1137	707	337	370
泰兴市	437	239	198	1528	758	770	540	264	276
宿迁市	**2003**	**1260**	**743**	**4739**	**2236**	**2503**	**5004**	**2284**	**2720**
宿城区	40	17	23	129	62	67	69	31	38
宿豫区	21	15	6	181	94	87	51	23	28
沭阳县	847	626	221	1629	758	871	898	412	486
泗阳县	186	103	83	872	397	475	646	290	356
泗洪县	676	350	326	1312	632	680	2977	1323	1654
宿迁经济技术开发区	226	145	81	602	286	316	352	200	152
宿迁市湖滨新区	7	4	3	14	7	7	11	5	6
苏州宿迁工业园区									
宿迁市洋河新区									

7-10b 续表 6 单位：人

现 住 地	寄挂户口			婚姻嫁娶			照料孙子女		
	小计	男	女	小计	男	女	小计	男	女
江　苏	**3527**	**1754**	**1773**	**51711**	**8073**	**43638**	**45622**	**14651**	**30971**
南京市	**175**	**87**	**88**	**582**	**66**	**516**	**945**	**259**	**686**
玄武区									
秦淮区									
建邺区									
鼓楼区									
浦口区	6	2	4	4	1	3	1	1	
栖霞区									
雨花台区	12	6	6	22	2	20	20	3	17
江宁区									
六合区	132	64	68	478	58	420	808	220	588
溧水区	24	15	9	55	4	51	116	35	81
高淳区	1		1	23	1	22			
南京江北新区									
无锡市	**103**	**48**	**55**	**3662**	**587**	**3075**	**3096**	**764**	**2332**
锡山区	27	11	16	834	168	666	1034	272	762
惠山区	4	1	3	408	68	340	536	146	390
滨湖区									
梁溪区									
新吴区									
江苏无锡经济开发区									
江阴市	43	21	22	1168	195	973	991	227	764
宜兴市	29	15	14	1252	156	1096	535	119	416
徐州市	**131**	**69**	**62**	**8737**	**1151**	**7586**	**1374**	**420**	**954**
鼓楼区									
云龙区	2	1	1	43	17	26	10	4	6
贾汪区	5	4	1	254	34	220	9	2	7
泉山区									
铜山区	37	20	17	1365	191	1174	52	16	36
丰县	13	10	3	1117	68	1049	128	46	82
沛县	21	9	12	1870	178	1692	223	68	155
睢宁县	22	10	12	2062	246	1816	188	57	131
徐州经济技术开发区	12	9	3	1135	350	785	752	225	527
新沂市	7	1	6	586	36	550	9	1	8
邳州市	12	5	7	305	31	274	3	1	2
常州市	**83**	**31**	**52**	**1432**	**246**	**1186**	**1055**	**276**	**779**
天宁区	11	2	9	102	10	92	77	13	64
钟楼区									
新北区	11	5	6	211	59	152	151	51	100
武进区	16	9	7	358	71	287	361	93	268
金坛区	15	4	11	229	31	198	88	23	65
江苏省常州市经济开发区	22	9	13	156	37	119	314	81	233
溧阳市	8	2	6	376	38	338	64	15	49

7-10b　续表 7　　单位：人

现住地	寄挂户口			婚姻嫁娶			照料孙子女		
	小计	男	女	小计	男	女	小计	男	女
苏州市	**757**	**309**	**448**	**7704**	**2041**	**5663**	**29754**	**10027**	**19727**
虎丘区				22	2	20	7	2	5
吴中区	27	14	13	257	62	195	1251	398	853
相城区	29	10	19	120	30	90	162	49	113
姑苏区									
吴江区	319	87	232	1841	399	1442	2076	630	1446
苏州工业园区	204	107	97	2329	747	1582	18715	6643	12072
常熟市	89	45	44	639	233	406	978	278	700
张家港市	46	24	22	1329	253	1076	2629	757	1872
昆山市	20	8	12	573	148	425	2513	869	1644
太仓市	23	14	9	594	167	427	1423	401	1022
南通市	**178**	**103**	**75**	**3816**	**858**	**2958**	**2627**	**745**	**1882**
崇川区									
港闸区									
通州区	44	23	21	560	151	409	445	120	325
如东县	41	28	13	1007	210	797	232	77	155
南通经济技术开发区	14	7	7	564	188	376	1258	376	882
通州湾示范区	2	1	1	45	5	40	12	3	9
苏锡通科技产业园区	4	4		65	20	45	106	22	84
启东市	33	17	16	243	57	186	143	31	112
如皋市	20	9	11	690	104	586	105	36	69
海门市	19	13	6	396	74	322	273	62	211
海安市	1	1		246	49	197	53	18	35
连云港市	**92**	**50**	**42**	**3517**	**391**	**3126**	**1249**	**429**	**820**
连云区									
海州区				88	7	81	6	3	3
赣榆区	37	21	16	849	52	797	24	7	17
东海县	21	13	8	960	151	809	211	67	144
灌云县	3	1	2	507	29	478	39	14	25
灌南县	18	6	12	595	54	541	80	27	53
连云港经济技术开发区	5	4	1	210	38	172	184	58	126
连云港高新技术产业开发区	8	5	3	240	52	188	693	247	446
江苏连云港徐圩新区				62	6	56	9	5	4
江苏省连云港市云台山风景名胜区				6	2	4	3	1	2
淮安市	**40**	**14**	**26**	**3642**	**533**	**3109**	**1032**	**346**	**686**
淮安区	1		1	151	9	142	3		3
淮阴区	2		2	267	8	259	2		2
清江浦区				9	2	7			
洪泽区	1		1	40	4	36	1		1
涟水县	8	1	7	830	94	736	66	19	47
盱眙县	10	5	5	1096	131	965	198	74	124
金湖县	9	2	7	611	132	479	88	31	57
淮安经济技术开发区	8	5	3	476	113	363	434	145	289
工业园区				13	2	11	6	1	5
生态文旅区	1	1		131	35	96	232	76	156
苏淮高新区				18	3	15	2		2

7-10b 续表 8 单位：人

现住地	寄挂户口			婚姻嫁娶			照料孙子女		
	小计	男	女	小计	男	女	小计	男	女
盐城市	**110**	**44**	**66**	**5912**	**470**	**5442**	**460**	**129**	**331**
亭湖区	7	2	5	156	8	148	11	3	8
盐都区	2	2		227	16	211	12	3	9
大丰区	14	9	5	339	51	288	37	8	29
响水县	6		6	731	44	687	70	23	47
滨海县	13	4	9	976	65	911	83	21	62
阜宁县	6	2	4	751	47	704	43	13	30
射阳县	22	8	14	1108	112	996	72	21	51
建湖县	21	8	13	916	64	852	66	21	45
盐城经济技术开发区	8	3	5	112	20	92	46	13	33
江苏省盐南高新区									
东台市	11	6	5	596	43	553	20	3	17
扬州市	**888**	**474**	**414**	**2218**	**421**	**1797**	**868**	**285**	**583**
广陵区	33	15	18	93	14	79	36	7	29
邗江区	58	31	27	157	37	120	29	8	21
江都区	188	100	88	603	121	482	98	31	67
宝应县	236	132	104	608	83	525	144	44	100
扬州经济技术开发区	184	94	90	402	99	303	508	171	337
蜀冈瘦西湖景区									
生态新城	6	4	2	24	8	16	7	3	4
仪征市	46	24	22	166	21	145	17	7	10
高邮市	137	74	63	165	38	127	29	14	15
镇江市	**292**	**163**	**129**	**2491**	**393**	**2098**	**1736**	**519**	**1217**
京口区	3	2	1	17	2	15	12	3	9
润州区									
丹徒区	30	21	9	173	32	141	31	7	24
镇江新区	61	35	26	784	127	657	636	215	421
江苏镇江高新区									
丹阳市	154	81	73	1115	153	962	641	170	471
扬中市	20	9	11	96	16	80	32	4	28
句容市	24	15	9	306	63	243	384	120	264
泰州市	**601**	**324**	**277**	**1933**	**297**	**1636**	**690**	**216**	**474**
海陵区	12	6	6	47	11	36	2		2
高港区	30	13	17	157	32	125	33	5	28
姜堰区	52	32	20	191	21	170	13	1	12
泰州医药高新技术产业开发区	112	64	48	372	97	275	433	143	290
兴化市	163	80	83	346	18	328	26	6	20
靖江市	107	54	53	267	47	220	108	35	73
泰兴市	125	75	50	553	71	482	75	26	49
宿迁市	**77**	**38**	**39**	**6065**	**619**	**5446**	**736**	**236**	**500**
宿城区	1	1		131	16	115	5	2	3
宿豫区	2		2	178	19	159	9	2	7
沭阳县	17	7	10	2471	211	2260	184	64	120
泗阳县	13	8	5	1402	123	1279	143	43	100
泗洪县	37	19	18	1536	177	1359	248	79	169
宿迁经济技术开发区	7	3	4	330	73	257	147	46	101
宿迁市湖滨新区				17		17			
苏州宿迁工业园区									
宿迁市洋河新区									

7-10b 续表 9

单位：人

现住地	为子女就学			养老/康养			其他		
	小计	男	女	小计	男	女	小计	男	女
江 苏	**7394**	**2202**	**5192**	**13386**	**6419**	**6967**	**63857**	**34338**	**29519**
南京市	**123**	**53**	**70**	**137**	**56**	**81**	**479**	**247**	**232**
玄武区									
秦淮区									
建邺区									
鼓楼区									
浦口区				1		1	5	2	3
栖霞区									
雨花台区	3		3	1		1	25	9	16
江宁区									
六合区	113	52	61	71	32	39	410	215	195
溧水区	5	1	4	64	24	40	22	12	10
高淳区	2		2				17	9	8
南京江北新区									
无锡市	**276**	**63**	**213**	**594**	**264**	**330**	**4573**	**2410**	**2163**
锡山区	69	13	56	186	79	107	1645	840	805
惠山区	30	6	24	108	42	66	269	149	120
滨湖区									
梁溪区									
新吴区									
江苏无锡经济开发区									
江阴市	68	22	46	172	75	97	1244	635	609
宜兴市	109	22	87	128	68	60	1415	786	629
徐州市	**1316**	**500**	**816**	**585**	**286**	**299**	**2435**	**1255**	**1180**
鼓楼区									
云龙区	12	4	8	7	4	3	52	32	20
贾汪区	4	1	3	1	1		94	55	39
泉山区									
铜山区	256	117	139	45	23	22	303	157	146
丰县	103	34	69	98	57	41	354	176	178
沛县	496	207	289	198	89	109	809	399	410
睢宁县	348	100	248	53	26	27	248	135	113
徐州经济技术开发区	87	34	53	162	74	88	487	263	224
新沂市	6	2	4	5	3	2	53	23	30
邳州市	4	1	3	16	9	7	35	15	20
常州市	**196**	**54**	**142**	**288**	**118**	**170**	**1801**	**1009**	**792**
天宁区	3	2	1	16	6	10	151	83	68
钟楼区									
新北区	43	15	28	32	14	18	159	91	68
武进区	21	2	19	80	29	51	857	477	380
金坛区	35	7	28	51	22	29	162	84	78
江苏省常州市经济开发区	51	19	32	81	33	48	274	162	112
溧阳市	43	9	34	28	14	14	198	112	86

7-10b 续表 10

单位：人

现住地	为子女就学			养老/康养			其他		
	小计	男	女	小计	男	女	小计	男	女
苏州市	**1854**	**552**	**1302**	**6983**	**3258**	**3725**	**24593**	**13065**	**11528**
虎丘区	6	3	3	2	1	1	17	8	9
吴中区	121	38	83	401	178	223	2194	1129	1065
相城区	14	1	13	21	7	14	267	125	142
姑苏区									
吴江区	326	88	238	595	270	325	7028	3845	3183
苏州工业园区	478	148	330	1830	811	1019	5722	2967	2755
常熟市	123	50	73	88	44	44	1591	882	709
张家港市	435	144	291	484	191	293	4096	2205	1891
昆山市	129	45	84	1252	606	646	1096	551	545
太仓市	222	35	187	2310	1150	1160	2582	1353	1229
南通市	**468**	**125**	**343**	**1800**	**959**	**841**	**8916**	**5137**	**3779**
崇川区									
港闸区									
通州区	87	22	65	202	110	92	1346	742	604
如东县	120	39	81	190	100	90	2298	1346	952
南通经济技术开发区	50	14	36	187	92	95	1945	1182	763
通州湾示范区	9	2	7	18	11	7	85	57	28
苏锡通科技产业园区	12		12	11	7	4	54	33	21
启东市	53	7	46	780	402	378	232	125	107
如皋市	70	25	45	77	48	29	466	241	225
海门市	30	2	28	279	160	119	2127	1217	910
海安市	37	14	23	56	29	27	363	194	169
连云港市	**280**	**88**	**192**	**290**	**136**	**154**	**1240**	**624**	**616**
连云区									
海州区	19	6	13	10	4	6	19	11	8
赣榆区	15	5	10	36	20	16	156	75	81
东海县	108	35	73	83	45	38	313	150	163
灌云县	26	5	21	18	12	6	125	57	68
灌南县	48	14	34	10	4	6	172	97	75
连云港经济技术开发区	19	6	13	42	16	26	224	115	109
连云港高新技术产业开发区	45	17	28	84	31	53	197	96	101
江苏连云港徐圩新区				7	4	3	32	22	10
江苏省连云港市云台山风景名胜区							2	1	1
淮安市	**500**	**154**	**346**	**230**	**109**	**121**	**1501**	**728**	**773**
淮安区	4	1	3	7	3	4	49	21	28
淮阴区				8	6	2	53	21	32
清江浦区	1		1				4	2	2
洪泽区				4	2	2	2	2	
涟水县	109	25	84	34	15	19	197	90	107
盱眙县	198	49	149	51	25	26	404	194	210
金湖县	46	12	34	57	25	32	117	62	55
淮安经济技术开发区	55	24	31	39	18	21	580	278	302
工业园区	2	1	1	3	3		5	2	3
生态文旅区	85	42	43	25	11	14	84	52	32
苏淮高新区				2	1	1	6	4	2

7-10b　续表 11

单位：人

现住地	为子女就学			养老/康养			其　他		
	小计	男	女	小计	男	女	小计	男	女
盐城市	**676**	**114**	**562**	**357**	**194**	**163**	**2816**	**1468**	**1348**
亭湖区	2		2	10	5	5	25	13	12
盐都区	21	5	16	34	19	15	83	44	39
大丰区	14	3	11	40	20	20	369	189	180
响水县	83	9	74	26	12	14	418	251	167
滨海县	156	17	139	43	20	23	343	165	178
阜宁县	138	20	118	33	20	13	353	164	189
射阳县	92	17	75	45	27	18	769	434	335
建湖县	142	40	102	80	44	36	227	107	120
盐城经济技术开发区	2	1	1	15	8	7	62	23	39
江苏省盐南高新区									
东台市	26	2	24	31	19	12	167	78	89
扬州市	**308**	**93**	**215**	**605**	**306**	**299**	**3631**	**1997**	**1634**
广陵区	3	2	1	36	26	10	280	168	112
邗江区	23	13	10	33	14	19	311	160	151
江都区	97	24	73	160	86	74	976	548	428
宝应县	103	23	80	75	44	31	636	344	292
扬州经济技术开发区	65	28	37	173	80	93	1178	642	536
蜀冈瘦西湖景区									
生态新城				54	22	32	22	14	8
仪征市	6	2	4	30	13	17	121	66	55
高邮市	11	1	10	44	21	23	107	55	52
镇江市	**198**	**59**	**139**	**903**	**417**	**486**	**7844**	**4361**	**3483**
京口区	1		1				29	12	17
润州区									
丹徒区	6	1	5	30	11	19	161	90	71
镇江新区	74	27	47	236	117	119	3728	2158	1570
江苏镇江高新区									
丹阳市	59	13	46	327	161	166	2213	1185	1028
扬中市	8	1	7	11	8	3	93	54	39
句容市	50	17	33	299	120	179	1620	862	758
泰州市	**251**	**82**	**169**	**344**	**176**	**168**	**1742**	**899**	**843**
海陵区	3	1	2	8	4	4	27	13	14
高港区	6	2	4	16	8	8	46	25	21
姜堰区	22	6	16	39	18	21	103	41	62
泰州医药高新技术产业开发区	75	26	49	126	63	63	560	282	278
兴化市	6	2	4	30	16	14	408	215	193
靖江市	61	18	43	27	16	11	238	133	105
泰兴市	78	27	51	98	51	47	360	190	170
宿迁市	**948**	**265**	**683**	**270**	**140**	**130**	**2286**	**1138**	**1148**
宿城区	4		4	2	2		24	9	15
宿豫区	4	1	3	1		1	14	8	6
沭阳县	253	74	179	38	22	16	914	446	468
泗阳县	130	29	101	85	42	43	266	131	135
泗洪县	527	145	382	117	61	56	852	428	424
宿迁经济技术开发区	30	16	14	25	12	13	209	113	96
宿迁市湖滨新区				2	1	1	7	3	4
苏州宿迁工业园区									
宿迁市洋河新区									

7-10c 全省按现住地、性别、迁移原因分的户口登记地在外省的人口(乡村)

单位：人

现住地	合计			工作就业		
	合计	男	女	小计	男	女
江　苏	**1726057**	**1020271**	**705786**	**1367746**	**856677**	**511069**
南京市	**104836**	**66292**	**38544**	**68947**	**48832**	**20115**
玄武区						
秦淮区						
建邺区						
鼓楼区						
浦口区	7094	3955	3139	2709	1927	782
栖霞区	6859	4532	2327	5202	3732	1470
雨花台区						
江宁区	67263	43535	23728	45912	32055	13857
六合区	8489	4902	3587	4760	3289	1471
溧水区	8807	5078	3729	5431	4025	1406
高淳区	4125	2658	1467	3028	2294	734
南京江北新区	2199	1632	567	1905	1510	395
无锡市	**337245**	**196127**	**141118**	**272381**	**164725**	**107656**
锡山区	34939	20203	14736	28886	17140	11746
惠山区	67853	40325	27528	54387	33955	20432
滨湖区	14001	8403	5598	11020	6905	4115
梁溪区						
新吴区	34036	20892	13144	30584	19113	11471
江苏无锡经济开发区						
江阴市	124455	70565	53890	104080	60538	43542
宜兴市	61961	35739	26222	43424	27074	16350
徐州市	**21428**	**7940**	**13488**	**6566**	**4686**	**1880**
鼓楼区						
云龙区						
贾汪区	2271	979	1292	936	718	218
泉山区						
铜山区	5386	2112	3274	1670	1183	487
丰县	3390	1403	1987	1178	861	317
沛县	2826	865	1961	669	433	236
睢宁县	3012	1020	1992	906	625	281
徐州经济技术开发区	470	237	233	228	165	63
新沂市	2187	649	1538	471	343	128
邳州市	1886	675	1211	508	358	150
常州市	**238032**	**139438**	**98594**	**184659**	**112982**	**71677**
天宁区	13501	7563	5938	10160	5895	4265
钟楼区	11673	6771	4902	8478	5020	3458
新北区	15562	9074	6488	11832	7358	4474
武进区	89740	52464	37276	70638	42960	27678
金坛区	31928	18740	13188	22588	14255	8333
江苏省常州市经济开发区	59854	34778	25076	49333	29297	20036
溧阳市	15774	10048	5726	11630	8197	3433

7-10c　续表 1

单位：人

现住地	合计			工作就业		
	合计	男	女	小计	男	女
苏州市	**723219**	**435411**	**287808**	**626286**	**386081**	**240205**
虎丘区	19905	12353	7552	16602	10743	5859
吴中区	91400	55576	35824	81725	50560	31165
相城区	17764	11531	6233	16436	10887	5549
姑苏区						
吴江区	107049	62576	44473	91011	54333	36678
苏州工业园区						
常熟市	103230	61110	42120	89838	53895	35943
张家港市	112764	65443	47321	93218	55752	37466
昆山市	190976	117596	73380	167991	106240	61751
太仓市	80131	49226	30905	69465	43671	25794
南通市	**102416**	**60906**	**41510**	**76685**	**49161**	**27524**
崇川区						
港闸区	841	590	251	725	532	193
通州区	28358	17057	11301	22456	14140	8316
如东县	7046	4152	2894	4916	3355	1561
南通经济技术开发区						
通州湾示范区	1346	698	648	877	514	363
苏锡通科技产业园区	11023	6129	4894	8118	4683	3435
启东市	13960	9100	4860	10443	7524	2919
如皋市	6160	3344	2816	3954	2721	1233
海门市	25594	14866	10728	19377	11737	7640
海安市	8088	4970	3118	5819	3955	1864
连云港市	**9026**	**3661**	**5365**	**3420**	**2530**	**890**
连云区	245	202	43	225	194	31
海州区	721	373	348	407	273	134
赣榆区	2899	905	1994	544	381	163
东海县	2458	725	1733	643	420	223
灌云县	1021	513	508	557	451	106
灌南县	1129	598	531	696	530	166
连云港经济技术开发区	253	144	109	137	100	37
连云港高新技术产业开发区						
江苏连云港徐圩新区	178	155	23	175	154	21
江苏省连云港市云台山风景名胜区	122	46	76	36	27	9
淮安市	**10041**	**5385**	**4656**	**6139**	**4403**	**1736**
淮安区	2543	1357	1186	1612	1149	463
淮阴区	1727	721	1006	736	529	207
清江浦区	433	263	170	283	202	81
洪泽区	905	540	365	624	449	175
涟水县	1372	657	715	730	523	207
盱眙县	1249	627	622	714	475	239
金湖县	1570	1040	530	1217	905	312
淮安经济技术开发区						
工业园区	235	175	60	218	168	50
生态文旅区						
苏淮高新区	7	5	2	5	3	2

7-10c 续表 2

单位：人

现住地	合计			工作就业		
	合计	男	女	小计	男	女
盐城市	**21794**	**11751**	**10043**	**13560**	**9762**	**3798**
亭湖区	841	445	396	494	349	145
盐都区	2885	1676	1209	2124	1450	674
大丰区	5743	3721	2022	4423	3285	1138
响水县	940	419	521	503	349	154
滨海县	1786	875	911	947	722	225
阜宁县	1150	485	665	560	372	188
射阳县	2455	1289	1166	1380	1037	343
建湖县	1485	754	731	802	555	247
盐城经济技术开发区	347	210	137	260	190	70
江苏省盐南高新区						
东台市	4162	1877	2285	2067	1453	614
扬州市	**41056**	**25961**	**15095**	**29287**	**20779**	**8508**
广陵区	9781	7130	2651	8501	6531	1970
邗江区	2434	1350	1084	1411	896	515
江都区	12955	8062	4893	9303	6562	2741
宝应县	2352	1446	906	1466	1071	395
扬州经济技术开发区	1948	1178	770	1429	909	520
蜀冈瘦西湖景区						
生态新城	1180	641	539	659	375	284
仪征市	5784	3504	2280	3820	2634	1186
高邮市	4622	2650	1972	2698	1801	897
镇江市	**59021**	**34721**	**24300**	**41250**	**26055**	**15195**
京口区	611	377	234	409	272	137
润州区	458	286	172	372	238	134
丹徒区	6651	3967	2684	4896	3106	1790
镇江新区	3280	1989	1291	1642	1099	543
江苏镇江高新区						
丹阳市	26200	14664	11536	18725	11029	7696
扬中市	9262	5720	3542	6140	4103	2037
句容市	12559	7718	4841	9066	6208	2858
泰州市	**43012**	**25902**	**17110**	**30738**	**21412**	**9326**
海陵区	1016	560	456	607	406	201
高港区	2785	1703	1082	1950	1412	538
姜堰区	3960	2087	1873	2331	1558	773
泰州医药高新技术产业开发区	612	354	258	420	262	158
兴化市	3553	1788	1765	1877	1285	592
靖江市	18849	12095	6754	14911	10391	4520
泰兴市	12237	7315	4922	8642	6098	2544
宿迁市	**14931**	**6776**	**8155**	**7828**	**5269**	**2559**
宿城区	3205	1672	1533	2016	1407	609
宿豫区	1385	805	580	881	657	224
沭阳县	3843	1283	2560	1508	977	531
泗阳县	1894	844	1050	1001	653	348
泗洪县	2613	1131	1482	1196	755	441
宿迁经济技术开发区	1007	590	417	751	507	244
宿迁市湖滨新区	396	204	192	207	144	63
苏州宿迁工业园区						
宿迁市洋河新区	588	247	341	268	169	99

7-10c　续表 3

单位：人

现住地	学习培训			随同离开/投亲靠友			拆迁/搬家		
	小计	男	女	小计	男	女	小计	男	女
江　苏	**54722**	**30827**	**23895**	**172109**	**87014**	**85095**	**26534**	**14004**	**12530**
南京市	**10941**	**6088**	**4853**	**9061**	**4308**	**4753**	**7360**	**3815**	**3545**
玄武区									
秦淮区									
建邺区									
鼓楼区									
浦口区	110	66	44	703	314	389	2178	1140	1038
栖霞区	92	47	45	610	274	336	477	261	216
雨花台区									
江宁区	8817	5407	3410	5588	2730	2858	3059	1590	1469
六合区	237	140	97	999	454	545	1064	551	513
溧水区	1631	400	1231	743	354	389	321	143	178
高淳区	45	23	22	294	135	159	191	98	93
南京江北新区	9	5	4	124	47	77	70	32	38
无锡市	**9209**	**4981**	**4228**	**41767**	**20993**	**20774**	**3617**	**1973**	**1644**
锡山区	959	565	394	3800	1999	1801	234	135	99
惠山区	2394	1101	1293	8534	4257	4277	829	471	358
滨湖区	583	339	244	1880	936	944	108	62	46
梁溪区									
新吴区	712	426	286	1584	814	770	80	44	36
江苏无锡经济开发区									
江阴市	2670	1500	1170	13929	7057	6872	1048	560	488
宜兴市	1891	1050	841	12040	5930	6110	1318	701	617
徐州市	**411**	**211**	**200**	**2470**	**1252**	**1218**	**718**	**395**	**323**
鼓楼区									
云龙区									
贾汪区	39	17	22	172	87	85	104	55	49
泉山区									
铜山区	133	66	67	682	360	322	139	80	59
丰县	77	45	32	378	197	181	61	38	23
沛县	37	18	19	334	170	164	99	59	40
睢宁县	47	26	21	348	148	200	81	42	39
徐州经济技术开发区	5	2	3	48	29	19	4	3	1
新沂市	21	10	11	213	107	106	161	79	82
邳州市	52	27	25	295	154	141	69	39	30
常州市	**7281**	**4111**	**3170**	**36065**	**18316**	**17749**	**2902**	**1540**	**1362**
天宁区	340	179	161	2236	1130	1106	65	35	30
钟楼区	1280	775	505	1640	875	765	57	32	25
新北区	490	272	218	2670	1241	1429	159	79	80
武进区	2163	1207	956	14532	7373	7159	217	118	99
金坛区	969	526	443	5278	2618	2660	1503	789	714
江苏省常州市经济开发区	1612	909	703	7474	3960	3514	439	250	189
溧阳市	427	243	184	2235	1119	1116	462	237	225

7-10c 续表 4

单位：人

现住地	学习培训			随同离开/投亲靠友			拆迁/搬家		
	小计	男	女	小计	男	女	小计	男	女
苏州市	**18521**	**10703**	**7818**	**48969**	**25342**	**23627**	**5793**	**3057**	**2736**
虎丘区	605	323	282	1524	749	775	312	159	153
吴中区	1835	1104	731	4616	2394	2222	426	233	193
相城区	157	80	77	804	410	394	24	16	8
姑苏区									
吴江区	2801	1641	1160	8130	4252	3878	337	176	161
苏州工业园区									
常熟市	2304	1363	941	8314	4458	3856	467	244	223
张家港市	4660	2567	2093	11227	5644	5583	887	462	425
昆山市	3922	2355	1567	8966	4603	4363	3191	1694	1497
太仓市	2237	1270	967	5388	2832	2556	149	73	76
南通市	**3018**	**1727**	**1291**	**12449**	**6406**	**6043**	**634**	**345**	**289**
崇川区									
港闸区	5	2	3	109	56	53			
通州区	744	425	319	3598	1892	1706	61	39	22
如东县	120	74	46	705	333	372	146	77	69
南通经济技术开发区									
通州湾示范区	50	24	26	197	95	102	5	3	2
苏锡通科技产业园区	504	290	214	1799	912	887	137	65	72
启东市	271	162	109	1471	730	741	88	46	42
如皋市	130	66	64	462	214	248	86	55	31
海门市	962	544	418	3411	1795	1616	68	39	29
海安市	232	140	92	697	379	318	43	21	22
连云港市	**116**	**65**	**51**	**889**	**414**	**475**	**310**	**175**	**135**
连云区	1	1		5	3	2			
海州区	15	7	8	121	58	63	19	10	9
赣榆区	36	23	13	378	173	205	220	126	94
东海县	45	24	21	211	93	118	29	19	10
灌云县	9	3	6	63	34	29	9	4	5
灌南县	7	4	3	62	27	35	15	7	8
连云港经济技术开发区	2	2		29	15	14	14	6	8
连云港高新技术产业开发区									
江苏连云港徐圩新区				3	1	2			
江苏省连云港市云台山风景名胜区	1	1		17	10	7	4	3	1
淮安市	**251**	**135**	**116**	**635**	**309**	**326**	**231**	**110**	**121**
淮安区	95	52	43	141	65	76	7	4	3
淮阴区	33	20	13	152	67	85	43	21	22
清江浦区	14	9	5	39	26	13	4	3	1
洪泽区	22	9	13	54	36	18	35	14	21
涟水县	18	12	6	87	39	48	15	6	9
盱眙县	35	15	20	84	39	45	94	48	46
金湖县	34	18	16	69	31	38	33	14	19
淮安经济技术开发区									
工业园区				8	5	3			
生态文旅区									
苏淮高新区				1	1				

7-10c　续表 5

单位：人

现住地	学习培训			随同离开/投亲靠友			拆迁/搬家		
	小计	男	女	小计	男	女	小计	男	女
盐城市	**472**	**261**	**211**	**1635**	**793**	**842**	**275**	**146**	**129**
亭湖区	23	9	14	82	33	49	31	18	13
盐都区	78	35	43	143	79	64	15	10	5
大丰区	144	84	60	390	182	208	49	25	24
响水县	20	11	9	49	27	22	12	6	6
滨海县	24	18	6	136	59	77	22	11	11
阜宁县	30	15	15	91	50	41	15	6	9
射阳县	46	29	17	184	88	96	41	25	16
建湖县	33	15	18	145	70	75	45	17	28
盐城经济技术开发区	5	1	4	17	5	12	3	2	1
江苏省盐南高新区									
东台市	69	44	25	398	200	198	42	26	16
扬州市	**824**	**477**	**347**	**3515**	**1751**	**1764**	**2218**	**1176**	**1042**
广陵区	101	64	37	724	348	376	98	54	44
邗江区	98	57	41	310	141	169	270	152	118
江都区	199	117	82	1052	543	509	333	184	149
宝应县	43	23	20	152	80	72	230	123	107
扬州经济技术开发区	91	54	37	170	95	75	87	44	43
蜀冈瘦西湖景区									
生态新城	75	40	35	172	87	85	28	16	12
仪征市	159	88	71	577	281	296	251	135	116
高邮市	58	34	24	358	176	182	921	468	453
镇江市	**2519**	**1409**	**1110**	**8532**	**4284**	**4248**	**1158**	**619**	**539**
京口区	13	7	6	117	64	53	24	13	11
润州区				85	48	37	1		1
丹徒区	158	90	68	903	484	419	65	39	26
镇江新区	84	40	44	319	143	176	99	51	48
江苏镇江高新区									
丹阳市	657	375	282	4687	2317	2370	571	317	254
扬中市	1240	727	513	1169	597	572	63	33	30
句容市	367	170	197	1252	631	621	335	166	169
泰州市	**884**	**497**	**387**	**4879**	**2255**	**2624**	**714**	**386**	**328**
海陵区	58	27	31	135	65	70	32	16	16
高港区	67	39	28	268	131	137	31	17	14
姜堰区	83	52	31	401	187	214	152	84	68
泰州医药高新技术产业开发区	16	8	8	111	57	54	10	8	2
兴化市	64	30	34	365	167	198	177	85	92
靖江市	380	222	158	2527	1146	1381	135	77	58
泰兴市	216	119	97	1072	502	570	177	99	78
宿迁市	**275**	**162**	**113**	**1243**	**591**	**652**	**604**	**267**	**337**
宿城区	41	22	19	216	95	121	130	55	75
宿豫区	42	30	12	139	64	75	13	7	6
沭阳县	52	27	25	379	171	208	79	33	46
泗阳县	28	18	10	118	67	51	59	33	26
泗洪县	63	30	33	221	107	114	267	114	153
宿迁经济技术开发区	17	12	5	78	37	41	22	9	13
宿迁市湖滨新区	15	12	3	45	24	21	12	6	6
苏州宿迁工业园区									
宿迁市洋河新区	17	11	6	47	26	21	22	10	12

7-10c 续表 6

单位：人

现住地	寄挂户口			婚姻嫁娶			照料孙子女		
	小计	男	女	小计	男	女	小计	男	女
江　苏	**3625**	**1871**	**1754**	**50568**	**5555**	**45013**	**10863**	**2770**	**8093**
南京市	**1572**	**823**	**749**	**2847**	**416**	**2431**	**854**	**228**	**626**
玄武区									
秦淮区									
建邺区									
鼓楼区									
浦口区	205	112	93	523	69	454	74	17	57
栖霞区	156	81	75	91	16	75	33	10	23
雨花台区									
江宁区	752	401	351	785	195	590	582	163	419
六合区	292	142	150	581	71	510	124	28	96
溧水区	90	50	40	435	33	402	29	9	20
高淳区	55	25	30	405	28	377	9		9
南京江北新区	22	12	10	27	4	23	3	1	2
无锡市	**143**	**82**	**61**	**3519**	**588**	**2931**	**2148**	**479**	**1669**
锡山区	5	4	1	306	66	240	290	60	230
惠山区	45	29	16	471	73	398	451	84	367
滨湖区	4	2	2	72	16	56	128	27	101
梁溪区									
新吴区	1		1	92	25	67	336	110	226
江苏无锡经济开发区									
江阴市	58	31	27	1072	215	857	490	91	399
宜兴市	30	16	14	1506	193	1313	453	107	346
徐州市	**155**	**67**	**88**	**9642**	**493**	**9149**	**85**	**29**	**56**
鼓楼区									
云龙区									
贾汪区	21	11	10	889	30	859	9	3	6
泉山区									
铜山区	46	18	28	2321	199	2122	32	11	21
丰县	21	11	10	1348	32	1316	20	6	14
沛县	13	9	4	1429	27	1402	4		4
睢宁县	17	6	11	1486	106	1380	11	4	7
徐州经济技术开发区				156	24	132	6	2	4
新沂市	7	4	3	1200	43	1157	2	2	
邳州市	30	8	22	813	32	781	1	1	
常州市	**132**	**58**	**74**	**2528**	**395**	**2133**	**1164**	**275**	**889**
天宁区	12	5	7	141	22	119	52	13	39
钟楼区	5	2	3	68	18	50	83	19	64
新北区	4	2	2	214	46	168	82	23	59
武进区	23	10	13	741	145	596	424	110	314
金坛区	35	17	18	593	65	528	149	41	108
江苏省常州市经济开发区	34	14	20	172	45	127	285	48	237
溧阳市	19	8	11	599	54	545	89	21	68

7-10c　续表 7　　　　单位：人

现住地	寄挂户口			婚姻嫁娶			照料孙子女		
	小计	男	女	小计	男	女	小计	男	女
苏州市	**392**	**204**	**188**	**4573**	**1467**	**3106**	**5427**	**1437**	**3990**
虎丘区	2	1	1	107	31	76	251	67	184
吴中区	31	16	15	393	118	275	466	105	361
相城区	2	1	1	60	17	43	53	11	42
姑苏区									
吴江区	114	55	59	1284	372	912	387	71	316
苏州工业园区									
常熟市	113	68	45	746	360	386	365	84	281
张家港市	21	11	10	639	155	484	572	105	467
昆山市	74	32	42	1052	304	748	2767	859	1908
太仓市	35	20	15	292	110	182	566	135	431
南通市	**169**	**93**	**76**	**4914**	**714**	**4200**	**356**	**84**	**272**
崇川区									
港闸区				2		2			
通州区	23	8	15	660	131	529	116	25	91
如东县	26	13	13	776	107	669	10	3	7
南通经济技术开发区									
通州湾示范区	6	3	3	113	11	102	4		4
苏锡通科技产业园区	1	1		130	38	92	110	25	85
启东市	58	37	21	785	120	665	37	10	27
如皋市	13	6	7	1217	145	1072	20	6	14
海门市	19	11	8	599	75	524	44	10	34
海安市	23	14	9	632	87	545	15	5	10
连云港市	**61**	**29**	**32**	**3604**	**145**	**3459**	**40**	**14**	**26**
连云区				5	2	3			
海州区	1	1		125	7	118	6	2	4
赣榆区	37	19	18	1389	37	1352	19	7	12
东海县	12	6	6	1353	79	1274	8	4	4
灌云县	3	1	2	344	5	339	3		3
灌南县	6		6	293	6	287			
连云港经济技术开发区	2	2		36	4	32	4	1	3
连云港高新技术产业开发区									
江苏连云港徐圩新区									
江苏省连云港市云台山风景名胜区				59	5	54			
淮安市	**21**	**6**	**15**	**2120**	**78**	**2042**	**43**	**6**	**37**
淮安区	9	1	8	525	9	516	21	2	19
淮阴区	5	2	3	649	15	634	3	1	2
清江浦区				61	8	53	2		2
洪泽区	1		1	125	10	115	2		2
涟水县	3	3		396	9	387	6	1	5
盱眙县	1		1	246	10	236	5	1	4
金湖县	2		2	112	17	95	3	1	2
淮安经济技术开发区									
工业园区				6		6	1		1
生态文旅区									
苏淮高新区									

7-10c 续表 8 单位：人

现住地	寄挂户口			婚姻嫁娶			照料孙子女		
	小计	男	女	小计	男	女	小计	男	女
盐城市	**85**	**44**	**41**	**4550**	**157**	**4393**	**76**	**25**	**51**
亭湖区	8	3	5	165	11	154	3	1	2
盐都区	11	8	3	349	14	335	10	2	8
大丰区	8	5	3	508	39	469	30	8	22
响水县	4	3	1	315	7	308			
滨海县	2		2	542	8	534	7	3	4
阜宁县	2		2	367	5	362	1		1
射阳县	15	8	7	603	16	587	2	1	1
建湖县	14	8	6	295	9	286	9	4	5
盐城经济技术开发区	3	3		50	4	46			
江苏省盐南高新区									
东台市	18	6	12	1356	44	1312	14	6	8
扬州市	**395**	**215**	**180**	**2554**	**356**	**2198**	**132**	**33**	**99**
广陵区	19	13	6	152	19	133	10	1	9
邗江区	18	10	8	226	41	185	11	5	6
江都区	131	85	46	1175	148	1027	21	3	18
宝应县	92	47	45	206	25	181	14	4	10
扬州经济技术开发区	3	3		17	5	12	43	12	31
蜀冈瘦西湖景区									
生态新城	5	2	3	40	11	29	3	2	1
仪征市	38	17	21	418	59	359	19	4	15
高邮市	89	38	51	320	48	272	11	2	9
镇江市	**141**	**66**	**75**	**1722**	**268**	**1454**	**333**	**101**	**232**
京口区				12	4	8	8	1	7
润州区									
丹徒区	24	15	9	249	38	211	37	15	22
镇江新区	11	5	6	42	5	37	20	5	15
江苏镇江高新区									
丹阳市	39	16	23	505	78	427	107	31	76
扬中市	11	5	6	329	69	260	36	13	23
句容市	56	25	31	585	74	511	125	36	89
泰州市	**322**	**175**	**147**	**3814**	**347**	**3467**	**154**	**41**	**113**
海陵区	7	5	2	133	18	115	5	2	3
高港区	21	14	7	339	37	302	15	4	11
姜堰区	42	22	20	681	53	628	17	8	9
泰州医药高新技术产业开发区	8	5	3	20	4	16	4	1	3
兴化市	93	50	43	710	30	680	20	7	13
靖江市	89	48	41	569	103	466	53	12	41
泰兴市	62	31	31	1362	102	1260	40	7	33
宿迁市	**37**	**9**	**28**	**4181**	**131**	**4050**	**51**	**18**	**33**
宿城区	6	2	4	630	24	606	11	5	6
宿豫区	5	2	3	250	15	235	6	3	3
沭阳县	12	3	9	1686	23	1663	3	1	2
泗阳县	8	2	6	564	8	556	8	4	4
泗洪县	5		5	669	40	629	9	2	7
宿迁经济技术开发区				101	9	92	7	1	6
宿迁市湖滨新区				97	7	90	2		2
苏州宿迁工业园区									
宿迁市洋河新区	1		1	184	5	179	5	2	3

7-10c 续表 9 单位：人

现住地	为子女就学			养老/康养			其他		
	小计	男	女	小计	男	女	小计	男	女
江苏	**1291**	**328**	**963**	**5947**	**3104**	**2843**	**32652**	**18121**	**14531**
南京市	**138**	**53**	**85**	**331**	**159**	**172**	**2785**	**1570**	**1215**
玄武区									
秦淮区									
建邺区									
鼓楼区									
浦口区	48	21	27	31	10	21	513	279	234
栖霞区	10	4	6	48	23	25	140	84	56
雨花台区									
江宁区	43	14	29	161	74	87	1564	906	658
六合区	16	5	11	41	23	18	375	199	176
溧水区	19	8	11	24	14	10	84	42	42
高淳区	2	1	1	12	10	2	84	44	40
南京江北新区				14	5	9	25	16	9
无锡市	**159**	**23**	**136**	**473**	**220**	**253**	**3829**	**2063**	**1766**
锡山区	30	7	23	54	23	31	375	204	171
惠山区	50	7	43	163	79	84	529	269	260
滨湖区	3		3	43	20	23	160	96	64
梁溪区									
新吴区	13	2	11	42	21	21	592	337	255
江苏无锡经济开发区									
江阴市	29	3	26	76	31	45	1003	539	464
宜兴市	34	4	30	95	46	49	1170	618	552
徐州市	**49**	**16**	**33**	**316**	**215**	**101**	**1016**	**576**	**440**
鼓楼区									
云龙区									
贾汪区				16	10	6	85	48	37
泉山区									
铜山区	19	9	10	55	30	25	289	156	133
丰县	13	4	9	120	88	32	174	121	53
沛县	4	1	3	75	52	23	162	96	66
睢宁县	9	2	7	22	17	5	85	44	41
徐州经济技术开发区	1		1	6	3	3	16	9	7
新沂市	3		3	8	4	4	101	57	44
邳州市				14	11	3	104	45	59
常州市	**150**	**43**	**107**	**452**	**203**	**249**	**2699**	**1515**	**1184**
天宁区	8	2	6	13	5	8	474	277	197
钟楼区	5	2	3	19	7	12	38	21	17
新北区	9	2	7	22	13	9	80	38	42
武进区	37	11	26	125	58	67	840	472	368
金坛区	31	9	22	130	57	73	652	363	289
江苏省常州市经济开发区	31	8	23	116	49	67	358	198	160
溧阳市	29	9	20	27	14	13	257	146	111

7-10c 续表 10

单位：人

现住地	为子女就学			养老/康养			其他		
	小计	男	女	小计	男	女	小计	男	女
苏州市	**490**	**125**	**365**	**1907**	**880**	**1027**	**10861**	**6115**	**4746**
虎丘区	23	7	16	58	28	30	421	245	176
吴中区	60	5	55	133	56	77	1715	985	730
相城区	4		4	38	9	29	186	100	86
姑苏区									
吴江区	69	20	49	103	39	64	2813	1617	1196
苏州工业园区									
常熟市	33	13	20	53	26	27	997	599	398
张家港市	56	11	45	119	48	71	1365	688	677
昆山市	190	58	132	1152	556	596	1671	895	776
太仓市	55	11	44	251	118	133	1693	986	707
南通市	**34**	**9**	**25**	**864**	**510**	**354**	**3293**	**1857**	**1436**
崇川区									
港闸区									
通州区	2	1	1	84	51	33	614	345	269
如东县	10	5	5	79	45	34	258	140	118
南通经济技术开发区									
通州湾示范区	5	1	4	41	24	17	48	23	25
苏锡通科技产业园区	6	1	5	26	15	11	192	99	93
启东市	4		4	260	143	117	543	328	215
如皋市	4		4	61	40	21	213	91	122
海门市	2		2	249	153	96	863	502	361
海安市	1	1		64	39	25	562	329	233
连云港市	**17**	**4**	**13**	**118**	**70**	**48**	**451**	**215**	**236**
连云区							9	2	7
海州区	1		1	4	3	1	22	12	10
赣榆区	10	3	7	80	47	33	186	89	97
东海县	4		4	18	12	6	135	68	67
灌云县	1	1		2	1	1	30	13	17
灌南县				3	2	1	47	22	25
连云港经济技术开发区	1		1	11	5	6	17	9	8
连云港高新技术产业开发区									
江苏连云港徐圩新区									
江苏省连云港市云台山风景名胜区							5		5
淮安市	**16**	**2**	**14**	**88**	**45**	**43**	**497**	**291**	**206**
淮安区	2		2	19	10	9	112	65	47
淮阴区	5	1	4	10	7	3	91	58	33
清江浦区	2		2	4	3	1	24	12	12
洪泽区	1	1		6	3	3	35	18	17
涟水县	2		2	18	10	8	97	54	43
盱眙县	1		1	18	7	11	51	32	19
金湖县	3		3	12	4	8	85	50	35
淮安经济技术开发区									
工业园区				1	1		1	1	
生态文旅区									
苏淮高新区							1	1	

7-10c　续表 11　　单位：人

现住地	为子女就学			养老/康养			其他		
	小计	男	女	小计	男	女	小计	男	女
盐城市	**49**	**8**	**41**	**257**	**145**	**112**	**835**	**410**	**425**
亭湖区	2		2	5	4	1	28	17	11
盐都区	10	2	8	43	25	18	102	51	51
大丰区	11	3	8	17	8	9	163	82	81
响水县				2	1	1	35	15	20
滨海县	5	1	4	22	12	10	79	41	38
阜宁县	3		3	16	9	7	65	28	37
射阳县	10		10	31	21	10	143	64	79
建湖县	6	1	5	62	34	28	74	41	33
盐城经济技术开发区							9	5	4
江苏省盐南高新区									
东台市	2	1	1	59	31	28	137	66	71
扬州市	**57**	**17**	**40**	**396**	**243**	**153**	**1678**	**914**	**764**
广陵区	2	1	1	24	16	8	150	83	67
邗江区	3		3	30	17	13	57	31	26
江都区	8	2	6	201	131	70	532	287	245
宝应县	5		5	30	19	11	114	54	60
扬州经济技术开发区	28	10	18	25	13	12	55	33	22
蜀冈瘦西湖景区									
生态新城				14	8	6	184	100	84
仪征市	4	1	3	24	9	15	474	276	198
高邮市	7	3	4	48	30	18	112	50	62
镇江市	**40**	**12**	**28**	**350**	**177**	**173**	**2976**	**1730**	**1246**
京口区				1		1	27	16	11
润州区									
丹徒区				47	23	24	272	157	115
镇江新区	5		5	13	7	6	1045	634	411
江苏镇江高新区									
丹阳市	8		8	86	46	40	815	455	360
扬中市	8	5	3	58	43	15	208	125	83
句容市	19	7	12	145	58	87	609	343	266
泰州市	**50**	**6**	**44**	**327**	**195**	**132**	**1130**	**588**	**542**
海陵区				10	6	4	29	15	14
高港区	5	1	4	22	16	6	67	32	35
姜堰区	8	1	7	58	34	24	187	88	99
泰州医药高新技术产业开发区	4		4	7	3	4	12	6	6
兴化市	5	1	4	65	38	27	177	95	82
靖江市	15	2	13	37	19	18	133	75	58
泰兴市	13	1	12	128	79	49	525	277	248
宿迁市	**42**	**10**	**32**	**68**	**42**	**26**	**602**	**277**	**325**
宿城区	3	1	2	11	6	5	141	55	86
宿豫区	1		1	7	4	3	41	23	18
沭阳县	4		4	10	6	4	110	42	68
泗阳县	6	1	5	21	16	5	81	42	39
泗洪县	24	7	17	8	2	6	151	74	77
宿迁经济技术开发区	2		2	3	3		26	12	14
宿迁市湖滨新区				6	4	2	12	7	5
苏州宿迁工业园区									
宿迁市洋河新区	2	1	1	2	1	1	40	22	18

第一部分　全部数据资料

第八卷　住房

8-1 各地区按住房间数分的家庭户户数

单位：户

地区	家庭户户数	住房间数				
		一间	二间	三间	四间	五间
江苏	**28069197**	**2675869**	**7608115**	**10941007**	**3255865**	**1224307**
南京市	**2989186**	**287166**	**1175055**	**1124608**	**241042**	**67327**
玄武区	162013	13508	79462	60022	7454	1068
秦淮区	270427	33254	146319	79419	9686	1136
建邺区	182690	23056	70630	73037	13988	1556
鼓楼区	330573	40909	167530	105263	14122	1940
浦口区	128982	10147	43720	50925	12326	4704
栖霞区	286053	32257	114063	110432	17785	5139
雨花台区	194859	23974	90043	68953	8714	1600
江宁区	545243	42969	163580	231361	56709	17652
六合区	225875	9215	55797	88296	40338	13624
溧水区	162153	11160	51843	65760	17848	6499
高淳区	153963	11877	40467	56703	26026	8283
南京江北新区	346355	34840	151601	134437	16046	4126
无锡市	**2489496**	**383530**	**868796**	**953733**	**190757**	**52147**
锡山区	273720	63762	69991	102320	25446	6166
惠山区	280856	42337	80536	120900	24773	8029
滨湖区	192383	21580	80548	70221	13857	3232
梁溪区	372763	58627	176882	115240	16483	3832
新吴区	218963	21962	86897	92423	13722	2361
江苏无锡经济开发区	108891	10331	42985	44562	9558	944
江阴市	584970	111408	159699	232025	47939	17415
宜兴市	456950	53523	171258	176042	38979	10168
徐州市	**2967464**	**117106**	**670028**	**1187289**	**358476**	**148517**
鼓楼区	158933	13951	80689	52943	5870	1581
云龙区	160209	12271	74124	60236	6327	1945
贾汪区	146514	3917	34084	57801	15291	6742
泉山区	230784	17713	106106	88075	9730	1908
铜山区	392842	11440	63493	121004	58215	27774
丰县	320774	5400	29126	93806	51702	24598
沛县	343149	13433	69949	145140	44479	16810
睢宁县	334102	15015	57321	139185	51825	21509
徐州经济技术开发区	119835	3940	36978	52302	7372	2432
新沂市	303655	9557	58799	138313	51419	15016
邳州市	456667	10469	59359	238484	56246	28202
常州市	**1839105**	**285524**	**604347**	**676512**	**164611**	**51940**
天宁区	241646	29594	98801	87194	16097	4497
钟楼区	230505	37649	91020	80531	14883	4065
新北区	296456	37506	89317	124054	27876	9747
武进区	417736	92404	111574	143450	44230	13230
金坛区	221132	24049	74721	83583	21197	7340
江苏省常州市经济开发区	146508	41294	46798	39443	11104	3742
溧阳市	285122	23028	92116	118257	29224	9319

注：本表数据为居住在普通住宅的家庭户。

8-1 续表 1

单位：户

地 区	家庭户户数	住房间数				
		一间	二间	三间	四间	五间
苏州市	**3918580**	**804809**	**1078905**	**1385092**	**329736**	**119190**
虎丘区	232817	41930	58092	104675	18599	5701
吴中区	414570	99396	104248	137701	37226	13470
相城区	265753	62108	70093	101383	20512	4981
姑苏区	343117	48804	174702	104588	11618	2427
吴江区	476920	134362	93002	142902	49120	16263
苏州工业园区	310434	52567	104614	119879	27745	4264
常熟市	484137	96568	86685	141121	61980	33489
张家港市	468737	91445	103101	202658	38365	11496
昆山市	664227	126406	221458	249756	38644	12309
太仓市	257868	51223	62910	80429	25927	14790
南通市	**2765455**	**252351**	**688888**	**950837**	**397695**	**120435**
崇川区	257148	14613	111959	111297	14305	3196
港闸区	128667	9613	46343	61308	6639	1661
通州区	377254	38807	74235	127707	62160	18903
如东县	324880	25376	54429	98719	75231	19966
南通经济技术开发区	86455	8442	30861	43803	2492	629
通州湾示范区	39544	6652	9794	12043	4804	1770
苏锡通科技产业园区	30323	4219	8479	11035	1978	791
启东市	417613	75912	151647	119750	42709	10307
如皋市	413998	11815	53896	129987	85134	29780
海门市	374679	40997	97030	118359	42444	14755
海安市	314894	15905	50215	116829	59799	18677
连云港市	**1470410**	**41508**	**250705**	**588459**	**262087**	**83901**
连云区	55225	2599	17860	24719	3783	1741
海州区	240896	9831	77275	100665	24061	9305
赣榆区	342064	6238	29176	151212	81253	15975
东海县	325849	6287	34062	131817	65449	17228
灌云县	228294	8414	43289	74444	43010	20923
灌南县	188394	4810	28730	69105	30540	13895
连云港经济技术开发区	27797	594	7868	10749	4911	1359
连云港高新技术产业开发区	41271	2547	10543	20211	3905	1069
江苏连云港徐圩新区	12072	89	1373	4284	2094	1583
江苏省连云港市云台山风景名胜区	8548	99	529	1253	3081	823
淮安市	**1491756**	**48350**	**304107**	**614226**	**206415**	**116423**
淮安区	265743	10353	54769	101819	46621	22382
淮阴区	233019	3708	32772	79543	37387	21031
清江浦区	192791	7664	64031	89776	14750	5162
洪泽区	98253	3530	17990	40265	10867	11201
涟水县	275507	6806	38040	115448	39650	26656
盱眙县	200732	9116	37600	74102	35152	19457
金湖县	106434	4277	30122	44352	12451	6630
淮安经济技术开发区	77099	2134	19594	45783	5067	1751
工业园区	4906	170	1213	2205	513	420
生态文旅区	30083	283	7196	18564	3004	448
苏淮高新区	7189	309	780	2369	953	1285

8-1　续表 2　　单位：户

地　　区	家庭户户　数	住房间数				
		一间	二间	三间	四间	五间
盐城市	**2412425**	**132241**	**652584**	**1009654**	**314578**	**143438**
亭湖区	222079	8767	57008	101396	19982	13603
盐都区	226998	11706	60311	103654	21380	13710
大丰区	259662	19970	96861	96681	23199	10985
响水县	149970	6469	32865	55224	28401	10615
滨海县	279898	15955	72852	114654	43631	16233
阜宁县	278466	8782	59559	120217	45545	25689
射阳县	285087	13915	73677	123500	40299	19582
建湖县	226502	16283	71290	102838	15635	13961
盐城经济技术开发区	28465	1738	7307	14769	3026	854
江苏省盐南高新区	104644	3163	23096	63462	9781	2039
东台市	350654	25493	97758	113259	63699	16167
扬州市	**1526984**	**67678**	**391827**	**617694**	**229241**	**92884**
广陵区	172585	11822	57380	72420	16817	6014
邗江区	211236	8516	46477	96023	37159	11343
江都区	331359	15960	78476	128316	52576	17186
宝应县	247285	10637	62039	94557	29563	26011
扬州经济技术开发区	72609	3076	21804	35908	5124	2080
蜀冈瘦西湖景区	44996	1665	15900	20081	3792	1085
生态新城	17056	701	1834	3651	3775	2186
仪征市	183570	5219	50400	64535	36970	10385
高邮市	246288	10082	57517	102203	43465	16594
镇江市	**1094512**	**90532**	**317529**	**457701**	**128036**	**43736**
京口区	121816	8181	52345	49613	7847	1873
润州区	88050	7084	35783	37554	5405	835
丹徒区	105311	3667	21954	43926	16745	7124
镇江新区	83852	3264	27123	42277	7537	1602
江苏镇江高新区	20400	1882	5911	10613	1073	395
丹阳市	344367	47062	93715	139722	37968	11274
扬中市	103066	6378	14160	40543	22442	11151
句容市	227650	13014	66538	93453	29019	9482
泰州市	**1624110**	**104977**	**370206**	**642639**	**262987**	**103956**
海陵区	186658	14186	56786	73216	21566	9077
高港区	85991	4875	11739	31456	21370	7899
姜堰区	258007	16322	66464	92317	37172	16625
泰州医药高新技术产业开发区	65648	4572	11149	32985	9650	2616
兴化市	428026	28850	133035	168197	52471	21406
靖江市	229964	15437	29859	90221	49068	22005
泰兴市	369816	20735	61174	154247	71690	24328
宿迁市	**1479714**	**60097**	**235138**	**732563**	**170204**	**80413**
宿城区	201863	9812	41581	93184	21412	9010
宿豫区	139757	6096	32651	68637	14740	4819
沭阳县	482482	15984	54999	228826	66534	33487
泗阳县	249123	6465	33336	116027	33366	17293
泗洪县	260016	16201	46667	157640	18520	7492
宿迁经济技术开发区	56090	2698	13426	28730	3061	1263
宿迁市湖滨新区	36822	1909	5965	14623	4962	2929
苏州宿迁工业园区	9100	244	1660	5790	1165	186
宿迁市洋河新区	44461	688	4853	19106	6444	3934

8-1 续表 3

单位：户

地　区	住房间数				
	六间	七间	八间	九间	十间及以上
江　苏	**1338035**	**229819**	**400062**	**145250**	**250868**
南京市	**50032**	**11103**	**15020**	**4232**	**13601**
玄武区	382	44	34	5	34
秦淮区	424	69	73	5	42
建邺区	276	87	25	5	30
鼓楼区	525	98	64	23	99
浦口区	3206	993	1222	379	1360
栖霞区	3965	576	1014	262	560
雨花台区	602	210	169	39	555
江宁区	14700	4060	5910	1606	6696
六合区	11149	2059	2945	753	1699
溧水区	5178	1258	1384	359	864
高淳区	6963	1222	1204	617	601
南京江北新区	2662	427	976	179	1061
无锡市	**26290**	**3458**	**6550**	**1404**	**2831**
锡山区	3660	675	1007	243	450
惠山区	2817	319	819	76	250
滨湖区	1386	301	748	169	341
梁溪区	959	188	320	41	191
新吴区	944	125	244	80	205
江苏无锡经济开发区	315	53	93	13	37
江阴市	11389	1200	2390	592	913
宜兴市	4820	597	929	190	444
徐州市	**269280**	**40105**	**82200**	**27849**	**66614**
鼓楼区	1834	272	835	122	836
云龙区	1657	313	890	231	2215
贾汪区	21177	1422	3700	682	1698
泉山区	2290	380	2418	210	1954
铜山区	67185	8239	19359	3595	12538
丰县	42749	12754	23748	8889	28002
沛县	30220	4953	8664	2775	6726
睢宁县	25411	4985	6599	5873	6379
徐州经济技术开发区	11160	656	3420	374	1201
新沂市	21275	2020	4467	1025	1764
邳州市	44322	4111	8100	4073	3301
常州市	**33376**	**6449**	**8793**	**2265**	**5288**
天宁区	3235	899	706	162	461
钟楼区	1537	238	316	38	228
新北区	4811	744	1345	294	762
武进区	7099	1004	2579	409	1757
金坛区	5834	1509	1405	527	967
江苏省常州市经济开发区	2493	330	887	101	316
溧阳市	8367	1725	1555	734	797

8-1 续表 4

单位：户

地 区	住房间数				
	六间	七间	八间	九间	十间及以上
苏州市	**123591**	**21666**	**29218**	**9266**	**17107**
虎丘区	2222	537	656	147	258
吴中区	11589	3039	3405	1193	3303
相城区	4527	641	909	185	414
姑苏区	596	101	112	21	148
吴江区	24418	4152	6052	3095	3554
苏州工业园区	995	185	58	72	55
常熟市	43631	8040	8161	1509	2953
张家港市	16058	1271	2723	752	868
昆山市	8866	1515	2612	854	1807
太仓市	10689	2185	4530	1438	3747
南通市	**210739**	**39584**	**58073**	**18080**	**28773**
崇川区	1336	228	129	22	63
港闸区	1626	391	653	97	336
通州区	29721	5492	11904	2364	5961
如东县	29595	8510	8420	1749	2885
南通经济技术开发区	172	27	18	1	10
通州湾示范区	2865	610	573	217	216
苏锡通科技产业园区	2402	599	529	107	184
启东市	12179	1579	1968	883	679
如皋市	59996	8479	19556	4754	10601
海门市	43453	6708	4592	4408	1933
海安市	27394	6961	9731	3478	5905
连云港市	**136264**	**14437**	**53197**	**14010**	**25842**
连云区	2023	518	863	243	876
海州区	10852	1382	3769	1093	2663
赣榆区	33840	2680	15419	2231	4040
东海县	39196	3779	15246	6097	6688
灌云县	21720	2596	7851	1859	4188
灌南县	22157	2822	8230	2041	6064
连云港经济技术开发区	1718	132	283	58	125
连云港高新技术产业开发区	1748	121	517	85	525
江苏连云港徐圩新区	1622	215	392	161	259
江苏省连云港市云台山风景名胜区	1388	192	627	142	414
淮安市	**103913**	**22262**	**38287**	**14630**	**23143**
淮安区	18445	2742	4865	1291	2456
淮阴区	27573	5254	11442	5843	8466
清江浦区	5576	923	2169	646	2094
洪泽区	6444	3664	2370	638	1284
涟水县	22424	5178	10889	4318	6098
盱眙县	15886	2931	3781	1303	1404
金湖县	4881	1044	1862	239	576
淮安经济技术开发区	1457	168	467	90	588
工业园区	192	65	64	23	41
生态文旅区	384	39	113	24	28
苏淮高新区	651	254	265	215	108

8-1 续表 5　　单位：户

地　区	住房间数				
	六间	七间	八间	九间	十间及以上
盐城市	**95102**	**17102**	**27213**	**7142**	**13371**
亭湖区	10870	1959	4463	1292	2739
盐都区	9456	1923	3040	647	1171
大丰区	7134	1923	1174	817	918
响水县	9193	1728	2760	849	1866
滨海县	10837	1697	2591	508	940
阜宁县	11737	2480	2933	510	1014
射阳县	9492	1597	2037	493	495
建湖县	4156	744	1039	217	339
盐城经济技术开发区	594	53	83	15	26
江苏省盐南高新区	1163	287	588	383	682
东台市	20470	2711	6505	1411	3181
扬州市	**76806**	**13864**	**20115**	**5215**	**11660**
广陵区	4501	827	1506	288	1010
邗江区	7676	800	1685	352	1205
江都区	25012	3123	4720	2316	3674
宝应县	12950	3703	5276	839	1710
扬州经济技术开发区	1956	709	986	275	691
蜀冈瘦西湖景区	1816	147	232	49	229
生态新城	2695	575	892	195	552
仪征市	8434	1872	3050	608	2097
高邮市	11766	2108	1768	293	492
镇江市	**34089**	**6992**	**8396**	**2240**	**5261**
京口区	1003	189	376	77	312
润州区	599	392	169	56	173
丹徒区	6201	1408	2044	594	1648
镇江新区	1095	286	322	105	241
江苏镇江高新区	147	67	98	55	159
丹阳市	9574	1678	2028	514	832
扬中市	6593	558	871	121	249
句容市	8877	2414	2488	718	1647
泰州市	**87550**	**16210**	**16654**	**8629**	**10302**
海陵区	6591	1359	1626	970	1281
高港区	5935	881	1066	386	384
姜堰区	15808	4039	4069	2393	2798
泰州医药高新技术产业开发区	3024	394	384	319	555
兴化市	15571	3085	2381	1313	1717
靖江市	15545	2397	3052	1333	1047
泰兴市	25076	4055	4076	1915	2520
宿迁市	**91003**	**16587**	**36346**	**30288**	**27075**
宿城区	10548	1759	3718	5540	5299
宿豫区	4738	989	2004	2485	2598
沭阳县	41248	8115	16381	9265	7643
泗阳县	19186	2686	8696	7172	4896
泗洪县	7482	1195	1730	1855	1234
宿迁经济技术开发区	1541	394	836	1318	2823
宿迁市湖滨新区	2590	562	1102	936	1244
苏州宿迁工业园区	43	5	2	2	3
宿迁市洋河新区	3627	882	1877	1715	1335

8-1a　各地区按住房间数分的家庭户户数(城市)

单位：户

地　区	家庭户户　数	住房间数				
		一间	二间	三间	四间	五间
江　苏	**13068320**	**1316182**	**4513111**	**5559457**	**974823**	**281154**
南京市	**2517714**	**253638**	**1070325**	**982107**	**148666**	**30645**
玄武区	162013	13508	79462	60022	7454	1068
秦淮区	270427	33254	146319	79419	9686	1136
建邺区	182690	23056	70630	73037	13988	1556
鼓楼区	330573	40909	167530	105263	14122	1940
浦口区	101644	8414	35955	41383	8664	3153
栖霞区	266468	30739	111309	106562	13661	2851
雨花台区	191832	23503	88150	68510	8598	1568
江宁区	424570	33627	138860	200189	35783	7222
六合区	79732	2901	25765	37665	8048	1960
溧水区	88400	4934	32476	42323	5135	1505
高淳区	79425	4501	23521	34646	9398	3099
南京江北新区	339940	34292	150348	133088	14129	3587
无锡市	**1670583**	**206721**	**649670**	**668150**	**107812**	**24402**
锡山区	153886	33815	43917	59782	12499	2648
惠山区	176241	17920	55585	83433	13526	3887
滨湖区	179533	19358	77231	65649	12643	2559
梁溪区	372763	58627	176882	115240	16483	3832
新吴区	200785	16010	82551	87141	12317	1708
江苏无锡经济开发区	108891	10331	42985	44562	9558	944
江阴市	275351	29232	91954	128428	17012	5377
宜兴市	203133	21428	78565	83915	13774	3447
徐州市	**986881**	**51834**	**345113**	**415681**	**70757**	**26010**
鼓楼区	158933	13951	80689	52943	5870	1581
云龙区	153928	11942	72355	58048	5741	1792
贾汪区	57073	743	18094	24216	5200	2040
泉山区	230784	17713	106106	88075	9730	1908
铜山区	106025	2295	21719	37532	12053	5824
丰县						
沛县						
睢宁县						
徐州经济技术开发区	1110	38	96	274	258	44
新沂市	109663	2424	23856	52797	15028	4986
邳州市	169365	2728	22198	101796	16877	7835
常州市	**1179670**	**156927**	**426661**	**482435**	**76024**	**20026**
天宁区	207004	22535	89050	76708	11882	3236
钟楼区	218202	33394	88443	77511	13334	3475
新北区	217377	22687	69634	98517	16779	5388
武进区	241659	49221	70323	97894	18223	3724
金坛区	116698	10467	43763	51926	6828	1890
江苏省常州市经济开发区	61631	9968	25434	21166	2617	956
溧阳市	117099	8655	40014	58713	6361	1357

注：本表数据为居住在普通住宅的家庭户。

8-1a 续表 1

单位：户

地区	家庭户户数	住房间数				
		一间	二间	三间	四间	五间
苏州市	**2203921**	**393357**	**707659**	**857540**	**151265**	**46040**
虎丘区	211142	35497	53951	98486	16758	4742
吴中区	253234	45731	80973	98649	17575	4820
相城区	233283	51525	63380	91654	17453	4171
姑苏区	343117	48804	174702	104588	11618	2427
吴江区	197815	53873	40583	72574	17341	4682
苏州工业园区						
常熟市	255231	57630	61615	80171	24799	13252
张家港市	156966	17232	42620	81100	11349	2710
昆山市	443962	69646	157137	180918	26230	6385
太仓市	109171	13419	32698	49400	8142	2851
南通市	**1066813**	**71513**	**344479**	**481571**	**95993**	**25123**
崇川区	257148	14613	111959	111297	14305	3196
港闸区	127979	9482	46264	61106	6506	1592
通州区	132567	9714	35693	60948	15115	3601
如东县						
南通经济技术开发区						
通州湾示范区						
苏锡通科技产业园区						
启东市	152252	16323	61382	57759	11132	2279
如皋市	117961	3972	26223	52530	16385	4669
海门市	126641	10476	38462	61551	9590	2203
海安市	152265	6933	24496	76380	22960	7583
连云港市	**342661**	**13214**	**99017**	**152817**	**33712**	**11195**
连云区	54438	2586	17757	24507	3678	1653
海州区	195472	8276	70326	83999	14747	6034
赣榆区	87818	2105	10057	43488	14483	3273
东海县	2803	188	364	299	268	128
灌云县						
灌南县						
连云港经济技术开发区						
连云港高新技术产业开发区						
江苏连云港徐圩新区	758	18	392	168	58	46
江苏省连云港市云台山风景名胜区	1372	41	121	356	478	61
淮安市	**411519**	**15331**	**118155**	**213767**	**29512**	**10311**
淮安区	96827	4731	25460	49383	7723	3351
淮阴区	94091	1406	19789	50384	8098	3676
清江浦区	174465	7358	62700	86381	10630	2181
洪泽区	46136	1836	10206	27619	3061	1103
涟水县						
盱眙县						
金湖县						
淮安经济技术开发区						
工业园区						
生态文旅区						
苏淮高新区						

8-1a　续表 2　　　　单位：户

地　　区	家庭户户　数	住房间数				
		一间	二间	三间	四间	五间
盐城市	**560695**	**26907**	**138337**	**292665**	**54934**	**17714**
亭湖区	167168	7492	45674	83557	14001	6202
盐都区	87753	6202	17729	50572	6750	2578
大丰区	84480	4110	21378	46455	6838	2055
响水县						
滨海县						
阜宁县						
射阳县						
建湖县						
盐城经济技术开发区	646	20	79	506	18	16
江苏省盐南高新区	104644	3163	23096	63462	9781	2039
东台市	116004	5920	30381	48113	17546	4824
扬州市	**663236**	**31868**	**202302**	**309658**	**67341**	**21851**
广陵区	136158	9120	52137	61863	8465	2004
邗江区	163182	7256	40250	81685	20919	7029
江都区	109860	6831	29156	52529	9876	3684
宝应县						
扬州经济技术开发区						
蜀冈瘦西湖景区	44996	1665	15900	20081	3792	1085
生态新城	8642	536	1042	2169	1488	1135
仪征市	105643	3366	39217	41483	12042	3859
高邮市	94755	3094	24600	49848	10759	3055
镇江市	**568503**	**40728**	**183518**	**265633**	**48580**	**14111**
京口区	117690	7820	51317	48692	7239	1490
润州区	88033	7084	35778	37552	5404	829
丹徒区	48571	1879	12754	23465	5225	1852
镇江新区						
江苏镇江高新区	20400	1882	5911	10613	1073	395
丹阳市	134676	13589	33572	70649	11841	2501
扬中市	56378	3472	9870	25733	8937	4536
句容市	102755	5002	34316	48929	8861	2508
泰州市	**656048**	**41808**	**166988**	**306021**	**74834**	**27912**
海陵区	160533	11723	50933	67135	16089	6503
高港区	42724	2725	6804	19861	7924	2599
姜堰区	113324	7630	33597	50457	10388	4216
泰州医药高新技术产业开发区						
兴化市	101269	7551	33883	44503	7734	3488
靖江市	110635	6508	18811	55751	15454	6089
泰兴市	127563	5671	22960	68314	17245	5017
宿迁市	**240076**	**12336**	**60887**	**131412**	**15393**	**5814**
宿城区	118085	7138	32429	61356	7277	2200
宿豫区	71758	3725	20125	42793	2582	967
沭阳县						
泗阳县						
泗洪县						
宿迁经济技术开发区						
宿迁市湖滨新区	15995	854	3118	8419	1307	839
苏州宿迁工业园区	9100	244	1660	5790	1165	186
宿迁市洋河新区	25138	375	3555	13054	3062	1622

8-1a 续表 3　　单位：户

地　区	住房间数				
	六间	七间	八间	九间	十间及以上
江　苏	**229865**	**37449**	**73652**	**21092**	**61535**
南京市	**17155**	**3625**	**4994**	**1192**	**5367**
玄武区	382	44	34	5	34
秦淮区	424	69	73	5	42
建邺区	276	87	25	5	30
鼓楼区	525	98	64	23	99
浦口区	1895	586	679	226	689
栖霞区	869	128	157	41	151
雨花台区	561	199	160	34	549
江宁区	4488	1003	1410	306	1682
六合区	1809	291	633	122	538
溧水区	1099	251	356	76	245
高淳区	2606	536	574	214	330
南京江北新区	2221	333	829	135	978
无锡市	**8231**	**1300**	**2656**	**473**	**1168**
锡山区	751	228	145	24	77
惠山区	1212	159	366	31	122
滨湖区	1073	208	401	145	266
梁溪区	959	188	320	41	191
新吴区	631	66	191	43	127
江苏无锡经济开发区	315	53	93	13	37
江阴市	1895	247	895	113	198
宜兴市	1395	151	245	63	150
徐州市	**40283**	**5117**	**16159**	**3274**	**12653**
鼓楼区	1834	272	835	122	836
云龙区	1451	273	756	199	1371
贾汪区	4552	345	1288	155	440
泉山区	2290	380	2418	210	1954
铜山区	12023	1910	5842	1032	5795
丰县					
沛县					
睢宁县					
徐州经济技术开发区	359	9	27	3	2
新沂市	6937	728	1933	319	655
邳州市	10837	1200	3060	1234	1600
常州市	**10310**	**2114**	**2750**	**641**	**1782**
天宁区	1681	801	547	143	421
钟楼区	1360	202	267	31	185
新北区	2648	363	757	166	438
武进区	1541	191	313	56	173
金坛区	1118	260	239	70	137
江苏省常州市经济开发区	791	104	356	42	197
溧阳市	1171	193	271	133	231

8-1a　续表 4

单位：户

地　区	住房间数				
	六间	七间	八间	九间	十间及以上
苏州市	**31142**	**4328**	**5693**	**1769**	**5128**
虎丘区	1209	120	191	35	153
吴中区	2976	1018	765	159	568
相城区	3480	373	759	135	353
姑苏区	596	101	112	21	148
吴江区	4681	595	1476	655	1355
苏州工业园区					
常熟市	12330	1611	1661	373	1789
张家港市	1508	103	215	46	83
昆山市	2444	243	406	173	380
太仓市	1918	164	108	172	299
南通市	**27555**	**4236**	**8136**	**2205**	**6002**
崇川区	1336	228	129	22	63
港闸区	1614	391	623	97	304
通州区	4537	722	1243	267	727
如东县					
南通经济技术开发区					
通州湾示范区					
苏锡通科技产业园区					
启东市	2350	335	478	84	130
如皋市	7922	928	2429	580	2323
海门市	3231	461	254	303	110
海安市	6565	1171	2980	852	2345
连云港市	**17282**	**1839**	**7315**	**1577**	**4693**
连云区	1948	450	825	214	820
海州区	6009	754	2322	746	2259
赣榆区	8169	589	3932	545	1177
东海县	916	26	163	47	404
灌云县					
灌南县					
连云港经济技术开发区					
连云港高新技术产业开发区					
江苏连云港徐圩新区	38	4	15	8	11
江苏省连云港市云台山风景名胜区	202	16	58	17	22
淮安市	**9599**	**1915**	**5254**	**1780**	**5895**
淮安区	2200	606	1410	664	1299
淮阴区	4164	612	2426	746	2790
清江浦区	2259	341	1035	204	1376
洪泽区	976	356	383	166	430
涟水县					
盱眙县					
金湖县					
淮安经济技术开发区					
工业园区					
生态文旅区					
苏淮高新区					

8-1a 续表 5

单位：户

地　区	住房间数				
	六间	七间	八间	九间	十间及以上
盐城市	**14536**	**2891**	**5701**	**1952**	**5058**
亭湖区	4890	875	2159	547	1771
盐都区	1850	390	806	247	629
大丰区	1881	537	418	289	519
响水县					
滨海县					
阜宁县					
射阳县					
建湖县					
盐城经济技术开发区	7				
江苏省盐南高新区	1163	287	588	383	682
东台市	4745	802	1730	486	1457
扬州市	**17415**	**2935**	**4441**	**898**	**4527**
广陵区	1543	233	440	49	304
邗江区	3433	398	1106	132	974
江都区	4104	644	1304	288	1444
宝应县					
扬州经济技术开发区					
蜀冈瘦西湖景区	1816	147	232	49	229
生态新城	1308	172	330	87	375
仪征市	2588	1004	760	244	1080
高邮市	2623	337	269	49	121
镇江市	**9370**	**1731**	**2552**	**591**	**1689**
京口区	597	89	212	28	206
润州区	596	392	169	56	173
丹徒区	1635	421	733	186	421
镇江新区					
江苏镇江高新区	147	67	98	55	159
丹阳市	1672	240	328	78	206
扬中市	2821	204	575	74	156
句容市	1902	318	437	114	368
泰州市	**21612**	**4270**	**5744**	**2997**	**3862**
海陵区	4277	927	1148	719	1079
高港区	1721	225	474	197	194
姜堰区	3616	1028	1004	598	790
泰州医药高新技术产业开发区					
兴化市	2136	603	482	411	478
靖江市	4819	628	1422	487	666
泰兴市	5043	859	1214	585	655
宿迁市	**5375**	**1148**	**2257**	**1743**	**3711**
宿城区	2396	603	1405	751	2530
宿豫区	484	244	177	206	455
沭阳县					
泗阳县					
泗洪县					
宿迁经济技术开发区					
宿迁市湖滨新区	860	65	195	110	228
苏州宿迁工业园区	43	5	2	2	3
宿迁市洋河新区	1592	231	478	674	495

8-1b 各地区按住房间数分的家庭户户数(镇)

单位：户

地区	家庭户户数	住房间数				
		一间	二间	三间	四间	五间
江苏	**7018112**	**644765**	**1574486**	**3014728**	**869878**	**302436**
南京市	**58342**	**2594**	**20285**	**28436**	**4545**	**1004**
玄武区						
秦淮区						
建邺区						
鼓楼区						
浦口区	655	39	199	405	8	2
栖霞区						
雨花台区	3027	471	1893	443	116	32
江宁区						
六合区	39811	1005	13315	22388	2400	458
溧水区	10994	898	4179	4157	1187	286
高淳区	3855	181	699	1043	834	226
南京江北新区						
无锡市	**389074**	**82354**	**101515**	**149716**	**33383**	**11938**
锡山区	85561	19850	19193	31838	8497	2461
惠山区	38234	5763	9593	18531	3109	836
滨湖区						
梁溪区						
新吴区						
江苏无锡经济开发区						
江阴市	160350	42669	36204	56793	13576	6501
宜兴市	104929	14072	36525	42554	8201	2140
徐州市	**910009**	**30532**	**174652**	**404705**	**117874**	**43308**
鼓楼区						
云龙区	6281	329	1769	2188	586	153
贾汪区	27116	1148	6880	9380	3845	1195
泉山区						
铜山区	113541	3042	15991	40968	18274	7879
丰县	157816	3458	17300	64116	24110	8669
沛县	192162	6609	44507	93005	19871	6586
睢宁县	180334	8735	33977	88318	22573	8821
徐州经济技术开发区	101774	3601	35273	48512	4622	1307
新沂市	53154	1844	9450	22447	11808	3000
邳州市	77831	1766	9505	35771	12185	5698
常州市	**219007**	**42784**	**64686**	**75709**	**22189**	**6739**
天宁区	14427	2334	3704	5579	1537	503
钟楼区						
新北区	40973	8282	11674	14608	4200	1312
武进区	55982	14408	14167	16360	6922	2127
金坛区	24962	3513	9280	8437	2240	673
江苏省常州市经济开发区	32379	9954	8799	9140	2749	798
溧阳市	50284	4293	17062	21585	4541	1326

注：本表数据为居住在普通住宅的家庭户。

8-1b 续表 1 单位：户

地 区	家庭户户数	住房间数 一间	二间	三间	四间	五间
苏州市	**1004858**	**208209**	**276209**	**357452**	**88710**	**28372**
虎丘区	1573	297	585	691		
吴中区	61526	18344	13364	17158	6630	2606
相城区	20542	6628	4981	6459	1477	390
姑苏区						
吴江区	161700	49242	37297	44226	15103	4999
苏州工业园区	310434	52567	104614	119879	27745	4264
常熟市	104348	19607	14708	29066	13625	7625
张家港市	187808	36704	42212	87320	12689	4160
昆山市	81358	8894	34239	32079	3485	1590
太仓市	75569	15926	24209	20574	7956	2738
南通市	**781735**	**85298**	**169568**	**251503**	**122550**	**39659**
崇川区						
港闸区						
通州区	117499	19513	22718	34943	18119	5673
如东县	182056	14240	33453	59536	37541	11210
南通经济技术开发区	86455	8442	30861	43803	2492	629
通州湾示范区	14436	2523	3918	4977	1473	437
苏锡通科技产业园区	12640	2071	3437	4151	602	260
启东市	77185	14723	23788	20937	9831	2701
如皋市	132861	3633	14994	41853	28393	10537
海门市	104178	16612	26735	26179	12269	4488
海安市	54425	3541	9664	15124	11830	3724
连云港市	**541883**	**16792**	**87297**	**239503**	**94069**	**28641**
连云区	3	1	1	1		
海州区	18145	643	3800	8383	2829	949
赣榆区	95807	1233	6482	37151	28354	5386
东海县	147621	4240	23060	70843	22240	6531
灌云县	110076	4696	21470	43587	18966	6457
灌南县	94931	2819	13469	45263	12752	5766
连云港经济技术开发区	22346	539	7438	9856	2862	758
连云港高新技术产业开发区	41271	2547	10543	20211	3905	1069
江苏连云港徐圩新区	11045	68	964	4105	2023	1508
江苏省连云港市云台山风景名胜区	638	6	70	103	138	217
淮安市	**527583**	**17641**	**102059**	**259039**	**71281**	**29307**
淮安区	37929	1050	6365	13374	8519	3664
淮阴区	34332	423	2661	8669	8596	4636
清江浦区	2107	35	264	716	476	274
洪泽区	10029	553	1715	3323	2389	1023
涟水县	145441	3055	18801	82108	17139	8366
盱眙县	121206	6962	24567	52157	20989	6692
金湖县	60590	2776	19538	30700	4105	1335
淮安经济技术开发区	77099	2134	19594	45783	5067	1751
工业园区	2376	66	689	1455	153	2
生态文旅区	30083	283	7196	18564	3004	448
苏淮高新区	6391	304	669	2190	844	1116

8-1b 续表 2

单位：户

地　区	家庭户户数	住房间数				
		一间	二间	三间	四间	五间
盐城市	**899407**	**52801**	**227611**	**418436**	**110621**	**39869**
亭湖区	19561	625	4573	7114	2549	1942
盐都区	34479	1780	6910	14320	4737	2470
大丰区	72478	7391	32141	20694	6281	3147
响水县	85229	4052	19332	35797	14094	4637
滨海县	148994	10765	38080	68728	17732	6305
阜宁县	153988	5741	32978	84101	17105	6884
射阳县	161056	8987	39798	73157	22635	8287
建湖县	129788	5566	29454	79791	10132	2444
盐城经济技术开发区	18491	1449	4011	10201	1894	525
江苏省盐南高新区						
东台市	75343	6445	20334	24533	13462	3228
扬州市	**369353**	**16603**	**89268**	**160109**	**54169**	**19871**
广陵区	12879	670	2361	4777	2481	1184
邗江区	18545	755	3027	6535	5229	1449
江都区	83304	4639	20859	32670	13066	3744
宝应县	129186	5318	30496	60236	14007	7876
扬州经济技术开发区	66090	2908	21018	33950	4268	1379
蜀冈瘦西湖景区						
生态新城	3236	91	411	716	946	389
仪征市	18200	460	3185	6483	5805	1120
高邮市	37913	1762	7911	14742	8367	2730
镇江市	**284803**	**32692**	**82006**	**115323**	**32894**	**10265**
京口区	1769	202	784	599	93	58
润州区						
丹徒区	21904	634	3678	8971	4531	1853
镇江新区	72246	2729	24453	37674	5926	785
江苏镇江高新区						
丹阳市	136891	25797	38961	45052	15422	5045
扬中市	15201	1368	1651	5816	3653	1751
句容市	36792	1962	12479	17211	3269	773
泰州市	**369514**	**27870**	**78797**	**150441**	**60595**	**21595**
海陵区	9123	606	2182	2161	1956	801
高港区	14287	727	1704	6100	3186	1213
姜堰区	39102	2979	10344	12929	6706	2734
泰州医药高新技术产业开发区	60865	4172	10618	32541	7907	2070
兴化市	116988	8564	33394	44469	16980	6096
靖江市	40136	3941	4481	16882	7749	3365
泰兴市	89013	6881	16074	35359	16111	5316
宿迁市	**662544**	**28595**	**100533**	**404356**	**56998**	**21868**
宿城区	13011	775	1213	8403	1362	447
宿豫区	18478	608	3176	8978	3297	1042
沭阳县	276203	10151	30712	164393	28432	11193
泗阳县	150099	4016	21860	88100	15675	6603
泗洪县	157809	10375	30432	107535	6127	1571
宿迁经济技术开发区	42656	2407	12476	25274	1387	685
宿迁市湖滨新区	4288	263	664	1673	718	327
苏州宿迁工业园区						
宿迁市洋河新区						

8-1b 续表 3

单位：户

地区	住房间数				
	六间	七间	八间	九间	十间及以上
江 苏	**350864**	**56424**	**103033**	**36328**	**65170**
南京市	**979**	**161**	**186**	**74**	**78**
玄武区					
秦淮区					
建邺区					
鼓楼区					
浦口区	2				
栖霞区					
雨花台区	41	11	9	5	6
江宁区					
六合区	142	38	38	4	23
溧水区	209	32	31	3	12
高淳区	585	80	108	62	37
南京江北新区					
无锡市	**7113**	**805**	**1275**	**313**	**662**
锡山区	2183	346	699	190	304
惠山区	278	28	61	9	26
滨湖区					
梁溪区					
新吴区					
江苏无锡经济开发区					
江阴市	3693	309	326	71	208
宜兴市	959	122	189	43	124
徐州市	**72055**	**10975**	**24435**	**7864**	**23609**
鼓楼区					
云龙区	206	40	134	32	844
贾汪区	2709	368	837	225	529
泉山区					
铜山区	16807	1602	5199	865	2914
丰县	14504	3902	7897	2753	11107
沛县	10899	1972	4140	1201	3372
睢宁县	9392	1639	2339	1494	3046
徐州经济技术开发区	4830	375	2017	231	1006
新沂市	3257	354	566	163	265
邳州市	9451	723	1306	900	526
常州市	**4364**	**601**	**1195**	**211**	**529**
天宁区	574	48	105	15	28
钟楼区					
新北区	601	73	163	11	49
武进区	1173	139	404	63	219
金坛区	460	102	114	52	91
江苏省常州市经济开发区	597	46	215	15	66
溧阳市	959	193	194	55	76

8-1b　续表 4

单位：户

地　区	住房间数				
	六间	七间	八间	九间	十间及以上
苏州市	**30727**	**5112**	**6197**	**1735**	**2135**
虎丘区					
吴中区	1898	389	563	199	375
相城区	418	100	48	27	14
姑苏区					
吴江区	7155	1081	1408	617	572
苏州工业园区	995	185	58	72	55
常熟市	13428	2525	3001	286	477
张家港市	3309	373	544	222	275
昆山市	779	56	100	30	106
太仓市	2745	403	475	282	261
南通市	**69360**	**12118**	**18058**	**5467**	**8154**
崇川区					
港闸区					
通州区	8569	1841	3618	938	1567
如东县	15092	3792	4427	1039	1726
南通经济技术开发区	172	27	18	1	10
通州湾示范区	561	193	210	63	81
苏锡通科技产业园区	1365	289	316	54	95
启东市	3846	456	431	289	183
如皋市	20985	2443	6104	1300	2619
海门市	13039	1725	1408	1136	587
海安市	5731	1352	1526	647	1286
连云港市	**40479**	**5016**	**14807**	**6282**	**8997**
连云区					
海州区	936	199	225	98	83
赣榆区	9265	1185	4392	908	1451
东海县	10211	1168	3578	3320	2430
灌云县	8555	905	2851	919	1670
灌南县	7482	1193	2829	795	2563
连云港经济技术开发区	712	47	99	6	29
连云港高新技术产业开发区	1748	121	517	85	525
江苏连云港徐圩新区	1495	192	302	151	237
江苏省连云港市云台山风景名胜区	75	6	14		9
淮安市	**26729**	**4354**	**8705**	**2895**	**5573**
淮安区	3558	332	736	103	228
淮阴区	5153	686	1721	560	1227
清江浦区	262	10	57	1	12
洪泽区	644	108	161	53	60
涟水县	7194	1462	3293	1267	2756
盱眙县	6212	1193	1457	537	440
金湖县	1284	169	458	59	166
淮安经济技术开发区	1457	168	467	90	588
工业园区	1	2	4	2	2
生态文旅区	384	39	113	24	28
苏淮高新区	580	185	238	199	66

8-1b 续表 5

单位：户

地　　区	住房间数				
	六间	七间	八间	九间	十间及以上
盐城市	**30891**	**4938**	**8488**	**1893**	**3859**
亭湖区	1378	295	642	156	287
盐都区	2552	499	814	129	268
大丰区	1811	422	250	189	152
响水县	4000	654	1258	300	1105
滨海县	4659	695	1201	247	582
阜宁县	4364	640	1366	204	605
射阳县	5180	1056	1287	322	347
建湖县	1569	211	334	112	175
盐城经济技术开发区	303	34	44	9	21
江苏省盐南高新区					
东台市	5075	432	1292	225	317
扬州市	**17139**	**3218**	**4928**	**1557**	**2491**
广陵区	744	128	229	82	223
邗江区	1128	81	170	65	106
江都区	5631	661	788	749	497
宝应县	5965	1256	2605	406	1021
扬州经济技术开发区	1052	404	587	172	352
蜀冈瘦西湖景区					
生态新城	403	55	122	8	95
仪征市	645	187	180	35	100
高邮市	1571	446	247	40	97
镇江市	**7321**	**1297**	**1777**	**401**	**827**
京口区	29		3	1	
润州区					
丹徒区	1422	197	328	94	196
镇江新区	352	96	120	38	73
江苏镇江高新区					
丹阳市	4219	704	1048	210	433
扬中市	705	124	96	4	33
句容市	594	176	182	54	92
泰州市	**19378**	**3387**	**3358**	**1955**	**2138**
海陵区	999	157	53	102	106
高港区	814	190	166	104	83
姜堰区	2152	424	460	168	206
泰州医药高新技术产业开发区	2305	254	307	216	475
兴化市	4731	758	956	412	628
靖江市	2306	557	344	415	96
泰兴市	6071	1047	1072	538	544
宿迁市	**24329**	**4442**	**9624**	**5681**	**6118**
宿城区	338	47	137	130	159
宿豫区	780	97	193	120	187
沭阳县	14825	3072	6214	3605	3606
泗阳县	6789	905	2768	1565	1818
泗洪县	1087	143	175	185	179
宿迁经济技术开发区	250	134	5	13	25
宿迁市湖滨新区	260	44	132	63	144
苏州宿迁工业园区					
宿迁市洋河新区					

8-1c　各地区按住房间数分的家庭户户数(乡村)

单位：户

地　　区	家庭户户　数	住房间数				
		一间	二间	三间	四间	五间
江　苏	**7982765**	**714922**	**1520518**	**2366822**	**1411164**	**640717**
南京市	**413130**	**30934**	**84445**	**114065**	**87831**	**35678**
玄武区						
秦淮区						
建邺区						
鼓楼区						
浦口区	26683	1694	7566	9137	3654	1549
栖霞区	19585	1518	2754	3870	4124	2288
雨花台区						
江宁区	120673	9342	24720	31172	20926	10430
六合区	106332	5309	16717	28243	29890	11206
溧水区	62759	5328	15188	19280	11526	4708
高淳区	70683	7195	16247	21014	15794	4958
南京江北新区	6415	548	1253	1349	1917	539
无锡市	**429839**	**94455**	**117611**	**135867**	**49562**	**15807**
锡山区	34273	10097	6881	10700	4450	1057
惠山区	66381	18654	15358	18936	8138	3306
滨湖区	12850	2222	3317	4572	1214	673
梁溪区						
新吴区	18178	5952	4346	5282	1405	653
江苏无锡经济开发区						
江阴市	149269	39507	31541	46804	17351	5537
宜兴市	148888	18023	56168	49573	17004	4581
徐州市	**1070574**	**34740**	**150263**	**366903**	**169845**	**79199**
鼓楼区						
云龙区						
贾汪区	62325	2026	9110	24205	6246	3507
泉山区						
铜山区	173276	6103	25783	42504	27888	14071
丰县	162958	1942	11826	29690	27592	15929
沛县	150987	6824	25442	52135	24608	10224
睢宁县	153768	6280	23344	50867	29252	12688
徐州经济技术开发区	16951	301	1609	3516	2492	1081
新沂市	140838	5289	25493	63069	24583	7030
邳州市	209471	5975	27656	100917	27184	14669
常州市	**440428**	**85813**	**113000**	**118368**	**66398**	**25175**
天宁区	20215	4725	6047	4907	2678	758
钟楼区	12303	4255	2577	3020	1549	590
新北区	38106	6537	8009	10929	6897	3047
武进区	120095	28775	27084	29196	19085	7379
金坛区	79472	10069	21678	23220	12129	4777
江苏省常州市经济开发区	52498	21372	12565	9137	5738	1988
溧阳市	117739	10080	35040	37959	18322	6636

注：本表数据为居住在普通住宅的家庭户。

8-1c 续表 1

单位：户

地 区	家庭户户 数	住房间数				
		一间	二间	三间	四间	五间
苏州市	**709801**	**203243**	**95037**	**170100**	**89761**	**44778**
虎丘区	20102	6136	3556	5498	1841	959
吴中区	99810	35321	9911	21894	13021	6044
相城区	11928	3955	1732	3270	1582	420
姑苏区						
吴江区	117405	31247	15122	26102	16676	6582
苏州工业园区						
常熟市	124558	19331	10362	31884	23556	12612
张家港市	123963	37509	18269	34238	14327	4626
昆山市	138907	47866	30082	36759	8929	4334
太仓市	73128	21878	6003	10455	9829	9201
南通市	**916907**	**95540**	**174841**	**217763**	**179152**	**55653**
崇川区						
港闸区	688	131	79	202	133	69
通州区	127188	9580	15824	31816	28926	9629
如东县	142824	11136	20976	39183	37690	8756
南通经济技术开发区						
通州湾示范区	25108	4129	5876	7066	3331	1333
苏锡通科技产业园区	17683	2148	5042	6884	1376	531
启东市	188176	44866	66477	41054	21746	5327
如皋市	163176	4210	12679	35604	40356	14574
海门市	143860	13909	31833	30629	20585	8064
海安市	108204	5431	16055	25325	25009	7370
连云港市	**585866**	**11502**	**64391**	**196139**	**134306**	**44065**
连云区	784	12	102	211	105	88
海州区	27279	912	3149	8283	6485	2322
赣榆区	158439	2900	12637	70573	38416	7316
东海县	175425	1859	10638	60675	42941	10569
灌云县	118218	3718	21819	30857	24044	14466
灌南县	93463	1991	15261	23842	17788	8129
连云港经济技术开发区	5451	55	430	893	2049	601
连云港高新技术产业开发区						
江苏连云港徐圩新区	269	3	17	11	13	29
江苏省连云港市云台山风景名胜区	6538	52	338	794	2465	545
淮安市	**552654**	**15378**	**83893**	**141420**	**105622**	**76805**
淮安区	130987	4572	22944	39062	30379	15367
淮阴区	104596	1879	10322	20490	20693	12719
清江浦区	16219	271	1067	2679	3644	2707
洪泽区	42088	1141	6069	9323	5417	9075
涟水县	130066	3751	19239	33340	22511	18290
盱眙县	79526	2154	13033	21945	14163	12765
金湖县	45844	1501	10584	13652	8346	5295
淮安经济技术开发区						
工业园区	2530	104	524	750	360	418
生态文旅区						
苏淮高新区	798	5	111	179	109	169

8-1c　续表 2

单位：户

地　　区	家庭户户　数	住房间数				
		一间	二间	三间	四间	五间
盐城市	**952323**	**52533**	**286636**	**298553**	**149023**	**85855**
亭湖区	35350	650	6761	10725	3432	5459
盐都区	104766	3724	35672	38762	9893	8662
大丰区	102704	8469	43342	29532	10080	5783
响水县	64741	2417	13533	19427	14307	5978
滨海县	130904	5190	34772	45926	25899	9928
阜宁县	124478	3041	26581	36116	28440	18805
射阳县	124031	4928	33879	50343	17664	11295
建湖县	96714	10717	41836	23047	5503	11517
盐城经济技术开发区	9328	269	3217	4062	1114	313
江苏省盐南高新区						
东台市	159307	13128	47043	40613	32691	8115
扬州市	**494395**	**19207**	**100257**	**147927**	**107731**	**51162**
广陵区	23548	2032	2882	5780	5871	2826
邗江区	29509	505	3200	7803	11011	2865
江都区	138195	4490	28461	43117	29634	9758
宝应县	118099	5319	31543	34321	15556	18135
扬州经济技术开发区	6519	168	786	1958	856	701
蜀冈瘦西湖景区						
生态新城	5178	74	381	766	1341	662
仪征市	59727	1393	7998	16569	19123	5406
高邮市	113620	5226	25006	37613	24339	10809
镇江市	**241206**	**17112**	**52005**	**76745**	**46562**	**19360**
京口区	2357	159	244	322	515	325
润州区	17		5	2	1	6
丹徒区	34836	1154	5522	11490	6989	3419
镇江新区	11606	535	2670	4603	1611	817
江苏镇江高新区						
丹阳市	72800	7676	21182	24021	10705	3728
扬中市	31487	1538	2639	8994	9852	4864
句容市	88103	6050	19743	27313	16889	6201
泰州市	**598548**	**35299**	**124421**	**186177**	**127558**	**54449**
海陵区	17002	1857	3671	3920	3521	1773
高港区	28980	1423	3231	5495	10260	4087
姜堰区	105581	5713	22523	28931	20078	9675
泰州医药高新技术产业开发区	4783	400	531	444	1743	546
兴化市	209769	12735	65758	79225	27757	11822
靖江市	79193	4988	6567	17588	25865	12551
泰兴市	153240	8183	22140	50574	38334	13995
宿迁市	**577094**	**19166**	**73718**	**196795**	**97813**	**52731**
宿城区	70767	1899	7939	23425	12773	6363
宿豫区	49521	1763	9350	16866	8861	2810
沭阳县	206279	5833	24287	64433	38102	22294
泗阳县	99024	2449	11476	27927	17691	10690
泗洪县	102207	5826	16235	50105	12393	5921
宿迁经济技术开发区	13434	291	950	3456	1674	578
宿迁市湖滨新区	16539	792	2183	4531	2937	1763
苏州宿迁工业园区						
宿迁市洋河新区	19323	313	1298	6052	3382	2312

8-1c 续表 3

单位：户

地 区	住房间数				
	六间	七间	八间	九间	十间及以上
江 苏	**757306**	**135946**	**223377**	**87830**	**124163**
南京市	**31898**	**7317**	**9840**	**2966**	**8156**
玄武区					
秦淮区					
建邺区					
鼓楼区					
浦口区	1309	407	543	153	671
栖霞区	3096	448	857	221	409
雨花台区					
江宁区	10212	3057	4500	1300	5014
六合区	9198	1730	2274	627	1138
溧水区	3870	975	997	280	607
高淳区	3772	606	522	341	234
南京江北新区	441	94	147	44	83
无锡市	**10946**	**1353**	**2619**	**618**	**1001**
锡山区	726	101	163	29	69
惠山区	1327	132	392	36	102
滨湖区	313	93	347	24	75
梁溪区					
新吴区	313	59	53	37	78
江苏无锡经济开发区					
江阴市	5801	644	1169	408	507
宜兴市	2466	324	495	84	170
徐州市	**156942**	**24013**	**41606**	**16711**	**30352**
鼓楼区					
云龙区					
贾汪区	13916	709	1575	302	729
泉山区					
铜山区	38355	4727	8318	1698	3829
丰县	28245	8852	15851	6136	16895
沛县	19321	2981	4524	1574	3354
睢宁县	16019	3346	4260	4379	3333
徐州经济技术开发区	5971	272	1376	140	193
新沂市	11081	938	1968	543	844
邳州市	24034	2188	3734	1939	1175
常州市	**18702**	**3734**	**4848**	**1413**	**2977**
天宁区	980	50	54	4	12
钟楼区	177	36	49	7	43
新北区	1562	308	425	117	275
武进区	4385	674	1862	290	1365
金坛区	4256	1147	1052	405	739
江苏省常州市经济开发区	1105	180	316	44	53
溧阳市	6237	1339	1090	546	490

8-1c　续表 4

单位：户

地　区	住房间数				
	六间	七间	八间	九间	十间及以上
苏州市	**61722**	**12226**	**17328**	**5762**	**9844**
虎丘区	1013	417	465	112	105
吴中区	6715	1632	2077	835	2360
相城区	629	168	102	23	47
姑苏区					
吴江区	12582	2476	3168	1823	1627
苏州工业园区					
常熟市	17873	3904	3499	850	687
张家港市	11241	795	1964	484	510
昆山市	5643	1216	2106	651	1321
太仓市	6026	1618	3947	984	3187
南通市	**113824**	**23230**	**31879**	**10408**	**14617**
崇川区					
港闸区	12		30		32
通州区	16615	2929	7043	1159	3667
如东县	14503	4718	3993	710	1159
南通经济技术开发区					
通州湾示范区	2304	417	363	154	135
苏锡通科技产业园区	1037	310	213	53	89
启东市	5983	788	1059	510	366
如皋市	31089	5108	11023	2874	5659
海门市	27183	4522	2930	2969	1236
海安市	15098	4438	5225	1979	2274
连云港市	**78503**	**7582**	**31075**	**6151**	**12152**
连云区	75	68	38	29	56
海州区	3907	429	1222	249	321
赣榆区	16406	906	7095	778	1412
东海县	28069	2585	11505	2730	3854
灌云县	13165	1691	5000	940	2518
灌南县	14675	1629	5401	1246	3501
连云港经济技术开发区	1006	85	184	52	96
连云港高新技术产业开发区					
江苏连云港徐圩新区	89	19	75	2	11
江苏省连云港市云台山风景名胜区	1111	170	555	125	383
淮安市	**67585**	**15993**	**24328**	**9955**	**11675**
淮安区	12687	1804	2719	524	929
淮阴区	18256	3956	7295	4537	4449
清江浦区	3055	572	1077	441	706
洪泽区	4824	3200	1826	419	794
涟水县	15230	3716	7596	3051	3342
盱眙县	9674	1738	2324	766	964
金湖县	3597	875	1404	180	410
淮安经济技术开发区					
工业园区	191	63	60	21	39
生态文旅区					
苏淮高新区	71	69	27	16	42

8-1c 续表 5

单位：户

地 区	住房间数				
	六间	七间	八间	九间	十间及以上
盐城市	**49675**	**9273**	**13024**	**3297**	**4454**
亭湖区	4602	789	1662	589	681
盐都区	5054	1034	1420	271	274
大丰区	3442	964	506	339	247
响水县	5193	1074	1502	549	761
滨海县	6178	1002	1390	261	358
阜宁县	7373	1840	1567	306	409
射阳县	4312	541	750	171	148
建湖县	2587	533	705	105	164
盐城经济技术开发区	284	19	39	6	5
江苏省盐南高新区					
东台市	10650	1477	3483	700	1407
扬州市	**42252**	**7711**	**10746**	**2760**	**4642**
广陵区	2214	466	837	157	483
邗江区	3115	321	409	155	125
江都区	15277	1818	2628	1279	1733
宝应县	6985	2447	2671	433	689
扬州经济技术开发区	904	305	399	103	339
蜀冈瘦西湖景区					
生态新城	984	348	440	100	82
仪征市	5201	681	2110	329	917
高邮市	7572	1325	1252	204	274
镇江市	**17398**	**3964**	**4067**	**1248**	**2745**
京口区	377	100	161	48	106
润州区	3				
丹徒区	3144	790	983	314	1031
镇江新区	743	190	202	67	168
江苏镇江高新区					
丹阳市	3683	734	652	226	193
扬中市	3067	230	200	43	60
句容市	6381	1920	1869	550	1187
泰州市	**46560**	**8553**	**7552**	**3677**	**4302**
海陵区	1315	275	425	149	96
高港区	3400	466	426	85	107
姜堰区	10040	2587	2605	1627	1802
泰州医药高新技术产业开发区	719	140	77	103	80
兴化市	8704	1724	943	490	611
靖江市	8420	1212	1286	431	285
泰兴市	13962	2149	1790	792	1321
宿迁市	**61299**	**10997**	**24465**	**22864**	**17246**
宿城区	7814	1109	2176	4659	2610
宿豫区	3474	648	1634	2159	1956
沭阳县	26423	5043	10167	5660	4037
泗阳县	12397	1781	5928	5607	3078
泗洪县	6395	1052	1555	1670	1055
宿迁经济技术开发区	1291	260	831	1305	2798
宿迁市湖滨新区	1470	453	775	763	872
苏州宿迁工业园区					
宿迁市洋河新区	2035	651	1399	1041	840

8-2 各地区按人均住房建筑面积分的家庭户户数

单位：户

地 区	家庭户户 数	人均住房建筑面积(平方米)			
		8及以下	9-12	13-16	17-19
江 苏	**28069197**	**244531**	**606777**	**948457**	**686257**
南京市	**2989186**	**21441**	**65264**	**142621**	**133129**
玄武区	162013	2019	5835	12383	10565
秦淮区	270427	4315	12318	23628	17705
建邺区	182690	914	5034	10036	8602
鼓楼区	330573	4282	13761	28271	22045
浦口区	128982	402	1210	2979	3549
栖霞区	286053	2556	5897	14344	12932
雨花台区	194859	1539	4874	10353	12738
江宁区	545243	2601	7857	18529	18495
六合区	225875	243	988	3261	4679
溧水区	162153	192	781	2634	2847
高淳区	153963	300	883	1772	1695
南京江北新区	346355	2078	5826	14431	17277
无锡市	**2489496**	**31562**	**77574**	**100285**	**63043**
锡山区	273720	8316	16855	14818	7780
惠山区	280856	4718	9841	11703	7612
滨湖区	192383	1437	4172	6896	5959
梁溪区	372763	2967	9398	19516	14300
新吴区	218963	992	3528	7734	7054
江苏无锡经济开发区	108891	770	1940	3273	3012
江阴市	584970	9168	23767	25399	11243
宜兴市	456950	3194	8073	10946	6083
徐州市	**2967464**	**11585**	**39987**	**89992**	**67150**
鼓楼区	158933	1154	4467	9007	7465
云龙区	160209	691	2977	6555	7040
贾汪区	146514	585	2284	5330	3705
泉山区	230784	1164	5063	11104	10470
铜山区	392842	540	2256	6338	4512
丰县	320774	446	1386	3783	3089
沛县	343149	2779	7721	14090	7736
睢宁县	334102	1491	4028	8448	5651
徐州经济技术开发区	119835	131	693	2976	4161
新沂市	303655	1011	3524	8087	5108
邳州市	456667	1593	5588	14274	8213
常州市	**1839105**	**30006**	**66734**	**74727**	**34581**
天宁区	241646	3310	7492	9115	7515
钟楼区	230505	5795	10357	11274	6106
新北区	296456	2609	6420	9653	4754
武进区	417736	10145	23457	22302	5508
金坛区	221132	1733	3809	4680	3179
江苏省常州市经济开发区	146508	5377	12198	10884	3401
溧阳市	285122	1037	3001	6819	4118

注：本表数据为居住在普通住宅的家庭户。

8-2　续表 1　　　　单位：户

地　　区	家庭户户　数	人均住房建筑面积(平方米)			
		8及以下	9-12	13-16	17-19
苏州市	**3918580**	**105763**	**217630**	**239354**	**131408**
虎丘区	232817	2380	8487	15226	9958
吴中区	414570	20844	31845	28665	12211
相城区	265753	7930	16842	16626	10421
姑苏区	343117	6800	14385	23652	19477
吴江区	476920	26871	40695	34205	13733
苏州工业园区	310434	2366	11342	23605	17598
常熟市	484137	5865	33211	27972	9318
张家港市	468737	12077	21849	20725	7386
昆山市	664227	13252	24869	36427	25104
太仓市	257868	7378	14105	12251	6202
南通市	**2765455**	**8610**	**27765**	**43078**	**31461**
崇川区	257148	941	3326	8338	8046
港闸区	128667	943	1865	3325	3467
通州区	377254	2232	7271	6725	3341
如东县	324880	477	1671	2327	1275
南通经济技术开发区	86455	172	755	1595	2976
通州湾示范区	39544	44	137	298	152
苏锡通科技产业园区	30323	189	637	704	435
启东市	417613	737	2823	5140	3213
如皋市	413998	299	1111	2903	2678
海门市	374679	1946	6212	8687	3717
海安市	314894	630	1957	3036	2161
连云港市	**1470410**	**4084**	**14203**	**35506**	**23954**
连云区	55225	188	690	1583	1635
海州区	240896	758	2860	6802	6827
赣榆区	342064	581	2627	6917	3993
东海县	325849	596	2379	6005	3895
灌云县	228294	1022	3175	7775	3444
灌南县	188394	873	2146	5223	2739
连云港经济技术开发区	27797	20	143	451	531
连云港高新技术产业开发区	41271	33	114	468	676
江苏连云港徐圩新区	12072	7	54	221	180
江苏省连云港市云台山风景名胜区	8548	6	15	61	34
淮安市	**1491756**	**4220**	**11283**	**30938**	**34173**
淮安区	265743	665	1981	4959	4534
淮阴区	233019	248	879	3571	4124
清江浦区	192791	480	2390	6329	7630
洪泽区	98253	410	1024	2281	2489
涟水县	275507	398	1418	4317	4351
盱眙县	200732	1640	2359	4693	3605
金湖县	106434	238	809	2078	2597
淮安经济技术开发区	77099	97	237	1662	2966
工业园区	4906	5	42	285	356
生态文旅区	30083	7	68	584	1288
苏淮高新区	7189	32	76	179	233

8-2　续表 2

单位：户

地　　区	家庭户户　数	人均住房建筑面积(平方米)			
		8及以下	9-12	13-16	17-19
盐城市	**2412425**	**6170**	**24256**	**57925**	**48989**
亭湖区	222079	561	1902	5269	6060
盐都区	226998	464	2251	5521	5483
大丰区	259662	386	1216	2325	2490
响水县	149970	795	2485	5447	3401
滨海县	279898	1351	5165	10970	6441
阜宁县	278466	643	2941	8581	6882
射阳县	285087	593	3019	7740	7036
建湖县	226502	563	2144	4689	4488
盐城经济技术开发区	28465	43	105	739	841
江苏省盐南高新区	104644	72	467	1600	2666
东台市	350654	699	2561	5044	3201
扬州市	**1526984**	**4708**	**15139**	**32685**	**31268**
广陵区	172585	1083	4131	6569	6028
邗江区	211236	450	1684	3958	3708
江都区	331359	1157	3223	5494	4158
宝应县	247285	693	2329	5531	5307
扬州经济技术开发区	72609	170	612	1873	1673
蜀冈瘦西湖景区	44996	201	684	1705	1822
生态新城	17056	111	246	232	124
仪征市	183570	266	876	3054	3658
高邮市	246288	577	1354	4269	4790
镇江市	**1094512**	**6980**	**15452**	**25643**	**19410**
京口区	121816	406	1824	4114	4148
润州区	88050	591	1572	2862	2927
丹徒区	105311	109	370	1218	1175
镇江新区	83852	59	297	1207	2160
江苏镇江高新区	20400	74	179	451	532
丹阳市	344367	4867	8835	11223	4909
扬中市	103066	585	1265	1708	739
句容市	227650	289	1110	2860	2820
泰州市	**1624110**	**4834**	**15882**	**32318**	**25086**
海陵区	186658	542	2024	4843	5383
高港区	85991	263	674	798	753
姜堰区	258007	634	2336	4498	3743
泰州医药高新技术产业开发区	65648	515	1040	1003	1297
兴化市	428026	1367	5267	13618	8340
靖江市	229964	1021	2612	3619	2129
泰兴市	369816	492	1929	3939	3441
宿迁市	**1479714**	**4568**	**15608**	**43385**	**42605**
宿城区	201863	344	1228	4294	5145
宿豫区	139757	245	849	3294	4344
沭阳县	482482	1919	6756	17210	13976
泗阳县	249123	462	1544	4665	4417
泗洪县	260016	1403	4370	10491	9989
宿迁经济技术开发区	56090	81	428	1687	2515
宿迁市湖滨新区	36822	61	257	981	1069
苏州宿迁工业园区	9100	1	12	129	231
宿迁市洋河新区	44461	52	164	634	919

8-2 续表 3

单位：户

地　区	人均住房建筑面积(平方米)					
	20-29	30-39	40-49	50-59	60-69	70及以上
江　苏	**4556561**	**4537425**	**4149070**	**2398933**	**2574938**	**7366248**
南京市	**649942**	**542557**	**432857**	**221140**	**226262**	**553973**
玄武区	41387	30440	18966	12155	11173	17090
秦淮区	72248	47036	30715	21440	17203	23819
建邺区	44110	33430	29944	12678	12779	25163
鼓楼区	87952	58858	36358	25871	21806	31369
浦口区	23469	21430	21743	10600	9866	33734
栖霞区	71079	53637	45550	16982	18475	44601
雨花台区	53974	37312	26967	12930	9926	24246
江宁区	93765	103061	83939	34003	50025	132968
六合区	32367	37116	35965	21662	19814	69780
溧水区	21644	28162	25719	14380	19324	46470
高淳区	16800	23630	23472	16497	16880	52034
南京江北新区	91147	68445	53519	21942	18991	52699
无锡市	**426055**	**424471**	**406204**	**180941**	**231778**	**547583**
锡山区	51247	41891	41245	16845	20256	54467
惠山区	54770	49989	42534	21236	21786	56667
滨湖区	32062	35528	35055	11257	21199	38818
梁溪区	83517	69520	65884	26800	29159	51702
新吴区	43813	45976	41495	9474	22353	36544
江苏无锡经济开发区	19277	23016	22695	5592	11352	17964
江阴市	84370	89028	89688	44149	52515	155643
宜兴市	56999	69523	67608	45588	53158	135778
徐州市	**473990**	**487035**	**412808**	**279861**	**268914**	**836142**
鼓楼区	38763	30856	24679	11869	7972	22701
云龙区	37881	31870	25887	11978	9388	25942
贾汪区	26867	26687	20731	14177	12676	33472
泉山区	50064	44534	34601	20992	14976	37816
铜山区	43546	53854	50109	43764	40900	147023
丰县	28733	38174	45685	32826	36258	130394
沛县	63608	60735	49163	29215	29632	78470
睢宁县	47902	52248	42603	32740	31797	107194
徐州经济技术开发区	24292	24241	17674	9276	8425	27966
新沂市	41109	46207	39703	29507	30357	99042
邳州市	71225	77629	61973	43517	46533	126122
常州市	**320845**	**269574**	**296171**	**139835**	**175496**	**431136**
天宁区	47683	43083	39139	20384	22613	41312
钟楼区	45738	36868	37748	16705	19993	39921
新北区	55497	41984	56153	16399	28652	74335
武进区	74076	50459	64948	26235	36937	103669
金坛区	28010	34378	33521	24251	22162	65409
江苏省常州市经济开发区	31946	17499	20413	7971	10461	26358
溧阳市	37895	45303	44249	27890	34678	80132

8-2　续表 4

单位：户

地　　区	人均住房建筑面积(平方米)					
	20-29	30-39	40-49	50-59	60-69	70及以上
苏州市	**770535**	**602976**	**537053**	**250919**	**275310**	**787632**
虎丘区	54641	50497	33412	9666	18135	30415
吴中区	74721	56896	50805	24527	28455	85601
相城区	58014	44465	34355	15854	16251	44995
姑苏区	86008	65681	43187	25566	22698	35663
吴江区	84588	59323	55857	29852	31550	100246
苏州工业园区	77191	59002	48058	15671	16148	39453
常熟市	72393	58229	55075	42874	39625	139575
张家港市	71602	68074	72086	30623	47257	117058
昆山市	145467	108101	111005	39208	37910	122884
太仓市	45910	32708	33213	17078	17281	71742
南通市	**268969**	**382384**	**421919**	**252718**	**335128**	**993423**
崇川区	51971	52976	44521	18183	25138	43708
港闸区	24119	23981	25397	8678	11141	25751
通州区	31582	45231	55692	33189	46532	145459
如东县	16247	30721	43884	32939	42111	153228
南通经济技术开发区	16226	17802	16760	6373	8630	15166
通州湾示范区	1629	3794	4149	3824	4939	20578
苏锡通科技产业园区	3419	4757	5158	2765	4086	8173
启东市	30437	67842	67009	34256	62674	143482
如皋市	30037	45247	57656	40967	51866	181234
海门市	36721	51330	51509	40214	41389	132954
海安市	26581	38703	50184	31330	36622	123690
连云港市	**198704**	**226562**	**208481**	**143621**	**150482**	**464813**
连云区	9997	10564	8861	5200	4392	12115
海州区	41928	44431	38126	21177	21442	56545
赣榆区	40824	51004	43726	35297	38841	118254
东海县	33109	39931	42827	31696	36088	129323
灌云县	34230	35943	32938	22842	23036	63889
灌南县	25891	29374	26156	18850	18210	58932
连云港经济技术开发区	3906	5146	4727	2442	2520	7911
连云港高新技术产业开发区	6458	7010	8180	3394	3782	11156
江苏连云港徐圩新区	1837	2104	1644	1763	1133	3129
江苏省连云港市云台山风景名胜区	524	1055	1296	960	1038	3559
淮安市	**220420**	**244124**	**206245**	**152636**	**138829**	**448888**
淮安区	33833	39831	38167	26700	26784	88289
淮阴区	28710	33112	29674	24354	22600	85747
清江浦区	38147	36766	27150	15967	15899	42033
洪泽区	14365	16249	13964	11005	9014	27452
涟水县	36068	44635	35906	31316	27290	89808
盱眙县	28395	31134	29295	18919	19894	60798
金湖县	15376	17137	16092	11240	10894	29973
淮安经济技术开发区	16095	15641	9958	9159	4099	17185
工业园区	937	905	642	316	244	1174
生态文旅区	7399	7600	4472	2821	1408	4436
苏淮高新区	1095	1114	925	839	703	1993

8-2 续表 5

单位：户

地　区	人均住房建筑面积(平方米)					
	20-29	30-39	40-49	50-59	60-69	70及以上
盐城市	**364068**	**424308**	**396594**	**228051**	**231743**	**630321**
亭湖区	38310	41171	35932	20658	17243	54973
盐都区	37147	42190	36158	21363	19451	56970
大丰区	24822	35777	43607	27564	32329	89146
响水县	26535	26791	23305	13363	12920	34928
滨海县	48300	50117	42491	24629	27198	63236
阜宁县	49419	52186	43111	26844	23470	64389
射阳县	46791	55873	50838	26836	24905	61456
建湖县	35974	45094	39100	24100	19693	50657
盐城经济技术开发区	5298	5542	4822	2365	2497	6213
江苏省盐南高新区	19319	21743	20938	7962	8146	21731
东台市	32153	47824	56292	32367	43891	126622
扬州市	**219713**	**250232**	**231920**	**150515**	**146425**	**444379**
广陵区	31985	30478	23926	14812	14752	38821
邗江区	31231	35435	35285	20566	21141	57778
江都区	37427	47010	46773	32683	36833	116601
宝应县	37678	43326	39882	25025	22805	64709
扬州经济技术开发区	14490	13356	11380	7144	5502	16409
蜀冈瘦西湖景区	9355	9343	6543	3840	3552	7951
生态新城	1207	1291	1668	1666	1669	8842
仪征市	21998	28573	24971	19818	15983	64373
高邮市	34342	41420	41492	24961	24188	68895
镇江市	**155193**	**177460**	**164778**	**114030**	**106733**	**308833**
京口区	24232	25358	19546	11278	10682	20228
润州区	17472	17871	14176	9547	6942	14090
丹徒区	12447	16100	15926	12049	12172	33745
镇江新区	14946	17368	14596	9286	7174	16759
江苏镇江高新区	3688	4063	3427	2454	1867	3665
丹阳市	45719	52884	48596	32750	35921	98663
扬中市	8763	10882	13597	11955	7851	45721
句容市	27926	32934	34914	24711	24124	75962
泰州市	**204395**	**234161**	**239456**	**134756**	**170170**	**563052**
海陵区	32628	33871	30708	15862	17593	43204
高港区	7714	8517	10616	6875	9410	40371
姜堰区	31432	39567	41989	22671	29140	81997
泰州医药高新技术产业开发区	10642	10235	9629	5998	6455	18834
兴化市	68159	79539	69016	39135	42760	100825
靖江市	21103	23940	27184	14834	22965	110557
泰兴市	32717	38492	50314	29381	41847	167264
宿迁市	**283732**	**271581**	**194584**	**149910**	**117668**	**356073**
宿城区	36388	35457	29093	19369	15804	54741
宿豫区	27668	24692	17807	13649	9093	38116
沭阳县	93508	88765	63710	48293	41524	106821
泗阳县	38768	42824	34135	25963	24647	71698
泗洪县	58331	53547	30857	27682	16322	47024
宿迁经济技术开发区	13901	10362	7689	5080	2772	11575
宿迁市湖滨新区	6661	6575	4732	3605	2872	10009
苏州宿迁工业园区	2212	2138	1346	874	551	1606
宿迁市洋河新区	6295	7221	5215	5395	4083	14483

8-2a　各地区按人均住房建筑面积分的家庭户户数(城市)

单位：户

地　区	家庭户户　数	人均住房建筑面积(平方米)			
		8及以下	9-12	13-16	17-19
江　苏	**13068320**	**119591**	**309250**	**518084**	**444880**
南京市	**2517714**	**20938**	**63190**	**137095**	**128525**
玄武区	162013	2019	5835	12383	10565
秦淮区	270427	4315	12318	23628	17705
建邺区	182690	914	5034	10036	8602
鼓楼区	330573	4282	13761	28271	22045
浦口区	101644	327	1010	2619	3304
栖霞区	266468	2494	5726	14057	12831
雨花台区	191832	1534	4816	10220	12595
江宁区	424570	2430	7068	16688	17439
六合区	79732	138	450	1473	2330
溧水区	88400	142	614	2056	2519
高淳区	79425	273	753	1299	1330
南京江北新区	339940	2070	5805	14365	17260
无锡市	**1670583**	**14297**	**38970**	**61792**	**51843**
锡山区	153886	3961	8307	7492	5657
惠山区	176241	1618	3692	5864	5859
滨湖区	179533	1101	3438	6373	5704
梁溪区	372763	2967	9398	19516	14300
新吴区	200785	488	2158	5902	6309
江苏无锡经济开发区	108891	770	1940	3273	3012
江阴市	275351	1693	5536	7641	6944
宜兴市	203133	1699	4501	5731	4058
徐州市	**986881**	**3609**	**14915**	**34503**	**33768**
鼓楼区	158933	1154	4467	9007	7465
云龙区	153928	677	2912	6475	6848
贾汪区	57073	106	617	1659	1930
泉山区	230784	1164	5063	11104	10470
铜山区	106025	135	528	1611	1880
丰县					
沛县					
睢宁县					
徐州经济技术开发区	1110	2	14	18	1
新沂市	109663	110	382	1476	1943
邳州市	169365	261	932	3153	3231
常州市	**1179670**	**17733**	**38839**	**45993**	**28760**
天宁区	207004	2824	6196	7640	6942
钟楼区	218202	5184	9433	10243	6015
新北区	217377	1244	3685	6206	4167
武进区	241659	5423	12167	11580	4189
金坛区	116698	1125	2112	2662	2440
江苏省常州市经济开发区	61631	1207	3246	3436	2112
溧阳市	117099	726	2000	4226	2895

注：本表数据为居住在普通住宅的家庭户。

8-2a 续表 1

单位：户

地　区	家庭户户数	人均住房建筑面积(平方米) 8及以下	9-12	13-16	17-19
苏州市	**2203921**	**47325**	**102855**	**128575**	**86020**
虎丘区	211142	1464	6700	13528	9371
吴中区	253234	7332	13387	15124	9407
相城区	233283	6357	13418	13905	9505
姑苏区	343117	6800	14385	23652	19477
吴江区	197815	13955	17693	15360	6655
苏州工业园区					
常熟市	255231	3400	21368	15696	7075
张家港市	156966	1799	3304	4620	2768
昆山市	443962	4458	9993	22911	18762
太仓市	109171	1760	2607	3779	3000
南通市	**1066813**	**3685**	**11820**	**22320**	**20502**
崇川区	257148	941	3326	8338	8046
港闸区	127979	936	1839	3303	3465
通州区	132567	378	1802	2270	1912
如东县					
南通经济技术开发区					
通州湾示范区					
苏锡通科技产业园区					
启东市	152252	323	1326	2440	1832
如皋市	117961	183	605	1361	1499
海门市	126641	456	1598	2876	2304
海安市	152265	468	1324	1732	1444
连云港市	**342661**	**922**	**3502**	**8565**	**8912**
连云区	54438	185	684	1574	1622
海州区	195472	609	2382	5758	6222
赣榆区	87818	123	420	1182	1036
东海县	2803	2	4	10	5
灌云县					
灌南县					
连云港经济技术开发区					
连云港高新技术产业开发区					
江苏连云港徐圩新区	758		7	21	14
江苏省连云港市云台山风景名胜区	1372	3	5	20	13
淮安市	**411519**	**1421**	**4717**	**12772**	**15596**
淮安区	96827	500	1251	2812	3030
淮阴区	94091	137	451	2295	3229
清江浦区	174465	465	2320	6186	7509
洪泽区	46136	319	695	1479	1828
涟水县					
盱眙县					
金湖县					
淮安经济技术开发区					
工业园区					
生态文旅区					
苏淮高新区					

8-2a　续表 2

单位：户

地　　区	家庭户户　数	人均住房建筑面积(平方米)			
		8及以下	9-12	13-16	17-19
盐城市	**560695**	**1303**	**4504**	**11230**	**14069**
亭湖区	167168	536	1743	4587	5345
盐都区	87753	209	756	2053	2954
大丰区	84480	224	591	1098	1316
响水县					
滨海县					
阜宁县					
射阳县					
建湖县					
盐城经济技术开发区	646	4	2	17	14
江苏省盐南高新区	104644	72	467	1600	2666
东台市	116004	258	945	1875	1774
扬州市	**663236**	**2961**	**9132**	**18957**	**19750**
广陵区	136158	848	3402	5970	5811
邗江区	163182	353	1518	3545	3432
江都区	109860	811	1880	2795	2527
宝应县					
扬州经济技术开发区					
蜀冈瘦西湖景区	44996	201	684	1705	1822
生态新城	8642	89	195	185	99
仪征市	105643	211	689	2547	3189
高邮市	94755	448	764	2210	2870
镇江市	**568503**	**2657**	**7776**	**14733**	**13755**
京口区	117690	377	1752	4008	4090
润州区	88033	591	1572	2862	2927
丹徒区	48571	69	251	814	926
镇江新区					
江苏镇江高新区	20400	74	179	451	532
丹阳市	134676	1048	2590	3800	2809
扬中市	56378	322	742	1078	581
句容市	102755	176	690	1720	1890
泰州市	**656048**	**2420**	**7583**	**15038**	**14342**
海陵区	160533	495	1811	4304	4448
高港区	42724	180	474	626	610
姜堰区	113324	446	1505	2806	2591
泰州医药高新技术产业开发区					
兴化市	101269	614	1595	3092	2474
靖江市	110635	387	1105	1944	1661
泰兴市	127563	298	1093	2266	2558
宿迁市	**240076**	**320**	**1447**	**6511**	**9038**
宿城区	118085	163	749	3040	3959
宿豫区	71758	103	436	2285	3400
沭阳县					
泗阳县					
泗洪县					
宿迁经济技术开发区					
宿迁市湖滨新区	15995	27	153	624	768
苏州宿迁工业园区	9100	1	12	129	231
宿迁市洋河新区	25138	26	97	433	680

8-2a 续表 3　　单位：户

地区	人均住房建筑面积(平方米)					
	20-29	30-39	40-49	50-59	60-69	70及以上
江　苏	**2645946**	**2422555**	**2099311**	**996324**	**1039830**	**2472549**
南京市	**612073**	**483928**	**368752**	**174703**	**168288**	**360222**
玄武区	41387	30440	18966	12155	11173	17090
秦淮区	72248	47036	30715	21440	17203	23819
建邺区	44110	33430	29944	12678	12779	25163
鼓楼区	87952	58858	36358	25871	21806	31369
浦口区	20848	17623	17461	7800	6660	23992
栖霞区	70033	51816	43321	15358	16092	34740
雨花台区	53292	36697	26500	12722	9665	23791
江宁区	86230	90674	70265	23363	32535	77878
六合区	15858	15557	13598	7845	5824	16659
溧水区	17261	19528	15720	6722	8505	15333
高淳区	12087	14426	13294	7488	7773	20702
南京江北新区	90767	67843	52610	21261	18273	49686
无锡市	**324538**	**321727**	**302084**	**112461**	**147528**	**295343**
锡山区	33715	26454	25738	7878	9774	24910
惠山区	38536	35727	28802	12681	12685	30777
滨湖区	30209	33933	33389	10715	19728	34943
梁溪区	83517	69520	65884	26800	29159	51702
新吴区	40373	42952	39626	8608	21225	33144
江苏无锡经济开发区	19277	23016	22695	5592	11352	17964
江阴市	45418	51238	51506	20011	25093	60271
宜兴市	33493	38887	34444	20176	18512	41632
徐州市	**195595**	**182787**	**141997**	**86303**	**70325**	**223079**
鼓楼区	38763	30856	24679	11869	7972	22701
云龙区	36797	30810	25080	11395	9027	23907
贾汪区	12464	11632	7889	5576	3711	11489
泉山区	50064	44534	34601	20992	14976	37816
铜山区	13927	14413	13042	10333	8267	41889
丰县						
沛县						
睢宁县						
徐州经济技术开发区	37	71	121	190	133	523
新沂市	16277	17911	13310	10278	9362	38614
邳州市	27266	32560	23275	15670	16877	46140
常州市	**239922**	**200140**	**215110**	**82340**	**104575**	**206258**
天宁区	42683	40228	34309	17365	19215	29602
钟楼区	44270	35748	36742	15807	19123	35637
新北区	45508	34621	45919	11259	20054	44714
武进区	51055	34326	46617	13086	20625	42591
金坛区	18829	23223	20739	12075	9790	23703
江苏省常州市经济开发区	14985	9793	9932	3695	4476	8749
溧阳市	22592	22201	20852	9053	11292	21262

8-2a　续表 4

单位：户

地　　区	人均住房建筑面积(平方米)					
	20-29	30-39	40-49	50-59	60-69	70及以上
苏州市	**489053**	**388673**	**328588**	**139314**	**146095**	**347423**
虎丘区	51265	47259	31110	8658	16094	25693
吴中区	54324	42703	37545	14247	16632	42533
相城区	52887	40342	31526	13510	14292	37541
姑苏区	86008	65681	43187	25566	22698	35663
吴江区	39034	27016	25008	11005	9922	32167
苏州工业园区						
常熟市	51338	39450	32173	19074	18973	46684
张家港市	26896	29387	31109	11306	15519	30258
昆山市	106345	78086	77501	27475	24215	74216
太仓市	20956	18749	19429	8473	7750	22668
南通市	**156827**	**189509**	**189227**	**92836**	**110748**	**269339**
崇川区	51971	52976	44521	18183	25138	43708
港闸区	24038	23892	25305	8612	11069	25520
通州区	16501	22954	24875	11940	15352	34583
如东县						
南通经济技术开发区						
通州湾示范区						
苏锡通科技产业园区						
启东市	16094	26746	26097	14821	19033	43540
如皋市	15038	19099	18832	11442	12823	37079
海门市	18154	22962	23800	12920	12409	29162
海安市	15031	20880	25797	14918	14924	55747
连云港市	**58736**	**65015**	**55105**	**30637**	**30552**	**80715**
连云区	9916	10477	8751	5139	4318	11772
海州区	36634	38058	32015	16403	16436	40955
赣榆区	11806	15988	13415	8485	9107	26256
东海县	62	157	553	433	441	1136
灌云县						
灌南县						
连云港经济技术开发区						
连云港高新技术产业开发区						
江苏连云港徐圩新区	145	111	154	48	65	193
江苏省连云港市云台山风景名胜区	173	224	217	129	185	403
淮安市	**85660**	**82017**	**60325**	**38579**	**30058**	**80374**
淮安区	19586	19155	15127	9928	7455	17983
淮阴区	19359	18221	13202	9085	6039	22073
清江浦区	37382	35389	25407	14102	13843	31862
洪泽区	9333	9252	6589	5464	2721	8456
涟水县						
盱眙县						
金湖县						
淮安经济技术开发区						
工业园区						
生态文旅区						
苏淮高新区						

8-2a 续表 5 单位：户

地区	人均住房建筑面积(平方米)					
	20-29	30-39	40-49	50-59	60-69	70及以上
盐城市	**96829**	**110531**	**99541**	**48181**	**48034**	**126473**
亭湖区	32770	33379	27727	14536	11481	35064
盐都区	18286	19518	14678	7148	6290	15861
大丰区	12318	16781	16026	8353	8390	19383
响水县						
滨海县						
阜宁县						
射阳县						
建湖县						
盐城经济技术开发区	137	143	114	39	61	115
江苏省盐南高新区	19319	21743	20938	7962	8146	21731
东台市	13999	18967	20058	10143	13666	34319
扬州市	**122163**	**125325**	**102123**	**60240**	**56529**	**146056**
广陵区	29459	27293	19652	11160	10700	21863
邗江区	27947	29798	28084	15254	15419	37832
江都区	18624	18887	16938	8434	10563	28401
宝应县						
扬州经济技术开发区						
蜀冈瘦西湖景区	9355	9343	6543	3840	3552	7951
生态新城	942	823	854	953	759	3743
仪征市	17295	19888	14468	11420	7762	28174
高邮市	18541	19293	15584	9179	7774	18092
镇江市	**99273**	**107712**	**94180**	**56623**	**48786**	**123008**
京口区	23710	24910	19074	10794	10296	18679
润州区	17472	17866	14173	9547	6941	14082
丹徒区	8090	8739	7911	4797	4354	12620
镇江新区						
江苏镇江高新区	3688	4063	3427	2454	1867	3665
丹阳市	22700	26048	22526	12496	11415	29244
扬中市	6454	7931	9263	6147	4882	18978
句容市	17159	18155	17806	10388	9031	25740
泰州市	**107862**	**116148**	**107022**	**52822**	**64711**	**168100**
海陵区	29590	30259	26708	13100	14857	34961
高港区	5874	6090	6347	3361	4612	14550
姜堰区	18893	21103	19031	9077	10729	27143
泰州医药高新技术产业开发区						
兴化市	18695	21020	17166	8354	10721	17538
靖江市	15206	17361	17837	8114	11522	35498
泰兴市	19604	20315	19933	10816	12270	38410
宿迁市	**57415**	**49043**	**35257**	**21285**	**13601**	**46159**
宿城区	26688	23737	19364	9550	7680	23155
宿豫区	20187	15359	9417	6635	2452	11484
沭阳县						
泗阳县						
泗洪县						
宿迁经济技术开发区						
宿迁市湖滨新区	3998	3260	2080	1316	840	2929
苏州宿迁工业园区	2212	2138	1346	874	551	1606
宿迁市洋河新区	4330	4549	3050	2910	2078	6985

8-2b　各地区按人均住房建筑面积分的家庭户户数(镇)

单位：户

地　区	家庭户户　数	人均住房建筑面积(平方米)			
		8及以下	9-12	13-16	17-19
江　苏	**7018112**	**61626**	**144247**	**216395**	**150032**
南京市	**58342**	**27**	**253**	**1253**	**1952**
玄武区					
秦淮区					
建邺区					
鼓楼区					
浦口区	655		2	6	10
栖霞区					
雨花台区	3027	5	58	133	143
江宁区					
六合区	39811	13	153	956	1677
溧水区	10994	7	25	121	91
高淳区	3855	2	15	37	31
南京江北新区					
无锡市	**389074**	**8746**	**18725**	**18127**	**6136**
锡山区	85561	2894	5601	4832	1628
惠山区	38234	559	1171	1374	725
滨湖区					
梁溪区					
新吴区					
江苏无锡经济开发区					
江阴市	160350	4370	9954	9079	2547
宜兴市	104929	923	1999	2842	1236
徐州市	**910009**	**3143**	**9477**	**22748**	**18835**
鼓楼区					
云龙区	6281	14	65	80	192
贾汪区	27116	182	641	1188	568
泉山区					
铜山区	113541	143	696	1740	1324
丰县	157816	321	834	2219	2250
沛县	192162	821	2771	6041	4610
睢宁县	180334	827	1934	4391	3732
徐州经济技术开发区	101774	114	599	2736	4084
新沂市	53154	153	517	1254	803
邳州市	77831	568	1420	3099	1272
常州市	**219007**	**4578**	**9660**	**10163**	**2539**
天宁区	14427	149	504	583	483
钟楼区					
新北区	40973	821	1576	2045	353
武进区	55982	1559	3716	3527	508
金坛区	24962	105	507	522	230
江苏省常州市经济开发区	32379	1829	3007	2630	443
溧阳市	50284	115	350	856	522

注：本表数据为居住在普通住宅的家庭户。

8-2b 续表 1

单位：户

地　　区	家庭户 户　数	人均住房建筑面积(平方米)			
		8及以下	9-12	13-16	17-19
苏州市	**1004858**	**26071**	**54362**	**63963**	**35502**
虎丘区	1573		21	46	40
吴中区	61526	4550	6805	4850	1792
相城区	20542	990	2274	1755	803
姑苏区					
吴江区	161700	8545	14736	12203	5591
苏州工业园区	310434	2366	11342	23605	17598
常熟市	104348	1525	5974	6628	1592
张家港市	187808	5320	7961	7981	3134
昆山市	81358	430	1212	2462	2594
太仓市	75569	2345	4037	4433	2358
南通市	**781735**	**4124**	**13183**	**14623**	**7818**
崇川区					
港闸区					
通州区	117499	1701	4981	3626	1098
如东县	182056	431	1549	1942	1038
南通经济技术开发区	86455	172	755	1595	2976
通州湾示范区	14436	30	79	134	79
苏锡通科技产业园区	12640	122	420	378	272
启东市	77185	253	958	1254	610
如皋市	132861	65	282	791	566
海门市	104178	1254	3825	4398	899
海安市	54425	96	334	505	280
连云港市	**541883**	**1334**	**4229**	**11161**	**8235**
连云区	3		1		
海州区	18145	75	220	464	283
赣榆区	95807	132	693	2036	1160
东海县	147621	268	935	2588	2196
灌云县	110076	360	1154	2731	1505
灌南县	94931	443	948	2255	1743
连云港经济技术开发区	22346	16	116	411	498
连云港高新技术产业开发区	41271	33	114	468	676
江苏连云港徐圩新区	11045	7	47	200	166
江苏省连云港市云台山风景名胜区	638		1	8	8
淮安市	**527583**	**2140**	**3952**	**10577**	**13699**
淮安区	37929	22	114	412	356
淮阴区	34332	19	111	340	272
清江浦区	2107	1	9	23	28
洪泽区	10029	34	79	102	184
涟水县	145441	257	795	2297	3139
盱眙县	121206	1464	1729	2985	2662
金湖县	60590	206	709	1816	2345
淮安经济技术开发区	77099	97	237	1662	2966
工业园区	2376	1	25	185	236
生态文旅区	30083	7	68	584	1288
苏淮高新区	6391	32	76	171	223

8-2b　续表 2　　　　单位：户

地　区	家庭户户数	人均住房建筑面积(平方米)			
		8及以下	9-12	13-16	17-19
盐城市	**899407**	**2979**	**10006**	**21348**	**17352**
亭湖区	19561	10	60	190	232
盐都区	34479	70	390	664	488
大丰区	72478	101	364	698	614
响水县	85229	548	1421	2818	1943
滨海县	148994	773	2515	5046	2901
阜宁县	153988	300	1220	4046	4089
射阳县	161056	451	1840	3832	3269
建湖县	129788	372	1153	2134	2615
盐城经济技术开发区	18491	35	83	587	694
江苏省盐南高新区					
东台市	75343	319	960	1333	507
扬州市	**369353**	**1142**	**3566**	**7467**	**6684**
广陵区	12879	50	158	180	136
邗江区	18545	85	135	290	181
江都区	83304	196	939	1432	806
宝应县	129186	528	1461	3090	3374
扬州经济技术开发区	66090	168	596	1807	1637
蜀冈瘦西湖景区					
生态新城	3236	21	37	20	18
仪征市	18200	29	79	143	130
高邮市	37913	65	161	505	402
镇江市	**284803**	**3668**	**6105**	**8191**	**4475**
京口区	1769	15	54	58	56
润州区					
丹徒区	21904	23	46	156	123
镇江新区	72246	56	285	1121	2055
江苏镇江高新区					
丹阳市	136891	3335	5280	5905	1605
扬中市	15201	210	282	357	82
句容市	36792	29	158	594	554
泰州市	**369514**	**1601**	**4295**	**7361**	**4526**
海陵区	9123	15	66	209	119
高港区	14287	39	129	86	105
姜堰区	39102	124	504	609	356
泰州医药高新技术产业开发区	60865	495	901	912	1270
兴化市	116988	383	1377	3633	1938
靖江市	40136	464	891	875	257
泰兴市	89013	81	427	1037	481
宿迁市	**662544**	**2073**	**6434**	**19413**	**22279**
宿城区	13011	105	157	303	341
宿豫区	18478	27	103	360	406
沭阳县	276203	793	2854	8559	9279
泗阳县	150099	264	756	2740	3209
泗洪县	157809	806	2179	5891	6738
宿迁经济技术开发区	42656	69	359	1438	2206
宿迁市湖滨新区	4288	9	26	122	100
苏州宿迁工业园区					
宿迁市洋河新区					

8-2b 续表 3

单位：户

地区	人均住房建筑面积(平方米)					
	20-29	30-39	40-49	50-59	60-69	70及以上
江苏	**1106876**	**1148835**	**1013212**	**654927**	**651765**	**1870197**
南京市	**11522**	**12394**	**10243**	**3709**	**5112**	**11877**
玄武区						
秦淮区						
建邺区						
鼓楼区						
浦口区	73	96	145	91	48	184
栖霞区						
雨花台区	682	615	467	208	261	455
江宁区						
六合区	9358	9395	7155	1983	2610	6511
溧水区	1106	1800	1974	968	1710	3192
高淳区	303	488	502	459	483	1535
南京江北新区						
无锡市	**56033**	**55410**	**57412**	**32294**	**38422**	**97769**
锡山区	13244	11633	12051	6201	7771	19706
惠山区	6628	6265	6493	3525	3448	8046
滨湖区						
梁溪区						
新吴区						
江苏无锡经济开发区						
江阴市	23169	21936	22539	12188	14103	40465
宜兴市	12992	15576	16329	10380	13100	29552
徐州市	**150309**	**158274**	**126624**	**86920**	**80913**	**252766**
鼓楼区						
云龙区	1084	1060	807	583	361	2035
贾汪区	4674	4619	3712	2501	2374	6657
泉山区						
铜山区	13880	17113	14494	12996	11624	39531
丰县	19461	23884	23214	15944	16197	53492
沛县	39237	37509	28420	16940	15647	40166
睢宁县	30790	32071	22816	18004	15045	50724
徐州经济技术开发区	23103	22233	15377	6715	5881	20932
新沂市	6098	7552	7605	5472	5918	17782
邳州市	11982	12233	10179	7765	7866	21447
常州市	**32517**	**26263**	**32084**	**18228**	**23362**	**59613**
天宁区	2532	1345	2444	989	1460	3938
钟楼区						
新北区	6477	4507	6796	2485	4877	11036
武进区	8401	5789	6956	4135	5319	16072
金坛区	2767	3237	3508	3249	2900	7937
江苏省常州市经济开发区	6276	3312	4749	1564	2392	6177
溧阳市	6064	8073	7631	5806	6414	14453

8-2b　续表 4　　　　单位：户

地　区	人均住房建筑面积(平方米)					
	20-29	30-39	40-49	50-59	60-69	70及以上
苏州市	**196191**	**154866**	**141155**	**63898**	**72367**	**196483**
虎丘区	271	419	322		325	129
吴中区	10152	6828	6157	3709	3908	12775
相城区	3833	3131	1724	1330	1061	3641
姑苏区						
吴江区	30500	21208	19439	9917	11277	28284
苏州工业园区	77191	59002	48058	15671	16148	39453
常熟市	13140	11710	11850	10204	9313	32412
张家港市	29931	28833	28675	12916	19759	43298
昆山市	16472	13883	15345	5575	5442	17943
太仓市	14701	9852	9585	4576	5134	18548
南通市	**69312**	**98030**	**111703**	**73942**	**95385**	**293615**
崇川区						
港闸区						
通州区	10686	12393	14727	10315	13777	44195
如东县	11656	20329	26446	18071	22557	78037
南通经济技术开发区	16226	17802	16760	6373	8630	15166
通州湾示范区	762	1458	1662	1578	1801	6853
苏锡通科技产业园区	1868	1921	1957	1439	1173	3090
启东市	5869	11952	11499	6019	11718	27053
如皋市	7730	12834	18574	12935	17172	61912
海门市	10413	13331	11773	11670	11328	35287
海安市	4102	6010	8305	5542	7229	22022
连云港市	**76315**	**89222**	**77993**	**53823**	**54287**	**165284**
连云区		1				1
海州区	2648	3135	2657	1700	1937	5026
赣榆区	10701	13685	11367	9618	11289	35126
东海县	20235	23606	21099	13959	14632	48103
灌云县	15771	17924	15630	11544	11290	32167
灌南县	15297	17462	13596	9960	8441	24786
连云港经济技术开发区	3480	4326	3905	1905	1832	5857
连云港高新技术产业开发区	6458	7010	8180	3394	3782	11156
江苏连云港徐圩新区	1668	1975	1461	1681	1030	2810
江苏省连云港市云台山风景名胜区	57	98	98	62	54	252
淮安市	**88128**	**96641**	**72363**	**57127**	**42735**	**140221**
淮安区	3440	5102	5219	4204	4391	14669
淮阴区	2531	3837	3593	4087	3786	15756
清江浦区	121	179	212	282	183	1069
洪泽区	699	1146	1303	870	1251	4361
涟水县	24233	28546	18897	17834	12179	37264
盱眙县	19376	20441	17721	11480	10552	32796
金湖县	12647	12617	9859	5491	4214	10686
淮安经济技术开发区	16095	15641	9958	9159	4099	17185
工业园区	581	504	319	112	65	348
生态文旅区	7399	7600	4472	2821	1408	4436
苏淮高新区	1006	1028	810	787	607	1651

8-2b 续表 5 单位：户

地 区	人均住房建筑面积(平方米)					
	20-29	30-39	40-49	50-59	60-69	70及以上
盐城市	**141703**	**164023**	**144099**	**94604**	**86332**	**216961**
亭湖区	2170	3020	2875	2393	1936	6675
盐都区	4839	5988	5106	4145	3642	9147
大丰区	6263	8663	11940	8014	9247	26574
响水县	16419	16592	13393	7791	6980	17324
滨海县	26219	27845	23186	14422	14649	31438
阜宁县	29116	30367	23975	16023	11495	33357
射阳县	24724	31127	28228	16576	15329	35680
建湖县	21761	26955	20826	16462	12038	25472
盐城经济技术开发区	3975	3971	3044	1526	1330	3246
江苏省盐南高新区						
东台市	6217	9495	11526	7252	9686	28048
扬州市	**54831**	**62452**	**56663**	**39342**	**34943**	**102263**
广陵区	1292	1567	1895	1309	1408	4884
邗江区	1948	2617	2737	2045	1959	6548
江都区	8789	12295	11642	9431	9893	27881
宝应县	23805	25438	20777	13307	10380	27026
扬州经济技术开发区	13976	12564	10684	6598	4841	13219
蜀冈瘦西湖景区						
生态新城	136	189	375	243	362	1835
仪征市	1221	2228	2402	2107	1746	8115
高邮市	3664	5554	6151	4302	4354	12755
镇江市	**39936**	**43973**	**41070**	**29907**	**28536**	**78942**
京口区	341	243	290	222	130	360
润州区						
丹徒区	1697	2815	3310	2703	3100	7931
镇江新区	13863	15565	12736	7857	5793	12915
江苏镇江高新区						
丹阳市	17578	18618	17107	12833	15058	39572
扬中市	1009	1075	1475	1765	1081	7865
句容市	5448	5657	6152	4527	3374	10299
泰州市	**44979**	**50978**	**54855**	**31638**	**42531**	**126750**
海陵区	1224	1436	1557	922	995	2580
高港区	1325	1344	1915	934	1952	6458
姜堰区	3857	5413	6477	3579	5270	12913
泰州医药高新技术产业开发区	10441	9923	9200	5507	5987	16229
兴化市	17711	20090	18730	11145	12151	29830
靖江市	3576	4055	4844	2397	4696	18081
泰兴市	6845	8717	12132	7154	11480	40659
宿迁市	**145100**	**136309**	**86948**	**69495**	**46840**	**127653**
宿城区	2294	2417	1266	1753	1009	3366
宿豫区	2904	3074	2413	2093	1328	5770
沭阳县	60224	56317	36531	28298	20744	52604
泗阳县	28007	29602	21136	16071	13515	34799
泗洪县	38630	35206	18864	17188	8454	23853
宿迁经济技术开发区	12415	8900	6196	3630	1466	5977
宿迁市湖滨新区	626	793	542	462	324	1284
苏州宿迁工业园区						
宿迁市洋河新区						

8-2c 各地区按人均住房建筑面积分的家庭户户数(乡村)

单位：户

地 区	家庭户户 数	人均住房建筑面积(平方米)			
		8及以下	9-12	13-16	17-19
江 苏	**7982765**	**63314**	**153280**	**213978**	**91345**
南京市	**413130**	**476**	**1821**	**4273**	**2652**
玄武区					
秦淮区					
建邺区					
鼓楼区					
浦口区	26683	75	198	354	235
栖霞区	19585	62	171	287	101
雨花台区					
江宁区	120673	171	789	1841	1056
六合区	106332	92	385	832	672
溧水区	62759	43	142	457	237
高淳区	70683	25	115	436	334
南京江北新区	6415	8	21	66	17
无锡市	**429839**	**8519**	**19879**	**20366**	**5064**
锡山区	34273	1461	2947	2494	495
惠山区	66381	2541	4978	4465	1028
滨湖区	12850	336	734	523	255
梁溪区					
新吴区	18178	504	1370	1832	745
江苏无锡经济开发区					
江阴市	149269	3105	8277	8679	1752
宜兴市	148888	572	1573	2373	789
徐州市	**1070574**	**4833**	**15595**	**32741**	**14547**
鼓楼区					
云龙区					
贾汪区	62325	297	1026	2483	1207
泉山区					
铜山区	173276	262	1032	2987	1308
丰县	162958	125	552	1564	839
沛县	150987	1958	4950	8049	3126
睢宁县	153768	664	2094	4057	1919
徐州经济技术开发区	16951	15	80	222	76
新沂市	140838	748	2625	5357	2362
邳州市	209471	764	3236	8022	3710
常州市	**440428**	**7695**	**18235**	**18571**	**3282**
天宁区	20215	337	792	892	90
钟楼区	12303	611	924	1031	91
新北区	38106	544	1159	1402	234
武进区	120095	3163	7574	7195	811
金坛区	79472	503	1190	1496	509
江苏省常州市经济开发区	52498	2341	5945	4818	846
溧阳市	117739	196	651	1737	701

注：本表数据为居住在普通住宅的家庭户。

8-2c 续表 1

单位：户

地　区	家庭户户数	人均住房建筑面积(平方米)			
		8及以下	9-12	13-16	17-19
苏州市	**709801**	**32367**	**60413**	**46816**	**9886**
虎丘区	20102	916	1766	1652	547
吴中区	99810	8962	11653	8691	1012
相城区	11928	583	1150	966	113
姑苏区					
吴江区	117405	4371	8266	6642	1487
苏州工业园区					
常熟市	124558	940	5869	5648	651
张家港市	123963	4958	10584	8124	1484
昆山市	138907	8364	13664	11054	3748
太仓市	73128	3273	7461	4039	844
南通市	**916907**	**801**	**2762**	**6135**	**3141**
崇川区					
港闸区	688	7	26	22	2
通州区	127188	153	488	829	331
如东县	142824	46	122	385	237
南通经济技术开发区					
通州湾示范区	25108	14	58	164	73
苏锡通科技产业园区	17683	67	217	326	163
启东市	188176	161	539	1446	771
如皋市	163176	51	224	751	613
海门市	143860	236	789	1413	514
海安市	108204	66	299	799	437
连云港市	**585866**	**1828**	**6472**	**15780**	**6807**
连云区	784	3	5	9	13
海州区	27279	74	258	580	322
赣榆区	158439	326	1514	3699	1797
东海县	175425	326	1440	3407	1694
灌云县	118218	662	2021	5044	1939
灌南县	93463	430	1198	2968	996
连云港经济技术开发区	5451	4	27	40	33
连云港高新技术产业开发区					
江苏连云港徐圩新区	269				
江苏省连云港市云台山风景名胜区	6538	3	9	33	13
淮安市	**552654**	**659**	**2614**	**7589**	**4878**
淮安区	130987	143	616	1735	1148
淮阴区	104596	92	317	936	623
清江浦区	16219	14	61	120	93
洪泽区	42088	57	250	700	477
涟水县	130066	141	623	2020	1212
盱眙县	79526	176	630	1708	943
金湖县	45844	32	100	262	252
淮安经济技术开发区					
工业园区	2530	4	17	100	120
生态文旅区					
苏淮高新区	798			8	10

8-2c　续表 2

单位：户

地　区	家庭户户　数	人均住房建筑面积(平方米)			
		8及以下	9-12	13-16	17-19
盐城市	**952323**	**1888**	**9746**	**25347**	**17568**
亭湖区	35350	15	99	492	483
盐都区	104766	185	1105	2804	2041
大丰区	102704	61	261	529	560
响水县	64741	247	1064	2629	1458
滨海县	130904	578	2650	5924	3540
阜宁县	124478	343	1721	4535	2793
射阳县	124031	142	1179	3908	3767
建湖县	96714	191	991	2555	1873
盐城经济技术开发区	9328	4	20	135	133
江苏省盐南高新区					
东台市	159307	122	656	1836	920
扬州市	**494395**	**605**	**2441**	**6261**	**4834**
广陵区	23548	185	571	419	81
邗江区	29509	12	31	123	95
江都区	138195	150	404	1267	825
宝应县	118099	165	868	2441	1933
扬州经济技术开发区	6519	2	16	66	36
蜀冈瘦西湖景区					
生态新城	5178	1	14	27	7
仪征市	59727	26	108	364	339
高邮市	113620	64	429	1554	1518
镇江市	**241206**	**655**	**1571**	**2719**	**1180**
京口区	2357	14	18	48	2
润州区	17				
丹徒区	34836	17	73	248	126
镇江新区	11606	3	12	86	105
江苏镇江高新区					
丹阳市	72800	484	965	1518	495
扬中市	31487	53	241	273	76
句容市	88103	84	262	546	376
泰州市	**598548**	**813**	**4004**	**9919**	**6218**
海陵区	17002	32	147	330	816
高港区	28980	44	71	86	38
姜堰区	105581	64	327	1083	796
泰州医药高新技术产业开发区	4783	20	139	91	27
兴化市	209769	370	2295	6893	3928
靖江市	79193	170	616	800	211
泰兴市	153240	113	409	636	402
宿迁市	**577094**	**2175**	**7727**	**17461**	**11288**
宿城区	70767	76	322	951	845
宿豫区	49521	115	310	649	538
沭阳县	206279	1126	3902	8651	4697
泗阳县	99024	198	788	1925	1208
泗洪县	102207	597	2191	4600	3251
宿迁经济技术开发区	13434	12	69	249	309
宿迁市湖滨新区	16539	25	78	235	201
苏州宿迁工业园区					
宿迁市洋河新区	19323	26	67	201	239

8-2c 续表 3 单位：户

地区	人均住房建筑面积(平方米)					
	20-29	30-39	40-49	50-59	60-69	70及以上
江苏	**803739**	**966035**	**1036547**	**747682**	**883343**	**3023502**
南京市	**26347**	**46235**	**53862**	**42728**	**52862**	**181874**
玄武区						
秦淮区						
建邺区						
鼓楼区						
浦口区	2548	3711	4137	2709	3158	9558
栖霞区	1046	1821	2229	1624	2383	9861
雨花台区						
江宁区	7535	12387	13674	10640	17490	55090
六合区	7151	12164	15212	11834	11380	46610
溧水区	3277	6834	8025	6690	9109	27945
高淳区	4410	8716	9676	8550	8624	29797
南京江北新区	380	602	909	681	718	3013
无锡市	**45484**	**47334**	**46708**	**36186**	**45828**	**154471**
锡山区	4288	3804	3456	2766	2711	9851
惠山区	9606	7997	7239	5030	5653	17844
滨湖区	1853	1595	1666	542	1471	3875
梁溪区						
新吴区	3440	3024	1869	866	1128	3400
江苏无锡经济开发区						
江阴市	15783	15854	15643	11950	13319	54907
宜兴市	10514	15060	16835	15032	21546	64594
徐州市	**128086**	**145974**	**144187**	**106638**	**117676**	**360297**
鼓楼区						
云龙区						
贾汪区	9729	10436	9130	6100	6591	15326
泉山区						
铜山区	15739	22328	22573	20435	21009	65603
丰县	9272	14290	22471	16882	20061	76902
沛县	24371	23226	20743	12275	13985	38304
睢宁县	17112	20177	19787	14736	16752	56470
徐州经济技术开发区	1152	1937	2176	2371	2411	6511
新沂市	18734	20744	18788	13757	15077	42646
邳州市	31977	32836	28519	20082	21790	58535
常州市	**48406**	**43171**	**48977**	**39267**	**47559**	**165265**
天宁区	2468	1510	2386	2030	1938	7772
钟楼区	1468	1120	1006	898	870	4284
新北区	3512	2856	3438	2655	3721	18585
武进区	14620	10344	11375	9014	10993	45006
金坛区	6414	7918	9274	8927	9472	33769
江苏省常州市经济开发区	10685	4394	5732	2712	3593	11432
溧阳市	9239	15029	15766	13031	16972	44417

8-2c 续表 4

单位：户

地 区	人均住房建筑面积(平方米)					
	20-29	30-39	40-49	50-59	60-69	70及以上
苏州市	**85291**	**59437**	**67310**	**47707**	**56848**	**243726**
虎丘区	3105	2819	1980	1008	1716	4593
吴中区	10245	7365	7103	6571	7915	30293
相城区	1294	992	1105	1014	898	3813
姑苏区						
吴江区	15054	11099	11410	8930	10351	39795
苏州工业园区						
常熟市	7915	7069	11052	13596	11339	60479
张家港市	14775	9854	12302	6401	11979	43502
昆山市	22650	16132	18159	6158	8253	30725
太仓市	10253	4107	4199	4029	4397	30526
南通市	**42830**	**94845**	**120989**	**85940**	**128995**	**430469**
崇川区						
港闸区	81	89	92	66	72	231
通州区	4395	9884	16090	10934	17403	66681
如东县	4591	10392	17438	14868	19554	75191
南通经济技术开发区						
通州湾示范区	867	2336	2487	2246	3138	13725
苏锡通科技产业园区	1551	2836	3201	1326	2913	5083
启东市	8474	29144	29413	13416	31923	72889
如皋市	7269	13314	20250	16590	21871	82243
海门市	8154	15037	15936	15624	17652	68505
海安市	7448	11813	16082	10870	14469	45921
连云港市	**63653**	**72325**	**75383**	**59161**	**65643**	**218814**
连云区	81	86	110	61	74	342
海州区	2646	3238	3454	3074	3069	10564
赣榆区	18317	21331	18944	17194	18445	56872
东海县	12812	16168	21175	17304	21015	80084
灌云县	18459	18019	17308	11298	11746	31722
灌南县	10594	11912	12560	8890	9769	34146
连云港经济技术开发区	426	820	822	537	688	2054
连云港高新技术产业开发区						
江苏连云港徐圩新区	24	18	29	34	38	126
江苏省连云港市云台山风景名胜区	294	733	981	769	799	2904
淮安市	**46632**	**65466**	**73557**	**56930**	**66036**	**228293**
淮安区	10807	15574	17821	12568	14938	55637
淮阴区	6820	11054	12879	11182	12775	47918
清江浦区	644	1198	1531	1583	1873	9102
洪泽区	4333	5851	6072	4671	5042	14635
涟水县	11835	16089	17009	13482	15111	52544
盱眙县	9019	10693	11574	7439	9342	28002
金湖县	2729	4520	6233	5749	6680	19287
淮安经济技术开发区						
工业园区	356	401	323	204	179	826
生态文旅区						
苏淮高新区	89	86	115	52	96	342

8-2c 续表 5 单位：户

地 区	人均住房建筑面积(平方米)					
	20-29	30-39	40-49	50-59	60-69	70及以上
盐城市	**125536**	**149754**	**152954**	**85266**	**97377**	**286887**
亭湖区	3370	4772	5330	3729	3826	13234
盐都区	14022	16684	16374	10070	9519	31962
大丰区	6241	10333	15641	11197	14692	43189
响水县	10116	10199	9912	5572	5940	17604
滨海县	22081	22272	19305	10207	12549	31798
阜宁县	20303	21819	19136	10821	11975	31032
射阳县	22067	24746	22610	10260	9576	25776
建湖县	14213	18139	18274	7638	7655	25185
盐城经济技术开发区	1186	1428	1664	800	1106	2852
江苏省盐南高新区						
东台市	11937	19362	24708	14972	20539	64255
扬州市	**42719**	**62455**	**73134**	**50933**	**54953**	**196060**
广陵区	1234	1618	2379	2343	2644	12074
邗江区	1336	3020	4464	3267	3763	13398
江都区	10014	15828	18193	14818	16377	60319
宝应县	13873	17888	19105	11718	12425	37683
扬州经济技术开发区	514	792	696	546	661	3190
蜀冈瘦西湖景区						
生态新城	129	279	439	470	548	3264
仪征市	3482	6457	8101	6291	6475	28084
高邮市	12137	16573	19757	11480	12060	38048
镇江市	**15984**	**25775**	**29528**	**27500**	**29411**	**106883**
京口区	181	205	182	262	256	1189
润州区		5	3		1	8
丹徒区	2660	4546	4705	4549	4718	13194
镇江新区	1083	1803	1860	1429	1381	3844
江苏镇江高新区						
丹阳市	5441	8218	8963	7421	9448	29847
扬中市	1300	1876	2859	4043	1888	18878
句容市	5319	9122	10956	9796	11719	39923
泰州市	**51554**	**67035**	**77579**	**50296**	**62928**	**268202**
海陵区	1814	2176	2443	1840	1741	5663
高港区	515	1083	2354	2580	2846	19363
姜堰区	8682	13051	16481	10015	13141	41941
泰州医药高新技术产业开发区	201	312	429	491	468	2605
兴化市	31753	38429	33120	19636	19888	53457
靖江市	2321	2524	4503	4323	6747	56978
泰兴市	6268	9460	18249	11411	18097	88195
宿迁市	**81217**	**86229**	**72379**	**59130**	**57227**	**182261**
宿城区	7406	9303	8463	8066	7115	28220
宿豫区	4577	6259	5977	4921	5313	20862
沭阳县	33284	32448	27179	19995	20780	54217
泗阳县	10761	13222	12999	9892	11132	36899
泗洪县	19701	18341	11993	10494	7868	23171
宿迁经济技术开发区	1486	1462	1493	1450	1306	5598
宿迁市湖滨新区	2037	2522	2110	1827	1708	5796
苏州宿迁工业园区						
宿迁市洋河新区	1965	2672	2165	2485	2005	7498

8-3　各地区按家庭户类别和住房间数分的家庭户户数

单位：户

地　　区	家庭户户　数	一代户				
		一间	二间	三间	四间	五间及以上
江　苏	**28069197**	**2298090**	**4230464**	**4412343**	**1277030**	**1363509**
南京市	**2989186**	**248159**	**623782**	**462347**	**98600**	**67073**
玄武区	162013	10666	39918	25103	3050	605
秦淮区	270427	26582	76492	33914	4048	774
建邺区	182690	20975	37193	28352	4648	699
鼓楼区	330573	33063	81601	40650	5118	1146
浦口区	128982	9194	24459	21813	5427	5171
栖霞区	286053	28032	63458	46626	6836	4875
雨花台区	194859	20893	48102	27890	3336	1265
江宁区	545243	38357	88950	95063	23746	20942
六合区	225875	8127	32210	38252	17767	13354
溧水区	162153	10065	29217	28408	8318	7230
高淳区	153963	10638	24383	23820	9972	6830
南京江北新区	346355	31567	77799	52456	6334	4182
无锡市	**2489496**	**326263**	**460966**	**353784**	**67383**	**35274**
锡山区	273720	55190	32951	34315	7782	4059
惠山区	280856	35820	39511	43232	8343	4402
滨湖区	192383	17652	44947	29455	5356	2634
梁溪区	372763	47676	91703	43705	5527	2180
新吴区	218963	19040	45440	32074	4558	1669
江苏无锡经济开发区	108891	8778	22631	14999	2767	497
江阴市	584970	96764	84169	81967	16452	12168
宜兴市	456950	45343	99614	74037	16598	7665
徐州市	**2967464**	**97816**	**370900**	**471343**	**124974**	**201661**
鼓楼区	158933	11315	42410	20089	1947	1697
云龙区	160209	9658	36454	20436	2070	2178
贾汪区	146514	3401	19545	24084	5098	9875
泉山区	230784	13754	57536	36898	3523	2533
铜山区	392842	10169	39710	52068	20135	41957
丰县	320774	4728	20164	48317	24923	54571
沛县	343149	11354	38386	53708	14854	21644
睢宁县	334102	12303	28920	47383	16249	21851
徐州经济技术开发区	119835	3435	18607	19082	2319	5169
新沂市	303655	8432	32792	52749	15032	11291
邳州市	456667	9267	36376	96529	18824	28895
常州市	**1839105**	**241086**	**321607**	**264709**	**63221**	**45003**
天宁区	241646	24670	52260	32156	5528	3749
钟楼区	230505	30579	46414	30085	4857	2330
新北区	296456	33002	44404	41678	8982	6363
武进区	417736	77642	55795	53452	15088	9263
金坛区	221132	21297	45432	40231	11077	9748
江苏省常州市经济开发区	146508	34020	22484	14179	3916	2821
溧阳市	285122	19876	54818	52928	13773	10729

注：本表数据为居住在普通住宅的家庭户。

8-3 续表 1

单位：户

地区	家庭户户数	一代户 一间	二间	三间	四间	五间及以上
苏州市	**3918580**	**709113**	**539854**	**472129**	**99416**	**109161**
虎丘区	232817	37485	27440	30415	4944	2718
吴中区	414570	89761	54073	48929	11632	12291
相城区	265753	55834	36479	32995	5775	3732
姑苏区	343117	40039	92398	37930	3584	1202
吴江区	476920	120473	47129	48181	14026	18393
苏州工业园区	310434	45281	47221	31827	6441	1471
常熟市	484137	80613	41747	48341	18664	30657
张家港市	468737	78841	52685	74863	13653	14575
昆山市	664227	116189	109922	90550	12504	12016
太仓市	257868	44597	30760	28098	8193	12106
南通市	**2765455**	**224663**	**443192**	**452423**	**176310**	**203327**
崇川区	257148	12251	62309	44941	5640	2162
港闸区	128667	8502	25045	23347	2495	1959
通州区	377254	33308	46278	58362	25210	31399
如东县	324880	22257	38400	51628	32168	30249
南通经济技术开发区	86455	7318	16971	16903	924	395
通州湾示范区	39544	6138	7667	7756	2835	3805
苏锡通科技产业园区	30323	3626	5906	5755	1005	2037
启东市	417613	70110	107358	67967	25038	15252
如皋市	413998	10413	33532	57549	30390	42602
海门市	374679	36095	65628	62185	23812	41835
海安市	314894	14645	34098	56030	26793	31632
连云港市	**1470410**	**34664**	**139364**	**240527**	**93969**	**98552**
连云区	55225	2302	9997	10005	1684	2862
海州区	240896	8185	38701	38188	8040	8405
赣榆区	342064	5571	19935	68956	31513	22343
东海县	325849	5402	19447	54576	23076	24136
灌云县	228294	6865	24950	29941	14253	18131
灌南县	188394	3513	16079	25063	10441	17577
连云港经济技术开发区	27797	517	4407	4541	1703	1028
连云港高新技术产业开发区	41271	2141	4503	6588	1291	1228
江苏连云港徐圩新区	12072	81	971	2095	1078	1884
江苏省连云港市云台山风景名胜区	8548	87	374	574	890	958
淮安市	**1491756**	**37283**	**162372**	**237246**	**81987**	**124793**
淮安区	265743	8321	30717	41384	18131	18733
淮阴区	233019	3085	16870	30653	14087	28640
清江浦区	192791	6224	32190	32371	5234	5338
洪泽区	98253	2698	10343	17082	5577	12907
涟水县	275507	5154	20429	42657	15095	29632
盱眙县	200732	5801	20061	30590	13686	17594
金湖县	106434	3645	18131	20571	7401	8908
淮安经济技术开发区	77099	1846	10146	15893	1639	1339
工业园区	4906	142	618	708	176	315
生态文旅区	30083	198	2440	4256	532	219
苏淮高新区	7189	169	427	1081	429	1168

8-3 续表 2

单位：户

地 区	家庭户户数	一代户 一间	二间	三间	四间	五间及以上
盐城市	**2412425**	**108592**	**405912**	**451617**	**139117**	**135509**
亭湖区	222079	7526	31753	43195	8600	14996
盐都区	226998	9838	37796	45559	9749	15079
大丰区	259662	18228	66881	49123	11957	12479
响水县	149970	4825	18050	21293	9796	8542
滨海县	279898	11044	41505	49796	17311	11605
阜宁县	278466	6480	34350	52035	20260	19254
射阳县	285087	10845	46230	62529	19671	15332
建湖县	226502	12652	45334	42247	7239	12271
盐城经济技术开发区	28465	1645	4203	5471	949	602
江苏省盐南高新区	104644	2641	9929	20796	3048	1786
东台市	350654	22868	69881	59573	30537	23563
扬州市	**1526984**	**56496**	**229354**	**267701**	**97702**	**95543**
广陵区	172585	10154	32044	30934	6995	5852
邗江区	211236	7325	24190	36427	12432	7217
江都区	331359	12495	48748	59416	23707	24889
宝应县	247285	8371	37001	40803	13841	24457
扬州经济技术开发区	72609	2727	11564	13882	1945	2914
蜀冈瘦西湖景区	44996	1356	7893	7312	1322	1159
生态新城	17056	621	1047	1610	1433	2255
仪征市	183570	4599	30310	30348	16236	11631
高邮市	246288	8848	36557	46969	19791	15169
镇江市	**1094512**	**77549**	**188496**	**201141**	**56894**	**46872**
京口区	121816	6927	29938	20928	3010	1587
润州区	88050	6028	20567	15437	2024	1132
丹徒区	105311	3383	13387	20268	7616	8831
镇江新区	83852	2898	16272	17870	3228	1714
江苏镇江高新区	20400	1608	3285	4026	319	403
丹阳市	344367	39201	54882	57980	15418	11262
扬中市	103066	5684	7958	17693	9580	8242
句容市	227650	11820	42207	46939	15699	13701
泰州市	**1624110**	**87530**	**233807**	**301920**	**122103**	**107250**
海陵区	186658	12016	32479	28501	7756	7232
高港区	85991	4185	7336	12689	8642	6162
姜堰区	258007	12573	41348	44024	18621	21956
泰州医药高新技术产业开发区	65648	4102	6024	11888	3187	2278
兴化市	428026	25121	90317	90436	25505	20305
靖江市	229964	12153	16623	39492	24174	21001
泰兴市	369816	17380	39680	74890	34218	28316
宿迁市	**1479714**	**48876**	**110858**	**235456**	**55354**	**93491**
宿城区	201863	8417	18208	29962	6692	11756
宿豫区	139757	5264	14857	22908	5671	7485
沭阳县	482482	12544	27646	72320	20258	33998
泗阳县	249123	5215	16266	39082	11302	21325
泗洪县	260016	12723	22299	50762	6626	8355
宿迁经济技术开发区	56090	2315	5059	7680	842	2590
宿迁市湖滨新区	36822	1627	3213	4616	1617	3412
苏州宿迁工业园区	9100	172	611	1208	231	40
宿迁市洋河新区	44461	599	2699	6918	2115	4530

8-3 续表 3　　单位：户

地　区	二代户				
	一间	二间	三间	四间	五间及以上
江　苏	**345302**	**2687395**	**4528661**	**1183459**	**1236047**
南京市	**35219**	**438379**	**470157**	**91969**	**52207**
玄武区	2584	32103	25924	3142	635
秦淮区	5974	56004	32723	4015	636
建邺区	1852	26566	32725	6700	827
鼓楼区	7028	68760	46889	6378	1059
浦口区	869	15562	20603	4430	3857
栖霞区	3829	40434	46079	7361	3781
雨花台区	2772	33093	28449	3538	1082
江宁区	4180	57664	93950	20987	16152
六合区	997	19233	35112	12996	9857
溧水区	999	18350	27388	6281	4832
高淳区	1146	13373	23983	9804	6535
南京江北新区	2989	57237	56332	6337	2954
无锡市	**52469**	**321602**	**396358**	**69305**	**28034**
锡山区	8063	28008	42299	8759	3580
惠山区	5814	32080	52396	9177	3957
滨湖区	3533	28700	29616	5556	1933
梁溪区	9811	68086	50685	7058	1845
新吴区	2641	32197	39649	5456	1164
江苏无锡经济开发区	1437	15770	21103	4464	549
江阴市	13715	59888	92699	15836	9895
宜兴市	7455	56873	67911	12999	5111
徐州市	**16872**	**250120**	**555916**	**157556**	**275282**
鼓楼区	2330	32450	26398	2671	2009
云龙区	2337	31859	31646	3041	2764
贾汪区	413	11988	26272	7106	17024
泉山区	3455	40716	41472	4583	3644
铜山区	1085	20107	56250	27890	66855
丰县	613	7746	37429	20581	59543
沛县	1849	26845	72302	19766	30673
睢宁县	2368	22567	64069	20286	26624
徐州经济技术开发区	443	15231	26773	3535	9104
新沂市	954	21756	65241	23839	19742
邳州市	1025	18855	108064	24258	37300
常州市	**41184**	**228155**	**287254**	**59878**	**33577**
天宁区	4526	38252	39843	6555	3528
钟楼区	6672	36705	36238	6318	2211
新北区	4188	35791	55034	10731	5428
武进区	13741	44642	61824	16288	8218
金坛区	2492	23268	30246	6396	4660
江苏省常州市经济开发区	6761	19531	16780	3681	2425
溧阳市	2804	29966	47289	9909	7107

8-3　续表 4　　　　单位：户

地　　区	二代户				
	一间	二间	三间	四间	五间及以上
苏州市	**88172**	**415052**	**573022**	**120975**	**92661**
虎丘区	4026	23098	43201	8235	2896
吴中区	8823	38722	55507	12071	9836
相城区	5845	25553	40128	7414	3263
姑苏区	7870	66509	47224	5159	1348
吴江区	12481	34835	57683	16924	16209
苏州工业园区	6320	39868	51984	12855	2490
常熟市	15188	35164	56770	20254	27575
张家港市	12050	40346	82052	13200	9043
昆山市	9374	85623	104017	15313	8279
太仓市	6195	25334	34456	9550	11722
南通市	**25704**	**199606**	**342602**	**129075**	**149030**
崇川区	2118	38809	44912	5787	1842
港闸区	1043	16744	24544	2425	1425
通州区	5128	22730	46241	19801	22726
如东县	3000	13392	32615	25378	23397
南通经济技术开发区	990	10540	17701	988	302
通州湾示范区	479	1839	3047	1303	1643
苏锡通科技产业园区	551	2077	3767	584	1336
启东市	5409	37785	39636	12115	7941
如皋市	1284	16001	45174	28236	43158
海门市	4541	26197	41733	13252	22282
海安市	1161	13492	43232	19206	22978
连云港市	**6014**	**91198**	**266541**	**110927**	**135525**
连云区	286	6694	11434	1448	1923
海州区	1460	32020	47752	10234	11119
赣榆区	609	8046	67160	37030	36203
东海县	754	12297	58215	25759	35431
灌云县	1321	14258	32555	18293	23504
灌南县	1127	9669	32121	12593	21604
连云港经济技术开发区	74	2868	4729	1830	1223
连云港高新技术产业开发区	366	4901	10400	1690	1456
江苏连云港徐圩新区	7	320	1722	745	1611
江苏省连云港市云台山风景名胜区	10	125	453	1305	1451
淮安市	**9938**	**110491**	**258330**	**74583**	**107684**
淮安区	1796	18107	38260	16063	17299
淮阴区	550	12673	34816	14099	28220
清江浦区	1317	25764	40244	5854	5405
洪泽区	749	5689	15082	3295	7780
涟水县	1461	13698	52968	15442	26718
盱眙县	3060	13398	29904	12547	15271
金湖县	592	9295	15738	3380	4187
淮安经济技术开发区	250	7389	20000	1892	1430
工业园区	20	381	862	185	237
生态文旅区	80	3896	9802	1570	315
苏淮高新区	63	201	654	256	822

8-3 续表 5

单位：户

地　　区	二代户				
	一间	二间	三间	四间	五间及以上
盐城市	**21041**	**195053**	**400100**	**108425**	**95306**
亭湖区	1118	20563	42797	7302	10983
盐都区	1752	17387	39835	7173	8753
大丰区	1630	24037	35296	7047	6463
响水县	1437	11629	24279	11330	9789
滨海县	4258	24657	47121	16270	11583
阜宁县	1817	19265	48783	15817	14181
射阳县	2721	21309	44989	13500	10976
建湖县	3256	20716	42783	5070	5343
盐城经济技术开发区	81	2158	5179	982	499
江苏省盐南高新区	495	10861	31357	4471	1681
东台市	2476	22471	37681	19463	15055
扬州市	**10312**	**127858**	**230043**	**71959**	**65642**
广陵区	1498	19922	27792	5683	4193
邗江区	1117	17683	39903	12305	6829
江都区	3281	23217	44289	16300	16681
宝应县	2052	19196	35083	9124	15254
扬州经济技术开发区	322	8092	14537	1807	2096
蜀冈瘦西湖景区	275	6320	8654	1361	1071
生态新城	75	628	1327	1158	2116
仪征市	574	16403	23398	11269	7788
高邮市	1118	16397	35060	12952	9614
镇江市	**11972**	**103359**	**174747**	**41047**	**28467**
京口区	1107	18235	20517	3150	1257
润州区	936	12289	15802	2198	679
丹徒区	256	6810	15767	5178	5461
镇江新区	311	8613	16740	2651	1035
江苏镇江高新区	244	2136	4573	400	289
丹阳市	7353	30243	52907	12389	7474
扬中市	656	5193	14807	6574	5250
句容市	1109	19840	33634	8507	7022
泰州市	**16453**	**108011**	**226146**	**81274**	**72218**
海陵区	1982	18541	28565	7090	6094
高港区	655	3460	11079	6581	4834
姜堰区	3628	20851	33442	11188	13336
泰州医药高新技术产业开发区	456	3899	12636	3124	2067
兴化市	3416	33422	53506	16401	14588
靖江市	3162	10493	32349	14363	12855
泰兴市	3154	17345	54569	22527	18444
宿迁市	**9952**	**98511**	**347445**	**66486**	**100414**
宿城区	1312	18951	45073	8472	12830
宿豫区	751	14288	32165	5346	5706
沭阳县	3013	21083	109481	26400	41823
泗阳县	1097	13473	53452	12659	21102
泗洪县	3068	19099	73803	7211	7591
宿迁经济技术开发区	355	6921	14642	1351	3095
宿迁市湖滨新区	223	2128	6699	1851	3301
苏州宿迁工业园区	65	915	3750	751	148
宿迁市洋河新区	68	1653	8380	2445	4818

8-3 续表 6

单位：户

地 区	三代户				
	一间	二间	三间	四间	五间及以上
江 苏	**31895**	**678881**	**1934124**	**745386**	**913863**
南京市	**3756**	**111791**	**188686**	**48386**	**39063**
玄武区	257	7375	8874	1234	321
秦淮区	694	13694	12600	1593	330
建邺区	228	6803	11811	2608	442
鼓楼区	807	17014	17494	2600	536
浦口区	83	3625	8287	2371	2654
栖霞区	390	10077	17444	3492	2724
雨花台区	305	8749	12416	1802	794
江宁区	431	16842	41613	11514	12510
六合区	91	4298	14473	8880	8193
溧水区	96	4226	9755	3104	3286
高淳区	91	2654	8633	5911	5126
南京江北新区	283	16434	25286	3277	2147
无锡市	**4714**	**84930**	**197123**	**50787**	**27002**
锡山区	504	8896	24595	8074	4052
惠山区	684	8818	24599	6903	3631
滨湖区	392	6833	10898	2819	1503
梁溪区	1121	16837	20321	3748	1429
新吴区	277	9163	20154	3541	1046
江苏无锡经济开发区	116	4548	8355	2279	382
江阴市	910	15344	55098	14509	10853
宜兴市	710	14491	33103	8914	4106
徐州市	**2384**	**48204**	**155449**	**72571**	**149568**
鼓楼区	304	5767	6369	1216	1725
云龙区	276	5759	8060	1185	2243
贾汪区	101	2511	7269	3025	8216
泉山区	499	7773	9590	1583	2884
铜山区	183	3628	12432	9853	28783
丰县	59	1193	7873	5972	25316
沛县	223	4629	18526	9414	16861
睢宁县	336	5669	26657	14359	20684
徐州经济技术开发区	62	3101	6352	1475	4773
新沂市	168	4167	19691	11982	13727
邳州市	173	4007	32630	12507	24356
常州市	**3217**	**53788**	**121176**	**39151**	**27396**
天宁区	394	8185	14818	3815	2520
钟楼区	397	7834	13912	3541	1779
新北区	315	8990	26547	7658	5393
武进区	1002	10968	27349	11978	7865
金坛区	259	5912	12796	3570	3015
江苏省常州市经济开发区	510	4717	8193	3297	2404
溧阳市	340	7182	17561	5292	4420

8-3 续表 7

单位：户

地　　区	三代户				
	一间	二间	三间	四间	五间及以上
苏州市	**7352**	**122238**	**325640**	**98753**	**101947**
虎丘区	410	7474	29055	5184	3468
吴中区	793	11267	31883	12126	12097
相城区	416	7943	27054	6729	4082
姑苏区	885	15629	19134	2824	820
吴江区	1347	10816	35269	16351	20213
苏州工业园区	951	17298	34937	8251	1604
常熟市	756	9663	34116	19703	32872
张家港市	547	9936	44160	10578	8756
昆山市	828	25535	53226	10029	6675
太仓市	419	6677	16806	6978	11360
南通市	**1954**	**45238**	**149668**	**85372**	**112801**
崇川区	241	10656	20784	2759	924
港闸区	67	4439	12836	1600	1259
通州区	362	5115	22198	15799	18505
如东县	119	2579	13775	16157	15914
南通经济技术开发区	132	3309	8916	562	155
通州湾示范区	34	287	1217	645	782
苏锡通科技产业园区	41	483	1472	368	1166
启东市	391	6446	11963	5450	4274
如皋市	114	4230	25549	24216	42662
海门市	355	5118	14132	5185	11224
海安市	98	2576	16826	12631	15936
连云港市	**810**	**19776**	**79236**	**54620**	**88367**
连云区	11	1160	3232	637	1423
海州区	184	6472	14439	5546	9089
赣榆区	58	1182	14756	12255	14899
东海县	126	2259	18322	15619	26664
灌云县	222	3973	11579	10028	16682
灌南县	163	2897	11597	7188	15163
连云港经济技术开发区	3	589	1451	1327	1337
连云港高新技术产业开发区	40	1134	3186	895	1307
江苏连云港徐圩新区	1	80	459	266	699
江苏省连云港市云台山风景名胜区	2	30	215	859	1104
淮安市	**1092**	**30472**	**114389**	**46969**	**80327**
淮安区	229	5784	21205	11557	14892
淮阴区	71	3157	13661	8755	21401
清江浦区	121	5990	16699	3470	5316
洪泽区	81	1904	7788	1894	4597
涟水县	187	3807	19208	8633	18040
盱眙县	246	4002	13077	8400	11059
金湖县	39	2614	7686	1552	1972
淮安经济技术开发区	35	2028	9578	1472	1631
工业园区	8	203	579	141	235
生态文旅区	5	848	4338	864	458
苏淮高新区	70	135	570	231	726

8-3　续表 8　　　　单位：户

地　　区	三代户				
	一间	二间	三间	四间	五间及以上
盐城市	**2545**	**50402**	**153001**	**63669**	**68434**
亭湖区	120	4603	14997	3889	8382
盐都区	113	5000	17703	4217	5771
大丰区	110	5852	11859	3980	3770
响水县	203	3103	9410	7000	8207
滨海县	640	6530	17258	9684	9232
阜宁县	474	5776	18819	9101	10467
射阳县	337	5996	15507	6816	7022
建湖县	368	5116	17250	3139	2702
盐城经济技术开发区	9	913	3808	1006	472
江苏省盐南高新区	27	2265	11073	2178	1548
东台市	144	5248	15317	12659	10861
扬州市	**858**	**33898**	**115595**	**55224**	**54580**
广陵区	169	5321	13283	3905	3779
邗江区	71	4528	19058	11465	8234
江都区	183	6354	23728	11790	13419
宝应县	209	5719	17958	6158	10060
扬州经济技术开发区	27	2109	7265	1278	1547
蜀冈瘦西湖景区	34	1670	4013	1067	1224
生态新城	5	159	689	1117	2536
仪征市	45	3623	10379	8739	6425
高邮市	115	4415	19222	9705	7356
镇江市	**998**	**25269**	**79444**	**28324**	**23510**
京口区	146	4139	7984	1646	948
润州区	119	2886	6182	1148	395
丹徒区	28	1728	7614	3725	4417
镇江新区	54	2192	7447	1584	866
江苏镇江高新区	28	483	1965	338	219
丹阳市	501	8428	27952	9567	6665
扬中市	37	999	7799	5817	5486
句容市	85	4414	12501	4499	4514
泰州市	**978**	**27738**	**109903**	**55680**	**58336**
海陵区	178	5635	15542	6209	6797
高港区	35	906	7220	5664	5009
姜堰区	120	4213	14400	6890	9625
泰州医药高新技术产业开发区	14	1205	8044	3077	2634
兴化市	310	9036	23311	9991	9860
靖江市	122	2700	17543	9769	10313
泰兴市	199	4043	23843	14080	14098
宿迁市	**1237**	**25137**	**144814**	**45880**	**82532**
宿城区	82	4343	17572	5931	10592
宿豫区	79	3422	13115	3519	4160
沭阳县	412	6094	45440	18790	37786
泗阳县	152	3502	22853	8962	16524
泗洪县	400	5142	32000	4454	4775
宿迁经济技术开发区	27	1425	6171	833	2346
宿迁市湖滨新区	57	600	3155	1415	2480
苏州宿迁工业园区	7	130	821	182	50
宿迁市洋河新区	21	479	3687	1794	3819

8-3 续表 9

单位：户

地　　区	四代户				
	一间	二间	三间	四间	五间及以上
江　苏	**581**	**11369**	**65831**	**49943**	**74796**
南京市	**32**	**1103**	**3417**	**2086**	**2969**
玄武区	1	66	121	28	6
秦淮区	4	129	181	30	9
建邺区	1	68	149	32	11
鼓楼区	11	155	230	26	8
浦口区	1	74	222	98	182
栖霞区	6	94	283	96	136
雨花台区	4	99	198	38	34
江宁区	1	124	735	462	1019
六合区		56	459	694	825
溧水区		50	209	145	192
高淳区	2	57	267	339	399
南京江北新区	1	131	363	98	148
无锡市	**83**	**1297**	**6464**	**3282**	**2368**
锡山区	5	135	1109	831	508
惠山区	19	127	673	350	320
滨湖区	3	68	252	126	107
梁溪区	18	256	529	150	77
新吴区	4	97	546	167	80
江苏无锡经济开发区		36	105	48	27
江阴市	19	298	2259	1142	983
宜兴市	15	280	991	468	266
徐州市	**34**	**804**	**4576**	**3370**	**8045**
鼓楼区	2	62	87	36	49
云龙区		52	94	31	66
贾汪区	2	40	176	62	305
泉山区	5	81	115	41	99
铜山区	3	48	254	337	1094
丰县		23	187	225	1309
沛县	7	89	604	444	966
睢宁县	8	165	1075	929	1596
徐州经济技术开发区		39	95	43	197
新沂市	3	84	630	566	806
邳州市	4	121	1259	656	1558
常州市	**37**	**797**	**3371**	**2360**	**2132**
天宁区	4	104	377	199	163
钟楼区	1	67	296	167	102
新北区	1	132	795	505	519
武进区	19	169	824	875	729
金坛区	1	109	310	154	159
江苏省常州市经济开发区	3	66	291	210	219
溧阳市	8	150	478	250	241

8-3　续表 10

单位：户

地　区	四代户				
	一间	二间	三间	四间	五间及以上
苏州市	**172**	**1760**	**14288**	**10574**	**16215**
虎丘区	9	80	2001	236	437
吴中区	19	186	1381	1397	1772
相城区	13	118	1205	592	575
姑苏区	10	166	300	51	35
吴江区	61	222	1769	1817	2711
苏州工业园区	15	227	1131	198	64
常熟市	11	111	1892	3354	6662
张家港市	7	134	1583	934	793
昆山市	15	377	1960	795	991
太仓市	12	139	1066	1200	2175
南通市	**30**	**849**	**6140**	**6932**	**10507**
崇川区	3	185	659	119	46
港闸区	1	115	580	119	120
通州区	9	111	906	1348	1715
如东县		58	700	1527	1560
南通经济技术开发区	2	41	283	18	5
通州湾示范区	1	1	23	21	21
苏锡通科技产业园区	1	13	41	21	73
启东市	2	58	184	106	128
如皋市	4	131	1714	2290	4734
海门市	6	87	309	195	508
海安市	1	49	741	1168	1597
连云港市	**20**	**367**	**2153**	**2569**	**5197**
连云区		9	48	14	56
海州区	2	82	286	241	450
赣榆区		13	340	454	740
东海县	5	59	704	994	1998
灌云县	6	108	369	436	819
灌南县	7	85	323	318	863
连云港经济技术开发区		4	28	51	87
连云港高新技术产业开发区		5	37	29	73
江苏连云港徐圩新区		2	8	5	38
江苏省连云港市云台山风景名胜区			10	27	73
淮安市	**37**	**772**	**4258**	**2874**	**5851**
淮安区	7	161	970	870	1257
淮阴区	2	72	412	445	1348
清江浦区	2	87	462	192	511
洪泽区	2	54	313	100	317
涟水县	4	106	615	480	1171
盱眙县	9	139	531	519	837
金湖县	1	82	356	118	165
淮安经济技术开发区	3	31	312	64	121
工业园区		11	56	11	18
生态文旅区		12	168	38	44
苏淮高新区	7	17	63	37	62

8-3 续表 11　　单位：户

地　区	四代户				
	一间	二间	三间	四间	五间及以上
盐城市	**63**	**1217**	**4935**	**3366**	**4118**
亭湖区	3	89	407	191	565
盐都区	3	128	557	241	344
大丰区	2	91	403	215	238
响水县	4	83	242	275	473
滨海县	13	160	479	366	386
阜宁县	11	168	580	367	461
射阳县	12	142	475	312	366
建湖县	7	124	558	187	140
盐城经济技术开发区	3	33	311	89	52
江苏省盐南高新区		41	236	84	127
东台市	5	158	687	1039	966
扬州市	**12**	**717**	**4352**	**4352**	**4773**
广陵区	1	93	410	234	320
邗江区	3	76	635	955	780
江都区	1	157	883	779	1041
宝应县	5	123	713	440	716
扬州经济技术开发区		39	224	94	140
蜀冈瘦西湖景区		17	102	42	104
生态新城			25	67	188
仪征市	1	64	409	726	602
高邮市	1	148	951	1015	882
镇江市	**13**	**405**	**2369**	**1771**	**1862**
京口区	1	33	184	41	38
润州区	1	41	133	35	18
丹徒区		29	277	226	310
镇江新区	1	46	220	74	36
江苏镇江高新区	2	7	49	16	10
丹阳市	7	162	883	594	498
扬中市	1	10	244	471	563
句容市		77	379	314	389
泰州市	**16**	**650**	**4665**	**3927**	**5494**
海陵区	10	131	608	510	781
高港区		37	467	483	545
姜堰区	1	52	451	473	814
泰州医药高新技术产业开发区		21	417	262	313
兴化市	3	260	942	573	720
靖江市		43	836	761	1209
泰兴市	2	106	944	865	1112
宿迁市	**32**	**631**	**4843**	**2480**	**5265**
宿城区	1	78	577	317	696
宿豫区	2	84	449	204	281
沭阳县	15	176	1583	1083	2527
泗阳县	1	95	640	442	977
泗洪县	10	127	1073	229	266
宿迁经济技术开发区	1	21	236	35	144
宿迁市湖滨新区	2	24	153	79	169
苏州宿迁工业园区		4	11	1	3
宿迁市洋河新区		22	121	90	202

8-3　续表 12　　　　单位：户

地　区	五代及以上户				
	一间	二间	三间	四间	五间及以上
江　苏	**1**	**6**	**48**	**47**	**126**
南京市			**1**	**1**	**3**
玄武区					
秦淮区			1		
建邺区					
鼓楼区					
浦口区					
栖霞区					
雨花台区					
江宁区					1
六合区				1	
溧水区					2
高淳区					
南京江北新区					
无锡市	**1**	**1**	**4**		**2**
锡山区		1	2		2
惠山区					
滨湖区					
梁溪区	1				
新吴区					
江苏无锡经济开发区					
江阴市			2		
宜兴市					
徐州市			**5**	**5**	**9**
鼓楼区					
云龙区					
贾汪区					1
泉山区					
铜山区					1
丰县				1	1
沛县				1	4
睢宁县			1	2	1
徐州经济技术开发区					
新沂市			2		1
邳州市			2	1	
常州市			**2**	**1**	**3**
天宁区					
钟楼区					
新北区					
武进区			1	1	3
金坛区					
江苏省常州市经济开发区					
溧阳市			1		

8-3 续表 13

单位：户

地　　区	五代及以上户				
	一间	二间	三间	四间	五间及以上
苏州市		**1**	**13**	**18**	**54**
虎丘区			3		2
吴中区			1		3
相城区			1	2	5
姑苏区					
吴江区				2	8
苏州工业园区					
常熟市			2	5	17
张家港市					1
昆山市		1	3	3	2
太仓市			3	6	16
南通市		**3**	**4**	**6**	**19**
崇川区			1		
港闸区			1		1
通州区		1		2	
如东县			1	1	5
南通经济技术开发区					
通州湾示范区					
苏锡通科技产业园区					
启东市					
如皋市		2	1	2	10
海门市					
海安市				1	3
连云港市			**2**	**2**	**10**
连云区					
海州区					1
赣榆区				1	
东海县				1	5
灌云县					1
灌南县			1		2
连云港经济技术开发区					
连云港高新技术产业开发区					1
江苏连云港徐圩新区					
江苏省连云港市云台山风景名胜区			1		
淮安市			**3**	**2**	**3**
淮安区					
淮阴区			1	1	
清江浦区					
洪泽区				1	
涟水县					2
盱眙县					1
金湖县			1		
淮安经济技术开发区					
工业园区					
生态文旅区					
苏淮高新区			1		

8-3　续表 14

单位：户

地　　区	五代及以上户				
	一间	二间	三间	四间	五间及以上
盐城市			**1**	**1**	**1**
亭湖区					
盐都区					
大丰区					1
响水县					
滨海县					
阜宁县					
射阳县					
建湖县					
盐城经济技术开发区					
江苏省盐南高新区					
东台市			1	1	
扬州市			**3**	**4**	**6**
广陵区			1		2
邗江区				2	1
江都区					1
宝应县					2
扬州经济技术开发区					
蜀冈瘦西湖景区					
生态新城					
仪征市			1		
高邮市			1	2	
镇江市					**3**
京口区					
润州区					
丹徒区					
镇江新区					
江苏镇江高新区					
丹阳市					1
扬中市					2
句容市					
泰州市			**5**	**3**	**3**
海陵区				1	
高港区			1		1
姜堰区					1
泰州医药高新技术产业开发区					
兴化市			2	1	
靖江市			1	1	1
泰兴市			1		
宿迁市		**1**	**5**	**4**	**10**
宿城区		1			
宿豫区					1
沭阳县			2	3	5
泗阳县				1	1
泗洪县			2		1
宿迁经济技术开发区			1		
宿迁市湖滨新区					1
苏州宿迁工业园区					
宿迁市洋河新区					1

8-3a 各地区按家庭户类别和住房间数分的家庭户户数(城市)

单位：户

地区	家庭户户数	一代户				
		一间	二间	三间	四间	五间及以上
江苏	**13068320**	**1119909**	**2329762**	**2051038**	**337213**	**245391**
南京市	**2517714**	**217001**	**553594**	**391701**	**56190**	**25163**
玄武区	162013	10666	39918	25103	3050	605
秦淮区	270427	26582	76492	33914	4048	774
建邺区	182690	20975	37193	28352	4648	699
鼓楼区	330573	33063	81601	40650	5118	1146
浦口区	101644	7621	19326	16948	3657	3045
栖霞区	266468	26617	61421	44487	4857	1574
雨花台区	191832	20476	46791	27641	3277	1213
江宁区	424570	29605	72007	79079	13721	6476
六合区	79732	2404	13612	15294	3269	2107
溧水区	88400	4305	15721	15585	1893	1588
高淳区	79425	3636	12674	12998	3334	2434
南京江北新区	339940	31051	76838	51650	5318	3502
无锡市	**1670583**	**174203**	**335556**	**235994**	**35085**	**14169**
锡山区	153886	29635	20083	18962	3767	1283
惠山区	176241	14750	26550	28280	4206	2076
滨湖区	179533	15835	43138	27591	4916	1966
梁溪区	372763	47676	91703	43705	5527	2180
新吴区	200785	13667	43208	30146	4033	1197
江苏无锡经济开发区	108891	8778	22631	14999	2767	497
江阴市	275351	25762	47537	42747	5498	3149
宜兴市	203133	18100	40706	29564	4371	1821
徐州市	**986881**	**41372**	**179442**	**152213**	**22995**	**29910**
鼓楼区	158933	11315	42410	20089	1947	1697
云龙区	153928	9362	35411	19743	1931	1842
贾汪区	57073	624	9444	8565	1716	2424
泉山区	230784	13754	57536	36898	3523	2533
铜山区	106025	1941	11726	14431	4576	10578
丰县						
沛县						
睢宁县						
徐州经济技术开发区	1110	34	72	118	79	108
新沂市	109663	2068	11381	18501	4513	3670
邳州市	169365	2274	11462	33868	4710	7058
常州市	**1179670**	**132846**	**216400**	**174732**	**24929**	**14215**
天宁区	207004	19048	47222	28452	4101	2625
钟楼区	218202	27070	45031	28869	4343	2016
新北区	217377	20305	33682	31642	5037	3586
武进区	241659	41841	34343	34693	5686	2108
金坛区	116698	9020	23112	21097	2571	1736
江苏省常州市经济开发区	61631	8353	12264	7545	966	921
溧阳市	117099	7209	20746	22434	2225	1223

注：本表数据为居住在普通住宅的家庭户。

8-3a 续表 1

单位：户

地区	家庭户户数	一代户 一间	二间	三间	四间	五间及以上
苏州市	**2203921**	**345920**	**350034**	**280310**	**41904**	**28309**
虎丘区	211142	31904	25249	28340	4255	1703
吴中区	253234	40919	42544	35722	5962	3911
相城区	233283	46081	32667	29539	4843	3004
姑苏区	343117	40039	92398	37930	3584	1202
吴江区	197815	50344	18538	22797	4354	3847
苏州工业园区						
常熟市	255231	47734	29083	24766	6442	8252
张家港市	156966	14875	20171	25251	2711	1505
昆山市	443962	62478	73975	60217	7456	3315
太仓市	109171	11546	15409	15748	2297	1570
南通市	**1066813**	**61009**	**194311**	**199055**	**37937**	**27855**
崇川区	257148	12251	62309	44941	5640	2162
港闸区	127979	8376	24995	23260	2449	1905
通州区	132567	8058	19960	23587	5347	4089
如东县						
南通经济技术开发区						
通州湾示范区						
苏锡通科技产业园区						
启东市	152252	14344	37875	28968	6294	3259
如皋市	117961	3204	13716	19830	5158	5285
海门市	126641	8668	21153	26456	4249	3043
海安市	152265	6108	14303	32013	8800	8112
连云港市	**342661**	**11242**	**51039**	**57445**	**11928**	**14021**
连云区	54438	2291	9931	9891	1619	2672
海州区	195472	6895	35056	32473	5285	5719
赣榆区	87818	1817	5425	14675	4782	5093
东海县	2803	186	309	171	103	379
灌云县						
灌南县						
连云港经济技术开发区						
连云港高新技术产业开发区						
江苏连云港徐圩新区	758	15	233	78	26	58
江苏省连云港市云台山风景名胜区	1372	38	85	157	113	100
淮安市	**411519**	**11870**	**56914**	**72987**	**9838**	**10774**
淮安区	96827	3476	11838	15566	2233	2421
淮阴区	94091	1091	8594	16220	2695	4582
清江浦区	174465	5966	31305	30861	3702	2533
洪泽区	46136	1337	5177	10340	1208	1238
涟水县						
盱眙县						
金湖县						
淮安经济技术开发区						
工业园区						
生态文旅区						
苏淮高新区						

8-3a 续表 2

单位：户

地　区	家庭户户　数	一代户				
		一间	二间	三间	四间	五间及以上
盐城市	**560695**	**22636**	**73531**	**111754**	**21670**	**19046**
亭湖区	167168	6417	24305	33758	5722	6457
盐都区	87753	5339	8481	16241	2406	2462
大丰区	84480	3303	12366	19766	2946	2559
响水县						
滨海县						
阜宁县						
射阳县						
建湖县						
盐城经济技术开发区	646	13	48	148	4	6
江苏省盐南高新区	104644	2641	9929	20796	3048	1786
东台市	116004	4923	18402	21045	7544	5776
扬州市	**663236**	**26138**	**107302**	**118891**	**24395**	**19280**
广陵区	136158	7660	28498	25709	3380	1850
邗江区	163182	6343	20281	29860	6406	3823
江都区	109860	4786	14465	19290	3766	4658
宝应县						
扬州经济技术开发区						
蜀冈瘦西湖景区	44996	1356	7893	7312	1322	1159
生态新城	8642	485	523	812	491	1015
仪征市	105643	2915	22655	18622	5336	4300
高邮市	94755	2593	12987	17286	3694	2475
镇江市	**568503**	**34528**	**101365**	**106015**	**18353**	**12388**
京口区	117690	6611	29270	20422	2671	1050
润州区	88033	6028	20563	15436	2024	1128
丹徒区	48571	1699	6582	8970	2058	2241
镇江新区						
江苏镇江高新区	20400	1608	3285	4026	319	403
丹阳市	134676	11214	17719	26298	3889	1789
扬中市	56378	3039	5017	9508	3196	3022
句容市	102755	4329	18929	21355	4196	2755
泰州市	**656048**	**30621**	**86152**	**112643**	**27661**	**24090**
海陵区	160533	9616	27986	25124	5372	4658
高港区	42724	2154	3654	7036	2800	1867
姜堰区	113324	4558	15467	17352	3804	4275
泰州医药高新技术产业开发区						
兴化市	101269	5279	17743	15931	2562	2654
靖江市	110635	5138	9093	20118	5662	4836
泰兴市	127563	3876	12209	27082	7461	5800
宿迁市	**240076**	**10523**	**24122**	**37298**	**4328**	**6171**
宿城区	118085	6106	12780	17578	2118	3019
宿豫区	71758	3215	7374	11822	735	919
沭阳县						
泗阳县						
泗洪县						
宿迁经济技术开发区						
宿迁市湖滨新区	15995	697	1465	2119	350	711
苏州宿迁工业园区	9100	172	611	1208	231	40
宿迁市洋河新区	25138	333	1892	4571	894	1482

8-3a　续表 3　　　　单位：户

地　区	二代户				
	一间	二间	三间	四间	五间及以上
江　苏	**179751**	**1746376**	**2458066**	**390542**	**238835**
南京市	**33104**	**409803**	**420471**	**61973**	**21601**
玄武区	2584	32103	25924	3142	635
秦淮区	5974	56004	32723	4015	636
建邺区	1852	26566	32725	6700	827
鼓楼区	7028	68760	46889	6378	1059
浦口区	730	13338	17279	3213	2388
栖霞区	3736	39826	44887	6122	1634
雨花台区	2724	32612	28321	3502	1050
江宁区	3653	51112	83293	14240	5331
六合区	472	9947	16160	2770	1581
溧水区	577	13418	19749	2210	1166
高淳区	816	9142	16573	3968	2707
南京江北新区	2958	56975	55948	5713	2587
无锡市	**29512**	**247880**	**294382**	**44317**	**12698**
锡山区	3945	18072	26697	4796	1204
惠山区	2780	22363	37581	5535	2009
滨湖区	3149	27480	27905	5175	1508
梁溪区	9811	68086	50685	7058	1845
新吴区	2091	30521	37638	5023	850
江苏无锡经济开发区	1437	15770	21103	4464	549
江阴市	3233	35577	55852	6612	2779
宜兴市	3066	30011	36921	5654	1954
徐州市	**9234**	**140327**	**213188**	**33334**	**43845**
鼓楼区	2330	32450	26398	2671	2009
云龙区	2305	31217	30529	2834	2311
贾汪区	103	7187	12342	2384	3713
泉山区	3455	40716	41472	4583	3644
铜山区	320	8495	18764	5612	14920
丰县					
沛县					
睢宁县					
徐州经济技术开发区	2	16	132	137	237
新沂市	331	11053	28614	7122	6671
邳州市	388	9193	54937	7991	10340
常州市	**22429**	**170995**	**221088**	**32920**	**13038**
天宁区	3246	34830	35774	5185	2596
钟楼区	5963	35766	35188	5850	1935
新北区	2218	28836	46216	7430	3131
武进区	6894	29034	45691	8065	2140
金坛区	1320	16295	21653	2664	1173
江苏省常州市经济开发区	1489	10684	9540	953	789
溧阳市	1299	15550	27026	2773	1274

8-3a 续表 4 单位：户

地区	二代户				
	一间	二间	三间	四间	五间及以上
苏州市	**43597**	**277828**	**372861**	**62685**	**28957**
虎丘区	3221	21672	41037	7737	2163
吴中区	4360	29625	41664	6497	2682
相城区	5083	23361	36660	6627	2731
姑苏区	7870	66509	47224	5159	1348
吴江区	3192	16520	31992	7370	4048
苏州工业园区					
常熟市	9380	25291	35390	9183	9214
张家港市	2235	17764	36909	5247	1541
昆山市	6509	63528	79684	11400	3560
太仓市	1747	13558	22301	3465	1670
南通市	**9666**	**121367**	**196943**	**34206**	**22814**
崇川区	2118	38809	44912	5787	1842
港闸区	1038	16724	24488	2395	1394
通州区	1542	12905	25795	5290	3504
如东县					
南通经济技术开发区					
通州湾示范区					
苏锡通科技产业园区					
启东市	1848	20281	22985	3458	1599
如皋市	712	9777	20546	5596	5594
海门市	1650	14400	26459	3793	2091
海安市	758	8471	31758	7887	6790
连云港市	**1802**	**40514**	**76329**	**15217**	**17678**
连云区	284	6665	11376	1428	1831
海州区	1242	29560	40372	6596	7153
赣榆区	269	4086	24283	6854	7874
东海县	2	53	104	107	639
灌云县					
灌南县					
连云港经济技术开发区					
连云港高新技术产业开发区					
江苏连云港徐圩新区	3	122	59	23	30
江苏省连云港市云台山风景名胜区	2	28	135	209	151
淮安市	**3200**	**48770**	**96479**	**11491**	**11656**
淮安区	1149	10415	21263	2646	2829
淮阴区	301	9129	24950	3363	5169
清江浦区	1276	25435	39107	4436	2429
洪泽区	474	3791	11159	1046	1229
涟水县					
盱眙县					
金湖县					
淮安经济技术开发区					
工业园区					
生态文旅区					
苏淮高新区					

8-3a　续表 5　　　　　　　　　　　　　　　　　　　　　　　　单位：户

地　区	二代户				
	一间	二间	三间	四间	五间及以上
盐城市	**3995**	**53236**	**132528**	**20840**	**15124**
亭湖区	980	17605	37114	5369	5364
盐都区	804	7415	23446	2675	2112
大丰区	772	7725	21076	2614	1769
响水县					
滨海县					
阜宁县					
射阳县					
建湖县					
盐城经济技术开发区	3	19	186	10	11
江苏省盐南高新区	495	10861	31357	4471	1681
东台市	941	9611	19349	5701	4187
扬州市	**5274**	**75295**	**126960**	**23493**	**15341**
广陵区	1298	18514	24336	3203	1375
邗江区	847	15889	35188	7531	3899
江都区	1930	11410	21346	3412	3353
宝应县					
扬州经济技术开发区					
蜀冈瘦西湖景区	275	6320	8654	1361	1071
生态新城	47	416	852	477	970
仪征市	421	13640	16199	3937	2729
高邮市	456	9106	20385	3572	1944
镇江市	**5648**	**66141**	**110867**	**17646**	**8872**
京口区	1063	17931	20228	2992	930
润州区	936	12288	15801	2198	675
丹徒区	161	4864	9741	1855	1597
镇江新区					
江苏镇江高新区	244	2136	4573	400	289
丹阳市	2191	12418	29682	4540	1547
扬中市	412	4127	10752	2771	2252
句容市	641	12377	20090	2890	1582
泰州市	**10598**	**64334**	**127883**	**25648**	**20121**
海陵区	1926	17476	26870	5514	4261
高港区	544	2449	7599	2430	1512
姜堰区	2982	15072	22682	3627	3504
泰州医药高新技术产业开发区					
兴化市	2141	13153	20252	3018	2635
靖江市	1285	7536	22413	5256	4241
泰兴市	1720	8648	28067	5803	3968
宿迁市	**1692**	**29886**	**68087**	**6772**	**7090**
宿城区	994	16076	31913	3245	3505
宿豫区	474	10338	22275	1171	908
沭阳县					
泗阳县					
泗洪县					
宿迁经济技术开发区					
宿迁市湖滨新区	120	1280	4216	476	790
苏州宿迁工业园区	65	915	3750	751	148
宿迁市洋河新区	39	1277	5933	1129	1739

8-3a 续表 6

单位：户

地　　区	三代户				
	一间	二间	三间	四间	五间及以上
江　苏	**16302**	**431468**	**1021897**	**234293**	**202783**
南京市	**3505**	**105948**	**167289**	**29685**	**15295**
玄武区	257	7375	8874	1234	321
秦淮区	694	13694	12600	1593	330
建邺区	228	6803	11811	2608	442
鼓楼区	807	17014	17494	2600	536
浦口区	62	3225	6970	1727	1683
栖霞区	380	9968	16917	2636	962
雨花台区	300	8653	12353	1781	775
江宁区	369	15641	37236	7624	4043
六合区	25	2180	6048	1871	1523
溧水区	52	3308	6882	1000	741
高淳区	49	1683	4970	1996	2063
南京江北新区	282	16404	25134	3015	1876
无锡市	**2960**	**65343**	**134066**	**27202**	**10630**
锡山区	233	5696	13732	3711	1273
惠山区	381	6593	17162	3633	1563
滨湖区	371	6548	9939	2458	1124
梁溪区	1121	16837	20321	3748	1429
新吴区	249	8731	18859	3132	672
江苏无锡经济开发区	116	4548	8355	2279	382
江阴市	231	8672	28660	4627	2594
宜兴市	258	7718	17038	3614	1593
徐州市	**1219**	**25076**	**49447**	**13940**	**28548**
鼓楼区	304	5767	6369	1216	1725
云龙区	275	5677	7685	950	1638
贾汪区	16	1445	3233	1084	2607
泉山区	499	7773	9590	1583	2884
铜山区	34	1489	4290	1813	6725
丰县					
沛县					
睢宁县					
徐州经济技术开发区	2	8	23	41	96
新沂市	24	1404	5592	3264	4934
邳州市	65	1513	12665	3989	7939
常州市	**1635**	**38880**	**84789**	**17485**	**9769**
天宁区	239	6937	12245	2510	1541
钟楼区	361	7584	13187	3030	1492
新北区	163	7050	20173	4147	2800
武进区	477	6882	17179	4280	1680
金坛区	126	4293	8996	1537	769
江苏省常州市经济开发区	125	2463	3965	667	679
溧阳市	144	3671	9044	1314	808

8-3a　续表 7　　　　单位：户

地　区	三代户				
	一间	二间	三间	四间	五间及以上
苏州市	**3772**	**78824**	**197224**	**43594**	**31824**
虎丘区	364	6961	27285	4593	2329
吴中区	442	8688	20668	4777	3241
相城区	352	7266	24504	5579	3149
姑苏区	885	15629	19134	2824	820
吴江区	325	5438	17232	5248	4851
苏州工业园区					
常熟市	509	7176	19433	8230	11207
张家港市	121	4631	18503	3267	1532
昆山市	649	19361	39779	6983	2832
太仓市	125	3674	10686	2093	1863
南通市	**825**	**28255**	**82319**	**22173**	**20277**
崇川区	241	10656	20784	2759	924
港闸区	67	4431	12780	1548	1210
通州区	110	2772	11140	4177	3205
如东县					
南通经济技术开发区					
通州湾示范区					
苏锡通科技产业园区					
启东市	130	3191	5718	1356	784
如皋市	55	2652	11342	5121	6958
海门市	156	2870	8480	1507	1364
海安市	66	1683	12075	5705	5832
连云港市	**170**	**7390**	**18772**	**6366**	**11662**
连云区	11	1152	3192	618	1353
海州区	139	5651	10999	2766	5049
赣榆区	19	541	4466	2766	4491
东海县		2	23	56	616
灌云县					
灌南县					
连云港经济技术开发区					
连云港高新技术产业开发区					
江苏连云港徐圩新区		36	30	9	34
江苏省连云港市云台山风景名胜区	1	8	62	151	119
淮安市	**256**	**12266**	**42974**	**7770**	**11425**
淮安区	103	3150	12076	2640	3903
淮阴区	14	2030	8983	1953	4371
清江浦区	114	5876	16005	2396	2264
洪泽区	25	1210	5910	781	887
涟水县					
盱眙县					
金湖县					
淮安经济技术开发区					
工业园区					
生态文旅区					
苏淮高新区					

8-3a 续表 8 单位：户

地　区	三代户				
	一间	二间	三间	四间	五间及以上
盐城市	**268**	**11348**	**47170**	**11787**	**12741**
亭湖区	92	3698	12389	2786	4317
盐都区	57	1798	10596	1585	1810
大丰区	35	1270	5512	1222	1297
响水县					
滨海县					
阜宁县					
射阳县					
建湖县					
盐城经济技术开发区	2	12	160	4	5
江苏省盐南高新区	27	2265	11073	2178	1548
东台市	55	2305	7440	4012	3764
扬州市	**452**	**19380**	**61927**	**18263**	**16037**
广陵区	162	5037	11496	1820	1273
邗江区	63	4015	16161	6484	4874
江都区	115	3235	11589	2591	3230
宝应县					
扬州经济技术开发区					
蜀冈瘦西湖景区	34	1670	4013	1067	1224
生态新城	4	103	488	496	1315
仪征市	29	2880	6476	2608	2306
高邮市	45	2440	11704	3197	1815
镇江市	**546**	**15829**	**47573**	**11912**	**8182**
京口区	145	4083	7859	1540	625
润州区	119	2886	6182	1147	394
丹徒区	19	1292	4615	1234	1326
镇江新区					
江苏镇江高新区	28	483	1965	338	219
丹阳市	182	3397	14349	3262	1601
扬中市	21	719	5322	2728	2788
句容市	32	2969	7281	1663	1229
泰州市	**575**	**16190**	**63091**	**20027**	**20015**
海陵区	171	5347	14578	4824	5134
高港区	27	674	4910	2447	1807
姜堰区	89	3026	10139	2756	3158
泰州医药高新技术产业开发区					
兴化市	129	2926	8080	2036	2124
靖江市	85	2152	12646	4226	4462
泰兴市	74	2065	12738	3738	3330
宿迁市	**119**	**6739**	**25256**	**4089**	**6378**
宿城区	38	3515	11529	1819	3144
宿豫区	36	2369	8451	647	674
沭阳县					
泗阳县					
泗洪县					
宿迁经济技术开发区					
宿迁市湖滨新区	35	356	1983	456	738
苏州宿迁工业园区	7	130	821	182	50
宿迁市洋河新区	3	369	2472	985	1772

8-3a　续表 9　　　　　　　　　　　　　　　　　　　　单位：户

地　区	四代户				
	一间	二间	三间	四间	五间及以上
江　苏	**219**	**5502**	**28434**	**12761**	**17712**
南京市	**28**	**980**	**2645**	**818**	**919**
玄武区	1	66	121	28	6
秦淮区	4	129	181	30	9
建邺区	1	68	149	32	11
鼓楼区	11	155	230	26	8
浦口区	1	66	186	67	112
栖霞区	6	94	271	46	27
雨花台区	3	94	195	38	33
江宁区		100	581	198	261
六合区		26	163	138	142
溧水区		29	107	32	37
高淳区		22	105	100	155
南京江北新区	1	131	356	83	118
无锡市	**45**	**891**	**3706**	**1208**	**733**
锡山区	2	66	391	225	113
惠山区	9	79	410	152	129
滨湖区	3	65	214	94	54
梁溪区	18	256	529	150	77
新吴区	3	91	498	129	47
江苏无锡经济开发区		36	105	48	27
江阴市	6	168	1167	275	203
宜兴市	4	130	392	135	83
徐州市	**9**	**268**	**832**	**488**	**1193**
鼓楼区	2	62	87	36	49
云龙区		50	91	26	51
贾汪区		18	76	16	76
泉山区	5	81	115	41	99
铜山区		9	47	52	203
丰县					
沛县					
睢宁县					
徐州经济技术开发区			1	1	3
新沂市	1	18	89	129	283
邳州市	1	30	326	187	429
常州市	**17**	**386**	**1825**	**690**	**600**
天宁区	2	61	237	86	67
钟楼区		62	267	111	77
新北区	1	66	486	165	243
武进区	9	64	331	192	69
金坛区	1	63	180	56	36
江苏省常州市经济开发区	1	23	116	31	57
溧阳市	3	47	208	49	51

8-3a 续表 10

单位：户

地 区	四代户				
	一间	二间	三间	四间	五间及以上
苏州市	**68**	**973**	**7136**	**3074**	**4995**
虎丘区	8	69	1821	173	254
吴中区	10	116	594	339	471
相城区	9	86	950	403	385
姑苏区	10	166	300	51	35
吴江区	12	87	553	369	696
苏州工业园区					
常熟市	7	65	582	942	2336
张家港市	1	54	437	124	87
昆山市	10	273	1236	389	324
太仓市	1	57	663	284	407
南通市	**13**	**544**	**3251**	**1676**	**2305**
崇川区	3	185	659	119	46
港闸区	1	114	577	114	111
通州区	4	55	426	301	299
如东县					
南通经济技术开发区					
通州湾示范区					
苏锡通科技产业园区					
启东市	1	35	88	24	14
如皋市	1	77	811	510	1011
海门市	2	39	156	41	64
海安市	1	39	534	567	760
连云港市		**74**	**271**	**201**	**539**
连云区		9	48	13	54
海州区		59	155	100	202
赣榆区		5	64	81	227
东海县			1	2	50
灌云县					
灌南县					
连云港经济技术开发区					
连云港高新技术产业开发区					
江苏连云港徐圩新区		1	1		
江苏省连云港市云台山风景名胜区			2	5	6
淮安市	**5**	**205**	**1327**	**412**	**899**
淮安区	3	57	478	204	377
淮阴区		36	231	87	292
清江浦区	2	84	408	96	170
洪泽区		28	210	25	60
涟水县					
盱眙县					
金湖县					
淮安经济技术开发区					
工业园区					
生态文旅区					
苏淮高新区					

8-3a　续表 11　　　　单位：户

地　　区	四代户				
	一间	二间	三间	四间	五间及以上
盐城市	**8**	**222**	**1212**	**637**	**941**
亭湖区	3	66	296	124	306
盐都区	2	35	289	84	116
大丰区		17	101	56	74
响水县					
滨海县					
阜宁县					
射阳县					
建湖县					
盐城经济技术开发区	2		12		1
江苏省盐南高新区		41	236	84	127
东台市	1	63	278	289	317
扬州市	**4**	**325**	**1879**	**1188**	**1409**
广陵区		88	321	62	75
邗江区	3	65	476	497	476
江都区		46	304	107	227
宝应县					
扬州经济技术开发区					
蜀冈瘦西湖景区		17	102	42	104
生态新城			17	24	107
仪征市	1	42	186	161	200
高邮市		67	473	295	220
镇江市	**6**	**183**	**1178**	**669**	**600**
京口区	1	33	183	36	17
润州区	1	41	133	35	18
丹徒区		16	139	78	84
镇江新区					
江苏镇江高新区	2	7	49	16	10
丹阳市	2	38	320	150	88
扬中市		7	151	242	302
句容市		41	203	112	81
泰州市	**14**	**312**	**2401**	**1496**	**2170**
海陵区	10	124	563	378	600
高港区		27	315	247	224
姜堰区	1	32	284	201	314
泰州医药高新技术产业开发区					
兴化市	2	61	239	118	185
靖江市		30	573	309	572
泰兴市	1	38	427	243	275
宿迁市	**2**	**139**	**771**	**204**	**409**
宿城区		57	336	95	217
宿豫区		44	245	29	32
沭阳县					
泗阳县					
泗洪县					
宿迁经济技术开发区					
宿迁市湖滨新区	2	17	101	25	58
苏州宿迁工业园区		4	11	1	3
宿迁市洋河新区		17	78	54	99

8-3a 续表 12

单位：户

地 区	五代及以上户				
	一间	二间	三间	四间	五间及以上
江 苏	**1**	**3**	**22**	**14**	**26**
南京市			**1**		
玄武区					
秦淮区			1		
建邺区					
鼓楼区					
浦口区					
栖霞区					
雨花台区					
江宁区					
六合区					
溧水区					
高淳区					
南京江北新区					
无锡市	**1**		**2**		
锡山区					
惠山区					
滨湖区					
梁溪区	1				
新吴区					
江苏无锡经济开发区					
江阴市			2		
宜兴市					
徐州市			**1**		
鼓楼区					
云龙区					
贾汪区					
泉山区					
铜山区					
丰县					
沛县					
睢宁县					
徐州经济技术开发区					
新沂市			1		
邳州市					
常州市			**1**		**1**
天宁区					
钟楼区					
新北区					
武进区					1
金坛区					
江苏省常州市经济开发区					
溧阳市			1		

8-3a 续表 13

单位：户

地 区	五代及以上户				
	一间	二间	三间	四间	五间及以上
苏州市			**9**	**8**	**15**
虎丘区			3		1
吴中区			1		1
相城区			1	1	2
姑苏区					
吴江区					2
苏州工业园区					
常熟市				2	7
张家港市					
昆山市			2	2	
太仓市			2	3	2
南通市		**2**	**3**	**1**	**6**
崇川区			1		
港闸区			1		1
通州区		1			
如东县					
南通经济技术开发区					
通州湾示范区					
苏锡通科技产业园区					
启东市					
如皋市		1	1		3
海门市					
海安市				1	2
连云港市					**1**
连云区					
海州区					1
赣榆区					
东海县					
灌云县					
灌南县					
连云港经济技术开发区					
连云港高新技术产业开发区					
江苏连云港徐圩新区					
江苏省连云港市云台山风景名胜区					
淮安市				**1**	
淮安区					
淮阴区					
清江浦区					
洪泽区				1	
涟水县					
盱眙县					
金湖县					
淮安经济技术开发区					
工业园区					
生态文旅区					
苏淮高新区					

8-3a 续表 14

单位：户

地 区	五代及以上户				
	一间	二间	三间	四间	五间及以上
盐城市			**1**		
亭湖区					
盐都区					
大丰区					
响水县					
滨海县					
阜宁县					
射阳县					
建湖县					
盐城经济技术开发区					
江苏省盐南高新区					
东台市			1		
扬州市			**1**	**2**	
广陵区			1		
邗江区				1	
江都区					
宝应县					
扬州经济技术开发区					
蜀冈瘦西湖景区					
生态新城					
仪征市					
高邮市				1	
镇江市					**2**
京口区					
润州区					
丹徒区					
镇江新区					
江苏镇江高新区					
丹阳市					
扬中市					2
句容市					
泰州市			**3**	**2**	**1**
海陵区				1	
高港区			1		
姜堰区					1
泰州医药高新技术产业开发区					
兴化市			1		
靖江市			1	1	
泰兴市					
宿迁市		**1**			
宿城区		1			
宿豫区					
沭阳县					
泗阳县					
泗洪县					
宿迁经济技术开发区					
宿迁市湖滨新区					
苏州宿迁工业园区					
宿迁市洋河新区					

8-3b　各地区按家庭户类别和住房间数分的家庭户户数(镇)

单位：户

地　区	家庭户户　数	一代户				
		一间	二间	三间	四间	五间及以上
江　苏	**7018112**	**538850**	**879470**	**1165304**	**328145**	**329155**
南京市	**58342**	**2274**	**11457**	**11073**	**1774**	**990**
玄武区						
秦淮区						
建邺区						
鼓楼区						
浦口区	655	32	151	292	3	1
栖霞区						
雨花台区	3027	417	1311	249	59	52
江宁区						
六合区	39811	873	7005	8011	809	252
溧水区	10994	786	2473	1932	550	289
高淳区	3855	166	517	589	353	396
南京江北新区						
无锡市	**389074**	**70390**	**54963**	**57001**	**11255**	**7514**
锡山区	85561	17036	9511	11583	2647	2097
惠山区	38234	4936	4901	7106	1073	438
滨湖区						
梁溪区						
新吴区						
江苏无锡经济开发区						
江阴市	160350	36511	18958	19738	4073	3332
宜兴市	104929	11907	21593	18574	3462	1647
徐州市	**910009**	**25492**	**92758**	**147896**	**39552**	**55973**
鼓楼区						
云龙区	6281	296	1043	693	139	336
贾汪区	27116	983	3894	3974	1322	1728
泉山区						
铜山区	113541	2695	10063	15784	5926	10100
丰县	157816	2931	10443	28927	10715	17842
沛县	192162	5333	22796	30926	6492	8874
睢宁县	180334	6853	15479	26572	6274	7077
徐州经济技术开发区	101774	3129	17374	17187	1389	2630
新沂市	53154	1677	5365	8002	3003	1774
邳州市	77831	1595	6301	15831	4292	5612
常州市	**219007**	**35370**	**36487**	**31923**	**8645**	**5351**
天宁区	14427	1871	2000	1919	524	453
钟楼区						
新北区	40973	6953	6295	5621	1323	699
武进区	55982	11692	7325	6755	2491	1441
金坛区	24962	3220	6366	4709	1209	855
江苏省常州市经济开发区	32379	7918	4084	3151	973	671
溧阳市	50284	3716	10417	9768	2125	1232

注：本表数据为居住在普通住宅的家庭户。

8-3b 续表 1

单位：户

地 区	家庭户户 数	一代户 一间	二间	三间	四间	五间及以上
苏州市	**1004858**	**180445**	**136721**	**120802**	**26158**	**24140**
虎丘区	1573	265	322	195		
吴中区	61526	16357	6100	5111	1877	1791
相城区	20542	6194	2886	2258	429	284
姑苏区						
吴江区	161700	42637	19391	15676	4612	4994
苏州工业园区	310434	45281	47221	31827	6441	1471
常熟市	104348	16549	6987	10240	4309	8616
张家港市	187808	31516	22507	33679	4610	3581
昆山市	81358	8127	19196	14016	1269	1126
太仓市	75569	13519	12111	7800	2611	2277
南通市	**781735**	**73358**	**113428**	**126451**	**54537**	**65647**
崇川区						
港闸区						
通州区	117499	16281	14383	16946	7272	9595
如东县	182056	11537	22080	29762	16080	16206
南通经济技术开发区	86455	7318	16971	16903	924	395
通州湾示范区	14436	2212	2940	3100	851	926
苏锡通科技产业园区	12640	1769	2267	2087	302	995
启东市	77185	13294	17777	12534	5617	4301
如皋市	132861	3215	10658	20750	10686	14522
海门市	104178	14446	19168	15636	6979	11963
海安市	54425	3286	7184	8733	5826	6744
连云港市	**541883**	**13661**	**46895**	**90802**	**32223**	**29680**
连云区	3	1		1		
海州区	18145	517	1853	2758	903	544
赣榆区	95807	1136	4868	17815	10847	6442
东海县	147621	3626	11407	25714	6701	6416
灌云县	110076	3773	12195	17079	6059	6138
灌南县	94931	1932	7208	14640	4295	6505
连云港经济技术开发区	22346	467	4096	4134	1032	516
连云港高新技术产业开发区	41271	2141	4503	6588	1291	1228
江苏连云港徐圩新区	11045	64	723	2012	1044	1762
江苏省连云港市云台山风景名胜区	638	4	42	61	51	129
淮安市	**527583**	**12387**	**51499**	**93251**	**26738**	**27748**
淮安区	37929	881	4297	6808	3678	3320
淮阴区	34332	357	1641	4148	3391	5100
清江浦区	2107	28	193	397	191	138
洪泽区	10029	441	1336	2148	1470	1078
涟水县	145441	2117	8946	27054	6042	8483
盱眙县	121206	4035	11835	19088	7435	5434
金湖县	60590	2266	9987	12042	1938	1657
淮安经济技术开发区	77099	1846	10146	15893	1639	1339
工业园区	2376	54	327	440	47	3
生态文旅区	30083	198	2440	4256	532	219
苏淮高新区	6391	164	351	977	375	977

8-3b 续表 2

单位：户

地 区	家庭户户数	一代户				
		一间	二间	三间	四间	五间及以上
盐城市	**899407**	**39569**	**135965**	**173665**	**45917**	**37056**
亭湖区	19561	514	2896	3433	1129	2000
盐都区	34479	1104	4341	6420	2239	3501
大丰区	72478	6803	23029	12234	3516	3488
响水县	85229	2906	10018	12229	4417	3542
滨海县	148994	6979	19968	26330	6274	4266
阜宁县	153988	4086	18147	32635	6825	5616
射阳县	161056	6532	24141	33938	10293	6920
建湖县	129788	4019	16276	29234	4099	2311
盐城经济技术开发区	18491	1376	2209	3389	564	364
江苏省盐南高新区						
东台市	75343	5250	14940	13823	6561	5048
扬州市	**369353**	**12577**	**51446**	**66601**	**22442**	**20603**
广陵区	12879	578	1422	2164	1023	1096
邗江区	18545	524	1681	2940	1968	1045
江都区	83304	3457	13909	16309	6094	5427
宝应县	129186	3594	15663	21443	5499	7977
扬州经济技术开发区	66090	2606	11207	13122	1489	1597
蜀冈瘦西湖景区						
生态新城	3236	79	257	353	380	372
仪征市	18200	404	1961	2924	2384	934
高邮市	37913	1335	5346	7346	3605	2155
镇江市	**284803**	**27308**	**49913**	**52316**	**14376**	**9948**
京口区	1769	168	478	297	50	39
润州区						
丹徒区	21904	583	2664	4741	2104	1908
镇江新区	72246	2394	14377	15436	2390	654
江苏镇江高新区						
丹阳市	136891	21187	22830	19427	6309	4997
扬中市	15201	1239	1115	3062	1756	1321
句容市	36792	1737	8449	9353	1767	1029
泰州市	**369514**	**23648**	**53438**	**74322**	**27618**	**22661**
海陵区	9123	590	1630	1168	876	974
高港区	14287	659	1186	2535	1300	926
姜堰区	39102	2492	7923	7802	3589	3198
泰州医药高新技术产业开发区	60865	3876	5672	11623	2525	1702
兴化市	116988	7610	23467	24239	7992	5855
靖江市	40136	2725	2714	8346	3666	3504
泰兴市	89013	5696	10846	18609	7670	6502
宿迁市	**662544**	**22371**	**44500**	**119201**	**16910**	**21844**
宿城区	13011	623	640	2916	301	358
宿豫区	18478	523	1737	3330	1151	1008
沭阳县	276203	7741	14112	47346	8036	12097
泗阳县	150099	3250	9705	27005	4890	6511
泗洪县	157809	7955	13362	31336	1960	1232
宿迁经济技术开发区	42656	2050	4556	6639	357	275
宿迁市湖滨新区	4288	229	388	629	215	363
苏州宿迁工业园区						
宿迁市洋河新区						

8-3b 续表 3

单位：户

地 区	二代户				
	一间	二间	三间	四间	五间及以上
江 苏	**97429**	**552240**	**1299721**	**321921**	**321319**
南京市	**290**	**7036**	**12215**	**1671**	**818**
玄武区					
秦淮区					
建邺区					
鼓楼区					
浦口区	5	42	88	4	3
栖霞区					
雨花台区	48	481	128	36	32
江宁区					
六合区	122	4968	10116	953	212
溧水区	101	1393	1574	399	179
高淳区	14	152	309	279	392
南京江北新区					
无锡市	**11146**	**37024**	**58547**	**10884**	**6420**
锡山区	2634	7270	12021	2610	1804
惠山区	752	3849	8033	1139	409
滨湖区					
梁溪区					
新吴区					
江苏无锡经济开发区					
江阴市	5749	13820	22311	4397	3185
宜兴市	2011	12085	16182	2738	1022
徐州市	**4507**	**68418**	**201585**	**52625**	**78514**
鼓楼区					
云龙区	32	642	1117	207	453
贾汪区	135	2397	4247	1758	2690
泉山区					
铜山区	292	5076	21241	8834	17041
丰县	491	5893	29096	10253	20952
沛县	1158	18673	50369	9017	11862
睢宁县	1697	15092	44891	9356	10034
徐州经济技术开发区	419	14861	25266	2207	4421
新沂市	136	3254	10777	5937	3350
邳州市	147	2530	14581	5056	7711
常州市	**6822**	**22517**	**29163**	**7116**	**4105**
天宁区	401	1301	2402	531	392
钟楼区					
新北区	1236	4233	5316	1293	689
武进区	2514	5420	6456	2342	1235
金坛区	258	2365	2549	621	381
江苏省常州市经济开发区	1895	3827	4075	895	533
溧阳市	518	5371	8365	1434	875

8-3b　续表 4　　　　单位：户

地　区	二代户				
	一间	二间	三间	四间	五间及以上
苏州市	**25361**	**104730**	**146478**	**32846**	**21740**
虎丘区	27	186	263		
吴中区	1832	5659	7124	2141	1675
相城区	412	1587	2486	397	242
姑苏区					
吴江区	5948	13892	18066	5090	4537
苏州工业园区	6320	39868	51984	12855	2490
常熟市	2942	6155	11535	4169	7494
张家港市	4961	15949	34896	4184	2474
昆山市	707	11780	11846	1314	830
太仓市	2212	9654	8278	2696	1998
南通市	**11219**	**45513**	**84734**	**38904**	**47627**
崇川区					
港闸区					
通州区	3021	6618	11515	5614	6696
如东县	2615	9546	20942	12440	11753
南通经济技术开发区	990	10540	17701	988	302
通州湾示范区	288	856	1333	403	419
苏锡通科技产业园区	275	929	1417	172	659
启东市	1347	5056	6271	2799	2270
如皋市	393	3490	13411	9246	14255
海门市	2048	6375	7628	3603	6715
海安市	242	2103	4516	3639	4558
连云港市	**2800**	**33115**	**115668**	**41038**	**43374**
连云区		1			
海州区	110	1443	4120	1085	916
赣榆区	83	1367	15347	13137	11379
东海县	549	10040	35896	9321	10713
灌云县	809	7421	20482	8424	8602
灌南县	809	4958	23353	5529	8166
连云港经济技术开发区	70	2765	4382	1080	511
连云港高新技术产业开发区	366	4901	10400	1690	1456
江苏连云港徐圩新区	3	197	1659	718	1490
江苏省连云港市云台山风景名胜区	1	22	29	54	141
淮安市	**4777**	**39502**	**115606**	**26851**	**26584**
淮安区	132	1552	4317	2919	2864
淮阴区	50	734	3081	3176	4975
清江浦区	7	65	216	168	171
洪泽区	89	298	864	623	594
涟水县	865	7952	41218	7234	8676
盱眙县	2750	9923	22801	7657	5776
金湖县	483	7291	12118	1342	1075
淮安经济技术开发区	250	7389	20000	1892	1430
工业园区	8	230	589	51	5
生态文旅区	80	3896	9802	1570	315
苏淮高新区	63	172	600	219	703

8-3b 续表 5

单位：户

地　区	二代户				
	一间	二间	三间	四间	五间及以上
盐城市	**11973**	**73827**	**178864**	**40065**	**29370**
亭湖区	91	1292	2568	910	1469
盐都区	663	2055	5749	1680	2092
大丰区	544	7306	6022	1688	1597
响水县	1033	7558	17395	5947	4332
滨海县	3382	14776	31994	6977	4808
阜宁县	1325	11675	37483	6429	4582
射阳县	2212	12649	30394	8179	5652
建湖县	1491	10807	35948	3583	1460
盐城经济技术开发区	68	1258	3775	638	265
江苏省盐南高新区					
东台市	1164	4451	7536	4034	3113
扬州市	**3818**	**29867**	**60992**	**17019**	**15088**
广陵区	89	775	1746	767	741
邗江区	229	1091	2372	1579	884
江都区	1143	5624	10641	3949	3556
宝应县	1612	11517	25466	4662	6188
扬州经济技术开发区	275	7707	13623	1544	1265
蜀冈瘦西湖景区					
生态新城	12	120	254	282	338
仪征市	52	977	2288	1711	681
高邮市	406	2056	4602	2525	1435
镇江市	**5032**	**25410**	**41974**	**10443**	**6175**
京口区	34	256	211	29	24
润州区					
丹徒区	47	841	2834	1325	1148
镇江新区	285	8003	15280	2184	436
江苏镇江高新区					
丹阳市	4344	12543	16176	4923	3330
扬中市	122	417	1636	1008	713
句容市	200	3350	5837	974	524
泰州市	**3968**	**20085**	**49679**	**18784**	**15511**
海陵区	15	442	624	567	662
高港区	65	407	1940	964	741
姜堰区	472	2023	3587	1967	1736
泰州医药高新技术产业开发区	285	3754	12516	2627	1591
兴化市	838	7776	13585	5267	4370
靖江市	1197	1477	5434	2269	2008
泰兴市	1096	4206	11993	5123	4403
宿迁市	**5716**	**45196**	**204216**	**23675**	**25993**
宿城区	137	446	3887	538	466
宿豫区	77	1178	4022	1261	838
沭阳县	2206	13212	84975	12041	15117
泗阳县	716	9850	43468	6237	7330
泗洪县	2217	13726	54020	2621	1259
宿迁经济技术开发区	332	6577	13121	685	607
宿迁市湖滨新区	31	207	723	292	376
苏州宿迁工业园区					
宿迁市洋河新区					

8-3b 续表 6

单位：户

地区	三代户				
	一间	二间	三间	四间	五间及以上
江 苏	**8318**	**140069**	**531036**	**206179**	**244680**
南京市	**29**	**1779**	**5026**	**1045**	**620**
玄武区					
秦淮区					
建邺区					
鼓楼区					
浦口区	2	6	25	1	
栖霞区					
雨花台区	5	96	63	21	19
江宁区					
六合区	10	1337	4177	603	219
溧水区	11	310	626	228	95
高淳区	1	30	135	192	287
南京江北新区					
无锡市	**805**	**9350**	**32769**	**10281**	**7337**
锡山区	178	2362	7740	2865	2010
惠山区	75	821	3296	850	361
滨湖区					
梁溪区					
新吴区					
江苏无锡经济开发区					
江阴市	402	3371	14164	4680	4124
宜兴市	150	2796	7569	1886	842
徐州市	**519**	**13234**	**53709**	**24608**	**45304**
鼓楼区					
云龙区	1	82	375	235	605
贾汪区	30	584	1140	753	1394
泉山区					
铜山区	52	839	3857	3401	7814
丰县	36	946	5976	3036	9585
沛县	115	2994	11396	4162	7033
睢宁县	181	3320	16328	6581	8952
徐州经济技术开发区	53	3004	5971	996	2616
新沂市	30	810	3554	2760	2354
邳州市	21	655	5112	2684	4951
常州市	**587**	**5556**	**14117**	**5984**	**3842**
天宁区	62	392	1207	451	391
钟楼区					
新北区	93	1111	3521	1437	747
武进区	199	1392	3021	1932	1296
金坛区	35	536	1146	391	247
江苏省常州市经济开发区	140	877	1858	829	500
溧阳市	58	1248	3364	944	661

8-3b 续表 7

单位：户

地 区	三代户				
	一间	二间	三间	四间	五间及以上
苏州市	**2353**	**34214**	**86542**	**26988**	**24687**
虎丘区	4	76	227		
吴中区	153	1579	4692	2316	2258
相城区	21	486	1565	572	397
姑苏区					
吴江区	637	3953	10069	4924	5614
苏州工业园区	951	17298	34937	8251	1604
常熟市	115	1535	6858	4319	9381
张家港市	226	3703	18052	3532	2597
昆山市	60	3215	5922	821	626
太仓市	186	2369	4220	2253	2210
南通市	**710**	**10447**	**38728**	**26956**	**36439**
崇川区					
港闸区					
通州区	208	1680	6203	4806	5439
如东县	88	1792	8466	8295	8540
南通经济技术开发区	132	3309	8916	562	155
通州湾示范区	22	122	532	213	195
苏锡通科技产业园区	26	235	625	120	679
启东市	82	946	2090	1386	1286
如皋市	24	822	7259	7774	13867
海门市	115	1171	2837	1617	3534
海安市	13	370	1800	2183	2744
连云港市	**325**	**7154**	**32278**	**19930**	**29452**
连云区					
海州区	15	490	1471	801	969
赣榆区	14	245	3888	4214	4557
东海县	64	1586	8978	5875	9400
灌云县	111	1805	5869	4311	6328
灌南县	77	1272	7129	2815	5658
连云港经济技术开发区	2	573	1317	731	587
连云港高新技术产业开发区	40	1134	3186	895	1307
江苏连云港徐圩新区	1	43	427	256	598
江苏省连云港市云台山风景名胜区	1	6	13	32	48
淮安市	**456**	**10791**	**48426**	**16774**	**21663**
淮安区	36	495	2141	1804	2243
淮阴区	16	279	1392	1957	3695
清江浦区		6	95	111	262
洪泽区	22	81	298	286	365
涟水县	71	1856	13437	3669	6740
盱眙县	170	2733	9909	5557	4928
金湖县	27	2210	6301	787	689
淮安经济技术开发区	35	2028	9578	1472	1631
工业园区	4	125	388	51	4
生态文旅区	5	848	4338	864	458
苏淮高新区	70	130	549	216	648

8-3b　续表 8　　　　单位：户

地　　区	三代户				
	一间	二间	三间	四间	五间及以上
盐城市	**1234**	**17430**	**63912**	**23547**	**22309**
亭湖区	20	377	1067	494	1154
盐都区	13	503	2094	787	1084
大丰区	43	1777	2335	1026	817
响水县	112	1715	6056	3600	3877
滨海县	397	3268	10138	4321	4442
阜宁县	324	3065	13586	3710	3701
射阳县	234	2948	8618	4003	3725
建湖县	56	2332	14181	2326	1014
盐城经济技术开发区	5	524	2796	627	278
江苏省盐南高新区					
东台市	30	921	3041	2653	2217
扬州市	**204**	**7788**	**31298**	**13581**	**12436**
广陵区	2	163	820	647	686
邗江区	2	249	1173	1546	964
江都区	38	1292	5478	2803	2867
宝应县	110	3260	12908	3597	4627
扬州经济技术开发区	27	2065	6988	1151	1006
蜀冈瘦西湖景区					
生态新城		34	105	267	335
仪征市	4	236	1200	1560	592
高邮市	21	489	2626	2010	1359
镇江市	**346**	**6545**	**20336**	**7598**	**5319**
京口区		50	90	14	27
润州区					
丹徒区	4	169	1337	1044	953
镇江新区	49	2029	6767	1293	354
江苏镇江高新区					
丹阳市	261	3511	9084	3918	3069
扬中市	7	118	1089	826	627
句容市	25	668	1969	503	289
泰州市	**252**	**5167**	**25226**	**13272**	**12554**
海陵区	1	109	355	475	528
高港区	3	106	1507	852	824
姜堰区	15	395	1479	1082	1146
泰州医药高新技术产业开发区	11	1171	7988	2533	2073
兴化市	115	2107	6413	3543	3156
靖江市	19	283	2945	1643	1411
泰兴市	88	996	4539	3144	3416
宿迁市	**498**	**10614**	**78669**	**15615**	**22718**
宿城区	14	122	1542	491	407
宿豫区	8	250	1570	831	529
沭阳县	199	3303	31178	7952	14332
泗阳县	50	2253	17191	4332	6207
泗洪县	200	3291	21566	1478	801
宿迁经济技术开发区	24	1326	5309	331	222
宿迁市湖滨新区	3	69	313	200	220
苏州宿迁工业园区					
宿迁市洋河新区					

8-3b 续表 9

单位：户

地 区	四代户				
	一间	二间	三间	四间	五间及以上
江 苏	**168**	**2704**	**18657**	**13620**	**19068**
南京市	**1**	**13**	**122**	**55**	**54**
玄武区					
秦淮区					
建邺区					
鼓楼区					
浦口区					
栖霞区					
雨花台区	1	5	3		1
江宁区					
六合区		5	84	35	20
溧水区		3	25	10	10
高淳区			10	10	23
南京江北新区					
无锡市	**13**	**177**	**1397**	**963**	**833**
锡山区	2	49	492	375	270
惠山区		22	96	47	30
滨湖区					
梁溪区					
新吴区					
江苏无锡经济开发区					
江阴市	7	55	580	426	467
宜兴市	4	51	229	115	66
徐州市	**14**	**242**	**1515**	**1089**	**2453**
鼓楼区					
云龙区		2	3	5	15
贾汪区		5	19	12	51
泉山区					
铜山区	3	13	86	113	311
丰县		18	117	106	453
沛县	3	44	314	200	399
睢宁县	4	86	527	362	668
徐州经济技术开发区		34	88	30	99
新沂市	1	21	114	108	127
邳州市	3	19	247	153	330
常州市	**5**	**126**	**506**	**443**	**340**
天宁区		11	51	31	37
钟楼区					
新北区		35	150	147	74
武进区	3	30	128	156	152
金坛区		13	33	19	9
江苏省常州市经济开发区	1	11	56	52	33
溧阳市	1	26	88	38	35

8-3b　续表 10　　　　单位：户

地　　区	四代户				
	一间	二间	三间	四间	五间及以上
苏州市	**50**	**543**	**3629**	**2713**	**3700**
虎丘区	1	1	6		
吴中区	2	26	231	296	306
相城区	1	22	150	79	74
姑苏区					
吴江区	20	61	415	476	685
苏州工业园区	15	227	1131	198	64
常熟市	1	31	433	826	1847
张家港市	1	53	693	363	231
昆山市		47	295	81	78
太仓市	9	75	275	394	415
南通市	**11**	**179**	**1590**	**2150**	**3099**
崇川区					
港闸区					
通州区	3	37	279	426	476
如东县		35	366	726	785
南通经济技术开发区	2	41	283	18	5
通州湾示范区	1		12	6	5
苏锡通科技产业园区	1	6	22	8	46
启东市		9	42	29	49
如皋市	1	23	433	685	1342
海门市	3	21	78	70	171
海安市		7	75	182	220
连云港市	**6**	**133**	**755**	**878**	**1713**
连云区					
海州区	1	14	34	40	61
赣榆区		2	101	156	209
东海县	1	27	255	343	709
灌云县	3	49	157	172	289
灌南县	1	31	141	113	297
连云港经济技术开发区		4	23	19	37
连云港高新技术产业开发区		5	37	29	73
江苏连云港徐圩新区		1	7	5	35
江苏省连云港市云台山风景名胜区				1	3
淮安市	**21**	**267**	**1754**	**918**	**1567**
淮安区	1	21	108	118	194
淮阴区		7	48	72	213
清江浦区			8	6	45
洪泽区	1		13	10	12
涟水县	2	47	399	194	439
盱眙县	7	76	359	340	392
金湖县		50	238	38	50
淮安经济技术开发区	3	31	312	64	121
工业园区		7	38	4	1
生态文旅区		12	168	38	44
苏淮高新区	7	16	63	34	56

8-3b 续表 11

单位：户

地　区	四代户				
	一间	二间	三间	四间	五间及以上
盐城市	**25**	**389**	**1995**	**1092**	**1202**
亭湖区		8	46	16	77
盐都区		11	57	31	55
大丰区	1	29	103	51	68
响水县	1	41	117	130	203
滨海县	7	68	266	160	173
阜宁县	6	91	397	141	164
射阳县	9	60	207	160	182
建湖县		39	428	124	60
盐城经济技术开发区		20	241	65	29
江苏省盐南高新区					
东台市	1	22	133	214	191
扬州市	**4**	**167**	**1217**	**1126**	**1074**
广陵区	1	1	47	44	66
邗江区		6	50	136	105
江都区	1	34	242	220	219
宝应县	2	56	419	249	337
扬州经济技术开发区		39	217	84	78
蜀冈瘦西湖景区					
生态新城			4	17	27
仪征市		11	70	150	60
高邮市		20	168	226	182
镇江市	**6**	**138**	**697**	**477**	**446**
京口区			1		1
润州区					
丹徒区		4	59	58	81
镇江新区	1	44	191	59	20
江苏镇江高新区					
丹阳市	5	77	365	272	263
扬中市		1	29	63	52
句容市		12	52	25	29
泰州市	**2**	**107**	**1213**	**921**	**1083**
海陵区		1	14	38	54
高港区		5	118	70	78
姜堰区		3	61	68	64
泰州医药高新技术产业开发区		21	414	222	261
兴化市	1	44	232	178	200
靖江市		7	157	171	159
泰兴市	1	26	217	174	267
宿迁市	**10**	**223**	**2267**	**795**	**1504**
宿城区	1	5	58	32	27
宿豫区		11	56	54	44
沭阳县	5	85	893	400	967
泗阳县		52	436	216	399
泗洪县	3	53	612	68	48
宿迁经济技术开发区	1	17	204	14	8
宿迁市湖滨新区			8	11	11
苏州宿迁工业园区					
宿迁市洋河新区					

8-3b 续表 12

单位：户

地区	五代及以上户				
	一间	二间	三间	四间	五间及以上
江苏		**3**	**10**	**13**	**33**
南京市					
玄武区					
秦淮区					
建邺区					
鼓楼区					
浦口区					
栖霞区					
雨花台区					
江宁区					
六合区					
溧水区					
高淳区					
南京江北新区					
无锡市		**1**	**2**		**2**
锡山区		1	2		2
惠山区					
滨湖区					
梁溪区					
新吴区					
江苏无锡经济开发区					
江阴市					
宜兴市					
徐州市					**2**
鼓楼区					
云龙区					
贾汪区					
泉山区					
铜山区					
丰县					
沛县					2
睢宁县					
徐州经济技术开发区					
新沂市					
邳州市					
常州市				**1**	**1**
天宁区					
钟楼区					
新北区					
武进区				1	1
金坛区					
江苏省常州市经济开发区					
溧阳市					

8-3b 续表 13

单位：户

地 区	五代及以上户				
	一间	二间	三间	四间	五间及以上
苏州市		**1**	**1**	**5**	**11**
虎丘区					
吴中区					
相城区					
姑苏区					
吴江区				1	2
苏州工业园区					
常熟市				2	4
张家港市					
昆山市		1			1
太仓市			1	2	4
南通市		**1**		**3**	**4**
崇川区					
港闸区					
通州区				1	
如东县					2
南通经济技术开发区					
通州湾示范区					
苏锡通科技产业园区					
启东市					
如皋市		1		2	2
海门市					
海安市					
连云港市					**3**
连云区					
海州区					
赣榆区					
东海县					
灌云县					
灌南县					2
连云港经济技术开发区					
连云港高新技术产业开发区					1
江苏连云港徐圩新区					
江苏省连云港市云台山风景名胜区					
淮安市			**2**		**1**
淮安区					
淮阴区					
清江浦区					
洪泽区					
涟水县					
盱眙县					1
金湖县			1		
淮安经济技术开发区					
工业园区					
生态文旅区					
苏淮高新区			1		

8-3b 续表 14

单位：户

地区	五代及以上户				
	一间	二间	三间	四间	五间及以上
盐城市					**1**
亭湖区					
盐都区					
大丰区					1
响水县					
滨海县					
阜宁县					
射阳县					
建湖县					
盐城经济技术开发区					
江苏省盐南高新区					
东台市					
扬州市			**1**	**1**	**3**
广陵区					1
邗江区					1
江都区					1
宝应县					
扬州经济技术开发区					
蜀冈瘦西湖景区					
生态新城					
仪征市			1		
高邮市				1	
镇江市					
京口区					
润州区					
丹徒区					
镇江新区					
江苏镇江高新区					
丹阳市					
扬中市					
句容市					
泰州市			**1**		**2**
海陵区					
高港区					1
姜堰区					
泰州医药高新技术产业开发区					
兴化市					
靖江市					1
泰兴市			1		
宿迁市			**3**	**3**	**3**
宿城区					
宿豫区					
沭阳县			1	3	2
泗阳县					1
泗洪县			1		
宿迁经济技术开发区			1		
宿迁市湖滨新区					
苏州宿迁工业园区					
宿迁市洋河新区					

8-3c 各地区按家庭户类别和住房间数分的家庭户户数(乡村)

单位：户

地区	家庭户户数	一代户				
		一间	二间	三间	四间	五间及以上
江苏	**7982765**	**639331**	**1021232**	**1196001**	**611672**	**788963**
南京市	**413130**	**28884**	**58731**	**59573**	**40636**	**40920**
玄武区						
秦淮区						
建邺区						
鼓楼区						
浦口区	26683	1541	4982	4573	1767	2125
栖霞区	19585	1415	2037	2139	1979	3301
雨花台区						
江宁区	120673	8752	16943	15984	10025	14466
六合区	106332	4850	11593	14947	13689	10995
溧水区	62759	4974	11023	10891	5875	5353
高淳区	70683	6836	11192	10233	6285	4000
南京江北新区	6415	516	961	806	1016	680
无锡市	**429839**	**81670**	**70447**	**60789**	**21043**	**13591**
锡山区	34273	8519	3357	3770	1368	679
惠山区	66381	16134	8060	7846	3064	1888
滨湖区	12850	1817	1809	1864	440	668
梁溪区						
新吴区	18178	5373	2232	1928	525	472
江苏无锡经济开发区						
江阴市	149269	34491	17674	19482	6881	5687
宜兴市	148888	15336	37315	25899	8765	4197
徐州市	**1070574**	**30952**	**98700**	**171234**	**62427**	**115778**
鼓楼区						
云龙区						
贾汪区	62325	1794	6207	11545	2060	5723
泉山区						
铜山区	173276	5533	17921	21853	9633	21279
丰县	162958	1797	9721	19390	14208	36729
沛县	150987	6021	15590	22782	8362	12770
睢宁县	153768	5450	13441	20811	9975	14774
徐州经济技术开发区	16951	272	1161	1777	851	2431
新沂市	140838	4687	16046	26246	7516	5847
邳州市	209471	5398	18613	46830	9822	16225
常州市	**440428**	**72870**	**68720**	**58054**	**29647**	**25437**
天宁区	20215	3751	3038	1785	903	671
钟楼区	12303	3509	1383	1216	514	314
新北区	38106	5744	4427	4415	2622	2078
武进区	120095	24109	14127	12004	6911	5714
金坛区	79472	9057	15954	14425	7297	7157
江苏省常州市经济开发区	52498	17749	6136	3483	1977	1229
溧阳市	117739	8951	23655	20726	9423	8274

注：本表数据为居住在普通住宅的家庭户。

8-3c　续表 1

单位：户

地　　区	家庭户户　数	一代户				
		一间	二间	三间	四间	五间及以上
苏州市	**709801**	**182748**	**53099**	**71017**	**31354**	**56712**
虎丘区	20102	5316	1869	1880	689	1015
吴中区	99810	32485	5429	8096	3793	6589
相城区	11928	3559	926	1198	503	444
姑苏区						
吴江区	117405	27492	9200	9708	5060	9552
苏州工业园区						
常熟市	124558	16330	5677	13335	7913	13789
张家港市	123963	32450	10007	15933	6332	9489
昆山市	138907	45584	16751	16317	3779	7575
太仓市	73128	19532	3240	4550	3285	8259
南通市	**916907**	**90296**	**135453**	**126917**	**83836**	**109825**
崇川区						
港闸区	688	126	50	87	46	54
通州区	127188	8969	11935	17829	12591	17715
如东县	142824	10720	16320	21866	16088	14043
南通经济技术开发区						
通州湾示范区	25108	3926	4727	4656	1984	2879
苏锡通科技产业园区	17683	1857	3639	3668	703	1042
启东市	188176	42472	51706	26465	13127	7692
如皋市	163176	3994	9158	16969	14546	22795
海门市	143860	12981	25307	20093	12584	26829
海安市	108204	5251	12611	15284	12167	16776
连云港市	**585866**	**9761**	**41430**	**92280**	**49818**	**54851**
连云区	784	10	66	113	65	190
海州区	27279	773	1792	2957	1852	2142
赣榆区	158439	2618	9642	36466	15884	10808
东海县	175425	1590	7731	28691	16272	17341
灌云县	118218	3092	12755	12862	8194	11993
灌南县	93463	1581	8871	10423	6146	11072
连云港经济技术开发区	5451	50	311	407	671	512
连云港高新技术产业开发区						
江苏连云港徐圩新区	269	2	15	5	8	64
江苏省连云港市云台山风景名胜区	6538	45	247	356	726	729
淮安市	**552654**	**13026**	**53959**	**71008**	**45411**	**86271**
淮安区	130987	3964	14582	19010	12220	12992
淮阴区	104596	1637	6635	10285	8001	18958
清江浦区	16219	230	692	1113	1341	2667
洪泽区	42088	920	3830	4594	2899	10591
涟水县	130066	3037	11483	15603	9053	21149
盱眙县	79526	1766	8226	11502	6251	12160
金湖县	45844	1379	8144	8529	5463	7251
淮安经济技术开发区						
工业园区	2530	88	291	268	129	312
生态文旅区						
苏淮高新区	798	5	76	104	54	191

8-3c 续表 2 单位：户

地　　区	家庭户户　数	一代户				
		一间	二间	三间	四间	五间及以上
盐城市	**952323**	**46387**	**196416**	**166198**	**71530**	**79407**
亭湖区	35350	595	4552	6004	1749	6539
盐都区	104766	3395	24974	22898	5104	9116
大丰区	102704	8122	31486	17123	5495	6432
响水县	64741	1919	8032	9064	5379	5000
滨海县	130904	4065	21537	23466	11037	7339
阜宁县	124478	2394	16203	19400	13435	13638
射阳县	124031	4313	22089	28591	9378	8412
建湖县	96714	8633	29058	13013	3140	9960
盐城经济技术开发区	9328	256	1946	1934	381	232
江苏省盐南高新区						
东台市	159307	12695	36539	24705	16432	12739
扬州市	**494395**	**17781**	**70606**	**82209**	**50865**	**55660**
广陵区	23548	1916	2124	3061	2592	2906
邗江区	29509	458	2228	3627	4058	2349
江都区	138195	4252	20374	23817	13847	14804
宝应县	118099	4777	21338	19360	8342	16480
扬州经济技术开发区	6519	121	357	760	456	1317
蜀冈瘦西湖景区						
生态新城	5178	57	267	445	562	868
仪征市	59727	1280	5694	8802	8516	6397
高邮市	113620	4920	18224	22337	12492	10539
镇江市	**241206**	**15713**	**37218**	**42810**	**24165**	**24536**
京口区	2357	148	190	209	289	498
润州区	17		4	1		4
丹徒区	34836	1101	4141	6557	3454	4682
镇江新区	11606	504	1895	2434	838	1060
江苏镇江高新区						
丹阳市	72800	6800	14333	12255	5220	4476
扬中市	31487	1406	1826	5123	4628	3899
句容市	88103	5754	14829	16231	9736	9917
泰州市	**598548**	**33261**	**94217**	**114955**	**66824**	**60499**
海陵区	17002	1810	2863	2209	1508	1600
高港区	28980	1372	2496	3118	4542	3369
姜堰区	105581	5523	17958	18870	11228	14483
泰州医药高新技术产业开发区	4783	226	352	265	662	576
兴化市	209769	12232	49107	50266	14951	11796
靖江市	79193	4290	4816	11028	14846	12661
泰兴市	153240	7808	16625	29199	19087	16014
宿迁市	**577094**	**15982**	**42236**	**78957**	**34116**	**65476**
宿城区	70767	1688	4788	9468	4273	8379
宿豫区	49521	1526	5746	7756	3785	5558
沭阳县	206279	4803	13534	24974	12222	21901
泗阳县	99024	1965	6561	12077	6412	14814
泗洪县	102207	4768	8937	19426	4666	7123
宿迁经济技术开发区	13434	265	503	1041	485	2315
宿迁市湖滨新区	16539	701	1360	1868	1052	2338
苏州宿迁工业园区						
宿迁市洋河新区	19323	266	807	2347	1221	3048

8-3c 续表 3

单位：户

地区	二代户				
	一间	二间	三间	四间	五间及以上
江苏	**68122**	**388779**	**770874**	**470996**	**675893**
南京市	**1825**	**21540**	**37471**	**28325**	**29788**
玄武区					
秦淮区					
建邺区					
鼓楼区					
浦口区	134	2182	3236	1213	1466
栖霞区	93	608	1192	1239	2147
雨花台区					
江宁区	527	6552	10657	6747	10821
六合区	403	4318	8836	9273	8064
溧水区	321	3539	6065	3672	3487
高淳区	316	4079	7101	5557	3436
南京江北新区	31	262	384	624	367
无锡市	**11811**	**36698**	**43429**	**14104**	**8916**
锡山区	1484	2666	3581	1353	572
惠山区	2282	5868	6782	2503	1539
滨湖区	384	1220	1711	381	425
梁溪区					
新吴区	550	1676	2011	433	314
江苏无锡经济开发区					
江阴市	4733	10491	14536	4827	3931
宜兴市	2378	14777	14808	4607	2135
徐州市	**3131**	**41375**	**141143**	**71597**	**152923**
鼓楼区					
云龙区					
贾汪区	175	2404	9683	2964	10621
泉山区					
铜山区	473	6536	16245	13444	34894
丰县	122	1853	8333	10328	38591
沛县	691	8172	21933	10749	18811
睢宁县	671	7475	19178	10930	16590
徐州经济技术开发区	22	354	1375	1191	4446
新沂市	487	7449	25850	10780	9721
邳州市	490	7132	38546	11211	19249
常州市	**11933**	**34643**	**37003**	**19842**	**16434**
天宁区	879	2121	1667	839	540
钟楼区	709	939	1050	468	276
新北区	734	2722	3502	2008	1608
武进区	4333	10188	9677	5881	4843
金坛区	914	4608	6044	3111	3106
江苏省常州市经济开发区	3377	5020	3165	1833	1103
溧阳市	987	9045	11898	5702	4958

8-3c 续表 4

单位：户

地　区	二代户				
	一间	二间	三间	四间	五间及以上
苏州市	**19214**	**32494**	**53683**	**25444**	**41964**
虎丘区	778	1240	1901	498	733
吴中区	2631	3438	6719	3433	5479
相城区	350	605	982	390	290
姑苏区					
吴江区	3341	4423	7625	4464	7624
苏州工业园区					
常熟市	2866	3718	9845	6902	10867
张家港市	4854	6633	10247	3769	5028
昆山市	2158	10315	12487	2599	3889
太仓市	2236	2122	3877	3389	8054
南通市	**4819**	**32726**	**60925**	**55965**	**78589**
崇川区					
港闸区	5	20	56	30	31
通州区	565	3207	8931	8897	12526
如东县	385	3846	11673	12938	11644
南通经济技术开发区					
通州湾示范区	191	983	1714	900	1224
苏锡通科技产业园区	276	1148	2350	412	677
启东市	2214	12448	10380	5858	4072
如皋市	179	2734	11217	13394	23309
海门市	843	5422	7646	5856	13476
海安市	161	2918	6958	7680	11630
连云港市	**1412**	**17569**	**74544**	**54672**	**74473**
连云区	2	28	58	20	92
海州区	108	1017	3260	2553	3050
赣榆区	257	2593	27530	17039	16950
东海县	203	2204	22215	16331	24079
灌云县	512	6837	12073	9869	14902
灌南县	318	4711	8768	7064	13438
连云港经济技术开发区	4	103	347	750	712
连云港高新技术产业开发区					
江苏连云港徐圩新区	1	1	4	4	91
江苏省连云港市云台山风景名胜区	7	75	289	1042	1159
淮安市	**1961**	**22219**	**46245**	**36241**	**69444**
淮安区	515	6140	12680	10498	11606
淮阴区	199	2810	6785	7560	18076
清江浦区	34	264	921	1250	2805
洪泽区	186	1600	3059	1626	5957
涟水县	596	5746	11750	8208	18042
盱眙县	310	3475	7103	4890	9495
金湖县	109	2004	3620	2038	3112
淮安经济技术开发区					
工业园区	12	151	273	134	232
生态文旅区					
苏淮高新区		29	54	37	119

8-3c　续表 5

单位：户

地　　区	二代户				
	一间	二间	三间	四间	五间及以上
盐城市	**5073**	**67990**	**88708**	**47520**	**50812**
亭湖区	47	1666	3115	1023	4150
盐都区	285	7917	10640	2818	4549
大丰区	314	9006	8198	2745	3097
响水县	404	4071	6884	5383	5457
滨海县	876	9881	15127	9293	6775
阜宁县	492	7590	11300	9388	9599
射阳县	509	8660	14595	5321	5324
建湖县	1765	9909	6835	1487	3883
盐城经济技术开发区	10	881	1218	334	223
江苏省盐南高新区					
东台市	371	8409	10796	9728	7755
扬州市	**1220**	**22696**	**42091**	**31447**	**35213**
广陵区	111	633	1710	1713	2077
邗江区	41	703	2343	3195	2046
江都区	208	6183	12302	8939	9772
宝应县	440	7679	9617	4462	9066
扬州经济技术开发区	47	385	914	263	831
蜀冈瘦西湖景区					
生态新城	16	92	221	399	808
仪征市	101	1786	4911	5621	4378
高邮市	256	5235	10073	6855	6235
镇江市	**1292**	**11808**	**21906**	**12958**	**13420**
京口区	10	48	78	129	303
润州区		1	1		4
丹徒区	48	1105	3192	1998	2716
镇江新区	26	610	1460	467	599
江苏镇江高新区					
丹阳市	818	5282	7049	2926	2597
扬中市	122	649	2419	2795	2285
句容市	268	4113	7707	4643	4916
泰州市	**1887**	**23592**	**48584**	**36842**	**36586**
海陵区	41	623	1071	1009	1171
高港区	46	604	1540	3187	2581
姜堰区	174	3756	7173	5594	8096
泰州医药高新技术产业开发区	171	145	120	497	476
兴化市	437	12493	19669	8116	7583
靖江市	680	1480	4502	6838	6606
泰兴市	338	4491	14509	11601	10073
宿迁市	**2544**	**23429**	**75142**	**36039**	**67331**
宿城区	181	2429	9273	4689	8859
宿豫区	200	2772	5868	2914	3960
沭阳县	807	7871	24506	14359	26706
泗阳县	381	3623	9984	6422	13772
泗洪县	851	5373	19783	4590	6332
宿迁经济技术开发区	23	344	1521	666	2488
宿迁市湖滨新区	72	641	1760	1083	2135
苏州宿迁工业园区					
宿迁市洋河新区	29	376	2447	1316	3079

8-3c 续表 6

单位：户

地　区	三代户				
	一间	二间	三间	四间	五间及以上
江　苏	**7275**	**107344**	**381191**	**304914**	**466400**
南京市	**222**	**4064**	**16371**	**17656**	**23148**
玄武区					
秦淮区					
建邺区					
鼓楼区					
浦口区	19	394	1292	643	971
栖霞区	10	109	527	856	1762
雨花台区					
江宁区	62	1201	4377	3890	8467
六合区	56	781	4248	6406	6451
溧水区	33	608	2247	1876	2450
高淳区	41	941	3528	3723	2776
南京江北新区	1	30	152	262	271
无锡市	**949**	**10237**	**30288**	**13304**	**9035**
锡山区	93	838	3123	1498	769
惠山区	228	1404	4141	2420	1707
滨湖区	21	285	959	361	379
梁溪区					
新吴区	28	432	1295	409	374
江苏无锡经济开发区					
江阴市	277	3301	12274	5202	4135
宜兴市	302	3977	8496	3414	1671
徐州市	**646**	**9894**	**52293**	**34023**	**75716**
鼓楼区					
云龙区					
贾汪区	55	482	2896	1188	4215
泉山区					
铜山区	97	1300	4285	4639	14244
丰县	23	247	1897	2936	15731
沛县	108	1635	7130	5252	9828
睢宁县	155	2349	10329	7778	11732
徐州经济技术开发区	7	89	358	438	2061
新沂市	114	1953	10545	5958	6439
邳州市	87	1839	14853	5834	11466
常州市	**995**	**9352**	**22270**	**15682**	**13785**
天宁区	93	856	1366	854	588
钟楼区	36	250	725	511	287
新北区	59	829	2853	2074	1846
武进区	326	2694	7149	5766	4889
金坛区	98	1083	2654	1642	1999
江苏省常州市经济开发区	245	1377	2370	1801	1225
溧阳市	138	2263	5153	3034	2951

8-3c　续表 7　　　　单位：户

地　　区	三代户				
	一间	二间	三间	四间	五间及以上
苏州市	**1227**	**9200**	**41874**	**28171**	**45436**
虎丘区	42	437	1543	591	1139
吴中区	198	1000	6523	5033	6598
相城区	43	191	985	578	536
姑苏区					
吴江区	385	1425	7968	6179	9748
苏州工业园区					
常熟市	132	952	7825	7154	12284
张家港市	200	1602	7605	3779	4627
昆山市	119	2959	7525	2225	3217
太仓市	108	634	1900	2632	7287
南通市	**419**	**6536**	**28621**	**36243**	**56085**
崇川区					
港闸区		8	56	52	49
通州区	44	663	4855	6816	9861
如东县	31	787	5309	7862	7374
南通经济技术开发区					
通州湾示范区	12	165	685	432	587
苏锡通科技产业园区	15	248	847	248	487
启东市	179	2309	4155	2708	2204
如皋市	35	756	6948	11321	21837
海门市	84	1077	2815	2061	6326
海安市	19	523	2951	4743	7360
连云港市	**315**	**5232**	**28186**	**28324**	**47253**
连云区		8	40	19	70
海州区	30	331	1969	1979	3071
赣榆区	25	396	6402	5275	5851
东海县	62	671	9321	9688	16648
灌云县	111	2168	5710	5717	10354
灌南县	86	1625	4468	4373	9505
连云港经济技术开发区	1	16	134	596	750
连云港高新技术产业开发区					
江苏连云港徐圩新区		1	2	1	67
江苏省连云港市云台山风景名胜区		16	140	676	937
淮安市	**380**	**7415**	**22989**	**22425**	**47239**
淮安区	90	2139	6988	7113	8746
淮阴区	41	848	3286	4845	13335
清江浦区	7	108	599	963	2790
洪泽区	34	613	1580	827	3345
涟水县	116	1951	5771	4964	11300
盱眙县	76	1269	3168	2843	6131
金湖县	12	404	1385	765	1283
淮安经济技术开发区					
工业园区	4	78	191	90	231
生态文旅区					
苏淮高新区		5	21	15	78

8-3c 续表 8

单位：户

地　区	三代户				
	一间	二间	三间	四间	五间及以上
盐城市	**1043**	**21624**	**41919**	**28335**	**33384**
亭湖区	8	528	1541	609	2911
盐都区	43	2699	5013	1845	2877
大丰区	32	2805	4012	1732	1656
响水县	91	1388	3354	3400	4330
滨海县	243	3262	7120	5363	4790
阜宁县	150	2711	5233	5391	6766
射阳县	103	3048	6889	2813	3297
建湖县	312	2784	3069	813	1688
盐城经济技术开发区	2	377	852	375	189
江苏省盐南高新区					
东台市	59	2022	4836	5994	4880
扬州市	**202**	**6730**	**22370**	**23380**	**26107**
广陵区	5	121	967	1438	1820
邗江区	6	264	1724	3435	2396
江都区	30	1827	6661	6396	7322
宝应县	99	2459	5050	2561	5433
扬州经济技术开发区		44	277	127	541
蜀冈瘦西湖景区					
生态新城	1	22	96	354	886
仪征市	12	507	2703	4571	3527
高邮市	49	1486	4892	4498	4182
镇江市	**106**	**2895**	**11535**	**8814**	**10009**
京口区	1	6	35	92	296
润州区				1	1
丹徒区	5	267	1662	1447	2138
镇江新区	5	163	680	291	512
江苏镇江高新区					
丹阳市	58	1520	4519	2387	1995
扬中市	9	162	1388	2263	2071
句容市	28	777	3251	2333	2996
泰州市	**151**	**6381**	**21586**	**22381**	**25767**
海陵区	6	179	609	910	1135
高港区	5	126	803	2365	2378
姜堰区	16	792	2782	3052	5321
泰州医药高新技术产业开发区	3	34	56	544	561
兴化市	66	4003	8818	4412	4580
靖江市	18	265	1952	3900	4440
泰兴市	37	982	6566	7198	7352
宿迁市	**620**	**7784**	**40889**	**26176**	**53436**
宿城区	30	706	4501	3621	7041
宿豫区	35	803	3094	2041	2957
沭阳县	213	2791	14262	10838	23454
泗阳县	102	1249	5662	4630	10317
泗洪县	200	1851	10434	2976	3974
宿迁经济技术开发区	3	99	862	502	2124
宿迁市湖滨新区	19	175	859	759	1522
苏州宿迁工业园区					
宿迁市洋河新区	18	110	1215	809	2047

8-3c 续表 9 单位：户

地区	四代户				
	一间	二间	三间	四间	五间及以上
江　苏	**194**	**3163**	**18740**	**23562**	**38016**
南京市	**3**	**110**	**650**	**1213**	**1996**
玄武区					
秦淮区					
建邺区					
鼓楼区					
浦口区		8	36	31	70
栖霞区			12	50	109
雨花台区					
江宁区	1	24	154	264	758
六合区		25	212	521	663
溧水区		18	77	103	145
高淳区	2	35	152	229	221
南京江北新区			7	15	30
无锡市	**25**	**229**	**1361**	**1111**	**802**
锡山区	1	20	226	231	125
惠山区	10	26	167	151	161
滨湖区		3	38	32	53
梁溪区					
新吴区	1	6	48	38	33
江苏无锡经济开发区					
江阴市	6	75	512	441	313
宜兴市	7	99	370	218	117
徐州市	**11**	**294**	**2229**	**1793**	**4399**
鼓楼区					
云龙区					
贾汪区	2	17	81	34	178
泉山区					
铜山区		26	121	172	580
丰县		5	70	119	856
沛县	4	45	290	244	567
睢宁县	4	79	548	567	928
徐州经济技术开发区		5	6	12	95
新沂市	1	45	427	329	396
邳州市		72	686	316	799
常州市	**15**	**285**	**1040**	**1227**	**1192**
天宁区	2	32	89	82	59
钟楼区	1	5	29	56	25
新北区		31	159	193	202
武进区	7	75	365	527	508
金坛区		33	97	79	114
江苏省常州市经济开发区	1	32	119	127	129
溧阳市	4	77	182	163	155

8-3c 续表 10 单位：户

地区	四代户				
	一间	二间	三间	四间	五间及以上
苏州市	**54**	**244**	**3523**	**4787**	**7520**
虎丘区		10	174	63	183
吴中区	7	44	556	762	995
相城区	3	10	105	110	116
姑苏区					
吴江区	29	74	801	972	1330
苏州工业园区					
常熟市	3	15	877	1586	2479
张家港市	5	27	453	447	475
昆山市	5	57	429	325	589
太仓市	2	7	128	522	1353
南通市	**6**	**126**	**1299**	**3106**	**5103**
崇川区					
港闸区		1	3	5	9
通州区	2	19	201	621	940
如东县		23	334	801	775
南通经济技术开发区					
通州湾示范区		1	11	15	16
苏锡通科技产业园区		7	19	13	27
启东市	1	14	54	53	65
如皋市	2	31	470	1095	2381
海门市	1	27	75	84	273
海安市		3	132	419	617
连云港市	**14**	**160**	**1127**	**1490**	**2945**
连云区				1	2
海州区	1	9	97	101	187
赣榆区		6	175	217	304
东海县	4	32	448	649	1239
灌云县	3	59	212	264	530
灌南县	6	54	182	205	566
连云港经济技术开发区			5	32	50
连云港高新技术产业开发区					
江苏连云港徐圩新区					3
江苏省连云港市云台山风景名胜区			8	21	64
淮安市	**11**	**300**	**1177**	**1544**	**3385**
淮安区	3	83	384	548	686
淮阴区	2	29	133	286	843
清江浦区		3	46	90	296
洪泽区	1	26	90	65	245
涟水县	2	59	216	286	732
盱眙县	2	63	172	179	445
金湖县	1	32	118	80	115
淮安经济技术开发区					
工业园区		4	18	7	17
生态文旅区					
苏淮高新区		1		3	6

8-3c　续表 11　　　　单位：户

地　区	四代户				
	一间	二间	三间	四间	五间及以上
盐城市	**30**	**606**	**1728**	**1637**	**1975**
亭湖区		15	65	51	182
盐都区	1	82	211	126	173
大丰区	1	45	199	108	96
响水县	3	42	125	145	270
滨海县	6	92	213	206	213
阜宁县	5	77	183	226	297
射阳县	3	82	268	152	184
建湖县	7	85	130	63	80
盐城经济技术开发区	1	13	58	24	22
江苏省盐南高新区					
东台市	3	73	276	536	458
扬州市	**4**	**225**	**1256**	**2038**	**2290**
广陵区		4	42	128	179
邗江区		5	109	322	199
江都区		77	337	452	595
宝应县	3	67	294	191	379
扬州经济技术开发区			7	10	62
蜀冈瘦西湖景区					
生态新城			4	26	54
仪征市		11	153	415	342
高邮市	1	61	310	494	480
镇江市	**1**	**84**	**494**	**625**	**816**
京口区				5	20
润州区					
丹徒区		9	79	90	145
镇江新区		2	29	15	16
江苏镇江高新区					
丹阳市		47	198	172	147
扬中市	1	2	64	166	209
句容市		24	124	177	279
泰州市		**231**	**1051**	**1510**	**2241**
海陵区		6	31	94	127
高港区		5	34	166	243
姜堰区		17	106	204	436
泰州医药高新技术产业开发区			3	40	52
兴化市		155	471	277	335
靖江市		6	106	281	478
泰兴市		42	300	448	570
宿迁市	**20**	**269**	**1805**	**1481**	**3352**
宿城区		16	183	190	452
宿豫区	2	29	148	121	205
沭阳县	10	91	690	683	1560
泗阳县	1	43	204	226	578
泗洪县	7	74	461	161	218
宿迁经济技术开发区		4	32	21	136
宿迁市湖滨新区		7	44	43	100
苏州宿迁工业园区					
宿迁市洋河新区		5	43	36	103

8-3c 续表 12

单位：户

地　　区	五代及以上户				
	一间	二间	三间	四间	五间及以上
江　苏			**16**	**20**	**67**
南京市				**1**	**3**
玄武区					
秦淮区					
建邺区					
鼓楼区					
浦口区					
栖霞区					
雨花台区					
江宁区					1
六合区				1	
溧水区					2
高淳区					
南京江北新区					
无锡市					
锡山区					
惠山区					
滨湖区					
梁溪区					
新吴区					
江苏无锡经济开发区					
江阴市					
宜兴市					
徐州市			**4**	**5**	**7**
鼓楼区					
云龙区					
贾汪区					1
泉山区					
铜山区					1
丰县				1	1
沛县				1	2
睢宁县			1	2	1
徐州经济技术开发区					
新沂市			1		1
邳州市			2	1	
常州市			**1**		**1**
天宁区					
钟楼区					
新北区					
武进区			1		1
金坛区					
江苏省常州市经济开发区					
溧阳市					

8-3c　续表 13

单位：户

地　　区	五代及以上户				
	一间	二间	三间	四间	五间及以上
苏州市			**3**	**5**	**28**
虎丘区					1
吴中区					2
相城区				1	3
姑苏区					
吴江区				1	4
苏州工业园区					
常熟市			2	1	6
张家港市					1
昆山市			1	1	1
太仓市				1	10
南通市			**1**	**2**	**9**
崇川区					
港闸区					
通州区				1	
如东县			1	1	3
南通经济技术开发区					
通州湾示范区					
苏锡通科技产业园区					
启东市					
如皋市					5
海门市					
海安市					1
连云港市			**2**	**2**	**6**
连云区					
海州区					
赣榆区				1	
东海县				1	5
灌云县					1
灌南县			1		
连云港经济技术开发区					
连云港高新技术产业开发区					
江苏连云港徐圩新区					
江苏省连云港市云台山风景名胜区			1		
淮安市			**1**	**1**	**2**
淮安区					
淮阴区			1	1	
清江浦区					
洪泽区					
涟水县					2
盱眙县					
金湖县					
淮安经济技术开发区					
工业园区					
生态文旅区					
苏淮高新区					

8-3c 续表 14

单位：户

地 区	五代及以上户				
	一间	二间	三间	四间	五间及以上
盐城市				**1**	
亭湖区					
盐都区					
大丰区					
响水县					
滨海县					
阜宁县					
射阳县					
建湖县					
盐城经济技术开发区					
江苏省盐南高新区					
东台市				1	
扬州市			**1**	**1**	**3**
广陵区					1
邗江区				1	
江都区					
宝应县					2
扬州经济技术开发区					
蜀冈瘦西湖景区					
生态新城					
仪征市					
高邮市			1		
镇江市					**1**
京口区					
润州区					
丹徒区					
镇江新区					
江苏镇江高新区					
丹阳市					1
扬中市					
句容市					
泰州市			**1**	**1**	
海陵区					
高港区					
姜堰区					
泰州医药高新技术产业开发区					
兴化市			1	1	
靖江市					
泰兴市					
宿迁市			**2**	**1**	**7**
宿城区					
宿豫区					1
沭阳县			1		3
泗阳县				1	
泗洪县			1		1
宿迁经济技术开发区					
宿迁市湖滨新区					1
苏州宿迁工业园区					
宿迁市洋河新区					1

8-4　全省按户主的受教育程度分的家庭户住房状况

受教育程度	户　数 (户)	人　数 (人)	平均每户 住房间数 (间/户)	人均住房 建筑面积 (平方米/人)	人均住房 间　数 (间/人)
总　计	**25561900**	**69454406**	**3.07**	**45.13**	**1.13**
未上过学	722733	1520557	2.91	52.02	1.39
学前教育	50092	111323	3.07	52.72	1.38
小　学	5162750	13482605	3.27	50.05	1.25
初　中	9948235	27838049	3.18	45.50	1.14
高　中	4598799	12520257	2.96	43.37	1.09
大学专科	2578742	7055022	2.75	40.19	1.01
大学本科	2198571	6090263	2.77	40.60	1.00
硕士研究生	265071	734341	2.76	40.55	1.00
博士研究生	36907	101989	2.82	40.97	1.02

注：本表数据为居住在普通住宅的家庭户。

8-4a　全省按户主的受教育程度分的家庭户住房状况(城市)

受教育程度	户　数 (户)	人　数 (人)	平均每户 住房间数 (间/户)	人均住房 建筑面积 (平方米/人)	人均住房 间　数 (间/人)
总　计	**12205910**	**32898359**	**2.71**	**39.87**	**1.01**
未上过学	199310	428158	2.65	47.30	1.23
学前教育	12601	28520	2.79	49.14	1.23
小　学	1407954	3682989	2.87	44.25	1.10
初　中	3947719	10781743	2.71	39.13	0.99
高　中	2655215	7075669	2.65	38.85	1.00
大学专科	1931507	5249057	2.66	38.77	0.98
大学本科	1789089	4925839	2.73	40.15	0.99
硕士研究生	229522	635113	2.75	40.10	0.99
博士研究生	32993	91271	2.80	40.32	1.01

注：本表数据为居住在普通住宅的家庭户。

8-4b 全省按户主的受教育程度分的家庭户住房状况(镇)

受教育程度	户 数 (户)	人 数 (人)	平均每户 住房间数 (间/户)	人均住房 建筑面积 (平方米/人)	人均住房 间 数 (间/人)
总 计	**6428385**	**17957018**	**3.15**	**45.41**	**1.13**
未上过学	175534	376480	2.88	50.88	1.34
学前教育	12682	28783	3.14	52.13	1.38
小 学	1325562	3552694	3.25	48.62	1.21
初 中	2811150	8059631	3.22	45.18	1.12
高 中	1174507	3310737	3.11	44.73	1.10
大学专科	519678	1456437	2.89	41.92	1.03
大学本科	372265	1067924	2.88	41.49	1.00
硕士研究生	33416	94297	2.83	42.84	1.00
博士研究生	3591	10035	2.91	45.15	1.04

注：本表数据为居住在普通住宅的家庭户。

8-4c 全省按户主的受教育程度分的家庭户住房状况(乡村)

受教育程度	户 数 (户)	人 数 (人)	平均每户 住房间数 (间/户)	人均住房 建筑面积 (平方米/人)	人均住房 间 数 (间/人)
总 计	**6927605**	**18599029**	**3.62**	**54.14**	**1.35**
未上过学	347889	715919	3.09	55.44	1.50
学前教育	24809	54020	3.18	54.92	1.46
小 学	2429234	6246922	3.52	54.28	1.37
初 中	3189366	8996675	3.72	53.42	1.32
高 中	769077	2133851	3.78	56.27	1.36
大学专科	127557	349528	3.54	54.21	1.29
大学本科	37217	96500	3.30	54.09	1.27
硕士研究生	2133	4931	3.08	53.40	1.33
博士研究生	323	683	3.52	65.33	1.66

注：本表数据为居住在普通住宅的家庭户。

8-5　全省按户主受教育程度、人均住房建筑面积分的家庭户户数

单位：户

受教育程度	户　数	人均住房建筑面积(平方米)			
		8及以下	9-12	13-16	17-19
总　计	**25561900**	**241005**	**593904**	**919673**	**666007**
未上过学	722733	4722	12776	20529	11180
学前教育	50092	290	750	1264	700
小　学	5162750	47856	112110	168719	95653
初　中	9948235	140741	322947	424005	251004
高　中	4598799	36059	97451	168235	138679
大学专科	2578742	8347	30443	77597	87932
大学本科	2198571	2685	15402	51658	70355
硕士研究生	265071	269	1716	6626	9170
博士研究生	36907	36	309	1040	1334

注：本表数据为居住在普通住宅的家庭户。

8-5　续表

单位：户

受教育程度	人均住房建筑面积(平方米)				
	20-29	30-39	40-49	50-59	60及以上
总　计	**4377864**	**4305843**	**3886026**	**2206590**	**8364988**
未上过学	84357	99044	96674	70191	323260
学前教育	5570	6836	6804	4922	22956
小　学	665985	745136	741646	495492	2090153
初　中	1664224	1585761	1432718	865184	3261651
高　中	876527	831928	709943	385870	1354107
大学专科	559057	523069	435940	195298	661059
大学本科	459678	453795	405626	167270	572102
硕士研究生	55045	53102	49871	19653	69619
博士研究生	7421	7172	6804	2710	10081

8-5a 全省按户主受教育程度、人均住房建筑面积分的家庭户户数(城市)

单位：户

受教育程度	户 数	人均住房建筑面积(平方米)			
		8及以下	9-12	13-16	17-19
总 计	**12205910**	**117949**	**303040**	**504329**	**433028**
未上过学	199310	2293	5636	7909	4846
学前教育	12601	113	266	415	287
小 学	1407954	20679	45743	62772	41265
初 中	3947719	66635	154745	210709	145663
高 中	2655215	20349	58857	109764	100146
大学专科	1931507	5487	22635	61336	71510
大学本科	1789089	2112	13236	44313	59735
硕士研究生	229522	247	1623	6115	8309
博士研究生	32993	34	299	996	1267

注：本表数据为居住在普通住宅的家庭户。

8-5a 续表

单位：户

受教育程度	人均住房建筑面积(平方米)				
	20-29	30-39	40-49	50-59	60及以上
总 计	**2556962**	**2316900**	**1981486**	**920384**	**3071832**
未上过学	28095	28828	25772	16898	79033
学前教育	1690	1664	1647	1136	5383
小 学	232162	222455	207031	117629	458218
初 中	837246	715560	596713	287741	932707
高 中	586345	526929	433217	202485	617123
大学专科	437566	399682	334498	140670	458123
大学本科	378790	369288	333398	134191	454026
硕士研究生	48284	46081	43130	17215	58518
博士研究生	6784	6413	6080	2419	8701

8-5b　全省按户主受教育程度、人均住房建筑面积分的家庭户户数(镇)

单位：户

受教育程度	户　数	人均住房建筑面积(平方米)			
		8及以下	9-12	13-16	17-19
总　计	**6428385**	**60844**	**141616**	**210613**	**146039**
未上过学	175534	1197	3143	5062	2905
学前教育	12682	85	214	340	164
小　学	1325562	12965	28857	43349	25893
初　中	2811150	36664	81323	106841	63669
高　中	1174507	7866	21158	35837	28206
大学专科	519678	1663	5138	12298	14323
大学本科	372265	389	1694	6379	9986
硕士研究生	33416	14	81	466	826
博士研究生	3591	1	8	41	67

注：本表数据为居住在普通住宅的家庭户。

8-5b　续表

单位：户

受教育程度	人均住房建筑面积(平方米)				
	20-29	30-39	40-49	50-59	60及以上
总　计	**1065824**	**1089966**	**950011**	**605744**	**2157728**
未上过学	21555	24438	23183	17323	76728
学前教育	1398	1706	1703	1254	5818
小　学	179033	193802	188284	133925	519454
初　中	466706	464477	402016	267603	921851
高　中	209188	212392	176307	109725	373828
大学专科	105022	106518	84513	43289	146914
大学本科	75866	79236	66921	30053	101741
硕士研究生	6455	6694	6394	2301	10185
博士研究生	601	703	690	271	1209

8-5c 全省按户主受教育程度、人均住房建筑面积分的家庭户户数(乡村)

单位：户

受教育程度	户 数	人均住房建筑面积(平方米)			
		8及以下	9-12	13-16	17-19
总 计	**6927605**	**62212**	**149248**	**204731**	**86940**
未上过学	347889	1232	3997	7558	3429
学前教育	24809	92	270	509	249
小 学	2429234	14212	37510	62598	28495
初 中	3189366	37442	86879	106455	41672
高 中	769077	7844	17436	22634	10327
大学专科	127557	1197	2670	3963	2099
大学本科	37217	184	472	966	634
硕士研究生	2133	8	12	45	35
博士研究生	323	1	2	3	

注：本表数据为居住在普通住宅的家庭户。

8-5c 续表

单位：户

受教育程度	人均住房建筑面积(平方米)				
	20-29	30-39	40-49	50-59	60及以上
总 计	**755078**	**898977**	**954529**	**680462**	**3135428**
未上过学	34707	45778	47719	35970	167499
学前教育	2482	3466	3454	2532	11755
小 学	254790	328879	346331	243938	1112481
初 中	360272	405724	433989	309840	1407093
高 中	80994	92607	100419	73660	363156
大学专科	16469	16869	16929	11339	56022
大学本科	5022	5271	5307	3026	16335
硕士研究生	306	327	347	137	916
博士研究生	36	56	34	20	171

中国人口普查
CHINA POPULATION CENSUS

2020

江苏省人口普查年鉴

(第3册)

JIANGSU POPULATION CENSUS YEARBOOK 2020

(BOOK 3)

江　苏　省　统　计　局
江苏省第七次全国人口普查领导小组办公室　编

Compiled by
Jiangsu Provincial Bureau of Statistics
Office of the Leading Group of Jiangsu province for the Seventh National Population Census

中国统计出版社
China Statistics Press

图书在版编目（CIP）数据

江苏省人口普查年鉴. 2020. 第 3 册 / 江苏省统计局, 江苏省第七次全国人口普查领导小组办公室编. -- 北京 : 中国统计出版社, 2022.7
ISBN 978-7-5037-9843-6

Ⅰ. ①江… Ⅱ. ①江… ②江… Ⅲ. ①人口普查－统计资料－江苏－2020－年鉴 Ⅳ. ①C924.255.3-54

中国版本图书馆 CIP 数据核字(2022)第 111116 号

江苏省人口普查年鉴-2020（第 3 册）

作　　者/江苏省统计局　江苏省第七次全国人口普查领导小组办公室编
责任编辑/郭　栋
执行编辑/周小睿
封面设计/李雪燕
出版发行/中国统计出版社有限公司
通信地址/北京市丰台区西三环南路甲 6 号　邮政编码/100073
发行电话/邮购（010）63376909　书店（010）68783171
网　　址/http://www.zgtjcbs.com/
印　　刷/河北鑫兆源印刷有限公司
经　　销/新华书店
开　　本/880mm×1230mm　1/16
字　　数/1560 千字
印　　张/48.75
版　　别/2022 年 7 月第 1 版
版　　次/2022 年 7 月第 1 次印刷
定　　价/980.00 元（全五册附光盘）

目　　录

第 3 册

第二部分　长表数据资料

第三卷　教育

第四卷　就业

第二部分　长表数据资料

第一卷　概要

1-1 各地区户数、

地区	户数						
				合计			
	合计	家庭户	集体户	合计	男	女	性别比(女=100)
江　苏	**2939168**	**2826282**	**112886**	**8197063**	**4161879**	**4035184**	**103.14**
南京市	**332741**	**305602**	**27139**	**906845**	**463035**	**443810**	**104.33**
玄武区	19433	17192	2241	52527	26009	26518	98.08
秦淮区	28901	27650	1251	73807	36204	37603	96.28
建邺区	20003	18816	1187	51838	26174	25664	101.99
鼓楼区	35275	33508	1767	93977	45530	48447	93.98
浦口区	13903	13306	597	37710	19205	18505	103.78
栖霞区	34111	28843	5268	92861	48180	44681	107.83
雨花台区	21616	19535	2081	58284	30641	27643	110.85
江宁区	63093	55482	7611	179674	93784	85890	109.19
六合区	23407	23125	282	65568	33169	32399	102.38
溧水区	17482	16407	1075	48409	25370	23039	110.12
高淳区	16557	16263	294	47207	24314	22893	106.21
南京江北新区	38960	35475	3485	104983	54455	50528	107.77
无锡市	**265253**	**253530**	**11723**	**714339**	**368354**	**345985**	**106.47**
锡山区	31769	30088	1681	86256	45480	40776	111.54
惠山区	30013	28324	1689	84870	44791	40079	111.76
滨湖区	21912	19829	2083	58526	29984	28542	105.05
梁溪区	37048	36352	696	94389	47134	47255	99.74
新吴区	23197	21076	2121	64573	33549	31024	108.14
江苏无锡经济开发区	11756	11177	579	32659	16841	15818	106.47
江阴市	61968	60107	1861	169387	87596	81791	107.10
宜兴市	47590	46577	1013	123679	62979	60700	103.75
徐州市	**293920**	**290152**	**3768**	**872289**	**440953**	**431336**	**102.23**
鼓楼区	16050	15846	204	41937	21204	20733	102.27
云龙区	16360	15934	426	46359	22886	23473	97.50
贾汪区	14741	14420	321	44347	22927	21420	107.04
泉山区	23639	23344	295	62623	30831	31792	96.98
铜山区	39228	38366	862	119478	60788	58690	103.57
丰县	31344	31087	257	88322	44185	44137	100.11
沛县	34274	34095	179	101279	51007	50272	101.46
睢宁县	31207	31041	166	97804	48932	48872	100.12
徐州经济技术开发区	12529	12041	488	37364	19462	17902	108.71
新沂市	30146	29905	241	94763	48181	46582	103.43
邳州市	44402	44073	329	138013	70550	67463	104.58
常州市	**195122**	**187904**	**7218**	**517524**	**266851**	**250673**	**106.45**
天宁区	24943	24518	425	66061	32918	33143	99.32
钟楼区	24602	23388	1214	64333	32808	31525	104.07
新北区	30711	29512	1199	84451	43065	41386	104.06
武进区	45855	43315	2540	123975	65050	58925	110.39
金坛区	23178	22637	541	56926	29040	27886	104.14
江苏省常州市经济开发区	15478	15080	398	41508	22173	19335	114.68
溧阳市	30355	29454	901	80270	41797	38473	108.64

人口数和性别比

单位：户、人

人口数								平均家庭户规模（人/户）
家庭户				集体户				
小计	男	女	性别比（女=100）	小计	男	女	性别比（女=100）	
7712258	**3855555**	**3856703**	**99.97**	**484805**	**306324**	**178481**	**171.63**	**2.73**
798768	**396922**	**401846**	**98.77**	**108077**	**66113**	**41964**	**157.55**	**2.61**
43615	21208	22407	94.65	8912	4801	4111	116.78	2.54
69386	33516	35870	93.44	4421	2688	1733	155.11	2.51
47605	23283	24322	95.73	4233	2891	1342	215.42	2.53
86612	41860	44752	93.54	7365	3670	3695	99.32	2.58
34963	17552	17411	100.81	2747	1653	1094	151.10	2.63
72455	36209	36246	99.90	20406	11971	8435	141.92	2.51
50422	25593	24829	103.08	7862	5048	2814	179.39	2.58
148478	74642	73836	101.09	31196	19142	12054	158.80	2.68
64314	32230	32084	100.46	1254	939	315	298.10	2.78
43389	22004	21385	102.89	5020	3366	1654	203.51	2.64
45884	23241	22643	102.64	1323	1073	250	429.20	2.82
91645	45584	46061	98.96	13338	8871	4467	198.59	2.58
671619	**340025**	**331594**	**102.54**	**42720**	**28329**	**14391**	**196.85**	**2.65**
80690	41627	39063	106.56	5566	3853	1713	224.93	2.68
77904	40333	37571	107.35	6966	4458	2508	177.75	2.75
50576	25150	25426	98.91	7950	4834	3116	155.13	2.55
91722	45414	46308	98.07	2667	1720	947	181.63	2.52
57843	29134	28709	101.48	6730	4415	2315	190.71	2.74
30712	15392	15320	100.47	1947	1449	498	290.96	2.75
162742	82933	79809	103.91	6645	4663	1982	235.27	2.71
119430	60042	59388	101.10	4249	2937	1312	223.86	2.56
845784	**425741**	**420043**	**101.36**	**26505**	**15212**	**11293**	**134.70**	**2.91**
40944	20434	20510	99.63	993	770	223	345.29	2.58
43571	21389	22182	96.43	2788	1497	1291	115.96	2.73
42865	22042	20823	105.85	1482	885	597	148.24	2.97
60044	29242	30802	94.94	2579	1589	990	160.51	2.57
112763	57402	55361	103.69	6715	3386	3329	101.71	2.94
85252	42300	42952	98.48	3070	1885	1185	159.07	2.74
100311	50430	49881	101.10	968	577	391	147.57	2.94
96521	48169	48352	99.62	1283	763	520	146.73	3.11
34577	17693	16884	104.79	2787	1769	1018	173.77	2.87
93075	47299	45776	103.33	1688	882	806	109.43	3.11
135861	69341	66520	104.24	2152	1209	943	128.21	3.08
486175	**245596**	**240579**	**102.09**	**31349**	**21255**	**10094**	**210.57**	**2.59**
63850	31608	32242	98.03	2211	1310	901	145.39	2.60
59458	29729	29729	100.00	4875	3079	1796	171.44	2.54
79903	40124	39779	100.87	4548	2941	1607	183.01	2.71
113742	58372	55370	105.42	10233	6678	3555	187.85	2.63
54902	27517	27385	100.48	2024	1523	501	303.99	2.43
39071	20419	18652	109.47	2437	1754	683	256.81	2.59
75249	37827	37422	101.08	5021	3970	1051	377.74	2.55

1-1 续表 1

地区	户数			合计			
	合计	家庭户	集体户	合计	男	女	性别比(女=100)
苏州市	**439571**	**404422**	**35149**	**1236332**	**645123**	**591209**	**109.12**
虎丘区	27331	23799	3532	82442	43223	39219	110.21
吴中区	45234	41039	4195	129551	67774	61777	109.71
相城区	30455	27997	2458	84649	44884	39765	112.87
姑苏区	35314	34009	1305	90183	44595	45588	97.82
吴江区	51671	48235	3436	143071	75036	68035	110.29
苏州工业园区	39011	32850	6161	116254	60158	56096	107.24
常熟市	56830	52285	4545	166830	86883	79947	108.68
张家港市	52364	50379	1985	143216	74050	69166	107.06
昆山市	71072	65002	6070	195927	103789	92138	112.65
太仓市	30289	28827	1462	84209	44731	39478	113.31
南通市	**286311**	**278465**	**7846**	**753048**	**368043**	**385005**	**95.59**
崇川区	25530	24246	1284	73594	35972	37622	95.61
港闸区	13669	12897	772	38597	19660	18937	103.82
通州区	39640	38715	925	107649	52207	55442	94.17
如东县	33634	33134	500	87141	42145	44996	93.66
南通经济技术开发区	10301	9267	1034	28297	15008	13289	112.94
通州湾示范区	4235	4025	210	9263	4436	4827	91.90
苏锡通科技产业园区	3590	3282	308	9584	5088	4496	113.17
启东市	43195	42391	804	94659	45632	49027	93.08
如皋市	41440	41010	430	125038	60877	64161	94.88
海门市	37874	37033	841	90696	43309	47387	91.39
海安市	33203	32465	738	88530	43709	44821	97.52
连云港市	**145133**	**142261**	**2872**	**430886**	**218136**	**212750**	**102.53**
连云区	5755	5536	219	15268	8027	7241	110.85
海州区	23871	23527	344	69320	34884	34436	101.30
赣榆区	34254	33843	411	98193	49844	48349	103.09
东海县	30674	30477	197	92596	46346	46250	100.21
灌云县	21133	20990	143	62915	31998	30917	103.50
灌南县	18929	18806	123	60353	30449	29904	101.82
连云港经济技术开发区	2986	2839	147	8467	4371	4096	106.71
连云港高新技术产业开发区	5200	4126	1074	17126	8504	8622	98.63
江苏连云港徐圩新区	1481	1267	214	3820	2243	1577	142.23
江苏省连云港市云台山风景名胜区	850	850		2828	1470	1358	108.25
淮安市	**146126**	**143836**	**2290**	**416475**	**207763**	**208712**	**99.55**
淮安区	24992	24816	176	69347	34339	35008	98.09
淮阴区	23186	22645	541	69325	35128	34197	102.72
清江浦区	19225	18886	339	54912	27059	27853	97.15
洪泽区	9817	9786	31	26550	13224	13326	99.23
涟水县	26076	25956	120	74422	37102	37320	99.42
盱眙县	18767	18678	89	53465	26563	26902	98.74
金湖县	11084	10946	138	28604	14304	14300	100.03
淮安经济技术开发区	8776	7963	813	26610	13428	13182	101.87
工业园区	473	470	3	1454	745	709	105.08
生态文旅区	3011	2978	33	9698	4808	4890	98.32
苏淮高新区	719	712	7	2088	1063	1025	103.71

单位：户、人

人口数								平均家庭户规模（人/户）
家庭户				集体户				
小计	男	女	性别比（女=100）	小计	男	女	性别比（女=100）	
1110694	**562575**	**548119**	**102.64**	**125638**	**82548**	**43090**	**191.57**	**2.75**
69699	35159	34540	101.79	12743	8064	4679	172.34	2.93
112562	57226	55336	103.42	16989	10548	6441	163.76	2.74
76196	38916	37280	104.39	8453	5968	2485	240.16	2.72
85723	42088	43635	96.45	4460	2507	1953	128.37	2.52
130835	67223	63612	105.68	12236	7813	4423	176.64	2.71
95716	47117	48599	96.95	20538	13041	7497	173.95	2.91
149295	75364	73931	101.94	17535	11519	6016	191.47	2.86
136424	69509	66915	103.88	6792	4541	2251	201.73	2.71
175604	89432	86172	103.78	20323	14357	5966	240.65	2.70
78640	40541	38099	106.41	5569	4190	1379	303.84	2.73
713844	**342341**	**371503**	**92.15**	**39204**	**25702**	**13502**	**190.36**	**2.56**
65941	31886	34055	93.63	7653	4086	3567	114.55	2.72
35238	17573	17665	99.48	3359	2087	1272	164.07	2.73
104173	49918	54255	92.01	3476	2289	1187	192.84	2.69
85298	40818	44480	91.77	1843	1327	516	257.17	2.57
24721	12295	12426	98.95	3576	2713	863	314.37	2.67
8231	3780	4451	84.92	1032	656	376	174.47	2.04
8410	4229	4181	101.15	1174	859	315	272.70	2.56
90820	42809	48011	89.16	3839	2823	1016	277.85	2.14
121949	58975	62974	93.65	3089	1902	1187	160.24	2.97
84320	39026	45294	86.16	6376	4283	2093	204.63	2.28
84743	41032	43711	93.87	3787	2677	1110	241.17	2.61
416549	**209673**	**206876**	**101.35**	**14337**	**8463**	**5874**	**144.08**	**2.93**
14500	7341	7159	102.54	768	686	82	836.59	2.62
67829	34043	33786	100.76	1491	841	650	129.38	2.88
96318	48717	47601	102.34	1875	1127	748	150.67	2.85
90687	45258	45429	99.62	1909	1088	821	132.52	2.98
61949	31412	30537	102.87	966	586	380	154.21	2.95
59392	29769	29623	100.49	961	680	281	241.99	3.16
7834	3987	3847	103.64	633	384	249	154.22	2.76
11941	5931	6010	98.69	5185	2573	2612	98.51	2.89
3271	1745	1526	114.35	549	498	51	976.47	2.58
2828	1470	1358	108.25					3.33
404775	**201387**	**203388**	**99.02**	**11700**	**6376**	**5324**	**119.76**	**2.81**
67845	33466	34379	97.34	1502	873	629	138.79	2.73
66636	33906	32730	103.59	2689	1222	1467	83.30	2.94
53551	26354	27197	96.90	1361	705	656	107.47	2.84
26177	12996	13181	98.60	373	228	145	157.24	2.67
73220	36392	36828	98.82	1202	710	492	144.31	2.82
52925	26194	26731	97.99	540	369	171	215.79	2.83
27917	13787	14130	97.57	687	517	170	304.12	2.55
23484	11836	11648	101.61	3126	1592	1534	103.78	2.95
1414	711	703	101.14	40	34	6	566.67	3.01
9546	4707	4839	97.27	152	101	51	198.04	3.21
2060	1038	1022	101.57	28	25	3	833.33	2.89

1-1 续表 2

地　区	户　数			合　计			
	合计	家庭户	集体户	合计	男	女	性别比(女=100)
盐城市	**249008**	**245957**	**3051**	**670763**	**339948**	**330815**	**102.76**
亭湖区	24088	23533	555	69058	35431	33627	105.36
盐都区	23839	23662	177	64056	33030	31026	106.46
大丰区	27375	27015	360	66767	33586	33181	101.22
响水县	14793	14705	88	43835	22228	21607	102.87
滨海县	27003	26765	238	74217	37546	36671	102.39
阜宁县	27715	27671	44	78119	39820	38299	103.97
射阳县	30977	30694	283	81993	41718	40275	103.58
建湖县	22915	22821	94	58325	29330	28995	101.16
盐城经济技术开发区	3353	2987	366	9934	5061	4873	103.86
江苏省盐南高新区	11195	10751	444	34258	17250	17008	101.42
东台市	35755	35353	402	90201	44948	45253	99.33
扬州市	**160715**	**158104**	**2611**	**473166**	**236145**	**237021**	**99.63**
广陵区	18342	17917	425	53433	27358	26075	104.92
邗江区	22096	21168	928	72085	35781	36304	98.56
江都区	34518	34199	319	94645	46182	48463	95.29
宝应县	26577	26498	79	78526	39357	39169	100.48
扬州经济技术开发区	7672	7424	248	23130	11647	11483	101.43
蜀冈瘦西湖景区	4649	4564	85	13920	6945	6975	99.57
生态新城	1874	1785	89	6415	3252	3163	102.81
仪征市	18629	18431	198	52836	26872	25964	103.50
高邮市	26358	26118	240	78176	38751	39425	98.29
镇江市	**113153**	**110355**	**2798**	**307046**	**155602**	**151444**	**102.75**
京口区	13168	12379	789	34428	17188	17240	99.70
润州区	8822	8772	50	22940	11431	11509	99.32
丹徒区	10953	10608	345	32492	16814	15678	107.25
镇江新区	8681	8507	174	23764	12275	11489	106.84
江苏镇江高新区	2160	2104	56	6054	3152	2902	108.61
丹阳市	35701	34939	762	96030	48550	47480	102.25
扬中市	10577	10401	176	31384	16029	15355	104.39
句容市	23091	22645	446	59954	30163	29791	101.25
泰州市	**165414**	**161882**	**3532**	**442909**	**221576**	**221333**	**100.11**
海陵区	20026	18953	1073	58411	28597	29814	95.92
高港区	8857	8670	187	26142	13235	12907	102.54
姜堰区	26145	25995	150	67554	33264	34290	97.01
泰州医药高新技术产业开发区	7438	6805	633	22475	11270	11205	100.58
兴化市	41525	41137	388	106400	54529	51871	105.12
靖江市	24198	23540	658	66284	33334	32950	101.17
泰兴市	37225	36782	443	95643	47347	48296	98.04
宿迁市	**146701**	**143812**	**2889**	**455441**	**230350**	**225091**	**102.34**
宿城区	20510	19890	620	63324	31952	31372	101.85
宿豫区	14064	13735	329	41225	20937	20288	103.20
沭阳县	47279	46611	668	151545	77411	74134	104.42
泗阳县	24261	23818	443	74493	37273	37220	100.14
泗洪县	25264	25060	204	75883	37597	38286	98.20
宿迁经济技术开发区	5845	5661	184	18165	9327	8838	105.53
宿迁市湖滨新区	4091	3743	348	13798	7277	6521	111.59
苏州宿迁工业园区	979	918	61	2797	1382	1415	97.67
宿迁市洋河新区	4408	4376	32	14211	7194	7017	102.52

单位：户、人

人口数								平均家庭户规模（人/户）
家庭户				集体户				
小计	男	女	性别比（女=100）	小计	男	女	性别比（女=100）	
654399	**329819**	**324580**	**101.61**	**16364**	**10129**	**6235**	**162.45**	**2.66**
65264	33126	32138	103.07	3794	2305	1489	154.80	2.77
63338	32568	30770	105.84	718	462	256	180.47	2.68
65482	32650	32832	99.45	1285	936	349	268.19	2.42
43372	21926	21446	102.24	463	302	161	187.58	2.95
72991	36757	36234	101.44	1226	789	437	180.55	2.73
77629	39505	38124	103.62	490	315	175	180.00	2.81
80707	40848	39859	102.48	1286	870	416	209.13	2.63
57837	28961	28876	100.29	488	369	119	310.08	2.53
8573	4407	4166	105.78	1361	654	707	92.50	2.87
31949	16203	15746	102.90	2309	1047	1262	82.96	2.97
87257	42868	44389	96.57	2944	2080	864	240.74	2.47
451012	**222586**	**228426**	**97.44**	**22154**	**13559**	**8595**	**157.75**	**2.85**
49854	24894	24960	99.74	3579	2464	1115	220.99	2.78
62807	30909	31898	96.90	9278	4872	4406	110.58	2.97
92945	44917	48028	93.52	1700	1265	435	290.80	2.72
77971	38993	38978	100.04	555	364	191	190.58	2.94
20755	10280	10475	98.14	2375	1367	1008	135.62	2.80
13264	6507	6757	96.30	656	438	218	200.92	2.91
5849	2900	2949	98.34	566	352	214	164.49	3.28
51108	25541	25567	99.90	1728	1331	397	335.26	2.77
76459	37645	38814	96.99	1717	1106	611	181.01	2.93
291497	**145743**	**145754**	**99.99**	**15549**	**9859**	**5690**	**173.27**	**2.64**
31454	15398	16056	95.90	2974	1790	1184	151.18	2.54
22639	11206	11433	98.01	301	225	76	296.05	2.58
28776	14460	14316	101.01	3716	2354	1362	172.83	2.71
22636	11410	11226	101.64	1128	865	263	328.90	2.66
5690	2844	2846	99.93	364	308	56	550.00	2.70
92809	46776	46033	101.61	3221	1774	1447	122.60	2.66
30212	15169	15043	100.84	1172	860	312	275.64	2.90
57281	28480	28801	98.89	2673	1683	990	170.00	2.53
425477	**210859**	**214618**	**98.25**	**17432**	**10717**	**6715**	**159.60**	**2.63**
53405	26115	27290	95.69	5006	2482	2524	98.34	2.82
25113	12472	12641	98.66	1029	763	266	286.84	2.90
66635	32702	33933	96.37	919	562	357	157.42	2.56
20412	10109	10303	98.12	2063	1161	902	128.71	3.00
103144	52468	50676	103.54	3256	2061	1195	172.47	2.51
63941	31679	32262	98.19	2343	1655	688	240.55	2.72
92827	45314	47513	95.37	2816	2033	783	259.64	2.52
441665	**222288**	**219377**	**101.33**	**13776**	**8062**	**5714**	**141.09**	**3.07**
60727	30562	30165	101.32	2597	1390	1207	115.16	3.05
40057	20287	19770	102.62	1168	650	518	125.48	2.92
147670	75150	72520	103.63	3875	2261	1614	140.09	3.17
72493	36094	36399	99.16	2000	1179	821	143.61	3.04
74632	36846	37786	97.51	1251	751	500	150.20	2.98
17482	8897	8585	103.63	683	430	253	169.96	3.09
11907	6077	5830	104.24	1891	1200	691	173.66	3.18
2661	1289	1372	93.95	136	93	43	216.28	2.90
14036	7086	6950	101.96	175	108	67	161.19	3.21

1-1a 各地区户数、

地区	户数			合计			
	合计	家庭户	集体户	合计	男	女	性别比(女=100)
江苏	**1389339**	**1315601**	**73738**	**3893982**	**1971117**	**1922865**	**102.51**
南京市	**282071**	**256932**	**25139**	**764789**	**388555**	**376234**	**103.27**
玄武区	19433	17192	2241	52527	26009	26518	98.08
秦淮区	28901	27650	1251	73807	36204	37603	96.28
建邺区	20003	18816	1187	51838	26174	25664	101.99
鼓楼区	35275	33508	1767	93977	45530	48447	93.98
浦口区	11066	10478	588	30274	15462	14812	104.39
栖霞区	32095	26915	5180	87116	45148	41968	107.58
雨花台区	21292	19229	2063	57568	30255	27313	110.77
江宁区	49565	43193	6372	139975	72088	67887	106.19
六合区	8080	7973	107	22142	10985	11157	98.46
溧水区	9741	8969	772	28691	15289	13402	114.08
高淳区	8405	8209	196	23766	11978	11788	101.61
南京江北新区	38215	34800	3415	103108	53433	49675	107.57
无锡市	**174940**	**166513**	**8427**	**477794**	**244559**	**233235**	**104.86**
锡山区	17935	16850	1085	48369	25644	22725	112.84
惠山区	17887	16738	1149	53366	28063	25303	110.91
滨湖区	20340	18408	1932	54154	27623	26531	104.12
梁溪区	37048	36352	696	94389	47134	47255	99.74
新吴区	20717	19127	1590	58010	29843	28167	105.95
江苏无锡经济开发区	11756	11177	579	32659	16841	15818	106.47
江阴市	28452	27574	878	79539	40758	38781	105.10
宜兴市	20805	20287	518	57308	28653	28655	99.99
徐州市	**100858**	**98598**	**2260**	**294747**	**147949**	**146798**	**100.78**
鼓楼区	16050	15846	204	41937	21204	20733	102.27
云龙区	15603	15274	329	43242	21246	21996	96.59
贾汪区	5931	5622	309	18270	9407	8863	106.14
泉山区	23639	23344	295	62623	30831	31792	96.98
铜山区	11114	10361	753	36820	18469	18351	100.64
丰县							
沛县							
睢宁县							
徐州经济技术开发区	113	113		357	178	179	99.44
新沂市	11201	11019	182	34913	17658	17255	102.34
邳州市	17207	17019	188	56585	28956	27629	104.80
常州市	**125431**	**119860**	**5571**	**337076**	**172831**	**164245**	**105.23**
天宁区	21322	20946	376	55442	27456	27986	98.11
钟楼区	23035	22005	1030	60059	30454	29605	102.87
新北区	22576	21550	1026	62394	31794	30600	103.90
武进区	27289	25158	2131	73791	38781	35010	110.77
金坛区	12275	12011	264	31625	15922	15703	101.39
江苏省常州市经济开发区	6344	6206	138	17849	9394	8455	111.11
溧阳市	12590	11984	606	35916	19030	16886	112.70

人口数和性别比(城市)

单位：户、人

人口数								平均家庭户规模(人/户)
家庭户				集体户				
小计	男	女	性别比(女=100)	小计	男	女	性别比(女=100)	
3584119	**1780210**	**1803909**	**98.69**	**309863**	**190907**	**118956**	**160.49**	**2.72**
666706	**329561**	**337145**	**97.75**	**98083**	**58994**	**39089**	**150.92**	**2.59**
43615	21208	22407	94.65	8912	4801	4111	116.78	2.54
69386	33516	35870	93.44	4421	2688	1733	155.11	2.51
47605	23283	24322	95.73	4233	2891	1342	215.42	2.53
86612	41860	44752	93.54	7365	3670	3695	99.32	2.58
27587	13863	13724	101.01	2687	1599	1088	146.97	2.63
67204	33594	33610	99.95	19912	11554	8358	138.24	2.50
49763	25246	24517	102.97	7805	5009	2796	179.15	2.59
115436	57713	57723	99.98	24539	14375	10164	141.43	2.67
21660	10671	10989	97.11	482	314	168	186.90	2.72
24890	12533	12357	101.42	3801	2756	1045	263.73	2.78
22949	11324	11625	97.41	817	654	163	401.23	2.80
89999	44750	45249	98.90	13109	8683	4426	196.18	2.59
446729	**224222**	**222507**	**100.77**	**31065**	**20337**	**10728**	**189.57**	**2.68**
44684	23050	21634	106.55	3685	2594	1091	237.76	2.65
48297	24820	23477	105.72	5069	3243	1826	177.60	2.89
46741	23177	23564	98.36	7413	4446	2967	149.85	2.54
91722	45414	46308	98.07	2667	1720	947	181.63	2.52
52884	26531	26353	100.68	5126	3312	1814	182.58	2.76
30712	15392	15320	100.47	1947	1449	498	290.96	2.75
76548	38529	38019	101.34	2991	2229	762	292.52	2.78
55141	27309	27832	98.12	2167	1344	823	163.30	2.72
279747	**139644**	**140103**	**99.67**	**15000**	**8305**	**6695**	**124.05**	**2.84**
40944	20434	20510	99.63	993	770	223	345.29	2.58
41392	20292	21100	96.17	1850	954	896	106.47	2.71
16857	8576	8281	103.56	1413	831	582	142.78	3.00
60044	29242	30802	94.94	2579	1589	990	160.51	2.57
30958	15545	15413	100.86	5862	2924	2938	99.52	2.99
357	178	179	99.44					3.16
33807	17078	16729	102.09	1106	580	526	110.27	3.07
55388	28299	27089	104.47	1197	657	540	121.67	3.25
313728	**157328**	**156400**	**100.59**	**23348**	**15503**	**7845**	**197.62**	**2.62**
53659	26429	27230	97.06	1783	1027	756	135.85	2.56
55956	27893	28063	99.39	4103	2561	1542	166.08	2.54
58582	29325	29257	100.23	3812	2469	1343	183.84	2.72
65524	33519	32005	104.73	8267	5262	3005	175.11	2.60
30804	15307	15497	98.77	821	615	206	298.54	2.56
16604	8549	8055	106.13	1245	845	400	211.25	2.68
32599	16306	16293	100.08	3317	2724	593	459.36	2.72

1-1a 续表 1

地区	户数			合计			
	合计	家庭户	集体户	合计	男	女	性别比（女=100）
苏州市	**239756**	**220644**	**19112**	**677754**	**349649**	**328105**	**106.57**
虎丘区	24809	21546	3263	75373	39332	36041	109.13
吴中区	27364	24223	3141	77850	40256	37594	107.08
相城区	26504	24445	2059	74150	39109	35041	111.61
姑苏区	35314	34009	1305	90183	44595	45588	97.82
吴江区	21021	18922	2099	58845	30969	27876	111.10
苏州工业园区							
常熟市	28050	26220	1830	82007	42011	39996	105.04
张家港市	17377	16432	945	50474	25476	24998	101.91
昆山市	47063	43050	4013	133937	69897	64040	109.15
太仓市	12254	11797	457	34935	18004	16931	106.34
南通市	**109743**	**106173**	**3570**	**303427**	**148563**	**154864**	**95.93**
崇川区	25530	24246	1284	73594	35972	37622	95.61
港闸区	13576	12814	762	38286	19480	18806	103.58
通州区	13936	13572	364	38546	18754	19792	94.76
如东县							
南通经济技术开发区							
通州湾示范区							
苏锡通科技产业园区							
启东市	15900	15639	261	37569	18076	19493	92.73
如皋市	11771	11660	111	35651	17067	18584	91.84
海门市	12610	12374	236	34026	16609	17417	95.36
海安市	16420	15868	552	45755	22605	23150	97.65
连云港市	**35091**	**34130**	**961**	**100290**	**51015**	**49275**	**103.53**
连云区	5602	5412	190	14895	7771	7124	109.08
海州区	19539	19237	302	55151	27494	27657	99.41
赣榆区	9151	8893	258	28002	14296	13706	104.30
东海县	222	222		883	477	406	117.49
灌云县							
灌南县							
连云港经济技术开发区							
连云港高新技术产业开发区							
江苏连云港徐圩新区	440	229	211	902	737	165	446.67
江苏省连云港市云台山风景名胜区	137	137		457	240	217	110.60
淮安市	**41937**	**40925**	**1012**	**124268**	**61271**	**62997**	**97.26**
淮安区	9725	9592	133	29587	14599	14988	97.40
淮阴区	10037	9518	519	31616	15675	15941	98.33
清江浦区	17424	17090	334	49171	24123	25048	96.31
洪泽区	4751	4725	26	13894	6874	7020	97.92
涟水县							
盱眙县							
金湖县							
淮安经济技术开发区							
工业园区							
生态文旅区							
苏淮高新区							

单位：户、人

人口数								平均家庭户规模（人/户）
家庭户				集体户				
小计	男	女	性别比（女=100）	小计	男	女	性别比（女=100）	
609480	**305870**	**303610**	**100.74**	**68274**	**43779**	**24495**	**178.73**	**2.76**
63457	31899	31558	101.08	11916	7433	4483	165.80	2.95
66034	33250	32784	101.42	11816	7006	4810	145.65	2.73
67096	34190	32906	103.90	7054	4919	2135	230.40	2.74
85723	42088	43635	96.45	4460	2507	1953	128.37	2.52
51902	26593	25309	105.07	6943	4376	2567	170.47	2.74
74518	37355	37163	100.52	7489	4656	2833	164.35	2.84
47263	23393	23870	98.00	3211	2083	1128	184.66	2.88
120382	60396	59986	100.68	13555	9501	4054	234.36	2.80
33105	16706	16399	101.87	1830	1298	532	243.98	2.81
283866	**136516**	**147350**	**92.65**	**19561**	**12047**	**7514**	**160.33**	**2.67**
65941	31886	34055	93.63	7653	4086	3567	114.55	2.72
34977	17433	17544	99.37	3309	2047	1262	162.20	2.73
37216	17837	19379	92.04	1330	917	413	222.03	2.74
36340	17240	19100	90.26	1229	836	393	212.72	2.32
34949	16723	18226	91.75	702	344	358	96.09	3.00
31371	14673	16698	87.87	2655	1936	719	269.26	2.54
43072	20724	22348	92.73	2683	1881	802	234.54	2.71
96606	**48503**	**48103**	**100.83**	**3684**	**2512**	**1172**	**214.33**	**2.83**
14218	7175	7043	101.87	677	596	81	735.80	2.63
53863	26762	27101	98.75	1288	732	556	131.65	2.80
26813	13591	13222	102.79	1189	705	484	145.66	3.02
883	477	406	117.49					3.98
372	258	114	226.32	530	479	51	939.22	1.62
457	240	217	110.60					3.34
118924	**58636**	**60288**	**97.26**	**5344**	**2635**	**2709**	**97.27**	**2.91**
28401	13918	14483	96.10	1186	681	505	134.85	2.96
29094	14570	14524	100.32	2522	1105	1417	77.98	3.06
47864	23469	24395	96.20	1307	654	653	100.15	2.80
13565	6679	6886	96.99	329	195	134	145.52	2.87

1-1a 续表 2

地区	户数			合计			
	合计	家庭户	集体户	合计	男	女	性别比(女=100)
盐城市	**59248**	**57914**	**1334**	**170420**	**86436**	**83984**	**102.92**
亭湖区	18291	17819	472	53144	27176	25968	104.65
盐都区	9128	9066	62	26837	13834	13003	106.39
大丰区	8663	8605	58	22398	11068	11330	97.69
响水县							
滨海县							
阜宁县							
射阳县							
建湖县							
盐城经济技术开发区	95	76	19	301	162	139	116.55
江苏省盐南高新区	11195	10751	444	34258	17250	17008	101.42
东台市	11876	11597	279	33482	16946	16536	102.48
扬州市	**69387**	**67545**	**1842**	**207856**	**103340**	**104516**	**98.87**
广陵区	14433	14091	342	41425	21054	20371	103.35
邗江区	17225	16345	880	56995	28257	28738	98.33
江都区	11553	11401	152	33064	15999	17065	93.75
宝应县							
扬州经济技术开发区							
蜀冈瘦西湖景区	4649	4564	85	13920	6945	6975	99.57
生态新城	982	901	81	3571	1840	1731	106.30
仪征市	10642	10492	150	29218	14730	14488	101.67
高邮市	9903	9751	152	29663	14515	15148	95.82
镇江市	**58567**	**57041**	**1526**	**160986**	**80500**	**80486**	**100.02**
京口区	12733	11960	773	33349	16626	16723	99.42
润州区	8795	8748	47	22871	11388	11483	99.17
丹徒区	4934	4877	57	14176	7173	7003	102.43
镇江新区							
江苏镇江高新区	2160	2104	56	6054	3152	2902	108.61
丹阳市	13927	13630	297	38584	19160	19424	98.64
扬中市	5642	5585	57	17380	8834	8546	103.37
句容市	10376	10137	239	28572	14167	14405	98.35
泰州市	**66827**	**65124**	**1703**	**194424**	**95911**	**98513**	**97.36**
海陵区	17309	16242	1067	51261	25051	26210	95.58
高港区	4418	4274	144	13387	6763	6624	102.10
姜堰区	11512	11427	85	32709	15969	16740	95.39
泰州医药高新技术产业开发区							
兴化市	9772	9641	131	28317	14357	13960	102.84
靖江市	11092	10941	151	32935	16165	16770	96.39
泰兴市	12724	12599	125	35815	17606	18209	96.69
宿迁市	**25483**	**24202**	**1281**	**80151**	**40538**	**39613**	**102.34**
宿城区	12399	11829	570	38262	19212	19050	100.85
宿豫区	7554	7263	291	23241	11647	11594	100.46
沭阳县							
泗阳县							
泗洪县							
宿迁经济技术开发区							
宿迁市湖滨新区	2012	1677	335	7453	4022	3431	117.23
苏州宿迁工业园区	979	918	61	2797	1382	1415	97.67
宿迁市洋河新区	2539	2515	24	8398	4275	4123	103.69

单位：户、人

人口数								平均家庭户规模（人/户）
家庭户				集体户				
小计	男	女	性别比（女=100）	小计	男	女	性别比（女=100）	
162065	**81517**	**80548**	**101.20**	**8355**	**4919**	**3436**	**143.16**	**2.80**
49895	25219	24676	102.20	3249	1957	1292	151.47	2.80
26617	13694	12923	105.97	220	140	80	175.00	2.94
22215	10946	11269	97.13	183	122	61	200.00	2.58
229	123	106	116.04	72	39	33	118.18	3.01
31949	16203	15746	102.90	2309	1047	1262	82.96	2.97
31160	15332	15828	96.87	2322	1614	708	227.97	2.69
192191	**94179**	**98012**	**96.09**	**15665**	**9161**	**6504**	**140.85**	**2.85**
38671	19268	19403	99.30	2754	1786	968	184.50	2.74
48016	23569	24447	96.41	8979	4688	4291	109.25	2.94
32279	15431	16848	91.59	785	568	217	261.75	2.83
13264	6507	6757	96.30	656	438	218	200.92	2.91
3063	1526	1537	99.28	508	314	194	161.86	3.40
28074	13875	14199	97.72	1144	855	289	295.85	2.68
28824	14003	14821	94.48	839	512	327	156.57	2.96
153506	**75790**	**77716**	**97.52**	**7480**	**4710**	**2770**	**170.04**	**2.69**
30414	14871	15543	95.68	2935	1755	1180	148.73	2.54
22579	11171	11408	97.92	292	217	75	289.33	2.58
13770	6874	6896	99.68	406	299	107	279.44	2.82
5690	2844	2846	99.93	364	308	56	550.00	2.70
37240	18374	18866	97.39	1344	786	558	140.86	2.73
16826	8445	8381	100.76	554	389	165	235.76	3.01
26987	13211	13776	95.90	1585	956	629	151.99	2.66
185736	**90888**	**94848**	**95.82**	**8688**	**5023**	**3665**	**137.05**	**2.85**
46289	22598	23691	95.39	4972	2453	2519	97.38	2.85
12708	6296	6412	98.19	679	467	212	220.28	2.97
32197	15667	16530	94.78	512	302	210	143.81	2.82
27285	13649	13636	100.10	1032	708	324	218.52	2.83
32443	15786	16657	94.77	492	379	113	335.40	2.97
34814	16892	17922	94.25	1001	714	287	248.78	2.76
74835	**37556**	**37279**	**100.74**	**5316**	**2982**	**2334**	**127.76**	**3.09**
36041	18068	17973	100.53	2221	1144	1077	106.22	3.05
22257	11143	11114	100.26	984	504	480	105.00	3.06
5623	2868	2755	104.10	1830	1154	676	170.71	3.35
2661	1289	1372	93.95	136	93	43	216.28	2.90
8253	4188	4065	103.03	145	87	58	150.00	3.28

1-1b 各地区户数、

地区	户数						
				合计			
	合计	家庭户	集体户	合计	男	女	性别比(女=100)
江　苏	**746254**	**720271**	**25983**	**2155251**	**1095586**	**1059665**	**103.39**
南京市	**6225**	**6078**	**147**	**16935**	**8658**	**8277**	**104.60**
玄武区							
秦淮区							
建邺区							
鼓楼区							
浦口区	65	65		132	66	66	100.00
栖霞区							
雨花台区	324	306	18	716	386	330	116.97
江宁区							
六合区	4195	4096	99	11681	5938	5743	103.40
溧水区	1179	1166	13	3116	1577	1539	102.47
高淳区	462	445	17	1290	691	599	115.36
南京江北新区							
无锡市	**42549**	**41182**	**1367**	**114387**	**59301**	**55086**	**107.65**
锡山区	9749	9288	461	26975	14084	12891	109.25
惠山区	4126	3976	150	11218	5834	5384	108.36
滨湖区							
梁溪区							
新吴区							
江苏无锡经济开发区							
江阴市	17396	16872	524	47329	24371	22958	106.15
宜兴市	11278	11046	232	28865	15012	13853	108.37
徐州市	**91321**	**89904**	**1417**	**285094**	**145079**	**140015**	**103.62**
鼓楼区							
云龙区	757	660	97	3117	1640	1477	111.04
贾汪区	2763	2756	7	8483	4389	4094	107.21
泉山区							
铜山区	11309	11252	57	34457	17597	16860	104.37
丰县	15987	15739	248	48216	24555	23661	103.78
沛县	19531	19359	172	59417	30033	29384	102.21
睢宁县	17089	16929	160	56375	28216	28159	100.20
徐州经济技术开发区	10794	10308	486	31986	16663	15323	108.75
新沂市	5317	5261	56	17627	8920	8707	102.45
邳州市	7774	7640	134	25416	13066	12350	105.80
常州市	**23344**	**22716**	**628**	**61990**	**31934**	**30056**	**106.25**
天宁区	1551	1521	30	4714	2388	2326	102.67
钟楼区							
新北区	4265	4144	121	11641	5895	5746	102.59
武进区	5867	5759	108	15586	8017	7569	105.92
金坛区	2659	2612	47	6294	3253	3041	106.97
江苏省常州市经济开发区	3489	3348	141	9318	4985	4333	115.05
溧阳市	5513	5332	181	14437	7396	7041	105.04

人口数和性别比(镇)

单位：户、人

人口数								平均家庭户规模（人/户）
家庭户				集体户				
小计	男	女	性别比（女=100）	小计	男	女	性别比（女=100）	
2036572	**1020731**	**1015841**	**100.48**	**118679**	**74855**	**43824**	**170.81**	**2.83**
16277	**8131**	**8146**	**99.82**	**658**	**527**	**131**	**402.29**	**2.68**
132	66	66	100.00					2.03
659	347	312	111.22	57	39	18	216.67	2.15
11243	5577	5666	98.43	438	361	77	468.83	2.74
3014	1490	1524	97.77	102	87	15	580.00	2.58
1229	651	578	112.63	61	40	21	190.48	2.76
109571	**56023**	**53548**	**104.62**	**4816**	**3278**	**1538**	**213.13**	**2.66**
25482	13112	12370	106.00	1493	972	521	186.56	2.74
10717	5454	5263	103.63	501	380	121	314.05	2.70
45396	23117	22279	103.76	1933	1254	679	184.68	2.69
27976	14340	13636	105.16	889	672	217	309.68	2.53
274050	**138494**	**135556**	**102.17**	**11044**	**6585**	**4459**	**147.68**	**3.05**
2179	1097	1082	101.39	938	543	395	137.47	3.30
8430	4348	4082	106.52	53	41	12	341.67	3.06
33807	17265	16542	104.37	650	332	318	104.40	3.00
45222	22726	22496	101.02	2994	1829	1165	157.00	2.87
58473	29476	28997	101.65	944	557	387	143.93	3.02
55132	27479	27653	99.37	1243	737	506	145.65	3.26
29221	14913	14308	104.23	2765	1750	1015	172.41	2.83
17062	8630	8432	102.35	565	290	275	105.45	3.24
24524	12560	11964	104.98	892	506	386	131.09	3.21
58811	**29789**	**29022**	**102.64**	**3179**	**2145**	**1034**	**207.45**	**2.59**
4454	2230	2224	100.27	260	158	102	154.90	2.93
11109	5582	5527	101.00	532	313	219	142.92	2.68
15025	7650	7375	103.73	561	367	194	189.18	2.61
6078	3080	2998	102.74	216	173	43	402.33	2.33
8707	4516	4191	107.75	611	469	142	330.28	2.60
13438	6731	6707	100.36	999	665	334	199.10	2.52

1-1b 续表 1

地区	户数			合计			
	合计	家庭户	集体户	合计	男	女	性别比(女=100)
苏州市	**117299**	**107046**	**10253**	**333243**	**174647**	**158596**	**110.12**
虎丘区	160	160		457	230	227	101.32
吴中区	7076	6656	420	20524	10948	9576	114.33
相城区	2277	2184	93	5821	3128	2693	116.15
姑苏区							
吴江区	17603	16818	785	47623	24882	22741	109.41
苏州工业园区	39011	32850	6161	116254	60158	56096	107.24
常熟市	13648	12066	1582	39677	21318	18359	116.12
张家港市	20578	20111	467	56289	29184	27105	107.67
昆山市	8164	7866	298	22371	11694	10677	109.53
太仓市	8782	8335	447	24227	13105	11122	117.83
南通市	**84258**	**80637**	**3621**	**223071**	**111364**	**111707**	**99.69**
崇川区							
港闸区							
通州区	12670	12299	371	33988	16735	17253	97.00
如东县	19027	18641	386	49597	24003	25594	93.78
南通经济技术开发区	10301	9267	1034	28297	15008	13289	112.94
通州湾示范区	1741	1541	200	4197	2126	2071	102.66
苏锡通科技产业园区	1605	1352	253	4557	2526	2031	124.37
启东市	8335	7929	406	18959	9590	9369	102.36
如皋市	13570	13285	285	40937	20159	20778	97.02
海门市	11203	10654	549	27467	13657	13810	98.89
海安市	5806	5669	137	15072	7560	7512	100.64
连云港市	**56284**	**54416**	**1868**	**177103**	**90046**	**87057**	**103.43**
连云区	72	45	27	132	118	14	842.86
海州区	1772	1736	36	5876	3039	2837	107.12
赣榆区	9652	9505	147	27935	14251	13684	104.14
东海县	15386	15195	191	51306	26047	25259	103.12
灌云县	10857	10727	130	33125	16911	16214	104.30
灌南县	9825	9708	117	31967	16222	15745	103.03
连云港经济技术开发区	2444	2298	146	6664	3439	3225	106.64
连云港高新技术产业开发区	5200	4126	1074	17126	8504	8622	98.63
江苏连云港徐圩新区	1010	1010		2759	1409	1350	104.37
江苏省连云港市云台山风景名胜区	66	66		213	106	107	99.07
淮安市	**54048**	**52883**	**1165**	**159889**	**79379**	**80510**	**98.60**
淮安区	3721	3698	23	9798	4899	4899	100.00
淮阴区	3405	3393	12	10029	5097	4932	103.35
清江浦区	207	206	1	629	334	295	113.22
洪泽区	1013	1011	2	2335	1206	1129	106.82
涟水县	14551	14449	102	44302	21764	22538	96.57
盱眙县	12161	12085	76	36191	17746	18445	96.21
金湖县	6303	6208	95	17554	8703	8851	98.33
淮安经济技术开发区	8776	7963	813	26610	13428	13182	101.87
工业园区	236	235	1	767	384	383	100.26
生态文旅区	3011	2978	33	9698	4808	4890	98.32
苏淮高新区	664	657	7	1976	1010	966	104.55

单位：户、人

人口数								平均家庭户规模（人/户）
家庭户				集体户				
小计	男	女	性别比（女=100）	小计	男	女	性别比（女=100）	
297270	**150966**	**146304**	**103.19**	**35973**	**23681**	**12292**	**192.65**	**2.78**
457	230	227	101.32					2.86
18468	9526	8942	106.53	2056	1422	634	224.29	2.77
5489	2888	2601	111.03	332	240	92	260.87	2.51
44435	22869	21566	106.04	3188	2013	1175	171.32	2.64
95716	47117	48599	96.95	20538	13041	7497	173.95	2.91
34177	17525	16652	105.24	5500	3793	1707	222.20	2.83
54714	28073	26641	105.38	1575	1111	464	239.44	2.72
21398	11069	10329	107.16	973	625	348	179.60	2.72
22416	11669	10747	108.58	1811	1436	375	382.93	2.69
206420	**99966**	**106454**	**93.91**	**16651**	**11398**	**5253**	**216.98**	**2.56**
32513	15855	16658	95.18	1475	880	595	147.90	2.64
48230	23051	25179	91.55	1367	952	415	229.40	2.59
24721	12295	12426	98.95	3576	2713	863	314.37	2.67
3210	1502	1708	87.94	987	624	363	171.90	2.08
3583	1813	1770	102.43	974	713	261	273.18	2.65
16827	8033	8794	91.35	2132	1557	575	270.78	2.12
38802	18781	20021	93.81	2135	1378	757	182.03	2.92
24245	11642	12603	92.37	3222	2015	1207	166.94	2.28
14289	6994	7295	95.87	783	566	217	260.83	2.52
166762	**84330**	**82432**	**102.30**	**10341**	**5716**	**4625**	**123.59**	**3.06**
59	45	14	321.43	73	73			1.31
5694	2947	2747	107.28	182	92	90	102.22	3.28
27302	13859	13443	103.09	633	392	241	162.66	2.87
49422	24968	24454	102.10	1884	1079	805	134.04	3.25
32263	16408	15855	103.49	862	503	359	140.11	3.01
31058	15587	15471	100.75	909	635	274	231.75	3.20
6051	3070	2981	102.99	613	369	244	151.23	2.63
11941	5931	6010	98.69	5185	2573	2612	98.51	2.89
2759	1409	1350	104.37					2.73
213	106	107	99.07					3.23
154365	**76284**	**78081**	**97.70**	**5524**	**3095**	**2429**	**127.42**	**2.92**
9611	4784	4827	99.11	187	115	72	159.72	2.60
9971	5063	4908	103.16	58	34	24	141.67	2.94
613	318	295	107.80	16	16			2.98
2327	1201	1126	106.66	8	5	3	166.67	2.30
43224	21159	22065	95.89	1078	605	473	127.91	2.99
35724	17432	18292	95.30	467	314	153	205.23	2.96
17163	8422	8741	96.35	391	281	110	255.45	2.76
23484	11836	11648	101.61	3126	1592	1534	103.78	2.95
754	377	377	100.00	13	7	6	116.67	3.21
9546	4707	4839	97.27	152	101	51	198.04	3.21
1948	985	963	102.28	28	25	3	833.33	2.96

1-1b 续表 2

地区	户数			合计			
	合计	家庭户	集体户	合计	男	女	性别比(女=100)
盐城市	**94726**	**93447**	**1279**	**261927**	**131990**	**129937**	**101.58**
亭湖区	2149	2077	72	6059	3177	2882	110.24
盐都区	3655	3622	33	9741	4939	4802	102.85
大丰区	7849	7744	105	18172	9158	9014	101.60
响水县	8676	8593	83	26700	13514	13186	102.49
滨海县	15063	14850	213	43782	21997	21785	100.97
阜宁县	15497	15459	38	44937	22691	22246	102.00
射阳县	18341	18110	231	49323	24848	24475	101.52
建湖县	13377	13312	65	37154	18588	18566	100.12
盐城经济技术开发区	2280	1942	338	7005	3543	3462	102.34
江苏省盐南高新区							
东台市	7839	7738	101	19054	9535	9519	100.17
扬州市	**39119**	**38652**	**467**	**115247**	**57054**	**58193**	**98.04**
广陵区	1380	1360	20	4196	2108	2088	100.96
邗江区	1904	1864	40	5832	2919	2913	100.21
江都区	8738	8690	48	23041	11167	11874	94.05
宝应县	13676	13619	57	41148	20301	20847	97.38
扬州经济技术开发区	7002	6755	247	21365	10775	10590	101.75
蜀冈瘦西湖景区							
生态新城	372	369	3	1138	557	581	95.87
仪征市	1905	1886	19	5870	2994	2876	104.10
高邮市	4142	4109	33	12657	6233	6424	97.03
镇江市	**29614**	**28678**	**936**	**81746**	**42130**	**39616**	**106.35**
京口区	191	176	15	438	239	199	120.10
润州区							
丹徒区	2482	2230	252	8951	4829	4122	117.15
镇江新区	7477	7320	157	20597	10613	9984	106.30
江苏镇江高新区							
丹阳市	14392	13984	408	38585	19749	18836	104.85
扬中市	1581	1561	20	4414	2255	2159	104.45
句容市	3491	3407	84	8761	4445	4316	102.99
泰州市	**39135**	**37737**	**1398**	**107481**	**54710**	**52771**	**103.67**
海陵区	957	954	3	2602	1279	1323	96.67
高港区	1493	1468	25	4528	2304	2224	103.60
姜堰区	4005	3973	32	9809	4925	4884	100.84
泰州医药高新技术产业开发区	6941	6314	627	20980	10548	10432	101.11
兴化市	12113	11890	223	33943	17722	16221	109.25
靖江市	4484	4162	322	12423	6299	6124	102.86
泰兴市	9142	8976	166	23196	11633	11563	100.61
宿迁市	**68332**	**66895**	**1437**	**217138**	**109294**	**107844**	**101.34**
宿城区	1362	1359	3	4285	2145	2140	100.23
宿豫区	1946	1928	18	5630	2878	2752	104.58
沭阳县	28658	28028	630	93535	47722	45813	104.17
泗阳县	15223	14795	428	48819	24434	24385	100.20
泗洪县	16228	16041	187	49786	24441	25345	96.43
宿迁经济技术开发区	4460	4297	163	13754	7003	6751	103.73
宿迁市湖滨新区	455	447	8	1329	671	658	101.98
苏州宿迁工业园区							
宿迁市洋河新区							

单位：户、人

人口数								平均家庭户规模（人/户）
家庭户				集体户				
小计	男	女	性别比（女=100）	小计	男	女	性别比（女=100）	
255928	**128316**	**127612**	**100.55**	**5999**	**3674**	**2325**	**158.02**	**2.74**
5569	2872	2697	106.49	490	305	185	164.86	2.68
9594	4844	4750	101.98	147	95	52	182.69	2.65
17874	8939	8935	100.04	298	219	79	277.22	2.31
26258	13223	13035	101.44	442	291	151	192.72	3.06
42730	21359	21371	99.94	1052	638	414	154.11	2.88
44504	22427	22077	101.59	433	264	169	156.21	2.88
48232	24141	24091	100.21	1091	707	384	184.11	2.66
36841	18365	18476	99.40	313	223	90	247.78	2.77
5744	2956	2788	106.03	1261	587	674	87.09	2.96
18582	9190	9392	97.85	472	345	127	271.65	2.40
111120	**54555**	**56565**	**96.45**	**4127**	**2499**	**1628**	**153.50**	**2.87**
3967	1976	1991	99.25	229	132	97	136.08	2.92
5592	2769	2823	98.09	240	150	90	166.67	3.00
22754	10989	11765	93.40	287	178	109	163.30	2.62
40742	20036	20706	96.76	406	265	141	187.94	2.99
18994	9412	9582	98.23	2371	1363	1008	135.22	2.81
1112	537	575	93.39	26	20	6	333.33	3.01
5684	2841	2843	99.93	186	153	33	463.64	3.01
12275	5995	6280	95.46	382	238	144	165.28	2.99
75622	**38415**	**37207**	**103.25**	**6124**	**3715**	**2409**	**154.21**	**2.64**
401	206	195	105.64	37	33	4	825.00	2.28
5974	3019	2955	102.17	2977	1810	1167	155.10	2.68
19598	9843	9755	100.90	999	770	229	336.24	2.68
36985	18934	18051	104.89	1600	815	785	103.82	2.64
4310	2177	2133	102.06	104	78	26	300.00	2.76
8354	4236	4118	102.87	407	209	198	105.56	2.45
100652	**50522**	**50130**	**100.78**	**6829**	**4188**	**2641**	**158.58**	**2.67**
2575	1257	1318	95.37	27	22	5	440.00	2.70
4409	2206	2203	100.14	119	98	21	466.67	3.00
9604	4780	4824	99.09	205	145	60	241.67	2.42
18931	9393	9538	98.48	2049	1155	894	129.19	3.00
31927	16531	15396	107.37	2016	1191	825	144.36	2.69
11110	5477	5633	97.23	1313	822	491	167.41	2.67
22096	10878	11218	96.97	1100	755	345	218.84	2.46
209724	**104940**	**104784**	**100.15**	**7414**	**4354**	**3060**	**142.29**	**3.14**
4246	2129	2117	100.57	39	16	23	69.57	3.12
5582	2838	2744	103.43	48	40	8	500.00	2.90
89921	45612	44309	102.94	3614	2110	1504	140.29	3.21
46898	23305	23593	98.78	1921	1129	792	142.55	3.17
48622	23768	24854	95.63	1164	673	491	137.07	3.03
13150	6630	6520	101.69	604	373	231	161.47	3.06
1305	658	647	101.70	24	13	11	118.18	2.92

1-1c 各地区户数、

地区	户数			合计			
	合计	家庭户	集体户	合计	男	女	性别比(女=100)
江苏	**803575**	**790410**	**13165**	**2147830**	**1095176**	**1052654**	**104.04**
南京市	**44445**	**42592**	**1853**	**125121**	**65822**	**59299**	**111.00**
玄武区							
秦淮区							
建邺区							
鼓楼区							
浦口区	2772	2763	9	7304	3677	3627	101.38
栖霞区	2016	1928	88	5745	3032	2713	111.76
雨花台区							
江宁区	13528	12289	1239	39699	21696	18003	120.51
六合区	11132	11056	76	31745	16246	15499	104.82
溧水区	6562	6272	290	16602	8504	8098	105.01
高淳区	7690	7609	81	22151	11645	10506	110.84
南京江北新区	745	675	70	1875	1022	853	119.81
无锡市	**47764**	**45835**	**1929**	**122158**	**64494**	**57664**	**111.84**
锡山区	4085	3950	135	10912	5752	5160	111.47
惠山区	8000	7610	390	20286	10894	9392	115.99
滨湖区	1572	1421	151	4372	2361	2011	117.40
梁溪区							
新吴区	2480	1949	531	6563	3706	2857	129.72
江苏无锡经济开发区							
江阴市	16120	15661	459	42519	22467	20052	112.04
宜兴市	15507	15244	263	37506	19314	18192	106.17
徐州市	**101741**	**101650**	**91**	**292448**	**147925**	**144523**	**102.35**
鼓楼区							
云龙区							
贾汪区	6047	6042	5	17594	9131	8463	107.89
泉山区							
铜山区	16805	16753	52	48201	24722	23479	105.29
丰县	15357	15348	9	40106	19630	20476	95.87
沛县	14743	14736	7	41862	20974	20888	100.41
睢宁县	14118	14112	6	41429	20716	20713	100.01
徐州经济技术开发区	1622	1620	2	5021	2621	2400	109.21
新沂市	13628	13625	3	42223	21603	20620	104.77
邳州市	19421	19414	7	56012	28528	27484	103.80
常州市	**46347**	**45328**	**1019**	**118458**	**62086**	**56372**	**110.14**
天宁区	2070	2051	19	5905	3074	2831	108.58
钟楼区	1567	1383	184	4274	2354	1920	122.60
新北区	3870	3818	52	10416	5376	5040	106.67
武进区	12699	12398	301	34598	18252	16346	111.66
金坛区	8244	8014	230	19007	9865	9142	107.91
江苏省常州市经济开发区	5645	5526	119	14341	7794	6547	119.05
溧阳市	12252	12138	114	29917	15371	14546	105.67

人口数和性别比(乡村)

单位：户、人

人口数								平均家庭户规模(人/户)
家庭户				集体户				
小计	男	女	性别比(女=100)	小计	男	女	性别比(女=100)	
2091567	**1054614**	**1036953**	**101.70**	**56263**	**40562**	**15701**	**258.34**	**2.65**
115785	**59230**	**56555**	**104.73**	**9336**	**6592**	**2744**	**240.23**	**2.72**
7244	3623	3621	100.06	60	54	6	900.00	2.62
5251	2615	2636	99.20	494	417	77	541.56	2.72
33042	16929	16113	105.06	6657	4767	1890	252.22	2.69
31411	15982	15429	103.58	334	264	70	377.14	2.84
15485	7981	7504	106.36	1117	523	594	88.05	2.47
21706	11266	10440	107.91	445	379	66	574.24	2.85
1646	834	812	102.71	229	188	41	458.54	2.44
115319	**59780**	**55539**	**107.64**	**6839**	**4714**	**2125**	**221.84**	**2.52**
10524	5465	5059	108.03	388	287	101	284.16	2.66
18890	10059	8831	113.91	1396	835	561	148.84	2.48
3835	1973	1862	105.96	537	388	149	260.40	2.70
4959	2603	2356	110.48	1604	1103	501	220.16	2.54
40798	21287	19511	109.10	1721	1180	541	218.11	2.61
36313	18393	17920	102.64	1193	921	272	338.60	2.38
291987	**147603**	**144384**	**102.23**	**461**	**322**	**139**	**231.65**	**2.87**
17578	9118	8460	107.78	16	13	3	433.33	2.91
47998	24592	23406	105.07	203	130	73	178.08	2.87
40030	19574	20456	95.69	76	56	20	280.00	2.61
41838	20954	20884	100.34	24	20	4	500.00	2.84
41389	20690	20699	99.96	40	26	14	185.71	2.93
4999	2602	2397	108.55	22	19	3	633.33	3.09
42206	21591	20615	104.73	17	12	5	240.00	3.10
55949	28482	27467	103.70	63	46	17	270.59	2.88
113636	**58479**	**55157**	**106.02**	**4822**	**3607**	**1215**	**296.87**	**2.51**
5737	2949	2788	105.77	168	125	43	290.70	2.80
3502	1836	1666	110.20	772	518	254	203.94	2.53
10212	5217	4995	104.44	204	159	45	353.33	2.67
33193	17203	15990	107.59	1405	1049	356	294.66	2.68
18020	9130	8890	102.70	987	735	252	291.67	2.25
13760	7354	6406	114.80	581	440	141	312.06	2.49
29212	14790	14422	102.55	705	581	124	468.55	2.41

1-1c 续表 1

地区	户数			合计			
	合计	家庭户	集体户	合计	男	女	性别比(女=100)
苏州市	**82516**	**76732**	**5784**	**225335**	**120827**	**104508**	**115.62**
虎丘区	2362	2093	269	6612	3661	2951	124.06
吴中区	10794	10160	634	31177	16570	14607	113.44
相城区	1674	1368	306	4678	2647	2031	130.33
姑苏区							
吴江区	13047	12495	552	36603	19185	17418	110.14
苏州工业园区							
常熟市	15132	13999	1133	45146	23554	21592	109.09
张家港市	14409	13836	573	36453	19390	17063	113.64
昆山市	15845	14086	1759	39619	22198	17421	127.42
太仓市	9253	8695	558	25047	13622	11425	119.23
南通市	**92310**	**91655**	**655**	**226550**	**108116**	**118434**	**91.29**
崇川区							
港闸区	93	83	10	311	180	131	137.40
通州区	13034	12844	190	35115	16718	18397	90.87
如东县	14607	14493	114	37544	18142	19402	93.51
南通经济技术开发区							
通州湾示范区	2494	2484	10	5066	2310	2756	83.82
苏锡通科技产业园区	1985	1930	55	5027	2562	2465	103.94
启东市	18960	18823	137	38131	17966	20165	89.09
如皋市	16099	16065	34	48450	23651	24799	95.37
海门市	14061	14005	56	29203	13043	16160	80.71
海安市	10977	10928	49	27703	13544	14159	95.66
连云港市	**53758**	**53715**	**43**	**153493**	**77075**	**76418**	**100.86**
连云区	81	79	2	241	138	103	133.98
海州区	2560	2554	6	8293	4351	3942	110.38
赣榆区	15451	15445	6	42256	21297	20959	101.61
东海县	15066	15060	6	40407	19822	20585	96.29
灌云县	10276	10263	13	29790	15087	14703	102.61
灌南县	9104	9098	6	28386	14227	14159	100.48
连云港经济技术开发区	542	541	1	1803	932	871	107.00
连云港高新技术产业开发区							
江苏连云港徐圩新区	31	28	3	159	97	62	156.45
江苏省连云港市云台山风景名胜区	647	647		2158	1124	1034	108.70
淮安市	**50141**	**50028**	**113**	**132318**	**67113**	**65205**	**102.93**
淮安区	11546	11526	20	29962	14841	15121	98.15
淮阴区	9744	9734	10	27680	14356	13324	107.75
清江浦区	1594	1590	4	5112	2602	2510	103.67
洪泽区	4053	4050	3	10321	5144	5177	99.36
涟水县	11525	11507	18	30120	15338	14782	103.76
盱眙县	6606	6593	13	17274	8817	8457	104.26
金湖县	4781	4738	43	11050	5601	5449	102.79
淮安经济技术开发区							
工业园区	237	235	2	687	361	326	110.74
生态文旅区							
苏淮高新区	55	55		112	53	59	89.83

单位：户、人

人口数								平均家庭户规模（人/户）
家庭户				集体户				
小计	男	女	性别比（女=100）	小计	男	女	性别比（女=100）	
203944	**105739**	**98205**	**107.67**	**21391**	**15088**	**6303**	**239.38**	**2.66**
5785	3030	2755	109.98	827	631	196	321.94	2.76
28060	14450	13610	106.17	3117	2120	997	212.64	2.76
3611	1838	1773	103.67	1067	809	258	313.57	2.64
34498	17761	16737	106.12	2105	1424	681	209.10	2.76
40600	20484	20116	101.83	4546	3070	1476	207.99	2.90
34447	18043	16404	109.99	2006	1347	659	204.40	2.49
33824	17967	15857	113.31	5795	4231	1564	270.52	2.40
23119	12166	10953	111.07	1928	1456	472	308.47	2.66
223558	**105859**	**117699**	**89.94**	**2992**	**2257**	**735**	**307.07**	**2.44**
261	140	121	115.70	50	40	10	400.00	3.14
34444	16226	18218	89.07	671	492	179	274.86	2.68
37068	17767	19301	92.05	476	375	101	371.29	2.56
5021	2278	2743	83.05	45	32	13	246.15	2.02
4827	2416	2411	100.21	200	146	54	270.37	2.50
37653	17536	20117	87.17	478	430	48	895.83	2.00
48198	23471	24727	94.92	252	180	72	250.00	3.00
28704	12711	15993	79.48	499	332	167	198.80	2.05
27382	13314	14068	94.64	321	230	91	252.75	2.51
153181	**76840**	**76341**	**100.65**	**312**	**235**	**77**	**305.19**	**2.85**
223	121	102	118.63	18	17	1	1700.00	2.82
8272	4334	3938	110.06	21	17	4	425.00	3.24
42203	21267	20936	101.58	53	30	23	130.43	2.73
40382	19813	20569	96.32	25	9	16	56.25	2.68
29686	15004	14682	102.19	104	83	21	395.24	2.89
28334	14182	14152	100.21	52	45	7	642.86	3.11
1783	917	866	105.89	20	15	5	300.00	3.30
140	78	62	125.81	19	19			5.00
2158	1124	1034	108.70					3.34
131486	**66467**	**65019**	**102.23**	**832**	**646**	**186**	**347.31**	**2.63**
29833	14764	15069	97.98	129	77	52	148.08	2.59
27571	14273	13298	107.33	109	83	26	319.23	2.83
5074	2567	2507	102.39	38	35	3	1166.67	3.19
10285	5116	5169	98.97	36	28	8	350.00	2.54
29996	15233	14763	103.18	124	105	19	552.63	2.61
17201	8762	8439	103.83	73	55	18	305.56	2.61
10754	5365	5389	99.55	296	236	60	393.33	2.27
660	334	326	102.45	27	27			2.81
112	53	59	89.83					2.04

1-1c 续表 2

地区	户数			合计			
	合计	家庭户	集体户	合计	男	女	性别比(女=100)
盐城市	**95034**	**94596**	**438**	**238416**	**121522**	**116894**	**103.96**
亭湖区	3648	3637	11	9855	5078	4777	106.30
盐都区	11056	10974	82	27478	14257	13221	107.84
大丰区	10863	10666	197	26197	13360	12837	104.07
响水县	6117	6112	5	17135	8714	8421	103.48
滨海县	11940	11915	25	30435	15549	14886	104.45
阜宁县	12218	12212	6	33182	17129	16053	106.70
射阳县	12636	12584	52	32670	16870	15800	106.77
建湖县	9538	9509	29	21171	10742	10429	103.00
盐城经济技术开发区	978	969	9	2628	1356	1272	106.60
江苏省盐南高新区							
东台市	16040	16018	22	37665	18467	19198	96.19
扬州市	**52209**	**51907**	**302**	**150063**	**75751**	**74312**	**101.94**
广陵区	2529	2466	63	7812	4196	3616	116.04
邗江区	2967	2959	8	9258	4605	4653	98.97
江都区	14227	14108	119	38540	19016	19524	97.40
宝应县	12901	12879	22	37378	19056	18322	104.01
扬州经济技术开发区	670	669	1	1765	872	893	97.65
蜀冈瘦西湖景区							
生态新城	520	515	5	1706	855	851	100.47
仪征市	6082	6053	29	17748	9148	8600	106.37
高邮市	12313	12258	55	35856	18003	17853	100.84
镇江市	**24972**	**24636**	**336**	**64314**	**32972**	**31342**	**105.20**
京口区	244	243	1	641	323	318	101.57
润州区	27	24	3	69	43	26	165.38
丹徒区	3537	3501	36	9365	4812	4553	105.69
镇江新区	1204	1187	17	3167	1662	1505	110.43
江苏镇江高新区							
丹阳市	7382	7325	57	18861	9641	9220	104.57
扬中市	3354	3255	99	9590	4940	4650	106.24
句容市	9224	9101	123	22621	11551	11070	104.35
泰州市	**59452**	**59021**	**431**	**141004**	**70955**	**70049**	**101.29**
海陵区	1760	1757	3	4548	2267	2281	99.39
高港区	2946	2928	18	8227	4168	4059	102.69
姜堰区	10628	10595	33	25036	12370	12666	97.66
泰州医药高新技术产业开发区	497	491	6	1495	722	773	93.40
兴化市	19640	19606	34	44140	22450	21690	103.50
靖江市	8622	8437	185	20926	10870	10056	108.09
泰兴市	15359	15207	152	36632	18108	18524	97.75
宿迁市	**52886**	**52715**	**171**	**158152**	**80518**	**77634**	**103.71**
宿城区	6749	6702	47	20777	10595	10182	104.06
宿豫区	4564	4544	20	12354	6412	5942	107.91
沭阳县	18621	18583	38	58010	29689	28321	104.83
泗阳县	9038	9023	15	25674	12839	12835	100.03
泗洪县	9036	9019	17	26097	13156	12941	101.66
宿迁经济技术开发区	1385	1364	21	4411	2324	2087	111.36
宿迁市湖滨新区	1624	1619	5	5016	2584	2432	106.25
苏州宿迁工业园区							
宿迁市洋河新区	1869	1861	8	5813	2919	2894	100.86

单位：户、人

人口数								平均家庭户规模（人/户）
家庭户				集体户				
小计	男	女	性别比（女=100）	小计	男	女	性别比（女=100）	
236406	**119986**	**116420**	**103.06**	**2010**	**1536**	**474**	**324.05**	**2.50**
9800	5035	4765	105.67	55	43	12	358.33	2.69
27127	14030	13097	107.12	351	227	124	183.06	2.47
25393	12765	12628	101.08	804	595	209	284.69	2.38
17114	8703	8411	103.47	21	11	10	110.00	2.80
30261	15398	14863	103.60	174	151	23	656.52	2.54
33125	17078	16047	106.42	57	51	6	850.00	2.71
32475	16707	15768	105.96	195	163	32	509.38	2.58
20996	10596	10400	101.88	175	146	29	503.45	2.21
2600	1328	1272	104.40	28	28			2.68
37515	18346	19169	95.71	150	121	29	417.24	2.34
147701	**73852**	**73849**	**100.00**	**2362**	**1899**	**463**	**410.15**	**2.85**
7216	3650	3566	102.36	596	546	50	1092.00	2.93
9199	4571	4628	98.77	59	34	25	136.00	3.11
37912	18497	19415	95.27	628	519	109	476.15	2.69
37229	18957	18272	103.75	149	99	50	198.00	2.89
1761	868	893	97.20	4	4			2.63
1674	837	837	100.00	32	18	14	128.57	3.25
17350	8825	8525	103.52	398	323	75	430.67	2.87
35360	17647	17713	99.63	496	356	140	254.29	2.88
62369	**31538**	**30831**	**102.29**	**1945**	**1434**	**511**	**280.63**	**2.53**
639	321	318	100.94	2	2			2.63
60	35	25	140.00	9	8	1	800.00	2.50
9032	4567	4465	102.28	333	245	88	278.41	2.58
3038	1567	1471	106.53	129	95	34	279.41	2.56
18584	9468	9116	103.86	277	173	104	166.35	2.54
9076	4547	4529	100.40	514	393	121	324.79	2.79
21940	11033	10907	101.16	681	518	163	317.79	2.41
139089	**69449**	**69640**	**99.73**	**1915**	**1506**	**409**	**368.22**	**2.36**
4541	2260	2281	99.08	7	7			2.58
7996	3970	4026	98.61	231	198	33	600.00	2.73
24834	12255	12579	97.42	202	115	87	132.18	2.34
1481	716	765	93.59	14	6	8	75.00	3.02
43932	22288	21644	102.98	208	162	46	352.17	2.24
20388	10416	9972	104.45	538	454	84	540.48	2.42
35917	17544	18373	95.49	715	564	151	373.51	2.36
157106	**79792**	**77314**	**103.21**	**1046**	**726**	**320**	**226.87**	**2.98**
20440	10365	10075	102.88	337	230	107	214.95	3.05
12218	6306	5912	106.66	136	106	30	353.33	2.69
57749	29538	28211	104.70	261	151	110	137.27	3.11
25595	12789	12806	99.87	79	50	29	172.41	2.84
26010	13078	12932	101.13	87	78	9	866.67	2.88
4332	2267	2065	109.78	79	57	22	259.09	3.18
4979	2551	2428	105.07	37	33	4	825.00	3.08
5783	2898	2885	100.45	30	21	9	233.33	3.11

1-2 各地区分性别、

地区	人口数			居住本乡、镇、街道，户口在本乡、镇、街道		
	合计	男	女	小计	男	女
江 苏	**8197063**	**4161879**	**4035184**	**5430227**	**2697926**	**2732301**
南京市	**906845**	**463035**	**443810**	**506107**	**251324**	**254783**
玄武区	52527	26009	26518	29813	14581	15232
秦淮区	73807	36204	37603	41705	20199	21506
建邺区	51838	26174	25664	25837	12592	13245
鼓楼区	93977	45530	48447	58724	28584	30140
浦口区	37710	19205	18505	24843	12401	12442
栖霞区	92861	48180	44681	39538	19405	20133
雨花台区	58284	30641	27643	21231	10559	10672
江宁区	179674	93784	85890	92444	46185	46259
六合区	65568	33169	32399	50787	25555	25232
溧水区	48409	25370	23039	30758	15624	15134
高淳区	47207	24314	22893	38678	19755	18923
南京江北新区	104983	54455	50528	51749	25884	25865
无锡市	**714339**	**368354**	**345985**	**395854**	**195136**	**200718**
锡山区	86256	45480	40776	40606	19894	20712
惠山区	84870	44791	40079	41877	20710	21167
滨湖区	58526	29984	28542	29423	14207	15216
梁溪区	94389	47134	47255	52240	25417	26823
新吴区	64573	33549	31024	33309	16460	16849
江苏无锡经济开发区	32659	16841	15818	16141	7961	8180
江阴市	169387	87596	81791	106818	53119	53699
宜兴市	123679	62979	60700	75440	37368	38072
徐州市	**872289**	**440953**	**431336**	**691380**	**351644**	**339736**
鼓楼区	41937	21204	20733	22008	11099	10909
云龙区	46359	22886	23473	26910	13182	13728
贾汪区	44347	22927	21420	36732	19260	17472
泉山区	62623	30831	31792	38517	19051	19466
铜山区	119478	60788	58690	98715	50892	47823
丰县	88322	44185	44137	75107	37409	37698
沛县	101279	51007	50272	84246	42629	41617
睢宁县	97804	48932	48872	80162	40625	39537
徐州经济技术开发区	37364	19462	17902	23372	11975	11397
新沂市	94763	48181	46582	81569	41910	39659
邳州市	138013	70550	67463	124042	63612	60430
常州市	**517524**	**266851**	**250673**	**283392**	**139097**	**144295**
天宁区	66061	32918	33143	34962	16878	18084
钟楼区	64333	32808	31525	31003	15011	15992
新北区	84451	43065	41386	48163	23607	24556
武进区	123975	65050	58925	59837	29241	30596
金坛区	56926	29040	27886	33578	16665	16913
江苏省常州市经济开发区	41508	22173	19335	17745	8699	9046
溧阳市	80270	41797	38473	58104	28996	29108

户口登记状况的人口

单位：人

居住本乡、镇、街道，户口在外乡、镇、街道，离开户口登记地半年以上			居住本乡、镇、街道，户口待定			原住本乡、镇、街道，现在港澳台或国外工作学习		
小计	男	女	小计	男	女	小计	男	女
2739769	**1449069**	**1290700**	**14924**	**7492**	**7432**	**12143**	**7392**	**4751**
396972	**209812**	**187160**	**1455**	**800**	**655**	**2311**	**1099**	**1212**
22224	11185	11039	27	17	10	463	226	237
31512	15734	15778	117	66	51	473	205	268
25711	13438	12273	91	45	46	199	99	100
34515	16590	17925	87	53	34	651	303	348
12707	6734	5973	150	63	87	10	7	3
53078	28647	24431	144	81	63	101	47	54
36879	19991	16888	107	61	46	67	30	37
86795	47348	39447	302	187	115	133	64	69
14625	7531	7094	114	57	57	42	26	16
17565	9696	7869	63	34	29	23	16	7
8471	4527	3944	42	23	19	16	9	7
52890	28391	24499	211	113	98	133	67	66
316229	**172102**	**144127**	**1343**	**673**	**670**	**913**	**443**	**470**
45434	25491	19943	156	73	83	60	22	38
42780	23971	18809	154	79	75	59	31	28
28875	15671	13204	75	42	33	153	64	89
41734	21515	20219	156	76	80	259	126	133
31040	16975	14065	158	83	75	66	31	35
16403	8825	7578	66	33	33	49	22	27
62048	34203	27845	344	173	171	177	101	76
47915	25451	22464	234	114	120	90	46	44
178829	**88250**	**90579**	**1470**	**675**	**795**	**610**	**384**	**226**
19799	10038	9761	102	52	50	28	15	13
19363	9669	9694	38	17	21	48	18	30
7510	3628	3882	89	27	62	16	12	4
23907	11683	12224	59	32	27	140	65	75
20524	9767	10757	168	77	91	71	52	19
13055	6672	6383	78	37	41	82	67	15
16839	8272	8567	125	54	71	69	52	17
17392	8174	9218	182	88	94	68	45	23
13895	7441	6454	84	39	45	13	7	6
13002	6172	6830	165	80	85	27	19	8
13543	6734	6809	380	172	208	48	32	16
232705	**127022**	**105683**	**768**	**387**	**381**	**659**	**345**	**314**
30873	15925	14948	74	38	36	152	77	75
33057	17673	15384	132	61	71	141	63	78
36070	19346	16724	146	79	67	72	33	39
63846	35661	28185	221	114	107	71	34	37
23164	12269	10895	78	40	38	106	66	40
23656	13423	10233	78	37	41	29	14	15
22039	12725	9314	39	18	21	88	58	30

1-2 续表 1

地区	人口数			居住本乡、镇、街道，户口在本乡、镇、街道		
	合计	男	女	小计	男	女
苏州市	**1236332**	**645123**	**591209**	**597950**	**291988**	**305962**
虎丘区	82442	43223	39219	36409	17836	18573
吴中区	129551	67774	61777	59873	29246	30627
相城区	84649	44884	39765	37087	18157	18930
姑苏区	90183	44595	45588	50208	24458	25750
吴江区	143071	75036	68035	74341	36670	37671
苏州工业园区	116254	60158	56096	50137	24470	25667
常熟市	166830	86883	79947	84919	41380	43539
张家港市	143216	74050	69166	73820	36195	37625
昆山市	195927	103789	92138	87826	42653	45173
太仓市	84209	44731	39478	43330	20923	22407
南通市	**753048**	**368043**	**385005**	**569124**	**270011**	**299113**
崇川区	73594	35972	37622	39621	19242	20379
港闸区	38597	19660	18937	15824	7625	8199
通州区	107649	52207	55442	84959	40188	44771
如东县	87141	42145	44996	76854	36701	40153
南通经济技术开发区	28297	15008	13289	12596	6129	6467
通州湾示范区	9263	4436	4827	7519	3386	4133
苏锡通科技产业园区	9584	5088	4496	5412	2644	2768
启东市	94659	45632	49027	77117	35731	41386
如皋市	125038	60877	64161	111210	53861	57349
海门市	90696	43309	47387	65914	29864	36050
海安市	88530	43709	44821	72098	34640	37458
连云港市	**430886**	**218136**	**212750**	**353693**	**178449**	**175244**
连云区	15268	8027	7241	9131	4610	4521
海州区	69320	34884	34436	51312	25758	25554
赣榆区	98193	49844	48349	88708	45012	43696
东海县	92596	46346	46250	80110	39947	40163
灌云县	62915	31998	30917	54496	27772	26724
灌南县	60353	30449	29904	52417	26389	26028
连云港经济技术开发区	8467	4371	4096	5100	2652	2448
连云港高新技术产业开发区	17126	8504	8622	7135	3541	3594
江苏连云港徐圩新区	3820	2243	1577	2750	1421	1329
江苏省连云港市云台山风景名胜区	2828	1470	1358	2534	1347	1187
淮安市	**416475**	**207763**	**208712**	**313096**	**156883**	**156213**
淮安区	69347	34339	35008	55208	27496	27712
淮阴区	69325	35128	34197	56437	28891	27546
清江浦区	54912	27059	27853	35767	17678	18089
洪泽区	26550	13224	13326	19402	9706	9696
涟水县	74422	37102	37320	61717	30834	30883
盱眙县	53465	26563	26902	40168	20120	20048
金湖县	28604	14304	14300	19323	9582	9741
淮安经济技术开发区	26610	13428	13182	15026	7552	7474
工业园区	1454	745	709	1302	655	647
生态文旅区	9698	4808	4890	7034	3521	3513
苏淮高新区	2088	1063	1025	1712	848	864

单位：人

居住本乡、镇、街道，户口在外乡、镇、街道，离开户口登记地半年以上			居住本乡、镇、街道，户口待定			原住本乡、镇、街道，现在港澳台或国外工作学习		
小计	男	女	小计	男	女	小计	男	女
634475	**351158**	**283317**	**2902**	**1502**	**1400**	**1005**	**475**	**530**
45852	25300	20552	127	63	64	54	24	30
69277	38324	30953	363	183	180	38	21	17
47334	26603	20731	192	102	90	36	22	14
39509	19915	19594	147	78	69	319	144	175
68355	38169	30186	325	170	155	50	27	23
65785	35522	30263	210	116	94	122	50	72
81559	45315	36244	197	103	94	155	85	70
68981	37646	31335	299	160	139	116	49	67
107302	60729	46573	734	376	358	65	31	34
40521	23635	16886	308	151	157	50	22	28
180774	**96027**	**84747**	**991**	**512**	**479**	**2159**	**1493**	**666**
33644	16554	17090	184	108	76	145	68	77
22693	11995	10698	75	39	36	5	1	4
22286	11759	10527	134	74	60	270	186	84
10027	5301	4726	70	21	49	190	122	68
15650	8854	6796	34	17	17	17	8	9
1712	1031	681	7	2	5	25	17	8
4133	2422	1711	24	13	11	15	9	6
17281	9753	7528	99	37	62	162	111	51
13297	6701	6596	165	85	80	366	230	136
24326	13109	11217	118	62	56	338	274	64
15725	8548	7177	81	54	27	626	467	159
74203	**37776**	**36427**	**1341**	**655**	**686**	**1649**	**1256**	**393**
6094	3393	2701	24	12	12	19	12	7
17761	8985	8776	151	89	62	96	52	44
8719	4279	4440	342	163	179	424	390	34
11038	5444	5594	419	206	213	1029	749	280
8178	4113	4065	212	93	119	29	20	9
7789	3992	3797	130	58	72	17	10	7
3345	1707	1638	20	10	10	2	2	
9933	4930	5003	37	20	17	21	13	8
1061	816	245				9	6	3
285	117	168	6	4	2	3	2	1
102228	**50229**	**51999**	**775**	**373**	**402**	**376**	**278**	**98**
13828	6637	7191	148	67	81	163	139	24
12713	6135	6578	115	54	61	60	48	12
18970	9286	9684	137	70	67	38	25	13
7129	3507	3622	7	5	2	12	6	6
12556	6204	6352	112	38	74	37	26	11
13154	6368	6786	110	61	49	33	14	19
9245	4700	4545	14	9	5	22	13	9
11462	5814	5648	117	59	58	5	3	2
148	88	60	3	2	1	1		1
2648	1276	1372	11	7	4	5	4	1
375	214	161	1	1				

1-2 续表 2

地 区	人 口 数			居住本乡、镇、街道，户口在本乡、镇、街道		
	合计	男	女	小计	男	女
盐城市	**670763**	**339948**	**330815**	**523523**	**265593**	**257930**
亭湖区	69058	35431	33627	49345	25235	24110
盐都区	64056	33030	31026	46593	24078	22515
大丰区	66767	33586	33181	52968	26435	26533
响水县	43835	22228	21607	33682	17219	16463
滨海县	74217	37546	36671	61424	31175	30249
阜宁县	78119	39820	38299	65485	33570	31915
射阳县	81993	41718	40275	66459	33961	32498
建湖县	58325	29330	28995	41287	20841	20446
盐城经济技术开发区	9934	5061	4873	7056	3633	3423
江苏省盐南高新区	34258	17250	17008	20141	10268	9873
东台市	90201	44948	45253	79083	39178	39905
扬州市	**473166**	**236145**	**237021**	**344674**	**170229**	**174445**
广陵区	53433	27358	26075	33140	16375	16765
邗江区	72085	35781	36304	42237	20758	21479
江都区	94645	46182	48463	75637	36526	39111
宝应县	78526	39357	39169	64129	32231	31898
扬州经济技术开发区	23130	11647	11483	12317	6024	6293
蜀冈瘦西湖景区	13920	6945	6975	8099	3967	4132
生态新城	6415	3252	3163	4544	2222	2322
仪征市	52836	26872	25964	41691	20929	20762
高邮市	78176	38751	39425	62880	31197	31683
镇江市	**307046**	**155602**	**151444**	**186894**	**92875**	**94019**
京口区	34428	17188	17240	17479	8604	8875
润州区	22940	11431	11509	11283	5571	5712
丹徒区	32492	16814	15678	20714	10310	10404
镇江新区	23764	12275	11489	11439	5778	5661
江苏镇江高新区	6054	3152	2902	2233	1083	1150
丹阳市	96030	48550	47480	60315	30010	30305
扬中市	31384	16029	15355	22937	11345	11592
句容市	59954	30163	29791	40494	20174	20320
泰州市	**442909**	**221576**	**221333**	**324117**	**161074**	**163043**
海陵区	58411	28597	29814	33928	16729	17199
高港区	26142	13235	12907	19260	9574	9686
姜堰区	67554	33264	34290	49992	24664	25328
泰州医药高新技术产业开发区	22475	11270	11205	12136	5980	6156
兴化市	106400	54529	51871	89787	45996	43791
靖江市	66284	33334	32950	41961	20666	21295
泰兴市	95643	47347	48296	77053	37465	39588
宿迁市	**455441**	**230350**	**225091**	**340423**	**173623**	**166800**
宿城区	63324	31952	31372	47972	24420	23552
宿豫区	41225	20937	20288	29096	14798	14298
沭阳县	151545	77411	74134	120661	62473	58188
泗阳县	74493	37273	37220	56167	28339	27828
泗洪县	75883	37597	38286	49947	25063	24884
宿迁经济技术开发区	18165	9327	8838	11676	5900	5776
宿迁市湖滨新区	13798	7277	6521	10412	5351	5061
苏州宿迁工业园区	2797	1382	1415	1483	675	808
宿迁市洋河新区	14211	7194	7017	13009	6604	6405

单位：人

居住本乡、镇、街道，户口在外乡、镇、街道，离开户口登记地半年以上			居住本乡、镇、街道，户口待定			原住本乡、镇、街道，现在港澳台或国外工作学习		
小计	男	女	小计	男	女	小计	男	女
145635	**73519**	**72116**	**1064**	**483**	**581**	**541**	**353**	**188**
19513	10098	9415	184	91	93	16	7	9
17372	8898	8474	53	21	32	38	33	5
13649	7073	6576	106	56	50	44	22	22
10066	4959	5107	62	32	30	25	18	7
12621	6293	6328	126	54	72	46	24	22
12499	6168	6331	55	26	29	80	56	24
15332	7641	7691	108	50	58	94	66	28
16933	8418	8515	49	26	23	56	45	11
2787	1404	1383	85	21	64	6	3	3
14028	6938	7090	72	35	37	17	9	8
10835	5629	5206	164	71	93	119	70	49
127046	**65055**	**61991**	**694**	**346**	**348**	**752**	**515**	**237**
20195	10929	9266	59	39	20	39	15	24
29603	14905	14698	161	81	80	84	37	47
18633	9387	9246	61	29	32	314	240	74
14167	6961	7206	104	52	52	126	113	13
10711	5575	5136	76	38	38	26	10	16
5767	2952	2815	29	13	16	25	13	12
1862	1025	837	8	4	4	1	1	
10944	5832	5112	104	51	53	97	60	37
15164	7489	7675	92	39	53	40	26	14
119096	**62154**	**56942**	**758**	**417**	**341**	**298**	**156**	**142**
16782	8509	8273	79	35	44	88	40	48
11558	5802	5756	73	40	33	26	18	8
11662	6441	5221	83	43	40	33	20	13
12263	6465	5798	56	29	27	6	3	3
3789	2042	1747	31	26	5	1	1	
35446	18404	17042	187	96	91	82	40	42
8366	4642	3724	65	33	32	16	9	7
19230	9849	9381	184	115	69	46	25	21
117692	**59793**	**57899**	**404**	**220**	**184**	**696**	**489**	**207**
24279	11738	12541	90	53	37	114	77	37
6813	3614	3199	25	14	11	44	33	11
17323	8438	8885	37	14	23	202	148	54
10256	5231	5025	35	24	11	48	35	13
16507	8472	8035	78	42	36	28	19	9
24195	12595	11600	60	32	28	68	41	27
18319	9705	8614	79	41	38	192	136	56
113885	**56172**	**57713**	**959**	**449**	**510**	**174**	**106**	**68**
15219	7468	7751	100	46	54	33	18	15
12072	6106	5966	46	23	23	11	10	1
30408	14695	15713	420	209	211	56	34	22
18190	8871	9319	109	46	63	27	17	10
25711	12435	13276	204	86	118	21	13	8
6454	3411	3043	26	10	16	9	6	3
3358	1912	1446	23	13	10	5	1	4
1295	696	599	19	11	8			
1178	578	600	12	5	7	12	7	5

1-2a 各地区分性别、

地区	人口数			居住本乡、镇、街道，户口在本乡、镇、街道		
	合计	男	女	小计	男	女
江苏	**3893982**	**1971117**	**1922865**	**2110156**	**1038171**	**1071985**
南京市	**764789**	**388555**	**376234**	**391991**	**193271**	**198720**
玄武区	52527	26009	26518	29813	14581	15232
秦淮区	73807	36204	37603	41705	20199	21506
建邺区	51838	26174	25664	25837	12592	13245
鼓楼区	93977	45530	48447	58724	28584	30140
浦口区	30274	15462	14812	18588	9281	9307
栖霞区	87116	45148	41968	35059	17220	17839
雨花台区	57568	30255	27313	20922	10404	10518
江宁区	139975	72088	67887	66014	32857	33157
六合区	22142	10985	11157	15017	7476	7541
溧水区	28691	15289	13402	13601	6811	6790
高淳区	23766	11978	11788	16385	8089	8296
南京江北新区	103108	53433	49675	50326	25177	25149
无锡市	**477794**	**244559**	**233235**	**251886**	**123499**	**128387**
锡山区	48369	25644	22725	19543	9522	10021
惠山区	53366	28063	25303	25602	12711	12891
滨湖区	54154	27623	26531	27242	13142	14100
梁溪区	94389	47134	47255	52240	25417	26823
新吴区	58010	29843	28167	31072	15346	15726
江苏无锡经济开发区	32659	16841	15818	16141	7961	8180
江阴市	79539	40758	38781	51127	25232	25895
宜兴市	57308	28653	28655	28919	14168	14751
徐州市	**294747**	**147949**	**146798**	**188374**	**94914**	**93460**
鼓楼区	41937	21204	20733	22008	11099	10909
云龙区	43242	21246	21996	25074	12265	12809
贾汪区	18270	9407	8863	11890	6183	5707
泉山区	62623	30831	31792	38517	19051	19466
铜山区	36820	18469	18351	21693	10930	10763
丰县						
沛县						
睢宁县						
徐州经济技术开发区	357	178	179	341	172	169
新沂市	34913	17658	17255	24391	12368	12023
邳州市	56585	28956	27629	44460	22846	21614
常州市	**337076**	**172831**	**164245**	**159853**	**77626**	**82227**
天宁区	55442	27456	27986	28076	13479	14597
钟楼区	60059	30454	29605	29115	14079	15036
新北区	62394	31794	30600	32471	15822	16649
武进区	73791	38781	35010	28895	13888	15007
金坛区	31625	15922	15703	15067	7423	7644
江苏省常州市经济开发区	17849	9394	8455	7385	3606	3779
溧阳市	35916	19030	16886	18844	9329	9515

户口登记状况的人口(城市)

单位：人

居住本乡、镇、街道，户口在外乡、镇、街道，离开户口登记地半年以上			居住本乡、镇、街道，户口待定			原住本乡、镇、街道，现在港澳台或国外工作学习		
小计	男	女	小计	男	女	小计	男	女
1770036	**925847**	**844189**	**7705**	**4030**	**3675**	**6085**	**3069**	**3016**
369275	**193539**	**175736**	**1290**	**695**	**595**	**2233**	**1050**	**1183**
22224	11185	11039	27	17	10	463	226	237
31512	15734	15778	117	66	51	473	205	268
25711	13438	12273	91	45	46	199	99	100
34515	16590	17925	87	53	34	651	303	348
11533	6116	5417	143	58	85	10	7	3
51822	27804	24018	143	80	63	92	44	48
36475	19762	16713	105	60	45	66	29	37
73601	39035	34566	240	141	99	120	55	65
7065	3485	3580	46	18	28	14	6	8
15031	8442	6589	49	28	21	10	8	2
7345	3870	3475	31	16	15	5	3	2
52441	28078	24363	211	113	98	130	65	65
224254	**120240**	**104014**	**886**	**455**	**431**	**768**	**365**	**403**
28699	16068	12631	95	45	50	32	9	23
27616	15271	12345	116	65	51	32	16	16
26691	14378	12313	69	39	30	152	64	88
41734	21515	20219	156	76	80	259	126	133
26735	14391	12344	145	78	67	58	28	30
16403	8825	7578	66	33	33	49	22	27
28146	15388	12758	133	66	67	133	72	61
28230	14404	13826	106	53	53	53	28	25
105465	**52589**	**52876**	**636**	**316**	**320**	**272**	**130**	**142**
19799	10038	9761	102	52	50	28	15	13
18082	8946	9136	38	17	21	48	18	30
6328	3199	3129	45	21	24	7	4	3
23907	11683	12224	59	32	27	140	65	75
15021	7478	7543	80	46	34	26	15	11
16	6	10						
10455	5253	5202	62	35	27	5	2	3
11857	5986	5871	250	113	137	18	11	7
176271	**94739**	**81532**	**520**	**263**	**257**	**432**	**203**	**229**
27153	13869	13284	66	34	32	147	74	73
30692	16261	14431	116	53	63	136	61	75
29745	15877	13868	122	68	54	56	27	29
44734	24810	19924	136	72	64	26	11	15
16498	8472	8026	35	17	18	25	10	15
10419	5767	4652	30	13	17	15	8	7
17030	9683	7347	15	6	9	27	12	15

1-2a 续表 1

地　　区	人　口　数			居住本乡、镇、街道，户口在本乡、镇、街道		
	合计	男	女	小计	男	女
苏州市	**677754**	**349649**	**328105**	**306077**	**149221**	**156856**
虎丘区	75373	39332	36041	32735	16051	16684
吴中区	77850	40256	37594	31382	15377	16005
相城区	74150	39109	35041	31608	15528	16080
姑苏区	90183	44595	45588	50208	24458	25750
吴江区	58845	30969	27876	24351	11980	12371
苏州工业园区						
常熟市	82007	42011	39996	33677	16316	17361
张家港市	50474	25476	24998	23465	11450	12015
昆山市	133937	69897	64040	60316	29219	31097
太仓市	34935	18004	16931	18335	8842	9493
南通市	**303427**	**148563**	**154864**	**192438**	**92010**	**100428**
崇川区	73594	35972	37622	39621	19242	20379
港闸区	38286	19480	18806	15622	7525	8097
通州区	38546	18754	19792	27844	13240	14604
如东县						
南通经济技术开发区						
通州湾示范区						
苏锡通科技产业园区						
启东市	37569	18076	19493	28316	13342	14974
如皋市	35651	17067	18584	26995	12982	14013
海门市	34026	16609	17417	20982	9928	11054
海安市	45755	22605	23150	33058	15751	17307
连云港市	**100290**	**51015**	**49275**	**70888**	**35488**	**35400**
连云区	14895	7771	7124	8948	4512	4436
海州区	55151	27494	27657	38660	19088	19572
赣榆区	28002	14296	13706	21814	11093	10721
东海县	883	477	406	874	473	401
灌云县						
灌南县						
连云港经济技术开发区						
连云港高新技术产业开发区						
江苏连云港徐圩新区	902	737	165	150	85	65
江苏省连云港市云台山风景名胜区	457	240	217	442	237	205
淮安市	**124268**	**61271**	**62997**	**75145**	**37390**	**37755**
淮安区	29587	14599	14988	16817	8478	8339
淮阴区	31616	15675	15941	20095	10082	10013
清江浦区	49171	24123	25048	30302	14879	15423
洪泽区	13894	6874	7020	7931	3951	3980
涟水县						
盱眙县						
金湖县						
淮安经济技术开发区						
工业园区						
生态文旅区						
苏淮高新区						

单位：人

居住本乡、镇、街道，户口在外乡、镇、街道，离开户口登记地半年以上			居住本乡、镇、街道，户口待定			原住本乡、镇、街道，现在港澳台或国外工作学习		
小计	男	女	小计	男	女	小计	男	女
369138	**199157**	**169981**	**1848**	**951**	**897**	**691**	**320**	**371**
42464	23199	19265	122	59	63	52	23	29
46170	24731	21439	283	139	144	15	9	6
42325	23462	18863	186	99	87	31	20	11
39509	19915	19594	147	78	69	319	144	175
34284	18881	15403	193	101	92	17	7	10
48091	25574	22517	136	70	66	103	51	52
26830	13941	12889	109	59	50	70	26	44
73005	40356	32649	567	297	270	49	25	24
16460	9098	7362	105	49	56	35	15	20
109812	**55856**	**53956**	**495**	**272**	**223**	**682**	**425**	**257**
33644	16554	17090	184	108	76	145	68	77
22584	11915	10669	75	39	36	5	1	4
10582	5433	5149	37	19	18	83	62	21
9165	4691	4474	28	8	20	60	35	25
8496	4005	4491	74	34	40	86	46	40
12935	6607	6328	31	17	14	78	57	21
12406	6651	5755	66	47	19	225	156	69
29004	**15275**	**13729**	**228**	**135**	**93**	**170**	**117**	**53**
5905	3236	2669	24	12	12	18	11	7
16310	8306	8004	112	70	42	69	30	39
6013	3074	2939	92	53	39	83	76	7
9	4	5						
752	652	100						
15	3	12						
48757	**23691**	**25066**	**301**	**146**	**155**	**65**	**44**	**21**
12644	6063	6581	113	50	63	13	8	5
11455	5558	5897	54	25	29	12	10	2
18702	9151	9551	132	69	63	35	24	11
5956	2919	3037	2	2		5	2	3

1-2a 续表 2

地 区	人 口 数			居住本乡、镇、街道，户口在本乡、镇、街道		
	合计	男	女	小计	男	女
盐城市	**170420**	**86436**	**83984**	**107374**	**54210**	**53164**
亭湖区	53144	27176	25968	35462	18062	17400
盐都区	26837	13834	13003	12300	6352	5948
大丰区	22398	11068	11330	13513	6626	6887
响水县						
滨海县						
阜宁县						
射阳县						
建湖县						
盐城经济技术开发区	301	162	139	177	91	86
江苏省盐南高新区	34258	17250	17008	20141	10268	9873
东台市	33482	16946	16536	25781	12811	12970
扬州市	**207856**	**103340**	**104516**	**120076**	**58875**	**61201**
广陵区	41425	21054	20371	23892	11811	12081
邗江区	56995	28257	28738	29065	14206	14859
江都区	33064	15999	17065	19883	9562	10321
宝应县						
扬州经济技术开发区						
蜀冈瘦西湖景区	13920	6945	6975	8099	3967	4132
生态新城	3571	1840	1731	2201	1075	1126
仪征市	29218	14730	14488	20202	10012	10190
高邮市	29663	14515	15148	16734	8242	8492
镇江市	**160986**	**80500**	**80486**	**85772**	**42233**	**43539**
京口区	33349	16626	16723	16834	8291	8543
润州区	22871	11388	11483	11280	5570	5710
丹徒区	14176	7173	7003	6928	3424	3504
镇江新区						
江苏镇江高新区	6054	3152	2902	2233	1083	1150
丹阳市	38584	19160	19424	21505	10562	10943
扬中市	17380	8834	8546	11539	5713	5826
句容市	28572	14167	14405	15453	7590	7863
泰州市	**194424**	**95911**	**98513**	**109739**	**53980**	**55759**
海陵区	51261	25051	26210	27370	13492	13878
高港区	13387	6763	6624	7758	3826	3932
姜堰区	32709	15969	16740	17188	8402	8786
泰州医药高新技术产业开发区						
兴化市	28317	14357	13960	17356	8780	8576
靖江市	32935	16165	16770	16034	7805	8229
泰兴市	35815	17606	18209	24033	11675	12358
宿迁市	**80151**	**40538**	**39613**	**50543**	**25454**	**25089**
宿城区	38262	19212	19050	24602	12444	12158
宿豫区	23241	11647	11594	12499	6236	6263
沭阳县						
泗阳县						
泗洪县						
宿迁经济技术开发区						
宿迁市湖滨新区	7453	4022	3431	4535	2324	2211
苏州宿迁工业园区	2797	1382	1415	1483	675	808
宿迁市洋河新区	8398	4275	4123	7424	3775	3649

单位：人

居住本乡、镇、街道，户口在外乡、镇、街道，离开户口登记地半年以上			居住本乡、镇、街道，户口待定			原住本乡、镇、街道，现在港澳台或国外工作学习		
小计	男	女	小计	男	女	小计	男	女
62580	**31989**	**30591**	**399**	**206**	**193**	**67**	**31**	**36**
17513	9029	8484	158	82	76	11	3	8
14501	7463	7038	31	15	16	5	4	1
8807	4396	4411	74	44	30	4	2	2
124	71	53						
14028	6938	7090	72	35	37	17	9	8
7607	4092	3515	64	30	34	30	13	17
87129	**44138**	**42991**	**399**	**199**	**200**	**252**	**128**	**124**
17455	9200	8255	49	32	17	29	11	18
27712	13951	13761	154	78	76	64	22	42
13091	6391	6700	25	9	16	65	37	28
5767	2952	2815	29	13	16	25	13	12
1367	763	604	3	2	1			
8873	4640	4233	85	41	44	58	37	21
12864	6241	6623	54	24	30	11	8	3
74644	**37963**	**36681**	**388**	**216**	**172**	**182**	**88**	**94**
16349	8260	8089	79	35	44	87	40	47
11492	5760	5732	73	40	33	26	18	8
7202	3722	3480	37	22	15	9	5	4
3789	2042	1747	31	26	5	1	1	
16966	8544	8422	72	37	35	41	17	24
5792	3096	2696	43	23	20	6	2	4
13054	6539	6515	53	33	20	12	5	7
84245	**41667**	**42578**	**201**	**113**	**88**	**239**	**151**	**88**
23727	11463	12264	84	49	35	80	47	33
5600	2917	2683	17	11	6	12	9	3
15454	7520	7934	18	8	10	49	39	10
10933	5567	5366	25	9	16	3	1	2
16833	8317	8516	32	22	10	36	21	15
11698	5883	5815	25	14	11	59	34	25
29462	**15004**	**14458**	**114**	**63**	**51**	**32**	**17**	**15**
13585	6728	6857	56	30	26	19	10	9
10716	5397	5319	25	13	12	1	1	
2906	1690	1216	10	7	3	2	1	1
1295	696	599	19	11	8			
960	493	467	4	2	2	10	5	5

1-2b 各地区分性别、

地区	人口数			居住本乡、镇、街道，户口在本乡、镇、街道		
	合计	男	女	小计	男	女
江苏	**2155251**	**1095586**	**1059665**	**1444752**	**720645**	**724107**
南京市	**16935**	**8658**	**8277**	**9949**	**4945**	**5004**
玄武区						
秦淮区						
建邺区						
鼓楼区						
浦口区	132	66	66	103	55	48
栖霞区						
雨花台区	716	386	330	309	155	154
江宁区						
六合区	11681	5938	5743	5957	2916	3041
溧水区	3116	1577	1539	2474	1227	1247
高淳区	1290	691	599	1106	592	514
南京江北新区						
无锡市	**114387**	**59301**	**55086**	**68542**	**34033**	**34509**
锡山区	26975	14084	12891	14979	7382	7597
惠山区	11218	5834	5384	6241	3035	3206
滨湖区						
梁溪区						
新吴区						
江苏无锡经济开发区						
江阴市	47329	24371	22958	29142	14497	14645
宜兴市	28865	15012	13853	18180	9119	9061
徐州市	**285094**	**145079**	**140015**	**218264**	**111405**	**106859**
鼓楼区						
云龙区	3117	1640	1477	1836	917	919
贾汪区	8483	4389	4094	7945	4147	3798
泉山区						
铜山区	34457	17597	16860	30772	15927	14845
丰县	48216	24555	23661	35978	18166	17812
沛县	59417	30033	29384	43392	21992	21400
睢宁县	56375	28216	28159	39624	20185	19439
徐州经济技术开发区	31986	16663	15323	18163	9242	8921
新沂市	17627	8920	8707	16217	8318	7899
邳州市	25416	13066	12350	24337	12511	11826
常州市	**61990**	**31934**	**30056**	**39977**	**19679**	**20298**
天宁区	4714	2388	2326	2910	1422	1488
钟楼区						
新北区	11641	5895	5746	7801	3830	3971
武进区	15586	8017	7569	9042	4442	4600
金坛区	6294	3253	3041	4335	2170	2165
江苏省常州市经济开发区	9318	4985	4333	4174	2015	2159
溧阳市	14437	7396	7041	11715	5800	5915

户口登记状况的人口(镇)

单位：人

居住本乡、镇、街道，户口在外乡、镇、街道，离开户口登记地半年以上			居住本乡、镇、街道，户口待定			原住本乡、镇、街道，现在港澳台或国外工作学习		
小计	男	女	小计	男	女	小计	男	女
704331	**371476**	**332855**	**3938**	**1960**	**1978**	**2230**	**1505**	**725**
6941	**3685**	**3256**	**39**	**23**	**16**	**6**	**5**	**1**
29	11	18						
404	229	175	2	1	1	1	1	
5689	3000	2689	32	20	12	3	2	1
636	347	289	5	2	3	1	1	
183	98	85				1	1	
45570	**25138**	**20432**	**217**	**98**	**119**	**58**	**32**	**26**
11938	6675	5263	39	17	22	19	10	9
4946	2791	2155	20	4	16	11	4	7
18073	9816	8257	97	47	50	17	11	6
10613	5856	4757	61	30	31	11	7	4
66293	**33392**	**32901**	**401**	**183**	**218**	**136**	**99**	**37**
1281	723	558						
524	240	284	12	1	11	2	1	1
3640	1648	1992	35	13	22	10	9	1
12167	6336	5831	37	24	13	34	29	5
15908	7982	7926	81	35	46	36	24	12
16614	7958	8656	105	50	55	32	23	9
13736	7380	6356	79	38	41	8	3	5
1370	584	786	31	11	20	9	7	2
1053	541	512	21	11	10	5	3	2
21887	**12184**	**9703**	**70**	**35**	**35**	**56**	**36**	**20**
1800	965	835	3	1	2	1		1
3824	2058	1766	7	4	3	9	3	6
6504	3554	2950	29	15	14	11	6	5
1933	1066	867	12	6	6	14	11	3
5127	2963	2164	13	6	7	4	1	3
2699	1578	1121	6	3	3	17	15	2

1-2b 续表 1

地区	人口数			居住本乡、镇、街道，户口在本乡、镇、街道		
	合计	男	女	小计	男	女
苏州市	**333243**	**174647**	**158596**	**159080**	**77675**	**81405**
虎丘区	457	230	227	413	205	208
吴中区	20524	10948	9576	9178	4516	4662
相城区	5821	3128	2693	3117	1493	1624
姑苏区						
吴江区	47623	24882	22741	24635	12142	12493
苏州工业园区	116254	60158	56096	50137	24470	25667
常熟市	39677	21318	18359	20405	9973	10432
张家港市	56289	29184	27105	29501	14433	15068
昆山市	22371	11694	10677	10743	5178	5565
太仓市	24227	13105	11122	10951	5265	5686
南通市	**223071**	**111364**	**111707**	**164805**	**78420**	**86385**
崇川区						
港闸区						
通州区	33988	16735	17253	25015	11919	13096
如东县	49597	24003	25594	41308	19743	21565
南通经济技术开发区	28297	15008	13289	12596	6129	6467
通州湾示范区	4197	2126	2071	2757	1249	1508
苏锡通科技产业园区	4557	2526	2031	2178	1062	1116
启东市	18959	9590	9369	13735	6313	7422
如皋市	40937	20159	20778	36925	17852	19073
海门市	27467	13657	13810	17706	8055	9651
海安市	15072	7560	7512	12585	6098	6487
连云港市	**177103**	**90046**	**87057**	**134297**	**68173**	**66124**
连云区	132	118	14			
海州区	5876	3039	2837	4699	2466	2233
赣榆区	27935	14251	13684	26026	13245	12781
东海县	51306	26047	25259	40508	20446	20062
灌云县	33125	16911	16214	25287	12949	12338
灌南县	31967	16222	15745	24551	12389	12162
连云港经济技术开发区	6664	3439	3225	3471	1800	1671
连云港高新技术产业开发区	17126	8504	8622	7135	3541	3594
江苏连云港徐圩新区	2759	1409	1350	2463	1260	1203
江苏省连云港市云台山风景名胜区	213	106	107	157	77	80
淮安市	**159889**	**79379**	**80510**	**110573**	**54965**	**55608**
淮安区	9798	4899	4899	9160	4577	4583
淮阴区	10029	5097	4932	9374	4789	4585
清江浦区	629	334	295	599	312	287
洪泽区	2335	1206	1129	2167	1115	1052
涟水县	44302	21764	22538	32183	15782	16401
盱眙县	36191	17746	18445	23495	11604	11891
金湖县	17554	8703	8851	9250	4574	4676
淮安经济技术开发区	26610	13428	13182	15026	7552	7474
工业园区	767	384	383	682	343	339
生态文旅区	9698	4808	4890	7034	3521	3513
苏淮高新区	1976	1010	966	1603	796	807

单位：人

居住本乡、镇、街道，户口在外乡、镇、街道，离开户口登记地半年以上			居住本乡、镇、街道，户口待定			原住本乡、镇、街道，现在港澳台或国外工作学习		
小计	男	女	小计	男	女	小计	男	女
173279	**96523**	**76756**	**685**	**362**	**323**	**199**	**87**	**112**
44	25	19						
11297	6408	4889	38	19	19	11	5	6
2696	1631	1065	6	3	3	2	1	1
22875	12682	10193	102	53	49	11	5	6
65785	35522	30263	210	116	94	122	50	72
19214	11309	7905	39	26	13	19	10	9
26638	14676	11962	132	67	65	18	8	10
11551	6480	5071	72	34	38	5	2	3
13179	7790	5389	86	44	42	11	6	5
57399	**32389**	**25010**	**290**	**150**	**140**	**577**	**405**	**172**
8832	4725	4107	66	40	26	75	51	24
8157	4190	3967	40	12	28	92	58	34
15650	8854	6796	34	17	17	17	8	9
1433	872	561	1	1		6	4	2
2355	1450	905	15	10	5	9	4	5
5177	3253	1924	27	10	17	20	14	6
3832	2195	1637	51	30	21	129	82	47
9595	5482	4113	50	28	22	116	92	24
2368	1368	1000	6	2	4	113	92	21
41728	**21194**	**20534**	**484**	**248**	**236**	**594**	**431**	**163**
132	118	14						
1156	561	595	15	7	8	6	5	1
1716	869	847	87	40	47	106	97	9
10189	5207	4982	179	96	83	430	298	132
7724	3900	3824	103	56	47	11	6	5
7364	3810	3554	43	19	24	9	4	5
3171	1627	1544	20	10	10	2	2	
9933	4930	5003	37	20	17	21	13	8
287	143	144				9	6	3
56	29	27						
48954	**24231**	**24723**	**290**	**139**	**151**	**72**	**44**	**28**
612	306	306	8	2	6	18	14	4
626	294	332	14	5	9	15	9	6
30	22	8						
165	91	74	2		2	1		1
12043	5950	6093	67	25	42	9	7	2
12626	6106	6520	60	34	26	10	2	8
8285	4118	4167	10	6	4	9	5	4
11462	5814	5648	117	59	58	5	3	2
85	41	44						
2648	1276	1372	11	7	4	5	4	1
372	213	159	1	1				

1-2b 续表 2

地　区	人口数			居住本乡、镇、街道，户口在本乡、镇、街道		
	合计	男	女	小计	男	女
盐城市	**261927**	**131990**	**129937**	**187427**	**94891**	**92536**
亭湖区	6059	3177	2882	4720	2444	2276
盐都区	9741	4939	4802	8134	4168	3966
大丰区	18172	9158	9014	15644	7815	7829
响水县	26700	13514	13186	16931	8657	8274
滨海县	43782	21997	21785	31597	15912	15685
阜宁县	44937	22691	22246	32678	16639	16039
射阳县	49323	24848	24475	35192	17849	17343
建湖县	37154	18588	18566	21205	10678	10527
盐城经济技术开发区	7005	3543	3462	4362	2249	2113
江苏省盐南高新区						
东台市	19054	9535	9519	16964	8480	8484
扬州市	**115247**	**57054**	**58193**	**83263**	**40905**	**42358**
广陵区	4196	2108	2088	3107	1536	1571
邗江区	5832	2919	2913	4552	2247	2305
江都区	23041	11167	11874	19703	9514	10189
宝应县	41148	20301	20847	27367	13563	13804
扬州经济技术开发区	21365	10775	10590	11175	5469	5706
蜀冈瘦西湖景区						
生态新城	1138	557	581	901	428	473
仪征市	5870	2994	2876	5171	2603	2568
高邮市	12657	6233	6424	11287	5545	5742
镇江市	**81746**	**42130**	**39616**	**46584**	**23187**	**23397**
京口区	438	239	199	128	56	72
润州区						
丹徒区	8951	4829	4122	5580	2749	2831
镇江新区	20597	10613	9984	9136	4589	4547
江苏镇江高新区						
丹阳市	38585	19749	18836	23318	11621	11697
扬中市	4414	2255	2159	3517	1741	1776
句容市	8761	4445	4316	4905	2431	2474
泰州市	**107481**	**54710**	**52771**	**83149**	**41689**	**41460**
海陵区	2602	1279	1323	2369	1152	1217
高港区	4528	2304	2224	3893	1953	1940
姜堰区	9809	4925	4884	8860	4440	4420
泰州医药高新技术产业开发区	20980	10548	10432	10883	5372	5511
兴化市	33943	17722	16221	29646	15397	14249
靖江市	12423	6299	6124	8307	4037	4270
泰兴市	23196	11633	11563	19191	9338	9853
宿迁市	**217138**	**109294**	**107844**	**138842**	**70678**	**68164**
宿城区	4285	2145	2140	3905	1968	1937
宿豫区	5630	2878	2752	4840	2463	2377
沭阳县	93535	47722	45813	64429	33339	31090
泗阳县	48819	24434	24385	31237	15803	15434
泗洪县	49786	24441	25345	25611	12725	12886
宿迁经济技术开发区	13754	7003	6751	7649	3785	3864
宿迁市湖滨新区	1329	671	658	1171	595	576
苏州宿迁工业园区						
宿迁市洋河新区						

单位：人

居住本乡、镇、街道，户口在外乡、镇、街道，离开户口登记地半年以上			居住本乡、镇、街道，户口待定			原住本乡、镇、街道，现在港澳台或国外工作学习		
小计	男	女	小计	男	女	小计	男	女
73937	**36823**	**37114**	**410**	**172**	**238**	**153**	**104**	**49**
1327	729	598	11	4	7	1		1
1595	764	831	7	2	5	5	5	
2493	1325	1168	18	8	10	17	10	7
9718	4827	4891	34	16	18	17	14	3
12086	6037	6049	80	37	43	19	11	8
12205	6014	6191	26	14	12	28	24	4
14009	6936	7073	85	40	45	37	23	14
15903	7883	8020	37	21	16	9	6	3
2556	1272	1284	83	20	63	4	2	2
2045	1036	1009	29	10	19	16	9	7
31642	**15932**	**15710**	**190**	**107**	**83**	**152**	**110**	**42**
1084	569	515	3	2	1	2	1	1
1273	667	606	4	2	2	3	3	
3257	1589	1668	22	17	5	59	47	12
13662	6654	7008	68	38	30	51	46	5
10091	5260	4831	74	37	37	25	9	16
232	126	106	4	2	2	1	1	
682	382	300	10	7	3	7	2	5
1361	685	676	5	2	3	4	1	3
34834	**18764**	**16070**	**287**	**156**	**131**	**41**	**23**	**18**
310	183	127						
3336	2065	1271	34	15	19	1		1
11402	5994	5408	53	27	26	6	3	3
15154	8070	7084	89	43	46	24	15	9
886	509	377	9	4	5	2	1	1
3746	1943	1803	102	67	35	8	4	4
24099	**12860**	**11239**	**93**	**55**	**38**	**140**	**106**	**34**
222	116	106	1	1		10	10	
623	342	281	4	1	3	8	8	
898	451	447	4	1	3	47	33	14
10034	5130	4904	34	23	11	29	23	6
4267	2304	1963	19	14	5	11	7	4
4102	2256	1846	10	3	7	4	3	1
3953	2261	1692	21	12	9	31	22	9
77768	**38361**	**39407**	**482**	**232**	**250**	**46**	**23**	**23**
370	172	198	10	5	5			
783	413	370	5	1	4	2	1	1
28860	14254	14606	226	121	105	20	8	12
17518	8601	8917	55	25	30	9	5	4
24006	11641	12365	161	70	91	8	5	3
6079	3207	2872	19	7	12	7	4	3
152	73	79	6	3	3			

1-2c 各地区分性别、

地区	人口数			居住本乡、镇、街道，户口在本乡、镇、街道		
	合计	男	女	小计	男	女
江 苏	**2147830**	**1095176**	**1052654**	**1875319**	**939110**	**936209**
南京市	**125121**	**65822**	**59299**	**104167**	**53108**	**51059**
玄武区						
秦淮区						
建邺区						
鼓楼区						
浦口区	7304	3677	3627	6152	3065	3087
栖霞区	5745	3032	2713	4479	2185	2294
雨花台区						
江宁区	39699	21696	18003	26430	13328	13102
六合区	31745	16246	15499	29813	15163	14650
溧水区	16602	8504	8098	14683	7586	7097
高淳区	22151	11645	10506	21187	11074	10113
南京江北新区	1875	1022	853	1423	707	716
无锡市	**122158**	**64494**	**57664**	**75426**	**37604**	**37822**
锡山区	10912	5752	5160	6084	2990	3094
惠山区	20286	10894	9392	10034	4964	5070
滨湖区	4372	2361	2011	2181	1065	1116
梁溪区						
新吴区	6563	3706	2857	2237	1114	1123
江苏无锡经济开发区						
江阴市	42519	22467	20052	26549	13390	13159
宜兴市	37506	19314	18192	28341	14081	14260
徐州市	**292448**	**147925**	**144523**	**284742**	**145325**	**139417**
鼓楼区						
云龙区						
贾汪区	17594	9131	8463	16897	8930	7967
泉山区						
铜山区	48201	24722	23479	46250	24035	22215
丰县	40106	19630	20476	39129	19243	19886
沛县	41862	20974	20888	40854	20637	20217
睢宁县	41429	20716	20713	40538	20440	20098
徐州经济技术开发区	5021	2621	2400	4868	2561	2307
新沂市	42223	21603	20620	40961	21224	19737
邳州市	56012	28528	27484	55245	28255	26990
常州市	**118458**	**62086**	**56372**	**83562**	**41792**	**41770**
天宁区	5905	3074	2831	3976	1977	1999
钟楼区	4274	2354	1920	1888	932	956
新北区	10416	5376	5040	7891	3955	3936
武进区	34598	18252	16346	21900	10911	10989
金坛区	19007	9865	9142	14176	7072	7104
江苏省常州市经济开发区	14341	7794	6547	6186	3078	3108
溧阳市	29917	15371	14546	27545	13867	13678

户口登记状况的人口(乡村)

单位：人

居住本乡、镇、街道，户口在外乡、镇、街道，离开户口登记地半年以上			居住本乡、镇、街道，户口待定			原住本乡、镇、街道，现在港澳台或国外工作学习		
小计	男	女	小计	男	女	小计	男	女
265402	**151746**	**113656**	**3281**	**1502**	**1779**	**3828**	**2818**	**1010**
20756	**12588**	**8168**	**126**	**82**	**44**	**72**	**44**	**28**
1145	607	538	7	5	2			
1256	843	413	1	1		9	3	6
13194	8313	4881	62	46	16	13	9	4
1871	1046	825	36	19	17	25	18	7
1898	907	991	9	4	5	12	7	5
943	559	384	11	7	4	10	5	5
449	313	136				3	2	1
46405	**26724**	**19681**	**240**	**120**	**120**	**87**	**46**	**41**
4797	2748	2049	22	11	11	9	3	6
10218	5909	4309	18	10	8	16	11	5
2184	1293	891	6	3	3	1		1
4305	2584	1721	13	5	8	8	3	5
15829	8999	6830	114	60	54	27	18	9
9072	5191	3881	67	31	36	26	11	15
7071	**2269**	**4802**	**433**	**176**	**257**	**202**	**155**	**47**
658	189	469	32	5	27	7	7	
1863	641	1222	53	18	35	35	28	7
888	336	552	41	13	28	48	38	10
931	290	641	44	19	25	33	28	5
778	216	562	77	38	39	36	22	14
143	55	88	5	1	4	5	4	1
1177	335	842	72	34	38	13	10	3
633	207	426	109	48	61	25	18	7
34547	**20099**	**14448**	**178**	**89**	**89**	**171**	**106**	**65**
1920	1091	829	5	3	2	4	3	1
2365	1412	953	16	8	8	5	2	3
2501	1411	1090	17	7	10	7	3	4
12608	7297	5311	56	27	29	34	17	17
4733	2731	2002	31	17	14	67	45	22
8110	4693	3417	35	18	17	10	5	5
2310	1464	846	18	9	9	44	31	13

1-2c 续表 1

地区	人口数			居住本乡、镇、街道，户口在本乡、镇、街道		
	合计	男	女	小计	男	女
苏州市	**225335**	**120827**	**104508**	**132793**	**65092**	**67701**
虎丘区	6612	3661	2951	3261	1580	1681
吴中区	31177	16570	14607	19313	9353	9960
相城区	4678	2647	2031	2362	1136	1226
姑苏区						
吴江区	36603	19185	17418	25355	12548	12807
苏州工业园区						
常熟市	45146	23554	21592	30837	15091	15746
张家港市	36453	19390	17063	20854	10312	10542
昆山市	39619	22198	17421	16767	8256	8511
太仓市	25047	13622	11425	14044	6816	7228
南通市	**226550**	**108116**	**118434**	**211881**	**99581**	**112300**
崇川区						
港闸区	311	180	131	202	100	102
通州区	35115	16718	18397	32100	15029	17071
如东县	37544	18142	19402	35546	16958	18588
南通经济技术开发区						
通州湾示范区	5066	2310	2756	4762	2137	2625
苏锡通科技产业园区	5027	2562	2465	3234	1582	1652
启东市	38131	17966	20165	35066	16076	18990
如皋市	48450	23651	24799	47290	23027	24263
海门市	29203	13043	16160	27226	11881	15345
海安市	27703	13544	14159	26455	12791	13664
连云港市	**153493**	**77075**	**76418**	**148508**	**74788**	**73720**
连云区	241	138	103	183	98	85
海州区	8293	4351	3942	7953	4204	3749
赣榆区	42256	21297	20959	40868	20674	20194
东海县	40407	19822	20585	38728	19028	19700
灌云县	29790	15087	14703	29209	14823	14386
灌南县	28386	14227	14159	27866	14000	13866
连云港经济技术开发区	1803	932	871	1629	852	777
连云港高新技术产业开发区						
江苏连云港徐圩新区	159	97	62	137	76	61
江苏省连云港市云台山风景名胜区	2158	1124	1034	1935	1033	902
淮安市	**132318**	**67113**	**65205**	**127378**	**64528**	**62850**
淮安区	29962	14841	15121	29231	14441	14790
淮阴区	27680	14356	13324	26968	14020	12948
清江浦区	5112	2602	2510	4866	2487	2379
洪泽区	10321	5144	5177	9304	4640	4664
涟水县	30120	15338	14782	29534	15052	14482
盱眙县	17274	8817	8457	16673	8516	8157
金湖县	11050	5601	5449	10073	5008	5065
淮安经济技术开发区						
工业园区	687	361	326	620	312	308
生态文旅区						
苏淮高新区	112	53	59	109	52	57

单位：人

居住本乡、镇、街道，户口在外乡、镇、街道，离开户口登记地半年以上			居住本乡、镇、街道，户口待定			原住本乡、镇、街道，现在港澳台或国外工作学习		
小计	男	女	小计	男	女	小计	男	女
92058	**55478**	**36580**	**369**	**189**	**180**	**115**	**68**	**47**
3344	2076	1268	5	4	1	2	1	1
11810	7185	4625	42	25	17	12	7	5
2313	1510	803				3	1	2
11196	6606	4590	30	16	14	22	15	7
14254	8432	5822	22	7	15	33	24	9
15513	9029	6484	58	34	24	28	15	13
22746	13893	8853	95	45	50	11	4	7
10882	6747	4135	117	58	59	4	1	3
13563	**7782**	**5781**	**206**	**90**	**116**	**900**	**663**	**237**
109	80	29						
2872	1601	1271	31	15	16	112	73	39
1870	1111	759	30	9	21	98	64	34
279	159	120	6	1	5	19	13	6
1778	972	806	9	3	6	6	5	1
2939	1809	1130	44	19	25	82	62	20
969	501	468	40	21	19	151	102	49
1796	1020	776	37	17	20	144	125	19
951	529	422	9	5	4	288	219	69
3471	**1307**	**2164**	**629**	**272**	**357**	**885**	**708**	**177**
57	39	18				1	1	
295	118	177	24	12	12	21	17	4
990	336	654	163	70	93	235	217	18
840	233	607	240	110	130	599	451	148
454	213	241	109	37	72	18	14	4
425	182	243	87	39	48	8	6	2
174	80	94						
22	21	1						
214	85	129	6	4	2	3	2	1
4517	**2307**	**2210**	**184**	**88**	**96**	**239**	**190**	**49**
572	268	304	27	15	12	132	117	15
632	283	349	47	24	23	33	29	4
238	113	125	5	1	4	3	1	2
1008	497	511	3	3		6	4	2
513	254	259	45	13	32	28	19	9
528	262	266	50	27	23	23	12	11
960	582	378	4	3	1	13	8	5
63	47	16	3	2	1	1		1
3	1	2						

1-2c 续表 2

地区	人口数			居住本乡、镇、街道，户口在本乡、镇、街道		
	合计	男	女	小计	男	女
盐城市	**238416**	**121522**	**116894**	**228722**	**116492**	**112230**
亭湖区	9855	5078	4777	9163	4729	4434
盐都区	27478	14257	13221	26159	13558	12601
大丰区	26197	13360	12837	23811	11994	11817
响水县	17135	8714	8421	16751	8562	8189
滨海县	30435	15549	14886	29827	15263	14564
阜宁县	33182	17129	16053	32807	16931	15876
射阳县	32670	16870	15800	31267	16112	15155
建湖县	21171	10742	10429	20082	10163	9919
盐城经济技术开发区	2628	1356	1272	2517	1293	1224
江苏省盐南高新区						
东台市	37665	18467	19198	36338	17887	18451
扬州市	**150063**	**75751**	**74312**	**141335**	**70449**	**70886**
广陵区	7812	4196	3616	6141	3028	3113
邗江区	9258	4605	4653	8620	4305	4315
江都区	38540	19016	19524	36051	17450	18601
宝应县	37378	19056	18322	36762	18668	18094
扬州经济技术开发区	1765	872	893	1142	555	587
蜀冈瘦西湖景区						
生态新城	1706	855	851	1442	719	723
仪征市	17748	9148	8600	16318	8314	8004
高邮市	35856	18003	17853	34859	17410	17449
镇江市	**64314**	**32972**	**31342**	**54538**	**27455**	**27083**
京口区	641	323	318	517	257	260
润州区	69	43	26	3	1	2
丹徒区	9365	4812	4553	8206	4137	4069
镇江新区	3167	1662	1505	2303	1189	1114
江苏镇江高新区						
丹阳市	18861	9641	9220	15492	7827	7665
扬中市	9590	4940	4650	7881	3891	3990
句容市	22621	11551	11070	20136	10153	9983
泰州市	**141004**	**70955**	**70049**	**131229**	**65405**	**65824**
海陵区	4548	2267	2281	4189	2085	2104
高港区	8227	4168	4059	7609	3795	3814
姜堰区	25036	12370	12666	23944	11822	12122
泰州医药高新技术产业开发区	1495	722	773	1253	608	645
兴化市	44140	22450	21690	42785	21819	20966
靖江市	20926	10870	10056	17620	8824	8796
泰兴市	36632	18108	18524	33829	16452	17377
宿迁市	**158152**	**80518**	**77634**	**151038**	**77491**	**73547**
宿城区	20777	10595	10182	19465	10008	9457
宿豫区	12354	6412	5942	11757	6099	5658
沭阳县	58010	29689	28321	56232	29134	27098
泗阳县	25674	12839	12835	24930	12536	12394
泗洪县	26097	13156	12941	24336	12338	11998
宿迁经济技术开发区	4411	2324	2087	4027	2115	1912
宿迁市湖滨新区	5016	2584	2432	4706	2432	2274
苏州宿迁工业园区						
宿迁市洋河新区	5813	2919	2894	5585	2829	2756

单位：人

居住本乡、镇、街道，户口在外乡、镇、街道，离开户口登记地半年以上			居住本乡、镇、街道，户口待定			原住本乡、镇、街道，现在港澳台或国外工作学习		
小计	男	女	小计	男	女	小计	男	女
9118	**4707**	**4411**	**255**	**105**	**150**	**321**	**218**	**103**
673	340	333	15	5	10	4	4	
1276	671	605	15	4	11	28	24	4
2349	1352	997	14	4	10	23	10	13
348	132	216	28	16	12	8	4	4
535	256	279	46	17	29	27	13	14
294	154	140	29	12	17	52	32	20
1323	705	618	23	10	13	57	43	14
1030	535	495	12	5	7	47	39	8
107	61	46	2	1	1	2	1	1
1183	501	682	71	31	40	73	48	25
8275	**4985**	**3290**	**105**	**40**	**65**	**348**	**277**	**71**
1656	1160	496	7	5	2	8	3	5
618	287	331	3	1	2	17	12	5
2285	1407	878	14	3	11	190	156	34
505	307	198	36	14	22	75	67	8
620	315	305	2	1	1	1	1	
263	136	127	1		1			
1389	810	579	9	3	6	32	21	11
939	563	376	33	13	20	25	17	8
9618	**5427**	**4191**	**83**	**45**	**38**	**75**	**45**	**30**
123	66	57				1		1
66	42	24						
1124	654	470	12	6	6	23	15	8
861	471	390	3	2	1			
3326	1790	1536	26	16	10	17	8	9
1688	1037	651	13	6	7	8	6	2
2430	1367	1063	29	15	14	26	16	10
9348	**5266**	**4082**	**110**	**52**	**58**	**317**	**232**	**85**
330	159	171	5	3	2	24	20	4
590	355	235	4	2	2	24	16	8
971	467	504	15	5	10	106	76	30
222	101	121	1	1		19	12	7
1307	601	706	34	19	15	14	11	3
3260	2022	1238	18	7	11	28	17	11
2668	1561	1107	33	15	18	102	80	22
6655	**2807**	**3848**	**363**	**154**	**209**	**96**	**66**	**30**
1264	568	696	34	11	23	14	8	6
573	296	277	16	9	7	8	8	
1548	441	1107	194	88	106	36	26	10
672	270	402	54	21	33	18	12	6
1705	794	911	43	16	27	13	8	5
375	204	171	7	3	4	2	2	
300	149	151	7	3	4	3		3
218	85	133	8	3	5	2	2	

1-3 各地区分年龄、性别的人口

单位：人

地区	合计			0岁		
	合计	男	女	小计	男	女
江苏	**8197063**	**4161879**	**4035184**	**49430**	**25816**	**23614**
南京市	**906845**	**463035**	**443810**	**5790**	**3022**	**2768**
玄武区	52527	26009	26518	266	133	133
秦淮区	73807	36204	37603	379	199	180
建邺区	51838	26174	25664	297	161	136
鼓楼区	93977	45530	48447	466	245	221
浦口区	37710	19205	18505	282	143	139
栖霞区	92861	48180	44681	470	252	218
雨花台区	58284	30641	27643	352	192	160
江宁区	179674	93784	85890	1207	663	544
六合区	65568	33169	32399	470	225	245
溧水区	48409	25370	23039	353	184	169
高淳区	47207	24314	22893	367	194	173
南京江北新区	104983	54455	50528	881	431	450
无锡市	**714339**	**368354**	**345985**	**3896**	**2003**	**1893**
锡山区	86256	45480	40776	496	256	240
惠山区	84870	44791	40079	482	244	238
滨湖区	58526	29984	28542	242	124	118
梁溪区	94389	47134	47255	468	229	239
新吴区	64573	33549	31024	451	236	215
江苏无锡经济开发区	32659	16841	15818	217	119	98
江阴市	169387	87596	81791	966	480	486
宜兴市	123679	62979	60700	574	315	259
徐州市	**872289**	**440953**	**431336**	**6814**	**3602**	**3212**
鼓楼区	41937	21204	20733	294	137	157
云龙区	46359	22886	23473	399	201	198
贾汪区	44347	22927	21420	391	215	176
泉山区	62623	30831	31792	465	248	217
铜山区	119478	60788	58690	896	485	411
丰县	88322	44185	44137	710	381	329
沛县	101279	51007	50272	850	453	397
睢宁县	97804	48932	48872	759	398	361
徐州经济技术开发区	37364	19462	17902	313	144	169
新沂市	94763	48181	46582	716	390	326
邳州市	138013	70550	67463	1021	550	471
常州市	**517524**	**266851**	**250673**	**2706**	**1406**	**1300**
天宁区	66061	32918	33143	344	175	169
钟楼区	64333	32808	31525	309	155	154
新北区	84451	43065	41386	531	274	257
武进区	123975	65050	58925	622	339	283
金坛区	56926	29040	27886	270	156	114
江苏省常州市经济开发区	41508	22173	19335	199	103	96
溧阳市	80270	41797	38473	431	204	227

1-3 续表 1

单位：人

地区	合计			0岁		
	合计	男	女	小计	男	女
苏州市	**1236332**	**645123**	**591209**	**6931**	**3585**	**3346**
虎丘区	82442	43223	39219	500	274	226
吴中区	129551	67774	61777	817	436	381
相城区	84649	44884	39765	542	278	264
姑苏区	90183	44595	45588	425	222	203
吴江区	143071	75036	68035	714	375	339
苏州工业园区	116254	60158	56096	709	368	341
常熟市	166830	86883	79947	668	357	311
张家港市	143216	74050	69166	710	352	358
昆山市	195927	103789	92138	1473	739	734
太仓市	84209	44731	39478	373	184	189
南通市	**753048**	**368043**	**385005**	**3702**	**1913**	**1789**
崇川区	73594	35972	37622	387	218	169
港闸区	38597	19660	18937	232	134	98
通州区	107649	52207	55442	562	281	281
如东县	87141	42145	44996	389	190	199
南通经济技术开发区	28297	15008	13289	153	75	78
通州湾示范区	9263	4436	4827	37	17	20
苏锡通科技产业园区	9584	5088	4496	56	30	26
启东市	94659	45632	49027	400	192	208
如皋市	125038	60877	64161	650	334	316
海门市	90696	43309	47387	437	226	211
海安市	88530	43709	44821	399	216	183
连云港市	**430886**	**218136**	**212750**	**3434**	**1826**	**1608**
连云区	15268	8027	7241	78	36	42
海州区	69320	34884	34436	502	264	238
赣榆区	98193	49844	48349	806	458	348
东海县	92596	46346	46250	820	432	388
灌云县	62915	31998	30917	539	297	242
灌南县	60353	30449	29904	439	221	218
连云港经济技术开发区	8467	4371	4096	56	23	33
连云港高新技术产业开发区	17126	8504	8622	142	72	70
江苏连云港徐圩新区	3820	2243	1577	25	13	12
江苏省连云港市云台山风景名胜区	2828	1470	1358	27	10	17
淮安市	**416475**	**207763**	**208712**	**2883**	**1515**	**1368**
淮安区	69347	34339	35008	510	277	233
淮阴区	69325	35128	34197	510	277	233
清江浦区	54912	27059	27853	398	209	189
洪泽区	26550	13224	13326	154	88	66
涟水县	74422	37102	37320	530	279	251
盱眙县	53465	26563	26902	322	166	156
金湖县	28604	14304	14300	149	72	77
淮安经济技术开发区	26610	13428	13182	189	90	99
工业园区	1454	745	709	14	8	6
生态文旅区	9698	4808	4890	96	46	50
苏淮高新区	2088	1063	1025	11	3	8

1-3 续表 2

单位：人

地　区	合　计			0岁		
	合计	男	女	小计	男	女
盐城市	**670763**	**339948**	**330815**	**3473**	**1866**	**1607**
亭湖区	69058	35431	33627	335	173	162
盐都区	64056	33030	31026	348	189	159
大丰区	66767	33586	33181	307	164	143
响水县	43835	22228	21607	283	152	131
滨海县	74217	37546	36671	462	254	208
阜宁县	78119	39820	38299	421	228	193
射阳县	81993	41718	40275	373	191	182
建湖县	58325	29330	28995	245	118	127
盐城经济技术开发区	9934	5061	4873	61	31	30
江苏省盐南高新区	34258	17250	17008	238	147	91
东台市	90201	44948	45253	400	219	181
扬州市	**473166**	**236145**	**237021**	**2215**	**1119**	**1096**
广陵区	53433	27358	26075	211	110	101
邗江区	72085	35781	36304	398	198	200
江都区	94645	46182	48463	408	213	195
宝应县	78526	39357	39169	350	185	165
扬州经济技术开发区	23130	11647	11483	130	60	70
蜀冈瘦西湖景区	13920	6945	6975	67	34	33
生态新城	6415	3252	3163	25	11	14
仪征市	52836	26872	25964	256	122	134
高邮市	78176	38751	39425	370	186	184
镇江市	**307046**	**155602**	**151444**	**1628**	**841**	**787**
京口区	34428	17188	17240	152	71	81
润州区	22940	11431	11509	109	49	60
丹徒区	32492	16814	15678	166	93	73
镇江新区	23764	12275	11489	120	55	65
江苏镇江高新区	6054	3152	2902	39	24	15
丹阳市	96030	48550	47480	517	277	240
扬中市	31384	16029	15355	167	86	81
句容市	59954	30163	29791	358	186	172
泰州市	**442909**	**221576**	**221333**	**2213**	**1175**	**1038**
海陵区	58411	28597	29814	307	164	143
高港区	26142	13235	12907	172	95	77
姜堰区	67554	33264	34290	280	142	138
泰州医药高新技术产业开发区	22475	11270	11205	160	84	76
兴化市	106400	54529	51871	496	256	240
靖江市	66284	33334	32950	311	158	153
泰兴市	95643	47347	48296	487	276	211
宿迁市	**455441**	**230350**	**225091**	**3745**	**1943**	**1802**
宿城区	63324	31952	31372	615	301	314
宿豫区	41225	20937	20288	360	202	158
沭阳县	151545	77411	74134	1302	677	625
泗阳县	74493	37273	37220	608	315	293
泗洪县	75883	37597	38286	478	251	227
宿迁经济技术开发区	18165	9327	8838	144	65	79
宿迁市湖滨新区	13798	7277	6521	102	58	44
苏州宿迁工业园区	2797	1382	1415	29	18	11
宿迁市洋河新区	14211	7194	7017	107	56	51

1-3　续表 3　　　　单位：人

地　区	1-4岁			5-9岁			10-14岁		
	小计	男	女	小计	男	女	小计	男	女
江　苏	**306701**	**160349**	**146352**	**450678**	**240944**	**209734**	**410582**	**222372**	**188210**
南京市	**34968**	**18236**	**16732**	**40939**	**21569**	**19370**	**31675**	**16917**	**14758**
玄武区	1510	805	705	2127	1123	1004	1814	952	862
秦淮区	2026	1057	969	2966	1578	1388	2681	1402	1279
建邺区	1960	1040	920	2513	1318	1195	1955	1030	925
鼓楼区	2820	1431	1389	4557	2430	2127	4087	2182	1905
浦口区	1591	838	753	1662	847	815	1189	615	574
栖霞区	3248	1680	1568	3591	1894	1697	2616	1393	1223
雨花台区	2296	1193	1103	2597	1383	1214	1860	1030	830
江宁区	7745	4078	3667	8219	4326	3893	5512	2919	2593
六合区	2722	1411	1311	2958	1572	1386	2484	1356	1128
溧水区	2007	1068	939	2321	1230	1091	1953	1067	886
高淳区	1981	1033	948	2254	1204	1050	1945	1034	911
南京江北新区	5062	2602	2460	5174	2664	2510	3579	1937	1642
无锡市	**25464**	**13154**	**12310**	**34361**	**18322**	**16039**	**27534**	**14823**	**12711**
锡山区	3248	1704	1544	4308	2317	1991	3447	1877	1570
惠山区	3142	1620	1522	4300	2313	1987	3467	1902	1565
滨湖区	1672	857	815	2244	1175	1069	2001	1052	949
梁溪区	3260	1693	1567	4601	2457	2144	3544	1856	1688
新吴区	2668	1411	1257	3394	1814	1580	2561	1388	1173
江苏无锡经济开发区	1607	822	785	2034	1083	951	1359	733	626
江阴市	6046	3118	2928	8012	4269	3743	6633	3591	3042
宜兴市	3821	1929	1892	5468	2894	2574	4522	2424	2098
徐州市	**42504**	**22545**	**19959**	**68059**	**37141**	**30918**	**74101**	**40829**	**33272**
鼓楼区	1874	1004	870	2393	1339	1054	2209	1193	1016
云龙区	2613	1360	1253	3299	1740	1559	2531	1359	1172
贾汪区	2060	1110	950	3352	1876	1476	3692	2060	1632
泉山区	2604	1350	1254	3539	1915	1624	3217	1744	1473
铜山区	5793	3039	2754	9425	5120	4305	10308	5671	4637
丰县	4351	2304	2047	6871	3692	3179	7320	4038	3282
沛县	5244	2759	2485	8418	4503	3915	9031	5142	3889
睢宁县	5138	2710	2428	8533	4703	3830	8136	4420	3716
徐州经济技术开发区	2138	1113	1025	2770	1497	1273	2733	1496	1237
新沂市	4442	2409	2033	7920	4339	3581	9876	5347	4529
邳州市	6247	3387	2860	11539	6417	5122	15048	8359	6689
常州市	**18248**	**9574**	**8674**	**25034**	**13299**	**11735**	**20937**	**11259**	**9678**
天宁区	2394	1236	1158	3231	1728	1503	2768	1431	1337
钟楼区	2181	1191	990	3241	1743	1498	2702	1477	1225
新北区	3622	1841	1781	4781	2517	2264	3780	2044	1736
武进区	4473	2324	2149	6317	3378	2939	5076	2736	2340
金坛区	1673	870	803	2233	1174	1059	1998	1063	935
江苏省常州市经济开发区	1279	702	577	1852	1001	851	1641	895	746
溧阳市	2626	1410	1216	3379	1758	1621	2972	1613	1359

1-3 续表 4

单位：人

地区	1-4岁			5-9岁			10-14岁		
	小计	男	女	小计	男	女	小计	男	女
苏州市	**45414**	**23870**	**21544**	**63147**	**33429**	**29718**	**47141**	**25101**	**22040**
虎丘区	3479	1861	1618	4776	2551	2225	3316	1771	1545
吴中区	4711	2460	2251	6004	3107	2897	4347	2355	1992
相城区	3441	1775	1666	4377	2295	2082	3110	1662	1448
姑苏区	2836	1518	1318	4101	2162	1939	3459	1835	1624
吴江区	4910	2571	2339	6843	3654	3189	4971	2655	2316
苏州工业园区	4943	2545	2398	7204	3688	3516	5028	2634	2394
常熟市	4896	2610	2286	6926	3703	3223	5544	2978	2566
张家港市	5091	2725	2366	7544	4021	3523	6076	3190	2886
昆山市	8486	4391	4095	11530	6197	5333	8270	4396	3874
太仓市	2621	1414	1207	3842	2051	1791	3020	1625	1395
南通市	**20898**	**10851**	**10047**	**29448**	**15345**	**14103**	**26248**	**13542**	**12706**
崇川区	2401	1290	1111	3497	1831	1666	2943	1521	1422
港闸区	1435	732	703	1848	1010	838	1435	776	659
通州区	3214	1678	1536	4418	2317	2101	3880	2006	1874
如东县	1849	960	889	2460	1259	1201	2412	1175	1237
南通经济技术开发区	1088	558	530	1495	799	696	1011	541	470
通州湾示范区	175	86	89	221	116	105	222	113	109
苏锡通科技产业园区	251	134	117	380	198	182	337	191	146
启东市	2039	1057	982	3027	1573	1454	2899	1451	1448
如皋市	3910	1978	1932	5467	2807	2660	5000	2606	2394
海门市	2252	1163	1089	3600	1888	1712	3477	1758	1719
海安市	2284	1215	1069	3035	1547	1488	2632	1404	1228
连云港市	**20143**	**10569**	**9574**	**33527**	**17962**	**15565**	**34798**	**18877**	**15921**
连云区	655	327	328	842	482	360	715	367	348
海州区	2972	1592	1380	4584	2472	2112	4207	2336	1871
赣榆区	4919	2550	2369	7837	4258	3579	8263	4561	3702
东海县	4810	2503	2307	8425	4532	3893	8749	4739	4010
灌云县	2785	1494	1291	4669	2435	2234	5411	2823	2588
灌南县	2573	1350	1223	5429	2865	2564	5968	3218	2750
连云港经济技术开发区	373	192	181	455	241	214	434	243	191
连云港高新技术产业开发区	835	450	385	918	479	439	691	389	302
江苏连云港徐圩新区	96	46	50	177	97	80	178	103	75
江苏省连云港市云台山风景名胜区	125	65	60	191	101	90	182	98	84
淮安市	**16912**	**8739**	**8173**	**27020**	**14402**	**12618**	**26059**	**14082**	**11977**
淮安区	2500	1250	1250	4367	2362	2005	4157	2344	1813
淮阴区	2735	1397	1338	4621	2478	2143	4719	2556	2163
清江浦区	2456	1323	1133	3622	1933	1689	2955	1569	1386
洪泽区	819	434	385	1265	673	592	1331	733	598
涟水县	3288	1672	1616	5476	2898	2578	5608	3015	2593
盱眙县	2072	1042	1030	3356	1785	1571	4004	2102	1902
金湖县	937	486	451	1247	643	604	907	459	448
淮安经济技术开发区	1310	706	604	1865	988	877	1309	716	593
工业园区	59	29	30	97	60	37	84	42	42
生态文旅区	675	373	302	1003	537	466	899	502	397
苏淮高新区	61	27	34	101	45	56	86	44	42

1-3 续表 5

单位：人

地区	1-4岁			5-9岁			10-14岁		
	小计	男	女	小计	男	女	小计	男	女
盐城市	**21185**	**11042**	**10143**	**35114**	**19176**	**15938**	**37443**	**20892**	**16551**
亭湖区	2089	1096	993	3208	1788	1420	3279	1900	1379
盐都区	2081	1098	983	3291	1867	1424	3180	1874	1306
大丰区	1714	870	844	2418	1274	1144	2242	1197	1045
响水县	1800	953	847	3351	1827	1524	3825	2091	1734
滨海县	2638	1396	1242	5077	2800	2277	6714	3682	3032
阜宁县	2653	1395	1258	4988	2698	2290	5459	3126	2333
射阳县	2446	1285	1161	3928	2072	1856	4488	2397	2091
建湖县	1662	841	821	2660	1408	1252	3019	1757	1262
盐城经济技术开发区	339	176	163	474	268	206	401	215	186
江苏省盐南高新区	1664	887	777	2532	1466	1066	2027	1143	884
东台市	2099	1045	1054	3187	1708	1479	2809	1510	1299
扬州市	**14246**	**7391**	**6855**	**19810**	**10434**	**9376**	**17755**	**9506**	**8249**
广陵区	1469	766	703	2260	1211	1049	1856	991	865
邗江区	2418	1261	1157	3441	1842	1599	2784	1504	1280
江都区	2439	1268	1171	3563	1868	1695	3425	1818	1607
宝应县	2314	1207	1107	3447	1834	1613	3361	1850	1511
扬州经济技术开发区	771	404	367	1047	549	498	840	448	392
蜀冈瘦西湖景区	496	241	255	806	435	371	675	360	315
生态新城	169	81	88	249	129	120	228	117	111
仪征市	1792	957	835	2112	1093	1019	1923	1003	920
高邮市	2378	1206	1172	2885	1473	1412	2663	1415	1248
镇江市	**9565**	**4976**	**4589**	**13263**	**6980**	**6283**	**11367**	**5926**	**5441**
京口区	1000	497	503	1532	794	738	1250	639	611
润州区	696	355	341	928	483	445	882	466	416
丹徒区	902	464	438	1236	637	599	1096	566	530
镇江新区	820	449	371	1100	612	488	965	504	461
江苏镇江高新区	228	115	113	282	150	132	246	124	122
丹阳市	2937	1522	1415	4201	2206	1995	3812	1998	1814
扬中市	958	513	445	1423	755	668	1083	579	504
句容市	2024	1061	963	2561	1343	1218	2033	1050	983
泰州市	**13834**	**7126**	**6708**	**19644**	**10712**	**8932**	**18606**	**10679**	**7927**
海陵区	1928	958	970	2808	1520	1288	2283	1258	1025
高港区	965	490	475	1232	684	548	1010	567	443
姜堰区	1925	1039	886	2776	1510	1266	2802	1578	1224
泰州医药高新技术产业开发区	1015	533	482	1185	627	558	854	469	385
兴化市	3261	1649	1612	5066	2876	2190	5435	3335	2100
靖江市	1920	1009	911	2571	1339	1232	2336	1234	1102
泰兴市	2820	1448	1372	4006	2156	1850	3886	2238	1648
宿迁市	**23320**	**12276**	**11044**	**41312**	**22173**	**19139**	**36918**	**19939**	**16979**
宿城区	3350	1756	1594	5632	3038	2594	4332	2384	1948
宿豫区	2360	1250	1110	3563	1959	1604	2811	1487	1324
沭阳县	7839	4153	3686	13835	7457	6378	13097	7124	5973
泗阳县	3351	1784	1567	6095	3225	2870	6625	3550	3075
泗洪县	3894	2018	1876	7674	4073	3601	6547	3460	3087
宿迁经济技术开发区	1023	546	477	1654	890	764	1262	687	575
宿迁市湖滨新区	580	298	282	1134	592	542	909	516	393
苏州宿迁工业园区	226	115	111	406	223	183	239	139	100
宿迁市洋河新区	697	356	341	1319	716	603	1096	592	504

1-3 续表 6

单位：人

地 区	15-19岁			20-24岁			25-29岁		
	小计	男	女	小计	男	女	小计	男	女
江 苏	**366950**	**198503**	**168447**	**386256**	**205975**	**180281**	**540218**	**282749**	**257469**
南京市	**44442**	**23453**	**20989**	**74192**	**38588**	**35604**	**74982**	**39081**	**35901**
玄武区	3131	1624	1507	6550	3329	3221	4096	2090	2006
秦淮区	2462	1331	1131	4037	2001	2036	5593	2723	2870
建邺区	1946	1058	888	3328	1668	1660	4626	2385	2241
鼓楼区	3766	1889	1877	7099	3241	3858	6178	2939	3239
浦口区	1607	712	895	2134	1004	1130	3043	1585	1458
栖霞区	7220	3753	3467	11975	6124	5851	8464	4591	3873
雨花台区	2099	1092	1007	4913	2706	2207	6422	3532	2890
江宁区	11115	5971	5144	17119	9183	7936	16486	8788	7698
六合区	2093	1135	958	1890	933	957	4136	2069	2067
溧水区	2147	999	1148	2531	1315	1216	3309	1822	1487
高淳区	1775	965	810	1729	900	829	2915	1555	1360
南京江北新区	5081	2924	2157	10887	6184	4703	9714	5002	4712
无锡市	**26927**	**14855**	**12072**	**33908**	**18723**	**15185**	**52775**	**28036**	**24739**
锡山区	2952	1680	1272	4351	2535	1816	7442	4071	3371
惠山区	4665	2547	2118	4475	2523	1952	6423	3471	2952
滨湖区	3689	2054	1635	5243	2726	2517	4224	2219	2005
梁溪区	3085	1702	1383	4341	2226	2115	6715	3327	3388
新吴区	2525	1404	1121	3166	1870	1296	6027	3230	2797
江苏无锡经济开发区	995	524	471	1561	858	703	2692	1454	1238
江阴市	5251	2959	2292	6428	3681	2747	11887	6392	5495
宜兴市	3765	1985	1780	4343	2304	2039	7365	3872	3493
徐州市	**45869**	**25429**	**20440**	**32421**	**16972**	**15449**	**51294**	**26364**	**24930**
鼓楼区	1461	817	644	1855	1084	771	2744	1381	1363
云龙区	2174	1135	1039	3124	1616	1508	3027	1410	1617
贾汪区	2426	1346	1080	1772	946	826	2388	1261	1127
泉山区	3267	1895	1372	2837	1399	1438	3689	1771	1918
铜山区	6573	3273	3300	6328	3290	3038	7239	3838	3401
丰县	4163	2422	1741	2414	1273	1141	5485	2906	2579
沛县	4283	2481	1802	2731	1434	1297	6880	3641	3239
睢宁县	4124	2270	1854	3132	1639	1493	5992	3001	2991
徐州经济技术开发区	2858	1661	1197	1523	815	708	2771	1506	1265
新沂市	5711	3167	2544	2624	1360	1264	4806	2464	2342
邳州市	8829	4962	3867	4081	2116	1965	6273	3185	3088
常州市	**22078**	**12148**	**9930**	**26600**	**15211**	**11389**	**37156**	**19897**	**17259**
天宁区	2489	1253	1236	2611	1408	1203	4518	2267	2251
钟楼区	3190	1732	1458	3810	2043	1767	4530	2383	2147
新北区	3652	1986	1666	4333	2467	1866	6508	3394	3114
武进区	6161	3408	2753	8147	4798	3349	9677	5220	4457
金坛区	1716	976	740	2053	1166	887	3508	1900	1608
江苏省常州市经济开发区	1990	1165	825	2213	1338	875	3142	1801	1341
溧阳市	2880	1628	1252	3433	1991	1442	5273	2932	2341

1-3 续表 7

单位：人

地区	15-19岁			20-24岁			25-29岁		
	小计	男	女	小计	男	女	小计	男	女
苏州市	**48194**	**26337**	**21857**	**70445**	**39372**	**31073**	**109676**	**59453**	**50223**
虎丘区	4463	2442	2021	6632	3549	3083	8308	4655	3653
吴中区	5928	3131	2797	8655	4770	3885	12449	6670	5779
相城区	3007	1716	1291	4481	2586	1895	8424	4527	3897
姑苏区	3302	1700	1602	5013	2451	2562	6509	3141	3368
吴江区	5633	3114	2519	7468	4295	3173	12703	7005	5698
苏州工业园区	4576	2492	2084	8790	4766	4024	12928	7016	5912
常熟市	6331	3375	2956	8745	4903	3842	13179	7218	5961
张家港市	5264	2874	2390	6213	3504	2709	9703	5132	4571
昆山市	6815	3908	2907	10624	6356	4268	19316	10661	8655
太仓市	2875	1585	1290	3824	2192	1632	6157	3428	2729
南通市	**28539**	**14761**	**13778**	**27410**	**14192**	**13218**	**40567**	**20473**	**20094**
崇川区	4982	2469	2513	5704	2734	2970	4699	2346	2353
港闸区	2017	1062	955	2602	1403	1199	3084	1585	1499
通州区	3050	1538	1512	3628	1889	1739	6221	3087	3134
如东县	2241	1176	1065	1853	935	918	3362	1665	1697
南通经济技术开发区	1255	662	593	1523	892	631	2774	1478	1296
通州湾示范区	776	429	347	223	118	105	317	151	166
苏锡通科技产业园区	253	141	112	467	276	191	748	424	324
启东市	2835	1421	1414	2934	1463	1471	4415	2155	2260
如皋市	4887	2597	2290	3140	1635	1505	5800	2895	2905
海门市	3261	1735	1526	2910	1559	1351	4896	2424	2472
海安市	2982	1531	1451	2426	1288	1138	4251	2263	1988
连云港市	**25433**	**14125**	**11308**	**17543**	**9662**	**7881**	**24461**	**12613**	**11848**
连云区	361	197	164	592	343	249	1016	575	441
海州区	3037	1639	1398	2835	1555	1280	4302	2150	2152
赣榆区	5626	3286	2340	3194	1892	1302	5878	3235	2643
东海县	5438	3106	2332	3081	1647	1434	5273	2590	2683
灌云县	3552	1922	1630	2300	1271	1029	3267	1663	1604
灌南县	3780	2162	1618	1992	1134	858	2649	1291	1358
连云港经济技术开发区	671	371	300	329	190	139	560	285	275
连云港高新技术产业开发区	2719	1302	1417	2892	1421	1471	1049	528	521
江苏连云港徐圩新区	132	77	55	229	153	76	285	195	90
江苏省连云港市云台山风景名胜区	117	63	54	99	56	43	182	101	81
淮安市	**20968**	**11113**	**9855**	**15430**	**7577**	**7853**	**23616**	**11792**	**11824**
淮安区	3315	1864	1451	1976	1000	976	3708	1866	1842
淮阴区	4165	2122	2043	3131	1464	1667	4257	2189	2068
清江浦区	2471	1271	1200	2657	1251	1406	3721	1873	1848
洪泽区	1127	605	522	755	356	399	1240	614	626
涟水县	4646	2545	2101	2185	1133	1052	3537	1744	1793
盱眙县	1944	990	954	1484	703	781	2496	1190	1306
金湖县	738	381	357	686	360	326	1442	705	737
淮安经济技术开发区	2097	1090	1007	2218	1131	1087	2311	1173	1138
工业园区	40	25	15	37	17	20	100	49	51
生态文旅区	380	199	181	238	130	108	697	330	367
苏淮高新区	45	21	24	63	32	31	107	59	48

1-3 续表 8

单位：人

地区	15-19岁			20-24岁			25-29岁		
	小计	男	女	小计	男	女	小计	男	女
盐城市	**29708**	**16199**	**13509**	**21288**	**11208**	**10080**	**29813**	**15749**	**14064**
亭湖区	4178	2360	1818	4022	2178	1844	3627	1903	1724
盐都区	2377	1395	982	2073	1180	893	3502	1959	1543
大丰区	2024	1059	965	1873	959	914	2974	1585	1389
响水县	2314	1272	1042	1222	694	528	1826	898	928
滨海县	3632	1948	1684	1580	836	744	3024	1483	1541
阜宁县	3333	1804	1529	2078	1035	1043	2761	1421	1340
射阳县	3187	1694	1493	2271	1165	1106	3391	1864	1527
建湖县	2196	1297	899	1511	843	668	2140	1112	1028
盐城经济技术开发区	574	255	319	947	414	533	651	365	286
江苏省盐南高新区	2754	1357	1397	1499	727	772	2252	1137	1115
东台市	3139	1758	1381	2212	1177	1035	3665	2022	1643
扬州市	**22687**	**11957**	**10730**	**20981**	**10771**	**10210**	**26431**	**13403**	**13028**
广陵区	2699	1421	1278	2321	1218	1103	3526	1823	1703
邗江区	6241	3300	2941	6532	3276	3256	4452	2175	2277
江都区	3449	1787	1662	2875	1466	1409	4466	2297	2169
宝应县	3377	1817	1560	2596	1378	1218	4154	2113	2041
扬州经济技术开发区	1671	922	749	1590	812	778	1677	853	824
蜀冈瘦西湖景区	709	338	371	496	250	246	798	399	399
生态新城	207	103	104	264	148	116	381	191	190
仪征市	1813	964	849	1660	900	760	2978	1587	1391
高邮市	2521	1305	1216	2647	1323	1324	3999	1965	2034
镇江市	**12162**	**6500**	**5662**	**14220**	**7600**	**6620**	**18334**	**9450**	**8884**
京口区	1907	1046	861	2545	1414	1131	1919	986	933
润州区	781	415	366	824	411	413	1373	682	691
丹徒区	1842	1060	782	2477	1362	1115	1708	904	804
镇江新区	788	474	314	1073	604	469	1596	861	735
江苏镇江高新区	194	116	78	248	141	107	471	250	221
丹阳市	3638	1842	1796	3669	1883	1786	5908	3058	2850
扬中市	891	487	404	1004	562	442	1898	988	910
句容市	2121	1060	1061	2380	1223	1157	3461	1721	1740
泰州市	**16763**	**8896**	**7867**	**15489**	**7882**	**7607**	**23320**	**12370**	**10950**
海陵区	3134	1569	1565	4117	1905	2212	3741	1878	1863
高港区	866	495	371	907	498	409	1609	832	777
姜堰区	2667	1368	1299	1787	934	853	2984	1535	1449
泰州医药高新技术产业开发区	1101	560	541	1379	714	665	1993	1027	966
兴化市	3512	1900	1612	2520	1302	1218	5345	3051	2294
靖江市	2299	1239	1060	2258	1171	1087	3379	1766	1613
泰兴市	3184	1765	1419	2521	1358	1163	4269	2281	1988
宿迁市	**23180**	**12730**	**10450**	**16329**	**8217**	**8112**	**27793**	**14068**	**13725**
宿城区	2575	1302	1273	3143	1499	1644	4245	2180	2065
宿豫区	1496	713	783	1594	805	789	2771	1417	1354
沭阳县	7617	4207	3410	5015	2569	2446	9728	5044	4684
泗阳县	4730	2695	2035	2256	1191	1065	3850	1939	1911
泗洪县	3449	1847	1602	2204	1052	1152	3932	1830	2102
宿迁经济技术开发区	759	413	346	817	442	375	1473	752	721
宿迁市湖滨新区	1862	1177	685	647	325	322	699	371	328
苏州宿迁工业园区	60	32	28	98	52	46	272	126	146
宿迁市洋河新区	632	344	288	555	282	273	823	409	414

1-3　续表 9　　　　单位：人

地　区	30-34岁			35-39岁			40-44岁		
	小计	男	女	小计	男	女	小计	男	女
江　苏	**785415**	**401523**	**383892**	**569193**	**289157**	**280036**	**540255**	**273384**	**266871**
南京市	**93891**	**48000**	**45891**	**70815**	**35927**	**34888**	**61784**	**31878**	**29906**
玄武区	4151	2022	2129	4000	1905	2095	3645	1680	1965
秦淮区	6499	3167	3332	5888	2743	3145	5564	2682	2882
建邺区	5228	2527	2701	4949	2395	2554	4148	2103	2045
鼓楼区	7467	3446	4021	8259	3850	4409	7545	3650	3895
浦口区	4180	2124	2056	2665	1430	1235	2479	1336	1143
栖霞区	9907	5246	4661	6918	3615	3303	5823	3114	2709
雨花台区	6943	3675	3268	4773	2554	2219	3980	2107	1873
江宁区	21860	11466	10394	14931	7864	7067	11806	6394	5412
六合区	6578	3376	3202	4450	2275	2175	4369	2268	2101
溧水区	4446	2374	2072	2843	1491	1352	2981	1603	1378
高淳区	3873	2031	1842	2353	1159	1194	2769	1394	1375
南京江北新区	12759	6546	6213	8786	4646	4140	6675	3547	3128
无锡市	**77855**	**40607**	**37248**	**55496**	**28829**	**26667**	**54500**	**28250**	**26250**
锡山区	10580	5713	4867	7234	3892	3342	6656	3504	3152
惠山区	9361	4965	4396	6913	3710	3203	6808	3639	3169
滨湖区	5218	2663	2555	4176	2126	2050	4109	2120	1989
梁溪区	9893	4901	4992	7928	3987	3941	6964	3538	3426
新吴区	9464	4976	4488	6105	3231	2874	4973	2575	2398
江苏无锡经济开发区	4246	2140	2106	3281	1708	1573	2647	1371	1276
江阴市	18543	9740	8803	12563	6428	6135	14022	7270	6752
宜兴市	10550	5509	5041	7296	3747	3549	8321	4233	4088
徐州市	**81736**	**40788**	**40948**	**56798**	**28543**	**28255**	**48074**	**23517**	**24557**
鼓楼区	4392	2106	2286	3567	1746	1821	3080	1505	1575
云龙区	5494	2568	2926	4077	1975	2102	3136	1503	1633
贾汪区	4350	2238	2112	3095	1635	1460	2427	1296	1131
泉山区	5905	2762	3143	4842	2267	2575	4473	2171	2302
铜山区	11062	5620	5442	8095	4209	3886	6135	3182	2953
丰县	6372	3176	3196	4749	2404	2345	4790	2193	2597
沛县	9020	4500	4520	5856	2996	2860	5728	2699	3029
睢宁县	8334	4142	4192	5345	2542	2803	4905	2349	2556
徐州经济技术开发区	5240	2740	2500	2896	1537	1359	2126	1113	1013
新沂市	9176	4643	4533	5800	2961	2839	4687	2300	2387
邳州市	12391	6293	6098	8476	4271	4205	6587	3206	3381
常州市	**52894**	**27502**	**25392**	**38685**	**19916**	**18769**	**37159**	**19043**	**18116**
天宁区	6414	3165	3249	5319	2590	2729	5238	2625	2613
钟楼区	6408	3246	3162	5148	2581	2567	4762	2411	2351
新北区	10093	5156	4937	7081	3597	3484	6178	3188	2990
武进区	14011	7363	6648	9788	5120	4668	9070	4718	4352
金坛区	5108	2734	2374	3477	1810	1667	3425	1714	1711
江苏省常州市经济开发区	4461	2427	2034	3121	1644	1477	3196	1689	1507
溧阳市	6399	3411	2988	4751	2574	2177	5290	2698	2592

1-3 续表 10

单位：人

地　区	30-34岁			35-39岁			40-44岁		
	小计	男	女	小计	男	女	小计	男	女
苏州市	**160456**	**85387**	**75069**	**114946**	**60988**	**53958**	**92966**	**49628**	**43338**
虎丘区	11636	6153	5483	8118	4310	3808	5782	3128	2654
吴中区	18171	9714	8457	12080	6499	5581	9270	5016	4254
相城区	11845	6348	5497	7726	4255	3471	6160	3387	2773
姑苏区	8739	4312	4427	7659	3728	3931	6145	3070	3075
吴江区	17768	9474	8294	11888	6390	5498	10499	5518	4981
苏州工业园区	17730	9479	8251	13749	7125	6624	8533	4730	3803
常熟市	18544	10064	8480	12964	7007	5957	12887	6762	6125
张家港市	15945	8351	7594	11129	5860	5269	11136	5792	5344
昆山市	30493	16341	14152	22341	11879	10462	15774	8519	7255
太仓市	9585	5151	4434	7292	3935	3357	6780	3706	3074
南通市	**60382**	**30126**	**30256**	**42303**	**20920**	**21383**	**45098**	**21714**	**23384**
崇川区	7065	3397	3668	5724	2713	3011	5211	2575	2636
港闸区	4598	2351	2247	2840	1460	1380	2573	1319	1254
通州区	9080	4428	4652	5899	2881	3018	6108	2880	3228
如东县	4917	2398	2519	3519	1704	1815	4334	2013	2321
南通经济技术开发区	4138	2242	1896	2408	1379	1029	1941	1033	908
通州湾示范区	415	211	204	317	165	152	352	168	184
苏锡通科技产业园区	1040	584	456	725	402	323	564	289	275
启东市	6390	3265	3125	4922	2426	2496	5349	2604	2745
如皋市	9313	4535	4778	6014	2919	3095	7442	3468	3974
海门市	7045	3469	3576	5284	2607	2677	5639	2697	2942
海安市	6381	3246	3135	4651	2264	2387	5585	2668	2917
连云港市	**39459**	**19328**	**20131**	**27668**	**13775**	**13893**	**23166**	**11513**	**11653**
连云区	1759	941	818	1154	609	545	1018	548	470
海州区	7178	3387	3791	5569	2771	2798	5022	2467	2555
赣榆区	9065	4442	4623	6062	3041	3021	4489	2199	2290
东海县	8470	4066	4404	5413	2593	2820	4571	2207	2364
灌云县	4732	2393	2339	3531	1813	1718	3320	1689	1631
灌南县	4779	2254	2525	3875	1882	1993	3122	1530	1592
连云港经济技术开发区	983	511	472	604	320	284	466	244	222
连云港高新技术产业开发区	1789	881	908	1064	503	561	816	413	403
江苏连云港徐圩新区	391	276	115	223	147	76	195	129	66
江苏省连云港市云台山风景名胜区	313	177	136	173	96	77	147	87	60
淮安市	**32921**	**15908**	**17013**	**23856**	**11464**	**12392**	**24591**	**11979**	**12612**
淮安区	4418	2072	2346	3367	1561	1806	3867	1781	2086
淮阴区	5436	2806	2630	3431	1765	1666	3803	1917	1886
清江浦区	5308	2478	2830	4031	1898	2133	4080	1941	2139
洪泽区	1610	755	855	1375	614	761	1772	868	904
涟水县	5566	2658	2908	3903	1836	2067	3796	1865	1931
盱眙县	3886	1839	2047	3169	1531	1638	3062	1536	1526
金湖县	1940	972	968	1489	756	733	1646	833	813
淮安经济技术开发区	3239	1622	1617	1814	899	915	1564	733	831
工业园区	171	86	85	86	44	42	77	46	31
生态文旅区	1183	532	651	1088	507	581	810	402	408
苏淮高新区	164	88	76	103	53	50	114	57	57

1-3 续表 11

单位：人

地区	30-34岁			35-39岁			40-44岁		
	小计	男	女	小计	男	女	小计	男	女
盐城市	**50612**	**25775**	**24837**	**40993**	**20329**	**20664**	**40817**	**20126**	**20691**
亭湖区	5875	3042	2833	4408	2175	2233	4825	2327	2498
盐都区	5462	2886	2576	3909	1999	1910	3728	1870	1858
大丰区	4765	2437	2328	3275	1649	1626	4140	2059	2081
响水县	3455	1678	1777	3008	1508	1500	2166	1110	1056
滨海县	4945	2348	2597	4909	2361	2548	4070	2004	2066
阜宁县	5379	2690	2689	5584	2823	2761	5007	2544	2463
射阳县	5606	2993	2613	5037	2582	2455	5033	2508	2525
建湖县	4281	2159	2122	3309	1555	1754	3808	1837	1971
盐城经济技术开发区	997	559	438	547	302	245	474	240	234
江苏省盐南高新区	4178	2061	2117	3166	1528	1638	2780	1345	1435
东台市	5669	2922	2747	3841	1847	1994	4786	2282	2504
扬州市	**36099**	**18150**	**17949**	**27280**	**13400**	**13880**	**34566**	**17025**	**17541**
广陵区	4852	2566	2286	3861	1985	1876	4076	2104	1972
邗江区	6350	3114	3236	4853	2378	2475	5073	2516	2557
江都区	6356	3142	3214	4895	2313	2582	6952	3323	3629
宝应县	5206	2629	2577	3846	1852	1994	5962	2897	3065
扬州经济技术开发区	2430	1250	1180	1690	858	832	1666	805	861
蜀冈瘦西湖景区	1309	643	666	1135	550	585	1156	575	581
生态新城	617	312	305	438	229	209	519	258	261
仪征市	3934	2036	1898	3076	1550	1526	3725	1874	1851
高邮市	5045	2458	2587	3486	1685	1801	5437	2673	2764
镇江市	**26016**	**13243**	**12773**	**19803**	**10058**	**9745**	**20762**	**10490**	**10272**
京口区	2651	1256	1395	2439	1188	1251	2440	1188	1252
润州区	1826	917	909	1673	795	878	1677	788	889
丹徒区	2453	1248	1205	1906	993	913	1931	993	938
镇江新区	2305	1155	1150	1802	942	860	1772	894	878
江苏镇江高新区	606	320	286	402	205	197	445	232	213
丹阳市	8306	4319	3987	6164	3168	2996	6607	3371	3236
扬中市	2584	1370	1214	1824	934	890	2167	1111	1056
句容市	5285	2658	2627	3593	1833	1760	3723	1913	1810
泰州市	**32150**	**16416**	**15734**	**22512**	**11151**	**11361**	**30847**	**15221**	**15626**
海陵区	5123	2532	2591	3465	1682	1783	4138	2038	2100
高港区	1998	1047	951	1396	717	679	1767	914	853
姜堰区	4352	2149	2203	3348	1567	1781	5238	2493	2745
泰州医药高新技术产业开发区	2566	1305	1261	1529	790	739	1574	788	786
兴化市	6852	3633	3219	4637	2308	2329	6246	3147	3099
靖江市	5482	2819	2663	3786	1953	1833	5048	2548	2500
泰兴市	5777	2931	2846	4351	2134	2217	6836	3293	3543
宿迁市	**40944**	**20293**	**20651**	**28038**	**13857**	**14181**	**25925**	**13000**	**12925**
宿城区	6831	3412	3419	4209	2086	2123	3964	1992	1972
宿豫区	4275	2140	2135	2679	1344	1335	2556	1333	1223
沭阳县	12279	6227	6052	9698	4883	4815	7682	3938	3744
泗阳县	5756	2735	3021	4374	2086	2288	4326	2141	2185
泗洪县	6471	3075	3396	4077	1960	2117	4620	2211	2409
宿迁经济技术开发区	2338	1204	1134	1254	641	613	1186	579	607
宿迁市湖滨新区	1212	635	577	671	321	350	624	322	302
苏州宿迁工业园区	571	253	318	334	157	177	166	80	86
宿迁市洋河新区	1211	612	599	742	379	363	801	404	397

1-3 续表 12 单位：人

地区	45-49岁			50-54岁			55-59岁		
	小计	男	女	小计	男	女	小计	男	女
江 苏	**623047**	**314008**	**309039**	**772111**	**381518**	**390593**	**628098**	**310330**	**317768**
南京市	**63990**	**33469**	**30521**	**73946**	**37702**	**36244**	**67866**	**34068**	**33798**
玄武区	3401	1703	1698	3507	1737	1770	3524	1785	1739
秦淮区	5049	2508	2541	5585	2769	2816	6090	3054	3036
建邺区	3661	1977	1684	3769	1968	1801	3895	1974	1921
鼓楼区	6403	3253	3150	6562	3234	3328	6906	3469	3437
浦口区	2915	1518	1397	3622	1940	1682	3281	1669	1612
栖霞区	5927	3150	2777	6619	3426	3193	6254	3199	3055
雨花台区	4163	2209	1954	4625	2362	2263	4151	2124	2027
江宁区	11750	6318	5432	14070	7259	6811	11833	5844	5989
六合区	5211	2696	2515	6978	3415	3563	6101	3008	3093
溧水区	4270	2308	1962	5172	2772	2400	4264	2252	2012
高淳区	4471	2273	2198	5571	2836	2735	4521	2254	2267
南京江北新区	6769	3556	3213	7866	3984	3882	7046	3436	3610
无锡市	**61300**	**31704**	**29596**	**66395**	**33413**	**32982**	**53300**	**26918**	**26382**
锡山区	7686	4028	3658	7803	3905	3898	5969	3046	2923
惠山区	7849	4207	3642	7910	4184	3726	5513	2794	2719
滨湖区	4718	2466	2252	4917	2473	2444	4149	2152	1997
梁溪区	7165	3643	3522	7751	3771	3980	7073	3425	3648
新吴区	4660	2402	2258	4502	2173	2329	3866	1837	2029
江苏无锡经济开发区	2527	1351	1176	2559	1309	1250	2152	1035	1117
江阴市	15726	8125	7601	16794	8476	8318	13117	6775	6342
宜兴市	10969	5482	5487	14159	7122	7037	11461	5854	5607
徐州市	**59876**	**29332**	**30544**	**76626**	**36379**	**40247**	**60157**	**28984**	**31173**
鼓楼区	3289	1666	1623	3612	1792	1820	3238	1643	1595
云龙区	3159	1637	1522	3207	1528	1679	3030	1465	1565
贾汪区	2966	1539	1427	3872	1887	1985	3087	1503	1584
泉山区	4762	2322	2440	5175	2458	2717	4967	2485	2482
铜山区	7543	3733	3810	10267	4957	5310	7743	3719	4024
丰县	6650	3220	3430	8681	3954	4727	6071	2903	3168
沛县	6890	3261	3629	9477	4388	5089	6903	3257	3646
睢宁县	6803	3126	3677	9219	4235	4984	7036	3327	3709
徐州经济技术开发区	2275	1146	1129	2853	1407	1446	2175	1045	1130
新沂市	6648	3289	3359	8751	4262	4489	6657	3224	3433
邳州市	8891	4393	4498	11512	5511	6001	9250	4413	4837
常州市	**44496**	**22504**	**21992**	**48579**	**24361**	**24218**	**40730**	**20512**	**20218**
天宁区	5838	2891	2947	6179	3055	3124	4967	2467	2500
钟楼区	5300	2693	2607	5604	2780	2824	4697	2381	2316
新北区	6564	3330	3234	7094	3464	3630	6164	3017	3147
武进区	10616	5481	5135	10752	5506	5246	8498	4346	4152
金坛区	4759	2254	2505	6186	3005	3181	5769	2824	2945
江苏省常州市经济开发区	4253	2202	2051	4107	2109	1998	3033	1624	1409
溧阳市	7166	3653	3513	8657	4442	4215	7602	3853	3749

1-3 续表 13

单位：人

地区	45-49岁			50-54岁			55-59岁		
	小计	男	女	小计	男	女	小计	男	女
苏州市	**92327**	**48838**	**43489**	**99418**	**50993**	**48425**	**80038**	**39793**	**40245**
虎丘区	4898	2627	2271	5375	2698	2677	4323	2073	2250
吴中区	9432	5034	4398	10733	5505	5228	8361	4153	4208
相城区	6388	3425	2963	7387	3809	3578	5586	2815	2771
姑苏区	6000	3036	2964	6817	3251	3566	6613	3257	3356
吴江区	11575	6002	5573	13056	6651	6405	9992	5012	4980
苏州工业园区	5968	3173	2795	6069	3008	3061	5694	2521	3173
常熟市	14260	7451	6809	15154	7857	7297	12554	6400	6154
张家港市	12825	6708	6117	14328	7503	6825	10483	5361	5122
昆山市	13207	7098	6109	13043	6658	6385	10792	5236	5556
太仓市	7774	4284	3490	7456	4053	3403	5640	2965	2675
南通市	**53777**	**25695**	**28082**	**78452**	**37855**	**40597**	**69671**	**33517**	**36154**
崇川区	5203	2541	2662	6348	3142	3206	5328	2607	2721
港闸区	2848	1476	1372	3379	1730	1649	2783	1370	1413
通州区	7912	3788	4124	11105	5323	5782	10009	4760	5249
如东县	5823	2709	3114	10439	4996	5443	9480	4703	4777
南通经济技术开发区	1997	1090	907	2347	1276	1071	2011	1006	1005
通州湾示范区	523	247	276	804	362	442	930	420	510
苏锡通科技产业园区	709	361	348	996	534	462	771	404	367
启东市	6495	3207	3288	9197	4533	4664	9986	4799	5187
如皋市	9179	4161	5018	14799	7090	7709	11764	5722	6042
海门市	6421	2969	3452	8463	3832	4631	8119	3555	4564
海安市	6667	3146	3521	10575	5037	5538	8490	4171	4319
连云港市	**27798**	**13721**	**14077**	**36874**	**17920**	**18954**	**28854**	**14178**	**14676**
连云区	1267	646	621	1474	806	668	1210	667	543
海州区	5153	2644	2509	5893	2922	2971	4697	2385	2312
赣榆区	6440	3089	3351	8691	4087	4604	6565	3107	3458
东海县	5952	2859	3093	7957	3787	4170	5533	2585	2948
灌云县	3567	1790	1777	5418	2626	2792	4737	2411	2326
灌南县	3578	1760	1818	5052	2441	2611	4222	2057	2165
连云港经济技术开发区	539	272	267	727	362	365	619	323	296
连云港高新技术产业开发区	857	412	445	974	513	461	770	369	401
江苏连云港徐圩新区	294	173	121	423	240	183	288	169	119
江苏省连云港市云台山风景名胜区	151	76	75	265	136	129	213	105	108
淮安市	**31738**	**15527**	**16211**	**42704**	**20817**	**21887**	**32265**	**15856**	**16409**
淮安区	5241	2457	2784	6905	3295	3610	5617	2664	2953
淮阴区	4876	2405	2471	7037	3464	3573	5281	2659	2622
清江浦区	4227	2072	2155	5097	2516	2581	3953	1975	1978
洪泽区	2497	1231	1266	3271	1618	1653	2377	1208	1169
涟水县	5336	2633	2703	7382	3520	3862	5328	2536	2792
盱眙县	4242	2094	2148	5839	2894	2945	4651	2311	2340
金湖县	2802	1375	1427	4026	2014	2012	2735	1402	1333
淮安经济技术开发区	1745	853	892	2150	1026	1124	1522	729	793
工业园区	71	36	35	153	71	82	116	62	54
生态文旅区	528	283	245	552	260	292	500	209	291
苏淮高新区	173	88	85	292	139	153	185	101	84

1-3 续表 14

单位：人

地区	45-49岁			50-54岁			55-59岁		
	小计	男	女	小计	男	女	小计	男	女
盐城市	**51142**	**25326**	**25816**	**72093**	**35750**	**36343**	**58992**	**29546**	**29446**
亭湖区	5977	2990	2987	7633	3801	3832	5666	2876	2790
盐都区	5087	2551	2536	7174	3508	3666	5268	2620	2648
大丰区	5512	2738	2774	8242	4254	3988	7540	3879	3661
响水县	2727	1356	1371	3863	1886	1977	3167	1565	1602
滨海县	5011	2469	2542	6451	3232	3219	5370	2694	2676
阜宁县	5745	2912	2833	7654	3787	3867	6361	3124	3237
射阳县	6736	3328	3408	9952	4990	4962	7731	3953	3778
建湖县	4730	2342	2388	6643	3197	3446	5188	2508	2680
盐城经济技术开发区	643	310	333	1075	556	519	745	417	328
江苏省盐南高新区	2524	1274	1250	2813	1381	1432	2016	968	1048
东台市	6450	3056	3394	10593	5158	5435	9940	4942	4998
扬州市	**40814**	**20368**	**20446**	**54163**	**26633**	**27530**	**39738**	**19324**	**20414**
广陵区	4492	2332	2160	5491	2816	2675	4394	2205	2189
邗江区	5197	2565	2632	6231	2982	3249	5247	2459	2788
江都区	8480	4161	4319	11614	5552	6062	8078	3767	4311
宝应县	6840	3406	3434	9609	4690	4919	6760	3308	3452
扬州经济技术开发区	1729	884	845	2000	944	1056	1592	756	836
蜀冈瘦西湖景区	1116	571	545	1312	682	630	1094	542	552
生态新城	550	297	253	722	354	368	528	254	274
仪征市	4743	2365	2378	6829	3469	3360	5047	2566	2481
高邮市	7667	3787	3880	10355	5144	5211	6998	3467	3531
镇江市	**26926**	**13741**	**13185**	**32116**	**16246**	**15870**	**28374**	**14345**	**14029**
京口区	2718	1340	1378	3082	1557	1525	2866	1452	1414
润州区	2087	1055	1032	2334	1152	1182	2167	1111	1056
丹徒区	2525	1321	1204	3224	1676	1548	3055	1551	1504
镇江新区	2102	1097	1005	2254	1153	1101	2004	1020	984
江苏镇江高新区	584	305	279	688	362	326	515	267	248
丹阳市	8908	4539	4369	10306	5173	5133	8847	4431	4416
扬中市	2923	1499	1424	3653	1872	1781	2880	1471	1409
句容市	5079	2585	2494	6575	3301	3274	6040	3042	2998
泰州市	**36219**	**17557**	**18662**	**51095**	**24545**	**26550**	**36793**	**17835**	**18958**
海陵区	4154	1993	2161	5939	2798	3141	4457	2115	2342
高港区	2441	1208	1233	2946	1412	1534	2089	1004	1085
姜堰区	5543	2614	2929	8106	3749	4357	5533	2572	2961
泰州医药高新技术产业开发区	1567	789	778	2127	1023	1104	1550	683	867
兴化市	7502	3700	3802	12409	6186	6223	9407	4656	4751
靖江市	5737	2910	2827	7778	3826	3952	5723	2841	2882
泰兴市	9275	4343	4932	11790	5551	6239	8034	3964	4070
宿迁市	**32644**	**16226**	**16418**	**39650**	**18904**	**20746**	**31320**	**15454**	**15866**
宿城区	4395	2246	2149	5395	2579	2816	4108	1992	2116
宿豫区	2853	1491	1362	3564	1724	1840	2649	1304	1345
沭阳县	10519	5211	5308	13022	6276	6746	10945	5475	5470
泗阳县	5405	2615	2790	6468	3035	3433	5076	2424	2652
泗洪县	6099	2958	3141	7118	3341	3777	5571	2770	2801
宿迁经济技术开发区	1317	660	657	1494	716	778	1046	525	521
宿迁市湖滨新区	861	441	420	1200	591	609	819	403	416
苏州宿迁工业园区	105	54	51	106	48	58	84	37	47
宿迁市洋河新区	1090	550	540	1283	594	689	1022	524	498

1-3　续表 15

单位：人

地　区	60-64岁			65-69岁			70-74岁		
	小计	男	女	小计	男	女	小计	男	女
江　苏	**464269**	**233408**	**230861**	**494473**	**244959**	**249514**	**341219**	**167589**	**173630**
南京市	**47474**	**23511**	**23963**	**47273**	**23173**	**24100**	**31014**	**15284**	**15730**
玄武区	3003	1452	1551	2729	1283	1446	1807	882	925
秦淮区	5344	2625	2719	5036	2429	2607	3436	1626	1810
建邺区	3130	1505	1625	2771	1309	1462	1648	833	815
鼓楼区	6258	3024	3234	5652	2668	2984	3622	1784	1838
浦口区	1878	977	901	2068	1073	995	1376	663	713
栖霞区	4403	2251	2152	3785	1882	1903	2349	1134	1215
雨花台区	3005	1502	1503	2542	1268	1274	1636	826	810
江宁区	7599	3752	3847	7806	3843	3963	5036	2502	2534
六合区	3975	2039	1936	4543	2316	2227	3046	1487	1559
溧水区	2142	1105	1037	2991	1454	1537	2176	1109	1067
高淳区	1946	970	976	3141	1621	1520	2336	1210	1126
南京江北新区	4791	2309	2482	4209	2027	2182	2546	1228	1318
无锡市	**36318**	**18656**	**17662**	**39526**	**19616**	**19910**	**29294**	**14398**	**14896**
锡山区	3839	2046	1793	4011	2008	2003	2879	1391	1488
惠山区	3662	1864	1798	3790	1890	1900	2908	1460	1448
滨湖区	3008	1537	1471	3137	1520	1617	2446	1197	1249
梁溪区	5969	2967	3002	5875	2834	3041	4011	2000	2011
新吴区	2654	1362	1292	2948	1454	1494	2162	1064	1098
江苏无锡经济开发区	1524	743	781	1436	702	734	876	460	416
江阴市	8542	4473	4069	9244	4665	4579	7083	3444	3639
宜兴市	7120	3664	3456	9085	4543	4542	6929	3382	3547
徐州市	**42330**	**21436**	**20894**	**47927**	**23769**	**24158**	**30165**	**14700**	**15465**
鼓楼区	2512	1267	1245	2162	1047	1115	1272	604	668
云龙区	2106	1046	1060	2041	958	1083	1213	602	611
贾汪区	2075	1027	1048	2568	1264	1304	1567	747	820
泉山区	3695	1825	1870	3452	1643	1809	2161	994	1167
铜山区	5343	2712	2631	6602	3316	3286	4030	1962	2068
丰县	4519	2342	2177	5376	2691	2685	3937	1892	2045
沛县	4805	2376	2429	5762	2820	2942	3927	1934	1993
睢宁县	4783	2481	2302	5836	3037	2799	3498	1843	1655
徐州经济技术开发区	1321	669	652	1412	679	733	806	385	421
新沂市	4146	2089	2057	4948	2467	2481	2938	1369	1569
邳州市	7025	3602	3423	7768	3847	3921	4816	2368	2448
常州市	**26535**	**13755**	**12780**	**28678**	**14483**	**14195**	**21197**	**10472**	**10725**
天宁区	3692	1852	1840	3774	1905	1869	2635	1249	1386
钟楼区	3408	1697	1711	3382	1678	1704	2429	1176	1253
新北区	3787	1886	1901	4059	2070	1989	2944	1450	1494
武进区	5275	2810	2465	5831	2929	2902	4582	2273	2309
金坛区	3844	2020	1824	4152	2152	2000	2977	1500	1477
江苏省常州市经济开发区	1868	1005	863	1810	901	909	1546	758	788
溧阳市	4661	2485	2176	5670	2848	2822	4084	2066	2018

1-3 续表 16

单位：人

地区	60-64岁			65-69岁			70-74岁		
	小计	男	女	小计	男	女	小计	男	女
苏州市	**55733**	**27578**	**28155**	**58174**	**28607**	**29567**	**39562**	**19403**	**20159**
虎丘区	3269	1573	1696	3149	1521	1628	1960	961	999
吴中区	5469	2747	2722	5139	2534	2605	3419	1658	1761
相城区	3501	1774	1727	3504	1790	1714	2448	1230	1218
姑苏区	6044	2939	3105	6001	2956	3045	4220	2118	2102
吴江区	6480	3311	3169	7299	3640	3659	4877	2443	2434
苏州工业园区	4637	2031	2606	4430	2076	2354	2498	1199	1299
常熟市	8553	4360	4193	9099	4482	4617	7005	3378	3627
张家港市	6851	3422	3429	7399	3622	3777	5503	2663	2840
昆山市	6770	3284	3486	7225	3532	3693	4475	2222	2253
太仓市	4159	2137	2022	4929	2454	2475	3157	1531	1626
南通市	**55896**	**27393**	**28503**	**58168**	**28699**	**29469**	**45031**	**21633**	**23398**
崇川区	3667	1743	1924	3735	1791	1944	2652	1222	1430
港闸区	1784	894	890	1866	923	943	1303	619	684
通州区	7498	3657	3841	8565	4215	4350	6785	3356	3429
如东县	7955	3930	4025	8519	4144	4375	7072	3385	3687
南通经济技术开发区	1154	559	595	1115	541	574	796	380	416
通州湾示范区	948	470	478	1038	494	544	748	358	390
苏锡通科技产业园区	596	312	284	599	305	294	445	212	233
启东市	9139	4364	4775	8873	4251	4622	6334	2972	3362
如皋市	9118	4679	4439	9194	4708	4486	7672	3731	3941
海门市	7237	3407	3830	7498	3669	3829	5705	2697	3008
海安市	6800	3378	3422	7166	3658	3508	5519	2701	2818
连云港市	**25187**	**12524**	**12663**	**25984**	**12652**	**13332**	**15262**	**7308**	**7954**
连云区	907	455	452	912	445	467	580	270	310
海州区	4050	1973	2077	3786	1810	1976	2251	1056	1195
赣榆区	5613	2744	2869	5968	2922	3046	3802	1784	2018
东海县	4581	2207	2374	5432	2603	2829	3332	1638	1694
灌云县	4510	2301	2209	4560	2283	2277	2393	1153	1240
灌南县	3919	2000	1919	3888	1935	1953	2187	1072	1115
连云港经济技术开发区	519	270	249	491	228	263	255	124	131
连云港高新技术产业开发区	576	302	274	502	228	274	223	101	122
江苏连云港徐圩新区	292	158	134	254	120	134	142	63	79
江苏省连云港市云台山风景名胜区	220	114	106	191	78	113	97	47	50
淮安市	**27105**	**13969**	**13136**	**27622**	**13909**	**13713**	**16385**	**8135**	**8250**
淮安区	4997	2523	2474	5617	2850	2767	3782	1897	1885
淮阴区	4474	2345	2129	4279	2180	2099	2527	1338	1189
清江浦区	3054	1511	1543	2817	1372	1445	1531	738	793
洪泽区	1973	985	988	1935	977	958	1199	584	615
涟水县	4939	2604	2335	5267	2627	2640	3300	1605	1695
盱眙县	3766	1967	1799	3873	1965	1908	1954	980	974
金湖县	2091	1094	997	2304	1152	1152	1327	620	707
淮安经济技术开发区	1156	600	556	942	501	441	474	235	239
工业园区	107	57	50	98	50	48	42	19	23
生态文旅区	379	186	193	325	155	170	159	75	84
苏淮高新区	169	97	72	165	80	85	90	44	46

1-3 续表 17

单位：人

地区	60-64岁			65-69岁			70-74岁		
	小计	男	女	小计	男	女	小计	男	女
盐城市	**49953**	**25427**	**24526**	**49707**	**24765**	**24942**	**33283**	**16119**	**17164**
亭湖区	4099	2076	2023	3902	1984	1918	2480	1186	1294
盐都区	3972	1900	2072	4812	2359	2453	3375	1653	1722
大丰区	5841	3020	2821	5133	2524	2609	3451	1618	1833
响水县	3517	1788	1729	3198	1584	1614	1816	849	967
滨海县	5913	3075	2838	6082	3006	3076	3795	1872	1923
阜宁县	5743	2919	2824	5820	2946	2874	4103	2037	2066
射阳县	6578	3446	3132	6050	3044	3006	3995	1908	2087
建湖县	3983	1974	2009	5065	2487	2578	3406	1717	1689
盐城经济技术开发区	544	279	265	550	271	279	378	168	210
江苏省盐南高新区	1316	618	698	1160	570	590	621	307	314
东台市	8447	4332	4115	7935	3990	3945	5863	2804	3059
扬州市	**27627**	**13738**	**13889**	**33391**	**16420**	**16971**	**25218**	**12536**	**12682**
广陵区	3386	1719	1667	3181	1568	1613	2339	1156	1183
邗江区	3501	1692	1809	3625	1756	1869	2729	1363	1366
江都区	5821	2767	3054	7771	3802	3969	6384	3102	3282
宝应县	4754	2407	2347	6170	3001	3169	4520	2283	2237
扬州经济技术开发区	1178	590	588	1200	573	627	886	439	447
蜀冈瘦西湖景区	848	440	408	737	350	387	501	236	265
生态新城	365	201	164	443	231	212	341	165	176
仪征市	3110	1558	1552	3813	1967	1846	2786	1408	1378
高邮市	4664	2364	2300	6451	3172	3279	4732	2384	2348
镇江市	**18802**	**9488**	**9314**	**20874**	**10401**	**10473**	**15252**	**7481**	**7771**
京口区	2148	1049	1099	2059	976	1083	1530	722	808
润州区	1564	786	778	1567	772	795	1070	554	516
丹徒区	2148	1088	1060	2309	1198	1111	1682	845	837
镇江新区	1464	718	746	1385	694	691	993	498	495
江苏镇江高新区	331	180	151	283	124	159	243	120	123
丹阳市	5802	2943	2859	6394	3249	3145	4855	2345	2510
扬中市	2149	1067	1082	2217	1077	1140	1591	786	805
句容市	3196	1657	1539	4660	2311	2349	3288	1611	1677
泰州市	**27863**	**13795**	**14068**	**33646**	**16706**	**16940**	**25962**	**13171**	**12791**
海陵区	3190	1533	1657	3519	1691	1828	2551	1282	1269
高港区	1598	822	776	1724	877	847	1455	731	724
姜堰区	4323	2125	2198	5459	2714	2745	4220	2257	1963
泰州医药高新技术产业开发区	1030	486	544	1074	561	513	705	355	350
兴化市	6788	3369	3419	9697	4784	4913	7280	3665	3615
靖江市	4340	2191	2149	4910	2442	2468	3748	1856	1892
泰兴市	6594	3269	3325	7263	3637	3626	6003	3025	2978
宿迁市	**23446**	**12138**	**11308**	**23503**	**11759**	**11744**	**13594**	**6949**	**6645**
宿城区	2956	1552	1404	2693	1375	1318	1831	958	873
宿豫区	2067	1040	1027	2224	1101	1123	1269	686	583
沭阳县	8565	4490	4075	8012	4008	4004	4448	2248	2200
泗阳县	4209	2148	2061	4529	2191	2338	2563	1286	1277
泗洪县	3387	1745	1642	3930	1960	1970	2244	1137	1107
宿迁经济技术开发区	767	387	380	600	332	268	397	210	187
宿迁市湖滨新区	688	358	330	717	385	332	317	170	147
苏州宿迁工业园区	39	20	19	40	19	21	14	6	8
宿迁市洋河新区	768	398	370	758	388	370	511	248	263

1-3 续表 18

单位：人

地区	75-79岁			80-84岁			85-89岁		
	小计	男	女	小计	男	女	小计	男	女
江苏	**218624**	**104896**	**113728**	**140311**	**63142**	**77169**	**76940**	**30658**	**46282**
南京市	**18382**	**8836**	**9546**	**12797**	**5958**	**6839**	**7579**	**3155**	**4424**
玄武区	1254	556	698	1073	511	562	662	307	355
秦淮区	2067	990	1077	1659	729	930	968	392	576
建邺区	884	420	464	614	287	327	354	145	209
鼓楼区	2418	1122	1296	2040	891	1149	1331	536	795
浦口区	803	359	444	486	207	279	331	123	208
栖霞区	1472	688	784	1026	453	573	567	253	314
雨花台区	860	425	435	610	263	347	335	148	187
江宁区	2757	1349	1408	1571	783	788	940	388	552
六合区	1650	784	866	1047	496	551	618	228	390
溧水区	1231	634	597	740	369	371	405	175	230
高淳区	1589	845	744	937	523	414	517	230	287
南京江北新区	1397	664	733	994	446	548	551	230	321
无锡市	**16515**	**8033**	**8482**	**10506**	**4736**	**5770**	**5729**	**2376**	**3353**
锡山区	1596	754	842	955	441	514	557	231	326
惠山区	1563	751	812	978	448	530	446	196	250
滨湖区	1491	730	761	1017	475	542	546	229	317
梁溪区	2380	1165	1215	1751	784	967	1105	445	660
新吴区	1167	586	581	698	316	382	381	153	228
江苏无锡经济开发区	479	239	240	261	117	144	145	56	89
江阴市	4095	1918	2177	2679	1136	1543	1192	488	704
宜兴市	3744	1890	1854	2167	1019	1148	1357	578	779
徐州市	**22668**	**10532**	**12136**	**13572**	**6046**	**7526**	**7926**	**2969**	**4957**
鼓楼区	855	396	459	624	276	348	368	152	216
云龙区	764	352	412	545	253	292	304	124	180
贾汪区	1108	522	586	665	290	375	328	113	215
泉山区	1604	730	874	1161	522	639	584	235	349
铜山区	3048	1424	1624	1620	737	883	1017	379	638
丰县	2862	1267	1595	1521	675	846	1031	338	693
沛县	2731	1280	1451	1417	629	788	924	339	585
睢宁县	2956	1414	1542	1862	794	1068	989	370	619
徐州经济技术开发区	574	258	316	334	153	181	172	71	101
新沂市	2285	1060	1225	1456	623	833	879	324	555
邳州市	3881	1829	2052	2367	1094	1273	1330	524	806
常州市	**12181**	**5720**	**6461**	**7562**	**3386**	**4176**	**4038**	**1676**	**2362**
天宁区	1673	800	873	1071	491	580	602	224	378
钟楼区	1454	697	757	977	419	558	549	237	312
新北区	1663	745	918	931	395	536	477	182	295
武进区	2489	1191	1298	1445	668	777	750	300	450
金坛区	1753	806	947	1110	529	581	626	278	348
江苏省常州市经济开发区	844	400	444	564	251	313	272	121	151
溧阳市	2305	1081	1224	1464	633	831	762	334	428

1-3　续表 19　　　　单位：人

地　　区	75-79岁			80-84岁			85-89岁		
	小计	男	女	小计	男	女	小计	男	女
苏州市	**23860**	**11398**	**12462**	**15252**	**6767**	**8485**	**8743**	**3410**	**5333**
虎丘区	1105	523	582	766	324	442	397	171	226
吴中区	2149	1015	1134	1315	583	732	766	287	479
相城区	1246	617	629	821	362	459	450	178	272
姑苏区	2644	1315	1329	1865	833	1032	1222	545	677
吴江区	2916	1430	1486	1948	929	1019	1081	429	652
苏州工业园区	1368	682	686	781	380	401	432	174	258
常熟市	4381	2003	2378	2942	1251	1691	1535	559	976
张家港市	3336	1580	1756	2083	869	1214	1076	376	700
昆山市	2517	1228	1289	1408	643	765	955	376	579
太仓市	2198	1005	1193	1323	593	730	829	315	514
南通市	**29650**	**14088**	**15562**	**20869**	**9245**	**11624**	**11443**	**4410**	**7033**
崇川区	1783	841	942	1259	577	682	701	302	399
港闸区	825	379	446	615	248	367	368	147	221
通州区	4205	2003	2202	3013	1253	1760	1619	610	1009
如东县	4742	2262	2480	3188	1530	1658	1750	745	1005
南通经济技术开发区	484	243	241	304	139	165	208	83	125
通州湾示范区	529	243	286	394	167	227	213	75	138
苏锡通科技产业园区	308	147	161	187	94	93	100	28	72
启东市	3857	1761	2096	3042	1302	1740	1761	617	1144
如皋市	5133	2423	2710	3702	1592	2110	1891	710	1181
海门市	3796	1847	1949	2452	1057	1395	1462	540	922
海安市	3988	1939	2049	2713	1286	1427	1370	553	817
连云港市	**10048**	**4745**	**5303**	**6134**	**2754**	**3380**	**3678**	**1547**	**2131**
连云区	361	162	199	209	85	124	116	47	69
海州区	1514	668	846	1010	442	568	541	250	291
赣榆区	2297	1067	1230	1407	633	774	921	366	555
东海县	2187	1122	1065	1342	644	698	918	378	540
灌云县	1783	845	938	1012	438	574	562	253	309
灌南县	1425	655	770	855	393	462	441	172	269
连云港经济技术开发区	162	73	89	117	49	68	83	38	45
连云港高新技术产业开发区	142	73	69	98	40	58	46	18	28
江苏连云港徐圩新区	107	45	62	50	19	31	25	14	11
江苏省连云港市云台山风景名胜区	70	35	35	34	11	23	25	11	14
淮安市	**11974**	**5735**	**6239**	**7454**	**3363**	**4091**	**3665**	**1451**	**2214**
淮安区	2378	1123	1255	1610	744	866	786	321	465
淮阴区	1899	916	983	1272	557	715	625	229	396
清江浦区	1208	562	646	810	359	451	380	153	227
洪泽区	970	470	500	542	261	281	251	113	138
涟水县	2125	1051	1074	1339	587	752	638	236	402
盱眙县	1719	796	923	911	405	506	502	199	303
金湖县	1120	540	580	604	275	329	303	122	181
淮安经济技术开发区	340	168	172	220	107	113	111	51	60
工业园区	39	16	23	39	18	21	21	9	12
生态文旅区	95	45	50	60	27	33	24	8	16
苏淮高新区	81	48	33	47	23	24	24	10	14

1-3 续表 20

单位：人

地区	75-79岁			80-84岁			85-89岁		
	小计	男	女	小计	男	女	小计	男	女
盐城市	**21707**	**10541**	**11166**	**14102**	**6354**	**7748**	**7012**	**2941**	**4071**
亭湖区	1672	775	897	1103	505	598	513	234	279
盐都区	2254	1169	1085	1344	626	718	670	269	401
大丰区	2488	1132	1356	1699	735	964	841	350	491
响水县	1056	481	575	712	316	396	352	154	198
滨海县	2198	1061	1137	1363	651	712	705	274	431
阜宁县	2499	1271	1228	1530	687	843	752	292	460
射阳县	2498	1193	1305	1625	676	949	828	328	500
建湖县	2273	1170	1103	1404	665	739	621	283	338
盐城经济技术开发区	275	123	152	153	68	85	86	35	51
江苏省盐南高新区	352	166	186	222	103	119	113	50	63
东台市	4142	2000	2142	2947	1322	1625	1531	672	859
扬州市	**14690**	**7296**	**7394**	**9086**	**4230**	**4856**	**4756**	**1913**	**2843**
广陵区	1477	708	769	889	420	469	455	174	281
邗江区	1422	684	738	946	452	494	484	211	273
江都区	3773	1895	1878	2264	1053	1211	1208	462	746
宝应县	2657	1347	1310	1585	760	825	791	318	473
扬州经济技术开发区	488	247	241	287	140	147	188	82	106
蜀冈瘦西湖景区	325	139	186	208	99	109	93	46	47
生态新城	184	98	86	100	39	61	65	28	37
仪征市	1446	692	754	1046	479	567	554	218	336
高邮市	2918	1486	1432	1761	788	973	918	374	544
镇江市	**8611**	**4067**	**4544**	**4973**	**2283**	**2690**	**2811**	**1095**	**1716**
京口区	984	458	526	698	326	372	358	169	189
润州区	669	325	344	403	180	223	223	101	122
丹徒区	909	430	479	499	221	278	300	121	179
镇江新区	606	289	317	336	153	183	180	74	106
江苏镇江高新区	126	71	55	72	27	45	31	13	18
丹阳市	2498	1186	1312	1406	625	781	908	309	599
扬中市	998	469	529	555	251	304	290	114	176
句容市	1821	839	982	1004	500	504	521	194	327
泰州市	**16948**	**8492**	**8456**	**10847**	**4877**	**5970**	**5811**	**2289**	**3522**
海陵区	1674	823	851	1105	539	566	577	259	318
高港区	932	455	477	574	221	353	349	130	219
姜堰区	2867	1487	1380	1892	875	1017	1033	425	608
泰州医药高新技术产业开发区	514	251	263	284	127	157	192	74	118
兴化市	4891	2518	2373	3057	1413	1644	1532	630	902
靖江市	2183	1049	1134	1384	609	775	714	268	446
泰兴市	3887	1909	1978	2551	1093	1458	1414	503	911
宿迁市	**11390**	**5413**	**5977**	**7157**	**3143**	**4014**	**3749**	**1426**	**2323**
宿城区	1467	689	778	957	402	555	446	155	291
宿豫区	985	479	506	630	272	358	358	137	221
沭阳县	3794	1746	2048	2400	1063	1337	1260	479	781
泗阳县	2042	1027	1015	1270	543	727	672	257	415
泗洪县	2081	1007	1074	1213	563	650	657	264	393
宿迁经济技术开发区	301	142	159	196	85	111	100	39	61
宿迁市湖滨新区	325	141	184	242	109	133	141	53	88
苏州宿迁工业园区	2	1	1	2	1	1	2		2
宿迁市洋河新区	393	181	212	247	105	142	113	42	71

1-3　续表 21　　　　　　　　　　　　　　　　　　　　　　单位：人

地　区	90-94岁			95-99岁			100岁及以上		
	小计	男	女	小计	男	女	小计	男	女
江　苏	**26244**	**8958**	**17286**	**5473**	**1512**	**3961**	**576**	**129**	**447**
南京市	**2564**	**1038**	**1526**	**444**	**156**	**288**	**38**	**14**	**24**
玄武区	230	106	124	44	21	23	3	3	
秦淮区	412	177	235	61	21	40	5	1	4
建邺区	122	55	67	37	13	24	3	3	
鼓楼区	454	213	241	79	32	47	8	1	7
浦口区	97	37	60	21	5	16			
栖霞区	196	75	121	26	6	20	5	1	4
雨花台区	104	40	64	17	10	7	1		1
江宁区	267	80	187	42	14	28	3		3
六合区	208	66	142	39	13	26	2	1	1
溧水区	108	35	73	15	2	13	4	2	2
高淳区	182	74	108	35	9	26			
南京江北新区	184	80	104	28	10	18	4	2	2
无锡市	**2236**	**764**	**1472**	**451**	**130**	**321**	**53**	**8**	**45**
锡山区	209	74	135	32	7	25	6		6
惠山区	164	48	116	49	14	35	2	1	1
滨湖区	223	73	150	51	15	36	5	1	4
梁溪区	425	155	270	79	28	51	6	1	5
新吴区	168	59	109	27	6	21	6	2	4
江苏无锡经济开发区	46	14	32	14	3	11	1		1
江阴市	463	143	320	88	24	64	13	1	12
宜兴市	538	198	340	111	33	78	14	2	12
徐州市	**2641**	**888**	**1753**	**659**	**176**	**483**	**72**	**12**	**60**
鼓楼区	111	41	70	22	7	15	3	1	2
云龙区	91	44	47	23	10	13	2		2
贾汪区	129	45	84	25	6	19	4	1	3
泉山区	183	78	105	37	16	21	4	1	3
铜山区	330	106	224	76	16	60	5		5
丰县	338	89	249	103	24	79	8	1	7
沛县	324	97	227	71	16	55	7	2	5
睢宁县	337	111	226	83	20	63	4		4
徐州经济技术开发区	63	25	38	10	1	9	1	1	
新沂市	234	73	161	55	20	35	8	1	7
邳州市	501	179	322	154	40	114	26	4	22
常州市	**1667**	**622**	**1045**	**336**	**94**	**242**	**28**	**11**	**17**
天宁区	256	96	160	42	10	32	6		6
钟楼区	206	80	126	44	7	37	2	1	1
新北区	170	47	123	39	15	24			
武进区	326	118	208	64	22	42	5	2	3
金坛区	240	96	144	44	10	34	5	3	2
江苏省常州市经济开发区	99	36	63	18	1	17			
溧阳市	370	149	221	85	29	56	10	5	5

1-3 续表 22 单位：人

地区	90-94岁			95-99岁			100岁及以上		
	小计	男	女	小计	男	女	小计	男	女
苏州市	**3200**	**994**	**2206**	**651**	**177**	**474**	**58**	**15**	**43**
虎丘区	155	50	105	30	8	22	5		5
吴中区	272	83	189	60	16	44	4	1	3
相城区	163	48	115	40	7	33	2		2
姑苏区	461	161	300	101	41	60	7	4	3
吴江区	377	117	260	68	19	49	5	2	3
苏州工业园区	159	60	99	26	9	17	2	2	
常熟市	550	147	403	106	17	89	7	1	6
张家港市	425	113	312	90	31	59	6	1	5
昆山市	335	107	228	71	17	54	7	1	6
太仓市	303	108	195	59	12	47	13	3	10
南通市	**4350**	**1380**	**2970**	**1023**	**272**	**751**	**123**	**19**	**104**
崇川区	229	90	139	68	21	47	8	1	7
港闸区	128	35	93	29	7	22	5		5
通州区	704	210	494	157	45	112	17	2	15
如东县	653	225	428	164	40	124	20	1	19
南通经济技术开发区	78	26	52	14	5	9	3	1	2
通州湾示范区	56	18	38	25	8	17			
苏锡通科技产业园区	37	16	21	15	6	9			
启东市	628	185	443	124	33	91	13	1	12
如皋市	778	245	533	165	36	129	20	6	14
海门市	583	173	410	144	33	111	15	4	11
海安市	476	157	319	118	38	80	22	3	19
连云港市	**1163**	**453**	**710**	**252**	**79**	**173**	**20**	**5**	**15**
连云区	33	18	15	9	1	8			
海州区	183	88	95	33	13	20	1		1
赣榆区	292	109	183	54	14	40	4		4
东海县	248	87	161	56	19	37	8	2	6
灌云县	213	79	134	50	17	33	4	2	2
灌南县	141	47	94	37	10	27	2		2
连云港经济技术开发区	21	11	10	3	1	2			
连云港高新技术产业开发区	18	8	10	5	2	3			
江苏连云港徐圩新区	9	3	6	4	2	2	1	1	
江苏省连云港市云台山风景名胜区	5	3	2	1		1			
淮安市	**1066**	**371**	**695**	**203**	**49**	**154**	**38**	**10**	**28**
淮安区	196	77	119	31	11	20	2		2
淮阴区	214	57	157	31	6	25	2	1	1
清江浦区	94	43	51	19	5	14	23	7	16
洪泽区	68	31	37	17	5	12	2	1	1
涟水县	173	46	127	57	11	46	3	1	2
盱眙县	181	64	117	26	4	22	6		6
金湖县	96	38	58	15	5	10			
淮安经济技术开发区	29	10	19	5		5			
工业园区	3	1	2						
生态文旅区	7	2	5						
苏淮高新区	5	2	3	2	2				

1-3 续表 23

单位：人

地区	90-94岁			95-99岁			100岁及以上		
	小计	男	女	小计	男	女	小计	男	女
盐城市	**1906**	**698**	**1208**	**382**	**109**	**273**	**38**	**10**	**28**
亭湖区	138	58	80	25	4	21	4		4
盐都区	124	53	71	23	5	18	2		2
大丰区	237	71	166	47	11	36	4	1	3
响水县	141	54	87	33	11	22	3	1	2
滨海县	212	81	131	62	19	43	4		4
阜宁县	189	63	126	51	14	37	9	4	5
射阳县	198	84	114	38	15	23	4	2	2
建湖县	160	55	105	20	5	15	1		1
盐城经济技术开发区	18	9	9	2		2			
江苏省盐南高新区	21	9	12	10	6	4			
东台市	468	161	307	71	19	52	7	2	5
扬州市	**1371**	**459**	**912**	**225**	**66**	**159**	**17**	**6**	**11**
广陵区	157	56	101	34	6	28	7	3	4
邗江区	146	44	102	13	7	6	2	2	
江都区	350	105	245	72	21	51	2		2
宝应县	196	68	128	29	7	22	2		2
扬州经济技术开发区	63	28	35	6	2	4	1	1	
蜀冈瘦西湖景区	33	12	21	5	3	2	1		1
生态新城	18	6	12	2		2			
仪征市	169	56	113	23	8	15	1		1
高邮市	239	84	155	41	12	29	1		1
镇江市	**981**	**341**	**640**	**192**	**48**	**144**	**14**	**2**	**12**
京口区	127	52	75	22	8	14	1		1
润州区	70	27	43	17	7	10			
丹徒区	104	36	68	18	7	11	2		2
镇江新区	81	24	57	16	5	11	2		2
江苏镇江高新区	15	5	10	5	1	4			
丹阳市	283	95	188	61	10	51	3	1	2
扬中市	107	35	72	20	3	17	2		2
句容市	194	67	127	33	7	26	4	1	3
泰州市	**1919**	**579**	**1340**	**384**	**90**	**294**	**44**	**12**	**32**
海陵区	166	51	115	34	9	25	1		1
高港区	96	34	62	13	2	11	3		3
姜堰区	350	107	243	61	20	41	8	4	4
泰州医药高新技术产业开发区	61	18	43	15	6	9			
兴化市	383	130	253	80	20	60	4	1	3
靖江市	317	91	226	51	13	38	9	2	7
泰兴市	546	148	398	130	20	110	19	5	14
宿迁市	**1180**	**371**	**809**	**271**	**66**	**205**	**33**	**5**	**28**
宿城区	147	45	102	29	7	22	4	2	2
宿豫区	131	46	85	27	7	20	3		3
沭阳县	376	110	266	101	25	76	11	1	10
泗阳县	233	72	161	50	13	37	5	1	4
泗洪县	187	65	122	44	10	34	6		6
宿迁经济技术开发区	29	11	18	4		4	4	1	3
宿迁市湖滨新区	39	9	30	9	2	7			
苏州宿迁工业园区	2	1	1						
宿迁市洋河新区	36	12	24	7	2	5			

1-3a 各地区分年龄、性别的人口(城市)

单位：人

地区	合计			0岁		
	合计	男	女	小计	男	女
江苏	**3893982**	**1971117**	**1922865**	**23435**	**12332**	**11103**
南京市	**764789**	**388555**	**376234**	**4776**	**2528**	**2248**
玄武区	52527	26009	26518	266	133	133
秦淮区	73807	36204	37603	379	199	180
建邺区	51838	26174	25664	297	161	136
鼓楼区	93977	45530	48447	466	245	221
浦口区	30274	15462	14812	217	119	98
栖霞区	87116	45148	41968	440	236	204
雨花台区	57568	30255	27313	349	190	159
江宁区	139975	72088	67887	945	527	418
六合区	22142	10985	11157	152	75	77
溧水区	28691	15289	13402	209	110	99
高淳区	23766	11978	11788	189	108	81
南京江北新区	103108	53433	49675	867	425	442
无锡市	**477794**	**244559**	**233235**	**2788**	**1453**	**1335**
锡山区	48369	25644	22725	309	160	149
惠山区	53366	28063	25303	351	173	178
滨湖区	54154	27623	26531	229	121	108
梁溪区	94389	47134	47255	468	229	239
新吴区	58010	29843	28167	428	225	203
江苏无锡经济开发区	32659	16841	15818	217	119	98
江阴市	79539	40758	38781	509	268	241
宜兴市	57308	28653	28655	277	158	119
徐州市	**294747**	**147949**	**146798**	**2186**	**1161**	**1025**
鼓楼区	41937	21204	20733	294	137	157
云龙区	43242	21246	21996	380	189	191
贾汪区	18270	9407	8863	139	81	58
泉山区	62623	30831	31792	465	248	217
铜山区	36820	18469	18351	254	135	119
丰县						
沛县						
睢宁县						
徐州经济技术开发区	357	178	179	7	4	3
新沂市	34913	17658	17255	252	140	112
邳州市	56585	28956	27629	395	227	168
常州市	**337076**	**172831**	**164245**	**1817**	**938**	**879**
天宁区	55442	27456	27986	300	151	149
钟楼区	60059	30454	29605	290	147	143
新北区	62394	31794	30600	414	210	204
武进区	73791	38781	35010	408	226	182
金坛区	31625	15922	15703	134	75	59
江苏省常州市经济开发区	17849	9394	8455	101	49	52
溧阳市	35916	19030	16886	170	80	90

1-3a 续表 1

单位：人

地区	合计			0岁		
	合计	男	女	小计	男	女
苏州市	**677754**	**349649**	**328105**	**4286**	**2239**	**2047**
虎丘区	75373	39332	36041	474	258	216
吴中区	77850	40256	37594	572	296	276
相城区	74150	39109	35041	495	258	237
姑苏区	90183	44595	45588	425	222	203
吴江区	58845	30969	27876	383	203	180
苏州工业园区						
常熟市	82007	42011	39996	364	195	169
张家港市	50474	25476	24998	271	139	132
昆山市	133937	69897	64040	1095	565	530
太仓市	34935	18004	16931	207	103	104
南通市	**303427**	**148563**	**154864**	**1594**	**839**	**755**
崇川区	73594	35972	37622	387	218	169
港闸区	38286	19480	18806	230	132	98
通州区	38546	18754	19792	221	105	116
如东县						
南通经济技术开发区						
通州湾示范区						
苏锡通科技产业园区						
启东市	37569	18076	19493	161	78	83
如皋市	35651	17067	18584	198	95	103
海门市	34026	16609	17417	147	70	77
海安市	45755	22605	23150	250	141	109
连云港市	**100290**	**51015**	**49275**	**696**	**382**	**314**
连云区	14895	7771	7124	76	35	41
海州区	55151	27494	27657	390	208	182
赣榆区	28002	14296	13706	219	134	85
东海县	883	477	406	6	4	2
灌云县						
灌南县						
连云港经济技术开发区						
连云港高新技术产业开发区						
江苏连云港徐圩新区	902	737	165	1	1	
江苏省连云港市云台山风景名胜区	457	240	217	4		4
淮安市	**124268**	**61271**	**62997**	**815**	**434**	**381**
淮安区	29587	14599	14988	156	85	71
淮阴区	31616	15675	15941	240	126	114
清江浦区	49171	24123	25048	350	181	169
洪泽区	13894	6874	7020	69	42	27
涟水县						
盱眙县						
金湖县						
淮安经济技术开发区						
工业园区						
生态文旅区						
苏淮高新区						

1-3a 续表 2

单位：人

地　区	合　计			0岁		
	合计	男	女	小计	男	女
盐城市	**170420**	**86436**	**83984**	**961**	**534**	**427**
亭湖区	53144	27176	25968	258	135	123
盐都区	26837	13834	13003	157	89	68
大丰区	22398	11068	11330	130	65	65
响水县						
滨海县						
阜宁县						
射阳县						
建湖县						
盐城经济技术开发区	301	162	139			
江苏省盐南高新区	34258	17250	17008	238	147	91
东台市	33482	16946	16536	178	98	80
扬州市	**207856**	**103340**	**104516**	**1028**	**526**	**502**
广陵区	41425	21054	20371	181	89	92
邗江区	56995	28257	28738	322	165	157
江都区	33064	15999	17065	162	88	74
宝应县						
扬州经济技术开发区						
蜀冈瘦西湖景区	13920	6945	6975	67	34	33
生态新城	3571	1840	1731	13	5	8
仪征市	29218	14730	14488	137	68	69
高邮市	29663	14515	15148	146	77	69
镇江市	**160986**	**80500**	**80486**	**880**	**460**	**420**
京口区	33349	16626	16723	150	70	80
润州区	22871	11388	11483	109	49	60
丹徒区	14176	7173	7003	93	54	39
镇江新区						
江苏镇江高新区	6054	3152	2902	39	24	15
丹阳市	38584	19160	19424	232	126	106
扬中市	17380	8834	8546	95	54	41
句容市	28572	14167	14405	162	83	79
泰州市	**194424**	**95911**	**98513**	**902**	**469**	**433**
海陵区	51261	25051	26210	278	149	129
高港区	13387	6763	6624	82	45	37
姜堰区	32709	15969	16740	137	71	66
泰州医药高新技术产业开发区						
兴化市	28317	14357	13960	108	44	64
靖江市	32935	16165	16770	147	77	70
泰兴市	35815	17606	18209	150	83	67
宿迁市	**80151**	**40538**	**39613**	**706**	**369**	**337**
宿城区	38262	19212	19050	358	173	185
宿豫区	23241	11647	11594	206	118	88
沭阳县						
泗阳县						
泗洪县						
宿迁经济技术开发区						
宿迁市湖滨新区	7453	4022	3431	47	27	20
苏州宿迁工业园区	2797	1382	1415	29	18	11
宿迁市洋河新区	8398	4275	4123	66	33	33

1-3a　续表 3　　　　单位：人

地　区	1-4岁			5-9岁			10-14岁		
	小计	男	女	小计	男	女	小计	男	女
江　苏	**154306**	**80578**	**73728**	**212571**	**113698**	**98873**	**174258**	**94230**	**80028**
南京市	**29900**	**15590**	**14310**	**35391**	**18637**	**16754**	**27011**	**14476**	**12535**
玄武区	1510	805	705	2127	1123	1004	1814	952	862
秦淮区	2026	1057	969	2966	1578	1388	2681	1402	1279
建邺区	1960	1040	920	2513	1318	1195	1955	1030	925
鼓楼区	2820	1431	1389	4557	2430	2127	4087	2182	1905
浦口区	1315	704	611	1366	704	662	971	506	465
栖霞区	3067	1592	1475	3380	1780	1600	2462	1318	1144
雨花台区	2276	1186	1090	2580	1372	1208	1850	1024	826
江宁区	6481	3404	3077	6843	3611	3232	4427	2375	2052
六合区	948	501	447	1112	606	506	948	531	417
溧水区	1319	711	608	1497	773	724	1169	645	524
高淳区	1167	584	583	1335	710	625	1112	600	512
南京江北新区	5011	2575	2436	5115	2632	2483	3535	1911	1624
无锡市	**18580**	**9607**	**8973**	**24952**	**13259**	**11693**	**19491**	**10448**	**9043**
锡山区	2127	1124	1003	2721	1414	1307	2086	1133	953
惠山区	2218	1154	1064	3050	1650	1400	2378	1309	1069
滨湖区	1551	787	764	2090	1081	1009	1854	979	875
梁溪区	3260	1693	1567	4601	2457	2144	3544	1856	1688
新吴区	2519	1334	1185	3151	1677	1474	2365	1280	1085
江苏无锡经济开发区	1607	822	785	2034	1083	951	1359	733	626
江阴市	3193	1646	1547	4256	2255	2001	3462	1852	1610
宜兴市	2105	1047	1058	3049	1642	1407	2443	1306	1137
徐州市	**14185**	**7506**	**6679**	**20554**	**11254**	**9300**	**20809**	**11445**	**9364**
鼓楼区	1874	1004	870	2393	1339	1054	2209	1193	1016
云龙区	2488	1284	1204	3090	1620	1470	2369	1270	1099
贾汪区	849	470	379	1265	718	547	1350	754	596
泉山区	2604	1350	1254	3539	1915	1624	3217	1744	1473
铜山区	1733	882	851	2521	1374	1147	2496	1378	1118
丰县									
沛县									
睢宁县									
徐州经济技术开发区	12	6	6	25	14	11	40	22	18
新沂市	1777	951	826	2980	1617	1363	3275	1780	1495
邳州市	2848	1559	1289	4741	2657	2084	5853	3304	2549
常州市	**13081**	**6861**	**6220**	**18087**	**9646**	**8441**	**14579**	**7829**	**6750**
天宁区	2063	1057	1006	2796	1506	1290	2369	1227	1142
钟楼区	2067	1130	937	3080	1671	1409	2554	1394	1160
新北区	2951	1511	1440	3860	2040	1820	2971	1613	1358
武进区	3010	1550	1460	4338	2313	2025	3197	1702	1495
金坛区	1096	575	521	1515	777	738	1292	680	612
江苏省常州市经济开发区	596	331	265	810	434	376	753	416	337
溧阳市	1298	707	591	1688	905	783	1443	797	646

1-3a 续表 4

单位：人

地区	1-4岁			5-9岁			10-14岁		
	小计	男	女	小计	男	女	小计	男	女
苏州市	**27421**	**14364**	**13057**	**37812**	**20048**	**17764**	**27961**	**14878**	**13083**
虎丘区	3222	1722	1500	4452	2376	2076	3070	1625	1445
吴中区	3170	1649	1521	3758	1954	1804	2752	1504	1248
相城区	3135	1621	1514	3959	2092	1867	2814	1519	1295
姑苏区	2836	1518	1318	4101	2162	1939	3459	1835	1624
吴江区	2426	1260	1166	3297	1760	1537	2269	1196	1073
苏州工业园区									
常熟市	2760	1466	1294	4093	2197	1896	3191	1706	1485
张家港市	2023	1059	964	3177	1668	1509	2501	1307	1194
昆山市	6410	3307	3103	8823	4678	4145	6336	3364	2972
太仓市	1439	762	677	2152	1161	991	1569	822	747
南通市	**10139**	**5309**	**4830**	**14728**	**7725**	**7003**	**12702**	**6627**	**6075**
崇川区	2401	1290	1111	3497	1831	1666	2943	1521	1422
港闸区	1427	725	702	1838	1003	835	1425	771	654
通州区	1374	725	649	1960	1073	887	1766	914	852
如东县									
南通经济技术开发区									
通州湾示范区									
苏锡通科技产业园区									
启东市	1007	537	470	1604	834	770	1553	787	766
如皋市	1340	690	650	1909	971	938	1643	837	806
海门市	1042	519	523	1744	921	823	1721	901	820
海安市	1548	823	725	2176	1092	1084	1651	896	755
连云港市	**4588**	**2423**	**2165**	**6789**	**3703**	**3086**	**6165**	**3433**	**2732**
连云区	645	320	325	834	477	357	705	362	343
海州区	2334	1244	1090	3538	1916	1622	3167	1757	1410
赣榆区	1547	821	726	2307	1250	1057	2187	1255	932
东海县	40	26	14	67	37	30	62	37	25
灌云县									
灌南县									
连云港经济技术开发区									
连云港高新技术产业开发区									
江苏连云港徐圩新区	5	3	2	10	5	5	12	8	4
江苏省连云港市云台山风景名胜区	17	9	8	33	18	15	32	14	18
淮安市	**5507**	**2890**	**2617**	**8493**	**4625**	**3868**	**7193**	**3972**	**3221**
淮安区	1241	633	608	2085	1168	917	1755	1028	727
淮阴区	1502	761	741	2314	1267	1047	1965	1086	879
清江浦区	2241	1224	1017	3297	1759	1538	2673	1415	1258
洪泽区	523	272	251	797	431	366	800	443	357
涟水县									
盱眙县									
金湖县									
淮安经济技术开发区									
工业园区									
生态文旅区									
苏淮高新区									

1-3a 续表 5

单位：人

地 区	1-4岁			5-9岁			10-14岁		
	小计	男	女	小计	男	女	小计	男	女
盐城市	**6410**	**3349**	**3061**	**9841**	**5511**	**4330**	**8597**	**4874**	**3723**
亭湖区	1677	884	793	2620	1462	1158	2595	1499	1096
盐都区	1192	635	557	1763	1016	747	1536	925	611
大丰区	854	437	417	1246	668	578	1098	595	503
响水县									
滨海县									
阜宁县									
射阳县									
建湖县									
盐城经济技术开发区	9	2	7	14	11	3	7	7	
江苏省盐南高新区	1664	887	777	2532	1466	1066	2027	1143	884
东台市	1014	504	510	1666	888	778	1334	705	629
扬州市	**7158**	**3703**	**3455**	**10124**	**5379**	**4745**	**8515**	**4574**	**3941**
广陵区	1232	645	587	1927	1035	892	1481	793	688
邗江区	1994	1036	958	2859	1538	1321	2275	1243	1032
江都区	1133	569	564	1646	873	773	1503	820	683
宝应县									
扬州经济技术开发区									
蜀冈瘦西湖景区	496	241	255	806	435	371	675	360	315
生态新城	101	51	50	149	71	78	137	73	64
仪征市	1078	577	501	1278	664	614	1162	594	568
高邮市	1124	584	540	1459	763	696	1282	691	591
镇江市	**5657**	**2924**	**2733**	**8011**	**4188**	**3823**	**6512**	**3377**	**3135**
京口区	978	485	493	1488	777	711	1209	619	590
润州区	692	353	339	923	479	444	880	465	415
丹徒区	581	299	282	753	387	366	564	287	277
镇江新区									
江苏镇江高新区	228	115	113	282	150	132	246	124	122
丹阳市	1400	724	676	2038	1088	950	1697	887	810
扬中市	654	351	303	1023	527	496	761	415	346
句容市	1124	597	527	1504	780	724	1155	580	575
泰州市	**7044**	**3642**	**3402**	**10394**	**5735**	**4659**	**9496**	**5360**	**4136**
海陵区	1770	883	887	2555	1382	1173	2054	1128	926
高港区	548	276	272	705	404	301	532	285	247
姜堰区	1201	632	569	1786	988	798	1813	1016	797
泰州医药高新技术产业开发区									
兴化市	1030	522	508	1752	1010	742	1881	1141	740
靖江市	1248	671	577	1667	885	782	1466	761	705
泰兴市	1247	658	589	1929	1066	863	1750	1029	721
宿迁市	**4636**	**2410**	**2226**	**7395**	**3988**	**3407**	**5227**	**2937**	**2290**
宿城区	2080	1094	986	3390	1838	1552	2456	1396	1060
宿豫区	1586	821	765	2180	1183	997	1482	793	689
沭阳县									
泗阳县									
泗洪县									
宿迁经济技术开发区									
宿迁市湖滨新区	298	154	144	594	309	285	451	274	177
苏州宿迁工业园区	226	115	111	406	223	183	239	139	100
宿迁市洋河新区	446	226	220	825	435	390	599	335	264

1-3a 续表 6

单位：人

地　　区	15-19岁			20-24岁			25-29岁		
	小计	男	女	小计	男	女	小计	男	女
江　苏	**195559**	**104703**	**90856**	**234455**	**123688**	**110767**	**296806**	**153325**	**143481**
南京市	**39357**	**20832**	**18525**	**68554**	**35568**	**32986**	**66593**	**34490**	**32103**
玄武区	3131	1624	1507	6550	3329	3221	4096	2090	2006
秦淮区	2462	1331	1131	4037	2001	2036	5593	2723	2870
建邺区	1946	1058	888	3328	1668	1660	4626	2385	2241
鼓楼区	3766	1889	1877	7099	3241	3858	6178	2939	3239
浦口区	1456	645	811	1903	892	1011	2538	1332	1206
栖霞区	7098	3691	3407	11833	6054	5779	8119	4405	3714
雨花台区	2062	1072	990	4878	2685	2193	6368	3498	2870
江宁区	8861	4737	4124	14687	7719	6968	14009	7378	6631
六合区	991	542	449	691	325	366	1417	664	753
溧水区	1462	758	704	1820	1058	762	2456	1340	1116
高淳区	1069	577	492	914	454	460	1586	796	790
南京江北新区	5053	2908	2145	10814	6142	4672	9607	4940	4667
无锡市	**20030**	**11081**	**8949**	**24957**	**13617**	**11340**	**37528**	**19622**	**17906**
锡山区	1843	1056	787	2536	1511	1025	4734	2591	2143
惠山区	3296	1888	1408	3175	1776	1399	4296	2254	2042
滨湖区	3455	1902	1553	5052	2622	2430	3922	2048	1874
梁溪区	3085	1702	1383	4341	2226	2115	6715	3327	3388
新吴区	2263	1234	1029	2735	1593	1142	5354	2835	2519
江苏无锡经济开发区	995	524	471	1561	858	703	2692	1454	1238
江阴市	2832	1614	1218	3094	1771	1323	5836	3121	2715
宜兴市	2261	1161	1100	2463	1260	1203	3979	1992	1987
徐州市	**17569**	**9434**	**8135**	**15475**	**7985**	**7490**	**17791**	**8820**	**8971**
鼓楼区	1461	817	644	1855	1084	771	2744	1381	1363
云龙区	1816	946	870	2465	1243	1222	2875	1337	1538
贾汪区	1506	823	683	879	430	449	918	472	446
泉山区	3267	1895	1372	2837	1399	1438	3689	1771	1918
铜山区	2998	1330	1668	4320	2225	2095	2312	1191	1121
丰县									
沛县									
睢宁县									
徐州经济技术开发区	23	13	10	9	4	5	12	6	6
新沂市	2386	1285	1101	1116	591	525	2117	1085	1032
邳州市	4112	2325	1787	1994	1009	985	3124	1577	1547
常州市	**16337**	**9024**	**7313**	**19791**	**11245**	**8546**	**26150**	**13775**	**12375**
天宁区	2126	1038	1088	2180	1150	1030	3807	1889	1918
钟楼区	2571	1363	1208	3557	1867	1690	4246	2223	2023
新北区	2882	1591	1291	3603	2048	1555	5180	2669	2511
武进区	4759	2665	2094	6241	3722	2519	6532	3499	3033
金坛区	1250	713	537	1255	697	558	2280	1204	1076
江苏省常州市经济开发区	1095	671	424	918	522	396	1353	767	586
溧阳市	1654	983	671	2037	1239	798	2752	1524	1228

1-3a　续表 7

单位：人

地区	15-19岁			20-24岁			25-29岁		
	小计	男	女	小计	男	女	小计	男	女
苏州市	**29368**	**15915**	**13453**	**41204**	**22489**	**18715**	**61941**	**32972**	**28969**
虎丘区	4244	2318	1926	6261	3337	2924	7659	4283	3376
吴中区	4101	2101	2000	6198	3312	2886	7992	4175	3817
相城区	2609	1494	1115	4001	2277	1724	7537	4015	3522
姑苏区	3302	1700	1602	5013	2451	2562	6509	3141	3368
吴江区	2690	1491	1199	3642	2109	1533	6274	3480	2794
苏州工业园区									
常熟市	3514	1866	1648	4851	2570	2281	7048	3799	3249
张家港市	2500	1359	1141	2669	1465	1204	3379	1724	1655
昆山市	4901	2788	2113	6923	4058	2865	12915	6968	5947
太仓市	1507	798	709	1646	910	736	2628	1387	1241
南通市	**15350**	**7812**	**7538**	**14543**	**7367**	**7176**	**18957**	**9413**	**9544**
崇川区	4982	2469	2513	5704	2734	2970	4699	2346	2353
港闸区	2009	1058	951	2594	1400	1194	3069	1575	1494
通州区	1566	809	757	1504	761	743	2528	1231	1297
如东县									
南通经济技术开发区									
通州湾示范区									
苏锡通科技产业园区									
启东市	1622	827	795	1261	640	621	2099	1002	1097
如皋市	1588	780	808	961	473	488	1929	927	1002
海门市	1702	866	836	1149	612	537	1971	948	1023
海安市	1881	1003	878	1370	747	623	2662	1384	1278
连云港市	**4938**	**2761**	**2177**	**4061**	**2302**	**1759**	**6443**	**3337**	**3106**
连云区	358	195	163	578	331	247	996	559	437
海州区	2331	1235	1096	2303	1238	1065	3397	1645	1752
赣榆区	2183	1285	898	994	601	393	1837	977	860
东海县	31	23	8	38	21	17	73	42	31
灌云县									
灌南县									
连云港经济技术开发区									
连云港高新技术产业开发区									
江苏连云港徐圩新区	11	8	3	134	103	31	116	100	16
江苏省连云港市云台山风景名胜区	24	15	9	14	8	6	24	14	10
淮安市	**7557**	**3969**	**3588**	**5947**	**2722**	**3225**	**8931**	**4391**	**4540**
淮安区	1939	1102	837	1022	487	535	2111	1031	1080
淮阴区	2588	1299	1289	2038	882	1156	2636	1281	1355
清江浦区	2271	1159	1112	2421	1135	1286	3372	1685	1687
洪泽区	759	409	350	466	218	248	812	394	418
涟水县									
盱眙县									
金湖县									
淮安经济技术开发区									
工业园区									
生态文旅区									
苏淮高新区									

1-3a 续表 8

单位：人

地区	15-19岁			20-24岁			25-29岁		
	小计	男	女	小计	男	女	小计	男	女
盐城市	**10205**	**5558**	**4647**	**7914**	**4181**	**3733**	**10773**	**5597**	**5176**
亭湖区	3571	2038	1533	3500	1883	1617	2983	1533	1450
盐都区	1073	604	469	1084	584	500	2144	1142	1002
大丰区	857	432	425	710	365	345	1448	716	732
响水县									
滨海县									
阜宁县									
射阳县									
建湖县									
盐城经济技术开发区	57	28	29	12	4	8	22	14	8
江苏省盐南高新区	2754	1357	1397	1499	727	772	2252	1137	1115
东台市	1893	1099	794	1109	618	491	1924	1055	869
扬州市	**12796**	**6683**	**6113**	**11889**	**6071**	**5818**	**13156**	**6536**	**6620**
广陵区	2255	1188	1067	1946	1033	913	2922	1488	1434
邗江区	5635	2973	2662	6092	3065	3027	3660	1770	1890
江都区	1615	829	786	1157	573	584	1956	945	1011
宝应县									
扬州经济技术开发区									
蜀冈瘦西湖景区	709	338	371	496	250	246	798	399	399
生态新城	120	65	55	163	94	69	252	134	118
仪征市	1264	670	594	1024	557	467	1759	917	842
高邮市	1198	620	578	1011	499	512	1809	883	926
镇江市	**7449**	**3911**	**3538**	**7452**	**3963**	**3489**	**10384**	**5180**	**5204**
京口区	1887	1036	851	2506	1391	1115	1849	948	901
润州区	778	412	366	824	411	413	1365	678	687
丹徒区	523	269	254	476	231	245	1025	533	492
镇江新区									
江苏镇江高新区	194	116	78	248	141	107	471	250	221
丹阳市	2070	1032	1038	1384	738	646	2681	1317	1364
扬中市	622	326	296	594	322	272	1156	602	554
句容市	1375	720	655	1420	729	691	1837	852	985
泰州市	**9480**	**4974**	**4506**	**8367**	**4099**	**4268**	**12103**	**6113**	**5990**
海陵区	2918	1446	1472	3937	1820	2117	3437	1725	1712
高港区	573	332	241	497	275	222	933	464	469
姜堰区	1846	941	905	989	519	470	1825	889	936
泰州医药高新技术产业开发区									
兴化市	1393	764	629	812	391	421	1830	957	873
靖江市	1132	596	536	972	502	470	2079	1038	1041
泰兴市	1618	895	723	1160	592	568	1999	1040	959
宿迁市	**5123**	**2749**	**2374**	**4301**	**2079**	**2222**	**6056**	**3079**	**2977**
宿城区	1914	947	967	2261	1036	1225	2772	1423	1349
宿豫区	1053	475	578	1150	575	575	2063	1041	1022
沭阳县									
泗阳县									
泗洪县									
宿迁经济技术开发区									
宿迁市湖滨新区	1726	1096	630	427	218	209	390	215	175
苏州宿迁工业园区	60	32	28	98	52	46	272	126	146
宿迁市洋河新区	370	199	171	365	198	167	559	274	285

1-3a　续表 9　　　　　　　　　　　　　　　　　　　　单位：人

地　　区	30-34岁			35-39岁			40-44岁		
	小计	男	女	小计	男	女	小计	男	女
江　苏	**429918**	**215992**	**213926**	**319678**	**159950**	**159728**	**290579**	**146070**	**144509**
南京市	**81751**	**41368**	**40383**	**63078**	**31657**	**31421**	**53889**	**27488**	**26401**
玄武区	4151	2022	2129	4000	1905	2095	3645	1680	1965
秦淮区	6499	3167	3332	5888	2743	3145	5564	2682	2882
建邺区	5228	2527	2701	4949	2395	2554	4148	2103	2045
鼓楼区	7467	3446	4021	8259	3850	4409	7545	3650	3895
浦口区	3512	1784	1728	2273	1201	1072	2065	1111	954
栖霞区	9386	4962	4424	6564	3413	3151	5463	2906	2557
雨花台区	6883	3639	3244	4740	2536	2204	3948	2086	1862
江宁区	18372	9508	8864	12538	6470	6068	9422	5014	4408
六合区	2254	1074	1180	1734	827	907	1827	885	942
溧水区	3142	1684	1458	1983	1040	943	2004	1063	941
高淳区	2269	1112	1157	1475	693	782	1684	823	861
南京江北新区	12588	6443	6145	8675	4584	4091	6574	3485	3089
无锡市	**55002**	**28111**	**26891**	**40109**	**20576**	**19533**	**36973**	**19016**	**17957**
锡山区	6665	3583	3082	4456	2411	2045	3753	1997	1756
惠山区	6297	3269	3028	4660	2471	2189	4153	2205	1948
滨湖区	4770	2400	2370	3830	1936	1894	3795	1941	1854
梁溪区	9893	4901	4992	7928	3987	3941	6964	3538	3426
新吴区	8425	4370	4055	5506	2878	2628	4431	2270	2161
江苏无锡经济开发区	4246	2140	2106	3281	1708	1573	2647	1371	1276
江阴市	8967	4593	4374	6395	3195	3200	6710	3459	3251
宜兴市	5739	2855	2884	4053	1990	2063	4520	2235	2285
徐州市	**31126**	**14967**	**16159**	**23547**	**11535**	**12012**	**19352**	**9433**	**9919**
鼓楼区	4392	2106	2286	3567	1746	1821	3080	1505	1575
云龙区	5235	2453	2782	3866	1869	1997	3021	1431	1590
贾汪区	1849	918	931	1401	728	673	1100	561	539
泉山区	5905	2762	3143	4842	2267	2575	4473	2171	2302
铜山区	3555	1748	1807	2719	1381	1338	1998	1030	968
丰县									
沛县									
睢宁县									
徐州经济技术开发区	31	10	21	33	17	16	19	12	7
新沂市	3941	1930	2011	2614	1299	1315	2190	1039	1151
邳州市	6218	3040	3178	4505	2228	2277	3471	1684	1787
常州市	**38347**	**19606**	**18741**	**28289**	**14289**	**14000**	**25641**	**13057**	**12584**
天宁区	5548	2714	2834	4657	2249	2408	4471	2234	2237
钟楼区	6045	3038	3007	4885	2423	2462	4513	2275	2238
新北区	8306	4216	4090	5667	2860	2807	4708	2414	2294
武进区	9543	4965	4578	6571	3421	3150	5415	2828	2587
金坛区	3367	1747	1620	2410	1206	1204	2276	1117	1159
江苏省常州市经济开发区	2001	1045	956	1398	712	686	1305	692	613
溧阳市	3537	1881	1656	2701	1418	1283	2953	1497	1456

1-3a 续表 10

单位：人

地区	30-34岁			35-39岁			40-44岁		
	小计	男	女	小计	男	女	小计	男	女
苏州市	**91951**	**47894**	**44057**	**67402**	**35123**	**32279**	**52201**	**27434**	**24767**
虎丘区	10842	5696	5146	7627	4025	3602	5316	2873	2443
吴中区	11598	6085	5513	7614	4036	3578	5390	2888	2502
相城区	10514	5597	4917	6924	3777	3147	5376	2931	2445
姑苏区	8739	4312	4427	7659	3728	3931	6145	3070	3075
吴江区	9006	4805	4201	6064	3278	2786	4402	2323	2079
苏州工业园区									
常熟市	9901	5193	4708	7152	3768	3384	6893	3503	3390
张家港市	5834	2912	2922	4522	2249	2273	4363	2209	2154
昆山市	21157	11074	10083	16283	8469	7814	11245	6009	5236
太仓市	4360	2220	2140	3557	1793	1764	3071	1628	1443
南通市	**29531**	**14222**	**15309**	**22064**	**10531**	**11533**	**22504**	**10824**	**11680**
崇川区	7065	3397	3668	5724	2713	3011	5211	2575	2636
港闸区	4570	2332	2238	2829	1454	1375	2546	1307	1239
通州区	3691	1738	1953	2611	1208	1403	2756	1276	1480
如东县									
南通经济技术开发区									
通州湾示范区									
苏锡通科技产业园区									
启东市	3240	1550	1690	2798	1274	1524	2947	1373	1574
如皋市	3492	1593	1899	2325	1112	1213	2664	1234	1430
海门市	3154	1487	1667	2789	1356	1433	2971	1425	1546
海安市	4319	2125	2194	2988	1414	1574	3409	1634	1775
连云港市	**10898**	**5243**	**5655**	**8230**	**4106**	**4124**	**7034**	**3513**	**3521**
连云区	1709	906	803	1137	594	543	979	516	463
海州区	5854	2689	3165	4756	2317	2439	4263	2094	2169
赣榆区	3030	1427	1603	2117	1051	1066	1654	798	856
东海县	111	59	52	88	46	42	27	18	9
灌云县									
灌南县									
连云港经济技术开发区									
连云港高新技术产业开发区									
江苏连云港徐圩新区	145	136	9	90	76	14	84	70	14
江苏省连云港市云台山风景名胜区	49	26	23	42	22	20	27	17	10
淮安市	**12000**	**5573**	**6427**	**8688**	**4033**	**4655**	**9086**	**4297**	**4789**
淮安区	2649	1195	1454	1989	884	1105	2075	938	1137
淮阴区	3363	1610	1753	2022	993	1029	2056	1026	1030
清江浦区	4891	2267	2624	3780	1770	2010	3772	1780	1992
洪泽区	1097	501	596	897	386	511	1183	553	630
涟水县									
盱眙县									
金湖县									
淮安经济技术开发区									
工业园区									
生态文旅区									
苏淮高新区									

1-3a 续表 11

单位：人

地区	30-34岁			35-39岁			40-44岁		
	小计	男	女	小计	男	女	小计	男	女
盐城市	**17767**	**8872**	**8895**	**12731**	**6145**	**6586**	**12786**	**6122**	**6664**
亭湖区	4881	2472	2409	3615	1740	1875	3960	1870	2090
盐都区	3212	1617	1595	2208	1107	1101	1950	948	1002
大丰区	2479	1183	1296	1764	840	924	1921	927	994
响水县									
滨海县									
阜宁县									
射阳县									
建湖县									
盐城经济技术开发区	31	16	15	13	7	6	17	7	10
江苏省盐南高新区	4178	2061	2117	3166	1528	1638	2780	1345	1435
东台市	2986	1523	1463	1965	923	1042	2158	1025	1133
扬州市	**18858**	**9265**	**9593**	**14665**	**7030**	**7635**	**16739**	**8131**	**8608**
广陵区	3864	2000	1864	3081	1525	1556	3226	1601	1625
邗江区	5306	2556	2750	4093	1994	2099	4048	1988	2060
江都区	3040	1450	1590	2302	1015	1287	2985	1372	1613
宝应县									
扬州经济技术开发区									
蜀冈瘦西湖景区	1309	643	666	1135	550	585	1156	575	581
生态新城	407	206	201	280	146	134	308	158	150
仪征市	2433	1252	1181	1987	965	1022	2403	1168	1235
高邮市	2499	1158	1341	1787	835	952	2613	1269	1344
镇江市	**15090**	**7435**	**7655**	**11944**	**5839**	**6105**	**12350**	**6061**	**6289**
京口区	2574	1213	1361	2370	1148	1222	2367	1149	1218
润州区	1814	909	905	1670	793	877	1673	786	887
丹徒区	1560	765	795	1096	553	543	1057	541	516
镇江新区									
江苏镇江高新区	606	320	286	402	205	197	445	232	213
丹阳市	3896	1931	1965	3053	1493	1560	3131	1554	1577
扬中市	1701	864	837	1249	617	632	1439	703	736
句容市	2939	1433	1506	2104	1030	1074	2238	1096	1142
泰州市	**17605**	**8584**	**9021**	**12805**	**6112**	**6693**	**16613**	**7942**	**8671**
海陵区	4734	2336	2398	3193	1540	1653	3738	1835	1903
高港区	1231	617	614	879	462	417	1012	521	491
姜堰区	2924	1394	1530	2286	1026	1260	3267	1529	1738
泰州医药高新技术产业开发区									
兴化市	2460	1227	1233	1894	902	992	2224	1058	1166
靖江市	3420	1646	1774	2336	1145	1191	2948	1401	1547
泰兴市	2836	1364	1472	2217	1037	1180	3424	1598	1826
宿迁市	**9992**	**4852**	**5140**	**6126**	**2974**	**3152**	**5411**	**2752**	**2659**
宿城区	4799	2339	2460	3105	1516	1589	2761	1368	1393
宿豫区	3131	1509	1622	1819	889	930	1625	848	777
沭阳县									
泗阳县									
泗洪县									
宿迁经济技术开发区									
宿迁市湖滨新区	633	315	318	359	156	203	341	175	166
苏州宿迁工业园区	571	253	318	334	157	177	166	80	86
宿迁市洋河新区	858	436	422	509	256	253	518	281	237

1-3a 续表 12

单位：人

地　区	45-49岁			50-54岁			55-59岁		
	小计	男	女	小计	男	女	小计	男	女
江　苏	**298507**	**151899**	**146608**	**330124**	**163760**	**166364**	**271948**	**133611**	**138337**
南京市	**52660**	**27445**	**25215**	**57541**	**29154**	**28387**	**53874**	**26808**	**27066**
玄武区	3401	1703	1698	3507	1737	1770	3524	1785	1739
秦淮区	5049	2508	2541	5585	2769	2816	6090	3054	3036
建邺区	3661	1977	1684	3769	1968	1801	3895	1974	1921
鼓楼区	6403	3253	3150	6562	3234	3328	6906	3469	3437
浦口区	2354	1228	1126	2767	1486	1281	2501	1271	1230
栖霞区	5496	2916	2580	5941	3069	2872	5626	2862	2764
雨花台区	4108	2180	1928	4556	2323	2233	4083	2087	1996
江宁区	8647	4585	4062	9677	4819	4858	8301	3897	4404
六合区	1924	980	944	2100	1035	1065	1841	890	951
溧水区	2677	1469	1208	2918	1570	1348	2235	1192	1043
高淳区	2296	1152	1144	2543	1298	1245	2021	1003	1018
南京江北新区	6644	3494	3150	7616	3846	3770	6851	3324	3527
无锡市	**39097**	**20206**	**18891**	**40734**	**20250**	**20484**	**33177**	**16410**	**16767**
锡山区	4051	2155	1896	4040	2037	2003	2915	1441	1474
惠山区	4537	2419	2118	4628	2395	2233	3152	1547	1605
滨湖区	4324	2255	2069	4474	2253	2221	3781	1960	1821
梁溪区	7165	3643	3522	7751	3771	3980	7073	3425	3648
新吴区	4134	2116	2018	3961	1886	2075	3458	1623	1835
江苏无锡经济开发区	2527	1351	1176	2559	1309	1250	2152	1035	1117
江阴市	7101	3637	3464	7279	3614	3665	5876	2981	2895
宜兴市	5258	2630	2628	6042	2985	3057	4770	2398	2372
徐州市	**21553**	**10819**	**10734**	**23514**	**11427**	**12087**	**19588**	**9693**	**9895**
鼓楼区	3289	1666	1623	3612	1792	1820	3238	1643	1595
云龙区	3004	1564	1440	3041	1441	1600	2862	1376	1486
贾汪区	1326	696	630	1505	759	746	1222	630	592
泉山区	4762	2322	2440	5175	2458	2717	4967	2485	2482
铜山区	2236	1107	1129	2629	1304	1325	2140	1052	1088
丰县									
沛县									
睢宁县									
徐州经济技术开发区	16	8	8	26	13	13	28	11	17
新沂市	2760	1368	1392	3097	1511	1586	2075	1027	1048
邳州市	4160	2088	2072	4429	2149	2280	3056	1469	1587
常州市	**28035**	**14185**	**13850**	**28806**	**14305**	**14501**	**23437**	**11558**	**11879**
天宁区	4742	2345	2397	5021	2479	2542	4088	1994	2094
钟楼区	4983	2529	2454	5191	2568	2623	4359	2205	2154
新北区	4566	2323	2243	4735	2287	2448	4018	1911	2107
武进区	5749	2975	2774	5428	2727	2701	4030	2000	2030
金坛区	2882	1376	1506	3263	1578	1685	2784	1330	1454
江苏省常州市经济开发区	1634	816	818	1594	785	809	1216	637	579
溧阳市	3479	1821	1658	3574	1881	1693	2942	1481	1461

1-3a 续表 13 单位：人

地区	45-49岁			50-54岁			55-59岁		
	小计	男	女	小计	男	女	小计	男	女
苏州市	**48034**	**25182**	**22852**	**49505**	**24831**	**24674**	**40900**	**19545**	**21355**
虎丘区	4319	2300	2019	4681	2327	2354	3767	1748	2019
吴中区	5343	2876	2467	5747	2893	2854	4573	2149	2424
相城区	5515	2941	2574	6329	3210	3119	4816	2388	2428
姑苏区	6000	3036	2964	6817	3251	3566	6613	3257	3356
吴江区	3928	2035	1893	4239	2171	2068	3301	1541	1760
苏州工业园区									
常熟市	6864	3469	3395	6691	3401	3290	5510	2649	2861
张家港市	4374	2248	2126	4300	2202	2098	3249	1553	1696
昆山市	8775	4705	4070	8062	4039	4023	6913	3187	3726
太仓市	2916	1572	1344	2639	1337	1302	2158	1073	1085
南通市	**23332**	**11357**	**11975**	**29011**	**14209**	**14802**	**24240**	**11800**	**12440**
崇川区	5203	2541	2662	6348	3142	3206	5328	2607	2721
港闸区	2817	1455	1362	3343	1704	1639	2752	1355	1397
通州区	3030	1505	1525	3812	1857	1955	3121	1487	1634
如东县									
南通经济技术开发区									
通州湾示范区									
苏锡通科技产业园区									
启东市	3011	1439	1572	3495	1684	1811	3358	1655	1703
如皋市	2804	1301	1503	3836	1849	1987	3100	1506	1594
海门市	2738	1328	1410	2968	1460	1508	2765	1301	1464
海安市	3729	1788	1941	5209	2513	2696	3816	1889	1927
连云港市	**7648**	**3846**	**3802**	**8510**	**4282**	**4228**	**6774**	**3473**	**3301**
连云区	1237	626	611	1431	771	660	1185	649	536
海州区	4286	2175	2111	4625	2302	2323	3791	1921	1870
赣榆区	1980	941	1039	2256	1079	1177	1668	819	849
东海县	35	17	18	82	41	41	50	27	23
灌云县									
灌南县									
连云港经济技术开发区									
连云港高新技术产业开发区									
江苏连云港徐圩新区	87	74	13	93	77	16	46	40	6
江苏省连云港市云台山风景名胜区	23	13	10	23	12	11	34	17	17
淮安市	**9868**	**4825**	**5043**	**11671**	**5682**	**5989**	**8784**	**4331**	**4453**
淮安区	2396	1141	1255	2768	1334	1434	2319	1096	1223
淮阴区	2257	1136	1121	2871	1382	1489	1840	925	915
清江浦区	3780	1839	1941	4405	2168	2237	3469	1724	1745
洪泽区	1435	709	726	1627	798	829	1156	586	570
涟水县									
盱眙县									
金湖县									
淮安经济技术开发区									
工业园区									
生态文旅区									
苏淮高新区									

1-3a 续表 14

单位：人

地区	45-49岁			50-54岁			55-59岁		
	小计	男	女	小计	男	女	小计	男	女
盐城市	**13908**	**6946**	**6962**	**17156**	**8444**	**8712**	**12886**	**6402**	**6484**
亭湖区	4686	2340	2346	5629	2778	2851	4109	2073	2036
盐都区	2361	1180	1181	2824	1374	1450	1781	875	906
大丰区	1860	926	934	2245	1122	1123	1871	933	938
响水县									
滨海县									
阜宁县									
射阳县									
建湖县									
盐城经济技术开发区	31	15	16	32	20	12	18	11	7
江苏省盐南高新区	2524	1274	1250	2813	1381	1432	2016	968	1048
东台市	2446	1211	1235	3613	1769	1844	3091	1542	1549
扬州市	**17922**	**8905**	**9017**	**21334**	**10571**	**10763**	**15987**	**7798**	**8189**
广陵区	3436	1754	1682	4171	2159	2012	3293	1654	1639
邗江区	4028	1974	2054	4491	2142	2349	3778	1768	2010
江都区	3133	1537	1596	3716	1778	1938	2636	1253	1383
宝应县									
扬州经济技术开发区									
蜀冈瘦西湖景区	1116	571	545	1312	682	630	1094	542	552
生态新城	319	173	146	419	212	207	273	130	143
仪征市	2799	1396	1403	3585	1815	1770	2515	1290	1225
高邮市	3091	1500	1591	3640	1783	1857	2398	1161	1237
镇江市	**14356**	**7290**	**7066**	**15813**	**7901**	**7912**	**13514**	**6786**	**6728**
京口区	2624	1289	1335	2958	1486	1472	2759	1397	1362
润州区	2082	1052	1030	2319	1143	1176	2165	1109	1056
丹徒区	1237	651	586	1441	731	710	1239	626	613
镇江新区									
江苏镇江高新区	584	305	279	688	362	326	515	267	248
丹阳市	3613	1821	1792	3693	1817	1876	2986	1466	1520
扬中市	1684	877	807	1884	970	914	1409	718	691
句容市	2532	1295	1237	2830	1392	1438	2441	1203	1238
泰州市	**16686**	**8091**	**8595**	**20434**	**9731**	**10703**	**14585**	**6967**	**7618**
海陵区	3607	1743	1864	4977	2332	2645	3751	1779	1972
高港区	1209	606	603	1410	676	734	1041	497	544
姜堰区	2819	1341	1478	3457	1596	1861	2265	1063	1202
泰州医药高新技术产业开发区									
兴化市	2128	1044	1084	2930	1487	1443	2282	1131	1151
靖江市	3068	1529	1539	3706	1765	1941	2678	1266	1412
泰兴市	3855	1828	2027	3954	1875	2079	2568	1231	1337
宿迁市	**5408**	**2802**	**2606**	**6095**	**2973**	**3122**	**4202**	**2040**	**2162**
宿城区	2646	1392	1254	2886	1419	1467	2091	1008	1083
宿豫区	1615	834	781	1817	883	934	1163	549	614
沭阳县									
泗阳县									
泗洪县									
宿迁经济技术开发区									
宿迁市湖滨新区	377	186	191	540	271	269	320	158	162
苏州宿迁工业园区	105	54	51	106	48	58	84	37	47
宿迁市洋河新区	665	336	329	746	352	394	544	288	256

1-3a　续表 15

单位：人

地　区	60-64岁			65-69岁			70-74岁		
	小计	男	女	小计	男	女	小计	男	女
江　苏	**190371**	**93907**	**96464**	**183495**	**89186**	**94309**	**122883**	**60000**	**62883**
南京市	**39173**	**19196**	**19977**	**36048**	**17434**	**18614**	**22989**	**11263**	**11726**
玄武区	3003	1452	1551	2729	1283	1446	1807	882	925
秦淮区	5344	2625	2719	5036	2429	2607	3436	1626	1810
建邺区	3130	1505	1625	2771	1309	1462	1648	833	815
鼓楼区	6258	3024	3234	5652	2668	2984	3622	1784	1838
浦口区	1461	757	704	1433	750	683	924	446	478
栖霞区	4003	2035	1968	3313	1638	1675	2025	977	1048
雨花台区	2965	1484	1481	2476	1240	1236	1582	799	783
江宁区	5374	2579	2795	5027	2416	2611	3028	1499	1529
六合区	1183	598	585	1204	583	621	833	406	427
溧水区	953	499	454	1126	536	590	817	412	405
高淳区	855	407	448	1224	636	588	844	424	420
南京江北新区	4644	2231	2413	4057	1946	2111	2423	1175	1248
无锡市	**23145**	**11603**	**11542**	**23566**	**11542**	**12024**	**16940**	**8366**	**8574**
锡山区	1844	954	890	1770	891	879	1237	608	629
惠山区	2118	1049	1069	2007	1023	984	1449	738	711
滨湖区	2774	1405	1369	2929	1412	1517	2257	1106	1151
梁溪区	5969	2967	3002	5875	2834	3041	4011	2000	2011
新吴区	2407	1220	1187	2701	1326	1375	1975	978	997
江苏无锡经济开发区	1524	743	781	1436	702	734	876	460	416
江阴市	3832	1935	1897	3832	1905	1927	2922	1405	1517
宜兴市	2677	1330	1347	3016	1449	1567	2213	1071	1142
徐州市	**13737**	**6882**	**6855**	**13324**	**6389**	**6935**	**8046**	**3768**	**4278**
鼓楼区	2512	1267	1245	2162	1047	1115	1272	604	668
云龙区	2022	1002	1020	1941	918	1023	1118	555	563
贾汪区	833	415	418	878	422	456	517	229	288
泉山区	3695	1825	1870	3452	1643	1809	2161	994	1167
铜山区	1333	671	662	1456	708	748	898	434	464
丰县									
沛县									
睢宁县									
徐州经济技术开发区	31	15	16	25	14	11	4		4
新沂市	1207	616	591	1241	603	638	735	336	399
邳州市	2104	1071	1033	2169	1034	1135	1341	616	725
常州市	**15370**	**7744**	**7626**	**15257**	**7522**	**7735**	**10724**	**5257**	**5467**
天宁区	3087	1531	1556	3085	1540	1545	2119	1019	1100
钟楼区	3226	1594	1632	3151	1546	1605	2271	1097	1174
新北区	2400	1159	1241	2507	1256	1251	1725	856	869
武进区	2478	1272	1206	2447	1195	1252	1748	869	879
金坛区	1693	873	820	1639	802	837	1110	546	564
江苏省常州市经济开发区	882	453	429	781	395	386	607	300	307
溧阳市	1604	862	742	1647	788	859	1144	570	574

1-3a 续表 16

单位：人

地区	60-64岁			65-69岁			70-74岁		
	小计	男	女	小计	男	女	小计	男	女
苏州市	**28925**	**13982**	**14943**	**27745**	**13482**	**14263**	**17997**	**8893**	**9104**
虎丘区	2972	1414	1558	2751	1322	1429	1672	816	856
吴中区	2957	1451	1506	2540	1254	1286	1547	738	809
相城区	3017	1513	1504	2904	1477	1427	1996	1006	990
姑苏区	6044	2939	3105	6001	2956	3045	4220	2118	2102
吴江区	2127	1018	1109	2060	1013	1047	1289	634	655
苏州工业园区									
常熟市	3695	1816	1879	3500	1673	1827	2548	1232	1316
张家港市	2086	972	1114	2109	967	1142	1393	685	708
昆山市	4534	2128	2406	4416	2118	2298	2451	1223	1228
太仓市	1493	731	762	1464	702	762	881	441	440
南通市	**17344**	**8457**	**8887**	**16864**	**8227**	**8637**	**12222**	**5796**	**6426**
崇川区	3667	1743	1924	3735	1791	1944	2652	1222	1430
港闸区	1761	881	880	1839	909	930	1286	609	677
通州区	2216	1092	1124	2295	1122	1173	1718	835	883
如东县									
南通经济技术开发区									
通州湾示范区									
苏锡通科技产业园区									
启东市	2802	1349	1453	2432	1169	1263	1745	813	932
如皋市	2130	1050	1080	1899	925	974	1459	710	749
海门市	2067	1018	1049	1913	927	986	1370	646	724
海安市	2701	1324	1377	2751	1384	1367	1992	961	1031
连云港市	**5325**	**2611**	**2714**	**4943**	**2356**	**2587**	**3025**	**1408**	**1617**
连云区	873	435	438	887	432	455	557	260	297
海州区	3148	1520	1628	2741	1324	1417	1681	791	890
赣榆区	1188	592	596	1176	536	640	740	334	406
东海县	45	22	23	80	36	44	23	12	11
灌云县									
灌南县									
连云港经济技术开发区									
连云港高新技术产业开发区									
江苏连云港徐圩新区	27	19	8	26	13	13	7	2	5
江苏省连云港市云台山风景名胜区	44	23	21	33	15	18	17	9	8
淮安市	**6383**	**3199**	**3184**	**5490**	**2694**	**2796**	**3106**	**1507**	**1599**
淮安区	1666	836	830	1437	729	708	863	410	453
淮阴区	1359	680	679	1072	522	550	588	312	276
清江浦区	2635	1305	1330	2359	1139	1220	1298	620	678
洪泽区	723	378	345	622	304	318	357	165	192
涟水县									
盱眙县									
金湖县									
淮安经济技术开发区									
工业园区									
生态文旅区									
苏淮高新区									

1-3a 续表 17

单位：人

地区	60-64岁			65-69岁			70-74岁		
	小计	男	女	小计	男	女	小计	男	女
盐城市	**8761**	**4379**	**4382**	**7826**	**3930**	**3896**	**4968**	**2417**	**2551**
亭湖区	2755	1395	1360	2490	1287	1203	1596	751	845
盐都区	1116	537	579	1070	534	536	614	305	309
大丰区	1295	655	640	1050	493	557	664	325	339
响水县									
滨海县									
阜宁县									
射阳县									
建湖县									
盐城经济技术开发区	5	2	3	11	7	4	8	2	6
江苏省盐南高新区	1316	618	698	1160	570	590	621	307	314
东台市	2274	1172	1102	2045	1039	1006	1465	727	738
扬州市	**10488**	**5209**	**5279**	**10464**	**5085**	**5379**	**7519**	**3674**	**3845**
广陵区	2463	1279	1184	2188	1053	1135	1584	775	809
邗江区	2447	1174	1273	2350	1131	1219	1701	840	861
江都区	1684	837	847	1746	836	910	1213	592	621
宝应县									
扬州经济技术开发区									
蜀冈瘦西湖景区	848	440	408	737	350	387	501	236	265
生态新城	153	87	66	185	96	89	148	76	72
仪征市	1386	643	743	1688	856	832	1233	612	621
高邮市	1507	749	758	1570	763	807	1139	543	596
镇江市	**8801**	**4383**	**4418**	**8995**	**4337**	**4658**	**6236**	**3029**	**3207**
京口区	2083	1011	1072	1983	940	1043	1447	689	758
润州区	1562	785	777	1564	770	794	1070	554	516
丹徒区	762	398	364	778	396	382	486	241	245
镇江新区									
江苏镇江高新区	331	180	151	283	124	159	243	120	123
丹阳市	1917	949	968	1960	942	1018	1385	636	749
扬中市	929	455	474	875	423	452	569	278	291
句容市	1217	605	612	1552	742	810	1036	511	525
泰州市	**10122**	**4868**	**5254**	**10363**	**4909**	**5454**	**7499**	**3810**	**3689**
海陵区	2693	1278	1415	2830	1352	1478	2031	1021	1010
高港区	702	352	350	714	359	355	570	282	288
姜堰区	1572	754	818	1731	799	932	1185	634	551
泰州医药高新技术产业开发区									
兴化市	1498	727	771	1550	715	835	1100	554	546
靖江市	1767	888	879	1667	802	865	1165	570	595
泰兴市	1890	869	1021	1871	882	989	1448	749	699
宿迁市	**2797**	**1394**	**1403**	**2610**	**1279**	**1331**	**1612**	**812**	**800**
宿城区	1455	735	720	1231	600	631	826	408	418
宿豫区	656	316	340	682	322	360	402	207	195
沭阳县									
泗阳县									
泗洪县									
宿迁经济技术开发区									
宿迁市湖滨新区	274	141	133	268	143	125	137	76	61
苏州宿迁工业园区	39	20	19	40	19	21	14	6	8
宿迁市洋河新区	373	182	191	389	195	194	233	115	118

1-3a 续表 18 单位：人

地区	75-79岁			80-84岁			85-89岁		
	小计	男	女	小计	男	女	小计	男	女
江苏	**75068**	**35571**	**39497**	**50293**	**22676**	**27617**	**27829**	**11584**	**16245**
南京市	**13715**	**6504**	**7211**	**10065**	**4576**	**5489**	**5969**	**2506**	**3463**
玄武区	1254	556	698	1073	511	562	662	307	355
秦淮区	2067	990	1077	1659	729	930	968	392	576
建邺区	884	420	464	614	287	327	354	145	209
鼓楼区	2418	1122	1296	2040	891	1149	1331	536	795
浦口区	565	253	312	345	153	192	235	89	146
栖霞区	1291	596	695	911	399	512	501	227	274
雨花台区	835	412	423	582	248	334	327	144	183
江宁区	1635	798	837	938	454	484	566	238	328
六合区	447	214	233	297	150	147	172	71	101
溧水区	410	202	208	292	138	154	155	68	87
高淳区	568	308	260	354	189	165	174	68	106
南京江北新区	1341	633	708	960	427	533	524	221	303
无锡市	**9497**	**4622**	**4875**	**6166**	**2785**	**3381**	**3435**	**1430**	**2005**
锡山区	613	286	327	362	168	194	216	98	118
惠山区	776	377	399	486	225	261	224	102	122
滨湖区	1383	676	707	927	437	490	504	216	288
梁溪区	2380	1165	1215	1751	784	967	1105	445	660
新吴区	1047	517	530	630	286	344	338	137	201
江苏无锡经济开发区	479	239	240	261	117	144	145	56	89
江阴市	1684	788	896	1072	453	619	475	193	282
宜兴市	1135	574	561	677	315	362	428	183	245
徐州市	**5720**	**2604**	**3116**	**3835**	**1706**	**2129**	**2044**	**811**	**1233**
鼓楼区	855	396	459	624	276	348	368	152	216
云龙区	729	333	396	519	245	274	290	118	172
贾汪区	345	150	195	233	100	133	102	30	72
泉山区	1604	730	874	1161	522	639	584	235	349
铜山区	631	285	346	307	133	174	208	72	136
丰县									
沛县									
睢宁县									
徐州经济技术开发区	10	5	5	1	1		3	2	1
新沂市	560	252	308	342	136	206	190	72	118
邳州市	986	453	533	648	293	355	299	130	169
常州市	**6201**	**2919**	**3282**	**3940**	**1778**	**2162**	**2116**	**905**	**1211**
天宁区	1359	656	703	859	386	473	501	195	306
钟楼区	1385	670	715	923	401	522	522	230	292
新北区	970	437	533	542	245	297	268	111	157
武进区	898	427	471	557	255	302	287	116	171
金坛区	618	278	340	426	204	222	235	102	133
江苏省常州市经济开发区	384	183	201	240	113	127	122	57	65
溧阳市	587	268	319	393	174	219	181	94	87

1-3a　续表 19　　　　单位：人

地　区	75-79岁			80-84岁			85-89岁		
	小计	男	女	小计	男	女	小计	男	女
苏州市	**10634**	**5170**	**5464**	**6703**	**2999**	**3704**	**3947**	**1629**	**2318**
虎丘区	928	442	486	639	269	370	321	137	184
吴中区	934	458	476	582	251	331	340	133	207
相城区	1024	514	510	657	284	373	360	150	210
姑苏区	2644	1315	1329	1865	833	1032	1222	545	677
吴江区	720	343	377	424	203	221	229	88	141
苏州工业园区									
常熟市	1580	743	837	1020	461	559	542	222	320
张家港市	860	413	447	503	223	280	251	89	162
昆山市	1329	643	686	693	330	363	461	176	285
太仓市	615	299	316	320	145	175	221	89	132
南通市	**7969**	**3769**	**4200**	**5747**	**2553**	**3194**	**3126**	**1246**	**1880**
崇川区	1783	841	942	1259	577	682	701	302	399
港闸区	817	376	441	608	245	363	365	147	218
通州区	1047	492	555	753	319	434	374	140	234
如东县									
南通经济技术开发区									
通州湾示范区									
苏锡通科技产业园区									
启东市	1025	491	534	785	350	435	427	160	267
如皋市	1022	473	549	759	324	435	407	153	254
海门市	812	405	407	533	237	296	312	130	182
海安市	1463	691	772	1050	501	549	540	214	326
连云港市	**1936**	**832**	**1104**	**1311**	**558**	**753**	**704**	**318**	**386**
连云区	347	156	191	206	83	123	113	45	68
海州区	1135	485	650	814	350	464	424	201	223
赣榆区	425	180	245	277	119	158	161	71	90
东海县	12	4	8	8	4	4	4		4
灌云县									
灌南县									
连云港经济技术开发区									
连云港高新技术产业开发区									
江苏连云港徐圩新区	6	1	5	1		1	1	1	
江苏省连云港市云台山风景名胜区	11	6	5	5	2	3	1		1
淮安市	**2251**	**1022**	**1229**	**1522**	**701**	**821**	**728**	**307**	**421**
淮安区	517	223	294	379	181	198	167	76	91
淮阴区	439	193	246	275	127	148	146	55	91
清江浦区	1027	469	558	685	303	382	324	132	192
洪泽区	268	137	131	183	90	93	91	44	47
涟水县									
盱眙县									
金湖县									
淮安经济技术开发区									
工业园区									
生态文旅区									
苏淮高新区									

1-3a 续表 20

单位：人

地　　区	75-79岁			80-84岁			85-89岁		
	小计	男	女	小计	男	女	小计	男	女
盐城市	**3260**	**1555**	**1705**	**2185**	**983**	**1202**	**1138**	**511**	**627**
亭湖区	1106	522	584	675	315	360	329	156	173
盐都区	391	206	185	223	101	122	108	43	65
大丰区	394	182	212	292	121	171	165	72	93
响水县									
滨海县									
阜宁县									
射阳县									
建湖县									
盐城经济技术开发区	8	7	1	3		3	3	2	1
江苏省盐南高新区	352	166	186	222	103	119	113	50	63
东台市	1009	472	537	770	343	427	420	188	232
扬州市	**4359**	**2047**	**2312**	**2861**	**1319**	**1542**	**1463**	**627**	**836**
广陵区	1027	479	548	689	323	366	321	129	192
邗江区	888	422	466	606	291	315	315	152	163
江都区	687	329	358	414	180	234	248	87	161
宝应县									
扬州经济技术开发区									
蜀冈瘦西湖景区	325	139	186	208	99	109	93	46	47
生态新城	79	39	40	36	14	22	23	9	14
仪征市	682	313	369	482	233	249	248	107	141
高邮市	671	326	345	426	179	247	215	97	118
镇江市	**3646**	**1723**	**1923**	**2228**	**1039**	**1189**	**1182**	**491**	**691**
京口区	945	438	507	679	317	362	346	163	183
润州区	668	325	343	403	180	223	223	101	122
丹徒区	258	111	147	131	57	74	86	33	53
镇江新区									
江苏镇江高新区	126	71	55	72	27	45	31	13	18
丹阳市	717	335	382	423	192	231	230	83	147
扬中市	396	200	196	194	81	113	101	38	63
句容市	536	243	293	326	185	141	165	60	105
泰州市	**4711**	**2267**	**2444**	**2955**	**1351**	**1604**	**1610**	**674**	**936**
海陵区	1318	640	678	854	418	436	433	195	238
高港区	329	160	169	238	84	154	139	49	90
姜堰区	742	391	351	483	224	259	281	121	160
泰州医药高新技术产业开发区									
兴化市	751	351	400	425	201	224	200	102	98
靖江市	714	321	393	405	181	224	223	83	140
泰兴市	857	404	453	550	243	307	334	124	210
宿迁市	**1169**	**537**	**632**	**775**	**328**	**447**	**367**	**129**	**238**
宿城区	583	258	325	399	177	222	185	64	121
宿豫区	298	151	147	176	73	103	87	35	52
沭阳县									
泗阳县									
泗洪县									
宿迁经济技术开发区									
宿迁市湖滨新区	119	49	70	97	41	56	45	14	31
苏州宿迁工业园区	2	1	1	2	1	1	2		2
宿迁市洋河新区	167	78	89	101	36	65	48	16	32

1-3a 续表 21 单位：人

地区	90-94岁			95-99岁			100岁及以上		
	小计	男	女	小计	男	女	小计	男	女
江 苏	**9745**	**3670**	**6075**	**1938**	**629**	**1309**	**216**	**58**	**158**
南京市	**2064**	**881**	**1183**	**359**	**141**	**218**	**32**	**13**	**19**
玄武区	230	106	124	44	21	23	3	3	
秦淮区	412	177	235	61	21	40	5	1	4
建邺区	122	55	67	37	13	24	3	3	
鼓楼区	454	213	241	79	32	47	8	1	7
浦口区	60	27	33	13	4	9			
栖霞区	168	65	103	25	6	19	4	1	3
雨花台区	102	40	62	17	10	7	1		1
江宁区	167	49	118	28	11	17	2		2
六合区	60	22	38	6	5	1	1	1	
溧水区	39	18	21	6	2	4	2	1	1
高淳区	69	30	39	18	6	12			
南京江北新区	181	79	102	25	10	15	3	2	1
无锡市	**1332**	**463**	**869**	**268**	**85**	**183**	**27**	**7**	**20**
锡山区	78	23	55	12	3	9	1		1
惠山区	89	28	61	24	10	14	2	1	1
滨湖区	201	70	131	47	15	32	5	1	4
梁溪区	425	155	270	79	28	51	6	1	5
新吴区	154	52	102	23	4	19	5	2	3
江苏无锡经济开发区	46	14	32	14	3	11	1		1
江阴市	176	61	115	31	11	20	5	1	4
宜兴市	163	60	103	38	11	27	2	1	1
徐州市	**639**	**255**	**384**	**135**	**51**	**84**	**18**	**4**	**14**
鼓楼区	111	41	70	22	7	15	3	1	2
云龙区	89	43	46	21	9	12	1		1
贾汪区	43	18	25	7	2	5	3	1	2
泉山区	183	78	105	37	16	21	4	1	3
铜山区	65	25	40	10	4	6	1		1
丰县									
沛县									
睢宁县									
徐州经济技术开发区	2	1	1						
新沂市	45	14	31	13	6	7			
邳州市	101	35	66	25	7	18	6	1	5
常州市	**880**	**335**	**545**	**174**	**46**	**128**	**17**	**7**	**10**
天宁区	220	88	132	38	8	30	6		6
钟楼区	196	75	121	42	7	35	2	1	1
新北区	99	29	70	22	8	14			
武进区	122	41	81	30	11	19	3	2	1
金坛区	88	40	48	11	1	10	1	1	
江苏省常州市经济开发区	51	15	36	8	1	7			
溧阳市	104	47	57	23	10	13	5	3	2

1-3a 续表 22

单位：人

地区	90-94岁			95-99岁			100岁及以上		
	小计	男	女	小计	男	女	小计	男	女
苏州市	**1479**	**488**	**991**	**310**	**85**	**225**	**28**	**7**	**21**
虎丘区	128	40	88	24	4	20	4		4
吴中区	117	42	75	23	10	13	2	1	1
相城区	134	39	95	32	6	26	2		2
姑苏区	461	161	300	101	41	60	7	4	3
吴江区	64	15	49	11	3	8			
苏州工业园区									
常熟市	239	76	163	47	6	41	4		4
张家港市	86	26	60	22	6	16	2	1	1
昆山市	175	60	115	35	7	28	5	1	4
太仓市	75	29	46	15	2	13	2		2
南通市	**1159**	**397**	**762**	**261**	**78**	**183**	**40**	**5**	**35**
崇川区	229	90	139	68	21	47	8	1	7
港闸区	127	35	92	29	7	22	5		5
通州区	164	54	110	38	11	27	1		1
如东县									
南通经济技术开发区									
通州湾示范区									
苏锡通科技产业园区									
启东市	165	59	106	29	5	24	3		3
如皋市	155	55	100	26	8	18	5	1	4
海门市	130	44	86	23	6	17	5	2	3
海安市	189	60	129	48	20	28	13	1	12
连云港市	**227**	**113**	**114**	**44**	**15**	**29**	**1**		**1**
连云区	33	18	15	9	1	8			
海州区	147	71	76	26	11	15			
赣榆区	46	23	23	9	3	6	1		1
东海县	1	1							
灌云县									
灌南县									
连云港经济技术开发区									
连云港高新技术产业开发区									
江苏连云港徐圩新区									
江苏省连云港市云台山风景名胜区									
淮安市	**191**	**77**	**114**	**33**	**13**	**20**	**24**	**7**	**17**
淮安区	47	19	28	5	3	2	1		1
淮阴区	40	9	31	5	3	2			
清江浦区	80	37	43	18	5	13	23	7	16
洪泽区	24	12	12	5	2	3			
涟水县									
盱眙县									
金湖县									
淮安经济技术开发区									
工业园区									
生态文旅区									
苏淮高新区									

1-3a　续表 23　　　　单位：人

地　区	90-94岁			95-99岁			100岁及以上		
	小计	男	女	小计	男	女	小计	男	女
盐城市	**284**	**107**	**177**	**58**	**18**	**40**	**5**	**1**	**4**
亭湖区	90	40	50	17	3	14	2		2
盐都区	19	8	11	11	4	7			
大丰区	48	11	37	6		6	1		1
响水县									
滨海县									
阜宁县									
射阳县									
建湖县									
盐城经济技术开发区									
江苏省盐南高新区	21	9	12	10	6	4			
东台市	106	39	67	14	5	9	2	1	1
扬州市	**451**	**176**	**275**	**72**	**28**	**44**	**8**	**3**	**5**
广陵区	108	46	62	24	4	20	6	2	4
邗江区	98	28	70	8	6	2	1	1	
江都区	74	32	42	14	4	10			
宝应县									
扬州经济技术开发区									
蜀冈瘦西湖景区	33	12	21	5	3	2	1		1
生态新城	6	1	5						
仪征市	65	27	38	10	6	4			
高邮市	67	30	37	11	5	6			
镇江市	**401**	**156**	**245**	**80**	**27**	**53**	**5**		**5**
京口区	125	52	73	21	8	13	1		1
润州区	70	27	43	17	7	10			
丹徒区	26	8	18	4	2	2			
镇江新区									
江苏镇江高新区	15	5	10	5	1	4			
丹阳市	61	25	36	16	4	12	1		1
扬中市	39	13	26	5		5	1		1
句容市	65	26	39	12	5	7	2		2
泰州市	**520**	**175**	**345**	**121**	**35**	**86**	**9**	**3**	**6**
海陵区	121	41	80	31	8	23	1		1
高港区	40	17	23	3		3			
姜堰区	81	32	49	18	8	10	1	1	
泰州医药高新技术产业开发区									
兴化市	57	25	32	12	4	8			
靖江市	103	31	72	21	7	14	3		3
泰兴市	118	29	89	36	8	28	4	2	2
宿迁市	**118**	**47**	**71**	**23**	**7**	**16**	**2**	**1**	**1**
宿城区	52	18	34	10	2	8	2	1	1
宿豫区	44	22	22	6	3	3			
沭阳县									
泗阳县									
泗洪县									
宿迁经济技术开发区									
宿迁市湖滨新区	8	3	5	2	1	1			
苏州宿迁工业园区	2	1	1						
宿迁市洋河新区	12	3	9	5	1	4			

1-3b 各地区分年龄、性别的人口(镇)

单位：人

地　区	合　计			0岁		
	合计	男	女	小计	男	女
江　苏	**2155251**	**1095586**	**1059665**	**12722**	**6496**	**6226**
南京市	**16935**	**8658**	**8277**	**130**	**68**	**62**
玄武区						
秦淮区						
建邺区						
鼓楼区						
浦口区	132	66	66			
栖霞区						
雨花台区	716	386	330	3	2	1
江宁区						
六合区	11681	5938	5743	91	44	47
溧水区	3116	1577	1539	29	17	12
高淳区	1290	691	599	7	5	2
南京江北新区						
无锡市	**114387**	**59301**	**55086**	**589**	**279**	**310**
锡山区	26975	14084	12891	126	65	61
惠山区	11218	5834	5384	66	34	32
滨湖区						
梁溪区						
新吴区						
江苏无锡经济开发区						
江阴市	47329	24371	22958	267	116	151
宜兴市	28865	15012	13853	130	64	66
徐州市	**285094**	**145079**	**140015**	**2200**	**1122**	**1078**
鼓楼区						
云龙区	3117	1640	1477	19	12	7
贾汪区	8483	4389	4094	75	38	37
泉山区						
铜山区	34457	17597	16860	261	134	127
丰县	48216	24555	23661	353	185	168
沛县	59417	30033	29384	468	237	231
睢宁县	56375	28216	28159	434	222	212
徐州经济技术开发区	31986	16663	15323	261	118	143
新沂市	17627	8920	8707	150	79	71
邳州市	25416	13066	12350	179	97	82
常州市	**61990**	**31934**	**30056**	**284**	**139**	**145**
天宁区	4714	2388	2326	24	13	11
钟楼区						
新北区	11641	5895	5746	57	29	28
武进区	15586	8017	7569	63	32	31
金坛区	6294	3253	3041	36	18	18
江苏省常州市经济开发区	9318	4985	4333	28	14	14
溧阳市	14437	7396	7041	76	33	43

1-3b　续表 1

单位：人

地　区	合　计			0岁		
	合计	男	女	小计	男	女
苏州市	**333243**	**174647**	**158596**	**1801**	**905**	**896**
虎丘区	457	230	227	3	2	1
吴中区	20524	10948	9576	94	53	41
相城区	5821	3128	2693	33	14	19
姑苏区						
吴江区	47623	24882	22741	202	104	98
苏州工业园区	116254	60158	56096	709	368	341
常熟市	39677	21318	18359	146	80	66
张家港市	56289	29184	27105	312	148	164
昆山市	22371	11694	10677	184	83	101
太仓市	24227	13105	11122	118	53	65
南通市	**223071**	**111364**	**111707**	**1072**	**538**	**534**
崇川区						
港闸区						
通州区	33988	16735	17253	155	77	78
如东县	49597	24003	25594	243	119	124
南通经济技术开发区	28297	15008	13289	153	75	78
通州湾示范区	4197	2126	2071	13	5	8
苏锡通科技产业园区	4557	2526	2031	27	17	10
启东市	18959	9590	9369	85	39	46
如皋市	40937	20159	20778	198	102	96
海门市	27467	13657	13810	146	77	69
海安市	15072	7560	7512	52	27	25
连云港市	**177103**	**90046**	**87057**	**1302**	**669**	**633**
连云区	132	118	14			
海州区	5876	3039	2837	42	21	21
赣榆区	27935	14251	13684	233	133	100
东海县	51306	26047	25259	343	169	174
灌云县	33125	16911	16214	264	147	117
灌南县	31967	16222	15745	209	96	113
连云港经济技术开发区	6664	3439	3225	42	20	22
连云港高新技术产业开发区	17126	8504	8622	142	72	70
江苏连云港徐圩新区	2759	1409	1350	22	10	12
江苏省连云港市云台山风景名胜区	213	106	107	5	1	4
淮安市	**159889**	**79379**	**80510**	**1045**	**555**	**490**
淮安区	9798	4899	4899	70	39	31
淮阴区	10029	5097	4932	64	36	28
清江浦区	629	334	295	4	4	
洪泽区	2335	1206	1129	13	9	4
涟水县	44302	21764	22538	299	167	132
盱眙县	36191	17746	18445	198	107	91
金湖县	17554	8703	8851	93	49	44
淮安经济技术开发区	26610	13428	13182	189	90	99
工业园区	767	384	383	9	5	4
生态文旅区	9698	4808	4890	96	46	50
苏淮高新区	1976	1010	966	10	3	7

1-3b 续表 2

单位：人

地区	合计			0岁		
	合计	男	女	小计	男	女
盐城市	**261927**	**131990**	**129937**	**1264**	**644**	**620**
亭湖区	6059	3177	2882	30	13	17
盐都区	9741	4939	4802	44	28	16
大丰区	18172	9158	9014	73	41	32
响水县	26700	13514	13186	154	81	73
滨海县	43782	21997	21785	238	124	114
阜宁县	44937	22691	22246	215	112	103
射阳县	49323	24848	24475	243	118	125
建湖县	37154	18588	18566	157	70	87
盐城经济技术开发区	7005	3543	3462	40	23	17
江苏省盐南高新区						
东台市	19054	9535	9519	70	34	36
扬州市	**115247**	**57054**	**58193**	**494**	**259**	**235**
广陵区	4196	2108	2088	11	7	4
邗江区	5832	2919	2913	27	15	12
江都区	23041	11167	11874	85	46	39
宝应县	41148	20301	20847	162	94	68
扬州经济技术开发区	21365	10775	10590	119	52	67
蜀冈瘦西湖景区生态新城	1138	557	581	4	2	2
仪征市	5870	2994	2876	28	11	17
高邮市	12657	6233	6424	58	32	26
镇江市	**81746**	**42130**	**39616**	**416**	**215**	**201**
京口区	438	239	199	1		1
润州区						
丹徒区	8951	4829	4122	33	19	14
镇江新区	20597	10613	9984	108	49	59
江苏镇江高新区						
丹阳市	38585	19749	18836	209	110	99
扬中市	4414	2255	2159	14	6	8
句容市	8761	4445	4316	51	31	20
泰州市	**107481**	**54710**	**52771**	**553**	**294**	**259**
海陵区	2602	1279	1323	11	6	5
高港区	4528	2304	2224	36	19	17
姜堰区	9809	4925	4884	35	18	17
泰州医药高新技术产业开发区	20980	10548	10432	151	77	74
兴化市	33943	17722	16221	145	82	63
靖江市	12423	6299	6124	49	23	26
泰兴市	23196	11633	11563	126	69	57
宿迁市	**217138**	**109294**	**107844**	**1572**	**809**	**763**
宿城区	4285	2145	2140	50	24	26
宿豫区	5630	2878	2752	55	29	26
沭阳县	93535	47722	45813	693	370	323
泗阳县	48819	24434	24385	378	197	181
泗洪县	49786	24441	25345	291	147	144
宿迁经济技术开发区	13754	7003	6751	98	38	60
宿迁市湖滨新区	1329	671	658	7	4	3
苏州宿迁工业园区						
宿迁市洋河新区						

1-3b　续表 3　　　　单位：人

地　区	1-4岁			5-9岁			10-14岁		
	小计	男	女	小计	男	女	小计	男	女
江　苏	**85666**	**44838**	**40828**	**133671**	**71729**	**61942**	**126150**	**68648**	**57502**
南京市	**936**	**481**	**455**	**972**	**515**	**457**	**730**	**394**	**336**
玄武区									
秦淮区									
建邺区									
鼓楼区									
浦口区	3	2	1	1		1	1	1	
栖霞区									
雨花台区	20	7	13	17	11	6	10	6	4
江宁区									
六合区	728	383	345	741	382	359	525	281	244
溧水区	151	70	81	173	95	78	139	77	62
高淳区	34	19	15	40	27	13	55	29	26
南京江北新区									
无锡市	**3856**	**1987**	**1869**	**5303**	**2912**	**2391**	**4391**	**2376**	**2015**
锡山区	812	415	397	1146	653	493	1007	553	454
惠山区	424	217	207	549	306	243	445	244	201
滨湖区									
梁溪区									
新吴区									
江苏无锡经济开发区									
江阴市	1718	887	831	2302	1247	1055	1856	1000	856
宜兴市	902	468	434	1306	706	600	1083	579	504
徐州市	**14991**	**7958**	**7033**	**23792**	**12979**	**10813**	**24962**	**13977**	**10985**
鼓楼区									
云龙区	125	76	49	209	120	89	162	89	73
贾汪区	407	222	185	703	402	301	716	397	319
泉山区									
铜山区	1745	935	810	2972	1619	1353	3256	1824	1432
丰县	2468	1311	1157	3748	2028	1720	3884	2212	1672
沛县	3244	1694	1550	5000	2674	2326	5265	3044	2221
睢宁县	3145	1672	1473	5119	2842	2277	4785	2646	2139
徐州经济技术开发区	1914	991	923	2361	1274	1087	2140	1161	979
新沂市	900	503	397	1539	833	706	1945	1082	863
邳州市	1043	554	489	2141	1187	954	2809	1522	1287
常州市	**1987**	**1051**	**936**	**2743**	**1438**	**1305**	**2507**	**1337**	**1170**
天宁区	167	87	80	213	106	107	188	94	94
钟楼区									
新北区	391	189	202	540	282	258	463	244	219
武进区	514	289	225	677	348	329	632	352	280
金坛区	155	78	77	195	104	91	215	118	97
江苏省常州市经济开发区	291	162	129	455	251	204	416	221	195
溧阳市	469	246	223	663	347	316	593	308	285

1-3b 续表 4 单位：人

地 区	1-4岁			5-9岁			10-14岁		
	小计	男	女	小计	男	女	小计	男	女
苏州市	**12388**	**6533**	**5855**	**17841**	**9444**	**8397**	**13481**	**7149**	**6332**
虎丘区	19	10	9	27	18	9	13	4	9
吴中区	691	374	317	1106	589	517	813	457	356
相城区	197	103	94	284	130	154	199	98	101
姑苏区									
吴江区	1558	822	736	2315	1243	1072	1804	968	836
苏州工业园区	4943	2545	2398	7204	3688	3516	5028	2634	2394
常熟市	1106	605	501	1510	808	702	1251	684	567
张家港市	2125	1163	962	3052	1659	1393	2543	1335	1208
昆山市	1002	500	502	1295	759	536	929	469	460
太仓市	747	411	336	1048	550	498	901	500	401
南通市	**5873**	**3010**	**2863**	**8301**	**4368**	**3933**	**7448**	**3759**	**3689**
崇川区									
港闸区									
通州区	962	497	465	1340	701	639	1140	580	560
如东县	1136	590	546	1634	860	774	1565	757	808
南通经济技术开发区	1088	558	530	1495	799	696	1011	541	470
通州湾示范区	80	40	40	100	57	43	112	51	61
苏锡通科技产业园区	104	47	57	143	82	61	151	80	71
启东市	362	186	176	538	276	262	562	275	287
如皋市	1172	579	593	1662	866	796	1536	805	731
海门市	693	360	333	1038	540	498	949	458	491
海安市	276	153	123	351	187	164	422	212	210
连云港市	**8439**	**4376**	**4063**	**14017**	**7509**	**6508**	**13978**	**7607**	**6371**
连云区									
海州区	276	149	127	492	269	223	484	274	210
赣榆区	1413	716	697	2237	1209	1028	2364	1286	1078
东海县	2626	1331	1295	4554	2467	2087	4383	2390	1993
灌云县	1506	801	705	2415	1277	1138	2587	1370	1217
灌南县	1390	726	664	2884	1532	1352	2978	1629	1349
连云港经济技术开发区	300	161	139	347	183	164	326	179	147
连云港高新技术产业开发区	835	450	385	918	479	439	691	389	302
江苏连云港徐圩新区	75	34	41	161	87	74	155	86	69
江苏省连云港市云台山风景名胜区	18	8	10	9	6	3	10	4	6
淮安市	**7304**	**3782**	**3522**	**11620**	**6142**	**5478**	**10921**	**5872**	**5049**
淮安区	304	149	155	530	286	244	531	308	223
淮阴区	362	190	172	674	329	345	749	407	342
清江浦区	23	12	11	34	18	16	36	23	13
洪泽区	46	29	17	93	49	44	74	36	38
涟水县	2205	1125	1080	3734	1994	1740	3581	1938	1643
盱眙县	1563	781	782	2494	1320	1174	2880	1514	1366
金湖县	720	373	347	1021	532	489	732	365	367
淮安经济技术开发区	1310	706	604	1865	988	877	1309	716	593
工业园区	35	17	18	72	44	28	44	19	25
生态文旅区	675	373	302	1003	537	466	899	502	397
苏淮高新区	61	27	34	100	45	55	86	44	42

1-3b　续表 5　　　　单位：人

地　区	1-4岁			5-9岁			10-14岁		
	小计	男	女	小计	男	女	小计	男	女
盐城市	**8954**	**4707**	**4247**	**15357**	**8356**	**7001**	**17022**	**9486**	**7536**
亭湖区	148	77	71	235	143	92	266	160	106
盐都区	298	152	146	544	306	238	570	324	246
大丰区	363	191	172	496	253	243	455	241	214
响水县	1130	601	529	2074	1146	928	2336	1274	1062
滨海县	1733	920	813	3220	1777	1443	4053	2248	1805
阜宁县	1697	902	795	3089	1713	1376	3283	1880	1403
射阳县	1620	865	755	2596	1357	1239	2847	1517	1330
建湖县	1306	673	633	2155	1147	1008	2336	1359	977
盐城经济技术开发区	252	129	123	348	206	142	302	163	139
江苏省盐南高新区									
东台市	407	197	210	600	308	292	574	320	254
扬州市	**3559**	**1842**	**1717**	**5256**	**2775**	**2481**	**4790**	**2566**	**2224**
广陵区	92	41	51	141	76	65	165	92	73
邗江区	163	78	85	238	127	111	214	107	107
江都区	538	292	246	821	444	377	833	426	407
宝应县	1432	750	682	2274	1232	1042	2131	1190	941
扬州经济技术开发区	707	371	336	987	519	468	744	403	341
蜀冈瘦西湖景区生态新城	30	13	17	46	26	20	44	22	22
仪征市	211	115	96	286	136	150	212	110	102
高邮市	386	182	204	463	215	248	447	216	231
镇江市	**2472**	**1287**	**1185**	**3343**	**1801**	**1542**	**3060**	**1646**	**1414**
京口区	9	4	5	21	9	12	18	8	10
润州区									
丹徒区	130	67	63	218	114	104	211	110	101
镇江新区	739	401	338	983	547	436	874	458	416
江苏镇江高新区									
丹阳市	1158	590	568	1626	852	774	1578	855	723
扬中市	95	51	44	126	74	52	108	58	50
句容市	341	174	167	369	205	164	271	157	114
泰州市	**3420**	**1760**	**1660**	**4684**	**2492**	**2192**	**4357**	**2504**	**1853**
海陵区	51	19	32	92	52	40	83	39	44
高港区	172	90	82	206	110	96	188	112	76
姜堰区	204	116	88	313	162	151	304	179	125
泰州医药高新技术产业开发区	956	499	457	1115	589	526	803	442	361
兴化市	1106	568	538	1631	896	735	1660	1001	659
靖江市	298	145	153	415	202	213	393	192	201
泰兴市	633	323	310	912	481	431	926	539	387
宿迁市	**11487**	**6064**	**5423**	**20442**	**10998**	**9444**	**18503**	**9975**	**8528**
宿城区	245	123	122	439	239	200	358	197	161
宿豫区	298	168	130	496	273	223	486	250	236
沭阳县	5017	2662	2355	8713	4712	4001	7976	4349	3627
泗阳县	2303	1224	1079	4162	2216	1946	4318	2323	1995
泗洪县	2737	1415	1322	5268	2825	2443	4295	2281	2014
宿迁经济技术开发区	831	444	387	1258	670	588	968	528	440
宿迁市湖滨新区	56	28	28	106	63	43	102	47	55
苏州宿迁工业园区									
宿迁市洋河新区									

1-3b 续表 6 单位：人

地　区	15-19岁			20-24岁			25-29岁		
	小计	男	女	小计	男	女	小计	男	女
江　苏	**106647**	**58388**	**48259**	**89486**	**47980**	**41506**	**141812**	**73744**	**68068**
南京市	**441**	**235**	**206**	**552**	**299**	**253**	**1490**	**767**	**723**
玄武区									
秦淮区									
建邺区									
鼓楼区									
浦口区	2	1	1	5	3	2	2	2	
栖霞区									
雨花台区	37	20	17	35	21	14	54	34	20
江宁区									
六合区	299	164	135	384	202	182	1168	582	586
溧水区	64	29	35	90	45	45	190	102	88
高淳区	39	21	18	38	28	10	76	47	29
南京江北新区									
无锡市	**3619**	**2023**	**1596**	**4760**	**2657**	**2103**	**7994**	**4258**	**3736**
锡山区	921	511	410	1443	807	636	1946	1074	872
惠山区	455	254	201	472	259	213	829	448	381
滨湖区									
梁溪区									
新吴区									
江苏无锡经济开发区									
江阴市	1419	796	623	1868	1040	828	3423	1781	1642
宜兴市	824	462	362	977	551	426	1796	955	841
徐州市	**17196**	**9709**	**7487**	**9640**	**5112**	**4528**	**19316**	**9996**	**9320**
鼓楼区									
云龙区	358	189	169	659	373	286	152	73	79
贾汪区	303	168	135	276	150	126	522	273	249
泉山区									
铜山区	1894	1004	890	876	471	405	2186	1144	1042
丰县	2792	1672	1120	1498	794	704	3536	1880	1656
沛县	2873	1652	1221	1722	903	819	4367	2259	2108
睢宁县	2935	1628	1307	1989	1040	949	3981	1962	2019
徐州经济技术开发区	2647	1540	1107	1395	744	651	2519	1375	1144
新沂市	1348	732	616	454	219	235	886	440	446
邳州市	2046	1124	922	771	418	353	1167	590	577
常州市	**2699**	**1425**	**1274**	**2508**	**1455**	**1053**	**4122**	**2207**	**1915**
天宁区	219	131	88	198	118	80	324	155	169
钟楼区									
新北区	597	298	299	420	246	174	769	419	350
武进区	613	322	291	651	359	292	1050	550	500
金坛区	93	51	42	196	106	90	320	177	143
江苏省常州市经济开发区	538	303	235	573	370	203	731	419	312
溧阳市	639	320	319	470	256	214	928	487	441

1-3b　续表 7　　　　单位：人

地　区	15-19岁			20-24岁			25-29岁		
	小计	男	女	小计	男	女	小计	男	女
苏州市	**12537**	**6858**	**5679**	**19158**	**10754**	**8404**	**30346**	**16513**	**13833**
虎丘区	11	6	5	24	11	13	37	19	18
吴中区	771	436	335	1071	628	443	1817	1017	800
相城区	279	147	132	230	139	91	459	253	206
姑苏区									
吴江区	2020	1115	905	2296	1265	1031	4035	2179	1856
苏州工业园区	4576	2492	2084	8790	4766	4024	12928	7016	5912
常熟市	1687	887	800	2248	1377	871	3175	1784	1391
张家港市	1713	946	767	2171	1218	953	4085	2176	1909
昆山市	698	382	316	1242	724	518	1957	1023	934
太仓市	782	447	335	1086	626	460	1853	1046	807
南通市	**8810**	**4719**	**4091**	**7743**	**4218**	**3525**	**12746**	**6647**	**6099**
崇川区									
港闸区									
通州区	852	429	423	1159	622	537	2021	1039	982
如东县	1689	907	782	1152	587	565	2057	1030	1027
南通经济技术开发区	1255	662	593	1523	892	631	2774	1478	1296
通州湾示范区	720	405	315	138	71	67	165	89	76
苏锡通科技产业园区	122	73	49	294	202	92	376	226	150
启东市	607	292	315	888	438	450	951	501	450
如皋市	1975	1080	895	1028	550	478	1852	916	936
海门市	983	571	412	1181	671	510	1921	1023	898
海安市	607	300	307	380	185	195	629	345	284
连云港市	**13453**	**7382**	**6071**	**8988**	**4865**	**4123**	**11222**	**5730**	**5492**
连云区	1	1		9	8	1	15	12	3
海州区	402	221	181	242	132	110	385	201	184
赣榆区	1573	917	656	883	545	338	1750	968	782
东海县	3747	2161	1586	2094	1157	937	3588	1779	1809
灌云县	2149	1171	978	1410	772	638	2071	1038	1033
灌南县	2109	1195	914	1092	623	469	1741	873	868
连云港经济技术开发区	631	345	286	274	160	114	455	234	221
连云港高新技术产业开发区	2719	1302	1417	2892	1421	1471	1049	528	521
江苏连云港徐圩新区	113	63	50	88	47	41	159	91	68
江苏省连云港市云台山风景名胜区	9	6	3	4		4	9	6	3
淮安市	**8783**	**4663**	**4120**	**6268**	**3181**	**3087**	**10016**	**4871**	**5145**
淮安区	387	212	175	241	133	108	442	221	221
淮阴区	451	228	223	305	151	154	518	284	234
清江浦区	19	6	13	21	16	5	30	19	11
洪泽区	53	25	28	50	26	24	91	42	49
涟水县	3337	1838	1499	1493	771	722	2646	1246	1400
盱眙县	1421	728	693	1104	518	586	1989	933	1056
金湖县	578	307	271	517	263	254	1120	534	586
淮安经济技术开发区	2097	1090	1007	2218	1131	1087	2311	1173	1138
工业园区	17	9	8	20	10	10	66	31	35
生态文旅区	380	199	181	238	130	108	697	330	367
苏淮高新区	43	21	22	61	32	29	106	58	48

1-3b 续表 8

单位：人

地区	15-19岁			20-24岁			25-29岁		
	小计	男	女	小计	男	女	小计	男	女
盐城市	**12508**	**6754**	**5754**	**8110**	**4210**	**3900**	**11968**	**6105**	**5863**
亭湖区	328	171	157	244	146	98	299	182	117
盐都区	502	292	210	227	131	96	432	242	190
大丰区	403	192	211	518	259	259	640	352	288
响水县	1591	877	714	864	495	369	1323	628	695
滨海县	2441	1288	1153	1067	573	494	2215	1062	1153
阜宁县	2231	1193	1038	1286	631	655	1823	911	912
射阳县	2324	1248	1076	1538	777	761	2359	1228	1131
建湖县	1679	995	684	1101	610	491	1685	852	833
盐城经济技术开发区	450	185	265	874	385	489	517	289	228
江苏省盐南高新区									
东台市	559	313	246	391	203	188	675	359	316
扬州市	**5722**	**3072**	**2650**	**4612**	**2349**	**2263**	**6492**	**3171**	**3321**
广陵区	253	131	122	141	67	74	197	92	105
邗江区	345	198	147	170	88	82	346	169	177
江都区	848	431	417	651	336	315	958	462	496
宝应县	2062	1110	952	1420	730	690	2324	1126	1198
扬州经济技术开发区	1591	875	716	1538	783	755	1584	807	777
蜀冈瘦西湖景区									
生态新城	34	16	18	37	17	20	57	25	32
仪征市	144	74	70	190	104	86	372	191	181
高邮市	445	237	208	465	224	241	654	299	355
镇江市	**3488**	**1924**	**1564**	**5190**	**2761**	**2429**	**5065**	**2703**	**2362**
京口区	8	5	3	22	14	8	42	23	19
润州区									
丹徒区	1145	691	454	1821	1044	777	326	177	149
镇江新区	697	423	274	984	559	425	1429	765	664
江苏镇江高新区									
丹阳市	1207	613	594	1854	888	966	2392	1280	1112
扬中市	83	45	38	115	56	59	245	131	114
句容市	348	147	201	394	200	194	631	327	304
泰州市	**4363**	**2343**	**2020**	**4244**	**2231**	**2013**	**6216**	**3426**	**2790**
海陵区	48	26	22	72	33	39	123	67	56
高港区	96	59	37	134	76	58	280	148	132
姜堰区	311	148	163	242	126	116	341	192	149
泰州医药高新技术产业开发区	1042	528	514	1354	700	654	1920	996	924
兴化市	1184	625	559	953	509	444	1943	1171	772
靖江市	823	462	361	875	435	440	609	330	279
泰兴市	859	495	364	614	352	262	1000	522	478
宿迁市	**13028**	**7281**	**5747**	**7713**	**3888**	**3825**	**14819**	**7350**	**7469**
宿城区	116	66	50	141	64	77	293	134	159
宿豫区	145	80	65	158	81	77	292	139	153
沭阳县	5767	3233	2534	3482	1749	1733	6985	3573	3412
泗阳县	3679	2107	1572	1690	886	804	3029	1508	1521
泗洪县	2643	1430	1213	1556	744	812	2965	1359	1606
宿迁经济技术开发区	653	351	302	634	340	294	1187	601	586
宿迁市湖滨新区	25	14	11	52	24	28	68	36	32
苏州宿迁工业园区									
宿迁市洋河新区									

1-3b　续表 9

单位：人

地　区	30-34岁			35-39岁			40-44岁		
	小计	男	女	小计	男	女	小计	男	女
江　苏	**210866**	**107498**	**103368**	**151203**	**76492**	**74711**	**143182**	**72065**	**71117**
南京市	**2306**	**1175**	**1131**	**1346**	**708**	**638**	**1083**	**589**	**494**
玄武区									
秦淮区									
建邺区									
鼓楼区									
浦口区	8	4	4	1		1	9	4	5
栖霞区									
雨花台区	60	36	24	33	18	15	32	21	11
江宁区									
六合区	1845	949	896	1039	547	492	795	439	356
溧水区	293	142	151	221	114	107	190	98	92
高淳区	100	44	56	52	29	23	57	27	30
南京江北新区									
无锡市	**12064**	**6427**	**5637**	**8090**	**4204**	**3886**	**9186**	**4714**	**4472**
锡山区	2816	1526	1290	2025	1052	973	2061	1071	990
惠山区	1181	612	569	863	466	397	960	487	473
滨湖区									
梁溪区									
新吴区									
江苏无锡经济开发区									
江阴市	5529	2900	2629	3511	1798	1713	4161	2108	2053
宜兴市	2538	1389	1149	1691	888	803	2004	1048	956
徐州市	**28884**	**14510**	**14374**	**19036**	**9646**	**9390**	**16418**	**8037**	**8381**
鼓楼区									
云龙区	259	115	144	211	106	105	115	72	43
贾汪区	914	476	438	655	354	301	461	246	215
泉山区									
铜山区	3317	1645	1672	2551	1325	1226	1940	1004	936
丰县	4126	2063	2063	3026	1540	1486	3100	1452	1648
沛县	5995	2978	3017	3879	1963	1916	3834	1817	2017
睢宁县	5532	2675	2857	3767	1767	2000	3272	1558	1714
徐州经济技术开发区	4742	2480	2262	2595	1370	1225	1866	978	888
新沂市	1751	875	876	1008	526	482	812	394	418
邳州市	2248	1203	1045	1344	695	649	1018	516	502
常州市	**5434**	**2841**	**2593**	**4094**	**2137**	**1957**	**4418**	**2226**	**2192**
天宁区	407	200	207	339	171	168	353	174	179
钟楼区									
新北区	1017	528	489	812	407	405	811	412	399
武进区	1424	752	672	1094	556	538	1215	601	614
金坛区	453	230	223	322	181	141	341	170	171
江苏省常州市经济开发区	994	534	460	676	352	324	747	381	366
溧阳市	1139	597	542	851	470	381	951	488	463

1-3b 续表 10 单位：人

地区	30-34岁			35-39岁			40-44岁		
	小计	男	女	小计	男	女	小计	男	女
苏州市	**43849**	**23510**	**20339**	**31576**	**16739**	**14837**	**25218**	**13677**	**11541**
虎丘区	44	22	22	22	11	11	23	11	12
吴中区	2829	1497	1332	1987	1098	889	1680	897	783
相城区	756	418	338	428	251	177	439	244	195
姑苏区									
吴江区	5436	2896	2540	3712	1963	1749	3691	1921	1770
苏州工业园区	17730	9479	8251	13749	7125	6624	8533	4730	3803
常熟市	4389	2500	1889	3064	1699	1365	3025	1649	1376
张家港市	6550	3454	3096	4310	2274	2036	4209	2210	1999
昆山市	3323	1725	1598	2288	1189	1099	1709	936	773
太仓市	2792	1519	1273	2016	1129	887	1909	1079	830
南通市	**18942**	**9901**	**9041**	**12696**	**6630**	**6066**	**13262**	**6530**	**6732**
崇川区									
港闸区									
通州区	3136	1595	1541	1970	1022	948	1909	931	978
如东县	3212	1540	1672	2440	1146	1294	2928	1346	1582
南通经济技术开发区	4138	2242	1896	2408	1379	1029	1941	1033	908
通州湾示范区	226	122	104	165	92	73	170	90	80
苏锡通科技产业园区	486	283	203	385	220	165	294	146	148
启东市	1315	763	552	1006	574	432	1003	547	456
如皋市	2899	1462	1437	1924	953	971	2464	1167	1297
海门市	2703	1450	1253	1612	843	769	1548	798	750
海安市	827	444	383	786	401	385	1005	472	533
连云港市	**18108**	**8929**	**9179**	**12213**	**6070**	**6143**	**10064**	**5037**	**5027**
连云区	17	15	2	9	9		30	25	5
海州区	625	317	308	403	220	183	346	159	187
赣榆区	2569	1304	1265	1617	828	789	1177	614	563
东海县	5935	2882	3053	3680	1776	1904	3091	1509	1582
灌云县	3026	1516	1510	2286	1155	1131	2114	1064	1050
灌南县	3112	1480	1632	2523	1243	1280	2010	1003	1007
连云港经济技术开发区	785	394	391	492	263	229	370	192	178
连云港高新技术产业开发区	1789	881	908	1064	503	561	816	413	403
江苏连云港徐圩新区	230	130	100	121	63	58	98	50	48
江苏省连云港市云台山风景名胜区	20	10	10	18	10	8	12	8	4
淮安市	**14728**	**7000**	**7728**	**10778**	**5139**	**5639**	**10021**	**4834**	**5187**
淮安区	469	231	238	396	187	209	510	225	285
淮阴区	619	338	281	460	241	219	535	277	258
清江浦区	35	16	19	29	14	15	43	23	20
洪泽区	107	65	42	69	39	30	105	54	51
涟水县	4181	1868	2313	2945	1319	1626	2696	1281	1415
盱眙县	3105	1441	1664	2620	1253	1367	2347	1146	1201
金湖县	1526	750	776	1213	606	607	1267	619	648
淮安经济技术开发区	3239	1622	1617	1814	899	915	1564	733	831
工业园区	104	50	54	41	21	20	38	19	19
生态文旅区	1183	532	651	1088	507	581	810	402	408
苏淮高新区	160	87	73	103	53	50	106	55	51

1-3b 续表 11

单位：人

地区	30-34岁			35-39岁			40-44岁		
	小计	男	女	小计	男	女	小计	男	女
盐城市	**20967**	**10376**	**10591**	**18705**	**9026**	**9679**	**18008**	**8847**	**9161**
亭湖区	445	249	196	345	186	159	391	211	180
盐都区	759	390	369	625	299	326	680	322	358
大丰区	1024	555	469	686	366	320	1043	526	517
响水县	2461	1180	1281	2131	1051	1080	1563	808	755
滨海县	3569	1672	1897	3588	1666	1922	2939	1457	1482
阜宁县	3611	1724	1887	3820	1853	1967	3361	1667	1694
射阳县	3866	1963	1903	3575	1739	1836	3566	1743	1823
建湖县	3355	1625	1730	2652	1226	1426	3008	1419	1589
盐城经济技术开发区	796	443	353	438	237	201	348	174	174
江苏省盐南高新区									
东台市	1081	575	506	845	403	442	1109	520	589
扬州市	**9064**	**4508**	**4556**	**6757**	**3261**	**3496**	**9132**	**4371**	**4761**
广陵区	348	182	166	285	145	140	311	164	147
邗江区	435	228	207	347	168	179	483	244	239
江都区	1429	689	740	1148	537	611	1814	861	953
宝应县	3276	1583	1693	2485	1141	1344	3642	1697	1945
扬州经济技术开发区	2289	1180	1109	1605	822	783	1516	734	782
蜀冈瘦西湖景区									
生态新城	84	44	40	68	31	37	82	40	42
仪征市	448	228	220	304	156	148	376	194	182
高邮市	755	374	381	515	261	254	908	437	471
镇江市	**7147**	**3726**	**3421**	**5071**	**2683**	**2388**	**5264**	**2726**	**2538**
京口区	50	29	21	35	22	13	34	18	16
润州区									
丹徒区	420	222	198	353	197	156	396	196	200
镇江新区	2081	1033	1048	1635	848	787	1618	814	804
江苏镇江高新区									
丹阳市	3333	1792	1541	2287	1229	1058	2470	1287	1183
扬中市	299	170	129	203	106	97	255	140	115
句容市	964	480	484	558	281	277	491	271	220
泰州市	**8205**	**4320**	**3885**	**5386**	**2746**	**2640**	**7364**	**3714**	**3650**
海陵区	156	78	78	96	51	45	147	70	77
高港区	333	176	157	227	111	116	269	137	132
姜堰区	492	258	234	350	178	172	679	328	351
泰州医药高新技术产业开发区	2455	1249	1206	1457	751	706	1487	749	738
兴化市	2463	1346	1117	1530	769	761	2228	1165	1063
靖江市	887	484	403	669	352	317	945	490	455
泰兴市	1419	729	690	1057	534	523	1609	775	834
宿迁市	**21168**	**10275**	**10893**	**15455**	**7503**	**7952**	**13744**	**6763**	**6981**
宿城区	421	213	208	229	116	113	240	113	127
宿豫区	444	239	205	379	191	188	367	182	185
沭阳县	8842	4404	4438	7180	3554	3626	5396	2728	2668
泗阳县	4612	2147	2465	3458	1612	1846	3266	1610	1656
泗洪县	4847	2259	2588	3091	1455	1636	3439	1629	1810
宿迁经济技术开发区	1899	960	939	1032	524	508	958	467	491
宿迁市湖滨新区	103	53	50	86	51	35	78	34	44
苏州宿迁工业园区									
宿迁市洋河新区									

1-3b 续表 12

单位：人

地区	45-49岁			50-54岁			55-59岁		
	小计	男	女	小计	男	女	小计	男	女
江 苏	**167493**	**83976**	**83517**	**207314**	**102192**	**105122**	**159263**	**78804**	**80459**
南京市	**1250**	**669**	**581**	**1569**	**774**	**795**	**1425**	**682**	**743**
玄武区									
秦淮区									
建邺区									
鼓楼区									
浦口区	8	5	3	10	6	4	19	9	10
栖霞区									
雨花台区	55	29	26	69	39	30	68	37	31
江宁区									
六合区	782	423	359	982	466	516	907	414	493
溧水区	281	143	138	339	180	159	285	146	139
高淳区	124	69	55	169	83	86	146	76	70
南京江北新区									
无锡市	**10841**	**5586**	**5255**	**11978**	**6081**	**5897**	**9121**	**4707**	**4414**
锡山区	2512	1300	1212	2564	1265	1299	2139	1114	1025
惠山区	1115	580	535	1099	584	515	818	420	398
滨湖区									
梁溪区									
新吴区									
江苏无锡经济开发区									
江阴市	4486	2325	2161	4858	2477	2381	3460	1784	1676
宜兴市	2728	1381	1347	3457	1755	1702	2704	1389	1315
徐州市	**19545**	**9528**	**10017**	**24714**	**11835**	**12879**	**17877**	**8597**	**9280**
鼓楼区									
云龙区	155	73	82	166	87	79	168	89	79
贾汪区	530	282	248	768	364	404	596	283	313
泉山区									
铜山区	2200	1099	1101	2994	1443	1551	2097	1037	1060
丰县	3832	1886	1946	4489	2124	2365	2945	1454	1491
沛县	4247	2006	2241	5401	2595	2806	3792	1829	1963
睢宁县	4042	1911	2131	4935	2293	2642	3544	1659	1885
徐州经济技术开发区	1902	957	945	2302	1145	1157	1772	856	916
新沂市	1167	568	599	1549	761	788	1156	531	625
邳州市	1470	746	724	2110	1023	1087	1807	859	948
常州市	**5999**	**3060**	**2939**	**6496**	**3281**	**3215**	**5457**	**2822**	**2635**
天宁区	491	244	247	520	254	266	365	207	158
钟楼区									
新北区	1097	560	537	1160	566	594	1051	538	513
武进区	1588	797	791	1566	812	754	1281	652	629
金坛区	539	274	265	743	377	366	734	377	357
江苏省常州市经济开发区	952	508	444	901	459	442	650	337	313
溧阳市	1332	677	655	1606	813	793	1376	711	665

1-3b 续表 13

单位：人

地 区	45-49岁			50-54岁			55-59岁		
	小计	男	女	小计	男	女	小计	男	女
苏州市	**25100**	**13291**	**11809**	**26934**	**13860**	**13074**	**21210**	**10624**	**10586**
虎丘区	39	16	23	42	19	23	45	27	18
吴中区	1633	861	772	1764	922	842	1323	690	633
相城区	516	275	241	566	311	255	417	241	176
姑苏区									
吴江区	4335	2230	2105	4880	2441	2439	3641	1860	1781
苏州工业园区	5968	3173	2795	6069	3008	3061	5694	2521	3173
常熟市	3655	1978	1677	3831	2038	1793	2961	1597	1364
张家港市	5011	2607	2404	5743	2976	2767	4152	2113	2039
昆山市	1557	815	742	1767	886	881	1419	737	682
太仓市	2386	1336	1050	2272	1259	1013	1558	838	720
南通市	**16102**	**7871**	**8231**	**23646**	**11721**	**11925**	**20684**	**10129**	**10555**
崇川区									
港闸区									
通州区	2527	1170	1357	3474	1703	1771	3178	1522	1656
如东县	3429	1602	1827	5703	2761	2942	5095	2519	2576
南通经济技术开发区	1997	1090	907	2347	1276	1071	2011	1006	1005
通州湾示范区	249	133	116	332	158	174	422	205	217
苏锡通科技产业园区	372	194	178	504	279	225	373	218	155
启东市	1327	728	599	1953	1041	912	1928	974	954
如皋市	3034	1423	1611	4854	2373	2481	3836	1848	1988
海门市	2028	972	1056	2591	1207	1384	2284	1052	1232
海安市	1139	559	580	1888	923	965	1557	785	772
连云港市	**11532**	**5760**	**5772**	**14350**	**6986**	**7364**	**10546**	**5230**	**5316**
连云区	16	15	1	21	19	2	7	7	
海州区	351	202	149	451	213	238	317	160	157
赣榆区	1875	925	950	2509	1190	1319	1810	843	967
东海县	3639	1790	1849	4141	2036	2105	2661	1310	1351
灌云县	2112	1087	1025	2689	1308	1381	2248	1160	1088
灌南县	2034	1013	1021	2660	1258	1402	2032	1014	1018
连云港经济技术开发区	438	215	223	567	285	282	458	237	221
连云港高新技术产业开发区	857	412	445	974	513	461	770	369	401
江苏连云港徐圩新区	202	96	106	315	153	162	231	124	107
江苏省连云港市云台山风景名胜区	8	5	3	23	11	12	12	6	6
淮安市	**12622**	**6196**	**6426**	**16185**	**7768**	**8417**	**11305**	**5499**	**5806**
淮安区	796	398	398	1085	527	558	883	414	469
淮阴区	750	373	377	1067	525	542	883	453	430
清江浦区	63	38	25	74	36	38	43	23	20
洪泽区	205	112	93	341	173	168	261	140	121
涟水县	3477	1685	1792	4237	1967	2270	2597	1250	1347
盱眙县	2964	1449	1515	3849	1895	1954	2880	1380	1500
金湖县	1894	903	991	2479	1198	1281	1507	776	731
淮安经济技术开发区	1745	853	892	2150	1026	1124	1522	729	793
工业园区	33	16	17	80	33	47	53	31	22
生态文旅区	528	283	245	552	260	292	500	209	291
苏淮高新区	167	86	81	271	128	143	176	94	82

1-3b 续表 14

单位：人

地　区	45-49岁			50-54岁			55-59岁		
	小计	男	女	小计	男	女	小计	男	女
盐城市	**21548**	**10641**	**10907**	**28197**	**13959**	**14238**	**21790**	**10929**	**10861**
亭湖区	504	253	251	713	368	345	556	278	278
盐都区	843	417	426	1142	544	598	836	410	426
大丰区	1606	787	819	2471	1285	1186	2279	1210	1069
响水县	1899	946	953	2344	1150	1194	1765	868	897
滨海县	3289	1615	1674	3873	1926	1947	2867	1434	1433
阜宁县	3615	1809	1806	4455	2212	2243	3435	1691	1744
射阳县	4445	2224	2221	5856	2898	2958	4196	2118	2078
建湖县	3391	1662	1729	4309	2046	2263	3099	1514	1585
盐城经济技术开发区	431	206	225	652	335	317	449	243	206
江苏省盐南高新区									
东台市	1525	722	803	2382	1195	1187	2308	1163	1145
扬州市	**10469**	**5171**	**5298**	**13707**	**6650**	**7057**	**9684**	**4660**	**5024**
广陵区	365	183	182	490	229	261	362	187	175
邗江区	459	233	226	714	344	370	511	251	260
江都区	2135	1015	1120	3019	1450	1569	2102	989	1113
宝应县	3969	1943	2026	4785	2324	2461	3376	1605	1771
扬州经济技术开发区	1597	817	780	1861	878	983	1482	707	775
蜀冈瘦西湖景区生态新城	87	48	39	136	68	68	105	49	56
仪征市	527	270	257	796	407	389	532	260	272
高邮市	1330	662	668	1906	950	956	1214	612	602
镇江市	**7181**	**3715**	**3466**	**8539**	**4317**	**4222**	**7417**	**3744**	**3673**
京口区	41	26	15	59	36	23	21	11	10
润州区									
丹徒区	522	276	246	748	390	358	697	357	340
镇江新区	1812	951	861	1906	964	942	1672	854	818
江苏镇江高新区									
丹阳市	3687	1889	1798	4302	2168	2134	3730	1864	1866
扬中市	433	226	207	561	272	289	452	233	219
句容市	686	347	339	963	487	476	845	425	420
泰州市	**8994**	**4433**	**4561**	**12774**	**6324**	**6450**	**9121**	**4470**	**4651**
海陵区	221	101	120	391	197	194	259	124	135
高港区	459	223	236	525	262	263	367	179	188
姜堰区	832	399	433	1347	635	712	967	461	506
泰州医药高新技术产业开发区	1461	742	719	1940	934	1006	1420	627	793
兴化市	2764	1379	1385	4354	2218	2136	3111	1567	1544
靖江市	1039	536	503	1295	666	629	949	468	481
泰兴市	2218	1053	1165	2922	1412	1510	2048	1044	1004
宿迁市	**16310**	**8055**	**8255**	**18225**	**8636**	**9589**	**13626**	**6711**	**6915**
宿城区	303	155	148	392	184	208	330	159	171
宿豫区	436	230	206	531	257	274	385	192	193
沭阳县	6615	3302	3313	7522	3630	3892	5874	2926	2948
泗阳县	3783	1848	1935	4101	1937	2164	2965	1439	1526
泗洪县	4071	1963	2108	4480	2056	2424	3260	1591	1669
宿迁经济技术开发区	1006	508	498	1049	495	554	717	360	357
宿迁市湖滨新区	96	49	47	150	77	73	95	44	51
苏州宿迁工业园区									
宿迁市洋河新区									

1-3b　续表 15

单位：人

地　区	60-64岁			65-69岁			70-74岁		
	小计	男	女	小计	男	女	小计	男	女
江　苏	**114116**	**57478**	**56638**	**118335**	**58358**	**59977**	**78971**	**38643**	**40328**
南京市	**710**	**352**	**358**	**837**	**398**	**439**	**527**	**256**	**271**
玄武区									
秦淮区									
建邺区									
鼓楼区									
浦口区	5	4	1	20	9	11	14	7	7
栖霞区									
雨花台区	40	18	22	66	28	38	54	27	27
江宁区									
六合区	466	230	236	430	211	219	234	106	128
溧水区	148	76	72	224	107	117	140	65	75
高淳区	51	24	27	97	43	54	85	51	34
南京江北新区									
无锡市	**5623**	**2948**	**2675**	**6559**	**3277**	**3282**	**4725**	**2317**	**2408**
锡山区	1381	744	637	1556	764	792	1127	546	581
惠山区	477	241	236	554	269	285	402	197	205
滨湖区									
梁溪区									
新吴区									
江苏无锡经济开发区									
江阴市	2211	1171	1040	2419	1213	1206	1736	833	903
宜兴市	1554	792	762	2030	1031	999	1460	741	719
徐州市	**12014**	**6003**	**6011**	**13358**	**6528**	**6830**	**8352**	**4063**	**4289**
鼓楼区									
云龙区	84	44	40	100	40	60	95	47	48
贾汪区	360	175	185	481	235	246	312	146	166
泉山区									
铜山区	1493	725	768	1847	912	935	1131	527	604
丰县	2101	1080	1021	2329	1129	1200	1664	786	878
沛县	2521	1225	1296	2653	1284	1369	1703	825	878
睢宁县	2300	1180	1120	2551	1283	1268	1510	783	727
徐州经济技术开发区	1081	550	531	1048	491	557	603	279	324
新沂市	746	375	371	844	411	433	490	232	258
邳州市	1328	649	679	1505	743	762	844	438	406
常州市	**3313**	**1766**	**1547**	**3724**	**1894**	**1830**	**2851**	**1386**	**1465**
天宁区	203	102	101	251	135	116	208	88	120
钟楼区									
新北区	652	340	312	702	358	344	519	247	272
武进区	773	419	354	879	448	431	725	348	377
金坛区	511	262	249	573	295	278	414	217	197
江苏省常州市经济开发区	360	202	158	357	172	185	310	159	151
溧阳市	814	441	373	962	486	476	675	327	348

1-3b 续表 16

单位：人

地　区	60-64岁			65-69岁			70-74岁		
	小计	男	女	小计	男	女	小计	男	女
苏州市	**14342**	**7015**	**7327**	**14873**	**7334**	**7539**	**9993**	**4873**	**5120**
虎丘区	32	18	14	22	11	11	27	12	15
吴中区	843	422	421	813	408	405	551	276	275
相城区	246	127	119	298	155	143	226	113	113
姑苏区									
吴江区	2073	1079	994	2157	1121	1036	1459	729	730
苏州工业园区	4637	2031	2606	4430	2076	2354	2498	1199	1299
常熟市	1918	1009	909	2028	1005	1023	1590	766	824
张家港市	2692	1356	1336	2797	1402	1395	2089	1003	1086
昆山市	749	369	380	921	450	471	611	321	290
太仓市	1152	604	548	1407	706	701	942	454	488
南通市	**16129**	**8008**	**8121**	**17030**	**8445**	**8585**	**13070**	**6338**	**6732**
崇川区									
港闸区									
通州区	2304	1128	1176	2712	1342	1370	2089	1050	1039
如东县	4195	2054	2141	4409	2145	2264	3505	1682	1823
南通经济技术开发区	1154	559	595	1115	541	574	796	380	416
通州湾示范区	333	167	166	354	170	184	223	100	123
苏锡通科技产业园区	246	138	108	246	125	121	159	78	81
启东市	1716	838	878	1753	843	910	1182	562	620
如皋市	2995	1568	1427	3074	1599	1475	2581	1250	1331
海门市	1991	954	1037	1981	963	1018	1520	739	781
海安市	1195	602	593	1386	717	669	1015	497	518
连云港市	**8761**	**4407**	**4354**	**8438**	**4086**	**4352**	**4894**	**2333**	**2561**
连云区	5	5		1	1		1	1	
海州区	326	167	159	318	143	175	177	79	98
赣榆区	1639	799	840	1716	841	875	1126	512	614
东海县	1879	933	946	2027	973	1054	1174	575	599
灌云县	1966	997	969	1788	880	908	1001	487	514
灌南县	1709	861	848	1507	752	755	874	426	448
连云港经济技术开发区	385	201	184	351	163	188	180	90	90
连云港高新技术产业开发区	576	302	274	502	228	274	223	101	122
江苏连云港徐圩新区	254	133	121	218	101	117	130	59	71
江苏省连云港市云台山风景名胜区	22	9	13	10	4	6	8	3	5
淮安市	**8770**	**4513**	**4257**	**8293**	**4106**	**4187**	**4493**	**2222**	**2271**
淮安区	812	417	395	921	451	470	632	333	299
淮阴区	748	396	352	722	361	361	416	207	209
清江浦区	55	27	28	57	28	29	22	13	9
洪泽区	210	111	99	222	114	108	142	60	82
涟水县	2116	1072	1044	2009	980	1029	1155	560	595
盱眙县	2156	1104	1052	2076	1022	1054	959	470	489
金湖县	927	479	448	837	403	434	434	222	212
淮安经济技术开发区	1156	600	556	942	501	441	474	235	239
工业园区	48	27	21	36	20	16	21	9	12
生态文旅区	379	186	193	325	155	170	159	75	84
苏淮高新区	163	94	69	146	71	75	79	38	41

1-3b 续表 17　　　　单位：人

地　区	60-64岁			65-69岁			70-74岁		
	小计	男	女	小计	男	女	小计	男	女
盐城市	**17342**	**8838**	**8504**	**16139**	**7877**	**8262**	**10354**	**5014**	**5340**
亭湖区	444	222	222	448	222	226	267	126	141
盐都区	590	285	305	661	319	342	446	223	223
大丰区	1747	878	869	1581	787	794	1088	505	583
响水县	1753	875	878	1453	699	754	832	384	448
滨海县	2701	1399	1302	2591	1249	1342	1551	761	790
阜宁县	2765	1397	1368	2476	1204	1272	1717	849	868
射阳县	3273	1716	1557	2810	1378	1432	1808	873	935
建湖县	1907	976	931	2082	995	1087	1297	643	654
盐城经济技术开发区	324	164	160	312	151	161	193	89	104
江苏省盐南高新区									
东台市	1838	926	912	1725	873	852	1155	561	594
扬州市	**6268**	**3125**	**3143**	**7356**	**3548**	**3808**	**5403**	**2659**	**2744**
广陵区	289	138	151	293	161	132	216	110	106
邗江区	323	164	159	388	189	199	305	142	163
江都区	1403	664	739	1861	912	949	1483	712	771
宝应县	2090	1052	1038	2313	1086	1227	1638	810	828
扬州经济技术开发区	1046	525	521	1050	494	556	749	371	378
蜀冈瘦西湖景区生态新城	76	42	34	74	35	39	75	35	40
仪征市	361	191	170	430	225	205	277	145	132
高邮市	680	349	331	947	446	501	660	334	326
镇江市	**4784**	**2419**	**2365**	**5215**	**2646**	**2569**	**3836**	**1935**	**1901**
京口区	16	8	8	19	10	9	21	7	14
润州区									
丹徒区	503	253	250	549	287	262	433	230	203
镇江新区	1183	576	607	1148	569	579	766	382	384
江苏镇江高新区									
丹阳市	2316	1202	1114	2516	1302	1214	1884	950	934
扬中市	350	173	177	398	191	207	313	154	159
句容市	416	207	209	585	287	298	419	212	207
泰州市	**6582**	**3285**	**3297**	**7740**	**3936**	**3804**	**5706**	**2892**	**2814**
海陵区	176	88	88	237	128	109	166	76	90
高港区	310	152	158	303	156	147	286	144	142
姜堰区	743	383	360	891	453	438	708	403	305
泰州医药高新技术产业开发区	949	446	503	945	492	453	607	310	297
兴化市	2018	1021	997	2718	1376	1342	1790	904	886
靖江市	753	361	392	929	453	476	700	352	348
泰兴市	1633	834	799	1717	878	839	1449	703	746
宿迁市	**9478**	**4799**	**4679**	**8773**	**4283**	**4490**	**4767**	**2355**	**2412**
宿城区	208	103	105	186	98	88	107	59	48
宿豫区	344	173	171	328	176	152	177	95	82
沭阳县	4364	2259	2105	3697	1805	1892	2004	970	1034
泗阳县	2078	1035	1043	2093	977	1116	1100	550	550
泗洪县	1899	951	948	2001	972	1029	1104	551	553
宿迁经济技术开发区	499	239	260	368	197	171	234	114	120
宿迁市湖滨新区	86	39	47	100	58	42	41	16	25
苏州宿迁工业园区									
宿迁市洋河新区									

1-3b 续表 18

单位：人

地　区	75-79岁			80-84岁			85-89岁		
	小计	男	女	小计	男	女	小计	男	女
江　苏	**51559**	**24659**	**26900**	**32166**	**14526**	**17640**	**17262**	**6736**	**10526**
南京市	**307**	**140**	**167**	**186**	**97**	**89**	**96**	**49**	**47**
玄武区									
秦淮区									
建邺区									
鼓楼区									
浦口区	10	4	6	7	2	5	3	1	2
栖霞区									
雨花台区	25	13	12	28	15	13	8	4	4
江宁区									
六合区	133	58	75	72	33	39	42	20	22
溧水区	83	35	48	44	23	21	24	12	12
高淳区	56	30	26	35	24	11	19	12	7
南京江北新区									
无锡市	**2742**	**1308**	**1434**	**1624**	**747**	**877**	**890**	**364**	**526**
锡山区	662	311	351	405	186	219	221	91	130
惠山区	240	110	130	150	68	82	80	31	49
滨湖区									
梁溪区									
新吴区									
江苏无锡经济开发区									
江阴市	1028	472	556	644	277	367	288	111	177
宜兴市	812	415	397	425	216	209	301	131	170
徐州市	**6223**	**2850**	**3373**	**3582**	**1588**	**1994**	**2061**	**750**	**1311**
鼓楼区									
云龙区	35	19	16	26	8	18	14	6	8
贾汪区	203	96	107	117	51	66	55	21	34
泉山区									
铜山区	829	398	431	461	211	250	289	100	189
丰县	1154	507	647	612	267	345	389	139	250
沛县	1180	526	654	684	315	369	401	148	253
睢宁县	1251	589	662	747	328	419	375	131	244
徐州经济技术开发区	411	178	233	251	110	141	128	52	76
新沂市	409	184	225	256	103	153	148	52	96
邳州市	751	353	398	428	195	233	262	101	161
常州市	**1558**	**742**	**816**	**1009**	**445**	**564**	**539**	**204**	**335**
天宁区	120	55	65	81	39	42	36	12	24
钟楼区									
新北区	284	125	159	163	58	105	101	35	66
武进区	414	195	219	239	109	130	128	56	72
金坛区	202	102	100	137	71	66	76	31	45
江苏省常州市经济开发区	164	69	95	105	48	57	53	19	34
溧阳市	374	196	178	284	120	164	145	51	94

1-3b　续表 19　　单位：人

地　区	75-79岁			80-84岁			85-89岁		
	小计	男	女	小计	男	女	小计	男	女
苏州市	**5975**	**2885**	**3090**	**3670**	**1665**	**2005**	**2040**	**736**	**1304**
虎丘区	13	7	6	9	5	4	3		3
吴中区	353	164	189	196	89	107	135	55	80
相城区	110	54	56	75	39	36	45	13	32
姑苏区									
吴江区	941	490	451	571	280	291	334	126	208
苏州工业园区	1368	682	686	781	380	401	432	174	258
常熟市	1001	460	541	657	278	379	312	91	221
张家港市	1275	610	665	812	326	486	441	147	294
昆山市	345	165	180	197	97	100	121	46	75
太仓市	569	253	316	372	171	201	217	84	133
南通市	**8648**	**4126**	**4522**	**5897**	**2631**	**3266**	**3331**	**1280**	**2051**
崇川区									
港闸区									
通州区	1320	648	672	938	390	548	546	216	330
如东县	2315	1096	1219	1588	758	830	857	359	498
南通经济技术开发区	484	243	241	304	139	165	208	83	125
通州湾示范区	169	78	91	121	51	70	79	29	50
苏锡通科技产业园区	136	61	75	77	40	37	43	10	33
启东市	718	316	402	569	233	336	355	122	233
如皋市	1743	811	932	1151	494	657	634	226	408
海门市	1022	485	537	684	297	387	382	139	243
海安市	741	388	353	465	229	236	227	96	131
连云港市	**3290**	**1561**	**1729**	**1966**	**882**	**1084**	**1106**	**465**	**641**
连云区									
海州区	128	61	67	61	31	30	37	15	22
赣榆区	685	322	363	403	175	228	260	96	164
东海县	846	411	435	512	248	264	285	117	168
灌云县	734	339	395	425	186	239	227	109	118
灌南县	544	258	286	333	151	182	160	65	95
连云港经济技术开发区	99	47	52	83	31	52	65	30	35
连云港高新技术产业开发区	142	73	69	98	40	58	46	18	28
江苏连云港徐圩新区	101	44	57	49	19	30	23	13	10
江苏省连云港市云台山风景名胜区	11	6	5	2	1	1	3	2	1
淮安市	**3307**	**1604**	**1703**	**2059**	**937**	**1122**	**996**	**377**	**619**
淮安区	383	197	186	243	112	131	124	44	80
淮阴区	333	169	164	208	83	125	112	37	75
清江浦区	15	10	5	14	5	9	10	2	8
洪泽区	139	71	68	69	33	36	31	11	20
涟水县	763	365	398	514	236	278	237	85	152
盱眙县	785	357	428	463	203	260	232	89	143
金湖县	364	171	193	207	102	105	86	37	49
淮安经济技术开发区	340	168	172	220	107	113	111	51	60
工业园区	19	9	10	18	8	10	10	5	5
生态文旅区	95	45	50	60	27	33	24	8	16
苏淮高新区	71	42	29	43	21	22	19	8	11

1-3b 续表 20

单位：人

地　区	75-79岁			80-84岁			85-89岁		
	小计	男	女	小计	男	女	小计	男	女
盐城市	**6545**	**3122**	**3423**	**4387**	**1975**	**2412**	**2065**	**861**	**1204**
亭湖区	187	79	108	129	62	67	59	20	39
盐都区	286	149	137	164	75	89	69	20	49
大丰区	798	351	447	566	245	321	250	107	143
响水县	481	210	271	316	140	176	158	73	85
滨海县	883	409	474	576	273	303	274	105	169
阜宁县	1029	514	515	639	288	351	303	111	192
射阳县	1075	523	552	792	323	469	420	182	238
建湖县	809	392	417	542	256	286	222	108	114
盐城经济技术开发区	150	71	79	86	36	50	34	10	24
江苏省盐南高新区									
东台市	847	424	423	577	277	300	276	125	151
扬州市	**3189**	**1585**	**1604**	**1902**	**926**	**976**	**1047**	**444**	**603**
广陵区	117	56	61	76	37	39	34	9	25
邗江区	189	94	95	103	50	53	58	26	32
江都区	956	479	477	553	272	281	299	124	175
宝应县	903	430	473	523	266	257	258	104	154
扬州经济技术开发区	421	217	204	252	119	133	164	74	90
蜀冈瘦西湖景区									
生态新城	42	21	21	29	8	21	24	13	11
仪征市	160	84	76	117	53	64	76	31	45
高邮市	401	204	197	249	121	128	134	63	71
镇江市	**2076**	**995**	**1081**	**1164**	**532**	**632**	**693**	**259**	**434**
京口区	9	4	5	8	3	5	3	2	1
润州区									
丹徒区	225	111	114	117	47	70	71	28	43
镇江新区	473	222	251	258	115	143	145	57	88
江苏镇江高新区									
丹阳市	946	449	497	557	254	303	379	131	248
扬中市	191	98	93	101	43	58	47	22	25
句容市	232	111	121	123	70	53	48	19	29
泰州市	**3767**	**1892**	**1875**	**2274**	**1006**	**1268**	**1215**	**486**	**729**
海陵区	118	59	59	76	34	42	55	23	32
高港区	159	74	85	92	39	53	66	30	36
姜堰区	509	256	253	315	148	167	153	63	90
泰州医药高新技术产业开发区	453	222	231	247	113	134	160	65	95
兴化市	1185	614	571	715	336	379	350	144	206
靖江市	385	189	196	246	103	143	99	37	62
泰兴市	958	478	480	583	233	350	332	124	208
宿迁市	**3932**	**1849**	**2083**	**2446**	**1095**	**1351**	**1183**	**461**	**722**
宿城区	115	52	63	80	33	47	26	12	14
宿豫区	140	59	81	99	44	55	54	18	36
沭阳县	1660	759	901	1061	484	577	480	191	289
泗阳县	871	441	430	543	230	313	272	104	168
泗洪县	936	438	498	535	246	289	273	103	170
宿迁经济技术开发区	180	83	97	102	48	54	60	28	32
宿迁市湖滨新区	30	17	13	26	10	16	18	5	13
苏州宿迁工业园区									
宿迁市洋河新区									

1-3b　续表 21　　单位：人

地　区	90-94岁			95-99岁			100岁及以上		
	小计	男	女	小计	男	女	小计	男	女
江　苏	**5914**	**1975**	**3939**	**1319**	**332**	**987**	**134**	**29**	**105**
南京市	**39**	**9**	**30**	**3**	**1**	**2**			
玄武区									
秦淮区									
建邺区									
鼓楼区									
浦口区	4	2	2						
栖霞区									
雨花台区	2		2						
江宁区									
六合区	16	3	13	2	1	1			
溧水区	8	1	7						
高淳区	9	3	6	1		1			
南京江北新区									
无锡市	**349**	**109**	**240**	**75**	**20**	**55**	**8**		**8**
锡山区	90	34	56	11	2	9	4		4
惠山区	30	5	25	9	2	7			
滨湖区									
梁溪区									
新吴区									
江苏无锡经济开发区									
江阴市	110	27	83	31	8	23	4		4
宜兴市	119	43	76	24	8	16			
徐州市	**723**	**247**	**476**	**190**	**40**	**150**	**20**	**4**	**16**
鼓楼区									
云龙区	2	1	1	2	1	1	1		1
贾汪区	23	9	14	5	1	4	1		1
泉山区									
铜山区	97	37	60	21	3	18			
丰县	126	37	89	39	8	31	5	1	4
沛县	150	52	98	34	6	28	4	1	3
睢宁县	126	41	85	33	6	27	2		2
徐州经济技术开发区	39	13	26	8		8	1	1	
新沂市	55	16	39	12	4	8	2		2
邳州市	105	41	64	36	11	25	4	1	3
常州市	**208**	**68**	**140**	**39**	**10**	**29**	**1**		**1**
天宁区	5	2	3	2	1	1			
钟楼区									
新北区	27	10	17	8	4	4			
武进区	53	19	34	6	1	5	1		1
金坛区	30	12	18	9	2	7			
江苏省常州市经济开发区	16	5	11	1		1			
溧阳市	77	20	57	13	2	11			

1-3b 续表 22

单位：人

地　区	90-94岁			95-99岁			100岁及以上		
	小计	男	女	小计	男	女	小计	男	女
苏州市	**757**	**240**	**517**	**140**	**37**	**103**	**14**	**5**	**9**
虎丘区	1		1	1	1				
吴中区	42	12	30	11	3	8	1		1
相城区	14	3	11	4		4			
姑苏区									
吴江区	132	43	89	27	6	21	4	1	3
苏州工业园区	159	60	99	26	9	17	2	2	
常熟市	105	22	83	18	1	17			
张家港市	177	50	127	28	11	17	2		2
昆山市	45	16	29	11	2	9	1		1
太仓市	82	34	48	14	4	10	4	2	2
南通市	**1271**	**406**	**865**	**334**	**82**	**252**	**36**	**7**	**29**
崇川区									
港闸区									
通州区	203	58	145	47	14	33	6	1	5
如东县	348	123	225	89	22	67	8		8
南通经济技术开发区	78	26	52	14	5	9	3	1	2
通州湾示范区	18	10	8	8	3	5			
苏锡通科技产业园区	10	4	6	9	3	6			
启东市	111	34	77	27	8	19	3		3
如皋市	251	72	179	66	11	55	8	4	4
海门市	161	47	114	44	10	34	5	1	4
海安市	91	32	59	30	6	24	3		3
连云港市	**353**	**135**	**218**	**79**	**26**	**53**	**4**	**1**	**3**
连云区									
海州区	11	5	6	2		2			
赣榆区	83	26	57	13	2	11			
东海县	79	26	53	21	7	14	1		1
灌云县	86	39	47	20	8	12	1		1
灌南县	53	20	33	12	4	8	1		1
连云港经济技术开发区	14	8	6	2	1	1			
连云港高新技术产业开发区	18	8	10	5	2	3			
江苏连云港徐圩新区	9	3	6	4	2	2	1	1	
江苏省连云港市云台山风景名胜区									
淮安市	**299**	**102**	**197**	**72**	**16**	**56**	**4**		**4**
淮安区	27	13	14	11	2	9	1		1
淮阴区	48	11	37	5	1	4			
清江浦区	2	1	1						
洪泽区	9	5	4	5	2	3			
涟水县	58	13	45	22	4	18			
盱眙县	86	33	53	17	3	14	3		3
金湖县	26	11	15	6	3	3			
淮安经济技术开发区	29	10	19	5		5			
工业园区	3	1	2						
生态文旅区	7	2	5						
苏淮高新区	4	2	2	1	1				

1-3b 续表 23

单位：人

地区	90-94岁			95-99岁			100岁及以上		
	小计	男	女	小计	男	女	小计	男	女
盐城市	**562**	**218**	**344**	**122**	**39**	**83**	**13**	**6**	**7**
亭湖区	20	9	11	1		1			
盐都区	21	11	10	2		2			
大丰区	72	24	48	12	2	10	1	1	
响水县	53	22	31	17	5	12	2	1	1
滨海县	83	29	54	29	10	19	2		2
阜宁县	67	24	43	15	4	11	5	2	3
射阳县	91	46	45	22	11	11	1	1	
建湖县	53	18	35	9	2	7			
盐城经济技术开发区	8	4	4	1		1			
江苏省盐南高新区									
东台市	94	31	63	14	5	9	2	1	1
扬州市	**293**	**101**	**192**	**46**	**9**	**37**	**5**	**2**	**3**
广陵区	9	1	8	1		1			
邗江区	13	3	10				1	1	
江都区	86	22	64	18	4	14	1		1
宝应县	70	27	43	13	1	12	2		2
扬州经济技术开发区	57	24	33	5	2	3	1	1	
蜀冈瘦西湖景区									
生态新城	3	2	1	1		1			
仪征市	19	8	11	4	1	3			
高邮市	36	14	22	4	1	3			
镇江市	**270**	**83**	**187**	**51**	**13**	**38**	**4**		**4**
京口区	1		1						
润州区									
丹徒区	24	9	15	8	4	4	1		1
镇江新区	73	23	50	11	3	8	2		2
江苏镇江高新区									
丹阳市	128	40	88	25	4	21	1		1
扬中市	21	5	16	4	1	3			
句容市	23	6	17	3	1	2			
泰州市	**428**	**137**	**291**	**77**	**18**	**59**	**11**	**1**	**10**
海陵区	23	8	15	1		1			
高港区	18	7	11	1		1	1		1
姜堰区	64	17	47	5	2	3	4		4
泰州医药高新技术产业开发区	46	12	34	12	5	7			
兴化市	80	26	54	15	5	10			
靖江市	57	17	40	7	2	5	1		1
泰兴市	140	50	90	36	4	32	5	1	4
宿迁市	**362**	**120**	**242**	**91**	**21**	**70**	**14**	**3**	**11**
宿城区	4	1	3	2		2			
宿豫区	12	2	10	4		4			
沭阳县	154	47	107	47	14	33	6	1	5
泗阳县	100	38	62	16	4	12	2	1	1
泗洪县	71	23	48	20	3	17	4		4
宿迁经济技术开发区	17	7	10	2		2	2	1	1
宿迁市湖滨新区	4	2	2						
苏州宿迁工业园区									
宿迁市洋河新区									

1-3c 各地区分年龄、性别的人口(乡村)

单位：人

地区	合计			0岁		
	合计	男	女	小计	男	女
江 苏	**2147830**	**1095176**	**1052654**	**13273**	**6988**	**6285**
南京市	**125121**	**65822**	**59299**	**884**	**426**	**458**
玄武区						
秦淮区						
建邺区						
鼓楼区						
浦口区	7304	3677	3627	65	24	41
栖霞区	5745	3032	2713	30	16	14
雨花台区						
江宁区	39699	21696	18003	262	136	126
六合区	31745	16246	15499	227	106	121
溧水区	16602	8504	8098	115	57	58
高淳区	22151	11645	10506	171	81	90
南京江北新区	1875	1022	853	14	6	8
无锡市	**122158**	**64494**	**57664**	**519**	**271**	**248**
锡山区	10912	5752	5160	61	31	30
惠山区	20286	10894	9392	65	37	28
滨湖区	4372	2361	2011	13	3	10
梁溪区						
新吴区	6563	3706	2857	23	11	12
江苏无锡经济开发区						
江阴市	42519	22467	20052	190	96	94
宜兴市	37506	19314	18192	167	93	74
徐州市	**292448**	**147925**	**144523**	**2428**	**1319**	**1109**
鼓楼区						
云龙区						
贾汪区	17594	9131	8463	177	96	81
泉山区						
铜山区	48201	24722	23479	381	216	165
丰县	40106	19630	20476	357	196	161
沛县	41862	20974	20888	382	216	166
睢宁县	41429	20716	20713	325	176	149
徐州经济技术开发区	5021	2621	2400	45	22	23
新沂市	42223	21603	20620	314	171	143
邳州市	56012	28528	27484	447	226	221
常州市	**118458**	**62086**	**56372**	**605**	**329**	**276**
天宁区	5905	3074	2831	20	11	9
钟楼区	4274	2354	1920	19	8	11
新北区	10416	5376	5040	60	35	25
武进区	34598	18252	16346	151	81	70
金坛区	19007	9865	9142	100	63	37
江苏省常州市经济开发区	14341	7794	6547	70	40	30
溧阳市	29917	15371	14546	185	91	94

1-3c 续表 1

单位：人

地 区	合 计			0岁		
	合计	男	女	小计	男	女
苏州市	**225335**	**120827**	**104508**	**844**	**441**	**403**
虎丘区	6612	3661	2951	23	14	9
吴中区	31177	16570	14607	151	87	64
相城区	4678	2647	2031	14	6	8
姑苏区						
吴江区	36603	19185	17418	129	68	61
苏州工业园区						
常熟市	45146	23554	21592	158	82	76
张家港市	36453	19390	17063	127	65	62
昆山市	39619	22198	17421	194	91	103
太仓市	25047	13622	11425	48	28	20
南通市	**226550**	**108116**	**118434**	**1036**	**536**	**500**
崇川区						
港闸区	311	180	131	2	2	
通州区	35115	16718	18397	186	99	87
如东县	37544	18142	19402	146	71	75
南通经济技术开发区						
通州湾示范区	5066	2310	2756	24	12	12
苏锡通科技产业园区	5027	2562	2465	29	13	16
启东市	38131	17966	20165	154	75	79
如皋市	48450	23651	24799	254	137	117
海门市	29203	13043	16160	144	79	65
海安市	27703	13544	14159	97	48	49
连云港市	**153493**	**77075**	**76418**	**1436**	**775**	**661**
连云区	241	138	103	2	1	1
海州区	8293	4351	3942	70	35	35
赣榆区	42256	21297	20959	354	191	163
东海县	40407	19822	20585	471	259	212
灌云县	29790	15087	14703	275	150	125
灌南县	28386	14227	14159	230	125	105
连云港经济技术开发区	1803	932	871	14	3	11
连云港高新技术产业开发区						
江苏连云港徐圩新区	159	97	62	2	2	
江苏省连云港市云台山风景名胜区	2158	1124	1034	18	9	9
淮安市	**132318**	**67113**	**65205**	**1023**	**526**	**497**
淮安区	29962	14841	15121	284	153	131
淮阴区	27680	14356	13324	206	115	91
清江浦区	5112	2602	2510	44	24	20
洪泽区	10321	5144	5177	72	37	35
涟水县	30120	15338	14782	231	112	119
盱眙县	17274	8817	8457	124	59	65
金湖县	11050	5601	5449	56	23	33
淮安经济技术开发区						
工业园区	687	361	326	5	3	2
生态文旅区						
苏淮高新区	112	53	59	1		1

1-3c 续表 2

单位：人

地区	合计			0岁		
	合计	男	女	小计	男	女
盐城市	**238416**	**121522**	**116894**	**1248**	**688**	**560**
亭湖区	9855	5078	4777	47	25	22
盐都区	27478	14257	13221	147	72	75
大丰区	26197	13360	12837	104	58	46
响水县	17135	8714	8421	129	71	58
滨海县	30435	15549	14886	224	130	94
阜宁县	33182	17129	16053	206	116	90
射阳县	32670	16870	15800	130	73	57
建湖县	21171	10742	10429	88	48	40
盐城经济技术开发区	2628	1356	1272	21	8	13
江苏省盐南高新区						
东台市	37665	18467	19198	152	87	65
扬州市	**150063**	**75751**	**74312**	**693**	**334**	**359**
广陵区	7812	4196	3616	19	14	5
邗江区	9258	4605	4653	49	18	31
江都区	38540	19016	19524	161	79	82
宝应县	37378	19056	18322	188	91	97
扬州经济技术开发区	1765	872	893	11	8	3
蜀冈瘦西湖景区						
生态新城	1706	855	851	8	4	4
仪征市	17748	9148	8600	91	43	48
高邮市	35856	18003	17853	166	77	89
镇江市	**64314**	**32972**	**31342**	**332**	**166**	**166**
京口区	641	323	318	1	1	
润州区	69	43	26			
丹徒区	9365	4812	4553	40	20	20
镇江新区	3167	1662	1505	12	6	6
江苏镇江高新区						
丹阳市	18861	9641	9220	76	41	35
扬中市	9590	4940	4650	58	26	32
句容市	22621	11551	11070	145	72	73
泰州市	**141004**	**70955**	**70049**	**758**	**412**	**346**
海陵区	4548	2267	2281	18	9	9
高港区	8227	4168	4059	54	31	23
姜堰区	25036	12370	12666	108	53	55
泰州医药高新技术产业开发区	1495	722	773	9	7	2
兴化市	44140	22450	21690	243	130	113
靖江市	20926	10870	10056	115	58	57
泰兴市	36632	18108	18524	211	124	87
宿迁市	**158152**	**80518**	**77634**	**1467**	**765**	**702**
宿城区	20777	10595	10182	207	104	103
宿豫区	12354	6412	5942	99	55	44
沭阳县	58010	29689	28321	609	307	302
泗阳县	25674	12839	12835	230	118	112
泗洪县	26097	13156	12941	187	104	83
宿迁经济技术开发区	4411	2324	2087	46	27	19
宿迁市湖滨新区	5016	2584	2432	48	27	21
苏州宿迁工业园区						
宿迁市洋河新区	5813	2919	2894	41	23	18

1-3c　续表 3

单位：人

地区	1-4岁			5-9岁			10-14岁		
	小计	男	女	小计	男	女	小计	男	女
江　苏	**66729**	**34933**	**31796**	**104436**	**55517**	**48919**	**110174**	**59494**	**50680**
南京市	**4132**	**2165**	**1967**	**4576**	**2417**	**2159**	**3934**	**2047**	**1887**
玄武区									
秦淮区									
建邺区									
鼓楼区									
浦口区	273	132	141	295	143	152	217	108	109
栖霞区	181	88	93	211	114	97	154	75	79
雨花台区									
江宁区	1264	674	590	1376	715	661	1085	544	541
六合区	1046	527	519	1105	584	521	1011	544	467
溧水区	537	287	250	651	362	289	645	345	300
高淳区	780	430	350	879	467	412	778	405	373
南京江北新区	51	27	24	59	32	27	44	26	18
无锡市	**3028**	**1560**	**1468**	**4106**	**2151**	**1955**	**3652**	**1999**	**1653**
锡山区	309	165	144	441	250	191	354	191	163
惠山区	500	249	251	701	357	344	644	349	295
滨湖区	121	70	51	154	94	60	147	73	74
梁溪区									
新吴区	149	77	72	243	137	106	196	108	88
江苏无锡经济开发区									
江阴市	1135	585	550	1454	767	687	1315	739	576
宜兴市	814	414	400	1113	546	567	996	539	457
徐州市	**13328**	**7081**	**6247**	**23713**	**12908**	**10805**	**28330**	**15407**	**12923**
鼓楼区									
云龙区									
贾汪区	804	418	386	1384	756	628	1626	909	717
泉山区									
铜山区	2315	1222	1093	3932	2127	1805	4556	2469	2087
丰县	1883	993	890	3123	1664	1459	3436	1826	1610
沛县	2000	1065	935	3418	1829	1589	3766	2098	1668
睢宁县	1993	1038	955	3414	1861	1553	3351	1774	1577
徐州经济技术开发区	212	116	96	384	209	175	553	313	240
新沂市	1765	955	810	3401	1889	1512	4656	2485	2171
邳州市	2356	1274	1082	4657	2573	2084	6386	3533	2853
常州市	**3180**	**1662**	**1518**	**4204**	**2215**	**1989**	**3851**	**2093**	**1758**
天宁区	164	92	72	222	116	106	211	110	101
钟楼区	114	61	53	161	72	89	148	83	65
新北区	280	141	139	381	195	186	346	187	159
武进区	949	485	464	1302	717	585	1247	682	565
金坛区	422	217	205	523	293	230	491	265	226
江苏省常州市经济开发区	392	209	183	587	316	271	472	258	214
溧阳市	859	457	402	1028	506	522	936	508	428

1-3c 续表 4

单位：人

地区	1-4岁			5-9岁			10-14岁		
	小计	男	女	小计	男	女	小计	男	女
苏州市	**5605**	**2973**	**2632**	**7494**	**3937**	**3557**	**5699**	**3074**	**2625**
虎丘区	238	129	109	297	157	140	233	142	91
吴中区	850	437	413	1140	564	576	782	394	388
相城区	109	51	58	134	73	61	97	45	52
姑苏区									
吴江区	926	489	437	1231	651	580	898	491	407
苏州工业园区									
常熟市	1030	539	491	1323	698	625	1102	588	514
张家港市	943	503	440	1315	694	621	1032	548	484
昆山市	1074	584	490	1412	760	652	1005	563	442
太仓市	435	241	194	642	340	302	550	303	247
南通市	**4886**	**2532**	**2354**	**6419**	**3252**	**3167**	**6098**	**3156**	**2942**
崇川区									
港闸区	8	7	1	10	7	3	10	5	5
通州区	878	456	422	1118	543	575	974	512	462
如东县	713	370	343	826	399	427	847	418	429
南通经济技术开发区									
通州湾示范区	95	46	49	121	59	62	110	62	48
苏锡通科技产业园区	147	87	60	237	116	121	186	111	75
启东市	670	334	336	885	463	422	784	389	395
如皋市	1398	709	689	1896	970	926	1821	964	857
海门市	517	284	233	818	427	391	807	399	408
海安市	460	239	221	508	268	240	559	296	263
连云港市	**7116**	**3770**	**3346**	**12721**	**6750**	**5971**	**14655**	**7837**	**6818**
连云区	10	7	3	8	5	3	10	5	5
海州区	362	199	163	554	287	267	556	305	251
赣榆区	1959	1013	946	3293	1799	1494	3712	2020	1692
东海县	2144	1146	998	3804	2028	1776	4304	2312	1992
灌云县	1279	693	586	2254	1158	1096	2824	1453	1371
灌南县	1183	624	559	2545	1333	1212	2990	1589	1401
连云港经济技术开发区	73	31	42	108	58	50	108	64	44
连云港高新技术产业开发区									
江苏连云港徐圩新区	16	9	7	6	5	1	11	9	2
江苏省连云港市云台山风景名胜区	90	48	42	149	77	72	140	80	60
淮安市	**4101**	**2067**	**2034**	**6907**	**3635**	**3272**	**7945**	**4238**	**3707**
淮安区	955	468	487	1752	908	844	1871	1008	863
淮阴区	871	446	425	1633	882	751	2005	1063	942
清江浦区	192	87	105	291	156	135	246	131	115
洪泽区	250	133	117	375	193	182	457	254	203
涟水县	1083	547	536	1742	904	838	2027	1077	950
盱眙县	509	261	248	862	465	397	1124	588	536
金湖县	217	113	104	226	111	115	175	94	81
淮安经济技术开发区									
工业园区	24	12	12	25	16	9	40	23	17
生态文旅区									
苏淮高新区				1		1			

1-3c　续表 5　　　　单位：人

地　区	1-4岁			5-9岁			10-14岁		
	小计	男	女	小计	男	女	小计	男	女
盐城市	**5821**	**2986**	**2835**	**9916**	**5309**	**4607**	**11824**	**6532**	**5292**
亭湖区	264	135	129	353	183	170	418	241	177
盐都区	591	311	280	984	545	439	1074	625	449
大丰区	497	242	255	676	353	323	689	361	328
响水县	670	352	318	1277	681	596	1489	817	672
滨海县	905	476	429	1857	1023	834	2661	1434	1227
阜宁县	956	493	463	1899	985	914	2176	1246	930
射阳县	826	420	406	1332	715	617	1641	880	761
建湖县	356	168	188	505	261	244	683	398	285
盐城经济技术开发区	78	45	33	112	51	61	92	45	47
江苏省盐南高新区									
东台市	678	344	334	921	512	409	901	485	416
扬州市	**3529**	**1846**	**1683**	**4430**	**2280**	**2150**	**4450**	**2366**	**2084**
广陵区	145	80	65	192	100	92	210	106	104
邗江区	261	147	114	344	177	167	295	154	141
江都区	768	407	361	1096	551	545	1089	572	517
宝应县	882	457	425	1173	602	571	1230	660	570
扬州经济技术开发区	64	33	31	60	30	30	96	45	51
蜀冈瘦西湖景区									
生态新城	38	17	21	54	32	22	47	22	25
仪征市	503	265	238	548	293	255	549	299	250
高邮市	868	440	428	963	495	468	934	508	426
镇江市	**1436**	**765**	**671**	**1909**	**991**	**918**	**1795**	**903**	**892**
京口区	13	8	5	23	8	15	23	12	11
润州区	4	2	2	5	4	1	2	1	1
丹徒区	191	98	93	265	136	129	321	169	152
镇江新区	81	48	33	117	65	52	91	46	45
江苏镇江高新区									
丹阳市	379	208	171	537	266	271	537	256	281
扬中市	209	111	98	274	154	120	214	106	108
句容市	559	290	269	688	358	330	607	313	294
泰州市	**3370**	**1724**	**1646**	**4566**	**2485**	**2081**	**4753**	**2815**	**1938**
海陵区	107	56	51	161	86	75	146	91	55
高港区	245	124	121	321	170	151	290	170	120
姜堰区	520	291	229	677	360	317	685	383	302
泰州医药高新技术产业开发区	59	34	25	70	38	32	51	27	24
兴化市	1125	559	566	1683	970	713	1894	1193	701
靖江市	374	193	181	489	252	237	477	281	196
泰兴市	940	467	473	1165	609	556	1210	670	540
宿迁市	**7197**	**3802**	**3395**	**13475**	**7187**	**6288**	**13188**	**7027**	**6161**
宿城区	1025	539	486	1803	961	842	1518	791	727
宿豫区	476	261	215	887	503	384	843	444	399
沭阳县	2822	1491	1331	5122	2745	2377	5121	2775	2346
泗阳县	1048	560	488	1933	1009	924	2307	1227	1080
泗洪县	1157	603	554	2406	1248	1158	2252	1179	1073
宿迁经济技术开发区	192	102	90	396	220	176	294	159	135
宿迁市湖滨新区	226	116	110	434	220	214	356	195	161
苏州宿迁工业园区									
宿迁市洋河新区	251	130	121	494	281	213	497	257	240

1-3c 续表 6 单位：人

地区	15-19岁			20-24岁			25-29岁		
	小计	男	女	小计	男	女	小计	男	女
江苏	**64744**	**35412**	**29332**	**62315**	**34307**	**28008**	**101600**	**55680**	**45920**
南京市	**4644**	**2386**	**2258**	**5086**	**2721**	**2365**	**6899**	**3824**	**3075**
玄武区									
秦淮区									
建邺区									
鼓楼区									
浦口区	149	66	83	226	109	117	503	251	252
栖霞区	122	62	60	142	70	72	345	186	159
雨花台区									
江宁区	2254	1234	1020	2432	1464	968	2477	1410	1067
六合区	803	429	374	815	406	409	1551	823	728
溧水区	621	212	409	621	212	409	663	380	283
高淳区	667	367	300	777	418	359	1253	712	541
南京江北新区	28	16	12	73	42	31	107	62	45
无锡市	**3278**	**1751**	**1527**	**4191**	**2449**	**1742**	**7253**	**4156**	**3097**
锡山区	188	113	75	372	217	155	762	406	356
惠山区	914	405	509	828	488	340	1298	769	529
滨湖区	234	152	82	191	104	87	302	171	131
梁溪区									
新吴区	262	170	92	431	277	154	673	395	278
江苏无锡经济开发区									
江阴市	1000	549	451	1466	870	596	2628	1490	1138
宜兴市	680	362	318	903	493	410	1590	925	665
徐州市	**11104**	**6286**	**4818**	**7306**	**3875**	**3431**	**14187**	**7548**	**6639**
鼓楼区									
云龙区									
贾汪区	617	355	262	617	366	251	948	516	432
泉山区									
铜山区	1681	939	742	1132	594	538	2741	1503	1238
丰县	1371	750	621	916	479	437	1949	1026	923
沛县	1410	829	581	1009	531	478	2513	1382	1131
睢宁县	1189	642	547	1143	599	544	2011	1039	972
徐州经济技术开发区	188	108	80	119	67	52	240	125	115
新沂市	1977	1150	827	1054	550	504	1803	939	864
邳州市	2671	1513	1158	1316	689	627	1982	1018	964
常州市	**3042**	**1699**	**1343**	**4301**	**2511**	**1790**	**6884**	**3915**	**2969**
天宁区	144	84	60	233	140	93	387	223	164
钟楼区	619	369	250	253	176	77	284	160	124
新北区	173	97	76	310	173	137	559	306	253
武进区	789	421	368	1255	717	538	2095	1171	924
金坛区	373	212	161	602	363	239	908	519	389
江苏省常州市经济开发区	357	191	166	722	446	276	1058	615	443
溧阳市	587	325	262	926	496	430	1593	921	672

1-3c 续表 7

单位：人

地区	15-19岁			20-24岁			25-29岁		
	小计	男	女	小计	男	女	小计	男	女
苏州市	**6289**	**3564**	**2725**	**10083**	**6129**	**3954**	**17389**	**9968**	**7421**
虎丘区	208	118	90	347	201	146	612	353	259
吴中区	1056	594	462	1386	830	556	2640	1478	1162
相城区	119	75	44	250	170	80	428	259	169
姑苏区									
吴江区	923	508	415	1530	921	609	2394	1346	1048
苏州工业园区									
常熟市	1130	622	508	1646	956	690	2956	1635	1321
张家港市	1051	569	482	1373	821	552	2239	1232	1007
昆山市	1216	738	478	2459	1574	885	4444	2670	1774
太仓市	586	340	246	1092	656	436	1676	995	681
南通市	**4379**	**2230**	**2149**	**5124**	**2607**	**2517**	**8864**	**4413**	**4451**
崇川区									
港闸区	8	4	4	8	3	5	15	10	5
通州区	632	300	332	965	506	459	1672	817	855
如东县	552	269	283	701	348	353	1305	635	670
南通经济技术开发区									
通州湾示范区	56	24	32	85	47	38	152	62	90
苏锡通科技产业园区	131	68	63	173	74	99	372	198	174
启东市	606	302	304	785	385	400	1365	652	713
如皋市	1324	737	587	1151	612	539	2019	1052	967
海门市	576	298	278	580	276	304	1004	453	551
海安市	494	228	266	676	356	320	960	534	426
连云港市	**7042**	**3982**	**3060**	**4494**	**2495**	**1999**	**6796**	**3546**	**3250**
连云区	2	1	1	5	4	1	5	4	1
海州区	304	183	121	290	185	105	520	304	216
赣榆区	1870	1084	786	1317	746	571	2291	1290	1001
东海县	1660	922	738	949	469	480	1612	769	843
灌云县	1403	751	652	890	499	391	1196	625	571
灌南县	1671	967	704	900	511	389	908	418	490
连云港经济技术开发区	40	26	14	55	30	25	105	51	54
连云港高新技术产业开发区									
江苏连云港徐圩新区	8	6	2	7	3	4	10	4	6
江苏省连云港市云台山风景名胜区	84	42	42	81	48	33	149	81	68
淮安市	**4628**	**2481**	**2147**	**3215**	**1674**	**1541**	**4669**	**2530**	**2139**
淮安区	989	550	439	713	380	333	1155	614	541
淮阴区	1126	595	531	788	431	357	1103	624	479
清江浦区	181	106	75	215	100	115	319	169	150
洪泽区	315	171	144	239	112	127	337	178	159
涟水县	1309	707	602	692	362	330	891	498	393
盱眙县	523	262	261	380	185	195	507	257	250
金湖县	160	74	86	169	97	72	322	171	151
淮安经济技术开发区									
工业园区	23	16	7	17	7	10	34	18	16
生态文旅区									
苏淮高新区	2		2	2		2	1	1	

1-3c 续表 8

单位：人

地区	15-19岁			20-24岁			25-29岁		
	小计	男	女	小计	男	女	小计	男	女
盐城市	**6995**	**3887**	**3108**	**5264**	**2817**	**2447**	**7072**	**4047**	**3025**
亭湖区	279	151	128	278	149	129	345	188	157
盐都区	802	499	303	762	465	297	926	575	351
大丰区	764	435	329	645	335	310	886	517	369
响水县	723	395	328	358	199	159	503	270	233
滨海县	1191	660	531	513	263	250	809	421	388
阜宁县	1102	611	491	792	404	388	938	510	428
射阳县	863	446	417	733	388	345	1032	636	396
建湖县	517	302	215	410	233	177	455	260	195
盐城经济技术开发区	67	42	25	61	25	36	112	62	50
江苏省盐南高新区									
东台市	687	346	341	712	356	356	1066	608	458
扬州市	**4169**	**2202**	**1967**	**4480**	**2351**	**2129**	**6783**	**3696**	**3087**
广陵区	191	102	89	234	118	116	407	243	164
邗江区	261	129	132	270	123	147	446	236	210
江都区	986	527	459	1067	557	510	1552	890	662
宝应县	1315	707	608	1176	648	528	1830	987	843
扬州经济技术开发区	80	47	33	52	29	23	93	46	47
蜀冈瘦西湖景区									
生态新城	53	22	31	64	37	27	72	32	40
仪征市	405	220	185	446	239	207	847	479	368
高邮市	878	448	430	1171	600	571	1536	783	753
镇江市	**1225**	**665**	**560**	**1578**	**876**	**702**	**2885**	**1567**	**1318**
京口区	12	5	7	17	9	8	28	15	13
润州区	3	3					8	4	4
丹徒区	174	100	74	180	87	93	357	194	163
镇江新区	91	51	40	89	45	44	167	96	71
江苏镇江高新区									
丹阳市	361	197	164	431	257	174	835	461	374
扬中市	186	116	70	295	184	111	497	255	242
句容市	398	193	205	566	294	272	993	542	451
泰州市	**2920**	**1579**	**1341**	**2878**	**1552**	**1326**	**5001**	**2831**	**2170**
海陵区	168	97	71	108	52	56	181	86	95
高港区	197	104	93	276	147	129	396	220	176
姜堰区	510	279	231	556	289	267	818	454	364
泰州医药高新技术产业开发区	59	32	27	25	14	11	73	31	42
兴化市	935	511	424	755	402	353	1572	923	649
靖江市	344	181	163	411	234	177	691	398	293
泰兴市	707	375	332	747	414	333	1270	719	551
宿迁市	**5029**	**2700**	**2329**	**4315**	**2250**	**2065**	**6918**	**3639**	**3279**
宿城区	545	289	256	741	399	342	1180	623	557
宿豫区	298	158	140	286	149	137	416	237	179
沭阳县	1850	974	876	1533	820	713	2743	1471	1272
泗阳县	1051	588	463	566	305	261	821	431	390
泗洪县	806	417	389	648	308	340	967	471	496
宿迁经济技术开发区	106	62	44	183	102	81	286	151	135
宿迁市湖滨新区	111	67	44	168	83	85	241	120	121
苏州宿迁工业园区									
宿迁市洋河新区	262	145	117	190	84	106	264	135	129

1-3c　续表 9　　　　单位：人

地　区	30-34岁			35-39岁			40-44岁		
	小计	男	女	小计	男	女	小计	男	女
江　苏	**144631**	**78033**	**66598**	**98312**	**52715**	**45597**	**106494**	**55249**	**51245**
南京市	**9834**	**5457**	**4377**	**6391**	**3562**	**2829**	**6812**	**3801**	**3011**
玄武区									
秦淮区									
建邺区									
鼓楼区									
浦口区	660	336	324	391	229	162	405	221	184
栖霞区	521	284	237	354	202	152	360	208	152
雨花台区									
江宁区	3488	1958	1530	2393	1394	999	2384	1380	1004
六合区	2479	1353	1126	1677	901	776	1747	944	803
溧水区	1011	548	463	639	337	302	787	442	345
高淳区	1504	875	629	826	437	389	1028	544	484
南京江北新区	171	103	68	111	62	49	101	62	39
无锡市	**10789**	**6069**	**4720**	**7297**	**4049**	**3248**	**8341**	**4520**	**3821**
锡山区	1099	604	495	753	429	324	842	436	406
惠山区	1883	1084	799	1390	773	617	1695	947	748
滨湖区	448	263	185	346	190	156	314	179	135
梁溪区									
新吴区	1039	606	433	599	353	246	542	305	237
江苏无锡经济开发区									
江阴市	4047	2247	1800	2657	1435	1222	3151	1703	1448
宜兴市	2273	1265	1008	1552	869	683	1797	950	847
徐州市	**21726**	**11311**	**10415**	**14215**	**7362**	**6853**	**12304**	**6047**	**6257**
鼓楼区									
云龙区									
贾汪区	1587	844	743	1039	553	486	866	489	377
泉山区									
铜山区	4190	2227	1963	2825	1503	1322	2197	1148	1049
丰县	2246	1113	1133	1723	864	859	1690	741	949
沛县	3025	1522	1503	1977	1033	944	1894	882	1012
睢宁县	2802	1467	1335	1578	775	803	1633	791	842
徐州经济技术开发区	467	250	217	268	150	118	241	123	118
新沂市	3484	1838	1646	2178	1136	1042	1685	867	818
邳州市	3925	2050	1875	2627	1348	1279	2098	1006	1092
常州市	**9113**	**5055**	**4058**	**6302**	**3490**	**2812**	**7100**	**3760**	**3340**
天宁区	459	251	208	323	170	153	414	217	197
钟楼区	363	208	155	263	158	105	249	136	113
新北区	770	412	358	602	330	272	659	362	297
武进区	3044	1646	1398	2123	1143	980	2440	1289	1151
金坛区	1288	757	531	745	423	322	808	427	381
江苏省常州市经济开发区	1466	848	618	1047	580	467	1144	616	528
溧阳市	1723	933	790	1199	686	513	1386	713	673

1-3c 续表 10

单位：人

地　区	30-34岁			35-39岁			40-44岁		
	小计	男	女	小计	男	女	小计	男	女
苏州市	**24656**	**13983**	**10673**	**15968**	**9126**	**6842**	**15547**	**8517**	**7030**
虎丘区	750	435	315	469	274	195	443	244	199
吴中区	3744	2132	1612	2479	1365	1114	2200	1231	969
相城区	575	333	242	374	227	147	345	212	133
姑苏区									
吴江区	3326	1773	1553	2112	1149	963	2406	1274	1132
苏州工业园区									
常熟市	4254	2371	1883	2748	1540	1208	2969	1610	1359
张家港市	3561	1985	1576	2297	1337	960	2564	1373	1191
昆山市	6013	3542	2471	3770	2221	1549	2820	1574	1246
太仓市	2433	1412	1021	1719	1013	706	1800	999	801
南通市	**11909**	**6003**	**5906**	**7543**	**3759**	**3784**	**9332**	**4360**	**4972**
崇川区									
港闸区	28	19	9	11	6	5	27	12	15
通州区	2253	1095	1158	1318	651	667	1443	673	770
如东县	1705	858	847	1079	558	521	1406	667	739
南通经济技术开发区									
通州湾示范区	189	89	100	152	73	79	182	78	104
苏锡通科技产业园区	554	301	253	340	182	158	270	143	127
启东市	1835	952	883	1118	578	540	1399	684	715
如皋市	2922	1480	1442	1765	854	911	2314	1067	1247
海门市	1188	532	656	883	408	475	1120	474	646
海安市	1235	677	558	877	449	428	1171	562	609
连云港市	**10453**	**5156**	**5297**	**7225**	**3599**	**3626**	**6068**	**2963**	**3105**
连云区	33	20	13	8	6	2	9	7	2
海州区	699	381	318	410	234	176	413	214	199
赣榆区	3466	1711	1755	2328	1162	1166	1658	787	871
东海县	2424	1125	1299	1645	771	874	1453	680	773
灌云县	1706	877	829	1245	658	587	1206	625	581
灌南县	1667	774	893	1352	639	713	1112	527	585
连云港经济技术开发区	198	117	81	112	57	55	96	52	44
连云港高新技术产业开发区									
江苏连云港徐圩新区	16	10	6	12	8	4	13	9	4
江苏省连云港市云台山风景名胜区	244	141	103	113	64	49	108	62	46
淮安市	**6193**	**3335**	**2858**	**4390**	**2292**	**2098**	**5484**	**2848**	**2636**
淮安区	1300	646	654	982	490	492	1282	618	664
淮阴区	1454	858	596	949	531	418	1212	614	598
清江浦区	382	195	187	222	114	108	265	138	127
洪泽区	406	189	217	409	189	220	484	261	223
涟水县	1385	790	595	958	517	441	1100	584	516
盱眙县	781	398	383	549	278	271	715	390	325
金湖县	414	222	192	276	150	126	379	214	165
淮安经济技术开发区									
工业园区	67	36	31	45	23	22	39	27	12
生态文旅区									
苏淮高新区	4	1	3				8	2	6

1-3c　续表 11

单位：人

地区	30-34岁			35-39岁			40-44岁		
	小计	男	女	小计	男	女	小计	男	女
盐城市	**11878**	**6527**	**5351**	**9557**	**5158**	**4399**	**10023**	**5157**	**4866**
亭湖区	549	321	228	448	249	199	474	246	228
盐都区	1491	879	612	1076	593	483	1098	600	498
大丰区	1262	699	563	825	443	382	1176	606	570
响水县	994	498	496	877	457	420	603	302	301
滨海县	1376	676	700	1321	695	626	1131	547	584
阜宁县	1768	966	802	1764	970	794	1646	877	769
射阳县	1740	1030	710	1462	843	619	1467	765	702
建湖县	926	534	392	657	329	328	800	418	382
盐城经济技术开发区	170	100	70	96	58	38	109	59	50
江苏省盐南高新区									
东台市	1602	824	778	1031	521	510	1519	737	782
扬州市	**8177**	**4377**	**3800**	**5858**	**3109**	**2749**	**8695**	**4523**	**4172**
广陵区	640	384	256	495	315	180	539	339	200
邗江区	609	330	279	413	216	197	542	284	258
江都区	1887	1003	884	1445	761	684	2153	1090	1063
宝应县	1930	1046	884	1361	711	650	2320	1200	1120
扬州经济技术开发区	141	70	71	85	36	49	150	71	79
蜀冈瘦西湖景区									
生态新城	126	62	64	90	52	38	129	60	69
仪征市	1053	556	497	785	429	356	946	512	434
高邮市	1791	926	865	1184	589	595	1916	967	949
镇江市	**3779**	**2082**	**1697**	**2788**	**1536**	**1252**	**3148**	**1703**	**1445**
京口区	27	14	13	34	18	16	39	21	18
润州区	12	8	4	3	2	1	4	2	2
丹徒区	473	261	212	457	243	214	478	256	222
镇江新区	224	122	102	167	94	73	154	80	74
江苏镇江高新区									
丹阳市	1077	596	481	824	446	378	1006	530	476
扬中市	584	336	248	372	211	161	473	268	205
句容市	1382	745	637	931	522	409	994	546	448
泰州市	**6340**	**3512**	**2828**	**4321**	**2293**	**2028**	**6870**	**3565**	**3305**
海陵区	233	118	115	176	91	85	253	133	120
高港区	434	254	180	290	144	146	486	256	230
姜堰区	936	497	439	712	363	349	1292	636	656
泰州医药高新技术产业开发区	111	56	55	72	39	33	87	39	48
兴化市	1929	1060	869	1213	637	576	1794	924	870
靖江市	1175	689	486	781	456	325	1155	657	498
泰兴市	1522	838	684	1077	563	514	1803	920	883
宿迁市	**9784**	**5166**	**4618**	**6457**	**3380**	**3077**	**6770**	**3485**	**3285**
宿城区	1611	860	751	875	454	421	963	511	452
宿豫区	700	392	308	481	264	217	564	303	261
沭阳县	3437	1823	1614	2518	1329	1189	2286	1210	1076
泗阳县	1144	588	556	916	474	442	1060	531	529
泗洪县	1624	816	808	986	505	481	1181	582	599
宿迁经济技术开发区	439	244	195	222	117	105	228	112	116
宿迁市湖滨新区	476	267	209	226	114	112	205	113	92
苏州宿迁工业园区									
宿迁市洋河新区	353	176	177	233	123	110	283	123	160

1-3c 续表 12

单位：人

地区	45-49岁			50-54岁			55-59岁		
	小计	男	女	小计	男	女	小计	男	女
江苏	**157047**	**78133**	**78914**	**234673**	**115566**	**119107**	**196887**	**97915**	**98972**
南京市	**10080**	**5355**	**4725**	**14836**	**7774**	**7062**	**12567**	**6578**	**5989**
玄武区									
秦淮区									
建邺区									
鼓楼区									
浦口区	553	285	268	845	448	397	761	389	372
栖霞区	431	234	197	678	357	321	628	337	291
雨花台区									
江宁区	3103	1733	1370	4393	2440	1953	3532	1947	1585
六合区	2505	1293	1212	3896	1914	1982	3353	1704	1649
溧水区	1312	696	616	1915	1022	893	1744	914	830
高淳区	2051	1052	999	2859	1455	1404	2354	1175	1179
南京江北新区	125	62	63	250	138	112	195	112	83
无锡市	**11362**	**5912**	**5450**	**13683**	**7082**	**6601**	**11002**	**5801**	**5201**
锡山区	1123	573	550	1199	603	596	915	491	424
惠山区	2197	1208	989	2183	1205	978	1543	827	716
滨湖区	394	211	183	443	220	223	368	192	176
梁溪区									
新吴区	526	286	240	541	287	254	408	214	194
江苏无锡经济开发区									
江阴市	4139	2163	1976	4657	2385	2272	3781	2010	1771
宜兴市	2983	1471	1512	4660	2382	2278	3987	2067	1920
徐州市	**18778**	**8985**	**9793**	**28398**	**13117**	**15281**	**22692**	**10694**	**11998**
鼓楼区									
云龙区									
贾汪区	1110	561	549	1599	764	835	1269	590	679
泉山区									
铜山区	3107	1527	1580	4644	2210	2434	3506	1630	1876
丰县	2818	1334	1484	4192	1830	2362	3126	1449	1677
沛县	2643	1255	1388	4076	1793	2283	3111	1428	1683
睢宁县	2761	1215	1546	4284	1942	2342	3492	1668	1824
徐州经济技术开发区	357	181	176	525	249	276	375	178	197
新沂市	2721	1353	1368	4105	1990	2115	3426	1666	1760
邳州市	3261	1559	1702	4973	2339	2634	4387	2085	2302
常州市	**10462**	**5259**	**5203**	**13277**	**6775**	**6502**	**11836**	**6132**	**5704**
天宁区	605	302	303	638	322	316	514	266	248
钟楼区	317	164	153	413	212	201	338	176	162
新北区	901	447	454	1199	611	588	1095	568	527
武进区	3279	1709	1570	3758	1967	1791	3187	1694	1493
金坛区	1338	604	734	2180	1050	1130	2251	1117	1134
江苏省常州市经济开发区	1667	878	789	1612	865	747	1167	650	517
溧阳市	2355	1155	1200	3477	1748	1729	3284	1661	1623

1-3c　续表 13　　　　单位：人

地　区	45-49岁			50-54岁			55-59岁		
	小计	男	女	小计	男	女	小计	男	女
苏州市	**19193**	**10365**	**8828**	**22979**	**12302**	**10677**	**17928**	**9624**	**8304**
虎丘区	540	311	229	652	352	300	511	298	213
吴中区	2456	1297	1159	3222	1690	1532	2465	1314	1151
相城区	357	209	148	492	288	204	353	186	167
姑苏区									
吴江区	3312	1737	1575	3937	2039	1898	3050	1611	1439
苏州工业园区									
常熟市	3741	2004	1737	4632	2418	2214	4083	2154	1929
张家港市	3440	1853	1587	4285	2325	1960	3082	1695	1387
昆山市	2875	1578	1297	3214	1733	1481	2460	1312	1148
太仓市	2472	1376	1096	2545	1457	1088	1924	1054	870
南通市	**14343**	**6467**	**7876**	**25795**	**11925**	**13870**	**24747**	**11588**	**13159**
崇川区									
港闸区	31	21	10	36	26	10	31	15	16
通州区	2355	1113	1242	3819	1763	2056	3710	1751	1959
如东县	2394	1107	1287	4736	2235	2501	4385	2184	2201
南通经济技术开发区									
通州湾示范区	274	114	160	472	204	268	508	215	293
苏锡通科技产业园区	337	167	170	492	255	237	398	186	212
启东市	2157	1040	1117	3749	1808	1941	4700	2170	2530
如皋市	3341	1437	1904	6109	2868	3241	4828	2368	2460
海门市	1655	669	986	2904	1165	1739	3070	1202	1868
海安市	1799	799	1000	3478	1601	1877	3117	1497	1620
连云港市	**8618**	**4115**	**4503**	**14014**	**6652**	**7362**	**11534**	**5475**	**6059**
连云区	14	5	9	22	16	6	18	11	7
海州区	516	267	249	817	407	410	589	304	285
赣榆区	2585	1223	1362	3926	1818	2108	3087	1445	1642
东海县	2278	1052	1226	3734	1710	2024	2822	1248	1574
灌云县	1455	703	752	2729	1318	1411	2489	1251	1238
灌南县	1544	747	797	2392	1183	1209	2190	1043	1147
连云港经济技术开发区	101	57	44	160	77	83	161	86	75
连云港高新技术产业开发区									
江苏连云港徐圩新区	5	3	2	15	10	5	11	5	6
江苏省连云港市云台山风景名胜区	120	58	62	219	113	106	167	82	85
淮安市	**9248**	**4506**	**4742**	**14848**	**7367**	**7481**	**12176**	**6026**	**6150**
淮安区	2049	918	1131	3052	1434	1618	2415	1154	1261
淮阴区	1869	896	973	3099	1557	1542	2558	1281	1277
清江浦区	384	195	189	618	312	306	441	228	213
洪泽区	857	410	447	1303	647	656	960	482	478
涟水县	1859	948	911	3145	1553	1592	2731	1286	1445
盱眙县	1278	645	633	1990	999	991	1771	931	840
金湖县	908	472	436	1547	816	731	1228	626	602
淮安经济技术开发区									
工业园区	38	20	18	73	38	35	63	31	32
生态文旅区									
苏淮高新区	6	2	4	21	11	10	9	7	2

1-3c　续表 14　　　　单位：人

地　区	45-49岁			50-54岁			55-59岁		
	小计	男	女	小计	男	女	小计	男	女
盐城市	**15686**	**7739**	**7947**	**26740**	**13347**	**13393**	**24316**	**12215**	**12101**
亭湖区	787	397	390	1291	655	636	1001	525	476
盐都区	1883	954	929	3208	1590	1618	2651	1335	1316
大丰区	2046	1025	1021	3526	1847	1679	3390	1736	1654
响水县	828	410	418	1519	736	783	1402	697	705
滨海县	1722	854	868	2578	1306	1272	2503	1260	1243
阜宁县	2130	1103	1027	3199	1575	1624	2926	1433	1493
射阳县	2291	1104	1187	4096	2092	2004	3535	1835	1700
建湖县	1339	680	659	2334	1151	1183	2089	994	1095
盐城经济技术开发区	181	89	92	391	201	190	278	163	115
江苏省盐南高新区									
东台市	2479	1123	1356	4598	2194	2404	4541	2237	2304
扬州市	**12423**	**6292**	**6131**	**19122**	**9412**	**9710**	**14067**	**6866**	**7201**
广陵区	691	395	296	830	428	402	739	364	375
邗江区	710	358	352	1026	496	530	958	440	518
江都区	3212	1609	1603	4879	2324	2555	3340	1525	1815
宝应县	2871	1463	1408	4824	2366	2458	3384	1703	1681
扬州经济技术开发区	132	67	65	139	66	73	110	49	61
蜀冈瘦西湖景区									
生态新城	144	76	68	167	74	93	150	75	75
仪征市	1417	699	718	2448	1247	1201	2000	1016	984
高邮市	3246	1625	1621	4809	2411	2398	3386	1694	1692
镇江市	**5389**	**2736**	**2653**	**7764**	**4028**	**3736**	**7443**	**3815**	**3628**
京口区	53	25	28	65	35	30	86	44	42
润州区	5	3	2	15	9	6	2	2	
丹徒区	766	394	372	1035	555	480	1119	568	551
镇江新区	290	146	144	348	189	159	332	166	166
江苏镇江高新区									
丹阳市	1608	829	779	2311	1188	1123	2131	1101	1030
扬中市	806	396	410	1208	630	578	1019	520	499
句容市	1861	943	918	2782	1422	1360	2754	1414	1340
泰州市	**10539**	**5033**	**5506**	**17887**	**8490**	**9397**	**13087**	**6398**	**6689**
海陵区	326	149	177	571	269	302	447	212	235
高港区	773	379	394	1011	474	537	681	328	353
姜堰区	1892	874	1018	3302	1518	1784	2301	1048	1253
泰州医药高新技术产业开发区	106	47	59	187	89	98	130	56	74
兴化市	2610	1277	1333	5125	2481	2644	4014	1958	2056
靖江市	1630	845	785	2777	1395	1382	2096	1107	989
泰兴市	3202	1462	1740	4914	2264	2650	3418	1689	1729
宿迁市	**10926**	**5369**	**5557**	**15330**	**7295**	**8035**	**13492**	**6703**	**6789**
宿城区	1446	699	747	2117	976	1141	1687	825	862
宿豫区	802	427	375	1216	584	632	1101	563	538
沭阳县	3904	1909	1995	5500	2646	2854	5071	2549	2522
泗阳县	1622	767	855	2367	1098	1269	2111	985	1126
泗洪县	2028	995	1033	2638	1285	1353	2311	1179	1132
宿迁经济技术开发区	311	152	159	445	221	224	329	165	164
宿迁市湖滨新区	388	206	182	510	243	267	404	201	203
苏州宿迁工业园区									
宿迁市洋河新区	425	214	211	537	242	295	478	236	242

1-3c 续表 15

单位：人

地区	60-64岁			65-69岁			70-74岁		
	小计	男	女	小计	男	女	小计	男	女
江 苏	**159782**	**82023**	**77759**	**192643**	**97415**	**95228**	**139365**	**68946**	**70419**
南京市	**7591**	**3963**	**3628**	**10388**	**5341**	**5047**	**7498**	**3765**	**3733**
玄武区									
秦淮区									
建邺区									
鼓楼区									
浦口区	412	216	196	615	314	301	438	210	228
栖霞区	400	216	184	472	244	228	324	157	167
雨花台区									
江宁区	2225	1173	1052	2779	1427	1352	2008	1003	1005
六合区	2326	1211	1115	2909	1522	1387	1979	975	1004
溧水区	1041	530	511	1641	811	830	1219	632	587
高淳区	1040	539	501	1820	942	878	1407	735	672
南京江北新区	147	78	69	152	81	71	123	53	70
无锡市	**7550**	**4105**	**3445**	**9401**	**4797**	**4604**	**7629**	**3715**	**3914**
锡山区	614	348	266	685	353	332	515	237	278
惠山区	1067	574	493	1229	598	631	1057	525	532
滨湖区	234	132	102	208	108	100	189	91	98
梁溪区									
新吴区	247	142	105	247	128	119	187	86	101
江苏无锡经济开发区									
江阴市	2499	1367	1132	2993	1547	1446	2425	1206	1219
宜兴市	2889	1542	1347	4039	2063	1976	3256	1570	1686
徐州市	**16579**	**8551**	**8028**	**21245**	**10852**	**10393**	**13767**	**6869**	**6898**
鼓楼区									
云龙区									
贾汪区	882	437	445	1209	607	602	738	372	366
泉山区									
铜山区	2517	1316	1201	3299	1696	1603	2001	1001	1000
丰县	2418	1262	1156	3047	1562	1485	2273	1106	1167
沛县	2284	1151	1133	3109	1536	1573	2224	1109	1115
睢宁县	2483	1301	1182	3285	1754	1531	1988	1060	928
徐州经济技术开发区	209	104	105	339	174	165	199	106	93
新沂市	2193	1098	1095	2863	1453	1410	1713	801	912
邳州市	3593	1882	1711	4094	2070	2024	2631	1314	1317
常州市	**7852**	**4245**	**3607**	**9697**	**5067**	**4630**	**7622**	**3829**	**3793**
天宁区	402	219	183	438	230	208	308	142	166
钟楼区	182	103	79	231	132	99	158	79	79
新北区	735	387	348	850	456	394	700	347	353
武进区	2024	1119	905	2505	1286	1219	2109	1056	1053
金坛区	1640	885	755	1940	1055	885	1453	737	716
江苏省常州市经济开发区	626	350	276	672	334	338	629	299	330
溧阳市	2243	1182	1061	3061	1574	1487	2265	1169	1096

1-3c 续表 16

单位：人

地区	60-64岁			65-69岁			70-74岁		
	小计	男	女	小计	男	女	小计	男	女
苏州市	**12466**	**6581**	**5885**	**15556**	**7791**	**7765**	**11572**	**5637**	**5935**
虎丘区	265	141	124	376	188	188	261	133	128
吴中区	1669	874	795	1786	872	914	1321	644	677
相城区	238	134	104	302	158	144	226	111	115
姑苏区									
吴江区	2280	1214	1066	3082	1506	1576	2129	1080	1049
苏州工业园区									
常熟市	2940	1535	1405	3571	1804	1767	2867	1380	1487
张家港市	2073	1094	979	2493	1253	1240	2021	975	1046
昆山市	1487	787	700	1888	964	924	1413	678	735
太仓市	1514	802	712	2058	1046	1012	1334	636	698
南通市	**22423**	**10928**	**11495**	**24274**	**12027**	**12247**	**19739**	**9499**	**10240**
崇川区									
港闸区	23	13	10	27	14	13	17	10	7
通州区	2978	1437	1541	3558	1751	1807	2978	1471	1507
如东县	3760	1876	1884	4110	1999	2111	3567	1703	1864
南通经济技术开发区									
通州湾示范区	615	303	312	684	324	360	525	258	267
苏锡通科技产业园区	350	174	176	353	180	173	286	134	152
启东市	4621	2177	2444	4688	2239	2449	3407	1597	1810
如皋市	3993	2061	1932	4221	2184	2037	3632	1771	1861
海门市	3179	1435	1744	3604	1779	1825	2815	1312	1503
海安市	2904	1452	1452	3029	1557	1472	2512	1243	1269
连云港市	**11101**	**5506**	**5595**	**12603**	**6210**	**6393**	**7343**	**3567**	**3776**
连云区	29	15	14	24	12	12	22	9	13
海州区	576	286	290	727	343	384	393	186	207
赣榆区	2786	1353	1433	3076	1545	1531	1936	938	998
东海县	2657	1252	1405	3325	1594	1731	2135	1051	1084
灌云县	2544	1304	1240	2772	1403	1369	1392	666	726
灌南县	2210	1139	1071	2381	1183	1198	1313	646	667
连云港经济技术开发区	134	69	65	140	65	75	75	34	41
连云港高新技术产业开发区									
江苏连云港徐圩新区	11	6	5	10	6	4	5	2	3
江苏省连云港市云台山风景名胜区	154	82	72	148	59	89	72	35	37
淮安市	**11952**	**6257**	**5695**	**13839**	**7109**	**6730**	**8786**	**4406**	**4380**
淮安区	2519	1270	1249	3259	1670	1589	2287	1154	1133
淮阴区	2367	1269	1098	2485	1297	1188	1523	819	704
清江浦区	364	179	185	401	205	196	211	105	106
洪泽区	1040	496	544	1091	559	532	700	359	341
涟水县	2823	1532	1291	3258	1647	1611	2145	1045	1100
盱眙县	1610	863	747	1797	943	854	995	510	485
金湖县	1164	615	549	1467	749	718	893	398	495
淮安经济技术开发区									
工业园区	59	30	29	62	30	32	21	10	11
生态文旅区									
苏淮高新区	6	3	3	19	9	10	11	6	5

1-3c 续表 17

单位：人

地区	60-64岁			65-69岁			70-74岁		
	小计	男	女	小计	男	女	小计	男	女
盐城市	**23850**	**12210**	**11640**	**25742**	**12958**	**12784**	**17961**	**8688**	**9273**
亭湖区	900	459	441	964	475	489	617	309	308
盐都区	2266	1078	1188	3081	1506	1575	2315	1125	1190
大丰区	2799	1487	1312	2502	1244	1258	1699	788	911
响水县	1764	913	851	1745	885	860	984	465	519
滨海县	3212	1676	1536	3491	1757	1734	2244	1111	1133
阜宁县	2978	1522	1456	3344	1742	1602	2386	1188	1198
射阳县	3305	1730	1575	3240	1666	1574	2187	1035	1152
建湖县	2076	998	1078	2983	1492	1491	2109	1074	1035
盐城经济技术开发区	215	113	102	227	113	114	177	77	100
江苏省盐南高新区									
东台市	4335	2234	2101	4165	2078	2087	3243	1516	1727
扬州市	**10871**	**5404**	**5467**	**15571**	**7787**	**7784**	**12296**	**6203**	**6093**
广陵区	634	302	332	700	354	346	539	271	268
邗江区	731	354	377	887	436	451	723	381	342
江都区	2734	1266	1468	4164	2054	2110	3688	1798	1890
宝应县	2664	1355	1309	3857	1915	1942	2882	1473	1409
扬州经济技术开发区	132	65	67	150	79	71	137	68	69
蜀冈瘦西湖景区									
生态新城	136	72	64	184	100	84	118	54	64
仪征市	1363	724	639	1695	886	809	1276	651	625
高邮市	2477	1266	1211	3934	1963	1971	2933	1507	1426
镇江市	**5217**	**2686**	**2531**	**6664**	**3418**	**3246**	**5180**	**2517**	**2663**
京口区	49	30	19	57	26	31	62	26	36
润州区	2	1	1	3	2	1			
丹徒区	883	437	446	982	515	467	763	374	389
镇江新区	281	142	139	237	125	112	227	116	111
江苏镇江高新区									
丹阳市	1569	792	777	1918	1005	913	1586	759	827
扬中市	870	439	431	944	463	481	709	354	355
句容市	1563	845	718	2523	1282	1241	1833	888	945
泰州市	**11159**	**5642**	**5517**	**15543**	**7861**	**7682**	**12757**	**6469**	**6288**
海陵区	321	167	154	452	211	241	354	185	169
高港区	586	318	268	707	362	345	599	305	294
姜堰区	2008	988	1020	2837	1462	1375	2327	1220	1107
泰州医药高新技术产业开发区	81	40	41	129	69	60	98	45	53
兴化市	3272	1621	1651	5429	2693	2736	4390	2207	2183
靖江市	1820	942	878	2314	1187	1127	1883	934	949
泰兴市	3071	1566	1505	3675	1877	1798	3106	1573	1533
宿迁市	**11171**	**5945**	**5226**	**12120**	**6197**	**5923**	**7215**	**3782**	**3433**
宿城区	1293	714	579	1276	677	599	898	491	407
宿豫区	1067	551	516	1214	603	611	690	384	306
沭阳县	4201	2231	1970	4315	2203	2112	2444	1278	1166
泗阳县	2131	1113	1018	2436	1214	1222	1463	736	727
泗洪县	1488	794	694	1929	988	941	1140	586	554
宿迁经济技术开发区	268	148	120	232	135	97	163	96	67
宿迁市湖滨新区	328	178	150	349	184	165	139	78	61
苏州宿迁工业园区									
宿迁市洋河新区	395	216	179	369	193	176	278	133	145

1-3c 续表 18 单位：人

地区	75-79岁			80-84岁			85-89岁		
	小计	男	女	小计	男	女	小计	男	女
江 苏	**91997**	**44666**	**47331**	**57852**	**25940**	**31912**	**31849**	**12338**	**19511**
南京市	**4360**	**2192**	**2168**	**2546**	**1285**	**1261**	**1514**	**600**	**914**
玄武区									
秦淮区									
建邺区									
鼓楼区									
浦口区	228	102	126	134	52	82	93	33	60
栖霞区	181	92	89	115	54	61	66	26	40
雨花台区									
江宁区	1122	551	571	633	329	304	374	150	224
六合区	1070	512	558	678	313	365	404	137	267
溧水区	738	397	341	404	208	196	226	95	131
高淳区	965	507	458	548	310	238	324	150	174
南京江北新区	56	31	25	34	19	15	27	9	18
无锡市	**4276**	**2103**	**2173**	**2716**	**1204**	**1512**	**1404**	**582**	**822**
锡山区	321	157	164	188	87	101	120	42	78
惠山区	547	264	283	342	155	187	142	63	79
滨湖区	108	54	54	90	38	52	42	13	29
梁溪区									
新吴区	120	69	51	68	30	38	43	16	27
江苏无锡经济开发区									
江阴市	1383	658	725	963	406	557	429	184	245
宜兴市	1797	901	896	1065	488	577	628	264	364
徐州市	**10725**	**5078**	**5647**	**6155**	**2752**	**3403**	**3821**	**1408**	**2413**
鼓楼区									
云龙区									
贾汪区	560	276	284	315	139	176	171	62	109
泉山区									
铜山区	1588	741	847	852	393	459	520	207	313
丰县	1708	760	948	909	408	501	642	199	443
沛县	1551	754	797	733	314	419	523	191	332
睢宁县	1705	825	880	1115	466	649	614	239	375
徐州经济技术开发区	153	75	78	82	42	40	41	17	24
新沂市	1316	624	692	858	384	474	541	200	341
邳州市	2144	1023	1121	1291	606	685	769	293	476
常州市	**4422**	**2059**	**2363**	**2613**	**1163**	**1450**	**1383**	**567**	**816**
天宁区	194	89	105	131	66	65	65	17	48
钟楼区	69	27	42	54	18	36	27	7	20
新北区	409	183	226	226	92	134	108	36	72
武进区	1177	569	608	649	304	345	335	128	207
金坛区	933	426	507	547	254	293	315	145	170
江苏省常州市经济开发区	296	148	148	219	90	129	97	45	52
溧阳市	1344	617	727	787	339	448	436	189	247

1-3c　续表 19

单位：人

地　　区	75-79岁			80-84岁			85-89岁		
	小计	男	女	小计	男	女	小计	男	女
苏州市	**7251**	**3343**	**3908**	**4879**	**2103**	**2776**	**2756**	**1045**	**1711**
虎丘区	164	74	90	118	50	68	73	34	39
吴中区	862	393	469	537	243	294	291	99	192
相城区	112	49	63	89	39	50	45	15	30
姑苏区									
吴江区	1255	597	658	953	446	507	518	215	303
苏州工业园区									
常熟市	1800	800	1000	1265	512	753	681	246	435
张家港市	1201	557	644	768	320	448	384	140	244
昆山市	843	420	423	518	216	302	373	154	219
太仓市	1014	453	561	631	277	354	391	142	249
南通市	**13033**	**6193**	**6840**	**9225**	**4061**	**5164**	**4986**	**1884**	**3102**
崇川区									
港闸区	8	3	5	7	3	4	3		3
通州区	1838	863	975	1322	544	778	699	254	445
如东县	2427	1166	1261	1600	772	828	893	386	507
南通经济技术开发区									
通州湾示范区	360	165	195	273	116	157	134	46	88
苏锡通科技产业园区	172	86	86	110	54	56	57	18	39
启东市	2114	954	1160	1688	719	969	979	335	644
如皋市	2368	1139	1229	1792	774	1018	850	331	519
海门市	1962	957	1005	1235	523	712	768	271	497
海安市	1784	860	924	1198	556	642	603	243	360
连云港市	**4822**	**2352**	**2470**	**2857**	**1314**	**1543**	**1868**	**764**	**1104**
连云区	14	6	8	3	2	1	3	2	1
海州区	251	122	129	135	61	74	80	34	46
赣榆区	1187	565	622	727	339	388	500	199	301
东海县	1329	707	622	822	392	430	629	261	368
灌云县	1049	506	543	587	252	335	335	144	191
灌南县	881	397	484	522	242	280	281	107	174
连云港经济技术开发区	63	26	37	34	18	16	18	8	10
连云港高新技术产业开发区									
江苏连云港徐圩新区							1		1
江苏省连云港市云台山风景名胜区	48	23	25	27	8	19	21	9	12
淮安市	**6416**	**3109**	**3307**	**3873**	**1725**	**2148**	**1941**	**767**	**1174**
淮安区	1478	703	775	988	451	537	495	201	294
淮阴区	1127	554	573	789	347	442	367	137	230
清江浦区	166	83	83	111	51	60	46	19	27
洪泽区	563	262	301	290	138	152	129	58	71
涟水县	1362	686	676	825	351	474	401	151	250
盱眙县	934	439	495	448	202	246	270	110	160
金湖县	756	369	387	397	173	224	217	85	132
淮安经济技术开发区									
工业园区	20	7	13	21	10	11	11	4	7
生态文旅区									
苏淮高新区	10	6	4	4	2	2	5	2	3

1-3c 续表 20 单位：人

地区	75-79岁			80-84岁			85-89岁		
	小计	男	女	小计	男	女	小计	男	女
盐城市	**11902**	**5864**	**6038**	**7530**	**3396**	**4134**	**3809**	**1569**	**2240**
亭湖区	379	174	205	299	128	171	125	58	67
盐都区	1577	814	763	957	450	507	493	206	287
大丰区	1296	599	697	841	369	472	426	171	255
响水县	575	271	304	396	176	220	194	81	113
滨海县	1315	652	663	787	378	409	431	169	262
阜宁县	1470	757	713	891	399	492	449	181	268
射阳县	1423	670	753	833	353	480	408	146	262
建湖县	1464	778	686	862	409	453	399	175	224
盐城经济技术开发区	117	45	72	64	32	32	49	23	26
江苏省盐南高新区									
东台市	2286	1104	1182	1600	702	898	835	359	476
扬州市	**7142**	**3664**	**3478**	**4323**	**1985**	**2338**	**2246**	**842**	**1404**
广陵区	333	173	160	124	60	64	100	36	64
邗江区	345	168	177	237	111	126	111	33	78
江都区	2130	1087	1043	1297	601	696	661	251	410
宝应县	1754	917	837	1062	494	568	533	214	319
扬州经济技术开发区	67	30	37	35	21	14	24	8	16
蜀冈瘦西湖景区									
生态新城	63	38	25	35	17	18	18	6	12
仪征市	604	295	309	447	193	254	230	80	150
高邮市	1846	956	890	1086	488	598	569	214	355
镇江市	**2889**	**1349**	**1540**	**1581**	**712**	**869**	**936**	**345**	**591**
京口区	30	16	14	11	6	5	9	4	5
润州区	1		1						
丹徒区	426	208	218	251	117	134	143	60	83
镇江新区	133	67	66	78	38	40	35	17	18
江苏镇江高新区									
丹阳市	835	402	433	426	179	247	299	95	204
扬中市	411	171	240	260	127	133	142	54	88
句容市	1053	485	568	555	245	310	308	115	193
泰州市	**8470**	**4333**	**4137**	**5618**	**2520**	**3098**	**2986**	**1129**	**1857**
海陵区	238	124	114	175	87	88	89	41	48
高港区	444	221	223	244	98	146	144	51	93
姜堰区	1616	840	776	1094	503	591	599	241	358
泰州医药高新技术产业开发区	61	29	32	37	14	23	32	9	23
兴化市	2955	1553	1402	1917	876	1041	982	384	598
靖江市	1084	539	545	733	325	408	392	148	244
泰兴市	2072	1027	1045	1418	617	801	748	255	493
宿迁市	**6289**	**3027**	**3262**	**3936**	**1720**	**2216**	**2199**	**836**	**1363**
宿城区	769	379	390	478	192	286	235	79	156
宿豫区	547	269	278	355	155	200	217	84	133
沭阳县	2134	987	1147	1339	579	760	780	288	492
泗阳县	1171	586	585	727	313	414	400	153	247
泗洪县	1145	569	576	678	317	361	384	161	223
宿迁经济技术开发区	121	59	62	94	37	57	40	11	29
宿迁市湖滨新区	176	75	101	119	58	61	78	34	44
苏州宿迁工业园区									
宿迁市洋河新区	226	103	123	146	69	77	65	26	39

1-3c　续表 21　　　　单位：人

地　区	90-94岁			95-99岁			100岁及以上		
	小计	男	女	小计	男	女	小计	男	女
江　苏	**10585**	**3313**	**7272**	**2216**	**551**	**1665**	**226**	**42**	**184**
南京市	**461**	**148**	**313**	**82**	**14**	**68**	**6**	**1**	**5**
玄武区									
秦淮区									
建邺区									
鼓楼区									
浦口区	33	8	25	8	1	7			
栖霞区	28	10	18	1		1	1		1
雨花台区									
江宁区	100	31	69	14	3	11	1		1
六合区	132	41	91	31	7	24	1		1
溧水区	61	16	45	9		9	2	1	1
高淳区	104	41	63	16	3	13			
南京江北新区	3	1	2	3		3	1		1
无锡市	**555**	**192**	**363**	**108**	**25**	**83**	**18**	**1**	**17**
锡山区	41	17	24	9	2	7	1		1
惠山区	45	15	30	16	2	14			
滨湖区	22	3	19	4		4			
梁溪区									
新吴区	14	7	7	4	2	2	1		1
江苏无锡经济开发区									
江阴市	177	55	122	26	5	21	4		4
宜兴市	256	95	161	49	14	35	12	1	11
徐州市	**1279**	**386**	**893**	**334**	**85**	**249**	**34**	**4**	**30**
鼓楼区									
云龙区									
贾汪区	63	18	45	13	3	10			
泉山区									
铜山区	168	44	124	45	9	36	4		4
丰县	212	52	160	64	16	48	3		3
沛县	174	45	129	37	10	27	3	1	2
睢宁县	211	70	141	50	14	36	2		2
徐州经济技术开发区	22	11	11	2	1	1			
新沂市	134	43	91	30	10	20	6	1	5
邳州市	295	103	192	93	22	71	16	2	14
常州市	**579**	**219**	**360**	**123**	**38**	**85**	**10**	**4**	**6**
天宁区	31	6	25	2	1	1			
钟楼区	10	5	5	2		2			
新北区	44	8	36	9	3	6			
武进区	151	58	93	28	10	18	1		1
金坛区	122	44	78	24	7	17	4	2	2
江苏省常州市经济开发区	32	16	16	9		9			
溧阳市	189	82	107	49	17	32	5	2	3

1-3c 续表 22

单位：人

地区	90-94岁			95-99岁			100岁及以上		
	小计	男	女	小计	男	女	小计	男	女
苏州市	**964**	**266**	**698**	**201**	**55**	**146**	**16**	**3**	**13**
虎丘区	26	10	16	5	3	2	1		1
吴中区	113	29	84	26	3	23	1		1
相城区	15	6	9	4	1	3			
姑苏区									
吴江区	181	59	122	30	10	20	1	1	
苏州工业园区									
常熟市	206	49	157	41	10	31	3	1	2
张家港市	162	37	125	40	14	26	2		2
昆山市	115	31	84	25	8	17	1		1
太仓市	146	45	101	30	6	24	7	1	6
南通市	**1920**	**577**	**1343**	**428**	**112**	**316**	**47**	**7**	**40**
崇川区									
港闸区	1		1						
通州区	337	98	239	72	20	52	10	1	9
如东县	305	102	203	75	18	57	12	1	11
南通经济技术开发区									
通州湾示范区	38	8	30	17	5	12			
苏锡通科技产业园区	27	12	15	6	3	3			
启东市	352	92	260	68	20	48	7	1	6
如皋市	372	118	254	73	17	56	7	1	6
海门市	292	82	210	77	17	60	5	1	4
海安市	196	65	131	40	12	28	6	2	4
连云港市	**583**	**205**	**378**	**129**	**38**	**91**	**15**	**4**	**11**
连云区									
海州区	25	12	13	5	2	3	1		1
赣榆区	163	60	103	32	9	23	3		3
东海县	168	60	108	35	12	23	7	2	5
灌云县	127	40	87	30	9	21	3	2	1
灌南县	88	27	61	25	6	19	1		1
连云港经济技术开发区	7	3	4	1		1			
连云港高新技术产业开发区									
江苏连云港徐圩新区									
江苏省连云港市云台山风景名胜区	5	3	2	1		1			
淮安市	**576**	**192**	**384**	**98**	**20**	**78**	**10**	**3**	**7**
淮安区	122	45	77	15	6	9			
淮阴区	126	37	89	21	2	19	2	1	1
清江浦区	12	5	7	1		1			
洪泽区	35	14	21	7	1	6	2	1	1
涟水县	115	33	82	35	7	28	3	1	2
盱眙县	95	31	64	9	1	8	3		3
金湖县	70	27	43	9	2	7			
淮安经济技术开发区									
工业园区									
生态文旅区									
苏淮高新区	1		1	1	1				

1-3c　续表 23　　　　单位：人

地　区	90-94岁			95-99岁			100岁及以上		
	小计	男	女	小计	男	女	小计	男	女
盐城市	**1060**	**373**	**687**	**202**	**52**	**150**	**20**	**3**	**17**
亭湖区	28	9	19	7	1	6	2		2
盐都区	84	34	50	10	1	9	2		2
大丰区	117	36	81	29	9	20	2		2
响水县	88	32	56	16	6	10	1		1
滨海县	129	52	77	33	9	24	2		2
阜宁县	122	39	83	36	10	26	4	2	2
射阳县	107	38	69	16	4	12	3	1	2
建湖县	107	37	70	11	3	8	1		1
盐城经济技术开发区	10	5	5	1		1			
江苏省盐南高新区									
东台市	268	91	177	43	9	34	3		3
扬州市	**627**	**182**	**445**	**107**	**29**	**78**	**4**	**1**	**3**
广陵区	40	9	31	9	2	7	1	1	
邗江区	35	13	22	5	1	4			
江都区	190	51	139	40	13	27	1		1
宝应县	126	41	85	16	6	10			
扬州经济技术开发区	6	4	2	1		1			
蜀冈瘦西湖景区									
生态新城	9	3	6	1		1			
仪征市	85	21	64	9	1	8	1		1
高邮市	136	40	96	26	6	20	1		1
镇江市	**310**	**102**	**208**	**61**	**8**	**53**	**5**	**2**	**3**
京口区	1		1	1		1			
润州区									
丹徒区	54	19	35	6	1	5	1		1
镇江新区	8	1	7	5	2	3			
江苏镇江高新区									
丹阳市	94	30	64	20	2	18	1	1	
扬中市	47	17	30	11	2	9	1		1
句容市	106	35	71	18	1	17	2	1	1
泰州市	**971**	**267**	**704**	**186**	**37**	**149**	**24**	**8**	**16**
海陵区	22	2	20	2	1	1			
高港区	38	10	28	9	2	7	2		2
姜堰区	205	58	147	38	10	28	3	3	
泰州医药高新技术产业开发区	15	6	9	3	1	2			
兴化市	246	79	167	53	11	42	4	1	3
靖江市	157	43	114	23	4	19	5	2	3
泰兴市	288	69	219	58	8	50	10	2	8
宿迁市	**700**	**204**	**496**	**157**	**38**	**119**	**17**	**1**	**16**
宿城区	91	26	65	17	5	12	2	1	1
宿豫区	75	22	53	17	4	13	3		3
沭阳县	222	63	159	54	11	43	5		5
泗阳县	133	34	99	34	9	25	3		3
泗洪县	116	42	74	24	7	17	2		2
宿迁经济技术开发区	12	4	8	2		2	2		2
宿迁市湖滨新区	27	4	23	7	1	6			
苏州宿迁工业园区									
宿迁市洋河新区	24	9	15	2	1	1			

1-4 全省分年龄、性别的人口

单位：人、%

年龄	人口数			占总人口比重			性别比
	合计	男	女	合计	男	女	(女=100)
总 计	**8197063**	**4161879**	**4035184**	**100.00**	**50.77**	**49.23**	**103.14**
0-4岁	**356131**	**186165**	**169966**	**4.34**	**2.27**	**2.07**	**109.53**
0	49430	25816	23614	0.60	0.31	0.29	109.32
1	63717	33004	30713	0.78	0.40	0.37	107.46
2	68431	35695	32736	0.83	0.44	0.40	109.04
3	85327	44629	40698	1.04	0.54	0.50	109.66
4	89226	47021	42205	1.09	0.57	0.51	111.41
5-9岁	**450678**	**240944**	**209734**	**5.50**	**2.94**	**2.56**	**114.88**
5	84397	44713	39684	1.03	0.55	0.48	112.67
6	91473	48756	42717	1.12	0.59	0.52	114.14
7	89442	47764	41678	1.09	0.58	0.51	114.60
8	96769	52031	44738	1.18	0.63	0.55	116.30
9	88597	47680	40917	1.08	0.58	0.50	116.53
10-14岁	**410582**	**222372**	**188210**	**5.01**	**2.71**	**2.30**	**118.15**
10	84840	45964	38876	1.04	0.56	0.47	118.23
11	85588	46294	39294	1.04	0.56	0.48	117.81
12	83142	44958	38184	1.01	0.55	0.47	117.74
13	81080	43945	37135	0.99	0.54	0.45	118.34
14	75932	41211	34721	0.93	0.50	0.42	118.69
15-19岁	**366950**	**198503**	**168447**	**4.48**	**2.42**	**2.05**	**117.84**
15	76628	41681	34947	0.93	0.51	0.43	119.27
16	80739	44044	36695	0.98	0.54	0.45	120.03
17	70311	38426	31885	0.86	0.47	0.39	120.51
18	63201	34322	28879	0.77	0.42	0.35	118.85
19	76071	40030	36041	0.93	0.49	0.44	111.07
20-24岁	**386256**	**205975**	**180281**	**4.71**	**2.51**	**2.20**	**114.25**
20	80815	42768	38047	0.99	0.52	0.46	112.41
21	73521	38864	34657	0.90	0.47	0.42	112.14
22	73610	39699	33911	0.90	0.48	0.41	117.07
23	76383	40828	35555	0.93	0.50	0.43	114.83
24	81927	43816	38111	1.00	0.53	0.46	114.97
25-29岁	**540218**	**282749**	**257469**	**6.59**	**3.45**	**3.14**	**109.82**
25	94430	49916	44514	1.15	0.61	0.54	112.14
26	95639	50516	45123	1.17	0.62	0.55	111.95
27	105036	54779	50257	1.28	0.67	0.61	109.00
28	115086	60011	55075	1.40	0.73	0.67	108.96
29	130027	67527	62500	1.59	0.82	0.76	108.04

1-4 续表 1 单位：人、%

年 龄	人 口 数			占总人口比重			性别比
	合计	男	女	合计	男	女	(女=100)
30-34岁	**785415**	**401523**	**383892**	**9.58**	**4.90**	**4.68**	**104.59**
30	173435	90137	83298	2.12	1.10	1.02	108.21
31	168974	86470	82504	2.06	1.05	1.01	104.81
32	150003	76137	73866	1.83	0.93	0.90	103.07
33	160478	81527	78951	1.96	0.99	0.96	103.26
34	132525	67252	65273	1.62	0.82	0.80	103.03
35-39岁	**569193**	**289157**	**280036**	**6.94**	**3.53**	**3.42**	**103.26**
35	108920	55565	53355	1.33	0.68	0.65	104.14
36	107170	54302	52868	1.31	0.66	0.64	102.71
37	107768	54907	52861	1.31	0.67	0.64	103.87
38	129886	66155	63731	1.58	0.81	0.78	103.80
39	115449	58228	57221	1.41	0.71	0.70	101.76
40-44岁	**540255**	**273384**	**266871**	**6.59**	**3.34**	**3.26**	**102.44**
40	98016	49702	48314	1.20	0.61	0.59	102.87
41	114805	58108	56697	1.40	0.71	0.69	102.49
42	109876	55730	54146	1.34	0.68	0.66	102.93
43	105604	53240	52364	1.29	0.65	0.64	101.67
44	111954	56604	55350	1.37	0.69	0.68	102.27
45-49岁	**623047**	**314008**	**309039**	**7.60**	**3.83**	**3.77**	**101.61**
45	109638	55707	53931	1.34	0.68	0.66	103.29
46	114996	57918	57078	1.40	0.71	0.70	101.47
47	119171	60230	58941	1.45	0.73	0.72	102.19
48	130369	65410	64959	1.59	0.80	0.79	100.69
49	148873	74743	74130	1.82	0.91	0.90	100.83
50-54岁	**772111**	**381518**	**390593**	**9.42**	**4.65**	**4.77**	**97.68**
50	161479	80002	81477	1.97	0.98	0.99	98.19
51	159624	79014	80610	1.95	0.96	0.98	98.02
52	165629	81597	84032	2.02	1.00	1.03	97.10
53	131899	64768	67131	1.61	0.79	0.82	96.48
54	153480	76137	77343	1.87	0.93	0.94	98.44
55-59岁	**628098**	**310330**	**317768**	**7.66**	**3.79**	**3.88**	**97.66**
55	147004	72322	74682	1.79	0.88	0.91	96.84
56	135940	67110	68830	1.66	0.82	0.84	97.50
57	158688	79028	79660	1.94	0.96	0.97	99.21
58	119364	59152	60212	1.46	0.72	0.73	98.24
59	67102	32718	34384	0.82	0.40	0.42	95.15
60-64岁	**464269**	**233408**	**230861**	**5.66**	**2.85**	**2.82**	**101.10**
60	74454	37154	37300	0.91	0.45	0.46	99.61
61	74948	37490	37458	0.91	0.46	0.46	100.09
62	98214	49808	48406	1.20	0.61	0.59	102.90
63	115112	58338	56774	1.40	0.71	0.69	102.75
64	101541	50618	50923	1.24	0.62	0.62	99.40

1-4 续表 2

单位：人、%

年 龄	人口数			占总人口比重			性别比
	合计	男	女	合计	男	女	(女=100)
65-69岁	**494473**	**244959**	**249514**	**6.03**	**2.99**	**3.04**	**98.17**
65	110835	55368	55467	1.35	0.68	0.68	99.82
66	110089	54741	55348	1.34	0.67	0.68	98.90
67	94857	46887	47970	1.16	0.57	0.59	97.74
68	98762	48915	49847	1.20	0.60	0.61	98.13
69	79930	39048	40882	0.98	0.48	0.50	95.51
70-74岁	**341219**	**167589**	**173630**	**4.16**	**2.04**	**2.12**	**96.52**
70	76099	37471	38628	0.93	0.46	0.47	97.00
71	76623	38017	38606	0.93	0.46	0.47	98.47
72	69350	34005	35345	0.85	0.41	0.43	96.21
73	62212	30316	31896	0.76	0.37	0.39	95.05
74	56935	27780	29155	0.69	0.34	0.36	95.28
75-79岁	**218624**	**104896**	**113728**	**2.67**	**1.28**	**1.39**	**92.23**
75	49986	24389	25597	0.61	0.30	0.31	95.28
76	48720	23547	25173	0.59	0.29	0.31	93.54
77	40140	19330	20810	0.49	0.24	0.25	92.89
78	38752	18257	20495	0.47	0.22	0.25	89.08
79	41026	19373	21653	0.50	0.24	0.26	89.47
80-84岁	**140311**	**63142**	**77169**	**1.71**	**0.77**	**0.94**	**81.82**
80	33897	15640	18257	0.41	0.19	0.22	85.67
81	28783	13029	15754	0.35	0.16	0.19	82.70
82	30295	13724	16571	0.37	0.17	0.20	82.82
83	24446	10925	13521	0.30	0.13	0.16	80.80
84	22890	9824	13066	0.28	0.12	0.16	75.19
85-89岁	**76940**	**30658**	**46282**	**0.94**	**0.37**	**0.56**	**66.24**
85	20805	8682	12123	0.25	0.11	0.15	71.62
86	18517	7449	11068	0.23	0.09	0.14	67.30
87	15985	6393	9592	0.20	0.08	0.12	66.65
88	12142	4603	7539	0.15	0.06	0.09	61.06
89	9491	3531	5960	0.12	0.04	0.07	59.24
90-94岁	**26244**	**8958**	**17286**	**0.32**	**0.11**	**0.21**	**51.82**
90	8407	3043	5364	0.10	0.04	0.07	56.73
91	6472	2244	4228	0.08	0.03	0.05	53.07
92	5476	1855	3621	0.07	0.02	0.04	51.23
93	3391	1077	2314	0.04	0.01	0.03	46.54
94	2498	739	1759	0.03	0.01	0.02	42.01
95-99岁	**5473**	**1512**	**3961**	**0.07**	**0.02**	**0.05**	**38.17**
95	2042	543	1499	0.02	0.01	0.02	36.22
96	1446	420	1026	0.02	0.01	0.01	40.94
97	943	264	679	0.01		0.01	38.88
98	604	172	432	0.01		0.01	39.81
99	438	113	325	0.01			34.77
100岁及以上	**576**	**129**	**447**	**0.01**		**0.01**	**28.86**

1-4a 全省分年龄、性别的人口(城市)

单位：人、%

年龄	人口数			占总人口比重			性别比
	合计	男	女	合计	男	女	(女=100)
总 计	**3893982**	**1971117**	**1922865**	**100.00**	**50.62**	**49.38**	**102.51**
0-4岁	**177741**	**92910**	**84831**	**4.56**	**2.39**	**2.18**	**109.52**
0	23435	12332	11103	0.60	0.32	0.29	111.07
1	32019	16639	15380	0.82	0.43	0.39	108.19
2	33924	17716	16208	0.87	0.45	0.42	109.30
3	43248	22588	20660	1.11	0.58	0.53	109.33
4	45115	23635	21480	1.16	0.61	0.55	110.03
5-9岁	**212571**	**113698**	**98873**	**5.46**	**2.92**	**2.54**	**114.99**
5	40907	21664	19243	1.05	0.56	0.49	112.58
6	45005	23921	21084	1.16	0.61	0.54	113.46
7	42642	22883	19759	1.10	0.59	0.51	115.81
8	45002	24223	20779	1.16	0.62	0.53	116.57
9	39015	21007	18008	1.00	0.54	0.46	116.65
10-14岁	**174258**	**94230**	**80028**	**4.48**	**2.42**	**2.06**	**117.75**
10	36531	19748	16783	0.94	0.51	0.43	117.67
11	35777	19383	16394	0.92	0.50	0.42	118.23
12	35393	19198	16195	0.91	0.49	0.42	118.54
13	34752	18681	16071	0.89	0.48	0.41	116.24
14	31805	17220	14585	0.82	0.44	0.37	118.07
15-19岁	**195559**	**104703**	**90856**	**5.02**	**2.69**	**2.33**	**115.24**
15	34549	18585	15964	0.89	0.48	0.41	116.42
16	40352	21849	18503	1.04	0.56	0.48	118.08
17	36331	19824	16507	0.93	0.51	0.42	120.09
18	36164	19380	16784	0.93	0.50	0.43	115.47
19	48163	25065	23098	1.24	0.64	0.59	108.52
20-24岁	**234455**	**123688**	**110767**	**6.02**	**3.18**	**2.84**	**111.67**
20	52977	27636	25341	1.36	0.71	0.65	109.06
21	46949	24593	22356	1.21	0.63	0.57	110.01
22	43674	23459	20215	1.12	0.60	0.52	116.05
23	44223	23321	20902	1.14	0.60	0.54	111.57
24	46632	24679	21953	1.20	0.63	0.56	112.42
25-29岁	**296806**	**153325**	**143481**	**7.62**	**3.94**	**3.68**	**106.86**
25	52719	27609	25110	1.35	0.71	0.64	109.95
26	52932	27578	25354	1.36	0.71	0.65	108.77
27	57869	29748	28121	1.49	0.76	0.72	105.79
28	62893	32275	30618	1.62	0.83	0.79	105.41
29	70393	36115	34278	1.81	0.93	0.88	105.36

1-4a 续表 1

单位：人、%

年 龄	人口数			占总人口比重			性别比
	合计	男	女	合计	男	女	(女=100)
30-34岁	**429918**	**215992**	**213926**	**11.04**	**5.55**	**5.49**	**100.97**
30	92149	47099	45050	2.37	1.21	1.16	104.55
31	91713	46259	45454	2.36	1.19	1.17	101.77
32	82982	41280	41702	2.13	1.06	1.07	98.99
33	89108	44342	44766	2.29	1.14	1.15	99.05
34	73966	37012	36954	1.90	0.95	0.95	100.16
35-39岁	**319678**	**159950**	**159728**	**8.21**	**4.11**	**4.10**	**100.14**
35	60439	30311	30128	1.55	0.78	0.77	100.61
36	59409	29746	29663	1.53	0.76	0.76	100.28
37	60777	30448	30329	1.56	0.78	0.78	100.39
38	74022	37156	36866	1.90	0.95	0.95	100.79
39	65031	32289	32742	1.67	0.83	0.84	98.62
40-44岁	**290579**	**146070**	**144509**	**7.46**	**3.75**	**3.71**	**101.08**
40	54871	27520	27351	1.41	0.71	0.70	100.62
41	62957	31507	31450	1.62	0.81	0.81	100.18
42	59330	29830	29500	1.52	0.77	0.76	101.12
43	55600	27942	27658	1.43	0.72	0.71	101.03
44	57821	29271	28550	1.48	0.75	0.73	102.53
45-49岁	**298507**	**151899**	**146608**	**7.67**	**3.90**	**3.76**	**103.61**
45	55529	28404	27125	1.43	0.73	0.70	104.72
46	56730	28789	27941	1.46	0.74	0.72	103.03
47	57488	29378	28110	1.48	0.75	0.72	104.51
48	61310	31061	30249	1.57	0.80	0.78	102.68
49	67450	34267	33183	1.73	0.88	0.85	103.27
50-54岁	**330124**	**163760**	**166364**	**8.48**	**4.21**	**4.27**	**98.43**
50	71526	35678	35848	1.84	0.92	0.92	99.53
51	69560	34515	35045	1.79	0.89	0.90	98.49
52	70840	35013	35827	1.82	0.90	0.92	97.73
53	54394	26782	27612	1.40	0.69	0.71	96.99
54	63804	31772	32032	1.64	0.82	0.82	99.19
55-59岁	**271948**	**133611**	**138337**	**6.98**	**3.43**	**3.55**	**96.58**
55	62098	30560	31538	1.59	0.78	0.81	96.90
56	59927	29357	30570	1.54	0.75	0.79	96.03
57	70152	34649	35503	1.80	0.89	0.91	97.59
58	50689	24921	25768	1.30	0.64	0.66	96.71
59	29082	14124	14958	0.75	0.36	0.38	94.42
60-64岁	**190371**	**93907**	**96464**	**4.89**	**2.41**	**2.48**	**97.35**
60	33052	16313	16739	0.85	0.42	0.43	97.46
61	31998	15811	16187	0.82	0.41	0.42	97.68
62	40286	19992	20294	1.03	0.51	0.52	98.51
63	46106	22856	23250	1.18	0.59	0.60	98.31
64	38929	18935	19994	1.00	0.49	0.51	94.70

1-4a 续表 2

单位：人、%

年 龄	人口数			占总人口比重			性别比
	合计	男	女	合计	男	女	(女=100)
65-69岁	**183495**	**89186**	**94309**	**4.71**	**2.29**	**2.42**	**94.57**
65	41655	20346	21309	1.07	0.52	0.55	95.48
66	42071	20536	21535	1.08	0.53	0.55	95.36
67	34969	16911	18058	0.90	0.43	0.46	93.65
68	35712	17402	18310	0.92	0.45	0.47	95.04
69	29088	13991	15097	0.75	0.36	0.39	92.67
70-74岁	**122883**	**60000**	**62883**	**3.16**	**1.54**	**1.61**	**95.42**
70	27925	13737	14188	0.72	0.35	0.36	96.82
71	27785	13555	14230	0.71	0.35	0.37	95.26
72	24606	11982	12624	0.63	0.31	0.32	94.91
73	22517	10925	11592	0.58	0.28	0.30	94.25
74	20050	9801	10249	0.51	0.25	0.26	95.63
75-79岁	**75068**	**35571**	**39497**	**1.93**	**0.91**	**1.01**	**90.06**
75	17067	8194	8873	0.44	0.21	0.23	92.35
76	16774	7961	8813	0.43	0.20	0.23	90.33
77	13620	6500	7120	0.35	0.17	0.18	91.29
78	13292	6234	7058	0.34	0.16	0.18	88.33
79	14315	6682	7633	0.37	0.17	0.20	87.54
80-84岁	**50293**	**22676**	**27617**	**1.29**	**0.58**	**0.71**	**82.11**
80	12091	5546	6545	0.31	0.14	0.17	84.74
81	10640	4814	5826	0.27	0.12	0.15	82.63
82	10654	4827	5827	0.27	0.12	0.15	82.84
83	8718	3887	4831	0.22	0.10	0.12	80.46
84	8190	3602	4588	0.21	0.09	0.12	78.51
85-89岁	**27829**	**11584**	**16245**	**0.71**	**0.30**	**0.42**	**71.31**
85	7449	3166	4283	0.19	0.08	0.11	73.92
86	6590	2767	3823	0.17	0.07	0.10	72.38
87	5801	2394	3407	0.15	0.06	0.09	70.27
88	4507	1833	2674	0.12	0.05	0.07	68.55
89	3482	1424	2058	0.09	0.04	0.05	69.19
90-94岁	**9745**	**3670**	**6075**	**0.25**	**0.09**	**0.16**	**60.41**
90	3093	1229	1864	0.08	0.03	0.05	65.93
91	2397	912	1485	0.06	0.02	0.04	61.41
92	2054	758	1296	0.05	0.02	0.03	58.49
93	1301	470	831	0.03	0.01	0.02	56.56
94	900	301	599	0.02	0.01	0.02	50.25
95-99岁	**1938**	**629**	**1309**	**0.05**	**0.02**	**0.03**	**48.05**
95	717	220	497	0.02	0.01	0.01	44.27
96	549	184	365	0.01		0.01	50.41
97	327	102	225	0.01		0.01	45.33
98	212	78	134	0.01			58.21
99	133	45	88				51.14
100岁及以上	**216**	**58**	**158**	**0.01**			**36.71**

1-4b 全省分年龄、性别的人口(镇)

单位：人、%

年龄	人口数			占总人口比重			性别比
	合计	男	女	合计	男	女	(女=100)
总计	**2155251**	**1095586**	**1059665**	**100.00**	**50.83**	**49.17**	**103.39**
0-4岁	**98388**	**51334**	**47054**	**4.57**	**2.38**	**2.18**	**109.10**
0	12722	6496	6226	0.59	0.30	0.29	104.34
1	17319	8974	8345	0.80	0.42	0.39	107.54
2	19038	9844	9194	0.88	0.46	0.43	107.07
3	24094	12602	11492	1.12	0.58	0.53	109.66
4	25215	13418	11797	1.17	0.62	0.55	113.74
5-9岁	**133671**	**71729**	**61942**	**6.20**	**3.33**	**2.87**	**115.80**
5	24516	12977	11539	1.14	0.60	0.54	112.46
6	26633	14329	12304	1.24	0.66	0.57	116.46
7	26537	14160	12377	1.23	0.66	0.57	114.41
8	28898	15603	13295	1.34	0.72	0.62	117.36
9	27087	14660	12427	1.26	0.68	0.58	117.97
10-14岁	**126150**	**68648**	**57502**	**5.85**	**3.19**	**2.67**	**119.38**
10	25920	14025	11895	1.20	0.65	0.55	117.91
11	26297	14305	11992	1.22	0.66	0.56	119.29
12	25796	13969	11827	1.20	0.65	0.55	118.11
13	24737	13534	11203	1.15	0.63	0.52	120.81
14	23400	12815	10585	1.09	0.59	0.49	121.07
15-19岁	**106647**	**58388**	**48259**	**4.95**	**2.71**	**2.24**	**120.99**
15	25107	13798	11309	1.16	0.64	0.52	122.01
16	26325	14491	11834	1.22	0.67	0.55	122.45
17	22377	12352	10025	1.04	0.57	0.47	123.21
18	15809	8773	7036	0.73	0.41	0.33	124.69
19	17029	8974	8055	0.79	0.42	0.37	111.41
20-24岁	**89486**	**47980**	**41506**	**4.15**	**2.23**	**1.93**	**115.60**
20	17192	9240	7952	0.80	0.43	0.37	116.20
21	15998	8494	7504	0.74	0.39	0.35	113.19
22	17484	9392	8092	0.81	0.44	0.38	116.07
23	18484	10014	8470	0.86	0.46	0.39	118.23
24	20328	10840	9488	0.94	0.50	0.44	114.25
25-29岁	**141812**	**73744**	**68068**	**6.58**	**3.42**	**3.16**	**108.34**
25	24084	12640	11444	1.12	0.59	0.53	110.45
26	24888	13077	11811	1.15	0.61	0.55	110.72
27	27513	14343	13170	1.28	0.67	0.61	108.91
28	30377	15715	14662	1.41	0.73	0.68	107.18
29	34950	17969	16981	1.62	0.83	0.79	105.82

1-4b　续表 1　　　　单位：人、%

年龄	人口数			占总人口比重			性别比
	合计	男	女	合计	男	女	(女=100)
30-34岁	**210866**	**107498**	**103368**	**9.78**	**4.99**	**4.80**	**104.00**
30	47886	24727	23159	2.22	1.15	1.07	106.77
31	45664	23123	22541	2.12	1.07	1.05	102.58
32	39860	20253	19607	1.85	0.94	0.91	103.29
33	42312	21568	20744	1.96	1.00	0.96	103.97
34	35144	17827	17317	1.63	0.83	0.80	102.95
35-39岁	**151203**	**76492**	**74711**	**7.02**	**3.55**	**3.47**	**102.38**
35	29337	15013	14324	1.36	0.70	0.66	104.81
36	29113	14586	14527	1.35	0.68	0.67	100.41
37	28638	14511	14127	1.33	0.67	0.66	102.72
38	33932	17196	16736	1.57	0.80	0.78	102.75
39	30183	15186	14997	1.40	0.70	0.70	101.26
40-44岁	**143182**	**72065**	**71117**	**6.64**	**3.34**	**3.30**	**101.33**
40	25690	12931	12759	1.19	0.60	0.59	101.35
41	30141	15174	14967	1.40	0.70	0.69	101.38
42	29077	14544	14533	1.35	0.67	0.67	100.08
43	28174	14140	14034	1.31	0.66	0.65	100.76
44	30100	15276	14824	1.40	0.71	0.69	103.05
45-49岁	**167493**	**83976**	**83517**	**7.77**	**3.90**	**3.88**	**100.55**
45	29513	14857	14656	1.37	0.69	0.68	101.37
46	30430	15209	15221	1.41	0.71	0.71	99.92
47	32050	16110	15940	1.49	0.75	0.74	101.07
48	35145	17679	17466	1.63	0.82	0.81	101.22
49	40355	20121	20234	1.87	0.93	0.94	99.44
50-54岁	**207314**	**102192**	**105122**	**9.62**	**4.74**	**4.88**	**97.21**
50	43998	21704	22294	2.04	1.01	1.03	97.35
51	42582	21115	21467	1.98	0.98	1.00	98.36
52	44459	21780	22679	2.06	1.01	1.05	96.04
53	35685	17499	18186	1.66	0.81	0.84	96.22
54	40590	20094	20496	1.88	0.93	0.95	98.04
55-59岁	**159263**	**78804**	**80459**	**7.39**	**3.66**	**3.73**	**97.94**
55	38544	18848	19696	1.79	0.87	0.91	95.69
56	34379	17061	17318	1.60	0.79	0.80	98.52
57	39956	19959	19997	1.85	0.93	0.93	99.81
58	29858	14886	14972	1.39	0.69	0.69	99.43
59	16526	8050	8476	0.77	0.37	0.39	94.97
60-64岁	**114116**	**57478**	**56638**	**5.29**	**2.67**	**2.63**	**101.48**
60	18154	9132	9022	0.84	0.42	0.42	101.22
61	18361	9188	9173	0.85	0.43	0.43	100.16
62	24378	12382	11996	1.13	0.57	0.56	103.22
63	28209	14379	13830	1.31	0.67	0.64	103.97
64	25014	12397	12617	1.16	0.58	0.59	98.26

1-4b 续表 2

单位：人、%

年 龄	人口数			占总人口比重			性别比
	合计	男	女	合计	男	女	(女=100)
65-69岁	**118335**	**58358**	**59977**	**5.49**	**2.71**	**2.78**	**97.30**
65	26954	13446	13508	1.25	0.62	0.63	99.54
66	26506	13106	13400	1.23	0.61	0.62	97.81
67	22456	11029	11427	1.04	0.51	0.53	96.52
68	23545	11602	11943	1.09	0.54	0.55	97.14
69	18874	9175	9699	0.88	0.43	0.45	94.60
70-74岁	**78971**	**38643**	**40328**	**3.66**	**1.79**	**1.87**	**95.82**
70	17647	8598	9049	0.82	0.40	0.42	95.02
71	17569	8745	8824	0.82	0.41	0.41	99.10
72	16131	7828	8303	0.75	0.36	0.39	94.28
73	14299	7017	7282	0.66	0.33	0.34	96.36
74	13325	6455	6870	0.62	0.30	0.32	93.96
75-79岁	**51559**	**24659**	**26900**	**2.39**	**1.14**	**1.25**	**91.67**
75	11829	5834	5995	0.55	0.27	0.28	97.31
76	11513	5510	6003	0.53	0.26	0.28	91.79
77	9464	4476	4988	0.44	0.21	0.23	89.74
78	9184	4301	4883	0.43	0.20	0.23	88.08
79	9569	4538	5031	0.44	0.21	0.23	90.20
80-84岁	**32166**	**14526**	**17640**	**1.49**	**0.67**	**0.82**	**82.35**
80	7910	3637	4273	0.37	0.17	0.20	85.12
81	6572	3031	3541	0.30	0.14	0.16	85.60
82	6972	3097	3875	0.32	0.14	0.18	79.92
83	5461	2490	2971	0.25	0.12	0.14	83.81
84	5251	2271	2980	0.24	0.11	0.14	76.21
85-89岁	**17262**	**6736**	**10526**	**0.80**	**0.31**	**0.49**	**63.99**
85	4772	1941	2831	0.22	0.09	0.13	68.56
86	4239	1654	2585	0.20	0.08	0.12	63.98
87	3463	1367	2096	0.16	0.06	0.10	65.22
88	2687	990	1697	0.12	0.05	0.08	58.34
89	2101	784	1317	0.10	0.04	0.06	59.53
90-94岁	**5914**	**1975**	**3939**	**0.27**	**0.09**	**0.18**	**50.14**
90	1926	676	1250	0.09	0.03	0.06	54.08
91	1453	501	952	0.07	0.02	0.04	52.63
92	1190	379	811	0.06	0.02	0.04	46.73
93	738	231	507	0.03	0.01	0.02	45.56
94	607	188	419	0.03	0.01	0.02	44.87
95-99岁	**1319**	**332**	**987**	**0.06**	**0.02**	**0.05**	**33.64**
95	484	121	363	0.02	0.01	0.02	33.33
96	348	92	256	0.02		0.01	35.94
97	235	58	177	0.01		0.01	32.77
98	137	35	102	0.01			34.31
99	115	26	89	0.01			29.21
100岁及以上	**134**	**29**	**105**	**0.01**			**27.62**

1-4c 全省分年龄、性别的人口(乡村)

单位：人、%

年龄	人口数			占总人口比重			性别比
	合计	男	女	合计	男	女	(女=100)
总计	**2147830**	**1095176**	**1052654**	**100.00**	**50.99**	**49.01**	**104.04**
0-4岁	**80002**	**41921**	**38081**	**3.72**	**1.95**	**1.77**	**110.08**
0	13273	6988	6285	0.62	0.33	0.29	111.19
1	14379	7391	6988	0.67	0.34	0.33	105.77
2	15469	8135	7334	0.72	0.38	0.34	110.92
3	17985	9439	8546	0.84	0.44	0.40	110.45
4	18896	9968	8928	0.88	0.46	0.42	111.65
5-9岁	**104436**	**55517**	**48919**	**4.86**	**2.58**	**2.28**	**113.49**
5	18974	10072	8902	0.88	0.47	0.41	113.14
6	19835	10506	9329	0.92	0.49	0.43	112.62
7	20263	10721	9542	0.94	0.50	0.44	112.36
8	22869	12205	10664	1.06	0.57	0.50	114.45
9	22495	12013	10482	1.05	0.56	0.49	114.61
10-14岁	**110174**	**59494**	**50680**	**5.13**	**2.77**	**2.36**	**117.39**
10	22389	12191	10198	1.04	0.57	0.47	119.54
11	23514	12606	10908	1.09	0.59	0.51	115.57
12	21953	11791	10162	1.02	0.55	0.47	116.03
13	21591	11730	9861	1.01	0.55	0.46	118.95
14	20727	11176	9551	0.97	0.52	0.44	117.01
15-19岁	**64744**	**35412**	**29332**	**3.01**	**1.65**	**1.37**	**120.73**
15	16972	9298	7674	0.79	0.43	0.36	121.16
16	14062	7704	6358	0.65	0.36	0.30	121.17
17	11603	6250	5353	0.54	0.29	0.25	116.76
18	11228	6169	5059	0.52	0.29	0.24	121.94
19	10879	5991	4888	0.51	0.28	0.23	122.57
20-24岁	**62315**	**34307**	**28008**	**2.90**	**1.60**	**1.30**	**122.49**
20	10646	5892	4754	0.50	0.27	0.22	123.94
21	10574	5777	4797	0.49	0.27	0.22	120.43
22	12452	6848	5604	0.58	0.32	0.26	122.20
23	13676	7493	6183	0.64	0.35	0.29	121.19
24	14967	8297	6670	0.70	0.39	0.31	124.39
25-29岁	**101600**	**55680**	**45920**	**4.73**	**2.59**	**2.14**	**121.25**
25	17627	9667	7960	0.82	0.45	0.37	121.44
26	17819	9861	7958	0.83	0.46	0.37	123.91
27	19654	10688	8966	0.92	0.50	0.42	119.21
28	21816	12021	9795	1.02	0.56	0.46	122.73
29	24684	13443	11241	1.15	0.63	0.52	119.59

1-4c 续表 1

单位：人、%

年 龄	人 口 数			占总人口比重			性别比
	合计	男	女	合计	男	女	(女=100)
30-34岁	**144631**	**78033**	**66598**	**6.73**	**3.63**	**3.10**	**117.17**
30	33400	18311	15089	1.56	0.85	0.70	121.35
31	31597	17088	14509	1.47	0.80	0.68	117.78
32	27161	14604	12557	1.26	0.68	0.58	116.30
33	29058	15617	13441	1.35	0.73	0.63	116.19
34	23415	12413	11002	1.09	0.58	0.51	112.82
35-39岁	**98312**	**52715**	**45597**	**4.58**	**2.45**	**2.12**	**115.61**
35	19144	10241	8903	0.89	0.48	0.41	115.03
36	18648	9970	8678	0.87	0.46	0.40	114.89
37	18353	9948	8405	0.85	0.46	0.39	118.36
38	21932	11803	10129	1.02	0.55	0.47	116.53
39	20235	10753	9482	0.94	0.50	0.44	113.40
40-44岁	**106494**	**55249**	**51245**	**4.96**	**2.57**	**2.39**	**107.81**
40	17455	9251	8204	0.81	0.43	0.38	112.76
41	21707	11427	10280	1.01	0.53	0.48	111.16
42	21469	11356	10113	1.00	0.53	0.47	112.29
43	21830	11158	10672	1.02	0.52	0.50	104.55
44	24033	12057	11976	1.12	0.56	0.56	100.68
45-49岁	**157047**	**78133**	**78914**	**7.31**	**3.64**	**3.67**	**99.01**
45	24596	12446	12150	1.15	0.58	0.57	102.44
46	27836	13920	13916	1.30	0.65	0.65	100.03
47	29633	14742	14891	1.38	0.69	0.69	99.00
48	33914	16670	17244	1.58	0.78	0.80	96.67
49	41068	20355	20713	1.91	0.95	0.96	98.27
50-54岁	**234673**	**115566**	**119107**	**10.93**	**5.38**	**5.55**	**97.03**
50	45955	22620	23335	2.14	1.05	1.09	96.94
51	47482	23384	24098	2.21	1.09	1.12	97.04
52	50330	24804	25526	2.34	1.15	1.19	97.17
53	41820	20487	21333	1.95	0.95	0.99	96.03
54	49086	24271	24815	2.29	1.13	1.16	97.81
55-59岁	**196887**	**97915**	**98972**	**9.17**	**4.56**	**4.61**	**98.93**
55	46362	22914	23448	2.16	1.07	1.09	97.72
56	41634	20692	20942	1.94	0.96	0.98	98.81
57	48580	24420	24160	2.26	1.14	1.12	101.08
58	38817	19345	19472	1.81	0.90	0.91	99.35
59	21494	10544	10950	1.00	0.49	0.51	96.29
60-64岁	**159782**	**82023**	**77759**	**7.44**	**3.82**	**3.62**	**105.48**
60	23248	11709	11539	1.08	0.55	0.54	101.47
61	24589	12491	12098	1.14	0.58	0.56	103.25
62	33550	17434	16116	1.56	0.81	0.75	108.18
63	40797	21103	19694	1.90	0.98	0.92	107.15
64	37598	19286	18312	1.75	0.90	0.85	105.32

1-4c　续表 2　　　　单位：人、%

年　龄	人　口　数			占总人口比重			性别比
	合计	男	女	合计	男	女	(女=100)
65-69岁	**192643**	**97415**	**95228**	**8.97**	**4.54**	**4.43**	**102.30**
65	42226	21576	20650	1.97	1.00	0.96	104.48
66	41512	21099	20413	1.93	0.98	0.95	103.36
67	37432	18947	18485	1.74	0.88	0.86	102.50
68	39505	19911	19594	1.84	0.93	0.91	101.62
69	31968	15882	16086	1.49	0.74	0.75	98.73
70-74岁	**139365**	**68946**	**70419**	**6.49**	**3.21**	**3.28**	**97.91**
70	30527	15136	15391	1.42	0.70	0.72	98.34
71	31269	15717	15552	1.46	0.73	0.72	101.06
72	28613	14195	14418	1.33	0.66	0.67	98.45
73	25396	12374	13022	1.18	0.58	0.61	95.02
74	23560	11524	12036	1.10	0.54	0.56	95.75
75-79岁	**91997**	**44666**	**47331**	**4.28**	**2.08**	**2.20**	**94.37**
75	21090	10361	10729	0.98	0.48	0.50	96.57
76	20433	10076	10357	0.95	0.47	0.48	97.29
77	17056	8354	8702	0.79	0.39	0.41	96.00
78	16276	7722	8554	0.76	0.36	0.40	90.27
79	17142	8153	8989	0.80	0.38	0.42	90.70
80-84岁	**57852**	**25940**	**31912**	**2.69**	**1.21**	**1.49**	**81.29**
80	13896	6457	7439	0.65	0.30	0.35	86.80
81	11571	5184	6387	0.54	0.24	0.30	81.16
82	12669	5800	6869	0.59	0.27	0.32	84.44
83	10267	4548	5719	0.48	0.21	0.27	79.52
84	9449	3951	5498	0.44	0.18	0.26	71.86
85-89岁	**31849**	**12338**	**19511**	**1.48**	**0.57**	**0.91**	**63.24**
85	8584	3575	5009	0.40	0.17	0.23	71.37
86	7688	3028	4660	0.36	0.14	0.22	64.98
87	6721	2632	4089	0.31	0.12	0.19	64.37
88	4948	1780	3168	0.23	0.08	0.15	56.19
89	3908	1323	2585	0.18	0.06	0.12	51.18
90-94岁	**10585**	**3313**	**7272**	**0.49**	**0.15**	**0.34**	**45.56**
90	3388	1138	2250	0.16	0.05	0.10	50.58
91	2622	831	1791	0.12	0.04	0.08	46.40
92	2232	718	1514	0.10	0.03	0.07	47.42
93	1352	376	976	0.06	0.02	0.05	38.52
94	991	250	741	0.05	0.01	0.03	33.74
95-99岁	**2216**	**551**	**1665**	**0.10**	**0.03**	**0.08**	**33.09**
95	841	202	639	0.04	0.01	0.03	31.61
96	549	144	405	0.03	0.01	0.02	35.56
97	381	104	277	0.02		0.01	37.55
98	255	59	196	0.01		0.01	30.10
99	190	42	148	0.01		0.01	28.38
100岁及以上	**226**	**42**	**184**	**0.01**		**0.01**	**22.83**

第二部分　长表数据资料

第二卷　民族

2-1　全省各民族分性别、行业的人口

单位：人

民　族	人口数			农、林、牧、渔业			采矿业		
	合计	男	女	小计	男	女	小计	男	女
总　计	**4064038**	**2401948**	**1662090**	**424089**	**217894**	**206195**	**6084**	**4897**	**1187**
汉　族	4032651	2384815	1647836	423263	217715	205548	6073	4888	1185
蒙古族	1092	610	482	5	1	4	1		1
回　族	6399	3772	2627	123	65	58	6	5	1
藏　族	252	137	115	7	1	6			
维吾尔族	269	162	107	5	4	1			
苗　族	4736	2469	2267	166	27	139			
彝　族	3307	1837	1470	97	21	76	1	1	
壮　族	1684	816	868	57	13	44			
布依族	1592	779	813	40	2	38			
朝鲜族	853	525	328	3	1	2	1	1	
满　族	1757	1015	742	15	8	7	1	1	
侗　族	1249	528	721	94	3	91			
瑶　族	316	162	154	7	1	6			
白　族	525	268	257	23	4	19			
土家族	3741	2031	1710	81	9	72			
哈尼族	520	280	240	16	3	13			
哈萨克族	22	9	13	1		1			
傣　族	285	143	142	11		11			
黎　族	97	36	61	7	1	6			
傈僳族	173	89	84	9	5	4			
佤　族	160	98	62	3		3			
畲　族	150	79	71	6	2	4			
高山族	4	3	1						
拉祜族	180	81	99	22	2	20			
水　族	839	516	323	5	2	3			
东乡族	146	95	51						
纳西族	28	10	18	1		1			
景颇族	53	31	22	4	3	1			
柯尔克孜族	8	7	1						
土　族	67	37	30	1		1			
达斡尔族	40	30	10						
仫佬族	69	31	38	2		2			
羌　族	87	51	36	1		1			
布朗族	39	20	19	1		1			
撒拉族	35	22	13						
毛南族	18	6	12	1		1			
仡佬族	220	126	94	4	1	3	1	1	
锡伯族	42	20	22						
阿昌族	42	24	18						
普米族	5	1	4	1		1			
塔吉克族	1	1							
怒　族	7	3	4						
乌孜别克族									
俄罗斯族	9	6	3						
鄂温克族	8	3	5						
德昂族	1	1							
保安族	7	7							
裕固族	2	1	1						
京　族	3		3						
塔塔尔族									
独龙族									
鄂伦春族	3	2	1						
赫哲族	2	2							
门巴族									
珞巴族									
基诺族	2	1	1						
未定族称人口	226	142	84	6		6			
入　籍	15	8	7	1		1			

2-1 续表 1

单位：人

民族	制造业			电力、热力、燃气及水生产和供应业			建筑业		
	小计	男	女	小计	男	女	小计	男	女
总计	**1177886**	**686242**	**491644**	**31901**	**24138**	**7763**	**469614**	**404925**	**64689**
汉族	1162111	677444	484667	31750	24027	7723	466722	402710	64012
蒙古族	384	240	144	12	7	5	95	73	22
回族	1806	1145	661	69	50	19	322	242	80
藏族	120	63	57				22	17	5
维吾尔族	59	34	25				12	8	4
苗族	3048	1612	1436	5	3	2	512	390	122
彝族	1981	1091	890	8	7	1	478	365	113
壮族	958	482	476	4	3	1	134	98	36
布依族	1013	512	501	1	1		151	112	39
朝鲜族	323	221	102	4	2	2	38	31	7
满族	529	342	187	25	20	5	150	116	34
侗族	702	331	371	2	1	1	113	79	34
瑶族	167	92	75	1	1		18	12	6
白族	344	192	152	1	1		40	29	11
土家族	2078	1122	956	6	4	2	492	400	92
哈尼族	331	190	141	3	3		49	33	16
哈萨克族	16	6	10						
傣族	174	93	81	1		1	24	20	4
黎族	35	16	19	2	2		5	4	1
傈僳族	100	46	54	1	1		26	18	8
佤族	103	59	44				31	27	4
畲族	43	26	17	1	1		7	5	2
高山族							2	2	
拉祜族	104	53	51	1	1		12	7	5
水族	689	420	269				35	32	3
东乡族	80	60	20						
纳西族	9	2	7	1	1		6	3	3
景颇族	29	16	13				4	4	
柯尔克孜族	8	7	1						
土族	28	15	13				8	6	2
达斡尔族	20	14	6				2	2	
仫佬族	37	19	18				5	4	1
羌族	60	36	24				2	1	1
布朗族	23	10	13				6	6	
撒拉族	6	5	1						
毛南族	9	5	4				4	1	3
仡佬族	127	72	55	1		1	51	34	17
锡伯族	7	4	3	1	1		6	5	1
阿昌族	35	20	15				2	2	
普米族	3		3				1	1	
塔吉克族	1	1							
怒族	7	3	4						
乌孜别克族									
俄罗斯族	2	1	1				2	2	
鄂温克族	2	2							
德昂族							1	1	
保安族	4	4							
裕固族									
京族	1		1						
塔塔尔族									
独龙族									
鄂伦春族	2	2							
赫哲族	2	2							
门巴族									
珞巴族									
基诺族									
未定族称人口	156	104	52	1	1		23	22	1
入籍	10	6	4				1	1	

2-1　续表 2

单位：人

民　族	批发和零售业			交通运输、仓储和邮政业			住宿和餐饮业		
	小计	男	女	小计	男	女	小计	男	女
总　计	**618308**	**309141**	**309167**	**186310**	**151788**	**34522**	**166462**	**83017**	**83445**
汉　族	615006	307620	307386	185389	151105	34284	164621	82064	82557
蒙古族	157	71	86	44	35	9	50	20	30
回　族	874	478	396	343	267	76	764	431	333
藏　族	26	10	16	3		3	18	11	7
维吾尔族	22	15	7	1	1		116	77	39
苗　族	356	137	219	97	76	21	142	54	88
彝　族	186	83	103	72	56	16	94	37	57
壮　族	176	67	109	43	24	19	86	47	39
布依族	201	82	119	29	22	7	37	13	24
朝鲜族	181	104	77	23	18	5	61	34	27
满　族	225	118	107	69	51	18	82	40	42
侗　族	129	45	84	19	13	6	45	12	33
瑶　族	33	11	22	3	1	2	12	8	4
白　族	35	8	27	8	3	5	17	7	10
土家族	382	158	224	97	64	33	120	56	64
哈尼族	46	19	27	13	9	4	24	10	14
哈萨克族									
傣　族	26	9	17	4	4		12	6	6
黎　族	15	2	13	2	1	1	5	1	4
傈僳族	10	3	7	7	7		8	5	3
佤　族	6	3	3	3	2	1			
畲　族	40	24	16	9	5	4	11	8	3
高山族	2	1	1						
拉祜族	21	5	16	4	3	1	6	4	2
水　族	48	26	22	14	13	1	12	8	4
东乡族	4	2	2				61	33	28
纳西族	4		4				1		1
景颇族	11	5	6	1	1		1		1
柯尔克孜族									
土　族	11	6	5	2	1	1	2	1	1
达斡尔族	4	2	2	1	1		1	1	
仫佬族	9	2	7				2	1	1
羌　族	9	4	5	2	2		5	2	3
布朗族	4	1	3	1		1			
撒拉族							28	16	12
毛南族	2		2						
仡佬族	15	9	6	4	2	2	2	2	
锡伯族	5	1	4	2	1	1	1		1
阿昌族	3	1	2				2	1	1
普米族									
塔吉克族									
怒　族									
乌孜别克族									
俄罗斯族	3	2	1						
鄂温克族	3	1	2						
德昂族									
保安族							3	3	
裕固族							1	1	
京　族									
塔塔尔族									
独龙族									
鄂伦春族							1		1
赫哲族									
门巴族									
珞巴族									
基诺族	1		1				1	1	
未定族称人口	16	6	10	1		1	7	2	5
入　籍	1		1						

2-1 续表 3

单位：人

民　族	信息传输、软件和信息技术服务业			金融业			房地产业		
	小计	男	女	小计	男	女	小计	男	女
总　计	**80872**	**50131**	**30741**	**61001**	**28974**	**32027**	**90595**	**55498**	**35097**
汉　族	80304	49787	30517	60662	28819	31843	90116	55225	34891
蒙古族	42	28	14	14	5	9	40	27	13
回　族	211	130	81	187	100	87	179	102	77
藏　族	4	2	2	1		1	2	2	
维吾尔族	6	6		1		1	4	1	3
苗　族	25	14	11	16	3	13	37	23	14
彝　族	20	13	7	4	2	2	24	14	10
壮　族	26	14	12	8	1	7	11	4	7
布依族	5	3	2	4		4	13	5	8
朝鲜族	30	21	9	23	6	17	11	4	7
满　族	80	54	26	33	18	15	60	41	19
侗　族	13	8	5	6	2	4	10	3	7
瑶　族	10	6	4	5	4	1	9	4	5
白　族	5	1	4	2		2	3	1	2
土家族	57	30	27	23	9	14	45	25	20
哈尼族	5	2	3				2	2	
哈萨克族	2	1	1	1	1				
傣　族	4		4	1		1	1		1
黎　族	3	1	2	1		1	6	3	3
傈僳族							1	1	
佤　族									
畲　族	2	2		3	1	2	3		3
高山族									
拉祜族									
水　族	2		2				6	3	3
东乡族									
纳西族				1		1			
景颇族									
柯尔克孜族									
土　族				1	1		4	2	2
达斡尔族	2	1	1	1	1		1	1	
仫佬族	4	2	2						
羌　族	2		2	1	1				
布朗族	1		1						
撒拉族									
毛南族									
仡佬族	2	1	1				5	3	2
锡伯族	4	3	1	1		1			
阿昌族									
普米族									
塔吉克族									
怒　族									
乌孜别克族									
俄罗斯族							1	1	
鄂温克族				1		1			
德昂族									
保安族									
裕固族									
京　族									
塔塔尔族									
独龙族									
鄂伦春族									
赫哲族									
门巴族									
珞巴族									
基诺族									
未定族称人口	1	1					1	1	
入　籍									

2-1　续表 4　　单位：人

民　族	租赁和商务服务业			科学研究和技术服务业			水利、环境和公共设施管理业		
	小计	男	女	小计	男	女	小计	男	女
总　计	**126105**	**75215**	**50890**	**64844**	**42377**	**22467**	**34902**	**21390**	**13512**
汉　族	125205	74721	50484	64340	42068	22272	34783	21336	13447
蒙古族	51	31	20	42	22	20	6	5	1
回　族	316	175	141	148	103	45	44	26	18
藏　族	13	7	6	2	2				
维吾尔族	13	6	7	2	2				
苗　族	72	43	29	35	20	15	9	3	6
彝　族	86	56	30	29	17	12	6	1	5
壮　族	30	16	14	28	13	15	6	2	4
布依族	27	9	18	11	6	5	4		4
朝鲜族	43	22	21	27	19	8	2	2	
满　族	78	40	38	93	52	41	7	2	5
侗　族	17	5	12	8	7	1	8		8
瑶　族	14	8	6	7	6	1	3	1	2
白　族	13	8	5	4	2	2	1		1
土家族	69	35	34	45	31	14	14	8	6
哈尼族	5	2	3	3	1	2	1		1
哈萨克族									
傣　族	7	4	3	6		6			
黎　族	5	3	2				1		1
傈僳族	5	1	4	1		1			
佤　族	4	4		2	1	1	3	2	1
畲　族	2		2						
高山族									
拉祜族	6	5	1						
水　族	4	2	2	1	1				
东乡族									
纳西族									
景颇族	1	1							
柯尔克孜族									
土　族				1	1				
达斡尔族	2	2							
仫佬族	3	2	1	1		1			
羌　族	1	1		1	1		1	1	
布朗族									
撒拉族									
毛南族	2		2						
仡佬族				1		1			
锡伯族	5	2	3	3	1	2	1		1
阿昌族									
普米族									
塔吉克族									
怒　族									
乌孜别克族									
俄罗斯族									
鄂温克族									
德昂族									
保安族									
裕固族									
京　族	1		1						
塔塔尔族									
独龙族									
鄂伦春族									
赫哲族									
门巴族									
珞巴族									
基诺族									
未定族称人口	4	3	1	3	1	2	2	1	1
入　籍	1	1							

2-1　续表 5　　单位：人

民　族	居民服务、修理和其他服务业			教　育			卫生和社会工作		
	小计	男	女	小计	男	女	小计	男	女
总　计	**136820**	**66790**	**70030**	**152119**	**52746**	**99373**	**73888**	**23573**	**50315**
汉　族	135914	66478	69436	151310	52528	98782	73587	23496	50091
蒙古族	25	8	17	64	11	53	18	5	13
回　族	161	86	75	341	99	242	137	42	95
藏　族	14	9	5	4	1	3	3	1	2
维吾尔族	4	1	3	9	2	7	4	1	3
苗　族	128	41	87	35	8	27	22	3	19
彝　族	158	43	115	16	4	12	6		6
壮　族	61	14	47	26	6	20	8	2	6
布依族	39	8	31	7		7	4	1	3
朝鲜族	20	10	10	37	15	22	12	5	7
满　族	46	16	30	134	35	99	42	8	34
侗　族	44	8	36	21	7	14	9	1	8
瑶　族	6	1	5	7	1	6	3	1	2
白　族	13	7	6	6		6	3		3
土家族	102	34	68	67	20	47	19	3	16
哈尼族	16	4	12	2	1	1	2	1	1
哈萨克族				1		1			
傣　族	8	3	5				1		1
黎　族	6	2	4	3		3	1		1
傈僳族	5	2	3						
佤　族	3		3	1		1			
畲　族	14	4	10	5	1	4			
高山族									
拉祜族	1	1		1		1			
水　族	17	6	11	1	1		1		1
东乡族				1		1			
纳西族	2	2		1		1			
景颇族	1		1						
柯尔克孜族									
土　族	1	1		4	2	2	1		1
达斡尔族				1	1		2	2	
仫佬族	3		3				1	1	
羌　族									
布朗族	1	1							
撒拉族				1	1				
毛南族									
仡佬族	3		3	1		1	1		1
锡伯族				6	2	4			
阿昌族									
普米族									
塔吉克族									
怒　族									
乌孜别克族									
俄罗斯族				1		1			
鄂温克族				2		2			
德昂族									
保安族									
裕固族				1		1			
京　族				1		1			
塔塔尔族									
独龙族									
鄂伦春族									
赫哲族									
门巴族									
珞巴族									
基诺族									
未定族称人口	4		4	1		1			
入　籍							1		1

2-1　续表 6　　　　单位：人

民　族	文化、体育和娱乐业			公共管理、社会保障和社会组织			国际组织		
	小计	男	女	小计	男	女	小计	男	女
总　计	**26976**	**14244**	**12732**	**135242**	**88957**	**46285**	**20**	**11**	**9**
汉　族	26734	14122	12612	134741	88651	46090	20	11	9
蒙古族	13	7	6	29	14	15			
回　族	93	54	39	275	172	103			
藏　族	4	3	1	9	8	1			
维吾尔族	8	4	4	3		3			
苗　族	17	4	13	14	8	6			
彝　族	15	6	9	26	20	6			
壮　族	10	3	7	12	7	5			
布依族	1		1	5	3	2			
朝鲜族	7	3	4	7	6	1			
满　族	26	16	10	62	37	25			
侗　族	8	3	5	1		1			
瑶　族	5	2	3	6	2	4			
白　族	5	3	2	2	2				
土家族	14	7	7	30	16	14			
哈尼族	2		2						
哈萨克族	1	1							
傣　族	1	1		4	3	1			
黎　族									
傈僳族									
佤　族				1		1			
畲　族	3		3	1		1			
高山族									
拉祜族	1		1	1		1			
水　族	3	1	2	1	1				
东乡族									
纳西族	1	1		1	1				
景颇族	1	1							
柯尔克孜族									
土　族	1	1		2		2			
达斡尔族				3	2	1			
仫佬族	1		1	1		1			
羌　族				2	2				
布朗族				2	2				
撒拉族									
毛南族									
仡佬族	1	1		1		1			
锡伯族									
阿昌族									
普米族									
塔吉克族									
怒　族									
乌孜别克族									
俄罗斯族									
鄂温克族									
德昂族									
保安族									
裕固族									
京　族									
塔塔尔族									
独龙族									
鄂伦春族									
赫哲族									
门巴族									
珞巴族									
基诺族									
未定族称人口									
入　籍									

2-2 全省各民族分性别、职业的人口

单位：人

民　　族	人口数			党的机关、国家机关、群众团体和社会组织、企事业单位负责人		
	合计	男	女	小计	男	女
总　计	**4064038**	**2401948**	**1662090**	**134346**	**99985**	**34361**
汉　族	4032651	2384815	1647836	133596	99458	34138
蒙古族	1092	610	482	38	27	11
回　族	6399	3772	2627	287	208	79
藏　族	252	137	115	4	2	2
维吾尔族	269	162	107	4	3	1
苗　族	4736	2469	2267	43	26	17
彝　族	3307	1837	1470	9	2	7
壮　族	1684	816	868	22	17	5
布依族	1592	779	813	12	7	5
朝鲜族	853	525	328	92	71	21
满　族	1757	1015	742	103	77	26
侗　族	1249	528	721	16	9	7
瑶　族	316	162	154	7	7	
白　族	525	268	257	3	2	1
土家族	3741	2031	1710	66	42	24
哈尼族	520	280	240	1		1
哈萨克族	22	9	13			
傣　族	285	143	142	1	1	
黎　族	97	36	61	1	1	
傈僳族	173	89	84	1		1
佤　族	160	98	62			
畲　族	150	79	71	15	10	5
高山族	4	3	1			
拉祜族	180	81	99	1	1	
水　族	839	516	323	3	2	1
东乡族	146	95	51	2	1	1
纳西族	28	10	18			
景颇族	53	31	22			
柯尔克孜族	8	7	1			
土　族	67	37	30	1	1	
达斡尔族	40	30	10	2	2	
仫佬族	69	31	38			
羌　族	87	51	36	1		1
布朗族	39	20	19			
撒拉族	35	22	13	5	3	2
毛南族	18	6	12			
仡佬族	220	126	94	3	2	1
锡伯族	42	20	22	4	2	2
阿昌族	42	24	18			
普米族	5	1	4			
塔吉克族	1	1				
怒　族	7	3	4			
乌孜别克族						
俄罗斯族	9	6	3			
鄂温克族	8	3	5			
德昂族	1	1				
保安族	7	7				
裕固族	2	1	1			
京　族	3		3			
塔塔尔族						
独龙族						
鄂伦春族	3	2	1			
赫哲族	2	2				
门巴族						
珞巴族						
基诺族	2	1	1			
未定族称人口	226	142	84	3	1	2
入　籍	15	8	7			

2-2　续表 1　　　　单位：人

民　族	专业技术人员			办事人员和有关人员			社会生产服务和生活服务人员		
	小计	男	女	小计	男	女	小计	男	女
总　计	**467430**	**218966**	**248464**	**292808**	**172307**	**120501**	**1377186**	**776096**	**601090**
汉　族	464508	217631	246877	291132	171436	119696	1368927	771861	597066
蒙古族	217	96	121	109	54	55	397	215	182
回　族	1012	410	602	778	439	339	2540	1517	1023
藏　族	27	16	11	12	7	5	75	42	33
维吾尔族	30	10	20	13	4	9	159	105	54
苗　族	178	87	91	89	36	53	827	360	467
彝　族	89	50	39	57	41	16	595	265	330
壮　族	129	50	79	49	16	33	447	186	261
布依族	50	27	23	30	11	19	249	98	151
朝鲜族	199	109	90	108	62	46	321	185	136
满　族	416	194	222	202	103	99	606	341	265
侗　族	79	40	39	27	7	20	273	100	173
瑶　族	31	16	15	15	6	9	89	41	48
白　族	39	17	22	9	6	3	109	44	65
土家族	276	134	142	106	45	61	823	382	441
哈尼族	6	3	3	6	3	3	105	44	61
哈萨克族	3	2	1				4	2	2
傣　族	10	7	3	3		3	61	23	38
黎　族	9	1	8	3	2	1	39	12	27
傈僳族	5	4	1	1		1	36	17	19
佤　族	3	2	1	1		1	18	6	12
畲　族	17	9	8	8	5	3	68	33	35
高山族							1	1	
拉祜族	3		3	5	2	3	27	12	15
水　族	18	11	7	8	3	5	95	54	41
东乡族	3	1	2				64	35	29
纳西族	3	1	2	1	1		9	3	6
景颇族				2	1	1	14	7	7
柯尔克孜族									
土　族	9	5	4	5	1	4	20	12	8
达斡尔族	4	4		5	4	1	11	7	4
仫佬族	8	4	4	1	1		17	4	13
羌　族	2	1	1	4	4		19	11	8
布朗族	3	3		1		1	7	3	4
撒拉族	1	1		1		1	23	13	10
毛南族				1		1	4	1	3
仡佬族	11	5	6	5	1	4	37	21	16
锡伯族	15	6	9	5	2	3	14	7	7
阿昌族	1	1					3	2	1
普米族				1		1			
塔吉克族									
怒　族							1	1	
乌孜别克族									
俄罗斯族	3	2	1	1	1		4	2	2
鄂温克族	4	1	3				3	1	2
德昂族									
保安族							3	3	
裕固族							2	1	1
京　族	1		1				1		1
塔塔尔族									
独龙族									
鄂伦春族							1		1
赫哲族									
门巴族									
珞巴族									
基诺族							2	1	1
未定族称人口	6	4	2	3	2	1	35	15	20
入　籍	2	1	1	1	1		1		1

2-2 续表 2

单位：人

民族	农、林、牧、渔业生产及辅助人员			生产制造及有关人员			不便分类的其他从业人员		
	小计	男	女	小计	男	女	小计	男	女
总　计	**429404**	**219306**	**210098**	**1351676**	**908463**	**443213**	**11188**	**6825**	**4363**
汉　族	428557	219122	209435	1334815	898528	436287	11116	6779	4337
蒙古族	5	1	4	320	212	108	6	5	1
回　族	116	63	53	1642	1119	523	24	16	8
藏　族	7	1	6	125	67	58	2	2	
维吾尔族	10	9	1	52	30	22	1	1	
苗　族	166	24	142	3422	1928	1494	11	8	3
彝　族	99	20	79	2455	1457	998	3	2	1
壮　族	63	14	49	972	532	440	2	1	1
布依族	40	2	38	1209	633	576	2	1	1
朝鲜族	2		2	126	96	30	5	2	3
满　族	12	6	6	416	293	123	2	1	1
侗　族	97	4	93	754	367	387	3	1	2
瑶　族	8	2	6	166	90	76			
白　族	24	4	20	341	195	146			
土家族	87	12	75	2378	1413	965	5	3	2
哈尼族	22	6	16	380	224	156			
哈萨克族	1		1	14	5	9			
傣　族	12		12	198	112	86			
黎　族	6	1	5	37	18	19	2	1	1
傈僳族	9	5	4	120	62	58	1	1	
佤　族	3		3	135	90	45			
畲　族	6	1	5	36	21	15			
高山族				3	2	1			
拉祜族	23	2	21	121	64	57			
水　族	6	3	3	708	443	265	1		1
东乡族				77	58	19			
纳西族	1		1	14	5	9			
景颇族	4	3	1	33	20	13			
柯尔克孜族				8	7	1			
土　族	1		1	31	18	13			
达斡尔族				18	13	5			
仫佬族	1		1	42	22	20			
羌　族	1		1	60	35	25			
布朗族	1		1	27	14	13			
撒拉族				5	5				
毛南族	1		1	12	5	7			
仡佬族	4	1	3	159	95	64	1	1	
锡伯族				4	3	1			
阿昌族				38	21	17			
普米族	1		1	3	1	2			
塔吉克族				1	1				
怒　族				6	2	4			
乌孜别克族									
俄罗斯族				1	1				
鄂温克族				1	1				
德昂族				1	1				
保安族				4	4				
裕固族									
京　族				1		1			
塔塔尔族									
独龙族									
鄂伦春族				2	2				
赫哲族				2	2				
门巴族									
珞巴族									
基诺族									
未定族称人口	7		7	172	120	52			
入　籍	1		1	9	6	3	1		1

2-3　全省各民族分性别、主要生活来源的15岁及以上人口

单位：人

民　族	15岁及以上人口			劳动收入		
	合计	男	女	小计	男	女
总　计	**6979672**	**3512398**	**3467274**	**4056008**	**2404634**	**1651374**
汉　族	6930855	3488921	3441934	4024628	2387491	1637137
蒙古族	1797	900	897	1099	614	485
回　族	11850	6022	5828	6400	3780	2620
藏　族	1202	550	652	255	136	119
维吾尔族	953	426	527	268	161	107
苗　族	6285	2911	3374	4726	2469	2257
彝　族	4139	2100	2039	3312	1838	1474
壮　族	2722	1125	1597	1685	816	869
布依族	2256	978	1278	1589	779	810
朝鲜族	1334	683	651	848	521	327
满　族	2855	1463	1392	1749	1010	739
侗　族	1804	699	1105	1244	526	718
瑶　族	475	214	261	320	164	156
白　族	829	389	440	520	268	252
土家族	5221	2555	2666	3749	2036	1713
哈尼族	683	307	376	520	280	240
哈萨克族	128	51	77	22	9	13
傣　族	371	162	209	285	143	142
黎　族	194	63	131	97	36	61
傈僳族	261	97	164	174	90	84
佤　族	188	107	81	160	98	62
畲　族	228	106	122	149	78	71
高山族	5	4	1	4	3	1
拉祜族	238	88	150	178	81	97
水　族	1042	565	477	839	516	323
东乡族	166	104	62	147	96	51
纳西族	60	25	35	31	11	20
景颇族	67	31	36	52	31	21
柯尔克孜族	33	13	20	8	7	1
土　族	103	53	50	67	37	30
达斡尔族	63	36	27	40	30	10
仫佬族	105	46	59	69	31	38
羌　族	110	61	49	87	51	36
布朗族	50	22	28	39	20	19
撒拉族	44	27	17	35	22	13
毛南族	30	7	23	18	6	12
仡佬族	348	178	170	221	127	94
锡伯族	87	42	45	42	20	22
阿昌族	44	26	18	42	24	18
普米族	8	2	6	6	2	4
塔吉克族	3	3		1	1	
怒　族	8	3	5	7	3	4
乌孜别克族	2		2			
俄罗斯族	13	7	6	9	6	3
鄂温克族	16	5	11	8	3	5
德昂族	2	2		1	1	
保安族	8	8		7	7	
裕固族	4	3	1	2	1	1
京　族	12	5	7	3		3
塔塔尔族						
独龙族	1		1			
鄂伦春族	4	3	1	3	2	1
赫哲族	4	2	2	2	2	
门巴族	7	3	4			
珞巴族	4	3	1			
基诺族	3	1	2	2	1	1
未定族称人口	320	181	139	225	141	84
入　籍	28	10	18	14	8	6

2-3 续表 1

单位：人

民族	离退休金/养老金			最低生活保障金			失业保险金		
	小计	男	女	小计	男	女	小计	男	女
总计	**966496**	**409167**	**557329**	**82149**	**45501**	**36648**	**3121**	**1795**	**1326**
汉族	962948	407800	555148	81989	45441	36548	3103	1789	1314
蒙古族	136	57	79	1		1			
回族	2608	1052	1556	77	51	26	8	5	3
藏族	13	3	10	1		1	1		1
维吾尔族	13	4	9	1		1	1		1
苗族	55	11	44	16	1	15			
彝族	16	5	11	13		13	1	1	
壮族	59	10	49	5	1	4			
布依族	11	3	8	5		5			
朝鲜族	150	45	105	4	1	3			
满族	293	121	172	6	4	2	1		1
侗族	26	4	22	10		10			
瑶族	8	2	6	2	1	1			
白族	16	5	11	2		2			
土家族	98	29	69	5		5	2		2
哈尼族	5		5	3		3			
哈萨克族									
傣族	1		1	3	1	2			
黎族	3	1	2						
傈僳族	1		1	2		2	1		1
佤族									
畲族	6	2	4						
高山族	1	1							
拉祜族	1	1		1		1			
水族	1		1	2		2	1		1
东乡族	1		1						
纳西族	1	1							
景颇族									
柯尔克孜族									
土族	1		1						
达斡尔族	4	1	3						
仫佬族	2	1	1						
羌族	2	1	1	1		1			
布朗族	2	1	1						
撒拉族	1		1						
毛南族									
仡佬族	2	2					1		1
锡伯族	7	3	4						
阿昌族									
普米族									
塔吉克族									
怒族									
乌孜别克族									
俄罗斯族	1		1						
鄂温克族	1		1						
德昂族									
保安族	1	1							
裕固族									
京族	1		1						
塔塔尔族									
独龙族									
鄂伦春族									
赫哲族							1		1
门巴族									
珞巴族									
基诺族									
未定族称人口									
入籍									

2-3　续表 2　　　　单位：人

民　族	财产性收入			家庭其他成员供养			其　他		
	小计	男	女	小计	男	女	小计	男	女
总　计	**47520**	**24175**	**23345**	**1529389**	**489926**	**1039463**	**294989**	**137200**	**157789**
汉　族	47380	24123	23257	1517233	485662	1031571	293574	136615	156959
蒙古族	5	2	3	501	197	304	55	30	25
回　族	46	26	20	2362	929	1433	349	179	170
藏　族	1	1		915	400	515	16	10	6
维吾尔族	3	2	1	598	226	372	69	33	36
苗　族	13	2	11	1263	344	919	212	84	128
彝　族	8	1	7	705	226	479	84	29	55
壮　族	7	2	5	904	279	625	62	17	45
布依族	7	1	6	589	173	416	55	22	33
朝鲜族	9	4	5	281	95	186	42	17	25
满　族	11	6	5	703	285	418	92	37	55
侗　族	5		5	465	153	312	54	16	38
瑶　族				129	42	87	16	5	11
白　族				262	105	157	29	11	18
土家族	16	5	11	1211	436	775	140	49	91
哈尼族	2		2	127	16	111	26	11	15
哈萨克族				97	39	58	9	3	6
傣　族	1		1	72	15	57	9	3	6
黎　族	1		1	86	24	62	7	2	5
傈僳族	1		1	71	5	66	11	2	9
佤　族				25	9	16	3		3
畲　族	1		1	66	25	41	6	1	5
高山族									
拉祜族	2		2	41	3	38	15	3	12
水　族				181	39	142	18	10	8
东乡族				18	8	10			
纳西族				27	13	14	1		1
景颇族				11		11	4		4
柯尔克孜族				24	5	19	1	1	
土　族				35	16	19			
达斡尔族				16	4	12	3	1	2
仫佬族				33	14	19	1		1
羌　族				19	9	10	1		1
布朗族				9	1	8			
撒拉族				7	5	2	1		1
毛南族				12	1	11			
仡佬族				117	46	71	7	3	4
锡伯族				34	17	17	4	2	2
阿昌族				2	2				
普米族				2		2			
塔吉克族				2	2				
怒　族							1		1
乌孜别克族				2		2			
俄罗斯族				3	1	2			
鄂温克族				6	1	5	1	1	
德昂族				1	1				
保安族									
裕固族				2	2				
京　族				8	5	3			
塔塔尔族									
独龙族				1		1			
鄂伦春族				1	1				
赫哲族				1		1			
门巴族				7	3	4			
珞巴族				4	3	1			
基诺族				1		1			
未定族称人口	1		1	86	38	48	8	2	6
入　籍				11	1	10	3	1	2

2-4　全省各民族分性别、婚姻状况的15岁及以上人口

单位：人

民　族	15岁及以上人口			未　婚		
	合计	男	女	小计	男	女
总　计	**6979672**	**3512398**	**3467274**	**1088192**	**647154**	**441038**
汉　族	6930855	3488921	3441934	1072421	638065	434356
蒙古族	1797	900	897	630	354	276
回　族	11850	6022	5828	2869	1636	1233
藏　族	1202	550	652	1029	486	543
维吾尔族	953	426	527	754	328	426
苗　族	6285	2911	3374	1736	1074	662
彝　族	4139	2100	2039	1461	948	513
壮　族	2722	1125	1597	1058	539	519
布依族	2256	978	1278	700	374	326
朝鲜族	1334	683	651	299	162	137
满　族	2855	1463	1392	915	521	394
侗　族	1804	699	1105	548	325	223
瑶　族	475	214	261	188	114	74
白　族	829	389	440	358	222	136
土家族	5221	2555	2666	1475	932	543
哈尼族	683	307	376	182	115	67
哈萨克族	128	51	77	119	50	69
傣　族	371	162	209	117	65	52
黎　族	194	63	131	84	38	46
傈僳族	261	97	164	76	49	27
佤　族	188	107	81	71	48	23
畲　族	228	106	122	79	43	36
高山族	5	4	1	1		1
拉祜族	238	88	150	73	54	19
水　族	1042	565	477	259	190	69
东乡族	166	104	62	74	54	20
纳西族	60	25	35	34	20	14
景颇族	67	31	36	16	11	5
柯尔克孜族	33	13	20	30	11	19
土　族	103	53	50	49	29	20
达斡尔族	63	36	27	20	12	8
仫佬族	105	46	59	42	23	19
羌　族	110	61	49	22	18	4
布朗族	50	22	28	16	11	5
撒拉族	44	27	17	19	16	3
毛南族	30	7	23	9	1	8
仡佬族	348	178	170	134	77	57
锡伯族	87	42	45	44	24	20
阿昌族	44	26	18	10	9	1
普米族	8	2	6	2		2
塔吉克族	3	3		3	3	
怒　族	8	3	5	3	2	1
乌孜别克族	2		2	2		2
俄罗斯族	13	7	6	4	2	2
鄂温克族	16	5	11	8	2	6
德昂族	2	2		1	1	
保安族	8	8		4	4	
裕固族	4	3	1	3	3	
京　族	12	5	7	6	5	1
塔塔尔族						
独龙族	1		1			
鄂伦春族	4	3	1	2	2	
赫哲族	4	2	2			
门巴族	7	3	4	7	3	4
珞巴族	4	3	1	4	3	1
基诺族	3	1	2	1	1	
未定族称人口	320	181	139	116	72	44
入　籍	28	10	18	5	3	2

2-4　续表　　　　　　　　　　　　　　　　　　　　　　　　　　　单位：人

民　族	有配偶			离婚			丧偶		
	小计	男	女	小计	男	女	小计	男	女
总　计	**5361483**	**2688112**	**2673371**	**133349**	**70903**	**62446**	**396648**	**106229**	**290419**
汉　族	5330194	2674285	2655909	132473	70508	61965	395767	106063	289704
蒙古族	1105	522	583	36	20	16	26	4	22
回　族	8113	4099	4014	344	174	170	524	113	411
藏　族	167	63	104	2		2	4	1	3
维吾尔族	191	96	95	6	2	4	2		2
苗　族	4411	1799	2612	88	32	56	50	6	44
彝　族	2605	1137	1468	41	12	29	32	3	29
壮　族	1608	572	1036	33	9	24	23	5	18
布依族	1509	587	922	27	16	11	20	1	19
朝鲜族	973	504	469	33	15	18	29	2	27
满　族	1826	899	927	68	29	39	46	14	32
侗　族	1201	360	841	36	13	23	19	1	18
瑶　族	276	98	178	6	1	5	5	1	4
白　族	454	160	294	5	5		12	2	10
土家族	3609	1582	2027	77	31	46	60	10	50
哈尼族	489	188	301	8	4	4	4		4
哈萨克族	8	1	7	1		1			
傣　族	240	89	151	9	8	1	5		5
黎　族	108	25	83	1		1	1		1
傈僳族	176	45	131	9	3	6			
佤　族	115	58	57	2	1	1			
畲　族	144	60	84	3	2	1	2	1	1
高山族	3	3		1	1				
拉祜族	157	34	123	4		4	4		4
水　族	769	370	399	10	4	6	4	1	3
东乡族	92	50	42						
纳西族	25	5	20				1		1
景颇族	50	19	31				1	1	
柯尔克孜族	2	1	1	1	1				
土　族	53	23	30	1	1				
达斡尔族	40	21	19	3	3				
仫佬族	63	23	40						
羌　族	82	42	40	5	1	4	1		1
布朗族	34	11	23						
撒拉族	25	11	14						
毛南族	20	6	14				1		1
仡佬族	205	98	107	7	3	4	2		2
锡伯族	40	18	22	2		2	1		1
阿昌族	34	17	17						
普米族	5	2	3				1		1
塔吉克族									
怒　族	5	1	4						
乌孜别克族									
俄罗斯族	9	5	4						
鄂温克族	7	3	4	1		1			
德昂族	1	1							
保安族	4	4							
裕固族	1		1						
京　族	6		6						
塔塔尔族									
独龙族	1		1						
鄂伦春族	2	1	1						
赫哲族	4	2	2						
门巴族									
珞巴族									
基诺族	2		2						
未定族称人口	197	105	92	6	4	2	1		1
入　籍	23	7	16						

2-5　全省各民族分性别、初婚年龄的人口

单位：人

民　族	合　计			15岁以下		
	合计	男	女	小计	男	女
总　计	**5891480**	**2865244**	**3026236**	**5810**	**1204**	**4606**
汉　族	5858434	2850856	3007578	5728	1190	4538
蒙古族	1167	546	621	1	1	
回　族	8981	4386	4595	6	2	4
藏　族	173	64	109			
维吾尔族	199	98	101			
苗　族	4549	1837	2712	24	4	20
彝　族	2678	1152	1526	15	1	14
壮　族	1664	586	1078	4		4
布依族	1556	604	952	7	1	6
朝鲜族	1035	521	514			
满　族	1940	942	998	2	2	
侗　族	1256	374	882	6	1	5
瑶　族	287	100	187			
白　族	471	167	304			
土家族	3746	1623	2123	6	1	5
哈尼族	501	192	309	2		2
哈萨克族	9	1	8			
傣　族	254	97	157	1		1
黎　族	110	25	85			
傈僳族	185	48	137	1		1
佤　族	117	59	58	1		1
畲　族	149	63	86			
高山族	4	4				
拉祜族	165	34	131	2		2
水　族	783	375	408			
东乡族	92	50	42	2	1	1
纳西族	26	5	21			
景颇族	51	20	31			
柯尔克孜族	3	2	1			
土　族	54	24	30			
达斡尔族	43	24	19			
仫佬族	63	23	40	1		1
羌　族	88	43	45			
布朗族	34	11	23			
撒拉族	25	11	14	1		1
毛南族	21	6	15			
仡佬族	214	101	113			
锡伯族	43	18	25			
阿昌族	34	17	17			
普米族	6	2	4			
塔吉克族						
怒　族	5	1	4			
乌孜别克族						
俄罗斯族	9	5	4			
鄂温克族	8	3	5			
德昂族	1	1				
保安族	4	4				
裕固族	1		1			
京　族	6		6			
塔塔尔族						
独龙族	1		1			
鄂伦春族	2	1	1			
赫哲族	4	2	2			
门巴族						
珞巴族						
基诺族	2		2			
未定族称人口	204	109	95			
入　籍	23	7	16			

2-5 续表 1

单位：人

民 族	15岁			16岁		
	小计	男	女	小计	男	女
总 计	**28119**	**6641**	**21478**	**50927**	**11076**	**39851**
汉 族	27785	6593	21192	50439	10974	39465
蒙古族	2	1	1	9	2	7
回 族	50	5	45	78	21	57
藏 族	2		2	2	1	1
维吾尔族				6	2	4
苗 族	87	15	72	114	26	88
彝 族	41	8	33	68	15	53
壮 族	21		21	16	2	14
布依族	18	2	16	36	7	29
朝鲜族				4	1	3
满 族	6	3	3	6	1	5
侗 族	12		12	15	2	13
瑶 族	2		2	1		1
白 族	13	2	11	11	1	10
土家族	26	4	22	32	5	27
哈尼族	10	2	8	14	4	10
哈萨克族	2		2			
傣 族	6	1	5	5		5
黎 族	3		3	3		3
傈僳族	4		4	4	1	3
佤 族	1	1		6	2	4
畲 族						
高山族						
拉祜族	6		6	10		10
水 族	8	3	5	22	3	19
东乡族	1		1	5	2	3
纳西族	2		2			
景颇族	1		1			
柯尔克孜族						
土 族				1		1
达斡尔族						
仫佬族				5	1	4
羌 族	1	1				
布朗族				1		1
撒拉族	1		1			
毛南族				1		1
仡佬族	2		2	3		3
锡伯族						
阿昌族				3	1	2
普米族						
塔吉克族						
怒 族						
乌孜别克族						
俄罗斯族	1		1	1		1
鄂温克族						
德昂族						
保安族						
裕固族						
京 族						
塔塔尔族						
独龙族						
鄂伦春族						
赫哲族						
门巴族						
珞巴族						
基诺族	1		1	1		1
未定族称人口	1		1	5	2	3
入 籍	3		3			

2-5 续表 2

单位：人

民族	17岁			18岁			19岁		
	小计	男	女	小计	男	女	小计	男	女
总 计	**96949**	**23031**	**73918**	**173630**	**46325**	**127305**	**325402**	**102295**	**223107**
汉 族	96158	22869	73289	172388	46024	126364	323362	101709	221653
蒙古族	14	5	9	24	1	23	36	9	27
回 族	139	32	107	196	58	138	383	128	255
藏 族	5	1	4	6	3	3	17	5	12
维吾尔族	9	1	8	12	4	8	10	7	3
苗 族	156	27	129	244	69	175	375	116	259
彝 族	93	20	73	160	40	120	230	81	149
壮 族	28	3	25	58	14	44	113	27	86
布依族	48	9	39	80	18	62	118	39	79
朝鲜族	1		1	8		8	17	4	13
满 族	16	4	12	26	8	18	51	17	34
侗 族	45	3	42	70	12	58	105	13	92
瑶 族	10	2	8	14	3	11	18	3	15
白 族	9	1	8	24	4	20	37	8	29
土家族	88	19	69	135	24	111	260	55	205
哈尼族	21	4	17	37	6	31	43	12	31
哈萨克族									
傣 族	8	3	5	12	3	9	18	6	12
黎 族	1	1		7	1	6	7	2	5
傈僳族	8	1	7	11		11	21	3	18
佤 族	7	3	4	2		2	11	3	8
畲 族	3	1	2	7		7	9	3	6
高山族									
拉祜族	14		14	1	1		18	2	16
水 族	32	10	22	56	16	40	63	21	42
东乡族	6	4	2	5	2	3	8	1	7
纳西族	1		1	4	1	3			
景颇族	1		1	2		2	5	1	4
柯尔克孜族									
土 族	2	1	1	1		1	2		2
达斡尔族	1	1							
仫佬族	2	1	1	1	1		3	2	1
羌 族	3		3	2		2	10	2	8
布朗族				3		3	3		3
撒拉族	2		2	3	2	1	2	1	1
毛南族	1	1		1		1	1		1
仡佬族	3	1	2	11	2	9	18	4	14
锡伯族	1		1						
阿昌族	4	1	3	1	1		5	2	3
普米族									
塔吉克族									
怒 族									
乌孜别克族									
俄罗斯族									
鄂温克族							2	1	1
德昂族									
保安族									
裕固族									
京 族				1		1	1		1
塔塔尔族									
独龙族									
鄂伦春族									
赫哲族				1		1			
门巴族									
珞巴族									
基诺族									
未定族称人口	8	2	6	14	6	8	18	7	11
入 籍	1		1	2	1	1	2	1	1

2-5 续表 3

单位：人

民 族	20岁			21岁			22岁		
	小计	男	女	小计	男	女	小计	男	女
总 计	**501603**	**175173**	**326430**	**669611**	**279084**	**390527**	**809217**	**383081**	**426136**
汉 族	498970	174375	324595	666504	277945	388559	805678	381517	424161
蒙古族	64	30	34	88	32	56	113	40	73
回 族	467	154	313	673	261	412	876	370	506
藏 族	14	4	10	16	1	15	18	10	8
维吾尔族	20	7	13	14	6	8	18	9	9
苗 族	481	151	330	512	181	331	529	251	278
彝 族	290	92	198	300	132	168	331	176	155
壮 族	129	32	97	168	45	123	198	73	125
布依族	159	49	110	176	63	113	168	65	103
朝鲜族	23	4	19	31	7	24	44	11	33
满 族	79	22	57	118	45	73	150	66	84
侗 族	124	27	97	128	27	101	148	42	106
瑶 族	23	6	17	26	5	21	28	7	21
白 族	44	12	32	53	12	41	54	24	30
土家族	364	90	274	440	167	273	474	227	247
哈尼族	55	17	38	60	27	33	75	42	33
哈萨克族							2	1	1
傣 族	25	7	18	34	16	18	34	15	19
黎 族	8	1	7	7	2	5	14	1	13
傈僳族	17	3	14	19	6	13	19	9	10
佤 族	15	6	9	12	7	5	11	8	3
畲 族	7	3	4	12	2	10	20	7	13
高山族				1	1				
拉祜族	21	3	18	12	3	9	14	5	9
水 族	101	44	57	96	44	52	98	51	47
东乡族	8	3	5	6	2	4	8	5	3
纳西族	1		1	5	1	4	3		3
景颇族	5	2	3	4		4	4	2	2
柯尔克孜族									
土 族	9	1	8	2	2		5	2	3
达斡尔族	3	2	1	4	2	2	6	4	2
仫佬族	4	1	3	4		4	5	2	3
羌 族	7	1	6	11	5	6	13	9	4
布朗族	4	1	3	4	1	3	1		1
撒拉族	4	1	3	4	2	2	3	2	1
毛南族	3		3	2		2	2	1	1
仡佬族	23	8	15	28	14	14	19	7	12
锡伯族	1		1	2	1	1	3	1	2
阿昌族	5	2	3	4	2	2	3	2	1
普米族				1	1		1		1
塔吉克族									
怒 族	1		1						
乌孜别克族									
俄罗斯族									
鄂温克族									
德昂族							1	1	
保安族				1	1		1	1	
裕固族									
京 族	1		1						
塔塔尔族									
独龙族									
鄂伦春族							1	1	
赫哲族	1	1							
门巴族									
珞巴族									
基诺族									
未定族称人口	23	11	12	28	13	15	23	14	9
入 籍				1		1	1		1

2-5 续表 4

单位：人

民族	23岁			24岁			25岁		
	小计	男	女	小计	男	女	小计	男	女
总　计	**783581**	**386161**	**397420**	**679366**	**361761**	**317605**	**527765**	**303620**	**224145**
汉　族	780160	384616	395544	676223	360282	315941	524999	302233	222766
蒙古族	127	54	73	125	49	76	117	61	56
回　族	983	382	601	990	442	548	943	492	451
藏　族	14	5	9	21	8	13	15	3	12
维吾尔族	19	8	11	30	16	14	16	8	8
苗　族	490	241	249	342	163	179	298	149	149
彝　族	294	154	140	218	129	89	167	88	79
壮　族	179	79	100	139	54	85	131	50	81
布依族	175	86	89	137	57	80	95	42	53
朝鲜族	68	22	46	86	35	51	108	51	57
满　族	193	78	115	226	106	120	224	113	111
侗　族	114	42	72	107	40	67	116	48	68
瑶　族	26	11	15	31	9	22	17	6	11
白　族	41	23	18	46	23	23	36	13	23
土家族	394	196	198	371	198	173	283	165	118
哈尼族	38	20	18	31	12	19	20	6	14
哈萨克族				1		1			
傣　族	21	9	12	13	8	5	19	7	12
黎　族	9	3	6	10	3	7	14	4	10
傈僳族	12	4	8	12	6	6	9	3	6
佤　族	17	10	7	13	11	2	3	2	1
畲　族	21	11	10	13	3	10	14	6	8
高山族	1	1							
拉祜族	14	3	11	13	7	6	8	2	6
水　族	68	43	25	63	40	23	33	18	15
东乡族	8	5	3	5	4	1	13	10	3
纳西族	2	1	1	2		2	4	1	3
景颇族	5	4	1	3	2	1	7	3	4
柯尔克孜族									
土　族	6	3	3	6	3	3	5	3	2
达斡尔族	7	3	4	7	4	3			
仫佬族	12	5	7	8	2	6	3	2	1
羌　族	7	3	4	11	8	3	3	3	
布朗族	6	2	4	4	2	2	2	1	1
撒拉族				1	1		1	1	
毛南族	1		1	2	2		2	1	1
仡佬族	27	18	9	26	15	11	17	10	7
锡伯族	2		2	4	1	3	7	4	3
阿昌族	2	2		3	2	1	1	1	
普米族	1	1							
塔吉克族									
怒　族	1	1							
乌孜别克族									
俄罗斯族							1		1
鄂温克族	1	1					1		1
德昂族									
保安族									
裕固族				1		1			
京　族				1		1			
塔塔尔族									
独龙族				1		1			
鄂伦春族									
赫哲族									
门巴族									
珞巴族									
基诺族									
未定族称人口	14	11	3	19	14	5	11	9	2
入　籍	1		1	1		1	2	1	1

2-5　续表 5　　　　单位：人

民　族	26岁			27岁			28岁		
	小计	男	女	小计	男	女	小计	男	女
总　计	**367165**	**223427**	**143738**	**251330**	**160330**	**91000**	**167625**	**109772**	**57853**
汉　族	364826	222205	142621	249546	159347	90199	166233	108982	57251
蒙古族	97	57	40	98	48	50	84	49	35
回　族	853	480	373	658	402	256	493	314	179
藏　族	10	7	3	10	5	5	5	4	1
维吾尔族	14	9	5	6	5	1	8	5	3
苗　族	217	116	101	165	93	72	120	57	63
彝　族	109	54	55	89	44	45	58	26	32
壮　族	105	40	65	99	37	62	54	24	30
布依族	70	32	38	49	23	26	50	33	17
朝鲜族	128	63	65	105	60	45	106	58	48
满　族	222	115	107	182	102	80	134	75	59
侗　族	61	26	35	49	18	31	30	13	17
瑶　族	21	10	11	14	8	6	10	7	3
白　族	31	12	19	16	8	8	20	12	8
土家族	251	129	122	137	77	60	115	66	49
哈尼族	20	6	14	11	7	4	14	6	8
哈萨克族							1		1
傣　族	10	5	5	15	6	9	6	3	3
黎　族	5		5	5	2	3	4		4
傈僳族	7	3	4	4		4	6	1	5
佤　族	4	3	1				1		1
畲　族	12	6	6	8	6	2	6	5	1
高山族									
拉祜族	5	1	4	7	1	6	3	1	2
水　族	34	20	14	21	10	11	19	11	8
东乡族	3	1	2	3	2	1	6	4	2
纳西族							1		1
景颇族	3	2	1	2	1	1	2		2
柯尔克孜族	2	1	1	1	1				
土　族	3	2	1				3	2	1
达斡尔族	2	2		3	3		1		1
仫佬族	4	3	1	4	1	3	2		2
羌　族	3	1	2	3	2	1	5	4	1
布朗族				2	1	1	4	3	1
撒拉族	1	1							
毛南族	3		3	1		1			
仡佬族	9	6	3	7	6	1	1	1	
锡伯族	6	2	4	4	2	2	3	2	1
阿昌族	1		1						
普米族							2		2
塔吉克族									
怒　族							1		1
乌孜别克族									
俄罗斯族	2	2		1		1	2	2	
鄂温克族	1		1				1		1
德昂族									
保安族									
裕固族									
京　族							2		2
塔塔尔族									
独龙族									
鄂伦春族							1		1
赫哲族									
门巴族									
珞巴族									
基诺族									
未定族称人口	8	4	4	3	1	2	7	2	5
入　籍	2	1	1	2	1	1	1		1

2-5　续表 6

单位：人

民族	29岁			30岁			31岁		
	小计	男	女	小计	男	女	小计	男	女
总　计	**114584**	**75544**	**39040**	**79537**	**52031**	**27506**	**56480**	**36446**	**20034**
汉　族	113639	74966	38673	78846	51622	27224	55954	36139	19815
蒙古族	43	31	12	31	23	8	22	15	7
回　族	325	220	105	216	154	62	159	117	42
藏　族	7	3	4	3	2	1	1	1	
维吾尔族	4	3	1	3	2	1	1		1
苗　族	80	45	35	67	28	39	56	28	28
彝　族	37	18	19	42	18	24	21	5	16
壮　族	49	29	20	35	12	23	39	16	23
布依族	39	23	16	25	14	11	19	8	11
朝鲜族	69	43	26	56	38	18	54	41	13
满　族	72	40	32	62	40	22	41	25	16
侗　族	31	15	16	12	5	7	18	7	11
瑶　族	13	7	6	8	3	5	2	2	
白　族	8	4	4	8	2	6	6	2	4
土家族	89	56	33	61	37	24	40	19	21
哈尼族	9	3	6	8	5	3	6	3	3
哈萨克族				1		1	1		1
傣　族	6	1	5	2	1	1	5	2	3
黎　族	4	1	3	5	3	2	1		1
傈僳族	6	2	4	4	3	1	3		3
佤　族	2		2	3		3	1	1	
畲　族	2	1	1	3	2	1	4	3	1
高山族				1	1				
拉祜族	6	3	3				2		2
水　族	16	10	6	17	11	6	8	3	5
东乡族	2	2							
纳西族									
景颇族				1		1	1		1
柯尔克孜族									
土　族	2	2					4	2	2
达斡尔族	1		1	4	1	3	1	1	
仫佬族	3	1	2						
羌　族	2	2		1		1	1		1
布朗族									
撒拉族				1		1	1		1
毛南族	1	1							
仡佬族	5	4	1	1		1	1	1	
锡伯族	2	2		4	2	2			
阿昌族				2	1	1			
普米族				1		1			
塔吉克族									
怒　族							1		1
乌孜别克族									
俄罗斯族									
鄂温克族	1	1		1		1			
德昂族									
保安族									
裕固族									
京　族									
塔塔尔族									
独龙族									
鄂伦春族									
赫哲族	1		1				1	1	
门巴族									
珞巴族									
基诺族									
未定族称人口	6	4	2	2	1	1	5	4	1
入　籍	2	1	1						

2-5　续表 7　　　　单位：人

民　族	32岁			33岁			34岁		
	小计	男	女	小计	男	女	小计	男	女
总　计	**42657**	**27268**	**15389**	**32377**	**20491**	**11886**	**24525**	**15635**	**8890**
汉　族	42237	27002	15235	32065	20322	11743	24291	15513	8778
蒙古族	20	12	8	18	10	8	7	3	4
回　族	132	103	29	88	59	29	55	38	17
藏　族	2		2	2		2			
维吾尔族	3	2	1				2	1	1
苗　族	49	25	24	20	8	12	21	9	12
彝　族	21	10	11	21	11	10	12	4	8
壮　族	15	9	6	23	15	8	20	8	12
布依族	16	6	10	16	6	10	15	8	7
朝鲜族	38	28	10	24	12	12	19	12	7
满　族	33	24	9	26	16	10	19	13	6
侗　族	17	8	9	11	3	8	9	5	4
瑶　族	3	1	2	4	3	1	7	1	6
白　族	3		3	2		2	3		3
土家族	37	28	9	31	15	16	28	11	17
哈尼族	5	2	3	2	1	1	3	2	1
哈萨克族									
傣　族	4		4	1	1				
黎　族				1		1			
傈僳族	5	1	4	5	1	4	1		1
佤　族	1	1		2		2			
畲　族	1		1	1	1				
高山族									
拉祜族	2	1	1	1		1	1		1
水　族	4	2	2	7	4	3	5	3	2
东乡族	1		1	1	1				
纳西族							1	1	
景颇族	1	1		1		1	1	1	
柯尔克孜族									
土　族	1		1						
达斡尔族									
仫佬族							1		1
羌　族	1		1	1	1				
布朗族									
撒拉族									
毛南族									
仡佬族	3	1	2	1	1		3	2	1
锡伯族				1		1	1		1
阿昌族									
普米族									
塔吉克族									
怒　族									
乌孜别克族									
俄罗斯族									
鄂温克族									
德昂族									
保安族	1	1							
裕固族									
京　族									
塔塔尔族									
独龙族									
鄂伦春族									
赫哲族									
门巴族									
珞巴族									
基诺族									
未定族称人口	1		1	1		1			
入　籍									

2-5 续表 8

单位：人

民族	35岁			36岁			37岁		
	小计	男	女	小计	男	女	小计	男	女
总 计	**18748**	**12086**	**6662**	**14184**	**9255**	**4929**	**11161**	**7275**	**3886**
汉 族	18558	11988	6570	14052	9187	4865	11058	7222	3836
蒙古族	8	3	5	4	2	2	4	2	2
回 族	46	30	16	41	30	11	33	26	7
藏 族	1		1	1		1			
维吾尔族	3	2	1						
苗 族	28	11	17	14	3	11	13	2	11
彝 族	16	7	9	13	5	8	8	4	4
壮 族	11	5	6	6	2	4	6	2	4
布依族	7	2	5	5	2	3	4	2	2
朝鲜族	11	7	4	12	8	4	3	2	1
满 族	13	9	4	8	4	4	3		3
侗 族	5	3	2	6	3	3	2	2	
瑶 族	2	2		2	1	1	4	2	2
白 族				2	1	1			
土家族	22	13	9	5	1	4	8	3	5
哈尼族	2		2	2		2	5	2	3
哈萨克族									
傣 族	1	1					1		1
黎 族							1		1
傈僳族	3	1	2	1		1			
佤 族	1		1						
畲 族	1		1				2	1	1
高山族				1	1				
拉祜族	1		1	2		2			
水 族	4	1	3	3	3		3	2	1
东乡族									
纳西族									
景颇族				1	1				
柯尔克孜族									
土 族									
达斡尔族				1		1			
仫佬族	1	1							
羌 族									
布朗族									
撒拉族									
毛南族									
仡佬族	2		2				1		1
锡伯族									
阿昌族									
普米族									
塔吉克族									
怒 族				1		1			
乌孜别克族									
俄罗斯族									
鄂温克族									
德昂族									
保安族				1	1				
裕固族									
京 族									
塔塔尔族									
独龙族									
鄂伦春族									
赫哲族									
门巴族									
珞巴族									
基诺族									
未定族称人口	1		1				2	1	1
入 籍									

2-5　续表 9

单位：人

民　族	38岁			39岁			40岁及以上		
	小计	男	女	小计	男	女	小计	男	女
总　计	**8688**	**5627**	**3061**	**7295**	**4643**	**2652**	**43144**	**25962**	**17182**
汉　族	8610	5576	3034	7236	4621	2615	42889	25837	17052
蒙古族	2	1	1	2	1	1	7	4	3
回　族	20	17	3	13	7	6	65	42	23
藏　族							1	1	
维吾尔族	1	1							
苗　族	8	3	5	11	3	8	28	13	15
彝　族	7	3	4	1	1		16	6	10
壮　族	1	1		5	1	4	12	6	6
布依族	4	1	3	4		4	16	6	10
朝鲜族	6	4	2	2	1	1	12	9	3
满　族	4	3	1	6	4	2	18	7	11
侗　族	6	6		2	1	1	7	2	5
瑶　族	1	1							
白　族	1	1					3	2	1
土家族	8	5	3	8	1	7	33	11	22
哈尼族				1		1	7	3	4
哈萨克族							1		1
傣　族	1	1		1		1	5	1	4
黎　族							1	1	
傈僳族	1		1				2		2
佤　族	1	1					2		2
畲　族				1	1		2	1	1
高山族									
拉祜族	1		1				1	1	
水　族	1	1					1	1	
东乡族							1	1	
纳西族									
景颇族				1		1			
柯尔克孜族									
土　族							2	1	1
达斡尔族	1	1					1		1
仫佬族									
羌　族	1		1				2	1	1
布朗族									
撒拉族									
毛南族									
仡佬族	2		2				1		1
锡伯族				1	1		1		1
阿昌族									
普米族									
塔吉克族									
怒　族									
乌孜别克族									
俄罗斯族							1	1	
鄂温克族									
德昂族									
保安族									
裕固族									
京　族									
塔塔尔族									
独龙族									
鄂伦春族									
赫哲族									
门巴族									
珞巴族									
基诺族									
未定族称人口							4	3	1
入　籍							2	1	1

2-6 全省按民族、生育孩次分的育龄妇女人数
(2019.11.1-2020.10.31)

单位：人

民　族	合　计	生男孩的妇女人数	生女孩的妇女人数	一　孩			二　孩		
				小计	男	女	小计	男	女
总　计	**57749**	**30345**	**27404**	**30521**	**16131**	**14390**	**24103**	**12379**	**11724**
汉　族	57144	30042	27102	30214	15988	14226	23852	12244	11608
蒙古族	24	11	13	14	5	9	7	4	3
回　族	105	50	55	58	30	28	41	17	24
藏　族	4	1	3	2		2	1		1
维吾尔族	8	3	5	3	1	2	3	2	1
苗　族	99	54	45	42	21	21	48	28	20
彝　族	54	27	27	31	11	20	20	15	5
壮　族	33	23	10	16	9	7	17	14	3
布依族	39	26	13	16	9	7	17	13	4
朝鲜族	13	8	5	7	4	3	6	4	2
满　族	37	18	19	22	10	12	14	7	7
侗　族	20	9	11	11	5	6	7	3	4
瑶　族	5	3	2	2	1	1	2	1	1
白　族	6	3	3	2	1	1	3	1	2
土家族	64	29	35	35	15	20	26	12	14
哈尼族	13	4	9	7	2	5	6	2	4
哈萨克族	1	1					1	1	
傣　族	5	4	1	3	3		2	1	1
黎　族	8	2	6	4	1	3	4	1	3
傈僳族	7	4	3	4	2	2	3	2	1
佤　族	5	2	3	2		2	3	2	1
畲　族	2		2	1		1	1		1
高山族									
拉祜族	6	3	3	3	3		3		3
水　族	17	4	13	8	3	5	7	1	6
东乡族	7	3	4	2	1	1	1		1
纳西族	1	1		1	1				
景颇族	3	1	2	2	1	1	1		1
柯尔克孜族									
土　族									
达斡尔族									
仫佬族	1		1				1		1
羌　族									
布朗族									
撒拉族	1	1							
毛南族	1		1				1		1
仡佬族	4	2	2	2	1	1	1	1	
锡伯族	1	1		1	1				
阿昌族									
普米族									
塔吉克族									
怒　族									
乌孜别克族									
俄罗斯族	1		1				1		1
鄂温克族									
德昂族									
保安族									
裕固族									
京　族	1	1		1	1				
塔塔尔族									
独龙族									
鄂伦春族									
赫哲族									
门巴族									
珞巴族									
基诺族									
未定族称人口	7	4	3	3	1	2	3	3	
入　籍	2		2	2		2			

2-6 续表

单位：人

民族	三孩			四孩			五孩及以上		
	小计	男	女	小计	男	女	小计	男	女
总计	**2754**	**1637**	**1117**	**311**	**164**	**147**	**60**	**34**	**26**
汉族	2715	1615	1100	305	162	143	58	33	25
蒙古族	3	2	1						
回族	6	3	3						
藏族	1	1							
维吾尔族	2		2						
苗族	7	4	3				2	1	1
彝族	2		2	1	1				
壮族									
布依族	5	4	1	1		1			
朝鲜族									
满族	1	1							
侗族	1	1		1		1			
瑶族	1	1							
白族	1	1							
土家族	2	2		1		1			
哈尼族									
哈萨克族									
傣族									
黎族									
傈僳族									
佤族									
畲族									
高山族									
拉祜族									
水族	2		2						
东乡族	3	1	2	1	1				
纳西族									
景颇族									
柯尔克孜族									
土族									
达斡尔族									
仫佬族									
羌族									
布朗族									
撒拉族	1	1							
毛南族									
仡佬族	1		1						
锡伯族									
阿昌族									
普米族									
塔吉克族									
怒族									
乌孜别克族									
俄罗斯族									
鄂温克族									
德昂族									
保安族									
裕固族									
京族									
塔塔尔族									
独龙族									
鄂伦春族									
赫哲族									
门巴族									
珞巴族									
基诺族									
未定族称人口				1		1			
入籍									

2-7 全省各民族15-64岁妇女平均活产子女数和平均存活子女数

单位：人、%

民族	15-64岁妇女人数	活产子女总数			存活子女总数			存活子女数占活产子女数的百分比	妇女平均活产子女数	妇女平均存活子女数
		小计	男	女	小计	男	女			
总计	**2785257**	**3237360**	**1774407**	**1462953**	**3170669**	**1733993**	**1436676**	**97.94**	**1.16**	**1.14**
汉族	2761262	3212449	1761023	1451426	3146195	1720843	1425352	97.94	1.16	1.14
蒙古族	860	722	378	344	716	374	342	99.17	0.84	0.83
回族	4887	4607	2473	2134	4518	2415	2103	98.07	0.94	0.92
藏族	646	138	78	60	133	76	57	96.38	0.21	0.21
维吾尔族	519	136	71	65	133	69	64	97.79	0.26	0.26
苗族	3340	4259	2284	1975	4178	2245	1933	98.10	1.28	1.25
彝族	2025	2438	1345	1093	2381	1314	1067	97.66	1.20	1.18
壮族	1584	1524	785	739	1505	776	729	98.75	0.96	0.95
布依族	1263	1436	773	663	1408	758	650	98.05	1.14	1.11
朝鲜族	585	536	283	253	526	280	246	98.13	0.92	0.90
满族	1295	1045	553	492	1028	544	484	98.37	0.81	0.79
侗族	1090	1191	625	566	1169	615	554	98.15	1.09	1.07
瑶族	254	247	136	111	241	133	108	97.57	0.97	0.95
白族	432	448	250	198	437	244	193	97.54	1.04	1.01
土家族	2609	3092	1675	1417	3049	1655	1394	98.61	1.19	1.17
哈尼族	374	516	265	251	507	259	248	98.26	1.38	1.36
哈萨克族	77	9	4	5	9	4	5	100.00	0.12	0.12
傣族	207	221	127	94	212	120	92	95.93	1.07	1.02
黎族	130	124	60	64	124	60	64	100.00	0.95	0.95
傈僳族	162	203	99	104	200	97	103	98.52	1.25	1.23
佤族	81	82	43	39	82	43	39	100.00	1.01	1.01
畲族	120	129	72	57	129	72	57	100.00	1.08	1.08
高山族	1									
拉祜族	147	190	105	85	187	104	83	98.42	1.29	1.27
水族	477	741	413	328	738	413	325	99.60	1.55	1.55
东乡族	62	90	48	42	90	48	42	100.00	1.45	1.45
纳西族	33	29	20	9	27	18	9	93.10	0.88	0.82
景颇族	35	38	19	19	38	19	19	100.00	1.09	1.09
柯尔克孜族	20	1		1	1		1	100.00	0.05	0.05
土族	49	45	29	16	45	29	16	100.00	0.92	0.92
达斡尔族	26	19	9	10	19	9	10	100.00	0.73	0.73
仫佬族	58	53	27	26	53	27	26	100.00	0.91	0.91
羌族	48	51	27	24	51	27	24	100.00	1.06	1.06
布朗族	28	32	17	15	31	16	15	96.88	1.14	1.11
撒拉族	16	28	17	11	28	17	11	100.00	1.75	1.75
毛南族	23	18	5	13	18	5	13	100.00	0.78	0.78
仡佬族	167	179	101	78	176	100	76	98.32	1.07	1.05
锡伯族	43	29	19	10	28	18	10	96.55	0.67	0.65
阿昌族	18	27	16	11	27	16	11	100.00	1.50	1.50
普米族	6	6	4	2	5	3	2	83.33	1.00	0.83
塔吉克族										
怒族	5	3	2	1	3	2	1	100.00	0.60	0.60
乌孜别克族	2									
俄罗斯族	6	6	4	2	6	4	2	100.00	1.00	1.00
鄂温克族	11	4	2	2	4	2	2	100.00	0.36	0.36
德昂族										
保安族										
裕固族	1	1	1		1	1		100.00	1.00	1.00
京族	7	8	6	2	8	6	2	100.00	1.14	1.14
塔塔尔族										
独龙族										
鄂伦春族	1	1	1		1	1		100.00	1.00	1.00
赫哲族	2	3	1	2	3	1	2	100.00	1.50	1.50
门巴族	4									
珞巴族	1									
基诺族	2	2	1	1	2	1	1	100.00	1.00	1.00
未定族称人口	138	179	99	80	174	98	76	97.21	1.30	1.26
入籍	18	25	12	13	25	12	13	100.00	1.39	1.39

第二部分 长表数据资料

第三卷 教育

3-1　全省分学业完成情况、性别、受教育程度的3岁及以上人口

单位：人

学业完成情况	合计			小学		
	合计	男	女	小计	男	女
总　计	**7491396**	**3867802**	**3623594**	**1836434**	**820243**	**1016191**
在　校	1212051	645930	566121	525154	282469	242685
毕　业	5987855	3087428	2900427	1160490	481737	678753
肄　业	60289	26329	33960	36959	13006	23953
辍　学	85438	36974	48464	55476	19751	35725
其　他	145763	71141	74622	58355	23280	35075

3-1　续表 1　　单位：人

学业完成情况	初中			高中			大学专科		
	小计	男	女	小计	男	女	小计	男	女
总　计	**2713634**	**1446180**	**1267454**	**1326436**	**745740**	**580696**	**823067**	**444977**	**378090**
在　校	241414	131012	110402	188842	102797	86045	101947	54077	47870
毕　业	2375065	1262040	1113025	1109275	626107	483168	711616	385562	326054
肄　业	16768	9318	7450	4659	2880	1779	1208	719	489
辍　学	24416	13720	10696	5028	3171	1857	424	271	153
其　他	55971	30090	25881	18632	10785	7847	7872	4348	3524

3-1　续表 2　　单位：人

学业完成情况	大学本科			硕士研究生			博士研究生		
	小计	男	女	小计	男	女	小计	男	女
总　计	**704353**	**363252**	**341101**	**77232**	**40809**	**36423**	**10240**	**6601**	**3639**
在　校	134141	65051	69090	17465	8587	8878	3088	1937	1151
毕　业	565037	295390	269647	59363	32008	27355	7009	4584	2425
肄　业	648	377	271	42	28	14	5	1	4
辍　学	89	58	31	5	3	2			
其　他	4438	2376	2062	357	183	174	138	79	59

3-1a 全省分学业完成情况、性别、受教育程度的3岁及以上人口(城市)

单位：人

学业完成情况	合计			小学		
	合计	男	女	小计	男	女
总 计	**3596537**	**1836746**	**1759791**	**619662**	**279996**	**339666**
在 校	615031	325611	289420	234332	126061	108271
毕 业	2903067	1474831	1428236	352073	142088	209985
肄 业	17777	7926	9851	9139	3012	6127
辍 学	21893	9613	12280	12862	4425	8437
其 他	38769	18765	20004	11256	4410	6846

3-1a 续表 1

单位：人

学业完成情况	初中			高中			大学专科		
	小计	男	女	小计	男	女	小计	男	女
总 计	**1087845**	**557970**	**529875**	**732026**	**391695**	**340331**	**548718**	**292048**	**256670**
在 校	101282	54903	46379	95948	52021	43927	65499	34983	30516
毕 业	960614	489297	471317	625164	333475	291689	478347	254424	223923
肄 业	5573	3086	2487	2017	1221	796	618	356	262
辍 学	7015	3902	3113	1780	1137	643	183	117	66
其 他	13361	6782	6579	7117	3841	3276	4071	2168	1903

3-1a 续表 2

单位：人

学业完成情况	大学本科			硕士研究生			博士研究生		
	小计	男	女	小计	男	女	小计	男	女
总 计	**534357**	**274969**	**259388**	**64969**	**34279**	**30690**	**8960**	**5789**	**3171**
在 校	100690	48792	51898	14553	7131	7422	2727	1720	1007
毕 业	430548	224505	206043	50123	26997	23126	6198	4045	2153
肄 业	397	233	164	30	18	12	3		3
辍 学	49	30	19	4	2	2			
其 他	2673	1409	1264	259	131	128	32	24	8

3-1b　全省分学业完成情况、性别、受教育程度的3岁及以上人口(镇)

单位：人

学业完成情况	合计			小学		
	合计	男	女	小计	男	女
总　计	**1966242**	**1015094**	**951148**	**497152**	**222166**	**274986**
在　校	346125	186299	159826	158034	85374	72660
毕　业	1537747	790821	746926	301402	123008	178394
肄　业	14637	6228	8409	8765	2979	5786
辍　学	21966	9532	12434	13479	4766	8713
其　他	45767	22214	23553	15472	6039	9433

3-1b　续表 1　　单位：人

学业完成情况	初中			高中			大学专科		
	小计	男	女	小计	男	女	小计	男	女
总　计	**783119**	**411797**	**371322**	**360833**	**206497**	**154336**	**183437**	**100845**	**82592**
在　校	74317	40592	33725	63847	35110	28737	23167	12180	10987
毕　业	678574	355294	323280	287446	165854	121592	157188	86912	70276
肄　业	4127	2209	1918	1200	723	477	354	206	148
辍　学	6858	3770	3088	1501	910	591	109	72	37
其　他	19243	9932	9311	6839	3900	2939	2619	1475	1144

3-1b　续表 2　　单位：人

学业完成情况	大学本科			硕士研究生			博士研究生		
	小计	男	女	小计	男	女	小计	男	女
总　计	**130574**	**67795**	**62779**	**10095**	**5343**	**4752**	**1032**	**651**	**381**
在　校	24349	11842	12507	2161	1052	1109	250	149	101
毕　业	104611	55061	49550	7843	4239	3604	683	453	230
肄　业	180	102	78	10	9	1	1		1
辍　学	18	13	5	1	1				
其　他	1416	777	639	80	42	38	98	49	49

3-1c 全省分学业完成情况、性别、受教育程度的3岁及以上人口(乡村)

单位：人

学业完成情况	合计			小学		
	合计	男	女	小计	男	女
总计	**1928617**	**1015962**	**912655**	**719620**	**318081**	**401539**
在校	250895	134020	116875	132788	71034	61754
毕业	1547041	821776	725265	507015	216641	290374
肄业	27875	12175	15700	19055	7015	12040
辍学	41579	17829	23750	29135	10560	18575
其他	61227	30162	31065	31627	12831	18796

3-1c 续表 1

单位：人

学业完成情况	初中			高中			大学专科		
	小计	男	女	小计	男	女	小计	男	女
总计	**842670**	**476413**	**366257**	**233577**	**147548**	**86029**	**90912**	**52084**	**38828**
在校	65815	35517	30298	29047	15666	13381	13281	6914	6367
毕业	735877	417449	318428	196665	126778	69887	76081	44226	31855
肄业	7068	4023	3045	1442	936	506	236	157	79
辍学	10543	6048	4495	1747	1124	623	132	82	50
其他	23367	13376	9991	4676	3044	1632	1182	705	477

3-1c 续表 2

单位：人

学业完成情况	大学本科			硕士研究生			博士研究生		
	小计	男	女	小计	男	女	小计	男	女
总计	**39422**	**20488**	**18934**	**2168**	**1187**	**981**	**248**	**161**	**87**
在校	9102	4417	4685	751	404	347	111	68	43
毕业	29878	15824	14054	1397	772	625	128	86	42
肄业	71	42	29	2	1	1	1	1	
辍学	22	15	7						
其他	349	190	159	18	10	8	8	6	2

3-2 全省分年龄、性别、学业完成情况的3岁及以上各种受教育程度人口

单位：人

年龄	合计								
	合计			在校			毕业		
	合计	男	女	小计	男	女	小计	男	女
总计	**7491396**	**3867802**	**3623594**	**1212051**	**645930**	**566121**	**5987855**	**3087428**	**2900427**
3									
4									
5-9岁	**342953**	**183864**	**159089**	**332709**	**178337**	**154372**	**8899**	**4820**	**4079**
5	8619	4592	4027	8285	4412	3873	261	147	114
6	66062	35139	30923	64143	34132	30011	1618	840	778
7	85808	45905	39903	83309	44548	38761	2177	1169	1008
8	94977	51125	43852	92127	49602	42525	2514	1360	1154
9	87487	47103	40384	84845	45643	39202	2329	1304	1025
10-14岁	**407233**	**220614**	**186619**	**390985**	**211581**	**179404**	**14333**	**7995**	**6338**
10	83952	45515	38437	81310	44068	37242	2284	1260	1024
11	84841	45905	38936	81952	44277	37675	2545	1433	1112
12	82582	44639	37943	79299	42851	36448	2961	1636	1325
13	80521	43643	36878	76917	41610	35307	3198	1808	1390
14	75337	40912	34425	71507	38775	32732	3345	1858	1487
15-19岁	**366285**	**198097**	**168188**	**327325**	**173842**	**153483**	**35940**	**22417**	**13523**
15	76453	41573	34880	74378	40343	34035	1645	979	666
16	80607	43961	36646	76464	41383	35081	3560	2221	1339
17	70191	38362	31829	63199	33867	29332	6402	4130	2272
18	63078	34244	28834	52601	27728	24873	9816	6111	3705
19	75956	39957	35999	60683	30521	30162	14517	8976	5541
20-24岁	**385600**	**205596**	**180004**	**144080**	**73040**	**71040**	**235173**	**128886**	**106287**
20	80674	42691	37983	57828	28986	28842	21944	13150	8794
21	73424	38814	34610	41543	20736	20807	30878	17481	13397
22	73490	39626	33864	23189	12087	11102	49018	26782	22236
23	76237	40741	35496	13187	6910	6277	61523	32996	28527
24	81775	43724	38051	8333	4321	4012	71810	38477	33333
25-29岁	**539271**	**282239**	**257032**	**11988**	**6450**	**5538**	**515868**	**269476**	**246392**
25	94259	49813	44446	5149	2707	2442	87221	46034	41187
26	95474	50416	45058	2820	1500	1320	90658	47765	42893
27	104885	54695	50190	1757	961	796	100976	52554	48422
28	114873	59904	54969	1254	728	526	111098	57780	53318
29	129780	67411	62369	1008	554	454	125915	65343	60572
30-34岁	**783881**	**400749**	**383132**	**2486**	**1300**	**1186**	**763319**	**389860**	**373459**
30	173121	89979	83142	849	455	394	168061	87184	80877
31	168640	86292	82348	585	306	279	164146	83960	80186
32	149743	76017	73726	451	214	237	145864	73995	71869
33	160151	81360	78791	349	183	166	156271	79328	76943
34	132226	67101	65125	252	142	110	128977	65393	63584
35-39岁	**567625**	**288509**	**279116**	**894**	**467**	**427**	**552863**	**280829**	**272034**
35	108649	55457	53192	202	108	94	105847	54008	51839
36	106887	54176	52711	193	94	99	104027	52640	51387
37	107450	54789	52661	185	95	90	104631	53355	51276
38	129546	66003	63543	164	92	72	126258	64259	61999
39	115093	58084	57009	150	78	72	112100	56567	55533
40-44岁	**537977**	**272614**	**265363**	**465**	**249**	**216**	**522469**	**264968**	**257501**
40	97683	49570	48113	107	59	48	95088	48278	46810
41	114399	57964	56435	115	54	61	111302	56427	54875
42	109404	55568	53836	96	60	36	106233	53954	52279
43	105105	53083	52022	76	39	37	101945	51537	50408
44	111386	56429	54957	71	37	34	107901	54772	53129
45-49岁	**618100**	**312742**	**305358**	**314**	**176**	**138**	**595910**	**302172**	**293738**
45	108978	55531	53447	63	32	31	105425	53807	51618
46	114261	57728	56533	70	38	32	110417	55855	54562
47	118286	59998	58288	61	38	23	114040	57988	56052
48	129175	65102	64073	64	34	30	124309	62803	61506
49	147400	74383	73017	56	34	22	141719	71719	70000
50岁及以上	**2942471**	**1502778**	**1439693**	**805**	**488**	**317**	**2743081**	**1416005**	**1327076**

3-2 续表 1

单位：人

年 龄	合计								
	肄 业			辍 学			其 他		
	小计	男	女	小计	男	女	小计	男	女
总 计	**60289**	**26329**	**33960**	**85438**	**36974**	**48464**	**145763**	**71141**	**74622**
3									
4									
5-9岁	**92**	**53**	**39**	**53**	**32**	**21**	**1200**	**622**	**578**
5	4	2	2	2		2	67	31	36
6	13	5	8	6	4	2	282	158	124
7	19	15	4	12	8	4	291	165	126
8	35	22	13	14	8	6	287	133	154
9	21	9	12	19	12	7	273	135	138
10-14岁	**158**	**85**	**73**	**320**	**177**	**143**	**1437**	**776**	**661**
10	28	13	15	23	9	14	307	165	142
11	26	16	10	21	13	8	297	166	131
12	21	9	12	39	15	24	262	128	134
13	39	21	18	85	56	29	282	148	134
14	44	26	18	152	84	68	289	169	120
15-19岁	**466**	**313**	**153**	**1151**	**713**	**438**	**1403**	**812**	**591**
15	52	32	20	196	117	79	182	102	80
16	88	58	30	266	163	103	229	136	93
17	85	54	31	235	151	84	270	160	110
18	117	84	33	233	145	88	311	176	135
19	124	85	39	221	137	84	411	238	173
20-24岁	**954**	**610**	**344**	**1385**	**891**	**494**	**4008**	**2169**	**1839**
20	160	107	53	245	159	86	497	289	208
21	155	104	51	232	164	68	616	329	287
22	200	128	72	284	183	101	799	446	353
23	203	110	93	318	199	119	1006	526	480
24	236	161	75	306	186	120	1090	579	511
25-29岁	**1661**	**1040**	**621**	**2151**	**1293**	**858**	**7603**	**3980**	**3623**
25	253	165	88	382	238	144	1254	669	585
26	313	201	112	360	226	134	1323	724	599
27	315	193	122	399	234	165	1438	753	685
28	370	230	140	469	279	190	1682	887	795
29	410	251	159	541	316	225	1906	947	959
30-34岁	**2530**	**1486**	**1044**	**3447**	**1969**	**1478**	**12099**	**6134**	**5965**
30	555	353	202	829	495	334	2827	1492	1335
31	529	311	218	724	429	295	2656	1286	1370
32	482	280	202	659	358	301	2287	1170	1117
33	503	278	225	651	368	283	2377	1203	1174
34	461	264	197	584	319	265	1952	983	969
35-39岁	**2008**	**1106**	**902**	**2856**	**1585**	**1271**	**9004**	**4522**	**4482**
35	403	215	188	515	301	214	1682	825	857
36	387	228	159	556	313	243	1724	901	823
37	364	199	165	544	295	249	1726	845	881
38	445	250	195	649	359	290	2030	1043	987
39	409	214	195	592	317	275	1842	908	934
40-44岁	**2277**	**1119**	**1158**	**3459**	**1702**	**1757**	**9307**	**4576**	**4731**
40	360	170	190	567	295	272	1561	768	793
41	457	237	220	651	320	331	1874	926	948
42	462	232	230	693	331	362	1920	991	929
43	461	230	231	774	374	400	1849	903	946
44	537	250	287	774	382	392	2103	988	1115
45-49岁	**3739**	**1767**	**1972**	**6101**	**2770**	**3331**	**12036**	**5857**	**6179**
45	553	267	286	989	448	541	1948	977	971
46	651	309	342	985	467	518	2138	1059	1079
47	725	353	372	1164	518	646	2296	1101	1195
48	852	384	468	1379	646	733	2571	1235	1336
49	958	454	504	1584	691	893	3083	1485	1598
50岁及以上	**46404**	**18750**	**27654**	**64515**	**25842**	**38673**	**87666**	**41693**	**45973**

3-2　续表 2　　　　单位：人

年　龄	小　学								
	合　计			在　校			毕　业		
	合计	男	女	小计	男	女	小计	男	女
总　计	**1836434**	**820243**	**1016191**	**525154**	**282469**	**242685**	**1160490**	**481737**	**678753**
3									
4									
5-9岁	**338532**	**181382**	**157150**	**328740**	**176104**	**152636**	**8508**	**4608**	**3900**
5	8619	4592	4027	8285	4412	3873	261	147	114
6	65320	34708	30612	63480	33747	29733	1552	803	749
7	84863	45359	39504	82474	44063	38411	2085	1120	965
8	93731	50427	43304	91008	48975	42033	2403	1296	1107
9	85999	46296	39703	83493	44907	38586	2207	1242	965
10-14岁	**202843**	**109936**	**92907**	**195735**	**106029**	**89706**	**6161**	**3393**	**2768**
10	81726	44283	37443	79266	42944	36322	2128	1165	963
11	78500	42467	36033	76007	41061	34946	2201	1240	961
12	30604	16763	13841	29367	16089	13278	1092	604	488
13	8650	4662	3988	8089	4370	3719	460	235	225
14	3363	1761	1602	3006	1565	1441	280	149	131
15-19岁	**1986**	**1162**	**824**	**330**	**182**	**148**	**1335**	**797**	**538**
15	336	183	153	128	72	56	132	71	61
16	325	201	124	70	37	33	183	119	64
17	365	217	148	54	29	25	255	156	99
18	460	286	174	46	26	20	354	223	131
19	500	275	225	32	18	14	411	228	183
20-24岁	**3791**	**2170**	**1621**	**72**	**34**	**38**	**3296**	**1901**	**1395**
20	548	319	229	30	16	14	463	275	188
21	557	334	223	12	3	9	469	285	184
22	757	450	307	14	5	9	641	387	254
23	886	504	382	8	7	1	780	447	333
24	1043	563	480	8	3	5	943	507	436
25-29岁	**8549**	**4257**	**4292**	**21**	**15**	**6**	**7750**	**3841**	**3909**
25	1201	624	577	4	3	1	1066	550	516
26	1303	676	627	3	2	1	1183	612	571
27	1688	848	840	5	3	2	1536	762	774
28	1981	994	987	5	3	2	1798	902	896
29	2376	1115	1261	4	4		2167	1015	1152
30-34岁	**19402**	**8626**	**10776**	**19**	**9**	**10**	**17833**	**7877**	**9956**
30	3475	1658	1817	10	4	6	3167	1504	1663
31	3836	1790	2046	4	3	1	3525	1634	1891
32	3781	1674	2107	2		2	3481	1539	1942
33	4351	1868	2483	2	2		4011	1701	2310
34	3959	1636	2323	1		1	3649	1499	2150
35-39岁	**20700**	**8320**	**12380**	**6**	**3**	**3**	**18986**	**7567**	**11419**
35	3746	1561	2185	1		1	3448	1436	2012
36	3783	1567	2216	3	2	1	3492	1416	2076
37	3863	1564	2299	1	1		3541	1434	2107
38	4612	1819	2793	1		1	4201	1631	2570
39	4696	1809	2887				4304	1650	2654
40-44岁	**37173**	**14194**	**22979**	**5**	**1**	**4**	**34177**	**13069**	**21108**
40	4847	1854	2993	2	1	1	4452	1720	2732
41	6851	2619	4232	2		2	6297	2407	3890
42	7378	2781	4597				6794	2554	4240
43	8347	3272	5075				7639	2982	4657
44	9750	3668	6082	1		1	8995	3406	5589
45-49岁	**80118**	**28900**	**51218**	**18**	**6**	**12**	**73459**	**26564**	**46895**
45	11070	4157	6913	2	1	1	10163	3814	6349
46	13081	4768	8313	6	2	4	11997	4363	7634
47	15012	5475	9537	3	1	2	13779	5039	8740
48	18249	6446	11803	4	1	3	16685	5931	10754
49	22706	8054	14652	3	1	2	20835	7417	13418
50岁及以上	**1123340**	**461296**	**662044**	**208**	**86**	**122**	**988985**	**412120**	**576865**

3-2 续表 3

单位：人

年 龄	小学								
	肄业			辍学			其他		
	小计	男	女	小计	男	女	小计	男	女
总 计	**36959**	**13006**	**23953**	**55476**	**19751**	**35725**	**58355**	**23280**	**35075**
3									
4									
5-9岁	**89**	**52**	**37**	**52**	**31**	**21**	**1143**	**587**	**556**
5	4	2	2	2		2	67	31	36
6	11	5	6	6	4	2	271	149	122
7	18	14	4	11	7	4	275	155	120
8	35	22	13	14	8	6	271	126	145
9	21	9	12	19	12	7	259	126	133
10-14岁	**80**	**45**	**35**	**130**	**65**	**65**	**737**	**404**	**333**
10	27	12	15	23	9	14	282	153	129
11	24	16	8	19	11	8	249	139	110
12	12	6	6	29	10	19	104	54	50
13	8	4	4	24	15	9	69	38	31
14	9	7	2	35	20	15	33	20	13
15-19岁	**37**	**24**	**13**	**163**	**100**	**63**	**121**	**59**	**62**
15	8	3	5	40	22	18	28	15	13
16	11	9	2	38	26	12	23	10	13
17	6	4	2	25	17	8	25	11	14
18	10	8	2	33	21	12	17	8	9
19	2		2	27	14	13	28	15	13
20-24岁	**57**	**33**	**24**	**166**	**98**	**68**	**200**	**104**	**96**
20	7	2	5	21	11	10	27	15	12
21	15	8	7	27	20	7	34	18	16
22	13	9	4	48	28	20	41	21	20
23	17	9	8	38	23	15	43	18	25
24	5	5		32	16	16	55	32	23
25-29岁	**118**	**71**	**47**	**260**	**135**	**125**	**400**	**195**	**205**
25	14	9	5	54	28	26	63	34	29
26	28	16	12	34	18	16	55	28	27
27	19	16	3	51	27	24	77	40	37
28	31	15	16	55	34	21	92	40	52
29	26	15	11	66	28	38	113	53	60
30-34岁	**255**	**145**	**110**	**567**	**256**	**311**	**728**	**339**	**389**
30	51	27	24	103	46	57	144	77	67
31	49	32	17	110	59	51	148	62	86
32	46	25	21	111	44	67	141	66	75
33	56	32	24	127	63	64	155	70	85
34	53	29	24	116	44	72	140	64	76
35-39岁	**303**	**125**	**178**	**657**	**287**	**370**	**748**	**338**	**410**
35	50	15	35	108	52	56	139	58	81
36	52	26	26	113	53	60	123	70	53
37	58	25	33	123	53	70	140	51	89
38	68	29	39	171	73	98	171	86	85
39	75	30	45	142	56	86	175	73	102
40-44岁	**545**	**197**	**348**	**1136**	**437**	**699**	**1310**	**490**	**820**
40	69	15	54	162	63	99	162	55	107
41	101	40	61	206	82	124	245	90	155
42	109	45	64	231	83	148	244	99	145
43	116	49	67	288	118	170	304	123	181
44	150	48	102	249	91	158	355	123	232
45-49岁	**1260**	**448**	**812**	**2708**	**955**	**1753**	**2673**	**927**	**1746**
45	153	59	94	408	147	261	344	136	208
46	221	90	131	437	158	279	420	155	265
47	228	85	143	486	171	315	516	179	337
48	307	93	214	637	228	409	616	193	423
49	351	121	230	740	251	489	777	264	513
50岁及以上	**34215**	**11866**	**22349**	**49637**	**17387**	**32250**	**50295**	**19837**	**30458**

3-2 续表 4

单位：人

年 龄	初中								
	合计			在校			毕业		
	合计	男	女	小计	男	女	小计	男	女
总 计	**2713634**	**1446180**	**1267454**	**241414**	**131012**	**110402**	**2375065**	**1262040**	**1113025**
3									
4									
5-9岁	**4413**	**2476**	**1937**	**3967**	**2231**	**1736**	**385**	**208**	**177**
5									
6	742	431	311	663	385	278	66	37	29
7	945	546	399	835	485	350	92	49	43
8	1242	695	547	1118	626	492	108	62	46
9	1484	804	680	1351	735	616	119	60	59
10-14岁	**199299**	**107935**	**91364**	**190474**	**102965**	**87509**	**7885**	**4455**	**3430**
10	2220	1231	989	2041	1123	918	153	95	58
11	6337	3435	2902	5942	3214	2728	343	192	151
12	51966	27869	24097	49926	26757	23169	1863	1030	833
13	70748	38369	32379	67794	36676	31118	2655	1528	1127
14	68028	37031	30997	64771	35195	29576	2871	1610	1261
15-19岁	**65565**	**37561**	**28004**	**46330**	**25501**	**20829**	**17853**	**11216**	**6637**
15	30023	16649	13374	28563	15779	12784	1178	705	473
16	12906	7279	5627	10315	5680	4635	2294	1414	880
17	8017	4738	3279	4188	2270	1918	3587	2327	1260
18	6975	4260	2715	2021	1128	893	4702	2970	1732
19	7644	4635	3009	1243	644	599	6092	3800	2292
20-24岁	**60102**	**35407**	**24695**	**222**	**111**	**111**	**57471**	**33869**	**23602**
20	8205	5042	3163	87	38	49	7760	4775	2985
21	9160	5580	3580	35	23	12	8752	5332	3420
22	11901	7093	4808	40	19	21	11383	6781	4602
23	13946	8040	5906	30	16	14	13350	7702	5648
24	16890	9652	7238	30	15	15	16226	9279	6947
25-29岁	**133745**	**72332**	**61413**	**80**	**36**	**44**	**128809**	**69560**	**59249**
25	20682	11585	9097	26	12	14	19894	11134	8760
26	22261	12297	9964	19	8	11	21453	11833	9620
27	25648	13915	11733	11	6	5	24716	13399	11317
28	29701	15873	13828	14	6	8	28601	15245	13356
29	35453	18662	16791	10	4	6	34145	17949	16196
30-34岁	**238208**	**121260**	**116948**	**66**	**31**	**35**	**229644**	**116735**	**112909**
30	51239	27068	24171	24	11	13	49243	25964	23279
31	50251	25863	24388	14	6	8	48382	24885	23497
32	44416	22492	21924	8	4	4	42834	21647	21187
33	49676	24837	24839	11	5	6	48034	23994	24040
34	42626	21000	21626	9	5	4	41151	20245	20906
35-39岁	**207414**	**102454**	**104960**	**32**	**14**	**18**	**200169**	**98715**	**101454**
35	37861	18678	19183	8	2	6	36535	18011	18524
36	39625	19398	20227	7	5	2	38173	18623	19550
37	39175	19458	19717	3	2	1	37819	18767	19052
38	47319	23563	23756	4	1	3	45713	22705	23008
39	43434	21357	22077	10	4	6	41929	20609	21320
40-44岁	**243033**	**120043**	**122990**	**29**	**15**	**14**	**234977**	**116003**	**118974**
40	38778	19076	19702	9	4	5	37492	18421	19071
41	48565	23987	24578	4	4		47004	23192	23812
42	49625	24730	24895	7	4	3	47964	23876	24088
43	50296	24732	25564	5	1	4	48610	23900	24710
44	55769	27518	28251	4	2	2	53907	26614	27293
45-49岁	**334280**	**167604**	**166676**	**40**	**12**	**28**	**322547**	**161608**	**160939**
45	56312	27990	28322	6	1	5	54415	27035	27380
46	60862	30205	30657	9	2	7	58832	29172	29660
47	64217	32245	31972	7	3	4	61910	31078	30832
48	70801	35582	35219	10	2	8	68260	34252	34008
49	82088	41582	40506	8	4	4	79130	40071	39059
50岁及以上	**1227575**	**679108**	**548467**	**174**	**96**	**78**	**1175325**	**649671**	**525654**

3-2 续表 5 单位：人

年龄	初中								
	肄业			辍学			其他		
	小计	男	女	小计	男	女	小计	男	女
总计	**16768**	**9318**	**7450**	**24416**	**13720**	**10696**	**55971**	**30090**	**25881**
3									
4									
5-9岁	**3**	**1**	**2**	**1**	**1**		**57**	**35**	**22**
5									
6	2		2				11	9	2
7	1	1		1	1		16	10	6
8							16	7	9
9							14	9	5
10-14岁	**77**	**39**	**38**	**184**	**111**	**73**	**679**	**365**	**314**
10	1	1					25	12	13
11	2		2	2	2		48	27	21
12	9	3	6	10	5	5	158	74	84
13	30	16	14	61	41	20	208	108	100
14	35	19	16	111	63	48	240	144	96
15-19岁	**231**	**160**	**71**	**623**	**404**	**219**	**528**	**280**	**248**
15	37	23	14	139	87	52	106	55	51
16	49	33	16	157	104	53	91	48	43
17	39	26	13	115	74	41	88	41	47
18	54	39	15	105	71	34	93	52	41
19	52	39	13	107	68	39	150	84	66
20-24岁	**347**	**229**	**118**	**704**	**442**	**262**	**1358**	**756**	**602**
20	68	45	23	141	95	46	149	89	60
21	50	38	12	112	75	37	211	112	99
22	74	49	25	133	82	51	271	162	109
23	63	38	25	165	100	65	338	184	154
24	92	59	33	153	90	63	389	209	180
25-29岁	**672**	**423**	**249**	**1246**	**739**	**507**	**2938**	**1574**	**1364**
25	97	68	29	218	136	82	447	235	212
26	112	67	45	194	124	70	483	265	218
27	132	75	57	245	137	108	544	298	246
28	152	102	50	268	158	110	666	362	304
29	179	111	68	321	184	137	798	414	384
30-34岁	**1145**	**664**	**481**	**2046**	**1194**	**852**	**5307**	**2636**	**2671**
30	239	157	82	514	314	200	1219	622	597
31	242	142	100	435	265	170	1178	565	613
32	209	122	87	373	210	163	992	509	483
33	229	122	107	391	217	174	1011	499	512
34	226	121	105	333	188	145	907	441	466
35-39岁	**1028**	**585**	**443**	**1666**	**963**	**703**	**4519**	**2177**	**2342**
35	203	110	93	290	173	117	825	382	443
36	211	132	79	335	193	142	899	445	454
37	183	102	81	328	183	145	842	404	438
38	228	138	90	376	225	151	998	494	504
39	203	103	100	337	189	148	955	452	503
40-44岁	**1179**	**608**	**571**	**1877**	**990**	**887**	**4971**	**2427**	**2544**
40	182	97	85	316	178	138	779	376	403
41	225	120	105	366	194	172	966	477	489
42	242	120	122	372	192	180	1040	538	502
43	251	130	121	404	203	201	1026	498	528
44	279	141	138	419	223	196	1160	538	622
45-49岁	**1967**	**1016**	**951**	**2915**	**1530**	**1385**	**6811**	**3438**	**3373**
45	312	160	152	471	234	237	1108	560	548
46	343	166	177	452	248	204	1226	617	609
47	391	214	177	605	314	291	1304	636	668
48	422	219	203	649	357	292	1460	752	708
49	499	257	242	738	377	361	1713	873	840
50岁及以上	**10119**	**5593**	**4526**	**13154**	**7346**	**5808**	**28803**	**16402**	**12401**

3-2 续表 6

单位：人

年龄	高中								
	合计			在校			毕业		
	合计	男	女	小计	男	女	小计	男	女
总计	**1326436**	**745740**	**580696**	**188842**	**102797**	**86045**	**1109275**	**626107**	**483168**
3									
4									
5-9岁	**8**	**6**	**2**	**2**	**2**		**6**	**4**	**2**
5									
6									
7									
8	4	3	1	1	1		3	2	1
9	4	3	1	1	1		3	2	1
10-14岁	**5074**	**2736**	**2338**	**4764**	**2581**	**2183**	**282**	**146**	**136**
10	4	1	3	2	1	1	2		2
11	3	2	1	2	1	1	1	1	
12	9	6	3	6	5	1	3	1	2
13	1122	612	510	1034	564	470	82	45	37
14	3936	2115	1821	3720	2010	1710	194	99	95
15-19岁	**189877**	**104603**	**85274**	**176908**	**96282**	**80626**	**12026**	**7752**	**4274**
15	43035	23148	19887	42686	22935	19751	281	168	113
16	60812	33164	27648	59673	32447	27226	955	615	340
17	51596	28216	23380	49197	26655	22542	2159	1409	750
18	22532	12988	9544	18757	10602	8155	3537	2249	1288
19	11902	7087	4815	6595	3643	2952	5094	3311	1783
20-24岁	**58583**	**35453**	**23130**	**6891**	**3778**	**3113**	**50022**	**30627**	**19395**
20	10010	6096	3914	3237	1757	1480	6516	4169	2347
21	9841	6016	3825	1701	898	803	7853	4937	2916
22	11441	6927	4514	974	546	428	10154	6184	3970
23	12890	7780	5110	608	353	255	11901	7186	4715
24	14401	8634	5767	371	224	147	13598	8151	5447
25-29岁	**109336**	**61897**	**47439**	**97**	**62**	**35**	**106431**	**60204**	**46227**
25	17486	10242	7244	32	21	11	16990	9926	7064
26	18174	10543	7631	20	15	5	17644	10204	7440
27	21170	11917	9253	23	14	9	20637	11623	9014
28	24108	13545	10563	12	6	6	23482	13202	10280
29	28398	15650	12748	10	6	4	27678	15249	12429
30-34岁	**177082**	**95500**	**81582**	**43**	**21**	**22**	**172678**	**93024**	**79654**
30	39136	21498	17638	13	6	7	38056	20857	17199
31	38368	20730	17638	13	9	4	37413	20202	17211
32	34211	18250	15961	9	1	8	33343	17790	15553
33	36228	19404	16824	2	1	1	35387	18939	16448
34	29139	15618	13521	6	4	2	28479	15236	13243
35-39岁	**126843**	**66721**	**60122**	**27**	**14**	**13**	**123946**	**65100**	**58846**
35	23674	12605	11069	9	6	3	23090	12260	10830
36	22598	11815	10783	5	2	3	22064	11530	10534
37	23252	12286	10966	5	3	2	22694	11987	10707
38	29436	15499	13937	4	2	2	28783	15127	13656
39	27883	14516	13367	4	1	3	27315	14196	13119
40-44岁	**125678**	**66733**	**58945**	**27**	**13**	**14**	**122996**	**65233**	**57763**
40	24010	12651	11359	5	3	2	23481	12362	11119
41	28263	14937	13326	7	4	3	27690	14618	13072
42	25759	13684	12075	4	3	1	25210	13375	11835
43	23735	12651	11084	5	2	3	23260	12383	10877
44	23911	12810	11101	6	1	5	23355	12495	10860
45-49岁	**116761**	**65201**	**51560**	**17**	**10**	**7**	**114070**	**63634**	**50436**
45	22291	12261	10030	5	3	2	21760	11956	9804
46	22275	12294	9981	5	3	2	21774	12001	9773
47	22170	12341	9829	2	1	1	21684	12073	9611
48	23804	13370	10434	3	2	1	23263	13050	10213
49	26221	14935	11286	2	1	1	25589	14554	11035
50岁及以上	**417194**	**246890**	**170304**	**66**	**34**	**32**	**406818**	**240383**	**166435**

3-2 续表 7 单位：人

年龄	高中								
	肄业			辍学			其他		
	小计	男	女	小计	男	女	小计	男	女
总 计	**4659**	**2880**	**1779**	**5028**	**3171**	**1857**	**18632**	**10785**	**7847**
3									
4									
5-9岁									
5									
6									
7									
8									
9									
10-14岁	**1**	**1**		**6**	**1**	**5**	**21**	**7**	**14**
10									
11									
12									
13	1	1					5	2	3
14				6	1	5	16	5	11
15-19岁	**150**	**100**	**50**	**322**	**180**	**142**	**471**	**289**	**182**
15	7	6	1	17	8	9	44	31	13
16	25	13	12	71	33	38	88	56	32
17	35	23	12	86	53	33	119	76	43
18	40	28	12	79	43	36	119	66	53
19	43	30	13	69	43	26	101	60	41
20-24岁	**297**	**207**	**90**	**405**	**280**	**125**	**968**	**561**	**407**
20	53	42	11	70	46	24	134	82	52
21	54	36	18	74	55	19	159	90	69
22	55	40	15	76	54	22	182	103	79
23	59	33	26	88	62	26	234	146	88
24	76	56	20	97	63	34	259	140	119
25-29岁	**449**	**298**	**151**	**562**	**361**	**201**	**1797**	**972**	**825**
25	77	53	24	99	65	34	288	177	111
26	81	61	20	114	74	40	315	189	126
27	75	47	28	94	61	33	341	172	169
28	95	60	35	117	68	49	402	209	193
29	121	77	44	138	93	45	451	225	226
30-34岁	**674**	**415**	**259**	**734**	**456**	**278**	**2953**	**1584**	**1369**
30	157	97	60	185	118	67	725	420	305
31	148	92	56	156	92	64	638	335	303
32	136	83	53	155	91	64	568	285	283
33	132	77	55	117	76	41	590	311	279
34	101	66	35	121	79	42	432	233	199
35-39岁	**419**	**250**	**169**	**472**	**297**	**175**	**1979**	**1060**	**919**
35	93	62	31	110	73	37	372	204	168
36	72	41	31	90	55	35	367	187	180
37	75	46	29	84	51	33	394	199	195
38	92	50	42	91	57	34	466	263	203
39	87	51	36	97	61	36	380	207	173
40-44岁	**407**	**230**	**177**	**416**	**255**	**161**	**1832**	**1002**	**830**
40	78	38	40	80	49	31	366	199	167
41	99	57	42	75	41	34	392	217	175
42	74	46	28	80	50	30	391	210	181
43	71	42	29	78	49	29	321	175	146
44	85	47	38	103	66	37	362	201	161
45-49岁	**432**	**250**	**182**	**452**	**269**	**183**	**1790**	**1038**	**752**
45	77	43	34	105	63	42	344	196	148
46	70	43	27	93	59	34	333	188	145
47	90	45	45	67	30	37	327	192	135
48	106	58	48	90	59	31	342	201	141
49	89	61	28	97	58	39	444	261	183
50岁及以上	**1830**	**1129**	**701**	**1659**	**1072**	**587**	**6821**	**4272**	**2549**

3-2 续表 8

单位：人

年 龄	大学专科								
	合 计			在 校			毕 业		
	合计	男	女	小计	男	女	小计	男	女
总 计	**823067**	**444977**	**378090**	**101947**	**54077**	**47870**	**711616**	**385562**	**326054**
3									
4									
5-9岁									
5									
6									
7									
8									
9									
10-14岁	**13**	**7**	**6**	**11**	**6**	**5**	**2**	**1**	**1**
10									
11	1	1		1	1				
12	2	1	1				2	1	1
13									
14	10	5	5	10	5	5			
15-19岁	**63379**	**33380**	**29999**	**58975**	**30855**	**28120**	**4095**	**2324**	**1771**
15	2913	1522	1391	2863	1493	1370	46	28	18
16	6278	3181	3097	6135	3090	3045	113	66	47
17	8419	4412	4007	8007	4159	3848	363	216	147
18	18352	9799	8553	17206	9162	8044	1065	586	479
19	27417	14466	12951	24764	12951	11813	2508	1428	1080
20-24岁	**113816**	**61050**	**52766**	**39619**	**21401**	**18218**	**73019**	**39010**	**34009**
20	27455	14789	12666	21088	11272	9816	6188	3418	2770
21	21015	11187	9828	10201	5528	4673	10618	5548	5070
22	20998	11290	9708	4894	2691	2203	15848	8456	7392
23	21607	11499	10108	2277	1272	1005	19058	10092	8966
24	22741	12285	10456	1159	638	521	21307	11496	9811
25-29岁	**141115**	**74393**	**66722**	**1935**	**1036**	**899**	**137414**	**72414**	**65000**
25	26169	13939	12230	760	404	356	25094	13362	11732
26	25820	13816	12004	440	236	204	25023	13386	11637
27	27454	14509	12945	299	154	145	26823	14170	12653
28	29226	15214	14012	222	119	103	28617	14879	13738
29	32446	16915	15531	214	123	91	31857	16617	15240
30-34岁	**181620**	**92708**	**88912**	**612**	**305**	**307**	**178689**	**91187**	**87502**
30	41674	21450	20224	177	90	87	40957	21064	19893
31	40015	20269	19746	157	70	87	39352	19943	19409
32	35089	17786	17303	101	51	50	34528	17492	17036
33	36249	18486	17763	115	56	59	35680	18191	17489
34	28593	14717	13876	62	38	24	28172	14497	13675
35-39岁	**102498**	**52724**	**49774**	**311**	**158**	**153**	**101012**	**51921**	**49091**
35	21290	11062	10228	59	32	27	21002	10905	10097
36	19376	10037	9339	62	29	33	19069	9859	9210
37	19484	9932	9552	67	32	35	19195	9779	9416
38	23171	11861	11310	68	36	32	22845	11700	11145
39	19177	9832	9345	55	29	26	18901	9678	9223
40-44岁	**68813**	**36516**	**32297**	**161**	**87**	**74**	**67814**	**35960**	**31854**
40	15160	7854	7306	30	20	10	14949	7737	7212
41	15901	8291	7610	38	18	20	15678	8168	7510
42	14103	7445	6658	36	19	17	13880	7317	6563
43	11959	6437	5522	29	15	14	11792	6349	5443
44	11690	6489	5201	28	15	13	11515	6389	5126
45-49岁	**46917**	**26871**	**20046**	**116**	**78**	**38**	**46265**	**26470**	**19795**
45	10443	5903	4540	28	18	10	10309	5824	4485
46	9602	5422	4180	22	14	8	9477	5348	4129
47	9023	5178	3845	21	15	6	8893	5093	3800
48	8911	5171	3740	27	18	9	8771	5083	3688
49	8938	5197	3741	18	13	5	8815	5122	3693
50岁及以上	**104896**	**67328**	**37568**	**207**	**151**	**56**	**103306**	**66275**	**37031**

3-2 续表 9

单位：人

年龄	大学专科								
	肄业			辍学			其他		
	小计	男	女	小计	男	女	小计	男	女
总计	**1208**	**719**	**489**	**424**	**271**	**153**	**7872**	**4348**	**3524**
3									
4									
5-9岁									
5									
6									
7									
8									
9									
10-14岁									
10									
11									
12									
13									
14									
15-19岁	**41**	**25**	**16**	**41**	**29**	**12**	**227**	**147**	**80**
15							4	1	3
16	3	3					27	22	5
17	5	1	4	9	7	2	35	29	6
18	10	7	3	15	10	5	56	34	22
19	23	14	9	17	12	5	105	61	44
20-24岁	**157**	**88**	**69**	**88**	**56**	**32**	**933**	**495**	**438**
20	28	16	12	10	4	6	141	79	62
21	26	15	11	15	10	5	155	86	69
22	36	16	20	21	14	7	199	113	86
23	32	18	14	22	13	9	218	104	114
24	35	23	12	20	15	5	220	113	107
25-29岁	**250**	**149**	**101**	**66**	**48**	**18**	**1450**	**746**	**704**
25	43	24	19	4	4		268	145	123
26	60	36	24	16	10	6	281	148	133
27	51	31	20	9	9		272	145	127
28	57	36	21	25	17	8	305	163	142
29	39	22	17	12	8	4	324	145	179
30-34岁	**290**	**162**	**128**	**83**	**52**	**31**	**1946**	**1002**	**944**
30	66	45	21	23	14	9	451	237	214
31	59	32	27	18	11	7	429	213	216
32	65	32	33	18	11	7	377	200	177
33	54	29	25	14	10	4	386	200	186
34	46	24	22	10	6	4	303	152	151
35-39岁	**163**	**100**	**63**	**45**	**28**	**17**	**967**	**517**	**450**
35	37	23	14	4	1	3	188	101	87
36	36	20	16	14	9	5	195	120	75
37	24	14	10	6	6		192	101	91
38	37	22	15	9	4	5	212	99	113
39	29	21	8	12	8	4	180	96	84
40-44岁	**88**	**50**	**38**	**24**	**16**	**8**	**726**	**403**	**323**
40	19	12	7	6	3	3	156	82	74
41	18	11	7	4	3	1	163	91	72
42	22	13	9	7	4	3	158	92	66
43	16	6	10	4	4		118	63	55
44	13	8	5	3	2	1	131	75	56
45-49岁	**50**	**32**	**18**	**23**	**14**	**9**	**463**	**277**	**186**
45	8	4	4	5	4	1	93	53	40
46	7	4	3	3	2	1	93	54	39
47	11	5	6	5	2	3	93	63	30
48	11	9	2	3	2	1	99	59	40
49	13	10	3	7	4	3	85	48	37
50岁及以上	**169**	**113**	**56**	**54**	**28**	**26**	**1160**	**761**	**399**

3-2 续表 10

单位：人

年 龄	大学本科								
	合 计			在 校			毕 业		
	合计	男	女	小计	男	女	小计	男	女
总 计	**704353**	**363252**	**341101**	**134141**	**65051**	**69090**	**565037**	**295390**	**269647**
3									
4									
5-9岁									
5									
6									
7									
8									
9									
10-14岁	**3**		**3**	**1**		**1**	**2**		**2**
10	2		2	1		1	1		1
11									
12									
13	1		1				1		1
14									
15-19岁	**45411**	**21350**	**24061**	**44726**	**20989**	**23737**	**620**	**320**	**300**
15	146	71	75	138	64	74	8	7	1
16	286	136	150	271	129	142	15	7	8
17	1788	776	1012	1748	751	997	37	22	15
18	14741	6902	7839	14556	6803	7753	155	81	74
19	28450	13465	14985	28013	13242	14771	405	203	202
20-24岁	**135748**	**65058**	**70690**	**85059**	**41793**	**43266**	**50066**	**22964**	**27102**
20	34362	16402	17960	33305	15869	17436	1005	504	501
21	32359	15494	16865	29127	14095	15032	3162	1365	1797
22	25557	12494	13063	14521	7487	7034	10908	4944	5964
23	22005	10621	11384	5723	3093	2630	16089	7448	8641
24	21465	10047	11418	2383	1249	1134	18902	8703	10199
25-29岁	**126064**	**59411**	**66653**	**3066**	**1605**	**1461**	**121904**	**57263**	**64641**
25	23833	11049	12784	1361	714	647	22271	10251	12020
26	23816	11173	12643	737	397	340	22881	10671	12210
27	25006	11611	13395	418	219	199	24368	11284	13084
28	26073	12393	13680	300	160	140	25547	12115	13432
29	27336	13185	14151	250	115	135	26837	12942	13895
30-34岁	**147550**	**72455**	**75095**	**619**	**270**	**349**	**145705**	**71559**	**74146**
30	33127	16004	17123	201	95	106	32608	15751	16857
31	31785	15444	16341	150	70	80	31358	15253	16105
32	28369	13911	14458	114	35	79	28049	13763	14286
33	29707	14730	14977	87	37	50	29383	14569	14814
34	24562	12366	12196	67	33	34	24307	12223	12084
35-39岁	**95690**	**50306**	**45384**	**282**	**143**	**139**	**94603**	**49725**	**44878**
35	19288	10026	9262	62	27	35	19066	9921	9145
36	18661	9810	8851	61	28	33	18459	9700	8759
37	18772	9978	8794	64	35	29	18543	9850	8693
38	21797	11465	10332	45	29	16	21568	11337	10231
39	17172	9027	8145	50	24	26	16967	8917	8050
40-44岁	**55037**	**30092**	**24945**	**157**	**91**	**66**	**54398**	**29738**	**24660**
40	12852	6942	5910	37	18	19	12711	6864	5847
41	12802	6941	5861	36	17	19	12656	6871	5785
42	10877	5904	4973	34	26	8	10749	5821	4928
43	9454	5162	4292	27	17	10	9349	5104	4245
44	9052	5143	3909	23	13	10	8933	5078	3855
45-49岁	**35495**	**21106**	**14389**	**98**	**53**	**45**	**35092**	**20870**	**14222**
45	7814	4502	3312	18	7	11	7738	4464	3274
46	7468	4408	3060	20	12	8	7380	4351	3029
47	6954	4143	2811	22	13	9	6874	4096	2778
48	6565	3961	2604	17	9	8	6494	3919	2575
49	6694	4092	2602	21	12	9	6606	4040	2566
50岁及以上	**63355**	**43474**	**19881**	**133**	**107**	**26**	**62647**	**42951**	**19696**

3-2 续表 11　　单位：人

年龄	大学本科								
	肄业			辍学			其他		
	小计	男	女	小计	男	女	小计	男	女
总计	**648**	**377**	**271**	**89**	**58**	**31**	**4438**	**2376**	**2062**
3									
4									
5-9岁									
5									
6									
7									
8									
9									
10-14岁									
10									
11									
12									
13									
14									
15-19岁	**7**	**4**	**3**	**2**		**2**	**56**	**37**	**19**
15									
16									
17							3	3	
18	3	2	1	1		1	26	16	10
19	4	2	2	1		1	27	18	9
20-24岁	**93**	**52**	**41**	**21**	**15**	**6**	**509**	**234**	**275**
20	4	2	2	3	3		45	24	21
21	9	7	2	4	4		57	23	34
22	22	14	8	6	5	1	100	44	56
23	32	12	20	4	1	3	157	67	90
24	26	17	9	4	2	2	150	76	74
25-29岁	**158**	**91**	**67**	**16**	**9**	**7**	**920**	**443**	**477**
25	21	10	11	7	5	2	173	69	104
26	30	21	9	2		2	166	84	82
27	34	21	13				186	87	99
28	31	14	17	3	1	2	192	103	89
29	42	25	17	4	3	1	203	100	103
30-34岁	**152**	**91**	**61**	**17**	**11**	**6**	**1057**	**524**	**533**
30	40	26	14	4	3	1	274	129	145
31	28	12	16	5	2	3	244	107	137
32	24	17	7	2	2		180	94	86
33	27	14	13	2	2		208	108	100
34	33	22	11	4	2	2	151	86	65
35-39岁	**88**	**42**	**46**	**16**	**10**	**6**	**701**	**386**	**315**
35	18	4	14	3	2	1	139	72	67
36	16	9	7	4	3	1	121	70	51
37	21	11	10	3	2	1	141	80	61
38	18	9	9	2		2	164	90	74
39	15	9	6	4	3	1	136	74	62
40-44岁	**56**	**33**	**23**	**4**	**3**	**1**	**422**	**227**	**195**
40	12	8	4	3	2	1	89	50	39
41	14	9	5				96	44	52
42	14	8	6	1	1		79	48	31
43	6	2	4				72	39	33
44	10	6	4				86	46	40
45-49岁	**27**	**18**	**9**	**3**	**2**	**1**	**275**	**163**	**112**
45	3	1	2				55	30	25
46	9	5	4				59	40	19
47	5	4	1	1	1		52	29	23
48	4	3	1				50	30	20
49	6	5	1	2	1	1	59	34	25
50岁及以上	**67**	**46**	**21**	**10**	**8**	**2**	**498**	**362**	**136**

3-2 续表 12

单位：人

年龄	硕士研究生								
	合计			在校			毕业		
	合计	男	女	小计	男	女	小计	男	女
总计	**77232**	**40809**	**36423**	**17465**	**8587**	**8878**	**59363**	**32008**	**27355**
3									
4									
5-9岁									
5									
6									
7									
8									
9									
10-14岁	**1**		**1**				**1**		**1**
10									
11									
12	1		1				1		1
13									
14									
15-19岁	**61**	**35**	**26**	**50**	**27**	**23**	**11**	**8**	**3**
15									
16									
17	6	3	3	5	3	2	1		1
18	18	9	9	15	7	8	3	2	1
19	37	23	14	30	17	13	7	6	1
20-24岁	**13074**	**6183**	**6891**	**11770**	**5670**	**6100**	**1263**	**495**	**768**
20	87	40	47	75	32	43	11	8	3
21	472	195	277	452	183	269	20	12	8
22	2774	1339	1435	2689	1309	1380	80	28	52
23	4768	2223	2545	4418	2101	2317	334	116	218
24	4973	2386	2587	4136	2045	2091	818	331	487
25-29岁	**18077**	**8500**	**9577**	**4927**	**2519**	**2408**	**13057**	**5931**	**7126**
25	4480	2122	2358	2596	1322	1274	1870	791	1079
26	3626	1629	1997	1180	585	595	2425	1035	1390
27	3405	1595	1810	582	306	276	2806	1278	1528
28	3262	1563	1699	330	189	141	2909	1362	1547
29	3304	1591	1713	239	117	122	3047	1465	1582
30-34岁	**17673**	**8698**	**8975**	**525**	**265**	**260**	**17046**	**8383**	**8663**
30	3931	1949	1982	203	102	101	3714	1840	1874
31	3881	1876	2005	102	48	54	3763	1824	1939
32	3412	1617	1795	102	52	50	3284	1551	1733
33	3497	1748	1749	67	37	30	3400	1693	1707
34	2952	1508	1444	51	26	25	2885	1475	1410
35-39岁	**12706**	**6880**	**5826**	**124**	**66**	**58**	**12510**	**6782**	**5728**
35	2470	1318	1152	33	20	13	2421	1293	1128
36	2512	1345	1167	30	16	14	2473	1324	1149
37	2559	1369	1190	24	10	14	2519	1351	1168
38	2808	1544	1264	25	12	13	2765	1522	1243
39	2357	1304	1053	12	8	4	2332	1292	1040
40-44岁	**6923**	**4195**	**2728**	**43**	**21**	**22**	**6841**	**4154**	**2687**
40	1726	999	727	11	6	5	1707	988	719
41	1688	987	701	15	6	9	1665	978	687
42	1378	844	534	6	2	4	1362	837	525
43	1096	684	412	6	4	2	1083	675	408
44	1035	681	354	5	3	2	1024	676	348
45-49岁	**3749**	**2532**	**1217**	**16**	**11**	**5**	**3714**	**2510**	**1204**
45	884	603	281	2	1	1	878	600	278
46	820	536	284	5	3	2	811	529	282
47	738	507	231	4	3	1	732	504	228
48	675	447	228	3	2	1	666	443	223
49	632	439	193	2	2		627	434	193
50岁及以上	**4968**	**3786**	**1182**	**10**	**8**	**2**	**4920**	**3745**	**1175**

3-2 续表 13

单位：人

年 龄	硕士研究生								
	肄 业			辍 学			其 他		
	小计	男	女	小计	男	女	小计	男	女
总 计	**42**	**28**	**14**	**5**	**3**	**2**	**357**	**183**	**174**
3									
4									
5-9岁									
5									
6									
7									
8									
9									
10-14岁									
10									
11									
12									
13									
14									
15-19岁									
15									
16									
17									
18									
19									
20-24岁	**2**	**1**	**1**	**1**		**1**	**38**	**17**	**21**
20							1		1
21									
22							5	2	3
23				1		1	15	6	9
24	2	1	1				17	9	8
25-29岁	**12**	**7**	**5**	**1**	**1**		**80**	**42**	**38**
25	1	1					13	8	5
26	2		2				19	9	10
27	4	3	1				13	8	5
28	2	2		1	1		20	9	11
29	3	1	2				15	8	7
30-34岁	**14**	**9**	**5**				**88**	**41**	**47**
30	2	1	1				12	6	6
31	3	1	2				13	3	10
32	2	1	1				24	13	11
33	5	4	1				25	14	11
34	2	2					14	5	9
35-39岁	**6**	**4**	**2**				**66**	**28**	**38**
35	2	1	1				14	4	10
36							9	5	4
37	2	1	1				14	7	7
38	2	2					16	8	8
39							13	4	9
40-44岁	**2**	**1**	**1**	**2**	**1**	**1**	**35**	**18**	**17**
40							8	5	3
41							8	3	5
42	1		1	2	1	1	7	4	3
43	1	1					6	4	2
44							6	2	4
45-49岁	**3**	**3**					**16**	**8**	**8**
45							4	2	2
46	1	1					3	3	
47							2		2
48	2	2					4		4
49							3	3	
50岁及以上	**3**	**3**		**1**	**1**		**34**	**29**	**5**

3-2 续表 14

单位：人

年 龄	博士研究生								
	合 计			在 校			毕 业		
	合计	男	女	小计	男	女	小计	男	女
总 计	**10240**	**6601**	**3639**	**3088**	**1937**	**1151**	**7009**	**4584**	**2425**
3									
4									
5-9岁									
5									
6									
7									
8									
9									
10-14岁									
10									
11									
12									
13									
14									
15-19岁	**6**	**6**		**6**	**6**				
15									
16									
17									
18									
19	6	6		6	6				
20-24岁	**486**	**275**	**211**	**447**	**253**	**194**	**36**	**20**	**16**
20	7	3	4	6	2	4	1	1	
21	20	8	12	15	6	9	4	2	2
22	62	33	29	57	30	27	4	2	2
23	135	74	61	123	68	55	11	5	6
24	262	157	105	246	147	99	16	10	6
25-29岁	**2385**	**1449**	**936**	**1862**	**1177**	**685**	**503**	**263**	**240**
25	408	252	156	370	231	139	36	20	16
26	474	282	192	421	257	164	49	24	25
27	514	300	214	419	259	160	90	38	52
28	522	322	200	371	245	126	144	75	69
29	467	293	174	281	185	96	184	106	78
30-34岁	**2346**	**1502**	**844**	**602**	**399**	**203**	**1724**	**1095**	**629**
30	539	352	187	221	147	74	316	204	112
31	504	320	184	145	100	45	353	219	134
32	465	287	178	115	71	44	345	213	132
33	443	287	156	65	45	20	376	241	135
34	395	256	139	56	36	20	334	218	116
35-39岁	**1774**	**1104**	**670**	**112**	**69**	**43**	**1637**	**1019**	**618**
35	320	207	113	30	21	9	285	182	103
36	332	204	128	25	12	13	297	188	109
37	345	202	143	21	12	9	320	187	133
38	403	252	151	17	12	5	383	237	146
39	374	239	135	19	12	7	352	225	127
40-44岁	**1320**	**841**	**479**	**43**	**21**	**22**	**1266**	**811**	**455**
40	310	194	116	13	7	6	296	186	110
41	329	202	127	13	5	8	312	193	119
42	284	180	104	9	6	3	274	174	100
43	218	145	73	4		4	212	144	68
44	179	120	59	4	3	1	172	114	58
45-49岁	**780**	**528**	**252**	**9**	**6**	**3**	**763**	**516**	**247**
45	164	115	49	2	1	1	162	114	48
46	153	95	58	3	2	1	146	91	55
47	172	109	63	2	2		168	105	63
48	170	125	45				170	125	45
49	121	84	37	2	1	1	117	81	36
50岁及以上	**1143**	**896**	**247**	**7**	**6**	**1**	**1080**	**860**	**220**

3-2 续表 15

单位：人

年 龄	博士研究生								
	肄 业			辍 学			其 他		
	小计	男	女	小计	男	女	小计	男	女
总 计	**5**	**1**	**4**				**138**	**79**	**59**
3									
4									
5-9岁									
5									
6									
7									
8									
9									
10-14岁									
10									
11									
12									
13									
14									
15-19岁									
15									
16									
17									
18									
19									
20-24岁	**1**		**1**				**2**	**2**	
20									
21	1		1						
22							1	1	
23							1	1	
24									
25-29岁	**2**	**1**	**1**				**18**	**8**	**10**
25							2	1	1
26							4	1	3
27							5	3	2
28	2	1	1				5	1	4
29							2	2	
30-34岁							**20**	**8**	**12**
30							2	1	1
31							6	1	5
32							5	3	2
33							2	1	1
34							5	2	3
35-39岁	**1**		**1**				**24**	**16**	**8**
35							5	4	1
36							10	4	6
37	1		1				3	3	
38							3	3	
39							3	2	1
40-44岁							**11**	**9**	**2**
40							1	1	
41							4	4	
42							1		1
43							2	1	1
44							3	3	
45-49岁							**8**	**6**	**2**
45									
46							4	2	2
47							2	2	
48									
49							2	2	
50岁及以上	**1**		**1**				**55**	**30**	**25**

3-2a　全省分年龄、性别、学业完成情况的3岁及以上各种受教育程度人口(城市)

单位：人

年龄	合计								
	合计			在校			毕业		
	合计	男	女	小计	男	女	小计	男	女
总计	**3596537**	**1836746**	**1759791**	**615031**	**325611**	**289420**	**2903067**	**1474831**	**1428236**
3									
4									
5-9岁	**160177**	**85896**	**74281**	**155407**	**83295**	**72112**	**4377**	**2383**	**1994**
5	3045	1597	1448	2914	1531	1383	105	56	49
6	33204	17594	15610	32231	17090	15141	865	446	419
7	41126	22085	19041	39962	21440	18522	1071	583	488
8	44237	23848	20389	42915	23114	19801	1232	685	547
9	38565	20772	17793	37385	20120	17265	1104	613	491
10-14岁	**172963**	**93562**	**79401**	**166336**	**89924**	**76412**	**6144**	**3375**	**2769**
10	36164	19556	16608	35053	18965	16088	1011	533	478
11	35469	19221	16248	34278	18549	15729	1101	623	478
12	35206	19093	16113	33881	18386	15495	1251	676	575
13	34549	18582	15967	33032	17738	15294	1412	782	630
14	31575	17110	14465	30092	16286	13806	1369	761	608
15-19岁	**195323**	**104556**	**90767**	**177740**	**93330**	**84410**	**16609**	**10622**	**5987**
15	34494	18553	15941	33900	18184	15716	477	307	170
16	40304	21819	18485	38631	20718	17913	1503	995	508
17	36280	19795	16485	33176	17723	15453	2916	1959	957
18	36122	19351	16771	31238	16250	14988	4639	2946	1693
19	48123	25038	23085	40795	20455	20340	7074	4415	2659
20-24岁	**234253**	**123579**	**110674**	**103444**	**52496**	**50948**	**128466**	**69719**	**58747**
20	52926	27608	25318	41564	20759	20805	11012	6638	4374
21	46915	24575	22340	30296	15212	15084	16256	9133	7123
22	43641	23442	20199	16137	8480	7657	27022	14675	12347
23	44175	23297	20878	9375	4917	4458	34250	18090	16160
24	46596	24657	21939	6072	3128	2944	39926	21183	18743
25-29岁	**296535**	**153189**	**143346**	**8631**	**4687**	**3944**	**283824**	**146213**	**137611**
25	52680	27583	25097	3725	1961	1764	48292	25233	23059
26	52880	27552	25328	2016	1086	930	50128	26031	24097
27	57820	29722	28098	1278	707	571	55749	28589	27160
28	62830	32248	30582	890	528	362	61042	31214	29828
29	70325	36084	34241	722	405	317	68613	35146	33467
30-34岁	**429421**	**215755**	**213666**	**1814**	**958**	**856**	**421470**	**211525**	**209945**
30	92050	47055	44995	615	326	289	90062	45955	44107
31	91608	46208	45400	422	226	196	89908	45335	44573
32	82889	41243	41646	344	167	177	81394	40480	40914
33	89005	44285	44720	249	131	118	87441	43442	43999
34	73869	36964	36905	184	108	76	72665	36313	36352
35-39岁	**319200**	**159728**	**159472**	**684**	**355**	**329**	**313881**	**156965**	**156916**
35	60362	30275	30087	154	87	67	59333	29721	29612
36	59317	29701	29616	151	72	79	58316	29165	29151
37	60674	30407	30267	141	69	72	59645	29877	29768
38	73915	37103	36812	124	70	54	72719	36484	36235
39	64932	32242	32690	114	57	57	63868	31718	32150
40-44岁	**289908**	**145853**	**144055**	**339**	**168**	**171**	**284664**	**143204**	**141460**
40	54772	27486	27286	81	44	37	53853	27018	26835
41	62842	31466	31376	85	36	49	61723	30903	30820
42	59193	29788	29405	68	40	28	58116	29218	28898
43	55451	27895	27556	48	21	27	54395	27361	27034
44	57650	29218	28432	57	27	30	56577	28704	27873
45-49岁	**296846**	**151472**	**145374**	**213**	**126**	**87**	**290192**	**148197**	**141995**
45	55311	28345	26966	40	21	19	54238	27824	26414
46	56497	28728	27769	49	27	22	55350	28155	27195
47	57200	29306	27894	46	30	16	55880	28667	27213
48	60871	30950	29921	43	27	16	59369	30220	29149
49	66967	34143	32824	35	21	14	65355	33331	32024
50岁及以上	**1201911**	**603156**	**598755**	**423**	**272**	**151**	**1153440**	**582628**	**570812**

3-2a 续表 1

单位：人

年龄	合计								
	肄业			辍学			其他		
	小计	男	女	小计	男	女	小计	男	女
总计	**17777**	**7926**	**9851**	**21893**	**9613**	**12280**	**38769**	**18765**	**20004**
3									
4									
5-9岁	**48**	**33**	**15**	**12**	**9**	**3**	**333**	**176**	**157**
5	3	2	1				23	8	15
6	7	3	4	3	2	1	98	53	45
7	10	8	2	2	2		81	52	29
8	18	15	3	5	3	2	67	31	36
9	10	5	5	2	2		64	32	32
10-14岁	**67**	**34**	**33**	**70**	**45**	**25**	**346**	**184**	**162**
10	16	6	10	7	4	3	77	48	29
11	12	9	3	2	2		76	38	38
12	6	4	2	9	3	6	59	24	35
13	20	9	11	22	15	7	63	38	25
14	13	6	7	30	21	9	71	36	35
15-19岁	**177**	**124**	**53**	**391**	**246**	**145**	**406**	**234**	**172**
15	16	11	5	59	31	28	42	20	22
16	32	23	9	81	52	29	57	31	26
17	30	19	11	92	56	36	66	38	28
18	48	35	13	90	56	34	107	64	43
19	51	36	15	69	51	18	134	81	53
20-24岁	**457**	**285**	**172**	**510**	**336**	**174**	**1376**	**743**	**633**
20	86	56	30	85	55	30	179	100	79
21	70	42	28	90	66	24	203	122	81
22	93	59	34	119	78	41	270	150	120
23	91	48	43	103	65	38	356	177	179
24	117	80	37	113	72	41	368	194	174
25-29岁	**757**	**483**	**274**	**735**	**451**	**284**	**2588**	**1355**	**1233**
25	114	73	41	124	86	38	425	230	195
26	150	99	51	133	80	53	453	256	197
27	142	81	61	125	67	58	526	278	248
28	164	102	62	173	112	61	561	292	269
29	187	128	59	180	106	74	623	299	324
30-34岁	**1089**	**637**	**452**	**1104**	**661**	**443**	**3944**	**1974**	**1970**
30	238	157	81	253	158	95	882	459	423
31	215	112	103	229	141	88	834	394	440
32	227	131	96	193	113	80	731	352	379
33	210	116	94	224	138	86	881	458	423
34	199	121	78	205	111	94	616	311	305
35-39岁	**846**	**491**	**355**	**891**	**498**	**393**	**2898**	**1419**	**1479**
35	185	111	74	175	105	70	515	251	264
36	162	94	68	159	93	66	529	277	252
37	156	92	64	175	98	77	557	271	286
38	185	105	80	205	118	87	682	326	356
39	158	89	69	177	84	93	615	294	321
40-44岁	**879**	**455**	**424**	**1084**	**553**	**531**	**2942**	**1473**	**1469**
40	132	60	72	177	92	85	529	272	257
41	187	106	81	230	116	114	617	305	312
42	186	102	84	219	108	111	604	320	284
43	178	92	86	239	130	109	591	291	300
44	196	95	101	219	107	112	601	285	316
45-49岁	**1269**	**608**	**661**	**1794**	**874**	**920**	**3378**	**1667**	**1711**
45	201	91	110	297	143	154	535	266	269
46	237	113	124	289	147	142	572	286	286
47	244	122	122	347	172	175	683	315	368
48	280	131	149	447	217	230	732	355	377
49	307	151	156	414	195	219	856	445	411
50岁及以上	**12188**	**4776**	**7412**	**15302**	**5940**	**9362**	**20558**	**9540**	**11018**

3-2a 续表 2 单位：人

年龄	小学								
	合计			在校			毕业		
	合计	男	女	小计	男	女	小计	男	女
总计	**619662**	**279996**	**339666**	**234332**	**126061**	**108271**	**352073**	**142088**	**209985**
3									
4									
5-9岁	**158497**	**84955**	**73542**	**153873**	**82430**	**71443**	**4245**	**2316**	**1929**
5	3045	1597	1448	2914	1531	1383	105	56	49
6	32892	17411	15481	31947	16925	15022	841	430	411
7	40768	21881	18887	39638	21252	18386	1040	569	471
8	43768	23586	20182	42480	22870	19610	1202	669	533
9	38024	20480	17544	36894	19852	17042	1057	592	465
10-14岁	**83074**	**45054**	**38020**	**80241**	**43521**	**36720**	**2588**	**1395**	**1193**
10	35389	19117	16272	34338	18562	15776	955	499	456
11	33218	17992	15226	32155	17388	14767	984	558	426
12	10925	6056	4869	10487	5823	4664	406	221	185
13	2527	1348	1179	2347	1260	1087	157	73	84
14	1015	541	474	914	488	426	86	44	42
15-19岁	**600**	**370**	**230**	**115**	**60**	**55**	**408**	**264**	**144**
15	86	45	41	41	19	22	35	21	14
16	98	67	31	28	17	11	52	38	14
17	86	61	25	16	9	7	56	43	13
18	162	110	52	18	10	8	125	87	38
19	168	87	81	12	5	7	140	75	65
20-24岁	**1306**	**801**	**505**	**28**	**15**	**13**	**1174**	**725**	**449**
20	187	117	70	8	5	3	165	106	59
21	203	128	75	8	2	6	174	111	63
22	261	170	91	6	3	3	228	153	75
23	305	183	122	3	3		285	169	116
24	350	203	147	3	2	1	322	186	136
25-29岁	**2934**	**1586**	**1348**	**7**	**6**	**1**	**2722**	**1469**	**1253**
25	395	225	170	1	1		358	200	158
26	438	247	191				413	238	175
27	572	306	266	1	1		534	286	248
28	699	395	304	4	3	1	649	364	285
29	830	413	417	1	1		768	381	387
30-34岁	**6459**	**3002**	**3457**	**9**	**6**	**3**	**6094**	**2830**	**3264**
30	1132	567	565	5	3	2	1062	531	531
31	1267	637	630	2	2		1194	601	593
32	1234	567	667	1		1	1163	538	625
33	1469	663	806	1	1		1397	627	770
34	1357	568	789				1278	533	745
35-39岁	**6921**	**2884**	**4037**	**3**	**1**	**2**	**6517**	**2715**	**3802**
35	1290	551	739				1224	526	698
36	1213	522	691	2	1	1	1149	488	661
37	1301	549	752				1223	515	708
38	1534	634	900	1		1	1432	595	837
39	1583	628	955				1489	591	898
40-44岁	**12874**	**5148**	**7726**	**1**		**1**	**12133**	**4855**	**7278**
40	1670	649	1021				1579	621	958
41	2374	931	1443				2217	868	1349
42	2637	1066	1571				2489	1004	1485
43	2875	1185	1690				2692	1106	1586
44	3318	1317	2001	1		1	3156	1256	1900
45-49岁	**26956**	**10352**	**16604**	**8**	**4**	**4**	**25308**	**9723**	**15585**
45	3810	1518	2292	1		1	3592	1438	2154
46	4475	1733	2742	4	1	3	4188	1612	2576
47	5201	2062	3139	1	1		4886	1936	2950
48	6181	2290	3891	1	1		5776	2154	3622
49	7289	2749	4540	1	1		6866	2583	4283
50岁及以上	**320041**	**125844**	**194197**	**47**	**18**	**29**	**290884**	**115796**	**175088**

3-2a 续表 3 单位：人

年龄	小学								
	肄业			辍学			其他		
	小计	男	女	小计	男	女	小计	男	女
总计	**9139**	**3012**	**6127**	**12862**	**4425**	**8437**	**11256**	**4410**	**6846**
3									
4									
5-9岁	**47**	**33**	**14**	**12**	**9**	**3**	**320**	**167**	**153**
5	3	2	1				23	8	15
6	6	3	3	3	2	1	95	51	44
7	10	8	2	2	2		78	50	28
8	18	15	3	5	3	2	63	29	34
9	10	5	5	2	2		61	29	32
10-14岁	**34**	**18**	**16**	**25**	**15**	**10**	**186**	**105**	**81**
10	15	5	10	7	4	3	74	47	27
11	10	9	1	2	2		67	35	32
12	5	3	2	8	3	5	19	6	13
13	2		2	5	4	1	16	11	5
14	2	1	1	3	2	1	10	6	4
15-19岁	**9**	**6**	**3**	**35**	**23**	**12**	**33**	**17**	**16**
15				5	4	1	5	1	4
16	3	3		8	4	4	7	5	2
17	2	1	1	6	4	2	6	4	2
18	3	2	1	10	8	2	6	3	3
19	1		1	6	3	3	9	4	5
20-24岁	**18**	**12**	**6**	**37**	**18**	**19**	**49**	**31**	**18**
20				4	1	3	10	5	5
21	5	1	4	8	7	1	8	7	1
22	7	5	2	13	5	8	7	4	3
23	3	3		5	3	2	9	5	4
24	3	3		7	2	5	15	10	5
25-29岁	**30**	**15**	**15**	**73**	**35**	**38**	**102**	**61**	**41**
25	5	3	2	15	10	5	16	11	5
26	7	2	5	7	1	6	11	6	5
27	5	3	2	9	2	7	23	14	9
28	6	3	3	16	11	5	24	14	10
29	7	4	3	26	11	15	28	16	12
30-34岁	**79**	**46**	**33**	**131**	**59**	**72**	**146**	**61**	**85**
30	16	10	6	17	4	13	32	19	13
31	17	10	7	26	14	12	28	10	18
32	15	8	7	29	15	14	26	6	20
33	12	7	5	25	14	11	34	14	20
34	19	11	8	34	12	22	26	12	14
35-39岁	**100**	**44**	**56**	**159**	**61**	**98**	**142**	**63**	**79**
35	16	5	11	23	12	11	27	8	19
36	20	9	11	25	15	10	17	9	8
37	18	12	6	33	11	22	27	11	16
38	19	8	11	47	17	30	35	14	21
39	27	10	17	31	6	25	36	21	15
40-44岁	**185**	**69**	**116**	**316**	**127**	**189**	**239**	**97**	**142**
40	21	3	18	44	15	29	26	10	16
41	34	17	17	67	29	38	56	17	39
42	37	15	22	60	21	39	51	26	25
43	45	17	28	83	40	43	55	22	33
44	48	17	31	62	22	40	51	22	29
45-49岁	**389**	**137**	**252**	**758**	**293**	**465**	**493**	**195**	**298**
45	49	17	32	120	47	73	48	16	32
46	82	34	48	124	47	77	77	39	38
47	70	25	45	132	54	78	112	46	66
48	84	27	57	204	73	131	116	35	81
49	104	34	70	178	72	106	140	59	81
50岁及以上	**8248**	**2632**	**5616**	**11316**	**3785**	**7531**	**9546**	**3613**	**5933**

3-2a　续表 4　　　　单位：人

年　龄	初中								
	合　计			在　校			毕　业		
	合计	男	女	小计	男	女	小计	男	女
总　计	**1087845**	**557970**	**529875**	**101282**	**54903**	**46379**	**960614**	**489297**	**471317**
3									
4									
5-9岁	**1675**	**937**	**738**	**1533**	**864**	**669**	**128**	**64**	**64**
5									
6	312	183	129	284	165	119	24	16	8
7	358	204	154	324	188	136	31	14	17
8	466	259	207	434	243	191	28	14	14
9	539	291	248	491	268	223	45	20	25
10-14岁	**87598**	**47267**	**40331**	**83952**	**45234**	**38718**	**3421**	**1911**	**1510**
10	773	439	334	714	403	311	55	34	21
11	2249	1227	1022	2122	1160	962	116	64	52
12	24276	13034	11242	23391	12560	10831	843	455	388
13	31511	16953	14558	30215	16217	13998	1216	690	526
14	28789	15614	13175	27510	14894	12616	1191	668	523
15-19岁	**23449**	**13864**	**9585**	**15557**	**8696**	**6861**	**7488**	**4909**	**2579**
15	10481	5885	4596	10085	5632	4453	316	212	104
16	4172	2416	1756	3200	1779	1421	887	579	308
17	2870	1816	1054	1251	721	530	1544	1050	494
18	2796	1770	1026	640	364	276	2077	1351	726
19	3130	1977	1153	381	200	181	2664	1717	947
20-24岁	**24240**	**14873**	**9367**	**64**	**31**	**33**	**23495**	**14415**	**9080**
20	3438	2223	1215	25	8	17	3287	2133	1154
21	3772	2385	1387	13	8	5	3643	2296	1347
22	4886	3032	1854	7	4	3	4755	2951	1804
23	5538	3288	2250	10	6	4	5380	3200	2180
24	6606	3945	2661	9	5	4	6430	3835	2595
25-29岁	**50334**	**27846**	**22488**	**30**	**12**	**18**	**49011**	**27063**	**21948**
25	7941	4613	3328	9	6	3	7731	4479	3252
26	8294	4672	3622	8	3	5	8067	4531	3536
27	9745	5398	4347	3		3	9480	5256	4224
28	11124	6066	5058	4	1	3	10833	5892	4941
29	13230	7097	6133	6	2	4	12900	6905	5995
30-34岁	**89423**	**45753**	**43670**	**27**	**14**	**13**	**87209**	**44534**	**42675**
30	18732	10057	8675	6	3	3	18250	9770	8480
31	18587	9708	8879	7	3	4	18131	9458	8673
32	16808	8492	8316	5	3	2	16402	8276	8126
33	18980	9470	9510	6	3	3	18489	9206	9283
34	16316	8026	8290	3	2	1	15937	7824	8113
35-39岁	**81626**	**39669**	**41957**	**20**	**8**	**12**	**79697**	**38662**	**41035**
35	14679	7148	7531	3	1	2	14329	6964	7365
36	15344	7492	7852	4	2	2	14976	7289	7687
37	15381	7512	7869	3	2	1	15011	7317	7694
38	18839	9185	9654	3	1	2	18392	8951	9441
39	17383	8332	9051	7	2	5	16989	8141	8848
40-44岁	**100246**	**48585**	**51661**	**11**	**6**	**5**	**97972**	**47411**	**50561**
40	15873	7728	8145	3	2	1	15506	7534	7972
41	20030	9664	10366	1	1		19591	9435	10156
42	20625	10017	10608	4	2	2	20145	9764	10381
43	20687	10049	10638				20205	9789	10416
44	23031	11127	11904	3	1	2	22525	10889	11636
45-49岁	**133745**	**65635**	**68110**	**19**	**5**	**14**	**130521**	**64000**	**66521**
45	23110	11327	11783	2		2	22611	11076	11535
46	24661	11971	12690	5		5	24132	11710	12422
47	25774	12685	13089	4	1	3	25141	12383	12758
48	28383	13961	14422	4	2	2	27645	13572	14073
49	31817	15691	16126	4	2	2	30992	15259	15733
50岁及以上	**495509**	**253541**	**241968**	**69**	**33**	**36**	**481672**	**246328**	**235344**

3-2a 续表 5

单位：人

年龄	初中								
	肄业			辍学			其他		
	小计	男	女	小计	男	女	小计	男	女
总计	**5573**	**3086**	**2487**	**7015**	**3902**	**3113**	**13361**	**6782**	**6579**
3									
4									
5-9岁	**1**		**1**				**13**	**9**	**4**
5									
6	1		1				3	2	1
7							3	2	1
8							4	2	2
9							3	3	
10-14岁	**33**	**16**	**17**	**43**	**29**	**14**	**149**	**77**	**72**
10	1	1					3	1	2
11	2		2				9	3	6
12	1	1		1		1	40	18	22
13	18	9	9	17	11	6	45	26	19
14	11	5	6	25	18	7	52	29	23
15-19岁	**78**	**58**	**20**	**202**	**133**	**69**	**124**	**68**	**56**
15	12	7	5	45	24	21	23	10	13
16	15	12	3	44	33	11	26	13	13
17	14	11	3	45	28	17	16	6	10
18	22	17	5	34	23	11	23	15	8
19	15	11	4	34	25	9	36	24	12
20-24岁	**147**	**100**	**47**	**238**	**152**	**86**	**296**	**175**	**121**
20	39	27	12	49	32	17	38	23	15
21	20	15	5	44	31	13	52	35	17
22	23	16	7	50	31	19	51	30	21
23	26	15	11	50	29	21	72	38	34
24	39	27	12	45	29	16	83	49	34
25-29岁	**274**	**183**	**91**	**415**	**259**	**156**	**604**	**329**	**275**
25	39	28	11	73	49	24	89	51	38
26	51	33	18	68	47	21	100	58	42
27	56	32	24	77	43	34	129	67	62
28	60	42	18	93	60	33	134	71	63
29	68	48	20	104	60	44	152	82	70
30-34岁	**428**	**250**	**178**	**652**	**399**	**253**	**1107**	**556**	**551**
30	86	63	23	156	103	53	234	118	116
31	83	43	40	135	87	48	231	117	114
32	87	50	37	107	63	44	207	100	107
33	91	48	43	141	84	57	253	129	124
34	81	46	35	113	62	51	182	92	90
35-39岁	**408**	**251**	**157**	**523**	**296**	**227**	**978**	**452**	**526**
35	88	56	32	100	57	43	159	70	89
36	78	50	28	93	53	40	193	98	95
37	82	48	34	107	61	46	178	84	94
38	94	59	35	123	76	47	227	98	129
39	66	38	28	100	49	51	221	102	119
40-44岁	**426**	**235**	**191**	**604**	**319**	**285**	**1233**	**614**	**619**
40	62	31	31	99	57	42	203	104	99
41	86	47	39	130	68	62	222	113	109
42	90	50	40	127	66	61	259	135	124
43	85	54	31	129	71	58	268	135	133
44	103	53	50	119	57	62	281	127	154
45-49岁	**675**	**352**	**323**	**849**	**467**	**382**	**1681**	**811**	**870**
45	115	55	60	141	76	65	241	120	121
46	113	52	61	125	76	49	286	133	153
47	130	73	57	181	99	82	318	129	189
48	149	76	73	204	117	87	381	194	187
49	168	96	72	198	99	99	455	235	220
50岁及以上	**3103**	**1641**	**1462**	**3489**	**1848**	**1641**	**7176**	**3691**	**3485**

3-2a 续表 6

单位：人

年 龄	高中								
	合计			在校			毕业		
	合计	男	女	小计	男	女	小计	男	女
总 计	**732026**	**391695**	**340331**	**95948**	**52021**	**43927**	**625164**	**333475**	**291689**
3									
4									
5-9岁	**5**	**4**	**1**	**1**	**1**		**4**	**3**	**1**
5									
6									
7									
8	3	3		1	1		2	2	
9	2	1	1				2	1	1
10-14岁	**2281**	**1238**	**1043**	**2137**	**1166**	**971**	**131**	**69**	**62**
10	1		1	1		1			
11	1	1					1	1	
12	3	3		3	3				
13	510	281	229	470	261	209	38	19	19
14	1766	953	813	1663	902	761	92	49	43
15-19岁	**97029**	**53306**	**43723**	**90726**	**49179**	**41547**	**5976**	**3926**	**2050**
15	22052	11663	10389	21925	11587	10338	102	60	42
16	31702	17225	14477	31157	16860	14297	487	335	152
17	26737	14650	12087	25573	13885	11688	1088	722	366
18	11027	6459	4568	9191	5270	3921	1745	1135	610
19	5511	3309	2202	2880	1577	1303	2554	1674	880
20-24岁	**27959**	**16938**	**11021**	**2943**	**1600**	**1343**	**24399**	**14941**	**9458**
20	4716	2858	1858	1399	750	649	3225	2048	1177
21	4682	2880	1802	751	390	361	3842	2432	1410
22	5518	3351	2167	413	222	191	4978	3043	1935
23	6166	3693	2473	254	155	99	5773	3447	2326
24	6877	4156	2721	126	83	43	6581	3971	2610
25-29岁	**52332**	**29302**	**23030**	**36**	**23**	**13**	**51268**	**28679**	**22589**
25	8300	4877	3423	12	10	2	8134	4764	3370
26	8652	5006	3646	5	5		8464	4878	3586
27	10138	5617	4521	8	3	5	9932	5510	4422
28	11670	6470	5200	7	3	4	11429	6340	5089
29	13572	7332	6240	4	2	2	13309	7187	6122
30-34岁	**89130**	**46549**	**42581**	**25**	**14**	**11**	**87479**	**45625**	**41854**
30	18892	10129	8763	8	5	3	18503	9910	8593
31	19035	10045	8990	9	6	3	18688	9855	8833
32	17205	8865	8340	3		3	16897	8701	8196
33	18604	9568	9036	2	1	1	18249	9366	8883
34	15394	7942	7452	3	2	1	15142	7793	7349
35-39岁	**69894**	**34914**	**34980**	**12**	**4**	**8**	**68773**	**34310**	**34463**
35	12514	6369	6145	3	2	1	12287	6233	6054
36	11960	5933	6027	3	1	2	11765	5837	5928
37	12689	6347	6342	3	1	2	12469	6233	6236
38	16711	8323	8388	1		1	16456	8180	8276
39	16020	7942	8078	2		2	15796	7827	7969
40-44岁	**74972**	**37693**	**37279**	**16**	**6**	**10**	**73857**	**37092**	**36765**
40	14042	6951	7091	3	1	2	13815	6826	6989
41	16832	8405	8427	4	2	2	16583	8270	8313
42	15369	7791	7578	2	2		15151	7669	7482
43	14345	7213	7132	1		1	14137	7103	7034
44	14384	7333	7051	6	1	5	14171	7224	6947
45-49岁	**69125**	**36776**	**32349**	**10**	**8**	**2**	**68017**	**36161**	**31856**
45	13446	6999	6447	4	3	1	13224	6885	6339
46	13399	7066	6333	3	2	1	13207	6961	6246
47	13204	7042	6162	1	1		12982	6926	6056
48	13855	7425	6430	2	2		13621	7294	6327
49	15221	8244	6977				14983	8095	6888
50岁及以上	**249299**	**134975**	**114324**	**42**	**20**	**22**	**245260**	**132669**	**112591**

3-2a 续表 7

单位：人

年龄	高中								
	肄业			辍学			其他		
	小计	男	女	小计	男	女	小计	男	女
总计	**2017**	**1221**	**796**	**1780**	**1137**	**643**	**7117**	**3841**	**3276**
3									
4									
5-9岁									
5									
6									
7									
8									
9									
10-14岁				**2**	**1**	**1**	**11**	**2**	**9**
10									
11									
12									
13							2	1	1
14				2	1	1	9	1	8
15-19岁	**63**	**43**	**20**	**131**	**75**	**56**	**133**	**83**	**50**
15	4	4		9	3	6	12	9	3
16	11	5	6	29	15	14	18	10	8
17	11	6	5	37	21	16	28	16	12
18	16	12	4	34	18	16	41	24	17
19	21	16	5	22	18	4	34	24	10
20-24岁	**157**	**103**	**54**	**180**	**131**	**49**	**280**	**163**	**117**
20	29	21	8	25	18	7	38	21	17
21	25	15	10	30	24	6	34	19	15
22	31	22	9	42	31	11	54	33	21
23	32	16	16	37	27	10	70	48	22
24	40	29	11	46	31	15	84	42	42
25-29岁	**218**	**146**	**72**	**210**	**132**	**78**	**600**	**322**	**278**
25	34	23	11	31	23	8	89	57	32
26	42	34	8	50	28	22	91	61	30
27	32	18	14	36	19	17	130	67	63
28	43	24	19	51	32	19	140	71	69
29	67	47	20	42	30	12	150	66	84
30-34岁	**326**	**193**	**133**	**279**	**173**	**106**	**1021**	**544**	**477**
30	74	41	33	69	43	26	238	130	108
31	69	38	31	60	36	24	209	110	99
32	73	45	28	49	28	21	183	91	92
33	64	38	26	49	33	16	240	130	110
34	46	31	15	52	33	19	151	83	68
35-39岁	**203**	**119**	**84**	**183**	**125**	**58**	**723**	**356**	**367**
35	46	32	14	51	36	15	127	66	61
36	36	18	18	32	19	13	124	58	66
37	37	23	14	31	23	8	149	67	82
38	43	21	22	32	24	8	179	98	81
39	41	25	16	37	23	14	144	67	77
40-44岁	**184**	**106**	**78**	**148**	**97**	**51**	**767**	**392**	**375**
40	32	17	15	30	17	13	162	90	72
41	49	29	20	30	17	13	166	87	79
42	38	26	12	25	18	7	153	76	77
43	33	17	16	26	18	8	148	75	73
44	32	17	15	37	27	10	138	64	74
45-49岁	**158**	**86**	**72**	**175**	**108**	**67**	**765**	**413**	**352**
45	31	16	15	34	19	15	153	76	77
46	29	19	10	39	23	16	121	61	60
47	33	16	17	30	17	13	158	82	76
48	37	19	18	38	26	12	157	84	73
49	28	16	12	34	23	11	176	110	66
50岁及以上	**708**	**425**	**283**	**472**	**295**	**177**	**2817**	**1566**	**1251**

3-2a 续表 8 单位：人

年 龄	大学专科								
	合 计			在 校			毕 业		
	合计	男	女	小计	男	女	小计	男	女
总 计	**548718**	**292048**	**256670**	**65499**	**34983**	**30516**	**478347**	**254424**	**223923**
3									
4									
5-9岁									
5									
6									
7									
8									
9									
10-14岁	**7**	**3**	**4**	**6**	**3**	**3**	**1**		**1**
10									
11	1	1		1	1				
12	1		1				1		1
13									
14	5	2	3	5	2	3			
15-19岁	**41076**	**21434**	**19642**	**38598**	**20050**	**18548**	**2349**	**1309**	**1040**
15	1788	916	872	1766	906	860	20	10	10
16	4148	2029	2119	4072	1984	2088	67	39	28
17	5373	2738	2635	5148	2593	2555	205	132	73
18	11598	6135	5463	10967	5795	5172	594	319	275
19	18169	9616	8553	16645	8772	7873	1463	809	654
20-24岁	**69371**	**37531**	**31840**	**25093**	**13942**	**11151**	**43742**	**23307**	**20435**
20	18106	9864	8242	14359	7808	6551	3663	2012	1651
21	12950	7041	5909	6404	3631	2773	6453	3355	3098
22	12319	6719	5600	2683	1564	1119	9517	5085	4432
23	12557	6654	5903	1115	640	475	11324	5963	5361
24	13439	7253	6186	532	299	233	12785	6892	5893
25-29岁	**83980**	**43936**	**40044**	**890**	**490**	**400**	**82263**	**43015**	**39248**
25	15436	8239	7197	350	201	149	14939	7960	6979
26	15320	8195	7125	205	110	95	14938	7991	6947
27	16245	8527	7718	144	68	76	15958	8378	7580
28	17326	8872	8454	96	54	42	17054	8722	8332
29	19653	10103	9550	95	57	38	19374	9964	9410
30-34岁	**115835**	**57598**	**58237**	**354**	**173**	**181**	**114301**	**56824**	**57477**
30	25295	12729	12566	93	42	51	24945	12545	12400
31	25196	12422	12774	93	43	50	24848	12264	12584
32	22687	11280	11407	66	34	32	22389	11126	11263
33	23723	11693	12030	63	28	35	23415	11536	11879
34	18934	9474	9460	39	26	13	18704	9353	9351
35-39岁	**72569**	**36061**	**36508**	**218**	**110**	**108**	**71704**	**35612**	**36092**
35	14422	7210	7212	42	24	18	14257	7115	7142
36	13577	6760	6817	43	20	23	13403	6663	6740
37	13886	6833	7053	45	19	26	13727	6756	6971
38	16724	8359	8365	46	25	21	16534	8268	8266
39	13960	6899	7061	42	22	20	13783	6810	6973
40-44岁	**51064**	**26440**	**24624**	**114**	**57**	**57**	**50482**	**26127**	**24355**
40	11169	5669	5500	22	14	8	11049	5608	5441
41	11739	5981	5758	28	14	14	11596	5902	5694
42	10459	5350	5109	24	11	13	10340	5283	5057
43	8958	4687	4271	20	8	12	8853	4637	4216
44	8739	4753	3986	20	10	10	8644	4697	3947
45-49岁	**35139**	**19611**	**15528**	**78**	**52**	**26**	**34762**	**19384**	**15378**
45	7907	4359	3548	18	11	7	7825	4311	3514
46	7205	3965	3240	13	9	4	7136	3925	3211
47	6740	3745	2995	16	10	6	6657	3691	2966
48	6593	3732	2861	21	14	7	6515	3683	2832
49	6694	3810	2884	10	8	2	6629	3774	2855
50岁及以上	**79677**	**49434**	**30243**	**148**	**106**	**42**	**78743**	**48846**	**29897**

3-2a 续表 9　　　　单位：人

年龄	大学专科								
	肄业			辍学			其他		
	小计	男	女	小计	男	女	小计	男	女
总计	**618**	**356**	**262**	**183**	**117**	**66**	**4071**	**2168**	**1903**
3									
4									
5-9岁									
5									
6									
7									
8									
9									
10-14岁									
10									
11									
12									
13									
14									
15-19岁	**22**	**15**	**7**	**22**	**15**	**7**	**85**	**45**	**40**
15							2		2
16	3	3					6	3	3
17	3	1	2	4	3	1	13	9	4
18	5	3	2	12	7	5	20	11	9
19	11	8	3	6	5	1	44	22	22
20-24岁	**73**	**36**	**37**	**43**	**27**	**16**	**420**	**219**	**201**
20	15	6	9	5	2	3	64	36	28
21	12	6	6	6	2	4	75	47	28
22	19	9	10	11	8	3	89	53	36
23	8	4	4	9	6	3	101	41	60
24	19	11	8	12	9	3	91	42	49
25-29岁	**122**	**71**	**51**	**27**	**20**	**7**	**678**	**340**	**338**
25	22	12	10	1	1		124	65	59
26	31	17	14	6	4	2	140	73	67
27	22	13	9	3	3		118	65	53
28	32	20	12	11	8	3	133	68	65
29	15	9	6	6	4	2	163	69	94
30-34岁	**157**	**88**	**69**	**33**	**24**	**9**	**990**	**489**	**501**
30	34	24	10	10	7	3	213	111	102
31	32	17	15	4	2	2	219	96	123
32	35	17	18	7	6	1	190	97	93
33	27	14	13	8	6	2	210	109	101
34	29	16	13	4	3	1	158	76	82
35-39岁	**84**	**53**	**31**	**16**	**10**	**6**	**547**	**276**	**271**
35	24	15	9	1		1	98	56	42
36	20	12	8	5	3	2	106	62	44
37	8	5	3	2	2		104	51	53
38	15	9	6	2	1	1	127	56	71
39	17	12	5	6	4	2	112	51	61
40-44岁	**50**	**26**	**24**	**10**	**6**	**4**	**408**	**224**	**184**
40	11	6	5	1	1		86	40	46
41	11	7	4	3	2	1	101	56	45
42	12	7	5	4	1	3	79	48	31
43	11	3	8	1	1		73	38	35
44	5	3	2	1	1		69	42	27
45-49岁	**26**	**18**	**8**	**10**	**5**	**5**	**263**	**152**	**111**
45	4	2	2	2	1	1	58	34	24
46	5	3	2	1	1		50	27	23
47	7	5	2	4	2	2	56	37	19
48	6	5	1	1	1		50	29	21
49	4	3	1	2		2	49	25	24
50岁及以上	**84**	**49**	**35**	**22**	**10**	**12**	**680**	**423**	**257**

3-2a 续表 10 单位：人

年龄	大学本科								
	合计			在校			毕业		
	合计	男	女	小计	男	女	小计	男	女
总计	**534357**	**274969**	**259388**	**100690**	**48792**	**51898**	**430548**	**224505**	**206043**
3									
4									
5-9岁									
5									
6									
7									
8									
9									
10-14岁	**2**		**2**				**2**		**2**
10	1		1				1		1
11									
12									
13	1		1				1		1
14									
15-19岁	**33123**	**15554**	**17569**	**32708**	**15324**	**17384**	**378**	**207**	**171**
15	87	44	43	83	40	43	4	4	
16	184	82	102	174	78	96	10	4	6
17	1212	529	683	1187	514	673	22	12	10
18	10528	4873	5655	10413	4808	5605	96	53	43
19	21112	10026	11086	20851	9884	10967	246	134	112
20-24岁	**99977**	**48016**	**51961**	**64983**	**31915**	**33068**	**34617**	**15918**	**18699**
20	26411	12516	13895	25716	12166	13550	662	331	331
21	24904	11983	12921	22733	11032	11701	2128	930	1198
22	18287	9026	9261	10725	5567	5158	7481	3421	4060
23	15449	7531	7918	4117	2266	1851	11215	5215	6000
24	14926	6960	7966	1692	884	808	13131	6021	7110
25-29岁	**90251**	**42361**	**47890**	**2039**	**1061**	**978**	**87563**	**40966**	**46597**
25	16604	7672	8932	895	448	447	15594	7175	8419
26	16851	7870	8981	471	263	208	16266	7543	8723
27	17930	8315	9615	293	159	134	17501	8088	9413
28	18950	8922	10028	203	107	96	18612	8742	9870
29	19916	9582	10334	177	84	93	19590	9418	10172
30-34岁	**111737**	**54339**	**57398**	**448**	**195**	**253**	**110581**	**53787**	**56794**
30	24294	11677	12617	144	66	78	23968	11516	12452
31	23839	11566	12273	107	52	55	23582	11449	12133
32	21684	10453	11231	85	26	59	21475	10366	11109
33	22916	11188	11728	66	27	39	22712	11087	11625
34	19004	9455	9549	46	24	22	18844	9369	9475
35-39岁	**75692**	**39375**	**36317**	**216**	**110**	**106**	**74975**	**38998**	**35977**
35	15043	7691	7352	46	21	25	14899	7624	7275
36	14770	7670	7100	50	23	27	14630	7596	7034
37	14908	7829	7079	50	28	22	14759	7745	7014
38	17352	9077	8275	35	22	13	17202	8995	8207
39	13619	7108	6511	35	16	19	13485	7038	6447
40-44岁	**43605**	**23635**	**19970**	**117**	**62**	**55**	**43182**	**23421**	**19761**
40	10257	5458	4799	30	15	15	10169	5412	4757
41	10128	5464	4664	26	10	16	10031	5422	4609
42	8660	4685	3975	24	18	6	8569	4629	3940
43	7443	4032	3411	18	10	8	7379	4003	3376
44	7117	3996	3121	19	9	10	7034	3955	3079
45-49岁	**27924**	**16413**	**11511**	**77**	**42**	**35**	**27663**	**16269**	**11394**
45	6127	3513	2614	12	5	7	6081	3489	2592
46	5914	3440	2474	17	11	6	5855	3402	2453
47	5474	3222	2252	18	12	6	5415	3187	2228
48	5119	3039	2080	13	6	7	5078	3017	2061
49	5290	3199	2091	17	8	9	5234	3174	2060
50岁及以上	**52046**	**35276**	**16770**	**102**	**83**	**19**	**51587**	**34939**	**16648**

3-2a 续表 11 单位：人

年龄	大学本科								
	肄业			辍学			其他		
	小计	男	女	小计	男	女	小计	男	女
总计	**397**	**233**	**164**	**49**	**30**	**19**	**2673**	**1409**	**1264**
3									
4									
5-9岁									
5									
6									
7									
8									
9									
10-14岁									
10									
11									
12									
13									
14									
15-19岁	**5**	**2**	**3**	**1**		**1**	**31**	**21**	**10**
15									
16									
17							3	3	
18	2	1	1				17	11	6
19	3	1	2	1		1	11	7	4
20-24岁	**59**	**33**	**26**	**11**	**8**	**3**	**307**	**142**	**165**
20	3	2	1	2	2		28	15	13
21	7	5	2	2	2		34	14	20
22	13	7	6	3	3		65	28	37
23	22	10	12	1		1	94	40	54
24	14	9	5	3	1	2	86	45	41
25-29岁	**102**	**62**	**40**	**9**	**4**	**5**	**538**	**268**	**270**
25	13	6	7	4	3	1	98	40	58
26	18	13	5	2		2	94	51	43
27	23	12	11				113	56	57
28	21	12	9	1		1	113	61	52
29	27	19	8	2	1	1	120	60	60
30-34岁	**92**	**57**	**35**	**9**	**6**	**3**	**607**	**294**	**313**
30	26	18	8	1	1		155	76	79
31	12	4	8	4	2	2	134	59	75
32	17	11	6	1	1		106	49	57
33	13	7	6	1	1		124	66	58
34	24	17	7	2	1	1	88	44	44
35-39岁	**46**	**21**	**25**	**10**	**6**	**4**	**445**	**240**	**205**
35	10	3	7				88	43	45
36	8	5	3	4	3	1	78	43	35
37	9	3	6	2	1	1	88	52	36
38	12	6	6	1		1	102	54	48
39	7	4	3	3	2	1	89	48	41
40-44岁	**32**	**18**	**14**	**4**	**3**	**1**	**270**	**131**	**139**
40	6	3	3	3	2	1	49	26	23
41	7	6	1				64	26	38
42	8	4	4	1	1		58	33	25
43	3		3				43	19	24
44	8	5	3				56	27	29
45-49岁	**19**	**13**	**6**	**2**	**1**	**1**	**163**	**88**	**75**
45	2	1	1				32	18	14
46	7	4	3				35	23	12
47	4	3	1				37	20	17
48	3	3					25	13	12
49	3	2	1	2	1	1	34	14	20
50岁及以上	**42**	**27**	**15**	**3**	**2**	**1**	**312**	**225**	**87**

3-2a 续表 12 单位：人

年 龄	硕士研究生								
	合 计			在 校			毕 业		
	合计	男	女	小计	男	女	小计	男	女
总 计	**64969**	**34279**	**30690**	**14553**	**7131**	**7422**	**50123**	**26997**	**23126**
3									
4									
5-9岁									
5									
6									
7									
8									
9									
10-14岁	**1**		**1**				**1**		**1**
10									
11									
12	1		1				1		1
13									
14									
15-19岁	**42**	**24**	**18**	**32**	**17**	**15**	**10**	**7**	**3**
15									
16									
17	2	1	1	1	1		1		1
18	11	4	7	9	3	6	2	1	1
19	29	19	10	22	13	9	7	6	1
20-24岁	**10984**	**5180**	**5804**	**9941**	**4765**	**5176**	**1016**	**401**	**615**
20	63	29	34	52	21	31	10	8	2
21	387	152	235	375	145	230	12	7	5
22	2321	1120	1201	2257	1098	1159	60	20	40
23	4038	1878	2160	3762	1781	1981	265	92	173
24	4175	2001	2174	3495	1720	1775	669	274	395
25-29岁	**14630**	**6897**	**7733**	**3976**	**2049**	**1927**	**10584**	**4810**	**5774**
25	3658	1744	1914	2135	1093	1042	1513	644	869
26	2900	1311	1589	942	472	470	1940	832	1108
27	2748	1295	1453	466	245	221	2270	1041	1229
28	2610	1244	1366	250	147	103	2343	1089	1254
29	2714	1303	1411	183	92	91	2518	1204	1314
30-34岁	**14821**	**7219**	**7602**	**431**	**210**	**221**	**14313**	**6978**	**7335**
30	3239	1589	1650	164	75	89	3063	1508	1555
31	3259	1559	1700	88	39	49	3157	1518	1639
32	2873	1339	1534	81	39	42	2774	1292	1482
33	2936	1458	1478	55	34	21	2858	1412	1446
34	2514	1274	1240	43	23	20	2461	1248	1213
35-39岁	**10915**	**5846**	**5069**	**112**	**56**	**56**	**10746**	**5764**	**4982**
35	2127	1121	1006	32	19	13	2082	1098	984
36	2161	1142	1019	26	13	13	2128	1124	1004
37	2202	1160	1042	22	8	14	2168	1146	1022
38	2391	1305	1086	23	11	12	2355	1287	1068
39	2034	1118	916	9	5	4	2013	1109	904
40-44岁	**5957**	**3593**	**2364**	**40**	**18**	**22**	**5894**	**3563**	**2331**
40	1484	857	627	11	6	5	1470	849	621
41	1446	841	605	14	5	9	1427	833	594
42	1187	717	470	5	1	4	1176	713	463
43	942	595	347	5	3	2	932	589	343
44	898	583	315	5	3	2	889	579	310
45-49岁	**3263**	**2214**	**1049**	**12**	**9**	**3**	**3237**	**2196**	**1041**
45	762	524	238	1	1		758	521	237
46	705	467	238	4	2	2	697	461	236
47	648	448	200	4	3	1	643	445	198
48	598	397	201	2	2		592	394	198
49	550	378	172	1	1		547	375	172
50岁及以上	**4356**	**3306**	**1050**	**9**	**7**	**2**	**4322**	**3278**	**1044**

3-2a 续表 13

单位：人

年 龄	硕士研究生								
	肄 业			辍 学			其 他		
	小计	男	女	小计	男	女	小计	男	女
总 计	**30**	**18**	**12**	**4**	**2**	**2**	**259**	**131**	**128**
3									
4									
5-9岁									
5									
6									
7									
8									
9									
10-14岁									
10									
11									
12									
13									
14									
15-19岁									
15									
16									
17									
18									
19									
20-24岁	**2**	**1**	**1**	**1**		**1**	**24**	**13**	**11**
20							1		1
21									
22							4	2	2
23				1		1	10	5	5
24	2	1	1				9	6	3
25-29岁	**10**	**6**	**4**	**1**	**1**		**59**	**31**	**28**
25	1	1					9	6	3
26	1		1				17	7	10
27	4	3	1				8	6	2
28	1	1		1	1		15	6	9
29	3	1	2				10	6	4
30-34岁	**7**	**3**	**4**				**70**	**28**	**42**
30	2	1	1				10	5	5
31	2		2				12	2	10
32							18	8	10
33	3	2	1				20	10	10
34							10	3	7
35-39岁	**5**	**3**	**2**				**52**	**23**	**29**
35	1		1				12	4	8
36							7	5	2
37	2	1	1				10	5	5
38	2	2					11	5	6
39							12	4	8
40-44岁	**2**	**1**	**1**	**2**	**1**	**1**	**19**	**10**	**9**
40							3	2	1
41							5	3	2
42	1		1	2	1	1	3	2	1
43	1	1					4	2	2
44							4	1	3
45-49岁	**2**	**2**					**12**	**7**	**5**
45							3	2	1
46	1	1					3	3	
47							1		1
48	1	1					3		3
49							2	2	
50岁及以上	**2**	**2**					**23**	**19**	**4**

3-2a 续表 14

单位：人

年 龄	博士研究生								
	合 计			在 校			毕 业		
	合计	男	女	小计	男	女	小计	男	女
总 计	**8960**	**5789**	**3171**	**2727**	**1720**	**1007**	**6198**	**4045**	**2153**
3									
4									
5-9岁									
5									
6									
7									
8									
9									
10-14岁									
10									
11									
12									
13									
14									
15-19岁	**4**	**4**		**4**	**4**				
15									
16									
17									
18									
19	4	4		4	4				
20-24岁	**416**	**240**	**176**	**392**	**228**	**164**	**23**	**12**	**11**
20	5	1	4	5	1	4			
21	17	6	11	12	4	8	4	2	2
22	49	24	25	46	22	24	3	2	1
23	122	70	52	114	66	48	8	4	4
24	223	139	84	215	135	80	8	4	4
25-29岁	**2074**	**1261**	**813**	**1653**	**1046**	**607**	**413**	**211**	**202**
25	346	213	133	323	202	121	23	11	12
26	425	251	174	385	233	152	40	18	22
27	442	264	178	363	231	132	74	30	44
28	451	279	172	326	213	113	122	65	57
29	410	254	156	256	167	89	154	87	67
30-34岁	**2016**	**1295**	**721**	**520**	**346**	**174**	**1493**	**947**	**546**
30	466	307	159	195	132	63	271	175	96
31	425	271	154	116	81	35	308	190	118
32	398	247	151	103	65	38	294	181	113
33	377	245	132	56	37	19	321	208	113
34	350	225	125	50	31	19	299	193	106
35-39岁	**1583**	**979**	**604**	**103**	**66**	**37**	**1469**	**904**	**565**
35	287	185	102	28	20	8	255	161	94
36	292	182	110	23	12	11	265	168	97
37	307	177	130	18	11	7	288	165	123
38	364	220	144	15	11	4	348	208	140
39	333	215	118	19	12	7	313	202	111
40-44岁	**1190**	**759**	**431**	**40**	**19**	**21**	**1144**	**735**	**409**
40	277	174	103	12	6	6	265	168	97
41	293	180	113	12	4	8	278	173	105
42	256	162	94	9	6	3	246	156	90
43	201	134	67	4		4	197	134	63
44	163	109	54	3	3		158	104	54
45-49岁	**694**	**471**	**223**	**9**	**6**	**3**	**684**	**464**	**220**
45	149	105	44	2	1	1	147	104	43
46	138	86	52	3	2	1	135	84	51
47	159	102	57	2	2		156	99	57
48	142	106	36				142	106	36
49	106	72	34	2	1	1	104	71	33
50岁及以上	**983**	**780**	**203**	**6**	**5**	**1**	**972**	**772**	**200**

3-2a 续表 15 单位：人

年 龄	博士研究生								
	肄 业			辍 学			其 他		
	小计	男	女	小计	男	女	小计	男	女
总 计	**3**		**3**				**32**	**24**	**8**
3									
4									
5-9岁									
5									
6									
7									
8									
9									
10-14岁									
10									
11									
12									
13									
14									
15-19岁									
15									
16									
17									
18									
19									
20-24岁	**1**		**1**						
20									
21	1		1						
22									
23									
24									
25-29岁	**1**		**1**				**7**	**4**	**3**
25									
26									
27							5	3	2
28	1		1				2	1	1
29									
30-34岁							**3**	**2**	**1**
30									
31							1		1
32							1	1	
33									
34							1	1	
35-39岁							**11**	**9**	**2**
35							4	4	
36							4	2	2
37							1	1	
38							1	1	
39							1	1	
40-44岁							**6**	**5**	**1**
40									
41							3	3	
42							1		1
43									
44							2	2	
45-49岁							**1**	**1**	
45									
46									
47							1	1	
48									
49									
50岁及以上	**1**		**1**				**4**	**3**	**1**

3-2b 全省分年龄、性别、学业完成情况的3岁及以上各种受教育程度人口(镇)

单位：人

年龄	合计								
	合计			在校			毕业		
	合计	男	女	小计	男	女	小计	男	女
总计	**1966242**	**1015094**	**951148**	**346125**	**186299**	**159826**	**1537747**	**790821**	**746926**
3									
4									
5-9岁	**102365**	**55149**	**47216**	**99251**	**53464**	**45787**	**2600**	**1425**	**1175**
5	2716	1431	1285	2625	1381	1244	68	40	28
6	19128	10302	8826	18559	9993	8566	457	246	211
7	25448	13623	11825	24689	13212	11477	636	342	294
8	28349	15324	13025	27461	14854	12607	757	407	350
9	26724	14469	12255	25917	14024	11893	682	390	292
10-14岁	**125056**	**68066**	**56990**	**119943**	**65207**	**54736**	**4393**	**2472**	**1921**
10	25643	13900	11743	24816	13436	11380	705	400	305
11	26072	14185	11887	25157	13679	11478	774	425	349
12	25587	13851	11736	24481	13241	11240	969	542	427
13	24534	13413	11121	23450	12786	10664	944	551	393
14	23220	12717	10503	22039	12065	9974	1001	554	447
15-19岁	**106448**	**58265**	**48183**	**95849**	**51832**	**44017**	**9636**	**5850**	**3786**
15	25047	13762	11285	24387	13383	11004	527	300	227
16	26287	14468	11819	25149	13768	11381	953	581	372
17	22353	12341	10012	20305	11065	9240	1843	1143	700
18	15765	8743	7022	12989	7067	5922	2569	1553	1016
19	16996	8951	8045	13019	6549	6470	3744	2273	1471
20-24岁	**89304**	**47882**	**41422**	**27864**	**14098**	**13766**	**59451**	**32631**	**26820**
20	17156	9217	7939	11203	5656	5547	5661	3382	2279
21	15976	8484	7492	7794	3822	3972	7875	4484	3391
22	17447	9372	8075	4790	2463	2327	12287	6689	5598
23	18443	9991	8452	2534	1342	1192	15433	8378	7055
24	20282	10818	9464	1543	815	728	18195	9698	8497
25-29岁	**141527**	**73593**	**67934**	**2282**	**1195**	**1087**	**135474**	**70370**	**65104**
25	24035	12610	11425	964	501	463	22448	11750	10698
26	24840	13048	11792	543	280	263	23668	12410	11258
27	27470	14321	13149	346	182	164	26419	13757	12662
28	30314	15682	14632	243	137	106	29220	15096	14124
29	34868	17932	16936	186	95	91	33719	17357	16362
30-34岁	**210469**	**107282**	**103187**	**439**	**219**	**220**	**203842**	**103881**	**99961**
30	47796	24674	23122	149	85	64	46168	23793	22375
31	45583	23077	22506	106	54	52	44104	22327	21777
32	39792	20216	19576	78	32	46	38557	19591	18966
33	42228	21526	20702	61	30	31	41028	20930	20098
34	35070	17789	17281	45	18	27	33985	17240	16745
35-39岁	**150795**	**76332**	**74463**	**158**	**82**	**76**	**145748**	**73762**	**71986**
35	29268	14981	14287	34	15	19	28335	14509	13826
36	29038	14556	14482	35	18	17	28026	14032	13994
37	28548	14478	14070	33	19	14	27584	14017	13567
38	33849	17168	16681	27	14	13	32758	16592	16166
39	30092	15149	14943	29	16	13	29045	14612	14433
40-44岁	**142563**	**71856**	**70707**	**97**	**64**	**33**	**137439**	**69401**	**68038**
40	25601	12889	12712	19	10	9	24724	12473	12251
41	30025	15138	14887	23	14	9	29035	14667	14368
42	28945	14500	14445	21	16	5	27859	13965	13894
43	28045	14100	13945	23	15	8	27034	13625	13409
44	29947	15229	14718	11	9	2	28787	14671	14116
45-49岁	**166223**	**83676**	**82547**	**67**	**36**	**31**	**159496**	**80471**	**79025**
45	29350	14817	14533	16	7	9	28159	14249	13910
46	30242	15160	15082	15	8	7	29055	14581	14474
47	31815	16055	15760	7	4	3	30547	15448	15099
48	34857	17606	17251	15	6	9	33467	16946	16521
49	39959	20038	19921	14	11	3	38268	19247	19021
50岁及以上	**731492**	**372993**	**358499**	**175**	**102**	**73**	**679668**	**350558**	**329110**

3-2b 续表 1

单位：人

年 龄	合计								
	肄业			辍学			其他		
	小计	男	女	小计	男	女	小计	男	女
总 计	**14637**	**6228**	**8409**	**21966**	**9532**	**12434**	**45767**	**22214**	**23553**
3									
4									
5-9岁	**14**	**8**	**6**	**24**	**10**	**14**	**476**	**242**	**234**
5				2		2	21	10	11
6	2	1	1	1		1	109	62	47
7	3	2	1	5	2	3	115	65	50
8	5	2	3	8	4	4	118	57	61
9	4	3	1	8	4	4	113	48	65
10-14岁	**39**	**23**	**16**	**99**	**44**	**55**	**582**	**320**	**262**
10	3	1	2	6	1	5	113	62	51
11	7	4	3	9	4	5	125	73	52
12	5	2	3	15	5	10	117	61	56
13	10	7	3	23	14	9	107	55	52
14	14	9	5	46	20	26	120	69	51
15-19岁	**138**	**89**	**49**	**272**	**167**	**105**	**553**	**327**	**226**
15	21	12	9	43	28	15	69	39	30
16	30	20	10	57	32	25	98	67	31
17	23	13	10	56	36	20	126	84	42
18	36	24	12	58	39	19	113	60	53
19	28	20	8	58	32	26	147	77	70
20-24岁	**216**	**144**	**72**	**377**	**241**	**136**	**1396**	**768**	**628**
20	26	20	6	75	45	30	191	114	77
21	30	19	11	75	54	21	202	105	97
22	49	33	16	51	36	15	270	151	119
23	51	29	22	86	54	32	339	188	151
24	60	43	17	90	52	38	394	210	184
25-29岁	**426**	**253**	**173**	**628**	**380**	**248**	**2717**	**1395**	**1322**
25	63	42	21	118	75	43	442	242	200
26	75	45	30	90	63	27	464	250	214
27	89	57	32	105	66	39	511	259	252
28	95	54	41	141	77	64	615	318	297
29	104	55	49	174	99	75	685	326	359
30-34岁	**708**	**414**	**294**	**1000**	**552**	**448**	**4480**	**2216**	**2264**
30	163	101	62	231	132	99	1085	563	522
31	144	87	57	222	135	87	1007	474	533
32	122	69	53	196	103	93	839	421	418
33	145	81	64	170	85	85	824	400	424
34	134	76	58	181	97	84	725	358	367
35-39岁	**574**	**296**	**278**	**880**	**474**	**406**	**3435**	**1718**	**1717**
35	98	41	57	161	96	65	640	320	320
36	118	69	49	174	94	80	685	343	342
37	105	55	50	162	76	86	664	311	353
38	122	62	60	192	104	88	750	396	354
39	131	69	62	191	104	87	696	348	348
40-44岁	**593**	**276**	**317**	**1034**	**501**	**533**	**3400**	**1614**	**1786**
40	100	44	56	170	87	83	588	275	313
41	112	55	57	164	83	81	691	319	372
42	119	51	68	226	107	119	720	361	359
43	119	55	64	230	107	123	639	298	341
44	143	71	72	244	117	127	762	361	401
45-49岁	**959**	**445**	**514**	**1616**	**724**	**892**	**4085**	**2000**	**2085**
45	164	77	87	290	134	156	721	350	371
46	160	74	86	256	126	130	756	371	385
47	192	93	99	308	120	188	761	390	371
48	213	89	124	340	168	172	822	397	425
49	230	112	118	422	176	246	1025	492	533
50岁及以上	**10970**	**4280**	**6690**	**16036**	**6439**	**9597**	**24643**	**11614**	**13029**

3-2b 续表 2 单位：人

年 龄	小学								
	合 计			在 校			毕 业		
	合计	男	女	小计	男	女	小计	男	女
总 计	**497152**	**222166**	**274986**	**158034**	**85374**	**72660**	**301402**	**123008**	**178394**
3									
4									
5-9岁	**100805**	**54277**	**46528**	**97845**	**52690**	**45155**	**2476**	**1345**	**1131**
5	2716	1431	1285	2625	1381	1244	68	40	28
6	18880	10149	8731	18336	9858	8478	438	233	205
7	25107	13422	11685	24383	13036	11347	612	324	288
8	27916	15086	12830	27080	14644	12436	711	382	329
9	26186	14189	11997	25421	13771	11650	647	366	281
10-14岁	**62206**	**33803**	**28403**	**60004**	**32587**	**27417**	**1866**	**1032**	**834**
10	24851	13478	11373	24097	13058	11039	642	360	282
11	23991	13075	10916	23208	12641	10567	666	369	297
12	9570	5238	4332	9150	5008	4142	366	201	165
13	2706	1449	1257	2559	1370	1189	117	62	55
14	1088	563	525	990	510	480	75	40	35
15-19岁	**596**	**347**	**249**	**96**	**60**	**36**	**419**	**239**	**180**
15	95	58	37	33	26	7	44	21	23
16	87	54	33	18	10	8	51	32	19
17	121	68	53	18	8	10	85	51	34
18	130	82	48	15	9	6	101	63	38
19	163	85	78	12	7	5	138	72	66
20-24岁	**1128**	**629**	**499**	**26**	**10**	**16**	**978**	**546**	**432**
20	158	95	63	11	5	6	130	78	52
21	164	94	70	2		2	144	83	61
22	230	125	105	7	2	5	197	106	91
23	255	144	111	2	2		221	127	94
24	321	171	150	4	1	3	286	152	134
25-29岁	**2612**	**1238**	**1374**	**7**	**3**	**4**	**2370**	**1120**	**1250**
25	376	185	191	2	1	1	336	164	172
26	394	187	207				354	164	190
27	520	251	269	3	1	2	478	230	248
28	607	290	317	1		1	550	263	287
29	715	325	390	1	1		652	299	353
30-34岁	**6107**	**2609**	**3498**	**3**	**1**	**2**	**5649**	**2389**	**3260**
30	1075	503	572	1		1	985	462	523
31	1201	535	666	2	1	1	1102	480	622
32	1201	502	699				1116	467	649
33	1374	560	814				1276	509	767
34	1256	509	747				1170	471	699
35-39岁	**6487**	**2491**	**3996**	**1**	**1**		**5950**	**2243**	**3707**
35	1164	471	693				1071	429	642
36	1239	486	753	1	1		1160	443	717
37	1214	468	746				1117	429	688
38	1440	532	908				1312	467	845
39	1430	534	896				1290	475	815
40-44岁	**10611**	**3937**	**6674**	**3**		**3**	**9738**	**3627**	**6111**
40	1394	510	884	1		1	1268	466	802
41	1974	735	1239	2		2	1816	678	1138
42	2118	761	1357				1946	697	1249
43	2342	894	1448				2143	816	1327
44	2783	1037	1746				2565	970	1595
45-49岁	**21855**	**7711**	**14144**	**2**	**1**	**1**	**20098**	**7100**	**12998**
45	3094	1126	1968				2836	1027	1809
46	3592	1239	2353	1	1		3302	1137	2165
47	4059	1460	2599				3745	1352	2393
48	4946	1740	3206	1		1	4547	1609	2938
49	6164	2146	4018				5668	1975	3693
50岁及以上	**284745**	**115124**	**169621**	**47**	**21**	**26**	**251858**	**103367**	**148491**

3-2b 续表 3

单位：人

年 龄	小学								
	肄业			辍学			其他		
	小计	男	女	小计	男	女	小计	男	女
总 计	**8765**	**2979**	**5786**	**13479**	**4766**	**8713**	**15472**	**6039**	**9433**
3									
4									
5-9岁	**14**	**8**	**6**	**24**	**10**	**14**	**446**	**224**	**222**
5				2		2	21	10	11
6	2	1	1	1		1	103	57	46
7	3	2	1	5	2	3	104	58	46
8	5	2	3	8	4	4	112	54	58
9	4	3	1	8	4	4	106	45	61
10-14岁	**21**	**14**	**7**	**40**	**15**	**25**	**275**	**155**	**120**
10	3	1	2	6	1	5	103	58	45
11	7	4	3	9	4	5	101	57	44
12	2	1	1	10	3	7	42	25	17
13	5	4	1	6	4	2	19	9	10
14	4	4		9	3	6	10	6	4
15-19岁	**13**	**8**	**5**	**35**	**22**	**13**	**33**	**18**	**15**
15	3	1	2	10	5	5	5	5	
16	5	3	2	7	6	1	6	3	3
17	2	1	1	7	4	3	9	4	5
18	3	3		7	6	1	4	1	3
19				4	1	3	9	5	4
20-24岁	**8**	**6**	**2**	**53**	**38**	**15**	**63**	**29**	**34**
20	1	1		10	7	3	6	4	2
21	2	2		6	5	1	10	4	6
22				11	10	1	15	7	8
23	3	1	2	13	8	5	16	6	10
24	2	2		13	8	5	16	8	8
25-29岁	**33**	**19**	**14**	**65**	**35**	**30**	**137**	**61**	**76**
25	5	3	2	11	5	6	22	12	10
26	7	3	4	9	7	2	24	13	11
27	5	4	1	10	6	4	24	10	14
28	10	5	5	17	12	5	29	10	19
29	6	4	2	18	5	13	38	16	22
30-34岁	**63**	**37**	**26**	**167**	**71**	**96**	**225**	**111**	**114**
30	14	7	7	30	12	18	45	22	23
31	13	10	3	37	20	17	47	24	23
32	12	6	6	32	10	22	41	19	22
33	18	9	9	34	16	18	46	26	20
34	6	5	1	34	13	21	46	20	26
35-39岁	**83**	**31**	**52**	**193**	**87**	**106**	**260**	**129**	**131**
35	15	3	12	35	16	19	43	23	20
36	9	6	3	25	11	14	44	25	19
37	13	5	8	36	13	23	48	21	27
38	22	8	14	50	25	25	56	32	24
39	24	9	15	47	22	25	69	28	41
40-44岁	**112**	**33**	**79**	**316**	**120**	**196**	**442**	**157**	**285**
40	17	3	14	48	21	27	60	20	40
41	29	8	21	50	17	33	77	32	45
42	20	8	12	69	26	43	83	30	53
43	16	6	10	76	30	46	107	42	65
44	30	8	22	73	26	47	115	33	82
45-49岁	**313**	**117**	**196**	**662**	**228**	**434**	**780**	**265**	**515**
45	40	16	24	102	33	69	116	50	66
46	51	20	31	105	42	63	133	39	94
47	62	28	34	115	34	81	137	46	91
48	79	24	55	156	61	95	163	46	117
49	81	29	52	184	58	126	231	84	147
50岁及以上	**8105**	**2706**	**5399**	**11924**	**4140**	**7784**	**12811**	**4890**	**7921**

3-2b　续表 4　　　　　　　　　　　　　　　　　　　　　　　　　　单位：人

年　龄	初　　中								
	合　　计			在　　校			毕　　业		
	合计	男	女	小计	男	女	小计	男	女
总　计	**783119**	**411797**	**371322**	**74317**	**40592**	**33725**	**678574**	**355294**	**323280**
3									
4									
5-9岁	**1559**	**872**	**687**	**1406**	**774**	**632**	**123**	**80**	**43**
5									
6	248	153	95	223	135	88	19	13	6
7	341	201	140	306	176	130	24	18	6
8	432	238	194	381	210	171	45	25	20
9	538	280	258	496	253	243	35	24	11
10-14岁	**61052**	**33313**	**27739**	**58230**	**31714**	**26516**	**2447**	**1399**	**1048**
10	790	421	369	717	377	340	63	40	23
11	2080	1109	971	1948	1037	911	108	56	52
12	16012	8611	7401	15329	8232	7097	600	340	260
13	21457	11777	9680	20546	11241	9305	803	477	326
14	20713	11395	9318	19690	10827	8863	873	486	387
15-19岁	**19710**	**11198**	**8512**	**14507**	**8018**	**6489**	**4788**	**2940**	**1848**
15	9320	5191	4129	8870	4925	3945	362	214	148
16	3920	2202	1718	3234	1781	1453	602	374	228
17	2383	1386	997	1294	708	586	1021	641	380
18	1962	1167	795	673	377	296	1205	739	466
19	2125	1252	873	436	227	209	1598	972	626
20-24岁	**17684**	**10077**	**7607**	**72**	**41**	**31**	**16859**	**9580**	**7279**
20	2306	1396	910	30	19	11	2166	1312	854
21	2577	1536	1041	12	9	3	2464	1463	1001
22	3432	1966	1466	14	6	8	3272	1863	1409
23	4237	2349	1888	9	3	6	4048	2241	1807
24	5132	2830	2302	7	4	3	4909	2701	2208
25-29岁	**42960**	**22467**	**20493**	**18**	**8**	**10**	**41252**	**21532**	**19720**
25	6553	3532	3021	6	3	3	6266	3367	2899
26	7201	3865	3336	4	1	3	6946	3716	3230
27	8185	4344	3841	5	3	2	7865	4162	3703
28	9458	4827	4631	3	1	2	9071	4619	4452
29	11563	5899	5664				11104	5668	5436
30-34岁	**77379**	**38161**	**39218**	**20**	**9**	**11**	**74399**	**36669**	**37730**
30	16904	8625	8279	9	5	4	16167	8239	7928
31	16373	8113	8260	4	2	2	15716	7779	7937
32	14281	7071	7210	2		2	13753	6806	6947
33	15934	7718	8216	1		1	15408	7470	7938
34	13887	6634	7253	4	2	2	13355	6375	6980
35-39岁	**67432**	**32459**	**34973**	**4**	**3**	**1**	**64832**	**31177**	**33655**
35	12396	5980	6416	1		1	11922	5747	6175
36	13108	6175	6933	2	2		12557	5897	6660
37	12775	6177	6598				12287	5952	6335
38	15312	7453	7859				14772	7174	7598
39	13841	6674	7167	1	1		13294	6407	6887
40-44岁	**74411**	**36097**	**38314**	**8**	**3**	**5**	**71668**	**34809**	**36859**
40	12208	5800	6408	3	1	2	11776	5601	6175
41	14946	7230	7716	1	1		14425	6988	7437
42	15129	7322	7807				14534	7028	7506
43	15332	7410	7922	4	1	3	14773	7164	7609
44	16796	8335	8461				16160	8028	8132
45-49岁	**97398**	**48443**	**48955**	**10**	**1**	**9**	**93696**	**46589**	**47107**
45	16783	8210	8573	2		2	16108	7886	8222
46	17604	8663	8941	2		2	16969	8335	8634
47	18754	9315	9439				18012	8936	9076
48	20384	10241	10143	4		4	19641	9861	9780
49	23873	12014	11859	2	1	1	22966	11571	11395
50岁及以上	**323534**	**178710**	**144824**	**42**	**21**	**21**	**308510**	**170519**	**137991**

3-2b 续表 5 单位：人

年龄	初中								
	肄业			辍学			其他		
	小计	男	女	小计	男	女	小计	男	女
总计	**4127**	**2209**	**1918**	**6858**	**3770**	**3088**	**19243**	**9932**	**9311**
3									
4									
5-9岁							**30**	**18**	**12**
5									
6							6	5	1
7							11	7	4
8							6	3	3
9							7	3	4
10-14岁	**18**	**9**	**9**	**57**	**29**	**28**	**300**	**162**	**138**
10							10	4	6
11							24	16	8
12	3	1	2	5	2	3	75	36	39
13	5	3	2	17	10	7	86	46	40
14	10	5	5	35	17	18	105	60	45
15-19岁	**74**	**47**	**27**	**148**	**93**	**55**	**193**	**100**	**93**
15	16	10	6	31	22	9	41	20	21
16	15	11	4	39	19	20	30	17	13
17	9	4	5	24	15	9	35	18	17
18	20	11	9	27	21	6	37	19	18
19	14	11	3	27	16	11	50	26	24
20-24岁	**91**	**61**	**30**	**198**	**131**	**67**	**464**	**264**	**200**
20	10	7	3	45	27	18	55	31	24
21	11	8	3	35	26	9	55	30	25
22	21	15	6	27	19	8	98	63	35
23	21	13	8	43	28	15	116	64	52
24	28	18	10	48	31	17	140	76	64
25-29岁	**173**	**103**	**70**	**385**	**232**	**153**	**1132**	**592**	**540**
25	24	17	7	76	51	25	181	94	87
26	27	15	12	46	32	14	178	101	77
27	38	22	16	67	41	26	210	116	94
28	37	22	15	91	45	46	256	140	116
29	47	27	20	105	63	42	307	141	166
30-34岁	**326**	**188**	**138**	**588**	**327**	**261**	**2046**	**968**	**1078**
30	77	47	30	146	84	62	505	250	255
31	64	39	25	126	80	46	463	213	250
32	55	31	24	112	61	51	359	173	186
33	58	35	23	100	46	54	367	167	200
34	72	36	36	104	56	48	352	165	187
35-39岁	**278**	**142**	**136**	**523**	**296**	**227**	**1795**	**841**	**954**
35	45	16	29	94	56	38	334	161	173
36	70	43	27	113	64	49	366	169	197
37	46	21	25	101	53	48	341	151	190
38	50	25	25	106	61	45	384	193	191
39	67	37	30	109	62	47	370	167	203
40-44岁	**315**	**150**	**165**	**570**	**294**	**276**	**1850**	**841**	**1009**
40	45	22	23	95	50	45	289	126	163
41	48	25	23	92	52	40	380	164	216
42	70	28	42	126	64	62	399	202	197
43	76	33	43	124	57	67	355	155	200
44	76	42	34	133	71	62	427	194	233
45-49岁	**494**	**242**	**252**	**815**	**421**	**394**	**2383**	**1190**	**1193**
45	98	48	50	149	78	71	426	198	228
46	81	40	41	124	68	56	428	220	208
47	102	53	49	173	80	93	467	246	221
48	98	47	51	161	92	69	480	241	239
49	115	54	61	208	103	105	582	285	297
50岁及以上	**2358**	**1267**	**1091**	**3574**	**1947**	**1627**	**9050**	**4956**	**4094**

3-2b 续表 6

单位：人

年 龄	高中								
	合计			在校			毕业		
	合计	男	女	小计	男	女	小计	男	女
总 计	**360833**	**206497**	**154336**	**63847**	**35110**	**28737**	**287446**	**165854**	**121592**
3									
4									
5-9岁	**1**		**1**				**1**		**1**
5									
6									
7									
8	1		1				1		1
9									
10-14岁	**1792**	**947**	**845**	**1704**	**904**	**800**	**79**	**40**	**39**
10	1	1		1	1				
11	1	1		1	1				
12	4	1	3	2	1	1	2		2
13	371	187	184	345	175	170	24	12	12
14	1415	757	658	1355	726	629	53	28	25
15-19岁	**63600**	**35196**	**28404**	**60039**	**32995**	**27044**	**3224**	**2001**	**1223**
15	14876	8117	6759	14746	8047	6699	104	55	49
16	20818	11408	9410	20494	11214	9280	261	152	109
17	17522	9617	7905	16796	9157	7639	629	394	235
18	7038	4040	2998	6007	3422	2585	955	577	378
19	3346	2014	1332	1996	1155	841	1275	823	452
20-24岁	**16424**	**9949**	**6475**	**2024**	**1164**	**860**	**13856**	**8464**	**5392**
20	2772	1728	1044	956	552	404	1727	1118	609
21	2689	1653	1036	448	245	203	2131	1347	784
22	3129	1883	1246	285	170	115	2763	1669	1094
23	3662	2235	1427	194	114	80	3345	2044	1301
24	4172	2450	1722	141	83	58	3890	2286	1604
25-29岁	**32771**	**18237**	**14534**	**39**	**25**	**14**	**31789**	**17690**	**14099**
25	5096	2911	2185	14	8	6	4938	2814	2124
26	5403	3056	2347	7	5	2	5232	2953	2279
27	6394	3572	2822	14	10	4	6201	3466	2735
28	7237	3994	3243	3	2	1	7024	3883	3141
29	8641	4704	3937	1		1	8394	4574	3820
30-34岁	**53250**	**28776**	**24474**	**6**	**2**	**4**	**51670**	**27916**	**23754**
30	12048	6570	5478				11679	6343	5336
31	11693	6274	5419	1	1		11342	6092	5250
32	10314	5518	4796	3		3	10001	5360	4641
33	10698	5777	4921				10403	5624	4779
34	8497	4637	3860	2	1	1	8245	4497	3748
35-39岁	**36314**	**19541**	**16773**	**9**	**6**	**3**	**35214**	**18934**	**16280**
35	7051	3815	3236	3	2	1	6846	3697	3149
36	6780	3597	3183	2	1	1	6560	3482	3078
37	6804	3670	3134	1	1		6602	3569	3033
38	8137	4448	3689	2	1	1	7886	4308	3578
39	7542	4011	3531	1	1		7320	3878	3442
40-44岁	**32831**	**18049**	**14782**	**8**	**5**	**3**	**31863**	**17514**	**14349**
40	6510	3582	2928	1	1		6317	3483	2834
41	7360	4051	3309	3	2	1	7155	3937	3218
42	6714	3610	3104	1	1		6512	3505	3007
43	6073	3381	2692	3	1	2	5908	3285	2623
44	6174	3425	2749				5971	3304	2667
45-49岁	**30337**	**17419**	**12918**	**5**	**2**	**3**	**29416**	**16895**	**12521**
45	5770	3288	2482	1		1	5580	3177	2403
46	5657	3237	2420	1	1		5469	3134	2335
47	5747	3278	2469				5594	3193	2401
48	6301	3616	2685	1		1	6131	3517	2614
49	6862	4000	2862	2	1	1	6642	3874	2768
50岁及以上	**93513**	**58383**	**35130**	**13**	**7**	**6**	**90334**	**56400**	**33934**

3-2b 续表 7

单位：人

年 龄	高中								
	肄业			辍学			其他		
	小计	男	女	小计	男	女	小计	男	女
总 计	**1200**	**723**	**477**	**1501**	**910**	**591**	**6839**	**3900**	**2939**
3									
4									
5-9岁									
5									
6									
7									
8									
9									
10-14岁				**2**		**2**	**7**	**3**	**4**
10									
11									
12									
13							2		2
14				2		2	5	3	2
15-19岁	**43**	**29**	**14**	**79**	**44**	**35**	**215**	**127**	**88**
15	2	1	1	2	1	1	22	13	9
16	10	6	4	11	7	4	42	29	13
17	11	8	3	23	15	8	63	43	20
18	10	8	2	22	11	11	44	22	22
19	10	6	4	21	10	11	44	20	24
20-24岁	**55**	**39**	**16**	**98**	**56**	**42**	**391**	**226**	**165**
20	8	6	2	16	10	6	65	42	23
21	11	6	5	28	17	11	71	38	33
22	11	9	2	8	4	4	62	31	31
23	11	7	4	21	14	7	91	56	35
24	14	11	3	25	11	14	102	59	43
25-29岁	**112**	**73**	**39**	**158**	**98**	**60**	**673**	**351**	**322**
25	19	15	4	28	16	12	97	58	39
26	16	12	4	30	21	9	118	65	53
27	23	16	7	26	17	9	130	63	67
28	23	14	9	29	17	12	158	78	80
29	31	16	15	45	27	18	170	87	83
30-34岁	**182**	**112**	**70**	**216**	**134**	**82**	**1176**	**612**	**564**
30	38	25	13	48	31	17	283	171	112
31	42	27	15	52	30	22	256	124	132
32	32	18	14	46	29	17	232	111	121
33	39	21	18	30	18	12	226	114	112
34	31	21	10	40	26	14	179	92	87
35-39岁	**121**	**76**	**45**	**151**	**84**	**67**	**819**	**441**	**378**
35	23	16	7	29	23	6	150	77	73
36	22	14	8	29	15	14	167	85	82
37	22	15	7	24	9	15	155	76	79
38	29	17	12	35	18	17	185	104	81
39	25	14	11	34	19	15	162	99	63
40-44岁	**119**	**63**	**56**	**142**	**83**	**59**	**699**	**384**	**315**
40	26	9	17	25	16	9	141	73	68
41	26	17	9	22	14	8	154	81	73
42	15	7	8	29	15	14	157	82	75
43	23	14	9	29	19	10	110	62	48
44	29	16	13	37	19	18	137	86	51
45-49岁	**127**	**71**	**56**	**134**	**71**	**63**	**655**	**380**	**275**
45	23	12	11	38	22	16	128	77	51
46	24	12	12	27	16	11	136	74	62
47	23	11	12	20	6	14	110	68	42
48	31	14	17	23	15	8	115	70	45
49	26	22	4	26	12	14	166	91	75
50岁及以上	**441**	**260**	**181**	**521**	**340**	**181**	**2204**	**1376**	**828**

3-2b　续表 8　　　　单位：人

年　龄	大学专科								
	合　计			在　校			毕　业		
	合计	男	女	小计	男	女	小计	男	女
总　计	**183437**	**100845**	**82592**	**23167**	**12180**	**10987**	**157188**	**86912**	**70276**
3									
4									
5-9岁									
5									
6									
7									
8									
9									
10-14岁	**5**	**3**	**2**	**4**	**2**	**2**	**1**	**1**	
10									
11									
12	1	1					1	1	
13									
14	4	2	2	4	2	2			
15-19岁	**14095**	**7570**	**6525**	**12948**	**6894**	**6054**	**1036**	**593**	**443**
15	717	378	339	702	369	333	14	8	6
16	1400	768	632	1345	729	616	35	21	14
17	1969	1111	858	1850	1041	809	97	49	48
18	4070	2224	1846	3779	2054	1725	265	153	112
19	5939	3089	2850	5272	2701	2571	625	362	263
20-24岁	**26886**	**14228**	**12658**	**9230**	**4761**	**4469**	**17265**	**9248**	**8017**
20	5950	3060	2890	4466	2255	2211	1418	765	653
21	4844	2528	2316	2357	1204	1153	2427	1292	1135
22	5178	2785	2393	1336	721	615	3760	2019	1741
23	5319	2881	2438	681	376	305	4549	2453	2096
24	5595	2974	2621	390	205	185	5111	2719	2392
25-29岁	**35194**	**18442**	**16752**	**642**	**331**	**311**	**33996**	**17811**	**16185**
25	6423	3393	3030	234	115	119	6088	3215	2873
26	6358	3368	2990	142	75	67	6104	3235	2869
27	6931	3660	3271	111	61	50	6719	3541	3178
28	7404	3844	3560	82	39	43	7201	3739	3462
29	8078	4177	3901	73	41	32	7884	4081	3803
30-34岁	**43626**	**22692**	**20934**	**171**	**85**	**86**	**42699**	**22213**	**20486**
30	10599	5526	5073	57	32	25	10358	5396	4962
31	9768	5016	4752	44	19	25	9553	4908	4645
32	8344	4235	4109	26	12	14	8163	4140	4023
33	8348	4434	3914	31	17	14	8185	4351	3834
34	6567	3481	3086	13	5	8	6440	3418	3022
35-39岁	**21660**	**11700**	**9960**	**65**	**31**	**34**	**21214**	**11457**	**9757**
35	4842	2662	2180	13	6	7	4753	2618	2135
36	4246	2319	1927	15	7	8	4147	2262	1885
37	4072	2163	1909	15	9	6	3975	2109	1866
38	4673	2462	2211	12	5	7	4580	2415	2165
39	3827	2094	1733	10	4	6	3759	2053	1706
40-44岁	**13500**	**7441**	**6059**	**36**	**25**	**11**	**13173**	**7257**	**5916**
40	2926	1545	1381	6	4	2	2853	1503	1350
41	3139	1680	1459	6	3	3	3081	1648	1433
42	2777	1572	1205	9	6	3	2698	1529	1169
43	2333	1320	1013	8	7	1	2284	1292	992
44	2325	1324	1001	7	5	2	2257	1285	972
45-49岁	**9340**	**5611**	**3729**	**27**	**20**	**7**	**9134**	**5484**	**3650**
45	2047	1225	822	7	5	2	2009	1205	804
46	1896	1101	795	7	4	3	1852	1074	778
47	1832	1125	707	3	3		1794	1101	693
48	1841	1125	716	4	3	1	1794	1096	698
49	1724	1035	689	6	5	1	1685	1008	677
50岁及以上	**19131**	**13158**	**5973**	**44**	**31**	**13**	**18670**	**12848**	**5822**

3-2b 续表 9

单位：人

年龄	大学专科								
	肄业			辍学			其他		
	小计	男	女	小计	男	女	小计	男	女
总计	**354**	**206**	**148**	**109**	**72**	**37**	**2619**	**1475**	**1144**
3									
4									
5-9岁									
5									
6									
7									
8									
9									
10-14岁									
10									
11									
12									
13									
14									
15-19岁	**6**	**3**	**3**	**9**	**8**	**1**	**96**	**72**	**24**
15							1	1	
16							20	18	2
17	1		1	2	2		19	19	
18	2	1	1	1	1		23	15	8
19	3	2	1	6	5	1	33	19	14
20-24岁	**43**	**28**	**15**	**22**	**12**	**10**	**326**	**179**	**147**
20	6	6		4	1	3	56	33	23
21	5	2	3	4	4		51	26	25
22	11	5	6	5	3	2	66	37	29
23	12	8	4	6	3	3	71	41	30
24	9	7	2	3	1	2	82	42	40
25-29岁	**72**	**40**	**32**	**16**	**12**	**4**	**468**	**248**	**220**
25	11	6	5	2	2		88	55	33
26	17	10	7	5	3	2	90	45	45
27	15	9	6	2	2		84	47	37
28	17	10	7	2	2		102	54	48
29	12	5	7	5	3	2	104	47	57
30-34岁	**83**	**44**	**39**	**26**	**18**	**8**	**647**	**332**	**315**
30	22	15	7	5	4	1	157	79	78
31	14	6	8	7	5	2	150	78	72
32	14	7	7	6	3	3	135	73	62
33	18	9	9	5	4	1	109	53	56
34	15	7	8	3	2	1	96	49	47
35-39岁	**54**	**28**	**26**	**11**	**5**	**6**	**316**	**179**	**137**
35	8	4	4	2		2	66	34	32
36	12	4	8	7	4	3	65	42	23
37	12	7	5	1	1		69	37	32
38	15	9	6	1		1	65	33	32
39	7	4	3				51	33	18
40-44岁	**26**	**17**	**9**	**6**	**4**	**2**	**259**	**138**	**121**
40	6	5	1	2		2	59	33	26
41	4	3	1				48	26	22
42	9	5	4	2	2		59	30	29
43	1		1	1	1		39	20	19
44	6	4	2	1	1		54	29	25
45-49岁	**19**	**10**	**9**	**5**	**4**	**1**	**155**	**93**	**62**
45	3	1	2	1	1		27	13	14
46	2	1	1				35	22	13
47	4		4				31	21	10
48	4	3	1				39	23	16
49	6	5	1	4	3	1	23	14	9
50岁及以上	**51**	**36**	**15**	**14**	**9**	**5**	**352**	**234**	**118**

3-2b 续表 10

单位：人

年 龄	大学本科								
	合 计			在 校			毕 业		
	合计	男	女	小计	男	女	小计	男	女
总 计	**130574**	**67795**	**62779**	**24349**	**11842**	**12507**	**104611**	**55061**	**49550**
3									
4									
5-9岁									
5									
6									
7									
8									
9									
10-14岁	**1**		**1**	**1**		**1**			
10	1		1	1		1			
11									
12									
13									
14									
15-19岁	**8432**	**3944**	**4488**	**8245**	**3856**	**4389**	**168**	**76**	**92**
15	39	18	21	36	16	20	3	2	1
16	62	36	26	58	34	24	4	2	2
17	355	157	198	344	149	195	11	8	3
18	2563	1228	1335	2514	1204	1310	42	20	22
19	5413	2505	2908	5293	2453	2840	108	44	64
20-24岁	**25560**	**12240**	**13320**	**15105**	**7443**	**7662**	**10291**	**4718**	**5573**
20	5956	2932	3024	5726	2819	2907	220	109	111
21	5640	2642	2998	4920	2337	2583	702	295	407
22	5139	2462	2677	2824	1417	1407	2282	1029	1253
23	4402	2111	2291	1146	602	544	3208	1489	1719
24	4423	2093	2330	489	268	221	3879	1796	2083
25-29岁	**25146**	**11889**	**13257**	**731**	**402**	**329**	**24096**	**11338**	**12758**
25	4942	2295	2647	326	189	137	4561	2084	2477
26	4893	2315	2578	183	99	84	4654	2188	2466
27	4902	2249	2653	93	45	48	4740	2176	2564
28	5035	2444	2591	71	43	28	4893	2365	2528
29	5374	2586	2788	58	26	32	5248	2525	2723
30-34岁	**27480**	**13682**	**13798**	**121**	**53**	**68**	**26952**	**13421**	**13531**
30	6556	3137	3419	39	20	19	6410	3068	3342
31	5984	2851	3133	29	14	15	5859	2799	3060
32	5151	2630	2521	23	7	16	5059	2579	2480
33	5341	2754	2587	14	6	8	5245	2705	2540
34	4448	2310	2138	16	6	10	4379	2270	2109
35-39岁	**17106**	**9102**	**8004**	**62**	**31**	**31**	**16786**	**8934**	**7852**
35	3484	1861	1623	14	5	9	3419	1829	1590
36	3311	1776	1535	11	5	6	3260	1749	1511
37	3319	1789	1530	13	7	6	3248	1752	1496
38	3868	2027	1841	10	7	3	3799	1988	1811
39	3124	1649	1475	14	7	7	3060	1616	1444
40-44岁	**10187**	**5691**	**4496**	**37**	**26**	**11**	**9998**	**5570**	**4428**
40	2303	1300	1003	7	3	4	2257	1273	984
41	2349	1287	1062	9	6	3	2307	1264	1043
42	2000	1094	906	10	8	2	1965	1068	897
43	1810	1003	807	7	5	2	1776	980	796
44	1725	1007	718	4	4		1693	985	708
45-49岁	**6762**	**4147**	**2615**	**19**	**10**	**9**	**6635**	**4065**	**2570**
45	1525	885	640	5	2	3	1497	871	626
46	1372	848	524	3	1	2	1347	832	515
47	1327	814	513	4	1	3	1308	804	504
48	1290	822	468	4	3	1	1262	802	460
49	1248	778	470	3	3		1221	756	465
50岁及以上	**9900**	**7100**	**2800**	**28**	**21**	**7**	**9685**	**6939**	**2746**

3-2b 续表 11　　　　单位：人

年龄	大学本科								
	肄业			辍学			其他		
	小计	男	女	小计	男	女	小计	男	女
总计	**180**	**102**	**78**	**18**	**13**	**5**	**1416**	**777**	**639**
3									
4									
5-9岁									
5									
6									
7									
8									
9									
10-14岁									
10									
11									
12									
13									
14									
15-19岁	**2**	**2**		**1**		**1**	**16**	**10**	**6**
15									
16									
17									
18	1	1		1		1	5	3	2
19	1	1					11	7	4
20-24岁	**19**	**10**	**9**	**6**	**4**	**2**	**139**	**65**	**74**
20	1		1				9	4	5
21	1	1		2	2		15	7	8
22	6	4	2				27	12	15
23	4		4	3	1	2	41	19	22
24	7	5	2	1	1		47	23	24
25-29岁	**35**	**17**	**18**	**4**	**3**	**1**	**280**	**129**	**151**
25	4	1	3	1	1		50	20	30
26	8	5	3				48	23	25
27	8	6	2				61	22	39
28	7	2	5	2	1	1	62	33	29
29	8	3	5	1	1		59	31	28
30-34岁	**47**	**27**	**20**	**3**	**2**	**1**	**357**	**179**	**178**
30	12	7	5	2	1	1	93	41	52
31	10	4	6				86	34	52
32	7	6	1				62	38	24
33	10	5	5	1	1		71	37	34
34	8	5	3				45	29	16
35-39岁	**36**	**18**	**18**	**2**	**2**		**220**	**117**	**103**
35	6	1	5	1	1		44	25	19
36	5	2	3				35	20	15
37	11	7	4				47	23	24
38	6	3	3				53	29	24
39	8	5	3	1	1		41	20	21
40-44岁	**21**	**13**	**8**				**131**	**82**	**49**
40	6	5	1				33	19	14
41	5	2	3				28	15	13
42	5	3	2				20	15	5
43	3	2	1				24	16	8
44	2	1	1				26	17	9
45-49岁	**5**	**4**	**1**				**103**	**68**	**35**
45							23	12	11
46	2	1	1				20	14	6
47	1	1					14	8	6
48							24	17	7
49	2	2					22	17	5
50岁及以上	**15**	**11**	**4**	**2**	**2**		**170**	**127**	**43**

3-2b 续表 12

单位：人

年 龄	硕士研究生								
	合 计			在 校			毕 业		
	合计	男	女	小计	男	女	小计	男	女
总 计	**10095**	**5343**	**4752**	**2161**	**1052**	**1109**	**7843**	**4239**	**3604**
3									
4									
5-9岁									
5									
6									
7									
8									
9									
10-14岁									
10									
11									
12									
13									
14									
15-19岁	**13**	**8**	**5**	**12**	**7**	**5**	**1**	**1**	
15									
16									
17	3	2	1	3	2	1			
18	2	2		1	1		1	1	
19	8	4	4	8	4	4			
20-24岁	**1568**	**732**	**836**	**1366**	**661**	**705**	**191**	**68**	**123**
20	13	5	8	13	5	8			
21	60	30	30	53	26	27	7	4	3
22	332	146	186	319	143	176	12	3	9
23	558	268	290	496	244	252	59	23	36
24	605	283	322	485	243	242	113	38	75
25-29岁	**2625**	**1185**	**1440**	**698**	**331**	**367**	**1909**	**843**	**1066**
25	599	264	335	346	162	184	250	100	150
26	558	236	322	184	85	99	372	149	223
27	482	216	266	77	39	38	403	176	227
28	527	253	274	55	30	25	466	219	247
29	459	216	243	36	15	21	418	199	219
30-34岁	**2371**	**1205**	**1166**	**66**	**38**	**28**	**2283**	**1151**	**1132**
30	559	278	281	24	16	8	534	262	272
31	512	259	253	11	8	3	499	249	250
32	446	229	217	16	11	5	422	212	210
33	480	250	230	9	2	7	466	244	222
34	374	189	185	6	1	5	362	184	178
35-39岁	**1634**	**934**	**700**	**11**	**9**	**2**	**1610**	**920**	**690**
35	304	174	130	1	1		300	172	128
36	322	184	138	3	2	1	317	182	135
37	329	189	140	2	2		325	186	139
38	385	219	166	2	1	1	378	215	163
39	294	168	126	3	3		290	165	125
40-44岁	**907**	**570**	**337**	**3**	**3**		**890**	**559**	**331**
40	230	135	95				225	132	93
41	226	136	90	1	1		222	135	87
42	181	125	56	1	1		178	122	56
43	139	82	57	1	1		136	79	57
44	131	92	39				129	91	38
45-49岁	**453**	**295**	**158**	**4**	**2**	**2**	**445**	**292**	**153**
45	116	73	43	1		1	114	73	41
46	107	64	43	1	1		106	63	43
47	84	57	27				83	57	26
48	70	45	25	1		1	67	44	23
49	76	56	20	1	1		75	55	20
50岁及以上	**524**	**414**	**110**	**1**	**1**		**514**	**405**	**109**

3-2b 续表 13

单位：人

年 龄	硕士研究生								
	肄 业			辍 学			其 他		
	小计	男	女	小计	男	女	小计	男	女
总 计	**10**	**9**	**1**	**1**	**1**		**80**	**42**	**38**
3									
4									
5-9岁									
5									
6									
7									
8									
9									
10-14岁									
10									
11									
12									
13									
14									
15-19岁									
15									
16									
17									
18									
19									
20-24岁							**11**	**3**	**8**
20									
21									
22							1		1
23							3	1	2
24							7	2	5
25-29岁	**1**	**1**					**17**	**10**	**7**
25							3	2	1
26							2	2	
27							2	1	1
28	1	1					5	3	2
29							5	2	3
30-34岁	**7**	**6**	**1**				**15**	**10**	**5**
30							1		1
31	1	1					1	1	
32	2	1	1				6	5	1
33	2	2					3	2	1
34	2	2					4	2	2
35-39岁	**1**	**1**					**12**	**4**	**8**
35	1	1					2		2
36							2		2
37							2	1	1
38							5	3	2
39							1		1
40-44岁							**14**	**8**	**6**
40							5	3	2
41							3		3
42							2	2	
43							2	2	
44							2	1	1
45-49岁	**1**	**1**					**3**		**3**
45							1		1
46									
47							1		1
48	1	1					1		1
49									
50岁及以上				**1**	**1**		**8**	**7**	**1**

3-2b　续表 14　　　　　　　　　　　　　　　　　　单位：人

年　龄	博士研究生								
	合　计			在　校			毕　业		
	合计	男	女	小计	男	女	小计	男	女
总　计	**1032**	**651**	**381**	**250**	**149**	**101**	**683**	**453**	**230**
3									
4									
5-9岁									
5									
6									
7									
8									
9									
10-14岁									
10									
11									
12									
13									
14									
15-19岁	**2**	**2**		**2**	**2**				
15									
16									
17									
18									
19	2	2		2	2				
20-24岁	**54**	**27**	**27**	**41**	**18**	**23**	**11**	**7**	**4**
20	1	1		1	1				
21	2	1	1	2	1	1			
22	7	5	2	5	4	1	1		1
23	10	3	7	6	1	5	3	1	2
24	34	17	17	27	11	16	7	6	1
25-29岁	**219**	**135**	**84**	**147**	**95**	**52**	**62**	**36**	**26**
25	46	30	16	36	23	13	9	6	3
26	33	21	12	23	15	8	6	5	1
27	56	29	27	43	23	20	13	6	7
28	46	30	16	28	22	6	15	8	7
29	38	25	13	17	12	5	19	11	8
30-34岁	**256**	**157**	**99**	**52**	**31**	**21**	**190**	**122**	**68**
30	55	35	20	19	12	7	35	23	12
31	52	29	23	15	9	6	33	20	13
32	55	31	24	8	2	6	43	27	16
33	53	33	20	6	5	1	45	27	18
34	41	29	12	4	3	1	34	25	9
35-39岁	**162**	**105**	**57**	**6**	**1**	**5**	**142**	**97**	**45**
35	27	18	9	2	1	1	24	17	7
36	32	19	13	1		1	25	17	8
37	35	22	13	2		2	30	20	10
38	34	27	7	1		1	31	25	6
39	34	19	15				32	18	14
40-44岁	**116**	**71**	**45**	**2**	**2**		**109**	**65**	**44**
40	30	17	13	1	1		28	15	13
41	31	19	12	1	1		29	17	12
42	26	16	10				26	16	10
43	16	10	6				14	9	5
44	13	9	4				12	8	4
45-49岁	**78**	**50**	**28**				**72**	**46**	**26**
45	15	10	5				15	10	5
46	14	8	6				10	6	4
47	12	6	6				11	5	6
48	25	17	8				25	17	8
49	12	9	3				11	8	3
50岁及以上	**145**	**104**	**41**				**97**	**80**	**17**

3-2b 续表 15

单位：人

年 龄	博士研究生								
	肄 业			辍 学			其 他		
	小计	男	女	小计	男	女	小计	男	女
总 计	**1**		**1**				**98**	**49**	**49**
3									
4									
5-9岁									
5									
6									
7									
8									
9									
10-14岁									
10									
11									
12									
13									
14									
15-19岁									
15									
16									
17									
18									
19									
20-24岁							**2**	**2**	
20									
21									
22							1	1	
23							1	1	
24									
25-29岁							**10**	**4**	**6**
25							1	1	
26							4	1	3
27									
28							3		3
29							2	2	
30-34岁							**14**	**4**	**10**
30							1		1
31							4		4
32							4	2	2
33							2	1	1
34							3	1	2
35-39岁	**1**		**1**				**13**	**7**	**6**
35							1		1
36							6	2	4
37	1		1				2	2	
38							2	2	
39							2	1	1
40-44岁							**5**	**4**	**1**
40							1	1	
41							1	1	
42									
43							2	1	1
44							1	1	
45-49岁							**6**	**4**	**2**
45									
46							4	2	2
47							1	1	
48									
49							1	1	
50岁及以上							**48**	**24**	**24**

3-2c　全省分年龄、性别、学业完成情况的3岁及以上各种受教育程度人口(乡村)

单位：人

年　龄	合计								
	合　计			在　校			毕　业		
	合计	男	女	小计	男	女	小计	男	女
总　计	**1928617**	**1015962**	**912655**	**250895**	**134020**	**116875**	**1547041**	**821776**	**725265**
3									
4									
5-9岁	**80411**	**42819**	**37592**	**78051**	**41578**	**36473**	**1922**	**1012**	**910**
5	2858	1564	1294	2746	1500	1246	88	51	37
6	13730	7243	6487	13353	7049	6304	296	148	148
7	19234	10197	9037	18658	9896	8762	470	244	226
8	22391	11953	10438	21751	11634	10117	525	268	257
9	22198	11862	10336	21543	11499	10044	543	301	242
10-14岁	**109214**	**58986**	**50228**	**104706**	**56450**	**48256**	**3796**	**2148**	**1648**
10	22145	12059	10086	21441	11667	9774	568	327	241
11	23300	12499	10801	22517	12049	10468	670	385	285
12	21789	11695	10094	20937	11224	9713	741	418	323
13	21438	11648	9790	20435	11086	9349	842	475	367
14	20542	11085	9457	19376	10424	8952	975	543	432
15-19岁	**64514**	**35276**	**29238**	**53736**	**28680**	**25056**	**9695**	**5945**	**3750**
15	16912	9258	7654	16091	8776	7315	641	372	269
16	14016	7674	6342	12684	6897	5787	1104	645	459
17	11558	6226	5332	9718	5079	4639	1643	1028	615
18	11191	6150	5041	8374	4411	3963	2608	1612	996
19	10837	5968	4869	6869	3517	3352	3699	2288	1411
20-24岁	**62043**	**34135**	**27908**	**12772**	**6446**	**6326**	**47256**	**26536**	**20720**
20	10592	5866	4726	5061	2571	2490	5271	3130	2141
21	10533	5755	4778	3453	1702	1751	6747	3864	2883
22	12402	6812	5590	2262	1144	1118	9709	5418	4291
23	13619	7453	6166	1278	651	627	11840	6528	5312
24	14897	8249	6648	718	378	340	13689	7596	6093
25-29岁	**101209**	**55457**	**45752**	**1075**	**568**	**507**	**96570**	**52893**	**43677**
25	17544	9620	7924	460	245	215	16481	9051	7430
26	17754	9816	7938	261	134	127	16862	9324	7538
27	19595	10652	8943	133	72	61	18808	10208	8600
28	21729	11974	9755	121	63	58	20836	11470	9366
29	24587	13395	11192	100	54	46	23583	12840	10743
30-34岁	**143991**	**77712**	**66279**	**233**	**123**	**110**	**138007**	**74454**	**63553**
30	33275	18250	15025	85	44	41	31831	17436	14395
31	31449	17007	14442	57	26	31	30134	16298	13836
32	27062	14558	12504	29	15	14	25913	13924	11989
33	28918	15549	13369	39	22	17	27802	14956	12846
34	23287	12348	10939	23	16	7	22327	11840	10487
35-39岁	**97630**	**52449**	**45181**	**52**	**30**	**22**	**93234**	**50102**	**43132**
35	19019	10201	8818	14	6	8	18179	9778	8401
36	18532	9919	8613	7	4	3	17685	9443	8242
37	18228	9904	8324	11	7	4	17402	9461	7941
38	21782	11732	10050	13	8	5	20781	11183	9598
39	20069	10693	9376	7	5	2	19187	10237	8950
40-44岁	**105506**	**54905**	**50601**	**29**	**17**	**12**	**100366**	**52363**	**48003**
40	17310	9195	8115	7	5	2	16511	8787	7724
41	21532	11360	10172	7	4	3	20544	10857	9687
42	21266	11280	9986	7	4	3	20258	10771	9487
43	21609	11088	10521	5	3	2	20516	10551	9965
44	23789	11982	11807	3	1	2	22537	11397	11140
45-49岁	**155031**	**77594**	**77437**	**34**	**14**	**20**	**146222**	**73504**	**72718**
45	24317	12369	11948	7	4	3	23028	11734	11294
46	27522	13840	13682	6	3	3	26012	13119	12893
47	29271	14637	14634	8	4	4	27613	13873	13740
48	33447	16546	16901	6	1	5	31473	15637	15836
49	40474	20202	20272	7	2	5	38096	19141	18955
50岁及以上	**1009068**	**526629**	**482439**	**207**	**114**	**93**	**909973**	**482819**	**427154**

3-2c 续表 1

单位：人

年 龄	合计								
	肄业			辍学			其他		
	小计	男	女	小计	男	女	小计	男	女
总 计	**27875**	**12175**	**15700**	**41579**	**17829**	**23750**	**61227**	**30162**	**31065**
3									
4									
5-9岁	**30**	**12**	**18**	**17**	**13**	**4**	**391**	**204**	**187**
5	1		1				23	13	10
6	4	1	3	2	2		75	43	32
7	6	5	1	5	4	1	95	48	47
8	12	5	7	1	1		102	45	57
9	7	1	6	9	6	3	96	55	41
10-14岁	**52**	**28**	**24**	**151**	**88**	**63**	**509**	**272**	**237**
10	9	6	3	10	4	6	117	55	62
11	7	3	4	10	7	3	96	55	41
12	10	3	7	15	7	8	86	43	43
13	9	5	4	40	27	13	112	55	57
14	17	11	6	76	43	33	98	64	34
15-19岁	**151**	**100**	**51**	**488**	**300**	**188**	**444**	**251**	**193**
15	15	9	6	94	58	36	71	43	28
16	26	15	11	128	79	49	74	38	36
17	32	22	10	87	59	28	78	38	40
18	33	25	8	85	50	35	91	52	39
19	45	29	16	94	54	40	130	80	50
20-24岁	**281**	**181**	**100**	**498**	**314**	**184**	**1236**	**658**	**578**
20	48	31	17	85	59	26	127	75	52
21	55	43	12	67	44	23	211	102	109
22	58	36	22	114	69	45	259	145	114
23	61	33	28	129	80	49	311	161	150
24	59	38	21	103	62	41	328	175	153
25-29岁	**478**	**304**	**174**	**788**	**462**	**326**	**2298**	**1230**	**1068**
25	76	50	26	140	77	63	387	197	190
26	88	57	31	137	83	54	406	218	188
27	84	55	29	169	101	68	401	216	185
28	111	74	37	155	90	65	506	277	229
29	119	68	51	187	111	76	598	322	276
30-34岁	**733**	**435**	**298**	**1343**	**756**	**587**	**3675**	**1944**	**1731**
30	154	95	59	345	205	140	860	470	390
31	170	112	58	273	153	120	815	418	397
32	133	80	53	270	142	128	717	397	320
33	148	81	67	257	145	112	672	345	327
34	128	67	61	198	111	87	611	314	297
35-39岁	**588**	**319**	**269**	**1085**	**613**	**472**	**2671**	**1385**	**1286**
35	120	63	57	179	100	79	527	254	273
36	107	65	42	223	126	97	510	281	229
37	103	52	51	207	121	86	505	263	242
38	138	83	55	252	137	115	598	321	277
39	120	56	64	224	129	95	531	266	265
40-44岁	**805**	**388**	**417**	**1341**	**648**	**693**	**2965**	**1489**	**1476**
40	128	66	62	220	116	104	444	221	223
41	158	76	82	257	121	136	566	302	264
42	157	79	78	248	116	132	596	310	286
43	164	83	81	305	137	168	619	314	305
44	198	84	114	311	158	153	740	342	398
45-49岁	**1511**	**714**	**797**	**2691**	**1172**	**1519**	**4573**	**2190**	**2383**
45	188	99	89	402	171	231	692	361	331
46	254	122	132	440	194	246	810	402	408
47	289	138	151	509	226	283	852	396	456
48	359	164	195	592	261	331	1017	483	534
49	421	191	230	748	320	428	1202	548	654
50岁及以上	**23246**	**9694**	**13552**	**33177**	**13463**	**19714**	**42465**	**20539**	**21926**

3-2c　续表 2

单位：人

年　龄	小　学								
	合　计			在　校			毕　业		
	合计	男	女	小计	男	女	小计	男	女
总　计	**719620**	**318081**	**401539**	**132788**	**71034**	**61754**	**507015**	**216641**	**290374**
3									
4									
5-9岁	**79230**	**42150**	**37080**	**77022**	**40984**	**36038**	**1787**	**947**	**840**
5	2858	1564	1294	2746	1500	1246	88	51	37
6	13548	7148	6400	13197	6964	6233	273	140	133
7	18988	10056	8932	18453	9775	8678	433	227	206
8	22047	11755	10292	21448	11461	9987	490	245	245
9	21789	11627	10162	21178	11284	9894	503	284	219
10-14岁	**57563**	**31079**	**26484**	**55490**	**29921**	**25569**	**1707**	**966**	**741**
10	21486	11688	9798	20831	11324	9507	531	306	225
11	21291	11400	9891	20644	11032	9612	551	313	238
12	10109	5469	4640	9730	5258	4472	320	182	138
13	3417	1865	1552	3183	1740	1443	186	100	86
14	1260	657	603	1102	567	535	119	65	54
15-19岁	**790**	**445**	**345**	**119**	**62**	**57**	**508**	**294**	**214**
15	155	80	75	54	27	27	53	29	24
16	140	80	60	24	10	14	80	49	31
17	158	88	70	20	12	8	114	62	52
18	168	94	74	13	7	6	128	73	55
19	169	103	66	8	6	2	133	81	52
20-24岁	**1357**	**740**	**617**	**18**	**9**	**9**	**1144**	**630**	**514**
20	203	107	96	11	6	5	168	91	77
21	190	112	78	2	1	1	151	91	60
22	266	155	111	1		1	216	128	88
23	326	177	149	3	2	1	274	151	123
24	372	189	183	1		1	335	169	166
25-29岁	**3003**	**1433**	**1570**	**7**	**6**	**1**	**2658**	**1252**	**1406**
25	430	214	216	1	1		372	186	186
26	471	242	229	3	2	1	416	210	206
27	596	291	305	1	1		524	246	278
28	675	309	366				599	275	324
29	831	377	454	2	2		747	335	412
30-34岁	**6836**	**3015**	**3821**	**7**	**2**	**5**	**6090**	**2658**	**3432**
30	1268	588	680	4	1	3	1120	511	609
31	1368	618	750				1229	553	676
32	1346	605	741	1		1	1202	534	668
33	1508	645	863	1	1		1338	565	773
34	1346	559	787	1		1	1201	495	706
35-39岁	**7292**	**2945**	**4347**	**2**	**1**	**1**	**6519**	**2609**	**3910**
35	1292	539	753	1		1	1153	481	672
36	1331	559	772				1183	485	698
37	1348	547	801	1	1		1201	490	711
38	1638	653	985				1457	569	888
39	1683	647	1036				1525	584	941
40-44岁	**13688**	**5109**	**8579**	**1**	**1**		**12306**	**4587**	**7719**
40	1783	695	1088	1	1		1605	633	972
41	2503	953	1550				2264	861	1403
42	2623	954	1669				2359	853	1506
43	3130	1193	1937				2804	1060	1744
44	3649	1314	2335				3274	1180	2094
45-49岁	**31307**	**10837**	**20470**	**8**	**1**	**7**	**28053**	**9741**	**18312**
45	4166	1513	2653	1	1		3735	1349	2386
46	5014	1796	3218	1		1	4507	1614	2893
47	5752	1953	3799	2		2	5148	1751	3397
48	7122	2416	4706	2		2	6362	2168	4194
49	9253	3159	6094	2		2	8301	2859	5442
50岁及以上	**518554**	**220328**	**298226**	**114**	**47**	**67**	**446243**	**192957**	**253286**

3-2c　续表 3

单位：人

年 龄	小学								
	肄业			辍学			其他		
	小计	男	女	小计	男	女	小计	男	女
总 计	**19055**	**7015**	**12040**	**29135**	**10560**	**18575**	**31627**	**12831**	**18796**
3									
4									
5-9岁	**28**	**11**	**17**	**16**	**12**	**4**	**377**	**196**	**181**
5	1		1				23	13	10
6	3	1	2	2	2		73	41	32
7	5	4	1	4	3	1	93	47	46
8	12	5	7	1	1		96	43	53
9	7	1	6	9	6	3	92	52	40
10-14岁	**25**	**13**	**12**	**65**	**35**	**30**	**276**	**144**	**132**
10	9	6	3	10	4	6	105	48	57
11	7	3	4	8	5	3	81	47	34
12	5	2	3	11	4	7	43	23	20
13	1		1	13	7	6	34	18	16
14	3	2	1	23	15	8	13	8	5
15-19岁	**15**	**10**	**5**	**93**	**55**	**38**	**55**	**24**	**31**
15	5	2	3	25	13	12	18	9	9
16	3	3		23	16	7	10	2	8
17	2	2		12	9	3	10	3	7
18	4	3	1	16	7	9	7	4	3
19	1		1	17	10	7	10	6	4
20-24岁	**31**	**15**	**16**	**76**	**42**	**34**	**88**	**44**	**44**
20	6	1	5	7	3	4	11	6	5
21	8	5	3	13	8	5	16	7	9
22	6	4	2	24	13	11	19	10	9
23	11	5	6	20	12	8	18	7	11
24				12	6	6	24	14	10
25-29岁	**55**	**37**	**18**	**122**	**65**	**57**	**161**	**73**	**88**
25	4	3	1	28	13	15	25	11	14
26	14	11	3	18	10	8	20	9	11
27	9	9		32	19	13	30	16	14
28	15	7	8	22	11	11	39	16	23
29	13	7	6	22	12	10	47	21	26
30-34岁	**113**	**62**	**51**	**269**	**126**	**143**	**357**	**167**	**190**
30	21	10	11	56	30	26	67	36	31
31	19	12	7	47	25	22	73	28	45
32	19	11	8	50	19	31	74	41	33
33	26	16	10	68	33	35	75	30	45
34	28	13	15	48	19	29	68	32	36
35-39岁	**120**	**50**	**70**	**305**	**139**	**166**	**346**	**146**	**200**
35	19	7	12	50	24	26	69	27	42
36	23	11	12	63	27	36	62	36	26
37	27	8	19	54	29	25	65	19	46
38	27	13	14	74	31	43	80	40	40
39	24	11	13	64	28	36	70	24	46
40-44岁	**248**	**95**	**153**	**504**	**190**	**314**	**629**	**236**	**393**
40	31	9	22	70	27	43	76	25	51
41	38	15	23	89	36	53	112	41	71
42	52	22	30	102	36	66	110	43	67
43	55	26	29	129	48	81	142	59	83
44	72	23	49	114	43	71	189	68	121
45-49岁	**558**	**194**	**364**	**1288**	**434**	**854**	**1400**	**467**	**933**
45	64	26	38	186	67	119	180	70	110
46	88	36	52	208	69	139	210	77	133
47	96	32	64	239	83	156	267	87	180
48	144	42	102	277	94	183	337	112	225
49	166	58	108	378	121	257	406	121	285
50岁及以上	**17862**	**6528**	**11334**	**26397**	**9462**	**16935**	**27938**	**11334**	**16604**

3-2c　续表 4　　　　单位：人

年　龄	初中								
	合　计			在　校			毕　业		
	合计	男	女	小计	男	女	小计	男	女
总　计	**842670**	**476413**	**366257**	**65815**	**35517**	**30298**	**735877**	**417449**	**318428**
3									
4									
5-9岁	**1179**	**667**	**512**	**1028**	**593**	**435**	**134**	**64**	**70**
5									
6	182	95	87	156	85	71	23	8	15
7	246	141	105	205	121	84	37	17	20
8	344	198	146	303	173	130	35	23	12
9	407	233	174	364	214	150	39	16	23
10-14岁	**50649**	**27355**	**23294**	**48292**	**26017**	**22275**	**2017**	**1145**	**872**
10	657	371	286	610	343	267	35	21	14
11	2008	1099	909	1872	1017	855	119	72	47
12	11678	6224	5454	11206	5965	5241	420	235	185
13	17780	9639	8141	17033	9218	7815	636	361	275
14	18526	10022	8504	17571	9474	8097	807	456	351
15-19岁	**22406**	**12499**	**9907**	**16266**	**8787**	**7479**	**5577**	**3367**	**2210**
15	10222	5573	4649	9608	5222	4386	500	279	221
16	4814	2661	2153	3881	2120	1761	805	461	344
17	2764	1536	1228	1643	841	802	1022	636	386
18	2217	1323	894	708	387	321	1420	880	540
19	2389	1406	983	426	217	209	1830	1111	719
20-24岁	**18178**	**10457**	**7721**	**86**	**39**	**47**	**17117**	**9874**	**7243**
20	2461	1423	1038	32	11	21	2307	1330	977
21	2811	1659	1152	10	6	4	2645	1573	1072
22	3583	2095	1488	19	9	10	3356	1967	1389
23	4171	2403	1768	11	7	4	3922	2261	1661
24	5152	2877	2275	14	6	8	4887	2743	2144
25-29岁	**40451**	**22019**	**18432**	**32**	**16**	**16**	**38546**	**20965**	**17581**
25	6188	3440	2748	11	3	8	5897	3288	2609
26	6766	3760	3006	7	4	3	6440	3586	2854
27	7718	4173	3545	3	3		7371	3981	3390
28	9119	4980	4139	7	4	3	8697	4734	3963
29	10660	5666	4994	4	2	2	10141	5376	4765
30-34岁	**71406**	**37346**	**34060**	**19**	**8**	**11**	**68036**	**35532**	**32504**
30	15603	8386	7217	9	3	6	14826	7955	6871
31	15291	8042	7249	3	1	2	14535	7648	6887
32	13327	6929	6398	1	1		12679	6565	6114
33	14762	7649	7113	4	2	2	14137	7318	6819
34	12423	6340	6083	2	1	1	11859	6046	5813
35-39岁	**58356**	**30326**	**28030**	**8**	**3**	**5**	**55640**	**28876**	**26764**
35	10786	5550	5236	4	1	3	10284	5300	4984
36	11173	5731	5442	1	1		10640	5437	5203
37	11019	5769	5250				10521	5498	5023
38	13168	6925	6243	1		1	12549	6580	5969
39	12210	6351	5859	2	1	1	11646	6061	5585
40-44岁	**68376**	**35361**	**33015**	**10**	**6**	**4**	**65337**	**33783**	**31554**
40	10697	5548	5149	3	1	2	10210	5286	4924
41	13589	7093	6496	2	2		12988	6769	6219
42	13871	7391	6480	3	2	1	13285	7084	6201
43	14277	7273	7004	1		1	13632	6947	6685
44	15942	8056	7886	1	1		15222	7697	7525
45-49岁	**103137**	**53526**	**49611**	**11**	**6**	**5**	**98330**	**51019**	**47311**
45	16419	8453	7966	2	1	1	15696	8073	7623
46	18597	9571	9026	2	2		17731	9127	8604
47	19689	10245	9444	3	2	1	18757	9759	8998
48	22034	11380	10654	2		2	20974	10819	10155
49	26398	13877	12521	2	1	1	25172	13241	11931
50岁及以上	**408532**	**246857**	**161675**	**63**	**42**	**21**	**385143**	**232824**	**152319**

3-2c 续表 5 单位：人

年龄	初中								
	肄业			辍学			其他		
	小计	男	女	小计	男	女	小计	男	女
总计	**7068**	**4023**	**3045**	**10543**	**6048**	**4495**	**23367**	**13376**	**9991**
3									
4									
5-9岁	**2**	**1**	**1**	**1**	**1**		**14**	**8**	**6**
5									
6	1		1				2	2	
7	1	1		1	1		2	1	1
8							6	2	4
9							4	3	1
10-14岁	**26**	**14**	**12**	**84**	**53**	**31**	**230**	**126**	**104**
10							12	7	5
11				2	2		15	8	7
12	5	1	4	4	3	1	43	20	23
13	7	4	3	27	20	7	77	36	41
14	14	9	5	51	28	23	83	55	28
15-19岁	**79**	**55**	**24**	**273**	**178**	**95**	**211**	**112**	**99**
15	9	6	3	63	41	22	42	25	17
16	19	10	9	74	52	22	35	18	17
17	16	11	5	46	31	15	37	17	20
18	12	11	1	44	27	17	33	18	15
19	23	17	6	46	27	19	64	34	30
20-24岁	**109**	**68**	**41**	**268**	**159**	**109**	**598**	**317**	**281**
20	19	11	8	47	36	11	56	35	21
21	19	15	4	33	18	15	104	47	57
22	30	18	12	56	32	24	122	69	53
23	16	10	6	72	43	29	150	82	68
24	25	14	11	60	30	30	166	84	82
25-29岁	**225**	**137**	**88**	**446**	**248**	**198**	**1202**	**653**	**549**
25	34	23	11	69	36	33	177	90	87
26	34	19	15	80	45	35	205	106	99
27	38	21	17	101	53	48	205	115	90
28	55	38	17	84	53	31	276	151	125
29	64	36	28	112	61	51	339	191	148
30-34岁	**391**	**226**	**165**	**806**	**468**	**338**	**2154**	**1112**	**1042**
30	76	47	29	212	127	85	480	254	226
31	95	60	35	174	98	76	484	235	249
32	67	41	26	154	86	68	426	236	190
33	80	39	41	150	87	63	391	203	188
34	73	39	34	116	70	46	373	184	189
35-39岁	**342**	**192**	**150**	**620**	**371**	**249**	**1746**	**884**	**862**
35	70	38	32	96	60	36	332	151	181
36	63	39	24	129	76	53	340	178	162
37	55	33	22	120	69	51	323	169	154
38	84	54	30	147	88	59	387	203	184
39	70	28	42	128	78	50	364	183	181
40-44岁	**438**	**223**	**215**	**703**	**377**	**326**	**1888**	**972**	**916**
40	75	44	31	122	71	51	287	146	141
41	91	48	43	144	74	70	364	200	164
42	82	42	40	119	62	57	382	201	181
43	90	43	47	151	75	76	403	208	195
44	100	46	54	167	95	72	452	217	235
45-49岁	**798**	**422**	**376**	**1251**	**642**	**609**	**2747**	**1437**	**1310**
45	99	57	42	181	80	101	441	242	199
46	149	74	75	203	104	99	512	264	248
47	159	88	71	251	135	116	519	261	258
48	175	96	79	284	148	136	599	317	282
49	216	107	109	332	175	157	676	353	323
50岁及以上	**4658**	**2685**	**1973**	**6091**	**3551**	**2540**	**12577**	**7755**	**4822**

3-2c　续表 6

单位：人

年龄	高中								
	合计			在校			毕业		
	合计	男	女	小计	男	女	小计	男	女
总　计	**233577**	**147548**	**86029**	**29047**	**15666**	**13381**	**196665**	**126778**	**69887**
3									
4									
5-9岁	**2**	**2**		**1**	**1**		**1**	**1**	
5									
6									
7									
8									
9	2	2		1	1		1	1	
10-14岁	**1001**	**551**	**450**	**923**	**511**	**412**	**72**	**37**	**35**
10	2		2				2		2
11	1		1	1		1			
12	2	2		1	1		1	1	
13	241	144	97	219	128	91	20	14	6
14	755	405	350	702	382	320	49	22	27
15-19岁	**29248**	**16101**	**13147**	**26143**	**14108**	**12035**	**2826**	**1825**	**1001**
15	6107	3368	2739	6015	3301	2714	75	53	22
16	8292	4531	3761	8022	4373	3649	207	128	79
17	7337	3949	3388	6828	3613	3215	442	293	149
18	4467	2489	1978	3559	1910	1649	837	537	300
19	3045	1764	1281	1719	911	808	1265	814	451
20-24岁	**14200**	**8566**	**5634**	**1924**	**1014**	**910**	**11767**	**7222**	**4545**
20	2522	1510	1012	882	455	427	1564	1003	561
21	2470	1483	987	502	263	239	1880	1158	722
22	2794	1693	1101	276	154	122	2413	1472	941
23	3062	1852	1210	160	84	76	2783	1695	1088
24	3352	2028	1324	104	58	46	3127	1894	1233
25-29岁	**24233**	**14358**	**9875**	**22**	**14**	**8**	**23374**	**13835**	**9539**
25	4090	2454	1636	6	3	3	3918	2348	1570
26	4119	2481	1638	8	5	3	3948	2373	1575
27	4638	2728	1910	1	1		4504	2647	1857
28	5201	3081	2120	2	1	1	5029	2979	2050
29	6185	3614	2571	5	4	1	5975	3488	2487
30-34岁	**34702**	**20175**	**14527**	**12**	**5**	**7**	**33529**	**19483**	**14046**
30	8196	4799	3397	5	1	4	7874	4604	3270
31	7640	4411	3229	3	2	1	7383	4255	3128
32	6692	3867	2825	3	1	2	6445	3729	2716
33	6926	4059	2867				6735	3949	2786
34	5248	3039	2209	1	1		5092	2946	2146
35-39岁	**20635**	**12266**	**8369**	**6**	**4**	**2**	**19959**	**11856**	**8103**
35	4109	2421	1688	3	2	1	3957	2330	1627
36	3858	2285	1573				3739	2211	1528
37	3759	2269	1490	1	1		3623	2185	1438
38	4588	2728	1860	1	1		4441	2639	1802
39	4321	2563	1758	1		1	4199	2491	1708
40-44岁	**17875**	**10991**	**6884**	**3**	**2**	**1**	**17276**	**10627**	**6649**
40	3458	2118	1340	1	1		3349	2053	1296
41	4071	2481	1590				3952	2411	1541
42	3676	2283	1393	1		1	3547	2201	1346
43	3317	2057	1260	1	1		3215	1995	1220
44	3353	2052	1301				3213	1967	1246
45-49岁	**17299**	**11006**	**6293**	**2**		**2**	**16637**	**10578**	**6059**
45	3075	1974	1101				2956	1894	1062
46	3219	1991	1228	1		1	3098	1906	1192
47	3219	2021	1198	1		1	3108	1954	1154
48	3648	2329	1319				3511	2239	1272
49	4138	2691	1447				3964	2585	1379
50岁及以上	**74382**	**53532**	**20850**	**11**	**7**	**4**	**71224**	**51314**	**19910**

3-2c 续表 7

单位：人

年 龄	高中								
	肄业			辍学			其他		
	小计	男	女	小计	男	女	小计	男	女
总 计	**1442**	**936**	**506**	**1747**	**1124**	**623**	**4676**	**3044**	**1632**
3									
4									
5-9岁									
5									
6									
7									
8									
9									
10-14岁	**1**	**1**		**2**		**2**	**3**	**2**	**1**
10									
11									
12									
13	1	1					1	1	
14				2		2	2	1	1
15-19岁	**44**	**28**	**16**	**112**	**61**	**51**	**123**	**79**	**44**
15	1	1		6	4	2	10	9	1
16	4	2	2	31	11	20	28	17	11
17	13	9	4	26	17	9	28	17	11
18	14	8	6	23	14	9	34	20	14
19	12	8	4	26	15	11	23	16	7
20-24岁	**85**	**65**	**20**	**127**	**93**	**34**	**297**	**172**	**125**
20	16	15	1	29	18	11	31	19	12
21	18	15	3	16	14	2	54	33	21
22	13	9	4	26	19	7	66	39	27
23	16	10	6	30	21	9	73	42	31
24	22	16	6	26	21	5	73	39	34
25-29岁	**119**	**79**	**40**	**194**	**131**	**63**	**524**	**299**	**225**
25	24	15	9	40	26	14	102	62	40
26	23	15	8	34	25	9	106	63	43
27	20	13	7	32	25	7	81	42	39
28	29	22	7	37	19	18	104	60	44
29	23	14	9	51	36	15	131	72	59
30-34岁	**166**	**110**	**56**	**239**	**149**	**90**	**756**	**428**	**328**
30	45	31	14	68	44	24	204	119	85
31	37	27	10	44	26	18	173	101	72
32	31	20	11	60	34	26	153	83	70
33	29	18	11	38	25	13	124	67	57
34	24	14	10	29	20	9	102	58	44
35-39岁	**95**	**55**	**40**	**138**	**88**	**50**	**437**	**263**	**174**
35	24	14	10	30	14	16	95	61	34
36	14	9	5	29	21	8	76	44	32
37	16	8	8	29	19	10	90	56	34
38	20	12	8	24	15	9	102	61	41
39	21	12	9	26	19	7	74	41	33
40-44岁	**104**	**61**	**43**	**126**	**75**	**51**	**366**	**226**	**140**
40	20	12	8	25	16	9	63	36	27
41	24	11	13	23	10	13	72	49	23
42	21	13	8	26	17	9	81	52	29
43	15	11	4	23	12	11	63	38	25
44	24	14	10	29	20	9	87	51	36
45-49岁	**147**	**93**	**54**	**143**	**90**	**53**	**370**	**245**	**125**
45	23	15	8	33	22	11	63	43	20
46	17	12	5	27	20	7	76	53	23
47	34	18	16	17	7	10	59	42	17
48	38	25	13	29	18	11	70	47	23
49	35	23	12	37	23	14	102	60	42
50岁及以上	**681**	**444**	**237**	**666**	**437**	**229**	**1800**	**1330**	**470**

3-2c　续表 8　　　　　　　　　　　　　　　　　　　　　　　　　　　　　　单位：人

年　龄	大学专科								
	合　计			在　校			毕　业		
	合计	男	女	小计	男	女	小计	男	女
总　计	**90912**	**52084**	**38828**	**13281**	**6914**	**6367**	**76081**	**44226**	**31855**
3									
4									
5-9岁									
5									
6									
7									
8									
9									
10-14岁	**1**	**1**		**1**	**1**				
10									
11									
12									
13									
14	1	1		1	1				
15-19岁	**8208**	**4376**	**3832**	**7429**	**3911**	**3518**	**710**	**422**	**288**
15	408	228	180	395	218	177	12	10	2
16	730	384	346	718	377	341	11	6	5
17	1077	563	514	1009	525	484	61	35	26
18	2684	1440	1244	2460	1313	1147	206	114	92
19	3309	1761	1548	2847	1478	1369	420	257	163
20-24岁	**17559**	**9291**	**8268**	**5296**	**2698**	**2598**	**12012**	**6455**	**5557**
20	3399	1865	1534	2263	1209	1054	1107	641	466
21	3221	1618	1603	1440	693	747	1738	901	837
22	3501	1786	1715	875	406	469	2571	1352	1219
23	3731	1964	1767	481	256	225	3185	1676	1509
24	3707	2058	1649	237	134	103	3411	1885	1526
25-29岁	**21941**	**12015**	**9926**	**403**	**215**	**188**	**21155**	**11588**	**9567**
25	4310	2307	2003	176	88	88	4067	2187	1880
26	4142	2253	1889	93	51	42	3981	2160	1821
27	4278	2322	1956	44	25	19	4146	2251	1895
28	4496	2498	1998	44	26	18	4362	2418	1944
29	4715	2635	2080	46	25	21	4599	2572	2027
30-34岁	**22159**	**12418**	**9741**	**87**	**47**	**40**	**21689**	**12150**	**9539**
30	5780	3195	2585	27	16	11	5654	3123	2531
31	5051	2831	2220	20	8	12	4951	2771	2180
32	4058	2271	1787	9	5	4	3976	2226	1750
33	4178	2359	1819	21	11	10	4080	2304	1776
34	3092	1762	1330	10	7	3	3028	1726	1302
35-39岁	**8269**	**4963**	**3306**	**28**	**17**	**11**	**8094**	**4852**	**3242**
35	2026	1190	836	4	2	2	1992	1172	820
36	1553	958	595	4	2	2	1519	934	585
37	1526	936	590	7	4	3	1493	914	579
38	1774	1040	734	10	6	4	1731	1017	714
39	1390	839	551	3	3		1359	815	544
40-44岁	**4249**	**2635**	**1614**	**11**	**5**	**6**	**4159**	**2576**	**1583**
40	1065	640	425	2	2		1047	626	421
41	1023	630	393	4	1	3	1001	618	383
42	867	523	344	3	2	1	842	505	337
43	668	430	238	1		1	655	420	235
44	626	412	214	1		1	614	407	207
45-49岁	**2438**	**1649**	**789**	**11**	**6**	**5**	**2369**	**1602**	**767**
45	489	319	170	3	2	1	475	308	167
46	501	356	145	2	1	1	489	349	140
47	451	308	143	2	2		442	301	141
48	477	314	163	2	1	1	462	304	158
49	520	352	168	2		2	501	340	161
50岁及以上	**6088**	**4736**	**1352**	**15**	**14**	**1**	**5893**	**4581**	**1312**

3-2c 续表 9　　　　单位：人

年龄	大学专科								
	肄业			辍学			其他		
	小计	男	女	小计	男	女	小计	男	女
总计	**236**	**157**	**79**	**132**	**82**	**50**	**1182**	**705**	**477**
3									
4									
5-9岁									
5									
6									
7									
8									
9									
10-14岁									
10									
11									
12									
13									
14									
15-19岁	**13**	**7**	**6**	**10**	**6**	**4**	**46**	**30**	**16**
15							1		1
16							1	1	
17	1		1	3	2	1	3	1	2
18	3	3		2	2		13	8	5
19	9	4	5	5	2	3	28	20	8
20-24岁	**41**	**24**	**17**	**23**	**17**	**6**	**187**	**97**	**90**
20	7	4	3	1	1		21	10	11
21	9	7	2	5	4	1	29	13	16
22	6	2	4	5	3	2	44	23	21
23	12	6	6	7	4	3	46	22	24
24	7	5	2	5	5		47	29	18
25-29岁	**56**	**38**	**18**	**23**	**16**	**7**	**304**	**158**	**146**
25	10	6	4	1	1		56	25	31
26	12	9	3	5	3	2	51	30	21
27	14	9	5	4	4		70	33	37
28	8	6	2	12	7	5	70	41	29
29	12	8	4	1	1		57	29	28
30-34岁	**50**	**30**	**20**	**24**	**10**	**14**	**309**	**181**	**128**
30	10	6	4	8	3	5	81	47	34
31	13	9	4	7	4	3	60	39	21
32	16	8	8	5	2	3	52	30	22
33	9	6	3	1		1	67	38	29
34	2	1	1	3	1	2	49	27	22
35-39岁	**25**	**19**	**6**	**18**	**13**	**5**	**104**	**62**	**42**
35	5	4	1	1	1		24	11	13
36	4	4		2	2		24	16	8
37	4	2	2	3	3		19	13	6
38	7	4	3	6	3	3	20	10	10
39	5	5		6	4	2	17	12	5
40-44岁	**12**	**7**	**5**	**8**	**6**	**2**	**59**	**41**	**18**
40	2	1	1	3	2	1	11	9	2
41	3	1	2	1	1		14	9	5
42	1	1		1	1		20	14	6
43	4	3	1	2	2		6	5	1
44	2	1	1	1		1	8	4	4
45-49岁	**5**	**4**	**1**	**8**	**5**	**3**	**45**	**32**	**13**
45	1	1		2	2		8	6	2
46				2	1	1	8	5	3
47				1		1	6	5	1
48	1	1		2	1	1	10	7	3
49	3	2	1	1	1		13	9	4
50岁及以上	**34**	**28**	**6**	**18**	**9**	**9**	**128**	**104**	**24**

3-2c　续表 10　　　　单位：人

年　龄	大学本科								
	合　计			在　校			毕　业		
	合计	男	女	小计	男	女	小计	男	女
总　计	**39422**	**20488**	**18934**	**9102**	**4417**	**4685**	**29878**	**15824**	**14054**
3									
4									
5-9岁									
5									
6									
7									
8									
9									
10-14岁									
10									
11									
12									
13									
14									
15-19岁	**3856**	**1852**	**2004**	**3773**	**1809**	**1964**	**74**	**37**	**37**
15	20	9	11	19	8	11	1	1	
16	40	18	22	39	17	22	1	1	
17	221	90	131	217	88	129	4	2	2
18	1650	801	849	1629	791	838	17	8	9
19	1925	934	991	1869	905	964	51	25	26
20-24岁	**10211**	**4802**	**5409**	**4971**	**2435**	**2536**	**5158**	**2328**	**2830**
20	1995	954	1041	1863	884	979	123	64	59
21	1815	869	946	1474	726	748	332	140	192
22	2131	1006	1125	972	503	469	1145	494	651
23	2154	979	1175	460	225	235	1666	744	922
24	2116	994	1122	202	97	105	1892	886	1006
25-29岁	**10667**	**5161**	**5506**	**296**	**142**	**154**	**10245**	**4959**	**5286**
25	2287	1082	1205	140	77	63	2116	992	1124
26	2072	988	1084	83	35	48	1961	940	1021
27	2174	1047	1127	32	15	17	2127	1020	1107
28	2088	1027	1061	26	10	16	2042	1008	1034
29	2046	1017	1029	15	5	10	1999	999	1000
30-34岁	**8333**	**4434**	**3899**	**50**	**22**	**28**	**8172**	**4351**	**3821**
30	2277	1190	1087	18	9	9	2230	1167	1063
31	1962	1027	935	14	4	10	1917	1005	912
32	1534	828	706	6	2	4	1515	818	697
33	1450	788	662	7	4	3	1426	777	649
34	1110	601	509	5	3	2	1084	584	500
35-39岁	**2892**	**1829**	**1063**	**4**	**2**	**2**	**2842**	**1793**	**1049**
35	761	474	287	2	1	1	748	468	280
36	580	364	216				569	355	214
37	545	360	185	1		1	536	353	183
38	577	361	216				567	354	213
39	429	270	159	1	1		422	263	159
40-44岁	**1245**	**766**	**479**	**3**	**3**		**1218**	**747**	**471**
40	292	184	108				285	179	106
41	325	190	135	1	1		318	185	133
42	217	125	92				215	124	91
43	201	127	74	2	2		194	121	73
44	210	140	70				206	138	68
45-49岁	**809**	**546**	**263**	**2**	**1**	**1**	**794**	**536**	**258**
45	162	104	58	1		1	160	104	56
46	182	120	62				178	117	61
47	153	107	46				151	105	46
48	156	100	56				154	100	54
49	156	115	41	1	1		151	110	41
50岁及以上	**1409**	**1098**	**311**	**3**	**3**		**1375**	**1073**	**302**

3-2c　续表 11　　　　单位：人

年　龄	大学本科								
	肄　业			辍　学			其　他		
	小计	男	女	小计	男	女	小计	男	女
总　计	**71**	**42**	**29**	**22**	**15**	**7**	**349**	**190**	**159**
3									
4									
5-9岁									
5									
6									
7									
8									
9									
10-14岁									
10									
11									
12									
13									
14									
15-19岁							**9**	**6**	**3**
15									
16									
17									
18							4	2	2
19							5	4	1
20-24岁	**15**	**9**	**6**	**4**	**3**	**1**	**63**	**27**	**36**
20				1	1		8	5	3
21	1	1					8	2	6
22	3	3		3	2	1	8	4	4
23	6	2	4				22	8	14
24	5	3	2				17	8	9
25-29岁	**21**	**12**	**9**	**3**	**2**	**1**	**102**	**46**	**56**
25	4	3	1	2	1	1	25	9	16
26	4	3	1				24	10	14
27	3	3					12	9	3
28	3		3				17	9	8
29	7	3	4	1	1		24	9	15
30-34岁	**13**	**7**	**6**	**5**	**3**	**2**	**93**	**51**	**42**
30	2	1	1	1	1		26	12	14
31	6	4	2	1		1	24	14	10
32				1	1		12	7	5
33	4	2	2				13	5	8
34	1		1	2	1	1	18	13	5
35-39岁	**6**	**3**	**3**	**4**	**2**	**2**	**36**	**29**	**7**
35	2		2	2	1	1	7	4	3
36	3	2	1				8	7	1
37	1	1		1	1		6	5	1
38				1		1	9	7	2
39							6	6	
40-44岁	**3**	**2**	**1**				**21**	**14**	**7**
40							7	5	2
41	2	1	1				4	3	1
42	1	1					1		1
43							5	4	1
44							4	2	2
45-49岁	**3**	**1**	**2**	**1**	**1**		**9**	**7**	**2**
45	1		1						
46							4	3	1
47				1	1		1	1	
48	1		1				1		1
49	1	1					3	3	
50岁及以上	**10**	**8**	**2**	**5**	**4**	**1**	**16**	**10**	**6**

3-2c 续表 12

单位：人

年龄	硕士研究生								
	合计			在校			毕业		
	合计	男	女	小计	男	女	小计	男	女
总计	**2168**	**1187**	**981**	**751**	**404**	**347**	**1397**	**772**	**625**
3									
4									
5-9岁									
5									
6									
7									
8									
9									
10-14岁									
10									
11									
12									
13									
14									
15-19岁	**6**	**3**	**3**	**6**	**3**	**3**			
15									
16									
17	1		1	1		1			
18	5	3	2	5	3	2			
19									
20-24岁	**522**	**271**	**251**	**463**	**244**	**219**	**56**	**26**	**30**
20	11	6	5	10	6	4	1		1
21	25	13	12	24	12	12	1	1	
22	121	73	48	113	68	45	8	5	3
23	172	77	95	160	76	84	10	1	9
24	193	102	91	156	82	74	36	19	17
25-29岁	**822**	**418**	**404**	**253**	**139**	**114**	**564**	**278**	**286**
25	223	114	109	115	67	48	107	47	60
26	168	82	86	54	28	26	113	54	59
27	175	84	91	39	22	17	133	61	72
28	125	66	59	25	12	13	100	54	46
29	131	72	59	20	10	10	111	62	49
30-34岁	**481**	**274**	**207**	**28**	**17**	**11**	**450**	**254**	**196**
30	133	82	51	15	11	4	117	70	47
31	110	58	52	3	1	2	107	57	50
32	93	49	44	5	2	3	88	47	41
33	81	40	41	3	1	2	76	37	39
34	64	45	19	2	2		62	43	19
35-39岁	**157**	**100**	**57**	**1**	**1**		**154**	**98**	**56**
35	39	23	16				39	23	16
36	29	19	10	1	1		28	18	10
37	28	20	8				26	19	7
38	32	20	12				32	20	12
39	29	18	11				29	18	11
40-44岁	**59**	**32**	**27**				**57**	**32**	**25**
40	12	7	5				12	7	5
41	16	10	6				16	10	6
42	10	2	8				8	2	6
43	15	7	8				15	7	8
44	6	6					6	6	
45-49岁	**33**	**23**	**10**				**32**	**22**	**10**
45	6	6					6	6	
46	8	5	3				8	5	3
47	6	2	4				6	2	4
48	7	5	2				7	5	2
49	6	5	1				5	4	1
50岁及以上	**88**	**66**	**22**				**84**	**62**	**22**

3-2c 续表 13　　　　单位：人

年 龄	硕士研究生								
	肄 业			辍 学			其 他		
	小计	男	女	小计	男	女	小计	男	女
总 计	**2**	**1**	**1**				**18**	**10**	**8**
3									
4									
5-9岁									
5									
6									
7									
8									
9									
10-14岁									
10									
11									
12									
13									
14									
15-19岁									
15									
16									
17									
18									
19									
20-24岁							**3**	**1**	**2**
20									
21									
22									
23							2		2
24							1	1	
25-29岁	**1**		**1**				**4**	**1**	**3**
25							1		1
26	1		1						
27							3	1	2
28									
29									
30-34岁							**3**	**3**	
30							1	1	
31									
32									
33							2	2	
34									
35-39岁							**2**	**1**	**1**
35									
36									
37							2	1	1
38									
39									
40-44岁							**2**		**2**
40									
41									
42							2		2
43									
44									
45-49岁							**1**	**1**	
45									
46									
47									
48									
49							1	1	
50岁及以上	**1**	**1**					**3**	**3**	

3-2c 续表 14

单位：人

年龄	博士研究生								
	合计			在校			毕业		
	合计	男	女	小计	男	女	小计	男	女
总计	**248**	**161**	**87**	**111**	**68**	**43**	**128**	**86**	**42**
3									
4									
5-9岁									
5									
6									
7									
8									
9									
10-14岁									
10									
11									
12									
13									
14									
15-19岁									
15									
16									
17									
18									
19									
20-24岁	**16**	**8**	**8**	**14**	**7**	**7**	**2**	**1**	**1**
20	1	1					1	1	
21	1	1		1	1				
22	6	4	2	6	4	2			
23	3	1	2	3	1	2			
24	5	1	4	4	1	3	1		1
25-29岁	**92**	**53**	**39**	**62**	**36**	**26**	**28**	**16**	**12**
25	16	9	7	11	6	5	4	3	1
26	16	10	6	13	9	4	3	1	2
27	16	7	9	13	5	8	3	2	1
28	25	13	12	17	10	7	7	2	5
29	19	14	5	8	6	2	11	8	3
30-34岁	**74**	**50**	**24**	**30**	**22**	**8**	**41**	**26**	**15**
30	18	10	8	7	3	4	10	6	4
31	27	20	7	14	10	4	12	9	3
32	12	9	3	4	4		8	5	3
33	13	9	4	3	3		10	6	4
34	4	2	2	2	2		1		1
35-39岁	**29**	**20**	**9**	**3**	**2**	**1**	**26**	**18**	**8**
35	6	4	2				6	4	2
36	8	3	5	1		1	7	3	4
37	3	3		1	1		2	2	
38	5	5		1	1		4	4	
39	7	5	2				7	5	2
40-44岁	**14**	**11**	**3**	**1**		**1**	**13**	**11**	**2**
40	3	3					3	3	
41	5	3	2				5	3	2
42	2	2					2	2	
43	1	1					1	1	
44	3	2	1	1		1	2	2	
45-49岁	**8**	**7**	**1**				**7**	**6**	**1**
45									
46	1	1					1	1	
47	1	1					1	1	
48	3	2	1				3	2	1
49	3	3					2	2	
50岁及以上	**15**	**12**	**3**	**1**	**1**		**11**	**8**	**3**

3-2c 续表 15

单位：人

年 龄	博士研究生								
	肄 业			辍 学			其 他		
	小计	男	女	小计	男	女	小计	男	女
总 计	**1**	**1**					**8**	**6**	**2**
3									
4									
5-9岁									
5									
6									
7									
8									
9									
10-14岁									
10									
11									
12									
13									
14									
15-19岁									
15									
16									
17									
18									
19									
20-24岁									
20									
21									
22									
23									
24									
25-29岁	**1**	**1**					**1**		**1**
25							1		1
26									
27									
28	1	1							
29									
30-34岁							**3**	**2**	**1**
30							1	1	
31							1	1	
32									
33									
34							1		1
35-39岁									
35									
36									
37									
38									
39									
40-44岁									
40									
41									
42									
43									
44									
45-49岁							**1**	**1**	
45									
46									
47									
48									
49							1	1	
50岁及以上							**3**	**3**	

第二部分　长表数据资料

第四卷　就业

4-1 各地区分性别、年龄的就业人口

单位：人

地区 性别	合计	16-19岁	20-24岁	25-29岁	30-34岁	35-39岁	40-44岁
江　苏	**4062749**	**29540**	**198883**	**446924**	**667568**	**487468**	**461618**
南京市	**430849**	**2832**	**29136**	**62441**	**80982**	**60878**	**52639**
玄武区	22304	133	1470	2937	3666	3588	3241
秦淮区	33227	241	2482	4696	5552	5050	4742
建邺区	26395	163	2213	4046	4630	4301	3547
鼓楼区	40102	208	2219	4647	6375	7195	6550
浦口区	18440	69	972	2565	3473	2240	2054
栖霞区	43123	519	3551	6897	8496	5909	4985
雨花台区	31211	231	2868	5708	6161	4171	3430
江宁区	89411	674	6344	13967	19040	12924	10163
六合区	30218	72	1167	3409	5430	3651	3624
溧水区	23188	153	1142	2798	3731	2324	2395
高淳区	21432	102	1001	2387	3079	1821	2078
南京江北新区	51798	267	3707	8384	11349	7704	5830
无锡市	**380278**	**3119**	**21154**	**45556**	**69234**	**50131**	**49043**
锡山区	50118	691	3219	6481	9485	6607	6071
惠山区	45600	362	2591	5491	8203	6161	6107
滨湖区	27631	196	1831	3494	4662	3780	3692
梁溪区	44955	359	2936	5765	8668	7087	6120
新吴区	35540	304	2276	5351	8520	5572	4522
江苏无锡经济开发区	17929	151	1125	2368	3805	2949	2407
江阴市	94039	638	4488	10336	16714	11587	12852
宜兴市	64466	418	2688	6270	9177	6388	7272
徐州市	**375554**	**2039**	**14389**	**38025**	**62507**	**44890**	**38084**
鼓楼区	17427	54	822	2142	3418	2837	2379
云龙区	19358	58	808	2347	4379	3298	2550
贾汪区	16465	91	691	1533	2913	2196	1753
泉山区	25021	78	1130	2832	4745	3936	3555
铜山区	61639	309	2041	5919	9647	7302	5559
丰县	39567	244	1331	3967	4730	3718	3753
沛县	41117	218	1398	4705	6186	4303	4289
睢宁县	42955	208	1830	4504	6460	4234	3959
徐州经济技术开发区	16112	114	877	2099	4040	2238	1665
新沂市	41223	197	1376	3441	6899	4490	3629
邳州市	54670	468	2085	4536	9090	6338	4993
常州市	**276950**	**2409**	**15568**	**32468**	**47373**	**34925**	**33376**
天宁区	32287	172	1691	3823	5627	4689	4617
钟楼区	31863	331	1823	3895	5733	4608	4232
新北区	47072	311	2479	5839	9291	6577	5711
武进区	69851	815	4359	8401	12491	8877	8216
金坛区	30577	250	1442	3176	4670	3167	3136
江苏省常州市经济开发区	24385	292	1715	2795	4074	2896	2945
溧阳市	40915	238	2059	4539	5487	4111	4519
苏州市	**711439**	**8453**	**46886**	**98529**	**147237**	**105850**	**85457**
虎丘区	47328	956	4053	7639	10846	7561	5322
吴中区	78744	1056	5274	11265	16835	11186	8591
相城区	49087	642	3195	7347	10522	6937	5505
姑苏区	41297	249	2811	5638	7794	6889	5494
吴江区	83016	1330	5586	11308	16093	10813	9465
苏州工业园区	64396	698	5281	11299	15852	12321	7541
常熟市	101707	1082	6148	12349	17744	12450	12375

4-1 续表 1

单位：人

地区 性别	合计	16-19岁	20-24岁	25-29岁	30-34岁	35-39岁	40-44岁
张家港市	78626	662	3956	8623	14709	10358	10393
昆山市	114314	1259	7700	17349	27784	20379	14275
太仓市	52924	519	2882	5712	9058	6956	6496
南通市	**393050**	**1790**	**14446**	**33683**	**51858**	**36411**	**38738**
崇川区	32276	197	1697	3821	6153	4983	4583
港闸区	18752	146	1054	2606	4018	2457	2261
通州区	56195	322	2372	5295	7936	5171	5352
如东县	49686	115	1168	2750	4248	3066	3834
南通经济技术开发区	15555	146	1058	2416	3637	2131	1694
通州湾示范区	4121	18	136	252	318	249	279
苏锡通科技产业园区	5751	74	377	668	942	655	497
启东市	48352	165	1489	3399	5014	3827	4136
如皋市	60556	164	1679	4674	7906	5164	6378
海门市	47989	288	1879	4058	5912	4469	4657
海安市	53817	155	1537	3744	5774	4239	5067
连云港市	**198153**	**1774**	**8664**	**19077**	**31802**	**22578**	**19137**
连云区	7172	23	381	841	1445	920	832
海州区	29892	150	1477	3214	5516	4476	3989
赣榆区	50070	417	1895	4791	7623	5223	3944
东海县	46682	562	2098	4437	7300	4699	4040
灌云县	24376	247	981	2249	3295	2538	2450
灌南县	27521	314	1042	1962	3794	3048	2553
连云港经济技术开发区	3618	7	211	435	792	497	384
连云港高新技术产业开发区	5915	30	345	795	1484	864	668
江苏连云港徐圩新区	1658	11	176	214	305	175	158
江苏省连云港市云台山风景名胜区	1249	13	58	139	248	138	119
淮安市	**176604**	**1177**	**7016**	**17833**	**25696**	**18840**	**19197**
淮安区	27294	142	1017	2788	3375	2610	2964
淮阴区	26927	194	1172	3024	3998	2526	2782
清江浦区	23515	97	1073	2896	4269	3335	3298
洪泽区	10803	42	328	887	1201	1004	1368
涟水县	37980	369	1402	2946	4791	3407	3304
盱眙县	20091	108	741	1743	2732	2283	2141
金湖县	12928	21	354	1095	1490	1150	1278
淮安经济技术开发区	11264	184	718	1774	2648	1457	1232
工业园区	673	7	22	71	138	70	63
生态文旅区	4275	13	161	544	947	922	685
苏淮高新区	854		28	65	107	76	82
盐城市	**322864**	**1901**	**10151**	**22431**	**38374**	**31013**	**31517**
亭湖区	30173	157	1185	2733	4561	3434	3695
盐都区	31257	215	1272	2841	4414	3174	3010
大丰区	40511	125	1083	2473	4009	2801	3638
响水县	18174	126	628	1192	2366	2162	1540
滨海县	28053	157	797	1896	3188	3197	2761
阜宁县	32590	158	979	1964	3703	3916	3536
射阳县	40630	147	1192	2474	4115	3713	3797
建湖县	26990	69	810	1619	3246	2498	2919
盐城经济技术开发区	4751	76	256	523	834	462	388
江苏省盐南高新区	15381	50	595	1804	3362	2543	2194
东台市	54354	621	1354	2912	4576	3113	4039
扬州市	**228942**	**1032**	**8698**	**21345**	**30489**	**23217**	**29315**
广陵区	27295	127	1267	3045	4406	3522	3681

4-1 续表 2

单位：人

地区 性别	合计	16-19岁	20-24岁	25-29岁	30-34岁	35-39岁	40-44岁
邗江区	32290	102	1351	3601	5547	4317	4518
江都区	44507	127	1514	3640	5182	3958	5640
宝应县	38419	181	1327	3253	4145	3068	4805
扬州经济技术开发区	10567	169	556	1322	2069	1458	1413
蜀冈瘦西湖景区	6407	40	253	639	1147	988	966
生态新城	3416	28	150	318	546	386	459
仪征市	25842	116	853	2403	3343	2589	3231
高邮市	40199	142	1427	3124	4104	2931	4602
镇江市	**154274**	**848**	**6081**	**15140**	**22671**	**17465**	**18370**
京口区	13872	35	540	1356	2286	2130	2114
润州区	9879	40	388	1100	1529	1418	1415
丹徒区	14778	42	451	1279	2038	1617	1632
镇江新区	11464	65	609	1306	1934	1556	1521
江苏镇江高新区	3002	16	157	390	521	347	390
丹阳市	55100	452	2259	5355	7708	5800	6227
扬中市	16957	72	583	1599	2315	1640	1958
句容市	29222	126	1094	2755	4340	2957	3113
泰州市	**220070**	**948**	**7734**	**19504**	**27602**	**19425**	**26534**
海陵区	27846	149	1222	3202	4493	3084	3662
高港区	13456	96	597	1400	1772	1252	1575
姜堰区	30835	93	1023	2447	3573	2773	4344
泰州医药高新技术产业开发区	11768	108	764	1780	2295	1362	1390
兴化市	52810	235	1495	4205	5528	3773	5217
靖江市	33571	118	1097	2940	4980	3412	4572
泰兴市	49784	149	1536	3530	4961	3769	5774
宿迁市	**193722**	**1218**	**8960**	**20892**	**31743**	**21845**	**20211**
宿城区	29725	182	1570	3480	5776	3584	3323
宿豫区	17439	124	1002	2154	3330	2095	1981
沭阳县	65226	401	2951	7125	9312	7466	5962
泗阳县	28315	219	1124	2753	4257	3254	3253
泗洪县	32592	168	1160	2852	4813	3042	3513
宿迁经济技术开发区	8407	60	503	1174	1904	1037	947
宿迁市湖滨新区	5250	20	270	533	961	528	500
苏州宿迁工业园区	1388	4	76	230	477	284	137
宿迁市洋河新区	5380	40	304	591	913	555	595
男	**2401192**	**19049**	**115644**	**256648**	**377751**	**272445**	**255318**
南京市	**257677**	**1943**	**16122**	**34368**	**44778**	**33627**	**29587**
玄武区	12229	93	744	1461	1851	1808	1581
秦淮区	18398	150	1201	2329	2861	2493	2444
建邺区	15026	111	1134	2129	2365	2245	1954
鼓楼区	21935	128	1066	2240	3076	3586	3398
浦口区	11332	43	532	1459	1969	1317	1216
栖霞区	26435	386	2160	3971	4827	3351	2866
雨花台区	18902	172	1670	3296	3498	2404	1953
江宁区	54274	458	3696	7885	10716	7364	5943
六合区	18858	50	621	1904	3161	2103	2096
溧水区	15121	108	684	1682	2235	1395	1472
高淳区	14247	71	570	1450	1904	1094	1301
南京江北新区	30920	173	2044	4562	6315	4467	3363
无锡市	**226729**	**2089**	**12747**	**26175**	**38781**	**27612**	**26705**
锡山区	30263	453	2043	3862	5533	3769	3350

4-1 续表 3

单位：人

地区 性别	合计	16-19岁	20-24岁	25-29岁	30-34岁	35-39岁	40-44岁
惠山区	27994	244	1623	3265	4743	3552	3454
滨湖区	16402	139	1038	1956	2526	2033	1996
梁溪区	25725	240	1572	3033	4549	3748	3261
新吴区	21015	219	1428	3045	4786	3127	2444
江苏无锡经济开发区	10592	92	665	1365	2063	1635	1313
江阴市	55663	428	2780	6017	9321	6190	6905
宜兴市	39075	274	1598	3632	5260	3558	3982
徐州市	**223873**	**1191**	**8437**	**23087**	**37433**	**26395**	**21480**
鼓楼区	10485	24	463	1201	1914	1597	1348
云龙区	11160	34	422	1248	2371	1820	1368
贾汪区	10883	58	460	1035	1923	1432	1117
泉山区	14488	40	582	1494	2535	2110	1965
铜山区	34247	173	1138	3435	5408	4080	3076
丰县	22659	140	829	2525	2868	2186	1938
沛县	25871	132	896	3176	4069	2758	2469
睢宁县	25524	114	1080	2717	3857	2391	2179
徐州经济技术开发区	10385	84	581	1364	2552	1408	1021
新沂市	24930	102	818	2141	4265	2728	2099
邳州市	33241	290	1168	2751	5671	3885	2900
常州市	**165111**	**1597**	**9480**	**18860**	**26673**	**19254**	**18261**
天宁区	18576	107	941	2078	2998	2427	2438
钟楼区	18688	206	1056	2222	3132	2465	2290
新北区	26902	180	1463	3260	5044	3516	3087
武进区	41276	532	2712	4886	7093	4943	4508
金坛区	18490	185	875	1860	2706	1779	1688
江苏省常州市经济开发区	14687	200	1122	1728	2367	1602	1612
溧阳市	26492	187	1311	2826	3333	2522	2638
苏州市	**418832**	**5568**	**27974**	**56003**	**82116**	**58780**	**47365**
虎丘区	27883	647	2396	4437	6002	4194	3000
吴中区	45402	668	3076	6281	9356	6261	4776
相城区	29573	440	1931	4226	5978	4039	3182
姑苏区	23301	137	1410	2848	4074	3543	2906
吴江区	49474	863	3411	6613	9086	6100	5187
苏州工业园区	37573	465	3060	6374	8911	6782	4397
常熟市	59521	723	3720	7037	9906	6895	6615
张家港市	46961	426	2363	4902	8139	5722	5636
昆山市	68027	835	4849	9966	15598	11381	8043
太仓市	31117	364	1758	3319	5066	3863	3623
南通市	**222910**	**1191**	**8172**	**18726**	**28587**	**19842**	**20372**
崇川区	18310	129	867	2006	3147	2510	2378
港闸区	11243	111	585	1455	2240	1392	1243
通州区	31570	190	1344	2894	4246	2755	2724
如东县	27349	81	663	1535	2260	1615	1893
南通经济技术开发区	9692	98	654	1400	2123	1318	960
通州湾示范区	2341	10	79	143	201	154	151
苏锡通科技产业园区	3518	51	239	411	561	385	274
启东市	28552	113	863	1945	3079	2301	2422
如皋市	34298	110	936	2551	4265	2724	3229
海门市	26683	190	1094	2259	3307	2483	2530
海安市	29354	108	848	2127	3158	2205	2568
连云港市	**113801**	**1063**	**5239**	**11054**	**17733**	**12652**	**10594**
连云区	4690	15	253	512	875	560	504

4-1　续表 4

单位：人

地　区 性　别	合计	16-19岁	20-24岁	25-29岁	30-34岁	35-39岁	40-44岁
海州区	17858	96	871	1825	3026	2533	2221
赣榆区	28020	259	1187	2972	4241	2922	2117
东海县	24907	316	1194	2348	3825	2430	2089
灌云县	14685	148	607	1324	1993	1512	1423
灌南县	15781	190	641	1114	2081	1723	1428
连云港经济技术开发区	2261	4	127	255	470	290	222
连云港高新技术产业开发区	3485	21	197	445	817	464	386
江苏连云港徐圩新区	1288	8	122	169	243	130	123
江苏省连云港市云台山风景名胜区	826	6	40	90	162	88	81
淮安市	**105216**	**689**	**3892**	**10184**	**14329**	**10346**	**10680**
淮安区	16351	81	570	1605	1889	1402	1595
淮阴区	16996	108	680	1856	2432	1526	1652
清江浦区	13654	51	548	1633	2268	1766	1759
洪泽区	6793	30	165	518	676	551	777
涟水县	20298	221	756	1564	2454	1712	1734
盱眙县	12768	48	380	984	1583	1333	1306
金湖县	8248	15	215	629	897	681	740
淮安经济技术开发区	6656	130	447	1018	1473	803	646
工业园区	425	1	14	43	81	40	42
生态文旅区	2451	4	100	291	507	487	378
苏淮高新区	576		17	43	69	45	51
盐城市	**193764**	**1185**	**5892**	**13751**	**23393**	**18441**	**18188**
亭湖区	18492	93	667	1610	2717	1953	2031
盐都区	19111	125	773	1806	2711	1882	1740
大丰区	23028	52	612	1484	2321	1573	1953
响水县	10932	68	397	713	1420	1276	948
滨海县	17828	95	439	1182	2022	2022	1719
阜宁县	20486	101	541	1211	2358	2518	2212
射阳县	24608	90	680	1565	2643	2308	2241
建湖县	16689	50	496	987	2034	1470	1715
盐城经济技术开发区	2956	47	157	328	522	283	224
江苏省盐南高新区	9154	24	317	1003	1903	1422	1254
东台市	30480	440	813	1862	2742	1734	2151
扬州市	**136626**	**674**	**4791**	**12137**	**17209**	**12722**	**16017**
广陵区	15945	72	667	1668	2468	1906	1996
邗江区	18424	66	726	1924	2989	2288	2402
江都区	26632	81	820	2096	2965	2198	3115
宝应县	23645	107	751	1917	2502	1759	2725
扬州经济技术开发区	6228	133	347	752	1153	801	737
蜀冈瘦西湖景区	3814	30	146	356	613	513	532
生态新城	1969	19	87	173	294	223	241
仪征市	15996	82	473	1458	1925	1450	1769
高邮市	23973	84	774	1793	2300	1584	2500
镇江市	**91374**	**567**	**3483**	**8482**	**12506**	**9504**	**9913**
京口区	8003	20	307	714	1142	1088	1093
润州区	5792	24	210	579	809	728	708
丹徒区	8991	24	248	757	1158	922	917
镇江新区	6966	52	338	773	1079	878	825
江苏镇江高新区	1874	10	100	228	300	198	218
丹阳市	31471	296	1318	2949	4213	3098	3292
扬中市	10086	61	358	921	1305	890	1055
句容市	18191	80	604	1561	2500	1702	1805

4-1 续表 5

单位：人

地区 性别	合计	16-19岁	20-24岁	25-29岁	30-34岁	35-39岁	40-44岁
泰州市	**129145**	**621**	**4490**	**11466**	**15687**	**10642**	**14428**
海陵区	15961	82	675	1744	2439	1600	1937
高港区	7911	82	358	782	1014	689	876
姜堰区	18434	60	584	1407	2023	1488	2353
泰州医药高新技术产业开发区	6864	86	485	980	1251	764	744
兴化市	31999	137	872	2797	3455	2190	2977
靖江市	19941	83	619	1675	2739	1880	2452
泰兴市	28035	91	897	2081	2766	2031	3089
宿迁市	**116134**	**671**	**4925**	**12355**	**18526**	**12628**	**11728**
宿城区	17547	97	851	2006	3234	1981	1873
宿豫区	10760	63	551	1274	1951	1225	1192
沭阳县	39343	225	1644	4346	5642	4417	3531
泗阳县	17118	119	653	1670	2448	1882	1894
泗洪县	18858	90	593	1571	2741	1751	1988
宿迁经济技术开发区	5111	40	298	684	1128	593	530
宿迁市湖滨新区	3342	13	137	335	602	305	297
苏州宿迁工业园区	751	1	42	120	245	152	73
宿迁市洋河新区	3304	23	156	349	535	322	350
女	**1661557**	**10491**	**83239**	**190276**	**289817**	**215023**	**206300**
南京市	**173172**	**889**	**13014**	**28073**	**36204**	**27251**	**23052**
玄武区	10075	40	726	1476	1815	1780	1660
秦淮区	14829	91	1281	2367	2691	2557	2298
建邺区	11369	52	1079	1917	2265	2056	1593
鼓楼区	18167	80	1153	2407	3299	3609	3152
浦口区	7108	26	440	1106	1504	923	838
栖霞区	16688	133	1391	2926	3669	2558	2119
雨花台区	12309	59	1198	2412	2663	1767	1477
江宁区	35137	216	2648	6082	8324	5560	4220
六合区	11360	22	546	1505	2269	1548	1528
溧水区	8067	45	458	1116	1496	929	923
高淳区	7185	31	431	937	1175	727	777
南京江北新区	20878	94	1663	3822	5034	3237	2467
无锡市	**153549**	**1030**	**8407**	**19381**	**30453**	**22519**	**22338**
锡山区	19855	238	1176	2619	3952	2838	2721
惠山区	17606	118	968	2226	3460	2609	2653
滨湖区	11229	57	793	1538	2136	1747	1696
梁溪区	19230	119	1364	2732	4119	3339	2859
新吴区	14525	85	848	2306	3734	2445	2078
江苏无锡经济开发区	7337	59	460	1003	1742	1314	1094
江阴市	38376	210	1708	4319	7393	5397	5947
宜兴市	25391	144	1090	2638	3917	2830	3290
徐州市	**151681**	**848**	**5952**	**14938**	**25074**	**18495**	**16604**
鼓楼区	6942	30	359	941	1504	1240	1031
云龙区	8198	24	386	1099	2008	1478	1182
贾汪区	5582	33	231	498	990	764	636
泉山区	10533	38	548	1338	2210	1826	1590
铜山区	27392	136	903	2484	4239	3222	2483
丰县	16908	104	502	1442	1862	1532	1815
沛县	15246	86	502	1529	2117	1545	1820
睢宁县	17431	94	750	1787	2603	1843	1780
徐州经济技术开发区	5727	30	296	735	1488	830	644
新沂市	16293	95	558	1300	2634	1762	1530
邳州市	21429	178	917	1785	3419	2453	2093

4-1　续表 6

单位：人

地　区 性　别	合计	16-19岁	20-24岁	25-29岁	30-34岁	35-39岁	40-44岁
常州市	**111839**	**812**	**6088**	**13608**	**20700**	**15671**	**15115**
天宁区	13711	65	750	1745	2629	2262	2179
钟楼区	13175	125	767	1673	2601	2143	1942
新北区	20170	131	1016	2579	4247	3061	2624
武进区	28575	283	1647	3515	5398	3934	3708
金坛区	12087	65	567	1316	1964	1388	1448
江苏省常州市经济开发区	9698	92	593	1067	1707	1294	1333
溧阳市	14423	51	748	1713	2154	1589	1881
苏州市	**292607**	**2885**	**18912**	**42526**	**65121**	**47070**	**38092**
虎丘区	19445	309	1657	3202	4844	3367	2322
吴中区	33342	388	2198	4984	7479	4925	3815
相城区	19514	202	1264	3121	4544	2898	2323
姑苏区	17996	112	1401	2790	3720	3346	2588
吴江区	33542	467	2175	4695	7007	4713	4278
苏州工业园区	26823	233	2221	4925	6941	5539	3144
常熟市	42186	359	2428	5312	7838	5555	5760
张家港市	31665	236	1593	3721	6570	4636	4757
昆山市	46287	424	2851	7383	12186	8998	6232
太仓市	21807	155	1124	2393	3992	3093	2873
南通市	**170140**	**599**	**6274**	**14957**	**23271**	**16569**	**18366**
崇川区	13966	68	830	1815	3006	2473	2205
港闸区	7509	35	469	1151	1778	1065	1018
通州区	24625	132	1028	2401	3690	2416	2628
如东县	22337	34	505	1215	1988	1451	1941
南通经济技术开发区	5863	48	404	1016	1514	813	734
通州湾示范区	1780	8	57	109	117	95	128
苏锡通科技产业园区	2233	23	138	257	381	270	223
启东市	19800	52	626	1454	1935	1526	1714
如皋市	26258	54	743	2123	3641	2440	3149
海门市	21306	98	785	1799	2605	1986	2127
海安市	24463	47	689	1617	2616	2034	2499
连云港市	**84352**	**711**	**3425**	**8023**	**14069**	**9926**	**8543**
连云区	2482	8	128	329	570	360	328
海州区	12034	54	606	1389	2490	1943	1768
赣榆区	22050	158	708	1819	3382	2301	1827
东海县	21775	246	904	2089	3475	2269	1951
灌云县	9691	99	374	925	1302	1026	1027
灌南县	11740	124	401	848	1713	1325	1125
连云港经济技术开发区	1357	3	84	180	322	207	162
连云港高新技术产业开发区	2430	9	148	350	667	400	282
江苏连云港徐圩新区	370	3	54	45	62	45	35
江苏省连云港市云台山风景名胜区	423	7	18	49	86	50	38
淮安市	**71388**	**488**	**3124**	**7649**	**11367**	**8494**	**8517**
淮安区	10943	61	447	1183	1486	1208	1369
淮阴区	9931	86	492	1168	1566	1000	1130
清江浦区	9861	46	525	1263	2001	1569	1539
洪泽区	4010	12	163	369	525	453	591
涟水县	17682	148	646	1382	2337	1695	1570
盱眙县	7323	60	361	759	1149	950	835
金湖县	4680	6	139	466	593	469	538
淮安经济技术开发区	4608	54	271	756	1175	654	586
工业园区	248	6	8	28	57	30	21

4-1 续表 7

单位：人

地区 性别	合计	16-19岁	20-24岁	25-29岁	30-34岁	35-39岁	40-44岁
生态文旅区	1824	9	61	253	440	435	307
苏淮高新区	278		11	22	38	31	31
盐城市	**129100**	**716**	**4259**	**8680**	**14981**	**12572**	**13329**
亭湖区	11681	64	518	1123	1844	1481	1664
盐都区	12146	90	499	1035	1703	1292	1270
大丰区	17483	73	471	989	1688	1228	1685
响水县	7242	58	231	479	946	886	592
滨海县	10225	62	358	714	1166	1175	1042
阜宁县	12104	57	438	753	1345	1398	1324
射阳县	16022	57	512	909	1472	1405	1556
建湖县	10301	19	314	632	1212	1028	1204
盐城经济技术开发区	1795	29	99	195	312	179	164
江苏省盐南高新区	6227	26	278	801	1459	1121	940
东台市	23874	181	541	1050	1834	1379	1888
扬州市	**92316**	**358**	**3907**	**9208**	**13280**	**10495**	**13298**
广陵区	11350	55	600	1377	1938	1616	1685
邗江区	13866	36	625	1677	2558	2029	2116
江都区	17875	46	694	1544	2217	1760	2525
宝应县	14774	74	576	1336	1643	1309	2080
扬州经济技术开发区	4339	36	209	570	916	657	676
蜀冈瘦西湖景区	2593	10	107	283	534	475	434
生态新城	1447	9	63	145	252	163	218
仪征市	9846	34	380	945	1418	1139	1462
高邮市	16226	58	653	1331	1804	1347	2102
镇江市	**62900**	**281**	**2598**	**6658**	**10165**	**7961**	**8457**
京口区	5869	15	233	642	1144	1042	1021
润州区	4087	16	178	521	720	690	707
丹徒区	5787	18	203	522	880	695	715
镇江新区	4498	13	271	533	855	678	696
江苏镇江高新区	1128	6	57	162	221	149	172
丹阳市	23629	156	941	2406	3495	2702	2935
扬中市	6871	11	225	678	1010	750	903
句容市	11031	46	490	1194	1840	1255	1308
泰州市	**90925**	**327**	**3244**	**8038**	**11915**	**8783**	**12106**
海陵区	11885	67	547	1458	2054	1484	1725
高港区	5545	14	239	618	758	563	699
姜堰区	12401	33	439	1040	1550	1285	1991
泰州医药高新技术产业开发区	4904	22	279	800	1044	598	646
兴化市	20811	98	623	1408	2073	1583	2240
靖江市	13630	35	478	1265	2241	1532	2120
泰兴市	21749	58	639	1449	2195	1738	2685
宿迁市	**77588**	**547**	**4035**	**8537**	**13217**	**9217**	**8483**
宿城区	12178	85	719	1474	2542	1603	1450
宿豫区	6679	61	451	880	1379	870	789
沭阳县	25883	176	1307	2779	3670	3049	2431
泗阳县	11197	100	471	1083	1809	1372	1359
泗洪县	13734	78	567	1281	2072	1291	1525
宿迁经济技术开发区	3296	20	205	490	776	444	417
宿迁市湖滨新区	1908	7	133	198	359	223	203
苏州宿迁工业园区	637	3	34	110	232	132	64
宿迁市洋河新区	2076	17	148	242	378	233	245

4-1　续表 8

单位：人

地　区 性　别	45-49岁	50-54岁	55-59岁	60-64岁	65-69岁	70-74岁	75岁及以上
江　苏	**515711**	**524641**	**345136**	**157413**	**134129**	**59545**	**34173**
南京市	**52449**	**46534**	**30638**	**6269**	**4307**	**1348**	**396**
玄武区	2998	2318	1621	200	111	16	5
秦淮区	4189	3389	2427	291	123	37	8
建邺区	3038	2517	1635	195	86	19	5
鼓楼区	5421	4120	2885	327	114	26	15
浦口区	2302	2283	1549	374	398	126	35
栖霞区	4906	4124	2808	534	295	77	22
雨花台区	3482	2873	1746	335	159	36	11
江宁区	9576	8766	5366	1354	908	267	62
六合区	4124	4253	2887	868	557	154	22
溧水区	3389	3389	2322	620	607	236	82
高淳区	3307	3599	2401	593	682	271	111
南京江北新区	5717	4903	2991	578	267	83	18
无锡市	**53446**	**45007**	**27595**	**8113**	**5397**	**1899**	**584**
锡山区	6755	5558	3299	1078	665	173	36
惠山区	6837	5495	2909	806	444	150	44
滨湖区	4185	3175	2016	364	170	47	19
梁溪区	6136	4540	2744	400	153	38	9
新吴区	4081	2709	1662	353	146	28	16
江苏无锡经济开发区	2212	1657	948	203	92	11	1
江阴市	13976	11862	7316	2314	1438	424	94
宜兴市	9264	10011	6701	2595	2289	1028	365
徐州市	**46280**	**51515**	**33409**	**16898**	**16603**	**6881**	**4034**
鼓楼区	2480	2005	1007	164	82	26	11
云龙区	2471	1873	1109	214	166	65	20
贾汪区	2048	2262	1330	664	623	245	116
泉山区	3728	2945	1733	181	117	27	14
铜山区	6721	8552	5835	3471	3891	1528	864
丰县	5224	6062	3877	2397	2419	1205	640
沛县	5045	6057	3682	1955	1917	927	435
睢宁县	5185	6260	4199	2305	2305	869	637
徐州经济技术开发区	1683	1696	937	313	311	98	41
新沂市	5098	6062	4194	2114	2239	910	574
邳州市	6597	7741	5506	3120	2533	981	682
常州市	**38440**	**34178**	**22395**	**7654**	**5599**	**1946**	**619**
天宁区	4954	3872	2151	402	219	50	20
钟楼区	4595	3633	2195	510	233	58	17
新北区	5848	5115	3520	1209	803	285	84
武进区	9266	7934	5110	1960	1532	678	212
金坛区	4141	4533	3410	1322	989	265	76
江苏省常州市经济开发区	3795	3092	1840	545	270	94	32
溧阳市	5841	5999	4169	1706	1553	516	178
苏州市	**82625**	**67829**	**42133**	**12676**	**9135**	**3195**	**1434**
虎丘区	4393	3475	2019	628	316	98	22
吴中区	8430	7791	4921	1726	1107	371	191
相城区	5445	4979	2924	866	537	141	47
姑苏区	5196	3989	2786	283	132	32	4
吴江区	10055	8988	5389	1792	1480	503	214
苏州工业园区	5059	3571	2100	426	204	35	9
常熟市	13496	11336	7862	2885	2395	1052	533

4-1 续表 9

单位：人

地 区 性 别	45-49岁	50-54岁	55-59岁	60-64岁	65-69岁	70-74岁	75岁及以上
张家港市	11677	9987	5649	1442	829	265	76
昆山市	11482	7759	4688	908	599	115	17
太仓市	7392	5954	3795	1720	1536	583	321
南通市	**45116**	**56146**	**42938**	**25843**	**22882**	**13630**	**9569**
崇川区	4406	3802	2202	243	129	50	10
港闸区	2429	2130	1227	220	156	37	11
通州区	6748	8127	6243	3273	2895	1544	917
如东县	5062	8177	6832	4847	4612	2937	2038
南通经济技术开发区	1683	1528	969	196	81	12	4
通州湾示范区	426	530	579	501	446	251	136
苏锡通科技产业园区	612	753	552	285	200	95	41
启东市	5018	6299	6232	4652	4062	2368	1691
如皋市	7448	10368	6902	3906	3057	1798	1112
海门市	5219	5973	4997	3594	3325	2064	1554
海安市	6065	8459	6203	4126	3919	2474	2055
连云港市	**22436**	**26503**	**17622**	**11648**	**10476**	**4099**	**2337**
连云区	974	943	552	135	96	23	7
海州区	3948	3451	1982	794	583	216	96
赣榆区	5545	7028	4903	3456	3132	1389	724
东海县	5184	6439	4156	2856	2946	1217	748
灌云县	2557	3525	2379	1816	1563	472	304
灌南县	2829	3689	2828	2294	1977	741	450
连云港经济技术开发区	412	441	266	97	62	11	3
连云港高新技术产业开发区	660	586	309	94	62	14	4
江苏连云港徐圩新区	210	236	133	29	10		1
江苏省连云港市云台山风景名胜区	117	165	114	77	45	16	
淮安市	**23594**	**26258**	**16215**	**9019**	**7437**	**2713**	**1609**
淮安区	3817	4124	2704	1566	1370	571	246
淮阴区	3355	4084	2603	1477	1127	359	226
清江浦区	3281	2934	1525	438	279	64	26
洪泽区	1830	1911	1171	569	360	85	47
涟水县	4529	5773	3764	2883	2729	1225	858
盱眙县	2783	3224	2069	1090	834	207	136
金湖县	2166	2474	1463	686	546	158	47
淮安经济技术开发区	1250	1142	560	170	95	26	8
工业园区	54	86	73	48	38	3	
生态文旅区	421	328	189	43	19	2	1
苏淮高新区	108	178	94	49	40	13	14
盐城市	**39529**	**49430**	**36189**	**24269**	**20724**	**10482**	**6854**
亭湖区	4497	4587	2710	1213	862	362	177
盐都区	4096	5006	3164	1580	1480	663	342
大丰区	4783	6506	5646	3720	2959	1541	1227
响水县	1888	2464	1828	1699	1396	551	334
滨海县	3282	3768	2735	2491	2256	1018	507
阜宁县	4074	4896	3530	2387	2031	986	430
射阳县	5167	6781	4882	3398	2797	1381	786
建湖县	3705	4475	3024	1706	1700	782	437
盐城经济技术开发区	504	755	413	229	187	85	39
江苏省盐南高新区	1924	1645	836	222	140	53	13
东台市	5609	8547	7421	5624	4916	3060	2562
扬州市	**33859**	**36959**	**21446**	**9014**	**8628**	**3561**	**1379**
广陵区	3899	3683	2094	772	517	211	71

4-1 续表 10

单位：人

地 区 性 别	45-49岁	50-54岁	55-59岁	60-64岁	65-69岁	70-74岁	75岁及以上
邗江区	4477	4190	2589	830	545	175	48
江都区	6919	7898	4376	2051	2013	850	339
宝应县	5495	6736	4082	1961	2095	882	389
扬州经济技术开发区	1405	1159	645	192	131	35	13
蜀冈瘦西湖景区	909	838	450	99	53	22	3
生态新城	461	504	297	131	87	33	16
仪征市	3939	4555	2758	971	802	237	45
高邮市	6355	7396	4155	2007	2385	1116	455
镇江市	**23002**	**22618**	**15643**	**5742**	**4549**	**1686**	**459**
京口区	2278	1785	1102	147	82	13	4
润州区	1667	1328	808	109	51	16	10
丹徒区	2061	2220	1726	794	612	251	55
镇江新区	1704	1417	912	269	121	39	11
江苏镇江高新区	467	400	225	43	35	8	3
丹阳市	8208	8408	5681	2372	1782	690	158
扬中市	2533	2708	1827	845	605	196	76
句容市	4084	4352	3362	1163	1261	473	142
泰州市	**30612**	**36717**	**22046**	**10726**	**10537**	**5077**	**2608**
海陵区	3599	3926	2305	868	816	356	164
高港区	2071	2094	1214	615	478	196	96
姜堰区	4495	5384	3050	1452	1412	570	219
泰州医药高新技术产业开发区	1294	1404	773	277	223	73	25
兴化市	6211	9593	6471	3255	3986	1866	975
靖江市	5076	5547	3211	1273	922	323	100
泰兴市	7866	8769	5022	2986	2700	1693	1029
宿迁市	**24323**	**24947**	**16867**	**9542**	**7855**	**3028**	**2291**
宿城区	3577	3492	2201	1078	795	385	282
宿豫区	2060	1977	1247	644	545	169	111
沭阳县	7844	8589	6362	4054	3130	1174	856
泗阳县	3793	3738	2394	1451	1268	483	328
泗洪县	4583	4745	3285	1553	1592	660	626
宿迁经济技术开发区	1015	882	465	237	130	35	18
宿迁市湖滨新区	614	782	438	285	226	57	36
苏州宿迁工业园区	83	61	24	7	4	1	
宿迁市洋河新区	754	681	451	233	165	64	34
男	**289369**	**334107**	**240779**	**101031**	**83030**	**35701**	**20320**
南京市	**30531**	**32574**	**24795**	**4792**	**3235**	**1016**	**309**
玄武区	1588	1545	1332	141	70	10	5
秦淮区	2216	2312	2051	230	83	23	5
建邺区	1772	1707	1377	143	67	18	4
鼓楼区	2938	2761	2419	232	70	13	8
浦口区	1360	1600	1188	272	271	85	20
栖霞区	2858	2987	2342	405	217	54	11
雨花台区	2031	2029	1449	249	114	27	10
江宁区	5716	6205	4275	1069	692	204	51
六合区	2466	2922	2275	681	444	115	20
溧水区	2110	2438	1811	489	446	182	69
高淳区	2141	2541	1832	450	570	228	95
南京江北新区	3335	3527	2444	431	191	57	11
无锡市	**29747**	**29979**	**21383**	**5998**	**3798**	**1285**	**430**
锡山区	3826	3559	2465	818	439	116	30

4-1 续表 11

单位：人

地区 性别	45-49岁	50-54岁	55-59岁	60-64岁	65-69岁	70-74岁	75岁及以上
惠山区	3964	3756	2285	628	338	113	29
滨湖区	2319	2252	1680	285	132	35	11
梁溪区	3309	3239	2332	302	113	22	5
新吴区	2249	1910	1395	269	110	21	12
江苏无锡经济开发区	1271	1164	776	167	70	10	1
江阴市	7670	7659	5585	1716	1026	297	69
宜兴市	5139	6440	4865	1813	1570	671	273
徐州市	**26411**	**30915**	**21259**	**10536**	**10153**	**4136**	**2440**
鼓楼区	1449	1434	862	112	58	13	10
云龙区	1447	1251	893	144	102	45	15
贾汪区	1290	1494	938	451	447	160	78
泉山区	2078	1988	1467	122	80	18	9
铜山区	3584	4627	3208	1956	2199	861	502
丰县	2841	3296	2228	1407	1388	659	354
沛县	2935	3689	2384	1288	1220	578	277
睢宁县	2852	3669	2660	1507	1505	591	402
徐州经济技术开发区	1019	1149	673	215	215	71	33
新沂市	2989	3665	2578	1301	1360	535	349
邳州市	3927	4653	3368	2033	1579	605	411
常州市	**21375**	**22074**	**16419**	**5510**	**3875**	**1306**	**427**
天宁区	2655	2621	1796	306	163	33	13
钟楼区	2521	2436	1765	382	164	37	12
新北区	3164	3132	2435	832	548	187	54
武进区	5168	4979	3523	1372	993	426	141
金坛区	2223	2821	2456	951	709	185	52
江苏省常州市经济开发区	2096	1950	1322	402	196	68	22
溧阳市	3548	4135	3122	1265	1102	370	133
苏州市	**46227**	**45845**	**31963**	**8579**	**5761**	**1899**	**752**
虎丘区	2491	2404	1600	431	211	59	11
吴中区	4750	4866	3300	1093	663	205	107
相城区	3178	3302	2163	623	380	98	33
姑苏区	2784	2842	2445	199	91	19	3
吴江区	5602	5863	4000	1273	994	344	138
苏州工业园区	2907	2502	1690	300	151	27	7
常熟市	7258	7502	5791	1843	1398	590	243
张家港市	6468	6929	4480	1085	597	171	43
昆山市	6602	5751	3816	683	410	82	11
太仓市	4187	3884	2678	1049	866	304	156
南通市	**23881**	**33863**	**27520**	**15117**	**13005**	**7398**	**5236**
崇川区	2310	2755	1898	187	86	30	7
港闸区	1369	1529	1008	164	112	28	7
通州区	3558	4780	3966	2019	1705	896	493
如东县	2528	4602	4124	2708	2527	1603	1210
南通经济技术开发区	1017	1119	771	157	63	9	3
通州湾示范区	228	306	329	299	243	127	71
苏锡通科技产业园区	338	487	365	194	135	54	24
启东市	2945	3988	3918	2670	2236	1236	836
如皋市	3798	6150	4498	2477	1870	1055	635
海门市	2771	3402	2936	1971	1854	1065	821
海安市	3019	4745	3707	2271	2174	1295	1129
连云港市	**12400**	**15509**	**10831**	**6807**	**6081**	**2402**	**1436**
连云区	602	716	473	97	63	15	5

4-1　续表 12

单位：人

地　　区 性　　别	45-49岁	50-54岁	55-59岁	60-64岁	65-69岁	70-74岁	75岁及以　上
海州区	2300	2360	1553	515	369	127	62
赣榆区	2913	3774	2699	1941	1790	773	432
东海县	2687	3414	2223	1571	1639	708	463
灌云县	1482	2048	1562	1127	953	299	207
灌南县	1591	2149	1677	1330	1147	448	262
连云港经济技术开发区	243	315	201	76	48	9	1
连云港高新技术产业开发区	363	426	241	70	41	11	3
江苏连云港徐圩新区	150	193	119	23	7		1
江苏省连云港市云台山风景名胜区	69	114	83	57	24	12	
淮安市	**13483**	**16879**	**11314**	**5991**	**4751**	**1694**	**984**
淮安区	2127	2675	1880	1059	940	368	160
淮阴区	2014	2718	1847	1026	744	245	148
清江浦区	1824	2032	1234	293	187	40	19
洪泽区	1076	1314	894	415	273	70	34
涟水县	2397	3046	2096	1686	1477	672	483
盱眙县	1730	2223	1551	796	598	149	87
金湖县	1229	1691	1107	494	395	120	35
淮安经济技术开发区	715	784	429	119	68	17	7
工业园区	34	55	49	34	29	3	
生态文旅区	262	224	150	30	16	1	1
苏淮高新区	75	117	77	39	24	9	10
盐城市	**22714**	**30622**	**23132**	**14538**	**12014**	**5873**	**4021**
亭湖区	2642	3112	1987	815	546	217	102
盐都区	2340	3054	2076	1001	946	431	226
大丰区	2578	3907	3423	2119	1569	769	668
响水县	1127	1498	1127	1016	817	325	200
滨海县	2063	2520	1839	1596	1378	617	336
阜宁县	2528	3093	2294	1478	1242	610	300
射阳县	2961	4179	3067	2015	1622	779	458
建湖县	2182	2841	2015	1060	1050	491	298
盐城经济技术开发区	278	478	302	149	117	48	23
江苏省盐南高新区	1145	1138	651	157	95	34	11
东台市	2870	4802	4351	3132	2632	1552	1399
扬州市	**19036**	**23651**	**15074**	**6106**	**5791**	**2447**	**971**
广陵区	2188	2445	1543	497	320	128	47
邗江区	2412	2605	1855	590	398	135	34
江都区	3916	4928	2958	1358	1381	588	228
宝应县	3195	4282	2811	1319	1385	619	273
扬州经济技术开发区	786	773	476	145	93	23	9
蜀冈瘦西湖景区	528	600	366	73	41	13	3
生态新城	268	299	186	82	61	24	12
仪征市	2225	3083	2020	714	581	179	37
高邮市	3518	4636	2859	1328	1531	738	328
镇江市	**12803**	**14480**	**11193**	**3891**	**3093**	**1128**	**331**
京口区	1207	1287	968	110	56	8	3
润州区	922	976	701	83	35	9	8
丹徒区	1195	1450	1183	510	421	167	39
镇江新区	1000	984	707	203	91	27	9
江苏镇江高新区	279	295	186	33	20	5	2
丹阳市	4386	4857	3742	1548	1213	446	113
扬中市	1411	1714	1245	552	395	133	46
句容市	2403	2917	2461	852	862	333	111

4-1 续表 13

单位：人

地区 性别	45-49岁	50-54岁	55-59岁	60-64岁	65-69岁	70-74岁	75岁及以上
泰州市	**16510**	**22267**	**14700**	**6945**	**6565**	**3208**	**1616**
海陵区	1890	2516	1652	578	506	232	110
高港区	1145	1269	814	405	297	128	52
姜堰区	2442	3381	2117	1044	965	415	155
泰州医药高新技术产业开发区	717	882	521	197	165	54	18
兴化市	3483	5707	4019	2026	2466	1198	672
靖江市	2775	3512	2349	907	653	229	68
泰兴市	4058	5000	3228	1788	1513	952	541
宿迁市	**14251**	**15449**	**11196**	**6221**	**4908**	**1909**	**1367**
宿城区	2090	2226	1515	741	508	260	165
宿豫区	1295	1312	890	454	356	122	75
沭阳县	4544	5180	4076	2582	1937	720	499
泗阳县	2223	2370	1636	944	773	297	209
泗洪县	2617	2801	2059	956	948	390	353
宿迁经济技术开发区	596	584	341	173	101	29	14
宿迁市湖滨新区	396	503	315	199	166	46	28
苏州宿迁工业园区	51	39	20	5	3		
宿迁市洋河新区	439	434	344	167	116	45	24
女	**226342**	**190534**	**104357**	**56382**	**51099**	**23844**	**13853**
南京市	**21918**	**13960**	**5843**	**1477**	**1072**	**332**	**87**
玄武区	1410	773	289	59	41	6	
秦淮区	1973	1077	376	61	40	14	3
建邺区	1266	810	258	52	19	1	1
鼓楼区	2483	1359	466	95	44	13	7
浦口区	942	683	361	102	127	41	15
栖霞区	2048	1137	466	129	78	23	11
雨花台区	1451	844	297	86	45	9	1
江宁区	3860	2561	1091	285	216	63	11
六合区	1658	1331	612	187	113	39	2
溧水区	1279	951	511	131	161	54	13
高淳区	1166	1058	569	143	112	43	16
南京江北新区	2382	1376	547	147	76	26	7
无锡市	**23699**	**15028**	**6212**	**2115**	**1599**	**614**	**154**
锡山区	2929	1999	834	260	226	57	6
惠山区	2873	1739	624	178	106	37	15
滨湖区	1866	923	336	79	38	12	8
梁溪区	2827	1301	412	98	40	16	4
新吴区	1832	799	267	84	36	7	4
江苏无锡经济开发区	941	493	172	36	22	1	
江阴市	6306	4203	1731	598	412	127	25
宜兴市	4125	3571	1836	782	719	357	92
徐州市	**19869**	**20600**	**12150**	**6362**	**6450**	**2745**	**1594**
鼓楼区	1031	571	145	52	24	13	1
云龙区	1024	622	216	70	64	20	5
贾汪区	758	768	392	213	176	85	38
泉山区	1650	957	266	59	37	9	5
铜山区	3137	3925	2627	1515	1692	667	362
丰县	2383	2766	1649	990	1031	546	286
沛县	2110	2368	1298	667	697	349	158
睢宁县	2333	2591	1539	798	800	278	235
徐州经济技术开发区	664	547	264	98	96	27	8
新沂市	2109	2397	1616	813	879	375	225
邳州市	2670	3088	2138	1087	954	376	271

4-1 续表 14

单位：人

地区 性别	45-49岁	50-54岁	55-59岁	60-64岁	65-69岁	70-74岁	75岁及以上
常州市	**17065**	**12104**	**5976**	**2144**	**1724**	**640**	**192**
天宁区	2299	1251	355	96	56	17	7
钟楼区	2074	1197	430	128	69	21	5
新北区	2684	1983	1085	377	255	98	30
武进区	4098	2955	1587	588	539	252	71
金坛区	1918	1712	954	371	280	80	24
江苏省常州市经济开发区	1699	1142	518	143	74	26	10
溧阳市	2293	1864	1047	441	451	146	45
苏州市	**36398**	**21984**	**10170**	**4097**	**3374**	**1296**	**682**
虎丘区	1902	1071	419	197	105	39	11
吴中区	3680	2925	1621	633	444	166	84
相城区	2267	1677	761	243	157	43	14
姑苏区	2412	1147	341	84	41	13	1
吴江区	4453	3125	1389	519	486	159	76
苏州工业园区	2152	1069	410	126	53	8	2
常熟市	6238	3834	2071	1042	997	462	290
张家港市	5209	3058	1169	357	232	94	33
昆山市	4880	2008	872	225	189	33	6
太仓市	3205	2070	1117	671	670	279	165
南通市	**21235**	**22283**	**15418**	**10726**	**9877**	**6232**	**4333**
崇川区	2096	1047	304	56	43	20	3
港闸区	1060	601	219	56	44	9	4
通州区	3190	3347	2277	1254	1190	648	424
如东县	2534	3575	2708	2139	2085	1334	828
南通经济技术开发区	666	409	198	39	18	3	1
通州湾示范区	198	224	250	202	203	124	65
苏锡通科技产业园区	274	266	187	91	65	41	17
启东市	2073	2311	2314	1982	1826	1132	855
如皋市	3650	4218	2404	1429	1187	743	477
海门市	2448	2571	2061	1623	1471	999	733
海安市	3046	3714	2496	1855	1745	1179	926
连云港市	**10036**	**10994**	**6791**	**4841**	**4395**	**1697**	**901**
连云区	372	227	79	38	33	8	2
海州区	1648	1091	429	279	214	89	34
赣榆区	2632	3254	2204	1515	1342	616	292
东海县	2497	3025	1933	1285	1307	509	285
灌云县	1075	1477	817	689	610	173	97
灌南县	1238	1540	1151	964	830	293	188
连云港经济技术开发区	169	126	65	21	14	2	2
连云港高新技术产业开发区	297	160	68	24	21	3	1
江苏连云港徐圩新区	60	43	14	6	3		
江苏省连云港市云台山风景名胜区	48	51	31	20	21	4	
淮安市	**10111**	**9379**	**4901**	**3028**	**2686**	**1019**	**625**
淮安区	1690	1449	824	507	430	203	86
淮阴区	1341	1366	756	451	383	114	78
清江浦区	1457	902	291	145	92	24	7
洪泽区	754	597	277	154	87	15	13
涟水县	2132	2727	1668	1197	1252	553	375
盱眙县	1053	1001	518	294	236	58	49
金湖县	937	783	356	192	151	38	12
淮安经济技术开发区	535	358	131	51	27	9	1
工业园区	20	31	24	14	9		

4-1 续表 15

单位：人

地区 性别	45-49岁	50-54岁	55-59岁	60-64岁	65-69岁	70-74岁	75岁及以上
生态文旅区	159	104	39	13	3	1	
苏淮高新区	33	61	17	10	16	4	4
盐城市	**16815**	**18808**	**13057**	**9731**	**8710**	**4609**	**2833**
亭湖区	1855	1475	723	398	316	145	75
盐都区	1756	1952	1088	579	534	232	116
大丰区	2205	2599	2223	1601	1390	772	559
响水县	761	966	701	683	579	226	134
滨海县	1219	1248	896	895	878	401	171
阜宁县	1546	1803	1236	909	789	376	130
射阳县	2206	2602	1815	1383	1175	602	328
建湖县	1523	1634	1009	646	650	291	139
盐城经济技术开发区	226	277	111	80	70	37	16
江苏省盐南高新区	779	507	185	65	45	19	2
东台市	2739	3745	3070	2492	2284	1508	1163
扬州市	**14823**	**13308**	**6372**	**2908**	**2837**	**1114**	**408**
广陵区	1711	1238	551	275	197	83	24
邗江区	2065	1585	734	240	147	40	14
江都区	3003	2970	1418	693	632	262	111
宝应县	2300	2454	1271	642	710	263	116
扬州经济技术开发区	619	386	169	47	38	12	4
蜀冈瘦西湖景区	381	238	84	26	12	9	
生态新城	193	205	111	49	26	9	4
仪征市	1714	1472	738	257	221	58	8
高邮市	2837	2760	1296	679	854	378	127
镇江市	**10199**	**8138**	**4450**	**1851**	**1456**	**558**	**128**
京口区	1071	498	134	37	26	5	1
润州区	745	352	107	26	16	7	2
丹徒区	866	770	543	284	191	84	16
镇江新区	704	433	205	66	30	12	2
江苏镇江高新区	188	105	39	10	15	3	1
丹阳市	3822	3551	1939	824	569	244	45
扬中市	1122	994	582	293	210	63	30
句容市	1681	1435	901	311	399	140	31
泰州市	**14102**	**14450**	**7346**	**3781**	**3972**	**1869**	**992**
海陵区	1709	1410	653	290	310	124	54
高港区	926	825	400	210	181	68	44
姜堰区	2053	2003	933	408	447	155	64
泰州医药高新技术产业开发区	577	522	252	80	58	19	7
兴化市	2728	3886	2452	1229	1520	668	303
靖江市	2301	2035	862	366	269	94	32
泰兴市	3808	3769	1794	1198	1187	741	488
宿迁市	**10072**	**9498**	**5671**	**3321**	**2947**	**1119**	**924**
宿城区	1487	1266	686	337	287	125	117
宿豫区	765	665	357	190	189	47	36
沭阳县	3300	3409	2286	1472	1193	454	357
泗阳县	1570	1368	758	507	495	186	119
泗洪县	1966	1944	1226	597	644	270	273
宿迁经济技术开发区	419	298	124	64	29	6	4
宿迁市湖滨新区	218	279	123	86	60	11	8
苏州宿迁工业园区	32	22	4	2	1	1	
宿迁市洋河新区	315	247	107	66	49	19	10

4-1a　各地区分性别、年龄的就业人口(城市)

单位：人

地　区 性　别	合计	16-19岁	20-24岁	25-29岁	30-34岁	35-39岁	40-44岁
江　苏	**1925978**	**14765**	**110597**	**250687**	**374052**	**279426**	**252386**
南京市	**364118**	**2538**	**26389**	**55482**	**70992**	**54547**	**46084**
玄武区	22304	133	1470	2937	3666	3588	3241
秦淮区	33227	241	2482	4696	5552	5050	4742
建邺区	26395	163	2213	4046	4630	4301	3547
鼓楼区	40102	208	2219	4647	6375	7195	6550
浦口区	14901	58	847	2167	2946	1924	1727
栖霞区	40155	512	3448	6610	8074	5623	4673
雨花台区	30905	226	2841	5665	6108	4144	3403
江宁区	69919	524	5399	11875	16070	10876	8077
六合区	10139	29	406	1158	1865	1417	1504
溧水区	14557	132	902	2114	2711	1659	1634
高淳区	10715	48	514	1279	1804	1164	1247
南京江北新区	50799	264	3648	8288	11191	7606	5739
无锡市	**247013**	**1976**	**14613**	**32340**	**48722**	**36084**	**33108**
锡山区	28230	454	2013	4089	5915	4018	3387
惠山区	27738	198	1628	3648	5462	4144	3647
滨湖区	25188	168	1682	3241	4253	3452	3399
梁溪区	44955	359	2936	5765	8668	7087	6120
新吴区	31200	198	1907	4740	7551	5011	4019
江苏无锡经济开发区	17929	151	1125	2368	3805	2949	2407
江阴市	42383	242	1981	5093	8084	5886	6161
宜兴市	29390	206	1341	3396	4984	3537	3968
徐州市	**123085**	**497**	**5200**	**13536**	**24515**	**18922**	**15537**
鼓楼区	17427	54	822	2142	3418	2837	2379
云龙区	18456	56	771	2242	4195	3142	2468
贾汪区	6524	22	264	628	1259	1016	820
泉山区	25021	78	1130	2832	4745	3936	3555
铜山区	16580	55	654	1702	3048	2411	1794
丰县							
沛县							
睢宁县							
徐州经济技术开发区	126	1	3	7	22	24	14
新沂市	16397	78	635	1680	3259	2181	1836
邳州市	22554	153	921	2303	4569	3375	2671
常州市	**178113**	**1599**	**10737**	**22971**	**34548**	**25573**	**23158**
天宁区	26826	130	1402	3242	4880	4123	3965
钟楼区	29712	304	1698	3644	5406	4372	4006
新北区	34691	227	1935	4666	7640	5258	4364
武进区	40189	527	2906	5680	8506	5935	4887
金坛区	17315	133	837	2088	3087	2196	2109
江苏省常州市经济开发区	10069	114	709	1217	1862	1304	1235
溧阳市	19311	164	1250	2434	3167	2385	2592
苏州市	**383090**	**4717**	**26334**	**55747**	**84546**	**62105**	**47971**
虎丘区	43152	912	3752	7051	10126	7117	4909
吴中区	46516	578	3382	7273	10830	7077	5006
相城区	42806	546	2807	6562	9329	6207	4799
姑苏区	41297	249	2811	5638	7794	6889	5494
吴江区	35678	761	2763	5676	8274	5560	4000
苏州工业园区							
常熟市	48606	534	3307	6593	9459	6882	6613

4-1a 续表 1

单位：人

地区 性别	合计	16-19岁	20-24岁	25-29岁	30-34岁	35-39岁	40-44岁
张家港市	27348	238	1404	3046	5449	4230	4077
昆山市	76608	700	4981	11489	19173	14751	10123
太仓市	21079	199	1127	2419	4112	3392	2950
南通市	**146192**	**744**	**6394**	**15710**	**25290**	**18831**	**19261**
崇川区	32276	197	1697	3821	6153	4983	4583
港闸区	18543	146	1047	2592	3993	2446	2238
通州区	20228	123	977	2152	3209	2267	2410
如东县							
南通经济技术开发区							
通州湾示范区							
苏锡通科技产业园区							
启东市	17770	56	652	1636	2526	2089	2239
如皋市	16900	46	527	1590	2965	2015	2311
海门市	16333	87	674	1611	2568	2332	2434
海安市	24142	89	820	2308	3876	2699	3046
连云港市	**46281**	**185**	**2261**	**5127**	**8861**	**6812**	**5811**
连云区	6916	22	368	823	1400	905	794
海州区	23993	85	1180	2619	4615	3892	3446
赣榆区	13872	67	551	1493	2571	1824	1446
东海县	549	5	29	66	97	75	25
灌云县							
灌南县							
连云港经济技术开发区							
连云港高新技术产业开发区							
江苏连云港徐圩新区	755	5	130	109	141	82	77
江苏省连云港市云台山风景名胜区	196	1	3	17	37	34	23
淮安市	**52592**	**222**	**2287**	**6919**	**9545**	**7049**	**7281**
淮安区	12317	38	515	1683	2101	1619	1670
淮阴区	13473	80	630	1981	2654	1613	1643
清江浦区	20796	84	937	2659	3955	3145	3044
洪泽区	6006	20	205	596	835	672	924
涟水县							
盱眙县							
金湖县							
淮安经济技术开发区							
工业园区							
生态文旅区							
苏淮高新区							
盐城市	**80373**	**819**	**3254**	**8563**	**14243**	**10207**	**10197**
亭湖区	22302	98	871	2229	3778	2794	3015
盐都区	13451	76	653	1727	2552	1786	1571
大丰区	11774	34	368	1213	2085	1499	1641
响水县							
滨海县							
阜宁县							
射阳县							
建湖县							
盐城经济技术开发区	137		5	13	24	12	15
江苏省盐南高新区	15381	50	595	1804	3362	2543	2194
东台市	17328	561	762	1577	2442	1573	1761
扬州市	**97439**	**457**	**4107**	**10771**	**16268**	**12692**	**14445**
广陵区	20089	104	1039	2505	3489	2801	2884

4-1a　续表 2　　　　单位：人

地　区 性　别	合计	16-19岁	20-24岁	25-29岁	30-34岁	35-39岁	40-44岁
邗江区	24860	84	1123	2925	4637	3640	3600
江都区	15634	45	563	1622	2510	1834	2426
宝应县							
扬州经济技术开发区							
蜀冈瘦西湖景区	6407	40	253	639	1147	988	966
生态新城	1948	16	89	205	357	246	272
仪征市	13942	94	482	1429	2070	1656	2069
高邮市	14559	74	558	1446	2058	1527	2228
镇江市	**77546**	**357**	**3118**	**8426**	**13081**	**10448**	**10809**
京口区	13315	32	508	1297	2214	2072	2050
润州区	9827	40	388	1092	1517	1415	1411
丹徒区	6872	20	238	769	1285	911	874
镇江新区							
江苏镇江高新区	3002	16	157	390	521	347	390
丹阳市	21309	138	932	2417	3597	2847	2923
扬中市	9310	29	340	981	1507	1102	1282
句容市	13911	82	555	1480	2440	1754	1879
泰州市	**94374**	**428**	**3734**	**10200**	**15189**	**11047**	**14259**
海陵区	23887	137	1110	2956	4148	2836	3297
高港区	6859	76	333	826	1103	795	899
姜堰区	15382	52	566	1516	2439	1909	2734
泰州医药高新技术产业开发区							
兴化市	12927	49	469	1442	1966	1504	1791
靖江市	17458	50	587	1822	3104	2114	2667
泰兴市	17861	64	669	1638	2429	1889	2871
宿迁市	**35762**	**226**	**2169**	**4895**	**8252**	**5109**	**4465**
宿城区	17819	99	986	2303	4096	2680	2337
宿豫区	10586	87	754	1626	2497	1453	1299
沭阳县							
泗阳县							
泗洪县							
宿迁经济技术开发区							
宿迁市湖滨新区	2475	8	143	303	506	296	285
苏州宿迁工业园区	1388	4	76	230	477	284	137
宿迁市洋河新区	3494	28	210	433	676	396	407
男	**1126567**	**9603**	**62721**	**139127**	**204806**	**151869**	**137320**
南京市	**213614**	**1725**	**14481**	**30108**	**38605**	**29666**	**25528**
玄武区	12229	93	744	1461	1851	1808	1581
秦淮区	18398	150	1201	2329	2861	2493	2444
建邺区	15026	111	1134	2129	2365	2245	1954
鼓楼区	21935	128	1066	2240	3076	3586	3398
浦口区	9097	37	467	1223	1659	1111	1015
栖霞区	24517	381	2109	3797	4573	3170	2678
雨花台区	18696	167	1651	3264	3464	2388	1934
江宁区	41257	342	3074	6572	8878	6070	4653
六合区	5976	21	199	608	1006	748	816
溧水区	9334	94	553	1244	1609	979	985
高淳区	6887	29	277	739	1048	661	766
南京江北新区	30262	172	2006	4502	6215	4407	3304
无锡市	**145775**	**1314**	**8647**	**18230**	**26807**	**19671**	**17927**
锡山区	17210	288	1295	2443	3462	2322	1903

4-1a 续表 3

单位：人

地区 性别	合计	16-19岁	20-24岁	25-29岁	30-34岁	35-39岁	40-44岁
惠山区	16777	126	1009	2099	3114	2362	2071
滨湖区	14882	117	951	1799	2278	1847	1824
梁溪区	25725	240	1572	3033	4549	3748	3261
新吴区	18286	141	1181	2670	4195	2789	2151
江苏无锡经济开发区	10592	92	665	1365	2063	1635	1313
江阴市	25019	177	1222	2962	4425	3078	3291
宜兴市	17284	133	752	1859	2721	1890	2113
徐州市	**72839**	**273**	**2824**	**7592**	**13880**	**10774**	**8686**
鼓楼区	10485	24	463	1201	1914	1597	1348
云龙区	10603	33	402	1185	2270	1722	1307
贾汪区	4243	14	167	399	800	651	488
泉山区	14488	40	582	1494	2535	2110	1965
铜山区	9213	24	333	919	1660	1330	987
丰县							
沛县							
睢宁县							
徐州经济技术开发区	93	1	3	6	10	16	12
新沂市	9470	42	371	981	1839	1241	991
邳州市	14244	95	503	1407	2852	2107	1588
常州市	**104376**	**1053**	**6419**	**13030**	**19049**	**13816**	**12546**
天宁区	15328	74	757	1736	2584	2117	2092
钟楼区	17355	191	972	2067	2929	2314	2160
新北区	19663	127	1119	2564	4130	2801	2339
武进区	23669	348	1810	3278	4787	3295	2705
金坛区	10192	96	493	1178	1736	1193	1107
江苏省常州市经济开发区	5877	81	434	731	1026	695	668
溧阳市	12292	136	834	1476	1857	1401	1475
苏州市	**221476**	**3052**	**15280**	**30990**	**46155**	**33874**	**26228**
虎丘区	25245	616	2209	4077	5563	3920	2761
吴中区	26248	341	1894	3919	5893	3902	2760
相城区	25546	367	1661	3740	5265	3580	2746
姑苏区	23301	137	1410	2848	4074	3543	2906
吴江区	20974	485	1662	3298	4667	3151	2204
苏州工业园区							
常熟市	27920	364	1948	3679	5117	3708	3424
张家港市	15619	154	789	1653	2852	2199	2161
昆山市	44717	455	3065	6450	10545	8110	5672
太仓市	11906	133	642	1326	2179	1761	1594
南通市	**84278**	**512**	**3467**	**8507**	**13514**	**9983**	**10185**
崇川区	18310	129	867	2006	3147	2510	2378
港闸区	11107	111	582	1445	2221	1386	1231
通州区	11287	68	536	1158	1686	1172	1221
如东县							
南通经济技术开发区							
通州湾示范区							
苏锡通科技产业园区							
启东市	10604	43	356	897	1471	1194	1275
如皋市	9575	34	274	840	1519	1057	1168
海门市	9622	62	382	867	1408	1286	1341
海安市	13773	65	470	1294	2062	1378	1571
连云港市	**27373**	**117**	**1383**	**2932**	**4839**	**3837**	**3247**
连云区	4485	14	241	498	841	546	472

4-1a 续表 4

单位：人

地区 性别	合计	16-19岁	20-24岁	25-29岁	30-34岁	35-39岁	40-44岁
海州区	13951	51	668	1393	2409	2139	1900
赣榆区	7821	44	351	893	1372	1016	771
东海县	325	4	19	40	58	45	18
灌云县							
灌南县							
连云港经济技术开发区							
连云港高新技术产业开发区							
江苏连云港徐圩新区	664	4	101	95	134	71	69
江苏省连云港市云台山风景名胜区	127		3	13	25	20	17
淮安市	**30738**	**124**	**1191**	**3855**	**5106**	**3728**	**3897**
淮安区	7095	23	266	910	1098	808	855
淮阴区	8051	45	344	1131	1483	915	935
清江浦区	11942	41	478	1476	2071	1649	1608
洪泽区	3650	15	103	338	454	356	499
涟水县							
盱眙县							
金湖县							
淮安经济技术开发区							
工业园区							
生态文旅区							
苏淮高新区							
盐城市	**48202**	**538**	**1866**	**4995**	**8224**	**5702**	**5598**
亭湖区	13495	55	470	1275	2184	1554	1620
盐都区	8216	42	373	1054	1525	1052	891
大丰区	6816	12	220	674	1147	802	871
响水县							
滨海县							
阜宁县							
射阳县							
建湖县							
盐城经济技术开发区	84		2	10	15	7	7
江苏省盐南高新区	9154	24	317	1003	1903	1422	1254
东台市	10437	405	484	979	1450	865	955
扬州市	**56930**	**286**	**2197**	**5881**	**8835**	**6692**	**7676**
广陵区	11677	55	541	1347	1911	1466	1508
邗江区	14018	53	608	1541	2450	1918	1900
江都区	9158	28	297	865	1382	957	1288
宝应县							
扬州经济技术开发区							
蜀冈瘦西湖景区	3814	30	146	356	613	513	532
生态新城	1145	14	52	120	195	141	149
仪征市	8535	70	260	837	1180	896	1098
高邮市	8583	36	293	815	1104	801	1201
镇江市	**45224**	**219**	**1760**	**4561**	**6983**	**5490**	**5701**
京口区	7648	17	286	678	1101	1053	1056
润州区	5760	24	210	575	801	726	706
丹徒区	4173	11	133	453	712	513	495
镇江新区							
江苏镇江高新区	1874	10	100	228	300	198	218
丹阳市	11946	85	534	1272	1880	1455	1515
扬中市	5505	24	206	563	819	585	667
句容市	8318	48	291	792	1370	960	1044

4-1a 续表 5

单位：人

地区 性别	合计	16-19岁	20-24岁	25-29岁	30-34岁	35-39岁	40-44岁
泰州市	**54613**	**274**	**2069**	**5651**	**8250**	**5832**	**7547**
海陵区	13667	74	616	1601	2250	1463	1745
高港区	4032	66	207	443	601	443	497
姜堰区	8949	30	326	822	1327	974	1448
泰州医药高新技术产业开发区							
兴化市	7889	25	246	877	1178	862	995
靖江市	9968	38	303	982	1603	1108	1352
泰兴市	10108	41	371	926	1291	982	1510
宿迁市	**21129**	**116**	**1137**	**2795**	**4559**	**2804**	**2554**
宿城区	10394	55	502	1304	2218	1451	1300
宿豫区	6309	40	406	931	1403	824	768
沭阳县							
泗阳县							
泗洪县							
宿迁经济技术开发区							
宿迁市湖滨新区	1517	4	68	193	300	150	164
苏州宿迁工业园区	751	1	42	120	245	152	73
宿迁市洋河新区	2158	16	119	247	393	227	249
女	**799411**	**5162**	**47876**	**111560**	**169246**	**127557**	**115066**
南京市	**150504**	**813**	**11908**	**25374**	**32387**	**24881**	**20556**
玄武区	10075	40	726	1476	1815	1780	1660
秦淮区	14829	91	1281	2367	2691	2557	2298
建邺区	11369	52	1079	1917	2265	2056	1593
鼓楼区	18167	80	1153	2407	3299	3609	3152
浦口区	5804	21	380	944	1287	813	712
栖霞区	15638	131	1339	2813	3501	2453	1995
雨花台区	12209	59	1190	2401	2644	1756	1469
江宁区	28662	182	2325	5303	7192	4806	3424
六合区	4163	8	207	550	859	669	688
溧水区	5223	38	349	870	1102	680	649
高淳区	3828	19	237	540	756	503	481
南京江北新区	20537	92	1642	3786	4976	3199	2435
无锡市	**101238**	**662**	**5966**	**14110**	**21915**	**16413**	**15181**
锡山区	11020	166	718	1646	2453	1696	1484
惠山区	10961	72	619	1549	2348	1782	1576
滨湖区	10306	51	731	1442	1975	1605	1575
梁溪区	19230	119	1364	2732	4119	3339	2859
新吴区	12914	57	726	2070	3356	2222	1868
江苏无锡经济开发区	7337	59	460	1003	1742	1314	1094
江阴市	17364	65	759	2131	3659	2808	2870
宜兴市	12106	73	589	1537	2263	1647	1855
徐州市	**50246**	**224**	**2376**	**5944**	**10635**	**8148**	**6851**
鼓楼区	6942	30	359	941	1504	1240	1031
云龙区	7853	23	369	1057	1925	1420	1161
贾汪区	2281	8	97	229	459	365	332
泉山区	10533	38	548	1338	2210	1826	1590
铜山区	7367	31	321	783	1388	1081	807
丰县							
沛县							
睢宁县							
徐州经济技术开发区	33			1	12	8	2
新沂市	6927	36	264	699	1420	940	845
邳州市	8310	58	418	896	1717	1268	1083

4-1a　续表 6　　　　单位：人

地　区 性　别	合计	16-19岁	20-24岁	25-29岁	30-34岁	35-39岁	40-44岁
常州市	**73737**	**546**	**4318**	**9941**	**15499**	**11757**	**10612**
天宁区	11498	56	645	1506	2296	2006	1873
钟楼区	12357	113	726	1577	2477	2058	1846
新北区	15028	100	816	2102	3510	2457	2025
武进区	16520	179	1096	2402	3719	2640	2182
金坛区	7123	37	344	910	1351	1003	1002
江苏省常州市经济开发区	4192	33	275	486	836	609	567
溧阳市	7019	28	416	958	1310	984	1117
苏州市	**161614**	**1665**	**11054**	**24757**	**38391**	**28231**	**21743**
虎丘区	17907	296	1543	2974	4563	3197	2148
吴中区	20268	237	1488	3354	4937	3175	2246
相城区	17260	179	1146	2822	4064	2627	2053
姑苏区	17996	112	1401	2790	3720	3346	2588
吴江区	14704	276	1101	2378	3607	2409	1796
苏州工业园区							
常熟市	20686	170	1359	2914	4342	3174	3189
张家港市	11729	84	615	1393	2597	2031	1916
昆山市	31891	245	1916	5039	8628	6641	4451
太仓市	9173	66	485	1093	1933	1631	1356
南通市	**61914**	**232**	**2927**	**7203**	**11776**	**8848**	**9076**
崇川区	13966	68	830	1815	3006	2473	2205
港闸区	7436	35	465	1147	1772	1060	1007
通州区	8941	55	441	994	1523	1095	1189
如东县							
南通经济技术开发区							
通州湾示范区							
苏锡通科技产业园区							
启东市	7166	13	296	739	1055	895	964
如皋市	7325	12	253	750	1446	958	1143
海门市	6711	25	292	744	1160	1046	1093
海安市	10369	24	350	1014	1814	1321	1475
连云港市	**18908**	**68**	**878**	**2195**	**4022**	**2975**	**2564**
连云区	2431	8	127	325	559	359	322
海州区	10042	34	512	1226	2206	1753	1546
赣榆区	6051	23	200	600	1199	808	675
东海县	224	1	10	26	39	30	7
灌云县							
灌南县							
连云港经济技术开发区							
连云港高新技术产业开发区							
江苏连云港徐圩新区	91	1	29	14	7	11	8
江苏省连云港市云台山风景名胜区	69	1		4	12	14	6
淮安市	**21854**	**98**	**1096**	**3064**	**4439**	**3321**	**3384**
淮安区	5222	15	249	773	1003	811	815
淮阴区	5422	35	286	850	1171	698	708
清江浦区	8854	43	459	1183	1884	1496	1436
洪泽区	2356	5	102	258	381	316	425
涟水县							
盱眙县							
金湖县							
淮安经济技术开发区							
工业园区							

4-1a 续表 7

单位：人

地区 性别	合计	16-19岁	20-24岁	25-29岁	30-34岁	35-39岁	40-44岁
生态文旅区							
苏淮高新区							
盐城市	**32171**	**281**	**1388**	**3568**	**6019**	**4505**	**4599**
亭湖区	8807	43	401	954	1594	1240	1395
盐都区	5235	34	280	673	1027	734	680
大丰区	4958	22	148	539	938	697	770
响水县							
滨海县							
阜宁县							
射阳县							
建湖县							
盐城经济技术开发区	53		3	3	9	5	8
江苏省盐南高新区	6227	26	278	801	1459	1121	940
东台市	6891	156	278	598	992	708	806
扬州市	**40509**	**171**	**1910**	**4890**	**7433**	**6000**	**6769**
广陵区	8412	49	498	1158	1578	1335	1376
邗江区	10842	31	515	1384	2187	1722	1700
江都区	6476	17	266	757	1128	877	1138
宝应县							
扬州经济技术开发区							
蜀冈瘦西湖景区	2593	10	107	283	534	475	434
生态新城	803	2	37	85	162	105	123
仪征市	5407	24	222	592	890	760	971
高邮市	5976	38	265	631	954	726	1027
镇江市	**32322**	**138**	**1358**	**3865**	**6098**	**4958**	**5108**
京口区	5667	15	222	619	1113	1019	994
润州区	4067	16	178	517	716	689	705
丹徒区	2699	9	105	316	573	398	379
镇江新区							
江苏镇江高新区	1128	6	57	162	221	149	172
丹阳市	9363	53	398	1145	1717	1392	1408
扬中市	3805	5	134	418	688	517	615
句容市	5593	34	264	688	1070	794	835
泰州市	**39761**	**154**	**1665**	**4549**	**6939**	**5215**	**6712**
海陵区	10220	63	494	1355	1898	1373	1552
高港区	2827	10	126	383	502	352	402
姜堰区	6433	22	240	694	1112	935	1286
泰州医药高新技术产业开发区							
兴化市	5038	24	223	565	788	642	796
靖江市	7490	12	284	840	1501	1006	1315
泰兴市	7753	23	298	712	1138	907	1361
宿迁市	**14633**	**110**	**1032**	**2100**	**3693**	**2305**	**1911**
宿城区	7425	44	484	999	1878	1229	1037
宿豫区	4277	47	348	695	1094	629	531
沭阳县							
泗阳县							
泗洪县							
宿迁经济技术开发区							
宿迁市湖滨新区	958	4	75	110	206	146	121
苏州宿迁工业园区	637	3	34	110	232	132	64
宿迁市洋河新区	1336	12	91	186	283	169	158

4-1a　续表 8　　　　单位：人

地　区 性　别	45-49岁	50-54岁	55-59岁	60-64岁	65-69岁	70-74岁	75岁及以　上
江　苏	**250827**	**208662**	**124041**	**30903**	**19744**	**6654**	**3234**
南京市	**43558**	**35655**	**22814**	**3553**	**1881**	**497**	**128**
玄武区	2998	2318	1621	200	111	16	5
秦淮区	4189	3389	2427	291	123	37	8
建邺区	3038	2517	1635	195	86	19	5
鼓楼区	5421	4120	2885	327	114	26	15
浦口区	1881	1711	1128	229	207	60	16
栖霞区	4545	3643	2424	374	180	37	12
雨花台区	3435	2834	1717	330	157	35	10
江宁区	7058	5704	3309	606	319	86	16
六合区	1527	1230	766	132	83	21	1
溧水区	2158	1862	1084	176	92	25	8
高淳区	1697	1602	950	165	166	64	15
南京江北新区	5611	4725	2868	528	243	71	17
无锡市	**33955**	**25746**	**15220**	**3172**	**1556**	**393**	**128**
锡山区	3518	2717	1435	423	211	40	10
惠山区	3909	3032	1505	343	167	42	13
滨湖区	3833	2853	1812	294	143	40	18
梁溪区	6136	4540	2744	400	153	38	9
新吴区	3599	2316	1444	281	105	19	10
江苏无锡经济开发区	2212	1657	948	203	92	11	1
江阴市	6277	4687	2892	644	332	75	29
宜兴市	4471	3944	2440	584	353	128	38
徐州市	**16839**	**14515**	**8232**	**2299**	**1942**	**672**	**379**
鼓楼区	2480	2005	1007	164	82	26	11
云龙区	2365	1771	1041	189	149	51	16
贾汪区	951	843	426	144	110	32	9
泉山区	3728	2945	1733	181	117	27	14
铜山区	1963	2035	1337	603	616	237	125
丰县							
沛县							
睢宁县							
徐州经济技术开发区	9	17	13	8	6	1	1
新沂市	2292	2191	1188	442	377	135	103
邳州市	3051	2708	1487	568	485	163	100
常州市	**24397**	**19166**	**11387**	**2681**	**1417**	**357**	**122**
天宁区	4051	3029	1670	208	107	15	4
钟楼区	4320	3310	1985	430	178	44	15
新北区	4057	3302	2120	613	352	118	39
武进区	5001	3707	2069	574	323	57	17
金坛区	2543	2262	1454	349	179	61	17
江苏省常州市经济开发区	1471	1158	674	189	98	21	17
溧阳市	2954	2398	1415	318	180	41	13
苏州市	**42695**	**31868**	**19197**	**4485**	**2572**	**648**	**205**
虎丘区	3885	2979	1663	495	204	48	11
吴中区	4776	4008	2444	714	336	52	40
相城区	4689	4220	2447	680	383	106	31
姑苏区	5196	3989	2786	283	132	32	4
吴江区	3374	2804	1570	464	306	102	24
苏州工业园区							
常熟市	6493	4597	2922	632	429	115	30

4-1a 续表 9　　　　单位：人

地　区 性　别	45-49岁	50-54岁	55-59岁	60-64岁	65-69岁	70-74岁	75岁及以上
张家港市	4007	2833	1535	306	165	48	10
昆山市	7506	4493	2577	480	287	36	12
太仓市	2769	1945	1253	431	330	109	43
南通市	**19521**	**18754**	**12084**	**4156**	**3012**	**1462**	**973**
崇川区	4406	3802	2202	243	129	50	10
港闸区	2401	2099	1201	205	138	31	6
通州区	2607	2731	1868	803	582	283	216
如东县							
南通经济技术开发区							
通州湾示范区							
苏锡通科技产业园区							
启东市	2246	2135	1769	968	742	421	291
如皋市	2326	2444	1521	546	367	146	96
海门市	2218	1879	1327	537	375	177	114
海安市	3317	3664	2196	854	679	354	240
连云港市	**6112**	**5395**	**3114**	**1182**	**922**	**347**	**152**
连云区	948	900	529	119	85	17	6
海州区	3334	2621	1426	384	247	105	39
赣榆区	1702	1709	1064	615	524	206	100
东海县	30	74	39	30	56	16	7
灌云县							
灌南县							
连云港经济技术开发区							
连云港高新技术产业开发区							
江苏连云港徐圩新区	79	79	38	12	3		
江苏省连云港市云台山风景名胜区	19	12	18	22	7	3	
淮安市	**7537**	**6600**	**3553**	**932**	**512**	**90**	**65**
淮安区	1821	1520	897	258	145	32	18
淮阴区	1716	1705	898	317	186	29	21
清江浦区	2934	2443	1222	221	118	18	16
洪泽区	1066	932	536	136	63	11	10
涟水县							
盱眙县							
金湖县							
淮安经济技术开发区							
工业园区							
生态文旅区							
苏淮高新区							
盐城市	**10932**	**10617**	**6176**	**2414**	**1636**	**758**	**557**
亭湖区	3529	3167	1733	563	335	119	71
盐都区	1844	1771	819	326	222	60	44
大丰区	1564	1504	1026	418	242	115	65
响水县							
滨海县							
阜宁县							
射阳县							
建湖县							
盐城经济技术开发区	26	23	16	1	2		
江苏省盐南高新区	1924	1645	836	222	140	53	13
东台市	2045	2507	1746	884	695	411	364
扬州市	**14884**	**13386**	**7044**	**1794**	**1148**	**337**	**106**
广陵区	2933	2558	1313	298	122	30	13

4-1a 续表 10 单位：人

地区 性别	45-49岁	50-54岁	55-59岁	60-64岁	65-69岁	70-74岁	75岁及以上
邗江区	3456	2870	1715	447	254	83	26
江都区	2515	2277	1179	358	217	60	28
宝应县							
扬州经济技术开发区							
蜀冈瘦西湖景区	909	838	450	99	53	22	3
生态新城	259	281	133	47	26	12	5
仪征市	2296	2195	1144	218	221	56	12
高邮市	2516	2367	1110	327	255	74	19
镇江市	**12121**	**10121**	**6196**	**1448**	**1033**	**304**	**84**
京口区	2202	1695	1045	121	69	8	2
润州区	1662	1314	807	107	48	16	10
丹徒区	970	879	578	180	130	35	3
镇江新区							
江苏镇江高新区	467	400	225	43	35	8	3
丹阳市	3305	2720	1567	453	297	89	24
扬中市	1438	1328	780	263	188	50	22
句容市	2077	1785	1194	281	266	98	20
泰州市	**14068**	**13344**	**7252**	**2192**	**1713**	**659**	**289**
海陵区	3112	3195	1806	571	469	178	72
高港区	1014	916	525	180	119	54	19
姜堰区	2301	2115	1081	316	245	73	35
泰州医药高新技术产业开发区							
兴化市	1701	1989	1246	314	295	104	57
靖江市	2720	2456	1298	343	211	64	22
泰兴市	3220	2673	1296	468	374	186	84
宿迁市	**4208**	**3495**	**1772**	**595**	**400**	**130**	**46**
宿城区	2184	1709	895	271	170	61	28
宿豫区	1193	975	439	135	95	28	5
沭阳县							
泗阳县							
泗洪县							
宿迁经济技术开发区							
宿迁市湖滨新区	265	339	155	89	61	20	5
苏州宿迁工业园区	83	61	24	7	4	1	
宿迁市洋河新区	483	411	259	93	70	20	8
男	**140627**	**142269**	**97469**	**21586**	**13079**	**4171**	**1920**
南京市	**24988**	**25048**	**18879**	**2738**	**1383**	**373**	**92**
玄武区	1588	1545	1332	141	70	10	5
秦淮区	2216	2312	2051	230	83	23	5
建邺区	1772	1707	1377	143	67	18	4
鼓楼区	2938	2761	2419	232	70	13	8
浦口区	1104	1223	886	173	144	46	9
栖霞区	2641	2660	2045	290	140	26	7
雨花台区	2008	1999	1427	247	112	26	9
江宁区	4131	4045	2681	496	237	66	12
六合区	884	863	636	109	69	16	1
溧水区	1342	1370	902	156	74	19	7
高淳区	1086	1158	771	131	145	61	15
南京江北新区	3278	3405	2352	390	172	49	10
无锡市	**18873**	**17910**	**12454**	**2423**	**1148**	**281**	**90**
锡山区	2040	1821	1108	330	158	31	9

4-1a 续表 11 单位：人

地区 性别	45-49岁	50-54岁	55-59岁	60-64岁	65-69岁	70-74岁	75岁及以上
惠山区	2262	2092	1198	275	129	33	7
滨湖区	2118	2045	1523	231	109	29	11
梁溪区	3309	3239	2332	302	113	22	5
新吴区	1977	1647	1220	212	81	15	7
江苏无锡经济开发区	1271	1164	776	167	70	10	1
江阴市	3429	3243	2398	481	240	51	22
宜兴市	2467	2659	1899	425	248	90	28
徐州市	**9793**	**9539**	**6139**	**1486**	**1222**	**413**	**218**
鼓楼区	1449	1434	862	112	58	13	10
云龙区	1387	1183	843	130	94	35	12
贾汪区	592	587	330	106	82	22	5
泉山区	2078	1988	1467	122	80	18	9
铜山区	1064	1192	812	332	354	145	61
丰县							
沛县							
睢宁县							
徐州经济技术开发区	6	13	11	8	6		1
新沂市	1299	1323	771	257	223	74	58
邳州市	1918	1819	1043	419	325	106	62
常州市	**13458**	**12798**	**8865**	**1991**	**1024**	**241**	**86**
天宁区	2170	2107	1436	160	82	10	3
钟楼区	2368	2246	1618	328	123	28	11
新北区	2210	2069	1516	437	246	82	23
武进区	2793	2429	1539	407	222	43	13
金坛区	1361	1467	1108	265	139	36	13
江苏省常州市经济开发区	779	732	505	131	71	13	11
溧阳市	1777	1748	1143	263	141	29	12
苏州市	**23776**	**21961**	**14903**	**3058**	**1666**	**404**	**129**
虎丘区	2185	2075	1324	339	140	30	6
吴中区	2719	2504	1594	437	225	33	27
相城区	2727	2774	1818	495	276	73	24
姑苏区	2784	2842	2445	199	91	19	3
吴江区	1910	1874	1141	306	193	69	14
苏州工业园区							
常熟市	3388	3231	2303	432	247	65	14
张家港市	2167	2011	1244	226	122	31	10
昆山市	4346	3376	2107	363	192	29	7
太仓市	1550	1274	927	261	180	55	24
南通市	**10549**	**12552**	**9175**	**2678**	**1839**	**797**	**520**
崇川区	2310	2755	1898	187	86	30	7
港闸区	1348	1505	994	156	101	23	4
通州区	1438	1666	1248	488	347	152	107
如东县							
南通经济技术开发区							
通州湾示范区							
苏锡通科技产业园区							
启东市	1302	1434	1282	569	414	214	153
如皋市	1207	1591	1144	370	230	91	50
海门市	1242	1280	1022	356	228	88	60
海安市	1702	2321	1587	552	433	199	139
连云港市	**3486**	**3632**	**2363**	**717**	**536**	**199**	**85**
连云区	583	681	455	84	55	11	4

4-1a　续表 12

单位：人

地　区 性　别	45-49岁	50-54岁	55-59岁	60-64岁	65-69岁	70-74岁	75岁及以上
海州区	1908	1835	1172	238	156	58	24
赣榆区	895	995	666	354	290	118	56
东海县	17	41	25	16	31	10	1
灌云县							
灌南县							
连云港经济技术开发区							
连云港高新技术产业开发区							
江苏连云港徐圩新区	71	72	34	11	2		
江苏省连云港市云台山风景名胜区	12	8	11	14	2	2	
淮安市	**4239**	**4599**	**2838**	**677**	**375**	**67**	**42**
淮安区	1001	1070	709	201	117	25	12
淮阴区	1002	1136	677	219	128	23	13
清江浦区	1608	1729	1026	154	83	9	10
洪泽区	628	664	426	103	47	10	7
涟水县							
盱眙县							
金湖县							
淮安经济技术开发区							
工业园区							
生态文旅区							
苏淮高新区							
盐城市	**6286**	**7144**	**4580**	**1541**	**998**	**421**	**309**
亭湖区	2061	2211	1350	389	219	67	40
盐都区	1074	1163	599	220	149	42	32
大丰区	867	1017	735	249	128	59	35
响水县							
滨海县							
阜宁县							
射阳县							
建湖县							
盐城经济技术开发区	13	19	10		1		
江苏省盐南高新区	1145	1138	651	157	95	34	11
东台市	1126	1596	1235	526	406	219	191
扬州市	**8307**	**9095**	**5509**	**1312**	**826**	**237**	**77**
广陵区	1633	1818	1066	218	84	21	9
邗江区	1857	1836	1271	326	183	58	17
江都区	1444	1532	900	254	151	41	19
宝应县							
扬州经济技术开发区							
蜀冈瘦西湖景区	528	600	366	73	41	13	3
生态新城	152	172	83	34	19	10	4
仪征市	1297	1571	946	161	165	44	10
高邮市	1396	1566	877	246	183	50	15
镇江市	**6726**	**6871**	**4934**	**1017**	**699**	**202**	**61**
京口区	1162	1225	926	88	50	5	1
润州区	919	967	700	82	33	9	8
丹徒区	580	600	435	127	90	22	2
镇江新区							
江苏镇江高新区	279	295	186	33	20	5	2
丹阳市	1760	1687	1179	304	200	56	19
扬中市	825	888	580	175	126	34	13
句容市	1201	1209	928	208	180	71	16

4-1a 续表 13

单位：人

地区 性别	45-49岁	50-54岁	55-59岁	60-64岁	65-69岁	70-74岁	75岁及以上
泰州市	**7609**	**8726**	**5452**	**1510**	**1077**	**436**	**180**
海陵区	1652	2071	1355	382	294	119	45
高港区	562	591	369	126	77	37	13
姜堰区	1253	1434	847	251	162	50	25
泰州医药高新技术产业开发区							
兴化市	978	1338	894	210	181	73	32
靖江市	1456	1625	1039	258	148	41	15
泰兴市	1708	1667	948	283	215	116	50
宿迁市	**2537**	**2394**	**1378**	**438**	**286**	**100**	**31**
宿城区	1299	1189	700	200	113	46	17
宿豫区	739	665	336	103	68	22	4
沭阳县							
泗阳县							
泗洪县							
宿迁经济技术开发区							
宿迁市湖滨新区	164	225	115	63	49	18	4
苏州宿迁工业园区	51	39	20	5	3		
宿迁市洋河新区	284	276	207	67	53	14	6
女	**110200**	**66393**	**26572**	**9317**	**6665**	**2483**	**1314**
南京市	**18570**	**10607**	**3935**	**815**	**498**	**124**	**36**
玄武区	1410	773	289	59	41	6	
秦淮区	1973	1077	376	61	40	14	3
建邺区	1266	810	258	52	19	1	1
鼓楼区	2483	1359	466	95	44	13	7
浦口区	777	488	242	56	63	14	7
栖霞区	1904	983	379	84	40	11	5
雨花台区	1427	835	290	83	45	9	1
江宁区	2927	1659	628	110	82	20	4
六合区	643	367	130	23	14	5	
溧水区	816	492	182	20	18	6	1
高淳区	611	444	179	34	21	3	
南京江北新区	2333	1320	516	138	71	22	7
无锡市	**15082**	**7836**	**2766**	**749**	**408**	**112**	**38**
锡山区	1478	896	327	93	53	9	1
惠山区	1647	940	307	68	38	9	6
滨湖区	1715	808	289	63	34	11	7
梁溪区	2827	1301	412	98	40	16	4
新吴区	1622	669	224	69	24	4	3
江苏无锡经济开发区	941	493	172	36	22	1	
江阴市	2848	1444	494	163	92	24	7
宜兴市	2004	1285	541	159	105	38	10
徐州市	**7046**	**4976**	**2093**	**813**	**720**	**259**	**161**
鼓楼区	1031	571	145	52	24	13	1
云龙区	978	588	198	59	55	16	4
贾汪区	359	256	96	38	28	10	4
泉山区	1650	957	266	59	37	9	5
铜山区	899	843	525	271	262	92	64
丰县							
沛县							
睢宁县							
徐州经济技术开发区	3	4	2			1	
新沂市	993	868	417	185	154	61	45
邳州市	1133	889	444	149	160	57	38

4-1a　续表 14

单位：人

地　区 性　别	45-49岁	50-54岁	55-59岁	60-64岁	65-69岁	70-74岁	75岁及以　上
常州市	**10939**	**6368**	**2522**	**690**	**393**	**116**	**36**
天宁区	1881	922	234	48	25	5	1
钟楼区	1952	1064	367	102	55	16	4
新北区	1847	1233	604	176	106	36	16
武进区	2208	1278	530	167	101	14	4
金坛区	1182	795	346	84	40	25	4
江苏省常州市经济开发区	692	426	169	58	27	8	6
溧阳市	1177	650	272	55	39	12	1
苏州市	**18919**	**9907**	**4294**	**1427**	**906**	**244**	**76**
虎丘区	1700	904	339	156	64	18	5
吴中区	2057	1504	850	277	111	19	13
相城区	1962	1446	629	185	107	33	7
姑苏区	2412	1147	341	84	41	13	1
吴江区	1464	930	429	158	113	33	10
苏州工业园区							
常熟市	3105	1366	619	200	182	50	16
张家港市	1840	822	291	80	43	17	
昆山市	3160	1117	470	117	95	7	5
太仓市	1219	671	326	170	150	54	19
南通市	**8972**	**6202**	**2909**	**1478**	**1173**	**665**	**453**
崇川区	2096	1047	304	56	43	20	3
港闸区	1053	594	207	49	37	8	2
通州区	1169	1065	620	315	235	131	109
如东县							
南通经济技术开发区							
通州湾示范区							
苏锡通科技产业园区							
启东市	944	701	487	399	328	207	138
如皋市	1119	853	377	176	137	55	46
海门市	976	599	305	181	147	89	54
海安市	1615	1343	609	302	246	155	101
连云港市	**2626**	**1763**	**751**	**465**	**386**	**148**	**67**
连云区	365	219	74	35	30	6	2
海州区	1426	786	254	146	91	47	15
赣榆区	807	714	398	261	234	88	44
东海县	13	33	14	14	25	6	6
灌云县							
灌南县							
连云港经济技术开发区							
连云港高新技术产业开发区							
江苏连云港徐圩新区	8	7	4	1	1		
江苏省连云港市云台山风景名胜区	7	4	7	8	5	1	
淮安市	**3298**	**2001**	**715**	**255**	**137**	**23**	**23**
淮安区	820	450	188	57	28	7	6
淮阴区	714	569	221	98	58	6	8
清江浦区	1326	714	196	67	35	9	6
洪泽区	438	268	110	33	16	1	3
涟水县							
盱眙县							
金湖县							
淮安经济技术开发区							
工业园区							

4-1a 续表 15

单位：人

地区 性别	45-49岁	50-54岁	55-59岁	60-64岁	65-69岁	70-74岁	75岁及以上
生态文旅区							
苏淮高新区							
盐城市	**4646**	**3473**	**1596**	**873**	**638**	**337**	**248**
亭湖区	1468	956	383	174	116	52	31
盐都区	770	608	220	106	73	18	12
大丰区	697	487	291	169	114	56	30
响水县							
滨海县							
阜宁县							
射阳县							
建湖县							
盐城经济技术开发区	13	4	6	1	1		
江苏省盐南高新区	779	507	185	65	45	19	2
东台市	919	911	511	358	289	192	173
扬州市	**6577**	**4291**	**1535**	**482**	**322**	**100**	**29**
广陵区	1300	740	247	80	38	9	4
邗江区	1599	1034	444	121	71	25	9
江都区	1071	745	279	104	66	19	9
宝应县							
扬州经济技术开发区							
蜀冈瘦西湖景区	381	238	84	26	12	9	
生态新城	107	109	50	13	7	2	1
仪征市	999	624	198	57	56	12	2
高邮市	1120	801	233	81	72	24	4
镇江市	**5395**	**3250**	**1262**	**431**	**334**	**102**	**23**
京口区	1040	470	119	33	19	3	1
润州区	743	347	107	25	15	7	2
丹徒区	390	279	143	53	40	13	1
镇江新区							
江苏镇江高新区	188	105	39	10	15	3	1
丹阳市	1545	1033	388	149	97	33	5
扬中市	613	440	200	88	62	16	9
句容市	876	576	266	73	86	27	4
泰州市	**6459**	**4618**	**1800**	**682**	**636**	**223**	**109**
海陵区	1460	1124	451	189	175	59	27
高港区	452	325	156	54	42	17	6
姜堰区	1048	681	234	65	83	23	10
泰州医药高新技术产业开发区							
兴化市	723	651	352	104	114	31	25
靖江市	1264	831	259	85	63	23	7
泰兴市	1512	1006	348	185	159	70	34
宿迁市	**1671**	**1101**	**394**	**157**	**114**	**30**	**15**
宿城区	885	520	195	71	57	15	11
宿豫区	454	310	103	32	27	6	1
沭阳县							
泗阳县							
泗洪县							
宿迁经济技术开发区							
宿迁市湖滨新区	101	114	40	26	12	2	1
苏州宿迁工业园区	32	22	4	2	1	1	
宿迁市洋河新区	199	135	52	26	17	6	2

4-1b　各地区分性别、年龄的就业人口(镇)

单位：人

地区 性别	合计	16-19岁	20-24岁	25-29岁	30-34岁	35-39岁	40-44岁
江　苏	**1047479**	**7471**	**48959**	**114258**	**174084**	**125663**	**119404**
南京市	**8350**	**28**	**373**	**1247**	**1878**	**1098**	**911**
玄武区							
秦淮区							
建邺区							
鼓楼区							
浦口区	38		3	2	7		6
栖霞区							
雨花台区	306	5	27	43	53	27	27
江宁区							
六合区	6064	20	272	994	1532	869	689
溧水区	1392	1	48	147	225	163	147
高淳区	550	2	23	61	61	39	42
南京江北新区							
无锡市	**63957**	**532**	**3355**	**6958**	**10776**	**7351**	**8307**
锡山区	15266	170	902	1719	2560	1876	1898
惠山区	6013	40	338	712	1024	748	874
滨湖区							
梁溪区							
新吴区							
江苏无锡经济开发区							
江阴市	27532	210	1418	3023	4997	3261	3817
宜兴市	15146	112	697	1504	2195	1466	1718
徐州市	**123058**	**686**	**5015**	**14379**	**21965**	**15035**	**13021**
鼓楼区							
云龙区	902	2	37	105	184	156	82
贾汪区	3446	23	125	352	651	491	337
泉山区							
铜山区	18824	113	619	1916	2973	2361	1784
丰县	22106	119	826	2645	3166	2449	2493
沛县	22863	103	815	2956	4079	2824	2854
睢宁县	24801	93	1169	3069	4416	3047	2702
徐州经济技术开发区	13772	96	808	1931	3672	2000	1453
新沂市	7210	35	225	600	1250	764	608
邳州市	9134	102	391	805	1574	943	708
常州市	**33204**	**255**	**1726**	**3501**	**4761**	**3650**	**3893**
天宁区	2512	19	135	271	366	291	307
钟楼区							
新北区	6343	47	304	672	932	744	739
武进区	8737	82	461	874	1258	997	1096
金坛区	3166	14	145	280	404	287	295
江苏省常州市经济开发区	5325	63	434	634	872	621	667
溧阳市	7121	30	247	770	929	710	789
苏州市	**190180**	**2102**	**12410**	**26788**	**39667**	**28703**	**22927**
虎丘区	211		18	36	32	21	19
吴中区	12173	193	761	1561	2526	1788	1517
相城区	3222	45	162	395	656	378	386
姑苏区							
吴江区	26424	376	1634	3451	4749	3283	3259
苏州工业园区	64396	698	5281	11299	15852	12321	7541
常熟市	25010	322	1489	2967	4194	2921	2897

4-1b 续表 1

单位：人

地区 性别	合计	16-19岁	20-24岁	25-29岁	30-34岁	35-39岁	40-44岁
张家港市	30830	236	1533	3572	5957	3960	3914
昆山市	12656	88	649	1789	3077	2126	1581
太仓市	15258	144	883	1718	2624	1905	1813
南通市	**119669**	**703**	**4972**	**10917**	**16666**	**11219**	**11564**
崇川区							
港闸区							
通州区	17822	135	796	1771	2824	1778	1684
如东县	27294	76	726	1702	2792	2125	2581
南通经济技术开发区	15555	146	1058	2416	3637	2131	1694
通州湾示范区	1596	13	78	141	180	134	141
苏锡通科技产业园区	2951	44	253	349	458	359	259
启东市	10350	62	378	785	1108	867	860
如皋市	19254	47	594	1506	2496	1679	2102
海门市	15358	151	844	1687	2417	1423	1334
海安市	9489	29	245	560	754	723	909
连云港市	**79918**	**706**	**3780**	**8760**	**14659**	**9906**	**8314**
连云区	132	1	9	15	17	9	30
海州区	2152	15	124	237	407	282	230
赣榆区	14182	126	544	1441	2166	1420	1056
东海县	26618	317	1413	3034	5148	3181	2728
灌云县	13660	99	590	1503	2209	1719	1636
灌南县	13557	106	535	1275	2431	1926	1589
连云港经济技术开发区	2790	6	179	354	621	407	298
连云港高新技术产业开发区	5915	30	345	795	1484	864	668
江苏连云港徐圩新区	836	5	41	99	157	85	70
江苏省连云港市云台山风景名胜区	76	1		7	19	13	9
淮安市	**70119**	**539**	**3029**	**7688**	**11728**	**8685**	**7985**
淮安区	3778	14	130	298	343	303	375
淮阴区	3446	31	141	322	381	290	348
清江浦区	268		9	18	27	18	31
洪泽区	932	2	22	51	80	48	76
涟水县	22925	218	1003	2319	3723	2662	2453
盱眙县	13862	60	545	1392	2209	1920	1687
金湖县	8239	14	260	859	1183	957	991
淮安经济技术开发区	11264	184	718	1774	2648	1457	1232
工业园区	351	3	13	47	83	32	31
生态文旅区	4275	13	161	544	947	922	685
苏淮高新区	779		27	64	104	76	76
盐城市	**116017**	**524**	**3896**	**8563**	**15072**	**13412**	**13313**
亭湖区	3085	35	162	250	364	288	321
盐都区	4510	29	135	350	603	496	531
大丰区	11211	42	302	532	856	588	929
响水县	10085	70	417	841	1648	1491	1092
滨海县	16121	71	554	1445	2345	2312	2010
阜宁县	17566	64	557	1264	2407	2584	2332
射阳县	22419	78	760	1670	2782	2592	2592
建湖县	16608	50	575	1277	2524	2006	2294
盐城经济技术开发区	3169	68	211	419	666	368	284
江苏省盐南高新区							
东台市	11243	17	223	515	877	687	928
扬州市	**55754**	**274**	**2090**	**5117**	**7534**	**5613**	**7619**
广陵区	2449	7	89	173	327	260	290

4-1b 续表 2

单位：人

地区 性别	合计	16-19岁	20-24岁	25-29岁	30-34岁	35-39岁	40-44岁
邗江区	2914	2	89	293	376	303	439
江都区	10852	22	340	763	1163	929	1476
宝应县	19450	69	647	1792	2628	1986	2943
扬州经济技术开发区	9840	150	523	1252	1958	1383	1292
蜀冈瘦西湖景区							
生态新城	550	5	22	52	74	56	69
仪征市	3128	6	120	297	391	263	340
高邮市	6571	13	260	495	617	433	770
镇江市	**43249**	**341**	**1944**	**4334**	**6333**	**4587**	**4761**
京口区	272	2	18	37	48	33	30
润州区							
丹徒区	3240	6	94	218	344	308	351
镇江新区	9948	60	556	1178	1742	1411	1383
江苏镇江高新区							
丹阳市	23046	248	1003	2173	3118	2179	2348
扬中市	2468	8	70	207	278	193	235
句容市	4275	17	203	521	803	463	414
泰州市	**55336**	**274**	**2166**	**5218**	**7052**	**4652**	**6363**
海陵区	1447	5	44	100	144	91	133
高港区	2324	8	78	239	291	196	239
姜堰区	4723	18	135	279	398	288	565
泰州医药高新技术产业开发区	11021	105	742	1716	2202	1304	1316
兴化市	17869	84	572	1525	1990	1263	1906
靖江市	5740	21	215	513	795	583	846
泰兴市	12212	33	380	846	1232	927	1358
宿迁市	**88668**	**507**	**4203**	**10788**	**15993**	**11752**	**10426**
宿城区	1959	15	89	225	355	188	196
宿豫区	2218	10	87	213	342	297	277
沭阳县	39043	214	1998	5089	6715	5500	4144
泗阳县	18779	131	828	2181	3439	2599	2466
泗洪县	19612	89	779	2075	3520	2234	2512
宿迁经济技术开发区	6434	42	391	951	1540	863	769
宿迁市湖滨新区	623	6	31	54	82	71	62
苏州宿迁工业园区							
宿迁市洋河新区							
男	**624697**	**4758**	**28924**	**66797**	**100403**	**71608**	**66945**
南京市	**5253**	**21**	**224**	**719**	**1105**	**665**	**547**
玄武区							
秦淮区							
建邺区							
鼓楼区							
浦口区	23		1	2	3		2
栖霞区							
雨花台区	206	5	19	32	34	16	19
江宁区							
六合区	3715	14	156	548	898	516	413
溧水区	904	1	28	93	131	104	89
高淳区	405	1	20	44	39	29	24
南京江北新区							
无锡市	**38221**	**354**	**2049**	**4043**	**6163**	**4050**	**4477**
锡山区	9093	117	552	1025	1484	1029	1026

4-1b 续表 3 单位：人

地区 性别	合计	16-19岁	20-24岁	25-29岁	30-34岁	35-39岁	40-44岁
惠山区	3697	29	202	430	590	445	464
滨湖区							
梁溪区							
新吴区							
江苏无锡经济开发区							
江阴市	15959	133	856	1689	2757	1732	2006
宜兴市	9472	75	439	899	1332	844	981
徐州市	**74420**	**410**	**3060**	**8924**	**13342**	**8966**	**7405**
鼓楼区							
云龙区	557	1	20	63	101	98	61
贾汪区	2263	17	86	231	425	320	218
泉山区							
铜山区	10265	62	357	1096	1603	1297	980
丰县	13048	70	510	1678	1918	1454	1326
沛县	14668	58	522	1925	2640	1791	1665
睢宁县	14685	58	676	1815	2548	1688	1475
徐州经济技术开发区	8896	73	536	1247	2311	1255	892
新沂市	4467	16	130	380	802	488	364
邳州市	5571	55	223	489	994	575	424
常州市	**20197**	**166**	**1092**	**2094**	**2749**	**2067**	**2131**
天宁区	1455	14	87	145	196	160	159
钟楼区							
新北区	3675	28	193	399	513	393	401
武进区	5153	51	284	503	726	539	574
金坛区	2031	8	85	175	228	175	167
江苏省常州市经济开发区	3263	46	302	407	507	344	356
溧阳市	4620	19	141	465	579	456	474
苏州市	**113067**	**1389**	**7417**	**15418**	**22407**	**16034**	**12964**
虎丘区	124		9	19	21	10	9
吴中区	7278	122	460	940	1407	1046	839
相城区	2053	32	111	238	390	237	230
姑苏区							
吴江区	15875	252	970	2024	2708	1839	1779
苏州工业园区	37573	465	3060	6374	8911	6782	4397
常熟市	15003	209	933	1748	2456	1664	1612
张家港市	18566	147	918	2069	3355	2219	2153
昆山市	7395	61	409	976	1665	1130	890
太仓市	9200	101	547	1030	1494	1107	1055
南通市	**69334**	**474**	**2956**	**6222**	**9453**	**6341**	**6147**
崇川区							
港闸区							
通州区	10078	79	451	975	1520	968	876
如东县	15088	55	414	952	1462	1091	1269
南通经济技术开发区	9692	98	654	1400	2123	1318	960
通州湾示范区	1011	8	44	84	117	88	82
苏锡通科技产业园区	1877	33	181	224	279	216	141
启东市	6433	41	248	469	740	560	530
如皋市	11116	34	330	818	1380	890	1090
海门市	8812	101	516	976	1398	815	745
海安市	5227	25	118	324	434	395	454
连云港市	**46279**	**408**	**2282**	**5016**	**8232**	**5555**	**4658**
连云区	118	1	8	12	15	9	25

4-1b 续表 4

单位：人

地区 性别	合计	16-19岁	20-24岁	25-29岁	30-34岁	35-39岁	40-44岁
海州区	1425	8	78	164	281	187	133
赣榆区	8117	74	359	896	1261	803	598
东海县	14417	183	816	1609	2712	1658	1428
灌云县	8173	55	362	860	1313	1005	935
灌南县	8174	59	337	746	1360	1131	926
连云港经济技术开发区	1737	3	106	208	360	237	174
连云港高新技术产业开发区	3485	21	197	445	817	464	386
江苏连云港徐圩新区	581	3	19	70	103	54	46
江苏省连云港市云台山风景名胜区	52	1		6	10	7	7
淮安市	**40933**	**327**	**1710**	**4253**	**6379**	**4690**	**4366**
淮安区	2350	11	76	176	210	173	202
淮阴区	2324	14	81	226	259	191	221
清江浦区	182		8	15	14	11	19
洪泽区	620		14	31	56	33	47
涟水县	11777	128	533	1170	1781	1266	1233
盱眙县	8734	31	276	778	1263	1108	1003
金湖县	5085	9	150	479	700	554	550
淮安经济技术开发区	6656	130	447	1018	1473	803	646
工业园区	220		8	27	48	19	18
生态文旅区	2451	4	100	291	507	487	378
苏淮高新区	534		17	42	68	45	49
盐城市	**71836**	**295**	**2271**	**5219**	**9322**	**8130**	**7962**
亭湖区	1946	20	107	168	242	178	193
盐都区	2733	15	85	222	370	284	297
大丰区	6388	17	157	330	514	345	500
响水县	6257	38	263	486	977	886	688
滨海县	10429	39	302	879	1466	1442	1265
阜宁县	11383	38	303	774	1524	1655	1473
射阳县	13906	43	430	1009	1734	1574	1552
建湖县	10412	34	351	765	1543	1167	1336
盐城经济技术开发区	1981	40	137	262	415	220	161
江苏省盐南高新区							
东台市	6401	11	136	324	537	379	497
扬州市	**33105**	**198**	**1168**	**2868**	**4254**	**3087**	**4112**
广陵区	1349	6	45	86	180	136	160
邗江区	1692	2	46	160	220	162	237
江都区	6390	15	187	419	647	511	803
宝应县	11728	43	347	1014	1509	1089	1603
扬州经济技术开发区	5790	120	325	710	1088	767	671
蜀冈瘦西湖景区							
生态新城	310	2	8	24	40	30	35
仪征市	1901	1	72	179	221	151	188
高邮市	3945	9	138	276	349	241	415
镇江市	**25443**	**240**	**1102**	**2489**	**3557**	**2568**	**2595**
京口区	172	2	13	22	28	22	16
润州区							
丹徒区	1956	2	49	128	198	182	184
镇江新区	6016	49	305	688	963	790	750
江苏镇江高新区							
丹阳市	13243	168	577	1234	1760	1213	1262
扬中市	1437	5	39	120	165	101	132
句容市	2619	14	119	297	443	260	251

4-1b 续表 5

单位：人

地区 性别	合计	16-19岁	20-24岁	25-29岁	30-34岁	35-39岁	40-44岁
泰州市	**33018**	**191**	**1304**	**3186**	**4113**	**2621**	**3513**
海陵区	856	3	22	61	76	51	66
高港区	1387	7	49	139	171	105	132
姜堰区	2864	12	74	176	243	171	307
泰州医药高新技术产业开发区	6432	83	472	950	1198	727	705
兴化市	11081	51	338	1063	1265	724	1114
靖江市	3508	13	124	311	468	333	470
泰兴市	6890	22	225	486	692	510	719
宿迁市	**53591**	**285**	**2289**	**6346**	**9327**	**6834**	**6068**
宿城区	1148	9	47	129	198	106	104
宿豫区	1416	5	50	130	216	180	170
沭阳县	23820	124	1077	3068	4022	3231	2463
泗阳县	11321	71	482	1291	1934	1479	1425
泗洪县	11644	44	393	1146	2009	1300	1445
宿迁经济技术开发区	3861	27	226	548	899	489	429
宿迁市湖滨新区	381	5	14	34	49	49	32
苏州宿迁工业园区							
宿迁市洋河新区							
女	**422782**	**2713**	**20035**	**47461**	**73681**	**54055**	**52459**
南京市	**3097**	**7**	**149**	**528**	**773**	**433**	**364**
玄武区							
秦淮区							
建邺区							
鼓楼区							
浦口区	15		2		4		4
栖霞区							
雨花台区	100		8	11	19	11	8
江宁区							
六合区	2349	6	116	446	634	353	276
溧水区	488		20	54	94	59	58
高淳区	145	1	3	17	22	10	18
南京江北新区							
无锡市	**25736**	**178**	**1306**	**2915**	**4613**	**3301**	**3830**
锡山区	6173	53	350	694	1076	847	872
惠山区	2316	11	136	282	434	303	410
滨湖区							
梁溪区							
新吴区							
江苏无锡经济开发区							
江阴市	11573	77	562	1334	2240	1529	1811
宜兴市	5674	37	258	605	863	622	737
徐州市	**48638**	**276**	**1955**	**5455**	**8623**	**6069**	**5616**
鼓楼区							
云龙区	345	1	17	42	83	58	21
贾汪区	1183	6	39	121	226	171	119
泉山区							
铜山区	8559	51	262	820	1370	1064	804
丰县	9058	49	316	967	1248	995	1167
沛县	8195	45	293	1031	1439	1033	1189
睢宁县	10116	35	493	1254	1868	1359	1227
徐州经济技术开发区	4876	23	272	684	1361	745	561
新沂市	2743	19	95	220	448	276	244
邳州市	3563	47	168	316	580	368	284

4-1b　续表 6

单位：人

地　区 性　别	合计	16-19岁	20-24岁	25-29岁	30-34岁	35-39岁	40-44岁
常州市	**13007**	**89**	**634**	**1407**	**2012**	**1583**	**1762**
天宁区	1057	5	48	126	170	131	148
钟楼区							
新北区	2668	19	111	273	419	351	338
武进区	3584	31	177	371	532	458	522
金坛区	1135	6	60	105	176	112	128
江苏省常州市经济开发区	2062	17	132	227	365	277	311
溧阳市	2501	11	106	305	350	254	315
苏州市	**77113**	**713**	**4993**	**11370**	**17260**	**12669**	**9963**
虎丘区	87		9	17	11	11	10
吴中区	4895	71	301	621	1119	742	678
相城区	1169	13	51	157	266	141	156
姑苏区							
吴江区	10549	124	664	1427	2041	1444	1480
苏州工业园区	26823	233	2221	4925	6941	5539	3144
常熟市	10007	113	556	1219	1738	1257	1285
张家港市	12264	89	615	1503	2602	1741	1761
昆山市	5261	27	240	813	1412	996	691
太仓市	6058	43	336	688	1130	798	758
南通市	**50335**	**229**	**2016**	**4695**	**7213**	**4878**	**5417**
崇川区							
港闸区							
通州区	7744	56	345	796	1304	810	808
如东县	12206	21	312	750	1330	1034	1312
南通经济技术开发区	5863	48	404	1016	1514	813	734
通州湾示范区	585	5	34	57	63	46	59
苏锡通科技产业园区	1074	11	72	125	179	143	118
启东市	3917	21	130	316	368	307	330
如皋市	8138	13	264	688	1116	789	1012
海门市	6546	50	328	711	1019	608	589
海安市	4262	4	127	236	320	328	455
连云港市	**33639**	**298**	**1498**	**3744**	**6427**	**4351**	**3656**
连云区	14		1	3	2		5
海州区	727	7	46	73	126	95	97
赣榆区	6065	52	185	545	905	617	458
东海县	12201	134	597	1425	2436	1523	1300
灌云县	5487	44	228	643	896	714	701
灌南县	5383	47	198	529	1071	795	663
连云港经济技术开发区	1053	3	73	146	261	170	124
连云港高新技术产业开发区	2430	9	148	350	667	400	282
江苏连云港徐圩新区	255	2	22	29	54	31	24
江苏省连云港市云台山风景名胜区	24			1	9	6	2
淮安市	**29186**	**212**	**1319**	**3435**	**5349**	**3995**	**3619**
淮安区	1428	3	54	122	133	130	173
淮阴区	1122	17	60	96	122	99	127
清江浦区	86		1	3	13	7	12
洪泽区	312	2	8	20	24	15	29
涟水县	11148	90	470	1149	1942	1396	1220
盱眙县	5128	29	269	614	946	812	684
金湖县	3154	5	110	380	483	403	441
淮安经济技术开发区	4608	54	271	756	1175	654	586
工业园区	131	3	5	20	35	13	13

4-1b 续表 7

单位：人

地区 性别	合计	16-19岁	20-24岁	25-29岁	30-34岁	35-39岁	40-44岁
生态文旅区	1824	9	61	253	440	435	307
苏淮高新区	245		10	22	36	31	27
盐城市	**44181**	**229**	**1625**	**3344**	**5750**	**5282**	**5351**
亭湖区	1139	15	55	82	122	110	128
盐都区	1777	14	50	128	233	212	234
大丰区	4823	25	145	202	342	243	429
响水县	3828	32	154	355	671	605	404
滨海县	5692	32	252	566	879	870	745
阜宁县	6183	26	254	490	883	929	859
射阳县	8513	35	330	661	1048	1018	1040
建湖县	6196	16	224	512	981	839	958
盐城经济技术开发区	1188	28	74	157	251	148	123
江苏省盐南高新区							
东台市	4842	6	87	191	340	308	431
扬州市	**22649**	**76**	**922**	**2249**	**3280**	**2526**	**3507**
广陵区	1100	1	44	87	147	124	130
邗江区	1222		43	133	156	141	202
江都区	4462	7	153	344	516	418	673
宝应县	7722	26	300	778	1119	897	1340
扬州经济技术开发区	4050	30	198	542	870	616	621
蜀冈瘦西湖景区							
生态新城	240	3	14	28	34	26	34
仪征市	1227	5	48	118	170	112	152
高邮市	2626	4	122	219	268	192	355
镇江市	**17806**	**101**	**842**	**1845**	**2776**	**2019**	**2166**
京口区	100		5	15	20	11	14
润州区							
丹徒区	1284	4	45	90	146	126	167
镇江新区	3932	11	251	490	779	621	633
江苏镇江高新区							
丹阳市	9803	80	426	939	1358	966	1086
扬中市	1031	3	31	87	113	92	103
句容市	1656	3	84	224	360	203	163
泰州市	**22318**	**83**	**862**	**2032**	**2939**	**2031**	**2850**
海陵区	591	2	22	39	68	40	67
高港区	937	1	29	100	120	91	107
姜堰区	1859	6	61	103	155	117	258
泰州医药高新技术产业开发区	4589	22	270	766	1004	577	611
兴化市	6788	33	234	462	725	539	792
靖江市	2232	8	91	202	327	250	376
泰兴市	5322	11	155	360	540	417	639
宿迁市	**35077**	**222**	**1914**	**4442**	**6666**	**4918**	**4358**
宿城区	811	6	42	96	157	82	92
宿豫区	802	5	37	83	126	117	107
沭阳县	15223	90	921	2021	2693	2269	1681
泗阳县	7458	60	346	890	1505	1120	1041
泗洪县	7968	45	386	929	1511	934	1067
宿迁经济技术开发区	2573	15	165	403	641	374	340
宿迁市湖滨新区	242	1	17	20	33	22	30
苏州宿迁工业园区							
宿迁市洋河新区							

4-1b　续表 8

单位：人

地　区 性　别	45-49岁	50-54岁	55-59岁	60-64岁	65-69岁	70-74岁	75岁及以上
江　苏	**135683**	**141231**	**88657**	**40554**	**31713**	**12735**	**7067**
南京市	**995**	**934**	**639**	**120**	**83**	**32**	**12**
玄武区							
秦淮区							
建邺区							
鼓楼区							
浦口区	8	6	3		3		
栖霞区							
雨花台区	47	39	29	5	2	1	1
江宁区							
六合区	636	558	371	76	38	6	3
溧水区	211	222	156	27	25	17	3
高淳区	93	109	80	12	15	8	5
南京江北新区							
无锡市	**9444**	**8648**	**5219**	**1701**	**1202**	**370**	**94**
锡山区	2232	1898	1245	393	290	72	11
惠山区	969	752	417	79	41	16	3
滨湖区							
梁溪区							
新吴区							
江苏无锡经济开发区							
江阴市	4013	3568	2002	686	408	109	20
宜兴市	2230	2430	1555	543	463	173	60
徐州市	**14989**	**16367**	**9842**	**4842**	**4405**	**1582**	**930**
鼓楼区							
云龙区	106	102	68	25	17	14	4
贾汪区	375	462	299	131	134	46	20
泉山区							
铜山区	1986	2541	1700	1023	1121	423	264
丰县	3055	3128	1782	967	880	387	209
沛县	3015	3130	1606	668	539	174	100
睢宁县	3158	3283	1937	858	719	206	144
徐州经济技术开发区	1404	1295	686	203	162	44	18
新沂市	848	1080	741	420	396	153	90
邳州市	1042	1346	1023	547	437	135	81
常州市	**5125**	**4706**	**3173**	**1160**	**848**	**317**	**89**
天宁区	413	373	213	66	41	13	4
钟楼区							
新北区	988	863	621	213	150	61	9
武进区	1374	1181	761	281	231	111	30
金坛区	438	549	435	174	111	28	6
江苏省常州市经济开发区	839	633	369	109	56	24	4
溧阳市	1073	1107	774	317	259	80	36
苏州市	**22262**	**18260**	**10969**	**3076**	**2002**	**700**	**314**
虎丘区	26	15	28	11	3	2	
吴中区	1400	1211	758	222	161	59	16
相城区	435	369	245	73	60	14	4
姑苏区							
吴江区	3704	3195	1875	464	311	92	31
苏州工业园区	5059	3571	2100	426	204	35	9
常熟市	3460	3017	2014	755	571	266	137

4-1b 续表 9

单位：人

地区 性别	45-49岁	50-54岁	55-59岁	60-64岁	65-69岁	70-74岁	75岁及以上
张家港市	4500	3972	2194	571	295	88	38
昆山市	1409	1076	711	86	51	13	
太仓市	2269	1834	1044	468	346	131	79
南通市	**13635**	**17460**	**13010**	**7499**	**6418**	**3406**	**2200**
崇川区							
港闸区							
通州区	2163	2565	1908	890	783	365	160
如东县	2964	4340	3449	2274	2131	1252	882
南通经济技术开发区	1683	1528	969	196	81	12	4
通州湾示范区	204	218	233	126	85	29	14
苏锡通科技产业园区	326	383	272	115	88	29	16
启东市	1114	1506	1304	910	783	407	266
如皋市	2451	3438	2164	1217	873	456	231
海门市	1676	1897	1506	988	775	408	252
海安市	1054	1585	1205	783	819	448	375
连云港市	**9323**	**10247**	**6193**	**3573**	**2841**	**1021**	**595**
连云区	16	21	7	5	1	1	
海州区	228	271	155	112	64	18	9
赣榆区	1641	2081	1403	963	772	367	202
东海县	3198	3278	1887	1016	931	302	185
灌云县	1589	1839	1063	676	497	152	88
灌南县	1527	1678	1098	649	478	161	104
连云港经济技术开发区	331	335	177	45	30	5	2
连云港高新技术产业开发区	660	586	309	94	62	14	4
江苏连云港徐圩新区	126	145	89	12	6		1
江苏省连云港市云台山风景名胜区	7	13	5	1		1	
淮安市	**9584**	**10110**	**5555**	**2609**	**1722**	**557**	**328**
淮安区	594	668	466	265	205	82	35
淮阴区	465	564	399	251	176	50	28
清江浦区	48	47	22	26	16	3	3
洪泽区	142	217	152	70	56	7	9
涟水县	3083	3404	1776	1039	753	296	196
盱眙县	1966	2099	1164	481	259	48	32
金湖县	1486	1438	707	194	103	37	10
淮安经济技术开发区	1250	1142	560	170	95	26	8
工业园区	25	44	35	23	15		
生态文旅区	421	328	189	43	19	2	1
苏淮高新区	104	159	85	47	25	6	6
盐城市	**16009**	**18223**	**12098**	**6632**	**4863**	**2095**	**1317**
亭湖区	385	511	331	202	143	65	28
盐都区	686	820	521	162	118	35	24
大丰区	1389	1967	1759	1144	902	455	346
响水县	1292	1364	843	527	346	104	50
滨海县	2156	2160	1258	816	584	254	156
阜宁县	2500	2683	1635	765	518	182	75
射阳县	3313	3646	2277	1239	893	382	195
建湖县	2639	2698	1562	531	313	97	42
盐城经济技术开发区	322	433	208	93	66	21	10
江苏省盐南高新区							
东台市	1327	1941	1704	1153	980	500	391
扬州市	**8612**	**9440**	**5278**	**1898**	**1566**	**531**	**182**
广陵区	329	409	257	152	108	42	6

4-1b 续表 10

单位：人

地区 性别	45-49岁	50-54岁	55-59岁	60-64岁	65-69岁	70-74岁	75岁及以上
邗江区	400	546	289	88	68	17	4
江都区	1762	2115	1186	478	419	150	49
宝应县	3182	3184	1800	595	419	144	61
扬州经济技术开发区	1305	1089	594	146	111	24	13
蜀冈瘦西湖景区							
生态新城	72	95	56	24	16	5	4
仪征市	456	597	337	151	126	37	7
高邮市	1106	1405	759	264	299	112	38
镇江市	**6305**	**6533**	**4501**	**1786**	**1255**	**475**	**94**
京口区	38	47	12	4	3		
润州区							
丹徒区	449	567	437	224	156	72	14
镇江新区	1477	1172	712	164	71	20	2
江苏镇江高新区							
丹阳市	3399	3692	2586	1113	806	320	61
扬中市	387	431	329	168	120	32	10
句容市	555	624	425	113	99	31	7
泰州市	**7607**	**9494**	**5699**	**2722**	**2514**	**1058**	**517**
海陵区	198	297	178	92	108	39	18
高港区	391	406	219	125	86	36	10
姜堰区	699	977	611	329	265	118	41
泰州医药高新技术产业开发区	1208	1269	691	241	174	43	10
兴化市	2309	3388	2145	991	1085	413	198
靖江市	902	910	522	203	183	39	8
泰兴市	1900	2247	1333	741	613	370	232
宿迁市	**11793**	**10809**	**6481**	**2936**	**1994**	**591**	**395**
宿城区	237	269	196	81	62	24	22
宿豫区	315	304	191	100	67	6	9
沭阳县	4817	4597	2959	1585	957	296	172
泗阳县	2690	2255	1204	458	365	97	66
泗洪县	2890	2671	1576	558	447	144	117
宿迁经济技术开发区	772	606	299	117	63	16	5
宿迁市湖滨新区	72	107	56	37	33	8	4
苏州宿迁工业园区							
宿迁市洋河新区							
男	**76968**	**88903**	**60902**	**26433**	**20015**	**7787**	**4254**
南京市	**615**	**658**	**508**	**91**	**67**	**23**	**10**
玄武区							
秦淮区							
建邺区							
鼓楼区							
浦口区	5	5	3		2		
栖霞区							
雨花台区	23	30	22	2	2	1	1
江宁区							
六合区	387	387	295	60	34	4	3
溧水区	132	157	121	20	16	10	2
高淳区	68	79	67	9	13	8	4
南京江北新区							
无锡市	**5265**	**5494**	**3872**	**1291**	**841**	**253**	**69**
锡山区	1234	1172	922	295	182	46	9

4-1b 续表 11

单位：人

地 区 性 别	45-49岁	50-54岁	55-59岁	60-64岁	65-69岁	70-74岁	75岁及以 上
惠山区	554	531	341	64	34	12	1
滨湖区							
梁溪区							
新吴区							
江苏无锡经济开发区							
江阴市	2200	2223	1466	527	282	73	15
宜兴市	1277	1568	1143	405	343	122	44
徐州市	**8647**	**10038**	**6352**	**3046**	**2707**	**971**	**552**
鼓楼区							
云龙区	60	68	50	14	8	10	3
贾汪区	249	301	200	88	89	27	12
泉山区							
铜山区	1056	1357	928	552	600	222	155
丰县	1718	1830	1113	580	516	221	114
沛县	1782	2081	1178	468	372	127	59
睢宁县	1779	2016	1314	585	487	149	95
徐州经济技术开发区	849	909	516	144	118	34	12
新沂市	525	674	437	268	242	89	52
邳州市	629	802	616	347	275	92	50
常州市	**2913**	**2970**	**2268**	**870**	**592**	**217**	**68**
天宁区	220	222	163	48	28	11	2
钟楼区							
新北区	534	498	417	154	100	39	6
武进区	755	735	521	212	157	71	25
金坛区	271	357	324	125	88	24	4
江苏省常州市经济开发区	476	410	267	89	42	14	3
溧阳市	657	748	576	242	177	58	28
苏州市	**12509**	**12411**	**8479**	**2124**	**1340**	**417**	**158**
虎丘区	12	11	21	8	2	2	
吴中区	794	810	559	158	100	34	9
相城区	254	268	187	50	43	10	3
姑苏区							
吴江区	2049	2119	1472	334	241	64	24
苏州工业园区	2907	2502	1690	300	151	27	7
常熟市	1921	1950	1463	486	354	144	63
张家港市	2501	2757	1738	428	208	58	15
昆山市	769	799	592	62	33	9	
太仓市	1302	1195	757	298	208	69	37
南通市	**7351**	**10544**	**8338**	**4563**	**3781**	**1917**	**1247**
崇川区							
港闸区							
通州区	1085	1529	1220	574	481	226	94
如东县	1488	2525	2159	1277	1188	695	513
南通经济技术开发区	1017	1119	771	157	63	9	3
通州湾示范区	126	137	152	93	54	17	9
苏锡通科技产业园区	183	260	197	82	57	17	7
启东市	688	954	841	557	446	220	139
如皋市	1309	2068	1418	815	560	273	131
海门市	910	1075	880	565	468	232	131
海安市	545	877	700	443	464	228	220
连云港市	**5229**	**6073**	**3929**	**2181**	**1719**	**621**	**376**
连云区	15	19	7	5	1	1	

4-1b 续表 12

单位：人

地区 性别	45-49岁	50-54岁	55-59岁	60-64岁	65-69岁	70-74岁	75岁及以上
海州区	155	171	113	76	43	9	7
赣榆区	893	1120	749	569	464	208	123
东海县	1685	1827	1087	578	541	177	116
灌云县	941	1075	735	426	308	98	60
灌南县	902	1064	767	412	294	111	65
连云港经济技术开发区	194	248	143	35	23	5	1
连云港高新技术产业开发区	363	426	241	70	41	11	3
江苏连云港徐圩新区	76	113	82	10	4		1
江苏省连云港市云台山风景名胜区	5	10	5			1	
淮安市	**5438**	**6372**	**3950**	**1778**	**1122**	**345**	**203**
淮安区	344	429	311	195	149	54	20
淮阴区	289	390	287	188	126	32	20
清江浦区	34	30	19	18	10	2	2
洪泽区	92	137	108	49	39	6	8
涟水县	1591	1754	1048	593	410	163	107
盱眙县	1213	1487	925	384	200	40	26
金湖县	810	1001	578	147	74	25	8
淮安经济技术开发区	715	784	429	119	68	17	7
工业园区	15	29	25	18	13		
生态文旅区	262	224	150	30	16	1	1
苏淮高新区	73	107	70	37	17	5	4
盐城市	**9499**	**11805**	**8233**	**4154**	**2937**	**1219**	**790**
亭湖区	228	328	211	127	91	36	17
盐都区	382	493	346	117	79	28	15
大丰区	742	1170	1085	622	483	228	195
响水县	790	898	577	338	217	69	30
滨海县	1376	1529	931	562	385	154	99
阜宁县	1587	1819	1192	510	333	121	54
射阳县	1971	2386	1554	765	533	237	118
建湖县	1559	1786	1160	374	237	69	31
盐城经济技术开发区	180	279	158	63	46	13	7
江苏省盐南高新区							
东台市	684	1117	1019	676	533	264	224
扬州市	**4817**	**5964**	**3688**	**1322**	**1091**	**392**	**144**
广陵区	173	218	160	90	66	25	4
邗江区	221	311	204	62	49	15	3
江都区	961	1300	784	326	288	109	40
宝应县	1821	2104	1311	420	310	112	45
扬州经济技术开发区	728	725	445	112	76	14	9
蜀冈瘦西湖景区							
生态新城	43	59	36	15	11	3	4
仪征市	259	379	216	114	87	28	6
高邮市	611	868	532	183	204	86	33
镇江市	**3508**	**3921**	**2997**	**1200**	**868**	**329**	**69**
京口区	24	33	8	4			
润州区							
丹徒区	253	350	290	146	115	51	8
镇江新区	870	822	578	128	57	14	2
江苏镇江高新区							
丹阳市	1829	2047	1604	727	556	218	48
扬中市	212	243	205	114	71	25	5
句容市	320	426	312	81	69	21	6

4-1b 续表 13

单位：人

地区 性别	45-49岁	50-54岁	55-59岁	60-64岁	65-69岁	70-74岁	75岁及以上
泰州市	**4155**	**5733**	**3723**	**1824**	**1639**	**691**	**325**
海陵区	95	193	109	66	77	23	14
高港区	218	242	157	80	57	24	6
姜堰区	377	575	401	233	181	86	28
泰州医药高新技术产业开发区	673	800	473	173	133	37	8
兴化市	1307	2063	1356	666	709	281	144
靖江市	513	591	376	141	133	31	4
泰兴市	972	1269	851	465	349	209	121
宿迁市	**7022**	**6920**	**4565**	**1989**	**1311**	**392**	**243**
宿城区	140	166	128	58	39	17	7
宿豫区	198	196	134	73	52	5	7
沭阳县	2875	2936	2043	1063	621	197	100
泗阳县	1593	1482	898	320	236	65	45
泗洪县	1716	1668	1102	365	289	92	75
宿迁经济技术开发区	456	407	224	88	51	12	5
宿迁市湖滨新区	44	65	36	22	23	4	4
苏州宿迁工业园区							
宿迁市洋河新区							
女	**58715**	**52328**	**27755**	**14121**	**11698**	**4948**	**2813**
南京市	**380**	**276**	**131**	**29**	**16**	**9**	**2**
玄武区							
秦淮区							
建邺区							
鼓楼区							
浦口区	3	1			1		
栖霞区							
雨花台区	24	9	7	3			
江宁区							
六合区	249	171	76	16	4	2	
溧水区	79	65	35	7	9	7	1
高淳区	25	30	13	3	2		1
南京江北新区							
无锡市	**4179**	**3154**	**1347**	**410**	**361**	**117**	**25**
锡山区	998	726	323	98	108	26	2
惠山区	415	221	76	15	7	4	2
滨湖区							
梁溪区							
新吴区							
江苏无锡经济开发区							
江阴市	1813	1345	536	159	126	36	5
宜兴市	953	862	412	138	120	51	16
徐州市	**6342**	**6329**	**3490**	**1796**	**1698**	**611**	**378**
鼓楼区							
云龙区	46	34	18	11	9	4	1
贾汪区	126	161	99	43	45	19	8
泉山区							
铜山区	930	1184	772	471	521	201	109
丰县	1337	1298	669	387	364	166	95
沛县	1233	1049	428	200	167	47	41
睢宁县	1379	1267	623	273	232	57	49
徐州经济技术开发区	555	386	170	59	44	10	6
新沂市	323	406	304	152	154	64	38
邳州市	413	544	407	200	162	43	31

4-1b 续表 14

单位：人

地区 性别	45-49岁	50-54岁	55-59岁	60-64岁	65-69岁	70-74岁	75岁及以上
常州市	**2212**	**1736**	**905**	**290**	**256**	**100**	**21**
天宁区	193	151	50	18	13	2	2
钟楼区							
新北区	454	365	204	59	50	22	3
武进区	619	446	240	69	74	40	5
金坛区	167	192	111	49	23	4	2
江苏省常州市经济开发区	363	223	102	20	14	10	1
溧阳市	416	359	198	75	82	22	8
苏州市	**9753**	**5849**	**2490**	**952**	**662**	**283**	**156**
虎丘区	14	4	7	3	1		
吴中区	606	401	199	64	61	25	7
相城区	181	101	58	23	17	4	1
姑苏区							
吴江区	1655	1076	403	130	70	28	7
苏州工业园区	2152	1069	410	126	53	8	2
常熟市	1539	1067	551	269	217	122	74
张家港市	1999	1215	456	143	87	30	23
昆山市	640	277	119	24	18	4	
太仓市	967	639	287	170	138	62	42
南通市	**6284**	**6916**	**4672**	**2936**	**2637**	**1489**	**953**
崇川区							
港闸区							
通州区	1078	1036	688	316	302	139	66
如东县	1476	1815	1290	997	943	557	369
南通经济技术开发区	666	409	198	39	18	3	1
通州湾示范区	78	81	81	33	31	12	5
苏锡通科技产业园区	143	123	75	33	31	12	9
启东市	426	552	463	353	337	187	127
如皋市	1142	1370	746	402	313	183	100
海门市	766	822	626	423	307	176	121
海安市	509	708	505	340	355	220	155
连云港市	**4094**	**4174**	**2264**	**1392**	**1122**	**400**	**219**
连云区	1	2					
海州区	73	100	42	36	21	9	2
赣榆区	748	961	654	394	308	159	79
东海县	1513	1451	800	438	390	125	69
灌云县	648	764	328	250	189	54	28
灌南县	625	614	331	237	184	50	39
连云港经济技术开发区	137	87	34	10	7		1
连云港高新技术产业开发区	297	160	68	24	21	3	1
江苏连云港徐圩新区	50	32	7	2	2		
江苏省连云港市云台山风景名胜区	2	3		1			
淮安市	**4146**	**3738**	**1605**	**831**	**600**	**212**	**125**
淮安区	250	239	155	70	56	28	15
淮阴区	176	174	112	63	50	18	8
清江浦区	14	17	3	8	6	1	1
洪泽区	50	80	44	21	17	1	1
涟水县	1492	1650	728	446	343	133	89
盱眙县	753	612	239	97	59	8	6
金湖县	676	437	129	47	29	12	2
淮安经济技术开发区	535	358	131	51	27	9	1
工业园区	10	15	10	5	2		

4-1b 续表 15 单位：人

地区 性别	45-49岁	50-54岁	55-59岁	60-64岁	65-69岁	70-74岁	75岁及以上
生态文旅区	159	104	39	13	3	1	
苏淮高新区	31	52	15	10	8	1	2
盐城市	**6510**	**6418**	**3865**	**2478**	**1926**	**876**	**527**
亭湖区	157	183	120	75	52	29	11
盐都区	304	327	175	45	39	7	9
大丰区	647	797	674	522	419	227	151
响水县	502	466	266	189	129	35	20
滨海县	780	631	327	254	199	100	57
阜宁县	913	864	443	255	185	61	21
射阳县	1342	1260	723	474	360	145	77
建湖县	1080	912	402	157	76	28	11
盐城经济技术开发区	142	154	50	30	20	8	3
江苏省盐南高新区							
东台市	643	824	685	477	447	236	167
扬州市	**3795**	**3476**	**1590**	**576**	**475**	**139**	**38**
广陵区	156	191	97	62	42	17	2
邗江区	179	235	85	26	19	2	1
江都区	801	815	402	152	131	41	9
宝应县	1361	1080	489	175	109	32	16
扬州经济技术开发区	577	364	149	34	35	10	4
蜀冈瘦西湖景区							
生态新城	29	36	20	9	5	2	
仪征市	197	218	121	37	39	9	1
高邮市	495	537	227	81	95	26	5
镇江市	**2797**	**2612**	**1504**	**586**	**387**	**146**	**25**
京口区	14	14	4		3		
润州区							
丹徒区	196	217	147	78	41	21	6
镇江新区	607	350	134	36	14	6	
江苏镇江高新区							
丹阳市	1570	1645	982	386	250	102	13
扬中市	175	188	124	54	49	7	5
句容市	235	198	113	32	30	10	1
泰州市	**3452**	**3761**	**1976**	**898**	**875**	**367**	**192**
海陵区	103	104	69	26	31	16	4
高港区	173	164	62	45	29	12	4
姜堰区	322	402	210	96	84	32	13
泰州医药高新技术产业开发区	535	469	218	68	41	6	2
兴化市	1002	1325	789	325	376	132	54
靖江市	389	319	146	62	50	8	4
泰兴市	928	978	482	276	264	161	111
宿迁市	**4771**	**3889**	**1916**	**947**	**683**	**199**	**152**
宿城区	97	103	68	23	23	7	15
宿豫区	117	108	57	27	15	1	2
沭阳县	1942	1661	916	522	336	99	72
泗阳县	1097	773	306	138	129	32	21
泗洪县	1174	1003	474	193	158	52	42
宿迁经济技术开发区	316	199	75	29	12	4	
宿迁市湖滨新区	28	42	20	15	10	4	
苏州宿迁工业园区							
宿迁市洋河新区							

4-1c　各地区分性别、年龄的就业人口(乡村)

单位：人

地　区 性　别	合计	16-19岁	20-24岁	25-29岁	30-34岁	35-39岁	40-44岁
江　苏	**1089292**	**7304**	**39327**	**81979**	**119432**	**82379**	**89828**
南京市	**58381**	**266**	**2374**	**5712**	**8112**	**5233**	**5644**
玄武区							
秦淮区							
建邺区							
鼓楼区							
浦口区	3501	11	122	396	520	316	321
栖霞区	2968	7	103	287	422	286	312
雨花台区							
江宁区	19492	150	945	2092	2970	2048	2086
六合区	14015	23	489	1257	2033	1365	1431
溧水区	7239	20	192	537	795	502	614
高淳区	10167	52	464	1047	1214	618	789
南京江北新区	999	3	59	96	158	98	91
无锡市	**69308**	**611**	**3186**	**6258**	**9736**	**6696**	**7628**
锡山区	6622	67	304	673	1010	713	786
惠山区	11849	124	625	1131	1717	1269	1586
滨湖区	2443	28	149	253	409	328	293
梁溪区							
新吴区	4340	106	369	611	969	561	503
江苏无锡经济开发区							
江阴市	24124	186	1089	2220	3633	2440	2874
宜兴市	19930	100	650	1370	1998	1385	1586
徐州市	**129411**	**856**	**4174**	**10110**	**16027**	**10933**	**9526**
鼓楼区							
云龙区							
贾汪区	6495	46	302	553	1003	689	596
泉山区							
铜山区	26235	141	768	2301	3626	2530	1981
丰县	17461	125	505	1322	1564	1269	1260
沛县	18254	115	583	1749	2107	1479	1435
睢宁县	18154	115	661	1435	2044	1187	1257
徐州经济技术开发区	2214	17	66	161	346	214	198
新沂市	17616	84	516	1161	2390	1545	1185
邳州市	22982	213	773	1428	2947	2020	1614
常州市	**65633**	**555**	**3105**	**5996**	**8064**	**5702**	**6325**
天宁区	2949	23	154	310	381	275	345
钟楼区	2151	27	125	251	327	236	226
新北区	6038	37	240	501	719	575	608
武进区	20925	206	992	1847	2727	1945	2233
金坛区	10096	103	460	808	1179	684	732
江苏省常州市经济开发区	8991	115	572	944	1340	971	1043
溧阳市	14483	44	562	1335	1391	1016	1138
苏州市	**138169**	**1634**	**8142**	**15994**	**23024**	**15042**	**14559**
虎丘区	3965	44	283	552	688	423	394
吴中区	20055	285	1131	2431	3479	2321	2068
相城区	3059	51	226	390	537	352	320
姑苏区							
吴江区	20914	193	1189	2181	3070	1970	2206
苏州工业园区							
常熟市	28091	226	1352	2789	4091	2647	2865

4-1c 续表 1

单位：人

地区 性别	合计	16-19岁	20-24岁	25-29岁	30-34岁	35-39岁	40-44岁
张家港市	20448	188	1019	2005	3303	2168	2402
昆山市	25050	471	2070	4071	5534	3502	2571
太仓市	16587	176	872	1575	2322	1659	1733
南通市	**127189**	**343**	**3080**	**7056**	**9902**	**6361**	**7913**
崇川区							
港闸区	209		7	14	25	11	23
通州区	18145	64	599	1372	1903	1126	1258
如东县	22392	39	442	1048	1456	941	1253
南通经济技术开发区							
通州湾示范区	2525	5	58	111	138	115	138
苏锡通科技产业园区	2800	30	124	319	484	296	238
启东市	20232	47	459	978	1380	871	1037
如皋市	24402	71	558	1578	2445	1470	1965
海门市	16298	50	361	760	927	714	889
海安市	20186	37	472	876	1144	817	1112
连云港市	**71954**	**883**	**2623**	**5190**	**8282**	**5860**	**5012**
连云区	124		4	3	28	6	8
海州区	3747	50	173	358	494	302	313
赣榆区	22016	224	800	1857	2886	1979	1442
东海县	19515	240	656	1337	2055	1443	1287
灌云县	10716	148	391	746	1086	819	814
灌南县	13964	208	507	687	1363	1122	964
连云港经济技术开发区	828	1	32	81	171	90	86
连云港高新技术产业开发区							
江苏连云港徐圩新区	67	1	5	6	7	8	11
江苏省连云港市云台山风景名胜区	977	11	55	115	192	91	87
淮安市	**53893**	**416**	**1700**	**3226**	**4423**	**3106**	**3931**
淮安区	11199	90	372	807	931	688	919
淮阴区	10008	83	401	721	963	623	791
清江浦区	2451	13	127	219	287	172	223
洪泽区	3865	20	101	240	286	284	368
涟水县	15055	151	399	627	1068	745	851
盱眙县	6229	48	196	351	523	363	454
金湖县	4689	7	94	236	307	193	287
淮安经济技术开发区							
工业园区	322	4	9	24	55	38	32
生态文旅区							
苏淮高新区	75		1	1	3		6
盐城市	**126474**	**558**	**3001**	**5305**	**9059**	**7394**	**8007**
亭湖区	4786	24	152	254	419	352	359
盐都区	13296	110	484	764	1259	892	908
大丰区	17526	49	413	728	1068	714	1068
响水县	8089	56	211	351	718	671	448
滨海县	11932	86	243	451	843	885	751
阜宁县	15024	94	422	700	1296	1332	1204
射阳县	18211	69	432	804	1333	1121	1205
建湖县	10382	19	235	342	722	492	625
盐城经济技术开发区	1445	8	40	91	144	82	89
江苏省盐南高新区							
东台市	25783	43	369	820	1257	853	1350
扬州市	**75749**	**301**	**2501**	**5457**	**6687**	**4912**	**7251**
广陵区	4757	16	139	367	590	461	507

4-1c　续表 2　　　　单位：人

地　区 性　别	合计	16-19岁	20-24岁	25-29岁	30-34岁	35-39岁	40-44岁
邗江区	4516	16	139	383	534	374	479
江都区	18021	60	611	1255	1509	1195	1738
宝应县	18969	112	680	1461	1517	1082	1862
扬州经济技术开发区	727	19	33	70	111	75	121
蜀冈瘦西湖景区							
生态新城	918	7	39	61	115	84	118
仪征市	8772	16	251	677	882	670	822
高邮市	19069	55	609	1183	1429	971	1604
镇江市	**33479**	**150**	**1019**	**2380**	**3257**	**2430**	**2800**
京口区	285	1	14	22	24	25	34
润州区	52			8	12	3	4
丹徒区	4666	16	119	292	409	398	407
镇江新区	1516	5	53	128	192	145	138
江苏镇江高新区							
丹阳市	10745	66	324	765	993	774	956
扬中市	5179	35	173	411	530	345	441
句容市	11036	27	336	754	1097	740	820
泰州市	**70360**	**246**	**1834**	**4086**	**5361**	**3726**	**5912**
海陵区	2512	7	68	146	201	157	232
高港区	4273	12	186	335	378	261	437
姜堰区	10730	23	322	652	736	576	1045
泰州医药高新技术产业开发区	747	3	22	64	93	58	74
兴化市	22014	102	454	1238	1572	1006	1520
靖江市	10373	47	295	605	1081	715	1059
泰兴市	19711	52	487	1046	1300	953	1545
宿迁市	**69292**	**485**	**2588**	**5209**	**7498**	**4984**	**5320**
宿城区	9947	68	495	952	1325	716	790
宿豫区	4635	27	161	315	491	345	405
沭阳县	26183	187	953	2036	2597	1966	1818
泗阳县	9536	88	296	572	818	655	787
泗洪县	12980	79	381	777	1293	808	1001
宿迁经济技术开发区	1973	18	112	223	364	174	178
宿迁市湖滨新区	2152	6	96	176	373	161	153
苏州宿迁工业园区							
宿迁市洋河新区	1886	12	94	158	237	159	188
男	**649928**	**4688**	**23999**	**50724**	**72542**	**48968**	**51053**
南京市	**38810**	**197**	**1417**	**3541**	**5068**	**3296**	**3512**
玄武区							
秦淮区							
建邺区							
鼓楼区							
浦口区	2212	6	64	234	307	206	199
栖霞区	1918	5	51	174	254	181	188
雨花台区							
江宁区	13017	116	622	1313	1838	1294	1290
六合区	9167	15	266	748	1257	839	867
溧水区	4883	13	103	345	495	312	398
高淳区	6955	41	273	667	817	404	511
南京江北新区	658	1	38	60	100	60	59
无锡市	**42733**	**421**	**2051**	**3902**	**5811**	**3891**	**4301**
锡山区	3960	48	196	394	587	418	421

4-1c 续表 3

单位：人

地区 性别	合计	16-19岁	20-24岁	25-29岁	30-34岁	35-39岁	40-44岁
惠山区	7520	89	412	736	1039	745	919
滨湖区	1520	22	87	157	248	186	172
梁溪区							
新吴区	2729	78	247	375	591	338	293
江苏无锡经济开发区							
江阴市	14685	118	702	1366	2139	1380	1608
宜兴市	12319	66	407	874	1207	824	888
徐州市	**76614**	**508**	**2553**	**6571**	**10211**	**6655**	**5389**
鼓楼区							
云龙区							
贾汪区	4377	27	207	405	698	461	411
泉山区							
铜山区	14769	87	448	1420	2145	1453	1109
丰县	9611	70	319	847	950	732	612
沛县	11203	74	374	1251	1429	967	804
睢宁县	10839	56	404	902	1309	703	704
徐州经济技术开发区	1396	10	42	111	231	137	117
新沂市	10993	44	317	780	1624	999	744
邳州市	13426	140	442	855	1825	1203	888
常州市	**40538**	**378**	**1969**	**3736**	**4875**	**3371**	**3584**
天宁区	1793	19	97	197	218	150	187
钟楼区	1333	15	84	155	203	151	130
新北区	3564	25	151	297	401	322	347
武进区	12454	133	618	1105	1580	1109	1229
金坛区	6267	81	297	507	742	411	414
江苏省常州市经济开发区	5547	73	386	590	834	563	588
溧阳市	9580	32	336	885	897	665	689
苏州市	**84289**	**1127**	**5277**	**9595**	**13554**	**8872**	**8173**
虎丘区	2514	31	178	341	418	264	230
吴中区	11876	205	722	1422	2056	1313	1177
相城区	1974	41	159	248	323	222	206
姑苏区							
吴江区	12625	126	779	1291	1711	1110	1204
苏州工业园区							
常熟市	16598	150	839	1610	2333	1523	1579
张家港市	12776	125	656	1180	1932	1304	1322
昆山市	15915	319	1375	2540	3388	2141	1481
太仓市	10011	130	569	963	1393	995	974
南通市	**69298**	**205**	**1749**	**3997**	**5620**	**3518**	**4040**
崇川区							
港闸区	136		3	10	19	6	12
通州区	10205	43	357	761	1040	615	627
如东县	12261	26	249	583	798	524	624
南通经济技术开发区							
通州湾示范区	1330	2	35	59	84	66	69
苏锡通科技产业园区	1641	18	58	187	282	169	133
启东市	11515	29	259	579	868	547	617
如皋市	13607	42	332	893	1366	777	971
海门市	8249	27	196	416	501	382	444
海安市	10354	18	260	509	662	432	543
连云港市	**40149**	**538**	**1574**	**3106**	**4662**	**3260**	**2689**
连云区	87		4	2	19	5	7

4-1c 续表 4

单位：人

地区 性别	合计	16-19岁	20-24岁	25-29岁	30-34岁	35-39岁	40-44岁
海州区	2482	37	125	268	336	207	188
赣榆区	12082	141	477	1183	1608	1103	748
东海县	10165	129	359	699	1055	727	643
灌云县	6512	93	245	464	680	507	488
灌南县	7607	131	304	368	721	592	502
连云港经济技术开发区	524	1	21	47	110	53	48
连云港高新技术产业开发区							
江苏连云港徐圩新区	43	1	2	4	6	5	8
江苏省连云港市云台山风景名胜区	647	5	37	71	127	61	57
淮安市	**33545**	**238**	**991**	**2076**	**2844**	**1928**	**2417**
淮安区	6906	47	228	519	581	421	538
淮阴区	6621	49	255	499	690	420	496
清江浦区	1530	10	62	142	183	106	132
洪泽区	2523	15	48	149	166	162	231
涟水县	8521	93	223	394	673	446	501
盱眙县	4034	17	104	206	320	225	303
金湖县	3163	6	65	150	197	127	190
淮安经济技术开发区							
工业园区	205	1	6	16	33	21	24
生态文旅区							
苏淮高新区	42			1	1		2
盐城市	**73726**	**352**	**1755**	**3537**	**5847**	**4609**	**4628**
亭湖区	3051	18	90	167	291	221	218
盐都区	8162	68	315	530	816	546	552
大丰区	9824	23	235	480	660	426	582
响水县	4675	30	134	227	443	390	260
滨海县	7399	56	137	303	556	580	454
阜宁县	9103	63	238	437	834	863	739
射阳县	10702	47	250	556	909	734	689
建湖县	6277	16	145	222	491	303	379
盐城经济技术开发区	891	7	18	56	92	56	56
江苏省盐南高新区							
东台市	13642	24	193	559	755	490	699
扬州市	**46591**	**190**	**1426**	**3388**	**4120**	**2943**	**4229**
广陵区	2919	11	81	235	377	304	328
邗江区	2714	11	72	223	319	208	265
江都区	11084	38	336	812	936	730	1024
宝应县	11917	64	404	903	993	670	1122
扬州经济技术开发区	438	13	22	42	65	34	66
蜀冈瘦西湖景区							
生态新城	514	3	27	29	59	52	57
仪征市	5560	11	141	442	524	403	483
高邮市	11445	39	343	702	847	542	884
镇江市	**20707**	**108**	**621**	**1432**	**1966**	**1446**	**1617**
京口区	183	1	8	14	13	13	21
润州区	32			4	8	2	2
丹徒区	2862	11	66	176	248	227	238
镇江新区	950	3	33	85	116	88	75
江苏镇江高新区							
丹阳市	6282	43	207	443	573	430	515
扬中市	3144	32	113	238	321	204	256
句容市	7254	18	194	472	687	482	510

4-1c 续表 5

单位：人

地区 性别	合计	16-19岁	20-24岁	25-29岁	30-34岁	35-39岁	40-44岁
泰州市	**41514**	**156**	**1117**	**2629**	**3324**	**2189**	**3368**
海陵区	1438	5	37	82	113	86	126
高港区	2492	9	102	200	242	141	247
姜堰区	6621	18	184	409	453	343	598
泰州医药高新技术产业开发区	432	3	13	30	53	37	39
兴化市	13029	61	288	857	1012	604	868
靖江市	6465	32	192	382	668	439	630
泰兴市	11037	28	301	669	783	539	860
宿迁市	**41414**	**270**	**1499**	**3214**	**4640**	**2990**	**3106**
宿城区	6005	33	302	573	818	424	469
宿豫区	3035	18	95	213	332	221	254
沭阳县	15523	101	567	1278	1620	1186	1068
泗阳县	5797	48	171	379	514	403	469
泗洪县	7214	46	200	425	732	451	543
宿迁经济技术开发区	1250	13	72	136	229	104	101
宿迁市湖滨新区	1444	4	55	108	253	106	101
苏州宿迁工业园区							
宿迁市洋河新区	1146	7	37	102	142	95	101
女	**439364**	**2616**	**15328**	**31255**	**46890**	**33411**	**38775**
南京市	**19571**	**69**	**957**	**2171**	**3044**	**1937**	**2132**
玄武区							
秦淮区							
建邺区							
鼓楼区							
浦口区	1289	5	58	162	213	110	122
栖霞区	1050	2	52	113	168	105	124
雨花台区							
江宁区	6475	34	323	779	1132	754	796
六合区	4848	8	223	509	776	526	564
溧水区	2356	7	89	192	300	190	216
高淳区	3212	11	191	380	397	214	278
南京江北新区	341	2	21	36	58	38	32
无锡市	**26575**	**190**	**1135**	**2356**	**3925**	**2805**	**3327**
锡山区	2662	19	108	279	423	295	365
惠山区	4329	35	213	395	678	524	667
滨湖区	923	6	62	96	161	142	121
梁溪区							
新吴区	1611	28	122	236	378	223	210
江苏无锡经济开发区							
江阴市	9439	68	387	854	1494	1060	1266
宜兴市	7611	34	243	496	791	561	698
徐州市	**52797**	**348**	**1621**	**3539**	**5816**	**4278**	**4137**
鼓楼区							
云龙区							
贾汪区	2118	19	95	148	305	228	185
泉山区							
铜山区	11466	54	320	881	1481	1077	872
丰县	7850	55	186	475	614	537	648
沛县	7051	41	209	498	678	512	631
睢宁县	7315	59	257	533	735	484	553
徐州经济技术开发区	818	7	24	50	115	77	81
新沂市	6623	40	199	381	766	546	441
邳州市	9556	73	331	573	1122	817	726

4-1c　续表 6　　　　单位：人

地　区 性　别	合计	16-19岁	20-24岁	25-29岁	30-34岁	35-39岁	40-44岁
常州市	**25095**	**177**	**1136**	**2260**	**3189**	**2331**	**2741**
天宁区	1156	4	57	113	163	125	158
钟楼区	818	12	41	96	124	85	96
新北区	2474	12	89	204	318	253	261
武进区	8471	73	374	742	1147	836	1004
金坛区	3829	22	163	301	437	273	318
江苏省常州市经济开发区	3444	42	186	354	506	408	455
溧阳市	4903	12	226	450	494	351	449
苏州市	**53880**	**507**	**2865**	**6399**	**9470**	**6170**	**6386**
虎丘区	1451	13	105	211	270	159	164
吴中区	8179	80	409	1009	1423	1008	891
相城区	1085	10	67	142	214	130	114
姑苏区							
吴江区	8289	67	410	890	1359	860	1002
苏州工业园区							
常熟市	11493	76	513	1179	1758	1124	1286
张家港市	7672	63	363	825	1371	864	1080
昆山市	9135	152	695	1531	2146	1361	1090
太仓市	6576	46	303	612	929	664	759
南通市	**57891**	**138**	**1331**	**3059**	**4282**	**2843**	**3873**
崇川区							
港闸区	73		4	4	6	5	11
通州区	7940	21	242	611	863	511	631
如东县	10131	13	193	465	658	417	629
南通经济技术开发区							
通州湾示范区	1195	3	23	52	54	49	69
苏锡通科技产业园区	1159	12	66	132	202	127	105
启东市	8717	18	200	399	512	324	420
如皋市	10795	29	226	685	1079	693	994
海门市	8049	23	165	344	426	332	445
海安市	9832	19	212	367	482	385	569
连云港市	**31805**	**345**	**1049**	**2084**	**3620**	**2600**	**2323**
连云区	37			1	9	1	1
海州区	1265	13	48	90	158	95	125
赣榆区	9934	83	323	674	1278	876	694
东海县	9350	111	297	638	1000	716	644
灌云县	4204	55	146	282	406	312	326
灌南县	6357	77	203	319	642	530	462
连云港经济技术开发区	304		11	34	61	37	38
连云港高新技术产业开发区							
江苏连云港徐圩新区	24		3	2	1	3	3
江苏省连云港市云台山风景名胜区	330	6	18	44	65	30	30
淮安市	**20348**	**178**	**709**	**1150**	**1579**	**1178**	**1514**
淮安区	4293	43	144	288	350	267	381
淮阴区	3387	34	146	222	273	203	295
清江浦区	921	3	65	77	104	66	91
洪泽区	1342	5	53	91	120	122	137
涟水县	6534	58	176	233	395	299	350
盱眙县	2195	31	92	145	203	138	151
金湖县	1526	1	29	86	110	66	97
淮安经济技术开发区							
工业园区	117	3	3	8	22	17	8

4-1c 续表 7 单位：人

地区 性别	合计	16-19岁	20-24岁	25-29岁	30-34岁	35-39岁	40-44岁
生态文旅区							
苏淮高新区	33		1		2		4
盐城市	**52748**	**206**	**1246**	**1768**	**3212**	**2785**	**3379**
亭湖区	1735	6	62	87	128	131	141
盐都区	5134	42	169	234	443	346	356
大丰区	7702	26	178	248	408	288	486
响水县	3414	26	77	124	275	281	188
滨海县	4533	30	106	148	287	305	297
阜宁县	5921	31	184	263	462	469	465
射阳县	7509	22	182	248	424	387	516
建湖县	4105	3	90	120	231	189	246
盐城经济技术开发区	554	1	22	35	52	26	33
江苏省盐南高新区							
东台市	12141	19	176	261	502	363	651
扬州市	**29158**	**111**	**1075**	**2069**	**2567**	**1969**	**3022**
广陵区	1838	5	58	132	213	157	179
邗江区	1802	5	67	160	215	166	214
江都区	6937	22	275	443	573	465	714
宝应县	7052	48	276	558	524	412	740
扬州经济技术开发区	289	6	11	28	46	41	55
蜀冈瘦西湖景区							
生态新城	404	4	12	32	56	32	61
仪征市	3212	5	110	235	358	267	339
高邮市	7624	16	266	481	582	429	720
镇江市	**12772**	**42**	**398**	**948**	**1291**	**984**	**1183**
京口区	102		6	8	11	12	13
润州区	20			4	4	1	2
丹徒区	1804	5	53	116	161	171	169
镇江新区	566	2	20	43	76	57	63
江苏镇江高新区							
丹阳市	4463	23	117	322	420	344	441
扬中市	2035	3	60	173	209	141	185
句容市	3782	9	142	282	410	258	310
泰州市	**28846**	**90**	**717**	**1457**	**2037**	**1537**	**2544**
海陵区	1074	2	31	64	88	71	106
高港区	1781	3	84	135	136	120	190
姜堰区	4109	5	138	243	283	233	447
泰州医药高新技术产业开发区	315		9	34	40	21	35
兴化市	8985	41	166	381	560	402	652
靖江市	3908	15	103	223	413	276	429
泰兴市	8674	24	186	377	517	414	685
宿迁市	**27878**	**215**	**1089**	**1995**	**2858**	**1994**	**2214**
宿城区	3942	35	193	379	507	292	321
宿豫区	1600	9	66	102	159	124	151
沭阳县	10660	86	386	758	977	780	750
泗阳县	3739	40	125	193	304	252	318
泗洪县	5766	33	181	352	561	357	458
宿迁经济技术开发区	723	5	40	87	135	70	77
宿迁市湖滨新区	708	2	41	68	120	55	52
苏州宿迁工业园区							
宿迁市洋河新区	740	5	57	56	95	64	87

4-1c　续表 8　　单位：人

地　区 性　别	45-49岁	50-54岁	55-59岁	60-64岁	65-69岁	70-74岁	75岁及以　上
江　苏	**129201**	**174748**	**132438**	**85956**	**82672**	**40156**	**23872**
南京市	**7896**	**9945**	**7185**	**2596**	**2343**	**819**	**256**
玄武区							
秦淮区							
建邺区							
鼓楼区							
浦口区	413	566	418	145	188	66	19
栖霞区	361	481	384	160	115	40	10
雨花台区							
江宁区	2518	3062	2057	748	589	181	46
六合区	1961	2465	1750	660	436	127	18
溧水区	1020	1305	1082	417	490	194	71
高淳区	1517	1888	1371	416	501	199	91
南京江北新区	106	178	123	50	24	12	1
无锡市	**10047**	**10613**	**7156**	**3240**	**2639**	**1136**	**362**
锡山区	1005	943	619	262	164	61	15
惠山区	1959	1711	987	384	236	92	28
滨湖区	352	322	204	70	27	7	1
梁溪区							
新吴区	482	393	218	72	41	9	6
江苏无锡经济开发区							
江阴市	3686	3607	2422	984	698	240	45
宜兴市	2563	3637	2706	1468	1473	727	267
徐州市	**14452**	**20633**	**15335**	**9757**	**10256**	**4627**	**2725**
鼓楼区							
云龙区							
贾汪区	722	957	605	389	379	167	87
泉山区							
铜山区	2772	3976	2798	1845	2154	868	475
丰县	2169	2934	2095	1430	1539	818	431
沛县	2030	2927	2076	1287	1378	753	335
睢宁县	2027	2977	2262	1447	1586	663	493
徐州经济技术开发区	270	384	238	102	143	53	22
新沂市	1958	2791	2265	1252	1466	622	381
邳州市	2504	3687	2996	2005	1611	683	501
常州市	**8918**	**10306**	**7835**	**3813**	**3334**	**1272**	**408**
天宁区	490	470	268	128	71	22	12
钟楼区	275	323	210	80	55	14	2
新北区	803	950	779	383	301	106	36
武进区	2891	3046	2280	1105	978	510	165
金坛区	1160	1722	1521	799	699	176	53
江苏省常州市经济开发区	1485	1301	797	247	116	49	11
溧阳市	1814	2494	1980	1071	1114	395	129
苏州市	**17668**	**17701**	**11967**	**5115**	**4561**	**1847**	**915**
虎丘区	482	481	328	122	109	48	11
吴中区	2254	2572	1719	790	610	260	135
相城区	321	390	232	113	94	21	12
姑苏区							
吴江区	2977	2989	1944	864	863	309	159
苏州工业园区							
常熟市	3543	3722	2926	1498	1395	671	366

4-1c 续表 9

单位：人

地区 性别	45-49岁	50-54岁	55-59岁	60-64岁	65-69岁	70-74岁	75岁及以上
张家港市	3170	3182	1920	565	369	129	28
昆山市	2567	2190	1400	342	261	66	5
太仓市	2354	2175	1498	821	860	343	199
南通市	**11960**	**19932**	**17844**	**14188**	**13452**	**8762**	**6396**
崇川区							
港闸区	28	31	26	15	18	6	5
通州区	1978	2831	2467	1580	1530	896	541
如东县	2098	3837	3383	2573	2481	1685	1156
南通经济技术开发区							
通州湾示范区	222	312	346	375	361	222	122
苏锡通科技产业园区	286	370	280	170	112	66	25
启东市	1658	2658	3159	2774	2537	1540	1134
如皋市	2671	4486	3217	2143	1817	1196	785
海门市	1325	2197	2164	2069	2175	1479	1188
海安市	1694	3210	2802	2489	2421	1672	1440
连云港市	**7001**	**10861**	**8315**	**6893**	**6713**	**2731**	**1590**
连云区	10	22	16	11	10	5	1
海州区	386	559	401	298	272	93	48
赣榆区	2202	3238	2436	1878	1836	816	422
东海县	1956	3087	2230	1810	1959	899	556
灌云县	968	1686	1316	1140	1066	320	216
灌南县	1302	2011	1730	1645	1499	580	346
连云港经济技术开发区	81	106	89	52	32	6	1
连云港高新技术产业开发区							
江苏连云港徐圩新区	5	12	6	5	1		
江苏省连云港市云台山风景名胜区	91	140	91	54	38	12	
淮安市	**6473**	**9548**	**7107**	**5478**	**5203**	**2066**	**1216**
淮安区	1402	1936	1341	1043	1020	457	193
淮阴区	1174	1815	1306	909	765	280	177
清江浦区	299	444	281	191	145	43	7
洪泽区	622	762	483	363	241	67	28
涟水县	1446	2369	1988	1844	1976	929	662
盱眙县	817	1125	905	609	575	159	104
金湖县	680	1036	756	492	443	121	37
淮安经济技术开发区							
工业园区	29	42	38	25	23	3	
生态文旅区							
苏淮高新区	4	19	9	2	15	7	8
盐城市	**12588**	**20590**	**17915**	**15223**	**14225**	**7629**	**4980**
亭湖区	583	909	646	448	384	178	78
盐都区	1566	2415	1824	1092	1140	568	274
大丰区	1830	3035	2861	2158	1815	971	816
响水县	596	1100	985	1172	1050	447	284
滨海县	1126	1608	1477	1675	1672	764	351
阜宁县	1574	2213	1895	1622	1513	804	355
射阳县	1854	3135	2605	2159	1904	999	591
建湖县	1066	1777	1462	1175	1387	685	395
盐城经济技术开发区	156	299	189	135	119	64	29
江苏省盐南高新区							
东台市	2237	4099	3971	3587	3241	2149	1807
扬州市	**10363**	**14133**	**9124**	**5322**	**5914**	**2693**	**1091**
广陵区	637	716	524	322	287	139	52

4-1c 续表 10

单位：人

地 区 性 别	45-49岁	50-54岁	55-59岁	60-64岁	65-69岁	70-74岁	75岁及以上
邗江区	621	774	585	295	223	75	18
江都区	2642	3506	2011	1215	1377	640	262
宝应县	2313	3552	2282	1366	1676	738	328
扬州经济技术开发区	100	70	51	46	20	11	
蜀冈瘦西湖景区							
生态新城	130	128	108	60	45	16	7
仪征市	1187	1763	1277	602	455	144	26
高邮市	2733	3624	2286	1416	1831	930	398
镇江市	**4576**	**5964**	**4946**	**2508**	**2261**	**907**	**281**
京口区	38	43	45	22	10	5	2
润州区	5	14	1	2	3		
丹徒区	642	774	711	390	326	144	38
镇江新区	227	245	200	105	50	19	9
江苏镇江高新区							
丹阳市	1504	1996	1528	806	679	281	73
扬中市	708	949	718	414	297	114	44
句容市	1452	1943	1743	769	896	344	115
泰州市	**8937**	**13879**	**9095**	**5812**	**6310**	**3360**	**1802**
海陵区	289	434	321	205	239	139	74
高港区	666	772	470	310	273	106	67
姜堰区	1495	2292	1358	807	902	379	143
泰州医药高新技术产业开发区	86	135	82	36	49	30	15
兴化市	2201	4216	3080	1950	2606	1349	720
靖江市	1454	2181	1391	727	528	220	70
泰兴市	2746	3849	2393	1777	1713	1137	713
宿迁市	**8322**	**10643**	**8614**	**6011**	**5461**	**2307**	**1850**
宿城区	1156	1514	1110	726	563	300	232
宿豫区	552	698	617	409	383	135	97
沭阳县	3027	3992	3403	2469	2173	878	684
泗阳县	1103	1483	1190	993	903	386	262
泗洪县	1693	2074	1709	995	1145	516	509
宿迁经济技术开发区	243	276	166	120	67	19	13
宿迁市湖滨新区	277	336	227	159	132	29	27
苏州宿迁工业园区							
宿迁市洋河新区	271	270	192	140	95	44	26
男	**71774**	**102935**	**82408**	**53012**	**49936**	**23743**	**14146**
南京市	**4928**	**6868**	**5408**	**1963**	**1785**	**620**	**207**
玄武区							
秦淮区							
建邺区							
鼓楼区							
浦口区	251	372	299	99	125	39	11
栖霞区	217	327	297	115	77	28	4
雨花台区							
江宁区	1585	2160	1594	573	455	138	39
六合区	1195	1672	1344	512	341	95	16
溧水区	636	911	788	313	356	153	60
高淳区	987	1304	994	310	412	159	76
南京江北新区	57	122	92	41	19	8	1
无锡市	**5609**	**6575**	**5057**	**2284**	**1809**	**751**	**271**
锡山区	552	566	435	193	99	39	12

4-1c 续表 11

单位：人

地区 性别	45-49岁	50-54岁	55-59岁	60-64岁	65-69岁	70-74岁	75岁及以上
惠山区	1148	1133	746	289	175	68	21
滨湖区	201	207	157	54	23	6	
梁溪区							
新吴区	272	263	175	57	29	6	5
江苏无锡经济开发区							
江阴市	2041	2193	1721	708	504	173	32
宜兴市	1395	2213	1823	983	979	459	201
徐州市	**7971**	**11338**	**8768**	**6004**	**6224**	**2752**	**1670**
鼓楼区							
云龙区							
贾汪区	449	606	408	257	276	111	61
泉山区							
铜山区	1464	2078	1468	1072	1245	494	286
丰县	1123	1466	1115	827	872	438	240
沛县	1153	1608	1206	820	848	451	218
睢宁县	1073	1653	1346	922	1018	442	307
徐州经济技术开发区	164	227	146	63	91	37	20
新沂市	1165	1668	1370	776	895	372	239
邳州市	1380	2032	1709	1267	979	407	299
常州市	**5004**	**6306**	**5286**	**2649**	**2259**	**848**	**273**
天宁区	265	292	197	98	53	12	8
钟楼区	153	190	147	54	41	9	1
新北区	420	565	502	241	202	66	25
武进区	1620	1815	1463	753	614	312	103
金坛区	591	997	1024	561	482	125	35
江苏省常州市经济开发区	841	808	550	182	83	41	8
溧阳市	1114	1639	1403	760	784	283	93
苏州市	**9942**	**11473**	**8581**	**3397**	**2755**	**1078**	**465**
虎丘区	294	318	255	84	69	27	5
吴中区	1237	1552	1147	498	338	138	71
相城区	197	260	158	78	61	15	6
姑苏区							
吴江区	1643	1870	1387	633	560	211	100
苏州工业园区							
常熟市	1949	2321	2025	925	797	381	166
张家港市	1800	2161	1498	431	267	82	18
昆山市	1487	1576	1117	258	185	44	4
太仓市	1335	1415	994	490	478	180	95
南通市	**5981**	**10767**	**10007**	**7876**	**7385**	**4684**	**3469**
崇川区							
港闸区	21	24	14	8	11	5	3
通州区	1035	1585	1498	957	877	518	292
如东县	1040	2077	1965	1431	1339	908	697
南通经济技术开发区							
通州湾示范区	102	169	177	206	189	110	62
苏锡通科技产业园区	155	227	168	112	78	37	17
启东市	955	1600	1795	1544	1376	802	544
如皋市	1282	2491	1936	1292	1080	691	454
海门市	619	1047	1034	1050	1158	745	630
海安市	772	1547	1420	1276	1277	868	770
连云港市	**3685**	**5804**	**4539**	**3909**	**3826**	**1582**	**975**
连云区	4	16	11	8	7	3	1

4-1c　续表 12　　　　单位：人

地　区 性　别	45-49岁	50-54岁	55-59岁	60-64岁	65-69岁	70-74岁	75岁及以上
海州区	237	354	268	201	170	60	31
赣榆区	1125	1659	1284	1018	1036	447	253
东海县	985	1546	1111	977	1067	521	346
灌云县	541	973	827	701	645	201	147
灌南县	689	1085	910	918	853	337	197
连云港经济技术开发区	49	67	58	41	25	4	
连云港高新技术产业开发区							
江苏连云港徐圩新区	3	8	3	2	1		
江苏省连云港市云台山风景名胜区	52	96	67	43	22	9	
淮安市	**3806**	**5908**	**4526**	**3536**	**3254**	**1282**	**739**
淮安区	782	1176	860	663	674	289	128
淮阴区	723	1192	883	619	490	190	115
清江浦区	182	273	189	121	94	29	7
洪泽区	356	513	360	263	187	54	19
涟水县	806	1292	1048	1093	1067	509	376
盱眙县	517	736	626	412	398	109	61
金湖县	419	690	529	347	321	95	27
淮安经济技术开发区							
工业园区	19	26	24	16	16	3	
生态文旅区							
苏淮高新区	2	10	7	2	7	4	6
盐城市	**6929**	**11673**	**10319**	**8843**	**8079**	**4233**	**2922**
亭湖区	353	573	426	299	236	114	45
盐都区	884	1398	1131	664	718	361	179
大丰区	969	1720	1603	1248	958	482	438
响水县	337	600	550	678	600	256	170
滨海县	687	991	908	1034	993	463	237
阜宁县	941	1274	1102	968	909	489	246
射阳县	990	1793	1513	1250	1089	542	340
建湖县	623	1055	855	686	813	422	267
盐城经济技术开发区	85	180	134	86	70	35	16
江苏省盐南高新区							
东台市	1060	2089	2097	1930	1693	1069	984
扬州市	**5912**	**8592**	**5877**	**3472**	**3874**	**1818**	**750**
广陵区	382	409	317	189	170	82	34
邗江区	334	458	380	202	166	62	14
江都区	1511	2096	1274	778	942	438	169
宝应县	1374	2178	1500	899	1075	507	228
扬州经济技术开发区	58	48	31	33	17	9	
蜀冈瘦西湖景区							
生态新城	73	68	67	33	31	11	4
仪征市	669	1133	858	439	329	107	21
高邮市	1511	2202	1450	899	1144	602	280
镇江市	**2569**	**3688**	**3262**	**1674**	**1526**	**597**	**201**
京口区	21	29	34	18	6	3	2
润州区	3	9	1	1	2		
丹徒区	362	500	458	237	216	94	29
镇江新区	130	162	129	75	34	13	7
江苏镇江高新区							
丹阳市	797	1123	959	517	457	172	46
扬中市	374	583	460	263	198	74	28
句容市	882	1282	1221	563	613	241	89

4-1c 续表 13

单位：人

地区 性别	45-49岁	50-54岁	55-59岁	60-64岁	65-69岁	70-74岁	75岁及以上
泰州市	**4746**	**7808**	**5525**	**3611**	**3849**	**2081**	**1111**
海陵区	143	252	188	130	135	90	51
高港区	365	436	288	199	163	67	33
姜堰区	812	1372	869	560	622	279	102
泰州医药高新技术产业开发区	44	82	48	24	32	17	10
兴化市	1198	2306	1769	1150	1576	844	496
靖江市	806	1296	934	508	372	157	49
泰兴市	1378	2064	1429	1040	949	627	370
宿迁市	**4692**	**6135**	**5253**	**3794**	**3311**	**1417**	**1093**
宿城区	651	871	687	483	356	197	141
宿豫区	358	451	420	278	236	95	64
沭阳县	1669	2244	2033	1519	1316	523	399
泗阳县	630	888	738	624	537	232	164
泗洪县	901	1133	957	591	659	298	278
宿迁经济技术开发区	140	177	117	85	50	17	9
宿迁市湖滨新区	188	213	164	114	94	24	20
苏州宿迁工业园区							
宿迁市洋河新区	155	158	137	100	63	31	18
女	**57427**	**71813**	**50030**	**32944**	**32736**	**16413**	**9726**
南京市	**2968**	**3077**	**1777**	**633**	**558**	**199**	**49**
玄武区							
秦淮区							
建邺区							
鼓楼区							
浦口区	162	194	119	46	63	27	8
栖霞区	144	154	87	45	38	12	6
雨花台区							
江宁区	933	902	463	175	134	43	7
六合区	766	793	406	148	95	32	2
溧水区	384	394	294	104	134	41	11
高淳区	530	584	377	106	89	40	15
南京江北新区	49	56	31	9	5	4	
无锡市	**4438**	**4038**	**2099**	**956**	**830**	**385**	**91**
锡山区	453	377	184	69	65	22	3
惠山区	811	578	241	95	61	24	7
滨湖区	151	115	47	16	4	1	1
梁溪区							
新吴区	210	130	43	15	12	3	1
江苏无锡经济开发区							
江阴市	1645	1414	701	276	194	67	13
宜兴市	1168	1424	883	485	494	268	66
徐州市	**6481**	**9295**	**6567**	**3753**	**4032**	**1875**	**1055**
鼓楼区							
云龙区							
贾汪区	273	351	197	132	103	56	26
泉山区							
铜山区	1308	1898	1330	773	909	374	189
丰县	1046	1468	980	603	667	380	191
沛县	877	1319	870	467	530	302	117
睢宁县	954	1324	916	525	568	221	186
徐州经济技术开发区	106	157	92	39	52	16	2
新沂市	793	1123	895	476	571	250	142
邳州市	1124	1655	1287	738	632	276	202

4-1c　续表 14　　　　单位：人

地　区 性　别	45-49岁	50-54岁	55-59岁	60-64岁	65-69岁	70-74岁	75岁及以上
常州市	**3914**	**4000**	**2549**	**1164**	**1075**	**424**	**135**
天宁区	225	178	71	30	18	10	4
钟楼区	122	133	63	26	14	5	1
新北区	383	385	277	142	99	40	11
武进区	1271	1231	817	352	364	198	62
金坛区	569	725	497	238	217	51	18
江苏省常州市经济开发区	644	493	247	65	33	8	3
溧阳市	700	855	577	311	330	112	36
苏州市	**7726**	**6228**	**3386**	**1718**	**1806**	**769**	**450**
虎丘区	188	163	73	38	40	21	6
吴中区	1017	1020	572	292	272	122	64
相城区	124	130	74	35	33	6	6
姑苏区							
吴江区	1334	1119	557	231	303	98	59
苏州工业园区							
常熟市	1594	1401	901	573	598	290	200
张家港市	1370	1021	422	134	102	47	10
昆山市	1080	614	283	84	76	22	1
太仓市	1019	760	504	331	382	163	104
南通市	**5979**	**9165**	**7837**	**6312**	**6067**	**4078**	**2927**
崇川区							
港闸区	7	7	12	7	7	1	2
通州区	943	1246	969	623	653	378	249
如东县	1058	1760	1418	1142	1142	777	459
南通经济技术开发区							
通州湾示范区	120	143	169	169	172	112	60
苏锡通科技产业园区	131	143	112	58	34	29	8
启东市	703	1058	1364	1230	1161	738	590
如皋市	1389	1995	1281	851	737	505	331
海门市	706	1150	1130	1019	1017	734	558
海安市	922	1663	1382	1213	1144	804	670
连云港市	**3316**	**5057**	**3776**	**2984**	**2887**	**1149**	**615**
连云区	6	6	5	3	3	2	
海州区	149	205	133	97	102	33	17
赣榆区	1077	1579	1152	860	800	369	169
东海县	971	1541	1119	833	892	378	210
灌云县	427	713	489	439	421	119	69
灌南县	613	926	820	727	646	243	149
连云港经济技术开发区	32	39	31	11	7	2	1
连云港高新技术产业开发区							
江苏连云港徐圩新区	2	4	3	3			
江苏省连云港市云台山风景名胜区	39	44	24	11	16	3	
淮安市	**2667**	**3640**	**2581**	**1942**	**1949**	**784**	**477**
淮安区	620	760	481	380	346	168	65
淮阴区	451	623	423	290	275	90	62
清江浦区	117	171	92	70	51	14	
洪泽区	266	249	123	100	54	13	9
涟水县	640	1077	940	751	909	420	286
盱眙县	300	389	279	197	177	50	43
金湖县	261	346	227	145	122	26	10
淮安经济技术开发区							
工业园区	10	16	14	9	7		

4-1c 续表 15　　单位：人

地区 性别	45-49岁	50-54岁	55-59岁	60-64岁	65-69岁	70-74岁	75岁及以上
生态文旅区 苏淮高新区	2	9	2		8	3	2
盐城市	**5659**	**8917**	**7596**	**6380**	**6146**	**3396**	**2058**
亭湖区	230	336	220	149	148	64	33
盐都区	682	1017	693	428	422	207	95
大丰区	861	1315	1258	910	857	489	378
响水县	259	500	435	494	450	191	114
滨海县	439	617	569	641	679	301	114
阜宁县	633	939	793	654	604	315	109
射阳县	864	1342	1092	909	815	457	251
建湖县	443	722	607	489	574	263	128
盐城经济技术开发区	71	119	55	49	49	29	13
江苏省盐南高新区							
东台市	1177	2010	1874	1657	1548	1080	823
扬州市	**4451**	**5541**	**3247**	**1850**	**2040**	**875**	**341**
广陵区	255	307	207	133	117	57	18
邗江区	287	316	205	93	57	13	4
江都区	1131	1410	737	437	435	202	93
宝应县	939	1374	782	467	601	231	100
扬州经济技术开发区	42	22	20	13	3	2	
蜀冈瘦西湖景区							
生态新城	57	60	41	27	14	5	3
仪征市	518	630	419	163	126	37	5
高邮市	1222	1422	836	517	687	328	118
镇江市	**2007**	**2276**	**1684**	**834**	**735**	**310**	**80**
京口区	17	14	11	4	4	2	
润州区	2	5		1	1		
丹徒区	280	274	253	153	110	50	9
镇江新区	97	83	71	30	16	6	2
江苏镇江高新区							
丹阳市	707	873	569	289	222	109	27
扬中市	334	366	258	151	99	40	16
句容市	570	661	522	206	283	103	26
泰州市	**4191**	**6071**	**3570**	**2201**	**2461**	**1279**	**691**
海陵区	146	182	133	75	104	49	23
高港区	301	336	182	111	110	39	34
姜堰区	683	920	489	247	280	100	41
泰州医药高新技术产业开发区	42	53	34	12	17	13	5
兴化市	1003	1910	1311	800	1030	505	224
靖江市	648	885	457	219	156	63	21
泰兴市	1368	1785	964	737	764	510	343
宿迁市	**3630**	**4508**	**3361**	**2217**	**2150**	**890**	**757**
宿城区	505	643	423	243	207	103	91
宿豫区	194	247	197	131	147	40	33
沭阳县	1358	1748	1370	950	857	355	285
泗阳县	473	595	452	369	366	154	98
泗洪县	792	941	752	404	486	218	231
宿迁经济技术开发区	103	99	49	35	17	2	4
宿迁市湖滨新区	89	123	63	45	38	5	7
苏州宿迁工业园区							
宿迁市洋河新区	116	112	55	40	32	13	8

4-2　各地区分性别、受教育程度的就业人口

单位：人

地区 性别	合计	未上过学	学前教育	小学	初中	高中	大学专科	大学本科	硕士研究生	博士研究生
江苏	**4062749**	**37689**	**2684**	**496873**	**1616120**	**772551**	**577504**	**496630**	**55880**	**6818**
南京市	**430849**	**2847**	**173**	**30162**	**103980**	**76197**	**85169**	**107061**	**21742**	**3518**
玄武区	22304	28	5	623	2568	3305	4661	8226	2183	705
秦淮区	33227	149	6	1068	5357	6539	7633	10041	2117	317
建邺区	26395	108	4	875	3672	3569	5433	9837	2580	317
鼓楼区	40102	171	2	1096	4884	6165	8631	14333	4093	727
浦口区	18440	200	7	1917	5749	3626	3263	3131	465	82
栖霞区	43123	179	4	1969	10626	9253	8411	10228	1963	490
雨花台区	31211	227	8	1759	7071	5180	6406	8739	1712	109
江宁区	89411	641	54	6809	24546	15257	17315	20206	4103	480
六合区	30218	400	17	4254	11686	5718	4964	3002	169	8
溧水区	23188	294	22	3294	8261	4568	3592	2940	204	13
高淳区	21432	332	34	3896	7944	3877	3096	2105	140	8
南京江北新区	51798	118	10	2602	11616	9140	11764	14273	2013	262
无锡市	**380278**	**1415**	**60**	**31953**	**151025**	**72776**	**61992**	**55121**	**5501**	**435**
锡山区	50118	153	8	4950	22823	8944	7230	5582	415	13
惠山区	45600	370	9	4565	20402	7909	6744	5177	405	19
滨湖区	27631	156	5	1580	8775	4935	5575	5610	884	111
梁溪区	44955	145	4	2048	11745	8696	10259	10730	1258	70
新吴区	35540	36	6	1561	12603	7732	7396	5629	541	36
江苏无锡经济开发区	17929	117	5	1271	4894	2645	3115	4685	1067	130
江阴市	94039	231	14	7611	40815	20965	13163	10630	580	30
宜兴市	64466	207	9	8367	28968	10950	8510	7078	351	26
徐州市	**375554**	**4793**	**368**	**60836**	**167815**	**64609**	**45023**	**29193**	**2522**	**395**
鼓楼区	17427	30	8	447	3893	4740	4719	3321	243	26
云龙区	19358	70	1	703	4408	4162	4807	4598	536	73
贾汪区	16465	360	5	2514	8407	3027	1385	735	29	3
泉山区	25021	42	3	527	4732	5927	6599	6152	871	168
铜山区	61639	971	57	12178	31666	8940	4646	2823	266	92
丰县	39567	469	23	7461	20867	6050	3292	1356	48	1
沛县	41117	417	28	5898	22353	5986	4203	2168	58	6
睢宁县	42955	819	72	9123	21027	6484	3549	1823	52	6
徐州经济技术开发区	16112	106	4	1257	5963	3544	3110	1859	255	14
新沂市	41223	915	69	8483	18857	6593	4234	1992	78	2
邳州市	54670	594	98	12245	25642	9156	4479	2366	86	4
常州市	**276950**	**1647**	**49**	**26446**	**115287**	**51075**	**41472**	**37296**	**3377**	**301**
天宁区	32287	145	6	2172	10833	5772	5860	6714	724	61
钟楼区	31863	227	5	2170	11089	6212	5424	6061	614	61
新北区	47072	228	7	3485	17991	8248	8540	7774	745	54
武进区	69851	415	9	7796	31720	11034	10048	7974	769	86
金坛区	30577	217	7	3754	13479	5960	4096	2815	233	16
江苏省常州市经济开发区	24385	131	1	2640	12790	3932	2899	1875	111	6
溧阳市	40915	284	14	4429	17385	9917	4605	4083	181	17
苏州市	**711439**	**2837**	**231**	**59521**	**269130**	**145493**	**119850**	**102045**	**11341**	**991**
虎丘区	47328	213	11	2955	14548	10160	9183	8742	1396	120
吴中区	78744	513	48	8454	28841	16802	12777	10052	1177	80
相城区	49087	273	11	5556	19755	8602	8009	6241	590	50
姑苏区	41297	110	10	1716	9488	8242	9567	10601	1405	158
吴江区	83016	410	63	10602	36574	15542	10857	8273	663	32
苏州工业园区	64396	153	12	2370	13109	13716	13142	18214	3336	344
常熟市	101707	317		8454	51275	17629	13787	9637	539	69

4-2 续表 1　　单位：人

地区 性别	合 计	未上过学	学前教育	小 学	初 中	高 中	大学专科	大学本科	硕士 研究生	博士 研究生
张家港市	78626	300	13	7623	34012	13849	12157	9993	637	42
昆山市	114314	206	32	5799	37902	30875	23198	15092	1141	69
太仓市	52924	342	31	5992	23626	10076	7173	5200	457	27
南通市	**393050**	**3424**	**235**	**64100**	**174644**	**66136**	**44458**	**37340**	**2487**	**226**
崇川区	32276	87	5	1043	6796	6282	7839	8971	1111	142
港闸区	18752	96	2	1261	6853	3694	3767	2851	218	10
通州区	56195	491	24	9496	26527	9378	5962	4094	209	14
如东县	49686	898	75	12154	21864	8070	3537	2937	143	8
南通经济技术开发区	15555	25		1012	5814	3054	3225	2244	161	20
通州湾示范区	4121	51		946	2166	537	256	156	9	
苏锡通科技产业园区	5751	35		833	3138	917	503	313	12	
启东市	48352	430	26	9578	24352	6420	4019	3387	132	8
如皋市	60556	285	29	10866	28446	10306	5858	4543	209	14
海门市	47989	403	15	6886	25367	7748	3914	3541	110	5
海安市	53817	623	59	10025	23321	9730	5578	4303	173	5
连云港市	**198153**	**3146**	**213**	**28125**	**80396**	**43915**	**24310**	**16789**	**1167**	**92**
连云区	7172	71	3	456	2028	1733	1504	1314	58	5
海州区	29892	347	15	2062	8506	6670	6566	5256	435	35
赣榆区	50070	906	31	7744	23066	10601	4933	2680	105	4
东海县	46682	465	19	5723	17481	14443	5673	2793	77	8
灌云县	24376	558	20	5322	12244	3646	1499	1056	31	
灌南县	27521	648	122	6117	13864	4109	1548	1074	39	
连云港经济技术开发区	3618	37	1	202	949	1080	740	544	59	6
连云港高新技术产业开发区	5915	48	2	232	1035	938	1425	1853	348	34
江苏连云港徐圩新区	1658	14		115	577	425	317	195	15	
江苏省连云港市云台山风景名胜区	1249	52		152	646	270	105	24		
淮安市	**176604**	**2011**	**92**	**23382**	**76308**	**36443**	**21316**	**15791**	**1112**	**149**
淮安区	27294	474	27	5071	12640	4593	2599	1833	56	1
淮阴区	26927	297	15	3517	13342	5115	2614	1908	99	20
清江浦区	23515	74	9	1451	6670	5118	4807	4815	527	44
洪泽区	10803	139	13	1606	4970	2350	1043	669	13	
涟水县	37980	197	1	4843	18894	8960	3549	1484	44	8
盱眙县	20091	622	13	3468	9031	3518	1892	1486	60	1
金湖县	12928	75	10	1931	4993	3223	1644	1010	41	1
淮安经济技术开发区	11264	67	2	907	4016	2476	2154	1428	142	72
工业园区	673	12		108	292	156	80	22	3	
生态文旅区	4275	30	1	392	1161	615	831	1116	127	2
苏淮高新区	854	24	1	88	299	319	103	20		
盐城市	**322864**	**7184**	**452**	**57642**	**142453**	**63192**	**30674**	**19988**	**1151**	**128**
亭湖区	30173	228	6	2973	10691	8524	4809	2722	181	39
盐都区	31257	477	35	4273	13952	7536	3242	1651	79	12
大丰区	40511	1336	72	7689	17030	7692	3959	2616	113	4
响水县	18174	932	19	4094	8550	2472	1190	884	32	1
滨海县	28053	1045	19	6027	13589	4032	1818	1468	52	3
阜宁县	32590	464	18	5900	17335	5343	2133	1343	51	3
射阳县	40630	764	69	8746	18735	7397	3179	1686	51	3
建湖县	26990	235	39	4294	13237	5277	2396	1458	49	5
盐城经济技术开发区	4751	49		565	1967	1205	641	288	31	5
江苏省盐南高新区	15381	36	2	500	3077	3785	3849	3667	417	48
东台市	54354	1618	173	12581	24290	9929	3458	2205	95	5
扬州市	**228942**	**2534**	**296**	**31847**	**94782**	**41858**	**31677**	**23842**	**1927**	**179**
广陵区	27295	106	20	2600	9277	6234	5087	3632	329	10

4-2　续表 2　　　　单位：人

地　区 性　别	合　计	未上过学	学前教育	小　学	初　中	高　中	大学专科	大学本科	硕　士 研究生	博　士 研究生
邗江区	32290	204	18	2736	9658	6238	6489	6158	682	107
江都区	44507	386	53	6817	21415	7056	5175	3441	157	7
宝应县	38419	704	47	6891	18573	6536	3453	2148	65	2
扬州经济技术开发区	10567	44	1	688	3218	2194	2117	1989	293	23
蜀冈瘦西湖景区	6407	81		438	1561	1349	1336	1463	160	19
生态新城	3416	26		507	1730	651	316	175	10	1
仪征市	25842	239	57	3605	10312	5176	3763	2551	133	6
高邮市	40199	744	100	7565	19038	6424	3941	2285	98	4
镇江市	**154274**	**726**	**36**	**16366**	**63823**	**31363**	**22734**	**17327**	**1615**	**284**
京口区	13872	49	2	619	3026	2912	3160	3338	570	196
润州区	9879	24	1	538	2422	2228	2095	2272	273	26
丹徒区	14778	106	7	2068	6702	2859	1874	1044	107	11
镇江新区	11464	30	2	711	4148	2807	2217	1447	91	11
江苏镇江高新区	3002	5	1	264	1098	670	511	412	33	8
丹阳市	55100	198	5	6430	27469	10582	5975	4173	258	10
扬中市	16957	93	8	2232	6404	3258	2963	1906	89	4
句容市	29222	221	10	3504	12554	6047	3939	2735	194	18
泰州市	**220070**	**1526**	**264**	**31636**	**92208**	**42678**	**29124**	**21225**	**1311**	**98**
海陵区	27846	280	27	2870	9119	5535	5175	4421	392	27
高港区	13456	45	4	1502	5557	2639	2241	1373	86	9
姜堰区	30835	180	58	3972	13142	5755	4154	3428	137	9
泰州医药高新技术产业开发区	11768	55	2	916	4262	1728	2255	2256	277	17
兴化市	52810	591	121	11451	24322	10214	3672	2363	71	5
靖江市	33571	38	3	2755	13566	7508	5649	3856	178	18
泰兴市	49784	337	49	8170	22240	9299	5978	3528	170	13
宿迁市	**193722**	**3599**	**215**	**34857**	**84269**	**36816**	**19705**	**13612**	**627**	**22**
宿城区	29725	436	9	4495	11488	5643	3721	3662	261	10
宿豫区	17439	315	5	2353	8011	3210	2229	1283	32	1
沭阳县	65226	1755	131	15507	29712	9718	5148	3163	88	4
泗阳县	28315	373	26	2917	12473	7618	2759	2054	91	4
泗洪县	32592	458	40	6157	13266	7003	3489	2103	73	3
宿迁经济技术开发区	8407	99	4	986	3556	1847	1250	640	25	
宿迁市湖滨新区	5250	83		1419	2491	673	381	192	11	
苏州宿迁工业园区	1388	3		36	360	283	334	342	30	
宿迁市洋河新区	5380	77		987	2912	821	394	173	16	
男	**2401192**	**10882**	**1001**	**253137**	**998966**	**498390**	**336176**	**267640**	**30516**	**4484**
南京市	**257677**	**1036**	**102**	**17380**	**68887**	**49568**	**48692**	**57790**	**11929**	**2293**
玄武区	12229	5	2	293	1606	1975	2467	4269	1171	441
秦淮区	18398	40	5	508	3328	3976	3996	5162	1165	218
建邺区	15026	39	2	517	2537	2191	3006	5084	1425	225
鼓楼区	21935	41		509	2973	3740	4584	7434	2199	455
浦口区	11332	72	2	1097	3792	2407	1953	1700	256	53
栖霞区	26435	51	1	1133	7237	6166	4963	5560	1014	310
雨花台区	18902	74	5	1028	4735	3383	3711	4876	1012	78
江宁区	54274	256	40	4166	16196	9874	9977	11140	2305	320
六合区	18858	117	10	2251	7755	3911	3009	1700	99	6
溧水区	15121	126	8	2052	5646	3257	2251	1662	110	9
高淳区	14247	169	22	2399	5583	2829	1940	1227	73	5
南京江北新区	30920	46	5	1427	7499	5859	6835	7976	1100	173
无锡市	**226729**	**469**	**23**	**17407**	**94393**	**46104**	**35665**	**29334**	**3041**	**293**
锡山区	30263	51		2645	14361	5704	4253	3006	231	12

4-2 续表 3

单位：人

地区 性别	合计	未上过学	学前教育	小学	初中	高中	大学专科	大学本科	硕士 研究生	博士 研究生
惠山区	27994	123	5	2597	13179	5134	4003	2706	232	15
滨湖区	16402	53	2	911	5591	3155	3109	3029	479	73
梁溪区	25725	37	2	1076	7323	5353	5672	5528	688	46
新吴区	21015	12	1	807	7677	4715	4323	3152	303	25
江苏无锡经济开发区	10592	42	4	753	3219	1689	1687	2519	594	85
江阴市	55663	76	6	4054	24749	13194	7612	5627	328	17
宜兴市	39075	75	3	4564	18294	7160	5006	3767	186	20
徐州市	**223873**	**1519**	**146**	**30293**	**105057**	**41976**	**27291**	**15952**	**1388**	**251**
鼓楼区	10485	13	2	267	2497	2909	2828	1822	133	14
云龙区	11160	29	1	416	2631	2549	2749	2444	297	44
贾汪区	10883	139	1	1516	5803	2124	878	403	18	1
泉山区	14488	14		304	2931	3589	3793	3280	467	110
铜山区	34247	267	20	5758	18304	5497	2732	1474	136	59
丰县	22659	122	7	3267	12392	4003	2087	750	30	1
沛县	25871	125	12	3065	14559	4076	2728	1271	29	6
睢宁县	25524	266	28	4362	13400	4313	2123	1004	25	3
徐州经济技术开发区	10385	49	3	707	3929	2401	2027	1102	158	9
新沂市	24930	284	26	4263	12343	4350	2568	1050	45	1
邳州市	33241	211	46	6368	16268	6165	2778	1352	50	3
常州市	**165111**	**583**	**25**	**14411**	**70923**	**32845**	**24238**	**20067**	**1812**	**207**
天宁区	18576	54	3	1165	6592	3535	3299	3523	364	41
钟楼区	18688	81	2	1166	6900	3913	3099	3151	336	40
新北区	26902	78	2	1712	10486	5147	4882	4156	404	35
武进区	41276	129	4	4156	19274	7045	5876	4305	427	60
金坛区	18490	85	3	2053	8169	4025	2497	1527	118	13
江苏省常州市经济开发区	14687	38	1	1423	7844	2482	1761	1069	64	5
溧阳市	26492	118	10	2736	11658	6698	2824	2336	99	13
苏州市	**418832**	**990**	**110**	**32689**	**165190**	**91420**	**67690**	**53920**	**6160**	**663**
虎丘区	27883	60	3	1653	9123	6393	5177	4640	752	82
吴中区	45402	201	23	4455	17443	10232	7054	5305	636	53
相城区	29573	106	5	3185	12425	5547	4621	3326	322	36
姑苏区	23301	28	6	898	5789	5171	5169	5408	728	104
吴江区	49474	149	27	6017	22383	9898	6229	4410	340	21
苏州工业园区	37573	60	7	1367	8162	8747	7463	9703	1840	224
常熟市	59521	74		4323	30704	11163	7951	4964	298	44
张家港市	46961	100	5	4274	21185	8900	6958	5174	333	32
昆山市	68027	97	18	3388	23483	19085	12989	8256	662	49
太仓市	31117	115	16	3129	14493	6284	4079	2734	249	18
南通市	**222910**	**861**	**66**	**31788**	**102796**	**41297**	**25028**	**19601**	**1319**	**154**
崇川区	18310	28		603	4293	3832	4251	4621	583	99
港闸区	11243	32	1	801	4399	2299	2120	1477	110	4
通州区	31570	125	10	4872	15321	5785	3271	2075	102	9
如东县	27349	254	25	6118	12276	4985	2042	1562	80	7
南通经济技术开发区	9692	15		635	3883	1956	1847	1253	90	13
通州湾示范区	2341	12		473	1249	351	156	93	7	
苏锡通科技产业园区	3518	8		465	1940	607	319	171	8	
启东市	28552	97	10	4934	15196	4120	2291	1817	80	7
如皋市	34298	77	7	5151	16549	6536	3421	2444	106	7
海门市	26683	105	5	3169	14666	4720	2157	1798	60	3
海安市	29354	108	8	4567	13024	6106	3153	2290	93	5
连云港市	**113801**	**904**	**83**	**12821**	**48351**	**27230**	**14328**	**9360**	**657**	**67**
连云区	4690	23	2	291	1392	1217	929	790	43	3

4-2　续表 4

单位：人

地　区 性　别	合　计	未上过学	学前教育	小　学	初　中	高　中	大学专科	大学本科	硕　士 研究生	博　士 研究生
海州区	17858	99	10	1118	5440	4209	3827	2881	249	25
赣榆区	28020	280	15	3520	13377	6332	2947	1496	49	4
东海县	24907	145	8	2463	9385	8197	3179	1469	54	7
灌云县	14685	138	5	2413	8017	2558	936	604	14	
灌南县	15781	162	41	2591	8573	2876	905	609	24	
连云港经济技术开发区	2261	16		117	592	725	461	319	26	5
连云港高新技术产业开发区	3485	17	2	143	655	606	834	1019	186	23
江苏连云港徐圩新区	1288	7		81	459	320	249	160	12	
江苏省连云港市云台山风景名胜区	826	17		84	461	190	61	13		
淮安市	**105216**	**596**	**32**	**11282**	**47308**	**23754**	**12875**	**8690**	**589**	**90**
淮安区	16351	120	10	2624	7988	2983	1561	1036	28	1
淮阴区	16996	84	5	1716	8844	3565	1652	1062	56	12
清江浦区	13654	17	4	722	4019	3143	2856	2584	280	29
洪泽区	6793	52	3	860	3263	1602	626	381	6	
涟水县	20298	38		1762	10183	5432	2051	804	24	4
盱眙县	12768	221	4	1826	6232	2508	1137	809	31	
金湖县	8248	21	2	995	3274	2335	1042	562	17	
淮安经济技术开发区	6656	25	2	456	2410	1489	1337	820	75	42
工业园区	425	5		42	208	103	54	11	2	
生态文旅区	2451	6	1	224	696	362	481	609	70	2
苏淮高新区	576	7	1	55	191	232	78	12		
盐城市	**193764**	**1536**	**113**	**27037**	**89632**	**44106**	**19139**	**11514**	**606**	**81**
亭湖区	18492	66		1520	6693	5597	2927	1563	98	28
盐都区	19111	114	13	2048	8545	5325	2087	933	39	7
大丰区	23028	256	18	3577	10070	5192	2366	1489	57	3
响水县	10932	251	5	1988	5684	1732	753	498	21	
滨海县	17828	273	9	3213	9379	2928	1146	851	26	3
阜宁县	20486	121	6	2822	11435	3916	1357	798	29	2
射阳县	24608	138	18	3844	12072	5442	2055	1010	27	2
建湖县	16689	57	7	2027	8340	3828	1575	828	23	4
盐城经济技术开发区	2956	11		271	1244	834	407	171	14	4
江苏省盐南高新区	9154	9	1	255	1807	2421	2311	2107	217	26
东台市	30480	240	36	5472	14363	6891	2155	1266	55	2
扬州市	**136626**	**846**	**126**	**17140**	**58438**	**27200**	**18636**	**13054**	**1067**	**119**
广陵区	15945	37	8	1441	5647	3831	2857	1935	180	9
邗江区	18424	88	11	1452	5644	3743	3665	3360	395	66
江都区	26632	130	21	3752	13042	4687	3062	1863	71	4
宝应县	23645	204	20	3645	11920	4477	2107	1239	32	1
扬州经济技术开发区	6228	12	1	394	1934	1346	1261	1094	170	16
蜀冈瘦西湖景区	3814	56		282	979	826	773	795	88	15
生态新城	1969	14		274	1003	403	182	88	4	1
仪征市	15996	77	19	2016	6494	3503	2389	1426	69	3
高邮市	23973	228	46	3884	11775	4384	2340	1254	58	4
镇江市	**91374**	**215**	**15**	**8541**	**38549**	**20418**	**13317**	**9266**	**869**	**184**
京口区	8003	12	1	333	1876	1777	1815	1754	306	129
润州区	5792	7		309	1509	1358	1205	1245	144	15
丹徒区	8991	31	2	1103	4225	1875	1117	570	60	8
镇江新区	6966	10	1	411	2567	1798	1351	770	50	8
江苏镇江高新区	1874	1		159	720	450	304	220	14	6
丹阳市	31471	60	4	3055	15837	6803	3380	2185	140	7
扬中市	10086	26	3	1195	3812	2200	1761	1042	46	1
句容市	18191	68	4	1976	8003	4157	2384	1480	109	10

4-2 续表 5

单位：人

地区 性别	合计	未上过学	学前教育	小学	初中	高中	大学专科	大学本科	硕士研究生	博士研究生
泰州市	**129145**	**331**	**61**	**15065**	**55632**	**28231**	**17393**	**11661**	**704**	**67**
海陵区	15961	56	8	1467	5422	3469	2966	2343	211	19
高港区	7911	13	1	677	3329	1773	1325	747	39	7
姜堰区	18434	44	21	2117	7996	3756	2514	1896	84	6
泰州医药高新技术产业开发区	6864	15		475	2578	1102	1312	1227	143	12
兴化市	31999	124	22	5339	15332	7329	2399	1407	43	4
靖江市	19941	14	1	1507	8229	4719	3319	2055	84	13
泰兴市	28035	65	8	3483	12746	6083	3558	1986	100	6
宿迁市	**116134**	**996**	**99**	**17283**	**53810**	**24241**	**11884**	**7431**	**375**	**15**
宿城区	17547	105	6	2233	7283	3623	2178	1960	153	6
宿豫区	10760	103	3	1238	5256	2129	1304	709	17	1
沭阳县	39343	490	66	7933	19292	6624	3180	1702	54	2
泗阳县	17118	93	6	1202	7854	4998	1712	1194	56	3
泗洪县	18858	136	16	2824	8136	4464	2103	1128	48	3
宿迁经济技术开发区	5111	23	2	560	2201	1194	753	362	16	
宿迁市湖滨新区	3342	31		785	1720	488	211	101	6	
苏州宿迁工业园区	751			12	193	159	190	179	18	
宿迁市洋河新区	3304	15		496	1875	562	253	96	7	
女	**1661557**	**26807**	**1683**	**243736**	**617154**	**274161**	**241328**	**228990**	**25364**	**2334**
南京市	**173172**	**1811**	**71**	**12782**	**35093**	**26629**	**36477**	**49271**	**9813**	**1225**
玄武区	10075	23	3	330	962	1330	2194	3957	1012	264
秦淮区	14829	109	1	560	2029	2563	3637	4879	952	99
建邺区	11369	69	2	358	1135	1378	2427	4753	1155	92
鼓楼区	18167	130	2	587	1911	2425	4047	6899	1894	272
浦口区	7108	128	5	820	1957	1219	1310	1431	209	29
栖霞区	16688	128	3	836	3389	3087	3448	4668	949	180
雨花台区	12309	153	3	731	2336	1797	2695	3863	700	31
江宁区	35137	385	14	2643	8350	5383	7338	9066	1798	160
六合区	11360	283	7	2003	3931	1807	1955	1302	70	2
溧水区	8067	168	14	1242	2615	1311	1341	1278	94	4
高淳区	7185	163	12	1497	2361	1048	1156	878	67	3
南京江北新区	20878	72	5	1175	4117	3281	4929	6297	913	89
无锡市	**153549**	**946**	**37**	**14546**	**56632**	**26672**	**26327**	**25787**	**2460**	**142**
锡山区	19855	102	8	2305	8462	3240	2977	2576	184	1
惠山区	17606	247	4	1968	7223	2775	2741	2471	173	4
滨湖区	11229	103	3	669	3184	1780	2466	2581	405	38
梁溪区	19230	108	2	972	4422	3343	4587	5202	570	24
新吴区	14525	24	5	754	4926	3017	3073	2477	238	11
江苏无锡经济开发区	7337	75	1	518	1675	956	1428	2166	473	45
江阴市	38376	155	8	3557	16066	7771	5551	5003	252	13
宜兴市	25391	132	6	3803	10674	3790	3504	3311	165	6
徐州市	**151681**	**3274**	**222**	**30543**	**62758**	**22633**	**17732**	**13241**	**1134**	**144**
鼓楼区	6942	17	6	180	1396	1831	1891	1499	110	12
云龙区	8198	41		287	1777	1613	2058	2154	239	29
贾汪区	5582	221	4	998	2604	903	507	332	11	2
泉山区	10533	28	3	223	1801	2338	2806	2872	404	58
铜山区	27392	704	37	6420	13362	3443	1914	1349	130	33
丰县	16908	347	16	4194	8475	2047	1205	606	18	
沛县	15246	292	16	2833	7794	1910	1475	897	29	
睢宁县	17431	553	44	4761	7627	2171	1426	819	27	3
徐州经济技术开发区	5727	57	1	550	2034	1143	1083	757	97	5
新沂市	16293	631	43	4220	6514	2243	1666	942	33	1
邳州市	21429	383	52	5877	9374	2991	1701	1014	36	1

4-2　续表 6

单位：人

地区 性别	合计	未上过学	学前教育	小学	初中	高中	大学专科	大学本科	硕士研究生	博士研究生
常州市	**111839**	**1064**	**24**	**12035**	**44364**	**18230**	**17234**	**17229**	**1565**	**94**
天宁区	13711	91	3	1007	4241	2237	2561	3191	360	20
钟楼区	13175	146	3	1004	4189	2299	2325	2910	278	21
新北区	20170	150	5	1773	7505	3101	3658	3618	341	19
武进区	28575	286	5	3640	12446	3989	4172	3669	342	26
金坛区	12087	132	4	1701	5310	1935	1599	1288	115	3
江苏省常州市经济开发区	9698	93		1217	4946	1450	1138	806	47	1
溧阳市	14423	166	4	1693	5727	3219	1781	1747	82	4
苏州市	**292607**	**1847**	**121**	**26832**	**103940**	**54073**	**52160**	**48125**	**5181**	**328**
虎丘区	19445	153	8	1302	5425	3767	4006	4102	644	38
吴中区	33342	312	25	3999	11398	6570	5723	4747	541	27
相城区	19514	167	6	2371	7330	3055	3388	2915	268	14
姑苏区	17996	82	4	818	3699	3071	4398	5193	677	54
吴江区	33542	261	36	4585	14191	5644	4628	3863	323	11
苏州工业园区	26823	93	5	1003	4947	4969	5679	8511	1496	120
常熟市	42186	243		4131	20571	6466	5836	4673	241	25
张家港市	31665	200	8	3349	12827	4949	5199	4819	304	10
昆山市	46287	109	14	2411	14419	11790	10209	6836	479	20
太仓市	21807	227	15	2863	9133	3792	3094	2466	208	9
南通市	**170140**	**2563**	**169**	**32312**	**71848**	**24839**	**19430**	**17739**	**1168**	**72**
崇川区	13966	59	5	440	2503	2450	3588	4350	528	43
港闸区	7509	64	1	460	2454	1395	1647	1374	108	6
通州区	24625	366	14	4624	11206	3593	2691	2019	107	5
如东县	22337	644	50	6036	9588	3085	1495	1375	63	1
南通经济技术开发区	5863	10		377	1931	1098	1378	991	71	7
通州湾示范区	1780	39		473	917	186	100	63	2	
苏锡通科技产业园区	2233	27		368	1198	310	184	142	4	
启东市	19800	333	16	4644	9156	2300	1728	1570	52	1
如皋市	26258	208	22	5715	11897	3770	2437	2099	103	7
海门市	21306	298	10	3717	10701	3028	1757	1743	50	2
海安市	24463	515	51	5458	10297	3624	2425	2013	80	
连云港市	**84352**	**2242**	**130**	**15304**	**32045**	**16685**	**9982**	**7429**	**510**	**25**
连云区	2482	48	1	165	636	516	575	524	15	2
海州区	12034	248	5	944	3066	2461	2739	2375	186	10
赣榆区	22050	626	16	4224	9689	4269	1986	1184	56	
东海县	21775	320	11	3260	8096	6246	2494	1324	23	1
灌云县	9691	420	15	2909	4227	1088	563	452	17	
灌南县	11740	486	81	3526	5291	1233	643	465	15	
连云港经济技术开发区	1357	21	1	85	357	355	279	225	33	1
连云港高新技术产业开发区	2430	31		89	380	332	591	834	162	11
江苏连云港徐圩新区	370	7		34	118	105	68	35	3	
江苏省连云港市云台山风景名胜区	423	35		68	185	80	44	11		
淮安市	**71388**	**1415**	**60**	**12100**	**29000**	**12689**	**8441**	**7101**	**523**	**59**
淮安区	10943	354	17	2447	4652	1610	1038	797	28	
淮阴区	9931	213	10	1801	4498	1550	962	846	43	8
清江浦区	9861	57	5	729	2651	1975	1951	2231	247	15
洪泽区	4010	87	10	746	1707	748	417	288	7	
涟水县	17682	159	1	3081	8711	3528	1498	680	20	4
盱眙县	7323	401	9	1642	2799	1010	755	677	29	1
金湖县	4680	54	8	936	1719	888	602	448	24	1
淮安经济技术开发区	4608	42		451	1606	987	817	608	67	30
工业园区	248	7		66	84	53	26	11	1	

4-2 续表 7

单位：人

地区 性别	合 计	未上过学	学前教育	小 学	初 中	高 中	大学专科	大学本科	硕士研究生	博士研究生
生态文旅区	1824	24		168	465	253	350	507	57	
苏淮高新区	278	17		33	108	87	25	8		
盐城市	**129100**	**5648**	**339**	**30605**	**52821**	**19086**	**11535**	**8474**	**545**	**47**
亭湖区	11681	162	6	1453	3998	2927	1882	1159	83	11
盐都区	12146	363	22	2225	5407	2211	1155	718	40	5
大丰区	17483	1080	54	4112	6960	2500	1593	1127	56	1
响水县	7242	681	14	2106	2866	740	437	386	11	1
滨海县	10225	772	10	2814	4210	1104	672	617	26	
阜宁县	12104	343	12	3078	5900	1427	776	545	22	1
射阳县	16022	626	51	4902	6663	1955	1124	676	24	1
建湖县	10301	178	32	2267	4897	1449	821	630	26	1
盐城经济技术开发区	1795	38		294	723	371	234	117	17	1
江苏省盐南高新区	6227	27	1	245	1270	1364	1538	1560	200	22
东台市	23874	1378	137	7109	9927	3038	1303	939	40	3
扬州市	**92316**	**1688**	**170**	**14707**	**36344**	**14658**	**13041**	**10788**	**860**	**60**
广陵区	11350	69	12	1159	3630	2403	2230	1697	149	1
邗江区	13866	116	7	1284	4014	2495	2824	2798	287	41
江都区	17875	256	32	3065	8373	2369	2113	1578	86	3
宝应县	14774	500	27	3246	6653	2059	1346	909	33	1
扬州经济技术开发区	4339	32		294	1284	848	856	895	123	7
蜀冈瘦西湖景区	2593	25		156	582	523	563	668	72	4
生态新城	1447	12		233	727	248	134	87	6	
仪征市	9846	162	38	1589	3818	1673	1374	1125	64	3
高邮市	16226	516	54	3681	7263	2040	1601	1031	40	
镇江市	**62900**	**511**	**21**	**7825**	**25274**	**10945**	**9417**	**8061**	**746**	**100**
京口区	5869	37	1	286	1150	1135	1345	1584	264	67
润州区	4087	17	1	229	913	870	890	1027	129	11
丹徒区	5787	75	5	965	2477	984	757	474	47	3
镇江新区	4498	20	1	300	1581	1009	866	677	41	3
江苏镇江高新区	1128	4	1	105	378	220	207	192	19	2
丹阳市	23629	138	1	3375	11632	3779	2595	1988	118	3
扬中市	6871	67	5	1037	2592	1058	1202	864	43	3
句容市	11031	153	6	1528	4551	1890	1555	1255	85	8
泰州市	**90925**	**1195**	**203**	**16571**	**36576**	**14447**	**11731**	**9564**	**607**	**31**
海陵区	11885	224	19	1403	3697	2066	2209	2078	181	8
高港区	5545	32	3	825	2228	866	916	626	47	2
姜堰区	12401	136	37	1855	5146	1999	1640	1532	53	3
泰州医药高新技术产业开发区	4904	40	2	441	1684	626	943	1029	134	5
兴化市	20811	467	99	6112	8990	2885	1273	956	28	1
靖江市	13630	24	2	1248	5337	2789	2330	1801	94	5
泰兴市	21749	272	41	4687	9494	3216	2420	1542	70	7
宿迁市	**77588**	**2603**	**116**	**17574**	**30459**	**12575**	**7821**	**6181**	**252**	**7**
宿城区	12178	331	3	2262	4205	2020	1543	1702	108	4
宿豫区	6679	212	2	1115	2755	1081	925	574	15	
沭阳县	25883	1265	65	7574	10420	3094	1968	1461	34	2
泗阳县	11197	280	20	1715	4619	2620	1047	860	35	1
泗洪县	13734	322	24	3333	5130	2539	1386	975	25	
宿迁经济技术开发区	3296	76	2	426	1355	653	497	278	9	
宿迁市湖滨新区	1908	52		634	771	185	170	91	5	
苏州宿迁工业园区	637	3		24	167	124	144	163	12	
宿迁市洋河新区	2076	62		491	1037	259	141	77	9	

4-2a　各地区分性别、受教育程度的就业人口(城市)

单位：人

地　区 性　别	合　计	未上过学	学前教育	小　学	初　中	高　中	大学专科	大学本科	硕　士 研究生	博　士 研究生
江　苏	**1925978**	**7952**	**523**	**119119**	**586082**	**401539**	**381341**	**376244**	**47181**	**5997**
南京市	**364118**	**1561**	**94**	**17416**	**75729**	**64126**	**76932**	**103327**	**21437**	**3496**
玄武区	22304	28	5	623	2568	3305	4661	8226	2183	705
秦淮区	33227	149	6	1068	5357	6539	7633	10041	2117	317
建邺区	26395	108	4	875	3672	3569	5433	9837	2580	317
鼓楼区	40102	171	2	1096	4884	6165	8631	14333	4093	727
浦口区	14901	102	5	1201	4281	2926	2861	2984	462	79
栖霞区	40155	164	4	1633	9219	8524	8090	10072	1960	489
雨花台区	30905	222	8	1736	6938	5122	6359	8704	1707	109
江宁区	69919	316	37	3435	15819	11745	14967	19162	3967	471
六合区	10139	64	2	867	3459	2152	1960	1564	69	2
溧水区	14557	54	5	1194	4648	3054	2805	2603	183	11
高淳区	10715	74	7	1242	3677	2101	1910	1588	109	7
南京江北新区	50799	109	9	2446	11207	8924	11622	14213	2007	262
无锡市	**247013**	**779**	**31**	**15055**	**81939**	**47947**	**48585**	**47066**	**5199**	**412**
锡山区	28230	85	4	2072	11136	5530	4946	4095	352	10
惠山区	27738	165	4	2332	11171	5100	4772	3846	335	13
滨湖区	25188	115	5	1317	7538	4523	5240	5463	878	109
梁溪区	44955	145	4	2048	11745	8696	10259	10730	1258	70
新吴区	31200	22	4	1228	10188	6888	6915	5387	533	35
江苏无锡经济开发区	17929	117	5	1271	4894	2645	3115	4685	1067	130
江阴市	42383	71	3	2426	14943	8960	7880	7572	500	28
宜兴市	29390	59	2	2361	10324	5605	5458	5288	276	17
徐州市	**123085**	**531**	**63**	**7900**	**37103**	**28640**	**26073**	**20378**	**2036**	**361**
鼓楼区	17427	30	8	447	3893	4740	4719	3321	243	26
云龙区	18456	65	1	589	3938	3991	4720	4558	524	70
贾汪区	6524	38	2	601	2710	1685	893	574	19	2
泉山区	25021	42	3	527	4732	5927	6599	6152	871	168
铜山区	16580	135	7	1854	6681	3166	2449	1965	234	89
丰县										
沛县										
睢宁县										
徐州经济技术开发区	126			23	74	20	8	1		
新沂市	16397	150	15	1624	5752	3877	3236	1673	68	2
邳州市	22554	71	27	2235	9323	5234	3449	2134	77	4
常州市	**178113**	**811**	**27**	**11542**	**61688**	**34941**	**33256**	**32428**	**3138**	**282**
天宁区	26826	107	5	1427	7965	4914	5299	6333	715	61
钟楼区	29712	210	5	1890	9863	5875	5260	5942	606	61
新北区	34691	147	7	1945	11263	6292	7259	7012	713	53
武进区	40189	186	4	3177	15369	6718	7366	6566	720	83
金坛区	17315	68		1193	6538	3813	3173	2359	161	10
江苏省常州市经济开发区	10069	39	1	851	4375	1935	1724	1062	79	3
溧阳市	19311	54	5	1059	6315	5394	3175	3154	144	11
苏州市	**383090**	**1269**	**95**	**22770**	**124437**	**82950**	**75646**	**68046**	**7303**	**574**
虎丘区	43152	140	9	2287	12692	9523	8610	8410	1363	118
吴中区	46516	291	25	3665	13673	10408	8990	8340	1057	67
相城区	42806	241	9	4603	16679	7444	7294	5913	574	49
姑苏区	41297	110	10	1716	9488	8242	9567	10601	1405	158
吴江区	35678	109	14	2488	13326	7713	6001	5433	574	20
苏州工业园区										
常熟市	48606	90		2261	21473	9321	7906	7042	458	55

4-2a 续表 1

单位：人

地区 性别	合计	未上过学	学前教育	小学	初中	高中	大学专科	大学本科	硕士研究生	博士研究生
张家港市	27348	79	1	1533	8275	4910	5800	6214	505	31
昆山市	76608	116	22	2858	21575	21222	17451	12343	967	54
太仓市	21079	93	5	1359	7256	4167	4027	3750	400	22
南通市	**146192**	**577**	**30**	**11583**	**50672**	**29237**	**26383**	**25595**	**1930**	**185**
崇川区	32276	87	5	1043	6796	6282	7839	8971	1111	142
港闸区	18543	88	1	1212	6753	3667	3749	2845	218	10
通州区	20228	142	2	2478	8219	3625	3070	2540	142	10
如东县										
南通经济技术开发区										
通州湾示范区										
苏锡通科技产业园区										
启东市	17770	47	7	1888	7162	3266	2677	2614	105	4
如皋市	16900	59	6	1799	6109	3469	2723	2601	125	9
海门市	16333	59		970	6492	3494	2515	2710	88	5
海安市	24142	95	9	2193	9141	5434	3810	3314	141	5
连云港市	**46281**	**358**	**19**	**2587**	**12359**	**11187**	**10607**	**8535**	**587**	**42**
连云区	6916	70	3	424	1901	1663	1492	1300	58	5
海州区	23993	142	8	1011	5341	5794	6134	5099	429	35
赣榆区	13872	127	7	1050	4684	3459	2500	1956	87	2
东海县	549		1	22	91	150	265	19	1	
灌云县										
灌南县										
连云港经济技术开发区										
连云港高新技术产业开发区										
江苏连云港徐圩新区	755	6		59	218	87	212	161	12	
江苏省连云港市云台山风景名胜区	196	13		21	124	34	4			
淮安市	**52592**	**141**	**7**	**3199**	**17922**	**12413**	**9505**	**8663**	**679**	**63**
淮安区	12317	42	3	1007	4866	2813	1942	1591	53	
淮阴区	13473	48		802	5417	3200	2136	1756	95	19
清江浦区	20796	30		817	5200	4808	4627	4752	518	44
洪泽区	6006	21	4	573	2439	1592	800	564	13	
涟水县										
盱眙县										
金湖县										
淮安经济技术开发区										
工业园区										
生态文旅区										
苏淮高新区										
盐城市	**80373**	**555**	**57**	**5699**	**24438**	**22626**	**15001**	**11091**	**805**	**101**
亭湖区	22302	119	1	1370	6683	6931	4394	2587	178	39
盐都区	13451	48	6	850	4969	3978	2281	1257	53	9
大丰区	11774	83	10	796	3445	3061	2347	1947	83	2
响水县										
滨海县										
阜宁县										
射阳县										
建湖县										
盐城经济技术开发区	137			17	56	37	15	12		
江苏省盐南高新区	15381	36	2	500	3077	3785	3849	3667	417	48
东台市	17328	269	38	2166	6208	4834	2115	1621	74	3
扬州市	**97439**	**605**	**51**	**7038**	**31188**	**21052**	**19197**	**16702**	**1458**	**148**
广陵区	20089	47	11	1308	5686	4931	4415	3361	320	10

4-2a　续表 2

单位：人

地　区 性　别	合　计	未上过学	学前教育	小　学	初　中	高　中	大学专科	大学本科	硕　士 研究生	博　士 研究生
邗江区	24860	97	14	1434	6295	4841	5659	5747	666	107
江都区	15634	84	5	1147	5600	3163	3005	2508	119	3
宝应县										
扬州经济技术开发区										
蜀冈瘦西湖景区	6407	81		438	1561	1349	1336	1463	160	19
生态新城	1948	15		275	1010	377	174	89	8	
仪征市	13942	88	5	1041	4690	3343	2617	2036	116	6
高邮市	14559	193	16	1395	6346	3048	1991	1498	69	3
镇江市	**77546**	**226**	**10**	**5139**	**24610**	**17162**	**15375**	**13397**	**1371**	**256**
京口区	13315	43	2	545	2743	2808	3098	3311	569	196
润州区	9827	24	1	524	2391	2225	2092	2271	273	26
丹徒区	6872	34		614	2405	1529	1309	872	99	10
镇江新区										
江苏镇江高新区	3002	5	1	264	1098	670	511	412	33	8
丹阳市	21309	60	2	1405	8000	4762	3782	3089	202	7
扬中市	9310	23	2	867	2912	1865	2061	1511	66	3
句容市	13911	37	2	920	5061	3303	2522	1931	129	6
泰州市	**94374**	**351**	**35**	**6299**	**30911**	**21384**	**18724**	**15707**	**897**	**66**
海陵区	23887	181	16	1834	7226	5057	4873	4286	387	27
高港区	6859	16	2	427	2419	1469	1431	1017	69	9
姜堰区	15382	25	7	819	5398	3202	2913	2888	122	8
泰州医药高新技术产业开发区										
兴化市	12927	69	6	1211	4860	3131	1953	1642	54	1
靖江市	17458	16		745	5003	4379	3958	3211	135	11
泰兴市	17861	44	4	1263	6005	4146	3596	2663	130	10
宿迁市	**35762**	**188**	**4**	**2892**	**13086**	**7874**	**6057**	**5309**	**341**	**11**
宿城区	17819	82	3	1075	5438	4246	3220	3489	256	10
宿豫区	10586	38	1	739	4229	2418	1939	1192	29	1
沭阳县										
泗阳县										
泗洪县										
宿迁经济技术开发区										
宿迁市湖滨新区	2475	28		501	1242	321	236	137	10	
苏州宿迁工业园区	1388	3		36	360	283	334	342	30	
宿迁市洋河新区	3494	37		541	1817	606	328	149	16	
男	**1126567**	**2628**	**227**	**64541**	**359422**	**250572**	**217799**	**201719**	**25723**	**3936**
南京市	**213614**	**513**	**53**	**9833**	**49199**	**40845**	**43518**	**55619**	**11760**	**2274**
玄武区	12229	5	2	293	1606	1975	2467	4269	1171	441
秦淮区	18398	40	5	508	3328	3976	3996	5162	1165	218
建邺区	15026	39	2	517	2537	2191	3006	5084	1425	225
鼓楼区	21935	41		509	2973	3740	4584	7434	2199	455
浦口区	9097	38	2	721	2792	1919	1697	1623	255	50
栖霞区	24517	48	1	945	6312	5646	4777	5467	1012	309
雨花台区	18696	73	5	1014	4645	3336	3680	4858	1007	78
江宁区	41257	112	26	2023	10061	7408	8508	10565	2242	312
六合区	5976	19	1	423	2098	1380	1173	846	35	1
溧水区	9334	26	1	750	3131	2113	1749	1457	99	8
高淳区	6887	31	4	786	2485	1464	1146	915	52	4
南京江北新区	30262	41	4	1344	7231	5697	6735	7939	1098	173
无锡市	**145775**	**248**	**12**	**8269**	**51427**	**29920**	**27665**	**25073**	**2883**	**278**
锡山区	17210	29		1132	7153	3491	2949	2253	194	9

4-2a 续表 3

单位：人

地区 性别	合计	未上过学	学前教育	小学	初中	高中	大学专科	大学本科	硕士研究生	博士研究生
惠山区	16777	52	2	1349	7064	3286	2792	2024	196	12
滨湖区	14882	37	2	752	4819	2871	2910	2943	475	73
梁溪区	25725	37	2	1076	7323	5353	5672	5528	688	46
新吴区	18286	7		624	6159	4126	4027	3018	301	24
江苏无锡经济开发区	10592	42	4	753	3219	1689	1687	2519	594	85
江阴市	25019	21	1	1294	9269	5652	4490	3990	287	15
宜兴市	17284	23	1	1289	6421	3452	3138	2798	148	14
徐州市	**72839**	**180**	**27**	**4304**	**22933**	**17812**	**15305**	**10944**	**1105**	**229**
鼓楼区	10485	13	2	267	2497	2909	2828	1822	133	14
云龙区	10603	26	1	348	2329	2437	2701	2429	290	42
贾汪区	4243	11		387	1812	1145	560	315	12	1
泉山区	14488	14		304	2931	3589	3793	3280	467	110
铜山区	9213	39	3	912	3803	1875	1382	1020	121	58
丰县										
沛县										
睢宁县										
徐州经济技术开发区	93			17	54	15	6	1		
新沂市	9470	53	6	797	3435	2351	1921	865	41	1
邳州市	14244	24	15	1272	6072	3491	2114	1212	41	3
常州市	**104376**	**299**	**13**	**6271**	**37429**	**21859**	**19197**	**17444**	**1672**	**192**
天宁区	15328	41	2	761	4841	2982	2965	3335	360	41
钟楼区	17355	75	2	1018	6123	3689	2991	3088	329	40
新北区	19663	58	2	936	6518	3844	4112	3770	388	35
武进区	23669	63	2	1696	9368	4204	4300	3584	394	58
金坛区	10192	28		697	3763	2474	1900	1251	72	7
江苏省常州市经济开发区	5877	8	1	418	2544	1200	1033	623	47	3
溧阳市	12292	26	4	745	4272	3466	1896	1793	82	8
苏州市	**221476**	**467**	**47**	**12409**	**75491**	**50831**	**41967**	**35943**	**3928**	**393**
虎丘区	25245	43	3	1253	7890	5957	4840	4450	729	80
吴中区	26248	121	14	1944	8120	6124	4873	4435	571	46
相城区	25546	95	4	2624	10392	4737	4182	3162	315	35
姑苏区	23301	28	6	898	5789	5171	5169	5408	728	104
吴江区	20974	34	5	1325	8097	4812	3438	2950	301	12
苏州工业园区										
常熟市	27920	23		1178	12656	5693	4487	3597	248	38
张家港市	15619	23		847	5056	3017	3166	3228	257	25
昆山市	44717	61	13	1653	13202	12859	9595	6740	555	39
太仓市	11906	39	2	687	4289	2461	2217	1973	224	14
南通市	**84278**	**168**	**10**	**6282**	**30730**	**17969**	**14693**	**13287**	**1014**	**125**
崇川区	18310	28		603	4293	3832	4251	4621	583	99
港闸区	11107	31	1	767	4333	2280	2108	1473	110	4
通州区	11287	39	2	1239	4746	2176	1697	1311	71	6
如东县										
南通经济技术开发区										
通州湾示范区										
苏锡通科技产业园区										
启东市	10604	6	2	1030	4493	2091	1544	1373	61	4
如皋市	9575	20	2	960	3534	2076	1544	1370	65	4
海门市	9622	25		530	4070	2168	1393	1385	48	3
海安市	13773	19	3	1153	5261	3346	2156	1754	76	5
连云港市	**27373**	**116**	**12**	**1386**	**7513**	**6901**	**6277**	**4797**	**341**	**30**
连云区	4485	23	2	272	1285	1159	919	779	43	3

4-2a　续表 4　　　　单位：人

地　区 性　别	合　计	未上过学	学前教育	小　学	初　中	高　中	大学专科	大学本科	硕　士 研究生	博　士 研究生
海州区	13951	41	6	528	3250	3529	3532	2792	248	25
赣榆区	7821	45	4	518	2635	2020	1487	1071	39	2
东海县	325			9	57	87	158	13	1	
灌云县										
灌南县										
连云港经济技术开发区										
连云港高新技术产业开发区										
江苏连云港徐圩新区	664	4		50	198	82	178	142	10	
江苏省连云港市云台山风景名胜区	127	3		9	88	24	3			
淮安市	**30738**	**43**	**3**	**1637**	**10561**	**7699**	**5645**	**4745**	**365**	**40**
淮安区	7095	18	2	541	2819	1671	1128	889	27	
淮阴区	8051	15		393	3224	2074	1310	971	53	11
清江浦区	11942	4		415	3004	2925	2725	2561	279	29
洪泽区	3650	6	1	288	1514	1029	482	324	6	
涟水县										
盱眙县										
金湖县										
淮安经济技术开发区										
工业园区										
生态文旅区										
苏淮高新区										
盐城市	**48202**	**108**	**13**	**2886**	**14701**	**14570**	**9138**	**6293**	**432**	**61**
亭湖区	13495	34		729	4082	4396	2654	1475	97	28
盐都区	8216	14	3	441	2999	2595	1446	684	29	5
大丰区	6816	17	2	430	1950	1884	1385	1102	45	1
响水县										
滨海县										
阜宁县										
射阳县										
建湖县										
盐城经济技术开发区	84			9	34	24	10	7		
江苏省盐南高新区	9154	9	1	255	1807	2421	2311	2107	217	26
东台市	10437	34	7	1022	3829	3250	1332	918	44	1
扬州市	**56930**	**266**	**22**	**3922**	**18676**	**13016**	**11046**	**9072**	**813**	**97**
广陵区	11677	21	4	796	3456	2965	2459	1789	178	9
邗江区	14018	40	9	741	3642	2831	3163	3141	385	66
江都区	9158	38	2	642	3344	1981	1750	1343	57	1
宝应县										
扬州经济技术开发区										
蜀冈瘦西湖景区	3814	56		282	979	826	773	795	88	15
生态新城	1145	9		163	596	228	96	50	3	
仪征市	8535	32	2	587	2867	2201	1646	1136	61	3
高邮市	8583	70	5	711	3792	1984	1159	818	41	3
镇江市	**45224**	**70**	**4**	**2785**	**14700**	**10733**	**8898**	**7133**	**735**	**166**
京口区	7648	10	1	297	1682	1703	1779	1742	305	129
润州区	5760	7		303	1488	1355	1204	1244	144	15
丹徒区	4173	11		346	1505	976	790	482	56	7
镇江新区										
江苏镇江高新区	1874	1		159	720	450	304	220	14	6
丹阳市	11946	21	2	675	4570	2876	2082	1603	111	6
扬中市	5505	5	1	508	1739	1189	1210	820	33	
句容市	8318	15		497	2996	2184	1529	1022	72	3

4-2a 续表 5

单位：人

地区 性别	合计	未上过学	学前教育	小学	初中	高中	大学专科	大学本科	硕士研究生	博士研究生
泰州市	**54613**	**95**	**8**	**3047**	**18049**	**13434**	**10933**	**8521**	**482**	**44**
海陵区	13667	42	6	923	4261	3142	2794	2270	210	19
高港区	4032	9	1	207	1445	965	816	550	32	7
姜堰区	8949	4	1	424	3135	2003	1705	1597	75	5
泰州医药高新技术产业开发区										
兴化市	7889	19		501	2960	2178	1250	950	30	1
靖江市	9968	9		409	2934	2611	2246	1689	63	7
泰兴市	10108	12		583	3314	2535	2122	1465	72	5
宿迁市	**21129**	**55**	**3**	**1510**	**8013**	**4983**	**3517**	**2848**	**193**	**7**
宿城区	10394	19	2	553	3296	2650	1865	1855	148	6
宿豫区	6309	15	1	394	2570	1533	1120	660	15	1
沭阳县										
泗阳县										
泗洪县										
宿迁经济技术开发区										
宿迁市湖滨新区	1517	13		253	815	226	133	72	5	
苏州宿迁工业园区	751			12	193	159	190	179	18	
宿迁市洋河新区	2158	8		298	1139	415	209	82	7	
女	**799411**	**5324**	**296**	**54578**	**226660**	**150967**	**163542**	**174525**	**21458**	**2061**
南京市	**150504**	**1048**	**41**	**7583**	**26530**	**23281**	**33414**	**47708**	**9677**	**1222**
玄武区	10075	23	3	330	962	1330	2194	3957	1012	264
秦淮区	14829	109	1	560	2029	2563	3637	4879	952	99
建邺区	11369	69	2	358	1135	1378	2427	4753	1155	92
鼓楼区	18167	130	2	587	1911	2425	4047	6899	1894	272
浦口区	5804	64	3	480	1489	1007	1164	1361	207	29
栖霞区	15638	116	3	688	2907	2878	3313	4605	948	180
雨花台区	12209	149	3	722	2293	1786	2679	3846	700	31
江宁区	28662	204	11	1412	5758	4337	6459	8597	1725	159
六合区	4163	45	1	444	1361	772	787	718	34	1
溧水区	5223	28	4	444	1517	941	1056	1146	84	3
高淳区	3828	43	3	456	1192	637	764	673	57	3
南京江北新区	20537	68	5	1102	3976	3227	4887	6274	909	89
无锡市	**101238**	**531**	**19**	**6786**	**30512**	**18027**	**20920**	**21993**	**2316**	**134**
锡山区	11020	56	4	940	3983	2039	1997	1842	158	1
惠山区	10961	113	2	983	4107	1814	1980	1822	139	1
滨湖区	10306	78	3	565	2719	1652	2330	2520	403	36
梁溪区	19230	108	2	972	4422	3343	4587	5202	570	24
新吴区	12914	15	4	604	4029	2762	2888	2369	232	11
江苏无锡经济开发区	7337	75	1	518	1675	956	1428	2166	473	45
江阴市	17364	50	2	1132	5674	3308	3390	3582	213	13
宜兴市	12106	36	1	1072	3903	2153	2320	2490	128	3
徐州市	**50246**	**351**	**36**	**3596**	**14170**	**10828**	**10768**	**9434**	**931**	**132**
鼓楼区	6942	17	6	180	1396	1831	1891	1499	110	12
云龙区	7853	39		241	1609	1554	2019	2129	234	28
贾汪区	2281	27	2	214	898	540	333	259	7	1
泉山区	10533	28	3	223	1801	2338	2806	2872	404	58
铜山区	7367	96	4	942	2878	1291	1067	945	113	31
丰县										
沛县										
睢宁县										
徐州经济技术开发区	33			6	20	5	2			
新沂市	6927	97	9	827	2317	1526	1315	808	27	1
邳州市	8310	47	12	963	3251	1743	1335	922	36	1

4-2a　续表 6　　单位：人

地区 性别	合计	未上过学	学前教育	小学	初中	高中	大学专科	大学本科	硕士研究生	博士研究生
常州市	**73737**	**512**	**14**	**5271**	**24259**	**13082**	**14059**	**14984**	**1466**	**90**
天宁区	11498	66	3	666	3124	1932	2334	2998	355	20
钟楼区	12357	135	3	872	3740	2186	2269	2854	277	21
新北区	15028	89	5	1009	4745	2448	3147	3242	325	18
武进区	16520	123	2	1481	6001	2514	3066	2982	326	25
金坛区	7123	40		496	2775	1339	1273	1108	89	3
江苏省常州市经济开发区	4192	31		433	1831	735	691	439	32	
溧阳市	7019	28	1	314	2043	1928	1279	1361	62	3
苏州市	**161614**	**802**	**48**	**10361**	**48946**	**32119**	**33679**	**32103**	**3375**	**181**
虎丘区	17907	97	6	1034	4802	3566	3770	3960	634	38
吴中区	20268	170	11	1721	5553	4284	4117	3905	486	21
相城区	17260	146	5	1979	6287	2707	3112	2751	259	14
姑苏区	17996	82	4	818	3699	3071	4398	5193	677	54
吴江区	14704	75	9	1163	5229	2901	2563	2483	273	8
苏州工业园区										
常熟市	20686	67		1083	8817	3628	3419	3445	210	17
张家港市	11729	56	1	686	3219	1893	2634	2986	248	6
昆山市	31891	55	9	1205	8373	8363	7856	5603	412	15
太仓市	9173	54	3	672	2967	1706	1810	1777	176	8
南通市	**61914**	**409**	**20**	**5301**	**19942**	**11268**	**11690**	**12308**	**916**	**60**
崇川区	13966	59	5	440	2503	2450	3588	4350	528	43
港闸区	7436	57		445	2420	1387	1641	1372	108	6
通州区	8941	103		1239	3473	1449	1373	1229	71	4
如东县										
南通经济技术开发区										
通州湾示范区										
苏锡通科技产业园区										
启东市	7166	41	5	858	2669	1175	1133	1241	44	
如皋市	7325	39	4	839	2575	1393	1179	1231	60	5
海门市	6711	34		440	2422	1326	1122	1325	40	2
海安市	10369	76	6	1040	3880	2088	1654	1560	65	
连云港市	**18908**	**242**	**7**	**1201**	**4846**	**4286**	**4330**	**3738**	**246**	**12**
连云区	2431	47	1	152	616	504	573	521	15	2
海州区	10042	101	2	483	2091	2265	2602	2307	181	10
赣榆区	6051	82	3	532	2049	1439	1013	885	48	
东海县	224		1	13	34	63	107	6		
灌云县										
灌南县										
连云港经济技术开发区										
连云港高新技术产业开发区										
江苏连云港徐圩新区	91	2		9	20	5	34	19	2	
江苏省连云港市云台山风景名胜区	69	10		12	36	10	1			
淮安市	**21854**	**98**	**4**	**1562**	**7361**	**4714**	**3860**	**3918**	**314**	**23**
淮安区	5222	24	1	466	2047	1142	814	702	26	
淮阴区	5422	33		409	2193	1126	826	785	42	8
清江浦区	8854	26		402	2196	1883	1902	2191	239	15
洪泽区	2356	15	3	285	925	563	318	240	7	
涟水县										
盱眙县										
金湖县										
淮安经济技术开发区										
工业园区										

4-2a 续表 7 单位：人

地区 性别	合计	未上过学	学前教育	小学	初中	高中	大学专科	大学本科	硕士研究生	博士研究生
生态文旅区										
苏淮高新区										
盐城市	**32171**	**447**	**44**	**2813**	**9737**	**8056**	**5863**	**4798**	**373**	**40**
亭湖区	8807	85	1	641	2601	2535	1740	1112	81	11
盐都区	5235	34	3	409	1970	1383	835	573	24	4
大丰区	4958	66	8	366	1495	1177	962	845	38	1
响水县										
滨海县										
阜宁县										
射阳县										
建湖县										
盐城经济技术开发区	53			8	22	13	5	5		
江苏省盐南高新区	6227	27	1	245	1270	1364	1538	1560	200	22
东台市	6891	235	31	1144	2379	1584	783	703	30	2
扬州市	**40509**	**339**	**29**	**3116**	**12512**	**8036**	**8151**	**7630**	**645**	**51**
广陵区	8412	26	7	512	2230	1966	1956	1572	142	1
邗江区	10842	57	5	693	2653	2010	2496	2606	281	41
江都区	6476	46	3	505	2256	1182	1255	1165	62	2
宝应县										
扬州经济技术开发区										
蜀冈瘦西湖景区	2593	25		156	582	523	563	668	72	4
生态新城	803	6		112	414	149	78	39	5	
仪征市	5407	56	3	454	1823	1142	971	900	55	3
高邮市	5976	123	11	684	2554	1064	832	680	28	
镇江市	**32322**	**156**	**6**	**2354**	**9910**	**6429**	**6477**	**6264**	**636**	**90**
京口区	5667	33	1	248	1061	1105	1319	1569	264	67
润州区	4067	17	1	221	903	870	888	1027	129	11
丹徒区	2699	23		268	900	553	519	390	43	3
镇江新区										
江苏镇江高新区	1128	4	1	105	378	220	207	192	19	2
丹阳市	9363	39		730	3430	1886	1700	1486	91	1
扬中市	3805	18	1	359	1173	676	851	691	33	3
句容市	5593	22	2	423	2065	1119	993	909	57	3
泰州市	**39761**	**256**	**27**	**3252**	**12862**	**7950**	**7791**	**7186**	**415**	**22**
海陵区	10220	139	10	911	2965	1915	2079	2016	177	8
高港区	2827	7	1	220	974	504	615	467	37	2
姜堰区	6433	21	6	395	2263	1199	1208	1291	47	3
泰州医药高新技术产业开发区										
兴化市	5038	50	6	710	1900	953	703	692	24	
靖江市	7490	7		336	2069	1768	1712	1522	72	4
泰兴市	7753	32	4	680	2691	1611	1474	1198	58	5
宿迁市	**14633**	**133**	**1**	**1382**	**5073**	**2891**	**2540**	**2461**	**148**	**4**
宿城区	7425	63	1	522	2142	1596	1355	1634	108	4
宿豫区	4277	23		345	1659	885	819	532	14	
沭阳县										
泗阳县										
泗洪县										
宿迁经济技术开发区										
宿迁市湖滨新区	958	15		248	427	95	103	65	5	
苏州宿迁工业园区	637	3		24	167	124	144	163	12	
宿迁市洋河新区	1336	29		243	678	191	119	67	9	

4-2b 各地区分性别、受教育程度的就业人口(镇)

单位：人

地区 性别	合计	未上过学	学前教育	小学	初中	高中	大学专科	大学本科	硕士研究生	博士研究生
江苏	**1047479**	**7923**	**579**	**123467**	**471401**	**212588**	**130094**	**93350**	**7382**	**695**
南京市	**8350**	**53**	**3**	**875**	**2850**	**1652**	**1699**	**1129**	**86**	**3**
玄武区										
秦淮区										
建邺区										
鼓楼区										
浦口区	38	1		1	17	6	7	6		
栖霞区										
雨花台区	306	5		23	133	58	47	35	5	
江宁区										
六合区	6064	32	1	494	1999	1233	1362	871	69	3
溧水区	1392	11		223	499	276	228	144	11	
高淳区	550	4	2	134	202	79	55	73	1	
南京江北新区										
无锡市	**63957**	**191**	**9**	**6426**	**30716**	**13183**	**7897**	**5320**	**203**	**12**
锡山区	15266	33	1	1856	7967	2497	1698	1158	53	3
惠山区	6013	39	2	524	2622	1073	960	755	36	2
滨湖区										
梁溪区										
新吴区										
江苏无锡经济开发区										
江阴市	27532	65	3	2140	12582	7004	3439	2240	58	1
宜兴市	15146	54	3	1906	7545	2609	1800	1167	56	6
徐州市	**123058**	**1081**	**78**	**16674**	**59525**	**22844**	**14593**	**7795**	**437**	**31**
鼓楼区										
云龙区	902	5		114	470	171	87	40	12	3
贾汪区	3446	93	2	462	2003	594	207	79	5	1
泉山区										
铜山区	18824	220	9	3466	10296	3014	1232	563	21	3
丰县	22106	158	1	2925	10673	4327	2735	1244	42	1
沛县	22863	137	6	1762	11004	4262	3587	2053	48	4
睢宁县	24801	206	35	3440	11705	4731	2937	1695	47	5
徐州经济技术开发区	13772	51	3	766	4638	3217	2997	1832	254	14
新沂市	7210	145	2	1627	3931	932	399	169	5	
邳州市	9134	66	20	2112	4805	1596	412	120	3	
常州市	**33204**	**203**	**5**	**3845**	**17646**	**5813**	**3363**	**2239**	**85**	**5**
天宁区	2512	16		301	1252	412	302	222	7	
钟楼区										
新北区	6343	21		626	3382	1074	738	484	18	
武进区	8737	54		1116	4651	1381	929	586	20	
金坛区	3166	29	2	501	1780	523	225	101	4	1
江苏省常州市经济开发区	5325	45		522	2864	810	578	481	23	2
溧阳市	7121	38	3	779	3717	1613	591	365	13	2
苏州市	**190180**	**639**	**60**	**15669**	**74105**	**38088**	**29970**	**27541**	**3721**	**387**
虎丘区	211	3		23	82	40	40	20	3	
吴中区	12173	44	3	1451	5595	2470	1693	846	61	10
相城区	3222	15		470	1541	580	408	202	5	1
姑苏区										
吴江区	26424	89	25	3510	12561	5001	3165	1997	68	8
苏州工业园区	64396	153	12	2370	13109	13716	13142	18214	3336	344
常熟市	25010	83		2320	14156	4219	2811	1360	52	9

4-2b 续表 1

单位：人

地区 性别	合计	未上过学	学前教育	小学	初中	高中	大学专科	大学本科	硕士研究生	博士研究生
张家港市	30830	107	7	2939	14528	5926	4472	2754	89	8
昆山市	12656	36	3	822	4647	3245	2532	1295	73	3
太仓市	15258	109	10	1764	7886	2891	1707	853	34	4
南通市	**119669**	**931**	**75**	**18861**	**59067**	**20565**	**11426**	**8287**	**427**	**30**
崇川区										
港闸区										
通州区	17822	93	4	2797	9522	2940	1506	921	37	2
如东县	27294	404	48	5559	11290	4951	2512	2399	126	5
南通经济技术开发区	15555	25		1012	5814	3054	3225	2244	161	20
通州湾示范区	1596	12		215	810	267	163	121	8	
苏锡通科技产业园区	2951	24		390	1590	490	281	169	7	
启东市	10350	82	3	1968	5909	1370	591	410	15	2
如皋市	19254	60	5	3245	9811	3374	1657	1062	39	1
海门市	15358	86	5	1803	9740	2442	755	510	17	
海安市	9489	145	10	1872	4581	1677	736	451	17	
连云港市	**79918**	**840**	**49**	**8593**	**32395**	**19561**	**10420**	**7454**	**559**	**47**
连云区	132			6	68	41	8	9		
海州区	2152	42	3	253	1148	414	200	89	3	
赣榆区	14182	247	7	2101	7366	2978	1081	391	10	1
东海县	26618	158	8	2026	8799	8625	4360	2564	72	6
灌云县	13660	159	7	2017	6531	2633	1288	996	29	
灌南县	13557	165	21	1785	6451	2793	1300	1005	37	
连云港经济技术开发区	2790	16	1	122	656	790	634	508	57	6
连云港高新技术产业开发区	5915	48	2	232	1035	938	1425	1853	348	34
江苏连云港徐圩新区	836	5		47	320	327	100	34	3	
江苏省连云港市云台山风景名胜区	76			4	21	22	24	5		
淮安市	**70119**	**597**	**16**	**7249**	**29649**	**16023**	**9619**	**6478**	**405**	**83**
淮安区	3778	45	1	756	2040	567	257	110	2	
淮阴区	3446	51	2	569	2057	567	153	46	1	
清江浦区	268	8		52	162	27	14	4	1	
洪泽区	932	15	1	211	491	143	52	19		
涟水县	22925	67		1960	10435	6016	3017	1382	41	7
盱眙县	13862	266	3	1630	5957	2860	1662	1429	54	1
金湖县	8239	34	5	662	2909	2362	1321	910	35	1
淮安经济技术开发区	11264	67	2	907	4016	2476	2154	1428	142	72
工业园区	351	6		38	141	92	58	14	2	
生态文旅区	4275	30	1	392	1161	615	831	1116	127	2
苏淮高新区	779	8	1	72	280	298	100	20		
盐城市	**116017**	**1555**	**97**	**14827**	**55303**	**24757**	**11647**	**7530**	**284**	**17**
亭湖区	3085	29		460	1467	812	240	77		
盐都区	4510	25	5	399	2304	1197	378	186	16	
大丰区	11211	376	21	2237	5410	2048	776	325	16	2
响水县	10085	217	5	1219	4900	1826	1042	844	31	1
滨海县	16121	254	4	1880	7746	3148	1626	1409	52	2
阜宁县	17566	83	2	1831	9033	3616	1746	1208	45	2
射阳县	22419	236	14	2992	9970	5120	2560	1486	40	1
建湖县	16608	57	3	1208	7815	4001	2097	1378	46	3
盐城经济技术开发区	3169	19		240	1129	937	554	257	28	5
江苏省盐南高新区										
东台市	11243	259	43	2361	5529	2052	628	360	10	1
扬州市	**55754**	**394**	**46**	**6542**	**25314**	**10802**	**7191**	**5063**	**377**	**25**
广陵区	2449	13	2	321	1214	484	277	136	2	

4-2b　续表 2　　　　　　　　　　　　　　　　　　单位：人

地区 性别	合计	未上过学	学前教育	小学	初中	高中	大学专科	大学本科	硕士研究生	博士研究生
邗江区	2914	33	2	418	1309	572	355	216	9	
江都区	10852	54	9	1492	5876	1791	1085	529	15	1
宝应县	19450	141	8	2061	8776	4187	2473	1747	55	2
扬州经济技术开发区	9840	38	1	619	2949	2059	1988	1886	278	22
蜀冈瘦西湖景区										
生态新城	550	4		70	283	93	59	40	1	
仪征市	3128	26	16	600	1491	486	338	168	3	
高邮市	6571	85	8	961	3416	1130	616	341	14	
镇江市	**43249**	**202**	**5**	**5088**	**21194**	**8546**	**4985**	**3010**	**196**	**23**
京口区	272			35	136	51	29	20	1	
润州区										
丹徒区	3240	25	1	503	1692	615	293	108	3	
镇江新区	9948	22	2	507	3447	2460	2045	1364	90	11
江苏镇江高新区										
丹阳市	23046	97	2	3236	12961	4097	1675	929	49	
扬中市	2468	26		433	1132	442	311	117	6	1
句容市	4275	32		374	1826	881	632	472	47	11
泰州市	**55336**	**298**	**65**	**7637**	**25700**	**11081**	**6162**	**4025**	**344**	**24**
海陵区	1447	10	5	310	759	179	125	58	1	
高港区	2324	2		278	1128	419	325	163	9	
姜堰区	4723	20	8	735	2396	914	439	206	5	
泰州医药高新技术产业开发区	11021	38	2	769	3892	1641	2167	2220	276	16
兴化市	17869	148	34	3133	8673	4204	1124	539	12	2
靖江市	5740	7		563	2844	1206	737	353	26	4
泰兴市	12212	73	16	1849	6008	2518	1245	486	15	2
宿迁市	**88668**	**939**	**71**	**11181**	**37937**	**19673**	**11122**	**7479**	**258**	**8**
宿城区	1959	17		428	1164	208	103	39		
宿豫区	2218	20		353	1357	305	133	49	1	
沭阳县	39043	539	37	5999	17686	7355	4449	2896	79	3
泗阳县	18779	113	9	997	7119	5957	2513	1979	90	2
泗洪县	19612	202	23	2635	7895	4147	2744	1900	63	3
宿迁经济技术开发区	6434	37	2	578	2457	1593	1139	603	25	
宿迁市湖滨新区	623	11		191	259	108	41	13		
苏州宿迁工业园区										
宿迁市洋河新区										
男	**624697**	**2360**	**206**	**63094**	**287790**	**138097**	**77609**	**51027**	**4056**	**458**
南京市	**5253**	**15**	**1**	**501**	**1843**	**1133**	**1031**	**675**	**51**	**3**
玄武区										
秦淮区										
建邺区										
鼓楼区										
浦口区	23			1	10	5	3	4		
栖霞区										
雨花台区	206	1		14	90	47	31	18	5	
江宁区										
六合区	3715	8		263	1274	808	813	506	40	3
溧水区	904	3		131	317	208	147	93	5	
高淳区	405	3	1	92	152	65	37	54	1	
南京江北新区										
无锡市	**38221**	**65**	**4**	**3486**	**18830**	**8326**	**4617**	**2777**	**106**	**10**
锡山区	9093	8		980	4923	1604	961	583	31	3

4-2b 续表 3

单位：人

地区 性别	合计	未上过学	学前教育	小学	初中	高中	大学专科	大学本科	硕士 研究生	博士 研究生
惠山区	3697	12	1	300	1722	679	575	388	18	2
滨湖区										
梁溪区										
新吴区										
江苏无锡经济开发区										
江阴市	15959	23	2	1102	7362	4269	1996	1176	28	1
宜兴市	9472	22	1	1104	4823	1774	1085	630	29	4
徐州市	**74420**	**364**	**32**	**8402**	**36922**	**14908**	**9108**	**4410**	**254**	**20**
鼓楼区										
云龙区	557	3		68	302	112	48	15	7	2
贾汪区	2263	44		271	1355	418	131	41	3	
泉山区										
铜山区	10265	53	2	1596	5781	1810	723	292	7	1
丰县	13048	46		1375	6390	2803	1723	684	26	1
沛县	14668	53	3	1007	7264	2834	2280	1198	25	4
睢宁县	14685	81	12	1699	7199	3004	1732	933	22	3
徐州经济技术开发区	8896	27	3	456	3042	2169	1946	1086	158	9
新沂市	4467	36	1	819	2600	670	249	89	3	
邳州市	5571	21	11	1111	2989	1088	276	72	3	
常州市	**20197**	**71**	**3**	**2114**	**10840**	**3891**	**2035**	**1198**	**40**	**5**
天宁区	1455	5		158	749	258	180	102	3	
钟楼区										
新北区	3675	4		318	1958	696	445	245	9	
武进区	5153	19		601	2790	907	532	294	10	
金坛区	2031	10	1	276	1150	381	144	66	2	1
江苏省常州市经济开发区	3263	18		303	1771	522	365	270	12	2
溧阳市	4620	15	2	458	2422	1127	369	221	4	2
苏州市	**113067**	**221**	**30**	**8674**	**45643**	**24287**	**17328**	**14579**	**2054**	**251**
虎丘区	124	1		10	52	24	26	9	2	
吴中区	7278	18	2	814	3472	1514	969	445	38	6
相城区	2053	5		279	1026	390	257	93	2	1
姑苏区										
吴江区	15875	39	12	1995	7716	3194	1835	1048	29	7
苏州工业园区	37573	60	7	1367	8162	8747	7463	9703	1840	224
常熟市	15003	21		1207	8497	2815	1702	725	32	4
张家港市	18566	31	2	1579	8980	3834	2667	1414	54	5
昆山市	7395	14	2	485	2843	1926	1395	687	42	1
太仓市	9200	32	5	938	4895	1843	1014	455	15	3
南通市	**69334**	**254**	**24**	**9722**	**35172**	**12900**	**6521**	**4488**	**232**	**21**
崇川区										
港闸区										
通州区	10078	30	1	1459	5493	1813	797	467	16	2
如东县	15088	113	17	2829	6341	2982	1449	1282	71	4
南通经济技术开发区	9692	15		635	3883	1956	1847	1253	90	13
通州湾示范区	1011	5		130	507	190	97	76	6	
苏锡通科技产业园区	1877	7		213	1019	338	201	96	3	
启东市	6433	18	2	1089	3845	889	343	236	10	1
如皋市	11116	16	2	1599	5841	2141	940	557	19	1
海门市	8812	27	2	888	5650	1532	432	272	9	
海安市	5227	23		880	2593	1059	415	249	8	
连云港市	**46279**	**261**	**20**	**4062**	**19281**	**12109**	**6091**	**4116**	**304**	**35**
连云区	118			4	63	36	6	9		

4-2b 续表 4 单位：人

地区 性别	合计	未上过学	学前教育	小学	初中	高中	大学专科	大学本科	硕士 研究生	博士 研究生
海州区	1425	13	2	138	781	304	136	51		
赣榆区	8117	75	3	968	4371	1804	656	235	4	1
东海县	14417	61	4	895	4705	4918	2430	1349	49	6
灌云县	8173	31	1	936	4058	1770	794	569	14	
灌南县	8174	55	8	872	3995	1895	761	565	23	
连云港经济技术开发区	1737	7		74	407	530	389	299	26	5
连云港高新技术产业开发区	3485	17	2	143	655	606	834	1019	186	23
江苏连云港徐圩新区	581	2		29	230	232	68	18	2	
江苏省连云港市云台山风景名胜区	52			3	16	14	17	2		
淮安市	**40933**	**183**	**4**	**3433**	**17613**	**10127**	**5750**	**3563**	**213**	**47**
淮安区	2350	12		390	1312	408	162	66		
淮阴区	2324	12		312	1440	428	105	26	1	
清江浦区	182	1		28	116	23	11	3		
洪泽区	620	6		122	337	108	31	16		
涟水县	11777	12		679	5247	3395	1683	737	21	3
盱眙县	8734	98		870	3957	1999	1002	778	30	
金湖县	5085	7		294	1818	1638	823	490	15	
淮安经济技术开发区	6656	25	2	456	2410	1489	1337	820	75	42
工业园区	220	2		15	99	59	38	6	1	
生态文旅区	2451	6	1	224	696	362	481	609	70	2
苏淮高新区	534	2	1	43	181	218	77	12		
盐城市	**71836**	**387**	**29**	**7236**	**34758**	**17474**	**7389**	**4405**	**145**	**13**
亭湖区	1946	6		222	911	596	158	53		
盐都区	2733	4	2	185	1302	862	257	115	6	
大丰区	6388	80	5	1040	3168	1427	466	195	5	2
响水县	6257	76	1	627	3178	1233	646	475	21	
滨海县	10429	80	1	1033	5228	2226	1026	807	26	2
阜宁县	11383	27		951	5935	2612	1112	719	25	2
射阳县	13906	44	6	1370	6298	3643	1635	888	22	
建湖县	10412	20		631	4781	2819	1361	776	22	2
盐城经济技术开发区	1981	5		114	704	639	348	155	12	4
江苏省盐南高新区										
东台市	6401	45	14	1063	3253	1417	380	222	6	1
扬州市	**33105**	**133**	**21**	**3424**	**15142**	**7081**	**4276**	**2804**	**207**	**17**
广陵区	1349	4		150	658	306	163	68		
邗江区	1692	17		208	773	373	203	114	4	
江都区	6390	14	6	814	3419	1206	628	298	4	1
宝应县	11728	44	4	1054	5375	2747	1469	1006	28	1
扬州经济技术开发区	5790	12	1	351	1768	1260	1189	1032	162	15
蜀冈瘦西湖景区										
生态新城	310	1		38	161	59	33	17	1	
仪征市	1901	8	3	322	929	335	213	90	1	
高邮市	3945	33	7	487	2059	795	378	179	7	
镇江市	**25443**	**66**	**3**	**2556**	**12499**	**5618**	**2960**	**1617**	**109**	**15**
京口区	172			14	94	36	17	10	1	
润州区										
丹徒区	1956	9		272	1034	407	177	55	2	
镇江新区	6016	6	1	291	2133	1564	1240	723	50	8
江苏镇江高新区										
丹阳市	13243	29	2	1545	7429	2737	981	494	26	
扬中市	1437	9		222	645	302	190	65	3	1
句容市	2619	13		212	1164	572	355	270	27	6

4-2b 续表 5 单位：人

地区 性别	合计	未上过学	学前教育	小学	初中	高中	大学专科	大学本科	硕士 研究生	博士 研究生
泰州市	**33018**	**76**	**11**	**3827**	**15503**	**7388**	**3740**	**2277**	**180**	**16**
海陵区	856	1	1	163	464	123	72	32		
高港区	1387	1		128	667	288	203	96	4	
姜堰区	2864	5	3	395	1442	606	292	117	4	
泰州医药高新技术产业开发区	6432	11		408	2344	1050	1258	1207	143	11
兴化市	11081	40	6	1594	5411	2942	733	346	8	1
靖江市	3508	1		316	1745	767	462	202	11	4
泰兴市	6890	17	1	823	3430	1612	720	277	10	
宿迁市	**53591**	**264**	**24**	**5657**	**23744**	**12855**	**6763**	**4118**	**161**	**5**
宿城区	1148	5		195	720	146	55	27		
宿豫区	1416	6		169	918	214	84	25		
沭阳县	23820	145	16	3193	11213	4906	2734	1564	48	1
泗阳县	11321	32	2	420	4309	3802	1548	1151	56	1
泗洪县	11644	61	5	1263	4934	2693	1634	1010	41	3
宿迁经济技术开发区	3861	10	1	320	1476	1018	685	335	16	
宿迁市湖滨新区	381	5		97	174	76	23	6		
苏州宿迁工业园区										
宿迁市洋河新区										
女	**422782**	**5563**	**373**	**60373**	**183611**	**74491**	**52485**	**42323**	**3326**	**237**
南京市	**3097**	**38**	**2**	**374**	**1007**	**519**	**668**	**454**	**35**	
玄武区										
秦淮区										
建邺区										
鼓楼区										
浦口区	15	1			7	1	4	2		
栖霞区										
雨花台区	100	4		9	43	11	16	17		
江宁区										
六合区	2349	24	1	231	725	425	549	365	29	
溧水区	488	8		92	182	68	81	51	6	
高淳区	145	1	1	42	50	14	18	19		
南京江北新区										
无锡市	**25736**	**126**	**5**	**2940**	**11886**	**4857**	**3280**	**2543**	**97**	**2**
锡山区	6173	25	1	876	3044	893	737	575	22	
惠山区	2316	27	1	224	900	394	385	367	18	
滨湖区										
梁溪区										
新吴区										
江苏无锡经济开发区										
江阴市	11573	42	1	1038	5220	2735	1443	1064	30	
宜兴市	5674	32	2	802	2722	835	715	537	27	2
徐州市	**48638**	**717**	**46**	**8272**	**22603**	**7936**	**5485**	**3385**	**183**	**11**
鼓楼区										
云龙区	345	2		46	168	59	39	25	5	1
贾汪区	1183	49	2	191	648	176	76	38	2	1
泉山区										
铜山区	8559	167	7	1870	4515	1204	509	271	14	2
丰县	9058	112	1	1550	4283	1524	1012	560	16	
沛县	8195	84	3	755	3740	1428	1307	855	23	
睢宁县	10116	125	23	1741	4506	1727	1205	762	25	2
徐州经济技术开发区	4876	24		310	1596	1048	1051	746	96	5
新沂市	2743	109	1	808	1331	262	150	80	2	
邳州市	3563	45	9	1001	1816	508	136	48		

4-2b 续表 6

单位：人

地区 性别	合计	未上过学	学前教育	小学	初中	高中	大学专科	大学本科	硕士研究生	博士研究生
常州市	**13007**	**132**	**2**	**1731**	**6806**	**1922**	**1328**	**1041**	**45**	
天宁区	1057	11		143	503	154	122	120	4	
钟楼区										
新北区	2668	17		308	1424	378	293	239	9	
武进区	3584	35		515	1861	474	397	292	10	
金坛区	1135	19	1	225	630	142	81	35	2	
江苏省常州市经济开发区	2062	27		219	1093	288	213	211	11	
溧阳市	2501	23	1	321	1295	486	222	144	9	
苏州市	**77113**	**418**	**30**	**6995**	**28462**	**13801**	**12642**	**12962**	**1667**	**136**
虎丘区	87	2		13	30	16	14	11	1	
吴中区	4895	26	1	637	2123	956	724	401	23	4
相城区	1169	10		191	515	190	151	109	3	
姑苏区										
吴江区	10549	50	13	1515	4845	1807	1330	949	39	1
苏州工业园区	26823	93	5	1003	4947	4969	5679	8511	1496	120
常熟市	10007	62		1113	5659	1404	1109	635	20	5
张家港市	12264	76	5	1360	5548	2092	1805	1340	35	3
昆山市	5261	22	1	337	1804	1319	1137	608	31	2
太仓市	6058	77	5	826	2991	1048	693	398	19	1
南通市	**50335**	**677**	**51**	**9139**	**23895**	**7665**	**4905**	**3799**	**195**	**9**
崇川区										
港闸区										
通州区	7744	63	3	1338	4029	1127	709	454	21	
如东县	12206	291	31	2730	4949	1969	1063	1117	55	1
南通经济技术开发区	5863	10		377	1931	1098	1378	991	71	7
通州湾示范区	585	7		85	303	77	66	45	2	
苏锡通科技产业园区	1074	17		177	571	152	80	73	4	
启东市	3917	64	1	879	2064	481	248	174	5	1
如皋市	8138	44	3	1646	3970	1233	717	505	20	
海门市	6546	59	3	915	4090	910	323	238	8	
海安市	4262	122	10	992	1988	618	321	202	9	
连云港市	**33639**	**579**	**29**	**4531**	**13114**	**7452**	**4329**	**3338**	**255**	**12**
连云区	14			2	5	5	2			
海州区	727	29	1	115	367	110	64	38	3	
赣榆区	6065	172	4	1133	2995	1174	425	156	6	
东海县	12201	97	4	1131	4094	3707	1930	1215	23	
灌云县	5487	128	6	1081	2473	863	494	427	15	
灌南县	5383	110	13	913	2456	898	539	440	14	
连云港经济技术开发区	1053	9	1	48	249	260	245	209	31	1
连云港高新技术产业开发区	2430	31		89	380	332	591	834	162	11
江苏连云港徐圩新区	255	3		18	90	95	32	16	1	
江苏省连云港市云台山风景名胜区	24			1	5	8	7	3		
淮安市	**29186**	**414**	**12**	**3816**	**12036**	**5896**	**3869**	**2915**	**192**	**36**
淮安区	1428	33	1	366	728	159	95	44	2	
淮阴区	1122	39	2	257	617	139	48	20		
清江浦区	86	7		24	46	4	3	1	1	
洪泽区	312	9	1	89	154	35	21	3		
涟水县	11148	55		1281	5188	2621	1334	645	20	4
盱眙县	5128	168	3	760	2000	861	660	651	24	1
金湖县	3154	27	5	368	1091	724	498	420	20	1
淮安经济技术开发区	4608	42		451	1606	987	817	608	67	30
工业园区	131	4		23	42	33	20	8	1	

4-2b 续表 7 单位：人

地　区 性　别	合　计	未上过学	学前教育	小　学	初　中	高　中	大学专科	大学本科	硕　士 研究生	博　士 研究生
生态文旅区	1824	24		168	465	253	350	507	57	
苏淮高新区	245	6		29	99	80	23	8		
盐城市	**44181**	**1168**	**68**	**7591**	**20545**	**7283**	**4258**	**3125**	**139**	**4**
亭湖区	1139	23		238	556	216	82	24		
盐都区	1777	21	3	214	1002	335	121	71	10	
大丰区	4823	296	16	1197	2242	621	310	130	11	
响水县	3828	141	4	592	1722	593	396	369	10	1
滨海县	5692	174	3	847	2518	922	600	602	26	
阜宁县	6183	56	2	880	3098	1004	634	489	20	
射阳县	8513	192	8	1622	3672	1477	925	598	18	1
建湖县	6196	37	3	577	3034	1182	736	602	24	1
盐城经济技术开发区	1188	14		126	425	298	206	102	16	1
江苏省盐南高新区										
东台市	4842	214	29	1298	2276	635	248	138	4	
扬州市	**22649**	**261**	**25**	**3118**	**10172**	**3721**	**2915**	**2259**	**170**	**8**
广陵区	1100	9	2	171	556	178	114	68	2	
邗江区	1222	16	2	210	536	199	152	102	5	
江都区	4462	40	3	678	2457	585	457	231	11	
宝应县	7722	97	4	1007	3401	1440	1004	741	27	1
扬州经济技术开发区	4050	26		268	1181	799	799	854	116	7
蜀冈瘦西湖景区										
生态新城	240	3		32	122	34	26	23		
仪征市	1227	18	13	278	562	151	125	78	2	
高邮市	2626	52	1	474	1357	335	238	162	7	
镇江市	**17806**	**136**	**2**	**2532**	**8695**	**2928**	**2025**	**1393**	**87**	**8**
京口区	100			21	42	15	12	10		
润州区										
丹徒区	1284	16	1	231	658	208	116	53	1	
镇江新区	3932	16	1	216	1314	896	805	641	40	3
江苏镇江高新区										
丹阳市	9803	68		1691	5532	1360	694	435	23	
扬中市	1031	17		211	487	140	121	52	3	
句容市	1656	19		162	662	309	277	202	20	5
泰州市	**22318**	**222**	**54**	**3810**	**10197**	**3693**	**2422**	**1748**	**164**	**8**
海陵区	591	9	4	147	295	56	53	26	1	
高港区	937	1		150	461	131	122	67	5	
姜堰区	1859	15	5	340	954	308	147	89	1	
泰州医药高新技术产业开发区	4589	27	2	361	1548	591	909	1013	133	5
兴化市	6788	108	28	1539	3262	1262	391	193	4	1
靖江市	2232	6		247	1099	439	275	151	15	
泰兴市	5322	56	15	1026	2578	906	525	209	5	2
宿迁市	**35077**	**675**	**47**	**5524**	**14193**	**6818**	**4359**	**3361**	**97**	**3**
宿城区	811	12		233	444	62	48	12		
宿豫区	802	14		184	439	91	49	24	1	
沭阳县	15223	394	21	2806	6473	2449	1715	1332	31	2
泗阳县	7458	81	7	577	2810	2155	965	828	34	1
泗洪县	7968	141	18	1372	2961	1454	1110	890	22	
宿迁经济技术开发区	2573	27	1	258	981	575	454	268	9	
宿迁市湖滨新区	242	6		94	85	32	18	7		
苏州宿迁工业园区										
宿迁市洋河新区										

4-2c　各地区分性别、受教育程度的就业人口(乡村)

单位：人

地　区 性　别	合　计	未上过学	学前教育	小　学	初　中	高　中	大学专科	大学本科	硕　士 研究生	博　士 研究生
江　苏	**1089292**	**21814**	**1582**	**254287**	**558637**	**158424**	**66069**	**27036**	**1317**	**126**
南京市	**58381**	**1233**	**76**	**11871**	**25401**	**10419**	**6538**	**2605**	**219**	**19**
玄武区										
秦淮区										
建邺区										
鼓楼区										
浦口区	3501	97	2	715	1451	694	395	141	3	3
栖霞区	2968	15		336	1407	729	321	156	3	1
雨花台区										
江宁区	19492	325	17	3374	8727	3512	2348	1044	136	9
六合区	14015	304	14	2893	6228	2333	1642	567	31	3
溧水区	7239	229	17	1877	3114	1238	559	193	10	2
高淳区	10167	254	25	2520	4065	1697	1131	444	30	1
南京江北新区	999	9	1	156	409	216	142	60	6	
无锡市	**69308**	**445**	**20**	**10472**	**38370**	**11646**	**5510**	**2735**	**99**	**11**
锡山区	6622	35	3	1022	3720	917	586	329	10	
惠山区	11849	166	3	1709	6609	1736	1012	576	34	4
滨湖区	2443	41		263	1237	412	335	147	6	2
梁溪区										
新吴区	4340	14	2	333	2415	844	481	242	8	1
江苏无锡经济开发区										
江阴市	24124	95	8	3045	13290	5001	1844	818	22	1
宜兴市	19930	94	4	4100	11099	2736	1252	623	19	3
徐州市	**129411**	**3181**	**227**	**36262**	**71187**	**13125**	**4357**	**1020**	**49**	**3**
鼓楼区										
云龙区										
贾汪区	6495	229	1	1451	3694	748	285	82	5	
泉山区										
铜山区	26235	616	41	6858	14689	2760	965	295	11	
丰县	17461	311	22	4536	10194	1723	557	112	6	
沛县	18254	280	22	4136	11349	1724	616	115	10	2
睢宁县	18154	613	37	5683	9322	1753	612	128	5	1
徐州经济技术开发区	2214	55	1	468	1251	307	105	26	1	
新沂市	17616	620	52	5232	9174	1784	599	150	5	
邳州市	22982	457	51	7898	11514	2326	618	112	6	
常州市	**65633**	**633**	**17**	**11059**	**35953**	**10321**	**4853**	**2629**	**154**	**14**
天宁区	2949	22	1	444	1616	446	259	159	2	
钟楼区	2151	17		280	1226	337	164	119	8	
新北区	6038	60		914	3346	882	543	278	14	1
武进区	20925	175	5	3503	11700	2935	1753	822	29	3
金坛区	10096	120	5	2060	5161	1624	698	355	68	5
江苏省常州市经济开发区	8991	47		1267	5551	1187	597	332	9	1
溧阳市	14483	192	6	2591	7353	2910	839	564	24	4
苏州市	**138169**	**929**	**76**	**21082**	**70588**	**24455**	**14234**	**6458**	**317**	**30**
虎丘区	3965	70	2	645	1774	597	533	312	30	2
吴中区	20055	178	20	3338	9573	3924	2094	866	59	3
相城区	3059	17	2	483	1535	578	307	126	11	
姑苏区										
吴江区	20914	212	24	4604	10687	2828	1691	843	21	4
苏州工业园区										
常熟市	28091	144		3873	15646	4089	3070	1235	29	5

4-2c 续表 1　　单位：人

地区 性别	合计	未上过学	学前教育	小学	初中	高中	大学专科	大学本科	硕士研究生	博士研究生
张家港市	20448	114	5	3151	11209	3013	1885	1025	43	3
昆山市	25050	54	7	2119	11680	6408	3215	1454	101	12
太仓市	16587	140	16	2869	8484	3018	1439	597	23	1
南通市	**127189**	**1916**	**130**	**33656**	**64905**	**16334**	**6649**	**3458**	**130**	**11**
崇川区										
港闸区	209	8	1	49	100	27	18	6		
通州区	18145	256	18	4221	8786	2813	1386	633	30	2
如东县	22392	494	27	6595	10574	3119	1025	538	17	3
南通经济技术开发区										
通州湾示范区	2525	39		731	1356	270	93	35	1	
苏锡通科技产业园区	2800	11		443	1548	427	222	144	5	
启东市	20232	301	16	5722	11281	1784	751	363	12	2
如皋市	24402	166	18	5822	12526	3463	1478	880	45	4
海门市	16298	258	10	4113	9135	1812	644	321	5	
海安市	20186	383	40	5960	9599	2619	1032	538	15	
连云港市	**71954**	**1948**	**145**	**16945**	**35642**	**13167**	**3283**	**800**	**21**	**3**
连云区	124	1		26	59	29	4	5		
海州区	3747	163	4	798	2017	462	232	68	3	
赣榆区	22016	532	17	4593	11016	4164	1352	333	8	1
东海县	19515	307	10	3675	8591	5668	1048	210	4	2
灌云县	10716	399	13	3305	5713	1013	211	60	2	
灌南县	13964	483	101	4332	7413	1316	248	69	2	
连云港经济技术开发区	828	21		80	293	290	106	36	2	
连云港高新技术产业开发区										
江苏连云港徐圩新区	67	3		9	39	11	5			
江苏省连云港市云台山风景名胜区	977	39		127	501	214	77	19		
淮安市	**53893**	**1273**	**69**	**12934**	**28737**	**8007**	**2192**	**650**	**28**	**3**
淮安区	11199	387	23	3308	5734	1213	400	132	1	1
淮阴区	10008	198	13	2146	5868	1348	325	106	3	1
清江浦区	2451	36	9	582	1308	283	166	59	8	
洪泽区	3865	103	8	822	2040	615	191	86		
涟水县	15055	130	1	2883	8459	2944	532	102	3	1
盱眙县	6229	356	10	1838	3074	658	230	57	6	
金湖县	4689	41	5	1269	2084	861	323	100	6	
淮安经济技术开发区										
工业园区	322	6		70	151	64	22	8	1	
生态文旅区										
苏淮高新区	75	16		16	19	21	3			
盐城市	**126474**	**5074**	**298**	**37116**	**62712**	**15809**	**4026**	**1367**	**62**	**10**
亭湖区	4786	80	5	1143	2541	781	175	58	3	
盐都区	13296	404	24	3024	6679	2361	583	208	10	3
大丰区	17526	877	41	4656	8175	2583	836	344	14	
响水县	8089	715	14	2875	3650	646	148	40	1	
滨海县	11932	791	15	4147	5843	884	192	59		1
阜宁县	15024	381	16	4069	8302	1727	387	135	6	1
射阳县	18211	528	55	5754	8765	2277	619	200	11	2
建湖县	10382	178	36	3086	5422	1276	299	80	3	2
盐城经济技术开发区	1445	30		308	782	231	72	19	3	
江苏省盐南高新区										
东台市	25783	1090	92	8054	12553	3043	715	224	11	1
扬州市	**75749**	**1535**	**199**	**18267**	**38280**	**10004**	**5289**	**2077**	**92**	**6**
广陵区	4757	46	7	971	2377	819	395	135	7	

4-2c 续表 2

单位：人

地 区 性 别	合 计	未上过学	学前教育	小 学	初 中	高 中	大学专科	大学本科	硕 士 研究生	博 士 研究生
邗江区	4516	74	2	884	2054	825	475	195	7	
江都区	18021	248	39	4178	9939	2102	1085	404	23	3
宝应县	18969	563	39	4830	9797	2349	980	401	10	
扬州经济技术开发区	727	6		69	269	135	129	103	15	1
蜀冈瘦西湖景区										
生态新城	918	7		162	437	181	83	46	1	1
仪征市	8772	125	36	1964	4131	1347	808	347	14	
高邮市	19069	466	76	5209	9276	2246	1334	446	15	1
镇江市	**33479**	**298**	**21**	**6139**	**18019**	**5655**	**2374**	**920**	**48**	**5**
京口区	285	6		39	147	53	33	7		
润州区	52			14	31	3	3	1		
丹徒区	4666	47	6	951	2605	715	272	64	5	1
镇江新区	1516	8		204	701	347	172	83	1	
江苏镇江高新区										
丹阳市	10745	41	1	1789	6508	1723	518	155	7	3
扬中市	5179	44	6	932	2360	951	591	278	17	
句容市	11036	152	8	2210	5667	1863	785	332	18	1
泰州市	**70360**	**877**	**164**	**17700**	**35597**	**10213**	**4238**	**1493**	**70**	**8**
海陵区	2512	89	6	726	1134	299	177	77	4	
高港区	4273	27	2	797	2010	751	485	193	8	
姜堰区	10730	135	43	2418	5348	1639	802	334	10	1
泰州医药高新技术产业开发区	747	17		147	370	87	88	36	1	1
兴化市	22014	374	81	7107	10789	2879	595	182	5	2
靖江市	10373	15	3	1447	5719	1923	954	292	17	3
泰兴市	19711	220	29	5058	10227	2635	1137	379	25	1
宿迁市	**69292**	**2472**	**140**	**20784**	**33246**	**9269**	**2526**	**824**	**28**	**3**
宿城区	9947	337	6	2992	4886	1189	398	134	5	
宿豫区	4635	257	4	1261	2425	487	157	42	2	
沭阳县	26183	1216	94	9508	12026	2363	699	267	9	1
泗阳县	9536	260	17	1920	5354	1661	246	75	1	2
泗洪县	12980	256	17	3522	5371	2856	745	203	10	
宿迁经济技术开发区	1973	62	2	408	1099	254	111	37		
宿迁市湖滨新区	2152	44		727	990	244	104	42	1	
苏州宿迁工业园区										
宿迁市洋河新区	1886	40		446	1095	215	66	24		
男	**649928**	**5894**	**568**	**125502**	**351754**	**109721**	**40768**	**14894**	**737**	**90**
南京市	**38810**	**508**	**48**	**7046**	**17845**	**7590**	**4143**	**1496**	**118**	**16**
玄武区										
秦淮区										
建邺区										
鼓楼区										
浦口区	2212	34		375	990	483	253	73	1	3
栖霞区	1918	3		188	925	520	186	93	2	1
雨花台区										
江宁区	13017	144	14	2143	6135	2466	1469	575	63	8
六合区	9167	90	9	1565	4383	1723	1023	348	24	2
溧水区	4883	97	7	1171	2198	936	355	112	6	1
高淳区	6955	135	17	1521	2946	1300	757	258	20	1
南京江北新区	658	5	1	83	268	162	100	37	2	
无锡市	**42733**	**156**	**7**	**5652**	**24136**	**7858**	**3383**	**1484**	**52**	**5**
锡山区	3960	14		533	2285	609	343	170	6	

4-2c 续表 3

单位：人

地区 性别	合计	未上过学	学前教育	小学	初中	高中	大学专科	大学本科	硕士研究生	博士研究生
惠山区	7520	59	2	948	4393	1169	636	294	18	1
滨湖区	1520	16		159	772	284	199	86	4	
梁溪区										
新吴区	2729	5	1	183	1518	589	296	134	2	1
江苏无锡经济开发区										
江阴市	14685	32	3	1658	8118	3273	1126	461	13	1
宜兴市	12319	30	1	2171	7050	1934	783	339	9	2
徐州市	**76614**	**975**	**87**	**17587**	**45202**	**9256**	**2878**	**598**	**29**	**2**
鼓楼区										
云龙区										
贾汪区	4377	84	1	858	2636	561	187	47	3	
泉山区										
铜山区	14769	175	15	3250	8720	1812	627	162	8	
丰县	9611	76	7	1892	6002	1200	364	66	4	
沛县	11203	72	9	2058	7295	1242	448	73	4	2
睢宁县	10839	185	16	2663	6201	1309	391	71	3	
徐州经济技术开发区	1396	22		234	833	217	75	15		
新沂市	10993	195	19	2647	6308	1329	398	96	1	
邳州市	13426	166	20	3985	7207	1586	388	68	6	
常州市	**40538**	**213**	**9**	**6026**	**22654**	**7095**	**3006**	**1425**	**100**	**10**
天宁区	1793	8	1	246	1002	295	154	86	1	
钟楼区	1333	6		148	777	224	108	63	7	
新北区	3564	16		458	2010	607	325	141	7	
武进区	12454	47	2	1859	7116	1934	1044	427	23	2
金坛区	6267	47	2	1080	3256	1170	453	210	44	5
江苏省常州市经济开发区	5547	12		702	3529	760	363	176	5	
溧阳市	9580	77	4	1533	4964	2105	559	322	13	3
苏州市	**84289**	**302**	**33**	**11606**	**44056**	**16302**	**8395**	**3398**	**178**	**19**
虎丘区	2514	16		390	1181	412	311	181	21	2
吴中区	11876	62	7	1697	5851	2594	1212	425	27	1
相城区	1974	6	1	282	1007	420	182	71	5	
姑苏区										
吴江区	12625	76	10	2697	6570	1892	956	412	10	2
苏州工业园区										
常熟市	16598	30		1938	9551	2655	1762	642	18	2
张家港市	12776	46	3	1848	7149	2049	1125	532	22	2
昆山市	15915	22	3	1250	7438	4300	1999	829	65	9
太仓市	10011	44	9	1504	5309	1980	848	306	10	1
南通市	**69298**	**439**	**32**	**15784**	**36894**	**10428**	**3814**	**1826**	**73**	**8**
崇川区										
港闸区	136	1		34	66	19	12	4		
通州区	10205	56	7	2174	5082	1796	777	297	15	1
如东县	12261	141	8	3289	5935	2003	593	280	9	3
南通经济技术开发区										
通州湾示范区	1330	7		343	742	161	59	17	1	
苏锡通科技产业园区	1641	1		252	921	269	118	75	5	
启东市	11515	73	6	2815	6858	1140	404	208	9	2
如皋市	13607	41	3	2592	7174	2319	937	517	22	2
海门市	8249	53	3	1751	4946	1020	332	141	3	
海安市	10354	66	5	2534	5170	1701	582	287	9	
连云港市	**40149**	**527**	**51**	**7373**	**21557**	**8220**	**1960**	**447**	**12**	**2**
连云区	87			15	44	22	4	2		

4-2c　续表 4　　　　　　　　　　　　　　　　　　　　　　　　　　　　单位：人

地　区 性　别	合　计	未上过学	学前教育	小　学	初　中	高　中	大学专科	大学本科	硕　士 研究生	博　士 研究生
海州区	2482	45	2	452	1409	376	159	38	1	
赣榆区	12082	160	8	2034	6371	2508	804	190	6	1
东海县	10165	84	4	1559	4623	3192	591	107	4	1
灌云县	6512	107	4	1477	3959	788	142	35		
灌南县	7607	107	33	1719	4578	981	144	44	1	
连云港经济技术开发区	524	9		43	185	195	72	20		
连云港高新技术产业开发区										
江苏连云港徐圩新区	43	1		2	31	6	3			
江苏省连云港市云台山风景名胜区	647	14		72	357	152	41	11		
淮安市	**33545**	**370**	**25**	**6212**	**19134**	**5928**	**1480**	**382**	**11**	**3**
淮安区	6906	90	8	1693	3857	904	271	81	1	1
淮阴区	6621	57	5	1011	4180	1063	237	65	2	1
清江浦区	1530	12	4	279	899	195	120	20	1	
洪泽区	2523	40	2	450	1412	465	113	41		
涟水县	8521	26		1083	4936	2037	368	67	3	1
盱眙县	4034	123	4	956	2275	509	135	31	1	
金湖县	3163	14	2	701	1456	697	219	72	2	
淮安经济技术开发区										
工业园区	205	3		27	109	44	16	5	1	
生态文旅区										
苏淮高新区	42	5		12	10	14	1			
盐城市	**73726**	**1041**	**71**	**16915**	**40173**	**12062**	**2612**	**816**	**29**	**7**
亭湖区	3051	26		569	1700	605	115	35	1	
盐都区	8162	96	8	1422	4244	1868	384	134	4	2
大丰区	9824	159	11	2107	4952	1881	515	192	7	
响水县	4675	175	4	1361	2506	499	107	23		
滨海县	7399	193	8	2180	4151	702	120	44		1
阜宁县	9103	94	6	1871	5500	1304	245	79	4	
射阳县	10702	94	12	2474	5774	1799	420	122	5	2
建湖县	6277	37	7	1396	3559	1009	214	52	1	2
盐城经济技术开发区	891	6		148	506	171	49	9	2	
江苏省盐南高新区										
东台市	13642	161	15	3387	7281	2224	443	126	5	
扬州市	**46591**	**447**	**83**	**9794**	**24620**	**7103**	**3314**	**1178**	**47**	**5**
广陵区	2919	12	4	495	1533	560	235	78	2	
邗江区	2714	31	2	503	1229	539	299	105	6	
江都区	11084	78	13	2296	6279	1500	684	222	10	2
宝应县	11917	160	16	2591	6545	1730	638	233	4	
扬州经济技术开发区	438			43	166	86	72	62	8	1
蜀冈瘦西湖景区										
生态新城	514	4		73	246	116	53	21		1
仪征市	5560	37	14	1107	2698	967	530	200	7	
高邮市	11445	125	34	2686	5924	1605	803	257	10	1
镇江市	**20707**	**79**	**8**	**3200**	**11350**	**4067**	**1459**	**516**	**25**	**3**
京口区	183	2		22	100	38	19	2		
润州区	32			6	21	3	1	1		
丹徒区	2862	11	2	485	1686	492	150	33	2	1
镇江新区	950	4		120	434	234	111	47		
江苏镇江高新区										
丹阳市	6282	10		835	3838	1190	317	88	3	1
扬中市	3144	12	2	465	1428	709	361	157	10	
句容市	7254	40	4	1267	3843	1401	500	188	10	1

4-2c 续表 5 单位：人

地区 性别	合计	未上过学	学前教育	小学	初中	高中	大学专科	大学本科	硕士研究生	博士研究生
泰州市	**41514**	**160**	**42**	**8191**	**22080**	**7409**	**2720**	**863**	**42**	**7**
海陵区	1438	13	1	381	697	204	100	41	1	
高港区	2492	3		342	1217	520	306	101	3	
姜堰区	6621	35	17	1298	3419	1147	517	182	5	1
泰州医药高新技术产业开发区	432	4		67	234	52	54	20		1
兴化市	13029	65	16	3244	6961	2209	416	111	5	2
靖江市	6465	4	1	782	3550	1341	611	164	10	2
泰兴市	11037	36	7	2077	6002	1936	716	244	18	1
宿迁市	**41414**	**677**	**72**	**10116**	**22053**	**6403**	**1604**	**465**	**21**	**3**
宿城区	6005	81	4	1485	3267	827	258	78	5	
宿豫区	3035	82	2	675	1768	382	100	24	2	
沭阳县	15523	345	50	4740	8079	1718	446	138	6	1
泗阳县	5797	61	4	782	3545	1196	164	43		2
泗洪县	7214	75	11	1561	3202	1771	469	118	7	
宿迁经济技术开发区	1250	13	1	240	725	176	68	27		
宿迁市湖滨新区	1444	13		435	731	186	55	23	1	
苏州宿迁工业园区										
宿迁市洋河新区	1146	7		198	736	147	44	14		
女	**439364**	**15920**	**1014**	**128785**	**206883**	**48703**	**25301**	**12142**	**580**	**36**
南京市	**19571**	**725**	**28**	**4825**	**7556**	**2829**	**2395**	**1109**	**101**	**3**
玄武区										
秦淮区										
建邺区										
鼓楼区										
浦口区	1289	63	2	340	461	211	142	68	2	
栖霞区	1050	12		148	482	209	135	63	1	
雨花台区										
江宁区	6475	181	3	1231	2592	1046	879	469	73	1
六合区	4848	214	5	1328	1845	610	619	219	7	1
溧水区	2356	132	10	706	916	302	204	81	4	1
高淳区	3212	119	8	999	1119	397	374	186	10	
南京江北新区	341	4		73	141	54	42	23	4	
无锡市	**26575**	**289**	**13**	**4820**	**14234**	**3788**	**2127**	**1251**	**47**	**6**
锡山区	2662	21	3	489	1435	308	243	159	4	
惠山区	4329	107	1	761	2216	567	376	282	16	3
滨湖区	923	25		104	465	128	136	61	2	2
梁溪区										
新吴区	1611	9	1	150	897	255	185	108	6	
江苏无锡经济开发区										
江阴市	9439	63	5	1387	5172	1728	718	357	9	
宜兴市	7611	64	3	1929	4049	802	469	284	10	1
徐州市	**52797**	**2206**	**140**	**18675**	**25985**	**3869**	**1479**	**422**	**20**	**1**
鼓楼区										
云龙区										
贾汪区	2118	145		593	1058	187	98	35	2	
泉山区										
铜山区	11466	441	26	3608	5969	948	338	133	3	
丰县	7850	235	15	2644	4192	523	193	46	2	
沛县	7051	208	13	2078	4054	482	168	42	6	
睢宁县	7315	428	21	3020	3121	444	221	57	2	1
徐州经济技术开发区	818	33	1	234	418	90	30	11	1	
新沂市	6623	425	33	2585	2866	455	201	54	4	
邳州市	9556	291	31	3913	4307	740	230	44		

4-2c　续表 6

单位：人

地区 性别	合计	未上过学	学前教育	小学	初中	高中	大学专科	大学本科	硕士研究生	博士研究生
常州市	**25095**	**420**	**8**	**5033**	**13299**	**3226**	**1847**	**1204**	**54**	**4**
天宁区	1156	14		198	614	151	105	73	1	
钟楼区	818	11		132	449	113	56	56	1	
新北区	2474	44		456	1336	275	218	137	7	1
武进区	8471	128	3	1644	4584	1001	709	395	6	1
金坛区	3829	73	3	980	1905	454	245	145	24	
江苏省常州市经济开发区	3444	35		565	2022	427	234	156	4	1
溧阳市	4903	115	2	1058	2389	805	280	242	11	1
苏州市	**53880**	**627**	**43**	**9476**	**26532**	**8153**	**5839**	**3060**	**139**	**11**
虎丘区	1451	54	2	255	593	185	222	131	9	
吴中区	8179	116	13	1641	3722	1330	882	441	32	2
相城区	1085	11	1	201	528	158	125	55	6	
姑苏区										
吴江区	8289	136	14	1907	4117	936	735	431	11	2
苏州工业园区										
常熟市	11493	114		1935	6095	1434	1308	593	11	3
张家港市	7672	68	2	1303	4060	964	760	493	21	1
昆山市	9135	32	4	869	4242	2108	1216	625	36	3
太仓市	6576	96	7	1365	3175	1038	591	291	13	
南通市	**57891**	**1477**	**98**	**17872**	**28011**	**5906**	**2835**	**1632**	**57**	**3**
崇川区										
港闸区	73	7	1	15	34	8	6	2		
通州区	7940	200	11	2047	3704	1017	609	336	15	1
如东县	10131	353	19	3306	4639	1116	432	258	8	
南通经济技术开发区										
通州湾示范区	1195	32		388	614	109	34	18		
苏锡通科技产业园区	1159	10		191	627	158	104	69		
启东市	8717	228	10	2907	4423	644	347	155	3	
如皋市	10795	125	15	3230	5352	1144	541	363	23	2
海门市	8049	205	7	2362	4189	792	312	180	2	
海安市	9832	317	35	3426	4429	918	450	251	6	
连云港市	**31805**	**1421**	**94**	**9572**	**14085**	**4947**	**1323**	**353**	**9**	**1**
连云区	37	1		11	15	7		3		
海州区	1265	118	2	346	608	86	73	30	2	
赣榆区	9934	372	9	2559	4645	1656	548	143	2	
东海县	9350	223	6	2116	3968	2476	457	103		1
灌云县	4204	292	9	1828	1754	225	69	25	2	
灌南县	6357	376	68	2613	2835	335	104	25	1	
连云港经济技术开发区	304	12		37	108	95	34	16	2	
连云港高新技术产业开发区										
江苏连云港徐圩新区	24	2		7	8	5	2			
江苏省连云港市云台山风景名胜区	330	25		55	144	62	36	8		
淮安市	**20348**	**903**	**44**	**6722**	**9603**	**2079**	**712**	**268**	**17**	
淮安区	4293	297	15	1615	1877	309	129	51		
淮阴区	3387	141	8	1135	1688	285	88	41	1	
清江浦区	921	24	5	303	409	88	46	39	7	
洪泽区	1342	63	6	372	628	150	78	45		
涟水县	6534	104	1	1800	3523	907	164	35		
盱眙县	2195	233	6	882	799	149	95	26	5	
金湖县	1526	27	3	568	628	164	104	28	4	
淮安经济技术开发区										
工业园区	117	3		43	42	20	6	3		

4-2c 续表 7

单位：人

地　区 性　别	合 计	未上过学	学前教育	小 学	初 中	高 中	大学专科	大学本科	硕 士 研究生	博 士 研究生
生态文旅区										
苏淮高新区	33	11		4	9	7	2			
盐城市	**52748**	**4033**	**227**	**20201**	**22539**	**3747**	**1414**	**551**	**33**	**3**
亭湖区	1735	54	5	574	841	176	60	23	2	
盐都区	5134	308	16	1602	2435	493	199	74	6	1
大丰区	7702	718	30	2549	3223	702	321	152	7	
响水县	3414	540	10	1514	1144	147	41	17	1	
滨海县	4533	598	7	1967	1692	182	72	15		
阜宁县	5921	287	10	2198	2802	423	142	56	2	1
射阳县	7509	434	43	3280	2991	478	199	78	6	
建湖县	4105	141	29	1690	1863	267	85	28	2	
盐城经济技术开发区	554	24		160	276	60	23	10	1	
江苏省盐南高新区										
东台市	12141	929	77	4667	5272	819	272	98	6	1
扬州市	**29158**	**1088**	**116**	**8473**	**13660**	**2901**	**1975**	**899**	**45**	**1**
广陵区	1838	34	3	476	844	259	160	57	5	
邗江区	1802	43		381	825	286	176	90	1	
江都区	6937	170	26	1882	3660	602	401	182	13	1
宝应县	7052	403	23	2239	3252	619	342	168	6	
扬州经济技术开发区	289	6		26	103	49	57	41	7	
蜀冈瘦西湖景区										
生态新城	404	3		89	191	65	30	25	1	
仪征市	3212	88	22	857	1433	380	278	147	7	
高邮市	7624	341	42	2523	3352	641	531	189	5	
镇江市	**12772**	**219**	**13**	**2939**	**6669**	**1588**	**915**	**404**	**23**	**2**
京口区	102	4		17	47	15	14	5		
润州区	20			8	10		2			
丹徒区	1804	36	4	466	919	223	122	31	3	
镇江新区	566	4		84	267	113	61	36	1	
江苏镇江高新区										
丹阳市	4463	31	1	954	2670	533	201	67	4	2
扬中市	2035	32	4	467	932	242	230	121	7	
句容市	3782	112	4	943	1824	462	285	144	8	
泰州市	**28846**	**717**	**122**	**9509**	**13517**	**2804**	**1518**	**630**	**28**	**1**
海陵区	1074	76	5	345	437	95	77	36	3	
高港区	1781	24	2	455	793	231	179	92	5	
姜堰区	4109	100	26	1120	1929	492	285	152	5	
泰州医药高新技术产业开发区	315	13		80	136	35	34	16	1	
兴化市	8985	309	65	3863	3828	670	179	71		
靖江市	3908	11	2	665	2169	582	343	128	7	1
泰兴市	8674	184	22	2981	4225	699	421	135	7	
宿迁市	**27878**	**1795**	**68**	**10668**	**11193**	**2866**	**922**	**359**	**7**	
宿城区	3942	256	2	1507	1619	362	140	56		
宿豫区	1600	175	2	586	657	105	57	18		
沭阳县	10660	871	44	4768	3947	645	253	129	3	
泗阳县	3739	199	13	1138	1809	465	82	32	1	
泗洪县	5766	181	6	1961	2169	1085	276	85	3	
宿迁经济技术开发区	723	49	1	168	374	78	43	10		
宿迁市湖滨新区	708	31		292	259	58	49	19		
苏州宿迁工业园区										
宿迁市洋河新区	740	33		248	359	68	22	10		

4-3　全省分年龄、性别、受教育程度的就业人口

单位：人

年龄组 性　别	合　计	未上过学	学前教育	小　学	初　中	高　中	大学专科	大学本科	硕　士 研究生	博　士 研究生
总　计	**4062749**	**37689**	**2684**	**496873**	**1616120**	**772551**	**577504**	**496630**	**55880**	**6818**
16-19岁	29540	16	17	726	13617	10575	3896	682	11	
20-24岁	198883	119	32	2440	47392	42228	62867	42629	1148	28
25-29岁	446924	225	53	6011	106969	90182	119118	111435	12414	517
30-34岁	667568	463	73	14120	193938	148723	157224	134842	16457	1728
35-39岁	487468	562	61	15417	171727	107716	89964	88286	12101	1634
40-44岁	461618	1040	71	28505	204306	107421	61007	51421	6592	1255
45-49岁	515711	2483	137	59356	275925	98543	41615	33337	3568	747
50-54岁	524641	4414	279	99871	296600	73906	25142	21795	2140	494
55-59岁	345136	4077	317	73900	178041	61692	14238	11207	1306	358
60-64岁	157413	6071	365	63621	64755	20450	1373	625	103	50
65-69岁	134129	8412	610	73411	42604	8153	686	225	23	5
70-74岁	59545	5005	355	37887	14023	1968	224	73	9	1
75岁及以上	34173	4802	314	21608	6223	994	150	73	8	1
男	**2401192**	**10882**	**1001**	**253137**	**998966**	**498390**	**336176**	**267640**	**30516**	**4484**
16-19岁	19049	12	8	480	9019	6948	2231	343	8	
20-24岁	115644	71	13	1576	31186	27812	34761	19750	459	16
25-29岁	256648	126	20	3479	66805	57167	68468	54558	5754	271
30-34岁	377751	239	34	7378	113455	89775	87953	69564	8241	1112
35-39岁	272445	216	32	7138	96158	62694	50034	48435	6709	1029
40-44岁	255318	324	26	12564	111873	62183	34468	29002	4064	814
45-49岁	289369	675	56	25640	154566	60066	25143	20281	2436	506
50-54岁	334107	1276	110	49328	193044	55048	18276	15064	1592	369
55-59岁	240779	1117	127	38271	126212	50960	12824	9822	1129	317
60-64岁	101031	1673	121	33097	47902	16433	1140	533	89	43
65-69岁	83030	2418	202	39971	32814	6870	561	168	21	5
70-74岁	35701	1340	123	21390	10958	1635	189	59	6	1
75岁及以上	20320	1395	129	12825	4974	799	128	61	8	1
女	**1661557**	**26807**	**1683**	**243736**	**617154**	**274161**	**241328**	**228990**	**25364**	**2334**
16-19岁	10491	4	9	246	4598	3627	1665	339	3	
20-24岁	83239	48	19	864	16206	14416	28106	22879	689	12
25-29岁	190276	99	33	2532	40164	33015	50650	56877	6660	246
30-34岁	289817	224	39	6742	80483	58948	69271	65278	8216	616
35-39岁	215023	346	29	8279	75569	45022	39930	39851	5392	605
40-44岁	206300	716	45	15941	92433	45238	26539	22419	2528	441
45-49岁	226342	1808	81	33716	121359	38477	16472	13056	1132	241
50-54岁	190534	3138	169	50543	103556	18858	6866	6731	548	125
55-59岁	104357	2960	190	35629	51829	10732	1414	1385	177	41
60-64岁	56382	4398	244	30524	16853	4017	233	92	14	7
65-69岁	51099	5994	408	33440	9790	1283	125	57	2	
70-74岁	23844	3665	232	16497	3065	333	35	14	3	
75岁及以上	13853	3407	185	8783	1249	195	22	12		

4-3a 全省分年龄、性别、受教育程度的就业人口(城市)

单位：人

年龄组 性别	合计	未上过学	学前教育	小学	初中	高中	大学专科	大学本科	硕士研究生	博士研究生
总计	**1925978**	**7952**	**523**	**119119**	**586082**	**401539**	**381341**	**376244**	**47181**	**5997**
16-19岁	14765	6	9	258	6297	5487	2271	427	10	
20-24岁	110597	38	7	920	20319	21057	37861	29472	907	16
25-29岁	250687	79	22	2227	42052	43901	71677	80251	10056	422
30-34岁	374052	191	36	5009	75277	75342	100469	102411	13833	1484
35-39岁	279426	212	28	5475	69077	59226	63568	69955	10421	1464
40-44岁	252386	383	22	10399	85160	63625	45211	40757	5692	1137
45-49岁	250827	949	46	20748	110367	57649	31065	26227	3112	664
50-54岁	208662	1567	63	29853	101158	38618	17974	17105	1882	442
55-59岁	124041	1148	88	18297	55106	29030	9976	8925	1152	319
60-64岁	30903	1162	68	10375	12518	5427	758	458	92	45
65-69岁	19744	1242	77	9797	6432	1676	346	158	13	3
70-74岁	6654	551	29	3907	1687	319	109	45	6	1
75岁及以上	3234	424	28	1854	632	182	56	53	5	
男	**1126567**	**2628**	**227**	**64541**	**359422**	**250572**	**217799**	**201719**	**25723**	**3936**
16-19岁	9603	4	4	183	4280	3647	1267	211	7	
20-24岁	62721	19	2	625	13573	13753	20737	13632	373	7
25-29岁	139127	39	6	1347	26154	27164	40549	39000	4651	217
30-34岁	204806	87	14	2664	43391	43905	54655	52266	6867	957
35-39岁	151869	87	18	2574	37623	32770	34227	37948	5711	911
40-44岁	137320	119	6	4672	45566	34971	24971	22786	3490	739
45-49岁	140627	276	20	9432	60567	33663	18299	15785	2134	451
50-54岁	142269	498	28	16503	69404	29379	13031	11706	1390	330
55-59岁	97469	410	43	11194	42512	25190	9048	7793	999	280
60-64岁	21586	367	26	6154	9577	4351	606	386	79	40
65-69岁	13079	451	36	5783	5000	1392	279	123	12	3
70-74岁	4171	163	14	2311	1297	255	87	38	5	1
75岁及以上	1920	108	10	1099	478	132	43	45	5	
女	**799411**	**5324**	**296**	**54578**	**226660**	**150967**	**163542**	**174525**	**21458**	**2061**
16-19岁	5162	2	5	75	2017	1840	1004	216	3	
20-24岁	47876	19	5	295	6746	7304	17124	15840	534	9
25-29岁	111560	40	16	880	15898	16737	31128	41251	5405	205
30-34岁	169246	104	22	2345	31886	31437	45814	50145	6966	527
35-39岁	127557	125	10	2901	31454	26456	29341	32007	4710	553
40-44岁	115066	264	16	5727	39594	28654	20240	17971	2202	398
45-49岁	110200	673	26	11316	49800	23986	12766	10442	978	213
50-54岁	66393	1069	35	13350	31754	9239	4943	5399	492	112
55-59岁	26572	738	45	7103	12594	3840	928	1132	153	39
60-64岁	9317	795	42	4221	2941	1076	152	72	13	5
65-69岁	6665	791	41	4014	1432	284	67	35	1	
70-74岁	2483	388	15	1596	390	64	22	7	1	
75岁及以上	1314	316	18	755	154	50	13	8		

4-3b 全省分年龄、性别、受教育程度的就业人口(镇)

单位：人

年龄组 性 别	合 计	未上过学	学前教育	小 学	初 中	高 中	大学专科	大学本科	硕 士 研究生	博 士 研究生
总 计	**1047479**	**7923**	**579**	**123467**	**471401**	**212588**	**130094**	**93350**	**7382**	**695**
16-19岁	7471	1	3	211	3457	2702	923	173	1	
20-24岁	48959	30	12	705	13426	11339	14555	8697	185	10
25-29岁	114258	73	18	1816	33313	26364	28994	21793	1817	70
30-34岁	174084	102	16	4379	61173	43916	37273	24831	2194	200
35-39岁	125663	140	11	4691	54177	30427	18896	15638	1538	145
40-44岁	119404	262	24	7880	61089	27826	11857	9512	848	106
45-49岁	135683	589	32	15711	78768	25448	8290	6344	425	76
50-54岁	141231	941	68	25698	84488	20144	5460	4164	222	46
55-59岁	88657	854	58	18120	48609	15691	3172	1982	136	35
60-64岁	40554	1342	75	15345	17498	5773	380	129	8	4
65-69岁	31713	1712	134	16608	10813	2196	191	51	6	2
70-74岁	12735	934	68	7942	3200	515	55	20	1	
75岁及以上	7067	943	60	4361	1390	247	48	16	1	1
男	**624697**	**2360**	**206**	**63094**	**287790**	**138097**	**77609**	**51027**	**4056**	**458**
16-19岁	4758	1	3	136	2260	1723	544	90	1	
20-24岁	28924	17	5	446	8664	7534	8154	4036	60	8
25-29岁	66797	44	6	1021	20568	16709	16807	10773	829	40
30-34岁	100403	66	9	2238	35468	26849	21467	13049	1131	126
35-39岁	71608	50	5	2142	30321	18316	11052	8719	904	99
40-44岁	66945	85	11	3490	33458	16830	6971	5492	544	64
45-49岁	76968	157	8	6796	44406	16035	5265	3973	280	48
50-54岁	88903	285	24	12842	54040	14590	3950	2962	177	33
55-59岁	60902	229	23	9542	33871	12506	2819	1762	116	34
60-64岁	26433	383	27	8115	12876	4579	331	112	7	3
65-69岁	20015	499	37	9231	8248	1802	160	31	5	2
70-74岁	7787	268	26	4498	2506	425	47	16	1	
75岁及以上	4254	276	22	2597	1104	199	42	12	1	1
女	**422782**	**5563**	**373**	**60373**	**183611**	**74491**	**52485**	**42323**	**3326**	**237**
16-19岁	2713			75	1197	979	379	83		
20-24岁	20035	13	7	259	4762	3805	6401	4661	125	2
25-29岁	47461	29	12	795	12745	9655	12187	11020	988	30
30-34岁	73681	36	7	2141	25705	17067	15806	11782	1063	74
35-39岁	54055	90	6	2549	23856	12111	7844	6919	634	46
40-44岁	52459	177	13	4390	27631	10996	4886	4020	304	42
45-49岁	58715	432	24	8915	34362	9413	3025	2371	145	28
50-54岁	52328	656	44	12856	30448	5554	1510	1202	45	13
55-59岁	27755	625	35	8578	14738	3185	353	220	20	1
60-64岁	14121	959	48	7230	4622	1194	49	17	1	1
65-69岁	11698	1213	97	7377	2565	394	31	20	1	
70-74岁	4948	666	42	3444	694	90	8	4		
75岁及以上	2813	667	38	1764	286	48	6	4		

4-3c 全省分年龄、性别、受教育程度的就业人口(乡村)

单位：人

年龄组 性别	合计	未上过学	学前教育	小学	初中	高中	大学专科	大学本科	硕士 研究生	博士 研究生
总计	**1089292**	**21814**	**1582**	**254287**	**558637**	**158424**	**66069**	**27036**	**1317**	**126**
16-19岁	7304	9	5	257	3863	2386	702	82		
20-24岁	39327	51	13	815	13647	9832	10451	4460	56	2
25-29岁	81979	73	13	1968	31604	19917	18447	9391	541	25
30-34岁	119432	170	21	4732	57488	29465	19482	7600	430	44
35-39岁	82379	210	22	5251	48473	18063	7500	2693	142	25
40-44岁	89828	395	25	10226	58057	15970	3939	1152	52	12
45-49岁	129201	945	59	22897	86790	15446	2260	766	31	7
50-54岁	174748	1906	148	44320	110954	15144	1708	526	36	6
55-59岁	132438	2075	171	37483	74326	16971	1090	300	18	4
60-64岁	85956	3567	222	37901	34739	9250	235	38	3	1
65-69岁	82672	5458	399	47006	25359	4281	149	16	4	
70-74岁	40156	3520	258	26038	9136	1134	60	8	2	
75岁及以上	23872	3435	226	15393	4201	565	46	4	2	
男	**649928**	**5894**	**568**	**125502**	**351754**	**109721**	**40768**	**14894**	**737**	**90**
16-19岁	4688	7	1	161	2479	1578	420	42		
20-24岁	23999	35	6	505	8949	6525	5870	2082	26	1
25-29岁	50724	43	8	1111	20083	13294	11112	4785	274	14
30-34岁	72542	86	11	2476	34596	19021	11831	4249	243	29
35-39岁	48968	79	9	2422	28214	11608	4755	1768	94	19
40-44岁	51053	120	9	4402	32849	10382	2526	724	30	11
45-49岁	71774	242	28	9412	49593	10368	1579	523	22	7
50-54岁	102935	493	58	19983	69600	11079	1295	396	25	6
55-59岁	82408	478	61	17535	49829	13264	957	267	14	3
60-64岁	53012	923	68	18828	25449	7503	203	35	3	
65-69岁	49936	1468	129	24957	19566	3676	122	14	4	
70-74岁	23743	909	83	14581	7155	955	55	5		
75岁及以上	14146	1011	97	9129	3392	468	43	4	2	
女	**439364**	**15920**	**1014**	**128785**	**206883**	**48703**	**25301**	**12142**	**580**	**36**
16-19岁	2616	2	4	96	1384	808	282	40		
20-24岁	15328	16	7	310	4698	3307	4581	2378	30	1
25-29岁	31255	30	5	857	11521	6623	7335	4606	267	11
30-34岁	46890	84	10	2256	22892	10444	7651	3351	187	15
35-39岁	33411	131	13	2829	20259	6455	2745	925	48	6
40-44岁	38775	275	16	5824	25208	5588	1413	428	22	1
45-49岁	57427	703	31	13485	37197	5078	681	243	9	
50-54岁	71813	1413	90	24337	41354	4065	413	130	11	
55-59岁	50030	1597	110	19948	24497	3707	133	33	4	1
60-64岁	32944	2644	154	19073	9290	1747	32	3		1
65-69岁	32736	3990	270	22049	5793	605	27	2		
70-74岁	16413	2611	175	11457	1981	179	5	3	2	
75岁及以上	9726	2424	129	6264	809	97	3			

4-4　各地区分性别、行业大类的就业人口

单位：人

地　区 性　别	合计	农、林、牧、渔业						采矿业	
		小计	农业	林业	畜牧业	渔业	农、林、牧、渔专业及辅助性活动	小计	煤炭开采和洗选业
江　苏	**4062749**	**423990**	**364123**	**7578**	**16226**	**24893**	**11170**	**6084**	**2494**
南京市	**430849**	**7904**	**5098**	**263**	**425**	**1880**	**238**	**559**	**31**
玄武区	22304	2	1			1		15	2
秦淮区	33227	3					3	29	
建邺区	26395	1	1					9	1
鼓楼区	40102							1	
浦口区	18440	893	693	68	59	60	13	35	
栖霞区	43123	406	342	17	17	9	21	123	9
雨花台区	31211	31	26		3	2		105	9
江宁区	89411	1576	1215	107	94	103	57	65	2
六合区	30218	861	678	9	94	41	39	98	6
溧水区	23188	1374	1151		103	92	28	14	
高淳区	21432	2420	749	51	38	1532	50	11	1
南京江北新区	51798	337	242	11	17	40	27	54	1
无锡市	**380278**	**6665**	**5212**	**220**	**191**	**970**	**72**	**151**	**17**
锡山区	50118	386	298	25	15	43	5	12	3
惠山区	45600	692	632	5	5	39	11	11	1
滨湖区	27631	91	85	4	2			7	2
梁溪区	44955	27	18	1		4	4	2	
新吴区	35540	71	58	3	1	5	4	1	
江苏无锡经济开发区	17929	40	35		1	3	1	5	
江阴市	94039	1500	1190	34	94	148	34	41	8
宜兴市	64466	3858	2896	148	73	728	13	72	3
徐州市	**375554**	**79320**	**72448**	**1721**	**3441**	**627**	**1083**	**2758**	**2292**
鼓楼区	17427	336	218	21	22	10	65	134	103
云龙区	19358	381	281	13	26	22	39	54	42
贾汪区	16465	3226	2979	20	155	25	47	198	160
泉山区	25021	135	90	8	26	7	4	246	208
铜山区	61639	8745	7479	53	798	170	245	397	217
丰县	39567	9487	8861	42	471	16	97	27	9
沛县	41117	12104	11231	23	676	72	102	1494	1439
睢宁县	42955	9740	9106	54	370	32	178	28	14
徐州经济技术开发区	16112	1046	936	9	58	6	37	75	59
新沂市	41223	12827	11891	197	367	212	160	51	17
邳州市	54670	21293	19376	1281	472	55	109	54	24
常州市	**276950**	**7257**	**4077**	**1720**	**225**	**808**	**427**	**165**	**14**
天宁区	32287	219	127	14	11	46	21	8	2
钟楼区	31863	376	220	84	19	26	27	5	
新北区	47072	405	284	22	18	52	29	21	6
武进区	69851	2479	1251	985	37	116	90	9	3
金坛区	30577	1499	686	517	55	210	31	53	1
江苏省常州市经济开发区	24385	102	49	6	3	26	18	2	
溧阳市	40915	2177	1460	92	82	332	211	67	2
苏州市	**711439**	**10709**	**8080**	**356**	**207**	**1774**	**292**	**175**	**8**
虎丘区	47328	271	152	75	10	26	8	71	
吴中区	78744	2438	2169	104	9	83	73	37	3
相城区	49087	414	176	17	7	201	13	5	1
姑苏区	41297	54	38	3	5	7	1	7	
吴江区	83016	1585	963	49	22	546	5	8	
苏州工业园区	64396	230	68	18	22	96	26	17	2
常熟市	101707	2680	2096	34	38	479	33		

4-4 续表 1　　　　单位：人

地区 性别	合计	农、林、牧、渔业						采矿业	
		小计	农业	林业	畜牧业	渔业	农、林、牧、渔专业及辅助性活动	小计	煤炭开采和洗选业
张家港市	78626	780	668	19	29	44	20	1	
昆山市	114314	561	330	7	9	193	22	14	
太仓市	52924	1696	1420	30	56	99	91	15	2
南通市	**393050**	**68169**	**62715**	**377**	**1979**	**2376**	**722**	**112**	**11**
崇川区	32276	49	25		4	11	9	11	
港闸区	18752	111	93		2	7	9	7	
通州区	56195	5636	5350	13	119	70	84	12	2
如东县	49686	17408	15683	24	388	1203	110	7	2
南通经济技术开发区	15555	49	26	7	6	6	4	5	
通州湾示范区	4121	1353	1224	2	27	91	9		
苏锡通科技产业园区	5751	275	250	3	7		15	3	
启东市	48352	11939	10838	36	342	671	52	7	1
如皋市	60556	10357	9587	223	315	32	200	12	5
海门市	47989	8760	8224	51	271	110	104	10	
海安市	53817	12232	11415	18	498	175	126	38	1
连云港市	**198153**	**49866**	**43639**	**237**	**1898**	**3390**	**702**	**299**	**44**
连云区	7172	325	20	5	8	273	19	17	1
海州区	29892	2610	2299	19	59	140	93	37	2
赣榆区	50070	14459	11318	77	542	2386	136	64	30
东海县	46682	11942	10605	96	843	192	206	103	6
灌云县	24376	9045	8566	7	151	150	171	32	1
灌南县	27521	11040	10574	18	263	142	43	13	2
连云港经济技术开发区	3618	67	25	1	5	26	10	19	1
连云港高新技术产业开发区	5915	106	77	9	5	10	5	8	1
江苏连云港徐圩新区	1658	160	71	2	21	56	10	2	
江苏省连云港市云台山风景名胜区	1249	112	84	3	1	15	9	4	
淮安市	**176604**	**32378**	**28882**	**271**	**1107**	**1294**	**824**	**421**	**7**
淮安区	27294	5072	4625	29	151	149	118	53	
淮阴区	26927	5134	4728	58	159	77	112	59	
清江浦区	23515	1138	996	8	57	33	44	54	2
洪泽区	10803	1524	957	42	109	310	106	51	
涟水县	37980	12819	12391	54	189	85	100	11	4
盱眙县	20091	3847	3123	32	355	261	76	31	1
金湖县	12928	1780	1210	21	53	361	135	119	
淮安经济技术开发区	11264	687	521	21	22	11	112	19	
工业园区	673	112	97		4	1	10	2	
生态文旅区	4275	99	81	5	2	4	7	21	
苏淮高新区	854	166	153	1	6	2	4	1	
盐城市	**322864**	**89451**	**80132**	**334**	**3511**	**3566**	**1908**	**286**	**19**
亭湖区	30173	2666	2360	20	103	118	65	13	3
盐都区	31257	4304	3291	23	114	776	100	13	
大丰区	40511	12323	10749	50	614	581	329	22	4
响水县	18174	6141	5777	13	102	173	76	66	1
滨海县	28053	9976	9383	18	240	169	166	90	2
阜宁县	32590	8922	8271	33	172	233	213	27	4
射阳县	40630	14177	11454	122	1192	880	529	17	1
建湖县	26990	6103	5576	15	132	264	116	18	2
盐城经济技术开发区	4751	466	437	3	11	5	10	1	
江苏省盐南高新区	15381	260	209	7	13	20	11	6	2
东台市	54354	24113	22625	30	818	347	293	13	
扬州市	**228942**	**18162**	**13647**	**293**	**421**	**1890**	**1911**	**722**	**16**
广陵区	27295	259	199	12	15	23	10	37	4

4-4　续表 2

单位：人

地　区 性　别	合计	农、林、牧、渔业						采矿业	
		小计	农业	林业	畜牧业	渔业	农、林、牧、渔专业及辅助性活动	小计	煤炭开采和洗选业
邗江区	32290	395	288	9	41	30	27	230	1
江都区	44507	3621	2832	147	105	323	214	277	5
宝应县	38419	5942	4763	11	80	627	461	13	3
扬州经济技术开发区	10567	161	128	9	6	8	10	65	
蜀冈瘦西湖景区	6407	55	46	1	1	3	4	44	1
生态新城	3416	82	69	2	1	2	8	4	
仪征市	25842	1301	939	88	71	43	160	29	
高邮市	40199	6346	4383	14	101	831	1017	23	2
镇江市	**154274**	**6665**	**5347**	**391**	**353**	**351**	**223**	**218**	**8**
京口区	13872	10	9		1			14	
润州区	9879	62	46	3	8	1	4	55	2
丹徒区	14778	1347	1131	29	95	48	44	38	2
镇江新区	11464	123	106	2	7	5	3	15	
江苏镇江高新区	3002	70	39	4	3		24	8	
丹阳市	55100	2532	1951	153	115	196	117	3	1
扬中市	16957	297	233	8	25	23	8	20	
句容市	29222	2224	1832	192	99	78	23	65	3
泰州市	**220070**	**19094**	**12408**	**91**	**1086**	**4941**	**568**	**129**	**8**
海陵区	27846	819	700	6	20	77	16	47	1
高港区	13456	678	621	6	28	18	5	4	1
姜堰区	30835	1339	880	13	176	197	73	33	
泰州医药高新技术产业开发区	11768	99	92		3	2	2	5	1
兴化市	52810	10323	5072	21	472	4403	355	22	
靖江市	33571	529	337	28	56	95	13	2	1
泰兴市	49784	5307	4706	17	331	149	104	16	4
宿迁市	**193722**	**28350**	**22438**	**1304**	**1382**	**1026**	**2200**	**89**	**19**
宿城区	29725	3793	3386	16	208	159	24	9	5
宿豫区	17439	2140	1892	23	118	34	73	5	
沭阳县	65226	11044	8135	1145	631	129	1004	35	4
泗阳县	28315	3861	3351	49	123	129	209	14	
泗洪县	32592	5963	4483	17	220	401	842	12	3
宿迁经济技术开发区	8407	336	247	27	25	5	32	6	2
宿迁市湖滨新区	5250	715	514	8	23	158	12	1	
苏州宿迁工业园区	1388	3	1			1	1	5	3
宿迁市洋河新区	5380	495	429	19	34	10	3	2	2
男	**2401192**	**217827**	**177912**	**4689**	**10116**	**17707**	**7403**	**4897**	**2090**
南京市	**257677**	**4900**	**2901**	**188**	**287**	**1356**	**168**	**449**	**26**
玄武区	12229	1				1		10	2
秦淮区	18398	2					2	20	
建邺区	15026	1	1					6	
鼓楼区	21935								
浦口区	11332	538	394	56	37	42	9	33	
栖霞区	26435	231	186	10	13	8	14	105	6
雨花台区	18902	18	14		2	2		88	9
江宁区	54274	961	710	78	64	73	36	55	2
六合区	18858	533	404	7	60	30	32	82	6
溧水区	15121	782	629		72	63	18	7	
高淳区	14247	1644	436	30	29	1111	38	8	1
南京江北新区	30920	189	127	7	10	26	19	35	
无锡市	**226729**	**3854**	**2874**	**146**	**120**	**658**	**56**	**120**	**15**
锡山区	30263	232	168	18	10	32	4	9	2

4-4 续表 3 单位：人

地区 性别	合计	农、林、牧、渔业						采矿业	
		小计	农业	林业	畜牧业	渔业	农、林、牧、渔专业及辅助性活动	小计	煤炭开采和洗选业
惠山区	27994	420	372	4	5	30	9	7	1
滨湖区	16402	42	38	3	1			5	1
梁溪区	25725	18	10	1		4	3	2	
新吴区	21015	49	39	3	1	3	3	1	
江苏无锡经济开发区	10592	22	19		1	1	1	4	
江阴市	55663	892	687	21	59	100	25	33	8
宜兴市	39075	2179	1541	96	43	488	11	59	3
徐州市	**223873**	**41394**	**36993**	**1061**	**2194**	**458**	**688**	**2306**	**1920**
鼓楼区	10485	205	129	18	14	6	38	106	83
云龙区	11160	195	129	9	20	16	21	44	34
贾汪区	10883	1927	1746	14	109	21	37	191	154
泉山区	14488	96	63	6	20	4	3	197	173
铜山区	34247	3818	3063	34	485	113	123	354	200
丰县	22659	4665	4289	34	286	9	47	24	9
沛县	25871	5993	5399	18	441	55	80	1202	1159
睢宁县	25524	5179	4755	42	238	24	120	25	13
徐州经济技术开发区	10385	524	454	7	37	4	22	69	55
新沂市	24930	7019	6377	137	230	162	113	43	16
邳州市	33241	11773	10589	742	314	44	84	51	24
常州市	**165111**	**4038**	**2192**	**891**	**123**	**560**	**272**	**131**	**10**
天宁区	18576	132	71	11	6	32	12	6	1
钟楼区	18688	223	127	45	12	18	21	4	
新北区	26902	221	138	13	11	36	23	14	3
武进区	41276	1312	659	490	20	82	61	9	3
金坛区	18490	824	350	271	30	147	26	43	1
江苏省常州市经济开发区	14687	63	29	4	2	17	11	2	
溧阳市	26492	1263	818	57	42	228	118	53	2
苏州市	**418832**	**5826**	**4029**	**252**	**148**	**1198**	**199**	**134**	**6**
虎丘区	27883	169	88	51	8	14	8	55	
吴中区	45402	1207	1023	74	6	52	52	27	2
相城区	29573	249	108	13	6	114	8	5	1
姑苏区	23301	36	23	2	4	6	1	6	
吴江区	49474	916	468	35	17	391	5	4	
苏州工业园区	37573	157	47	14	16	64	16	12	1
常熟市	59521	1393	987	25	33	322	26		
张家港市	46961	455	376	15	17	32	15	1	
昆山市	68027	382	218	4	7	136	17	10	
太仓市	31117	862	691	19	34	67	51	14	2
南通市	**222910**	**30205**	**26191**	**235**	**1254**	**2021**	**504**	**94**	**11**
崇川区	18310	31	12		3	9	7	10	
港闸区	11243	62	48		1	7	6	5	
通州区	31570	2443	2246	11	84	51	51	11	2
如东县	27349	8376	7003	17	252	1015	89	5	2
南通经济技术开发区	9692	30	13	4	5	6	2	3	
通州湾示范区	2341	610	510	2	18	74	6		
苏锡通科技产业园区	3518	137	120	1	5		11	1	
启东市	28552	5060	4178	23	231	604	24	5	1
如皋市	34298	4768	4249	133	204	26	156	11	5
海门市	26683	3709	3346	35	170	91	67	7	
海安市	29354	4979	4466	9	281	138	85	36	1
连云港市	**113801**	**25384**	**20877**	**145**	**1137**	**2740**	**485**	**232**	**39**
连云区	4690	255	8	3	5	226	13	14	1

4-4　续表 4

单位：人

地区 性别	合计	农、林、牧、渔业						采矿业	
		小计	农业	林业	畜牧业	渔业	农、林、牧、渔专业及辅助性活动	小计	煤炭开采和洗选业
海州区	17858	1472	1250	11	37	109	65	26	
赣榆区	28020	6962	4508	41	337	1984	92	57	29
东海县	24907	5952	5176	61	463	112	140	69	4
灌云县	14685	4981	4636	5	106	121	113	28	1
灌南县	15781	5459	5139	18	168	100	34	11	2
连云港经济技术开发区	2261	55	19		4	24	8	15	1
连云港高新技术产业开发区	3485	71	51	5	2	9	4	6	1
江苏连云港徐圩新区	1288	116	49	1	14	42	10	2	
江苏省连云港市云台山风景名胜区	826	61	41		1	13	6	4	
淮安市	**105216**	**17609**	**15151**	**203**	**737**	**913**	**605**	**326**	**6**
淮安区	16351	2742	2397	20	102	118	105	40	
淮阴区	16996	2820	2517	49	107	58	89	51	
清江浦区	13654	627	523	4	44	24	32	41	1
洪泽区	6793	936	569	27	71	205	64	46	
涟水县	20298	6285	6003	40	115	62	65	8	4
盱眙县	12768	2433	1910	24	241	187	71	27	1
金湖县	8248	1150	739	20	33	248	110	85	
淮安经济技术开发区	6656	401	310	14	16	5	56	13	
工业园区	425	62	52		3	1	6	2	
生态文旅区	2451	60	48	4	1	3	4	12	
苏淮高新区	576	93	83	1	4	2	3	1	
盐城市	**193764**	**45977**	**39773**	**233**	**2051**	**2598**	**1322**	**224**	**17**
亭湖区	18492	1388	1171	14	70	91	42	9	3
盐都区	19111	2278	1638	11	68	493	68	10	
大丰区	23028	6064	4994	35	372	436	227	17	3
响水县	10932	3286	3009	9	65	136	67	56	1
滨海县	17828	5607	5155	14	166	148	124	64	2
阜宁县	20486	4825	4378	26	114	162	145	19	3
射阳县	24608	7633	5915	86	616	677	339	15	1
建湖县	16689	3227	2860	12	91	177	87	16	2
盐城经济技术开发区	2956	232	211	2	8	4	7	1	
江苏省盐南高新区	9154	160	125	4	11	13	7	4	2
东台市	30480	11277	10317	20	470	261	209	13	
扬州市	**136626**	**9907**	**6943**	**199**	**285**	**1242**	**1238**	**511**	**11**
广陵区	15945	124	80	11	11	14	8	31	3
邗江区	18424	217	144	6	27	23	17	142	
江都区	26632	1909	1406	89	66	193	155	216	4
宝应县	23645	3294	2450	10	62	409	363	9	1
扬州经济技术开发区	6228	95	70	7	3	6	9	41	
蜀冈瘦西湖景区	3814	28	22	1	1	3	1	26	1
生态新城	1969	41	33	2		1	5	4	
仪征市	15996	745	499	61	51	34	100	22	
高邮市	23973	3454	2239	12	64	559	580	20	2
镇江市	**91374**	**3665**	**2809**	**229**	**214**	**258**	**155**	**183**	**5**
京口区	8003	7	6		1			12	
润州区	5792	39	29	1	6		3	46	1
丹徒区	8991	747	608	16	59	31	33	33	1
镇江新区	6966	68	56	2	4	4	2	12	
江苏镇江高新区	1874	37	18	3	1		15	7	
丹阳市	31471	1303	946	63	72	146	76	3	1
扬中市	10086	143	100	3	16	17	7	17	
句容市	18191	1321	1046	141	55	60	19	53	2

4-4 续表 5

单位：人

地区 性别	合计	农、林、牧、渔业						采矿业	
		小计	农业	林业	畜牧业	渔业	农、林、牧、渔专业及辅助性活动	小计	煤炭开采和洗选业
泰州市	**129145**	**9219**	**5147**	**42**	**648**	**3003**	**379**	**106**	**7**
海陵区	15961	377	297	2	17	50	11	41	1
高港区	7911	246	206	3	20	14	3	3	1
姜堰区	18434	710	420	8	102	129	51	25	
泰州医药高新技术产业开发区	6864	53	46		3	2	2	4	1
兴化市	31999	5514	2348	7	275	2643	241	19	
靖江市	19941	291	169	16	39	57	10	1	
泰兴市	28035	2028	1661	6	192	108	61	13	4
宿迁市	**116134**	**15849**	**12032**	**865**	**918**	**702**	**1332**	**81**	**17**
宿城区	17547	1872	1607	15	117	113	20	7	5
宿豫区	10760	1237	1073	15	81	23	45	5	
沭阳县	39343	6310	4417	749	427	92	625	33	4
泗阳县	17118	2122	1769	34	87	92	140	13	
泗洪县	18858	3398	2508	12	148	260	470	11	2
宿迁经济技术开发区	5111	203	141	20	16	4	22	5	2
宿迁市湖滨新区	3342	420	282	5	17	109	7	1	
苏州宿迁工业园区	751	3	1			1	1	4	2
宿迁市洋河新区	3304	284	234	15	25	8	2	2	2
女	**1661557**	**206163**	**186211**	**2889**	**6110**	**7186**	**3767**	**1187**	**404**
南京市	**173172**	**3004**	**2197**	**75**	**138**	**524**	**70**	**110**	**5**
玄武区	10075	1	1					5	
秦淮区	14829	1					1	9	
建邺区	11369							3	1
鼓楼区	18167							1	
浦口区	7108	355	299	12	22	18	4	2	
栖霞区	16688	175	156	7	4	1	7	18	3
雨花台区	12309	13	12		1			17	
江宁区	35137	615	505	29	30	30	21	10	
六合区	11360	328	274	2	34	11	7	16	
溧水区	8067	592	522		31	29	10	7	
高淳区	7185	776	313	21	9	421	12	3	
南京江北新区	20878	148	115	4	7	14	8	19	1
无锡市	**153549**	**2811**	**2338**	**74**	**71**	**312**	**16**	**31**	**2**
锡山区	19855	154	130	7	5	11	1	3	1
惠山区	17606	272	260	1		9	2	4	
滨湖区	11229	49	47	1	1			2	1
梁溪区	19230	9	8				1		
新吴区	14525	22	19			2	1		
江苏无锡经济开发区	7337	18	16			2		1	
江阴市	38376	608	503	13	35	48	9	8	
宜兴市	25391	1679	1355	52	30	240	2	13	
徐州市	**151681**	**37926**	**35455**	**660**	**1247**	**169**	**395**	**452**	**372**
鼓楼区	6942	131	89	3	8	4	27	28	20
云龙区	8198	186	152	4	6	6	18	10	8
贾汪区	5582	1299	1233	6	46	4	10	7	6
泉山区	10533	39	27	2	6	3	1	49	35
铜山区	27392	4927	4416	19	313	57	122	43	17
丰县	16908	4822	4572	8	185	7	50	3	
沛县	15246	6111	5832	5	235	17	22	292	280
睢宁县	17431	4561	4351	12	132	8	58	3	1
徐州经济技术开发区	5727	522	482	2	21	2	15	6	4
新沂市	16293	5808	5514	60	137	50	47	8	1
邳州市	21429	9520	8787	539	158	11	25	3	

4-4 续表 6

单位：人

地区 性别	合计	农、林、牧、渔业						采矿业	
		小计	农业	林业	畜牧业	渔业	农、林、牧、渔专业及辅助性活动	小计	煤炭开采和洗选业
常州市	**111839**	**3219**	**1885**	**829**	**102**	**248**	**155**	**34**	**4**
天宁区	13711	87	56	3	5	14	9	2	1
钟楼区	13175	153	93	39	7	8	6	1	
新北区	20170	184	146	9	7	16	6	7	3
武进区	28575	1167	592	495	17	34	29		
金坛区	12087	675	336	246	25	63	5	10	
江苏省常州市经济开发区	9698	39	20	2	1	9	7		
溧阳市	14423	914	642	35	40	104	93	14	
苏州市	**292607**	**4883**	**4051**	**104**	**59**	**576**	**93**	**41**	**2**
虎丘区	19445	102	64	24	2	12		16	
吴中区	33342	1231	1146	30	3	31	21	10	1
相城区	19514	165	68	4	1	87	5		
姑苏区	17996	18	15	1	1	1		1	
吴江区	33542	669	495	14	5	155		4	
苏州工业园区	26823	73	21	4	6	32	10	5	1
常熟市	42186	1287	1109	9	5	157	7		
张家港市	31665	325	292	4	12	12	5		
昆山市	46287	179	112	3	2	57	5	4	
太仓市	21807	834	729	11	22	32	40	1	
南通市	**170140**	**37964**	**36524**	**142**	**725**	**355**	**218**	**18**	
崇川区	13966	18	13		1	2	2	1	
港闸区	7509	49	45		1		3	2	
通州区	24625	3193	3104	2	35	19	33	1	
如东县	22337	9032	8680	7	136	188	21	2	
南通经济技术开发区	5863	19	13	3	1		2	2	
通州湾示范区	1780	743	714		9	17	3		
苏锡通科技产业园区	2233	138	130	2	2		4	2	
启东市	19800	6879	6660	13	111	67	28	2	
如皋市	26258	5589	5338	90	111	6	44	1	
海门市	21306	5051	4878	16	101	19	37	3	
海安市	24463	7253	6949	9	217	37	41	2	
连云港市	**84352**	**24482**	**22762**	**92**	**761**	**650**	**217**	**67**	**5**
连云区	2482	70	12	2	3	47	6	3	
海州区	12034	1138	1049	8	22	31	28	11	2
赣榆区	22050	7497	6810	36	205	402	44	7	1
东海县	21775	5990	5429	35	380	80	66	34	2
灌云县	9691	4064	3930	2	45	29	58	4	
灌南县	11740	5581	5435		95	42	9	2	
连云港经济技术开发区	1357	12	6	1	1	2	2	4	
连云港高新技术产业开发区	2430	35	26	4	3	1	1	2	
江苏连云港徐圩新区	370	44	22	1	7	14			
江苏省连云港市云台山风景名胜区	423	51	43	3		2	3		
淮安市	**71388**	**14769**	**13731**	**68**	**370**	**381**	**219**	**95**	**1**
淮安区	10943	2330	2228	9	49	31	13	13	
淮阴区	9931	2314	2211	9	52	19	23	8	
清江浦区	9861	511	473	4	13	9	12	13	1
洪泽区	4010	588	388	15	38	105	42	5	
涟水县	17682	6534	6388	14	74	23	35	3	
盱眙县	7323	1414	1213	8	114	74	5	4	
金湖县	4680	630	471	1	20	113	25	34	
淮安经济技术开发区	4608	286	211	7	6	6	56	6	
工业园区	248	50	45		1		4		

4-4 续表 7

单位：人

地区 性别	合计	农、林、牧、渔业						采矿业	
		小计	农业	林业	畜牧业	渔业	农、林、牧、渔专业及辅助性活动	小计	煤炭开采和洗选业
生态文旅区	1824	39	33	1	1	1	3	9	
苏淮高新区	278	73	70		2		1		
盐城市	**129100**	**43474**	**40359**	**101**	**1460**	**968**	**586**	**62**	**2**
亭湖区	11681	1278	1189	6	33	27	23	4	
盐都区	12146	2026	1653	12	46	283	32	3	
大丰区	17483	6259	5755	15	242	145	102	5	1
响水县	7242	2855	2768	4	37	37	9	10	
滨海县	10225	4369	4228	4	74	21	42	26	
阜宁县	12104	4097	3893	7	58	71	68	8	1
射阳县	16022	6544	5539	36	576	203	190	2	
建湖县	10301	2876	2716	3	41	87	29	2	
盐城经济技术开发区	1795	234	226	1	3	1	3		
江苏省盐南高新区	6227	100	84	3	2	7	4	2	
东台市	23874	12836	12308	10	348	86	84		
扬州市	**92316**	**8255**	**6704**	**94**	**136**	**648**	**673**	**211**	**5**
广陵区	11350	135	119	1	4	9	2	6	1
邗江区	13866	178	144	3	14	7	10	88	1
江都区	17875	1712	1426	58	39	130	59	61	1
宝应县	14774	2648	2313	1	18	218	98	4	2
扬州经济技术开发区	4339	66	58	2	3	2	1	24	
蜀冈瘦西湖景区	2593	27	24				3	18	
生态新城	1447	41	36		1	1	3		
仪征市	9846	556	440	27	20	9	60	7	
高邮市	16226	2892	2144	2	37	272	437	3	
镇江市	**62900**	**3000**	**2538**	**162**	**139**	**93**	**68**	**35**	**3**
京口区	5869	3	3					2	
润州区	4087	23	17	2	2	1	1	9	1
丹徒区	5787	600	523	13	36	17	11	5	1
镇江新区	4498	55	50		3	1	1	3	
江苏镇江高新区	1128	33	21	1	2		9	1	
丹阳市	23629	1229	1005	90	43	50	41		
扬中市	6871	154	133	5	9	6	1	3	
句容市	11031	903	786	51	44	18	4	12	1
泰州市	**90925**	**9875**	**7261**	**49**	**438**	**1938**	**189**	**23**	**1**
海陵区	11885	442	403	4	3	27	5	6	
高港区	5545	432	415	3	8	4	2	1	
姜堰区	12401	629	460	5	74	68	22	8	
泰州医药高新技术产业开发区	4904	46	46					1	
兴化市	20811	4809	2724	14	197	1760	114	3	
靖江市	13630	238	168	12	17	38	3	1	1
泰兴市	21749	3279	3045	11	139	41	43	3	
宿迁市	**77588**	**12501**	**10406**	**439**	**464**	**324**	**868**	**8**	**2**
宿城区	12178	1921	1779	1	91	46	4	2	
宿豫区	6679	903	819	8	37	11	28		
沭阳县	25883	4734	3718	396	204	37	379	2	
泗阳县	11197	1739	1582	15	36	37	69	1	
泗洪县	13734	2565	1975	5	72	141	372	1	1
宿迁经济技术开发区	3296	133	106	7	9	1	10	1	
宿迁市湖滨新区	1908	295	232	3	6	49	5		
苏州宿迁工业园区	637							1	1
宿迁市洋河新区	2076	211	195	4	9	2	1		

4-4　续表 8

单位：人

地　区 性　别	采矿业						制造业		
	石油和天然气开采业	黑色金属矿采选业	有色金属矿采选业	非金属矿采选业	开采专业及辅助性活　动	其　他采矿业	小计	农副食品加工业	食　品制造业
江　苏	**601**	**364**	**184**	**1407**	**895**	**139**	**1177647**	**23472**	**17961**
南京市	**79**	**104**	**101**	**129**	**90**	**25**	**71871**	**1462**	**2044**
玄武区	3	3	1	1	5		1362	26	43
秦淮区	13	6	2		6	2	3196	70	143
建邺区	3	1	1		2	1	1335	26	44
鼓楼区				1			2936	51	76
浦口区	3	2		26	3	1	2988	102	40
栖霞区	15		65	12	20	2	8695	93	152
雨花台区	8	34	24	9	12	9	3921	67	76
江宁区	7	17	4	22	12	1	20546	445	743
六合区	11	32	3	31	9	6	7005	142	144
溧水区	4			4	5	1	6197	215	230
高淳区	1			8	1		4082	108	135
南京江北新区	11	9	1	15	15	2	9608	117	218
无锡市	**18**	**6**	**10**	**64**	**27**	**9**	**161520**	**797**	**1378**
锡山区	1		1	7			25284	135	183
惠山区	1	1	4	3	1		23080	98	354
滨湖区	1		1	1	2		8329	20	150
梁溪区	1			1			8351	18	62
新吴区					1		15795	28	61
江苏无锡经济开发区					4	1	5068	19	48
江阴市	3	4	1	17	6	2	48543	210	260
宜兴市	11	1	3	35	13	6	27070	269	260
徐州市	**13**	**168**	**9**	**130**	**106**	**40**	**60982**	**3508**	**2465**
鼓楼区		11		1	11	8	1873	55	136
云龙区		3		5	1	3	2135	67	118
贾汪区	2	10		18	6	2	3928	97	103
泉山区	3	9	1	4	14	7	2366	62	171
铜山区	2	116	1	44	12	5	10334	812	478
丰县		1		12	5		8977	605	503
沛县	1	4	4	11	30	5	5483	402	230
睢宁县	1	1	1	6	5		8482	379	170
徐州经济技术开发区		8		2	5	1	4723	115	69
新沂市	2	2	2	10	10	8	5823	373	250
邳州市	2	3		17	7	1	6858	541	237
常州市	**16**	**10**	**10**	**95**	**14**	**6**	**107669**	**861**	**904**
天宁区		2			3	1	9141	57	110
钟楼区			1	2	2		8462	93	147
新北区	4	2		6	1	2	21783	135	137
武进区		2	1	1	2		30776	145	224
金坛区	12	1		36	2	1	11111	182	112
江苏省常州市经济开发区		1		1			15701	41	53
溧阳市		2	8	49	4	2	10695	208	121
苏州市	**26**	**1**	**9**	**100**	**28**	**3**	**303653**	**1553**	**2395**
虎丘区		1	6	57	6	1	19175	24	127
吴中区	15		1	13	5		26797	160	286
相城区				3	1		19121	79	179
姑苏区				7			5862	23	131
吴江区				8			46083	163	169
苏州工业园区	7			3	5		23254	85	270
常熟市							50252	162	253

4-4 续表 9

单位：人

地区 性别	采矿业						制造业		
	石油和天然气开采业	黑色金属矿采选业	有色金属矿采选业	非金属矿采选业	开采专业及辅助性活动	其他采矿业	小计	农副食品加工业	食品制造业
张家港市					1		36423	451	241
昆山市	2		2	5	3	2	55146	155	419
太仓市	2			4	7		21540	251	320
南通市	**14**	**4**	**4**	**20**	**56**	**3**	**116107**	**2062**	**1279**
崇川区	1			2	8		5847	90	130
港闸区		1	1	2	2	1	5222	52	98
通州区	2		1	4	3		21937	154	153
如东县	2			1	2		13403	397	199
南通经济技术开发区	1			2	1	1	6202	67	88
通州湾示范区							982	64	18
苏锡通科技产业园区				2		1	2884	12	25
启东市	4		1	1			11002	237	120
如皋市	1			1	5		18467	463	168
海门市	1	3	1	5			15402	214	123
海安市	2				35		14759	312	157
连云港市	**10**	**19**	**8**	**194**	**17**	**7**	**30369**	**2161**	**1120**
连云区	1	7	2	6			1013	164	31
海州区	1		2	29	2	1	3786	135	257
赣榆区	3	3	1	15	8	4	9507	998	259
东海县	1		2	90	3	1	6795	397	227
灌云县	1			30			3091	162	123
灌南县	1	7	1	2			3821	186	71
连云港经济技术开发区	1	2		14	1		1029	63	41
连云港高新技术产业开发区	1			4	2		884	26	81
江苏连云港徐圩新区				1		1	307	13	26
江苏省连云港市云台山风景名胜区				3	1		136	17	4
淮安市	**105**	**9**	**1**	**212**	**77**	**10**	**32622**	**1631**	**887**
淮安区	1			52			4801	331	161
淮阴区	3	3		49	4		3894	294	133
清江浦区	6			41	4	1	3218	116	160
洪泽区	7			10	29	5	2217	146	41
涟水县		2		5			6409	211	146
盱眙县	2		1	24	1	2	3848	312	103
金湖县	82				37		3796	98	48
淮安经济技术开发区	4	4		9	2		3464	67	80
工业园区				2			176	11	
生态文旅区				20		1	644	38	15
苏淮高新区						1	155	7	
盐城市	**15**	**6**	**5**	**202**	**36**	**3**	**56211**	**2748**	**1105**
亭湖区	1			5	4		4434	295	108
盐都区	1			5	7		6487	301	139
大丰区		5		10	2	1	8827	374	154
响水县	1			63		1	2655	158	60
滨海县				86	2		3825	204	97
阜宁县	4		3	11	4	1	4974	330	117
射阳县	2		1	11	2		5164	427	143
建湖县	3			7	6		6568	206	76
盐城经济技术开发区				1			1065	18	9
江苏省盐南高新区			1	3			1933	53	57
东台市	3	1			9		10279	382	145
扬州市	**252**	**13**	**7**	**60**	**366**	**8**	**66362**	**1415**	**987**
广陵区	16			1	16		7660	146	243

4-4 续表 10 单位：人

地区 性别	采矿业						制造业		
	石油和天然气开采业	黑色金属矿采选业	有色金属矿采选业	非金属矿采选业	开采专业及辅助性活动	其他采矿业	小计	农副食品加工业	食品制造业
邗江区	56	3		10	159	1	7963	123	105
江都区	136	8	4	13	109	2	14170	214	135
宝应县			1	4	5		9299	346	161
扬州经济技术开发区	32				29	4	3457	46	84
蜀冈瘦西湖景区	6	1			36		1081	38	34
生态新城				1	3		1744	6	6
仪征市	5		1	18	5		8299	132	82
高邮市	1	1	1	13	4	1	12689	364	137
镇江市	**11**	**15**	**18**	**128**	**24**	**14**	**55426**	**673**	**717**
京口区	1	1		7	3	2	2495	32	56
润州区	1	4		39	2	7	1303	21	81
丹徒区	1	3	2	26	4		4960	80	137
镇江新区	6			3	6		4194	56	47
江苏镇江高新区	1	2		3	2		619	7	12
丹阳市				1	1		28203	243	226
扬中市		1		16	2	1	7741	100	40
句容市	1	4	16	33	4	4	5911	134	118
泰州市	**29**	**7**		**38**	**44**	**3**	**68063**	**2602**	**1512**
海陵区	10			5	31		6698	132	120
高港区	1	1			1		4703	196	107
姜堰区	14			15	4		9362	190	124
泰州医药高新技术产业开发区	2			1	1		3811	37	78
兴化市	1	5		11	3	2	12511	1213	601
靖江市	1						15299	284	235
泰兴市		1		6	4	1	15679	550	247
宿迁市	**13**	**2**	**2**	**35**	**10**	**8**	**46792**	**1999**	**1168**
宿城区				4			6782	141	134
宿豫区	1			4			3917	429	126
沭阳县		1	2	16	5	7	16044	463	246
泗阳县	8	1		2	3		6654	261	232
泗洪县	3			5		1	7330	617	178
宿迁经济技术开发区				2	2		2198	36	101
宿迁市湖滨新区				1			1107	23	119
苏州宿迁工业园区	1			1			341	2	13
宿迁市洋河新区							2419	27	19
男	**441**	**300**	**141**	**1137**	**681**	**107**	**686104**	**13172**	**8392**
南京市	**58**	**89**	**87**	**107**	**65**	**17**	**45740**	**873**	**966**
玄武区	2	2		1	3		887	15	20
秦淮区	9	5	2		4		2117	45	71
建邺区	2	1			2	1	864	12	18
鼓楼区							1989	27	32
浦口区	3	1		26	3		1988	72	21
栖霞区	13		60	9	15	2	5676	59	71
雨花台区	5	31	19	8	9	7	2786	40	32
江宁区	5	14	4	19	10	1	12961	265	339
六合区	11	29	1	24	7	4	3837	88	67
溧水区				4	3		3954	110	126
高淳区				7			2191	67	70
南京江北新区	8	6	1	9	9	2	6490	73	99
无锡市	**15**	**5**	**6**	**54**	**16**	**9**	**98564**	**475**	**666**
锡山区	1		1	5			15156	92	97

4-4 续表 11

单位：人

地区 性别	采矿业						制造业		
	石油和天然气开采业	黑色金属矿采选业	有色金属矿采选业	非金属矿采选业	开采专业及辅助性活动	其他采矿业	小计	农副食品加工业	食品制造业
惠山区		1	2	3			14544	59	166
滨湖区	1		1	1	1		5300	10	74
梁溪区	1			1			5134	13	35
新吴区					1		9600	16	37
江苏无锡经济开发区					3	1	3236	7	22
江阴市	3	3		15	2	2	28925	115	105
宜兴市	9	1	2	29	9	6	16669	163	130
徐州市	**12**	**137**	**6**	**118**	**83**	**30**	**36980**	**1893**	**1077**
鼓楼区		10		1	8	4	1307	31	68
云龙区		1		5	1	3	1485	39	58
贾汪区	2	9		18	6	2	2643	61	41
泉山区	2	7	1	2	7	5	1678	30	79
铜山区	2	95		43	11	3	6148	359	162
丰县		1		9	5		5349	293	238
沛县	1	2	3	10	24	3	3292	233	87
睢宁县	1	1	1	5	4		4235	221	79
徐州经济技术开发区		7		2	4	1	3391	76	32
新沂市	2	1	1	8	7	8	3349	222	119
邳州市	2	3		15	6	1	4103	328	114
常州市	**14**	**8**	**8**	**75**	**11**	**5**	**65490**	**513**	**418**
天宁区		2			2	1	5473	30	57
钟楼区			1	2	1		5088	46	68
新北区	2	1		6		2	12993	74	66
武进区		2	1	1	2		18672	85	83
金坛区	12			28	2		6116	126	65
江苏省常州市经济开发区		1		1			9671	19	25
溧阳市		2	6	37	4	2	7477	133	54
苏州市	**15**	**1**	**8**	**82**	**21**	**1**	**180316**	**980**	**1158**
虎丘区		1	5	47	2		11310	15	73
吴中区	8		1	11	5		15343	99	128
相城区				3	1		11546	49	88
姑苏区				6			3439	9	52
吴江区				4			27393	92	79
苏州工业园区	5			3	3		14154	55	156
常熟市							28676	94	126
张家港市					1		21979	320	118
昆山市	1		2	4	2	1	33599	90	189
太仓市	1			4	7		12877	157	149
南通市	**10**	**3**	**2**	**14**	**52**	**2**	**60913**	**1182**	**617**
崇川区	1			2	7		3751	59	60
港闸区		1		2	1	1	3268	33	50
通州区	2		1	4	2		10623	93	78
如东县	1				2		6495	238	107
南通经济技术开发区	1				1	1	4013	46	44
通州湾示范区							483	36	8
苏锡通科技产业园区				1			1632	7	16
启东市	2		1	1			6102	131	60
如皋市	1				5		8795	256	80
海门市	1	2		4			8149	101	55
海安市	1				34		7602	182	59
连云港市	**8**	**18**	**4**	**142**	**15**	**6**	**14553**	**1030**	**486**
连云区	1	7	1	4			714	107	18

4-4　续表 12　　　　单位：人

地　区 性　别	采矿业						制造业		
	石油和天然气开采业	黑色金属矿采选业	有色金属矿采选业	非金属矿采选业	开采专业及辅助性活动	其他采矿业	小计	农副食品加工业	食品制造业
海州区	1		1	21	2	1	2410	89	125
赣榆区	2	3		13	7	3	3162	369	78
东海县	1		1	59	3	1	2992	210	85
灌云县	1			26			1577	100	66
灌南县		6	1	2			2210	96	28
连云港经济技术开发区	1	2		10	1		610	35	23
连云港高新技术产业开发区	1			3	1		572	13	47
江苏连云港徐圩新区				1		1	230	5	14
江苏省连云港市云台山风景名胜区				3	1		76	6	2
淮安市	**72**	**7**	**1**	**166**	**68**	**6**	**17527**	**979**	**404**
淮安区	1			39			2387	186	73
淮阴区	3	2		42	4		2091	175	64
清江浦区	5			33	2		2066	75	80
洪泽区	5			9	29	3	1253	95	16
涟水县		2		2			2706	123	66
盱眙县	1		1	22	1	1	2139	186	46
金湖县	55				30		2274	52	20
淮安经济技术开发区	2	3		6	2		2048	50	34
工业园区				2			116	8	
生态文旅区				11		1	331	22	5
苏淮高新区						1	116	7	
盐城市	**15**	**4**	**1**	**158**	**26**	**3**	**33079**	**1589**	**544**
亭湖区	1			4	1		2722	161	41
盐都区	1			5	4		3756	136	62
大丰区		3		9	1	1	5065	239	77
响水县	1			53		1	1561	77	37
滨海县				60	2		2348	127	47
阜宁县	4			9	2	1	2969	199	65
射阳县	2			10	2		2999	272	70
建湖县	3			6	5		3942	123	31
盐城经济技术开发区				1			654	7	7
江苏省盐南高新区			1	1			1185	34	27
东台市	3	1			9		5878	214	80
扬州市	**179**	**8**	**3**	**46**	**258**	**6**	**36775**	**766**	**444**
广陵区	14				14		4555	80	109
邗江区	31	1		5	104	1	4383	70	35
江都区	105	5	1	12	88	1	7823	125	53
宝应县			1	4	3		5072	157	73
扬州经济技术开发区	20				18	3	2136	22	34
蜀冈瘦西湖景区	3	1			21		666	22	17
生态新城				1	3		969	4	4
仪征市	5			13	4		4779	78	39
高邮市	1	1	1	11	3	1	6392	208	80
镇江市	**9**	**13**	**14**	**111**	**20**	**11**	**32275**	**427**	**364**
京口区	1	1		6	2	2	1645	24	30
润州区	1	3		36	1	4	859	11	45
丹徒区	1	3	2	22	4		2994	48	77
镇江新区	5			2	5		2689	37	18
江苏镇江高新区	1	2		3	1		424	4	7
丹阳市				1	1		15636	153	116
扬中市				14	2	1	4770	67	20
句容市		4	12	27	4	4	3258	83	51

4-4 续表 13

单位：人

地区 性别	采矿业						制造业		
	石油和天然气开采业	黑色金属矿采选业	有色金属矿采选业	非金属矿采选业	开采专业及辅助性活动	其他采矿业	小计	农副食品加工业	食品制造业
泰州市	**22**	**5**		**31**	**38**	**3**	**38775**	**1329**	**723**
海陵区	7			4	29		3938	84	45
高港区	1	1					2637	112	41
姜堰区	11			12	2		4888	124	52
泰州医药高新技术产业开发区	1			1	1		2217	20	29
兴化市	1	4		10	2	2	7228	563	314
靖江市	1						9362	101	112
泰兴市				4	4	1	8505	325	130
宿迁市	**12**	**2**	**1**	**33**	**8**	**8**	**25117**	**1136**	**525**
宿城区				2			3810	82	69
宿豫区	1			4			2129	223	57
沭阳县		1	1	16	4	7	8752	270	107
泗阳县	7	1		2	3		3508	153	106
泗洪县	3			5		1	3441	345	80
宿迁经济技术开发区				2	1		1225	28	53
宿迁市湖滨新区				1			669	15	37
苏州宿迁工业园区	1			1			188	1	7
宿迁市洋河新区							1395	19	9
女	**160**	**64**	**43**	**270**	**214**	**32**	**491543**	**10300**	**9569**
南京市	**21**	**15**	**14**	**22**	**25**	**8**	**26131**	**589**	**1078**
玄武区	1	1	1		2		475	11	23
秦淮区	4	1			2	2	1079	25	72
建邺区	1		1				471	14	26
鼓楼区				1			947	24	44
浦口区		1				1	1000	30	19
栖霞区	2		5	3	5		3019	34	81
雨花台区	3	3	5	1	3	2	1135	27	44
江宁区	2	3		3	2		7585	180	404
六合区		3	2	7	2	2	3168	54	77
溧水区	4				2	1	2243	105	104
高淳区	1			1	1		1891	41	65
南京江北新区	3	3		6	6		3118	44	119
无锡市	**3**	**1**	**4**	**10**	**11**		**62956**	**322**	**712**
锡山区				2			10128	43	86
惠山区	1		2		1		8536	39	188
滨湖区					1		3029	10	76
梁溪区							3217	5	27
新吴区							6195	12	24
江苏无锡经济开发区					1		1832	12	26
江阴市		1	1	2	4		19618	95	155
宜兴市	2		1	6	4		10401	106	130
徐州市	**1**	**31**	**3**	**12**	**23**	**10**	**24002**	**1615**	**1388**
鼓楼区		1			3	4	566	24	68
云龙区		2					650	28	60
贾汪区		1					1285	36	62
泉山区	1	2		2	7	2	688	32	92
铜山区		21	1	1	1	2	4186	453	316
丰县				3			3628	312	265
沛县		2	1	1	6	2	2191	169	143
睢宁县				1	1		4247	158	91
徐州经济技术开发区		1			1		1332	39	37
新沂市		1	1	2	3		2474	151	131
邳州市				2	1		2755	213	123

4-4 续表 14

单位：人

地区 性别	采矿业						制造业		
	石油和天然气开采业	黑色金属矿采选业	有色金属矿采选业	非金属矿采选业	开采专业及辅助性活动	其他采矿业	小计	农副食品加工业	食品制造业
常州市	**2**	**2**	**2**	**20**	**3**	**1**	**42179**	**348**	**486**
天宁区					1		3668	27	53
钟楼区					1		3374	47	79
新北区	2	1			1		8790	61	71
武进区							12104	60	141
金坛区		1		8		1	4995	56	47
江苏省常州市经济开发区							6030	22	28
溧阳市			2	12			3218	75	67
苏州市	**11**		**1**	**18**	**7**	**2**	**123337**	**573**	**1237**
虎丘区			1	10	4	1	7865	9	54
吴中区	7			2			11454	61	158
相城区							7575	30	91
姑苏区				1			2423	14	79
吴江区				4			18690	71	90
苏州工业园区	2				2		9100	30	114
常熟市							21576	68	127
张家港市							14444	131	123
昆山市	1			1	1	1	21547	65	230
太仓市	1						8663	94	171
南通市	**4**	**1**	**2**	**6**	**4**	**1**	**55194**	**880**	**662**
崇川区					1		2096	31	70
港闸区			1		1		1954	19	48
通州区					1		11314	61	75
如东县	1			1			6908	159	92
南通经济技术开发区				2			2189	21	44
通州湾示范区							499	28	10
苏锡通科技产业园区				1		1	1252	5	9
启东市	2						4900	106	60
如皋市				1			9672	207	88
海门市		1	1	1			7253	113	68
海安市	1				1		7157	130	98
连云港市	**2**	**1**	**4**	**52**	**2**	**1**	**15816**	**1131**	**634**
连云区			1	2			299	57	13
海州区			1	8			1376	46	132
赣榆区	1		1	2	1	1	6345	629	181
东海县			1	31			3803	187	142
灌云县				4			1514	62	57
灌南县	1	1					1611	90	43
连云港经济技术开发区				4			419	28	18
连云港高新技术产业开发区				1	1		312	13	34
江苏连云港徐圩新区							77	8	12
江苏省连云港市云台山风景名胜区							60	11	2
淮安市	**33**	**2**		**46**	**9**	**4**	**15095**	**652**	**483**
淮安区				13			2414	145	88
淮阴区		1		7			1803	119	69
清江浦区	1			8	2	1	1152	41	80
洪泽区	2			1		2	964	51	25
涟水县				3			3703	88	80
盱眙县	1			2		1	1709	126	57
金湖县	27				7		1522	46	28
淮安经济技术开发区	2	1		3			1416	17	46
工业园区							60	3	

4-4 续表 15 单位：人

地区 性别	采矿业						制造业		
	石油和天然气开采业	黑色金属矿采选业	有色金属矿采选业	非金属矿采选业	开采专业及辅助性活动	其他采矿业	小计	农副食品加工业	食品制造业
生态文旅区				9			313	16	10
苏淮高新区							39		
盐城市		**2**	**4**	**44**	**10**		**23132**	**1159**	**561**
亭湖区				1	3		1712	134	67
盐都区					3		2731	165	77
大丰区		2		1	1		3762	135	77
响水县				10			1094	81	23
滨海县				26			1477	77	50
阜宁县			3	2	2		2005	131	52
射阳县			1	1			2165	155	73
建湖县				1	1		2626	83	45
盐城经济技术开发区							411	11	2
江苏省盐南高新区				2			748	19	30
东台市							4401	168	65
扬州市	**73**	**5**	**4**	**14**	**108**	**2**	**29587**	**649**	**543**
广陵区	2			1	2		3105	66	134
邗江区	25	2		5	55		3580	53	70
江都区	31	3	3	1	21	1	6347	89	82
宝应县					2		4227	189	88
扬州经济技术开发区	12				11	1	1321	24	50
蜀冈瘦西湖景区	3				15		415	16	17
生态新城							775	2	2
仪征市			1	5	1		3520	54	43
高邮市				2	1		6297	156	57
镇江市	**2**	**2**	**4**	**17**	**4**	**3**	**23151**	**246**	**353**
京口区				1	1		850	8	26
润州区		1		3	1	3	444	10	36
丹徒区				4			1966	32	60
镇江新区	1			1	1		1505	19	29
江苏镇江高新区					1		195	3	5
丹阳市							12567	90	110
扬中市		1		2			2971	33	20
句容市	1		4	6			2653	51	67
泰州市	**7**	**2**		**7**	**6**		**29288**	**1273**	**789**
海陵区	3			1	2		2760	48	75
高港区					1		2066	84	66
姜堰区	3			3	2		4474	66	72
泰州医药高新技术产业开发区	1						1594	17	49
兴化市		1		1	1		5283	650	287
靖江市							5937	183	123
泰兴市		1		2			7174	225	117
宿迁市	**1**		**1**	**2**	**2**		**21675**	**863**	**643**
宿城区				2			2972	59	65
宿豫区							1788	206	69
沭阳县			1		1		7292	193	139
泗阳县	1						3146	108	126
泗洪县							3889	272	98
宿迁经济技术开发区					1		973	8	48
宿迁市湖滨新区							438	8	82
苏州宿迁工业园区							153	1	6
宿迁市洋河新区							1024	8	10

4-4 续表 16

单位：人

地区 性别	制造业								
	酒、饮料和精制茶制造业	烟草制品业	纺织业	纺织服装、服饰业	皮革、毛皮、羽毛及其制品和制鞋业	木材加工和木、竹、藤、棕、草制品业	家具制造业	造纸和纸制品业	印刷和记录媒介复制业
江苏	**6706**	**720**	**97888**	**114781**	**13433**	**27204**	**21656**	**15119**	**12457**
南京市	**495**	**181**	**810**	**4169**	**554**	**651**	**1349**	**609**	**944**
玄武区	13	6	9	24	1	2	5	15	44
秦淮区	51	12	38	84	14	17	37	19	75
建邺区	11	67	10	36	5	3	7	7	39
鼓楼区	29	23	28	82	4	16	14	12	84
浦口区	8	6	35	229	29	51	32	12	24
栖霞区	26	8	101	140	21	19	47	50	107
雨花台区	24	27	42	91	11	41	81	30	55
江宁区	133	20	183	607	304	266	608	274	313
六合区	27	3	167	1440	52	90	179	48	83
溧水区	61	4	43	276	46	79	159	85	35
高淳区	35	1	78	950	42	31	100	27	31
南京江北新区	77	4	76	210	25	36	80	30	54
无锡市	**455**	**25**	**12015**	**11804**	**394**	**1225**	**1643**	**1653**	**2836**
锡山区	57	1	974	2038	50	258	397	478	1059
惠山区	52	1	1459	1550	75	182	451	209	225
滨湖区	61		114	151	17	26	33	30	151
梁溪区	19	2	239	306	10	10	17	37	163
新吴区	26	1	153	136	22	72	80	135	212
江苏无锡经济开发区	12		64	81	8	23	21	26	23
江阴市	78	9	7619	7000	148	311	413	558	759
宜兴市	150	11	1393	542	64	343	231	180	244
徐州市	**442**	**130**	**2771**	**3801**	**649**	**5919**	**3895**	**575**	**347**
鼓楼区	27	35	21	36	4	14	29	18	45
云龙区	23	36	25	30	10	15	28	14	40
贾汪区	16	1	84	96	8	52	980	104	5
泉山区	36	37	33	48	9	15	23	26	67
铜山区	62	6	189	586	27	359	256	174	51
丰县	50	2	157	284	12	1749	153	38	21
沛县	88	2	1020	254	40	166	61	23	22
睢宁县	26	2	708	1154	225	519	2000	80	23
徐州经济技术开发区	35	4	96	57	5	23	55	16	35
新沂市	53	3	315	847	252	221	87	52	27
邳州市	26	2	123	409	57	2786	223	30	11
常州市	**408**	**23**	**4831**	**5941**	**437**	**2227**	**1672**	**1112**	**906**
天宁区	24		600	1065	37	99	105	102	131
钟楼区	28	2	233	370	16	60	93	117	122
新北区	62	10	669	478	33	119	130	179	81
武进区	47	4	2117	600	112	231	372	236	247
金坛区	65	1	378	2656	156	60	72	114	115
江苏省常州市经济开发区	15	6	570	240	48	1496	795	338	154
溧阳市	167		264	532	35	162	105	26	56
苏州市	**703**	**39**	**31805**	**29824**	**1738**	**3314**	**4319**	**5141**	**3924**
虎丘区	37	2	114	236	17	124	71	210	187
吴中区	108		598	2040	127	265	251	465	449
相城区	25	9	436	1390	80	143	1050	423	269
姑苏区	18		113	320	11	34	63	60	129
吴江区	114	1	13625	3671	387	672	544	289	274
苏州工业园区	39	5	251	398	48	44	70	685	352
常熟市	73	1	7980	15211	469	379	968	751	442

4-4 续表 17 单位：人

地区 性别	制造业								
	酒、饮料和精制茶制造业	烟草制品业	纺织业	纺织服装、服饰业	皮革、毛皮、羽毛及其制品和制鞋业	木材加工和木、竹、藤、棕、草制品业	家具制造业	造纸和纸制品业	印刷和记录媒介复制业
张家港市	104	1	6896	3596	174	612	273	296	324
昆山市	157	1	513	1431	183	212	665	1251	1237
太仓市	28	19	1279	1531	242	829	364	711	261
南通市	**286**	**75**	**28413**	**16648**	**1168**	**1164**	**3411**	**1235**	**626**
崇川区	21	34	784	424	73	23	50	81	102
港闸区	11	5	460	807	63	28	89	39	36
通州区	68	9	9777	2619	215	156	418	235	126
如东县	51	2	3167	2489	105	161	267	166	46
南通经济技术开发区	7	3	1268	285	24	35	67	128	31
通州湾示范区			179	78	18	8	21	14	4
苏锡通科技产业园区	1		1316	15	6	34	40	26	4
启东市	34	7	527	1216	192	123	270	86	52
如皋市	39	3	1776	5908	127	217	664	171	69
海门市	25	10	6794	684	301	158	239	160	73
海安市	29	2	2365	2123	44	221	1286	129	83
连云港市	**344**	**5**	**1076**	**5450**	**290**	**995**	**366**	**232**	**203**
连云区	8		13	22	8	5	4	8	5
海州区	67	1	144	135	34	54	74	26	59
赣榆区	33	2	384	1747	41	209	109	37	21
东海县	67	2	209	1753	46	404	45	92	63
灌云县	16		134	1040	41	59	47	29	14
灌南县	132		113	693	101	246	73	13	28
连云港经济技术开发区	4		49	17	18	10	5	11	5
连云港高新技术产业开发区	11		8	21		5	7	6	7
江苏连云港徐圩新区			9	9			1	9	1
江苏省连云港市云台山风景名胜区	6		13	13	1	3	1	1	
淮安市	**386**	**174**	**1910**	**5373**	**981**	**933**	**477**	**585**	**326**
淮安区	33	7	504	661	184	96	70	83	21
淮阴区	24	12	202	829	111	183	78	121	55
清江浦区	57	126	218	163	52	29	35	70	72
洪泽区	12	1	238	278	28	95	27	84	16
涟水县	222	1	405	2328	303	213	105	84	100
盱眙县	19	4	76	551	136	122	37	22	19
金湖县	5		119	346	84	160	53	70	10
淮安经济技术开发区	11	20	66	172	60	11	27	39	19
工业园区			3	1		14	33	3	1
生态文旅区	3	3	75	41	23	7	12	9	13
苏淮高新区			4	3		3			
盐城市	**182**	**15**	**5286**	**5998**	**579**	**720**	**584**	**776**	**394**
亭湖区	23	1	222	383	59	48	33	33	70
盐都区	12	1	294	749	31	68	76	51	61
大丰区	23	1	1550	398	34	197	47	245	50
响水县	1		235	549	12	38	30	82	7
滨海县	16		196	560	35	61	54	43	18
阜宁县	26	5	352	612	101	63	78	54	53
射阳县	49	5	964	872	47	83	52	121	26
建湖县	4	1	481	715	222	29	51	65	48
盐城经济技术开发区	4		45	56	2	1	3	4	3
江苏省盐南高新区	10	1	77	234	9	17	9	12	25
东台市	14		870	870	27	115	151	66	33
扬州市	**229**	**29**	**1801**	**6499**	**3111**	**840**	**923**	**595**	**487**
广陵区	52	1	166	390	303	120	54	62	84

4-4　续表 18　　　　单位：人

地　区 性　别	制造业								
	酒、饮料和精制茶制造业	烟　草制品业	纺织业	纺织服装、服饰业	皮革、毛皮、羽毛及其制品和制鞋业	木材加工和木、竹、藤、棕、草制品业	家　具制造业	造纸和纸制品业	印刷和记录媒介复制业
邗江区	31		261	703	350	67	107	62	86
江都区	26	4	325	980	969	221	287	112	106
宝应县	37		222	681	192	116	124	97	33
扬州经济技术开发区	10	1	46	184	285	38	68	81	33
蜀冈瘦西湖景区	19		22	58	31	17	7	4	14
生态新城	3		30	24	133	18	3	45	41
仪征市	24	7	462	233	110	80	107	54	32
高邮市	27	16	267	3246	738	163	166	78	58
镇江市	**180**	**3**	**1432**	**3420**	**2549**	**894**	**446**	**1356**	**687**
京口区	6		32	24	10	47	9	137	30
润州区	8		14	15	5	6	8	90	22
丹徒区	35	2	50	223	339	65	52	68	35
镇江新区	16	1	23	62	58	37	23	324	27
江苏镇江高新区	4		2	12	3	4	8	10	9
丹阳市	47		1027	1753	1992	561	197	491	460
扬中市	1		113	442	55	55	21	78	39
句容市	63		171	889	87	119	128	158	65
泰州市	**343**	**5**	**2153**	**7471**	**410**	**801**	**1161**	**489**	**343**
海陵区	50	1	254	300	27	70	170	25	50
高港区	102		275	257	78	79	79	65	23
姜堰区	36	1	400	1475	23	128	158	112	51
泰州医药高新技术产业开发区	21		283	64	14	13	41	27	38
兴化市	74	2	292	669	43	131	137	104	40
靖江市	10		303	1218	56	162	131	82	63
泰兴市	50	1	346	3488	169	218	445	74	78
宿迁市	**2253**	**16**	**3585**	**8383**	**573**	**7521**	**1410**	**761**	**434**
宿城区	182		488	919	23	596	496	91	47
宿豫区	88	1	326	565	25	57	59	49	30
沭阳县	46	4	1217	2345	217	5186	283	230	197
泗阳县	316	10	1029	1506	99	766	330	104	49
泗洪县	501		286	2296	191	253	94	104	47
宿迁经济技术开发区	36	1	126	446	8	110	89	42	21
宿迁市湖滨新区	10		39	142	5	31	13	5	15
苏州宿迁工业园区	7		6	8		6	23	7	4
宿迁市洋河新区	1067		68	156	5	516	23	129	24
男	**4184**	**483**	**43607**	**30569**	**4956**	**18034**	**14617**	**8848**	**6980**
南京市	**285**	**122**	**343**	**862**	**247**	**495**	**945**	**335**	**583**
玄武区	7	4	5	12		2	3	10	30
秦淮区	24	9	27	30	8	8	19	12	43
建邺区	7	44	6	16	3	2	4	3	27
鼓楼区	13	16	15	32	2	8	9	6	55
浦口区	5	5	17	69	8	42	24	5	16
栖霞区	14	5	52	52	11	10	30	20	59
雨花台区	13	19	20	28	5	30	49	23	43
江宁区	82	14	69	159	162	206	404	157	199
六合区	20	2	63	241	18	76	146	25	46
溧水区	29	2	17	48	15	60	129	47	19
高淳区	26		17	109	5	28	71	12	12
南京江北新区	45	2	35	66	10	23	57	15	34
无锡市	**274**	**17**	**5508**	**4477**	**179**	**897**	**1106**	**924**	**1476**
锡山区	37	1	479	720	19	183	279	258	570

4-4 续表 19 单位：人

地区 性别	制造业								
	酒、饮料和精制茶制造业	烟草制品业	纺织业	纺织服装、服饰业	皮革、毛皮、羽毛及其制品和制鞋业	木材加工和木、竹、藤、棕、草制品业	家具制造业	造纸和纸制品业	印刷和记录媒介复制业
惠山区	40	1	710	679	22	121	288	141	125
滨湖区	34		50	48	9	19	26	16	85
梁溪区	17	1	129	94	1	6	13	19	89
新吴区	17		93	53	11	50	52	79	117
江苏无锡经济开发区	4		27	29	3	20	13	17	11
江阴市	46	7	3401	2727	89	242	275	319	364
宜兴市	79	7	619	127	25	256	160	75	115
徐州市	**253**	**90**	**1043**	**677**	**224**	**3515**	**2283**	**288**	**204**
鼓楼区	17	25	11	13	2	8	17	7	26
云龙区	12	24	12	8	6	11	19	8	20
贾汪区	11	1	30	28	2	27	536	68	3
泉山区	18	28	17	15	4	11	13	16	45
铜山区	29	3	36	51	7	214	140	66	26
丰县	29	1	54	40	6	1024	81	20	12
沛县	49	2	385	44	13	121	50	12	10
睢宁县	19	1	282	230	95	346	1189	37	16
徐州经济技术开发区	24	2	40	5		15	33	10	24
新沂市	33	2	136	157	69	142	67	27	15
邳州市	12	1	40	86	20	1596	138	17	7
常州市	**225**	**15**	**2193**	**1520**	**169**	**1489**	**1119**	**606**	**481**
天宁区	10		315	334	10	73	71	55	67
钟楼区	18	2	110	106	4	42	61	53	68
新北区	35	8	346	152	17	99	86	86	40
武进区	31	1	907	178	51	162	263	128	127
金坛区	39	1	182	605	57	46	61	81	75
江苏省常州市经济开发区	9	3	241	80	20	941	489	195	72
溧阳市	83		92	65	10	126	88	8	32
苏州市	**413**	**23**	**16207**	**11944**	**738**	**2356**	**2960**	**3254**	**2219**
虎丘区	21	1	54	60	9	90	54	131	110
吴中区	62		246	611	44	199	181	274	247
相城区	16	2	231	642	32	107	722	260	153
姑苏区	11		54	109	6	26	40	32	75
吴江区	77		7528	1653	189	426	362	185	171
苏州工业园区	22	4	122	134	21	35	49	419	196
常熟市	41	1	4227	6538	168	291	715	512	237
张家港市	58	1	2907	1303	59	457	205	186	176
昆山市	89	1	264	452	79	144	376	768	695
太仓市	16	13	574	442	131	581	256	487	159
南通市	**175**	**44**	**11647**	**2729**	**395**	**892**	**2416**	**704**	**351**
崇川区	11	24	387	132	39	15	30	55	59
港闸区	5	3	200	210	22	18	51	28	19
通州区	47	4	4040	340	72	130	316	123	76
如东县	36	2	941	435	32	128	214	87	26
南通经济技术开发区	4	2	625	79	18	26	52	95	18
通州湾示范区			32	14	6	5	15	2	1
苏锡通科技产业园区	1		535	6	3	29	25	14	3
启东市	16	2	191	126	58	103	198	45	26
如皋市	22	2	560	921	32	171	478	94	35
海门市	19	5	3293	106	99	104	160	81	38
海安市	14		843	360	14	163	877	80	50
连云港市	**206**	**4**	**315**	**789**	**101**	**630**	**271**	**94**	**115**
连云区	4		4	6	2	3	3	4	2

4-4 续表 20

单位：人

地区 性别	制造业								
	酒、饮料和精制茶制造业	烟草制品业	纺织业	纺织服装、服饰业	皮革、毛皮、羽毛及其制品和制鞋业	木材加工和木、竹、藤、棕、草制品业	家具制造业	造纸和纸制品业	印刷和记录媒介复制业
海州区	40	1	70	24	11	43	58	13	34
赣榆区	19	2	50	134	10	132	70	20	11
东海县	33	1	64	242	15	217	33	16	37
灌云县	10		55	217	12	49	36	16	10
灌南县	87		50	151	47	177	61	9	14
连云港经济技术开发区	2		10	5	4	6	5	8	3
连云港高新技术产业开发区	7		5	7		2	4	4	3
江苏连云港徐圩新区			3				1	4	1
江苏省连云港市云台山风景名胜区	4		4	3		1			
淮安市	**277**	**121**	**681**	**1066**	**256**	**723**	**331**	**329**	**168**
淮安区	19	5	166	106	52	80	56	55	10
淮阴区	14	10	78	169	36	162	62	40	27
清江浦区	37	87	88	46	18	20	23	40	47
洪泽区	7	1	81	44	7	69	19	60	9
涟水县	175		154	480	57	158	68	53	43
盱眙县	12	3	30	135	35	91	25	12	8
金湖县	3		42	47	36	119	37	41	6
淮安经济技术开发区	7	13	21	32	14	6	18	21	12
工业园区						9	19	1	1
生态文旅区	3	2	20	7	1	6	4	6	5
苏淮高新区			1			3			
盐城市	**112**	**9**	**1984**	**1063**	**226**	**533**	**429**	**473**	**243**
亭湖区	9		89	63	37	35	27	20	50
盐都区	8	1	104	87	5	57	54	18	36
大丰区	14		497	60	13	135	31	149	30
响水县	1		83	149	9	30	22	61	5
滨海县	13		78	131	17	48	45	28	10
阜宁县	16	5	170	107	34	50	58	36	30
射阳县	31	3	481	198	21	59	41	80	17
建湖县	1		155	104	77	21	37	36	29
盐城经济技术开发区	3		26	8	1		3		2
江苏省盐南高新区	6		40	53	5	13	5	6	13
东台市	10		261	103	7	85	106	39	21
扬州市	**146**	**24**	**738**	**999**	**898**	**625**	**714**	**329**	**270**
广陵区	31	1	72	98	113	83	34	39	42
邗江区	19		92	125	65	45	72	41	52
江都区	16	4	107	138	246	151	197	49	55
宝应县	24		83	105	37	91	100	50	16
扬州经济技术开发区	9		21	33	95	27	52	54	19
蜀冈瘦西湖景区	9		6	12	10	15	6	2	9
生态新城	1		18	4	63	11	2	32	25
仪征市	18	5	248	56	29	64	95	23	13
高邮市	19	14	91	428	240	138	156	39	39
镇江市	**99**	**3**	**498**	**814**	**1175**	**640**	**322**	**887**	**419**
京口区	4		17	9	4	30	7	109	17
润州区	4		8	6	2	6	5	70	13
丹徒区	19	2	15	34	152	48	40	42	16
镇江新区	9	1	13	11	29	28	19	246	16
江苏镇江高新区	3		1	4		3	4	8	5
丹阳市	27		334	473	945	401	145	280	278
扬中市			49	118	18	46	15	45	31
句容市	33		61	159	25	78	87	87	43

4-4 续表 21

单位：人

地区 性别	制造业								
	酒、饮料和精制茶制造业	烟草制品业	纺织业	纺织服装、服饰业	皮革、毛皮、羽毛及其制品和制鞋业	木材加工和木、竹、藤、棕、草制品业	家具制造业	造纸和纸制品业	印刷和记录媒介复制业
泰州市	**201**	**3**	**824**	**1530**	**134**	**585**	**759**	**249**	**182**
海陵区	34		112	52	11	53	100	13	29
高港区	61		122	61	11	55	57	34	6
姜堰区	18	1	109	190	5	85	102	55	23
泰州医药高新技术产业开发区	11		112	17	7	9	25	16	20
兴化市	42	1	109	92	15	102	108	56	26
靖江市	6		127	376	13	123	91	43	30
泰兴市	29	1	133	742	72	158	276	32	48
宿迁市	**1518**	**8**	**1626**	**2099**	**214**	**4654**	**962**	**376**	**269**
宿城区	128		208	228	14	334	330	49	23
宿豫区	61	1	132	111	12	41	41	23	21
沭阳县	33	2	538	640	76	3186	174	142	134
泗阳县	251	5	479	401	36	515	244	43	27
泗洪县	353		146	545	68	172	72	51	28
宿迁经济技术开发区	24		56	115	3	69	61	28	11
宿迁市湖滨新区	6		25	19	4	20	10	4	14
苏州宿迁工业园区	6		2	1		3	11	4	1
宿迁市洋河新区	656		40	39	1	314	19	32	10
女	**2522**	**237**	**54281**	**84212**	**8477**	**9170**	**7039**	**6271**	**5477**
南京市	**210**	**59**	**467**	**3307**	**307**	**156**	**404**	**274**	**361**
玄武区	6	2	4	12	1		2	5	14
秦淮区	27	3	11	54	6	9	18	7	32
建邺区	4	23	4	20	2	1	3	4	12
鼓楼区	16	7	13	50	2	8	5	6	29
浦口区	3	1	18	160	21	9	8	7	8
栖霞区	12	3	49	88	10	9	17	30	48
雨花台区	11	8	22	63	6	11	32	7	12
江宁区	51	6	114	448	142	60	204	117	114
六合区	7	1	104	1199	34	14	33	23	37
溧水区	32	2	26	228	31	19	30	38	16
高淳区	9	1	61	841	37	3	29	15	19
南京江北新区	32	2	41	144	15	13	23	15	20
无锡市	**181**	**8**	**6507**	**7327**	**215**	**328**	**537**	**729**	**1360**
锡山区	20		495	1318	31	75	118	220	489
惠山区	12		749	871	53	61	163	68	100
滨湖区	27		64	103	8	7	7	14	66
梁溪区	2	1	110	212	9	4	4	18	74
新吴区	9	1	60	83	11	22	28	56	95
江苏无锡经济开发区	8		37	52	5	3	8	9	12
江阴市	32	2	4218	4273	59	69	138	239	395
宜兴市	71	4	774	415	39	87	71	105	129
徐州市	**189**	**40**	**1728**	**3124**	**425**	**2404**	**1612**	**287**	**143**
鼓楼区	10	10	10	23	2	6	12	11	19
云龙区	11	12	13	22	4	4	9	6	20
贾汪区	5		54	68	6	25	444	36	2
泉山区	18	9	16	33	5	4	10	10	22
铜山区	33	3	153	535	20	145	116	108	25
丰县	21	1	103	244	6	725	72	18	9
沛县	39		635	210	27	45	11	11	12
睢宁县	7	1	426	924	130	173	811	43	7
徐州经济技术开发区	11	2	56	52	5	8	22	6	11
新沂市	20	1	179	690	183	79	20	25	12
邳州市	14	1	83	323	37	1190	85	13	4

4-4 续表 22

单位：人

地区 性别	制造业								
	酒、饮料和精制茶制造业	烟草制品业	纺织业	纺织服装、服饰业	皮革、毛皮、羽毛及其制品和制鞋业	木材加工和木、竹、藤、棕、草制品业	家具制造业	造纸和纸制品业	印刷和记录媒介复制业
常州市	**183**	**8**	**2638**	**4421**	**268**	**738**	**553**	**506**	**425**
天宁区	14		285	731	27	26	34	47	64
钟楼区	10		123	264	12	18	32	64	54
新北区	27	2	323	326	16	20	44	93	41
武进区	16	3	1210	422	61	69	109	108	120
金坛区	26		196	2051	99	14	11	33	40
江苏省常州市经济开发区	6	3	329	160	28	555	306	143	82
溧阳市	84		172	467	25	36	17	18	24
苏州市	**290**	**16**	**15598**	**17880**	**1000**	**958**	**1359**	**1887**	**1705**
虎丘区	16	1	60	176	8	34	17	79	77
吴中区	46		352	1429	83	66	70	191	202
相城区	9	7	205	748	48	36	328	163	116
姑苏区	7		59	211	5	8	23	28	54
吴江区	37	1	6097	2018	198	246	182	104	103
苏州工业园区	17	1	129	264	27	9	21	266	156
常熟市	32		3753	8673	301	88	253	239	205
张家港市	46		3989	2293	115	155	68	110	148
昆山市	68		249	979	104	68	289	483	542
太仓市	12	6	705	1089	111	248	108	224	102
南通市	**111**	**31**	**16766**	**13919**	**773**	**272**	**995**	**531**	**275**
崇川区	10	10	397	292	34	8	20	26	43
港闸区	6	2	260	597	41	10	38	11	17
通州区	21	5	5737	2279	143	26	102	112	50
如东县	15		2226	2054	73	33	53	79	20
南通经济技术开发区	3	1	643	206	6	9	15	33	13
通州湾示范区			147	64	12	3	6	12	3
苏锡通科技产业园区			781	9	3	5	15	12	1
启东市	18	5	336	1090	134	20	72	41	26
如皋市	17	1	1216	4987	95	46	186	77	34
海门市	6	5	3501	578	202	54	79	79	35
海安市	15	2	1522	1763	30	58	409	49	33
连云港市	**138**	**1**	**761**	**4661**	**189**	**365**	**95**	**138**	**88**
连云区	4		9	16	6	2	1	4	3
海州区	27		74	111	23	11	16	13	25
赣榆区	14		334	1613	31	77	39	17	10
东海县	34	1	145	1511	31	187	12	76	26
灌云县	6		79	823	29	10	11	13	4
灌南县	45		63	542	54	69	12	4	14
连云港经济技术开发区	2		39	12	14	4		3	2
连云港高新技术产业开发区	4		3	14		3	3	2	4
江苏连云港徐圩新区			6	9				5	
江苏省连云港市云台山风景名胜区	2		9	10	1	2	1	1	
淮安市	**109**	**53**	**1229**	**4307**	**725**	**210**	**146**	**256**	**158**
淮安区	14	2	338	555	132	16	14	28	11
淮阴区	10	2	124	660	75	21	16	81	28
清江浦区	20	39	130	117	34	9	12	30	25
洪泽区	5		157	234	21	26	8	24	7
涟水县	47	1	251	1848	246	55	37	31	57
盱眙县	7	1	46	416	101	31	12	10	11
金湖县	2		77	299	48	41	16	29	4
淮安经济技术开发区	4	7	45	140	46	5	9	18	7
工业园区			3	1		5	14	2	

4-4 续表 23　　　　单位：人

地　区 性　别	制造业								
	酒、饮料和精制茶制造业	烟　草制品业	纺织业	纺织服装、服饰业	皮革、毛皮、羽毛及其制品和制鞋业	木材加工和木、竹、藤、棕、草制品业	家　具制造业	造纸和纸制品业	印刷和记录媒介复制业
生态文旅区		1	55	34	22	1	8	3	8
苏淮高新区			3	3					
盐城市	**70**	**6**	**3302**	**4935**	**353**	**187**	**155**	**303**	**151**
亭湖区	14	1	133	320	22	13	6	13	20
盐都区	4		190	662	26	11	22	33	25
大丰区	9	1	1053	338	21	62	16	96	20
响水县			152	400	3	8	8	21	2
滨海县	3		118	429	18	13	9	15	8
阜宁县	10		182	505	67	13	20	18	23
射阳县	18	2	483	674	26	24	11	41	9
建湖县	3	1	326	611	145	8	14	29	19
盐城经济技术开发区	1		19	48	1	1		4	1
江苏省盐南高新区	4	1	37	181	4	4	4	6	12
东台市	4		609	767	20	30	45	27	12
扬州市	**83**	**5**	**1063**	**5500**	**2213**	**215**	**209**	**266**	**217**
广陵区	21		94	292	190	37	20	23	42
邗江区	12		169	578	285	22	35	21	34
江都区	10		218	842	723	70	90	63	51
宝应县	13		139	576	155	25	24	47	17
扬州经济技术开发区	1	1	25	151	190	11	16	27	14
蜀冈瘦西湖景区	10		16	46	21	2	1	2	5
生态新城	2		12	20	70	7	1	13	16
仪征市	6	2	214	177	81	16	12	31	19
高邮市	8	2	176	2818	498	25	10	39	19
镇江市	**81**		**934**	**2606**	**1374**	**254**	**124**	**469**	**268**
京口区	2		15	15	6	17	2	28	13
润州区	4		6	9	3		3	20	9
丹徒区	16		35	189	187	17	12	26	19
镇江新区	7		10	51	29	9	4	78	11
江苏镇江高新区	1		1	8	3	1	4	2	4
丹阳市	20		693	1280	1047	160	52	211	182
扬中市	1		64	324	37	9	6	33	8
句容市	30		110	730	62	41	41	71	22
泰州市	**142**	**2**	**1329**	**5941**	**276**	**216**	**402**	**240**	**161**
海陵区	16	1	142	248	16	17	70	12	21
高港区	41		153	196	67	24	22	31	17
姜堰区	18		291	1285	18	43	56	57	28
泰州医药高新技术产业开发区	10		171	47	7	4	16	11	18
兴化市	32	1	183	577	28	29	29	48	14
靖江市	4		176	842	43	39	40	39	33
泰兴市	21		213	2746	97	60	169	42	30
宿迁市	**735**	**8**	**1959**	**6284**	**359**	**2867**	**448**	**385**	**165**
宿城区	54		280	691	9	262	166	42	24
宿豫区	27		194	454	13	16	18	26	9
沭阳县	13	2	679	1705	141	2000	109	88	63
泗阳县	65	5	550	1105	63	251	86	61	22
泗洪县	148		140	1751	123	81	22	53	19
宿迁经济技术开发区	12	1	70	331	5	41	28	14	10
宿迁市湖滨新区	4		14	123	1	11	3	1	1
苏州宿迁工业园区	1		4	7		3	12	3	3
宿迁市洋河新区	411		28	117	4	202	4	97	14

4-4 续表 24 单位：人

地 区 性 别	制造业								
	文教、工美、体育和娱乐用品制造业	石油、煤炭及其他燃料加工业	化学原料和化学制品制造业	医 药制造业	化学纤维制造业	橡胶和塑 料制品业	非金属矿 物制品业	黑色金属冶炼和压延加工业	有色金属冶炼和压延加工业
江 苏	**28209**	**3060**	**33915**	**16118**	**8438**	**53121**	**41672**	**22749**	**9397**
南京市	**1183**	**948**	**3608**	**2384**	**132**	**2250**	**3267**	**2167**	**488**
玄武区	21	98	94	75	5	28	33	19	3
秦淮区	81	49	103	154	5	43	81	20	15
建邺区	20	36	48	127	2	26	36	38	7
鼓楼区	47	49	157	101	5	38	76	82	10
浦口区	7	4	123	66	3	141	280	44	5
栖霞区	89	351	358	412	23	181	365	27	36
雨花台区	60	18	72	88	3	56	263	632	19
江宁区	272	41	337	574	23	632	1003	196	159
六合区	317	33	506	119	31	193	295	115	33
溧水区	153	8	134	85	3	272	299	20	152
高淳区	46	4	329	72	3	258	272	20	9
南京江北新区	70	257	1347	511	26	382	264	954	40
无锡市	**4619**	**373**	**3839**	**1333**	**1339**	**9430**	**6704**	**4346**	**2155**
锡山区	333	26	399	108	34	1545	424	294	161
惠山区	93	165	362	88	97	947	467	1376	237
滨湖区	70	5	88	300	4	384	113	71	110
梁溪区	65	18	139	212	23	375	117	93	49
新吴区	59	25	254	140	10	852	141	98	132
江苏无锡经济开发区	51	8	55	66	35	98	65	47	53
江阴市	365	66	1240	327	891	3934	1109	2149	1126
宜兴市	3583	60	1302	92	245	1295	4268	218	287
徐州市	**1724**	**330**	**1674**	**580**	**47**	**1699**	**3253**	**1287**	**458**
鼓楼区	24	3	49	34	2	62	114	19	19
云龙区	38	7	37	67		67	116	13	6
贾汪区	62	36	96	15	3	245	305	37	17
泉山区	36	14	57	87	1	54	116	15	10
铜山区	262	21	133	96	2	186	1228	597	61
丰县	88	92	258	12		74	132	31	14
沛县	96	72	59	21	19	547	208	108	168
睢宁县	775	5	59	51	1	160	214	42	19
徐州经济技术开发区	42	7	43	119		36	201	10	10
新沂市	81	7	805	65	14	110	416	368	74
邳州市	220	66	78	13	5	158	203	47	60
常州市	**1156**	**116**	**2785**	**1847**	**247**	**4745**	**3586**	**3442**	**1018**
天宁区	53	8	321	374	12	453	208	257	85
钟楼区	289	8	281	146	18	440	208	94	72
新北区	93	31	844	371	48	853	703	112	165
武进区	305	19	455	474	102	1603	808	648	230
金坛区	115	6	243	275	19	585	361	77	181
江苏省常州市经济开发区	123	10	361	121	19	595	436	1819	211
溧阳市	178	34	280	86	29	216	862	435	74
苏州市	**4193**	**211**	**6915**	**2541**	**4221**	**15945**	**6393**	**5271**	**2148**
虎丘区	517	11	334	243	12	1029	516	109	121
吴中区	704	10	397	328	30	1760	550	33	78
相城区	199	8	363	158	204	1447	477	69	127
姑苏区	194	5	190	224	6	268	102	19	27
吴江区	518	23	386	212	1678	1454	1225	135	345
苏州工业园区	122	16	571	561	23	1058	298	23	92
常熟市	351	20	1497	329	501	1794	846	985	318

4-4 续表 25

单位：人

地区 性别	制造业								
	文教、工美、体育和娱乐用品制造业	石油、煤炭及其他燃料加工业	化学原料和化学制品制造业	医药制造业	化学纤维制造业	橡胶和塑料制品业	非金属矿物制品业	黑色金属冶炼和压延加工业	有色金属冶炼和压延加工业
张家港市	394	43	1570	108	514	2173	825	3663	416
昆山市	895	28	1068	195	73	3358	806	127	408
太仓市	299	47	539	183	1180	1604	748	108	216
南通市	**3106**	**101**	**3948**	**1213**	**1059**	**3937**	**4123**	**427**	**631**
崇川区	111	8	413	120	115	262	146	7	12
港闸区	97	6	145	51	46	152	252	11	14
通州区	364	9	166	67	349	717	517	57	147
如东县	780	19	1357	248	95	308	340	48	44
南通经济技术开发区	64	3	315	124	36	241	127	16	17
通州湾示范区	6		18	1	1	46	72	6	21
苏锡通科技产业园区	17	1	87	10	1	86	66	6	3
启东市	293	11	421	236	112	204	283	29	70
如皋市	659	18	539	85	107	753	748	130	93
海门市	471	13	268	172	26	442	651	52	62
海安市	244	13	219	99	171	726	921	65	148
连云港市	**1494**	**213**	**1208**	**1585**	**92**	**2629**	**1708**	**1014**	**252**
连云区	3	23	225	59	6	22	68	94	3
海州区	44	17	216	730	47	142	254	15	4
赣榆区	908	104	99	104	3	2108	371	491	37
东海县	444	5	94	41	2	183	737	29	21
灌云县	43	8	160	20	1	63	83	11	6
灌南县	37	4	207	25	1	55	81	324	171
连云港经济技术开发区	5	5	74	281	20	43	48	18	4
连云港高新技术产业开发区	3	24	34	310	8	10	43	1	5
江苏连云港徐圩新区	4	22	86	4		1	13	31	1
江苏省连云港市云台山风景名胜区	3	1	13	11	4	2	10		
淮安市	**830**	**83**	**1400**	**351**	**83**	**1393**	**1075**	**655**	**101**
淮安区	231	5	147	37	7	338	162	10	14
淮阴区	44	5	118	45	3	116	150	48	10
清江浦区	43	49	241	103	4	178	101	387	5
洪泽区	30	2	349	10	19	79	143	30	1
涟水县	100	2	145	38	16	113	117	15	16
盱眙县	134	6	123	23	3	250	186	75	14
金湖县	223	7	75	69	29	89	136	18	22
淮安经济技术开发区	9	3	66	15	2	175	47	62	16
工业园区	5	1	15	2		2	6	3	2
生态文旅区	11	2	18	8		50	16	7	1
苏淮高新区		1	103	1		3	11		
盐城市	**1254**	**100**	**1735**	**749**	**249**	**1853**	**2424**	**826**	**361**
亭湖区	78	11	102	34	3	202	197	28	13
盐都区	82	11	81	42	8	179	354	35	13
大丰区	464	8	492	215	27	216	289	401	17
响水县	49	3	111	46	3	50	84	108	171
滨海县	35	9	329	199	4	71	137	18	7
阜宁县	152	4	170	25	40	325	250	26	46
射阳县	66	5	125	75	13	87	163	25	9
建湖县	67	8	135	23	7	289	356	41	11
盐城经济技术开发区	13		6	6		16	22	1	3
江苏省盐南高新区	33	1	45	15	2	86	84	14	5
东台市	215	40	139	69	142	332	488	129	66
扬州市	**5059**	**152**	**2234**	**618**	**552**	**2395**	**2819**	**1220**	**265**
广陵区	267	8	326	171	14	411	88	451	23

4-4　续表 26　　　　　　　　　　　　　　　　　　　　　　　　　单位：人

地　区 性　别	制造业								
	文教、工美、体育和娱乐用品制造业	石油、煤炭及其他燃料加工业	化学原料和化学制品制造业	医　药制造业	化学纤维制造业	橡胶和塑　料制品业	非金属矿　物制品业	黑色金属冶炼和压延加工业	有色金属冶炼和压延加工业
邗江区	1066	13	217	109	20	205	237	59	24
江都区	1098	63	651	103	9	524	393	282	91
宝应县	756	2	110	34	2	215	1379	51	41
扬州经济技术开发区	51	4	100	54	2	121	61	6	9
蜀冈瘦西湖景区	150	2	52	13		30	28	8	5
生态新城	10		194	4	1	334	5	5	
仪征市	1452	52	393	28	495	240	346	20	16
高邮市	209	8	191	102	9	315	282	338	56
镇江市	**572**	**143**	**1688**	**348**	**128**	**2451**	**2420**	**666**	**835**
京口区	11	16	368	57	5	97	82	75	103
润州区	8	9	119	24	2	39	66	3	21
丹徒区	25	67	159	36	37	181	468	55	213
镇江新区	34	9	397	82	3	116	130	21	45
江苏镇江高新区	5	1	22	11	1	42	15		4
丹阳市	177	11	410	68	69	1089	762	460	393
扬中市	54	1	85	19	4	644	195	23	24
句容市	258	29	128	51	7	243	702	29	32
泰州市	**1511**	**269**	**2328**	**2369**	**75**	**2495**	**1975**	**1159**	**532**
海陵区	111	90	153	176	21	244	237	35	45
高港区	83	28	102	925	2	228	123	12	30
姜堰区	72	15	203	208	4	522	369	58	50
泰州医药高新技术产业开发区	96	79	33	312	17	177	80	3	25
兴化市	539	18	160	77	12	465	390	540	190
靖江市	140	18	161	212	5	277	230	429	101
泰兴市	470	21	1516	459	14	582	546	82	91
宿迁市	**1508**	**21**	**553**	**200**	**214**	**1899**	**1925**	**269**	**153**
宿城区	143	7	79	31	16	349	387	20	22
宿豫区	64	4	123	46	115	314	429	74	45
沭阳县	931	6	133	45	13	356	460	90	37
泗阳县	119	1	33	25	28	150	163	24	18
泗洪县	209	1	43	30	6	267	186	28	18
宿迁经济技术开发区	7		36	4	17	180	127	24	5
宿迁市湖滨新区	11		94	14	19	203	72	1	2
苏州宿迁工业园区	5	1	5			24	28	1	
宿迁市洋河新区	19	1	7	5		56	73	7	6
男	**10548**	**2260**	**23532**	**8504**	**5318**	**29470**	**28874**	**17779**	**6654**
南京市	**458**	**721**	**2556**	**1190**	**95**	**1423**	**2347**	**1756**	**340**
玄武区	7	65	61	43	4	17	26	14	3
秦淮区	44	39	63	75	4	26	61	17	10
建邺区	10	23	26	73	2	19	21	34	3
鼓楼区	24	38	99	57	4	27	46	54	8
浦口区	4	3	79	31	3	94	223	40	4
栖霞区	39	272	255	200	15	114	270	22	18
雨花台区	26	16	49	49	2	40	185	533	13
江宁区	112	30	213	254	16	381	758	162	98
六合区	70	27	394	77	21	114	207	97	23
溧水区	80	6	94	36	2	156	207	17	123
高淳区	15	4	236	45	2	174	164	19	5
南京江北新区	27	198	987	250	20	261	179	747	32
无锡市	**2279**	**248**	**2581**	**658**	**732**	**5354**	**4411**	**3324**	**1488**
锡山区	131	19	259	54	14	868	317	230	120

4-4 续表 27　　单位：人

地区 性别	制造业								
	文教、工美、体育和娱乐用品制造业	石油、煤炭及其他燃料加工业	化学原料和化学制品制造业	医药制造业	化学纤维制造业	橡胶和塑料制品业	非金属矿物制品业	黑色金属冶炼和压延加工业	有色金属冶炼和压延加工业
惠山区	47	104	216	44	39	545	343	1027	153
滨湖区	28	4	49	171		209	87	55	80
梁溪区	32	13	89	99	16	224	82	70	33
新吴区	26	18	157	65	4	475	105	74	97
江苏无锡经济开发区	18	4	37	30	13	61	46	37	39
江阴市	143	48	863	147	527	2308	782	1664	769
宜兴市	1854	38	911	48	119	664	2649	167	197
徐州市	**416**	**253**	**1160**	**295**	**32**	**1062**	**2234**	**1005**	**336**
鼓楼区	8	2	32	19	1	52	81	18	13
云龙区	22	5	24	32		44	91	7	4
贾汪区	33	32	73	7	3	179	240	31	11
泉山区	15	9	43	46		40	88	10	7
铜山区	47	17	86	29	1	104	741	443	42
丰县	26	64	158	4		43	92	24	9
沛县	13	58	45	13	15	314	138	102	132
睢宁县	82	3	37	33	1	99	160	34	11
徐州经济技术开发区	11	6	31	61		27	157	9	5
新沂市	28	5	583	44	9	74	281	291	50
邳州市	131	52	48	7	2	86	165	36	52
常州市	**579**	**81**	**1887**	**873**	**132**	**2661**	**2565**	**2649**	**711**
天宁区	23	7	211	168	7	267	141	205	58
钟楼区	163	6	182	70	8	246	145	79	50
新北区	34	19	573	219	22	511	486	81	117
武进区	145	10	311	193	56	862	572	491	162
金坛区	58	6	181	131	12	315	236	67	135
江苏省常州市经济开发区	65	8	233	65	13	322	303	1393	136
溧阳市	91	25	196	27	14	138	682	333	53
苏州市	**1993**	**139**	**4581**	**1304**	**2634**	**9170**	**4576**	**4102**	**1467**
虎丘区	145	9	203	117	11	585	337	79	91
吴中区	358	5	223	185	19	895	408	24	49
相城区	107	4	222	79	129	825	355	50	90
姑苏区	124	4	117	120	5	158	71	13	18
吴江区	297	14	249	94	1099	827	909	101	217
苏州工业园区	63	8	313	286	13	601	202	15	54
常熟市	175	15	1054	184	284	1048	604	842	220
张家港市	179	31	1135	58	325	1264	603	2819	293
昆山市	426	21	699	88	48	2024	554	85	294
太仓市	119	28	366	93	701	943	533	74	141
南通市	**1415**	**69**	**2818**	**620**	**731**	**2173**	**2861**	**352**	**455**
崇川区	52	7	308	66	94	185	102	6	7
港闸区	47	5	99	20	41	99	199	9	9
通州区	149	7	114	25	247	387	361	46	112
如东县	451	11	1006	159	59	137	246	43	37
南通经济技术开发区	29	2	230	53	23	174	107	15	12
通州湾示范区	3		14	1		19	44	6	17
苏锡通科技产业园区	8		68	7		55	53	6	3
启东市	97	10	256	126	102	112	223	24	44
如皋市	296	13	388	50	70	449	517	113	66
海门市	204	6	186	81	13	236	361	41	48
海安市	79	8	149	32	82	320	648	43	100
连云港市	**250**	**164**	**938**	**982**	**54**	**537**	**1248**	**782**	**199**
连云区		17	189	29	4	9	61	78	

4-4 续表 28 单位：人

地区 性别	制造业								
	文教、工美、体育和娱乐用品制造业	石油、煤炭及其他燃料加工业	化学原料和化学制品制造业	医药制造业	化学纤维制造业	橡胶和塑料制品业	非金属矿物制品业	黑色金属冶炼和压延加工业	有色金属冶炼和压延加工业
海州区	12	11	165	479	28	86	180	14	4
赣榆区	63	81	71	61	2	256	290	374	24
东海县	142	3	66	26	1	94	503	22	15
灌云县	14	6	125	13		36	64	10	4
灌南县	13	2	160	7	1	31	62	240	145
连云港经济技术开发区	2	4	56	149	11	19	33	16	3
连云港高新技术产业开发区	1	18	20	212	5	5	32	1	4
江苏连云港徐圩新区		21	77	1		1	13	27	
江苏省连云港市云台山风景名胜区	3	1	9	5	2		10		
淮安市	**287**	**61**	**1037**	**190**	**61**	**813**	**815**	**541**	**74**
淮安区	110	4	83	24	5	194	126	8	13
淮阴区	9	2	84	17	2	65	127	43	8
清江浦区	20	37	180	61	2	135	80	315	5
洪泽区	7	2	279	6	11	39	74	23	
涟水县	24	1	110	19	11	62	88	11	7
盱眙县	32	5	96	10	3	120	146	61	12
金湖县	71	5	57	36	26	54	111	17	14
淮安经济技术开发区	5	3	44	12	1	107	35	54	13
工业园区	2	1	12			1	4	2	2
生态文旅区	7		15	5		34	13	7	
苏淮高新区		1	77			2	11		
盐城市	**353**	**69**	**1263**	**431**	**173**	**1054**	**1699**	**662**	**281**
亭湖区	27	9	69	18	3	105	131	26	9
盐都区	27	5	53	12	5	89	246	26	10
大丰区	112	6	353	135	19	127	202	316	13
响水县	16	2	88	24	2	28	64	89	140
滨海县	15	7	243	141	4	47	105	16	6
阜宁县	47	3	134	13	25	179	172	25	35
射阳县	21	3	90	30	9	61	126	21	7
建湖县	23	6	107	10	4	182	206	37	7
盐城经济技术开发区	3		5	3		8	15	1	3
江苏省盐南高新区	13	1	29	11	2	57	60	11	4
东台市	49	27	92	34	100	171	372	94	47
扬州市	**1410**	**117**	**1446**	**322**	**406**	**1272**	**1695**	**1019**	**178**
广陵区	137	6	221	75	11	198	61	395	16
邗江区	253	8	125	69	14	99	158	49	17
江都区	320	48	415	47	6	241	271	222	57
宝应县	386	1	57	19	1	127	655	44	30
扬州经济技术开发区	17	1	72	28	2	65	48	5	4
蜀冈瘦西湖景区	56	1	32	8		22	20	6	4
生态新城	3		97	1	1	185	3	5	
仪征市	174	45	297	14	369	148	264	17	9
高邮市	64	7	130	61	2	187	215	276	41
镇江市	**211**	**112**	**1264**	**188**	**75**	**1439**	**1680**	**502**	**629**
京口区	5	12	259	38	2	65	56	68	80
润州区	2	5	80	12	1	22	47	2	16
丹徒区	14	54	131	14	21	120	330	42	178
镇江新区	14	8	316	41	2	64	84	15	36
江苏镇江高新区	3	1	22	3	1	25	11		3
丹阳市	97	9	299	38	38	648	469	336	278
扬中市	14	1	57	7	4	341	141	19	20
句容市	62	22	100	35	6	154	542	20	18

4-4 续表 29 单位：人

地区 性别	制造业 文教、工美、体育和娱乐用品制造业	石油、煤炭及其他燃料加工业	化学原料和化学制品制造业	医药制造业	化学纤维制造业	橡胶和塑料制品业	非金属矿物制品业	黑色金属冶炼和压延加工业	有色金属冶炼和压延加工业
泰州市	**459**	**208**	**1604**	**1339**	**37**	**1331**	**1376**	**862**	**369**
海陵区	50	67	103	84	9	128	174	27	31
高港区	37	20	69	556	1	110	87	10	18
姜堰区	22	13	127	94	3	297	242	40	29
泰州医药高新技术产业开发区	33	69	24	148	10	85	60	2	17
兴化市	95	13	95	39	8	261	284	394	141
靖江市	43	11	105	125	1	139	169	327	71
泰兴市	179	15	1081	293	5	311	360	62	62
宿迁市	**438**	**18**	**397**	**112**	**156**	**1181**	**1367**	**223**	**127**
宿城区	37	6	52	19	10	205	288	18	19
宿豫区	25	4	95	31	88	185	281	60	41
沭阳县	267	5	92	24	9	221	349	74	29
泗阳县	38	1	23	14	20	99	118	22	16
泗洪县	57	1	36	9	3	161	121	19	15
宿迁经济技术开发区	2		25	3	11	119	88	22	3
宿迁市湖滨新区	3		66	10	15	145	60	1	2
苏州宿迁工业园区	2		2			15	19	1	
宿迁市洋河新区	7	1	6	2		31	43	6	2
女	**17661**	**800**	**10383**	**7614**	**3120**	**23651**	**12798**	**4970**	**2743**
南京市	**725**	**227**	**1052**	**1194**	**37**	**827**	**920**	**411**	**148**
玄武区	14	33	33	32	1	11	7	5	
秦淮区	37	10	40	79	1	17	20	3	5
建邺区	10	13	22	54		7	15	4	4
鼓楼区	23	11	58	44	1	11	30	28	2
浦口区	3	1	44	35		47	57	4	1
栖霞区	50	79	103	212	8	67	95	5	18
雨花台区	34	2	23	39	1	16	78	99	6
江宁区	160	11	124	320	7	251	245	34	61
六合区	247	6	112	42	10	79	88	18	10
溧水区	73	2	40	49	1	116	92	3	29
高淳区	31		93	27	1	84	108	1	4
南京江北新区	43	59	360	261	6	121	85	207	8
无锡市	**2340**	**125**	**1258**	**675**	**607**	**4076**	**2293**	**1022**	**667**
锡山区	202	7	140	54	20	677	107	64	41
惠山区	46	61	146	44	58	402	124	349	84
滨湖区	42	1	39	129	4	175	26	16	30
梁溪区	33	5	50	113	7	151	35	23	16
新吴区	33	7	97	75	6	377	36	24	35
江苏无锡经济开发区	33	4	18	36	22	37	19	10	14
江阴市	222	18	377	180	364	1626	327	485	357
宜兴市	1729	22	391	44	126	631	1619	51	90
徐州市	**1308**	**77**	**514**	**285**	**15**	**637**	**1019**	**282**	**122**
鼓楼区	16	1	17	15	1	10	33	1	6
云龙区	16	2	13	35		23	25	6	2
贾汪区	29	4	23	8		66	65	6	6
泉山区	21	5	14	41	1	14	28	5	3
铜山区	215	4	47	67	1	82	487	154	19
丰县	62	28	100	8		31	40	7	5
沛县	83	14	14	8	4	233	70	6	36
睢宁县	693	2	22	18		61	54	8	8
徐州经济技术开发区	31	1	12	58		9	44	1	5
新沂市	53	2	222	21	5	36	135	77	24
邳州市	89	14	30	6	3	72	38	11	8

4-4　续表 30　　　　单位：人

地　区 性　别	制造业								
	文教、工美、体育和娱乐用品制造业	石油、煤炭及其他燃料加工业	化学原料和化学制品制造业	医　药制造业	化学纤维制造业	橡胶和塑　料制品业	非金属矿　物制品业	黑色金属冶炼和压延加工业	有色金属冶炼和压延加工业
常州市	**577**	**35**	**898**	**974**	**115**	**2084**	**1021**	**793**	**307**
天宁区	30	1	110	206	5	186	67	52	27
钟楼区	126	2	99	76	10	194	63	15	22
新北区	59	12	271	152	26	342	217	31	48
武进区	160	9	144	281	46	741	236	157	68
金坛区	57		62	144	7	270	125	10	46
江苏省常州市经济开发区	58	2	128	56	6	273	133	426	75
溧阳市	87	9	84	59	15	78	180	102	21
苏州市	**2200**	**72**	**2334**	**1237**	**1587**	**6775**	**1817**	**1169**	**681**
虎丘区	372	2	131	126	1	444	179	30	30
吴中区	346	5	174	143	11	865	142	9	29
相城区	92	4	141	79	75	622	122	19	37
姑苏区	70	1	73	104	1	110	31	6	9
吴江区	221	9	137	118	579	627	316	34	128
苏州工业园区	59	8	258	275	10	457	96	8	38
常熟市	176	5	443	145	217	746	242	143	98
张家港市	215	12	435	50	189	909	222	844	123
昆山市	469	7	369	107	25	1334	252	42	114
太仓市	180	19	173	90	479	661	215	34	75
南通市	**1691**	**32**	**1130**	**593**	**328**	**1764**	**1262**	**75**	**176**
崇川区	59	1	105	54	21	77	44	1	5
港闸区	50	1	46	31	5	53	53	2	5
通州区	215	2	52	42	102	330	156	11	35
如东县	329	8	351	89	36	171	94	5	7
南通经济技术开发区	35	1	85	71	13	67	20	1	5
通州湾示范区	3		4		1	27	28		4
苏锡通科技产业园区	9	1	19	3	1	31	13		
启东市	196	1	165	110	10	92	60	5	26
如皋市	363	5	151	35	37	304	231	17	27
海门市	267	7	82	91	13	206	290	11	14
海安市	165	5	70	67	89	406	273	22	48
连云港市	**1244**	**49**	**270**	**603**	**38**	**2092**	**460**	**232**	**53**
连云区	3	6	36	30	2	13	7	16	3
海州区	32	6	51	251	19	56	74	1	
赣榆区	845	23	28	43	1	1852	81	117	13
东海县	302	2	28	15	1	89	234	7	6
灌云县	29	2	35	7	1	27	19	1	2
灌南县	24	2	47	18		24	19	84	26
连云港经济技术开发区	3	1	18	132	9	24	15	2	1
连云港高新技术产业开发区	2	6	14	98	3	5	11		1
江苏连云港徐圩新区	4	1	9	3				4	1
江苏省连云港市云台山风景名胜区			4	6	2	2			
淮安市	**543**	**22**	**363**	**161**	**22**	**580**	**260**	**114**	**27**
淮安区	121	1	64	13	2	144	36	2	1
淮阴区	35	3	34	28	1	51	23	5	2
清江浦区	23	12	61	42	2	43	21	72	
洪泽区	23		70	4	8	40	69	7	1
涟水县	76	1	35	19	5	51	29	4	9
盱眙县	102	1	27	13		130	40	14	2
金湖县	152	2	18	33	3	35	25	1	8
淮安经济技术开发区	4		22	3	1	68	12	8	3
工业园区	3		3	2		1	2	1	

4-4 续表 31 单位：人

地区 性别	制造业								
	文教、工美、体育和娱乐用品制造业	石油、煤炭及其他燃料加工业	化学原料和化学制品制造业	医药制造业	化学纤维制造业	橡胶和塑料制品业	非金属矿物制品业	黑色金属冶炼和压延加工业	有色金属冶炼和压延加工业
生态文旅区	4	2	3	3		16	3		1
苏淮高新区			26	1		1			
盐城市	**901**	**31**	**472**	**318**	**76**	**799**	**725**	**164**	**80**
亭湖区	51	2	33	16		97	66	2	4
盐都区	55	6	28	30	3	90	108	9	3
大丰区	352	2	139	80	8	89	87	85	4
响水县	33	1	23	22	1	22	20	19	31
滨海县	20	2	86	58		24	32	2	1
阜宁县	105	1	36	12	15	146	78	1	11
射阳县	45	2	35	45	4	26	37	4	2
建湖县	44	2	28	13	3	107	150	4	4
盐城经济技术开发区	10		1	3		8	7		
江苏省盐南高新区	20		16	4		29	24	3	1
东台市	166	13	47	35	42	161	116	35	19
扬州市	**3649**	**35**	**788**	**296**	**146**	**1123**	**1124**	**201**	**87**
广陵区	130	2	105	96	3	213	27	56	7
邗江区	813	5	92	40	6	106	79	10	7
江都区	778	15	236	56	3	283	122	60	34
宝应县	370	1	53	15	1	88	724	7	11
扬州经济技术开发区	34	3	28	26		56	13	1	5
蜀冈瘦西湖景区	94	1	20	5		8	8	2	1
生态新城	7		97	3		149	2		
仪征市	1278	7	96	14	126	92	82	3	7
高邮市	145	1	61	41	7	128	67	62	15
镇江市	**361**	**31**	**424**	**160**	**53**	**1012**	**740**	**164**	**206**
京口区	6	4	109	19	3	32	26	7	23
润州区	6	4	39	12	1	17	19	1	5
丹徒区	11	13	28	22	16	61	138	13	35
镇江新区	20	1	81	41	1	52	46	6	9
江苏镇江高新区	2			8		17	4		1
丹阳市	80	2	111	30	31	441	293	124	115
扬中市	40		28	12		303	54	4	4
句容市	196	7	28	16	1	89	160	9	14
泰州市	**1052**	**61**	**724**	**1030**	**38**	**1164**	**599**	**297**	**163**
海陵区	61	23	50	92	12	116	63	8	14
高港区	46	8	33	369	1	118	36	2	12
姜堰区	50	2	76	114	1	225	127	18	21
泰州医药高新技术产业开发区	63	10	9	164	7	92	20	1	8
兴化市	444	5	65	38	4	204	106	146	49
靖江市	97	7	56	87	4	138	61	102	30
泰兴市	291	6	435	166	9	271	186	20	29
宿迁市	**1070**	**3**	**156**	**88**	**58**	**718**	**558**	**46**	**26**
宿城区	106	1	27	12	6	144	99	2	3
宿豫区	39		28	15	27	129	148	14	4
沭阳县	664	1	41	21	4	135	111	16	8
泗阳县	81		10	11	8	51	45	2	2
泗洪县	152		7	21	3	106	65	9	3
宿迁经济技术开发区	5		11	1	6	61	39	2	2
宿迁市湖滨新区	8		28	4	4	58	12		
苏州宿迁工业园区	3	1	3			9	9		
宿迁市洋河新区	12		1	3		25	30	1	4

4-4　续表 32

单位：人

地　区 性　别	制造业								
	金　属 制品业	通用设备 制造业	专用设备 制造业	汽　车 制造业	铁路、船舶、航空航天和其他运输设备制造业	电气机械和器材制造业	计算机、通信和其他电子设备制造业	仪器仪表 制造业	其　他 制造业
江　苏	**89490**	**129335**	**66279**	**50322**	**32011**	**79087**	**129401**	**11784**	**8250**
南京市	**4553**	**6789**	**4062**	**4779**	**2474**	**5495**	**10635**	**1417**	**535**
玄武区	49	98	83	105	37	86	236	58	4
秦淮区	125	383	226	121	246	182	529	109	71
建邺区	46	147	70	63	43	106	181	43	10
鼓楼区	82	224	193	185	215	314	507	107	21
浦口区	319	227	94	157	167	234	437	50	24
栖霞区	243	575	520	405	208	1126	2677	162	48
雨花台区	291	340	225	156	145	159	596	71	35
江宁区	1532	2554	1045	1791	378	1449	3819	450	133
六合区	431	586	322	288	105	398	577	83	60
溧水区	587	764	347	628	157	809	363	58	36
高淳区	218	332	219	369	26	128	106	45	25
南京江北新区	630	559	718	511	747	504	607	181	68
无锡市	**14586**	**22962**	**11560**	**7442**	**5654**	**11484**	**15570**	**1727**	**555**
锡山区	2357	2872	1153	1114	3718	1331	3337	222	74
惠山区	2602	5199	1677	1905	222	1654	844	276	124
滨湖区	1142	2349	666	504	121	427	877	239	44
梁溪区	505	1704	571	783	117	768	1623	200	26
新吴区	796	2606	1079	1467	183	1404	5219	230	44
江苏无锡经济开发区	610	1116	625	345	98	507	805	91	9
江阴市	4745	5269	2493	1000	1151	2283	1809	368	96
宜兴市	1829	1847	3296	324	44	3110	1056	101	138
徐州市	**4459**	**5551**	**3216**	**1399**	**4009**	**2302**	**2933**	**227**	**323**
鼓楼区	146	411	193	41	50	48	102	15	33
云龙区	135	475	341	77	135	93	61	14	9
贾汪区	223	356	209	42	516	47	110	11	15
泉山区	265	490	306	66	32	53	105	20	21
铜山区	1367	1427	478	202	164	320	441	43	99
丰县	363	228	75	473	2759	493	210	24	16
沛县	443	322	163	248	90	176	311	8	19
睢宁县	420	308	87	76	34	354	418	15	26
徐州经济技术开发区	268	1110	1139	109	176	478	364	38	36
新沂市	337	195	117	25	26	96	475	26	26
邳州市	492	229	108	40	27	144	336	13	23
常州市	**9185**	**18874**	**6940**	**6453**	**3219**	**13747**	**7756**	**1354**	**683**
天宁区	620	1563	826	260	328	634	440	179	69
钟楼区	657	1076	833	476	166	1385	689	193	32
新北区	2314	3532	1618	3340	816	2562	1587	351	112
武进区	2475	7950	2236	1397	664	2838	3404	324	224
金坛区	597	1216	407	355	58	1953	529	98	20
江苏省常州市经济开发区	1169	1832	375	300	1119	2290	813	109	132
溧阳市	1353	1705	645	325	68	2085	294	100	94
苏州市	**20562**	**29880**	**19366**	**13850**	**2454**	**17428**	**60982**	**3346**	**1228**
虎丘区	878	2333	1386	892	206	2146	6670	507	27
吴中区	1778	3304	2340	654	124	2065	7070	472	109
相城区	1824	2304	1003	832	71	1710	3729	144	102
姑苏区	322	863	509	217	51	446	1185	164	83
吴江区	2322	3020	1340	909	64	2601	9635	136	59
苏州工业园区	823	2705	1973	1859	160	1771	8149	557	141
常熟市	3486	3188	1882	2475	191	2632	2279	259	253

4-4　续表 33　　　　单位：人

地　区 性　别	制造业 金　属 制品业	 通用设备 制造业	 专用设备 制造业	 汽　车 制造业	 铁路、船舶、 航空航天和 其他运输 设备制造业	 电气机械 和器材 制造业	 计算机、 通信和其 他电子设 备制造业	 仪器仪表 制造业	 其　他 制造业
张家港市	3700	3723	2264	1081	142	1166	1108	104	111
昆山市	3294	5563	5916	3125	786	1976	20023	861	151
太仓市	2135	2877	753	1806	659	915	1134	142	192
南通市	**7731**	**10544**	**3842**	**1689**	**4349**	**4959**	**4804**	**1023**	**718**
崇川区	282	436	220	59	564	181	691	44	40
港闸区	677	583	172	56	545	168	331	64	18
通州区	1351	1150	514	247	513	446	859	144	133
如东县	679	512	317	82	85	837	289	127	77
南通经济技术开发区	551	536	237	247	626	533	389	37	26
通州湾示范区	87	147	59	16	6	62	16	2	7
苏锡通科技产业园区	261	331	72	60	22	71	242	8	12
启东市	947	2258	808	112	570	705	544	329	35
如皋市	978	1573	616	274	584	569	679	130	161
海门市	953	1098	318	227	704	592	277	46	134
海安市	965	1920	509	309	130	795	487	92	75
连云港市	**1363**	**1404**	**691**	**287**	**348**	**902**	**1705**	**152**	**262**
连云区	40	33	33	10	9	14	15	4	5
海州区	186	343	202	21	52	168	234	51	22
赣榆区	300	225	107	30	45	125	295	13	33
东海县	208	265	100	141	28	378	459	35	54
灌云县	144	181	89	10	89	79	308	11	67
灌南县	337	203	77	43	109	43	299	15	70
连云港经济技术开发区	86	70	37	26	3	17	35	9	8
连云港高新技术产业开发区	28	72	28	5	12	51	56	12	1
江苏连云港徐圩新区	28	6	10			25	3	1	1
江苏省连云港市云台山风景名胜区	6	6	8	1	1	2	1	1	1
淮安市	**1328**	**2116**	**825**	**642**	**168**	**1254**	**5477**	**370**	**298**
淮安区	181	329	67	56	29	68	837	6	59
淮阴区	193	168	90	76	26	91	539	12	36
清江浦区	150	155	116	39	20	105	313	18	40
洪泽区	114	118	31	31	12	69	147	5	32
涟水县	131	172	122	37	30	99	996	8	39
盱眙县	171	446	91	69	19	230	481	22	37
金湖县	186	597	241	164	15	419	146	289	18
淮安经济技术开发区	145	81	48	150	14	144	1855	6	25
工业园区	25	10	2	6		2	12	1	3
生态文旅区	32	37	15	13	2	23	147	3	9
苏淮高新区		3	2	1	1	4	4		
盐城市	**5116**	**8378**	**2439**	**2356**	**520**	**2208**	**5445**	**291**	**564**
亭湖区	258	623	264	445	21	159	569	28	41
盐都区	722	919	360	298	40	235	990	60	106
大丰区	676	1435	246	254	42	328	370	49	93
响水县	255	169	42	28	63	34	210	1	13
滨海县	381	465	65	73	18	159	511	7	14
阜宁县	308	680	223	68	33	254	355	28	78
射阳县	311	412	145	137	34	227	349	24	38
建湖县	467	2025	498	108	42	283	176	29	49
盐城经济技术开发区	19	62	110	380	1	84	140	8	40
江苏省盐南高新区	103	200	114	457	6	78	121	14	26
东台市	1616	1388	372	108	220	367	1654	43	66
扬州市	**4472**	**7211**	**2475**	**3754**	**2498**	**7033**	**3267**	**867**	**1690**
广陵区	532	977	642	327	411	565	422	68	191

4-4　续表 34

单位：人

地　区 性　别	制造业								
	金　属 制品业	通用设备 制造业	专用设备 制造业	汽　车 制造业	铁路、船舶、 航空航天和 其他运输 设备制造业	电气机械 和器材 制造业	计算机、 通信和其 他电子设 备制造业	仪器仪表 制造业	其　他 制造业
邗江区	589	1173	262	455	43	684	495	283	70
江都区	1340	1814	611	859	1189	743	332	79	401
宝应县	546	539	188	638	45	1448	749	323	137
扬州经济技术开发区	222	345	148	202	40	719	357	45	58
蜀冈瘦西湖景区	70	130	68	77	13	66	81	16	13
生态新城	41	72	13	15	4	12	2	2	699
仪征市	343	652	143	1012	645	548	321	24	66
高邮市	789	1509	400	169	108	2248	508	27	55
镇江市	**5773**	**3816**	**7129**	**4942**	**1272**	**6499**	**2760**	**428**	**640**
京口区	174	223	116	177	115	162	250	24	21
润州区	64	189	64	53	131	64	106	22	12
丹徒区	394	556	275	237	95	265	411	29	324
镇江新区	540	360	453	198	112	608	253	36	46
江苏镇江高新区	50	80	19	21	65	35	110	4	17
丹阳市	3615	1541	5907	3892	263	1462	642	183	100
扬中市	551	556	117	210	344	3602	147	57	82
句容市	385	311	178	154	147	301	841	73	38
泰州市	**8776**	**10282**	**2953**	**2354**	**4857**	**4099**	**3322**	**485**	**359**
海陵区	503	1140	243	287	765	1059	231	20	49
高港区	267	323	186	218	276	146	414	38	21
姜堰区	1510	1654	451	156	264	748	188	57	58
泰州医药高新技术产业开发区	177	218	312	60	73	199	1252	34	19
兴化市	3271	1760	228	204	161	401	494	64	97
靖江市	1956	3029	1111	1194	2387	867	283	181	26
泰兴市	1092	2158	422	235	931	679	460	91	89
宿迁市	**1586**	**1528**	**781**	**375**	**189**	**1677**	**4745**	**97**	**395**
宿城区	248	171	152	48	20	311	1509	10	27
宿豫区	195	108	50	33	15	134	277	12	93
沭阳县	462	430	226	85	45	612	1356	28	105
泗阳县	327	150	118	62	33	101	418	19	73
泗洪县	167	502	110	116	29	238	704	13	39
宿迁经济技术开发区	81	100	89	27	11	220	144	9	51
宿迁市湖滨新区	47	27	15	2	27	24	123	2	6
苏州宿迁工业园区	19	23	4		1	13	135	2	
宿迁市洋河新区	40	17	17	2	8	24	79	2	1
男	**64046**	**92255**	**43850**	**32630**	**23039**	**48754**	**72350**	**7149**	**4492**
南京市	**3404**	**5003**	**2665**	**3498**	**1888**	**3617**	**6400**	**859**	**325**
玄武区	39	61	53	77	24	53	158	37	2
秦淮区	89	283	145	94	179	132	362	75	52
建邺区	36	115	48	41	32	68	112	28	5
鼓楼区	57	164	128	146	161	237	369	67	12
浦口区	232	172	55	123	133	170	262	30	13
栖霞区	191	440	338	275	163	758	1702	86	32
雨花台区	229	255	152	112	118	110	399	49	21
江宁区	1128	1868	698	1327	259	953	2114	266	77
六合区	319	427	230	199	78	267	310	45	30
溧水区	452	556	226	449	130	479	200	45	23
高淳区	170	260	139	265	22	82	69	29	18
南京江北新区	462	402	453	390	589	308	343	102	40
无锡市	**10533**	**16546**	**8217**	**4657**	**3699**	**7031**	**8218**	**1030**	**292**
锡山区	1562	2024	751	718	2272	796	2000	133	35

4-4 续表 35

单位：人

地 区 性 别	制造业								
	金 属 制品业	通用设备 制造业	专用设备 制造业	汽 车 制造业	铁路、船舶、 航空航天和 其他运输 设备制造业	电气机械 和器材 制造业	计算机、 通信和其 他电子设 备制造业	仪器仪表 制造业	其 他 制造业
惠山区	1846	3628	1203	1160	160	942	413	185	61
滨湖区	828	1649	453	314	82	266	451	126	27
梁溪区	364	1199	387	565	86	469	781	122	14
新吴区	540	1854	763	920	116	838	2748	149	25
江苏无锡经济开发区	474	807	451	212	71	316	363	49	5
江阴市	3516	4019	1795	582	887	1399	937	206	53
宜兴市	1403	1366	2414	186	25	2005	525	60	72
徐州市	**3669**	**4504**	**2448**	**1111**	**2747**	**1373**	**1624**	**150**	**175**
鼓楼区	113	320	148	31	40	32	62	11	24
云龙区	108	377	251	59	103	60	38	6	8
贾汪区	183	300	180	32	386	31	69	6	8
泉山区	225	410	223	47	26	39	69	16	14
铜山区	1165	1174	342	148	116	191	177	26	39
丰县	290	182	53	354	1803	256	125	9	9
沛县	389	271	118	233	79	117	153	5	5
睢宁县	306	241	50	59	27	232	210	15	9
徐州经济技术开发区	215	907	936	94	120	252	223	23	28
新沂市	290	142	70	23	23	62	279	22	15
邳州市	385	180	77	31	24	101	219	11	16
常州市	**6464**	**13335**	**4501**	**3756**	**2268**	**8257**	**3905**	**816**	**390**
天宁区	451	1158	459	168	255	396	220	119	45
钟楼区	462	778	539	265	121	830	336	110	27
新北区	1495	2449	1074	1869	523	1363	685	193	61
武进区	1740	5521	1435	835	460	1511	1794	204	131
金坛区	452	867	264	218	35	1330	322	62	10
江苏省常州市经济开发区	795	1216	230	184	812	1187	373	71	84
溧阳市	1069	1346	500	217	62	1640	175	57	32
苏州市	**13936**	**20696**	**13092**	**9106**	**1654**	**10401**	**34863**	**2136**	**691**
虎丘区	559	1526	838	575	150	1194	3889	294	19
吴中区	1196	2218	1581	417	73	1186	3896	300	59
相城区	1230	1622	674	527	43	904	2047	87	52
姑苏区	220	592	310	144	38	271	595	101	54
吴江区	1674	2151	898	574	46	1615	5662	89	28
苏州工业园区	527	1835	1177	1316	115	1100	4802	351	87
常熟市	2378	2272	1348	1636	136	1781	1233	172	125
张家港市	2517	2772	1604	686	102	742	619	67	68
昆山市	2140	3709	4164	2146	469	1080	11629	576	91
太仓市	1495	1999	498	1085	482	528	491	99	108
南通市	**5720**	**7430**	**2565**	**1038**	**3578**	**3200**	**2553**	**546**	**415**
崇川区	220	332	138	32	476	127	395	25	25
港闸区	574	453	126	36	466	116	173	29	15
通州区	1012	863	344	151	427	266	444	63	86
如东县	510	393	209	50	76	559	127	52	32
南通经济技术开发区	387	398	154	146	520	411	245	27	17
通州湾示范区	60	92	37	8	5	44	6	1	4
苏锡通科技产业园区	188	225	51	48	15	41	176	6	8
启东市	688	1438	525	77	475	393	243	164	18
如皋市	763	1237	436	193	455	393	395	85	89
海门市	678	670	205	110	562	369	135	29	70
海安市	640	1329	340	187	101	481	214	65	51
连云港市	**1073**	**1044**	**435**	**212**	**290**	**521**	**954**	**83**	**130**
连云区	31	26	21	5	5	11	11		4

4-4 续表 36

单位：人

地 区 性 别	制造业								
	金 属 制品业	通用设备 制造业	专用设备 制造业	汽 车 制造业	铁路、船舶、 航空航天和 其他运输 设备制造业	电气机械 和器材 制造业	计算机、 通信和其 他电子设 备制造业	仪器仪表 制造业	其 他 制造业
海州区	144	267	138	11	40	122	118	30	14
赣榆区	253	171	69	21	42	91	195	8	22
东海县	155	165	38	110	24	160	265	14	21
灌云县	121	147	65	9	75	48	182	10	28
灌南县	252	147	38	34	91	32	137	11	37
连云港经济技术开发区	69	54	26	17	3	11	16	3	3
连云港高新技术产业开发区	18	57	23	4	9	29	28	6	
江苏连云港徐圩新区	25	6	10			16	2		
江苏省连云港市云台山风景名胜区	5	4	7	1	1	1		1	1
淮安市	**1008**	**1583**	**498**	**470**	**122**	**773**	**3038**	**260**	**154**
淮安区	141	241	46	46	17	39	397	4	29
淮阴区	162	128	46	60	21	54	327	10	21
清江浦区	110	114	67	24	17	76	175	16	26
洪泽区	88	96	22	23	9	37	90	4	12
涟水县	103	138	61	26	24	53	490	8	16
盱眙县	137	314	55	54	13	144	259	19	21
金湖县	149	454	168	115	10	256	79	193	10
淮安经济技术开发区	74	63	24	108	9	95	1135	4	15
工业园区	24	7	1	5		1	4	1	1
生态文旅区	20	25	7	9	1	15	80	1	3
苏淮高新区		3	1		1	3	2		
盐城市	**3926**	**6335**	**1675**	**1572**	**357**	**1450**	**3249**	**186**	**345**
亭湖区	212	497	186	293	15	99	372	16	31
盐都区	558	685	246	211	31	158	611	32	53
大丰区	514	1067	137	170	26	244	166	38	61
响水县	198	142	26	25	54	24	118	1	9
滨海县	324	384	42	47	14	91	270	4	9
阜宁县	255	564	152	43	25	173	201	22	42
射阳县	269	344	98	98	26	179	193	17	22
建湖县	380	1556	353	76	35	148	104	19	28
盐城经济技术开发区	15	40	78	238	1	62	82	6	30
江苏省盐南高新区	79	154	87	314	4	51	62	8	16
东台市	1122	902	270	57	126	221	1070	23	44
扬州市	**3289**	**5116**	**1504**	**2645**	**1933**	**4683**	**1719**	**494**	**882**
广陵区	377	722	290	209	311	358	234	45	76
邗江区	464	921	186	333	34	464	271	210	46
江都区	951	1215	402	581	903	461	149	37	189
宝应县	404	366	119	425	33	1059	350	123	68
扬州经济技术开发区	187	264	94	147	30	495	209	31	43
蜀冈瘦西湖景区	59	105	52	56	11	43	47	13	11
生态新城	28	54	10	13	4	8	2	1	374
仪征市	247	464	87	763	528	324	152	17	39
高邮市	572	1005	264	118	79	1471	305	17	36
镇江市	**3789**	**2704**	**3939**	**2903**	**911**	**3938**	**1373**	**251**	**299**
京口区	117	151	80	126	87	89	101	17	12
润州区	42	138	40	37	108	38	51	14	5
丹徒区	301	375	183	162	75	146	173	14	133
镇江新区	347	239	298	127	77	361	122	23	28
江苏镇江高新区	45	64	16	11	49	16	62	4	14
丹阳市	2289	1115	3137	2216	180	752	320	99	42
扬中市	359	379	67	136	261	2338	78	39	40
句容市	289	243	118	88	74	198	466	41	25

4-4 续表 37

单位：人

地区 性别	制造业								
	金属制品业	通用设备制造业	专用设备制造业	汽车制造业	铁路、船舶、航空航天和其他运输设备制造业	电气机械和器材制造业	计算机、通信和其他电子设备制造业	仪器仪表制造业	其他制造业
泰州市	**5991**	**6827**	**1845**	**1411**	**3438**	**2439**	**1804**	**270**	**183**
海陵区	339	739	155	155	422	685	130	13	28
高港区	173	193	105	167	212	79	190	22	11
姜堰区	975	1060	251	95	183	466	100	36	27
泰州医药高新技术产业开发区	123	154	173	35	43	109	809	21	10
兴化市	2229	1219	137	152	116	244	180	36	53
靖江市	1374	1935	756	682	1767	460	139	106	7
泰兴市	778	1527	268	125	695	396	256	36	47
宿迁市	**1244**	**1132**	**466**	**251**	**154**	**1071**	**2650**	**68**	**211**
宿城区	206	126	101	29	17	191	910	7	10
宿豫区	161	88	33	25	12	89	115	6	44
沭阳县	365	334	143	53	35	400	824	23	55
泗阳县	234	118	56	46	30	58	220	14	48
泗洪县	128	347	54	76	18	165	293	9	22
宿迁经济技术开发区	60	68	54	18	10	122	93	4	30
宿迁市湖滨新区	41	25	8	2	24	22	72	2	2
苏州宿迁工业园区	15	10	2		1	6	74	1	
宿迁市洋河新区	34	16	15	2	7	18	49	2	
女	**25444**	**37080**	**22429**	**17692**	**8972**	**30333**	**57051**	**4635**	**3758**
南京市	**1149**	**1786**	**1397**	**1281**	**586**	**1878**	**4235**	**558**	**210**
玄武区	10	37	30	28	13	33	78	21	2
秦淮区	36	100	81	27	67	50	167	34	19
建邺区	10	32	22	22	11	38	69	15	5
鼓楼区	25	60	65	39	54	77	138	40	9
浦口区	87	55	39	34	34	64	175	20	11
栖霞区	52	135	182	130	45	368	975	76	16
雨花台区	62	85	73	44	27	49	197	22	14
江宁区	404	686	347	464	119	496	1705	184	56
六合区	112	159	92	89	27	131	267	38	30
溧水区	135	208	121	179	27	330	163	13	13
高淳区	48	72	80	104	4	46	37	16	7
南京江北新区	168	157	265	121	158	196	264	79	28
无锡市	**4053**	**6416**	**3343**	**2785**	**1955**	**4453**	**7352**	**697**	**263**
锡山区	795	848	402	396	1446	535	1337	89	39
惠山区	756	1571	474	745	62	712	431	91	63
滨湖区	314	700	213	190	39	161	426	113	17
梁溪区	141	505	184	218	31	299	842	78	12
新吴区	256	752	316	547	67	566	2471	81	19
江苏无锡经济开发区	136	309	174	133	27	191	442	42	4
江阴市	1229	1250	698	418	264	884	872	162	43
宜兴市	426	481	882	138	19	1105	531	41	66
徐州市	**790**	**1047**	**768**	**288**	**1262**	**929**	**1309**	**77**	**148**
鼓楼区	33	91	45	10	10	16	40	4	9
云龙区	27	98	90	18	32	33	23	8	1
贾汪区	40	56	29	10	130	16	41	5	7
泉山区	40	80	83	19	6	14	36	4	7
铜山区	202	253	136	54	48	129	264	17	60
丰县	73	46	22	119	956	237	85	15	7
沛县	54	51	45	15	11	59	158	3	14
睢宁县	114	67	37	17	7	122	208		17
徐州经济技术开发区	53	203	203	15	56	226	141	15	8
新沂市	47	53	47	2	3	34	196	4	11
邳州市	107	49	31	9	3	43	117	2	7

4-4　续表 38　　　　　　　　　　　　　　　　　　　　　　　　单位：人

地区 性别	制造业								
	金属制品业	通用设备制造业	专用设备制造业	汽车制造业	铁路、船舶、航空航天和其他运输设备制造业	电气机械和器材制造业	计算机、通信和其他电子设备制造业	仪器仪表制造业	其他制造业
常州市	**2721**	**5539**	**2439**	**2697**	**951**	**5490**	**3851**	**538**	**293**
天宁区	169	405	367	92	73	238	220	60	24
钟楼区	195	298	294	211	45	555	353	83	5
新北区	819	1083	544	1471	293	1199	902	158	51
武进区	735	2429	801	562	204	1327	1610	120	93
金坛区	145	349	143	137	23	623	207	36	10
江苏省常州市经济开发区	374	616	145	116	307	1103	440	38	48
溧阳市	284	359	145	108	6	445	119	43	62
苏州市	**6626**	**9184**	**6274**	**4744**	**800**	**7027**	**26119**	**1210**	**537**
虎丘区	319	807	548	317	56	952	2781	213	8
吴中区	582	1086	759	237	51	879	3174	172	50
相城区	594	682	329	305	28	806	1682	57	50
姑苏区	102	271	199	73	13	175	590	63	29
吴江区	648	869	442	335	18	986	3973	47	31
苏州工业园区	296	870	796	543	45	671	3347	206	54
常熟市	1108	916	534	839	55	851	1046	87	128
张家港市	1183	951	660	395	40	424	489	37	43
昆山市	1154	1854	1752	979	317	896	8394	285	60
太仓市	640	878	255	721	177	387	643	43	84
南通市	**2011**	**3114**	**1277**	**651**	**771**	**1759**	**2251**	**477**	**303**
崇川区	62	104	82	27	88	54	296	19	15
港闸区	103	130	46	20	79	52	158	35	3
通州区	339	287	170	96	86	180	415	81	47
如东县	169	119	108	32	9	278	162	75	45
南通经济技术开发区	164	138	83	101	106	122	144	10	9
通州湾示范区	27	55	22	8	1	18	10	1	3
苏锡通科技产业园区	73	106	21	12	7	30	66	2	4
启东市	259	820	283	35	95	312	301	165	17
如皋市	215	336	180	81	129	176	284	45	72
海门市	275	428	113	117	142	223	142	17	64
海安市	325	591	169	122	29	314	273	27	24
连云港市	**290**	**360**	**256**	**75**	**58**	**381**	**751**	**69**	**132**
连云区	9	7	12	5	4	3	4	4	1
海州区	42	76	64	10	12	46	116	21	8
赣榆区	47	54	38	9	3	34	100	5	11
东海县	53	100	62	31	4	218	194	21	33
灌云县	23	34	24	1	14	31	126	1	39
灌南县	85	56	39	9	18	11	162	4	33
连云港经济技术开发区	17	16	11	9		6	19	6	5
连云港高新技术产业开发区	10	15	5	1	3	22	28	6	1
江苏连云港徐圩新区	3					9	1	1	1
江苏省连云港市云台山风景名胜区	1	2	1			1	1		
淮安市	**320**	**533**	**327**	**172**	**46**	**481**	**2439**	**110**	**144**
淮安区	40	88	21	10	12	29	440	2	30
淮阴区	31	40	44	16	5	37	212	2	15
清江浦区	40	41	49	15	3	29	138	2	14
洪泽区	26	22	9	8	3	32	57	1	20
涟水县	28	34	61	11	6	46	506		23
盱眙县	34	132	36	15	6	86	222	3	16
金湖县	37	143	73	49	5	163	67	96	8
淮安经济技术开发区	71	18	24	42	5	49	720	2	10
工业园区	1	3	1	1		1	8		2

4-4 续表 39

单位：人

地区 性别	制造业								
	金属制品业	通用设备制造业	专用设备制造业	汽车制造业	铁路、船舶、航空航天和其他运输设备制造业	电气机械和器材制造业	计算机、通信和其他电子设备制造业	仪器仪表制造业	其他制造业
生态文旅区	12	12	8	4	1	8	67	2	6
苏淮高新区			1	1		1	2		
盐城市	**1190**	**2043**	**764**	**784**	**163**	**758**	**2196**	**105**	**219**
亭湖区	46	126	78	152	6	60	197	12	10
盐都区	164	234	114	87	9	77	379	28	53
大丰区	162	368	109	84	16	84	204	11	32
响水县	57	27	16	3	9	10	92		4
滨海县	57	81	23	26	4	68	241	3	5
阜宁县	53	116	71	25	8	81	154	6	36
射阳县	42	68	47	39	8	48	156	7	16
建湖县	87	469	145	32	7	135	72	10	21
盐城经济技术开发区	4	22	32	142		22	58	2	10
江苏省盐南高新区	24	46	27	143	2	27	59	6	10
东台市	494	486	102	51	94	146	584	20	22
扬州市	**1183**	**2095**	**971**	**1109**	**565**	**2350**	**1548**	**373**	**808**
广陵区	155	255	352	118	100	207	188	23	115
邗江区	125	252	76	122	9	220	224	73	24
江都区	389	599	209	278	286	282	183	42	212
宝应县	142	173	69	213	12	389	399	200	69
扬州经济技术开发区	35	81	54	55	10	224	148	14	15
蜀冈瘦西湖景区	11	25	16	21	2	23	34	3	2
生态新城	13	18	3	2		4		1	325
仪征市	96	188	56	249	117	224	169	7	27
高邮市	217	504	136	51	29	777	203	10	19
镇江市	**1984**	**1112**	**3190**	**2039**	**361**	**2561**	**1387**	**177**	**341**
京口区	57	72	36	51	28	73	149	7	9
润州区	22	51	24	16	23	26	55	8	7
丹徒区	93	181	92	75	20	119	238	15	191
镇江新区	193	121	155	71	35	247	131	13	18
江苏镇江高新区	5	16	3	10	16	19	48		3
丹阳市	1326	426	2770	1676	83	710	322	84	58
扬中市	192	177	50	74	83	1264	69	18	42
句容市	96	68	60	66	73	103	375	32	13
泰州市	**2785**	**3455**	**1108**	**943**	**1419**	**1660**	**1518**	**215**	**176**
海陵区	164	401	88	132	343	374	101	7	21
高港区	94	130	81	51	64	67	224	16	10
姜堰区	535	594	200	61	81	282	88	21	31
泰州医药高新技术产业开发区	54	64	139	25	30	90	443	13	9
兴化市	1042	541	91	52	45	157	314	28	44
靖江市	582	1094	355	512	620	407	144	75	19
泰兴市	314	631	154	110	236	283	204	55	42
宿迁市	**342**	**396**	**315**	**124**	**35**	**606**	**2095**	**29**	**184**
宿城区	42	45	51	19	3	120	599	3	17
宿豫区	34	20	17	8	3	45	162	6	49
沭阳县	97	96	83	32	10	212	532	5	50
泗阳县	93	32	62	16	3	43	198	5	25
泗洪县	39	155	56	40	11	73	411	4	17
宿迁经济技术开发区	21	32	35	9	1	98	51	5	21
宿迁市湖滨新区	6	2	7		3	2	51		4
苏州宿迁工业园区	4	13	2			7	61	1	
宿迁市洋河新区	6	1	2		1	6	30		1

4-4　续表 40　　　　单位：人

地　区 性　别	制造业		电力、热力、燃气及水生产和供应业				建筑业		
	废弃资源综合利用业	金属制品、机械和设备修理业	小计	电力、热力生产和供应业	燃气生产和供应业	水的生产和供应业	小计	房屋建筑业	土木工程建筑业
江　苏	**6326**	**7286**	**31899**	**20392**	**4581**	**6926**	**469542**	**222571**	**41040**
南京市	**484**	**953**	**4504**	**2841**	**678**	**985**	**52202**	**24284**	**8772**
玄武区	17	25	212	127	44	41	1231	483	237
秦淮区	35	58	291	143	64	84	2220	556	530
建邺区	4	27	296	208	44	44	3147	1622	629
鼓楼区	12	92	625	474	60	91	2538	923	651
浦口区	20	18	184	89	29	66	2600	1224	547
栖霞区	27	98	379	238	92	49	4746	1707	1298
雨花台区	54	93	243	147	18	78	3490	1161	575
江宁区	126	136	932	618	121	193	10051	4409	2083
六合区	46	92	323	183	48	92	5834	2728	475
溧水区	37	52	304	190	38	76	4946	3526	387
高淳区	20	43	153	94	19	40	5442	3565	290
南京江北新区	86	219	562	330	101	131	5957	2380	1070
无锡市	**796**	**821**	**3055**	**1764**	**428**	**863**	**30364**	**11214**	**3628**
锡山区	127	25	223	126	32	65	3900	1333	462
惠山区	35	54	233	102	43	88	3172	1097	462
滨湖区	26	36	216	122	27	67	2653	969	529
梁溪区	28	52	373	175	92	106	3577	1132	446
新吴区	61	69	187	99	25	63	1919	684	174
江苏无锡经济开发区	24	35	126	67	28	31	2020	950	253
江阴市	317	440	1003	685	94	224	6411	2404	548
宜兴市	178	110	694	388	87	219	6712	2645	754
徐州市	**529**	**480**	**3095**	**2286**	**359**	**450**	**46248**	**25915**	**3382**
鼓楼区	17	71	369	308	32	29	1594	590	282
云龙区	22	16	282	205	21	56	1578	582	262
贾汪区	16	21	142	97	12	33	1931	1194	162
泉山区	30	61	484	371	71	42	1894	586	515
铜山区	129	78	411	308	44	59	8584	4951	633
丰县	45	16	229	150	40	39	4252	2334	175
沛县	42	55	398	319	39	40	7458	4679	301
睢宁县	93	39	166	104	29	33	6181	3265	244
徐州经济技术开发区	10	17	112	77	16	19	2055	1391	188
新沂市	32	48	193	114	21	58	5296	3203	372
邳州市	93	58	309	233	34	42	5425	3140	248
常州市	**723**	**471**	**1864**	**1059**	**338**	**467**	**31242**	**13767**	**2951**
天宁区	67	54	346	228	47	71	3008	1249	233
钟楼区	44	74	223	134	42	47	3024	1077	387
新北区	202	96	289	174	32	83	3051	975	389
武进区	204	81	341	175	64	102	6477	2193	973
金坛区	60	45	215	103	52	60	4949	2807	413
江苏省常州市经济开发区	52	59	110	65	27	18	1245	444	152
溧阳市	94	62	340	180	74	86	9488	5022	404
苏州市	**888**	**1076**	**4315**	**2344**	**727**	**1244**	**52830**	**22192**	**5197**
虎丘区	70	19	222	130	31	61	3473	1530	300
吴中区	148	94	411	184	83	144	7793	3291	642
相城区	201	66	293	130	58	105	4265	1817	446
姑苏区	10	75	384	222	92	70	3472	970	404
吴江区	43	69	532	306	54	172	4858	1823	397
苏州工业园区	32	73	281	170	55	56	3487	1291	544
常熟市	137	140	696	470	73	153	7260	3399	752

4-4 续表 41

单位：人

地　区 性　别	制造业		电力、热力、燃气及水生产和供应业				建筑业		
	废弃资源综合利用业	金属制品、机械和设备修理业	小计	电力、热力生产和供应业	燃气生产和供应业	水的生产和供应业	小计	房屋建筑业	土木工程建筑业
张家港市	84	266	588	338	98	152	7058	3634	606
昆山市	100	169	494	137	116	241	6857	2511	745
太仓市	63	105	414	257	67	90	4307	1926	361
南通市	**576**	**960**	**2765**	**1761**	**417**	**587**	**56969**	**29384**	**3279**
崇川区	39	285	532	378	77	77	2417	955	422
港闸区	48	98	143	94	22	27	2231	730	286
通州区	99	158	280	150	57	73	9406	4896	445
如东县	58	51	384	274	52	58	5825	2992	307
南通经济技术开发区	27	47	83	48	11	24	1660	956	116
通州湾示范区	1	4	52	33	10	9	671	296	35
苏锡通科技产业园区	36	13	18	5	4	9	705	389	58
启东市	58	113	408	253	68	87	9136	5579	348
如皋市	82	84	348	207	48	93	9373	4797	599
海门市	52	63	194	114	23	57	7033	4044	325
海安市	76	44	323	205	45	73	8512	3750	338
连云港市	**529**	**289**	**1813**	**1377**	**146**	**290**	**25404**	**15470**	**1535**
连云区	7	72	368	349	7	12	875	169	312
海州区	28	24	535	396	43	96	3015	1502	284
赣榆区	189	80	236	164	25	47	8717	6223	318
东海县	224	42	170	103	28	39	5133	3167	223
灌云县	31	22	126	80	15	31	2768	1539	128
灌南县	34	30	128	82	21	25	3171	2103	107
连云港经济技术开发区	9	8	93	86	2	5	414	188	51
连云港高新技术产业开发区	7	2	124	92	3	29	595	340	60
江苏连云港徐圩新区		3	22	15	1	6	421	47	33
江苏省连云港市云台山风景名胜区		6	11	10	1		295	192	19
淮安市	**235**	**275**	**1479**	**968**	**209**	**302**	**25122**	**14342**	**1520**
淮安区	20	47	150	103	12	35	4693	2637	270
淮阴区	41	41	174	113	29	32	5761	3285	301
清江浦区	19	34	421	285	64	72	2334	1125	316
洪泽区	13	16	134	85	14	35	1520	845	86
涟水县	45	50	168	109	27	32	4159	2849	133
盱眙县	36	31	141	83	22	36	2824	1723	141
金湖县	30	30	129	77	18	34	1822	915	108
淮安经济技术开发区	15	14	92	62	14	16	1261	619	97
工业园区	12	1	8	5	1	2	113	60	10
生态文旅区	3	8	52	37	8	7	563	259	44
苏淮高新区	1	3	10	9		1	72	25	14
盐城市	**423**	**533**	**2575**	**1865**	**273**	**437**	**40457**	**17745**	**2422**
亭湖区	38	45	222	146	36	40	3843	1738	275
盐都区	113	56	112	71	18	23	5377	2172	258
大丰区	60	72	442	320	52	70	3756	1535	285
响水县	12	31	148	100	12	36	1948	1182	116
滨海县	20	19	271	189	30	52	3839	2378	250
阜宁县	67	51	242	194	16	32	4557	1767	290
射阳县	43	87	310	232	38	40	4938	2834	232
建湖县	14	42	228	160	15	53	3944	1688	232
盐城经济技术开发区	2	7	124	119	2	3	813	404	44
江苏省盐南高新区	11	14	203	155	25	23	1757	749	190
东台市	43	109	273	179	29	65	5685	1298	250
扬州市	**331**	**534**	**1887**	**1168**	**351**	**368**	**35436**	**13808**	**2510**
广陵区	40	105	231	142	52	37	3135	1427	564

4-4 续表 42

单位：人

地区 性别	制造业		电力、热力、燃气及水生产和供应业				建筑业		
	废弃资源综合利用业	金属制品、机械和设备修理业	小计	电力、热力生产和供应业	燃气生产和供应业	水的生产和供应业	小计	房屋建筑业	土木工程建筑业
邗江区	49	15	315	208	62	45	4229	1633	286
江都区	56	153	365	200	75	90	7456	3495	447
宝应县	35	52	234	142	39	53	7574	2012	207
扬州经济技术开发区	22	15	154	110	27	17	773	294	89
蜀冈瘦西湖景区	10	5	87	57	18	12	735	247	88
生态新城	17	5	5	4		1	255	39	105
仪征市	42	138	212	134	27	51	4880	2453	374
高邮市	60	46	284	171	51	62	6399	2208	350
镇江市	**297**	**262**	**1566**	**1107**	**182**	**277**	**16662**	**7080**	**1630**
京口区	7	29	316	265	22	29	1208	420	198
润州区	11	26	162	121	20	21	918	330	141
丹徒区	18	29	149	98	29	22	1842	990	189
镇江新区	30	47	109	84	10	15	957	287	203
江苏镇江高新区	18	28	29	20	7	2	429	157	25
丹阳市	112	50	301	159	51	91	4144	1497	310
扬中市	44	38	204	157	16	31	1551	699	98
句容市	57	15	296	203	27	66	5613	2700	466
泰州市	**192**	**381**	**1730**	**1054**	**270**	**406**	**30933**	**12407**	**2213**
海陵区	47	43	208	138	36	34	3017	1010	221
高港区	7	13	132	83	21	28	2346	850	250
姜堰区	32	45	274	180	44	50	6226	2761	337
泰州医药高新技术产业开发区	3	26	128	91	22	15	1472	755	82
兴化市	77	57	272	166	43	63	6561	2624	304
靖江市	10	138	340	212	43	85	3328	1196	360
泰兴市	16	59	376	184	61	131	7983	3211	659
宿迁市	**323**	**251**	**1251**	**798**	**203**	**250**	**25673**	**14963**	**2001**
宿城区	97	18	310	224	34	52	3931	2182	310
宿豫区	15	16	102	65	13	24	2678	1590	156
沭阳县	102	88	343	202	93	48	8177	4454	1040
泗阳县	22	68	184	124	20	40	3999	2381	181
泗洪县	36	21	165	84	23	58	3987	2571	176
宿迁经济技术开发区	29	21	60	45	7	8	982	496	58
宿迁市湖滨新区	6	10	42	27	3	12	1159	827	44
苏州宿迁工业园区	4		15	8	3	4	142	68	12
宿迁市洋河新区	12	9	30	19	7	4	618	394	24
男	**4555**	**6203**	**24137**	**15998**	**3259**	**4880**	**404869**	**193399**	**34428**
南京市	**348**	**791**	**3267**	**2121**	**442**	**704**	**44060**	**21028**	**7156**
玄武区	15	20	138	92	26	20	935	401	166
秦淮区	24	47	216	109	51	56	1723	439	414
建邺区	4	22	203	152	26	25	2512	1340	503
鼓楼区	7	69	438	330	43	65	1996	778	492
浦口区	16	17	129	59	17	53	2188	1034	441
栖霞区	21	82	275	176	62	37	3930	1431	1092
雨花台区	40	86	169	97	12	60	2843	955	467
江宁区	89	102	656	452	71	133	8390	3759	1720
六合区	30	80	257	156	30	71	5146	2376	414
溧水区	29	42	246	169	22	55	4420	3141	341
高淳区	16	40	121	75	12	34	5085	3328	262
南京江北新区	57	184	419	254	70	95	4892	2046	844
无锡市	**573**	**694**	**2289**	**1370**	**304**	**615**	**25896**	**9721**	**3043**
锡山区	95	23	173	103	24	46	3353	1161	381

4-4 续表 43 单位：人

地区 性别	制造业		电力、热力、燃气及水生产和供应业				建筑业		
	废弃资源综合利用业	金属制品、机械和设备修理业	小计	电力、热力生产和供应业	燃气生产和供应业	水的生产和供应业	小计	房屋建筑业	土木工程建筑业
惠山区	29	47	180	85	34	61	2684	932	402
滨湖区	20	30	157	89	19	49	2180	805	447
梁溪区	24	48	273	129	66	78	2910	963	357
新吴区	43	58	139	73	21	45	1558	582	139
江苏无锡经济开发区	21	29	90	51	21	18	1702	818	216
江阴市	225	365	759	533	58	168	5579	2131	457
宜兴市	116	94	518	307	61	150	5930	2329	644
徐州市	**407**	**432**	**2367**	**1796**	**256**	**315**	**40253**	**22658**	**2913**
鼓楼区	14	61	278	235	24	19	1316	504	234
云龙区	15	14	221	169	14	38	1281	484	207
贾汪区	13	18	113	82	9	22	1738	1065	155
泉山区	18	57	364	288	49	27	1500	474	390
铜山区	98	69	294	222	33	39	7572	4310	572
丰县	34	16	182	131	25	26	3391	1925	164
沛县	33	53	312	258	27	27	6863	4283	273
睢宁县	75	36	125	75	24	26	5468	2884	201
徐州经济技术开发区	9	16	86	59	13	14	1764	1192	155
新沂市	25	44	153	95	14	44	4676	2833	349
邳州市	73	48	239	182	24	33	4684	2704	213
常州市	**518**	**394**	**1365**	**813**	**238**	**314**	**26687**	**11897**	**2383**
天宁区	49	44	246	173	31	42	2501	1043	192
钟楼区	32	61	161	100	32	29	2519	915	322
新北区	135	75	214	137	22	55	2474	816	310
武进区	153	70	237	125	41	71	5334	1845	731
金坛区	40	37	151	76	38	37	4389	2494	344
江苏省常州市经济开发区	37	50	87	53	18	16	1057	387	137
溧阳市	72	57	269	149	56	64	8413	4397	347
苏州市	**647**	**876**	**3285**	**1851**	**532**	**902**	**43878**	**18862**	**4278**
虎丘区	53	18	173	100	24	49	2891	1338	227
吴中区	100	60	303	142	67	94	6330	2692	533
相城区	146	51	221	105	45	71	3554	1526	368
姑苏区	8	62	273	164	64	45	2757	817	317
吴江区	28	59	428	252	41	135	4183	1584	329
苏州工业园区	26	50	198	129	37	32	2729	1093	451
常熟市	100	119	542	367	55	120	6403	3037	630
张家港市	63	242	451	268	72	111	6079	3149	542
昆山市	78	131	369	112	81	176	5416	2011	585
太仓市	45	84	327	212	46	69	3536	1615	296
南通市	**397**	**825**	**2090**	**1383**	**302**	**405**	**51560**	**26862**	**2836**
崇川区	30	253	389	271	59	59	1974	819	340
港闸区	31	82	107	71	15	21	1835	633	229
通州区	66	134	209	121	42	46	8691	4556	393
如东县	44	48	321	236	40	45	5406	2795	272
南通经济技术开发区	18	36	67	37	9	21	1452	859	98
通州湾示范区	1	2	42	28	8	6	643	283	29
苏锡通科技产业园区	23	12	11	5		6	636	340	56
启东市	36	95	307	211	51	45	8625	5284	311
如皋市	58	78	266	168	37	61	8417	4328	538
海门市	38	46	139	86	13	40	6355	3631	286
海安市	52	39	232	149	28	55	7526	3334	284
连云港市	**362**	**254**	**1441**	**1134**	**105**	**202**	**22260**	**13651**	**1355**
连云区	5	55	320	305	6	9	746	142	267

4-4 续表 44

单位：人

地区 性别	制造业		电力、热力、燃气及水生产和供应业				建筑业		
	废弃资源综合利用业	金属制品、机械和设备修理业	小计	电力、热力生产和供应业	燃气生产和供应业	水的生产和供应业	小计	房屋建筑业	土木工程建筑业
海州区	19	20	410	306	30	74	2550	1303	235
赣榆区	100	73	194	139	20	35	7851	5675	295
东海县	175	40	126	81	19	26	4349	2651	205
灌云县	28	21	92	63	13	16	2455	1357	118
灌南县	23	27	105	71	15	19	2807	1861	100
连云港经济技术开发区	6	8	79	77		2	345	161	42
连云港高新技术产业开发区	6	2	84	68	1	15	502	294	43
江苏连云港徐圩新区		3	21	14	1	6	397	45	32
江苏省连云港市云台山风景名胜区		5	10	10			258	162	18
淮安市	**176**	**231**	**1153**	**778**	**158**	**217**	**21935**	**12454**	**1365**
淮安区	14	38	118	88	8	22	4164	2276	248
淮阴区	33	35	146	96	25	25	5074	2892	275
清江浦区	15	30	321	220	47	54	1926	943	258
洪泽区	9	14	103	71	11	21	1366	752	80
涟水县	37	40	135	92	22	21	3635	2490	122
盱眙县	27	28	106	67	13	26	2449	1495	130
金湖县	19	27	97	56	15	26	1618	800	98
淮安经济技术开发区	9	10	71	45	10	16	1052	507	92
工业园区	9	1	5	3	1	1	93	47	10
生态文旅区	3	5	42	32	6	4	491	230	38
苏淮高新区	1	3	9	8		1	67	22	14
盐城市	**306**	**488**	**2028**	**1510**	**205**	**313**	**35442**	**15191**	**2166**
亭湖区	29	43	176	121	30	25	3355	1486	248
盐都区	79	51	99	65	13	21	4536	1786	226
大丰区	47	67	352	263	37	52	3221	1302	250
响水县	9	28	116	84	9	23	1656	958	105
滨海县	16	19	213	153	25	35	3400	2108	227
阜宁县	47	42	191	157	12	22	4185	1596	270
射阳县	30	82	255	198	27	30	4261	2382	212
建湖县	8	39	179	130	12	37	3562	1491	209
盐城经济技术开发区	1	6	90	86	2	2	715	332	42
江苏省盐南高新区	9	11	143	113	15	15	1462	608	144
东台市	31	100	214	140	23	51	5089	1142	233
扬州市	**231**	**461**	**1455**	**947**	**258**	**250**	**30728**	**11884**	**2155**
广陵区	27	84	173	111	39	23	2551	1187	441
邗江区	34	12	241	164	45	32	3476	1332	241
江都区	38	129	274	172	48	54	6459	3074	382
宝应县	22	47	191	126	31	34	6753	1734	188
扬州经济技术开发区	14	14	110	79	21	10	654	252	73
蜀冈瘦西湖景区	7	5	72	49	15	8	620	211	77
生态新城	11	5	3	2		1	225	31	96
仪征市	32	121	168	109	18	41	4172	2077	341
高邮市	46	44	223	135	41	47	5818	1986	316
镇江市	**203**	**217**	**1164**	**840**	**125**	**199**	**14212**	**6095**	**1359**
京口区	3	26	237	203	14	20	947	333	152
润州区	7	22	127	94	15	18	733	263	107
丹徒区	13	22	106	71	21	14	1529	822	159
镇江新区	21	39	94	79	4	11	790	231	172
江苏镇江高新区	14	21	20	15	4	1	371	140	22
丹阳市	78	44	236	131	36	69	3566	1308	263
扬中市	30	30	133	103	12	18	1272	583	78
句容市	37	13	211	144	19	48	5004	2415	406

4-4 续表 45

单位：人

地区 性别	制造业		电力、热力、燃气及水生产和供应业				建筑业		
	废弃资源综合利用业	金属制品、机械和设备修理业	小计	电力、热力生产和供应业	燃气生产和供应业	水的生产和供应业	小计	房屋建筑业	土木工程建筑业
泰州市	**138**	**325**	**1257**	**798**	**194**	**265**	**25953**	**10181**	**1893**
海陵区	31	35	152	97	30	25	2544	863	183
高港区	6	11	91	61	13	17	2010	714	219
姜堰区	23	41	203	132	32	39	5400	2342	295
泰州医药高新技术产业开发区	2	24	94	69	16	9	1263	662	61
兴化市	56	48	229	144	36	49	5367	2070	268
靖江市	9	114	227	153	24	50	2784	976	295
泰兴市	11	52	261	142	43	76	6585	2554	572
宿迁市	**249**	**215**	**976**	**657**	**140**	**179**	**22005**	**12915**	**1526**
宿城区	78	16	247	178	31	38	3491	1936	259
宿豫区	10	13	76	50	11	15	2415	1450	139
沭阳县	73	75	269	180	55	34	6649	3686	685
泗阳县	16	57	139	100	13	26	3465	2071	164
泗洪县	29	18	130	70	16	44	3431	2220	157
宿迁经济技术开发区	27	18	46	35	5	6	886	453	53
宿迁市湖滨新区	5	10	33	23	2	8	1001	695	38
苏州宿迁工业园区	4		9	3	2	4	107	51	8
宿迁市洋河新区	7	8	27	18	5	4	560	353	23
女	**1771**	**1083**	**7762**	**4394**	**1322**	**2046**	**64673**	**29172**	**6612**
南京市	**136**	**162**	**1237**	**720**	**236**	**281**	**8142**	**3256**	**1616**
玄武区	2	5	74	35	18	21	296	82	71
秦淮区	11	11	75	34	13	28	497	117	116
建邺区		5	93	56	18	19	635	282	126
鼓楼区	5	23	187	144	17	26	542	145	159
浦口区	4	1	55	30	12	13	412	190	106
栖霞区	6	16	104	62	30	12	816	276	206
雨花台区	14	7	74	50	6	18	647	206	108
江宁区	37	34	276	166	50	60	1661	650	363
六合区	16	12	66	27	18	21	688	352	61
溧水区	8	10	58	21	16	21	526	385	46
高淳区	4	3	32	19	7	6	357	237	28
南京江北新区	29	35	143	76	31	36	1065	334	226
无锡市	**223**	**127**	**766**	**394**	**124**	**248**	**4468**	**1493**	**585**
锡山区	32	2	50	23	8	19	547	172	81
惠山区	6	7	53	17	9	27	488	165	60
滨湖区	6	6	59	33	8	18	473	164	82
梁溪区	4	4	100	46	26	28	667	169	89
新吴区	18	11	48	26	4	18	361	102	35
江苏无锡经济开发区	3	6	36	16	7	13	318	132	37
江阴市	92	75	244	152	36	56	832	273	91
宜兴市	62	16	176	81	26	69	782	316	110
徐州市	**122**	**48**	**728**	**490**	**103**	**135**	**5995**	**3257**	**469**
鼓楼区	3	10	91	73	8	10	278	86	48
云龙区	7	2	61	36	7	18	297	98	55
贾汪区	3	3	29	15	3	11	193	129	7
泉山区	12	4	120	83	22	15	394	112	125
铜山区	31	9	117	86	11	20	1012	641	61
丰县	11		47	19	15	13	861	409	11
沛县	9	2	86	61	12	13	595	396	28
睢宁县	18	3	41	29	5	7	713	381	43
徐州经济技术开发区	1	1	26	18	3	5	291	199	33
新沂市	7	4	40	19	7	14	620	370	23
邳州市	20	10	70	51	10	9	741	436	35

4-4 续表 46

单位：人

地区 性别	制造业		电力、热力、燃气及水生产和供应业				建筑业		
	废弃资源综合利用业	金属制品、机械和设备修理业	小计	电力、热力生产和供应业	燃气生产和供应业	水的生产和供应业	小计	房屋建筑业	土木工程建筑业
常州市	**205**	**77**	**499**	**246**	**100**	**153**	**4555**	**1870**	**568**
天宁区	18	10	100	55	16	29	507	206	41
钟楼区	12	13	62	34	10	18	505	162	65
新北区	67	21	75	37	10	28	577	159	79
武进区	51	11	104	50	23	31	1143	348	242
金坛区	20	8	64	27	14	23	560	313	69
江苏省常州市经济开发区	15	9	23	12	9	2	188	57	15
溧阳市	22	5	71	31	18	22	1075	625	57
苏州市	**241**	**200**	**1030**	**493**	**195**	**342**	**8952**	**3330**	**919**
虎丘区	17	1	49	30	7	12	582	192	73
吴中区	48	34	108	42	16	50	1463	599	109
相城区	55	15	72	25	13	34	711	291	78
姑苏区	2	13	111	58	28	25	715	153	87
吴江区	15	10	104	54	13	37	675	239	68
苏州工业园区	6	23	83	41	18	24	758	198	93
常熟市	37	21	154	103	18	33	857	362	122
张家港市	21	24	137	70	26	41	979	485	64
昆山市	22	38	125	25	35	65	1441	500	160
太仓市	18	21	87	45	21	21	771	311	65
南通市	**179**	**135**	**675**	**378**	**115**	**182**	**5409**	**2522**	**443**
崇川区	9	32	143	107	18	18	443	136	82
港闸区	17	16	36	23	7	6	396	97	57
通州区	33	24	71	29	15	27	715	340	52
如东县	14	3	63	38	12	13	419	197	35
南通经济技术开发区	9	11	16	11	2	3	208	97	18
通州湾示范区		2	10	5	2	3	28	13	6
苏锡通科技产业园区	13	1	7		4	3	69	49	2
启东市	22	18	101	42	17	42	511	295	37
如皋市	24	6	82	39	11	32	956	469	61
海门市	14	17	55	28	10	17	678	413	39
海安市	24	5	91	56	17	18	986	416	54
连云港市	**167**	**35**	**372**	**243**	**41**	**88**	**3144**	**1819**	**180**
连云区	2	17	48	44	1	3	129	27	45
海州区	9	4	125	90	13	22	465	199	49
赣榆区	89	7	42	25	5	12	866	548	23
东海县	49	2	44	22	9	13	784	516	18
灌云县	3	1	34	17	2	15	313	182	10
灌南县	11	3	23	11	6	6	364	242	7
连云港经济技术开发区	3		14	9	2	3	69	27	9
连云港高新技术产业开发区	1		40	24	2	14	93	46	17
江苏连云港徐圩新区			1	1			24	2	1
江苏省连云港市云台山风景名胜区		1	1		1		37	30	1
淮安市	**59**	**44**	**326**	**190**	**51**	**85**	**3187**	**1888**	**155**
淮安区	6	9	32	15	4	13	529	361	22
淮阴区	8	6	28	17	4	7	687	393	26
清江浦区	4	4	100	65	17	18	408	182	58
洪泽区	4	2	31	14	3	14	154	93	6
涟水县	8	10	33	17	5	11	524	359	11
盱眙县	9	3	35	16	9	10	375	228	11
金湖县	11	3	32	21	3	8	204	115	10
淮安经济技术开发区	6	4	21	17	4		209	112	5
工业园区	3		3	2		1	20	13	

4-4 续表 47

单位：人

地 区 性 别	制造业		电力、热力、燃气及水生产和供应业				建筑业		
	废弃资源综合利用业	金属制品、机械和设备修理业	小计	电力、热力生产和供应业	燃气生产和供应业	水的生产和供应业	小计	房屋建筑业	土木工程建筑业
生态文旅区		3	10	5	2	3	72	29	6
苏淮高新区			1	1			5	3	
盐城市	**117**	**45**	**547**	**355**	**68**	**124**	**5015**	**2554**	**256**
亭湖区	9	2	46	25	6	15	488	252	27
盐都区	34	5	13	6	5	2	841	386	32
大丰区	13	5	90	57	15	18	535	233	35
响水县	3	3	32	16	3	13	292	224	11
滨海县	4		58	36	5	17	439	270	23
阜宁县	20	9	51	37	4	10	372	171	20
射阳县	13	5	55	34	11	10	677	452	20
建湖县	6	3	49	30	3	16	382	197	23
盐城经济技术开发区	1	1	34	33		1	98	72	2
江苏省盐南高新区	2	3	60	42	10	8	295	141	46
东台市	12	9	59	39	6	14	596	156	17
扬州市	**100**	**73**	**432**	**221**	**93**	**118**	**4708**	**1924**	**355**
广陵区	13	21	58	31	13	14	584	240	123
邗江区	15	3	74	44	17	13	753	301	45
江都区	18	24	91	28	27	36	997	421	65
宝应县	13	5	43	16	8	19	821	278	19
扬州经济技术开发区	8	1	44	31	6	7	119	42	16
蜀冈瘦西湖景区	3		15	8	3	4	115	36	11
生态新城	6		2	2			30	8	9
仪征市	10	17	44	25	9	10	708	376	33
高邮市	14	2	61	36	10	15	581	222	34
镇江市	**94**	**45**	**402**	**267**	**57**	**78**	**2450**	**985**	**271**
京口区	4	3	79	62	8	9	261	87	46
润州区	4	4	35	27	5	3	185	67	34
丹徒区	5	7	43	27	8	8	313	168	30
镇江新区	9	8	15	5	6	4	167	56	31
江苏镇江高新区	4	7	9	5	3	1	58	17	3
丹阳市	34	6	65	28	15	22	578	189	47
扬中市	14	8	71	54	4	13	279	116	20
句容市	20	2	85	59	8	18	609	285	60
泰州市	**54**	**56**	**473**	**256**	**76**	**141**	**4980**	**2226**	**320**
海陵区	16	8	56	41	6	9	473	147	38
高港区	1	2	41	22	8	11	336	136	31
姜堰区	9	4	71	48	12	11	826	419	42
泰州医药高新技术产业开发区	1	2	34	22	6	6	209	93	21
兴化市	21	9	43	22	7	14	1194	554	36
靖江市	1	24	113	59	19	35	544	220	65
泰兴市	5	7	115	42	18	55	1398	657	87
宿迁市	**74**	**36**	**275**	**141**	**63**	**71**	**3668**	**2048**	**475**
宿城区	19	2	63	46	3	14	440	246	51
宿豫区	5	3	26	15	2	9	263	140	17
沭阳县	29	13	74	22	38	14	1528	768	355
泗阳县	6	11	45	24	7	14	534	310	17
泗洪县	7	3	35	14	7	14	556	351	19
宿迁经济技术开发区	2	3	14	10	2	2	96	43	5
宿迁市湖滨新区	1		9	4	1	4	158	132	6
苏州宿迁工业园区			6	5	1		35	17	4
宿迁市洋河新区	5	1	3	1	2		58	41	1

4-4 续表 48

单位：人

地区 性别	建筑业		批发和零售业			交通运输、仓储和邮政业			
	建筑安装业	建筑装饰、装修和其他建筑业	小计	批发业	零售业	小计	铁路运输业	道路运输业	水上运输业
江苏	**35073**	**170858**	**618133**	**213815**	**404318**	**186279**	**3775**	**122317**	**6652**
南京市	**3582**	**15564**	**67483**	**22720**	**44763**	**24328**	**1197**	**15298**	**1130**
玄武区	73	438	4168	1507	2661	1003	81	545	32
秦淮区	132	1002	5992	1946	4046	1582	72	839	45
建邺区	123	773	4154	1696	2458	956	42	563	64
鼓楼区	210	754	6653	2350	4303	2439	317	1205	259
浦口区	154	675	2521	842	1679	943	34	734	21
栖霞区	480	1261	6553	1987	4566	3210	257	2225	123
雨花台区	201	1553	5817	1834	3983	1861	68	1328	38
江宁区	671	2888	13724	4944	8780	5614	88	3425	57
六合区	338	2293	4296	1223	3073	1768	36	1263	48
溧水区	242	791	2520	729	1791	1101	39	693	64
高淳区	377	1210	2444	602	1842	828	14	454	176
南京江北新区	581	1926	8641	3060	5581	3023	149	2024	203
无锡市	**2564**	**12958**	**55046**	**20612**	**34434**	**17784**	**203**	**12231**	**296**
锡山区	239	1866	6864	2695	4169	2889	20	2086	9
惠山区	325	1288	5630	2398	3232	2584	39	2076	7
滨湖区	211	944	3641	1184	2457	1007	12	695	8
梁溪区	321	1678	10015	3810	6205	2552	53	1864	27
新吴区	193	868	5294	2075	3219	1879	20	1134	7
江苏无锡经济开发区	145	672	2361	817	1544	625	12	340	2
江阴市	537	2922	12639	5059	7580	3933	24	2357	190
宜兴市	593	2720	8602	2574	6028	2315	23	1679	46
徐州市	**3049**	**13902**	**68271**	**25597**	**42674**	**21429**	**1125**	**14672**	**436**
鼓楼区	97	625	3951	1136	2815	1547	266	872	28
云龙区	132	602	4541	1669	2872	1658	346	852	10
贾汪区	102	473	2059	551	1508	1027	11	804	18
泉山区	179	614	5131	1667	3464	1634	185	992	24
铜山区	747	2253	15506	7839	7667	3769	49	2685	24
丰县	229	1514	8143	3830	4313	1665	6	1160	37
沛县	414	2064	4441	879	3562	2082	46	1611	60
睢宁县	306	2366	7106	2604	4502	2339	18	1555	43
徐州经济技术开发区	99	377	2479	692	1787	1135	92	831	17
新沂市	359	1362	6400	2031	4369	2262	56	1669	32
邳州市	385	1652	8514	2699	5815	2311	50	1641	143
常州市	**3529**	**10995**	**43117**	**15232**	**27885**	**10900**	**148**	**7703**	**220**
天宁区	231	1295	6130	2146	3984	1594	55	1108	21
钟楼区	227	1333	6610	2794	3816	2160	20	1686	16
新北区	302	1385	6737	2296	4441	1771	24	1100	91
武进区	399	2912	9934	3903	6031	2293	17	1629	21
金坛区	217	1512	4777	1341	3436	927	5	671	41
江苏省常州市经济开发区	108	541	2431	686	1745	860	8	627	7
溧阳市	2045	2017	6498	2066	4432	1295	19	882	23
苏州市	**4139**	**21302**	**107981**	**41279**	**66702**	**30976**	**228**	**20064**	**573**
虎丘区	327	1316	6155	1927	4228	2570	13	1790	9
吴中区	441	3419	12854	4503	8351	2593	18	1645	20
相城区	273	1729	8634	2445	6189	2683	31	1912	14
姑苏区	272	1826	8530	2606	5924	2464	66	1796	19
吴江区	450	2188	10414	4470	5944	2491	11	1749	17
苏州工业园区	302	1350	9313	4063	5250	2248	22	1312	22
常熟市	612	2497	17011	6834	10177	4001	10	2541	123

4-4 续表 49

单位：人

地区 性别	建筑业		批发和零售业			交通运输、仓储和邮政业			
	建筑安装业	建筑装饰、装修和其他建筑业	小计	批发业	零售业	小计	铁路运输业	道路运输业	水上运输业
张家港市	578	2240	11693	5036	6657	3817	6	2302	177
昆山市	645	2956	15579	6551	9028	5129	37	3210	22
太仓市	239	1781	7798	2844	4954	2980	14	1807	150
南通市	**4070**	**20236**	**52382**	**18211**	**34171**	**12933**	**151**	**7754**	**762**
崇川区	189	851	6372	2635	3737	1753	18	895	175
港闸区	176	1039	3611	1221	2390	1493	20	977	124
通州区	952	3113	7093	2378	4715	1630	27	982	40
如东县	468	2058	4211	1255	2956	1276	9	862	79
南通经济技术开发区	108	480	2567	1034	1533	605	4	319	35
通州湾示范区	37	303	341	106	235	80	1	53	3
苏锡通科技产业园区	53	205	726	220	506	339		167	1
启东市	799	2410	6108	1594	4514	1286	4	778	46
如皋市	675	3302	7934	2824	5110	2025	19	1297	131
海门市	315	2349	7171	2868	4303	1090	7	555	41
海安市	298	4126	6248	2076	4172	1356	42	869	87
连云港市	**1551**	**6848**	**30250**	**7222**	**23028**	**11560**	**164**	**7488**	**757**
连云区	222	172	869	270	599	1460	41	588	291
海州区	230	999	6150	1479	4671	2034	48	1268	91
赣榆区	321	1855	5660	1284	4376	2766	15	2037	155
东海县	260	1483	10082	2371	7711	2010	14	1391	18
灌云县	189	912	2760	605	2155	1136	8	827	39
灌南县	185	776	2935	511	2424	1150	5	789	70
连云港经济技术开发区	45	130	501	186	315	423	17	254	42
连云港高新技术产业开发区	45	150	763	218	545	345	15	183	46
江苏连云港徐圩新区	29	312	369	266	103	92		54	1
江苏省连云港市云台山风景名胜区	25	59	161	32	129	144	1	97	4
淮安市	**1415**	**7845**	**26398**	**6935**	**19463**	**8639**	**84**	**5750**	**217**
淮安区	285	1501	3688	823	2865	1465	18	760	70
淮阴区	279	1896	3807	947	2860	1423	8	1019	23
清江浦区	207	686	4582	1268	3314	1286	28	853	31
洪泽区	83	506	1722	726	996	480	2	301	26
涟水县	189	988	5417	995	4422	1482	2	1108	11
盱眙县	169	791	2738	766	1972	1154	6	853	22
金湖县	80	719	1503	413	1090	531	2	360	19
淮安经济技术开发区	66	479	1954	550	1404	566	11	331	13
工业园区	9	34	62	18	44	23		18	
生态文旅区	36	224	675	248	427	198	7	132	2
苏淮高新区	12	21	250	181	69	31		15	
盐城市	**3379**	**16911**	**44598**	**16442**	**28156**	**13471**	**117**	**9231**	**563**
亭湖区	405	1425	6704	2204	4500	1579	22	1018	38
盐都区	633	2314	4658	1639	3019	1282	2	787	68
大丰区	257	1679	5293	2728	2565	1459	13	974	54
响水县	151	499	2334	895	1439	847	2	573	26
滨海县	222	989	2891	757	2134	1570	5	1140	46
阜宁县	423	2077	4857	2275	2582	1337	6	877	41
射阳县	327	1545	6421	2280	4141	1730	5	1269	69
建湖县	411	1613	3080	872	2208	1119	11	808	70
盐城经济技术开发区	102	263	802	339	463	122		84	
江苏省盐南高新区	178	640	2610	785	1825	596	42	364	24
东台市	270	3867	4948	1668	3280	1830	9	1337	127
扬州市	**3005**	**16113**	**33716**	**10373**	**23343**	**8414**	**66**	**5514**	**306**
广陵区	268	876	5568	1758	3810	1261	9	859	28

4-4　续表 50　　　　单位：人

地　区 性　别	建筑业		批发和零售业			交通运输、仓储和邮政业			
	建筑安装业	建筑装饰、装修和其他建筑业	小计	批发业	零售业	小计	铁路运输业	道路运输业	水上运输业
邗江区	474	1836	5574	1608	3966	1063	9	660	23
江都区	1232	2282	6198	1925	4273	1618	17	1042	73
宝应县	222	5133	5491	1594	3897	1295	5	802	67
扬州经济技术开发区	84	306	1451	429	1022	505	5	303	33
蜀冈瘦西湖景区	47	353	1053	319	734	259	4	158	6
生态新城	46	65	527	208	319	79		53	1
仪征市	297	1756	3331	1089	2242	1047	5	750	18
高邮市	335	3506	4523	1443	3080	1287	12	887	57
镇江市	**1224**	**6728**	**22523**	**7290**	**15233**	**6848**	**177**	**4405**	**281**
京口区	91	499	2349	565	1784	774	15	438	93
润州区	72	375	1881	627	1254	607	59	327	50
丹徒区	120	543	1810	558	1252	632	16	431	35
镇江新区	100	367	2018	597	1421	748	3	415	47
江苏镇江高新区	28	219	497	135	362	186	8	129	13
丹阳市	282	2055	6989	2193	4796	1738	54	1196	16
扬中市	288	466	2449	880	1569	519	3	345	12
句容市	243	2204	4530	1735	2795	1644	19	1124	15
泰州市	**2313**	**14000**	**34076**	**12186**	**21890**	**9625**	**49**	**5639**	**860**
海陵区	220	1566	5374	1730	3644	1274	18	836	50
高港区	182	1064	1613	479	1134	678	2	303	57
姜堰区	399	2729	4126	1143	2983	1433	2	873	248
泰州医药高新技术产业开发区	108	527	1545	404	1141	383	7	224	10
兴化市	332	3301	9657	4526	5131	2650	7	1483	251
靖江市	363	1409	4379	1350	3029	1599	8	883	168
泰兴市	709	3404	7382	2554	4828	1608	5	1037	76
宿迁市	**1253**	**7456**	**32292**	**9716**	**22576**	**9372**	**66**	**6568**	**251**
宿城区	172	1267	3956	916	3040	1382	8	993	82
宿豫区	140	792	2310	690	1620	882	3	566	28
沭阳县	468	2215	12520	3485	9035	3531	21	2644	47
泗阳县	176	1261	4548	1031	3517	1188	21	799	33
泗洪县	162	1078	5963	2785	3178	1353	10	903	10
宿迁经济技术开发区	70	358	1658	545	1113	458	3	275	8
宿迁市湖滨新区	34	254	579	111	468	286		177	41
苏州宿迁工业园区	6	56	261	87	174	37		27	1
宿迁市洋河新区	25	175	497	66	431	255		184	1
男	**31233**	**145809**	**309051**	**124866**	**184185**	**151763**	**2806**	**104183**	**5276**
南京市	**3078**	**12798**	**34240**	**13251**	**20989**	**19093**	**906**	**12442**	**915**
玄武区	55	313	2161	836	1325	742	62	423	25
秦淮区	103	767	2917	1065	1852	1200	48	675	33
建邺区	99	570	2122	950	1172	722	26	440	50
鼓楼区	158	568	3277	1270	2007	1794	241	917	204
浦口区	137	576	1291	529	762	769	25	615	15
栖霞区	401	1006	3392	1206	2186	2650	224	1852	106
雨花台区	168	1253	2976	1051	1925	1475	54	1076	29
江宁区	555	2356	7196	2965	4231	4243	54	2719	42
六合区	312	2044	2153	764	1389	1489	28	1091	44
溧水区	221	717	1301	474	827	911	22	593	60
高淳区	361	1134	1227	400	827	701	8	398	147
南京江北新区	508	1494	4227	1741	2486	2397	114	1643	160
无锡市	**2210**	**10922**	**27776**	**12281**	**15495**	**14372**	**148**	**10212**	**226**
锡山区	197	1614	3502	1590	1912	2334	13	1726	6

4-4 续表 51

单位：人

地区 性别	建筑业：建筑安装业	建筑业：建筑装饰、装修和其他建筑业	批发和零售业：小计	批发和零售业：批发业	批发和零售业：零售业	交通运输、仓储和邮政业：小计	交通运输、仓储和邮政业：铁路运输业	交通运输、仓储和邮政业：道路运输业	交通运输、仓储和邮政业：水上运输业
惠山区	279	1071	2910	1469	1441	2119	30	1741	7
滨湖区	168	760	1836	712	1124	795	10	569	5
梁溪区	269	1321	5176	2286	2890	2020	37	1521	22
新吴区	148	689	2668	1181	1487	1443	16	911	4
江苏无锡经济开发区	124	544	1180	489	691	489	7	274	1
江阴市	483	2508	6225	2944	3281	3212	22	2017	147
宜兴市	542	2415	4279	1610	2669	1960	13	1453	34
徐州市	**2819**	**11863**	**32793**	**14121**	**18672**	**17966**	**902**	**13028**	**377**
鼓楼区	79	499	2023	704	1319	1224	227	716	20
云龙区	111	479	2330	1011	1319	1253	276	686	9
贾汪区	97	421	1088	383	705	939	5	766	16
泉山区	144	492	2599	1054	1545	1281	148	802	16
铜山区	710	1980	6142	3515	2627	3146	35	2430	21
丰县	196	1106	3944	2050	1894	1316	4	949	32
沛县	404	1903	2153	545	1608	1849	36	1499	53
睢宁县	278	2105	3498	1489	2009	2034	13	1439	43
徐州经济技术开发区	90	327	1241	436	805	940	63	726	14
新沂市	341	1153	3172	1185	1987	1940	51	1510	31
邳州市	369	1398	4603	1749	2854	2044	44	1505	122
常州市	**3144**	**9263**	**21239**	**8996**	**12243**	**8910**	**106**	**6505**	**161**
天宁区	193	1073	2972	1238	1734	1307	42	923	16
钟楼区	194	1088	3415	1649	1766	1713	14	1359	7
新北区	239	1109	3254	1316	1938	1385	19	904	74
武进区	333	2425	4972	2269	2703	1920	11	1429	14
金坛区	195	1356	2487	852	1635	786	4	590	31
江苏省常州市经济开发区	89	444	1178	411	767	714	7	527	3
溧阳市	1901	1768	2961	1261	1700	1085	9	773	16
苏州市	**3443**	**17295**	**55544**	**24193**	**31351**	**24716**	**155**	**16489**	**436**
虎丘区	262	1064	3035	1171	1864	2068	12	1473	6
吴中区	367	2738	6472	2603	3869	2108	10	1373	14
相城区	230	1430	4542	1495	3047	2198	17	1588	8
姑苏区	215	1408	4181	1471	2710	1904	48	1432	13
吴江区	384	1886	5719	2868	2851	2095	7	1500	15
苏州工业园区	227	958	4970	2380	2590	1712	15	1045	12
常熟市	557	2179	8698	3778	4920	3323	7	2205	92
张家港市	514	1874	5859	2931	2928	3071	6	1921	140
昆山市	490	2330	8095	3848	4247	3911	24	2495	16
太仓市	197	1428	3973	1648	2325	2326	9	1457	120
南通市	**3761**	**18101**	**25205**	**10100**	**15105**	**10449**	**86**	**6632**	**644**
崇川区	150	665	3057	1427	1630	1324	8	700	146
港闸区	146	827	1734	667	1067	1189	13	801	101
通州区	906	2836	3127	1181	1946	1325	10	853	35
如东县	447	1892	2015	732	1283	1078	4	763	75
南通经济技术开发区	97	398	1377	617	760	485		267	31
通州湾示范区	36	295	163	60	103	65		48	3
苏锡通科技产业园区	50	190	374	137	237	277		145	1
启东市	753	2277	3178	978	2200	1076	3	704	42
如皋市	620	2931	3909	1680	2229	1679	12	1141	105
海门市	296	2142	3444	1510	1934	870	2	482	37
海安市	260	3648	2827	1111	1716	1081	34	728	68
连云港市	**1415**	**5839**	**14524**	**4279**	**10245**	**9622**	**130**	**6596**	**623**
连云区	195	142	403	174	229	1100	28	444	235

4-4 续表 52

单位：人

地区 性别	建筑业		批发和零售业			交通运输、仓储和邮政业			
	建筑安装业	建筑装饰、装修和其他建筑业	小计	批发业	零售业	小计	铁路运输业	道路运输业	水上运输业
海州区	201	811	3075	875	2200	1652	43	1089	74
赣榆区	299	1582	2724	782	1942	2407	13	1889	150
东海县	236	1257	4564	1267	3297	1695	10	1229	17
灌云县	179	801	1422	396	1026	995	4	757	29
灌南县	174	672	1381	306	1075	975	5	692	51
连云港经济技术开发区	36	106	235	119	116	327	15	205	33
连云港高新技术产业开发区	41	124	381	123	258	257	11	146	29
江苏连云港徐圩新区	29	291	280	224	56	76		50	1
江苏省连云港市云台山风景名胜区	25	53	59	13	46	138	1	95	4
淮安市	**1296**	**6820**	**12738**	**4201**	**8537**	**7222**	**56**	**5067**	**175**
淮安区	271	1369	1746	547	1199	1195	13	682	61
淮阴区	264	1643	1862	574	1288	1197	6	904	20
清江浦区	184	541	2223	756	1467	1059	19	737	23
洪泽区	72	462	884	437	447	402	1	266	17
涟水县	168	855	2371	564	1807	1255	1	969	10
盱眙县	150	674	1428	494	934	1020	5	777	20
金湖县	74	646	779	274	505	457	1	317	14
淮安经济技术开发区	61	392	948	294	654	440	5	276	8
工业园区	7	29	25	11	14	20		17	
生态文旅区	34	189	319	135	184	151	5	109	2
苏淮高新区	11	20	153	115	38	26		13	
盐城市	**3076**	**15009**	**23407**	**9811**	**13596**	**11389**	**61**	**8178**	**440**
亭湖区	366	1255	3513	1269	2244	1283	10	855	35
盐都区	533	1991	2418	1010	1408	1045	1	683	53
大丰区	238	1431	2656	1515	1141	1211	6	849	45
响水县	138	455	1222	561	661	739	2	524	23
滨海县	203	862	1611	523	1088	1377	3	1049	34
阜宁县	396	1923	2629	1280	1349	1160	5	800	30
射阳县	308	1359	3454	1381	2073	1515	3	1147	58
建湖县	387	1475	1556	556	1000	973	8	737	53
盐城经济技术开发区	98	243	411	184	227	98		69	
江苏省盐南高新区	154	556	1417	480	937	445	16	289	21
东台市	255	3459	2520	1052	1468	1543	7	1176	88
扬州市	**2714**	**13975**	**16489**	**6163**	**10326**	**6805**	**38**	**4709**	**240**
广陵区	228	695	2778	1026	1752	990	6	706	20
邗江区	434	1469	2627	910	1717	840	6	563	17
江都区	1119	1884	3004	1157	1847	1250	11	855	61
宝应县	198	4633	2726	963	1763	1086	4	709	50
扬州经济技术开发区	72	257	710	236	474	415	3	259	26
蜀冈瘦西湖景区	42	290	510	195	315	201	1	133	4
生态新城	43	55	276	126	150	62		41	1
仪征市	266	1488	1679	669	1010	846	2	628	12
高邮市	312	3204	2179	881	1298	1115	5	815	49
镇江市	**1039**	**5719**	**11217**	**4443**	**6774**	**5507**	**139**	**3665**	**236**
京口区	70	392	1127	340	787	598	13	339	73
润州区	58	305	920	380	540	457	46	251	42
丹徒区	102	446	949	347	602	532	11	374	33
镇江新区	80	307	1010	355	655	600	3	343	38
江苏镇江高新区	24	185	223	78	145	154	7	107	11
丹阳市	244	1751	3418	1288	2130	1449	44	1033	15
扬中市	236	375	1238	553	685	418	2	287	11
句容市	225	1958	2332	1102	1230	1299	13	931	13

4-4 续表 53　　　　单位：人

地区 性别	建筑业		批发和零售业			交通运输、仓储和邮政业			
	建筑安装业	建筑装饰、装修和其他建筑业	小计	批发业	零售业	小计	铁路运输业	道路运输业	水上运输业
泰州市	**2091**	**11788**	**17140**	**7339**	**9801**	**7682**	**32**	**4780**	**598**
海陵区	194	1304	2655	1089	1566	1023	12	707	36
高港区	166	911	806	294	512	513	1	243	44
姜堰区	367	2396	1990	701	1289	1154	2	758	162
泰州医药高新技术产业开发区	95	445	771	237	534	307	2	192	5
兴化市	307	2722	5431	2862	2569	2097	7	1244	158
靖江市	327	1186	2034	802	1232	1293	5	757	129
泰兴市	635	2824	3453	1354	2099	1295	3	879	64
宿迁市	**1147**	**6417**	**16739**	**5688**	**11051**	**8030**	**47**	**5880**	**205**
宿城区	152	1144	1922	580	1342	1185	8	875	65
宿豫区	129	697	1149	405	744	757	3	500	26
沭阳县	429	1849	6843	2094	4749	3026	12	2365	36
泗阳县	158	1072	2371	589	1782	1046	18	741	24
泗洪县	153	901	2965	1544	1421	1125	3	799	10
宿迁经济技术开发区	66	314	837	306	531	394	3	247	8
宿迁市湖滨新区	31	237	279	80	199	243		164	35
苏州宿迁工业园区	5	43	131	46	85	26		20	
宿迁市洋河新区	24	160	242	44	198	228		169	1
女	**3840**	**25049**	**309082**	**88949**	**220133**	**34516**	**969**	**18134**	**1376**
南京市	**504**	**2766**	**33243**	**9469**	**23774**	**5235**	**291**	**2856**	**215**
玄武区	18	125	2007	671	1336	261	19	122	7
秦淮区	29	235	3075	881	2194	382	24	164	12
建邺区	24	203	2032	746	1286	234	16	123	14
鼓楼区	52	186	3376	1080	2296	645	76	288	55
浦口区	17	99	1230	313	917	174	9	119	6
栖霞区	79	255	3161	781	2380	560	33	373	17
雨花台区	33	300	2841	783	2058	386	14	252	9
江宁区	116	532	6528	1979	4549	1371	34	706	15
六合区	26	249	2143	459	1684	279	8	172	4
溧水区	21	74	1219	255	964	190	17	100	4
高淳区	16	76	1217	202	1015	127	6	56	29
南京江北新区	73	432	4414	1319	3095	626	35	381	43
无锡市	**354**	**2036**	**27270**	**8331**	**18939**	**3412**	**55**	**2019**	**70**
锡山区	42	252	3362	1105	2257	555	7	360	3
惠山区	46	217	2720	929	1791	465	9	335	
滨湖区	43	184	1805	472	1333	212	2	126	3
梁溪区	52	357	4839	1524	3315	532	16	343	5
新吴区	45	179	2626	894	1732	436	4	223	3
江苏无锡经济开发区	21	128	1181	328	853	136	5	66	1
江阴市	54	414	6414	2115	4299	721	2	340	43
宜兴市	51	305	4323	964	3359	355	10	226	12
徐州市	**230**	**2039**	**35478**	**11476**	**24002**	**3463**	**223**	**1644**	**59**
鼓楼区	18	126	1928	432	1496	323	39	156	8
云龙区	21	123	2211	658	1553	405	70	166	1
贾汪区	5	52	971	168	803	88	6	38	2
泉山区	35	122	2532	613	1919	353	37	190	8
铜山区	37	273	9364	4324	5040	623	14	255	3
丰县	33	408	4199	1780	2419	349	2	211	5
沛县	10	161	2288	334	1954	233	10	112	7
睢宁县	28	261	3608	1115	2493	305	5	116	
徐州经济技术开发区	9	50	1238	256	982	195	29	105	3
新沂市	18	209	3228	846	2382	322	5	159	1
邳州市	16	254	3911	950	2961	267	6	136	21

4-4　续表 54　　　　单位：人

地区 性别	建筑业		批发和零售业			交通运输、仓储和邮政业			
	建筑安装业	建筑装饰、装修和其他建筑业	小计	批发业	零售业	小计	铁路运输业	道路运输业	水上运输业
常州市	**385**	**1732**	**21878**	**6236**	**15642**	**1990**	**42**	**1198**	**59**
天宁区	38	222	3158	908	2250	287	13	185	5
钟楼区	33	245	3195	1145	2050	447	6	327	9
新北区	63	276	3483	980	2503	386	5	196	17
武进区	66	487	4962	1634	3328	373	6	200	7
金坛区	22	156	2290	489	1801	141	1	81	10
江苏省常州市经济开发区	19	97	1253	275	978	146	1	100	4
溧阳市	144	249	3537	805	2732	210	10	109	7
苏州市	**696**	**4007**	**52437**	**17086**	**35351**	**6260**	**73**	**3575**	**137**
虎丘区	65	252	3120	756	2364	502	1	317	3
吴中区	74	681	6382	1900	4482	485	8	272	6
相城区	43	299	4092	950	3142	485	14	324	6
姑苏区	57	418	4349	1135	3214	560	18	364	6
吴江区	66	302	4695	1602	3093	396	4	249	2
苏州工业园区	75	392	4343	1683	2660	536	7	267	10
常熟市	55	318	8313	3056	5257	678	3	336	31
张家港市	64	366	5834	2105	3729	746		381	37
昆山市	155	626	7484	2703	4781	1218	13	715	6
太仓市	42	353	3825	1196	2629	654	5	350	30
南通市	**309**	**2135**	**27177**	**8111**	**19066**	**2484**	**65**	**1122**	**118**
崇川区	39	186	3315	1208	2107	429	10	195	29
港闸区	30	212	1877	554	1323	304	7	176	23
通州区	46	277	3966	1197	2769	305	17	129	5
如东县	21	166	2196	523	1673	198	5	99	4
南通经济技术开发区	11	82	1190	417	773	120	4	52	4
通州湾示范区	1	8	178	46	132	15	1	5	
苏锡通科技产业园区	3	15	352	83	269	62		22	
启东市	46	133	2930	616	2314	210	1	74	4
如皋市	55	371	4025	1144	2881	346	7	156	26
海门市	19	207	3727	1358	2369	220	5	73	4
海安市	38	478	3421	965	2456	275	8	141	19
连云港市	**136**	**1009**	**15726**	**2943**	**12783**	**1938**	**34**	**892**	**134**
连云区	27	30	466	96	370	360	13	144	56
海州区	29	188	3075	604	2471	382	5	179	17
赣榆区	22	273	2936	502	2434	359	2	148	5
东海县	24	226	5518	1104	4414	315	4	162	1
灌云县	10	111	1338	209	1129	141	4	70	10
灌南县	11	104	1554	205	1349	175		97	19
连云港经济技术开发区	9	24	266	67	199	96	2	49	9
连云港高新技术产业开发区	4	26	382	95	287	88	4	37	17
江苏连云港徐圩新区		21	89	42	47	16		4	
江苏省连云港市云台山风景名胜区		6	102	19	83	6		2	
淮安市	**119**	**1025**	**13660**	**2734**	**10926**	**1417**	**28**	**683**	**42**
淮安区	14	132	1942	276	1666	270	5	78	9
淮阴区	15	253	1945	373	1572	226	2	115	3
清江浦区	23	145	2359	512	1847	227	9	116	8
洪泽区	11	44	838	289	549	78	1	35	9
涟水县	21	133	3046	431	2615	227	1	139	1
盱眙县	19	117	1310	272	1038	134	1	76	2
金湖县	6	73	724	139	585	74	1	43	5
淮安经济技术开发区	5	87	1006	256	750	126	6	55	5
工业园区	2	5	37	7	30	3		1	

4-4 续表 55　　　　单位：人

地区 性别	建筑业		批发和零售业			交通运输、仓储和邮政业			
	建筑安装业	建筑装饰、装修和其他建筑业	小计	批发业	零售业	小计	铁路运输业	道路运输业	水上运输业
生态文旅区	2	35	356	113	243	47	2	23	
苏淮高新区	1	1	97	66	31	5		2	
盐城市	**303**	**1902**	**21191**	**6631**	**14560**	**2082**	**56**	**1053**	**123**
亭湖区	39	170	3191	935	2256	296	12	163	3
盐都区	100	323	2240	629	1611	237	1	104	15
大丰区	19	248	2637	1213	1424	248	7	125	9
响水县	13	44	1112	334	778	108		49	3
滨海县	19	127	1280	234	1046	193	2	91	12
阜宁县	27	154	2228	995	1233	177	1	77	11
射阳县	19	186	2967	899	2068	215	2	122	11
建湖县	24	138	1524	316	1208	146	3	71	17
盐城经济技术开发区	4	20	391	155	236	24		15	
江苏省盐南高新区	24	84	1193	305	888	151	26	75	3
东台市	15	408	2428	616	1812	287	2	161	39
扬州市	**291**	**2138**	**17227**	**4210**	**13017**	**1609**	**28**	**805**	**66**
广陵区	40	181	2790	732	2058	271	3	153	8
邗江区	40	367	2947	698	2249	223	3	97	6
江都区	113	398	3194	768	2426	368	6	187	12
宝应县	24	500	2765	631	2134	209	1	93	17
扬州经济技术开发区	12	49	741	193	548	90	2	44	7
蜀冈瘦西湖景区	5	63	543	124	419	58	3	25	2
生态新城	3	10	251	82	169	17		12	
仪征市	31	268	1652	420	1232	201	3	122	6
高邮市	23	302	2344	562	1782	172	7	72	8
镇江市	**185**	**1009**	**11306**	**2847**	**8459**	**1341**	**38**	**740**	**45**
京口区	21	107	1222	225	997	176	2	99	20
润州区	14	70	961	247	714	150	13	76	8
丹徒区	18	97	861	211	650	100	5	57	2
镇江新区	20	60	1008	242	766	148		72	9
江苏镇江高新区	4	34	274	57	217	32	1	22	2
丹阳市	38	304	3571	905	2666	289	10	163	1
扬中市	52	91	1211	327	884	101	1	58	1
句容市	18	246	2198	633	1565	345	6	193	2
泰州市	**222**	**2212**	**16936**	**4847**	**12089**	**1943**	**17**	**859**	**262**
海陵区	26	262	2719	641	2078	251	6	129	14
高港区	16	153	807	185	622	165	1	60	13
姜堰区	32	333	2136	442	1694	279		115	86
泰州医药高新技术产业开发区	13	82	774	167	607	76	5	32	5
兴化市	25	579	4226	1664	2562	553		239	93
靖江市	36	223	2345	548	1797	306	3	126	39
泰兴市	74	580	3929	1200	2729	313	2	158	12
宿迁市	**106**	**1039**	**15553**	**4028**	**11525**	**1342**	**19**	**688**	**46**
宿城区	20	123	2034	336	1698	197		118	17
宿豫区	11	95	1161	285	876	125		66	2
沭阳县	39	366	5677	1391	4286	505	9	279	11
泗阳县	18	189	2177	442	1735	142	3	58	9
泗洪县	9	177	2998	1241	1757	228	7	104	
宿迁经济技术开发区	4	44	821	239	582	64		28	
宿迁市湖滨新区	3	17	300	31	269	43		13	6
苏州宿迁工业园区	1	13	130	41	89	11		7	1
宿迁市洋河新区	1	15	255	22	233	27		15	

4-4　续表 56　　　　单位：人

地　区 性　别	交通运输、仓储和邮政业					住宿和餐饮业		
	航　空 运输业	管　道 运输业	多式联运 和运输 代理业	装卸搬运 和仓储业	邮政业	小计	住宿业	餐饮业
江　苏	**2441**	**170**	**7041**	**14943**	**28940**	**166317**	**16531**	**149786**
南京市	**1276**	**27**	**917**	**1116**	**3367**	**22610**	**3448**	**19162**
玄武区	60	2	74	20	189	1684	410	1274
秦淮区	210		95	34	287	2766	484	2282
建邺区	66	2	53	25	141	1520	289	1231
鼓楼区	110	3	104	39	402	2430	497	1933
浦口区	12	1	15	34	92	917	98	819
栖霞区	37	10	94	129	335	2012	344	1668
雨花台区	49	1	52	120	205	1748	234	1514
江宁区	623	6	137	307	971	3931	506	3425
六合区	10		41	175	195	1560	120	1440
溧水区	64		32	48	161	888	95	793
高淳区	9		25	36	114	771	90	681
南京江北新区	26	2	195	149	275	2383	281	2102
无锡市	**278**	**6**	**691**	**1400**	**2679**	**16168**	**1776**	**14392**
锡山区	28		134	240	372	1620	124	1496
惠山区	5	1	87	153	216	1688	159	1529
滨湖区	27	1	38	39	187	1686	225	1461
梁溪区	80		83	93	352	3134	406	2728
新吴区	77		93	81	467	1677	131	1546
江苏无锡经济开发区	49		47	39	136	943	121	822
江阴市	7	4	164	569	618	3070	290	2780
宜兴市	5		45	186	331	2350	320	2030
徐州市	**116**	**89**	**448**	**1707**	**2836**	**15163**	**889**	**14274**
鼓楼区	19		55	80	227	1176	81	1095
云龙区	15	2	41	245	147	1060	90	970
贾汪区	2		31	82	79	588	35	553
泉山区	20	78	34	66	235	1490	125	1365
铜山区	15	5	91	368	532	2479	132	2347
丰县	2		31	154	275	1404	54	1350
沛县	7	1	16	151	190	1361	48	1313
睢宁县	20		49	227	427	1456	71	1385
徐州经济技术开发区	4		26	46	119	657	95	562
新沂市	11	3	51	131	309	1667	67	1600
邳州市	1		23	157	296	1825	91	1734
常州市	**102**	**3**	**306**	**727**	**1691**	**11683**	**1141**	**10542**
天宁区	22		55	61	272	1564	160	1404
钟楼区	16	1	42	128	251	1701	126	1575
新北区	39	1	70	115	331	1912	160	1752
武进区	7		87	196	336	2589	212	2377
金坛区	5		5	47	153	1203	82	1121
江苏省常州市经济开发区	5		16	34	163	787	53	734
溧阳市	8	1	31	146	185	1927	348	1579
苏州市	**101**	**12**	**1769**	**2834**	**5395**	**28132**	**3625**	**24507**
虎丘区	7		86	269	396	2040	292	1748
吴中区	8	3	151	100	648	4468	624	3844
相城区	6		23	217	480	2051	339	1712
姑苏区	17		149	62	355	2596	481	2115
吴江区	5		53	174	482	2553	338	2215
苏州工业园区	14	2	297	144	435	2796	357	2439
常熟市	7	1	137	414	768	3010	214	2796

4-4 续表 57

单位：人

地区 性别	交通运输、仓储和邮政业					住宿和餐饮业		
	航空运输业	管道运输业	多式联运和运输代理业	装卸搬运和仓储业	邮政业	小计	住宿业	餐饮业
张家港市	8	5	258	620	441	2829	385	2444
昆山市	23	1	382	428	1026	3904	424	3480
太仓市	6		233	406	364	1885	171	1714
南通市	**146**	**2**	**654**	**1109**	**2355**	**10658**	**1008**	**9650**
崇川区	48		248	120	249	1761	194	1567
港闸区	20		89	82	181	741	99	642
通州区	29		72	115	365	1147	97	1050
如东县	5		22	103	196	1085	102	983
南通经济技术开发区	8		36	70	133	524	65	459
通州湾示范区	1			7	15	93	17	76
苏锡通科技产业园区		1	15	24	131	137	13	124
启东市	8	1	28	204	217	1185	167	1018
如皋市	11		66	166	335	1476	92	1384
海门市	4		34	123	326	1031	65	966
海安市	12		44	95	207	1478	97	1381
连云港市	**69**	**1**	**559**	**1141**	**1381**	**7234**	**588**	**6646**
连云区	5		214	286	35	373	67	306
海州区	37		104	126	360	1869	145	1724
赣榆区	5		46	219	289	1134	45	1089
东海县	6		56	252	273	1566	171	1395
灌云县	4		26	95	137	922	69	853
灌南县	2		43	51	190	854	46	808
连云港经济技术开发区	3		39	43	25	139	14	125
连云港高新技术产业开发区	7	1	24	14	55	252	19	233
江苏连云港徐圩新区			5	27	5	63	7	56
江苏省连云港市云台山风景名胜区			2	28	12	62	5	57
淮安市	**93**	**6**	**173**	**501**	**1815**	**8758**	**554**	**8204**
淮安区	8		16	87	506	1474	95	1379
淮阴区	8	2	35	76	252	1202	63	1139
清江浦区	21	4	37	46	266	1417	92	1325
洪泽区			8	45	98	598	60	538
涟水县	8		36	53	264	1860	103	1757
盱眙县	7		11	107	148	941	51	890
金湖县	20		4	38	88	575	44	531
淮安经济技术开发区	17		16	32	146	442	33	409
工业园区			1	1	3	39		39
生态文旅区	4		8	8	37	176	13	163
苏淮高新区			1	8	7	34		34
盐城市	**91**	**8**	**339**	**1296**	**1826**	**12116**	**835**	**11281**
亭湖区	16		52	132	301	1767	156	1611
盐都区	7	2	34	144	238	1451	77	1374
大丰区	5	1	76	201	135	1208	99	1109
响水县	3		12	103	128	696	48	648
滨海县	3	1	7	161	207	1086	66	1020
阜宁县	11	1	53	130	218	1298	78	1220
射阳县	9	2	50	156	170	1383	84	1299
建湖县	11		15	70	134	1129	55	1074
盐城经济技术开发区			5	16	17	154	12	142
江苏省盐南高新区	20		13	20	113	822	73	749
东台市	6	1	22	163	165	1122	87	1035
扬州市	**86**	**4**	**274**	**661**	**1503**	**10049**	**876**	**9173**
广陵区	9	1	34	79	242	1782	197	1585

4-4 续表 58

单位：人

地区 性别	交通运输、仓储和邮政业					住宿和餐饮业		
	航空运输业	管道运输业	多式联运和运输代理业	装卸搬运和仓储业	邮政业	小计	住宿业	餐饮业
邗江区	10	1	62	66	232	1628	154	1474
江都区	33	1	37	101	314	1630	151	1479
宝应县	3		33	123	262	1581	69	1512
扬州经济技术开发区	5		26	44	89	578	55	523
蜀冈瘦西湖景区	5		14	15	57	426	66	360
生态新城			4	9	12	80	9	71
仪征市	4	1	31	96	142	1002	74	928
高邮市	17		33	128	153	1342	101	1241
镇江市	**38**	**3**	**286**	**480**	**1178**	**7021**	**595**	**6426**
京口区	3	1	51	68	105	869	81	788
润州区	2	1	30	34	104	760	90	670
丹徒区	4		21	32	93	722	69	653
镇江新区	8		29	157	89	545	67	478
江苏镇江高新区			7	10	19	177	7	170
丹阳市	8	1	52	76	335	1997	120	1877
扬中市	7		17	29	106	641	34	607
句容市	6		79	74	327	1310	127	1183
泰州市	**22**	**2**	**388**	**1315**	**1350**	**8631**	**657**	**7974**
海陵区	5		57	92	216	1464	142	1322
高港区	1		42	90	183	587	46	541
姜堰区	4	1	50	115	140	1112	96	1016
泰州医药高新技术产业开发区			23	25	94	605	73	532
兴化市	5	1	80	523	300	2143	134	2009
靖江市	5		52	291	192	1072	54	1018
泰兴市	2		84	179	225	1648	112	1536
宿迁市	**23**	**7**	**237**	**656**	**1564**	**8094**	**539**	**7555**
宿城区			26	92	181	1245	93	1152
宿豫区		1	31	67	186	760	38	722
沭阳县	10	3	77	217	512	2271	135	2136
泗阳县	8	2	25	60	240	1369	107	1262
泗洪县	4	1	46	108	271	1493	74	1419
宿迁经济技术开发区			27	54	91	369	24	345
宿迁市湖滨新区			1	37	30	317	32	285
苏州宿迁工业园区			1	1	7	43	7	36
宿迁市洋河新区	1		3	20	46	227	29	198
男	**1557**	**123**	**5021**	**11628**	**21169**	**82931**	**6664**	**76267**
南京市	**836**	**20**	**627**	**850**	**2497**	**11461**	**1505**	**9956**
玄武区	38	2	44	15	133	911	192	719
秦淮区	140		54	24	226	1489	223	1266
建邺区	43	1	28	18	116	822	139	683
鼓楼区	66	3	68	24	271	1246	237	1009
浦口区	6		15	27	66	437	34	403
栖霞区	22	7	66	105	268	1043	139	904
雨花台区	30	1	33	97	155	871	105	766
江宁区	418	5	95	214	696	2032	198	1834
六合区	7		33	142	144	739	41	698
溧水区	43		31	38	124	373	30	343
高淳区	4		23	32	89	327	40	287
南京江北新区	19	1	137	114	209	1171	127	1044
无锡市	**177**	**3**	**472**	**1132**	**2002**	**8255**	**688**	**7567**
锡山区	18		94	195	282	862	44	818

4-4 续表 59 单位：人

地区 性别	交通运输、仓储和邮政业					住宿和餐饮业		
	航空运输业	管道运输业	多式联运和运输代理业	装卸搬运和仓储业	邮政业	小计	住宿业	餐饮业
惠山区	1	1	64	111	164	856	60	796
滨湖区	16		19	32	144	911	103	808
梁溪区	55		45	72	268	1700	170	1530
新吴区	46		63	64	339	889	52	837
江苏无锡经济开发区	34		32	36	105	463	35	428
江阴市	4	2	117	452	451	1543	112	1431
宜兴市	3		38	170	249	1031	112	919
徐州市	**70**	**65**	**364**	**1213**	**1947**	**7922**	**356**	**7566**
鼓楼区	11		40	56	154	631	35	596
云龙区	9	2	33	136	102	546	37	509
贾汪区			27	69	56	331	16	315
泉山区	12	56	24	53	170	811	50	761
铜山区	12	3	80	256	309	1088	49	1039
丰县	1		26	115	189	778	21	757
沛县	3	1	13	124	120	743	21	722
睢宁县	11		40	157	331	777	29	748
徐州经济技术开发区	3		22	35	77	323	28	295
新沂市	8	3	41	86	210	845	27	818
邳州市			18	126	229	1049	43	1006
常州市	**60**	**3**	**223**	**572**	**1280**	**5640**	**436**	**5204**
天宁区	12		43	52	219	826	60	766
钟楼区	13	1	27	106	186	904	54	850
新北区	20	1	40	89	238	930	63	867
武进区	5		69	138	254	1271	81	1190
金坛区	5		4	41	111	599	31	568
江苏省常州市经济开发区	1		14	23	139	386	19	367
溧阳市	4	1	26	123	133	724	128	596
苏州市	**51**	**8**	**1166**	**2271**	**4140**	**14602**	**1526**	**13076**
虎丘区	6		53	207	311	1135	129	1006
吴中区	6	3	112	75	515	2235	227	2008
相城区	2		15	184	384	1041	146	895
姑苏区	9		85	55	262	1319	225	1094
吴江区	2		28	145	398	1365	152	1213
苏州工业园区	8		197	114	321	1543	182	1361
常熟市	1	1	84	352	581	1638	71	1567
张家港市	3	3	174	489	335	1420	164	1256
昆山市	11	1	258	337	769	1966	163	1803
太仓市	3		160	313	264	940	67	873
南通市	**85**	**2**	**465**	**893**	**1642**	**5268**	**359**	**4909**
崇川区	31		160	101	178	980	78	902
港闸区	12		61	64	137	391	27	364
通州区	18		53	94	262	567	42	525
如东县	2		16	87	131	541	36	505
南通经济技术开发区	5		26	60	96	278	20	258
通州湾示范区				6	8	40	6	34
苏锡通科技产业园区		1	10	20	100	72	6	66
启东市	5	1	22	162	137	559	52	507
如皋市	5		56	131	229	728	36	692
海门市	3		27	101	218	448	20	428
海安市	4		34	67	146	664	36	628
连云港市	**38**	**1**	**387**	**911**	**936**	**3457**	**249**	**3208**
连云区	4		128	241	20	173	26	147

4-4 续表 60

单位：人

地区 性别	交通运输、仓储和邮政业					住宿和餐饮业		
	航空运输业	管道运输业	多式联运和运输代理业	装卸搬运和仓储业	邮政业	小计	住宿业	餐饮业
海州区	20		76	105	245	985	57	928
赣榆区	1		37	153	164	533	28	505
东海县	4		41	199	195	684	68	616
灌云县	2		22	75	106	447	31	416
灌南县	1		38	48	140	381	19	362
连云港经济技术开发区	1		23	33	17	61	7	54
连云港高新技术产业开发区	5	1	16	11	38	139	10	129
江苏连云港徐圩新区			4	19	2	30	2	28
江苏省连云港市云台山风景名胜区			2	27	9	24	1	23
淮安市	**71**	**4**	**147**	**401**	**1301**	**4180**	**212**	**3968**
淮安区	8		14	70	347	679	36	643
淮阴区	4	1	27	59	176	626	29	597
清江浦区	19	3	29	36	193	656	33	623
洪泽区			7	40	71	285	19	266
涟水县	7		34	41	193	832	38	794
盱眙县	5		11	86	116	502	22	480
金湖县	17		4	34	70	271	19	252
淮安经济技术开发区	11		12	22	106	204	11	193
工业园区			1	1	1	19		19
生态文旅区			7	5	23	90	5	85
苏淮高新区			1	7	5	16		16
盐城市	**65**	**4**	**275**	**1009**	**1357**	**5859**	**314**	**5545**
亭湖区	14		44	101	224	878	59	819
盐都区	6	1	28	108	165	675	29	646
大丰区	4		59	148	100	538	34	504
响水县	2		11	83	94	325	18	307
滨海县	1	1	6	126	157	555	23	532
阜宁县	6		43	102	174	678	32	646
射阳县	6	1	42	128	130	671	32	639
建湖县	9		11	58	97	521	23	498
盐城经济技术开发区			3	11	15	75	4	71
江苏省盐南高新区	13		11	13	82	441	33	408
东台市	4	1	17	131	119	502	27	475
扬州市	**52**	**2**	**199**	**477**	**1088**	**4885**	**352**	**4533**
广陵区	9		17	56	176	919	96	823
邗江区	8		44	40	162	828	55	773
江都区	18	1	24	74	206	708	51	657
宝应县	1		26	95	201	721	23	698
扬州经济技术开发区	4		21	36	66	300	25	275
蜀冈瘦西湖景区	4		9	9	41	236	32	204
生态新城			2	8	10	43	3	40
仪征市	2	1	25	68	108	458	26	432
高邮市	6		31	91	118	672	41	631
镇江市	**25**	**3**	**205**	**381**	**853**	**3382**	**217**	**3165**
京口区	3	1	36	50	83	448	30	418
润州区	2	1	17	25	73	388	38	350
丹徒区	2		16	27	69	331	20	311
镇江新区	6		20	132	58	249	24	225
江苏镇江高新区			6	8	15	80	2	78
丹阳市	4	1	37	60	255	1005	49	956
扬中市	3		15	19	81	289	8	281
句容市	5		58	60	219	592	46	546

4-4 续表 61

单位：人

地区 性别	交通运输、仓储和邮政业					住宿和餐饮业		
	航空运输业	管道运输业	多式联运和运输代理业	装卸搬运和仓储业	邮政业	小计	住宿业	餐饮业
泰州市	**14**	**1**	**294**	**1006**	**957**	**3849**	**232**	**3617**
海陵区	4		39	72	153	668	47	621
高港区			33	74	118	237	16	221
姜堰区	2		41	85	104	477	33	444
泰州医药高新技术产业开发区			16	22	70	274	26	248
兴化市	4	1	55	401	227	1017	55	962
靖江市	3		39	232	128	471	18	453
泰兴市	1		71	120	157	705	37	668
宿迁市	**13**	**7**	**197**	**512**	**1169**	**4171**	**218**	**3953**
宿城区			24	74	139	632	38	594
宿豫区		1	25	56	146	393	18	375
沭阳县	6	3	63	165	376	1170	64	1106
泗阳县	3	2	18	51	189	756	44	712
泗洪县	3	1	38	84	187	768	23	745
宿迁经济技术开发区			25	37	74	192	9	183
宿迁市湖滨新区			1	25	18	123	7	116
苏州宿迁工业园区			1	1	4	21	3	18
宿迁市洋河新区	1		2	19	36	116	12	104
女	**884**	**47**	**2020**	**3315**	**7771**	**83386**	**9867**	**73519**
南京市	**440**	**7**	**290**	**266**	**870**	**11149**	**1943**	**9206**
玄武区	22		30	5	56	773	218	555
秦淮区	70		41	10	61	1277	261	1016
建邺区	23	1	25	7	25	698	150	548
鼓楼区	44		36	15	131	1184	260	924
浦口区	6	1		7	26	480	64	416
栖霞区	15	3	28	24	67	969	205	764
雨花台区	19		19	23	50	877	129	748
江宁区	205	1	42	93	275	1899	308	1591
六合区	3		8	33	51	821	79	742
溧水区	21		1	10	37	515	65	450
高淳区	5		2	4	25	444	50	394
南京江北新区	7	1	58	35	66	1212	154	1058
无锡市	**101**	**3**	**219**	**268**	**677**	**7913**	**1088**	**6825**
锡山区	10		40	45	90	758	80	678
惠山区	4		23	42	52	832	99	733
滨湖区	11	1	19	7	43	775	122	653
梁溪区	25		38	21	84	1434	236	1198
新吴区	31		30	17	128	788	79	709
江苏无锡经济开发区	15		15	3	31	480	86	394
江阴市	3	2	47	117	167	1527	178	1349
宜兴市	2		7	16	82	1319	208	1111
徐州市	**46**	**24**	**84**	**494**	**889**	**7241**	**533**	**6708**
鼓楼区	8		15	24	73	545	46	499
云龙区	6		8	109	45	514	53	461
贾汪区	2		4	13	23	257	19	238
泉山区	8	22	10	13	65	679	75	604
铜山区	3	2	11	112	223	1391	83	1308
丰县	1		5	39	86	626	33	593
沛县	4		3	27	70	618	27	591
睢宁县	9		9	70	96	679	42	637
徐州经济技术开发区	1		4	11	42	334	67	267
新沂市	3		10	45	99	822	40	782
邳州市	1		5	31	67	776	48	728

4-4　续表 62　　　　　　　　　　　　　　　　　　　　　　　　　　　　单位：人

地区 性别	交通运输、仓储和邮政业					住宿和餐饮业		
	航空运输业	管道运输业	多式联运和运输代理业	装卸搬运和仓储业	邮政业	小计	住宿业	餐饮业
常州市	**42**		**83**	**155**	**411**	**6043**	**705**	**5338**
天宁区	10		12	9	53	738	100	638
钟楼区	3		15	22	65	797	72	725
新北区	19		30	26	93	982	97	885
武进区	2		18	58	82	1318	131	1187
金坛区			1	6	42	604	51	553
江苏省常州市经济开发区	4		2	11	24	401	34	367
溧阳市	4		5	23	52	1203	220	983
苏州市	**50**	**4**	**603**	**563**	**1255**	**13530**	**2099**	**11431**
虎丘区	1		33	62	85	905	163	742
吴中区	2		39	25	133	2233	397	1836
相城区	4		8	33	96	1010	193	817
姑苏区	8		64	7	93	1277	256	1021
吴江区	3		25	29	84	1188	186	1002
苏州工业园区	6	2	100	30	114	1253	175	1078
常熟市	6		53	62	187	1372	143	1229
张家港市	5	2	84	131	106	1409	221	1188
昆山市	12		124	91	257	1938	261	1677
太仓市	3		73	93	100	945	104	841
南通市	**61**		**189**	**216**	**713**	**5390**	**649**	**4741**
崇川区	17		88	19	71	781	116	665
港闸区	8		28	18	44	350	72	278
通州区	11		19	21	103	580	55	525
如东县	3		6	16	65	544	66	478
南通经济技术开发区	3		10	10	37	246	45	201
通州湾示范区	1			1	7	53	11	42
苏锡通科技产业园区			5	4	31	65	7	58
启东市	3		6	42	80	626	115	511
如皋市	6		10	35	106	748	56	692
海门市	1		7	22	108	583	45	538
海安市	8		10	28	61	814	61	753
连云港市	**31**		**172**	**230**	**445**	**3777**	**339**	**3438**
连云区	1		86	45	15	200	41	159
海州区	17		28	21	115	884	88	796
赣榆区	4		9	66	125	601	17	584
东海县	2		15	53	78	882	103	779
灌云县	2		4	20	31	475	38	437
灌南县	1		5	3	50	473	27	446
连云港经济技术开发区	2		16	10	8	78	7	71
连云港高新技术产业开发区	2		8	3	17	113	9	104
江苏连云港徐圩新区			1	8	3	33	5	28
江苏省连云港市云台山风景名胜区				1	3	38	4	34
淮安市	**22**	**2**	**26**	**100**	**514**	**4578**	**342**	**4236**
淮安区			2	17	159	795	59	736
淮阴区	4	1	8	17	76	576	34	542
清江浦区	2	1	8	10	73	761	59	702
洪泽区			1	5	27	313	41	272
涟水县	1		2	12	71	1028	65	963
盱眙县	2			21	32	439	29	410
金湖县	3			4	18	304	25	279
淮安经济技术开发区	6		4	10	40	238	22	216
工业园区					2	20		20

4-4 续表 63 单位：人

地区 性别	交通运输、仓储和邮政业					住宿和餐饮业		
	航空运输业	管道运输业	多式联运和运输代理业	装卸搬运和仓储业	邮政业	小计	住宿业	餐饮业
生态文旅区	4		1	3	14	86	8	78
苏淮高新区				1	2	18		18
盐城市	**26**	**4**	**64**	**287**	**469**	**6257**	**521**	**5736**
亭湖区	2		8	31	77	889	97	792
盐都区	1	1	6	36	73	776	48	728
大丰区	1	1	17	53	35	670	65	605
响水县	1		1	20	34	371	30	341
滨海县	2		1	35	50	531	43	488
阜宁县	5	1	10	28	44	620	46	574
射阳县	3	1	8	28	40	712	52	660
建湖县	2		4	12	37	608	32	576
盐城经济技术开发区			2	5	2	79	8	71
江苏省盐南高新区	7		2	7	31	381	40	341
东台市	2		5	32	46	620	60	560
扬州市	**34**	**2**	**75**	**184**	**415**	**5164**	**524**	**4640**
广陵区		1	17	23	66	863	101	762
邗江区	2	1	18	26	70	800	99	701
江都区	15		13	27	108	922	100	822
宝应县	2		7	28	61	860	46	814
扬州经济技术开发区	1		5	8	23	278	30	248
蜀冈瘦西湖景区	1		5	6	16	190	34	156
生态新城			2	1	2	37	6	31
仪征市	2		6	28	34	544	48	496
高邮市	11		2	37	35	670	60	610
镇江市	**13**		**81**	**99**	**325**	**3639**	**378**	**3261**
京口区			15	18	22	421	51	370
润州区			13	9	31	372	52	320
丹徒区	2		5	5	24	391	49	342
镇江新区	2		9	25	31	296	43	253
江苏镇江高新区			1	2	4	97	5	92
丹阳市	4		15	16	80	992	71	921
扬中市	4		2	10	25	352	26	326
句容市	1		21	14	108	718	81	637
泰州市	**8**	**1**	**94**	**309**	**393**	**4782**	**425**	**4357**
海陵区	1		18	20	63	796	95	701
高港区	1		9	16	65	350	30	320
姜堰区	2	1	9	30	36	635	63	572
泰州医药高新技术产业开发区			7	3	24	331	47	284
兴化市	1		25	122	73	1126	79	1047
靖江市	2		13	59	64	601	36	565
泰兴市	1		13	59	68	943	75	868
宿迁市	**10**		**40**	**144**	**395**	**3923**	**321**	**3602**
宿城区			2	18	42	613	55	558
宿豫区			6	11	40	367	20	347
沭阳县	4		14	52	136	1101	71	1030
泗阳县	5		7	9	51	613	63	550
泗洪县	1		8	24	84	725	51	674
宿迁经济技术开发区			2	17	17	177	15	162
宿迁市湖滨新区				12	12	194	25	169
苏州宿迁工业园区					3	22	4	18
宿迁市洋河新区			1	1	10	111	17	94

4-4　续表 64　　单位：人

地　区 性　别	信息传输、软件和信息技术服务业				金融业				
	小计	电信、广播电视和卫星传输服务	互联网和相关服务	软件和信息技术服务业	小计	货币金融服务	资本市场服务	保险业	其他金融业
江　苏	**80856**	**16868**	**21804**	**42184**	**60995**	**28778**	**4964**	**21824**	**5429**
南京市	**25264**	**3198**	**5152**	**16914**	**11820**	**5815**	**1524**	**3272**	**1209**
玄武区	1656	233	297	1126	959	483	147	212	117
秦淮区	2251	284	459	1508	1603	872	216	382	133
建邺区	2119	328	501	1290	1758	988	283	350	137
鼓楼区	2755	504	588	1663	1768	985	229	377	177
浦口区	677	119	76	482	402	188	35	143	36
栖霞区	2070	214	608	1248	957	430	107	276	144
雨花台区	3790	280	558	2952	801	326	121	246	108
江宁区	5520	552	1090	3878	1515	674	179	535	127
六合区	606	152	128	326	351	144	34	142	31
溧水区	303	98	53	152	303	176	14	97	16
高淳区	349	89	87	173	287	172	16	79	20
南京江北新区	3168	345	707	2116	1116	377	143	433	163
无锡市	**7769**	**1398**	**1434**	**4937**	**6069**	**3138**	**586**	**1929**	**416**
锡山区	711	115	177	419	492	245	37	171	39
惠山区	715	101	163	451	480	202	39	194	45
滨湖区	958	171	122	665	625	330	65	194	36
梁溪区	1665	322	240	1103	1420	771	143	421	85
新吴区	1197	99	211	887	402	161	43	145	53
江苏无锡经济开发区	998	98	108	792	564	333	63	129	39
江阴市	895	244	217	434	1164	576	118	403	67
宜兴市	630	248	196	186	922	520	78	272	52
徐州市	**4255**	**1322**	**1338**	**1595**	**4121**	**1630**	**171**	**1974**	**346**
鼓楼区	413	116	116	181	401	125	23	194	59
云龙区	467	132	89	246	532	251	19	206	56
贾汪区	152	74	47	31	143	45	3	81	14
泉山区	678	196	165	317	859	408	49	338	64
铜山区	547	141	209	197	406	129	16	236	25
丰县	187	99	39	49	224	104	3	108	9
沛县	355	141	104	110	316	114	6	179	17
睢宁县	372	137	155	80	344	105	15	182	42
徐州经济技术开发区	356	46	85	225	189	71	11	84	23
新沂市	364	105	163	96	308	122	9	158	19
邳州市	364	135	166	63	399	156	17	208	18
常州市	**4019**	**974**	**1170**	**1875**	**4213**	**2019**	**364**	**1510**	**320**
天宁区	702	193	149	360	957	444	110	339	64
钟楼区	616	140	130	346	738	383	71	241	43
新北区	894	176	260	458	667	245	61	271	90
武进区	893	159	317	417	851	427	49	311	64
金坛区	266	126	45	95	389	215	22	140	12
江苏省常州市经济开发区	163	31	65	67	150	69	12	55	14
溧阳市	485	149	204	132	461	236	39	153	33
苏州市	**16662**	**2254**	**5202**	**9206**	**11139**	**5396**	**1053**	**3606**	**1084**
虎丘区	1747	201	246	1300	737	326	84	266	61
吴中区	2500	224	1065	1211	1103	400	113	409	181
相城区	921	176	218	527	680	278	46	289	67
姑苏区	1764	292	547	925	1485	614	167	470	234
吴江区	880	208	256	416	992	576	56	318	42
苏州工业园区	3471	272	917	2282	1657	832	239	381	205
常熟市	779	218	213	348	1091	711	63	290	27

4-4 续表 65　　单位：人

地区 性别	信息传输、软件和信息技术服务业				金融业				
	小计	电信、广播电视和卫星传输服务	互联网和相关服务	软件和信息技术服务业	小计	货币金融服务	资本市场服务	保险业	其他金融业
张家港市	1035	235	277	523	1087	621	64	378	24
昆山市	2953	305	1225	1423	1641	715	122	618	186
太仓市	612	123	238	251	666	323	99	187	57
南通市	**4931**	**1400**	**1345**	**2186**	**4984**	**2389**	**314**	**1924**	**357**
崇川区	965	244	242	479	1310	667	94	426	123
港闸区	404	89	89	226	326	135	35	132	24
通州区	579	163	209	207	637	291	33	281	32
如东县	329	144	63	122	435	221	23	173	18
南通经济技术开发区	596	53	277	266	185	68	22	79	16
通州湾示范区	19	6	6	7	11	7	1	3	
苏锡通科技产业园区	60	14	15	31	28	8	3	13	4
启东市	401	160	70	171	497	275	29	173	20
如皋市	705	214	157	334	641	252	31	292	66
海门市	365	129	93	143	369	176	23	137	33
海安市	508	184	124	200	545	289	20	215	21
连云港市	**2175**	**697**	**886**	**592**	**2108**	**969**	**73**	**848**	**218**
连云区	70	25	14	31	100	50	10	32	8
海州区	594	262	112	220	821	410	36	297	78
赣榆区	373	114	168	91	359	147	6	167	39
东海县	616	82	420	114	217	67	2	121	27
灌云县	180	66	68	46	176	87	4	74	11
灌南县	145	75	44	26	148	59	2	62	25
连云港经济技术开发区	39	21	8	10	54	18	3	28	5
连云港高新技术产业开发区	136	42	46	48	209	127	9	59	14
江苏连云港徐圩新区	8	3	4	1	16	2	1	3	10
江苏省连云港市云台山风景名胜区	14	7	2	5	8	2		5	1
淮安市	**2217**	**1086**	**545**	**586**	**2044**	**895**	**107**	**806**	**236**
淮安区	229	113	61	55	217	98	12	95	12
淮阴区	305	148	81	76	228	95	12	94	27
清江浦区	626	329	125	172	660	322	46	222	70
洪泽区	130	67	37	26	85	33	1	39	12
涟水县	292	139	94	59	181	73	6	85	17
盱眙县	184	86	45	53	227	68	5	112	42
金湖县	145	52	45	48	170	98	3	60	9
淮安经济技术开发区	213	104	37	72	169	64	14	64	27
工业园区	4	2		2	3			2	1
生态文旅区	84	42	19	23	101	44	8	30	19
苏淮高新区	5	4	1		3			3	
盐城市	**2728**	**993**	**796**	**939**	**3511**	**1471**	**190**	**1560**	**290**
亭湖区	374	147	88	139	555	167	47	293	48
盐都区	345	95	129	121	351	83	17	206	45
大丰区	262	105	61	96	404	194	11	181	18
响水县	98	62	13	23	101	59	2	36	4
滨海县	160	95	35	30	182	102	9	59	12
阜宁县	222	66	63	93	245	63	11	143	28
射阳县	354	86	162	106	305	105	17	161	22
建湖县	203	92	41	70	287	142	4	127	14
盐城经济技术开发区	31	14	6	11	45	18		24	3
江苏省盐南高新区	367	131	96	140	717	350	62	231	74
东台市	312	100	102	110	319	188	10	99	22
扬州市	**3236**	**1086**	**938**	**1212**	**3450**	**1577**	**213**	**1311**	**349**
广陵区	777	176	299	302	570	277	36	194	63

4-4 续表 66 单位：人

地区 性别	信息传输、软件和信息技术服务业				金融业				
	小计	电信、广播电视和卫星传输服务	互联网和相关服务	软件和信息技术服务业	小计	货币金融服务	资本市场服务	保险业	其他金融业
邗江区	554	220	106	228	847	412	47	302	86
江都区	567	196	191	180	542	241	35	230	36
宝应县	339	121	99	119	351	149	19	160	23
扬州经济技术开发区	186	66	41	79	224	87	16	92	29
蜀冈瘦西湖景区	145	50	43	52	197	88	16	67	26
生态新城	34	4	13	17	30	9	2	12	7
仪征市	277	110	74	93	287	119	9	118	41
高邮市	357	143	72	142	402	195	33	136	38
镇江市	**2040**	**758**	**478**	**804**	**2420**	**1160**	**166**	**895**	**199**
京口区	338	116	61	161	524	306	35	159	24
润州区	278	99	52	127	349	178	19	114	38
丹徒区	164	74	39	51	180	77	10	80	13
镇江新区	178	55	48	75	159	42	10	82	25
江苏镇江高新区	57	21	11	25	43	7	5	15	16
丹阳市	484	176	151	157	541	253	43	213	32
扬中市	142	75	32	35	271	136	19	99	17
句容市	399	142	84	173	353	161	25	133	34
泰州市	**2161**	**934**	**550**	**677**	**3081**	**1536**	**143**	**1180**	**222**
海陵区	497	222	120	155	792	399	47	283	63
高港区	114	43	30	41	161	69	6	75	11
姜堰区	273	132	57	84	412	214	12	151	35
泰州医药高新技术产业开发区	259	98	70	91	305	162	16	110	17
兴化市	326	150	115	61	404	214	9	147	34
靖江市	292	122	62	108	448	255	27	148	18
泰兴市	400	167	96	137	559	223	26	266	44
宿迁市	**3399**	**768**	**1970**	**661**	**2035**	**783**	**60**	**1009**	**183**
宿城区	592	206	226	160	604	352	11	220	21
宿豫区	1168	75	987	106	177	32	5	112	28
沭阳县	813	172	457	184	468	136	15	276	41
泗阳县	241	84	83	74	220	83	11	89	37
泗洪县	260	126	79	55	264	117	6	124	17
宿迁经济技术开发区	164	44	77	43	128	30	10	76	12
宿迁市湖滨新区	66	27	18	21	95	10		77	8
苏州宿迁工业园区	34	17	8	9	56	16		24	16
宿迁市洋河新区	61	17	35	9	23	7	2	11	3
男	**50125**	**9195**	**13325**	**27605**	**28973**	**14163**	**2852**	**8953**	**3005**
南京市	**16412**	**1823**	**3304**	**11285**	**5647**	**2818**	**877**	**1319**	**633**
玄武区	1025	123	169	733	466	231	84	85	66
秦淮区	1402	153	285	964	783	432	122	164	65
建邺区	1362	200	310	852	853	473	157	155	68
鼓楼区	1750	283	368	1099	817	444	133	144	96
浦口区	435	62	44	329	184	89	17	56	22
栖霞区	1351	127	404	820	446	202	62	108	74
雨花台区	2501	169	349	1983	383	161	67	101	54
江宁区	3619	325	738	2556	720	322	109	222	67
六合区	415	85	90	240	172	77	21	55	19
溧水区	193	59	29	105	139	89	6	34	10
高淳区	227	40	63	124	148	99	12	24	13
南京江北新区	2132	197	455	1480	536	199	87	171	79
无锡市	**4767**	**727**	**867**	**3173**	**2741**	**1414**	**338**	**761**	**228**
锡山区	469	55	127	287	220	106	20	73	21

4-4 续表 67

单位：人

地区 性别	信息传输、软件和信息技术服务业				金融业				
	小计	电信、广播电视和卫星传输服务	互联网和相关服务	软件和信息技术服务业	小计	货币金融服务	资本市场服务	保险业	其他金融业
惠山区	457	46	105	306	214	89	20	79	26
滨湖区	565	103	64	398	291	147	36	87	21
梁溪区	1022	172	147	703	693	348	88	205	52
新吴区	740	44	115	581	181	81	23	49	28
江苏无锡经济开发区	582	44	72	466	245	142	34	54	15
江阴市	554	127	135	292	501	277	67	120	37
宜兴市	378	136	102	140	396	224	50	94	28
徐州市	**2527**	**702**	**778**	**1047**	**2056**	**917**	**106**	**826**	**207**
鼓楼区	257	66	74	117	193	64	12	80	37
云龙区	273	66	49	158	240	121	5	83	31
贾汪区	97	40	34	23	77	29	2	37	9
泉山区	423	108	102	213	429	229	35	134	31
铜山区	303	66	93	144	181	70	7	84	20
丰县	104	51	23	30	117	63	2	48	4
沛县	212	83	52	77	139	73	4	53	9
睢宁县	213	73	95	45	174	55	11	79	29
徐州经济技术开发区	197	20	57	120	100	43	9	39	9
新沂市	223	51	101	71	167	69	7	77	14
邳州市	225	78	98	49	239	101	12	112	14
常州市	**2411**	**519**	**644**	**1248**	**1909**	**947**	**217**	**583**	**162**
天宁区	429	100	88	241	449	215	72	132	30
钟楼区	386	79	79	228	352	188	43	98	23
新北区	510	77	137	296	287	105	33	103	46
武进区	538	88	171	279	375	195	33	113	34
金坛区	165	65	30	70	181	109	12	53	7
江苏省常州市经济开发区	95	19	33	43	60	23	5	25	7
溧阳市	288	91	106	91	205	112	19	59	15
苏州市	**10688**	**1289**	**3497**	**5902**	**5232**	**2585**	**615**	**1407**	**625**
虎丘区	1105	118	147	840	346	144	53	110	39
吴中区	1548	119	660	769	544	193	66	169	116
相城区	587	112	122	353	317	130	30	117	40
姑苏区	1080	154	353	573	711	294	102	193	122
吴江区	605	124	188	293	468	291	36	113	28
苏州工业园区	2220	165	635	1420	762	383	144	123	112
常熟市	471	130	122	219	518	340	29	132	17
张家港市	742	127	231	384	484	289	38	142	15
昆山市	1950	168	906	876	795	362	78	248	107
太仓市	380	72	133	175	287	159	39	60	29
南通市	**2829**	**732**	**723**	**1374**	**2191**	**1098**	**152**	**760**	**181**
崇川区	573	140	127	306	596	310	51	174	61
港闸区	237	41	56	140	145	63	11	59	12
通州区	319	67	110	142	258	118	18	105	17
如东县	180	67	35	78	183	110	9	58	6
南通经济技术开发区	271	32	104	135	89	32	10	39	8
通州湾示范区	12	4	4	4	3	2		1	
苏锡通科技产业园区	35	6	6	23	13	7	2	3	1
启东市	259	93	48	118	219	134	12	65	8
如皋市	430	120	100	210	303	114	15	135	39
海门市	208	56	61	91	157	81	13	45	18
海安市	305	106	72	127	225	127	11	76	11
连云港市	**1255**	**364**	**493**	**398**	**1037**	**517**	**41**	**358**	**121**
连云区	32	10	8	14	38	20	8	9	1

4-4 续表 68

单位：人

地区 性别	信息传输、软件和信息技术服务业				金融业				
	小计	电信、广播电视和卫星传输服务	互联网和相关服务	软件和信息技术服务业	小计	货币金融服务	资本市场服务	保险业	其他金融业
海州区	346	127	70	149	399	206	17	134	42
赣榆区	229	68	95	66	183	85	2	71	25
东海县	324	41	210	73	112	43	2	53	14
灌云县	102	33	39	30	90	51	4	29	6
灌南县	100	50	31	19	74	35	1	24	14
连云港经济技术开发区	24	14	4	6	27	9	2	13	3
连云港高新技术产业开发区	85	17	32	36	98	66	4	22	6
江苏连云港徐圩新区	4	1	2	1	11		1	1	9
江苏省连云港市云台山风景名胜区	9	3	2	4	5	2		2	1
淮安市	**1286**	**573**	**336**	**377**	**1050**	**476**	**58**	**368**	**148**
淮安区	136	64	33	39	129	63	10	48	8
淮阴区	177	78	53	46	126	62	6	42	16
清江浦区	339	160	73	106	321	150	25	104	42
洪泽区	74	43	19	12	44	23	1	13	7
涟水县	189	77	66	46	90	38	3	40	9
盱眙县	112	49	25	38	117	36	1	49	31
金湖县	97	32	28	37	83	45	3	27	8
淮安经济技术开发区	107	44	25	38	78	33	6	25	14
工业园区	2			2	3			2	1
生态文旅区	48	22	13	13	58	26	3	17	12
苏淮高新区	5	4	1		1			1	
盐城市	**1717**	**568**	**495**	**654**	**1810**	**807**	**116**	**720**	**167**
亭湖区	242	85	60	97	279	87	34	133	25
盐都区	232	62	77	93	176	50	9	90	27
大丰区	137	55	27	55	195	96	6	85	8
响水县	60	34	8	18	67	40	2	22	3
滨海县	100	55	23	22	99	59	6	27	7
阜宁县	149	42	38	69	126	42	3	67	14
射阳县	228	49	104	75	164	56	12	82	14
建湖县	126	50	28	48	148	73	2	62	11
盐城经济技术开发区	19	8	3	8	20	5		15	
江苏省盐南高新区	224	70	63	91	374	196	35	96	47
东台市	200	58	64	78	162	103	7	41	11
扬州市	**1778**	**553**	**481**	**744**	**1647**	**791**	**112**	**563**	**181**
广陵区	388	82	140	166	259	123	19	95	22
邗江区	326	115	60	151	432	224	22	143	43
江都区	281	89	85	107	230	111	19	80	20
宝应县	206	71	54	81	180	87	12	69	12
扬州经济技术开发区	113	34	29	50	104	33	9	44	18
蜀冈瘦西湖景区	71	20	20	31	93	40	7	27	19
生态新城	16	1	7	8	13	6	1	3	3
仪征市	166	55	47	64	141	68	6	45	22
高邮市	211	86	39	86	195	99	17	57	22
镇江市	**1206**	**415**	**273**	**518**	**1133**	**586**	**96**	**346**	**105**
京口区	184	61	32	91	260	163	21	63	13
润州区	171	55	38	78	167	83	12	52	20
丹徒区	93	38	23	32	79	38	2	31	8
镇江新区	105	29	26	50	64	23	6	28	7
江苏镇江高新区	32	12	6	14	19	5	3	5	6
丹阳市	304	105	86	113	255	134	24	80	17
扬中市	80	39	17	24	125	67	13	34	11
句容市	237	76	45	116	164	73	15	53	23

4-4 续表 69

单位：人

地区 性别	信息传输、软件和信息技术服务业				金融业				
	小计	电信、广播电视和卫星传输服务	互联网和相关服务	软件和信息技术服务业	小计	货币金融服务	资本市场服务	保险业	其他金融业
泰州市	**1328**	**535**	**330**	**463**	**1447**	**761**	**92**	**465**	**129**
海陵区	307	132	72	103	389	196	29	131	33
高港区	65	23	16	26	65	26	6	28	5
姜堰区	170	77	35	58	182	103	8	53	18
泰州医药高新技术产业开发区	160	48	46	66	152	84	8	47	13
兴化市	195	86	64	45	223	122	6	67	28
靖江市	182	66	39	77	186	119	17	42	8
泰兴市	249	103	58	88	250	111	18	97	24
宿迁市	**1921**	**395**	**1104**	**422**	**1073**	**446**	**32**	**477**	**118**
宿城区	325	100	119	106	328	199	7	106	16
宿豫区	602	40	499	63	95	20	4	55	16
沭阳县	491	87	286	118	239	72	7	134	26
泗阳县	154	49	59	46	125	45	7	50	23
泗洪县	155	67	49	39	137	70	1	55	11
宿迁经济技术开发区	98	22	50	26	65	20	4	34	7
宿迁市湖滨新区	36	14	11	11	37	6		25	6
苏州宿迁工业园区	20	9	5	6	31	10		11	10
宿迁市洋河新区	40	7	26	7	16	4	2	7	3
女	**30731**	**7673**	**8479**	**14579**	**32022**	**14615**	**2112**	**12871**	**2424**
南京市	**8852**	**1375**	**1848**	**5629**	**6173**	**2997**	**647**	**1953**	**576**
玄武区	631	110	128	393	493	252	63	127	51
秦淮区	849	131	174	544	820	440	94	218	68
建邺区	757	128	191	438	905	515	126	195	69
鼓楼区	1005	221	220	564	951	541	96	233	81
浦口区	242	57	32	153	218	99	18	87	14
栖霞区	719	87	204	428	511	228	45	168	70
雨花台区	1289	111	209	969	418	165	54	145	54
江宁区	1901	227	352	1322	795	352	70	313	60
六合区	191	67	38	86	179	67	13	87	12
溧水区	110	39	24	47	164	87	8	63	6
高淳区	122	49	24	49	139	73	4	55	7
南京江北新区	1036	148	252	636	580	178	56	262	84
无锡市	**3002**	**671**	**567**	**1764**	**3328**	**1724**	**248**	**1168**	**188**
锡山区	242	60	50	132	272	139	17	98	18
惠山区	258	55	58	145	266	113	19	115	19
滨湖区	393	68	58	267	334	183	29	107	15
梁溪区	643	150	93	400	727	423	55	216	33
新吴区	457	55	96	306	221	80	20	96	25
江苏无锡经济开发区	416	54	36	326	319	191	29	75	24
江阴市	341	117	82	142	663	299	51	283	30
宜兴市	252	112	94	46	526	296	28	178	24
徐州市	**1728**	**620**	**560**	**548**	**2065**	**713**	**65**	**1148**	**139**
鼓楼区	156	50	42	64	208	61	11	114	22
云龙区	194	66	40	88	292	130	14	123	25
贾汪区	55	34	13	8	66	16	1	44	5
泉山区	255	88	63	104	430	179	14	204	33
铜山区	244	75	116	53	225	59	9	152	5
丰县	83	48	16	19	107	41	1	60	5
沛县	143	58	52	33	177	41	2	126	8
睢宁县	159	64	60	35	170	50	4	103	13
徐州经济技术开发区	159	26	28	105	89	28	2	45	14
新沂市	141	54	62	25	141	53	2	81	5
邳州市	139	57	68	14	160	55	5	96	4

4-4　续表 70　　　　单位：人

地区 性别	信息传输、软件和信息技术服务业				金融业				
	小计	电信、广播电视和卫星传输服务	互联网和相关服务	软件和信息技术服务业	小计	货币金融服务	资本市场服务	保险业	其他金融业
常州市	**1608**	**455**	**526**	**627**	**2304**	**1072**	**147**	**927**	**158**
天宁区	273	93	61	119	508	229	38	207	34
钟楼区	230	61	51	118	386	195	28	143	20
新北区	384	99	123	162	380	140	28	168	44
武进区	355	71	146	138	476	232	16	198	30
金坛区	101	61	15	25	208	106	10	87	5
江苏省常州市经济开发区	68	12	32	24	90	46	7	30	7
溧阳市	197	58	98	41	256	124	20	94	18
苏州市	**5974**	**965**	**1705**	**3304**	**5907**	**2811**	**438**	**2199**	**459**
虎丘区	642	83	99	460	391	182	31	156	22
吴中区	952	105	405	442	559	207	47	240	65
相城区	334	64	96	174	363	148	16	172	27
姑苏区	684	138	194	352	774	320	65	277	112
吴江区	275	84	68	123	524	285	20	205	14
苏州工业园区	1251	107	282	862	895	449	95	258	93
常熟市	308	88	91	129	573	371	34	158	10
张家港市	293	108	46	139	603	332	26	236	9
昆山市	1003	137	319	547	846	353	44	370	79
太仓市	232	51	105	76	379	164	60	127	28
南通市	**2102**	**668**	**622**	**812**	**2793**	**1291**	**162**	**1164**	**176**
崇川区	392	104	115	173	714	357	43	252	62
港闸区	167	48	33	86	181	72	24	73	12
通州区	260	96	99	65	379	173	15	176	15
如东县	149	77	28	44	252	111	14	115	12
南通经济技术开发区	325	21	173	131	96	36	12	40	8
通州湾示范区	7	2	2	3	8	5	1	2	
苏锡通科技产业园区	25	8	9	8	15	1	1	10	3
启东市	142	67	22	53	278	141	17	108	12
如皋市	275	94	57	124	338	138	16	157	27
海门市	157	73	32	52	212	95	10	92	15
海安市	203	78	52	73	320	162	9	139	10
连云港市	**920**	**333**	**393**	**194**	**1071**	**452**	**32**	**490**	**97**
连云区	38	15	6	17	62	30	2	23	7
海州区	248	135	42	71	422	204	19	163	36
赣榆区	144	46	73	25	176	62	4	96	14
东海县	292	41	210	41	105	24		68	13
灌云县	78	33	29	16	86	36		45	5
灌南县	45	25	13	7	74	24	1	38	11
连云港经济技术开发区	15	7	4	4	27	9	1	15	2
连云港高新技术产业开发区	51	25	14	12	111	61	5	37	8
江苏连云港徐圩新区	4	2	2		5	2		2	1
江苏省连云港市云台山风景名胜区	5	4		1	3			3	
淮安市	**931**	**513**	**209**	**209**	**994**	**419**	**49**	**438**	**88**
淮安区	93	49	28	16	88	35	2	47	4
淮阴区	128	70	28	30	102	33	6	52	11
清江浦区	287	169	52	66	339	172	21	118	28
洪泽区	56	24	18	14	41	10		26	5
涟水县	103	62	28	13	91	35	3	45	8
盱眙县	72	37	20	15	110	32	4	63	11
金湖县	48	20	17	11	87	53		33	1
淮安经济技术开发区	106	60	12	34	91	31	8	39	13
工业园区	2	2							

4-4 续表 71

单位：人

地　区 性　别	信息传输、软件和信息技术服务业				金融业				
	小计	电信、广播电视和卫星传输服务	互联网和相关服务	软件和信息技术服务业	小计	货币金融服务	资本市场服务	保险业	其他金融业
生态文旅区	36	20	6	10	43	18	5	13	7
苏淮高新区					2			2	
盐城市	**1011**	**425**	**301**	**285**	**1701**	**664**	**74**	**840**	**123**
亭湖区	132	62	28	42	276	80	13	160	23
盐都区	113	33	52	28	175	33	8	116	18
大丰区	125	50	34	41	209	98	5	96	10
响水县	38	28	5	5	34	19		14	1
滨海县	60	40	12	8	83	43	3	32	5
阜宁县	73	24	25	24	119	21	8	76	14
射阳县	126	37	58	31	141	49	5	79	8
建湖县	77	42	13	22	139	69	2	65	3
盐城经济技术开发区	12	6	3	3	25	13		9	3
江苏省盐南高新区	143	61	33	49	343	154	27	135	27
东台市	112	42	38	32	157	85	3	58	11
扬州市	**1458**	**533**	**457**	**468**	**1803**	**786**	**101**	**748**	**168**
广陵区	389	94	159	136	311	154	17	99	41
邗江区	228	105	46	77	415	188	25	159	43
江都区	286	107	106	73	312	130	16	150	16
宝应县	133	50	45	38	171	62	7	91	11
扬州经济技术开发区	73	32	12	29	120	54	7	48	11
蜀冈瘦西湖景区	74	30	23	21	104	48	9	40	7
生态新城	18	3	6	9	17	3	1	9	4
仪征市	111	55	27	29	146	51	3	73	19
高邮市	146	57	33	56	207	96	16	79	16
镇江市	**834**	**343**	**205**	**286**	**1287**	**574**	**70**	**549**	**94**
京口区	154	55	29	70	264	143	14	96	11
润州区	107	44	14	49	182	95	7	62	18
丹徒区	71	36	16	19	101	39	8	49	5
镇江新区	73	26	22	25	95	19	4	54	18
江苏镇江高新区	25	9	5	11	24	2	2	10	10
丹阳市	180	71	65	44	286	119	19	133	15
扬中市	62	36	15	11	146	69	6	65	6
句容市	162	66	39	57	189	88	10	80	11
泰州市	**833**	**399**	**220**	**214**	**1634**	**775**	**51**	**715**	**93**
海陵区	190	90	48	52	403	203	18	152	30
高港区	49	20	14	15	96	43		47	6
姜堰区	103	55	22	26	230	111	4	98	17
泰州医药高新技术产业开发区	99	50	24	25	153	78	8	63	4
兴化市	131	64	51	16	181	92	3	80	6
靖江市	110	56	23	31	262	136	10	106	10
泰兴市	151	64	38	49	309	112	8	169	20
宿迁市	**1478**	**373**	**866**	**239**	**962**	**337**	**28**	**532**	**65**
宿城区	267	106	107	54	276	153	4	114	5
宿豫区	566	35	488	43	82	12	1	57	12
沭阳县	322	85	171	66	229	64	8	142	15
泗阳县	87	35	24	28	95	38	4	39	14
泗洪县	105	59	30	16	127	47	5	69	6
宿迁经济技术开发区	66	22	27	17	63	10	6	42	5
宿迁市湖滨新区	30	13	7	10	58	4		52	2
苏州宿迁工业园区	14	8	3	3	25	6		13	6
宿迁市洋河新区	21	10	9	2	7	3		4	

4-4 续表 72

单位：人

地区 性别	房地产业		租赁和商务服务业			科学研究和技术服务业			
	小计	房地产业	小计	租赁业	商务服务业	小计	研究和试验发展	专业技术服务业	科技推广和应用服务业
江苏	**90585**	**90585**	**126090**	**9026**	**117064**	**64839**	**14348**	**36473**	**14018**
南京市	**16508**	**16508**	**24256**	**1387**	**22869**	**16798**	**4749**	**8991**	**3058**
玄武区	860	860	1583	40	1543	1439	559	662	218
秦淮区	1443	1443	2481	78	2403	1439	409	813	217
建邺区	1372	1372	1939	54	1885	1399	342	851	206
鼓楼区	1585	1585	3112	78	3034	1847	546	1014	287
浦口区	864	864	847	53	794	678	167	332	179
栖霞区	1807	1807	2533	181	2352	1591	530	831	230
雨花台区	1396	1396	1773	108	1665	1157	236	702	219
江宁区	3303	3303	4519	361	4158	3590	1108	1622	860
六合区	857	857	1044	117	927	629	121	405	103
溧水区	684	684	680	60	620	345	71	220	54
高淳区	386	386	474	35	439	302	82	164	56
南京江北新区	1951	1951	3271	222	3049	2382	578	1375	429
无锡市	**8961**	**8961**	**11036**	**667**	**10369**	**6555**	**2036**	**3386**	**1133**
锡山区	1035	1035	1030	79	951	624	146	374	104
惠山区	993	993	886	70	816	688	252	326	110
滨湖区	984	984	1227	71	1156	962	353	452	157
梁溪区	1774	1774	2544	87	2457	1173	362	634	177
新吴区	1042	1042	1601	74	1527	809	287	352	170
江苏无锡经济开发区	787	787	710	33	677	627	214	280	133
江阴市	1391	1391	1959	137	1822	1001	279	533	189
宜兴市	955	955	1079	116	963	671	143	435	93
徐州市	**6106**	**6106**	**9271**	**1456**	**7815**	**3673**	**428**	**2232**	**1013**
鼓楼区	555	555	1276	164	1112	337	51	208	78
云龙区	607	607	1068	137	931	452	58	300	94
贾汪区	345	345	398	101	297	114	16	73	25
泉山区	913	913	1279	140	1139	748	96	515	137
铜山区	894	894	1382	409	973	590	61	300	229
丰县	444	444	464	68	396	155	7	60	88
沛县	378	378	497	73	424	225	9	162	54
睢宁县	476	476	928	93	835	332	24	158	150
徐州经济技术开发区	470	470	442	105	337	231	59	134	38
新沂市	441	441	793	76	717	235	23	160	52
邳州市	583	583	744	90	654	254	24	162	68
常州市	**5786**	**5786**	**7469**	**492**	**6977**	**4325**	**831**	**2449**	**1045**
天宁区	1051	1051	1071	31	1040	659	107	428	124
钟楼区	930	930	1231	83	1148	660	114	425	121
新北区	1142	1142	1346	98	1248	784	172	486	126
武进区	1285	1285	1878	145	1733	1071	246	562	263
金坛区	486	486	552	41	511	293	64	146	83
江苏省常州市经济开发区	306	306	370	31	339	207	47	116	44
溧阳市	586	586	1021	63	958	651	81	286	284
苏州市	**19814**	**19814**	**25527**	**1298**	**24229**	**13504**	**3584**	**6967**	**2953**
虎丘区	1803	1803	1952	115	1837	1255	326	580	349
吴中区	2442	2442	3090	140	2950	1864	590	860	414
相城区	1559	1559	1613	108	1505	956	262	540	154
姑苏区	1948	1948	2880	166	2714	1294	276	771	247
吴江区	1334	1334	1650	102	1548	939	201	550	188
苏州工业园区	2892	2892	4202	154	4048	2669	929	1124	616
常熟市	1559	1559	2475	101	2374	845	160	505	180

4-4 续表 73

单位：人

地区 性别	房地产业		租赁和商务服务业			科学研究和技术服务业			
	小计	房地产业	小计	租赁业	商务服务业	小计	研究和试验发展	专业技术服务业	科技推广和应用服务业
张家港市	1472	1472	1393	87	1306	940	259	510	171
昆山市	3559	3559	4134	217	3917	1900	367	1075	458
太仓市	1246	1246	2138	108	2030	842	214	452	176
南通市	**6568**	**6568**	**9357**	**667**	**8690**	**4221**	**615**	**2664**	**942**
崇川区	1195	1195	1952	76	1876	817	105	572	140
港闸区	698	698	843	55	788	369	60	274	35
通州区	708	708	1236	100	1136	583	81	352	150
如东县	329	329	484	72	412	299	40	210	49
南通经济技术开发区	517	517	645	48	597	271	56	157	58
通州湾示范区	57	57	60	7	53	38	21	13	4
苏锡通科技产业园区	109	109	106	8	98	29	4	21	4
启东市	874	874	658	53	605	326	69	206	51
如皋市	716	716	1396	112	1284	635	66	403	166
海门市	707	707	945	49	896	386	51	176	159
海安市	658	658	1032	87	945	468	62	280	126
连云港市	**3211**	**3211**	**5490**	**730**	**4760**	**2218**	**368**	**1406**	**444**
连云区	208	208	232	22	210	157	32	116	9
海州区	834	834	1075	105	970	693	169	436	88
赣榆区	443	443	809	100	709	303	35	188	80
东海县	556	556	1765	301	1464	396	34	266	96
灌云县	273	273	736	70	666	165	9	79	77
灌南县	473	473	339	29	310	168	21	108	39
连云港经济技术开发区	92	92	159	27	132	89	8	63	18
连云港高新技术产业开发区	295	295	243	25	218	225	56	138	31
江苏连云港徐圩新区	11	11	45	16	29	17	3	10	4
江苏省连云港市云台山风景名胜区	26	26	87	35	52	5	1	2	2
淮安市	**3452**	**3452**	**4395**	**301**	**4094**	**1435**	**129**	**967**	**339**
淮安区	386	386	446	21	425	146	14	97	35
淮阴区	503	503	668	62	606	196	17	145	34
清江浦区	844	844	1053	72	981	367	24	288	55
洪泽区	118	118	438	27	411	90	10	45	35
涟水县	593	593	541	34	507	133	16	83	34
盱眙县	300	300	489	39	450	169	16	89	64
金湖县	153	153	206	22	184	93	9	62	22
淮安经济技术开发区	332	332	366	19	347	133	12	86	35
工业园区	20	20	20		20	6	1	2	3
生态文旅区	194	194	141	3	138	94	9	67	18
苏淮高新区	9	9	27	2	25	8	1	3	4
盐城市	**5213**	**5213**	**8151**	**537**	**7614**	**3095**	**370**	**1709**	**1016**
亭湖区	1046	1046	1629	71	1558	430	54	283	93
盐都区	748	748	1093	72	1021	352	56	217	79
大丰区	529	529	785	48	737	446	70	215	161
响水县	188	188	415	33	382	83	14	55	14
滨海县	150	150	369	49	320	109	12	76	21
阜宁县	500	500	886	79	807	446	40	167	239
射阳县	470	470	804	61	743	327	28	193	106
建湖县	282	282	412	35	377	213	24	99	90
盐城经济技术开发区	119	119	236	8	228	108	9	19	80
江苏省盐南高新区	849	849	1016	35	981	354	44	236	74
东台市	332	332	506	46	460	227	19	149	59
扬州市	**4860**	**4860**	**7342**	**388**	**6954**	**2894**	**437**	**1931**	**526**
广陵区	942	942	1084	33	1051	419	95	252	72

4-4　续表 74　　　　单位：人

地区 性别	房地产业		租赁和商务服务业			科学研究和技术服务业			
	小计	房地产业	小计	租赁业	商务服务业	小计	研究和试验发展	专业技术服务业	科技推广和应用服务业
邗江区	1151	1151	1698	97	1601	679	100	469	110
江都区	520	520	999	75	924	469	65	327	77
宝应县	517	517	733	31	702	185	14	128	43
扬州经济技术开发区	348	348	514	23	491	288	67	137	84
蜀冈瘦西湖景区	393	393	407	8	399	171	27	128	16
生态新城	32	32	230		230	14	2	10	2
仪征市	450	450	906	60	846	274	39	197	38
高邮市	507	507	771	61	710	395	28	283	84
镇江市	**3789**	**3789**	**4144**	**300**	**3844**	**1801**	**274**	**1132**	**395**
京口区	505	505	698	18	680	275	39	169	67
润州区	372	372	588	26	562	241	35	163	43
丹徒区	309	309	358	31	327	149	18	95	36
镇江新区	315	315	446	67	379	215	45	119	51
江苏镇江高新区	109	109	179	12	167	61	7	41	13
丹阳市	822	822	813	70	743	378	38	254	86
扬中市	366	366	368	10	358	136	20	77	39
句容市	991	991	694	66	628	346	72	214	60
泰州市	**3385**	**3385**	**4790**	**402**	**4388**	**2742**	**390**	**1628**	**724**
海陵区	781	781	1108	82	1026	457	75	310	72
高港区	164	164	267	15	252	197	44	121	32
姜堰区	536	536	722	57	665	342	67	229	46
泰州医药高新技术产业开发区	380	380	386	13	373	265	68	130	67
兴化市	377	377	604	88	516	535	16	196	323
靖江市	508	508	740	43	697	351	48	245	58
泰兴市	639	639	963	104	859	595	72	397	126
宿迁市	**2932**	**2932**	**4862**	**401**	**4461**	**1578**	**137**	**1011**	**430**
宿城区	665	665	662	58	604	320	43	225	52
宿豫区	367	367	462	28	434	147	19	98	30
沭阳县	663	663	1609	104	1505	393	32	277	84
泗阳县	364	364	864	44	820	195	11	141	43
泗洪县	504	504	561	117	444	279	6	93	180
宿迁经济技术开发区	199	199	439	31	408	148	12	106	30
宿迁市湖滨新区	72	72	122	10	112	35	3	27	5
苏州宿迁工业园区	51	51	81	4	77	40	8	28	4
宿迁市洋河新区	47	47	62	5	57	21	3	16	2
男	**55493**	**55493**	**75206**	**7523**	**67683**	**42373**	**8987**	**24834**	**8552**
南京市	**10076**	**10076**	**13532**	**1145**	**12387**	**10550**	**2872**	**5841**	**1837**
玄武区	516	516	820	30	790	831	314	395	122
秦淮区	922	922	1268	54	1214	896	253	513	130
建邺区	826	826	1090	38	1052	866	220	522	124
鼓楼区	959	959	1556	57	1499	1132	341	625	166
浦口区	533	533	499	47	452	410	96	198	116
栖霞区	1129	1129	1487	163	1324	982	309	546	127
雨花台区	830	830	1019	85	934	750	152	459	139
江宁区	2022	2022	2553	303	2250	2236	684	1042	510
六合区	524	524	676	96	580	450	84	300	66
溧水区	419	419	440	52	388	249	47	162	40
高淳区	254	254	305	33	272	232	60	128	44
南京江北新区	1142	1142	1819	187	1632	1516	312	951	253
无锡市	**5422**	**5422**	**6216**	**526**	**5690**	**4243**	**1291**	**2263**	**689**
锡山区	658	658	582	67	515	396	87	248	61

4-4 续表 75

单位：人

地区 性别	房地产业		租赁和商务服务业			科学研究和技术服务业			
	小计	房地产业	小计	租赁业	商务服务业	小计	研究和试验发展	专业技术服务业	科技推广和应用服务业
惠山区	600	600	511	56	455	442	160	220	62
滨湖区	613	613	670	52	618	622	217	303	102
梁溪区	1041	1041	1333	66	1267	764	234	419	111
新吴区	655	655	926	52	874	508	184	219	105
江苏无锡经济开发区	445	445	388	27	361	390	139	174	77
江阴市	814	814	1131	109	1022	672	178	371	123
宜兴市	596	596	675	97	578	449	92	309	48
徐州市	**3678**	**3678**	**6095**	**1296**	**4799**	**2497**	**293**	**1594**	**610**
鼓楼区	331	331	777	133	644	241	32	157	52
云龙区	350	350	615	102	513	300	40	201	59
贾汪区	226	226	289	93	196	79	13	47	19
泉山区	546	546	791	120	671	516	66	359	91
铜山区	487	487	957	387	570	382	46	217	119
丰县	274	274	327	60	267	105	5	47	53
沛县	218	218	352	66	286	157	6	121	30
睢宁县	310	310	602	85	517	210	18	108	84
徐州经济技术开发区	295	295	293	94	199	159	38	97	24
新沂市	272	272	573	72	501	166	13	122	31
邳州市	369	369	519	84	435	182	16	118	48
常州市	**3471**	**3471**	**4296**	**394**	**3902**	**2759**	**529**	**1616**	**614**
天宁区	640	640	605	21	584	408	65	267	76
钟楼区	560	560	688	65	623	436	73	283	80
新北区	673	673	743	78	665	505	104	315	86
武进区	768	768	1092	118	974	651	153	362	136
金坛区	282	282	337	35	302	209	51	102	56
江苏省常州市经济开发区	179	179	206	27	179	127	33	72	22
溧阳市	369	369	625	50	575	423	50	215	158
苏州市	**12247**	**12247**	**14648**	**1016**	**13632**	**8637**	**2225**	**4664**	**1748**
虎丘区	1104	1104	1077	89	988	755	193	400	162
吴中区	1518	1518	1848	101	1747	1170	371	563	236
相城区	1020	1020	944	91	853	611	161	350	100
姑苏区	1235	1235	1542	132	1410	851	182	521	148
吴江区	791	791	970	85	885	647	132	387	128
苏州工业园区	1840	1840	2361	120	2241	1594	542	701	351
常熟市	900	900	1511	75	1436	564	106	347	111
张家港市	899	899	804	70	734	645	178	356	111
昆山市	2159	2159	2317	170	2147	1253	251	713	289
太仓市	781	781	1274	83	1191	547	109	326	112
南通市	**4076**	**4076**	**5396**	**547**	**4849**	**2716**	**372**	**1791**	**553**
崇川区	741	741	1050	62	988	503	63	362	78
港闸区	464	464	450	39	411	230	41	168	21
通州区	434	434	706	84	622	350	46	226	78
如东县	180	180	304	65	239	213	23	156	34
南通经济技术开发区	333	333	363	36	327	183	35	106	42
通州湾示范区	30	30	45	7	38	24	16	5	3
苏锡通科技产业园区	74	74	62	7	55	19	1	15	3
启东市	596	596	391	42	349	216	43	146	27
如皋市	427	427	845	95	750	430	45	273	112
海门市	410	410	573	42	531	248	22	134	92
海安市	387	387	607	68	539	300	37	200	63
连云港市	**1940**	**1940**	**3590**	**649**	**2941**	**1587**	**264**	**1048**	**275**
连云区	119	119	131	21	110	129	26	100	3

4-4　续表 76

单位：人

地　区 性　别	房地产业		租赁和商务服务业			科学研究和技术服务业			
	小计	房地产业	小计	租赁业	商　务 服务业	小计	研究和 试验发展	专业技术 服务业	科技推广 和应用 服务业
海州区	510	510	695	96	599	508	115	337	56
赣榆区	288	288	552	93	459	220	26	143	51
东海县	305	305	1070	253	817	240	23	166	51
灌云县	186	186	527	63	464	126	8	63	55
灌南县	293	293	246	22	224	113	14	75	24
连云港经济技术开发区	51	51	112	27	85	67	5	50	12
连云港高新技术产业开发区	164	164	144	23	121	165	44	102	19
江苏连云港徐圩新区	8	8	35	16	19	14	2	10	2
江苏省连云港市云台山风景名胜区	16	16	78	35	43	5	1	2	2
淮安市	**2132**	**2132**	**2888**	**264**	**2624**	**1034**	**89**	**702**	**243**
淮安区	218	218	296	20	276	107	10	72	25
淮阴区	340	340	459	55	404	150	11	112	27
清江浦区	527	527	642	63	579	252	16	197	39
洪泽区	69	69	289	22	267	73	9	37	27
涟水县	367	367	368	31	337	100	12	59	29
盱眙县	186	186	347	34	313	112	9	59	44
金湖县	92	92	138	20	118	65	5	44	16
淮安经济技术开发区	204	204	228	15	213	95	9	69	17
工业园区	14	14	15		15	6	1	2	3
生态文旅区	106	106	86	2	84	69	7	49	13
苏淮高新区	9	9	20	2	18	5		2	3
盐城市	**3329**	**3329**	**5279**	**461**	**4818**	**2193**	**258**	**1282**	**653**
亭湖区	678	678	997	58	939	323	39	220	64
盐都区	475	475	689	62	627	267	44	172	51
大丰区	289	289	497	39	458	296	47	148	101
响水县	138	138	306	30	276	65	9	43	13
滨海县	84	84	275	48	227	70	7	50	13
阜宁县	352	352	608	69	539	302	27	128	147
射阳县	319	319	559	56	503	233	15	146	72
建湖县	203	203	279	30	249	146	13	80	53
盐城经济技术开发区	70	70	154	7	147	69	7	16	46
江苏省盐南高新区	518	518	587	26	561	258	33	172	53
东台市	203	203	328	36	292	164	17	107	40
扬州市	**2976**	**2976**	**4425**	**303**	**4122**	**1990**	**300**	**1369**	**321**
广陵区	614	614	648	25	623	275	65	169	41
邗江区	667	667	944	70	874	467	67	331	69
江都区	308	308	608	55	553	313	43	227	43
宝应县	323	323	488	21	467	126	10	86	30
扬州经济技术开发区	204	204	280	20	260	203	53	104	46
蜀冈瘦西湖景区	266	266	244	6	238	119	16	91	12
生态新城	16	16	129		129	11	1	9	1
仪征市	249	249	563	51	512	187	27	135	25
高邮市	329	329	521	55	466	289	18	217	54
镇江市	**2336**	**2336**	**2532**	**247**	**2285**	**1216**	**184**	**781**	**251**
京口区	294	294	383	11	372	176	24	110	42
润州区	219	219	349	21	328	175	24	125	26
丹徒区	160	160	237	27	210	98	13	64	21
镇江新区	181	181	288	56	232	150	32	83	35
江苏镇江高新区	69	69	128	9	119	42	6	28	8
丹阳市	528	528	525	60	465	243	24	166	53
扬中市	262	262	213	6	207	90	14	49	27
句容市	623	623	409	57	352	242	47	156	39

4-4 续表 77

单位：人

地区 性别	房地产业 小计	房地产业 房地产业	租赁和商务服务业 小计	租赁和商务服务业 租赁业	租赁和商务服务业 商务服务业	科学研究和技术服务业 小计	科学研究和技术服务业 研究和试验发展	科学研究和技术服务业 专业技术服务业	科学研究和技术服务业 科技推广和应用服务业
泰州市	**1994**	**1994**	**3042**	**335**	**2707**	**1879**	**221**	**1181**	**477**
海陵区	455	455	671	68	603	307	44	220	43
高港区	94	94	170	13	157	134	22	95	17
姜堰区	302	302	438	49	389	241	36	172	33
泰州医药高新技术产业开发区	207	207	230	13	217	170	32	88	50
兴化市	262	262	400	75	325	374	12	146	216
靖江市	287	287	502	37	465	236	28	168	40
泰兴市	387	387	631	80	551	417	47	292	78
宿迁市	**1816**	**1816**	**3267**	**340**	**2927**	**1072**	**89**	**702**	**281**
宿城区	396	396	414	49	365	214	27	155	32
宿豫区	232	232	333	26	307	91	14	62	15
沭阳县	413	413	1100	93	1007	277	22	197	58
泗阳县	228	228	560	40	520	129	7	93	29
泗洪县	346	346	376	84	292	191	1	70	120
宿迁经济技术开发区	107	107	305	29	276	104	8	76	20
宿迁市湖滨新区	46	46	84	10	74	26	3	19	4
苏州宿迁工业园区	19	19	48	4	44	25	6	18	1
宿迁市洋河新区	29	29	47	5	42	15	1	12	2
女	**35092**	**35092**	**50884**	**1503**	**49381**	**22466**	**5361**	**11639**	**5466**
南京市	**6432**	**6432**	**10724**	**242**	**10482**	**6248**	**1877**	**3150**	**1221**
玄武区	344	344	763	10	753	608	245	267	96
秦淮区	521	521	1213	24	1189	543	156	300	87
建邺区	546	546	849	16	833	533	122	329	82
鼓楼区	626	626	1556	21	1535	715	205	389	121
浦口区	331	331	348	6	342	268	71	134	63
栖霞区	678	678	1046	18	1028	609	221	285	103
雨花台区	566	566	754	23	731	407	84	243	80
江宁区	1281	1281	1966	58	1908	1354	424	580	350
六合区	333	333	368	21	347	179	37	105	37
溧水区	265	265	240	8	232	96	24	58	14
高淳区	132	132	169	2	167	70	22	36	12
南京江北新区	809	809	1452	35	1417	866	266	424	176
无锡市	**3539**	**3539**	**4820**	**141**	**4679**	**2312**	**745**	**1123**	**444**
锡山区	377	377	448	12	436	228	59	126	43
惠山区	393	393	375	14	361	246	92	106	48
滨湖区	371	371	557	19	538	340	136	149	55
梁溪区	733	733	1211	21	1190	409	128	215	66
新吴区	387	387	675	22	653	301	103	133	65
江苏无锡经济开发区	342	342	322	6	316	237	75	106	56
江阴市	577	577	828	28	800	329	101	162	66
宜兴市	359	359	404	19	385	222	51	126	45
徐州市	**2428**	**2428**	**3176**	**160**	**3016**	**1176**	**135**	**638**	**403**
鼓楼区	224	224	499	31	468	96	19	51	26
云龙区	257	257	453	35	418	152	18	99	35
贾汪区	119	119	109	8	101	35	3	26	6
泉山区	367	367	488	20	468	232	30	156	46
铜山区	407	407	425	22	403	208	15	83	110
丰县	170	170	137	8	129	50	2	13	35
沛县	160	160	145	7	138	68	3	41	24
睢宁县	166	166	326	8	318	122	6	50	66
徐州经济技术开发区	175	175	149	11	138	72	21	37	14
新沂市	169	169	220	4	216	69	10	38	21
邳州市	214	214	225	6	219	72	8	44	20

4-4　续表 78

单位：人

地区 性别	房地产业		租赁和商务服务业			科学研究和技术服务业			
	小计	房地产业	小计	租赁业	商务服务业	小计	研究和试验发展	专业技术服务业	科技推广和应用服务业
常州市	**2315**	**2315**	**3173**	**98**	**3075**	**1566**	**302**	**833**	**431**
天宁区	411	411	466	10	456	251	42	161	48
钟楼区	370	370	543	18	525	224	41	142	41
新北区	469	469	603	20	583	279	68	171	40
武进区	517	517	786	27	759	420	93	200	127
金坛区	204	204	215	6	209	84	13	44	27
江苏省常州市经济开发区	127	127	164	4	160	80	14	44	22
溧阳市	217	217	396	13	383	228	31	71	126
苏州市	**7567**	**7567**	**10879**	**282**	**10597**	**4867**	**1359**	**2303**	**1205**
虎丘区	699	699	875	26	849	500	133	180	187
吴中区	924	924	1242	39	1203	694	219	297	178
相城区	539	539	669	17	652	345	101	190	54
姑苏区	713	713	1338	34	1304	443	94	250	99
吴江区	543	543	680	17	663	292	69	163	60
苏州工业园区	1052	1052	1841	34	1807	1075	387	423	265
常熟市	659	659	964	26	938	281	54	158	69
张家港市	573	573	589	17	572	295	81	154	60
昆山市	1400	1400	1817	47	1770	647	116	362	169
太仓市	465	465	864	25	839	295	105	126	64
南通市	**2492**	**2492**	**3961**	**120**	**3841**	**1505**	**243**	**873**	**389**
崇川区	454	454	902	14	888	314	42	210	62
港闸区	234	234	393	16	377	139	19	106	14
通州区	274	274	530	16	514	233	35	126	72
如东县	149	149	180	7	173	86	17	54	15
南通经济技术开发区	184	184	282	12	270	88	21	51	16
通州湾示范区	27	27	15		15	14	5	8	1
苏锡通科技产业园区	35	35	44	1	43	10	3	6	1
启东市	278	278	267	11	256	110	26	60	24
如皋市	289	289	551	17	534	205	21	130	54
海门市	297	297	372	7	365	138	29	42	67
海安市	271	271	425	19	406	168	25	80	63
连云港市	**1271**	**1271**	**1900**	**81**	**1819**	**631**	**104**	**358**	**169**
连云区	89	89	101	1	100	28	6	16	6
海州区	324	324	380	9	371	185	54	99	32
赣榆区	155	155	257	7	250	83	9	45	29
东海县	251	251	695	48	647	156	11	100	45
灌云县	87	87	209	7	202	39	1	16	22
灌南县	180	180	93	7	86	55	7	33	15
连云港经济技术开发区	41	41	47		47	22	3	13	6
连云港高新技术产业开发区	131	131	99	2	97	60	12	36	12
江苏连云港徐圩新区	3	3	10		10	3	1		2
江苏省连云港市云台山风景名胜区	10	10	9		9				
淮安市	**1320**	**1320**	**1507**	**37**	**1470**	**401**	**40**	**265**	**96**
淮安区	168	168	150	1	149	39	4	25	10
淮阴区	163	163	209	7	202	46	6	33	7
清江浦区	317	317	411	9	402	115	8	91	16
洪泽区	49	49	149	5	144	17	1	8	8
涟水县	226	226	173	3	170	33	4	24	5
盱眙县	114	114	142	5	137	57	7	30	20
金湖县	61	61	68	2	66	28	4	18	6
淮安经济技术开发区	128	128	138	4	134	38	3	17	18
工业园区	6	6	5		5				

4-4 续表 79

单位：人

地区 性别	房地产业		租赁和商务服务业			科学研究和技术服务业			
	小计	房地产业	小计	租赁业	商务服务业	小计	研究和试验发展	专业技术服务业	科技推广和应用服务业
生态文旅区	88	88	55	1	54	25	2	18	5
苏淮高新区			7		7	3	1	1	1
盐城市	**1884**	**1884**	**2872**	**76**	**2796**	**902**	**112**	**427**	**363**
亭湖区	368	368	632	13	619	107	15	63	29
盐都区	273	273	404	10	394	85	12	45	28
大丰区	240	240	288	9	279	150	23	67	60
响水县	50	50	109	3	106	18	5	12	1
滨海县	66	66	94	1	93	39	5	26	8
阜宁县	148	148	278	10	268	144	13	39	92
射阳县	151	151	245	5	240	94	13	47	34
建湖县	79	79	133	5	128	67	11	19	37
盐城经济技术开发区	49	49	82	1	81	39	2	3	34
江苏省盐南高新区	331	331	429	9	420	96	11	64	21
东台市	129	129	178	10	168	63	2	42	19
扬州市	**1884**	**1884**	**2917**	**85**	**2832**	**904**	**137**	**562**	**205**
广陵区	328	328	436	8	428	144	30	83	31
邗江区	484	484	754	27	727	212	33	138	41
江都区	212	212	391	20	371	156	22	100	34
宝应县	194	194	245	10	235	59	4	42	13
扬州经济技术开发区	144	144	234	3	231	85	14	33	38
蜀冈瘦西湖景区	127	127	163	2	161	52	11	37	4
生态新城	16	16	101		101	3	1	1	1
仪征市	201	201	343	9	334	87	12	62	13
高邮市	178	178	250	6	244	106	10	66	30
镇江市	**1453**	**1453**	**1612**	**53**	**1559**	**585**	**90**	**351**	**144**
京口区	211	211	315	7	308	99	15	59	25
润州区	153	153	239	5	234	66	11	38	17
丹徒区	149	149	121	4	117	51	5	31	15
镇江新区	134	134	158	11	147	65	13	36	16
江苏镇江高新区	40	40	51	3	48	19	1	13	5
丹阳市	294	294	288	10	278	135	14	88	33
扬中市	104	104	155	4	151	46	6	28	12
句容市	368	368	285	9	276	104	25	58	21
泰州市	**1391**	**1391**	**1748**	**67**	**1681**	**863**	**169**	**447**	**247**
海陵区	326	326	437	14	423	150	31	90	29
高港区	70	70	97	2	95	63	22	26	15
姜堰区	234	234	284	8	276	101	31	57	13
泰州医药高新技术产业开发区	173	173	156		156	95	36	42	17
兴化市	115	115	204	13	191	161	4	50	107
靖江市	221	221	238	6	232	115	20	77	18
泰兴市	252	252	332	24	308	178	25	105	48
宿迁市	**1116**	**1116**	**1595**	**61**	**1534**	**506**	**48**	**309**	**149**
宿城区	269	269	248	9	239	106	16	70	20
宿豫区	135	135	129	2	127	56	5	36	15
沭阳县	250	250	509	11	498	116	10	80	26
泗阳县	136	136	304	4	300	66	4	48	14
泗洪县	158	158	185	33	152	88	5	23	60
宿迁经济技术开发区	92	92	134	2	132	44	4	30	10
宿迁市湖滨新区	26	26	38		38	9		8	1
苏州宿迁工业园区	32	32	33		33	15	2	10	3
宿迁市洋河新区	18	18	15		15	6	2	4	

4-4 续表 80

单位：人

地区 性别	水利、环境和公共设施管理业					居民服务、修理和其他服务业			
	小计	水利管理业	生态保护和环境治理业	公共设施管理业	土地管理业	小计	居民服务业	机动车、电子产品和日用产品修理业	其他服务业
江苏	**34899**	**2158**	**3039**	**29311**	**391**	**136695**	**80952**	**31123**	**24620**
南京市	**5199**	**317**	**518**	**4311**	**53**	**15374**	**9486**	**3239**	**2649**
玄武区	291	16	27	243	5	756	535	145	76
秦淮区	344	31	51	254	8	1469	1062	244	163
建邺区	333	24	45	263	1	909	689	106	114
鼓楼区	410	58	44	300	8	1472	1096	219	157
浦口区	361	9	31	320	1	713	471	152	90
栖霞区	449	19	43	382	5	1437	845	342	250
雨花台区	296	21	31	243	1	1160	627	243	290
江宁区	977	58	93	820	6	2877	1574	659	644
六合区	473	32	42	395	4	1309	804	286	219
溧水区	354	11	18	321	4	633	338	167	128
高淳区	286	14	19	251	2	643	346	165	132
南京江北新区	625	24	74	519	8	1996	1099	511	386
无锡市	**3352**	**166**	**352**	**2800**	**34**	**11369**	**7015**	**2918**	**1436**
锡山区	354	14	33	305	2	1405	740	417	248
惠山区	286	15	44	226	1	1186	700	387	99
滨湖区	549	18	46	481	4	935	624	185	126
梁溪区	437	26	29	374	8	1905	1322	366	217
新吴区	247	6	41	196	4	809	486	198	125
江苏无锡经济开发区	204	13	22	165	4	526	333	111	82
江阴市	600	45	70	476	9	2679	1612	784	283
宜兴市	675	29	67	577	2	1924	1198	470	256
徐州市	**3020**	**213**	**168**	**2586**	**53**	**12100**	**6614**	**3104**	**2382**
鼓楼区	156	8	23	124	1	791	477	177	137
云龙区	149	16	7	124	2	677	369	159	149
贾汪区	140	5	10	121	4	596	358	135	103
泉山区	255	37	19	195	4	1047	699	197	151
铜山区	774	35	25	706	8	2493	1411	549	533
丰县	365	11	28	316	10	1188	534	309	345
沛县	213	25	11	172	5	1129	536	371	222
睢宁县	265	15	17	226	7	1227	660	355	212
徐州经济技术开发区	90	6	4	78	2	471	275	125	71
新沂市	336	21	13	295	7	1078	544	330	204
邳州市	277	34	11	229	3	1403	751	397	255
常州市	**2572**	**88**	**264**	**2204**	**16**	**10673**	**6544**	**2169**	**1960**
天宁区	246	5	25	210	6	1324	912	257	155
钟楼区	244	7	46	191		1301	838	276	187
新北区	439	17	67	353	2	1770	1132	364	274
武进区	875	26	48	801		2892	1634	580	678
金坛区	233	10	15	205	3	1034	603	230	201
江苏省常州市经济开发区	114	4	28	81	1	844	553	167	124
溧阳市	421	19	35	363	4	1508	872	295	341
苏州市	**6060**	**270**	**523**	**5237**	**30**	**22200**	**13397**	**4679**	**4124**
虎丘区	641	18	44	575	4	1205	769	276	160
吴中区	972	43	74	850	5	3209	1579	645	985
相城区	517	25	47	444	1	1441	836	330	275
姑苏区	438	17	34	383	4	1940	1241	401	298
吴江区	671	41	52	576	2	2509	1708	483	318
苏州工业园区	370	13	54	301	2	1652	1020	304	328
常熟市	750	39	43	666	2	2521	1571	637	313

4-4 续表 81

单位：人

地区 性别	水利、环境和公共设施管理业					居民服务、修理和其他服务业			
	小计	水利管理业	生态保护和环境治理业	公共设施管理业	土地管理业	小计	居民服务业	机动车、电子产品和日用产品修理业	其他服务业
张家港市	424	18	41	364	1	2324	1466	598	260
昆山市	829	38	102	681	8	2667	1619	714	334
太仓市	448	18	32	397	1	2732	1588	291	853
南通市	**2439**	**103**	**335**	**1969**	**32**	**10584**	**6326**	**2450**	**1808**
崇川区	300	27	46	219	8	1170	767	213	190
港闸区	183	9	42	129	3	639	336	194	109
通州区	304	12	20	271	1	1355	776	365	214
如东县	265	8	40	214	3	1011	639	272	100
南通经济技术开发区	106	10	18	78		450	206	84	160
通州湾示范区	50	4	14	27	5	126	88	24	14
苏锡通科技产业园区	19	1		18		120	64	35	21
启东市	329	11	52	265	1	1116	650	321	145
如皋市	380	7	24	345	4	1770	999	438	333
海门市	252	4	42	203	3	1174	672	252	250
海安市	251	10	37	200	4	1653	1129	252	272
连云港市	**1726**	**109**	**90**	**1493**	**34**	**6437**	**3439**	**1669**	**1329**
连云区	121	6	9	105	1	209	120	56	33
海州区	341	20	14	303	4	1226	718	351	157
赣榆区	338	16	13	307	2	1360	651	389	320
东海县	385	24	6	346	9	1551	740	344	467
灌云县	126	18	14	80	14	751	408	221	122
灌南县	171	13	29	126	3	960	608	199	153
连云港经济技术开发区	48	2	2	44		98	47	29	22
连云港高新技术产业开发区	106	5	2	99		184	100	57	27
江苏连云港徐圩新区	28			27	1	36	23	11	2
江苏省连云港市云台山风景名胜区	62	5	1	56		62	24	12	26
淮安市	**1386**	**158**	**94**	**1125**	**9**	**6997**	**3960**	**1630**	**1407**
淮安区	195	32	11	152		1362	763	238	361
淮阴区	254	20	19	213	2	994	491	273	230
清江浦区	254	34	10	209	1	986	587	229	170
洪泽区	90	12	6	71	1	392	231	78	83
涟水县	141	9	11	121		1479	890	368	221
盱眙县	185	21	17	144	3	732	400	187	145
金湖县	114	18	9	87		466	277	118	71
淮安经济技术开发区	71	5	6	60		362	185	89	88
工业园区	14		3	11		23	12	6	5
生态文旅区	64	7	2	53	2	167	110	31	26
苏淮高新区	4			4		34	14	13	7
盐城市	**2396**	**200**	**190**	**1967**	**39**	**10811**	**6036**	**2538**	**2237**
亭湖区	210	16	23	160	11	1308	700	294	314
盐都区	367	28	27	311	1	1424	776	256	392
大丰区	348	31	24	291	2	1280	702	261	317
响水县	130	13	11	102	4	673	387	143	143
滨海县	240	30	28	170	12	937	536	264	137
阜宁县	195	11	13	170	1	1205	696	326	183
射阳县	253	27	29	194	3	1207	717	322	168
建湖县	205	11	9	184	1	871	545	231	95
盐城经济技术开发区	29	2	1	26		266	48	40	178
江苏省盐南高新区	148	11	5	129	3	510	300	109	101
东台市	271	20	20	230	1	1130	629	292	209
扬州市	**1657**	**186**	**128**	**1315**	**28**	**9708**	**6065**	**2326**	**1317**
广陵区	190	12	21	157		943	571	215	157

4-4　续表 82　　　　单位：人

地区 性别	水利、环境和公共设施管理业					居民服务、修理和其他服务业			
	小计	水利管理业	生态保护和环境治理业	公共设施管理业	土地管理业	小计	居民服务业	机动车、电子产品和日用产品修理业	其他服务业
邗江区	242	22	9	207	4	1273	861	235	177
江都区	351	79	42	229	1	2081	981	844	256
宝应县	213	14	5	190	4	1781	1311	320	150
扬州经济技术开发区	73	3	7	62	1	537	351	64	122
蜀冈瘦西湖景区	94	10	3	79	2	233	136	62	35
生态新城	27	1		25	1	98	53	19	26
仪征市	210	16	18	168	8	1059	708	221	130
高邮市	257	29	23	198	7	1703	1093	346	264
镇江市	**1422**	**93**	**91**	**1218**	**20**	**5521**	**3487**	**1189**	**845**
京口区	83	2	11	68	2	482	325	86	71
润州区	106	9	4	86	7	371	223	74	74
丹徒区	108	9	9	90		704	489	137	78
镇江新区	64	1	12	51		426	178	106	142
江苏镇江高新区	26		2	24		133	72	42	19
丹阳市	378	31	19	321	7	1781	1193	367	221
扬中市	102	11	14	75	2	459	258	113	88
句容市	555	30	20	503	2	1165	749	264	152
泰州市	**1883**	**124**	**186**	**1546**	**27**	**8109**	**5067**	**1648**	**1394**
海陵区	243	23	15	201	4	1258	839	272	147
高港区	139	4	14	119	2	448	292	88	68
姜堰区	235	11	17	202	5	1208	763	258	187
泰州医药高新技术产业开发区	66	7	2	56	1	384	233	104	47
兴化市	414	31	51	326	6	2099	1183	315	601
靖江市	242	14	10	215	3	1078	725	253	100
泰兴市	544	34	77	427	6	1634	1032	358	244
宿迁市	**1787**	**131**	**100**	**1540**	**16**	**6812**	**3516**	**1564**	**1732**
宿城区	336	50	25	259	2	854	511	221	122
宿豫区	187	17	14	153	3	549	290	155	104
沭阳县	473	21	26	423	3	1890	1052	509	329
泗阳县	185	16	12	155	2	1869	751	253	865
泗洪县	334	14	12	306	2	960	544	258	158
宿迁经济技术开发区	121	5	4	110	2	279	137	80	62
宿迁市湖滨新区	75	4	4	65	2	223	116	45	62
苏州宿迁工业园区	12	1	2	9		34	21	6	7
宿迁市洋河新区	64	3	1	60		154	94	37	23
男	**21389**	**1599**	**2174**	**17370**	**246**	**66712**	**29987**	**25746**	**10979**
南京市	**3235**	**216**	**360**	**2636**	**23**	**6854**	**3027**	**2653**	**1174**
玄武区	183	12	16	153	2	300	152	110	38
秦淮区	218	21	43	151	3	608	321	204	83
建邺区	216	14	25	177		335	190	89	56
鼓楼区	258	36	27	193	2	557	303	182	72
浦口区	227	8	25	194		337	177	128	32
栖霞区	286	13	32	238	3	684	283	289	112
雨花台区	196	13	21	161	1	499	189	201	109
江宁区	602	36	57	506	3	1341	527	522	292
六合区	277	25	31	219	2	641	309	250	82
溧水区	211	9	13	186	3	312	114	137	61
高淳区	194	12	15	165	2	327	106	148	73
南京江北新区	367	17	55	293	2	913	356	393	164
无锡市	**2183**	**127**	**244**	**1795**	**17**	**5312**	**2343**	**2353**	**616**
锡山区	257	12	20	225		705	256	334	115

4-4 续表 83

单位：人

地区 性别	水利、环境和公共设施管理业					居民服务、修理和其他服务业			
	小计	水利管理业	生态保护和环境治理业	公共设施管理业	土地管理业	小计	居民服务业	机动车、电子产品和日用产品修理业	其他服务业
惠山区	200	13	28	159		603	238	322	43
滨湖区	327	15	35	274	3	407	197	150	60
梁溪区	294	19	17	255	3	825	436	292	97
新吴区	174	5	31	135	3	385	184	157	44
江苏无锡经济开发区	137	12	14	110	1	224	110	83	31
江阴市	384	29	48	301	6	1277	536	618	123
宜兴市	410	22	51	336	1	886	386	397	103
徐州市	**1669**	**154**	**126**	**1351**	**38**	**6293**	**2636**	**2664**	**993**
鼓楼区	100	5	19	75	1	417	213	150	54
云龙区	83	7	2	74		301	115	126	60
贾汪区	77	5	8	60	4	360	189	121	50
泉山区	168	26	16	122	4	447	218	163	66
铜山区	327	24	19	280	4	1097	450	452	195
丰县	191	9	17	157	8	643	232	247	164
沛县	126	18	8	96	4	645	213	340	92
睢宁县	159	12	12	131	4	705	301	311	93
徐州经济技术开发区	55	4	3	46	2	242	98	106	38
新沂市	206	18	12	170	6	579	222	284	73
邳州市	177	26	10	140	1	857	385	364	108
常州市	**1589**	**63**	**180**	**1334**	**12**	**4877**	**2163**	**1748**	**966**
天宁区	182	5	17	157	3	628	320	217	91
钟楼区	154	4	27	123		544	237	226	81
新北区	271	13	46	210	2	751	357	278	116
武进区	526	19	31	476		1420	613	467	340
金坛区	154	7	14	131	2	534	230	191	113
江苏省常州市经济开发区	81	4	21	55	1	373	181	128	64
溧阳市	221	11	24	182	4	627	225	241	161
苏州市	**3818**	**194**	**369**	**3241**	**14**	**9797**	**4231**	**3742**	**1824**
虎丘区	403	13	31	357	2	552	269	219	64
吴中区	578	25	47	502	4	1399	506	517	376
相城区	301	19	35	247		674	300	262	112
姑苏区	288	14	19	253	2	857	395	315	147
吴江区	430	26	37	365	2	1004	466	392	146
苏州工业园区	250	9	36	203	2	701	309	238	154
常熟市	473	33	34	406		1226	564	507	155
张家港市	267	12	30	224	1	1096	469	498	129
昆山市	538	28	77	432	1	1291	562	555	174
太仓市	290	15	23	252		997	391	239	367
南通市	**1550**	**78**	**231**	**1222**	**19**	**5345**	**2463**	**2029**	**853**
崇川区	216	22	38	152	4	523	273	159	91
港闸区	118	8	26	83	1	310	114	150	46
通州区	168	10	14	144		763	344	310	109
如东县	168	7	27	131	3	534	239	235	60
南通经济技术开发区	75	8	14	53		233	74	66	93
通州湾示范区	27	3	10	11	3	63	37	18	8
苏锡通科技产业园区	15			15		72	30	33	9
启东市	205	9	37	159		568	244	268	56
如皋市	259	5	15	236	3	1004	452	380	172
海门市	142		23	116	3	566	248	211	107
海安市	157	6	27	122	2	709	408	199	102
连云港市	**941**	**80**	**75**	**764**	**22**	**3114**	**1219**	**1385**	**510**
连云区	59	4	4	50	1	94	32	45	17

4-4 续表 84

单位：人

地区 性别	水利、环境和公共设施管理业					居民服务、修理和其他服务业			
	小计	水利管理业	生态保护和环境治理业	公共设施管理业	土地管理业	小计	居民服务业	机动车、电子产品和日用产品修理业	其他服务业
海州区	186	16	11	156	3	602	237	294	71
赣榆区	195	11	11	172	1	730	254	346	130
东海县	163	16	6	136	5	631	221	270	140
灌云县	86	16	13	48	9	427	175	186	66
灌南县	108	9	25	72	2	472	248	163	61
连云港经济技术开发区	29	1	2	26		42	13	23	6
连云港高新技术产业开发区	62	3	2	57		81	30	40	11
江苏连云港徐圩新区	19			18	1	12	3	8	1
江苏省连云港市云台山风景名胜区	34	4	1	29		23	6	10	7
淮安市	**822**	**126**	**71**	**618**	**7**	**3628**	**1651**	**1373**	**604**
淮安区	127	26	9	92		740	361	205	174
淮阴区	140	17	14	108	1	531	220	231	80
清江浦区	149	28	8	112	1	483	227	183	73
洪泽区	52	9	4	38	1	216	111	65	40
涟水县	77	7	7	63		667	284	302	81
盱眙县	128	17	16	93	2	423	180	166	77
金湖县	64	13	5	46		257	122	103	32
淮安经济技术开发区	38	4	5	29		180	73	73	34
工业园区	9		2	7		13	7	5	1
生态文旅区	35	5	1	27	2	96	58	29	9
苏淮高新区	3			3		22	8	11	3
盐城市	**1464**	**158**	**145**	**1125**	**36**	**5883**	**2679**	**2179**	**1025**
亭湖区	141	12	16	105	8	723	327	263	133
盐都区	209	21	19	168	1	703	335	218	150
大丰区	188	25	19	142	2	666	313	208	145
响水县	82	11	10	57	4	368	167	129	72
滨海县	183	26	23	122	12	580	278	232	70
阜宁县	123	11	10	101	1	703	319	284	100
射阳县	157	22	22	110	3	664	309	271	84
建湖县	121	9	8	103	1	463	222	206	35
盐城经济技术开发区	11	1	1	9		149	26	26	97
江苏省盐南高新区	86	7	5	71	3	247	123	92	32
东台市	163	13	12	137	1	617	260	250	107
扬州市	**1005**	**138**	**95**	**755**	**17**	**5178**	**2639**	**1982**	**557**
广陵区	117	10	16	91		429	206	168	55
邗江区	143	16	9	115	3	622	378	184	60
江都区	214	58	31	124	1	1323	448	751	124
宝应县	130	9	4	114	3	837	525	265	47
扬州经济技术开发区	41	3	2	35	1	264	155	49	60
蜀冈瘦西湖景区	64	10	3	50	1	131	60	56	15
生态新城	12	1		11		58	34	15	9
仪征市	127	14	15	96	2	582	348	189	45
高邮市	157	17	15	119	6	932	485	305	142
镇江市	**889**	**64**	**60**	**754**	**11**	**2691**	**1365**	**964**	**362**
京口区	58	1	9	47	1	196	99	69	28
润州区	66	7	2	53	4	175	81	59	35
丹徒区	66	7	7	52		380	235	111	34
镇江新区	41		7	34		217	60	85	72
江苏镇江高新区	15		2	13		71	32	30	9
丹阳市	228	17	13	195	3	903	524	293	86
扬中市	61	9	9	42	1	200	75	87	38
句容市	354	23	11	318	2	549	259	230	60

4-4 续表 85

单位：人

地区 性别	水利、环境和公共设施管理业					居民服务、修理和其他服务业			
	小计	水利管理业	生态保护和环境治理业	公共设施管理业	土地管理业	小计	居民服务业	机动车、电子产品和日用产品修理业	其他服务业
泰州市	**1042**	**99**	**137**	**787**	**19**	**4034**	**2028**	**1367**	**639**
海陵区	129	20	9	98	2	553	265	223	65
高港区	62	4	13	43	2	202	99	74	29
姜堰区	137	9	12	111	5	601	314	220	67
泰州医药高新技术产业开发区	37	5	2	29	1	185	92	84	9
兴化市	252	24	42	184	2	1181	595	265	321
靖江市	138	12	8	116	2	506	250	209	47
泰兴市	287	25	51	206	5	806	413	292	101
宿迁市	**1182**	**102**	**81**	**988**	**11**	**3706**	**1543**	**1307**	**856**
宿城区	212	39	20	152	1	438	204	187	47
宿豫区	125	12	11	100	2	319	132	133	54
沭阳县	330	18	21	289	2	1016	454	419	143
泗阳县	122	10	10	101	1	1061	397	211	453
泗洪县	232	12	10	208	2	506	200	212	94
宿迁经济技术开发区	79	4	3	70	2	155	56	69	30
宿迁市湖滨新区	41	3	3	34	1	127	57	42	28
苏州宿迁工业园区	10	1	2	7		11	5	5	1
宿迁市洋河新区	31	3	1	27		73	38	29	6
女	**13510**	**559**	**865**	**11941**	**145**	**69983**	**50965**	**5377**	**13641**
南京市	**1964**	**101**	**158**	**1675**	**30**	**8520**	**6459**	**586**	**1475**
玄武区	108	4	11	90	3	456	383	35	38
秦淮区	126	10	8	103	5	861	741	40	80
建邺区	117	10	20	86	1	574	499	17	58
鼓楼区	152	22	17	107	6	915	793	37	85
浦口区	134	1	6	126	1	376	294	24	58
栖霞区	163	6	11	144	2	753	562	53	138
雨花台区	100	8	10	82		661	438	42	181
江宁区	375	22	36	314	3	1536	1047	137	352
六合区	196	7	11	176	2	668	495	36	137
溧水区	143	2	5	135	1	321	224	30	67
高淳区	92	2	4	86		316	240	17	59
南京江北新区	258	7	19	226	6	1083	743	118	222
无锡市	**1169**	**39**	**108**	**1005**	**17**	**6057**	**4672**	**565**	**820**
锡山区	97	2	13	80	2	700	484	83	133
惠山区	86	2	16	67	1	583	462	65	56
滨湖区	222	3	11	207	1	528	427	35	66
梁溪区	143	7	12	119	5	1080	886	74	120
新吴区	73	1	10	61	1	424	302	41	81
江苏无锡经济开发区	67	1	8	55	3	302	223	28	51
江阴市	216	16	22	175	3	1402	1076	166	160
宜兴市	265	7	16	241	1	1038	812	73	153
徐州市	**1351**	**59**	**42**	**1235**	**15**	**5807**	**3978**	**440**	**1389**
鼓楼区	56	3	4	49		374	264	27	83
云龙区	66	9	5	50	2	376	254	33	89
贾汪区	63		2	61		236	169	14	53
泉山区	87	11	3	73		600	481	34	85
铜山区	447	11	6	426	4	1396	961	97	338
丰县	174	2	11	159	2	545	302	62	181
沛县	87	7	3	76	1	484	323	31	130
睢宁县	106	3	5	95	3	522	359	44	119
徐州经济技术开发区	35	2	1	32		229	177	19	33
新沂市	130	3	1	125	1	499	322	46	131
邳州市	100	8	1	89	2	546	366	33	147

4-4 续表 86

单位：人

地区 性别	水利、环境和公共设施管理业					居民服务、修理和其他服务业			
	小计	水利管理业	生态保护和环境治理业	公共设施管理业	土地管理业	小计	居民服务业	机动车、电子产品和日用产品修理业	其他服务业
常州市	**983**	**25**	**84**	**870**	**4**	**5796**	**4381**	**421**	**994**
天宁区	64		8	53	3	696	592	40	64
钟楼区	90	3	19	68		757	601	50	106
新北区	168	4	21	143		1019	775	86	158
武进区	349	7	17	325		1472	1021	113	338
金坛区	79	3	1	74	1	500	373	39	88
江苏省常州市经济开发区	33		7	26		471	372	39	60
溧阳市	200	8	11	181		881	647	54	180
苏州市	**2242**	**76**	**154**	**1996**	**16**	**12403**	**9166**	**937**	**2300**
虎丘区	238	5	13	218	2	653	500	57	96
吴中区	394	18	27	348	1	1810	1073	128	609
相城区	216	6	12	197	1	767	536	68	163
姑苏区	150	3	15	130	2	1083	846	86	151
吴江区	241	15	15	211		1505	1242	91	172
苏州工业园区	120	4	18	98		951	711	66	174
常熟市	277	6	9	260	2	1295	1007	130	158
张家港市	157	6	11	140		1228	997	100	131
昆山市	291	10	25	249	7	1376	1057	159	160
太仓市	158	3	9	145	1	1735	1197	52	486
南通市	**889**	**25**	**104**	**747**	**13**	**5239**	**3863**	**421**	**955**
崇川区	84	5	8	67	4	647	494	54	99
港闸区	65	1	16	46	2	329	222	44	63
通州区	136	2	6	127	1	592	432	55	105
如东县	97	1	13	83		477	400	37	40
南通经济技术开发区	31	2	4	25		217	132	18	67
通州湾示范区	23	1	4	16	2	63	51	6	6
苏锡通科技产业园区	4	1		3		48	34	2	12
启东市	124	2	15	106	1	548	406	53	89
如皋市	121	2	9	109	1	766	547	58	161
海门市	110	4	19	87		608	424	41	143
海安市	94	4	10	78	2	944	721	53	170
连云港市	**785**	**29**	**15**	**729**	**12**	**3323**	**2220**	**284**	**819**
连云区	62	2	5	55		115	88	11	16
海州区	155	4	3	147	1	624	481	57	86
赣榆区	143	5	2	135	1	630	397	43	190
东海县	222	8		210	4	920	519	74	327
灌云县	40	2	1	32	5	324	233	35	56
灌南县	63	4	4	54	1	488	360	36	92
连云港经济技术开发区	19	1		18		56	34	6	16
连云港高新技术产业开发区	44	2		42		103	70	17	16
江苏连云港徐圩新区	9			9		24	20	3	1
江苏省连云港市云台山风景名胜区	28	1		27		39	18	2	19
淮安市	**564**	**32**	**23**	**507**	**2**	**3369**	**2309**	**257**	**803**
淮安区	68	6	2	60		622	402	33	187
淮阴区	114	3	5	105	1	463	271	42	150
清江浦区	105	6	2	97		503	360	46	97
洪泽区	38	3	2	33		176	120	13	43
涟水县	64	2	4	58		812	606	66	140
盱眙县	57	4	1	51	1	309	220	21	68
金湖县	50	5	4	41		209	155	15	39
淮安经济技术开发区	33	1	1	31		182	112	16	54
工业园区	5		1	4		10	5	1	4

4-4 续表 87 单位：人

地区 性别	水利、环境和公共设施管理业					居民服务、修理和其他服务业			
	小计	水利管理业	生态保护和环境治理业	公共设施管理业	土地管理业	小计	居民服务业	机动车、电子产品和日用产品修理业	其他服务业
生态文旅区	29	2	1	26		71	52	2	17
苏淮高新区	1			1		12	6	2	4
盐城市	**932**	**42**	**45**	**842**	**3**	**4928**	**3357**	**359**	**1212**
亭湖区	69	4	7	55	3	585	373	31	181
盐都区	158	7	8	143		721	441	38	242
大丰区	160	6	5	149		614	389	53	172
响水县	48	2	1	45		305	220	14	71
滨海县	57	4	5	48		357	258	32	67
阜宁县	72		3	69		502	377	42	83
射阳县	96	5	7	84		543	408	51	84
建湖县	84	2	1	81		408	323	25	60
盐城经济技术开发区	18	1		17		117	22	14	81
江苏省盐南高新区	62	4		58		263	177	17	69
东台市	108	7	8	93		513	369	42	102
扬州市	**652**	**48**	**33**	**560**	**11**	**4530**	**3426**	**344**	**760**
广陵区	73	2	5	66		514	365	47	102
邗江区	99	6		92	1	651	483	51	117
江都区	137	21	11	105		758	533	93	132
宝应县	83	5	1	76	1	944	786	55	103
扬州经济技术开发区	32		5	27		273	196	15	62
蜀冈瘦西湖景区	30			29	1	102	76	6	20
生态新城	15			14	1	40	19	4	17
仪征市	83	2	3	72	6	477	360	32	85
高邮市	100	12	8	79	1	771	608	41	122
镇江市	**533**	**29**	**31**	**464**	**9**	**2830**	**2122**	**225**	**483**
京口区	25	1	2	21	1	286	226	17	43
润州区	40	2	2	33	3	196	142	15	39
丹徒区	42	2	2	38		324	254	26	44
镇江新区	23	1	5	17		209	118	21	70
江苏镇江高新区	11			11		62	40	12	10
丹阳市	150	14	6	126	4	878	669	74	135
扬中市	41	2	5	33	1	259	183	26	50
句容市	201	7	9	185		616	490	34	92
泰州市	**841**	**25**	**49**	**759**	**8**	**4075**	**3039**	**281**	**755**
海陵区	114	3	6	103	2	705	574	49	82
高港区	77		1	76		246	193	14	39
姜堰区	98	2	5	91		607	449	38	120
泰州医药高新技术产业开发区	29	2		27		199	141	20	38
兴化市	162	7	9	142	4	918	588	50	280
靖江市	104	2	2	99	1	572	475	44	53
泰兴市	257	9	26	221	1	828	619	66	143
宿迁市	**605**	**29**	**19**	**552**	**5**	**3106**	**1973**	**257**	**876**
宿城区	124	11	5	107	1	416	307	34	75
宿豫区	62	5	3	53	1	230	158	22	50
沭阳县	143	3	5	134	1	874	598	90	186
泗阳县	63	6	2	54	1	808	354	42	412
泗洪县	102	2	2	98		454	344	46	64
宿迁经济技术开发区	42	1	1	40		124	81	11	32
宿迁市湖滨新区	34	1	1	31	1	96	59	3	34
苏州宿迁工业园区	2			2		23	16	1	6
宿迁市洋河新区	33			33		81	56	8	17

4-4　续表 88　　　　单位：人

地　区 性　别	教育		卫生和社会工作			文化、体育和娱乐业				
	小计	教育	小计	卫生	社会工作	小计	新闻和出版业	广播、电视、电影和录音制作业	文化艺术业	体育
江　苏	**151804**	**151804**	**73884**	**70058**	**3826**	**26963**	**2107**	**3784**	**5370**	**4418**
南京市	**26113**	**26113**	**12393**	**11671**	**722**	**6000**	**886**	**1047**	**1248**	**871**
玄武区	2198	2198	957	899	58	543	92	135	111	61
秦淮区	2233	2233	1478	1410	68	781	126	155	205	75
建邺区	1926	1926	999	956	43	631	128	126	150	87
鼓楼区	3537	3537	2301	2157	144	838	204	153	174	82
浦口区	977	977	398	372	26	153	8	10	33	39
栖霞区	2966	2966	964	891	73	670	74	109	89	118
雨花台区	1444	1444	691	650	41	405	47	102	100	61
江宁区	4766	4766	1776	1664	112	951	97	136	188	175
六合区	1185	1185	616	582	34	189	12	21	34	28
溧水区	934	934	444	416	28	132	11	18	12	23
高淳区	792	792	511	466	45	98	11	8	18	11
南京江北新区	3155	3155	1258	1208	50	609	76	74	134	111
无锡市	**13225**	**13225**	**7038**	**6502**	**536**	**2771**	**142**	**436**	**465**	**512**
锡山区	1415	1415	490	465	25	191	5	17	22	36
惠山区	1518	1518	684	613	71	181	5	28	25	42
滨湖区	1389	1389	778	701	77	367	17	108	64	73
梁溪区	2008	2008	1576	1462	114	633	48	108	99	110
新吴区	1108	1108	472	424	48	240	15	28	40	49
江苏无锡经济开发区	953	953	446	417	29	238	14	42	52	40
江阴市	2824	2824	1404	1320	84	531	23	70	101	105
宜兴市	2010	2010	1188	1100	88	390	15	35	62	57
徐州市	**15035**	**15035**	**7332**	**7159**	**173**	**1591**	**103**	**200**	**422**	**297**
鼓楼区	1026	1026	522	505	17	157	16	14	41	25
云龙区	1461	1461	756	743	13	168	15	24	49	32
贾汪区	623	623	306	284	22	67	3	12	8	12
泉山区	2131	2131	1510	1482	28	346	51	51	73	70
铜山区	2224	2224	762	721	41	197	2	19	56	32
丰县	1013	1013	443	440	3	55		6	16	7
沛县	1301	1301	611	599	12	129	5	14	43	21
睢宁县	1418	1418	598	582	16	130	3	21	43	31
徐州经济技术开发区	706	706	379	372	7	57	1	7	10	8
新沂市	1360	1360	603	596	7	148	4	19	37	38
邳州市	1772	1772	842	835	7	137	3	13	46	21
常州市	**9646**	**9646**	**4599**	**4307**	**292**	**2144**	**104**	**259**	**277**	**407**
天宁区	1534	1534	1077	1028	49	378	26	56	50	72
钟楼区	1398	1398	769	732	37	350	27	49	45	67
新北区	1731	1731	623	558	65	423	21	57	53	73
武进区	2466	2466	877	785	92	477	17	49	61	94
金坛区	878	878	516	491	25	220	4	19	24	33
江苏省常州市经济开发区	448	448	146	141	5	79	3	3	17	21
溧阳市	1191	1191	591	572	19	217	6	26	27	47
苏州市	**22328**	**22328**	**10717**	**9911**	**806**	**5043**	**195**	**563**	**1006**	**942**
虎丘区	1670	1670	718	647	71	339	12	33	81	61
吴中区	2558	2558	877	797	80	618	20	102	99	102
相城区	1528	1528	691	641	50	344	9	72	75	60
姑苏区	2118	2118	1466	1364	102	698	57	68	210	88
吴江区	2144	2144	1004	920	84	364	21	43	55	71
苏州工业园区	2685	2685	934	879	55	624	36	72	130	147
常熟市	2423	2423	1446	1345	101	495	10	34	86	84

4-4 续表 89

单位：人

地　区 性　别	教育		卫生和社会工作			文化、体育和娱乐业				
	小计	教育	小计	卫生	社会工作	小计	新闻和出版业	广播、电视、电影和录音制作业	文　化艺术业	体育
张家港市	2455	2455	1341	1240	101	547	6	72	70	120
昆山市	3563	3563	1565	1490	75	734	18	50	152	147
太仓市	1184	1184	675	588	87	280	6	17	48	62
南通市	**11224**	**11224**	**6067**	**5737**	**330**	**1612**	**105**	**215**	**330**	**249**
崇川区	2111	2111	1300	1244	56	396	26	66	87	53
港闸区	674	674	413	387	26	134	8	19	16	20
通州区	1487	1487	682	642	40	156	16	13	41	27
如东县	1012	1012	624	589	35	110	7	10	37	21
南通经济技术开发区	503	503	204	194	10	104	3	6	11	17
通州湾示范区	73	73	46	39	7	5		1	3	
苏锡通科技产业园区	71	71	42	40	2	12	1	3	2	2
启东市	1074	1074	657	611	46	142	5	9	17	19
如皋市	1723	1723	837	800	37	219	10	41	52	30
海门市	1129	1129	521	493	28	138	14	25	22	26
海安市	1367	1367	741	698	43	196	15	22	42	34
连云港市	**7463**	**7463**	**3199**	**3107**	**92**	**874**	**50**	**192**	**240**	**110**
连云区	239	239	141	140	1	61		8	21	6
海州区	1636	1636	832	808	24	231	19	37	50	37
赣榆区	1743	1743	599	583	16	100	9	10	22	14
东海县	1539	1539	523	508	15	263	6	119	83	18
灌云县	754	754	355	336	19	61	4	6	15	5
灌南县	824	824	419	412	7	68	1	6	24	11
连云港经济技术开发区	154	154	48	47	1	23	2		2	12
连云港高新技术产业开发区	532	532	250	241	9	60	9	5	21	4
江苏连云港徐圩新区	22	22	17	17		4		1		2
江苏省连云港市云台山风景名胜区	20	20	15	15		3			2	1
淮安市	**7594**	**7594**	**3564**	**3463**	**101**	**943**	**70**	**115**	**220**	**139**
淮安区	1200	1200	557	530	27	160	4	15	65	17
淮阴区	935	935	599	581	18	95	8	14	17	21
清江浦区	1708	1708	862	850	12	238	26	37	55	30
洪泽区	417	417	192	182	10	48	3		8	5
涟水县	995	995	403	394	9	117	4	12	24	18
盱眙县	961	961	425	416	9	89	8	12	16	9
金湖县	402	402	218	209	9	73	5	12	11	14
淮安经济技术开发区	502	502	152	148	4	71	3	7	11	17
工业园区	21	21	1	1		1		1		
生态文旅区	435	435	147	144	3	48	9	5	12	7
苏淮高新区	18	18	8	8		3			1	1
盐城市	**10200**	**10200**	**5044**	**4809**	**235**	**1365**	**119**	**158**	**332**	**219**
亭湖区	1345	1345	592	579	13	186	20	19	46	36
盐都区	1094	1094	388	374	14	128	8	15	34	23
大丰区	966	966	566	543	23	209	8	29	58	33
响水县	606	606	308	298	10	61	5	12	11	8
滨海县	931	931	439	431	8	79	3	8	15	17
阜宁县	963	963	488	427	61	128	6	7	26	20
射阳县	1081	1081	568	534	34	122	3	11	33	29
建湖县	873	873	438	414	24	134	5	11	51	8
盐城经济技术开发区	166	166	44	40	4	13		2	2	4
江苏省盐南高新区	1182	1182	527	515	12	187	50	25	34	18
东台市	993	993	686	654	32	118	11	19	22	23
扬州市	**8088**	**8088**	**3565**	**3433**	**132**	**1466**	**106**	**176**	**326**	**218**
广陵区	959	959	440	425	15	239	19	27	40	36

4-4　续表 90

单位：人

地区 性别	教育		卫生和社会工作			文化、体育和娱乐业				
	小计	教育	小计	卫生	社会工作	小计	新闻和出版业	广播、电视、电影和录音制作业	文化艺术业	体育
邗江区	1858	1858	610	583	27	301	41	27	85	38
江都区	1303	1303	696	670	26	224	13	27	62	38
宝应县	1091	1091	477	457	20	117	5	27	28	15
扬州经济技术开发区	613	613	208	205	3	85	9	14	14	16
蜀冈瘦西湖景区	416	416	155	148	7	91	5	9	26	13
生态新城	62	62	17	14	3	20	1		2	8
仪征市	789	789	398	386	12	198	5	32	45	32
高邮市	997	997	564	545	19	191	8	13	24	22
镇江市	**5996**	**5996**	**2592**	**2482**	**110**	**1176**	**83**	**152**	**144**	**162**
京口区	1246	1246	519	504	15	149	18	37	30	19
润州区	578	578	298	293	5	157	24	25	27	14
丹徒区	444	444	147	135	12	107		9	14	12
镇江新区	411	411	134	126	8	81	3	10	7	22
江苏镇江高新区	109	109	58	58		23	3	5	5	5
丹阳市	1533	1533	718	696	22	349	12	33	29	46
扬中市	512	512	273	250	23	83	6	7	13	14
句容市	1163	1163	445	420	25	227	17	26	19	30
泰州市	**7104**	**7104**	**4177**	**4009**	**168**	**1184**	**85**	**146**	**180**	**174**
海陵区	1269	1269	751	715	36	309	28	41	62	51
高港区	426	426	199	191	8	44	1	6	10	6
姜堰区	1105	1105	603	587	16	127	14	13	14	24
泰州医药高新技术产业开发区	534	534	322	315	7	102	8	15	18	16
兴化市	1263	1263	752	716	36	211	12	12	27	15
靖江市	1110	1110	727	698	29	170	11	33	19	30
泰兴市	1397	1397	823	787	36	221	11	26	30	32
宿迁市	**7788**	**7788**	**3597**	**3468**	**129**	**794**	**59**	**125**	**180**	**118**
宿城区	1527	1527	793	776	17	198	32	32	27	28
宿豫区	742	742	253	247	6	90	6	11	18	15
沭阳县	2272	2272	1098	1027	71	191	11	25	68	21
泗阳县	1164	1164	490	478	12	96	3	20	24	15
泗洪县	1323	1323	633	616	17	121	5	17	25	14
宿迁经济技术开发区	336	336	162	160	2	45	1	12	10	12
宿迁市湖滨新区	157	157	49	49		27	1	2	3	8
苏州宿迁工业园区	105	105	36	36		6		3	1	
宿迁市洋河新区	162	162	83	79	4	20		3	4	5
男	**52572**	**52572**	**23571**	**22357**	**1214**	**14239**	**1082**	**2007**	**2679**	**2477**
南京市	**9113**	**9113**	**3490**	**3266**	**224**	**3095**	**405**	**556**	**605**	**497**
玄武区	920	920	263	242	21	279	42	68	62	35
秦淮区	790	790	415	396	19	407	57	90	86	52
建邺区	642	642	282	265	17	318	58	65	74	49
鼓楼区	1306	1306	702	661	41	399	93	66	78	46
浦口区	358	358	105	96	9	77	3	3	12	23
栖霞区	1086	1086	274	255	19	374	35	65	48	65
雨花台区	432	432	208	190	18	209	13	59	53	38
江宁区	1621	1621	442	412	30	507	51	74	101	84
六合区	430	430	178	166	12	90	2	14	11	15
溧水区	295	295	125	119	6	72	6	11	6	17
高淳区	247	247	173	161	12	59	7	5	12	8
南京江北新区	986	986	323	303	20	304	38	36	62	65
无锡市	**3728**	**3728**	**2129**	**1979**	**150**	**1471**	**74**	**223**	**245**	**291**
锡山区	369	369	135	129	6	92	3	5	12	24

4-4 续表 91

单位：人

地区 性别	教育		卫生和社会工作			文化、体育和娱乐业				
	小计	教育	小计	卫生	社会工作	小计	新闻和出版业	广播、电视、电影和录音制作业	文化艺术业	体育
惠山区	359	359	212	189	23	84	2	15	9	22
滨湖区	450	450	246	219	27	195	8	56	38	37
梁溪区	579	579	480	449	31	334	28	52	51	63
新吴区	267	267	139	122	17	162	13	14	28	34
江苏无锡经济开发区	295	295	149	140	9	135	3	24	26	23
江阴市	808	808	424	411	13	271	11	35	49	57
宜兴市	601	601	344	320	24	198	6	22	32	31
徐州市	**5596**	**5596**	**2532**	**2464**	**68**	**923**	**58**	**121**	**227**	**181**
鼓楼区	333	333	131	127	4	88	6	9	24	17
云龙区	448	448	231	223	8	89	5	15	19	19
贾汪区	220	220	109	97	12	41	3	6	5	5
泉山区	768	768	461	445	16	181	30	28	34	39
铜山区	835	835	258	248	10	105	2	13	27	17
丰县	394	394	214	213	1	34		4	7	5
沛县	494	494	246	243	3	90	5	12	29	15
睢宁县	578	578	216	210	6	87	3	14	24	24
徐州经济技术开发区	241	241	125	123	2	31	1	3	5	3
新沂市	514	514	231	228	3	85	1	10	23	22
邳州市	771	771	310	307	3	92	2	7	30	15
常州市	**2941**	**2941**	**1384**	**1291**	**93**	**1106**	**53**	**129**	**135**	**215**
天宁区	451	451	321	304	17	205	16	27	20	39
钟楼区	428	428	243	224	19	189	10	26	24	43
新北区	474	474	178	158	20	214	10	30	22	34
武进区	800	800	241	217	24	236	9	25	32	46
金坛区	303	303	175	167	8	115	2	9	14	16
江苏省常州市经济开发区	116	116	35	34	1	40	2	1	9	11
溧阳市	369	369	191	187	4	107	4	11	14	26
苏州市	**6390**	**6390**	**3220**	**3024**	**196**	**2511**	**110**	**303**	**445**	**475**
虎丘区	490	490	179	169	10	173	9	17	40	36
吴中区	779	779	234	212	22	320	10	56	45	55
相城区	402	402	220	206	14	159	3	40	24	30
姑苏区	732	732	451	419	32	383	32	38	97	53
吴江区	569	569	309	278	31	201	15	25	26	37
苏州工业园区	720	720	309	288	21	314	16	42	52	71
常熟市	750	750	454	437	17	243	9	17	42	38
张家港市	598	598	375	356	19	235	2	38	29	52
昆山市	977	977	498	482	16	352	12	24	69	75
太仓市	373	373	191	177	14	131	2	6	21	28
南通市	**3644**	**3644**	**1815**	**1724**	**91**	**843**	**48**	**106**	**164**	**145**
崇川区	694	694	396	381	15	213	13	30	44	38
港闸区	218	218	101	93	8	67	3	9	9	9
通州区	505	505	224	204	20	78	8	8	21	13
如东县	325	325	180	172	8	50	2	3	22	10
南通经济技术开发区	171	171	44	41	3	53	2	1	3	14
通州湾示范区	31	31	14	12	2	2		1	1	
苏锡通科技产业园区	18	18	16	16		8	1	2	1	1
启东市	293	293	193	181	12	78	1	6	8	8
如皋市	586	586	274	269	5	119	2	24	21	19
海门市	340	340	162	153	9	72	9	13	13	12
海安市	463	463	211	202	9	103	7	9	21	21
连云港市	**2830**	**2830**	**1179**	**1138**	**41**	**487**	**34**	**95**	**121**	**75**
连云区	69	69	37	37		39		5	17	3

4-4　续表 92　　　　单位：人

地　区 性　别	教育		卫生和社会工作			文化、体育和娱乐业				
	小计	教育	小计	卫生	社会工作	小计	新闻和出版业	广播、电视、电影和录音制作业	文化艺术业	体育
海州区	609	609	272	262	10	131	12	23	22	26
赣榆区	655	655	225	218	7	64	8	10	11	9
东海县	572	572	216	205	11	116	5	46	36	8
灌云县	346	346	150	140	10	41	3	5	9	5
灌南县	340	340	169	167	2	49	1	4	17	10
连云港经济技术开发区	54	54	16	16		16	1		1	9
连云港高新技术产业开发区	169	169	83	82	1	28	4	2	7	3
江苏连云港徐圩新区	10	10	6	6		2				2
江苏省连云港市云台山风景名胜区	6	6	5	5		1			1	
淮安市	**3091**	**3091**	**1282**	**1242**	**40**	**543**	**43**	**68**	**118**	**82**
淮安区	510	510	215	207	8	98	3	10	40	8
淮阴区	410	410	223	214	9	56	6	7	10	12
清江浦区	611	611	272	268	4	134	15	24	24	18
洪泽区	202	202	74	71	3	23	1		3	4
涟水县	442	442	158	154	4	62		6	11	7
盱眙县	433	433	163	156	7	51	6	3	10	5
金湖县	160	160	69	67	2	39	4	7	6	10
淮安经济技术开发区	164	164	53	52	1	48	3	6	5	12
工业园区	4	4				1		1		
生态文旅区	147	147	51	49	2	28	5	4	8	5
苏淮高新区	8	8	4	4		3			1	1
盐城市	**4417**	**4417**	**1850**	**1748**	**102**	**770**	**63**	**85**	**179**	**142**
亭湖区	600	600	225	219	6	105	4	8	24	28
盐都区	480	480	135	132	3	66	4	10	13	16
大丰区	397	397	180	171	9	111	4	18	26	21
响水县	267	267	107	104	3	28	2	3	6	3
滨海县	386	386	165	161	4	49	2	4	8	12
阜宁县	453	453	217	177	40	72	4	4	16	9
射阳县	516	516	207	201	6	77	3	10	21	17
建湖县	369	369	162	154	8	84	4	5	36	6
盐城经济技术开发区	67	67	18	16	2	7		1	1	3
江苏省盐南高新区	423	423	184	176	8	107	29	11	16	12
东台市	459	459	250	237	13	64	7	11	12	15
扬州市	**3074**	**3074**	**1137**	**1077**	**60**	**770**	**57**	**93**	**172**	**117**
广陵区	338	338	132	123	9	118	9	9	21	21
邗江区	675	675	180	169	11	158	23	17	42	21
江都区	483	483	216	206	10	121	9	16	28	25
宝应县	476	476	161	153	8	70	2	18	19	12
扬州经济技术开发区	247	247	62	60	2	41	4	7	7	6
蜀冈瘦西湖景区	144	144	44	39	5	55	3	6	13	8
生态新城	27	27	8	7	1	10				3
仪征市	305	305	125	120	5	94	1	14	30	11
高邮市	379	379	209	200	9	103	6	6	12	10
镇江市	**2203**	**2203**	**813**	**777**	**36**	**609**	**55**	**83**	**63**	**88**
京口区	530	530	161	152	9	77	8	24	13	8
润州区	209	209	88	87	1	90	16	16	14	9
丹徒区	172	172	54	50	4	44		3	6	6
镇江新区	128	128	27	25	2	43	3	5	4	11
江苏镇江高新区	35	35	11	11		14	1	4	3	2
丹阳市	523	523	254	246	8	175	11	17	10	26
扬中市	176	176	83	77	6	48	5	4	6	5
句容市	430	430	135	129	6	118	11	10	7	21

4-4 续表 93

单位：人

地区 性别	教育		卫生和社会工作			文化、体育和娱乐业				
	小计	教育	小计	卫生	社会工作	小计	新闻和出版业	广播、电视、电影和录音制作业	文化艺术业	体育
泰州市	**2532**	**2532**	**1418**	**1364**	**54**	**648**	**46**	**76**	**100**	**100**
海陵区	424	424	244	229	15	176	14	23	40	29
高港区	155	155	65	60	5	20		2	7	1
姜堰区	406	406	182	179	3	72	8	8	6	16
泰州医药高新技术产业开发区	163	163	94	93	1	54	5	6	6	10
兴化市	515	515	314	301	13	119	7	8	16	8
靖江市	335	335	225	222	3	74	5	12	9	17
泰兴市	534	534	294	280	14	133	7	17	16	19
宿迁市	**3013**	**3013**	**1322**	**1263**	**59**	**463**	**36**	**69**	**105**	**69**
宿城区	517	517	249	245	4	113	20	19	17	13
宿豫区	288	288	99	97	2	56	4	8	10	8
沭阳县	875	875	458	419	39	115	8	14	41	11
泗阳县	508	508	184	178	6	51	2	10	15	8
泗洪县	554	554	227	222	5	74	1	6	13	13
宿迁经济技术开发区	118	118	55	53	2	26		6	6	8
宿迁市湖滨新区	63	63	12	12		16	1	2	2	5
苏州宿迁工业园区	31	31	11	11		3		2		
宿迁市洋河新区	59	59	27	26	1	9		2	1	3
女	**99232**	**99232**	**50313**	**47701**	**2612**	**12724**	**1025**	**1777**	**2691**	**1941**
南京市	**17000**	**17000**	**8903**	**8405**	**498**	**2905**	**481**	**491**	**643**	**374**
玄武区	1278	1278	694	657	37	264	50	67	49	26
秦淮区	1443	1443	1063	1014	49	374	69	65	119	23
建邺区	1284	1284	717	691	26	313	70	61	76	38
鼓楼区	2231	2231	1599	1496	103	439	111	87	96	36
浦口区	619	619	293	276	17	76	5	7	21	16
栖霞区	1880	1880	690	636	54	296	39	44	41	53
雨花台区	1012	1012	483	460	23	196	34	43	47	23
江宁区	3145	3145	1334	1252	82	444	46	62	87	91
六合区	755	755	438	416	22	99	10	7	23	13
溧水区	639	639	319	297	22	60	5	7	6	6
高淳区	545	545	338	305	33	39	4	3	6	3
南京江北新区	2169	2169	935	905	30	305	38	38	72	46
无锡市	**9497**	**9497**	**4909**	**4523**	**386**	**1300**	**68**	**213**	**220**	**221**
锡山区	1046	1046	355	336	19	99	2	12	10	12
惠山区	1159	1159	472	424	48	97	3	13	16	20
滨湖区	939	939	532	482	50	172	9	52	26	36
梁溪区	1429	1429	1096	1013	83	299	20	56	48	47
新吴区	841	841	333	302	31	78	2	14	12	15
江苏无锡经济开发区	658	658	297	277	20	103	11	18	26	17
江阴市	2016	2016	980	909	71	260	12	35	52	48
宜兴市	1409	1409	844	780	64	192	9	13	30	26
徐州市	**9439**	**9439**	**4800**	**4695**	**105**	**668**	**45**	**79**	**195**	**116**
鼓楼区	693	693	391	378	13	69	10	5	17	8
云龙区	1013	1013	525	520	5	79	10	9	30	13
贾汪区	403	403	197	187	10	26		6	3	7
泉山区	1363	1363	1049	1037	12	165	21	23	39	31
铜山区	1389	1389	504	473	31	92		6	29	15
丰县	619	619	229	227	2	21		2	9	2
沛县	807	807	365	356	9	39		2	14	6
睢宁县	840	840	382	372	10	43		7	19	7
徐州经济技术开发区	465	465	254	249	5	26		4	5	5
新沂市	846	846	372	368	4	63	3	9	14	16
邳州市	1001	1001	532	528	4	45	1	6	16	6

4-4　续表 94　　　　单位：人

地　区 性　别	教育		卫生和社会工作			文化、体育和娱乐业				
	小计	教育	小计	卫生	社会工作	小计	新闻和出版业	广播、电视、电影和录音制作业	文化艺术业	体育
常州市	**6705**	**6705**	**3215**	**3016**	**199**	**1038**	**51**	**130**	**142**	**192**
天宁区	1083	1083	756	724	32	173	10	29	30	33
钟楼区	970	970	526	508	18	161	17	23	21	24
新北区	1257	1257	445	400	45	209	11	27	31	39
武进区	1666	1666	636	568	68	241	8	24	29	48
金坛区	575	575	341	324	17	105	2	10	10	17
江苏省常州市经济开发区	332	332	111	107	4	39	1	2	8	10
溧阳市	822	822	400	385	15	110	2	15	13	21
苏州市	**15938**	**15938**	**7497**	**6887**	**610**	**2532**	**85**	**260**	**561**	**467**
虎丘区	1180	1180	539	478	61	166	3	16	41	25
吴中区	1779	1779	643	585	58	298	10	46	54	47
相城区	1126	1126	471	435	36	185	6	32	51	30
姑苏区	1386	1386	1015	945	70	315	25	30	113	35
吴江区	1575	1575	695	642	53	163	6	18	29	34
苏州工业园区	1965	1965	625	591	34	310	20	30	78	76
常熟市	1673	1673	992	908	84	252	1	17	44	46
张家港市	1857	1857	966	884	82	312	4	34	41	68
昆山市	2586	2586	1067	1008	59	382	6	26	83	72
太仓市	811	811	484	411	73	149	4	11	27	34
南通市	**7580**	**7580**	**4252**	**4013**	**239**	**769**	**57**	**109**	**166**	**104**
崇川区	1417	1417	904	863	41	183	13	36	43	15
港闸区	456	456	312	294	18	67	5	10	7	11
通州区	982	982	458	438	20	78	8	5	20	14
如东县	687	687	444	417	27	60	5	7	15	11
南通经济技术开发区	332	332	160	153	7	51	1	5	8	3
通州湾示范区	42	42	32	27	5	3			2	
苏锡通科技产业园区	53	53	26	24	2	4		1	1	1
启东市	781	781	464	430	34	64	4	3	9	11
如皋市	1137	1137	563	531	32	100	8	17	31	11
海门市	789	789	359	340	19	66	5	12	9	14
海安市	904	904	530	496	34	93	8	13	21	13
连云港市	**4633**	**4633**	**2020**	**1969**	**51**	**387**	**16**	**97**	**119**	**35**
连云区	170	170	104	103	1	22		3	4	3
海州区	1027	1027	560	546	14	100	7	14	28	11
赣榆区	1088	1088	374	365	9	36	1		11	5
东海县	967	967	307	303	4	147	1	73	47	10
灌云县	408	408	205	196	9	20	1	1	6	
灌南县	484	484	250	245	5	19		2	7	1
连云港经济技术开发区	100	100	32	31	1	7	1		1	3
连云港高新技术产业开发区	363	363	167	159	8	32	5	3	14	1
江苏连云港徐圩新区	12	12	11	11		2		1		
江苏省连云港市云台山风景名胜区	14	14	10	10		2			1	1
淮安市	**4503**	**4503**	**2282**	**2221**	**61**	**400**	**27**	**47**	**102**	**57**
淮安区	690	690	342	323	19	62	1	5	25	9
淮阴区	525	525	376	367	9	39	2	7	7	9
清江浦区	1097	1097	590	582	8	104	11	13	31	12
洪泽区	215	215	118	111	7	25	2		5	1
涟水县	553	553	245	240	5	55	4	6	13	11
盱眙县	528	528	262	260	2	38	2	9	6	4
金湖县	242	242	149	142	7	34	1	5	5	4
淮安经济技术开发区	338	338	99	96	3	23		1	6	5
工业园区	17	17	1	1						

4-4 续表 95

单位：人

地区 性别	教育		卫生和社会工作			文化、体育和娱乐业				
	小计	教育	小计	卫生	社会工作	小计	新闻和出版业	广播、电视、电影和录音制作业	文化艺术业	体育
生态文旅区	288	288	96	95	1	20	4	1	4	2
苏淮高新区	10	10	4	4						
盐城市	**5783**	**5783**	**3194**	**3061**	**133**	**595**	**56**	**73**	**153**	**77**
亭湖区	745	745	367	360	7	81	16	11	22	8
盐都区	614	614	253	242	11	62	4	5	21	7
大丰区	569	569	386	372	14	98	4	11	32	12
响水县	339	339	201	194	7	33	3	9	5	5
滨海县	545	545	274	270	4	30	1	4	7	5
阜宁县	510	510	271	250	21	56	2	3	10	11
射阳县	565	565	361	333	28	45		1	12	12
建湖县	504	504	276	260	16	50	1	6	15	2
盐城经济技术开发区	99	99	26	24	2	6		1	1	1
江苏省盐南高新区	759	759	343	339	4	80	21	14	18	6
东台市	534	534	436	417	19	54	4	8	10	8
扬州市	**5014**	**5014**	**2428**	**2356**	**72**	**696**	**49**	**83**	**154**	**101**
广陵区	621	621	308	302	6	121	10	18	19	15
邗江区	1183	1183	430	414	16	143	18	10	43	17
江都区	820	820	480	464	16	103	4	11	34	13
宝应县	615	615	316	304	12	47	3	9	9	3
扬州经济技术开发区	366	366	146	145	1	44	5	7	7	10
蜀冈瘦西湖景区	272	272	111	109	2	36	2	3	13	5
生态新城	35	35	9	7	2	10	1		2	5
仪征市	484	484	273	266	7	104	4	18	15	21
高邮市	618	618	355	345	10	88	2	7	12	12
镇江市	**3793**	**3793**	**1779**	**1705**	**74**	**567**	**28**	**69**	**81**	**74**
京口区	716	716	358	352	6	72	10	13	17	11
润州区	369	369	210	206	4	67	8	9	13	5
丹徒区	272	272	93	85	8	63		6	8	6
镇江新区	283	283	107	101	6	38		5	3	11
江苏镇江高新区	74	74	47	47		9	2	1	2	3
丹阳市	1010	1010	464	450	14	174	1	16	19	20
扬中市	336	336	190	173	17	35	1	3	7	9
句容市	733	733	310	291	19	109	6	16	12	9
泰州市	**4572**	**4572**	**2759**	**2645**	**114**	**536**	**39**	**70**	**80**	**74**
海陵区	845	845	507	486	21	133	14	18	22	22
高港区	271	271	134	131	3	24	1	4	3	5
姜堰区	699	699	421	408	13	55	6	5	8	8
泰州医药高新技术产业开发区	371	371	228	222	6	48	3	9	12	6
兴化市	748	748	438	415	23	92	5	4	11	7
靖江市	775	775	502	476	26	96	6	21	10	13
泰兴市	863	863	529	507	22	88	4	9	14	13
宿迁市	**4775**	**4775**	**2275**	**2205**	**70**	**331**	**23**	**56**	**75**	**49**
宿城区	1010	1010	544	531	13	85	12	13	10	15
宿豫区	454	454	154	150	4	34	2	3	8	7
沭阳县	1397	1397	640	608	32	76	3	11	27	10
泗阳县	656	656	306	300	6	45	1	10	9	7
泗洪县	769	769	406	394	12	47	4	11	12	1
宿迁经济技术开发区	218	218	107	107		19	1	6	4	4
宿迁市湖滨新区	94	94	37	37		11			1	3
苏州宿迁工业园区	74	74	25	25		3		1	1	
宿迁市洋河新区	103	103	56	53	3	11		1	3	2

4-4　续表 96　　　　　　　　　　　　　　　　　　　　　　　　　　单位：人

地　区 性　别	娱乐业	公共管理、社会保障和社会组织							国际组织	
		小计	中国共产党机关	国家机构	人民政协、民主党派	社会保障	群众团体、社会团体和其他成员组织	基层群众自治组织	小计	国际组织
江　苏	**11284**	**135228**	**2738**	**102364**	**242**	**792**	**7020**	**22072**	**20**	**20**
南京市	**1948**	**19662**	**392**	**16071**	**47**	**90**	**816**	**2246**	**1**	**1**
玄武区	144	1385	42	1213	4	14	70	42		
秦淮区	220	1626	38	1395	6	10	82	95		
建邺区	140	1591	21	1458	8	1	38	65	1	1
鼓楼区	225	2855	106	2528	10	20	116	75		
浦口区	63	1289	12	957		2	44	274		
栖霞区	280	1555	24	1259	2	4	87	179		
雨花台区	95	1082	30	865	1	1	75	110		
江宁区	355	3178	45	2473	7	14	120	519		
六合区	94	1214	18	901	2	5	48	240		
溧水区	68	1032	11	790	1	3	37	190		
高淳区	50	1153	13	843	3	7	31	256		
南京江北新区	214	1702	32	1389	3	9	68	201		
无锡市	**1216**	**11380**	**93**	**8931**	**18**	**50**	**435**	**1853**		
锡山区	111	1193	3	911	1	3	66	209		
惠山区	81	893	3	659		6	28	197		
滨湖区	105	1227	16	976	4	6	45	180		
梁溪区	268	1789	14	1509	7	10	49	200		
新吴区	108	790	1	641	2	7	21	118		
江苏无锡经济开发区	90	688	29	557	1	6	36	59		
江阴市	232	2451	24	1844	1	11	117	454		
宜兴市	221	2349	3	1834	2	1	73	436		
徐州市	**569**	**11782**	**278**	**9091**	**14**	**96**	**537**	**1766**	**2**	**2**
鼓楼区	61	813	45	660		10	33	65		
云龙区	48	1331	33	1190	5	6	54	43	1	1
贾汪区	32	482	10	321	1	1	17	132		
泉山区	101	1874	38	1632	3	15	68	118	1	1
铜山区	88	1145	24	768		17	61	275		
丰县	26	845	25	666	2	4	27	121		
沛县	46	1142	15	926		8	24	169		
睢宁县	32	1367	38	886	1	5	148	289		
徐州经济技术开发区	31	439		327		2	12	98		
新沂市	50	1038	31	734		14	52	207		
邳州市	54	1306	19	981	2	14	41	249		
常州市	**1097**	**7606**	**101**	**6168**	**11**	**27**	**274**	**1025**	**1**	**1**
天宁区	174	1277	15	1080	1	4	74	103	1	1
钟楼区	162	1065	17	883	4	9	39	113		
新北区	219	1284	34	1030	2	1	43	174		
武进区	256	1388	25	1073		3	54	233		
金坛区	140	976	1	797	2	4	16	156		
江苏省常州市经济开发区	35	320	3	242	1	3	15	56		
溧阳市	111	1296	6	1063	1	3	33	190		
苏州市	**2337**	**19670**	**210**	**15100**	**38**	**147**	**763**	**3412**	**4**	**4**
虎丘区	152	1284	3	1053	3	8	51	166		
吴中区	295	2118	20	1378	2	16	92	610	2	2
相城区	128	1371	11	1023	1	5	54	277		
姑苏区	275	1897	37	1607	8	24	96	125		
吴江区	174	2005	3	1535	4	5	28	430		
苏州工业园区	239	1614	41	1244	3	31	82	213		
常熟市	281	2413	25	1840	4	18	100	426		

4-4 续表 97

单位：人

地区 性别	娱乐业	公共管理、社会保障和社会组织							国际组织	
		小计	中国共产党机关	国家机构	人民政协、民主党派	社会保障	群众团体、社会团体和其他成员组织	基层群众自治组织	小计	国际组织
张家港市	279	2418	9	1792	4	4	78	531	1	1
昆山市	367	3085	21	2544	3	13	76	428		
太仓市	147	1465	40	1084	6	23	106	206	1	1
南通市	**713**	**10968**	**192**	**8092**	**21**	**64**	**775**	**1824**		
崇川区	164	2018	64	1730	7	19	68	130		
港闸区	71	510	18	385	3	3	23	78		
通州区	59	1327	17	980	2	5	103	220		
如东县	35	1189	10	896		4	84	195		
南通经济技术开发区	67	279	3	210		4	19	43		
通州湾示范区	1	64		37			11	16		
苏锡通科技产业园区	4	68	3	50				15		
启东市	92	1207		926		2	9	270		
如皋市	86	1542	37	1052	5	11	115	322		
海门市	51	1312	17	895	1	7	123	269		
海安市	83	1452	23	931	3	9	220	266		
连云港市	**282**	**6457**	**201**	**4790**	**11**	**61**	**353**	**1041**		
连云区	26	334	11	281		1	8	33		
海州区	88	1573	28	1306	1	12	66	160		
赣榆区	45	1100	24	803	2	5	32	234		
东海县	37	1070	56	734	2	26	129	123		
灌云县	31	919	17	506		3	43	350		
灌南县	26	694	42	526	1	6	49	70		
连云港经济技术开发区	7	129	4	92		2	9	22		
连云港高新技术产业开发区	21	598	19	518	5	5	16	35		
江苏连云港徐圩新区	1	18		14				4		
江苏省连云港市云台山风景名胜区		22		10		1	1	10		
淮安市	**399**	**6755**	**201**	**5114**	**19**	**45**	**326**	**1050**	**5**	**5**
淮安区	59	995	28	683	2	2	31	249	5	5
淮阴区	35	696	23	466	5	15	59	128		
清江浦区	90	1467	41	1237	7	16	39	127		
洪泽区	32	557	10	391	1	5	54	96		
涟水县	59	780	5	619			27	129		
盱眙县	44	806	25	594	1	2	72	112		
金湖县	31	633	6	460	2		21	144		
淮安经济技术开发区	33	408	52	302	1	1	13	39		
工业园区		25		16				9		
生态文旅区	15	372	11	336		4	9	12		
苏淮高新区	1	16		10			1	5		
盐城市	**537**	**11182**	**265**	**7478**	**8**	**78**	**1273**	**2080**	**3**	**3**
亭湖区	65	1269	32	806	1	13	223	194	1	1
盐都区	48	1283	12	675		15	309	272		
大丰区	81	1386	29	990	1	10	79	277		
响水县	25	676	22	476	1		77	100		
滨海县	36	909	13	687	1	3	24	181		
阜宁县	69	1097	27	574		7	106	383	1	1
射阳县	46	998	25	636	1	7	125	204	1	1
建湖县	59	883	12	661	3	15	47	145		
盐城经济技术开发区	5	147	4	58			43	42		
江苏省盐南高新区	60	1337	50	1133		5	89	60		
东台市	43	1197	39	782		3	151	222		
扬州市	**640**	**7927**	**182**	**5732**	**12**	**62**	**505**	**1434**	**1**	**1**
广陵区	117	799	34	617	1	2	32	113		

4-4　续表 98

单位：人

地区 性别	娱乐业	公共管理、社会保障和社会组织							国际组织	
		小计	中国共产党机关	国家机构	人民政协、民主党派	社会保障	群众团体、社会团体和其他成员组织	基层群众自治组织	小计	国际组织
邗江区	110	1679	44	1303	2	29	110	191	1	1
江都区	84	1420	31	947	3	9	90	340		
宝应县	42	1186	3	837		3	49	294		
扬州经济技术开发区	32	347	12	262		1	49	23		
蜀冈瘦西湖景区	38	365	22	273	1	2	27	40		
生态新城	9	76	2	33		4	21	16		
仪征市	84	893	15	656	2	4	51	165		
高邮市	124	1162	19	804	3	8	76	252		
镇江市	**635**	**6441**	**163**	**5129**	**14**	**21**	**259**	**855**	**3**	**3**
京口区	45	1017	18	949	2		15	33	1	1
润州区	67	793	53	664	2	6	40	28		
丹徒区	72	607	19	421	2		30	135	1	1
镇江新区	39	326	10	245	1	1	18	51		
江苏镇江高新区	5	189	3	163		9	2	12		
丹阳市	229	1396	19	1070	4	1	70	232		
扬中市	43	822	20	653	1	3	18	127	1	1
句容市	135	1291	21	964	2	1	66	237		
泰州市	**599**	**9173**	**221**	**6351**	**17**	**30**	**275**	**2279**		
海陵区	127	1480	61	1185	8	7	41	178		
高港区	21	556	18	357		1	14	166		
姜堰区	62	1367	43	939		1	77	307		
泰州医药高新技术产业开发区	45	717	12	621	4	4	18	58		
兴化市	145	1686	39	1173		6	47	421		
靖江市	77	1357	5	1008	4		43	297		
泰兴市	122	2010	43	1068	1	11	35	852		
宿迁市	**312**	**6225**	**239**	**4317**	**12**	**21**	**429**	**1207**		
宿城区	79	1766	84	1395	6	5	44	232		
宿豫区	40	503	14	342		2	30	115		
沭阳县	66	1391	58	874	3	5	130	321		
泗阳县	34	810	43	530	2	7	67	161		
泗洪县	60	1087	17	806		1	52	211		
宿迁经济技术开发区	10	319	7	167			94	51		
宿迁市湖滨新区	13	123	3	54	1		8	57		
苏州宿迁工业园区	2	86	10	71			4	1		
宿迁市洋河新区	8	140	3	78		1		58		
男	**5994**	**88949**	**1901**	**69019**	**164**	**365**	**4194**	**13306**	**11**	**11**
南京市	**1032**	**12463**	**254**	**10607**	**23**	**35**	**384**	**1160**		
玄武区	72	841	28	771	2	7	26	7		
秦淮区	122	1005	22	918	3	3	38	21		
建邺区	72	984	12	924	3		17	28		
鼓楼区	116	1759	66	1608	5	9	53	18		
浦口区	36	794	10	608		2	28	146		
栖霞区	161	1034	19	874	1	2	47	91		
雨花台区	46	649	18	552		1	30	48		
江宁区	197	2117	30	1726	3	3	57	298		
六合区	48	769	13	590	1	1	28	136		
溧水区	32	672	7	536	1	3	10	115		
高淳区	27	777	10	588	2	1	17	159		
南京江北新区	103	1062	19	912	2	3	33	93		
无锡市	**638**	**7391**	**67**	**5979**	**13**	**22**	**232**	**1078**		
锡山区	48	759	1	603	1	2	30	122		

4-4 续表 99

单位：人

地区 性别		公共管理、社会保障和社会组织							国际组织	
	娱乐业	小计	中国共产党机关	国家机构	人民政协、民主党派	社会保障	群众团体、社会团体和其他成员组织	基层群众自治组织	小计	国际组织
惠山区	36	592	3	449		1	11	128		
滨湖区	56	790	10	650	3	5	23	99		
梁溪区	140	1127	11	982	6	5	20	103		
新吴区	73	531		442	1	4	10	74		
江苏无锡经济开发区	59	416	20	351		2	15	28		
江阴市	119	1659	19	1281		3	69	287		
宜兴市	107	1517	3	1221	2		54	237		
徐州市	**336**	**8024**	**206**	**6277**	**11**	**45**	**287**	**1198**	**2**	**2**
鼓楼区	32	527	30	453		5	9	30		
云龙区	31	874	23	799	3	3	31	15	1	1
贾汪区	22	338	9	221	1	1	14	92		
泉山区	50	1231	30	1095	2	9	44	51	1	1
铜山区	46	753	16	528		6	24	179		
丰县	18	607	18	475	2	1	12	99		
沛县	29	785	9	636		4	15	121		
睢宁县	22	929	33	606	1	2	75	212		
徐州经济技术开发区	19	309		238		1	7	63		
新沂市	29	717	27	512		6	28	144		
邳州市	38	954	11	714	2	7	28	192		
常州市	**574**	**4867**	**67**	**4002**	**7**	**13**	**174**	**604**	**1**	**1**
天宁区	103	794	11	680	1	1	55	46	1	1
钟楼区	86	681	13	581	3	6	20	58		
新北区	118	811	24	654	1	1	28	103		
武进区	124	902	11	718		2	32	139		
金坛区	74	640		516	2	1	10	111		
江苏省常州市经济开发区	17	217	3	166		2	11	35		
溧阳市	52	822	5	687			18	112		
苏州市	**1178**	**13341**	**126**	**10684**	**29**	**70**	**439**	**1993**	**2**	**2**
虎丘区	71	863	3	767	2	5	26	60		
吴中区	154	1438	15	990	1	5	64	363	1	1
相城区	62	982	9	752	1	3	36	181		
姑苏区	163	1256	29	1123	6	11	54	33		
吴江区	98	1377	2	1078	4	2	10	281		
苏州工业园区	133	1027	19	839	1	14	47	107		
常熟市	137	1738	14	1369	4	10	54	287		
张家港市	114	1501	4	1138	3	2	41	313		
昆山市	172	2149	8	1831	2	6	49	253		
太仓市	74	1010	23	797	5	12	58	115	1	1
南通市	**380**	**6721**	**129**	**5080**	**16**	**27**	**541**	**928**		
崇川区	88	1289	43	1135	5	10	38	58		
港闸区	37	312	9	255	3	1	12	32		
通州区	28	769	10	574		4	65	116		
如东县	13	795	7	597			68	123		
南通经济技术开发区	33	172	3	134			12	23		
通州湾示范区		44		26			8	10		
苏锡通科技产业园区	3	46	1	32				13		
启东市	55	622		528		1	4	89		
如皋市	53	1048	26	704	5	4	106	203		
海门市	25	684	11	500	1	2	54	116		
海安市	45	940	19	595	2	5	174	145		
连云港市	**162**	**4368**	**147**	**3341**	**7**	**34**	**201**	**638**		
连云区	14	218	5	196			7	10		

4-4　续表 100　　　　单位：人

地区 性别	娱乐业	公共管理、社会保障和社会组织							国际组织	
		小计	中国共产党机关	国家机构	人民政协、民主党派	社会保障	群众团体、社会团体和其他成员组织	基层群众自治组织	小计	国际组织
海州区	48	1020	16	873	1	7	39	84		
赣榆区	26	789	19	592	1	2	20	155		
东海县	21	727	40	501	2	13	73	98		
灌云县	19	607	15	373		1	25	193		
灌南县	17	488	33	366	1	5	27	56		
连云港经济技术开发区	5	96	4	69		2	5	16		
连云港高新技术产业开发区	12	394	15	351	2	3	5	18		
江苏连云港徐圩新区		15		12				3		
江苏省连云港市云台山风景名胜区		14		8		1		5		
淮安市	**232**	**4767**	**147**	**3604**	**14**	**22**	**205**	**775**	**3**	**3**
淮安区	37	701	18	488		1	21	173	3	3
淮阴区	21	517	16	350	5	9	34	103		
清江浦区	53	1005	31	857	5	7	25	80		
洪泽区	15	402	8	281		2	42	69		
涟水县	38	551	5	434			17	95		
盱眙县	27	592	20	435	1	1	38	97		
金湖县	12	453	3	328	2		14	106		
淮安经济技术开发区	22	284	38	205	1	1	8	31		
工业园区		16		9				7		
生态文旅区	6	231	8	208		1	5	9		
苏淮高新区	1	15		9			1	5		
盐城市	**301**	**7645**	**200**	**5191**	**6**	**38**	**842**	**1368**	**2**	**2**
亭湖区	41	854	21	555		6	147	125	1	1
盐都区	23	862	10	457		7	202	186		
大丰区	42	948	21	692	1	6	51	177		
响水县	14	483	18	335	1		49	80		
滨海县	23	662	8	502	1	2	19	130		
阜宁县	39	724	16	412		6	58	232	1	1
射阳县	26	681	22	449		5	79	126		
建湖县	33	612	11	449	3	3	36	110		
盐城经济技术开发区	2	96	3	41			29	23		
江苏省盐南高新区	39	889	39	766		3	48	33		
东台市	19	834	31	533			124	146		
扬州市	**331**	**5090**	**132**	**3806**	**7**	**27**	**296**	**822**	**1**	**1**
广陵区	58	506	24	405	1	1	21	54		
邗江区	55	1055	30	856		15	50	104	1	1
江都区	43	892	27	622	1	4	55	183		
宝应县	19	796	1	564		1	38	192		
扬州经济技术开发区	17	208	8	170		1	21	8		
蜀冈瘦西湖景区	25	224	15	172	1		20	16		
生态新城	7	46	1	25		1	11	8		
仪征市	38	588	10	435	2	2	32	107		
高邮市	69	775	16	557	2	2	48	150		
镇江市	**320**	**4141**	**102**	**3344**	**11**	**12**	**148**	**524**		
京口区	24	663	9	626	2		9	17		
润州区	35	514	26	451	2	2	21	12		
丹徒区	29	387	14	272			18	83		
镇江新区	20	210	7	159	1		10	33		
江苏镇江高新区	4	122	2	102		7	2	9		
丹阳市	111	917	16	709	3	1	37	151		
扬中市	28	468	13	373	1	1	11	69		
句容市	69	860	15	652	2	1	40	150		

4-4 续表 101

单位：人

地　区 性　别	娱乐业	公共管理、社会保障和社会组织							国际组织	
		小计	中国共产党机关	国家机构	人民政协、民主党派	社会保障	群众团体、社会团体和其他成员组织	基层群众自治组织	小计	国际组织
泰州市	**326**	**5800**	**153**	**4106**	**12**	**11**	**181**	**1337**		
海陵区	70	908	41	738	4	1	25	99		
高港区	10	336	14	209			8	105		
姜堰区	34	856	28	586			55	187		
泰州医药高新技术产业开发区	27	429	8	374	4	1	10	32		
兴化市	80	1262	29	881		5	39	308		
靖江市	31	807	5	615	3		29	155		
泰兴市	74	1202	28	703	1	4	15	451		
宿迁市	**184**	**4331**	**171**	**2998**	**8**	**9**	**264**	**881**		
宿城区	44	1175	59	931	4	2	23	156		
宿豫区	26	359	10	241		1	17	90		
沭阳县	41	977	42	624	1	2	82	226		
泗阳县	16	576	33	365	2	4	48	124		
泗洪县	41	791	12	585			33	161		
宿迁经济技术开发区	6	211	4	120			53	34		
宿迁市湖滨新区	6	85	3	31	1		7	43		
苏州宿迁工业园区	1	53	6	45			1	1		
宿迁市洋河新区	3	104	2	56				46		
女	**5290**	**46279**	**837**	**33345**	**78**	**427**	**2826**	**8766**	**9**	**9**
南京市	**916**	**7199**	**138**	**5464**	**24**	**55**	**432**	**1086**	**1**	**1**
玄武区	72	544	14	442	2	7	44	35		
秦淮区	98	621	16	477	3	7	44	74		
建邺区	68	607	9	534	5	1	21	37	1	1
鼓楼区	109	1096	40	920	5	11	63	57		
浦口区	27	495	2	349			16	128		
栖霞区	119	521	5	385	1	2	40	88		
雨花台区	49	433	12	313	1		45	62		
江宁区	158	1061	15	747	4	11	63	221		
六合区	46	445	5	311	1	4	20	104		
溧水区	36	360	4	254			27	75		
高淳区	23	376	3	255	1	6	14	97		
南京江北新区	111	640	13	477	1	6	35	108		
无锡市	**578**	**3989**	**26**	**2952**	**5**	**28**	**203**	**775**		
锡山区	63	434	2	308		1	36	87		
惠山区	45	301		210		5	17	69		
滨湖区	49	437	6	326	1	1	22	81		
梁溪区	128	662	3	527	1	5	29	97		
新吴区	35	259	1	199	1	3	11	44		
江苏无锡经济开发区	31	272	9	206	1	4	21	31		
江阴市	113	792	5	563	1	8	48	167		
宜兴市	114	832		613		1	19	199		
徐州市	**233**	**3758**	**72**	**2814**	**3**	**51**	**250**	**568**		
鼓楼区	29	286	15	207		5	24	35		
云龙区	17	457	10	391	2	3	23	28		
贾汪区	10	144	1	100			3	40		
泉山区	51	643	8	537	1	6	24	67		
铜山区	42	392	8	240		11	37	96		
丰县	8	238	7	191		3	15	22		
沛县	17	357	6	290		4	9	48		
睢宁县	10	438	5	280		3	73	77		
徐州经济技术开发区	12	130		89		1	5	35		
新沂市	21	321	4	222		8	24	63		
邳州市	16	352	8	267		7	13	57		

4-4　续表 102

单位：人

地　区 性　别	娱乐业	公共管理、社会保障和社会组织						国际组织	
		小计	中国共产党机关	国家机构	人民政协、民主党派	社会保障	群众团体、社会团体和其他成员组织	基层群众自治组织	小计	国际组织
常州市	**523**	**2739**	**34**	**2166**	**4**	**14**	**100**	**421**		
天宁区	71	483	4	400		3	19	57		
钟楼区	76	384	4	302	1	3	19	55		
新北区	101	473	10	376	1		15	71		
武进区	132	486	14	355		1	22	94		
金坛区	66	336	1	281		3	6	45		
江苏省常州市经济开发区	18	103		76	1	1	4	21		
溧阳市	59	474	1	376	1	3	15	78		
苏州市	**1159**	**6329**	**84**	**4416**	**9**	**77**	**324**	**1419**	**2**	**2**
虎丘区	81	421		286	1	3	25	106		
吴中区	141	680	5	388	1	11	28	247	1	1
相城区	66	389	2	271		2	18	96		
姑苏区	112	641	8	484	2	13	42	92		
吴江区	76	628	1	457		3	18	149		
苏州工业园区	106	587	22	405	2	17	35	106		
常熟市	144	675	11	471		8	46	139		
张家港市	165	917	5	654	1	2	37	218	1	1
昆山市	195	936	13	713	1	7	27	175		
太仓市	73	455	17	287	1	11	48	91		
南通市	**333**	**4247**	**63**	**3012**	**5**	**37**	**234**	**896**		
崇川区	76	729	21	595	2	9	30	72		
港闸区	34	198	9	130		2	11	46		
通州区	31	558	7	406	2	1	38	104		
如东县	22	394	3	299		4	16	72		
南通经济技术开发区	34	107		76		4	7	20		
通州湾示范区	1	20		11			3	6		
苏锡通科技产业园区	1	22	2	18				2		
启东市	37	585		398		1	5	181		
如皋市	33	494	11	348		7	9	119		
海门市	26	628	6	395		5	69	153		
海安市	38	512	4	336	1	4	46	121		
连云港市	**120**	**2089**	**54**	**1449**	**4**	**27**	**152**	**403**		
连云区	12	116	6	85		1	1	23		
海州区	40	553	12	433		5	27	76		
赣榆区	19	311	5	211	1	3	12	79		
东海县	16	343	16	233		13	56	25		
灌云县	12	312	2	133		2	18	157		
灌南县	9	206	9	160		1	22	14		
连云港经济技术开发区	2	33		23			4	6		
连云港高新技术产业开发区	9	204	4	167	3	2	11	17		
江苏连云港徐圩新区	1	3		2				1		
江苏省连云港市云台山风景名胜区		8		2			1	5		
淮安市	**167**	**1988**	**54**	**1510**	**5**	**23**	**121**	**275**	**2**	**2**
淮安区	22	294	10	195	2	1	10	76	2	2
淮阴区	14	179	7	116		6	25	25		
清江浦区	37	462	10	380	2	9	14	47		
洪泽区	17	155	2	110	1	3	12	27		
涟水县	21	229		185			10	34		
盱眙县	17	214	5	159		1	34	15		
金湖县	19	180	3	132			7	38		
淮安经济技术开发区	11	124	14	97			5	8		
工业园区		9		7				2		

4-4 续表 103　　　　　　　　　　　　　　　　　　　　　　　　单位：人

地区 性别	娱乐业	公共管理、社会保障和社会组织							国际组织	
		小计	中国共产党机关	国家机构	人民政协、民主党派	社会保障	群众团体、社会团体和其他成员组织	基层群众自治组织	小计	国际组织
生态文旅区	9	141	3	128		3	4	3		
苏淮高新区		1		1						
盐城市	**236**	**3537**	**65**	**2287**	**2**	**40**	**431**	**712**	**1**	**1**
亭湖区	24	415	11	251	1	7	76	69		
盐都区	25	421	2	218		8	107	86		
大丰区	39	438	8	298		4	28	100		
响水县	11	193	4	141			28	20		
滨海县	13	247	5	185		1	5	51		
阜宁县	30	373	11	162		1	48	151		
射阳县	20	317	3	187	1	2	46	78	1	1
建湖县	26	271	1	212		12	11	35		
盐城经济技术开发区	3	51	1	17			14	19		
江苏省盐南高新区	21	448	11	367		2	41	27		
东台市	24	363	8	249		3	27	76		
扬州市	**309**	**2837**	**50**	**1926**	**5**	**35**	**209**	**612**		
广陵区	59	293	10	212		1	11	59		
邗江区	55	624	14	447	2	14	60	87		
江都区	41	528	4	325	2	5	35	157		
宝应县	23	390	2	273		2	11	102		
扬州经济技术开发区	15	139	4	92			28	15		
蜀冈瘦西湖景区	13	141	7	101		2	7	24		
生态新城	2	30	1	8		3	10	8		
仪征市	46	305	5	221		2	19	58		
高邮市	55	387	3	247	1	6	28	102		
镇江市	**315**	**2300**	**61**	**1785**	**3**	**9**	**111**	**331**	**3**	**3**
京口区	21	354	9	323			6	16	1	1
润州区	32	279	27	213		4	19	16		
丹徒区	43	220	5	149	2		12	52	1	1
镇江新区	19	116	3	86		1	8	18		
江苏镇江高新区	1	67	1	61		2		3		
丹阳市	118	479	3	361	1		33	81		
扬中市	15	354	7	280		2	7	58	1	1
句容市	66	431	6	312			26	87		
泰州市	**273**	**3373**	**68**	**2245**	**5**	**19**	**94**	**942**		
海陵区	57	572	20	447	4	6	16	79		
高港区	11	220	4	148		1	6	61		
姜堰区	28	511	15	353		1	22	120		
泰州医药高新技术产业开发区	18	288	4	247		3	8	26		
兴化市	65	424	10	292		1	8	113		
靖江市	46	550		393	1		14	142		
泰兴市	48	808	15	365		7	20	401		
宿迁市	**128**	**1894**	**68**	**1319**	**4**	**12**	**165**	**326**		
宿城区	35	591	25	464	2	3	21	76		
宿豫区	14	144	4	101		1	13	25		
沭阳县	25	414	16	250	2	3	48	95		
泗阳县	18	234	10	165		3	19	37		
泗洪县	19	296	5	221		1	19	50		
宿迁经济技术开发区	4	108	3	47			41	17		
宿迁市湖滨新区	7	38		23			1	14		
苏州宿迁工业园区	1	33	4	26			3			
宿迁市洋河新区	5	36	1	22		1		12		

4-4a　各地区分性别、行业大类的就业人口(城市)

单位：人

地区 性别	合计	农、林、牧、渔业						采矿业	
		小计	农业	林业	畜牧业	渔业	农、林、牧、渔专业及辅助性活动	小计	煤炭开采和洗选业
江　苏	**1925978**	**31230**	**23969**	**966**	**1559**	**3348**	**1388**	**2385**	**719**
南京市	**364118**	**1872**	**1077**	**102**	**99**	**476**	**118**	**425**	**28**
玄武区	22304	2	1			1		15	2
秦淮区	33227	3					3	29	
建邺区	26395	1	1					9	1
鼓楼区	40102							1	
浦口区	14901	334	266	17	17	22	12	8	
栖霞区	40155	125	82	12	13	3	15	114	8
雨花台区	30905	31	26		3	2		105	9
江宁区	69919	376	230	51	26	43	26	42	1
六合区	10139	136	94	5	4	14	19	37	5
溧水区	14557	95	61		14	11	9	6	
高淳区	10715	506	128	6	9	354	9	6	1
南京江北新区	50799	263	188	11	13	26	25	53	1
无锡市	**247013**	**858**	**632**	**43**	**53**	**104**	**26**	**81**	**13**
锡山区	28230	81	56	5	6	13	1	10	3
惠山区	27738	122	104	3	2	10	3	6	1
滨湖区	25188	71	65	4	2			6	2
梁溪区	44955	27	18	1		4	4	2	
新吴区	31200	42	30	3		5	4	1	
江苏无锡经济开发区	17929	40	35		1	3	1	5	
江阴市	42383	243	163	15	26	30	9	24	6
宜兴市	29390	232	161	12	16	39	4	27	1
徐州市	**123085**	**5394**	**4373**	**208**	**412**	**114**	**287**	**808**	**618**
鼓楼区	17427	336	218	21	22	10	65	134	103
云龙区	18456	354	268	12	26	9	39	53	41
贾汪区	6524	267	219	1	38	2	7	106	91
泉山区	25021	135	90	8	26	7	4	246	208
铜山区	16580	1089	941	7	57	19	65	214	149
丰县									
沛县									
睢宁县									
徐州经济技术开发区	126	11	9		2				
新沂市	16397	1605	1316	79	73	44	93	20	8
邳州市	22554	1597	1312	80	168	23	14	35	18
常州市	**178113**	**914**	**609**	**105**	**44**	**77**	**79**	**52**	**9**
天宁区	26826	54	21	10	5	7	11	6	1
钟楼区	29712	225	141	25	18	17	24	5	
新北区	34691	106	83	6	6	2	9	13	5
武进区	40189	144	71	33	3	17	20	7	2
金坛区	17315	153	110	20	2	19	2	15	1
江苏省常州市经济开发区	10069	18	7	2			9		
溧阳市	19311	214	176	9	10	15	4	6	
苏州市	**383090**	**1537**	**890**	**102**	**60**	**408**	**77**	**113**	**4**
虎丘区	43152	182	96	46	10	22	8	56	
吴中区	46516	79	33	15	1	21	9	30	3
相城区	42806	297	129	17	6	134	11	4	1
姑苏区	41297	54	38	3	5	7	1	7	
吴江区	35678	335	168	5	4	158		3	
苏州工业园区									
常熟市	48606	121	82	5	6	19	9		

4-4a 续表 1

单位：人

地区 性别	合计	农、林、牧、渔业						采矿业	
		小计	农业	林业	畜牧业	渔业	农、林、牧、渔专业及辅助性活动	小计	煤炭开采和洗选业
张家港市	27348	64	43	3	3	10	5		
昆山市	76608	214	163	5	4	29	13	10	
太仓市	21079	191	138	3	21	8	21	3	
南通市	**146192**	**5999**	**5475**	**80**	**238**	**106**	**100**	**49**	**6**
崇川区	32276	49	25		4	11	9	11	
港闸区	18543	76	60		2	7	7	7	
通州区	20228	1114	1069	6	12	13	14	3	1
如东县									
南通经济技术开发区									
通州湾示范区									
苏锡通科技产业园区									
启东市	17770	1995	1902	3	53	33	4	5	1
如皋市	16900	762	679	51	21	2	9	6	4
海门市	16333	624	507	8	63	21	25	3	
海安市	24142	1379	1233	12	83	19	32	14	
连云港市	**46281**	**3107**	**1738**	**29**	**71**	**1131**	**138**	**69**	**15**
连云区	6916	302	14	4	8	258	18	8	1
海州区	23993	778	656	11	25	38	48	37	2
赣榆区	13872	1779	862	11	37	805	64	23	12
东海县	549	177	169		1	2	5		
灌云县									
灌南县									
连云港经济技术开发区									
连云港高新技术产业开发区									
江苏连云港徐圩新区	755	35	5			27	3	1	
江苏省连云港市云台山风景名胜区	196	36	32	3		1			
淮安市	**52592**	**1470**	**1076**	**55**	**116**	**110**	**113**	**115**	**2**
淮安区	12317	212	151	12	21	15	13	49	
淮阴区	13473	705	586	15	44	20	40	8	
清江浦区	20796	220	151	6	26	10	27	37	2
洪泽区	6006	333	188	22	25	65	33	21	
涟水县									
盱眙县									
金湖县									
淮安经济技术开发区									
工业园区									
生态文旅区									
苏淮高新区									
盐城市	**80373**	**4910**	**4342**	**32**	**188**	**212**	**136**	**37**	**5**
亭湖区	22302	734	639	9	34	25	27	12	3
盐都区	13451	390	268	9	12	82	19	11	
大丰区	11774	940	806	6	57	48	23	4	
响水县									
滨海县									
阜宁县									
射阳县									
建湖县									
盐城经济技术开发区	137	1		1				1	
江苏省盐南高新区	15381	260	209	7	13	20	11	6	2
东台市	17328	2585	2420		72	37	56	3	
扬州市	**97439**	**1538**	**1053**	**87**	**74**	**158**	**166**	**422**	**6**
广陵区	20089	10	4		4	1	1	35	3

4-4a　续表 2　　　　单位：人

地　区 性　别	合计	农、林、牧、渔业						采矿业	
		小计	农业	林业	畜牧业	渔业	农、林、牧、渔专业及辅助性活动	小计	煤炭开采和洗选业
邗江区	24860	207	159	4	20	11	13	224	1
江都区	15634	433	298	31	18	41	45	97	1
宝应县									
扬州经济技术开发区									
蜀冈瘦西湖景区	6407	55	46	1	1	3	4	44	1
生态新城	1948	18	18					1	
仪征市	13942	564	421	49	23	18	53	12	
高邮市	14559	251	107	2	8	84	50	9	
镇江市	**77546**	**1093**	**848**	**67**	**59**	**53**	**66**	**126**	**5**
京口区	13315	7	6		1			14	
润州区	9827	57	43	1	8	1	4	55	2
丹徒区	6872	180	144	7	10	13	6	29	1
镇江新区									
江苏镇江高新区	3002	70	39	4	3		24	8	
丹阳市	21309	297	196	28	21	29	23	2	1
扬中市	9310	84	71	3	2	4	4	6	
句容市	13911	398	349	24	14	6	5	12	1
泰州市	**94374**	**1716**	**1196**	**30**	**83**	**346**	**61**	**74**	**2**
海陵区	23887	387	331	5	11	29	11	44	1
高港区	6859	35	28	4	2	1		1	
姜堰区	15382	210	152	2	15	25	16	16	
泰州医药高新技术产业开发区									
兴化市	12927	634	309	13	39	256	17	9	
靖江市	17458	57	33	6	5	13		2	1
泰兴市	17861	393	343		11	22	17	2	
宿迁市	**35762**	**822**	**660**	**26**	**62**	**53**	**21**	**14**	**6**
宿城区	17819	390	337	2	18	26	7	4	2
宿豫区	10586	259	208	10	20	11	10	3	
沭阳县									
泗阳县									
泗洪县									
宿迁经济技术开发区									
宿迁市湖滨新区	2475	99	75	4	8	11	1	1	
苏州宿迁工业园区	1388	3	1			1	1	5	3
宿迁市洋河新区	3494	71	39	10	16	4	2	1	1
男	**1126567**	**16599**	**11503**	**648**	**1031**	**2493**	**924**	**1884**	**619**
南京市	**213614**	**1236**	**673**	**71**	**71**	**342**	**79**	**336**	**23**
玄武区	12229	1				1		10	2
秦淮区	18398	2					2	20	
建邺区	15026	1	1					6	
鼓楼区	21935								
浦口区	9097	213	171	13	9	12	8	6	
栖霞区	24517	76	49	7	9	2	9	97	5
雨花台区	18696	18	14		2	2		88	9
江宁区	41257	232	136	35	19	27	15	34	1
六合区	5976	97	63	5	4	10	15	33	5
溧水区	9334	67	41		13	7	6	4	
高淳区	6887	377	94	4	7	265	7	3	1
南京江北新区	30262	152	104	7	8	16	17	35	
无锡市	**145775**	**512**	**354**	**32**	**35**	**73**	**18**	**59**	**11**
锡山区	17210	48	31	4	4	8	1	7	2

4-4a 续表 3　　单位：人

地区 性别	合计	农、林、牧、渔业						采矿业	
		小计	农业	林业	畜牧业	渔业	农、林、牧、渔专业及辅助性活动	小计	煤炭开采和洗选业
惠山区	16777	76	60	2	2	10	2	4	1
滨湖区	14882	32	28	3	1			4	1
梁溪区	25725	18	10	1		4	3	2	
新吴区	18286	30	21	3		3	3	1	
江苏无锡经济开发区	10592	22	19		1	1	1	4	
江阴市	25019	141	92	10	17	17	5	19	6
宜兴市	17284	145	93	9	10	30	3	18	1
徐州市	**72839**	**2892**	**2233**	**147**	**266**	**81**	**165**	**685**	**539**
鼓楼区	10485	205	129	18	14	6	38	106	83
云龙区	10603	180	124	8	20	7	21	43	33
贾汪区	4243	150	116		28	1	5	104	90
泉山区	14488	96	63	6	20	4	3	197	173
铜山区	9213	438	368	4	34	11	21	187	135
丰县									
沛县									
睢宁县									
徐州经济技术开发区	93	7	6		1				
新沂市	9470	894	692	60	44	33	65	14	7
邳州市	14244	922	735	51	105	19	12	34	18
常州市	**104376**	**545**	**336**	**71**	**30**	**58**	**50**	**37**	**5**
天宁区	15328	34	11	8	3	6	6	5	
钟楼区	17355	135	80	14	11	12	18	4	
新北区	19663	56	39	4	5	1	7	7	2
武进区	23669	91	42	24	2	12	11	7	2
金坛区	10192	91	59	13	1	16	2	9	1
江苏省常州市经济开发区	5877	9	4	1			4		
溧阳市	12292	129	101	7	8	11	2	5	
苏州市	**221476**	**916**	**492**	**68**	**43**	**260**	**53**	**83**	**3**
虎丘区	25245	114	55	31	8	12	8	41	
吴中区	26248	49	19	10	1	14	5	22	2
相城区	25546	179	81	13	5	74	6	4	1
姑苏区	23301	36	23	2	4	6	1	6	
吴江区	20974	190	75	3	3	109		1	
苏州工业园区									
常熟市	27920	69	41	3	6	13	6		
张家港市	15619	39	24	2	2	6	5		
昆山市	44717	139	104	3	2	20	10	6	
太仓市	11906	101	70	1	12	6	12	3	
南通市	**84278**	**2593**	**2243**	**51**	**149**	**79**	**71**	**43**	**6**
崇川区	18310	31	12		3	9	7	10	
港闸区	11107	47	33		1	7	6	5	
通州区	11287	465	437	5	7	8	8	3	1
如东县									
南通经济技术开发区									
通州湾示范区									
苏锡通科技产业园区									
启东市	10604	800	732	2	37	25	4	3	1
如皋市	9575	378	318	36	14	2	8	6	4
海门市	9622	284	216	2	37	15	14	2	
海安市	13773	588	495	6	50	13	24	14	
连云港市	**27373**	**1891**	**776**	**17**	**46**	**960**	**92**	**53**	**13**
连云区	4485	241	7	2	5	215	12	6	1

4-4a 续表 4

单位：人

地区 性别	合计	农、林、牧、渔业						采矿业	
		小计	农业	林业	畜牧业	渔业	农、林、牧、渔专业及辅助性活动	小计	煤炭开采和洗选业
海州区	13951	399	322	5	17	28	27	26	
赣榆区	7821	1119	348	10	24	692	45	20	12
东海县	325	87	80			2	5		
灌云县									
灌南县									
连云港经济技术开发区									
连云港高新技术产业开发区									
江苏连云港徐圩新区	664	26	1			22	3	1	
江苏省连云港市云台山风景名胜区	127	19	18			1			
淮安市	**30738**	**851**	**577**	**37**	**76**	**80**	**81**	**88**	**1**
淮安区	7095	139	91	9	15	13	11	36	
淮阴区	8051	382	302	12	23	16	29	8	
清江浦区	11942	125	71	4	21	8	21	26	1
洪泽区	3650	205	113	12	17	43	20	18	
涟水县									
盱眙县									
金湖县									
淮安经济技术开发区									
工业园区									
生态文旅区									
苏淮高新区									
盐城市	**48202**	**2363**	**1961**	**22**	**125**	**151**	**104**	**27**	**5**
亭湖区	13495	378	307	6	25	21	19	8	3
盐都区	8216	211	127	6	9	54	15	8	
大丰区	6816	457	363	5	38	35	16	3	
响水县									
滨海县									
阜宁县									
射阳县									
建湖县									
盐城经济技术开发区	84	1		1				1	
江苏省盐南高新区	9154	160	125	4	11	13	7	4	2
东台市	10437	1156	1039		42	28	47	3	
扬州市	**56930**	**892**	**568**	**62**	**45**	**109**	**108**	**292**	**4**
广陵区	11677	4	1		2		1	29	2
邗江区	14018	108	77	3	12	8	8	138	
江都区	9158	248	161	24	11	23	29	80	1
宝应县									
扬州经济技术开发区									
蜀冈瘦西湖景区	3814	28	22	1	1	3	1	26	1
生态新城	1145	10	10					1	
仪征市	8535	326	235	32	15	14	30	10	
高邮市	8583	168	62	2	4	61	39	8	
镇江市	**45224**	**594**	**429**	**37**	**40**	**40**	**48**	**106**	**3**
京口区	7648	5	4		1			12	
润州区	5760	36	27		6		3	46	1
丹徒区	4173	110	85	5	7	9	4	24	
镇江新区									
江苏镇江高新区	1874	37	18	3	1		15	7	
丹阳市	11946	150	84	12	14	22	18	2	1
扬中市	5505	40	31	1	2	3	3	5	
句容市	8318	216	180	16	9	6	5	10	1

4-4a 续表 5

单位：人

地区 性别	合计	农、林、牧、渔业						采矿业	
		小计	农业	林业	畜牧业	渔业	农、林、牧、渔专业及辅助性活动	小计	煤炭开采和洗选业
泰州市	**54613**	**830**	**497**	**13**	**57**	**225**	**38**	**63**	**1**
海陵区	13667	184	147	2	9	18	8	39	1
高港区	4032	15	10	2	2	1		1	
姜堰区	8949	94	55	1	10	18	10	13	
泰州医药高新技术产业开发区									
兴化市	7889	358	149	5	26	167	11	7	
靖江市	9968	28	15	3	2	8		1	
泰兴市	10108	151	121		8	13	9	2	
宿迁市	**21129**	**484**	**364**	**20**	**48**	**35**	**17**	**12**	**5**
宿城区	10394	222	179	2	15	21	5	3	2
宿豫区	6309	152	117	7	15	5	8	3	
沭阳县									
泗阳县									
泗洪县									
宿迁经济技术开发区									
宿迁市湖滨新区	1517	58	44	1	6	6	1	1	
苏州宿迁工业园区	751	3	1			1	1	4	2
宿迁市洋河新区	2158	49	23	10	12	2	2	1	1
女	**799411**	**14631**	**12466**	**318**	**528**	**855**	**464**	**501**	**100**
南京市	**150504**	**636**	**404**	**31**	**28**	**134**	**39**	**89**	**5**
玄武区	10075	1	1					5	
秦淮区	14829	1					1	9	
建邺区	11369							3	1
鼓楼区	18167							1	
浦口区	5804	121	95	4	8	10	4	2	
栖霞区	15638	49	33	5	4	1	6	17	3
雨花台区	12209	13	12		1			17	
江宁区	28662	144	94	16	7	16	11	8	
六合区	4163	39	31			4	4	4	
溧水区	5223	28	20		1	4	3	2	
高淳区	3828	129	34	2	2	89	2	3	
南京江北新区	20537	111	84	4	5	10	8	18	1
无锡市	**101238**	**346**	**278**	**11**	**18**	**31**	**8**	**22**	**2**
锡山区	11020	33	25	1	2	5		3	1
惠山区	10961	46	44	1			1	2	
滨湖区	10306	39	37	1	1			2	1
梁溪区	19230	9	8				1		
新吴区	12914	12	9			2	1		
江苏无锡经济开发区	7337	18	16			2		1	
江阴市	17364	102	71	5	9	13	4	5	
宜兴市	12106	87	68	3	6	9	1	9	
徐州市	**50246**	**2502**	**2140**	**61**	**146**	**33**	**122**	**123**	**79**
鼓楼区	6942	131	89	3	8	4	27	28	20
云龙区	7853	174	144	4	6	2	18	10	8
贾汪区	2281	117	103	1	10	1	2	2	1
泉山区	10533	39	27	2	6	3	1	49	35
铜山区	7367	651	573	3	23	8	44	27	14
丰县									
沛县									
睢宁县									
徐州经济技术开发区	33	4	3		1				
新沂市	6927	711	624	19	29	11	28	6	1
邳州市	8310	675	577	29	63	4	2	1	

4-4a 续表 6

单位：人

地区 性别	合计	农、林、牧、渔业						采矿业	
		小计	农业	林业	畜牧业	渔业	农、林、牧、渔专业及辅助性活动	小计	煤炭开采和洗选业
常州市	**73737**	**369**	**273**	**34**	**14**	**19**	**29**	**15**	**4**
天宁区	11498	20	10	2	2	1	5	1	1
钟楼区	12357	90	61	11	7	5	6	1	
新北区	15028	50	44	2	1	1	2	6	3
武进区	16520	53	29	9	1	5	9		
金坛区	7123	62	51	7	1	3		6	
江苏省常州市经济开发区	4192	9	3	1			5		
溧阳市	7019	85	75	2	2	4	2	1	
苏州市	**161614**	**621**	**398**	**34**	**17**	**148**	**24**	**30**	**1**
虎丘区	17907	68	41	15	2	10		15	
吴中区	20268	30	14	5		7	4	8	1
相城区	17260	118	48	4	1	60	5		
姑苏区	17996	18	15	1	1	1		1	
吴江区	14704	145	93	2	1	49		2	
苏州工业园区									
常熟市	20686	52	41	2		6	3		
张家港市	11729	25	19	1	1	4			
昆山市	31891	75	59	2	2	9	3	4	
太仓市	9173	90	68	2	9	2	9		
南通市	**61914**	**3406**	**3232**	**29**	**89**	**27**	**29**	**6**	
崇川区	13966	18	13		1	2	2	1	
港闸区	7436	29	27		1		1	2	
通州区	8941	649	632	1	5	5	6		
如东县									
南通经济技术开发区									
通州湾示范区									
苏锡通科技产业园区									
启东市	7166	1195	1170	1	16	8		2	
如皋市	7325	384	361	15	7		1		
海门市	6711	340	291	6	26	6	11	1	
海安市	10369	791	738	6	33	6	8		
连云港市	**18908**	**1216**	**962**	**12**	**25**	**171**	**46**	**16**	**2**
连云区	2431	61	7	2	3	43	6	2	
海州区	10042	379	334	6	8	10	21	11	2
赣榆区	6051	660	514	1	13	113	19	3	
东海县	224	90	89		1				
灌云县									
灌南县									
连云港经济技术开发区									
连云港高新技术产业开发区									
江苏连云港徐圩新区	91	9	4			5			
江苏省连云港市云台山风景名胜区	69	17	14	3					
淮安市	**21854**	**619**	**499**	**18**	**40**	**30**	**32**	**27**	**1**
淮安区	5222	73	60	3	6	2	2	13	
淮阴区	5422	323	284	3	21	4	11		
清江浦区	8854	95	80	2	5	2	6	11	1
洪泽区	2356	128	75	10	8	22	13	3	
涟水县									
盱眙县									
金湖县									
淮安经济技术开发区									
工业园区									

4-4a 续表 7

单位：人

地区 性别	合计	农、林、牧、渔业						采矿业	
		小计	农业	林业	畜牧业	渔业	农、林、牧、渔专业及辅助性活动	小计	煤炭开采和洗选业
生态文旅区									
苏淮高新区									
盐城市	**32171**	**2547**	**2381**	**10**	**63**	**61**	**32**	**10**	
亭湖区	8807	356	332	3	9	4	8	4	
盐都区	5235	179	141	3	3	28	4	3	
大丰区	4958	483	443	1	19	13	7	1	
响水县									
滨海县									
阜宁县									
射阳县									
建湖县									
盐城经济技术开发区	53								
江苏省盐南高新区	6227	100	84	3	2	7	4	2	
东台市	6891	1429	1381		30	9	9		
扬州市	**40509**	**646**	**485**	**25**	**29**	**49**	**58**	**130**	**2**
广陵区	8412	6	3		2	1		6	1
邗江区	10842	99	82	1	8	3	5	86	1
江都区	6476	185	137	7	7	18	16	17	
宝应县									
扬州经济技术开发区									
蜀冈瘦西湖景区	2593	27	24				3	18	
生态新城	803	8	8						
仪征市	5407	238	186	17	8	4	23	2	
高邮市	5976	83	45		4	23	11	1	
镇江市	**32322**	**499**	**419**	**30**	**19**	**13**	**18**	**20**	**2**
京口区	5667	2	2					2	
润州区	4067	21	16	1	2	1	1	9	1
丹徒区	2699	70	59	2	3	4	2	5	1
镇江新区									
江苏镇江高新区	1128	33	21	1	2		9	1	
丹阳市	9363	147	112	16	7	7	5		
扬中市	3805	44	40	2		1	1	1	
句容市	5593	182	169	8	5			2	
泰州市	**39761**	**886**	**699**	**17**	**26**	**121**	**23**	**11**	**1**
海陵区	10220	203	184	3	2	11	3	5	
高港区	2827	20	18	2					
姜堰区	6433	116	97	1	5	7	6	3	
泰州医药高新技术产业开发区									
兴化市	5038	276	160	8	13	89	6	2	
靖江市	7490	29	18	3	3	5		1	1
泰兴市	7753	242	222		3	9	8		
宿迁市	**14633**	**338**	**296**	**6**	**14**	**18**	**4**	**2**	**1**
宿城区	7425	168	158		3	5	2	1	
宿豫区	4277	107	91	3	5	6	2		
沭阳县									
泗阳县									
泗洪县									
宿迁经济技术开发区									
宿迁市湖滨新区	958	41	31	3	2	5			
苏州宿迁工业园区	637							1	1
宿迁市洋河新区	1336	22	16		4	2			

4-4a　续表 8

单位：人

地　区 性　别	采矿业						制造业		
	石油和天然气开采业	黑色金属矿采选业	有色金属矿采选业	非金属矿采选业	开采专业及辅助性活　动	其　他采矿业	小计	农副食品加工业	食　品制造业
江　苏	**247**	**194**	**130**	**484**	**535**	**76**	**501511**	**7001**	**8717**
南京市	**61**	**79**	**97**	**63**	**78**	**19**	**55052**	**889**	**1609**
玄武区	3	3	1	1	5		1362	26	43
秦淮区	13	6	2		6	2	3196	70	143
建邺区	3	1	1		2	1	1335	26	44
鼓楼区				1			2936	51	76
浦口区		2		3	2	1	2157	68	30
栖霞区	10		65	9	20	2	7864	80	133
雨花台区	8	34	24	9	12	9	3803	66	74
江宁区	6	13		13	9		14818	171	518
六合区	7	11	3	7	3	1	2097	41	56
溧水区				2	3	1	4061	135	191
高淳区	1			3	1		2107	41	94
南京江北新区	10	9	1	15	15	2	9316	114	207
无锡市	**13**	**2**	**6**	**28**	**17**	**2**	**85407**	**374**	**824**
锡山区	1		1	5			12096	99	112
惠山区	1		2	2			12938	63	140
滨湖区	1		1		2		6800	15	125
梁溪区	1			1			8351	18	62
新吴区					1		13371	22	51
江苏无锡经济开发区					4	1	5068	19	48
江阴市	1	1		10	5	1	16845	67	145
宜兴市	8	1	2	10	5		9938	71	141
徐州市	**9**	**83**	**2**	**32**	**40**	**24**	**16757**	**744**	**784**
鼓楼区		11		1	11	8	1873	55	136
云龙区		3		5	1	3	2034	66	112
贾汪区	2	3		5	3	2	1639	29	53
泉山区	3	9	1	4	14	7	2366	62	171
铜山区	2	54		3	3	3	2649	176	103
丰县									
沛县									
睢宁县									
徐州经济技术开发区							47	1	1
新沂市	1	1	1	3	5	1	2547	121	79
邳州市	1	2		11	3		3602	234	129
常州市	**4**	**3**	**5**	**19**	**7**	**5**	**60178**	**391**	**628**
天宁区		2			2	1	6158	30	91
钟楼区			1	2	2		7570	61	135
新北区	4			1	1	2	14777	69	102
武进区		1	1	1	2		15763	69	133
金坛区				13		1	5779	86	67
江苏省常州市经济开发区							5608	10	23
溧阳市			3	2		1	4523	66	77
苏州市	**17**	**1**	**7**	**69**	**12**	**3**	**137569**	**522**	**1269**
虎丘区		1	5	43	6	1	17587	20	114
吴中区	14		1	10	2		13358	72	154
相城区				2	1		16111	52	148
姑苏区				7			5862	23	131
吴江区				3			17800	51	98
苏州工业园区									
常熟市							17112	55	83

4-4a 续表 9

单位：人

地区 性别	采矿业						制造业		
	石油和天然气开采业	黑色金属矿采选业	有色金属矿采选业	非金属矿采选业	开采专业及辅助性活动	其他采矿业	小计	农副食品加工业	食品制造业
张家港市							8509	93	109
昆山市	2		1	3	2	2	34195	94	285
太仓市	1			1	1		7035	62	147
南通市	**7**	**1**	**2**	**6**	**26**	**1**	**37903**	**616**	**533**
崇川区	1			2	8		5847	90	130
港闸区		1	1	2	2	1	5146	52	97
通州区	1			1			7137	43	64
如东县									
南通经济技术开发区									
通州湾示范区									
苏锡通科技产业园区									
启东市	4						3710	36	47
如皋市					2		4291	177	45
海门市	1		1	1			4326	73	76
海安市					14		7446	145	74
连云港市	**4**		**3**	**40**	**5**	**2**	**6249**	**478**	**341**
连云区	1			6			881	152	30
海州区	1		2	29	2	1	3035	110	214
赣榆区	2		1	5	3		2173	214	93
东海县							30		1
灌云县									
灌南县									
连云港经济技术开发区									
连云港高新技术产业开发区									
江苏连云港徐圩新区						1	118		1
江苏省连云港市云台山风景名胜区							12	2	2
淮安市	**11**	**2**		**81**	**13**	**6**	**8387**	**552**	**357**
淮安区	1			48			2355	231	98
淮阴区	1	2		2	3		1698	157	82
清江浦区	6			24	4	1	2900	97	150
洪泽区	3			7	6	5	1434	67	27
涟水县									
盱眙县									
金湖县									
淮安经济技术开发区									
工业园区									
生态文旅区									
苏淮高新区									
盐城市	**4**	**3**	**1**	**14**	**10**		**14484**	**501**	**342**
亭湖区	1			4	4		2689	157	90
盐都区	1			4	6		2123	89	62
大丰区		2		2			2678	123	71
响水县									
滨海县									
阜宁县									
射阳县									
建湖县									
盐城经济技术开发区				1			49		1
江苏省盐南高新区			1	3			1933	53	57
东台市	2	1					5012	79	61
扬州市	**98**	**7**	**5**	**31**	**273**	**2**	**23698**	**459**	**531**
广陵区	16			1	15		3612	118	231

4-4a 续表 10

单位：人

地区 性别	采矿业						制造业		
	石油和天然气开采业	黑色金属矿采选业	有色金属矿采选业	非金属矿采选业	开采专业及辅助性活动	其他采矿业	小计	农副食品加工业	食品制造业
邗江区	50	3		10	159	1	4827	66	87
江都区	21	3	4	7	60	1	3623	58	53
宝应县									
扬州经济技术开发区									
蜀冈瘦西湖景区	6	1			36		1081	38	34
生态新城				1			1189	1	4
仪征市	4			5	3		4535	43	58
高邮市	1		1	7			4831	135	64
镇江市	**4**	**10**	**2**	**77**	**16**	**12**	**21106**	**220**	**431**
京口区	1	1		7	3	2	2190	26	55
润州区	1	4		39	2	7	1301	21	81
丹徒区		2	2	20	4		2081	32	89
镇江新区									
江苏镇江高新区	1	2		3	2		619	7	12
丹阳市					1		8686	64	115
扬中市		1		2	2	1	3597	30	22
句容市	1			6	2	2	2632	40	57
泰州市	**13**	**3**		**18**	**38**		**26012**	**877**	**796**
海陵区	10			2	31		5139	109	112
高港区		1					2683	74	64
姜堰区	2			10	4		4104	61	68
泰州医药高新技术产业开发区									
兴化市		2		6	1		2351	366	280
靖江市	1						6424	137	170
泰兴市					2		5311	130	102
宿迁市	**2**			**6**			**8709**	**378**	**272**
宿城区				2			3615	66	84
宿豫区	1			2			2349	290	68
沭阳县									
泗阳县									
泗洪县									
宿迁经济技术开发区									
宿迁市湖滨新区				1			561	3	96
苏州宿迁工业园区	1			1			341	2	13
宿迁市洋河新区							1843	17	11
男	**182**	**155**	**105**	**386**	**384**	**53**	**303384**	**4001**	**4060**
南京市	**46**	**66**	**83**	**49**	**56**	**13**	**35646**	**515**	**779**
玄武区	2	2		1	3		887	15	20
秦淮区	9	5	2		4		2117	45	71
建邺区	2	1			2	1	864	12	18
鼓楼区							1989	27	32
浦口区		1		3	2		1469	48	17
栖霞区	8		60	7	15	2	5131	50	65
雨花台区	5	31	19	8	9	7	2703	39	32
江宁区	5	10		11	7		9224	95	243
六合区	7	10	1	6	3	1	1130	26	28
溧水区				2	2		2588	60	109
高淳区				2			1231	27	52
南京江北新区	8	6	1	9	9	2	6313	71	92
无锡市	**10**	**2**	**5**	**21**	**8**	**2**	**53145**	**223**	**391**
锡山区	1		1	3			7477	71	57

4-4a 续表 11

单位：人

地区 性别	采矿业						制造业		
	石油和天然气开采业	黑色金属矿采选业	有色金属矿采选业	非金属矿采选业	开采专业及辅助性活动	其他采矿业	小计	农副食品加工业	食品制造业
惠山区			1	2			8057	38	62
滨湖区	1		1		1		4320	8	63
梁溪区	1			1			5134	13	35
新吴区					1		8084	12	29
江苏无锡经济开发区					3	1	3236	7	22
江阴市	1	1		9	1	1	10783	37	52
宜兴市	6	1	2	6	2		6054	37	71
徐州市	**8**	**64**	**1**	**28**	**28**	**17**	**10923**	**412**	**348**
鼓楼区		10		1	8	4	1307	31	68
云龙区		1		5	1	3	1413	38	57
贾汪区	2	2		5	3	2	1147	19	19
泉山区	2	7	1	2	7	5	1678	30	79
铜山区	2	42		3	3	2	1695	79	33
丰县									
沛县									
睢宁县									
徐州经济技术开发区							33		
新沂市	1			2	3	1	1479	70	31
邳州市	1	2		10	3		2171	145	61
常州市	**2**	**3**	**4**	**14**	**5**	**4**	**36646**	**226**	**285**
天宁区		2			2	1	3689	16	48
钟楼区			1	2	1		4572	31	62
新北区	2			1		2	8891	34	45
武进区		1	1	1	2		9569	41	45
金坛区				8			3163	61	40
江苏省常州市经济开发区							3431	6	11
溧阳市			2	2		1	3331	37	34
苏州市	**10**	**1**	**6**	**55**	**7**	**1**	**81659**	**313**	**583**
虎丘区		1	4	34	2		10403	11	63
吴中区	8		1	9	2		7512	47	62
相城区				2	1		9694	33	74
姑苏区				6			3439	9	52
吴江区				1			10749	29	46
苏州工业园区									
常熟市							9796	32	41
张家港市							5168	62	54
昆山市	1		1	2	1	1	20771	54	125
太仓市	1			1	1		4127	36	66
南通市	**5**	**1**		**6**	**24**	**1**	**21281**	**357**	**242**
崇川区	1			2	7		3751	59	60
港闸区		1		2	1	1	3218	33	50
通州区	1			1			3411	26	30
如东县									
南通经济技术开发区									
通州湾示范区									
苏锡通科技产业园区									
启东市	2						2108	22	21
如皋市					2		2242	89	20
海门市	1			1			2503	38	37
海安市					14		4048	90	24
连云港市	**4**		**1**	**29**	**4**	**2**	**3503**	**258**	**158**
连云区	1			4			602	100	17

4-4a 续表 12

单位：人

地区 性别	采矿业						制造业		
	石油和天然气开采业	黑色金属矿采选业	有色金属矿采选业	非金属矿采选业	开采专业及辅助性活动	其他采矿业	小计	农副食品加工业	食品制造业
海州区	1		1	21	2	1	1967	72	114
赣榆区	2			4	2		811	85	26
东海县							13		
灌云县									
灌南县									
连云港经济技术开发区									
连云港高新技术产业开发区									
江苏连云港徐圩新区						1	104		
江苏省连云港市云台山风景名胜区							6	1	1
淮安市	**10**	**2**		**61**	**11**	**3**	**4790**	**325**	**172**
淮安区	1			35			1199	125	40
淮阴区	1	2		2	3		901	96	44
清江浦区	5			18	2		1872	63	76
洪泽区	3			6	6	3	818	41	12
涟水县									
盱眙县									
金湖县									
淮安经济技术开发区									
工业园区									
生态文旅区									
苏淮高新区									
盐城市	**4**	**2**	**1**	**11**	**4**		**8923**	**314**	**156**
亭湖区	1			3	1		1698	90	33
盐都区	1			4	3		1289	57	28
大丰区		1		2			1606	76	32
响水县									
滨海县									
阜宁县									
射阳县									
建湖县									
盐城经济技术开发区				1			28		1
江苏省盐南高新区			1	1			1185	34	27
东台市	2	1					3117	57	35
扬州市	**68**	**4**	**2**	**22**	**191**	**1**	**13834**	**266**	**240**
广陵区	14				13		2219	69	103
邗江区	27	1		5	104	1	2791	35	30
江都区	19	2	1	6	51		2186	31	24
宝应县									
扬州经济技术开发区									
蜀冈瘦西湖景区	3	1			21		666	22	17
生态新城				1			668	1	3
仪征市	4			4	2		2998	24	24
高邮市	1		1	6			2306	84	39
镇江市	**3**	**8**	**2**	**68**	**13**	**9**	**12582**	**128**	**214**
京口区	1	1		6	2	2	1444	20	29
润州区	1	3		36	1	4	858	11	45
丹徒区		2	2	16	4		1311	16	52
镇江新区									
江苏镇江高新区	1	2		3	1		424	4	7
丹阳市					1		4879	39	52
扬中市				2	2	1	2272	15	10
句容市				5	2	2	1394	23	19

4-4a 续表 13　　　　单位：人

地区 性别	采矿业						制造业		
	石油和天然气开采业	黑色金属矿采选业	有色金属矿采选业	非金属矿采选业	开采专业及辅助性活动	其他采矿业	小计	农副食品加工业	食品制造业
泰州市	**10**	**2**		**17**	**33**		**15453**	**481**	**377**
海陵区	7			2	29		3102	66	42
高港区		1					1595	51	24
姜堰区	2			9	2		2320	44	30
泰州医药高新技术产业开发区									
兴化市		1		6			1367	176	148
靖江市	1						3957	58	81
泰兴市					2		3112	86	52
宿迁市	**2**			**5**			**4999**	**183**	**115**
宿城区				1			2131	38	45
宿豫区	1			2			1294	131	31
沭阳县									
泗阳县									
泗洪县									
宿迁经济技术开发区									
宿迁市湖滨新区				1			315	1	27
苏州宿迁工业园区	1			1			188	1	7
宿迁市洋河新区							1071	12	5
女	**65**	**39**	**25**	**98**	**151**	**23**	**198127**	**3000**	**4657**
南京市	**15**	**13**	**14**	**14**	**22**	**6**	**19406**	**374**	**830**
玄武区	1	1	1		2		475	11	23
秦淮区	4	1			2	2	1079	25	72
建邺区	1		1				471	14	26
鼓楼区				1			947	24	44
浦口区		1				1	688	20	13
栖霞区	2		5	2	5		2733	30	68
雨花台区	3	3	5	1	3	2	1100	27	42
江宁区	1	3		2	2		5594	76	275
六合区		1	2	1			967	15	28
溧水区					1	1	1473	75	82
高淳区	1			1	1		876	14	42
南京江北新区	2	3		6	6		3003	43	115
无锡市	**3**		**1**	**7**	**9**		**32262**	**151**	**433**
锡山区				2			4619	28	55
惠山区	1		1				4881	25	78
滨湖区					1		2480	7	62
梁溪区							3217	5	27
新吴区							5287	10	22
江苏无锡经济开发区					1		1832	12	26
江阴市				1	4		6062	30	93
宜兴市	2			4	3		3884	34	70
徐州市	**1**	**19**	**1**	**4**	**12**	**7**	**5834**	**332**	**436**
鼓楼区		1			3	4	566	24	68
云龙区		2					621	28	55
贾汪区		1					492	10	34
泉山区	1	2		2	7	2	688	32	92
铜山区		12				1	954	97	70
丰县									
沛县									
睢宁县									
徐州经济技术开发区							14	1	1
新沂市		1	1	1	2		1068	51	48
邳州市				1			1431	89	68

4-4a 续表 14

单位：人

地 区 性 别	采矿业						制造业		
	石油和天然气开采业	黑色金属矿采选业	有色金属矿采选业	非金属矿采选业	开采专业及辅助性活动	其他采矿业	小计	农副食品加工业	食品制造业
常州市	**2**		**1**	**5**	**2**	**1**	**23532**	**165**	**343**
天宁区							2469	14	43
钟楼区					1		2998	30	73
新北区	2				1		5886	35	57
武进区							6194	28	88
金坛区				5		1	2616	25	27
江苏省常州市经济开发区							2177	4	12
溧阳市			1				1192	29	43
苏州市	**7**		**1**	**14**	**5**	**2**	**55910**	**209**	**686**
虎丘区			1	9	4	1	7184	9	51
吴中区	6			1			5846	25	92
相城区							6417	19	74
姑苏区				1			2423	14	79
吴江区				2			7051	22	52
苏州工业园区									
常熟市							7316	23	42
张家港市							3341	31	55
昆山市	1			1	1	1	13424	40	160
太仓市							2908	26	81
南通市	**2**		**2**		**2**		**16622**	**259**	**291**
崇川区					1		2096	31	70
港闸区			1		1		1928	19	47
通州区							3726	17	34
如东县									
南通经济技术开发区									
通州湾示范区									
苏锡通科技产业园区									
启东市	2						1602	14	26
如皋市							2049	88	25
海门市			1				1823	35	39
海安市							3398	55	50
连云港市			**2**	**11**	**1**		**2746**	**220**	**183**
连云区				2			279	52	13
海州区			1	8			1068	38	100
赣榆区			1	1	1		1362	129	67
东海县							17		1
灌云县									
灌南县									
连云港经济技术开发区									
连云港高新技术产业开发区									
江苏连云港徐圩新区							14		1
江苏省连云港市云台山风景名胜区							6	1	1
淮安市	**1**			**20**	**2**	**3**	**3597**	**227**	**185**
淮安区				13			1156	106	58
淮阴区							797	61	38
清江浦区	1			6	2	1	1028	34	74
洪泽区				1		2	616	26	15
涟水县									
盱眙县									
金湖县									
淮安经济技术开发区									
工业园区									

4-4a 续表 15 单位：人

地 区 性 别	采矿业						制造业		
	石油和天然气开采业	黑色金属矿采选业	有色金属矿采选业	非金属矿采选业	开采专业及辅助性活动	其他采矿业	小计	农副食品加工业	食品制造业
生态文旅区									
苏淮高新区									
盐城市		**1**		**3**	**6**		**5561**	**187**	**186**
亭湖区				1	3		991	67	57
盐都区					3		834	32	34
大丰区		1					1072	47	39
响水县									
滨海县									
阜宁县									
射阳县									
建湖县									
盐城经济技术开发区							21		
江苏省盐南高新区				2			748	19	30
东台市							1895	22	26
扬州市	**30**	**3**	**3**	**9**	**82**	**1**	**9864**	**193**	**291**
广陵区	2			1	2		1393	49	128
邗江区	23	2		5	55		2036	31	57
江都区	2	1	3	1	9	1	1437	27	29
宝应县									
扬州经济技术开发区									
蜀冈瘦西湖景区	3				15		415	16	17
生态新城							521		1
仪征市				1	1		1537	19	34
高邮市				1			2525	51	25
镇江市	**1**	**2**		**9**	**3**	**3**	**8524**	**92**	**217**
京口区				1	1		746	6	26
润州区		1		3	1	3	443	10	36
丹徒区				4			770	16	37
镇江新区									
江苏镇江高新区					1		195	3	5
丹阳市							3807	25	63
扬中市		1					1325	15	12
句容市	1			1			1238	17	38
泰州市	**3**	**1**		**1**	**5**		**10559**	**396**	**419**
海陵区	3				2		2037	43	70
高港区							1088	23	40
姜堰区				1	2		1784	17	38
泰州医药高新技术产业开发区									
兴化市		1			1		984	190	132
靖江市							2467	79	89
泰兴市							2199	44	50
宿迁市				**1**			**3710**	**195**	**157**
宿城区				1			1484	28	39
宿豫区							1055	159	37
沭阳县									
泗阳县									
泗洪县									
宿迁经济技术开发区									
宿迁市湖滨新区							246	2	69
苏州宿迁工业园区							153	1	6
宿迁市洋河新区							772	5	6

4-4a　续表 16

单位：人

地区 性别	制造业								
	酒、饮料和精制茶制造业	烟草制品业	纺织业	纺织服装、服饰业	皮革、毛皮、羽毛及其制品和制鞋业	木材加工和木、竹、藤、棕、草制品业	家具制造业	造纸和纸制品业	印刷和记录媒介复制业
江　苏	**3250**	**543**	**24278**	**34005**	**3440**	**5902**	**7418**	**5635**	**6271**
南京市	**405**	**173**	**557**	**2044**	**355**	**275**	**717**	**420**	**784**
玄武区	13	6	9	24	1	2	5	15	44
秦淮区	51	12	38	84	14	17	37	19	75
建邺区	11	67	10	36	5	3	7	7	39
鼓楼区	29	23	28	82	4	16	14	12	84
浦口区	6	5	28	90	26	17	16	7	24
栖霞区	25	7	94	126	21	16	36	47	102
雨花台区	24	27	38	89	11	41	79	28	53
江宁区	101	19	111	405	199	64	235	167	237
六合区	9	1	66	445	9	10	17	15	22
溧水区	41	2	29	111	27	37	116	53	29
高淳区	18		33	352	13	16	76	20	23
南京江北新区	77	4	73	200	25	36	79	30	52
无锡市	**270**	**6**	**3348**	**3294**	**163**	**499**	**682**	**755**	**1223**
锡山区	20	1	483	417	19	91	116	169	181
惠山区	33	1	830	1432	50	97	172	94	152
滨湖区	56		89	131	17	18	33	29	110
梁溪区	19	2	239	306	10	10	17	37	163
新吴区	23	1	128	123	22	50	61	92	192
江苏无锡经济开发区	12		64	81	8	23	21	26	23
江阴市	47	1	1248	598	29	128	159	206	325
宜兴市	60		267	206	8	82	103	102	77
徐州市	**166**	**118**	**390**	**685**	**209**	**1856**	**680**	**211**	**215**
鼓楼区	27	35	21	36	4	14	29	18	45
云龙区	22	36	25	29	10	14	26	14	40
贾汪区	6	1	27	35	2	16	370	67	4
泉山区	36	37	33	48	9	15	23	26	67
铜山区	17	6	43	47	5	159	65	48	28
丰县									
沛县									
睢宁县									
徐州经济技术开发区			3		1		1	1	2
新沂市	42	2	173	332	150	44	36	23	20
邳州市	16	1	65	158	28	1594	130	14	9
常州市	**187**	**10**	**3456**	**4209**	**182**	**412**	**558**	**423**	**581**
天宁区	23		565	1044	21	64	64	47	81
钟楼区	27	1	202	348	12	47	79	93	115
新北区	55	6	427	387	13	82	80	84	51
武进区	27	1	1679	485	61	87	221	105	153
金坛区	14		143	1685	50	16	22	46	82
江苏省常州市经济开发区	6	2	334	173	12	88	59	42	67
溧阳市	35		106	87	13	28	33	6	32
苏州市	**323**	**18**	**5086**	**10604**	**607**	**797**	**2143**	**1981**	**1825**
虎丘区	35	2	102	196	16	90	49	193	170
吴中区	49		271	841	35	108	91	164	189
相城区	21	9	399	1240	69	126	1021	309	239
姑苏区	18		113	320	11	34	63	60	129
吴江区	19		604	996	50	115	218	89	190
苏州工业园区									
常熟市	31		1813	5080	130	106	211	275	118

4-4a 续表 17

单位：人

地区 性别	制造业								
	酒、饮料和精制茶制造业	烟草制品业	纺织业	纺织服装、服饰业	皮革、毛皮、羽毛及其制品和制鞋业	木材加工和木、竹、藤、棕、草制品业	家具制造业	造纸和纸制品业	印刷和记录媒介复制业
张家港市	20		1288	937	57	45	28	73	130
昆山市	118	1	274	579	131	115	369	684	565
太仓市	12	6	222	415	108	58	93	134	95
南通市	**155**	**49**	**7015**	**4352**	**347**	**321**	**1122**	**396**	**349**
崇川区	21	34	784	424	73	23	50	81	102
港闸区	11	5	456	800	62	27	86	39	36
通州区	56	6	3106	751	77	31	110	83	76
如东县									
南通经济技术开发区									
通州湾示范区									
苏锡通科技产业园区									
启东市	16		179	364	34	28	47	22	23
如皋市	14	1	379	832	24	52	101	51	30
海门市	14	2	872	220	63	54	97	40	39
海安市	23	1	1239	961	14	106	631	80	43
连云港市	**81**	**3**	**229**	**377**	**42**	**75**	**122**	**34**	**70**
连云区	7		13	21	8	5	4	8	5
海州区	65	1	101	57	26	41	53	18	54
赣榆区	7	2	112	297	5	28	65	7	11
东海县	2			1	3				
灌云县									
灌南县									
连云港经济技术开发区									
连云港高新技术产业开发区									
江苏连云港徐圩新区									
江苏省连云港市云台山风景名胜区			3	1		1		1	
淮安市	**97**	**134**	**758**	**865**	**97**	**119**	**92**	**243**	**131**
淮安区	13	3	352	232	19	28	27	50	12
淮阴区	18	10	52	301	18	26	26	75	39
清江浦区	57	120	180	149	48	14	23	62	72
洪泽区	9	1	174	183	12	51	16	56	8
涟水县									
盱眙县									
金湖县									
淮安经济技术开发区									
工业园区									
生态文旅区									
苏淮高新区									
盐城市	**61**	**2**	**910**	**1252**	**52**	**125**	**118**	**145**	**180**
亭湖区	17	1	129	218	12	33	30	19	60
盐都区	8		93	228	11	21	21	24	48
大丰区	14		352	159	4	20	10	53	30
响水县									
滨海县									
阜宁县									
射阳县									
建湖县									
盐城经济技术开发区			24	3					
江苏省盐南高新区	10	1	77	234	9	17	9	12	25
东台市	12		235	410	16	34	48	37	17
扬州市	**114**	**24**	**714**	**2588**	**620**	**180**	**211**	**181**	**254**
广陵区	44	1	72	148	75	34	24	25	49

4-4a 续表 18

单位：人

地 区 性 别	制造业								
	酒、饮料和精制茶制造业	烟 草制品业	纺织业	纺织服装、服饰业	皮革、毛皮、羽毛及其制品和制鞋业	木材加工和木、竹、藤、棕、草制品业	家 具制造业	造纸和纸制品业	印刷和记录媒介复制业
邗江区	23		151	373	38	42	78	34	63
江都区	10	2	66	163	262	31	41	29	62
宝应县									
扬州经济技术开发区									
蜀冈瘦西湖景区	19		22	58	31	17	7	4	14
生态新城			23		118	5		31	24
仪征市	8	5	259	106	23	25	25	26	19
高邮市	10	16	121	1740	73	26	36	32	23
镇江市	**86**	**1**	**404**	**1054**	**638**	**474**	**189**	**510**	**383**
京口区	5		30	20	5	6	6	137	26
润州区	8		14	15	5	6	8	90	22
丹徒区	16	1	26	66	46	28	17	41	22
镇江新区									
江苏镇江高新区	4		2	12	3	4	8	10	9
丹阳市	29		190	322	536	379	89	128	262
扬中市	1		57	151	11	24	13	16	17
句容市	23		85	468	32	27	48	88	25
泰州市	**194**	**5**	**860**	**1828**	**104**	**274**	**487**	**161**	**192**
海陵区	44	1	221	227	10	49	123	19	46
高港区	78		164	54	24	41	36	33	12
姜堰区	18	1	194	388	12	76	78	30	35
泰州医药高新技术产业开发区									
兴化市	20	2	62	56	8	36	68	16	19
靖江市	7		163	379	38	34	51	46	49
泰兴市	27	1	56	724	12	38	131	17	31
宿迁市	**1111**		**551**	**853**	**24**	**495**	**297**	**175**	**84**
宿城区	83		307	393	12	42	224	49	33
宿豫区	83		164	310	8	24	34	28	27
沭阳县									
泗阳县									
泗洪县									
宿迁经济技术开发区									
宿迁市湖滨新区	7		27	65	2	13	4	3	5
苏州宿迁工业园区	7		6	8		6	23	7	4
宿迁市洋河新区	931		47	77	2	410	12	88	15
男	**1910**	**371**	**10829**	**10106**	**1418**	**3879**	**4946**	**3238**	**3579**
南京市	**227**	**115**	**255**	**520**	**168**	**193**	**484**	**238**	**493**
玄武区	7	4	5	12		2	3	10	30
秦淮区	24	9	27	30	8	8	19	12	43
建邺区	7	44	6	16	3	2	4	3	27
鼓楼区	13	16	15	32	2	8	9	6	55
浦口区	4	4	13	23	8	15	13	3	16
栖霞区	14	4	50	50	11	9	23	19	58
雨花台区	13	19	19	27	5	30	48	22	42
江宁区	63	13	40	121	105	47	142	98	152
六合区	7		25	75	4	10	15	9	11
溧水区	17		13	22	9	25	96	31	15
高淳区	13		9	47	3	14	56	10	11
南京江北新区	45	2	33	65	10	23	56	15	33
无锡市	**164**	**4**	**1568**	**1227**	**69**	**369**	**459**	**394**	**654**
锡山区	11	1	250	123	6	67	80	80	110

4-4a 续表 19

单位：人

地区 性别	制造业								
	酒、饮料和精制茶制造业	烟草制品业	纺织业	纺织服装、服饰业	皮革、毛皮、羽毛及其制品和制鞋业	木材加工和木、竹、藤、棕、草制品业	家具制造业	造纸和纸制品业	印刷和记录媒介复制业
惠山区	27	1	381	646	18	65	108	54	91
滨湖区	30		42	39	9	13	26	16	62
梁溪区	17	1	129	94	1	6	13	19	89
新吴区	16		78	48	11	35	38	56	108
江苏无锡经济开发区	4		27	29	3	20	13	17	11
江阴市	29	1	534	193	17	99	108	108	149
宜兴市	30		127	55	4	64	73	44	34
徐州市	**91**	**83**	**161**	**158**	**68**	**1070**	**412**	**113**	**120**
鼓楼区	17	25	11	13	2	8	17	7	26
云龙区	11	24	12	8	6	10	17	8	20
贾汪区	3	1	11	11		10	227	44	2
泉山区	18	28	17	15	4	11	13	16	45
铜山区	8	3	10	14	3	82	33	22	11
丰县									
沛县									
睢宁县									
徐州经济技术开发区			2				1	1	1
新沂市	26	1	80	65	42	34	28	10	10
邳州市	8	1	18	32	11	915	76	5	5
常州市	**94**	**7**	**1598**	**1181**	**73**	**291**	**378**	**218**	**318**
天宁区	9		301	327	6	49	43	30	46
钟楼区	17	1	99	98	2	34	49	41	64
新北区	29	5	219	126	6	65	51	35	24
武进区	17		740	140	27	58	155	57	84
金坛区	7		77	416	21	11	17	32	51
江苏省常州市经济开发区	3	1	129	55	4	50	38	21	31
溧阳市	12		33	19	7	24	25	2	18
苏州市	**185**	**9**	**2513**	**4323**	**265**	**555**	**1422**	**1208**	**1039**
虎丘区	20	1	48	57	9	66	35	122	101
吴中区	26		103	246	11	76	61	93	109
相城区	14	2	213	592	28	94	699	182	137
姑苏区	11		54	109	6	26	40	32	75
吴江区	14		330	442	24	74	139	55	121
苏州工业园区									
常熟市	17		930	2280	53	80	160	174	60
张家港市	12		588	308	17	28	18	45	72
昆山市	62	1	140	162	56	72	207	429	311
太仓市	9	5	107	127	61	39	63	76	53
南通市	**87**	**32**	**2875**	**938**	**138**	**229**	**767**	**231**	**198**
崇川区	11	24	387	132	39	15	30	55	59
港闸区	5	3	199	209	22	17	48	28	19
通州区	40	3	1166	132	32	22	84	42	44
如东县									
南通经济技术开发区									
通州湾示范区									
苏锡通科技产业园区									
启东市	6		90	53	9	24	36	14	12
如皋市	5		143	144	10	37	78	24	17
海门市	10	2	355	42	19	35	60	14	19
海安市	10		535	226	7	79	431	54	28
连云港市	**46**	**3**	**67**	**60**	**13**	**58**	**88**	**16**	**36**
连云区	4		4	6	2	3	3	4	2

4-4a　续表 20　　　　单位：人

地　区 性　别	制造业								
	酒、饮料和精制茶制造业	烟　草制品业	纺织业	纺织服装、服饰业	皮革、毛皮、羽毛及其制品和制鞋业	木材加工和木、竹、藤、棕、草制品业	家　具制造业	造纸和纸制品业	印刷和记录媒介复制业
海州区	39	1	53	14	10	32	41	9	31
赣榆区	3	2	8	39	1	23	44	3	3
东海县				1					
灌云县									
灌南县									
连云港经济技术开发区									
连云港高新技术产业开发区									
江苏连云港徐圩新区									
江苏省连云港市云台山风景名胜区			2						
淮安市	**59**	**94**	**289**	**157**	**31**	**87**	**67**	**132**	**75**
淮安区	9	2	118	45	6	25	23	33	4
淮阴区	9	9	22	46	8	17	18	22	18
清江浦区	37	82	83	42	15	9	15	35	47
洪泽区	4	1	66	24	2	36	11	42	6
涟水县									
盱眙县									
金湖县									
淮安经济技术开发区									
工业园区									
生态文旅区									
苏淮高新区									
盐城市	**36**		**372**	**216**	**20**	**96**	**85**	**83**	**109**
亭湖区	9		59	43	6	25	25	11	42
盐都区	5		43	34	3	19	10	7	27
大丰区	7		121	30	2	13	8	33	17
响水县									
滨海县									
阜宁县									
射阳县									
建湖县									
盐城经济技术开发区			15						
江苏省盐南高新区	6		40	53	5	13	5	6	13
东台市	9		94	56	4	26	37	26	10
扬州市	**72**	**20**	**348**	**456**	**223**	**126**	**148**	**105**	**143**
广陵区	27	1	34	36	29	23	14	17	24
邗江区	17		65	85	14	27	50	22	39
江都区	7	2	26	39	81	22	26	16	33
宝应县									
扬州经济技术开发区									
蜀冈瘦西湖景区	9		6	12	10	15	6	2	9
生态新城			15		55	3		21	18
仪征市	5	3	155	27	7	17	19	11	7
高邮市	7	14	47	257	27	19	33	16	13
镇江市	**46**	**1**	**153**	**268**	**306**	**328**	**128**	**344**	**240**
京口区	4		16	6	3	1	5	109	15
润州区	4		8	6	2	6	5	70	13
丹徒区	6	1	8	10	18	21	13	26	10
镇江新区									
江苏镇江高新区	3		1	4		3	4	8	5
丹阳市	16		60	111	271	259	61	75	168
扬中市			21	39	5	18	8	8	13
句容市	13		39	92	7	20	32	48	16

4-4a 续表 21 单位：人

地区 性别	制造业								
	酒、饮料和精制茶制造业	烟草制品业	纺织业	纺织服装、服饰业	皮革、毛皮、羽毛及其制品和制鞋业	木材加工和木、竹、藤、棕、草制品业	家具制造业	造纸和纸制品业	印刷和记录媒介复制业
泰州市	**117**	**3**	**377**	**415**	**29**	**188**	**303**	**84**	**109**
海陵区	29		101	46	6	38	72	10	28
高港区	50		82	15	6	27	25	18	4
姜堰区	9	1	62	41	3	50	50	13	19
泰州医药高新技术产业开发区									
兴化市	11	1	29	12	3	27	54	8	13
靖江市	4		78	126	9	24	29	26	25
泰兴市	14	1	25	175	2	22	73	9	20
宿迁市	**686**		**253**	**187**	**15**	**289**	**205**	**72**	**45**
宿城区	49		145	102	9	23	158	28	15
宿豫区	57		63	60	5	16	22	13	19
沭阳县									
泗阳县									
泗洪县									
宿迁经济技术开发区									
宿迁市湖滨新区	4		16	5	1	8	4	2	4
苏州宿迁工业园区	6		2	1		3	11	4	1
宿迁市洋河新区	570		27	19		239	10	25	6
女	**1340**	**172**	**13449**	**23899**	**2022**	**2023**	**2472**	**2397**	**2692**
南京市	**178**	**58**	**302**	**1524**	**187**	**82**	**233**	**182**	**291**
玄武区	6	2	4	12	1		2	5	14
秦淮区	27	3	11	54	6	9	18	7	32
建邺区	4	23	4	20	2	1	3	4	12
鼓楼区	16	7	13	50	2	8	5	6	29
浦口区	2	1	15	67	18	2	3	4	8
栖霞区	11	3	44	76	10	7	13	28	44
雨花台区	11	8	19	62	6	11	31	6	11
江宁区	38	6	71	284	94	17	93	69	85
六合区	2	1	41	370	5		2	6	11
溧水区	24	2	16	89	18	12	20	22	14
高淳区	5		24	305	10	2	20	10	12
南京江北新区	32	2	40	135	15	13	23	15	19
无锡市	**106**	**2**	**1780**	**2067**	**94**	**130**	**223**	**361**	**569**
锡山区	9		233	294	13	24	36	89	71
惠山区	6		449	786	32	32	64	40	61
滨湖区	26		47	92	8	5	7	13	48
梁溪区	2	1	110	212	9	4	4	18	74
新吴区	7	1	50	75	11	15	23	36	84
江苏无锡经济开发区	8		37	52	5	3	8	9	12
江阴市	18		714	405	12	29	51	98	176
宜兴市	30		140	151	4	18	30	58	43
徐州市	**75**	**35**	**229**	**527**	**141**	**786**	**268**	**98**	**95**
鼓楼区	10	10	10	23	2	6	12	11	19
云龙区	11	12	13	21	4	4	9	6	20
贾汪区	3		16	24	2	6	143	23	2
泉山区	18	9	16	33	5	4	10	10	22
铜山区	9	3	33	33	2	77	32	26	17
丰县									
沛县									
睢宁县									
徐州经济技术开发区			1		1				1
新沂市	16	1	93	267	108	10	8	13	10
邳州市	8		47	126	17	679	54	9	4

4-4a　续表 22　　　　单位：人

地　区 性　别	制造业								
	酒、饮料和精制茶制造业	烟　草制品业	纺织业	纺织服装、服饰业	皮革、毛皮、羽毛及其制品和制鞋业	木材加工和木、竹、藤、棕、草制品业	家　具制造业	造纸和纸制品业	印刷和记录媒介复制业
常州市	**93**	**3**	**1858**	**3028**	**109**	**121**	**180**	**205**	**263**
天宁区	14		264	717	15	15	21	17	35
钟楼区	10		103	250	10	13	30	52	51
新北区	26	1	208	261	7	17	29	49	27
武进区	10	1	939	345	34	29	66	48	69
金坛区	7		66	1269	29	5	5	14	31
江苏省常州市经济开发区	3	1	205	118	8	38	21	21	36
溧阳市	23		73	68	6	4	8	4	14
苏州市	**138**	**9**	**2573**	**6281**	**342**	**242**	**721**	**773**	**786**
虎丘区	15	1	54	139	7	24	14	71	69
吴中区	23		168	595	24	32	30	71	80
相城区	7	7	186	648	41	32	322	127	102
姑苏区	7		59	211	5	8	23	28	54
吴江区	5		274	554	26	41	79	34	69
苏州工业园区									
常熟市	14		883	2800	77	26	51	101	58
张家港市	8		700	629	40	17	10	28	58
昆山市	56		134	417	75	43	162	255	254
太仓市	3	1	115	288	47	19	30	58	42
南通市	**68**	**17**	**4140**	**3414**	**209**	**92**	**355**	**165**	**151**
崇川区	10	10	397	292	34	8	20	26	43
港闸区	6	2	257	591	40	10	38	11	17
通州区	16	3	1940	619	45	9	26	41	32
如东县									
南通经济技术开发区									
通州湾示范区									
苏锡通科技产业园区									
启东市	10		89	311	25	4	11	8	11
如皋市	9	1	236	688	14	15	23	27	13
海门市	4		517	178	44	19	37	26	20
海安市	13	1	704	735	7	27	200	26	15
连云港市	**35**		**162**	**317**	**29**	**17**	**34**	**18**	**34**
连云区	3		9	15	6	2	1	4	3
海州区	26		48	43	16	9	12	9	23
赣榆区	4		104	258	4	5	21	4	8
东海县	2				3				
灌云县									
灌南县									
连云港经济技术开发区									
连云港高新技术产业开发区									
江苏连云港徐圩新区									
江苏省连云港市云台山风景名胜区			1	1		1		1	
淮安市	**38**	**40**	**469**	**708**	**66**	**32**	**25**	**111**	**56**
淮安区	4	1	234	187	13	3	4	17	8
淮阴区	9	1	30	255	10	9	8	53	21
清江浦区	20	38	97	107	33	5	8	27	25
洪泽区	5		108	159	10	15	5	14	2
涟水县									
盱眙县									
金湖县									
淮安经济技术开发区									
工业园区									

4-4a 续表 23 单位：人

地区 性别	制造业								
	酒、饮料和精制茶制造业	烟草制品业	纺织业	纺织服装、服饰业	皮革、毛皮、羽毛及其制品和制鞋业	木材加工和木、竹、藤、棕、草制品业	家具制造业	造纸和纸制品业	印刷和记录媒介复制业
生态文旅区									
苏淮高新区									
盐城市	**25**	**2**	**538**	**1036**	**32**	**29**	**33**	**62**	**71**
亭湖区	8	1	70	175	6	8	5	8	18
盐都区	3		50	194	8	2	11	17	21
大丰区	7		231	129	2	7	2	20	13
响水县									
滨海县									
阜宁县									
射阳县									
建湖县									
盐城经济技术开发区			9	3					
江苏省盐南高新区	4	1	37	181	4	4	4	6	12
东台市	3		141	354	12	8	11	11	7
扬州市	**42**	**4**	**366**	**2132**	**397**	**54**	**63**	**76**	**111**
广陵区	17		38	112	46	11	10	8	25
邗江区	6		86	288	24	15	28	12	24
江都区	3		40	124	181	9	15	13	29
宝应县									
扬州经济技术开发区									
蜀冈瘦西湖景区	10		16	46	21	2	1	2	5
生态新城			8		63	2		10	6
仪征市	3	2	104	79	16	8	6	15	12
高邮市	3	2	74	1483	46	7	3	16	10
镇江市	**40**		**251**	**786**	**332**	**146**	**61**	**166**	**143**
京口区	1		14	14	2	5	1	28	11
润州区	4		6	9	3		3	20	9
丹徒区	10		18	56	28	7	4	15	12
镇江新区									
江苏镇江高新区	1		1	8	3	1	4	2	4
丹阳市	13		130	211	265	120	28	53	94
扬中市	1		36	112	6	6	5	8	4
句容市	10		46	376	25	7	16	40	9
泰州市	**77**	**2**	**483**	**1413**	**75**	**86**	**184**	**77**	**83**
海陵区	15	1	120	181	4	11	51	9	18
高港区	28		82	39	18	14	11	15	8
姜堰区	9		132	347	9	26	28	17	16
泰州医药高新技术产业开发区									
兴化市	9	1	33	44	5	9	14	8	6
靖江市	3		85	253	29	10	22	20	24
泰兴市	13		31	549	10	16	58	8	11
宿迁市	**425**		**298**	**666**	**9**	**206**	**92**	**103**	**39**
宿城区	34		162	291	3	19	66	21	18
宿豫区	26		101	250	3	8	12	15	8
沭阳县									
泗阳县									
泗洪县									
宿迁经济技术开发区									
宿迁市湖滨新区	3		11	60	1	5		1	1
苏州宿迁工业园区	1		4	7		3	12	3	3
宿迁市洋河新区	361		20	58	2	171	2	63	9

4-4a 续表 24

单位：人

地 区 性 别	制造业 文教、工美、体育和娱乐用品制造业	石油、煤炭及其他燃料加工业	化学原料和化学制品制造业	医 药制造业	化学纤维制造业	橡胶和塑 料制品业	非金属矿 物制品业	黑色金属冶炼和压延加工业	有色金属冶炼和压延加工业
江 苏	**9737**	**1965**	**16955**	**9713**	**2157**	**21904**	**15638**	**9160**	**3734**
南京市	**793**	**911**	**2924**	**2173**	**98**	**1551**	**2103**	**2000**	**342**
玄武区	21	98	94	75	5	28	33	19	3
秦淮区	81	49	103	154	5	43	81	20	15
建邺区	20	36	48	127	2	26	36	38	7
鼓楼区	47	49	157	101	5	38	76	82	10
浦口区	6	4	94	56	3	80	194	26	5
栖霞区	83	350	341	403	23	158	313	24	32
雨花台区	60	18	69	81	3	49	247	632	19
江宁区	197	35	250	536	13	391	522	151	122
六合区	82	10	182	39	11	43	74	56	6
溧水区	102	6	78	73	2	180	158	10	80
高淳区	27	1	205	39	2	145	136	5	4
南京江北新区	67	255	1303	489	24	370	233	937	39
无锡市	**2459**	**231**	**1954**	**1077**	**241**	**3650**	**3239**	**2619**	**808**
锡山区	93	18	172	48	17	592	155	153	70
惠山区	55	98	207	72	45	508	238	724	129
滨湖区	63	4	72	280	4	309	67	57	88
梁溪区	65	18	139	212	23	375	117	93	49
新吴区	50	24	226	132	8	687	119	82	116
江苏无锡经济开发区	51	8	55	66	35	98	65	47	53
江阴市	116	45	632	206	89	869	423	1390	219
宜兴市	1966	16	451	61	20	212	2055	73	84
徐州市	**385**	**114**	**912**	**296**	**17**	**489**	**832**	**327**	**163**
鼓楼区	24	3	49	34	2	62	114	19	19
云龙区	35	7	34	67		64	113	13	6
贾汪区	42	22	52	9	2	102	117	11	6
泉山区	36	14	57	87	1	54	116	15	10
铜山区	33	8	43	52	1	57	194	24	12
丰县									
沛县									
睢宁县									
徐州经济技术开发区							10		
新沂市	34	3	616	38	8	49	84	209	60
邳州市	181	57	61	9	3	101	84	36	50
常州市	**691**	**63**	**1793**	**1057**	**82**	**2360**	**1413**	**1138**	**455**
天宁区	44	4	192	204	9	198	132	99	39
钟楼区	230	8	250	127	14	374	175	83	65
新北区	73	27	743	319	33	553	390	70	135
武进区	145	6	266	228	10	697	343	94	62
金坛区	61	4	156	90	5	227	138	56	104
江苏省常州市经济开发区	57	2	105	55	7	210	97	515	27
溧阳市	81	12	81	34	4	101	138	221	23
苏州市	**1805**	**105**	**3051**	**1324**	**626**	**7200**	**2845**	**1211**	**978**
虎丘区	355	10	303	228	10	951	462	98	110
吴中区	241	8	244	263	18	602	230	24	43
相城区	157	8	333	144	179	1149	318	38	114
姑苏区	194	5	190	224	6	268	102	19	27
吴江区	48	10	99	130	47	796	618	63	136
苏州工业园区									
常熟市	88	8	535	140	122	613	256	244	81

4-4a 续表 25 单位：人

地 区 性 别	制造业								
	文教、工美、体育和娱乐用品制造业	石油、煤炭及其他燃料加工业	化学原料和化学制品制造业	医 药制造业	化学纤维制造业	橡胶和塑 料制品业	非金属矿 物制品业	黑色金属冶炼和压延加工业	有色金属冶炼和压延加工业
张家港市	78	10	479	27	157	383	202	635	140
昆山市	528	17	692	106	53	2056	510	71	253
太仓市	116	29	176	62	34	382	147	19	74
南通市	**903**	**34**	**1137**	**555**	**256**	**1450**	**1303**	**120**	**322**
崇川区	111	8	413	120	115	262	146	7	12
港闸区	97	6	143	51	46	152	232	11	14
通州区	77	2	56	26	10	281	113	31	118
如东县									
南通经济技术开发区									
通州湾示范区									
苏锡通科技产业园区									
启东市	120	6	187	171	13	47	66	11	26
如皋市	329	5	79	14	9	372	179	12	20
海门市	34	3	149	135	5	144	181	9	38
海安市	135	4	110	38	58	192	386	39	94
连云港市	**119**	**82**	**534**	**795**	**50**	**781**	**286**	**75**	**19**
连云区	3	23	219	59	6	21	38	23	3
海州区	35	15	199	687	43	107	148	12	3
赣榆区	79	44	40	49	1	647	89	15	13
东海县	2					6	4		
灌云县									
灌南县									
连云港经济技术开发区									
连云港高新技术产业开发区									
江苏连云港徐圩新区			76				7	25	
江苏省连云港市云台山风景名胜区									
淮安市	**126**	**57**	**637**	**151**	**28**	**437**	**309**	**423**	**20**
淮安区	48	3	79	31	5	164	53	6	9
淮阴区	22	4	74	16	1	65	79	28	6
清江浦区	42	48	218	101	4	164	86	369	4
洪泽区	14	2	266	3	18	44	91	20	1
涟水县									
盱眙县									
金湖县									
淮安经济技术开发区									
工业园区									
生态文旅区									
苏淮高新区									
盐城市	**233**	**55**	**394**	**200**	**149**	**443**	**655**	**148**	**63**
亭湖区	50	10	87	19	2	103	108	17	9
盐都区	16	3	40	13	4	48	124	10	4
大丰区	53	2	155	113	12	63	78	72	5
响水县									
滨海县									
阜宁县									
射阳县									
建湖县									
盐城经济技术开发区	2		1	1			1		
江苏省盐南高新区	33	1	45	15	2	86	84	14	5
东台市	79	39	66	39	129	143	260	35	40
扬州市	**1442**	**91**	**1225**	**290**	**473**	**1008**	**509**	**429**	**74**
广陵区	216	4	270	57	11	211	34	18	7

4-4a　续表 26　　　　单位：人

地　区 性　别	制造业								
	文教、工美、体育和娱乐用品制造业	石油、煤炭及其他燃料加工业	化学原料和化学制品制造业	医　药制造业	化学纤维制造业	橡胶和塑　料制品业	非金属矿　物制品业	黑色金属冶炼和压延加工业	有色金属冶炼和压延加工业
邗江区	653	12	185	104	9	111	144	47	6
江都区	143	37	168	28	2	162	89	77	20
宝应县									
扬州经济技术开发区									
蜀冈瘦西湖景区	150	2	52	13		30	28	8	5
生态新城	4		160	1		240	1		
仪征市	221	32	295	8	448	137	136	14	8
高邮市	55	4	95	79	3	117	77	265	28
镇江市	**200**	**79**	**816**	**181**	**56**	**930**	**711**	**357**	**252**
京口区	11	16	342	55	5	89	73	61	55
润州区	8	9	119	24	2	39	66	3	21
丹徒区	16	41	82	24	2	115	167	8	32
镇江新区									
江苏镇江高新区	5	1	22	11	1	42	15		4
丹阳市	69	4	165	31	43	260	207	271	125
扬中市	18	1	37	9	2	242	76	9	9
句容市	73	7	49	27	1	143	107	5	6
泰州市	**485**	**137**	**1406**	**1561**	**36**	**1002**	**746**	**228**	**178**
海陵区	87	86	140	166	21	195	175	28	34
高港区	35	24	48	731	2	120	65	7	10
姜堰区	26	11	100	137	3	231	139	26	20
泰州医药高新技术产业开发区									
兴化市	207	2	37	30		113	71	14	21
靖江市	80	6	76	176	3	137	95	129	50
泰兴市	50	8	1005	321	7	206	201	24	43
宿迁市	**96**	**6**	**172**	**53**	**45**	**603**	**687**	**85**	**60**
宿城区	48	3	65	23	10	143	268	15	13
宿豫区	40	2	50	14	25	220	323	64	41
沭阳县									
泗阳县									
泗洪县									
宿迁经济技术开发区									
宿迁市湖滨新区	1		48	11	10	180	10	1	2
苏州宿迁工业园区	5	1	5			24	28	1	
宿迁市洋河新区	2		4	5		36	58	4	4
男	**4227**	**1445**	**11604**	**5251**	**1413**	**12627**	**10795**	**7121**	**2617**
南京市	**342**	**691**	**2051**	**1080**	**71**	**1008**	**1499**	**1612**	**230**
玄武区	7	65	61	43	4	17	26	14	3
秦淮区	44	39	63	75	4	26	61	17	10
建邺区	10	23	26	73	2	19	21	34	3
鼓楼区	24	38	99	57	4	27	46	54	8
浦口区	4	3	57	27	3	53	162	23	4
栖霞区	37	272	245	196	15	96	229	20	16
雨花台区	26	16	47	46	2	37	172	533	13
江宁区	80	25	160	243	8	248	376	123	71
六合区	16	8	140	23	7	23	56	47	5
溧水区	59	5	50	32	1	102	111	9	64
高淳区	9	1	145	23	2	106	81	5	2
南京江北新区	26	196	958	242	19	254	158	733	31
无锡市	**1256**	**154**	**1283**	**535**	**110**	**2036**	**2029**	**1977**	**567**
锡山区	43	15	108	22	6	307	104	116	55

4-4a 续表 27

单位：人

地区 性别	制造业								
	文教、工美、体育和娱乐用品制造业	石油、煤炭及其他燃料加工业	化学原料和化学制品制造业	医药制造业	化学纤维制造业	橡胶和塑料制品业	非金属矿物制品业	黑色金属冶炼和压延加工业	有色金属冶炼和压延加工业
惠山区	24	57	123	40	19	307	167	524	84
滨湖区	25	4	39	158		167	53	46	63
梁溪区	32	13	89	99	16	224	82	70	33
新吴区	23	17	136	62	3	395	93	64	85
江苏无锡经济开发区	18	4	37	30	13	61	46	37	39
江阴市	44	31	434	94	45	455	298	1068	150
宜兴市	1047	13	317	30	8	120	1186	52	58
徐州市	**204**	**92**	**645**	**147**	**11**	**344**	**628**	**251**	**118**
鼓楼区	8	2	32	19	1	52	81	18	13
云龙区	20	5	22	32		43	88	7	4
贾汪区	25	21	39	4	2	78	96	9	3
泉山区	15	9	43	46		40	88	10	7
铜山区	19	8	29	16	1	38	142	19	8
丰县									
沛县									
睢宁县									
徐州经济技术开发区							10		
新沂市	8	2	442	24	6	38	57	161	39
邳州市	109	45	38	6	1	55	66	27	44
常州市	**335**	**43**	**1224**	**555**	**39**	**1378**	**979**	**897**	**322**
天宁区	20	4	130	114	4	129	90	86	29
钟楼区	129	6	167	60	5	214	119	69	44
新北区	25	17	506	189	15	328	270	55	94
武进区	61	2	177	102	5	408	238	81	46
金坛区	30	4	118	48	2	121	87	48	74
江苏省常州市经济开发区	28	2	74	30	7	101	71	395	19
溧阳市	42	8	52	12	1	77	104	163	16
苏州市	**833**	**68**	**1943**	**701**	**401**	**4182**	**1978**	**914**	**660**
虎丘区	104	9	183	111	9	535	298	72	81
吴中区	133	5	132	155	10	305	162	16	27
相城区	79	4	197	70	116	660	242	22	78
姑苏区	124	4	117	120	5	158	71	13	18
吴江区	23	6	66	55	32	430	451	45	77
苏州工业园区									
常熟市	43	5	348	89	65	359	185	208	52
张家港市	36	6	328	16	108	239	141	484	90
昆山市	239	11	454	55	39	1272	328	43	186
太仓市	52	18	118	30	17	224	100	11	51
南通市	**389**	**24**	**805**	**277**	**195**	**881**	**937**	**87**	**232**
崇川区	52	7	308	66	94	185	102	6	7
港闸区	47	5	97	20	41	99	183	9	9
通州区	28	2	37	9	7	141	78	23	89
如东县									
南通经济技术开发区									
通州湾示范区									
苏锡通科技产业园区									
启东市	54	5	121	95	7	25	50	10	15
如皋市	146	2	56	7	6	226	117	7	14
海门市	12	1	106	63	4	85	134	5	33
海安市	50	2	80	17	36	120	273	27	65
连云港市	**28**	**55**	**432**	**513**	**31**	**182**	**196**	**64**	**9**
连云区		17	183	29	4	8	32	18	

4-4a　续表 28

单位：人

地　区 性　别	制造业 文教、工美、体育和娱乐用品制造业	石油、煤炭及其他燃料加工业	化学原料和化学制品制造业	医　药制造业	化学纤维制造业	橡胶和塑　料制品业	非金属矿　物制品业	黑色金属冶炼和压延加工业	有色金属冶炼和压延加工业
海州区	12	10	152	455	26	71	94	12	3
赣榆区	16	28	29	29	1	102	61	13	6
东海县						1	2		
灌云县									
灌南县									
连云港经济技术开发区									
连云港高新技术产业开发区									
江苏连云港徐圩新区			68				7	21	
江苏省连云港市云台山风景名胜区									
淮安市	**51**	**41**	**472**	**91**	**17**	**282**	**211**	**344**	**17**
淮安区	25	2	47	20	4	92	37	5	9
淮阴区	4	1	50	8	1	39	65	25	4
清江浦区	19	36	159	60	2	126	67	300	4
洪泽区	3	2	216	3	10	25	42	14	
涟水县									
盱眙县									
金湖县									
淮安经济技术开发区									
工业园区									
生态文旅区									
苏淮高新区									
盐城市	**71**	**36**	**270**	**119**	**102**	**262**	**481**	**118**	**44**
亭湖区	18	8	56	15	2	61	70	16	5
盐都区	12		28	6	2	32	93	9	4
大丰区	12	1	109	64	7	33	53	55	3
响水县									
滨海县									
阜宁县									
射阳县									
建湖县									
盐城经济技术开发区	1		1	1			1		
江苏省盐南高新区	13	1	29	11	2	57	60	11	4
东台市	15	26	47	22	89	79	204	27	28
扬州市	**454**	**74**	**811**	**180**	**351**	**580**	**359**	**349**	**50**
广陵区	119	2	187	36	9	108	23	12	5
邗江区	186	8	106	65	7	59	94	37	3
江都区	42	29	109	17	2	84	63	64	14
宝应县									
扬州经济技术开发区									
蜀冈瘦西湖景区	56	1	32	8		22	20	6	4
生态新城	1		85	1		142	1		
仪征市	24	30	227	6	332	90	96	11	2
高邮市	26	4	65	47	1	75	62	219	22
镇江市	**88**	**58**	**581**	**104**	**37**	**559**	**510**	**262**	**188**
京口区	5	12	236	37	2	60	48	56	41
润州区	2	5	80	12	1	22	47	2	16
丹徒区	9	30	63	10	1	73	131	4	27
镇江新区									
江苏镇江高新区	3	1	22	3	1	25	11		3
丹阳市	43	3	118	19	29	149	134	191	90
扬中市	5	1	24	3	2	133	50	6	7
句容市	21	6	38	20	1	97	89	3	4

4-4a 续表 29

单位：人

地区 性别	制造业								
	文教、工美、体育和娱乐用品制造业	石油、煤炭及其他燃料加工业	化学原料和化学制品制造业	医药制造业	化学纤维制造业	橡胶和塑料制品业	非金属矿物制品业	黑色金属冶炼和压延加工业	有色金属冶炼和压延加工业
泰州市	**139**	**104**	**969**	**915**	**16**	**546**	**521**	**175**	**129**
海陵区	39	65	96	79	9	106	128	22	25
高港区	16	19	34	434	1	61	52	5	6
姜堰区	10	10	60	80	2	133	84	17	16
泰州医药高新技术产业开发区									
兴化市	33	1	19	18		64	56	11	17
靖江市	22	4	53	102		77	69	99	36
泰兴市	19	5	707	202	4	105	132	21	29
宿迁市	**37**	**5**	**118**	**34**	**32**	**387**	**467**	**71**	**51**
宿城区	18	3	40	16	7	87	198	14	12
宿豫区	17	2	36	8	18	135	207	52	37
沭阳县									
泗阳县									
泗洪县									
宿迁经济技术开发区									
宿迁市湖滨新区			36	8	7	128	9	1	2
苏州宿迁工业园区	2		2			15	19	1	
宿迁市洋河新区			4	2		22	34	3	
女	**5510**	**520**	**5351**	**4462**	**744**	**9277**	**4843**	**2039**	**1117**
南京市	**451**	**220**	**873**	**1093**	**27**	**543**	**604**	**388**	**112**
玄武区	14	33	33	32	1	11	7	5	
秦淮区	37	10	40	79	1	17	20	3	5
建邺区	10	13	22	54		7	15	4	4
鼓楼区	23	11	58	44	1	11	30	28	2
浦口区	2	1	37	29		27	32	3	1
栖霞区	46	78	96	207	8	62	84	4	16
雨花台区	34	2	22	35	1	12	75	99	6
江宁区	117	10	90	293	5	143	146	28	51
六合区	66	2	42	16	4	20	18	9	1
溧水区	43	1	28	41	1	78	47	1	16
高淳区	18		60	16		39	55		2
南京江北新区	41	59	345	247	5	116	75	204	8
无锡市	**1203**	**77**	**671**	**542**	**131**	**1614**	**1210**	**642**	**241**
锡山区	50	3	64	26	11	285	51	37	15
惠山区	31	41	84	32	26	201	71	200	45
滨湖区	38		33	122	4	142	14	11	25
梁溪区	33	5	50	113	7	151	35	23	16
新吴区	27	7	90	70	5	292	26	18	31
江苏无锡经济开发区	33	4	18	36	22	37	19	10	14
江阴市	72	14	198	112	44	414	125	322	69
宜兴市	919	3	134	31	12	92	869	21	26
徐州市	**181**	**22**	**267**	**149**	**6**	**145**	**204**	**76**	**45**
鼓楼区	16	1	17	15	1	10	33	1	6
云龙区	15	2	12	35		21	25	6	2
贾汪区	17	1	13	5		24	21	2	3
泉山区	21	5	14	41	1	14	28	5	3
铜山区	14		14	36		19	52	5	4
丰县									
沛县									
睢宁县									
徐州经济技术开发区									
新沂市	26	1	174	14	2	11	27	48	21
邳州市	72	12	23	3	2	46	18	9	6

4-4a 续表 30

单位：人

地区 性别	制造业								
	文教、工美、体育和娱乐用品制造业	石油、煤炭及其他燃料加工业	化学原料和化学制品制造业	医药制造业	化学纤维制造业	橡胶和塑料制品业	非金属矿物制品业	黑色金属冶炼和压延加工业	有色金属冶炼和压延加工业
常州市	**356**	**20**	**569**	**502**	**43**	**982**	**434**	**241**	**133**
天宁区	24		62	90	5	69	42	13	10
钟楼区	101	2	83	67	9	160	56	14	21
新北区	48	10	237	130	18	225	120	15	41
武进区	84	4	89	126	5	289	105	13	16
金坛区	31		38	42	3	106	51	8	30
江苏省常州市经济开发区	29		31	25		109	26	120	8
溧阳市	39	4	29	22	3	24	34	58	7
苏州市	**972**	**37**	**1108**	**623**	**225**	**3018**	**867**	**297**	**318**
虎丘区	251	1	120	117	1	416	164	26	29
吴中区	108	3	112	108	8	297	68	8	16
相城区	78	4	136	74	63	489	76	16	36
姑苏区	70	1	73	104	1	110	31	6	9
吴江区	25	4	33	75	15	366	167	18	59
苏州工业园区									
常熟市	45	3	187	51	57	254	71	36	29
张家港市	42	4	151	11	49	144	61	151	50
昆山市	289	6	238	51	14	784	182	28	67
太仓市	64	11	58	32	17	158	47	8	23
南通市	**514**	**10**	**332**	**278**	**61**	**569**	**366**	**33**	**90**
崇川区	59	1	105	54	21	77	44	1	5
港闸区	50	1	46	31	5	53	49	2	5
通州区	49		19	17	3	140	35	8	29
如东县									
南通经济技术开发区									
通州湾示范区									
苏锡通科技产业园区									
启东市	66	1	66	76	6	22	16	1	11
如皋市	183	3	23	7	3	146	62	5	6
海门市	22	2	43	72	1	59	47	4	5
海安市	85	2	30	21	22	72	113	12	29
连云港市	**91**	**27**	**102**	**282**	**19**	**599**	**90**	**11**	**10**
连云区	3	6	36	30	2	13	6	5	3
海州区	23	5	47	232	17	36	54		
赣榆区	63	16	11	20		545	28	2	7
东海县	2					5	2		
灌云县									
灌南县									
连云港经济技术开发区									
连云港高新技术产业开发区									
江苏连云港徐圩新区			8					4	
江苏省连云港市云台山风景名胜区									
淮安市	**75**	**16**	**165**	**60**	**11**	**155**	**98**	**79**	**3**
淮安区	23	1	32	11	1	72	16	1	
淮阴区	18	3	24	8		26	14	3	2
清江浦区	23	12	59	41	2	38	19	69	
洪泽区	11		50		8	19	49	6	1
涟水县									
盱眙县									
金湖县									
淮安经济技术开发区									
工业园区									

4-4a 续表 31

单位：人

地区 性别	制造业 文教、工美、体育和娱乐用品制造业	石油、煤炭及其他燃料加工业	化学原料和化学制品制造业	医药制造业	化学纤维制造业	橡胶和塑料制品业	非金属矿物制品业	黑色金属冶炼和压延加工业	有色金属冶炼和压延加工业
生态文旅区									
苏淮高新区									
盐城市	**162**	**19**	**124**	**81**	**47**	**181**	**174**	**30**	**19**
亭湖区	32	2	31	4		42	38	1	4
盐都区	4	3	12	7	2	16	31	1	
大丰区	41	1	46	49	5	30	25	17	2
响水县									
滨海县									
阜宁县									
射阳县									
建湖县									
盐城经济技术开发区	1								
江苏省盐南高新区	20		16	4		29	24	3	1
东台市	64	13	19	17	40	64	56	8	12
扬州市	**988**	**17**	**414**	**110**	**122**	**428**	**150**	**80**	**24**
广陵区	97	2	83	21	2	103	11	6	2
邗江区	467	4	79	39	2	52	50	10	3
江都区	101	8	59	11		78	26	13	6
宝应县									
扬州经济技术开发区									
蜀冈瘦西湖景区	94	1	20	5		8	8	2	1
生态新城	3		75			98			
仪征市	197	2	68	2	116	47	40	3	6
高邮市	29		30	32	2	42	15	46	6
镇江市	**112**	**21**	**235**	**77**	**19**	**371**	**201**	**95**	**64**
京口区	6	4	106	18	3	29	25	5	14
润州区	6	4	39	12	1	17	19	1	5
丹徒区	7	11	19	14	1	42	36	4	5
镇江新区									
江苏镇江高新区	2			8		17	4		1
丹阳市	26	1	47	12	14	111	73	80	35
扬中市	13		13	6		109	26	3	2
句容市	52	1	11	7		46	18	2	2
泰州市	**346**	**33**	**437**	**646**	**20**	**456**	**225**	**53**	**49**
海陵区	48	21	44	87	12	89	47	6	9
高港区	19	5	14	297	1	59	13	2	4
姜堰区	16	1	40	57	1	98	55	9	4
泰州医药高新技术产业开发区									
兴化市	174	1	18	12		49	15	3	4
靖江市	58	2	23	74	3	60	26	30	14
泰兴市	31	3	298	119	3	101	69	3	14
宿迁市	**59**	**1**	**54**	**19**	**13**	**216**	**220**	**14**	**9**
宿城区	30		25	7	3	56	70	1	1
宿豫区	23		14	6	7	85	116	12	4
沭阳县									
泗阳县									
泗洪县									
宿迁经济技术开发区									
宿迁市湖滨新区	1		12	3	3	52	1		
苏州宿迁工业园区	3	1	3			9	9		
宿迁市洋河新区	2			3		14	24	1	4

4-4a　续表 32　　　　　　　　　　　　　　　　　　　　单位：人

地区 性别	制造业								
	金属制品业	通用设备制造业	专用设备制造业	汽车制造业	铁路、船舶、航空航天和其他运输设备制造业	电气机械和器材制造业	计算机、通信和其他电子设备制造业	仪器仪表制造业	其他制造业
江　苏	**33816**	**61981**	**33852**	**25086**	**14734**	**40008**	**77624**	**7033**	**3677**
南京市	**3086**	**4962**	**3289**	**3754**	**2207**	**4515**	**9322**	**1208**	**410**
玄武区	49	98	83	105	37	86	236	58	4
秦淮区	125	383	226	121	246	182	529	109	71
建邺区	46	147	70	63	43	106	181	43	10
鼓楼区	82	224	193	185	215	314	507	107	21
浦口区	250	173	63	117	145	199	338	40	19
栖霞区	202	397	420	352	177	1039	2573	136	43
雨花台区	285	320	223	142	143	150	586	69	35
江宁区	977	1803	840	1414	295	1109	3266	374	98
六合区	115	205	89	72	31	131	181	17	23
溧水区	218	471	250	509	121	641	280	45	10
高淳区	132	196	139	182	12	68	60	32	8
南京江北新区	605	545	693	492	742	490	585	178	68
无锡市	**7305**	**14086**	**6719**	**4681**	**3345**	**6421**	**12646**	**1288**	**292**
锡山区	934	1439	654	554	1835	621	2796	122	43
惠山区	1311	2662	1024	936	101	933	593	164	30
滨湖区	851	1834	544	409	106	386	804	217	38
梁溪区	505	1704	571	783	117	768	1623	200	26
新吴区	687	2280	920	1273	147	1170	4332	200	44
江苏无锡经济开发区	610	1116	625	345	98	507	805	91	9
江阴市	1947	2432	1199	324	918	1162	1230	249	32
宜兴市	460	619	1182	57	23	874	463	45	70
徐州市	**1221**	**2219**	**1217**	**324**	**512**	**419**	**652**	**107**	**127**
鼓楼区	146	411	193	41	50	48	102	15	33
云龙区	123	459	335	74	105	89	58	13	8
贾汪区	62	160	110	16	241	25	35	4	3
泉山区	265	490	306	66	32	53	105	20	21
铜山区	330	506	143	111	58	117	159	30	32
丰县									
沛县									
睢宁县									
徐州经济技术开发区	7	10	1		1	3	2	1	1
新沂市	110	64	64	3	12	24	87	16	11
邳州市	178	119	65	13	13	60	104	8	18
常州市	**3780**	**10240**	**4477**	**3156**	**2413**	**8596**	**5420**	**1025**	**305**
天宁区	319	787	449	225	297	505	347	161	41
钟楼区	562	993	796	453	162	1168	655	191	32
新北区	946	2811	1284	1326	643	2165	1330	303	92
武进区	1001	3533	1154	716	344	1208	2464	215	87
金坛区	252	760	262	225	16	819	275	62	12
江苏省常州市经济开发区	401	673	191	119	933	1032	239	62	19
溧阳市	299	683	341	92	18	1699	110	31	22
苏州市	**7908**	**15101**	**9328**	**7523**	**1383**	**9886**	**38729**	**1969**	**532**
虎丘区	756	2167	1253	833	187	1951	6378	455	25
吴中区	574	1415	1004	397	83	1112	4611	361	42
相城区	1553	1827	851	679	63	1456	3205	127	97
姑苏区	322	863	509	217	51	446	1185	164	83
吴江区	737	1234	852	416	29	1643	8359	98	16
苏州工业园区									
常熟市	796	1416	606	1298	89	1271	1320	133	93

4-4a 续表 33

单位：人

地区 性别	制造业								
	金属制品业	通用设备制造业	专用设备制造业	汽车制造业	铁路、船舶、航空航天和其他运输设备制造业	电气机械和器材制造业	计算机、通信和其他电子设备制造业	仪器仪表制造业	其他制造业
张家港市	715	1103	496	431	50	386	312	40	16
昆山市	1905	3695	3465	2181	576	1244	12839	517	99
太仓市	550	1381	292	1071	255	377	520	74	61
南通市	**2805**	**3910**	**1489**	**705**	**1839**	**1938**	**2433**	**398**	**263**
崇川区	282	436	220	59	564	181	691	44	40
港闸区	666	577	171	56	531	168	331	62	18
通州区	441	344	154	183	91	157	478	13	65
如东县									
南通经济技术开发区									
通州湾示范区									
苏锡通科技产业园区									
启东市	220	625	430	36	68	385	282	157	15
如皋市	198	438	180	67	39	304	178	68	38
海门市	462	464	108	97	491	198	148	9	48
海安市	536	1026	226	207	55	545	325	45	39
连云港市	**272**	**375**	**244**	**36**	**64**	**200**	**220**	**54**	**42**
连云区	38	32	33	10	9	12	13	4	5
海州区	132	272	168	15	47	142	164	46	18
赣榆区	99	66	34	10	8	45	42	4	17
东海县	1	3	3	1		1			2
灌云县									
灌南县									
连云港经济技术开发区									
连云港高新技术产业开发区									
江苏连云港徐圩新区	1	1	6				1		
江苏省连云港市云台山风景名胜区	1	1							
淮安市	**383**	**517**	**198**	**144**	**48**	**227**	**974**	**32**	**94**
淮安区	80	236	44	37	11	27	409	3	17
淮阴区	101	83	38	45	13	55	185	9	23
清江浦区	123	135	104	37	18	99	278	16	34
洪泽区	79	63	12	25	6	46	102	4	20
涟水县									
盱眙县									
金湖县									
淮安经济技术开发区									
工业园区									
生态文旅区									
苏淮高新区									
盐城市	**1525**	**1804**	**700**	**1110**	**137**	**574**	**2114**	**92**	**201**
亭湖区	154	453	212	333	15	106	154	22	32
盐都区	133	310	85	141	17	82	360	19	62
大丰区	226	500	79	91	12	128	143	32	37
响水县									
滨海县									
阜宁县									
射阳县									
建湖县									
盐城经济技术开发区			1	10			3		2
江苏省盐南高新区	103	200	114	457	6	78	121	14	26
东台市	909	341	209	78	87	180	1333	5	42
扬州市	**1311**	**2824**	**783**	**1586**	**869**	**1935**	**1295**	**416**	**899**
广陵区	188	603	155	269	77	189	287	62	70

4-4a 续表 34

单位：人

地区 性别	制造业								
	金属制品业	通用设备制造业	专用设备制造业	汽车制造业	铁路、船舶、航空航天和其他运输设备制造业	电气机械和器材制造业	计算机、通信和其他电子设备制造业	仪器仪表制造业	其他制造业
邗江区	317	599	170	197	37	520	395	268	58
江都区	297	595	176	273	105	332	72	41	160
宝应县									
扬州经济技术开发区									
蜀冈瘦西湖景区	70	130	68	77	13	66	81	16	13
生态新城	1	11	6			2			553
仪征市	183	330	74	703	607	379	189	17	30
高邮市	255	556	134	67	30	447	271	12	15
镇江市	**1509**	**1476**	**3800**	**896**	**493**	**2741**	**1448**	**198**	**312**
京口区	156	201	109	170	107	136	214	24	19
润州区	64	187	64	53	131	64	106	22	12
丹徒区	171	224	181	142	52	128	124	4	160
镇江新区									
江苏镇江高新区	50	80	19	21	65	35	110	4	17
丹阳市	692	419	3293	379	37	235	175	59	52
扬中市	231	230	69	77	23	2014	101	35	35
句容市	145	135	65	54	78	129	618	50	17
泰州市	**2396**	**4248**	**1437**	**1119**	**1389**	**2272**	**990**	**225**	**117**
海陵区	387	751	201	136	463	970	205	19	42
高港区	128	195	90	152	102	70	266	31	13
姜堰区	563	746	259	107	98	496	94	35	16
泰州医药高新技术产业开发区									
兴化市	332	305	71	11	23	34	70	8	25
靖江市	679	1359	646	647	499	449	160	101	7
泰兴市	307	892	170	66	204	253	195	31	14
宿迁市	**315**	**219**	**171**	**52**	**35**	**284**	**1381**	**21**	**83**
宿城区	128	110	117	31	13	196	1053	9	11
宿豫区	123	70	32	20	10	49	136	7	67
沭阳县									
泗阳县									
泗洪县									
宿迁经济技术开发区									
宿迁市湖滨新区	18	7	11	1	6	5	16	1	5
苏州宿迁工业园区	19	23	4		1	13	135	2	
宿迁市洋河新区	27	9	7		5	21	41	2	
男	**24195**	**43923**	**22169**	**16689**	**10716**	**24932**	**43932**	**4330**	**2117**
南京市	**2290**	**3638**	**2135**	**2765**	**1673**	**2956**	**5686**	**751**	**254**
玄武区	39	61	53	77	24	53	158	37	2
秦淮区	89	283	145	94	179	132	362	75	52
建邺区	36	115	48	41	32	68	112	28	5
鼓楼区	57	164	128	146	161	237	369	67	12
浦口区	180	135	37	89	116	147	203	27	9
栖霞区	160	299	275	242	136	696	1649	77	28
雨花台区	223	238	151	104	116	101	391	47	21
江宁区	712	1315	551	1052	199	717	1799	227	59
六合区	82	146	60	46	18	82	102	9	15
溧水区	165	340	160	372	99	375	165	37	4
高淳区	101	152	86	129	9	46	41	20	7
南京江北新区	446	390	441	373	584	302	335	100	40
无锡市	**5283**	**10017**	**4694**	**3047**	**2276**	**3952**	**6754**	**771**	**153**
锡山区	618	1021	438	365	1141	374	1733	80	18

4-4a 续表 35

单位：人

地区 性别	制造业								
	金属制品业	通用设备制造业	专用设备制造业	汽车制造业	铁路、船舶、航空航天和其他运输设备制造业	电气机械和器材制造业	计算机、通信和其他电子设备制造业	仪器仪表制造业	其他制造业
惠山区	939	1851	739	618	74	537	296	110	18
滨湖区	637	1276	370	259	74	246	414	122	22
梁溪区	364	1199	387	565	86	469	781	122	14
新吴区	460	1607	634	791	91	693	2261	129	25
江苏无锡经济开发区	474	807	451	212	71	316	363	49	5
江阴市	1451	1799	830	203	726	729	630	130	19
宜兴市	340	457	845	34	13	588	276	29	32
徐州市	**1019**	**1784**	**912**	**246**	**389**	**272**	**380**	**67**	**82**
鼓楼区	113	320	148	31	40	32	62	11	24
云龙区	97	365	248	58	80	57	36	5	7
贾汪区	51	133	99	12	176	17	23		2
泉山区	225	410	223	47	26	39	69	16	14
铜山区	282	402	111	82	43	73	62	15	17
丰县									
沛县									
睢宁县									
徐州经济技术开发区	4	6	1		1	2	1	1	1
新沂市	94	51	37	3	11	13	51	12	4
邳州市	153	97	45	13	12	39	76	7	13
常州市	**2680**	**7312**	**2951**	**1964**	**1731**	**5400**	**2842**	**623**	**185**
天宁区	236	580	303	150	235	324	184	109	28
钟楼区	390	719	519	254	120	712	324	108	27
新北区	632	1942	843	818	414	1158	603	167	50
武进区	717	2480	740	467	247	712	1400	142	51
金坛区	191	555	175	137	8	597	158	38	7
江苏省常州市经济开发区	285	461	106	80	693	532	106	40	11
溧阳市	229	575	265	58	14	1365	67	19	11
苏州市	**5275**	**10152**	**6163**	**4866**	**901**	**5826**	**22187**	**1219**	**311**
虎丘区	473	1418	749	536	134	1079	3748	260	17
吴中区	380	912	622	248	45	652	2551	227	22
相城区	1042	1271	573	424	38	767	1784	81	51
姑苏区	220	592	310	144	38	271	595	101	54
吴江区	530	845	572	272	21	1013	4930	65	13
苏州工业园区									
常熟市	527	968	419	824	63	894	717	81	46
张家港市	527	815	339	277	36	246	185	27	9
昆山市	1208	2417	2405	1511	339	678	7448	331	58
太仓市	368	914	174	630	187	226	229	46	41
南通市	**2066**	**2809**	**984**	**436**	**1546**	**1219**	**1276**	**226**	**167**
崇川区	220	332	138	32	476	127	395	25	25
港闸区	565	449	125	36	456	116	173	29	15
通州区	288	269	117	120	77	99	283	7	41
如东县									
南通经济技术开发区									
通州湾示范区									
苏锡通科技产业园区									
启东市	154	436	270	28	52	233	132	86	11
如皋市	142	343	130	48	31	205	96	39	20
海门市	349	309	58	45	413	120	64	6	27
海安市	348	671	146	127	41	319	133	34	28
连云港市	**215**	**294**	**172**	**18**	**49**	**144**	**119**	**32**	**30**
连云区	30	25	21	5	5	9	9		4

4-4a　续表 36

单位：人

地　区 性　别	制造业								
	金　属 制品业	通用设备 制造业	专用设备 制造业	汽　车 制造业	铁路、船舶、 航空航天和 其他运输 设备制造业	电气机械 和器材 制造业	计算机、 通信和其 他电子设 备制造业	仪器仪表 制造业	其　他 制造业
海州区	98	208	114	6	36	101	83	28	11
赣榆区	85	56	28	6	8	34	27	4	13
东海县		3	3	1					2
灌云县									
灌南县									
连云港经济技术开发区									
连云港高新技术产业开发区									
江苏连云港徐圩新区	1	1	6						
江苏省连云港市云台山风景名胜区	1	1							
淮安市	**284**	**382**	**116**	**108**	**35**	**152**	**504**	**28**	**53**
淮安区	56	171	28	29	7	18	182	2	11
淮阴区	79	56	17	35	9	34	107	8	12
清江浦区	90	102	62	24	16	72	153	15	21
洪泽区	59	53	9	20	3	28	62	3	9
涟水县									
盱眙县									
金湖县									
淮安经济技术开发区									
工业园区									
生态文旅区									
苏淮高新区									
盐城市	**1123**	**1367**	**501**	**757**	**97**	**386**	**1347**	**59**	**130**
亭湖区	125	366	149	230	9	67	91	12	23
盐都区	113	219	52	108	12	57	228	10	33
大丰区	182	380	49	61	8	96	69	24	28
响水县									
滨海县									
阜宁县									
射阳县									
建湖县									
盐城经济技术开发区				6			1		1
江苏省盐南高新区	79	154	87	314	4	51	62	8	16
东台市	624	248	164	38	64	115	896	5	29
扬州市	**976**	**2064**	**532**	**1142**	**700**	**1240**	**754**	**293**	**488**
广陵区	132	454	104	175	55	124	176	42	29
邗江区	243	463	122	138	29	352	230	200	39
江都区	220	433	121	193	87	212	36	20	78
宝应县									
扬州经济技术开发区									
蜀冈瘦西湖景区	59	105	52	56	11	43	47	13	11
生态新城	1	9	5			2			301
仪征市	132	231	42	529	497	221	92	11	20
高邮市	189	369	86	51	21	286	173	7	10
镇江市	**1057**	**1092**	**1966**	**583**	**348**	**1787**	**735**	**117**	**154**
京口区	106	138	76	120	79	77	88	17	11
润州区	42	137	40	37	108	38	51	14	5
丹徒区	142	164	129	96	38	69	51	2	73
镇江新区									
江苏镇江高新区	45	64	16	11	49	16	62	4	14
丹阳市	460	310	1618	249	28	146	85	30	22
扬中市	156	166	43	44	18	1358	53	24	16
句容市	106	113	44	26	28	83	345	26	13

4-4a 续表 37

单位：人

地区 性别	制造业								
	金属制品业	通用设备制造业	专用设备制造业	汽车制造业	铁路、船舶、航空航天和其他运输设备制造业	电气机械和器材制造业	计算机、通信和其他电子设备制造业	仪器仪表制造业	其他制造业
泰州市	**1670**	**2850**	**922**	**721**	**943**	**1417**	**518**	**132**	**71**
海陵区	264	512	125	89	256	640	117	12	26
高港区	80	118	62	118	77	44	131	17	7
姜堰区	391	485	146	67	65	317	49	26	11
泰州医药高新技术产业开发区									
兴化市	249	230	46	8	18	26	29	4	17
靖江市	484	898	438	397	382	248	86	58	4
泰兴市	202	607	105	42	145	142	106	15	6
宿迁市	**257**	**162**	**121**	**36**	**28**	**181**	**830**	**12**	**39**
宿城区	105	79	84	18	10	121	642	6	5
宿豫区	99	58	22	17	9	34	77	2	32
沭阳县									
泗阳县									
泗洪县									
宿迁经济技术开发区									
宿迁市湖滨新区	15	6	7	1	4	4	9	1	2
苏州宿迁工业园区	15	10	2		1	6	74	1	
宿迁市洋河新区	23	9	6		4	16	28	2	
女	**9621**	**18058**	**11683**	**8397**	**4018**	**15076**	**33692**	**2703**	**1560**
南京市	**796**	**1324**	**1154**	**989**	**534**	**1559**	**3636**	**457**	**156**
玄武区	10	37	30	28	13	33	78	21	2
秦淮区	36	100	81	27	67	50	167	34	19
建邺区	10	32	22	22	11	38	69	15	5
鼓楼区	25	60	65	39	54	77	138	40	9
浦口区	70	38	26	28	29	52	135	13	10
栖霞区	42	98	145	110	41	343	924	59	15
雨花台区	62	82	72	38	27	49	195	22	14
江宁区	265	488	289	362	96	392	1467	147	39
六合区	33	59	29	26	13	49	79	8	8
溧水区	53	131	90	137	22	266	115	8	6
高淳区	31	44	53	53	3	22	19	12	1
南京江北新区	159	155	252	119	158	188	250	78	28
无锡市	**2022**	**4069**	**2025**	**1634**	**1069**	**2469**	**5892**	**517**	**139**
锡山区	316	418	216	189	694	247	1063	42	25
惠山区	372	811	285	318	27	396	297	54	12
滨湖区	214	558	174	150	32	140	390	95	16
梁溪区	141	505	184	218	31	299	842	78	12
新吴区	227	673	286	482	56	477	2071	71	19
江苏无锡经济开发区	136	309	174	133	27	191	442	42	4
江阴市	496	633	369	121	192	433	600	119	13
宜兴市	120	162	337	23	10	286	187	16	38
徐州市	**202**	**435**	**305**	**78**	**123**	**147**	**272**	**40**	**45**
鼓楼区	33	91	45	10	10	16	40	4	9
云龙区	26	94	87	16	25	32	22	8	1
贾汪区	11	27	11	4	65	8	12	4	1
泉山区	40	80	83	19	6	14	36	4	7
铜山区	48	104	32	29	15	44	97	15	15
丰县									
沛县									
睢宁县									
徐州经济技术开发区	3	4				1	1		
新沂市	16	13	27		1	11	36	4	7
邳州市	25	22	20		1	21	28	1	5

4-4a 续表 38

单位：人

地 区 性 别	制造业								
	金 属 制品业	通用设备 制造业	专用设备 制造业	汽 车 制造业	铁路、船舶、航空航天和其他运输设备制造业	电气机械和器材制造业	计算机、通信和其他电子设备制造业	仪器仪表制造业	其 他 制造业
常州市	**1100**	**2928**	**1526**	**1192**	**682**	**3196**	**2578**	**402**	**120**
天宁区	83	207	146	75	62	181	163	52	13
钟楼区	172	274	277	199	42	456	331	83	5
新北区	314	869	441	508	229	1007	727	136	42
武进区	284	1053	414	249	97	496	1064	73	36
金坛区	61	205	87	88	8	222	117	24	5
江苏省常州市经济开发区	116	212	85	39	240	500	133	22	8
溧阳市	70	108	76	34	4	334	43	12	11
苏州市	**2633**	**4949**	**3165**	**2657**	**482**	**4060**	**16542**	**750**	**221**
虎丘区	283	749	504	297	53	872	2630	195	8
吴中区	194	503	382	149	38	460	2060	134	20
相城区	511	556	278	255	25	689	1421	46	46
姑苏区	102	271	199	73	13	175	590	63	29
吴江区	207	389	280	144	8	630	3429	33	3
苏州工业园区									
常熟市	269	448	187	474	26	377	603	52	47
张家港市	188	288	157	154	14	140	127	13	7
昆山市	697	1278	1060	670	237	566	5391	186	41
太仓市	182	467	118	441	68	151	291	28	20
南通市	**739**	**1101**	**505**	**269**	**293**	**719**	**1157**	**172**	**96**
崇川区	62	104	82	27	88	54	296	19	15
港闸区	101	128	46	20	75	52	158	33	3
通州区	153	75	37	63	14	58	195	6	24
如东县									
南通经济技术开发区									
通州湾示范区									
苏锡通科技产业园区									
启东市	66	189	160	8	16	152	150	71	4
如皋市	56	95	50	19	8	99	82	29	18
海门市	113	155	50	52	78	78	84	3	21
海安市	188	355	80	80	14	226	192	11	11
连云港市	**57**	**81**	**72**	**18**	**15**	**56**	**101**	**22**	**12**
连云区	8	7	12	5	4	3	4	4	1
海州区	34	64	54	9	11	41	81	18	7
赣榆区	14	10	6	4		11	15		4
东海县	1					1			
灌云县									
灌南县									
连云港经济技术开发区									
连云港高新技术产业开发区									
江苏连云港徐圩新区							1		
江苏省连云港市云台山风景名胜区									
淮安市	**99**	**135**	**82**	**36**	**13**	**75**	**470**	**4**	**41**
淮安区	24	65	16	8	4	9	227	1	6
淮阴区	22	27	21	10	4	21	78	1	11
清江浦区	33	33	42	13	2	27	125	1	13
洪泽区	20	10	3	5	3	18	40	1	11
涟水县									
盱眙县									
金湖县									
淮安经济技术开发区									
工业园区									

4-4a 续表 39

单位：人

地区 性别	制造业								
	金属制品业	通用设备制造业	专用设备制造业	汽车制造业	铁路、船舶、航空航天和其他运输设备制造业	电气机械和器材制造业	计算机、通信和其他电子设备制造业	仪器仪表制造业	其他制造业
生态文旅区									
苏淮高新区									
盐城市	**402**	**437**	**199**	**353**	**40**	**188**	**767**	**33**	**71**
亭湖区	29	87	63	103	6	39	63	10	9
盐都区	20	91	33	33	5	25	132	9	29
大丰区	44	120	30	30	4	32	74	8	9
响水县									
滨海县									
阜宁县									
射阳县									
建湖县									
盐城经济技术开发区			1	4			2		1
江苏省盐南高新区	24	46	27	143	2	27	59	6	10
东台市	285	93	45	40	23	65	437		13
扬州市	**335**	**760**	**251**	**444**	**169**	**695**	**541**	**123**	**411**
广陵区	56	149	51	94	22	65	111	20	41
邗江区	74	136	48	59	8	168	165	68	19
江都区	77	162	55	80	18	120	36	21	82
宝应县									
扬州经济技术开发区									
蜀冈瘦西湖景区	11	25	16	21	2	23	34	3	2
生态新城		2	1						252
仪征市	51	99	32	174	110	158	97	6	10
高邮市	66	187	48	16	9	161	98	5	5
镇江市	**452**	**384**	**1834**	**313**	**145**	**954**	**713**	**81**	**158**
京口区	50	63	33	50	28	59	126	7	8
润州区	22	50	24	16	23	26	55	8	7
丹徒区	29	60	52	46	14	59	73	2	87
镇江新区									
江苏镇江高新区	5	16	3	10	16	19	48		3
丹阳市	232	109	1675	130	9	89	90	29	30
扬中市	75	64	26	33	5	656	48	11	19
句容市	39	22	21	28	50	46	273	24	4
泰州市	**726**	**1398**	**515**	**398**	**446**	**855**	**472**	**93**	**46**
海陵区	123	239	76	47	207	330	88	7	16
高港区	48	77	28	34	25	26	135	14	6
姜堰区	172	261	113	40	33	179	45	9	5
泰州医药高新技术产业开发区									
兴化市	83	75	25	3	5	8	41	4	8
靖江市	195	461	208	250	117	201	74	43	3
泰兴市	105	285	65	24	59	111	89	16	8
宿迁市	**58**	**57**	**50**	**16**	**7**	**103**	**551**	**9**	**44**
宿城区	23	31	33	13	3	75	411	3	6
宿豫区	24	12	10	3	1	15	59	5	35
沭阳县									
泗阳县									
泗洪县									
宿迁经济技术开发区									
宿迁市湖滨新区	3	1	4		2	1	7		3
苏州宿迁工业园区	4	13	2			7	61	1	
宿迁市洋河新区	4		1		1	5	13		

4-4a　续表 40

单位：人

地区 性别	制造业		电力、热力、燃气及水生产和供应业				建筑业		
	废弃资源综合利用业	金属制品、机械和设备修理业	小计	电力、热力生产和供应业	燃气生产和供应业	水的生产和供应业	小计	房屋建筑业	土木工程建筑业
江　苏	**2524**	**3753**	**19616**	**12589**	**2804**	**4223**	**196307**	**82100**	**22785**
南京市	**388**	**788**	**4021**	**2571**	**595**	**855**	**37690**	**16190**	**7000**
玄武区	17	25	212	127	44	41	1231	483	237
秦淮区	35	58	291	143	64	84	2220	556	530
建邺区	4	27	296	208	44	44	3147	1622	629
鼓楼区	12	92	625	474	60	91	2538	923	651
浦口区	17	11	167	83	24	60	2157	1056	474
栖霞区	20	91	350	225	79	46	4318	1538	1159
雨花台区	49	93	241	145	18	78	3461	1158	563
江宁区	100	98	801	534	112	155	6368	2650	1176
六合区	9	30	153	90	13	50	1410	514	153
溧水区	30	26	226	149	24	53	2826	1961	279
高淳区	9	19	108	69	13	26	2272	1432	125
南京江北新区	86	218	551	324	100	127	5742	2297	1024
无锡市	**341**	**567**	**2202**	**1257**	**338**	**607**	**20313**	**6943**	**2707**
锡山区	54	18	113	56	18	39	2424	837	318
惠山区	19	25	136	62	24	50	2075	658	330
滨湖区	22	22	207	118	26	63	2499	869	521
梁溪区	28	52	373	175	92	106	3577	1132	446
新吴区	44	65	172	90	24	58	1672	543	164
江苏无锡经济开发区	24	35	126	67	28	31	2020	950	253
江阴市	108	302	621	431	66	124	2901	802	317
宜兴市	42	48	454	258	60	136	3145	1152	358
徐州市	**137**	**229**	**1795**	**1355**	**191**	**249**	**12344**	**5621**	**1620**
鼓楼区	17	71	369	308	32	29	1594	590	282
云龙区	22	15	281	204	21	56	1436	498	252
贾汪区	3	7	96	61	8	27	825	545	49
泉山区	30	61	484	371	71	42	1894	586	515
铜山区	22	20	160	117	21	22	1744	832	184
丰县									
沛县									
睢宁县									
徐州经济技术开发区	1		1	1			23	15	2
新沂市	8	25	135	81	15	39	1825	955	137
邳州市	34	30	269	212	23	34	3003	1600	199
常州市	**387**	**290**	**1398**	**825**	**242**	**331**	**19651**	**8724**	**1619**
天宁区	34	42	317	214	39	64	2629	1119	200
钟楼区	41	71	220	131	42	47	2873	1035	357
新北区	108	70	244	151	26	67	2311	700	299
武进区	122	47	217	114	40	63	4087	1309	340
金坛区	30	14	154	75	37	42	2580	1582	177
江苏省常州市经济开发区	16	32	41	29	8	4	550	191	67
溧阳市	36	14	205	111	50	44	4621	2788	179
苏州市	**398**	**492**	**2663**	**1470**	**453**	**740**	**28828**	**11018**	**2884**
虎丘区	51	17	214	129	28	57	2831	1203	274
吴中区	53	59	290	146	47	97	4923	2137	388
相城区	126	54	222	77	54	91	3718	1529	396
姑苏区	10	75	384	222	92	70	3472	970	404
吴江区	10	29	186	90	38	58	2246	738	190
苏州工业园区									
常熟市	46	55	476	348	39	89	3239	1252	389

4-4a 续表 41

单位：人

地区 性别	制造业		电力、热力、燃气及水生产和供应业				建筑业		
	废弃资源综合利用业	金属制品、机械和设备修理业	小计	电力、热力生产和供应业	燃气生产和供应业	水的生产和供应业	小计	房屋建筑业	土木工程建筑业
张家港市	19	50	315	204	40	71	2449	1103	186
昆山市	60	113	339	99	75	165	4286	1448	502
太仓市	23	40	237	155	40	42	1664	638	155
南通市	**253**	**535**	**1547**	**1024**	**206**	**317**	**20803**	**10201**	**1519**
崇川区	39	285	532	378	77	77	2417	955	422
港闸区	45	98	143	94	22	27	2158	692	267
通州区	43	51	147	88	23	36	3393	1642	174
如东县									
南通经济技术开发区									
通州湾示范区									
苏锡通科技产业园区									
启东市	25	24	216	124	32	60	3557	2072	144
如皋市	42	14	166	113	16	37	2133	958	181
海门市	16	37	123	78	13	32	3249	2048	152
海安市	43	26	220	149	23	48	3896	1834	179
连云港市	**39**	**110**	**1002**	**814**	**60**	**128**	**4940**	**2055**	**683**
连云区	5	72	356	337	7	12	857	162	305
海州区	25	17	498	371	42	85	1957	833	250
赣榆区	9	21	133	94	11	28	1754	994	108
东海县			2	2			49	10	2
灌云县									
灌南县									
连云港经济技术开发区									
连云港高新技术产业开发区									
江苏连云港徐圩新区			11	8		3	293	36	17
江苏省连云港市云台山风景名胜区			2	2			30	20	1
淮安市	**61**	**76**	**725**	**489**	**85**	**151**	**6512**	**2948**	**561**
淮安区	10	18	94	62	5	27	1734	815	136
淮阴区	29	18	114	77	10	27	2228	944	130
清江浦区	17	31	406	278	61	67	1836	793	251
洪泽区	5	9	111	72	9	30	714	396	44
涟水县									
盱眙县									
金湖县									
淮安经济技术开发区									
工业园区									
生态文旅区									
苏淮高新区									
盐城市	**85**	**114**	**804**	**552**	**119**	**133**	**9549**	**3488**	**731**
亭湖区	16	21	186	119	35	32	2435	994	211
盐都区	24	23	56	36	12	8	2239	844	126
大丰区	24	17	200	137	32	31	952	289	86
响水县									
滨海县									
阜宁县									
射阳县									
建湖县									
盐城经济技术开发区							33	15	12
江苏省盐南高新区	11	14	203	155	25	23	1757	749	190
东台市	10	39	159	105	15	39	2133	597	106
扬州市	**147**	**216**	**1063**	**646**	**210**	**207**	**12233**	**5010**	**1224**
广陵区	21	42	185	113	41	31	2423	1235	295

4-4a　续表 42　　　　　　　　　　　　　　　　单位：人

地　区 性　别	制造业		电力、热力、燃气及水生产和供应业				建筑业		
	废弃资源综合利用业	金属制品、机械和设备修理业	小计	电力、热力生产和供应业	燃气生产和供应业	水的生产和供应业	小计	房屋建筑业	土木工程建筑业
邗江区	32	8	282	184	56	42	2754	963	229
江都区	33	36	192	109	44	39	2178	872	197
宝应县									
扬州经济技术开发区									
蜀冈瘦西湖景区	10	5	87	57	18	12	735	247	88
生态新城	2	2	3	2		1	116	6	96
仪征市	20	107	157	95	19	43	1766	905	138
高邮市	29	16	157	86	32	39	2261	782	181
镇江市	**125**	**136**	**998**	**696**	**120**	**182**	**8139**	**3282**	**912**
京口区	3	28	309	260	21	28	1161	397	194
润州区	11	26	162	121	20	21	907	319	141
丹徒区	7	17	90	61	17	12	913	488	112
镇江新区									
江苏镇江高新区	18	28	29	20	7	2	429	157	25
丹阳市	35	21	166	89	26	51	1429	512	149
扬中市	27	10	93	60	12	21	852	356	63
句容市	24	6	149	85	17	47	2448	1053	228
泰州市	**90**	**172**	**1031**	**641**	**145**	**245**	**10945**	**4147**	**1013**
海陵区	34	38	187	123	31	33	2399	818	182
高港区	4	10	59	31	11	17	791	318	70
姜堰区	20	16	204	145	27	32	2316	945	198
泰州医药高新技术产业开发区									
兴化市	19	25	126	86	19	21	1547	600	94
靖江市	3	48	232	139	31	62	1704	663	211
泰兴市	10	35	223	117	26	80	2188	803	258
宿迁市	**73**	**28**	**367**	**249**	**40**	**78**	**4360**	**2473**	**312**
宿城区	53	13	229	158	26	45	1889	1004	186
宿豫区	8	12	81	58	5	18	1465	810	81
沭阳县									
泗阳县									
泗洪县									
宿迁经济技术开发区									
宿迁市湖滨新区	2	1	23	14	2	7	516	384	11
苏州宿迁工业园区	4		15	8	3	4	142	68	12
宿迁市洋河新区	6	2	19	11	4	4	348	207	22
男	**1817**	**3127**	**14468**	**9606**	**1965**	**2897**	**164103**	**69871**	**18530**
南京市	**282**	**645**	**2886**	**1897**	**392**	**597**	**30907**	**13709**	**5574**
玄武区	15	20	138	92	26	20	935	401	166
秦淮区	24	47	216	109	51	56	1723	439	414
建邺区	4	22	203	152	26	25	2512	1340	503
鼓楼区	7	69	438	330	43	65	1996	778	492
浦口区	15	11	117	55	14	48	1796	889	381
栖霞区	15	75	257	167	56	34	3541	1275	967
雨花台区	37	86	168	96	12	60	2817	952	458
江宁区	70	70	552	385	64	103	5072	2159	917
六合区	8	27	117	72	8	37	1216	437	125
溧水区	23	18	183	134	14	35	2491	1732	239
高淳区	7	17	83	54	8	21	2107	1340	108
南京江北新区	57	183	414	251	70	93	4701	1967	804
无锡市	**251**	**478**	**1615**	**963**	**237**	**415**	**16806**	**5871**	**2222**
锡山区	41	16	83	44	13	26	2021	718	253

4-4a 续表 43

单位：人

地区 性别	制造业		电力、热力、燃气及水生产和供应业				建筑业		
	废弃资源综合利用业	金属制品、机械和设备修理业	小计	电力、热力生产和供应业	燃气生产和供应业	水的生产和供应业	小计	房屋建筑业	土木工程建筑业
惠山区	16	23	106	52	21	33	1743	555	286
滨湖区	17	20	152	87	19	46	2049	722	440
梁溪区	24	48	273	129	66	78	2910	963	357
新吴区	28	56	128	67	20	41	1341	458	131
江苏无锡经济开发区	21	29	90	51	21	18	1702	818	216
江阴市	77	243	447	328	37	82	2361	671	249
宜兴市	27	43	336	205	40	91	2679	966	290
徐州市	**96**	**200**	**1354**	**1051**	**134**	**169**	**10316**	**4745**	**1327**
鼓楼区	14	61	278	235	24	19	1316	504	234
云龙区	15	13	220	168	14	38	1147	403	198
贾汪区	3	7	75	51	7	17	741	488	45
泉山区	18	57	364	288	49	27	1500	474	390
铜山区	15	15	112	81	16	15	1488	685	166
丰县									
沛县									
睢宁县									
徐州经济技术开发区	1		1	1			22	14	2
新沂市	5	24	101	65	9	27	1477	764	122
邳州市	25	23	203	162	15	26	2625	1413	170
常州市	**282**	**235**	**1016**	**629**	**175**	**212**	**16510**	**7468**	**1329**
天宁区	25	34	229	162	28	39	2181	932	164
钟楼区	30	58	158	97	32	29	2384	876	296
新北区	76	50	180	119	18	43	1852	582	235
武进区	90	39	154	81	27	46	3359	1085	284
金坛区	19	13	102	53	26	23	2274	1404	143
江苏省常州市经济开发区	13	28	34	25	5	4	464	168	59
溧阳市	29	13	159	92	39	28	3996	2421	148
苏州市	**287**	**377**	**1978**	**1130**	**324**	**524**	**23440**	**9249**	**2277**
虎丘区	38	16	167	99	22	46	2321	1043	207
吴中区	39	35	209	111	38	60	3936	1759	312
相城区	88	39	165	61	41	63	3078	1274	322
姑苏区	8	62	273	164	64	45	2757	817	317
吴江区	6	23	142	69	28	45	1855	630	149
苏州工业园区									
常熟市	35	41	361	267	27	67	2747	1081	306
张家港市	12	43	231	155	27	49	2062	952	159
昆山市	43	87	249	79	48	122	3335	1155	386
太仓市	18	31	181	125	29	27	1349	538	119
南通市	**167**	**464**	**1115**	**756**	**148**	**211**	**18145**	**9029**	**1252**
崇川区	30	253	389	271	59	59	1974	819	340
港闸区	29	82	107	71	15	21	1775	602	211
通州区	31	44	107	67	18	22	3098	1498	149
如东县									
南通经济技术开发区									
通州湾示范区									
苏锡通科技产业园区									
启东市	15	22	157	101	24	32	3293	1923	121
如皋市	26	14	115	82	12	21	1776	792	150
海门市	10	28	83	57	5	21	2829	1779	125
海安市	26	21	157	107	15	35	3400	1616	156
连云港市	**27**	**90**	**804**	**666**	**43**	**95**	**4175**	**1770**	**577**
连云区	3	55	310	295	6	9	730	136	261

4-4a 续表 44

单位：人

地 区 性 别	制造业		电力、热力、燃气及水生产和供应业				建筑业		
	废弃资源综合利用业	金属制品、机械和设备修理业	小计	电力、热力生产和供应业	燃气生产和供应业	水的生产和供应业	小计	房屋建筑业	土木工程建筑业
海州区	16	15	380	286	29	65	1603	704	204
赣榆区	8	20	100	74	8	18	1497	869	93
东海县			1	1			42	9	1
灌云县									
灌南县									
连云港经济技术开发区									
连云港高新技术产业开发区									
江苏连云港徐圩新区			11	8		3	277	36	17
江苏省连云港市云台山风景名胜区			2	2			26	16	1
淮安市	**48**	**66**	**550**	**386**	**63**	**101**	**5567**	**2532**	**474**
淮安区	7	17	68	51	3	14	1537	713	123
淮阴区	23	15	92	62	9	21	1905	810	114
清江浦区	13	27	307	214	44	49	1489	660	197
洪泽区	5	7	83	59	7	17	636	349	40
涟水县									
盱眙县									
金湖县									
淮安经济技术开发区									
工业园区									
生态文旅区									
苏淮高新区									
盐城市	**64**	**102**	**609**	**427**	**86**	**96**	**8211**	**2923**	**623**
亭湖区	13	19	146	97	29	20	2084	837	192
盐都区	17	21	49	32	9	8	1904	695	103
大丰区	18	15	156	111	23	22	827	248	71
响水县									
滨海县									
阜宁县									
射阳县									
建湖县									
盐城经济技术开发区							32	15	12
江苏省盐南高新区	9	11	143	113	15	15	1462	608	144
东台市	7	36	115	74	10	31	1902	520	101
扬州市	**102**	**188**	**809**	**513**	**152**	**144**	**10224**	**4159**	**1035**
广陵区	15	35	137	86	31	20	1953	1015	231
邗江区	20	6	210	141	40	29	2236	777	190
江都区	23	32	143	93	27	23	1832	764	161
宝应县									
扬州经济技术开发区									
蜀冈瘦西湖景区	7	5	72	49	15	8	620	211	77
生态新城	2	2	2	1		1	108	5	90
仪征市	14	92	128	81	12	35	1394	687	121
高邮市	21	16	117	62	27	28	2081	700	165
镇江市	**87**	**113**	**736**	**527**	**80**	**129**	**6759**	**2734**	**744**
京口区	2	25	233	201	13	19	912	317	148
润州区	7	22	127	94	15	18	723	253	107
丹徒区	5	13	59	41	11	7	710	376	93
镇江新区									
江苏镇江高新区	14	21	20	15	4	1	371	140	22
丹阳市	25	18	124	70	16	38	1192	434	121
扬中市	18	8	64	43	10	11	712	308	49
句容市	16	6	109	63	11	35	2139	906	204

4-4a 续表 45

单位：人

地区 性别	制造业		电力、热力、燃气及水生产和供应业				建筑业		
	废弃资源综合利用业	金属制品、机械和设备修理业	小计	电力、热力生产和供应业	燃气生产和供应业	水的生产和供应业	小计	房屋建筑业	土木工程建筑业
泰州市	**67**	**145**	**716**	**469**	**97**	**150**	**9206**	**3490**	**846**
海陵区	23	31	136	86	26	24	1983	690	150
高港区	3	8	41	24	6	11	681	276	55
姜堰区	14	15	146	102	18	26	2029	831	172
泰州医药高新技术产业开发区									
兴化市	16	23	101	70	15	16	1301	489	82
靖江市	3	37	147	98	15	34	1407	549	171
泰兴市	8	31	145	89	17	39	1805	655	216
宿迁市	**57**	**24**	**280**	**192**	**34**	**54**	**3837**	**2192**	**250**
宿城区	43	11	179	125	23	31	1647	885	144
宿豫区	5	10	58	43	5	10	1306	738	66
沭阳县									
泗阳县									
泗洪县									
宿迁经济技术开发区									
宿迁市湖滨新区	2	1	17	11	1	5	456	332	11
苏州宿迁工业园区	4		9	3	2	4	107	51	8
宿迁市洋河新区	3	2	17	10	3	4	321	186	21
女	**707**	**626**	**5148**	**2983**	**839**	**1326**	**32204**	**12229**	**4255**
南京市	**106**	**143**	**1135**	**674**	**203**	**258**	**6783**	**2481**	**1426**
玄武区	2	5	74	35	18	21	296	82	71
秦淮区	11	11	75	34	13	28	497	117	116
建邺区		5	93	56	18	19	635	282	126
鼓楼区	5	23	187	144	17	26	542	145	159
浦口区	2		50	28	10	12	361	167	93
栖霞区	5	16	93	58	23	12	777	263	192
雨花台区	12	7	73	49	6	18	644	206	105
江宁区	30	28	249	149	48	52	1296	491	259
六合区	1	3	36	18	5	13	194	77	28
溧水区	7	8	43	15	10	18	335	229	40
高淳区	2	2	25	15	5	5	165	92	17
南京江北新区	29	35	137	73	30	34	1041	330	220
无锡市	**90**	**89**	**587**	**294**	**101**	**192**	**3507**	**1072**	**485**
锡山区	13	2	30	12	5	13	403	119	65
惠山区	3	2	30	10	3	17	332	103	44
滨湖区	5	2	55	31	7	17	450	147	81
梁溪区	4	4	100	46	26	28	667	169	89
新吴区	16	9	44	23	4	17	331	85	33
江苏无锡经济开发区	3	6	36	16	7	13	318	132	37
江阴市	31	59	174	103	29	42	540	131	68
宜兴市	15	5	118	53	20	45	466	186	68
徐州市	**41**	**29**	**441**	**304**	**57**	**80**	**2028**	**876**	**293**
鼓楼区	3	10	91	73	8	10	278	86	48
云龙区	7	2	61	36	7	18	289	95	54
贾汪区			21	10	1	10	84	57	4
泉山区	12	4	120	83	22	15	394	112	125
铜山区	7	5	48	36	5	7	256	147	18
丰县									
沛县									
睢宁县									
徐州经济技术开发区							1	1	
新沂市	3	1	34	16	6	12	348	191	15
邳州市	9	7	66	50	8	8	378	187	29

4-4a 续表 46

单位：人

地区 性别	制造业		电力、热力、燃气及水生产和供应业				建筑业		
	废弃资源综合利用业	金属制品、机械和设备修理业	小计	电力、热力生产和供应业	燃气生产和供应业	水的生产和供应业	小计	房屋建筑业	土木工程建筑业
常州市	**105**	**55**	**382**	**196**	**67**	**119**	**3141**	**1256**	**290**
天宁区	9	8	88	52	11	25	448	187	36
钟楼区	11	13	62	34	10	18	489	159	61
新北区	32	20	64	32	8	24	459	118	64
武进区	32	8	63	33	13	17	728	224	56
金坛区	11	1	52	22	11	19	306	178	34
江苏省常州市经济开发区	3	4	7	4	3		86	23	8
溧阳市	7	1	46	19	11	16	625	367	31
苏州市	**111**	**115**	**685**	**340**	**129**	**216**	**5388**	**1769**	**607**
虎丘区	13	1	47	30	6	11	510	160	67
吴中区	14	24	81	35	9	37	987	378	76
相城区	38	15	57	16	13	28	640	255	74
姑苏区	2	13	111	58	28	25	715	153	87
吴江区	4	6	44	21	10	13	391	108	41
苏州工业园区									
常熟市	11	14	115	81	12	22	492	171	83
张家港市	7	7	84	49	13	22	387	151	27
昆山市	17	26	90	20	27	43	951	293	116
太仓市	5	9	56	30	11	15	315	100	36
南通市	**86**	**71**	**432**	**268**	**58**	**106**	**2658**	**1172**	**267**
崇川区	9	32	143	107	18	18	443	136	82
港闸区	16	16	36	23	7	6	383	90	56
通州区	12	7	40	21	5	14	295	144	25
如东县									
南通经济技术开发区									
通州湾示范区									
苏锡通科技产业园区									
启东市	10	2	59	23	8	28	264	149	23
如皋市	16		51	31	4	16	357	166	31
海门市	6	9	40	21	8	11	420	269	27
海安市	17	5	63	42	8	13	496	218	23
连云港市	**12**	**20**	**198**	**148**	**17**	**33**	**765**	**285**	**106**
连云区	2	17	46	42	1	3	127	26	44
海州区	9	2	118	85	13	20	354	129	46
赣榆区	1	1	33	20	3	10	257	125	15
东海县			1	1			7	1	1
灌云县									
灌南县									
连云港经济技术开发区									
连云港高新技术产业开发区									
江苏连云港徐圩新区							16		
江苏省连云港市云台山风景名胜区							4	4	
淮安市	**13**	**10**	**175**	**103**	**22**	**50**	**945**	**416**	**87**
淮安区	3	1	26	11	2	13	197	102	13
淮阴区	6	3	22	15	1	6	323	134	16
清江浦区	4	4	99	64	17	18	347	133	54
洪泽区		2	28	13	2	13	78	47	4
涟水县									
盱眙县									
金湖县									
淮安经济技术开发区									
工业园区									

4-4a 续表 47

单位：人

地区 性别	制造业		电力、热力、燃气及水生产和供应业				建筑业		
	废弃资源综合利用业	金属制品、机械和设备修理业	小计	电力、热力生产和供应业	燃气生产和供应业	水的生产和供应业	小计	房屋建筑业	土木工程建筑业
生态文旅区									
苏淮高新区									
盐城市	**21**	**12**	**195**	**125**	**33**	**37**	**1338**	**565**	**108**
亭湖区	3	2	40	22	6	12	351	157	19
盐都区	7	2	7	4	3		335	149	23
大丰区	6	2	44	26	9	9	125	41	15
响水县									
滨海县									
阜宁县									
射阳县									
建湖县									
盐城经济技术开发区							1		
江苏省盐南高新区	2	3	60	42	10	8	295	141	46
东台市	3	3	44	31	5	8	231	77	5
扬州市	**45**	**28**	**254**	**133**	**58**	**63**	**2009**	**851**	**189**
广陵区	6	7	48	27	10	11	470	220	64
邗江区	12	2	72	43	16	13	518	186	39
江都区	10	4	49	16	17	16	346	108	36
宝应县									
扬州经济技术开发区									
蜀冈瘦西湖景区	3		15	8	3	4	115	36	11
生态新城			1	1			8	1	6
仪征市	6	15	29	14	7	8	372	218	17
高邮市	8		40	24	5	11	180	82	16
镇江市	**38**	**23**	**262**	**169**	**40**	**53**	**1380**	**548**	**168**
京口区	1	3	76	59	8	9	249	80	46
润州区	4	4	35	27	5	3	184	66	34
丹徒区	2	4	31	20	6	5	203	112	19
镇江新区									
江苏镇江高新区	4	7	9	5	3	1	58	17	3
丹阳市	10	3	42	19	10	13	237	78	28
扬中市	9	2	29	17	2	10	140	48	14
句容市	8		40	22	6	12	309	147	24
泰州市	**23**	**27**	**315**	**172**	**48**	**95**	**1739**	**657**	**167**
海陵区	11	7	51	37	5	9	416	128	32
高港区	1	2	18	7	5	6	110	42	15
姜堰区	6	1	58	43	9	6	287	114	26
泰州医药高新技术产业开发区									
兴化市	3	2	25	16	4	5	246	111	12
靖江市		11	85	41	16	28	297	114	40
泰兴市	2	4	78	28	9	41	383	148	42
宿迁市	**16**	**4**	**87**	**57**	**6**	**24**	**523**	**281**	**62**
宿城区	10	2	50	33	3	14	242	119	42
宿豫区	3	2	23	15		8	159	72	15
沭阳县									
泗阳县									
泗洪县									
宿迁经济技术开发区									
宿迁市湖滨新区			6	3	1	2	60	52	
苏州宿迁工业园区			6	5	1		35	17	4
宿迁市洋河新区	3		2	1	1		27	21	1

4-4a　续表 48　　　　单位：人

地区 性别	建筑业		批发和零售业			交通运输、仓储和邮政业			
	建筑安装业	建筑装饰、装修和其他建筑业	小计	批发业	零售业	小计	铁路运输业	道路运输业	水上运输业
江　苏	**15900**	**75522**	**335632**	**110480**	**225152**	**99542**	**3047**	**63956**	**3631**
南京市	**2702**	**11798**	**60089**	**20333**	**39756**	**20552**	**1138**	**12938**	**935**
玄武区	73	438	4168	1507	2661	1003	81	545	32
秦淮区	132	1002	5992	1946	4046	1582	72	839	45
建邺区	123	773	4154	1696	2458	956	42	563	64
鼓楼区	210	754	6653	2350	4303	2439	317	1205	259
浦口区	129	498	2180	715	1465	741	29	571	19
栖霞区	456	1165	6203	1912	4291	3014	253	2089	116
雨花台区	196	1544	5786	1831	3955	1832	68	1310	38
江宁区	480	2062	11645	4127	7518	4267	76	2641	43
六合区	101	642	1629	413	1216	624	16	463	20
溧水区	128	458	1647	447	1200	713	31	436	48
高淳区	130	585	1508	371	1137	427	5	278	52
南京江北新区	544	1877	8524	3018	5506	2954	148	1998	199
无锡市	**1772**	**8891**	**40418**	**15044**	**25374**	**12640**	**161**	**8685**	**244**
锡山区	145	1124	4451	1876	2575	1890	15	1438	8
惠山区	212	875	3781	1685	2096	1567	21	1265	4
滨湖区	202	907	3466	1124	2342	943	12	642	8
梁溪区	321	1678	10015	3810	6205	2552	53	1864	27
新吴区	179	786	4828	1933	2895	1631	20	994	6
江苏无锡经济开发区	145	672	2361	817	1544	625	12	340	2
江阴市	297	1485	6752	2628	4124	2210	19	1260	174
宜兴市	271	1364	4764	1171	3593	1222	9	882	15
徐州市	**943**	**4160**	**26173**	**7620**	**18553**	**9100**	**914**	**5697**	**203**
鼓楼区	97	625	3951	1136	2815	1547	266	872	28
云龙区	122	564	4346	1594	2752	1579	346	792	10
贾汪区	39	192	874	172	702	441	7	321	8
泉山区	179	614	5131	1667	3464	1634	185	992	24
铜山区	147	581	3440	1018	2422	1188	22	850	7
丰县									
沛县									
睢宁县									
徐州经济技术开发区	2	4	22	13	9	7		4	
新沂市	118	615	3476	645	2831	1109	51	758	12
邳州市	239	965	4933	1375	3558	1595	37	1108	114
常州市	**1863**	**7445**	**30095**	**9980**	**20115**	**7715**	**122**	**5397**	**155**
天宁区	193	1117	5392	1794	3598	1456	55	1014	21
钟楼区	214	1267	6267	2615	3652	1893	17	1445	16
新北区	233	1079	5155	1845	3310	1306	19	783	74
武进区	254	2184	6042	1973	4069	1434	7	1041	14
金坛区	130	691	2948	713	2235	570	3	406	21
江苏省常州市经济开发区	44	248	1116	268	848	423	6	307	1
溧阳市	795	859	3175	772	2403	633	15	401	8
苏州市	**2336**	**12590**	**67186**	**24297**	**42889**	**17420**	**168**	**11400**	**256**
虎丘区	290	1064	5684	1779	3905	2323	13	1622	8
吴中区	286	2112	8325	2700	5625	1570	14	946	13
相城区	227	1566	7863	2121	5742	2105	31	1573	14
姑苏区	272	1826	8530	2606	5924	2464	66	1796	19
吴江区	171	1147	4016	1182	2834	1019	4	639	5
苏州工业园区									
常熟市	317	1281	12326	5276	7050	2359	5	1420	89

4-4a 续表 49

单位：人

地　区 性　别	建筑业		批发和零售业			交通运输、仓储和邮政业			
	建　筑 安装业	建筑装饰、装修和其他建筑业	小计	批发业	零售业	小计	铁　路 运输业	道　路 运输业	水　上 运输业
张家港市	183	977	5338	2405	2933	1132	4	721	36
昆山市	467	1869	11492	4929	6563	3494	27	2135	15
太仓市	123	748	3612	1299	2313	954	4	548	57
南通市	**1429**	**7654**	**25235**	**8580**	**16655**	**6543**	**105**	**3874**	**420**
崇川区	189	851	6372	2635	3737	1753	18	895	175
港闸区	174	1025	3603	1219	2384	1492	20	976	124
通州区	305	1272	2702	759	1943	638	9	347	14
如东县									
南通经济技术开发区									
通州湾示范区									
苏锡通科技产业园区									
启东市	349	992	2756	716	2040	567	3	366	19
如皋市	149	845	3165	1131	2034	751	10	500	27
海门市	125	924	2768	837	1931	527	5	273	28
海安市	138	1745	3869	1283	2586	815	40	517	33
连云港市	**551**	**1651**	**9091**	**2418**	**6673**	**4008**	**90**	**2165**	**454**
连云区	220	170	860	269	591	1450	41	582	289
海州区	177	697	5482	1357	4125	1555	43	907	80
赣榆区	118	534	2416	561	1855	916	5	604	83
东海县	6	31	67	6	61	60		53	2
灌云县									
灌南县									
连云港经济技术开发区									
连云港高新技术产业开发区									
江苏连云港徐圩新区	24	216	238	224	14	6		3	
江苏省连云港市云台山风景名胜区	6	3	28	1	27	21	1	16	
淮安市	**464**	**2539**	**10177**	**2592**	**7585**	**3238**	**49**	**1980**	**107**
淮安区	114	669	2099	420	1679	850	13	400	33
淮阴区	130	1024	2802	690	2112	914	6	616	20
清江浦区	178	614	4298	1175	3123	1159	28	756	31
洪泽区	42	232	978	307	671	315	2	208	23
涟水县									
盱眙县									
金湖县									
淮安经济技术开发区									
工业园区									
生态文旅区									
苏淮高新区									
盐城市	**855**	**4475**	**14699**	**4393**	**10306**	**4032**	**70**	**2676**	**144**
亭湖区	244	986	5574	1644	3930	1257	18	827	23
盐都区	218	1051	2410	726	1684	710		446	14
大丰区	91	486	1800	561	1239	627	5	411	34
响水县									
滨海县									
阜宁县									
射阳县									
建湖县									
盐城经济技术开发区	1	5	10	2	8	2		2	
江苏省盐南高新区	178	640	2610	785	1825	596	42	364	24
东台市	123	1307	2295	675	1620	840	5	626	49
扬州市	**1179**	**4820**	**17683**	**5261**	**12422**	**4177**	**39**	**2747**	**114**
广陵区	198	695	4734	1480	3254	1021	7	699	16

4-4a 续表 50

单位：人

地 区 性 别	建筑业		批发和零售业			交通运输、仓储和邮政业			
	建 筑 安装业	建筑装 饰、装修 和其他 建筑业	小计	批发业	零售业	小计	铁 路 运输业	道 路 运输业	水 上 运输业
邗江区	329	1233	4686	1376	3310	841	9	501	15
江都区	365	744	2800	809	1991	756	10	484	36
宝应县									
扬州经济技术开发区									
蜀冈瘦西湖景区	47	353	1053	319	734	259	4	158	6
生态新城	1	13	274	140	134	38		26	
仪征市	119	604	2026	638	1388	677	1	474	12
高邮市	120	1178	2110	499	1611	585	8	405	29
镇江市	**644**	**3301**	**12716**	**3651**	**9065**	**3536**	**152**	**2190**	**181**
京口区	84	486	2299	552	1747	721	15	415	80
润州区	72	375	1851	597	1254	607	59	327	50
丹徒区	71	242	919	262	657	336	11	228	16
镇江新区									
江苏镇江高新区	28	219	497	135	362	186	8	129	13
丹阳市	115	653	3402	966	2436	782	47	483	9
扬中市	154	279	1409	500	909	319	2	205	10
句容市	120	1047	2339	639	1700	585	10	403	3
泰州市	**941**	**4844**	**16667**	**5026**	**11641**	**4666**	**30**	**2890**	**321**
海陵区	186	1213	4876	1571	3305	1140	18	751	44
高港区	67	336	927	276	651	414	1	166	49
姜堰区	168	1005	2434	656	1778	688	1	457	61
泰州医药高新技术产业开发区									
兴化市	100	753	2699	856	1843	833		522	37
靖江市	203	627	2658	791	1867	879	7	537	82
泰兴市	217	910	3073	876	2197	712	3	457	48
宿迁市	**221**	**1354**	**5403**	**1285**	**4118**	**1915**	**9**	**1317**	**97**
宿城区	108	591	2893	640	2253	941	7	683	66
宿豫区	84	490	1626	471	1155	611	2	388	19
沭阳县									
泗阳县									
泗洪县									
宿迁经济技术开发区									
宿迁市湖滨新区	8	113	298	44	254	150		91	10
苏州宿迁工业园区	6	56	261	87	174	37		27	1
宿迁市洋河新区	15	104	325	43	282	176		128	1
男	**13601**	**62101**	**165844**	**64535**	**101309**	**78805**	**2305**	**52602**	**2895**
南京市	**2259**	**9365**	**30268**	**11684**	**18584**	**15969**	**868**	**10386**	**750**
玄武区	55	313	2161	836	1325	742	62	423	25
秦淮区	103	767	2917	1065	1852	1200	48	675	33
建邺区	99	570	2122	950	1172	722	26	440	50
鼓楼区	158	568	3277	1270	2007	1794	241	917	204
浦口区	113	413	1112	445	667	602	22	476	14
栖霞区	380	919	3221	1162	2059	2483	220	1729	102
雨花台区	163	1244	2960	1049	1911	1450	54	1059	29
江宁区	383	1613	6037	2427	3610	3178	47	2053	31
六合区	93	561	760	246	514	510	14	390	17
溧水区	115	405	818	279	539	580	18	363	45
高淳区	123	536	712	241	471	367	3	240	44
南京江北新区	474	1456	4171	1714	2457	2341	113	1621	156
无锡市	**1475**	**7238**	**20311**	**8924**	**11387**	**10037**	**117**	**7112**	**186**
锡山区	121	929	2320	1127	1193	1516	9	1175	5

4-4a 续表 51

单位：人

地区 性别	建筑业		批发和零售业			交通运输、仓储和邮政业			
	建筑安装业	建筑装饰、装修和其他建筑业	小计	批发业	零售业	小计	铁路运输业	道路运输业	水上运输业
惠山区	176	726	1934	1002	932	1252	14	1036	4
滨湖区	160	727	1746	676	1070	741	10	524	5
梁溪区	269	1321	5176	2286	2890	2020	37	1521	22
新吴区	135	617	2417	1091	1326	1254	16	802	3
江苏无锡经济开发区	124	544	1180	489	691	489	7	274	1
江阴市	256	1185	3246	1540	1706	1731	17	1026	134
宜兴市	234	1189	2292	713	1579	1034	7	754	12
徐州市	**838**	**3406**	**12854**	**4635**	**8219**	**7366**	**750**	**4859**	**169**
鼓楼区	79	499	2023	704	1319	1224	227	716	20
云龙区	101	445	2231	965	1266	1186	276	632	9
贾汪区	37	171	404	125	279	395	2	304	8
泉山区	144	492	2599	1054	1545	1281	148	802	16
铜山区	136	501	1357	539	818	967	18	736	7
丰县									
沛县									
睢宁县									
徐州经济技术开发区	2	4	13	9	4	5		4	
新沂市	112	479	1622	370	1252	900	47	650	12
邳州市	227	815	2605	869	1736	1408	32	1015	97
常州市	**1613**	**6100**	**14592**	**5863**	**8729**	**6214**	**91**	**4471**	**114**
天宁区	162	923	2616	1054	1562	1192	42	842	16
钟楼区	182	1030	3225	1538	1687	1500	13	1164	7
新北区	183	852	2451	1043	1408	995	15	627	60
武进区	213	1777	3047	1167	1880	1202	6	908	9
金坛区	114	613	1462	451	1011	472	3	346	17
江苏省常州市经济开发区	40	197	493	162	331	345	5	254	1
溧阳市	719	708	1298	448	850	508	7	330	4
苏州市	**1882**	**10032**	**33786**	**13873**	**19913**	**13626**	**115**	**9186**	**181**
虎丘区	228	843	2788	1080	1708	1854	12	1321	6
吴中区	229	1636	4033	1554	2479	1239	7	777	8
相城区	189	1293	4107	1288	2819	1720	17	1296	8
姑苏区	215	1408	4181	1471	2710	1904	48	1432	13
吴江区	134	942	2103	741	1362	841	4	537	4
苏州工业园区									
常熟市	283	1077	6311	2860	3451	1920	4	1216	70
张家港市	164	787	2594	1313	1281	870	4	583	23
昆山市	345	1449	5869	2841	3028	2598	18	1606	10
太仓市	95	597	1800	725	1075	680	1	418	39
南通市	**1266**	**6598**	**12018**	**4779**	**7239**	**5125**	**67**	**3201**	**349**
崇川区	150	665	3057	1427	1630	1324	8	700	146
港闸区	144	818	1731	666	1065	1188	13	800	101
通州区	285	1166	1209	398	811	498	2	296	12
如东县									
南通经济技术开发区									
通州湾示范区									
苏锡通科技产业园区									
启东市	327	922	1394	448	946	461	2	330	17
如皋市	129	705	1580	683	897	602	7	423	23
海门市	114	811	1286	466	820	410	1	227	25
海安市	117	1511	1761	691	1070	642	34	425	25
连云港市	**487**	**1341**	**4478**	**1489**	**2989**	**3163**	**71**	**1798**	**381**
连云区	193	140	399	173	226	1093	28	440	233

4-4a 续表 52

单位：人

地区 性别	建筑业		批发和零售业			交通运输、仓储和邮政业			
	建筑安装业	建筑装饰、装修和其他建筑业	小计	批发业	零售业	小计	铁路运输业	道路运输业	水上运输业
海州区	151	544	2731	798	1933	1218	38	751	64
赣榆区	108	427	1093	317	776	780	4	549	82
东海县	5	27	37	5	32	46		39	2
灌云县									
灌南县									
连云港经济技术开发区									
连云港高新技术产业开发区									
江苏连云港徐圩新区	24	200	204	195	9	6		3	
江苏省连云港市云台山风景名胜区	6	3	14	1	13	20	1	16	
淮安市	**415**	**2146**	**4767**	**1551**	**3216**	**2606**	**32**	**1707**	**84**
淮安区	108	593	892	260	632	667	8	354	29
淮阴区	118	863	1316	401	915	735	4	525	17
清江浦区	156	476	2080	700	1380	947	19	651	23
洪泽区	33	214	479	190	289	257	1	177	15
涟水县									
盱眙县									
金湖县									
淮安经济技术开发区									
工业园区									
生态文旅区									
苏淮高新区									
盐城市	**755**	**3910**	**7469**	**2604**	**4865**	**3258**	**27**	**2257**	**115**
亭湖区	211	844	2902	945	1957	1004	6	676	20
盐都区	191	915	1194	441	753	572		383	12
大丰区	84	424	868	331	537	521	1	357	27
响水县									
滨海县									
阜宁县									
射阳县									
建湖县									
盐城经济技术开发区	1	4	2		2	2		2	
江苏省盐南高新区	154	556	1417	480	937	445	16	289	21
东台市	114	1167	1086	407	679	714	4	550	35
扬州市	**1046**	**3984**	**8533**	**3124**	**5409**	**3288**	**22**	**2274**	**89**
广陵区	168	539	2358	869	1489	787	4	564	10
邗江区	298	971	2207	769	1438	654	6	422	11
江都区	317	590	1333	493	840	557	7	372	32
宝应县									
扬州经济技术开发区									
蜀冈瘦西湖景区	42	290	510	195	315	201	1	133	4
生态新城	1	12	152	88	64	26		19	
仪征市	105	481	984	396	588	543	1	391	6
高邮市	115	1101	989	314	675	520	3	373	26
镇江市	**535**	**2746**	**6122**	**2201**	**3921**	**2803**	**117**	**1789**	**153**
京口区	65	382	1098	330	768	561	13	324	64
润州区	58	305	905	365	540	457	46	251	42
丹徒区	57	184	474	169	305	280	6	197	15
镇江新区									
江苏镇江高新区	24	185	223	78	145	154	7	107	11
丹阳市	97	540	1606	551	1055	627	38	407	9
扬中市	125	230	687	313	374	250	1	168	9
句容市	109	920	1129	395	734	474	6	335	3

4-4a 续表 53

单位：人

地区 性别	建筑业		批发和零售业			交通运输、仓储和邮政业			
	建筑安装业	建筑装饰、装修和其他建筑业	小计	批发业	零售业	小计	铁路运输业	道路运输业	水上运输业
泰州市	**835**	**4035**	**8064**	**3040**	**5024**	**3728**	**19**	**2412**	**242**
海陵区	161	982	2412	986	1426	913	12	632	31
高港区	62	288	460	169	291	314		134	38
姜堰区	151	875	1126	402	724	568	1	386	47
泰州医药高新技术产业开发区									
兴化市	93	637	1450	531	919	689		446	25
靖江市	176	511	1209	469	740	687	4	445	61
泰兴市	192	742	1407	483	924	557	2	369	40
宿迁市	**195**	**1200**	**2582**	**768**	**1814**	**1622**	**9**	**1150**	**82**
宿城区	91	527	1385	390	995	795	7	592	53
宿豫区	76	426	768	271	497	512	2	332	19
沭阳县									
泗阳县									
泗洪县									
宿迁经济技术开发区									
宿迁市湖滨新区	8	105	139	31	108	128		87	9
苏州宿迁工业园区	5	43	131	46	85	26		20	
宿迁市洋河新区	15	99	159	30	129	161		119	1
女	**2299**	**13421**	**169788**	**45945**	**123843**	**20737**	**742**	**11354**	**736**
南京市	**443**	**2433**	**29821**	**8649**	**21172**	**4583**	**270**	**2552**	**185**
玄武区	18	125	2007	671	1336	261	19	122	7
秦淮区	29	235	3075	881	2194	382	24	164	12
建邺区	24	203	2032	746	1286	234	16	123	14
鼓楼区	52	186	3376	1080	2296	645	76	288	55
浦口区	16	85	1068	270	798	139	7	95	5
栖霞区	76	246	2982	750	2232	531	33	360	14
雨花台区	33	300	2826	782	2044	382	14	251	9
江宁区	97	449	5608	1700	3908	1089	29	588	12
六合区	8	81	869	167	702	114	2	73	3
溧水区	13	53	829	168	661	133	13	73	3
高淳区	7	49	796	130	666	60	2	38	8
南京江北新区	70	421	4353	1304	3049	613	35	377	43
无锡市	**297**	**1653**	**20107**	**6120**	**13987**	**2603**	**44**	**1573**	**58**
锡山区	24	195	2131	749	1382	374	6	263	3
惠山区	36	149	1847	683	1164	315	7	229	
滨湖区	42	180	1720	448	1272	202	2	118	3
梁溪区	52	357	4839	1524	3315	532	16	343	5
新吴区	44	169	2411	842	1569	377	4	192	3
江苏无锡经济开发区	21	128	1181	328	853	136	5	66	1
江阴市	41	300	3506	1088	2418	479	2	234	40
宜兴市	37	175	2472	458	2014	188	2	128	3
徐州市	**105**	**754**	**13319**	**2985**	**10334**	**1734**	**164**	**838**	**34**
鼓楼区	18	126	1928	432	1496	323	39	156	8
云龙区	21	119	2115	629	1486	393	70	160	1
贾汪区	2	21	470	47	423	46	5	17	
泉山区	35	122	2532	613	1919	353	37	190	8
铜山区	11	80	2083	479	1604	221	4	114	
丰县									
沛县									
睢宁县									
徐州经济技术开发区			9	4	5	2			
新沂市	6	136	1854	275	1579	209	4	108	
邳州市	12	150	2328	506	1822	187	5	93	17

4-4a 续表 54

单位：人

地区 性别	建筑业		批发和零售业			交通运输、仓储和邮政业			
	建筑安装业	建筑装饰、装修和其他建筑业	小计	批发业	零售业	小计	铁路运输业	道路运输业	水上运输业
常州市	**250**	**1345**	**15503**	**4117**	**11386**	**1501**	**31**	**926**	**41**
天宁区	31	194	2776	740	2036	264	13	172	5
钟楼区	32	237	3042	1077	1965	393	4	281	9
新北区	50	227	2704	802	1902	311	4	156	14
武进区	41	407	2995	806	2189	232	1	133	5
金坛区	16	78	1486	262	1224	98		60	4
江苏省常州市经济开发区	4	51	623	106	517	78	1	53	
溧阳市	76	151	1877	324	1553	125	8	71	4
苏州市	**454**	**2558**	**33400**	**10424**	**22976**	**3794**	**53**	**2214**	**75**
虎丘区	62	221	2896	699	2197	469	1	301	2
吴中区	57	476	4292	1146	3146	331	7	169	5
相城区	38	273	3756	833	2923	385	14	277	6
姑苏区	57	418	4349	1135	3214	560	18	364	6
吴江区	37	205	1913	441	1472	178		102	1
苏州工业园区									
常熟市	34	204	6015	2416	3599	439	1	204	19
张家港市	19	190	2744	1092	1652	262		138	13
昆山市	122	420	5623	2088	3535	896	9	529	5
太仓市	28	151	1812	574	1238	274	3	130	18
南通市	**163**	**1056**	**13217**	**3801**	**9416**	**1418**	**38**	**673**	**71**
崇川区	39	186	3315	1208	2107	429	10	195	29
港闸区	30	207	1872	553	1319	304	7	176	23
通州区	20	106	1493	361	1132	140	7	51	2
如东县									
南通经济技术开发区									
通州湾示范区									
苏锡通科技产业园区									
启东市	22	70	1362	268	1094	106	1	36	2
如皋市	20	140	1585	448	1137	149	3	77	4
海门市	11	113	1482	371	1111	117	4	46	3
海安市	21	234	2108	592	1516	173	6	92	8
连云港市	**64**	**310**	**4613**	**929**	**3684**	**845**	**19**	**367**	**73**
连云区	27	30	461	96	365	357	13	142	56
海州区	26	153	2751	559	2192	337	5	156	16
赣榆区	10	107	1323	244	1079	136	1	55	1
东海县	1	4	30	1	29	14		14	
灌云县									
灌南县									
连云港经济技术开发区									
连云港高新技术产业开发区									
江苏连云港徐圩新区		16	34	29	5				
江苏省连云港市云台山风景名胜区			14		14	1			
淮安市	**49**	**393**	**5410**	**1041**	**4369**	**632**	**17**	**273**	**23**
淮安区	6	76	1207	160	1047	183	5	46	4
淮阴区	12	161	1486	289	1197	179	2	91	3
清江浦区	22	138	2218	475	1743	212	9	105	8
洪泽区	9	18	499	117	382	58	1	31	8
涟水县									
盱眙县									
金湖县									
淮安经济技术开发区									
工业园区									

4-4a 续表 55 单位：人

地区 性别	建筑业		批发和零售业			交通运输、仓储和邮政业			
	建筑安装业	建筑装饰、装修和其他建筑业	小计	批发业	零售业	小计	铁路运输业	道路运输业	水上运输业
生态文旅区									
苏淮高新区									
盐城市	**100**	**565**	**7230**	**1789**	**5441**	**774**	**43**	**419**	**29**
亭湖区	33	142	2672	699	1973	253	12	151	3
盐都区	27	136	1216	285	931	138		63	2
大丰区	7	62	932	230	702	106	4	54	7
响水县									
滨海县									
阜宁县									
射阳县									
建湖县									
盐城经济技术开发区		1	8	2	6				
江苏省盐南高新区	24	84	1193	305	888	151	26	75	3
东台市	9	140	1209	268	941	126	1	76	14
扬州市	**133**	**836**	**9150**	**2137**	**7013**	**889**	**17**	**473**	**25**
广陵区	30	156	2376	611	1765	234	3	135	6
邗江区	31	262	2479	607	1872	187	3	79	4
江都区	48	154	1467	316	1151	199	3	112	4
宝应县									
扬州经济技术开发区									
蜀冈瘦西湖景区	5	63	543	124	419	58	3	25	2
生态新城		1	122	52	70	12		7	
仪征市	14	123	1042	242	800	134		83	6
高邮市	5	77	1121	185	936	65	5	32	3
镇江市	**109**	**555**	**6594**	**1450**	**5144**	**733**	**35**	**401**	**28**
京口区	19	104	1201	222	979	160	2	91	16
润州区	14	70	946	232	714	150	13	76	8
丹徒区	14	58	445	93	352	56	5	31	1
镇江新区									
江苏镇江高新区	4	34	274	57	217	32	1	22	2
丹阳市	18	113	1796	415	1381	155	9	76	
扬中市	29	49	722	187	535	69	1	37	1
句容市	11	127	1210	244	966	111	4	68	
泰州市	**106**	**809**	**8603**	**1986**	**6617**	**938**	**11**	**478**	**79**
海陵区	25	231	2464	585	1879	227	6	119	13
高港区	5	48	467	107	360	100	1	32	11
姜堰区	17	130	1308	254	1054	120		71	14
泰州医药高新技术产业开发区									
兴化市	7	116	1249	325	924	144		76	12
靖江市	27	116	1449	322	1127	192	3	92	21
泰兴市	25	168	1666	393	1273	155	1	88	8
宿迁市	**26**	**154**	**2821**	**517**	**2304**	**293**		**167**	**15**
宿城区	17	64	1508	250	1258	146		91	13
宿豫区	8	64	858	200	658	99		56	
沭阳县									
泗阳县									
泗洪县									
宿迁经济技术开发区									
宿迁市湖滨新区		8	159	13	146	22		4	1
苏州宿迁工业园区	1	13	130	41	89	11		7	1
宿迁市洋河新区		5	166	13	153	15		9	

4-4a　续表 56　　　　单位：人

地区 性别	交通运输、仓储和邮政业					住宿和餐饮业		
	航空运输业	管道运输业	多式联运和运输代理业	装卸搬运和仓储业	邮政业	小计	住宿业	餐饮业
江　苏	**1926**	**130**	**4282**	**6283**	**16287**	**96779**	**11114**	**85665**
南京市	**1137**	**20**	**808**	**747**	**2829**	**19824**	**3120**	**16704**
玄武区	60	2	74	20	189	1684	410	1274
秦淮区	210		95	34	287	2766	484	2282
建邺区	66	2	53	25	141	1520	289	1231
鼓楼区	110	3	104	39	402	2430	497	1933
浦口区	11		13	22	76	760	63	697
栖霞区	35	7	91	116	307	1891	328	1563
雨花台区	49	1	51	116	199	1729	229	1500
江宁区	521	4	94	161	727	3147	379	2768
六合区	4		20	33	68	507	46	461
溧水区	40		18	25	115	604	67	537
高淳区	5		18	19	50	423	48	375
南京江北新区	26	1	177	137	268	2363	280	2083
无锡市	**265**	**4**	**511**	**882**	**1888**	**12203**	**1373**	**10830**
锡山区	22		72	122	213	1006	91	915
惠山区	5	1	42	83	146	1185	120	1065
滨湖区	27	1	38	37	178	1611	217	1394
梁溪区	80		83	93	352	3134	406	2728
新吴区	73		89	60	389	1397	107	1290
江苏无锡经济开发区	49		47	39	136	943	121	822
江阴市	5	2	118	357	275	1651	147	1504
宜兴市	4		22	91	199	1276	164	1112
徐州市	**71**	**86**	**223**	**675**	**1231**	**7112**	**473**	**6639**
鼓楼区	19		55	80	227	1176	81	1095
云龙区	15	2	37	239	138	998	85	913
贾汪区	1		17	46	41	286	24	262
泉山区	20	78	34	66	235	1490	125	1365
铜山区	6	4	42	76	181	837	52	785
丰县								
沛县								
睢宁县								
徐州经济技术开发区				1	2	2		2
新沂市	9	2	23	68	186	1057	48	1009
邳州市	1		15	99	221	1266	58	1208
常州市	**81**	**3**	**234**	**439**	**1284**	**8475**	**790**	**7685**
天宁区	22		49	50	245	1421	157	1264
钟楼区	16	1	42	118	238	1611	124	1487
新北区	26	1	59	78	266	1530	141	1389
武进区	5		56	77	234	1770	149	1621
金坛区	5		2	19	114	825	59	766
江苏省常州市经济开发区	2		10	17	80	414	20	394
溧阳市	5	1	16	80	107	904	140	764
苏州市	**66**	**1**	**944**	**1257**	**3328**	**17317**	**2490**	**14827**
虎丘区	7		83	231	359	1858	266	1592
吴中区	6		103	50	438	2771	444	2327
相城区	6		20	174	287	1765	311	1454
姑苏区	17		149	62	355	2596	481	2115
吴江区	2		36	51	282	1380	207	1173
苏州工业园区								
常熟市	4	1	113	203	524	2043	147	1896

4-4a 续表 57

单位：人

地 区 性 别	交通运输、仓储和邮政业					住宿和餐饮业		
	航 空 运输业	管 道 运输业	多式联运 和运输 代理业	装卸搬运 和仓储业	邮政业	小计	住宿业	餐饮业
张家港市	4		86	112	169	1298	248	1050
昆山市	16		290	267	744	2683	293	2390
太仓市	4		64	107	170	923	93	830
南通市	**110**		**452**	**416**	**1166**	**5499**	**555**	**4944**
崇川区	48		248	120	249	1761	194	1567
港闸区	20		89	82	181	736	99	637
通州区	20		30	38	180	491	44	447
如东县								
南通经济技术开发区								
通州湾示范区								
苏锡通科技产业园区								
启东市	6		15	29	129	562	74	488
如皋市	4		18	54	138	637	51	586
海门市	3		20	42	156	432	32	400
海安市	9		32	51	133	880	61	819
连云港市	**40**		**334**	**417**	**508**	**2545**	**235**	**2310**
连云区	5		212	286	35	373	67	306
海州区	35		96	80	314	1607	133	1474
赣榆区			20	47	157	544	32	512
东海县			3	2		6		6
灌云县								
灌南县								
连云港经济技术开发区								
连云港高新技术产业开发区								
江苏连云港徐圩新区			3			11	3	8
江苏省连云港市云台山风景名胜区				2	2	4		4
淮安市	**34**	**6**	**68**	**145**	**849**	**3397**	**234**	**3163**
淮安区	5		4	40	355	899	67	832
淮阴区	8	2	28	52	182	792	53	739
清江浦区	21	4	33	42	244	1320	86	1234
洪泽区			3	11	68	386	28	358
涟水县								
盱眙县								
金湖县								
淮安经济技术开发区								
工业园区								
生态文旅区								
苏淮高新区								
盐城市	**46**	**3**	**122**	**314**	**657**	**4305**	**370**	**3935**
亭湖区	15		42	88	244	1557	138	1419
盐都区	5	2	22	74	147	768	51	717
大丰区	3	1	39	70	64	514	53	461
响水县								
滨海县								
阜宁县								
射阳县								
建湖县								
盐城经济技术开发区						7		7
江苏省盐南高新区	20		13	20	113	822	73	749
东台市	3		6	62	89	637	55	582
扬州市	**38**	**3**	**158**	**251**	**827**	**5408**	**539**	**4869**
广陵区	5	1	29	55	209	1572	183	1389

4-4a　续表 58　　单位：人

地　区 性　别	交通运输、仓储和邮政业					住宿和餐饮业		
	航空运输业	管道运输业	多式联运和运输代理业	装卸搬运和仓储业	邮政业	小计	住宿业	餐饮业
邗江区	8	1	53	52	202	1385	137	1248
江都区	11		20	22	173	791	71	720
宝应县								
扬州经济技术开发区								
蜀冈瘦西湖景区	5		14	15	57	426	66	360
生态新城			4	2	6	24	3	21
仪征市	1	1	21	70	97	550	37	513
高邮市	8		17	35	83	660	42	618
镇江市	**22**	**2**	**152**	**185**	**652**	**4395**	**410**	**3985**
京口区	3	1	51	52	104	850	81	769
润州区	2	1	30	34	104	760	90	670
丹徒区	2		5	16	58	445	54	391
镇江新区								
江苏镇江高新区			7	10	19	177	7	170
丹阳市	4		21	27	191	973	75	898
扬中市	6		10	18	68	432	23	409
句容市	5		28	28	108	758	80	678
泰州市	**15**	**1**	**227**	**430**	**752**	**4513**	**363**	**4150**
海陵区	5		56	70	196	1339	135	1204
高港区			34	48	116	343	32	311
姜堰区	2	1	26	41	99	631	55	576
泰州医药高新技术产业开发区								
兴化市	3		29	101	141	783	58	725
靖江市	3		32	108	110	643	31	612
泰兴市	2		50	62	90	774	52	722
宿迁市	**1**	**1**	**49**	**125**	**316**	**1786**	**162**	**1624**
宿城区			20	40	125	874	76	798
宿豫区		1	25	40	136	539	29	510
沭阳县								
泗阳县								
泗洪县								
宿迁经济技术开发区								
宿迁市湖滨新区			1	29	19	172	25	147
苏州宿迁工业园区			1	1	7	43	7	36
宿迁市洋河新区	1		2	15	29	158	25	133
男	**1234**	**93**	**2903**	**4862**	**11911**	**49076**	**4527**	**44549**
南京市	**739**	**16**	**539**	**570**	**2101**	**10223**	**1389**	**8834**
玄武区	38	2	44	15	133	911	192	719
秦淮区	140		54	24	226	1489	223	1266
建邺区	43	1	28	18	116	822	139	683
鼓楼区	66	3	68	24	271	1246	237	1009
浦口区	5		13	20	52	367	23	344
栖霞区	21	5	64	95	247	988	133	855
雨花台区	30	1	32	94	151	864	103	761
江宁区	342	3	62	112	528	1682	150	1532
六合区	3		16	24	46	243	16	227
溧水区	29		17	23	85	269	25	244
高淳区	3		17	18	42	176	21	155
南京江北新区	19	1	124	103	204	1166	127	1039
无锡市	**168**	**2**	**338**	**716**	**1398**	**6338**	**535**	**5803**
锡山区	14		52	103	158	541	31	510

4-4a 续表 59

单位：人

地区 性别	交通运输、仓储和邮政业					住宿和餐饮业		
	航空运输业	管道运输业	多式联运和运输代理业	装卸搬运和仓储业	邮政业	小计	住宿业	餐饮业
惠山区	1	1	32	59	105	616	45	571
滨湖区	16		19	30	137	878	99	779
梁溪区	55		45	72	268	1700	170	1530
新吴区	43		60	49	281	730	42	688
江苏无锡经济开发区	34		32	36	105	463	35	428
江阴市	3	1	79	281	190	810	54	756
宜兴市	2		19	86	154	600	59	541
徐州市	**43**	**62**	**173**	**462**	**848**	**3726**	**191**	**3535**
鼓楼区	11		40	56	154	631	35	596
云龙区	9	2	31	131	96	528	37	491
贾汪区			15	39	27	145	10	135
泉山区	12	56	24	53	170	811	50	761
铜山区	5	2	36	58	105	358	13	345
丰县								
沛县								
睢宁县								
徐州经济技术开发区				1		1		1
新沂市	6	2	17	40	126	513	18	495
邳州市			10	84	170	739	28	711
常州市	**51**	**3**	**160**	**359**	**965**	**4271**	**301**	**3970**
天宁区	12		38	44	198	742	59	683
钟楼区	13	1	27	100	175	857	53	804
新北区	14	1	30	60	188	755	55	700
武进区	4		42	54	179	908	60	848
金坛区	5		2	19	80	427	21	406
江苏省常州市经济开发区			8	12	65	194	7	187
溧阳市	3	1	13	70	80	388	46	342
苏州市	**34**	**1**	**580**	**987**	**2542**	**8914**	**1033**	**7881**
虎丘区	6		51	178	280	1030	117	913
吴中区	4		75	33	335	1346	152	1194
相城区	2		13	146	238	895	133	762
姑苏区	9		85	55	262	1319	225	1094
吴江区	1		17	43	235	755	97	658
苏州工业园区								
常熟市	1	1	69	166	393	1124	43	1081
张家港市	3		48	84	125	656	111	545
昆山市	6		188	213	557	1336	114	1222
太仓市	2		34	69	117	453	41	412
南通市	**64**		**303**	**331**	**810**	**2812**	**190**	**2622**
崇川区	31		160	101	178	980	78	902
港闸区	12		61	64	137	390	27	363
通州区	11		19	35	123	244	15	229
如东县								
南通经济技术开发区								
通州湾示范区								
苏锡通科技产业园区								
启东市	4		9	19	80	264	19	245
如皋市	1		15	45	88	329	20	309
海门市	2		15	34	106	195	9	186
海安市	3		24	33	98	410	22	388
连云港市	**23**		**217**	**348**	**325**	**1265**	**101**	**1164**
连云区	4		127	241	20	173	26	147

4-4a 续表 60 单位：人

地区 性别	交通运输、仓储和邮政业					住宿和餐饮业		
	航空运输业	管道运输业	多式联运和运输代理业	装卸搬运和仓储业	邮政业	小计	住宿业	餐饮业
海州区	19		69	65	212	841	54	787
赣榆区			15	38	92	243	19	224
东海县			3	2		2		2
灌云县								
灌南县								
连云港经济技术开发区								
连云港高新技术产业开发区								
江苏连云港徐圩新区			3			6	2	4
江苏省连云港市云台山风景名胜区				2	1			
淮安市	**28**	**4**	**53**	**114**	**584**	**1604**	**85**	**1519**
淮安区	5		4	31	236	409	23	386
淮阴区	4	1	21	40	123	407	23	384
清江浦区	19	3	26	32	174	606	31	575
洪泽区			2	11	51	182	8	174
涟水县								
盱眙县								
金湖县								
淮安经济技术开发区								
工业园区								
生态文旅区								
苏淮高新区								
盐城市	**35**	**1**	**102**	**236**	**485**	**2144**	**145**	**1999**
亭湖区	14		37	67	184	784	54	730
盐都区	4	1	18	55	99	381	22	359
大丰区	2		30	53	51	242	17	225
响水县								
滨海县								
阜宁县								
射阳县								
建湖县								
盐城经济技术开发区						2		2
江苏省盐南高新区	13		11	13	82	441	33	408
东台市	2		6	48	69	294	19	275
扬州市	**24**	**1**	**108**	**177**	**593**	**2672**	**223**	**2449**
广陵区	5		14	40	150	825	90	735
邗江区	7		38	31	139	689	47	642
江都区	6		12	14	114	360	22	338
宝应县								
扬州经济技术开发区								
蜀冈瘦西湖景区	4		9	9	41	236	32	204
生态新城			2	1	4	17	2	15
仪征市	1	1	16	51	76	216	13	203
高邮市	1		17	31	69	329	17	312
镇江市	**15**	**2**	**108**	**134**	**485**	**2162**	**149**	**2013**
京口区	3	1	36	37	83	439	30	409
润州区	2	1	17	25	73	388	38	350
丹徒区	1		3	15	43	204	15	189
镇江新区								
江苏镇江高新区			6	8	15	80	2	78
丹阳市	2		12	17	142	481	30	451
扬中市	3		8	10	51	202	5	197
句容市	4		26	22	78	368	29	339

4-4a 续表 61

单位：人

地区 性别	交通运输、仓储和邮政业					住宿和餐饮业		
	航空运输业	管道运输业	多式联运和运输代理业	装卸搬运和仓储业	邮政业	小计	住宿业	餐饮业
泰州市	**9**		**180**	**330**	**536**	**2066**	**124**	**1942**
海陵区	4		39	54	141	625	45	580
高港区			28	39	75	145	9	136
姜堰区	1		23	33	77	276	19	257
泰州医药高新技术产业开发区								
兴化市	2		25	84	107	393	23	370
靖江市	1		25	77	74	294	10	284
泰兴市	1		40	43	62	333	18	315
宿迁市	**1**	**1**	**42**	**98**	**239**	**879**	**61**	**818**
宿城区			18	32	93	441	29	412
宿豫区		1	20	33	105	272	14	258
沭阳县								
泗阳县								
泗洪县								
宿迁经济技术开发区								
宿迁市湖滨新区			1	18	13	58	4	54
苏州宿迁工业园区			1	1	4	21	3	18
宿迁市洋河新区	1		2	14	24	87	11	76
女	**692**	**37**	**1379**	**1421**	**4376**	**47703**	**6587**	**41116**
南京市	**398**	**4**	**269**	**177**	**728**	**9601**	**1731**	**7870**
玄武区	22		30	5	56	773	218	555
秦淮区	70		41	10	61	1277	261	1016
建邺区	23	1	25	7	25	698	150	548
鼓楼区	44		36	15	131	1184	260	924
浦口区	6			2	24	393	40	353
栖霞区	14	2	27	21	60	903	195	708
雨花台区	19		19	22	48	865	126	739
江宁区	179	1	32	49	199	1465	229	1236
六合区	1		4	9	22	264	30	234
溧水区	11		1	2	30	335	42	293
高淳区	2		1	1	8	247	27	220
南京江北新区	7		53	34	64	1197	153	1044
无锡市	**97**	**2**	**173**	**166**	**490**	**5865**	**838**	**5027**
锡山区	8		20	19	55	465	60	405
惠山区	4		10	24	41	569	75	494
滨湖区	11	1	19	7	41	733	118	615
梁溪区	25		38	21	84	1434	236	1198
新吴区	30		29	11	108	667	65	602
江苏无锡经济开发区	15		15	3	31	480	86	394
江阴市	2	1	39	76	85	841	93	748
宜兴市	2		3	5	45	676	105	571
徐州市	**28**	**24**	**50**	**213**	**383**	**3386**	**282**	**3104**
鼓楼区	8		15	24	73	545	46	499
云龙区	6		6	108	42	470	48	422
贾汪区	1		2	7	14	141	14	127
泉山区	8	22	10	13	65	679	75	604
铜山区	1	2	6	18	76	479	39	440
丰县								
沛县								
睢宁县								
徐州经济技术开发区					2	1		1
新沂市	3		6	28	60	544	30	514
邳州市	1		5	15	51	527	30	497

4-4a　续表 62

单位：人

地　区 性　别	交通运输、仓储和邮政业					住宿和餐饮业		
	航　空 运输业	管　道 运输业	多式联运 和运输 代理业	装卸搬运 和仓储业	邮政业	小计	住宿业	餐饮业
常州市	**30**		**74**	**80**	**319**	**4204**	**489**	**3715**
天宁区	10		11	6	47	679	98	581
钟楼区	3		15	18	63	754	71	683
新北区	12		29	18	78	775	86	689
武进区	1		14	23	55	862	89	773
金坛区					34	398	38	360
江苏省常州市经济开发区	2		2	5	15	220	13	207
溧阳市	2		3	10	27	516	94	422
苏州市	**32**		**364**	**270**	**786**	**8403**	**1457**	**6946**
虎丘区	1		32	53	79	828	149	679
吴中区	2		28	17	103	1425	292	1133
相城区	4		7	28	49	870	178	692
姑苏区	8		64	7	93	1277	256	1021
吴江区	1		19	8	47	625	110	515
苏州工业园区								
常熟市	3		44	37	131	919	104	815
张家港市	1		38	28	44	642	137	505
昆山市	10		102	54	187	1347	179	1168
太仓市	2		30	38	53	470	52	418
南通市	**46**		**149**	**85**	**356**	**2687**	**365**	**2322**
崇川区	17		88	19	71	781	116	665
港闸区	8		28	18	44	346	72	274
通州区	9		11	3	57	247	29	218
如东县								
南通经济技术开发区								
通州湾示范区								
苏锡通科技产业园区								
启东市	2		6	10	49	298	55	243
如皋市	3		3	9	50	308	31	277
海门市	1		5	8	50	237	23	214
海安市	6		8	18	35	470	39	431
连云港市	**17**		**117**	**69**	**183**	**1280**	**134**	**1146**
连云区	1		85	45	15	200	41	159
海州区	16		27	15	102	766	79	687
赣榆区			5	9	65	301	13	288
东海县						4		4
灌云县								
灌南县								
连云港经济技术开发区								
连云港高新技术产业开发区								
江苏连云港徐圩新区						5	1	4
江苏省连云港市云台山风景名胜区					1	4		4
淮安市	**6**	**2**	**15**	**31**	**265**	**1793**	**149**	**1644**
淮安区				9	119	490	44	446
淮阴区	4	1	7	12	59	385	30	355
清江浦区	2	1	7	10	70	714	55	659
洪泽区			1		17	204	20	184
涟水县								
盱眙县								
金湖县								
淮安经济技术开发区								
工业园区								

4-4a 续表 63

单位：人

地区 性别	交通运输、仓储和邮政业					住宿和餐饮业		
	航空运输业	管道运输业	多式联运和运输代理业	装卸搬运和仓储业	邮政业	小计	住宿业	餐饮业
生态文旅区								
苏淮高新区								
盐城市	**11**	**2**	**20**	**78**	**172**	**2161**	**225**	**1936**
亭湖区	1		5	21	60	773	84	689
盐都区	1	1	4	19	48	387	29	358
大丰区	1	1	9	17	13	272	36	236
响水县								
滨海县								
阜宁县								
射阳县								
建湖县								
盐城经济技术开发区						5		5
江苏省盐南高新区	7		2	7	31	381	40	341
东台市	1			14	20	343	36	307
扬州市	**14**	**2**	**50**	**74**	**234**	**2736**	**316**	**2420**
广陵区		1	15	15	59	747	93	654
邗江区	1	1	15	21	63	696	90	606
江都区	5		8	8	59	431	49	382
宝应县								
扬州经济技术开发区								
蜀冈瘦西湖景区	1		5	6	16	190	34	156
生态新城			2	1	2	7	1	6
仪征市			5	19	21	334	24	310
高邮市	7			4	14	331	25	306
镇江市	**7**		**44**	**51**	**167**	**2233**	**261**	**1972**
京口区			15	15	21	411	51	360
润州区			13	9	31	372	52	320
丹徒区	1		2	1	15	241	39	202
镇江新区								
江苏镇江高新区			1	2	4	97	5	92
丹阳市	2		9	10	49	492	45	447
扬中市	3		2	8	17	230	18	212
句容市	1		2	6	30	390	51	339
泰州市	**6**	**1**	**47**	**100**	**216**	**2447**	**239**	**2208**
海陵区	1		17	16	55	714	90	624
高港区			6	9	41	198	23	175
姜堰区	1	1	3	8	22	355	36	319
泰州医药高新技术产业开发区								
兴化市	1		4	17	34	390	35	355
靖江市	2		7	31	36	349	21	328
泰兴市	1		10	19	28	441	34	407
宿迁市			**7**	**27**	**77**	**907**	**101**	**806**
宿城区			2	8	32	433	47	386
宿豫区			5	7	31	267	15	252
沭阳县								
泗阳县								
泗洪县								
宿迁经济技术开发区								
宿迁市湖滨新区				11	6	114	21	93
苏州宿迁工业园区					3	22	4	18
宿迁市洋河新区				1	5	71	14	57

4-4a　续表 64　　　　单位：人

地区 性别	信息传输、软件和信息技术服务业				金融业				
	小计	电信、广播电视和卫星传输服务	互联网和相关服务	软件和信息技术服务业	小计	货币金融服务	资本市场服务	保险业	其他金融业
江　苏	**60465**	**11794**	**15099**	**33572**	**45709**	**22473**	**4064**	**15111**	**4061**
南京市	**24142**	**2999**	**4895**	**16248**	**11340**	**5635**	**1475**	**3061**	**1169**
玄武区	1656	233	297	1126	959	483	147	212	117
秦淮区	2251	284	459	1508	1603	872	216	382	133
建邺区	2119	328	501	1290	1758	988	283	350	137
鼓楼区	2755	504	588	1663	1768	985	229	377	177
浦口区	621	108	66	447	373	180	34	129	30
栖霞区	2022	206	588	1228	933	420	106	267	140
雨花台区	3779	280	556	2943	798	325	121	244	108
江宁区	5145	512	1010	3623	1391	623	168	478	122
六合区	220	60	41	119	172	89	8	63	12
溧水区	224	76	36	112	256	156	12	73	15
高淳区	198	64	48	86	215	138	8	54	15
南京江北新区	3152	344	705	2103	1114	376	143	432	163
无锡市	**6896**	**1184**	**1184**	**4528**	**5272**	**2774**	**526**	**1606**	**366**
锡山区	573	79	135	359	352	172	26	124	30
惠山区	528	71	119	338	361	146	29	148	38
滨湖区	946	166	121	659	619	327	64	192	36
梁溪区	1665	322	240	1103	1420	771	143	421	85
新吴区	1146	93	207	846	379	155	41	134	49
江苏无锡经济开发区	998	98	108	792	564	333	63	129	39
江阴市	614	171	134	309	873	459	98	268	48
宜兴市	426	184	120	122	704	411	62	190	41
徐州市	**2398**	**720**	**687**	**991**	**2644**	**1138**	**118**	**1159**	**229**
鼓楼区	413	116	116	181	401	125	23	194	59
云龙区	458	127	89	242	527	251	19	201	56
贾汪区	85	44	21	20	82	29	1	42	10
泉山区	678	196	165	317	859	408	49	338	64
铜山区	229	51	69	109	184	82	5	88	9
丰县									
沛县									
睢宁县									
徐州经济技术开发区									
新沂市	255	75	102	78	252	98	7	133	14
邳州市	280	111	125	44	339	145	14	163	17
常州市	**3534**	**836**	**1021**	**1677**	**3668**	**1775**	**341**	**1272**	**280**
天宁区	670	185	139	346	911	428	108	316	59
钟楼区	606	138	126	342	725	377	69	238	41
新北区	831	165	233	433	587	207	58	237	85
武进区	756	109	286	361	675	333	47	240	55
金坛区	219	108	36	75	334	187	20	117	10
江苏省常州市经济开发区	100	20	32	48	79	36	9	28	6
溧阳市	352	111	169	72	357	207	30	96	24
苏州市	**10891**	**1536**	**3446**	**5909**	**7778**	**3720**	**729**	**2570**	**759**
虎丘区	1667	184	237	1246	712	315	80	260	57
吴中区	2189	162	989	1038	911	333	100	334	144
相城区	852	164	185	503	634	258	44	267	65
姑苏区	1764	292	547	925	1485	614	167	470	234
吴江区	657	134	197	326	655	374	41	208	32
苏州工业园区									
常熟市	515	139	130	246	817	558	54	188	17

4-4a 续表 65

单位：人

地 区 性 别	信息传输、软件和信息技术服务业				金融业				
	小计	电信、广播电视和卫星传输服务	互联网和相关服务	软件和信息技术服务业	小计	货币金融服务	资本市场服务	保险业	其他金融业
张家港市	581	138	123	320	698	433	48	202	15
昆山市	2248	237	881	1130	1368	591	106	518	153
太仓市	418	86	157	175	498	244	89	123	42
南通市	**2872**	**906**	**682**	**1284**	**3495**	**1798**	**220**	**1226**	**251**
崇川区	965	244	242	479	1310	667	94	426	123
港闸区	404	89	89	226	326	135	35	132	24
通州区	310	92	96	122	386	205	20	147	14
如东县									
南通经济技术开发区									
通州湾示范区									
苏锡通科技产业园区									
启东市	270	118	35	117	386	226	20	126	14
如皋市	351	135	88	128	367	173	19	142	33
海门市	228	100	41	87	294	147	21	99	27
海安市	344	128	91	125	426	245	11	154	16
连云港市	**806**	**349**	**187**	**270**	**1139**	**561**	**50**	**419**	**109**
连云区	70	25	14	31	100	50	10	32	8
海州区	557	243	106	208	790	395	36	283	76
赣榆区	178	81	66	31	245	115	3	102	25
东海县	1		1						
灌云县									
灌南县									
连云港经济技术开发区									
连云港高新技术产业开发区									
江苏连云港徐圩新区					1		1		
江苏省连云港市云台山风景名胜区					3	1		2	
淮安市	**1108**	**578**	**248**	**282**	**1067**	**505**	**67**	**387**	**108**
淮安区	172	89	41	42	171	81	9	71	10
淮阴区	239	120	62	57	189	83	11	74	21
清江浦区	593	312	114	167	637	312	46	212	67
洪泽区	104	57	31	16	70	29	1	30	10
涟水县									
盱眙县									
金湖县									
淮安经济技术开发区									
工业园区									
生态文旅区									
苏淮高新区									
盐城市	**1280**	**479**	**369**	**432**	**1994**	**855**	**133**	**822**	**184**
亭湖区	330	127	80	123	518	157	43	274	44
盐都区	246	73	97	76	275	57	15	165	38
大丰区	154	79	31	44	253	150	6	83	14
响水县									
滨海县									
阜宁县									
射阳县									
建湖县									
盐城经济技术开发区	2	2							
江苏省盐南高新区	367	131	96	140	717	350	62	231	74
东台市	181	67	65	49	231	141	7	69	14
扬州市	**2022**	**693**	**603**	**726**	**2375**	**1171**	**151**	**815**	**238**
广陵区	712	159	277	276	523	260	33	175	55

4-4a　续表 66　　　　　　　　　　　　　　　　　　　　　　　　　　　　　单位：人

地　区 性　别	信息传输、软件和信息技术服务业				金融业				
	小计	电信、广播电视和卫星传输服务	互联网和相关服务	软件和信息技术服务业	小计	货币金融服务	资本市场服务	保险业	其他金融业
邗江区	480	194	88	198	802	397	45	276	84
江都区	311	124	106	81	367	174	29	141	23
宝应县									
扬州经济技术开发区									
蜀冈瘦西湖景区	145	50	43	52	197	88	16	67	26
生态新城	14	4	3	7	12	4		3	5
仪征市	183	82	49	52	209	100	8	76	25
高邮市	177	80	37	60	265	148	20	77	20
镇江市	**1465**	**570**	**322**	**573**	**1909**	**994**	**131**	**641**	**143**
京口区	335	115	59	161	523	305	35	159	24
润州区	278	99	52	127	349	178	19	114	38
丹徒区	130	57	32	41	124	59	5	51	9
镇江新区									
江苏镇江高新区	57	21	11	25	43	7	5	15	16
丹阳市	324	121	101	102	400	201	34	145	20
扬中市	105	54	26	25	212	113	17	71	11
句容市	236	103	41	92	258	131	16	86	25
泰州市	**1385**	**648**	**334**	**403**	**2181**	**1156**	**105**	**765**	**155**
海陵区	474	215	114	145	754	380	46	267	61
高港区	69	22	20	27	106	45	5	49	7
姜堰区	194	93	43	58	318	180	7	105	26
泰州医药高新技术产业开发区									
兴化市	200	105	68	27	265	154	5	88	18
靖江市	216	95	44	77	366	225	23	110	8
泰兴市	232	118	45	69	372	172	19	146	35
宿迁市	**1666**	**296**	**1121**	**249**	**847**	**391**	**18**	**368**	**70**
宿城区	505	189	181	135	557	336	11	191	19
宿豫区	1034	57	892	85	156	24	5	101	26
沭阳县									
泗阳县									
泗洪县									
宿迁经济技术开发区									
宿迁市湖滨新区	42	21	7	14	60	9		44	7
苏州宿迁工业园区	34	17	8	9	56	16		24	16
宿迁市洋河新区	51	12	33	6	18	6	2	8	2
男	**37663**	**6430**	**9217**	**22016**	**21688**	**10985**	**2336**	**6153**	**2214**
南京市	**15714**	**1715**	**3139**	**10860**	**5396**	**2720**	**846**	**1223**	**607**
玄武区	1025	123	169	733	466	231	84	85	66
秦淮区	1402	153	285	964	783	432	122	164	65
建邺区	1362	200	310	852	853	473	157	155	68
鼓楼区	1750	283	368	1099	817	444	133	144	96
浦口区	409	60	42	307	164	84	16	47	17
栖霞区	1323	122	392	809	434	198	61	104	71
雨花台区	2493	169	348	1976	382	161	67	100	54
江宁区	3411	300	694	2417	657	292	102	199	64
六合区	153	34	29	90	80	47	6	20	7
溧水区	140	46	18	76	118	80	5	23	10
高淳区	124	29	31	64	107	80	6	11	10
南京江北新区	2122	196	453	1473	535	198	87	171	79
无锡市	**4204**	**603**	**713**	**2888**	**2411**	**1249**	**305**	**652**	**205**
锡山区	374	35	95	244	147	69	15	44	19

4-4a 续表 67　　　　单位：人

地区 性别	信息传输、软件和信息技术服务业				金融业				
	小计	电信、广播电视和卫星传输服务	互联网和相关服务	软件和信息技术服务业	小计	货币金融服务	资本市场服务	保险业	其他金融业
惠山区	334	31	74	229	163	65	14	61	23
滨湖区	556	99	63	394	289	145	36	87	21
梁溪区	1022	172	147	703	693	348	88	205	52
新吴区	708	41	113	554	173	79	23	45	26
江苏无锡经济开发区	582	44	72	466	245	142	34	54	15
江阴市	374	85	84	205	394	224	56	85	29
宜兴市	254	96	65	93	307	177	39	71	20
徐州市	**1458**	**383**	**413**	**662**	**1331**	**633**	**69**	**494**	**135**
鼓楼区	257	66	74	117	193	64	12	80	37
云龙区	268	64	49	155	239	121	5	82	31
贾汪区	50	23	14	13	40	19		16	5
泉山区	423	108	102	213	429	229	35	134	31
铜山区	138	23	37	78	92	48	2	33	9
丰县									
沛县									
睢宁县									
徐州经济技术开发区									
新沂市	150	33	62	55	132	56	6	61	9
邳州市	172	66	75	31	206	96	9	88	13
常州市	**2105**	**441**	**563**	**1101**	**1696**	**855**	**203**	**494**	**144**
天宁区	408	96	83	229	433	207	71	127	28
钟楼区	380	77	77	226	348	187	41	97	23
新北区	468	70	120	278	255	89	31	92	43
武进区	448	60	152	236	309	162	32	86	29
金坛区	135	56	24	55	151	94	10	40	7
江苏省常州市经济开发区	60	12	19	29	34	14	4	13	3
溧阳市	206	70	88	48	166	102	14	39	11
苏州市	**6971**	**881**	**2287**	**3803**	**3692**	**1806**	**414**	**1029**	**443**
虎丘区	1052	107	142	803	330	138	49	107	36
吴中区	1338	81	610	647	458	159	60	143	96
相城区	548	109	105	334	302	127	28	109	38
姑苏区	1080	154	353	573	711	294	102	193	122
吴江区	457	83	149	225	312	191	25	76	20
苏州工业园区									
常熟市	320	87	78	155	390	271	24	83	12
张家港市	427	75	107	245	319	209	28	74	8
昆山市	1483	133	651	699	656	297	65	204	90
太仓市	266	52	92	122	214	120	33	40	21
南通市	**1669**	**469**	**371**	**829**	**1547**	**829**	**109**	**478**	**131**
崇川区	573	140	127	306	596	310	51	174	61
港闸区	237	41	56	140	145	63	11	59	12
通州区	160	33	46	81	158	87	13	50	8
如东县									
南通经济技术开发区									
通州湾示范区									
苏锡通科技产业园区									
启东市	178	69	23	86	175	112	7	50	6
如皋市	202	75	51	76	168	80	9	60	19
海门市	126	41	24	61	130	68	13	33	16
海安市	193	70	44	79	175	109	5	52	9
连云港市	**461**	**181**	**103**	**177**	**551**	**287**	**26**	**181**	**57**
连云区	32	10	8	14	38	20	8	9	1

4-4a　续表 68　　　　　　　　　　　　　　　　　　　　　　　　　　　单位：人

地　区 性　别	信息传输、软件和信息技术服务业				金融业				
	小计	电信、广播电视和卫星传输服务	互联网和相关服务	软件和信息技术服务业	小计	货币金融服务	资本市场服务	保险业	其他金融业
海州区	327	120	67	140	386	199	17	129	41
赣榆区	101	51	27	23	125	67		43	15
东海县	1		1						
灌云县									
灌南县									
连云港经济技术开发区									
连云港高新技术产业开发区									
江苏连云港徐圩新区					1		1		
江苏省连云港市云台山风景名胜区					1	1			
淮安市	**615**	**301**	**143**	**171**	**544**	**272**	**39**	**169**	**64**
淮安区	100	50	22	28	100	54	7	33	6
淮阴区	135	62	39	34	100	54	6	29	11
清江浦区	322	152	67	103	307	143	25	98	41
洪泽区	58	37	15	6	37	21	1	9	6
涟水县									
盱眙县									
金湖县									
淮安经济技术开发区									
工业园区									
生态文旅区									
苏淮高新区									
盐城市	**793**	**265**	**229**	**299**	**1004**	**465**	**82**	**353**	**104**
亭湖区	215	73	56	86	258	82	31	123	22
盐都区	161	46	57	58	129	30	8	69	22
大丰区	78	38	13	27	121	76	3	36	6
响水县									
滨海县									
阜宁县									
射阳县									
建湖县									
盐城经济技术开发区	1	1							
江苏省盐南高新区	224	70	63	91	374	196	35	96	47
东台市	114	37	40	37	122	81	5	29	7
扬州市	**1088**	**350**	**297**	**441**	**1135**	**580**	**85**	**350**	**120**
广陵区	358	76	131	151	241	119	19	84	19
邗江区	289	106	49	134	407	211	22	132	42
江都区	144	51	45	48	160	80	19	50	11
宝应县									
扬州经济技术开发区									
蜀冈瘦西湖景区	71	20	20	31	93	40	7	27	19
生态新城	5	1		4	7	3		1	3
仪征市	109	41	31	37	100	52	6	27	15
高邮市	112	55	21	36	127	75	12	29	11
镇江市	**869**	**319**	**188**	**362**	**918**	**499**	**78**	**264**	**77**
京口区	184	61	32	91	259	162	21	63	13
润州区	171	55	38	78	167	83	12	52	20
丹徒区	76	29	21	26	59	29	1	23	6
镇江新区									
江苏镇江高新区	32	12	6	14	19	5	3	5	6
丹阳市	200	73	53	74	198	104	19	64	11
扬中市	61	32	13	16	102	57	11	28	6
句容市	145	57	25	63	114	59	11	29	15

4-4a 续表 69

单位：人

地区 性别	信息传输、软件和信息技术服务业 小计	电信、广播电视和卫星传输服务	互联网和相关服务	软件和信息技术服务业	金融业 小计	货币金融服务	资本市场服务	保险业	其他金融业
泰州市	**831**	**373**	**194**	**264**	**1009**	**565**	**67**	**296**	**81**
海陵区	293	128	69	96	372	189	28	124	31
高港区	40	12	11	17	39	17	5	15	2
姜堰区	117	54	27	36	134	85	4	34	11
泰州医药高新技术产业开发区									
兴化市	111	57	34	20	143	84	3	41	15
靖江市	130	49	25	56	151	102	14	32	3
泰兴市	140	73	28	39	170	88	13	50	19
宿迁市	**885**	**149**	**577**	**159**	**454**	**225**	**13**	**170**	**46**
宿城区	282	94	98	90	302	189	7	92	14
宿豫区	528	31	445	52	85	16	4	50	15
沭阳县									
泗阳县									
泗洪县									
宿迁经济技术开发区									
宿迁市湖滨新区	21	11	4	6	24	6		13	5
苏州宿迁工业园区	20	9	5	6	31	10		11	10
宿迁市洋河新区	34	4	25	5	12	4	2	4	2
女	**22802**	**5364**	**5882**	**11556**	**24021**	**11488**	**1728**	**8958**	**1847**
南京市	**8428**	**1284**	**1756**	**5388**	**5944**	**2915**	**629**	**1838**	**562**
玄武区	631	110	128	393	493	252	63	127	51
秦淮区	849	131	174	544	820	440	94	218	68
建邺区	757	128	191	438	905	515	126	195	69
鼓楼区	1005	221	220	564	951	541	96	233	81
浦口区	212	48	24	140	209	96	18	82	13
栖霞区	699	84	196	419	499	222	45	163	69
雨花台区	1286	111	208	967	416	164	54	144	54
江宁区	1734	212	316	1206	734	331	66	279	58
六合区	67	26	12	29	92	42	2	43	5
溧水区	84	30	18	36	138	76	7	50	5
高淳区	74	35	17	22	108	58	2	43	5
南京江北新区	1030	148	252	630	579	178	56	261	84
无锡市	**2692**	**581**	**471**	**1640**	**2861**	**1525**	**221**	**954**	**161**
锡山区	199	44	40	115	205	103	11	80	11
惠山区	194	40	45	109	198	81	15	87	15
滨湖区	390	67	58	265	330	182	28	105	15
梁溪区	643	150	93	400	727	423	55	216	33
新吴区	438	52	94	292	206	76	18	89	23
江苏无锡经济开发区	416	54	36	326	319	191	29	75	24
江阴市	240	86	50	104	479	235	42	183	19
宜兴市	172	88	55	29	397	234	23	119	21
徐州市	**940**	**337**	**274**	**329**	**1313**	**505**	**49**	**665**	**94**
鼓楼区	156	50	42	64	208	61	11	114	22
云龙区	190	63	40	87	288	130	14	119	25
贾汪区	35	21	7	7	42	10	1	26	5
泉山区	255	88	63	104	430	179	14	204	33
铜山区	91	28	32	31	92	34	3	55	
丰县									
沛县									
睢宁县									
徐州经济技术开发区									
新沂市	105	42	40	23	120	42	1	72	5
邳州市	108	45	50	13	133	49	5	75	4

4-4a　续表 70

单位：人

地　　区 性　　别	信息传输、软件和信息技术服务业				金融业				
	小计	电信、广播电视和卫星传输服务	互联网和相关服务	软件和信息技术服务业	小计	货币金融服务	资本市场服务	保险业	其他金融业
常州市	**1429**	**395**	**458**	**576**	**1972**	**920**	**138**	**778**	**136**
天宁区	262	89	56	117	478	221	37	189	31
钟楼区	226	61	49	116	377	190	28	141	18
新北区	363	95	113	155	332	118	27	145	42
武进区	308	49	134	125	366	171	15	154	26
金坛区	84	52	12	20	183	93	10	77	3
江苏省常州市经济开发区	40	8	13	19	45	22	5	15	3
溧阳市	146	41	81	24	191	105	16	57	13
苏州市	**3920**	**655**	**1159**	**2106**	**4086**	**1914**	**315**	**1541**	**316**
虎丘区	615	77	95	443	382	177	31	153	21
吴中区	851	81	379	391	453	174	40	191	48
相城区	304	55	80	169	332	131	16	158	27
姑苏区	684	138	194	352	774	320	65	277	112
吴江区	200	51	48	101	343	183	16	132	12
苏州工业园区									
常熟市	195	52	52	91	427	287	30	105	5
张家港市	154	63	16	75	379	224	20	128	7
昆山市	765	104	230	431	712	294	41	314	63
太仓市	152	34	65	53	284	124	56	83	21
南通市	**1203**	**437**	**311**	**455**	**1948**	**969**	**111**	**748**	**120**
崇川区	392	104	115	173	714	357	43	252	62
港闸区	167	48	33	86	181	72	24	73	12
通州区	150	59	50	41	228	118	7	97	6
如东县									
南通经济技术开发区									
通州湾示范区									
苏锡通科技产业园区									
启东市	92	49	12	31	211	114	13	76	8
如皋市	149	60	37	52	199	93	10	82	14
海门市	102	59	17	26	164	79	8	66	11
海安市	151	58	47	46	251	136	6	102	7
连云港市	**345**	**168**	**84**	**93**	**588**	**274**	**24**	**238**	**52**
连云区	38	15	6	17	62	30	2	23	7
海州区	230	123	39	68	404	196	19	154	35
赣榆区	77	30	39	8	120	48	3	59	10
东海县									
灌云县									
灌南县									
连云港经济技术开发区									
连云港高新技术产业开发区									
江苏连云港徐圩新区									
江苏省连云港市云台山风景名胜区					2			2	
淮安市	**493**	**277**	**105**	**111**	**523**	**233**	**28**	**218**	**44**
淮安区	72	39	19	14	71	27	2	38	4
淮阴区	104	58	23	23	89	29	5	45	10
清江浦区	271	160	47	64	330	169	21	114	26
洪泽区	46	20	16	10	33	8		21	4
涟水县									
盱眙县									
金湖县									
淮安经济技术开发区									
工业园区									

4-4a 续表 71

单位：人

地区 性别	信息传输、软件和信息技术服务业				金融业				
	小计	电信、广播电视和卫星传输服务	互联网和相关服务	软件和信息技术服务业	小计	货币金融服务	资本市场服务	保险业	其他金融业
生态文旅区									
苏淮高新区									
盐城市	**487**	**214**	**140**	**133**	**990**	**390**	**51**	**469**	**80**
亭湖区	115	54	24	37	260	75	12	151	22
盐都区	85	27	40	18	146	27	7	96	16
大丰区	76	41	18	17	132	74	3	47	8
响水县									
滨海县									
阜宁县									
射阳县									
建湖县									
盐城经济技术开发区	1	1							
江苏省盐南高新区	143	61	33	49	343	154	27	135	27
东台市	67	30	25	12	109	60	2	40	7
扬州市	**934**	**343**	**306**	**285**	**1240**	**591**	**66**	**465**	**118**
广陵区	354	83	146	125	282	141	14	91	36
邗江区	191	88	39	64	395	186	23	144	42
江都区	167	73	61	33	207	94	10	91	12
宝应县									
扬州经济技术开发区									
蜀冈瘦西湖景区	74	30	23	21	104	48	9	40	7
生态新城	9	3	3	3	5	1		2	2
仪征市	74	41	18	15	109	48	2	49	10
高邮市	65	25	16	24	138	73	8	48	9
镇江市	**596**	**251**	**134**	**211**	**991**	**495**	**53**	**377**	**66**
京口区	151	54	27	70	264	143	14	96	11
润州区	107	44	14	49	182	95	7	62	18
丹徒区	54	28	11	15	65	30	4	28	3
镇江新区									
江苏镇江高新区	25	9	5	11	24	2	2	10	10
丹阳市	124	48	48	28	202	97	15	81	9
扬中市	44	22	13	9	110	56	6	43	5
句容市	91	46	16	29	144	72	5	57	10
泰州市	**554**	**275**	**140**	**139**	**1172**	**591**	**38**	**469**	**74**
海陵区	181	87	45	49	382	191	18	143	30
高港区	29	10	9	10	67	28		34	5
姜堰区	77	39	16	22	184	95	3	71	15
泰州医药高新技术产业开发区									
兴化市	89	48	34	7	122	70	2	47	3
靖江市	86	46	19	21	215	123	9	78	5
泰兴市	92	45	17	30	202	84	6	96	16
宿迁市	**781**	**147**	**544**	**90**	**393**	**166**	**5**	**198**	**24**
宿城区	223	95	83	45	255	147	4	99	5
宿豫区	506	26	447	33	71	8	1	51	11
沭阳县									
泗阳县									
泗洪县									
宿迁经济技术开发区									
宿迁市湖滨新区	21	10	3	8	36	3		31	2
苏州宿迁工业园区	14	8	3	3	25	6		13	6
宿迁市洋河新区	17	8	8	1	6	2		4	

4-4a　续表 72　　　　　　　　　　　　　　　　单位：人

地区 性别	房地产业		租赁和商务服务业			科学研究和技术服务业			
	小计	房地产业	小计	租赁业	商务服务业	小计	研究和试验发展	专业技术服务业	科技推广和应用服务业
江　苏	**62991**	**62991**	**83037**	**4966**	**78071**	**45575**	**10731**	**26284**	**8560**
南京市	**14887**	**14887**	**22238**	**1157**	**21081**	**15728**	**4496**	**8367**	**2865**
玄武区	860	860	1583	40	1543	1439	559	662	218
秦淮区	1443	1443	2481	78	2403	1439	409	813	217
建邺区	1372	1372	1939	54	1885	1399	342	851	206
鼓楼区	1585	1585	3112	78	3034	1847	546	1014	287
浦口区	753	753	741	45	696	616	150	302	164
栖霞区	1721	1721	2393	172	2221	1566	524	817	225
雨花台区	1384	1384	1761	107	1654	1152	235	698	219
江宁区	2760	2760	3851	257	3594	3259	1014	1448	797
六合区	308	308	406	42	364	207	40	132	35
溧水区	514	514	477	52	425	261	57	172	32
高淳区	254	254	271	25	246	174	45	93	36
南京江北新区	1933	1933	3223	207	3016	2369	575	1365	429
无锡市	**7628**	**7628**	**9349**	**505**	**8844**	**5580**	**1718**	**2900**	**962**
锡山区	768	768	772	54	718	481	128	271	82
惠山区	764	764	663	49	614	474	142	250	82
滨湖区	932	932	1163	70	1093	926	326	446	154
梁溪区	1774	1774	2544	87	2457	1173	362	634	177
新吴区	951	951	1432	68	1364	756	266	338	152
江苏无锡经济开发区	787	787	710	33	677	627	214	280	133
江阴市	1024	1024	1393	70	1323	713	197	381	135
宜兴市	628	628	672	74	598	430	83	300	47
徐州市	**3684**	**3684**	**5319**	**655**	**4664**	**2159**	**281**	**1416**	**462**
鼓楼区	555	555	1276	164	1112	337	51	208	78
云龙区	549	549	1014	118	896	431	56	284	91
贾汪区	243	243	171	32	139	56	7	37	12
泉山区	913	913	1279	140	1139	748	96	515	137
铜山区	594	594	528	120	408	253	34	148	71
丰县									
沛县									
睢宁县									
徐州经济技术开发区	2	2	2	2					
新沂市	350	350	546	40	506	135	15	95	25
邳州市	478	478	503	39	464	199	22	129	48
常州市	**4925**	**4925**	**6058**	**359**	**5699**	**3345**	**684**	**2017**	**644**
天宁区	916	916	925	27	898	598	90	404	104
钟楼区	918	918	1195	78	1117	646	112	414	120
新北区	1050	1050	1187	87	1100	717	149	446	122
武进区	1045	1045	1521	101	1420	796	217	382	197
金坛区	381	381	394	19	375	187	30	121	36
江苏省常州市经济开发区	221	221	256	10	246	138	33	78	27
溧阳市	394	394	580	37	543	263	53	172	38
苏州市	**12725**	**12725**	**15883**	**825**	**15058**	**8693**	**2107**	**4684**	**1902**
虎丘区	1654	1654	1842	107	1735	1204	312	551	341
吴中区	1872	1872	2223	94	2129	1502	486	690	326
相城区	1445	1445	1515	93	1422	908	252	512	144
姑苏区	1948	1948	2880	166	2714	1294	276	771	247
吴江区	894	894	978	61	917	677	161	369	147
苏州工业园区									
常熟市	942	942	1701	53	1648	561	103	355	103

4-4a 续表 73

单位：人

地区 性别	房地产业 小计	房地产业	租赁和商务服务业 小计	租赁业	商务服务业	科学研究和技术服务业 小计	研究和试验发展	专业技术服务业	科技推广和应用服务业
张家港市	655	655	716	35	681	515	131	280	104
昆山市	2624	2624	3125	160	2965	1571	288	881	402
太仓市	691	691	903	56	847	461	98	275	88
南通市	**4121**	**4121**	**5273**	**285**	**4988**	**2311**	**320**	**1552**	**439**
崇川区	1195	1195	1952	76	1876	817	105	572	140
港闸区	697	697	842	55	787	368	60	273	35
通州区	452	452	545	29	516	231	40	152	39
如东县									
南通经济技术开发区									
通州湾示范区									
苏锡通科技产业园区									
启东市	433	433	341	27	314	188	29	129	30
如皋市	377	377	596	24	572	259	23	169	67
海门市	469	469	393	22	371	183	30	90	63
海安市	498	498	604	52	552	265	33	167	65
连云港市	**1317**	**1317**	**1693**	**214**	**1479**	**988**	**217**	**643**	**128**
连云区	206	206	224	21	203	157	32	116	9
海州区	797	797	989	81	908	670	168	417	85
赣榆区	303	303	342	22	320	138	17	87	34
东海县	5	5	95	88	7	17		17	
灌云县									
灌南县									
连云港经济技术开发区									
连云港高新技术产业开发区									
江苏连云港徐圩新区	4	4	8		8	6		6	
江苏省连云港市云台山风景名胜区	2	2	35	2	33				
淮安市	**1622**	**1622**	**2106**	**131**	**1975**	**665**	**55**	**492**	**118**
淮安区	296	296	298	9	289	113	11	75	27
淮阴区	415	415	552	44	508	146	15	106	25
清江浦区	824	824	1005	62	943	352	23	277	52
洪泽区	87	87	251	16	235	54	6	34	14
涟水县									
盱眙县									
金湖县									
淮安经济技术开发区									
工业园区									
生态文旅区									
苏淮高新区									
盐城市	**2967**	**2967**	**3939**	**174**	**3765**	**1256**	**155**	**839**	**262**
亭湖区	985	985	1502	53	1449	371	49	244	78
盐都区	568	568	767	43	724	208	29	145	34
大丰区	317	317	371	13	358	205	20	134	51
响水县									
滨海县									
阜宁县									
射阳县									
建湖县									
盐城经济技术开发区	3	3	4	1	3	2		2	
江苏省盐南高新区	849	849	1016	35	981	354	44	236	74
东台市	245	245	279	29	250	116	13	78	25
扬州市	**3251**	**3251**	**4509**	**233**	**4276**	**1751**	**264**	**1219**	**268**
广陵区	881	881	938	24	914	381	87	231	63

4-4a　续表 74

单位：人

地　区 性　别	房地产业		租赁和商务服务业			科学研究和技术服务业			
	小计	房地产业	小计	租赁业	商　务 服务业	小计	研究和 试验发展	专业技术 服务业	科技推广 和应用 服务业
邗江区	1046	1046	1511	87	1424	608	84	429	95
江都区	349	349	534	45	489	231	35	159	37
宝应县									
扬州经济技术开发区									
蜀冈瘦西湖景区	393	393	407	8	399	171	27	128	16
生态新城	6	6	168		168	5	1	3	1
仪征市	284	284	599	44	555	192	22	144	26
高邮市	292	292	352	25	327	163	8	125	30
镇江市	**2685**	**2685**	**2764**	**143**	**2621**	**1136**	**158**	**776**	**202**
京口区	503	503	687	17	670	270	38	166	66
润州区	372	372	585	23	562	240	35	162	43
丹徒区	225	225	193	22	171	86	13	59	14
镇江新区									
江苏镇江高新区	109	109	179	12	167	61	7	41	13
丹阳市	595	595	484	40	444	207	22	155	30
扬中市	291	291	223	4	219	74	11	52	11
句容市	590	590	413	25	388	198	32	141	25
泰州市	**2185**	**2185**	**2811**	**212**	**2599**	**1484**	**210**	**1046**	**228**
海陵区	742	742	1048	67	981	429	65	294	70
高港区	107	107	163	8	155	107	23	70	14
姜堰区	394	394	467	31	436	238	46	156	36
泰州医药高新技术产业开发区									
兴化市	239	239	265	26	239	144	8	117	19
靖江市	345	345	380	27	353	241	28	179	34
泰兴市	358	358	488	53	435	325	40	230	55
宿迁市	**994**	**994**	**1095**	**73**	**1022**	**479**	**66**	**333**	**80**
宿城区	543	543	559	43	516	287	38	201	48
宿豫区	318	318	350	18	332	117	15	78	24
沭阳县									
泗阳县									
泗洪县									
宿迁经济技术开发区									
宿迁市湖滨新区	45	45	71	4	67	23	2	17	4
苏州宿迁工业园区	51	51	81	4	77	40	8	28	4
宿迁市洋河新区	37	37	34	4	30	12	3	9	
男	**38054**	**38054**	**47485**	**3982**	**43503**	**29543**	**6702**	**17626**	**5215**
南京市	**9030**	**9030**	**12209**	**946**	**11263**	**9800**	**2711**	**5382**	**1707**
玄武区	516	516	820	30	790	831	314	395	122
秦淮区	922	922	1268	54	1214	896	253	513	130
建邺区	826	826	1090	38	1052	866	220	522	124
鼓楼区	959	959	1556	57	1499	1132	341	625	166
浦口区	460	460	424	39	385	366	86	177	103
栖霞区	1073	1073	1396	154	1242	966	306	535	125
雨花台区	820	820	1010	84	926	747	152	456	139
江宁区	1672	1672	2101	211	1890	2014	624	917	473
六合区	184	184	267	36	231	147	29	96	22
溧水区	306	306	307	45	262	189	41	126	22
高淳区	166	166	185	25	160	137	34	75	28
南京江北新区	1126	1126	1785	173	1612	1509	311	945	253
无锡市	**4581**	**4581**	**5173**	**392**	**4781**	**3604**	**1097**	**1919**	**588**
锡山区	475	475	437	47	390	304	76	180	48

4-4a 续表 75

单位：人

地 区 性 别	房地产业		租赁和商务服务业			科学研究和技术服务业			
	小计	房地产业	小计	租赁业	商 务 服务业	小计	研究和 试验发展	专业技术 服务业	科技推广 和应用 服务业
惠山区	472	472	378	42	336	308	93	170	45
滨湖区	579	579	626	51	575	608	207	300	101
梁溪区	1041	1041	1333	66	1267	764	234	419	111
新吴区	596	596	813	46	767	479	171	211	97
江苏无锡经济开发区	445	445	388	27	361	390	139	174	77
江阴市	585	585	782	55	727	466	121	259	86
宜兴市	388	388	416	58	358	285	56	206	23
徐州市	**2172**	**2172**	**3377**	**557**	**2820**	**1502**	**187**	**1003**	**312**
鼓楼区	331	331	777	133	644	241	32	157	52
云龙区	318	318	577	88	489	287	39	191	57
贾汪区	160	160	121	30	91	39	5	24	10
泉山区	546	546	791	120	671	516	66	359	91
铜山区	302	302	365	113	252	175	23	103	49
丰县									
沛县									
睢宁县									
徐州经济技术开发区	1	1	2	2					
新沂市	207	207	395	38	357	98	7	75	16
邳州市	307	307	349	33	316	146	15	94	37
常州市	**2915**	**2915**	**3429**	**286**	**3143**	**2145**	**431**	**1326**	**388**
天宁区	543	543	520	17	503	372	57	253	62
钟楼区	553	553	660	60	600	428	72	277	79
新北区	614	614	651	70	581	466	91	291	84
武进区	613	613	874	83	791	492	135	254	103
金坛区	218	218	227	17	210	127	24	84	19
江苏省常州市经济开发区	133	133	138	9	129	81	22	44	15
溧阳市	241	241	359	30	329	179	30	123	26
苏州市	**7791**	**7791**	**8879**	**631**	**8248**	**5591**	**1331**	**3146**	**1114**
虎丘区	1017	1017	1009	82	927	717	181	377	159
吴中区	1147	1147	1268	67	1201	944	307	454	183
相城区	939	939	888	78	810	581	155	332	94
姑苏区	1235	1235	1542	132	1410	851	182	521	148
吴江区	546	546	569	49	520	455	101	260	94
苏州工业园区									
常熟市	516	516	997	39	958	364	67	239	58
张家港市	420	420	386	27	359	340	90	186	64
昆山市	1547	1547	1710	122	1588	1031	193	584	254
太仓市	424	424	510	35	475	308	55	193	60
南通市	**2504**	**2504**	**2917**	**221**	**2696**	**1475**	**190**	**1019**	**266**
崇川区	741	741	1050	62	988	503	63	362	78
港闸区	463	463	449	39	410	229	41	167	21
通州区	267	267	298	23	275	150	23	97	30
如东县									
南通经济技术开发区									
通州湾示范区									
苏锡通科技产业园区									
启东市	267	267	202	21	181	124	18	90	16
如皋市	213	213	335	20	315	174	17	112	45
海门市	272	272	229	18	211	124	10	69	45
海安市	281	281	354	38	316	171	18	122	31
连云港市	**792**	**792**	**1069**	**170**	**899**	**732**	**154**	**495**	**83**
连云区	118	118	125	20	105	129	26	100	3

4-4a　续表 76　　　　　　　　　　　　　　　　　　　　　　　　　　　单位：人

地　区 性　别	房地产业		租赁和商务服务业			科学研究和技术服务业			
	小计	房地产业	小计	租赁业	商　务 服务业	小计	研究和 试验发展	专业技术 服务业	科技推广 和应用 服务业
海州区	481	481	628	72	556	488	115	319	54
赣榆区	188	188	220	17	203	105	13	66	26
东海县	1	1	60	59	1	4		4	
灌云县									
灌南县									
连云港经济技术开发区									
连云港高新技术产业开发区									
江苏连云港徐圩新区	2	2	6		6	6		6	
江苏省连云港市云台山风景名胜区	2	2	30	2	28				
淮安市	**988**	**988**	**1312**	**116**	**1196**	**475**	**38**	**350**	**87**
淮安区	150	150	186	9	177	82	7	55	20
淮阴区	271	271	366	40	326	110	10	80	20
清江浦区	513	513	604	53	551	240	16	188	36
洪泽区	54	54	156	14	142	43	5	27	11
涟水县									
盱眙县									
金湖县									
淮安经济技术开发区									
工业园区									
生态文旅区									
苏淮高新区									
盐城市	**1814**	**1814**	**2378**	**136**	**2242**	**909**	**109**	**618**	**182**
亭湖区	631	631	903	41	862	279	35	189	55
盐都区	346	346	476	37	439	152	20	109	23
大丰区	171	171	220	9	211	136	10	93	33
响水县									
滨海县									
阜宁县									
射阳县									
建湖县									
盐城经济技术开发区	1	1	3	1	2	1		1	
江苏省盐南高新区	518	518	587	26	561	258	33	172	53
东台市	147	147	189	22	167	83	11	54	18
扬州市	**1999**	**1999**	**2664**	**179**	**2485**	**1194**	**180**	**849**	**165**
广陵区	580	580	553	18	535	250	62	154	34
邗江区	603	603	829	60	769	420	57	304	59
江都区	206	206	322	34	288	159	25	111	23
宝应县									
扬州经济技术开发区									
蜀冈瘦西湖景区	266	266	244	6	238	119	16	91	12
生态新城	4	4	95		95	4	1	3	
仪征市	150	150	376	37	339	125	15	93	17
高邮市	190	190	245	24	221	117	4	93	20
镇江市	**1662**	**1662**	**1651**	**112**	**1539**	**780**	**107**	**544**	**129**
京口区	292	292	373	10	363	176	24	110	42
润州区	219	219	347	19	328	174	24	124	26
丹徒区	117	117	126	18	108	63	10	45	8
镇江新区									
江苏镇江高新区	69	69	128	9	119	42	6	28	8
丹阳市	386	386	304	32	272	131	13	100	18
扬中市	203	203	121	3	118	52	8	36	8
句容市	376	376	252	21	231	142	22	101	19

4-4a 续表 77

单位：人

地区 性别	房地产业		租赁和商务服务业			科学研究和技术服务业			
	小计	房地产业	小计	租赁业	商务服务业	小计	研究和试验发展	专业技术服务业	科技推广和应用服务业
泰州市	**1239**	**1239**	**1720**	**172**	**1548**	**1026**	**122**	**756**	**148**
海陵区	441	441	630	56	574	288	39	207	42
高港区	60	60	101	7	94	72	11	53	8
姜堰区	209	209	276	25	251	168	24	116	28
泰州医药高新技术产业开发区									
兴化市	161	161	177	25	152	112	5	91	16
靖江市	174	174	223	23	200	154	15	117	22
泰兴市	194	194	313	36	277	232	28	172	32
宿迁市	**567**	**567**	**707**	**64**	**643**	**310**	**45**	**219**	**46**
宿城区	303	303	339	36	303	186	24	133	29
宿豫区	196	196	247	16	231	75	12	50	13
沭阳县									
泗阳县									
泗洪县									
宿迁经济技术开发区									
宿迁市湖滨新区	29	29	47	4	43	17	2	12	3
苏州宿迁工业园区	19	19	48	4	44	25	6	18	1
宿迁市洋河新区	20	20	26	4	22	7	1	6	
女	**24937**	**24937**	**35552**	**984**	**34568**	**16032**	**4029**	**8658**	**3345**
南京市	**5857**	**5857**	**10029**	**211**	**9818**	**5928**	**1785**	**2985**	**1158**
玄武区	344	344	763	10	753	608	245	267	96
秦淮区	521	521	1213	24	1189	543	156	300	87
建邺区	546	546	849	16	833	533	122	329	82
鼓楼区	626	626	1556	21	1535	715	205	389	121
浦口区	293	293	317	6	311	250	64	125	61
栖霞区	648	648	997	18	979	600	218	282	100
雨花台区	564	564	751	23	728	405	83	242	80
江宁区	1088	1088	1750	46	1704	1245	390	531	324
六合区	124	124	139	6	133	60	11	36	13
溧水区	208	208	170	7	163	72	16	46	10
高淳区	88	88	86		86	37	11	18	8
南京江北新区	807	807	1438	34	1404	860	264	420	176
无锡市	**3047**	**3047**	**4176**	**113**	**4063**	**1976**	**621**	**981**	**374**
锡山区	293	293	335	7	328	177	52	91	34
惠山区	292	292	285	7	278	166	49	80	37
滨湖区	353	353	537	19	518	318	119	146	53
梁溪区	733	733	1211	21	1190	409	128	215	66
新吴区	355	355	619	22	597	277	95	127	55
江苏无锡经济开发区	342	342	322	6	316	237	75	106	56
江阴市	439	439	611	15	596	247	76	122	49
宜兴市	240	240	256	16	240	145	27	94	24
徐州市	**1512**	**1512**	**1942**	**98**	**1844**	**657**	**94**	**413**	**150**
鼓楼区	224	224	499	31	468	96	19	51	26
云龙区	231	231	437	30	407	144	17	93	34
贾汪区	83	83	50	2	48	17	2	13	2
泉山区	367	367	488	20	468	232	30	156	46
铜山区	292	292	163	7	156	78	11	45	22
丰县									
沛县									
睢宁县									
徐州经济技术开发区	1	1							
新沂市	143	143	151	2	149	37	8	20	9
邳州市	171	171	154	6	148	53	7	35	11

4-4a 续表 78

单位：人

地区 性别	房地产业		租赁和商务服务业			科学研究和技术服务业			
	小计	房地产业	小计	租赁业	商务服务业	小计	研究和试验发展	专业技术服务业	科技推广和应用服务业
常州市	**2010**	**2010**	**2629**	**73**	**2556**	**1200**	**253**	**691**	**256**
天宁区	373	373	405	10	395	226	33	151	42
钟楼区	365	365	535	18	517	218	40	137	41
新北区	436	436	536	17	519	251	58	155	38
武进区	432	432	647	18	629	304	82	128	94
金坛区	163	163	167	2	165	60	6	37	17
江苏省常州市经济开发区	88	88	118	1	117	57	11	34	12
溧阳市	153	153	221	7	214	84	23	49	12
苏州市	**4934**	**4934**	**7004**	**194**	**6810**	**3102**	**776**	**1538**	**788**
虎丘区	637	637	833	25	808	487	131	174	182
吴中区	725	725	955	27	928	558	179	236	143
相城区	506	506	627	15	612	327	97	180	50
姑苏区	713	713	1338	34	1304	443	94	250	99
吴江区	348	348	409	12	397	222	60	109	53
苏州工业园区									
常熟市	426	426	704	14	690	197	36	116	45
张家港市	235	235	330	8	322	175	41	94	40
昆山市	1077	1077	1415	38	1377	540	95	297	148
太仓市	267	267	393	21	372	153	43	82	28
南通市	**1617**	**1617**	**2356**	**64**	**2292**	**836**	**130**	**533**	**173**
崇川区	454	454	902	14	888	314	42	210	62
港闸区	234	234	393	16	377	139	19	106	14
通州区	185	185	247	6	241	81	17	55	9
如东县									
南通经济技术开发区									
通州湾示范区									
苏锡通科技产业园区									
启东市	166	166	139	6	133	64	11	39	14
如皋市	164	164	261	4	257	85	6	57	22
海门市	197	197	164	4	160	59	20	21	18
海安市	217	217	250	14	236	94	15	45	34
连云港市	**525**	**525**	**624**	**44**	**580**	**256**	**63**	**148**	**45**
连云区	88	88	99	1	98	28	6	16	6
海州区	316	316	361	9	352	182	53	98	31
赣榆区	115	115	122	5	117	33	4	21	8
东海县	4	4	35	29	6	13		13	
灌云县									
灌南县									
连云港经济技术开发区									
连云港高新技术产业开发区									
江苏连云港徐圩新区	2	2	2		2				
江苏省连云港市云台山风景名胜区			5		5				
淮安市	**634**	**634**	**794**	**15**	**779**	**190**	**17**	**142**	**31**
淮安区	146	146	112		112	31	4	20	7
淮阴区	144	144	186	4	182	36	5	26	5
清江浦区	311	311	401	9	392	112	7	89	16
洪泽区	33	33	95	2	93	11	1	7	3
涟水县									
盱眙县									
金湖县									
淮安经济技术开发区									
工业园区									

4-4a 续表 79

单位：人

地区 性别	房地产业		租赁和商务服务业			科学研究和技术服务业			
	小计	房地产业	小计	租赁业	商务服务业	小计	研究和试验发展	专业技术服务业	科技推广和应用服务业
生态文旅区									
苏淮高新区									
盐城市	**1153**	**1153**	**1561**	**38**	**1523**	**347**	**46**	**221**	**80**
亭湖区	354	354	599	12	587	92	14	55	23
盐都区	222	222	291	6	285	56	9	36	11
大丰区	146	146	151	4	147	69	10	41	18
响水县									
滨海县									
阜宁县									
射阳县									
建湖县									
盐城经济技术开发区	2	2	1		1	1		1	
江苏省盐南高新区	331	331	429	9	420	96	11	64	21
东台市	98	98	90	7	83	33	2	24	7
扬州市	**1252**	**1252**	**1845**	**54**	**1791**	**557**	**84**	**370**	**103**
广陵区	301	301	385	6	379	131	25	77	29
邗江区	443	443	682	27	655	188	27	125	36
江都区	143	143	212	11	201	72	10	48	14
宝应县									
扬州经济技术开发区									
蜀冈瘦西湖景区	127	127	163	2	161	52	11	37	4
生态新城	2	2	73		73	1			1
仪征市	134	134	223	7	216	67	7	51	9
高邮市	102	102	107	1	106	46	4	32	10
镇江市	**1023**	**1023**	**1113**	**31**	**1082**	**356**	**51**	**232**	**73**
京口区	211	211	314	7	307	94	14	56	24
润州区	153	153	238	4	234	66	11	38	17
丹徒区	108	108	67	4	63	23	3	14	6
镇江新区									
江苏镇江高新区	40	40	51	3	48	19	1	13	5
丹阳市	209	209	180	8	172	76	9	55	12
扬中市	88	88	102	1	101	22	3	16	3
句容市	214	214	161	4	157	56	10	40	6
泰州市	**946**	**946**	**1091**	**40**	**1051**	**458**	**88**	**290**	**80**
海陵区	301	301	418	11	407	141	26	87	28
高港区	47	47	62	1	61	35	12	17	6
姜堰区	185	185	191	6	185	70	22	40	8
泰州医药高新技术产业开发区									
兴化市	78	78	88	1	87	32	3	26	3
靖江市	171	171	157	4	153	87	13	62	12
泰兴市	164	164	175	17	158	93	12	58	23
宿迁市	**427**	**427**	**388**	**9**	**379**	**169**	**21**	**114**	**34**
宿城区	240	240	220	7	213	101	14	68	19
宿豫区	122	122	103	2	101	42	3	28	11
沭阳县									
泗阳县									
泗洪县									
宿迁经济技术开发区									
宿迁市湖滨新区	16	16	24		24	6		5	1
苏州宿迁工业园区	32	32	33		33	15	2	10	3
宿迁市洋河新区	17	17	8		8	5	2	3	

4-4a　续表 80　　　　单位：人

地　区 性　别	水利、环境和公共设施管理业 小计	水利管理业	生态保护和环境治理业	公共设施管理业	土地管理业	居民服务、修理和其他服务业 小计	居民服务业	机动车、电子产品和日用产品修理业	其他服务业
江　苏	**18177**	**1316**	**1794**	**14837**	**230**	**70976**	**44236**	**15656**	**11084**
南京市	**4108**	**270**	**447**	**3344**	**47**	**12973**	**8246**	**2699**	**2028**
玄武区	291	16	27	243	5	756	535	145	76
秦淮区	344	31	51	254	8	1469	1062	244	163
建邺区	333	24	45	263	1	909	689	106	114
鼓楼区	410	58	44	300	8	1472	1096	219	157
浦口区	275	7	22	245	1	570	392	116	62
栖霞区	413	15	37	356	5	1344	798	320	226
雨花台区	292	21	30	240	1	1153	624	241	288
江宁区	662	45	74	538	5	2193	1257	522	414
六合区	141	17	22	102		410	265	86	59
溧水区	200	9	14	174	3	384	220	115	49
高淳区	153	3	10	138	2	339	217	80	42
南京江北新区	594	24	71	491	8	1974	1091	505	378
无锡市	**2372**	**137**	**254**	**1950**	**31**	**8235**	**5238**	**1957**	**1040**
锡山区	191	10	22	157	2	850	444	239	167
惠山区	178	13	23	141	1	778	463	242	73
滨湖区	501	16	45	436	4	896	598	175	123
梁溪区	437	26	29	374	8	1905	1322	366	217
新吴区	211	6	40	162	3	743	456	179	108
江苏无锡经济开发区	204	13	22	165	4	526	333	111	82
江阴市	349	36	39	266	8	1477	925	397	155
宜兴市	301	17	34	249	1	1060	697	248	115
徐州市	**1294**	**122**	**83**	**1074**	**15**	**5242**	**3131**	**1176**	**935**
鼓楼区	156	8	23	124	1	791	477	177	137
云龙区	133	14	7	110	2	641	355	148	138
贾汪区	74	5	6	62	1	309	227	50	32
泉山区	255	37	19	195	4	1047	699	197	151
铜山区	281	23	12	246		843	502	167	174
丰县									
沛县									
睢宁县									
徐州经济技术开发区	1			1		2		2	
新沂市	193	12	7	170	4	650	342	175	133
邳州市	201	23	9	166	3	959	529	260	170
常州市	**1343**	**50**	**172**	**1106**	**15**	**7218**	**4622**	**1512**	**1084**
天宁区	226	5	20	195	6	1150	804	219	127
钟楼区	222	6	43	173		1243	799	260	184
新北区	262	16	52	193	1	1266	820	263	183
武进区	286	11	30	245		1800	1037	398	365
金坛区	127	4	6	114	3	547	379	123	45
江苏省常州市经济开发区	55	1	12	41	1	528	353	95	80
溧阳市	165	7	9	145	4	684	430	154	100
苏州市	**3272**	**166**	**306**	**2777**	**23**	**13107**	**8396**	**2786**	**1925**
虎丘区	504	18	42	440	4	1086	701	245	140
吴中区	408	15	47	342	4	2012	1078	443	491
相城区	440	25	42	372	1	1323	788	283	252
姑苏区	438	17	34	383	4	1940	1241	401	298
吴江区	262	16	26	220		1526	1189	218	119
苏州工业园区									
常熟市	326	27	22	275	2	1443	946	365	132

4-4a 续表 81

单位：人

地区 性别	水利、环境和公共设施管理业					居民服务、修理和其他服务业			
	小计	水利管理业	生态保护和环境治理业	公共设施管理业	土地管理业	小计	居民服务业	机动车、电子产品和日用产品修理业	其他服务业
张家港市	185	12	10	162	1	971	657	206	108
昆山市	511	28	69	407	7	1822	1110	501	211
太仓市	198	8	14	176		984	686	124	174
南通市	**1202**	**59**	**178**	**946**	**19**	**4761**	**2896**	**1104**	**761**
崇川区	300	27	46	219	8	1170	767	213	190
港闸区	179	9	42	125	3	639	336	194	109
通州区	142	6	6	130		573	329	164	80
如东县									
南通经济技术开发区									
通州湾示范区									
苏锡通科技产业园区									
启东市	116	4	18	93	1	497	294	169	34
如皋市	140	3	7	128	2	657	378	128	151
海门市	146	4	26	115	1	487	291	120	76
海安市	179	6	33	136	4	738	501	116	121
连云港市	**545**	**32**	**21**	**487**	**5**	**1842**	**1030**	**466**	**346**
连云区	120	6	9	104	1	204	118	55	31
海州区	253	18	8	223	4	1040	623	275	142
赣榆区	154	8	4	142		581	286	130	165
东海县	2			2		6		6	
灌云县									
灌南县									
连云港经济技术开发区									
连云港高新技术产业开发区									
江苏连云港徐圩新区	12			12		1	1		
江苏省连云港市云台山风景名胜区	4			4		10	2		8
淮安市	**544**	**86**	**28**	**427**	**3**	**2512**	**1390**	**540**	**582**
淮安区	133	30	7	96		791	430	121	240
淮阴区	139	13	7	117	2	645	315	170	160
清江浦区	222	34	10	177	1	870	535	202	133
洪泽区	50	9	4	37		206	110	47	49
涟水县									
盱眙县									
金湖县									
淮安经济技术开发区									
工业园区									
生态文旅区									
苏淮高新区									
盐城市	**723**	**64**	**55**	**591**	**13**	**3383**	**1856**	**745**	**782**
亭湖区	155	14	17	115	9	963	523	245	195
盐都区	142	8	15	118	1	681	373	126	182
大丰区	130	21	10	99		644	332	121	191
响水县									
滨海县									
阜宁县									
射阳县									
建湖县									
盐城经济技术开发区						13	4	2	7
江苏省盐南高新区	148	11	5	129	3	510	300	109	101
东台市	148	10	8	130		572	324	142	106
扬州市	**845**	**128**	**74**	**627**	**16**	**3730**	**2309**	**882**	**539**
广陵区	168	11	21	136		763	462	181	120

4-4a　续表 82　　　　　　　　　　　　　　　　　　　　单位：人

地　区 性　别	水利、环境和公共设施管理业					居民服务、修理和其他服务业			
	小计	水　利 管理业	生态保护 和环境 治理业	公共设施 管理业	土　地 管理业	小计	居　民 服务业	机动车、 电子产品 和日用产 品修理业	其　他 服务业
邗江区	194	20	9	162	3	1002	665	196	141
江都区	174	55	21	98		631	350	177	104
宝应县									
扬州经济技术开发区									
蜀冈瘦西湖景区	94	10	3	79	2	233	136	62	35
生态新城	6	1		4	1	27	18	6	3
仪征市	109	13	10	78	8	460	301	114	45
高邮市	100	18	10	70	2	614	377	146	91
镇江市	**671**	**62**	**47**	**547**	**15**	**2845**	**1788**	**666**	**391**
京口区	78	2	10	64	2	465	321	81	63
润州区	106	9	4	86	7	371	223	74	74
丹徒区	34	3	5	26		245	125	79	41
镇江新区									
江苏镇江高新区	26		2	24		133	72	42	19
丹阳市	169	20	13	134	2	733	484	176	73
扬中市	69	9	2	56	2	305	178	76	51
句容市	189	19	11	157	2	593	385	138	70
泰州市	**844**	**70**	**96**	**655**	**23**	**3925**	**2609**	**847**	**469**
海陵区	214	21	14	175	4	1127	763	237	127
高港区	55	3	4	46	2	228	146	45	37
姜堰区	108	6	11	86	5	647	410	147	90
泰州医药高新技术产业开发区									
兴化市	141	13	17	107	4	596	389	113	94
靖江市	131	10	8	110	3	652	460	159	33
泰兴市	195	17	42	131	5	675	441	146	88
宿迁市	**414**	**70**	**33**	**306**	**5**	**1203**	**725**	**276**	**202**
宿城区	232	47	23	160	2	578	360	136	82
宿豫区	100	17	7	73	3	357	207	93	57
沭阳县									
泗阳县									
泗洪县									
宿迁经济技术开发区									
宿迁市湖滨新区	39	4	1	34		144	79	23	42
苏州宿迁工业园区	12	1	2	9		34	21	6	7
宿迁市洋河新区	31	1		30		90	58	18	14
男	**11238**	**926**	**1233**	**8953**	**126**	**32423**	**15163**	**12640**	**4620**
南京市	**2586**	**176**	**301**	**2090**	**19**	**5675**	**2610**	**2177**	**888**
玄武区	183	12	16	153	2	300	152	110	38
秦淮区	218	21	43	151	3	608	321	204	83
建邺区	216	14	25	177		335	190	89	56
鼓楼区	258	36	27	193	2	557	303	182	72
浦口区	180	6	18	156		262	149	94	19
栖霞区	260	10	26	221	3	641	272	269	100
雨花台区	193	13	20	159	1	495	188	199	108
江宁区	398	24	40	332	2	1041	442	406	193
六合区	87	14	14	59		190	97	72	21
溧水区	135	7	10	116	2	187	76	92	19
高淳区	108	2	9	95	2	159	67	71	21
南京江北新区	350	17	53	278	2	900	353	389	158
无锡市	**1546**	**102**	**173**	**1255**	**16**	**3714**	**1715**	**1562**	**437**
锡山区	143	9	14	120		411	150	189	72

4-4a 续表 83　　　　单位：人

地区 性别	水利、环境和公共设施管理业					居民服务、修理和其他服务业			
	小计	水利管理业	生态保护和环境治理业	公共设施管理业	土地管理业	小计	居民服务业	机动车、电子产品和日用产品修理业	其他服务业
惠山区	131	11	16	104		387	157	197	33
滨湖区	302	13	34	252	3	388	187	142	59
梁溪区	294	19	17	255	3	825	436	292	97
新吴区	146	5	30	108	3	352	169	142	41
江苏无锡经济开发区	137	12	14	110	1	224	110	83	31
江阴市	208	20	24	158	6	671	295	313	63
宜兴市	185	13	24	148		456	211	204	41
徐州市	**746**	**81**	**69**	**586**	**10**	**2543**	**1205**	**999**	**339**
鼓楼区	100	5	19	75	1	417	213	150	54
云龙区	73	5	2	66		286	111	119	56
贾汪区	43	5	6	31	1	178	120	44	14
泉山区	168	26	16	122	4	447	218	163	66
铜山区	129	14	11	104		330	140	139	51
丰县									
沛县									
睢宁县									
徐州经济技术开发区	1			1		2		2	
新沂市	109	9	7	90	3	304	126	141	37
邳州市	123	17	8	97	1	579	277	241	61
常州市	**873**	**34**	**118**	**710**	**11**	**3131**	**1430**	**1216**	**485**
天宁区	169	5	15	146	3	537	274	186	77
钟楼区	136	3	24	109		519	226	212	81
新北区	162	12	36	113	1	514	238	201	75
武进区	194	8	22	164		830	345	317	168
金坛区	88	2	6	78	2	265	141	105	19
江苏省常州市经济开发区	41	1	9	30	1	200	95	70	35
溧阳市	83	3	6	70	4	266	111	125	30
苏州市	**2070**	**119**	**205**	**1737**	**9**	**5578**	**2624**	**2184**	**770**
虎丘区	324	13	29	280	2	490	240	194	56
吴中区	238	7	31	197	3	808	328	357	123
相城区	257	19	30	208		599	272	224	103
姑苏区	288	14	19	253	2	857	395	315	147
吴江区	170	10	14	146		509	284	173	52
苏州工业园区									
常熟市	218	23	17	178		698	360	272	66
张家港市	116	8	7	100	1	423	206	170	47
昆山市	332	19	50	262	1	875	382	383	110
太仓市	127	6	8	113		319	157	96	66
南通市	**748**	**43**	**123**	**572**	**10**	**2291**	**1072**	**881**	**338**
崇川区	216	22	38	152	4	523	273	159	91
港闸区	115	8	26	80	1	310	114	150	46
通州区	67	5	4	58		311	135	135	41
如东县									
南通经济技术开发区									
通州湾示范区									
苏锡通科技产业园区									
启东市	66	3	13	50		266	112	140	14
如皋市	98	2	4	90	2	328	147	112	69
海门市	76		13	62	1	237	107	97	33
海安市	110	3	25	80	2	316	184	88	44
连云港市	**300**	**23**	**14**	**259**	**4**	**841**	**321**	**382**	**138**
连云区	59	4	4	50	1	91	31	44	16

4-4a　续表 84　　　　单位：人

地区 性别	水利、环境和公共设施管理业 小计	水利管理业	生态保护和环境治理业	公共设施管理业	土地管理业	居民服务、修理和其他服务业 小计	居民服务业	机动车、电子产品和日用产品修理业	其他服务业
海州区	142	14	6	119	3	484	197	225	62
赣榆区	89	5	4	80		258	92	109	57
东海县						4		4	
灌云县									
灌南县									
连云港经济技术开发区									
连云港高新技术产业开发区									
江苏连云港徐圩新区	10			10					
江苏省连云港市云台山风景名胜区						4	1		3
淮安市	**317**	**69**	**19**	**227**	**2**	**1262**	**581**	**435**	**246**
淮安区	87	25	5	57		416	202	98	116
淮阴区	67	10	4	52	1	318	128	138	52
清江浦区	133	28	8	96	1	426	207	162	57
洪泽区	30	6	2	22		102	44	37	21
涟水县									
盱眙县									
金湖县									
淮安经济技术开发区									
工业园区									
生态文旅区									
苏淮高新区									
盐城市	**414**	**43**	**32**	**329**	**10**	**1747**	**796**	**626**	**325**
亭湖区	99	11	10	72	6	526	235	216	75
盐都区	74	5	8	60	1	323	154	105	64
大丰区	77	16	6	55		323	133	93	97
响水县									
滨海县									
阜宁县									
射阳县									
建湖县									
盐城经济技术开发区						5	2	2	1
江苏省盐南高新区	86	7	5	71	3	247	123	92	32
东台市	78	4	3	71		323	149	118	56
扬州市	**515**	**92**	**58**	**358**	**7**	**1897**	**962**	**722**	**213**
广陵区	103	9	16	78		339	159	139	41
邗江区	110	15	9	84	2	465	271	151	43
江都区	103	37	16	50		346	151	148	47
宝应县									
扬州经济技术开发区									
蜀冈瘦西湖景区	64	10	3	50	1	131	60	56	15
生态新城	3	1		2		17	11	4	2
仪征市	70	11	8	49	2	243	133	96	14
高邮市	62	9	6	45	2	356	177	128	51
镇江市	**407**	**40**	**30**	**329**	**8**	**1344**	**634**	**538**	**172**
京口区	55	1	8	45	1	190	97	67	26
润州区	66	7	2	53	4	175	81	59	35
丹徒区	23	2	4	17		119	43	63	13
镇江新区									
江苏镇江高新区	15		2	13		71	32	30	9
丹阳市	100	10	7	83		354	181	136	37
扬中市	38	7	2	28	1	145	58	61	26
句容市	110	13	5	90	2	290	142	122	26

4-4a 续表 85 单位：人

地区 性别	水利、环境和公共设施管理业 小计	水利管理业	生态保护和环境治理业	公共设施管理业	土地管理业	居民服务、修理和其他服务业 小计	居民服务业	机动车、电子产品和日用产品修理业	其他服务业
泰州市	**455**	**51**	**65**	**322**	**17**	**1802**	**924**	**686**	**192**
海陵区	113	18	8	85	2	490	239	193	58
高港区	23	3	3	15	2	101	54	36	11
姜堰区	65	4	8	48	5	296	142	125	29
泰州医药高新技术产业开发区									
兴化市	76	7	12	55	2	328	189	95	44
靖江市	79	8	6	63	2	287	148	125	14
泰兴市	99	11	28	56	4	300	152	112	36
宿迁市	**261**	**53**	**26**	**179**	**3**	**598**	**289**	**232**	**77**
宿城区	149	36	18	94	1	280	138	112	30
宿豫区	63	12	5	44	2	188	84	79	25
沭阳县									
泗阳县									
泗洪县									
宿迁经济技术开发区									
宿迁市湖滨新区	23	3	1	19		74	38	20	16
苏州宿迁工业园区	10	1	2	7		11	5	5	1
宿迁市洋河新区	16	1		15		45	24	16	5
女	**6939**	**390**	**561**	**5884**	**104**	**38553**	**29073**	**3016**	**6464**
南京市	**1522**	**94**	**146**	**1254**	**28**	**7298**	**5636**	**522**	**1140**
玄武区	108	4	11	90	3	456	383	35	38
秦淮区	126	10	8	103	5	861	741	40	80
建邺区	117	10	20	86	1	574	499	17	58
鼓楼区	152	22	17	107	6	915	793	37	85
浦口区	95	1	4	89	1	308	243	22	43
栖霞区	153	5	11	135	2	703	526	51	126
雨花台区	99	8	10	81		658	436	42	180
江宁区	264	21	34	206	3	1152	815	116	221
六合区	54	3	8	43		220	168	14	38
溧水区	65	2	4	58	1	197	144	23	30
高淳区	45	1	1	43		180	150	9	21
南京江北新区	244	7	18	213	6	1074	738	116	220
无锡市	**826**	**35**	**81**	**695**	**15**	**4521**	**3523**	**395**	**603**
锡山区	48	1	8	37	2	439	294	50	95
惠山区	47	2	7	37	1	391	306	45	40
滨湖区	199	3	11	184	1	508	411	33	64
梁溪区	143	7	12	119	5	1080	886	74	120
新吴区	65	1	10	54		391	287	37	67
江苏无锡经济开发区	67	1	8	55	3	302	223	28	51
江阴市	141	16	15	108	2	806	630	84	92
宜兴市	116	4	10	101	1	604	486	44	74
徐州市	**548**	**41**	**14**	**488**	**5**	**2699**	**1926**	**177**	**596**
鼓楼区	56	3	4	49		374	264	27	83
云龙区	60	9	5	44	2	355	244	29	82
贾汪区	31			31		131	107	6	18
泉山区	87	11	3	73		600	481	34	85
铜山区	152	9	1	142		513	362	28	123
丰县									
沛县									
睢宁县									
徐州经济技术开发区									
新沂市	84	3		80	1	346	216	34	96
邳州市	78	6	1	69	2	380	252	19	109

4-4a　续表 86　　　　单位：人

地区 性别	水利、环境和公共设施管理业 小计	水利管理业	生态保护和环境治理业	公共设施管理业	土地管理业	居民服务、修理和其他服务业 小计	居民服务业	机动车、电子产品和日用产品修理业	其他服务业
常州市	**470**	**16**	**54**	**396**	**4**	**4087**	**3192**	**296**	**599**
天宁区	57		5	49	3	613	530	33	50
钟楼区	86	3	19	64		724	573	48	103
新北区	100	4	16	80		752	582	62	108
武进区	92	3	8	81		970	692	81	197
金坛区	39	2		36	1	282	238	18	26
江苏省常州市经济开发区	14		3	11		328	258	25	45
溧阳市	82	4	3	75		418	319	29	70
苏州市	**1202**	**47**	**101**	**1040**	**14**	**7529**	**5772**	**602**	**1155**
虎丘区	180	5	13	160	2	596	461	51	84
吴中区	170	8	16	145	1	1204	750	86	368
相城区	183	6	12	164	1	724	516	59	149
姑苏区	150	3	15	130	2	1083	846	86	151
吴江区	92	6	12	74		1017	905	45	67
苏州工业园区									
常熟市	108	4	5	97	2	745	586	93	66
张家港市	69	4	3	62		548	451	36	61
昆山市	179	9	19	145	6	947	728	118	101
太仓市	71	2	6	63		665	529	28	108
南通市	**454**	**16**	**55**	**374**	**9**	**2470**	**1824**	**223**	**423**
崇川区	84	5	8	67	4	647	494	54	99
港闸区	64	1	16	45	2	329	222	44	63
通州区	75	1	2	72		262	194	29	39
如东县									
南通经济技术开发区									
通州湾示范区									
苏锡通科技产业园区									
启东市	50	1	5	43	1	231	182	29	20
如皋市	42	1	3	38		329	231	16	82
海门市	70	4	13	53		250	184	23	43
海安市	69	3	8	56	2	422	317	28	77
连云港市	**245**	**9**	**7**	**228**	**1**	**1001**	**709**	**84**	**208**
连云区	61	2	5	54		113	87	11	15
海州区	111	4	2	104	1	556	426	50	80
赣榆区	65	3		62		323	194	21	108
东海县	2			2		2		2	
灌云县									
灌南县									
连云港经济技术开发区									
连云港高新技术产业开发区									
江苏连云港徐圩新区	2			2		1	1		
江苏省连云港市云台山风景名胜区	4			4		6	1		5
淮安市	**227**	**17**	**9**	**200**	**1**	**1250**	**809**	**105**	**336**
淮安区	46	5	2	39		375	228	23	124
淮阴区	72	3	3	65	1	327	187	32	108
清江浦区	89	6	2	81		444	328	40	76
洪泽区	20	3	2	15		104	66	10	28
涟水县									
盱眙县									
金湖县									
淮安经济技术开发区									
工业园区									

4-4a 续表 87

单位：人

地区 性别	水利、环境和公共设施管理业 小计	水利管理业	生态保护和环境治理业	公共设施管理业	土地管理业	居民服务、修理和其他服务业 小计	居民服务业	机动车、电子产品和日用产品修理业	其他服务业
生态文旅区									
苏淮高新区									
盐城市	**309**	**21**	**23**	**262**	**3**	**1636**	**1060**	**119**	**457**
亭湖区	56	3	7	43	3	437	288	29	120
盐都区	68	3	7	58		358	219	21	118
大丰区	53	5	4	44		321	199	28	94
响水县									
滨海县									
阜宁县									
射阳县									
建湖县									
盐城经济技术开发区						8	2		6
江苏省盐南高新区	62	4		58		263	177	17	69
东台市	70	6	5	59		249	175	24	50
扬州市	**330**	**36**	**16**	**269**	**9**	**1833**	**1347**	**160**	**326**
广陵区	65	2	5	58		424	303	42	79
邗江区	84	5		78	1	537	394	45	98
江都区	71	18	5	48		285	199	29	57
宝应县									
扬州经济技术开发区									
蜀冈瘦西湖景区	30			29	1	102	76	6	20
生态新城	3			2	1	10	7	2	1
仪征市	39	2	2	29	6	217	168	18	31
高邮市	38	9	4	25		258	200	18	40
镇江市	**264**	**22**	**17**	**218**	**7**	**1501**	**1154**	**128**	**219**
京口区	23	1	2	19	1	275	224	14	37
润州区	40	2	2	33	3	196	142	15	39
丹徒区	11	1	1	9		126	82	16	28
镇江新区									
江苏镇江高新区	11			11		62	40	12	10
丹阳市	69	10	6	51	2	379	303	40	36
扬中市	31	2		28	1	160	120	15	25
句容市	79	6	6	67		303	243	16	44
泰州市	**389**	**19**	**31**	**333**	**6**	**2123**	**1685**	**161**	**277**
海陵区	101	3	6	90	2	637	524	44	69
高港区	32		1	31		127	92	9	26
姜堰区	43	2	3	38		351	268	22	61
泰州医药高新技术产业开发区									
兴化市	65	6	5	52	2	268	200	18	50
靖江市	52	2	2	47	1	365	312	34	19
泰兴市	96	6	14	75	1	375	289	34	52
宿迁市	**153**	**17**	**7**	**127**	**2**	**605**	**436**	**44**	**125**
宿城区	83	11	5	66	1	298	222	24	52
宿豫区	37	5	2	29	1	169	123	14	32
沭阳县									
泗阳县									
泗洪县									
宿迁经济技术开发区									
宿迁市湖滨新区	16	1		15		70	41	3	26
苏州宿迁工业园区	2			2		23	16	1	6
宿迁市洋河新区	15			15		45	34	2	9

4-4a　续表 88　　　　　　　　　　　　　　　　　　　　　　　　　　　　单位：人

地　区 性　别	教育		卫生和社会工作			文化、体育和娱乐业				
	小计	教育	小计	卫生	社会工作	小计	新闻和出版业	广播、电视、电影和录音制作业	文化艺术业	体育
江　苏	**100440**	**100440**	**50271**	**48022**	**2249**	**19249**	**1831**	**2971**	**3859**	**3090**
南京市	**24532**	**24532**	**11549**	**10961**	**588**	**5613**	**872**	**1014**	**1185**	**800**
玄武区	2198	2198	957	899	58	543	92	135	111	61
秦淮区	2233	2233	1478	1410	68	781	126	155	205	75
建邺区	1926	1926	999	956	43	631	128	126	150	87
鼓楼区	3537	3537	2301	2157	144	838	204	153	174	82
浦口区	890	890	354	337	17	126	7	9	29	30
栖霞区	2896	2896	902	837	65	630	71	108	87	115
雨花台区	1436	1436	679	644	35	402	47	102	98	60
江宁区	4260	4260	1566	1503	63	828	95	123	166	154
六合区	653	653	299	286	13	77	7	9	13	6
溧水区	781	781	378	364	14	85	9	15	9	11
高淳区	580	580	381	363	18	68	10	5	10	8
南京江北新区	3142	3142	1255	1205	50	604	76	74	133	111
无锡市	**10563**	**10563**	**5778**	**5382**	**396**	**2309**	**139**	**394**	**382**	**420**
锡山区	932	932	345	332	13	146	4	14	18	29
惠山区	1071	1071	441	391	50	114	5	20	17	30
滨湖区	1340	1340	743	677	66	353	17	108	57	70
梁溪区	2008	2008	1576	1462	114	633	48	108	99	110
新吴区	1059	1059	448	403	45	220	15	26	29	46
江苏无锡经济开发区	953	953	446	417	29	238	14	42	52	40
江阴市	1794	1794	960	913	47	330	22	51	58	59
宜兴市	1406	1406	819	787	32	275	14	25	52	36
徐州市	**8583**	**8583**	**4519**	**4443**	**76**	**1012**	**89**	**140**	**251**	**188**
鼓楼区	1026	1026	522	505	17	157	16	14	41	25
云龙区	1410	1410	743	730	13	162	14	24	47	29
贾汪区	414	414	216	213	3	42	1	9	4	11
泉山区	2131	2131	1510	1482	28	346	51	51	73	70
铜山区	1240	1240	380	372	8	93		15	25	17
丰县										
沛县										
睢宁县										
徐州经济技术开发区	4	4								
新沂市	951	951	447	443	4	105	4	16	26	23
邳州市	1407	1407	701	698	3	107	3	11	35	13
常州市	**7905**	**7905**	**3948**	**3714**	**234**	**1728**	**94**	**230**	**239**	**326**
天宁区	1407	1407	1042	998	44	365	26	56	48	68
钟楼区	1354	1354	755	719	36	340	26	49	44	66
新北区	1425	1425	519	463	56	363	20	48	48	63
武进区	1867	1867	698	618	80	358	10	44	54	73
金坛区	752	752	435	426	9	140	4	12	19	20
江苏省常州市经济开发区	236	236	87	85	2	39	2	1	6	9
溧阳市	864	864	412	405	7	123	6	20	20	27
苏州市	**14795**	**14795**	**7495**	**7020**	**475**	**3434**	**148**	**429**	**758**	**597**
虎丘区	1580	1580	680	613	67	316	12	33	76	60
吴中区	1851	1851	648	590	58	473	17	92	80	82
相城区	1431	1431	637	598	39	332	9	71	73	59
姑苏区	2118	2118	1466	1364	102	698	57	68	210	88
吴江区	1150	1150	573	534	39	259	17	34	46	50
苏州工业园区										
常熟市	1715	1715	1033	978	55	346	9	21	66	60

4-4a 续表 89

单位：人

地区 性别	教育		卫生和社会工作			文化、体育和娱乐业				
	小计	教育	小计	卫生	社会工作	小计	新闻和出版业	广播、电视、电影和录音制作业	文化艺术业	体育
张家港市	1414	1414	807	757	50	283	6	55	50	61
昆山市	2767	2767	1208	1169	39	544	15	39	126	92
太仓市	769	769	443	417	26	183	6	16	31	45
南通市	**6933**	**6933**	**3789**	**3636**	**153**	**1014**	**80**	**164**	**201**	**145**
崇川区	2111	2111	1300	1244	56	396	26	66	87	53
港闸区	672	672	412	386	26	134	8	19	16	20
通州区	778	778	366	353	13	77	9	7	24	6
如东县										
南通经济技术开发区										
通州湾示范区										
苏锡通科技产业园区										
启东市	788	788	430	411	19	76	5	4	11	12
如皋市	832	832	416	399	17	128	7	31	25	18
海门市	790	790	358	352	6	81	11	23	11	14
海安市	962	962	507	491	16	122	14	14	27	22
连云港市	**2781**	**2781**	**1300**	**1272**	**28**	**323**	**26**	**53**	**71**	**47**
连云区	236	236	140	139	1	46		8	6	6
海州区	1503	1503	781	758	23	210	19	36	50	31
赣榆区	1028	1028	370	366	4	66	7	9	14	10
东海县	9	9	3	3		1			1	
灌云县										
灌南县										
连云港经济技术开发区										
连云港高新技术产业开发区										
江苏连云港徐圩新区	2	2	4	4						
江苏省连云港市云台山风景名胜区	3	3	2	2						
淮安市	**3628**	**3628**	**1862**	**1820**	**42**	**467**	**39**	**61**	**131**	**63**
淮安区	887	887	377	363	14	127	3	13	58	13
淮阴区	786	786	489	479	10	83	8	12	16	19
清江浦区	1633	1633	845	833	12	230	26	36	54	29
洪泽区	322	322	151	145	6	27	2		3	2
涟水县										
盱眙县										
金湖县										
淮安经济技术开发区										
工业园区										
生态文旅区										
苏淮高新区										
盐城市	**4395**	**4395**	**2065**	**2019**	**46**	**635**	**93**	**91**	**138**	**106**
亭湖区	1237	1237	518	507	11	168	19	19	39	35
盐都区	728	728	230	226	4	92	6	14	28	15
大丰区	611	611	348	343	5	114	8	19	24	23
响水县										
滨海县										
阜宁县										
射阳县										
建湖县										
盐城经济技术开发区	6	6	2	2						
江苏省盐南高新区	1182	1182	527	515	12	187	50	25	34	18
东台市	631	631	440	426	14	74	10	14	13	15
扬州市	**4971**	**4971**	**2128**	**2074**	**54**	**942**	**79**	**116**	**230**	**138**
广陵区	858	858	397	386	11	212	19	26	34	34

4-4a　续表 90　　　　　　　　　　　　　　　　　　　　　　　　　　单位：人

地　区 性　别	教育		卫生和社会工作			文化、体育和娱乐业				
	小计	教育	小计	卫生	社会工作	小计	新闻和出版业	广播、电视、电影和录音制作业	文　化艺术业	体育
邗江区	1703	1703	547	526	21	270	39	26	81	32
江都区	794	794	419	414	5	138	11	19	42	23
宝应县										
扬州经济技术开发区										
蜀冈瘦西湖景区	416	416	155	148	7	91	5	9	26	13
生态新城	20	20	7	7		1				
仪征市	562	562	291	285	6	124	2	28	31	24
高邮市	618	618	312	308	4	106	3	8	16	12
镇江市	**4368**	**4368**	**2013**	**1959**	**54**	**737**	**71**	**117**	**107**	**92**
京口区	1238	1238	516	501	15	147	18	36	30	19
润州区	578	578	298	293	5	157	24	25	27	14
丹徒区	306	306	87	82	5	49		7	12	4
镇江新区										
江苏镇江高新区	109	109	58	58		23	3	5	5	5
丹阳市	978	978	532	521	11	206	8	22	19	29
扬中市	371	371	217	208	9	39	6	6	3	5
句容市	788	788	305	296	9	116	12	16	11	16
泰州市	**4759**	**4759**	**2798**	**2715**	**83**	**756**	**66**	**115**	**124**	**125**
海陵区	1206	1206	712	679	33	297	28	40	59	50
高港区	274	274	124	123	1	28	1	4	4	3
姜堰区	872	872	461	453	8	95	10	12	10	19
泰州医药高新技术产业开发区										
兴化市	684	684	423	414	9	85	9	9	19	10
靖江市	853	853	564	549	15	126	11	29	13	25
泰兴市	870	870	514	497	17	125	7	21	19	18
宿迁市	**2227**	**2227**	**1027**	**1007**	**20**	**279**	**35**	**47**	**42**	**43**
宿城区	1298	1298	707	695	12	164	30	29	22	20
宿豫区	609	609	190	184	6	74	4	11	12	12
沭阳县										
泗阳县										
泗洪县										
宿迁经济技术开发区										
宿迁市湖滨新区	108	108	33	33		20	1	2	3	6
苏州宿迁工业园区	105	105	36	36		6		3	1	
宿迁市洋河新区	107	107	61	59	2	15		2	4	5
男	**33675**	**33675**	**15261**	**14548**	**713**	**10035**	**931**	**1596**	**1837**	**1723**
南京市	**8590**	**8590**	**3253**	**3065**	**188**	**2895**	**400**	**539**	**571**	**464**
玄武区	920	920	263	242	21	279	42	68	62	35
秦淮区	790	790	415	396	19	407	57	90	86	52
建邺区	642	642	282	265	17	318	58	65	74	49
鼓楼区	1306	1306	702	661	41	399	93	66	78	46
浦口区	319	319	96	90	6	63	2	3	11	18
栖霞区	1063	1063	252	236	16	353	33	64	47	64
雨花台区	430	430	203	188	15	207	13	59	51	38
江宁区	1453	1453	388	368	20	444	49	71	86	80
六合区	246	246	83	79	4	34	2	4	3	3
溧水区	248	248	111	107	4	47	6	10	4	9
高淳区	193	193	135	130	5	42	7	3	7	5
南京江北新区	980	980	323	303	20	302	38	36	62	65
无锡市	**2991**	**2991**	**1772**	**1654**	**118**	**1217**	**72**	**203**	**195**	**236**
锡山区	250	250	98	94	4	71	2	5	9	18

4-4a 续表 91 单位：人

地区 性别	教育		卫生和社会工作			文化、体育和娱乐业				
	小计	教育	小计	卫生	社会工作	小计	新闻和出版业	广播、电视、电影和录音制作业	文化艺术业	体育
惠山区	250	250	150	132	18	49	2	11	4	16
滨湖区	439	439	236	211	25	188	8	56	33	36
梁溪区	579	579	480	449	31	334	28	52	51	63
新吴区	258	258	135	118	17	147	13	12	20	32
江苏无锡经济开发区	295	295	149	140	9	135	3	24	26	23
江阴市	513	513	283	276	7	155	10	27	26	27
宜兴市	407	407	241	234	7	138	6	16	26	21
徐州市	**3134**	**3134**	**1404**	**1371**	**33**	**550**	**45**	**81**	**121**	**106**
鼓楼区	333	333	131	127	4	88	6	9	24	17
云龙区	434	434	226	218	8	86	5	15	17	18
贾汪区	155	155	67	67		24	1	6	2	4
泉山区	768	768	461	445	16	181	30	28	34	39
铜山区	500	500	120	117	3	45		10	8	7
丰县										
沛县										
睢宁县										
徐州经济技术开发区	3	3								
新沂市	352	352	163	161	2	58	1	7	16	11
邳州市	589	589	236	236		68	2	6	20	10
常州市	**2422**	**2422**	**1169**	**1091**	**78**	**893**	**49**	**117**	**115**	**172**
天宁区	419	419	308	293	15	197	16	27	20	35
钟楼区	414	414	237	218	19	184	10	26	23	42
新北区	380	380	145	126	19	178	9	27	19	28
武进区	617	617	189	168	21	181	7	23	29	36
金坛区	257	257	147	143	4	75	2	5	12	12
江苏省常州市经济开发区	70	70	16	16		20	1		3	4
溧阳市	265	265	127	127		58	4	9	9	15
苏州市	**4284**	**4284**	**2259**	**2139**	**120**	**1723**	**89**	**229**	**332**	**309**
虎丘区	469	469	169	159	10	162	9	17	35	36
吴中区	558	558	181	165	16	249	8	52	35	46
相城区	380	380	201	192	9	153	3	39	24	30
姑苏区	732	732	451	419	32	383	32	38	97	53
吴江区	298	298	177	164	13	150	14	20	23	25
苏州工业园区										
常熟市	527	527	336	326	10	165	8	11	31	25
张家港市	348	348	226	215	11	132	2	29	20	28
昆山市	742	742	394	383	11	252	11	17	54	48
太仓市	230	230	124	116	8	77	2	6	13	18
南通市	**2195**	**2195**	**1125**	**1079**	**46**	**530**	**37**	**84**	**94**	**86**
崇川区	694	694	396	381	15	213	13	30	44	38
港闸区	218	218	101	93	8	67	3	9	9	9
通州区	239	239	123	117	6	40	5	4	11	4
如东县										
南通经济技术开发区										
通州湾示范区										
苏锡通科技产业园区										
启东市	226	226	121	115	6	39	1	3	5	6
如皋市	274	274	128	125	3	65	1	19	8	9
海门市	232	232	110	106	4	41	8	11	3	7
海安市	312	312	146	142	4	65	6	8	14	13
连云港市	**993**	**993**	**421**	**409**	**12**	**189**	**19**	**37**	**32**	**31**
连云区	67	67	37	37		24		5	2	3

4-4a 续表 92

单位：人

地区 性别	教育		卫生和社会工作			文化、体育和娱乐业				
	小计	教育	小计	卫生	社会工作	小计	新闻和出版业	广播、电视、电影和录音制作业	文化艺术业	体育
海州区	546	546	255	245	10	119	12	23	22	21
赣榆区	373	373	125	123	2	45	7	9	7	7
东海县	6	6	3	3		1			1	
灌云县										
灌南县										
连云港经济技术开发区										
连云港高新技术产业开发区										
江苏连云港徐圩新区	1	1	1	1						
江苏省连云港市云台山风景名胜区										
淮安市	**1449**	**1449**	**639**	**624**	**15**	**267**	**24**	**39**	**67**	**36**
淮安区	364	364	144	139	5	74	2	9	34	6
淮阴区	346	346	172	168	4	48	6	6	9	11
清江浦区	591	591	266	262	4	130	15	24	24	17
洪泽区	148	148	57	55	2	15	1			2
涟水县										
盱眙县										
金湖县										
淮安经济技术开发区										
工业园区										
生态文旅区										
苏淮高新区										
盐城市	**1806**	**1806**	**710**	**683**	**27**	**349**	**48**	**50**	**58**	**76**
亭湖区	554	554	194	188	6	92	4	8	18	28
盐都区	304	304	66	65	1	45	4	10	9	9
大丰区	246	246	100	98	2	63	4	14	9	15
响水县										
滨海县										
阜宁县										
射阳县										
建湖县										
盐城经济技术开发区	3	3								
江苏省盐南高新区	423	423	184	176	8	107	29	11	16	12
东台市	276	276	166	156	10	42	7	7	6	12
扬州市	**1791**	**1791**	**665**	**640**	**25**	**482**	**44**	**57**	**115**	**72**
广陵区	303	303	118	113	5	104	9	8	18	20
邗江区	619	619	164	153	11	138	21	16	39	19
江都区	279	279	129	128	1	73	9	12	17	13
宝应县										
扬州经济技术开发区										
蜀冈瘦西湖景区	144	144	44	39	5	55	3	6	13	8
生态新城	8	8	4	4		1				
仪征市	208	208	93	92	1	57		11	20	9
高邮市	230	230	113	111	2	54	2	4	8	3
镇江市	**1639**	**1639**	**633**	**612**	**21**	**373**	**47**	**66**	**45**	**46**
京口区	528	528	160	151	9	76	8	23	13	8
润州区	209	209	88	87	1	90	16	16	14	9
丹徒区	108	108	33	30	3	19		2	5	2
镇江新区										
江苏镇江高新区	35	35	11	11		14	1	4	3	2
丹阳市	335	335	183	179	4	90	7	12	6	15
扬中市	121	121	64	62	2	23	5	4	2	
句容市	303	303	94	92	2	61	10	5	2	10

4-4a 续表 93 单位：人

地区 性别	教育		卫生和社会工作			文化、体育和娱乐业				
	小计	教育	小计	卫生	社会工作	小计	新闻和出版业	广播、电视、电影和录音制作业	文化艺术业	体育
泰州市	**1609**	**1609**	**897**	**873**	**24**	**413**	**35**	**64**	**70**	**69**
海陵区	402	402	232	218	14	170	14	23	38	28
高港区	92	92	37	37		14		2	2	1
姜堰区	325	325	136	135	1	54	5	8	5	13
泰州医药高新技术产业开发区										
兴化市	248	248	159	156	3	49	6	6	9	5
靖江市	245	245	171	171		56	5	11	6	13
泰兴市	297	297	162	156	6	70	5	14	10	9
宿迁市	**772**	**772**	**314**	**308**	**6**	**154**	**22**	**30**	**22**	**20**
宿城区	433	433	213	210	3	89	18	17	13	8
宿豫区	222	222	65	63	2	44	3	8	6	6
沭阳县										
泗阳县										
泗洪县										
宿迁经济技术开发区										
宿迁市湖滨新区	50	50	7	7		11	1	2	2	3
苏州宿迁工业园区	31	31	11	11		3		2		
宿迁市洋河新区	36	36	18	17	1	7		1	1	3
女	**66765**	**66765**	**35010**	**33474**	**1536**	**9214**	**900**	**1375**	**2022**	**1367**
南京市	**15942**	**15942**	**8296**	**7896**	**400**	**2718**	**472**	**475**	**614**	**336**
玄武区	1278	1278	694	657	37	264	50	67	49	26
秦淮区	1443	1443	1063	1014	49	374	69	65	119	23
建邺区	1284	1284	717	691	26	313	70	61	76	38
鼓楼区	2231	2231	1599	1496	103	439	111	87	96	36
浦口区	571	571	258	247	11	63	5	6	18	12
栖霞区	1833	1833	650	601	49	277	38	44	40	51
雨花台区	1006	1006	476	456	20	195	34	43	47	22
江宁区	2807	2807	1178	1135	43	384	46	52	80	74
六合区	407	407	216	207	9	43	5	5	10	3
溧水区	533	533	267	257	10	38	3	5	5	2
高淳区	387	387	246	233	13	26	3	2	3	3
南京江北新区	2162	2162	932	902	30	302	38	38	71	46
无锡市	**7572**	**7572**	**4006**	**3728**	**278**	**1092**	**67**	**191**	**187**	**184**
锡山区	682	682	247	238	9	75	2	9	9	11
惠山区	821	821	291	259	32	65	3	9	13	14
滨湖区	901	901	507	466	41	165	9	52	24	34
梁溪区	1429	1429	1096	1013	83	299	20	56	48	47
新吴区	801	801	313	285	28	73	2	14	9	14
江苏无锡经济开发区	658	658	297	277	20	103	11	18	26	17
江阴市	1281	1281	677	637	40	175	12	24	32	32
宜兴市	999	999	578	553	25	137	8	9	26	15
徐州市	**5449**	**5449**	**3115**	**3072**	**43**	**462**	**44**	**59**	**130**	**82**
鼓楼区	693	693	391	378	13	69	10	5	17	8
云龙区	976	976	517	512	5	76	9	9	30	11
贾汪区	259	259	149	146	3	18		3	2	7
泉山区	1363	1363	1049	1037	12	165	21	23	39	31
铜山区	740	740	260	255	5	48		5	17	10
丰县										
沛县										
睢宁县										
徐州经济技术开发区	1	1								
新沂市	599	599	284	282	2	47	3	9	10	12
邳州市	818	818	465	462	3	39	1	5	15	3

4-4a　续表 94

单位：人

地　区 性　别	教育		卫生和社会工作			文化、体育和娱乐业				
	小计	教育	小计	卫生	社会工作	小计	新闻和出版业	广播、电视、电影和录音制作业	文化艺术业	体育
常州市	**5483**	**5483**	**2779**	**2623**	**156**	**835**	**45**	**113**	**124**	**154**
天宁区	988	988	734	705	29	168	10	29	28	33
钟楼区	940	940	518	501	17	156	16	23	21	24
新北区	1045	1045	374	337	37	185	11	21	29	35
武进区	1250	1250	509	450	59	177	3	21	25	37
金坛区	495	495	288	283	5	65	2	7	7	8
江苏省常州市经济开发区	166	166	71	69	2	19	1	1	3	5
溧阳市	599	599	285	278	7	65	2	11	11	12
苏州市	**10511**	**10511**	**5236**	**4881**	**355**	**1711**	**59**	**200**	**426**	**288**
虎丘区	1111	1111	511	454	57	154	3	16	41	24
吴中区	1293	1293	467	425	42	224	9	40	45	36
相城区	1051	1051	436	406	30	179	6	32	49	29
姑苏区	1386	1386	1015	945	70	315	25	30	113	35
吴江区	852	852	396	370	26	109	3	14	23	25
苏州工业园区										
常熟市	1188	1188	697	652	45	181	1	10	35	35
张家港市	1066	1066	581	542	39	151	4	26	30	33
昆山市	2025	2025	814	786	28	292	4	22	72	44
太仓市	539	539	319	301	18	106	4	10	18	27
南通市	**4738**	**4738**	**2664**	**2557**	**107**	**484**	**43**	**80**	**107**	**59**
崇川区	1417	1417	904	863	41	183	13	36	43	15
港闸区	454	454	311	293	18	67	5	10	7	11
通州区	539	539	243	236	7	37	4	3	13	2
如东县										
南通经济技术开发区										
通州湾示范区										
苏锡通科技产业园区										
启东市	562	562	309	296	13	37	4	1	6	6
如皋市	558	558	288	274	14	63	6	12	17	9
海门市	558	558	248	246	2	40	3	12	8	7
海安市	650	650	361	349	12	57	8	6	13	9
连云港市	**1788**	**1788**	**879**	**863**	**16**	**134**	**7**	**16**	**39**	**16**
连云区	169	169	103	102	1	22		3	4	3
海州区	957	957	526	513	13	91	7	13	28	10
赣榆区	655	655	245	243	2	21			7	3
东海县	3	3								
灌云县										
灌南县										
连云港经济技术开发区										
连云港高新技术产业开发区										
江苏连云港徐圩新区	1	1	3	3						
江苏省连云港市云台山风景名胜区	3	3	2	2						
淮安市	**2179**	**2179**	**1223**	**1196**	**27**	**200**	**15**	**22**	**64**	**27**
淮安区	523	523	233	224	9	53	1	4	24	7
淮阴区	440	440	317	311	6	35	2	6	7	8
清江浦区	1042	1042	579	571	8	100	11	12	30	12
洪泽区	174	174	94	90	4	12	1		3	
涟水县										
盱眙县										
金湖县										
淮安经济技术开发区										
工业园区										

4-4a 续表 95

单位：人

地区 性别	教育		卫生和社会工作			文化、体育和娱乐业				
	小计	教育	小计	卫生	社会工作	小计	新闻和出版业	广播、电视、电影和录音制作业	文化艺术业	体育
生态文旅区										
苏淮高新区										
盐城市	**2589**	**2589**	**1355**	**1336**	**19**	**286**	**45**	**41**	**80**	**30**
亭湖区	683	683	324	319	5	76	15	11	21	7
盐都区	424	424	164	161	3	47	2	4	19	6
大丰区	365	365	248	245	3	51	4	5	15	8
响水县										
滨海县										
阜宁县										
射阳县										
建湖县										
盐城经济技术开发区	3	3	2	2						
江苏省盐南高新区	759	759	343	339	4	80	21	14	18	6
东台市	355	355	274	270	4	32	3	7	7	3
扬州市	**3180**	**3180**	**1463**	**1434**	**29**	**460**	**35**	**59**	**115**	**66**
广陵区	555	555	279	273	6	108	10	18	16	14
邗江区	1084	1084	383	373	10	132	18	10	42	13
江都区	515	515	290	286	4	65	2	7	25	10
宝应县										
扬州经济技术开发区										
蜀冈瘦西湖景区	272	272	111	109	2	36	2	3	13	5
生态新城	12	12	3	3						
仪征市	354	354	198	193	5	67	2	17	11	15
高邮市	388	388	199	197	2	52	1	4	8	9
镇江市	**2729**	**2729**	**1380**	**1347**	**33**	**364**	**24**	**51**	**62**	**46**
京口区	710	710	356	350	6	71	10	13	17	11
润州区	369	369	210	206	4	67	8	9	13	5
丹徒区	198	198	54	52	2	30		5	7	2
镇江新区										
江苏镇江高新区	74	74	47	47		9	2	1	2	3
丹阳市	643	643	349	342	7	116	1	10	13	14
扬中市	250	250	153	146	7	16	1	2	1	5
句容市	485	485	211	204	7	55	2	11	9	6
泰州市	**3150**	**3150**	**1901**	**1842**	**59**	**343**	**31**	**51**	**54**	**56**
海陵区	804	804	480	461	19	127	14	17	21	22
高港区	182	182	87	86	1	14	1	2	2	2
姜堰区	547	547	325	318	7	41	5	4	5	6
泰州医药高新技术产业开发区										
兴化市	436	436	264	258	6	36	3	3	10	5
靖江市	608	608	393	378	15	70	6	18	7	12
泰兴市	573	573	352	341	11	55	2	7	9	9
宿迁市	**1455**	**1455**	**713**	**699**	**14**	**125**	**13**	**17**	**20**	**23**
宿城区	865	865	494	485	9	75	12	12	9	12
宿豫区	387	387	125	121	4	30	1	3	6	6
沭阳县										
泗阳县										
泗洪县										
宿迁经济技术开发区										
宿迁市湖滨新区	58	58	26	26		9			1	3
苏州宿迁工业园区	74	74	25	25		3		1	1	
宿迁市洋河新区	71	71	43	42	1	8		1	3	2

4-4a　续表 96　　　　单位：人

地　区 性　别	娱乐业	公共管理、社会保障和社会组织 小计	中国共产党机关	国家机构	人民政协、民主党派	社会保障	群众团体、社会团体和其他成员组织	基层群众自治组织	国际组织 小计	国际组织
江　苏	**7498**	**86074**	**1812**	**71313**	**194**	**510**	**3583**	**8662**	**12**	**12**
南京市	**1742**	**17482**	**363**	**14818**	**43**	**77**	**732**	**1449**	**1**	**1**
玄武区	144	1385	42	1213	4	14	70	42		
秦淮区	220	1626	38	1395	6	10	82	95		
建邺区	140	1591	21	1458	8	1	38	65	1	1
鼓楼区	225	2855	106	2528	10	20	116	75		
浦口区	51	1078	11	873		2	36	156		
栖霞区	249	1456	24	1202	2	3	81	144		
雨花台区	95	1081	30	864	1	1	75	110		
江宁区	290	2540	40	2080	7	11	104	298		
六合区	42	653	8	539		3	24	79		
溧水区	41	819	5	691	1	3	18	101		
高淳区	35	725	6	603	1		20	95		
南京江北新区	210	1673	32	1372	3	9	68	189		
无锡市	**974**	**8909**	**88**	**7354**	**17**	**37**	**281**	**1132**		
锡山区	81	749	3	629		1	20	96		
惠山区	42	556	3	432		3	20	98		
滨湖区	101	1166	16	943	4	5	42	156		
梁溪区	268	1789	14	1509	7	10	49	200		
新吴区	104	741	1	608	2	3	20	107		
江苏无锡经济开发区	90	688	29	557	1	6	36	59		
江阴市	140	1609	19	1308	1	8	53	220		
宜兴市	148	1611	3	1368	2	1	41	196		
徐州市	**344**	**6746**	**181**	**5724**	**11**	**59**	**241**	**530**	**2**	**2**
鼓楼区	61	813	45	660		10	33	65		
云龙区	48	1306	33	1170	5	6	52	40	1	1
贾汪区	17	298	9	243	1		5	40		
泉山区	101	1874	38	1632	3	15	68	118	1	1
铜山区	36	634	19	513		9	19	74		
丰县										
沛县										
睢宁县										
徐州经济技术开发区		2						2		
新沂市	36	739	25	614		7	40	53		
邳州市	45	1080	12	892	2	12	24	138		
常州市	**839**	**5962**	**88**	**5073**	**11**	**18**	**213**	**559**	**1**	**1**
天宁区	167	1182	15	1024	1	2	60	80	1	1
钟楼区	155	1044	17	871	4	9	39	104		
新北区	184	1042	32	848	2		34	126		
武进区	177	923	16	751		1	42	113		
金坛区	85	775	1	697	2	2	11	62		
江苏省常州市经济开发区	21	160	2	135	1	2	7	13		
溧阳市	50	836	5	747	1	2	20	61		
苏州市	**1502**	**12384**	**140**	**10164**	**31**	**93**	**433**	**1523**		
虎丘区	135	1172	3	975	3	8	44	139		
吴中区	202	1081	13	856	1	9	53	149		
相城区	120	1204	10	928	1	5	35	225		
姑苏区	275	1897	37	1607	8	24	96	125		
吴江区	112	1062	3	890	4	3	20	142		
苏州工业园区										
常熟市	190	1531	20	1245	4	14	47	201		

4-4a 续表 97

单位：人

地区 性别	娱乐业	公共管理、社会保障和社会组织						国际组织	
		小计	中国共产党机关	国家机构	人民政协、民主党派	社会保障	群众团体、社会团体和其他成员组织	基层群众自治组织	小计	国际组织
张家港市	111	1418	9	1166	3	3	40	197		
昆山市	272	2107	18	1770	2	12	56	249		
太仓市	85	912	27	727	5	15	42	96		
南通市	**424**	**6843**	**142**	**5626**	**20**	**42**	**318**	**695**		
崇川区	164	2018	64	1730	7	19	68	130		
港闸区	71	509	18	385	3	3	23	77		
通州区	31	743	10	647	1	2	22	61		
如东县										
南通经济技术开发区										
通州湾示范区										
苏锡通科技产业园区										
启东市	44	877		749		2	5	121		
如皋市	47	866	28	683	5	5	47	98		
海门市	22	852	9	734	1	2	17	89		
海安市	45	978	13	698	3	9	136	119		
连云港市	**126**	**2536**	**56**	**2157**	**3**	**16**	**97**	**207**		
连云区	26	326	11	276		1	8	30		
海州区	74	1454	27	1232	1	12	64	118		
赣榆区	26	729	18	644	2	3	8	54		
东海县		19		1			17	1		
灌云县										
灌南县										
连云港经济技术开发区										
连云港高新技术产业开发区										
江苏连云港徐圩新区		4		3				1		
江苏省连云港市云台山风景名胜区		4		1				3		
淮安市	**173**	**2985**	**85**	**2464**	**15**	**36**	**131**	**254**	**5**	**5**
淮安区	40	655	20	551	2	2	18	62	5	5
淮阴区	28	529	17	389	5	14	51	53		
清江浦区	85	1409	41	1201	7	16	39	105		
洪泽区	20	392	7	323	1	4	23	34		
涟水县										
盱眙县										
金湖县										
淮安经济技术开发区										
工业园区										
生态文旅区										
苏淮高新区										
盐城市	**207**	**4916**	**127**	**3650**	**2**	**39**	**578**	**520**		
亭湖区	56	1111	25	729	1	12	190	154		
盐都区	29	807	8	447		12	230	110		
大丰区	40	912	18	720	1	8	33	132		
响水县										
滨海县										
阜宁县										
射阳县										
建湖县										
盐城经济技术开发区		2	1	1						
江苏省盐南高新区	60	1337	50	1133		5	89	60		
东台市	22	747	25	620		2	36	64		
扬州市	**379**	**4692**	**125**	**3792**	**12**	**49**	**214**	**500**	**1**	**1**
广陵区	99	664	27	545	1	2	22	67		

4-4a　续表 98　　　　单位：人

地　区 性　别	娱乐业	公共管理、社会保障和社会组织							国际组织	
		小计	中国共产党机关	国家机构	人民政协、民主党派	社会保障	群众团体、社会团体和其他成员组织	基层群众自治组织	小计	国际组织
邗江区	92	1490	42	1204	2	28	80	134	1	1
江都区	43	816	9	660	3	7	29	108		
宝应县										
扬州经济技术开发区										
蜀冈瘦西湖景区	38	365	22	273	1	2	27	40		
生态新城	1	19	1	10			1	7		
仪征市	39	642	15	513	2	4	30	78		
高邮市	67	696	9	587	3	6	25	66		
镇江市	**350**	**4842**	**132**	**4174**	**11**	**20**	**139**	**366**	**2**	**2**
京口区	44	1001	18	939	2		15	27	1	1
润州区	67	793	53	664	2	6	40	28		
丹徒区	26	400	17	327	2		3	51		
镇江新区										
江苏镇江高新区	5	189	3	163		9	2	12		
丹阳市	128	944	11	792	3	1	38	99		
扬中市	19	611	17	533	1	3	6	51	1	1
句容市	61	904	13	756	1	1	35	98		
泰州市	**326**	**5622**	**177**	**4582**	**12**	**17**	**139**	**695**		
海陵区	120	1373	59	1135	7	7	39	126		
高港区	16	345	14	245			8	78		
姜堰区	44	985	34	775		1	35	140		
泰州医药高新技术产业开发区										
兴化市	38	903	31	803		3	9	57		
靖江市	48	985	5	816	4		27	133		
泰兴市	60	1031	34	808	1	6	21	161		
宿迁市	**112**	**2155**	**108**	**1735**	**6**	**7**	**67**	**232**		
宿城区	63	1554	81	1302	6	5	35	125		
宿豫区	35	348	11	265		1	21	50		
沭阳县										
泗阳县										
泗洪县										
宿迁经济技术开发区										
宿迁市湖滨新区	8	70	3	36			7	24		
苏州宿迁工业园区	2	86	10	71			4	1		
宿迁市洋河新区	4	97	3	61		1		32		
男	**3948**	**55332**	**1227**	**47220**	**128**	**240**	**2020**	**4497**	**7**	**7**
南京市	**921**	**10995**	**234**	**9709**	**21**	**32**	**339**	**660**		
玄武区	72	841	28	771	2	7	26	7		
秦淮区	122	1005	22	918	3	3	38	21		
建邺区	72	984	12	924	3		17	28		
鼓楼区	116	1759	66	1608	5	9	53	18		
浦口区	29	672	10	553		2	22	85		
栖霞区	145	962	19	832	1	1	43	66		
雨花台区	46	648	18	551		1	30	48		
江宁区	158	1667	27	1427	3	2	51	157		
六合区	22	399	5	347		1	11	35		
溧水区	18	546	3	478	1	3	7	54		
高淳区	20	475	5	403	1		8	58		
南京江北新区	101	1037	19	897	2	3	33	83		
无锡市	**511**	**5739**	**62**	**4885**	**12**	**15**	**139**	**626**		
锡山区	37	487	1	418		1	9	58		

4-4a 续表 99

单位：人

地区 性别	娱乐业	公共管理、社会保障和社会组织							国际组织	
		小计	中国共产党机关	国家机构	人民政协、民主党派	社会保障	群众团体、社会团体和其他成员组织	基层群众自治组织	小计	国际组织
惠山区	16	367	3	292			8	64		
滨湖区	55	749	10	628	3	4	21	83		
梁溪区	140	1127	11	982	6	5	20	103		
新吴区	70	494		415	1	1	9	68		
江苏无锡经济开发区	59	416	20	351		2	15	28		
江阴市	65	1050	14	883		2	28	123		
宜兴市	69	1049	3	916	2		29	99		
徐州市	**197**	**4504**	**130**	**3896**	**8**	**30**	**138**	**302**	**2**	**2**
鼓楼区	32	527	30	453		5	9	30		
云龙区	31	860	23	788	3	3	30	13	1	1
贾汪区	11	205	8	163	1		5	28		
泉山区	50	1231	30	1095	2	9	44	51	1	1
铜山区	20	415	12	339		3	12	49		
丰县										
沛县										
睢宁县										
徐州经济技术开发区		2						2		
新沂市	23	502	21	422		3	22	34		
邳州市	30	762	6	636	2	7	16	95		
常州市	**440**	**3766**	**61**	**3253**	**7**	**9**	**135**	**301**	**1**	**1**
天宁区	99	733	11	643	1	1	43	34	1	1
钟楼区	83	661	13	570	3	6	20	49		
新北区	95	643	23	528	1		19	72		
武进区	86	585	7	488			25	65		
金坛区	44	502		453	2	1	6	40		
江苏省常州市经济开发区	12	114	2	93		1	7	11		
溧阳市	21	528	5	478			15	30		
苏州市	**764**	**8236**	**89**	**7069**	**25**	**47**	**226**	**780**		
虎丘区	65	788	3	709	2	5	21	48		
吴中区	108	713	10	594		3	30	76		
相城区	57	856	8	680	1	3	21	143		
姑苏区	163	1256	29	1123	6	11	54	33		
吴江区	68	695	2	598	4	2	7	82		
苏州工业园区										
常熟市	90	1061	12	894	4	10	18	123		
张家港市	53	862	4	736	2	1	18	101		
昆山市	122	1392	6	1217	2	5	33	129		
太仓市	38	613	15	518	4	7	24	45		
南通市	**229**	**4145**	**92**	**3504**	**16**	**20**	**209**	**304**		
崇川区	88	1289	43	1135	5	10	38	58		
港闸区	37	312	9	255	3	1	12	32		
通州区	16	439	6	385		2	15	31		
如东县										
南通经济技术开发区										
通州湾示范区										
苏锡通科技产业园区										
启东市	24	460		424		1	1	34		
如皋市	28	562	19	443	5	1	40	54		
海门市	12	453	4	411	1		5	32		
海安市	24	630	11	451	2	5	98	63		
连云港市	**70**	**1692**	**34**	**1486**	**2**	**8**	**66**	**96**		
连云区	14	211	5	191			7	8		

4-4a 续表 100

单位：人

地区 性别	娱乐业	公共管理、社会保障和社会组织							国际组织	
		小计	中国共产党机关	国家机构	人民政协、民主党派	社会保障	群众团体、社会团体和其他成员组织	基层群众自治组织	小计	国际组织
海州区	41	930	15	817	1	7	38	52		
赣榆区	15	529	14	474	1	1	6	33		
东海县		17		1			15	1		
灌云县										
灌南县										
连云港经济技术开发区										
连云港高新技术产业开发区										
江苏连云港徐圩新区		2		2						
江苏省连云港市云台山风景名胜区		3		1				2		
淮安市	**101**	**2044**	**63**	**1725**	**10**	**18**	**83**	**145**	**3**	**3**
淮安区	23	442	14	384		1	12	31	3	3
淮阴区	16	372	12	285	5	8	29	33		
清江浦区	50	958	31	826	5	7	25	64		
洪泽区	12	272	6	230		2	17	17		
涟水县										
盱眙县										
金湖县										
淮安经济技术开发区										
工业园区										
生态文旅区										
苏淮高新区										
盐城市	**117**	**3274**	**94**	**2471**	**1**	**20**	**377**	**311**		
亭湖区	34	740	16	496		6	127	95		
盐都区	13	532	6	300		6	155	65		
大丰区	21	601	13	489	1	5	20	73		
响水县										
滨海县										
阜宁县										
射阳县										
建湖县										
盐城经济技术开发区		2	1	1						
江苏省盐南高新区	39	889	39	766		3	48	33		
东台市	10	510	19	419			27	45		
扬州市	**194**	**2955**	**89**	**2476**	**7**	**22**	**121**	**240**	**1**	**1**
广陵区	49	416	20	353	1	1	14	27		
邗江区	43	940	28	787		14	37	74	1	1
江都区	22	498	8	424	1	3	16	46		
宝应县										
扬州经济技术开发区										
蜀冈瘦西湖景区	25	224	15	172	1		20	16		
生态新城	1	13		8			1	4		
仪征市	17	405	10	330	2	2	18	43		
高邮市	37	459	8	402	2	2	15	30		
镇江市	**169**	**3084**	**79**	**2701**	**8**	**12**	**71**	**213**		
京口区	24	651	9	619	2		9	12		
润州区	35	514	26	451	2	2	21	12		
丹徒区	10	258	13	211			2	32		
镇江新区										
江苏镇江高新区	4	122	2	102		7	2	9		
丹阳市	50	604	8	517	2	1	15	61		
扬中市	12	343	11	299	1	1	3	28		
句容市	34	592	10	502	1	1	19	59		

4-4a 续表 101　　　　单位：人

地区 性别	娱乐业	公共管理、社会保障和社会组织 小计	中国共产党机关	国家机构	人民政协、民主党派	社会保障	群众团体、社会团体和其他成员组织	基层群众自治组织	国际组织 小计	国际组织
泰州市	**175**	**3486**	**122**	**2903**	**7**	**5**	**78**	**371**		
海陵区	67	842	39	705	3	1	23	71		
高港区	9	201	11	136			5	49		
姜堰区	23	597	23	476			20	78		
泰州医药高新技术产业开发区										
兴化市	23	659	24	582		3	7	43		
靖江市	21	568	5	483	3		16	61		
泰兴市	32	619	20	521	1	1	7	69		
宿迁市	**60**	**1412**	**78**	**1142**	**4**	**2**	**38**	**148**		
宿城区	33	1015	59	861	4	2	18	71		
宿豫区	21	231	8	176			13	34		
沭阳县										
泗阳县										
泗洪县										
宿迁经济技术开发区										
宿迁市湖滨新区	3	42	3	16			6	17		
苏州宿迁工业园区	1	53	6	45			1	1		
宿迁市洋河新区	2	71	2	44				25		
女	**3550**	**30742**	**585**	**24093**	**66**	**270**	**1563**	**4165**	**5**	**5**
南京市	**821**	**6487**	**129**	**5109**	**22**	**45**	**393**	**789**	**1**	**1**
玄武区	72	544	14	442	2	7	44	35		
秦淮区	98	621	16	477	3	7	44	74		
建邺区	68	607	9	534	5	1	21	37	1	1
鼓楼区	109	1096	40	920	5	11	63	57		
浦口区	22	406	1	320			14	71		
栖霞区	104	494	5	370	1	2	38	78		
雨花台区	49	433	12	313	1		45	62		
江宁区	132	873	13	653	4	9	53	141		
六合区	20	254	3	192		2	13	44		
溧水区	23	273	2	213			11	47		
高淳区	15	250	1	200			12	37		
南京江北新区	109	636	13	475	1	6	35	106		
无锡市	**463**	**3170**	**26**	**2469**	**5**	**22**	**142**	**506**		
锡山区	44	262	2	211			11	38		
惠山区	26	189		140		3	12	34		
滨湖区	46	417	6	315	1	1	21	73		
梁溪区	128	662	3	527	1	5	29	97		
新吴区	34	247	1	193	1	2	11	39		
江苏无锡经济开发区	31	272	9	206	1	4	21	31		
江阴市	75	559	5	425	1	6	25	97		
宜兴市	79	562		452		1	12	97		
徐州市	**147**	**2242**	**51**	**1828**	**3**	**29**	**103**	**228**		
鼓楼区	29	286	15	207		5	24	35		
云龙区	17	446	10	382	2	3	22	27		
贾汪区	6	93	1	80				12		
泉山区	51	643	8	537	1	6	24	67		
铜山区	16	219	7	174		6	7	25		
丰县										
沛县										
睢宁县										
徐州经济技术开发区										
新沂市	13	237	4	192		4	18	19		
邳州市	15	318	6	256		5	8	43		

4-4a　续表 102

单位：人

地　区 性　别	娱乐业	公共管理、社会保障和社会组织							国际组织	
		小计	中国共产党机关	国家机构	人民政协、民主党派	社会保障	群众团体、社会团体和其他成员组织	基层群众自治组织	小计	国际组织
常州市	**399**	**2196**	**27**	**1820**	**4**	**9**	**78**	**258**		
天宁区	68	449	4	381		1	17	46		
钟楼区	72	383	4	301	1	3	19	55		
新北区	89	399	9	320	1		15	54		
武进区	91	338	9	263		1	17	48		
金坛区	41	273	1	244		1	5	22		
江苏省常州市经济开发区	9	46		42	1	1		2		
溧阳市	29	308		269	1	2	5	31		
苏州市	**738**	**4148**	**51**	**3095**	**6**	**46**	**207**	**743**		
虎丘区	70	384		266	1	3	23	91		
吴中区	94	368	3	262	1	6	23	73		
相城区	63	348	2	248		2	14	82		
姑苏区	112	641	8	484	2	13	42	92		
吴江区	44	367	1	292		1	13	60		
苏州工业园区										
常熟市	100	470	8	351		4	29	78		
张家港市	58	556	5	430	1	2	22	96		
昆山市	150	715	12	553		7	23	120		
太仓市	47	299	12	209	1	8	18	51		
南通市	**195**	**2698**	**50**	**2122**	**4**	**22**	**109**	**391**		
崇川区	76	729	21	595	2	9	30	72		
港闸区	34	197	9	130		2	11	45		
通州区	15	304	4	262	1		7	30		
如东县										
南通经济技术开发区										
通州湾示范区										
苏锡通科技产业园区										
启东市	20	417		325		1	4	87		
如皋市	19	304	9	240		4	7	44		
海门市	10	399	5	323		2	12	57		
海安市	21	348	2	247	1	4	38	56		
连云港市	**56**	**844**	**22**	**671**	**1**	**8**	**31**	**111**		
连云区	12	115	6	85		1	1	22		
海州区	33	524	12	415		5	26	66		
赣榆区	11	200	4	170	1	2	2	21		
东海县		2					2			
灌云县										
灌南县										
连云港经济技术开发区										
连云港高新技术产业开发区										
江苏连云港徐圩新区		2		1				1		
江苏省连云港市云台山风景名胜区		1						1		
淮安市	**72**	**941**	**22**	**739**	**5**	**18**	**48**	**109**	**2**	**2**
淮安区	17	213	6	167	2	1	6	31	2	2
淮阴区	12	157	5	104		6	22	20		
清江浦区	35	451	10	375	2	9	14	41		
洪泽区	8	120	1	93	1	2	6	17		
涟水县										
盱眙县										
金湖县										
淮安经济技术开发区										
工业园区										

4-4a 续表 103

单位：人

地区 性别	娱乐业	公共管理、社会保障和社会组织							国际组织	
		小计	中国共产党机关	国家机构	人民政协、民主党派	社会保障	群众团体、社会团体和其他成员组织	基层群众自治组织	小计	国际组织
生态文旅区										
苏淮高新区										
盐城市	**90**	**1642**	**33**	**1179**	**1**	**19**	**201**	**209**		
亭湖区	22	371	9	233	1	6	63	59		
盐都区	16	275	2	147		6	75	45		
大丰区	19	311	5	231		3	13	59		
响水县										
滨海县										
阜宁县										
射阳县										
建湖县										
盐城经济技术开发区										
江苏省盐南高新区	21	448	11	367		2	41	27		
东台市	12	237	6	201		2	9	19		
扬州市	**185**	**1737**	**36**	**1316**	**5**	**27**	**93**	**260**		
广陵区	50	248	7	192		1	8	40		
邗江区	49	550	14	417	2	14	43	60		
江都区	21	318	1	236	2	4	13	62		
宝应县										
扬州经济技术开发区										
蜀冈瘦西湖景区	13	141	7	101		2	7	24		
生态新城		6	1	2				3		
仪征市	22	237	5	183		2	12	35		
高邮市	30	237	1	185	1	4	10	36		
镇江市	**181**	**1758**	**53**	**1473**	**3**	**8**	**68**	**153**	**2**	**2**
京口区	20	350	9	320			6	15	1	1
润州区	32	279	27	213		4	19	16		
丹徒区	16	142	4	116	2		1	19		
镇江新区										
江苏镇江高新区	1	67	1	61		2		3		
丹阳市	78	340	3	275	1		23	38		
扬中市	7	268	6	234		2	3	23	1	1
句容市	27	312	3	254			16	39		
泰州市	**151**	**2136**	**55**	**1679**	**5**	**12**	**61**	**324**		
海陵区	53	531	20	430	4	6	16	55		
高港区	7	144	3	109			3	29		
姜堰区	21	388	11	299		1	15	62		
泰州医药高新技术产业开发区										
兴化市	15	244	7	221			2	14		
靖江市	27	417		333	1		11	72		
泰兴市	28	412	14	287		5	14	92		
宿迁市	**52**	**743**	**30**	**593**	**2**	**5**	**29**	**84**		
宿城区	30	539	22	441	2	3	17	54		
宿豫区	14	117	3	89		1	8	16		
沭阳县										
泗阳县										
泗洪县										
宿迁经济技术开发区										
宿迁市湖滨新区	5	28		20			1	7		
苏州宿迁工业园区	1	33	4	26			3			
宿迁市洋河新区	2	26	1	17		1		7		

4-4b　各地区分性别、行业大类的就业人口(镇)

单位：人

地　区 性　别	合计	农、林、牧、渔业						采矿业	
		小计	农业	林业	畜牧业	渔业	农、林、牧、渔专业及辅助性活动	小计	煤炭开采和洗选业
江　苏	**1047479**	**93646**	**77679**	**1562**	**3964**	**7271**	**3170**	**2687**	**1540**
南京市	**8350**	**255**	**150**	**5**	**16**	**76**	**8**	**17**	
玄武区									
秦淮区									
建邺区									
鼓楼区									
浦口区	38	3		3					
栖霞区									
雨花台区	306								
江宁区									
六合区	6064	75	53		11	6	5	12	
溧水区	1392	95	90		4		1	5	
高淳区	550	82	7	2	1	70	2		
南京江北新区									
无锡市	**63957**	**954**	**679**	**28**	**39**	**195**	**13**	**37**	**4**
锡山区	15266	168	133	11	4	18	2	1	
惠山区	6013	31	27			4		4	
滨湖区									
梁溪区									
新吴区									
江苏无锡经济开发区									
江阴市	27532	212	151		27	25	9	7	2
宜兴市	15146	543	368	17	8	148	2	25	2
徐州市	**123058**	**16399**	**14653**	**335**	**895**	**200**	**316**	**1658**	**1483**
鼓楼区									
云龙区	902	27	13	1		13		1	1
贾汪区	3446	602	558	7	21	6	10	39	30
泉山区									
铜山区	18824	1787	1532	9	172	30	44	95	28
丰县	22106	2475	2260	25	153	5	32	20	8
沛县	22863	2473	2149	10	206	49	59	1392	1346
睢宁县	24801	2052	1762	33	164	23	70	23	14
徐州经济技术开发区	13772	364	294	1	31	4	34	70	54
新沂市	7210	2274	2073	48	64	62	27	14	1
邳州市	9134	4345	4012	201	84	8	40	4	1
常州市	**33204**	**909**	**486**	**160**	**29**	**170**	**64**	**28**	**1**
天宁区	2512	52	42		3	7		2	1
钟楼区									
新北区	6343	39	18	4	1	8	8	4	
武进区	8737	423	245	111	7	31	29	1	
金坛区	3166	113	39	25	8	35	6	14	
江苏省常州市经济开发区	5325	7				1	6	2	
溧阳市	7121	275	142	20	10	88	15	5	
苏州市	**190180**	**2251**	**1624**	**79**	**62**	**393**	**93**	**28**	**4**
虎丘区	211	8	3	5					
吴中区	12173	357	313	13		14	17	4	
相城区	3222	26	17		1	6	2		
姑苏区									
吴江区	26424	326	204	7	8	105	2		
苏州工业园区	64396	230	68	18	22	96	26	17	2
常熟市	25010	563	429	12	9	106	7		

4-4b 续表 1

单位：人

地区 性别	合计	农、林、牧、渔业						采矿业	
		小计	农业	林业	畜牧业	渔业	农、林、牧、渔专业及辅助性活动	小计	煤炭开采和洗选业
张家港市	30830	267	228	6	13	13	7		
昆山市	12656	61	33	2	3	22	1	1	
太仓市	15258	413	329	16	6	31	31	6	2
南通市	**119669**	**16671**	**14908**	**48**	**486**	**987**	**242**	**23**	**2**
崇川区									
港闸区									
通州区	17822	1035	978	2	24	13	18	5	1
如东县	27294	7307	6610	6	153	485	53	3	1
南通经济技术开发区	15555	49	26	7	6	6	4	5	
通州湾示范区	1596	186	121		4	56	5		
苏锡通科技产业园区	2951	114	107	1	2		4	1	
启东市	10350	1996	1612	7	61	298	18		
如皋市	19254	2391	2203	6	86	14	82	4	
海门市	15358	1487	1317	17	63	49	41	4	
海安市	9489	2106	1934	2	87	66	17	1	
连云港市	**79918**	**13756**	**11547**	**81**	**505**	**1425**	**198**	**141**	**11**
连云区	132	1				1		9	
海州区	2152	372	308	2	3	39	20		
赣榆区	14182	4001	2713	30	128	1113	17	13	5
东海县	26618	3687	3307	34	188	67	91	64	2
灌云县	13660	2931	2756	2	52	81	40	28	1
灌南县	13557	2512	2321	2	105	73	11	5	1
连云港经济技术开发区	2790	36	12		4	13	7	13	1
连云港高新技术产业开发区	5915	106	77	9	5	10	5	8	1
江苏连云港徐圩新区	836	110	53	2	20	28	7	1	
江苏省连云港市云台山风景名胜区	76								
淮安市	**70119**	**7223**	**6125**	**103**	**334**	**316**	**345**	**206**	**5**
淮安区	3778	711	593	6	32	34	46	1	
淮阴区	3446	710	623	17	25	20	25	9	
清江浦区	268	59	52		6	1		2	
洪泽区	932	118	60	4	6	37	11	3	
涟水县	22925	3246	3031	30	71	52	62	8	4
盱眙县	13862	1024	713	13	151	99	48	26	1
金湖县	8239	409	306	6	12	56	29	116	
淮安经济技术开发区	11264	687	521	21	22	11	112	19	
工业园区	351	40	38		1		1		
生态文旅区	4275	99	81	5	2	4	7	21	
苏淮高新区	779	120	107	1	6	2	4	1	
盐城市	**116017**	**20546**	**17571**	**115**	**846**	**1278**	**736**	**207**	**12**
亭湖区	3085	449	373	6	21	27	22	1	
盐都区	4510	186	133	1	6	32	14		
大丰区	11211	3463	2979	13	207	153	111	9	4
响水县	10085	1495	1245	8	35	153	54	63	1
滨海县	16121	2586	2382	7	93	42	62	89	2
阜宁县	17566	2034	1802	11	56	99	66	20	2
射阳县	22419	4777	3764	46	207	479	281	14	1
建湖县	16608	835	661	8	33	88	45	10	2
盐城经济技术开发区	3169	171	159	1	6	2	3		
江苏省盐南高新区									
东台市	11243	4550	4073	14	182	203	78	1	
扬州市	**55754**	**2085**	**1385**	**43**	**70**	**280**	**307**	**232**	**6**
广陵区	2449	54	38	4	1	4	7	1	

4-4b 续表 2

单位：人

地区 性别	合计	农、林、牧、渔业						采矿业	
		小计	农业	林业	畜牧业	渔业	农、林、牧、渔专业及辅助性活动	小计	煤炭开采和洗选业
邗江区	2914	61	43	2	3	8	5	3	
江都区	10852	547	372	16	28	53	78	146	2
宝应县	19450	644	438	1	16	95	94	7	3
扬州经济技术开发区	9840	141	111	9	5	6	10	64	
蜀冈瘦西湖景区生态新城	550	42	32	2	1	2	5	3	
仪征市	3128	65	47	3	6	4	5	3	
高邮市	6571	531	304	6	10	108	103	5	1
镇江市	**43249**	**1824**	**1448**	**65**	**94**	**120**	**97**	**27**	
京口区	272								
润州区									
丹徒区	3240	476	413	5	23	14	21	3	
镇江新区	9948	60	53		1	3	3	14	
江苏镇江高新区									
丹阳市	23046	1044	784	49	56	86	69		
扬中市	2468	34	27	1	2	4		1	
句容市	4275	210	171	10	12	13	4	9	
泰州市	**55336**	**3914**	**2119**	**9**	**203**	**1436**	**147**	**25**	**3**
海陵区	1447	70	62		1	7			
高港区	2324	94	84		8	1	1	1	
姜堰区	4723	212	132	2	20	41	17	7	
泰州医药高新技术产业开发区	11021	34	27		3	2	2	5	1
兴化市	17869	2455	895	2	106	1355	97	4	
靖江市	5740	32	15	1	4	12			
泰兴市	12212	1017	904	4	61	18	30	8	2
宿迁市	**88668**	**6859**	**4984**	**491**	**385**	**395**	**604**	**58**	**9**
宿城区	1959	322	306	2	5	8	1	1	
宿豫区	2218	248	206	2	17	11	12	1	
沭阳县	39043	3421	2339	446	235	64	337	32	4
泗阳县	18779	968	704	25	52	57	130	9	
泗洪县	19612	1690	1305	11	61	199	114	10	3
宿迁经济技术开发区	6434	101	73	4	11	4	9	5	2
宿迁市湖滨新区	623	109	51	1	4	52	1		
苏州宿迁工业园区									
宿迁市洋河新区									
男	**624697**	**49783**	**38558**	**1029**	**2585**	**5421**	**2190**	**2133**	**1249**
南京市	**5253**	**155**	**75**	**2**	**12**	**60**	**6**	**13**	
玄武区									
秦淮区									
建邺区									
鼓楼区									
浦口区	23	1		1					
栖霞区									
雨花台区	206								
江宁区									
六合区	3715	54	35		9	6	4	11	
溧水区	904	40	38		2			2	
高淳区	405	60	2	1	1	54	2		
南京江北新区									
无锡市	**38221**	**588**	**391**	**19**	**25**	**144**	**9**	**30**	**4**
锡山区	9093	103	75	8	3	16	1	1	

4-4b 续表 3 单位：人

地区 性别	合计	农、林、牧、渔业						采矿业	
		小计	农业	林业	畜牧业	渔业	农、林、牧、渔专业及辅助性活动	小计	煤炭开采和洗选业
惠山区	3697	19	15			4		3	
滨湖区									
梁溪区									
新吴区									
江苏无锡经济开发区									
江阴市	15959	135	95		16	18	6	4	2
宜兴市	9472	331	206	11	6	106	2	22	2
徐州市	**74420**	**8677**	**7510**	**206**	**595**	**150**	**216**	**1346**	**1197**
鼓楼区									
云龙区	557	15	5	1		9		1	1
贾汪区	2263	375	344	4	13	6	8	36	27
泉山区									
铜山区	10265	757	598	5	107	19	28	85	28
丰县	13048	1259	1112	21	104	4	18	19	8
沛县	14668	1239	1008	7	140	38	46	1103	1068
睢宁县	14685	1125	925	26	111	17	46	21	13
徐州经济技术开发区	8896	179	135	1	22	2	19	64	50
新沂市	4467	1205	1067	32	40	47	19	13	1
邳州市	5571	2523	2316	109	58	8	32	4	1
常州市	**20197**	**534**	**262**	**91**	**16**	**118**	**47**	**24**	**1**
天宁区	1455	30	24		2	4		1	1
钟楼区									
新北区	3675	27	10	3		6	8	3	
武进区	5153	244	136	61	3	22	22	1	
金坛区	2031	71	20	17	4	26	4	13	
江苏省常州市经济开发区	3263	5				1	4	2	
溧阳市	4620	157	72	10	7	59	9	4	
苏州市	**113067**	**1295**	**848**	**55**	**47**	**282**	**63**	**21**	**3**
虎丘区	124	7	3	4					
吴中区	7278	183	152	8		8	15	3	
相城区	2053	18	11		1	4	2		
姑苏区									
吴江区	15875	196	108	3	6	77	2		
苏州工业园区	37573	157	47	14	16	64	16	12	1
常熟市	15003	321	216	11	8	81	5		
张家港市	18566	151	123	5	9	10	4		
昆山市	7395	42	22	1	3	15	1	1	
太仓市	9200	220	166	9	4	23	18	5	2
南通市	**69334**	**7829**	**6434**	**38**	**326**	**860**	**171**	**14**	**2**
崇川区									
港闸区									
通州区	10078	490	448	2	19	10	11	4	1
如东县	15088	3504	2919	6	108	424	47	2	1
南通经济技术开发区	9692	30	13	4	5	6	2	3	
通州湾示范区	1011	101	51		3	45	2		
苏锡通科技产业园区	1877	53	48		1		4		
启东市	6433	958	649	6	40	259	4		
如皋市	11116	1108	976	4	59	11	58	3	
海门市	8812	677	554	14	35	43	31	2	
海安市	5227	908	776	2	56	62	12		
连云港市	**46279**	**7454**	**5768**	**51**	**312**	**1188**	**135**	**111**	**11**
连云区	118	1				1		8	

4-4b　续表 4　　　　　　　　　　　　　　　　　　　　　　　　　　　　单位：人

地区 性别	合计	农、林、牧、渔业						采矿业	
		小计	农业	林业	畜牧业	渔业	农、林、牧、渔专业及辅助性活动	小计	煤炭开采和洗选业
海州区	1425	229	180	1	1	30	17		
赣榆区	8117	2134	1076	15	87	947	9	12	5
东海县	14417	1988	1764	25	97	43	59	47	2
灌云县	8173	1592	1462	2	34	70	24	24	1
灌南县	8174	1325	1182	2	75	57	9	4	1
连云港经济技术开发区	1737	29	8		3	12	6	9	1
连云港高新技术产业开发区	3485	71	51	5	2	9	4	6	1
江苏连云港徐圩新区	581	85	45	1	13	19	7	1	
江苏省连云港市云台山风景名胜区	52								
淮安市	**40933**	**3979**	**3188**	**76**	**231**	**240**	**244**	**147**	**5**
淮安区	2350	405	309	5	20	28	43	1	
淮阴区	2324	417	345	15	21	15	21	6	
清江浦区	182	35	29		5	1		1	
洪泽区	620	76	38	3	4	25	6	2	
涟水县	11777	1499	1359	21	43	36	40	7	4
盱眙县	8734	706	466	8	106	82	44	22	1
金湖县	5085	289	205	5	10	43	26	82	
淮安经济技术开发区	6656	401	310	14	16	5	56	13	
工业园区	220	22	20		1		1		
生态文旅区	2451	60	48	4	1	3	4	12	
苏淮高新区	534	69	59	1	4	2	3	1	
盐城市	**71836**	**11007**	**8906**	**80**	**516**	**973**	**532**	**163**	**11**
亭湖区	1946	220	171	4	13	22	10	1	
盐都区	2733	109	69		4	24	12		
大丰区	6388	1715	1381	10	117	118	89	8	3
响水县	6257	887	692	5	20	121	49	54	1
滨海县	10429	1467	1305	6	69	32	55	63	2
阜宁县	11383	1123	956	7	39	67	54	13	2
射阳县	13906	2696	2009	31	115	370	171	13	1
建湖县	10412	442	317	5	26	61	33	10	2
盐城经济技术开发区	1981	87	78	1	4	2	2		
江苏省盐南高新区									
东台市	6401	2261	1928	11	109	156	57	1	
扬州市	**33105**	**1173**	**705**	**34**	**47**	**176**	**211**	**168**	**4**
广陵区	1349	28	16	4	1	2	5	1	
邗江区	1692	35	24		2	6	3	1	
江都区	6390	298	179	12	17	30	60	111	2
宝应县	11728	369	229	1	12	58	69	4	1
扬州经济技术开发区	5790	84	61	7	2	5	9	41	
蜀冈瘦西湖景区									
生态新城	310	23	17	2		1	3	3	
仪征市	1901	38	23	3	6	2	4	2	
高邮市	3945	298	156	5	7	72	58	5	1
镇江市	**25443**	**981**	**750**	**31**	**57**	**85**	**58**	**24**	
京口区	172								
润州区									
丹徒区	1956	271	225	5	15	9	17	3	
镇江新区	6016	34	30			2	2	11	
江苏镇江高新区									
丹阳市	13243	545	389	22	35	62	37		
扬中市	1437	14	10	1	1	2		1	
句容市	2619	117	96	3	6	10	2	9	

4-4b 续表 5

单位：人

地区 性别	合计	农、林、牧、渔业						采矿业	
		小计	农业	林业	畜牧业	渔业	农、林、牧、渔专业及辅助性活动	小计	煤炭开采和洗选业
泰州市	**33018**	**1988**	**901**	**3**	**123**	**863**	**98**	**19**	**3**
海陵区	856	34	27		1	6			
高港区	1387	31	26		4	1			
姜堰区	2864	108	59		13	25	11	6	
泰州医药高新技术产业开发区	6432	25	18		3	2	2	4	1
兴化市	11081	1390	449	1	65	808	67	3	
靖江市	3508	19	7	1	3	8			
泰兴市	6890	381	315	1	34	13	18	6	2
宿迁市	**53591**	**4123**	**2820**	**343**	**278**	**282**	**400**	**53**	**8**
宿城区	1148	151	141	2	3	5		1	
宿豫区	1416	160	132	2	12	8	6	1	
沭阳县	23820	2036	1287	310	168	46	225	30	4
泗阳县	11321	574	390	17	38	38	91	8	
泗洪县	11644	1080	808	7	48	148	69	9	2
宿迁经济技术开发区	3861	68	46	4	7	3	8	4	2
宿迁市湖滨新区	381	54	16	1	2	34	1		
苏州宿迁工业园区									
宿迁市洋河新区									
女	**422782**	**43863**	**39121**	**533**	**1379**	**1850**	**980**	**554**	**291**
南京市	**3097**	**100**	**75**	**3**	**4**	**16**	**2**	**4**	
玄武区									
秦淮区									
建邺区									
鼓楼区									
浦口区	15	2		2					
栖霞区									
雨花台区	100								
江宁区									
六合区	2349	21	18		2		1	1	
溧水区	488	55	52		2		1	3	
高淳区	145	22	5	1		16			
南京江北新区									
无锡市	**25736**	**366**	**288**	**9**	**14**	**51**	**4**	**7**	
锡山区	6173	65	58	3	1	2	1		
惠山区	2316	12	12					1	
滨湖区									
梁溪区									
新吴区									
江苏无锡经济开发区									
江阴市	11573	77	56		11	7	3	3	
宜兴市	5674	212	162	6	2	42		3	
徐州市	**48638**	**7722**	**7143**	**129**	**300**	**50**	**100**	**312**	**286**
鼓楼区									
云龙区	345	12	8			4			
贾汪区	1183	227	214	3	8		2	3	3
泉山区									
铜山区	8559	1030	934	4	65	11	16	10	
丰县	9058	1216	1148	4	49	1	14	1	
沛县	8195	1234	1141	3	66	11	13	289	278
睢宁县	10116	927	837	7	53	6	24	2	1
徐州经济技术开发区	4876	185	159		9	2	15	6	4
新沂市	2743	1069	1006	16	24	15	8	1	
邳州市	3563	1822	1696	92	26		8		

4-4b 续表 6

单位：人

地区 性别	合计	农、林、牧、渔业						采矿业	
		小计	农业	林业	畜牧业	渔业	农、林、牧、渔专业及辅助性活动	小计	煤炭开采和洗选业
常州市	**13007**	**375**	**224**	**69**	**13**	**52**	**17**	**4**	
天宁区	1057	22	18		1	3		1	
钟楼区									
新北区	2668	12	8	1	1	2		1	
武进区	3584	179	109	50	4	9	7		
金坛区	1135	42	19	8	4	9	2	1	
江苏省常州市经济开发区	2062	2					2		
溧阳市	2501	118	70	10	3	29	6	1	
苏州市	**77113**	**956**	**776**	**24**	**15**	**111**	**30**	**7**	**1**
虎丘区	87	1		1					
吴中区	4895	174	161	5		6	2	1	
相城区	1169	8	6			2			
姑苏区									
吴江区	10549	130	96	4	2	28			
苏州工业园区	26823	73	21	4	6	32	10	5	1
常熟市	10007	242	213	1	1	25	2		
张家港市	12264	116	105	1	4	3	3		
昆山市	5261	19	11	1		7			
太仓市	6058	193	163	7	2	8	13	1	
南通市	**50335**	**8842**	**8474**	**10**	**160**	**127**	**71**	**9**	
崇川区									
港闸区									
通州区	7744	545	530		5	3	7	1	
如东县	12206	3803	3691		45	61	6	1	
南通经济技术开发区	5863	19	13	3	1		2	2	
通州湾示范区	585	85	70		1	11	3		
苏锡通科技产业园区	1074	61	59	1	1			1	
启东市	3917	1038	963	1	21	39	14		
如皋市	8138	1283	1227	2	27	3	24	1	
海门市	6546	810	763	3	28	6	10	2	
海安市	4262	1198	1158		31	4	5	1	
连云港市	**33639**	**6302**	**5779**	**30**	**193**	**237**	**63**	**30**	
连云区	14							1	
海州区	727	143	128	1	2	9	3		
赣榆区	6065	1867	1637	15	41	166	8	1	
东海县	12201	1699	1543	9	91	24	32	17	
灌云县	5487	1339	1294		18	11	16	4	
灌南县	5383	1187	1139		30	16	2	1	
连云港经济技术开发区	1053	7	4		1	1	1	4	
连云港高新技术产业开发区	2430	35	26	4	3	1	1	2	
江苏连云港徐圩新区	255	25	8	1	7	9			
江苏省连云港市云台山风景名胜区	24								
淮安市	**29186**	**3244**	**2937**	**27**	**103**	**76**	**101**	**59**	
淮安区	1428	306	284	1	12	6	3		
淮阴区	1122	293	278	2	4	5	4	3	
清江浦区	86	24	23		1			1	
洪泽区	312	42	22	1	2	12	5	1	
涟水县	11148	1747	1672	9	28	16	22	1	
盱眙县	5128	318	247	5	45	17	4	4	
金湖县	3154	120	101	1	2	13	3	34	
淮安经济技术开发区	4608	286	211	7	6	6	56	6	
工业园区	131	18	18						

4-4b 续表 7　　　　单位：人

地区 性别	合计	农、林、牧、渔业						采矿业	
		小计	农业	林业	畜牧业	渔业	农、林、牧、渔专业及辅助性活动	小计	煤炭开采和洗选业
生态文旅区	1824	39	33	1	1	1	3	9	
苏淮高新区	245	51	48		2		1		
盐城市	**44181**	**9539**	**8665**	**35**	**330**	**305**	**204**	**44**	**1**
亭湖区	1139	229	202	2	8	5	12		
盐都区	1777	77	64	1	2	8	2		
大丰区	4823	1748	1598	3	90	35	22	1	1
响水县	3828	608	553	3	15	32	5	9	
滨海县	5692	1119	1077	1	24	10	7	26	
阜宁县	6183	911	846	4	17	32	12	7	
射阳县	8513	2081	1755	15	92	109	110	1	
建湖县	6196	393	344	3	7	27	12		
盐城经济技术开发区	1188	84	81		2		1		
江苏省盐南高新区									
东台市	4842	2289	2145	3	73	47	21		
扬州市	**22649**	**912**	**680**	**9**	**23**	**104**	**96**	**64**	**2**
广陵区	1100	26	22			2	2		
邗江区	1222	26	19	2	1	2	2	2	
江都区	4462	249	193	4	11	23	18	35	
宝应县	7722	275	209		4	37	25	3	2
扬州经济技术开发区	4050	57	50	2	3	1	1	23	
蜀冈瘦西湖景区									
生态新城	240	19	15		1	1	2		
仪征市	1227	27	24			2	1	1	
高邮市	2626	233	148	1	3	36	45		
镇江市	**17806**	**843**	**698**	**34**	**37**	**35**	**39**	**3**	
京口区	100								
润州区									
丹徒区	1284	205	188		8	5	4		
镇江新区	3932	26	23		1	1	1	3	
江苏镇江高新区									
丹阳市	9803	499	395	27	21	24	32		
扬中市	1031	20	17		1	2			
句容市	1656	93	75	7	6	3	2		
泰州市	**22318**	**1926**	**1218**	**6**	**80**	**573**	**49**	**6**	
海陵区	591	36	35			1			
高港区	937	63	58		4		1	1	
姜堰区	1859	104	73	2	7	16	6	1	
泰州医药高新技术产业开发区	4589	9	9					1	
兴化市	6788	1065	446	1	41	547	30	1	
靖江市	2232	13	8		1	4			
泰兴市	5322	636	589	3	27	5	12	2	
宿迁市	**35077**	**2736**	**2164**	**148**	**107**	**113**	**204**	**5**	**1**
宿城区	811	171	165		2	3	1		
宿豫区	802	88	74		5	3	6		
沭阳县	15223	1385	1052	136	67	18	112	2	
泗阳县	7458	394	314	8	14	19	39	1	
泗洪县	7968	610	497	4	13	51	45	1	1
宿迁经济技术开发区	2573	33	27		4	1	1	1	
宿迁市湖滨新区	242	55	35		2	18			
苏州宿迁工业园区									
宿迁市洋河新区									

4-4b　续表 8　　　　　　　　　　　　　　　　　　　　　　　　　　　　单位：人

地　区 性　别	采矿业						制造业		
	石油和天然气开采业	黑色金属矿采选业	有色金属矿采选业	非金属矿采选业	开采专业及辅助性活动	其他采矿业	小计	农副食品加工业	食品制造业
江　苏	**283**	**96**	**24**	**482**	**220**	**42**	**353796**	**8482**	**5448**
南京市	**6**	**5**		**4**	**2**		**2004**	**74**	**52**
玄武区									
秦淮区									
建邺区									
鼓楼区									
浦口区							8	2	
栖霞区									
雨花台区							118	1	2
江宁区									
六合区	3	5		3	1		1454	33	33
溧水区	3			1	1		382	33	17
高淳区							42	5	
南京江北新区									
无锡市	**1**	**2**	**4**	**21**	**3**	**2**	**35746**	**167**	**176**
锡山区				1			9036	23	63
惠山区		1	2	1			2914	18	23
滨湖区									
梁溪区									
新吴区									
江苏无锡经济开发区									
江阴市	1	1	1	2			16580	50	42
宜兴市			1	17	3	2	7216	76	48
徐州市	**1**	**59**	**5**	**53**	**43**	**14**	**26573**	**1537**	**1064**
鼓楼区									
云龙区							101	1	6
贾汪区		1		7	1		1035	25	29
泉山区									
铜山区		44	1	21	1		3723	282	179
丰县		1		8	3		5911	389	373
沛县		3	3	8	27	5	3488	274	168
睢宁县	1	1	1	4	2		5552	244	132
徐州经济技术开发区		8		2	5	1	4305	95	64
新沂市				3	3	7	1200	116	72
邳州市		1			1	1	1258	111	41
常州市	**10**	**5**		**10**	**2**		**16635**	**146**	**79**
天宁区					1		1319	12	7
钟楼区									
新北区		2		2			3661	23	12
武进区		1					4229	30	28
金坛区	10	1		2	1		1353	28	4
江苏省常州市经济开发区		1		1			3477	16	13
溧阳市				5			2596	37	15
苏州市	**9**		**1**	**5**	**9**		**89495**	**569**	**671**
虎丘区							42		1
吴中区	1			1	2		5450	25	29
相城区							1553	17	17
姑苏区									
吴江区							15074	59	34
苏州工业园区	7			3	5		23254	85	270
常熟市							15868	55	110

4-4b 续表 9 单位：人

地区 性别	采矿业 石油和天然气开采业	黑色金属矿采选业	有色金属矿采选业	非金属矿采选业	开采专业及辅助性活动	其他采矿业	制造业 小计	农副食品加工业	食品制造业
张家港市							16088	253	87
昆山市			1				6081	16	49
太仓市	1			1	2		6085	59	74
南通市	**2**	**1**		**10**	**6**	**2**	**46518**	**741**	**479**
崇川区									
港闸区									
通州区				3	1		8982	45	56
如东县				1	1		7661	261	148
南通经济技术开发区	1			2	1	1	6202	67	88
通州湾示范区							534	33	12
苏锡通科技产业园区						1	1722	6	17
启东市							3222	86	42
如皋市				1	3		7350	115	69
海门市		1		3			7603	81	20
海安市	1						3242	47	27
连云港市	**6**	**9**	**4**	**102**	**8**	**1**	**13769**	**1064**	**522**
连云区		7	2				114	9	
海州区							294	14	19
赣榆区	1	1		2	3	1	3344	502	81
东海县	1		1	58	2		3520	214	131
灌云县	1			26			2070	115	103
灌南县	1		1	2			2580	123	57
连云港经济技术开发区	1	1		9	1		799	48	25
连云港高新技术产业开发区	1			4	2		884	26	81
江苏连云港徐圩新区				1			159	13	25
江苏省连云港市云台山风景名胜区							5		
淮安市	**89**	**5**	**1**	**64**	**38**	**4**	**16251**	**683**	**409**
淮安区				1			609	30	30
淮阴区				9			605	35	17
清江浦区				2			43	2	
洪泽区	2			1			161	49	7
涟水县		1		3			4828	146	127
盱眙县	2		1	19	1	2	2902	229	96
金湖县	81				35		2741	75	37
淮安经济技术开发区	4	4		9	2		3464	67	80
工业园区							102	5	
生态文旅区				20		1	644	38	15
苏淮高新区						1	152	7	
盐城市	**8**	**1**	**4**	**169**	**10**	**3**	**24728**	**1249**	**533**
亭湖区				1			921	32	9
盐都区							1494	102	32
大丰区		1		2	1	1	2996	100	44
响水县	1			60		1	1804	115	54
滨海县				86	1		2842	137	79
阜宁县	4		3	8	2	1	3225	220	89
射阳县	1		1	9	2		3257	266	101
建湖县	1			3	4		4823	73	58
盐城经济技术开发区							850	8	8
江苏省盐南高新区									
东台市	1						2516	196	59
扬州市	**128**	**3**	**1**	**9**	**80**	**5**	**19059**	**349**	**294**
广陵区					1		1277	11	5

4-4b 续表 10

单位：人

地 区 性 别	采矿业						制造业		
	石油和天然气开采业	黑色金属矿采选业	有色金属矿采选业	非金属矿采选业	开采专业及辅助性活动	其他采矿业	小计	农副食品加工业	食品制造业
邗江区	3						1272	16	12
江都区	94	3		4	42	1	4070	72	42
宝应县				2	2		5430	116	110
扬州经济技术开发区	31				29	4	3229	41	81
蜀冈瘦西湖景区									
生态新城					3		155	3	1
仪征市			1	1	1		1066	27	10
高邮市				2	2		2560	63	33
镇江市	**6**	**3**	**2**	**9**	**6**	**1**	**20539**	**227**	**208**
京口区							173		1
润州区									
丹徒区		1		2			1198	21	26
镇江新区	6			2	6		3416	44	46
江苏镇江高新区									
丹阳市							13654	128	92
扬中市				1			1290	20	11
句容市		2	2	4		1	808	14	32
泰州市	**8**	**1**		**7**	**4**	**2**	**20321**	**781**	**331**
海陵区							732	3	1
高港区					1		756	83	14
姜堰区	6			1			1855	41	16
泰州医药高新技术产业开发区	2			1	1		3604	32	67
兴化市				2	1	1	5748	379	123
靖江市							3079	32	23
泰兴市		1		3	1	1	4547	211	87
宿迁市	**9**	**2**	**2**	**19**	**9**	**8**	**22158**	**895**	**630**
宿城区				1			536	21	10
宿豫区				1			755	46	27
沭阳县		1	2	13	5	7	9567	243	199
泗阳县	6	1			2		5004	214	188
泗洪县	3			3		1	4731	336	132
宿迁经济技术开发区				1	2		1436	27	70
宿迁市湖滨新区							129	8	4
苏州宿迁工业园区									
宿迁市洋河新区									
男	**200**	**78**	**11**	**386**	**172**	**37**	**202873**	**4764**	**2593**
南京市	**3**	**4**		**4**	**2**		**1273**	**44**	**22**
玄武区									
秦淮区									
建邺区									
鼓楼区									
浦口区							6	2	
栖霞区									
雨花台区							83	1	
江宁区									
六合区	3	4		3	1		913	19	14
溧水区				1	1		249	19	8
高淳区							22	3	
南京江北新区									
无锡市	**1**	**1**	**1**	**19**	**2**	**2**	**21157**	**96**	**90**
锡山区				1			5302	13	34

4-4b 续表 11

单位：人

地区 性别	采矿业						制造业		
	石油和天然气开采业	黑色金属矿采选业	有色金属矿采选业	非金属矿采选业	开采专业及辅助性活动	其他采矿业	小计	农副食品加工业	食品制造业
惠山区		1	1	1			1856	8	9
滨湖区									
梁溪区									
新吴区									
江苏无锡经济开发区									
江阴市	1			1			9333	26	23
宜兴市				16	2	2	4666	49	24
徐州市	**1**	**49**	**3**	**49**	**35**	**12**	**15893**	**818**	**456**
鼓楼区									
云龙区							72	1	1
贾汪区		1		7	1		660	13	13
泉山区									
铜山区		36		20	1		2148	116	59
丰县		1		7	3		3565	185	182
沛县		2	2	7	21	3	2127	159	59
睢宁县	1	1	1	3	2		2780	145	60
徐州经济技术开发区		7		2	4	1	3134	64	30
新沂市				3	2	7	676	71	34
邳州市		1			1	1	731	64	18
常州市	**10**	**3**		**9**	**1**		**10179**	**86**	**40**
天宁区							750	5	5
钟楼区									
新北区		1		2			2133	16	6
武进区		1					2594	14	13
金坛区	10			2	1		779	15	2
江苏省常州市经济开发区		1		1			2196	8	7
溧阳市				4			1727	28	7
苏州市	**5**		**1**	**5**	**7**		**53363**	**374**	**349**
虎丘区							20		1
吴中区				1	2		3164	14	12
相城区							936	10	7
姑苏区									
吴江区							8971	38	16
苏州工业园区	5			3	3		14154	55	156
常熟市							9186	31	57
张家港市							9795	185	45
昆山市			1				3476	5	21
太仓市				1	2		3661	36	34
南通市	**1**			**5**	**5**	**1**	**25232**	**432**	**250**
崇川区									
港闸区									
通州区				3			4545	31	28
如东县					1		3828	149	80
南通经济技术开发区	1				1	1	4013	46	44
通州湾示范区							304	24	5
苏锡通科技产业园区							1030	2	14
启东市							1944	44	25
如皋市					3		3639	70	35
海门市				2			4216	37	7
海安市							1713	29	12
连云港市	**4**	**9**	**2**	**77**	**7**	**1**	**6956**	**514**	**236**
连云区		7	1				101	6	

4-4b　续表 12　　　　单位：人

地区 性别	采矿业						制造业		
	石油和天然气开采业	黑色金属矿采选业	有色金属矿采选业	非金属矿采选业	开采专业及辅助性活动	其他采矿业	小计	农副食品加工业	食品制造业
海州区							163	11	9
赣榆区		1		2	3	1	1192	197	26
东海县	1			42	2		1724	122	45
灌云县	1			22			1051	70	55
灌南县			1	2			1562	61	22
连云港经济技术开发区	1	1		5	1		485	29	18
连云港高新技术产业开发区	1			3	1		572	13	47
江苏连云港徐圩新区				1			102	5	14
江苏省连云港市云台山风景名胜区							4		
淮安市	**58**	**4**	**1**	**45**	**31**	**3**	**8441**	**413**	**179**
淮安区				1			320	17	18
淮阴区				6			315	25	6
清江浦区				1			23		
洪泽区	1			1			96	31	3
涟水县		1		2			1874	83	56
盱眙县	1		1	17	1	1	1622	133	41
金湖县	54				28		1633	40	16
淮安经济技术开发区	2	3		6	2		2048	50	34
工业园区							64	5	
生态文旅区				11		1	331	22	5
苏淮高新区						1	115	7	
盐城市	**8**	**1**		**132**	**8**	**3**	**14609**	**731**	**271**
亭湖区				1			562	15	4
盐都区							835	38	15
大丰区		1		2	1	1	1719	71	23
响水县	1			51		1	1111	61	33
滨海县				60	1		1750	87	35
阜宁县	4			6		1	1920	133	48
射阳县	1			9	2		1872	179	54
建湖县	1			3	4		2959	44	20
盐城经济技术开发区							528	3	6
江苏省盐南高新区									
东台市	1						1353	100	33
扬州市	**90**	**2**		**9**	**59**	**4**	**10468**	**176**	**139**
广陵区					1		663	5	2
邗江区	1						671	10	4
江都区	69	2		4	33	1	2141	42	15
宝应县				2	1		3033	52	58
扬州经济技术开发区	20				18	3	1992	18	33
蜀冈瘦西湖景区									
生态新城					3		84	2	
仪征市				1	1		488	14	7
高邮市				2	2		1396	33	20
镇江市	**5**	**3**	**2**	**8**	**5**	**1**	**11752**	**148**	**108**
京口区							116		1
润州区									
丹徒区		1		2			676	15	14
镇江新区	5			1	5		2184	30	17
江苏镇江高新区									
丹阳市							7556	80	52
扬中市				1			742	14	8
句容市		2	2	4		1	478	9	16

4-4b 续表 13 单位：人

地区 性别	采矿业						制造业		
	石油和天然气开采业	黑色金属矿采选业	有色金属矿采选业	非金属矿采选业	开采专业及辅助性活动	其他采矿业	小计	农副食品加工业	食品制造业
泰州市	**6**			**5**	**3**	**2**	**11622**	**403**	**164**
海陵区							402	3	1
高港区							430	44	9
姜堰区	5			1			939	25	8
泰州医药高新技术产业开发区	1			1	1		2101	17	26
兴化市				1	1	1	3458	182	61
靖江市							1879	8	12
泰兴市				2	1	1	2413	124	47
宿迁市	**8**	**2**	**1**	**19**	**7**	**8**	**11928**	**529**	**289**
宿城区				1			263	13	5
宿豫区				1			403	32	13
沭阳县		1	1	13	4	7	5361	149	87
泗阳县	5	1			2		2631	123	88
泗洪县	3			3		1	2403	186	59
宿迁经济技术开发区				1	1		798	21	34
宿迁市湖滨新区							69	5	3
苏州宿迁工业园区									
宿迁市洋河新区									
女	**83**	**18**	**13**	**96**	**48**	**5**	**150923**	**3718**	**2855**
南京市	**3**	**1**					**731**	**30**	**30**
玄武区									
秦淮区									
建邺区									
鼓楼区									
浦口区							2		
栖霞区									
雨花台区							35		2
江宁区									
六合区		1					541	14	19
溧水区	3						133	14	9
高淳区							20	2	
南京江北新区									
无锡市		**1**	**3**	**2**	**1**		**14589**	**71**	**86**
锡山区							3734	10	29
惠山区			1				1058	10	14
滨湖区									
梁溪区									
新吴区									
江苏无锡经济开发区									
江阴市		1	1	1			7247	24	19
宜兴市			1	1	1		2550	27	24
徐州市		**10**	**2**	**4**	**8**	**2**	**10680**	**719**	**608**
鼓楼区									
云龙区							29		5
贾汪区							375	12	16
泉山区									
铜山区		8	1	1			1575	166	120
丰县				1			2346	204	191
沛县		1	1	1	6	2	1361	115	109
睢宁县				1			2772	99	72
徐州经济技术开发区		1			1		1171	31	34
新沂市					1		524	45	38
邳州市							527	47	23

4-4b 续表 14

单位：人

地区 性别	采矿业						制造业		
	石油和天然气开采业	黑色金属矿采选业	有色金属矿采选业	非金属矿采选业	开采专业及辅助性活动	其他采矿业	小计	农副食品加工业	食品制造业
常州市		**2**		**1**	**1**		**6456**	**60**	**39**
天宁区					1		569	7	2
钟楼区									
新北区		1					1528	7	6
武进区							1635	16	15
金坛区		1					574	13	2
江苏省常州市经济开发区							1281	8	6
溧阳市				1			869	9	8
苏州市	**4**				**2**		**36132**	**195**	**322**
虎丘区							22		
吴中区	1						2286	11	17
相城区							617	7	10
姑苏区									
吴江区							6103	21	18
苏州工业园区	2				2		9100	30	114
常熟市							6682	24	53
张家港市							6293	68	42
昆山市							2605	11	28
太仓市	1						2424	23	40
南通市	**1**	**1**		**5**	**1**	**1**	**21286**	**309**	**229**
崇川区									
港闸区									
通州区					1		4437	14	28
如东县				1			3833	112	68
南通经济技术开发区				2			2189	21	44
通州湾示范区							230	9	7
苏锡通科技产业园区						1	692	4	3
启东市							1278	42	17
如皋市				1			3711	45	34
海门市		1		1			3387	44	13
海安市	1						1529	18	15
连云港市	**2**		**2**	**25**	**1**		**6813**	**550**	**286**
连云区			1				13	3	
海州区							131	3	10
赣榆区	1						2152	305	55
东海县			1	16			1796	92	86
灌云县				4			1019	45	48
灌南县	1						1018	62	35
连云港经济技术开发区				4			314	19	7
连云港高新技术产业开发区				1	1		312	13	34
江苏连云港徐圩新区							57	8	11
江苏省连云港市云台山风景名胜区							1		
淮安市	**31**	**1**		**19**	**7**	**1**	**7810**	**270**	**230**
淮安区							289	13	12
淮阴区				3			290	10	11
清江浦区				1			20	2	
洪泽区	1						65	18	4
涟水县				1			2954	63	71
盱眙县	1			2		1	1280	96	55
金湖县	27				7		1108	35	21
淮安经济技术开发区	2	1		3			1416	17	46
工业园区							38		

4-4b 续表 15　　　　单位：人

地区 性别	采矿业 石油和天然气开采业	采矿业 黑色金属矿采选业	采矿业 有色金属矿采选业	采矿业 非金属矿采选业	采矿业 开采专业及辅助性活动	采矿业 其他采矿业	制造业 小计	制造业 农副食品加工业	制造业 食品制造业
生态文旅区				9			313	16	10
苏淮高新区							37		
盐城市			**4**	**37**	**2**		**10119**	**518**	**262**
亭湖区							359	17	5
盐都区							659	64	17
大丰区							1277	29	21
响水县				9			693	54	21
滨海县				26			1092	50	44
阜宁县			3	2	2		1305	87	41
射阳县			1				1385	87	47
建湖县							1864	29	38
盐城经济技术开发区							322	5	2
江苏省盐南高新区									
东台市							1163	96	26
扬州市	**38**	**1**	**1**		**21**	**1**	**8591**	**173**	**155**
广陵区							614	6	3
邗江区	2						601	6	8
江都区	25	1			9		1929	30	27
宝应县					1		2397	64	52
扬州经济技术开发区	11				11	1	1237	23	48
蜀冈瘦西湖景区									
生态新城							71	1	1
仪征市			1				578	13	3
高邮市							1164	30	13
镇江市	**1**			**1**	**1**		**8787**	**79**	**100**
京口区							57		
润州区									
丹徒区							522	6	12
镇江新区	1			1	1		1232	14	29
江苏镇江高新区									
丹阳市							6098	48	40
扬中市							548	6	3
句容市							330	5	16
泰州市	**2**	**1**		**2**	**1**		**8699**	**378**	**167**
海陵区							330		
高港区					1		326	39	5
姜堰区	1						916	16	8
泰州医药高新技术产业开发区	1						1503	15	41
兴化市				1			2290	197	62
靖江市							1200	24	11
泰兴市		1		1			2134	87	40
宿迁市	**1**		**1**		**2**		**10230**	**366**	**341**
宿城区							273	8	5
宿豫区							352	14	14
沭阳县			1		1		4206	94	112
泗阳县	1						2373	91	100
泗洪县							2328	150	73
宿迁经济技术开发区					1		638	6	36
宿迁市湖滨新区							60	3	1
苏州宿迁工业园区									
宿迁市洋河新区									

4-4b　续表 16　　　　　　　　　　　　　　　　　　　　　　　单位：人

地　区 性　别	制造业								
	酒、饮料和精制茶制造业	烟　草制品业	纺织业	纺织服装、服饰业	皮革、毛皮、羽毛及其制品和制鞋业	木材加工和木、竹、藤、棕、草制品业	家　具制造业	造纸和纸制品业	印刷和记录媒介复制业
江　苏	**2187**	**99**	**43463**	**38345**	**5046**	**9085**	**6640**	**5265**	**3574**
南京市	**15**	**1**	**19**	**174**	**5**	**22**	**31**	**13**	**11**
玄武区									
秦淮区									
建邺区									
鼓楼区									
浦口区									
栖霞区									
雨花台区			4	2			2	2	2
江宁区									
六合区	12	1	15	146	1	7	14	7	8
溧水区	2			17	4	15	14	3	1
高淳区	1			9			1	1	
南京江北新区									
无锡市	**69**	**4**	**4381**	**4862**	**108**	**351**	**439**	**459**	**1010**
锡山区	28		288	914	21	128	226	200	746
惠山区	5		145	42	7	25	33	67	34
滨湖区									
梁溪区									
新吴区									
江苏无锡经济开发区									
江阴市	9	4	3508	3780	53	82	119	171	176
宜兴市	27		440	126	27	116	61	21	54
徐州市	**209**	**9**	**1529**	**1735**	**284**	**1877**	**1626**	**214**	**97**
鼓楼区									
云龙区	1			1		1	2		
贾汪区	6		39	36		10	239	15	1
泉山区									
铜山区	26		80	229	13	40	97	77	10
丰县	40	2	107	166	6	1080	91	25	20
沛县	72	1	579	161	21	49	27	11	13
睢宁县	23	2	577	790	182	273	1062	60	22
徐州经济技术开发区	27	4	85	46	4	21	37	14	29
新沂市	9		44	185	43	45	23	7	2
邳州市	5		18	121	15	358	48	5	
常州市	**99**	**4**	**514**	**540**	**69**	**587**	**371**	**185**	**87**
天宁区	1		20	10	8	9	11	20	25
钟楼区									
新北区	3		167	38	3	12	13	52	10
武进区	6	2	140	27	17	43	29	29	23
金坛区	8	1	85	257	20	17	14	4	2
江苏省常州市经济开发区	2	1	48	15	12	454	274	79	14
溧阳市	79		54	193	9	52	30	1	13
苏州市	**233**	**15**	**14418**	**7917**	**558**	**1276**	**986**	**1779**	**1161**
虎丘区				1				1	
吴中区	24		126	349	28	37	62	115	67
相城区	2		23	61	5	12	9	71	16
姑苏区									
吴江区	68		7264	743	174	174	190	99	59
苏州工业园区	39	5	251	398	48	44	70	685	352
常熟市	36		3337	4397	188	132	310	264	189

4-4b 续表 17 单位：人

地　区 性　别	制造业								
	酒、饮料和精制茶制造业	烟　草制品业	纺织业	纺织服装、服饰业	皮革、毛皮、羽毛及其制品和制鞋业	木材加工和木、竹、藤、棕、草制品业	家　具制造业	造纸和纸制品业	印刷和记录媒介复制业
张家港市	46	1	2924	1183	50	405	95	105	101
昆山市	9		104	393	25	28	87	187	288
太仓市	9	9	389	392	40	444	163	252	89
南通市	**86**	**13**	**15052**	**5614**	**339**	**395**	**1469**	**552**	**164**
崇川区									
港闸区									
通州区	7	2	5150	713	57	48	165	104	27
如东县	40	1	1748	1409	62	89	157	119	35
南通经济技术开发区	7	3	1268	285	24	35	67	128	31
通州湾示范区			77	38	4	6	8	6	3
苏锡通科技产业园区	1		639	7	1	12	26	17	2
启东市	7	6	110	179	40	50	199	27	9
如皋市	18		675	2437	56	79	320	70	17
海门市	2	1	5049	119	81	25	39	64	20
海安市	4		336	427	14	51	488	17	20
连云港市	**186**	**1**	**465**	**2386**	**146**	**351**	**132**	**128**	**99**
连云区									
海州区	1		20	50	5	5	9	4	1
赣榆区	15		158	464	12	44	19	15	6
东海县	35	1	114	790	23	130	23	58	53
灌云县	13		74	704	37	36	32	17	11
灌南县	106		61	341	56	124	37	9	16
连云港经济技术开发区	4		21	8	13	6	3	10	4
连云港高新技术产业开发区	11		8	21		5	7	6	7
江苏连云港徐圩新区			9	8			1	9	1
江苏省连云港市云台山风景名胜区	1					1	1		
淮安市	**199**	**30**	**656**	**3086**	**514**	**247**	**230**	**208**	**134**
淮安区	5		25	107	26	15	12	7	4
淮阴区	1	1	43	165	15	29	14	20	3
清江浦区		1	10	1	2	3	3		
洪泽区			3	18	7	6	1	10	1
涟水县	160	1	299	1977	238	85	81	41	73
盱眙县	15	4	58	354	89	30	24	19	17
金湖县	4		72	248	54	48	33	60	4
淮安经济技术开发区	11	20	66	172	60	11	27	39	19
工业园区			1	1		10	23	3	
生态文旅区	3	3	75	41	23	7	12	9	13
苏淮高新区			4	2		3			
盐城市	**72**	**4**	**2544**	**2766**	**367**	**328**	**256**	**366**	**148**
亭湖区	1		48	94	5	5	1	3	6
盐都区	3		95	170	8	12	21	7	7
大丰区	3	1	658	98	20	105	16	86	12
响水县	1		155	270	6	24	16	71	5
滨海县	16		138	394	26	40	35	36	10
阜宁县	22	2	249	362	65	30	51	41	39
射阳县	22	1	678	630	32	57	33	67	19
建湖县	3		211	537	197	14	28	38	44
盐城经济技术开发区			16	33	1	1	2		1
江苏省盐南高新区									
东台市	1		296	178	7	40	53	17	5
扬州市	**67**	**3**	**443**	**1533**	**1086**	**208**	**228**	**225**	**114**
广陵区	4		32	79	67	20	4	11	13

4-4b　续表 18　　　　　　　　　　　　　　　　　　　　　　　　　　　　单位：人

地　区 性　别	制造业 酒、饮料和精制茶制造业	烟　草制品业	纺织业	纺织服装、服饰业	皮革、毛皮、羽毛及其制品和制鞋业	木材加工和木、竹、藤、棕、草制品业	家　具制造业	造纸和纸制品业	印刷和记录媒介复制业
邗江区	3		49	138	118	8	14	26	12
江都区	14	2	93	304	300	79	59	30	21
宝应县	27		125	373	54	27	48	55	24
扬州经济技术开发区	9	1	39	163	277	19	67	78	33
蜀冈瘦西湖景区									
生态新城	1		4	14		4	1	6	
仪征市	2		56	40	44	12	18	7	2
高邮市	7		45	422	226	39	17	12	9
镇江市	**49**	**1**	**680**	**1171**	**1091**	**199**	**99**	**601**	**189**
京口区			2	1		40	1		
润州区									
丹徒区	12	1	5	75	179	12	13	6	4
镇江新区	14		21	49	47	34	18	299	21
江苏镇江高新区									
丹阳市	16		624	904	844	92	54	249	126
扬中市			11	94	13	7	4	39	10
句容市	7		17	48	8	14	9	8	28
泰州市	**61**		**671**	**2204**	**134**	**172**	**235**	**148**	**95**
海陵区	1		12	20	4	10	15	3	2
高港区	7		34	60	6	18	19	13	6
姜堰区	9		52	362	2	12	30	21	3
泰州医药高新技术产业开发区	16		270	60	14	9	38	20	37
兴化市	19		100	315	16	28	23	60	13
靖江市			34	306	8	24	11	3	7
泰兴市	9		169	1081	84	71	99	28	27
宿迁市	**842**	**14**	**2091**	**4357**	**345**	**3072**	**538**	**387**	**265**
宿城区	16		29	121	3	49	15	3	4
宿豫区	2		77	126	12	17	16	10	2
沭阳县	29	4	907	1447	128	2357	147	186	163
泗阳县	284	10	802	1168	58	494	249	85	44
泗洪县	482		187	1183	139	122	49	86	33
宿迁经济技术开发区	29		89	277	5	26	58	17	19
宿迁市湖滨新区				35		7	4		
苏州宿迁工业园区									
宿迁市洋河新区									
男	**1472**	**60**	**20342**	**10050**	**1825**	**6080**	**4521**	**3166**	**1967**
南京市	**11**	**1**	**3**	**35**	**4**	**18**	**16**	**9**	**8**
玄武区									
秦淮区									
建邺区									
鼓楼区									
浦口区									
栖霞区									
雨花台区			1	1			1	1	1
江宁区									
六合区	9	1	2	33	1	6	6	6	6
溧水区	1			1	3	12	9	2	1
高淳区	1								
南京江北新区									
无锡市	**41**	**4**	**1983**	**1923**	**57**	**252**	**307**	**279**	**534**
锡山区	20		134	357	9	88	158	109	397

4-4b 续表 19　　　　单位：人

地　区 性　别	制造业								
	酒、饮料和精制茶制造业	烟　草制品业	纺织业	纺织服装、服饰业	皮革、毛皮、羽毛及其制品和制鞋业	木材加工和木、竹、藤、棕、草制品业	家　具制造业	造纸和纸制品业	印刷和记录媒介复制业
惠山区	1		77	14	1	17	24	56	15
滨湖区									
梁溪区									
新吴区									
江苏无锡经济开发区									
江阴市	5	4	1586	1527	36	63	85	109	92
宜兴市	15		186	25	11	84	40	5	30
徐州市	**122**	**5**	**599**	**279**	**100**	**1119**	**993**	**96**	**63**
鼓楼区									
云龙区	1					1	2		
贾汪区	5		15	10		5	131	8	1
泉山区									
铜山区	11		15	14	2	22	48	25	6
丰县	26	1	41	27	2	620	54	12	12
沛县	37	1	234	27	6	32	23	8	5
睢宁县	16	1	236	152	78	188	658	27	16
徐州经济技术开发区	20	2	37	4		13	25	8	21
新沂市	5		14	22	10	32	18	4	2
邳州市	1		7	23	2	206	34	4	
常州市	**58**	**1**	**236**	**113**	**24**	**387**	**242**	**109**	**39**
天宁区	1		7	1	3	6	7	12	9
钟楼区									
新北区	2		93	13	2	11	8	30	6
武进区	2		49	10	6	32	22	18	10
金坛区	7	1	44	71	6	12	12	2	1
江苏省常州市经济开发区	1		25	4	5	287	164	46	5
溧阳市	45		18	14	2	39	29	1	8
苏州市	**145**	**11**	**7478**	**3041**	**221**	**897**	**688**	**1134**	**630**
虎丘区				1					
吴中区	19		57	104	12	28	43	72	35
相城区	1		10	15	3	8	7	44	8
姑苏区									
吴江区	50		4098	307	82	100	130	62	36
苏州工业园区	22	4	122	134	21	35	49	419	196
常熟市	20		1795	1805	55	102	222	195	109
张家港市	21	1	1175	430	15	302	70	64	49
昆山市	7		43	133	11	24	51	110	144
太仓市	5	6	178	112	22	298	116	168	53
南通市	**57**	**6**	**6966**	**982**	**117**	**315**	**1047**	**330**	**88**
崇川区									
港闸区									
通州区	4	1	2412	94	19	43	116	55	17
如东县	28	1	578	269	17	71	126	64	19
南通经济技术开发区	4	2	625	79	18	26	52	95	18
通州湾示范区			17	7	2	3	7	2	1
苏锡通科技产业园区	1		267	3	1	10	15	7	1
启东市	4	1	36	19	18	42	146	17	4
如皋市	11		238	434	10	61	225	42	9
海门市	1	1	2701	25	29	21	28	36	10
海安市	4		92	52	3	38	332	12	9
连云港市	**118**	**1**	**153**	**404**	**55**	**250**	**102**	**53**	**57**
连云区									

4-4b　续表 20　　　　　　　　　　　　　　　　　　　　　　　　　　　　　　单位：人

地　区 性　别	制造业								
	酒、饮料和精制茶制造业	烟　草制品业	纺织业	纺织服装、服饰业	皮革、毛皮、羽毛及其制品和制鞋业	木材加工和木、竹、藤、棕、草制品业	家　具制造业	造纸和纸制品业	印刷和记录媒介复制业
海州区			4	7		3	7	2	1
赣榆区	11		24	33	6	34	12	10	5
东海县	20	1	43	154	9	88	15	11	29
灌云县	7		39	140	9	27	27	10	7
灌南县	70		30	62	28	90	33	5	8
连云港经济技术开发区	2		5	1	3	5	3	7	3
连云港高新技术产业开发区	7		5	7		2	4	4	3
江苏连云港徐圩新区			3				1	4	1
江苏省连云港市云台山风景名胜区	1					1			
淮安市	**147**	**19**	**226**	**593**	**120**	**199**	**154**	**114**	**68**
淮安区	3		8	15	10	14	10	6	4
淮阴区	1		18	34	6	26	12	6	2
清江浦区		1	2	1	1	2	2		
洪泽区			3	2	3	4		6	
涟水县	120		110	392	39	66	54	24	34
盱眙县	10	3	22	79	22	26	16	10	8
金湖县	3		21	31	24	39	26	34	3
淮安经济技术开发区	7	13	21	32	14	6	18	21	12
工业园区						7	12	1	
生态文旅区	3	2	20	7	1	6	4	6	5
苏淮高新区			1			3			
盐城市	**47**	**2**	**1040**	**514**	**130**	**236**	**185**	**229**	**89**
亭湖区			15	11		5		2	5
盐都区	2		31	18		9	16	4	4
大丰区	3		235	16	7	76	12	47	8
响水县	1		62	66	5	18	10	53	4
滨海县	13		52	95	13	28	30	23	6
阜宁县	13	2	118	44	23	24	36	26	21
射阳县	13		350	158	12	38	27	47	12
建湖县	1		78	83	70	11	19	20	26
盐城经济技术开发区			9	6			2		
江苏省盐南高新区									
东台市	1		90	17		27	33	7	3
扬州市	**46**	**2**	**190**	**238**	**318**	**158**	**171**	**127**	**63**
广陵区	2		12	17	22	17	3	7	6
邗江区	1		17	24	22	6	9	19	6
江都区	8	2	41	35	72	52	41	13	11
宝应县	20		57	60	17	21	35	27	11
扬州经济技术开发区	8		17	31	94	13	51	51	19
蜀冈瘦西湖景区									
生态新城			2	1		2		5	
仪征市	2		29	14	13	11	17	1	1
高邮市	5		15	56	78	36	15	4	9
镇江市	**28**	**1**	**235**	**278**	**504**	**144**	**78**	**405**	**107**
京口区			1	1		28	1		
润州区									
丹徒区	8	1		9	79	8	10	6	1
镇江新区	8		12	7	25	26	15	225	12
江苏镇江高新区									
丹阳市	9		211	229	391	67	43	141	67
扬中市			6	25	7	6	3	26	8
句容市	3		5	7	2	9	6	7	19

4-4b 续表 21

单位：人

地　区 性　别	制造业								
	酒、饮料和精制茶制造业	烟　草制品业	纺织业	纺织服装、服饰业	皮革、毛皮、羽毛及其制品和制鞋业	木材加工和木、竹、藤、棕、草制品业	家　具制造业	造纸和纸制品业	印刷和记录媒介复制业
泰州市	**34**		**263**	**451**	**51**	**129**	**164**	**75**	**51**
海陵区	1		6	1	3	8	12	1	1
高港区	3		15	13		15	15	10	2
姜堰区	6		15	64	1	7	21	9	
泰州医药高新技术产业开发区	8		108	17	7	5	22	13	20
兴化市	10		36	34	4	26	19	31	7
靖江市			16	101	4	18	9	1	3
泰兴市	6		67	221	32	50	66	10	18
宿迁市	**618**	**7**	**970**	**1199**	**124**	**1976**	**374**	**206**	**170**
宿城区	12		9	32	1	26	9	2	3
宿豫区	1		37	23	6	11	13	6	1
沭阳县	20	2	412	411	43	1518	88	114	110
泗阳县	225	5	390	320	22	315	181	33	24
泗洪县	340		85	341	51	86	40	40	22
宿迁经济技术开发区	20		37	66	1	15	40	11	10
宿迁市湖滨新区				6		5	3		
苏州宿迁工业园区									
宿迁市洋河新区									
女	**715**	**39**	**23121**	**28295**	**3221**	**3005**	**2119**	**2099**	**1607**
南京市	**4**		**16**	**139**	**1**	**4**	**15**	**4**	**3**
玄武区									
秦淮区									
建邺区									
鼓楼区									
浦口区									
栖霞区									
雨花台区			3	1			1	1	1
江宁区									
六合区	3		13	113		1	8	1	2
溧水区	1			16	1	3	5	1	
高淳区				9			1	1	
南京江北新区									
无锡市	**28**		**2398**	**2939**	**51**	**99**	**132**	**180**	**476**
锡山区	8		154	557	12	40	68	91	349
惠山区	4		68	28	6	8	9	11	19
滨湖区									
梁溪区									
新吴区									
江苏无锡经济开发区									
江阴市	4		1922	2253	17	19	34	62	84
宜兴市	12		254	101	16	32	21	16	24
徐州市	**87**	**4**	**930**	**1456**	**184**	**758**	**633**	**118**	**34**
鼓楼区									
云龙区				1					
贾汪区	1		24	26		5	108	7	
泉山区									
铜山区	15		65	215	11	18	49	52	4
丰县	14	1	66	139	4	460	37	13	8
沛县	35		345	134	15	17	4	3	8
睢宁县	7	1	341	638	104	85	404	33	6
徐州经济技术开发区	7	2	48	42	4	8	12	6	8
新沂市	4		30	163	33	13	5	3	
邳州市	4		11	98	13	152	14	1	

4-4b 续表 22

单位：人

地区 性别	制造业								
	酒、饮料和精制茶制造业	烟草制品业	纺织业	纺织服装、服饰业	皮革、毛皮、羽毛及其制品和制鞋业	木材加工和木、竹、藤、棕、草制品业	家具制造业	造纸和纸制品业	印刷和记录媒介复制业
常州市	**41**	**3**	**278**	**427**	**45**	**200**	**129**	**76**	**48**
天宁区			13	9	5	3	4	8	16
钟楼区									
新北区	1		74	25	1	1	5	22	4
武进区	4	2	91	17	11	11	7	11	13
金坛区	1		41	186	14	5	2	2	1
江苏省常州市经济开发区	1	1	23	11	7	167	110	33	9
溧阳市	34		36	179	7	13	1		5
苏州市	**88**	**4**	**6940**	**4876**	**337**	**379**	**298**	**645**	**531**
虎丘区								1	
吴中区	5		69	245	16	9	19	43	32
相城区	1		13	46	2	4	2	27	8
姑苏区									
吴江区	18		3166	436	92	74	60	37	23
苏州工业园区	17	1	129	264	27	9	21	266	156
常熟市	16		1542	2592	133	30	88	69	80
张家港市	25		1749	753	35	103	25	41	52
昆山市	2		61	260	14	4	36	77	144
太仓市	4	3	211	280	18	146	47	84	36
南通市	**29**	**7**	**8086**	**4632**	**222**	**80**	**422**	**222**	**76**
崇川区									
港闸区									
通州区	3	1	2738	619	38	5	49	49	10
如东县	12		1170	1140	45	18	31	55	16
南通经济技术开发区	3	1	643	206	6	9	15	33	13
通州湾示范区			60	31	2	3	1	4	2
苏锡通科技产业园区			372	4		2	11	10	1
启东市	3	5	74	160	22	8	53	10	5
如皋市	7		437	2003	46	18	95	28	8
海门市	1		2348	94	52	4	11	28	10
海安市			244	375	11	13	156	5	11
连云港市	**68**		**312**	**1982**	**91**	**101**	**30**	**75**	**42**
连云区									
海州区	1		16	43	5	2	2	2	
赣榆区	4		134	431	6	10	7	5	1
东海县	15		71	636	14	42	8	47	24
灌云县	6		35	564	28	9	5	7	4
灌南县	36		31	279	28	34	4	4	8
连云港经济技术开发区	2		16	7	10	1		3	1
连云港高新技术产业开发区	4		3	14		3	3	2	4
江苏连云港徐圩新区			6	8				5	
江苏省连云港市云台山风景名胜区							1		
淮安市	**52**	**11**	**430**	**2493**	**394**	**48**	**76**	**94**	**66**
淮安区	2		17	92	16	1	2	1	
淮阴区		1	25	131	9	3	2	14	1
清江浦区			8		1	1	1		
洪泽区				16	4	2	1	4	1
涟水县	40	1	189	1585	199	19	27	17	39
盱眙县	5	1	36	275	67	4	8	9	9
金湖县	1		51	217	30	9	7	26	1
淮安经济技术开发区	4	7	45	140	46	5	9	18	7
工业园区			1	1		3	11	2	

4-4b 续表 23

单位：人

地区 性别	制造业								
	酒、饮料和精制茶制造业	烟草制品业	纺织业	纺织服装、服饰业	皮革、毛皮、羽毛及其制品和制鞋业	木材加工和木、竹、藤、棕、草制品业	家具制造业	造纸和纸制品业	印刷和记录媒介复制业
生态文旅区		1	55	34	22	1	8	3	8
苏淮高新区			3	2					
盐城市	**25**	**2**	**1504**	**2252**	**237**	**92**	**71**	**137**	**59**
亭湖区	1		33	83	5		1	1	1
盐都区	1		64	152	8	3	5	3	3
大丰区		1	423	82	13	29	4	39	4
响水县			93	204	1	6	6	18	1
滨海县	3		86	299	13	12	5	13	4
阜宁县	9		131	318	42	6	15	15	18
射阳县	9	1	328	472	20	19	6	20	7
建湖县	2		133	454	127	3	9	18	18
盐城经济技术开发区			7	27	1	1			1
江苏省盐南高新区									
东台市			206	161	7	13	20	10	2
扬州市	**21**	**1**	**253**	**1295**	**768**	**50**	**57**	**98**	**51**
广陵区	2		20	62	45	3	1	4	7
邗江区	2		32	114	96	2	5	7	6
江都区	6		52	269	228	27	18	17	10
宝应县	7		68	313	37	6	13	28	13
扬州经济技术开发区	1	1	22	132	183	6	16	27	14
蜀冈瘦西湖景区									
生态新城	1		2	13		2	1	1	
仪征市			27	26	31	1	1	6	1
高邮市	2		30	366	148	3	2	8	
镇江市	**21**		**445**	**893**	**587**	**55**	**21**	**196**	**82**
京口区			1			12			
润州区									
丹徒区	4		5	66	100	4	3		3
镇江新区	6		9	42	22	8	3	74	9
江苏镇江高新区									
丹阳市	7		413	675	453	25	11	108	59
扬中市			5	69	6	1	1	13	2
句容市	4		12	41	6	5	3	1	9
泰州市	**27**		**408**	**1753**	**83**	**43**	**71**	**73**	**44**
海陵区			6	19	1	2	3	2	1
高港区	4		19	47	6	3	4	3	4
姜堰区	3		37	298	1	5	9	12	3
泰州医药高新技术产业开发区	8		162	43	7	4	16	7	17
兴化市	9		64	281	12	2	4	29	6
靖江市			18	205	4	6	2	2	4
泰兴市	3		102	860	52	21	33	18	9
宿迁市	**224**	**7**	**1121**	**3158**	**221**	**1096**	**164**	**181**	**95**
宿城区	4		20	89	2	23	6	1	1
宿豫区	1		40	103	6	6	3	4	1
沭阳县	9	2	495	1036	85	839	59	72	53
泗阳县	59	5	412	848	36	179	68	52	20
泗洪县	142		102	842	88	36	9	46	11
宿迁经济技术开发区	9		52	211	4	11	18	6	9
宿迁市湖滨新区				29		2	1		
苏州宿迁工业园区									
宿迁市洋河新区									

4-4b　续表 24　　　　单位：人

地　区 性　别	制造业								
	文教、工美、体育和娱乐用品制造业	石油、煤炭及其他燃料加工业	化学原料和化学制品制造业	医　药制造业	化学纤维制造业	橡胶和塑　料制品业	非金属矿　物制品业	黑色金属冶炼和压延加工业	有色金属冶炼和压延加工业
江　苏	**7942**	**694**	**9659**	**4110**	**2552**	**15708**	**11947**	**7794**	**3033**
南京市	**26**	**17**	**180**	**50**	**7**	**98**	**94**	**19**	**27**
玄武区									
秦淮区									
建邺区									
鼓楼区									
浦口区						1			
栖霞区									
雨花台区			3	7		7	16		
江宁区									
六合区	21	16	166	37	6	69	67	16	10
溧水区	5	1	4	4	1	20	8	2	17
高淳区			7	2		1	3	1	
南京江北新区									
无锡市	**343**	**69**	**960**	**129**	**536**	**2508**	**1380**	**748**	**703**
锡山区	86	3	137	39	8	486	139	110	76
惠山区	20	26	62	6	5	98	56	113	18
滨湖区									
梁溪区									
新吴区									
江苏无锡经济开发区									
江阴市	103	12	325	66	377	1588	277	452	547
宜兴市	134	28	436	18	146	336	908	73	62
徐州市	**816**	**165**	**518**	**229**	**23**	**725**	**1210**	**641**	**212**
鼓楼区									
云龙区	3		3			3	3		
贾汪区	9	7	30	5		86	84	6	7
泉山区									
铜山区	114	6	30	26	1	62	454	426	19
丰县	52	82	230	6		50	74	16	9
沛县	78	55	41	14	19	348	117	66	148
睢宁县	498	4	39	48		104	155	33	17
徐州经济技术开发区	27	6	42	116		34	176	10	9
新沂市	24	2	98	13	2	37	104	77	1
邳州市	11	3	5	1	1	1	43	7	2
常州市	**151**	**31**	**357**	**296**	**62**	**744**	**585**	**910**	**231**
天宁区	4	3	72	58	2	133	34	85	14
钟楼区									
新北区	8	1	31	19	9	143	157	22	12
武进区	43	2	45	65	32	243	87	151	60
金坛区	2	1	8	71		50	53	5	51
江苏省常州市经济开发区	31	5	112	41	11	127	110	574	72
溧阳市	63	19	89	42	8	48	144	73	22
苏州市	**1191**	**73**	**2433**	**872**	**1330**	**4484**	**1825**	**2952**	**527**
虎丘区	17		2				1		2
吴中区	154		78	21	7	459	114	5	13
相城区	38		13	9	8	171	93	25	4
姑苏区									
吴江区	283	8	158	51	761	361	290	31	45
苏州工业园区	122	16	571	561	23	1058	298	23	92
常熟市	114	6	494	92	179	515	321	514	146

4-4b 续表 25

单位：人

地区 性别	制造业								
	文教、工美、体育和娱乐用品制造业	石油、煤炭及其他燃料加工业	化学原料和化学制品制造业	医药制造业	化学纤维制造业	橡胶和塑料制品业	非金属矿物制品业	黑色金属冶炼和压延加工业	有色金属冶炼和压延加工业
张家港市	199	27	733	47	106	1012	375	2298	135
昆山市	148	5	179	22	6	388	84	8	22
太仓市	116	11	205	69	240	520	249	48	68
南通市	**1081**	**34**	**1548**	**415**	**267**	**1499**	**1676**	**197**	**192**
崇川区									
港闸区									
通州区	170	4	40	13	15	288	236	14	16
如东县	389	11	627	148	67	194	196	33	26
南通经济技术开发区	64	3	315	124	36	241	127	16	17
通州湾示范区	5		14			28	43		18
苏锡通科技产业园区	8		74	7	1	60	46	1	3
启东市	53	2	103	22	5	83	92	7	27
如皋市	140	9	286	47	80	174	378	91	47
海门市	185	2	50	19	19	181	243	30	14
海安市	67	3	39	35	44	250	315	5	24
连云港市	**544**	**95**	**485**	**661**	**28**	**989**	**830**	**651**	**205**
连云区			4			1	27	68	
海州区	6		4	14	1	5	22		
赣榆区	258	52	25	26	1	812	102	305	18
东海县	218	1	53	27	1	49	468	7	6
灌云县	28	8	118	14	1	41	63	6	4
灌南县	23	3	177	22	1	37	59	245	168
连云港经济技术开发区	4	5	63	246	15	33	40	13	4
连云港高新技术产业开发区	3	24	34	310	8	10	43	1	5
江苏连云港徐圩新区	4	2	7	2		1	6	6	
江苏省连云港市云台山风景名胜区									
淮安市	**428**	**22**	**489**	**140**	**44**	**671**	**435**	**158**	**70**
淮安区	65	1	18	4	1	53	17		3
淮阴区	12		13	6		18	14	8	2
清江浦区	1		3			1	4		
洪泽区	2		4	1		3	8		
涟水县	77	2	103	30	15	80	79	7	12
盱眙县	91	6	106	19	2	221	150	62	14
金湖县	155	7	48	55	24	67	88	11	22
淮安经济技术开发区	9	3	66	15	2	175	47	62	16
工业园区	5		8	2			1	1	
生态文旅区	11	2	18	8		50	16	7	1
苏淮高新区		1	102			3	11		
盐城市	**562**	**20**	**901**	**383**	**66**	**856**	**1013**	**410**	**218**
亭湖区	14	1	6	7		40	54	3	
盐都区	35	3	15	1	4	63	56	12	2
大丰区	198	3	160	55	5	72	115	234	6
响水县	34	2	82	32	2	33	62	75	161
滨海县	25		282	197	3	40	104	14	4
阜宁县	94	3	133	14	33	229	155	12	16
射阳县	41	4	74	45	10	52	111	9	6
建湖县	52	4	112	17	5	226	233	14	9
盐城经济技术开发区	8		3	4		9	14	1	3
江苏省盐南高新区									
东台市	61		34	11	4	92	109	36	11
扬州市	**1489**	**33**	**440**	**219**	**19**	**660**	**978**	**209**	**87**
广陵区	12	3	22	84		64	18	37	8

4-4b　续表 26　　　　　　　　　　　　　　　　单位：人

地　区 性　别	制造业								
	文教、工美、体育和娱乐用品制造业	石油、煤炭及其他燃料加工业	化学原料和化学制品制造业	医　药制造业	化学纤维制造业	橡胶和塑　料制品业	非金属矿　物制品业	黑色金属冶炼和压延加工业	有色金属冶炼和压延加工业
邗江区	133	1	17	3	3	42	35	7	8
江都区	445	18	169	38	3	127	104	125	31
宝应县	456	2	66	23		144	682	20	24
扬州经济技术开发区	51	4	97	53	1	115	53	4	9
蜀冈瘦西湖景区									
生态新城	1		13			43	2		
仪征市	335	4	22	10	10	48	20	2	2
高邮市	56	1	34	8	2	77	64	14	5
镇江市	**159**	**27**	**602**	**125**	**38**	**891**	**674**	**221**	**346**
京口区			8	2		1	1	13	44
润州区									
丹徒区	6		27	5	24	22	79	25	45
镇江新区	27	8	368	78	3	87	115	17	34
江苏镇江高新区									
丹阳市	61	7	165	22	9	583	327	152	204
扬中市	15		14	1	1	182	38	3	9
句容市	50	12	20	17	1	16	114	11	10
泰州市	**431**	**99**	**502**	**485**	**31**	**762**	**583**	**546**	**146**
海陵区	12		3	3		12	31	2	
高港区	8	4	32	57		47	33	2	7
姜堰区	11	2	49	33	1	154	84	11	17
泰州医药高新技术产业开发区	83	78	31	304	16	166	76	3	22
兴化市	125	3	83	17	10	147	160	385	71
靖江市	25	8	31	9		35	41	113	9
泰兴市	167	4	273	62	4	201	158	30	20
宿迁市	**721**	**9**	**244**	**106**	**101**	**821**	**664**	**132**	**69**
宿城区	29	2	5		2	84	22	1	3
宿豫区	12	2	51	20	43	40	33	4	
沭阳县	465	4	100	35	10	255	238	74	29
泗阳县	90		27	25	26	100	138	21	15
泗洪县	117	1	35	23	4	209	149	16	18
宿迁经济技术开发区	3		26	3	16	129	76	16	4
宿迁市湖滨新区	5					4	8		
苏州宿迁工业园区									
宿迁市洋河新区									
男	**2787**	**515**	**6745**	**2150**	**1567**	**8598**	**8320**	**6100**	**2146**
南京市	**9**	**13**	**136**	**33**	**7**	**62**	**64**	**16**	**19**
玄武区									
秦淮区									
建邺区									
鼓楼区									
浦口区						1			
栖霞区									
雨花台区			2	3		3	13		
江宁区									
六合区	7	13	125	28	6	45	44	13	5
溧水区	2		4	1	1	12	5	2	14
高淳区			5	1		1	2	1	
南京江北新区									
无锡市	**153**	**44**	**645**	**55**	**314**	**1465**	**966**	**583**	**461**
锡山区	32	3	83	17	2	277	109	90	53

4-4b 续表 27

单位：人

地区 性别	制造业								
	文教、工美、体育和娱乐用品制造业	石油、煤炭及其他燃料加工业	化学原料和化学制品制造业	医药制造业	化学纤维制造业	橡胶和塑料制品业	非金属矿物制品业	黑色金属冶炼和压延加工业	有色金属冶炼和压延加工业
惠山区	9	19	41	1	2	57	42	93	11
滨湖区									
梁溪区									
新吴区									
江苏无锡经济开发区									
江阴市	40	8	225	26	231	958	191	341	358
宜兴市	72	14	296	11	79	173	624	59	39
徐州市	**114**	**120**	**337**	**120**	**17**	**448**	**848**	**506**	**151**
鼓楼区									
云龙区	2		2			1	3		
贾汪区	3	6	21	2		59	64	6	4
泉山区									
铜山区	10	5	16	7		30	278	318	15
丰县	18	56	139	1		31	51	14	4
沛县	8	43	31	10	15	214	87	61	114
睢宁县	56	2	23	31		67	114	27	9
徐州经济技术开发区	8	5	30	59		25	134	9	4
新沂市	8	1	73	10	2	20	79	65	
邳州市	1	2	2			1	38	6	1
常州市	**86**	**24**	**245**	**113**	**37**	**386**	**422**	**728**	**162**
天宁区	1	2	42	17	2	63	22	66	10
钟楼区									
新北区	5	1	20	11	4	86	115	10	9
武进区	20	2	33	24	20	112	67	113	39
金坛区	1	1	5	26		27	36	4	45
江苏省常州市经济开发区	20	3	79	23	6	70	74	476	44
溧阳市	39	15	66	12	5	28	108	59	15
苏州市	**590**	**49**	**1621**	**436**	**804**	**2529**	**1330**	**2287**	**350**
虎丘区	4		1				1		2
吴中区	75		49	11	6	228	87	5	6
相城区	26		10	5	4	102	63	23	4
姑苏区									
吴江区	161	4	88	26	493	221	223	25	27
苏州工业园区	63	8	313	286	13	601	202	15	54
常熟市	55	6	387	51	98	295	226	432	104
张家港市	84	20	531	25	56	571	281	1748	95
昆山市	82	4	103	4	3	217	64	6	14
太仓市	40	7	139	28	131	294	183	33	44
南通市	**536**	**25**	**1087**	**215**	**168**	**842**	**1179**	**178**	**143**
崇川区									
港闸区									
通州区	81	3	28	7	8	167	166	12	13
如东县	225	6	452	93	46	91	158	30	23
南通经济技术开发区	29	2	230	53	23	174	107	15	12
通州湾示范区	3		11			12	27		16
苏锡通科技产业园区	4		59	5		36	41	1	3
启东市	24	2	43	11	5	55	71	6	19
如皋市	66	9	205	30	58	106	262	82	34
海门市	89	1	36	8	9	105	122	27	11
海安市	15	2	23	8	19	96	225	5	12
连云港市	**106**	**77**	**362**	**406**	**16**	**189**	**602**	**510**	**170**
连云区			4			1	26	59	

4-4b 续表 28 单位：人

地区 性别	制造业								
	文教、工美、体育和娱乐用品制造业	石油、煤炭及其他燃料加工业	化学原料和化学制品制造业	医药制造业	化学纤维制造业	橡胶和塑料制品业	非金属矿物制品业	黑色金属冶炼和压延加工业	有色金属冶炼和压延加工业
海州区			4	9	1	2	17		
赣榆区	20	46	18	17		86	86	236	12
东海县	69	1	37	21	1	33	313	6	6
灌云县	9	6	89	11		23	50	5	2
灌南县	5	1	137	7	1	21	46	185	143
连云港经济技术开发区	2	4	47	128	8	17	26	12	3
连云港高新技术产业开发区	1	18	20	212	5	5	32	1	4
江苏连云港徐圩新区		1	6	1		1	6	6	
江苏省连云港市云台山风景名胜区									
淮安市	**148**	**16**	**367**	**76**	**37**	**377**	**346**	**135**	**48**
淮安区	38	1	12	2	1	35	16		2
淮阴区	3		9	3		9	11	7	2
清江浦区	1		3				3		
洪泽区			4				7		
涟水县	17	1	78	16	11	44	59	5	5
盱眙县	25	5	85	8	2	107	120	50	12
金湖县	50	5	35	30	22	39	70	11	14
淮安经济技术开发区	5	3	44	12	1	107	35	54	13
工业园区	2		6				1	1	
生态文旅区	7		15	5		34	13	7	
苏淮高新区		1	76			2	11		
盐城市	**158**	**15**	**668**	**229**	**48**	**493**	**704**	**329**	**172**
亭湖区	3	1	5	2		20	39	2	
盐都区	10	2	10		3	29	35	8	2
大丰区	48	3	103	34	5	43	81	188	5
响水县	11	1	66	18	2	19	47	59	131
滨海县	11		205	141	3	29	80	13	4
阜宁县	24	2	103	6	22	123	107	11	10
射阳县	16	2	62	17	7	36	91	8	4
建湖县	18	4	89	7	3	142	135	14	6
盐城经济技术开发区	2		2	1		5	9	1	3
江苏省盐南高新区									
东台市	15		23	3	3	47	80	25	7
扬州市	**449**	**23**	**281**	**103**	**9**	**353**	**537**	**160**	**55**
广陵区	5	3	13	34		29	13	29	5
邗江区	24		12	2		21	27	7	6
江都区	127	13	109	18	1	58	74	89	19
宝应县	228	1	35	13		79	315	16	18
扬州经济技术开发区	17	1	70	27	1	61	41	4	4
蜀冈瘦西湖景区									
生态新城			2			22	1		
仪征市	38	4	15	3	6	34	17	2	2
高邮市	10	1	25	6	1	49	49	13	1
镇江市	**69**	**23**	**472**	**62**	**21**	**513**	**438**	**166**	**259**
京口区			8	1			1	11	35
润州区									
丹徒区	4		26	2	13	15	55	18	39
镇江新区	11	7	292	37	2	50	72	11	28
江苏镇江高新区									
丹阳市	33	6	125	10	4	345	203	115	142
扬中市	2		8	1	1	94	24	3	7
句容市	19	10	13	11	1	9	83	8	8

4-4b 续表 29

单位：人

地区 性别	制造业								
	文教、工美、体育和娱乐用品制造业	石油、煤炭及其他燃料加工业	化学原料和化学制品制造业	医药制造业	化学纤维制造业	橡胶和塑料制品业	非金属矿物制品业	黑色金属冶炼和压延加工业	有色金属冶炼和压延加工业
泰州市	**148**	**79**	**345**	**245**	**17**	**426**	**412**	**394**	**99**
海陵区	4		2	2		6	24	2	
高港区	5	1	21	38		23	20	2	4
姜堰区	2	2	32	4	1	94	58	6	8
泰州医药高新技术产业开发区	28	68	22	145	10	81	58	2	14
兴化市	36	2	56	12	6	92	120	282	53
靖江市	9	3	20	4		18	29	77	7
泰兴市	64	3	192	40		112	103	23	13
宿迁市	**221**	**7**	**179**	**57**	**72**	**515**	**472**	**108**	**57**
宿城区	6	1	5		1	47	12	1	2
宿豫区	5	2	40	14	35	20	24	3	
沭阳县	143	3	68	18	6	161	185	61	24
泗阳县	31		19	14	18	62	99	19	14
泗洪县	33	1	30	9	2	136	91	9	15
宿迁经济技术开发区	1		17	2	10	85	53	15	2
宿迁市湖滨新区	2					4	8		
苏州宿迁工业园区									
宿迁市洋河新区									
女	**5155**	**179**	**2914**	**1960**	**985**	**7110**	**3627**	**1694**	**887**
南京市	**17**	**4**	**44**	**17**		**36**	**30**	**3**	**8**
玄武区									
秦淮区									
建邺区									
鼓楼区									
浦口区									
栖霞区									
雨花台区			1	4		4	3		
江宁区									
六合区	14	3	41	9		24	23	3	5
溧水区	3	1		3		8	3		3
高淳区			2	1			1		
南京江北新区									
无锡市	**190**	**25**	**315**	**74**	**222**	**1043**	**414**	**165**	**242**
锡山区	54		54	22	6	209	30	20	23
惠山区	11	7	21	5	3	41	14	20	7
滨湖区									
梁溪区									
新吴区									
江苏无锡经济开发区									
江阴市	63	4	100	40	146	630	86	111	189
宜兴市	62	14	140	7	67	163	284	14	23
徐州市	**702**	**45**	**181**	**109**	**6**	**277**	**362**	**135**	**61**
鼓楼区									
云龙区	1		1			2			
贾汪区	6	1	9	3		27	20		3
泉山区									
铜山区	104	1	14	19	1	32	176	108	4
丰县	34	26	91	5		19	23	2	5
沛县	70	12	10	4	4	134	30	5	34
睢宁县	442	2	16	17		37	41	6	8
徐州经济技术开发区	19	1	12	57		9	42	1	5
新沂市	16	1	25	3		17	25	12	1
邳州市	10	1	3	1	1		5	1	1

4-4b　续表 30　　　　　　　　　　　　　　　　　　　　　　　　　单位：人

地　区 性　别	制造业								
	文教、工美、体育和娱乐用品制造业	石油、煤炭及其他燃料加工业	化学原料和化学制品制造业	医　药制造业	化学纤维制造业	橡胶和塑　料制品业	非金属矿　物制品业	黑色金属冶炼和压延加工业	有色金属冶炼和压延加工业
常州市	**65**	**7**	**112**	**183**	**25**	**358**	**163**	**182**	**69**
天宁区	3	1	30	41		70	12	19	4
钟楼区									
新北区	3		11	8	5	57	42	12	3
武进区	23		12	41	12	131	20	38	21
金坛区	1		3	45		23	17	1	6
江苏省常州市经济开发区	11	2	33	18	5	57	36	98	28
溧阳市	24	4	23	30	3	20	36	14	7
苏州市	**601**	**24**	**812**	**436**	**526**	**1955**	**495**	**665**	**177**
虎丘区	13		1						
吴中区	79		29	10	1	231	27		7
相城区	12		3	4	4	69	30	2	
姑苏区									
吴江区	122	4	70	25	268	140	67	6	18
苏州工业园区	59	8	258	275	10	457	96	8	38
常熟市	59		107	41	81	220	95	82	42
张家港市	115	7	202	22	50	441	94	550	40
昆山市	66	1	76	18	3	171	20	2	8
太仓市	76	4	66	41	109	226	66	15	24
南通市	**545**	**9**	**461**	**200**	**99**	**657**	**497**	**19**	**49**
崇川区									
港闸区									
通州区	89	1	12	6	7	121	70	2	3
如东县	164	5	175	55	21	103	38	3	3
南通经济技术开发区	35	1	85	71	13	67	20	1	5
通州湾示范区	2		3			16	16		2
苏锡通科技产业园区	4		15	2	1	24	5		
启东市	29		60	11		28	21	1	8
如皋市	74		81	17	22	68	116	9	13
海门市	96	1	14	11	10	76	121	3	3
海安市	52	1	16	27	25	154	90		12
连云港市	**438**	**18**	**123**	**255**	**12**	**800**	**228**	**141**	**35**
连云区							1	9	
海州区	6			5		3	5		
赣榆区	238	6	7	9	1	726	16	69	6
东海县	149		16	6		16	155	1	
灌云县	19	2	29	3	1	18	13	1	2
灌南县	18	2	40	15		16	13	60	25
连云港经济技术开发区	2	1	16	118	7	16	14	1	1
连云港高新技术产业开发区	2	6	14	98	3	5	11		1
江苏连云港徐圩新区	4	1	1	1					
江苏省连云港市云台山风景名胜区									
淮安市	**280**	**6**	**122**	**64**	**7**	**294**	**89**	**23**	**22**
淮安区	27		6	2		18	1		1
淮阴区	9		4	3		9	3	1	
清江浦区						1	1		
洪泽区	2			1		3	1		
涟水县	60	1	25	14	4	36	20	2	7
盱眙县	66	1	21	11		114	30	12	2
金湖县	105	2	13	25	2	28	18		8
淮安经济技术开发区	4		22	3	1	68	12	8	3
工业园区	3		2	2					

4-4b 续表 31 单位：人

地区 性别	制造业								
	文教、工美、体育和娱乐用品制造业	石油、煤炭及其他燃料加工业	化学原料和化学制品制造业	医药制造业	化学纤维制造业	橡胶和塑料制品业	非金属矿物制品业	黑色金属冶炼和压延加工业	有色金属冶炼和压延加工业
生态文旅区	4	2	3	3		16	3		1
苏淮高新区			26			1			
盐城市	**404**	**5**	**233**	**154**	**18**	**363**	**309**	**81**	**46**
亭湖区	11		1	5		20	15	1	
盐都区	25	1	5	1	1	34	21	4	
大丰区	150		57	21		29	34	46	1
响水县	23	1	16	14		14	15	16	30
滨海县	14		77	56		11	24	1	
阜宁县	70	1	30	8	11	106	48	1	6
射阳县	25	2	12	28	3	16	20	1	2
建湖县	34		23	10	2	84	98		3
盐城经济技术开发区	6		1	3		4	5		
江苏省盐南高新区									
东台市	46		11	8	1	45	29	11	4
扬州市	**1040**	**10**	**159**	**116**	**10**	**307**	**441**	**49**	**32**
广陵区	7		9	50		35	5	8	3
邗江区	109	1	5	1	3	21	8		2
江都区	318	5	60	20	2	69	30	36	12
宝应县	228	1	31	10		65	367	4	6
扬州经济技术开发区	34	3	27	26		54	12		5
蜀冈瘦西湖景区									
生态新城	1		11			21	1		
仪征市	297		7	7	4	14	3		
高邮市	46		9	2	1	28	15	1	4
镇江市	**90**	**4**	**130**	**63**	**17**	**378**	**236**	**55**	**87**
京口区				1		1		2	9
润州区									
丹徒区	2		1	3	11	7	24	7	6
镇江新区	16	1	76	41	1	37	43	6	6
江苏镇江高新区									
丹阳市	28	1	40	12	5	238	124	37	62
扬中市	13		6			88	14		2
句容市	31	2	7	6		7	31	3	2
泰州市	**283**	**20**	**157**	**240**	**14**	**336**	**171**	**152**	**47**
海陵区	8		1	1		6	7		
高港区	3	3	11	19		24	13		3
姜堰区	9		17	29		60	26	5	9
泰州医药高新技术产业开发区	55	10	9	159	6	85	18	1	8
兴化市	89	1	27	5	4	55	40	103	18
靖江市	16	5	11	5		17	12	36	2
泰兴市	103	1	81	22	4	89	55	7	7
宿迁市	**500**	**2**	**65**	**49**	**29**	**306**	**192**	**24**	**12**
宿城区	23	1			1	37	10		1
宿豫区	7		11	6	8	20	9	1	
沭阳县	322	1	32	17	4	94	53	13	5
泗阳县	59		8	11	8	38	39	2	1
泗洪县	84		5	14	2	73	58	7	3
宿迁经济技术开发区	2		9	1	6	44	23	1	2
宿迁市湖滨新区	3								
苏州宿迁工业园区									
宿迁市洋河新区									

4-4b　续表 32　　　　单位：人

地　区 性　别	制造业								
	金　属 制品业	通用设备 制造业	专用设备 制造业	汽　车 制造业	铁路、船舶、 航空航天和 其他运输 设备制造业	电气机械 和器材 制造业	计算机、 通信和其 他电子设 备制造业	仪器仪表 制造业	其　他 制造业
江　苏	**28187**	**33921**	**17914**	**14432**	**9492**	**20761**	**29621**	**2791**	**2125**
南京市	**132**	**233**	**116**	**149**	**48**	**144**	**152**	**31**	**22**
玄武区									
秦淮区									
建邺区									
鼓楼区									
浦口区	1			1			2		1
栖霞区									
雨花台区	6	20	2	14	2	9	10	2	
江宁区									
六合区	64	152	85	125	37	106	127	25	16
溧水区	58	58	28	8	8	29	13	3	4
高淳区	3	3	1	1	1			1	1
南京江北新区									
无锡市	**3572**	**3726**	**2422**	**1209**	**1651**	**2125**	**1043**	**204**	**92**
锡山区	1032	1057	380	334	1502	490	367	71	14
惠山区	329	814	204	300	37	264	97	41	11
滨湖区									
梁溪区									
新吴区									
江苏无锡经济开发区									
江阴市	1433	1341	566	373	100	486	316	60	39
宜兴市	778	514	1272	202	12	885	263	32	28
徐州市	**1887**	**2304**	**1554**	**596**	**2439**	**1398**	**1176**	**89**	**126**
鼓楼区									
云龙区	12	16	6	3	30	4	3	1	1
贾汪区	80	68	40	9	151	10	26	3	9
泉山区									
铜山区	487	475	167	46	63	95	113	7	39
丰县	204	134	56	196	1955	380	118	15	5
沛县	279	227	107	184	49	140	161	6	9
睢宁县	298	223	47	40	26	310	241	12	17
徐州经济技术开发区	229	1046	1099	106	159	391	334	37	35
新沂市	66	51	17	6	4	27	99	4	8
邳州市	232	64	15	6	2	41	81	4	3
常州市	**2297**	**2894**	**811**	**1725**	**196**	**1508**	**719**	**104**	**164**
天宁区	116	295	209	20	16	60	48	8	5
钟楼区									
新北区	762	268	149	1293	73	148	139	23	12
武进区	423	1480	254	178	49	466	175	36	38
金坛区	126	114	27	23	4	299	45	16	1
江苏省常州市经济开发区	212	294	69	64	51	419	253	11	74
溧阳市	658	443	103	147	3	116	59	10	34
苏州市	**6085**	**8525**	**5485**	**3981**	**443**	**4172**	**13597**	**902**	**444**
虎丘区		4	3	1	1	2	6		
吴中区	489	747	505	105	21	492	1261	43	42
相城区	140	293	79	49	3	64	259	15	1
姑苏区									
吴江区	813	1037	264	431	24	466	1093	27	38
苏州工业园区	823	2705	1973	1859	160	1771	8149	557	141
常熟市	958	925	703	650	56	521	426	70	78

4-4b 续表 33 单位：人

地区 性别	制造业								
	金属制品业	通用设备制造业	专用设备制造业	汽车制造业	铁路、船舶、航空航天和其他运输设备制造业	电气机械和器材制造业	计算机、通信和其他电子设备制造业	仪器仪表制造业	其他制造业
张家港市	1712	1562	1060	338	64	405	473	29	52
昆山市	377	652	672	282	42	194	1645	131	7
太仓市	773	600	226	266	72	257	285	30	85
南通市	**2857**	**3759**	**1417**	**631**	**1672**	**1909**	**1450**	**397**	**224**
崇川区									
港闸区									
通州区	429	382	165	30	255	123	206	93	28
如东县	371	340	227	66	44	491	171	91	45
南通经济技术开发区	551	536	237	247	626	533	389	37	26
通州湾示范区	58	83	22	9	3	52	3	1	6
苏锡通科技产业园区	112	291	53	47	18	28	209	8	4
启东市	443	860	262	51	60	182	90	80	7
如皋市	439	552	209	99	427	118	246	44	55
海门市	249	300	121	42	207	276	78	24	39
海安市	205	415	121	40	32	106	58	19	14
连云港市	**749**	**599**	**292**	**173**	**233**	**468**	**766**	**68**	**114**
连云区						2	2		
海州区	25	30	12	4	1	13	23	3	2
赣榆区	93	74	24	8	25	34	82	2	9
东海县	128	109	64	90	19	255	243	30	16
灌云县	96	131	65	7	81	49	145	7	33
灌南县	281	130	64	35	93	29	194	6	44
连云港经济技术开发区	70	48	31	24	2	11	19	8	8
连云港高新技术产业开发区	28	72	28	5	12	51	56	12	1
江苏连云港徐圩新区	27	5	3			24	2		1
江苏省连云港市云台山风景名胜区	1		1						
淮安市	**583**	**1061**	**457**	**398**	**72**	**799**	**3398**	**284**	**122**
淮安区	22	14	7	6	5	9	90		23
淮阴区	22	20	15	3	4	13	98		3
清江浦区	2	3	1				4		2
洪泽区	9	13	3	3	3		7		1
涟水县	89	124	80	18	18	67	705	6	25
盱眙县	135	347	78	58	14	197	369	19	25
金湖县	114	411	208	143	11	342	112	249	6
淮安经济技术开发区	145	81	48	150	14	144	1855	6	25
工业园区	13	8		3			7	1	3
生态文旅区	32	37	15	13	2	23	147	3	9
苏淮高新区		3	2	1	1	4	4		
盐城市	**2004**	**4151**	**1136**	**767**	**224**	**1009**	**1747**	**114**	**143**
亭湖区	41	88	21	48	5	10	349	3	3
盐都区	136	237	152	80	9	81	101	27	10
大丰区	213	434	73	66	12	71	70	8	10
响水县	204	123	26	19	48	23	134		5
滨海县	255	362	46	61	14	134	359	6	2
阜宁县	190	487	142	39	16	211	167	12	29
射阳县	224	244	83	51	21	76	189	19	15
建湖县	340	1614	414	82	35	240	136	21	33
盐城经济技术开发区	19	49	104	304	1	78	135	8	32
江苏省盐南高新区									
东台市	382	513	75	17	63	85	107	10	4
扬州市	**1321**	**1856**	**811**	**1035**	**435**	**3114**	**1086**	**242**	**245**
广陵区	67	93	204	19	99	159	45	4	69

4-4b 续表 34

单位：人

地 区 性 别	制造业								
	金 属 制品业	通用设备 制造业	专用设备 制造业	汽 车 制造业	铁路、船舶、航空航天和其他运输设备制造业	电气机械和器材制造业	计算机、通信和其他电子设备制造业	仪器仪表 制造业	其 他 制造业
邗江区	127	215	33	97	1	83	55	8	3
江都区	405	521	191	182	249	244	89	16	30
宝应县	318	355	129	435	28	1067	444	163	54
扬州经济技术开发区	206	323	140	185	34	671	344	41	54
蜀冈瘦西湖景区									
生态新城	13	15	6	3		2		1	18
仪征市	52	95	30	87	17	50	38	2	10
高邮市	133	239	78	27	7	838	71	7	7
镇江市	**2602**	**1365**	**2184**	**2977**	**516**	**2077**	**788**	**143**	**136**
京口区	7	14	4	3	2	14	14		
润州区									
丹徒区	100	160	39	52	14	62	116	9	50
镇江新区	309	277	338	179	102	541	202	29	39
江苏镇江高新区									
丹阳市	2051	786	1753	2637	188	1068	343	92	16
扬中市	66	74	21	64	188	350	13	7	28
句容市	69	54	29	42	22	42	100	6	3
泰州市	**3344**	**2585**	**812**	**545**	**1486**	**1002**	**1758**	**156**	**101**
海陵区	35	186	17	63	232	51	9		3
高港区	50	44	35	29	51	29	57	4	2
姜堰区	335	328	72	18	59	78	27	7	9
泰州医药高新技术产业开发区	149	191	300	53	66	187	1244	32	15
兴化市	1944	818	70	122	84	280	244	35	39
靖江市	457	489	198	171	753	168	43	49	8
泰兴市	374	529	120	89	241	209	134	29	25
宿迁市	**754**	**863**	**417**	**246**	**77**	**1036**	**1941**	**57**	**192**
宿城区	19	12	5	2		14	57		4
宿豫区	25	19	6	9	2	62	69	4	16
沭阳县	317	309	178	64	23	523	910	21	67
泗阳县	207	107	94	52	24	69	287	14	46
泗洪县	122	335	85	99	17	210	471	11	24
宿迁经济技术开发区	60	78	49	20	10	153	107	7	35
宿迁市湖滨新区	4	3			1	5	40		
苏州宿迁工业园区									
宿迁市洋河新区									
男	**20125**	**24532**	**11900**	**9181**	**6597**	**12756**	**16415**	**1676**	**1149**
南京市	**101**	**169**	**82**	**101**	**42**	**103**	**83**	**21**	**7**
玄武区									
秦淮区									
建邺区									
鼓楼区									
浦口区				1			1		1
栖霞区									
雨花台区	6	17	1	8	2	9	8	2	
江宁区									
六合区	48	107	60	86	31	76	70	17	3
溧水区	44	43	20	5	8	18	4	2	3
高淳区	3	2	1	1	1				
南京江北新区									
无锡市	**2561**	**2714**	**1719**	**715**	**998**	**1286**	**513**	**124**	**49**
锡山区	676	730	228	210	899	296	180	37	10

4-4b 续表 35

单位：人

地区 性别	制造业								
	金属制品业	通用设备制造业	专用设备制造业	汽车制造业	铁路、船舶、航空航天和其他运输设备制造业	电气机械和器材制造业	计算机、通信和其他电子设备制造业	仪器仪表制造业	其他制造业
惠山区	215	562	133	175	24	154	52	27	6
滨湖区									
梁溪区									
新吴区									
江苏无锡经济开发区									
江阴市	1042	1052	422	211	69	270	172	43	18
宜兴市	628	370	936	119	6	566	109	17	15
徐州市	**1517**	**1854**	**1226**	**498**	**1663**	**820**	**646**	**59**	**62**
鼓楼区									
云龙区	11	12	3	1	23	3	2	1	1
贾汪区	64	50	29	6	110	6	18	2	6
泉山区									
铜山区	413	390	119	33	45	55	38	5	10
丰县	168	107	41	154	1306	208	70	7	4
沛县	241	185	78	174	42	95	72	3	3
睢宁县	212	173	32	29	22	203	124	12	5
徐州经济技术开发区	186	857	904	92	110	203	214	22	27
新沂市	58	35	9	6	3	17	58	4	4
邳州市	164	45	11	3	2	30	50	3	2
常州市	**1614**	**2028**	**497**	**931**	**122**	**810**	**352**	**62**	**90**
天宁区	78	221	84	11	10	30	18	4	1
钟楼区									
新北区	479	201	107	668	44	78	48	10	7
武进区	296	1021	159	88	34	230	87	24	24
金坛区	103	80	15	14	3	192	29	11	1
江苏省常州市经济开发区	141	181	50	44	28	204	135	7	46
溧阳市	517	324	82	106	3	76	35	6	11
苏州市	**4141**	**6066**	**3639**	**2738**	**299**	**2531**	**7664**	**583**	**247**
虎丘区		2	1		1	2	4		
吴中区	328	504	366	69	14	283	666	27	22
相城区	89	216	55	31	2	27	113	5	1
姑苏区									
吴江区	587	760	179	262	16	295	630	17	13
苏州工业园区	527	1835	1177	1316	115	1100	4802	351	87
常熟市	680	701	495	496	38	322	243	57	40
张家港市	1108	1162	756	206	46	251	253	17	36
昆山市	240	444	450	203	26	109	841	86	4
太仓市	582	442	160	155	41	142	112	23	44
南通市	**2146**	**2668**	**985**	**395**	**1311**	**1302**	**823**	**212**	**131**
崇川区									
港闸区									
通州区	338	287	103	13	205	74	84	41	20
如东县	283	263	151	40	41	331	89	38	21
南通经济技术开发区	387	398	154	146	520	411	245	27	17
通州湾示范区	42	58	16	5	2	38		1	4
苏锡通科技产业园区	84	197	37	38	11	13	154	6	4
启东市	338	543	197	37	39	87	44	40	2
如皋市	346	445	147	71	324	76	135	34	27
海门市	180	171	95	21	144	200	42	15	27
海安市	148	306	85	24	25	72	30	10	9
连云港市	**582**	**447**	**188**	**129**	**198**	**256**	**421**	**32**	**55**
连云区						2	2		

4-4b 续表 36

单位：人

地区 性别	制造业								
	金属制品业	通用设备制造业	专用设备制造业	汽车制造业	铁路、船舶、航空航天和其他运输设备制造业	电气机械和器材制造业	计算机、通信和其他电子设备制造业	仪器仪表制造业	其他制造业
海州区	22	25	9	3	1	12	12	1	1
赣榆区	80	51	16	5	23	25	52		6
东海县	96	73	27	69	16	116	153	12	7
灌云县	78	107	52	6	67	26	82	7	13
灌南县	206	92	35	27	80	23	84	4	25
连云港经济技术开发区	57	37	22	15	2	7	6	2	3
连云港高新技术产业开发区	18	57	23	4	9	29	28	6	
江苏连云港徐圩新区	24	5	3			16	2		
江苏省连云港市云台山风景名胜区	1		1						
淮安市	**424**	**786**	**274**	**284**	**52**	**498**	**1915**	**189**	**62**
淮安区	16	11	4	5	3	6	45		11
淮阴区	21	17	8	2	4	8	64		2
清江浦区		3	1				2		1
洪泽区	9	11	1	1	3		5		1
涟水县	69	99	40	12	15	31	328	6	11
盱眙县	109	238	43	44	9	125	197	16	13
金湖县	94	310	145	100	7	215	56	161	4
淮安经济技术开发区	74	63	24	108	9	95	1135	4	15
工业园区	12	6		3			1	1	1
生态文旅区	20	25	7	9	1	15	80	1	3
苏淮高新区		3	1		1	3	2		
盐城市	**1577**	**3190**	**786**	**500**	**167**	**631**	**997**	**75**	**90**
亭湖区	34	70	15	30	5	7	245	2	3
盐都区	106	187	113	55	6	52	53	13	4
大丰区	160	321	39	49	7	51	29	7	6
响水县	158	104	14	16	40	18	74		2
滨海县	214	297	29	38	11	75	191	4	2
阜宁县	156	406	99	24	12	145	98	11	19
射阳县	191	199	55	38	19	58	92	14	9
建湖县	276	1246	293	59	30	125	80	13	19
盐城经济技术开发区	15	33	75	181	1	57	81	6	24
江苏省盐南高新区									
东台市	267	327	54	10	36	43	54	5	2
扬州市	**989**	**1305**	**476**	**696**	**316**	**2166**	**507**	**113**	**129**
广陵区	49	66	80	10	69	98	17	2	29
邗江区	105	167	23	71		52	22	6	3
江都区	284	342	127	114	182	155	31	5	12
宝应县	231	246	84	285	19	783	189	66	23
扬州经济技术开发区	174	248	88	132	26	466	201	27	42
蜀冈瘦西湖景区									
生态新城	10	13	4	3		2		1	11
仪征市	41	64	16	65	14	29	11	2	4
高邮市	95	159	54	16	6	581	36	4	5
镇江市	**1627**	**940**	**1298**	**1712**	**355**	**1104**	**388**	**80**	**69**
京口区	3	9	2	3	2	3	6		
润州区									
丹徒区	70	96	23	36	12	33	52	3	21
镇江新区	195	186	218	116	72	320	93	18	24
江苏镇江高新区									
丹阳市	1272	561	1032	1493	123	520	174	50	9
扬中市	40	49	10	37	130	202	6	5	14
句容市	47	39	13	27	16	26	57	4	1

4-4b 续表 37　　　　单位：人

地区 性别	制造业 金属制品业	通用设备制造业	专用设备制造业	汽车制造业	铁路、船舶、航空航天和其他运输设备制造业	电气机械和器材制造业	计算机、通信和其他电子设备制造业	仪器仪表制造业	其他制造业
泰州市	**2277**	**1733**	**497**	**316**	**1007**	**570**	**1036**	**82**	**56**
海陵区	23	109	13	24	120	30	4		
高港区	37	29	18	24	38	15	21	2	1
姜堰区	213	197	39	10	41	44	16	2	5
泰州医药高新技术产业开发区	104	134	166	31	38	103	804	20	8
兴化市	1307	564	41	90	56	165	92	22	24
靖江市	321	294	145	91	538	81	21	26	1
泰兴市	272	406	75	46	176	132	78	10	17
宿迁市	**569**	**632**	**233**	**166**	**67**	**679**	**1070**	**44**	**102**
宿城区	18	8	2	2		10	32		1
宿豫区	21	15	3	6	1	39	17	3	9
沭阳县	243	238	112	41	22	349	579	18	32
泗阳县	149	85	43	36	23	41	160	11	28
泗洪县	92	229	41	66	11	147	191	8	14
宿迁经济技术开发区	43	54	32	15	9	88	71	4	18
宿迁市湖滨新区	3	3			1	5	20		
苏州宿迁工业园区									
宿迁市洋河新区									
女	**8062**	**9389**	**6014**	**5251**	**2895**	**8005**	**13206**	**1115**	**976**
南京市	**31**	**64**	**34**	**48**	**6**	**41**	**69**	**10**	**15**
玄武区									
秦淮区									
建邺区									
鼓楼区									
浦口区	1						1		
栖霞区									
雨花台区		3	1	6			2		
江宁区									
六合区	16	45	25	39	6	30	57	8	13
溧水区	14	15	8	3		11	9	1	1
高淳区		1						1	1
南京江北新区									
无锡市	**1011**	**1012**	**703**	**494**	**653**	**839**	**530**	**80**	**43**
锡山区	356	327	152	124	603	194	187	34	4
惠山区	114	252	71	125	13	110	45	14	5
滨湖区									
梁溪区									
新吴区									
江苏无锡经济开发区									
江阴市	391	289	144	162	31	216	144	17	21
宜兴市	150	144	336	83	6	319	154	15	13
徐州市	**370**	**450**	**328**	**98**	**776**	**578**	**530**	**30**	**64**
鼓楼区									
云龙区	1	4	3	2	7	1	1		
贾汪区	16	18	11	3	41	4	8	1	3
泉山区									
铜山区	74	85	48	13	18	40	75	2	29
丰县	36	27	15	42	649	172	48	8	1
沛县	38	42	29	10	7	45	89	3	6
睢宁县	86	50	15	11	4	107	117		12
徐州经济技术开发区	43	189	195	14	49	188	120	15	8
新沂市	8	16	8		1	10	41		4
邳州市	68	19	4	3		11	31	1	1

4-4b　续表 38　　　　　　　　　　　　　　　　　　　　　　　　　　　单位：人

地　区 性　别	制造业								
	金　属 制品业	通用设备 制造业	专用设备 制造业	汽　车 制造业	铁路、船舶、航空航天和其他运输设备制造业	电气机械和器材制造业	计算机、通信和其他电子设备制造业	仪器仪表 制造业	其　他 制造业
常州市	**683**	**866**	**314**	**794**	**74**	**698**	**367**	**42**	**74**
天宁区	38	74	125	9	6	30	30	4	4
钟楼区									
新北区	283	67	42	625	29	70	91	13	5
武进区	127	459	95	90	15	236	88	12	14
金坛区	23	34	12	9	1	107	16	5	
江苏省常州市经济开发区	71	113	19	20	23	215	118	4	28
溧阳市	141	119	21	41		40	24	4	23
苏州市	**1944**	**2459**	**1846**	**1243**	**144**	**1641**	**5933**	**319**	**197**
虎丘区		2	2	1			2		
吴中区	161	243	139	36	7	209	595	16	20
相城区	51	77	24	18	1	37	146	10	
姑苏区									
吴江区	226	277	85	169	8	171	463	10	25
苏州工业园区	296	870	796	543	45	671	3347	206	54
常熟市	278	224	208	154	18	199	183	13	38
张家港市	604	400	304	132	18	154	220	12	16
昆山市	137	208	222	79	16	85	804	45	3
太仓市	191	158	66	111	31	115	173	7	41
南通市	**711**	**1091**	**432**	**236**	**361**	**607**	**627**	**185**	**93**
崇川区									
港闸区									
通州区	91	95	62	17	50	49	122	52	8
如东县	88	77	76	26	3	160	82	53	24
南通经济技术开发区	164	138	83	101	106	122	144	10	9
通州湾示范区	16	25	6	4	1	14	3		2
苏锡通科技产业园区	28	94	16	9	7	15	55	2	
启东市	105	317	65	14	21	95	46	40	5
如皋市	93	107	62	28	103	42	111	10	28
海门市	69	129	26	21	63	76	36	9	12
海安市	57	109	36	16	7	34	28	9	5
连云港市	**167**	**152**	**104**	**44**	**35**	**212**	**345**	**36**	**59**
连云区									
海州区	3	5	3	1		1	11	2	1
赣榆区	13	23	8	3	2	9	30	2	3
东海县	32	36	37	21	3	139	90	18	9
灌云县	18	24	13	1	14	23	63		20
灌南县	75	38	29	8	13	6	110	2	19
连云港经济技术开发区	13	11	9	9		4	13	6	5
连云港高新技术产业开发区	10	15	5	1	3	22	28	6	1
江苏连云港徐圩新区	3					8			1
江苏省连云港市云台山风景名胜区									
淮安市	**159**	**275**	**183**	**114**	**20**	**301**	**1483**	**95**	**60**
淮安区	6	3	3	1	2	3	45		12
淮阴区	1	3	7	1		5	34		1
清江浦区	2						2		1
洪泽区		2	2	2			2		
涟水县	20	25	40	6	3	36	377		14
盱眙县	26	109	35	14	5	72	172	3	12
金湖县	20	101	63	43	4	127	56	88	2
淮安经济技术开发区	71	18	24	42	5	49	720	2	10
工业园区	1	2					6		2

4-4b 续表 39　　　　单位：人

地区 性别	制造业								
	金属制品业	通用设备制造业	专用设备制造业	汽车制造业	铁路、船舶、航空航天和其他运输设备制造业	电气机械和器材制造业	计算机、通信和其他电子设备制造业	仪器仪表制造业	其他制造业
生态文旅区	12	12	8	4	1	8	67	2	6
苏淮高新区			1	1		1	2		
盐城市	**427**	**961**	**350**	**267**	**57**	**378**	**750**	**39**	**53**
亭湖区	7	18	6	18		3	104	1	
盐都区	30	50	39	25	3	29	48	14	6
大丰区	53	113	34	17	5	20	41	1	4
响水县	46	19	12	3	8	5	60		3
滨海县	41	65	17	23	3	59	168	2	
阜宁县	34	81	43	15	4	66	69	1	10
射阳县	33	45	28	13	2	18	97	5	6
建湖县	64	368	121	23	5	115	56	8	14
盐城经济技术开发区	4	16	29	123		21	54	2	8
江苏省盐南高新区									
东台市	115	186	21	7	27	42	53	5	2
扬州市	**332**	**551**	**335**	**339**	**119**	**948**	**579**	**129**	**116**
广陵区	18	27	124	9	30	61	28	2	40
邗江区	22	48	10	26	1	31	33	2	
江都区	121	179	64	68	67	89	58	11	18
宝应县	87	109	45	150	9	284	255	97	31
扬州经济技术开发区	32	75	52	53	8	205	143	14	12
蜀冈瘦西湖景区									
生态新城	3	2	2						7
仪征市	11	31	14	22	3	21	27		6
高邮市	38	80	24	11	1	257	35	3	2
镇江市	**975**	**425**	**886**	**1265**	**161**	**973**	**400**	**63**	**67**
京口区	4	5	2			11	8		
润州区									
丹徒区	30	64	16	16	2	29	64	6	29
镇江新区	114	91	120	63	30	221	109	11	15
江苏镇江高新区									
丹阳市	779	225	721	1144	65	548	169	42	7
扬中市	26	25	11	27	58	148	7	2	14
句容市	22	15	16	15	6	16	43	2	2
泰州市	**1067**	**852**	**315**	**229**	**479**	**432**	**722**	**74**	**45**
海陵区	12	77	4	39	112	21	5		3
高港区	13	15	17	5	13	14	36	2	1
姜堰区	122	131	33	8	18	34	11	5	4
泰州医药高新技术产业开发区	45	57	134	22	28	84	440	12	7
兴化市	637	254	29	32	28	115	152	13	15
靖江市	136	195	53	80	215	87	22	23	7
泰兴市	102	123	45	43	65	77	56	19	8
宿迁市	**185**	**231**	**184**	**80**	**10**	**357**	**871**	**13**	**90**
宿城区	1	4	3			4	25		3
宿豫区	4	4	3	3	1	23	52	1	7
沭阳县	74	71	66	23	1	174	331	3	35
泗阳县	58	22	51	16	1	28	127	3	18
泗洪县	30	106	44	33	6	63	280	3	10
宿迁经济技术开发区	17	24	17	5	1	65	36	3	17
宿迁市湖滨新区	1						20		
苏州宿迁工业园区									
宿迁市洋河新区									

4-4b 续表 40

单位：人

地 区 性 别	制造业		电力、热力、燃气及水生产和供应业				建筑业		
	废弃资源综合利用业	金属制品、机械和设备修理业	小计	电力、热力生产和供应业	燃气生产和供应业	水的生产和供应业	小计	房屋建筑业	土木工程建筑业
江 苏	**1663**	**1816**	**7722**	**5020**	**1079**	**1623**	**116558**	**59062**	**7747**
南京市	**13**	**29**	**63**	**34**	**18**	**11**	**1290**	**756**	**141**
玄武区									
秦淮区									
建邺区									
鼓楼区									
浦口区							1		
栖霞区									
雨花台区	5		2	2			29	3	12
江宁区									
六合区	7	25	49	26	14	9	818	418	109
溧水区	1	4	11	5	4	2	319	250	17
高淳区			1	1			123	85	3
南京江北新区									
无锡市	**204**	**96**	**503**	**325**	**48**	**130**	**4392**	**1924**	**430**
锡山区	64	4	74	50	6	18	941	359	81
惠山区	5	9	42	17	12	13	460	216	59
滨湖区									
梁溪区									
新吴区									
江苏无锡经济开发区									
江阴市	70	55	254	176	18	60	1624	825	108
宜兴市	65	28	133	82	12	39	1367	524	182
徐州市	**145**	**139**	**954**	**688**	**117**	**149**	**16634**	**9785**	**918**
鼓楼区									
云龙区		1	1	1			142	84	10
贾汪区	3	2	16	10	1	5	284	141	35
泉山区									
铜山区	37	23	138	111	9	18	2554	1418	218
丰县	18	12	194	130	33	31	2375	1323	101
沛县	24	40	339	269	31	39	4009	2489	181
睢宁县	43	30	137	82	26	29	3715	2001	180
徐州经济技术开发区	8	15	100	68	13	19	1531	1016	126
新沂市	6	8	19	12	2	5	1086	677	57
邳州市	6	8	10	5	2	3	938	636	10
常州市	**99**	**70**	**157**	**80**	**30**	**47**	**3302**	**1584**	**274**
天宁区	7	7	12	6	4	2	172	45	13
钟楼区									
新北区	45	14	20	8	4	8	307	104	49
武进区	22	6	39	20	6	13	537	227	92
金坛区	7	10	14	4	6	4	578	364	31
江苏省常州市经济开发区	8	11	31	20	5	6	239	85	17
溧阳市	10	22	41	22	5	14	1469	759	72
苏州市	**225**	**366**	**1039**	**591**	**163**	**285**	**12682**	**5687**	**1287**
虎丘区			1		1		31	8	1
吴中区	20	12	51	19	12	20	1234	447	77
相城区	49	7	43	37	2	4	264	98	31
姑苏区									
吴江区	13	16	220	136	9	75	1236	519	99
苏州工业园区	32	73	281	170	55	56	3487	1291	544
常熟市	41	41	113	73	13	27	1795	967	145

4-4b 续表 41

单位：人

地区 性别	制造业		电力、热力、燃气及水生产和供应业				建筑业		
	废弃资源综合利用业	金属制品、机械和设备修理业	小计	电力、热力生产和供应业	燃气生产和供应业	水的生产和供应业	小计	房屋建筑业	土木工程建筑业
张家港市	42	169	182	89	38	55	2386	1344	175
昆山市	8	23	65	14	19	32	858	265	113
太仓市	20	25	83	53	14	16	1391	748	102
南通市	**161**	**228**	**716**	**409**	**125**	**182**	**15058**	**7992**	**856**
崇川区									
港闸区									
通州区	35	66	77	26	23	28	2175	1251	91
如东县	28	27	271	193	37	41	3218	1593	184
南通经济技术开发区	27	47	83	48	11	24	1660	956	116
通州湾示范区		2	37	28	3	6	283	134	21
苏锡通科技产业园区	18	6	8	2	3	3	340	139	55
启东市	10	28	56	25	13	18	1613	1121	78
如皋市	17	36	116	53	21	42	3077	1509	173
海门市	13	10	27	11	5	11	1369	689	72
海安市	13	6	41	23	9	9	1323	600	66
连云港市	**233**	**106**	**617**	**430**	**64**	**123**	**9779**	**6146**	**461**
连云区	1		5	5					
海州区		1	20	15		5	361	219	6
赣榆区	49	29	48	31	8	9	2309	1756	81
东海县	134	30	126	80	19	27	2802	1674	117
灌云县	17	14	107	70	12	25	1546	850	73
灌南县	18	21	98	58	19	21	1773	1174	75
连云港经济技术开发区	7	6	79	73	2	4	258	118	33
连云港高新技术产业开发区	7	2	124	92	3	29	595	340	60
江苏连云港徐圩新区		3	10	6	1	3	125	11	14
江苏省连云港市云台山风景名胜区							10	4	2
淮安市	**101**	**123**	**548**	**358**	**76**	**114**	**9212**	**5437**	**487**
淮安区	6	4	22	16	1	5	709	467	30
淮阴区	6	5	10	9		1	950	629	67
清江浦区			2	1		1	53	34	8
洪泽区	1	1	5	2	1	2	130	84	5
涟水县	29	34	128	81	23	24	2463	1606	76
盱眙县	25	29	117	73	16	28	2000	1177	105
金湖县	8	25	103	64	12	27	964	515	38
淮安经济技术开发区	15	14	92	62	14	16	1261	619	97
工业园区	7		7	4	1	2	54	25	4
生态文旅区	3	8	52	37	8	7	563	259	44
苏淮高新区	1	3	10	9		1	65	22	13
盐城市	**145**	**226**	**1255**	**929**	**111**	**215**	**15031**	**6729**	**892**
亭湖区	7	17	11	8	1	2	458	221	17
盐都区	6	7	24	14	3	7	693	243	44
大丰区	15	33	104	80	11	13	1019	435	73
响水县	8	14	126	87	7	32	949	472	70
滨海县	11	12	203	134	27	42	2381	1383	166
阜宁县	45	28	192	150	14	28	2799	1061	178
射阳县	30	47	226	172	24	30	2727	1437	137
建湖县	6	27	199	138	12	49	2543	975	148
盐城经济技术开发区	2	6	112	108	2	2	483	283	18
江苏省盐南高新区									
东台市	15	35	58	38	10	10	979	219	41
扬州市	**81**	**149**	**485**	**291**	**91**	**103**	**7966**	**2909**	**547**
广陵区	8	16	21	14	5	2	197	36	91

4-4b　续表 42　　　　　　　　　　　　　　　　　　　　　　　　单位：人

地　区 性　别	制造业		电力、热力、燃气及水生产和供应业				建筑业		
	废弃资源综合利用业	金属制品、机械和设备修理业	小计	电力、热力生产和供应业	燃气生产和供应业	水的生产和供应业	小计	房屋建筑业	土木工程建筑业
邗江区		5	12	9	2	1	398	164	22
江都区	8	59	86	39	19	28	1708	811	74
宝应县	27	34	153	85	26	42	3208	966	111
扬州经济技术开发区	22	14	151	108	26	17	687	248	82
蜀冈瘦西湖景区									
生态新城	2	2	2	2			62	6	8
仪征市	2	12	13	6	3	4	723	355	103
高邮市	12	7	47	28	10	9	983	323	56
镇江市	**85**	**68**	**299**	**208**	**35**	**56**	**3594**	**1390**	**340**
京口区	1		3	3			25	17	2
润州区									
丹徒区	7	2	26	16	5	5	327	179	34
镇江新区	27	43	103	79	10	14	837	255	151
江苏镇江高新区									
丹阳市	45	16	88	46	16	26	1605	568	85
扬中市	1	6	27	24		3	193	111	11
句容市	4	1	52	40	4	8	607	260	57
泰州市	**33**	**82**	**436**	**274**	**74**	**88**	**6791**	**2668**	**456**
海陵区		2	6	4	1	1	188	55	13
高港区	3	2	55	45	5	5	433	121	67
姜堰区	5	7	26	12	9	5	919	392	41
泰州医药高新技术产业开发区	3	22	124	89	22	13	1323	670	70
兴化市	19	16	88	44	17	27	1838	689	71
靖江市	1	23	57	41	6	10	469	107	71
泰兴市	2	10	80	39	14	27	1621	634	123
宿迁市	**138**	**134**	**650**	**403**	**127**	**120**	**10827**	**6055**	**658**
宿城区	3	1	29	26	1	2	348	195	25
宿豫区	3		10	3	4	3	304	156	40
沭阳县	83	52	280	165	80	35	4367	2369	307
泗阳县	13	53	147	100	16	31	2567	1450	122
泗洪县	25	11	133	72	19	42	2421	1478	120
宿迁经济技术开发区	11	16	49	35	7	7	696	317	39
宿迁市湖滨新区		1	2	2			124	90	5
苏州宿迁工业园区									
宿迁市洋河新区									
男	**1200**	**1574**	**5952**	**4059**	**765**	**1128**	**101795**	**51551**	**6783**
南京市	**9**	**25**	**48**	**30**	**10**	**8**	**1134**	**669**	**125**
玄武区									
秦淮区									
建邺区									
鼓楼区									
浦口区							1		
栖霞区									
雨花台区	3		1	1			26	3	9
江宁区									
六合区	5	21	38	23	8	7	712	371	97
溧水区	1	4	8	5	2	1	280	217	16
高淳区			1	1			115	78	3
南京江北新区									
无锡市	**144**	**82**	**394**	**263**	**33**	**98**	**3926**	**1733**	**379**
锡山区	47	4	59	41	5	13	845	320	73

4-4b 续表 43　　　　　　　　　　　　　　　　　　　　单位：人

地区 性别	制造业		电力、热力、燃气及水生产和供应业				建筑业		
	废弃资源综合利用业	金属制品、机械和设备修理业	小计	电力、热力生产和供应业	燃气生产和供应业	水的生产和供应业	小计	房屋建筑业	土木工程建筑业
惠山区	4	7	33	15	8	10	398	190	54
滨湖区									
梁溪区									
新吴区									
江苏无锡经济开发区									
江阴市	51	49	206	144	13	49	1478	753	92
宜兴市	42	22	96	63	7	26	1205	470	160
徐州市	**107**	**130**	**715**	**531**	**79**	**105**	**14549**	**8564**	**803**
鼓楼区									
云龙区		1	1	1			134	81	9
贾汪区	2	1	11	7		4	247	122	34
泉山区									
铜山区	22	21	93	75	4	14	2277	1254	194
丰县	12	12	150	111	21	18	1928	1095	95
沛县	22	38	260	214	20	26	3648	2261	160
睢宁县	35	27	98	55	21	22	3240	1739	141
徐州经济技术开发区	7	14	75	51	10	14	1322	881	108
新沂市	4	8	17	12	1	4	996	618	54
邳州市	3	8	10	5	2	3	757	513	8
常州市	**72**	**63**	**120**	**63**	**22**	**35**	**2921**	**1393**	**224**
天宁区	6	6	8	6	2		147	39	11
钟楼区									
新北区	29	14	15	6	3	6	250	85	38
武进区	19	6	26	14	4	8	473	198	77
金坛区	5	8	12	3	5	4	517	327	25
江苏省常州市经济开发区	4	9	26	17	4	5	213	77	13
溧阳市	9	20	33	17	4	12	1321	667	60
苏州市	**175**	**316**	**801**	**480**	**121**	**200**	**10572**	**4844**	**1103**
虎丘区							30	8	1
吴中区	13	9	36	15	9	12	991	339	68
相城区	40	7	35	31	2	2	233	90	29
姑苏区									
吴江区	9	16	178	111	8	59	1099	455	90
苏州工业园区	26	50	198	129	37	32	2729	1093	451
常熟市	30	39	94	63	11	20	1648	893	133
张家港市	35	157	145	74	31	40	2019	1127	159
昆山市	8	19	48	12	16	20	673	210	87
太仓市	14	19	67	45	7	15	1150	629	85
南通市	**110**	**186**	**561**	**341**	**94**	**126**	**13725**	**7348**	**750**
崇川区									
港闸区									
通州区	21	54	55	21	16	18	2012	1182	77
如东县	20	25	223	163	31	29	2938	1461	163
南通经济技术开发区	18	36	67	37	9	21	1452	859	98
通州湾示范区		1	33	25	3	5	270	126	17
苏锡通科技产业园区	11	5	4	2		2	324	134	53
启东市	7	18	40	24	8	8	1496	1043	73
如皋市	13	34	95	48	17	30	2810	1379	157
海门市	10	7	18	7	4	7	1256	628	67
海安市	10	6	26	14	6	6	1167	536	45
连云港市	**169**	**98**	**473**	**351**	**45**	**77**	**8423**	**5267**	**416**
连云区	1		5	5					

4-4b　续表 44　　　　单位：人

地区 性别	制造业		电力、热力、燃气及水生产和供应业				建筑业		
	废弃资源综合利用业	金属制品、机械和设备修理业	小计	电力、热力生产和供应业	燃气生产和供应业	水的生产和供应业	小计	房屋建筑业	土木工程建筑业
海州区			17	14		3	334	201	6
赣榆区	28	27	44	29	7	8	2090	1592	79
东海县	102	29	91	61	12	18	2258	1296	108
灌云县	14	13	79	55	11	13	1345	736	69
灌南县	13	18	78	49	13	16	1555	1032	69
连云港经济技术开发区	5	6	66	65		1	214	104	28
连云港高新技术产业开发区	6	2	84	68	1	15	502	294	43
江苏连云港徐圩新区		3	9	5	1	3	117	9	13
江苏省连云港市云台山风景名胜区							8	3	1
淮安市	**72**	**103**	**421**	**279**	**57**	**85**	**7972**	**4677**	**451**
淮安区	3	4	20	14	1	5	598	373	30
淮阴区	5	4	9	8		1	840	552	62
清江浦区			2	1		1	51	34	7
洪泽区	1	1	5	2	1	2	120	76	5
涟水县	22	27	98	64	19	15	2124	1388	70
盱眙县	18	26	86	59	8	19	1729	1017	97
金湖县	5	23	75	44	11	20	858	460	33
淮安经济技术开发区	9	10	71	45	10	16	1052	507	92
工业园区	5		4	2	1	1	47	21	4
生态文旅区	3	5	42	32	6	4	491	230	38
苏淮高新区	1	3	9	8		1	62	19	13
盐城市	**101**	**205**	**985**	**755**	**85**	**145**	**13425**	**5896**	**808**
亭湖区	5	17	10	7	1	2	417	194	16
盐都区	4	6	19	12	2	5	606	202	41
大丰区	11	31	80	65	7	8	880	386	63
响水县	5	13	94	71	4	19	826	392	64
滨海县	9	12	163	112	22	29	2117	1236	150
阜宁县	32	22	150	121	11	18	2590	967	163
射阳县	20	44	186	148	17	21	2369	1223	125
建湖县	3	25	153	109	9	35	2312	871	131
盐城经济技术开发区	1	5	82	79	2	1	410	223	17
江苏省盐南高新区									
东台市	11	30	48	31	10	7	898	202	38
扬州市	**52**	**121**	**360**	**234**	**65**	**61**	**6938**	**2505**	**465**
广陵区	6	13	15	13	2		152	30	64
邗江区		5	12	9	2	1	338	135	20
江都区	6	43	63	34	13	16	1463	691	64
宝应县	15	29	119	75	20	24	2829	822	99
扬州经济技术开发区	14	13	108	78	20	10	583	214	68
蜀冈瘦西湖景区									
生态新城	1	2	1	1			51	5	5
仪征市	2	10	8	4	2	2	655	325	99
高邮市	8	6	34	20	6	8	867	283	46
镇江市	**61**	**59**	**244**	**177**	**25**	**42**	**3095**	**1198**	**294**
京口区			1	1			16	10	2
润州区									
丹徒区	5	2	26	16	5	5	294	161	31
镇江新区	19	36	88	74	4	10	686	204	128
江苏镇江高新区									
丹阳市	34	15	71	39	12	20	1422	517	74
扬中市		6	16	14		2	151	87	9
句容市	3		42	33	4	5	526	219	50

4-4b 续表 45

单位：人

地 区 性 别	制造业		电力、热力、燃气及水生产和供应业				建筑业		
	废弃资源综合利用业	金属制品、机械和设备修理业	小计	电力、热力生产和供应业	燃气生产和供应业	水的生产和供应业	小计	房屋建筑业	土木工程建筑业
泰州市	**26**	**72**	**335**	**218**	**53**	**64**	**5772**	**2222**	**385**
海陵区		2	4	2	1	1	175	51	11
高港区	3	2	39	32	4	3	372	99	59
姜堰区	3	6	21	11	6	4	804	327	36
泰州医药高新技术产业开发区	2	20	92	68	16	8	1131	586	50
兴化市	16	12	74	39	14	21	1535	557	63
靖江市	1	21	43	33	4	6	400	79	61
泰兴市	1	9	62	33	8	21	1355	523	105
宿迁市	**102**	**114**	**495**	**337**	**76**	**82**	**9343**	**5235**	**580**
宿城区	2	1	25	22	1	2	301	162	21
宿豫区	3		9	3	3	3	285	148	38
沭阳县	58	46	209	143	44	22	3730	2031	262
泗阳县	9	44	108	78	10	20	2205	1256	109
泗洪县	19	9	101	58	13	30	2093	1278	109
宿迁经济技术开发区	11	13	41	31	5	5	625	287	36
宿迁市湖滨新区		1	2	2			104	73	5
苏州宿迁工业园区									
宿迁市洋河新区									
女	**463**	**242**	**1770**	**961**	**314**	**495**	**14763**	**7511**	**964**
南京市	**4**	**4**	**15**	**4**	**8**	**3**	**156**	**87**	**16**
玄武区									
秦淮区									
建邺区									
鼓楼区									
浦口区									
栖霞区									
雨花台区	2		1	1			3		3
江宁区									
六合区	2	4	11	3	6	2	106	47	12
溧水区			3		2	1	39	33	1
高淳区							8	7	
南京江北新区									
无锡市	**60**	**14**	**109**	**62**	**15**	**32**	**466**	**191**	**51**
锡山区	17		15	9	1	5	96	39	8
惠山区	1	2	9	2	4	3	62	26	5
滨湖区									
梁溪区									
新吴区									
江苏无锡经济开发区									
江阴市	19	6	48	32	5	11	146	72	16
宜兴市	23	6	37	19	5	13	162	54	22
徐州市	**38**	**9**	**239**	**157**	**38**	**44**	**2085**	**1221**	**115**
鼓楼区									
云龙区							8	3	1
贾汪区	1	1	5	3	1	1	37	19	1
泉山区									
铜山区	15	2	45	36	5	4	277	164	24
丰县	6		44	19	12	13	447	228	6
沛县	2	2	79	55	11	13	361	228	21
睢宁县	8	3	39	27	5	7	475	262	39
徐州经济技术开发区	1	1	25	17	3	5	209	135	18
新沂市	2		2		1	1	90	59	3
邳州市	3						181	123	2

4-4b 续表 46

单位：人

地区 性别	制造业		电力、热力、燃气及水生产和供应业				建筑业		
	废弃资源综合利用业	金属制品、机械和设备修理业	小计	电力、热力生产和供应业	燃气生产和供应业	水的生产和供应业	小计	房屋建筑业	土木工程建筑业
常州市	**27**	**7**	**37**	**17**	**8**	**12**	**381**	**191**	**50**
天宁区	1	1	4		2	2	25	6	2
钟楼区									
新北区	16		5	2	1	2	57	19	11
武进区	3		13	6	2	5	64	29	15
金坛区	2	2	2	1	1		61	37	6
江苏省常州市经济开发区	4	2	5	3	1	1	26	8	4
溧阳市	1	2	8	5	1	2	148	92	12
苏州市	**50**	**50**	**238**	**111**	**42**	**85**	**2110**	**843**	**184**
虎丘区			1		1		1		
吴中区	7	3	15	4	3	8	243	108	9
相城区	9		8	6		2	31	8	2
姑苏区									
吴江区	4		42	25	1	16	137	64	9
苏州工业园区	6	23	83	41	18	24	758	198	93
常熟市	11	2	19	10	2	7	147	74	12
张家港市	7	12	37	15	7	15	367	217	16
昆山市		4	17	2	3	12	185	55	26
太仓市	6	6	16	8	7	1	241	119	17
南通市	**51**	**42**	**155**	**68**	**31**	**56**	**1333**	**644**	**106**
崇川区									
港闸区									
通州区	14	12	22	5	7	10	163	69	14
如东县	8	2	48	30	6	12	280	132	21
南通经济技术开发区	9	11	16	11	2	3	208	97	18
通州湾示范区		1	4	3		1	13	8	4
苏锡通科技产业园区	7	1	4		3	1	16	5	2
启东市	3	10	16	1	5	10	117	78	5
如皋市	4	2	21	5	4	12	267	130	16
海门市	3	3	9	4	1	4	113	61	5
海安市	3		15	9	3	3	156	64	21
连云港市	**64**	**8**	**144**	**79**	**19**	**46**	**1356**	**879**	**45**
连云区									
海州区		1	3	1		2	27	18	
赣榆区	21	2	4	2	1	1	219	164	2
东海县	32	1	35	19	7	9	544	378	9
灌云县	3	1	28	15	1	12	201	114	4
灌南县	5	3	20	9	6	5	218	142	6
连云港经济技术开发区	2		13	8	2	3	44	14	5
连云港高新技术产业开发区	1		40	24	2	14	93	46	17
江苏连云港徐圩新区			1	1			8	2	1
江苏省连云港市云台山风景名胜区							2	1	1
淮安市	**29**	**20**	**127**	**79**	**19**	**29**	**1240**	**760**	**36**
淮安区	3		2	2			111	94	
淮阴区	1	1	1	1			110	77	5
清江浦区							2		1
洪泽区							10	8	
涟水县	7	7	30	17	4	9	339	218	6
盱眙县	7	3	31	14	8	9	271	160	8
金湖县	3	2	28	20	1	7	106	55	5
淮安经济技术开发区	6	4	21	17	4		209	112	5
工业园区	2		3	2		1	7	4	

4-4b 续表 47　　　　单位：人

地区 性别	制造业		电力、热力、燃气及水生产和供应业				建筑业		
	废弃资源综合利用业	金属制品、机械和设备修理业	小计	电力、热力生产和供应业	燃气生产和供应业	水的生产和供应业	小计	房屋建筑业	土木工程建筑业
生态文旅区		3	10	5	2	3	72	29	6
苏淮高新区			1	1			3	3	
盐城市	**44**	**21**	**270**	**174**	**26**	**70**	**1606**	**833**	**84**
亭湖区	2		1	1			41	27	1
盐都区	2	1	5	2	1	2	87	41	3
大丰区	4	2	24	15	4	5	139	49	10
响水县	3	1	32	16	3	13	123	80	6
滨海县	2		40	22	5	13	264	147	16
阜宁县	13	6	42	29	3	10	209	94	15
射阳县	10	3	40	24	7	9	358	214	12
建湖县	3	2	46	29	3	14	231	104	17
盐城经济技术开发区	1	1	30	29		1	73	60	1
江苏省盐南高新区									
东台市	4	5	10	7		3	81	17	3
扬州市	**29**	**28**	**125**	**57**	**26**	**42**	**1028**	**404**	**82**
广陵区	2	3	6	1	3	2	45	6	27
邗江区							60	29	2
江都区	2	16	23	5	6	12	245	120	10
宝应县	12	5	34	10	6	18	379	144	12
扬州经济技术开发区	8	1	43	30	6	7	104	34	14
蜀冈瘦西湖景区									
生态新城	1		1	1			11	1	3
仪征市		2	5	2	1	2	68	30	4
高邮市	4	1	13	8	4	1	116	40	10
镇江市	**24**	**9**	**55**	**31**	**10**	**14**	**499**	**192**	**46**
京口区	1		2	2			9	7	
润州区									
丹徒区	2						33	18	3
镇江新区	8	7	15	5	6	4	151	51	23
江苏镇江高新区									
丹阳市	11	1	17	7	4	6	183	51	11
扬中市	1		11	10		1	42	24	2
句容市	1	1	10	7		3	81	41	7
泰州市	**7**	**10**	**101**	**56**	**21**	**24**	**1019**	**446**	**71**
海陵区			2	2			13	4	2
高港区			16	13	1	2	61	22	8
姜堰区	2	1	5	1	3	1	115	65	5
泰州医药高新技术产业开发区	1	2	32	21	6	5	192	84	20
兴化市	3	4	14	5	3	6	303	132	8
靖江市		2	14	8	2	4	69	28	10
泰兴市	1	1	18	6	6	6	266	111	18
宿迁市	**36**	**20**	**155**	**66**	**51**	**38**	**1484**	**820**	**78**
宿城区	1		4	4			47	33	4
宿豫区			1		1		19	8	2
沭阳县	25	6	71	22	36	13	637	338	45
泗阳县	4	9	39	22	6	11	362	194	13
泗洪县	6	2	32	14	6	12	328	200	11
宿迁经济技术开发区		3	8	4	2	2	71	30	3
宿迁市湖滨新区							20	17	
苏州宿迁工业园区									
宿迁市洋河新区									

4-4b　续表 48　　　　　　　　　　　　　　　　　　　　　　　　　　　　　　　单位：人

地　区 性　别	建筑业		批发和零售业			交通运输、仓储和邮政业			
	建　筑 安装业	建筑装 饰、装修 和其他 建筑业	小计	批发业	零售业	小计	铁　路 运输业	道　路 运输业	水　上 运输业
江　苏	**8652**	**41097**	**165926**	**53732**	**112194**	**49655**	**468**	**33312**	**1696**
南京市	**84**	**309**	**1426**	**500**	**926**	**532**	**10**	**343**	**50**
玄武区									
秦淮区									
建邺区									
鼓楼区									
浦口区		1	6	2	4	2		1	
栖霞区									
雨花台区	5	9	31	3	28	29		18	
江宁区									
六合区	48	243	1164	427	737	379	9	274	7
溧水区	24	28	163	61	102	66	1	41	
高淳区	7	28	62	7	55	56		9	43
南京江北新区									
无锡市	**352**	**1686**	**8249**	**3175**	**5074**	**2632**	**14**	**1790**	**27**
锡山区	71	430	1741	580	1161	761	4	483	1
惠山区	37	148	713	224	489	415	4	326	1
滨湖区									
梁溪区									
新吴区									
江苏无锡经济开发区									
江阴市	100	591	3601	1546	2055	912	2	570	4
宜兴市	144	517	2194	825	1369	544	4	411	21
徐州市	**1061**	**4870**	**23148**	**7260**	**15888**	**7563**	**176**	**5427**	**147**
鼓楼区									
云龙区	10	38	195	75	120	79		60	
贾汪区	25	83	520	150	370	237	1	197	5
泉山区									
铜山区	276	642	5044	2344	2700	1288	14	939	6
丰县	137	814	4730	1633	3097	1115	2	753	20
沛县	214	1125	3340	612	2728	1518	45	1129	50
睢宁县	202	1332	4614	1093	3521	1630	17	1085	36
徐州经济技术开发区	78	311	2244	609	1635	998	91	711	17
新沂市	67	285	1044	325	719	448		364	6
邳州市	52	240	1417	419	998	250	6	189	7
常州市	**509**	**935**	**4458**	**1440**	**3018**	**1077**	**6**	**756**	**19**
天宁区	22	92	346	138	208	62		41	
钟楼区									
新北区	30	124	710	184	526	249	2	168	13
武进区	30	188	1357	594	763	272	3	178	
金坛区	28	155	453	91	362	128		102	2
江苏省常州市经济开发区	15	122	580	135	445	150		109	2
溧阳市	384	254	1012	298	714	216	1	158	2
苏州市	**956**	**4752**	**26272**	**10842**	**15430**	**8347**	**43**	**5168**	**238**
虎丘区	4	18	36	3	33	6		4	
吴中区	64	646	1807	651	1156	365	1	253	2
相城区	34	101	401	134	267	304		180	
姑苏区									
吴江区	102	516	4249	2262	1987	932	3	710	8
苏州工业园区	302	1350	9313	4063	5250	2248	22	1312	22
常熟市	123	560	2425	750	1675	818	3	553	15

4-4b 续表 49 单位：人

地区 性别	建筑业		批发和零售业			交通运输、仓储和邮政业			
	建筑安装业	建筑装饰、装修和其他建筑业	小计	批发业	零售业	小计	铁路运输业	道路运输业	水上运输业
张家港市	230	637	4067	1633	2434	1896	2	1028	124
昆山市	56	424	1701	575	1126	533	6	355	2
太仓市	41	500	2273	771	1502	1245	6	773	65
南通市	**1110**	**5100**	**16089**	**5714**	**10375**	**3574**	**21**	**2189**	**193**
崇川区									
港闸区									
通州区	221	612	2333	805	1528	583	7	392	8
如东县	255	1186	2912	840	2072	766	5	516	41
南通经济技术开发区	108	480	2567	1034	1533	605	4	319	35
通州湾示范区	17	111	181	47	134	25		18	2
苏锡通科技产业园区	36	110	267	126	141	134		73	1
启东市	100	314	1621	400	1221	258		164	13
如皋市	222	1173	2356	798	1558	666	3	415	67
海门市	86	522	2851	1379	1472	333	2	155	6
海安市	65	592	1001	285	716	204		137	20
连云港市	**487**	**2685**	**15375**	**3311**	**12064**	**4702**	**56**	**3232**	**229**
连云区									
海州区	24	112	354	71	283	219	3	161	6
赣榆区	55	417	1785	382	1403	826	2	626	32
东海县	127	884	7683	1576	6107	1257	14	850	10
灌云县	103	520	2233	475	1758	845	8	616	31
灌南县	110	414	2009	384	1625	767	2	533	63
连云港经济技术开发区	17	90	413	162	251	352	12	208	39
连云港高新技术产业开发区	45	150	763	218	545	345	15	183	46
江苏连云港徐圩新区	5	95	129	42	87	86		51	1
江苏省连云港市云台山风景名胜区	1	3	6	1	5	5		4	1
淮安市	**515**	**2773**	**12122**	**2863**	**9259**	**3691**	**27**	**2604**	**63**
淮安区	33	179	647	119	528	176	1	111	5
淮阴区	62	192	412	61	351	185	1	148	
清江浦区	3	8	45	12	33	11		8	
洪泽区	3	38	214	120	94	39		18	1
涟水县	130	651	4600	678	3922	1199	2	912	4
盱眙县	123	595	2235	632	1603	891	4	657	21
金湖县	45	366	1067	259	808	384	1	262	17
淮安经济技术开发区	66	479	1954	550	1404	566	11	331	13
工业园区	4	21	30	7	23	13		10	
生态文旅区	36	224	675	248	427	198	7	132	2
苏淮高新区	10	20	243	177	66	29		15	
盐城市	**1386**	**6024**	**18026**	**5895**	**12131**	**6031**	**24**	**4260**	**255**
亭湖区	68	152	389	112	277	156	4	82	8
盐都区	107	299	738	200	538	177		113	13
大丰区	58	453	1482	777	705	339	2	229	11
响水县	97	310	1788	619	1169	626		443	20
滨海县	169	663	2296	573	1723	1179	5	850	36
阜宁县	281	1279	2983	1047	1936	894	1	585	29
射阳县	200	953	4203	1360	2843	1275	4	956	59
建湖县	299	1121	2467	670	1797	851	7	617	56
盐城经济技术开发区	45	137	427	113	314	92		64	
江苏省盐南高新区									
东台市	62	657	1253	424	829	442	1	321	23
扬州市	**745**	**3765**	**8588**	**2513**	**6075**	**2158**	**14**	**1396**	**108**
广陵区	25	45	328	118	210	106	2	75	6

4-4b 续表 50

单位：人

地区 性别	建筑业		批发和零售业			交通运输、仓储和邮政业			
	建筑安装业	建筑装饰、装修和其他建筑业	小计	批发业	零售业	小计	铁路运输业	道路运输业	水上运输业
邗江区	71	141	396	91	305	103		67	6
江都区	330	493	1602	474	1128	392	2	274	15
宝应县	125	2006	3666	964	2702	735	1	448	41
扬州经济技术开发区	82	275	1368	398	970	486	5	291	31
蜀冈瘦西湖景区									
生态新城	14	34	67	39	28	12		10	
仪征市	53	212	381	113	268	100	2	75	1
高邮市	45	559	780	316	464	224	2	156	8
镇江市	**289**	**1575**	**5889**	**1758**	**4131**	**2122**	**14**	**1426**	**76**
京口区	1	5	14	6	8	29		7	11
润州区									
丹徒区	23	91	404	91	313	123	2	85	10
镇江新区	93	338	1813	523	1290	694	2	379	42
江苏镇江高新区									
丹阳市	127	825	2616	820	1796	683	4	529	7
扬中市	24	47	411	132	279	56		44	
句容市	21	269	631	186	445	537	6	382	6
泰州市	**558**	**3109**	**8968**	**3435**	**5533**	**2240**	**13**	**1213**	**202**
海陵区	7	113	157	52	105	39		30	1
高港区	43	202	288	85	203	131		64	6
姜堰区	64	422	567	123	444	233		137	43
泰州医药高新技术产业开发区	101	482	1453	383	1070	358	7	206	10
兴化市	114	964	3764	1842	1922	844	5	443	84
靖江市	51	240	686	194	492	263	1	112	42
泰兴市	178	686	2053	756	1297	372		221	16
宿迁市	**600**	**3514**	**17316**	**5026**	**12290**	**4986**	**50**	**3508**	**89**
宿城区	6	122	250	47	203	81		53	4
宿豫区	22	86	329	107	222	119	1	81	
沭阳县	292	1399	8238	2204	6034	2488	20	1822	29
泗阳县	112	883	3505	819	2686	898	18	599	27
泗洪县	114	709	3450	1339	2111	1019	9	721	8
宿迁经济技术开发区	48	292	1446	497	949	348	2	215	8
宿迁市湖滨新区	6	23	98	13	85	33		17	13
苏州宿迁工业园区									
宿迁市洋河新区									
男	**7882**	**35579**	**83408**	**31754**	**51654**	**41673**	**322**	**29366**	**1371**
南京市	**76**	**264**	**742**	**318**	**424**	**438**	**7**	**292**	**45**
玄武区									
秦淮区									
建邺区									
鼓楼区									
浦口区		1	3	2	1	2		1	
栖霞区									
雨花台区	5	9	16	2	14	25		17	
江宁区									
六合区	41	203	607	273	334	305	6	229	7
溧水区	23	24	88	37	51	55	1	36	
高淳区	7	27	28	4	24	51		9	38
南京江北新区									
无锡市	**320**	**1494**	**4154**	**1867**	**2287**	**2209**	**10**	**1562**	**21**
锡山区	57	395	855	334	521	617	3	404	1

4-4b 续表 51

单位：人

地区 性别	建筑业		批发和零售业			交通运输、仓储和邮政业			
	建筑安装业	建筑装饰、装修和其他建筑业	小计	批发业	零售业	小计	铁路运输业	道路运输业	水上运输业
惠山区	31	123	353	149	204	343	4	277	1
滨湖区									
梁溪区									
新吴区									
江苏无锡经济开发区									
江阴市	95	538	1821	865	956	777	2	511	4
宜兴市	137	438	1125	519	606	472	1	370	15
徐州市	**995**	**4187**	**10729**	**3915**	**6814**	**6455**	**130**	**4907**	**133**
鼓楼区									
云龙区	10	34	99	46	53	67		54	
贾汪区	23	68	291	95	196	218		188	4
泉山区									
铜山区	268	561	1879	1017	862	1076	11	854	5
丰县	116	622	2291	890	1401	909	2	640	18
沛县	209	1018	1592	368	1224	1333	36	1044	44
睢宁县	183	1177	2159	637	1522	1408	12	996	36
徐州经济技术开发区	70	263	1129	382	747	814	63	612	14
新沂市	65	259	526	203	323	404		344	5
邳州市	51	185	763	277	486	226	6	175	7
常州市	**473**	**831**	**2193**	**876**	**1317**	**927**	**3**	**681**	**15**
天宁区	19	78	171	82	89	51		34	
钟楼区									
新北区	23	104	356	115	241	214	2	151	10
武进区	26	172	664	340	324	229	1	161	
金坛区	26	139	236	57	179	117		97	2
江苏省常州市经济开发区	13	110	299	81	218	126		93	1
溧阳市	366	228	467	201	266	190		145	2
苏州市	**807**	**3818**	**13857**	**6546**	**7311**	**6695**	**28**	**4273**	**193**
虎丘区	4	17	16	2	14	5		4	
吴中区	57	527	976	391	585	309	1	213	2
相城区	30	84	223	91	132	254		154	
姑苏区									
吴江区	91	463	2388	1438	950	791	1	617	8
苏州工业园区	227	958	4970	2380	2590	1712	15	1045	12
常熟市	114	508	1205	445	760	682	1	476	10
张家港市	205	528	2061	1016	1045	1530	2	853	104
昆山市	45	331	866	336	530	423	4	292	2
太仓市	34	402	1152	447	705	989	4	619	55
南通市	**1036**	**4591**	**8075**	**3247**	**4828**	**2973**	**9**	**1921**	**166**
崇川区									
港闸区									
通州区	206	547	1101	423	678	496	4	348	7
如东县	243	1071	1375	489	886	639	2	455	39
南通经济技术开发区	97	398	1377	617	760	485		267	31
通州湾示范区	17	110	85	30	55	21		16	2
苏锡通科技产业园区	34	103	147	76	71	110		62	1
启东市	95	285	887	246	641	221		145	11
如皋市	208	1066	1144	476	668	556	2	366	53
海门市	80	481	1492	733	759	278	1	142	6
海安市	56	530	467	157	310	167		120	16
连云港市	**452**	**2288**	**7382**	**1955**	**5427**	**3981**	**43**	**2904**	**177**
连云区									

4-4b　续表 52　　　　单位：人

地区 性别	建筑业		批发和零售业			交通运输、仓储和邮政业			
	建筑安装业	建筑装饰、装修和其他建筑业	小计	批发业	零售业	小计	铁路运输业	道路运输业	水上运输业
海州区	22	105	183	45	138	201	3	153	5
赣榆区	53	366	914	249	665	717	2	586	32
东海县	114	740	3536	872	2664	1063	10	759	9
灌云县	96	444	1143	308	835	741	4	566	23
灌南县	107	347	949	224	725	656	2	476	47
连云港经济技术开发区	13	69	198	105	93	271	11	167	30
连云港高新技术产业开发区	41	124	381	123	258	257	11	146	29
江苏连云港徐圩新区	5	90	75	29	46	70		47	1
江苏省连云港市云台山风景名胜区	1	3	3		3	5		4	1
淮安市	**467**	**2377**	**5750**	**1712**	**4038**	**3113**	**16**	**2291**	**51**
淮安区	31	164	349	83	266	149	1	99	5
淮阴区	60	166	215	41	174	165	1	140	
清江浦区	3	7	28	9	19	9		6	
洪泽区	3	36	112	70	42	35		18	1
涟水县	114	552	1934	388	1546	1014	1	794	4
盱眙县	106	509	1149	400	749	794	3	602	19
金湖县	41	324	532	173	359	320		225	12
淮安经济技术开发区	61	392	948	294	654	440	5	276	8
工业园区	4	18	14	6	8	11		9	
生态文旅区	34	189	319	135	184	151	5	109	2
苏淮高新区	10	20	150	113	37	25		13	
盐城市	**1291**	**5430**	**9486**	**3674**	**5812**	**5254**	**16**	**3885**	**209**
亭湖区	66	141	205	69	136	129	4	75	8
盐都区	95	268	359	127	232	148		102	11
大丰区	51	380	737	420	317	284		204	11
响水县	89	281	922	398	524	550		408	17
滨海县	153	578	1255	393	862	1058	3	797	28
阜宁县	261	1199	1644	639	1005	775	1	532	23
射阳县	186	835	2273	840	1433	1124	2	870	51
建湖县	285	1025	1205	432	773	731	5	556	42
盐城经济技术开发区	44	126	227	67	160	75		51	
江苏省盐南高新区									
东台市	61	597	659	289	370	380	1	290	18
扬州市	**669**	**3299**	**4189**	**1453**	**2736**	**1794**	**9**	**1220**	**87**
广陵区	22	36	155	62	93	92	2	65	6
邗江区	66	117	185	54	131	87		61	5
江都区	297	411	776	276	500	316	2	234	14
宝应县	112	1796	1777	561	1216	617	1	394	31
扬州经济技术开发区	70	231	667	219	448	400	3	249	24
蜀冈瘦西湖景区									
生态新城	13	28	38	23	15	8		6	
仪征市	47	184	201	72	129	84		68	1
高邮市	42	496	390	186	204	190	1	143	6
镇江市	**242**	**1361**	**2965**	**1072**	**1893**	**1715**	**11**	**1190**	**63**
京口区	1	3	9	5	4	18		4	7
润州区									
丹徒区	20	82	210	58	152	108	2	77	10
镇江新区	74	280	905	309	596	554	2	311	34
江苏镇江高新区									
丹阳市	110	721	1293	492	801	581	3	460	6
扬中市	19	36	224	79	145	49		38	
句容市	18	239	324	129	195	405	4	300	6

4-4b 续表 53

单位：人

地区 性别	建筑业		批发和零售业			交通运输、仓储和邮政业			
	建筑安装业	建筑装饰、装修和其他建筑业	小计	批发业	零售业	小计	铁路运输业	道路运输业	水上运输业
泰州市	**497**	**2668**	**4723**	**2145**	**2578**	**1783**	**8**	**1044**	**137**
海陵区	7	106	85	37	48	34		26	1
高港区	40	174	144	55	89	96		49	5
姜堰区	60	381	297	82	215	187		121	28
泰州医药高新技术产业开发区	88	407	725	227	498	286	2	177	5
兴化市	103	812	2178	1218	960	658	5	378	53
靖江市	47	213	317	114	203	214	1	100	31
泰兴市	152	575	977	412	565	308		193	14
宿迁市	**557**	**2971**	**9163**	**2974**	**6189**	**4336**	**32**	**3196**	**74**
宿城区	6	112	121	32	89	68		47	3
宿豫区	21	78	173	62	111	108	1	76	
沭阳县	270	1167	4530	1362	3168	2164	11	1665	22
泗阳县	103	737	1851	469	1382	789	16	555	21
泗洪县	106	600	1699	759	940	874	2	644	8
宿迁经济技术开发区	46	256	736	281	455	303	2	193	8
宿迁市湖滨新区	5	21	53	9	44	30		16	12
苏州宿迁工业园区									
宿迁市洋河新区									
女	**770**	**5518**	**82518**	**21978**	**60540**	**7982**	**146**	**3946**	**325**
南京市	**8**	**45**	**684**	**182**	**502**	**94**	**3**	**51**	**5**
玄武区									
秦淮区									
建邺区									
鼓楼区									
浦口区			3		3				
栖霞区									
雨花台区			15	1	14	4		1	
江宁区									
六合区	7	40	557	154	403	74	3	45	
溧水区	1	4	75	24	51	11		5	
高淳区		1	34	3	31	5			5
南京江北新区									
无锡市	**32**	**192**	**4095**	**1308**	**2787**	**423**	**4**	**228**	**6**
锡山区	14	35	886	246	640	144	1	79	
惠山区	6	25	360	75	285	72		49	
滨湖区									
梁溪区									
新吴区									
江苏无锡经济开发区									
江阴市	5	53	1780	681	1099	135		59	
宜兴市	7	79	1069	306	763	72	3	41	6
徐州市	**66**	**683**	**12419**	**3345**	**9074**	**1108**	**46**	**520**	**14**
鼓楼区									
云龙区		4	96	29	67	12		6	
贾汪区	2	15	229	55	174	19	1	9	1
泉山区									
铜山区	8	81	3165	1327	1838	212	3	85	1
丰县	21	192	2439	743	1696	206		113	2
沛县	5	107	1748	244	1504	185	9	85	6
睢宁县	19	155	2455	456	1999	222	5	89	
徐州经济技术开发区	8	48	1115	227	888	184	28	99	3
新沂市	2	26	518	122	396	44		20	1
邳州市	1	55	654	142	512	24		14	

4-4b 续表 54

单位：人

地区 性别	建筑业		批发和零售业			交通运输、仓储和邮政业			
	建筑安装业	建筑装饰、装修和其他建筑业	小计	批发业	零售业	小计	铁路运输业	道路运输业	水上运输业
常州市	**36**	**104**	**2265**	**564**	**1701**	**150**	**3**	**75**	**4**
天宁区	3	14	175	56	119	11		7	
钟楼区									
新北区	7	20	354	69	285	35		17	3
武进区	4	16	693	254	439	43	2	17	
金坛区	2	16	217	34	183	11		5	
江苏省常州市经济开发区	2	12	281	54	227	24		16	1
溧阳市	18	26	545	97	448	26	1	13	
苏州市	**149**	**934**	**12415**	**4296**	**8119**	**1652**	**15**	**895**	**45**
虎丘区		1	20	1	19	1			
吴中区	7	119	831	260	571	56		40	
相城区	4	17	178	43	135	50		26	
姑苏区									
吴江区	11	53	1861	824	1037	141	2	93	
苏州工业园区	75	392	4343	1683	2660	536	7	267	10
常熟市	9	52	1220	305	915	136	2	77	5
张家港市	25	109	2006	617	1389	366		175	20
昆山市	11	93	835	239	596	110	2	63	
太仓市	7	98	1121	324	797	256	2	154	10
南通市	**74**	**509**	**8014**	**2467**	**5547**	**601**	**12**	**268**	**27**
崇川区									
港闸区									
通州区	15	65	1232	382	850	87	3	44	1
如东县	12	115	1537	351	1186	127	3	61	2
南通经济技术开发区	11	82	1190	417	773	120	4	52	4
通州湾示范区		1	96	17	79	4		2	
苏锡通科技产业园区	2	7	120	50	70	24		11	
启东市	5	29	734	154	580	37		19	2
如皋市	14	107	1212	322	890	110	1	49	14
海门市	6	41	1359	646	713	55	1	13	
海安市	9	62	534	128	406	37		17	4
连云港市	**35**	**397**	**7993**	**1356**	**6637**	**721**	**13**	**328**	**52**
连云区									
海州区	2	7	171	26	145	18		8	1
赣榆区	2	51	871	133	738	109		40	
东海县	13	144	4147	704	3443	194	4	91	1
灌云县	7	76	1090	167	923	104	4	50	8
灌南县	3	67	1060	160	900	111		57	16
连云港经济技术开发区	4	21	215	57	158	81	1	41	9
连云港高新技术产业开发区	4	26	382	95	287	88	4	37	17
江苏连云港徐圩新区		5	54	13	41	16		4	
江苏省连云港市云台山风景名胜区			3	1	2				
淮安市	**48**	**396**	**6372**	**1151**	**5221**	**578**	**11**	**313**	**12**
淮安区	2	15	298	36	262	27		12	
淮阴区	2	26	197	20	177	20		8	
清江浦区		1	17	3	14	2		2	
洪泽区		2	102	50	52	4			
涟水县	16	99	2666	290	2376	185	1	118	
盱眙县	17	86	1086	232	854	97	1	55	2
金湖县	4	42	535	86	449	64	1	37	5
淮安经济技术开发区	5	87	1006	256	750	126	6	55	5
工业园区		3	16	1	15	2		1	

4-4b 续表 55

单位：人

地区 性别	建筑业		批发和零售业			交通运输、仓储和邮政业			
	建筑安装业	建筑装饰、装修和其他建筑业	小计	批发业	零售业	小计	铁路运输业	道路运输业	水上运输业
生态文旅区	2	35	356	113	243	47	2	23	
苏淮高新区			93	64	29	4		2	
盐城市	**95**	**594**	**8540**	**2221**	**6319**	**777**	**8**	**375**	**46**
亭湖区	2	11	184	43	141	27		7	
盐都区	12	31	379	73	306	29		11	2
大丰区	7	73	745	357	388	55	2	25	
响水县	8	29	866	221	645	76		35	3
滨海县	16	85	1041	180	861	121	2	53	8
阜宁县	20	80	1339	408	931	119		53	6
射阳县	14	118	1930	520	1410	151	2	86	8
建湖县	14	96	1262	238	1024	120	2	61	14
盐城经济技术开发区	1	11	200	46	154	17		13	
江苏省盐南高新区									
东台市	1	60	594	135	459	62		31	5
扬州市	**76**	**466**	**4399**	**1060**	**3339**	**364**	**5**	**176**	**21**
广陵区	3	9	173	56	117	14		10	
邗江区	5	24	211	37	174	16		6	1
江都区	33	82	826	198	628	76		40	1
宝应县	13	210	1889	403	1486	118		54	10
扬州经济技术开发区	12	44	701	179	522	86	2	42	7
蜀冈瘦西湖景区									
生态新城	1	6	29	16	13	4		4	
仪征市	6	28	180	41	139	16	2	7	
高邮市	3	63	390	130	260	34	1	13	2
镇江市	**47**	**214**	**2924**	**686**	**2238**	**407**	**3**	**236**	**13**
京口区		2	5	1	4	11		3	4
润州区									
丹徒区	3	9	194	33	161	15		8	
镇江新区	19	58	908	214	694	140		68	8
江苏镇江高新区									
丹阳市	17	104	1323	328	995	102	1	69	1
扬中市	5	11	187	53	134	7		6	
句容市	3	30	307	57	250	132	2	82	
泰州市	**61**	**441**	**4245**	**1290**	**2955**	**457**	**5**	**169**	**65**
海陵区		7	72	15	57	5		4	
高港区	3	28	144	30	114	35		15	1
姜堰区	4	41	270	41	229	46		16	15
泰州医药高新技术产业开发区	13	75	728	156	572	72	5	29	5
兴化市	11	152	1586	624	962	186		65	31
靖江市	4	27	369	80	289	49		12	11
泰兴市	26	111	1076	344	732	64		28	2
宿迁市	**43**	**543**	**8153**	**2052**	**6101**	**650**	**18**	**312**	**15**
宿城区		10	129	15	114	13		6	1
宿豫区	1	8	156	45	111	11		5	
沭阳县	22	232	3708	842	2866	324	9	157	7
泗阳县	9	146	1654	350	1304	109	2	44	6
泗洪县	8	109	1751	580	1171	145	7	77	
宿迁经济技术开发区	2	36	710	216	494	45		22	
宿迁市湖滨新区	1	2	45	4	41	3		1	1
苏州宿迁工业园区									
宿迁市洋河新区									

4-4b　续表 56　　　　单位：人

地　区 性　别	交通运输、仓储和邮政业					住宿和餐饮业		
	航　空 运输业	管　道 运输业	多式联运 和运输 代理业	装卸搬运 和仓储业	邮政业	小计	住宿业	餐饮业
江　苏	**243**	**20**	**1850**	**4629**	**7437**	**42714**	**3410**	**39304**
南京市	**7**		**9**	**52**	**61**	**409**	**44**	**365**
玄武区								
秦淮区								
建邺区								
鼓楼区								
浦口区					1	2		2
栖霞区								
雨花台区			1	4	6	19	5	14
江宁区								
六合区	2		3	46	38	311	30	281
溧水区	5		5	2	12	53	9	44
高淳区					4	24		24
南京江北新区								
无锡市	**8**	**1**	**116**	**273**	**403**	**2062**	**210**	**1852**
锡山区	6		57	77	133	465	23	442
惠山区			31	30	23	175	25	150
滨湖区								
梁溪区								
新吴区								
江苏无锡经济开发区								
江阴市	1	1	18	126	190	835	100	735
宜兴市	1		10	40	57	587	62	525
徐州市	**26**		**135**	**587**	**1065**	**5587**	**315**	**5272**
鼓楼区								
云龙区			4	6	9	62	5	57
贾汪区			6	11	17	128	5	123
泉山区								
铜山区	2		29	127	171	898	47	851
丰县			14	113	213	1142	47	1095
沛县	5		14	126	149	1064	43	1021
睢宁县	15		31	120	326	1158	61	1097
徐州经济技术开发区	4		23	43	109	590	92	498
新沂市			11	18	49	291	6	285
邳州市			3	23	22	254	9	245
常州市	**7**		**33**	**92**	**164**	**1303**	**110**	**1193**
天宁区			6	1	14	88		88
钟楼区								
新北区	4		5	20	37	229	9	220
武进区			18	30	43	345	22	323
金坛区				9	15	136	10	126
江苏省常州市经济开发区	2		1	4	32	179	20	159
溧阳市	1		3	28	23	326	49	277
苏州市	**29**	**8**	**640**	**988**	**1233**	**6886**	**810**	**6076**
虎丘区				1	1	7	1	6
吴中区	2	3	15	10	79	524	65	459
相城区			2	24	98	103	13	90
姑苏区								
吴江区	2		14	66	129	818	104	714
苏州工业园区	14	2	297	144	435	2796	357	2439
常熟市	3		12	116	116	555	32	523

4-4b 续表 57

单位：人

地区 性别	交通运输、仓储和邮政业					住宿和餐饮业		
	航空运输业	管道运输业	多式联运和运输代理业	装卸搬运和仓储业	邮政业	小计	住宿业	餐饮业
张家港市	3	3	134	420	182	1062	105	957
昆山市	4		33	51	82	467	84	383
太仓市	1		133	156	111	554	49	505
南通市	**26**	**1**	**123**	**346**	**675**	**3086**	**285**	**2801**
崇川区								
港闸区								
通州区	5		24	36	111	357	26	331
如东县	4		11	58	131	725	68	657
南通经济技术开发区	8		36	70	133	524	65	459
通州湾示范区				1	4	62	8	54
苏锡通科技产业园区		1	6	14	39	69	4	65
启东市	1		6	55	19	268	51	217
如皋市	6		28	56	91	492	27	465
海门市	1		10	40	119	317	18	299
海安市	1		2	16	28	272	18	254
连云港市	**25**	**1**	**166**	**419**	**574**	**3187**	**264**	**2923**
连云区								
海州区	2		5	21	21	144	5	139
赣榆区	3		10	90	63	287	4	283
东海县	5		39	140	199	1057	129	928
灌云县	4		19	61	106	723	59	664
灌南县	2		34	30	103	559	33	526
连云港经济技术开发区	2		33	36	22	112	9	103
连云港高新技术产业开发区	7	1	24	14	55	252	19	233
江苏连云港徐圩新区			2	27	5	51	4	47
江苏省连云港市云台山风景名胜区						2	2	
淮安市	**37**		**71**	**234**	**655**	**3978**	**247**	**3731**
淮安区	2		4	16	37	216	14	202
淮阴区			1	9	26	165	5	160
清江浦区					3	11		11
洪泽区				14	6	58	14	44
涟水县	7		29	35	210	1632	89	1543
盱眙县	6		9	81	113	778	39	739
金湖县	1		3	31	69	442	40	402
淮安经济技术开发区	17		16	32	146	442	33	409
工业园区			1	1	1	25		25
生态文旅区	4		8	8	37	176	13	163
苏淮高新区				7	7	33		33
盐城市	**26**	**4**	**135**	**560**	**767**	**5218**	**322**	**4896**
亭湖区			4	18	40	103	10	93
盐都区			4	18	29	211	7	204
大丰区			17	57	23	301	23	278
响水县	1		9	60	93	541	39	502
滨海县	1	1	6	114	166	824	57	767
阜宁县	7	1	41	89	141	904	56	848
射阳县	8	2	32	95	119	1029	55	974
建湖县	8		11	50	102	921	46	875
盐城经济技术开发区			3	11	14	123	10	113
江苏省盐南高新区								
东台市	1		8	48	40	261	19	242
扬州市	**18**	**1**	**65**	**180**	**376**	**2499**	**173**	**2326**
广陵区	3		1	6	13	79	3	76

4-4b 续表 58　　　　单位：人

地区 性别	交通运输、仓储和邮政业					住宿和餐饮业		
	航空运输业	管道运输业	多式联运和运输代理业	装卸搬运和仓储业	邮政业	小计	住宿业	餐饮业
邗江区	2		2	5	21	117	4	113
江都区	5	1	11	19	65	356	23	333
宝应县			16	69	160	995	49	946
扬州经济技术开发区	5		26	43	85	543	53	490
蜀冈瘦西湖景区								
生态新城					2	19	6	13
仪征市	2		2	7	11	134	8	126
高邮市	1		7	31	19	256	27	229
镇江市	**11**	**1**	**91**	**225**	**278**	**1696**	**137**	**1559**
京口区				10	1	3		3
润州区								
丹徒区	1		6	7	12	116	12	104
镇江新区	7		28	153	83	502	64	438
江苏镇江高新区								
丹阳市	3	1	19	31	89	768	33	735
扬中市			1	3	8	74	2	72
句容市			37	21	85	233	26	207
泰州市	**4**		**108**	**364**	**336**	**2445**	**208**	**2237**
海陵区				2	6	56	2	54
高港区			3	25	33	125	7	118
姜堰区	2		16	24	11	179	20	159
泰州医药高新技术产业开发区			23	22	90	555	70	485
兴化市	1		30	184	97	837	58	779
靖江市	1		14	64	29	186	11	175
泰兴市			22	43	70	507	40	467
宿迁市	**19**	**3**	**158**	**309**	**850**	**4358**	**285**	**4073**
宿城区			1	12	11	81	7	74
宿豫区			3	12	22	100	5	95
沭阳县	8		65	146	398	1723	103	1620
泗阳县	8	2	20	46	178	1038	91	947
泗洪县	3	1	44	67	166	1081	56	1025
宿迁经济技术开发区			25	23	75	305	23	282
宿迁市湖滨新区				3		30		30
苏州宿迁工业园区								
宿迁市洋河新区								
男	**142**	**14**	**1404**	**3602**	**5452**	**21185**	**1375**	**19810**
南京市	**3**		**8**	**38**	**45**	**179**	**16**	**163**
玄武区								
秦淮区								
建邺区								
鼓楼区								
浦口区					1			
栖霞区								
雨花台区			1	3	4	7	2	5
江宁区								
六合区			2	34	27	139	11	128
溧水区	3		5	1	9	19	3	16
高淳区					4	14		14
南京江北新区								
无锡市	**5**	**1**	**83**	**214**	**313**	**1046**	**92**	**954**
锡山区	4		39	60	106	249	9	240

4-4b 续表 59 单位: 人

地区 性别	交通运输、仓储和邮政业					住宿和餐饮业		
	航空运输业	管道运输业	多式联运和运输代理业	装卸搬运和仓储业	邮政业	小计	住宿业	餐饮业
惠山区			21	20	20	86	12	74
滨湖区								
梁溪区								
新吴区								
江苏无锡经济开发区								
江阴市		1	15	99	145	443	43	400
宜兴市	1		8	35	42	268	28	240
徐州市	**16**		**109**	**426**	**734**	**2891**	**115**	**2776**
鼓楼区								
云龙区			2	5	6	18		18
贾汪区			4	9	13	75	2	73
泉山区								
铜山区	2		25	79	100	378	17	361
丰县			10	82	157	645	19	626
沛县	2		12	106	89	582	19	563
睢宁县	9		25	79	251	615	25	590
徐州经济技术开发区	3		19	32	71	291	28	263
新沂市			9	16	30	152	3	149
邳州市			3	18	17	135	2	133
常州市	**4**		**31**	**65**	**128**	**565**	**33**	**532**
天宁区			5	1	11	50		50
钟楼区								
新北区	3		5	14	29	106	5	101
武进区			17	18	32	149	5	144
金坛区				7	11	61	5	56
江苏省常州市经济开发区	1		1	2	28	88	8	80
溧阳市			3	23	17	111	10	101
苏州市	**14**	**4**	**448**	**792**	**943**	**3652**	**360**	**3292**
虎丘区					1	4	1	3
吴中区	2	3	10	9	69	288	22	266
相城区			2	23	75	61	8	53
姑苏区								
吴江区	1		10	52	102	421	44	377
苏州工业园区	8		197	114	321	1543	182	1361
常熟市			6	101	88	295	14	281
张家港市		1	97	328	145	512	38	474
昆山市	3		25	38	59	247	34	213
太仓市			101	127	83	281	17	264
南通市	**15**	**1**	**98**	**278**	**485**	**1519**	**112**	**1407**
崇川区								
港闸区								
通州区	4		19	26	88	187	15	172
如东县	2		7	49	85	360	28	332
南通经济技术开发区	5		26	60	96	278	20	258
通州湾示范区				1	2	30	4	26
苏锡通科技产业园区		1	4	11	31	36	1	35
启东市			6	44	15	125	19	106
如皋市	3		25	42	65	238	12	226
海门市	1		9	35	84	150	7	143
海安市			2	10	19	115	6	109
连云港市	**13**	**1**	**127**	**315**	**401**	**1518**	**113**	**1405**
连云区								

4-4b 续表 60

单位：人

地区 性别	交通运输、仓储和邮政业					住宿和餐饮业		
	航空运输业	管道运输业	多式联运和运输代理业	装卸搬运和仓储业	邮政业	小计	住宿业	餐饮业
海州区	1		5	18	16	77	2	75
赣榆区	1		9	54	33	140	3	137
东海县	3		31	108	143	492	54	438
灌云县	2		16	49	81	342	25	317
灌南县	1		30	28	72	255	13	242
连云港经济技术开发区			19	28	16	48	5	43
连云港高新技术产业开发区	5	1	16	11	38	139	10	129
江苏连云港徐圩新区			1	19	2	24		24
江苏省连云港市云台山风景名胜区						1	1	
淮安市	**23**		**63**	**184**	**485**	**1895**	**102**	**1793**
淮安区	2		3	12	27	102	8	94
淮阴区			1	6	17	93	3	90
清江浦区					3	5		5
洪泽区				12	4	33	7	26
涟水县	6		27	26	156	709	34	675
盱眙县	4		9	66	91	415	17	398
金湖县			3	27	53	216	17	199
淮安经济技术开发区	11		12	22	106	204	11	193
工业园区			1	1		12		12
生态文旅区			7	5	23	90	5	85
苏淮高新区				7	5	16		16
盐城市	**17**	**2**	**113**	**441**	**571**	**2499**	**122**	**2377**
亭湖区			4	14	24	42	4	38
盐都区			2	13	20	84	1	83
大丰区			15	39	15	118	8	110
响水县	1		9	46	69	255	16	239
滨海县		1	5	93	131	425	21	404
阜宁县	4		35	70	110	461	22	439
射阳县	5	1	27	76	92	515	22	493
建湖县	6		7	42	73	424	19	405
盐城经济技术开发区			2	9	13	61	3	58
江苏省盐南高新区								
东台市	1		7	39	24	114	6	108
扬州市	**11**	**1**	**51**	**140**	**275**	**1176**	**61**	**1115**
广陵区	3			6	10	35	1	34
邗江区	1		1	3	16	62	2	60
江都区	3	1	7	15	40	146	7	139
宝应县			14	54	123	460	16	444
扬州经济技术开发区	4		21	35	64	276	23	253
蜀冈瘦西湖景区								
生态新城					2	7	1	6
仪征市			2	5	8	71	2	69
高邮市			6	22	12	119	9	110
镇江市	**6**	**1**	**62**	**187**	**195**	**811**	**49**	**762**
京口区				7		1		1
润州区								
丹徒区			6	5	8	57	4	53
镇江新区	5		19	128	55	232	23	209
江苏镇江高新区								
丹阳市	1	1	15	28	67	386	13	373
扬中市			1	3	7	35	1	34
句容市			21	16	58	100	8	92

4-4b 续表 61 单位：人

地区 性别	交通运输、仓储和邮政业					住宿和餐饮业		
	航空运输业	管道运输业	多式联运和运输代理业	装卸搬运和仓储业	邮政业	小计	住宿业	餐饮业
泰州市	**3**		**78**	**278**	**235**	**1134**	**80**	**1054**
海陵区				2	5	22	1	21
高港区			2	20	20	49	3	46
姜堰区	1		11	19	7	85	6	79
泰州医药高新技术产业开发区			16	19	67	261	26	235
兴化市	1		18	134	69	394	25	369
靖江市	1		10	53	18	77	4	73
泰兴市			21	31	49	246	15	231
宿迁市	**12**	**3**	**133**	**244**	**642**	**2300**	**120**	**2180**
宿城区			1	7	10	45	4	41
宿豫区			3	9	19	52	2	50
沭阳县	6		55	115	290	889	47	842
泗阳县	3	2	15	39	138	581	38	543
泗洪县	3	1	36	56	124	556	20	536
宿迁经济技术开发区			23	16	61	161	9	152
宿迁市湖滨新区				2		16		16
苏州宿迁工业园区								
宿迁市洋河新区								
女	**101**	**6**	**446**	**1027**	**1985**	**21529**	**2035**	**19494**
南京市	**4**		**1**	**14**	**16**	**230**	**28**	**202**
玄武区								
秦淮区								
建邺区								
鼓楼区								
浦口区						2		2
栖霞区								
雨花台区				1	2	12	3	9
江宁区								
六合区	2		1	12	11	172	19	153
溧水区	2			1	3	34	6	28
高淳区						10		10
南京江北新区								
无锡市	**3**		**33**	**59**	**90**	**1016**	**118**	**898**
锡山区	2		18	17	27	216	14	202
惠山区			10	10	3	89	13	76
滨湖区								
梁溪区								
新吴区								
江苏无锡经济开发区								
江阴市	1		3	27	45	392	57	335
宜兴市			2	5	15	319	34	285
徐州市	**10**		**26**	**161**	**331**	**2696**	**200**	**2496**
鼓楼区								
云龙区			2	1	3	44	5	39
贾汪区			2	2	4	53	3	50
泉山区								
铜山区			4	48	71	520	30	490
丰县			4	31	56	497	28	469
沛县	3		2	20	60	482	24	458
睢宁县	6		6	41	75	543	36	507
徐州经济技术开发区	1		4	11	38	299	64	235
新沂市			2	2	19	139	3	136
邳州市				5	5	119	7	112

4-4b　续表 62

单位：人

地　区 性　别	交通运输、仓储和邮政业					住宿和餐饮业		
	航　空 运输业	管　道 运输业	多式联运 和运输 代理业	装卸搬运 和仓储业	邮政业	小计	住宿业	餐饮业
常州市	**3**		**2**	**27**	**36**	**738**	**77**	**661**
天宁区			1		3	38		38
钟楼区								
新北区	1			6	8	123	4	119
武进区			1	12	11	196	17	179
金坛区				2	4	75	5	70
江苏省常州市经济开发区	1			2	4	91	12	79
溧阳市	1			5	6	215	39	176
苏州市	**15**	**4**	**192**	**196**	**290**	**3234**	**450**	**2784**
虎丘区				1		3		3
吴中区			5	1	10	236	43	193
相城区				1	23	42	5	37
姑苏区								
吴江区	1		4	14	27	397	60	337
苏州工业园区	6	2	100	30	114	1253	175	1078
常熟市	3		6	15	28	260	18	242
张家港市	3	2	37	92	37	550	67	483
昆山市	1		8	13	23	220	50	170
太仓市	1		32	29	28	273	32	241
南通市	**11**		**25**	**68**	**190**	**1567**	**173**	**1394**
崇川区								
港闸区								
通州区	1		5	10	23	170	11	159
如东县	2		4	9	46	365	40	325
南通经济技术开发区	3		10	10	37	246	45	201
通州湾示范区					2	32	4	28
苏锡通科技产业园区			2	3	8	33	3	30
启东市	1			11	4	143	32	111
如皋市	3		3	14	26	254	15	239
海门市			1	5	35	167	11	156
海安市	1			6	9	157	12	145
连云港市	**12**		**39**	**104**	**173**	**1669**	**151**	**1518**
连云区								
海州区	1			3	5	67	3	64
赣榆区	2		1	36	30	147	1	146
东海县	2		8	32	56	565	75	490
灌云县	2		3	12	25	381	34	347
灌南县	1		4	2	31	304	20	284
连云港经济技术开发区	2		14	8	6	64	4	60
连云港高新技术产业开发区	2		8	3	17	113	9	104
江苏连云港徐圩新区			1	8	3	27	4	23
江苏省连云港市云台山风景名胜区						1	1	
淮安市	**14**		**8**	**50**	**170**	**2083**	**145**	**1938**
淮安区			1	4	10	114	6	108
淮阴区				3	9	72	2	70
清江浦区						6		6
洪泽区				2	2	25	7	18
涟水县	1		2	9	54	923	55	868
盱眙县	2			15	22	363	22	341
金湖县	1			4	16	226	23	203
淮安经济技术开发区	6		4	10	40	238	22	216
工业园区					1	13		13

4-4b 续表 63　　　　单位：人

地区 性别	交通运输、仓储和邮政业					住宿和餐饮业		
	航空运输业	管道运输业	多式联运和运输代理业	装卸搬运和仓储业	邮政业	小计	住宿业	餐饮业
生态文旅区	4		1	3	14	86	8	78
苏淮高新区					2	17		17
盐城市	**9**	**2**	**22**	**119**	**196**	**2719**	**200**	**2519**
亭湖区				4	16	61	6	55
盐都区			2	5	9	127	6	121
大丰区			2	18	8	183	15	168
响水县				14	24	286	23	263
滨海县	1		1	21	35	399	36	363
阜宁县	3	1	6	19	31	443	34	409
射阳县	3	1	5	19	27	514	33	481
建湖县	2		4	8	29	497	27	470
盐城经济技术开发区			1	2	1	62	7	55
江苏省盐南高新区								
东台市			1	9	16	147	13	134
扬州市	**7**		**14**	**40**	**101**	**1323**	**112**	**1211**
广陵区			1		3	44	2	42
邗江区	1		1	2	5	55	2	53
江都区	2		4	4	25	210	16	194
宝应县			2	15	37	535	33	502
扬州经济技术开发区	1		5	8	21	267	30	237
蜀冈瘦西湖景区								
生态新城						12	5	7
仪征市	2			2	3	63	6	57
高邮市	1		1	9	7	137	18	119
镇江市	**5**		**29**	**38**	**83**	**885**	**88**	**797**
京口区				3	1	2		2
润州区								
丹徒区	1			2	4	59	8	51
镇江新区	2		9	25	28	270	41	229
江苏镇江高新区								
丹阳市	2		4	3	22	382	20	362
扬中市					1	39	1	38
句容市			16	5	27	133	18	115
泰州市	**1**		**30**	**86**	**101**	**1311**	**128**	**1183**
海陵区					1	34	1	33
高港区			1	5	13	76	4	72
姜堰区	1		5	5	4	94	14	80
泰州医药高新技术产业开发区			7	3	23	294	44	250
兴化市			12	50	28	443	33	410
靖江市			4	11	11	109	7	102
泰兴市			1	12	21	261	25	236
宿迁市	**7**		**25**	**65**	**208**	**2058**	**165**	**1893**
宿城区				5	1	36	3	33
宿豫区				3	3	48	3	45
沭阳县	2		10	31	108	834	56	778
泗阳县	5		5	7	40	457	53	404
泗洪县			8	11	42	525	36	489
宿迁经济技术开发区			2	7	14	144	14	130
宿迁市湖滨新区				1		14		14
苏州宿迁工业园区								
宿迁市洋河新区								

4-4b 续表 64

单位：人

地区 性别	信息传输、软件和信息技术服务业				金融业				
	小计	电信、广播电视和卫星传输服务	互联网和相关服务	软件和信息技术服务业	小计	货币金融服务	资本市场服务	保险业	其他金融业
江　苏	**13939**	**3578**	**4548**	**5813**	**11086**	**4843**	**669**	**4587**	**987**
南京市	**197**	**45**	**51**	**101**	**100**	**37**	**9**	**45**	**9**
玄武区									
秦淮区									
建邺区									
鼓楼区									
浦口区									
栖霞区									
雨花台区	11		2	9	3	1		2	
江宁区									
六合区	150	39	40	71	81	28	8	36	9
溧水区	22	3	6	13	12	4	1	7	
高淳区	14	3	3	8	4	4			
南京江北新区									
无锡市	**519**	**123**	**169**	**227**	**511**	**232**	**41**	**209**	**29**
锡山区	106	28	32	46	102	51	8	37	6
惠山区	108	15	25	68	69	32	8	26	3
滨湖区									
梁溪区									
新吴区									
江苏无锡经济开发区									
江阴市	161	42	52	67	194	78	15	88	13
宜兴市	144	38	60	46	146	71	10	58	7
徐州市	**1406**	**475**	**463**	**468**	**1154**	**428**	**40**	**600**	**86**
鼓楼区									
云龙区	9	5		4	5			5	
贾汪区	40	22	16	2	29	7	1	21	
泉山区									
铜山区	200	60	98	42	135	32	9	87	7
丰县	152	84	28	40	190	97	3	81	9
沛县	299	120	89	90	279	109	4	151	15
睢宁县	287	115	115	57	294	99	12	154	29
徐州经济技术开发区	346	44	82	220	179	68	10	79	22
新沂市	45	15	23	7	24	10	1	10	3
邳州市	28	10	12	6	19	6		12	1
常州市	**195**	**62**	**63**	**70**	**267**	**136**	**6**	**111**	**14**
天宁区	18	6	5	7	25	8		13	4
钟楼区									
新北区	43	7	20	16	45	25	1	19	
武进区	50	22	10	18	89	57	2	27	3
金坛区	9	4	2	3	16	7		8	1
江苏省常州市经济开发区	31	7	16	8	47	26	2	18	1
溧阳市	44	16	10	18	45	13	1	26	5
苏州市	**4636**	**538**	**1344**	**2754**	**2641**	**1341**	**290**	**751**	**259**
虎丘区	6	4	1	1	4	4			
吴中区	128	23	30	75	82	28	6	31	17
相城区	39	11	9	19	35	14	2	17	2
姑苏区									
吴江区	143	52	39	52	230	142	11	71	6
苏州工业园区	3471	272	917	2282	1657	832	239	381	205
常熟市	148	45	48	55	131	74	4	49	4

4-4b 续表 65 单位：人

地区 性别	信息传输、软件和信息技术服务业				金融业				
	小计	电信、广播电视和卫星传输服务	互联网和相关服务	软件和信息技术服务业	小计	货币金融服务	资本市场服务	保险业	其他金融业
张家港市	309	73	110	126	275	131	11	125	8
昆山市	283	36	139	108	134	70	9	47	8
太仓市	109	22	51	36	93	46	8	30	9
南通市	**1356**	**303**	**487**	**566**	**958**	**425**	**60**	**414**	**59**
崇川区									
港闸区									
通州区	151	45	70	36	128	47	5	67	9
如东县	224	114	38	72	348	190	16	130	12
南通经济技术开发区	596	53	277	266	185	68	22	79	16
通州湾示范区	11	2	5	4	5	3		2	
苏锡通科技产业园区	16	6	7	3	11	5	3	3	
启东市	60	15	25	20	51	28	2	19	2
如皋市	174	38	31	105	137	46	6	73	12
海门市	69	14	24	31	41	17	2	18	4
海安市	55	16	10	29	52	21	4	23	4
连云港市	**1041**	**274**	**537**	**230**	**819**	**371**	**17**	**342**	**89**
连云区									
海州区	16	9	2	5	19	9		8	2
赣榆区	79	17	48	14	60	19		37	4
东海县	506	63	345	98	184	64	1	99	20
灌云县	149	58	55	36	153	81	4	57	11
灌南县	116	65	31	20	134	55		55	24
连云港经济技术开发区	32	18	7	7	45	14	3	24	4
连云港高新技术产业开发区	136	42	46	48	209	127	9	59	14
江苏连云港徐圩新区	6	2	3	1	15	2		3	10
江苏省连云港市云台山风景名胜区	1			1					
淮安市	**881**	**414**	**235**	**232**	**838**	**349**	**38**	**346**	**105**
淮安区	28	12	13	3	23	10	1	11	1
淮阴区	17	9	6	2	10	5	1	4	
清江浦区	2		2		6	2		3	1
洪泽区	5	2	1	2	3	2		1	
涟水县	254	122	86	46	169	72	6	78	13
盱眙县	158	77	36	45	208	65	5	100	38
金湖县	116	44	34	38	144	85	3	50	6
淮安经济技术开发区	213	104	37	72	169	64	14	64	27
工业园区	1			1	2			2	
生态文旅区	84	42	19	23	101	44	8	30	19
苏淮高新区	3	2	1		3			3	
盐城市	**992**	**409**	**277**	**306**	**1177**	**517**	**46**	**532**	**82**
亭湖区	21	11	5	5	21	8	4	8	1
盐都区	43	7	16	20	26	12		12	2
大丰区	44	12	10	22	53	24	2	25	2
响水县	85	58	9	18	87	54	2	30	1
滨海县	129	84	22	23	170	97	8	55	10
阜宁县	150	54	42	54	205	55	10	114	26
射阳县	288	72	135	81	254	87	14	133	20
建湖县	162	80	25	57	267	134	4	116	13
盐城经济技术开发区	27	11	5	11	44	18		23	3
江苏省盐南高新区									
东台市	43	20	8	15	50	28	2	16	4
扬州市	**646**	**250**	**160**	**236**	**686**	**284**	**42**	**290**	**70**
广陵区	24	8	10	6	20	9	2	7	2

4-4b 续表 66　　　　单位：人

地　区 性　别	信息传输、软件和信息技术服务业 小计	电信、广播电视和卫星传输服务	互联网和相关服务	软件和信息技术服务业	金融业 小计	货币金融服务	资本市场服务	保险业	其他金融业
邗江区	25	10	6	9	19	10		8	1
江都区	108	41	24	43	88	36	3	42	7
宝应县	221	95	58	68	275	122	16	118	19
扬州经济技术开发区	177	62	41	74	210	83	15	84	28
蜀冈瘦西湖景区									
生态新城	9		2	7	9	2	1	5	1
仪征市	35	16	8	11	25	7		14	4
高邮市	47	18	11	18	40	15	5	12	8
镇江市	**399**	**116**	**122**	**161**	**336**	**104**	**25**	**162**	**45**
京口区	2		2		1	1			
润州区									
丹徒区	16	8	4	4	22	8	4	6	4
镇江新区	162	48	47	67	145	38	9	73	25
江苏镇江高新区									
丹阳市	115	36	41	38	103	41	8	46	8
扬中市	15	7	1	7	25	7		16	2
句容市	89	17	27	45	40	9	4	21	6
泰州市	**482**	**196**	**139**	**147**	**574**	**263**	**20**	**254**	**37**
海陵区	14	7	3	4	10	5		4	1
高港区	17	9	3	5	23	14		8	1
姜堰区	32	19	6	7	32	14	2	13	3
泰州医药高新技术产业开发区	247	95	67	85	297	156	16	110	15
兴化市	71	31	29	11	84	38	1	39	6
靖江市	33	12	8	13	35	13		16	6
泰兴市	68	23	23	22	93	23	1	64	5
宿迁市	**1189**	**373**	**501**	**315**	**1025**	**356**	**35**	**531**	**103**
宿城区	22	8	7	7	15	9		5	1
宿豫区	40	5	29	6	8	4		3	1
沭阳县	565	139	274	152	421	128	12	245	36
泗阳县	203	72	64	67	203	77	10	81	35
泗洪县	217	107	66	44	235	109	4	105	17
宿迁经济技术开发区	136	42	59	35	121	29	9	71	12
宿迁市湖滨新区	6		2	4	22			21	1
苏州宿迁工业园区									
宿迁市洋河新区									
男	**8444**	**1926**	**2771**	**3747**	**5336**	**2486**	**382**	**1906**	**562**
南京市	**126**	**23**	**32**	**71**	**51**	**18**	**8**	**18**	**7**
玄武区									
秦淮区									
建邺区									
鼓楼区									
浦口区									
栖霞区									
雨花台区	8		1	7	1			1	
江宁区									
六合区	92	17	25	50	44	17	7	13	7
溧水区	17	3	3	11	5		1	4	
高淳区	9	3	3	3	1	1			
南京江北新区									
无锡市	**324**	**65**	**98**	**161**	**210**	**101**	**23**	**74**	**12**
锡山区	74	16	25	33	52	24	4	24	

4-4b 续表 67　　　　单位：人

地区 性别	信息传输、软件和信息技术服务业				金融业				
	小计	电信、广播电视和卫星传输服务	互联网和相关服务	软件和信息技术服务业	小计	货币金融服务	资本市场服务	保险业	其他金融业
惠山区	67	7	16	44	30	14	4	10	2
滨湖区									
梁溪区									
新吴区									
江苏无锡经济开发区									
江阴市	102	20	33	49	68	33	8	22	5
宜兴市	81	22	24	35	60	30	7	18	5
徐州市	**797**	**257**	**253**	**287**	**562**	**246**	**28**	**239**	**49**
鼓楼区									
云龙区	5	2		3	1			1	
贾汪区	25	11	13	1	14	3	1	10	
泉山区									
铜山区	97	30	37	30	52	14	4	28	6
丰县	85	43	16	26	99	58	2	35	4
沛县	180	76	39	65	125	70	2	45	8
睢宁县	165	60	71	34	150	51	10	70	19
徐州经济技术开发区	191	19	54	118	94	42	8	36	8
新沂市	32	11	16	5	17	6	1	7	3
邳州市	17	5	7	5	10	2		7	1
常州市	**118**	**31**	**35**	**52**	**105**	**54**	**1**	**43**	**7**
天宁区	12	2	3	7	8	5		1	2
钟楼区									
新北区	30	6	12	12	14	9		5	
武进区	27	9	4	14	36	22	1	11	2
金坛区	8	4	1	3	10	5		5	
江苏省常州市经济开发区	18	4	8	6	19	8		10	1
溧阳市	23	6	7	10	18	5		11	2
苏州市	**2968**	**300**	**922**	**1746**	**1234**	**636**	**179**	**275**	**144**
虎丘区	3	2		1	1	1			
吴中区	90	18	20	52	40	17	3	12	8
相城区	24	3	5	16	15	3	2	8	2
姑苏区									
吴江区	83	24	22	37	112	72	9	27	4
苏州工业园区	2220	165	635	1420	762	383	144	123	112
常熟市	84	22	26	36	63	37	2	21	3
张家港市	216	38	91	87	123	62	7	48	6
昆山市	185	16	98	71	71	36	8	24	3
太仓市	63	12	25	26	47	25	4	12	6
南通市	**724**	**156**	**241**	**327**	**428**	**203**	**28**	**168**	**29**
崇川区									
港闸区									
通州区	88	23	41	24	56	19	3	29	5
如东县	120	51	22	47	150	98	6	41	5
南通经济技术开发区	271	32	104	135	89	32	10	39	8
通州湾示范区	7	2	3	2	2	1		1	
苏锡通科技产业园区	9	3	3	3	6	4	2		
启东市	42	8	20	14	20	13	1	6	
如皋市	111	19	24	68	67	20	3	36	8
海门市	40	8	15	17	16	8		6	2
海安市	36	10	9	17	22	8	3	10	1
连云港市	**599**	**143**	**298**	**158**	**419**	**212**	**11**	**144**	**52**
连云区									

4-4b　续表 68　　　　　　　　　　　　　　单位：人

地区 性别	信息传输、软件和信息技术服务业				金融业				
	小计	电信、广播电视和卫星传输服务	互联网和相关服务	软件和信息技术服务业	小计	货币金融服务	资本市场服务	保险业	其他金融业
海州区	5	3		2	9	4		4	1
赣榆区	51	8	33	10	32	12		17	3
东海县	275	32	176	67	102	43	1	48	10
灌云县	82	27	31	24	78	47	4	21	6
灌南县	77	43	21	13	68	33		21	14
连云港经济技术开发区	20	12	4	4	22	7	2	10	3
连云港高新技术产业开发区	85	17	32	36	98	66	4	22	6
江苏连云港徐圩新区	3	1	1	1	10			1	9
江苏省连云港市云台山风景名胜区	1			1					
淮安市	**517**	**214**	**149**	**154**	**422**	**182**	**17**	**157**	**66**
淮安区	17	7	7	3	17	7	1	8	1
淮阴区	10	6	3	1	3	2		1	
清江浦区	2		2		4	1		3	
洪泽区	3	1	1	1	3	2		1	
涟水县	157	63	59	35	82	37	3	35	7
盱眙县	97	44	19	34	107	35	1	44	27
金湖县	72	25	19	28	67	39	3	20	5
淮安经济技术开发区	107	44	25	38	78	33	6	25	14
工业园区	1			1	2			2	
生态文旅区	48	22	13	13	58	26	3	17	12
苏淮高新区	3	2	1		1			1	
盐城市	**629**	**234**	**172**	**223**	**620**	**286**	**29**	**259**	**46**
亭湖区	13	8	1	4	9	4	3	2	
盐都区	30	5	9	16	16	10		6	
大丰区	29	7	7	15	24	11	1	11	1
响水县	50	31	5	14	57	36	2	18	1
滨海县	81	48	15	18	93	55	6	26	6
阜宁县	103	35	25	43	104	34	3	53	14
射阳县	185	41	88	56	138	49	10	67	12
建湖县	92	40	15	37	135	68	2	55	10
盐城经济技术开发区	18	7	3	8	20	5		15	
江苏省盐南高新区									
东台市	28	12	4	12	24	14	2	6	2
扬州市	**379**	**134**	**92**	**153**	**339**	**150**	**21**	**126**	**42**
广陵区	11	2	5	4	8	3		4	1
邗江区	14	3	4	7	12	9		2	1
江都区	59	23	11	25	36	17		16	3
宝应县	138	56	30	52	147	74	10	52	11
扬州经济技术开发区	109	32	29	48	100	33	9	41	17
蜀冈瘦西湖景区									
生态新城	3		1	2	3	1		2	
仪征市	21	10	5	6	12	5		5	2
高邮市	24	8	7	9	21	8	2	4	7
镇江市	**243**	**61**	**73**	**109**	**145**	**64**	**12**	**50**	**19**
京口区					1	1			
润州区									
丹徒区	9	5	2	2	10	7	1		2
镇江新区	96	26	26	44	61	22	5	27	7
江苏镇江高新区									
丹阳市	76	20	29	27	43	26	4	10	3
扬中市	10	4	1	5	6	2		2	2
句容市	52	6	15	31	24	6	2	11	5

4-4b 续表 69

单位：人

地区 性别	信息传输、软件和信息技术服务业				金融业				
	小计	电信、广播电视和卫星传输服务	互联网和相关服务	软件和信息技术服务业	小计	货币金融服务	资本市场服务	保险业	其他金融业
泰州市	**300**	**106**	**88**	**106**	**267**	**135**	**9**	**98**	**25**
海陵区	8	4	2	2	4	3			1
高港区	9	5	1	3	8	3		4	1
姜堰区	22	13	4	5	16	6	1	6	3
泰州医药高新技术产业开发区	153	47	45	61	148	82	8	47	11
兴化市	45	19	17	9	43	23		15	5
靖江市	20	6	6	8	11	7		2	2
泰兴市	43	12	13	18	37	11		24	2
宿迁市	**720**	**202**	**318**	**200**	**534**	**199**	**16**	**255**	**64**
宿城区	8	1	4	3	11	5		5	1
宿豫区	21	2	17	2	4	1		3	
沭阳县	344	75	170	99	211	68	5	115	23
泗阳县	128	42	45	41	114	41	7	45	21
泗洪县	134	61	43	30	125	65	1	48	11
宿迁经济技术开发区	80	21	38	21	60	19	3	31	7
宿迁市湖滨新区	5		1	4	9			8	1
苏州宿迁工业园区									
宿迁市洋河新区									
女	**5495**	**1652**	**1777**	**2066**	**5750**	**2357**	**287**	**2681**	**425**
南京市	**71**	**22**	**19**	**30**	**49**	**19**	**1**	**27**	**2**
玄武区									
秦淮区									
建邺区									
鼓楼区									
浦口区									
栖霞区									
雨花台区	3		1	2	2	1		1	
江宁区									
六合区	58	22	15	21	37	11	1	23	2
溧水区	5		3	2	7	4		3	
高淳区	5			5	3	3			
南京江北新区									
无锡市	**195**	**58**	**71**	**66**	**301**	**131**	**18**	**135**	**17**
锡山区	32	12	7	13	50	27	4	13	6
惠山区	41	8	9	24	39	18	4	16	1
滨湖区									
梁溪区									
新吴区									
江苏无锡经济开发区									
江阴市	59	22	19	18	126	45	7	66	8
宜兴市	63	16	36	11	86	41	3	40	2
徐州市	**609**	**218**	**210**	**181**	**592**	**182**	**12**	**361**	**37**
鼓楼区									
云龙区	4	3		1	4			4	
贾汪区	15	11	3	1	15	4		11	
泉山区									
铜山区	103	30	61	12	83	18	5	59	1
丰县	67	41	12	14	91	39	1	46	5
沛县	119	44	50	25	154	39	2	106	7
睢宁县	122	55	44	23	144	48	2	84	10
徐州经济技术开发区	155	25	28	102	85	26	2	43	14
新沂市	13	4	7	2	7	4		3	
邳州市	11	5	5	1	9	4		5	

4-4b　续表 70　　　　单位：人

地区 性别	信息传输、软件和信息技术服务业				金融业				
	小计	电信、广播电视和卫星传输服务	互联网和相关服务	软件和信息技术服务业	小计	货币金融服务	资本市场服务	保险业	其他金融业
常州市	**77**	**31**	**28**	**18**	**162**	**82**	**5**	**68**	**7**
天宁区	6	4	2		17	3		12	2
钟楼区									
新北区	13	1	8	4	31	16	1	14	
武进区	23	13	6	4	53	35	1	16	1
金坛区	1		1		6	2		3	1
江苏省常州市经济开发区	13	3	8	2	28	18	2	8	
溧阳市	21	10	3	8	27	8	1	15	3
苏州市	**1668**	**238**	**422**	**1008**	**1407**	**705**	**111**	**476**	**115**
虎丘区	3	2	1		3	3			
吴中区	38	5	10	23	42	11	3	19	9
相城区	15	8	4	3	20	11		9	
姑苏区									
吴江区	60	28	17	15	118	70	2	44	2
苏州工业园区	1251	107	282	862	895	449	95	258	93
常熟市	64	23	22	19	68	37	2	28	1
张家港市	93	35	19	39	152	69	4	77	2
昆山市	98	20	41	37	63	34	1	23	5
太仓市	46	10	26	10	46	21	4	18	3
南通市	**632**	**147**	**246**	**239**	**530**	**222**	**32**	**246**	**30**
崇川区									
港闸区									
通州区	63	22	29	12	72	28	2	38	4
如东县	104	63	16	25	198	92	10	89	7
南通经济技术开发区	325	21	173	131	96	36	12	40	8
通州湾示范区	4		2	2	3	2		1	
苏锡通科技产业园区	7	3	4		5	1	1	3	
启东市	18	7	5	6	31	15	1	13	2
如皋市	63	19	7	37	70	26	3	37	4
海门市	29	6	9	14	25	9	2	12	2
海安市	19	6	1	12	30	13	1	13	3
连云港市	**442**	**131**	**239**	**72**	**400**	**159**	**6**	**198**	**37**
连云区									
海州区	11	6	2	3	10	5		4	1
赣榆区	28	9	15	4	28	7		20	1
东海县	231	31	169	31	82	21		51	10
灌云县	67	31	24	12	75	34		36	5
灌南县	39	22	10	7	66	22		34	10
连云港经济技术开发区	12	6	3	3	23	7	1	14	1
连云港高新技术产业开发区	51	25	14	12	111	61	5	37	8
江苏连云港徐圩新区	3	1	2		5	2		2	1
江苏省连云港市云台山风景名胜区									
淮安市	**364**	**200**	**86**	**78**	**416**	**167**	**21**	**189**	**39**
淮安区	11	5	6		6	3		3	
淮阴区	7	3	3	1	7	3	1	3	
清江浦区					2	1			1
洪泽区	2	1		1					
涟水县	97	59	27	11	87	35	3	43	6
盱眙县	61	33	17	11	101	30	4	56	11
金湖县	44	19	15	10	77	46		30	1
淮安经济技术开发区	106	60	12	34	91	31	8	39	13
工业园区									

4-4b 续表 71

单位：人

地区 性别	信息传输、软件和信息技术服务业				金融业				
	小计	电信、广播电视和卫星传输服务	互联网和相关服务	软件和信息技术服务业	小计	货币金融服务	资本市场服务	保险业	其他金融业
生态文旅区	36	20	6	10	43	18	5	13	7
苏淮高新区					2			2	
盐城市	**363**	**175**	**105**	**83**	**557**	**231**	**17**	**273**	**36**
亭湖区	8	3	4	1	12	4	1	6	1
盐都区	13	2	7	4	10	2		6	2
大丰区	15	5	3	7	29	13	1	14	1
响水县	35	27	4	4	30	18		12	
滨海县	48	36	7	5	77	42	2	29	4
阜宁县	47	19	17	11	101	21	7	61	12
射阳县	103	31	47	25	116	38	4	66	8
建湖县	70	40	10	20	132	66	2	61	3
盐城经济技术开发区	9	4	2	3	24	13		8	3
江苏省盐南高新区									
东台市	15	8	4	3	26	14		10	2
扬州市	**267**	**116**	**68**	**83**	**347**	**134**	**21**	**164**	**28**
广陵区	13	6	5	2	12	6	2	3	1
邗江区	11	7	2	2	7	1		6	
江都区	49	18	13	18	52	19	3	26	4
宝应县	83	39	28	16	128	48	6	66	8
扬州经济技术开发区	68	30	12	26	110	50	6	43	11
蜀冈瘦西湖景区生态新城	6		1	5	6	1	1	3	1
仪征市	14	6	3	5	13	2		9	2
高邮市	23	10	4	9	19	7	3	8	1
镇江市	**156**	**55**	**49**	**52**	**191**	**40**	**13**	**112**	**26**
京口区	2		2						
润州区									
丹徒区	7	3	2	2	12	1	3	6	2
镇江新区	66	22	21	23	84	16	4	46	18
江苏镇江高新区									
丹阳市	39	16	12	11	60	15	4	36	5
扬中市	5	3		2	19	5		14	
句容市	37	11	12	14	16	3	2	10	1
泰州市	**182**	**90**	**51**	**41**	**307**	**128**	**11**	**156**	**12**
海陵区	6	3	1	2	6	2		4	
高港区	8	4	2	2	15	11		4	
姜堰区	10	6	2	2	16	8	1	7	
泰州医药高新技术产业开发区	94	48	22	24	149	74	8	63	4
兴化市	26	12	12	2	41	15	1	24	1
靖江市	13	6	2	5	24	6		14	4
泰兴市	25	11	10	4	56	12	1	40	3
宿迁市	**469**	**171**	**183**	**115**	**491**	**157**	**19**	**276**	**39**
宿城区	14	7	3	4	4	4			
宿豫区	19	3	12	4	4	3			1
沭阳县	221	64	104	53	210	60	7	130	13
泗阳县	75	30	19	26	89	36	3	36	14
泗洪县	83	46	23	14	110	44	3	57	6
宿迁经济技术开发区	56	21	21	14	61	10	6	40	5
宿迁市湖滨新区	1		1		13			13	
苏州宿迁工业园区									
宿迁市洋河新区									

4-4b 续表 72

单位：人

地区 性别	房地产业		租赁和商务服务业			科学研究和技术服务业			
	小计	房地产业	小计	租赁业	商务服务业	小计	研究和试验发展	专业技术服务业	科技推广和应用服务业
江 苏	**18381**	**18381**	**26535**	**2172**	**24363**	**11970**	**2457**	**6567**	**2946**
南京市	**303**	**303**	**267**	**40**	**227**	**234**	**43**	**150**	**41**
玄武区									
秦淮区									
建邺区									
鼓楼区									
浦口区	2	2				4			4
栖霞区									
雨花台区	12	12	12	1	11	5	1	4	
江宁区									
六合区	234	234	217	38	179	189	31	126	32
溧水区	50	50	30	1	29	31	10	17	4
高淳区	5	5	8		8	5	1	3	1
南京江北新区									
无锡市	**696**	**696**	**869**	**84**	**785**	**523**	**143**	**285**	**95**
锡山区	198	198	194	19	175	106	12	76	18
惠山区	123	123	94	6	88	108	55	39	14
滨湖区									
梁溪区									
新吴区									
江苏无锡经济开发区									
江阴市	225	225	323	38	285	157	49	79	29
宜兴市	150	150	258	21	237	152	27	91	34
徐州市	**1880**	**1880**	**2575**	**432**	**2143**	**887**	**107**	**557**	**223**
鼓楼区									
云龙区	58	58	54	19	35	21	2	16	3
贾汪区	37	37	109	32	77	25	2	15	8
泉山区									
铜山区	186	186	393	117	276	116	8	66	42
丰县	374	374	313	39	274	97	6	39	52
沛县	313	313	400	49	351	164	6	122	36
睢宁县	395	395	723	59	664	171	19	126	26
徐州经济技术开发区	447	447	419	89	330	226	59	130	37
新沂市	43	43	80	13	67	47	3	28	16
邳州市	27	27	84	15	69	20	2	15	3
常州市	**291**	**291**	**521**	**33**	**488**	**310**	**61**	**161**	**88**
天宁区	45	45	90	1	89	24	9	14	1
钟楼区									
新北区	61	61	87	2	85	31	9	19	3
武进区	55	55	122	10	112	81	8	63	10
金坛区	27	27	34	5	29	46	19	14	13
江苏省常州市经济开发区	47	47	52	7	45	19	9	9	1
溧阳市	56	56	136	8	128	109	7	42	60
苏州市	**5180**	**5180**	**6888**	**309**	**6579**	**3744**	**1184**	**1740**	**820**
虎丘区	17	17	4		4	1		1	
吴中区	247	247	331	13	318	121	37	56	28
相城区	66	66	52	13	39	27	2	20	5
姑苏区									
吴江区	302	302	423	24	399	171	25	122	24
苏州工业园区	2892	2892	4202	154	4048	2669	929	1124	616
常熟市	328	328	347	20	327	142	22	80	40

4-4b 续表 73

单位：人

地区 性别	房地产业		租赁和商务服务业			科学研究和技术服务业			
	小计	房地产业	小计	租赁业	商务服务业	小计	研究和试验发展	专业技术服务业	科技推广和应用服务业
张家港市	558	558	424	30	394	276	80	150	46
昆山市	405	405	452	28	424	135	24	86	25
太仓市	365	365	653	27	626	202	65	101	36
南通市	**1670**	**1670**	**2264**	**202**	**2062**	**1139**	**197**	**662**	**280**
崇川区									
港闸区									
通州区	114	114	335	35	300	153	20	104	29
如东县	249	249	298	37	261	211	33	141	37
南通经济技术开发区	517	517	645	48	597	271	56	157	58
通州湾示范区	36	36	39	5	34	25	14	8	3
苏锡通科技产业园区	40	40	53	7	46	16	3	9	4
启东市	319	319	132	12	120	86	28	46	12
如皋市	196	196	370	35	335	181	15	115	51
海门市	129	129	243	13	230	105	13	42	50
海安市	70	70	149	10	139	91	15	40	36
连云港市	**1368**	**1368**	**2454**	**296**	**2158**	**892**	**131**	**566**	**195**
连云区			3		3				
海州区	24	24	26	5	21	7	1	5	1
赣榆区	66	66	202	26	176	69	9	35	25
东海县	447	447	1153	149	1004	255	27	184	44
灌云县	225	225	398	42	356	130	8	67	55
灌南县	223	223	267	19	248	128	19	80	29
连云港经济技术开发区	78	78	123	13	110	71	8	53	10
连云港高新技术产业开发区	295	295	243	25	218	225	56	138	31
江苏连云港徐圩新区	6	6	36	16	20	7	3	4	
江苏省连云港市云台山风景名胜区	4	4	3	1	2				
淮安市	**1530**	**1530**	**1631**	**90**	**1541**	**588**	**61**	**364**	**163**
淮安区	32	32	41	3	38	10	3	4	3
淮阴区	23	23	37	7	30	20	2	16	2
清江浦区	3	3	2		2	2		1	1
洪泽区			50		50	10	2	6	2
涟水县	543	543	427	15	412	101	13	63	25
盱眙县	268	268	394	31	363	148	12	79	57
金湖县	121	121	133	10	123	59	6	38	15
淮安经济技术开发区	332	332	366	19	347	133	12	86	35
工业园区	5	5	14		14	3	1	1	1
生态文旅区	194	194	141	3	138	94	9	67	18
苏淮高新区	9	9	26	2	24	8	1	3	4
盐城市	**1545**	**1545**	**2706**	**213**	**2493**	**1110**	**148**	**583**	**379**
亭湖区	19	19	62	2	60	24	2	18	4
盐都区	42	42	108	6	102	51	19	22	10
大丰区	107	107	144	12	132	139	31	31	77
响水县	145	145	323	25	298	63	14	37	12
滨海县	127	127	298	41	257	87	9	63	15
阜宁县	380	380	599	40	559	235	25	132	78
射阳县	355	355	596	41	555	235	23	153	59
建湖县	234	234	330	31	299	143	15	86	42
盐城经济技术开发区	100	100	135	5	130	82	9	13	60
江苏省盐南高新区									
东台市	36	36	111	10	101	51	1	28	22
扬州市	**924**	**924**	**1615**	**75**	**1540**	**653**	**117**	**392**	**144**
广陵区	24	24	76	3	73	9	4	2	3

4-4b　续表 74　　　　单位：人

地区 性别	房地产业		租赁和商务服务业			科学研究和技术服务业			
	小计	房地产业	小计	租赁业	商务服务业	小计	研究和试验发展	专业技术服务业	科技推广和应用服务业
邗江区	43	43	62		62	43	11	24	8
江都区	70	70	188	10	178	119	15	86	18
宝应县	346	346	483	23	460	113	8	83	22
扬州经济技术开发区	331	331	488	23	465	276	64	132	80
蜀冈瘦西湖景区									
生态新城	16	16	31		31	4	1	2	1
仪征市	41	41	132	1	131	22	4	15	3
高邮市	53	53	155	15	140	67	10	48	9
镇江市	**731**	**731**	**860**	**106**	**754**	**413**	**83**	**241**	**89**
京口区			2		2	2	1	1	
润州区									
丹徒区	33	33	43	4	39	21	1	15	5
镇江新区	285	285	419	64	355	202	43	109	50
江苏镇江高新区									
丹阳市	169	169	221	17	204	103	9	78	16
扬中市	51	51	39	1	38	17	5	11	1
句容市	193	193	136	20	116	68	24	27	17
泰州市	**709**	**709**	**1147**	**78**	**1069**	**647**	**124**	**326**	**197**
海陵区	12	12	16	1	15	5	1	4	
高港区	18	18	50	4	46	42	11	24	7
姜堰区	30	30	81	6	75	32	8	21	3
泰州医药高新技术产业开发区	369	369	369	13	356	253	64	125	64
兴化市	66	66	156	19	137	142	5	42	95
靖江市	58	58	261	10	251	44	12	26	6
泰兴市	156	156	214	25	189	129	23	84	22
宿迁市	**1554**	**1554**	**2738**	**214**	**2524**	**830**	**58**	**540**	**232**
宿城区	30	30	13		13	5	2	3	
宿豫区	15	15	48	5	43	15	2	12	1
沭阳县	589	589	1307	74	1233	323	28	234	61
泗阳县	326	326	558	38	520	163	10	113	40
泗洪县	407	407	420	70	350	189	5	81	103
宿迁经济技术开发区	182	182	383	27	356	133	11	96	26
宿迁市湖滨新区	5	5	9		9	2		1	1
苏州宿迁工业园区									
宿迁市洋河新区									
男	**11377**	**11377**	**16669**	**1875**	**14794**	**7976**	**1528**	**4580**	**1868**
南京市	**184**	**184**	**167**	**32**	**135**	**165**	**27**	**108**	**30**
玄武区									
秦淮区									
建邺区									
鼓楼区									
浦口区	1	1				3			3
栖霞区									
雨花台区	10	10	9	1	8	3		3	
江宁区									
六合区	136	136	135	30	105	132	20	89	23
溧水区	32	32	16	1	15	23	6	14	3
高淳区	5	5	7		7	4	1	2	1
南京江北新区									
无锡市	**431**	**431**	**517**	**72**	**445**	**343**	**91**	**195**	**57**
锡山区	134	134	110	16	94	66	7	48	11

4-4b 续表 75

单位：人

地 区 性 别	房地产业		租赁和商务服务业			科学研究和技术服务业			
	小计	房地产业	小计	租赁业	商 务 服务业	小计	研究和 试验发展	专业技术 服务业	科技推广 和应用 服务业
惠山区	69	69	58	4	54	73	34	28	11
滨湖区									
梁溪区									
新吴区									
江苏无锡经济开发区									
江阴市	137	137	192	33	159	106	35	54	17
宜兴市	91	91	157	19	138	98	15	65	18
徐州市	**1132**	**1132**	**1697**	**393**	**1304**	**613**	**72**	**410**	**131**
鼓楼区									
云龙区	32	32	38	14	24	13	1	10	2
贾汪区	28	28	79	29	50	17	2	11	4
泉山区									
铜山区	105	105	247	111	136	80	6	52	22
丰县	225	225	215	35	180	71	4	35	32
沛县	170	170	275	46	229	116	3	92	21
睢宁县	250	250	462	53	409	116	15	85	16
徐州经济技术开发区	279	279	273	78	195	156	38	95	23
新沂市	28	28	53	12	41	31	2	20	9
邳州市	15	15	55	15	40	13	1	10	2
常州市	**181**	**181**	**302**	**26**	**276**	**184**	**39**	**100**	**45**
天宁区	33	33	57	1	56	13	4	8	1
钟楼区									
新北区	37	37	57	2	55	17	5	10	2
武进区	36	36	70	8	62	38	4	31	3
金坛区	14	14	23	4	19	34	13	10	11
江苏省常州市经济开发区	27	27	25	7	18	15	7	8	
溧阳市	34	34	70	4	66	67	6	33	28
苏州市	**3256**	**3256**	**3983**	**247**	**3736**	**2323**	**706**	**1134**	**483**
虎丘区	9	9	1		1	1		1	
吴中区	163	163	215	8	207	79	23	37	19
相城区	48	48	29	11	18	15	1	12	2
姑苏区									
吴江区	169	169	242	22	220	124	20	84	20
苏州工业园区	1840	1840	2361	120	2241	1594	542	701	351
常熟市	211	211	221	15	206	98	16	56	26
张家港市	330	330	244	25	219	195	58	107	30
昆山市	263	263	269	23	246	89	16	58	15
太仓市	223	223	401	23	378	128	30	78	20
南通市	**1067**	**1067**	**1369**	**169**	**1200**	**740**	**116**	**453**	**171**
崇川区									
港闸区									
通州区	71	71	198	31	167	84	7	61	16
如东县	136	136	181	33	148	152	17	109	26
南通经济技术开发区	333	333	363	36	327	183	35	106	42
通州湾示范区	17	17	29	5	24	17	12	3	2
苏锡通科技产业园区	24	24	39	6	33	9		6	3
启东市	256	256	76	8	68	60	17	38	5
如皋市	114	114	232	30	202	118	9	75	34
海门市	70	70	166	11	155	62	8	29	25
海安市	46	46	85	9	76	55	11	26	18
连云港市	**796**	**796**	**1598**	**268**	**1330**	**629**	**92**	**409**	**128**
连云区			3		3				

4-4b　续表 76

单位：人

地　区 性　别	房地产业		租赁和商务服务业			科学研究和技术服务业			
	小计	房地产业	小计	租赁业	商　务 服务业	小计	研究和 试验发展	专业技术 服务业	科技推广 和应用 服务业
海州区	19	19	20	5	15	6		5	1
赣榆区	43	43	132	25	107	43	5	25	13
东海县	243	243	704	134	570	167	17	122	28
灌云县	150	150	289	37	252	100	7	52	41
灌南县	129	129	191	14	177	86	12	56	18
连云港经济技术开发区	39	39	84	13	71	56	5	43	8
连云港高新技术产业开发区	164	164	144	23	121	165	44	102	19
江苏连云港徐圩新区	6	6	28	16	12	6	2	4	
江苏省连云港市云台山风景名胜区	3	3	3	1	2				
淮安市	**925**	**925**	**1082**	**76**	**1006**	**421**	**41**	**268**	**112**
淮安区	24	24	30	3	27	8	3	3	2
淮阴区	18	18	30	6	24	16	1	13	2
清江浦区	3	3	2		2	2		1	1
洪泽区			35		35	8	2	5	1
涟水县	329	329	278	13	265	79	9	48	22
盱眙县	161	161	275	26	249	100	6	53	41
金湖县	67	67	88	9	79	36	3	24	9
淮安经济技术开发区	204	204	228	15	213	95	9	69	17
工业园区	4	4	10		10	3	1	1	1
生态文旅区	106	106	86	2	84	69	7	49	13
苏淮高新区	9	9	20	2	18	5		2	3
盐城市	**1031**	**1031**	**1843**	**192**	**1651**	**796**	**103**	**438**	**255**
亭湖区	12	12	43	2	41	17	2	14	1
盐都区	30	30	67	6	61	44	17	20	7
大丰区	56	56	99	11	88	93	23	19	51
响水县	106	106	234	22	212	49	9	29	11
滨海县	68	68	216	40	176	57	5	43	9
阜宁县	272	272	400	35	365	174	19	100	55
射阳县	234	234	408	38	370	169	12	112	45
建湖县	171	171	215	26	189	104	8	69	27
盐城经济技术开发区	57	57	95	4	91	52	7	11	34
江苏省盐南高新区									
东台市	25	25	66	8	58	37	1	21	15
扬州市	**540**	**540**	**963**	**60**	**903**	**443**	**81**	**278**	**84**
广陵区	13	13	51	3	48	4	1	1	2
邗江区	27	27	32		32	27	6	16	5
江都区	38	38	112	7	105	75	9	55	11
宝应县	204	204	313	14	299	81	5	60	16
扬州经济技术开发区	195	195	268	20	248	194	52	99	43
蜀冈瘦西湖景区									
生态新城	8	8	17		17	3		2	1
仪征市	23	23	74	1	73	12	2	9	1
高邮市	32	32	96	15	81	47	6	36	5
镇江市	**440**	**440**	**540**	**89**	**451**	**284**	**58**	**166**	**60**
京口区			2		2				
润州区									
丹徒区	18	18	29	4	25	15	1	11	3
镇江新区	162	162	269	53	216	142	31	77	34
江苏镇江高新区									
丹阳市	109	109	146	16	130	70	6	54	10
扬中市	40	40	22	1	21	9	3	5	1
句容市	111	111	72	15	57	48	17	19	12

4-4b 续表 77　　单位：人

地区 性别	房地产业		租赁和商务服务业			科学研究和技术服务业			
	小计	房地产业	小计	租赁业	商务服务业	小计	研究和试验发展	专业技术服务业	科技推广和应用服务业
泰州市	**426**	**426**	**762**	**70**	**692**	**455**	**67**	**237**	**151**
海陵区	6	6	11	1	10	4		4	
高港区	12	12	28	3	25	31	7	20	4
姜堰区	21	21	57	6	51	23	4	17	2
泰州医药高新技术产业开发区	201	201	220	13	207	164	31	86	47
兴化市	46	46	97	17	80	112	5	30	77
靖江市	40	40	210	9	201	30	7	18	5
泰兴市	100	100	139	21	118	91	13	62	16
宿迁市	**968**	**968**	**1846**	**181**	**1665**	**580**	**35**	**384**	**161**
宿城区	20	20	10		10	3		3	
宿豫区	11	11	36	5	31	11	2	8	1
沭阳县	355	355	867	64	803	232	19	170	43
泗阳县	202	202	374	34	340	106	6	73	27
泗洪县	279	279	292	53	239	134	1	61	72
宿迁经济技术开发区	96	96	260	25	235	93	7	69	17
宿迁市湖滨新区	5	5	7		7	1			1
苏州宿迁工业园区									
宿迁市洋河新区									
女	**7004**	**7004**	**9866**	**297**	**9569**	**3994**	**929**	**1987**	**1078**
南京市	**119**	**119**	**100**	**8**	**92**	**69**	**16**	**42**	**11**
玄武区									
秦淮区									
建邺区									
鼓楼区									
浦口区	1	1				1			1
栖霞区									
雨花台区	2	2	3		3	2	1	1	
江宁区									
六合区	98	98	82	8	74	57	11	37	9
溧水区	18	18	14		14	8	4	3	1
高淳区			1		1	1		1	
南京江北新区									
无锡市	**265**	**265**	**352**	**12**	**340**	**180**	**52**	**90**	**38**
锡山区	64	64	84	3	81	40	5	28	7
惠山区	54	54	36	2	34	35	21	11	3
滨湖区									
梁溪区									
新吴区									
江苏无锡经济开发区									
江阴市	88	88	131	5	126	51	14	25	12
宜兴市	59	59	101	2	99	54	12	26	16
徐州市	**748**	**748**	**878**	**39**	**839**	**274**	**35**	**147**	**92**
鼓楼区									
云龙区	26	26	16	5	11	8	1	6	1
贾汪区	9	9	30	3	27	8		4	4
泉山区									
铜山区	81	81	146	6	140	36	2	14	20
丰县	149	149	98	4	94	26	2	4	20
沛县	143	143	125	3	122	48	3	30	15
睢宁县	145	145	261	6	255	55	4	41	10
徐州经济技术开发区	168	168	146	11	135	70	21	35	14
新沂市	15	15	27	1	26	16	1	8	7
邳州市	12	12	29		29	7	1	5	1

4-4b 续表 78

单位：人

地区 性别	房地产业		租赁和商务服务业			科学研究和技术服务业			
	小计	房地产业	小计	租赁业	商务服务业	小计	研究和试验发展	专业技术服务业	科技推广和应用服务业
常州市	**110**	**110**	**219**	**7**	**212**	**126**	**22**	**61**	**43**
天宁区	12	12	33		33	11	5	6	
钟楼区									
新北区	24	24	30		30	14	4	9	1
武进区	19	19	52	2	50	43	4	32	7
金坛区	13	13	11	1	10	12	6	4	2
江苏省常州市经济开发区	20	20	27		27	4	2	1	1
溧阳市	22	22	66	4	62	42	1	9	32
苏州市	**1924**	**1924**	**2905**	**62**	**2843**	**1421**	**478**	**606**	**337**
虎丘区	8	8	3		3				
吴中区	84	84	116	5	111	42	14	19	9
相城区	18	18	23	2	21	12	1	8	3
姑苏区									
吴江区	133	133	181	2	179	47	5	38	4
苏州工业园区	1052	1052	1841	34	1807	1075	387	423	265
常熟市	117	117	126	5	121	44	6	24	14
张家港市	228	228	180	5	175	81	22	43	16
昆山市	142	142	183	5	178	46	8	28	10
太仓市	142	142	252	4	248	74	35	23	16
南通市	**603**	**603**	**895**	**33**	**862**	**399**	**81**	**209**	**109**
崇川区									
港闸区									
通州区	43	43	137	4	133	69	13	43	13
如东县	113	113	117	4	113	59	16	32	11
南通经济技术开发区	184	184	282	12	270	88	21	51	16
通州湾示范区	19	19	10		10	8	2	5	1
苏锡通科技产业园区	16	16	14	1	13	7	3	3	1
启东市	63	63	56	4	52	26	11	8	7
如皋市	82	82	138	5	133	63	6	40	17
海门市	59	59	77	2	75	43	5	13	25
海安市	24	24	64	1	63	36	4	14	18
连云港市	**572**	**572**	**856**	**28**	**828**	**263**	**39**	**157**	**67**
连云区									
海州区	5	5	6		6	1	1		
赣榆区	23	23	70	1	69	26	4	10	12
东海县	204	204	449	15	434	88	10	62	16
灌云县	75	75	109	5	104	30	1	15	14
灌南县	94	94	76	5	71	42	7	24	11
连云港经济技术开发区	39	39	39		39	15	3	10	2
连云港高新技术产业开发区	131	131	99	2	97	60	12	36	12
江苏连云港徐圩新区			8		8	1	1		
江苏省连云港市云台山风景名胜区	1	1							
淮安市	**605**	**605**	**549**	**14**	**535**	**167**	**20**	**96**	**51**
淮安区	8	8	11		11	2		1	1
淮阴区	5	5	7	1	6	4	1	3	
清江浦区									
洪泽区			15		15	2		1	1
涟水县	214	214	149	2	147	22	4	15	3
盱眙县	107	107	119	5	114	48	6	26	16
金湖县	54	54	45	1	44	23	3	14	6
淮安经济技术开发区	128	128	138	4	134	38	3	17	18
工业园区	1	1	4		4				

4-4b 续表 79　　　　单位：人

地区 性别	房地产业		租赁和商务服务业			科学研究和技术服务业			
	小计	房地产业	小计	租赁业	商务服务业	小计	研究和试验发展	专业技术服务业	科技推广和应用服务业
生态文旅区	88	88	55	1	54	25	2	18	5
苏淮高新区			6		6	3	1	1	1
盐城市	**514**	**514**	**863**	**21**	**842**	**314**	**45**	**145**	**124**
亭湖区	7	7	19		19	7		4	3
盐都区	12	12	41		41	7	2	2	3
大丰区	51	51	45	1	44	46	8	12	26
响水县	39	39	89	3	86	14	5	8	1
滨海县	59	59	82	1	81	30	4	20	6
阜宁县	108	108	199	5	194	61	6	32	23
射阳县	121	121	188	3	185	66	11	41	14
建湖县	63	63	115	5	110	39	7	17	15
盐城经济技术开发区	43	43	40	1	39	30	2	2	26
江苏省盐南高新区									
东台市	11	11	45	2	43	14		7	7
扬州市	**384**	**384**	**652**	**15**	**637**	**210**	**36**	**114**	**60**
广陵区	11	11	25		25	5	3	1	1
邗江区	16	16	30		30	16	5	8	3
江都区	32	32	76	3	73	44	6	31	7
宝应县	142	142	170	9	161	32	3	23	6
扬州经济技术开发区	136	136	220	3	217	82	12	33	37
蜀冈瘦西湖景区									
生态新城	8	8	14		14	1	1		
仪征市	18	18	58		58	10	2	6	2
高邮市	21	21	59		59	20	4	12	4
镇江市	**291**	**291**	**320**	**17**	**303**	**129**	**25**	**75**	**29**
京口区						2	1	1	
润州区									
丹徒区	15	15	14		14	6		4	2
镇江新区	123	123	150	11	139	60	12	32	16
江苏镇江高新区									
丹阳市	60	60	75	1	74	33	3	24	6
扬中市	11	11	17		17	8	2	6	
句容市	82	82	64	5	59	20	7	8	5
泰州市	**283**	**283**	**385**	**8**	**377**	**192**	**57**	**89**	**46**
海陵区	6	6	5		5	1	1		
高港区	6	6	22	1	21	11	4	4	3
姜堰区	9	9	24		24	9	4	4	1
泰州医药高新技术产业开发区	168	168	149		149	89	33	39	17
兴化市	20	20	59	2	57	30		12	18
靖江市	18	18	51	1	50	14	5	8	1
泰兴市	56	56	75	4	71	38	10	22	6
宿迁市	**586**	**586**	**892**	**33**	**859**	**250**	**23**	**156**	**71**
宿城区	10	10	3		3	2	2		
宿豫区	4	4	12		12	4		4	
沭阳县	234	234	440	10	430	91	9	64	18
泗阳县	124	124	184	4	180	57	4	40	13
泗洪县	128	128	128	17	111	55	4	20	31
宿迁经济技术开发区	86	86	123	2	121	40	4	27	9
宿迁市湖滨新区			2		2	1		1	
苏州宿迁工业园区									
宿迁市洋河新区									

4-4b　续表 80　　　　　　　　　　　　　　　　　　　　　　　　　　单位：人

地区 性别	水利、环境和公共设施管理业					居民服务、修理和其他服务业			
	小计	水利管理业	生态保护和环境治理业	公共设施管理业	土地管理业	小计	居民服务业	机动车、电子产品和日用产品修理业	其他服务业
江　苏	**7537**	**480**	**628**	**6352**	**77**	**35672**	**20431**	**8886**	**6355**
南京市	**131**	**4**	**13**	**110**	**4**	**225**	**132**	**65**	**28**
玄武区									
秦淮区									
建邺区									
鼓楼区									
浦口区	1		1			2	2		
栖霞区									
雨花台区	4		1	3		7	3	2	2
江宁区									
六合区	100	4	11	81	4	170	100	54	16
溧水区	19			19		33	21	6	6
高淳区	7			7		13	6	3	4
南京江北新区									
无锡市	**387**	**19**	**43**	**324**	**1**	**1716**	**983**	**541**	**192**
锡山区	106	4	7	95		391	208	127	56
惠山区	23		6	17		160	102	50	8
滨湖区									
梁溪区									
新吴区									
江苏无锡经济开发区									
江阴市	98	6	11	80	1	694	410	228	56
宜兴市	160	9	19	132		471	263	136	72
徐州市	**988**	**56**	**53**	**865**	**14**	**4351**	**2338**	**1246**	**767**
鼓楼区									
云龙区	16	2		14		36	14	11	11
贾汪区	33		2	29	2	132	60	45	27
泉山区									
铜山区	232	4	6	222		809	472	203	134
丰县	205	7	17	180	1	856	425	232	199
沛县	161	24	10	124	3	849	421	275	153
睢宁县	179	9	11	154	5	892	507	258	127
徐州经济技术开发区	75	6	4	65		418	244	112	62
新沂市	67	3	3	58	3	190	102	60	28
邳州市	20	1		19		169	93	50	26
常州市	**347**	**14**	**20**	**312**	**1**	**1329**	**811**	**275**	**243**
天宁区	5		1	4		98	61	20	17
钟楼区									
新北区	52		2	49	1	333	218	64	51
武进区	188	5	5	178		369	186	76	107
金坛区	21	2	1	18		111	57	35	19
江苏省常州市经济开发区	15	1	4	10		174	129	31	14
溧阳市	66	6	7	53		244	160	49	35
苏州市	**1232**	**50**	**133**	**1045**	**4**	**5701**	**3270**	**1175**	**1256**
虎丘区	15			15		5	4	1	
吴中区	145	6	11	128		561	216	85	260
相城区	35		2	33		70	23	36	11
姑苏区									
吴江区	155	15	10	129	1	613	354	185	74
苏州工业园区	370	13	54	301	2	1652	1020	304	328
常熟市	173	4	9	160		551	353	138	60

4-4b 续表 81

单位：人

地区 性别	水利、环境和公共设施管理业					居民服务、修理和其他服务业			
	小计	水利管理业	生态保护和环境治理业	公共设施管理业	土地管理业	小计	居民服务业	机动车、电子产品和日用产品修理业	其他服务业
张家港市	142	3	22	117		900	577	259	64
昆山市	74	5	19	49	1	362	255	85	22
太仓市	123	4	6	113		987	468	82	437
南通市	**564**	**28**	**70**	**457**	**9**	**2838**	**1616**	**728**	**494**
崇川区									
港闸区									
通州区	46	3	3	39	1	407	234	112	61
如东县	160	7	28	124	1	620	398	181	41
南通经济技术开发区	106	10	18	78		450	206	84	160
通州湾示范区	18	1	2	10	5	42	32	7	3
苏锡通科技产业园区	16	1		15		51	26	14	11
启东市	66	4	8	54		189	109	45	35
如皋市	79	2	8	69		519	276	153	90
海门市	50		3	45	2	282	149	82	51
海安市	23			23		278	186	50	42
连云港市	**670**	**49**	**52**	**559**	**10**	**2801**	**1493**	**775**	**533**
连云区									
海州区	28	1	2	25		101	58	39	4
赣榆区	80	3	3	74		353	162	136	55
东海县	166	17	3	140	6	975	465	227	283
灌云县	83	13	12	57	1	528	297	173	58
灌南县	128	10	28	88	2	558	356	113	89
连云港经济技术开发区	34		2	32		65	32	18	15
连云港高新技术产业开发区	106	5	2	99		184	100	57	27
江苏连云港徐圩新区	14			13	1	33	21	10	2
江苏省连云港市云台山风景名胜区	31			31		4	2	2	
淮安市	**505**	**53**	**41**	**405**	**6**	**3008**	**1802**	**752**	**454**
淮安区	19	1	1	17		169	114	39	16
淮阴区	32	3	3	26		115	69	32	14
清江浦区	1			1		10	8		2
洪泽区	6	1		4	1	49	35	12	2
涟水县	103	4	8	91		1231	763	300	168
盱眙县	130	17	13	97	3	556	316	151	89
金湖县	67	15	5	47		307	186	84	37
淮安经济技术开发区	71	5	6	60		362	185	89	88
工业园区	8		3	5		12	3	4	5
生态文旅区	64	7	2	53	2	167	110	31	26
苏淮高新区	4			4		30	13	10	7
盐城市	**922**	**71**	**71**	**768**	**12**	**4507**	**2576**	**1148**	**783**
亭湖区	27		5	21	1	226	120	23	83
盐都区	47	5	3	39		198	101	53	44
大丰区	98	1	2	94	1	283	162	74	47
响水县	72	6	3	63		475	278	111	86
滨海县	170	23	22	120	5	698	423	193	82
阜宁县	127	7	7	112	1	740	440	197	103
射阳县	156	18	14	121	3	799	468	229	102
建湖县	137	9	5	122	1	664	427	169	68
盐城经济技术开发区	25	2		23		204	33	31	140
江苏省盐南高新区									
东台市	63		10	53		220	124	68	28
扬州市	**377**	**37**	**22**	**312**	**6**	**2652**	**1716**	**594**	**342**
广陵区	6	1		5		83	51	14	18

4-4b 续表 82

单位：人

地区 性别	水利、环境和公共设施管理业					居民服务、修理和其他服务业			
	小计	水利管理业	生态保护和环境治理业	公共设施管理业	土地管理业	小计	居民服务业	机动车、电子产品和日用产品修理业	其他服务业
邗江区	19	1		18		133	107	14	12
江都区	75	17	9	48	1	547	286	195	66
宝应县	124	12	4	106	2	906	624	215	67
扬州经济技术开发区	68	3	7	57	1	452	281	57	114
蜀冈瘦西湖景区									
生态新城	11			11		35	20	5	10
仪征市	15			15		187	120	41	26
高邮市	59	3	2	52	2	309	227	53	29
镇江市	**292**	**16**	**26**	**247**	**3**	**1475**	**911**	**343**	**221**
京口区						10	3	4	3
润州区									
丹徒区	28	2	2	24		168	130	32	6
镇江新区	54	1	9	44		355	150	96	109
江苏镇江高新区									
丹阳市	129	9	5	112	3	722	502	149	71
扬中市	12	1	2	9		51	28	17	6
句容市	69	3	8	58		169	98	45	26
泰州市	**376**	**33**	**45**	**297**	**1**	**1850**	**1070**	**406**	**374**
海陵区	4			4		41	31	8	2
高港区	35	1	5	29		74	50	15	9
姜堰区	53	3	3	47		195	121	50	24
泰州医药高新技术产业开发区	63	7	2	53	1	341	211	93	37
兴化市	103	13	22	68		663	313	113	237
靖江市	29	1		28		154	113	31	10
泰兴市	89	8	13	68		382	231	96	55
宿迁市	**746**	**50**	**39**	**651**	**6**	**3219**	**1713**	**838**	**668**
宿城区	12	2		10		64	34	21	9
宿豫区	22		3	19		67	31	23	13
沭阳县	299	19	14	265	1	1285	744	336	205
泗阳县	111	13	9	87	2	873	382	194	297
泗洪县	204	11	10	181	2	694	399	201	94
宿迁经济技术开发区	91	5	3	82	1	212	110	56	46
宿迁市湖滨新区	7			7		24	13	7	4
苏州宿迁工业园区									
宿迁市洋河新区									
男	**4615**	**361**	**479**	**3717**	**58**	**18365**	**7980**	**7424**	**2961**
南京市	**66**	**2**	**12**	**50**	**2**	**108**	**43**	**53**	**12**
玄武区									
秦淮区									
建邺区									
鼓楼区									
浦口区	1		1			1	1		
栖霞区									
雨花台区	3		1	2		4	1	2	1
江宁区									
六合区	51	2	10	37	2	80	31	42	7
溧水区	7			7		16	7	6	3
高淳区	4			4		7	3	3	1
南京江北新区									
无锡市	**266**	**16**	**32**	**218**		**853**	**326**	**439**	**88**
锡山区	71	3	4	64		201	69	104	28

4-4b 续表 83

单位：人

地区 性别	水利、环境和公共设施管理业					居民服务、修理和其他服务业			
	小计	水利管理业	生态保护和环境治理业	公共设施管理业	土地管理业	小计	居民服务业	机动车、电子产品和日用产品修理业	其他服务业
惠山区	14		3	11		80	37	41	2
滨湖区									
梁溪区									
新吴区									
江苏无锡经济开发区									
江阴市	70	6	9	55		340	138	178	24
宜兴市	111	7	16	88		232	82	116	34
徐州市	**522**	**43**	**38**	**431**	**10**	**2346**	**944**	**1055**	**347**
鼓楼区									
云龙区	10	2		8		15	4	7	4
贾汪区	16		1	13	2	80	27	41	12
泉山区									
铜山区	90	4	4	82		374	167	159	48
丰县	110	6	11	92	1	467	178	184	105
沛县	93	17	7	67	2	476	164	247	65
睢宁县	100	6	9	83	2	501	226	224	51
徐州经济技术开发区	46	4	3	39		208	79	94	35
新沂市	41	3	3	32	3	119	50	54	15
邳州市	16	1		15		106	49	45	12
常州市	**209**	**10**	**14**	**184**	**1**	**676**	**323**	**225**	**128**
天宁区	3		1	2		54	27	17	10
钟楼区									
新北区	37		1	35	1	161	88	49	24
武进区	110	3	2	105		195	73	64	58
金坛区	11	2	1	8		67	28	29	10
江苏省常州市经济开发区	10	1	4	5		91	57	26	8
溧阳市	38	4	5	29		108	50	40	18
苏州市	**797**	**30**	**100**	**664**	**3**	**2599**	**1028**	**962**	**609**
虎丘区	12			12		4	3	1	
吴中区	86	2	8	76		298	85	69	144
相城区	21		2	19		44	14	28	2
姑苏区									
吴江区	106	7	10	88	1	306	119	154	33
苏州工业园区	250	9	36	203	2	701	309	238	154
常熟市	113	3	7	103		257	103	121	33
张家港市	89	1	16	72		416	172	215	29
昆山市	44	5	15	24		179	98	68	13
太仓市	76	3	6	67		394	125	68	201
南通市	**365**	**23**	**51**	**285**	**6**	**1502**	**637**	**618**	**247**
崇川区									
港闸区									
通州区	28	3	2	23		231	102	100	29
如东县	102	6	20	75	1	320	145	153	22
南通经济技术开发区	75	8	14	53		233	74	66	93
通州湾示范区	11	1	2	5	3	22	15	5	2
苏锡通科技产业园区	12			12		28	11	14	3
启东市	43	4	6	33		89	45	35	9
如皋市	50	1	5	44		304	128	128	48
海门市	30		2	26	2	152	54	75	23
海安市	14			14		123	63	42	18
连云港市	**371**	**34**	**46**	**284**	**7**	**1372**	**539**	**634**	**199**
连云区									

4-4b　续表 84　　　　单位：人

地　区 性　别	水利、环境和公共设施管理业					居民服务、修理和其他服务业			
	小计	水　利 管理业	生态保护 和环境 治理业	公共设施 管理业	土　地 管理业	小计	居　民 服务业	机动车、 电子产品 和日用产 品修理业	其　他 服务业
海州区	12	1	1	10		62	25	35	2
赣榆区	47	1	3	43		222	74	121	27
东海县	67	11	3	50	3	386	134	169	83
灌云县	57	11	11	34	1	300	122	148	30
灌南县	78	7	24	45	2	279	141	98	40
连云港经济技术开发区	20		2	18		29	10	14	5
连云港高新技术产业开发区	62	3	2	57		81	30	40	11
江苏连云港徐圩新区	8			7	1	11	3	7	1
江苏省连云港市云台山风景名胜区	20			20		2		2	
淮安市	**296**	**38**	**31**	**222**	**5**	**1500**	**695**	**635**	**170**
淮安区	12		1	11		99	57	34	8
淮阴区	19	3	2	14		76	40	30	6
清江浦区						6	5		1
洪泽区	4	1		2	1	30	17	11	2
涟水县	53	2	4	47		518	226	241	51
盱眙县	90	13	13	62	2	314	141	132	41
金湖县	36	10	3	23		158	70	74	14
淮安经济技术开发区	38	4	5	29		180	73	73	34
工业园区	6		2	4		5	1	3	1
生态文旅区	35	5	1	27	2	96	58	29	9
苏淮高新区	3			3		18	7	8	3
盐城市	**566**	**57**	**54**	**443**	**12**	**2528**	**1142**	**1001**	**385**
亭湖区	19		5	13	1	128	66	22	40
盐都区	28	3	3	22		103	39	46	18
大丰区	50	1	2	46	1	144	66	58	20
响水县	47	5	3	39		257	116	99	42
滨海县	122	19	17	81	5	428	211	173	44
阜宁县	77	7	5	64	1	448	211	178	59
射阳县	94	14	8	69	3	445	202	194	49
建湖县	80	7	4	68	1	342	166	151	25
盐城经济技术开发区	9	1		8		110	16	21	73
江苏省盐南高新区									
东台市	40		7	33		123	49	59	15
扬州市	**218**	**27**	**13**	**173**	**5**	**1413**	**759**	**502**	**152**
广陵区	5	1		4		36	16	13	7
邗江区	14	1		13		77	59	11	7
江都区	43	14	6	22	1	333	125	172	36
宝应县	68	7	3	56	2	468	267	176	25
扬州经济技术开发区	37	3	2	31	1	218	118	42	58
蜀冈瘦西湖景区									
生态新城	4			4		21	14	5	2
仪征市	11			11		101	57	36	8
高邮市	36	1	2	32	1	159	103	47	9
镇江市	**184**	**11**	**17**	**154**	**2**	**746**	**375**	**272**	**99**
京口区						3	1	2	
润州区									
丹徒区	19	2	1	16		92	63	25	4
镇江新区	33		5	28		180	48	76	56
江苏镇江高新区									
丹阳市	79	5	5	67	2	378	228	121	29
扬中市	8	1	1	6		17	6	10	1
句容市	45	3	5	37		76	29	38	9

4-4b 续表 85

单位：人

地区 性别	水利、环境和公共设施管理业					居民服务、修理和其他服务业			
	小计	水利管理业	生态保护和环境治理业	公共设施管理业	土地管理业	小计	居民服务业	机动车、电子产品和日用产品修理业	其他服务业
泰州市	**237**	**30**	**40**	**166**	**1**	**990**	**463**	**333**	**194**
海陵区	1			1		15	9	6	
高港区	21	1	5	15		32	15	11	6
姜堰区	32	3	2	27		110	58	41	11
泰州医药高新技术产业开发区	35	5	2	27	1	167	82	77	8
兴化市	70	13	21	36		382	142	95	145
靖江市	21	1		20		76	48	27	1
泰兴市	57	7	10	40		208	109	76	23
宿迁市	**518**	**40**	**31**	**443**	**4**	**1732**	**706**	**695**	**331**
宿城区	9	2		7		31	11	18	2
宿豫区	17		3	14		43	14	22	7
沭阳县	217	16	10	191		678	314	280	84
泗阳县	71	8	8	54	1	493	182	155	156
泗洪县	142	10	8	122	2	360	138	166	56
宿迁经济技术开发区	59	4	2	52	1	112	40	47	25
宿迁市湖滨新区	3			3		15	7	7	1
苏州宿迁工业园区									
宿迁市洋河新区									
女	**2922**	**119**	**149**	**2635**	**19**	**17307**	**12451**	**1462**	**3394**
南京市	**65**	**2**	**1**	**60**	**2**	**117**	**89**	**12**	**16**
玄武区									
秦淮区									
建邺区									
鼓楼区									
浦口区						1	1		
栖霞区									
雨花台区	1			1		3	2		1
江宁区									
六合区	49	2	1	44	2	90	69	12	9
溧水区	12			12		17	14		3
高淳区	3			3		6	3		3
南京江北新区									
无锡市	**121**	**3**	**11**	**106**	**1**	**863**	**657**	**102**	**104**
锡山区	35	1	3	31		190	139	23	28
惠山区	9		3	6		80	65	9	6
滨湖区									
梁溪区									
新吴区									
江苏无锡经济开发区									
江阴市	28		2	25	1	354	272	50	32
宜兴市	49	2	3	44		239	181	20	38
徐州市	**466**	**13**	**15**	**434**	**4**	**2005**	**1394**	**191**	**420**
鼓楼区									
云龙区	6			6		21	10	4	7
贾汪区	17		1	16		52	33	4	15
泉山区									
铜山区	142		2	140		435	305	44	86
丰县	95	1	6	88		389	247	48	94
沛县	68	7	3	57	1	373	257	28	88
睢宁县	79	3	2	71	3	391	281	34	76
徐州经济技术开发区	29	2	1	26		210	165	18	27
新沂市	26			26		71	52	6	13
邳州市	4			4		63	44	5	14

4-4b　续表 86　　　　单位：人

地　区 性　别	水利、环境和公共设施管理业					居民服务、修理和其他服务业			
	小计	水　利 管理业	生态保护 和环境 治理业	公共设施 管理业	土　地 管理业	小计	居　民 服务业	机动车、 电子产品 和日用产 品修理业	其　他 服务业
常州市	**138**	**4**	**6**	**128**		**653**	**488**	**50**	**115**
天宁区	2			2		44	34	3	7
钟楼区									
新北区	15		1	14		172	130	15	27
武进区	78	2	3	73		174	113	12	49
金坛区	10			10		44	29	6	9
江苏省常州市经济开发区	5			5		83	72	5	6
溧阳市	28	2	2	24		136	110	9	17
苏州市	**435**	**20**	**33**	**381**	**1**	**3102**	**2242**	**213**	**647**
虎丘区	3			3		1	1		
吴中区	59	4	3	52		263	131	16	116
相城区	14			14		26	9	8	9
姑苏区									
吴江区	49	8		41		307	235	31	41
苏州工业园区	120	4	18	98		951	711	66	174
常熟市	60	1	2	57		294	250	17	27
张家港市	53	2	6	45		484	405	44	35
昆山市	30		4	25	1	183	157	17	9
太仓市	47	1		46		593	343	14	236
南通市	**199**	**5**	**19**	**172**	**3**	**1336**	**979**	**110**	**247**
崇川区									
港闸区									
通州区	18		1	16	1	176	132	12	32
如东县	58	1	8	49		300	253	28	19
南通经济技术开发区	31	2	4	25		217	132	18	67
通州湾示范区	7			5	2	20	17	2	1
苏锡通科技产业园区	4	1		3		23	15		8
启东市	23		2	21		100	64	10	26
如皋市	29	1	3	25		215	148	25	42
海门市	20		1	19		130	95	7	28
海安市	9			9		155	123	8	24
连云港市	**299**	**15**	**6**	**275**	**3**	**1429**	**954**	**141**	**334**
连云区									
海州区	16		1	15		39	33	4	2
赣榆区	33	2		31		131	88	15	28
东海县	99	6		90	3	589	331	58	200
灌云县	26	2	1	23		228	175	25	28
灌南县	50	3	4	43		279	215	15	49
连云港经济技术开发区	14			14		36	22	4	10
连云港高新技术产业开发区	44	2		42		103	70	17	16
江苏连云港徐圩新区	6			6		22	18	3	1
江苏省连云港市云台山风景名胜区	11			11		2	2		
淮安市	**209**	**15**	**10**	**183**	**1**	**1508**	**1107**	**117**	**284**
淮安区	7	1		6		70	57	5	8
淮阴区	13		1	12		39	29	2	8
清江浦区	1			1		4	3		1
洪泽区	2			2		19	18	1	
涟水县	50	2	4	44		713	537	59	117
盱眙县	40	4		35	1	242	175	19	48
金湖县	31	5	2	24		149	116	10	23
淮安经济技术开发区	33	1	1	31		182	112	16	54
工业园区	2		1	1		7	2	1	4

4-4b 续表 87

单位：人

地区 性别	水利、环境和公共设施管理业					居民服务、修理和其他服务业			
	小计	水利管理业	生态保护和环境治理业	公共设施管理业	土地管理业	小计	居民服务业	机动车、电子产品和日用产品修理业	其他服务业
生态文旅区	29	2	1	26		71	52	2	17
苏淮高新区	1			1		12	6	2	4
盐城市	**356**	**14**	**17**	**325**		**1979**	**1434**	**147**	**398**
亭湖区	8			8		98	54	1	43
盐都区	19	2		17		95	62	7	26
大丰区	48			48		139	96	16	27
响水县	25	1		24		218	162	12	44
滨海县	48	4	5	39		270	212	20	38
阜宁县	50		2	48		292	229	19	44
射阳县	62	4	6	52		354	266	35	53
建湖县	57	2	1	54		322	261	18	43
盐城经济技术开发区	16	1		15		94	17	10	67
江苏省盐南高新区									
东台市	23		3	20		97	75	9	13
扬州市	**159**	**10**	**9**	**139**	**1**	**1239**	**957**	**92**	**190**
广陵区	1			1		47	35	1	11
邗江区	5			5		56	48	3	5
江都区	32	3	3	26		214	161	23	30
宝应县	56	5	1	50		438	357	39	42
扬州经济技术开发区	31		5	26		234	163	15	56
蜀冈瘦西湖景区									
生态新城	7			7		14	6		8
仪征市	4			4		86	63	5	18
高邮市	23	2		20	1	150	124	6	20
镇江市	**108**	**5**	**9**	**93**	**1**	**729**	**536**	**71**	**122**
京口区						7	2	2	3
润州区									
丹徒区	9		1	8		76	67	7	2
镇江新区	21	1	4	16		175	102	20	53
江苏镇江高新区									
丹阳市	50	4		45	1	344	274	28	42
扬中市	4		1	3		34	22	7	5
句容市	24		3	21		93	69	7	17
泰州市	**139**	**3**	**5**	**131**		**860**	**607**	**73**	**180**
海陵区	3			3		26	22	2	2
高港区	14			14		42	35	4	3
姜堰区	21		1	20		85	63	9	13
泰州医药高新技术产业开发区	28	2		26		174	129	16	29
兴化市	33		1	32		281	171	18	92
靖江市	8			8		78	65	4	9
泰兴市	32	1	3	28		174	122	20	32
宿迁市	**228**	**10**	**8**	**208**	**2**	**1487**	**1007**	**143**	**337**
宿城区	3			3		33	23	3	7
宿豫区	5			5		24	17	1	6
沭阳县	82	3	4	74	1	607	430	56	121
泗阳县	40	5	1	33	1	380	200	39	141
泗洪县	62	1	2	59		334	261	35	38
宿迁经济技术开发区	32	1	1	30		100	70	9	21
宿迁市湖滨新区	4			4		9	6		3
苏州宿迁工业园区									
宿迁市洋河新区									

4-4b　续表 88　　　　　　　　　　　　　　　　　　　　　　　　　　　　单位：人

地　区 性　别	教育		卫生和社会工作			文化、体育和娱乐业				
	小计	教育	小计	卫生	社会工作	小计	新闻和出版业	广播、电视、电影和录音制作业	文　化艺术业	体育
江　苏	**37541**	**37541**	**16011**	**15278**	**733**	**4925**	**213**	**577**	**997**	**841**
南京市	**321**	**321**	**159**	**145**	**14**	**47**	**2**	**5**	**14**	**12**
玄武区										
秦淮区										
建邺区										
鼓楼区										
浦口区	1	1				2			1	1
栖霞区										
雨花台区	8	8	12	6	6	3			2	1
江宁区										
六合区	271	271	123	120	3	34	2	5	11	8
溧水区	29	29	15	13	2	8				2
高淳区	12	12	9	6	3					
南京江北新区										
无锡市	**1723**	**1723**	**766**	**710**	**56**	**280**	**3**	**21**	**45**	**55**
锡山区	372	372	119	112	7	32	1	3	4	5
惠山区	241	241	154	142	12	32		4	4	7
滨湖区										
梁溪区										
新吴区										
江苏无锡经济开发区										
江阴市	721	721	267	255	12	130	1	9	29	27
宜兴市	389	389	226	201	25	86	1	5	8	16
徐州市	**4959**	**4959**	**2159**	**2097**	**62**	**399**	**11**	**41**	**115**	**78**
鼓楼区										
云龙区	51	51	13	13		6	1		2	3
贾汪区	80	80	36	27	9	8		1	3	
泉山区										
铜山区	627	627	240	219	21	56	1	2	14	8
丰县	844	844	356	354	2	44		5	11	7
沛县	1137	1137	546	538	8	104	5	9	33	20
睢宁县	1229	1229	509	498	11	106	3	17	33	29
徐州经济技术开发区	662	662	361	354	7	49	1	7	7	8
新沂市	192	192	46	46		16			7	2
邳州市	137	137	52	48	4	10			5	1
常州市	**865**	**865**	**296**	**268**	**28**	**157**		**7**	**14**	**33**
天宁区	74	74	19	17	2	6			1	2
钟楼区										
新北区	214	214	69	63	6	35		5	3	6
武进区	272	272	84	75	9	40		1	2	6
金坛区	27	27	17	11	6	21			2	7
江苏省常州市经济开发区	129	129	41	38	3	18			4	5
溧阳市	149	149	66	64	2	37		1	2	7
苏州市	**5520**	**5520**	**2153**	**1977**	**176**	**1187**	**45**	**102**	**194**	**252**
虎丘区	8	8	4	2	2	2				
吴中区	328	328	100	95	5	60	1	3	12	5
相城区	73	73	29	24	5	11		1	1	1
姑苏区										
吴江区	674	674	255	236	19	79	4	7	8	16
苏州工业园区	2685	2685	934	879	55	624	36	72	130	147
常熟市	395	395	181	164	17	75	1	8	10	11

4-4b 续表 89

单位：人

地区 性别	教育		卫生和社会工作			文化、体育和娱乐业				
	小计	教育	小计	卫生	社会工作	小计	新闻和出版业	广播、电视、电影和录音制作业	文化艺术业	体育
张家港市	767	767	361	326	35	200		9	11	36
昆山市	365	365	169	157	12	87	3	1	13	27
太仓市	225	225	120	94	26	49		1	9	9
南通市	**2938**	**2938**	**1397**	**1308**	**89**	**351**	**19**	**28**	**58**	**54**
崇川区										
港闸区										
通州区	437	437	155	140	15	40	5	3	10	9
如东县	816	816	485	463	22	66	6	7	17	11
南通经济技术开发区	503	503	204	194	10	104	3	6	11	17
通州湾示范区	46	46	23	21	2	1				
苏锡通科技产业园区	29	29	19	19		5	1	2		
启东市	160	160	93	83	10	32		1	1	
如皋市	539	539	224	218	6	47	2	3	6	9
海门市	170	170	83	74	9	22	1	1	6	1
海安市	238	238	111	96	15	34	1	5	7	7
连云港市	**3669**	**3669**	**1501**	**1455**	**46**	**434**	**19**	**121**	**135**	**47**
连云区										
海州区	78	78	31	30	1	10				3
赣榆区	373	373	100	93	7	20	1	1	6	3
东海县	1231	1231	426	417	9	220	3	106	74	13
灌云县	607	607	300	286	14	51	4	5	12	5
灌南县	699	699	339	334	5	54	1	3	19	10
连云港经济技术开发区	128	128	40	39	1	14	1		2	7
连云港高新技术产业开发区	532	532	250	241	9	60	9	5	21	4
江苏连云港徐圩新区	20	20	13	13		4		1		2
江苏省连云港市云台山风景名胜区	1	1	2	2		1			1	
淮安市	**3291**	**3291**	**1321**	**1286**	**35**	**376**	**30**	**46**	**67**	**62**
淮安区	150	150	90	88	2	11	1	1		2
淮阴区	61	61	30	24	6	2				
清江浦区	6	6	1	1		1				
洪泽区	24	24	12	11	1	4			3	
涟水县	871	871	325	321	4	104	4	10	21	16
盱眙县	864	864	369	360	9	82	8	11	15	8
金湖县	346	346	186	180	6	49	5	11	4	11
淮安经济技术开发区	502	502	152	148	4	71	3	7	11	17
工业园区	14	14	1	1		1		1		
生态文旅区	435	435	147	144	3	48	9	5	12	7
苏淮高新区	18	18	8	8		3			1	1
盐城市	**4760**	**4760**	**2153**	**2061**	**92**	**532**	**19**	**53**	**147**	**73**
亭湖区	67	67	39	37	2	9			2	
盐都区	200	200	68	65	3	10	2	1	3	2
大丰区	200	200	116	107	9	56		3	31	4
响水县	532	532	272	262	10	47	2	12	8	5
滨海县	837	837	372	365	7	64	3	8	10	16
阜宁县	815	815	328	312	16	102	6	7	18	16
射阳县	932	932	431	417	14	93	2	9	25	19
建湖县	785	785	371	355	16	121	4	10	44	6
盐城经济技术开发区	134	134	35	32	3	11		2	2	3
江苏省盐南高新区										
东台市	258	258	121	109	12	19		1	4	2
扬州市	**2113**	**2113**	**863**	**825**	**38**	**278**	**17**	**37**	**51**	**44**
广陵区	51	51	28	26	2	8			2	

4-4b 续表 90

单位：人

地区 性别	教育		卫生和社会工作			文化、体育和娱乐业				
	小计	教育	小计	卫生	社会工作	小计	新闻和出版业	广播、电视、电影和录音制作业	文化艺术业	体育
邗江区	90	90	31	29	2	12		1	1	2
江都区	279	279	134	120	14	42		3	8	8
宝应县	831	831	356	346	10	84	4	18	20	10
扬州经济技术开发区	577	577	189	186	3	80	9	14	13	15
蜀冈瘦西湖景区										
生态新城	24	24	6	4	2	12	1		2	8
仪征市	80	80	31	30	1	13			4	1
高邮市	181	181	88	84	4	27	3	1	1	
镇江市	**1202**	**1202**	**355**	**333**	**22**	**263**	**11**	**29**	**22**	**49**
京口区	2	2				1		1		
润州区										
丹徒区	89	89	25	25		26				4
镇江新区	383	383	127	119	8	74	3	10	7	20
江苏镇江高新区										
丹阳市	450	450	143	135	8	109	3	9	8	16
扬中市	62	62	15	13	2	17		1	5	1
句容市	216	216	45	41	4	36	5	8	2	8
泰州市	**1548**	**1548**	**838**	**800**	**38**	**233**	**14**	**19**	**36**	**30**
海陵区	28	28	15	14	1	7			2	1
高港区	61	61	31	30	1	8		1	2	2
姜堰区	94	94	42	37	5	8	2		3	2
泰州医药高新技术产业开发区	516	516	316	310	6	95	8	15	17	14
兴化市	408	408	187	174	13	67	1	1	8	4
靖江市	142	142	69	65	4	10		1		
泰兴市	299	299	178	170	8	38	3	1	4	7
宿迁市	**4632**	**4632**	**2050**	**2013**	**37**	**388**	**23**	**68**	**99**	**52**
宿城区	60	60	22	22		6	1		1	1
宿豫区	61	61	20	20		7	2		1	1
沭阳县	1954	1954	895	877	18	152	11	21	48	16
泗阳县	1043	1043	415	408	7	81	3	18	24	10
泗洪县	1189	1189	545	534	11	105	5	17	20	14
宿迁经济技术开发区	316	316	150	149	1	37	1	12	5	10
宿迁市湖滨新区	9	9	3	3						
苏州宿迁工业园区										
宿迁市洋河新区										
男	**13990**	**13990**	**5448**	**5213**	**235**	**2640**	**123**	**282**	**518**	**487**
南京市	**98**	**98**	**39**	**34**	**5**	**25**		**4**	**7**	**5**
玄武区										
秦淮区										
建邺区										
鼓楼区										
浦口区	1	1								
栖霞区										
雨花台区	2	2	5	2	3	2			2	
江宁区										
六合区	83	83	27	27		18		4	5	4
溧水区	9	9	4	3	1	5				1
高淳区	3	3	3	2	1					
南京江北新区										
无锡市	**491**	**491**	**219**	**205**	**14**	**148**	**2**	**6**	**30**	**36**
锡山区	96	96	32	31	1	12	1		3	4

4-4b 续表 91　　　　单位：人

地区 性别	教育		卫生和社会工作			文化、体育和娱乐业				
	小计	教育	小计	卫生	社会工作	小计	新闻和出版业	广播、电视、电影和录音制作业	文化艺术业	体育
惠山区	63	63	39	38	1	15		1	3	3
滨湖区										
梁溪区										
新吴区										
江苏无锡经济开发区										
江阴市	206	206	82	80	2	79	1	4	19	19
宜兴市	126	126	66	56	10	42		1	5	10
徐州市	**1868**	**1868**	**799**	**776**	**23**	**256**	**10**	**26**	**67**	**55**
鼓楼区										
云龙区	14	14	5	5		3			2	1
贾汪区	25	25	16	10	6	6			2	
泉山区										
铜山区	219	219	86	80	6	32	1	2	7	6
丰县	317	317	161	161		30		3	6	5
沛县	422	422	201	200	1	69	5	7	20	14
睢宁县	491	491	173	168	5	73	3	11	19	23
徐州经济技术开发区	224	224	116	114	2	26	1	3	3	3
新沂市	78	78	14	14		8			4	2
邳州市	78	78	27	24	3	9			4	1
常州市	**270**	**270**	**99**	**93**	**6**	**80**		**2**	**6**	**20**
天宁区	18	18	7	6	1	4				2
钟楼区										
新北区	73	73	20	20		21		2	2	3
武进区	84	84	28	25	3	21				3
金坛区	10	10	2	1	1	11			1	3
江苏省常州市经济开发区	28	28	15	14	1	8			2	4
溧阳市	57	57	27	27		15			1	5
苏州市	**1525**	**1525**	**658**	**615**	**43**	**563**	**20**	**57**	**83**	**117**
虎丘区	2	2				1				
吴中区	101	101	27	24	3	28	1	1	5	3
相城区	18	18	7	5	2	6		1		
姑苏区										
吴江区	193	193	74	65	9	37	1	4	3	9
苏州工业园区	720	720	309	288	21	314	16	42	52	71
常熟市	130	130	47	45	2	42	1	4	6	7
张家港市	171	171	96	92	4	70		4	6	11
昆山市	108	108	61	61		42	1	1	8	11
太仓市	82	82	37	35	2	23			3	5
南通市	**1047**	**1047**	**411**	**388**	**23**	**185**	**9**	**9**	**27**	**36**
崇川区										
港闸区										
通州区	183	183	49	41	8	19	3	2	4	4
如东县	268	268	147	143	4	25	2	1	8	5
南通经济技术开发区	171	171	44	41	3	53	2	1	3	14
通州湾示范区	24	24	5	5						
苏锡通科技产业园区	8	8	9	9		4	1	1		
启东市	50	50	34	32	2	23		1		
如皋市	194	194	63	63		30		1	3	8
海门市	51	51	30	26	4	13		1	6	1
海安市	98	98	30	28	2	18	1	1	3	4
连云港市	**1411**	**1411**	**547**	**527**	**20**	**227**	**13**	**48**	**64**	**37**
连云区										

4-4b　续表 92　　　　单位：人

地区 性别	教育		卫生和社会工作			文化、体育和娱乐业				
	小计	教育	小计	卫生	社会工作	小计	新闻和出版业	广播、电视、电影和录音制作业	文化艺术业	体育
海州区	36	36	10	10		6				3
赣榆区	152	152	33	30	3	11	1	1	3	2
东海县	452	452	154	147	7	96	3	39	33	7
灌云县	255	255	118	110	8	32	3	4	6	5
灌南县	289	289	130	129	1	41	1	2	14	9
连云港经济技术开发区	49	49	13	13		11	1		1	6
连云港高新技术产业开发区	169	169	83	82	1	28	4	2	7	3
江苏连云港徐圩新区	9	9	5	5		2				2
江苏省连云港市云台山风景名胜区			1	1						
淮安市	**1333**	**1333**	**468**	**451**	**17**	**216**	**19**	**26**	**34**	**36**
淮安区	72	72	33	32	1	8	1	1		
淮阴区	29	29	17	13	4	2				
清江浦区	2	2				1				
洪泽区	15	15	7	7		3			2	
涟水县	376	376	114	113	1	54		5	8	7
盱眙县	383	383	132	125	7	44	6	2	9	4
金湖县	135	135	57	56	1	24	4	7	1	7
淮安经济技术开发区	164	164	53	52	1	48	3	6	5	12
工业园区	2	2				1		1		
生态文旅区	147	147	51	49	2	28	5	4	8	5
苏淮高新区	8	8	4	4		3			1	1
盐城市	**2156**	**2156**	**784**	**750**	**34**	**295**	**12**	**26**	**86**	**40**
亭湖区	33	33	17	17		6			1	
盐都区	100	100	27	27		5			2	2
大丰区	96	96	41	37	4	27		1	15	2
响水县	228	228	91	88	3	20		3	5	1
滨海县	349	349	133	129	4	38	2	4	5	11
阜宁县	384	384	130	120	10	56	4	4	10	7
射阳县	447	447	158	154	4	55	2	8	14	11
建湖县	322	322	133	127	6	74	4	5	30	4
盐城经济技术开发区	53	53	16	14	2	6		1	1	2
江苏省盐南高新区										
东台市	144	144	38	37	1	8			3	
扬州市	**912**	**912**	**277**	**260**	**17**	**148**	**9**	**22**	**30**	**25**
广陵区	25	25	10	8	2	3			1	
邗江区	34	34	10	10		6		1		2
江都区	120	120	42	35	7	25		2	4	6
宝应县	367	367	122	118	4	49	2	11	13	8
扬州经济技术开发区	231	231	55	53	2	39	4	7	7	6
蜀冈瘦西湖景区										
生态新城	13	13	2	1	1	3				3
仪征市	39	39	9	9		7			4	
高邮市	83	83	27	26	1	16	3	1	1	
镇江市	**417**	**417**	**103**	**96**	**7**	**148**	**7**	**14**	**13**	**30**
京口区						1		1		
润州区										
丹徒区	44	44	8	8		12				1
镇江新区	121	121	25	23	2	40	3	5	4	10
江苏镇江高新区										
丹阳市	152	152	53	50	3	64	3	4	4	11
扬中市	26	26	7	7		12			3	1
句容市	74	74	10	8	2	19	1	4	2	7

4-4b 续表 93

单位：人

地区 性别	教育		卫生和社会工作			文化、体育和娱乐业				
	小计	教育	小计	卫生	社会工作	小计	新闻和出版业	广播、电视、电影和录音制作业	文化艺术业	体育
泰州市	**607**	**607**	**308**	**296**	**12**	**123**	**9**	**9**	**18**	**17**
海陵区	12	12	7	7		4			1	1
高港区	20	20	9	9		3			2	
姜堰区	38	38	10	8	2	2	1			
泰州医药高新技术产业开发区	157	157	94	93	1	52	5	6	6	9
兴化市	197	197	87	82	5	39	1	1	7	2
靖江市	50	50	21	21		2		1		
泰兴市	133	133	80	76	4	21	2	1	2	5
宿迁市	**1855**	**1855**	**736**	**722**	**14**	**226**	**13**	**33**	**53**	**33**
宿城区	28	28	7	7		4	1		1	
宿豫区	27	27	14	14		5	1			1
沭阳县	746	746	334	327	7	91	8	12	26	8
泗阳县	448	448	146	143	3	44	2	9	15	5
泗洪县	494	494	185	182	3	63	1	6	9	13
宿迁经济技术开发区	111	111	50	49	1	19		6	2	6
宿迁市湖滨新区	1	1								
苏州宿迁工业园区										
宿迁市洋河新区										
女	**23551**	**23551**	**10563**	**10065**	**498**	**2285**	**90**	**295**	**479**	**354**
南京市	**223**	**223**	**120**	**111**	**9**	**22**	**2**	**1**	**7**	**7**
玄武区										
秦淮区										
建邺区										
鼓楼区										
浦口区						2			1	1
栖霞区										
雨花台区	6	6	7	4	3	1				1
江宁区										
六合区	188	188	96	93	3	16	2	1	6	4
溧水区	20	20	11	10	1	3				1
高淳区	9	9	6	4	2					
南京江北新区										
无锡市	**1232**	**1232**	**547**	**505**	**42**	**132**	**1**	**15**	**15**	**19**
锡山区	276	276	87	81	6	20		3	1	1
惠山区	178	178	115	104	11	17		3	1	4
滨湖区										
梁溪区										
新吴区										
江苏无锡经济开发区										
江阴市	515	515	185	175	10	51		5	10	8
宜兴市	263	263	160	145	15	44	1	4	3	6
徐州市	**3091**	**3091**	**1360**	**1321**	**39**	**143**	**1**	**15**	**48**	**23**
鼓楼区										
云龙区	37	37	8	8		3	1			2
贾汪区	55	55	20	17	3	2		1	1	
泉山区										
铜山区	408	408	154	139	15	24			7	2
丰县	527	527	195	193	2	14		2	5	2
沛县	715	715	345	338	7	35		2	13	6
睢宁县	738	738	336	330	6	33		6	14	6
徐州经济技术开发区	438	438	245	240	5	23		4	4	5
新沂市	114	114	32	32		8			3	
邳州市	59	59	25	24	1	1			1	

4-4b　续表 94　　　　单位：人

地　区 性　别	教育		卫生和社会工作			文化、体育和娱乐业				
	小计	教育	小计	卫生	社会工作	小计	新闻和出版业	广播、电视、电影和录音制作业	文化艺术业	体育
常州市	**595**	**595**	**197**	**175**	**22**	**77**		**5**	**8**	**13**
天宁区	56	56	12	11	1	2			1	
钟楼区										
新北区	141	141	49	43	6	14		3	1	3
武进区	188	188	56	50	6	19		1	2	3
金坛区	17	17	15	10	5	10			1	4
江苏省常州市经济开发区	101	101	26	24	2	10			2	1
溧阳市	92	92	39	37	2	22		1	1	2
苏州市	**3995**	**3995**	**1495**	**1362**	**133**	**624**	**25**	**45**	**111**	**135**
虎丘区	6	6	4	2	2	1				
吴中区	227	227	73	71	2	32		2	7	2
相城区	55	55	22	19	3	5			1	1
姑苏区										
吴江区	481	481	181	171	10	42	3	3	5	7
苏州工业园区	1965	1965	625	591	34	310	20	30	78	76
常熟市	265	265	134	119	15	33		4	4	4
张家港市	596	596	265	234	31	130		5	5	25
昆山市	257	257	108	96	12	45	2		5	16
太仓市	143	143	83	59	24	26		1	6	4
南通市	**1891**	**1891**	**986**	**920**	**66**	**166**	**10**	**19**	**31**	**18**
崇川区										
港闸区										
通州区	254	254	106	99	7	21	2	1	6	5
如东县	548	548	338	320	18	41	4	6	9	6
南通经济技术开发区	332	332	160	153	7	51	1	5	8	3
通州湾示范区	22	22	18	16	2	1				
苏锡通科技产业园区	21	21	10	10		1		1		
启东市	110	110	59	51	8	9			1	
如皋市	345	345	161	155	6	17	2	2	3	1
海门市	119	119	53	48	5	9	1			
海安市	140	140	81	68	13	16		4	4	3
连云港市	**2258**	**2258**	**954**	**928**	**26**	**207**	**6**	**73**	**71**	**10**
连云区										
海州区	42	42	21	20	1	4				
赣榆区	221	221	67	63	4	9			3	1
东海县	779	779	272	270	2	124		67	41	6
灌云县	352	352	182	176	6	19	1	1	6	
灌南县	410	410	209	205	4	13		1	5	1
连云港经济技术开发区	79	79	27	26	1	3			1	1
连云港高新技术产业开发区	363	363	167	159	8	32	5	3	14	1
江苏连云港徐圩新区	11	11	8	8		2		1		
江苏省连云港市云台山风景名胜区	1	1	1	1		1			1	
淮安市	**1958**	**1958**	**853**	**835**	**18**	**160**	**11**	**20**	**33**	**26**
淮安区	78	78	57	56	1	3				2
淮阴区	32	32	13	11	2					
清江浦区	4	4	1	1						
洪泽区	9	9	5	4	1	1			1	
涟水县	495	495	211	208	3	50	4	5	13	9
盱眙县	481	481	237	235	2	38	2	9	6	4
金湖县	211	211	129	124	5	25	1	4	3	4
淮安经济技术开发区	338	338	99	96	3	23		1	6	5
工业园区	12	12	1	1						

4-4b 续表 95

单位：人

地区 性别	教育		卫生和社会工作			文化、体育和娱乐业				
	小计	教育	小计	卫生	社会工作	小计	新闻和出版业	广播、电视、电影和录音制作业	文化艺术业	体育
生态文旅区	288	288	96	95	1	20	4	1	4	2
苏淮高新区	10	10	4	4						
盐城市	**2604**	**2604**	**1369**	**1311**	**58**	**237**	**7**	**27**	**61**	**33**
亭湖区	34	34	22	20	2	3			1	
盐都区	100	100	41	38	3	5	2	1	1	
大丰区	104	104	75	70	5	29		2	16	2
响水县	304	304	181	174	7	27	2	9	3	4
滨海县	488	488	239	236	3	26	1	4	5	5
阜宁县	431	431	198	192	6	46	2	3	8	9
射阳县	485	485	273	263	10	38		1	11	8
建湖县	463	463	238	228	10	47		5	14	2
盐城经济技术开发区	81	81	19	18	1	5		1	1	1
江苏省盐南高新区										
东台市	114	114	83	72	11	11		1	1	2
扬州市	**1201**	**1201**	**586**	**565**	**21**	**130**	**8**	**15**	**21**	**19**
广陵区	26	26	18	18		5			1	
邗江区	56	56	21	19	2	6			1	
江都区	159	159	92	85	7	17		1	4	2
宝应县	464	464	234	228	6	35	2	7	7	2
扬州经济技术开发区	346	346	134	133	1	41	5	7	6	9
蜀冈瘦西湖景区										
生态新城	11	11	4	3	1	9	1		2	5
仪征市	41	41	22	21	1	6				1
高邮市	98	98	61	58	3	11				
镇江市	**785**	**785**	**252**	**237**	**15**	**115**	**4**	**15**	**9**	**19**
京口区	2	2								
润州区										
丹徒区	45	45	17	17		14				3
镇江新区	262	262	102	96	6	34		5	3	10
江苏镇江高新区										
丹阳市	298	298	90	85	5	45		5	4	5
扬中市	36	36	8	6	2	5		1	2	
句容市	142	142	35	33	2	17	4	4		1
泰州市	**941**	**941**	**530**	**504**	**26**	**110**	**5**	**10**	**18**	**13**
海陵区	16	16	8	7	1	3			1	
高港区	41	41	22	21	1	5		1		2
姜堰区	56	56	32	29	3	6	1		3	2
泰州医药高新技术产业开发区	359	359	222	217	5	43	3	9	11	5
兴化市	211	211	100	92	8	28			1	2
靖江市	92	92	48	44	4	8				
泰兴市	166	166	98	94	4	17	1		2	2
宿迁市	**2777**	**2777**	**1314**	**1291**	**23**	**162**	**10**	**35**	**46**	**19**
宿城区	32	32	15	15		2				1
宿豫区	34	34	6	6		2	1		1	
沭阳县	1208	1208	561	550	11	61	3	9	22	8
泗阳县	595	595	269	265	4	37	1	9	9	5
泗洪县	695	695	360	352	8	42	4	11	11	1
宿迁经济技术开发区	205	205	100	100		18	1	6	3	4
宿迁市湖滨新区	8	8	3	3						
苏州宿迁工业园区										
宿迁市洋河新区										

4-4b 续表 96

单位：人

地区 性别	娱乐业	公共管理、社会保障和社会组织							国际组织	
		小计	中国共产党机关	国家机构	人民政协、民主党派	社会保障	群众团体、社会团体和其他成员组织	基层群众自治组织	小计	国际组织
江 苏	**2297**	**31172**	**687**	**22967**	**40**	**191**	**1964**	**5323**	**6**	**6**
南京市	**14**	**370**	**5**	**293**	**2**		**10**	**60**		
玄武区										
秦淮区										
建邺区										
鼓楼区										
浦口区		4		4						
栖霞区										
雨花台区		1		1						
江宁区										
六合区	8	233	1	180	2		10	40		
溧水区	6	49	3	34				12		
高淳区		83	1	74				8		
南京江北新区										
无锡市	**156**	**1392**	**2**	**961**	**1**	**6**	**75**	**347**		
锡山区	19	353		232	1	2	38	80		
惠山区	17	147		103		2	6	36		
滨湖区										
梁溪区										
新吴区										
江苏无锡经济开发区										
江阴市	64	537	2	358		2	26	149		
宜兴市	56	355		268			5	82		
徐州市	**154**	**3784**	**72**	**2899**	**2**	**20**	**214**	**577**		
鼓楼区										
云龙区		25		20			2	3		
贾汪区	4	56		34			7	15		
泉山区										
铜山区	31	303	3	164		4	19	113		
丰县	21	713	20	612	1	3	17	60		
沛县	37	988	12	855		4	18	99		
睢宁县	24	1135	31	816	1	4	128	155		
徐州经济技术开发区	26	388		308		2	12	66		
新沂市	7	84	1	50		2	4	27		
邳州市	4	92	5	40		1	7	39		
常州市	**103**	**757**	**5**	**577**		**5**	**26**	**144**		
天宁区	3	55		32		2	10	11		
钟楼区										
新北区	21	154	2	123		1	3	25		
武进区	31	184	3	137			5	39		
金坛区	12	48		25		2		21		
江苏省常州市经济开发区	9	87		65			4	18		
溧阳市	27	229		195			4	30		
苏州市	**594**	**4294**	**59**	**3173**	**6**	**41**	**197**	**818**	**4**	**4**
虎丘区	2	14		9				5		
吴中区	39	276	4	191		2	11	68	2	2
相城区	8	91		54			8	29		
姑苏区										
吴江区	44	524		403			6	115		
苏州工业园区	239	1614	41	1244	3	31	82	213		
常熟市	45	402	2	284		1	22	93		

4-4b 续表 97　　　　单位：人

地区 性别	娱乐业	公共管理、社会保障和社会组织						国际组织	
		小计	中国共产党机关	国家机构	人民政协、民主党派	社会保障	群众团体、社会团体和其他成员组织	基层群众自治组织	小计	国际组织
张家港市	144	669		449	1	1	18	200	1	1
昆山市	43	423	1	351	1	1	10	59		
太仓市	30	281	11	188	1	5	40	36	1	1
南通市	**192**	**2459**	**28**	**1740**	**1**	**13**	**196**	**481**		
崇川区										
港闸区										
通州区	13	309	4	196	1	1	37	70		
如东县	25	954	9	781		3	41	120		
南通经济技术开发区	67	279	3	210		4	19	43		
通州湾示范区	1	42		24			10	8		
苏锡通科技产业园区	2	40	2	32				6		
启东市	30	128		81			2	45		
如皋市	27	336	3	209		3	30	91		
海门市	13	173	4	92		2	33	42		
海安市	14	198	3	115			24	56		
连云港市	**112**	**2943**	**128**	**2323**	**8**	**38**	**183**	**263**		
连云区										
海州区	7	48	1	36			2	9		
赣榆区	9	167	1	92		1	14	59		
东海县	24	859	52	637	2	26	75	67		
灌云县	25	553	10	465		3	28	47		
灌南县	21	608	41	490	1	2	42	32		
连云港经济技术开发区	4	98	4	74		1	6	13		
连云港高新技术产业开发区	21	598	19	518	5	5	16	35		
江苏连云港徐圩新区	1	11		10				1		
江苏省连云港市云台山风景名胜区		1		1						
淮安市	**171**	**2919**	**95**	**2320**	**4**	**7**	**142**	**351**		
淮安区	7	114		69			5	40		
淮阴区	2	53		29			4	20		
清江浦区	1	8		5				3		
洪泽区	1	41		23			5	13		
涟水县	53	693	4	584			24	81		
盱眙县	40	712	24	543	1	2	68	74		
金湖县	18	485	4	407	2		13	59		
淮安经济技术开发区	33	408	52	302	1	1	13	39		
工业园区		19		13				6		
生态文旅区	15	372	11	336		4	9	12		
苏淮高新区	1	14		9			1	4		
盐城市	**240**	**4570**	**95**	**3260**	**6**	**33**	**372**	**804**	**1**	**1**
亭湖区	7	82	1	45		1	18	17		
盐都区	2	194	3	112		2	38	39		
大丰区	18	258	3	176			20	59		
响水县	20	592	20	454	1		53	64		
滨海县	27	769	11	640	1	3	19	95		
阜宁县	55	834	20	504		7	74	229		
射阳县	38	771	19	567	1	5	62	117	1	1
建湖县	57	745	9	617	3	14	16	86		
盐城经济技术开发区	4	114	2	44			36	32		
江苏省盐南高新区										
东台市	12	211	7	101		1	36	66		
扬州市	**129**	**1875**	**38**	**1344**		**6**	**138**	**349**		
广陵区	6	57	4	31			3	19		

4-4b 续表 98

单位：人

地区 性别	娱乐业	公共管理、社会保障和社会组织							国际组织	
		小计	中国共产党机关	国家机构	人民政协、民主党派	社会保障	群众团体、社会团体和其他成员组织	基层群众自治组织	小计	国际组织
邗江区	8	75		55		1	2	17		
江都区	23	295	14	171			22	88		
宝应县	32	873	3	701		2	28	139		
扬州经济技术开发区	29	323	12	243		1	49	18		
蜀冈瘦西湖景区										
生态新城	1	31		8		1	19	3		
仪征市	8	62		46			5	11		
高邮市	22	159	5	89		1	10	54		
镇江市	**152**	**932**	**21**	**626**	**3**	**1**	**68**	**213**	**1**	**1**
京口区		5		4				1		
润州区										
丹徒区	22	95		60			11	24	1	1
镇江新区	34	303	10	232	1	1	17	42		
江苏镇江高新区										
丹阳市	73	324	8	207	1		22	86		
扬中市	10	78		42			7	29		
句容市	13	127	3	81	1		11	31		
泰州市	**134**	**1792**	**24**	**1233**	**4**	**8**	**53**	**470**		
海陵区	4	47		23			2	22		
高港区	3	82	1	58			2	21		
姜堰区	1	126	3	79			7	37		
泰州医药高新技术产业开发区	41	699	12	611	4	4	15	53		
兴化市	53	344	6	233		2	17	86		
靖江市	9	133		86			5	42		
泰兴市	23	361	2	143		2	5	209		
宿迁市	**146**	**3085**	**115**	**2218**	**3**	**13**	**290**	**446**		
宿城区	3	62	1	21			1	39		
宿豫区	3	49	1	30		1	3	14		
沭阳县	56	1137	49	800	1	4	107	176		
泗阳县	26	667	41	486	2	7	53	78		
泗洪县	49	872	16	724		1	35	96		
宿迁经济技术开发区	9	287	7	156			91	33		
宿迁市湖滨新区		11		1				10		
苏州宿迁工业园区										
宿迁市洋河新区										
男	**1230**	**21033**	**499**	**15859**	**31**	**83**	**1181**	**3380**	**2**	**2**
南京市	**9**	**242**	**4**	**204**	**1**		**6**	**27**		
玄武区										
秦淮区										
建邺区										
鼓楼区										
浦口区		3		3						
栖霞区										
雨花台区		1		1						
江宁区										
六合区	5	138	1	116	1		6	14		
溧水区	4	29	2	19				8		
高淳区		71	1	65				5		
南京江北新区										
无锡市	**74**	**915**	**2**	**663**	**1**	**2**	**32**	**215**		
锡山区	4	214		151	1	1	17	44		

4-4b 续表 99 单位：人

地区 性别	娱乐业	公共管理、社会保障和社会组织 小计	中国共产党机关	国家机构	人民政协、民主党派	社会保障	群众团体、社会团体和其他成员组织	基层群众自治组织	国际组织 小计	国际组织
惠山区	8	98		72			1	25		
滨湖区										
梁溪区										
新吴区										
江苏无锡经济开发区										
江阴市	36	380	2	265		1	10	102		
宜兴市	26	223		175			4	44		
徐州市	**98**	**2573**	**54**	**2004**	**2**	**7**	**111**	**395**		
鼓楼区										
云龙区		14		11			1	2		
贾汪区	4	44		26			6	12		
泉山区										
铜山区	16	190	2	117		2	6	63		
丰县	16	502	15	433	1		8	45		
沛县	23	657	6	575		2	12	62		
睢宁县	17	758	27	554	1	1	65	110		
徐州经济技术开发区	16	275		222		1	7	45		
新沂市	2	57	1	33		1	1	21		
邳州市	4	76	3	33			5	35		
常州市	**52**	**510**	**3**	**397**		**1**	**17**	**92**		
天宁区	2	38		22			8	8		
钟楼区										
新北区	14	104	1	82		1	3	17		
武进区	18	128	2	101			3	22		
金坛区	7	35		15				20		
江苏省常州市经济开发区	2	52		41			2	9		
溧阳市	9	153		136			1	16		
苏州市	**286**	**2903**	**30**	**2241**	**3**	**21**	**113**	**495**	**2**	**2**
虎丘区	1	8		6				2		
吴中区	18	200	4	140		1	9	46	1	1
相城区	5	66		38			7	21		
姑苏区										
吴江区	20	385		307			2	76		
苏州工业园区	133	1027	19	839	1	14	47	107		
常熟市	24	306		225			13	68		
张家港市	49	403		281	1	1	6	114		
昆山市	21	308	1	259		1	8	39		
太仓市	15	200	6	146	1	4	21	22	1	1
南通市	**104**	**1568**	**21**	**1119**		**2**	**142**	**284**		
崇川区										
港闸区										
通州区	6	181	3	116			22	40		
如东县	9	618	7	506			32	73		
南通经济技术开发区	33	172	3	134			12	23		
通州湾示范区		33		19			8	6		
苏锡通科技产业园区	2	25		20				5		
启东市	22	69		48			2	19		
如皋市	18	240	2	147		1	28	62		
海门市	5	93	3	50		1	15	24		
海安市	9	137	3	79			23	32		
连云港市	**65**	**2012**	**97**	**1621**	**5**	**20**	**92**	**177**		
连云区										

4-4b 续表 100

单位：人

地 区 性 别	娱乐业	公共管理、社会保障和社会组织 小计	中国共产党机关	国家机构	人民政协、民主党派	社会保障	群众团体、社会团体和其他成员组织	基层群众自治组织	国际组织 小计	国际组织
海州区	3	36	1	28			1	6		
赣榆区	4	108	1	65			6	36		
东海县	14	572	36	431	2	13	41	49		
灌云县	14	395	8	339		1	15	32		
灌南县	15	422	32	339	1	2	21	27		
连云港经济技术开发区	3	74	4	58		1	3	8		
连云港高新技术产业开发区	12	394	15	351	2	3	5	18		
江苏连云港徐圩新区		10		9				1		
江苏省连云港市云台山风景名胜区		1		1						
淮安市	**101**	**2035**	**70**	**1613**	**4**	**3**	**81**	**264**		
淮安区	6	86		54			3	29		
淮阴区	2	44		24			2	18		
清江浦区	1	6		3				3		
洪泽区	1	33		18			5	10		
涟水县	34	478	4	404			15	55		
盱眙县	23	508	19	391	1	1	34	62		
金湖县	5	340	1	291	2		8	38		
淮安经济技术开发区	22	284	38	205	1	1	8	31		
工业园区		12		7				5		
生态文旅区	6	231	8	208		1	5	9		
苏淮高新区	1	13		8			1	4		
盐城市	**131**	**3160**	**72**	**2302**	**5**	**15**	**246**	**520**		
亭湖区	5	63	1	37			12	13		
盐都区	1	123	3	76		1	18	25		
大丰区	9	188	2	131			14	41		
响水县	11	419	16	319	1		31	52		
滨海县	16	546	7	463	1	2	15	58		
阜宁县	31	559	11	354		6	45	143		
射阳县	20	525	17	399		4	42	63		
建湖县	31	508	8	419	3	2	13	63		
盐城经济技术开发区	2	75	1	31			26	17		
江苏省盐南高新区										
东台市	5	154	6	73			30	45		
扬州市	**62**	**1207**	**29**	**908**		**2**	**77**	**191**		
广陵区	2	42	3	24			2	13		
邗江区	3	48		38		1		9		
江都区	13	193	13	120			17	43		
宝应县	15	563	1	469			17	76		
扬州经济技术开发区	15	193	8	157		1	21	6		
蜀冈瘦西湖景区										
生态新城		18		6			10	2		
仪征市	3	45		33			4	8		
高邮市	11	105	4	61			6	34		
镇江市	**84**	**606**	**17**	**407**	**3**		**47**	**132**		
京口区		4		3				1		
润州区										
丹徒区	11	55		34			7	14		
镇江新区	18	193	7	150	1		9	26		
江苏镇江高新区										
丹阳市	42	219	8	139	1		15	56		
扬中市	8	48		27			6	15		
句容市	5	87	2	54	1		10	20		

4-4b 续表 101

单位：人

地区 性别	娱乐业	公共管理、社会保障和社会组织						国际组织	
		小计	中国共产党机关	国家机构	人民政协、民主党派	社会保障	群众团体、社会团体和其他成员组织	基层群众自治组织	小计	国际组织
泰州市	**70**	**1167**	**17**	**815**	**4**	**3**	**38**	**290**		
海陵区	2	28		16			2	10		
高港区	1	53	1	33			2	17		
姜堰区	1	86	2	56			6	22		
泰州医药高新技术产业开发区	26	416	8	368	4	1	7	28		
兴化市	28	273	4	186		1	15	67		
靖江市	1	78		57			3	18		
泰兴市	11	233	2	99		1	3	128		
宿迁市	**94**	**2135**	**83**	**1565**	**3**	**7**	**179**	**298**		
宿城区	2	42		12			1	29		
宿豫区	3	36		24		1	1	10		
沭阳县	37	796	37	573	1	2	70	113		
泗阳县	13	448	31	326	2	4	35	50		
泗洪县	34	621	11	518			20	72		
宿迁经济技术开发区	5	185	4	111			52	18		
宿迁市湖滨新区		7		1				6		
苏州宿迁工业园区										
宿迁市洋河新区										
女	**1067**	**10139**	**188**	**7108**	**9**	**108**	**783**	**1943**	**4**	**4**
南京市	**5**	**128**	**1**	**89**	**1**		**4**	**33**		
玄武区										
秦淮区										
建邺区										
鼓楼区										
浦口区		1		1						
栖霞区										
雨花台区										
江宁区										
六合区	3	95		64	1		4	26		
溧水区	2	20	1	15				4		
高淳区		12		9				3		
南京江北新区										
无锡市	**82**	**477**		**298**		**4**	**43**	**132**		
锡山区	15	139		81		1	21	36		
惠山区	9	49		31		2	5	11		
滨湖区										
梁溪区										
新吴区										
江苏无锡经济开发区										
江阴市	28	157		93		1	16	47		
宜兴市	30	132		93			1	38		
徐州市	**56**	**1211**	**18**	**895**		**13**	**103**	**182**		
鼓楼区										
云龙区		11		9			1	1		
贾汪区		12		8			1	3		
泉山区										
铜山区	15	113	1	47		2	13	50		
丰县	5	211	5	179		3	9	15		
沛县	14	331	6	280		2	6	37		
睢宁县	7	377	4	262		3	63	45		
徐州经济技术开发区	10	113		86		1	5	21		
新沂市	5	27		17		1	3	6		
邳州市		16	2	7		1	2	4		

4-4b　续表 102

单位：人

地　区 性　别	娱乐业	公共管理、社会保障和社会组织						国际组织	
		小计	中国共产党机关	国家机构	人民政协、民主党派	社会保障	群众团体、社会团体和其他成员组织	基层群众自治组织	小计	国际组织
常州市	**51**	**247**	**2**	**180**		**4**	**9**	**52**		
天宁区	1	17		10		2	2	3		
钟楼区										
新北区	7	50	1	41				8		
武进区	13	56	1	36			2	17		
金坛区	5	13		10		2		1		
江苏省常州市经济开发区	7	35		24			2	9		
溧阳市	18	76		59			3	14		
苏州市	**308**	**1391**	**29**	**932**	**3**	**20**	**84**	**323**	**2**	**2**
虎丘区	1	6		3				3		
吴中区	21	76		51		1	2	22	1	1
相城区	3	25		16			1	8		
姑苏区										
吴江区	24	139		96			4	39		
苏州工业园区	106	587	22	405	2	17	35	106		
常熟市	21	96	2	59		1	9	25		
张家港市	95	266		168			12	86	1	1
昆山市	22	115		92	1		2	20		
太仓市	15	81	5	42		1	19	14		
南通市	**88**	**891**	**7**	**621**	**1**	**11**	**54**	**197**		
崇川区										
港闸区										
通州区	7	128	1	80	1	1	15	30		
如东县	16	336	2	275		3	9	47		
南通经济技术开发区	34	107		76		4	7	20		
通州湾示范区	1	9		5			2	2		
苏锡通科技产业园区		15	2	12				1		
启东市	8	59		33				26		
如皋市	9	96	1	62		2	2	29		
海门市	8	80	1	42		1	18	18		
海安市	5	61		36			1	24		
连云港市	**47**	**931**	**31**	**702**	**3**	**18**	**91**	**86**		
连云区										
海州区	4	12		8			1	3		
赣榆区	5	59		27		1	8	23		
东海县	10	287	16	206		13	34	18		
灌云县	11	158	2	126		2	13	15		
灌南县	6	186	9	151			21	5		
连云港经济技术开发区	1	24		16			3	5		
连云港高新技术产业开发区	9	204	4	167	3	2	11	17		
江苏连云港徐圩新区	1	1		1						
江苏省连云港市云台山风景名胜区										
淮安市	**70**	**884**	**25**	**707**		**4**	**61**	**87**		
淮安区	1	28		15			2	11		
淮阴区		9		5			2	2		
清江浦区		2		2						
洪泽区		8		5				3		
涟水县	19	215		180			9	26		
盱眙县	17	204	5	152		1	34	12		
金湖县	13	145	3	116			5	21		
淮安经济技术开发区	11	124	14	97			5	8		
工业园区		7		6				1		

4-4b 续表 103 单位：人

地区 性别	娱乐业	公共管理、社会保障和社会组织							国际组织	
		小计	中国共产党机关	国家机构	人民政协、民主党派	社会保障	群众团体、社会团体和其他成员组织	基层群众自治组织	小计	国际组织
生态文旅区	9	141	3	128		3	4	3		
苏淮高新区		1		1						
盐城市	**109**	**1410**	**23**	**958**	**1**	**18**	**126**	**284**	**1**	**1**
亭湖区	2	19		8		1	6	4		
盐都区	1	71		36		1	20	14		
大丰区	9	70	1	45			6	18		
响水县	9	173	4	135			22	12		
滨海县	11	223	4	177		1	4	37		
阜宁县	24	275	9	150		1	29	86		
射阳县	18	246	2	168	1	1	20	54	1	1
建湖县	26	237	1	198		12	3	23		
盐城经济技术开发区	2	39	1	13			10	15		
江苏省盐南高新区										
东台市	7	57	1	28		1	6	21		
扬州市	**67**	**668**	**9**	**436**		**4**	**61**	**158**		
广陵区	4	15	1	7			1	6		
邗江区	5	27		17			2	8		
江都区	10	102	1	51			5	45		
宝应县	17	310	2	232		2	11	63		
扬州经济技术开发区	14	130	4	86			28	12		
蜀冈瘦西湖景区										
生态新城	1	13		2		1	9	1		
仪征市	5	17		13			1	3		
高邮市	11	54	1	28		1	4	20		
镇江市	**68**	**326**	**4**	**219**		**1**	**21**	**81**	**1**	**1**
京口区		1		1						
润州区										
丹徒区	11	40		26			4	10	1	1
镇江新区	16	110	3	82		1	8	16		
江苏镇江高新区										
丹阳市	31	105		68			7	30		
扬中市	2	30		15			1	14		
句容市	8	40	1	27			1	11		
泰州市	**64**	**625**	**7**	**418**		**5**	**15**	**180**		
海陵区	2	19		7				12		
高港区	2	29		25				4		
姜堰区		40	1	23			1	15		
泰州医药高新技术产业开发区	15	283	4	243		3	8	25		
兴化市	25	71	2	47		1	2	19		
靖江市	8	55		29			2	24		
泰兴市	12	128		44		1	2	81		
宿迁市	**52**	**950**	**32**	**653**		**6**	**111**	**148**		
宿城区	1	20	1	9				10		
宿豫区		13	1	6			2	4		
沭阳县	19	341	12	227		2	37	63		
泗阳县	13	219	10	160		3	18	28		
泗洪县	15	251	5	206		1	15	24		
宿迁经济技术开发区	4	102	3	45			39	15		
宿迁市湖滨新区		4						4		
苏州宿迁工业园区										
宿迁市洋河新区										

4-4c 各地区分性别、行业大类的就业人口(乡村)

单位：人

地区 性别	合计	农、林、牧、渔业						采矿业	
		小计	农业	林业	畜牧业	渔业	农、林、牧、渔专业及辅助性活动	小计	煤炭开采和洗选业
江　苏	**1089292**	**299114**	**262475**	**5050**	**10703**	**14274**	**6612**	**1012**	**235**
南京市	**58381**	**5777**	**3871**	**156**	**310**	**1328**	**112**	**117**	**3**
玄武区									
秦淮区									
建邺区									
鼓楼区									
浦口区	3501	556	427	48	42	38	1	27	
栖霞区	2968	281	260	5	4	6	6	9	1
雨花台区									
江宁区	19492	1200	985	56	68	60	31	23	1
六合区	14015	650	531	4	79	21	15	49	1
溧水区	7239	1184	1000		85	81	18	3	
高淳区	10167	1832	614	43	28	1108	39	5	
南京江北新区	999	74	54		4	14	2	1	
无锡市	**69308**	**4853**	**3901**	**149**	**99**	**671**	**33**	**33**	
锡山区	6622	137	109	9	5	12	2	1	
惠山区	11849	539	501	2	3	25	8	1	
滨湖区	2443	20	20					1	
梁溪区									
新吴区	4340	29	28		1				
江苏无锡经济开发区									
江阴市	24124	1045	876	19	41	93	16	10	
宜兴市	19930	3083	2367	119	49	541	7	20	
徐州市	**129411**	**57527**	**53422**	**1178**	**2134**	**313**	**480**	**292**	**191**
鼓楼区									
云龙区									
贾汪区	6495	2357	2202	12	96	17	30	53	39
泉山区									
铜山区	26235	5869	5006	37	569	121	136	88	40
丰县	17461	7012	6601	17	318	11	65	7	1
沛县	18254	9631	9082	13	470	23	43	102	93
睢宁县	18154	7688	7344	21	206	9	108	5	
徐州经济技术开发区	2214	671	633	8	25	2	3	5	5
新沂市	17616	8948	8502	70	230	106	40	17	8
邳州市	22982	15351	14052	1000	220	24	55	15	5
常州市	**65633**	**5434**	**2982**	**1455**	**152**	**561**	**284**	**85**	**4**
天宁区	2949	113	64	4	3	32	10		
钟楼区	2151	151	79	59	1	9	3		
新北区	6038	260	183	12	11	42	12	4	1
武进区	20925	1912	935	841	27	68	41	1	1
金坛区	10096	1233	537	472	45	156	23	24	
江苏省常州市经济开发区	8991	77	42	4	3	25	3		
溧阳市	14483	1688	1142	63	62	229	192	56	2
苏州市	**138169**	**6921**	**5566**	**175**	**85**	**973**	**122**	**34**	
虎丘区	3965	81	53	24		4		15	
吴中区	20055	2002	1823	76	8	48	47	3	
相城区	3059	91	30			61		1	
姑苏区									
吴江区	20914	924	591	37	10	283	3	5	
苏州工业园区									
常熟市	28091	1996	1585	17	23	354	17		

4-4c 续表 1　　单位：人

地区 性别	合计	农、林、牧、渔业						采矿业	
		小计	农业	林业	畜牧业	渔业	农、林、牧、渔专业及辅助性活动	小计	煤炭开采和洗选业
张家港市	20448	449	397	10	13	21	8	1	
昆山市	25050	286	134		2	142	8	3	
太仓市	16587	1092	953	11	29	60	39	6	
南通市	**127189**	**45499**	**42332**	**249**	**1255**	**1283**	**380**	**40**	**3**
崇川区									
港闸区	209	35	33				2		
通州区	18145	3487	3303	5	83	44	52	4	
如东县	22392	10101	9073	18	235	718	57	4	1
南通经济技术开发区									
通州湾示范区	2525	1167	1103	2	23	35	4		
苏锡通科技产业园区	2800	161	143	2	5		11	2	
启东市	20232	7948	7324	26	228	340	30	2	
如皋市	24402	7204	6705	166	208	16	109	2	1
海门市	16298	6649	6400	26	145	40	38	3	
海安市	20186	8747	8248	4	328	90	77	23	1
连云港市	**71954**	**33003**	**30354**	**127**	**1322**	**834**	**366**	**89**	**18**
连云区	124	22	6	1		14	1		
海州区	3747	1460	1335	6	31	63	25		
赣榆区	22016	8679	7743	36	377	468	55	28	13
东海县	19515	8078	7129	62	654	123	110	39	4
灌云县	10716	6114	5810	5	99	69	131	4	
灌南县	13964	8528	8253	16	158	69	32	8	1
连云港经济技术开发区	828	31	13	1	1	13	3	6	
连云港高新技术产业开发区									
江苏连云港徐圩新区	67	15	13		1	1			
江苏省连云港市云台山风景名胜区	977	76	52		1	14	9	4	
淮安市	**53893**	**23685**	**21681**	**113**	**657**	**868**	**366**	**100**	
淮安区	11199	4149	3881	11	98	100	59	3	
淮阴区	10008	3719	3519	26	90	37	47	42	
清江浦区	2451	859	793	2	25	22	17	15	
洪泽区	3865	1073	709	16	78	208	62	27	
涟水县	15055	9573	9360	24	118	33	38	3	
盱眙县	6229	2823	2410	19	204	162	28	5	
金湖县	4689	1371	904	15	41	305	106	3	
淮安经济技术开发区									
工业园区	322	72	59		3	1	9	2	
生态文旅区									
苏淮高新区	75	46	46						
盐城市	**126474**	**63995**	**58219**	**187**	**2477**	**2076**	**1036**	**42**	**2**
亭湖区	4786	1483	1348	5	48	66	16		
盐都区	13296	3728	2890	13	96	662	67	2	
大丰区	17526	7920	6964	31	350	380	195	9	
响水县	8089	4646	4532	5	67	20	22	3	
滨海县	11932	7390	7001	11	147	127	104	1	
阜宁县	15024	6888	6469	22	116	134	147	7	2
射阳县	18211	9400	7690	76	985	401	248	3	
建湖县	10382	5268	4915	7	99	176	71	8	
盐城经济技术开发区	1445	294	278	1	5	3	7		
江苏省盐南高新区									
东台市	25783	16978	16132	16	564	107	159	9	
扬州市	**75749**	**14539**	**11209**	**163**	**277**	**1452**	**1438**	**68**	**4**
广陵区	4757	195	157	8	10	18	2	1	1

4-4c　续表 2

单位：人

地区 性别	合计	农、林、牧、渔业						采矿业	
		小计	农业	林业	畜牧业	渔业	农、林、牧、渔专业及辅助性活动	小计	煤炭开采和洗选业
邗江区	4516	127	86	3	18	11	9	3	
江都区	18021	2641	2162	100	59	229	91	34	2
宝应县	18969	5298	4325	10	64	532	367	6	
扬州经济技术开发区	727	20	17		1	2		1	
蜀冈瘦西湖景区									
生态新城	918	22	19				3		
仪征市	8772	672	471	36	42	21	102	14	
高邮市	19069	5564	3972	6	83	639	864	9	1
镇江市	**33479**	**3748**	**3051**	**259**	**200**	**178**	**60**	**65**	**3**
京口区	285	3	3						
润州区	52	5	3	2					
丹徒区	4666	691	574	17	62	21	17	6	1
镇江新区	1516	63	53	2	6	2		1	
江苏镇江高新区									
丹阳市	10745	1191	971	76	38	81	25	1	
扬中市	5179	179	135	4	21	15	4	13	
句容市	11036	1616	1312	158	73	59	14	44	2
泰州市	**70360**	**13464**	**9093**	**52**	**800**	**3159**	**360**	**30**	**3**
海陵区	2512	362	307	1	8	41	5	3	
高港区	4273	549	509	2	18	16	4	2	1
姜堰区	10730	917	596	9	141	131	40	10	
泰州医药高新技术产业开发区	747	65	65						
兴化市	22014	7234	3868	6	327	2792	241	9	
靖江市	10373	440	289	21	47	70	13		
泰兴市	19711	3897	3459	13	259	109	57	6	2
宿迁市	**69292**	**20669**	**16794**	**787**	**935**	**578**	**1575**	**17**	**4**
宿城区	9947	3081	2743	12	185	125	16	4	3
宿豫区	4635	1633	1478	11	81	12	51	1	
沭阳县	26183	7623	5796	699	396	65	667	3	
泗阳县	9536	2893	2647	24	71	72	79	5	
泗洪县	12980	4273	3178	6	159	202	728	2	
宿迁经济技术开发区	1973	235	174	23	14	1	23	1	
宿迁市湖滨新区	2152	507	388	3	11	95	10		
苏州宿迁工业园区									
宿迁市洋河新区	1886	424	390	9	18	6	1	1	1
男	**649928**	**151445**	**127851**	**3012**	**6500**	**9793**	**4289**	**880**	**222**
南京市	**38810**	**3509**	**2153**	**115**	**204**	**954**	**83**	**100**	**3**
玄武区									
秦淮区									
建邺区									
鼓楼区									
浦口区	2212	324	223	42	28	30	1	27	
栖霞区	1918	155	137	3	4	6	5	8	1
雨花台区									
江宁区	13017	729	574	43	45	46	21	21	1
六合区	9167	382	306	2	47	14	13	38	1
溧水区	4883	675	550		57	56	12	1	
高淳区	6955	1207	340	25	21	792	29	5	
南京江北新区	658	37	23		2	10	2		
无锡市	**42733**	**2754**	**2129**	**95**	**60**	**441**	**29**	**31**	
锡山区	3960	81	62	6	3	8	2	1	

4-4c 续表 3 单位：人

地区 性别	合计	农、林、牧、渔业						采矿业	
		小计	农业	林业	畜牧业	渔业	农、林、牧、渔专业及辅助性活动	小计	煤炭开采和洗选业
惠山区	7520	325	297	2	3	16	7		
滨湖区	1520	10	10					1	
梁溪区									
新吴区	2729	19	18		1				
江苏无锡经济开发区									
江阴市	14685	616	500	11	26	65	14	10	
宜兴市	12319	1703	1242	76	27	352	6	19	
徐州市	**76614**	**29825**	**27250**	**708**	**1333**	**227**	**307**	**275**	**184**
鼓楼区									
云龙区									
贾汪区	4377	1402	1286	10	68	14	24	51	37
泉山区									
铜山区	14769	2623	2097	25	344	83	74	82	37
丰县	9611	3406	3177	13	182	5	29	5	1
沛县	11203	4754	4391	11	301	17	34	99	91
睢宁县	10839	4054	3830	16	127	7	74	4	
徐州经济技术开发区	1396	338	313	6	14	2	3	5	5
新沂市	10993	4920	4618	45	146	82	29	16	8
邳州市	13426	8328	7538	582	151	17	40	13	5
常州市	**40538**	**2959**	**1594**	**729**	**77**	**384**	**175**	**70**	**4**
天宁区	1793	68	36	3	1	22	6		
钟楼区	1333	88	47	31	1	6	3		
新北区	3564	138	89	6	6	29	8	4	1
武进区	12454	977	481	405	15	48	28	1	1
金坛区	6267	662	271	241	25	105	20	21	
江苏省常州市经济开发区	5547	49	25	3	2	16	3		
溧阳市	9580	977	645	40	27	158	107	44	2
苏州市	**84289**	**3615**	**2689**	**129**	**58**	**656**	**83**	**30**	
虎丘区	2514	48	30	16		2		14	
吴中区	11876	975	852	56	5	30	32	2	
相城区	1974	52	16			36		1	
姑苏区									
吴江区	12625	530	285	29	8	205	3	3	
苏州工业园区									
常熟市	16598	1003	730	11	19	228	15		
张家港市	12776	265	229	8	6	16	6	1	
昆山市	15915	201	92		2	101	6	3	
太仓市	10011	541	455	9	18	38	21	6	
南通市	**69298**	**19783**	**17514**	**146**	**779**	**1082**	**262**	**37**	**3**
崇川区									
港闸区	136	15	15						
通州区	10205	1488	1361	4	58	33	32	4	
如东县	12261	4872	4084	11	144	591	42	3	1
南通经济技术开发区									
通州湾示范区	1330	509	459	2	15	29	4		
苏锡通科技产业园区	1641	84	72	1	4		7	1	
启东市	11515	3302	2797	15	154	320	16	2	
如皋市	13607	3282	2955	93	131	13	90	2	1
海门市	8249	2748	2576	19	98	33	22	3	
海安市	10354	3483	3195	1	175	63	49	22	1
连云港市	**40149**	**16039**	**14333**	**77**	**779**	**592**	**258**	**68**	**15**
连云区	87	13	1	1		10	1		

4-4c　续表 4　　　　　　　　　　　　　　　　　　　　　　　　　　单位：人

地　区 性　别	合计	农、林、牧、渔业						采矿业	
		小计	农业	林业	畜牧业	渔业	农、林、牧、渔专业及辅助性活动	小计	煤炭开采和洗选业
海州区	2482	844	748	5	19	51	21		
赣榆区	12082	3709	3084	16	226	345	38	25	12
东海县	10165	3877	3332	36	366	67	76	22	2
灌云县	6512	3389	3174	3	72	51	89	4	
灌南县	7607	4134	3957	16	93	43	25	7	1
连云港经济技术开发区	524	26	11		1	12	2	6	
连云港高新技术产业开发区									
江苏连云港徐圩新区	43	5	3		1	1			
江苏省连云港市云台山风景名胜区	647	42	23		1	12	6	4	
淮安市	**33545**	**12779**	**11386**	**90**	**430**	**593**	**280**	**91**	
淮安区	6906	2198	1997	6	67	77	51	3	
淮阴区	6621	2021	1870	22	63	27	39	37	
清江浦区	1530	467	423		18	15	11	14	
洪泽区	2523	655	418	12	50	137	38	26	
涟水县	8521	4786	4644	19	72	26	25	1	
盱眙县	4034	1727	1444	16	135	105	27	5	
金湖县	3163	861	534	15	23	205	84	3	
淮安经济技术开发区									
工业园区	205	40	32		2	1	5	2	
生态文旅区									
苏淮高新区	42	24	24						
盐城市	**73726**	**32607**	**28906**	**131**	**1410**	**1474**	**686**	**34**	**1**
亭湖区	3051	790	693	4	32	48	13		
盐都区	8162	1958	1442	5	55	415	41	2	
大丰区	9824	3892	3250	20	217	283	122	6	
响水县	4675	2399	2317	4	45	15	18	2	
滨海县	7399	4140	3850	8	97	116	69	1	
阜宁县	9103	3702	3422	19	75	95	91	6	1
射阳县	10702	4937	3906	55	501	307	168	2	
建湖县	6277	2785	2543	7	65	116	54	6	
盐城经济技术开发区	891	144	133		4	2	5		
江苏省盐南高新区									
东台市	13642	7860	7350	9	319	77	105	9	
扬州市	**46591**	**7842**	**5670**	**103**	**193**	**957**	**919**	**51**	**3**
广陵区	2919	92	63	7	8	12	2	1	1
邗江区	2714	74	43	3	13	9	6	3	
江都区	11084	1363	1066	53	38	140	66	25	1
宝应县	11917	2925	2221	9	50	351	294	5	
扬州经济技术开发区	438	11	9		1	1			
蜀冈瘦西湖景区									
生态新城	514	8	6				2		
仪征市	5560	381	241	26	30	18	66	10	
高邮市	11445	2988	2021	5	53	426	483	7	1
镇江市	**20707**	**2090**	**1630**	**161**	**117**	**133**	**49**	**53**	**2**
京口区	183	2	2						
润州区	32	3	2	1					
丹徒区	2862	366	298	6	37	13	12	6	1
镇江新区	950	34	26	2	4	2		1	
江苏镇江高新区									
丹阳市	6282	608	473	29	23	62	21	1	
扬中市	3144	89	59	1	13	12	4	11	
句容市	7254	988	770	122	40	44	12	34	1

4-4c 续表 5 单位：人

地区 性别	合计	农、林、牧、渔业						采矿业	
		小计	农业	林业	畜牧业	渔业	农、林、牧、渔专业及辅助性活动	小计	煤炭开采和洗选业
泰州市	**41514**	**6401**	**3749**	**26**	**468**	**1915**	**243**	**24**	**3**
海陵区	1438	159	123		7	26	3	2	
高港区	2492	200	170	1	14	12	3	2	1
姜堰区	6621	508	306	7	79	86	30	6	
泰州医药高新技术产业开发区	432	28	28						
兴化市	13029	3766	1750	1	184	1668	163	9	
靖江市	6465	244	147	12	34	41	10		
泰兴市	11037	1496	1225	5	150	82	34	5	2
宿迁市	**41414**	**11242**	**8848**	**502**	**592**	**385**	**915**	**16**	**4**
宿城区	6005	1499	1287	11	99	87	15	3	3
宿豫区	3035	925	824	6	54	10	31	1	
沭阳县	15523	4274	3130	439	259	46	400	3	
泗阳县	5797	1548	1379	17	49	54	49	5	
泗洪县	7214	2318	1700	5	100	112	401	2	
宿迁经济技术开发区	1250	135	95	16	9	1	14	1	
宿迁市湖滨新区	1444	308	222	3	9	69	5		
苏州宿迁工业园区									
宿迁市洋河新区	1146	235	211	5	13	6		1	1
女	**439364**	**147669**	**134624**	**2038**	**4203**	**4481**	**2323**	**132**	**13**
南京市	**19571**	**2268**	**1718**	**41**	**106**	**374**	**29**	**17**	
玄武区									
秦淮区									
建邺区									
鼓楼区									
浦口区	1289	232	204	6	14	8			
栖霞区	1050	126	123	2			1	1	
雨花台区									
江宁区	6475	471	411	13	23	14	10	2	
六合区	4848	268	225	2	32	7	2	11	
溧水区	2356	509	450		28	25	6	2	
高淳区	3212	625	274	18	7	316	10		
南京江北新区	341	37	31		2	4		1	
无锡市	**26575**	**2099**	**1772**	**54**	**39**	**230**	**4**	**2**	
锡山区	2662	56	47	3	2	4			
惠山区	4329	214	204			9	1	1	
滨湖区	923	10	10						
梁溪区									
新吴区	1611	10	10						
江苏无锡经济开发区									
江阴市	9439	429	376	8	15	28	2		
宜兴市	7611	1380	1125	43	22	189	1	1	
徐州市	**52797**	**27702**	**26172**	**470**	**801**	**86**	**173**	**17**	**7**
鼓楼区									
云龙区									
贾汪区	2118	955	916	2	28	3	6	2	2
泉山区									
铜山区	11466	3246	2909	12	225	38	62	6	3
丰县	7850	3606	3424	4	136	6	36	2	
沛县	7051	4877	4691	2	169	6	9	3	2
睢宁县	7315	3634	3514	5	79	2	34	1	
徐州经济技术开发区	818	333	320	2	11				
新沂市	6623	4028	3884	25	84	24	11	1	
邳州市	9556	7023	6514	418	69	7	15	2	

4-4c　续表 6

单位：人

地区 性别	合计	农、林、牧、渔业						采矿业	
		小计	农业	林业	畜牧业	渔业	农、林、牧、渔专业及辅助性活动	小计	煤炭开采和洗选业
常州市	**25095**	**2475**	**1388**	**726**	**75**	**177**	**109**	**15**	
天宁区	1156	45	28	1	2	10	4		
钟楼区	818	63	32	28		3			
新北区	2474	122	94	6	5	13	4		
武进区	8471	935	454	436	12	20	13		
金坛区	3829	571	266	231	20	51	3	3	
江苏省常州市经济开发区	3444	28	17	1	1	9			
溧阳市	4903	711	497	23	35	71	85	12	
苏州市	**53880**	**3306**	**2877**	**46**	**27**	**317**	**39**	**4**	
虎丘区	1451	33	23	8		2		1	
吴中区	8179	1027	971	20	3	18	15	1	
相城区	1085	39	14			25			
姑苏区									
吴江区	8289	394	306	8	2	78		2	
苏州工业园区									
常熟市	11493	993	855	6	4	126	2		
张家港市	7672	184	168	2	7	5	2		
昆山市	9135	85	42			41	2		
太仓市	6576	551	498	2	11	22	18		
南通市	**57891**	**25716**	**24818**	**103**	**476**	**201**	**118**	**3**	
崇川区									
港闸区	73	20	18				2		
通州区	7940	1999	1942	1	25	11	20		
如东县	10131	5229	4989	7	91	127	15	1	
南通经济技术开发区									
通州湾示范区	1195	658	644		8	6			
苏锡通科技产业园区	1159	77	71	1	1		4	1	
启东市	8717	4646	4527	11	74	20	14		
如皋市	10795	3922	3750	73	77	3	19		
海门市	8049	3901	3824	7	47	7	16		
海安市	9832	5264	5053	3	153	27	28	1	
连云港市	**31805**	**16964**	**16021**	**50**	**543**	**242**	**108**	**21**	**3**
连云区	37	9	5			4			
海州区	1265	616	587	1	12	12	4		
赣榆区	9934	4970	4659	20	151	123	17	3	1
东海县	9350	4201	3797	26	288	56	34	17	2
灌云县	4204	2725	2636	2	27	18	42		
灌南县	6357	4394	4296		65	26	7	1	
连云港经济技术开发区	304	5	2	1		1	1		
连云港高新技术产业开发区									
江苏连云港徐圩新区	24	10	10						
江苏省连云港市云台山风景名胜区	330	34	29			2	3		
淮安市	**20348**	**10906**	**10295**	**23**	**227**	**275**	**86**	**9**	
淮安区	4293	1951	1884	5	31	23	8		
淮阴区	3387	1698	1649	4	27	10	8	5	
清江浦区	921	392	370	2	7	7	6	1	
洪泽区	1342	418	291	4	28	71	24	1	
涟水县	6534	4787	4716	5	46	7	13	2	
盱眙县	2195	1096	966	3	69	57	1		
金湖县	1526	510	370		18	100	22		
淮安经济技术开发区									
工业园区	117	32	27		1		4		

4-4c 续表 7 单位：人

地区 性别	合计	农、林、牧、渔业						采矿业	
		小计	农业	林业	畜牧业	渔业	农、林、牧、渔专业及辅助性活动	小计	煤炭开采和洗选业
生态文旅区									
苏淮高新区	33	22	22						
盐城市	**52748**	**31388**	**29313**	**56**	**1067**	**602**	**350**	**8**	**1**
亭湖区	1735	693	655	1	16	18	3		
盐都区	5134	1770	1448	8	41	247	26		
大丰区	7702	4028	3714	11	133	97	73	3	
响水县	3414	2247	2215	1	22	5	4	1	
滨海县	4533	3250	3151	3	50	11	35		
阜宁县	5921	3186	3047	3	41	39	56	1	1
射阳县	7509	4463	3784	21	484	94	80	1	
建湖县	4105	2483	2372		34	60	17	2	
盐城经济技术开发区	554	150	145	1	1	1	2		
江苏省盐南高新区									
东台市	12141	9118	8782	7	245	30	54		
扬州市	**29158**	**6697**	**5539**	**60**	**84**	**495**	**519**	**17**	**1**
广陵区	1838	103	94	1	2	6			
邗江区	1802	53	43		5	2	3		
江都区	6937	1278	1096	47	21	89	25	9	1
宝应县	7052	2373	2104	1	14	181	73	1	
扬州经济技术开发区	289	9	8			1		1	
蜀冈瘦西湖景区									
生态新城	404	14	13				1		
仪征市	3212	291	230	10	12	3	36	4	
高邮市	7624	2576	1951	1	30	213	381	2	
镇江市	**12772**	**1658**	**1421**	**98**	**83**	**45**	**11**	**12**	**1**
京口区	102	1	1						
润州区	20	2	1	1					
丹徒区	1804	325	276	11	25	8	5		
镇江新区	566	29	27		2				
江苏镇江高新区									
丹阳市	4463	583	498	47	15	19	4		
扬中市	2035	90	76	3	8	3		2	
句容市	3782	628	542	36	33	15	2	10	1
泰州市	**28846**	**7063**	**5344**	**26**	**332**	**1244**	**117**	**6**	
海陵区	1074	203	184	1	1	15	2	1	
高港区	1781	349	339	1	4	4	1		
姜堰区	4109	409	290	2	62	45	10	4	
泰州医药高新技术产业开发区	315	37	37						
兴化市	8985	3468	2118	5	143	1124	78		
靖江市	3908	196	142	9	13	29	3		
泰兴市	8674	2401	2234	8	109	27	23	1	
宿迁市	**27878**	**9427**	**7946**	**285**	**343**	**193**	**660**	**1**	
宿城区	3942	1582	1456	1	86	38	1	1	
宿豫区	1600	708	654	5	27	2	20		
沭阳县	10660	3349	2666	260	137	19	267		
泗阳县	3739	1345	1268	7	22	18	30		
泗洪县	5766	1955	1478	1	59	90	327		
宿迁经济技术开发区	723	100	79	7	5		9		
宿迁市湖滨新区	708	199	166		2	26	5		
苏州宿迁工业园区									
宿迁市洋河新区	740	189	179	4	5		1		

4-4c　续表 8　　　　单位：人

地　区 性　别	采矿业						制造业		
	石油和天然气开采业	黑色金属矿采选业	有色金属矿采选业	非金属矿采选业	开采专业及辅助性活　动	其　他采矿业	小计	农副食品加工业	食　品制造业
江　苏	**71**	**74**	**30**	**441**	**140**	**21**	**322340**	**7989**	**3796**
南京市	**12**	**20**	**4**	**62**	**10**	**6**	**14815**	**499**	**383**
玄武区									
秦淮区									
建邺区									
鼓楼区									
浦口区	3			23	1		823	32	10
栖霞区	5			3			831	13	19
雨花台区									
江宁区	1	4	4	9	3	1	5728	274	225
六合区	1	16		21	5	5	3454	68	55
溧水区	1			1	1		1754	47	22
高淳区				5			1933	62	41
南京江北新区	1						292	3	11
无锡市	**4**	**2**		**15**	**7**	**5**	**40367**	**256**	**378**
锡山区				1			4152	13	8
惠山区					1		7228	17	191
滨湖区				1			1529	5	25
梁溪区									
新吴区							2424	6	10
江苏无锡经济开发区									
江阴市	1	2		5	1	1	15118	93	73
宜兴市	3			8	5	4	9916	122	71
徐州市	**3**	**26**	**2**	**45**	**23**	**2**	**17652**	**1227**	**617**
鼓楼区									
云龙区									
贾汪区		6		6	2		1254	43	21
泉山区									
铜山区		18		20	8	2	3962	354	196
丰县				4	2		3066	216	130
沛县	1	1	1	3	3		1995	128	62
睢宁县				2	3		2930	135	38
徐州经济技术开发区							371	19	4
新沂市	1	1	1	4	2		2076	136	99
邳州市	1			6	3		1998	196	67
常州市	**2**	**2**	**5**	**66**	**5**	**1**	**30856**	**324**	**197**
天宁区							1664	15	12
钟楼区							892	32	12
新北区				3			3345	43	23
武进区							10784	46	63
金坛区	2			21	1		3979	68	41
江苏省常州市经济开发区							6616	15	17
溧阳市		2	5	42	4	1	3576	105	29
苏州市			**1**	**26**	**7**		**76589**	**462**	**455**
虎丘区			1	14			1546	4	12
吴中区				2	1		7989	63	103
相城区				1			1457	10	14
姑苏区									
吴江区				5			13209	53	37
苏州工业园区									
常熟市							17272	52	60

4-4c 续表 9

单位：人

地区 性别	采矿业						制造业		
	石油和天然气开采业	黑色金属矿采选业	有色金属矿采选业	非金属矿采选业	开采专业及辅助性活动	其他采矿业	小计	农副食品加工业	食品制造业
张家港市					1		11826	105	45
昆山市				2	1		14870	45	85
太仓市				2	4		8420	130	99
南通市	**5**	**2**	**2**	**4**	**24**		**31686**	**705**	**267**
崇川区									
港闸区							76		1
通州区	1		1		2		5818	66	33
如东县	2				1		5742	136	51
南通经济技术开发区									
通州湾示范区							448	31	6
苏锡通科技产业园区				2			1162	6	8
启东市			1	1			4070	115	31
如皋市	1						6826	171	54
海门市		2		1			3473	60	27
海安市	1				21		4071	120	56
连云港市		**10**	**1**	**52**	**4**	**4**	**10351**	**619**	**257**
连云区							18	3	1
海州区							457	11	24
赣榆区		2		8	2	3	3990	282	85
东海县			1	32	1	1	3245	183	95
灌云县				4			1021	47	20
灌南县		7					1241	63	14
连云港经济技术开发区		1		5			230	15	16
连云港高新技术产业开发区									
江苏连云港徐圩新区							30		
江苏省连云港市云台山风景名胜区				3	1		119	15	2
淮安市	**5**	**2**		**67**	**26**		**7984**	**396**	**121**
淮安区				3			1837	70	33
淮阴区	2	1		38	1		1591	102	34
清江浦区				15			275	17	10
洪泽区	2			2	23		622	30	7
涟水县		1		2			1581	65	19
盱眙县				5			946	83	7
金湖县	1				2		1055	23	11
淮安经济技术开发区									
工业园区				2			74	6	
生态文旅区									
苏淮高新区							3		
盐城市	**3**	**2**		**19**	**16**		**16999**	**998**	**230**
亭湖区							824	106	9
盐都区				1	1		2870	110	45
大丰区		2		6	1		3153	151	39
响水县				3			851	43	6
滨海县					1		983	67	18
阜宁县				3	2		1749	110	28
射阳县	1			2			1907	161	42
建湖县	2			4	2		1745	133	18
盐城经济技术开发区							166	10	
江苏省盐南高新区									
东台市					9		2751	107	25
扬州市	**26**	**3**	**1**	**20**	**13**	**1**	**23605**	**607**	**162**
广陵区							2771	17	7

4-4c　续表 10　　　　单位：人

地　区 性　别	采矿业：石油和天然气开采业	采矿业：黑色金属矿采选业	采矿业：有色金属矿采选业	采矿业：非金属矿采选业	采矿业：开采专业及辅助性活动	采矿业：其他采矿业	制造业：小计	制造业：农副食品加工业	制造业：食品制造业
邗江区	3						1864	41	6
江都区	21	2		2	7		6477	84	40
宝应县			1	2	3		3869	230	51
扬州经济技术开发区	1						228	5	3
蜀冈瘦西湖景区									
生态新城							400	2	1
仪征市	1			12	1		2698	62	14
高邮市		1		4	2	1	5298	166	40
镇江市	**1**	**2**	**14**	**42**	**2**	**1**	**13781**	**226**	**78**
京口区							132	6	
润州区							2		
丹徒区	1			4			1681	27	22
镇江新区				1			778	12	1
江苏镇江高新区									
丹阳市				1			5863	51	19
扬中市				13			2854	50	7
句容市		2	14	23	2	1	2471	80	29
泰州市	**8**	**3**		**13**	**2**	**1**	**21730**	**944**	**385**
海陵区				3			827	20	7
高港区	1						1264	39	29
姜堰区	6			4			3403	88	40
泰州医药高新技术产业开发区							207	5	11
兴化市	1	3		3	1	1	4412	468	198
靖江市							5796	115	42
泰兴市				3	1		5821	209	58
宿迁市	**2**			**10**	**1**		**15925**	**726**	**266**
宿城区				1			2631	54	40
宿豫区				1			813	93	31
沭阳县				3			6477	220	47
泗阳县	2			2	1		1650	47	44
泗洪县				2			2599	281	46
宿迁经济技术开发区				1			762	9	31
宿迁市湖滨新区							417	12	19
苏州宿迁工业园区									
宿迁市洋河新区							576	10	8
男	**59**	**67**	**25**	**365**	**125**	**17**	**179847**	**4407**	**1739**
南京市	**9**	**19**	**4**	**54**	**7**	**4**	**8821**	**314**	**165**
玄武区									
秦淮区									
建邺区									
鼓楼区									
浦口区	3			23	1		513	22	4
栖霞区	5			2			545	9	6
雨花台区									
江宁区		4	4	8	3	1	3737	170	96
六合区	1	15		15	3	3	1794	43	25
溧水区				1			1117	31	9
高淳区				5			938	37	18
南京江北新区							177	2	7
无锡市	**4**	**2**		**14**	**6**	**5**	**24262**	**156**	**185**
锡山区				1			2377	8	6

4-4c 续表 11

单位：人

地 区 性 别	采矿业						制造业		
	石油和天然气开采业	黑色金属矿采选业	有色金属矿采选业	非金属矿采选业	开采专业及辅助性活动	其他采矿业	小计	农副食品加工业	食品制造业
惠山区							4631	13	95
滨湖区				1			980	2	11
梁溪区									
新吴区							1516	4	8
江苏无锡经济开发区									
江阴市	1	2		5	1	1	8809	52	30
宜兴市	3			7	5	4	5949	77	35
徐州市	**3**	**24**	**2**	**41**	**20**	**1**	**10164**	**663**	**273**
鼓楼区									
云龙区									
贾汪区		6		6	2		836	29	9
泉山区									
铜山区		17		20	7	1	2305	164	70
丰县				2	2		1784	108	56
沛县	1		1	3	3		1165	74	28
睢宁县				2	2		1455	76	19
徐州经济技术开发区							224	12	2
新沂市	1	1	1	3	2		1194	81	54
邳州市	1			5	2		1201	119	35
常州市	**2**	**2**	**4**	**52**	**5**	**1**	**18665**	**201**	**93**
天宁区							1034	9	4
钟楼区							516	15	6
新北区				3			1969	24	15
武进区							6509	30	25
金坛区	2			18	1		2174	50	23
江苏省常州市经济开发区							4044	5	7
溧阳市		2	4	31	4	1	2419	68	13
苏州市			**1**	**22**	**7**		**45294**	**293**	**226**
虎丘区			1	13			887	4	9
吴中区				1	1		4667	38	54
相城区				1			916	6	7
姑苏区									
吴江区				3			7673	25	17
苏州工业园区									
常熟市							9694	31	28
张家港市					1		7016	73	19
昆山市				2	1		9352	31	43
太仓市				2	4		5089	85	49
南通市	**4**	**2**	**2**	**3**	**23**		**14400**	**393**	**125**
崇川区									
港闸区							50		
通州区	1		1		2		2667	36	20
如东县	1				1		2667	89	27
南通经济技术开发区									
通州湾示范区							179	12	3
苏锡通科技产业园区				1			602	5	2
启东市			1	1			2050	65	14
如皋市	1						2914	97	25
海门市		2		1			1430	26	11
海安市	1				20		1841	63	23
连云港市		**9**	**1**	**36**	**4**	**3**	**4094**	**258**	**92**
连云区							11	1	1

4-4c　续表 12　　　　单位：人

地　区 性　别	采矿业						制造业		
	石油和天然气开采业	黑色金属矿采选业	有色金属矿采选业	非金属矿采选业	开采专业及辅助性活　动	其　他采矿业	小计	农副食品加工业	食　品制造业
海州区							280	6	2
赣榆区		2		7	2	2	1159	87	26
东海县			1	17	1	1	1255	88	40
灌云县				4			526	30	11
灌南县		6					648	35	6
连云港经济技术开发区		1		5			125	6	5
连云港高新技术产业开发区									
江苏连云港徐圩新区							24		
江苏省连云港市云台山风景名胜区				3	1		66	5	1
淮安市	**4**	**1**		**60**	**26**		**4296**	**241**	**53**
淮安区				3			868	44	15
淮阴区	2			34	1		875	54	14
清江浦区				14			171	12	4
洪泽区	1			2	23		339	23	1
涟水县		1					832	40	10
盱眙县				5			517	53	5
金湖县	1				2		641	12	4
淮安经济技术开发区									
工业园区				2			52	3	
生态文旅区									
苏淮高新区							1		
盐城市	**3**	**1**		**15**	**14**		**9547**	**544**	**117**
亭湖区							462	56	4
盐都区				1	1		1632	41	19
大丰区		1		5			1740	92	22
响水县				2			450	16	4
滨海县					1		598	40	12
阜宁县				3	2		1049	66	17
射阳县	1			1			1127	93	16
建湖县	2			3	1		983	79	11
盐城经济技术开发区							98	4	
江苏省盐南高新区									
东台市					9		1408	57	12
扬州市	**21**	**2**	**1**	**15**	**8**	**1**	**12473**	**324**	**65**
广陵区							1673	6	4
邗江区	3						921	25	1
江都区	17	1		2	4		3496	52	14
宝应县			1	2	2		2039	105	15
扬州经济技术开发区							144	4	1
蜀冈瘦西湖景区									
生态新城							217	1	1
仪征市	1			8	1		1293	40	8
高邮市		1		3	1	1	2690	91	21
镇江市	**1**	**2**	**10**	**35**	**2**	**1**	**7941**	**151**	**42**
京口区							85	4	
润州区							1		
丹徒区	1			4			1007	17	11
镇江新区				1			505	7	1
江苏镇江高新区									
丹阳市				1			3201	34	12
扬中市				11			1756	38	2
句容市		2	10	18	2	1	1386	51	16

4-4c 续表 13

单位：人

地区 性别	采矿业						制造业		
	石油和天然气开采业	黑色金属矿采选业	有色金属矿采选业	非金属矿采选业	开采专业及辅助性活动	其他采矿业	小计	农副食品加工业	食品制造业
泰州市	**6**	**3**		**9**	**2**	**1**	**11700**	**445**	**182**
海陵区				2			434	15	2
高港区	1						612	17	8
姜堰区	4			2			1629	55	14
泰州医药高新技术产业开发区							116	3	3
兴化市	1	3		3	1	1	2403	205	105
靖江市							3526	35	19
泰兴市				2	1		2980	115	31
宿迁市	**2**			**9**	**1**		**8190**	**424**	**121**
宿城区							1416	31	19
宿豫区				1			432	60	13
沭阳县				3			3391	121	20
泗阳县	2			2	1		877	30	18
泗洪县				2			1038	159	21
宿迁经济技术开发区				1			427	7	19
宿迁市湖滨新区							285	9	7
苏州宿迁工业园区									
宿迁市洋河新区							324	7	4
女	**12**	**7**	**5**	**76**	**15**	**4**	**142493**	**3582**	**2057**
南京市	**3**	**1**		**8**	**3**	**2**	**5994**	**185**	**218**
玄武区									
秦淮区									
建邺区									
鼓楼区									
浦口区							310	10	6
栖霞区				1			286	4	13
雨花台区									
江宁区	1			1			1991	104	129
六合区		1		6	2	2	1660	25	30
溧水区	1				1		637	16	13
高淳区							995	25	23
南京江北新区	1						115	1	4
无锡市				**1**	**1**		**16105**	**100**	**193**
锡山区							1775	5	2
惠山区					1		2597	4	96
滨湖区							549	3	14
梁溪区									
新吴区							908	2	2
江苏无锡经济开发区									
江阴市							6309	41	43
宜兴市				1			3967	45	36
徐州市		**2**		**4**	**3**	**1**	**7488**	**564**	**344**
鼓楼区									
云龙区									
贾汪区							418	14	12
泉山区									
铜山区		1			1	1	1657	190	126
丰县				2			1282	108	74
沛县		1					830	54	34
睢宁县					1		1475	59	19
徐州经济技术开发区							147	7	2
新沂市				1			882	55	45
邳州市				1	1		797	77	32

4-4c　续表 14

单位：人

地　区 性　别	采矿业						制造业		
	石油和天然气开采业	黑色金属矿采选业	有色金属矿采选业	非金属矿采选业	开采专业及辅助性活　动	其　他采矿业	小计	农副食品加工业	食　品制造业
常州市			**1**	**14**			**12191**	**123**	**104**
天宁区							630	6	8
钟楼区							376	17	6
新北区							1376	19	8
武进区							4275	16	38
金坛区				3			1805	18	18
江苏省常州市经济开发区							2572	10	10
溧阳市			1	11			1157	37	16
苏州市				**4**			**31295**	**169**	**229**
虎丘区				1			659		3
吴中区				1			3322	25	49
相城区							541	4	7
姑苏区									
吴江区				2			5536	28	20
苏州工业园区									
常熟市							7578	21	32
张家港市							4810	32	26
昆山市							5518	14	42
太仓市							3331	45	50
南通市	**1**			**1**	**1**		**17286**	**312**	**142**
崇川区									
港闸区							26		1
通州区							3151	30	13
如东县	1						3075	47	24
南通经济技术开发区									
通州湾示范区							269	19	3
苏锡通科技产业园区				1			560	1	6
启东市							2020	50	17
如皋市							3912	74	29
海门市							2043	34	16
海安市					1		2230	57	33
连云港市		**1**		**16**		**1**	**6257**	**361**	**165**
连云区							7	2	
海州区							177	5	22
赣榆区				1		1	2831	195	59
东海县				15			1990	95	55
灌云县							495	17	9
灌南县		1					593	28	8
连云港经济技术开发区							105	9	11
连云港高新技术产业开发区									
江苏连云港徐圩新区							6		
江苏省连云港市云台山风景名胜区							53	10	1
淮安市	**1**	**1**		**7**			**3688**	**155**	**68**
淮安区							969	26	18
淮阴区		1		4			716	48	20
清江浦区				1			104	5	6
洪泽区	1						283	7	6
涟水县				2			749	25	9
盱眙县							429	30	2
金湖县							414	11	7
淮安经济技术开发区									
工业园区							22	3	

4-4c 续表 15　　　　单位：人

地　区 性　别	采矿业						制造业		
	石油和天然气开采业	黑色金属矿采选业	有色金属矿采选业	非金属矿采选业	开采专业及辅助性活　动	其　他采矿业	小计	农副食品加工业	食　品制造业
生态文旅区									
苏淮高新区							2		
盐城市		**1**		**4**	**2**		**7452**	**454**	**113**
亭湖区							362	50	5
盐都区							1238	69	26
大丰区		1		1	1		1413	59	17
响水县				1			401	27	2
滨海县							385	27	6
阜宁县							700	44	11
射阳县				1			780	68	26
建湖县				1	1		762	54	7
盐城经济技术开发区							68	6	
江苏省盐南高新区									
东台市							1343	50	13
扬州市	**5**	**1**		**5**	**5**		**11132**	**283**	**97**
广陵区							1098	11	3
邗江区							943	16	5
江都区	4	1			3		2981	32	26
宝应县					1		1830	125	36
扬州经济技术开发区	1						84	1	2
蜀冈瘦西湖景区									
生态新城							183	1	
仪征市				4			1405	22	6
高邮市				1	1		2608	75	19
镇江市			**4**	**7**			**5840**	**75**	**36**
京口区							47	2	
润州区							1		
丹徒区							674	10	11
镇江新区							273	5	
江苏镇江高新区									
丹阳市							2662	17	7
扬中市				2			1098	12	5
句容市			4	5			1085	29	13
泰州市	**2**			**4**			**10030**	**499**	**203**
海陵区				1			393	5	5
高港区							652	22	21
姜堰区	2			2			1774	33	26
泰州医药高新技术产业开发区							91	2	8
兴化市							2009	263	93
靖江市							2270	80	23
泰兴市				1			2841	94	27
宿迁市				**1**			**7735**	**302**	**145**
宿城区				1			1215	23	21
宿豫区							381	33	18
沭阳县							3086	99	27
泗阳县							773	17	26
泗洪县							1561	122	25
宿迁经济技术开发区							335	2	12
宿迁市湖滨新区							132	3	12
苏州宿迁工业园区									
宿迁市洋河新区							252	3	4

4-4c 续表 16

单位：人

地区 性别	制造业								
	酒、饮料和精制茶制造业	烟草制品业	纺织业	纺织服装、服饰业	皮革、毛皮、羽毛及其制品和制鞋业	木材加工和木、竹、藤、棕、草制品业	家具制造业	造纸和纸制品业	印刷和记录媒介复制业
江苏	**1269**	**78**	**30147**	**42431**	**4947**	**12217**	**7598**	**4219**	**2612**
南京市	**75**	**7**	**234**	**1951**	**194**	**354**	**601**	**176**	**149**
玄武区									
秦淮区									
建邺区									
鼓楼区									
浦口区	2	1	7	139	3	34	16	5	
栖霞区	1	1	7	14		3	11	3	5
雨花台区									
江宁区	32	1	72	202	105	202	373	107	76
六合区	6	1	86	849	42	73	148	26	53
溧水区	18	2	14	148	15	27	29	29	5
高淳区	16	1	45	589	29	15	23	6	8
南京江北新区			3	10			1		2
无锡市	**116**	**15**	**4286**	**3648**	**123**	**375**	**522**	**439**	**603**
锡山区	9		203	707	10	39	55	109	132
惠山区	14		484	76	18	60	246	48	39
滨湖区	5		25	20		8		1	41
梁溪区									
新吴区	3		25	13		22	19	43	20
江苏无锡经济开发区									
江阴市	22	4	2863	2622	66	101	135	181	258
宜兴市	63	11	686	210	29	145	67	57	113
徐州市	**67**	**3**	**852**	**1381**	**156**	**2186**	**1589**	**150**	**35**
鼓楼区									
云龙区									
贾汪区	4		18	25	6	26	371	22	
泉山区									
铜山区	19		66	310	9	160	94	49	13
丰县	10		50	118	6	669	62	13	1
沛县	16	1	441	93	19	117	34	12	9
睢宁县	3		131	364	43	246	938	20	1
徐州经济技术开发区	8		8	11		2	17	1	4
新沂市	2	1	98	330	59	132	28	22	5
邳州市	5	1	40	130	14	834	45	11	2
常州市	**122**	**9**	**861**	**1192**	**186**	**1228**	**743**	**504**	**238**
天宁区			15	11	8	26	30	35	25
钟楼区	1	1	31	22	4	13	14	24	7
新北区	4	4	75	53	17	25	37	43	20
武进区	14	1	298	88	34	101	122	102	71
金坛区	43		150	714	86	27	36	64	31
江苏省常州市经济开发区	7	3	188	52	24	954	462	217	73
溧阳市	53		104	252	13	82	42	19	11
苏州市	**147**	**6**	**12301**	**11303**	**573**	**1241**	**1190**	**1381**	**938**
虎丘区	2		12	39	1	34	22	16	17
吴中区	35		201	850	64	120	98	186	193
相城区	2		14	89	6	5	20	43	14
姑苏区									
吴江区	27	1	5757	1932	163	383	136	101	25
苏州工业园区									
常熟市	6	1	2830	5734	151	141	447	212	135

4-4c 续表 17

单位：人

地区 性别	制造业								
	酒、饮料和精制茶制造业	烟草制品业	纺织业	纺织服装、服饰业	皮革、毛皮、羽毛及其制品和制鞋业	木材加工和木、竹、藤、棕、草制品业	家具制造业	造纸和纸制品业	印刷和记录媒介复制业
张家港市	38		2684	1476	67	162	150	118	93
昆山市	30		135	459	27	69	209	380	384
太仓市	7	4	668	724	94	327	108	325	77
南通市	**45**	**13**	**6346**	**6682**	**482**	**448**	**820**	**287**	**113**
崇川区									
港闸区			4	7	1	1	3		
通州区	5	1	1521	1155	81	77	143	48	23
如东县	11	1	1419	1080	43	72	110	47	11
南通经济技术开发区									
通州湾示范区			102	40	14	2	13	8	1
苏锡通科技产业园区			677	8	5	22	14	9	2
启东市	11	1	238	673	118	45	24	37	20
如皋市	7	2	722	2639	47	86	243	50	22
海门市	9	7	873	345	157	79	103	56	14
海安市	2	1	790	735	16	64	167	32	20
连云港市	**77**	**1**	**382**	**2687**	**102**	**569**	**112**	**70**	**34**
连云区	1			1					
海州区	1		23	28	3	8	12	4	4
赣榆区	11		114	986	24	137	25	15	4
东海县	30	1	95	962	20	274	22	34	10
灌云县	3		60	336	4	23	15	12	3
灌南县	26		52	352	45	122	36	4	12
连云港经济技术开发区			28	9	5	4	2	1	1
连云港高新技术产业开发区									
江苏连云港徐圩新区				1					
江苏省连云港市云台山风景名胜区	5		10	12	1	1			
淮安市	**90**	**10**	**496**	**1422**	**370**	**567**	**155**	**134**	**61**
淮安区	15	4	127	322	139	53	31	26	5
淮阴区	5	1	107	363	78	128	38	26	13
清江浦区		5	28	13	2	12	9	8	
洪泽区	3		61	77	9	38	10	18	7
涟水县	62		106	351	65	128	24	43	27
盱眙县	4		18	197	47	92	13	3	2
金湖县	1		47	98	30	112	20	10	6
淮安经济技术开发区									
工业园区			2			4	10		1
生态文旅区									
苏淮高新区				1					
盐城市	**49**	**9**	**1832**	**1980**	**160**	**267**	**210**	**265**	**66**
亭湖区	5		45	71	42	10	2	11	4
盐都区	1	1	106	351	12	35	34	20	6
大丰区	6		540	141	10	72	21	106	8
响水县			80	279	6	14	14	11	2
滨海县			58	166	9	21	19	7	8
阜宁县	4	3	103	250	36	33	27	13	14
射阳县	27	4	286	242	15	26	19	54	7
建湖县	1	1	270	178	25	15	23	27	4
盐城经济技术开发区	4		5	20	1		1	4	2
江苏省盐南高新区									
东台市	1		339	282	4	41	50	12	11
扬州市	**48**	**2**	**644**	**2378**	**1405**	**452**	**484**	**189**	**119**
广陵区	4		62	163	161	66	26	26	22

4-4c　续表 18　　　　　　　　　　　　　　　　　　　　　　　　单位：人

地区 性别	制造业								
	酒、饮料和精制茶制造业	烟草制品业	纺织业	纺织服装、服饰业	皮革、毛皮、羽毛及其制品和制鞋业	木材加工和木、竹、藤、棕、草制品业	家具制造业	造纸和纸制品业	印刷和记录媒介复制业
邗江区	5		61	192	194	17	15	2	11
江都区	2		166	513	407	111	187	53	23
宝应县	10		97	308	138	89	76	42	9
扬州经济技术开发区	1		7	21	8	19	1	3	
蜀冈瘦西湖景区生态新城	2		3	10	15	9	2	8	17
仪征市	14	2	147	87	43	43	64	21	11
高邮市	10		101	1084	439	98	113	34	26
镇江市	**45**	**1**	**348**	**1195**	**820**	**221**	**158**	**245**	**115**
京口区	1			3	5	1	2		4
润州区									
丹徒区	7		19	82	114	25	22	21	9
镇江新区	2	1	2	13	11	3	5	25	6
江苏镇江高新区									
丹阳市	2		213	527	612	90	54	114	72
扬中市			45	197	31	24	4	23	12
句容市	33		69	373	47	78	71	62	12
泰州市	**88**		**622**	**3439**	**172**	**355**	**439**	**180**	**56**
海陵区	5		21	53	13	11	32	3	2
高港区	17		77	143	48	20	24	19	5
姜堰区	9		154	725	9	40	50	61	13
泰州医药高新技术产业开发区	5		13	4		4	3	7	1
兴化市	35		130	298	19	67	46	28	8
靖江市	3		106	533	10	104	69	33	7
泰兴市	14		121	1683	73	109	215	29	20
宿迁市	**300**	**2**	**943**	**3173**	**204**	**3954**	**575**	**199**	**85**
宿城区	83		152	405	8	505	257	39	10
宿豫区	3	1	85	129	5	16	9	11	1
沭阳县	17		310	898	89	2829	136	44	34
泗阳县	32		227	338	41	272	81	19	5
泗洪县	19		99	1113	52	131	45	18	14
宿迁经济技术开发区	7	1	37	169	3	84	31	25	2
宿迁市湖滨新区	3		12	42	3	11	5	2	10
苏州宿迁工业园区									
宿迁市洋河新区	136		21	79	3	106	11	41	9
男	**802**	**52**	**12436**	**10413**	**1713**	**8075**	**5150**	**2444**	**1434**
南京市	**47**	**6**	**85**	**307**	**75**	**284**	**445**	**88**	**82**
玄武区									
秦淮区									
建邺区									
鼓楼区									
浦口区	1	1	4	46		27	11	2	
栖霞区		1	2	2		1	7	1	1
雨花台区									
江宁区	19	1	29	38	57	159	262	59	47
六合区	4	1	36	133	13	60	125	10	29
溧水区	11	2	4	25	3	23	24	14	3
高淳区	12		8	62	2	14	15	2	1
南京江北新区			2	1			1		1
无锡市	**69**	**9**	**1957**	**1327**	**53**	**276**	**340**	**251**	**288**
锡山区	6		95	240	4	28	41	69	63

4-4c 续表 19

单位：人

地　区 性　别	制造业 酒、饮料和精制茶制造业	烟　草制品业	纺织业	纺织服装、服饰业	皮革、毛皮、羽毛及其制品和制鞋业	木材加工和木、竹、藤、棕、草制品业	家　具制造业	造纸和纸制品业	印刷和记录媒介复制业
惠山区	12		252	19	3	39	156	31	19
滨湖区	4		8	9		6			23
梁溪区									
新吴区	1		15	5		15	14	23	9
江苏无锡经济开发区									
江阴市	12	2	1281	1007	36	80	82	102	123
宜兴市	34	7	306	47	10	108	47	26	51
徐州市	**40**	**2**	**283**	**240**	**56**	**1326**	**878**	**79**	**21**
鼓楼区									
云龙区									
贾汪区	3		4	7	2	12	178	16	
泉山区									
铜山区	10		11	23	2	110	59	19	9
丰县	3		13	13	4	404	27	8	
沛县	12	1	151	17	7	89	27	4	5
睢宁县	3		46	78	17	158	531	10	
徐州经济技术开发区	4		1	1		2	7	1	2
新沂市	2	1	42	70	17	76	21	13	3
邳州市	3		15	31	7	475	28	8	2
常州市	**73**	**7**	**359**	**226**	**72**	**811**	**499**	**279**	**124**
天宁区			7	6	1	18	21	13	12
钟楼区	1	1	11	8	2	8	12	12	4
新北区	4	3	34	13	9	23	27	21	10
武进区	12	1	118	28	18	72	86	53	33
金坛区	25		61	118	30	23	32	47	23
江苏省常州市经济开发区	5	2	87	21	11	604	287	128	36
溧阳市	26		41	32	1	63	34	5	6
苏州市	**83**	**3**	**6216**	**4580**	**252**	**904**	**850**	**912**	**550**
虎丘区	1		6	2		24	19	9	9
吴中区	17		86	261	21	95	77	109	103
相城区	1		8	35	1	5	16	34	8
姑苏区									
吴江区	13		3100	904	83	252	93	68	14
苏州工业园区									
常熟市	4	1	1502	2453	60	109	333	143	68
张家港市	25		1144	565	27	127	117	77	55
昆山市	20		81	157	12	48	118	229	240
太仓市	2	2	289	203	48	244	77	243	53
南通市	**31**	**6**	**1806**	**809**	**140**	**348**	**602**	**143**	**65**
崇川区									
港闸区			1	1		1	3		
通州区	3		462	114	21	65	116	26	15
如东县	8	1	363	166	15	57	88	23	7
南通经济技术开发区									
通州湾示范区			15	7	4	2	8		
苏锡通科技产业园区			268	3	2	19	10	7	2
启东市	6	1	65	54	31	37	16	14	10
如皋市	6	2	179	343	12	73	175	28	9
海门市	8	2	237	39	51	48	72	31	9
海安市			216	82	4	46	114	14	13
连云港市	**42**		**95**	**325**	**33**	**322**	**81**	**25**	**22**
连云区									

4-4c　续表 20

单位：人

地　区 性　别	制造业								
	酒、饮料和精制茶制造业	烟　草制品业	纺织业	纺织服装、服饰业	皮革、毛皮、羽毛及其制品和制鞋业	木材加工和木、竹、藤、棕、草制品业	家　具制造业	造纸和纸制品业	印刷和记录媒介复制业
海州区	1		13	3	1	8	10	2	2
赣榆区	5		18	62	3	75	14	7	3
东海县	13		21	87	6	129	18	5	8
灌云县	3		16	77	3	22	9	6	3
灌南县	17		20	89	19	87	28	4	6
连云港经济技术开发区			5	4	1	1	2	1	
连云港高新技术产业开发区									
江苏连云港徐圩新区									
江苏省连云港市云台山风景名胜区	3		2	3					
淮安市	**71**	**8**	**166**	**316**	**105**	**437**	**110**	**83**	**25**
淮安区	7	3	40	46	36	41	23	16	2
淮阴区	4	1	38	89	22	119	32	12	7
清江浦区		4	3	3	2	9	6	5	
洪泽区	3		12	18	2	29	8	12	3
涟水县	55		44	88	18	92	14	29	9
盱眙县	2		8	56	13	65	9	2	
金湖县			21	16	12	80	11	7	3
淮安经济技术开发区									
工业园区						2	7		1
生态文旅区									
苏淮高新区									
盐城市	**29**	**7**	**572**	**333**	**76**	**201**	**159**	**161**	**45**
亭湖区			15	9	31	5	2	7	3
盐都区	1	1	30	35	2	29	28	7	5
大丰区	4		141	14	4	46	11	69	5
响水县			21	83	4	12	12	8	1
滨海县			26	36	4	20	15	5	4
阜宁县	3	3	52	63	11	26	22	10	9
射阳县	18	3	131	40	9	21	14	33	5
建湖县			77	21	7	10	18	16	3
盐城经济技术开发区	3		2	2	1		1		2
江苏省盐南高新区									
东台市			77	30	3	32	36	6	8
扬州市	**28**	**2**	**200**	**305**	**357**	**341**	**395**	**97**	**64**
广陵区	2		26	45	62	43	17	15	12
邗江区	1		10	16	29	12	13		7
江都区	1		40	64	93	77	130	20	11
宝应县	4		26	45	20	70	65	23	5
扬州经济技术开发区	1		4	2	1	14	1	3	
蜀冈瘦西湖景区									
生态新城	1		1	3	8	6	2	6	7
仪征市	11	2	64	15	9	36	59	11	5
高邮市	7		29	115	135	83	108	19	17
镇江市	**25**	**1**	**110**	**268**	**365**	**168**	**116**	**138**	**72**
京口区				2	1	1	1		2
润州区									
丹徒区	5		7	15	55	19	17	10	5
镇江新区	1	1	1	4	4	2	4	21	4
江苏镇江高新区									
丹阳市	2		63	133	283	75	41	64	43
扬中市			22	54	6	22	4	11	10
句容市	17		17	60	16	49	49	32	8

4-4c 续表 21

单位：人

地区 性别	制造业								
	酒、饮料和精制茶制造业	烟草制品业	纺织业	纺织服装、服饰业	皮革、毛皮、羽毛及其制品和制鞋业	木材加工和木、竹、藤、棕、草制品业	家具制造业	造纸和纸制品业	印刷和记录媒介复制业
泰州市	**50**		**184**	**664**	**54**	**268**	**292**	**90**	**22**
海陵区	4		5	5	2	7	16	2	
高港区	8		25	33	5	13	17	6	
姜堰区	3		32	85	1	28	31	33	4
泰州医药高新技术产业开发区	3		4			4	3	3	
兴化市	21		44	46	8	49	35	17	6
靖江市	2		33	149		81	53	16	2
泰兴市	9		41	346	38	86	137	13	10
宿迁市	**214**	**1**	**403**	**713**	**75**	**2389**	**383**	**98**	**54**
宿城区	67		54	94	4	285	163	19	5
宿豫区	3	1	32	28	1	14	6	4	1
沭阳县	13		126	229	33	1668	86	28	24
泗阳县	26		89	81	14	200	63	10	3
泗洪县	13		61	204	17	86	32	11	6
宿迁经济技术开发区	4		19	49	2	54	21	17	1
宿迁市湖滨新区	2		9	8	3	7	3	2	10
苏州宿迁工业园区									
宿迁市洋河新区	86		13	20	1	75	9	7	4
女	**467**	**26**	**17711**	**32018**	**3234**	**4142**	**2448**	**1775**	**1178**
南京市	**28**	**1**	**149**	**1644**	**119**	**70**	**156**	**88**	**67**
玄武区									
秦淮区									
建邺区									
鼓楼区									
浦口区	1		3	93	3	7	5	3	
栖霞区	1		5	12		2	4	2	4
雨花台区									
江宁区	13		43	164	48	43	111	48	29
六合区	2		50	716	29	13	23	16	24
溧水区	7		10	123	12	4	5	15	2
高淳区	4	1	37	527	27	1	8	4	7
南京江北新区			1	9					1
无锡市	**47**	**6**	**2329**	**2321**	**70**	**99**	**182**	**188**	**315**
锡山区	3		108	467	6	11	14	40	69
惠山区	2		232	57	15	21	90	17	20
滨湖区	1		17	11		2		1	18
梁溪区									
新吴区	2		10	8		7	5	20	11
江苏无锡经济开发区									
江阴市	10	2	1582	1615	30	21	53	79	135
宜兴市	29	4	380	163	19	37	20	31	62
徐州市	**27**	**1**	**569**	**1141**	**100**	**860**	**711**	**71**	**14**
鼓楼区									
云龙区									
贾汪区	1		14	18	4	14	193	6	
泉山区									
铜山区	9		55	287	7	50	35	30	4
丰县	7		37	105	2	265	35	5	1
沛县	4		290	76	12	28	7	8	4
睢宁县			85	286	26	88	407	10	1
徐州经济技术开发区	4		7	10			10		2
新沂市			56	260	42	56	7	9	2
邳州市	2	1	25	99	7	359	17	3	

4-4c　续表 22　　　　　　　　　　　　　　　　　　　　　　　　　　　　　　　单位：人

地　区 性　别	制造业								
	酒、饮料和精制茶制造业	烟　草制品业	纺织业	纺织服装、服饰业	皮革、毛皮、羽毛及其制品和制鞋业	木材加工和木、竹、藤、棕、草制品业	家　具制造业	造纸和纸制品业	印刷和记录媒介复制业
常州市	**49**	**2**	**502**	**966**	**114**	**417**	**244**	**225**	**114**
天宁区			8	5	7	8	9	22	13
钟楼区			20	14	2	5	2	12	3
新北区		1	41	40	8	2	10	22	10
武进区	2		180	60	16	29	36	49	38
金坛区	18		89	596	56	4	4	17	8
江苏省常州市经济开发区	2	1	101	31	13	350	175	89	37
溧阳市	27		63	220	12	19	8	14	5
苏州市	**64**	**3**	**6085**	**6723**	**321**	**337**	**340**	**469**	**388**
虎丘区	1		6	37	1	10	3	7	8
吴中区	18		115	589	43	25	21	77	90
相城区	1		6	54	5		4	9	6
姑苏区									
吴江区	14	1	2657	1028	80	131	43	33	11
苏州工业园区									
常熟市	2		1328	3281	91	32	114	69	67
张家港市	13		1540	911	40	35	33	41	38
昆山市	10		54	302	15	21	91	151	144
太仓市	5	2	379	521	46	83	31	82	24
南通市	**14**	**7**	**4540**	**5873**	**342**	**100**	**218**	**144**	**48**
崇川区									
港闸区			3	6	1				
通州区	2	1	1059	1041	60	12	27	22	8
如东县	3		1056	914	28	15	22	24	4
南通经济技术开发区									
通州湾示范区			87	33	10		5	8	1
苏锡通科技产业园区			409	5	3	3	4	2	
启东市	5		173	619	87	8	8	23	10
如皋市	1		543	2296	35	13	68	22	13
海门市	1	5	636	306	106	31	31	25	5
海安市	2	1	574	653	12	18	53	18	7
连云港市	**35**	**1**	**287**	**2362**	**69**	**247**	**31**	**45**	**12**
连云区	1			1					
海州区			10	25	2		2	2	2
赣榆区	6		96	924	21	62	11	8	1
东海县	17	1	74	875	14	145	4	29	2
灌云县			44	259	1	1	6	6	
灌南县	9		32	263	26	35	8		6
连云港经济技术开发区			23	5	4	3			1
连云港高新技术产业开发区									
江苏连云港徐圩新区				1					
江苏省连云港市云台山风景名胜区	2		8	9	1	1			
淮安市	**19**	**2**	**330**	**1106**	**265**	**130**	**45**	**51**	**36**
淮安区	8	1	87	276	103	12	8	10	3
淮阴区	1		69	274	56	9	6	14	6
清江浦区		1	25	10		3	3	3	
洪泽区			49	59	7	9	2	6	4
涟水县	7		62	263	47	36	10	14	18
盱眙县	2		10	141	34	27	4	1	2
金湖县	1		26	82	18	32	9	3	3
淮安经济技术开发区									
工业园区			2			2	3		

4-4c 续表 23 单位：人

地 区 性 别	制造业								
	酒、饮料和精制茶制造业	烟 草制品业	纺织业	纺织服装、服饰业	皮革、毛皮、羽毛及其制品和制鞋业	木材加工和木、竹、藤、棕、草制品业	家 具制造业	造纸和纸制品业	印刷和记录媒介复制业
生态文旅区									
苏淮高新区				1					
盐城市	**20**	**2**	**1260**	**1647**	**84**	**66**	**51**	**104**	**21**
亭湖区	5		30	62	11	5		4	1
盐都区			76	316	10	6	6	13	1
大丰区	2		399	127	6	26	10	37	3
响水县			59	196	2	2	2	3	1
滨海县			32	130	5	1	4	2	4
阜宁县	1		51	187	25	7	5	3	5
射阳县	9	1	155	202	6	5	5	21	2
建湖县	1	1	193	157	18	5	5	11	1
盐城经济技术开发区	1		3	18				4	
江苏省盐南高新区									
东台市	1		262	252	1	9	14	6	3
扬州市	**20**		**444**	**2073**	**1048**	**111**	**89**	**92**	**55**
广陵区	2		36	118	99	23	9	11	10
邗江区	4		51	176	165	5	2	2	4
江都区	1		126	449	314	34	57	33	12
宝应县	6		71	263	118	19	11	19	4
扬州经济技术开发区			3	19	7	5			
蜀冈瘦西湖景区									
生态新城	1		2	7	7	3		2	10
仪征市	3		83	72	34	7	5	10	6
高邮市	3		72	969	304	15	5	15	9
镇江市	**20**		**238**	**927**	**455**	**53**	**42**	**107**	**43**
京口区	1			1	4		1		2
润州区									
丹徒区	2		12	67	59	6	5	11	4
镇江新区	1		1	9	7	1	1	4	2
江苏镇江高新区									
丹阳市			150	394	329	15	13	50	29
扬中市			23	143	25	2		12	2
句容市	16		52	313	31	29	22	30	4
泰州市	**38**		**438**	**2775**	**118**	**87**	**147**	**90**	**34**
海陵区	1		16	48	11	4	16	1	2
高港区	9		52	110	43	7	7	13	5
姜堰区	6		122	640	8	12	19	28	9
泰州医药高新技术产业开发区	2		9	4				4	1
兴化市	14		86	252	11	18	11	11	2
靖江市	1		73	384	10	23	16	17	5
泰兴市	5		80	1337	35	23	78	16	10
宿迁市	**86**	**1**	**540**	**2460**	**129**	**1565**	**192**	**101**	**31**
宿城区	16		98	311	4	220	94	20	5
宿豫区			53	101	4	2	3	7	
沭阳县	4		184	669	56	1161	50	16	10
泗阳县	6		138	257	27	72	18	9	2
泗洪县	6		38	909	35	45	13	7	8
宿迁经济技术开发区	3	1	18	120	1	30	10	8	1
宿迁市湖滨新区	1		3	34		4	2		
苏州宿迁工业园区									
宿迁市洋河新区	50		8	59	2	31	2	34	5

4-4c　续表 24

单位：人

地　区 性　别	制造业								
	文教、工美、体育和娱乐用品制造业	石油、煤炭及其他燃料加工业	化学原料和化学制品制造业	医　药制造业	化学纤维制造业	橡胶和塑　料制品业	非金属矿　物制品业	黑色金属冶炼和压延加工业	有色金属冶炼和压延加工业
江　苏	**10530**	**401**	**7301**	**2295**	**3729**	**15509**	**14087**	**5795**	**2630**
南京市	**364**	**20**	**504**	**161**	**27**	**601**	**1070**	**148**	**119**
玄武区									
秦淮区									
建邺区									
鼓楼区									
浦口区	1		29	10		60	86	18	
栖霞区	6	1	17	9		23	52	3	4
雨花台区									
江宁区	75	6	87	38	10	241	481	45	37
六合区	214	7	158	43	14	81	154	43	17
溧水区	46	1	52	8		72	133	8	55
高淳区	19	3	117	31	1	112	133	14	5
南京江北新区	3	2	44	22	2	12	31	17	1
无锡市	**1817**	**73**	**925**	**127**	**562**	**3272**	**2085**	**979**	**644**
锡山区	154	5	90	21	9	467	130	31	15
惠山区	18	41	93	10	47	341	173	539	90
滨湖区	7	1	16	20		75	46	14	22
梁溪区									
新吴区	9	1	28	8	2	165	22	16	16
江苏无锡经济开发区									
江阴市	146	9	283	55	425	1477	409	307	360
宜兴市	1483	16	415	13	79	747	1305	72	141
徐州市	**523**	**51**	**244**	**55**	**7**	**485**	**1211**	**319**	**83**
鼓楼区									
云龙区									
贾汪区	11	7	14	1	1	57	104	20	4
泉山区									
铜山区	115	7	60	18		67	580	147	30
丰县	36	10	28	6		24	58	15	5
沛县	18	17	18	7		199	91	42	20
睢宁县	277	1	20	3	1	56	59	9	2
徐州经济技术开发区	15	1	1	3		2	15		1
新沂市	23	2	91	14	4	24	228	82	13
邳州市	28	6	12	3	1	56	76	4	8
常州市	**314**	**22**	**635**	**494**	**103**	**1641**	**1588**	**1394**	**332**
天宁区	5	1	57	112	1	122	42	73	32
钟楼区	59		31	19	4	66	33	11	7
新北区	12	3	70	33	6	157	156	20	18
武进区	117	11	144	181	60	663	378	403	108
金坛区	52	1	79	114	14	308	170	16	26
江苏省常州市经济开发区	35	3	144	25	1	258	229	730	112
溧阳市	34	3	110	10	17	67	580	141	29
苏州市	**1197**	**33**	**1431**	**345**	**2265**	**4261**	**1723**	**1108**	**643**
虎丘区	145	1	29	15	2	78	53	11	9
吴中区	309	2	75	44	5	699	206	4	22
相城区	4		17	5	17	127	66	6	9
姑苏区									
吴江区	187	5	129	31	870	297	317	41	164
苏州工业园区									
常熟市	149	6	468	97	200	666	269	227	91

4-4c 续表 25

单位：人

地　区 性　别	制造业								
	文教、工美、体育和娱乐用品制造业	石油、煤炭及其他燃料加工业	化学原料和化学制品制造业	医　药制造业	化学纤维制造业	橡胶和塑　料制品业	非金属矿　物制品业	黑色金属冶炼和压延加工业	有色金属冶炼和压延加工业
张家港市	117	6	358	34	251	778	248	730	141
昆山市	219	6	197	67	14	914	212	48	133
太仓市	67	7	158	52	906	702	352	41	74
南通市	**1122**	**33**	**1263**	**243**	**536**	**988**	**1144**	**110**	**117**
崇川区									
港闸区			2				20		
通州区	117	3	70	28	324	148	168	12	13
如东县	391	8	730	100	28	114	144	15	18
南通经济技术开发区									
通州湾示范区	1		4	1	1	18	29	6	3
苏锡通科技产业园区	9	1	13	3		26	20	5	
启东市	120	3	131	43	94	74	125	11	17
如皋市	190	4	174	24	18	207	191	27	26
海门市	252	8	69	18	2	117	227	13	10
海安市	42	6	70	26	69	284	220	21	30
连云港市	**831**	**36**	**189**	**129**	**14**	**859**	**592**	**288**	**28**
连云区			2				3	3	
海州区	3	2	13	29	3	30	84	3	1
赣榆区	571	8	34	29	1	649	180	171	6
东海县	224	4	41	14	1	128	265	22	15
灌云县	15		42	6		22	20	5	2
灌南县	14	1	30	3		18	22	79	3
连云港经济技术开发区	1		11	35	5	10	8	5	
连云港高新技术产业开发区									
江苏连云港徐圩新区		20	3	2					1
江苏省连云港市云台山风景名胜区	3	1	13	11	4	2	10		
淮安市	**276**	**4**	**274**	**60**	**11**	**285**	**331**	**74**	**11**
淮安区	118	1	50	2	1	121	92	4	2
淮阴区	10	1	31	23	2	33	57	12	2
清江浦区		1	20	2		13	11	18	1
洪泽区	14		79	6	1	32	44	10	
涟水县	23		42	8	1	33	38	8	4
盱眙县	43		17	4	1	29	36	13	
金湖县	68		27	14	5	22	48	7	
淮安经济技术开发区									
工业园区		1	7			2	5	2	2
生态文旅区									
苏淮高新区			1	1					
盐城市	**459**	**25**	**440**	**166**	**34**	**554**	**756**	**268**	**80**
亭湖区	14		9	8	1	59	35	8	4
盐都区	31	5	26	28		68	174	13	7
大丰区	213	3	177	47	10	81	96	95	6
响水县	15	1	29	14	1	17	22	33	10
滨海县	10	9	47	2	1	31	33	4	3
阜宁县	58	1	37	11	7	96	95	14	30
射阳县	25	1	51	30	3	35	52	16	3
建湖县	15	4	23	6	2	63	123	27	2
盐城经济技术开发区	3		2	1		7	7		
江苏省盐南高新区									
东台市	75	1	39	19	9	97	119	58	15
扬州市	**2128**	**28**	**569**	**109**	**60**	**727**	**1332**	**582**	**104**
广陵区	39	1	34	30	3	136	36	396	8

4-4c 续表 26

单位：人

地 区 性 别	制造业								
	文教、工美、体育和娱乐用品制造业	石油、煤炭及其他燃料加工业	化学原料和化学制品制造业	医 药制造业	化学纤维制造业	橡胶和塑 料制品业	非金属矿 物制品业	黑色金属冶炼和压延加工业	有色金属冶炼和压延加工业
邗江区	280		15	2	8	52	58	5	10
江都区	510	8	314	37	4	235	200	80	40
宝应县	300		44	11	2	71	697	31	17
扬州经济技术开发区			3	1	1	6	8	2	
蜀冈瘦西湖景区									
生态新城	5		21	3	1	51	2	5	
仪征市	896	16	76	10	37	55	190	4	6
高邮市	98	3	62	15	4	121	141	59	23
镇江市	**213**	**37**	**270**	**42**	**34**	**630**	**1035**	**88**	**237**
京口区			18			7	8	1	4
润州区									
丹徒区	3	26	50	7	11	44	222	22	136
镇江新区	7	1	29	4		29	15	4	11
江苏镇江高新区									
丹阳市	47		80	15	17	246	228	37	64
扬中市	21		34	9	1	220	81	11	6
句容市	135	10	59	7	5	84	481	13	16
泰州市	**595**	**33**	**420**	**323**	**8**	**731**	**646**	**385**	**208**
海陵区	12	4	10	7		37	31	5	11
高港区	40		22	137		61	25	3	13
姜堰区	35	2	54	38		137	146	21	13
泰州医药高新技术产业开发区	13	1	2	8	1	11	4		3
兴化市	207	13	40	30	2	205	159	141	98
靖江市	35	4	54	27	2	105	94	187	42
泰兴市	253	9	238	76	3	175	187	28	28
宿迁市	**691**	**6**	**137**	**41**	**68**	**475**	**574**	**52**	**24**
宿城区	66	2	9	8	4	122	97	4	6
宿豫区	12		22	12	47	54	73	6	4
沭阳县	466	2	33	10	3	101	222	16	8
泗阳县	29	1	6		2	50	25	3	3
泗洪县	92		8	7	2	58	37	12	
宿迁经济技术开发区	4		10	1	1	51	51	8	1
宿迁市湖滨新区	5		46	3	9	19	54		
苏州宿迁工业园区									
宿迁市洋河新区	17	1	3			20	15	3	2
男	**3534**	**300**	**5183**	**1103**	**2338**	**8245**	**9759**	**4558**	**1891**
南京市	**107**	**17**	**369**	**77**	**17**	**353**	**784**	**128**	**91**
玄武区									
秦淮区									
建邺区									
鼓楼区									
浦口区			22	4		40	61	17	
栖霞区	2		10	4		18	41	2	2
雨花台区									
江宁区	32	5	53	11	8	133	382	39	27
六合区	47	6	129	26	8	46	107	37	13
溧水区	19	1	40	3		42	91	6	45
高淳区	6	3	86	21		67	81	13	3
南京江北新区	1	2	29	8	1	7	21	14	1
无锡市	**870**	**50**	**653**	**68**	**308**	**1853**	**1416**	**764**	**460**
锡山区	56	1	68	15	6	284	104	24	12

4-4c 续表 27 单位：人

地区 性别	制造业								
	文教、工美、体育和娱乐用品制造业	石油、煤炭及其他燃料加工业	化学原料和化学制品制造业	医药制造业	化学纤维制造业	橡胶和塑料制品业	非金属矿物制品业	黑色金属冶炼和压延加工业	有色金属冶炼和压延加工业
惠山区	14	28	52	3	18	181	134	410	58
滨湖区	3		10	13		42	34	9	17
梁溪区									
新吴区	3	1	21	3	1	80	12	10	12
江苏无锡经济开发区									
江阴市	59	9	204	27	251	895	293	255	261
宜兴市	735	11	298	7	32	371	839	56	100
徐州市	**98**	**41**	**178**	**28**	**4**	**270**	**758**	**248**	**67**
鼓楼区									
云龙区									
贾汪区	5	5	13	1	1	42	80	16	4
泉山区									
铜山区	18	4	41	6		36	321	106	19
丰县	8	8	19	3		12	41	10	5
沛县	5	15	14	3		100	51	41	18
睢宁县	26	1	14	2	1	32	46	7	2
徐州经济技术开发区	3	1	1	2		2	13		1
新沂市	12	2	68	10	1	16	145	65	11
邳州市	21	5	8	1	1	30	61	3	7
常州市	**158**	**14**	**418**	**205**	**56**	**897**	**1164**	**1024**	**227**
天宁区	2	1	39	37	1	75	29	53	19
钟楼区	34		15	10	3	32	26	10	6
新北区	4	1	47	19	3	97	101	16	14
武进区	64	6	101	67	31	342	267	297	77
金坛区	27	1	58	57	10	167	113	15	16
江苏省常州市经济开发区	17	3	80	12		151	158	522	73
溧阳市	10	2	78	3	8	33	470	111	22
苏州市	**570**	**22**	**1017**	**167**	**1429**	**2459**	**1268**	**901**	**457**
虎丘区	37		19	6	2	50	38	7	8
吴中区	150		42	19	3	362	159	3	16
相城区	2		15	4	9	63	50	5	8
姑苏区									
吴江区	113	4	95	13	574	176	235	31	113
苏州工业园区									
常熟市	77	4	319	44	121	394	193	202	64
张家港市	59	5	276	17	161	454	181	587	108
昆山市	105	6	142	29	6	535	162	36	94
太仓市	27	3	109	35	553	425	250	30	46
南通市	**490**	**20**	**926**	**128**	**368**	**450**	**745**	**87**	**80**
崇川区									
港闸区			2				16		
通州区	40	2	49	9	232	79	117	11	10
如东县	226	5	554	66	13	46	88	13	14
南通经济技术开发区									
通州湾示范区			3	1		7	17	6	1
苏锡通科技产业园区	4		9	2		19	12	5	
启东市	19	3	92	20	90	32	102	8	10
如皋市	84	2	127	13	6	117	138	24	18
海门市	103	4	44	10		46	105	9	4
海安市	14	4	46	7	27	104	150	11	23
连云港市	**116**	**32**	**144**	**63**	**7**	**166**	**450**	**208**	**20**
连云区			2				3	1	

4-4c　续表 28　　　　单位：人

地　区 性　别	制造业								
	文教、工美、体育和娱乐用品制造业	石油、煤炭及其他燃料加工业	化学原料和化学制品制造业	医　药制造业	化学纤维制造业	橡胶和塑　料制品业	非金属矿　物制品业	黑色金属冶炼和压延加工业	有色金属冶炼和压延加工业
海州区		1	9	15	1	13	69	2	1
赣榆区	27	7	24	15	1	68	143	125	6
东海县	73	2	29	5		60	188	16	9
灌云县	5		36	2		13	14	5	2
灌南县	8	1	23			10	16	55	2
连云港经济技术开发区			9	21	3	2	7	4	
连云港高新技术产业开发区									
江苏连云港徐圩新区		20	3						
江苏省连云港市云台山风景名胜区	3	1	9	5	2		10		
淮安市	**88**	**4**	**198**	**23**	**7**	**154**	**258**	**62**	**9**
淮安区	47	1	24	2		67	73	3	2
淮阴区	2	1	25	6	1	17	51	11	2
清江浦区		1	18	1		9	10	15	1
洪泽区	4		59	3	1	14	25	9	
涟水县	7		32	3		18	29	6	2
盱眙县	7		11	2	1	13	26	11	
金湖县	21		22	6	4	15	41	6	
淮安经济技术开发区									
工业园区		1	6			1	3	1	2
生态文旅区									
苏淮高新区			1						
盐城市	**124**	**18**	**325**	**83**	**23**	**299**	**514**	**215**	**65**
亭湖区	6		8	1	1	24	22	8	4
盐都区	5	3	15	6		28	118	9	4
大丰区	52	2	141	37	7	51	68	73	5
响水县	5	1	22	6		9	17	30	9
滨海县	4	7	38		1	18	25	3	2
阜宁县	23	1	31	7	3	56	65	14	25
射阳县	5	1	28	13	2	25	35	13	3
建湖县	5	2	18	3	1	40	71	23	1
盐城经济技术开发区			2	1		3	5		
江苏省盐南高新区									
东台市	19	1	22	9	8	45	88	42	12
扬州市	**507**	**20**	**354**	**39**	**46**	**339**	**799**	**510**	**73**
广陵区	13	1	21	5	2	61	25	354	6
邗江区	43		7	2	7	19	37	5	8
江都区	151	6	197	12	3	99	134	69	24
宝应县	158		22	6	1	48	340	28	12
扬州经济技术开发区			2	1	1	4	7	1	
蜀冈瘦西湖景区									
生态新城	2		10		1	21	1	5	
仪征市	112	11	55	5	31	24	151	4	5
高邮市	28	2	40	8		63	104	44	18
镇江市	**54**	**31**	**211**	**22**	**17**	**367**	**732**	**74**	**182**
京口区			15			5	7	1	4
润州区									
丹徒区	1	24	42	2	7	32	144	20	112
镇江新区	3	1	24	4		14	12	4	8
江苏镇江高新区									
丹阳市	21		56	9	5	154	132	30	46
扬中市	7		25	3	1	114	67	10	6
句容市	22	6	49	4	4	48	370	9	6

4-4c 续表 29 单位：人

地区 性别	制造业								
	文教、工美、体育和娱乐用品制造业	石油、煤炭及其他燃料加工业	化学原料和化学制品制造业	医药制造业	化学纤维制造业	橡胶和塑料制品业	非金属矿物制品业	黑色金属冶炼和压延加工业	有色金属冶炼和压延加工业
泰州市	**172**	**25**	**290**	**179**	**4**	**359**	**443**	**293**	**141**
海陵区	7	2	5	3		16	22	3	6
高港区	16		14	84		26	15	3	8
姜堰区	10	1	35	10		70	100	17	5
泰州医药高新技术产业开发区	5	1	2	3		4	2		3
兴化市	26	10	20	9	2	105	108	101	71
靖江市	12	4	32	19	1	44	71	151	28
泰兴市	96	7	182	51	1	94	125	18	20
宿迁市	**180**	**6**	**100**	**21**	**52**	**279**	**428**	**44**	**19**
宿城区	13	2	7	3	2	71	78	3	5
宿豫区	3		19	9	35	30	50	5	4
沭阳县	124	2	24	6	3	60	164	13	5
泗阳县	7	1	4		2	37	19	3	2
泗洪县	24		6		1	25	30	10	
宿迁经济技术开发区	1		8	1	1	34	35	7	1
宿迁市湖滨新区	1		30	2	8	13	43		
苏州宿迁工业园区									
宿迁市洋河新区	7	1	2			9	9	3	2
女	**6996**	**101**	**2118**	**1192**	**1391**	**7264**	**4328**	**1237**	**739**
南京市	**257**	**3**	**135**	**84**	**10**	**248**	**286**	**20**	**28**
玄武区									
秦淮区									
建邺区									
鼓楼区									
浦口区	1		7	6		20	25	1	
栖霞区	4	1	7	5		5	11	1	2
雨花台区									
江宁区	43	1	34	27	2	108	99	6	10
六合区	167	1	29	17	6	35	47	6	4
溧水区	27		12	5		30	42	2	10
高淳区	13		31	10	1	45	52	1	2
南京江北新区	2		15	14	1	5	10	3	
无锡市	**947**	**23**	**272**	**59**	**254**	**1419**	**669**	**215**	**184**
锡山区	98	4	22	6	3	183	26	7	3
惠山区	4	13	41	7	29	160	39	129	32
滨湖区	4	1	6	7		33	12	5	5
梁溪区									
新吴区	6		7	5	1	85	10	6	4
江苏无锡经济开发区									
江阴市	87		79	28	174	582	116	52	99
宜兴市	748	5	117	6	47	376	466	16	41
徐州市	**425**	**10**	**66**	**27**	**3**	**215**	**453**	**71**	**16**
鼓楼区									
云龙区									
贾汪区	6	2	1			15	24	4	
泉山区									
铜山区	97	3	19	12		31	259	41	11
丰县	28	2	9	3		12	17	5	
沛县	13	2	4	4		99	40	1	2
睢宁县	251		6	1		24	13	2	
徐州经济技术开发区	12			1			2		
新沂市	11		23	4	3	8	83	17	2
邳州市	7	1	4	2		26	15	1	1

4-4c　续表 30　　　　　　　　　　　　　　　　　　　　　　　　　　　　单位：人

地　　区 性　　别	制造业								
	文教、工美、体育和娱乐用品制造业	石油、煤炭及其他燃料加工业	化学原料和化学制品制造业	医　药制造业	化学纤维制造业	橡胶和塑　料制品业	非金属矿　物制品业	黑色金属冶炼和压延加工业	有色金属冶炼和压延加工业
常州市	**156**	**8**	**217**	**289**	**47**	**744**	**424**	**370**	**105**
天宁区	3		18	75		47	13	20	13
钟楼区	25		16	9	1	34	7	1	1
新北区	8	2	23	14	3	60	55	4	4
武进区	53	5	43	114	29	321	111	106	31
金坛区	25		21	57	4	141	57	1	10
江苏省常州市经济开发区	18		64	13	1	107	71	208	39
溧阳市	24	1	32	7	9	34	110	30	7
苏州市	**627**	**11**	**414**	**178**	**836**	**1802**	**455**	**207**	**186**
虎丘区	108	1	10	9		28	15	4	1
吴中区	159	2	33	25	2	337	47	1	6
相城区	2		2	1	8	64	16	1	1
姑苏区									
吴江区	74	1	34	18	296	121	82	10	51
苏州工业园区									
常熟市	72	2	149	53	79	272	76	25	27
张家港市	58	1	82	17	90	324	67	143	33
昆山市	114		55	38	8	379	50	12	39
太仓市	40	4	49	17	353	277	102	11	28
南通市	**632**	**13**	**337**	**115**	**168**	**538**	**399**	**23**	**37**
崇川区									
港闸区							4		
通州区	77	1	21	19	92	69	51	1	3
如东县	165	3	176	34	15	68	56	2	4
南通经济技术开发区									
通州湾示范区	1		1		1	11	12		2
苏锡通科技产业园区	5	1	4	1		7	8		
启东市	101		39	23	4	42	23	3	7
如皋市	106	2	47	11	12	90	53	3	8
海门市	149	4	25	8	2	71	122	4	6
海安市	28	2	24	19	42	180	70	10	7
连云港市	**715**	**4**	**45**	**66**	**7**	**693**	**142**	**80**	**8**
连云区								2	
海州区	3	1	4	14	2	17	15	1	
赣榆区	544	1	10	14		581	37	46	
东海县	151	2	12	9	1	68	77	6	6
灌云县	10		6	4		9	6		
灌南县	6		7	3		8	6	24	1
连云港经济技术开发区	1		2	14	2	8	1	1	
连云港高新技术产业开发区									
江苏连云港徐圩新区				2					1
江苏省连云港市云台山风景名胜区			4	6	2	2			
淮安市	**188**		**76**	**37**	**4**	**131**	**73**	**12**	**2**
淮安区	71		26		1	54	19	1	
淮阴区	8		6	17	1	16	6	1	
清江浦区			2	1		4	1	3	
洪泽区	10		20	3		18	19	1	
涟水县	16		10	5	1	15	9	2	2
盱眙县	36		6	2		16	10	2	
金湖县	47		5	8	1	7	7	1	
淮安经济技术开发区									
工业园区			1			1	2	1	

4-4c 续表 31 单位：人

地区 性别	制造业								
	文教、工美、体育和娱乐用品制造业	石油、煤炭及其他燃料加工业	化学原料和化学制品制造业	医药制造业	化学纤维制造业	橡胶和塑料制品业	非金属矿物制品业	黑色金属冶炼和压延加工业	有色金属冶炼和压延加工业
生态文旅区									
苏淮高新区				1					
盐城市	**335**	**7**	**115**	**83**	**11**	**255**	**242**	**53**	**15**
亭湖区	8		1	7		35	13		
盐都区	26	2	11	22		40	56	4	3
大丰区	161	1	36	10	3	30	28	22	1
响水县	10		7	8	1	8	5	3	1
滨海县	6	2	9	2		13	8	1	1
阜宁县	35		6	4	4	40	30		5
射阳县	20		23	17	1	10	17	3	
建湖县	10	2	5	3	1	23	52	4	1
盐城经济技术开发区	3					4	2		
江苏省盐南高新区									
东台市	56		17	10	1	52	31	16	3
扬州市	**1621**	**8**	**215**	**70**	**14**	**388**	**533**	**72**	**31**
广陵区	26		13	25	1	75	11	42	2
邗江区	237		8		1	33	21		2
江都区	359	2	117	25	1	136	66	11	16
宝应县	142		22	5	1	23	357	3	5
扬州经济技术开发区			1			2	1	1	
蜀冈瘦西湖景区									
生态新城	3		11	3		30	1		
仪征市	784	5	21	5	6	31	39		1
高邮市	70	1	22	7	4	58	37	15	5
镇江市	**159**	**6**	**59**	**20**	**17**	**263**	**303**	**14**	**55**
京口区			3			2	1		
润州区									
丹徒区	2	2	8	5	4	12	78	2	24
镇江新区	4		5			15	3		3
江苏镇江高新区									
丹阳市	26		24	6	12	92	96	7	18
扬中市	14		9	6		106	14	1	
句容市	113	4	10	3	1	36	111	4	10
泰州市	**423**	**8**	**130**	**144**	**4**	**372**	**203**	**92**	**67**
海陵区	5	2	5	4		21	9	2	5
高港区	24		8	53		35	10		5
姜堰区	25	1	19	28		67	46	4	8
泰州医药高新技术产业开发区	8			5	1	7	2		
兴化市	181	3	20	21		100	51	40	27
靖江市	23		22	8	1	61	23	36	14
泰兴市	157	2	56	25	2	81	62	10	8
宿迁市	**511**		**37**	**20**	**16**	**196**	**146**	**8**	**5**
宿城区	53		2	5	2	51	19	1	1
宿豫区	9		3	3	12	24	23	1	
沭阳县	342		9	4		41	58	3	3
泗阳县	22		2			13	6		1
泗洪县	68		2	7	1	33	7	2	
宿迁经济技术开发区	3		2			17	16	1	
宿迁市湖滨新区	4		16	1	1	6	11		
苏州宿迁工业园区									
宿迁市洋河新区	10		1			11	6		

4-4c　续表 32　　　　单位：人

地　区 性　别	制造业 金　属 制品业	通用设备 制造业	专用设备 制造业	汽　车 制造业	铁路、船舶、 航空航天和 其他运输 设备制造业	电气机械 和器材 制造业	计算机、 通信和其 他电子设 备制造业	仪器仪表 制造业	其　他 制造业
江　苏	**27487**	**33433**	**14513**	**10804**	**7785**	**18318**	**22156**	**1960**	**2448**
南京市	**1335**	**1594**	**657**	**876**	**219**	**836**	**1161**	**178**	**103**
玄武区									
秦淮区									
建邺区									
鼓楼区									
浦口区	68	54	31	39	22	35	97	10	4
栖霞区	41	178	100	53	31	87	104	26	5
雨花台区									
江宁区	555	751	205	377	83	340	553	76	35
六合区	252	229	148	91	37	161	269	41	21
溧水区	311	235	69	111	28	139	70	10	22
高淳区	83	133	79	186	13	60	46	12	16
南京江北新区	25	14	25	19	5	14	22	3	
无锡市	**3709**	**5150**	**2419**	**1552**	**658**	**2938**	**1881**	**235**	**171**
锡山区	391	376	119	226	381	220	174	29	17
惠山区	962	1723	449	669	84	457	154	71	83
滨湖区	291	515	122	95	15	41	73	22	6
梁溪区									
新吴区	109	326	159	194	36	234	887	30	
江苏无锡经济开发区									
江阴市	1365	1496	728	303	133	635	263	59	25
宜兴市	591	714	842	65	9	1351	330	24	40
徐州市	**1351**	**1028**	**445**	**479**	**1058**	**485**	**1105**	**31**	**70**
鼓楼区									
云龙区									
贾汪区	81	128	59	17	124	12	49	4	3
泉山区									
铜山区	550	446	168	45	43	108	169	6	28
丰县	159	94	19	277	804	113	92	9	11
沛县	164	95	56	64	41	36	150	2	10
睢宁县	122	85	40	36	8	44	177	3	9
徐州经济技术开发区	32	54	39	3	16	84	28		
新沂市	161	80	36	16	10	45	289	6	7
邳州市	82	46	28	21	12	43	151	1	2
常州市	**3108**	**5740**	**1652**	**1572**	**610**	**3643**	**1617**	**225**	**214**
天宁区	185	481	168	15	15	69	45	10	23
钟楼区	95	83	37	23	4	217	34	2	
新北区	606	453	185	721	100	249	118	25	8
武进区	1051	2937	828	503	271	1164	765	73	99
金坛区	219	342	118	107	38	835	209	20	7
江苏省常州市经济开发区	556	865	115	117	135	839	321	36	39
溧阳市	396	579	201	86	47	270	125	59	38
苏州市	**6569**	**6254**	**4553**	**2346**	**628**	**3370**	**8656**	**475**	**252**
虎丘区	122	162	130	58	18	193	286	52	2
吴中区	715	1142	831	152	20	461	1198	68	25
相城区	131	184	73	104	5	190	265	2	4
姑苏区									
吴江区	772	749	224	62	11	492	183	11	5
苏州工业园区									
常熟市	1732	847	573	527	46	840	533	56	82

4-4c 续表 33 单位：人

地区 性别	制造业								
	金属制品业	通用设备制造业	专用设备制造业	汽车制造业	铁路、船舶、航空航天和其他运输设备制造业	电气机械和器材制造业	计算机、通信和其他电子设备制造业	仪器仪表制造业	其他制造业
张家港市	1273	1058	708	312	28	375	323	35	43
昆山市	1012	1216	1779	662	168	538	5539	213	45
太仓市	812	896	235	469	332	281	329	38	46
南通市	**2069**	**2875**	**936**	**353**	**838**	**1112**	**921**	**228**	**231**
崇川区									
港闸区	11	6	1		14			2	
通州区	481	424	195	34	167	166	175	38	40
如东县	308	172	90	16	41	346	118	36	32
南通经济技术开发区									
通州湾示范区	29	64	37	7	3	10	13	1	1
苏锡通科技产业园区	149	40	19	13	4	43	33		8
启东市	284	773	116	25	442	138	172	92	13
如皋市	341	583	227	108	118	147	255	18	68
海门市	242	334	89	88	6	118	51	13	47
海安市	224	479	162	62	43	144	104	28	22
连云港市	**342**	**430**	**155**	**78**	**51**	**234**	**719**	**30**	**106**
连云区	2	1							
海州区	29	41	22	2	4	13	47	2	2
赣榆区	108	85	49	12	12	46	171	7	7
东海县	79	153	33	50	9	122	216	5	36
灌云县	48	50	24	3	8	30	163	4	34
灌南县	56	73	13	8	16	14	105	9	26
连云港经济技术开发区	16	22	6	2	1	6	16	1	
连云港高新技术产业开发区									
江苏连云港徐圩新区			1			1		1	
江苏省连云港市云台山风景名胜区	4	5	7	1	1	2	1	1	1
淮安市	**362**	**538**	**170**	**100**	**48**	**228**	**1105**	**54**	**82**
淮安区	79	79	16	13	13	32	338	3	19
淮阴区	70	65	37	28	9	23	256	3	10
清江浦区	25	17	11	2	2	6	31	2	4
洪泽区	26	42	16	3	3	23	38	1	11
涟水县	42	48	42	19	12	32	291	2	14
盱眙县	36	99	13	11	5	33	112	3	12
金湖县	72	186	33	21	4	77	34	40	12
淮安经济技术开发区									
工业园区	12	2	2	3		2	5		
生态文旅区									
苏淮高新区									
盐城市	**1587**	**2423**	**603**	**479**	**159**	**625**	**1584**	**85**	**220**
亭湖区	63	82	31	64	1	43	66	3	6
盐都区	453	372	123	77	14	72	529	14	34
大丰区	237	501	94	97	18	129	157	9	46
响水县	51	46	16	9	15	11	76	1	8
滨海县	126	103	19	12	4	25	152	1	12
阜宁县	118	193	81	29	17	43	188	16	49
射阳县	87	168	62	86	13	151	160	5	23
建湖县	127	411	84	26	7	43	40	8	16
盐城经济技术开发区		13	5	66		6	2		6
江苏省盐南高新区									
东台市	325	534	88	13	70	102	214	28	20
扬州市	**1840**	**2531**	**881**	**1133**	**1194**	**1984**	**886**	**209**	**546**
广陵区	277	281	283	39	235	217	90	2	52

4-4c　续表 34　　　　单位：人

地　区 性　别	制造业								
	金　属 制品业	通用设备 制造业	专用设备 制造业	汽　车 制造业	铁路、船舶、 航空航天和 其他运输 设备制造业	电气机械 和器材 制造业	计算机、 通信和其 他电子设 备制造业	仪器仪表 制造业	其　他 制造业
邗江区	145	359	59	161	5	81	45	7	9
江都区	638	698	244	404	835	167	171	22	211
宝应县	228	184	59	203	17	381	305	160	83
扬州经济技术开发区	16	22	8	17	6	48	13	4	4
蜀冈瘦西湖景区									
生态新城	27	46	1	12	4	8	2	1	128
仪征市	108	227	39	222	21	119	94	5	26
高邮市	401	714	188	75	71	963	166	8	33
镇江市	**1662**	**975**	**1145**	**1069**	**263**	**1681**	**524**	**87**	**192**
京口区	11	8	3	4	6	12	22		2
润州区		2							
丹徒区	123	172	55	43	29	75	171	16	114
镇江新区	231	83	115	19	10	67	51	7	7
江苏镇江高新区									
丹阳市	872	336	861	876	38	159	124	32	32
扬中市	254	252	27	69	133	1238	33	15	19
句容市	171	122	84	58	47	130	123	17	18
泰州市	**3036**	**3449**	**704**	**690**	**1982**	**825**	**574**	**104**	**141**
海陵区	81	203	25	88	70	38	17	1	4
高港区	89	84	61	37	123	47	91	3	6
姜堰区	612	580	120	31	107	174	67	15	33
泰州医药高新技术产业开发区	28	27	12	7	7	12	8	2	4
兴化市	995	637	87	71	54	87	180	21	33
靖江市	820	1181	267	376	1135	250	80	31	11
泰兴市	411	737	132	80	486	217	131	31	50
宿迁市	**517**	**446**	**193**	**77**	**77**	**357**	**1423**	**19**	**120**
宿城区	101	49	30	15	7	101	399	1	12
宿豫区	47	19	12	4	3	23	72	1	10
沭阳县	145	121	48	21	22	89	446	7	38
泗阳县	120	43	24	10	9	32	131	5	27
泗洪县	45	167	25	17	12	28	233	2	15
宿迁经济技术开发区	21	22	40	7	1	67	37	2	16
宿迁市湖滨新区	25	17	4	1	20	14	67	1	1
苏州宿迁工业园区									
宿迁市洋河新区	13	8	10	2	3	3	38		1
男	**19726**	**23800**	**9781**	**6760**	**5726**	**11066**	**12003**	**1143**	**1226**
南京市	**1013**	**1196**	**448**	**632**	**173**	**558**	**631**	**87**	**64**
玄武区									
秦淮区									
建邺区									
鼓楼区									
浦口区	52	37	18	33	17	23	58	3	3
栖霞区	31	141	63	33	27	62	53	9	4
雨花台区									
江宁区	416	553	147	275	60	236	315	39	18
六合区	189	174	110	67	29	109	138	19	12
溧水区	243	173	46	72	23	86	31	6	16
高淳区	66	106	52	135	12	36	28	9	11
南京江北新区	16	12	12	17	5	6	8	2	
无锡市	**2689**	**3815**	**1804**	**895**	**425**	**1793**	**951**	**135**	**90**
锡山区	268	273	85	143	232	126	87	16	7

4-4c 续表 35

单位：人

地区 性别	制造业								
	金属制品业	通用设备制造业	专用设备制造业	汽车制造业	铁路、船舶、航空航天和其他运输设备制造业	电气机械和器材制造业	计算机、通信和其他电子设备制造业	仪器仪表制造业	其他制造业
惠山区	692	1215	331	367	62	251	65	48	37
滨湖区	191	373	83	55	8	20	37	4	5
梁溪区									
新吴区	80	247	129	129	25	145	487	20	
江苏无锡经济开发区									
江阴市	1023	1168	543	168	92	400	135	33	16
宜兴市	435	539	633	33	6	851	140	14	25
徐州市	**1133**	**866**	**310**	**367**	**695**	**281**	**598**	**24**	**31**
鼓楼区									
云龙区									
贾汪区	68	117	52	14	100	8	28	4	
泉山区									
铜山区	470	382	112	33	28	63	77	6	12
丰县	122	75	12	200	497	48	55	2	5
沛县	148	86	40	59	37	22	81	2	2
睢宁县	94	68	18	30	5	29	86	3	4
徐州经济技术开发区	25	44	31	2	9	47	8		
新沂市	138	56	24	14	9	32	170	6	7
邳州市	68	38	21	15	10	32	93	1	1
常州市	**2170**	**3995**	**1053**	**861**	**415**	**2047**	**711**	**131**	**115**
天宁区	137	357	72	7	10	42	18	6	16
钟楼区	72	59	20	11	1	118	12	2	
新北区	384	306	124	383	65	127	34	16	4
武进区	727	2020	536	280	179	569	307	38	56
金坛区	158	232	74	67	24	541	135	13	2
江苏省常州市经济开发区	369	574	74	60	91	451	132	24	27
溧阳市	323	447	153	53	45	199	73	32	10
苏州市	**4520**	**4478**	**3290**	**1502**	**454**	**2044**	**5012**	**334**	**133**
虎丘区	86	106	88	39	15	113	137	34	2
吴中区	488	802	593	100	14	251	679	46	15
相城区	99	135	46	72	3	110	150	1	
姑苏区									
吴江区	557	546	147	40	9	307	102	7	2
苏州工业园区									
常熟市	1171	603	434	316	35	565	273	34	39
张家港市	882	795	509	203	20	245	181	23	23
昆山市	692	848	1309	432	104	293	3340	159	29
太仓市	545	643	164	300	254	160	150	30	23
南通市	**1508**	**1953**	**596**	**207**	**721**	**679**	**454**	**108**	**117**
崇川区									
港闸区	9	4	1		10				
通州区	386	307	124	18	145	93	77	15	25
如东县	227	130	58	10	35	228	38	14	11
南通经济技术开发区									
通州湾示范区	18	34	21	3	3	6	6		
苏锡通科技产业园区	104	28	14	10	4	28	22		4
启东市	196	459	58	12	384	73	67	38	5
如皋市	275	449	159	74	100	112	164	12	42
海门市	149	190	52	44	5	49	29	8	16
海安市	144	352	109	36	35	90	51	21	14
连云港市	**276**	**303**	**75**	**65**	**43**	**121**	**414**	**19**	**45**
连云区	1	1							

4-4c　续表 36

单位：人

地　区 性　别	制造业								
	金　属 制品业	通用设备 制造业	专用设备 制造业	汽　车 制造业	铁路、船舶、 航空航天和 其他运输 设备制造业	电气机械 和器材 制造业	计算机、 通信和其 他电子设 备制造业	仪器仪表 制造业	其　他 制造业
海州区	24	34	15	2	3	9	23	1	2
赣榆区	88	64	25	10	11	32	116	4	3
东海县	59	89	8	40	8	44	112	2	12
灌云县	43	40	13	3	8	22	100	3	15
灌南县	46	55	3	7	11	9	53	7	12
连云港经济技术开发区	12	17	4	2	1	4	10	1	
连云港高新技术产业开发区									
江苏连云港徐圩新区			1						
江苏省连云港市云台山风景名胜区	3	3	6	1	1	1		1	1
淮安市	**300**	**415**	**108**	**78**	**35**	**123**	**619**	**43**	**39**
淮安区	69	59	14	12	7	15	170	2	7
淮阴区	62	55	21	23	8	12	156	2	7
清江浦区	20	9	4		1	4	20	1	4
洪泽区	20	32	12	2	3	9	23	1	2
涟水县	34	39	21	14	9	22	162	2	5
盱眙县	28	76	12	10	4	19	62	3	8
金湖县	55	144	23	15	3	41	23	32	6
淮安经济技术开发区									
工业园区	12	1	1	2		1	3		
生态文旅区									
苏淮高新区									
盐城市	**1226**	**1778**	**388**	**315**	**93**	**433**	**905**	**52**	**125**
亭湖区	53	61	22	33	1	25	36	2	5
盐都区	339	279	81	48	13	49	330	9	16
大丰区	172	366	49	60	11	97	68	7	27
响水县	40	38	12	9	14	6	44	1	7
滨海县	110	87	13	9	3	16	79		7
阜宁县	99	158	53	19	13	28	103	11	23
射阳县	78	145	43	60	7	121	101	3	13
建湖县	104	310	60	17	5	23	24	6	9
盐城经济技术开发区		7	3	51		5			5
江苏省盐南高新区									
东台市	231	327	52	9	26	63	120	13	13
扬州市	**1324**	**1747**	**496**	**807**	**917**	**1277**	**458**	**88**	**265**
广陵区	196	202	106	24	187	136	41	1	18
邗江区	116	291	41	124	5	60	19	4	4
江都区	447	440	154	274	634	94	82	12	99
宝应县	173	120	35	140	14	276	161	57	45
扬州经济技术开发区	13	16	6	15	4	29	8	4	1
蜀冈瘦西湖景区									
生态新城	17	32	1	10	4	4	2		62
仪征市	74	169	29	169	17	74	49	4	15
高邮市	288	477	124	51	52	604	96	6	21
镇江市	**1105**	**672**	**675**	**608**	**208**	**1047**	**250**	**54**	**76**
京口区	8	4	2	3	6	9	7		1
润州区		1							
丹徒区	89	115	31	30	25	44	70	9	39
镇江新区	152	53	80	11	5	41	29	5	4
江苏镇江高新区									
丹阳市	557	244	487	474	29	86	61	19	11
扬中市	163	164	14	55	113	778	19	10	10
句容市	136	91	61	35	30	89	64	11	11

4-4c 续表 37

单位：人

地区 性别	制造业								
	金属制品业	通用设备制造业	专用设备制造业	汽车制造业	铁路、船舶、航空航天和其他运输设备制造业	电气机械和器材制造业	计算机、通信和其他电子设备制造业	仪器仪表制造业	其他制造业
泰州市	**2044**	**2244**	**426**	**374**	**1488**	**452**	**250**	**56**	**56**
海陵区	52	118	17	42	46	15	9	1	2
高港区	56	46	25	25	97	20	38	3	3
姜堰区	371	378	66	18	77	105	35	8	11
泰州医药高新技术产业开发区	19	20	7	4	5	6	5	1	2
兴化市	673	425	50	54	42	53	59	10	12
靖江市	569	743	173	194	847	131	32	22	2
泰兴市	304	514	88	37	374	122	72	11	24
宿迁市	**418**	**338**	**112**	**49**	**59**	**211**	**750**	**12**	**70**
宿城区	83	39	15	9	7	60	236	1	4
宿豫区	41	15	8	2	2	16	21	1	3
沭阳县	122	96	31	12	13	51	245	5	23
泗阳县	85	33	13	10	7	17	60	3	20
泗洪县	36	118	13	10	7	18	102	1	8
宿迁经济技术开发区	17	14	22	3	1	34	22		12
宿迁市湖滨新区	23	16	1	1	19	13	43	1	
苏州宿迁工业园区									
宿迁市洋河新区	11	7	9	2	3	2	21		
女	**7761**	**9633**	**4732**	**4044**	**2059**	**7252**	**10153**	**817**	**1222**
南京市	**322**	**398**	**209**	**244**	**46**	**278**	**530**	**91**	**39**
玄武区									
秦淮区									
建邺区									
鼓楼区									
浦口区	16	17	13	6	5	12	39	7	1
栖霞区	10	37	37	20	4	25	51	17	1
雨花台区									
江宁区	139	198	58	102	23	104	238	37	17
六合区	63	55	38	24	8	52	131	22	9
溧水区	68	62	23	39	5	53	39	4	6
高淳区	17	27	27	51	1	24	18	3	5
南京江北新区	9	2	13	2		8	14	1	
无锡市	**1020**	**1335**	**615**	**657**	**233**	**1145**	**930**	**100**	**81**
锡山区	123	103	34	83	149	94	87	13	10
惠山区	270	508	118	302	22	206	89	23	46
滨湖区	100	142	39	40	7	21	36	18	1
梁溪区									
新吴区	29	79	30	65	11	89	400	10	
江苏无锡经济开发区									
江阴市	342	328	185	135	41	235	128	26	9
宜兴市	156	175	209	32	3	500	190	10	15
徐州市	**218**	**162**	**135**	**112**	**363**	**204**	**507**	**7**	**39**
鼓楼区									
云龙区									
贾汪区	13	11	7	3	24	4	21		3
泉山区									
铜山区	80	64	56	12	15	45	92		16
丰县	37	19	7	77	307	65	37	7	6
沛县	16	9	16	5	4	14	69		8
睢宁县	28	17	22	6	3	15	91		5
徐州经济技术开发区	7	10	8	1	7	37	20		
新沂市	23	24	12	2	1	13	119		
邳州市	14	8	7	6	2	11	58		1

4-4c　续表 38　　　　单位：人

地　区 性　别	制造业 金　属 制品业	通用设备 制造业	专用设备 制造业	汽　车 制造业	铁路、船舶、 航空航天和 其他运输 设备制造业	电气机械 和器材 制造业	计算机、 通信和其 他电子设 备制造业	仪器仪表 制造业	其　他 制造业
常州市	**938**	**1745**	**599**	**711**	**195**	**1596**	**906**	**94**	**99**
天宁区	48	124	96	8	5	27	27	4	7
钟楼区	23	24	17	12	3	99	22		
新北区	222	147	61	338	35	122	84	9	4
武进区	324	917	292	223	92	595	458	35	43
金坛区	61	110	44	40	14	294	74	7	5
江苏省常州市经济开发区	187	291	41	57	44	388	189	12	12
溧阳市	73	132	48	33	2	71	52	27	28
苏州市	**2049**	**1776**	**1263**	**844**	**174**	**1326**	**3644**	**141**	**119**
虎丘区	36	56	42	19	3	80	149	18	
吴中区	227	340	238	52	6	210	519	22	10
相城区	32	49	27	32	2	80	115	1	4
姑苏区									
吴江区	215	203	77	22	2	185	81	4	3
苏州工业园区									
常熟市	561	244	139	211	11	275	260	22	43
张家港市	391	263	199	109	8	130	142	12	20
昆山市	320	368	470	230	64	245	2199	54	16
太仓市	267	253	71	169	78	121	179	8	23
南通市	**561**	**922**	**340**	**146**	**117**	**433**	**467**	**120**	**114**
崇川区									
港闸区	2	2			4			2	
通州区	95	117	71	16	22	73	98	23	15
如东县	81	42	32	6	6	118	80	22	21
南通经济技术开发区									
通州湾示范区	11	30	16	4		4	7	1	1
苏锡通科技产业园区	45	12	5	3		15	11		4
启东市	88	314	58	13	58	65	105	54	8
如皋市	66	134	68	34	18	35	91	6	26
海门市	93	144	37	44	1	69	22	5	31
海安市	80	127	53	26	8	54	53	7	8
连云港市	**66**	**127**	**80**	**13**	**8**	**113**	**305**	**11**	**61**
连云区	1								
海州区	5	7	7		1	4	24	1	
赣榆区	20	21	24	2	1	14	55	3	4
东海县	20	64	25	10	1	78	104	3	24
灌云县	5	10	11			8	63	1	19
灌南县	10	18	10	1	5	5	52	2	14
连云港经济技术开发区	4	5	2			2	6		
连云港高新技术产业开发区									
江苏连云港徐圩新区						1		1	
江苏省连云港市云台山风景名胜区	1	2	1			1	1		
淮安市	**62**	**123**	**62**	**22**	**13**	**105**	**486**	**11**	**43**
淮安区	10	20	2	1	6	17	168	1	12
淮阴区	8	10	16	5	1	11	100	1	3
清江浦区	5	8	7	2	1	2	11	1	
洪泽区	6	10	4	1		14	15		9
涟水县	8	9	21	5	3	10	129		9
盱眙县	8	23	1	1	1	14	50		4
金湖县	17	42	10	6	1	36	11	8	6
淮安经济技术开发区									
工业园区		1	1	1		1	2		

4-4c 续表 39 单位：人

地区 性别	制造业								
	金属制品业	通用设备制造业	专用设备制造业	汽车制造业	铁路、船舶、航空航天和其他运输设备制造业	电气机械和器材制造业	计算机、通信和其他电子设备制造业	仪器仪表制造业	其他制造业
生态文旅区									
苏淮高新区									
盐城市	**361**	**645**	**215**	**164**	**66**	**192**	**679**	**33**	**95**
亭湖区	10	21	9	31		18	30	1	1
盐都区	114	93	42	29	1	23	199	5	18
大丰区	65	135	45	37	7	32	89	2	19
响水县	11	8	4		1	5	32		1
滨海县	16	16	6	3	1	9	73	1	5
阜宁县	19	35	28	10	4	15	85	5	26
射阳县	9	23	19	26	6	30	59	2	10
建湖县	23	101	24	9	2	20	16	2	7
盐城经济技术开发区		6	2	15		1	2		1
江苏省盐南高新区									
东台市	94	207	36	4	44	39	94	15	7
扬州市	**516**	**784**	**385**	**326**	**277**	**707**	**428**	**121**	**281**
广陵区	81	79	177	15	48	81	49	1	34
邗江区	29	68	18	37		21	26	3	5
江都区	191	258	90	130	201	73	89	10	112
宝应县	55	64	24	63	3	105	144	103	38
扬州经济技术开发区	3	6	2	2	2	19	5		3
蜀冈瘦西湖景区									
生态新城	10	14		2		4		1	66
仪征市	34	58	10	53	4	45	45	1	11
高邮市	113	237	64	24	19	359	70	2	12
镇江市	**557**	**303**	**470**	**461**	**55**	**634**	**274**	**33**	**116**
京口区	3	4	1	1		3	15		1
润州区		1							
丹徒区	34	57	24	13	4	31	101	7	75
镇江新区	79	30	35	8	5	26	22	2	3
江苏镇江高新区									
丹阳市	315	92	374	402	9	73	63	13	21
扬中市	91	88	13	14	20	460	14	5	9
句容市	35	31	23	23	17	41	59	6	7
泰州市	**992**	**1205**	**278**	**316**	**494**	**373**	**324**	**48**	**85**
海陵区	29	85	8	46	24	23	8		2
高港区	33	38	36	12	26	27	53		3
姜堰区	241	202	54	13	30	69	32	7	22
泰州医药高新技术产业开发区	9	7	5	3	2	6	3	1	2
兴化市	322	212	37	17	12	34	121	11	21
靖江市	251	438	94	182	288	119	48	9	9
泰兴市	107	223	44	43	112	95	59	20	26
宿迁市	**99**	**108**	**81**	**28**	**18**	**146**	**673**	**7**	**50**
宿城区	18	10	15	6		41	163		8
宿豫区	6	4	4	2	1	7	51		7
沭阳县	23	25	17	9	9	38	201	2	15
泗阳县	35	10	11		2	15	71	2	7
泗洪县	9	49	12	7	5	10	131	1	7
宿迁经济技术开发区	4	8	18	4		33	15	2	4
宿迁市湖滨新区	2	1	3		1	1	24		1
苏州宿迁工业园区									
宿迁市洋河新区	2	1	1			1	17		1

4-4c 续表 40

单位：人

地区 性别	制造业		电力、热力、燃气及水生产和供应业				建筑业		
	废弃资源综合利用业	金属制品、机械和设备修理业	小计	电力、热力生产和供应业	燃气生产和供应业	水的生产和供应业	小计	房屋建筑业	土木工程建筑业
江苏	**2139**	**1717**	**4561**	**2783**	**698**	**1080**	**156677**	**81409**	**10508**
南京市	**83**	**136**	**420**	**236**	**65**	**119**	**13222**	**7338**	**1631**
玄武区									
秦淮区									
建邺区									
鼓楼区									
浦口区	3	7	17	6	5	6	442	168	73
栖霞区	7	7	29	13	13	3	428	169	139
雨花台区									
江宁区	26	38	131	84	9	38	3683	1759	907
六合区	30	37	121	67	21	33	3606	1796	213
溧水区	6	22	67	36	10	21	1801	1315	91
高淳区	11	24	44	24	6	14	3047	2048	162
南京江北新区		1	11	6	1	4	215	83	46
无锡市	**251**	**158**	**350**	**182**	**42**	**126**	**5659**	**2347**	**491**
锡山区	9	3	36	20	8	8	535	137	63
惠山区	11	20	55	23	7	25	637	223	73
滨湖区	4	14	9	4	1	4	154	100	8
梁溪区									
新吴区	17	4	15	9	1	5	247	141	10
江苏无锡经济开发区									
江阴市	139	83	128	78	10	40	1886	777	123
宜兴市	71	34	107	48	15	44	2200	969	214
徐州市	**247**	**112**	**346**	**243**	**51**	**52**	**17270**	**10509**	**844**
鼓楼区									
云龙区									
贾汪区	10	12	30	26	3	1	822	508	78
泉山区									
铜山区	70	35	113	80	14	19	4286	2701	231
丰县	27	4	35	20	7	8	1877	1011	74
沛县	18	15	59	50	8	1	3449	2190	120
睢宁县	50	9	29	22	3	4	2466	1264	64
徐州经济技术开发区	1	2	11	8	3		501	360	60
新沂市	18	15	39	21	4	14	2385	1571	178
邳州市	53	20	30	16	9	5	1484	904	39
常州市	**237**	**111**	**309**	**154**	**66**	**89**	**8289**	**3459**	**1058**
天宁区	26	5	17	8	4	5	207	85	20
钟楼区	3	3	3	3			151	42	30
新北区	49	12	25	15	2	8	433	171	41
武进区	60	28	85	41	18	26	1853	657	541
金坛区	23	21	47	24	9	14	1791	861	205
江苏省常州市经济开发区	28	16	38	16	14	8	456	168	68
溧阳市	48	26	94	47	19	28	3398	1475	153
苏州市	**265**	**218**	**613**	**283**	**111**	**219**	**11320**	**5487**	**1026**
虎丘区	19	2	7	1	2	4	611	319	25
吴中区	75	23	70	19	24	27	1636	707	177
相城区	26	5	28	16	2	10	283	190	19
姑苏区									
吴江区	20	24	126	80	7	39	1376	566	108
苏州工业园区									
常熟市	50	44	107	49	21	37	2226	1180	218

4-4c 续表 41

单位：人

地区 性别	制造业		电力、热力、燃气及水生产和供应业				建筑业		
	废弃资源综合利用业	金属制品、机械和设备修理业	小计	电力、热力生产和供应业	燃气生产和供应业	水的生产和供应业	小计	房屋建筑业	土木工程建筑业
张家港市	23	47	91	45	20	26	2223	1187	245
昆山市	32	33	90	24	22	44	1713	798	130
太仓市	20	40	94	49	13	32	1252	540	104
南通市	**162**	**197**	**502**	**328**	**86**	**88**	**21108**	**11191**	**904**
崇川区									
港闸区	3						73	38	19
通州区	21	41	56	36	11	9	3838	2003	180
如东县	30	24	113	81	15	17	2607	1399	123
南通经济技术开发区									
通州湾示范区	1	2	15	5	7	3	388	162	14
苏锡通科技产业园区	18	7	10	3	1	6	365	250	3
启东市	23	61	136	104	23	9	3966	2386	126
如皋市	23	34	66	41	11	14	4163	2330	245
海门市	23	16	44	25	5	14	2415	1307	101
海安市	20	12	62	33	13	16	3293	1316	93
连云港市	**257**	**73**	**194**	**133**	**22**	**39**	**10685**	**7269**	**391**
连云区	1		7	7			18	7	7
海州区	3	6	17	10	1	6	697	450	28
赣榆区	131	30	55	39	6	10	4654	3473	129
东海县	90	12	42	21	9	12	2282	1483	104
灌云县	14	8	19	10	3	6	1222	689	55
灌南县	16	9	30	24	2	4	1398	929	32
连云港经济技术开发区	2	2	14	13		1	156	70	18
连云港高新技术产业开发区									
江苏连云港徐圩新区			1	1			3		2
江苏省连云港市云台山风景名胜区		6	9	8	1		255	168	16
淮安市	**73**	**76**	**206**	**121**	**48**	**37**	**9398**	**5957**	**472**
淮安区	4	25	34	25	6	3	2250	1355	104
淮阴区	6	18	50	27	19	4	2583	1712	104
清江浦区	2	3	13	6	3	4	445	298	57
洪泽区	7	6	18	11	4	3	676	365	37
涟水县	16	16	40	28	4	8	1696	1243	57
盱眙县	11	2	24	10	6	8	824	546	36
金湖县	22	5	26	13	6	7	858	400	70
淮安经济技术开发区									
工业园区	5	1	1	1			59	35	6
生态文旅区									
苏淮高新区							7	3	1
盐城市	**193**	**193**	**516**	**384**	**43**	**89**	**15877**	**7528**	**799**
亭湖区	15	7	25	19		6	950	523	47
盐都区	83	26	32	21	3	8	2445	1085	88
大丰区	21	22	138	103	9	26	1785	811	126
响水县	4	17	22	13	5	4	999	710	46
滨海县	9	7	68	55	3	10	1458	995	84
阜宁县	22	23	50	44	2	4	1758	706	112
射阳县	13	40	84	60	14	10	2211	1397	95
建湖县	8	15	29	22	3	4	1401	713	84
盐城经济技术开发区		1	12	11		1	297	106	14
江苏省盐南高新区									
东台市	18	35	56	36	4	16	2573	482	103
扬州市	**103**	**169**	**339**	**231**	**50**	**58**	**15237**	**5889**	**739**
广陵区	11	47	25	15	6	4	515	156	178

4-4c　续表 42　　　　　　　　　　　　　　　　　　　　　　单位：人

地区 性别	制造业		电力、热力、燃气及水生产和供应业				建筑业		
	废弃资源综合利用业	金属制品、机械和设备修理业	小计	电力、热力生产和供应业	燃气生产和供应业	水的生产和供应业	小计	房屋建筑业	土木工程建筑业
邗江区	17	2	21	15	4	2	1077	506	35
江都区	15	58	87	52	12	23	3570	1812	176
宝应县	8	18	81	57	13	11	4366	1046	96
扬州经济技术开发区		1	3	2	1		86	46	7
蜀冈瘦西湖景区									
生态新城	13	1					77	27	1
仪征市	20	19	42	33	5	4	2391	1193	133
高邮市	19	23	80	57	9	14	3155	1103	113
镇江市	**87**	**58**	**269**	**203**	**27**	**39**	**4929**	**2408**	**378**
京口区	3	1	4	2	1	1	22	6	2
润州区							11	11	
丹徒区	4	10	33	21	7	5	602	323	43
镇江新区	3	4	6	5		1	120	32	52
江苏镇江高新区									
丹阳市	32	13	47	24	9	14	1110	417	76
扬中市	16	22	84	73	4	7	506	232	24
句容市	29	8	95	78	6	11	2558	1387	181
泰州市	**69**	**127**	**263**	**139**	**51**	**73**	**13197**	**5592**	**744**
海陵区	13	3	15	11	4		430	137	26
高港区		1	18	7	5	6	1122	411	113
姜堰区	7	22	44	23	8	13	2991	1424	98
泰州医药高新技术产业开发区		4	4	2		2	149	85	12
兴化市	39	16	58	36	7	15	3176	1335	139
靖江市	6	67	51	32	6	13	1155	426	78
泰兴市	4	14	73	28	21	24	4174	1774	278
宿迁市	**112**	**89**	**234**	**146**	**36**	**52**	**10486**	**6435**	**1031**
宿城区	41	4	52	40	7	5	1694	983	99
宿豫区	4	4	11	4	4	3	909	624	35
沭阳县	19	36	63	37	13	13	3810	2085	733
泗阳县	9	15	37	24	4	9	1432	931	59
泗洪县	11	10	32	12	4	16	1566	1093	56
宿迁经济技术开发区	18	5	11	10		1	286	179	19
宿迁市湖滨新区	4	8	17	11	1	5	519	353	28
苏州宿迁工业园区									
宿迁市洋河新区	6	7	11	8	3		270	187	2
男	**1538**	**1502**	**3717**	**2333**	**529**	**855**	**138971**	**71977**	**9115**
南京市	**57**	**121**	**333**	**194**	**40**	**99**	**12019**	**6650**	**1457**
玄武区									
秦淮区									
建邺区									
鼓楼区									
浦口区	1	6	12	4	3	5	391	145	60
栖霞区	6	7	18	9	6	3	389	156	125
雨花台区									
江宁区	19	32	104	67	7	30	3318	1600	803
六合区	17	32	102	61	14	27	3218	1568	192
溧水区	5	20	55	30	6	19	1649	1192	86
高淳区	9	23	37	20	4	13	2863	1910	151
南京江北新区		1	5	3		2	191	79	40
无锡市	**178**	**134**	**280**	**144**	**34**	**102**	**5164**	**2117**	**442**
锡山区	7	3	31	18	6	7	487	123	55

4-4c 续表 43 单位：人

地区 性别	制造业 废弃资源综合利用业	制造业 金属制品、机械和设备修理业	电力、热力、燃气及水生产和供应业 小计	电力、热力、燃气及水生产和供应业 电力、热力生产和供应业	电力、热力、燃气及水生产和供应业 燃气生产和供应业	电力、热力、燃气及水生产和供应业 水的生产和供应业	建筑业 小计	建筑业 房屋建筑业	建筑业 土木工程建筑业
惠山区	9	17	41	18	5	18	543	187	62
滨湖区	3	10	5	2		3	131	83	7
梁溪区									
新吴区	15	2	11	6	1	4	217	124	8
江苏无锡经济开发区									
江阴市	97	73	106	61	8	37	1740	707	116
宜兴市	47	29	86	39	14	33	2046	893	194
徐州市	**204**	**102**	**298**	**214**	**43**	**41**	**15388**	**9349**	**783**
鼓楼区									
云龙区									
贾汪区	8	10	27	24	2	1	750	455	76
泉山区									
铜山区	61	33	89	66	13	10	3807	2371	212
丰县	22	4	32	20	4	8	1463	830	69
沛县	11	15	52	44	7	1	3215	2022	113
睢宁县	40	9	27	20	3	4	2228	1145	60
徐州经济技术开发区	1	2	10	7	3		420	297	45
新沂市	16	12	35	18	4	13	2203	1451	173
邳州市	45	17	26	15	7	4	1302	778	35
常州市	**164**	**96**	**229**	**121**	**41**	**67**	**7256**	**3036**	**830**
天宁区	18	4	9	5	1	3	173	72	17
钟楼区	2	3	3	3			135	39	26
新北区	30	11	19	12	1	6	372	149	37
武进区	44	25	57	30	10	17	1502	562	370
金坛区	16	16	37	20	7	10	1598	763	176
江苏省常州市经济开发区	20	13	27	11	9	7	380	142	65
溧阳市	34	24	77	40	13	24	3096	1309	139
苏州市	**185**	**183**	**506**	**241**	**87**	**178**	**9866**	**4769**	**898**
虎丘区	15	2	6	1	2	3	540	287	19
吴中区	48	16	58	16	20	22	1403	594	153
相城区	18	5	21	13	2	6	243	162	17
姑苏区									
吴江区	13	20	108	72	5	31	1229	499	90
苏州工业园区									
常熟市	35	39	87	37	17	33	2008	1063	191
张家港市	16	42	75	39	14	22	1998	1070	224
昆山市	27	25	72	21	17	34	1408	646	112
太仓市	13	34	79	42	10	27	1037	448	92
南通市	**120**	**175**	**414**	**286**	**60**	**68**	**19690**	**10485**	**834**
崇川区									
港闸区	2						60	31	18
通州区	14	36	47	33	8	6	3581	1876	167
如东县	24	23	98	73	9	16	2468	1334	109
南通经济技术开发区									
通州湾示范区	1	1	9	3	5	1	373	157	12
苏锡通科技产业园区	12	7	7	3		4	312	206	3
启东市	14	55	110	86	19	5	3836	2318	117
如皋市	19	30	56	38	8	10	3831	2157	231
海门市	18	11	38	22	4	12	2270	1224	94
海安市	16	12	49	28	7	14	2959	1182	83
连云港市	**166**	**66**	**164**	**117**	**17**	**30**	**9662**	**6614**	**362**
连云区	1		5	5			16	6	6

4-4c　续表 44　　　　单位：人

地　区 性　别	制造业		电力、热力、燃气及水生产和供应业				建筑业		
	废弃资源综合利用业	金属制品、机械和设备修理业	小计	电力、热力生产和供应业	燃气生产和供应业	水的生产和供应业	小计	房屋建筑业	土木工程建筑业
海州区	3	5	13	6	1	6	613	398	25
赣榆区	64	26	50	36	5	9	4264	3214	123
东海县	73	11	34	19	7	8	2049	1346	96
灌云县	14	8	13	8	2	3	1110	621	49
灌南县	10	9	27	22	2	3	1252	829	31
连云港经济技术开发区	1	2	13	12		1	131	57	14
连云港高新技术产业开发区									
江苏连云港徐圩新区			1	1			3		2
江苏省连云港市云台山风景名胜区		5	8	8			224	143	16
淮安市	**56**	**62**	**182**	**113**	**38**	**31**	**8396**	**5245**	**440**
淮安区	4	17	30	23	4	3	2029	1190	95
淮阴区	5	16	45	26	16	3	2329	1530	99
清江浦区	2	3	12	5	3	4	386	249	54
洪泽区	3	6	15	10	3	2	610	327	35
涟水县	15	13	37	28	3	6	1511	1102	52
盱眙县	9	2	20	8	5	7	720	478	33
金湖县	14	4	22	12	4	6	760	340	65
淮安经济技术开发区									
工业园区	4	1	1	1			46	26	6
生态文旅区									
苏淮高新区							5	3	1
盐城市	**141**	**181**	**434**	**328**	**34**	**72**	**13806**	**6372**	**735**
亭湖区	11	7	20	17		3	854	455	40
盐都区	58	24	31	21	2	8	2026	889	82
大丰区	18	21	116	87	7	22	1514	668	116
响水县	4	15	22	13	5	4	830	566	41
滨海县	7	7	50	41	3	6	1283	872	77
阜宁县	15	20	41	36	1	4	1595	629	107
射阳县	10	38	69	50	10	9	1892	1159	87
建湖县	5	14	26	21	3	2	1250	620	78
盐城经济技术开发区		1	8	7		1	273	94	13
江苏省盐南高新区									
东台市	13	34	51	35	3	13	2289	420	94
扬州市	**77**	**152**	**286**	**200**	**41**	**45**	**13566**	**5220**	**655**
广陵区	6	36	21	12	6	3	446	142	146
邗江区	14	1	19	14	3	2	902	420	31
江都区	9	54	68	45	8	15	3164	1619	157
宝应县	7	18	72	51	11	10	3924	912	89
扬州经济技术开发区		1	2	1	1		71	38	5
蜀冈瘦西湖景区									
生态新城	8	1					66	21	1
仪征市	16	19	32	24	4	4	2123	1065	121
高邮市	17	22	72	53	8	11	2870	1003	105
镇江市	**55**	**45**	**184**	**136**	**20**	**28**	**4358**	**2163**	**321**
京口区	1	1	3	1	1	1	19	6	2
润州区							10	10	
丹徒区	3	7	21	14	5	2	525	285	35
镇江新区	2	3	6	5		1	104	27	44
江苏镇江高新区									
丹阳市	19	11	41	22	8	11	952	357	68
扬中市	12	16	53	46	2	5	409	188	20
句容市	18	7	60	48	4	8	2339	1290	152

4-4c 续表 45

单位：人

地 区 性 别	制造业		电力、热力、燃气及水生产和供应业				建筑业		
	废弃资源综合利用业	金属制品、机械和设备修理业	小计	电力、热力生产和供应业	燃气生产和供应业	水的生产和供应业	小计	房屋建筑业	土木工程建筑业
泰州市	**45**	**108**	**206**	**111**	**44**	**51**	**10975**	**4469**	**662**
海陵区	8	2	12	9	3		386	122	22
高港区		1	11	5	3	3	957	339	105
姜堰区	6	20	36	19	8	9	2567	1184	87
泰州医药高新技术产业开发区		4	2	1		1	132	76	11
兴化市	24	13	54	35	7	12	2531	1024	123
靖江市	5	56	37	22	5	10	977	348	63
泰兴市	2	12	54	20	18	16	3425	1376	251
宿迁市	**90**	**77**	**201**	**128**	**30**	**43**	**8825**	**5488**	**696**
宿城区	33	4	43	31	7	5	1543	889	94
宿豫区	2	3	9	4	3	2	824	564	35
沭阳县	15	29	60	37	11	12	2919	1655	423
泗阳县	7	13	31	22	3	6	1260	815	55
泗洪县	10	9	29	12	3	14	1338	942	48
宿迁经济技术开发区	16	5	5	4		1	261	166	17
宿迁市湖滨新区	3	8	14	10	1	3	441	290	22
苏州宿迁工业园区									
宿迁市洋河新区	4	6	10	8	2		239	167	2
女	**601**	**215**	**844**	**450**	**169**	**225**	**17706**	**9432**	**1393**
南京市	**26**	**15**	**87**	**42**	**25**	**20**	**1203**	**688**	**174**
玄武区									
秦淮区									
建邺区									
鼓楼区									
浦口区	2	1	5	2	2	1	51	23	13
栖霞区	1		11	4	7		39	13	14
雨花台区									
江宁区	7	6	27	17	2	8	365	159	104
六合区	13	5	19	6	7	6	388	228	21
溧水区	1	2	12	6	4	2	152	123	5
高淳区	2	1	7	4	2	1	184	138	11
南京江北新区			6	3	1	2	24	4	6
无锡市	**73**	**24**	**70**	**38**	**8**	**24**	**495**	**230**	**49**
锡山区	2		5	2	2	1	48	14	8
惠山区	2	3	14	5	2	7	94	36	11
滨湖区	1	4	4	2	1	1	23	17	1
梁溪区									
新吴区	2	2	4	3		1	30	17	2
江苏无锡经济开发区									
江阴市	42	10	22	17	2	3	146	70	7
宜兴市	24	5	21	9	1	11	154	76	20
徐州市	**43**	**10**	**48**	**29**	**8**	**11**	**1882**	**1160**	**61**
鼓楼区									
云龙区									
贾汪区	2	2	3	2	1		72	53	2
泉山区									
铜山区	9	2	24	14	1	9	479	330	19
丰县	5		3		3		414	181	5
沛县	7		7	6	1		234	168	7
睢宁县	10		2	2			238	119	4
徐州经济技术开发区			1	1			81	63	15
新沂市	2	3	4	3		1	182	120	5
邳州市	8	3	4	1	2	1	182	126	4

4-4c 续表 46

单位：人

地区 性别	制造业		电力、热力、燃气及水生产和供应业				建筑业		
	废弃资源综合利用业	金属制品、机械和设备修理业	小计	电力、热力生产和供应业	燃气生产和供应业	水的生产和供应业	小计	房屋建筑业	土木工程建筑业
常州市	**73**	**15**	**80**	**33**	**25**	**22**	**1033**	**423**	**228**
天宁区	8	1	8	3	3	2	34	13	3
钟楼区	1						16	3	4
新北区	19	1	6	3	1	2	61	22	4
武进区	16	3	28	11	8	9	351	95	171
金坛区	7	5	10	4	2	4	193	98	29
江苏省常州市经济开发区	8	3	11	5	5	1	76	26	3
溧阳市	14	2	17	7	6	4	302	166	14
苏州市	**80**	**35**	**107**	**42**	**24**	**41**	**1454**	**718**	**128**
虎丘区	4		1			1	71	32	6
吴中区	27	7	12	3	4	5	233	113	24
相城区	8		7	3		4	40	28	2
姑苏区									
吴江区	7	4	18	8	2	8	147	67	18
苏州工业园区									
常熟市	15	5	20	12	4	4	218	117	27
张家港市	7	5	16	6	6	4	225	117	21
昆山市	5	8	18	3	5	10	305	152	18
太仓市	7	6	15	7	3	5	215	92	12
南通市	**42**	**22**	**88**	**42**	**26**	**20**	**1418**	**706**	**70**
崇川区									
港闸区	1						13	7	1
通州区	7	5	9	3	3	3	257	127	13
如东县	6	1	15	8	6	1	139	65	14
南通经济技术开发区									
通州湾示范区		1	6	2	2	2	15	5	2
苏锡通科技产业园区	6		3		1	2	53	44	
启东市	9	6	26	18	4	4	130	68	9
如皋市	4	4	10	3	3	4	332	173	14
海门市	5	5	6	3	1	2	145	83	7
海安市	4		13	5	6	2	334	134	10
连云港市	**91**	**7**	**30**	**16**	**5**	**9**	**1023**	**655**	**29**
连云区			2	2			2	1	1
海州区		1	4	4			84	52	3
赣榆区	67	4	5	3	1	1	390	259	6
东海县	17	1	8	2	2	4	233	137	8
灌云县			6	2	1	3	112	68	6
灌南县	6		3	2		1	146	100	1
连云港经济技术开发区	1		1	1			25	13	4
连云港高新技术产业开发区									
江苏连云港徐圩新区									
江苏省连云港市云台山风景名胜区		1	1		1		31	25	
淮安市	**17**	**14**	**24**	**8**	**10**	**6**	**1002**	**712**	**32**
淮安区		8	4	2	2		221	165	9
淮阴区	1	2	5	1	3	1	254	182	5
清江浦区			1	1			59	49	3
洪泽区	4		3	1	1	1	66	38	2
涟水县	1	3	3		1	2	185	141	5
盱眙县	2		4	2	1	1	104	68	3
金湖县	8	1	4	1	2	1	98	60	5
淮安经济技术开发区									
工业园区	1						13	9	

4-4c 续表 47

单位：人

地区 性别	制造业		电力、热力、燃气及水生产和供应业				建筑业		
	废弃资源综合利用业	金属制品、机械和设备修理业	小计	电力、热力生产和供应业	燃气生产和供应业	水的生产和供应业	小计	房屋建筑业	土木工程建筑业
生态文旅区									
苏淮高新区							2		
盐城市	**52**	**12**	**82**	**56**	**9**	**17**	**2071**	**1156**	**64**
亭湖区	4		5	2		3	96	68	7
盐都区	25	2	1		1		419	196	6
大丰区	3	1	22	16	2	4	271	143	10
响水县		2					169	144	5
滨海县	2		18	14		4	175	123	7
阜宁县	7	3	9	8	1		163	77	5
射阳县	3	2	15	10	4	1	319	238	8
建湖县	3	1	3	1		2	151	93	6
盐城经济技术开发区			4	4			24	12	1
江苏省盐南高新区									
东台市	5	1	5	1	1	3	284	62	9
扬州市	**26**	**17**	**53**	**31**	**9**	**13**	**1671**	**669**	**84**
广陵区	5	11	4	3		1	69	14	32
邗江区	3	1	2	1	1		175	86	4
江都区	6	4	19	7	4	8	406	193	19
宝应县	1		9	6	2	1	442	134	7
扬州经济技术开发区			1	1			15	8	2
蜀冈瘦西湖景区									
生态新城	5						11	6	
仪征市	4		10	9	1		268	128	12
高邮市	2	1	8	4	1	3	285	100	8
镇江市	**32**	**13**	**85**	**67**	**7**	**11**	**571**	**245**	**57**
京口区	2		1	1			3		
润州区							1	1	
丹徒区	1	3	12	7	2	3	77	38	8
镇江新区	1	1					16	5	8
江苏镇江高新区									
丹阳市	13	2	6	2	1	3	158	60	8
扬中市	4	6	31	27	2	2	97	44	4
句容市	11	1	35	30	2	3	219	97	29
泰州市	**24**	**19**	**57**	**28**	**7**	**22**	**2222**	**1123**	**82**
海陵区	5	1	3	2	1		44	15	4
高港区			7	2	2	3	165	72	8
姜堰区	1	2	8	4		4	424	240	11
泰州医药高新技术产业开发区			2	1		1	17	9	1
兴化市	15	3	4	1		3	645	311	16
靖江市	1	11	14	10	1	3	178	78	15
泰兴市	2	2	19	8	3	8	749	398	27
宿迁市	**22**	**12**	**33**	**18**	**6**	**9**	**1661**	**947**	**335**
宿城区	8		9	9			151	94	5
宿豫区	2	1	2		1	1	85	60	
沭阳县	4	7	3		2	1	891	430	310
泗阳县	2	2	6	2	1	3	172	116	4
泗洪县	1	1	3		1	2	228	151	8
宿迁经济技术开发区	2		6	6			25	13	2
宿迁市湖滨新区	1		3	1		2	78	63	6
苏州宿迁工业园区									
宿迁市洋河新区	2	1	1		1		31	20	

4-4c 续表 48

单位：人

地区 性别	建筑业		批发和零售业			交通运输、仓储和邮政业			
	建筑安装业	建筑装饰、装修和其他建筑业	小计	批发业	零售业	小计	铁路运输业	道路运输业	水上运输业
江　苏	**10521**	**54239**	**116575**	**49603**	**66972**	**37082**	**260**	**25049**	**1325**
南京市	**796**	**3457**	**5968**	**1887**	**4081**	**3244**	**49**	**2017**	**145**
玄武区									
秦淮区									
建邺区									
鼓楼区									
浦口区	25	176	335	125	210	200	5	162	2
栖霞区	24	96	350	75	275	196	4	136	7
雨花台区									
江宁区	191	826	2079	817	1262	1347	12	784	14
六合区	189	1408	1503	383	1120	765	11	526	21
溧水区	90	305	710	221	489	322	7	216	16
高淳区	240	597	874	224	650	345	9	167	81
南京江北新区	37	49	117	42	75	69	1	26	4
无锡市	**440**	**2381**	**6379**	**2393**	**3986**	**2512**	**28**	**1756**	**25**
锡山区	23	312	672	239	433	238	1	165	
惠山区	76	265	1136	489	647	602	14	485	2
滨湖区	9	37	175	60	115	64		53	
梁溪区									
新吴区	14	82	466	142	324	248		140	1
江苏无锡经济开发区									
江阴市	140	846	2286	885	1401	811	3	527	12
宜兴市	178	839	1644	578	1066	549	10	386	10
徐州市	**1045**	**4872**	**18950**	**10717**	**8233**	**4766**	**35**	**3548**	**86**
鼓楼区									
云龙区									
贾汪区	38	198	665	229	436	349	3	286	5
泉山区									
铜山区	324	1030	7022	4477	2545	1293	13	896	11
丰县	92	700	3413	2197	1216	550	4	407	17
沛县	200	939	1101	267	834	564	1	482	10
睢宁县	104	1034	2492	1511	981	709	1	470	7
徐州经济技术开发区	19	62	213	70	143	130	1	116	
新沂市	174	462	1880	1061	819	705	5	547	14
邳州市	94	447	2164	905	1259	466	7	344	22
常州市	**1157**	**2615**	**8564**	**3812**	**4752**	**2108**	**20**	**1550**	**46**
天宁区	16	86	392	214	178	76		53	
钟楼区	13	66	343	179	164	267	3	241	
新北区	39	182	872	267	605	216	3	149	4
武进区	115	540	2535	1336	1199	587	7	410	7
金坛区	59	666	1376	537	839	229	2	163	18
江苏省常州市经济开发区	49	171	735	283	452	287	2	211	4
溧阳市	866	904	2311	996	1315	446	3	323	13
苏州市	**847**	**3960**	**14523**	**6140**	**8383**	**5209**	**17**	**3496**	**79**
虎丘区	33	234	435	145	290	241		164	1
吴中区	91	661	2722	1152	1570	658	3	446	5
相城区	12	62	370	190	180	274		159	
姑苏区									
吴江区	177	525	2149	1026	1123	540	4	400	4
苏州工业园区									
常熟市	172	656	2260	808	1452	824	2	568	19

4-4c 续表 49

单位：人

地区 性别	建筑业		批发和零售业			交通运输、仓储和邮政业			
	建筑安装业	建筑装饰、装修和其他建筑业	小计	批发业	零售业	小计	铁路运输业	道路运输业	水上运输业
张家港市	165	626	2288	998	1290	789		553	17
昆山市	122	663	2386	1047	1339	1102	4	720	5
太仓市	75	533	1913	774	1139	781	4	486	28
南通市	**1531**	**7482**	**11058**	**3917**	**7141**	**2816**	**25**	**1691**	**149**
崇川区									
港闸区	2	14	8	2	6	1		1	
通州区	426	1229	2058	814	1244	409	11	243	18
如东县	213	872	1299	415	884	510	4	346	38
南通经济技术开发区									
通州湾示范区	20	192	160	59	101	55	1	35	1
苏锡通科技产业园区	17	95	459	94	365	205		94	
启东市	350	1104	1731	478	1253	461	1	248	14
如皋市	304	1284	2413	895	1518	608	6	382	37
海门市	104	903	1552	652	900	230		127	7
海安市	95	1789	1378	508	870	337	2	215	34
连云港市	**513**	**2512**	**5784**	**1493**	**4291**	**2850**	**18**	**2091**	**74**
连云区	2	2	9	1	8	10		6	2
海州区	29	190	314	51	263	260	2	200	5
赣榆区	148	904	1459	341	1118	1024	8	807	40
东海县	127	568	2332	789	1543	693		488	6
灌云县	86	392	527	130	397	291		211	8
灌南县	75	362	926	127	799	383	3	256	7
连云港经济技术开发区	28	40	88	24	64	71	5	46	3
连云港高新技术产业开发区									
江苏连云港徐圩新区		1	2		2				
江苏省连云港市云台山风景名胜区	18	53	127	30	97	118		77	3
淮安市	**436**	**2533**	**4099**	**1480**	**2619**	**1710**	**8**	**1166**	**47**
淮安区	138	653	942	284	658	439	4	249	32
淮阴区	87	680	593	196	397	324	1	255	3
清江浦区	26	64	239	81	158	116		89	
洪泽区	38	236	530	299	231	126		75	2
涟水县	59	337	817	317	500	283		196	7
盱眙县	46	196	503	134	369	263	2	196	1
金湖县	35	353	436	154	282	147	1	98	2
淮安经济技术开发区									
工业园区	5	13	32	11	21	10		8	
生态文旅区									
苏淮高新区	2	1	7	4	3	2			
盐城市	**1138**	**6412**	**11873**	**6154**	**5719**	**3408**	**23**	**2295**	**164**
亭湖区	93	287	741	448	293	166		109	7
盐都区	308	964	1510	713	797	395	2	228	41
大丰区	108	740	2011	1390	621	493	6	334	9
响水县	54	189	546	276	270	221	2	130	6
滨海县	53	326	595	184	411	391		290	10
阜宁县	142	798	1874	1228	646	443	5	292	12
射阳县	127	592	2218	920	1298	455	1	313	10
建湖县	112	492	613	202	411	268	4	191	14
盐城经济技术开发区	56	121	365	224	141	28		18	
江苏省盐南高新区									
东台市	85	1903	1400	569	831	548	3	390	55
扬州市	**1081**	**7528**	**7445**	**2599**	**4846**	**2079**	**13**	**1371**	**84**
广陵区	45	136	506	160	346	134		85	6

4-4c　续表 50

单位：人

地区 性别	建筑业		批发和零售业			交通运输、仓储和邮政业			
	建筑安装业	建筑装饰、装修和其他建筑业	小计	批发业	零售业	小计	铁路运输业	道路运输业	水上运输业
邗江区	74	462	492	141	351	119		92	2
江都区	537	1045	1796	642	1154	470	5	284	22
宝应县	97	3127	1825	630	1195	560	4	354	26
扬州经济技术开发区	2	31	83	31	52	19		12	2
蜀冈瘦西湖景区									
生态新城	31	18	186	29	157	29		17	1
仪征市	125	940	924	338	586	270	2	201	5
高邮市	170	1769	1633	628	1005	478	2	326	20
镇江市	**291**	**1852**	**3918**	**1881**	**2037**	**1190**	**11**	**789**	**24**
京口区	6	8	36	7	29	24		16	2
润州区			30	30					
丹徒区	26	210	487	205	282	173	3	118	9
镇江新区	7	29	205	74	131	54	1	36	5
江苏镇江高新区									
丹阳市	40	577	971	407	564	273	3	184	
扬中市	110	140	629	248	381	144	1	96	2
句容市	102	888	1560	910	650	522	3	339	6
泰州市	**814**	**6047**	**8441**	**3725**	**4716**	**2719**	**6**	**1536**	**337**
海陵区	27	240	341	107	234	95		55	5
高港区	72	526	398	118	280	133	1	73	2
姜堰区	167	1302	1125	364	761	512	1	279	144
泰州医药高新技术产业开发区	7	45	92	21	71	25		18	
兴化市	118	1584	3194	1828	1366	973	2	518	130
靖江市	109	542	1035	365	670	457		234	44
泰兴市	314	1808	2256	922	1334	524	2	359	12
宿迁市	**432**	**2588**	**9573**	**3405**	**6168**	**2471**	**7**	**1743**	**65**
宿城区	58	554	813	229	584	360	1	257	12
宿豫区	34	216	355	112	243	152		97	9
沭阳县	176	816	4282	1281	3001	1043	1	822	18
泗阳县	64	378	1043	212	831	290	3	200	6
泗洪县	48	369	2513	1446	1067	334	1	182	2
宿迁经济技术开发区	22	66	212	48	164	110	1	60	
宿迁市湖滨新区	20	118	183	54	129	103		69	18
苏州宿迁工业园区									
宿迁市洋河新区	10	71	172	23	149	79		56	
男	**9750**	**48129**	**59799**	**28577**	**31222**	**31285**	**179**	**22215**	**1010**
南京市	**743**	**3169**	**3230**	**1249**	**1981**	**2686**	**31**	**1764**	**120**
玄武区									
秦淮区									
建邺区									
鼓楼区									
浦口区	24	162	176	82	94	165	3	138	1
栖霞区	21	87	171	44	127	167	4	123	4
雨花台区									
江宁区	172	743	1159	538	621	1065	7	666	11
六合区	178	1280	786	245	541	674	8	472	20
溧水区	83	288	395	158	237	276	3	194	15
高淳区	231	571	487	155	332	283	5	149	65
南京江北新区	34	38	56	27	29	56	1	22	4
无锡市	**415**	**2190**	**3311**	**1490**	**1821**	**2126**	**21**	**1538**	**19**
锡山区	19	290	327	129	198	201	1	147	

4-4c 续表 51　　　　单位：人

地区 性别	建筑业		批发和零售业			交通运输、仓储和邮政业			
	建筑安装业	建筑装饰、装修和其他建筑业	小计	批发业	零售业	小计	铁路运输业	道路运输业	水上运输业
惠山区	72	222	623	318	305	524	12	428	2
滨湖区	8	33	90	36	54	54		45	
梁溪区									
新吴区	13	72	251	90	161	189		109	1
江苏无锡经济开发区									
江阴市	132	785	1158	539	619	704	3	480	9
宜兴市	171	788	862	378	484	454	5	329	7
徐州市	**986**	**4270**	**9210**	**5571**	**3639**	**4145**	**22**	**3262**	**75**
鼓楼区									
云龙区									
贾汪区	37	182	393	163	230	326	3	274	4
泉山区									
铜山区	306	918	2906	1959	947	1103	6	840	9
丰县	80	484	1653	1160	493	407	2	309	14
沛县	195	885	561	177	384	516		455	9
睢宁县	95	928	1339	852	487	626	1	443	7
徐州经济技术开发区	18	60	99	45	54	121		110	
新沂市	164	415	1024	612	412	636	4	516	14
邳州市	91	398	1235	603	632	410	6	315	18
常州市	**1058**	**2332**	**4454**	**2257**	**2197**	**1769**	**12**	**1353**	**32**
天宁区	12	72	185	102	83	64		47	
钟楼区	12	58	190	111	79	213	1	195	
新北区	33	153	447	158	289	176	2	126	4
武进区	94	476	1261	762	499	489	4	360	5
金坛区	55	604	789	344	445	197	1	147	12
江苏省常州市经济开发区	36	137	386	168	218	243	2	180	1
溧阳市	816	832	1196	612	584	387	2	298	10
苏州市	**754**	**3445**	**7901**	**3774**	**4127**	**4395**	**12**	**3030**	**62**
虎丘区	30	204	231	89	142	209		148	
吴中区	81	575	1463	658	805	560	2	383	4
相城区	11	53	212	116	96	224		138	
姑苏区									
吴江区	159	481	1228	689	539	463	2	346	3
苏州工业园区									
常熟市	160	594	1182	473	709	721	2	513	12
张家港市	145	559	1204	602	602	671		485	13
昆山市	100	550	1360	671	689	890	2	597	4
太仓市	68	429	1021	476	545	657	4	420	26
南通市	**1459**	**6912**	**5112**	**2074**	**3038**	**2351**	**10**	**1510**	**129**
崇川区									
港闸区	2	9	3	1	2	1		1	
通州区	415	1123	817	360	457	331	4	209	16
如东县	204	821	640	243	397	439	2	308	36
南通经济技术开发区									
通州湾示范区	19	185	78	30	48	44		32	1
苏锡通科技产业园区	16	87	227	61	166	167		83	
启东市	331	1070	897	284	613	394	1	229	14
如皋市	283	1160	1185	521	664	521	3	352	29
海门市	102	850	666	311	355	182		113	6
海安市	87	1607	599	263	336	272		183	27
连云港市	**476**	**2210**	**2664**	**835**	**1829**	**2478**	**16**	**1894**	**65**
连云区	2	2	4	1	3	7		4	2

4-4c　续表 52

单位：人

地区 性别	建筑业		批发和零售业			交通运输、仓储和邮政业			
	建筑安装业	建筑装饰、装修和其他建筑业	小计	批发业	零售业	小计	铁路运输业	道路运输业	水上运输业
海州区	28	162	161	32	129	233	2	185	5
赣榆区	138	789	717	216	501	910	7	754	36
东海县	117	490	991	390	601	586		431	6
灌云县	83	357	279	88	191	254		191	6
灌南县	67	325	432	82	350	319	3	216	4
连云港经济技术开发区	23	37	37	14	23	56	4	38	3
连云港高新技术产业开发区									
江苏连云港徐圩新区		1	1		1				
江苏省连云港市云台山风景名胜区	18	47	42	12	30	113		75	3
淮安市	**414**	**2297**	**2221**	**938**	**1283**	**1503**	**8**	**1069**	**40**
淮安区	132	612	505	204	301	379	4	229	27
淮阴区	86	614	331	132	199	297	1	239	3
清江浦区	25	58	115	47	68	103		80	
洪泽区	36	212	293	177	116	110		71	1
涟水县	54	303	437	176	261	241		175	6
盱眙县	44	165	279	94	185	226	2	175	1
金湖县	33	322	247	101	146	137	1	92	2
淮安经济技术开发区									
工业园区	3	11	11	5	6	9		8	
生态文旅区									
苏淮高新区	1		3	2	1	1			
盐城市	**1030**	**5669**	**6452**	**3533**	**2919**	**2877**	**18**	**2036**	**116**
亭湖区	89	270	406	255	151	150		104	7
盐都区	247	808	865	442	423	325	1	198	30
大丰区	103	627	1051	764	287	406	5	288	7
响水县	49	174	300	163	137	189	2	116	6
滨海县	50	284	356	130	226	319		252	6
阜宁县	135	724	985	641	344	385	4	268	7
射阳县	122	524	1181	541	640	391	1	277	7
建湖县	102	450	351	124	227	242	3	181	11
盐城经济技术开发区	53	113	182	117	65	21		16	
江苏省盐南高新区									
东台市	80	1695	775	356	419	449	2	336	35
扬州市	**999**	**6692**	**3767**	**1586**	**2181**	**1723**	**7**	**1215**	**64**
广陵区	38	120	265	95	170	111		77	4
邗江区	70	381	235	87	148	99		80	1
江都区	505	883	895	388	507	377	2	249	15
宝应县	86	2837	949	402	547	469	3	315	19
扬州经济技术开发区	2	26	43	17	26	15		10	2
蜀冈瘦西湖景区									
生态新城	29	15	86	15	71	28		16	1
仪征市	114	823	494	201	293	219	1	169	5
高邮市	155	1607	800	381	419	405	1	299	17
镇江市	**262**	**1612**	**2130**	**1170**	**960**	**989**	**11**	**686**	**20**
京口区	4	7	20	5	15	19		11	2
润州区			15	15					
丹徒区	25	180	265	120	145	144	3	100	8
镇江新区	6	27	105	46	59	46	1	32	4
江苏镇江高新区									
丹阳市	37	490	519	245	274	241	3	166	
扬中市	92	109	327	161	166	119	1	81	2
句容市	98	799	879	578	301	420	3	296	4

4-4c 续表 53　　　　单位：人

地区 性别	建筑业		批发和零售业			交通运输、仓储和邮政业			
	建筑安装业	建筑装饰、装修和其他建筑业	小计	批发业	零售业	小计	铁路运输业	道路运输业	水上运输业
泰州市	**759**	**5085**	**4353**	**2154**	**2199**	**2171**	**5**	**1324**	**219**
海陵区	26	216	158	66	92	76		49	4
高港区	64	449	202	70	132	103	1	60	1
姜堰区	156	1140	567	217	350	399	1	251	87
泰州医药高新技术产业开发区	7	38	46	10	36	21		15	
兴化市	111	1273	1803	1113	690	750	2	420	80
靖江市	104	462	508	219	289	392		212	37
泰兴市	291	1507	1069	459	610	430	1	317	10
宿迁市	**395**	**2246**	**4994**	**1946**	**3048**	**2072**	**6**	**1534**	**49**
宿城区	55	505	416	158	258	322	1	236	9
宿豫区	32	193	208	72	136	137		92	7
沭阳县	159	682	2313	732	1581	862	1	700	14
泗阳县	55	335	520	120	400	257	2	186	3
泗洪县	47	301	1266	785	481	251	1	155	2
宿迁经济技术开发区	20	58	101	25	76	91	1	54	
宿迁市湖滨新区	18	111	87	40	47	85		61	14
苏州宿迁工业园区									
宿迁市洋河新区	9	61	83	14	69	67		50	
女	**771**	**6110**	**56776**	**21026**	**35750**	**5797**	**81**	**2834**	**315**
南京市	**53**	**288**	**2738**	**638**	**2100**	**558**	**18**	**253**	**25**
玄武区									
秦淮区									
建邺区									
鼓楼区									
浦口区	1	14	159	43	116	35	2	24	1
栖霞区	3	9	179	31	148	29		13	3
雨花台区									
江宁区	19	83	920	279	641	282	5	118	3
六合区	11	128	717	138	579	91	3	54	1
溧水区	7	17	315	63	252	46	4	22	1
高淳区	9	26	387	69	318	62	4	18	16
南京江北新区	3	11	61	15	46	13		4	
无锡市	**25**	**191**	**3068**	**903**	**2165**	**386**	**7**	**218**	**6**
锡山区	4	22	345	110	235	37		18	
惠山区	4	43	513	171	342	78	2	57	
滨湖区	1	4	85	24	61	10		8	
梁溪区									
新吴区	1	10	215	52	163	59		31	
江苏无锡经济开发区									
江阴市	8	61	1128	346	782	107		47	3
宜兴市	7	51	782	200	582	95	5	57	3
徐州市	**59**	**602**	**9740**	**5146**	**4594**	**621**	**13**	**286**	**11**
鼓楼区									
云龙区									
贾汪区	1	16	272	66	206	23		12	1
泉山区									
铜山区	18	112	4116	2518	1598	190	7	56	2
丰县	12	216	1760	1037	723	143	2	98	3
沛县	5	54	540	90	450	48	1	27	1
睢宁县	9	106	1153	659	494	83		27	
徐州经济技术开发区	1	2	114	25	89	9	1	6	
新沂市	10	47	856	449	407	69	1	31	
邳州市	3	49	929	302	627	56	1	29	4

4-4c 续表 54

单位：人

地区 性别	建筑业		批发和零售业			交通运输、仓储和邮政业			
	建筑安装业	建筑装饰、装修和其他建筑业	小计	批发业	零售业	小计	铁路运输业	道路运输业	水上运输业
常州市	**99**	**283**	**4110**	**1555**	**2555**	**339**	**8**	**197**	**14**
天宁区	4	14	207	112	95	12		6	
钟楼区	1	8	153	68	85	54	2	46	
新北区	6	29	425	109	316	40	1	23	
武进区	21	64	1274	574	700	98	3	50	2
金坛区	4	62	587	193	394	32	1	16	6
江苏省常州市经济开发区	13	34	349	115	234	44		31	3
溧阳市	50	72	1115	384	731	59	1	25	3
苏州市	**93**	**515**	**6622**	**2366**	**4256**	**814**	**5**	**466**	**17**
虎丘区	3	30	204	56	148	32		16	1
吴中区	10	86	1259	494	765	98	1	63	1
相城区	1	9	158	74	84	50		21	
姑苏区									
吴江区	18	44	921	337	584	77	2	54	1
苏州工业园区									
常熟市	12	62	1078	335	743	103		55	7
张家港市	20	67	1084	396	688	118		68	4
昆山市	22	113	1026	376	650	212	2	123	1
太仓市	7	104	892	298	594	124		66	2
南通市	**72**	**570**	**5946**	**1843**	**4103**	**465**	**15**	**181**	**20**
崇川区									
港闸区		5	5	1	4				
通州区	11	106	1241	454	787	78	7	34	2
如东县	9	51	659	172	487	71	2	38	2
南通经济技术开发区									
通州湾示范区	1	7	82	29	53	11	1	3	
苏锡通科技产业园区	1	8	232	33	199	38		11	
启东市	19	34	834	194	640	67		19	
如皋市	21	124	1228	374	854	87	3	30	8
海门市	2	53	886	341	545	48		14	1
海安市	8	182	779	245	534	65	2	32	7
连云港市	**37**	**302**	**3120**	**658**	**2462**	**372**	**2**	**197**	**9**
连云区			5		5	3		2	
海州区	1	28	153	19	134	27		15	
赣榆区	10	115	742	125	617	114	1	53	4
东海县	10	78	1341	399	942	107		57	
灌云县	3	35	248	42	206	37		20	2
灌南县	8	37	494	45	449	64		40	3
连云港经济技术开发区	5	3	51	10	41	15	1	8	
连云港高新技术产业开发区									
江苏连云港徐圩新区			1		1				
江苏省连云港市云台山风景名胜区		6	85	18	67	5		2	
淮安市	**22**	**236**	**1878**	**542**	**1336**	**207**		**97**	**7**
淮安区	6	41	437	80	357	60		20	5
淮阴区	1	66	262	64	198	27		16	
清江浦区	1	6	124	34	90	13		9	
洪泽区	2	24	237	122	115	16		4	1
涟水县	5	34	380	141	239	42		21	1
盱眙县	2	31	224	40	184	37		21	
金湖县	2	31	189	53	136	10		6	
淮安经济技术开发区									
工业园区	2	2	21	6	15	1			

4-4c 续表 55　　　　单位：人

地区 性别	建筑业		批发和零售业			交通运输、仓储和邮政业			
	建筑安装业	建筑装饰、装修和其他建筑业	小计	批发业	零售业	小计	铁路运输业	道路运输业	水上运输业
生态文旅区									
苏淮高新区	1	1	4	2	2	1			
盐城市	**108**	**743**	**5421**	**2621**	**2800**	**531**	**5**	**259**	**48**
亭湖区	4	17	335	193	142	16		5	
盐都区	61	156	645	271	374	70	1	30	11
大丰区	5	113	960	626	334	87	1	46	2
响水县	5	15	246	113	133	32		14	
滨海县	3	42	239	54	185	72		38	4
阜宁县	7	74	889	587	302	58	1	24	5
射阳县	5	68	1037	379	658	64		36	3
建湖县	10	42	262	78	184	26	1	10	3
盐城经济技术开发区	3	8	183	107	76	7		2	
江苏省盐南高新区									
东台市	5	208	625	213	412	99	1	54	20
扬州市	**82**	**836**	**3678**	**1013**	**2665**	**356**	**6**	**156**	**20**
广陵区	7	16	241	65	176	23		8	2
邗江区	4	81	257	54	203	20		12	1
江都区	32	162	901	254	647	93	3	35	7
宝应县	11	290	876	228	648	91	1	39	7
扬州经济技术开发区		5	40	14	26	4		2	
蜀冈瘦西湖景区									
生态新城	2	3	100	14	86	1		1	
仪征市	11	117	430	137	293	51	1	32	
高邮市	15	162	833	247	586	73	1	27	3
镇江市	**29**	**240**	**1788**	**711**	**1077**	**201**		**103**	**4**
京口区	2	1	16	2	14	5		5	
润州区			15	15					
丹徒区	1	30	222	85	137	29		18	1
镇江新区	1	2	100	28	72	8		4	1
江苏镇江高新区									
丹阳市	3	87	452	162	290	32		18	
扬中市	18	31	302	87	215	25		15	
句容市	4	89	681	332	349	102		43	2
泰州市	**55**	**962**	**4088**	**1571**	**2517**	**548**	**1**	**212**	**118**
海陵区	1	24	183	41	142	19		6	1
高港区	8	77	196	48	148	30		13	1
姜堰区	11	162	558	147	411	113		28	57
泰州医药高新技术产业开发区		7	46	11	35	4		3	
兴化市	7	311	1391	715	676	223		98	50
靖江市	5	80	527	146	381	65		22	7
泰兴市	23	301	1187	463	724	94	1	42	2
宿迁市	**37**	**342**	**4579**	**1459**	**3120**	**399**	**1**	**209**	**16**
宿城区	3	49	397	71	326	38		21	3
宿豫区	2	23	147	40	107	15		5	2
沭阳县	17	134	1969	549	1420	181		122	4
泗阳县	9	43	523	92	431	33	1	14	3
泗洪县	1	68	1247	661	586	83		27	
宿迁经济技术开发区	2	8	111	23	88	19		6	
宿迁市湖滨新区	2	7	96	14	82	18		8	4
苏州宿迁工业园区									
宿迁市洋河新区	1	10	89	9	80	12		6	

4-4c　续表 56

单位：人

地　区 性　别	交通运输、仓储和邮政业					住宿和餐饮业		
	航　空 运输业	管　道 运输业	多式联运 和运输 代理业	装卸搬运 和仓储业	邮政业	小计	住宿业	餐饮业
江　苏	**272**	**20**	**909**	**4031**	**5216**	**26824**	**2007**	**24817**
南京市	**132**	**7**	**100**	**317**	**477**	**2377**	**284**	**2093**
玄武区								
秦淮区								
建邺区								
鼓楼区								
浦口区	1	1	2	12	15	155	35	120
栖霞区	2	3	3	13	28	121	16	105
雨花台区								
江宁区	102	2	43	146	244	784	127	657
六合区	4		18	96	89	742	44	698
溧水区	19		9	21	34	231	19	212
高淳区	4		7	17	60	324	42	282
南京江北新区		1	18	12	7	20	1	19
无锡市	**5**	**1**	**64**	**245**	**388**	**1903**	**193**	**1710**
锡山区			5	41	26	149	10	139
惠山区			14	40	47	328	14	314
滨湖区				2	9	75	8	67
梁溪区								
新吴区	4		4	21	78	280	24	256
江苏无锡经济开发区								
江阴市	1	1	28	86	153	584	43	541
宜兴市			13	55	75	487	94	393
徐州市	**19**	**3**	**90**	**445**	**540**	**2464**	**101**	**2363**
鼓楼区								
云龙区								
贾汪区	1		8	25	21	174	6	168
泉山区								
铜山区	7	1	20	165	180	744	33	711
丰县	2		17	41	62	262	7	255
沛县	2	1	2	25	41	297	5	292
睢宁县	5		18	107	101	298	10	288
徐州经济技术开发区			3	2	8	65	3	62
新沂市	2	1	17	45	74	319	13	306
邳州市			5	35	53	305	24	281
常州市	**14**		**39**	**196**	**243**	**1905**	**241**	**1664**
天宁区				10	13	55	3	52
钟楼区				10	13	90	2	88
新北区	9		6	17	28	153	10	143
武进区	2		13	89	59	474	41	433
金坛区			3	19	24	242	13	229
江苏省常州市经济开发区	1		5	13	51	194	13	181
溧阳市	2		12	38	55	697	159	538
苏州市	**6**	**3**	**185**	**589**	**834**	**3929**	**325**	**3604**
虎丘区			3	37	36	175	25	150
吴中区			33	40	131	1173	115	1058
相城区			1	19	95	183	15	168
姑苏区								
吴江区	1		3	57	71	355	27	328
苏州工业园区								
常熟市			12	95	128	412	35	377

4-4c 续表 57

单位：人

地区 性别	交通运输、仓储和邮政业					住宿和餐饮业		
	航空运输业	管道运输业	多式联运和运输代理业	装卸搬运和仓储业	邮政业	小计	住宿业	餐饮业
张家港市	1	2	38	88	90	469	32	437
昆山市	3	1	59	110	200	754	47	707
太仓市	1		36	143	83	408	29	379
南通市	**10**	**1**	**79**	**347**	**514**	**2073**	**168**	**1905**
崇川区								
港闸区						5		5
通州区	4		18	41	74	299	27	272
如东县	1		11	45	65	360	34	326
南通经济技术开发区								
通州湾示范区	1			6	11	31	9	22
苏锡通科技产业园区			9	10	92	68	9	59
启东市	1	1	7	120	69	355	42	313
如皋市	1		20	56	106	347	14	333
海门市			4	41	51	282	15	267
海安市	2		10	28	46	326	18	308
连云港市	**4**		**59**	**305**	**299**	**1502**	**89**	**1413**
连云区			2					
海州区			3	25	25	118	7	111
赣榆区	2		16	82	69	303	9	294
东海县	1		14	110	74	503	42	461
灌云县			7	34	31	199	10	189
灌南县			9	21	87	295	13	282
连云港经济技术开发区	1		6	7	3	27	5	22
连云港高新技术产业开发区								
江苏连云港徐圩新区						1		1
江苏省连云港市云台山风景名胜区			2	26	10	56	3	53
淮安市	**22**		**34**	**122**	**311**	**1383**	**73**	**1310**
淮安区	1		8	31	114	359	14	345
淮阴区			6	15	44	245	5	240
清江浦区			4	4	19	86	6	80
洪泽区			5	20	24	154	18	136
涟水县	1		7	18	54	228	14	214
盱眙县	1		2	26	35	163	12	151
金湖县	19		1	7	19	133	4	129
淮安经济技术开发区								
工业园区					2	14		14
生态文旅区								
苏淮高新区			1	1		1		1
盐城市	**19**	**1**	**82**	**422**	**402**	**2593**	**143**	**2450**
亭湖区	1		6	26	17	107	8	99
盐都区	2		8	52	62	472	19	453
大丰区	2		20	74	48	393	23	370
响水县	2		3	43	35	155	9	146
滨海县	2		1	47	41	262	9	253
阜宁县	4		12	41	77	394	22	372
射阳县	1		18	61	51	354	29	325
建湖县	3		4	20	32	208	9	199
盐城经济技术开发区			2	5	3	24	2	22
江苏省盐南高新区								
东台市	2	1	8	53	36	224	13	211
扬州市	**30**		**51**	**230**	**300**	**2142**	**164**	**1978**
广陵区	1		4	18	20	131	11	120

4-4c　续表 58　　　　单位：人

地　区 性　别	交通运输、仓储和邮政业					住宿和餐饮业		
	航　空 运输业	管　道 运输业	多式联运 和运输 代理业	装卸搬运 和仓储业	邮政业	小计	住宿业	餐饮业
邗江区			7	9	9	126	13	113
江都区	17		6	60	76	483	57	426
宝应县	3		17	54	102	586	20	566
扬州经济技术开发区				1	4	35	2	33
蜀冈瘦西湖景区								
生态新城				7	4	37		37
仪征市	1		8	19	34	318	29	289
高邮市	8		9	62	51	426	32	394
镇江市	**5**		**43**	**70**	**248**	**930**	**48**	**882**
京口区				6		16		16
润州区								
丹徒区	1		10	9	23	161	3	158
镇江新区	1		1	4	6	43	3	40
江苏镇江高新区								
丹阳市	1		12	18	55	256	12	244
扬中市	1		6	8	30	135	9	126
句容市	1		14	25	134	319	21	298
泰州市	**3**	**1**	**53**	**521**	**262**	**1673**	**86**	**1587**
海陵区			1	20	14	69	5	64
高港区	1		5	17	34	119	7	112
姜堰区			8	50	30	302	21	281
泰州医药高新技术产业开发区				3	4	50	3	47
兴化市	1	1	21	238	62	523	18	505
靖江市	1		6	119	53	243	12	231
泰兴市			12	74	65	367	20	347
宿迁市	**3**	**3**	**30**	**222**	**398**	**1950**	**92**	**1858**
宿城区			5	40	45	290	10	280
宿豫区			3	15	28	121	4	117
沭阳县	2	3	12	71	114	548	32	516
泗阳县			5	14	62	331	16	315
泗洪县	1		2	41	105	412	18	394
宿迁经济技术开发区			2	31	16	64	1	63
宿迁市湖滨新区				5	11	115	7	108
苏州宿迁工业园区								
宿迁市洋河新区			1	5	17	69	4	65
男	**181**	**16**	**714**	**3164**	**3806**	**12670**	**762**	**11908**
南京市	**94**	**4**	**80**	**242**	**351**	**1059**	**100**	**959**
玄武区								
秦淮区								
建邺区								
鼓楼区								
浦口区	1		2	7	13	70	11	59
栖霞区	1	2	2	10	21	55	6	49
雨花台区								
江宁区	76	2	33	102	168	350	48	302
六合区	4		15	84	71	357	14	343
溧水区	11		9	14	30	85	2	83
高淳区	1		6	14	43	137	19	118
南京江北新区			13	11	5	5		5
无锡市	**4**		**51**	**202**	**291**	**871**	**61**	**810**
锡山区			3	32	18	72	4	68

4-4c 续表 59

单位：人

地区 性别	交通运输、仓储和邮政业					住宿和餐饮业		
	航空运输业	管道运输业	多式联运和运输代理业	装卸搬运和仓储业	邮政业	小计	住宿业	餐饮业
惠山区			11	32	39	154	3	151
滨湖区				2	7	33	4	29
梁溪区								
新吴区	3		3	15	58	159	10	149
江苏无锡经济开发区								
江阴市	1		23	72	116	290	15	275
宜兴市			11	49	53	163	25	138
徐州市	**11**	**3**	**82**	**325**	**365**	**1305**	**50**	**1255**
鼓楼区								
云龙区								
贾汪区			8	21	16	111	4	107
泉山区								
铜山区	5	1	19	119	104	352	19	333
丰县	1		16	33	32	133	2	131
沛县	1	1	1	18	31	161	2	159
睢宁县	2		15	78	80	162	4	158
徐州经济技术开发区			3	2	6	31		31
新沂市	2	1	15	30	54	180	6	174
邳州市			5	24	42	175	13	162
常州市	**5**		**32**	**148**	**187**	**804**	**102**	**702**
天宁区				7	10	34	1	33
钟楼区				6	11	47	1	46
新北区	3		5	15	21	69	3	66
武进区	1		10	66	43	214	16	198
金坛区			2	15	20	111	5	106
江苏省常州市经济开发区			5	9	46	104	4	100
溧阳市	1		10	30	36	225	72	153
苏州市	**3**	**3**	**138**	**492**	**655**	**2036**	**133**	**1903**
虎丘区			2	29	30	101	11	90
吴中区			27	33	111	601	53	548
相城区				15	71	85	5	80
姑苏区								
吴江区			1	50	61	189	11	178
苏州工业园区								
常熟市			9	85	100	219	14	205
张家港市		2	29	77	65	252	15	237
昆山市	2	1	45	86	153	383	15	368
太仓市	1		25	117	64	206	9	197
南通市	**6**	**1**	**64**	**284**	**347**	**937**	**57**	**880**
崇川区								
港闸区						1		1
通州区	3		15	33	51	136	12	124
如东县			9	38	46	181	8	173
南通经济技术开发区								
通州湾示范区				5	6	10	2	8
苏锡通科技产业园区			6	9	69	36	5	31
启东市	1	1	7	99	42	170	14	156
如皋市	1		16	44	76	161	4	157
海门市			3	32	28	103	4	99
海安市	1		8	24	29	139	8	131
连云港市	**2**		**43**	**248**	**210**	**674**	**35**	**639**
连云区			1					

4-4c　续表 60　　　　　　　　　　　　　　　　　　　　　　　　　　　　单位：人

地　区 性　别	交通运输、仓储和邮政业					住宿和餐饮业		
	航　空 运输业	管　道 运输业	多式联运 和运输 代理业	装卸搬运 和仓储业	邮政业	小计	住宿业	餐饮业
海州区			2	22	17	67	1	66
赣榆区			13	61	39	150	6	144
东海县	1		7	89	52	190	14	176
灌云县			6	26	25	105	6	99
灌南县			8	20	68	126	6	120
连云港经济技术开发区	1		4	5	1	13	2	11
连云港高新技术产业开发区								
江苏连云港徐圩新区								
江苏省连云港市云台山风景名胜区			2	25	8	23		23
淮安市	**20**		**31**	**103**	**232**	**681**	**25**	**656**
淮安区	1		7	27	84	168	5	163
淮阴区			5	13	36	126	3	123
清江浦区			3	4	16	45	2	43
洪泽区			5	17	16	70	4	66
涟水县	1		7	15	37	123	4	119
盱眙县	1		2	20	25	87	5	82
金湖县	17		1	7	17	55	2	53
淮安经济技术开发区								
工业园区					1	7		7
生态文旅区								
苏淮高新区			1					
盐城市	**13**	**1**	**60**	**332**	**301**	**1216**	**47**	**1169**
亭湖区			3	20	16	52	1	51
盐都区	2		8	40	46	210	6	204
大丰区	2		14	56	34	178	9	169
响水县	1		2	37	25	70	2	68
滨海县	1		1	33	26	130	2	128
阜宁县	2		8	32	64	217	10	207
射阳县	1		15	52	38	156	10	146
建湖县	3		4	16	24	97	4	93
盐城经济技术开发区			1	2	2	12	1	11
江苏省盐南高新区								
东台市	1	1	4	44	26	94	2	92
扬州市	**17**		**40**	**160**	**220**	**1037**	**68**	**969**
广陵区	1		3	10	16	59	5	54
邗江区			5	6	7	77	6	71
江都区	9		5	45	52	202	22	180
宝应县	1		12	41	78	261	7	254
扬州经济技术开发区				1	2	24	2	22
蜀冈瘦西湖景区								
生态新城				7	4	19		19
仪征市	1		7	12	24	171	11	160
高邮市	5		8	38	37	224	15	209
镇江市	**4**		**35**	**60**	**173**	**409**	**19**	**390**
京口区				6		8		8
润州区								
丹徒区	1		7	7	18	70	1	69
镇江新区	1		1	4	3	17	1	16
江苏镇江高新区								
丹阳市	1		10	15	46	138	6	132
扬中市			6	6	23	52	2	50
句容市	1		11	22	83	124	9	115

4-4c 续表 61　　　　单位：人

地区 性别	交通运输、仓储和邮政业					住宿和餐饮业		
	航空运输业	管道运输业	多式联运和运输代理业	装卸搬运和仓储业	邮政业	小计	住宿业	餐饮业
泰州市	**2**	**1**	**36**	**398**	**186**	**649**	**28**	**621**
海陵区				16	7	21	1	20
高港区			3	15	23	43	4	39
姜堰区			7	33	20	116	8	108
泰州医药高新技术产业开发区				3	3	13		13
兴化市	1	1	12	183	51	230	7	223
靖江市	1		4	102	36	100	4	96
泰兴市			10	46	46	126	4	122
宿迁市		**3**	**22**	**170**	**288**	**992**	**37**	**955**
宿城区			5	35	36	146	5	141
宿豫区			2	14	22	69	2	67
沭阳县		3	8	50	86	281	17	264
泗阳县			3	12	51	175	6	169
泗洪县			2	28	63	212	3	209
宿迁经济技术开发区			2	21	13	31		31
宿迁市湖滨新区				5	5	49	3	46
苏州宿迁工业园区								
宿迁市洋河新区				5	12	29	1	28
女	**91**	**4**	**195**	**867**	**1410**	**14154**	**1245**	**12909**
南京市	**38**	**3**	**20**	**75**	**126**	**1318**	**184**	**1134**
玄武区								
秦淮区								
建邺区								
鼓楼区								
浦口区		1		5	2	85	24	61
栖霞区	1	1	1	3	7	66	10	56
雨花台区								
江宁区	26		10	44	76	434	79	355
六合区			3	12	18	385	30	355
溧水区	8			7	4	146	17	129
高淳区	3		1	3	17	187	23	164
南京江北新区		1	5	1	2	15	1	14
无锡市	**1**	**1**	**13**	**43**	**97**	**1032**	**132**	**900**
锡山区			2	9	8	77	6	71
惠山区			3	8	8	174	11	163
滨湖区					2	42	4	38
梁溪区								
新吴区	1		1	6	20	121	14	107
江苏无锡经济开发区								
江阴市		1	5	14	37	294	28	266
宜兴市			2	6	22	324	69	255
徐州市	**8**		**8**	**120**	**175**	**1159**	**51**	**1108**
鼓楼区								
云龙区								
贾汪区	1			4	5	63	2	61
泉山区								
铜山区	2		1	46	76	392	14	378
丰县	1		1	8	30	129	5	124
沛县	1		1	7	10	136	3	133
睢宁县	3		3	29	21	136	6	130
徐州经济技术开发区					2	34	3	31
新沂市			2	15	20	139	7	132
邳州市				11	11	130	11	119

4-4c 续表 62 单位：人

地区 性别	交通运输、仓储和邮政业					住宿和餐饮业		
	航空运输业	管道运输业	多式联运和运输代理业	装卸搬运和仓储业	邮政业	小计	住宿业	餐饮业
常州市	**9**		**7**	**48**	**56**	**1101**	**139**	**962**
天宁区				3	3	21	2	19
钟楼区				4	2	43	1	42
新北区	6		1	2	7	84	7	77
武进区	1		3	23	16	260	25	235
金坛区			1	4	4	131	8	123
江苏省常州市经济开发区	1			4	5	90	9	81
溧阳市	1		2	8	19	472	87	385
苏州市	**3**		**47**	**97**	**179**	**1893**	**192**	**1701**
虎丘区			1	8	6	74	14	60
吴中区			6	7	20	572	62	510
相城区			1	4	24	98	10	88
姑苏区								
吴江区	1		2	7	10	166	16	150
苏州工业园区								
常熟市			3	10	28	193	21	172
张家港市	1		9	11	25	217	17	200
昆山市	1		14	24	47	371	32	339
太仓市			11	26	19	202	20	182
南通市	**4**		**15**	**63**	**167**	**1136**	**111**	**1025**
崇川区								
港闸区						4		4
通州区	1		3	8	23	163	15	148
如东县	1		2	7	19	179	26	153
南通经济技术开发区								
通州湾示范区	1			1	5	21	7	14
苏锡通科技产业园区			3	1	23	32	4	28
启东市				21	27	185	28	157
如皋市			4	12	30	186	10	176
海门市			1	9	23	179	11	168
海安市	1		2	4	17	187	10	177
连云港市	**2**		**16**	**57**	**89**	**828**	**54**	**774**
连云区			1					
海州区			1	3	8	51	6	45
赣榆区	2		3	21	30	153	3	150
东海县			7	21	22	313	28	285
灌云县			1	8	6	94	4	90
灌南县			1	1	19	169	7	162
连云港经济技术开发区			2	2	2	14	3	11
连云港高新技术产业开发区								
江苏连云港徐圩新区						1		1
江苏省连云港市云台山风景名胜区				1	2	33	3	30
淮安市	**2**		**3**	**19**	**79**	**702**	**48**	**654**
淮安区			1	4	30	191	9	182
淮阴区			1	2	8	119	2	117
清江浦区			1		3	41	4	37
洪泽区				3	8	84	14	70
涟水县				3	17	105	10	95
盱眙县				6	10	76	7	69
金湖县	2				2	78	2	76
淮安经济技术开发区								
工业园区					1	7		7

4-4c 续表 63

单位：人

地区 性别	交通运输、仓储和邮政业					住宿和餐饮业		
	航空运输业	管道运输业	多式联运和运输代理业	装卸搬运和仓储业	邮政业	小计	住宿业	餐饮业
生态文旅区								
苏淮高新区				1		1		1
盐城市	**6**		**22**	**90**	**101**	**1377**	**96**	**1281**
亭湖区	1		3	6	1	55	7	48
盐都区				12	16	262	13	249
大丰区			6	18	14	215	14	201
响水县	1		1	6	10	85	7	78
滨海县	1			14	15	132	7	125
阜宁县	2		4	9	13	177	12	165
射阳县			3	9	13	198	19	179
建湖县				4	8	111	5	106
盐城经济技术开发区			1	3	1	12	1	11
江苏省盐南高新区								
东台市	1		4	9	10	130	11	119
扬州市	**13**		**11**	**70**	**80**	**1105**	**96**	**1009**
广陵区			1	8	4	72	6	66
邗江区			2	3	2	49	7	42
江都区	8		1	15	24	281	35	246
宝应县	2		5	13	24	325	13	312
扬州经济技术开发区					2	11		11
蜀冈瘦西湖景区								
生态新城						18		18
仪征市			1	7	10	147	18	129
高邮市	3		1	24	14	202	17	185
镇江市	**1**		**8**	**10**	**75**	**521**	**29**	**492**
京口区						8		8
润州区								
丹徒区			3	2	5	91	2	89
镇江新区					3	26	2	24
江苏镇江高新区								
丹阳市			2	3	9	118	6	112
扬中市	1			2	7	83	7	76
句容市			3	3	51	195	12	183
泰州市	**1**		**17**	**123**	**76**	**1024**	**58**	**966**
海陵区			1	4	7	48	4	44
高港区	1		2	2	11	76	3	73
姜堰区			1	17	10	186	13	173
泰州医药高新技术产业开发区					1	37	3	34
兴化市			9	55	11	293	11	282
靖江市			2	17	17	143	8	135
泰兴市			2	28	19	241	16	225
宿迁市	**3**		**8**	**52**	**110**	**958**	**55**	**903**
宿城区				5	9	144	5	139
宿豫区			1	1	6	52	2	50
沭阳县	2		4	21	28	267	15	252
泗阳县			2	2	11	156	10	146
泗洪县	1			13	42	200	15	185
宿迁经济技术开发区				10	3	33	1	32
宿迁市湖滨新区					6	66	4	62
苏州宿迁工业园区								
宿迁市洋河新区			1		5	40	3	37

4-4c　续表 64　　　　　　　　　　　　　　　　　　　　　　　　　　　　　单位：人

地　区 性　别	信息传输、软件和信息技术服务业				金融业				
	小计	电信、广播电视和卫星传输服务	互联网和相关服务	软件和信息技术服务业	小计	货币金融服　务	资本市场服　务	保险业	其　他金融业
江　苏	**6452**	**1496**	**2157**	**2799**	**4200**	**1462**	**231**	**2126**	**381**
南京市	**925**	**154**	**206**	**565**	**380**	**143**	**40**	**166**	**31**
玄武区									
秦淮区									
建邺区									
鼓楼区									
浦口区	56	11	10	35	29	8	1	14	6
栖霞区	48	8	20	20	24	10	1	9	4
雨花台区									
江宁区	375	40	80	255	124	51	11	57	5
六合区	236	53	47	136	98	27	18	43	10
溧水区	57	19	11	27	35	16	1	17	1
高淳区	137	22	36	79	68	30	8	25	5
南京江北新区	16	1	2	13	2	1		1	
无锡市	**354**	**91**	**81**	**182**	**286**	**132**	**19**	**114**	**21**
锡山区	32	8	10	14	38	22	3	10	3
惠山区	79	15	19	45	50	24	2	20	4
滨湖区	12	5	1	6	6	3	1	2	
梁溪区									
新吴区	51	6	4	41	23	6	2	11	4
江苏无锡经济开发区									
江阴市	120	31	31	58	97	39	5	47	6
宜兴市	60	26	16	18	72	38	6	24	4
徐州市	**451**	**127**	**188**	**136**	**323**	**64**	**13**	**215**	**31**
鼓楼区									
云龙区									
贾汪区	27	8	10	9	32	9	1	18	4
泉山区									
铜山区	118	30	42	46	87	15	2	61	9
丰县	35	15	11	9	34	7		27	
沛县	56	21	15	20	37	5	2	28	2
睢宁县	85	22	40	23	50	6	3	28	13
徐州经济技术开发区	10	2	3	5	10	3	1	5	1
新沂市	64	15	38	11	32	14	1	15	2
邳州市	56	14	29	13	41	5	3	33	
常州市	**290**	**76**	**86**	**128**	**278**	**108**	**17**	**127**	**26**
天宁区	14	2	5	7	21	8	2	10	1
钟楼区	10	2	4	4	13	6	2	3	2
新北区	20	4	7	9	35	13	2	15	5
武进区	87	28	21	38	87	37		44	6
金坛区	38	14	7	17	39	21	2	15	1
江苏省常州市经济开发区	32	4	17	11	24	7	1	9	7
溧阳市	89	22	25	42	59	16	8	31	4
苏州市	**1135**	**180**	**412**	**543**	**720**	**335**	**34**	**285**	**66**
虎丘区	74	13	8	53	21	7	4	6	4
吴中区	183	39	46	98	110	39	7	44	20
相城区	30	1	24	5	11	6		5	
姑苏区									
吴江区	80	22	20	38	107	60	4	39	4
苏州工业园区									
常熟市	116	34	35	47	143	79	5	53	6

4-4c 续表 65

单位：人

地区 性别	信息传输、软件和信息技术服务业				金融业				
	小计	电信、广播电视和卫星传输服务	互联网和相关服务	软件和信息技术服务业	小计	货币金融服务	资本市场服务	保险业	其他金融业
张家港市	145	24	44	77	114	57	5	51	1
昆山市	422	32	205	185	139	54	7	53	25
太仓市	85	15	30	40	75	33	2	34	6
南通市	**703**	**191**	**176**	**336**	**531**	**166**	**34**	**284**	**47**
崇川区									
港闸区									
通州区	118	26	43	49	123	39	8	67	9
如东县	105	30	25	50	87	31	7	43	6
南通经济技术开发区									
通州湾示范区	8	4	1	3	6	4	1	1	
苏锡通科技产业园区	44	8	8	28	17	3		10	4
启东市	71	27	10	34	60	21	7	28	4
如皋市	180	41	38	101	137	33	6	77	21
海门市	68	15	28	25	34	12		20	2
海安市	109	40	23	46	67	23	5	38	1
连云港市	**328**	**74**	**162**	**92**	**150**	**37**	**6**	**87**	**20**
连云区									
海州区	21	10	4	7	12	6		6	
赣榆区	116	16	54	46	54	13	3	28	10
东海县	109	19	74	16	33	3	1	22	7
灌云县	31	8	13	10	23	6		17	
灌南县	29	10	13	6	14	4	2	7	1
连云港经济技术开发区	7	3	1	3	9	4		4	1
连云港高新技术产业开发区									
江苏连云港徐圩新区	2	1	1						
江苏省连云港市云台山风景名胜区	13	7	2	4	5	1		3	1
淮安市	**228**	**94**	**62**	**72**	**139**	**41**	**2**	**73**	**23**
淮安区	29	12	7	10	23	7	2	13	1
淮阴区	49	19	13	17	29	7		16	6
清江浦区	31	17	9	5	17	8		7	2
洪泽区	21	8	5	8	12	2		8	2
涟水县	38	17	8	13	12	1		7	4
盱眙县	26	9	9	8	19	3		12	4
金湖县	29	8	11	10	26	13		10	3
淮安经济技术开发区									
工业园区	3	2		1	1				1
生态文旅区									
苏淮高新区	2	2							
盐城市	**456**	**105**	**150**	**201**	**340**	**99**	**11**	**206**	**24**
亭湖区	23	9	3	11	16	2		11	3
盐都区	56	15	16	25	50	14	2	29	5
大丰区	64	14	20	30	98	20	3	73	2
响水县	13	4	4	5	14	5		6	3
滨海县	31	11	13	7	12	5	1	4	2
阜宁县	72	12	21	39	40	8	1	29	2
射阳县	66	14	27	25	51	18	3	28	2
建湖县	41	12	16	13	20	8		11	1
盐城经济技术开发区	2	1	1		1			1	
江苏省盐南高新区									
东台市	88	13	29	46	38	19	1	14	4
扬州市	**568**	**143**	**175**	**250**	**389**	**122**	**20**	**206**	**41**
广陵区	41	9	12	20	27	8	1	12	6

4-4c　续表 66　　　　　　　　　　　　　　　　　　　　　　　　　　　　单位：人

地　　区 性　　别	信息传输、软件和信息技术服务业				金融业				
	小计	电信、广播电视和卫星传输服务	互联网和相关服务	软件和信息技术服务业	小计	货币金融服　务	资本市场服　务	保险业	其　他金融业
邗江区	49	16	12	21	26	5	2	18	1
江都区	148	31	61	56	87	31	3	47	6
宝应县	118	26	41	51	76	27	3	42	4
扬州经济技术开发区	9	4		5	14	4	1	8	1
蜀冈瘦西湖景区									
生态新城	11		8	3	9	3	1	4	1
仪征市	59	12	17	30	53	12	1	28	12
高邮市	133	45	24	64	97	32	8	47	10
镇江市	**176**	**72**	**34**	**70**	**175**	**62**	**10**	**92**	**11**
京口区	1	1							
润州区									
丹徒区	18	9	3	6	34	10	1	23	
镇江新区	16	7	1	8	14	4	1	9	
江苏镇江高新区									
丹阳市	45	19	9	17	38	11	1	22	4
扬中市	22	14	5	3	34	16	2	12	4
句容市	74	22	16	36	55	21	5	26	3
泰州市	**294**	**90**	**77**	**127**	**326**	**117**	**18**	**161**	**30**
海陵区	9		3	6	28	14	1	12	1
高港区	28	12	7	9	32	10	1	18	3
姜堰区	47	20	8	19	62	20	3	33	6
泰州医药高新技术产业开发区	12	3	3	6	8	6			2
兴化市	55	14	18	23	55	22	3	20	10
靖江市	43	15	10	18	47	17	4	22	4
泰兴市	100	26	28	46	94	28	6	56	4
宿迁市	**544**	**99**	**348**	**97**	**163**	**36**	**7**	**110**	**10**
宿城区	65	9	38	18	32	7		24	1
宿豫区	94	13	66	15	13	4		8	1
沭阳县	248	33	183	32	47	8	3	31	5
泗阳县	38	12	19	7	17	6	1	8	2
泗洪县	43	19	13	11	29	8	2	19	
宿迁经济技术开发区	28	2	18	8	7	1	1	5	
宿迁市湖滨新区	18	6	9	3	13	1		12	
苏州宿迁工业园区									
宿迁市洋河新区	10	5	2	3	5	1		3	1
男	**4018**	**839**	**1337**	**1842**	**1949**	**692**	**134**	**894**	**229**
南京市	**572**	**85**	**133**	**354**	**200**	**80**	**23**	**78**	**19**
玄武区									
秦淮区									
建邺区									
鼓楼区									
浦口区	26	2	2	22	20	5	1	9	5
栖霞区	28	5	12	11	12	4	1	4	3
雨花台区									
江宁区	208	25	44	139	63	30	7	23	3
六合区	170	34	36	100	48	13	8	22	5
溧水区	36	10	8	18	16	9		7	
高淳区	94	8	29	57	40	18	6	13	3
南京江北新区	10	1	2	7	1	1			
无锡市	**239**	**59**	**56**	**124**	**120**	**64**	**10**	**35**	**11**
锡山区	21	4	7	10	21	13	1	5	2

4-4c 续表 67　　单位：人

地区 性别	信息传输、软件和信息技术服务业				金融业				
	小计	电信、广播电视和卫星传输服务	互联网和相关服务	软件和信息技术服务业	小计	货币金融服务	资本市场服务	保险业	其他金融业
惠山区	56	8	15	33	21	10	2	8	1
滨湖区	9	4	1	4	2	2			
梁溪区									
新吴区	32	3	2	27	8	2		4	2
江苏无锡经济开发区									
江阴市	78	22	18	38	39	20	3	13	3
宜兴市	43	18	13	12	29	17	4	5	3
徐州市	**272**	**62**	**112**	**98**	**163**	**38**	**9**	**93**	**23**
鼓楼区									
云龙区									
贾汪区	22	6	7	9	23	7	1	11	4
泉山区									
铜山区	68	13	19	36	37	8	1	23	5
丰县	19	8	7	4	18	5		13	
沛县	32	7	13	12	14	3	2	8	1
睢宁县	48	13	24	11	24	4	1	9	10
徐州经济技术开发区	6	1	3	2	6	1	1	3	1
新沂市	41	7	23	11	18	7		9	2
邳州市	36	7	16	13	23	3	3	17	
常州市	**188**	**47**	**46**	**95**	**108**	**38**	**13**	**46**	**11**
天宁区	9	2	2	5	8	3	1	4	
钟楼区	6	2	2	2	4	1	2	1	
新北区	12	1	5	6	18	7	2	6	3
武进区	63	19	15	29	30	11		16	3
金坛区	22	5	5	12	20	10	2	8	
江苏省常州市经济开发区	17	3	6	8	7	1	1	2	3
溧阳市	59	15	11	33	21	5	5	9	2
苏州市	**749**	**108**	**288**	**353**	**306**	**143**	**22**	**103**	**38**
虎丘区	50	9	5	36	15	5	4	3	3
吴中区	120	20	30	70	46	17	3	14	12
相城区	15		12	3					
姑苏区									
吴江区	65	17	17	31	44	28	2	10	4
苏州工业园区									
常熟市	67	21	18	28	65	32	3	28	2
张家港市	99	14	33	52	42	18	3	20	1
昆山市	282	19	157	106	68	29	5	20	14
太仓市	51	8	16	27	26	14	2	8	2
南通市	**436**	**107**	**111**	**218**	**216**	**66**	**15**	**114**	**21**
崇川区									
港闸区									
通州区	71	11	23	37	44	12	2	26	4
如东县	60	16	13	31	33	12	3	17	1
南通经济技术开发区									
通州湾示范区	5	2	1	2	1	1			
苏锡通科技产业园区	26	3	3	20	7	3		3	1
启东市	39	16	5	18	24	9	4	9	2
如皋市	117	26	25	66	68	14	3	39	12
海门市	42	7	22	13	11	5		6	
海安市	76	26	19	31	28	10	3	14	1
连云港市	**195**	**40**	**92**	**63**	**67**	**18**	**4**	**33**	**12**
连云区									

4-4c　续表 68　　　　单位：人

地区 性别	信息传输、软件和信息技术服务业				金融业				
	小计	电信、广播电视和卫星传输服务	互联网和相关服务	软件和信息技术服务业	小计	货币金融服务	资本市场服务	保险业	其他金融业
海州区	14	4	3	7	4	3		1	
赣榆区	77	9	35	33	26	6	2	11	7
东海县	48	9	33	6	10		1	5	4
灌云县	20	6	8	6	12	4		8	
灌南县	23	7	10	6	6	2	1	3	
连云港经济技术开发区	4	2		2	5	2		3	
连云港高新技术产业开发区									
江苏连云港徐圩新区	1		1						
江苏省连云港市云台山风景名胜区	8	3	2	3	4	1		2	1
淮安市	**154**	**58**	**44**	**52**	**84**	**22**	**2**	**42**	**18**
淮安区	19	7	4	8	12	2	2	7	1
淮阴区	32	10	11	11	23	6		12	5
清江浦区	15	8	4	3	10	6		3	1
洪泽区	13	5	3	5	4			3	1
涟水县	32	14	7	11	8	1		5	2
盱眙县	15	5	6	4	10	1		5	4
金湖县	25	7	9	9	16	6		7	3
淮安经济技术开发区									
工业园区	1			1	1				1
生态文旅区									
苏淮高新区	2	2							
盐城市	**295**	**69**	**94**	**132**	**186**	**56**	**5**	**108**	**17**
亭湖区	14	4	3	7	12	1		8	3
盐都区	41	11	11	19	31	10	1	15	5
大丰区	30	10	7	13	50	9	2	38	1
响水县	10	3	3	4	10	4		4	2
滨海县	19	7	8	4	6	4		1	1
阜宁县	46	7	13	26	22	8		14	
射阳县	43	8	16	19	26	7	2	15	2
建湖县	34	10	13	11	13	5		7	1
盐城经济技术开发区									
江苏省盐南高新区									
东台市	58	9	20	29	16	8		6	2
扬州市	**311**	**69**	**92**	**150**	**173**	**61**	**6**	**87**	**19**
广陵区	19	4	4	11	10	1		7	2
邗江区	23	6	7	10	13	4		9	
江都区	78	15	29	34	34	14		14	6
宝应县	68	15	24	29	33	13	2	17	1
扬州经济技术开发区	4	2		2	4			3	1
蜀冈瘦西湖景区									
生态新城	8		6	2	3	2	1		
仪征市	36	4	11	21	29	11		13	5
高邮市	75	23	11	41	47	16	3	24	4
镇江市	**94**	**35**	**12**	**47**	**70**	**23**	**6**	**32**	**9**
京口区									
润州区									
丹徒区	8	4		4	10	2		8	
镇江新区	9	3		6	3	1	1	1	
江苏镇江高新区									
丹阳市	28	12	4	12	14	4	1	6	3
扬中市	9	3	3	3	17	8	2	4	3
句容市	40	13	5	22	26	8	2	13	3

4-4c 续表 69

单位：人

地　区 性　别	信息传输、软件和信息技术服务业				金融业				
	小计	电信、广播电视和卫星传输服务	互联网和相关服务	软件和信息技术服务业	小计	货币金融服　务	资本市场服　务	保险业	其　他金融业
泰州市	**197**	**56**	**48**	**93**	**171**	**61**	**16**	**71**	**23**
海陵区	6		1	5	13	4	1	7	1
高港区	16	6	4	6	18	6	1	9	2
姜堰区	31	10	4	17	32	12	3	13	4
泰州医药高新技术产业开发区	7	1	1	5	4	2			2
兴化市	39	10	13	16	37	15	3	11	8
靖江市	32	11	8	13	24	10	3	8	3
泰兴市	66	18	17	31	43	12	5	23	3
宿迁市	**316**	**44**	**209**	**63**	**85**	**22**	**3**	**52**	**8**
宿城区	35	5	17	13	15	5		9	1
宿豫区	53	7	37	9	6	3		2	1
沭阳县	147	12	116	19	28	4	2	19	3
泗阳县	26	7	14	5	11	4		5	2
泗洪县	21	6	6	9	12	5		7	
宿迁经济技术开发区	18	1	12	5	5	1	1	3	
宿迁市湖滨新区	10	3	6	1	4			4	
苏州宿迁工业园区									
宿迁市洋河新区	6	3	1	2	4			3	1
女	**2434**	**657**	**820**	**957**	**2251**	**770**	**97**	**1232**	**152**
南京市	**353**	**69**	**73**	**211**	**180**	**63**	**17**	**88**	**12**
玄武区									
秦淮区									
建邺区									
鼓楼区									
浦口区	30	9	8	13	9	3		5	1
栖霞区	20	3	8	9	12	6		5	1
雨花台区									
江宁区	167	15	36	116	61	21	4	34	2
六合区	66	19	11	36	50	14	10	21	5
溧水区	21	9	3	9	19	7	1	10	1
高淳区	43	14	7	22	28	12	2	12	2
南京江北新区	6			6	1			1	
无锡市	**115**	**32**	**25**	**58**	**166**	**68**	**9**	**79**	**10**
锡山区	11	4	3	4	17	9	2	5	1
惠山区	23	7	4	12	29	14		12	3
滨湖区	3	1		2	4	1	1	2	
梁溪区									
新吴区	19	3	2	14	15	4	2	7	2
江苏无锡经济开发区									
江阴市	42	9	13	20	58	19	2	34	3
宜兴市	17	8	3	6	43	21	2	19	1
徐州市	**179**	**65**	**76**	**38**	**160**	**26**	**4**	**122**	**8**
鼓楼区									
云龙区									
贾汪区	5	2	3		9	2		7	
泉山区									
铜山区	50	17	23	10	50	7	1	38	4
丰县	16	7	4	5	16	2		14	
沛县	24	14	2	8	23	2		20	1
睢宁县	37	9	16	12	26	2	2	19	3
徐州经济技术开发区	4	1		3	4	2		2	
新沂市	23	8	15		14	7	1	6	
邳州市	20	7	13		18	2		16	

4-4c　续表 70

单位：人

地　区 性　别	信息传输、软件和信息技术服务业 小计	电信、广播电视和卫星传输服务	互联网和相关服务	软件和信息技术服务业	金融业 小计	货币金融服务	资本市场服务	保险业	其他金融业
常州市	**102**	**29**	**40**	**33**	**170**	**70**	**4**	**81**	**15**
天宁区	5		3	2	13	5	1	6	1
钟楼区	4		2	2	9	5		2	2
新北区	8	3	2	3	17	6		9	2
武进区	24	9	6	9	57	26		28	3
金坛区	16	9	2	5	19	11		7	1
江苏省常州市经济开发区	15	1	11	3	17	6		7	4
溧阳市	30	7	14	9	38	11	3	22	2
苏州市	**386**	**72**	**124**	**190**	**414**	**192**	**12**	**182**	**28**
虎丘区	24	4	3	17	6	2		3	1
吴中区	63	19	16	28	64	22	4	30	8
相城区	15	1	12	2	11	6		5	
姑苏区									
吴江区	15	5	3	7	63	32	2	29	
苏州工业园区									
常熟市	49	13	17	19	78	47	2	25	4
张家港市	46	10	11	25	72	39	2	31	
昆山市	140	13	48	79	71	25	2	33	11
太仓市	34	7	14	13	49	19		26	4
南通市	**267**	**84**	**65**	**118**	**315**	**100**	**19**	**170**	**26**
崇川区									
港闸区									
通州区	47	15	20	12	79	27	6	41	5
如东县	45	14	12	19	54	19	4	26	5
南通经济技术开发区									
通州湾示范区	3	2		1	5	3	1	1	
苏锡通科技产业园区	18	5	5	8	10			7	3
启东市	32	11	5	16	36	12	3	19	2
如皋市	63	15	13	35	69	19	3	38	9
海门市	26	8	6	12	23	7		14	2
海安市	33	14	4	15	39	13	2	24	
连云港市	**133**	**34**	**70**	**29**	**83**	**19**	**2**	**54**	**8**
连云区									
海州区	7	6	1		8	3		5	
赣榆区	39	7	19	13	28	7	1	17	3
东海县	61	10	41	10	23	3		17	3
灌云县	11	2	5	4	11	2		9	
灌南县	6	3	3		8	2	1	4	1
连云港经济技术开发区	3	1	1	1	4	2		1	1
连云港高新技术产业开发区									
江苏连云港徐圩新区	1	1							
江苏省连云港市云台山风景名胜区	5	4		1	1			1	
淮安市	**74**	**36**	**18**	**20**	**55**	**19**		**31**	**5**
淮安区	10	5	3	2	11	5		6	
淮阴区	17	9	2	6	6	1		4	1
清江浦区	16	9	5	2	7	2		4	1
洪泽区	8	3	2	3	8	2		5	1
涟水县	6	3	1	2	4			2	2
盱眙县	11	4	3	4	9	2		7	
金湖县	4	1	2	1	10	7		3	
淮安经济技术开发区									
工业园区	2	2							

4-4c 续表 71 单位：人

地区 性别	信息传输、软件和信息技术服务业				金融业				
	小计	电信、广播电视和卫星传输服务	互联网和相关服务	软件和信息技术服务业	小计	货币金融服务	资本市场服务	保险业	其他金融业
生态文旅区									
苏淮高新区									
盐城市	**161**	**36**	**56**	**69**	**154**	**43**	**6**	**98**	**7**
亭湖区	9	5		4	4	1		3	
盐都区	15	4	5	6	19	4	1	14	
大丰区	34	4	13	17	48	11	1	35	1
响水县	3	1	1	1	4	1		2	1
滨海县	12	4	5	3	6	1	1	3	1
阜宁县	26	5	8	13	18		1	15	2
射阳县	23	6	11	6	25	11	1	13	
建湖县	7	2	3	2	7	3		4	
盐城经济技术开发区	2	1	1		1			1	
江苏省盐南高新区									
东台市	30	4	9	17	22	11	1	8	2
扬州市	**257**	**74**	**83**	**100**	**216**	**61**	**14**	**119**	**22**
广陵区	22	5	8	9	17	7	1	5	4
邗江区	26	10	5	11	13	1	2	9	1
江都区	70	16	32	22	53	17	3	33	
宝应县	50	11	17	22	43	14	1	25	3
扬州经济技术开发区	5	2		3	10	4	1	5	
蜀冈瘦西湖景区									
生态新城	3		2	1	6	1		4	1
仪征市	23	8	6	9	24	1	1	15	7
高邮市	58	22	13	23	50	16	5	23	6
镇江市	**82**	**37**	**22**	**23**	**105**	**39**	**4**	**60**	**2**
京口区	1	1							
润州区									
丹徒区	10	5	3	2	24	8	1	15	
镇江新区	7	4	1	2	11	3		8	
江苏镇江高新区									
丹阳市	17	7	5	5	24	7		16	1
扬中市	13	11	2		17	8		8	1
句容市	34	9	11	14	29	13	3	13	
泰州市	**97**	**34**	**29**	**34**	**155**	**56**	**2**	**90**	**7**
海陵区	3		2	1	15	10		5	
高港区	12	6	3	3	14	4		9	1
姜堰区	16	10	4	2	30	8		20	2
泰州医药高新技术产业开发区	5	2	2	1	4	4			
兴化市	16	4	5	7	18	7		9	2
靖江市	11	4	2	5	23	7	1	14	1
泰兴市	34	8	11	15	51	16	1	33	1
宿迁市	**228**	**55**	**139**	**34**	**78**	**14**	**4**	**58**	**2**
宿城区	30	4	21	5	17	2		15	
宿豫区	41	6	29	6	7	1		6	
沭阳县	101	21	67	13	19	4	1	12	2
泗阳县	12	5	5	2	6	2	1	3	
泗洪县	22	13	7	2	17	3	2	12	
宿迁经济技术开发区	10	1	6	3	2			2	
宿迁市湖滨新区	8	3	3	2	9	1		8	
苏州宿迁工业园区									
宿迁市洋河新区	4	2	1	1	1	1			

4-4c 续表 72

单位：人

地　区 性　别	房地产业		租赁和商务服务业			科学研究和技术服务业			
	小计	房地产业	小计	租赁业	商　务 服务业	小计	研究和 试验发展	专业技术 服务业	科技推广 和应用 服务业
江　苏	**9213**	**9213**	**16518**	**1888**	**14630**	**7294**	**1160**	**3622**	**2512**
南京市	**1318**	**1318**	**1751**	**190**	**1561**	**836**	**210**	**474**	**152**
玄武区									
秦淮区									
建邺区									
鼓楼区									
浦口区	109	109	106	8	98	58	17	30	11
栖霞区	86	86	140	9	131	25	6	14	5
雨花台区									
江宁区	543	543	668	104	564	331	94	174	63
六合区	315	315	421	37	384	233	50	147	36
溧水区	120	120	173	7	166	53	4	31	18
高淳区	127	127	195	10	185	123	36	68	19
南京江北新区	18	18	48	15	33	13	3	10	
无锡市	**637**	**637**	**818**	**78**	**740**	**452**	**175**	**201**	**76**
锡山区	69	69	64	6	58	37	6	27	4
惠山区	106	106	129	15	114	106	55	37	14
滨湖区	52	52	64	1	63	36	27	6	3
梁溪区									
新吴区	91	91	169	6	163	53	21	14	18
江苏无锡经济开发区									
江阴市	142	142	243	29	214	131	33	73	25
宜兴市	177	177	149	21	128	89	33	44	12
徐州市	**542**	**542**	**1377**	**369**	**1008**	**627**	**40**	**259**	**328**
鼓楼区									
云龙区									
贾汪区	65	65	118	37	81	33	7	21	5
泉山区									
铜山区	114	114	461	172	289	221	19	86	116
丰县	70	70	151	29	122	58	1	21	36
沛县	65	65	97	24	73	61	3	40	18
睢宁县	81	81	205	34	171	161	5	32	124
徐州经济技术开发区	21	21	21	14	7	5		4	1
新沂市	48	48	167	23	144	53	5	37	11
邳州市	78	78	157	36	121	35		18	17
常州市	**570**	**570**	**890**	**100**	**790**	**670**	**86**	**271**	**313**
天宁区	90	90	56	3	53	37	8	10	19
钟楼区	12	12	36	5	31	14	2	11	1
新北区	31	31	72	9	63	36	14	21	1
武进区	185	185	235	34	201	194	21	117	56
金坛区	78	78	124	17	107	60	15	11	34
江苏省常州市经济开发区	38	38	62	14	48	50	5	29	16
溧阳市	136	136	305	18	287	279	21	72	186
苏州市	**1909**	**1909**	**2756**	**164**	**2592**	**1067**	**293**	**543**	**231**
虎丘区	132	132	106	8	98	50	14	28	8
吴中区	323	323	536	33	503	241	67	114	60
相城区	48	48	46	2	44	21	8	8	5
姑苏区									
吴江区	138	138	249	17	232	91	15	59	17
苏州工业园区									
常熟市	289	289	427	28	399	142	35	70	37

4-4c 续表 73

单位：人

地区 性别	房地产业		租赁和商务服务业			科学研究和技术服务业			
	小计	房地产业	小计	租赁业	商务服务业	小计	研究和试验发展	专业技术服务业	科技推广和应用服务业
张家港市	259	259	253	22	231	149	48	80	21
昆山市	530	530	557	29	528	194	55	108	31
太仓市	190	190	582	25	557	179	51	76	52
南通市	**777**	**777**	**1820**	**180**	**1640**	**771**	**98**	**450**	**223**
崇川区									
港闸区	1	1	1		1	1		1	
通州区	142	142	356	36	320	199	21	96	82
如东县	80	80	186	35	151	88	7	69	12
南通经济技术开发区									
通州湾示范区	21	21	21	2	19	13	7	5	1
苏锡通科技产业园区	69	69	53	1	52	13	1	12	
启东市	122	122	185	14	171	52	12	31	9
如皋市	143	143	430	53	377	195	28	119	48
海门市	109	109	309	14	295	98	8	44	46
海安市	90	90	279	25	254	112	14	73	25
连云港市	**526**	**526**	**1343**	**220**	**1123**	**338**	**20**	**197**	**121**
连云区	2	2	5	1	4				
海州区	13	13	60	19	41	16		14	2
赣榆区	74	74	265	52	213	96	9	66	21
东海县	104	104	517	64	453	124	7	65	52
灌云县	48	48	338	28	310	35	1	12	22
灌南县	250	250	72	10	62	40	2	28	10
连云港经济技术开发区	14	14	36	14	22	18		10	8
连云港高新技术产业开发区									
江苏连云港徐圩新区	1	1	1		1	4			4
江苏省连云港市云台山风景名胜区	20	20	49	32	17	5	1	2	2
淮安市	**300**	**300**	**658**	**80**	**578**	**182**	**13**	**111**	**58**
淮安区	58	58	107	9	98	23		18	5
淮阴区	65	65	79	11	68	30		23	7
清江浦区	17	17	46	10	36	13	1	10	2
洪泽区	31	31	137	11	126	26	2	5	19
涟水县	50	50	114	19	95	32	3	20	9
盱眙县	32	32	95	8	87	21	4	10	7
金湖县	32	32	73	12	61	34	3	24	7
淮安经济技术开发区									
工业园区	15	15	6		6	3		1	2
生态文旅区									
苏淮高新区			1		1				
盐城市	**701**	**701**	**1506**	**150**	**1356**	**729**	**67**	**287**	**375**
亭湖区	42	42	65	16	49	35	3	21	11
盐都区	138	138	218	23	195	93	8	50	35
大丰区	105	105	270	23	247	102	19	50	33
响水县	43	43	92	8	84	20		18	2
滨海县	23	23	71	8	63	22	3	13	6
阜宁县	120	120	287	39	248	211	15	35	161
射阳县	115	115	208	20	188	92	5	40	47
建湖县	48	48	82	4	78	70	9	13	48
盐城经济技术开发区	16	16	97	2	95	24		4	20
江苏省盐南高新区									
东台市	51	51	116	7	109	60	5	43	12
扬州市	**685**	**685**	**1218**	**80**	**1138**	**490**	**56**	**320**	**114**
广陵区	37	37	70	6	64	29	4	19	6

4-4c　续表 74　　　　单位：人

地区 性别	房地产业		租赁和商务服务业			科学研究和技术服务业			
	小计	房地产业	小计	租赁业	商务服务业	小计	研究和试验发展	专业技术服务业	科技推广和应用服务业
邗江区	62	62	125	10	115	28	5	16	7
江都区	101	101	277	20	257	119	15	82	22
宝应县	171	171	250	8	242	72	6	45	21
扬州经济技术开发区	17	17	26		26	12	3	5	4
蜀冈瘦西湖景区生态新城	10	10	31		31	5		5	
仪征市	125	125	175	15	160	60	13	38	9
高邮市	162	162	264	21	243	165	10	110	45
镇江市	**373**	**373**	**520**	**51**	**469**	**252**	**33**	**115**	**104**
京口区	2	2	9	1	8	3		2	1
润州区			3	3		1		1	
丹徒区	51	51	122	5	117	42	4	21	17
镇江新区	30	30	27	3	24	13	2	10	1
江苏镇江高新区									
丹阳市	58	58	108	13	95	68	7	21	40
扬中市	24	24	106	5	101	45	4	14	27
句容市	208	208	145	21	124	80	16	46	18
泰州市	**491**	**491**	**832**	**112**	**720**	**611**	**56**	**256**	**299**
海陵区	27	27	44	14	30	23	9	12	2
高港区	39	39	54	3	51	48	10	27	11
姜堰区	112	112	174	20	154	72	13	52	7
泰州医药高新技术产业开发区	11	11	17		17	12	4	5	3
兴化市	72	72	183	43	140	249	3	37	209
靖江市	105	105	99	6	93	66	8	40	18
泰兴市	125	125	261	26	235	141	9	83	49
宿迁市	**384**	**384**	**1029**	**114**	**915**	**269**	**13**	**138**	**118**
宿城区	92	92	90	15	75	28	3	21	4
宿豫区	34	34	64	5	59	15	2	8	5
沭阳县	74	74	302	30	272	70	4	43	23
泗阳县	38	38	306	6	300	32	1	28	3
泗洪县	97	97	141	47	94	90	1	12	77
宿迁经济技术开发区	17	17	56	4	52	15	1	10	4
宿迁市湖滨新区	22	22	42	6	36	10	1	9	
苏州宿迁工业园区									
宿迁市洋河新区	10	10	28	1	27	9		7	2
男	**6062**	**6062**	**11052**	**1666**	**9386**	**4854**	**757**	**2628**	**1469**
南京市	**862**	**862**	**1156**	**167**	**989**	**585**	**134**	**351**	**100**
玄武区									
秦淮区									
建邺区									
鼓楼区									
浦口区	72	72	75	8	67	41	10	21	10
栖霞区	56	56	91	9	82	16	3	11	2
雨花台区									
江宁区	350	350	452	92	360	222	60	125	37
六合区	204	204	274	30	244	171	35	115	21
溧水区	81	81	117	6	111	37		22	15
高淳区	83	83	113	8	105	91	25	51	15
南京江北新区	16	16	34	14	20	7	1	6	
无锡市	**410**	**410**	**526**	**62**	**464**	**296**	**103**	**149**	**44**
锡山区	49	49	35	4	31	26	4	20	2

4-4c 续表 75

单位：人

地区 性别	房地产业		租赁和商务服务业			科学研究和技术服务业			
	小计	房地产业	小计	租赁业	商务服务业	小计	研究和试验发展	专业技术服务业	科技推广和应用服务业
惠山区	59	59	75	10	65	61	33	22	6
滨湖区	34	34	44	1	43	14	10	3	1
梁溪区									
新吴区	59	59	113	6	107	29	13	8	8
江苏无锡经济开发区									
江阴市	92	92	157	21	136	100	22	58	20
宜兴市	117	117	102	20	82	66	21	38	7
徐州市	**374**	**374**	**1021**	**346**	**675**	**382**	**34**	**181**	**167**
鼓楼区									
云龙区									
贾汪区	38	38	89	34	55	23	6	12	5
泉山区									
铜山区	80	80	345	163	182	127	17	62	48
丰县	49	49	112	25	87	34	1	12	21
沛县	48	48	77	20	57	41	3	29	9
睢宁县	60	60	140	32	108	94	3	23	68
徐州经济技术开发区	15	15	18	14	4	3		2	1
新沂市	37	37	125	22	103	37	4	27	6
邳州市	47	47	115	36	79	23		14	9
常州市	**375**	**375**	**565**	**82**	**483**	**430**	**59**	**190**	**181**
天宁区	64	64	28	3	25	23	4	6	13
钟楼区	7	7	28	5	23	8	1	6	1
新北区	22	22	35	6	29	22	8	14	
武进区	119	119	148	27	121	121	14	77	30
金坛区	50	50	87	14	73	48	14	8	26
江苏省常州市经济开发区	19	19	43	11	32	31	4	20	7
溧阳市	94	94	196	16	180	177	14	59	104
苏州市	**1200**	**1200**	**1786**	**138**	**1648**	**723**	**188**	**384**	**151**
虎丘区	78	78	67	7	60	37	12	22	3
吴中区	208	208	365	26	339	147	41	72	34
相城区	33	33	27	2	25	15	5	6	4
姑苏区									
吴江区	76	76	159	14	145	68	11	43	14
苏州工业园区									
常熟市	173	173	293	21	272	102	23	52	27
张家港市	149	149	174	18	156	110	30	63	17
昆山市	349	349	338	25	313	133	42	71	20
太仓市	134	134	363	25	338	111	24	55	32
南通市	**505**	**505**	**1110**	**157**	**953**	**501**	**66**	**319**	**116**
崇川区									
港闸区	1	1	1		1	1		1	
通州区	96	96	210	30	180	116	16	68	32
如东县	44	44	123	32	91	61	6	47	8
南通经济技术开发区									
通州湾示范区	13	13	16	2	14	7	4	2	1
苏锡通科技产业园区	50	50	23	1	22	10	1	9	
启东市	73	73	113	13	100	32	8	18	6
如皋市	100	100	278	45	233	138	19	86	33
海门市	68	68	178	13	165	62	4	36	22
海安市	60	60	168	21	147	74	8	52	14
连云港市	**352**	**352**	**923**	**211**	**712**	**226**	**18**	**144**	**64**
连云区	1	1	3	1	2				

4-4c　续表 76　　　　单位：人

地　区 性　别	房地产业		租赁和商务服务业			科学研究和技术服务业			
	小计	房地产业	小计	租赁业	商　务 服务业	小计	研究和 试验发展	专业技术 服务业	科技推广 和应用 服务业
海州区	10	10	47	19	28	14		13	1
赣榆区	57	57	200	51	149	72	8	52	12
东海县	61	61	306	60	246	69	6	40	23
灌云县	36	36	238	26	212	26	1	11	14
灌南县	164	164	55	8	47	27	2	19	6
连云港经济技术开发区	12	12	28	14	14	11		7	4
连云港高新技术产业开发区									
江苏连云港徐圩新区			1		1	2			2
江苏省连云港市云台山风景名胜区	11	11	45	32	13	5	1	2	2
淮安市	**219**	**219**	**494**	**72**	**422**	**138**	**10**	**84**	**44**
淮安区	44	44	80	8	72	17		14	3
淮阴区	51	51	63	9	54	24		19	5
清江浦区	11	11	36	10	26	10		8	2
洪泽区	15	15	98	8	90	22	2	5	15
涟水县	38	38	90	18	72	21	3	11	7
盱眙县	25	25	72	8	64	12	3	6	3
金湖县	25	25	50	11	39	29	2	20	7
淮安经济技术开发区									
工业园区	10	10	5		5	3		1	2
生态文旅区									
苏淮高新区									
盐城市	**484**	**484**	**1058**	**133**	**925**	**488**	**46**	**226**	**216**
亭湖区	35	35	51	15	36	27	2	17	8
盐都区	99	99	146	19	127	71	7	43	21
大丰区	62	62	178	19	159	67	14	36	17
响水县	32	32	72	8	64	16		14	2
滨海县	16	16	59	8	51	13	2	7	4
阜宁县	80	80	208	34	174	128	8	28	92
射阳县	85	85	151	18	133	64	3	34	27
建湖县	32	32	64	4	60	42	5	11	26
盐城经济技术开发区	12	12	56	2	54	16		4	12
江苏省盐南高新区									
东台市	31	31	73	6	67	44	5	32	7
扬州市	**437**	**437**	**798**	**64**	**734**	**353**	**39**	**242**	**72**
广陵区	21	21	44	4	40	21	2	14	5
邗江区	37	37	83	10	73	20	4	11	5
江都区	64	64	174	14	160	79	9	61	9
宝应县	119	119	175	7	168	45	5	26	14
扬州经济技术开发区	9	9	12		12	9	1	5	3
蜀冈瘦西湖景区									
生态新城	4	4	17		17	4		4	
仪征市	76	76	113	13	100	50	10	33	7
高邮市	107	107	180	16	164	125	8	88	29
镇江市	**234**	**234**	**341**	**46**	**295**	**152**	**19**	**71**	**62**
京口区	2	2	8	1	7				
润州区			2	2		1		1	
丹徒区	25	25	82	5	77	20	2	8	10
镇江新区	19	19	19	3	16	8	1	6	1
江苏镇江高新区									
丹阳市	33	33	75	12	63	42	5	12	25
扬中市	19	19	70	2	68	29	3	8	18
句容市	136	136	85	21	64	52	8	36	8

4-4c 续表 77　　　　单位：人

地区 性别	房地产业		租赁和商务服务业			科学研究和技术服务业			
	小计	房地产业	小计	租赁业	商务服务业	小计	研究和试验发展	专业技术服务业	科技推广和应用服务业
泰州市	**329**	**329**	**560**	**93**	**467**	**398**	**32**	**188**	**178**
海陵区	8	8	30	11	19	15	5	9	1
高港区	22	22	41	3	38	31	4	22	5
姜堰区	72	72	105	18	87	50	8	39	3
泰州医药高新技术产业开发区	6	6	10		10	6	1	2	3
兴化市	55	55	126	33	93	150	2	25	123
靖江市	73	73	69	5	64	52	6	33	13
泰兴市	93	93	179	23	156	94	6	58	30
宿迁市	**281**	**281**	**714**	**95**	**619**	**182**	**9**	**99**	**74**
宿城区	73	73	65	13	52	25	3	19	3
宿豫区	25	25	50	5	45	5		4	1
沭阳县	58	58	233	29	204	45	3	27	15
泗阳县	26	26	186	6	180	23	1	20	2
泗洪县	67	67	84	31	53	57		9	48
宿迁经济技术开发区	11	11	45	4	41	11	1	7	3
宿迁市湖滨新区	12	12	30	6	24	8	1	7	
苏州宿迁工业园区									
宿迁市洋河新区	9	9	21	1	20	8		6	2
女	**3151**	**3151**	**5466**	**222**	**5244**	**2440**	**403**	**994**	**1043**
南京市	**456**	**456**	**595**	**23**	**572**	**251**	**76**	**123**	**52**
玄武区									
秦淮区									
建邺区									
鼓楼区									
浦口区	37	37	31		31	17	7	9	1
栖霞区	30	30	49		49	9	3	3	3
雨花台区									
江宁区	193	193	216	12	204	109	34	49	26
六合区	111	111	147	7	140	62	15	32	15
溧水区	39	39	56	1	55	16	4	9	3
高淳区	44	44	82	2	80	32	11	17	4
南京江北新区	2	2	14	1	13	6	2	4	
无锡市	**227**	**227**	**292**	**16**	**276**	**156**	**72**	**52**	**32**
锡山区	20	20	29	2	27	11	2	7	2
惠山区	47	47	54	5	49	45	22	15	8
滨湖区	18	18	20		20	22	17	3	2
梁溪区									
新吴区	32	32	56		56	24	8	6	10
江苏无锡经济开发区									
江阴市	50	50	86	8	78	31	11	15	5
宜兴市	60	60	47	1	46	23	12	6	5
徐州市	**168**	**168**	**356**	**23**	**333**	**245**	**6**	**78**	**161**
鼓楼区									
云龙区									
贾汪区	27	27	29	3	26	10	1	9	
泉山区									
铜山区	34	34	116	9	107	94	2	24	68
丰县	21	21	39	4	35	24		9	15
沛县	17	17	20	4	16	20		11	9
睢宁县	21	21	65	2	63	67	2	9	56
徐州经济技术开发区	6	6	3		3	2		2	
新沂市	11	11	42	1	41	16	1	10	5
邳州市	31	31	42		42	12		4	8

4-4c　续表 78　　　　单位：人

地区 性别	房地产业		租赁和商务服务业			科学研究和技术服务业			
	小计	房地产业	小计	租赁业	商务服务业	小计	研究和试验发展	专业技术服务业	科技推广和应用服务业
常州市	**195**	**195**	**325**	**18**	**307**	**240**	**27**	**81**	**132**
天宁区	26	26	28		28	14	4	4	6
钟楼区	5	5	8		8	6	1	5	
新北区	9	9	37	3	34	14	6	7	1
武进区	66	66	87	7	80	73	7	40	26
金坛区	28	28	37	3	34	12	1	3	8
江苏省常州市经济开发区	19	19	19	3	16	19	1	9	9
溧阳市	42	42	109	2	107	102	7	13	82
苏州市	**709**	**709**	**970**	**26**	**944**	**344**	**105**	**159**	**80**
虎丘区	54	54	39	1	38	13	2	6	5
吴中区	115	115	171	7	164	94	26	42	26
相城区	15	15	19		19	6	3	2	1
姑苏区									
吴江区	62	62	90	3	87	23	4	16	3
苏州工业园区									
常熟市	116	116	134	7	127	40	12	18	10
张家港市	110	110	79	4	75	39	18	17	4
昆山市	181	181	219	4	215	61	13	37	11
太仓市	56	56	219		219	68	27	21	20
南通市	**272**	**272**	**710**	**23**	**687**	**270**	**32**	**131**	**107**
崇川区									
港闸区									
通州区	46	46	146	6	140	83	5	28	50
如东县	36	36	63	3	60	27	1	22	4
南通经济技术开发区									
通州湾示范区	8	8	5		5	6	3	3	
苏锡通科技产业园区	19	19	30		30	3		3	
启东市	49	49	72	1	71	20	4	13	3
如皋市	43	43	152	8	144	57	9	33	15
海门市	41	41	131	1	130	36	4	8	24
海安市	30	30	111	4	107	38	6	21	11
连云港市	**174**	**174**	**420**	**9**	**411**	**112**	**2**	**53**	**57**
连云区	1	1	2		2				
海州区	3	3	13		13	2		1	1
赣榆区	17	17	65	1	64	24	1	14	9
东海县	43	43	211	4	207	55	1	25	29
灌云县	12	12	100	2	98	9		1	8
灌南县	86	86	17	2	15	13		9	4
连云港经济技术开发区	2	2	8		8	7		3	4
连云港高新技术产业开发区									
江苏连云港徐圩新区	1	1				2			2
江苏省连云港市云台山风景名胜区	9	9	4		4				
淮安市	**81**	**81**	**164**	**8**	**156**	**44**	**3**	**27**	**14**
淮安区	14	14	27	1	26	6		4	2
淮阴区	14	14	16	2	14	6		4	2
清江浦区	6	6	10		10	3	1	2	
洪泽区	16	16	39	3	36	4			4
涟水县	12	12	24	1	23	11		9	2
盱眙县	7	7	23		23	9	1	4	4
金湖县	7	7	23	1	22	5	1	4	
淮安经济技术开发区									
工业园区	5	5	1		1				

4-4c 续表 79 单位：人

地　区 性　别	房地产业		租赁和商务服务业			科学研究和技术服务业			
	小计	房地产业	小计	租赁业	商　务 服务业	小计	研究和 试验发展	专业技术 服务业	科技推广 和应用 服务业
生态文旅区									
苏淮高新区			1		1				
盐城市	**217**	**217**	**448**	**17**	**431**	**241**	**21**	**61**	**159**
亭湖区	7	7	14	1	13	8	1	4	3
盐都区	39	39	72	4	68	22	1	7	14
大丰区	43	43	92	4	88	35	5	14	16
响水县	11	11	20		20	4		4	
滨海县	7	7	12		12	9	1	6	2
阜宁县	40	40	79	5	74	83	7	7	69
射阳县	30	30	57	2	55	28	2	6	20
建湖县	16	16	18		18	28	4	2	22
盐城经济技术开发区	4	4	41		41	8			8
江苏省盐南高新区									
东台市	20	20	43	1	42	16		11	5
扬州市	**248**	**248**	**420**	**16**	**404**	**137**	**17**	**78**	**42**
广陵区	16	16	26	2	24	8	2	5	1
邗江区	25	25	42		42	8	1	5	2
江都区	37	37	103	6	97	40	6	21	13
宝应县	52	52	75	1	74	27	1	19	7
扬州经济技术开发区	8	8	14		14	3	2		1
蜀冈瘦西湖景区									
生态新城	6	6	14		14	1		1	
仪征市	49	49	62	2	60	10	3	5	2
高邮市	55	55	84	5	79	40	2	22	16
镇江市	**139**	**139**	**179**	**5**	**174**	**100**	**14**	**44**	**42**
京口区			1		1	3		2	1
润州区			1	1					
丹徒区	26	26	40		40	22	2	13	7
镇江新区	11	11	8		8	5	1	4	
江苏镇江高新区									
丹阳市	25	25	33	1	32	26	2	9	15
扬中市	5	5	36	3	33	16	1	6	9
句容市	72	72	60		60	28	8	10	10
泰州市	**162**	**162**	**272**	**19**	**253**	**213**	**24**	**68**	**121**
海陵区	19	19	14	3	11	8	4	3	1
高港区	17	17	13		13	17	6	5	6
姜堰区	40	40	69	2	67	22	5	13	4
泰州医药高新技术产业开发区	5	5	7		7	6	3	3	
兴化市	17	17	57	10	47	99	1	12	86
靖江市	32	32	30	1	29	14	2	7	5
泰兴市	32	32	82	3	79	47	3	25	19
宿迁市	**103**	**103**	**315**	**19**	**296**	**87**	**4**	**39**	**44**
宿城区	19	19	25	2	23	3		2	1
宿豫区	9	9	14		14	10	2	4	4
沭阳县	16	16	69	1	68	25	1	16	8
泗阳县	12	12	120		120	9		8	1
泗洪县	30	30	57	16	41	33	1	3	29
宿迁经济技术开发区	6	6	11		11	4		3	1
宿迁市湖滨新区	10	10	12		12	2		2	
苏州宿迁工业园区									
宿迁市洋河新区	1	1	7		7	1		1	

4-4c　续表 80

单位：人

地区 性别	水利、环境和公共设施管理业 小计	水利管理业	生态保护和环境治理业	公共设施管理业	土地管理业	居民服务、修理和其他服务业 小计	居民服务业	机动车、电子产品和日用产品修理业	其他服务业
江　苏	**9185**	**362**	**617**	**8122**	**84**	**30047**	**16285**	**6581**	**7181**
南京市	**960**	**43**	**58**	**857**	**2**	**2176**	**1108**	**475**	**593**
玄武区									
秦淮区									
建邺区									
鼓楼区									
浦口区	85	2	8	75		141	77	36	28
栖霞区	36	4	6	26		93	47	22	24
雨花台区									
江宁区	315	13	19	282	1	684	317	137	230
六合区	232	11	9	212		729	439	146	144
溧水区	135	2	4	128	1	216	97	46	73
高淳区	126	11	9	106		291	123	82	86
南京江北新区	31		3	28		22	8	6	8
无锡市	**593**	**10**	**55**	**526**	**2**	**1418**	**794**	**420**	**204**
锡山区	57		4	53		164	88	51	25
惠山区	85	2	15	68		248	135	95	18
滨湖区	48	2	1	45		39	26	10	3
梁溪区									
新吴区	36		1	34	1	66	30	19	17
江苏无锡经济开发区									
江阴市	153	3	20	130		508	277	159	72
宜兴市	214	3	14	196	1	393	238	86	69
徐州市	**738**	**35**	**32**	**647**	**24**	**2507**	**1145**	**682**	**680**
鼓楼区									
云龙区									
贾汪区	33		2	30	1	155	71	40	44
泉山区									
铜山区	261	8	7	238	8	841	437	179	225
丰县	160	4	11	136	9	332	109	77	146
沛县	52	1	1	48	2	280	115	96	69
睢宁县	86	6	6	72	2	335	153	97	85
徐州经济技术开发区	14			12	2	51	31	11	9
新沂市	76	6	3	67		238	100	95	43
邳州市	56	10	2	44		275	129	87	59
常州市	**882**	**24**	**72**	**786**		**2126**	**1111**	**382**	**633**
天宁区	15		4	11		76	47	18	11
钟楼区	22	1	3	18		58	39	16	3
新北区	125	1	13	111		171	94	37	40
武进区	401	10	13	378		723	411	106	206
金坛区	85	4	8	73		376	167	72	137
江苏省常州市经济开发区	44	2	12	30		142	71	41	30
溧阳市	190	6	19	165		580	282	92	206
苏州市	**1556**	**54**	**84**	**1415**	**3**	**3392**	**1731**	**718**	**943**
虎丘区	122		2	120		114	64	30	20
吴中区	419	22	16	380	1	636	285	117	234
相城区	42		3	39		48	25	11	12
姑苏区									
吴江区	254	10	16	227	1	370	165	80	125
苏州工业园区									
常熟市	251	8	12	231		527	272	134	121

4-4c 续表 81　　　　单位：人

地区 性别	水利、环境和公共设施管理业					居民服务、修理和其他服务业			
	小计	水利管理业	生态保护和环境治理业	公共设施管理业	土地管理业	小计	居民服务业	机动车、电子产品和日用产品修理业	其他服务业
张家港市	97	3	9	85		453	232	133	88
昆山市	244	5	14	225		483	254	128	101
太仓市	127	6	12	108	1	761	434	85	242
南通市	**673**	**16**	**87**	**566**	**4**	**2985**	**1814**	**618**	**553**
崇川区									
港闸区	4			4					
通州区	116	3	11	102		375	213	89	73
如东县	105	1	12	90	2	391	241	91	59
南通经济技术开发区									
通州湾示范区	32	3	12	17		84	56	17	11
苏锡通科技产业园区	3			3		69	38	21	10
启东市	147	3	26	118		430	247	107	76
如皋市	161	2	9	148	2	594	345	157	92
海门市	56		13	43		405	232	50	123
海安市	49	4	4	41		637	442	86	109
连云港市	**511**	**28**	**17**	**447**	**19**	**1794**	**916**	**428**	**450**
连云区	1			1		5	2	1	2
海州区	60	1	4	55		85	37	37	11
赣榆区	104	5	6	91	2	426	203	123	100
东海县	217	7	3	204	3	570	275	111	184
灌云县	43	5	2	23	13	223	111	48	64
灌南县	43	3	1	38	1	402	252	86	64
连云港经济技术开发区	14	2		12		33	15	11	7
连云港高新技术产业开发区									
江苏连云港徐圩新区	2			2		2	1	1	
江苏省连云港市云台山风景名胜区	27	5	1	21		48	20	10	18
淮安市	**337**	**19**	**25**	**293**		**1477**	**768**	**338**	**371**
淮安区	43	1	3	39		402	219	78	105
淮阴区	83	4	9	70		234	107	71	56
清江浦区	31			31		106	44	27	35
洪泽区	34	2	2	30		137	86	19	32
涟水县	38	5	3	30		248	127	68	53
盱眙县	55	4	4	47		176	84	36	56
金湖县	47	3	4	40		159	91	34	34
淮安经济技术开发区									
工业园区	6			6		11	9	2	
生态文旅区									
苏淮高新区						4	1	3	
盐城市	**751**	**65**	**64**	**608**	**14**	**2921**	**1604**	**645**	**672**
亭湖区	28	2	1	24	1	119	57	26	36
盐都区	178	15	9	154		545	302	77	166
大丰区	120	9	12	98	1	353	208	66	79
响水县	58	7	8	39	4	198	109	32	57
滨海县	70	7	6	50	7	239	113	71	55
阜宁县	68	4	6	58		465	256	129	80
射阳县	97	9	15	73		408	249	93	66
建湖县	68	2	4	62		207	118	62	27
盐城经济技术开发区	4		1	3		49	11	7	31
江苏省盐南高新区									
东台市	60	10	2	47	1	338	181	82	75
扬州市	**435**	**21**	**32**	**376**	**6**	**3326**	**2040**	**850**	**436**
广陵区	16			16		97	58	20	19

4-4c　续表 82　　　　单位：人

地　区 性　别	水利、环境和公共设施管理业					居民服务、修理和其他服务业			
	小计	水　利 管理业	生态保护 和环境 治理业	公共设施 管理业	土　地 管理业	小计	居　民 服务业	机动车、 电子产品 和日用产 品修理业	其　他 服务业
邗江区	29	1		27	1	138	89	25	24
江都区	102	7	12	83		903	345	472	86
宝应县	89	2	1	84	2	875	687	105	83
扬州经济技术开发区	5			5		85	70	7	8
蜀冈瘦西湖景区									
生态新城	10			10		36	15	8	13
仪征市	86	3	8	75		412	287	66	59
高邮市	98	8	11	76	3	780	489	147	144
镇江市	**459**	**15**	**18**	**424**	**2**	**1201**	**788**	**180**	**233**
京口区	5		1	4		7	1	1	5
润州区									
丹徒区	46	4	2	40		291	234	26	31
镇江新区	10		3	7		71	28	10	33
江苏镇江高新区									
丹阳市	80	2	1	75	2	326	207	42	77
扬中市	21	1	10	10		103	52	20	31
句容市	297	8	1	288		403	266	81	56
泰州市	**663**	**21**	**45**	**594**	**3**	**2334**	**1388**	**395**	**551**
海陵区	25	2	1	22		90	45	27	18
高港区	49		5	44		146	96	28	22
姜堰区	74	2	3	69		366	232	61	73
泰州医药高新技术产业开发区	3			3		43	22	11	10
兴化市	170	5	12	151	2	840	481	89	270
靖江市	82	3	2	77		272	152	63	57
泰兴市	260	9	22	228	1	577	360	116	101
宿迁市	**627**	**11**	**28**	**583**	**5**	**2390**	**1078**	**450**	**862**
宿城区	92	1	2	89		212	117	64	31
宿豫区	65		4	61		125	52	39	34
沭阳县	174	2	12	158	2	605	308	173	124
泗阳县	74	3	3	68		996	369	59	568
泗洪县	130	3	2	125		266	145	57	64
宿迁经济技术开发区	30		1	28	1	67	27	24	16
宿迁市湖滨新区	29		3	24	2	55	24	15	16
苏州宿迁工业园区									
宿迁市洋河新区	33	2	1	30		64	36	19	9
男	**5536**	**312**	**462**	**4700**	**62**	**15924**	**6844**	**5682**	**3398**
南京市	**583**	**38**	**47**	**496**	**2**	**1071**	**374**	**423**	**274**
玄武区									
秦淮区									
建邺区									
鼓楼区									
浦口区	46	2	6	38		74	27	34	13
栖霞区	26	3	6	17		43	11	20	12
雨花台区									
江宁区	204	12	17	174	1	300	85	116	99
六合区	139	9	7	123		371	181	136	54
溧水区	69	2	3	63	1	109	31	39	39
高淳区	82	10	6	66		161	36	74	51
南京江北新区	17		2	15		13	3	4	6
无锡市	**371**	**9**	**39**	**322**	**1**	**745**	**302**	**352**	**91**
锡山区	43		2	41		93	37	41	15

4-4c 续表 83　　单位：人

地区 性别	水利、环境和公共设施管理业					居民服务、修理和其他服务业			
	小计	水利管理业	生态保护和环境治理业	公共设施管理业	土地管理业	小计	居民服务业	机动车、电子产品和日用产品修理业	其他服务业
惠山区	55	2	9	44		136	44	84	8
滨湖区	25	2	1	22		19	10	8	1
梁溪区									
新吴区	28		1	27		33	15	15	3
江苏无锡经济开发区									
江阴市	106	3	15	88		266	103	127	36
宜兴市	114	2	11	100	1	198	93	77	28
徐州市	**401**	**30**	**19**	**334**	**18**	**1404**	**487**	**610**	**307**
鼓楼区									
云龙区									
贾汪区	18		1	16	1	102	42	36	24
泉山区									
铜山区	108	6	4	94	4	393	143	154	96
丰县	81	3	6	65	7	176	54	63	59
沛县	33	1	1	29	2	169	49	93	27
睢宁县	59	6	3	48	2	204	75	87	42
徐州经济技术开发区	8			6	2	32	19	10	3
新沂市	56	6	2	48		156	46	89	21
邳州市	38	8	2	28		172	59	78	35
常州市	**507**	**19**	**48**	**440**		**1070**	**410**	**307**	**353**
天宁区	10		1	9		37	19	14	4
钟楼区	18	1	3	14		25	11	14	
新北区	72	1	9	62		76	31	28	17
武进区	222	8	7	207		395	195	86	114
金坛区	55	3	7	45		202	61	57	84
江苏省常州市经济开发区	30	2	8	20		82	29	32	21
溧阳市	100	4	13	83		253	64	76	113
苏州市	**951**	**45**	**64**	**840**	**2**	**1620**	**579**	**596**	**445**
虎丘区	67		2	65		58	26	24	8
吴中区	254	16	8	229	1	293	93	91	109
相城区	23		3	20		31	14	10	7
姑苏区									
吴江区	154	9	13	131	1	189	63	65	61
苏州工业园区									
常熟市	142	7	10	125		271	101	114	56
张家港市	62	3	7	52		257	91	113	53
昆山市	162	4	12	146		237	82	104	51
太仓市	87	6	9	72		284	109	75	100
南通市	**437**	**12**	**57**	**365**	**3**	**1552**	**754**	**530**	**268**
崇川区									
港闸区	3			3					
通州区	73	2	8	63		221	107	75	39
如东县	66	1	7	56	2	214	94	82	38
南通经济技术开发区									
通州湾示范区	16	2	8	6		41	22	13	6
苏锡通科技产业园区	3			3		44	19	19	6
启东市	96	2	18	76		213	87	93	33
如皋市	111	2	6	102	1	372	177	140	55
海门市	36		8	28		177	87	39	51
海安市	33	3	2	28		270	161	69	40
连云港市	**270**	**23**	**15**	**221**	**11**	**901**	**359**	**369**	**173**
连云区						3	1	1	1

4-4c　续表 84

单位：人

地区 性别	水利、环境和公共设施管理业					居民服务、修理和其他服务业			
	小计	水利管理业	生态保护和环境治理业	公共设施管理业	土地管理业	小计	居民服务业	机动车、电子产品和日用产品修理业	其他服务业
海州区	32	1	4	27		56	15	34	7
赣榆区	59	5	4	49	1	250	88	116	46
东海县	96	5	3	86	2	241	87	97	57
灌云县	29	5	2	14	8	127	53	38	36
灌南县	30	2	1	27		193	107	65	21
连云港经济技术开发区	9	1		8		13	3	9	1
连云港高新技术产业开发区									
江苏连云港徐圩新区	1			1		1		1	
江苏省连云港市云台山风景名胜区	14	4	1	9		17	5	8	4
淮安市	**209**	**19**	**21**	**169**		**866**	**375**	**303**	**188**
淮安区	28	1	3	24		225	102	73	50
淮阴区	54	4	8	42		137	52	63	22
清江浦区	16			16		51	15	21	15
洪泽区	18	2	2	14		84	50	17	17
涟水县	24	5	3	16		149	58	61	30
盱眙县	38	4	3	31		109	39	34	36
金湖县	28	3	2	23		99	52	29	18
淮安经济技术开发区									
工业园区	3			3		8	6	2	
生态文旅区									
苏淮高新区						4	1	3	
盐城市	**484**	**58**	**59**	**353**	**14**	**1608**	**741**	**552**	**315**
亭湖区	23	1	1	20	1	69	26	25	18
盐都区	107	13	8	86		277	142	67	68
大丰区	61	8	11	41	1	199	114	57	28
响水县	35	6	7	18	4	111	51	30	30
滨海县	61	7	6	41	7	152	67	59	26
阜宁县	46	4	5	37		255	108	106	41
射阳县	63	8	14	41		219	107	77	35
建湖县	41	2	4	35		121	56	55	10
盐城经济技术开发区	2		1	1		34	8	3	23
江苏省盐南高新区									
东台市	45	9	2	33	1	171	62	73	36
扬州市	**272**	**19**	**24**	**224**	**5**	**1868**	**918**	**758**	**192**
广陵区	9			9		54	31	16	7
邗江区	19			18	1	80	48	22	10
江都区	68	7	9	52		644	172	431	41
宝应县	62	2	1	58	1	369	258	89	22
扬州经济技术开发区	4			4		46	37	7	2
蜀冈瘦西湖景区									
生态新城	5			5		20	9	6	5
仪征市	46	3	7	36		238	158	57	23
高邮市	59	7	7	42	3	417	205	130	82
镇江市	**298**	**13**	**13**	**271**	**1**	**601**	**356**	**154**	**91**
京口区	3		1	2		3	1		2
润州区									
丹徒区	24	3	2	19		169	129	23	17
镇江新区	8		2	6		37	12	9	16
江苏镇江高新区									
丹阳市	49	2	1	45	1	171	115	36	20
扬中市	15	1	6	8		38	11	16	11
句容市	199	7	1	191		183	88	70	25

4-4c 续表 85 单位：人

地区 性别	水利、环境和公共设施管理业					居民服务、修理和其他服务业			
	小计	水利管理业	生态保护和环境治理业	公共设施管理业	土地管理业	小计	居民服务业	机动车、电子产品和日用产品修理业	其他服务业
泰州市	**350**	**18**	**32**	**299**	**1**	**1242**	**641**	**348**	**253**
海陵区	15	2	1	12		48	17	24	7
高港区	18		5	13		69	30	27	12
姜堰区	40	2	2	36		195	114	54	27
泰州医药高新技术产业开发区	2			2		18	10	7	1
兴化市	106	4	9	93		471	264	75	132
靖江市	38	3	2	33		143	54	57	32
泰兴市	131	7	13	110	1	298	152	104	42
宿迁市	**403**	**9**	**24**	**366**	**4**	**1376**	**548**	**380**	**448**
宿城区	54	1	2	51		127	55	57	15
宿豫区	45		3	42		88	34	32	22
沭阳县	113	2	11	98	2	338	140	139	59
泗阳县	51	2	2	47		568	215	56	297
泗洪县	90	2	2	86		146	62	46	38
宿迁经济技术开发区	20		1	18	1	43	16	22	5
宿迁市湖滨新区	15		2	12	1	38	12	15	11
苏州宿迁工业园区									
宿迁市洋河新区	15	2	1	12		28	14	13	1
女	**3649**	**50**	**155**	**3422**	**22**	**14123**	**9441**	**899**	**3783**
南京市	**377**	**5**	**11**	**361**		**1105**	**734**	**52**	**319**
玄武区									
秦淮区									
建邺区									
鼓楼区									
浦口区	39		2	37		67	50	2	15
栖霞区	10	1		9		50	36	2	12
雨花台区									
江宁区	111	1	2	108		384	232	21	131
六合区	93	2	2	89		358	258	10	90
溧水区	66		1	65		107	66	7	34
高淳区	44	1	3	40		130	87	8	35
南京江北新区	14		1	13		9	5	2	2
无锡市	**222**	**1**	**16**	**204**	**1**	**673**	**492**	**68**	**113**
锡山区	14		2	12		71	51	10	10
惠山区	30		6	24		112	91	11	10
滨湖区	23			23		20	16	2	2
梁溪区									
新吴区	8			7	1	33	15	4	14
江苏无锡经济开发区									
江阴市	47		5	42		242	174	32	36
宜兴市	100	1	3	96		195	145	9	41
徐州市	**337**	**5**	**13**	**313**	**6**	**1103**	**658**	**72**	**373**
鼓楼区									
云龙区									
贾汪区	15		1	14		53	29	4	20
泉山区									
铜山区	153	2	3	144	4	448	294	25	129
丰县	79	1	5	71	2	156	55	14	87
沛县	19			19		111	66	3	42
睢宁县	27		3	24		131	78	10	43
徐州经济技术开发区	6			6		19	12	1	6
新沂市	20		1	19		82	54	6	22
邳州市	18	2		16		103	70	9	24

4-4c 续表 86

单位：人

地区 性别	水利、环境和公共设施管理业					居民服务、修理和其他服务业			
	小计	水利管理业	生态保护和环境治理业	公共设施管理业	土地管理业	小计	居民服务业	机动车、电子产品和日用产品修理业	其他服务业
常州市	**375**	**5**	**24**	**346**		**1056**	**701**	**75**	**280**
天宁区	5		3	2		39	28	4	7
钟楼区	4			4		33	28	2	3
新北区	53		4	49		95	63	9	23
武进区	179	2	6	171		328	216	20	92
金坛区	30	1	1	28		174	106	15	53
江苏省常州市经济开发区	14		4	10		60	42	9	9
溧阳市	90	2	6	82		327	218	16	93
苏州市	**605**	**9**	**20**	**575**	**1**	**1772**	**1152**	**122**	**498**
虎丘区	55			55		56	38	6	12
吴中区	165	6	8	151		343	192	26	125
相城区	19			19		17	11	1	5
姑苏区									
吴江区	100	1	3	96		181	102	15	64
苏州工业园区									
常熟市	109	1	2	106		256	171	20	65
张家港市	35		2	33		196	141	20	35
昆山市	82	1	2	79		246	172	24	50
太仓市	40		3	36	1	477	325	10	142
南通市	**236**	**4**	**30**	**201**	**1**	**1433**	**1060**	**88**	**285**
崇川区									
港闸区	1			1					
通州区	43	1	3	39		154	106	14	34
如东县	39		5	34		177	147	9	21
南通经济技术开发区									
通州湾示范区	16	1	4	11		43	34	4	5
苏锡通科技产业园区						25	19	2	4
启东市	51	1	8	42		217	160	14	43
如皋市	50		3	46	1	222	168	17	37
海门市	20		5	15		228	145	11	72
海安市	16	1	2	13		367	281	17	69
连云港市	**241**	**5**	**2**	**226**	**8**	**893**	**557**	**59**	**277**
连云区	1			1		2	1		1
海州区	28			28		29	22	3	4
赣榆区	45		2	42	1	176	115	7	54
东海县	121	2		118	1	329	188	14	127
灌云县	14			9	5	96	58	10	28
灌南县	13	1		11	1	209	145	21	43
连云港经济技术开发区	5	1		4		20	12	2	6
连云港高新技术产业开发区									
江苏连云港徐圩新区	1			1		1	1		
江苏省连云港市云台山风景名胜区	13	1		12		31	15	2	14
淮安市	**128**		**4**	**124**		**611**	**393**	**35**	**183**
淮安区	15			15		177	117	5	55
淮阴区	29		1	28		97	55	8	34
清江浦区	15			15		55	29	6	20
洪泽区	16			16		53	36	2	15
涟水县	14			14		99	69	7	23
盱眙县	17		1	16		67	45	2	20
金湖县	19		2	17		60	39	5	16
淮安经济技术开发区									
工业园区	3			3		3	3		

4-4c 续表 87

单位：人

地区 性别	水利、环境和公共设施管理业					居民服务、修理和其他服务业			
	小计	水利管理业	生态保护和环境治理业	公共设施管理业	土地管理业	小计	居民服务业	机动车、电子产品和日用产品修理业	其他服务业
生态文旅区									
苏淮高新区									
盐城市	**267**	**7**	**5**	**255**		**1313**	**863**	**93**	**357**
亭湖区	5	1		4		50	31	1	18
盐都区	71	2	1	68		268	160	10	98
大丰区	59	1	1	57		154	94	9	51
响水县	23	1	1	21		87	58	2	27
滨海县	9			9		87	46	12	29
阜宁县	22		1	21		210	148	23	39
射阳县	34	1	1	32		189	142	16	31
建湖县	27			27		86	62	7	17
盐城经济技术开发区	2			2		15	3	4	8
江苏省盐南高新区									
东台市	15	1		14		167	119	9	39
扬州市	**163**	**2**	**8**	**152**	**1**	**1458**	**1122**	**92**	**244**
广陵区	7			7		43	27	4	12
邗江区	10	1		9		58	41	3	14
江都区	34		3	31		259	173	41	45
宝应县	27			26	1	506	429	16	61
扬州经济技术开发区	1			1		39	33		6
蜀冈瘦西湖景区									
生态新城	5			5		16	6	2	8
仪征市	40		1	39		174	129	9	36
高邮市	39	1	4	34		363	284	17	62
镇江市	**161**	**2**	**5**	**153**	**1**	**600**	**432**	**26**	**142**
京口区	2			2		4		1	3
润州区									
丹徒区	22	1		21		122	105	3	14
镇江新区	2		1	1		34	16	1	17
江苏镇江高新区									
丹阳市	31			30	1	155	92	6	57
扬中市	6		4	2		65	41	4	20
句容市	98	1		97		220	178	11	31
泰州市	**313**	**3**	**13**	**295**	**2**	**1092**	**747**	**47**	**298**
海陵区	10			10		42	28	3	11
高港区	31			31		77	66	1	10
姜堰区	34		1	33		171	118	7	46
泰州医药高新技术产业开发区	1			1		25	12	4	9
兴化市	64	1	3	58	2	369	217	14	138
靖江市	44			44		129	98	6	25
泰兴市	129	2	9	118		279	208	12	59
宿迁市	**224**	**2**	**4**	**217**	**1**	**1014**	**530**	**70**	**414**
宿城区	38			38		85	62	7	16
宿豫区	20		1	19		37	18	7	12
沭阳县	61		1	60		267	168	34	65
泗阳县	23	1	1	21		428	154	3	271
泗洪县	40	1		39		120	83	11	26
宿迁经济技术开发区	10			10		24	11	2	11
宿迁市湖滨新区	14		1	12	1	17	12		5
苏州宿迁工业园区									
宿迁市洋河新区	18			18		36	22	6	8

4-4c 续表 88

单位：人

地区 性别	教育		卫生和社会工作			文化、体育和娱乐业				
	小计	教育	小计	卫生	社会工作	小计	新闻和出版业	广播、电视、电影和录音制作业	文化艺术业	体育
江 苏	**13823**	**13823**	**7602**	**6758**	**844**	**2789**	**63**	**236**	**514**	**487**
南京市	**1260**	**1260**	**685**	**565**	**120**	**340**	**12**	**28**	**49**	**59**
玄武区										
秦淮区										
建邺区										
鼓楼区										
浦口区	86	86	44	35	9	25	1	1	3	8
栖霞区	70	70	62	54	8	40	3	1	2	3
雨花台区										
江宁区	506	506	210	161	49	123	2	13	22	21
六合区	261	261	194	176	18	78	3	7	10	14
溧水区	124	124	51	39	12	39	2	3	3	10
高淳区	200	200	121	97	24	30	1	3	8	3
南京江北新区	13	13	3	3		5			1	
无锡市	**939**	**939**	**494**	**410**	**84**	**182**		**21**	**38**	**37**
锡山区	111	111	26	21	5	13				2
惠山区	206	206	89	80	9	35		4	4	5
滨湖区	49	49	35	24	11	14			7	3
梁溪区										
新吴区	49	49	24	21	3	20		2	11	3
江苏无锡经济开发区										
江阴市	309	309	177	152	25	71		10	14	19
宜兴市	215	215	143	112	31	29		5	2	5
徐州市	**1493**	**1493**	**654**	**619**	**35**	**180**	**3**	**19**	**56**	**31**
鼓楼区										
云龙区										
贾汪区	129	129	54	44	10	17	2	2	1	1
泉山区										
铜山区	357	357	142	130	12	48	1	2	17	7
丰县	169	169	87	86	1	11		1	5	
沛县	164	164	65	61	4	25		5	10	1
睢宁县	189	189	89	84	5	24		4	10	2
徐州经济技术开发区	40	40	18	18		8			3	
新沂市	217	217	110	107	3	27		3	4	13
邳州市	228	228	89	89		20		2	6	7
常州市	**876**	**876**	**355**	**325**	**30**	**259**	**10**	**22**	**24**	**48**
天宁区	53	53	16	13	3	7			1	2
钟楼区	44	44	14	13	1	10	1		1	1
新北区	92	92	35	32	3	25	1	4	2	4
武进区	327	327	95	92	3	79	7	4	5	15
金坛区	99	99	64	54	10	59		7	3	6
江苏省常州市经济开发区	83	83	18	18		22	1	2	7	7
溧阳市	178	178	113	103	10	57		5	5	13
苏州市	**2013**	**2013**	**1069**	**914**	**155**	**422**	**2**	**32**	**54**	**93**
虎丘区	82	82	34	32	2	21			5	1
吴中区	379	379	129	112	17	85	2	7	7	15
相城区	24	24	25	19	6	1			1	
姑苏区										
吴江区	320	320	176	150	26	26		2	1	5
苏州工业园区										
常熟市	313	313	232	203	29	74		5	10	13

4-4c 续表 89

单位：人

地区 性别	教育		卫生和社会工作			文化、体育和娱乐业				
	小计	教育	小计	卫生	社会工作	小计	新闻和出版业	广播、电视、电影和录音制作业	文化艺术业	体育
张家港市	274	274	173	157	16	64		8	9	23
昆山市	431	431	188	164	24	103		10	13	28
太仓市	190	190	112	77	35	48			8	8
南通市	**1353**	**1353**	**881**	**793**	**88**	**247**	**6**	**23**	**71**	**50**
崇川区										
港闸区	2	2	1	1						
通州区	272	272	161	149	12	39	2	3	7	12
如东县	196	196	139	126	13	44	1	3	20	10
南通经济技术开发区										
通州湾示范区	27	27	23	18	5	4		1	3	
苏锡通科技产业园区	42	42	23	21	2	7		1	2	2
启东市	126	126	134	117	17	34		4	5	7
如皋市	352	352	197	183	14	44	1	7	21	3
海门市	169	169	80	67	13	35	2	1	5	11
海安市	167	167	123	111	12	40		3	8	5
连云港市	**1013**	**1013**	**398**	**380**	**18**	**117**	**5**	**18**	**34**	**16**
连云区	3	3	1	1		15			15	
海州区	55	55	20	20		11		1		3
赣榆区	342	342	129	124	5	14	1		2	1
东海县	299	299	94	88	6	42	3	13	8	5
灌云县	147	147	55	50	5	10		1	3	
灌南县	125	125	80	78	2	14		3	5	1
连云港经济技术开发区	26	26	8	8		9	1			5
连云港高新技术产业开发区										
江苏连云港徐圩新区										
江苏省连云港市云台山风景名胜区	16	16	11	11		2			1	1
淮安市	**675**	**675**	**381**	**357**	**24**	**100**	**1**	**8**	**22**	**14**
淮安区	163	163	90	79	11	22		1	7	2
淮阴区	88	88	80	78	2	10		2	1	2
清江浦区	69	69	16	16		7		1	1	1
洪泽区	71	71	29	26	3	17	1		2	3
涟水县	124	124	78	73	5	13		2	3	2
盱眙县	97	97	56	56		7		1	1	1
金湖县	56	56	32	29	3	24		1	7	3
淮安经济技术开发区										
工业园区	7	7								
生态文旅区										
苏淮高新区										
盐城市	**1045**	**1045**	**826**	**729**	**97**	**198**	**7**	**14**	**47**	**40**
亭湖区	41	41	35	35		9	1		5	1
盐都区	166	166	90	83	7	26			3	6
大丰区	155	155	102	93	9	39		7	3	6
响水县	74	74	36	36		14	3		3	3
滨海县	94	94	67	66	1	15			5	1
阜宁县	148	148	160	115	45	26			8	4
射阳县	149	149	137	117	20	29	1	2	8	10
建湖县	88	88	67	59	8	13	1	1	7	2
盐城经济技术开发区	26	26	7	6	1	2				1
江苏省盐南高新区										
东台市	104	104	125	119	6	25	1	4	5	6
扬州市	**1004**	**1004**	**574**	**534**	**40**	**246**	**10**	**23**	**45**	**36**
广陵区	50	50	15	13	2	19		1	4	2

4-4c 续表 90

单位：人

地区 性别	教育		卫生和社会工作			文化、体育和娱乐业				
	小计	教育	小计	卫生	社会工作	小计	新闻和出版业	广播、电视、电影和录音制作业	文化艺术业	体育
邗江区	65	65	32	28	4	19	2		3	4
江都区	230	230	143	136	7	44	2	5	12	7
宝应县	260	260	121	111	10	33	1	9	8	5
扬州经济技术开发区	36	36	19	19		5			1	1
蜀冈瘦西湖景区										
生态新城	18	18	4	3	1	7				
仪征市	147	147	76	71	5	61	3	4	10	7
高邮市	198	198	164	153	11	58	2	4	7	10
镇江市	**426**	**426**	**224**	**190**	**34**	**176**	**1**	**6**	**15**	**21**
京口区	6	6	3	3		1				
润州区										
丹徒区	49	49	35	28	7	32		2	2	4
镇江新区	28	28	7	7		7				2
江苏镇江高新区										
丹阳市	105	105	43	40	3	34	1	2	2	1
扬中市	79	79	41	29	12	27			5	8
句容市	159	159	95	83	12	75		2	6	6
泰州市	**797**	**797**	**541**	**494**	**47**	**195**	**5**	**12**	**20**	**19**
海陵区	35	35	24	22	2	5		1	1	
高港区	91	91	44	38	6	8		1	4	1
姜堰区	139	139	100	97	3	24	2	1	1	3
泰州医药高新技术产业开发区	18	18	6	5	1	7			1	2
兴化市	171	171	142	128	14	59	2	2		1
靖江市	115	115	94	84	10	34		3	6	5
泰兴市	228	228	131	120	11	58	1	4	7	7
宿迁市	**929**	**929**	**520**	**448**	**72**	**127**	**1**	**10**	**39**	**23**
宿城区	169	169	64	59	5	28	1	3	4	7
宿豫区	72	72	43	43		9			5	2
沭阳县	318	318	203	150	53	39		4	20	5
泗阳县	121	121	75	70	5	15		2		5
泗洪县	134	134	88	82	6	16			5	
宿迁经济技术开发区	20	20	12	11	1	8			5	2
宿迁市湖滨新区	40	40	13	13		7				2
苏州宿迁工业园区										
宿迁市洋河新区	55	55	22	20	2	5		1		
男	**4907**	**4907**	**2862**	**2596**	**266**	**1564**	**28**	**129**	**324**	**267**
南京市	**425**	**425**	**198**	**167**	**31**	**175**	**5**	**13**	**27**	**28**
玄武区										
秦淮区										
建邺区										
鼓楼区										
浦口区	38	38	9	6	3	14	1		1	5
栖霞区	23	23	22	19	3	21	2	1	1	1
雨花台区										
江宁区	168	168	54	44	10	63	2	3	15	4
六合区	101	101	68	60	8	38		6	3	8
溧水区	38	38	10	9	1	20		1	2	7
高淳区	51	51	35	29	6	17		2	5	3
南京江北新区	6	6				2				
无锡市	**246**	**246**	**138**	**120**	**18**	**106**		**14**	**20**	**19**
锡山区	23	23	5	4	1	9				2

4-4c 续表 91

单位：人

地区 性别	教育		卫生和社会工作			文化、体育和娱乐业				
	小计	教育	小计	卫生	社会工作	小计	新闻和出版业	广播、电视、电影和录音制作业	文化艺术业	体育
惠山区	46	46	23	19	4	20		3	2	3
滨湖区	11	11	10	8	2	7			5	1
梁溪区										
新吴区	9	9	4	4		15		2	8	2
江苏无锡经济开发区										
江阴市	89	89	59	55	4	37		4	4	11
宜兴市	68	68	37	30	7	18		5	1	
徐州市	**594**	**594**	**329**	**317**	**12**	**117**	**3**	**14**	**39**	**20**
鼓楼区										
云龙区										
贾汪区	40	40	26	20	6	11	2		1	1
泉山区										
铜山区	116	116	52	51	1	28	1	1	12	4
丰县	77	77	53	52	1	4		1	1	
沛县	72	72	45	43	2	21		5	9	1
睢宁县	87	87	43	42	1	14		3	5	1
徐州经济技术开发区	14	14	9	9		5			2	
新沂市	84	84	54	53	1	19		3	3	9
邳州市	104	104	47	47		15		1	6	4
常州市	**249**	**249**	**116**	**107**	**9**	**133**	**4**	**10**	**14**	**23**
天宁区	14	14	6	5	1	4				2
钟楼区	14	14	6	6		5			1	1
新北区	21	21	13	12	1	15	1	1	1	3
武进区	99	99	24	24		34	2	2	3	7
金坛区	36	36	26	23	3	29		4	1	1
江苏省常州市经济开发区	18	18	4	4		12	1	1	4	3
溧阳市	47	47	37	33	4	34		2	4	6
苏州市	**581**	**581**	**303**	**270**	**33**	**225**	**1**	**17**	**30**	**49**
虎丘区	19	19	10	10		10			5	
吴中区	120	120	26	23	3	43	1	3	5	6
相城区	4	4	12	9	3					
姑苏区										
吴江区	78	78	58	49	9	14		1		3
苏州工业园区										
常熟市	93	93	71	66	5	36		2	5	6
张家港市	79	79	53	49	4	33		5	3	13
昆山市	127	127	43	38	5	58		6	7	16
太仓市	61	61	30	26	4	31			5	5
南通市	**402**	**402**	**279**	**257**	**22**	**128**	**2**	**13**	**43**	**23**
崇川区										
港闸区										
通州区	83	83	52	46	6	19		2	6	5
如东县	57	57	33	29	4	25		2	14	5
南通经济技术开发区										
通州湾示范区	7	7	9	7	2	2		1	1	
苏锡通科技产业园区	10	10	7	7		4		1	1	1
启东市	17	17	38	34	4	16		2	3	2
如皋市	118	118	83	81	2	24	1	4	10	2
海门市	57	57	22	21	1	18	1	1	4	4
海安市	53	53	35	32	3	20			4	4
连云港市	**426**	**426**	**211**	**202**	**9**	**71**	**2**	**10**	**25**	**7**
连云区	2	2				15			15	

4-4c　续表 92　　　　单位：人

地区 性别	教育		卫生和社会工作			文化、体育和娱乐业				
	小计	教育	小计	卫生	社会工作	小计	新闻和出版业	广播、电视、电影和录音制作业	文化艺术业	体育
海州区	27	27	7	7		6				2
赣榆区	130	130	67	65	2	8			1	
东海县	114	114	59	55	4	19	2	7	2	1
灌云县	91	91	32	30	2	9		1	3	
灌南县	51	51	39	38	1	8		2	3	1
连云港经济技术开发区	5	5	3	3		5				3
连云港高新技术产业开发区										
江苏连云港徐圩新区										
江苏省连云港市云台山风景名胜区	6	6	4	4		1			1	
淮安市	**309**	**309**	**175**	**167**	**8**	**60**		**3**	**17**	**10**
淮安区	74	74	38	36	2	16			6	2
淮阴区	35	35	34	33	1	6		1	1	1
清江浦区	18	18	6	6		3				1
洪泽区	39	39	10	9	1	5			1	2
涟水县	66	66	44	41	3	8		1	3	
盱眙县	50	50	31	31		7		1	1	1
金湖县	25	25	12	11	1	15			5	3
淮安经济技术开发区										
工业园区	2	2								
生态文旅区										
苏淮高新区										
盐城市	**455**	**455**	**356**	**315**	**41**	**126**	**3**	**9**	**35**	**26**
亭湖区	13	13	14	14		7			5	
盐都区	76	76	42	40	2	16			2	5
大丰区	55	55	39	36	3	21		3	2	4
响水县	39	39	16	16		8	2		1	2
滨海县	37	37	32	32		11			3	1
阜宁县	69	69	87	57	30	16			6	2
射阳县	69	69	49	47	2	22	1	2	7	6
建湖县	47	47	29	27	2	10			6	2
盐城经济技术开发区	11	11	2	2		1				1
江苏省盐南高新区										
东台市	39	39	46	44	2	14		4	3	3
扬州市	**371**	**371**	**195**	**177**	**18**	**140**	**4**	**14**	**27**	**20**
广陵区	10	10	4	2	2	11		1	2	1
邗江区	22	22	6	6		14	2		3	
江都区	84	84	45	43	2	23		2	7	6
宝应县	109	109	39	35	4	21		7	6	4
扬州经济技术开发区	16	16	7	7		2				
蜀冈瘦西湖景区										
生态新城	6	6	2	2		6				
仪征市	58	58	23	19	4	30	1	3	6	2
高邮市	66	66	69	63	6	33	1	1	3	7
镇江市	**147**	**147**	**77**	**69**	**8**	**88**	**1**	**3**	**5**	**12**
京口区	2	2	1	1						
润州区										
丹徒区	20	20	13	12	1	13		1	1	3
镇江新区	7	7	2	2		3				1
江苏镇江高新区										
丹阳市	36	36	18	17	1	21	1	1		
扬中市	29	29	12	8	4	13			1	4
句容市	53	53	31	29	2	38		1	3	4

4-4c 续表 93

单位：人

地区 性别	教育		卫生和社会工作			文化、体育和娱乐业				
	小计	教育	小计	卫生	社会工作	小计	新闻和出版业	广播、电视、电影和录音制作业	文化艺术业	体育
泰州市	**316**	**316**	**213**	**195**	**18**	**112**	**2**	**3**	**12**	**14**
海陵区	10	10	5	4	1	2			1	
高港区	43	43	19	14	5	3			3	
姜堰区	43	43	36	36		16	2		1	3
泰州医药高新技术产业开发区	6	6				2				1
兴化市	70	70	68	63	5	31		1		1
靖江市	40	40	33	30	3	16			3	4
泰兴市	104	104	52	48	4	42		2	4	5
宿迁市	**386**	**386**	**272**	**233**	**39**	**83**	**1**	**6**	**30**	**16**
宿城区	56	56	29	28	1	20	1	2	3	5
宿豫区	39	39	20	20		7			4	1
沭阳县	129	129	124	92	32	24		2	15	3
泗阳县	60	60	38	35	3	7		1		3
泗洪县	60	60	42	40	2	11			4	
宿迁经济技术开发区	7	7	5	4	1	7			4	2
宿迁市湖滨新区	12	12	5	5		5				2
苏州宿迁工业园区										
宿迁市洋河新区	23	23	9	9		2		1		
女	**8916**	**8916**	**4740**	**4162**	**578**	**1225**	**35**	**107**	**190**	**220**
南京市	**835**	**835**	**487**	**398**	**89**	**165**	**7**	**15**	**22**	**31**
玄武区										
秦淮区										
建邺区										
鼓楼区										
浦口区	48	48	35	29	6	11		1	2	3
栖霞区	47	47	40	35	5	19	1		1	2
雨花台区										
江宁区	338	338	156	117	39	60		10	7	17
六合区	160	160	126	116	10	40	3	1	7	6
溧水区	86	86	41	30	11	19	2	2	1	3
高淳区	149	149	86	68	18	13	1	1	3	
南京江北新区	7	7	3	3		3			1	
无锡市	**693**	**693**	**356**	**290**	**66**	**76**		**7**	**18**	**18**
锡山区	88	88	21	17	4	4				
惠山区	160	160	66	61	5	15		1	2	2
滨湖区	38	38	25	16	9	7			2	2
梁溪区										
新吴区	40	40	20	17	3	5			3	1
江苏无锡经济开发区										
江阴市	220	220	118	97	21	34		6	10	8
宜兴市	147	147	106	82	24	11			1	5
徐州市	**899**	**899**	**325**	**302**	**23**	**63**		**5**	**17**	**11**
鼓楼区										
云龙区										
贾汪区	89	89	28	24	4	6		2		
泉山区										
铜山区	241	241	90	79	11	20		1	5	3
丰县	92	92	34	34		7			4	
沛县	92	92	20	18	2	4			1	
睢宁县	102	102	46	42	4	10		1	5	1
徐州经济技术开发区	26	26	9	9		3			1	
新沂市	133	133	56	54	2	8			1	4
邳州市	124	124	42	42		5		1		3

4-4c　续表 94　　　　单位：人

地　区 性　别	教育		卫生和社会工作			文化、体育和娱乐业				
	小计	教育	小计	卫生	社会工作	小计	新闻和出版业	广播、电视、电影和录音制作业	文化艺术业	体育
常州市	**627**	**627**	**239**	**218**	**21**	**126**	**6**	**12**	**10**	**25**
天宁区	39	39	10	8	2	3			1	
钟楼区	30	30	8	7	1	5	1			
新北区	71	71	22	20	2	10		3	1	1
武进区	228	228	71	68	3	45	5	2	2	8
金坛区	63	63	38	31	7	30		3	2	5
江苏省常州市经济开发区	65	65	14	14		10		1	3	4
溧阳市	131	131	76	70	6	23		3	1	7
苏州市	**1432**	**1432**	**766**	**644**	**122**	**197**	**1**	**15**	**24**	**44**
虎丘区	63	63	24	22	2	11				1
吴中区	259	259	103	89	14	42	1	4	2	9
相城区	20	20	13	10	3	1			1	
姑苏区										
吴江区	242	242	118	101	17	12		1	1	2
苏州工业园区										
常熟市	220	220	161	137	24	38		3	5	7
张家港市	195	195	120	108	12	31		3	6	10
昆山市	304	304	145	126	19	45		4	6	12
太仓市	129	129	82	51	31	17			3	3
南通市	**951**	**951**	**602**	**536**	**66**	**119**	**4**	**10**	**28**	**27**
崇川区										
港闸区	2	2	1	1						
通州区	189	189	109	103	6	20	2	1	1	7
如东县	139	139	106	97	9	19	1	1	6	5
南通经济技术开发区										
通州湾示范区	20	20	14	11	3	2			2	
苏锡通科技产业园区	32	32	16	14	2	3			1	1
启东市	109	109	96	83	13	18		2	2	5
如皋市	234	234	114	102	12	20		3	11	1
海门市	112	112	58	46	12	17	1		1	7
海安市	114	114	88	79	9	20		3	4	1
连云港市	**587**	**587**	**187**	**178**	**9**	**46**	**3**	**8**	**9**	**9**
连云区	1	1	1	1						
海州区	28	28	13	13		5		1		1
赣榆区	212	212	62	59	3	6	1		1	1
东海县	185	185	35	33	2	23	1	6	6	4
灌云县	56	56	23	20	3	1				
灌南县	74	74	41	40	1	6		1	2	
连云港经济技术开发区	21	21	5	5		4	1			2
连云港高新技术产业开发区										
江苏连云港徐圩新区										
江苏省连云港市云台山风景名胜区	10	10	7	7		1				1
淮安市	**366**	**366**	**206**	**190**	**16**	**40**	**1**	**5**	**5**	**4**
淮安区	89	89	52	43	9	6		1	1	
淮阴区	53	53	46	45	1	4		1		1
清江浦区	51	51	10	10		4		1	1	
洪泽区	32	32	19	17	2	12	1		1	1
涟水县	58	58	34	32	2	5		1		2
盱眙县	47	47	25	25						
金湖县	31	31	20	18	2	9		1	2	
淮安经济技术开发区										
工业园区	5	5								

4-4c 续表 95

单位：人

地区 性别	教育		卫生和社会工作			文化、体育和娱乐业				
	小计	教育	小计	卫生	社会工作	小计	新闻和出版业	广播、电视、电影和录音制作业	文化艺术业	体育
生态文旅区										
苏淮高新区										
盐城市	**590**	**590**	**470**	**414**	**56**	**72**	**4**	**5**	**12**	**14**
亭湖区	28	28	21	21		2	1			1
盐都区	90	90	48	43	5	10			1	1
大丰区	100	100	63	57	6	18		4	1	2
响水县	35	35	20	20		6	1		2	1
滨海县	57	57	35	34	1	4			2	
阜宁县	79	79	73	58	15	10			2	2
射阳县	80	80	88	70	18	7			1	4
建湖县	41	41	38	32	6	3	1	1	1	
盐城经济技术开发区	15	15	5	4	1	1				
江苏省盐南高新区										
东台市	65	65	79	75	4	11	1		2	3
扬州市	**633**	**633**	**379**	**357**	**22**	**106**	**6**	**9**	**18**	**16**
广陵区	40	40	11	11		8			2	1
邗江区	43	43	26	22	4	5				4
江都区	146	146	98	93	5	21	2	3	5	1
宝应县	151	151	82	76	6	12	1	2	2	1
扬州经济技术开发区	20	20	12	12		3			1	1
蜀冈瘦西湖景区										
生态新城	12	12	2	1	1	1				
仪征市	89	89	53	52	1	31	2	1	4	5
高邮市	132	132	95	90	5	25	1	3	4	3
镇江市	**279**	**279**	**147**	**121**	**26**	**88**		**3**	**10**	**9**
京口区	4	4	2	2		1				
润州区										
丹徒区	29	29	22	16	6	19		1	1	1
镇江新区	21	21	5	5		4				1
江苏镇江高新区										
丹阳市	69	69	25	23	2	13		1	2	1
扬中市	50	50	29	21	8	14			4	4
句容市	106	106	64	54	10	37		1	3	2
泰州市	**481**	**481**	**328**	**299**	**29**	**83**	**3**	**9**	**8**	**5**
海陵区	25	25	19	18	1	3		1		
高港区	48	48	25	24	1	5		1	1	1
姜堰区	96	96	64	61	3	8		1		
泰州医药高新技术产业开发区	12	12	6	5	1	5			1	1
兴化市	101	101	74	65	9	28	2	1		
靖江市	75	75	61	54	7	18		3	3	1
泰兴市	124	124	79	72	7	16	1	2	3	2
宿迁市	**543**	**543**	**248**	**215**	**33**	**44**		**4**	**9**	**7**
宿城区	113	113	35	31	4	8		1	1	2
宿豫区	33	33	23	23		2			1	1
沭阳县	189	189	79	58	21	15		2	5	2
泗阳县	61	61	37	35	2	8		1		2
泗洪县	74	74	46	42	4	5			1	
宿迁经济技术开发区	13	13	7	7		1			1	
宿迁市湖滨新区	28	28	8	8		2				
苏州宿迁工业园区										
宿迁市洋河新区	32	32	13	11	2	3				

4-4c　续表 96

单位：人

地　区 性　别	娱乐业	公共管理、社会保障和社会组织							国际组织	
		小计	中国共产党机关	国家机构	人民政协、民主党派	社会保障	群众团体、社会团体和其他成员组织	基层群众自治组织	小计	国际组织
江　苏	**1489**	**17982**	**239**	**8084**	**8**	**91**	**1473**	**8087**	**2**	**2**
南京市	**192**	**1810**	**24**	**960**	**2**	**13**	**74**	**737**		
玄武区										
秦淮区										
建邺区										
鼓楼区										
浦口区	12	207	1	80			8	118		
栖霞区	31	99		57		1	6	35		
雨花台区										
江宁区	65	638	5	393		3	16	221		
六合区	44	328	9	182		2	14	121		
溧水区	21	164	3	65			19	77		
高淳区	15	345	6	166	2	7	11	153		
南京江北新区	4	29		17				12		
无锡市	**86**	**1079**	**3**	**616**		**7**	**79**	**374**		
锡山区	11	91		50			8	33		
惠山区	22	190		124		1	2	63		
滨湖区	4	61		33		1	3	24		
梁溪区										
新吴区	4	49		33		4	1	11		
江苏无锡经济开发区										
江阴市	28	305	3	178		1	38	85		
宜兴市	17	383		198			27	158		
徐州市	**71**	**1252**	**25**	**468**	**1**	**17**	**82**	**659**		
鼓楼区										
云龙区										
贾汪区	11	128	1	44		1	5	77		
泉山区										
铜山区	21	208	2	91		4	23	88		
丰县	5	132	5	54	1	1	10	61		
沛县	9	154	3	71		4	6	70		
睢宁县	8	232	7	70		1	20	134		
徐州经济技术开发区	5	49		19				30		
新沂市	7	215	5	70		5	8	127		
邳州市	5	134	2	49		1	10	72		
常州市	**155**	**887**	**8**	**518**		**4**	**35**	**322**		
天宁区	4	40		24			4	12		
钟楼区	7	21		12				9		
新北区	14	88		59			6	23		
武进区	48	281	6	185		2	7	81		
金坛区	43	153		75			5	73		
江苏省常州市经济开发区	5	73	1	42		1	4	25		
溧阳市	34	231	1	121		1	9	99		
苏州市	**241**	**2992**	**11**	**1763**	**1**	**13**	**133**	**1071**		
虎丘区	15	98		69			7	22		
吴中区	54	761	3	331	1	5	28	393		
相城区		76	1	41			11	23		
姑苏区										
吴江区	18	419		242		2	2	173		
苏州工业园区										
常熟市	46	480	3	311		3	31	132		

4-4c 续表 97

单位：人

地区 性别	娱乐业	公共管理、社会保障和社会组织							国际组织	
		小计	中国共产党机关	国家机构	人民政协、民主党派	社会保障	群众团体、社会团体和其他成员组织	基层群众自治组织	小计	国际组织
张家港市	24	331		177			20	134		
昆山市	52	555	2	423			10	120		
太仓市	32	272	2	169		3	24	74		
南通市	**97**	**1666**	**22**	**726**		**9**	**261**	**648**		
崇川区										
港闸区		1						1		
通州区	15	275	3	137		2	44	89		
如东县	10	235	1	115		1	43	75		
南通经济技术开发区										
通州湾示范区		22		13			1	8		
苏锡通科技产业园区	2	28	1	18				9		
启东市	18	202		96			2	104		
如皋市	12	340	6	160		3	38	133		
海门市	16	287	4	69		3	73	138		
海安市	24	276	7	118			60	91		
连云港市	**44**	**978**	**17**	**310**		**7**	**73**	**571**		
连云区		8		5				3		
海州区	7	71		38				33		
赣榆区	10	204	5	67		1	10	121		
东海县	13	192	4	96			37	55		
灌云县	6	366	7	41			15	303		
灌南县	5	86	1	36		4	7	38		
连云港经济技术开发区	3	31		18		1	3	9		
连云港高新技术产业开发区										
江苏连云港徐圩新区		3		1				2		
江苏省连云港市云台山风景名胜区		17		8		1	1	7		
淮安市	**55**	**851**	**21**	**330**		**2**	**53**	**445**		
淮安区	12	226	8	63			8	147		
淮阴区	5	114	6	48		1	4	55		
清江浦区	4	50		31				19		
洪泽区	11	124	3	45		1	26	49		
涟水县	6	87	1	35			3	48		
盱眙县	4	94	1	51			4	38		
金湖县	13	148	2	53			8	85		
淮安经济技术开发区										
工业园区		6		3				3		
生态文旅区										
苏淮高新区		2		1				1		
盐城市	**90**	**1696**	**43**	**568**		**6**	**323**	**756**	**2**	**2**
亭湖区	2	76	6	32			15	23	1	1
盐都区	17	282	1	116		1	41	123		
大丰区	23	216	8	94		2	26	86		
响水县	5	84	2	22			24	36		
滨海县	9	140	2	47			5	86		
阜宁县	14	263	7	70			32	154	1	1
射阳县	8	227	6	69		2	63	87		
建湖县	2	138	3	44		1	31	59		
盐城经济技术开发区	1	31	1	13			7	10		
江苏省盐南高新区										
东台市	9	239	7	61			79	92		
扬州市	**132**	**1360**	**19**	**596**		**7**	**153**	**585**		
广陵区	12	78	3	41			7	27		

4-4c 续表 98

单位：人

地区 性别	娱乐业	公共管理、社会保障和社会组织							国际组织	
		小计	中国共产党机关	国家机构	人民政协、民主党派	社会保障	群众团体、社会团体和其他成员组织	基层群众自治组织	小计	国际组织
邗江区	10	114	2	44			28	40		
江都区	18	309	8	116		2	39	144		
宝应县	10	313		136		1	21	155		
扬州经济技术开发区	3	24		19				5		
蜀冈瘦西湖景区										
生态新城	7	26	1	15		3	1	6		
仪征市	37	189		97			16	76		
高邮市	35	307	5	128		1	41	132		
镇江市	**133**	**667**	**10**	**329**			**52**	**276**		
京口区	1	11		6				5		
润州区										
丹徒区	24	112	2	34			16	60		
镇江新区	5	23		13			1	9		
江苏镇江高新区										
丹阳市	28	128		71			10	47		
扬中市	14	133	3	78			5	47		
句容市	61	260	5	127			20	108		
泰州市	**139**	**1759**	**20**	**536**	**1**	**5**	**83**	**1114**		
海陵区	3	60	2	27	1			30		
高港区	2	129	3	54		1	4	67		
姜堰区	17	256	6	85			35	130		
泰州医药高新技术产业开发区	4	18		10			3	5		
兴化市	54	439	2	137		1	21	278		
靖江市	20	239		106			11	122		
泰兴市	39	618	7	117		3	9	482		
宿迁市	**54**	**985**	**16**	**364**	**3**	**1**	**72**	**529**		
宿城区	13	150	2	72			8	68		
宿豫区	2	106	2	47			6	51		
沭阳县	10	254	9	74	2	1	23	145		
泗阳县	8	143	2	44			14	83		
泗洪县	11	215	1	82			17	115		
宿迁经济技术开发区	1	32		11			3	18		
宿迁市湖滨新区	5	42		17	1		1	23		
苏州宿迁工业园区										
宿迁市洋河新区	4	43		17				26		
男	**816**	**12584**	**175**	**5940**	**5**	**42**	**993**	**5429**	**2**	**2**
南京市	**102**	**1226**	**16**	**694**	**1**	**3**	**39**	**473**		
玄武区										
秦淮区										
建邺区										
鼓楼区										
浦口区	7	119		52			6	61		
栖霞区	16	72		42		1	4	25		
雨花台区										
江宁区	39	450	3	299		1	6	141		
六合区	21	232	7	127			11	87		
溧水区	10	97	2	39			3	53		
高淳区	7	231	4	120	1	1	9	96		
南京江北新区	2	25		15				10		
无锡市	**53**	**737**	**3**	**431**		**5**	**61**	**237**		
锡山区	7	58		34			4	20		

4-4c 续表 99

单位：人

地区 性别	娱乐业	公共管理、社会保障和社会组织 小计	中国共产党机关	国家机构	人民政协、民主党派	社会保障	群众团体、社会团体和其他成员组织	基层群众自治组织	国际组织 小计	国际组织
惠山区	12	127		85		1	2	39		
滨湖区	1	41		22		1	2	16		
梁溪区										
新吴区	3	37		27		3	1	6		
江苏无锡经济开发区										
江阴市	18	229	3	133			31	62		
宜兴市	12	245		130			21	94		
徐州市	**41**	**947**	**22**	**377**	**1**	**8**	**38**	**501**		
鼓楼区										
云龙区										
贾汪区	7	89	1	32		1	3	52		
泉山区										
铜山区	10	148	2	72		1	6	67		
丰县	2	105	3	42	1	1	4	54		
沛县	6	128	3	61		2	3	59		
睢宁县	5	171	6	52		1	10	102		
徐州经济技术开发区	3	32		16				16		
新沂市	4	158	5	57		2	5	89		
邳州市	4	116	2	45			7	62		
常州市	**82**	**591**	**3**	**352**		**3**	**22**	**211**		
天宁区	2	23		15			4	4		
钟楼区	3	20		11				9		
新北区	9	64		44			6	14		
武进区	20	189	2	129		2	4	52		
金坛区	23	103		48			4	51		
江苏省常州市经济开发区	3	51	1	32		1	2	15		
溧阳市	22	141		73			2	66		
苏州市	**128**	**2202**	**7**	**1374**	**1**	**2**	**100**	**718**		
虎丘区	5	67		52			5	10		
吴中区	28	525	1	256	1	1	25	241		
相城区		60	1	34			8	17		
姑苏区										
吴江区	10	297		173			1	123		
苏州工业园区										
常熟市	23	371	2	250			23	96		
张家港市	12	236		121			17	98		
昆山市	29	449	1	355			8	85		
太仓市	21	197	2	133		1	13	48		
南通市	**47**	**1008**	**16**	**457**		**5**	**190**	**340**		
崇川区										
港闸区										
通州区	6	149	1	73		2	28	45		
如东县	4	177		91			36	50		
南通经济技术开发区										
通州湾示范区		11		7				4		
苏锡通科技产业园区	1	21	1	12				8		
启东市	9	93		56			1	36		
如皋市	7	246	5	114		2	38	87		
海门市	8	138	4	39		1	34	60		
海安市	12	173	5	65			53	50		
连云港市	**27**	**664**	**16**	**234**		**6**	**43**	**365**		
连云区		7		5				2		

4-4c 续表 100

单位：人

地区 性别	娱乐业	公共管理、社会保障和社会组织							国际组织	
		小计	中国共产党机关	国家机构	人民政协、民主党派	社会保障	群众团体、社会团体和其他成员组织	基层群众自治组织	小计	国际组织
海州区	4	54		28				26		
赣榆区	7	152	4	53		1	8	86		
东海县	7	138	4	69			17	48		
灌云县	5	212	7	34			10	161		
灌南县	2	66	1	27		3	6	29		
连云港经济技术开发区	2	22		11		1	2	8		
连云港高新技术产业开发区										
江苏连云港徐圩新区		3		1				2		
江苏省连云港市云台山风景名胜区		10		6		1		3		
淮安市	**30**	**688**	**14**	**266**		**1**	**41**	**366**		
淮安区	8	173	4	50			6	113		
淮阴区	3	101	4	41		1	3	52		
清江浦区	2	41		28				13		
洪泽区	2	97	2	33			20	42		
涟水县	4	73	1	30			2	40		
盱眙县	4	84	1	44			4	35		
金湖县	7	113	2	37			6	68		
淮安经济技术开发区										
工业园区		4		2				2		
生态文旅区										
苏淮高新区		2		1				1		
盐城市	**53**	**1211**	**34**	**418**		**3**	**219**	**537**	**2**	**2**
亭湖区	2	51	4	22			8	17	1	1
盐都区	9	207	1	81			29	96		
大丰区	12	159	6	72		1	17	63		
响水县	3	64	2	16			18	28		
滨海县	7	116	1	39			4	72		
阜宁县	8	165	5	58			13	89	1	1
射阳县	6	156	5	50		1	37	63		
建湖县	2	104	3	30		1	23	47		
盐城经济技术开发区		19	1	9			3	6		
江苏省盐南高新区										
东台市	4	170	6	41			67	56		
扬州市	**75**	**928**	**14**	**422**		**3**	**98**	**391**		
广陵区	7	48	1	28			5	14		
邗江区	9	67	2	31			13	21		
江都区	8	201	6	78		1	22	94		
宝应县	4	233		95		1	21	116		
扬州经济技术开发区	2	15		13				2		
蜀冈瘦西湖景区										
生态新城	6	15	1	11		1		2		
仪征市	18	138		72			10	56		
高邮市	21	211	4	94			27	86		
镇江市	**67**	**451**	**6**	**236**			**30**	**179**		
京口区		8		4				4		
润州区										
丹徒区	8	74	1	27			9	37		
镇江新区	2	17		9			1	7		
江苏镇江高新区										
丹阳市	19	94		53			7	34		
扬中市	8	77	2	47			2	26		
句容市	30	181	3	96			11	71		

4-4c 续表 101

单位：人

地区 性别	娱乐业	公共管理、社会保障和社会组织							国际组织	
		小计	中国共产党机关	国家机构	人民政协、民主党派	社会保障	群众团体、社会团体和其他成员组织	基层群众自治组织	小计	国际组织
泰州市	**81**	**1147**	**14**	**388**	**1**	**3**	**65**	**676**		
海陵区	1	38	2	17	1			18		
高港区		82	2	40			1	39		
姜堰区	10	173	3	54			29	87		
泰州医药高新技术产业开发区	1	13		6			3	4		
兴化市	29	330	1	113		1	17	198		
靖江市	9	161		75			10	76		
泰兴市	31	350	6	83		2	5	254		
宿迁市	**30**	**784**	**10**	**291**	**1**		**47**	**435**		
宿城区	9	118		58			4	56		
宿豫区	2	92	2	41			3	46		
沭阳县	4	181	5	51			12	113		
泗阳县	3	128	2	39			13	74		
泗洪县	7	170	1	67			13	89		
宿迁经济技术开发区	1	26		9			1	16		
宿迁市湖滨新区	3	36		14	1		1	20		
苏州宿迁工业园区										
宿迁市洋河新区	1	33		12				21		
女	**673**	**5398**	**64**	**2144**	**3**	**49**	**480**	**2658**		
南京市	**90**	**584**	**8**	**266**	**1**	**10**	**35**	**264**		
玄武区										
秦淮区										
建邺区										
鼓楼区										
浦口区	5	88	1	28			2	57		
栖霞区	15	27		15			2	10		
雨花台区										
江宁区	26	188	2	94		2	10	80		
六合区	23	96	2	55		2	3	34		
溧水区	11	67	1	26			16	24		
高淳区	8	114	2	46	1	6	2	57		
南京江北新区	2	4		2				2		
无锡市	**33**	**342**		**185**		**2**	**18**	**137**		
锡山区	4	33		16			4	13		
惠山区	10	63		39				24		
滨湖区	3	20		11			1	8		
梁溪区										
新吴区	1	12		6		1		5		
江苏无锡经济开发区										
江阴市	10	76		45		1	7	23		
宜兴市	5	138		68			6	64		
徐州市	**30**	**305**	**3**	**91**		**9**	**44**	**158**		
鼓楼区										
云龙区										
贾汪区	4	39		12			2	25		
泉山区										
铜山区	11	60		19		3	17	21		
丰县	3	27	2	12			6	7		
沛县	3	26		10		2	3	11		
睢宁县	3	61	1	18			10	32		
徐州经济技术开发区	2	17		3				14		
新沂市	3	57		13		3	3	38		
邳州市	1	18		4		1	3	10		

4-4c　续表 102　　　　单位：人

地区 性别	娱乐业	公共管理、社会保障和社会组织						国际组织	
		小计	中国共产党机关	国家机构	人民政协、民主党派	社会保障	群众团体、社会团体和其他成员组织	基层群众自治组织	小计	国际组织
常州市	**73**	**296**	**5**	**166**		**1**	**13**	**111**		
天宁区	2	17		9				8		
钟楼区	4	1		1						
新北区	5	24		15				9		
武进区	28	92	4	56			3	29		
金坛区	20	50		27			1	22		
江苏省常州市经济开发区	2	22		10			2	10		
溧阳市	12	90	1	48		1	7	33		
苏州市	**113**	**790**	**4**	**389**		**11**	**33**	**353**		
虎丘区	10	31		17			2	12		
吴中区	26	236	2	75		4	3	152		
相城区		16		7			3	6		
姑苏区										
吴江区	8	122		69		2	1	50		
苏州工业园区										
常熟市	23	109	1	61		3	8	36		
张家港市	12	95		56			3	36		
昆山市	23	106	1	68			2	35		
太仓市	11	75		36		2	11	26		
南通市	**50**	**658**	**6**	**269**		**4**	**71**	**308**		
崇川区										
港闸区		1						1		
通州区	9	126	2	64			16	44		
如东县	6	58	1	24		1	7	25		
南通经济技术开发区										
通州湾示范区		11		6			1	4		
苏锡通科技产业园区	1	7		6				1		
启东市	9	109		40			1	68		
如皋市	5	94	1	46		1		46		
海门市	8	149		30		2	39	78		
海安市	12	103	2	53			7	41		
连云港市	**17**	**314**	**1**	**76**		**1**	**30**	**206**		
连云区		1						1		
海州区	3	17		10				7		
赣榆区	3	52	1	14			2	35		
东海县	6	54		27			20	7		
灌云县	1	154		7			5	142		
灌南县	3	20		9		1	1	9		
连云港经济技术开发区	1	9		7			1	1		
连云港高新技术产业开发区										
江苏连云港徐圩新区										
江苏省连云港市云台山风景名胜区		7		2			1	4		
淮安市	**25**	**163**	**7**	**64**		**1**	**12**	**79**		
淮安区	4	53	4	13			2	34		
淮阴区	2	13	2	7			1	3		
清江浦区	2	9		3				6		
洪泽区	9	27	1	12		1	6	7		
涟水县	2	14		5			1	8		
盱眙县		10		7				3		
金湖县	6	35		16			2	17		
淮安经济技术开发区										
工业园区		2		1				1		

4-4c 续表 103 单位：人

地区 性别	娱乐业	公共管理、社会保障和社会组织						国际组织	
		小计	中国共产党机关	国家机构	人民政协、民主党派	社会保障	群众团体、社会团体和其他成员组织	基层群众自治组织	小计	国际组织
生态文旅区										
苏淮高新区										
盐城市	**37**	**485**	**9**	**150**		**3**	**104**	**219**		
亭湖区		25	2	10			7	6		
盐都区	8	75		35		1	12	27		
大丰区	11	57	2	22		1	9	23		
响水县	2	20		6			6	8		
滨海县	2	24	1	8			1	14		
阜宁县	6	98	2	12			19	65		
射阳县	2	71	1	19		1	26	24		
建湖县		34		14			8	12		
盐城经济技术开发区	1	12		4			4	4		
江苏省盐南高新区										
东台市	5	69	1	20			12	36		
扬州市	**57**	**432**	**5**	**174**		**4**	**55**	**194**		
广陵区	5	30	2	13			2	13		
邗江区	1	47		13			15	19		
江都区	10	108	2	38		1	17	50		
宝应县	6	80		41				39		
扬州经济技术开发区	1	9		6				3		
蜀冈瘦西湖景区										
生态新城	1	11		4		2	1	4		
仪征市	19	51		25			6	20		
高邮市	14	96	1	34		1	14	46		
镇江市	**66**	**216**	**4**	**93**			**22**	**97**		
京口区	1	3		2				1		
润州区										
丹徒区	16	38	1	7			7	23		
镇江新区	3	6		4				2		
江苏镇江高新区										
丹阳市	9	34		18			3	13		
扬中市	6	56	1	31			3	21		
句容市	31	79	2	31			9	37		
泰州市	**58**	**612**	**6**	**148**		**2**	**18**	**438**		
海陵区	2	22		10				12		
高港区	2	47	1	14		1	3	28		
姜堰区	7	83	3	31			6	43		
泰州医药高新技术产业开发区	3	5		4				1		
兴化市	25	109	1	24			4	80		
靖江市	11	78		31			1	46		
泰兴市	8	268	1	34		1	4	228		
宿迁市	**24**	**201**	**6**	**73**	**2**	**1**	**25**	**94**		
宿城区	4	32	2	14			4	12		
宿豫区		14		6			3	5		
沭阳县	6	73	4	23	2	1	11	32		
泗阳县	5	15		5			1	9		
泗洪县	4	45		15			4	26		
宿迁经济技术开发区		6		2			2	2		
宿迁市湖滨新区	2	6		3				3		
苏州宿迁工业园区										
宿迁市洋河新区	3	10		5				5		

中国人口普查
CHINA POPULATION CENSUS

2020

江苏省人口普查年鉴

(第4册)

JIANGSU POPULATION CENSUS YEARBOOK 2020

(BOOK 4)

江　苏　省　统　计　局
江苏省第七次全国人口普查领导小组办公室　编

Compiled by
Jiangsu Provincial Bureau of Statistics
Office of the Leading Group of Jiangsu province for the Seventh National Population Census

中国统计出版社
China Statistics Press

图书在版编目（CIP）数据

江苏省人口普查年鉴. 2020. 第 4 册 / 江苏省统计局, 江苏省第七次全国人口普查领导小组办公室编. -- 北京 : 中国统计出版社, 2022.7
ISBN 978-7-5037-9843-6

Ⅰ. ①江… Ⅱ. ①江… ②江… Ⅲ. ①人口普查－统计资料－江苏－2020－年鉴 Ⅳ. ①C924.255.3-54

中国版本图书馆 CIP 数据核字(2022)第 111111 号

江苏省人口普查年鉴-2020（第 4 册）

作　　者/江苏省统计局　江苏省第七次全国人口普查领导小组办公室编
责任编辑/郭　栋
执行编辑/周小睿
封面设计/李雪燕
出版发行/中国统计出版社有限公司
通信地址/北京市丰台区西三环南路甲 6 号　邮政编码/100073
发行电话/邮购（010）63376909　书店（010）68783171
网　　址/http://www.zgtjcbs.com/
印　　刷/河北鑫兆源印刷有限公司
经　　销/新华书店
开　　本/880mm×1230mm　1/16
字　　数/1504 千字
印　　张/47
版　　别/2022 年 7 月第 1 版
版　　次/2022 年 7 月第 1 次印刷
定　　价/980.00 元（全五册附光盘）

目　　录

第 4 册

第二部分　长表数据资料(续)

第六卷 生育

4-5 全省分年龄、性别、行业大类的就业人口

单位：人

年龄组 性 别	合计	农、林、牧、渔业						采矿业	
		小计	农业	林业	畜牧业	渔业	农、林、牧、渔专业及辅助性活动	小计	煤炭开采和洗选业
总 计	**4062749**	**423990**	**364123**	**7578**	**16226**	**24893**	**11170**	**6084**	**2494**
16-19岁	29540	879	742	27	40	49	21	6	2
20-24岁	198883	3661	2826	121	267	282	165	110	38
25-29岁	446924	9471	7077	333	668	854	539	369	151
30-34岁	667568	17718	13407	586	1181	1664	880	826	359
35-39岁	487468	14957	11355	433	1054	1383	732	678	269
40-44岁	461618	19544	14854	530	1236	2032	892	835	343
45-49岁	515711	36302	28706	848	2113	3231	1404	1198	493
50-54岁	524641	67661	55876	1295	3101	5346	2043	1214	553
55-59岁	345136	63988	54631	1133	2441	4170	1613	643	214
60-64岁	157413	59040	53127	861	1628	2391	1033	97	31
65-69岁	134129	66593	60751	863	1489	2376	1114	60	22
70-74岁	59545	38091	35728	404	666	828	465	21	10
75岁及以上	34173	26085	25043	144	342	287	269	27	9
男	**2401192**	**217827**	**177912**	**4689**	**10116**	**17707**	**7403**	**4897**	**2090**
16-19岁	19049	579	466	23	35	42	13	5	2
20-24岁	115644	2225	1638	81	174	217	115	80	28
25-29岁	256648	5658	3870	218	495	691	384	294	127
30-34岁	377751	10145	7072	384	800	1284	605	638	283
35-39岁	272445	8270	5772	278	662	1053	505	534	215
40-44岁	255318	10047	6988	336	722	1404	597	618	267
45-49岁	289369	17310	12512	500	1226	2164	908	891	392
50-54岁	334107	31429	23893	805	1806	3569	1356	1072	510
55-59岁	240779	30503	24339	696	1511	2897	1060	597	204
60-64岁	101031	30218	26278	529	1028	1722	661	81	25
65-69岁	83030	35666	31654	520	990	1798	704	50	21
70-74岁	35701	20826	19207	229	430	642	318	18	9
75岁及以上	20320	14951	14223	90	237	224	177	19	7
女	**1661557**	**206163**	**186211**	**2889**	**6110**	**7186**	**3767**	**1187**	**404**
16-19岁	10491	300	276	4	5	7	8	1	
20-24岁	83239	1436	1188	40	93	65	50	30	10
25-29岁	190276	3813	3207	115	173	163	155	75	24
30-34岁	289817	7573	6335	202	381	380	275	188	76
35-39岁	215023	6687	5583	155	392	330	227	144	54
40-44岁	206300	9497	7866	194	514	628	295	217	76
45-49岁	226342	18992	16194	348	887	1067	496	307	101
50-54岁	190534	36232	31983	490	1295	1777	687	142	43
55-59岁	104357	33485	30292	437	930	1273	553	46	10
60-64岁	56382	28822	26849	332	600	669	372	16	6
65-69岁	51099	30927	29097	343	499	578	410	10	1
70-74岁	23844	17265	16521	175	236	186	147	3	1
75岁及以上	13853	11134	10820	54	105	63	92	8	2

4-5 续表 1

单位：人

年龄组 性别	采矿业						制造业		
	石油和天然气开采业	黑色金属矿采选业	有色金属矿采选业	非金属矿采选业	开采专业及辅助性活动	其他采矿业	小计	农副食品加工业	食品制造业
总计	**601**	**364**	**184**	**1407**	**895**	**139**	**1177647**	**23472**	**17961**
16-19岁				4			12239	91	237
20-24岁	11	9	7	25	15	5	61003	580	1161
25-29岁	41	19	2	97	51	8	132997	1617	2191
30-34岁	92	32	21	160	143	19	220810	2774	3243
35-39岁	72	29	18	143	131	16	159136	2132	2386
40-44岁	81	44	32	164	143	28	147889	2435	2200
45-49岁	119	83	40	253	185	25	163494	3438	2328
50-54岁	104	94	33	282	129	19	145483	4237	2184
55-59岁	72	44	28	184	84	17	81479	2875	1246
60-64岁	4	7	1	46	7	1	28107	1444	415
65-69岁	4	3	1	26	4		17926	1181	266
70-74岁	1			9		1	5401	474	80
75岁及以上			1	14	3		1683	194	24
男	**441**	**300**	**141**	**1137**	**681**	**107**	**686104**	**13172**	**8392**
16-19岁				3			8430	61	116
20-24岁	7	6	3	21	11	4	41532	373	578
25-29岁	31	14	1	82	34	5	83861	1003	1047
30-34岁	66	26	11	126	112	14	129408	1598	1467
35-39岁	52	23	14	120	100	10	87857	1142	1021
40-44岁	50	31	21	124	103	22	76228	1219	912
45-49岁	74	61	32	188	124	20	82476	1683	945
50-54岁	85	87	29	238	109	14	85495	2263	1077
55-59岁	68	42	27	163	77	16	55349	1741	753
60-64岁	4	7	1	36	7	1	18900	900	252
65-69岁	3	3	1	21	1		11918	755	154
70-74岁	1			7		1	3607	307	53
75岁及以上			1	8	3		1043	127	17
女	**160**	**64**	**43**	**270**	**214**	**32**	**491543**	**10300**	**9569**
16-19岁				1			3809	30	121
20-24岁	4	3	4	4	4	1	19471	207	583
25-29岁	10	5	1	15	17	3	49136	614	1144
30-34岁	26	6	10	34	31	5	91402	1176	1776
35-39岁	20	6	4	23	31	6	71279	990	1365
40-44岁	31	13	11	40	40	6	71661	1216	1288
45-49岁	45	22	8	65	61	5	81018	1755	1383
50-54岁	19	7	4	44	20	5	59988	1974	1107
55-59岁	4	2	1	21	7	1	26130	1134	493
60-64岁				10			9207	544	163
65-69岁	1			5	3		6008	426	112
70-74岁				2			1794	167	27
75岁及以上				6			640	67	7

4-5 续表 2

单位：人

年龄组 性别	制造业								
	酒、饮料和精制茶制造业	烟草制品业	纺织业	纺织服装、服饰业	皮革、毛皮、羽毛及其制品和制鞋业	木材加工和木、竹、藤、棕、草制品业	家具制造业	造纸和纸制品业	印刷和记录媒介复制业
总计	**6706**	**720**	**97888**	**114781**	**13433**	**27204**	**21656**	**15119**	**12457**
16-19岁	23	2	730	939	65	105	139	76	85
20-24岁	251	37	3486	3900	256	729	920	496	513
25-29岁	751	77	8539	9699	774	1909	2185	1259	1165
30-34岁	1271	127	15385	19201	1646	3382	3589	2377	2022
35-39岁	923	82	11671	15858	1532	2770	2520	2001	1733
40-44岁	866	72	13146	16431	1973	2806	2445	2066	1777
45-49岁	954	117	16379	19338	2567	4049	3122	2450	1997
50-54岁	830	128	14753	16563	2431	4885	3438	2177	1696
55-59岁	490	65	8175	7808	1365	3332	2067	1285	978
60-64岁	168	7	2958	2549	424	1650	725	501	269
65-69岁	119	5	1917	1730	285	1136	389	309	174
70-74岁	43	1	595	553	88	310	93	91	41
75岁及以上	17		154	212	27	141	24	31	7
男	**4184**	**483**	**43607**	**30569**	**4956**	**18034**	**14617**	**8848**	**6980**
16-19岁	9	2	421	394	31	77	118	49	55
20-24岁	146	23	1963	1613	135	535	645	320	348
25-29岁	461	52	4343	3402	327	1316	1519	777	674
30-34岁	776	64	6883	5572	607	2220	2320	1409	1133
35-39岁	519	57	4810	4016	523	1709	1576	1140	932
40-44岁	492	44	4964	3554	633	1662	1493	1153	884
45-49岁	553	78	5980	3933	794	2450	1889	1267	952
50-54岁	598	102	6511	3898	858	3248	2374	1272	996
55-59岁	375	53	4530	2464	615	2444	1679	845	677
60-64岁	122	5	1638	843	213	1234	588	329	180
65-69岁	89	2	1128	595	145	818	319	204	119
70-74岁	29	1	346	213	58	228	78	64	26
75岁及以上	15		90	72	17	93	19	19	4
女	**2522**	**237**	**54281**	**84212**	**8477**	**9170**	**7039**	**6271**	**5477**
16-19岁	14		309	545	34	28	21	27	30
20-24岁	105	14	1523	2287	121	194	275	176	165
25-29岁	290	25	4196	6297	447	593	666	482	491
30-34岁	495	63	8502	13629	1039	1162	1269	968	889
35-39岁	404	25	6861	11842	1009	1061	944	861	801
40-44岁	374	28	8182	12877	1340	1144	952	913	893
45-49岁	401	39	10399	15405	1773	1599	1233	1183	1045
50-54岁	232	26	8242	12665	1573	1637	1064	905	700
55-59岁	115	12	3645	5344	750	888	388	440	301
60-64岁	46	2	1320	1706	211	416	137	172	89
65-69岁	30	3	789	1135	140	318	70	105	55
70-74岁	14		249	340	30	82	15	27	15
75岁及以上	2		64	140	10	48	5	12	3

4-5 续表 3

单位：人

年龄组 性 别	制造业								
	文教、工美、体育和娱乐用品制造业	石油、煤炭及其他燃料加工业	化学原料和化学制品制造业	医 药 制造业	化学纤维制造业	橡胶和塑 料制品业	非金属矿 物制品业	黑色金属冶炼和压延加工业	有色金属冶炼和压延加工业
总 计	**28209**	**3060**	**33915**	**16118**	**8438**	**53121**	**41672**	**22749**	**9397**
16-19岁	206	3	86	56	87	374	145	64	49
20-24岁	971	107	1266	1463	588	1993	1315	930	372
25-29岁	2484	307	3206	2899	962	5015	3358	2158	884
30-34岁	4337	519	6019	3614	1385	9075	6023	3900	1593
35-39岁	3296	358	4769	2315	890	7175	4838	2947	1200
40-44岁	3570	367	4577	1850	1058	7118	5027	3057	1235
45-49岁	4256	483	5172	1721	1340	7996	6714	3818	1504
50-54岁	4305	525	4936	1240	1168	7031	6934	3450	1385
55-59岁	2519	300	2701	685	626	4195	4276	1785	768
60-64岁	1041	42	658	157	182	1666	1655	386	235
65-69岁	800	32	380	83	104	1059	1054	196	124
70-74岁	282	10	105	28	39	330	282	47	39
75岁及以上	142	7	40	7	9	94	51	11	9
男	**10548**	**2260**	**23532**	**8504**	**5318**	**29470**	**28874**	**17779**	**6654**
16-19岁	111	3	56	29	49	247	116	52	39
20-24岁	503	84	848	760	446	1308	951	764	308
25-29岁	1154	213	2111	1489	646	3048	2364	1705	629
30-34岁	1701	377	3852	1863	881	5154	4027	2953	1086
35-39岁	1164	248	3083	1149	524	3916	3220	2147	794
40-44岁	1171	247	2930	884	545	3668	3210	2211	829
45-49岁	1305	312	3421	804	699	3827	4327	2844	968
50-54岁	1454	429	3946	807	795	3804	4918	2937	1044
55-59岁	1044	274	2336	535	495	2594	3318	1619	629
60-64岁	432	36	550	105	136	1047	1298	333	189
65-69岁	333	24	282	55	70	638	840	167	99
70-74岁	118	8	85	21	27	174	245	38	33
75岁及以上	58	5	32	3	5	45	40	9	7
女	**17661**	**800**	**10383**	**7614**	**3120**	**23651**	**12798**	**4970**	**2743**
16-19岁	95		30	27	38	127	29	12	10
20-24岁	468	23	418	703	142	685	364	166	64
25-29岁	1330	94	1095	1410	316	1967	994	453	255
30-34岁	2636	142	2167	1751	504	3921	1996	947	507
35-39岁	2132	110	1686	1166	366	3259	1618	800	406
40-44岁	2399	120	1647	966	513	3450	1817	846	406
45-49岁	2951	171	1751	917	641	4169	2387	974	536
50-54岁	2851	96	990	433	373	3227	2016	513	341
55-59岁	1475	26	365	150	131	1601	958	166	139
60-64岁	609	6	108	52	46	619	357	53	46
65-69岁	467	8	98	28	34	421	214	29	25
70-74岁	164	2	20	7	12	156	37	9	6
75岁及以上	84	2	8	4	4	49	11	2	2

4-5　续表 4

单位：人

年龄组 性　别	制造业								
	金　属 制品业	通用设备 制造业	专用设备 制造业	汽　车 制造业	铁路、船舶、航空航天和其他运输设备制造业	电气机械和器材制造业	计算机、通信和其他电子设备制造业	仪器仪表 制造业	其　他 制造业
总　计	**89490**	**129335**	**66279**	**50322**	**32011**	**79087**	**129401**	**11784**	**8250**
16-19岁	764	887	564	630	227	1088	4345	74	43
20-24岁	3099	6033	3761	3048	1537	5580	15086	751	312
25-29岁	7957	14199	8665	7175	3365	11146	25428	1696	829
30-34岁	14749	25487	14357	11707	6162	17156	33635	2721	1377
35-39岁	11360	17825	10005	7881	4656	11092	20337	2044	1062
40-44岁	11674	16627	8174	6217	4311	9805	12893	1503	1060
45-49岁	13912	17859	8095	5977	4811	9673	8902	1315	1163
50-54岁	13300	15945	6651	4289	4115	7525	5062	896	1142
55-59岁	7805	9093	3835	2224	1966	3828	2463	549	693
60-64岁	2703	2987	1161	663	490	1241	714	140	267
65-69岁	1636	1799	724	385	264	722	376	73	201
70-74岁	424	488	226	106	77	191	121	17	84
75岁及以上	107	106	61	20	30	40	39	5	17
男	**64046**	**92255**	**43850**	**32630**	**23039**	**48754**	**72350**	**7149**	**4492**
16-19岁	609	740	442	527	187	858	2901	56	27
20-24岁	2404	4821	2757	2375	1219	4071	10129	544	187
25-29岁	5902	10703	5948	5119	2476	7355	15604	1112	463
30-34岁	10674	18508	9322	7798	4524	10422	18196	1626	802
35-39岁	7826	12148	6290	4876	3282	6376	10508	1152	569
40-44岁	7892	10778	4950	3430	2907	5228	5897	739	507
45-49岁	9154	11444	4840	3245	3156	5022	3797	705	546
50-54岁	9554	11493	4657	2746	3023	4843	2848	604	622
55-59岁	6203	7281	2981	1606	1601	2904	1653	435	447
60-64岁	2131	2402	882	503	384	942	467	104	150
65-69岁	1276	1441	557	306	202	558	250	57	114
70-74岁	338	407	176	85	58	143	77	12	47
75岁及以上	83	89	48	14	20	32	23	3	11
女	**25444**	**37080**	**22429**	**17692**	**8972**	**30333**	**57051**	**4635**	**3758**
16-19岁	155	147	122	103	40	230	1444	18	16
20-24岁	695	1212	1004	673	318	1509	4957	207	125
25-29岁	2055	3496	2717	2056	889	3791	9824	584	366
30-34岁	4075	6979	5035	3909	1638	6734	15439	1095	575
35-39岁	3534	5677	3715	3005	1374	4716	9829	892	493
40-44岁	3782	5849	3224	2787	1404	4577	6996	764	553
45-49岁	4758	6415	3255	2732	1655	4651	5105	610	617
50-54岁	3746	4452	1994	1543	1092	2682	2214	292	520
55-59岁	1602	1812	854	618	365	924	810	114	246
60-64岁	572	585	279	160	106	299	247	36	117
65-69岁	360	358	167	79	62	164	126	16	87
70-74岁	86	81	50	21	19	48	44	5	37
75岁及以上	24	17	13	6	10	8	16	2	6

4-5 续表 5

单位：人

年龄组 性别	制造业		电力、热力、燃气及水生产和供应业				建筑业		
	废弃资源综合利用业	金属制品、机械和设备修理业	小计	电力、热力生产和供应业	燃气生产和供应业	水的生产和供应业	小计	房屋建筑业	土木工程建筑业
总　计	**6326**	**7286**	**31899**	**20392**	**4581**	**6926**	**469542**	**222571**	**41040**
16-19岁	19	36	51	40	5	6	1468	663	160
20-24岁	118	344	1271	907	144	220	13138	5309	1837
25-29岁	298	800	3680	2452	499	729	34431	13403	4105
30-34岁	592	1385	5249	3315	778	1156	57061	22878	6316
35-39岁	528	950	3809	2446	565	798	43902	17250	4500
40-44岁	644	905	4211	2566	681	964	49537	20689	4582
45-49岁	1041	1003	4939	3181	701	1057	70252	33011	5755
50-54岁	1264	998	4563	3088	570	905	94833	49353	6527
55-59岁	884	598	3220	2042	407	771	62711	34120	4478
60-64岁	452	157	538	229	123	186	23816	14391	1547
65-69岁	320	83	275	97	70	108	14291	8925	948
70-74岁	115	21	64	17	29	18	3337	2139	221
75岁及以上	51	6	29	12	9	8	765	440	64
男	**4555**	**6203**	**24137**	**15998**	**3259**	**4880**	**404869**	**193399**	**34428**
16-19岁	16	32	40	36	3	1	1283	574	148
20-24岁	86	288	934	683	100	151	10747	4437	1481
25-29岁	228	671	2665	1816	348	501	28758	11446	3311
30-34岁	434	1159	3621	2404	512	705	47992	19601	5114
35-39岁	363	777	2641	1770	370	501	36712	14614	3594
40-44岁	460	735	2904	1891	426	587	41430	17340	3726
45-49岁	696	840	3577	2417	472	688	58801	27585	4766
50-54岁	878	896	3954	2738	463	753	83428	43255	5778
55-59岁	659	559	3004	1945	357	702	57282	30896	4115
60-64岁	361	144	465	191	108	166	21882	13192	1375
65-69岁	244	77	248	79	68	101	12943	8168	793
70-74岁	92	20	56	16	24	16	2972	1919	176
75岁及以上	38	5	28	12	8	8	639	372	51
女	**1771**	**1083**	**7762**	**4394**	**1322**	**2046**	**64673**	**29172**	**6612**
16-19岁	3	4	11	4	2	5	185	89	12
20-24岁	32	56	337	224	44	69	2391	872	356
25-29岁	70	129	1015	636	151	228	5673	1957	794
30-34岁	158	226	1628	911	266	451	9069	3277	1202
35-39岁	165	173	1168	676	195	297	7190	2636	906
40-44岁	184	170	1307	675	255	377	8107	3349	856
45-49岁	345	163	1362	764	229	369	11451	5426	989
50-54岁	386	102	609	350	107	152	11405	6098	749
55-59岁	225	39	216	97	50	69	5429	3224	363
60-64岁	91	13	73	38	15	20	1934	1199	172
65-69岁	76	6	27	18	2	7	1348	757	155
70-74岁	23	1	8	1	5	2	365	220	45
75岁及以上	13	1	1		1		126	68	13

4-5 续表 6

单位：人

年龄组 性别	建筑业		批发和零售业			交通运输、仓储和邮政业			
	建筑安装业	建筑装饰、装修和其他建筑业	小计	批发业	零售业	小计	铁路运输业	道路运输业	水上运输业
总计	**35073**	**170858**	**618133**	**213815**	**404318**	**186279**	**3775**	**122317**	**6652**
16-19岁	130	515	3845	867	2978	875	11	381	14
20-24岁	1186	4806	28888	8130	20758	8262	347	4250	175
25-29岁	3250	13673	71578	21341	50237	20507	552	11509	546
30-34岁	5895	21972	116646	36600	80046	31728	574	19153	1070
35-39岁	4448	17704	87351	29032	58319	26108	385	17742	795
40-44岁	4767	19499	80976	27089	53887	26748	391	19649	749
45-49岁	5368	26118	81405	28299	53106	28602	489	20780	1111
50-54岁	5354	33599	69642	27254	42388	24364	496	16900	1214
55-59岁	3113	21000	40515	17018	23497	12986	457	8466	706
60-64岁	964	6914	16122	7377	8745	3309	41	1954	174
65-69岁	489	3929	13074	6543	6531	2090	24	1187	78
70-74岁	88	889	5266	2786	2480	552	3	274	18
75岁及以上	21	240	2825	1479	1346	148	5	72	2
男	**31233**	**145809**	**309051**	**124866**	**184185**	**151763**	**2806**	**104183**	**5276**
16-19岁	121	440	2002	575	1427	661	2	296	11
20-24岁	1057	3772	14590	4937	9653	6048	202	3238	144
25-29岁	2825	11176	35483	12452	23031	15602	375	9181	435
30-34岁	5152	18125	54855	20464	34391	24803	394	15746	842
35-39岁	3877	14627	40383	15990	24393	20862	261	14934	627
40-44岁	4174	16190	36589	14923	21666	21864	289	16692	582
45-49岁	4715	21735	37737	15792	21945	23492	361	17756	856
50-54岁	4908	29487	38827	16990	21837	21337	440	15246	985
55-59岁	2946	19325	25475	11469	14006	11782	424	7926	589
60-64岁	916	6399	10009	4638	5371	2907	35	1782	130
65-69岁	444	3538	8097	4043	4054	1814	18	1080	58
70-74岁	80	797	3223	1678	1545	483	2	250	15
75岁及以上	18	198	1781	915	866	108	3	56	2
女	**3840**	**25049**	**309082**	**88949**	**220133**	**34516**	**969**	**18134**	**1376**
16-19岁	9	75	1843	292	1551	214	9	85	3
20-24岁	129	1034	14298	3193	11105	2214	145	1012	31
25-29岁	425	2497	36095	8889	27206	4905	177	2328	111
30-34岁	743	3847	61791	16136	45655	6925	180	3407	228
35-39岁	571	3077	46968	13042	33926	5246	124	2808	168
40-44岁	593	3309	44387	12166	32221	4884	102	2957	167
45-49岁	653	4383	43668	12507	31161	5110	128	3024	255
50-54岁	446	4112	30815	10264	20551	3027	56	1654	229
55-59岁	167	1675	15040	5549	9491	1204	33	540	117
60-64岁	48	515	6113	2739	3374	402	6	172	44
65-69岁	45	391	4977	2500	2477	276	6	107	20
70-74岁	8	92	2043	1108	935	69	1	24	3
75岁及以上	3	42	1044	564	480	40	2	16	—

4-5 续表 7 单位：人

年龄组 性别	交通运输、仓储和邮政业					住宿和餐饮业		
	航空运输业	管道运输业	多式联运和运输代理业	装卸搬运和仓储业	邮政业	小计	住宿业	餐饮业
总　计	**2441**	**170**	**7041**	**14943**	**28940**	**166317**	**16531**	**149786**
16-19岁	13		26	83	347	3472	293	3179
20-24岁	304	3	345	492	2346	11821	1255	10566
25-29岁	587	22	826	1119	5346	19793	1862	17931
30-34岁	538	33	1383	1918	7059	28267	2532	25735
35-39岁	304	22	1231	1438	4191	21531	1940	19591
40-44岁	234	28	1010	1559	3128	20973	2170	18803
45-49岁	192	24	953	2219	2834	22402	2564	19838
50-54岁	157	19	736	2640	2202	19802	2093	17709
55-59岁	90	15	394	1765	1093	11202	1230	9972
60-64岁	18	2	78	816	226	3878	310	3568
65-69岁	3	1	47	631	119	2426	216	2210
70-74岁		1	10	206	40	568	47	521
75岁及以上	1		2	57	9	182	19	163
男	**1557**	**123**	**5021**	**11628**	**21169**	**82931**	**6664**	**76267**
16-19岁	3		24	71	254	2322	171	2151
20-24岁	165	2	197	391	1709	7344	559	6785
25-29岁	322	13	519	853	3904	11433	769	10664
30-34岁	357	24	893	1395	5152	15319	936	14383
35-39岁	201	14	823	1039	2963	10972	749	10223
40-44岁	161	22	721	1122	2275	9840	782	9058
45-49岁	135	17	725	1672	1970	8762	767	7995
50-54岁	115	13	637	2182	1719	8153	864	7289
55-59岁	80	14	359	1470	920	5384	720	4664
60-64岁	15	2	71	688	184	1822	184	1638
65-69岁	2	1	41	534	80	1199	121	1078
70-74岁		1	10	172	33	295	30	265
75岁及以上	1		1	39	6	86	12	74
女	**884**	**47**	**2020**	**3315**	**7771**	**83386**	**9867**	**73519**
16-19岁	10		2	12	93	1150	122	1028
20-24岁	139	1	148	101	637	4477	696	3781
25-29岁	265	9	307	266	1442	8360	1093	7267
30-34岁	181	9	490	523	1907	12948	1596	11352
35-39岁	103	8	408	399	1228	10559	1191	9368
40-44岁	73	6	289	437	853	11133	1388	9745
45-49岁	57	7	228	547	864	13640	1797	11843
50-54岁	42	6	99	458	483	11649	1229	10420
55-59岁	10	1	35	295	173	5818	510	5308
60-64岁	3		7	128	42	2056	126	1930
65-69岁	1		6	97	39	1227	95	1132
70-74岁				34	7	273	17	256
75岁及以上			1	18	3	96	7	89

4-5 续表 8 单位：人

年龄组 性 别	信息传输、软件和信息技术服务业				金融业				
	小计	电信、广播电视和卫星传输服务	互联网和相关服务	软件和信息技术服务业	小计	货币金融服务	资本市场服务	保险业	其他金融业
总 计	**80856**	**16868**	**21804**	**42184**	**60995**	**28778**	**4964**	**21824**	**5429**
16-19岁	571	74	283	214	93	20	1	43	29
20-24岁	9638	994	3225	5419	3748	1887	303	1087	471
25-29岁	21091	2815	5979	12297	11425	5345	1081	3747	1252
30-34岁	21846	4470	5765	11611	15808	7599	1241	5432	1536
35-39岁	12264	3079	2881	6304	9064	3701	857	3738	768
40-44岁	6783	2010	1505	3268	6271	2454	506	2874	437
45-49岁	4397	1628	1084	1685	6571	3273	465	2413	420
50-54岁	2645	1115	694	836	5050	2834	306	1588	322
55-59岁	1306	580	307	419	2537	1517	164	689	167
60-64岁	194	69	55	70	264	96	22	128	18
65-69岁	88	22	20	46	120	37	15	62	6
70-74岁	22	11	4	7	30	8	2	17	3
75岁及以上	11	1	2	8	14	7	1	6	
男	**50125**	**9195**	**13325**	**27605**	**28973**	**14163**	**2852**	**8953**	**3005**
16-19岁	329	30	152	147	41	6		25	10
20-24岁	5679	506	1813	3360	1716	801	134	554	227
25-29岁	12711	1347	3409	7955	5593	2482	530	1926	655
30-34岁	12980	2072	3447	7461	7088	3321	677	2265	825
35-39岁	7603	1488	1873	4242	3921	1669	531	1294	427
40-44岁	4414	1167	1031	2216	2575	1146	317	876	236
45-49岁	2972	1078	763	1131	2906	1561	275	823	247
50-54岁	2064	882	542	640	2812	1694	225	685	208
55-59岁	1130	536	240	354	2051	1378	141	384	148
60-64岁	152	62	41	49	170	68	14	72	16
65-69岁	65	17	11	37	70	26	8	32	4
70-74岁	18	9	3	6	21	5		14	2
75岁及以上	8	1		7	9	6		3	
女	**30731**	**7673**	**8479**	**14579**	**32022**	**14615**	**2112**	**12871**	**2424**
16-19岁	242	44	131	67	52	14	1	18	19
20-24岁	3959	488	1412	2059	2032	1086	169	533	244
25-29岁	8380	1468	2570	4342	5832	2863	551	1821	597
30-34岁	8866	2398	2318	4150	8720	4278	564	3167	711
35-39岁	4661	1591	1008	2062	5143	2032	326	2444	341
40-44岁	2369	843	474	1052	3696	1308	189	1998	201
45-49岁	1425	550	321	554	3665	1712	190	1590	173
50-54岁	581	233	152	196	2238	1140	81	903	114
55-59岁	176	44	67	65	486	139	23	305	19
60-64岁	42	7	14	21	94	28	8	56	2
65-69岁	23	5	9	9	50	11	7	30	2
70-74岁	4	2	1	1	9	3	2	3	1
75岁及以上	3		2	1	5	1	1	3	

4-5 续表 9

单位：人

年龄组 性别	房地产业		租赁和商务服务业			科学研究和技术服务业			
	小计	房地产业	小计	租赁业	商务服务业	小计	研究和试验发展	专业技术服务业	科技推广和应用服务业
总　计	**90585**	**90585**	**126090**	**9026**	**117064**	**64839**	**14348**	**36473**	**14018**
16-19岁	389	389	731	57	674	168	37	91	40
20-24岁	5053	5053	8770	386	8384	5054	1145	2919	990
25-29岁	12314	12314	20133	1160	18973	12202	2934	6853	2415
30-34岁	16582	16582	25774	1895	23879	15595	3747	8565	3283
35-39岁	10706	10706	17113	1282	15831	10392	2521	5818	2053
40-44岁	9034	9034	14608	1214	13394	6669	1498	3878	1293
45-49岁	9806	9806	13635	1196	12439	5444	1034	3220	1190
50-54岁	10627	10627	12091	1001	11090	4558	740	2805	1013
55-59岁	8952	8952	8309	554	7755	3013	534	1740	739
60-64岁	3889	3889	2568	145	2423	786	87	352	347
65-69岁	2589	2589	1667	101	1566	576	55	178	343
70-74岁	514	514	476	25	451	248	10	37	201
75岁及以上	130	130	215	10	205	134	6	17	111
男	**55493**	**55493**	**75206**	**7523**	**67683**	**42373**	**8987**	**24834**	**8552**
16-19岁	271	271	448	54	394	114	23	64	27
20-24岁	3034	3034	4321	337	3984	2997	674	1783	540
25-29岁	7216	7216	10204	983	9221	7591	1734	4447	1410
30-34岁	9036	9036	13694	1595	12099	9726	2261	5511	1954
35-39岁	5828	5828	9403	1041	8362	6664	1541	3855	1268
40-44岁	4840	4840	8343	973	7370	4343	925	2616	802
45-49岁	5438	5438	8387	975	7412	3637	673	2215	749
50-54岁	7492	7492	9331	847	8484	3522	565	2290	667
55-59岁	7156	7156	7136	480	6656	2570	472	1564	534
60-64岁	2865	2865	2095	127	1968	586	65	301	220
65-69岁	1848	1848	1337	83	1254	389	39	146	204
70-74岁	369	369	363	20	343	144	9	28	107
75岁及以上	100	100	144	8	136	90	6	14	70
女	**35092**	**35092**	**50884**	**1503**	**49381**	**22466**	**5361**	**11639**	**5466**
16-19岁	118	118	283	3	280	54	14	27	13
20-24岁	2019	2019	4449	49	4400	2057	471	1136	450
25-29岁	5098	5098	9929	177	9752	4611	1200	2406	1005
30-34岁	7546	7546	12080	300	11780	5869	1486	3054	1329
35-39岁	4878	4878	7710	241	7469	3728	980	1963	785
40-44岁	4194	4194	6265	241	6024	2326	573	1262	491
45-49岁	4368	4368	5248	221	5027	1807	361	1005	441
50-54岁	3135	3135	2760	154	2606	1036	175	515	346
55-59岁	1796	1796	1173	74	1099	443	62	176	205
60-64岁	1024	1024	473	18	455	200	22	51	127
65-69岁	741	741	330	18	312	187	16	32	139
70-74岁	145	145	113	5	108	104	1	9	94
75岁及以上	30	30	71	2	69	44		3	41

4-5　续表 10　　　　单位：人

年龄组 性别	水利、环境和公共设施管理业					居民服务、修理和其他服务业			
	小计	水利管理业	生态保护和环境治理业	公共设施管理业	土地管理业	小计	居民服务业	机动车、电子产品和日用产品修理业	其他服务业
总计	**34899**	**2158**	**3039**	**29311**	**391**	**136695**	**80952**	**31123**	**24620**
16-19岁	45	2	3	39	1	2323	1584	663	76
20-24岁	860	78	125	640	17	8317	5278	2403	636
25-29岁	2156	186	327	1589	54	15210	9425	4361	1424
30-34岁	3379	303	489	2520	67	21785	13635	6128	2022
35-39岁	2797	227	381	2128	61	15415	9485	4211	1719
40-44岁	3150	294	314	2505	37	14814	8757	3960	2097
45-49岁	4209	303	354	3509	43	16877	9964	3642	3271
50-54岁	5192	313	390	4444	45	17186	10051	2944	4191
55-59岁	4603	292	301	3975	35	11124	6126	1644	3354
60-64岁	3277	80	154	3035	8	5792	2913	573	2306
65-69岁	3497	47	140	3291	19	4977	2340	393	2244
70-74岁	1365	23	50	1289	3	2027	1001	140	886
75岁及以上	369	10	11	347	1	848	393	61	394
男	**21389**	**1599**	**2174**	**17370**	**246**	**66712**	**29987**	**25746**	**10979**
16-19岁	34	2	3	28	1	1481	784	647	50
20-24岁	516	46	87	371	12	4670	2126	2187	357
25-29岁	1328	125	213	962	28	8140	3656	3694	790
30-34岁	2142	202	320	1580	40	10753	4736	5003	1014
35-39岁	1753	149	267	1302	35	7456	3263	3379	814
40-44岁	1826	194	217	1393	22	6694	2734	3134	826
45-49岁	2357	209	255	1862	31	6896	2985	2829	1082
50-54岁	3259	263	292	2673	31	7503	3528	2437	1538
55-59岁	3054	264	238	2523	29	5474	2669	1417	1388
60-64岁	1905	74	124	1704	3	3089	1453	493	1143
65-69岁	2084	41	107	1926	10	2744	1218	347	1179
70-74岁	887	20	42	822	3	1268	604	123	541
75岁及以上	244	10	9	224	1	544	231	56	257
女	**13510**	**559**	**865**	**11941**	**145**	**69983**	**50965**	**5377**	**13641**
16-19岁	11			11		842	800	16	26
20-24岁	344	32	38	269	5	3647	3152	216	279
25-29岁	828	61	114	627	26	7070	5769	667	634
30-34岁	1237	101	169	940	27	11032	8899	1125	1008
35-39岁	1044	78	114	826	26	7959	6222	832	905
40-44岁	1324	100	97	1112	15	8120	6023	826	1271
45-49岁	1852	94	99	1647	12	9981	6979	813	2189
50-54岁	1933	50	98	1771	14	9683	6523	507	2653
55-59岁	1549	28	63	1452	6	5650	3457	227	1966
60-64岁	1372	6	30	1331	5	2703	1460	80	1163
65-69岁	1413	6	33	1365	9	2233	1122	46	1065
70-74岁	478	3	8	467		759	397	17	345
75岁及以上	125		2	123		304	162	5	137

4-5 续表 11

单位：人

年龄组 性 别	教育		卫生和社会工作			文化、体育和娱乐业				
	小计	教育	小计	卫生	社会工作	小计	新闻和出版业	广播、电视、电影和录音制作业	文化艺术业	体育
总 计	**151804**	**151804**	**73884**	**70058**	**3826**	**26963**	**2107**	**3784**	**5370**	**4418**
16-19岁	1464	1464	323	319	4	391	2	23	75	83
20-24岁	13493	13493	6892	6735	157	3002	98	444	531	737
25-29岁	24205	24205	13085	12716	369	4908	290	744	909	1100
30-34岁	25236	25236	13761	13352	409	5534	403	865	1072	959
35-39岁	22942	22942	9258	8949	309	3426	321	554	717	479
40-44岁	21620	21620	8305	7921	384	2587	301	358	509	316
45-49岁	17496	17496	8307	7760	547	2570	279	337	536	274
50-54岁	14422	14422	6560	5937	623	2148	228	230	490	207
55-59岁	8777	8777	4295	3764	531	1456	157	149	350	162
60-64岁	1291	1291	1512	1279	233	459	15	36	94	55
65-69岁	580	580	1053	884	169	326	10	33	54	34
70-74岁	164	164	369	305	64	115	2	7	22	6
75岁及以上	114	114	164	137	27	41	1	4	11	6
男	**52572**	**52572**	**23571**	**22357**	**1214**	**14239**	**1082**	**2007**	**2679**	**2477**
16-19岁	603	603	48	47	1	203	1	5	31	52
20-24岁	2900	2900	1056	1016	40	1560	33	221	236	437
25-29岁	5466	5466	2572	2474	98	2498	112	358	403	673
30-34岁	6206	6206	3269	3153	116	2725	167	429	454	492
35-39岁	6898	6898	2813	2724	89	1696	131	295	338	232
40-44岁	7770	7770	2999	2889	110	1280	159	182	222	148
45-49岁	7129	7129	3285	3159	126	1299	160	186	274	135
50-54岁	7474	7474	2951	2777	174	1317	164	164	310	122
55-59岁	6676	6676	2599	2381	218	1070	133	128	282	120
60-64岁	873	873	911	803	108	281	11	16	61	37
65-69岁	372	372	662	578	84	200	8	17	41	20
70-74岁	126	126	277	244	33	80	2	4	18	4
75岁及以上	79	79	129	112	17	30	1	2	9	5
女	**99232**	**99232**	**50313**	**47701**	**2612**	**12724**	**1025**	**1777**	**2691**	**1941**
16-19岁	861	861	275	272	3	188	1	18	44	31
20-24岁	10593	10593	5836	5719	117	1442	65	223	295	300
25-29岁	18739	18739	10513	10242	271	2410	178	386	506	427
30-34岁	19030	19030	10492	10199	293	2809	236	436	618	467
35-39岁	16044	16044	6445	6225	220	1730	190	259	379	247
40-44岁	13850	13850	5306	5032	274	1307	142	176	287	168
45-49岁	10367	10367	5022	4601	421	1271	119	151	262	139
50-54岁	6948	6948	3609	3160	449	831	64	66	180	85
55-59岁	2101	2101	1696	1383	313	386	24	21	68	42
60-64岁	418	418	601	476	125	178	4	20	33	18
65-69岁	208	208	391	306	85	126	2	16	13	14
70-74岁	38	38	92	61	31	35		3	4	2
75岁及以上	35	35	35	25	10	11		2	2	1

4-5　续表 12　　　　单位：人

年龄组 性别	娱乐业	公共管理、社会保障和社会组织						国际组织	
		小计	中国共产党机关	国家机构	人民政协、民主党派	社会保障	群众团体、社会团体和其他成员组织	基层群众自治组织	小计	国际组织
总　计	**11284**	**135228**	**2738**	**102364**	**242**	**792**	**7020**	**22072**	**20**	**20**
16-19岁	208	207	2	145		2	32	26		
20-24岁	1192	5901	89	4762	4	37	336	673	1	1
25-29岁	1865	17366	302	13947	7	133	772	2205	3	3
30-34岁	2235	23962	477	18785	22	136	1129	3413	1	1
35-39岁	1355	16614	371	13157	21	106	875	2084	5	5
40-44岁	1103	17059	402	13475	33	132	819	2198	5	5
45-49岁	1144	17804	413	13851	40	99	910	2491	1	1
50-54岁	993	16598	361	12345	52	82	911	2847	2	2
55-59岁	638	14020	279	10296	56	53	650	2686		
60-64岁	259	2474	18	924	2	6	245	1279		
65-69岁	195	1920	15	473	5	2	198	1227	1	1
70-74岁	78	915	6	139		3	97	670		
75岁及以上	19	388	3	65		1	46	273	1	1
男	**5994**	**88949**	**1901**	**69019**	**164**	**365**	**4194**	**13306**	**11**	**11**
16-19岁	114	155	2	121		2	16	14		
20-24岁	633	3694	60	3115	2	13	161	343	1	1
25-29岁	952	9573	158	7903	1	42	350	1119	2	2
30-34岁	1183	13350	286	10822	13	52	598	1579	1	1
35-39岁	700	10176	228	8329	13	39	498	1069	3	3
40-44岁	569	10712	287	8698	22	61	487	1157	2	2
45-49岁	544	12017	301	9579	21	46	545	1525		
50-54岁	557	12685	284	9699	37	57	628	1980	2	2
55-59岁	407	12487	257	9507	50	43	501	2129		
60-64岁	156	1820	17	735	2	5	167	894		
65-69岁	114	1324	12	343	3	2	128	836		
70-74岁	52	668	6	117		2	82	461		
75岁及以上	13	288	3	51		1	33	200		
女	**5290**	**46279**	**837**	**33345**	**78**	**427**	**2826**	**8766**	**9**	**9**
16-19岁	94	52		24			16	12		
20-24岁	559	2207	29	1647	2	24	175	330		
25-29岁	913	7793	144	6044	6	91	422	1086	1	1
30-34岁	1052	10612	191	7963	9	84	531	1834		
35-39岁	655	6438	143	4828	8	67	377	1015	2	2
40-44岁	534	6347	115	4777	11	71	332	1041	3	3
45-49岁	600	5787	112	4272	19	53	365	966	1	1
50-54岁	436	3913	77	2646	15	25	283	867		
55-59岁	231	1533	22	789	6	10	149	557		
60-64岁	103	654	1	189		1	78	385		
65-69岁	81	596	3	130	2		70	391	1	1
70-74岁	26	247		22		1	15	209		
75岁及以上	6	100		14			13	73	1	1

4-5a 全省分年龄、性别、行业大类的就业人口(城市)

单位：人

年龄组 性别	合计	农、林、牧、渔业						采矿业	
		小计	农业	林业	畜牧业	渔业	农、林、牧、渔专业及辅助性活动	小计	煤炭开采和洗选业
总计	**1925978**	**31230**	**23969**	**966**	**1559**	**3348**	**1388**	**2385**	**719**
16-19岁	14765	50	32	2	3	10	3	1	1
20-24岁	110597	343	205	22	31	55	30	35	12
25-29岁	250687	1125	660	64	107	174	120	117	27
30-34岁	374052	2005	1161	99	173	397	175	294	68
35-39岁	279426	1696	1034	75	149	309	129	270	72
40-44岁	252386	2068	1245	120	152	365	186	348	91
45-49岁	250827	3082	2089	125	194	475	199	551	181
50-54岁	208662	5025	3744	170	265	643	203	462	172
55-59岁	124041	4457	3494	112	215	471	165	268	73
60-64岁	30903	3448	3002	66	98	208	74	24	9
65-69岁	19744	3886	3455	72	115	173	71	9	7
70-74岁	6654	2303	2156	30	41	49	27	3	3
75岁及以上	3234	1742	1692	9	16	19	6	3	3
男	**1126567**	**16599**	**11503**	**648**	**1031**	**2493**	**924**	**1884**	**619**
16-19岁	9603	34	18	2	3	8	3	1	1
20-24岁	62721	213	120	14	19	40	20	22	8
25-29岁	139127	713	374	46	75	145	73	84	20
30-34岁	204806	1236	634	64	115	309	114	218	56
35-39岁	151869	1043	548	46	108	250	91	199	54
40-44岁	137320	1150	614	78	87	258	113	248	75
45-49岁	140627	1653	987	74	124	336	132	413	154
50-54岁	142269	2515	1636	121	163	459	136	409	160
55-59岁	97469	2266	1557	86	149	349	125	254	71
60-64岁	21586	1672	1359	46	65	154	48	23	8
65-69岁	13079	1979	1675	45	80	132	47	8	7
70-74岁	4171	1200	1093	18	33	38	18	2	2
75岁及以上	1920	925	888	8	10	15	4	3	3
女	**799411**	**14631**	**12466**	**318**	**528**	**855**	**464**	**501**	**100**
16-19岁	5162	16	14			2			
20-24岁	47876	130	85	8	12	15	10	13	4
25-29岁	111560	412	286	18	32	29	47	33	7
30-34岁	169246	769	527	35	58	88	61	76	12
35-39岁	127557	653	486	29	41	59	38	71	18
40-44岁	115066	918	631	42	65	107	73	100	16
45-49岁	110200	1429	1102	51	70	139	67	138	27
50-54岁	66393	2510	2108	49	102	184	67	53	12
55-59岁	26572	2191	1937	26	66	122	40	14	2
60-64岁	9317	1776	1643	20	33	54	26	1	1
65-69岁	6665	1907	1780	27	35	41	24	1	
70-74岁	2483	1103	1063	12	8	11	9	1	1
75岁及以上	1314	817	804	1	6	4	2		

4-5a　续表 1　　　　单位：人

年龄组 性　别	采矿业						制造业		
	石油和天然气开采业	黑色金属矿采选业	有色金属矿采选业	非金属矿采选业	开采专业及辅助性活　动	其　他采矿业	小计	农副食品加工业	食　品制造业
总　计	**247**	**194**	**130**	**484**	**535**	**76**	**501511**	**7001**	**8717**
16-19岁							5974	30	117
20-24岁	3	4	3	6	5	2	28330	199	631
25-29岁	14	11		39	24	2	61554	564	1136
30-34岁	40	17	13	60	87	9	104190	1038	1686
35-39岁	32	17	16	45	78	10	77150	827	1315
40-44岁	37	25	26	57	94	18	67649	943	1151
45-49岁	39	56	29	111	116	19	67014	1132	1112
50-54岁	44	38	19	100	79	10	51328	1094	893
55-59岁	34	25	23	57	50	6	27374	705	485
60-64岁	3	1	1	9	1		6225	236	98
65-69岁	1				1		3414	157	71
70-74岁							1008	55	18
75岁及以上							301	21	4
男	**182**	**155**	**105**	**386**	**384**	**53**	**303384**	**4001**	**4060**
16-19岁							4222	19	56
20-24岁	2	1	1	6	3	1	19474	129	307
25-29岁	10	9		30	15		39201	340	509
30-34岁	27	14	8	44	63	6	61755	610	735
35-39岁	23	12	13	34	59	4	43603	447	560
40-44岁	21	19	18	39	62	14	36145	481	482
45-49岁	27	40	24	82	71	15	35719	564	472
50-54岁	34	36	18	89	65	7	34319	646	487
55-59岁	34	23	22	53	45	6	21271	465	338
60-64岁	3	1	1	9	1		4439	153	60
65-69岁	1						2362	101	39
70-74岁							676	32	12
75岁及以上							198	14	3
女	**65**	**39**	**25**	**98**	**151**	**23**	**198127**	**3000**	**4657**
16-19岁							1752	11	61
20-24岁	1	3	2		2	1	8856	70	324
25-29岁	4	2		9	9	2	22353	224	627
30-34岁	13	3	5	16	24	3	42435	428	951
35-39岁	9	5	3	11	19	6	33547	380	755
40-44岁	16	6	8	18	32	4	31504	462	669
45-49岁	12	16	5	29	45	4	31295	568	640
50-54岁	10	2	1	11	14	3	17009	448	406
55-59岁		2	1	4	5		6103	240	147
60-64岁							1786	83	38
65-69岁					1		1052	56	32
70-74岁							332	23	6
75岁及以上							103	7	1

4-5a 续表 2

单位：人

年龄组 性别	制造业								
	酒、饮料和精制茶制造业	烟草制品业	纺织业	纺织服装、服饰业	皮革、毛皮、羽毛及其制品和制鞋业	木材加工和木、竹、藤、棕、草制品业	家具制造业	造纸和纸制品业	印刷和记录媒介复制业
总计	**3250**	**543**	**24278**	**34005**	**3440**	**5902**	**7418**	**5635**	**6271**
16-19岁	8	1	120	243	11	12	51	19	30
20-24岁	137	25	656	1049	81	160	335	163	261
25-29岁	394	67	1816	2806	231	438	786	439	595
30-34岁	707	100	3795	5845	492	925	1430	907	1041
35-39岁	495	65	3227	5108	460	724	1009	835	932
40-44岁	437	55	3705	5481	593	704	912	886	967
45-49岁	461	82	4415	6200	683	892	1116	970	1034
50-54岁	374	96	3562	4459	521	978	980	769	807
55-59岁	163	47	2015	1954	266	607	551	433	457
60-64岁	36	5	520	471	65	222	161	123	91
65-69岁	19		320	280	25	175	72	66	49
70-74岁	12		95	86	8	43	14	20	6
75岁及以上	7		32	23	4	22	1	5	1
男	**1910**	**371**	**10829**	**10106**	**1418**	**3879**	**4946**	**3238**	**3579**
16-19岁	4	1	68	116	7	8	42	15	17
20-24岁	75	14	346	486	46	112	224	102	185
25-29岁	225	44	874	1081	108	293	527	242	342
30-34岁	408	50	1561	1830	176	573	880	485	582
35-39岁	254	45	1279	1346	192	431	616	450	479
40-44岁	227	36	1396	1282	210	402	551	495	477
45-49岁	251	57	1625	1380	240	540	700	495	514
50-54岁	280	80	1829	1393	232	694	725	482	522
55-59岁	132	41	1296	857	150	490	468	324	357
60-64岁	28	3	296	184	33	168	140	88	61
65-69岁	12		188	108	15	124	60	42	39
70-74岁	8		52	34	7	31	12	14	4
75岁及以上	6		19	9	2	13	1	4	
女	**1340**	**172**	**13449**	**23899**	**2022**	**2023**	**2472**	**2397**	**2692**
16-19岁	4		52	127	4	4	9	4	13
20-24岁	62	11	310	563	35	48	111	61	76
25-29岁	169	23	942	1725	123	145	259	197	253
30-34岁	299	50	2234	4015	316	352	550	422	459
35-39岁	241	20	1948	3762	268	293	393	385	453
40-44岁	210	19	2309	4199	383	302	361	391	490
45-49岁	210	25	2790	4820	443	352	416	475	520
50-54岁	94	16	1733	3066	289	284	255	287	285
55-59岁	31	6	719	1097	116	117	83	109	100
60-64岁	8	2	224	287	32	54	21	35	30
65-69岁	7		132	172	10	51	12	24	10
70-74岁	4		43	52	1	12	2	6	2
75岁及以上	1		13	14	2	9		1	1

4-5a　续表 3

单位：人

年龄组 性　别	制造业								
	文教、工美、体育和娱乐用品制造业	石油、煤炭及其他燃料加工业	化学原料和化学制品制造业	医　药制造业	化学纤维制造业	橡胶和塑　料制品业	非金属矿　物制品业	黑色金属冶炼和压延加工业	有色金属冶炼和压延加工业
总　计	**9737**	**1965**	**16955**	**9713**	**2157**	**21904**	**15638**	**9160**	**3734**
16-19岁	110	3	41	24	7	129	49	23	23
20-24岁	417	60	564	815	58	812	498	332	144
25-29岁	1038	175	1592	1748	151	2131	1406	794	378
30-34岁	1793	303	3206	2267	323	4150	2586	1568	677
35-39岁	1381	257	2729	1513	251	3430	2098	1302	548
40-44岁	1473	249	2537	1188	368	3276	2089	1339	524
45-49岁	1450	323	2657	1060	414	3323	2573	1639	575
50-54岁	1157	359	2238	679	355	2520	2390	1343	510
55-59岁	612	213	1107	335	194	1378	1347	670	270
60-64岁	169	15	159	54	21	375	340	98	51
65-69岁	98	5	80	20	10	251	193	40	26
70-74岁	27		26	7	5	103	59	10	6
75岁及以上	12	3	19	3		26	10	2	2
男	**4227**	**1445**	**11604**	**5251**	**1413**	**12627**	**10795**	**7121**	**2617**
16-19岁	68	3	29	11	4	83	41	16	17
20-24岁	223	45	378	417	42	534	347	261	118
25-29岁	524	112	995	904	98	1313	969	628	267
30-34岁	778	217	1993	1185	212	2347	1651	1185	455
35-39岁	543	170	1713	781	143	1902	1383	937	347
40-44岁	533	169	1636	579	197	1737	1335	978	346
45-49岁	549	209	1761	519	232	1676	1678	1223	368
50-54岁	518	301	1879	491	287	1593	1782	1150	399
55-59岁	351	199	997	300	170	985	1118	618	230
60-64岁	76	15	133	43	17	245	268	82	39
65-69岁	46	3	57	15	8	147	167	33	23
70-74岁	13		19	5	3	50	49	8	6
75岁及以上	5	2	14	1		15	7	2	2
女	**5510**	**520**	**5351**	**4462**	**744**	**9277**	**4843**	**2039**	**1117**
16-19岁	42		12	13	3	46	8	7	6
20-24岁	194	15	186	398	16	278	151	71	26
25-29岁	514	63	597	844	53	818	437	166	111
30-34岁	1015	86	1213	1082	111	1803	935	383	222
35-39岁	838	87	1016	732	108	1528	715	365	201
40-44岁	940	80	901	609	171	1539	754	361	178
45-49岁	901	114	896	541	182	1647	895	416	207
50-54岁	639	58	359	188	68	927	608	193	111
55-59岁	261	14	110	35	24	393	229	52	40
60-64岁	93		26	11	4	130	72	16	12
65-69岁	52	2	23	5	2	104	26	7	3
70-74岁	14		7	2	2	53	10	2	
75岁及以上	7	1	5	2		11	3		

4-5a 续表 4　　　　单位：人

年龄组 性 别	制造业								
	金 属 制品业	通用设备 制造业	专用设备 制造业	汽 车 制造业	铁路、船舶、 航空航天和 其他运输 设备制造业	电气机械 和器材 制造业	计算机、 通信和其 他电子设 备制造业	仪器仪表 制造业	其 他 制造业
总 计	**33816**	**61981**	**33852**	**25086**	**14734**	**40008**	**77624**	**7033**	**3677**
16-19岁	446	378	275	308	103	593	2738	42	17
20-24岁	1290	2807	1858	1477	737	2981	8949	446	161
25-29岁	3147	6970	4497	3650	1587	5842	15233	979	387
30-34岁	6101	13075	7695	6515	3004	9282	20336	1689	681
35-39岁	4990	9559	5730	4480	2284	6251	12715	1369	524
40-44岁	4788	8628	4525	3235	2036	5164	8141	950	538
45-49岁	5283	8558	4126	2743	2167	4655	5174	735	495
50-54岁	4370	6868	2954	1659	1725	3134	2609	455	464
55-59岁	2413	3826	1654	784	864	1550	1284	296	263
60-64岁	610	779	316	137	139	348	281	43	76
65-69岁	283	394	160	72	67	160	128	23	44
70-74岁	74	111	51	21	17	39	28	5	24
75岁及以上	21	28	11	5	4	9	8	1	3
男	**24195**	**43923**	**22169**	**16689**	**10716**	**24932**	**43932**	**4330**	**2117**
16-19岁	345	319	213	267	84	493	1815	30	12
20-24岁	991	2209	1350	1161	597	2186	6002	315	92
25-29岁	2287	5170	2994	2615	1145	3863	9424	637	211
30-34岁	4262	9169	4892	4350	2201	5669	11105	1018	407
35-39岁	3357	6356	3538	2836	1615	3594	6654	777	301
40-44岁	3227	5529	2692	1851	1366	2813	3779	480	274
45-49岁	3510	5515	2480	1563	1450	2445	2291	419	263
50-54岁	3344	5273	2195	1199	1331	2166	1608	345	282
55-59岁	2065	3301	1384	666	750	1271	951	256	192
60-64岁	503	652	254	106	110	266	192	31	42
65-69岁	226	314	135	56	52	126	84	18	24
70-74岁	64	92	36	16	11	31	20	4	15
75岁及以上	14	24	6	3	4	9	7		2
女	**9621**	**18058**	**11683**	**8397**	**4018**	**15076**	**33692**	**2703**	**1560**
16-19岁	101	59	62	41	19	100	923	12	5
20-24岁	299	598	508	316	140	795	2947	131	69
25-29岁	860	1800	1503	1035	442	1979	5809	342	176
30-34岁	1839	3906	2803	2165	803	3613	9231	671	274
35-39岁	1633	3203	2192	1644	669	2657	6061	592	223
40-44岁	1561	3099	1833	1384	670	2351	4362	470	264
45-49岁	1773	3043	1646	1180	717	2210	2883	316	232
50-54岁	1026	1595	759	460	394	968	1001	110	182
55-59岁	348	525	270	118	114	279	333	40	71
60-64岁	107	127	62	31	29	82	89	12	34
65-69岁	57	80	25	16	15	34	44	5	20
70-74岁	10	19	15	5	6	8	8	1	9
75岁及以上	7	4	5	2			1	1	1

4-5a 续表 5

单位：人

年龄组 性别	制造业		电力、热力、燃气及水生产和供应业				建筑业		
	废弃资源综合利用业	金属制品、机械和设备修理业	小计	电力、热力生产和供应业	燃气生产和供应业	水的生产和供应业	小计	房屋建筑业	土木工程建筑业
总　计	**2524**	**3753**	**19616**	**12589**	**2804**	**4223**	**196307**	**82100**	**22785**
16-19岁	9	14	17	13	1	3	668	277	91
20-24岁	50	177	746	520	92	134	6845	2589	1118
25-29岁	141	436	2237	1467	324	446	17529	6301	2575
30-34岁	238	735	3345	2052	517	776	28939	10711	3960
35-39岁	226	516	2538	1648	357	533	22245	7866	2951
40-44岁	270	497	2836	1725	477	634	24377	9267	2873
45-49岁	457	510	3162	2034	464	664	30705	13138	3243
50-54岁	498	508	2707	1864	325	518	34959	16497	3208
55-59岁	335	296	1750	1147	189	414	21251	10560	1967
60-64岁	147	39	183	77	39	67	5396	2984	465
65-69岁	106	20	70	29	12	29	2738	1548	274
70-74岁	34	4	17	9	5	3	546	308	51
75岁及以上	13	1	8	4	2	2	109	54	9
男	**1817**	**3127**	**14468**	**9606**	**1965**	**2897**	**164103**	**69871**	**18530**
16-19岁	7	12	12	11	1		580	242	82
20-24岁	35	145	543	386	62	95	5412	2134	877
25-29岁	102	358	1572	1042	225	305	13929	5215	1980
30-34岁	169	600	2205	1416	326	463	23214	8864	3056
35-39岁	157	400	1720	1158	229	333	17783	6479	2256
40-44岁	192	393	1911	1242	285	384	19790	7614	2251
45-49岁	307	423	2233	1493	320	420	25130	10798	2597
50-54岁	347	459	2375	1656	286	433	30619	14386	2850
55-59岁	268	281	1655	1103	177	375	19551	9624	1855
60-64岁	117	34	157	62	38	57	4993	2763	424
65-69岁	82	18	63	24	12	27	2510	1420	248
70-74岁	25	3	15	9	3	3	495	283	48
75岁及以上	9	1	7	4	1	2	97	49	6
女	**707**	**626**	**5148**	**2983**	**839**	**1326**	**32204**	**12229**	**4255**
16-19岁	2	2	5	2		3	88	35	9
20-24岁	15	32	203	134	30	39	1433	455	241
25-29岁	39	78	665	425	99	141	3600	1086	595
30-34岁	69	135	1140	636	191	313	5725	1847	904
35-39岁	69	116	818	490	128	200	4462	1387	695
40-44岁	78	104	925	483	192	250	4587	1653	622
45-49岁	150	87	929	541	144	244	5575	2340	646
50-54岁	151	49	332	208	39	85	4340	2111	358
55-59岁	67	15	95	44	12	39	1700	936	112
60-64岁	30	5	26	15	1	10	403	221	41
65-69岁	24	2	7	5		2	228	128	26
70-74岁	9	1	2		2		51	25	3
75岁及以上	4		1		1		12	5	3

4-5a 续表 6

单位：人

年龄组 性别	建筑业		批发和零售业			交通运输、仓储和邮政业			
	建筑安装业	建筑装饰、装修和其他建筑业	小计	批发业	零售业	小计	铁路运输业	道路运输业	水上运输业
总计	**15900**	**75522**	**335632**	**110480**	**225152**	**99542**	**3047**	**63956**	**3631**
16-19岁	53	247	1840	417	1423	424	5	191	7
20-24岁	590	2548	16256	4589	11667	4809	250	2534	104
25-29岁	1551	7102	40952	12389	28563	11525	420	6379	320
30-34岁	2772	11496	69374	21992	47382	17298	457	10094	605
35-39岁	2188	9240	54317	18211	36106	14272	319	9248	488
40-44岁	2380	9857	49600	16307	33293	14696	328	10461	448
45-49岁	2470	11854	45996	15124	30872	15596	408	11107	643
50-54岁	2256	12998	32237	11780	20457	12579	407	8638	605
55-59岁	1235	7489	16910	6568	10342	6680	411	4319	336
60-64岁	270	1677	4190	1586	2604	995	26	613	51
65-69岁	115	801	2590	1004	1586	500	11	293	17
70-74岁	18	169	913	354	559	128	1	55	7
75岁及以上	2	44	457	159	298	40	4	24	
男	**13601**	**62101**	**165844**	**64535**	**101309**	**78805**	**2305**	**52602**	**2895**
16-19岁	51	205	987	271	716	314	1	139	5
20-24岁	515	1886	8288	2740	5548	3413	149	1843	82
25-29岁	1259	5475	20028	7033	12995	8443	294	4847	239
30-34岁	2274	9020	32182	11920	20262	12906	314	7851	452
35-39岁	1809	7239	24810	9896	14914	10876	217	7382	375
40-44岁	2001	7924	22007	8864	13143	11570	243	8530	345
45-49岁	2094	9641	20907	8509	12398	12446	304	9188	501
50-54岁	2052	11331	19252	8047	11205	11143	362	7826	534
55-59岁	1174	6898	12014	5114	6900	6223	388	4101	308
60-64岁	254	1552	2794	1119	1675	891	22	560	38
65-69岁	101	741	1697	685	1012	440	8	265	11
70-74岁	16	148	580	241	339	113	1	50	5
75岁及以上	1	41	298	96	202	27	2	20	
女	**2299**	**13421**	**169788**	**45945**	**123843**	**20737**	**742**	**11354**	**736**
16-19岁	2	42	853	146	707	110	4	52	2
20-24岁	75	662	7968	1849	6119	1396	101	691	22
25-29岁	292	1627	20924	5356	15568	3082	126	1532	81
30-34岁	498	2476	37192	10072	27120	4392	143	2243	153
35-39岁	379	2001	29507	8315	21192	3396	102	1866	113
40-44岁	379	1933	27593	7443	20150	3126	85	1931	103
45-49岁	376	2213	25089	6615	18474	3150	104	1919	142
50-54岁	204	1667	12985	3733	9252	1436	45	812	71
55-59岁	61	591	4896	1454	3442	457	23	218	28
60-64岁	16	125	1396	467	929	104	4	53	13
65-69岁	14	60	893	319	574	60	3	28	6
70-74岁	2	21	333	113	220	15		5	2
75岁及以上	1	3	159	63	96	13	2	4	

4-5a　续表 7　　　　单位：人

年龄组 性　别	交通运输、仓储和邮政业					住宿和餐饮业		
	航　空 运输业	管　道 运输业	多式联运 和运输 代理业	装卸搬运 和仓储业	邮政业	小计	住宿业	餐饮业
总　计	**1926**	**130**	**4282**	**6283**	**16287**	**96779**	**11114**	**85665**
16-19岁	10		13	42	156	2254	215	2039
20-24岁	231	1	199	216	1274	7674	860	6814
25-29岁	478	16	475	525	2912	12132	1253	10879
30-34岁	454	26	831	913	3918	17013	1737	15276
35-39岁	253	16	819	682	2447	13147	1377	11770
40-44岁	175	23	632	774	1855	12788	1587	11201
45-49岁	142	21	608	994	1673	13328	1768	11560
50-54岁	110	14	426	1112	1267	10517	1333	9184
55-59岁	64	12	231	668	639	5532	739	4793
60-64岁	8	1	27	179	90	1436	142	1294
65-69岁	1		14	126	38	761	88	673
70-74岁			6	43	16	149	11	138
75岁及以上			1	9	2	48	4	44
男	**1234**	**93**	**2903**	**4862**	**11911**	**49076**	**4527**	**44549**
16-19岁	2		12	35	120	1523	124	1399
20-24岁	127	1	104	174	933	4755	384	4371
25-29岁	268	8	291	394	2102	6956	524	6432
30-34岁	299	17	498	641	2834	9175	643	8532
35-39岁	170	11	519	478	1724	6697	548	6149
40-44岁	121	19	417	552	1343	5993	558	5435
45-49岁	98	15	435	737	1168	5269	512	4757
50-54岁	83	10	366	950	1012	4587	588	3999
55-59岁	58	11	218	585	554	2956	497	2459
60-64岁	8	1	25	159	78	688	90	598
65-69岁			12	115	29	386	52	334
70-74岁			6	38	13	71	5	66
75岁及以上				4	1	20	2	18
女	**692**	**37**	**1379**	**1421**	**4376**	**47703**	**6587**	**41116**
16-19岁	8		1	7	36	731	91	640
20-24岁	104		95	42	341	2919	476	2443
25-29岁	210	8	184	131	810	5176	729	4447
30-34岁	155	9	333	272	1084	7838	1094	6744
35-39岁	83	5	300	204	723	6450	829	5621
40-44岁	54	4	215	222	512	6795	1029	5766
45-49岁	44	6	173	257	505	8059	1256	6803
50-54岁	27	4	60	162	255	5930	745	5185
55-59岁	6	1	13	83	85	2576	242	2334
60-64岁			2	20	12	748	52	696
65-69岁	1		2	11	9	375	36	339
70-74岁				5	3	78	6	72
75岁及以上			1	5	1	28	2	26

4-5a 续表 8　　　　单位：人

年龄组 性　别	信息传输、软件和信息技术服务业				金融业				
	小计	电信、广播电视和卫星传输服务	互联网和相关服务	软件和信息技术服务业	小计	货币金融服务	资本市场服务	保险业	其他金融业
总　计	**60465**	**11794**	**15099**	**33572**	**45709**	**22473**	**4064**	**15111**	**4061**
16-19岁	337	27	174	136	49	11	1	18	19
20-24岁	6885	623	2154	4108	2576	1319	232	688	337
25-29岁	15308	1849	4020	9439	8240	3925	843	2549	923
30-34岁	16393	3072	3973	9348	12040	5964	1022	3894	1160
35-39岁	9706	2318	2119	5269	7108	3030	711	2783	584
40-44岁	5409	1517	1124	2768	4898	2034	427	2094	343
45-49岁	3380	1150	823	1407	5094	2699	404	1656	335
50-54岁	1950	788	470	692	3740	2281	255	978	226
55-59岁	934	404	204	326	1787	1138	135	391	123
60-64岁	102	31	26	45	118	52	17	40	9
65-69岁	43	10	11	22	48	18	14	14	2
70-74岁	9	5		4	9	2	2	5	
75岁及以上	9		1	8	2		1	1	
男	**37663**	**6430**	**9217**	**22016**	**21688**	**10985**	**2336**	**6153**	**2214**
16-19岁	199	12	92	95	21	3		11	7
20-24岁	4081	325	1198	2558	1186	577	110	346	153
25-29岁	9332	910	2266	6156	3979	1803	416	1275	485
30-34岁	9782	1432	2370	5980	5332	2578	550	1592	612
35-39岁	6003	1098	1373	3532	3083	1360	441	955	327
40-44岁	3540	867	780	1893	2065	963	268	651	183
45-49岁	2263	747	581	935	2280	1278	234	576	192
50-54岁	1518	622	369	527	2111	1330	182	461	138
55-59岁	826	377	167	282	1520	1041	119	252	108
60-64岁	76	28	16	32	76	39	9	20	8
65-69岁	29	8	5	16	29	13	7	8	1
70-74岁	7	4		3	5			5	
75岁及以上	7			7	1			1	
女	**22802**	**5364**	**5882**	**11556**	**24021**	**11488**	**1728**	**8958**	**1847**
16-19岁	138	15	82	41	28	8	1	7	12
20-24岁	2804	298	956	1550	1390	742	122	342	184
25-29岁	5976	939	1754	3283	4261	2122	427	1274	438
30-34岁	6611	1640	1603	3368	6708	3386	472	2302	548
35-39岁	3703	1220	746	1737	4025	1670	270	1828	257
40-44岁	1869	650	344	875	2833	1071	159	1443	160
45-49岁	1117	403	242	472	2814	1421	170	1080	143
50-54岁	432	166	101	165	1629	951	73	517	88
55-59岁	108	27	37	44	267	97	16	139	15
60-64岁	26	3	10	13	42	13	8	20	1
65-69岁	14	2	6	6	19	5	7	6	1
70-74岁	2	1		1	4	2	2		
75岁及以上	2		1	1	1		1		

4-5a　续表 9　　　　单位：人

年龄组 性别	房地产业		租赁和商务服务业			科学研究和技术服务业			
	小计	房地产业	小计	租赁业	商务服务业	小计	研究和试验发展	专业技术服务业	科技推广和应用服务业
总　计	**62991**	**62991**	**83037**	**4966**	**78071**	**45575**	**10731**	**26284**	**8560**
16-19岁	250	250	426	19	407	89	22	49	18
20-24岁	3432	3432	5765	216	5549	3375	776	1910	689
25-29岁	8605	8605	13678	603	13075	8489	2087	4713	1689
30-34岁	11688	11688	17670	1043	16627	11494	2816	6327	2351
35-39岁	7994	7994	12239	730	11509	7949	1985	4499	1465
40-44岁	6728	6728	10473	736	9737	5059	1184	2984	891
45-49岁	7094	7094	9114	692	8422	3874	816	2373	685
50-54岁	7239	7239	7230	525	6705	2928	549	1957	422
55-59岁	6067	6067	4866	309	4557	1877	409	1212	256
60-64岁	2211	2211	920	53	867	263	51	168	44
65-69岁	1386	1386	498	33	465	130	23	73	34
70-74岁	244	244	104	6	98	35	9	13	13
75岁及以上	53	53	54	1	53	13	4	6	3
男	**38054**	**38054**	**47485**	**3982**	**43503**	**29543**	**6702**	**17626**	**5215**
16-19岁	167	167	251	17	234	63	13	39	11
20-24岁	2073	2073	2722	182	2540	1986	453	1164	369
25-29岁	4985	4985	6674	483	6191	5172	1216	2985	971
30-34岁	6314	6314	8994	832	8162	7040	1687	3996	1357
35-39岁	4287	4287	6384	561	5823	5010	1200	2924	886
40-44岁	3519	3519	5731	559	5172	3279	731	1995	553
45-49岁	3827	3827	5413	544	4869	2592	540	1603	449
50-54岁	5146	5146	5689	446	5243	2350	425	1598	327
55-59岁	4951	4951	4322	274	4048	1702	371	1102	229
60-64岁	1619	1619	779	48	731	215	36	144	35
65-69岁	958	958	411	30	381	101	17	62	22
70-74岁	168	168	79	5	74	24	9	9	6
75岁及以上	40	40	36	1	35	9	4	5	
女	**24937**	**24937**	**35552**	**984**	**34568**	**16032**	**4029**	**8658**	**3345**
16-19岁	83	83	175	2	173	26	9	10	7
20-24岁	1359	1359	3043	34	3009	1389	323	746	320
25-29岁	3620	3620	7004	120	6884	3317	871	1728	718
30-34岁	5374	5374	8676	211	8465	4454	1129	2331	994
35-39岁	3707	3707	5855	169	5686	2939	785	1575	579
40-44岁	3209	3209	4742	177	4565	1780	453	989	338
45-49岁	3267	3267	3701	148	3553	1282	276	770	236
50-54岁	2093	2093	1541	79	1462	578	124	359	95
55-59岁	1116	1116	544	35	509	175	38	110	27
60-64岁	592	592	141	5	136	48	15	24	9
65-69岁	428	428	87	3	84	29	6	11	12
70-74岁	76	76	25	1	24	11		4	7
75岁及以上	13	13	18		18	4		1	3

4-5a 续表 10 单位：人

年龄组 性 别	水利、环境和公共设施管理业					居民服务、修理和其他服务业			
	小计	水 利 管理业	生态保护 和环境 治理业	公共设施 管理业	土 地 管理业	小计	居 民 服务业	机动车、 电子产品 和日用产 品修理业	其 他 服务业
总 计	**18177**	**1316**	**1794**	**14837**	**230**	**70976**	**44236**	**15656**	**11084**
16-19岁	24	1	1	22		1293	929	340	24
20-24岁	547	50	89	397	11	4806	3270	1198	338
25-29岁	1400	122	229	1012	37	8740	5762	2198	780
30-34岁	2265	215	326	1677	47	12382	8146	3136	1100
35-39岁	1937	171	266	1459	41	8797	5670	2204	923
40-44岁	2101	209	210	1655	27	8525	5206	2129	1190
45-49岁	2581	181	234	2140	26	9217	5543	1934	1740
50-54岁	2676	165	189	2302	20	8268	4886	1401	1981
55-59岁	2171	153	139	1864	15	4958	2765	753	1440
60-64岁	1098	26	45	1025	2	1976	1027	196	753
65-69岁	992	12	50	926	4	1424	690	119	615
70-74岁	314	7	10	297		451	261	35	155
75岁及以上	71	4	6	61		139	81	13	45
男	**11238**	**926**	**1233**	**8953**	**126**	**32423**	**15163**	**12640**	**4620**
16-19岁	16	1	1	14		789	436	336	17
20-24岁	323	27	59	230	7	2519	1255	1087	177
25-29岁	824	73	147	589	15	4377	2142	1814	421
30-34岁	1396	136	201	1034	25	5708	2684	2475	549
35-39岁	1191	111	180	880	20	3985	1855	1704	426
40-44岁	1194	136	139	906	13	3608	1525	1635	448
45-49岁	1433	122	168	1123	20	3566	1571	1461	534
50-54岁	1766	136	141	1478	11	3475	1614	1163	698
55-59岁	1588	141	112	1321	14	2420	1176	657	587
60-64岁	667	24	37	606		941	435	163	343
65-69岁	605	8	36	560	1	710	300	101	309
70-74岁	193	7	7	179		247	132	32	83
75岁及以上	42	4	5	33		78	38	12	28
女	**6939**	**390**	**561**	**5884**	**104**	**38553**	**29073**	**3016**	**6464**
16-19岁	8			8		504	493	4	7
20-24岁	224	23	30	167	4	2287	2015	111	161
25-29岁	576	49	82	423	22	4363	3620	384	359
30-34岁	869	79	125	643	22	6674	5462	661	551
35-39岁	746	60	86	579	21	4812	3815	500	497
40-44岁	907	73	71	749	14	4917	3681	494	742
45-49岁	1148	59	66	1017	6	5651	3972	473	1206
50-54岁	910	29	48	824	9	4793	3272	238	1283
55-59岁	583	12	27	543	1	2538	1589	96	853
60-64岁	431	2	8	419	2	1035	592	33	410
65-69岁	387	4	14	366	3	714	390	18	306
70-74岁	121		3	118		204	129	3	72
75岁及以上	29		1	28		61	43	1	17

4-5a　续表 11　　　　单位：人

年龄组 性　别	教育		卫生和社会工作			文化、体育和娱乐业				
	小计	教育	小计	卫生	社会工作	小计	新闻和出版业	广播、电视、电影和录音制作业	文　化艺术业	体育
总　计	**100440**	**100440**	**50271**	**48022**	**2249**	**19249**	**1831**	**2971**	**3859**	**3090**
16-19岁	520	520	203	200	3	256	2	17	32	60
20-24岁	8263	8263	4391	4281	110	2162	76	350	363	493
25-29岁	15936	15936	8843	8584	259	3619	241	581	676	806
30-34岁	17267	17267	10302	10017	285	4148	350	685	823	695
35-39岁	16366	16366	7258	7033	225	2587	279	456	540	347
40-44岁	15092	15092	5930	5663	267	1927	271	287	393	224
45-49岁	11722	11722	5511	5202	309	1856	253	272	397	183
50-54岁	9107	9107	4053	3725	328	1389	200	172	331	126
55-59岁	5205	5205	2551	2277	274	938	136	112	235	105
60-64岁	615	615	673	567	106	207	14	22	43	32
65-69岁	242	242	380	324	56	120	8	14	20	14
70-74岁	67	67	118	96	22	32		2	4	3
75岁及以上	38	38	58	53	5	8	1	1	2	2
男	**33675**	**33675**	**15261**	**14548**	**713**	**10035**	**931**	**1596**	**1837**	**1723**
16-19岁	187	187	29	28	1	138	1	4	12	41
20-24岁	1851	1851	694	669	25	1104	25	181	158	286
25-29岁	3647	3647	1737	1675	62	1812	90	281	288	494
30-34岁	4278	4278	2407	2323	84	1998	142	344	325	349
35-39岁	4796	4796	2131	2071	60	1263	117	246	244	165
40-44岁	5216	5216	2107	2023	84	944	142	149	173	99
45-49岁	4562	4562	2059	1976	83	947	140	149	195	94
50-54岁	4558	4558	1753	1655	98	875	141	122	201	79
55-59岁	3940	3940	1590	1464	126	735	116	100	194	87
60-64岁	417	417	403	354	49	128	10	11	29	19
65-69岁	151	151	225	198	27	68	6	8	15	7
70-74岁	51	51	84	73	11	17		1	2	1
75岁及以上	21	21	42	39	3	6	1		1	2
女	**66765**	**66765**	**35010**	**33474**	**1536**	**9214**	**900**	**1375**	**2022**	**1367**
16-19岁	333	333	174	172	2	118	1	13	20	19
20-24岁	6412	6412	3697	3612	85	1058	51	169	205	207
25-29岁	12289	12289	7106	6909	197	1807	151	300	388	312
30-34岁	12989	12989	7895	7694	201	2150	208	341	498	346
35-39岁	11570	11570	5127	4962	165	1324	162	210	296	182
40-44岁	9876	9876	3823	3640	183	983	129	138	220	125
45-49岁	7160	7160	3452	3226	226	909	113	123	202	89
50-54岁	4549	4549	2300	2070	230	514	59	50	130	47
55-59岁	1265	1265	961	813	148	203	20	12	41	18
60-64岁	198	198	270	213	57	79	4	11	14	13
65-69岁	91	91	155	126	29	52	2	6	5	7
70-74岁	16	16	34	23	11	15		1	2	2
75岁及以上	17	17	16	14	2	2		1	1	

4-5a 续表 12

单位：人

年龄组 性 别	娱乐业	公共管理、社会保障和社会组织							国际组织	
		小计	中国共产党机关	国家机构	人民政协、民主党派	社会保障	群众团体、社会团体和其他成员组织	基层群众自治组织	小计	国际组织
总 计	**7498**	**86074**	**1812**	**71313**	**194**	**510**	**3583**	**8662**	**12**	**12**
16-19岁	145	90	1	73		1	8	7		
20-24岁	880	3357	42	2832	2	22	149	310		
25-29岁	1315	10656	173	8962	6	78	399	1038	2	2
30-34岁	1595	15944	328	13117	20	83	625	1771	1	1
35-39岁	965	11846	264	9901	18	73	499	1091	4	4
40-44岁	752	11881	299	9984	27	90	476	1005	1	1
45-49岁	751	11949	285	10006	32	73	519	1034	1	1
50-54岁	560	10266	228	8589	44	49	431	925	2	2
55-59岁	350	8465	174	7112	43	36	311	789		
60-64岁	96	823	9	451	2	1	68	292		
65-69岁	64	512	5	196		1	61	249	1	1
70-74岁	23	204	2	65		2	24	111		
75岁及以上	2	81	2	25		1	13	40		
男	**3948**	**55332**	**1227**	**47220**	**128**	**240**	**2020**	**4497**	**7**	**7**
16-19岁	80	70	1	62		1	3	3		
20-24岁	454	2062	29	1802	1	8	66	156		
25-29岁	659	5661	89	4892	1	24	170	485	1	1
30-34岁	838	8665	184	7390	12	33	307	739	1	1
35-39岁	491	7003	163	6091	11	26	264	448	2	2
40-44岁	381	7302	203	6330	17	44	258	450	1	1
45-49岁	369	7915	208	6834	15	33	295	530		
50-54岁	332	7807	172	6661	30	34	297	613	2	2
55-59岁	238	7685	160	6582	39	32	246	626		
60-64岁	59	608	9	358	2	1	50	188		
65-69岁	32	347	5	143		1	39	159		
70-74岁	13	144	2	57		2	17	66		
75岁及以上	2	63	2	18		1	8	34		
女	**3550**	**30742**	**585**	**24093**	**66**	**270**	**1563**	**4165**	**5**	**5**
16-19岁	65	20		11			5	4		
20-24岁	426	1295	13	1030	1	14	83	154		
25-29岁	656	4995	84	4070	5	54	229	553	1	1
30-34岁	757	7279	144	5727	8	50	318	1032		
35-39岁	474	4843	101	3810	7	47	235	643	2	2
40-44岁	371	4579	96	3654	10	46	218	555		
45-49岁	382	4034	77	3172	17	40	224	504	1	1
50-54岁	228	2459	56	1928	14	15	134	312		
55-59岁	112	780	14	530	4	4	65	163		
60-64岁	37	215		93			18	104		
65-69岁	32	165		53			22	90	1	1
70-74岁	10	60		8			7	45		
75岁及以上		18		7			5	6		

4-5b 全省分年龄、性别、行业大类的就业人口(镇)

单位：人

年龄组 性别	合计	农、林、牧、渔业						采矿业	
		小计	农业	林业	畜牧业	渔业	农、林、牧、渔专业及辅助性活动	小计	煤炭开采和洗选业
总 计	**1047479**	**93646**	**77679**	**1562**	**3964**	**7271**	**3170**	**2687**	**1540**
16-19岁	7471	201	169	4	7	14	7	2	
20-24岁	48959	953	695	31	75	103	49	49	24
25-29岁	114258	2567	1793	93	199	296	186	196	117
30-34岁	174084	4914	3465	158	357	609	325	418	260
35-39岁	125663	4056	2897	117	285	488	269	326	180
40-44岁	119404	5083	3684	122	298	692	287	383	228
45-49岁	135683	8928	6689	202	558	1025	454	479	275
50-54岁	141231	15806	12497	302	748	1623	636	518	314
55-59岁	88657	14028	11649	214	580	1142	443	238	115
60-64岁	40554	12338	11018	150	354	584	232	36	15
65-69岁	31713	12900	11783	108	315	502	192	20	8
70-74岁	12735	7047	6677	42	118	148	62	6	2
75岁及以上	7067	4825	4663	19	70	45	28	16	2
男	**624697**	**49783**	**38558**	**1029**	**2585**	**5421**	**2190**	**2133**	**1249**
16-19岁	4758	121	94	3	7	14	3	2	
20-24岁	28924	576	396	21	46	77	36	37	18
25-29岁	66797	1587	990	63	157	244	133	158	100
30-34岁	100403	2982	1904	112	261	484	221	312	196
35-39岁	71608	2389	1561	74	183	379	192	262	145
40-44岁	66945	2789	1819	77	186	501	206	278	169
45-49岁	76968	4607	3096	128	337	742	304	340	202
50-54岁	88903	7882	5615	204	466	1154	443	460	286
55-59岁	60902	6956	5290	146	368	845	307	223	110
60-64岁	26433	6353	5429	94	234	445	151	27	13
65-69岁	20015	6929	6131	69	212	386	131	19	8
70-74岁	7787	3855	3591	25	76	116	47	6	2
75岁及以上	4254	2757	2642	13	52	34	16	9	
女	**422782**	**43863**	**39121**	**533**	**1379**	**1850**	**980**	**554**	**291**
16-19岁	2713	80	75	1			4		
20-24岁	20035	377	299	10	29	26	13	12	6
25-29岁	47461	980	803	30	42	52	53	38	17
30-34岁	73681	1932	1561	46	96	125	104	106	64
35-39岁	54055	1667	1336	43	102	109	77	64	35
40-44岁	52459	2294	1865	45	112	191	81	105	59
45-49岁	58715	4321	3593	74	221	283	150	139	73
50-54岁	52328	7924	6882	98	282	469	193	58	28
55-59岁	27755	7072	6359	68	212	297	136	15	5
60-64岁	14121	5985	5589	56	120	139	81	9	2
65-69岁	11698	5971	5652	39	103	116	61	1	
70-74岁	4948	3192	3086	17	42	32	15		
75岁及以上	2813	2068	2021	6	18	11	12	7	2

4-5b 续表 1

单位：人

年龄组 性别	采矿业						制造业		
	石油和天然气开采业	黑色金属矿采选业	有色金属矿采选业	非金属矿采选业	开采专业及辅助性活动	其他采矿业	小计	农副食品加工业	食品制造业
总计	**283**	**96**	**24**	**482**	**220**	**42**	**353796**	**8482**	**5448**
16-19岁				2			3184	33	67
20-24岁	3	4	2	9	4	3	17334	212	298
25-29岁	18	4	1	33	17	6	39723	596	622
30-34岁	38	13	6	58	34	9	66358	1008	1003
35-39岁	31	6	2	67	36	4	47400	804	657
40-44岁	38	11	3	57	40	6	44328	837	656
45-49岁	72	21	4	67	36	4	49478	1262	686
50-54岁	53	25	4	92	25	5	44927	1607	719
55-59岁	29	10	2	56	21	5	24467	1006	437
60-64岁	1			17	3		8972	516	163
65-69岁		2		9	1		5498	391	99
70-74岁				4			1611	157	33
75岁及以上				11	3		516	53	8
男	**200**	**78**	**11**	**386**	**172**	**37**	**202873**	**4764**	**2593**
16-19岁				2			2157	22	33
20-24岁	2	4	1	7	2	3	11784	137	159
25-29岁	13	2		29	9	5	24789	389	315
30-34岁	27	10	1	44	27	7	38623	578	470
35-39岁	21	5	1	59	27	4	25723	425	290
40-44岁	24	6		42	32	5	22556	413	271
45-49岁	40	17	3	47	27	4	24650	626	297
50-54岁	46	22	3	77	22	4	25539	854	334
55-59岁	26	10	2	50	20	5	15982	615	242
60-64岁	1			10	3		5988	316	96
65-69岁		2		9			3677	254	55
70-74岁				4			1096	105	25
75岁及以上				6	3		309	30	6
女	**83**	**18**	**13**	**96**	**48**	**5**	**150923**	**3718**	**2855**
16-19岁							1027	11	34
20-24岁	1		1	2	2		5550	75	139
25-29岁	5	2	1	4	8	1	14934	207	307
30-34岁	11	3	5	14	7	2	27735	430	533
35-39岁	10	1	1	8	9		21677	379	367
40-44岁	14	5	3	15	8	1	21772	424	385
45-49岁	32	4	1	20	9		24828	636	389
50-54岁	7	3	1	15	3	1	19388	753	385
55-59岁	3			6	1		8485	391	195
60-64岁				7			2984	200	67
65-69岁					1		1821	137	44
70-74岁							515	52	8
75岁及以上				5			207	23	2

4-5b　续表 2　　　　单位：人

年龄组 性　别	制造业								
	酒、饮料和精制茶制造业	烟　草制品业	纺织业	纺织服装、服饰业	皮革、毛皮、羽毛及其制品和制鞋业	木材加工和木、竹、藤、棕、草制品业	家　具制造业	造纸和纸制品业	印刷和记录媒介复制业
总　计	**2187**	**99**	**43463**	**38345**	**5046**	**9085**	**6640**	**5265**	**3574**
16-19岁	11	1	372	329	18	31	44	29	27
20-24岁	75	7	1773	1354	96	281	286	171	140
25-29岁	244	3	4425	3445	292	762	703	455	324
30-34岁	381	15	7452	6652	637	1210	1091	881	620
35-39岁	308	11	5278	5561	640	1037	792	729	496
40-44岁	298	11	5697	5487	772	987	754	740	499
45-49岁	312	21	6711	6190	967	1400	948	836	546
50-54岁	259	16	6165	5340	899	1527	1063	677	493
55-59岁	197	7	3322	2444	474	982	605	430	277
60-64岁	51	1	1256	803	137	455	220	168	77
65-69岁	41	5	754	506	85	300	105	113	60
70-74岁	3	1	202	162	25	78	18	27	12
75岁及以上	7		56	72	4	35	11	9	3
男	**1472**	**60**	**20342**	**10050**	**1825**	**6080**	**4521**	**3166**	**1967**
16-19岁	3	1	228	133	7	23	39	16	21
20-24岁	52	5	1021	544	48	202	211	108	87
25-29岁	161	1	2349	1178	126	535	496	303	188
30-34岁	259	6	3578	1878	237	810	703	555	335
35-39岁	195	8	2273	1364	203	668	506	439	277
40-44岁	182	5	2284	1132	235	594	471	414	256
45-49岁	201	15	2594	1291	294	855	590	454	258
50-54岁	190	12	2844	1235	311	1040	728	397	267
55-59岁	149	3	1859	775	237	717	488	276	176
60-64岁	34	1	696	266	66	341	182	109	54
65-69岁	36	2	464	167	43	216	84	72	38
70-74岁	3	1	121	64	16	57	14	20	8
75岁及以上	7		31	23	2	22	9	3	2
女	**715**	**39**	**23121**	**28295**	**3221**	**3005**	**2119**	**2099**	**1607**
16-19岁	8		144	196	11	8	5	13	6
20-24岁	23	2	752	810	48	79	75	63	53
25-29岁	83	2	2076	2267	166	227	207	152	136
30-34岁	122	9	3874	4774	400	400	388	326	285
35-39岁	113	3	3005	4197	437	369	286	290	219
40-44岁	116	6	3413	4355	537	393	283	326	243
45-49岁	111	6	4117	4899	673	545	358	382	288
50-54岁	69	4	3321	4105	588	487	335	280	226
55-59岁	48	4	1463	1669	237	265	117	154	101
60-64岁	17		560	537	71	114	38	59	23
65-69岁	5	3	290	339	42	84	21	41	22
70-74岁			81	98	9	21	4	7	4
75岁及以上			25	49	2	13	2	6	1

4-5b 续表 3

单位：人

年龄组 性 别	制造业								
	文教、工美、体育和娱乐用品制造业	石油、煤炭及其他燃料加工业	化学原料和化学制品制造业	医 药制造业	化学纤维制造业	橡胶和塑 料制品业	非金属矿 物制品业	黑色金属冶炼和压延加工业	有色金属冶炼和压延加工业
总 计	**7942**	**694**	**9659**	**4110**	**2552**	**15708**	**11947**	**7794**	**3033**
16-19岁	36		26	14	31	105	36	25	12
20-24岁	235	33	419	429	180	566	359	380	121
25-29岁	664	101	976	774	316	1490	930	837	295
30-34岁	1234	163	1818	962	452	2757	1808	1433	575
35-39岁	935	61	1294	562	290	2146	1465	959	389
40-44岁	1017	77	1241	419	327	2075	1469	990	411
45-49岁	1202	100	1384	382	395	2324	1886	1227	500
50-54岁	1246	85	1376	303	341	2088	1965	1126	424
55-59岁	692	49	766	182	151	1247	1153	585	188
60-64岁	309	9	219	47	43	500	493	148	72
65-69岁	248	13	96	28	22	297	292	62	37
70-74岁	79	3	36	7	3	81	70	19	8
75岁及以上	45		8	1	1	32	21	3	1
男	**2787**	**515**	**6745**	**2150**	**1567**	**8598**	**8320**	**6100**	**2146**
16-19岁	19		11	7	17	68	31	22	10
20-24岁	133	28	288	223	122	368	272	326	104
25-29岁	266	79	663	404	205	890	649	649	205
30-34岁	448	122	1195	498	281	1586	1251	1075	390
35-39岁	317	45	850	263	173	1152	998	700	266
40-44岁	305	50	787	199	171	1083	935	704	278
45-49岁	338	63	913	179	204	1115	1234	920	326
50-54岁	387	69	1092	191	216	1039	1376	970	320
55-59岁	274	40	651	134	120	720	880	537	154
60-64岁	133	5	182	28	35	321	385	128	57
65-69岁	109	11	74	18	19	193	229	50	28
70-74岁	38	3	32	5	3	49	62	16	7
75岁及以上	20		7	1	1	14	18	3	1
女	**5155**	**179**	**2914**	**1960**	**985**	**7110**	**3627**	**1694**	**887**
16-19岁	17		15	7	14	37	5	3	2
20-24岁	102	5	131	206	58	198	87	54	17
25-29岁	398	22	313	370	111	600	281	188	90
30-34岁	786	41	623	464	171	1171	557	358	185
35-39岁	618	16	444	299	117	994	467	259	123
40-44岁	712	27	454	220	156	992	534	286	133
45-49岁	864	37	471	203	191	1209	652	307	174
50-54岁	859	16	284	112	125	1049	589	156	104
55-59岁	418	9	115	48	31	527	273	48	34
60-64岁	176	4	37	19	8	179	108	20	15
65-69岁	139	2	22	10	3	104	63	12	9
70-74岁	41		4	2		32	8	3	1
75岁及以上	25		1			18	3		

4-5b 续表 4

单位：人

年龄组 性别	制造业								
	金属制品业	通用设备制造业	专用设备制造业	汽车制造业	铁路、船舶、航空航天和其他运输设备制造业	电气机械和器材制造业	计算机、通信和其他电子设备制造业	仪器仪表制造业	其他制造业
总计	**28187**	**33921**	**17914**	**14432**	**9492**	**20761**	**29621**	**2791**	**2125**
16-19岁	149	199	166	183	62	266	867	16	16
20-24岁	924	1651	1037	892	455	1357	3268	158	69
25-29岁	2637	3810	2323	2069	1020	2932	5765	421	229
30-34岁	4794	6814	3909	3095	1802	4376	7858	642	387
35-39岁	3538	4680	2616	2093	1368	2809	4759	425	296
40-44岁	3732	4261	2105	1727	1269	2566	2895	335	263
45-49岁	4288	4575	2171	1827	1472	2675	2062	325	293
50-54岁	4155	4132	1877	1401	1195	2095	1247	251	281
55-59岁	2437	2310	1005	721	544	1023	590	136	150
60-64岁	883	845	360	238	158	349	177	53	66
65-69岁	489	487	235	136	96	235	91	21	49
70-74岁	136	130	86	43	34	64	33	6	20
75岁及以上	25	27	24	7	17	14	9	2	6
男	**20125**	**24532**	**11900**	**9181**	**6597**	**12756**	**16415**	**1676**	**1149**
16-19岁	121	169	137	146	49	202	587	12	11
20-24岁	715	1345	759	687	350	992	2248	120	42
25-29岁	1940	2890	1611	1466	759	1912	3514	291	134
30-34岁	3480	5145	2562	2056	1277	2650	4161	373	231
35-39岁	2459	3228	1647	1272	926	1639	2442	238	144
40-44岁	2543	2845	1308	940	849	1356	1335	157	127
45-49岁	2803	2924	1292	966	905	1422	885	163	132
50-54岁	2975	2965	1290	846	835	1324	670	157	144
55-59岁	1877	1799	764	477	417	758	366	102	97
60-64岁	703	684	267	179	122	271	116	42	40
65-69岁	380	404	176	106	75	177	69	16	31
70-74岁	108	109	66	35	23	43	18	4	12
75岁及以上	21	25	21	5	10	10	4	1	4
女	**8062**	**9389**	**6014**	**5251**	**2895**	**8005**	**13206**	**1115**	**976**
16-19岁	28	30	29	37	13	64	280	4	5
20-24岁	209	306	278	205	105	365	1020	38	27
25-29岁	697	920	712	603	261	1020	2251	130	95
30-34岁	1314	1669	1347	1039	525	1726	3697	269	156
35-39岁	1079	1452	969	821	442	1170	2317	187	152
40-44岁	1189	1416	797	787	420	1210	1560	178	136
45-49岁	1485	1651	879	861	567	1253	1177	162	161
50-54岁	1180	1167	587	555	360	771	577	94	137
55-59岁	560	511	241	244	127	265	224	34	53
60-64岁	180	161	93	59	36	78	61	11	26
65-69岁	109	83	59	30	21	58	22	5	18
70-74岁	28	21	20	8	11	21	15	2	8
75岁及以上	4	2	3	2	7	4	5	1	2

4-5b 续表 5

单位：人

年龄组 性别	制造业		电力、热力、燃气及水生产和供应业				建筑业		
	废弃资源综合利用业	金属制品、机械和设备修理业	小计	电力、热力生产和供应业	燃气生产和供应业	水的生产和供应业	小计	房屋建筑业	土木工程建筑业
总计	**1663**	**1816**	**7722**	**5020**	**1079**	**1623**	**116558**	**59062**	**7747**
16-19岁	2	11	20	15	2	3	334	164	32
20-24岁	30	78	327	245	33	49	2963	1268	309
25-29岁	78	185	931	646	117	168	8425	3595	744
30-34岁	178	351	1298	852	185	261	14461	6326	1183
35-39岁	167	235	905	571	143	191	11305	4901	837
40-44岁	178	233	951	599	128	224	12264	5625	819
45-49岁	261	250	1158	759	152	247	17310	8785	1062
50-54岁	309	265	1113	743	143	227	23877	13186	1290
55-59岁	221	136	761	485	111	165	15445	8749	930
60-64岁	112	44	142	66	29	47	5850	3643	321
65-69岁	84	21	87	33	21	33	3411	2221	168
70-74岁	28	7	17	2	9	6	712	485	30
75岁及以上	15		12	4	6	2	201	114	22
男	**1200**	**1574**	**5952**	**4059**	**765**	**1128**	**101795**	**51551**	**6783**
16-19岁	2	10	14	13		1	295	141	30
20-24岁	24	64	246	189	23	34	2445	1054	251
25-29岁	63	158	694	503	82	109	7230	3093	631
30-34岁	135	298	940	651	126	163	12441	5452	1007
35-39岁	111	205	644	435	92	117	9670	4179	705
40-44岁	133	194	668	446	90	132	10408	4758	695
45-49岁	175	216	862	611	96	155	14712	7387	940
50-54岁	221	240	956	668	104	184	21111	11606	1161
55-59岁	154	124	705	457	94	154	14132	7922	875
60-64岁	91	38	120	54	24	42	5427	3376	299
65-69岁	61	20	77	27	20	30	3109	2045	147
70-74岁	22	7	14	1	8	5	648	444	23
75岁及以上	8		12	4	6	2	167	94	19
女	**463**	**242**	**1770**	**961**	**314**	**495**	**14763**	**7511**	**964**
16-19岁		1	6	2	2	2	39	23	2
20-24岁	6	14	81	56	10	15	518	214	58
25-29岁	15	27	237	143	35	59	1195	502	113
30-34岁	43	53	358	201	59	98	2020	874	176
35-39岁	56	30	261	136	51	74	1635	722	132
40-44岁	45	39	283	153	38	92	1856	867	124
45-49岁	86	34	296	148	56	92	2598	1398	122
50-54岁	88	25	157	75	39	43	2766	1580	129
55-59岁	67	12	56	28	17	11	1313	827	55
60-64岁	21	6	22	12	5	5	423	267	22
65-69岁	23	1	10	6	1	3	302	176	21
70-74岁	6		3	1	1	1	64	41	7
75岁及以上	7						34	20	3

4-5b　续表 6

单位：人

年龄组 性　别	建筑业		批发和零售业			交通运输、仓储和邮政业			
	建　筑 安装业	建筑装 饰、装修 和其他 建筑业	小计	批发业	零售业	小计	铁　路 运输业	道　路 运输业	水　上 运输业
总　计	**8652**	**41097**	**165926**	**53732**	**112194**	**49655**	**468**	**33312**	**1696**
16-19岁	26	112	1098	228	870	222	1	104	5
20-24岁	269	1117	7473	1993	5480	1885	51	947	43
25-29岁	761	3325	19224	5395	13829	5202	84	2912	145
30-34岁	1490	5462	30873	9073	21800	8546	83	5277	288
35-39岁	1169	4398	22257	6966	15291	7299	49	5141	213
40-44岁	1203	4617	20379	6474	13905	7347	48	5561	177
45-49岁	1302	6161	21303	7019	14284	7598	54	5619	263
50-54岁	1273	8128	20395	7337	13058	6520	61	4595	283
55-59岁	742	5024	11833	4474	7359	3214	23	2115	192
60-64岁	260	1626	5073	2069	3004	1009	4	592	56
65-69岁	123	899	3851	1692	2159	622	8	354	27
70-74岁	25	172	1387	653	734	152	1	78	4
75岁及以上	9	56	780	359	421	39	1	17	
男	**7882**	**35579**	**83408**	**31754**	**51654**	**41673**	**322**	**29366**	**1371**
16-19岁	22	102	573	152	421	179		86	4
20-24岁	248	892	3792	1236	2556	1439	28	748	38
25-29岁	690	2816	9634	3244	6390	4096	50	2434	127
30-34岁	1362	4620	14677	5254	9423	6937	58	4523	237
35-39岁	1045	3741	10463	3934	6529	6071	33	4516	174
40-44岁	1079	3876	9455	3677	5778	6266	33	4960	142
45-49岁	1174	5211	10085	3951	6134	6479	38	4992	207
50-54岁	1172	7172	10881	4433	6448	5725	53	4160	220
55-59岁	705	4630	7038	2889	4149	2890	18	1980	156
60-64岁	245	1507	3129	1304	1825	887	3	555	41
65-69岁	108	809	2336	1062	1274	542	7	325	21
70-74岁	24	157	840	383	457	134		73	4
75岁及以上	8	46	505	235	270	28	1	14	
女	**770**	**5518**	**82518**	**21978**	**60540**	**7982**	**146**	**3946**	**325**
16-19岁	4	10	525	76	449	43	1	18	1
20-24岁	21	225	3681	757	2924	446	23	199	5
25-29岁	71	509	9590	2151	7439	1106	34	478	18
30-34岁	128	842	16196	3819	12377	1609	25	754	51
35-39岁	124	657	11794	3032	8762	1228	16	625	39
40-44岁	124	741	10924	2797	8127	1081	15	601	35
45-49岁	128	950	11218	3068	8150	1119	16	627	56
50-54岁	101	956	9514	2904	6610	795	8	435	63
55-59岁	37	394	4795	1585	3210	324	5	135	36
60-64岁	15	119	1944	765	1179	122	1	37	15
65-69岁	15	90	1515	630	885	80	1	29	6
70-74岁	1	15	547	270	277	18	1	5	
75岁及以上	1	10	275	124	151	11		3	

4-5b 续表 7

单位：人

年龄组 性 别	交通运输、仓储和邮政业					住宿和餐饮业		
	航 空 运输业	管 道 运输业	多式联运 和运输 代理业	装卸搬运 和仓储业	邮政业	小计	住宿业	餐饮业
总 计	**243**	**20**	**1850**	**4629**	**7437**	**42714**	**3410**	**39304**
16-19岁	1		9	24	78	704	56	648
20-24岁	36	1	105	136	566	2505	269	2236
25-29岁	73	4	225	345	1414	4903	382	4521
30-34岁	37	4	366	592	1899	7372	518	6854
35-39岁	31	4	317	466	1078	5537	361	5176
40-44岁	23	3	261	471	803	5273	382	4891
45-49岁	15	1	219	713	714	5740	531	5209
50-54岁	13	3	202	842	521	5371	437	4934
55-59岁	12		104	523	245	3105	287	2818
60-64岁	2		28	260	67	1246	93	1153
65-69岁			9	188	36	732	69	663
70-74岁			4	53	12	178	17	161
75岁及以上			1	16	4	48	8	40
男	**142**	**14**	**1404**	**3602**	**5452**	**21185**	**1375**	**19810**
16-19岁	1		9	22	57	458	33	425
20-24岁	17		70	108	430	1601	125	1476
25-29岁	38	3	139	263	1042	2845	153	2692
30-34岁	23	4	259	434	1399	4013	196	3817
35-39岁	16	2	231	340	759	2806	122	2684
40-44岁	17	2	207	338	567	2504	161	2343
45-49岁	11	1	181	551	498	2317	180	2137
50-54岁	8	2	180	694	408	2170	174	1996
55-59岁	10		89	434	203	1421	129	1292
60-64岁	1		25	210	52	575	50	525
65-69岁			9	156	24	357	35	322
70-74岁			4	42	11	92	11	81
75岁及以上			1	10	2	26	6	20
女	**101**	**6**	**446**	**1027**	**1985**	**21529**	**2035**	**19494**
16-19岁				2	21	246	23	223
20-24岁	19	1	35	28	136	904	144	760
25-29岁	35	1	86	82	372	2058	229	1829
30-34岁	14		107	158	500	3359	322	3037
35-39岁	15	2	86	126	319	2731	239	2492
40-44岁	6	1	54	133	236	2769	221	2548
45-49岁	4		38	162	216	3423	351	3072
50-54岁	5	1	22	148	113	3201	263	2938
55-59岁	2		15	89	42	1684	158	1526
60-64岁	1		3	50	15	671	43	628
65-69岁				32	12	375	34	341
70-74岁				11	1	86	6	80
75岁及以上				6	2	22	2	20

4-5b　续表 8　　　　单位：人

年龄组 性　别	信息传输、软件和信息技术服务业				金融业				
	小计	电信、广播电视和卫星传输服务	互联网和相关服务	软件和信息技术服务业	小计	货币金融服务	资本市场服务	保险业	其他金融业
总　计	**13939**	**3578**	**4548**	**5813**	**11086**	**4843**	**669**	**4587**	**987**
16-19岁	137	22	69	46	24	6		13	5
20-24岁	1772	233	700	839	734	372	44	239	79
25-29岁	3773	644	1283	1846	2146	1014	156	765	211
30-34岁	3767	983	1254	1530	2784	1260	160	1096	268
35-39岁	1970	599	567	804	1568	567	130	710	161
40-44岁	1040	380	270	390	1083	352	69	584	78
45-49岁	718	347	184	187	1143	490	51	538	64
50-54岁	461	232	136	93	982	446	42	416	78
55-59岁	233	114	59	60	505	288	16	168	33
60-64岁	42	17	19	6	69	28	1	34	6
65-69岁	20	4	4	12	36	13		20	3
70-74岁	4	2	2		5	2		2	1
75岁及以上	2	1	1		7	5		2	
男	**8444**	**1926**	**2771**	**3747**	**5336**	**2486**	**382**	**1906**	**562**
16-19岁	78	9	37	32	14	3		9	2
20-24岁	1046	119	410	517	336	152	18	125	41
25-29岁	2177	291	751	1135	1075	489	75	409	102
30-34岁	2187	457	745	985	1302	578	87	486	151
35-39岁	1225	299	372	554	692	268	78	260	86
40-44岁	628	215	165	248	418	159	43	174	42
45-49岁	494	229	128	137	497	245	33	177	42
50-54岁	357	180	101	76	549	300	35	158	56
55-59岁	194	105	41	48	386	260	12	82	32
60-64岁	37	15	17	5	39	18	1	15	5
65-69岁	17	4	3	10	20	9		9	2
70-74岁	3	2	1		3	1		1	1
75岁及以上	1	1			5	4		1	
女	**5495**	**1652**	**1777**	**2066**	**5750**	**2357**	**287**	**2681**	**425**
16-19岁	59	13	32	14	10	3		4	3
20-24岁	726	114	290	322	398	220	26	114	38
25-29岁	1596	353	532	711	1071	525	81	356	109
30-34岁	1580	526	509	545	1482	682	73	610	117
35-39岁	745	300	195	250	876	299	52	450	75
40-44岁	412	165	105	142	665	193	26	410	36
45-49岁	224	118	56	50	646	245	18	361	22
50-54岁	104	52	35	17	433	146	7	258	22
55-59岁	39	9	18	12	119	28	4	86	1
60-64岁	5	2	2	1	30	10		19	1
65-69岁	3		1	2	16	4		11	1
70-74岁	1		1		2	1		1	
75岁及以上	1		1		2	1		1	

4-5b 续表 9 单位：人

年龄组 性别	房地产业		租赁和商务服务业			科学研究和技术服务业			
	小计	房地产业	小计	租赁业	商务服务业	小计	研究和试验发展	专业技术服务业	科技推广和应用服务业
总 计	**18381**	**18381**	**26535**	**2172**	**24363**	**11970**	**2457**	**6567**	**2946**
16-19岁	88	88	170	17	153	45	9	26	10
20-24岁	1015	1015	1800	80	1720	1004	222	601	181
25-29岁	2411	2411	4165	307	3858	2320	554	1297	469
30-34岁	3456	3456	5464	489	4975	2785	677	1489	619
35-39岁	2005	2005	3333	316	3017	1834	410	1005	419
40-44岁	1675	1675	2789	270	2519	1143	230	653	260
45-49岁	1863	1863	2819	261	2558	972	135	558	279
50-54岁	2207	2207	2678	232	2446	875	112	507	256
55-59岁	1809	1809	1892	120	1772	549	73	290	186
60-64岁	978	978	745	44	701	191	15	85	91
65-69岁	683	683	471	23	448	146	18	41	87
70-74岁	152	152	146	8	138	72	1	12	59
75岁及以上	39	39	63	5	58	34	1	3	30
男	**11377**	**11377**	**16669**	**1875**	**14794**	**7976**	**1528**	**4580**	**1868**
16-19岁	70	70	105	17	88	27	5	15	7
20-24岁	586	586	940	73	867	584	124	359	101
25-29岁	1428	1428	2238	270	1968	1488	333	868	287
30-34岁	1869	1869	3089	427	2662	1802	406	1001	395
35-39岁	1105	1105	2013	271	1742	1232	264	699	269
40-44岁	933	933	1714	234	1480	758	141	448	169
45-49岁	1109	1109	1825	218	1607	663	85	396	182
50-54岁	1536	1536	2017	198	1819	671	88	422	161
55-59岁	1380	1380	1582	100	1482	442	58	256	128
60-64岁	715	715	606	38	568	146	12	75	59
65-69岁	502	502	384	18	366	94	11	31	52
70-74岁	114	114	114	8	106	46		8	38
75岁及以上	30	30	42	3	39	23	1	2	20
女	**7004**	**7004**	**9866**	**297**	**9569**	**3994**	**929**	**1987**	**1078**
16-19岁	18	18	65		65	18	4	11	3
20-24岁	429	429	860	7	853	420	98	242	80
25-29岁	983	983	1927	37	1890	832	221	429	182
30-34岁	1587	1587	2375	62	2313	983	271	488	224
35-39岁	900	900	1320	45	1275	602	146	306	150
40-44岁	742	742	1075	36	1039	385	89	205	91
45-49岁	754	754	994	43	951	309	50	162	97
50-54岁	671	671	661	34	627	204	24	85	95
55-59岁	429	429	310	20	290	107	15	34	58
60-64岁	263	263	139	6	133	45	3	10	32
65-69岁	181	181	87	5	82	52	7	10	35
70-74岁	38	38	32		32	26	1	4	21
75岁及以上	9	9	21	2	19	11		1	10

4-5b 续表 10 单位：人

年龄组 性别	水利、环境和公共设施管理业					居民服务、修理和其他服务业			
	小计	水利管理业	生态保护和环境治理业	公共设施管理业	土地管理业	小计	居民服务业	机动车、电子产品和日用产品修理业	其他服务业
总计	**7537**	**480**	**628**	**6352**	**77**	**35672**	**20431**	**8886**	**6355**
16-19岁	6		1	5		579	378	171	30
20-24岁	168	16	24	125	3	2078	1251	662	165
25-29岁	449	42	65	330	12	3969	2322	1257	390
30-34岁	656	68	101	479	8	5892	3581	1767	544
35-39岁	539	48	68	413	10	4250	2544	1221	485
40-44岁	605	67	57	475	6	3721	2141	1064	516
45-49岁	841	77	68	686	10	4283	2451	1001	831
50-54岁	1108	70	100	926	12	4528	2586	870	1072
55-59岁	1014	66	68	871	9	2785	1459	496	830
60-64岁	819	17	35	765	2	1562	776	184	602
65-69岁	913	7	29	873	4	1298	617	127	554
70-74岁	327	1	10	315	1	518	238	47	233
75岁及以上	92	1	2	89		209	87	19	103
男	**4615**	**361**	**479**	**3717**	**58**	**18365**	**7980**	**7424**	**2961**
16-19岁	5		1	4		386	197	168	21
20-24岁	108	11	20	75	2	1237	543	599	95
25-29岁	299	32	43	216	8	2230	932	1072	226
30-34岁	439	48	73	313	5	3037	1281	1480	276
35-39岁	354	34	46	266	8	2141	894	1002	245
40-44岁	370	46	43	275	6	1771	701	853	217
45-49岁	467	49	49	361	8	1890	795	786	309
50-54岁	662	59	79	515	9	2118	990	717	411
55-59岁	633	59	58	508	8	1470	679	415	376
60-64岁	480	15	31	433	1	884	420	161	303
65-69岁	517	7	25	483	2	750	362	112	276
70-74岁	215		9	205	1	317	136	40	141
75岁及以上	66	1	2	63		134	50	19	65
女	**2922**	**119**	**149**	**2635**	**19**	**17307**	**12451**	**1462**	**3394**
16-19岁	1			1		193	181	3	9
20-24岁	60	5	4	50	1	841	708	63	70
25-29岁	150	10	22	114	4	1739	1390	185	164
30-34岁	217	20	28	166	3	2855	2300	287	268
35-39岁	185	14	22	147	2	2109	1650	219	240
40-44岁	235	21	14	200		1950	1440	211	299
45-49岁	374	28	19	325	2	2393	1656	215	522
50-54岁	446	11	21	411	3	2410	1596	153	661
55-59岁	381	7	10	363	1	1315	780	81	454
60-64岁	339	2	4	332	1	678	356	23	299
65-69岁	396		4	390	2	548	255	15	278
70-74岁	112	1	1	110		201	102	7	92
75岁及以上	26			26		75	37		38

4-5b 续表 11　　单位：人

年龄组 性 别	教育		卫生和社会工作			文化、体育和娱乐业				
	小计	教育	小计	卫生	社会工作	小计	新闻和出版业	广播、电视、电影和录音制作业	文化艺术业	体育
总 计	**37541**	**37541**	**16011**	**15278**	**733**	**4925**	**213**	**577**	**997**	**841**
16-19岁	445	445	61	61		87		3	35	15
20-24岁	3323	3323	1505	1480	25	546	15	61	115	158
25-29岁	5722	5722	2973	2908	65	860	35	113	156	190
30-34岁	5899	5899	2669	2596	73	975	40	136	183	188
35-39岁	5414	5414	1618	1570	48	588	31	69	123	92
40-44岁	5307	5307	1822	1758	64	459	29	53	81	55
45-49岁	4492	4492	2011	1888	123	434	20	49	95	54
50-54岁	3943	3943	1604	1475	129	435	22	38	88	42
55-59岁	2364	2364	973	873	100	290	18	27	68	31
60-64岁	371	371	353	308	45	114	1	9	24	8
65-69岁	166	166	288	247	41	86	1	13	15	7
70-74岁	58	58	89	75	14	41	1	3	11	
75岁及以上	37	37	45	39	6	10		3	3	1
男	**13990**	**13990**	**5448**	**5213**	**235**	**2640**	**123**	**282**	**518**	**487**
16-19岁	177	177	9	9		40			14	6
20-24岁	676	676	251	243	8	290	5	24	46	102
25-29岁	1287	1287	615	595	20	462	19	53	76	116
30-34岁	1441	1441	665	645	20	504	19	64	92	105
35-39岁	1717	1717	554	532	22	297	9	35	60	46
40-44岁	2109	2109	650	636	14	223	17	22	31	29
45-49岁	2067	2067	852	830	22	213	17	28	51	27
50-54岁	2245	2245	758	717	41	257	18	25	57	24
55-59岁	1851	1851	597	563	34	195	16	21	53	17
60-64岁	248	248	208	186	22	71	1	3	15	8
65-69岁	106	106	188	166	22	51	1	3	11	6
70-74岁	41	41	63	56	7	28	1	2	9	
75岁及以上	25	25	38	35	3	9		2	3	1
女	**23551**	**23551**	**10563**	**10065**	**498**	**2285**	**90**	**295**	**479**	**354**
16-19岁	268	268	52	52		47		3	21	9
20-24岁	2647	2647	1254	1237	17	256	10	37	69	56
25-29岁	4435	4435	2358	2313	45	398	16	60	80	74
30-34岁	4458	4458	2004	1951	53	471	21	72	91	83
35-39岁	3697	3697	1064	1038	26	291	22	34	63	46
40-44岁	3198	3198	1172	1122	50	236	12	31	50	26
45-49岁	2425	2425	1159	1058	101	221	3	21	44	27
50-54岁	1698	1698	846	758	88	178	4	13	31	18
55-59岁	513	513	376	310	66	95	2	6	15	14
60-64岁	123	123	145	122	23	43		6	9	
65-69岁	60	60	100	81	19	35		10	4	1
70-74岁	17	17	26	19	7	13		1	2	
75岁及以上	12	12	7	4	3	1		1		

4-5b　续表 12

单位：人

年龄组 性　别	娱乐业	公共管理、社会保障和社会组织						国际组织	
		小计	中国共产党机关	国家机构	人民政协、民主党派	社会保障	群众团体、社会团体和其他成员组织	基层群众自治组织	小计	国际组织
总　计	**2297**	**31172**	**687**	**22967**	**40**	**191**	**1964**	**5323**	**6**	**6**
16-19岁	34	64	1	44		1	8	10		
20-24岁	197	1525	32	1237	1	12	99	144		
25-29岁	366	4298	102	3372		34	224	566	1	1
30-34岁	428	5497	109	4234	2	38	319	795		
35-39岁	273	3459	87	2606	3	20	242	501		
40-44岁	241	3748	84	2847	5	31	214	567	4	4
45-49岁	216	4113	103	3094	8	19	249	640		
50-54岁	245	3883	88	2792	5	20	290	688		
55-59岁	146	3152	69	2250	13	12	164	644		
60-64岁	72	644	6	278		3	69	288		
65-69岁	50	485	4	149	3	1	49	279		
70-74岁	26	213	1	37			26	149		
75岁及以上	3	91	1	27			11	52	1	1
男	**1230**	**21033**	**499**	**15859**	**31**	**83**	**1181**	**3380**	**2**	**2**
16-19岁	20	48	1	37		1	4	5		
20-24岁	113	950	26	808		3	43	70		
25-29岁	198	2464	56	1990		12	102	304	1	1
30-34岁	224	3143	72	2503	1	13	168	386		
35-39岁	147	2250	53	1743	2	7	136	309		
40-44岁	124	2446	69	1899	4	12	131	331	1	1
45-49岁	90	2839	73	2178	6	10	147	425		
50-54岁	133	3009	74	2232	5	14	204	480		
55-59岁	88	2825	65	2087	11	7	132	523		
60-64岁	44	493	5	224		3	46	215		
65-69岁	30	340	3	108	2	1	37	189		
70-74岁	16	158	1	30			23	104		
75岁及以上	3	68	1	20			8	39		
女	**1067**	**10139**	**188**	**7108**	**9**	**108**	**783**	**1943**	**4**	**4**
16-19岁	14	16		7			4	5		
20-24岁	84	575	6	429	1	9	56	74		
25-29岁	168	1834	46	1382		22	122	262		
30-34岁	204	2354	37	1731	1	25	151	409		
35-39岁	126	1209	34	863	1	13	106	192		
40-44岁	117	1302	15	948	1	19	83	236	3	3
45-49岁	126	1274	30	916	2	9	102	215		
50-54岁	112	874	14	560		6	86	208		
55-59岁	58	327	4	163	2	5	32	121		
60-64岁	28	151	1	54			23	73		
65-69岁	20	145	1	41	1		12	90		
70-74岁	10	55		7			3	45		
75岁及以上		23		7			3	13	1	1

4-5c 全省分年龄、性别、行业大类的就业人口(乡村)

单位：人

年龄组 性别	合计	农、林、牧、渔业						采矿业	
		小计	农业	林业	畜牧业	渔业	农、林、牧、渔专业及辅助性活动	小计	煤炭开采和洗选业
总 计	**1089292**	**299114**	**262475**	**5050**	**10703**	**14274**	**6612**	**1012**	**235**
16-19岁	7304	628	541	21	30	25	11	3	1
20-24岁	39327	2365	1926	68	161	124	86	26	2
25-29岁	81979	5779	4624	176	362	384	233	56	7
30-34岁	119432	10799	8781	329	651	658	380	114	31
35-39岁	82379	9205	7424	241	620	586	334	82	17
40-44岁	89828	12393	9925	288	786	975	419	104	24
45-49岁	129201	24292	19928	521	1361	1731	751	168	37
50-54岁	174748	46830	39635	823	2088	3080	1204	234	67
55-59岁	132438	45503	39488	807	1646	2557	1005	137	26
60-64岁	85956	43254	39107	645	1176	1599	727	37	7
65-69岁	82672	49807	45513	683	1059	1701	851	31	7
70-74岁	40156	28741	26895	332	507	631	376	12	5
75岁及以上	23872	19518	18688	116	256	223	235	8	4
男	**649928**	**151445**	**127851**	**3012**	**6500**	**9793**	**4289**	**880**	**222**
16-19岁	4688	424	354	18	25	20	7	2	1
20-24岁	23999	1436	1122	46	109	100	59	21	2
25-29岁	50724	3358	2506	109	263	302	178	52	7
30-34岁	72542	5927	4534	208	424	491	270	108	31
35-39岁	48968	4838	3663	158	371	424	222	73	16
40-44岁	51053	6108	4555	181	449	645	278	92	23
45-49岁	71774	11050	8429	298	765	1086	472	138	36
50-54岁	102935	21032	16642	480	1177	1956	777	203	64
55-59岁	82408	21281	17492	464	994	1703	628	120	23
60-64岁	53012	22193	19490	389	729	1123	462	31	4
65-69岁	49936	26758	23848	406	698	1280	526	23	6
70-74岁	23743	15771	14523	186	321	488	253	10	5
75岁及以上	14146	11269	10693	69	175	175	157	7	4
女	**439364**	**147669**	**134624**	**2038**	**4203**	**4481**	**2323**	**132**	**13**
16-19岁	2616	204	187	3	5	5	4	1	
20-24岁	15328	929	804	22	52	24	27	5	
25-29岁	31255	2421	2118	67	99	82	55	4	
30-34岁	46890	4872	4247	121	227	167	110	6	
35-39岁	33411	4367	3761	83	249	162	112	9	1
40-44岁	38775	6285	5370	107	337	330	141	12	1
45-49岁	57427	13242	11499	223	596	645	279	30	1
50-54岁	71813	25798	22993	343	911	1124	427	31	3
55-59岁	50030	24222	21996	343	652	854	377	17	3
60-64岁	32944	21061	19617	256	447	476	265	6	3
65-69岁	32736	23049	21665	277	361	421	325	8	1
70-74岁	16413	12970	12372	146	186	143	123	2	
75岁及以上	9726	8249	7995	47	81	48	78	1	

4-5c　续表 1　　　　单位：人

年龄组 性　别	采矿业						制造业		
	石油和天然气开采业	黑色金属矿采选业	有色金属矿采选业	非金属矿采选业	开采专业及辅助性活　动	其　他采矿业	小计	农副食品加工业	食　品制造业
总　计	**71**	**74**	**30**	**441**	**140**	**21**	**322340**	**7989**	**3796**
16-19岁				2			3081	28	53
20-24岁	5	1	2	10	6		15339	169	232
25-29岁	9	4	1	25	10		31720	457	433
30-34岁	14	2	2	42	22	1	50262	728	554
35-39岁	9	6		31	17	2	34586	501	414
40-44岁	6	8	3	50	9	4	35912	655	393
45-49岁	8	6	7	75	33	2	47002	1044	530
50-54岁	7	31	10	90	25	4	49228	1536	572
55-59岁	9	9	3	71	13	6	29638	1164	324
60-64岁		6		20	3	1	12910	692	154
65-69岁	3	1	1	17	2		9014	633	96
70-74岁	1			5		1	2782	262	29
75岁及以上			1	3			866	120	12
男	**59**	**67**	**25**	**365**	**125**	**17**	**179847**	**4407**	**1739**
16-19岁				1			2051	20	27
20-24岁	3	1	1	8	6		10274	107	112
25-29岁	8	3	1	23	10		19871	274	223
30-34岁	12	2	2	38	22	1	29030	410	262
35-39岁	8	6		27	14	2	18531	270	171
40-44岁	5	6	3	43	9	3	17527	325	159
45-49岁	7	4	5	59	26	1	22107	493	176
50-54岁	5	29	8	72	22	3	25637	763	256
55-59岁	8	9	3	60	12	5	18096	661	173
60-64岁		6		17	3	1	8473	431	96
65-69岁	2	1	1	12	1		5879	400	60
70-74岁	1			3		1	1835	170	16
75岁及以上			1	2			536	83	8
女	**12**	**7**	**5**	**76**	**15**	**4**	**142493**	**3582**	**2057**
16-19岁				1			1030	8	26
20-24岁	2		1	2			5065	62	120
25-29岁	1	1		2			11849	183	210
30-34岁	2			4			21232	318	292
35-39岁	1			4	3		16055	231	243
40-44岁	1	2		7		1	18385	330	234
45-49岁	1	2	2	16	7	1	24895	551	354
50-54岁	2	2	2	18	3	1	23591	773	316
55-59岁	1			11	1	1	11542	503	151
60-64岁				3			4437	261	58
65-69岁	1			5	1		3135	233	36
70-74岁				2			947	92	13
75岁及以上				1			330	37	4

4-5c 续表 2 单位：人

年龄组 性别	制造业								
	酒、饮料和精制茶制造业	烟草制品业	纺织业	纺织服装、服饰业	皮革、毛皮、羽毛及其制品和制鞋业	木材加工和木、竹、藤、棕、草制品业	家具制造业	造纸和纸制品业	印刷和记录媒介复制业
总计	**1269**	**78**	**30147**	**42431**	**4947**	**12217**	**7598**	**4219**	**2612**
16-19岁	4		238	367	36	62	44	28	28
20-24岁	39	5	1057	1497	79	288	299	162	112
25-29岁	113	7	2298	3448	251	709	696	365	246
30-34岁	183	12	4138	6704	517	1247	1068	589	361
35-39岁	120	6	3166	5189	432	1009	719	437	305
40-44岁	131	6	3744	5463	608	1115	779	440	311
45-49岁	181	14	5253	6948	917	1757	1058	644	417
50-54岁	197	16	5026	6764	1011	2380	1395	731	396
55-59岁	130	11	2838	3410	625	1743	911	422	244
60-64岁	81	1	1182	1275	222	973	344	210	101
65-69岁	59		843	944	175	661	212	130	65
70-74岁	28		298	305	55	189	61	44	23
75岁及以上	3		66	117	19	84	12	17	3
男	**802**	**52**	**12436**	**10413**	**1713**	**8075**	**5150**	**2444**	**1434**
16-19岁	2		125	145	17	46	37	18	17
20-24岁	19	4	596	583	41	221	210	110	76
25-29岁	75	7	1120	1143	93	488	496	232	144
30-34岁	109	8	1744	1864	194	837	737	369	216
35-39岁	70	4	1258	1306	128	610	454	251	176
40-44岁	83	3	1284	1140	188	666	471	244	151
45-49岁	101	6	1761	1262	260	1055	599	318	180
50-54岁	128	10	1838	1270	315	1514	921	393	207
55-59岁	94	9	1375	832	228	1237	723	245	144
60-64岁	60	1	646	393	114	725	266	132	65
65-69岁	41		476	320	87	478	175	90	42
70-74岁	18		173	115	35	140	52	30	14
75岁及以上	2		40	40	13	58	9	12	2
女	**467**	**26**	**17711**	**32018**	**3234**	**4142**	**2448**	**1775**	**1178**
16-19岁	2		113	222	19	16	7	10	11
20-24岁	20	1	461	914	38	67	89	52	36
25-29岁	38		1178	2305	158	221	200	133	102
30-34岁	74	4	2394	4840	323	410	331	220	145
35-39岁	50	2	1908	3883	304	399	265	186	129
40-44岁	48	3	2460	4323	420	449	308	196	160
45-49岁	80	8	3492	5686	657	702	459	326	237
50-54岁	69	6	3188	5494	696	866	474	338	189
55-59岁	36	2	1463	2578	397	506	188	177	100
60-64岁	21		536	882	108	248	78	78	36
65-69岁	18		367	624	88	183	37	40	23
70-74岁	10		125	190	20	49	9	14	9
75岁及以上	1		26	77	6	26	3	5	1

4-5c 续表 3

单位：人

年龄组 性别	制造业								
	文教、工美、体育和娱乐用品制造业	石油、煤炭及其他燃料加工业	化学原料和化学制品制造业	医药制造业	化学纤维制造业	橡胶和塑料制品业	非金属矿物制品业	黑色金属冶炼和压延加工业	有色金属冶炼和压延加工业
总计	**10530**	**401**	**7301**	**2295**	**3729**	**15509**	**14087**	**5795**	**2630**
16-19岁	60		19	18	49	140	60	16	14
20-24岁	319	14	283	219	350	615	458	218	107
25-29岁	782	31	638	377	495	1394	1022	527	211
30-34岁	1310	53	995	385	610	2168	1629	899	341
35-39岁	980	40	746	240	349	1599	1275	686	263
40-44岁	1080	41	799	243	363	1767	1469	728	300
45-49岁	1604	60	1131	279	531	2349	2255	952	429
50-54岁	1902	81	1322	258	472	2423	2579	981	451
55-59岁	1215	38	828	168	281	1570	1776	530	310
60-64岁	563	18	280	56	118	791	822	140	112
65-69岁	454	14	204	35	72	511	569	94	61
70-74岁	176	7	43	14	31	146	153	18	25
75岁及以上	85	4	13	3	8	36	20	6	6
男	**3534**	**300**	**5183**	**1103**	**2338**	**8245**	**9759**	**4558**	**1891**
16-19岁	24		16	11	28	96	44	14	12
20-24岁	147	11	182	120	282	406	332	177	86
25-29岁	364	22	453	181	343	845	746	428	157
30-34岁	475	38	664	180	388	1221	1125	693	241
35-39岁	304	33	520	105	208	862	839	510	181
40-44岁	333	28	507	106	177	848	940	529	205
45-49岁	418	40	747	106	263	1036	1415	701	274
50-54岁	549	59	975	125	292	1172	1760	817	325
55-59岁	419	35	688	101	205	889	1320	464	245
60-64岁	223	16	235	34	84	481	645	123	93
65-69岁	178	10	151	22	43	298	444	84	48
70-74岁	67	5	34	11	21	75	134	14	20
75岁及以上	33	3	11	1	4	16	15	4	4
女	**6996**	**101**	**2118**	**1192**	**1391**	**7264**	**4328**	**1237**	**739**
16-19岁	36		3	7	21	44	16	2	2
20-24岁	172	3	101	99	68	209	126	41	21
25-29岁	418	9	185	196	152	549	276	99	54
30-34岁	835	15	331	205	222	947	504	206	100
35-39岁	676	7	226	135	141	737	436	176	82
40-44岁	747	13	292	137	186	919	529	199	95
45-49岁	1186	20	384	173	268	1313	840	251	155
50-54岁	1353	22	347	133	180	1251	819	164	126
55-59岁	796	3	140	67	76	681	456	66	65
60-64岁	340	2	45	22	34	310	177	17	19
65-69岁	276	4	53	13	29	213	125	10	13
70-74岁	109	2	9	3	10	71	19	4	5
75岁及以上	52	1	2	2	4	20	5	2	2

4-5c 续表 4 单位：人

年龄组 性别	制造业								
	金属制品业	通用设备制造业	专用设备制造业	汽车制造业	铁路、船舶、航空航天和其他运输设备制造业	电气机械和器材制造业	计算机、通信和其他电子设备制造业	仪器仪表制造业	其他制造业
总　计	**27487**	**33433**	**14513**	**10804**	**7785**	**18318**	**22156**	**1960**	**2448**
16-19岁	169	310	123	139	62	229	740	16	10
20-24岁	885	1575	866	679	345	1242	2869	147	82
25-29岁	2173	3419	1845	1456	758	2372	4430	296	213
30-34岁	3854	5598	2753	2097	1356	3498	5441	390	309
35-39岁	2832	3586	1659	1308	1004	2032	2863	250	242
40-44岁	3154	3738	1544	1255	1006	2075	1857	218	259
45-49岁	4341	4726	1798	1407	1172	2343	1666	255	375
50-54岁	4775	4945	1820	1229	1195	2296	1206	190	397
55-59岁	2955	2957	1176	719	558	1255	589	117	280
60-64岁	1210	1363	485	288	193	544	256	44	125
65-69岁	864	918	329	177	101	327	157	29	108
70-74岁	214	247	89	42	26	88	60	6	40
75岁及以上	61	51	26	8	9	17	22	2	8
男	**19726**	**23800**	**9781**	**6760**	**5726**	**11066**	**12003**	**1143**	**1226**
16-19岁	143	252	92	114	54	163	499	14	4
20-24岁	698	1267	648	527	272	893	1879	109	53
25-29岁	1675	2643	1343	1038	572	1580	2666	184	118
30-34岁	2932	4194	1868	1392	1046	2103	2930	235	164
35-39岁	2010	2564	1105	768	741	1143	1412	137	124
40-44岁	2122	2404	950	639	692	1059	783	102	106
45-49岁	2841	3005	1068	716	801	1155	621	123	151
50-54岁	3235	3255	1172	701	857	1353	570	102	196
55-59岁	2261	2181	833	463	434	875	336	77	158
60-64岁	925	1066	361	218	152	405	159	31	68
65-69岁	670	723	246	144	75	255	97	23	59
70-74岁	166	206	74	34	24	69	39	4	20
75岁及以上	48	40	21	6	6	13	12	2	5
女	**7761**	**9633**	**4732**	**4044**	**2059**	**7252**	**10153**	**817**	**1222**
16-19岁	26	58	31	25	8	66	241	2	6
20-24岁	187	308	218	152	73	349	990	38	29
25-29岁	498	776	502	418	186	792	1764	112	95
30-34岁	922	1404	885	705	310	1395	2511	155	145
35-39岁	822	1022	554	540	263	889	1451	113	118
40-44岁	1032	1334	594	616	314	1016	1074	116	153
45-49岁	1500	1721	730	691	371	1188	1045	132	224
50-54岁	1540	1690	648	528	338	943	636	88	201
55-59岁	694	776	343	256	124	380	253	40	122
60-64岁	285	297	124	70	41	139	97	13	57
65-69岁	194	195	83	33	26	72	60	6	49
70-74岁	48	41	15	8	2	19	21	2	20
75岁及以上	13	11	5	2	3	4	10		3

4-5c 续表 5

单位：人

年龄组 性别	制造业		电力、热力、燃气及水生产和供应业				建筑业		
	废弃资源综合利用业	金属制品、机械和设备修理业	小计	电力、热力生产和供应业	燃气生产和供应业	水的生产和供应业	小计	房屋建筑业	土木工程建筑业
总计	**2139**	**1717**	**4561**	**2783**	**698**	**1080**	**156677**	**81409**	**10508**
16-19岁	8	11	14	12	2		466	222	37
20-24岁	38	89	198	142	19	37	3330	1452	410
25-29岁	79	179	512	339	58	115	8477	3507	786
30-34岁	176	299	606	411	76	119	13661	5841	1173
35-39岁	135	199	366	227	65	74	10352	4483	712
40-44岁	196	175	424	242	76	106	12896	5797	890
45-49岁	323	243	619	388	85	146	22237	11088	1450
50-54岁	457	225	743	481	102	160	35997	19670	2029
55-59岁	328	166	709	410	107	192	26015	14811	1581
60-64岁	193	74	213	86	55	72	12570	7764	761
65-69岁	130	42	118	35	37	46	8142	5156	506
70-74岁	53	10	30	6	15	9	2079	1346	140
75岁及以上	23	5	9	4	1	4	455	272	33
男	**1538**	**1502**	**3717**	**2333**	**529**	**855**	**138971**	**71977**	**9115**
16-19岁	7	10	14	12	2		408	191	36
20-24岁	27	79	145	108	15	22	2890	1249	353
25-29岁	63	155	399	271	41	87	7599	3138	700
30-34岁	130	261	476	337	60	79	12337	5285	1051
35-39岁	95	172	277	177	49	51	9259	3956	633
40-44岁	135	148	325	203	51	71	11232	4968	780
45-49岁	214	201	482	313	56	113	18959	9400	1229
50-54岁	310	197	623	414	73	136	31698	17263	1767
55-59岁	237	154	644	385	86	173	23599	13350	1385
60-64岁	153	72	188	75	46	67	11462	7053	652
65-69岁	101	39	108	28	36	44	7324	4703	398
70-74岁	45	10	27	6	13	8	1829	1192	105
75岁及以上	21	4	9	4	1	4	375	229	26
女	**601**	**215**	**844**	**450**	**169**	**225**	**17706**	**9432**	**1393**
16-19岁	1	1					58	31	1
20-24岁	11	10	53	34	4	15	440	203	57
25-29岁	16	24	113	68	17	28	878	369	86
30-34岁	46	38	130	74	16	40	1324	556	122
35-39岁	40	27	89	50	16	23	1093	527	79
40-44岁	61	27	99	39	25	35	1664	829	110
45-49岁	109	42	137	75	29	33	3278	1688	221
50-54岁	147	28	120	67	29	24	4299	2407	262
55-59岁	91	12	65	25	21	19	2416	1461	196
60-64岁	40	2	25	11	9	5	1108	711	109
65-69岁	29	3	10	7	1	2	818	453	108
70-74岁	8		3		2	1	250	154	35
75岁及以上	2	1					80	43	7

4-5c 续表 6

单位：人

年龄组 性 别	建筑业		批发和零售业			交通运输、仓储和邮政业			
	建筑安装业	建筑装饰、装修和其他建筑业	小计	批发业	零售业	小计	铁路运输业	道路运输业	水上运输业
总 计	**10521**	**54239**	**116575**	**49603**	**66972**	**37082**	**260**	**25049**	**1325**
16-19岁	51	156	907	222	685	229	5	86	2
20-24岁	327	1141	5159	1548	3611	1568	46	769	28
25-29岁	938	3246	11402	3557	7845	3780	48	2218	81
30-34岁	1633	5014	16399	5535	10864	5884	34	3782	177
35-39岁	1091	4066	10777	3855	6922	4537	17	3353	94
40-44岁	1184	5025	10997	4308	6689	4705	15	3627	124
45-49岁	1596	8103	14106	6156	7950	5408	27	4054	205
50-54岁	1825	12473	17010	8137	8873	5265	28	3667	326
55-59岁	1136	8487	11772	5976	5796	3092	23	2032	178
60-64岁	434	3611	6859	3722	3137	1305	11	749	67
65-69岁	251	2229	6633	3847	2786	968	5	540	34
70-74岁	45	548	2966	1779	1187	272	1	141	7
75岁及以上	10	140	1588	961	627	69		31	2
男	**9750**	**48129**	**59799**	**28577**	**31222**	**31285**	**179**	**22215**	**1010**
16-19岁	48	133	442	152	290	168	1	71	2
20-24岁	294	994	2510	961	1549	1196	25	647	24
25-29岁	876	2885	5821	2175	3646	3063	31	1900	69
30-34岁	1516	4485	7996	3290	4706	4960	22	3372	153
35-39岁	1023	3647	5110	2160	2950	3915	11	3036	78
40-44岁	1094	4390	5127	2382	2745	4028	13	3202	95
45-49岁	1447	6883	6745	3332	3413	4567	19	3576	148
50-54岁	1684	10984	8694	4510	4184	4469	25	3260	231
55-59岁	1067	7797	6423	3466	2957	2669	18	1845	125
60-64岁	417	3340	4086	2215	1871	1129	10	667	51
65-69岁	235	1988	4064	2296	1768	832	3	490	26
70-74岁	40	492	1803	1054	749	236	1	127	6
75岁及以上	9	111	978	584	394	53		22	2
女	**771**	**6110**	**56776**	**21026**	**35750**	**5797**	**81**	**2834**	**315**
16-19岁	3	23	465	70	395	61	4	15	
20-24岁	33	147	2649	587	2062	372	21	122	4
25-29岁	62	361	5581	1382	4199	717	17	318	12
30-34岁	117	529	8403	2245	6158	924	12	410	24
35-39岁	68	419	5667	1695	3972	622	6	317	16
40-44岁	90	635	5870	1926	3944	677	2	425	29
45-49岁	149	1220	7361	2824	4537	841	8	478	57
50-54岁	141	1489	8316	3627	4689	796	3	407	95
55-59岁	69	690	5349	2510	2839	423	5	187	53
60-64岁	17	271	2773	1507	1266	176	1	82	16
65-69岁	16	241	2569	1551	1018	136	2	50	8
70-74岁	5	56	1163	725	438	36		14	1
75岁及以上	1	29	610	377	233	16		9	

4-5c　续表 7　　　　单位：人

年龄组 性　别	交通运输、仓储和邮政业					住宿和餐饮业		
	航　空 运输业	管　道 运输业	多式联运 和运输 代理业	装卸搬运 和仓储业	邮政业	小计	住宿业	餐饮业
总　计	**272**	**20**	**909**	**4031**	**5216**	**26824**	**2007**	**24817**
16-19岁	2		4	17	113	514	22	492
20-24岁	37	1	41	140	506	1642	126	1516
25-29岁	36	2	126	249	1020	2758	227	2531
30-34岁	47	3	186	413	1242	3882	277	3605
35-39岁	20	2	95	290	666	2847	202	2645
40-44岁	36	2	117	314	470	2912	201	2711
45-49岁	35	2	126	512	447	3334	265	3069
50-54岁	34	2	108	686	414	3914	323	3591
55-59岁	14	3	59	574	209	2565	204	2361
60-64岁	8	1	23	377	69	1196	75	1121
65-69岁	2	1	24	317	45	933	59	874
70-74岁		1		110	12	241	19	222
75岁及以上	1			32	3	86	7	79
男	**181**	**16**	**714**	**3164**	**3806**	**12670**	**762**	**11908**
16-19岁			3	14	77	341	14	327
20-24岁	21	1	23	109	346	988	50	938
25-29岁	16	2	89	196	760	1632	92	1540
30-34岁	35	3	136	320	919	2131	97	2034
35-39岁	15	1	73	221	480	1469	79	1390
40-44岁	23	1	97	232	365	1343	63	1280
45-49岁	26	1	109	384	304	1176	75	1101
50-54岁	24	1	91	538	299	1396	102	1294
55-59岁	12	3	52	451	163	1007	94	913
60-64岁	6	1	21	319	54	559	44	515
65-69岁	2	1	20	263	27	456	34	422
70-74岁		1		92	9	132	14	118
75岁及以上	1			25	3	40	4	36
女	**91**	**4**	**195**	**867**	**1410**	**14154**	**1245**	**12909**
16-19岁	2		1	3	36	173	8	165
20-24岁	16		18	31	160	654	76	578
25-29岁	20		37	53	260	1126	135	991
30-34岁	12		50	93	323	1751	180	1571
35-39岁	5	1	22	69	186	1378	123	1255
40-44岁	13	1	20	82	105	1569	138	1431
45-49岁	9	1	17	128	143	2158	190	1968
50-54岁	10	1	17	148	115	2518	221	2297
55-59岁	2		7	123	46	1558	110	1448
60-64岁	2		2	58	15	637	31	606
65-69岁			4	54	18	477	25	452
70-74岁				18	3	109	5	104
75岁及以上				7		46	3	43

4-5c 续表 8

单位：人

年龄组 性别	信息传输、软件和信息技术服务业				金融业				
	小计	电信、广播电视和卫星传输服务	互联网和相关服务	软件和信息技术服务业	小计	货币金融服务	资本市场服务	保险业	其他金融业
总　计	**6452**	**1496**	**2157**	**2799**	**4200**	**1462**	**231**	**2126**	**381**
16-19岁	97	25	40	32	20	3		12	5
20-24岁	981	138	371	472	438	196	27	160	55
25-29岁	2010	322	676	1012	1039	406	82	433	118
30-34岁	1686	415	538	733	984	375	59	442	108
35-39岁	588	162	195	231	388	104	16	245	23
40-44岁	334	113	111	110	290	68	10	196	16
45-49岁	299	131	77	91	334	84	10	219	21
50-54岁	234	95	88	51	328	107	9	194	18
55-59岁	139	62	44	33	245	91	13	130	11
60-64岁	50	21	10	19	77	16	4	54	3
65-69岁	25	8	5	12	36	6	1	28	1
70-74岁	9	4	2	3	16	4		10	2
75岁及以上					5	2		3	
男	**4018**	**839**	**1337**	**1842**	**1949**	**692**	**134**	**894**	**229**
16-19岁	52	9	23	20	6			5	1
20-24岁	552	62	205	285	194	72	6	83	33
25-29岁	1202	146	392	664	539	190	39	242	68
30-34岁	1011	183	332	496	454	165	40	187	62
35-39岁	375	91	128	156	146	41	12	79	14
40-44岁	246	85	86	75	92	24	6	51	11
45-49岁	215	102	54	59	129	38	8	70	13
50-54岁	189	80	72	37	152	64	8	66	14
55-59岁	110	54	32	24	145	77	10	50	8
60-64岁	39	19	8	12	55	11	4	37	3
65-69岁	19	5	3	11	21	4	1	15	1
70-74岁	8	3	2	3	13	4		8	1
75岁及以上					3	2		1	
女	**2434**	**657**	**820**	**957**	**2251**	**770**	**97**	**1232**	**152**
16-19岁	45	16	17	12	14	3		7	4
20-24岁	429	76	166	187	244	124	21	77	22
25-29岁	808	176	284	348	500	216	43	191	50
30-34岁	675	232	206	237	530	210	19	255	46
35-39岁	213	71	67	75	242	63	4	166	9
40-44岁	88	28	25	35	198	44	4	145	5
45-49岁	84	29	23	32	205	46	2	149	8
50-54岁	45	15	16	14	176	43	1	128	4
55-59岁	29	8	12	9	100	14	3	80	3
60-64岁	11	2	2	7	22	5		17	
65-69岁	6	3	2	1	15	2		13	
70-74岁	1	1			3			2	1
75岁及以上					2			2	

4-5c　续表 9　　　　单位：人

年龄组 性　别	房地产业		租赁和商务服务业			科学研究和技术服务业			
	小计	房地产业	小计	租赁业	商　务 服务业	小计	研究和 试验发展	专业技术 服务业	科技推广 和应用 服务业
总　计	**9213**	**9213**	**16518**	**1888**	**14630**	**7294**	**1160**	**3622**	**2512**
16-19岁	51	51	135	21	114	34	6	16	12
20-24岁	606	606	1205	90	1115	675	147	408	120
25-29岁	1298	1298	2290	250	2040	1393	293	843	257
30-34岁	1438	1438	2640	363	2277	1316	254	749	313
35-39岁	707	707	1541	236	1305	609	126	314	169
40-44岁	631	631	1346	208	1138	467	84	241	142
45-49岁	849	849	1702	243	1459	598	83	289	226
50-54岁	1181	1181	2183	244	1939	755	79	341	335
55-59岁	1076	1076	1551	125	1426	587	52	238	297
60-64岁	700	700	903	48	855	332	21	99	212
65-69岁	520	520	698	45	653	300	14	64	222
70-74岁	118	118	226	11	215	141		12	129
75岁及以上	38	38	98	4	94	87	1	8	78
男	**6062**	**6062**	**11052**	**1666**	**9386**	**4854**	**757**	**2628**	**1469**
16-19岁	34	34	92	20	72	24	5	10	9
20-24岁	375	375	659	82	577	427	97	260	70
25-29岁	803	803	1292	230	1062	931	185	594	152
30-34岁	853	853	1611	336	1275	884	168	514	202
35-39岁	436	436	1006	209	797	422	77	232	113
40-44岁	388	388	898	180	718	306	53	173	80
45-49岁	502	502	1149	213	936	382	48	216	118
50-54岁	810	810	1625	203	1422	501	52	270	179
55-59岁	825	825	1232	106	1126	426	43	206	177
60-64岁	531	531	710	41	669	225	17	82	126
65-69岁	388	388	542	35	507	194	11	53	130
70-74岁	87	87	170	7	163	74		11	63
75岁及以上	30	30	66	4	62	58	1	7	50
女	**3151**	**3151**	**5466**	**222**	**5244**	**2440**	**403**	**994**	**1043**
16-19岁	17	17	43	1	42	10	1	6	3
20-24岁	231	231	546	8	538	248	50	148	50
25-29岁	495	495	998	20	978	462	108	249	105
30-34岁	585	585	1029	27	1002	432	86	235	111
35-39岁	271	271	535	27	508	187	49	82	56
40-44岁	243	243	448	28	420	161	31	68	62
45-49岁	347	347	553	30	523	216	35	73	108
50-54岁	371	371	558	41	517	254	27	71	156
55-59岁	251	251	319	19	300	161	9	32	120
60-64岁	169	169	193	7	186	107	4	17	86
65-69岁	132	132	156	10	146	106	3	11	92
70-74岁	31	31	56	4	52	67		1	66
75岁及以上	8	8	32		32	29		1	28

4-5c 续表 10

单位：人

年龄组 性别	水利、环境和公共设施管理业					居民服务、修理和其他服务业			
	小计	水利管理业	生态保护和环境治理业	公共设施管理业	土地管理业	小计	居民服务业	机动车、电子产品和日用产品修理业	其他服务业
总　计	**9185**	**362**	**617**	**8122**	**84**	**30047**	**16285**	**6581**	**7181**
16-19岁	15	1	1	12	1	451	277	152	22
20-24岁	145	12	12	118	3	1433	757	543	133
25-29岁	307	22	33	247	5	2501	1341	906	254
30-34岁	458	20	62	364	12	3511	1908	1225	378
35-39岁	321	8	47	256	10	2368	1271	786	311
40-44岁	444	18	47	375	4	2568	1410	767	391
45-49岁	787	45	52	683	7	3377	1970	707	700
50-54岁	1408	78	101	1216	13	4390	2579	673	1138
55-59岁	1418	73	94	1240	11	3381	1902	395	1084
60-64岁	1360	37	74	1245	4	2254	1110	193	951
65-69岁	1592	28	61	1492	11	2255	1033	147	1075
70-74岁	724	15	30	677	2	1058	502	58	498
75岁及以上	206	5	3	197	1	500	225	29	246
男	**5536**	**312**	**462**	**4700**	**62**	**15924**	**6844**	**5682**	**3398**
16-19岁	13	1	1	10	1	306	151	143	12
20-24岁	85	8	8	66	3	914	328	501	85
25-29岁	205	20	23	157	5	1533	582	808	143
30-34岁	307	18	46	233	10	2008	771	1048	189
35-39岁	208	4	41	156	7	1330	514	673	143
40-44岁	262	12	35	212	3	1315	508	646	161
45-49岁	457	38	38	378	3	1440	619	582	239
50-54岁	831	68	72	680	11	1910	924	557	429
55-59岁	833	64	68	694	7	1584	814	345	425
60-64岁	758	35	56	665	2	1264	598	169	497
65-69岁	962	26	46	883	7	1284	556	134	594
70-74岁	479	13	26	438	2	704	336	51	317
75岁及以上	136	5	2	128	1	332	143	25	164
女	**3649**	**50**	**155**	**3422**	**22**	**14123**	**9441**	**899**	**3783**
16-19岁	2			2		145	126	9	10
20-24岁	60	4	4	52		519	429	42	48
25-29岁	102	2	10	90		968	759	98	111
30-34岁	151	2	16	131	2	1503	1137	177	189
35-39岁	113	4	6	100	3	1038	757	113	168
40-44岁	182	6	12	163	1	1253	902	121	230
45-49岁	330	7	14	305	4	1937	1351	125	461
50-54岁	577	10	29	536	2	2480	1655	116	709
55-59岁	585	9	26	546	4	1797	1088	50	659
60-64岁	602	2	18	580	2	990	512	24	454
65-69岁	630	2	15	609	4	971	477	13	481
70-74岁	245	2	4	239		354	166	7	181
75岁及以上	70		1	69		168	82	4	82

4-5c　续表 11　　　　单位：人

年龄组 性　别	教育		卫生和社会工作			文化、体育和娱乐业				
	小计	教育	小计	卫生	社会工作	小计	新闻和出版业	广播、电视、电影和录音制作业	文　化艺术业	体育
总　计	**13823**	**13823**	**7602**	**6758**	**844**	**2789**	**63**	**236**	**514**	**487**
16-19岁	499	499	59	58	1	48		3	8	8
20-24岁	1907	1907	996	974	22	294	7	33	53	86
25-29岁	2547	2547	1269	1224	45	429	14	50	77	104
30-34岁	2070	2070	790	739	51	411	13	44	66	76
35-39岁	1162	1162	382	346	36	251	11	29	54	40
40-44岁	1221	1221	553	500	53	201	1	18	35	37
45-49岁	1282	1282	785	670	115	280	6	16	44	37
50-54岁	1372	1372	903	737	166	324	6	20	71	39
55-59岁	1208	1208	771	614	157	228	3	10	47	26
60-64岁	305	305	486	404	82	138		5	27	15
65-69岁	172	172	385	313	72	120	1	6	19	13
70-74岁	39	39	162	134	28	42	1	2	7	3
75岁及以上	39	39	61	45	16	23			6	3
男	**4907**	**4907**	**2862**	**2596**	**266**	**1564**	**28**	**129**	**324**	**267**
16-19岁	239	239	10	10		25		1	5	5
20-24岁	373	373	111	104	7	166	3	16	32	49
25-29岁	532	532	220	204	16	224	3	24	39	63
30-34岁	487	487	197	185	12	223	6	21	37	38
35-39岁	385	385	128	121	7	136	5	14	34	21
40-44岁	445	445	242	230	12	113		11	18	20
45-49岁	500	500	374	353	21	139	3	9	28	14
50-54岁	671	671	440	405	35	185	5	17	52	19
55-59岁	885	885	412	354	58	140	1	7	35	16
60-64岁	208	208	300	263	37	82		2	17	10
65-69岁	115	115	249	214	35	81	1	6	15	7
70-74岁	34	34	130	115	15	35	1	1	7	3
75岁及以上	33	33	49	38	11	15			5	2
女	**8916**	**8916**	**4740**	**4162**	**578**	**1225**	**35**	**107**	**190**	**220**
16-19岁	260	260	49	48	1	23		2	3	3
20-24岁	1534	1534	885	870	15	128	4	17	21	37
25-29岁	2015	2015	1049	1020	29	205	11	26	38	41
30-34岁	1583	1583	593	554	39	188	7	23	29	38
35-39岁	777	777	254	225	29	115	6	15	20	19
40-44岁	776	776	311	270	41	88	1	7	17	17
45-49岁	782	782	411	317	94	141	3	7	16	23
50-54岁	701	701	463	332	131	139	1	3	19	20
55-59岁	323	323	359	260	99	88	2	3	12	10
60-64岁	97	97	186	141	45	56		3	10	5
65-69岁	57	57	136	99	37	39			4	6
70-74岁	5	5	32	19	13	7		1		
75岁及以上	6	6	12	7	5	8			1	1

4-5c　续表 12

单位：人

年龄组 性　别	娱乐业	公共管理、社会保障和社会组织							国际组织	
		小计	中国共产党机关	国家机构	人民政协、民主党派	社会保障	群众团体、社会团体和其他成员组织	基层群众自治组织	小计	国际组织
总　计	**1489**	**17982**	**239**	**8084**	**8**	**91**	**1473**	**8087**	**2**	**2**
16-19岁	29	53		28			16	9		
20-24岁	115	1019	15	693	1	3	88	219	1	1
25-29岁	184	2412	27	1613	1	21	149	601		
30-34岁	212	2521	40	1434		15	185	847		
35-39岁	117	1309	20	650		13	134	492	1	1
40-44岁	110	1430	19	644	1	11	129	626		
45-49岁	177	1742	25	751		7	142	817		
50-54岁	188	2449	45	964	3	13	190	1234		
55-59岁	142	2403	36	934		5	175	1253		
60-64岁	91	1007	3	195		2	108	699		
65-69岁	81	923	6	128	2		88	699		
70-74岁	29	498	3	37		1	47	410		
75岁及以上	14	216		13			22	181		
男	**816**	**12584**	**175**	**5940**	**5**	**42**	**993**	**5429**	**2**	**2**
16-19岁	14	37		22			9	6		
20-24岁	66	682	5	505	1	2	52	117	1	1
25-29岁	95	1448	13	1021		6	78	330		
30-34岁	121	1542	30	929		6	123	454		
35-39岁	62	923	12	495		6	98	312	1	1
40-44岁	64	964	15	469	1	5	98	376		
45-49岁	85	1263	20	567		3	103	570		
50-54岁	92	1869	38	806	2	9	127	887		
55-59岁	81	1977	32	838		4	123	980		
60-64岁	53	719	3	153		1	71	491		
65-69岁	52	637	4	92	1		52	488		
70-74岁	23	366	3	30			42	291		
75岁及以上	8	157		13			17	127		
女	**673**	**5398**	**64**	**2144**	**3**	**49**	**480**	**2658**		
16-19岁	15	16		6			7	3		
20-24岁	49	337	10	188		1	36	102		
25-29岁	89	964	14	592	1	15	71	271		
30-34岁	91	979	10	505		9	62	393		
35-39岁	55	386	8	155		7	36	180		
40-44岁	46	466	4	175		6	31	250		
45-49岁	92	479	5	184		4	39	247		
50-54岁	96	580	7	158	1	4	63	347		
55-59岁	61	426	4	96		1	52	273		
60-64岁	38	288		42		1	37	208		
65-69岁	29	286	2	36	1		36	211		
70-74岁	6	132		7		1	5	119		
75岁及以上	6	59					5	54		

4-6 各地区分性别、职业中类的就业人口

单位：人

地区 性别	合计	党的机关、国家机关、群众团体和社会组织、企事业单位负责人						
		小计	中国共产党机关负责人	国家机关负责人	民主党派和工商联负责人	人民团体和群众团体、社会组织及其他成员组织负责人	基层群众自治组织负责人	企事业单位负责人
江 苏	**4062749**	**134342**	**145**	**3178**	**11**	**3166**	**1462**	**126380**
南京市	**430849**	**20932**	**24**	**504**	**2**	**312**	**64**	**20026**
玄武区	22304	1410	5	54		17	2	1332
秦淮区	33227	1704	5	60		25	1	1613
建邺区	26395	1768	2	64	1	8	2	1691
鼓楼区	40102	2353		96		31	2	2224
浦口区	18440	665		20		23	5	617
栖霞区	43123	2258	5	35		36	4	2178
雨花台区	31211	1864		25		11		1828
江宁区	89411	4023	2	51	1	40	12	3917
六合区	30218	1129		34		24	14	1057
溧水区	23188	728	1	20		17	5	685
高淳区	21432	797	2	19		30	8	738
南京江北新区	51798	2233	2	26		50	9	2146
无锡市	**380278**	**15062**	**10**	**206**		**230**	**91**	**14525**
锡山区	50118	1542		12		57	9	1464
惠山区	45600	2116	2	11		27	9	2067
滨湖区	27631	1218	2	17		11	4	1184
梁溪区	44955	1772		39		9	7	1717
新吴区	35540	1718	1	17		26	3	1671
江苏无锡经济开发区	17929	767	1	28		24	2	712
江阴市	94039	3612	2	32		57	30	3491
宜兴市	64466	2317	2	50		19	27	2219
徐州市	**375554**	**7928**	**7**	**291**		**332**	**169**	**7129**
鼓楼区	17427	860	1	15		28	1	815
云龙区	19358	1039		26		21	2	990
贾汪区	16465	274	1	15		8	10	240
泉山区	25021	1586	1	73		22	4	1486
铜山区	61639	852	1	33		49	15	754
丰县	39567	491		12		37	23	419
沛县	41117	364		14		13	34	303
睢宁县	42955	731	1	32		34	21	643
徐州经济技术开发区	16112	506		3		40	3	460
新沂市	41223	448	1	17		62	19	349
邳州市	54670	777	1	51		18	37	670
常州市	**276950**	**11268**	**7**	**164**		**163**	**64**	**10870**
天宁区	32287	1336	1	15		32	5	1283
钟楼区	31863	1832	1	33		9	4	1785
新北区	47072	2535	4	32		13	11	2475
武进区	69851	3223		21		61	10	3131
金坛区	30577	715		17		14	21	663
江苏省常州市经济开发区	24385	481		3		2		476
溧阳市	40915	1146	1	43		32	13	1057
苏州市	**711439**	**24641**	**11**	**288**		**152**	**161**	**24029**
虎丘区	47328	935		5		8	6	916
吴中区	78744	3103	2	39		26	9	3027
相城区	49087	2659		21		3	26	2609
姑苏区	41297	1054	1	18		10	2	1023
吴江区	83016	1677		32		14	39	1592
苏州工业园区	64396	3393	2	41		16	9	3325
常熟市	101707	3195	2	30		18	19	3126

4-6 续表 1

单位：人

地区 性别	合计	党的机关、国家机关、群众团体和社会组织、企事业单位负责人						
		小计	中国共产党机关负责人	国家机关负责人	民主党派和工商联负责人	人民团体和群众团体、社会组织及其他成员组织负责人	基层群众自治组织负责人	企事业单位负责人
张家港市	78626	2471		30		9	10	2422
昆山市	114314	3850	3	41		41	39	3726
太仓市	52924	2304	1	31		7	2	2263
南通市	**393050**	**11791**	**12**	**280**	**2**	**391**	**124**	**10982**
崇川区	32276	2088	4	69	1	62	5	1947
港闸区	18752	895		16		3	3	873
通州区	56195	1371	2	26		79	17	1247
如东县	49686	964	3	32		67	23	839
南通经济技术开发区	15555	647				14	3	630
通州湾示范区	4121	47				5	1	41
苏锡通科技产业园区	5751	143		2		2	1	138
启东市	48352	934	1	26		27	26	854
如皋市	60556	1650	1	42		51	15	1541
海门市	47989	1461		36		17	9	1399
海安市	53817	1591	1	31	1	64	21	1473
连云港市	**198153**	**3932**	**4**	**142**		**217**	**93**	**3476**
连云区	7172	229	1	9		10	4	205
海州区	29892	1120	1	25		72	6	1016
赣榆区	50070	628		18		11	35	564
东海县	46682	691		25		71	13	582
灌云县	24376	427	1	25		21	9	371
灌南县	27521	400	1	23		14	21	341
连云港经济技术开发区	3618	108		3		8	1	96
连云港高新技术产业开发区	5915	281		14		8	1	258
江苏连云港徐圩新区	1658	36				2	2	32
江苏省连云港市云台山风景名胜区	1249	12					1	11
淮安市	**176604**	**5251**	**5**	**216**	**1**	**279**	**95**	**4655**
淮安区	27294	650	1	20		47	43	539
淮阴区	26927	853	1	24		87	7	734
清江浦区	23515	1029	1	45	1	32	4	946
洪泽区	10803	358		28		10	9	311
涟水县	37980	713		13		37	11	652
盱眙县	20091	606	1	39		24	9	533
金湖县	12928	445		23		17	12	393
淮安经济技术开发区	11264	371	1	12		4		354
工业园区	673	3						3
生态文旅区	4275	214		12		21		181
苏淮高新区	854	9						9
盐城市	**322864**	**7560**	**18**	**335**		**302**	**213**	**6692**
亭湖区	30173	790	2	18		45	11	714
盐都区	31257	852		29		66	26	731
大丰区	40511	982	2	54		21	37	868
响水县	18174	452	2	18		5	10	417
滨海县	28053	502	1	18		3	15	465
阜宁县	32590	821	1	35		52	12	721
射阳县	40630	660	3	26		46	27	558
建湖县	26990	740	2	50		12	23	653
盐城经济技术开发区	4751	140		6		5		129
江苏省盐南高新区	15381	1015	1	55		22	2	935
东台市	54354	606	4	26		25	50	501
扬州市	**228942**	**7756**	**4**	**219**	**2**	**241**	**97**	**7193**
广陵区	27295	1002		25		27	7	943

4-6 续表 2

单位：人

地区 性别	合计	党的机关、国家机关、群众团体和社会组织、企事业单位负责人						
		小计	中国共产党机关负责人	国家机关负责人	民主党派和工商联负责人	人民团体和群众团体、社会组织及其他成员组织负责人	基层群众自治组织负责人	企事业单位负责人
邗江区	32290	1741		47		24	7	1663
江都区	44507	1469		41		60	24	1344
宝应县	38419	726		29	1	39	25	632
扬州经济技术开发区	10567	373		11	1	16	2	343
蜀冈瘦西湖景区	6407	359	1	15		22		321
生态新城	3416	115	1	3		4		107
仪征市	25842	821		20		8	5	788
高邮市	40199	1150	2	28		41	27	1052
镇江市	**154274**	**5695**	**7**	**97**	**2**	**36**	**50**	**5503**
京口区	13872	655		11				644
润州区	9879	405		8	1	3		393
丹徒区	14778	510	6	17		13	5	469
镇江新区	11464	579		4		1	2	572
江苏镇江高新区	3002	53		1				52
丹阳市	55100	2198	1	35		4	19	2139
扬中市	16957	692		6			3	683
句容市	29222	603		15	1	15	21	551
泰州市	**220070**	**7894**	**7**	**272**	**2**	**266**	**142**	**7205**
海陵区	27846	1397		37	2	36	6	1316
高港区	13456	473	1	13		12	11	436
姜堰区	30835	1261	3	49		26	30	1153
泰州医药高新技术产业开发区	11768	516	1	18		5		492
兴化市	52810	1283	2	71		33	35	1142
靖江市	33571	1588		34		63	32	1459
泰兴市	49784	1376		50		91	28	1207
宿迁市	**193722**	**4632**	**29**	**164**		**245**	**99**	**4095**
宿城区	29725	678	22	40		35	18	563
宿豫区	17439	469		17		38	3	411
沭阳县	65226	1591	1	30		36	25	1499
泗阳县	28315	710		28		42	16	624
泗洪县	32592	596	4	37		21	15	519
宿迁经济技术开发区	8407	246	2	5		4	1	234
宿迁市湖滨新区	5250	112		2		24	5	81
苏州宿迁工业园区	1388	101		3		7		91
宿迁市洋河新区	5380	129		2		38	16	73
男	**2401192**	**99982**	**112**	**2591**	**8**	**2068**	**1163**	**94040**
南京市	**257677**	**15108**	**15**	**391**	**1**	**187**	**52**	**14462**
玄武区	12229	980	3	39		7		931
秦淮区	18398	1170	2	48		18	1	1101
建邺区	15026	1269		48		7	1	1213
鼓楼区	21935	1662		75		21	2	1564
浦口区	11332	477		16		13	4	444
栖霞区	26435	1626	4	28		20	3	1571
雨花台区	18902	1333		19		6		1308
江宁区	54274	2940	2	40	1	23	10	2864
六合区	18858	864		27		13	11	813
溧水区	15121	568	1	15		14	5	533
高淳区	14247	611	2	14		19	8	568
南京江北新区	30920	1608	1	22		26	7	1552
无锡市	**226729**	**11580**	**8**	**161**		**141**	**72**	**11198**
锡山区	30263	1222		11		36	7	1168

4-6 续表 3

单位：人

地区 性别	合计	党的机关、国家机关、群众团体和社会组织、企事业单位负责人						
		小计	中国共产党机关负责人	国家机关负责人	民主党派和工商联负责人	人民团体和群众团体、社会组织及其他成员组织负责人	基层群众自治组织负责人	企事业单位负责人
惠山区	27994	1697	1	9		13	8	1666
滨湖区	16402	908	2	16		7	3	880
梁溪区	25725	1298		26		5	6	1261
新吴区	21015	1292	1	16		17	3	1255
江苏无锡经济开发区	10592	577	1	16		11		549
江阴市	55663	2779	2	25		39	21	2692
宜兴市	39075	1807	1	42		13	24	1727
徐州市	**223873**	**5931**	**6**	**245**		**226**	**147**	**5307**
鼓楼区	10485	606	1	11		19	1	574
云龙区	11160	749		20		13	1	715
贾汪区	10883	217	1	13		5	9	189
泉山区	14488	1182	1	63		14	4	1100
铜山区	34247	614		25		35	14	540
丰县	22659	365		10		32	20	303
沛县	25871	294		10		10	28	246
睢宁县	25524	568	1	30		19	19	499
徐州经济技术开发区	10385	383		2		24	2	355
新沂市	24930	337	1	15		42	15	264
邳州市	33241	616	1	46		13	34	522
常州市	**165111**	**8419**	**5**	**134**		**106**	**51**	**8123**
天宁区	18576	1014		12		25	3	974
钟楼区	18688	1346	1	28		5	4	1308
新北区	26902	1875	4	28		8	9	1826
武进区	41276	2377		20		41	7	2309
金坛区	18490	542		13		7	19	503
江苏省常州市经济开发区	14687	387		2		2		383
溧阳市	26492	878		31		18	9	820
苏州市	**418832**	**18478**	**9**	**220**		**99**	**128**	**18022**
虎丘区	27883	765		4		5	4	752
吴中区	45402	2316	1	30		18	7	2260
相城区	29573	1910		16		2	19	1873
姑苏区	23301	815	1	15		7		792
吴江区	49474	1377		24		6	38	1309
苏州工业园区	37573	2432	2	27		9	6	2388
常熟市	59521	2381	1	24		10	14	2332
张家港市	46961	1926		27		6	7	1886
昆山市	68027	2929	3	33		30	31	2832
太仓市	31117	1627	1	20		6	2	1598
南通市	**222910**	**8648**	**8**	**221**	**1**	**243**	**81**	**8094**
崇川区	18310	1504	3	56	1	32	4	1408
港闸区	11243	649		12		1	3	633
通州区	31570	997	1	20		56	12	908
如东县	27349	700	2	28		40	18	612
南通经济技术开发区	9692	465				9	3	453
通州湾示范区	2341	37				3	1	33
苏锡通科技产业园区	3518	106		1		2	1	102
启东市	28552	739	1	18		15	11	694
如皋市	34298	1241	1	36		37	11	1156
海门市	26683	1044		25		9	3	1007
海安市	29354	1166		25		39	14	1088
连云港市	**113801**	**2840**	**4**	**121**		**133**	**79**	**2503**
连云区	4690	173	1	8		7		157

4-6　续表 4

单位：人

地　区 性　别	合计	党的机关、国家机关、群众团体和社会组织、企事业单位负责人						
		小计	中国共产党机关负责人	国家机关负责人	民主党派和工商联负责人	人民团体和群众团体、社会组织及其他成员组织负责人	基层群众自治组织负责人	企事业单位负责人
海州区	17858	812	1	21		49	6	735
赣榆区	28020	468		16		5	33	414
东海县	24907	455		24		44	12	375
灌云县	14685	323	1	22		14	9	277
灌南县	15781	288	1	17		7	16	247
连云港经济技术开发区	2261	80		3		4	1	72
连云港高新技术产业开发区	3485	208		10		2	1	195
江苏连云港徐圩新区	1288	26				1	1	24
江苏省连云港市云台山风景名胜区	826	7						7
淮安市	**105216**	**3829**	**4**	**184**	**1**	**173**	**81**	**3386**
淮安区	16351	512	1	17		31	39	424
淮阴区	16996	620	1	23		60	6	530
清江浦区	13654	743		34	1	22	2	684
洪泽区	6793	264		24		6	8	226
涟水县	20298	489		12		17	9	451
盱眙县	12768	449	1	33		16	8	391
金湖县	8248	312		21		8	9	274
淮安经济技术开发区	6656	276	1	12		2		261
工业园区	425	2						2
生态文旅区	2451	153		8		11		134
苏淮高新区	576	9						9
盐城市	**193764**	**5771**	**16**	**285**		**213**	**175**	**5082**
亭湖区	18492	598	2	16		32	9	539
盐都区	19111	674		24		50	23	577
大丰区	23028	727	1	47		14	27	638
响水县	10932	333	2	17		3	9	302
滨海县	17828	381	1	15		1	14	350
阜宁县	20486	622	1	34		41	9	537
射阳县	24608	512	2	24		31	21	434
建湖县	16689	593	2	39		9	23	520
盐城经济技术开发区	2956	108		5		3		100
江苏省盐南高新区	9154	762	1	43		14	1	703
东台市	30480	461	4	21		15	39	382
扬州市	**136626**	**5685**	**3**	**180**	**1**	**160**	**71**	**5270**
广陵区	15945	705		22		17	4	662
邗江区	18424	1202		38		13	6	1145
江都区	26632	1103		36		41	17	1009
宝应县	23645	576		28	1	31	17	499
扬州经济技术开发区	6228	264		7		9	2	246
蜀冈瘦西湖景区	3814	269		10		15		244
生态新城	1969	84	1	2		2		79
仪征市	15996	603		17		6	4	576
高邮市	23973	879	2	20		26	21	810
镇江市	**91374**	**4236**	**5**	**81**	**2**	**28**	**37**	**4083**
京口区	8003	444		9				435
润州区	5792	292		8	1	1		282
丹徒区	8991	377	4	13		11	4	345
镇江新区	6966	421		4		1	1	415
江苏镇江高新区	1874	42		1				41
丹阳市	31471	1651	1	28		3	14	1605
扬中市	10086	541		6			3	532
句容市	18191	468		12	1	12	15	428

4-6 续表 5

单位：人

地区 性别	合计	党的机关、国家机关、群众团体和社会组织、企事业单位负责人						
		小计	中国共产党机关负责人	国家机关负责人	民主党派和工商联负责人	人民团体和群众团体、社会组织及其他成员组织负责人	基层群众自治组织负责人	企事业单位负责人
泰州市	**129145**	**6000**	**5**	**227**	**2**	**184**	**105**	**5477**
海陵区	15961	1015		27	2	25	3	958
高港区	7911	354		9		7	10	328
姜堰区	18434	971	3	41		24	21	882
泰州医药高新技术产业开发区	6864	392	1	14		3		374
兴化市	31999	992	1	63		24	28	876
靖江市	19941	1222		30		45	22	1125
泰兴市	28035	1054		43		56	21	934
宿迁市	**116134**	**3457**	**24**	**141**		**175**	**84**	**3033**
宿城区	17547	530	19	37		26	17	431
宿豫区	10760	358		16		29	2	311
沭阳县	39343	1145	1	26		27	19	1072
泗阳县	17118	532		24		35	15	458
泗洪县	18858	457	3	29		12	13	400
宿迁经济技术开发区	5111	183	1	4		3	1	174
宿迁市湖滨新区	3342	81		1		15	5	60
苏州宿迁工业园区	751	75		2		4		69
宿迁市洋河新区	3304	96		2		24	12	58
女	**1661557**	**34360**	**33**	**587**	**3**	**1098**	**299**	**32340**
南京市	**173172**	**5824**	**9**	**113**	**1**	**125**	**12**	**5564**
玄武区	10075	430	2	15		10	2	401
秦淮区	14829	534	3	12		7		512
建邺区	11369	499	2	16	1	1	1	478
鼓楼区	18167	691		21		10		660
浦口区	7108	188		4		10	1	173
栖霞区	16688	632	1	7		16	1	607
雨花台区	12309	531		6		5		520
江宁区	35137	1083		11		17	2	1053
六合区	11360	265		7		11	3	244
溧水区	8067	160		5		3		152
高淳区	7185	186		5		11		170
南京江北新区	20878	625	1	4		24	2	594
无锡市	**153549**	**3482**	**2**	**45**		**89**	**19**	**3327**
锡山区	19855	320		1		21	2	296
惠山区	17606	419	1	2		14	1	401
滨湖区	11229	310		1		4	1	304
梁溪区	19230	474		13		4	1	456
新吴区	14525	426		1		9		416
江苏无锡经济开发区	7337	190		12		13	2	163
江阴市	38376	833		7		18	9	799
宜兴市	25391	510	1	8		6	3	492
徐州市	**151681**	**1997**	**1**	**46**		**106**	**22**	**1822**
鼓楼区	6942	254		4		9		241
云龙区	8198	290		6		8	1	275
贾汪区	5582	57		2		3	1	51
泉山区	10533	404		10		8		386
铜山区	27392	238	1	8		14	1	214
丰县	16908	126		2		5	3	116
沛县	15246	70		4		3	6	57
睢宁县	17431	163		2		15	2	144
徐州经济技术开发区	5727	123		1		16	1	105
新沂市	16293	111		2		20	4	85
邳州市	21429	161		5		5	3	148

4-6 续表 6

单位：人

地区 性别	合计	党的机关、国家机关、群众团体和社会组织、企事业单位负责人						
		小计	中国共产党机关负责人	国家机关负责人	民主党派和工商联负责人	人民团体和群众团体、社会组织及其他成员组织负责人	基层群众自治组织负责人	企事业单位负责人
常州市	**111839**	**2849**	**2**	**30**		**57**	**13**	**2747**
天宁区	13711	322	1	3		7	2	309
钟楼区	13175	486		5		4		477
新北区	20170	660		4		5	2	649
武进区	28575	846		1		20	3	822
金坛区	12087	173		4		7	2	160
江苏省常州市经济开发区	9698	94		1				93
溧阳市	14423	268	1	12		14	4	237
苏州市	**292607**	**6163**	**2**	**68**		**53**	**33**	**6007**
虎丘区	19445	170		1		3	2	164
吴中区	33342	787	1	9		8	2	767
相城区	19514	749		5		1	7	736
姑苏区	17996	239		3		3	2	231
吴江区	33542	300		8		8	1	283
苏州工业园区	26823	961		14		7	3	937
常熟市	42186	814	1	6		8	5	794
张家港市	31665	545		3		3	3	536
昆山市	46287	921		8		11	8	894
太仓市	21807	677		11		1		665
南通市	**170140**	**3143**	**4**	**59**	**1**	**148**	**43**	**2888**
崇川区	13966	584	1	13		30	1	539
港闸区	7509	246		4		2		240
通州区	24625	374	1	6		23	5	339
如东县	22337	264	1	4		27	5	227
南通经济技术开发区	5863	182				5		177
通州湾示范区	1780	10				2		8
苏锡通科技产业园区	2233	37		1				36
启东市	19800	195		8		12	15	160
如皋市	26258	409		6		14	4	385
海门市	21306	417		11		8	6	392
海安市	24463	425	1	6	1	25	7	385
连云港市	**84352**	**1092**		**21**		**84**	**14**	**973**
连云区	2482	56		1		3	4	48
海州区	12034	308		4		23		281
赣榆区	22050	160		2		6	2	150
东海县	21775	236		1		27	1	207
灌云县	9691	104		3		7		94
灌南县	11740	112		6		7	5	94
连云港经济技术开发区	1357	28				4		24
连云港高新技术产业开发区	2430	73		4		6		63
江苏连云港徐圩新区	370	10				1	1	8
江苏省连云港市云台山风景名胜区	423	5					1	4
淮安市	**71388**	**1422**	**1**	**32**		**106**	**14**	**1269**
淮安区	10943	138		3		16	4	115
淮阴区	9931	233		1		27	1	204
清江浦区	9861	286	1	11		10	2	262
洪泽区	4010	94		4		4	1	85
涟水县	17682	224		1		20	2	201
盱眙县	7323	157		6		8	1	142
金湖县	4680	133		2		9	3	119
淮安经济技术开发区	4608	95				2		93
工业园区	248	1						1

4-6 续表 7　　　　单位：人

地区 性别	合计	党的机关、国家机关、群众团体和社会组织、企事业单位负责人						
		小计	中国共产党机关负责人	国家机关负责人	民主党派和工商联负责人	人民团体和群众团体、社会组织及其他成员组织负责人	基层群众自治组织负责人	企事业单位负责人
生态文旅区	1824	61		4		10		47
苏淮高新区	278							
盐城市	**129100**	**1789**	**2**	**50**		**89**	**38**	**1610**
亭湖区	11681	192		2		13	2	175
盐都区	12146	178		5		16	3	154
大丰区	17483	255	1	7		7	10	230
响水县	7242	119		1		2	1	115
滨海县	10225	121		3		2	1	115
阜宁县	12104	199		1		11	3	184
射阳县	16022	148	1	2		15	6	124
建湖县	10301	147		11		3		133
盐城经济技术开发区	1795	32		1		2		29
江苏省盐南高新区	6227	253		12		8	1	232
东台市	23874	145		5		10	11	119
扬州市	**92316**	**2071**	**1**	**39**	**1**	**81**	**26**	**1923**
广陵区	11350	297		3		10	3	281
邗江区	13866	539		9		11	1	518
江都区	17875	366		5		19	7	335
宝应县	14774	150		1		8	8	133
扬州经济技术开发区	4339	109		4	1	7		97
蜀冈瘦西湖景区	2593	90	1	5		7		77
生态新城	1447	31		1		2		28
仪征市	9846	218		3		2	1	212
高邮市	16226	271		8		15	6	242
镇江市	**62900**	**1459**	**2**	**16**		**8**	**13**	**1420**
京口区	5869	211		2				209
润州区	4087	113				2		111
丹徒区	5787	133	2	4		2	1	124
镇江新区	4498	158					1	157
江苏镇江高新区	1128	11						11
丹阳市	23629	547		7		1	5	534
扬中市	6871	151						151
句容市	11031	135		3		3	6	123
泰州市	**90925**	**1894**	**2**	**45**		**82**	**37**	**1728**
海陵区	11885	382		10		11	3	358
高港区	5545	119	1	4		5	1	108
姜堰区	12401	290		8		2	9	271
泰州医药高新技术产业开发区	4904	124		4		2		118
兴化市	20811	291	1	8		9	7	266
靖江市	13630	366		4		18	10	334
泰兴市	21749	322		7		35	7	273
宿迁市	**77588**	**1175**	**5**	**23**		**70**	**15**	**1062**
宿城区	12178	148	3	3		9	1	132
宿豫区	6679	111		1		9	1	100
沭阳县	25883	446		4		9	6	427
泗阳县	11197	178		4		7	1	166
泗洪县	13734	139	1	8		9	2	119
宿迁经济技术开发区	3296	63	1	1		1		60
宿迁市湖滨新区	1908	31		1		9		21
苏州宿迁工业园区	637	26		1		3		22
宿迁市洋河新区	2076	33				14	4	15

4-6　续表 8　　　　　　　　　　　　　　　　　　　　　　　单位：人

地区 性别	专业技术人员									
	小计	科学研究人员	工程技术人员	农业技术人员	飞机和船舶技术人员	卫生专业技术人员	经济和金融专业人员	法律、社会和宗教专业人员	教学人员	文学艺术、体育专业人员
江　苏	**467324**	**3371**	**135476**	**2713**	**641**	**58572**	**115800**	**11350**	**122790**	**6823**
南京市	**83856**	**1290**	**25215**	**231**	**187**	**9608**	**21084**	**2478**	**20113**	**1509**
玄武区	6336	239	1499	31	9	687	1641	182	1728	146
秦淮区	8120	132	2016	13	23	1140	2340	252	1690	227
建邺区	6770	92	1692	14	16	823	1995	242	1551	140
鼓楼区	10711	168	2512	15	33	1762	2562	364	2779	157
浦口区	2789	37	884	11	2	321	619	100	731	32
栖霞区	7992	193	2313	19	3	725	1932	250	2217	152
雨花台区	6316	48	2582	7	8	499	1550	177	1108	145
江宁区	15387	180	5349	42	53	1432	3893	355	3610	221
六合区	3455	19	1064	21	8	472	684	129	918	48
溧水区	2894	9	915	15	7	365	658	99	740	33
高淳区	2469	11	731	14	12	356	517	95	651	34
南京江北新区	10617	162	3658	29	13	1026	2693	233	2390	174
无锡市	**50649**	**293**	**17055**	**134**	**44**	**5163**	**14822**	**1264**	**10289**	**766**
锡山区	5270	26	1904	10	3	373	1636	128	1053	66
惠山区	5982	28	2216	23		520	1776	132	1129	83
滨湖区	4597	69	1475	10	6	529	1135	112	1062	101
梁溪区	8291	37	2246	16	5	1138	2660	273	1610	175
新吴区	5338	25	2529	8	4	310	1316	119	860	77
江苏无锡经济开发区	3678	38	1401	15	11	337	912	102	742	68
江阴市	10541	41	3218	27	13	1055	3484	225	2216	119
宜兴市	6952	29	2066	25	2	901	1903	173	1617	77
徐州市	**34742**	**109**	**7480**	**450**	**20**	**6039**	**6058**	**692**	**12744**	**491**
鼓楼区	2801	10	668	3	3	444	601	65	873	50
云龙区	3794	17	844	13	1	628	839	108	1218	52
贾汪区	1316	2	289	9	1	258	181	20	525	17
泉山区	5591	28	1047	16		1176	1190	164	1726	85
铜山区	4384	19	1032	111	3	590	683	69	1722	77
丰县	2475	6	504	103	2	373	526	32	878	22
沛县	3208	4	852	19	4	513	432	63	1217	49
睢宁县	2890	2	556	18	3	504	472	46	1217	38
徐州经济技术开发区	2057	10	721	4	1	277	399	44	547	19
新沂市	2783	5	499	37	2	563	357	43	1181	36
邳州市	3443	6	468	117		713	378	38	1640	46
常州市	**33698**	**157**	**10247**	**334**	**23**	**3502**	**9443**	**718**	**8038**	**417**
天宁区	5623	40	1421	18		801	1600	200	1339	68
钟楼区	4859	31	1328	12	4	566	1466	103	1147	80
新北区	6511	29	2152	23	7	450	2048	137	1431	92
武进区	7704	23	2521	23	4	673	2034	122	1958	100
金坛区	2654	15	630	17	5	402	709	51	764	20
江苏省常州市经济开发区	2076	10	771	7		123	651	31	381	23
溧阳市	4271	9	1424	234	3	487	935	74	1018	34
苏州市	**93277**	**660**	**34120**	**221**	**34**	**8377**	**27544**	**2167**	**17471**	**1358**
虎丘区	8048	53	3343	6		569	2522	128	1260	79
吴中区	10105	92	3817	41	7	674	3030	155	1936	202
相城区	6160	28	2208	9	1	548	1667	346	1164	114
姑苏区	8227	51	2341	12	4	1081	2479	292	1602	228
吴江区	8530	31	2555	20		800	3139	114	1709	72
苏州工业园区	13255	246	5986	12	7	776	3294	353	2104	218
常熟市	8504	21	2414	28	2	1096	2578	191	1925	125

4-6 续表 9　　　　单位：人

地区 性别	专业技术人员									
	小计	科学研究人员	工程技术人员	农业技术人员	飞机和船舶技术人员	卫生专业技术人员	经济和金融专业人员	法律、社会和宗教专业人员	教学人员	文学艺术、体育专业人员
张家港市	8571	28	2565	22	5	1050	2525	200	1990	98
昆山市	17027	54	7333	41	4	1281	4887	243	2819	164
太仓市	4850	56	1558	30	4	502	1423	145	962	58
南通市	**35520**	**162**	**10040**	**223**	**126**	**4821**	**8619**	**988**	**9104**	**492**
崇川区	6743	48	1543	11	29	1066	1787	209	1760	119
港闸区	2645	13	864	7	20	325	716	54	515	64
通州区	4410	14	1323	27	8	540	1175	88	1070	64
如东县	3020	11	723	52	17	475	706	91	839	44
南通经济技术开发区	1803	19	711	2	5	155	416	41	386	19
通州湾示范区	237	4	81			34	44	8	54	4
苏锡通科技产业园区	306		106			45	87	7	46	2
启东市	3487	13	1163	12	10	508	713	57	930	26
如皋市	5163	25	1466	35	10	673	1141	191	1435	79
海门市	3407	9	936	29	10	423	742	64	929	27
海安市	4299	6	1124	48	17	577	1092	178	1140	44
连云港市	**17284**	**128**	**3922**	**167**	**43**	**2714**	**3061**	**308**	**6302**	**230**
连云区	1126	9	468	4	8	114	288	18	205	2
海州区	4617	55	1033	14	7	676	1114	118	1391	91
赣榆区	3433	11	740	53	21	508	433	56	1504	45
东海县	2766	7	422	42	1	457	414	34	1278	31
灌云县	1445	3	260	20	2	308	200	16	579	23
灌南县	1715	3	388	20		357	182	18	712	16
连云港经济技术开发区	508	16	157	1	2	41	114	8	130	6
连云港高新技术产业开发区	1436	23	331	11	2	224	280	38	469	14
江苏连云港徐圩新区	176		105	2		17	28	1	20	1
江苏省连云港市云台山风景名胜区	62	1	18			12	8	1	14	1
淮安市	**16659**	**55**	**2948**	**126**	**17**	**2967**	**3215**	**370**	**6408**	**192**
淮安区	2317	4	334	14	6	431	373	33	1055	31
淮阴区	2174	6	428	11		513	351	40	760	25
清江浦区	4033	14	696	13	4	680	865	130	1450	51
洪泽区	870	5	123	8	2	165	189	25	331	8
涟水县	2042	8	362	14	1	354	389	45	813	22
盱眙县	1924	3	282	20	3	386	334	36	813	23
金湖县	1108	3	225	34		175	281	26	344	7
淮安经济技术开发区	1193	8	281	4	1	138	259	24	423	11
工业园区	37		10			1	11		15	
生态文旅区	898	4	183	8		116	150	11	389	11
苏淮高新区	63		24			8	13		15	3
盐城市	**24208**	**104**	**5274**	**277**	**35**	**4134**	**4454**	**641**	**8248**	**366**
亭湖区	3186	13	801	22	1	515	574	84	1007	63
盐都区	2476	11	686	17	2	330	457	55	808	42
大丰区	2824	10	660	73	4	453	633	64	762	70
响水县	1195	2	187	9	3	246	178	20	511	20
滨海县	1900	2	310	38	1	368	293	27	826	14
阜宁县	2154	4	559	21	4	388	289	42	771	25
射阳县	2428	4	477	55	13	490	369	58	864	37
建湖县	2007	6	420	9	2	332	413	55	711	39
盐城经济技术开发区	336	1	101	3	1	41	57	10	110	4
江苏省盐南高新区	2902	12	547	7		435	673	86	1032	25
东台市	2800	39	526	23	4	536	518	140	846	27
扬州市	**23511**	**175**	**6582**	**144**	**28**	**2960**	**5432**	**516**	**6696**	**384**
广陵区	3084	28	896	13	1	369	761	57	833	47

4-6 续表 10

单位：人

地区 性别	专业技术人员									
	小计	科学研究人员	工程技术人员	农业技术人员	飞机和船舶技术人员	卫生专业技术人员	经济和金融专业人员	法律、社会和宗教专业人员	教学人员	文学艺术、体育专业人员
邗江区	4944	44	1343	24	4	526	1208	115	1470	94
江都区	4279	13	1192	22	11	560	1042	88	1121	61
宝应县	2715	12	599	27	1	385	609	84	905	49
扬州经济技术开发区	1589	30	502	4	6	190	264	21	482	20
蜀冈瘦西湖景区	1119	9	289	4	4	129	274	34	338	19
生态新城	135	1	34	2		12	32	2	42	8
仪征市	2269	10	677	8	1	329	448	35	670	48
高邮市	3377	28	1050	40		460	794	80	835	38
镇江市	**16096**	**72**	**4144**	**73**	**17**	**2017**	**4205**	**310**	**4797**	**145**
京口区	2649	15	523	4	4	441	537	52	994	24
润州区	1718	12	444	2	3	245	418	52	472	16
丹徒区	1055	6	295	7	5	95	272	26	333	7
镇江新区	1353	7	535	2	3	100	306	17	346	14
江苏镇江高新区	301	5	83			49	56	4	86	5
丹阳市	4692	12	1098	23	2	555	1540	76	1260	54
扬中市	1545	4	415	8		198	440	22	428	4
句容市	2783	11	751	27		334	636	61	878	21
泰州市	**21545**	**139**	**5551**	**183**	**65**	**3280**	**5137**	**539**	**5946**	**251**
海陵区	3772	18	866	13	6	566	1019	102	1030	50
高港区	1509	26	554	4	1	179	346	31	321	15
姜堰区	3257	10	820	38	3	486	737	120	942	44
泰州医药高新技术产业开发区	1642	34	351	8		254	459	54	416	13
兴化市	3145	9	549	49	5	577	700	70	1106	27
靖江市	3700	8	1034	28	40	539	949	79	914	38
泰兴市	4520	34	1377	43	10	679	927	83	1217	64
宿迁市	**16279**	**27**	**2898**	**150**	**2**	**2990**	**2726**	**359**	**6634**	**222**
宿城区	3633	6	610	26		629	843	115	1284	42
宿豫区	1495		290	8		224	259	29	644	24
沭阳县	4338	9	767	43		890	568	94	1856	48
泗阳县	2303	4	389	10		421	315	35	1045	45
泗洪县	2693	4	403	53	1	524	432	45	1152	38
宿迁经济技术开发区	868	1	218	2		146	151	23	295	14
宿迁市湖滨新区	342	1	93	5	1	51	50	4	128	3
苏州宿迁工业园区	310	1	95	1		33	72	9	92	4
宿迁市洋河新区	297	1	33	2		72	36	5	138	4
男	**218905**	**1979**	**111731**	**1810**	**603**	**17391**	**30377**	**6425**	**39923**	**3744**
南京市	**39149**	**720**	**20188**	**150**	**178**	**2414**	**5943**	**1140**	**6698**	**817**
玄武区	2896	120	1099	21	9	163	529	85	707	90
秦淮区	3576	78	1589	8	21	280	705	100	558	119
建邺区	3006	55	1338	9	15	212	618	116	491	78
鼓楼区	4657	99	1988	10	32	480	695	170	959	75
浦口区	1345	21	728	6	2	74	161	54	262	14
栖霞区	3709	97	1854	14	3	185	496	112	781	87
雨花台区	3143	27	2064	4	8	114	397	85	306	79
江宁区	7334	105	4199	22	51	335	1038	158	1203	116
六合区	1720	14	913	16	7	126	180	63	313	31
溧水区	1433	7	793	10	7	101	186	43	233	24
高淳区	1263	8	668	12	11	105	181	43	199	14
南京江北新区	5067	89	2955	18	12	239	757	111	686	90
无锡市	**23007**	**185**	**14100**	**78**	**43**	**1434**	**3057**	**696**	**2609**	**425**
锡山区	2338	20	1575	5	3	93	261	64	240	35

4-6 续表 11

单位：人

地区 性别	专业技术人员 小计	科学研究人员	工程技术人员	农业技术人员	飞机和船舶技术人员	卫生专业技术人员	经济和金融专业人员	法律、社会和宗教专业人员	教学人员	文学艺术、体育专业人员
惠山区	2726	19	1827	13		147	345	83	223	44
滨湖区	2100	40	1190	7	6	152	230	57	311	54
梁溪区	3578	25	1851	10	5	300	686	129	416	106
新吴区	2810	13	2096	3	4	73	285	65	182	48
江苏无锡经济开发区	1792	25	1107	9	11	112	197	59	216	36
江阴市	4543	27	2681	15	12	320	664	127	574	59
宜兴市	3120	16	1773	16	2	237	389	112	447	43
徐州市	**16086**	**71**	**6421**	**258**	**19**	**1935**	**1902**	**408**	**4437**	**277**
鼓楼区	1242	8	574	1	2	107	174	31	270	30
云龙区	1570	9	713	9	1	167	205	56	346	29
贾汪区	634	2	255	8	1	86	65	15	181	9
泉山区	2352	18	877	10		332	339	95	556	47
铜山区	2072	10	913	62	3	179	201	38	586	43
丰县	1184	5	409	50	2	171	183	22	315	9
沛县	1689	3	744	16	4	202	171	38	442	34
睢宁县	1366	2	477	12	3	169	159	35	472	18
徐州经济技术开发区	1038	7	610	2	1	73	119	21	175	9
新沂市	1313	3	435	25	2	212	143	27	410	22
邳州市	1626	4	414	63		237	143	30	684	27
常州市	**15449**	**100**	**8546**	**206**	**23**	**963**	**2222**	**380**	**2359**	**216**
天宁区	2413	24	1189	11		203	411	103	374	34
钟楼区	2151	18	1089	7	4	159	355	53	357	47
新北区	2921	16	1773	18	7	123	446	75	360	46
武进区	3541	20	2079	16	4	170	383	61	610	52
金坛区	1229	11	539	11	5	128	226	28	248	15
江苏省常州市经济开发区	977	7	631	6		30	120	20	100	7
溧阳市	2217	4	1246	137	3	150	281	40	310	15
苏州市	**44134**	**377**	**27564**	**143**	**31**	**2319**	**6569**	**1246**	**4598**	**698**
虎丘区	3977	31	2661	3		130	682	70	333	39
吴中区	4956	50	3055	23	6	171	854	90	540	96
相城区	3072	21	1856	7	1	150	374	282	298	51
姑苏区	3680	31	1881	8	3	291	666	128	496	119
吴江区	3543	15	2104	13		212	651	65	391	51
苏州工业园区	6831	137	4653	4	6	243	829	168	544	112
常熟市	3694	15	1972	19	2	317	555	127	564	68
张家港市	3646	19	2167	18	5	283	526	107	442	46
昆山市	8505	34	5909	28	4	384	1145	132	707	82
太仓市	2230	24	1306	20	4	138	287	77	283	34
南通市	**16747**	**93**	**8472**	**165**	**118**	**1339**	**2381**	**662**	**2748**	**261**
崇川区	2853	29	1244	7	25	293	465	103	546	64
港闸区	1227	8	715	6	19	71	165	24	152	38
通州区	2052	6	1144	16	8	154	303	57	297	31
如东县	1411	7	616	45	17	132	214	69	266	21
南通经济技术开发区	940	11	605	1	5	26	110	26	118	9
通州湾示范区	125	3	67			8	13	8	21	2
苏锡通科技产业园区	145		85			19	18	3	9	2
启东市	1717	8	978	9	9	148	248	29	246	17
如皋市	2485	13	1225	27	9	208	313	154	438	43
海门市	1699	4	827	19	10	128	197	31	278	17
海安市	2093	4	966	35	16	152	335	158	377	17
连云港市	**8279**	**90**	**3359**	**110**	**43**	**950**	**1041**	**166**	**2192**	**119**
连云区	593	8	417	1	8	29	64	9	53	

4-6　续表 12

单位：人

地　　区 性　　别	专业技术人员 小计	科学研究人员	工程技术人员	农业技术人员	飞机和船舶技术人员	卫生专业技术人员	经济和金融专业人员	法律、社会和宗教专业人员	教学人员	文学艺术、体育专业人员
海州区	2148	40	865	10	7	205	354	66	484	51
赣榆区	1679	8	659	28	21	182	176	30	518	24
东海县	1184	6	343	29	1	175	152	20	415	11
灌云县	732	3	229	16	2	126	83	9	231	11
灌南县	864	1	321	14		135	66	9	295	11
连云港经济技术开发区	254	6	130	1	2	11	38	5	41	3
连云港高新技术产业开发区	668	17	281	9	2	77	94	18	146	7
江苏连云港徐圩新区	129		98	2		6	12		8	1
江苏省连云港市云台山风景名胜区	28	1	16			4	2		1	
淮安市	**7723**	**33**	**2543**	**84**	**16**	**999**	**1015**	**224**	**2484**	**108**
淮安区	1099	2	291	10	6	154	139	20	440	19
淮阴区	1054	3	374	6		180	126	25	294	15
清江浦区	1721	12	579	9	4	196	244	75	503	29
洪泽区	420	4	111	3	2	62	55	16	153	8
涟水县	977	4	313	7	1	132	129	29	335	9
盱眙县	897	1	242	14	3	138	109	21	344	11
金湖县	537		201	27		53	94	18	131	4
淮安经济技术开发区	563	5	250	3		38	73	16	143	5
工业园区	14		10				3		1	
生态文旅区	403	2	149	5		42	41	4	133	6
苏淮高新区	38		23			4	2		7	2
盐城市	**12113**	**66**	**4554**	**208**	**34**	**1435**	**1401**	**463**	**3299**	**224**
亭湖区	1667	9	687	18	1	178	185	58	427	41
盐都区	1299	9	592	12	2	116	147	37	316	28
大丰区	1363	4	562	54	4	144	161	44	292	35
响水县	574	1	159	8	3	84	66	16	216	10
滨海县	900		276	30	1	142	100	17	315	7
阜宁县	1176	2	490	18	4	148	93	35	335	16
射阳县	1284	4	414	40	13	183	148	41	373	27
建湖县	965	6	367	6	1	109	123	47	268	26
盐城经济技术开发区	178	1	93	2	1	12	20	6	37	2
江苏省盐南高新区	1280	9	466	4		145	203	44	349	16
东台市	1427	21	448	16	4	174	155	118	371	16
扬州市	**11366**	**103**	**5471**	**111**	**26**	**892**	**1520**	**304**	**2387**	**222**
广陵区	1491	18	744	11	1	103	222	31	287	33
邗江区	2300	25	1107	20	4	149	315	65	502	49
江都区	2037	5	988	14	10	163	282	52	388	29
宝应县	1364	7	524	21	1	126	190	59	376	36
扬州经济技术开发区	805	21	422	3	5	53	60	9	179	14
蜀冈瘦西湖景区	513	6	244	4	4	32	83	18	103	8
生态新城	67	1	30	1		5	9	1	15	4
仪征市	1113	3	560	6	1	100	123	23	241	32
高邮市	1676	17	852	31		161	236	46	296	17
镇江市	**7281**	**44**	**3450**	**47**	**16**	**598**	**1052**	**160**	**1662**	**73**
京口区	1190	7	424	2	4	134	147	30	400	13
润州区	794	6	369	1	2	73	117	29	152	8
丹徒区	509	4	256	4	5	32	67	9	124	3
镇江新区	664	5	437	1	3	21	63	8	102	8
江苏镇江高新区	132	2	71			6	11	2	27	4
丹阳市	1967	8	900	14	2	178	360	36	410	24
扬中市	667	4	351	6		49	95	11	136	
句容市	1358	8	642	19		105	192	35	311	13

4-6 续表 13 单位：人

地区 性别	专业技术人员 小计	科学研究人员	工程技术人员	农业技术人员	飞机和船舶技术人员	卫生专业技术人员	经济和金融专业人员	法律、社会和宗教专业人员	教学人员	文学艺术、体育专业人员
泰州市	**10180**	**79**	**4609**	**134**	**54**	**1114**	**1397**	**348**	**2056**	**154**
海陵区	1704	11	735	10	6	178	274	63	347	29
高港区	782	12	452	3	1	64	89	22	108	13
姜堰区	1526	2	703	27	2	149	199	77	313	27
泰州医药高新技术产业开发区	704	20	289	4		77	123	32	124	7
兴化市	1544	6	459	39	3	234	274	55	433	13
靖江市	1606	5	839	24	33	171	156	46	280	22
泰兴市	2314	23	1132	27	9	241	282	53	451	43
宿迁市	**7391**	**18**	**2454**	**116**	**2**	**999**	**877**	**228**	**2394**	**150**
宿城区	1492	5	502	18		182	241	67	409	26
宿豫区	705		251	7		75	93	21	231	18
沭阳县	1997	3	655	35		331	198	63	649	29
泗阳县	1112	4	336	8		148	113	22	422	34
泗洪县	1239	3	328	40	1	178	141	28	467	27
宿迁经济技术开发区	407	1	179	2		41	44	15	104	10
宿迁市湖滨新区	179	1	87	4	1	14	19	2	46	2
苏州宿迁工业园区	143	1	83	1		9	16	6	23	3
宿迁市洋河新区	117		33	1		21	12	4	43	1
女	**248419**	**1392**	**23745**	**903**	**38**	**41181**	**85423**	**4925**	**82867**	**3079**
南京市	**44707**	**570**	**5027**	**81**	**9**	**7194**	**15141**	**1338**	**13415**	**692**
玄武区	3440	119	400	10		524	1112	97	1021	56
秦淮区	4544	54	427	5	2	860	1635	152	1132	108
建邺区	3764	37	354	5	1	611	1377	126	1060	62
鼓楼区	6054	69	524	5	1	1282	1867	194	1820	82
浦口区	1444	16	156	5		247	458	46	469	18
栖霞区	4283	96	459	5		540	1436	138	1436	65
雨花台区	3173	21	518	3		385	1153	92	802	66
江宁区	8053	75	1150	20	2	1097	2855	197	2407	105
六合区	1735	5	151	5	1	346	504	66	605	17
溧水区	1461	2	122	5		264	472	56	507	9
高淳区	1206	3	63	2	1	251	336	52	452	20
南京江北新区	5550	73	703	11	1	787	1936	122	1704	84
无锡市	**27642**	**108**	**2955**	**56**	**1**	**3729**	**11765**	**568**	**7680**	**341**
锡山区	2932	6	329	5		280	1375	64	813	31
惠山区	3256	9	389	10		373	1431	49	906	39
滨湖区	2497	29	285	3		377	905	55	751	47
梁溪区	4713	12	395	6		838	1974	144	1194	69
新吴区	2528	12	433	5		237	1031	54	678	29
江苏无锡经济开发区	1886	13	294	6		225	715	43	526	32
江阴市	5998	14	537	12	1	735	2820	98	1642	60
宜兴市	3832	13	293	9		664	1514	61	1170	34
徐州市	**18656**	**38**	**1059**	**192**	**1**	**4104**	**4156**	**284**	**8307**	**214**
鼓楼区	1559	2	94	2	1	337	427	34	603	20
云龙区	2224	8	131	4		461	634	52	872	23
贾汪区	682		34	1		172	116	5	344	8
泉山区	3239	10	170	6		844	851	69	1170	38
铜山区	2312	9	119	49		411	482	31	1136	34
丰县	1291	1	95	53		202	343	10	563	13
沛县	1519	1	108	3		311	261	25	775	15
睢宁县	1524		79	6		335	313	11	745	20
徐州经济技术开发区	1019	3	111	2		204	280	23	372	10
新沂市	1470	2	64	12		351	214	16	771	14
邳州市	1817	2	54	54		476	235	8	956	19

4-6 续表 14 单位：人

地区 性别	专业技术人员									
	小计	科学研究人员	工程技术人员	农业技术人员	飞机和船舶技术人员	卫生专业技术人员	经济和金融专业人员	法律、社会和宗教专业人员	教学人员	文学艺术、体育专业人员
常州市	**18249**	**57**	**1701**	**128**		**2539**	**7221**	**338**	**5679**	**201**
天宁区	3210	16	232	7		598	1189	97	965	34
钟楼区	2708	13	239	5		407	1111	50	790	33
新北区	3590	13	379	5		327	1602	62	1071	46
武进区	4163	3	442	7		503	1651	61	1348	48
金坛区	1425	4	91	6		274	483	23	516	5
江苏省常州市经济开发区	1099	3	140	1		93	531	11	281	16
溧阳市	2054	5	178	97		337	654	34	708	19
苏州市	**49143**	**283**	**6556**	**78**	**3**	**6058**	**20975**	**921**	**12873**	**660**
虎丘区	4071	22	682	3		439	1840	58	927	40
吴中区	5149	42	762	18	1	503	2176	65	1396	106
相城区	3088	7	352	2		398	1293	64	866	63
姑苏区	4547	20	460	4	1	790	1813	164	1106	109
吴江区	4987	16	451	7		588	2488	49	1318	21
苏州工业园区	6424	109	1333	8	1	533	2465	185	1560	106
常熟市	4810	6	442	9		779	2023	64	1361	57
张家港市	4925	9	398	4		767	1999	93	1548	52
昆山市	8522	20	1424	13		897	3742	111	2112	82
太仓市	2620	32	252	10		364	1136	68	679	24
南通市	**18773**	**69**	**1568**	**58**	**8**	**3482**	**6238**	**326**	**6356**	**231**
崇川区	3890	19	299	4	4	773	1322	106	1214	55
港闸区	1418	5	149	1	1	254	551	30	363	26
通州区	2358	8	179	11		386	872	31	773	33
如东县	1609	4	107	7		343	492	22	573	23
南通经济技术开发区	863	8	106	1		129	306	15	268	10
通州湾示范区	112	1	14			26	31		33	2
苏锡通科技产业园区	161		21			26	69	4	37	
启东市	1770	5	185	3	1	360	465	28	684	9
如皋市	2678	12	241	8	1	465	828	37	997	36
海门市	1708	5	109	10		295	545	33	651	10
海安市	2206	2	158	13	1	425	757	20	763	27
连云港市	**9005**	**38**	**563**	**57**		**1764**	**2020**	**142**	**4110**	**111**
连云区	533	1	51	3		85	224	9	152	2
海州区	2469	15	168	4		471	760	52	907	40
赣榆区	1754	3	81	25		326	257	26	986	21
东海县	1582	1	79	13		282	262	14	863	20
灌云县	713		31	4		182	117	7	348	12
灌南县	851	2	67	6		222	116	9	417	5
连云港经济技术开发区	254	10	27			30	76	3	89	3
连云港高新技术产业开发区	768	6	50	2		147	186	20	323	7
江苏连云港徐圩新区	47		7			11	16	1	12	
江苏省连云港市云台山风景名胜区	34		2			8	6	1	13	1
淮安市	**8936**	**22**	**405**	**42**	**1**	**1968**	**2200**	**146**	**3924**	**84**
淮安区	1218	2	43	4		277	234	13	615	12
淮阴区	1120	3	54	5		333	225	15	466	10
清江浦区	2312	2	117	4		484	621	55	947	22
洪泽区	450	1	12	5		103	134	9	178	
涟水县	1065	4	49	7		222	260	16	478	13
盱眙县	1027	2	40	6		248	225	15	469	12
金湖县	571	3	24	7		122	187	8	213	3
淮安经济技术开发区	630	3	31	1	1	100	186	8	280	6
工业园区	23					1	8		14	

4-6 续表 15 　　　　单位：人

地区 性别	专业技术人员 小计	科学研究人员	工程技术人员	农业技术人员	飞机和船舶技术人员	卫生专业技术人员	经济和金融专业人员	法律、社会和宗教专业人员	教学人员	文学艺术、体育专业人员
生态文旅区	495	2	34	3		74	109	7	256	5
苏淮高新区	25		1			4	11		8	1
盐城市	**12095**	**38**	**720**	**69**	**1**	**2699**	**3053**	**178**	**4949**	**142**
亭湖区	1519	4	114	4		337	389	26	580	22
盐都区	1177	2	94	5		214	310	18	492	14
大丰区	1461	6	98	19		309	472	20	470	35
响水县	621	1	28	1		162	112	4	295	10
滨海县	1000	2	34	8		226	193	10	511	7
阜宁县	978	2	69	3		240	196	7	436	9
射阳县	1144		63	15		307	221	17	491	10
建湖县	1042		53	3	1	223	290	8	443	13
盐城经济技术开发区	158		8	1		29	37	4	73	2
江苏省盐南高新区	1622	3	81	3		290	470	42	683	9
东台市	1373	18	78	7		362	363	22	475	11
扬州市	**12145**	**72**	**1111**	**33**	**2**	**2068**	**3912**	**212**	**4309**	**162**
广陵区	1593	10	152	2		266	539	26	546	14
邗江区	2644	19	236	4		377	893	50	968	45
江都区	2242	8	204	8	1	397	760	36	733	32
宝应县	1351	5	75	6		259	419	25	529	13
扬州经济技术开发区	784	9	80	1	1	137	204	12	303	6
蜀冈瘦西湖景区	606	3	45			97	191	16	235	11
生态新城	68		4	1		7	23	1	27	4
仪征市	1156	7	117	2		229	325	12	429	16
高邮市	1701	11	198	9		299	558	34	539	21
镇江市	**8815**	**28**	**694**	**26**	**1**	**1419**	**3153**	**150**	**3135**	**72**
京口区	1459	8	99	2		307	390	22	594	11
润州区	924	6	75	1	1	172	301	23	320	8
丹徒区	546	2	39	3		63	205	17	209	4
镇江新区	689	2	98	1		79	243	9	244	6
江苏镇江高新区	169	3	12			43	45	2	59	1
丹阳市	2725	4	198	9		377	1180	40	850	30
扬中市	878		64	2		149	345	11	292	4
句容市	1425	3	109	8		229	444	26	567	8
泰州市	**11365**	**60**	**942**	**49**	**11**	**2166**	**3740**	**191**	**3890**	**97**
海陵区	2068	7	131	3		388	745	39	683	21
高港区	727	14	102	1		115	257	9	213	2
姜堰区	1731	8	117	11	1	337	538	43	629	17
泰州医药高新技术产业开发区	938	14	62	4		177	336	22	292	6
兴化市	1601	3	90	10	2	343	426	15	673	14
靖江市	2094	3	195	4	7	368	793	33	634	16
泰兴市	2206	11	245	16	1	438	645	30	766	21
宿迁市	**8888**	**9**	**444**	**34**		**1991**	**1849**	**131**	**4240**	**72**
宿城区	2141	1	108	8		447	602	48	875	16
宿豫区	790		39	1		149	166	8	413	6
沭阳县	2341	6	112	8		559	370	31	1207	19
泗阳县	1191		53	2		273	202	13	623	11
泗洪县	1454	1	75	13		346	291	17	685	11
宿迁经济技术开发区	461		39			105	107	8	191	4
宿迁市湖滨新区	163		6	1		37	31	2	82	1
苏州宿迁工业园区	167		12			24	56	3	69	1
宿迁市洋河新区	180	1		1		51	24	1	95	3

4-6 续表 16

单位：人

地区 性别	专业技术人员		办事人员和有关人员				社会生产服务和生活服务人员		
	新闻出版、文化专业人员	其他专业技术人员	小计	办事人员	安全和消防人员	其他办事人员和有关人员	小计	批发与零售服务人员	交通运输、仓储和邮政业服务人员
江苏	**6269**	**3519**	**292786**	**241141**	**43105**	**8540**	**1376645**	**598895**	**237023**
南京市	**1764**	**377**	**55927**	**47063**	**8344**	**520**	**171102**	**62818**	**27611**
玄武区	161	13	3769	3368	389	12	9071	3361	946
秦淮区	261	26	4900	4214	644	42	15365	5502	1785
建邺区	188	17	4481	3922	517	42	10579	3956	981
鼓楼区	302	57	8964	7984	836	144	15041	6041	2085
浦口区	40	12	2607	2031	570	6	7345	2378	1203
栖霞区	152	36	5351	4495	814	42	17116	5870	3647
雨花台区	161	31	3416	2802	583	31	14355	5294	2207
江宁区	215	37	10181	8560	1562	59	36636	13071	7097
六合区	37	55	2607	1931	626	50	11030	4018	2042
溧水区	37	16	1844	1391	433	20	7307	2542	1381
高淳区	39	9	1593	1219	351	23	6075	2355	1011
南京江北新区	171	68	6214	5146	1019	49	21182	8430	3226
无锡市	**571**	**248**	**28474**	**25666**	**1987**	**821**	**134702**	**53859**	**26604**
锡山区	37	34	3350	3089	174	87	17682	7065	4349
惠山区	55	20	788	616	130	42	16020	5972	3596
滨湖区	72	26	3926	3700	174	52	9978	3645	1529
梁溪区	130	1	5385	4952	369	64	21783	9212	3428
新吴区	59	31	3314	3031	180	103	12103	4523	2722
江苏无锡经济开发区	40	12	1880	1730	116	34	6820	2499	869
江阴市	101	42	5771	5082	422	267	29752	12009	6529
宜兴市	77	82	4060	3466	422	172	20564	8934	3582
徐州市	**401**	**258**	**19561**	**15115**	**4289**	**157**	**133950**	**66557**	**24712**
鼓楼区	39	45	2051	1615	412	24	8640	4086	1522
云龙区	60	14	2586	2141	441	4	8916	4462	1611
贾汪区	4	10	677	508	163	6	5332	2014	1371
泉山区	122	37	3639	2958	649	32	11016	4950	1735
铜山区	49	29	2009	1427	561	21	28079	15638	4570
丰县	11	18	1146	846	293	7	14514	8366	2415
沛县	31	24	1489	1085	381	23	11115	4775	2420
睢宁县	20	14	1716	1319	388	9	12396	5625	2619
徐州经济技术开发区	14	21	1017	750	258	9	6196	2475	1425
新沂市	31	29	1455	1110	328	17	12460	5774	2492
邳州市	20	17	1776	1356	415	5	15286	8392	2532
常州市	**416**	**403**	**16314**	**8691**	**2633**	**4990**	**99654**	**44076**	**16261**
天宁区	85	51	2702	1514	328	860	13605	6039	1991
钟楼区	71	51	1903	874	271	758	14842	6471	2799
新北区	98	44	2764	866	263	1635	17877	7981	2822
武进区	68	178	4688	3012	818	858	22529	10104	3645
金坛区	38	3	1130	618	250	262	10002	4269	1462
江苏省常州市经济开发区	12	67	613	211	77	325	7477	2963	1718
溧阳市	44	9	2514	1596	626	292	13322	6249	1824
苏州市	**968**	**357**	**55592**	**49169**	**5867**	**556**	**255820**	**108202**	**45511**
虎丘区	87	1	4533	4080	448	5	17533	6608	3504
吴中区	103	48	3691	3072	418	201	31095	12747	4387
相城区	57	18	3480	3208	247	25	18667	7813	3787
姑苏区	112	25	6369	5545	768	56	19842	7673	2799
吴江区	76	14	4586	4321	253	12	27767	12788	4711
苏州工业园区	133	126	7122	6318	679	125	22361	7988	3802
常熟市	101	23	5771	5097	647	27	34056	16396	6292

4-6 续表 17

单位：人

地区 性别	专业技术人员		办事人员和有关人员				社会生产服务和生活服务人员		
	新闻出版、文化专业人员	其他专业技术人员	小计	办事人员	安全和消防人员	其他办事人员和有关人员	小计	批发与零售服务人员	交通运输、仓储和邮政业服务人员
张家港市	73	15	5280	4639	610	31	26596	12081	5014
昆山市	169	32	10577	9442	1100	35	39973	17330	7535
太仓市	57	55	4183	3447	697	39	17930	6778	3680
南通市	**495**	**450**	**22598**	**19236**	**3044**	**318**	**102717**	**47099**	**16599**
崇川区	121	50	5010	4267	678	65	12729	5822	1718
港闸区	39	28	1696	1259	345	92	7565	3263	1661
通州区	78	23	2750	2320	370	60	14202	6944	2275
如东县	38	24	1818	1662	138	18	9711	4083	1765
南通经济技术开发区	13	36	1215	989	211	15	5282	2499	790
通州湾示范区	6	2	134	101	29	4	786	316	121
苏锡通科技产业园区	6	7	165	147	14	4	1632	577	421
启东市	42	13	2187	1843	336	8	11885	5902	1703
如皋市	63	45	2679	2491	164	24	14992	6402	2629
海门市	36	202	2562	2087	458	17	11329	5974	1535
海安市	53	20	2382	2070	301	11	12604	5317	1981
连云港市	**238**	**171**	**9859**	**7930**	**1830**	**99**	**63352**	**29677**	**11632**
连云区	7	3	836	689	141	6	2895	914	941
海州区	64	54	3104	2607	468	29	13186	5929	2116
赣榆区	36	26	1480	1154	302	24	12533	5784	2796
东海县	76	4	1394	1038	350	6	17079	9706	2395
灌云县	12	22	771	566	195	10	6392	2841	1232
灌南县	7	12	910	737	161	12	6889	2958	1214
连云港经济技术开发区	6	27	333	294	34	5	1316	452	342
连云港高新技术产业开发区	27	17	884	760	120	4	2146	836	321
江苏连云港徐圩新区	1	1	83	49	31	3	406	115	122
江苏省连云港市云台山风景名胜区	2	5	64	36	28		510	142	153
淮安市	**178**	**183**	**11744**	**9061**	**2523**	**160**	**58071**	**25436**	**9953**
淮安区	22	14	1507	1168	323	16	9106	3842	1699
淮阴区	18	22	1262	931	316	15	8534	3836	1523
清江浦区	74	56	2980	2361	572	47	9818	4437	1446
洪泽区	9	5	730	556	163	11	3504	1495	612
涟水县	6	28	1423	1013	403	7	11368	5222	1755
盱眙县	12	12	1115	868	239	8	6185	2482	1355
金湖县	6	7	1079	881	191	7	3850	1605	649
淮安经济技术开发区	20	24	954	737	192	25	3834	1767	640
工业园区			64	44	20		192	47	41
生态文旅区	11	15	570	471	75	24	1463	619	194
苏淮高新区			60	31	29		217	84	39
盐城市	**260**	**415**	**17367**	**13884**	**3230**	**253**	**91308**	**41734**	**15674**
亭湖区	39	67	2271	1763	451	57	12804	6486	1756
盐都区	27	41	1714	1348	344	22	10609	4809	1415
大丰区	25	70	2307	1842	412	53	10199	4355	1750
响水县	9	10	872	648	212	12	4695	1927	973
滨海县	15	6	1381	1091	282	8	7320	2883	1769
阜宁县	21	30	1348	1013	319	16	8609	3655	1589
射阳县	23	38	1475	1134	318	23	12413	6417	2027
建湖县	14	6	1317	1019	294	4	7452	3164	1403
盐城经济技术开发区	3	5	272	206	64	2	1030	389	165
江苏省盐南高新区	60	25	2740	2458	265	17	5531	2741	599
东台市	24	117	1670	1362	269	39	10646	4908	2228
扬州市	**307**	**287**	**17156**	**14229**	**2738**	**189**	**72792**	**32416**	**10046**
广陵区	41	38	2608	2258	318	32	11476	5345	1722

4-6　续表 18

单位：人

地区 性别	专业技术人员		办事人员和有关人员				社会生产服务和生活服务人员		
	新闻出版、文化专业人员	其他专业技术人员	小计	办事人员	安全和消防人员	其他办事人员和有关人员	小计	批发与零售服务人员	交通运输、仓储和邮政业服务人员
邗江区	75	41	3554	2949	527	78	11686	5520	1278
江都区	44	125	2860	2362	468	30	12816	5465	1853
宝应县	40	4	2014	1596	410	8	11661	5328	1552
扬州经济技术开发区	29	41	1150	1008	124	18	3745	1562	534
蜀冈瘦西湖景区	14	5	808	699	107	2	2527	1097	276
生态新城		2	142	117	24	1	987	630	98
仪征市	24	19	2011	1612	394	5	7594	3157	1186
高邮市	40	12	2009	1628	366	15	10300	4312	1547
镇江市	**199**	**117**	**14023**	**11151**	**2720**	**152**	**52867**	**22480**	**8973**
京口区	42	13	2509	2157	339	13	5355	2306	776
润州区	30	24	1686	1391	263	32	4403	1934	604
丹徒区	6	3	1230	964	252	14	4686	1618	844
镇江新区	12	11	1059	844	204	11	4018	1807	794
江苏镇江高新区	7	6	404	278	119	7	1264	576	205
丹阳市	42	30	3544	2696	831	17	16454	7030	3082
扬中市	12	14	1545	1281	246	18	5462	2737	723
句容市	48	16	2046	1540	466	40	11225	4472	1945
泰州市	**288**	**166**	**15808**	**12480**	**3076**	**252**	**70888**	**32265**	**11999**
海陵区	77	25	3130	2513	600	17	10664	4716	1574
高港区	18	14	1138	822	277	39	4292	1834	802
姜堰区	39	18	2085	1704	361	20	9475	4017	1717
泰州医药高新技术产业开发区	31	22	1444	1152	220	72	3930	1582	571
兴化市	30	23	2270	1685	538	47	18005	9545	3095
靖江市	53	18	2891	2359	523	9	10270	4253	2057
泰兴市	40	46	2850	2245	557	48	14252	6318	2183
宿迁市	**184**	**87**	**8363**	**7466**	**824**	**73**	**69422**	**32276**	**11448**
宿城区	78		2040	1795	235	10	10282	4403	1861
宿豫区	14	3	751	683	65	3	6504	2108	1174
沭阳县	44	19	2107	1967	127	13	24218	12873	4106
泗阳县	10	29	1176	1074	77	25	9843	4420	1394
泗洪县	18	23	1206	1042	145	19	11346	5415	1661
宿迁经济技术开发区	8	10	530	410	119	1	3382	1622	506
宿迁市湖滨新区	3	3	148	133	13	2	1778	569	298
苏州宿迁工业园区	3		205	194	11		420	226	39
宿迁市洋河新区	6		200	168	32		1649	640	409
男	**2371**	**2551**	**172296**	**129129**	**38621**	**4546**	**775788**	**297999**	**194502**
南京市	**625**	**276**	**31647**	**23852**	**7500**	**295**	**97439**	**31396**	**23033**
玄武区	61	12	2024	1691	328	5	4993	1698	749
秦淮区	103	15	2647	2058	566	23	8523	2642	1479
建邺区	62	12	2491	2035	438	18	5901	2031	806
鼓楼区	110	39	4933	4144	710	79	8220	2993	1720
浦口区	13	10	1628	1086	536	6	4185	1217	1036
栖霞区	54	26	3042	2265	753	24	10302	2931	3202
雨花台区	38	21	1848	1317	512	19	8352	2690	1843
江宁区	80	27	5752	4287	1432	33	21385	6670	5767
六合区	11	46	1591	990	575	26	6251	1966	1769
溧水区	15	14	1136	728	398	10	4144	1279	1183
高淳区	15	7	1068	721	328	19	3338	1177	855
南京江北新区	63	47	3487	2530	924	33	11845	4102	2624
无锡市	**198**	**182**	**15146**	**12804**	**1731**	**611**	**77351**	**27643**	**20937**
锡山区	14	28	1752	1531	152	69	10691	3752	3528

4-6 续表 19

单位：人

地区 性别	专业技术人员		办事人员和有关人员				社会生产服务和生活服务人员		
	新闻出版、文化专业人员	其他专业技术人员	小计	办事人员	安全和消防人员	其他办事人员和有关人员	小计	批发与零售服务人员	交通运输、仓储和邮政业服务人员
惠山区	13	12	456	312	115	29	9314	3133	2754
滨湖区	37	16	2145	1963	148	34	5606	1833	1180
梁溪区	49	1	2826	2462	319	45	12546	4795	2827
新吴区	17	24	1562	1328	158	76	7100	2241	2112
江苏无锡经济开发区	10	10	931	808	99	24	3823	1321	688
江阴市	34	30	3132	2551	367	214	16852	6032	4928
宜兴市	24	61	2342	1849	373	120	11419	4536	2920
徐州市	**164**	**194**	**12969**	**8948**	**3930**	**91**	**74916**	**31672**	**20673**
鼓楼区	10	35	1263	875	376	12	4928	2008	1243
云龙区	26	9	1593	1195	395	3	4943	2220	1255
贾汪区	4	8	456	304	149	3	3379	1091	1200
泉山区	52	26	2291	1684	589	18	6094	2433	1429
铜山区	14	23	1362	840	510	12	13488	6175	3737
丰县	4	14	816	554	256	6	7996	4117	1850
沛县	17	18	1035	672	352	11	6637	2330	2115
睢宁县	11	8	1200	829	365	6	7229	2707	2247
徐州经济技术开发区	4	17	638	394	241	3	3654	1281	1196
新沂市	12	22	1038	723	303	12	7208	2795	2145
邳州市	10	14	1277	878	394	5	9360	4515	2256
常州市	**149**	**285**	**9273**	**4610**	**2313**	**2350**	**54224**	**21762**	**12657**
天宁区	26	38	1518	826	298	394	7625	3011	1574
钟楼区	27	35	1017	467	240	310	8500	3273	2288
新北区	26	31	1452	472	226	754	9623	4011	2078
武进区	27	119	2682	1513	738	431	12279	5071	2821
金坛区	15	3	730	381	213	136	5499	2104	1162
江苏省常州市经济开发区	4	52	329	110	69	150	4186	1544	1239
溧阳市	24	7	1545	841	529	175	6512	2748	1495
苏州市	**345**	**244**	**29735**	**24134**	**5320**	**281**	**146718**	**54627**	**37252**
虎丘区	27	1	2315	1902	410	3	10276	3290	2913
吴中区	42	29	2047	1587	380	80	16855	6039	3563
相城区	21	11	1806	1563	226	17	10945	4016	3173
姑苏区	41	16	3489	2766	694	29	11189	3661	2372
吴江区	30	11	2508	2269	232	7	16597	7248	3800
苏州工业园区	53	82	3594	2914	607	73	12886	3941	3047
常熟市	33	22	3347	2741	591	15	19591	8254	5227
张家港市	22	11	2885	2321	545	19	15256	6177	4088
昆山市	55	25	5341	4337	987	17	23250	8730	6058
太仓市	21	36	2403	1734	648	21	9873	3271	3011
南通市	**166**	**342**	**12645**	**9807**	**2657**	**181**	**56558**	**22774**	**13516**
崇川区	44	33	2871	2241	596	34	6939	2795	1397
港闸区	9	20	941	577	313	51	4292	1552	1363
通州区	20	16	1492	1132	322	38	7780	3230	1879
如东县	10	14	1068	929	129	10	5467	1930	1455
南通经济技术开发区	4	25	719	512	197	10	2912	1276	628
通州湾示范区	2	1	82	52	26	4	414	147	104
苏锡通科技产业园区	4	5	95	79	13	3	998	297	343
启东市	15	10	1127	833	290	4	6679	3082	1411
如皋市	23	32	1520	1363	145	12	8616	3122	2139
海门市	15	173	1447	1067	372	8	5909	2871	1227
海安市	20	13	1283	1022	254	7	6552	2472	1570
连云港市	**85**	**124**	**6593**	**4877**	**1652**	**64**	**34947**	**13974**	**9996**
连云区	2	2	487	355	129	3	1696	406	807

4-6 续表 20

单位：人

地区 性别	专业技术人员		办事人员和有关人员				社会生产服务和生活服务人员		
	新闻出版、文化专业人员	其他专业技术人员	小计	办事人员	安全和消防人员	其他办事人员和有关人员	小计	批发与零售服务人员	交通运输、仓储和邮政业服务人员
海州区	25	41	2001	1568	416	17	7417	2921	1773
赣榆区	13	20	1052	756	279	17	7286	2754	2451
东海县	30	2	1003	685	314	4	8514	4361	2022
灌云县	6	16	559	375	176	8	3782	1431	1100
灌南县	1	11	626	471	146	9	3770	1361	1043
连云港经济技术开发区	2	15	205	174	28	3	755	207	287
连云港高新技术产业开发区	5	12	539	432	105	2	1178	417	258
江苏连云港徐圩新区	1	1	68	36	31	1	254	61	108
江苏省连云港市云台山风景名胜区		4	53	25	28		295	55	147
淮安市	**86**	**131**	**7960**	**5554**	**2312**	**94**	**32114**	**12092**	**8458**
淮安区	10	8	1062	756	295	11	5002	1798	1405
淮阴区	12	19	906	605	293	8	4883	1862	1322
清江浦区	30	40	1927	1371	528	28	5337	2134	1217
洪泽区	4	2	517	354	155	8	1978	744	518
涟水县	3	15	1009	639	364	6	5774	2245	1487
盱眙县	4	10	812	590	217	5	3783	1232	1203
金湖县	3	6	685	521	163	1	2228	860	549
淮安经济技术开发区	13	17	597	404	176	17	2072	841	525
工业园区			49	29	20		116	27	36
生态文旅区	7	14	340	258	72	10	803	298	163
苏淮高新区			56	27	29		138	51	33
盐城市	**122**	**307**	**11689**	**8672**	**2863**	**154**	**52876**	**21573**	**13403**
亭湖区	17	46	1548	1114	395	39	7207	3270	1451
盐都区	11	29	1132	826	291	15	5919	2534	1181
大丰区	12	51	1493	1095	371	27	5685	2172	1490
响水县	3	8	638	432	197	9	2748	967	860
滨海县	7	5	1004	744	255	5	4647	1555	1576
阜宁县	11	24	932	639	286	7	5265	1981	1404
射阳县	13	28	1061	754	291	16	7246	3322	1758
建湖县	9	3	855	603	249	3	4251	1570	1202
盐城经济技术开发区	2	2	174	119	54	1	570	204	138
江苏省盐南高新区	25	19	1751	1508	235	8	3093	1458	486
东台市	12	92	1101	838	239	24	6245	2540	1857
扬州市	**133**	**197**	**10665**	**8086**	**2461**	**118**	**39777**	**15832**	**8084**
广陵区	15	26	1532	1224	291	17	6206	2627	1314
邗江区	36	28	2160	1632	479	49	6148	2593	1007
江都区	19	87	1775	1328	425	22	6989	2576	1433
宝应县	22	2	1293	938	352	3	6403	2753	1278
扬州经济技术开发区	10	29	661	534	113	14	2034	754	452
蜀冈瘦西湖景区	8	3	490	400	90		1402	541	216
生态新城		1	83	60	23		571	350	81
仪征市	9	15	1342	978	360	4	4113	1440	968
高邮市	14	6	1329	992	328	9	5911	2198	1335
镇江市	**88**	**91**	**8696**	**6128**	**2477**	**91**	**29066**	**11201**	**7126**
京口区	17	12	1499	1183	308	8	2882	1060	643
润州区	16	21	1048	789	239	20	2409	944	474
丹徒区	3	2	787	543	238	6	2574	788	715
镇江新区	7	9	625	433	185	7	2217	848	639
江苏镇江高新区	4	5	265	152	107	6	696	283	166
丹阳市	13	22	2266	1490	767	9	8941	3426	2343
扬中市	8	7	932	703	222	7	3078	1570	548
句容市	20	13	1274	835	411	28	6269	2282	1598

4-6 续表 21

单位：人

地 区 性 别	专业技术人员		办事人员和有关人员				社会生产服务和生活服务人员		
	新闻出版、文化专业人员	其他专业技术人员	小计	办事人员	安全和消防人员	其他办事人员和有关人员	小计	批发与零售服务人员	交通运输、仓储和邮政业服务人员
泰州市	**116**	**119**	**9853**	**7019**	**2669**	**165**	**38874**	**16556**	**9474**
海陵区	31	20	1871	1352	509	10	5597	2234	1281
高港区	8	10	697	424	246	27	2297	1014	616
姜堰区	15	12	1305	993	298	14	5167	2024	1364
泰州医药高新技术产业开发区	10	18	809	578	182	49	2117	780	442
兴化市	15	13	1651	1153	470	28	10661	5382	2494
靖江市	18	12	1681	1211	465	5	5529	2050	1564
泰兴市	19	34	1839	1308	499	32	7506	3072	1713
宿迁市	**94**	**59**	**5425**	**4638**	**736**	**51**	**40928**	**16897**	**9893**
宿城区	42		1302	1105	188	9	5976	2166	1613
宿豫区	7	2	501	444	55	2	3760	997	998
沭阳县	19	15	1348	1219	121	8	14824	7223	3566
泗阳县	6	19	773	682	72	19	5841	2262	1237
泗洪县	11	15	810	666	134	10	6347	2700	1384
宿迁经济技术开发区	4	7	359	245	113	1	1957	834	435
宿迁市湖滨新区	2	1	95	81	12	2	994	266	267
苏州宿迁工业园区	1		102	92	10		214	112	30
宿迁市洋河新区	2		135	104	31		1015	337	363
女	**3898**	**968**	**120490**	**112012**	**4484**	**3994**	**600857**	**300896**	**42521**
南京市	**1139**	**101**	**24280**	**23211**	**844**	**225**	**73663**	**31422**	**4578**
玄武区	100	1	1745	1677	61	7	4078	1663	197
秦淮区	158	11	2253	2156	78	19	6842	2860	306
建邺区	126	5	1990	1887	79	24	4678	1925	175
鼓楼区	192	18	4031	3840	126	65	6821	3048	365
浦口区	27	2	979	945	34		3160	1161	167
栖霞区	98	10	2309	2230	61	18	6814	2939	445
雨花台区	123	10	1568	1485	71	12	6003	2604	364
江宁区	135	10	4429	4273	130	26	15251	6401	1330
六合区	26	9	1016	941	51	24	4779	2052	273
溧水区	22	2	708	663	35	10	3163	1263	198
高淳区	24	2	525	498	23	4	2737	1178	156
南京江北新区	108	21	2727	2616	95	16	9337	4328	602
无锡市	**373**	**66**	**13328**	**12862**	**256**	**210**	**57351**	**26216**	**5667**
锡山区	23	6	1598	1558	22	18	6991	3313	821
惠山区	42	8	332	304	15	13	6706	2839	842
滨湖区	35	10	1781	1737	26	18	4372	1812	349
梁溪区	81		2559	2490	50	19	9237	4417	601
新吴区	42	7	1752	1703	22	27	5003	2282	610
江苏无锡经济开发区	30	2	949	922	17	10	2997	1178	181
江阴市	67	12	2639	2531	55	53	12900	5977	1601
宜兴市	53	21	1718	1617	49	52	9145	4398	662
徐州市	**237**	**64**	**6592**	**6167**	**359**	**66**	**59034**	**34885**	**4039**
鼓楼区	29	10	788	740	36	12	3712	2078	279
云龙区	34	5	993	946	46	1	3973	2242	356
贾汪区		2	221	204	14	3	1953	923	171
泉山区	70	11	1348	1274	60	14	4922	2517	306
铜山区	35	6	647	587	51	9	14591	9463	833
丰县	7	4	330	292	37	1	6518	4249	565
沛县	14	6	454	413	29	12	4478	2445	305
睢宁县	9	6	516	490	23	3	5167	2918	372
徐州经济技术开发区	10	4	379	356	17	6	2542	1194	229
新沂市	19	7	417	387	25	5	5252	2979	347
邳州市	10	3	499	478	21		5926	3877	276

4-6　续表 22

单位：人

地　区 性　别	专业技术人员		办事人员和有关人员				社会生产服务和生活服务人员		
	新闻出版、文化专业人员	其他专业技术人员	小计	办事人员	安全和消防人员	其他办事人员和有关人员	小计	批发与零售服务人员	交通运输、仓储和邮政业服务人员
常州市	**267**	**118**	**7041**	**4081**	**320**	**2640**	**45430**	**22314**	**3604**
天宁区	59	13	1184	688	30	466	5980	3028	417
钟楼区	44	16	886	407	31	448	6342	3198	511
新北区	72	13	1312	394	37	881	8254	3970	744
武进区	41	59	2006	1499	80	427	10250	5033	824
金坛区	23		400	237	37	126	4503	2165	300
江苏省常州市经济开发区	8	15	284	101	8	175	3291	1419	479
溧阳市	20	2	969	755	97	117	6810	3501	329
苏州市	**623**	**113**	**25857**	**25035**	**547**	**275**	**109102**	**53575**	**8259**
虎丘区	60		2218	2178	38	2	7257	3318	591
吴中区	61	19	1644	1485	38	121	14240	6708	824
相城区	36	7	1674	1645	21	8	7722	3797	614
姑苏区	71	9	2880	2779	74	27	8653	4012	427
吴江区	46	3	2078	2052	21	5	11170	5540	911
苏州工业园区	80	44	3528	3404	72	52	9475	4047	755
常熟市	68	1	2424	2356	56	12	14465	8142	1065
张家港市	51	4	2395	2318	65	12	11340	5904	926
昆山市	114	7	5236	5105	113	18	16723	8600	1477
太仓市	36	19	1780	1713	49	18	8057	3507	669
南通市	**329**	**108**	**9953**	**9429**	**387**	**137**	**46159**	**24325**	**3083**
崇川区	77	17	2139	2026	82	31	5790	3027	321
港闸区	30	8	755	682	32	41	3273	1711	298
通州区	58	7	1258	1188	48	22	6422	3714	396
如东县	28	10	750	733	9	8	4244	2153	310
南通经济技术开发区	9	11	496	477	14	5	2370	1223	162
通州湾示范区	4	1	52	49	3		372	169	17
苏锡通科技产业园区	2	2	70	68	1	1	634	280	78
启东市	27	3	1060	1010	46	4	5206	2820	292
如皋市	40	13	1159	1128	19	12	6376	3280	490
海门市	21	29	1115	1020	86	9	5420	3103	308
海安市	33	7	1099	1048	47	4	6052	2845	411
连云港市	**153**	**47**	**3266**	**3053**	**178**	**35**	**28405**	**15703**	**1636**
连云区	5	1	349	334	12	3	1199	508	134
海州区	39	13	1103	1039	52	12	5769	3008	343
赣榆区	23	6	428	398	23	7	5247	3030	345
东海县	46	2	391	353	36	2	8565	5345	373
灌云县	6	6	212	191	19	2	2610	1410	132
灌南县	6	1	284	266	15	3	3119	1597	171
连云港经济技术开发区	4	12	128	120	6	2	561	245	55
连云港高新技术产业开发区	22	5	345	328	15	2	968	419	63
江苏连云港徐圩新区			15	13		2	152	54	14
江苏省连云港市云台山风景名胜区	2	1	11	11			215	87	6
淮安市	**92**	**52**	**3784**	**3507**	**211**	**66**	**25957**	**13344**	**1495**
淮安区	12	6	445	412	28	5	4104	2044	294
淮阴区	6	3	356	326	23	7	3651	1974	201
清江浦区	44	16	1053	990	44	19	4481	2303	229
洪泽区	5	3	213	202	8	3	1526	751	94
涟水县	3	13	414	374	39	1	5594	2977	268
盱眙县	8	2	303	278	22	3	2402	1250	152
金湖县	3	1	394	360	28	6	1622	745	100
淮安经济技术开发区	7	7	357	333	16	8	1762	926	115
工业园区			15	15			76	20	5

4-6 续表 23

单位：人

地区 性别	专业技术人员		办事人员和有关人员				社会生产服务和生活服务人员		
	新闻出版、文化专业人员	其他专业技术人员	小计	办事人员	安全和消防人员	其他办事人员和有关人员	小计	批发与零售服务人员	交通运输、仓储和邮政业服务人员
生态文旅区	4	1	230	213	3	14	660	321	31
苏淮高新区			4	4			79	33	6
盐城市	**138**	**108**	**5678**	**5212**	**367**	**99**	**38432**	**20161**	**2271**
亭湖区	22	21	723	649	56	18	5597	3216	305
盐都区	16	12	582	522	53	7	4690	2275	234
大丰区	13	19	814	747	41	26	4514	2183	260
响水县	6	2	234	216	15	3	1947	960	113
滨海县	8	1	377	347	27	3	2673	1328	193
阜宁县	10	6	416	374	33	9	3344	1674	185
射阳县	10	10	414	380	27	7	5167	3095	269
建湖县	5	3	462	416	45	1	3201	1594	201
盐城经济技术开发区	1	3	98	87	10	1	460	185	27
江苏省盐南高新区	35	6	989	950	30	9	2438	1283	113
东台市	12	25	569	524	30	15	4401	2368	371
扬州市	**174**	**90**	**6491**	**6143**	**277**	**71**	**33015**	**16584**	**1962**
广陵区	26	12	1076	1034	27	15	5270	2718	408
邗江区	39	13	1394	1317	48	29	5538	2927	271
江都区	25	38	1085	1034	43	8	5827	2889	420
宝应县	18	2	721	658	58	5	5258	2575	274
扬州经济技术开发区	19	12	489	474	11	4	1711	808	82
蜀冈瘦西湖景区	6	2	318	299	17	2	1125	556	60
生态新城		1	59	57	1	1	416	280	17
仪征市	15	4	669	634	34	1	3481	1717	218
高邮市	26	6	680	636	38	6	4389	2114	212
镇江市	**111**	**26**	**5327**	**5023**	**243**	**61**	**23801**	**11279**	**1847**
京口区	25	1	1010	974	31	5	2473	1246	133
润州区	14	3	638	602	24	12	1994	990	130
丹徒区	3	1	443	421	14	8	2112	830	129
镇江新区	5	2	434	411	19	4	1801	959	155
江苏镇江高新区	3	1	139	126	12	1	568	293	39
丹阳市	29	8	1278	1206	64	8	7513	3604	739
扬中市	4	7	613	578	24	11	2384	1167	175
句容市	28	3	772	705	55	12	4956	2190	347
泰州市	**172**	**47**	**5955**	**5461**	**407**	**87**	**32014**	**15709**	**2525**
海陵区	46	5	1259	1161	91	7	5067	2482	293
高港区	10	4	441	398	31	12	1995	820	186
姜堰区	24	6	780	711	63	6	4308	1993	353
泰州医药高新技术产业开发区	21	4	635	574	38	23	1813	802	129
兴化市	15	10	619	532	68	19	7344	4163	601
靖江市	35	6	1210	1148	58	4	4741	2203	493
泰兴市	21	12	1011	937	58	16	6746	3246	470
宿迁市	**90**	**28**	**2938**	**2828**	**88**	**22**	**28494**	**15379**	**1555**
宿城区	36		738	690	47	1	4306	2237	248
宿豫区	7	1	250	239	10	1	2744	1111	176
沭阳县	25	4	759	748	6	5	9394	5650	540
泗阳县	4	10	403	392	5	6	4002	2158	157
泗洪县	7	8	396	376	11	9	4999	2715	277
宿迁经济技术开发区	4	3	171	165	6		1425	788	71
宿迁市湖滨新区	1	2	53	52	1		784	303	31
苏州宿迁工业园区	2		103	102	1		206	114	9
宿迁市洋河新区	4		65	64	1		634	303	46

4-6　续表 24　　　　单位：人

地　区 性　别	社会生产服务和生活服务人员								
	住宿和餐饮服务人员	信息传输、软件和信息技术服务人员	金融服务人员	房地产服务人员	租赁和商务服务人员	技术辅助服务人员	水利、环境和公共设施管理服务人员	居民服务人员	电力、燃气及水供应服务人员
江　苏	**150687**	**37666**	**29501**	**26229**	**50613**	**37439**	**68934**	**78769**	**10888**
南京市	**19338**	**12693**	**4738**	**4421**	**7482**	**6613**	**9723**	**8328**	**1131**
玄武区	1343	754	361	293	410	363	373	498	53
秦淮区	2253	1034	660	515	779	577	543	922	96
建邺区	1185	992	711	364	487	636	430	512	38
鼓楼区	1766	970	553	327	671	615	510	948	61
浦口区	896	396	173	210	272	231	879	383	63
栖霞区	1771	981	371	504	913	591	960	746	101
雨花台区	1362	1828	287	330	567	619	756	557	68
江宁区	3440	3332	686	853	1666	1370	2293	1372	229
六合区	1555	322	149	204	337	275	788	756	99
溧水区	933	187	190	165	333	222	640	347	103
高淳区	784	188	145	92	200	167	487	348	61
南京江北新区	2050	1709	452	564	847	947	1064	939	159
无锡市	**13832**	**3531**	**3218**	**3092**	**8145**	**4172**	**6046**	**6414**	**991**
锡山区	1560	342	254	347	893	639	872	717	109
惠山区	1631	388	269	464	1084	448	639	736	178
滨湖区	1301	357	254	268	772	411	528	500	49
梁溪区	2278	617	829	770	1368	680	670	1084	105
新吴区	1102	536	167	318	932	384	536	405	66
江苏无锡经济开发区	786	536	327	274	386	243	300	315	45
江阴市	2975	498	644	420	1582	844	1306	1535	263
宜兴市	2199	257	474	231	1128	523	1195	1122	176
徐州市	**13715**	**2057**	**2159**	**1503**	**2146**	**2318**	**6676**	**6308**	**1074**
鼓楼区	942	191	195	177	211	206	287	438	77
云龙区	825	207	258	145	225	252	305	314	58
贾汪区	593	86	85	71	106	75	296	362	52
泉山区	1256	276	385	223	322	351	388	620	128
铜山区	2456	273	189	148	320	313	1886	1353	157
丰县	1186	128	131	102	164	166	802	500	84
沛县	1320	197	208	137	143	177	547	527	158
睢宁县	1434	163	182	100	145	219	578	672	118
徐州经济技术开发区	667	201	84	103	170	131	445	232	35
新沂市	1541	183	194	117	185	218	557	610	105
邳州市	1495	152	248	180	155	210	585	680	102
常州市	**10697**	**2035**	**2106**	**1777**	**4017**	**3328**	**4808**	**6164**	**739**
天宁区	1415	377	483	351	617	481	379	816	118
钟楼区	1489	313	362	286	689	636	471	738	82
新北区	1783	436	323	298	907	584	944	1105	103
武进区	2230	462	366	322	646	819	1457	1439	137
金坛区	1241	156	247	208	535	273	534	589	83
江苏省常州市经济开发区	805	95	81	113	353	210	309	505	64
溧阳市	1734	196	244	199	270	325	714	972	152
苏州市	**24703**	**7122**	**5985**	**6404**	**14421**	**8035**	**13109**	**13454**	**1170**
虎丘区	1660	689	394	629	1126	512	1141	701	44
吴中区	3652	951	498	760	2027	1184	2106	1618	139
相城区	1626	346	353	514	1075	749	1097	738	68
姑苏区	2321	812	834	809	1302	826	651	1057	70
吴江区	2351	487	576	430	1443	639	1831	1687	146
苏州工业园区	2271	1598	748	842	1596	959	911	971	90
常熟市	2931	396	782	446	1574	777	1434	1846	162

4-6 续表 25　　单位：人

地区 性别	社会生产服务和生活服务人员								
	住宿和餐饮服务人员	信息传输、软件和信息技术服务人员	金融服务人员	房地产服务人员	租赁和商务服务人员	技术辅助服务人员	水利、环境和公共设施管理服务人员	居民服务人员	电力、燃气及水供应服务人员
张家港市	2761	490	552	337	992	678	1088	1422	211
昆山市	3497	1081	877	1275	2581	1285	1668	1526	152
太仓市	1633	272	371	362	705	426	1182	1888	88
南通市	**10369**	**2286**	**2357**	**1702**	**3625**	**3075**	**4726**	**6079**	**1068**
崇川区	1393	419	575	340	426	518	375	662	93
港闸区	647	171	146	184	237	270	299	340	53
通州区	1286	271	288	157	494	381	679	781	131
如东县	1099	165	216	76	424	275	443	641	143
南通经济技术开发区	429	208	88	169	314	195	222	201	24
通州湾示范区	91	14	9	26	12	16	61	74	13
苏锡通科技产业园区	160	41	10	21	144	31	100	64	17
启东市	1139	196	242	142	311	281	741	638	141
如皋市	1463	383	290	173	657	459	609	1071	191
海门市	1092	180	206	163	209	254	512	722	114
海安市	1570	238	287	251	397	395	685	885	148
连云港市	**6848**	**1005**	**1114**	**1072**	**1155**	**1170**	**3110**	**3706**	**568**
连云区	378	50	48	41	89	52	167	96	19
海州区	1567	274	420	326	370	374	535	621	126
赣榆区	1047	157	220	127	133	250	744	677	114
东海县	1654	264	133	117	207	163	886	995	89
灌云县	872	84	91	85	82	87	206	454	64
灌南县	845	79	75	226	84	111	270	668	103
连云港经济技术开发区	132	17	15	34	77	31	97	51	16
连云港高新技术产业开发区	227	71	107	106	95	87	115	80	23
江苏连云港徐圩新区	70	3	3	3	3	11	34	22	6
江苏省连云港市云台山风景名胜区	56	6	2	7	15	4	56	42	8
淮安市	**8061**	**1068**	**931**	**911**	**929**	**1080**	**2858**	**3848**	**576**
淮安区	1385	127	102	89	129	131	425	740	74
淮阴区	1113	145	102	137	117	137	488	491	66
清江浦区	1269	329	301	210	228	221	357	552	78
洪泽区	593	58	45	37	35	50	200	200	59
涟水县	1699	114	78	137	141	212	555	884	85
盱眙县	858	69	83	95	118	105	293	386	66
金湖县	532	74	104	40	48	73	209	264	87
淮安经济技术开发区	386	107	73	96	78	91	200	207	40
工业园区	42	1		3	3	3	33	8	4
生态文旅区	150	41	43	65	31	54	87	100	12
苏淮高新区	34	3		2	1	3	11	16	5
盐城市	**11517**	**1225**	**1635**	**1448**	**1354**	**1728**	**4189**	**6090**	**926**
亭湖区	1690	189	233	321	186	242	392	763	80
盐都区	1437	145	176	223	172	193	708	828	102
大丰区	1260	122	207	151	216	175	608	759	171
响水县	641	48	61	63	37	46	222	419	54
滨海县	975	63	93	62	52	117	407	489	71
阜宁县	1206	110	105	101	94	147	421	651	82
射阳县	1376	127	185	168	145	219	365	717	135
建湖县	1053	91	161	75	82	170	375	498	61
盐城经济技术开发区	143	20	12	18	54	13	92	78	12
江苏省盐南高新区	646	154	215	159	106	219	224	236	43
东台市	1090	156	187	107	210	187	375	652	115
扬州市	**9177**	**1481**	**1630**	**1234**	**1695**	**1857**	**3127**	**5855**	**791**
广陵区	1406	288	267	250	532	282	348	547	88

4-6　续表 26　　　　单位：人

地区 性别	社会生产服务和生活服务人员								
	住宿和餐饮服务人员	信息传输、软件和信息技术服务人员	金融服务人员	房地产服务人员	租赁和商务服务人员	技术辅助服务人员	水利、环境和公共设施管理服务人员	居民服务人员	电力、燃气及水供应服务人员
邗江区	1397	259	379	261	262	417	487	873	114
江都区	1564	251	261	137	258	276	526	952	172
宝应县	1530	188	174	172	109	233	554	1247	106
扬州经济技术开发区	502	82	111	90	104	94	161	344	39
蜀冈瘦西湖景区	414	53	77	81	114	88	80	125	25
生态新城	82	22	15	3	14	13	38	38	2
仪征市	997	143	141	79	104	179	446	743	100
高邮市	1285	195	205	161	198	275	487	986	145
镇江市	**6746**	**913**	**1244**	**966**	**1247**	**1277**	**2867**	**3440**	**554**
京口区	629	136	245	151	229	185	184	271	60
润州区	646	118	180	114	133	113	140	220	42
丹徒区	702	73	102	78	88	149	280	492	54
镇江新区	475	65	67	44	108	98	169	157	50
江苏镇江高新区	173	16	25	29	39	35	72	36	6
丹阳市	2047	234	294	200	268	375	830	1208	154
扬中市	692	69	138	67	56	137	237	313	82
句容市	1382	202	193	283	326	185	955	743	106
泰州市	**8144**	**1063**	**1429**	**939**	**1301**	**1635**	**3903**	**4709**	**816**
海陵区	1293	263	282	212	264	273	490	743	79
高港区	566	58	71	30	57	128	300	263	34
姜堰区	1056	136	225	146	214	222	477	743	139
泰州医药高新技术产业开发区	492	106	136	102	140	138	260	181	34
兴化市	1949	146	221	119	164	213	797	1041	174
靖江市	1142	162	230	145	197	314	535	678	183
泰兴市	1646	192	264	185	265	347	1044	1060	173
宿迁市	**7540**	**1187**	**955**	**760**	**3096**	**1151**	**3792**	**4374**	**484**
宿城区	1073	376	274	121	405	222	635	494	83
宿豫区	730	159	84	94	1097	160	306	306	57
沭阳县	2196	273	213	195	614	250	1380	1269	119
泗阳县	1236	99	108	111	274	154	400	1187	73
泗洪县	1403	130	144	109	359	211	648	760	93
宿迁经济技术开发区	371	75	53	75	106	86	180	140	28
宿迁市湖滨新区	298	28	48	16	169	30	141	101	18
苏州宿迁工业园区	37	14	24	19	10	11	9	16	3
宿迁市洋河新区	196	33	7	20	62	27	93	101	10
男	**69761**	**25956**	**13528**	**15284**	**35143**	**22453**	**26377**	**26326**	**9248**
南京市	**9082**	**9198**	**2208**	**2650**	**4540**	**3856**	**3390**	**2386**	**902**
玄武区	715	559	154	176	215	200	141	130	37
秦淮区	1160	765	319	334	470	327	213	249	74
建邺区	629	680	338	208	314	357	200	114	25
鼓楼区	857	673	236	219	375	354	179	221	49
浦口区	410	291	79	124	176	145	322	133	51
栖霞区	836	735	183	308	593	339	309	239	83
雨花台区	625	1304	128	187	354	373	231	163	49
江宁区	1585	2427	328	502	996	774	762	411	180
六合区	716	222	74	120	220	176	245	260	82
溧水区	326	128	86	90	256	142	247	102	96
高淳区	276	125	72	60	124	104	206	88	55
南京江北新区	947	1289	211	322	447	565	335	276	121
无锡市	**6061**	**2449**	**1406**	**1761**	**5869**	**2428**	**2415**	**1897**	**826**
锡山区	691	248	114	222	666	351	375	220	102

4-6 续表 27 单位：人

地 区 性 别	社会生产服务和生活服务人员								
	住宿和餐饮服务人员	信息传输、软件和信息技术服务人员	金融服务人员	房地产服务人员	租赁和商务服务人员	技术辅助服务人员	水利、环境和公共设施管理服务人员	居民服务人员	电力、燃气及水供应服务人员
惠山区	717	266	114	241	713	268	273	214	158
滨湖区	649	256	124	159	514	231	229	135	35
梁溪区	1131	422	377	454	919	419	266	302	89
新吴区	486	376	78	209	673	226	182	135	48
江苏无锡经济开发区	346	352	142	159	260	131	121	95	33
江阴市	1274	360	274	203	1240	489	497	454	216
宜兴市	767	169	183	114	884	313	472	342	145
徐州市	**7043**	**1298**	**1054**	**869**	**1437**	**1469**	**2450**	**2165**	**895**
鼓楼区	512	131	88	95	121	135	126	154	65
云龙区	405	138	119	80	125	160	107	83	50
贾汪区	313	44	46	39	81	51	111	177	43
泉山区	664	179	165	121	192	213	133	169	98
铜山区	1099	175	87	83	224	187	624	340	136
丰县	617	83	74	70	128	115	311	202	64
沛县	717	130	95	79	93	107	211	193	130
睢宁县	751	97	84	54	100	129	252	251	101
徐州经济技术开发区	322	105	43	64	116	81	161	71	30
新沂市	774	112	105	77	132	152	212	211	90
邳州市	869	104	148	107	125	139	202	314	88
常州市	**4661**	**1416**	**888**	**945**	**2794**	**1953**	**1892**	**1902**	**605**
天宁区	722	259	224	207	446	270	174	264	90
钟楼区	744	222	152	150	471	376	173	200	63
新北区	774	309	118	153	671	322	334	321	86
武进区	954	329	157	168	375	503	640	456	114
金坛区	594	97	102	108	392	158	211	200	64
江苏省常州市经济开发区	360	66	30	40	265	111	120	166	54
溧阳市	513	134	105	119	174	213	240	295	134
苏州市	**11958**	**5135**	**2658**	**3755**	**10626**	**4653**	**5300**	**3919**	**1001**
虎丘区	827	529	169	374	777	322	431	217	35
吴中区	1694	650	236	405	1489	632	710	535	117
相城区	694	260	171	297	844	426	411	218	52
姑苏区	1187	555	392	525	874	484	266	283	57
吴江区	1134	360	251	235	1202	386	869	429	126
苏州工业园区	1172	1168	321	553	1069	527	322	260	79
常熟市	1469	269	349	229	1258	436	603	603	144
张家港市	1305	355	234	175	767	397	464	404	179
昆山市	1725	783	382	719	1847	774	765	461	130
太仓市	751	206	153	243	499	269	459	509	82
南通市	**4810**	**1451**	**982**	**957**	**2487**	**1773**	**1938**	**1959**	**925**
崇川区	750	287	246	193	243	287	157	214	87
港闸区	335	110	64	104	127	145	103	98	46
通州区	612	178	113	87	361	220	282	281	110
如东县	501	95	97	36	351	145	220	199	130
南通经济技术开发区	223	91	38	105	132	116	105	69	22
通州湾示范区	38	8	3	21	7	9	22	21	10
苏锡通科技产业园区	84	23	6	13	105	19	27	27	15
启东市	512	138	99	67	241	179	297	191	110
如皋市	675	255	132	109	512	272	287	391	173
海门市	463	116	86	72	110	140	192	229	96
海安市	617	150	98	150	298	241	246	239	126
连云港市	**3085**	**595**	**528**	**643**	**815**	**726**	**1094**	**1146**	**490**
连云区	159	25	14	20	64	30	45	29	16

4-6 续表 28

单位：人

地区 性别	社会生产服务和生活服务人员								
	住宿和餐饮服务人员	信息传输、软件和信息技术服务人员	金融服务人员	房地产服务人员	租赁和商务服务人员	技术辅助服务人员	水利、环境和公共设施管理服务人员	居民服务人员	电力、燃气及水供应服务人员
海州区	774	154	201	211	256	232	177	184	105
赣榆区	466	99	107	86	92	167	320	211	106
东海县	701	136	68	59	146	90	244	249	76
灌云县	408	55	47	55	52	65	94	187	53
灌南县	359	64	38	135	64	63	111	240	92
连云港经济技术开发区	47	11	6	16	68	20	31	12	12
连云港高新技术产业开发区	119	44	46	54	61	50	37	17	18
江苏连云港徐圩新区	30	2	1	3	3	6	19	5	5
江苏省连云港市云台山风景名胜区	22	5		4	9	3	16	12	7
淮安市	**3698**	**630**	**459**	**567**	**620**	**695**	**983**	**1436**	**512**
淮安区	602	70	52	55	92	89	163	321	62
淮阴区	571	90	51	96	67	97	173	183	57
清江浦区	577	176	138	132	147	140	121	192	69
洪泽区	267	33	25	22	24	37	78	81	53
涟水县	735	76	44	75	104	129	133	260	74
盱眙县	431	50	41	56	94	66	148	166	60
金湖县	233	56	45	25	34	43	80	98	80
淮安经济技术开发区	182	55	37	64	39	56	44	73	36
工业园区	18	1		3	3	1	12	5	4
生态文旅区	68	21	26	37	15	35	27	48	12
苏淮高新区	14	2		2	1	2	4	9	5
盐城市	**5226**	**824**	**855**	**920**	**952**	**1142**	**1597**	**2508**	**826**
亭湖区	806	129	123	220	133	168	125	340	68
盐都区	639	100	94	147	121	124	249	318	94
大丰区	492	74	102	77	156	101	229	312	157
响水县	294	29	35	40	28	31	80	169	49
滨海县	472	45	43	36	32	80	223	235	62
阜宁县	589	78	56	72	74	99	173	286	78
射阳县	637	91	101	109	108	146	149	288	119
建湖县	452	62	86	57	58	121	142	175	54
盐城经济技术开发区	52	12	10	7	41	10	16	45	10
江苏省盐南高新区	324	95	113	96	49	144	58	87	36
东台市	469	109	92	59	152	118	153	253	99
扬州市	**4209**	**926**	**773**	**718**	**1066**	**1189**	**1087**	**2400**	**656**
广陵区	672	162	121	157	323	171	95	194	66
邗江区	682	169	200	138	149	263	160	355	91
江都区	631	151	114	73	161	172	187	398	142
宝应县	651	122	91	102	88	162	203	481	94
扬州经济技术开发区	246	54	45	46	73	52	46	156	26
蜀冈瘦西湖景区	226	31	31	50	63	59	33	52	22
生态新城	43	9	7	2	10	8	12	19	2
仪征市	447	103	72	39	64	115	158	359	84
高邮市	611	125	92	111	135	187	193	386	129
镇江市	**2955**	**619**	**563**	**535**	**852**	**797**	**1082**	**1222**	**476**
京口区	299	96	127	85	138	116	59	66	47
润州区	315	75	76	67	101	72	54	76	35
丹徒区	309	49	40	35	54	79	76	230	46
镇江新区	192	49	28	20	76	68	58	52	45
江苏镇江高新区	78	10	15	17	25	24	22	13	4
丹阳市	935	169	129	110	171	226	308	458	136
扬中市	273	38	65	45	49	97	70	96	71
句容市	554	133	83	156	238	115	435	231	92

4-6 续表 29

单位：人

地　区 性　别	社会生产服务和生活服务人员								
	住宿和餐饮服务人员	信息传输、软件和信息技术服务人员	金融服务人员	房地产服务人员	租赁和商务服务人员	技术辅助服务人员	水利、环境和公共设施管理服务人员	居民服务人员	电力、燃气及水供应服务人员
泰州市	**3302**	**730**	**652**	**519**	**875**	**1024**	**1341**	**1621**	**709**
海陵区	530	171	144	124	171	170	134	203	71
高港区	199	39	26	17	26	64	75	79	30
姜堰区	418	91	101	69	137	151	162	232	119
泰州医药高新技术产业开发区	200	83	59	53	102	87	59	75	27
兴化市	835	101	126	78	117	146	353	454	164
靖江市	453	117	90	71	138	187	184	229	154
泰兴市	667	128	106	107	184	219	374	349	144
宿迁市	**3671**	**685**	**502**	**445**	**2210**	**748**	**1808**	**1765**	**425**
宿城区	507	193	149	69	348	139	281	171	71
宿豫区	369	94	48	59	585	114	132	128	52
沭阳县	1074	158	111	119	506	150	694	531	108
泗阳县	659	69	62	67	247	108	179	579	65
泗洪县	664	77	74	66	300	137	340	208	80
宿迁经济技术开发区	182	43	21	34	61	60	91	62	24
宿迁市湖滨新区	112	22	18	11	107	18	58	45	14
苏州宿迁工业园区	14	8	15	7	2	6	3	5	2
宿迁市洋河新区	90	21	4	13	54	16	30	36	9
女	**80926**	**11710**	**15973**	**10945**	**15470**	**14986**	**42557**	**52443**	**1640**
南京市	**10256**	**3495**	**2530**	**1771**	**2942**	**2757**	**6333**	**5942**	**229**
玄武区	628	195	207	117	195	163	232	368	16
秦淮区	1093	269	341	181	309	250	330	673	22
建邺区	556	312	373	156	173	279	230	398	13
鼓楼区	909	297	317	108	296	261	331	727	12
浦口区	486	105	94	86	96	86	557	250	12
栖霞区	935	246	188	196	320	252	651	507	18
雨花台区	737	524	159	143	213	246	525	394	19
江宁区	1855	905	358	351	670	596	1531	961	49
六合区	839	100	75	84	117	99	543	496	17
溧水区	607	59	104	75	77	80	393	245	7
高淳区	508	63	73	32	76	63	281	260	6
南京江北新区	1103	420	241	242	400	382	729	663	38
无锡市	**7771**	**1082**	**1812**	**1331**	**2276**	**1744**	**3631**	**4517**	**165**
锡山区	869	94	140	125	227	288	497	497	7
惠山区	914	122	155	223	371	180	366	522	20
滨湖区	652	101	130	109	258	180	299	365	14
梁溪区	1147	195	452	316	449	261	404	782	16
新吴区	616	160	89	109	259	158	354	270	18
江苏无锡经济开发区	440	184	185	115	126	112	179	220	12
江阴市	1701	138	370	217	342	355	809	1081	47
宜兴市	1432	88	291	117	244	210	723	780	31
徐州市	**6672**	**759**	**1105**	**634**	**709**	**849**	**4226**	**4143**	**179**
鼓楼区	430	60	107	82	90	71	161	284	12
云龙区	420	69	139	65	100	92	198	231	8
贾汪区	280	42	39	32	25	24	185	185	9
泉山区	592	97	220	102	130	138	255	451	30
铜山区	1357	98	102	65	96	126	1262	1013	21
丰县	569	45	57	32	36	51	491	298	20
沛县	603	67	113	58	50	70	336	334	28
睢宁县	683	66	98	46	45	90	326	421	17
徐州经济技术开发区	345	96	41	39	54	50	284	161	5
新沂市	767	71	89	40	53	66	345	399	15
邳州市	626	48	100	73	30	71	383	366	14

4-6 续表 30

单位：人

地区 性别	社会生产服务和生活服务人员								
	住宿和餐饮服务人员	信息传输、软件和信息技术服务人员	金融服务人员	房地产服务人员	租赁和商务服务人员	技术辅助服务人员	水利、环境和公共设施管理服务人员	居民服务人员	电力、燃气及水供应服务人员
常州市	**6036**	**619**	**1218**	**832**	**1223**	**1375**	**2916**	**4262**	**134**
天宁区	693	118	259	144	171	211	205	552	28
钟楼区	745	91	210	136	218	260	298	538	19
新北区	1009	127	205	145	236	262	610	784	17
武进区	1276	133	209	154	271	316	817	983	23
金坛区	647	59	145	100	143	115	323	389	19
江苏省常州市经济开发区	445	29	51	73	88	99	189	339	10
溧阳市	1221	62	139	80	96	112	474	677	18
苏州市	**12745**	**1987**	**3327**	**2649**	**3795**	**3382**	**7809**	**9535**	**169**
虎丘区	833	160	225	255	349	190	710	484	9
吴中区	1958	301	262	355	538	552	1396	1083	22
相城区	932	86	182	217	231	323	686	520	16
姑苏区	1134	257	442	284	428	342	385	774	13
吴江区	1217	127	325	195	241	253	962	1258	20
苏州工业园区	1099	430	427	289	527	432	589	711	11
常熟市	1462	127	433	217	316	341	831	1243	18
张家港市	1456	135	318	162	225	281	624	1018	32
昆山市	1772	298	495	556	734	511	903	1065	22
太仓市	882	66	218	119	206	157	723	1379	6
南通市	**5559**	**835**	**1375**	**745**	**1138**	**1302**	**2788**	**4120**	**143**
崇川区	643	132	329	147	183	231	218	448	6
港闸区	312	61	82	80	110	125	196	242	7
通州区	674	93	175	70	133	161	397	500	21
如东县	598	70	119	40	73	130	223	442	13
南通经济技术开发区	206	117	50	64	182	79	117	132	2
通州湾示范区	53	6	6	5	5	7	39	53	3
苏锡通科技产业园区	76	18	4	8	39	12	73	37	2
启东市	627	58	143	75	70	102	444	447	31
如皋市	788	128	158	64	145	187	322	680	18
海门市	629	64	120	91	99	114	320	493	18
海安市	953	88	189	101	99	154	439	646	22
连云港市	**3763**	**410**	**586**	**429**	**340**	**444**	**2016**	**2560**	**78**
连云区	219	25	34	21	25	22	122	67	3
海州区	793	120	219	115	114	142	358	437	21
赣榆区	581	58	113	41	41	83	424	466	8
东海县	953	128	65	58	61	73	642	746	13
灌云县	464	29	44	30	30	22	112	267	11
灌南县	486	15	37	91	20	48	159	428	11
连云港经济技术开发区	85	6	9	18	9	11	66	39	4
连云港高新技术产业开发区	108	27	61	52	34	37	78	63	5
江苏连云港徐圩新区	40	1	2			5	15	17	1
江苏省连云港市云台山风景名胜区	34	1	2	3	6	1	40	30	1
淮安市	**4363**	**438**	**472**	**344**	**309**	**385**	**1875**	**2412**	**64**
淮安区	783	57	50	34	37	42	262	419	12
淮阴区	542	55	51	41	50	40	315	308	9
清江浦区	692	153	163	78	81	81	236	360	9
洪泽区	326	25	20	15	11	13	122	119	6
涟水县	964	38	34	62	37	83	422	624	11
盱眙县	427	19	42	39	24	39	145	220	6
金湖县	299	18	59	15	14	30	129	166	7
淮安经济技术开发区	204	52	36	32	39	35	156	134	4
工业园区	24					2	21	3	

4-6 续表 31

单位：人

地　区 性　别	社会生产服务和生活服务人员								
	住宿和餐饮服务人员	信息传输、软件和信息技术服务人员	金融服务人员	房地产服务人员	租赁和商务服务人员	技术辅助服务人员	水利、环境和公共设施管理服务人员	居民服务人员	电力、燃气及水供应服务人员
生态文旅区	82	20	17	28	16	19	60	52	
苏淮高新区	20	1				1	7	7	
盐城市	**6291**	**401**	**780**	**528**	**402**	**586**	**2592**	**3582**	**100**
亭湖区	884	60	110	101	53	74	267	423	12
盐都区	798	45	82	76	51	69	459	510	8
大丰区	768	48	105	74	60	74	379	447	14
响水县	347	19	26	23	9	15	142	250	5
滨海县	503	18	50	26	20	37	184	254	9
阜宁县	617	32	49	29	20	48	248	365	4
射阳县	739	36	84	59	37	73	216	429	16
建湖县	601	29	75	18	24	49	233	323	7
盐城经济技术开发区	91	8	2	11	13	3	76	33	2
江苏省盐南高新区	322	59	102	63	57	75	166	149	7
东台市	621	47	95	48	58	69	222	399	16
扬州市	**4968**	**555**	**857**	**516**	**629**	**668**	**2040**	**3455**	**135**
广陵区	734	126	146	93	209	111	253	353	22
邗江区	715	90	179	123	113	154	327	518	23
江都区	933	100	147	64	97	104	339	554	30
宝应县	879	66	83	70	21	71	351	766	12
扬州经济技术开发区	256	28	66	44	31	42	115	188	13
蜀冈瘦西湖景区	188	22	46	31	51	29	47	73	3
生态新城	39	13	8	1	4	5	26	19	
仪征市	550	40	69	40	40	64	288	384	16
高邮市	674	70	113	50	63	88	294	600	16
镇江市	**3791**	**294**	**681**	**431**	**395**	**480**	**1785**	**2218**	**78**
京口区	330	40	118	66	91	69	125	205	13
润州区	331	43	104	47	32	41	86	144	7
丹徒区	393	24	62	43	34	70	204	262	8
镇江新区	283	16	39	24	32	30	111	105	5
江苏镇江高新区	95	6	10	12	14	11	50	23	2
丹阳市	1112	65	165	90	97	149	522	750	18
扬中市	419	31	73	22	7	40	167	217	11
句容市	828	69	110	127	88	70	520	512	14
泰州市	**4842**	**333**	**777**	**420**	**426**	**611**	**2562**	**3088**	**107**
海陵区	763	92	138	88	93	103	356	540	8
高港区	367	19	45	13	31	64	225	184	4
姜堰区	638	45	124	77	77	71	315	511	20
泰州医药高新技术产业开发区	292	23	77	49	38	51	201	106	7
兴化市	1114	45	95	41	47	67	444	587	10
靖江市	689	45	140	74	59	127	351	449	29
泰兴市	979	64	158	78	81	128	670	711	29
宿迁市	**3869**	**502**	**453**	**315**	**886**	**403**	**1984**	**2609**	**59**
宿城区	566	183	125	52	57	83	354	323	12
宿豫区	361	65	36	35	512	46	174	178	5
沭阳县	1122	115	102	76	108	100	686	738	11
泗阳县	577	30	46	44	27	46	221	608	8
泗洪县	739	53	70	43	59	74	308	552	13
宿迁经济技术开发区	189	32	32	41	45	26	89	78	4
宿迁市湖滨新区	186	6	30	5	62	12	83	56	4
苏州宿迁工业园区	23	6	9	12	8	5	6	11	1
宿迁市洋河新区	106	12	3	7	8	11	63	65	1

4-6 续表 32

单位：人

地区 性别	社会生产服务和生活服务人员				农、林、牧、渔业生产及辅助人员				
	修理及制作服务人员	文化、体育和娱乐服务人员	健康服务人员	其他社会生产和生活服务人员	小计	农业生产人员	林业生产人员	畜牧业生产人员	渔业生产人员
江苏	**38150**	**7431**	**2807**	**1613**	**429316**	**371210**	**7982**	**16098**	**25696**
南京市	**4327**	**1124**	**549**	**206**	**7522**	**4498**	**675**	**360**	**1845**
玄武区	175	105	32	4	32	17	6	5	1
秦淮区	372	194	116	17	22	12	4	3	2
建邺区	147	100	26	14	6	2	1		
鼓楼区	272	109	104	9	9	3	1	2	3
浦口区	203	40	13	5	901	388	395	52	60
栖霞区	505	102	36	18	326	285	10	12	6
雨花台区	367	75	30	8	54	37	6	4	2
江宁区	930	162	71	64	1332	1110	75	56	65
六合区	390	48	28	19	806	582	69	88	35
溧水区	199	38	16	11	1357	1115	50	85	85
高淳区	191	19	24	3	2371	711	51	34	1554
南京江北新区	576	132	53	34	306	236	7	19	32
无锡市	**3449**	**876**	**360**	**113**	**6517**	**4976**	**315**	**181**	**950**
锡山区	425	74	24	12	408	297	39	17	43
惠山区	428	92	80	15	671	568	49	9	40
滨湖区	225	90	43	6	88	83		2	1
梁溪区	477	208	56	1	22	12	4	1	1
新吴区	305	70	27	10	76	50	15		4
江苏无锡经济开发区	136	73	22	9	51	36	2	1	11
江阴市	893	157	65	32	1410	1116	36	81	148
宜兴市	560	112	43	28	3791	2814	170	70	702
徐州市	**3983**	**452**	**219**	**71**	**81640**	**74979**	**1554**	**3492**	**592**
鼓楼区	259	30	15	4	105	86	2	11	4
云龙区	198	38	15	3	355	300	7	23	24
贾汪区	180	30	9	2	3274	3052	19	156	25
泉山区	284	63	33	2	108	77	3	23	1
铜山区	654	68	38	16	8709	7074	126	843	157
丰县	428	21	14	7	9603	8960	64	489	9
沛县	426	47	26	7	12121	11218	44	683	69
睢宁县	451	56	22	12	11219	10565	88	383	42
徐州经济技术开发区	194	12	19	3	1056	943	27	64	7
新沂市	417	45	13	9	13336	12597	113	357	197
邳州市	492	42	15	6	21754	20107	1061	460	57
常州市	**2595**	**628**	**219**	**204**	**8246**	**4864**	**1776**	**334**	**1020**
天宁区	323	116	69	30	220	139	14	5	56
钟楼区	344	99	54	9	275	163	74	9	14
新北区	446	96	31	18	296	224	11	7	38
武进区	658	105	36	103	2960	1667	960	53	152
金坛区	282	92	11	20	1978	800	596	160	377
江苏省常州市经济开发区	204	37	7	13	58	45	4	2	4
溧阳市	338	83	11	11	2459	1826	117	98	379
苏州市	**5514**	**1624**	**376**	**190**	**10145**	**7637**	**431**	**186**	**1666**
虎丘区	366	124	32	3	259	112	117	2	26
吴中区	804	150	43	29	2540	2226	129	14	87
相城区	371	89	20	21	347	125	16	8	192
姑苏区	452	179	44	13	63	45	4	4	4
吴江区	542	101	25	10	1404	806	64	25	486
苏州工业园区	362	157	41	25	178	82	3	9	77
常熟市	724	231	55	10	2668	2076	44	31	495

4-6 续表 33

单位：人

地区 性别	社会生产服务和生活服务人员 修理及制作服务人员	文化、体育和娱乐服务人员	健康服务人员	其他社会生产和生活服务人员	农、林、牧、渔业生产及辅助人员 小计	农业生产人员	林业生产人员	畜牧业生产人员	渔业生产人员
张家港市	656	256	43	15	774	651	22	31	40
昆山市	830	244	58	34	420	219	15	9	168
太仓市	407	93	15	30	1492	1295	17	53	91
南通市	**3020**	**440**	**164**	**108**	**69880**	**64205**	**484**	**1966**	**2397**
崇川区	256	82	38	12	74	48	2	3	11
港闸区	247	33	5	9	130	98	2	14	12
通州区	439	43	20	13	5859	5619	15	106	60
如东县	321	28	22	10	17422	15708	35	348	1201
南通经济技术开发区	97	30	8	8	43	30		5	5
通州湾示范区	26	1	4	2	1379	1211	2	28	105
苏锡通科技产业园区	39	4	2	1	295	274	1	8	3
启东市	373	48	17	11	12047	10961	35	333	681
如皋市	555	69	16	25	10886	9830	335	355	51
海门市	316	36	11	5	9236	8684	26	261	123
海安市	351	66	21	12	12509	11742	31	505	145
连云港市	**1915**	**231**	**90**	**59**	**50104**	**43574**	**364**	**1829**	**3553**
连云区	80	15	4	1	324	21	13	3	278
海州区	412	71	31	14	2594	2306	15	58	129
赣榆区	430	27	19	8	14505	11198	61	545	2571
东海县	406	45	11	8	11782	10417	189	820	168
灌云县	246	29	8	11	9396	8890	39	148	149
灌南县	221	20	8	7	11104	10539	34	226	141
连云港经济技术开发区	33	12	3	4	87	22	1	7	39
连云港高新技术产业开发区	65	11	1	1	86	66	6	4	7
江苏连云港徐圩新区	11		1	2	139	52	2	17	55
江苏省连云港市云台山风景名胜区	11	1	4	3	87	63	4	1	16
淮安市	**1969**	**233**	**105**	**113**	**31444**	**28527**	**213**	**979**	**1181**
淮安区	297	39	11	16	4991	4590	50	117	131
淮阴区	331	22	18	8	4677	4393	23	135	55
清江浦区	278	53	25	34	1086	980	7	43	31
洪泽区	93	12	13	2	1498	1015	21	96	272
涟水县	435	33	8	10	12729	12414	37	169	61
盱眙县	233	21	7	14	3876	3160	32	333	291
金湖县	127	20	12	6	1720	1177	17	63	335
淮安经济技术开发区	111	20	4	14	384	361	5	11	1
工业园区	7				122	105	11	5	
生态文旅区	41	11	7	8	140	124	9	1	1
苏淮高新区	16	2		1	221	208	1	6	3
盐城市	**3060**	**405**	**178**	**145**	**91917**	**82855**	**384**	**3500**	**3609**
亭湖区	360	60	32	14	3363	3018	39	127	126
盐都区	312	46	22	21	4333	3285	39	103	775
大丰区	331	56	21	17	13062	11564	47	562	607
响水县	160	23	10	11	6375	5901	56	111	198
滨海县	296	29	6	8	9938	9425	17	220	170
阜宁县	367	40	24	17	10160	9543	37	222	231
射阳县	434	57	23	18	13490	10980	57	1153	858
建湖县	283	24	9	3	6123	5610	19	146	264
盐城经济技术开发区	25	6	1	2	671	630	5	27	7
江苏省盐南高新区	149	26	6	8	269	221	14	11	15
东台市	343	38	24	26	24133	22678	54	818	358
扬州市	**2784**	**461**	**115**	**123**	**17570**	**14054**	**201**	**466**	**2277**
广陵区	284	92	9	16	326	244	20	29	25

4-6 续表 34

单位：人

地区 性别	社会生产服务和生活服务人员				农、林、牧、渔业生产及辅助人员				
	修理及制作服务人员	文化、体育和娱乐服务人员	健康服务人员	其他社会生产和生活服务人员	小计	农业生产人员	林业生产人员	畜牧业生产人员	渔业生产人员
邗江区	321	91	20	7	415	311	14	40	38
江都区	980	68	30	23	3145	2545	88	80	314
宝应县	393	49	14	12	6150	5073	18	95	664
扬州经济技术开发区	77	26	5	14	92	84		2	3
蜀冈瘦西湖景区	69	22	6		73	62	1	5	4
生态新城	23	4	1	4	95	85	1	1	2
仪征市	265	38	5	11	694	551	40	47	30
高邮市	372	71	25	36	6580	5099	19	167	1197
镇江市	**1562**	**349**	**171**	**78**	**6706**	**5465**	**392**	**360**	**354**
京口区	134	26	16	7	34	26	4	1	2
润州区	112	33	6	8	35	26	2	6	1
丹徒区	142	46	8	10	1340	1145	22	109	44
镇江新区	148	27	2	7	143	112	7	11	8
江苏镇江高新区	40	7		5	29	25		2	
丹阳市	480	129	107	16	2433	1911	156	112	184
扬中市	164	25	11	11	398	315	8	23	39
句容市	342	56	21	14	2294	1905	193	96	76
泰州市	**2056**	**349**	**133**	**147**	**20335**	**13197**	**178**	**1114**	**5194**
海陵区	348	90	27	10	862	729	12	35	74
高港区	121	15	7	6	696	632	2	26	20
姜堰区	300	34	31	18	1259	835	11	147	196
泰州医药高新技术产业开发区	153	20	6	9	101	89	1	4	1
兴化市	394	62	19	66	10816	5314	50	515	4662
靖江市	302	52	19	1	532	328	29	52	94
泰兴市	438	76	24	37	6069	5270	73	335	147
宿迁市	**1916**	**259**	**128**	**56**	**27290**	**22379**	**1015**	**1331**	**1058**
宿城区	271	46	15	3	3759	3359	30	198	153
宿豫区	195	23	8	3	2131	1917	20	124	31
沭阳县	612	54	51	13	9774	7915	881	580	116
泗阳县	322	33	18	14	3694	3267	12	117	122
泗洪县	300	66	29	18	6434	4753	32	233	452
宿迁经济技术开发区	107	27	5	1	288	226	17	24	11
宿迁市湖滨新区	52	7		3	731	529	8	24	164
苏州宿迁工业园区	11			1	3	1			1
宿迁市洋河新区	46	3	2		476	412	15	31	8
男	**33404**	**4074**	**832**	**901**	**219246**	**180815**	**4843**	**9964**	**18159**
南京市	**3900**	**630**	**159**	**109**	**4644**	**2525**	**433**	**245**	**1338**
玄武区	151	60	7	1	23	14	4	3	1
秦淮区	333	115	35	8	16	8	3	2	2
建邺区	136	53	3	7	3	1	1		
鼓楼区	247	59	32	6	8	2	1	2	3
浦口区	177	18	2	4	544	221	245	31	43
栖霞区	465	63	7	9	180	147	8	11	6
雨花台区	341	48	11	5	30	17	4	3	2
江宁区	838	89	25	31	802	648	47	40	51
六合区	358	24	8	11	500	340	50	58	26
溧水区	178	20	4	7	768	595	35	59	59
高淳区	175	9	9	3	1605	413	30	26	1122
南京江北新区	501	72	16	17	165	119	5	10	23
无锡市	**3030**	**470**	**106**	**53**	**3771**	**2729**	**216**	**117**	**646**
锡山区	376	34	3	9	238	159	29	12	30

4-6 续表 35

单位：人

地区 性别	社会生产服务和生活服务人员				农、林、牧、渔业生产及辅助人员				
	修理及制作服务人员	文化、体育和娱乐服务人员	健康服务人员	其他社会生产和生活服务人员	小计	农业生产人员	林业生产人员	畜牧业生产人员	渔业生产人员
惠山区	370	49	37	7	405	332	31	8	32
滨湖区	202	44	12	3	39	36		1	1
梁溪区	414	111	20		17	9	3	1	1
新吴区	273	48	9	4	59	34	15		3
江苏无锡经济开发区	119	47	4	5	29	20	1		8
江阴市	774	84	14	13	840	641	28	53	98
宜兴市	502	53	7	12	2144	1498	109	42	473
徐州市	**3500**	**278**	**73**	**40**	**42618**	**38435**	**946**	**2227**	**451**
鼓楼区	225	20	3	2	70	57	1	8	3
云龙区	171	21	6	3	179	138	5	17	18
贾汪区	167	15		1	1944	1780	14	111	22
泉山区	254	36	8		82	55	3	20	1
铜山区	560	40	14	7	3846	2919	85	525	103
丰县	345	12	6	2	4727	4324	49	295	9
沛县	391	32	10	4	6005	5396	31	441	54
睢宁县	400	42	5	9	5962	5534	62	242	35
徐州经济技术开发区	169	7	6	2	534	456	23	42	4
新沂市	367	25	7	4	7265	6768	76	223	157
邳州市	451	28	8	6	12004	11008	597	303	45
常州市	**2255**	**319**	**61**	**114**	**4575**	**2580**	**942**	**183**	**708**
天宁区	290	60	17	17	137	83	9	2	40
钟楼区	311	56	15	6	156	86	43	7	11
新北区	382	49	8	7	159	110	9	4	28
武进区	565	50	11	65	1551	857	478	30	108
金坛区	242	52	5	8	1126	410	326	88	267
江苏省常州市经济开发区	168	14	3	6	31	22	3	2	2
溧阳市	297	38	2	5	1415	1012	74	50	252
苏州市	**4808**	**838**	**84**	**104**	**5558**	**3815**	**311**	**124**	**1143**
虎丘区	324	64	4		169	67	85	1	15
吴中区	676	84	10	15	1271	1062	85	8	55
相城区	325	44	4	10	209	77	11	6	111
姑苏区	406	110	10	7	38	23	3	3	4
吴江区	484	61	6	6	846	404	53	19	351
苏州工业园区	321	82	10	14	133	63	3	6	56
常熟市	619	114	12	5	1388	976	34	25	332
张家港市	579	114	10	8	463	376	16	20	34
昆山市	716	127	12	21	294	150	10	6	120
太仓市	358	38	6	18	747	617	11	30	65
南通市	**2649**	**236**	**43**	**58**	**30925**	**26854**	**287**	**1222**	**2027**
崇川区	229	41	8	5	48	28		3	10
港闸区	221	20	1	3	72	52		7	10
通州区	387	24	8	8	2508	2332	10	76	48
如东县	283	17	4	4	8357	7007	19	217	1011
南通经济技术开发区	84	14	3	6	30	18		5	5
通州湾示范区	22		2		627	507	1	19	86
苏锡通科技产业园区	34	3	2		152	134	1	6	2
启东市	321	23	3	5	5107	4251	23	220	598
如皋市	487	41	5	16	5035	4346	201	236	38
海门市	279	20	4	4	3885	3556	13	158	102
海安市	302	33	3	7	5104	4623	19	275	117
连云港市	**1652**	**134**	**30**	**39**	**25334**	**20749**	**224**	**1097**	**2752**
连云区	70	9	2		259	10	10	2	233

4-6　续表 36

单位：人

地　区 性　别	社会生产服务和生活服务人员 修理及制作服务人　员	文化、体育和娱乐服务人员	健康服务人　员	其他社会生产和生活服务人　员	农、林、牧、渔业生产及辅助人员 小计	农业生产人　员	林业生产人　员	畜牧业生产人员	渔业生产人　员
海州区	363	46	11	9	1450	1246	9	36	101
赣榆区	395	18	7	7	6892	4445	37	346	1989
东海县	337	18	3	4	5825	5042	98	456	113
灌云县	209	17	4	5	5174	4779	28	104	122
灌南县	179	14	1	6	5469	5105	32	135	103
连云港经济技术开发区	28	6		4	58	15	1	5	29
连云港高新技术产业开发区	51	5		1	59	43	6	1	6
江苏连云港徐圩新区	10		1		103	38	2	11	42
江苏省连云港市云台山风景名胜区	10	1	1	3	45	26	1	1	14
淮安市	**1713**	**147**	**35**	**69**	**17011**	**14908**	**169**	**653**	**848**
淮安区	261	22	3	7	2695	2378	39	84	103
淮阴区	294	13	5	2	2536	2321	20	93	42
清江浦区	236	29	6	23	592	514	6	33	23
洪泽区	82	10	3	1	927	598	18	62	182
涟水县	375	24	6	7	6231	6022	29	98	49
盱眙县	209	15	3	9	2440	1928	28	225	212
金湖县	105	12	3	5	1103	708	14	40	232
淮安经济技术开发区	97	11	2	10	224	209	2	9	1
工业园区	6				67	56	6	4	
生态文旅区	36	9	4	4	75	64	6	1	1
苏淮高新区	12	2		1	121	110	1	4	3
盐城市	**2688**	**222**	**58**	**82**	**46875**	**40878**	**232**	**2021**	**2621**
亭湖区	325	34	7	8	1733	1486	24	82	97
盐都区	274	23	7	14	2273	1615	23	67	487
大丰区	282	29	6	6	6370	5343	33	336	461
响水县	143	14	3	6	3389	3036	29	73	159
滨海县	266	16	2	4	5565	5159	14	149	148
阜宁县	329	22	10	14	5351	4958	16	137	165
射阳县	370	32	7	9	7196	5640	32	585	646
建湖县	251	17	2	2	3222	2875	15	98	174
盐城经济技术开发区	17	6	1	1	325	295	4	19	5
江苏省盐南高新区	127	12	1	7	165	133	7	10	10
东台市	304	17	12	11	11286	10338	35	465	269
扬州市	**2457**	**267**	**45**	**68**	**9494**	**7141**	**121**	**311**	**1473**
广陵区	240	53	3	8	160	106	17	17	16
邗江区	279	44	12	6	228	161	8	25	26
江都区	886	49	6	10	1605	1241	40	49	187
宝应县	337	26	7	8	3415	2634	15	76	430
扬州经济技术开发区	64	11	2	7	47	41		2	2
蜀冈瘦西湖景区	62	14	2		37	30		3	4
生态新城	22	2	1	3	50	45	1		2
仪征市	233	23	2	6	376	279	26	29	26
高邮市	334	45	10	20	3576	2604	14	110	780
镇江市	**1343**	**185**	**66**	**44**	**3647**	**2819**	**246**	**222**	**262**
京口区	116	16	7	7	24	19	1	1	2
润州区	96	18	2	4	23	17	1	5	
丹徒区	121	25	1	6	717	592	14	69	30
镇江新区	125	15	1	1	79	58	5	6	7
江苏镇江高新区	33	3		3	13	11		1	
丹阳市	415	62	46	7	1240	900	76	69	143
扬中市	133	14	1	8	210	159	4	14	24
句容市	304	32	8	8	1341	1063	145	57	56

4-6 续表 37

单位：人

地区 性别	社会生产服务和生活服务人员				农、林、牧、渔业生产及辅助人员				
	修理及制作服务人员	文化、体育和娱乐服务人员	健康服务人员	其他社会生产和生活服务人员	小计	农业生产人员	林业生产人员	畜牧业生产人员	渔业生产人员
泰州市	**1773**	**185**	**31**	**82**	**9775**	**5459**	**91**	**675**	**3166**
海陵区	305	46	5	8	388	305	3	24	46
高港区	101	8		3	251	206	1	17	16
姜堰区	258	21	8	12	661	397	7	82	129
泰州医药高新技术产业开发区	134	12	1	3	53	46	1	2	1
兴化市	335	31	7	38	5813	2467	27	325	2817
靖江市	259	26	6	1	288	162	16	32	56
泰兴市	381	41	4	17	2321	1876	36	193	101
宿迁市	**1636**	**163**	**41**	**39**	**15019**	**11923**	**625**	**867**	**724**
宿城区	234	27	5	3	1852	1595	24	110	108
宿豫区	166	15	3		1239	1092	12	85	24
沭阳县	521	35	20	8	5389	4229	527	384	80
泗阳县	275	16	5	11	2004	1722	7	79	89
泗洪县	252	45	7	13	3663	2649	22	154	295
宿迁经济技术开发区	91	18		1	165	121	13	15	9
宿迁市湖滨新区	49	5		2	431	292	6	17	111
苏州宿迁工业园区	9			1	3	1			1
宿迁市洋河新区	39	2	1		273	222	14	23	7
女	**4746**	**3357**	**1975**	**712**	**210070**	**190395**	**3139**	**6134**	**7537**
南京市	**427**	**494**	**390**	**97**	**2878**	**1973**	**242**	**115**	**507**
玄武区	24	45	25	3	9	3	2	2	
秦淮区	39	79	81	9	6	4	1	1	
建邺区	11	47	23	7	3	1			
鼓楼区	25	50	72	3	1	1			
浦口区	26	22	11	1	357	167	150	21	17
栖霞区	40	39	29	9	146	138	2	1	
雨花台区	26	27	19	3	24	20	2	1	
江宁区	92	73	46	33	530	462	28	16	14
六合区	32	24	20	8	306	242	19	30	9
溧水区	21	18	12	4	589	520	15	26	26
高淳区	16	10	15		766	298	21	8	432
南京江北新区	75	60	37	17	141	117	2	9	9
无锡市	**419**	**406**	**254**	**60**	**2746**	**2247**	**99**	**64**	**304**
锡山区	49	40	21	3	170	138	10	5	13
惠山区	58	43	43	8	266	236	18	1	8
滨湖区	23	46	31	3	49	47		1	
梁溪区	63	97	36	1	5	3	1		
新吴区	32	22	18	6	17	16			1
江苏无锡经济开发区	17	26	18	4	22	16	1	1	3
江阴市	119	73	51	19	570	475	8	28	50
宜兴市	58	59	36	16	1647	1316	61	28	229
徐州市	**483**	**174**	**146**	**31**	**39022**	**36544**	**608**	**1265**	**141**
鼓楼区	34	10	12	2	35	29	1	3	1
云龙区	27	17	9		176	162	2	6	6
贾汪区	13	15	9	1	1330	1272	5	45	3
泉山区	30	27	25	2	26	22		3	
铜山区	94	28	24	9	4863	4155	41	318	54
丰县	83	9	8	5	4876	4636	15	194	
沛县	35	15	16	3	6116	5822	13	242	15
睢宁县	51	14	17	3	5257	5031	26	141	7
徐州经济技术开发区	25	5	13	1	522	487	4	22	3
新沂市	50	20	6	5	6071	5829	37	134	40
邳州市	41	14	7		9750	9099	464	157	12

4-6　续表 38　　　　单位：人

地区 性别	社会生产服务和生活服务人员				农、林、牧、渔业生产及辅助人员				
	修理及制作服务人员	文化、体育和娱乐服务人员	健康服务人员	其他社会生产和生活服务人员	小计	农业生产人员	林业生产人员	畜牧业生产人员	渔业生产人员
常州市	**340**	**309**	**158**	**90**	**3671**	**2284**	**834**	**151**	**312**
天宁区	33	56	52	13	83	56	5	3	16
钟楼区	33	43	39	3	119	77	31	2	3
新北区	64	47	23	11	137	114	2	3	10
武进区	93	55	25	38	1409	810	482	23	44
金坛区	40	40	6	12	852	390	270	72	110
江苏省常州市经济开发区	36	23	4	7	27	23	1		2
溧阳市	41	45	9	6	1044	814	43	48	127
苏州市	**706**	**786**	**292**	**86**	**4587**	**3822**	**120**	**62**	**523**
虎丘区	42	60	28	3	90	45	32	1	11
吴中区	128	66	33	14	1269	1164	44	6	32
相城区	46	45	16	11	138	48	5	2	81
姑苏区	46	69	34	6	25	22	1	1	
吴江区	58	40	19	4	558	402	11	6	135
苏州工业园区	41	75	31	11	45	19		3	21
常熟市	105	117	43	5	1280	1100	10	6	163
张家港市	77	142	33	7	311	275	6	11	6
昆山市	114	117	46	13	126	69	5	3	48
太仓市	49	55	9	12	745	678	6	23	26
南通市	**371**	**204**	**121**	**50**	**38955**	**37351**	**197**	**744**	**370**
崇川区	27	41	30	7	26	20	2		1
港闸区	26	13	4	6	58	46	2	7	2
通州区	52	19	12	5	3351	3287	5	30	12
如东县	38	11	18	6	9065	8701	16	131	190
南通经济技术开发区	13	16	5	2	13	12			
通州湾示范区	4	1	2	2	752	704	1	9	19
苏锡通科技产业园区	5	1		1	143	140		2	1
启东市	52	25	14	6	6940	6710	12	113	83
如皋市	68	28	11	9	5851	5484	134	119	13
海门市	37	16	7	1	5351	5128	13	103	21
海安市	49	33	18	5	7405	7119	12	230	28
连云港市	**263**	**97**	**60**	**20**	**24770**	**22825**	**140**	**732**	**801**
连云区	10	6	2	1	65	11	3	1	45
海州区	49	25	20	5	1144	1060	6	22	28
赣榆区	35	9	12	1	7613	6753	24	199	582
东海县	69	27	8	4	5957	5375	91	364	55
灌云县	37	12	4	6	4222	4111	11	44	27
灌南县	42	6	7	1	5635	5434	2	91	38
连云港经济技术开发区	5	6	3		29	7		2	10
连云港高新技术产业开发区	14	6	1		27	23		3	1
江苏连云港徐圩新区	1			2	36	14		6	13
江苏省连云港市云台山风景名胜区	1		3		42	37	3		2
淮安市	**256**	**86**	**70**	**44**	**14433**	**13619**	**44**	**326**	**333**
淮安区	36	17	8	9	2296	2212	11	33	28
淮阴区	37	9	13	6	2141	2072	3	42	13
清江浦区	42	24	19	11	494	466	1	10	8
洪泽区	11	2	10	1	571	417	3	34	90
涟水县	60	9	2	3	6498	6392	8	71	12
盱眙县	24	6	4	5	1436	1232	4	108	79
金湖县	22	8	9	1	617	469	3	23	103
淮安经济技术开发区	14	9	2	4	160	152	3	2	
工业园区	1				55	49	5	1	

4-6 续表 39 单位：人

地区 性别	社会生产服务和生活服务人员				农、林、牧、渔业生产及辅助人员				
	修理及制作服务人员	文化、体育和娱乐服务人员	健康服务人员	其他社会生产和生活服务人员	小计	农业生产人员	林业生产人员	畜牧业生产人员	渔业生产人员
生态文旅区	5	2	3	4	65	60	3		
苏淮高新区	4				100	98		2	
盐城市	**372**	**183**	**120**	**63**	**45042**	**41977**	**152**	**1479**	**988**
亭湖区	35	26	25	6	1630	1532	15	45	29
盐都区	38	23	15	7	2060	1670	16	36	288
大丰区	49	27	15	11	6692	6221	14	226	146
响水县	17	9	7	5	2986	2865	27	38	39
滨海县	30	13	4	4	4373	4266	3	71	22
阜宁县	38	18	14	3	4809	4585	21	85	66
射阳县	64	25	16	9	6294	5340	25	568	212
建湖县	32	7	7	1	2901	2735	4	48	90
盐城经济技术开发区	8			1	346	335	1	8	2
江苏省盐南高新区	22	14	5	1	104	88	7	1	5
东台市	39	21	12	15	12847	12340	19	353	89
扬州市	**327**	**194**	**70**	**55**	**8076**	**6913**	**80**	**155**	**804**
广陵区	44	39	6	8	166	138	3	12	9
邗江区	42	47	8	1	187	150	6	15	12
江都区	94	19	24	13	1540	1304	48	31	127
宝应县	56	23	7	4	2735	2439	3	19	234
扬州经济技术开发区	13	15	3	7	45	43			1
蜀冈瘦西湖景区	7	8	4		36	32	1	2	
生态新城	1	2		1	45	40		1	
仪征市	32	15	3	5	318	272	14	18	4
高邮市	38	26	15	16	3004	2495	5	57	417
镇江市	**219**	**164**	**105**	**34**	**3059**	**2646**	**146**	**138**	**92**
京口区	18	10	9		10	7	3		
润州区	16	15	4	4	12	9	1	1	1
丹徒区	21	21	7	4	623	553	8	40	14
镇江新区	23	12	1	6	64	54	2	5	1
江苏镇江高新区	7	4		2	16	14		1	
丹阳市	65	67	61	9	1193	1011	80	43	41
扬中市	31	11	10	3	188	156	4	9	15
句容市	38	24	13	6	953	842	48	39	20
泰州市	**283**	**164**	**102**	**65**	**10560**	**7738**	**87**	**439**	**2028**
海陵区	43	44	22	2	474	424	9	11	28
高港区	20	7	7	3	445	426	1	9	4
姜堰区	42	13	23	6	598	438	4	65	67
泰州医药高新技术产业开发区	19	8	5	6	48	43		2	
兴化市	59	31	12	28	5003	2847	23	190	1845
靖江市	43	26	13		244	166	13	20	38
泰兴市	57	35	20	20	3748	3394	37	142	46
宿迁市	**280**	**96**	**87**	**17**	**12271**	**10456**	**390**	**464**	**334**
宿城区	37	19	10		1907	1764	6	88	45
宿豫区	29	8	5	3	892	825	8	39	7
沭阳县	91	19	31	5	4385	3686	354	196	36
泗阳县	47	17	13	3	1690	1545	5	38	33
泗洪县	48	21	22	5	2771	2104	10	79	157
宿迁经济技术开发区	16	9	5		123	105	4	9	2
宿迁市湖滨新区	3	2		1	300	237	2	7	53
苏州宿迁工业园区	2								
宿迁市洋河新区	7	1	1		203	190	1	8	1

4-6 续表 40

单位：人

地区 性别	农林牧渔生产辅助人员	其他农、林、牧、渔业生产加工人员	生产制造及有关人员						
			小计	农副产品加工人员	食品、饮料生产加工人员	烟草及其制品加工人员	纺织、针织、印染人员	纺织品、服装和皮革、毛皮制品加工制作人员	木材加工、家具与木制品制作人员
江　苏	**7948**	**382**	**1351377**	**11794**	**15131**	**271**	**47265**	**137955**	**49352**
南京市	**130**	**14**	**90424**	**593**	**1422**	**55**	**175**	**4120**	**2941**
玄武区	3		1663	7	44	3	1	24	18
秦淮区	1		3006	23	109	4	6	60	33
建邺区	3		2741	6	48	23	4	20	58
鼓楼区			2996	19	79	5	2	55	34
浦口区	6		4098	43	41	2	4	216	151
栖霞区	8	5	9910	27	95	3	14	162	155
雨花台区	5		5163	18	75	5	9	75	137
江宁区	23	3	21510	150	480	6	27	739	871
六合区	31	1	11117	70	114	1	53	1416	437
溧水区	21	1	9036	116	110	2	22	263	250
高淳区	18	3	8084	60	90		18	895	481
南京江北新区	11	1	11100	54	137	1	15	195	316
无锡市	**88**	**7**	**144836**	**422**	**1240**	**5**	**6499**	**10340**	**3529**
锡山区	11	1	21866	37	120	1	351	1689	657
惠山区	5		20013	65	334	1	926	993	633
滨湖区	2		7820	18	101		34	140	113
梁溪区	2	2	7695	18	101	2	54	240	80
新吴区	6	1	12990	14	77		36	140	137
江苏无锡经济开发区	1		4732	6	43		25	75	133
江阴市	29		42947	120	238		4163	6134	920
宜兴市	32	3	26773	144	226	1	910	929	856
徐州市	**996**	**27**	**96989**	**1806**	**1600**	**57**	**1703**	**4794**	**7621**
鼓楼区	1	1	2791	16	100	19	3	40	30
云龙区	1		2648	16	45	19	2	42	33
贾汪区	21	1	5546	56	74	1	40	124	782
泉山区	3	1	2998	20	100	14	11	62	30
铜山区	506	3	17528	480	291	3	113	758	479
丰县	72	9	11282	307	231		62	331	1435
沛县	105	2	12795	218	196	1	727	315	237
睢宁县	136	5	13908	159	126		447	1453	1666
徐州经济技术开发区	14	1	5260	40	61		45	84	122
新沂市	71	1	10674	187	201		173	1102	329
邳州市	66	3	11559	307	175		80	483	2478
常州市	**222**	**30**	**107079**	**481**	**825**	**4**	**2249**	**6212**	**3351**
天宁区	6		8732	15	73		296	795	159
钟楼区	11	4	8118	41	117		54	394	153
新北区	15	1	17078	46	109		270	488	256
武进区	117	11	28458	59	230	1	1091	992	670
金坛区	37	8	13987	114	86	1	173	2473	384
江苏省常州市经济开发区	3		13665	18	55		242	360	1309
溧阳市	33	6	17041	188	155	2	123	710	420
苏州市	**209**	**16**	**270541**	**665**	**1907**	**17**	**20462**	**28038**	**6288**
虎丘区	1	1	16012	17	105		40	230	276
吴中区	76	8	27870	73	226		331	1937	511
相城区	6		17669	54	129		138	1435	771
姑苏区	4	2	5580	6	120		19	305	106
吴江区	23		39039	75	154		10055	2069	877
苏州工业园区	6	1	17840	13	201		59	430	138
常熟市	22		47427	93	182	2	5009	14147	1239

4-6 续表 41 单位：人

地区 性别	农林牧渔生产辅助人员	其他农、林、牧、渔业生产加工人员	生产制造及有关人员 小计	农副产品加工人员	食品、饮料生产加工人员	烟草及其制品加工人员	纺织、针织、印染人员	纺织品、服装和皮革、毛皮制品加工制作人员	木材加工、家具与木制品制作人员
张家港市	28	2	34800	211	202		4140	3966	834
昆山市	8	1	42436	55	310	2	135	1458	666
太仓市	35	1	21868	68	278	13	536	2061	870
南通市	**788**	**40**	**149587**	**1050**	**1135**	**31**	**7649**	**30607**	**5963**
崇川区	8	2	5489	23	117	20	280	486	89
港闸区	4		5782	22	57	2	201	854	125
通州区	57	2	27444	90	111	5	1269	8755	858
如东县	119	11	16729	217	175	1	1922	2556	549
南通经济技术开发区	2	1	6457	25	59		375	763	102
通州湾示范区	31	2	1531	30	9		24	209	66
苏锡通科技产业园区	8	1	3193	14	20	1	75	976	87
启东市	35	2	17797	118	125	1	320	1440	745
如皋市	304	11	24932	309	201		1133	5985	1163
海门市	138	4	19902	90	131		347	6526	540
海安市	82	4	20331	112	130	1	1703	2057	1639
连云港市	**749**	**35**	**52987**	**1243**	**997**		**454**	**6109**	**1360**
连云区	1	8	1743	63	25		3	31	15
海州区	81	5	5206	44	172		41	219	103
赣榆区	120	10	17325	683	256		96	2012	432
东海县	186	2	12827	208	251		136	1992	421
灌云县	167	3	5826	74	98		77	1049	82
灌南县	158	6	6429	96	112		81	670	258
连云港经济技术开发区	18		1245	31	35		7	51	9
连云港高新技术产业开发区	3		1068	26	32		1	31	16
江苏连云港徐圩新区	12	1	807	6	8		4	25	22
江苏省连云港市云台山风景名胜区	3		511	12	8		8	29	2
淮安市	**504**	**40**	**52703**	**878**	**899**	**76**	**865**	**6440**	**1849**
淮安区	98	5	8486	213	139		206	933	277
淮阴区	61	10	9310	156	136	3	107	971	450
清江浦区	23	2	4492	57	155	54	71	277	88
洪泽区	86	8	3817	80	68	1	124	432	129
涟水县	43	5	9633	106	210		208	2327	345
盱眙县	55	5	6338	177	70		31	722	176
金湖县	125	3	4715	40	40		62	429	234
淮安经济技术开发区	5	1	4400	29	64	14	19	245	85
工业园区	1		253	5				8	26
生态文旅区	4	1	977	14	14	4	37	88	35
苏淮高新区	3		282	1	3			8	4
盐城市	**1519**	**50**	**88724**	**1327**	**898**	**2**	**2785**	**7952**	**2285**
亭湖区	47	6	7524	66	100	1	112	535	111
盐都区	128	3	11107	186	130		180	891	347
大丰区	268	14	10890	137	104		612	1094	333
响水县	107	2	4485	64	46		174	532	69
滨海县	105	1	6970	113	64		102	590	217
阜宁县	123	4	9318	137	88		97	990	341
射阳县	424	18	9897	266	133		626	1033	248
建湖县	84		9312	92	51		320	916	214
盐城经济技术开发区	2		2055	2	6		12	98	26
江苏省盐南高新区	8		2738	17	35	1	20	244	29
东台市	223	2	14428	247	141		530	1029	350
扬州市	**549**	**23**	**88990**	**839**	**804**	**16**	**785**	**10394**	**2618**
广陵区	6	2	8759	69	203		56	682	196

4-6　续表 42　　　　单位：人

地　区 性　别	农林牧渔生产辅助人员	其他农、林、牧、渔业生产加工人员	生产制造及有关人员 小计	农副产品加工人员	食品、饮料生产加工人员	烟草及其制品加工人员	纺织、针织、印染人员	纺织品、服装和皮革、毛皮制品加工制作人员	木材加工、家具与木制品制作人员
邗江区	10	2	9771	68	87		90	1213	188
江都区	111	7	19674	147	125	1	112	2194	615
宝应县	298	2	15041	260	115		104	962	591
扬州经济技术开发区	1	2	3396	35	56	1	20	394	76
蜀冈瘦西湖景区	1		1508	15	28		10	113	60
生态新城	6		1850	4	7		11	262	12
仪征市	21	5	12361	80	54	1	147	827	305
高邮市	95	3	16630	161	129	13	235	3747	575
镇江市	**130**	**5**	**58779**	**346**	**542**	**1**	**479**	**5930**	**1555**
京口区	1		2670	16	40		3	50	108
润州区			1632	15	45		4	33	41
丹徒区	20		5956	42	107		19	509	185
镇江新区	5		4228	17	34	1	4	118	87
江苏镇江高新区	2		948	1	8		1	16	10
丹阳市	70		25771	135	150		279	3701	579
扬中市	13		7313	29	37		49	573	109
句容市	19	5	10261	91	121		120	930	436
泰州市	**603**	**49**	**82983**	**1125**	**1018**	**4**	**1049**	**7960**	**2689**
海陵区	12		7950	55	109		71	389	314
高港区	15	1	5341	108	99	2	74	393	304
姜堰区	66	4	13410	118	89	1	256	1459	465
泰州医药高新技术产业开发区	6		4126	15	54		200	113	98
兴化市	244	31	17024	498	333		124	856	408
靖江市	27	2	14577	108	161		139	1131	319
泰兴市	233	11	20555	223	173	1	185	3619	781
宿迁市	**1461**	**46**	**66755**	**1019**	**1844**	**3**	**2111**	**9059**	**7303**
宿城区	19		9333	71	173		276	877	747
宿豫区	38	1	6045	227	111		206	592	179
沭阳县	262	20	23021	275	212		694	2952	4529
泗阳县	156	20	9966	93	344	3	639	1599	900
泗洪县	961	3	10279	313	355		179	2238	331
宿迁经济技术开发区	8	2	3021	9	115		62	491	149
宿迁市湖滨新区	6		2123	17	110		17	147	63
苏州宿迁工业园区	1		344		7		3	15	7
宿迁市洋河新区	10		2623	14	417		35	148	398
男	**5241**	**224**	**908275**	**6433**	**7595**	**182**	**16688**	**36357**	**38580**
南京市	**94**	**9**	**69027**	**364**	**687**	**39**	**68**	**797**	**2638**
玄武区	1		1300	5	25	1	1	17	18
秦淮区	1		2395	14	55	4	4	30	28
建邺区	1		2326	3	25	15	3	7	55
鼓楼区			2435	13	43	4	2	23	33
浦口区	4		3132	32	20		4	60	135
栖霞区	6	2	7472	20	42	2	7	63	135
雨花台区	4		4169	7	39	3	2	21	118
江宁区	15	1	15857	94	213	6	7	249	732
六合区	25	1	7880	44	52	1	17	171	405
溧水区	19	1	7058	58	50	2	9	43	231
高淳区	11	3	6334	38	50		5	59	467
南京江北新区	7	1	8669	36	73	1	7	54	281
无锡市	**59**	**4**	**95851**	**264**	**586**	**3**	**2261**	**3607**	**2969**
锡山区	8		14022	27	61	1	158	529	538

4-6 续表 43 单位：人

地区 性别	农林牧渔生产辅助人员	其他农、林、牧、渔业生产加工人员	生产制造及有关人员 小计	农副产品加工人员	食品、饮料生产加工人员	烟草及其制品加工人员	纺织、针织、印染人员	纺织品、服装和皮革、毛皮制品加工制作人员	木材加工、家具与木制品制作人员
惠山区	2		13389	37	154		428	349	505
滨湖区	1		5603	11	50		11	45	99
梁溪区	2	1	5455	12	47	1	21	70	70
新吴区	6	1	8191	8	39		16	57	109
江苏无锡经济开发区			3440	5	20		7	18	122
江阴市	20		27513	68	97		1323	2284	797
宜兴市	20	2	18238	96	118	1	297	255	729
徐州市	**547**	**12**	**70886**	**918**	**695**	**36**	**412**	**875**	**4766**
鼓楼区		1	2262	6	44	10		15	23
云龙区	1		2112	8	15	12	1	14	29
贾汪区	17		4224	35	29	1	7	27	414
泉山区	3		2447	10	52	10	1	24	26
铜山区	213	1	12819	187	84	2	12	66	299
丰县	47	3	7543	138	103		12	56	859
沛县	83		10190	127	90	1	166	65	201
睢宁县	87	2	9132	98	64		131	290	1221
徐州经济技术开发区	8	1	4126	20	25		19	15	95
新沂市	40	1	7723	115	93		48	209	245
邳州市	48	3	8308	174	96		15	94	1354
常州市	**148**	**14**	**72726**	**294**	**370**	**2**	**759**	**1588**	**2736**
天宁区	3		5825	6	30		117	215	143
钟楼区	8	1	5496	23	48		25	107	127
新北区	7	1	10863	24	51		144	174	220
武进区	75	3	18677	33	100	1	295	328	584
金坛区	32	3	9285	76	45		66	521	364
江苏省常州市经济开发区	2		8770	12	28		95	126	907
溧阳市	21	6	13810	120	68	1	17	117	391
苏州市	**156**	**9**	**173416**	**425**	**958**	**12**	**8956**	**10893**	**5096**
虎丘区	1		10373	12	52		20	48	231
吴中区	57	4	17768	42	105		116	593	445
相城区	4		11563	34	50		60	620	613
姑苏区	3	2	3997	5	64		9	100	89
吴江区	19		24595	38	75		4739	794	635
苏州工业园区	5		11557	6	138		28	143	126
常熟市	21		29094	54	81	1	2347	6084	1066
张家港市	16	1	22704	156	107		1355	1404	718
昆山市	7	1	27686	33	149	1	68	451	472
太仓市	23	1	14079	45	137	10	214	656	701
南通市	**510**	**25**	**96779**	**593**	**595**	**23**	**1913**	**7727**	**5177**
崇川区	5	2	4005	17	73	15	102	160	82
港闸区	3		4037	15	30	2	55	215	114
通州区	41	1	16635	52	58	3	416	2441	784
如东县	99	4	10329	127	101	1	369	328	498
南通经济技术开发区	2		4567	18	36		178	271	88
通州湾示范区	12	2	1052	14	5		5	19	61
苏锡通科技产业园区	8	1	2008	6	12	1	37	304	75
启东市	13	2	13172	62	64		56	175	689
如皋市	206	8	15229	176	103		199	842	1041
海门市	54	2	12640	44	64		138	2712	442
海安市	67	3	13105	62	49	1	358	260	1303
连云港市	**493**	**19**	**35422**	**549**	**440**		**110**	**908**	**999**
连云区		4	1468	46	10		1	5	14

4-6 续表 44

单位：人

地区 性别			生产制造及有关人员						
	农林牧渔生产辅助人员	其他农、林、牧、渔业生产加工人员	小计	农副产品加工人员	食品、饮料生产加工人员	烟草及其制品加工人员	纺织、针织、印染人员	纺织品、服装和皮革、毛皮制品加工制作人员	木材加工、家具与木制品制作人员
海州区	54	4	3987	31	77		15	59	83
赣榆区	71	4	10543	238	84		8	141	346
东海县	115	1	7851	86	112		31	323	254
灌云县	138	3	4046	40	53		22	187	72
灌南县	92	2	4718	63	67		29	158	189
连云港经济技术开发区	8		890	19	20		1	11	5
连云港高新技术产业开发区	3		821	18	11		1	14	15
江苏连云港徐圩新区	9	1	701	4	3			5	20
江苏省连云港市云台山风景名胜区	3		397	4	3		2	5	1
淮安市	**405**	**28**	**36134**	**515**	**459**	**49**	**212**	**1173**	**1604**
淮安区	86	5	5837	112	53		41	151	262
淮阴区	53	7	6929	91	72	2	29	185	413
清江浦区	14	2	3287	34	79	33	19	65	80
洪泽区	61	6	2672	51	34	1	29	85	104
涟水县	28	5	5771	67	135		54	385	278
盱眙县	46	1	4354	99	34		10	177	142
金湖县	107	2	3374	26	18		19	67	198
淮安经济技术开发区	3		2852	22	24	10	8	46	77
工业园区	1		175	3				1	12
生态文旅区	3		670	9	9	3	3	10	34
苏淮高新区	3		213	1	1			1	4
盐城市	**1091**	**32**	**63339**	**745**	**456**	**1**	**656**	**1476**	**2011**
亭湖区	41	3	5597	40	40		25	116	102
盐都区	81		7717	65	61		32	105	315
大丰区	188	9	7240	89	54		131	165	261
响水县	90	2	3171	36	31		35	130	57
滨海县	94	1	5304	75	37		35	146	195
阜宁县	72	3	7023	79	49		30	206	320
射阳县	280	13	7129	159	71		235	257	217
建湖县	60		6777	56	20		34	166	197
盐城经济技术开发区	2		1470	2	3		6	17	25
江苏省盐南高新区	5		1986	12	17	1	6	50	26
东台市	178	1	9925	132	73		87	118	296
扬州市	**437**	**11**	**58922**	**440**	**381**	**11**	**229**	**1835**	**2315**
广陵区	4		5832	44	97		18	191	143
邗江区	7	1	6265	39	41		27	151	168
江都区	83	5	12974	78	49	1	29	380	526
宝应县	258	2	10536	114	51		31	160	533
扬州经济技术开发区		2	2266	17	24		8	102	58
蜀冈瘦西湖景区			1093	10	14		3	15	56
生态新城	2		1065	3	5		5	116	8
仪征市	15	1	8397	46	23	1	60	229	288
高邮市	68		10494	89	77	9	48	491	535
镇江市	**95**	**3**	**38386**	**226**	**297**	**1**	**114**	**1784**	**1320**
京口区	1		1964	13	21		1	22	90
润州区			1226	7	30		1	12	39
丹徒区	12		4027	25	63		2	154	154
镇江新区	3		2914	12	10	1	1	37	77
江苏镇江高新区	1		723	1	4			4	9
丹阳市	52		15403	89	85		52	1273	475
扬中市	9		4656	21	19		14	149	92
句容市	17	3	7473	58	65		43	133	384

4-6 续表 45 单位：人

地区 性别	农林牧渔生产辅助人员	其他农、林、牧、渔业生产加工人员	生产制造及有关人员 小计	农副产品加工人员	食品、饮料生产加工人员	烟草及其制品加工人员	纺织、针织、印染人员	纺织品、服装和皮革、毛皮制品加工制作人员	木材加工、家具与木制品制作人员
泰州市	**356**	**28**	**54076**	**545**	**496**	**2**	**243**	**1474**	**2265**
海陵区	10		5345	39	53		16	68	269
高港区	10	1	3526	54	56		15	64	271
姜堰区	42	4	8744	75	37	1	37	150	408
泰州医药高新技术产业开发区	3		2783	7	27		61	21	90
兴化市	161	16	11171	197	170		32	131	357
靖江市	21	1	9607	45	70		33	286	267
泰兴市	109	6	12900	128	83	1	49	754	603
宿迁市	**850**	**30**	**43311**	**555**	**1175**	**3**	**755**	**2220**	**4684**
宿城区	15		6395	40	109		71	181	533
宿豫区	25	1	4162	105	54		60	107	144
沭阳县	157	12	14519	156	98		276	802	2691
泗阳县	94	13	6493	59	209	3	229	404	628
泗洪县	540	3	6319	166	261		78	538	252
宿迁经济技术开发区	6	1	1997	7	62		19	120	111
宿迁市湖滨新区	5		1551	12	35		8	28	49
苏州宿迁工业园区	1		211		3		1	3	5
宿迁市洋河新区	7		1664	10	344		13	37	271
女	**2707**	**158**	**443102**	**5361**	**7536**	**89**	**30577**	**101598**	**10772**
南京市	**36**	**5**	**21397**	**229**	**735**	**16**	**107**	**3323**	**303**
玄武区	2		363	2	19	2		7	
秦淮区			611	9	54		2	30	5
建邺区	2		415	3	23	8	1	13	3
鼓楼区			561	6	36	1		32	1
浦口区	2		966	11	21	2		156	16
栖霞区	2	3	2438	7	53	1	7	99	20
雨花台区	1		994	11	36	2	7	54	19
江宁区	8	2	5653	56	267		20	490	139
六合区	6		3237	26	62		36	1245	32
溧水区	2		1978	58	60		13	220	19
高淳区	7		1750	22	40		13	836	14
南京江北新区	4		2431	18	64		8	141	35
无锡市	**29**	**3**	**48985**	**158**	**654**	**2**	**4238**	**6733**	**560**
锡山区	3	1	7844	10	59		193	1160	119
惠山区	3		6624	28	180	1	498	644	128
滨湖区	1		2217	7	51		23	95	14
梁溪区		1	2240	6	54	1	33	170	10
新吴区			4799	6	38		20	83	28
江苏无锡经济开发区	1		1292	1	23		18	57	11
江阴市	9		15434	52	141		2840	3850	123
宜兴市	12	1	8535	48	108		613	674	127
徐州市	**449**	**15**	**26103**	**888**	**905**	**21**	**1291**	**3919**	**2855**
鼓楼区	1		529	10	56	9	3	25	7
云龙区			536	8	30	7	1	28	4
贾汪区	4	1	1322	21	45		33	97	368
泉山区		1	551	10	48	4	10	38	4
铜山区	293	2	4709	293	207	1	101	692	180
丰县	25	6	3739	169	128		50	275	576
沛县	22	2	2605	91	106		561	250	36
睢宁县	49	3	4776	61	62		316	1163	445
徐州经济技术开发区	6		1134	20	36		26	69	27
新沂市	31		2951	72	108		125	893	84
邳州市	18		3251	133	79		65	389	1124

4-6 续表 46

单位：人

地区 性别	农林牧渔生产辅助人员	其他农、林、牧、渔业生产加工人员	生产制造及有关人员 小计	农副产品加工人员	食品、饮料生产加工人员	烟草及其制品加工人员	纺织、针织、印染人员	纺织品、服装和皮革、毛皮制品加工制作人员	木材加工、家具与木制品制作人员
常州市	**74**	**16**	**34353**	**187**	**455**	**2**	**1490**	**4624**	**615**
天宁区	3		2907	9	43		179	580	16
钟楼区	3	3	2622	18	69		29	287	26
新北区	8		6215	22	58		126	314	36
武进区	42	8	9781	26	130		796	664	86
金坛区	5	5	4702	38	41	1	107	1952	20
江苏省常州市经济开发区	1		4895	6	27		147	234	402
溧阳市	12		3231	68	87	1	106	593	29
苏州市	**53**	**7**	**97125**	**240**	**949**	**5**	**11506**	**17145**	**1192**
虎丘区		1	5639	5	53		20	182	45
吴中区	19	4	10102	31	121		215	1344	66
相城区	2		6106	20	79		78	815	158
姑苏区	1		1583	1	56		10	205	17
吴江区	4		14444	37	79		5316	1275	242
苏州工业园区	1	1	6283	7	63		31	287	12
常熟市	1		18333	39	101	1	2662	8063	173
张家港市	12	1	12096	55	95		2785	2562	116
昆山市	1		14750	22	161	1	67	1007	194
太仓市	12		7789	23	141	3	322	1405	169
南通市	**278**	**15**	**52808**	**457**	**540**	**8**	**5736**	**22880**	**786**
崇川区	3		1484	6	44	5	178	326	7
港闸区	1		1745	7	27		146	639	11
通州区	16	1	10809	38	53	2	853	6314	74
如东县	20	7	6400	90	74		1553	2228	51
南通经济技术开发区		1	1890	7	23		197	492	14
通州湾示范区	19		479	16	4		19	190	5
苏锡通科技产业园区			1185	8	8		38	672	12
启东市	22		4625	56	61	1	264	1265	56
如皋市	98	3	9703	133	98		934	5143	122
海门市	84	2	7262	46	67		209	3814	98
海安市	15	1	7226	50	81		1345	1797	336
连云港市	**256**	**16**	**17565**	**694**	**557**		**344**	**5201**	**361**
连云区	1	4	275	17	15		2	26	1
海州区	27	1	1219	13	95		26	160	20
赣榆区	49	6	6782	445	172		88	1871	86
东海县	71	1	4976	122	139		105	1669	167
灌云县	29		1780	34	45		55	862	10
灌南县	66	4	1711	33	45		52	512	69
连云港经济技术开发区	10		355	12	15		6	40	4
连云港高新技术产业开发区			247	8	21			17	1
江苏连云港徐圩新区	3		106	2	5		4	20	2
江苏省连云港市云台山风景名胜区			114	8	5		6	24	1
淮安市	**99**	**12**	**16569**	**363**	**440**	**27**	**653**	**5267**	**245**
淮安区	12		2649	101	86		165	782	15
淮阴区	8	3	2381	65	64	1	78	786	37
清江浦区	9		1205	23	76	21	52	212	8
洪泽区	25	2	1145	29	34		95	347	25
涟水县	15		3862	39	75		154	1942	67
盱眙县	9	4	1984	78	36		21	545	34
金湖县	18	1	1341	14	22		43	362	36
淮安经济技术开发区	2	1	1548	7	40	4	11	199	8
工业园区			78	2				7	14

4-6 续表 47

单位：人

地区 性别	农林牧渔生产辅助人员	其他农、林、牧、渔业生产加工人员	生产制造及有关人员						
			小计	农副产品加工人员	食品、饮料生产加工人员	烟草及其制品加工人员	纺织、针织、印染人员	纺织品、服装和皮革、毛皮制品加工制作人员	木材加工、家具与木制品制作人员
生态文旅区	1	1	307	5	5	1	34	78	1
苏淮高新区			69		2			7	
盐城市	**428**	**18**	**25385**	**582**	**442**	**1**	**2129**	**6476**	**274**
亭湖区	6	3	1927	26	60	1	87	419	9
盐都区	47	3	3390	121	69		148	786	32
大丰区	80	5	3650	48	50		481	929	72
响水县	17		1314	28	15		139	402	12
滨海县	11		1666	38	27		67	444	22
阜宁县	51	1	2295	58	39		67	784	21
射阳县	144	5	2768	107	62		391	776	31
建湖县	24		2535	36	31		286	750	17
盐城经济技术开发区			585		3		6	81	1
江苏省盐南高新区	3		752	5	18		14	194	3
东台市	45	1	4503	115	68		443	911	54
扬州市	**112**	**12**	**30068**	**399**	**423**	**5**	**556**	**8559**	**303**
广陵区	2	2	2927	25	106		38	491	53
邗江区	3	1	3506	29	46		63	1062	20
江都区	28	2	6700	69	76		83	1814	89
宝应县	40		4505	146	64		73	802	58
扬州经济技术开发区	1		1130	18	32	1	12	292	18
蜀冈瘦西湖景区	1		415	5	14		7	98	4
生态新城	4		785	1	2		6	146	4
仪征市	6	4	3964	34	31		87	598	17
高邮市	27	3	6136	72	52	4	187	3256	40
镇江市	**35**	**2**	**20393**	**120**	**245**		**365**	**4146**	**235**
京口区			706	3	19		2	28	18
润州区			406	8	15		3	21	2
丹徒区	8		1929	17	44		17	355	31
镇江新区	2		1314	5	24		3	81	10
江苏镇江高新区	1		225		4		1	12	1
丹阳市	18		10368	46	65		227	2428	104
扬中市	4		2657	8	18		35	424	17
句容市	2	2	2788	33	56		77	797	52
泰州市	**247**	**21**	**28907**	**580**	**522**	**2**	**806**	**6486**	**424**
海陵区	2		2605	16	56		55	321	45
高港区	5		1815	54	43	2	59	329	33
姜堰区	24		4666	43	52		219	1309	57
泰州医药高新技术产业开发区	3		1343	8	27		139	92	8
兴化市	83	15	5853	301	163		92	725	51
靖江市	6	1	4970	63	91		106	845	52
泰兴市	124	5	7655	95	90		136	2865	178
宿迁市	**611**	**16**	**23444**	**464**	**669**		**1356**	**6839**	**2619**
宿城区	4		2938	31	64		205	696	214
宿豫区	13		1883	122	57		146	485	35
沭阳县	105	8	8502	119	114		418	2150	1838
泗阳县	62	7	3473	34	135		410	1195	272
泗洪县	421		3960	147	94		101	1700	79
宿迁经济技术开发区	2	1	1024	2	53		43	371	38
宿迁市湖滨新区	1		572	5	75		9	119	14
苏州宿迁工业园区			133		4		2	12	2
宿迁市洋河新区	3		959	4	73		22	111	127

4-6 续表 48

单位：人

地区 性别	生产制造及有关人员								
	纸及纸制品生产加工人员	印刷和记录媒介复制人员	文教、工美、体育和娱乐用品制造人员	石油加工和炼焦、煤化工生产人员	化学原料和化学制品制造人员	医药制造人员	化学纤维制造人员	橡胶和塑料制品制造人员	非金属矿物制品制造人员
江苏	**7229**	**6268**	**18513**	**1071**	**13311**	**5450**	**3526**	**31617**	**17623**
南京市	**235**	**476**	**520**	**306**	**1195**	**899**	**73**	**1246**	**1006**
玄武区	3	25	6	29	20	27	1	3	6
秦淮区	5	45	24	14	24	46	1	4	11
建邺区	2	17	6	12	10	30	2	6	9
鼓楼区	1	31	7	11	33	37	1	8	11
浦口区	2	14	10	4	24	32		110	65
栖霞区	27	44	35	110	124	153	7	80	89
雨花台区	3	18	7	9	21	37	23	23	93
江宁区	118	175	111	9	94	259	4	366	314
六合区	18	43	195	14	207	67	15	131	94
溧水区	30	11	79	2	50	33	3	146	97
高淳区	15	23	16		140	21	7	144	123
南京江北新区	11	30	24	92	448	157	9	225	94
无锡市	**1033**	**1222**	**3993**	**99**	**1271**	**417**	**594**	**5026**	**3329**
锡山区	411	428	182	9	115	36	11	874	170
惠山区	103	102	38	21	111	25	29	459	166
滨湖区	21	64	31	4	28	92	8	169	36
梁溪区	9	85	34	4	48	65	7	127	34
新吴区	59	98	30	6	100	64	8	407	41
江苏无锡经济开发区	13	10	25	3	6	21	8	39	16
江阴市	297	334	162	28	376	82	475	2235	447
宜兴市	120	101	3491	24	487	32	48	716	2419
徐州市	**288**	**266**	**1422**	**106**	**902**	**235**	**28**	**1015**	**1168**
鼓楼区	6	24	10	4	12	23	2	28	16
云龙区	4	21	17	1	17	27		12	22
贾汪区	53	9	46	8	46	9	1	159	101
泉山区	13	28	11	1	17	27		19	18
铜山区	85	56	222	5	54	30		103	462
丰县	19	25	54	26	173	4	1	38	37
沛县	14	23	87	31	18	3	11	365	96
睢宁县	46	22	724	1	12	27	1	90	104
徐州经济技术开发区	5	20	10	4	22	42	1	20	33
新沂市	23	23	71	2	507	34	7	80	182
邳州市	20	15	170	23	24	9	4	101	97
常州市	**501**	**470**	**327**	**34**	**870**	**442**	**114**	**2882**	**1257**
天宁区	47	51	14	1	66	87	6	237	56
钟楼区	39	65	25	1	63	31		217	46
新北区	76	33	37	7	286	85	16	498	207
武进区	103	91	120	5	129	124	48	948	295
金坛区	72	99	54	3	133	66	23	411	176
江苏省常州市经济开发区	144	97	25	6	102	27	13	421	145
溧阳市	20	34	52	11	91	22	8	150	332
苏州市	**2252**	**1832**	**2428**	**89**	**2666**	**843**	**1625**	**8670**	**2549**
虎丘区	71	96	447	3	105	75	6	517	252
吴中区	254	191	539	3	171	134	25	1104	311
相城区	157	125	89	3	95	43	87	863	197
姑苏区	14	48	173	1	49	57	2	56	22
吴江区	108	136	178	5	145	54	495	714	305
苏州工业园区	325	123	54	3	157	203	6	474	75
常熟市	383	185	258	11	764	106	119	1026	428

4-6 续表 49　　　　　　　　　　　　　　　　　　　　　　　　　　　　　　单位：人

地　区 性　别	生产制造及有关人员								
	纸及纸制品生产加工人员	印刷和记录媒介复制人员	文教、工美、体育和娱乐用品制造人员	石油加工和炼焦、煤化工生产人员	化学原料和化学制品制造人员	医药制造人员	化学纤维制造人员	橡胶和塑料制品制造人员	非金属矿物制品制造人员
张家港市	123	132	166	35	632	35	119	1285	326
昆山市	562	684	333	9	345	54	75	1823	378
太仓市	255	112	191	16	203	82	691	808	255
南通市	**554**	**377**	**1617**	**36**	**1707**	**470**	**366**	**2290**	**1672**
崇川区	29	55	22	5	94	43	36	89	26
港闸区	8	29	26	1	34	25	5	102	76
通州区	112	63	279	4	46	17	137	383	185
如东县	74	30	376	7	706	89	33	189	203
南通经济技术开发区	62	18	25	3	132	49	12	162	91
通州湾示范区	5	4	6		2	1	3	20	15
苏锡通科技产业园区	12	2	8	1	44	1	1	53	33
启东市	66	36	173	6	244	109	39	115	111
如皋市	67	51	313	4	265	37	30	567	277
海门市	56	47	248	3	76	77	25	284	241
海安市	63	42	141	2	64	22	45	326	414
连云港市	**110**	**104**	**1533**	**73**	**547**	**486**	**29**	**2153**	**826**
连云区	4	1		7	62	21	3	9	25
海州区	9	31	26	2	55	159	9	89	96
赣榆区	18	18	664	32	42	45	8	1913	227
东海县	34	15	781	1	31	14		46	388
灌云县	26	10	31	6	61	6		41	36
灌南县	8	21	24		104	14	1	28	34
连云港经济技术开发区	4	3	3		27	142	5	14	8
连云港高新技术产业开发区	3	3	1	2	9	78	2	5	8
江苏连云港徐圩新区	3		1	21	150			3	2
江苏省连云港市云台山风景名胜区	1	2	2	2	6	7	1	5	2
淮安市	**317**	**191**	**516**	**45**	**648**	**168**	**33**	**882**	**432**
淮安区	45	21	135		52	18	5	234	71
淮阴区	65	34	33	3	48	25	2	78	48
清江浦区	34	37	22	27	91	49	4	72	22
洪泽区	44	8	31	4	208	8	3	54	88
涟水县	60	51	90		66	11	4	56	55
盱眙县	12	13	96	2	54	15	2	146	78
金湖县	33	11	96	5	28	21	12	64	41
淮安经济技术开发区	17	14	4	4	25	17		148	19
工业园区	2		3		11	1	1	4	3
生态文旅区	5	2	6		5	3		23	6
苏淮高新区					60			3	1
盐城市	**320**	**263**	**702**	**47**	**838**	**295**	**120**	**1089**	**1113**
亭湖区	17	52	43	9	30	15	1	158	96
盐都区	37	40	59	2	38	8	4	102	187
大丰区	79	49	196	5	241	104	11	109	117
响水县	14	7	47	1	46	9	1	23	31
滨海县	24	9	28	7	230	58	1	49	72
阜宁县	17	27	87	2	83	12	45	238	107
射阳县	58	19	46	1	70	41	3	55	78
建湖县	26	27	42	3	49	11	5	113	185
盐城经济技术开发区			11		2	3	1	4	5
江苏省盐南高新区	4	8	11	1	15	3	3	27	26
东台市	44	25	132	16	34	31	45	211	209
扬州市	**314**	**251**	**3023**	**67**	**906**	**238**	**273**	**1765**	**1504**
广陵区	34	46	156	2	141	32	19	313	34

4-6　续表 50　　　　　　　　　　　　　　　　　　　　　　　　　　　　　单位：人

地　区 性　别	生产制造及有关人员								
	纸及纸制品生产加工人员	印刷和记录媒介复制人员	文教、工美、体育和娱乐用品制造人员	石油加工和炼焦、煤化工生产人员	化学原料和化学制品制造人员	医药制造人员	化学纤维制造人员	橡胶和塑料制品制造人员	非金属矿物制品制造人员
邗江区	36	41	554	14	74	45	2	91	89
江都区	58	54	630	20	268	45	8	363	95
宝应县	44	15	393	1	58	20	4	128	961
扬州经济技术开发区	45	15	23	7	42	21	2	95	21
蜀冈瘦西湖景区	4	6	45	3	16	4		18	6
生态新城	27	28	12		63			373	2
仪征市	21	14	1084	19	148	20	236	240	141
高邮市	45	32	126	1	96	51	2	144	155
镇江市	**681**	**351**	**350**	**69**	**573**	**128**	**82**	**2004**	**1162**
京口区	62	17	7	9	139	18	2	46	27
润州区	38	12	3	7	52	11	3	23	21
丹徒区	44	23	16	40	86	21	26	183	220
镇江新区	173	6	14	1	109	21	1	146	19
江苏镇江高新区	2	6	3	1	9	4		36	6
丹阳市	261	218	86	1	118	20	49	1019	421
扬中市	34	27	38		25	7		339	63
句容市	67	42	183	10	35	26	1	212	385
泰州市	**244**	**183**	**970**	**86**	**938**	**746**	**74**	**1419**	**701**
海陵区	13	26	33	37	81	57	32	117	71
高港区	28	9	37	2	38	176	6	136	51
姜堰区	52	25	67	8	89	66	2	315	118
泰州医药高新技术产业开发区	15	28	45	19	15	109	6	92	27
兴化市	44	28	403	5	58	16	8	266	156
靖江市	41	32	86	5	75	111	3	160	86
泰兴市	51	35	299	10	582	211	17	333	192
宿迁市	**380**	**282**	**1112**	**14**	**250**	**83**	**115**	**1176**	**904**
宿城区	41	31	94	2	27	4	12	273	153
宿豫区	25	27	27	2	67	23	63	173	190
沭阳县	108	105	706	3	48	23	9	232	214
泗阳县	48	31	87	3	16	12	6	96	62
泗洪县	65	33	157	4	22	5	2	145	106
宿迁经济技术开发区	23	17	9		11	2	10	97	66
宿迁市湖滨新区	3	15	13		57	10	12	124	54
苏州宿迁工业园区	3	1	2			1		2	8
宿迁市洋河新区	64	22	17		2	3	1	34	51
男	**4046**	**3577**	**6401**	**872**	**9695**	**2922**	**2152**	**16784**	**11988**
南京市	**128**	**300**	**197**	**253**	**942**	**436**	**49**	**766**	**744**
玄武区	3	19	3	21	16	9	1	2	3
秦淮区	3	25	18	12	17	24	1	4	9
建邺区	2	15	4	10	6	11		4	7
鼓楼区		24	4	9	28	19		7	10
浦口区	1	8	5	4	21	10		67	53
栖霞区	13	27	13	93	97	78	4	51	68
雨花台区	3	13	4	8	20	16	13	14	71
江宁区	69	109	53	7	66	122	2	225	248
六合区	7	22	29	12	165	47	12	74	62
溧水区	16	9	43	1	38	18	3	68	64
高淳区	5	13	6		107	10	6	91	78
南京江北新区	6	16	15	76	361	72	7	159	71
无锡市	**499**	**667**	**2021**	**80**	**882**	**207**	**319**	**2768**	**2155**
锡山区	188	243	69	7	78	19	6	468	137

4-6 续表 51

单位：人

地区 性别	生产制造及有关人员								
	纸及纸制品生产加工人员	印刷和记录媒介复制人员	文教、工美、体育和娱乐用品制造人员	石油加工和炼焦、煤化工生产人员	化学原料和化学制品制造人员	医药制造人员	化学纤维制造人员	橡胶和塑料制品制造人员	非金属矿物制品制造人员
惠山区	66	60	22	15	74	11	11	246	121
滨湖区	11	38	14	3	18	51	5	78	29
梁溪区	6	42	21	4	30	28	3	69	25
新吴区	31	62	16	6	66	30	5	216	30
江苏无锡经济开发区	5	5	6	2	4	14	3	26	12
江阴市	157	174	60	25	275	37	266	1311	326
宜兴市	35	43	1813	18	337	17	20	354	1475
徐州市	**139**	**134**	**289**	**86**	**620**	**112**	**15**	**573**	**764**
鼓楼区	4	17	6	4	10	10	1	20	10
云龙区	3	10	7	1	13	7		9	19
贾汪区	34	4	19	6	35	4		115	77
泉山区	9	14	5	1	15	10		15	16
铜山区	27	20	39	3	34	12		55	259
丰县	8	13	13	20	93	1	1	19	24
沛县	7	10	10	24	16	3	6	184	51
睢宁县	19	13	71	1	7	18		43	78
徐州经济技术开发区	3	15	5	4	16	21	1	11	26
新沂市	14	9	20	2	367	23	4	46	128
邳州市	11	9	94	20	14	3	2	56	76
常州市	**261**	**254**	**142**	**27**	**636**	**223**	**73**	**1582**	**889**
天宁区	29	26	7	1	44	34	5	126	46
钟楼区	14	37	12		46	10		121	31
新北区	39	14	9	5	214	55	8	299	143
武进区	52	45	54	3	91	55	31	486	199
金坛区	48	66	26	2	105	44	19	231	110
江苏省常州市经济开发区	73	44	16	6	70	15	5	228	95
溧阳市	6	22	18	10	66	10	5	91	265
苏州市	**1407**	**1077**	**1133**	**72**	**1907**	**454**	**956**	**5036**	**1867**
虎丘区	45	57	115	3	61	42	4	308	179
吴中区	151	108	282	2	107	70	14	557	244
相城区	96	69	50	2	64	21	46	471	148
姑苏区	9	29	125		30	35	1	33	19
吴江区	67	92	110	5	94	28	315	432	224
苏州工业园区	201	74	36	2	97	105	3	271	48
常熟市	247	106	131	8	577	63	70	602	306
张家港市	73	74	70	30	499	21	58	766	243
昆山市	352	394	153	7	243	21	48	1129	267
太仓市	166	74	61	13	135	48	397	467	189
南通市	**310**	**215**	**623**	**25**	**1276**	**263**	**243**	**1270**	**1189**
崇川区	21	34	6	4	77	24	29	71	19
港闸区	4	17	11		26	10	5	74	62
通州区	61	36	103	3	33	10	101	212	129
如东县	37	13	213	6	564	61	19	94	137
南通经济技术开发区	47	9	13	3	101	22	11	121	79
通州湾示范区		3	1		2	1	2	8	7
苏锡通科技产业园区	9	1	2		39	1		36	27
启东市	39	26	29	3	159	65	21	55	83
如皋市	34	23	125	4	190	21	20	319	203
海门市	24	29	89		48	34	12	148	146
海安市	34	24	31	2	37	14	23	132	297
连云港市	**56**	**54**	**385**	**65**	**441**	**300**	**19**	**307**	**587**
连云区	2			6	54	10	2	4	24

4-6 续表 52

单位：人

地区 性别	生产制造及有关人员								
	纸及纸制品生产加工人员	印刷和记录媒介复制人员	文教、工美、体育和娱乐用品制造人员	石油加工和炼焦、煤化工生产人员	化学原料和化学制品制造人员	医药制造人员	化学纤维制造人员	橡胶和塑料制品制造人员	非金属矿物制品制造人员
海州区	5	19	9	2	45	102	7	47	71
赣榆区	11	8	40	29	29	26	3	189	179
东海县	11	6	312	1	20	9		20	247
灌云县	16	6	8	5	44	2		21	27
灌南县	6	11	11		83	3	1	15	24
连云港经济技术开发区	3	2	2		22	85	3	5	6
连云港高新技术产业开发区	1	1		1	6	60	2	3	5
江苏连云港徐圩新区	1		1	20	135			2	2
江苏省连云港市云台山风景名胜区		1	2	1	3	3	1	1	2
淮安市	**176**	**107**	**131**	**39**	**499**	**92**	**21**	**487**	**313**
淮安区	28	12	47		29	11	3	123	53
淮阴区	19	21	8	3	37	10	1	39	37
清江浦区	18	22	9	24	75	29	2	55	19
洪泽区	35	4	11	3	170	6	2	20	42
涟水县	32	25	11		50	5	2	29	43
盱眙县	9	5	16	2	42	6	2	70	64
金湖县	22	7	27	3	21	13	9	39	34
淮安经济技术开发区	9	10	1	4	21	10		91	13
工业园区	1				8			2	2
生态文旅区	3	1	1		4	2		18	5
苏淮高新区					42			1	1
盐城市	**179**	**148**	**173**	**34**	**627**	**178**	**82**	**563**	**740**
亭湖区	11	29	16	8	26	10	1	73	64
盐都区	11	24	16	1	26	2	2	44	125
大丰区	41	24	43	4	166	76	9	65	81
响水县	11	3	16	1	41	5	1	15	23
滨海县	14	7	9	5	177	44		32	57
阜宁县	13	15	24	2	70	5	28	125	59
射阳县	37	14	10		50	15	3	29	55
建湖县	14	17	17	2	36	5	3	56	100
盐城经济技术开发区			2		2	1	1	4	4
江苏省盐南高新区	1	2	3		9	2	2	17	16
东台市	26	13	17	11	24	13	32	103	156
扬州市	**168**	**144**	**669**	**44**	**609**	**130**	**201**	**869**	**840**
广陵区	21	26	85	1	92	17	15	133	26
邗江区	24	24	92	8	49	30		46	63
江都区	18	29	152	13	164	19	3	154	65
宝应县	21	7	194		34	8	3	65	452
扬州经济技术开发区	34	8	6	5	29	12	2	42	16
蜀冈瘦西湖景区	3	4	17	3	12	3		9	5
生态新城	17	18	8		37			183	
仪征市	6	6	80	14	122	12	176	151	104
高邮市	24	22	35		70	29	2	86	109
镇江市	**433**	**216**	**118**	**62**	**436**	**63**	**50**	**1171**	**800**
京口区	53	9	4	7	98	11		29	20
润州区	30	6	1	6	39	3	1	11	17
丹徒区	29	9	7	37	69	11	16	101	142
镇江新区	129	3	4	1	92	11	1	92	13
江苏镇江高新区	2	3	1	1	9	1		19	5
丹阳市	139	134	49	1	84	10	31	635	257
扬中市	17	22	11		15	3		146	50
句容市	34	30	41	9	30	13	1	138	296

4-6 续表 53

单位：人

地区 性别	生产制造及有关人员								
	纸及纸制品生产加工人员	印刷和记录媒介复制人员	文教、工美、体育和娱乐用品制造人员	石油加工和炼焦、煤化工生产人员	化学原料和化学制品制造人员	医药制造人员	化学纤维制造人员	橡胶和塑料制品制造人员	非金属矿物制品制造人员
泰州市	**102**	**87**	**255**	**74**	**645**	**410**	**41**	**702**	**475**
海陵区	5	12	12	34	54	29	16	54	48
高港区	8	5	16	1	23	99	3	67	35
姜堰区	22	9	27	5	54	29	1	170	81
泰州医药高新技术产业开发区	8	15	15	18	11	52	4	42	20
兴化市	21	16	53	4	26	7	6	149	104
靖江市	14	15	21	4	45	71	3	67	56
泰兴市	24	15	111	8	432	123	8	153	131
宿迁市	**188**	**174**	**265**	**11**	**175**	**54**	**83**	**690**	**625**
宿城区	19	18	19	2	17	1	8	143	108
宿豫区	11	19	7	2	50	20	48	98	120
沭阳县	64	68	166	3	33	13	5	129	163
泗阳县	24	18	28	2	9	7	5	64	46
泗洪县	29	18	31	2	18	2	1	95	68
宿迁经济技术开发区	17	8	3		9		7	61	46
宿迁市湖滨新区	3	15	4		37	9	8	86	40
苏州宿迁工业园区	2								6
宿迁市洋河新区	19	10	7		2	2	1	14	28
女	**3183**	**2691**	**12112**	**199**	**3616**	**2528**	**1374**	**14833**	**5635**
南京市	**107**	**176**	**323**	**53**	**253**	**463**	**24**	**480**	**262**
玄武区		6	3	8	4	18		1	3
秦淮区	2	20	6	2	7	22			2
建邺区		2	2	2	4	19	2	2	2
鼓楼区	1	7	3	2	5	18	1	1	1
浦口区	1	6	5		3	22		43	12
栖霞区	14	17	22	17	27	75	3	29	21
雨花台区		5	3	1	1	21	10	9	22
江宁区	49	66	58	2	28	137	2	141	66
六合区	11	21	166	2	42	20	3	57	32
溧水区	14	2	36	1	12	15		78	33
高淳区	10	10	10		33	11	1	53	45
南京江北新区	5	14	9	16	87	85	2	66	23
无锡市	**534**	**555**	**1972**	**19**	**389**	**210**	**275**	**2258**	**1174**
锡山区	223	185	113	2	37	17	5	406	33
惠山区	37	42	16	6	37	14	18	213	45
滨湖区	10	26	17	1	10	41	3	91	7
梁溪区	3	43	13		18	37	4	58	9
新吴区	28	36	14		34	34	3	191	11
江苏无锡经济开发区	8	5	19	1	2	7	5	13	4
江阴市	140	160	102	3	101	45	209	924	121
宜兴市	85	58	1678	6	150	15	28	362	944
徐州市	**149**	**132**	**1133**	**20**	**282**	**123**	**13**	**442**	**404**
鼓楼区	2	7	4		2	13	1	8	6
云龙区	1	11	10		4	20		3	3
贾汪区	19	5	27	2	11	5	1	44	24
泉山区	4	14	6		2	17		4	2
铜山区	58	36	183	2	20	18		48	203
丰县	11	12	41	6	80	3		19	13
沛县	7	13	77	7	2		5	181	45
睢宁县	27	9	653		5	9	1	47	26
徐州经济技术开发区	2	5	5		6	21		9	7
新沂市	9	14	51		140	11	3	34	54
邳州市	9	6	76	3	10	6	2	45	21

4-6　续表 54　　　　单位：人

地　区 性　别	生产制造及有关人员 纸及纸制品生产加工人员	印刷和记录媒介复制人员	文教、工美、体育和娱乐用品制造人员	石油加工和炼焦、煤化工生产人员	化学原料和化学制品制造人员	医药制造人员	化学纤维制造人员	橡胶和塑料制品制造人员	非金属矿物制品制造人员
常州市	**240**	**216**	**185**	**7**	**234**	**219**	**41**	**1300**	**368**
天宁区	18	25	7		22	53	1	111	10
钟楼区	25	28	13	1	17	21		96	15
新北区	37	19	28	2	72	30	8	199	64
武进区	51	46	66	2	38	69	17	462	96
金坛区	24	33	28	1	28	22	4	180	66
江苏省常州市经济开发区	71	53	9		32	12	8	193	50
溧阳市	14	12	34	1	25	12	3	59	67
苏州市	**845**	**755**	**1295**	**17**	**759**	**389**	**669**	**3634**	**682**
虎丘区	26	39	332		44	33	2	209	73
吴中区	103	83	257	1	64	64	11	547	67
相城区	61	56	39	1	31	22	41	392	49
姑苏区	5	19	48	1	19	22	1	23	3
吴江区	41	44	68		51	26	180	282	81
苏州工业园区	124	49	18	1	60	98	3	203	27
常熟市	136	79	127	3	187	43	49	424	122
张家港市	50	58	96	5	133	14	61	519	83
昆山市	210	290	180	2	102	33	27	694	111
太仓市	89	38	130	3	68	34	294	341	66
南通市	**244**	**162**	**994**	**11**	**431**	**207**	**123**	**1020**	**483**
崇川区	8	21	16	1	17	19	7	18	7
港闸区	4	12	15	1	8	15		28	14
通州区	51	27	176	1	13	7	36	171	56
如东县	37	17	163	1	142	28	14	95	66
南通经济技术开发区	15	9	12		31	27	1	41	12
通州湾示范区	5	1	5				1	12	8
苏锡通科技产业园区	3	1	6	1	5		1	17	6
启东市	27	10	144	3	85	44	18	60	28
如皋市	33	28	188		75	16	10	248	74
海门市	32	18	159	3	28	43	13	136	95
海安市	29	18	110		27	8	22	194	117
连云港市	**54**	**50**	**1148**	**8**	**106**	**186**	**10**	**1846**	**239**
连云区	2	1		1	8	11	1	5	1
海州区	4	12	17		10	57	2	42	25
赣榆区	7	10	624	3	13	19	5	1724	48
东海县	23	9	469		11	5		26	141
灌云县	10	4	23	1	17	4		20	9
灌南县	2	10	13		21	11		13	10
连云港经济技术开发区	1	1	1		5	57	2	9	2
连云港高新技术产业开发区	2	2	1	1	3	18		2	3
江苏连云港徐圩新区	2			1	15			1	
江苏省连云港市云台山风景名胜区	1	1		1	3	4		4	
淮安市	**141**	**84**	**385**	**6**	**149**	**76**	**12**	**395**	**119**
淮安区	17	9	88		23	7	2	111	18
淮阴区	46	13	25		11	15	1	39	11
清江浦区	16	15	13	3	16	20	2	17	3
洪泽区	9	4	20	1	38	2	1	34	46
涟水县	28	26	79		16	6	2	27	12
盱眙县	3	8	80		12	9		76	14
金湖县	11	4	69	2	7	8	3	25	7
淮安经济技术开发区	8	4	3		4	7		57	6
工业园区	1		3		3	1	1	2	1

4-6 续表 55

单位：人

地区 性别	生产制造及有关人员								
	纸及纸制品生产加工人员	印刷和记录媒介复制人员	文教、工美、体育和娱乐用品制造人员	石油加工和炼焦、煤化工生产人员	化学原料和化学制品制造人员	医药制造人员	化学纤维制造人员	橡胶和塑料制品制造人员	非金属矿物制品制造人员
生态文旅区	2	1	5		1	1		5	1
苏淮高新区					18			2	
盐城市	**141**	**115**	**529**	**13**	**211**	**117**	**38**	**526**	**373**
亭湖区	6	23	27	1	4	5		85	32
盐都区	26	16	43	1	12	6	2	58	62
大丰区	38	25	153	1	75	28	2	44	36
响水县	3	4	31		5	4		8	8
滨海县	10	2	19	2	53	14	1	17	15
阜宁县	4	12	63		13	7	17	113	48
射阳县	21	5	36	1	20	26		26	23
建湖县	12	10	25	1	13	6	2	57	85
盐城经济技术开发区			9			2			1
江苏省盐南高新区	3	6	8	1	6	1	1	10	10
东台市	18	12	115	5	10	18	13	108	53
扬州市	**146**	**107**	**2354**	**23**	**297**	**108**	**72**	**896**	**664**
广陵区	13	20	71	1	49	15	4	180	8
邗江区	12	17	462	6	25	15	2	45	26
江都区	40	25	478	7	104	26	5	209	30
宝应县	23	8	199	1	24	12	1	63	509
扬州经济技术开发区	11	7	17	2	13	9		53	5
蜀冈瘦西湖景区	1	2	28		4	1		9	1
生态新城	10	10	4		26			190	2
仪征市	15	8	1004	5	26	8	60	89	37
高邮市	21	10	91	1	26	22		58	46
镇江市	**248**	**135**	**232**	**7**	**137**	**65**	**32**	**833**	**362**
京口区	9	8	3	2	41	7	2	17	7
润州区	8	6	2	1	13	8	2	12	4
丹徒区	15	14	9	3	17	10	10	82	78
镇江新区	44	3	10		17	10		54	6
江苏镇江高新区		3	2			3		17	1
丹阳市	122	84	37		34	10	18	384	164
扬中市	17	5	27		10	4		193	13
句容市	33	12	142	1	5	13		74	89
泰州市	**142**	**96**	**715**	**12**	**293**	**336**	**33**	**717**	**226**
海陵区	8	14	21	3	27	28	16	63	23
高港区	20	4	21	1	15	77	3	69	16
姜堰区	30	16	40	3	35	37	1	145	37
泰州医药高新技术产业开发区	7	13	30	1	4	57	2	50	7
兴化市	23	12	350	1	32	9	2	117	52
靖江市	27	17	65	1	30	40		93	30
泰兴市	27	20	188	2	150	88	9	180	61
宿迁市	**192**	**108**	**847**	**3**	**75**	**29**	**32**	**486**	**279**
宿城区	22	13	75		10	3	4	130	45
宿豫区	14	8	20		17	3	15	75	70
沭阳县	44	37	540		15	10	4	103	51
泗阳县	24	13	59	1	7	5	1	32	16
泗洪县	36	15	126	2	4	3	1	50	38
宿迁经济技术开发区	6	9	6		2	2	3	36	20
宿迁市湖滨新区			9		20	1	4	38	14
苏州宿迁工业园区	1	1	2			1		2	2
宿迁市洋河新区	45	12	10			1		20	23

4-6　续表 56　　　　　　　　　　　　　　　　　　　　　　　　　　单位：人

地　区 性　别	生产制造及有关人员								
	采矿人员	金属冶炼和压延加工人员	机械制造基础加工人员	金属制品制造人员	通用设备制造人员	专用设备制造人员	汽车制造人员	铁路、船舶、航空设备制造人员	电气机械和器材制造人员
江　苏	**3050**	**18729**	**106284**	**35490**	**23620**	**10277**	**28218**	**9163**	**22418**
南京市	**239**	**1062**	**4197**	**1697**	**1198**	**536**	**2608**	**487**	**1444**
玄武区	10	2	30	30	10	11	44	3	11
秦淮区	5	16	108	42	41	50	49	34	34
建邺区	3	6	53	19	17	3	15	5	5
鼓楼区	6	16	95	49	24	7	36	30	37
浦口区	8	46	246	72	54	19	88	28	37
栖霞区	56	47	340	82	84	74	250	84	520
雨花台区	76	198	247	108	43	24	49	11	36
江宁区	12	152	1259	583	486	114	1002	84	247
六合区	29	90	428	173	113	53	222	32	103
溧水区	9	75	608	248	160	43	332	27	287
高淳区	1	16	275	113	59	47	226	12	43
南京江北新区	24	398	508	178	107	91	295	137	84
无锡市	**47**	**3238**	**18672**	**4107**	**4157**	**1137**	**3596**	**2157**	**2986**
锡山区	5	246	3220	893	445	120	512	1458	337
惠山区	6	546	4304	605	877	200	780	53	455
滨湖区	1	91	1292	263	441	80	205	9	90
梁溪区	3	45	524	206	262	44	293	19	147
新吴区	1	137	1041	360	322	152	869	25	240
江苏无锡经济开发区		35	945	124	126	27	124	13	129
江阴市	9	1771	5024	1142	994	357	641	564	366
宜兴市	22	367	2322	514	690	157	172	16	1222
徐州市	**1477**	**939**	**6780**	**1430**	**1232**	**586**	**751**	**879**	**778**
鼓楼区	61	17	151	61	22	22	41	11	8
云龙区	25	9	254	63	33	27	48	23	18
贾汪区	157	37	480	104	90	18	113	74	20
泉山区	105	9	308	78	58	24	30	6	10
铜山区	260	231	1682	306	327	83	152	36	109
丰县	14	33	1133	126	217	18	104	622	314
沛县	724	185	911	97	99	19	49	21	67
睢宁县	17	40	411	168	72	6	67	8	85
徐州经济技术开发区	40	18	846	65	153	330	85	54	73
新沂市	42	308	276	153	80	20	33	10	44
邳州市	32	52	328	209	81	19	29	14	30
常州市	**93**	**2349**	**14203**	**3333**	**2931**	**1320**	**3484**	**553**	**4026**
天宁区	8	133	807	209	211	246	124	70	103
钟楼区	3	71	785	292	175	147	285	38	298
新北区	4	149	2884	639	469	215	1704	219	488
武进区	18	437	5105	1118	1043	462	756	92	672
金坛区	23	184	863	275	329	149	275	25	1023
江苏省常州市经济开发区	7	891	1998	499	342	52	169	106	505
溧阳市	30	484	1761	301	362	49	171	3	937
苏州市	**100**	**3807**	**18107**	**9731**	**5847**	**2578**	**7517**	**831**	**5270**
虎丘区	28	111	665	288	669	281	506	79	802
吴中区	10	74	1966	1307	507	192	514	14	804
相城区	3	105	1418	875	300	109	505	11	341
姑苏区	3	17	147	128	50	55	64	2	40
吴江区	11	356	1401	1120	908	173	518	7	978
苏州工业园区	7	68	570	385	376	411	836	27	626
常熟市	13	681	3010	1349	753	475	1404	51	599

4-6 续表 57

单位：人

地区 性别	生产制造及有关人员								
	采矿人员	金属冶炼和压延加工人员	机械制造基础加工人员	金属制品制造人员	通用设备制造人员	专用设备制造人员	汽车制造人员	铁路、船舶、航空设备制造人员	电气机械和器材制造人员
张家港市	13	1951	3632	1391	690	270	531	19	213
昆山市	1	257	3934	1772	1243	503	1634	406	667
太仓市	11	187	1364	1116	351	109	1005	215	200
南通市	**59**	**1137**	**8943**	**4131**	**1830**	**515**	**1174**	**942**	**1291**
崇川区	8	19	220	101	44	23	30	106	30
港闸区	2	39	807	114	71	22	73	91	23
通州区	11	122	1685	628	233	59	181	106	114
如东县	5	98	682	332	110	53	60	30	333
南通经济技术开发区	1	213	309	242	254	79	245	157	145
通州湾示范区		4	118	65	29	3	8		7
苏锡通科技产业园区		122	128	82	103	15	27	5	14
启东市	2	77	1055	1061	427	111	71	119	273
如皋市	7	154	1614	474	226	75	204	102	104
海门市	10	133	969	646	156	33	135	188	90
海安市	13	156	1356	386	177	42	140	38	158
连云港市	**161**	**866**	**1380**	**680**	**320**	**115**	**299**	**62**	**336**
连云区	18	37	73	14	9	7	7	1	6
海州区	15	14	198	94	50	41	31	6	27
赣榆区	48	285	221	266	100	17	43	21	52
东海县	35	27	218	144	36	12	128	8	174
灌云县	27	13	223	66	44	14	15	11	38
灌南县	3	456	319	55	55	15	26	12	18
连云港经济技术开发区	5	12	62	24	9	1	35	3	6
连云港高新技术产业开发区	8	3	22	4	8	1	10		8
江苏连云港徐圩新区	2	19	35	8	8	3	2		5
江苏省连云港市云台山风景名胜区			9	5	1	4	2		2
淮安市	**205**	**417**	**1874**	**681**	**373**	**106**	**492**	**51**	**477**
淮安区	12	15	269	95	82	12	48	8	24
淮阴区	30	26	211	89	42	14	60	8	31
清江浦区	25	183	121	77	28	28	48	5	22
洪泽区	38	29	118	49	26	1	31	5	25
涟水县	6	15	184	97	25	12	32	10	45
盱眙县	12	60	242	93	76	15	66	4	88
金湖县	69	33	619	64	62	17	64	7	148
淮安经济技术开发区	11	51	80	82	13	6	127	4	87
工业园区		2	8	18	12		3		
生态文旅区	1	3	17	17	5	1	11		7
苏淮高新区	1		5		2		2		
盐城市	**152**	**835**	**7771**	**1776**	**1244**	**287**	**1596**	**111**	**644**
亭湖区	7	30	453	105	112	26	301	6	39
盐都区	9	103	953	336	140	53	234	8	56
大丰区	8	267	838	213	277	34	188	4	88
响水县	43	105	210	48	43	9	17	18	18
滨海县	37	42	462	111	105	5	44	8	102
阜宁县	5	21	472	146	115	18	62	5	33
射阳县	9	26	376	158	171	21	98	11	53
建湖县	13	38	1899	112	76	25	52	8	69
盐城经济技术开发区	2	7	45	31	14	6	280		16
江苏省盐南高新区	3	11	105	52	12	5	247		12
东台市	16	185	1958	464	179	85	73	43	158
扬州市	**304**	**1247**	**7091**	**2280**	**1197**	**583**	**2170**	**1171**	**2079**
广陵区	12	413	691	300	122	366	206	230	151

4-6 续表 58

单位：人

地区 性别	采矿人员	金属冶炼和压延加工人员	机械制造基础加工人员	金属制品制造人员	通用设备制造人员	专用设备制造人员	汽车制造人员	铁路、船舶、航空设备制造人员	电气机械和器材制造人员
	生产制造及有关人员								
邗江区	91	70	997	315	80	33	212	8	161
江都区	144	288	2572	635	333	41	474	623	99
宝应县	9	128	648	214	116	38	295	21	285
扬州经济技术开发区	9	18	174	57	116	20	95	14	324
蜀冈瘦西湖景区	18	7	100	36	11	2	43		12
生态新城	1	4	81	30	3		10	1	4
仪征市	14	29	601	272	80	29	720	234	169
高邮市	6	290	1227	421	336	54	115	40	874
镇江市	**73**	**998**	**5393**	**1876**	**1298**	**1955**	**2834**	**375**	**1443**
京口区	5	91	105	63	47	23	96	27	60
润州区	22	7	70	37	29	5	28	34	8
丹徒区	14	134	438	192	177	101	168	33	71
镇江新区	4	39	307	143	152	63	141	17	108
江苏镇江高新区	3	2	87	10	12		28	7	5
丹阳市		521	3521	969	606	1736	2114	72	312
扬中市	1	88	519	255	174	12	154	126	832
句容市	24	116	346	207	101	15	105	59	47
泰州市	**75**	**1604**	**10330**	**2850**	**1667**	**388**	**1348**	**1465**	**896**
海陵区	29	54	1083	268	169	32	238	165	303
高港区	5	22	334	141	67	46	158	79	22
姜堰区	7	159	1478	456	349	89	95	58	147
泰州医药高新技术产业开发区	3	18	642	81	32	49	42	14	44
兴化市	9	912	1670	1024	196	31	205	45	31
靖江市	8	280	3389	381	567	53	420	818	178
泰兴市	14	159	1734	499	287	88	190	286	171
宿迁市	**65**	**230**	**1543**	**918**	**326**	**171**	**349**	**79**	**748**
宿城区	4	31	260	88	51	19	28	7	112
宿豫区	5	46	196	100	35	10	44	6	69
沭阳县	20	74	433	276	105	63	76	11	309
泗阳县	18	24	279	179	30	19	48	14	44
泗洪县	5	19	225	129	74	40	117	8	112
宿迁经济技术开发区	8	22	51	93	15	12	25	5	83
宿迁市湖滨新区		5	67	17	8	3	2	21	9
苏州宿迁工业园区	1	2	1	14	1		3	1	1
宿迁市洋河新区	4	7	31	22	7	5	6	6	9
男	**2614**	**14682**	**84710**	**24822**	**17670**	**6077**	**18238**	**6709**	**13814**
南京市	**207**	**884**	**3590**	**1309**	**925**	**352**	**1971**	**410**	**1005**
玄武区	6	2	24	23	8	8	37	3	6
秦淮区	4	14	85	33	35	38	39	24	27
建邺区	3	6	49	12	12	2	11	3	5
鼓楼区	5	13	80	41	19	6	32	28	32
浦口区	6	38	202	57	41	13	73	23	23
栖霞区	53	32	300	59	71	52	162	75	386
雨花台区	69	175	225	88	38	18	39	9	26
江宁区	9	121	1054	459	362	86	760	64	169
六合区	26	74	361	125	89	37	150	28	75
溧水区	6	66	527	183	118	30	263	25	167
高淳区	1	14	227	99	47	20	166	11	30
南京江北新区	19	329	456	130	85	42	239	117	59
无锡市	**39**	**2620**	**15055**	**2931**	**3187**	**761**	**2252**	**1383**	**1812**
锡山区	4	192	2357	613	311	66	305	850	198

4-6 续表 59

单位：人

地区 性别	生产制造及有关人员								
	采矿人员	金属冶炼和压延加工人员	机械制造基础加工人员	金属制品制造人员	通用设备制造人员	专用设备制造人员	汽车制造人员	铁路、船舶、航空设备制造人员	电气机械和器材制造人员
惠山区	6	440	3424	418	643	139	467	34	242
滨湖区	1	74	1057	187	332	56	129	5	53
梁溪区	2	40	432	152	186	25	219	15	85
新吴区	1	100	872	254	247	98	550	18	150
江苏无锡经济开发区		32	801	90	98	25	72	8	82
江阴市	7	1466	4179	843	815	236	400	442	207
宜兴市	18	276	1933	374	555	116	110	11	795
徐州市	**1354**	**744**	**6032**	**1085**	**1075**	**456**	**568**	**581**	**420**
鼓楼区	54	12	137	49	19	19	37	8	7
云龙区	23	8	224	56	31	21	36	17	15
贾汪区	151	29	425	82	77	14	85	56	11
泉山区	92	5	280	63	53	20	25	6	8
铜山区	241	180	1515	211	298	39	106	24	52
丰县	12	29	894	92	162	9	71	388	139
沛县	660	163	871	76	89	14	43	19	43
睢宁县	15	29	371	109	62	4	51	8	50
徐州经济技术开发区	38	15	761	57	138	299	66	34	43
新沂市	36	233	255	126	71	7	24	9	33
邳州市	32	41	299	164	75	10	24	12	19
常州市	**69**	**1850**	**11123**	**2254**	**2078**	**701**	**2047**	**396**	**2527**
天宁区	6	112	649	151	149	99	80	54	60
钟楼区	2	59	646	186	125	74	168	30	150
新北区	3	113	2220	400	326	124	904	146	232
武进区	12	342	3903	751	729	268	490	69	320
金坛区	21	137	682	212	229	80	192	15	736
江苏省常州市经济开发区	4	686	1477	312	233	25	110	79	247
溧阳市	21	401	1546	242	287	31	103	3	782
苏州市	**85**	**2995**	**14460**	**6736**	**4246**	**1538**	**5012**	**567**	**3163**
虎丘区	25	75	540	187	443	152	323	63	472
吴中区	8	57	1484	912	317	117	314	12	425
相城区	3	84	1119	598	211	51	321	6	183
姑苏区	2	15	123	96	38	33	39	2	30
吴江区	8	234	1127	808	690	105	318	5	590
苏州工业园区	5	43	461	282	289	244	580	23	425
常熟市	12	555	2381	915	557	283	984	35	411
张家港市	11	1576	2953	885	541	150	347	16	136
昆山市	1	204	3151	1276	902	332	1180	233	371
太仓市	10	152	1121	777	258	71	606	172	120
南通市	**43**	**847**	**7288**	**2823**	**1375**	**331**	**725**	**803**	**831**
崇川区	7	19	199	83	39	12	16	94	20
港闸区	1	35	701	85	64	15	49	78	12
通州区	8	82	1389	451	202	40	113	93	61
如东县	3	76	543	254	84	32	37	27	221
南通经济技术开发区	1	155	283	198	205	46	173	121	128
通州湾示范区		2	90	40	21	3	3		6
苏锡通科技产业园区		92	105	52	74	13	21	4	8
启东市	2	56	811	643	285	75	49	107	161
如皋市	6	120	1377	358	182	49	142	81	74
海门市	6	98	733	398	99	20	50	168	51
海安市	9	112	1057	261	120	26	72	30	89
连云港市	**132**	**667**	**1226**	**524**	**279**	**71**	**199**	**48**	**177**
连云区	17	30	69	12	9	4	2	1	5

4-6 续表 60

单位：人

地 区 性 别	生产制造及有关人员								
	采矿人员	金属冶炼和压延加工人员	机械制造基础加工人员	金属制品制造人员	通用设备制造人员	专用设备制造人员	汽车制造人员	铁路、船舶、航空设备制造人员	电气机械和器材制造人员
海州区	10	10	181	75	45	27	22	2	20
赣榆区	43	234	209	209	87	6	27	18	36
东海县	23	16	175	94	33	7	84	6	73
灌云县	22	11	198	53	38	13	13	10	24
灌南县	3	342	277	44	49	8	18	8	7
连云港经济技术开发区	4	8	56	22	4		25	3	4
连云港高新技术产业开发区	8	2	18	4	5		5		3
江苏连云港徐圩新区	2	14	34	8	8	3	1		4
江苏省连云港市云台山风景名胜区			9	3	1	3	2		1
淮安市	**159**	**332**	**1611**	**484**	**304**	**57**	**366**	**42**	**271**
淮安区	9	11	230	66	68	8	38	6	14
淮阴区	26	23	185	74	39	5	41	7	18
清江浦区	17	148	110	51	21	13	40	5	15
洪泽区	32	19	112	38	23	1	20	4	13
涟水县	3	10	166	64	24	7	20	8	17
盱眙县	10	45	209	74	54	7	51	4	53
金湖县	52	29	504	47	46	11	48	5	84
淮安经济技术开发区	8	42	69	42	12	5	97	3	51
工业园区		2	8	17	10		1		
生态文旅区	1	3	14	11	5		9		6
苏淮高新区	1		4		2		1		
盐城市	**114**	**648**	**6305**	**1322**	**1001**	**183**	**1028**	**81**	**406**
亭湖区	4	26	402	78	94	17	195	6	26
盐都区	8	68	804	229	112	23	158	5	41
大丰区	5	207	680	157	217	22	123	3	65
响水县	35	91	196	40	38	6	16	15	5
滨海县	23	37	400	92	92	1	25	6	58
阜宁县	4	16	422	123	96	12	45	4	22
射阳县	6	23	333	132	154	13	61	9	39
建湖县	10	31	1568	89	52	16	40	8	35
盐城经济技术开发区	2	2	35	17	10	2	173		14
江苏省盐南高新区	3	8	92	39	12	3	160		8
东台市	14	139	1373	326	124	68	32	25	93
扬州市	**228**	**1013**	**5428**	**1579**	**874**	**240**	**1538**	**938**	**1402**
广陵区	11	365	539	195	98	121	119	181	97
邗江区	61	60	830	255	64	20	150	6	124
江都区	118	237	1911	392	239	22	317	498	69
宝应县	4	88	478	151	88	16	215	16	209
扬州经济技术开发区	6	12	150	43	97	12	66	12	230
蜀冈瘦西湖景区	12	5	84	32	7	2	33		11
生态新城	1	4	64	27	2		7	1	3
仪征市	10	19	475	222	60	13	556	190	95
高邮市	5	223	897	262	219	34	75	34	564
镇江市	**66**	**770**	**4052**	**1239**	**903**	**1104**	**1479**	**250**	**820**
京口区	5	81	84	40	38	17	61	21	31
润州区	18	6	58	28	18	2	23	27	7
丹徒区	12	110	346	142	117	72	124	27	32
镇江新区	4	28	235	91	106	46	85	12	77
江苏镇江高新区	3	2	77	7	8		20	4	2
丹阳市		392	2584	624	397	951	1003	45	123
扬中市	1	64	374	165	127	6	99	79	518
句容市	23	87	294	142	92	10	64	35	30

4-6 续表 61

单位：人

地区 性别	生产制造及有关人员								
	采矿人员	金属冶炼和压延加工人员	机械制造基础加工人员	金属制品制造人员	通用设备制造人员	专用设备制造人员	汽车制造人员	铁路、船舶、航空设备制造人员	电气机械和器材制造人员
泰州市	**62**	**1115**	**7196**	**1869**	**1155**	**203**	**808**	**1140**	**504**
海陵区	24	32	662	168	118	18	120	82	191
高港区	4	18	234	91	40	15	119	66	11
姜堰区	6	82	963	301	234	34	62	49	94
泰州医药高新技术产业开发区	2	15	448	56	24	23	25	13	21
兴化市	7	638	1237	679	143	20	158	36	21
靖江市	7	223	2393	241	380	37	210	660	76
泰兴市	12	107	1259	333	216	56	114	234	90
宿迁市	**56**	**197**	**1344**	**667**	**268**	**80**	**245**	**70**	**476**
宿城区	4	26	230	71	35	9	23	6	74
宿豫区	4	42	179	67	33	5	29	4	51
沭阳县	17	67	374	199	90	30	54	11	183
泗阳县	13	17	247	120	26	9	32	12	30
泗洪县	5	13	175	94	56	20	78	5	78
宿迁经济技术开发区	8	21	48	73	12	2	19	4	45
宿迁市湖滨新区		5	61	12	8	2	1	21	7
苏州宿迁工业园区	1		1	13	1		3	1	
宿迁市洋河新区	4	6	29	18	7	3	6	6	8
女	**436**	**4047**	**21574**	**10668**	**5950**	**4200**	**9980**	**2454**	**8604**
南京市	**32**	**178**	**607**	**388**	**273**	**184**	**637**	**77**	**439**
玄武区	4		6	7	2	3	7		5
秦淮区	1	2	23	9	6	12	10	10	7
建邺区			4	7	5	1	4	2	
鼓楼区	1	3	15	8	5	1	4	2	5
浦口区	2	8	44	15	13	6	15	5	14
栖霞区	3	15	40	23	13	22	88	9	134
雨花台区	7	23	22	20	5	6	10	2	10
江宁区	3	31	205	124	124	28	242	20	78
六合区	3	16	67	48	24	16	72	4	28
溧水区	3	9	81	65	42	13	69	2	120
高淳区		2	48	14	12	27	60	1	13
南京江北新区	5	69	52	48	22	49	56	20	25
无锡市	**8**	**618**	**3617**	**1176**	**970**	**376**	**1344**	**774**	**1174**
锡山区	1	54	863	280	134	54	207	608	139
惠山区		106	880	187	234	61	313	19	213
滨湖区		17	235	76	109	24	76	4	37
梁溪区	1	5	92	54	76	19	74	4	62
新吴区		37	169	106	75	54	319	7	90
江苏无锡经济开发区		3	144	34	28	2	52	5	47
江阴市	2	305	845	299	179	121	241	122	159
宜兴市	4	91	389	140	135	41	62	5	427
徐州市	**123**	**195**	**748**	**345**	**157**	**130**	**183**	**298**	**358**
鼓楼区	7	5	14	12	3	3	4	3	1
云龙区	2	1	30	7	2	6	12	6	3
贾汪区	6	8	55	22	13	4	28	18	9
泉山区	13	4	28	15	5	4	5		2
铜山区	19	51	167	95	29	44	46	12	57
丰县	2	4	239	34	55	9	33	234	175
沛县	64	22	40	21	10	5	6	2	24
睢宁县	2	11	40	59	10	2	16		35
徐州经济技术开发区	2	3	85	8	15	31	19	20	30
新沂市	6	75	21	27	9	13	9	1	11
邳州市		11	29	45	6	9	5	2	11

4-6　续表 62　　　　单位：人

地　区 性　别	生产制造及有关人员								
	采矿人员	金属冶炼和压延加工人员	机械制造基础加工人　员	金属制品制造人员	通用设备制造人员	专用设备制造人员	汽车制造人　员	铁路、船舶、航空设备制造人　员	电气机械和器材制造人员
常州市	**24**	**499**	**3080**	**1079**	**853**	**619**	**1437**	**157**	**1499**
天宁区	2	21	158	58	62	147	44	16	43
钟楼区	1	12	139	106	50	73	117	8	148
新北区	1	36	664	239	143	91	800	73	256
武进区	6	95	1202	367	314	194	266	23	352
金坛区	2	47	181	63	100	69	83	10	287
江苏省常州市经济开发区	3	205	521	187	109	27	59	27	258
溧阳市	9	83	215	59	75	18	68		155
苏州市	**15**	**812**	**3647**	**2995**	**1601**	**1040**	**2505**	**264**	**2107**
虎丘区	3	36	125	101	226	129	183	16	330
吴中区	2	17	482	395	190	75	200	2	379
相城区		21	299	277	89	58	184	5	158
姑苏区	1	2	24	32	12	22	25		10
吴江区	3	122	274	312	218	68	200	2	388
苏州工业园区	2	25	109	103	87	167	256	4	201
常熟市	1	126	629	434	196	192	420	16	188
张家港市	2	375	679	506	149	120	184	3	77
昆山市		53	783	496	341	171	454	173	296
太仓市	1	35	243	339	93	38	399	43	80
南通市	**16**	**290**	**1655**	**1308**	**455**	**184**	**449**	**139**	**460**
崇川区	1		21	18	5	11	14	12	10
港闸区	1	4	106	29	7	7	24	13	11
通州区	3	40	296	177	31	19	68	13	53
如东县	2	22	139	78	26	21	23	3	112
南通经济技术开发区		58	26	44	49	33	72	36	17
通州湾示范区		2	28	25	8		5		1
苏锡通科技产业园区		30	23	30	29	2	6	1	6
启东市		21	244	418	142	36	22	12	112
如皋市	1	34	237	116	44	26	62	21	30
海门市	4	35	236	248	57	13	85	20	39
海安市	4	44	299	125	57	16	68	8	69
连云港市	**29**	**199**	**154**	**156**	**41**	**44**	**100**	**14**	**159**
连云区	1	7	4	2		3	5		1
海州区	5	4	17	19	5	14	9	4	7
赣榆区	5	51	12	57	13	11	16	3	16
东海县	12	11	43	50	3	5	44	2	101
灌云县	5	2	25	13	6	1	2	1	14
灌南县		114	42	11	6	7	8	4	11
连云港经济技术开发区	1	4	6	2	5	1	10		2
连云港高新技术产业开发区		1	4		3	1	5		5
江苏连云港徐圩新区		5	1				1		1
江苏省连云港市云台山风景名胜区				2		1			1
淮安市	**46**	**85**	**263**	**197**	**69**	**49**	**126**	**9**	**206**
淮安区	3	4	39	29	14	4	10	2	10
淮阴区	4	3	26	15	3	9	19	1	13
清江浦区	8	35	11	26	7	15	8		7
洪泽区	6	10	6	11	3		11	1	12
涟水县	3	5	18	33	1	5	12	2	28
盱眙县	2	15	33	19	22	8	15		35
金湖县	17	4	115	17	16	6	16	2	64
淮安经济技术开发区	3	9	11	40	1	1	30	1	36
工业园区				1	2		2		

4-6 续表 63

单位：人

地区 性别	生产制造及有关人员								
	采矿人员	金属冶炼和压延加工人员	机械制造基础加工人员	金属制品制造人员	通用设备制造人员	专用设备制造人员	汽车制造人员	铁路、船舶、航空设备制造人员	电气机械和器材制造人员
生态文旅区			3	6		1	2		1
苏淮高新区			1				1		
盐城市	**38**	**187**	**1466**	**454**	**243**	**104**	**568**	**30**	**238**
亭湖区	3	4	51	27	18	9	106		13
盐都区	1	35	149	107	28	30	76	3	15
大丰区	3	60	158	56	60	12	65	1	23
响水县	8	14	14	8	5	3	1	3	13
滨海县	14	5	62	19	13	4	19	2	44
阜宁县	1	5	50	23	19	6	17	1	11
射阳县	3	3	43	26	17	8	37	2	14
建湖县	3	7	331	23	24	9	12		34
盐城经济技术开发区		5	10	14	4	4	107		2
江苏省盐南高新区		3	13	13		2	87		4
东台市	2	46	585	138	55	17	41	18	65
扬州市	**76**	**234**	**1663**	**701**	**323**	**343**	**632**	**233**	**677**
广陵区	1	48	152	105	24	245	87	49	54
邗江区	30	10	167	60	16	13	62	2	37
江都区	26	51	661	243	94	19	157	125	30
宝应县	5	40	170	63	28	22	80	5	76
扬州经济技术开发区	3	6	24	14	19	8	29	2	94
蜀冈瘦西湖景区	6	2	16	4	4		10		1
生态新城			17	3	1		3		1
仪征市	4	10	126	50	20	16	164	44	74
高邮市	1	67	330	159	117	20	40	6	310
镇江市	**7**	**228**	**1341**	**637**	**395**	**851**	**1355**	**125**	**623**
京口区		10	21	23	9	6	35	6	29
润州区	4	1	12	9	11	3	5	7	1
丹徒区	2	24	92	50	60	29	44	6	39
镇江新区		11	72	52	46	17	56	5	31
江苏镇江高新区			10	3	4		8	3	3
丹阳市		129	937	345	209	785	1111	27	189
扬中市		24	145	90	47	6	55	47	314
句容市	1	29	52	65	9	5	41	24	17
泰州市	**13**	**489**	**3134**	**981**	**512**	**185**	**540**	**325**	**392**
海陵区	5	22	421	100	51	14	118	83	112
高港区	1	4	100	50	27	31	39	13	11
姜堰区	1	77	515	155	115	55	33	9	53
泰州医药高新技术产业开发区	1	3	194	25	8	26	17	1	23
兴化市	2	274	433	345	53	11	47	9	10
靖江市	1	57	996	140	187	16	210	158	102
泰兴市	2	52	475	166	71	32	76	52	81
宿迁市	**9**	**33**	**199**	**251**	**58**	**91**	**104**	**9**	**272**
宿城区		5	30	17	16	10	5	1	38
宿豫区	1	4	17	33	2	5	15	2	18
沭阳县	3	7	59	77	15	33	22		126
泗阳县	5	7	32	59	4	10	16	2	14
泗洪县		6	50	35	18	20	39	3	34
宿迁经济技术开发区		1	3	20	3	10	6	1	38
宿迁市湖滨新区			6	5		1	1		2
苏州宿迁工业园区		2		1					1
宿迁市洋河新区		1	2	4		2			1

4-6 续表 64

单位：人

地 区 性 别	生产制造及有关人员								不便分类的其他从业人员
	计算机、通信和其他电子设备制造人员	仪器仪表制造人员	废弃资源综合利用人员	电力、热力、气体、水生产和输配人员	建筑施工人员	运输设备和通用工程机械操作人员及有关人员	生产辅助人员	其他生产制造及有关人员	
江 苏	**144648**	**1565**	**2203**	**4711**	**377254**	**29384**	**160956**	**7031**	**10959**
南京市	**10168**	**192**	**119**	**508**	**34270**	**3116**	**12958**	**363**	**1086**
玄武区	166	9	2	16	548	67	483	4	23
秦淮区	237	22	12	21	1290	124	503	9	110
建邺区	67	4	4	16	1776	57	429	9	50
鼓楼区	268	4	4	26	1125	175	750	10	28
浦口区	549	2	6	20	1563	185	445	12	35
栖霞区	2215	33	4	76	2750	381	1746	43	170
雨花台区	373	5	19	47	2250	237	862	25	43
江宁区	3482	53	17	75	6565	605	2979	72	342
六合区	837	5	13	30	4673	289	1076	76	74
溧水区	582	3	9	67	3999	276	1068	29	22
高淳区	255	6	4	20	4200	179	581	14	43
南京江北新区	1137	46	25	94	3531	541	2036	60	146
无锡市	**15215**	**240**	**304**	**528**	**22705**	**2872**	**23267**	**589**	**38**
锡山区	2816	34	54	40	2911	271	3364	49	
惠山区	979	77	43	102	2305	497	4014	164	10
滨湖区	1112	19	16	16	2045	141	1099	41	4
梁溪区	1236	30	12	32	2478	132	1324		7
新吴区	4796	14	20	23	1252	194	2289	38	1
江苏无锡经济开发区	658	7	7	12	1336	92	653	21	1
江阴市	2220	43	104	192	4895	922	7570	122	6
宜兴市	1398	16	48	111	5483	623	2954	154	9
徐州市	**5369**	**37**	**119**	**435**	**39799**	**3667**	**9102**	**598**	**744**
鼓楼区	251	2	1	33	1024	221	518	14	179
云龙区	192		2	28	1005	170	468	5	20
贾汪区	293	3	9	32	1845	281	467	14	46
泉山区	186	3	6	58	921	244	565	16	83
铜山区	801	8	24	69	7614	1026	1607	52	78
丰县	717	3	11	22	3851	208	822	324	56
沛县	434	4	9	80	6367	296	1072	19	25
睢宁县	750	1	31	22	5547	317	1469	19	95
徐州经济技术开发区	602	2	1	13	1636	222	561	50	20
新沂市	659	6	7	35	4878	330	835	37	67
邳州市	484	5	18	43	5111	352	718	48	75
常州市	**12264**	**177**	**223**	**324**	**23970**	**2038**	**14858**	**914**	**691**
天宁区	906	15	11	40	2345	158	1293	150	69
钟楼区	1073	15	16	27	2172	180	1202	93	34
新北区	2457	33	51	68	1989	300	2872	123	11
武进区	4102	29	65	69	4812	434	4093	245	289
金坛区	706	35	9	29	3977	205	1593	19	111
江苏省常州市经济开发区	1895	27	35	51	1168	321	2406	229	15
溧阳市	1125	23	36	40	7507	440	1399	55	162
苏州市	**50769**	**406**	**328**	**763**	**38633**	**3933**	**40575**	**1015**	**1423**
虎丘区	5007	57	28	48	2112	215	2865	11	8
吴中区	6978	72	54	46	5956	320	3134	112	340
相城区	3801	13	33	36	3209	240	2418	66	105
姑苏区	930	7	15	27	1965	109	1018	25	162
吴江区	5794	32	19	125	4052	383	7720	72	13
苏州工业园区	7125	44	5	30	1734	257	2949	129	247
常熟市	3336	32	53	176	5781	590	5112	60	86

4-6 续表 65 单位：人

地区 性别	生产制造及有关人员								不便分类的其他从业人员
	计算机、通信和其他电子设备制造人员	仪器仪表制造人员	废弃资源综合利用人员	电力、热力、气体、水生产和输配人员	建筑施工人员	运输设备和通用工程机械操作人员及有关人员	生产辅助人员	其他生产制造及有关人员	
张家港市	1799	29	65	127	5362	937	5467	98	134
昆山市	12870	103	29	82	4619	398	6917	112	31
太仓市	3129	17	27	66	3843	484	2975	330	297
南通市	**8522**	**161**	**234**	**390**	**46035**	**2374**	**15781**	**544**	**957**
崇川区	604	11	12	58	1427	216	1139	27	143
港闸区	393	6	13	16	1580	166	763	36	39
通州区	1266	14	47	38	7723	274	2549	80	159
如东县	465	21	13	73	4904	271	2122	30	22
南通经济技术开发区	602	4	4	21	1246	148	872	37	108
通州湾示范区	78	3	1	3	567	30	197	24	7
苏锡通科技产业园区	237	3	19	8	559	87	432	24	17
启东市	1254	76	43	52	7726	202	1582	18	15
如皋市	1203	9	39	60	7705	491	1971	92	254
海门市	1048	10	26	28	5685	231	1746	77	92
海安市	1372	4	17	33	6913	258	2408	99	101
连云港市	**3295**	**41**	**285**	**217**	**22677**	**2088**	**3926**	**215**	**635**
连云区	61	3	4	30	515	194	493	2	19
海州区	446	7	5	63	2194	305	629	26	65
赣榆区	409	3	102	31	7902	451	911	17	166
东海县	1169	7	150	26	5164	462	722	27	143
灌云县	412		11	9	2803	192	301	50	119
灌南县	516	5	9	13	2918	179	333	46	74
连云港经济技术开发区	124	2	2	14	310	65	200	32	21
连云港高新技术产业开发区	87	1	2	24	412	59	200	2	14
江苏连云港徐圩新区	54	13		7	187	105	112	2	11
江苏省连云港市云台山风景名胜区	17				272	76	25	11	3
淮安市	**6189**	**57**	**59**	**204**	**21569**	**1330**	**4148**	**232**	**732**
淮安区	818		11	26	3970	191	517	39	237
淮阴区	661	7	11	33	5095	285	523	25	117
清江浦区	350	5	11	59	1577	224	643	26	77
洪泽区	311			27	1457	93	303	22	26
涟水县	1035	2	4	10	3740	141	651	35	72
盱眙县	797	6	8	18	2610	143	473	33	47
金湖县	217	36	10	13	1519	139	566	16	11
淮安经济技术开发区	1783		1	13	1048	61	302	27	128
工业园区	27	1	1	2	99	10	6		2
生态文旅区	122		2	2	389	29	121	8	13
苏淮高新区	68			1	65	14	43	1	2
盐城市	**8581**	**48**	**117**	**382**	**35521**	**2182**	**6916**	**525**	**1780**
亭湖区	924	4	8	36	3331	223	535	38	235
盐都区	1304	4	31	14	4724	181	655	91	166
大丰区	751	5	11	86	3132	361	1320	116	247
响水县	521	1		36	1849	151	321	31	100
滨海县	592	3	6	37	3212	279	352	9	42
阜宁县	1075	3	19	23	4128	209	664	49	180
射阳县	680	6	14	53	4466	277	747	54	267
建湖县	612	4	4	18	3457	181	663	27	39
盐城经济技术开发区	423		3	2	878	22	146	10	247
江苏省盐南高新区	296		1	32	1208	70	231	9	186
东台市	1403	18	20	45	5136	228	1282	91	71
扬州市	**7210**	**66**	**98**	**248**	**30039**	**1538**	**7131**	**741**	**1167**
广陵区	620	6	19	54	2463	207	866	50	40

4-6 续表 66

单位：人

地 区 性 别	生产制造及有关人员								不便分类的其他从业人员
	计算机、通信和其他电子设备制造人员	仪器仪表制造人员	废弃资源综合利用人员	电力、热力、气体、水生产和输配人员	建筑施工人员	运输设备和通用工程机械操作人员及有关人员	生产辅助人员	其他生产制造及有关人员	
邗江区	871	6	8	21	3278	171	817	40	179
江都区	1005	19	17	36	6227	346	1838	242	264
宝应县	1912	7	16	32	6660	131	844	29	112
扬州经济技术开发区	640	5	3	18	522	88	354	86	222
蜀冈瘦西湖景区	113	1	2	7	629	47	150	2	13
生态新城	33		3	1	297	13	375	193	92
仪征市	1211	9	10	36	4425	243	881	61	92
高邮市	805	13	20	43	5538	292	1006	38	153
镇江市	**5945**	**69**	**65**	**233**	**13719**	**1037**	**6837**	**376**	**108**
京口区	365	7	1	56	760	65	340	15	
润州区	159	3	2	27	528	75	273	17	
丹徒区	642	9	6	27	1593	138	561	131	1
镇江新区	1033	3	6	14	733	99	534	81	84
江苏镇江高新区	171	2	1	3	357	25	126	6	3
丹阳市	1062	34	32	64	3578	290	3753	70	8
扬中市	1635	9	2	13	1608	74	461	20	2
句容市	878	2	15	29	4562	271	789	36	10
泰州市	**5433**	**60**	**183**	**298**	**25549**	**1820**	**9164**	**647**	**617**
海陵区	745	6	31	31	2315	197	832	47	71
高港区	397	5	3	18	1787	156	616	22	7
姜堰区	722	4	15	28	5129	223	1198	123	88
泰州医药高新技术产业开发区	541	2	1	11	1060	80	643	27	9
兴化市	1066	6	86	88	6021	312	1920	199	267
靖江市	753	12	20	39	2613	462	2116	11	13
泰兴市	1209	25	27	83	6624	390	1839	218	162
宿迁市	**5688**	**11**	**69**	**181**	**22768**	**1389**	**6293**	**272**	**981**
宿城区	1187	1	20	40	3254	225	1206	19	
宿豫区	443	5	3	14	2265	177	689	26	44
沭阳县	1923	4	17	76	7411	420	1579	114	177
泗阳县	631		4	20	3663	178	851	25	623
泗洪县	864	1	11	14	3634	191	838	42	38
宿迁经济技术开发区	331		9	3	852	104	305	42	72
宿迁市湖滨新区	120		1	6	1032	55	131	4	16
苏州宿迁工业园区	106		1	1	87	10	66		5
宿迁市洋河新区	83		3	7	570	29	628		6
男	**83026**	**892**	**1563**	**4044**	**333342**	**26038**	**101391**	**4371**	**6700**
南京市	**6109**	**123**	**87**	**437**	**30877**	**2811**	**9273**	**249**	**663**
玄武区	119	8	2	10	489	58	350	3	13
秦淮区	163	16	9	19	1153	119	363	6	71
建邺区	50	4	3	14	1582	53	345	5	30
鼓楼区	206	4	3	19	1010	161	547	10	20
浦口区	335	1	4	16	1387	174	314	5	21
栖霞区	1381	11	3	66	2463	345	1273	27	104
雨花台区	237	5	13	39	1955	210	653	18	27
江宁区	1947	28	12	66	5895	547	2025	51	204
六合区	480	3	10	25	4208	268	749	52	52
溧水区	300	3	7	62	3643	250	735	20	14
高淳区	178	3	4	19	3996	162	411	11	28
南京江北新区	713	37	17	82	3096	464	1508	41	79
无锡市	**8158**	**140**	**216**	**456**	**20214**	**2395**	**14568**	**376**	**23**
锡山区	1650	14	38	38	2622	250	1954	31	

4-6 续表 67 单位：人

地区 性别	生产制造及有关人员 计算机、通信和其他电子设备制造人员	仪器仪表制造人员	废弃资源综合利用人员	电力、热力、气体、水生产和输配人员	建筑施工人员	运输设备和通用工程机械操作人员及有关人员	生产辅助人员	其他生产制造及有关人员	不便分类的其他从业人员
惠山区	508	52	35	89	2013	411	2281	88	7
滨湖区	607	12	11	11	1798	110	672	25	1
梁溪区	569	18	7	27	2176	110	943		5
新吴区	2480	8	16	19	1068	179	1411	29	1
江苏无锡经济开发区	273	4	6	11	1186	76	410	17	
江阴市	1295	23	73	166	4393	748	4937	83	4
宜兴市	776	9	30	95	4958	511	1960	103	5
徐州市	**3170**	**23**	**97**	**360**	**35004**	**3357**	**5754**	**372**	**467**
鼓楼区	184	1	1	27	905	199	412	11	114
云龙区	142		2	20	864	150	351	4	14
贾汪区	206	3	9	31	1651	251	325	11	29
泉山区	139	2	4	47	807	229	448	11	40
铜山区	395	4	19	55	6788	933	827	33	46
丰县	437	1	11	20	3058	188	486	186	28
沛县	228	2	7	64	5892	274	773	11	21
睢宁县	386		25	20	4930	296	712	10	67
徐州经济技术开发区	325	2	1	12	1426	196	395	42	12
新沂市	405	3	7	30	4287	311	542	21	46
邳州市	323	5	11	34	4396	330	483	32	50
常州市	**6538**	**101**	**153**	**267**	**21291**	**1702**	**9234**	**559**	**445**
天宁区	510	11	9	31	2020	136	843	76	44
钟楼区	535	8	11	23	1905	155	764	54	22
新北区	1153	20	31	58	1717	268	1670	79	9
武进区	2140	13	46	53	4232	356	2454	142	169
金坛区	421	25	4	25	3612	182	976	13	79
江苏省常州市经济开发区	935	14	29	44	989	224	1477	165	7
溧阳市	844	10	23	33	6816	381	1050	30	115
苏州市	**29893**	**228**	**226**	**669**	**33740**	**3418**	**25572**	**619**	**793**
虎丘区	2884	27	20	39	1909	196	1832	9	8
吴中区	3948	41	36	39	5034	289	1829	70	189
相城区	2093	5	20	30	2777	214	1466	38	68
姑苏区	498	4	11	21	1733	92	695	17	93
吴江区	3463	19	13	116	3667	356	5385	43	8
苏州工业园区	4265	19	3	26	1549	232	1762	71	140
常熟市	2027	17	41	158	5283	534	3117	41	26
张家港市	1125	20	45	109	4749	697	3696	74	81
昆山市	7753	66	21	71	3847	371	4051	68	22
太仓市	1837	10	16	60	3192	437	1739	188	158
南通市	**4942**	**70**	**167**	**344**	**42481**	**2056**	**9854**	**357**	**608**
崇川区	407	8	9	50	1263	195	829	21	90
港闸区	241	2	10	12	1362	148	558	24	25
通州区	705	6	33	31	7222	233	1473	51	106
如东县	243	11	10	63	4642	250	1244	21	17
南通经济技术开发区	397		3	20	1120	131	562	27	59
通州湾示范区	43	1	1	2	547	27	122	16	4
苏锡通科技产业园区	177	3	12	8	500	80	294	15	14
启东市	697	31	27	50	7414	168	1056	14	11
如皋市	747	4	30	56	6997	415	1231	60	172
海门市	553	1	19	25	5266	195	984	44	59
海安市	732	3	13	27	6148	214	1501	64	51
连云港市	**1915**	**32**	**179**	**195**	**19992**	**1965**	**2450**	**151**	**386**
连云区	46	3	3	26	470	178	413	2	14

4-6　续表 68

单位：人

地　区 性　别	生产制造及有关人员								不便分类的其他从业人员
	计算机、通信和其他电子设备制造人员	仪器仪表制造人员	废弃资源综合利用人员	电力、热力、气体、水生产和输配人员	建筑施工人员	运输设备和通用工程机械操作人员及有关人员	生产辅助人员	其他生产制造及有关人员	
海州区	255	5	4	57	1958	293	434	17	43
赣榆区	260	1	29	31	7131	416	465	10	100
东海县	636	4	119	24	4337	433	337	18	75
灌云县	255		11	8	2452	184	208	43	69
灌南县	282	3	9	9	2596	164	209	30	46
连云港经济技术开发区	76	2	2	13	266	62	140	19	19
连云港高新技术产业开发区	52	1	2	20	366	57	138	2	12
江苏连云港徐圩新区	43	13		7	180	102	88	1	7
江苏省连云港市云台山风景名胜区	10				236	76	18	9	1
淮安市	**3387**	**40**	**43**	**176**	**18957**	**1223**	**2665**	**140**	**445**
淮安区	372		9	22	3534	185	321	19	144
淮阴区	398	4	7	29	4493	267	329	17	68
清江浦区	204	4	7	50	1378	190	453	18	47
洪泽区	187			23	1299	86	208	10	15
涟水县	503	2	3	8	3273	128	397	22	47
盱眙县	418	5	6	17	2278	135	291	19	33
金湖县	133	24	7	12	1363	126	371	9	9
淮安经济技术开发区	1056		1	11	843	58	187	21	72
工业园区	10	1	1	1	81	9	5		2
生态文旅区	61		2	2	356	26	68	4	7
苏淮高新区	45			1	59	13	35	1	1
盐城市	**5361**	**25**	**88**	**320**	**31317**	**2024**	**4695**	**352**	**1101**
亭湖区	604	2	6	34	2933	213	368	28	142
盐都区	773	2	24	13	3972	167	431	58	97
大丰区	449	4	9	69	2744	315	896	66	150
响水县	351	1		27	1576	136	212	21	79
滨海县	330	1	4	28	2841	268	257	8	27
阜宁县	707	2	12	17	3798	199	475	44	117
射阳县	427	5	10	45	3864	260	557	39	180
建湖县	383	3	3	18	3148	174	459	17	26
盐城经济技术开发区	250		2	2	766	21	100	7	131
江苏省盐南高新区	181		1	28	1041	67	172	7	117
东台市	906	5	17	39	4634	204	768	57	35
扬州市	**4149**	**40**	**73**	**211**	**26260**	**1327**	**4319**	**418**	**717**
广陵区	361	5	16	42	2076	163	504	30	19
邗江区	510	3	4	19	2697	156	519	25	121
江都区	511	8	13	30	5415	275	1113	126	149
宝应县	1029	5	10	27	5986	122	408	11	58
扬州经济技术开发区	423	3	2	18	454	82	233	60	151
蜀冈瘦西湖景区	69		2	5	527	42	106	2	10
生态新城	22		2		253	12	174	93	49
仪征市	751	6	7	34	3790	210	600	41	52
高邮市	473	10	17	36	5062	265	662	30	108
镇江市	**3292**	**34**	**45**	**202**	**11920**	**940**	**3950**	**229**	**62**
京口区	197	3	1	47	633	62	255	10	
润州区	80	2	2	23	436	67	214	12	
丹徒区	342	6	4	24	1324	129	338	59	
镇江新区	569		5	13	620	89	390	60	46
江苏镇江高新区	105	1	1	3	312	23	91	5	3
丹阳市	574	18	21	57	3142	246	1868	44	3
扬中市	961	3	2	10	1314	65	296	13	2
句容市	464	1	9	25	4139	259	498	26	8

4-6 续表 69

单位：人

地区 性别	生产制造及有关人员								不便分类的其他从业人员
	计算机、通信和其他电子设备制造人员	仪器仪表制造人员	废弃资源综合利用人员	电力、热力、气体、水生产和输配人员	建筑施工人员	运输设备和通用工程机械操作人员及有关人员	生产辅助人员	其他生产制造及有关人员	
泰州市	**2957**	**28**	**134**	**244**	**21504**	**1518**	**5436**	**387**	**387**
海陵区	436	5	21	26	1998	176	531	28	41
高港区	165	3	3	14	1508	125	378	15	4
姜堰区	390	1	11	22	4440	191	696	62	60
泰州医药高新技术产业开发区	336	2	1	11	944	72	390	9	6
兴化市	543	3	64	75	4903	283	970	118	167
靖江市	415	7	15	27	2258	334	1319	8	8
泰兴市	672	7	19	69	5453	337	1152	147	101
宿迁市	**3155**	**8**	**55**	**163**	**19785**	**1302**	**3621**	**162**	**603**
宿城区	708		16	36	2965	214	698	11	
宿豫区	199	3	3	13	2063	164	446	12	35
沭阳县	1172	4	13	69	6166	394	932	77	121
泗阳县	306		4	18	3175	165	571	13	363
泗洪县	401	1	8	11	3170	178	444	23	23
宿迁经济技术开发区	192		8	2	776	99	196	22	43
宿迁市湖滨新区	75			6	879	53	83	4	11
苏州宿迁工业园区	53		1	1	74	8	34		3
宿迁市洋河新区	49		2	7	517	27	217		4
女	**61622**	**673**	**640**	**667**	**43912**	**3346**	**59565**	**2660**	**4259**
南京市	**4059**	**69**	**32**	**71**	**3393**	**305**	**3685**	**114**	**423**
玄武区	47	1		6	59	9	133	1	10
秦淮区	74	6	3	2	137	5	140	3	39
建邺区	17		1	2	194	4	84	4	20
鼓楼区	62		1	7	115	14	203		8
浦口区	214	1	2	4	176	11	131	7	14
栖霞区	834	22	1	10	287	36	473	16	66
雨花台区	136		6	8	295	27	209	7	16
江宁区	1535	25	5	9	670	58	954	21	138
六合区	357	2	3	5	465	21	327	24	22
溧水区	282		2	5	356	26	333	9	8
高淳区	77	3		1	204	17	170	3	15
南京江北新区	424	9	8	12	435	77	528	19	67
无锡市	**7057**	**100**	**88**	**72**	**2491**	**477**	**8699**	**213**	**15**
锡山区	1166	20	16	2	289	21	1410	18	
惠山区	471	25	8	13	292	86	1733	76	3
滨湖区	505	7	5	5	247	31	427	16	3
梁溪区	667	12	5	5	302	22	381		2
新吴区	2316	6	4	4	184	15	878	9	
江苏无锡经济开发区	385	3	1	1	150	16	243	4	1
江阴市	925	20	31	26	502	174	2633	39	2
宜兴市	622	7	18	16	525	112	994	51	4
徐州市	**2199**	**14**	**22**	**75**	**4795**	**310**	**3348**	**226**	**277**
鼓楼区	67	1		6	119	22	106	3	65
云龙区	50			8	141	20	117	1	6
贾汪区	87			1	194	30	142	3	17
泉山区	47	1	2	11	114	15	117	5	43
铜山区	406	4	5	14	826	93	780	19	32
丰县	280	2		2	793	20	336	138	28
沛县	206	2	2	16	475	22	299	8	4
睢宁县	364	1	6	2	617	21	757	9	28
徐州经济技术开发区	277			1	210	26	166	8	8
新沂市	254	3		5	591	19	293	16	21
邳州市	161		7	9	715	22	235	16	25

4-6　续表 70

单位：人

地　区 性　别	生产制造及有关人员								
	计算机、通信和其他电子设备制造人员	仪器仪表制造人员	废弃资源综合利用人员	电力、热力、气体、水生产和输配人员	建筑施工人员	运输设备和通用工程机械操作人员及有关人员	生产辅助人员	其他生产制造及有关人员	不便分类的其他从业人员
常州市	**5726**	**76**	**70**	**57**	**2679**	**336**	**5624**	**355**	**246**
天宁区	396	4	2	9	325	22	450	74	25
钟楼区	538	7	5	4	267	25	438	39	12
新北区	1304	13	20	10	272	32	1202	44	2
武进区	1962	16	19	16	580	78	1639	103	120
金坛区	285	10	5	4	365	23	617	6	32
江苏省常州市经济开发区	960	13	6	7	179	97	929	64	8
溧阳市	281	13	13	7	691	59	349	25	47
苏州市	**20876**	**178**	**102**	**94**	**4893**	**515**	**15003**	**396**	**630**
虎丘区	2123	30	8	9	203	19	1033	2	
吴中区	3030	31	18	7	922	31	1305	42	151
相城区	1708	8	13	6	432	26	952	28	37
姑苏区	432	3	4	6	232	17	323	8	69
吴江区	2331	13	6	9	385	27	2335	29	5
苏州工业园区	2860	25	2	4	185	25	1187	58	107
常熟市	1309	15	12	18	498	56	1995	19	60
张家港市	674	9	20	18	613	240	1771	24	53
昆山市	5117	37	8	11	772	27	2866	44	9
太仓市	1292	7	11	6	651	47	1236	142	139
南通市	**3580**	**91**	**67**	**46**	**3554**	**318**	**5927**	**187**	**349**
崇川区	197	3	3	8	164	21	310	6	53
港闸区	152	4	3	4	218	18	205	12	14
通州区	561	8	14	7	501	41	1076	29	53
如东县	222	10	3	10	262	21	878	9	5
南通经济技术开发区	205	4	1	1	126	17	310	10	49
通州湾示范区	35	2		1	20	3	75	8	3
苏锡通科技产业园区	60		7		59	7	138	9	3
启东市	557	45	16	2	312	34	526	4	4
如皋市	456	5	9	4	708	76	740	32	82
海门市	495	9	7	3	419	36	762	33	33
海安市	640	1	4	6	765	44	907	35	50
连云港市	**1380**	**9**	**106**	**22**	**2685**	**123**	**1476**	**64**	**249**
连云区	15		1	4	45	16	80		5
海州区	191	2	1	6	236	12	195	9	22
赣榆区	149	2	73		771	35	446	7	66
东海县	533	3	31	2	827	29	385	9	68
灌云县	157			1	351	8	93	7	50
灌南县	234	2		4	322	15	124	16	28
连云港经济技术开发区	48			1	44	3	60	13	2
连云港高新技术产业开发区	35			4	46	2	62		2
江苏连云港徐圩新区	11				7	3	24	1	4
江苏省连云港市云台山风景名胜区	7				36		7	2	2
淮安市	**2802**	**17**	**16**	**28**	**2612**	**107**	**1483**	**92**	**287**
淮安区	446		2	4	436	6	196	20	93
淮阴区	263	3	4	4	602	18	194	8	49
清江浦区	146	1	4	9	199	34	190	8	30
洪泽区	124			4	158	7	95	12	11
涟水县	532		1	2	467	13	254	13	25
盱眙县	379	1	2	1	332	8	182	14	14
金湖县	84	12	3	1	156	13	195	7	2
淮安经济技术开发区	727			2	205	3	115	6	56
工业园区	17			1	18	1	1		

4-6 续表 71

单位：人

地区 性别	生产制造及有关人员								
	计算机、通信和其他电子设备制造人员	仪器仪表制造人员	废弃资源综合利用人员	电力、热力、气体、水生产和输配人员	建筑施工人员	运输设备和通用工程机械操作人员及有关人员	生产辅助人员	其他生产制造及有关人员	不便分类的其他从业人员
生态文旅区	61				33	3	53	4	6
苏淮高新区	23				6	1	8		1
盐城市	**3220**	**23**	**29**	**62**	**4204**	**158**	**2221**	**173**	**679**
亭湖区	320	2	2	2	398	10	167	10	93
盐都区	531	2	7	1	752	14	224	33	69
大丰区	302	1	2	17	388	46	424	50	97
响水县	170			9	273	15	109	10	21
滨海县	262	2	2	9	371	11	95	1	15
阜宁县	368	1	7	6	330	10	189	5	63
射阳县	253	1	4	8	602	17	190	15	87
建湖县	229	1	1		309	7	204	10	13
盐城经济技术开发区	173		1		112	1	46	3	116
江苏省盐南高新区	115			4	167	3	59	2	69
东台市	497	13	3	6	502	24	514	34	36
扬州市	**3061**	**26**	**25**	**37**	**3779**	**211**	**2812**	**323**	**450**
广陵区	259	1	3	12	387	44	362	20	21
邗江区	361	3	4	2	581	15	298	15	58
江都区	494	11	4	6	812	71	725	116	115
宝应县	883	2	6	5	674	9	436	18	54
扬州经济技术开发区	217	2	1		68	6	121	26	71
蜀冈瘦西湖景区	44	1		2	102	5	44		3
生态新城	11		1	1	44	1	201	100	43
仪征市	460	3	3	2	635	33	281	20	40
高邮市	332	3	3	7	476	27	344	8	45
镇江市	**2653**	**35**	**20**	**31**	**1799**	**97**	**2887**	**147**	**46**
京口区	168	4		9	127	3	85	5	
润州区	79	1		4	92	8	59	5	
丹徒区	300	3	2	3	269	9	223	72	1
镇江新区	464	3	1	1	113	10	144	21	38
江苏镇江高新区	66	1			45	2	35	1	
丹阳市	488	16	11	7	436	44	1885	26	5
扬中市	674	6		3	294	9	165	7	
句容市	414	1	6	4	423	12	291	10	2
泰州市	**2476**	**32**	**49**	**54**	**4045**	**302**	**3728**	**260**	**230**
海陵区	309	1	10	5	317	21	301	19	30
高港区	232	2		4	279	31	238	7	3
姜堰区	332	3	4	6	689	32	502	61	28
泰州医药高新技术产业开发区	205				116	8	253	18	3
兴化市	523	3	22	13	1118	29	950	81	100
靖江市	338	5	5	12	355	128	797	3	5
泰兴市	537	18	8	14	1171	53	687	71	61
宿迁市	**2533**	**3**	**14**	**18**	**2983**	**87**	**2672**	**110**	**378**
宿城区	479	1	4	4	289	11	508	8	
宿豫区	244	2		1	202	13	243	14	9
沭阳县	751		4	7	1245	26	647	37	56
泗阳县	325			2	488	13	280	12	260
泗洪县	463		3	3	464	13	394	19	15
宿迁经济技术开发区	139		1	1	76	5	109	20	29
宿迁市湖滨新区	45		1		153	2	48		5
苏州宿迁工业园区	53				13	2	32		2
宿迁市洋河新区	34		1		53	2	411		2

4-6a　各地区分性别、职业中类的就业人口(城市)

单位：人

地　区 性　别	合计	党的机关、国家机关、群众团体和社会组织、企事业单位负责人						
		小计	中国共产党机关负责人	国家机关负责人	民主党派和工商联负责人	人民团体和群众团体、社会组织及其他成员组织负责人	基层群众自治组织负责人	企事业单位负责人
江　苏	**1925978**	**87410**	**85**	**2192**	**6**	**1702**	**391**	**83034**
南京市	**364118**	**19261**	**19**	**482**	**2**	**270**	**33**	**18455**
玄武区	22304	1410	5	54		17	2	1332
秦淮区	33227	1704	5	60		25	1	1613
建邺区	26395	1768	2	64	1	8	2	1691
鼓楼区	40102	2353		96		31	2	2224
浦口区	14901	610		20		22	4	564
栖霞区	40155	2168	3	35		36	4	2090
雨花台区	30905	1850		25		11		1814
江宁区	69919	3527	2	46	1	38	3	3437
六合区	10139	508		23		14	2	469
溧水区	14557	546		20		6	1	519
高淳区	10715	598		13		13	4	568
南京江北新区	50799	2219	2	26		49	8	2134
无锡市	**247013**	**10807**	**8**	**172**		**156**	**39**	**10432**
锡山区	28230	873		7		10	6	850
惠山区	27738	1331	1	10		19	3	1298
滨湖区	25188	1136	2	17		11	4	1102
梁溪区	44955	1772		39		9	7	1717
新吴区	31200	1649	1	17		26	3	1602
江苏无锡经济开发区	17929	767	1	28		24	2	712
江阴市	42383	1990	1	25		49	11	1904
宜兴市	29390	1289	2	29		8	3	1247
徐州市	**123085**	**5097**	**4**	**207**		**141**	**30**	**4715**
鼓楼区	17427	860	1	15		28	1	815
云龙区	18456	1014		25		20	2	967
贾汪区	6524	166	1	11		5	5	144
泉山区	25021	1586	1	73		22	4	1486
铜山区	16580	554		24		8	4	518
丰县								
沛县								
睢宁县								
徐州经济技术开发区	126	2						2
新沂市	16397	311		14		55	4	238
邳州市	22554	604	1	45		3	10	545
常州市	**178113**	**8693**	**7**	**144**		**108**	**25**	**8409**
天宁区	26826	1159	1	15		31	3	1109
钟楼区	29712	1736	1	31		9	3	1692
新北区	34691	1920	4	29		7	5	1875
武进区	40189	2349		13		37	3	2296
金坛区	17315	537		15		6	4	512
江苏省常州市经济开发区	10069	155		2		1		152
溧阳市	19311	837	1	39		17	7	773
苏州市	**383090**	**14809**	**4**	**196**		**84**	**74**	**14451**
虎丘区	43152	894		5		7	6	876
吴中区	46516	2134	2	25		11	6	2090
相城区	42806	2453		21		2	19	2411
姑苏区	41297	1054	1	18		10	2	1023
吴江区	35678	881		26		5	13	837
苏州工业园区								
常熟市	48606	2033		25		4	7	1997

4-6a 续表 1

单位：人

地区 性别	合计	党的机关、国家机关、群众团体和社会组织、企事业单位负责人						
		小计	中国共产党机关负责人	国家机关负责人	民主党派和工商联负责人	人民团体和群众团体、社会组织及其他成员组织负责人	基层群众自治组织负责人	企事业单位负责人
张家港市	27348	1029		22		4		1003
昆山市	76608	3023	1	34		35	21	2932
太仓市	21079	1308		20		6		1282
南通市	**146192**	**7228**	**6**	**217**	**1**	**244**	**33**	**6727**
崇川区	32276	2088	4	69	1	62	5	1947
港闸区	18543	893		16		3	3	871
通州区	20228	770	1	15		64	6	684
如东县								
南通经济技术开发区								
通州湾示范区								
苏锡通科技产业园区								
启东市	17770	604	1	26		9	8	560
如皋市	16900	926		32		33	3	858
海门市	16333	861		31		12	2	816
海安市	24142	1086		28		61	6	991
连云港市	**46281**	**1641**	**2**	**51**		**83**	**17**	**1488**
连云区	6916	228	1	9		10	4	204
海州区	23993	1068	1	25		71	3	968
赣榆区	13872	330		17		2	9	302
东海县	549	6						6
灌云县								
灌南县								
连云港经济技术开发区								
连云港高新技术产业开发区								
江苏连云港徐圩新区	755	9					1	8
江苏省连云港市云台山风景名胜区	196							
淮安市	**52592**	**2423**	**1**	**105**	**1**	**143**	**8**	**2165**
淮安区	12317	415		16		38	4	357
淮阴区	13473	697		20		67	1	609
清江浦区	20796	1010	1	44	1	32	3	929
洪泽区	6006	301		25		6		270
涟水县								
盱眙县								
金湖县								
淮安经济技术开发区								
工业园区								
生态文旅区								
苏淮高新区								
盐城市	**80373**	**3193**	**5**	**142**		**135**	**36**	**2875**
亭湖区	22302	692	1	11		38	7	635
盐都区	13451	532		14		55	4	459
大丰区	11774	603	2	42		10	9	540
响水县								
滨海县								
阜宁县								
射阳县								
建湖县								
盐城经济技术开发区	137	4				1		3
江苏省盐南高新区	15381	1015	1	55		22	2	935
东台市	17328	347	1	20		9	14	303
扬州市	**97439**	**4619**	**1**	**139**		**98**	**12**	**4369**
广陵区	20089	771		23		17	1	730

4-6a 续表 2

单位：人

地区 性别	合计	党的机关、国家机关、群众团体和社会组织、企事业单位负责人						
		小计	中国共产党机关负责人	国家机关负责人	民主党派和工商联负责人	人民团体和群众团体、社会组织及其他成员组织负责人	基层群众自治组织负责人	企事业单位负责人
邗江区	24860	1542		46		24	5	1467
江都区	15634	785		21		14	2	748
宝应县								
扬州经济技术开发区								
蜀冈瘦西湖景区	6407	359	1	15		22		321
生态新城	1948	89		2		3		84
仪征市	13942	533		13		1		519
高邮市	14559	540		19		17	4	500
镇江市	**77546**	**3466**	**5**	**74**	**1**	**18**	**14**	**3354**
京口区	13315	645		11				634
润州区	9827	404		8	1	3		392
丹徒区	6872	349	5	17		1	2	324
镇江新区								
江苏镇江高新区	3002	53		1				52
丹阳市	21309	1218		20		3	8	1187
扬中市	9310	429		5			1	423
句容市	13911	368		12		11	3	342
泰州市	**94374**	**4887**	**2**	**201**	**1**	**120**	**44**	**4519**
海陵区	23887	1307		37	1	32	3	1234
高港区	6859	268		7		5	4	252
姜堰区	15382	884	1	40		16	14	813
泰州医药高新技术产业开发区								
兴化市	12927	619	1	46		8	6	558
靖江市	17458	1087		25		15	13	1034
泰兴市	17861	722		46		44	4	628
宿迁市	**35762**	**1286**	**21**	**62**		**102**	**26**	**1075**
宿城区	17819	585	21	40		20	6	498
宿豫区	10586	397		15		27	1	354
沭阳县								
泗阳县								
泗洪县								
宿迁经济技术开发区								
宿迁市湖滨新区	2475	102		2		22	4	74
苏州宿迁工业园区	1388	101		3		7		91
宿迁市洋河新区	3494	101		2		26	15	58
男	**1126567**	**64266**	**64**	**1763**	**5**	**1089**	**290**	**61055**
南京市	**213614**	**13784**	**10**	**372**	**1**	**157**	**27**	**13217**
玄武区	12229	980	3	39		7		931
秦淮区	18398	1170	2	48		18	1	1101
建邺区	15026	1269		48		7	1	1213
鼓楼区	21935	1662		75		21	2	1564
浦口区	9097	433		16		12	4	401
栖霞区	24517	1554	2	28		20	3	1501
雨花台区	18696	1323		19		6		1298
江宁区	41257	2554	2	36	1	21	3	2491
六合区	5976	388		17		8	2	361
溧水区	9334	416		15		4	1	396
高淳区	6887	438		9		7	4	418
南京江北新区	30262	1597	1	22		26	6	1542
无锡市	**145775**	**8199**	**7**	**130**		**96**	**30**	**7936**
锡山区	17210	679		6		7	5	661

4-6a 续表 3 单位：人

地区 性别	合计	党的机关、国家机关、群众团体和社会组织、企事业单位负责人						
		小计	中国共产党机关负责人	国家机关负责人	民主党派和工商联负责人	人民团体和群众团体、社会组织及其他成员组织负责人	基层群众自治组织负责人	企事业单位负责人
惠山区	16777	1053	1	8		8	2	1034
滨湖区	14882	838	2	16		7	3	810
梁溪区	25725	1298		26		5	6	1261
新吴区	18286	1241	1	16		17	3	1204
江苏无锡经济开发区	10592	577	1	16		11		549
江阴市	25019	1505	1	18		34	8	1444
宜兴市	17284	1008	1	24		7	3	973
徐州市	**72839**	**3760**	**4**	**173**		**96**	**25**	**3462**
鼓楼区	10485	606	1	11		19	1	574
云龙区	10603	731		19		12	1	699
贾汪区	4243	134	1	10		4	5	114
泉山区	14488	1182	1	63		14	4	1100
铜山区	9213	394		17		6	4	367
丰县								
沛县								
睢宁县								
徐州经济技术开发区	93	2						2
新沂市	9470	233		13		38	2	180
邳州市	14244	478	1	40		3	8	426
常州市	**104376**	**6393**	**5**	**116**		**68**	**16**	**6188**
天宁区	15328	870		12		24	1	833
钟楼区	17355	1266	1	26		5	3	1231
新北区	19663	1405	4	25		6	3	1367
武进区	23669	1691		12		22	1	1656
金坛区	10192	405		12		3	4	386
江苏省常州市经济开发区	5877	120		1		1		118
溧阳市	12292	636		28		7	4	597
苏州市	**221476**	**11096**	**3**	**153**		**58**	**55**	**10827**
虎丘区	25245	733		4		4	4	721
吴中区	26248	1571	1	20		6	5	1539
相城区	25546	1754		16		2	15	1721
姑苏区	23301	815	1	15		7		792
吴江区	20974	711		19		1	13	678
苏州工业园区								
常熟市	27920	1509		21		3	3	1482
张家港市	15619	816		20		3		793
昆山市	44717	2288	1	26		26	15	2220
太仓市	11906	899		12		6		881
南通市	**84278**	**5267**	**5**	**168**	**1**	**149**	**23**	**4921**
崇川区	18310	1504	3	56	1	32	4	1408
港闸区	11107	647		12		1	3	631
通州区	11287	557	1	11		44	3	498
如东县								
南通经济技术开发区								
通州湾示范区								
苏锡通科技产业园区								
启东市	10604	479	1	18		5	4	451
如皋市	9575	675		26		23	3	623
海门市	9622	608		21		6	1	580
海安市	13773	797		24		38	5	730
连云港市	**27373**	**1191**	**2**	**44**		**55**	**12**	**1078**
连云区	4485	173	1	8		7		157

4-6a　续表 4　　　　单位：人

地　区 性　别	合计	党的机关、国家机关、群众团体和社会组织、企事业单位负责人						
		小计	中国共产党机关负责人	国家机关负责人	民主党派和工商联负责人	人民团体和群众团体、社会组织及其他成员组织负责人	基层群众自治组织负责人	企事业单位负责人
海州区	13951	771	1	21		48	3	698
赣榆区	7821	237		15			9	213
东海县	325	2						2
灌云县								
灌南县								
连云港经济技术开发区								
连云港高新技术产业开发区								
江苏连云港徐圩新区	664	8						8
江苏省连云港市云台山风景名胜区	127							
淮安市	**30738**	**1759**		**88**	**1**	**90**	**7**	**1573**
淮安区	7095	317		13		25	4	275
淮阴区	8051	496		19		41	1	435
清江浦区	11942	729		34	1	22	2	670
洪泽区	3650	217		22		2		193
涟水县								
盱眙县								
金湖县								
淮安经济技术开发区								
工业园区								
生态文旅区								
苏淮高新区								
盐城市	**48202**	**2394**	**4**	**117**		**95**	**31**	**2147**
亭湖区	13495	519	1	10		29	6	473
盐都区	8216	412		12		41	3	356
大丰区	6816	437	1	36		4	8	388
响水县								
滨海县								
阜宁县								
射阳县								
建湖县								
盐城经济技术开发区	84	3				1		2
江苏省盐南高新区	9154	762	1	43		14	1	703
东台市	10437	261	1	16		6	13	225
扬州市	**56930**	**3296**		**114**		**58**	**9**	**3115**
广陵区	11677	533		20		12	1	500
邗江区	14018	1064		38		13	4	1009
江都区	9158	570		18		8	2	542
宝应县								
扬州经济技术开发区								
蜀冈瘦西湖景区	3814	269		10		15		244
生态新城	1145	64		1		2		61
仪征市	8535	387		12				375
高邮市	8583	409		15		8	2	384
镇江市	**45224**	**2500**	**4**	**63**	**1**	**12**	**9**	**2411**
京口区	7648	437		9				428
润州区	5760	292		8	1	1		282
丹徒区	4173	249	4	13		1	1	230
镇江新区								
江苏镇江高新区	1874	42		1				41
丹阳市	11946	861		17		2	5	837
扬中市	5505	329		5			1	323
句容市	8318	290		10		8	2	270

4-6a 续表 5

单位：人

地区 性别	合计	党的机关、国家机关、群众团体和社会组织、企事业单位负责人						
		小计	中国共产党机关负责人	国家机关负责人	民主党派和工商联负责人	人民团体和群众团体、社会组织及其他成员组织负责人	基层群众自治组织负责人	企事业单位负责人
泰州市	**54613**	**3647**	**2**	**169**	**1**	**86**	**26**	**3363**
海陵区	13667	943		27	1	24	2	889
高港区	4032	194		5		3	3	183
姜堰区	8949	667	1	32		15	9	610
泰州医药高新技术产业开发区								
兴化市	7889	467	1	41		5	5	415
靖江市	9968	836		25		11	5	795
泰兴市	10108	540		39		28	2	471
宿迁市	**21129**	**980**	**18**	**56**		**69**	**20**	**817**
宿城区	10394	453	18	37		14	5	379
宿豫区	6309	301		14		21		266
沭阳县								
泗阳县								
泗洪县								
宿迁经济技术开发区								
宿迁市湖滨新区	1517	74		1		13	4	56
苏州宿迁工业园区	751	75		2		4		69
宿迁市洋河新区	2158	77		2		17	11	47
女	**799411**	**23144**	**21**	**429**	**1**	**613**	**101**	**21979**
南京市	**150504**	**5477**	**9**	**110**	**1**	**113**	**6**	**5238**
玄武区	10075	430	2	15		10	2	401
秦淮区	14829	534	3	12		7		512
建邺区	11369	499	2	16	1	1	1	478
鼓楼区	18167	691		21		10		660
浦口区	5804	177		4		10		163
栖霞区	15638	614	1	7		16	1	589
雨花台区	12209	527		6		5		516
江宁区	28662	973		10		17		946
六合区	4163	120		6		6		108
溧水区	5223	130		5		2		123
高淳区	3828	160		4		6		150
南京江北新区	20537	622	1	4		23	2	592
无锡市	**101238**	**2608**	**1**	**42**		**60**	**9**	**2496**
锡山区	11020	194		1		3	1	189
惠山区	10961	278		2		11	1	264
滨湖区	10306	298		1		4	1	292
梁溪区	19230	474		13		4	1	456
新吴区	12914	408		1		9		398
江苏无锡经济开发区	7337	190		12		13	2	163
江阴市	17364	485		7		15	3	460
宜兴市	12106	281	1	5		1		274
徐州市	**50246**	**1337**		**34**		**45**	**5**	**1253**
鼓楼区	6942	254		4		9		241
云龙区	7853	283		6		8	1	268
贾汪区	2281	32		1		1		30
泉山区	10533	404		10		8		386
铜山区	7367	160		7		2		151
丰县								
沛县								
睢宁县								
徐州经济技术开发区	33							
新沂市	6927	78		1		17	2	58
邳州市	8310	126		5			2	119

4-6a 续表 6

单位：人

地 区 性 别	合计	党的机关、国家机关、群众团体和社会组织、企事业单位负责人						
		小计	中国共产党机关负责人	国家机关负责人	民主党派和工商联负责人	人民团体和群众团体、社会组织及其他成员组织负责人	基层群众自治组织负责人	企事业单位负责人
常州市	**73737**	**2300**	**2**	**28**		**40**	**9**	**2221**
天宁区	11498	289	1	3		7	2	276
钟楼区	12357	470		5		4		461
新北区	15028	515		4		1	2	508
武进区	16520	658		1		15	2	640
金坛区	7123	132		3		3		126
江苏省常州市经济开发区	4192	35		1				34
溧阳市	7019	201	1	11		10	3	176
苏州市	**161614**	**3713**	**1**	**43**		**26**	**19**	**3624**
虎丘区	17907	161		1		3	2	155
吴中区	20268	563	1	5		5	1	551
相城区	17260	699		5			4	690
姑苏区	17996	239		3		3	2	231
吴江区	14704	170		7		4		159
苏州工业园区								
常熟市	20686	524		4		1	4	515
张家港市	11729	213		2		1		210
昆山市	31891	735		8		9	6	712
太仓市	9173	409		8				401
南通市	**61914**	**1961**	**1**	**49**		**95**	**10**	**1806**
崇川区	13966	584	1	13		30	1	539
港闸区	7436	246		4		2		240
通州区	8941	213		4		20	3	186
如东县								
南通经济技术开发区								
通州湾示范区								
苏锡通科技产业园区								
启东市	7166	125		8		4	4	109
如皋市	7325	251		6		10		235
海门市	6711	253		10		6	1	236
海安市	10369	289		4		23	1	261
连云港市	**18908**	**450**		**7**		**28**	**5**	**410**
连云区	2431	55		1		3	4	47
海州区	10042	297		4		23		270
赣榆区	6051	93		2		2		89
东海县	224	4						4
灌云县								
灌南县								
连云港经济技术开发区								
连云港高新技术产业开发区								
江苏连云港徐圩新区	91	1					1	
江苏省连云港市云台山风景名胜区	69							
淮安市	**21854**	**664**	**1**	**17**		**53**	**1**	**592**
淮安区	5222	98		3		13		82
淮阴区	5422	201		1		26		174
清江浦区	8854	281	1	10		10	1	259
洪泽区	2356	84		3		4		77
涟水县								
盱眙县								
金湖县								
淮安经济技术开发区								
工业园区								

4-6a 续表 7

单位：人

地区 性别	合计	党的机关、国家机关、群众团体和社会组织、企事业单位负责人						
		小计	中国共产党机关负责人	国家机关负责人	民主党派和工商联负责人	人民团体和群众团体、社会组织及其他成员组织负责人	基层群众自治组织负责人	企事业单位负责人
生态文旅区								
苏淮高新区								
盐城市	**32171**	**799**	**1**	**25**		**40**	**5**	**728**
亭湖区	8807	173		1		9	1	162
盐都区	5235	120		2		14	1	103
大丰区	4958	166	1	6		6	1	152
响水县								
滨海县								
阜宁县								
射阳县								
建湖县								
盐城经济技术开发区	53	1						1
江苏省盐南高新区	6227	253		12		8	1	232
东台市	6891	86		4		3	1	78
扬州市	**40509**	**1323**	**1**	**25**		**40**	**3**	**1254**
广陵区	8412	238		3		5		230
邗江区	10842	478		8		11	1	458
江都区	6476	215		3		6		206
宝应县								
扬州经济技术开发区								
蜀冈瘦西湖景区	2593	90	1	5		7		77
生态新城	803	25		1		1		23
仪征市	5407	146		1		1		144
高邮市	5976	131		4		9	2	116
镇江市	**32322**	**966**	**1**	**11**		**6**	**5**	**943**
京口区	5667	208		2				206
润州区	4067	112				2		110
丹徒区	2699	100	1	4			1	94
镇江新区								
江苏镇江高新区	1128	11						11
丹阳市	9363	357		3		1	3	350
扬中市	3805	100						100
句容市	5593	78		2		3	1	72
泰州市	**39761**	**1240**		**32**		**34**	**18**	**1156**
海陵区	10220	364		10		8	1	345
高港区	2827	74		2		2	1	69
姜堰区	6433	217		8		1	5	203
泰州医药高新技术产业开发区								
兴化市	5038	152		5		3	1	143
靖江市	7490	251				4	8	239
泰兴市	7753	182		7		16	2	157
宿迁市	**14633**	**306**	**3**	**6**		**33**	**6**	**258**
宿城区	7425	132	3	3		6	1	119
宿豫区	4277	96		1		6	1	88
沭阳县								
泗阳县								
泗洪县								
宿迁经济技术开发区								
宿迁市湖滨新区	958	28		1		9		18
苏州宿迁工业园区	637	26		1		3		22
宿迁市洋河新区	1336	24				9	4	11

4-6a 续表 8

单位：人

地区 性别	专业技术人员									
	小计	科学研究人员	工程技术人员	农业技术人员	飞机和船舶技术人员	卫生专业技术人员	经济和金融专业人员	法律、社会和宗教专业人员	教学人员	文学艺术、体育专业人员
江　苏	**319193**	**2518**	**91798**	**969**	**430**	**39568**	**82329**	**8089**	**81795**	**4852**
南京市	**78673**	**1247**	**23248**	**194**	**171**	**9047**	**19931**	**2289**	**19101**	**1429**
玄武区	6336	239	1499	31	9	687	1641	182	1728	146
秦淮区	8120	132	2016	13	23	1140	2340	252	1690	227
建邺区	6770	92	1692	14	16	823	1995	242	1551	140
鼓楼区	10711	168	2512	15	33	1762	2562	364	2779	157
浦口区	2547	33	809	10	2	296	558	85	677	30
栖霞区	7751	191	2217	15	3	689	1882	243	2177	150
雨花台区	6283	46	2570	7	8	493	1545	177	1102	145
江宁区	13986	165	4826	39	52	1303	3526	321	3333	201
六合区	1610	5	384	6	4	224	325	62	544	13
溧水区	2364	7	708	10	4	323	526	73	649	26
高淳区	1665	7	408	5	4	283	358	58	488	22
南京江北新区	10530	162	3607	29	13	1024	2673	230	2383	172
无锡市	**40207**	**260**	**13338**	**102**	**39**	**4222**	**11615**	**1026**	**8304**	**643**
锡山区	3582	18	1368	4	2	252	1081	76	695	49
惠山区	4070	24	1489	17		341	1192	87	810	59
滨湖区	4399	69	1402	10	6	504	1074	108	1034	101
梁溪区	8291	37	2246	16	5	1138	2660	273	1610	175
新吴区	4991	24	2308	8	3	296	1260	108	824	73
江苏无锡经济开发区	3678	38	1401	15	11	337	912	102	742	68
江阴市	6744	36	1975	21	12	730	2205	162	1432	66
宜兴市	4452	14	1149	11		624	1231	110	1157	52
徐州市	**19796**	**80**	**3821**	**87**	**9**	**3725**	**3692**	**466**	**7198**	**279**
鼓楼区	2801	10	668	3	3	444	601	65	873	50
云龙区	3704	16	818	11	1	619	828	108	1180	50
贾汪区	853		161	4	1	190	116	14	355	6
泉山区	5591	28	1047	16		1176	1190	164	1726	85
铜山区	2211	17	438	16	2	283	393	47	941	31
丰县										
沛县										
睢宁县										
徐州经济技术开发区	9		4				2		2	
新沂市	1932	4	309	18	2	421	265	34	805	23
邳州市	2695	5	376	19		592	297	34	1316	34
常州市	**27287**	**138**	**8097**	**76**	**18**	**2991**	**7645**	**637**	**6655**	**361**
天宁区	5185	39	1267	14		774	1473	188	1238	64
钟楼区	4731	31	1292	11	4	556	1418	102	1117	79
新北区	5619	26	1928	17	6	370	1748	121	1192	82
武进区	5635	14	1808	11	1	515	1449	103	1473	86
金坛区	2104	12	410	10	5	348	559	42	667	16
江苏省常州市经济开发区	1179	8	476	4		78	341	18	195	8
溧阳市	2834	8	916	9	2	350	657	63	773	26
苏州市	**60517**	**320**	**21468**	**127**	**18**	**5886**	**17770**	**1398**	**11753**	**938**
虎丘区	7697	47	3190	6		546	2431	120	1196	77
吴中区	7461	75	2813	27	3	503	2227	119	1407	174
相城区	5662	28	2010	8	1	514	1533	294	1094	108
姑苏区	8227	51	2341	12	4	1081	2479	292	1602	228
吴江区	5200	24	2045	6		467	1522	82	942	47
苏州工业园区										
常熟市	5632	14	1479	10	1	780	1626	129	1425	82

4-6a 续表 9　　　　单位：人

地区 性别	专业技术人员 小计	科学研究人员	工程技术人员	农业技术人员	飞机和船舶技术人员	卫生专业技术人员	经济和金融专业人员	法律、社会和宗教专业人员	教学人员	文学艺术、体育专业人员
张家港市	4575	16	1215	15	2	640	1289	92	1191	62
昆山市	13114	46	5493	32	4	1007	3825	187	2230	130
太仓市	2949	19	882	11	3	348	838	83	666	30
南通市	**21791**	**95**	**5758**	**82**	**74**	**3039**	**5492**	**571**	**5888**	**299**
崇川区	6743	48	1543	11	29	1066	1787	209	1760	119
港闸区	2637	13	859	7	20	325	714	54	515	64
通州区	2430	7	704	11	3	289	636	48	660	25
如东县										
南通经济技术开发区										
通州湾示范区										
苏锡通科技产业园区										
启东市	2382	8	732	5	2	337	505	47	700	11
如皋市	2410	12	589	9	4	324	574	81	725	37
海门市	2267	6	586	16	9	300	505	41	717	17
海安市	2922	1	745	23	7	398	771	91	811	26
连云港市	**7529**	**70**	**1861**	**28**	**28**	**1059**	**1617**	**174**	**2438**	**111**
连云区	1116	9	463	4	8	114	285	18	203	2
海州区	4349	54	971	13	6	635	1074	111	1288	88
赣榆区	1929	7	332	11	14	303	232	45	940	21
东海县	18		3			2	11		2	
灌云县										
灌南县										
连云港经济技术开发区										
连云港高新技术产业开发区										
江苏连云港徐圩新区	112		91			4	15		2	
江苏省连云港市云台山风景名胜区	5		1			1			3	
淮安市	**7999**	**27**	**1261**	**26**	**10**	**1504**	**1555**	**208**	**3118**	**99**
淮安区	1664	3	213	9	4	287	266	28	804	22
淮阴区	1759	5	300	4		427	292	35	644	21
清江浦区	3906	14	671	10	4	665	845	126	1397	51
洪泽区	670	5	77	3	2	125	152	19	273	5
涟水县										
盱眙县										
金湖县										
淮安经济技术开发区										
工业园区										
生态文旅区										
苏淮高新区										
盐城市	**10719**	**32**	**2300**	**56**	**3**	**1689**	**2204**	**299**	**3588**	**150**
亭湖区	2763	11	634	15	1	450	510	72	925	58
盐都区	1590	5	439	3	1	193	299	36	542	28
大丰区	1731		359	24	1	282	405	42	534	23
响水县										
滨海县										
阜宁县										
射阳县										
建湖县										
盐城经济技术开发区	14		5			2	3		4	
江苏省盐南高新区	2902	12	547	7		435	673	86	1032	25
东台市	1719	4	316	7		327	314	63	551	16
扬州市	**14135**	**105**	**3759**	**47**	**12**	**1768**	**3408**	**299**	**4156**	**231**
广陵区	2673	27	760	10		329	642	50	744	41

4-6a　续表 10　　　　　　　　　　　　　　　　　　　　　　　　　　　　　　单位：人

地区 性别	专业技术人员 小计	科学研究人员	工程技术人员	农业技术人员	飞机和船舶技术人员	卫生专业技术人员	经济和金融专业人员	法律、社会和宗教专业人员	教学人员	文学艺术、体育专业人员
邗江区	4458	44	1184	13	2	474	1104	106	1348	86
江都区	2405	7	574	7	5	333	613	42	696	33
宝应县										
扬州经济技术开发区										
蜀冈瘦西湖景区	1119	9	289	4	4	129	274	34	338	19
生态新城	58		16			7	13	1	19	1
仪征市	1641	7	483	1	1	233	344	24	478	36
高邮市	1781	11	453	12		263	418	42	533	15
镇江市	**11248**	**52**	**2544**	**40**	**10**	**1615**	**2824**	**241**	**3581**	**94**
京口区	2614	14	505	4	4	440	528	52	988	24
润州区	1716	12	443	2	3	245	417	52	472	16
丹徒区	708	4	206	6	1	52	170	20	239	5
镇江新区										
江苏镇江高新区	301	5	83			49	56	4	86	5
丹阳市	2939	10	584	12	2	424	933	59	831	31
扬中市	1111		275	6		166	296	17	325	2
句容市	1859	7	448	10		239	424	37	640	11
泰州市	**14111**	**84**	**3410**	**75**	**37**	**2173**	**3451**	**337**	**4079**	**163**
海陵区	3575	18	809	10	6	534	972	99	981	46
高港区	950	20	304	1	1	119	251	13	214	6
姜堰区	2476	8	582	17	2	371	591	76	758	31
泰州医药高新技术产业开发区										
兴化市	1624	5	278	11	4	306	328	36	606	16
靖江市	2726	7	668	14	19	423	719	61	733	28
泰兴市	2760	26	769	22	5	420	590	52	787	36
宿迁市	**5181**	**8**	**933**	**29**	**1**	**850**	**1125**	**144**	**1936**	**55**
宿城区	3203	6	519	19		563	776	109	1111	27
宿豫区	1226		237	5		164	215	19	553	19
沭阳县										
泗阳县										
泗洪县										
宿迁经济技术开发区										
宿迁市湖滨新区	231		59	3	1	36	35	4	86	2
苏州宿迁工业园区	310	1	95	1		33	72	9	92	4
宿迁市洋河新区	211	1	23	1		54	27	3	94	3
男	**146256**	**1472**	**75046**	**632**	**406**	**10997**	**21510**	**4304**	**25995**	**2649**
南京市	**36392**	**693**	**18474**	**122**	**163**	**2279**	**5608**	**1049**	**6407**	**770**
玄武区	2896	120	1099	21	9	163	529	85	707	90
秦淮区	3576	78	1589	8	21	280	705	100	558	119
建邺区	3006	55	1338	9	15	212	618	116	491	78
鼓楼区	4657	99	1988	10	32	480	695	170	959	75
浦口区	1222	20	660	5	2	69	146	44	242	13
栖霞区	3582	96	1770	11	3	179	484	108	766	86
雨花台区	3125	25	2053	4	8	113	394	85	305	79
江宁区	6610	97	3748	20	50	306	934	142	1119	107
六合区	737	3	330	5	3	57	81	26	201	6
溧水区	1155	6	613	6	4	92	148	37	212	20
高淳区	810	5	371	5	4	89	123	26	164	8
南京江北新区	5016	89	2915	18	12	239	751	110	683	89
无锡市	**18323**	**167**	**10963**	**61**	**38**	**1190**	**2539**	**558**	**2144**	**361**
锡山区	1653	13	1126	2	2	68	181	46	165	26

4-6a 续表 11 单位：人

地区 性别	专业技术人员 小计	科学研究人员	工程技术人员	农业技术人员	飞机和船舶技术人员	卫生专业技术人员	经济和金融专业人员	法律、社会和宗教专业人员	教学人员	文学艺术、体育专业人员
惠山区	1892	16	1227	9		110	269	54	162	28
滨湖区	2011	40	1129	7	6	144	224	54	305	54
梁溪区	3578	25	1851	10	5	300	686	129	416	106
新吴区	2599	13	1918	3	3	71	267	60	178	47
江苏无锡经济开发区	1792	25	1107	9	11	112	197	59	216	36
江阴市	2889	23	1614	13	11	218	462	87	380	35
宜兴市	1909	12	991	8		167	253	69	322	29
徐州市	**8597**	**49**	**3254**	**61**	**8**	**1064**	**1073**	**264**	**2443**	**159**
鼓楼区	1242	8	574	1	2	107	174	31	270	30
云龙区	1533	9	690	7	1	165	205	56	337	28
贾汪区	389		139	3	1	54	40	10	134	3
泉山区	2352	18	877	10		332	339	95	556	47
铜山区	993	9	374	12	2	75	110	24	352	16
丰县										
沛县										
睢宁县										
徐州经济技术开发区	6		3				1		1	
新沂市	851	2	262	11	2	149	97	22	265	14
邳州市	1231	3	335	17		182	107	26	528	21
常州市	**12407**	**84**	**6733**	**53**	**18**	**792**	**1866**	**330**	**1983**	**192**
天宁区	2219	23	1064	9		193	389	96	355	31
钟楼区	2099	18	1058	7	4	156	347	52	349	46
新北区	2539	14	1571	12	6	95	398	61	290	41
武进区	2605	12	1495	7	1	120	285	49	475	49
金坛区	922	8	354	6	5	110	169	23	219	12
江苏省常州市经济开发区	611	5	386	4		16	88	14	59	2
溧阳市	1412	4	805	8	2	102	190	35	236	11
苏州市	**28342**	**188**	**17273**	**83**	**16**	**1636**	**4370**	**799**	**3147**	**484**
虎丘区	3798	29	2528	3		124	666	63	319	39
吴中区	3636	38	2203	13	2	133	653	61	400	83
相城区	2796	21	1686	6	1	140	346	233	283	48
姑苏区	3680	31	1881	8	3	291	666	128	496	119
吴江区	2488	11	1663	4		128	361	47	205	37
苏州工业园区										
常熟市	2376	10	1188	5	1	240	348	81	416	47
张家港市	1873	11	1021	13	2	183	264	51	279	32
昆山市	6396	27	4373	23	4	307	892	95	555	61
太仓市	1299	10	730	8	3	90	174	40	194	18
南通市	**9851**	**54**	**4829**	**48**	**68**	**815**	**1507**	**337**	**1797**	**165**
崇川区	2853	29	1244	7	25	293	465	103	546	64
港闸区	1221	8	711	6	19	71	164	24	152	38
通州区	1109	3	605	4	3	76	165	32	191	13
如东县										
南通经济技术开发区										
通州湾示范区										
苏锡通科技产业园区										
启东市	1160	5	632	2	2	90	185	21	200	6
如皋市	1070	6	486	5	4	91	144	62	229	21
海门市	1074	2	521	7	9	86	147	18	223	11
海安市	1364	1	630	17	6	108	237	77	256	12
连云港市	**3576**	**53**	**1609**	**16**	**28**	**312**	**498**	**94**	**830**	**63**
连云区	585	8	412	1	8	29	62	9	52	

4-6a　续表 12　　　　　　　　　　　　　　　　　　　　　　　　　单位：人

地　区 性　别	专业技术人员 小计	科学研究人员	工程技术人员	农业技术人员	飞机和船舶技术人员	卫生专业技术人员	经济和金融专业人员	法律、社会和宗教专业人员	教学人员	文学艺术、体育专业人员
海州区	2012	39	811	9	6	187	339	63	447	51
赣榆区	875	6	296	6	14	93	87	22	330	12
东海县	8		3			2	3			
灌云县										
灌南县										
连云港经济技术开发区										
连云港高新技术产业开发区										
江苏连云港徐圩新区	95		86			1	7		1	
江苏省连云港市云台山风景名胜区	1		1							
淮安市	**3528**	**19**	**1073**	**14**	**10**	**471**	**458**	**121**	**1198**	**58**
淮安区	749	1	184	7	4	97	89	16	324	12
淮阴区	807	2	264	1		140	92	21	252	12
清江浦区	1667	12	556	6	4	190	237	74	495	29
洪泽区	305	4	69		2	44	40	10	127	5
涟水县										
盱眙县										
金湖县										
淮安经济技术开发区										
工业园区										
生态文旅区										
苏淮高新区										
盐城市	**5121**	**26**	**1975**	**39**	**3**	**532**	**632**	**185**	**1388**	**93**
亭湖区	1413	9	550	11	1	153	157	51	394	38
盐都区	795	4	382	2	1	54	89	22	197	17
大丰区	797		308	17	1	80	96	25	218	13
响水县										
滨海县										
阜宁县										
射阳县										
建湖县										
盐城经济技术开发区	8		5				1		2	
江苏省盐南高新区	1280	9	466	4		145	203	44	349	16
东台市	828	4	264	5		100	86	43	228	9
扬州市	**6628**	**58**	**3121**	**39**	**12**	**517**	**989**	**157**	**1419**	**125**
广陵区	1292	17	625	8		92	202	25	257	28
邗江区	2059	25	978	11	2	136	291	56	464	43
江都区	1092	3	477	5	5	97	178	19	233	19
宝应县										
扬州经济技术开发区										
蜀冈瘦西湖景区	513	6	244	4	4	32	83	18	103	8
生态新城	33		14			4	5	1	7	1
仪征市	788	2	394	1	1	71	96	15	167	22
高邮市	851	5	389	10		85	134	23	188	4
镇江市	**4998**	**30**	**2122**	**26**	**9**	**471**	**749**	**123**	**1279**	**47**
京口区	1171	7	408	2	4	133	145	30	400	13
润州区	792	6	368	1	2	73	116	29	152	8
丹徒区	332	3	180	3	1	15	35	6	85	2
镇江新区										
江苏镇江高新区	132	2	71			6	11	2	27	4
丹阳市	1226	7	489	7	2	128	249	27	276	13
扬中市	455		229	4		39	59	9	102	
句容市	890	5	377	9		77	134	20	237	7

4-6a 续表 13

单位：人

地区 性别	专业技术人员 小计	科学研究人员	工程技术人员	农业技术人员	飞机和船舶技术人员	卫生专业技术人员	经济和金融专业人员	法律、社会和宗教专业人员	教学人员	文学艺术、体育专业人员
泰州市	**6313**	**45**	**2824**	**49**	**32**	**686**	**895**	**201**	**1334**	**99**
海陵区	1607	11	685	8	6	167	265	60	330	26
高港区	440	9	228		1	40	68	11	67	5
姜堰区	1115	2	497	10	2	110	163	38	254	20
泰州医药高新技术产业开发区										
兴化市	737	4	232	8	2	109	120	25	213	7
靖江市	1097	4	542	11	16	130	112	34	208	17
泰兴市	1317	15	640	12	5	130	167	33	262	24
宿迁市	**2180**	**6**	**796**	**21**	**1**	**232**	**326**	**86**	**626**	**33**
宿城区	1282	5	430	13		152	214	64	351	13
宿豫区	558		205	4		48	76	12	191	15
沭阳县										
泗阳县										
泗洪县										
宿迁经济技术开发区										
宿迁市湖滨新区	121		55	2	1	9	13	2	35	1
苏州宿迁工业园区	143	1	83	1		9	16	6	23	3
宿迁市洋河新区	76		23	1		14	7	2	26	1
女	**172937**	**1046**	**16752**	**337**	**24**	**28571**	**60819**	**3785**	**55800**	**2203**
南京市	**42281**	**554**	**4774**	**72**	**8**	**6768**	**14323**	**1240**	**12694**	**659**
玄武区	3440	119	400	10		524	1112	97	1021	56
秦淮区	4544	54	427	5	2	860	1635	152	1132	108
建邺区	3764	37	354	5	1	611	1377	126	1060	62
鼓楼区	6054	69	524	5	1	1282	1867	194	1820	82
浦口区	1325	13	149	5		227	412	41	435	17
栖霞区	4169	95	447	4		510	1398	135	1411	64
雨花台区	3158	21	517	3		380	1151	92	797	66
江宁区	7376	68	1078	19	2	997	2592	179	2214	94
六合区	873	2	54	1	1	167	244	36	343	7
溧水区	1209	1	95	4		231	378	36	437	6
高淳区	855	2	37			194	235	32	324	14
南京江北新区	5514	73	692	11	1	785	1922	120	1700	83
无锡市	**21884**	**93**	**2375**	**41**	**1**	**3032**	**9076**	**468**	**6160**	**282**
锡山区	1929	5	242	2		184	900	30	530	23
惠山区	2178	8	262	8		231	923	33	648	31
滨湖区	2388	29	273	3		360	850	54	729	47
梁溪区	4713	12	395	6		838	1974	144	1194	69
新吴区	2392	11	390	5		225	993	48	646	26
江苏无锡经济开发区	1886	13	294	6		225	715	43	526	32
江阴市	3855	13	361	8	1	512	1743	75	1052	31
宜兴市	2543	2	158	3		457	978	41	835	23
徐州市	**11199**	**31**	**567**	**26**	**1**	**2661**	**2619**	**202**	**4755**	**120**
鼓楼区	1559	2	94	2	1	337	427	34	603	20
云龙区	2171	7	128	4		454	623	52	843	22
贾汪区	464		22	1		136	76	4	221	3
泉山区	3239	10	170	6		844	851	69	1170	38
铜山区	1218	8	64	4		208	283	23	589	15
丰县										
沛县										
睢宁县										
徐州经济技术开发区	3		1				1		1	
新沂市	1081	2	47	7		272	168	12	540	9
邳州市	1464	2	41	2		410	190	8	788	13

4-6a 续表 14

单位：人

地区 性别	专业技术人员 小计	科学研究人员	工程技术人员	农业技术人员	飞机和船舶技术人员	卫生专业技术人员	经济和金融专业人员	法律、社会和宗教专业人员	教学人员	文学艺术、体育专业人员
常州市	**14880**	**54**	**1364**	**23**		**2199**	**5779**	**307**	**4672**	**169**
天宁区	2966	16	203	5		581	1084	92	883	33
钟楼区	2632	13	234	4		400	1071	50	768	33
新北区	3080	12	357	5		275	1350	60	902	41
武进区	3030	2	313	4		395	1164	54	998	37
金坛区	1182	4	56	4		238	390	19	448	4
江苏省常州市经济开发区	568	3	90			62	253	4	136	6
溧阳市	1422	4	111	1		248	467	28	537	15
苏州市	**32175**	**132**	**4195**	**44**	**2**	**4250**	**13400**	**599**	**8606**	**454**
虎丘区	3899	18	662	3		422	1765	57	877	38
吴中区	3825	37	610	14	1	370	1574	58	1007	91
相城区	2866	7	324	2		374	1187	61	811	60
姑苏区	4547	20	460	4	1	790	1813	164	1106	109
吴江区	2712	13	382	2		339	1161	35	737	10
苏州工业园区										
常熟市	3256	4	291	5		540	1278	48	1009	35
张家港市	2702	5	194	2		457	1025	41	912	30
昆山市	6718	19	1120	9		700	2933	92	1675	69
太仓市	1650	9	152	3		258	664	43	472	12
南通市	**11940**	**41**	**929**	**34**	**6**	**2224**	**3985**	**234**	**4091**	**134**
崇川区	3890	19	299	4	4	773	1322	106	1214	55
港闸区	1416	5	148	1	1	254	550	30	363	26
通州区	1321	4	99	7		213	471	16	469	12
如东县										
南通经济技术开发区										
通州湾示范区										
苏锡通科技产业园区										
启东市	1222	3	100	3		247	320	26	500	5
如皋市	1340	6	103	4		233	430	19	496	16
海门市	1193	4	65	9		214	358	23	494	6
海安市	1558		115	6	1	290	534	14	555	14
连云港市	**3953**	**17**	**252**	**12**		**747**	**1119**	**80**	**1608**	**48**
连云区	531	1	51	3		85	223	9	151	2
海州区	2337	15	160	4		448	735	48	841	37
赣榆区	1054	1	36	5		210	145	23	610	9
东海县	10						8		2	
灌云县										
灌南县										
连云港经济技术开发区										
连云港高新技术产业开发区										
江苏连云港徐圩新区	17		5			3	8		1	
江苏省连云港市云台山风景名胜区	4					1			3	
淮安市	**4471**	**8**	**188**	**12**		**1033**	**1097**	**87**	**1920**	**41**
淮安区	915	2	29	2		190	177	12	480	10
淮阴区	952	3	36	3		287	200	14	392	9
清江浦区	2239	2	115	4		475	608	52	902	22
洪泽区	365	1	8	3		81	112	9	146	
涟水县										
盱眙县										
金湖县										
淮安经济技术开发区										
工业园区										

4-6a 续表 15

单位：人

地区 性别	专业技术人员 小计	科学研究人员	工程技术人员	农业技术人员	飞机和船舶技术人员	卫生专业技术人员	经济和金融专业人员	法律、社会和宗教专业人员	教学人员	文学艺术、体育专业人员
生态文旅区										
苏淮高新区										
盐城市	**5598**	**6**	**325**	**17**		**1157**	**1572**	**114**	**2200**	**57**
亭湖区	1350	2	84	4		297	353	21	531	20
盐都区	795	1	57	1		139	210	14	345	11
大丰区	934		51	7		202	309	17	316	10
响水县										
滨海县										
阜宁县										
射阳县										
建湖县										
盐城经济技术开发区	6					2	2		2	
江苏省盐南高新区	1622	3	81	3		290	470	42	683	9
东台市	891		52	2		227	228	20	323	7
扬州市	**7507**	**47**	**638**	**8**		**1251**	**2419**	**142**	**2737**	**106**
广陵区	1381	10	135	2		237	440	25	487	13
邗江区	2399	19	206	2		338	813	50	884	43
江都区	1313	4	97	2		236	435	23	463	14
宝应县										
扬州经济技术开发区										
蜀冈瘦西湖景区	606	3	45			97	191	16	235	11
生态新城	25		2			3	8		12	
仪征市	853	5	89			162	248	9	311	14
高邮市	930	6	64	2		178	284	19	345	11
镇江市	**6250**	**22**	**422**	**14**	**1**	**1144**	**2075**	**118**	**2302**	**47**
京口区	1443	7	97	2		307	383	22	588	11
润州区	924	6	75	1	1	172	301	23	320	8
丹徒区	376	1	26	3		37	135	14	154	3
镇江新区										
江苏镇江高新区	169	3	12			43	45	2	59	1
丹阳市	1713	3	95	5		296	684	32	555	18
扬中市	656		46	2		127	237	8	223	2
句容市	969	2	71	1		162	290	17	403	4
泰州市	**7798**	**39**	**586**	**26**	**5**	**1487**	**2556**	**136**	**2745**	**64**
海陵区	1968	7	124	2		367	707	39	651	20
高港区	510	11	76	1		79	183	2	147	1
姜堰区	1361	6	85	7		261	428	38	504	11
泰州医药高新技术产业开发区										
兴化市	887	1	46	3	2	197	208	11	393	9
靖江市	1629	3	126	3	3	293	607	27	525	11
泰兴市	1443	11	129	10		290	423	19	525	12
宿迁市	**3001**	**2**	**137**	**8**		**618**	**799**	**58**	**1310**	**22**
宿城区	1921	1	89	6		411	562	45	760	14
宿豫区	668		32	1		116	139	7	362	4
沭阳县										
泗阳县										
泗洪县										
宿迁经济技术开发区										
宿迁市湖滨新区	110		4	1		27	22	2	51	1
苏州宿迁工业园区	167		12			24	56	3	69	1
宿迁市洋河新区	135	1				40	20	1	68	2

4-6a 续表 16

单位：人

地区 性别	专业技术人员		办事人员和有关人员				社会生产服务和生活服务人员		
	新闻出版、文化专业人员	其他专业技术人员	小计	办事人员	安全和消防人员	其他办事人员和有关人员	小计	批发与零售服务人员	交通运输、仓储和邮政业服务人员
江 苏	**4929**	**1916**	**202421**	**170289**	**26288**	**5844**	**768138**	**333299**	**121785**
南京市	**1703**	**313**	**51411**	**44021**	**6933**	**457**	**149088**	**56054**	**22889**
玄武区	161	13	3769	3368	389	12	9071	3361	946
秦淮区	261	26	4900	4214	644	42	15365	5502	1785
建邺区	188	17	4481	3922	517	42	10579	3956	981
鼓楼区	302	57	8964	7984	836	144	15041	6041	2085
浦口区	36	11	2309	1873	430	6	6044	2068	957
栖霞区	148	36	5150	4342	766	42	16007	5554	3404
雨花台区	159	31	3398	2790	577	31	14229	5269	2166
江宁区	201	19	8565	7469	1050	46	29804	11230	5258
六合区	19	24	1248	968	257	23	3831	1570	713
溧水区	29	9	1422	1113	293	16	4873	1725	929
高淳区	29	3	1050	873	173	4	3357	1425	507
南京江北新区	170	67	6155	5105	1001	49	20887	8353	3158
无锡市	**496**	**162**	**23557**	**21401**	**1618**	**538**	**97044**	**39764**	**17329**
锡山区	21	16	2276	2103	123	50	10962	4613	2521
惠山区	39	12	507	399	79	29	10806	4275	2093
滨湖区	72	19	3745	3528	172	45	9364	3490	1373
梁溪区	130	1	5385	4952	369	64	21783	9212	3428
新吴区	58	29	3092	2834	160	98	10713	4127	2276
江苏无锡经济开发区	40	12	1880	1730	116	34	6820	2499	869
江阴市	85	20	3858	3452	286	120	15678	6541	2994
宜兴市	51	53	2814	2403	313	98	10918	5007	1775
徐州市	**300**	**139**	**12412**	**9953**	**2378**	**81**	**55784**	**26456**	**9673**
鼓楼区	39	45	2051	1615	412	24	8640	4086	1522
云龙区	60	13	2530	2114	412	4	8455	4290	1522
贾汪区	3	3	446	352	90	4	2517	903	596
泉山区	122	37	3639	2958	649	32	11016	4950	1735
铜山区	31	12	1147	877	261	9	7833	3494	1393
丰县									
沛县									
睢宁县									
徐州经济技术开发区		1	3	2	1		46	20	15
新沂市	30	21	1119	891	223	5	7593	3772	1176
邳州市	15	7	1477	1144	330	3	9684	4941	1714
常州市	**360**	**309**	**12723**	**7189**	**1869**	**3665**	**70502**	**31511**	**10833**
天宁区	84	44	2442	1428	291	723	12124	5371	1748
钟楼区	71	50	1821	852	254	715	13954	6121	2502
新北区	90	39	2264	727	219	1318	13497	6120	1912
武进区	46	129	3409	2406	553	450	14144	6381	2209
金坛区	34	1	862	531	189	142	6600	2858	915
江苏省常州市经济开发区	10	41	303	122	39	142	3592	1379	726
溧阳市	25	5	1622	1123	324	175	6591	3281	821
苏州市	**708**	**131**	**34891**	**31233**	**3344**	**314**	**154488**	**68948**	**24230**
虎丘区	83	1	4286	3870	412	4	16044	6176	3152
吴中区	86	27	2108	1730	224	154	21132	9213	2694
相城区	56	16	3156	2903	231	22	16417	7121	3036
姑苏区	112	25	6369	5545	768	56	19842	7673	2799
吴江区	59	6	2548	2378	166	4	12670	5245	1934
苏州工业园区									
常熟市	74	12	3802	3402	386	14	21360	11762	3240

4-6a 续表 17

单位：人

地区 性别	专业技术人员 新闻出版、文化专业人员	专业技术人员 其他专业技术人员	办事人员和有关人员 小计	办事人员和有关人员 办事人员	办事人员和有关人员 安全和消防人员	办事人员和有关人员 其他办事人员和有关人员	社会生产服务和生活服务人员 小计	社会生产服务和生活服务人员 批发与零售服务人员	社会生产服务和生活服务人员 交通运输、仓储和邮政业服务人员
张家港市	49	4	3038	2782	228	28	11290	5857	1393
昆山市	145	15	7656	6961	687	8	28039	12783	4833
太仓市	44	25	1928	1662	242	24	7694	3118	1149
南通市	**337**	**156**	**14675**	**12586**	**1886**	**203**	**50069**	**23407**	**7786**
崇川区	121	50	5010	4267	678	65	12729	5822	1718
港闸区	39	27	1678	1248	341	89	7536	3250	1659
通州区	38	9	1583	1390	178	15	5818	2940	832
如东县									
南通经济技术开发区									
通州湾示范区									
苏锡通科技产业园区									
启东市	28	7	1504	1329	171	4	5542	2862	732
如皋市	45	10	1499	1395	90	14	6001	2620	1003
海门市	26	44	1651	1427	216	8	5216	2782	679
海安市	40	9	1750	1530	212	8	7227	3131	1163
连云港市	**91**	**52**	**4800**	**4014**	**747**	**39**	**19792**	**8879**	**3593**
连云区	7	3	824	683	135	6	2845	904	923
海州区	62	47	2951	2501	424	26	11336	5336	1597
赣榆区	22	2	961	780	174	7	5284	2536	936
东海县			11	11			167	64	79
灌云县									
灌南县									
连云港经济技术开发区									
连云港高新技术产业开发区									
江苏连云港徐圩新区			44	34	10		87	12	34
江苏省连云港市云台山风景名胜区			9	5	4		73	27	24
淮安市	**114**	**77**	**5498**	**4332**	**1096**	**70**	**22536**	**10304**	**3557**
淮安区	19	9	1058	838	208	12	5445	2314	964
淮阴区	17	14	1020	772	238	10	5850	2836	939
清江浦区	72	51	2875	2291	540	44	9012	4169	1262
洪泽区	6	3	545	431	110	4	2229	985	392
涟水县									
盱眙县									
金湖县									
淮安经济技术开发区									
工业园区									
生态文旅区									
苏淮高新区									
盐城市	**152**	**246**	**8534**	**7238**	**1159**	**137**	**31728**	**15309**	**4549**
亭湖区	37	50	2054	1604	398	52	10896	5693	1437
盐都区	19	25	1138	956	177	5	5744	2678	773
大丰区	18	43	1450	1271	148	31	4216	1815	676
响水县									
滨海县									
阜宁县									
射阳县									
建湖县									
盐城经济技术开发区			14	12	1	1	35	11	2
江苏省盐南高新区	60	25	2740	2458	265	17	5531	2741	599
东台市	18	103	1138	937	170	31	5306	2371	1062
扬州市	**197**	**153**	**10732**	**9066**	**1539**	**127**	**37222**	**17414**	**4961**
广陵区	37	33	2218	1925	266	27	9669	4528	1362

4-6a 续表 18

单位：人

地区 性别	专业技术人员		办事人员和有关人员				社会生产服务和生活服务人员		
	新闻出版、文化专业人员	其他专业技术人员	小计	办事人员	安全和消防人员	其他办事人员和有关人员	小计	批发与零售服务人员	交通运输、仓储和邮政业服务人员
邗江区	70	27	3194	2678	441	75	9714	4667	1006
江都区	29	66	1741	1475	256	10	5724	2648	806
宝应县									
扬州经济技术开发区									
蜀冈瘦西湖景区	14	5	808	699	107	2	2527	1097	276
生态新城		1	70	57	13		553	429	50
仪征市	22	12	1525	1269	252	4	4376	2015	721
高邮市	25	9	1176	963	204	9	4659	2030	740
镇江市	**159**	**88**	**9980**	**8251**	**1637**	**92**	**29997**	**13390**	**4316**
京口区	42	13	2466	2129	324	13	5182	2250	720
润州区	30	24	1684	1391	261	32	4372	1905	602
丹徒区	5		879	733	143	3	2406	897	425
镇江新区									
江苏镇江高新区	7	6	404	278	119	7	1264	576	205
丹阳市	31	22	2032	1658	368	6	7907	3633	1255
扬中市	11	13	1138	992	130	16	3342	1747	379
句容市	33	10	1377	1070	292	15	5524	2382	730
泰州市	**217**	**85**	**10307**	**8414**	**1783**	**110**	**35354**	**16152**	**5560**
海陵区	77	23	2977	2424	538	15	9559	4282	1379
高港区	11	10	772	573	171	28	2488	1150	460
姜堰区	30	10	1501	1229	260	12	5344	2394	821
泰州医药高新技术产业开发区									
兴化市	23	11	1252	967	262	23	5476	2662	923
靖江市	46	8	2063	1789	268	6	6118	2687	1095
泰兴市	30	23	1742	1432	284	26	6369	2977	882
宿迁市	**95**	**5**	**2901**	**2591**	**299**	**11**	**14534**	**5711**	**2509**
宿城区	73		1869	1650	210	9	7291	3208	1207
宿豫区	11	3	593	545	47	1	4749	1508	814
沭阳县									
泗阳县									
泗洪县									
宿迁经济技术开发区									
宿迁市湖滨新区	3	2	89	84	4	1	939	308	144
苏州宿迁工业园区	3		205	194	11		420	226	39
宿迁市洋河新区	5		145	118	27		1135	461	305
男	**1853**	**1392**	**116014**	**89640**	**23334**	**3040**	**426549**	**163210**	**99023**
南京市	**603**	**224**	**28706**	**22264**	**6186**	**256**	**84784**	**27895**	**18978**
玄武区	61	12	2024	1691	328	5	4993	1698	749
秦淮区	103	15	2647	2058	566	23	8523	2642	1479
建邺区	62	12	2491	2035	438	18	5901	2031	806
鼓楼区	110	39	4933	4144	710	79	8220	2993	1720
浦口区	11	10	1416	1004	406	6	3452	1067	817
栖霞区	53	26	2934	2202	708	24	9642	2784	2984
雨花台区	38	21	1837	1312	506	19	8267	2678	1806
江宁区	74	13	4683	3701	955	27	17452	5710	4226
六合区	6	19	754	514	230	10	2100	731	605
溧水区	9	8	861	580	272	9	2779	839	789
高淳区	13	2	675	513	159	3	1775	659	429
南京江北新区	63	47	3451	2510	908	33	11680	4063	2568
无锡市	**182**	**120**	**12493**	**10710**	**1400**	**383**	**55318**	**20240**	**13840**
锡山区	10	14	1213	1071	106	36	6626	2480	2083

4-6a 续表 19

单位：人

地区 性别	专业技术人员		办事人员和有关人员				社会生产服务和生活服务人员		
	新闻出版、文化专业人员	其他专业技术人员	小计	办事人员	安全和消防人员	其他办事人员和有关人员	小计	批发与零售服务人员	交通运输、仓储和邮政业服务人员
惠山区	11	6	283	195	69	19	6241	2247	1596
滨湖区	37	11	2059	1882	146	31	5264	1755	1077
梁溪区	49	1	2826	2462	319	45	12546	4795	2827
新吴区	17	22	1447	1237	139	71	6224	2016	1770
江苏无锡经济开发区	10	10	931	808	99	24	3823	1321	688
江阴市	30	16	2061	1733	243	85	8611	3168	2313
宜兴市	18	40	1673	1322	279	72	5983	2458	1486
徐州市	**116**	**106**	**7982**	**5763**	**2170**	**49**	**31043**	**12759**	**8014**
鼓楼区	10	35	1263	875	376	12	4928	2008	1243
云龙区	26	9	1555	1184	368	3	4701	2140	1176
贾汪区	3	2	293	208	82	3	1493	442	514
泉山区	52	26	2291	1684	589	18	6094	2433	1429
铜山区	7	12	750	507	236	7	3806	1375	1133
丰县									
沛县									
睢宁县									
徐州经济技术开发区		1	3	2	1		31	10	13
新沂市	11	16	779	569	207	3	4080	1763	969
邳州市	7	5	1048	734	311	3	5910	2588	1537
常州市	**134**	**222**	**7199**	**3804**	**1641**	**1754**	**38239**	**15384**	**8501**
天宁区	25	34	1395	781	266	348	6782	2662	1398
钟楼区	27	35	971	454	226	291	7947	3083	2043
新北区	24	27	1202	378	187	637	7158	3026	1399
武进区	25	87	1937	1219	497	221	7738	3226	1750
金坛区	15	1	556	322	161	73	3536	1370	705
江苏省常州市经济开发区	3	34	167	57	35	75	1917	673	539
溧阳市	15	4	971	593	269	109	3161	1344	667
苏州市	**257**	**89**	**18528**	**15389**	**2996**	**143**	**86442**	**34005**	**19783**
虎丘区	26	1	2179	1800	376	3	9344	3048	2605
吴中区	32	18	1144	890	198	56	11108	4254	2140
相城区	21	11	1653	1427	211	15	9482	3634	2541
姑苏区	41	16	3489	2766	694	29	11189	3661	2372
吴江区	27	5	1366	1214	151	1	7142	2752	1549
苏州工业园区									
常熟市	29	11	2191	1838	347	6	11987	5908	2701
张家港市	15	2	1612	1391	203	18	6236	2971	1128
昆山市	48	11	3824	3221	601	2	15934	6342	3849
太仓市	18	14	1070	842	215	13	4020	1435	898
南通市	**114**	**117**	**8076**	**6348**	**1617**	**111**	**27052**	**11048**	**6276**
崇川区	44	33	2871	2241	596	34	6939	2795	1397
港闸区	9	19	929	572	309	48	4279	1547	1361
通州区	10	7	828	670	149	9	3090	1326	690
如东县									
南通经济技术开发区									
通州湾示范区									
苏锡通科技产业园区									
启东市	12	5	744	605	138	1	3057	1453	590
如皋市	15	7	846	762	77	7	3312	1212	801
海门市	11	39	912	737	169	6	2637	1286	526
海安市	13	7	946	761	179	6	3738	1429	911
连云港市	**34**	**39**	**3103**	**2409**	**670**	**24**	**10878**	**4141**	**3017**
连云区	2	2	478	352	123	3	1665	401	791

4-6a 续表 20

单位：人

地区 性别	专业技术人员		办事人员和有关人员				社会生产服务和生活服务人员		
	新闻出版、文化专业人员	其他专业技术人员	小计	办事人员	安全和消防人员	其他办事人员和有关人员	小计	批发与零售服务人员	交通运输、仓储和邮政业服务人员
海州区	24	36	1884	1496	374	14	6217	2612	1309
赣榆区	8	1	691	525	159	7	2795	1092	796
东海县			6	6			94	16	66
灌云县									
灌南县									
连云港经济技术开发区									
连云港高新技术产业开发区									
江苏连云港徐圩新区			36	26	10		65	8	32
江苏省连云港市云台山风景名胜区			8	4	4		42	12	23
淮安市	**52**	**54**	**3649**	**2598**	**1013**	**38**	**12057**	**4756**	**2949**
淮安区	8	7	720	522	190	8	2829	981	782
淮阴区	11	12	708	483	222	3	3168	1321	788
清江浦区	29	35	1848	1325	497	26	4843	1994	1053
洪泽区	4		373	268	104	1	1217	460	326
涟水县									
盱眙县									
金湖县									
淮安经济技术开发区									
工业园区									
生态文旅区									
苏淮高新区									
盐城市	**66**	**182**	**5527**	**4428**	**1017**	**82**	**17679**	**7709**	**3764**
亭湖区	16	33	1390	1006	348	36	6058	2864	1155
盐都区	9	18	724	573	149	2	3159	1363	648
大丰区	9	30	893	745	132	16	2331	891	582
响水县									
滨海县									
阜宁县									
射阳县									
建湖县									
盐城经济技术开发区			10	9		1	13	3	2
江苏省盐南高新区	25	19	1751	1508	235	8	3093	1458	486
东台市	7	82	759	587	153	19	3025	1130	891
扬州市	**85**	**106**	**6585**	**5131**	**1380**	**74**	**19825**	**8169**	**3925**
广陵区	15	23	1288	1034	241	13	5156	2169	1035
邗江区	33	20	1925	1479	400	46	5047	2189	783
江都区	13	43	1066	829	232	5	2961	1188	617
宝应县									
扬州经济技术开发区									
蜀冈瘦西湖景区	8	3	490	400	90		1402	541	216
生态新城		1	38	26	12		344	260	44
仪征市	9	10	992	760	228	4	2269	869	578
高邮市	7	6	786	603	177	6	2646	953	652
镇江市	**73**	**69**	**6089**	**4555**	**1481**	**53**	**16211**	**6507**	**3414**
京口区	17	12	1475	1171	296	8	2775	1032	596
润州区	16	21	1047	789	238	20	2393	930	472
丹徒区	2		541	410	131		1309	429	362
镇江新区									
江苏镇江高新区	4	5	265	152	107	6	696	283	166
丹阳市	11	17	1248	904	342	2	4161	1694	917
扬中市	7	6	665	547	113	5	1906	1002	288
句容市	16	8	848	582	254	12	2971	1137	613

4-6a 续表 21

单位：人

地区 性别	专业技术人员		办事人员和有关人员				社会生产服务和生活服务人员		
	新闻出版、文化专业人员	其他专业技术人员	小计	办事人员	安全和消防人员	其他办事人员和有关人员	小计	批发与零售服务人员	交通运输、仓储和邮政业服务人员
泰州市	**87**	**61**	**6267**	**4683**	**1520**	**64**	**18839**	**7894**	**4418**
海陵区	31	18	1755	1295	452	8	5042	2022	1131
高港区	4	7	461	295	145	21	1370	655	347
姜堰区	11	8	920	704	209	7	2801	1166	651
泰州医药高新技术产业开发区									
兴化市	12	5	872	624	238	10	3178	1402	787
靖江市	17	6	1170	937	230	3	3208	1262	817
泰兴市	12	17	1089	828	246	15	3240	1387	685
宿迁市	**50**	**3**	**1810**	**1558**	**243**	**9**	**8182**	**2703**	**2144**
宿城区	40		1179	1005	166	8	4128	1547	1030
宿豫区	5	2	377	340	37		2624	669	677
沭阳县									
泗阳县									
泗洪县									
宿迁经济技术开发区									
宿迁市湖滨新区	2	1	53	48	4	1	493	129	132
苏州宿迁工业园区	1		102	92	10		214	112	30
宿迁市洋河新区	2		99	73	26		723	246	275
女	**3076**	**524**	**86407**	**80649**	**2954**	**2804**	**341589**	**170089**	**22762**
南京市	**1100**	**89**	**22705**	**21757**	**747**	**201**	**64304**	**28159**	**3911**
玄武区	100	1	1745	1677	61	7	4078	1663	197
秦淮区	158	11	2253	2156	78	19	6842	2860	306
建邺区	126	5	1990	1887	79	24	4678	1925	175
鼓楼区	192	18	4031	3840	126	65	6821	3048	365
浦口区	25	1	893	869	24		2592	1001	140
栖霞区	95	10	2216	2140	58	18	6365	2770	420
雨花台区	121	10	1561	1478	71	12	5962	2591	360
江宁区	127	6	3882	3768	95	19	12352	5520	1032
六合区	13	5	494	454	27	13	1731	839	108
溧水区	20	1	561	533	21	7	2094	886	140
高淳区	16	1	375	360	14	1	1582	766	78
南京江北新区	107	20	2704	2595	93	16	9207	4290	590
无锡市	**314**	**42**	**11064**	**10691**	**218**	**155**	**41726**	**19524**	**3489**
锡山区	11	2	1063	1032	17	14	4336	2133	438
惠山区	28	6	224	204	10	10	4565	2028	497
滨湖区	35	8	1686	1646	26	14	4100	1735	296
梁溪区	81		2559	2490	50	19	9237	4417	601
新吴区	41	7	1645	1597	21	27	4489	2111	506
江苏无锡经济开发区	30	2	949	922	17	10	2997	1178	181
江阴市	55	4	1797	1719	43	35	7067	3373	681
宜兴市	33	13	1141	1081	34	26	4935	2549	289
徐州市	**184**	**33**	**4430**	**4190**	**208**	**32**	**24741**	**13697**	**1659**
鼓楼区	29	10	788	740	36	12	3712	2078	279
云龙区	34	4	975	930	44	1	3754	2150	346
贾汪区		1	153	144	8	1	1024	461	82
泉山区	70	11	1348	1274	60	14	4922	2517	306
铜山区	24		397	370	25	2	4027	2119	260
丰县									
沛县									
睢宁县									
徐州经济技术开发区							15	10	2
新沂市	19	5	340	322	16	2	3513	2009	207
邳州市	8	2	429	410	19		3774	2353	177

4-6a　续表 22　　　　单位：人

地区 性别	专业技术人员		办事人员和有关人员				社会生产服务和生活服务人员		
	新闻出版、文化专业人员	其他专业技术人员	小计	办事人员	安全和消防人员	其他办事人员和有关人员	小计	批发与零售服务人员	交通运输、仓储和邮政业服务人员
常州市	**226**	**87**	**5524**	**3385**	**228**	**1911**	**32263**	**16127**	**2332**
天宁区	59	10	1047	647	25	375	5342	2709	350
钟楼区	44	15	850	398	28	424	6007	3038	459
新北区	66	12	1062	349	32	681	6339	3094	513
武进区	21	42	1472	1187	56	229	6406	3155	459
金坛区	19		306	209	28	69	3064	1488	210
江苏省常州市经济开发区	7	7	136	65	4	67	1675	706	187
溧阳市	10	1	651	530	55	66	3430	1937	154
苏州市	**451**	**42**	**16363**	**15844**	**348**	**171**	**68046**	**34943**	**4447**
虎丘区	57		2107	2070	36	1	6700	3128	547
吴中区	54	9	964	840	26	98	10024	4959	554
相城区	35	5	1503	1476	20	7	6935	3487	495
姑苏区	71	9	2880	2779	74	27	8653	4012	427
吴江区	32	1	1182	1164	15	3	5528	2493	385
苏州工业园区									
常熟市	45	1	1611	1564	39	8	9373	5854	539
张家港市	34	2	1426	1391	25	10	5054	2886	265
昆山市	97	4	3832	3740	86	6	12105	6441	984
太仓市	26	11	858	820	27	11	3674	1683	251
南通市	**223**	**39**	**6599**	**6238**	**269**	**92**	**23017**	**12359**	**1510**
崇川区	77	17	2139	2026	82	31	5790	3027	321
港闸区	30	8	749	676	32	41	3257	1703	298
通州区	28	2	755	720	29	6	2728	1614	142
如东县									
南通经济技术开发区									
通州湾示范区									
苏锡通科技产业园区									
启东市	16	2	760	724	33	3	2485	1409	142
如皋市	30	3	653	633	13	7	2689	1408	202
海门市	15	5	739	690	47	2	2579	1496	153
海安市	27	2	804	769	33	2	3489	1702	252
连云港市	**57**	**13**	**1697**	**1605**	**77**	**15**	**8914**	**4738**	**576**
连云区	5	1	346	331	12	3	1180	503	132
海州区	38	11	1067	1005	50	12	5119	2724	288
赣榆区	14	1	270	255	15		2489	1444	140
东海县			5	5			73	48	13
灌云县									
灌南县									
连云港经济技术开发区									
连云港高新技术产业开发区									
江苏连云港徐圩新区			8	8			22	4	2
江苏省连云港市云台山风景名胜区			1	1			31	15	1
淮安市	**62**	**23**	**1849**	**1734**	**83**	**32**	**10479**	**5548**	**608**
淮安区	11	2	338	316	18	4	2616	1333	182
淮阴区	6	2	312	289	16	7	2682	1515	151
清江浦区	43	16	1027	966	43	18	4169	2175	209
洪泽区	2	3	172	163	6	3	1012	525	66
涟水县									
盱眙县									
金湖县									
淮安经济技术开发区									
工业园区									

4-6a 续表 23

单位：人

地区 性别	专业技术人员		办事人员和有关人员				社会生产服务和生活服务人员		
	新闻出版、文化专业人员	其他专业技术人员	小计	办事人员	安全和消防人员	其他办事人员和有关人员	小计	批发与零售服务人员	交通运输、仓储和邮政业服务人员
生态文旅区									
苏淮高新区									
盐城市	**86**	**64**	**3007**	**2810**	**142**	**55**	**14049**	**7600**	**785**
亭湖区	21	17	664	598	50	16	4838	2829	282
盐都区	10	7	414	383	28	3	2585	1315	125
大丰区	9	13	557	526	16	15	1885	924	94
响水县									
滨海县									
阜宁县									
射阳县									
建湖县									
盐城经济技术开发区			4	3	1		22	8	
江苏省盐南高新区	35	6	989	950	30	9	2438	1283	113
东台市	11	21	379	350	17	12	2281	1241	171
扬州市	**112**	**47**	**4147**	**3935**	**159**	**53**	**17397**	**9245**	**1036**
广陵区	22	10	930	891	25	14	4513	2359	327
邗江区	37	7	1269	1199	41	29	4667	2478	223
江都区	16	23	675	646	24	5	2763	1460	189
宝应县									
扬州经济技术开发区									
蜀冈瘦西湖景区	6	2	318	299	17	2	1125	556	60
生态新城			32	31	1		209	169	6
仪征市	13	2	533	509	24		2107	1146	143
高邮市	18	3	390	360	27	3	2013	1077	88
镇江市	**86**	**19**	**3891**	**3696**	**156**	**39**	**13786**	**6883**	**902**
京口区	25	1	991	958	28	5	2407	1218	124
润州区	14	3	637	602	23	12	1979	975	130
丹徒区	3		338	323	12	3	1097	468	63
镇江新区									
江苏镇江高新区	3	1	139	126	12	1	568	293	39
丹阳市	20	5	784	754	26	4	3746	1939	338
扬中市	4	7	473	445	17	11	1436	745	91
句容市	17	2	529	488	38	3	2553	1245	117
泰州市	**130**	**24**	**4040**	**3731**	**263**	**46**	**16515**	**8258**	**1142**
海陵区	46	5	1222	1129	86	7	4517	2260	248
高港区	7	3	311	278	26	7	1118	495	113
姜堰区	19	2	581	525	51	5	2543	1228	170
泰州医药高新技术产业开发区									
兴化市	11	6	380	343	24	13	2298	1260	136
靖江市	29	2	893	852	38	3	2910	1425	278
泰兴市	18	6	653	604	38	11	3129	1590	197
宿迁市	**45**	**2**	**1091**	**1033**	**56**	**2**	**6352**	**3008**	**365**
宿城区	33		690	645	44	1	3163	1661	177
宿豫区	6	1	216	205	10	1	2125	839	137
沭阳县									
泗阳县									
泗洪县									
宿迁经济技术开发区									
宿迁市湖滨新区	1	1	36	36			446	179	12
苏州宿迁工业园区	2		103	102	1		206	114	9
宿迁市洋河新区	3		46	45	1		412	215	30

4-6a　续表 24　　　　单位：人

地　区 性　别	社会生产服务和生活服务人员								
	住宿和餐饮服务人员	信息传输、软件和信息技术服务人员	金融服务人员	房地产服务人员	租赁和商务服务人员	技术辅助服务人员	水利、环境和公共设施管理服务人员	居民服务人员	电力、燃气及水供应服务人员
江　苏	**81976**	**27724**	**21617**	**18602**	**32619**	**25558**	**32977**	**39780**	**5341**
南京市	**16265**	**12108**	**4529**	**4064**	**6594**	**6166**	**7157**	**7048**	**920**
玄武区	1343	754	361	293	410	363	373	498	53
秦淮区	2253	1034	660	515	779	577	543	922	96
建邺区	1185	992	711	364	487	636	430	512	38
鼓楼区	1766	970	553	327	671	615	510	948	61
浦口区	725	370	162	177	217	219	600	297	54
栖霞区	1644	947	360	490	820	579	808	704	90
雨花台区	1346	1820	285	326	564	618	745	551	67
江宁区	2533	3166	637	763	1364	1243	1384	1056	174
六合区	462	103	87	74	122	105	187	229	31
溧水区	587	147	155	117	248	172	347	203	69
高淳区	398	104	107	59	85	102	217	201	31
南京江北新区	2023	1701	451	559	827	937	1013	927	156
无锡市	**9745**	**3041**	**2751**	**2699**	**5946**	**3238**	**3950**	**4578**	**598**
锡山区	891	259	186	273	549	424	486	401	36
惠山区	1108	295	197	346	813	330	370	479	107
滨湖区	1216	349	248	254	712	389	477	475	44
梁溪区	2278	617	829	770	1368	680	670	1084	105
新吴区	954	500	155	304	773	367	449	384	56
江苏无锡经济开发区	786	536	327	274	386	243	300	315	45
江阴市	1440	313	468	314	859	526	667	832	127
宜兴市	1072	172	341	164	486	279	531	608	78
徐州市	**6036**	**1065**	**1335**	**867**	**1201**	**1310**	**2607**	**2833**	**477**
鼓楼区	942	191	195	177	211	206	287	438	77
云龙区	765	196	252	127	209	248	261	295	49
贾汪区	275	49	56	39	61	48	131	214	32
泉山区	1256	276	385	223	322	351	388	620	128
铜山区	834	109	84	80	147	145	802	454	49
丰县									
沛县									
睢宁县									
徐州经济技术开发区	3	1		1	1	1	2		
新沂市	965	133	158	80	129	152	339	356	63
邳州市	996	110	205	140	121	159	397	456	79
常州市	**7413**	**1735**	**1787**	**1573**	**2978**	**2736**	**2707**	**4217**	**446**
天宁区	1245	360	460	340	523	449	330	720	100
钟楼区	1412	309	358	280	679	613	434	696	76
新北区	1376	400	274	280	683	503	637	793	74
武进区	1425	366	276	280	432	636	610	904	72
金坛区	819	123	212	163	357	219	283	362	45
江苏省常州市经济开发区	400	54	31	94	159	116	153	326	12
溧阳市	736	123	176	136	145	200	260	416	67
苏州市	**14462**	**4415**	**4292**	**4449**	**8722**	**5329**	**6675**	**7649**	**634**
虎丘区	1495	657	384	593	1022	477	919	643	43
吴中区	2125	787	399	616	1383	929	1267	928	75
相城区	1373	316	332	491	930	709	921	688	56
姑苏区	2321	812	834	809	1302	826	651	1057	70
吴江区	1192	363	363	306	731	359	647	1128	75
苏州工业园区									
常熟市	1760	243	613	304	801	462	563	924	102

4-6a 续表 25　　　　单位：人

地　区 性　别	社会生产服务和生活服务人员								
	住宿和餐饮服务人　员	信息传输、软件和信息技术服务人　员	金融服务人　员	房地产服务人员	租赁和商务服务人　员	技术辅助服务人员	水利、环境和公共设施管理服务人员	居民服务人　员	电力、燃气及水供应服务人　员
张家港市	1173	250	335	156	407	340	334	620	65
昆山市	2337	817	742	912	1706	992	973	1009	106
太仓市	686	170	290	262	440	235	400	652	42
南通市	**4851**	**1233**	**1615**	**1076**	**1610**	**1769**	**1911**	**2648**	**420**
崇川区	1393	419	575	340	426	518	375	662	93
港闸区	640	171	146	183	237	270	295	339	53
通州区	497	112	170	82	203	175	272	312	33
如东县									
南通经济技术开发区									
通州湾示范区									
苏锡通科技产业园区									
启东市	463	119	177	82	143	191	216	288	60
如皋市	575	172	155	93	279	200	222	376	71
海门市	436	96	166	123	96	164	185	271	35
海安市	847	144	226	173	226	251	346	400	75
连云港市	**2202**	**375**	**594**	**409**	**482**	**524**	**951**	**896**	**183**
连云区	373	50	48	41	86	52	156	94	19
海州区	1305	257	396	295	334	347	414	540	110
赣榆区	496	67	149	72	55	120	357	258	49
东海县	6	1			6	1	3		1
灌云县									
灌南县									
连云港经济技术开发区									
连云港高新技术产业开发区									
江苏连云港徐圩新区	18				1	4	14	1	2
江苏省连云港市云台山风景名胜区	4		1	1			7	3	2
淮安市	**3054**	**547**	**491**	**389**	**419**	**450**	**977**	**1307**	**201**
淮安区	823	86	80	53	98	99	275	398	54
淮阴区	715	105	86	107	86	109	297	309	38
清江浦区	1160	309	288	207	214	206	292	484	69
洪泽区	356	47	37	22	21	36	113	116	40
涟水县									
盱眙县									
金湖县									
淮安经济技术开发区									
工业园区									
生态文旅区									
苏淮高新区									
盐城市	**3925**	**552**	**792**	**759**	**584**	**736**	**1214**	**1816**	**279**
亭湖区	1466	174	212	295	149	208	285	533	62
盐都区	751	98	121	157	105	116	316	363	55
大丰区	481	54	106	71	108	82	181	376	70
响水县									
滨海县									
阜宁县									
射阳县									
建湖县									
盐城经济技术开发区	7	1	1		3		7	1	1
江苏省盐南高新区	646	154	215	159	106	219	224	236	43
东台市	574	71	137	77	113	111	201	307	48
扬州市	**4533**	**842**	**1079**	**764**	**1131**	**1116**	**1386**	**2163**	**370**
广陵区	1196	253	243	238	502	255	277	437	58

4-6a　续表 26　　　　单位：人

地　区 性　别	社会生产服务和生活服务人员								
	住宿和餐饮服务人员	信息传输、软件和信息技术服务人员	金融服务人员	房地产服务人员	租赁和商务服务人员	技术辅助服务人员	水利、环境和公共设施管理服务人员	居民服务人员	电力、燃气及水供应服务人员
邗江区	1137	211	349	229	213	375	402	678	94
江都区	672	132	171	84	152	143	227	317	69
宝应县									
扬州经济技术开发区									
蜀冈瘦西湖景区	414	53	77	81	114	88	80	125	25
生态新城	18	11	5	2	3	4	9	14	1
仪征市	508	93	103	55	67	125	195	279	56
高邮市	588	89	131	75	80	126	196	313	67
镇江市	**3937**	**631**	**988**	**701**	**822**	**839**	**1283**	**1622**	**288**
京口区	611	133	245	150	223	181	168	267	54
润州区	646	118	180	114	133	113	140	220	42
丹徒区	410	53	67	50	58	95	135	104	15
镇江新区									
江苏镇江高新区	173	16	25	29	39	35	72	36	6
丹阳市	915	152	211	157	184	215	334	437	63
扬中市	420	41	106	38	42	84	104	211	51
句容市	762	118	154	163	143	116	330	347	57
泰州市	**4003**	**674**	**993**	**632**	**750**	**976**	**1464**	**2327**	**402**
海陵区	1158	243	259	203	239	251	385	659	74
高港区	321	36	48	19	38	73	122	115	19
姜堰区	560	98	186	107	137	151	203	398	74
泰州医药高新技术产业开发区									
兴化市	640	80	141	84	78	110	210	308	54
靖江市	608	108	194	102	120	223	230	409	99
泰兴市	716	109	165	117	138	168	314	438	82
宿迁市	**1550**	**506**	**371**	**220**	**1380**	**369**	**695**	**676**	**123**
宿城区	737	315	251	95	293	190	379	336	64
宿豫区	492	138	74	76	946	136	182	202	41
沭阳县									
泗阳县									
泗洪县									
宿迁经济技术开发区									
宿迁市湖滨新区	156	15	20	13	91	16	75	65	10
苏州宿迁工业园区	37	14	24	19	10	11	9	16	3
宿迁市洋河新区	128	24	2	17	40	16	50	57	5
男	**38997**	**19285**	**9847**	**10706**	**21521**	**15322**	**11526**	**12138**	**4373**
南京市	**7873**	**8796**	**2100**	**2443**	**3924**	**3572**	**2465**	**2001**	**714**
玄武区	715	559	154	176	215	200	141	130	37
秦淮区	1160	765	319	334	470	327	213	249	74
建邺区	629	680	338	208	314	357	200	114	25
鼓楼区	857	673	236	219	375	354	179	221	49
浦口区	334	270	72	105	136	139	213	107	43
栖霞区	783	708	178	301	511	334	252	229	74
雨花台区	617	1299	127	183	352	372	226	162	48
江宁区	1252	2322	302	457	795	692	450	337	130
六合区	212	68	42	38	80	59	57	69	26
溧水区	227	102	69	61	188	112	130	64	64
高淳区	145	66	52	41	58	67	87	47	26
南京江北新区	942	1284	211	320	430	559	317	272	118
无锡市	**4507**	**2083**	**1202**	**1535**	**4160**	**1900**	**1471**	**1317**	**487**
锡山区	418	180	72	170	405	231	186	117	36

4-6a 续表 27

单位：人

地 区 性 别	社会生产服务和生活服务人员								
	住宿和餐饮服务人 员	信息传输、软件和信息技术服务人 员	金融服务人 员	房地产服务人员	租赁和商务服务人 员	技术辅助服务人员	水利、环境和公共设施管理服务人员	居民服务人 员	电力、燃气及水供应服务人 员
惠山区	527	202	82	176	518	198	156	140	94
滨湖区	612	249	121	149	471	215	209	128	34
梁溪区	1131	422	377	454	919	419	266	302	89
新吴区	422	351	74	201	557	214	152	127	40
江苏无锡经济开发区	346	352	142	159	260	131	121	95	33
江阴市	616	218	206	148	646	310	210	223	100
宜兴市	435	109	128	78	384	182	171	185	61
徐州市	**3097**	**686**	**646**	**476**	**768**	**845**	**861**	**939**	**381**
鼓楼区	512	131	88	95	121	135	126	154	65
云龙区	385	132	116	72	113	157	94	81	42
贾汪区	132	20	28	15	45	32	45	104	24
泉山区	664	179	165	121	192	213	133	169	98
铜山区	351	73	40	40	105	93	255	104	35
丰县									
沛县									
睢宁县									
徐州经济技术开发区	1	1			1	1	2		
新沂市	464	74	84	49	90	111	100	111	51
邳州市	588	76	125	84	101	103	106	216	66
常州市	**3476**	**1208**	**776**	**817**	**2009**	**1636**	**971**	**1180**	**350**
天宁区	632	249	216	198	374	258	156	226	75
钟楼区	703	221	151	147	466	367	158	188	57
新北区	628	285	105	141	484	283	208	201	63
武进区	645	256	126	147	228	403	227	240	61
金坛区	424	73	84	79	245	124	101	115	27
江苏省常州市经济开发区	177	37	13	28	122	64	51	99	10
溧阳市	267	87	81	77	90	137	70	111	57
苏州市	**7015**	**3161**	**1921**	**2586**	**6206**	**3132**	**2538**	**2074**	**524**
虎丘区	745	505	162	352	694	298	345	197	34
吴中区	961	532	193	328	965	497	382	248	62
相城区	587	238	166	285	721	402	332	199	41
姑苏区	1187	555	392	525	874	484	266	283	57
吴江区	606	268	159	163	583	211	271	255	61
苏州工业园区									
常熟市	914	162	281	159	602	265	219	288	87
张家港市	575	190	139	89	303	214	141	163	54
昆山市	1118	582	313	508	1170	609	440	300	90
太仓市	322	129	116	177	294	152	142	141	38
南通市	**2380**	**801**	**665**	**578**	**1022**	**1025**	**678**	**852**	**363**
崇川区	750	287	246	193	243	287	157	214	87
港闸区	334	110	64	103	127	145	100	98	46
通州区	248	75	64	43	139	100	97	117	28
如东县									
南通经济技术开发区									
通州湾示范区									
苏锡通科技产业园区									
启东市	218	83	72	37	109	130	68	94	43
如皋市	278	100	70	52	198	118	100	130	66
海门市	186	59	74	53	50	93	55	86	26
海安市	366	87	75	97	156	152	101	113	67
连云港市	**1015**	**215**	**277**	**252**	**335**	**330**	**318**	**250**	**156**
连云区	157	25	14	20	61	30	42	28	16

4-6a 续表 28

单位：人

地 区 性 别	社会生产服务和生活服务人员								
	住宿和餐饮服务人员	信息传输、软件和信息技术服务人员	金融服务人员	房地产服务人员	租赁和商务服务人员	技术辅助服务人员	水利、环境和公共设施管理服务人员	居民服务人员	电力、燃气及水供应服务人员
海州区	634	145	192	188	231	213	124	155	91
赣榆区	214	44	71	44	39	83	141	66	45
东海县	1	1			3	1	1		
灌云县									
灌南县									
连云港经济技术开发区									
连云港高新技术产业开发区									
江苏连云港徐圩新区	8				1	3	10		2
江苏省连云港市云台山风景名胜区	1							1	2
淮安市	**1400**	**299**	**233**	**247**	**256**	**301**	**323**	**480**	**169**
淮安区	357	42	39	29	66	66	95	177	43
淮阴区	361	65	43	74	40	80	89	97	30
清江浦区	522	165	129	130	133	128	98	165	61
洪泽区	160	27	22	14	17	27	41	41	35
涟水县									
盱眙县									
金湖县									
淮安经济技术开发区									
工业园区									
生态文旅区									
苏淮高新区									
盐城市	**1848**	**357**	**406**	**472**	**364**	**492**	**355**	**727**	**244**
亭湖区	707	118	107	201	98	144	85	223	52
盐都区	349	64	59	101	66	80	92	132	52
大丰区	204	30	52	34	63	52	55	152	65
响水县									
滨海县									
阜宁县									
射阳县									
建湖县									
盐城经济技术开发区	2		1		2			1	1
江苏省盐南高新区	324	95	113	96	49	144	58	87	36
东台市	262	50	74	40	86	72	65	132	38
扬州市	**2155**	**521**	**505**	**437**	**663**	**715**	**420**	**848**	**305**
广陵区	585	141	110	149	309	154	71	151	42
邗江区	550	138	181	115	119	239	123	264	73
江都区	294	81	73	44	82	98	62	112	60
宝应县									
扬州经济技术开发区									
蜀冈瘦西湖景区	226	31	31	50	63	59	33	52	22
生态新城	11	5	2	1	2	1	3	7	1
仪征市	203	65	48	26	38	80	56	129	47
高邮市	286	60	60	52	50	84	72	133	60
镇江市	**1816**	**432**	**466**	**400**	**533**	**525**	**448**	**525**	**239**
京口区	290	94	127	84	133	114	54	64	42
润州区	315	75	76	67	101	72	54	76	35
丹徒区	186	39	30	23	32	56	31	34	12
镇江新区									
江苏镇江高新区	78	10	15	17	25	24	22	13	4
丹阳市	432	116	96	88	109	131	117	151	55
扬中市	173	23	55	25	37	61	34	78	43
句容市	342	75	67	96	96	67	136	109	48

4-6a 续表 29 单位：人

地区 性别	社会生产服务和生活服务人员								
	住宿和餐饮服务人员	信息传输、软件和信息技术服务人员	金融服务人员	房地产服务人员	租赁和商务服务人员	技术辅助服务人员	水利、环境和公共设施管理服务人员	居民服务人员	电力、燃气及水供应服务人员
泰州市	**1694**	**442**	**446**	**341**	**461**	**607**	**414**	**710**	**337**
海陵区	489	160	133	121	155	159	100	180	67
高港区	127	27	15	12	16	29	27	34	18
姜堰区	231	64	81	48	76	101	54	105	61
泰州医药高新技术产业开发区									
兴化市	293	48	75	58	51	84	60	125	49
靖江市	264	75	74	44	77	128	79	127	80
泰兴市	290	68	68	58	86	106	94	139	62
宿迁市	**721**	**284**	**204**	**122**	**820**	**242**	**264**	**235**	**104**
宿城区	354	164	136	49	245	120	151	107	53
宿豫区	240	83	45	46	479	98	66	74	38
沭阳县									
泗阳县									
泗洪县									
宿迁经济技术开发区									
宿迁市湖滨新区	50	13	8	9	59	10	26	29	6
苏州宿迁工业园区	14	8	15	7	2	6	3	5	2
宿迁市洋河新区	63	16		11	35	8	18	20	5
女	**42979**	**8439**	**11770**	**7896**	**11098**	**10236**	**21451**	**27642**	**968**
南京市	**8392**	**3312**	**2429**	**1621**	**2670**	**2594**	**4692**	**5047**	**206**
玄武区	628	195	207	117	195	163	232	368	16
秦淮区	1093	269	341	181	309	250	330	673	22
建邺区	556	312	373	156	173	279	230	398	13
鼓楼区	909	297	317	108	296	261	331	727	12
浦口区	391	100	90	72	81	80	387	190	11
栖霞区	861	239	182	189	309	245	556	475	16
雨花台区	729	521	158	143	212	246	519	389	19
江宁区	1281	844	335	306	569	551	934	719	44
六合区	250	35	45	36	42	46	130	160	5
溧水区	360	45	86	56	60	60	217	139	5
高淳区	253	38	55	18	27	35	130	154	5
南京江北新区	1081	417	240	239	397	378	696	655	38
无锡市	**5238**	**958**	**1549**	**1164**	**1786**	**1338**	**2479**	**3261**	**111**
锡山区	473	79	114	103	144	193	300	284	
惠山区	581	93	115	170	295	132	214	339	13
滨湖区	604	100	127	105	241	174	268	347	10
梁溪区	1147	195	452	316	449	261	404	782	16
新吴区	532	149	81	103	216	153	297	257	16
江苏无锡经济开发区	440	184	185	115	126	112	179	220	12
江阴市	824	95	262	166	213	216	457	609	27
宜兴市	637	63	213	86	102	97	360	423	17
徐州市	**2939**	**379**	**689**	**391**	**433**	**465**	**1746**	**1894**	**96**
鼓楼区	430	60	107	82	90	71	161	284	12
云龙区	380	64	136	55	96	91	167	214	7
贾汪区	143	29	28	24	16	16	86	110	8
泉山区	592	97	220	102	130	138	255	451	30
铜山区	483	36	44	40	42	52	547	350	14
丰县									
沛县									
睢宁县									
徐州经济技术开发区	2			1					
新沂市	501	59	74	31	39	41	239	245	12
邳州市	408	34	80	56	20	56	291	240	13

4-6a　续表 30

单位：人

地　区 性　别	社会生产服务和生活服务人员								
	住宿和餐饮服务人　员	信息传输、软件和信息技术服务人　员	金融服务人　　员	房地产服务人员	租赁和商务服务人　员	技术辅助服务人员	水利、环境和公共设施管理服务人员	居民服务人　　员	电力、燃气及水供应服务人　员
常州市	**3937**	**527**	**1011**	**756**	**969**	**1100**	**1736**	**3037**	**96**
天宁区	613	111	244	142	149	191	174	494	25
钟楼区	709	88	207	133	213	246	276	508	19
新北区	748	115	169	139	199	220	429	592	11
武进区	780	110	150	133	204	233	383	664	11
金坛区	395	50	128	84	112	95	182	247	18
江苏省常州市经济开发区	223	17	18	66	37	52	102	227	2
溧阳市	469	36	95	59	55	63	190	305	10
苏州市	**7447**	**1254**	**2371**	**1863**	**2516**	**2197**	**4137**	**5575**	**110**
虎丘区	750	152	222	241	328	179	574	446	9
吴中区	1164	255	206	288	418	432	885	680	13
相城区	786	78	166	206	209	307	589	489	15
姑苏区	1134	257	442	284	428	342	385	774	13
吴江区	586	95	204	143	148	148	376	873	14
苏州工业园区									
常熟市	846	81	332	145	199	197	344	636	15
张家港市	598	60	196	67	104	126	193	457	11
昆山市	1219	235	429	404	536	383	533	709	16
太仓市	364	41	174	85	146	83	258	511	4
南通市	**2471**	**432**	**950**	**498**	**588**	**744**	**1233**	**1796**	**57**
崇川区	643	132	329	147	183	231	218	448	6
港闸区	306	61	82	80	110	125	195	241	7
通州区	249	37	106	39	64	75	175	195	5
如东县									
南通经济技术开发区									
通州湾示范区									
苏锡通科技产业园区									
启东市	245	36	105	45	34	61	148	194	17
如皋市	297	72	85	41	81	82	122	246	5
海门市	250	37	92	70	46	71	130	185	9
海安市	481	57	151	76	70	99	245	287	8
连云港市	**1187**	**160**	**317**	**157**	**147**	**194**	**633**	**646**	**27**
连云区	216	25	34	21	25	22	114	66	3
海州区	671	112	204	107	103	134	290	385	19
赣榆区	282	23	78	28	16	37	216	192	4
东海县	5				3		2		1
灌云县									
灌南县									
连云港经济技术开发区									
连云港高新技术产业开发区									
江苏连云港徐圩新区	10					1	4	1	
江苏省连云港市云台山风景名胜区	3		1	1			7	2	
淮安市	**1654**	**248**	**258**	**142**	**163**	**149**	**654**	**827**	**32**
淮安区	466	44	41	24	32	33	180	221	11
淮阴区	354	40	43	33	46	29	208	212	8
清江浦区	638	144	159	77	81	78	194	319	8
洪泽区	196	20	15	8	4	9	72	75	5
涟水县									
盱眙县									
金湖县									
淮安经济技术开发区									
工业园区									

4-6a 续表 31　　　　单位：人

地区 性别	社会生产服务和生活服务人员								
	住宿和餐饮服务人员	信息传输、软件和信息技术服务人员	金融服务人员	房地产服务人员	租赁和商务服务人员	技术辅助服务人员	水利、环境和公共设施管理服务人员	居民服务人员	电力、燃气及水供应服务人员
生态文旅区									
苏淮高新区									
盐城市	**2077**	**195**	**386**	**287**	**220**	**244**	**859**	**1089**	**35**
亭湖区	759	56	105	94	51	64	200	310	10
盐都区	402	34	62	56	39	36	224	231	3
大丰区	277	24	54	37	45	30	126	224	5
响水县									
滨海县									
阜宁县									
射阳县									
建湖县									
盐城经济技术开发区	5	1			1		7		
江苏省盐南高新区	322	59	102	63	57	75	166	149	7
东台市	312	21	63	37	27	39	136	175	10
扬州市	**2378**	**321**	**574**	**327**	**468**	**401**	**966**	**1315**	**65**
广陵区	611	112	133	89	193	101	206	286	16
邗江区	587	73	168	114	94	136	279	414	21
江都区	378	51	98	40	70	45	165	205	9
宝应县									
扬州经济技术开发区									
蜀冈瘦西湖景区	188	22	46	31	51	29	47	73	3
生态新城	7	6	3	1	1	3	6	7	
仪征市	305	28	55	29	29	45	139	150	9
高邮市	302	29	71	23	30	42	124	180	7
镇江市	**2121**	**199**	**522**	**301**	**289**	**314**	**835**	**1097**	**49**
京口区	321	39	118	66	90	67	114	203	12
润州区	331	43	104	47	32	41	86	144	7
丹徒区	224	14	37	27	26	39	104	70	3
镇江新区									
江苏镇江高新区	95	6	10	12	14	11	50	23	2
丹阳市	483	36	115	69	75	84	217	286	8
扬中市	247	18	51	13	5	23	70	133	8
句容市	420	43	87	67	47	49	194	238	9
泰州市	**2309**	**232**	**547**	**291**	**289**	**369**	**1050**	**1617**	**65**
海陵区	669	83	126	82	84	92	285	479	7
高港区	194	9	33	7	22	44	95	81	1
姜堰区	329	34	105	59	61	50	149	293	13
泰州医药高新技术产业开发区									
兴化市	347	32	66	26	27	26	150	183	5
靖江市	344	33	120	58	43	95	151	282	19
泰兴市	426	41	97	59	52	62	220	299	20
宿迁市	**829**	**222**	**167**	**98**	**560**	**127**	**431**	**441**	**19**
宿城区	383	151	115	46	48	70	228	229	11
宿豫区	252	55	29	30	467	38	116	128	3
沭阳县									
泗阳县									
泗洪县									
宿迁经济技术开发区									
宿迁市湖滨新区	106	2	12	4	32	6	49	36	4
苏州宿迁工业园区	23	6	9	12	8	5	6	11	1
宿迁市洋河新区	65	8	2	6	5	8	32	37	

4-6a　续表 32　　　　单位：人

地　区 性　别	社会生产服务和生活服务人员				农、林、牧、渔业生产及辅助人员				
	修理及制作服务人　员	文化、体育和娱乐服务人员	健康服务人　员	其他社会生产和生活服务人　员	小计	农业生产人　员	林业生产人　员	畜牧业生产人员	渔业生产人　员
江　苏	**19390**	**4891**	**1851**	**728**	**29698**	**23107**	**1159**	**1394**	**3259**
南京市	**3582**	**1053**	**487**	**172**	**1692**	**784**	**315**	**86**	**440**
玄武区	175	105	32	4	32	17	6	5	1
秦淮区	372	194	116	17	22	12	4	3	2
建邺区	147	100	26	14	6	2	1		
鼓楼区	272	109	104	9	9	3	1	2	3
浦口区	156	33	6	3	352	87	225	14	22
栖霞区	469	93	30	15	44	20	7	6	2
雨花台区	362	73	29	8	53	37	5	4	2
江宁区	731	149	60	56	248	179	25	13	18
六合区	104	26	11	7	106	74	14	2	10
溧水区	133	25	11	5	95	52	12	13	12
高淳区	94	15	12		492	122	8	8	348
南京江北新区	567	131	50	34	233	179	7	16	20
无锡市	**2354**	**701**	**283**	**67**	**798**	**524**	**83**	**44**	**110**
锡山区	244	57	19	3	87	56	8	7	11
惠山区	263	69	51	10	100	43	43	2	11
滨湖区	210	87	36	4	69	65		2	1
梁溪区	477	208	56	1	22	12	4	1	1
新吴区	275	59	24	10	36	24	3		4
江苏无锡经济开发区	136	73	22	9	51	36	2	1	11
江阴市	462	76	36	23	223	152	6	22	31
宜兴市	287	72	39	7	210	136	17	9	40
徐州市	**1552**	**242**	**100**	**30**	**5080**	**4438**	**136**	**381**	**84**
鼓楼区	259	30	15	4	105	86	2	11	4
云龙区	187	38	13	3	325	285	6	22	11
贾汪区	84	24	3	2	257	216		38	2
泉山区	284	63	33	2	108	77	3	23	1
铜山区	197	25	15	5	940	845	9	61	13
丰县									
沛县									
睢宁县									
徐州经济技术开发区	2				10	7	1	2	
新沂市	221	31	9	9	1349	1240	13	60	29
邳州市	318	31	12	5	1986	1682	102	164	24
常州市	**1785**	**497**	**193**	**91**	**867**	**608**	**91**	**42**	**88**
天宁区	271	113	67	27	30	13	8		6
钟楼区	319	94	52	9	134	90	18	7	10
新北区	325	76	27	17	81	62	4	2	2
武进区	439	76	30	8	178	119	22	15	15
金坛区	156	63	7	18	211	127	33	10	36
江苏省常州市经济开发区	109	21	2	10	18	14	3		
溧阳市	166	54	8	2	215	183	3	8	19
苏州市	**3280**	**1072**	**257**	**74**	**1199**	**625**	**132**	**46**	**353**
虎丘区	330	118	32	3	152	58	71	2	19
吴中区	567	108	34	7	73	31	14	2	23
相城区	320	84	20	20	234	86	10	6	127
姑苏区	452	179	44	13	63	45	4	4	4
吴江区	250	64	11	2	261	127	4	4	126
苏州工业园区									
常熟市	383	163	37	3	137	86	16	8	18

4-6a 续表 33　　单位：人

地区 性别	社会生产服务和生活服务人员				农、林、牧、渔业生产及辅助人员				
	修理及制作服务人员	文化、体育和娱乐服务人员	健康服务人员	其他社会生产和生活服务人员	小计	农业生产人员	林业生产人员	畜牧业生产人员	渔业生产人员
张家港市	225	110	22	3	56	38	4	4	5
昆山市	593	184	48	4	94	57	5	4	22
太仓市	160	62	9	19	129	97	4	12	9
南通市	**1343**	**265**	**83**	**52**	**6178**	**5610**	**125**	**228**	**97**
崇川区	256	82	38	12	74	48	2	3	11
港闸区	246	33	5	9	96	64	2	14	12
通州区	166	17	4	3	1082	1054	4	7	7
如东县									
南通经济技术开发区									
通州湾示范区									
苏锡通科技产业园区									
启东市	164	27	13	5	2004	1912	5	50	33
如皋市	176	44	7	8	898	715	96	22	7
海门市	151	21	7	4	553	479	2	44	13
海安市	184	41	9	11	1471	1338	14	88	14
连云港市	**567**	**83**	**44**	**10**	**3132**	**1718**	**27**	**73**	**1241**
连云区	79	15	4	1	299	15	9	3	263
海州区	318	53	28	6	787	678	8	25	34
赣榆区	162	15	10	2	1816	836	6	45	913
东海县	6				173	167			1
灌云县									
灌南县									
连云港经济技术开发区									
连云港高新技术产业开发区									
江苏连云港徐圩新区	1				32	3			29
江苏省连云港市云台山风景名胜区	1		2	1	25	19	4		1
淮安市	**644**	**94**	**53**	**49**	**961**	**744**	**28**	**70**	**57**
淮安区	157	26	9	9	165	134	6	15	8
淮阴区	191	15	10	7	388	309	10	31	5
清江浦区	249	48	24	31	203	168	4	12	7
洪泽区	47	5	10	2	205	133	8	12	37
涟水县									
盱眙县									
金湖县									
淮安经济技术开发区									
工业园区									
生态文旅区									
苏淮高新区									
盐城市	**919**	**161**	**74**	**59**	**5233**	**4719**	**53**	**171**	**189**
亭湖区	293	53	23	13	1091	957	26	49	30
盐都区	159	30	17	5	347	247	5	9	71
大丰区	146	29	12	9	948	834	3	35	42
响水县									
滨海县									
阜宁县									
射阳县									
建湖县									
盐城经济技术开发区				1	1		1		
江苏省盐南高新区	149	26	6	8	269	221	14	11	15
东台市	172	23	16	23	2577	2460	4	67	31
扬州市	**1106**	**261**	**52**	**44**	**979**	**646**	**50**	**82**	**146**
广陵区	231	70	7	12	54	26	1	15	6

4-6a 续表 34

单位：人

地区 性别	社会生产服务和生活服务人员				农、林、牧、渔业生产及辅助人员				
	修理及制作服务人员	文化、体育和娱乐服务人员	健康服务人员	其他社会生产和生活服务人员	小计	农业生产人员	林业生产人员	畜牧业生产人员	渔业生产人员
邗江区	257	75	15	6	201	157	11	19	12
江都区	253	31	11	8	174	123	10	7	18
宝应县									
扬州经济技术开发区									
蜀冈瘦西湖景区	69	22	6		73	62	1	5	4
生态新城	6			1	27	25	1		
仪征市	132	21	4	2	185	126	22	18	14
高邮市	158	42	9	15	265	127	4	18	92
镇江市	**843**	**188**	**110**	**39**	**982**	**793**	**59**	**51**	**54**
京口区	131	26	16	7	29	23	2	1	2
润州区	112	33	6	8	32	23	2	6	1
丹徒区	79	11	3	4	135	117	3	6	7
镇江新区									
江苏镇江高新区	40	7		5	29	25		2	
丹阳市	213	65	69	4	260	174	28	19	30
扬中市	89	13	8	9	93	71	4	4	9
句容市	179	33	8	2	404	360	20	13	5
泰州市	**1069**	**222**	**93**	**37**	**1800**	**1259**	**33**	**67**	**349**
海陵区	311	84	26	6	430	362	7	17	36
高港区	73	8	5	1	43	36	2	1	2
姜堰区	171	18	23	3	185	140	1	8	25
泰州医药高新技术产业开发区									
兴化市	142	26	8	10	665	365	14	28	246
靖江市	187	39	17		61	31	7	4	16
泰兴市	185	47	14	17	416	325	2	9	24
宿迁市	**346**	**52**	**22**	**4**	**797**	**639**	**27**	**53**	**51**
宿城区	173	29	13	1	384	333	5	16	24
宿豫区	116	17	7		227	181	6	15	9
沭阳县									
泗阳县									
泗洪县									
宿迁经济技术开发区									
宿迁市湖滨新区	21	3		2	117	90	3	8	14
苏州宿迁工业园区	11			1	3	1			1
宿迁市洋河新区	25	3	2		66	34	13	14	3
男	**17033**	**2649**	**531**	**388**	**15535**	**10955**	**761**	**926**	**2390**
南京市	**3208**	**591**	**137**	**87**	**1128**	**479**	**216**	**59**	**328**
玄武区	151	60	7	1	23	14	4	3	1
秦淮区	333	115	35	8	16	8	3	2	2
建邺区	136	53	3	7	3	1	1		
鼓楼区	247	59	32	6	8	2	1	2	3
浦口区	133	14		2	222	54	146	6	12
栖霞区	431	59	6	8	27	8	6	5	2
雨花台区	336	46	10	5	29	17	3	3	2
江宁区	649	84	21	25	155	104	19	10	15
六合区	96	10	3	4	75	48	13	2	7
溧水区	116	12	2	4	69	36	8	11	8
高淳区	86	7	5		370	91	7	6	262
南京江北新区	494	72	13	17	131	96	5	9	14
无锡市	**2083**	**377**	**88**	**28**	**476**	**286**	**58**	**30**	**78**
锡山区	218	26	2	2	47	27	6	5	6

4-6a 续表 35 单位：人

地区 性别	社会生产服务和生活服务人员 修理及制作服务人员	文化、体育和娱乐服务人员	健康服务人员	其他社会生产和生活服务人员	农、林、牧、渔业生产及辅助人员 小计	农业生产人员	林业生产人员	畜牧业生产人员	渔业生产人员
惠山区	231	41	28	5	62	23	26	2	11
滨湖区	189	43	11	1	30	28		1	1
梁溪区	414	111	20		17	9	3	1	1
新吴区	248	39	9	4	27	16	3		3
江苏无锡经济开发区	119	47	4	5	29	20	1		8
江阴市	403	35	7	8	129	85	5	15	17
宜兴市	261	35	7	3	135	78	14	6	31
徐州市	**1382**	**141**	**32**	**16**	**2713**	**2287**	**86**	**246**	**67**
鼓楼区	225	20	3	2	70	57	1	8	3
云龙区	165	21	4	3	163	133	4	16	9
贾汪区	79	12		1	144	113		28	2
泉山区	254	36	8		82	55	3	20	1
铜山区	178	18	5	1	396	341	5	36	8
丰县									
沛县									
睢宁县									
徐州经济技术开发区	2				6	4	1	1	
新沂市	187	16	7	4	738	664	10	35	24
邳州市	292	18	5	5	1114	920	62	102	20
常州市	**1569**	**262**	**53**	**47**	**504**	**325**	**60**	**30**	**65**
天宁区	246	59	17	16	23	11	4		6
钟楼区	289	54	14	6	75	45	11	5	8
新北区	283	37	8	7	42	30	4	1	1
武进区	374	38	10	7	101	61	17	11	10
金坛区	140	38	4	7	126	67	21	6	27
江苏省常州市经济开发区	90	10		4	10	7	2		
溧阳市	147	26			127	104	1	7	13
苏州市	**2839**	**567**	**56**	**35**	**734**	**350**	**93**	**30**	**228**
虎丘区	293	62	4		101	36	51	1	12
吴中区	475	60	10	1	44	18	6	1	17
相城区	280	42	4	10	138	52	7	4	71
姑苏区	406	110	10	7	38	23	3	3	4
吴江区	221	40	2	1	156	63	4	3	86
苏州工业园区									
常熟市	317	75	8	1	92	51	13	7	12
张家港市	201	61	5	2	34	22	3	3	4
昆山市	510	92	9	2	66	39	4	2	16
太仓市	136	25	4	11	65	46	2	6	6
南通市	**1183**	**136**	**19**	**26**	**2694**	**2321**	**74**	**148**	**76**
崇川区	229	41	8	5	48	28		3	10
港闸区	220	20	1	3	57	37		7	10
通州区	148	9	3	3	451	431	3	5	5
如东县									
南通经济技术开发区									
通州湾示范区									
苏锡通科技产业园区									
启东市	146	12	1	1	803	738	3	33	26
如皋市	155	25	2	5	448	332	59	16	6
海门市	127	11	2	3	252	208		28	8
海安市	158	18	2	6	635	547	9	56	11
连云港市	**495**	**53**	**17**	**7**	**1833**	**759**	**18**	**52**	**969**
连云区	69	9	2		244	9	7	2	222

4-6a 续表 36

单位：人

地 区 性 别	社会生产服务和生活服务人员				农、林、牧、渔业生产及辅助人员				
	修理及制作服务人员	文化、体育和娱乐服务人员	健康服务人员	其他社会生产和生活服务人员	小计	农业生产人员	林业生产人员	畜牧业生产人员	渔业生产人员
海州区	277	31	11	4	396	328	5	17	26
赣榆区	142	13	3	2	1078	340	5	33	695
东海县	5				83	77			1
灌云县									
灌南县									
连云港经济技术开发区									
连云港高新技术产业开发区									
江苏连云港徐圩新区	1				24				24
江苏省连云港市云台山风景名胜区	1		1	1	8	5	1		1
淮安市	**551**	**50**	**15**	**28**	**556**	**388**	**23**	**49**	**47**
淮安区	133	12	3	4	106	82	4	11	7
淮阴区	165	9	4	2	203	141	9	21	5
清江浦区	212	26	6	21	113	85	4	10	6
洪泽区	41	3	2	1	134	80	6	7	29
涟水县									
盱眙县									
金湖县									
淮安经济技术开发区									
工业园区									
生态文旅区									
苏淮高新区									
盐城市	**808**	**81**	**21**	**31**	**2490**	**2135**	**33**	**111**	**136**
亭湖区	264	28	5	7	548	452	16	32	25
盐都区	135	14	3	1	182	115	3	7	46
大丰区	128	15	4	4	449	369	2	25	31
响水县									
滨海县									
阜宁县									
射阳县									
建湖县									
盐城经济技术开发区				1	1		1		
江苏省盐南高新区	127	12	1	7	165	133	7	10	10
东台市	154	12	8	11	1145	1066	4	37	24
扬州市	**970**	**148**	**21**	**23**	**552**	**339**	**29**	**48**	**101**
广陵区	195	38	2	5	29	14		8	4
邗江区	224	35	9	5	102	78	7	10	7
江都区	223	22	2	3	102	68	7	4	10
宝应县									
扬州经济技术开发区									
蜀冈瘦西湖景区	62	14	2		37	30		3	4
生态新城	6			1	16	15	1		
仪征市	116	12	1	1	97	60	12	11	10
高邮市	144	27	5	8	169	74	2	12	66
镇江市	**735**	**100**	**45**	**26**	**519**	**394**	**33**	**36**	**37**
京口区	115	16	7	7	21	17		1	2
润州区	96	18	2	4	21	15	1	5	
丹徒区	66	6		3	79	65	3	5	6
镇江新区									
江苏镇江高新区	33	3		3	13	11		1	
丹阳市	187	33	33	2	129	74	13	12	22
扬中市	76	5		6	41	31	1	3	3
句容市	162	19	3	1	215	181	15	9	4

4-6a 续表 37　　单位：人

地区 性别	社会生产服务和生活服务人员				农、林、牧、渔业生产及辅助人员				
	修理及制作服务人员	文化、体育和娱乐服务人员	健康服务人员	其他社会生产和生活服务人员	小计	农业生产人员	林业生产人员	畜牧业生产人员	渔业生产人员
泰州市	**912**	**114**	**19**	**30**	**869**	**536**	**19**	**45**	**224**
海陵区	273	42	5	5	197	157	2	11	20
高港区	58	4		1	19	13	1	1	2
姜堰区	144	11	6	2	86	51	1	5	20
泰州医药高新技术产业开发区									
兴化市	124	11	2	9	374	181	8	21	158
靖江市	156	20	5		36	16	6	2	10
泰兴市	157	26	1	13	157	118	1	5	14
宿迁市	**298**	**29**	**8**	**4**	**467**	**356**	**19**	**42**	**34**
宿城区	150	16	5	1	215	177	2	14	18
宿豫区	98	9	2		131	104	3	11	5
沭阳县									
泗阳县									
泗洪县									
宿迁经济技术开发区									
宿迁市湖滨新区	18	2		2	70	54	1	6	8
苏州宿迁工业园区	9			1	3	1			1
宿迁市洋河新区	23	2	1		48	20	13	11	2
女	**2357**	**2242**	**1320**	**340**	**14163**	**12152**	**398**	**468**	**869**
南京市	**374**	**462**	**350**	**85**	**564**	**305**	**99**	**27**	**112**
玄武区	24	45	25	3	9	3	2	2	
秦淮区	39	79	81	9	6	4	1	1	
建邺区	11	47	23	7	3	1			
鼓楼区	25	50	72	3	1	1			
浦口区	23	19	6	1	130	33	79	8	10
栖霞区	38	34	24	7	17	12	1	1	
雨花台区	26	27	19	3	24	20	2	1	
江宁区	82	65	39	31	93	75	6	3	3
六合区	8	16	8	3	31	26	1		3
溧水区	17	13	9	1	26	16	4	2	4
高淳区	8	8	7		122	31	1	2	86
南京江北新区	73	59	37	17	102	83	2	7	6
无锡市	**271**	**324**	**195**	**39**	**322**	**238**	**25**	**14**	**32**
锡山区	26	31	17	1	40	29	2	2	5
惠山区	32	28	23	5	38	20	17		
滨湖区	21	44	25	3	39	37		1	
梁溪区	63	97	36	1	5	3	1		
新吴区	27	20	15	6	9	8			1
江苏无锡经济开发区	17	26	18	4	22	16	1	1	3
江阴市	59	41	29	15	94	67	1	7	14
宜兴市	26	37	32	4	75	58	3	3	9
徐州市	**170**	**101**	**68**	**14**	**2367**	**2151**	**50**	**135**	**17**
鼓楼区	34	10	12	2	35	29	1	3	1
云龙区	22	17	9		162	152	2	6	2
贾汪区	5	12	3	1	113	103		10	
泉山区	30	27	25	2	26	22		3	
铜山区	19	7	10	4	544	504	4	25	5
丰县									
沛县									
睢宁县									
徐州经济技术开发区					4	3		1	
新沂市	34	15	2	5	611	576	3	25	5
邳州市	26	13	7		872	762	40	62	4

4-6a 续表 38

单位：人

地 区 性 别	社会生产服务和生活服务人员				农、林、牧、渔业生产及辅助人员				
	修理及制作服务人员	文化、体育和娱乐服务人员	健康服务人员	其他社会生产和生活服务人员	小计	农业生产人员	林业生产人员	畜牧业生产人员	渔业生产人员
常州市	**216**	**235**	**140**	**44**	**363**	**283**	**31**	**12**	**23**
天宁区	25	54	50	11	7	2	4		
钟楼区	30	40	38	3	59	45	7	2	2
新北区	42	39	19	10	39	32		1	1
武进区	65	38	20	1	77	58	5	4	5
金坛区	16	25	3	11	85	60	12	4	9
江苏省常州市经济开发区	19	11	2	6	8	7	1		
溧阳市	19	28	8	2	88	79	2	1	6
苏州市	**441**	**505**	**201**	**39**	**465**	**275**	**39**	**16**	**125**
虎丘区	37	56	28	3	51	22	20	1	7
吴中区	92	48	24	6	29	13	8	1	6
相城区	40	42	16	10	96	34	3	2	56
姑苏区	46	69	34	6	25	22	1	1	
吴江区	29	24	9	1	105	64		1	40
苏州工业园区									
常熟市	66	88	29	2	45	35	3	1	6
张家港市	24	49	17	1	22	16	1	1	1
昆山市	83	92	39	2	28	18	1	2	6
太仓市	24	37	5	8	64	51	2	6	3
南通市	**160**	**129**	**64**	**26**	**3484**	**3289**	**51**	**80**	**21**
崇川区	27	41	30	7	26	20	2		1
港闸区	26	13	4	6	39	27	2	7	2
通州区	18	8	1		631	623	1	2	2
如东县									
南通经济技术开发区									
通州湾示范区									
苏锡通科技产业园区									
启东市	18	15	12	4	1201	1174	2	17	7
如皋市	21	19	5	3	450	383	37	6	1
海门市	24	10	5	1	301	271	2	16	5
海安市	26	23	7	5	836	791	5	32	3
连云港市	**72**	**30**	**27**	**3**	**1299**	**959**	**9**	**21**	**272**
连云区	10	6	2	1	55	6	2	1	41
海州区	41	22	17	2	391	350	3	8	8
赣榆区	20	2	7		738	496	1	12	218
东海县	1				90	90			
灌云县									
灌南县									
连云港经济技术开发区									
连云港高新技术产业开发区									
江苏连云港徐圩新区					8	3			5
江苏省连云港市云台山风景名胜区			1		17	14	3		
淮安市	**93**	**44**	**38**	**21**	**405**	**356**	**5**	**21**	**10**
淮安区	24	14	6	5	59	52	2	4	1
淮阴区	26	6	6	5	185	168	1	10	
清江浦区	37	22	18	10	90	83		2	1
洪泽区	6	2	8	1	71	53	2	5	8
涟水县									
盱眙县									
金湖县									
淮安经济技术开发区									
工业园区									

4-6a 续表 39

单位：人

地区 性别	社会生产服务和生活服务人员				农、林、牧、渔业生产及辅助人员				
	修理及制作服务人员	文化、体育和娱乐服务人员	健康服务人员	其他社会生产和生活服务人员	小计	农业生产人员	林业生产人员	畜牧业生产人员	渔业生产人员
生态文旅区									
苏淮高新区									
盐城市	**111**	**80**	**53**	**28**	**2743**	**2584**	**20**	**60**	**53**
亭湖区	29	25	18	6	543	505	10	17	5
盐都区	24	16	14	4	165	132	2	2	25
大丰区	18	14	8	5	499	465	1	10	11
响水县									
滨海县									
阜宁县									
射阳县									
建湖县									
盐城经济技术开发区									
江苏省盐南高新区	22	14	5	1	104	88	7	1	5
东台市	18	11	8	12	1432	1394		30	7
扬州市	**136**	**113**	**31**	**21**	**427**	**307**	**21**	**34**	**45**
广陵区	36	32	5	7	25	12	1	7	2
邗江区	33	40	6	1	99	79	4	9	5
江都区	30	9	9	5	72	55	3	3	8
宝应县									
扬州经济技术开发区									
蜀冈瘦西湖景区	7	8	4		36	32	1	2	
生态新城					11	10			
仪征市	16	9	3	1	88	66	10	7	4
高邮市	14	15	4	7	96	53	2	6	26
镇江市	**108**	**88**	**65**	**13**	**463**	**399**	**26**	**15**	**17**
京口区	16	10	9		8	6	2		
润州区	16	15	4	4	11	8	1	1	1
丹徒区	13	5	3	1	56	52		1	1
镇江新区									
江苏镇江高新区	7	4		2	16	14		1	
丹阳市	26	32	36	2	131	100	15	7	8
扬中市	13	8	8	3	52	40	3	1	6
句容市	17	14	5	1	189	179	5	4	1
泰州市	**157**	**108**	**74**	**7**	**931**	**723**	**14**	**22**	**125**
海陵区	38	42	21	1	233	205	5	6	16
高港区	15	4	5		24	23	1		
姜堰区	27	7	17	1	99	89		3	5
泰州医药高新技术产业开发区									
兴化市	18	15	6	1	291	184	6	7	88
靖江市	31	19	12		25	15	1	2	6
泰兴市	28	21	13	4	259	207	1	4	10
宿迁市	**48**	**23**	**14**		**330**	**283**	**8**	**11**	**17**
宿城区	23	13	8		169	156	3	2	6
宿豫区	18	8	5		96	77	3	4	4
沭阳县									
泗阳县									
泗洪县									
宿迁经济技术开发区									
宿迁市湖滨新区	3	1			47	36	2	2	6
苏州宿迁工业园区	2								
宿迁市洋河新区	2	1	1		18	14		3	1

4-6a 续表 40

单位：人

地区 性别	农林牧渔生产辅助人员	其他农、林、牧、渔业生产加工人员	生产制造及有关人员 小计	农副产品加工人员	食品、饮料生产加工人员	烟草及其制品加工人员	纺织、针织、印染人员	纺织品、服装和皮革、毛皮制品加工制作人员	木材加工、家具与木制品制作人员
江　苏	**687**	**92**	**514699**	**2937**	**6939**	**218**	**9833**	**36231**	**14172**
南京市	**60**	**7**	**63070**	**346**	**1077**	**53**	**111**	**1932**	**1528**
玄武区	3		1663	7	44	3	1	24	18
秦淮区	1		3006	23	109	4	6	60	33
建邺区	3		2741	6	48	23	4	20	58
鼓楼区			2996	19	79	5	2	55	34
浦口区	4		3013	29	22	2	2	103	88
栖霞区	5	4	8867	23	84	3	12	143	130
雨花台区	5		5049	18	74	5	9	70	136
江宁区	13		13498	61	319	6	21	423	312
六合区	6		2815	20	42		18	420	79
溧水区	5	1	5243	69	69	1	13	103	111
高淳区	5	1	3549	21	56		9	324	220
南京江北新区	10	1	10630	50	131	1	14	187	309
无锡市	**33**	**4**	**74571**	**161**	**722**	**3**	**1367**	**2804**	**1585**
锡山区	4	1	10450	30	61	1	155	458	284
惠山区	1		10915	29	121		549	783	270
滨湖区	1		6471	16	86		28	127	87
梁溪区	2	2	7695	18	101	2	54	240	80
新吴区	4	1	10718	7	69		23	121	102
江苏无锡经济开发区	1		4732	6	43		25	75	133
江阴市	12		13886	26	132		429	749	291
宜兴市	8		9704	29	109		104	251	338
徐州市	**37**	**4**	**24565**	**319**	**518**	**56**	**163**	**912**	**1906**
鼓楼区	1	1	2791	16	100	19	3	40	30
云龙区	1		2408	16	42	19		40	26
贾汪区	1		2279	13	34	1	11	37	253
泉山区	3	1	2998	20	100	14	11	62	30
铜山区	11	1	3878	93	70	3	17	72	132
丰县									
沛县									
睢宁县									
徐州经济技术开发区			56		1			2	1
新沂市	6	1	4068	46	78		79	459	69
邳州市	14		6087	115	93		42	200	1365
常州市	**35**	**3**	**57653**	**147**	**506**	**4**	**1511**	**3925**	**1174**
天宁区	3		5841	5	63		281	732	102
钟楼区	9		7303	17	110		47	358	131
新北区	10	1	11301	20	77		106	374	149
武进区	5	2	14284	20	134	1	853	643	389
金坛区	5		7000	51	48	1	48	1457	188
江苏省常州市经济开发区	1		4810	3	21		135	221	68
溧阳市	2		7114	31	53	2	41	140	147
苏州市	**36**	**7**	**116689**	**198**	**957**	**5**	**2603**	**9293**	**2465**
虎丘区	1	1	14071	14	93		37	177	224
吴中区	2	1	13580	33	101		170	688	192
相城区	5		14782	29	111		116	1295	691
姑苏区	4	2	5580	6	120		19	305	106
吴江区			14112	10	61		723	448	257
苏州工业园区									
常熟市	9		15620	30	90	1	924	4360	343

4-6a 续表 41 单位：人

地区 性别	农林牧渔生产辅助人员	其他农、林、牧、渔业生产加工人员	生产制造及有关人员 小计	农副产品加工人员	食品、饮料生产加工人员	烟草及其制品加工人员	纺织、针织、印染人员	纺织品、服装和皮革、毛皮制品加工制作人员	木材加工、家具与木制品制作人员
张家港市	3	2	7285	25	74		516	871	148
昆山市	5	1	24659	37	188	1	56	607	387
太仓市	7		7000	14	119	3	42	542	117
南通市	**105**	**13**	**45853**	**283**	**456**	**24**	**2369**	**6314**	**1737**
崇川区	8	2	5489	23	117	20	280	486	89
港闸区	4		5664	22	56	2	200	845	121
通州区	8	2	8465	26	45	1	722	2196	253
如东县									
南通经济技术开发区									
通州湾示范区									
苏锡通科技产业园区									
启东市	4		5730	18	55		100	365	129
如皋市	53	5	5086	117	64		210	779	239
海门市	11	4	5775	41	60		127	712	129
海安市	17		9644	36	59	1	730	931	777
连云港市	**60**	**13**	**9278**	**230**	**236**		**65**	**488**	**210**
连云区	1	8	1585	60	24		3	31	15
海州区	40	2	3459	33	138		23	119	73
赣榆区	13	3	3510	134	73		36	316	103
东海县	5		171	2			1	20	1
灌云县									
灌南县									
连云港经济技术开发区									
连云港高新技术产业开发区									
江苏连云港徐圩新区			471	1					18
江苏省连云港市云台山风景名胜区	1		82		1		2	2	
淮安市	**50**	**12**	**12848**	**252**	**328**	**55**	**296**	**1163**	**339**
淮安区	2		3418	114	77		124	341	90
淮阴区	24	9	3672	60	76	3	23	354	146
清江浦区	10	2	3716	42	134	52	55	242	40
洪泽区	14	1	2042	36	41		94	226	63
涟水县									
盱眙县									
金湖县									
淮安经济技术开发区									
工业园区									
生态文旅区									
苏淮高新区									
盐城市	**90**	**11**	**20317**	**172**	**282**	**2**	**321**	**1636**	**411**
亭湖区	25	4	4606	45	80	1	54	300	74
盐都区	15		3997	35	62		37	331	161
大丰区	27	7	2707	33	46		102	309	53
响水县									
滨海县									
阜宁县									
射阳县									
建湖县									
盐城经济技术开发区			67				4	14	4
江苏省盐南高新区	8		2738	17	35	1	20	244	29
东台市	15		6202	42	59		104	438	90
扬州市	**47**	**8**	**29252**	**203**	**433**	**13**	**248**	**3435**	**606**
广陵区	4	2	4675	55	191		19	219	84

4-6a 续表 42

单位：人

地区 性别	农林牧渔生产辅助人员	其他农、林、牧、渔业生产加工人员	生产制造及有关人员 小计	农副产品加工人员	食品、饮料生产加工人员	烟草及其制品加工人员	纺织、针织、印染人员	纺织品、服装和皮革、毛皮制品加工制作人员	木材加工、家具与木制品制作人员
邗江区	1	1	5614	41	70		41	513	115
江都区	14	2	4686	27	45		9	415	114
宝应县									
扬州经济技术开发区									
蜀冈瘦西湖景区	1		1508	15	28		10	113	60
生态新城	1		1090	1	3		7	188	3
仪征市	4	1	5630	23	38		73	319	84
高邮市	22	2	6049	41	58	13	89	1668	146
镇江市	**23**	**2**	**21864**	**88**	**302**		**184**	**1550**	**683**
京口区	1		2379	11	39		3	43	64
润州区			1619	14	45		4	33	40
丹徒区	2		2395	11	71		1	134	46
镇江新区									
江苏镇江高新区	2		948	1	8		1	16	10
丹阳市	9		6953	24	76		68	692	236
扬中市	5		3196	5	22		23	192	55
句容市	4	2	4374	22	41		84	440	232
泰州市	**84**	**8**	**27716**	**341**	**548**	**3**	**319**	**1957**	**906**
海陵区	8		5978	37	105		56	295	183
高港区	1	1	2334	49	53	1	34	112	137
姜堰区	10	1	4963	49	56	1	110	421	184
泰州医药高新技术产业开发区									
兴化市	6	6	3236	111	158		19	101	100
靖江市	3		5398	45	102		76	348	100
泰兴市	56		5807	50	74	1	24	680	202
宿迁市	**27**		**11023**	**197**	**574**		**276**	**822**	**622**
宿城区	6		4487	25	77		149	351	177
宿豫区	16		3376	160	71		92	321	99
沭阳县									
泗阳县									
泗洪县									
宿迁经济技术开发区									
宿迁市湖滨新区	2		986	1	79		5	66	38
苏州宿迁工业园区	1		344		7		3	15	7
宿迁市洋河新区	2		1830	11	340		27	69	301
男	**453**	**50**	**355249**	**1641**	**3386**	**145**	**3352**	**10093**	**11470**
南京市	**41**	**5**	**48265**	**214**	**536**	**37**	**41**	**480**	**1374**
玄武区	1		1300	5	25	1	1	17	18
秦淮区	1		2395	14	55	4	4	30	28
建邺区	1		2326	3	25	15	3	7	55
鼓楼区			2435	13	43	4	2	23	33
浦口区	4		2336	22	11		2	29	78
栖霞区	4	2	6676	17	39	2	7	58	115
雨花台区	4		4088	7	39	3	2	20	118
江宁区	7		9630	38	148	6	4	152	267
六合区	5		1910	14	25		4	51	77
溧水区	5	1	4044	34	28	1	4	17	99
高淳区	3	1	2817	13	30		1	23	212
南京江北新区	6	1	8308	34	68	1	7	53	274
无锡市	**22**	**2**	**50948**	**107**	**334**	**2**	**541**	**901**	**1346**
锡山区	3		6992	22	29	1	85	139	241

4-6a 续表 43　　　　单位：人

地　区 性　别	农林牧渔生产辅助人员	其他农、林、牧、渔业生产加工人员	生产制造及有关人员 小计	农副产品加工人员	食品、饮料生产加工人员	烟草及其制品加工人员	纺织、针织、印染人员	纺织品、服装和皮革、毛皮制品加工制作人员	木材加工、家具与木制品制作人员
惠山区			7239	20	59		233	284	219
滨湖区			4679	10	46		11	39	76
梁溪区	2	1	5455	12	47	1	21	70	70
新吴区	4	1	6747	6	35		10	47	84
江苏无锡经济开发区			3440	5	20		7	18	122
江阴市	7		9821	12	45		128	237	245
宜兴市	6		6575	20	53		46	67	289
徐州市	**25**	**2**	**18531**	**173**	**226**	**35**	**28**	**203**	**1071**
鼓楼区		1	2262	6	44	10		15	23
云龙区	1		1906	8	14	12		13	22
贾汪区	1		1786	8	9	1	1	8	147
泉山区	3		2447	10	52	10	1	24	26
铜山区	6		2865	40	23	2	2	17	63
丰县									
沛县									
睢宁县									
徐州经济技术开发区			45						1
新沂市	4	1	2772	33	35		18	85	58
邳州市	10		4448	68	49		6	41	731
常州市	**23**	**1**	**39389**	**90**	**213**	**2**	**491**	**1066**	**1037**
天宁区	2		4010	2	27		111	192	93
钟楼区	6		4976	11	44		20	101	107
新北区	5	1	7309	10	33		50	138	127
武进区	2		9490	12	53	1	231	207	345
金坛区	5		4646	33	25		23	325	175
江苏省常州市经济开发区	1		3048	3	11		47	75	52
溧阳市	2		5910	19	20	1	9	28	138
苏州市	**28**	**5**	**76038**	**124**	**435**	**4**	**1030**	**3691**	**1996**
虎丘区	1		9082	10	43		20	40	190
吴中区	1	1	8727	19	37		56	199	171
相城区	4		9657	17	41		54	575	543
姑苏区	3	2	3997	5	64		9	100	89
吴江区			9107	7	30		344	173	190
苏州工业园区									
常熟市	9		9754	15	38		339	1981	314
张家港市	1	1	5006	20	36		156	257	125
昆山市	4	1	16192	22	90	1	32	179	272
太仓市	5		4516	9	56	3	20	187	102
南通市	**66**	**9**	**31084**	**147**	**225**	**19**	**771**	**1452**	**1476**
崇川区	5	2	4005	17	73	15	102	160	82
港闸区	3		3949	15	30	2	55	214	110
通州区	6	1	5199	14	23	1	264	524	237
如东县									
南通经济技术开发区									
通州湾示范区									
苏锡通科技产业园区									
启东市	3		4359	9	25		18	51	121
如皋市	31	4	3173	55	28		44	123	218
海门市	6	2	4130	19	27		54	201	106
海安市	12		6269	18	19	1	234	179	602
连云港市	**30**	**5**	**6722**	**120**	**97**		**16**	**95**	**177**
连云区		4	1326	44	10		1	5	14

4-6a　续表 44　　　　单位：人

地　区 性　别	农林牧渔生产辅助人员	其他农、林、牧、渔业生产加工人员	生产制造及有关人员						
			小计	农副产品加工人员	食品、饮料生产加工人员	烟草及其制品加工人员	纺织、针织、印染人员	纺织品、服装和皮革、毛皮制品加工制作人员	木材加工、家具与木制品制作人员
海州区	19	1	2645	24	71		10	42	59
赣榆区	5		2119	49	16		3	43	86
东海县	5		129	2			1	4	1
灌云县									
灌南县									
连云港经济技术开发区									
连云港高新技术产业开发区									
江苏连云港徐圩新区			436	1					17
江苏省连云港市云台山风景名胜区	1		67				1	1	
淮安市	**40**	**9**	**8993**	**144**	**154**	**34**	**69**	**204**	**301**
淮安区	2		2274	57	26		25	56	87
淮阴区	21	6	2623	38	41	2	4	48	128
清江浦区	6	2	2698	27	65	32	18	56	36
洪泽区	11	1	1398	22	22		22	44	50
涟水县									
盱眙县									
金湖县									
淮安经济技术开发区									
工业园区									
生态文旅区									
苏淮高新区									
盐城市	**70**	**5**	**14605**	**103**	**138**	**1**	**77**	**304**	**363**
亭湖区	22	1	3455	24	35		9	65	68
盐都区	11		2882	21	35		10	56	145
大丰区	18	4	1837	19	19		26	66	43
响水县									
滨海县									
阜宁县									
射阳县									
建湖县									
盐城经济技术开发区			48				2	6	3
江苏省盐南高新区	5		1986	12	17	1	6	50	26
东台市	14		4397	27	32		24	61	78
扬州市	**33**	**2**	**19739**	**120**	**212**	**9**	**84**	**673**	**540**
广陵区	3		3365	36	91		8	58	68
邗江区			3731	21	34		11	92	99
江都区	11	2	3302	13	20		2	99	100
宝应县									
扬州经济技术开发区									
蜀冈瘦西湖景区			1093	10	14		3	15	56
生态新城			614	1	3		2	89	2
仪征市	4		3972	12	15		35	119	76
高邮市	15		3662	27	35	9	23	201	139
镇江市	**17**	**2**	**14899**	**57**	**168**		**57**	**469**	**586**
京口区	1		1769	10	21		1	20	59
润州区			1215	6	30		1	12	38
丹徒区			1663	7	41			33	42
镇江新区									
江苏镇江高新区	1		723	1	4			4	9
丹阳市	8		4321	15	41		12	287	174
扬中市	3		2108	4	12		7	42	45
句容市	4	2	3100	14	19		36	71	219

4-6a 续表 45　　　　单位：人

地区 性别	农林牧渔生产辅助人员	其他农、林、牧、渔业生产加工人员	生产制造及有关人员 小计	农副产品加工人员	食品、饮料生产加工人员	烟草及其制品加工人员	纺织、针织、印染人员	纺织品、服装和皮革、毛皮制品加工制作人员	木材加工、家具与木制品制作人员
泰州市	**42**	**3**	**18553**	**156**	**272**	**2**	**74**	**390**	**741**
海陵区	7		4087	25	51		13	58	156
高港区	1	1	1546	20	31		11	21	116
姜堰区	8	1	3341	31	24	1	18	39	155
泰州医药高新技术产业开发区									
兴化市	5	1	2221	37	83		4	25	89
靖江市	2		3617	17	48		23	93	85
泰兴市	19		3741	26	35	1	5	154	140
宿迁市	**16**		**7483**	**86**	**376**		**73**	**165**	**462**
宿城区	4		3137	13	37		39	75	154
宿豫区	8		2304	64	37		21	59	76
沭阳县									
泗阳县									
泗洪县									
宿迁经济技术开发区									
宿迁市湖滨新区	1		700	1	19		2	11	30
苏州宿迁工业园区	1		211		3		1	3	5
宿迁市洋河新区	2		1131	8	280		10	17	197
女	**234**	**42**	**159450**	**1296**	**3553**	**73**	**6481**	**26138**	**2702**
南京市	**19**	**2**	**14805**	**132**	**541**	**16**	**70**	**1452**	**154**
玄武区	2		363	2	19	2		7	
秦淮区			611	9	54		2	30	5
建邺区	2		415	3	23	8	1	13	3
鼓楼区			561	6	36	1		32	1
浦口区			677	7	11	2		74	10
栖霞区	1	2	2191	6	45	1	5	85	15
雨花台区	1		961	11	35	2	7	50	18
江宁区	6		3868	23	171		17	271	45
六合区	1		905	6	17		14	369	2
溧水区			1199	35	41		9	86	12
高淳区	2		732	8	26		8	301	8
南京江北新区	4		2322	16	63		7	134	35
无锡市	**11**	**2**	**23623**	**54**	**388**	**1**	**826**	**1903**	**239**
锡山区	1	1	3458	8	32		70	319	43
惠山区	1		3676	9	62		316	499	51
滨湖区	1		1792	6	40		17	88	11
梁溪区		1	2240	6	54	1	33	170	10
新吴区			3971	1	34		13	74	18
江苏无锡经济开发区	1		1292	1	23		18	57	11
江阴市	5		4065	14	87		301	512	46
宜兴市	2		3129	9	56		58	184	49
徐州市	**12**	**2**	**6034**	**146**	**292**	**21**	**135**	**709**	**835**
鼓楼区	1		529	10	56	9	3	25	7
云龙区			502	8	28	7		27	4
贾汪区			493	5	25		10	29	106
泉山区		1	551	10	48	4	10	38	4
铜山区	5	1	1013	53	47	1	15	55	69
丰县									
沛县									
睢宁县									
徐州经济技术开发区			11		1			2	
新沂市	2		1296	13	43		61	374	11
邳州市	4		1639	47	44		36	159	634

4-6a　续表 46

单位：人

地　区 性　别	农林牧渔生产辅助人　员	其他农、林、牧、渔业生产加工人员	生产制造及有关人员						
			小计	农副产品加工人员	食品、饮料生产加工人员	烟草及其制品加工人员	纺织、针织、印染人员	纺织品、服装和皮革、毛皮制品加工制作人员	木材加工、家具与木制品制作人员
常州市	**12**	**2**	**18264**	**57**	**293**	**2**	**1020**	**2859**	**137**
天宁区	1		1831	3	36		170	540	9
钟楼区	3		2327	6	66		27	257	24
新北区	5		3992	10	44		56	236	22
武进区	3	2	4794	8	81		622	436	44
金坛区			2354	18	23	1	25	1132	13
江苏省常州市经济开发区			1762		10		88	146	16
溧阳市			1204	12	33	1	32	112	9
苏州市	**8**	**2**	**40651**	**74**	**522**	**1**	**1573**	**5602**	**469**
虎丘区		1	4989	4	50		17	137	34
吴中区	1		4853	14	64		114	489	21
相城区	1		5125	12	70		62	720	148
姑苏区	1		1583	1	56		10	205	17
吴江区			5005	3	31		379	275	67
苏州工业园区									
常熟市			5866	15	52	1	585	2379	29
张家港市	2	1	2279	5	38		360	614	23
昆山市	1		8467	15	98		24	428	115
太仓市	2		2484	5	63		22	355	15
南通市	**39**	**4**	**14769**	**136**	**231**	**5**	**1598**	**4862**	**261**
崇川区	3		1484	6	44	5	178	326	7
港闸区	1		1715	7	26		145	631	11
通州区	2	1	3266	12	22		458	1672	16
如东县									
南通经济技术开发区									
通州湾示范区									
苏锡通科技产业园区									
启东市	1		1371	9	30		82	314	8
如皋市	22	1	1913	62	36		166	656	21
海门市	5	2	1645	22	33		73	511	23
海安市	5		3375	18	40		496	752	175
连云港市	**30**	**8**	**2556**	**110**	**139**		**49**	**393**	**33**
连云区	1	4	259	16	14		2	26	1
海州区	21	1	814	9	67		13	77	14
赣榆区	8	3	1391	85	57		33	273	17
东海县			42					16	
灌云县									
灌南县									
连云港经济技术开发区									
连云港高新技术产业开发区									
江苏连云港徐圩新区			35						1
江苏省连云港市云台山风景名胜区			15		1		1	1	
淮安市	**10**	**3**	**3855**	**108**	**174**	**21**	**227**	**959**	**38**
淮安区			1144	57	51		99	285	3
淮阴区	3	3	1049	22	35	1	19	306	18
清江浦区	4		1018	15	69	20	37	186	4
洪泽区	3		644	14	19		72	182	13
涟水县									
盱眙县									
金湖县									
淮安经济技术开发区									
工业园区									

4-6a 续表 47

单位：人

地区 性别	农林牧渔生产辅助人员	其他农、林、牧、渔业生产加工人员	生产制造及有关人员 小计	农副产品加工人员	食品、饮料生产加工人员	烟草及其制品加工人员	纺织、针织、印染人员	纺织品、服装和皮革、毛皮制品加工制作人员	木材加工、家具与木制品制作人员
生态文旅区									
苏淮高新区									
盐城市	**20**	**6**	**5712**	**69**	**144**	**1**	**244**	**1332**	**48**
亭湖区	3	3	1151	21	45	1	45	235	6
盐都区	4		1115	14	27		27	275	16
大丰区	9	3	870	14	27		76	243	10
响水县									
滨海县									
阜宁县									
射阳县									
建湖县									
盐城经济技术开发区			19				2	8	1
江苏省盐南高新区	3		752	5	18		14	194	3
东台市	1		1805	15	27		80	377	12
扬州市	**14**	**6**	**9513**	**83**	**221**	**4**	**164**	**2762**	**66**
广陵区	1	2	1310	19	100		11	161	16
邗江区	1	1	1883	20	36		30	421	16
江都区	3		1384	14	25		7	316	14
宝应县									
扬州经济技术开发区									
蜀冈瘦西湖景区	1		415	5	14		7	98	4
生态新城	1		476				5	99	1
仪征市		1	1658	11	23		38	200	8
高邮市	7	2	2387	14	23	4	66	1467	7
镇江市	**6**		**6965**	**31**	**134**		**127**	**1081**	**97**
京口区			610	1	18		2	23	5
润州区			404	8	15		3	21	2
丹徒区	2		732	4	30		1	101	4
镇江新区									
江苏镇江高新区	1		225		4		1	12	1
丹阳市	1		2632	9	35		56	405	62
扬中市	2		1088	1	10		16	150	10
句容市			1274	8	22		48	369	13
泰州市	**42**	**5**	**9163**	**185**	**276**	**1**	**245**	**1567**	**165**
海陵区	1		1891	12	54		43	237	27
高港区			788	29	22	1	23	91	21
姜堰区	2		1622	18	32		92	382	29
泰州医药高新技术产业开发区									
兴化市	1	5	1015	74	75		15	76	11
靖江市	1		1781	28	54		53	255	15
泰兴市	37		2066	24	39		19	526	62
宿迁市	**11**		**3540**	**111**	**198**		**203**	**657**	**160**
宿城区	2		1350	12	40		110	276	23
宿豫区	8		1072	96	34		71	262	23
沭阳县									
泗阳县									
泗洪县									
宿迁经济技术开发区									
宿迁市湖滨新区	1		286		60		3	55	8
苏州宿迁工业园区			133		4		2	12	2
宿迁市洋河新区			699	3	60		17	52	104

4-6a　续表 48　　　　单位：人

地　区 性　别	生产制造及有关人员								
	纸及纸制品生产加工人员	印刷和记录媒介复制人员	文教、工美、体育和娱乐用品制造人　员	石油加工和炼焦、煤化工生产人员	化学原料和化学制品制造人　员	医药制造人　　员	化学纤维制造人员	橡胶和塑料制品制造人员	非金属矿物制品制造人员
江　苏	**2296**	**3066**	**5748**	**650**	**5570**	**3243**	**903**	**11430**	**5497**
南京市	**141**	**392**	**283**	**289**	**861**	**797**	**54**	**795**	**564**
玄武区	3	25	6	29	20	27	1	3	6
秦淮区	5	45	24	14	24	46	1	4	11
建邺区	2	17	6	12	10	30	2	6	9
鼓楼区	1	31	7	11	33	37	1	8	11
浦口区		14	10	3	13	25		67	36
栖霞区	24	41	35	110	111	152	6	65	80
雨花台区	2	16	7	9	19	33	23	18	86
江宁区	58	136	65	6	56	245	3	213	125
六合区	5	12	44	4	63	19	5	31	16
溧水区	17	8	49	1	25	23	3	93	41
高淳区	13	17	7		71	9	3	70	73
南京江北新区	11	30	23	90	416	151	6	217	70
无锡市	**376**	**539**	**2221**	**45**	**578**	**353**	**76**	**1698**	**1488**
锡山区	61	85	42	6	53	19	6	340	48
惠山区	57	78	16	1	69	14	14	234	70
滨湖区	19	43	30	3	17	86		130	17
梁溪区	9	85	34	4	48	65	7	127	34
新吴区	37	84	24	6	84	63	7	316	31
江苏无锡经济开发区	13	10	25	3	6	21	8	39	16
江阴市	119	113	45	18	167	63	23	412	138
宜兴市	61	41	2005	4	134	22	11	100	1134
徐州市	**98**	**132**	**244**	**33**	**480**	**124**	**10**	**237**	**214**
鼓楼区	6	24	10	4	12	23	2	28	16
云龙区	4	21	16	1	17	26		12	21
贾汪区	34	7	26	4	24	6	1	65	38
泉山区	13	28	11	1	17	27		19	18
铜山区	26	20	24	1	13	16		24	69
丰县									
沛县									
睢宁县									
徐州经济技术开发区		1			1			1	
新沂市	6	16	31		381	18	5	24	27
邳州市	9	15	126	22	15	8	2	64	25
常州市	**158**	**285**	**190**	**16**	**504**	**297**	**29**	**1159**	**415**
天宁区	22	30	13		39	58	4	71	47
钟楼区	27	61	20	1	59	29		175	35
新北区	23	20	23	7	255	73	11	254	116
武进区	32	50	64	1	41	65	6	329	91
金坛区	28	67	35	1	60	39	1	128	52
江苏省常州市经济开发区	20	38	13		17	20	7	170	17
溧阳市	6	19	22	6	33	13		32	57
苏州市	**682**	**812**	**1015**	**28**	**892**	**412**	**256**	**3291**	**973**
虎丘区	58	84	270	2	96	68	6	465	213
吴中区	73	79	158	3	103	108	5	306	93
相城区	118	107	77	3	82	39	72	654	109
姑苏区	14	48	173	1	49	57	2	56	22
吴江区	23	92	15	1	23	24	29	259	142
苏州工业园区									
常熟市	87	74	71	3	189	38	39	303	110

4-6a 续表 49 单位：人

地区 性别	生产制造及有关人员 纸及纸制品生产加工人员	印刷和记录媒介复制人员	文教、工美、体育和娱乐用品制造人员	石油加工和炼焦、煤化工生产人员	化学原料和化学制品制造人员	医药制造人员	化学纤维制造人员	橡胶和塑料制品制造人员	非金属矿物制品制造人员
张家港市	17	26	20	2	98	9	17	140	31
昆山市	242	261	189	6	187	39	71	960	223
太仓市	50	41	42	7	65	30	15	148	30
南通市	**186**	**196**	**328**	**14**	**353**	**235**	**83**	**869**	**444**
崇川区	29	55	22	5	94	43	36	89	26
港闸区	8	29	26	1	32	25	5	102	76
通州区	49	32	43	1	16	8	5	181	41
如东县									
南通经济技术开发区									
通州湾示范区									
苏锡通科技产业园区									
启东市	27	27	44	5	118	74	17	27	19
如皋市	19	14	102		31	6	5	300	64
海门市	17	19	31		33	62	2	85	64
海安市	37	20	60	2	29	17	13	85	154
连云港市	**12**	**41**	**68**	**35**	**257**	**183**	**12**	**600**	**101**
连云区	4	1		7	60	21	3	8	15
海州区	5	28	17	2	53	139	7	55	40
赣榆区	2	11	51	7	16	23	2	536	44
东海县									2
灌云县									
灌南县									
连云港经济技术开发区									
连云港高新技术产业开发区									
江苏连云港徐圩新区				19	128			1	
江苏省连云港市云台山风景名胜区	1	1							
淮安市	**114**	**81**	**70**	**32**	**280**	**79**	**10**	**230**	**120**
淮安区	24	13	21		27	16	2	101	18
淮阴区	33	25	16	2	26	10	1	41	25
清江浦区	27	37	22	27	77	48	4	63	17
洪泽区	30	6	11	3	150	5	3	25	60
涟水县									
盱眙县									
金湖县									
淮安经济技术开发区									
工业园区									
生态文旅区									
苏淮高新区									
盐城市	**75**	**105**	**99**	**27**	**96**	**79**	**46**	**267**	**223**
亭湖区	9	41	22	9	19	9	1	81	40
盐都区	20	30	6	1	7	6	1	27	51
大丰区	19	16	16	1	41	45	3	36	26
响水县									
滨海县									
阜宁县									
射阳县									
建湖县									
盐城经济技术开发区			1						
江苏省盐南高新区	4	8	11	1	15	3	3	27	26
东台市	23	10	43	15	14	16	38	96	80
扬州市	**88**	**128**	**753**	**32**	**407**	**139**	**216**	**790**	**167**
广陵区	15	26	114	1	117	24	10	141	15

4-6a 续表 50

单位：人

地 区 性 别	生产制造及有关人员								
	纸及纸制品生产加工人员	印刷和记录媒介复制人员	文教、工美、体育和娱乐用品制造人员	石油加工和炼焦、煤化工生产人员	化学原料和化学制品制造人员	医药制造人员	化学纤维制造人员	橡胶和塑料制品制造人员	非金属矿物制品制造人员
邗江区	14	31	298	14	47	39	1	44	45
江都区	11	25	114	8	41	18	4	108	18
宝应县									
扬州经济技术开发区									
蜀冈瘦西湖景区	4	6	45	3	16	4		18	6
生态新城	18	21	3		47			294	
仪征市	10	6	149	6	102	12	201	133	39
高邮市	16	13	30		37	42		52	44
镇江市	**222**	**197**	**113**	**43**	**290**	**74**	**37**	**584**	**278**
京口区	62	14	7	9	126	17	2	40	24
润州区	38	12	3	7	52	11	3	23	21
丹徒区	27	16	6	24	48	14	2	84	55
镇江新区									
江苏镇江高新区	2	6	3	1	9	4		36	6
丹阳市	60	119	40	1	37	11	29	140	118
扬中市	4	16	9		8	5		127	19
句容市	29	14	45	1	10	12	1	134	35
泰州市	**65**	**100**	**322**	**54**	**512**	**451**	**51**	**512**	**214**
海陵区	7	25	29	37	74	54	31	89	51
高港区	15	5	12	2	12	112	4	67	19
姜堰区	14	16	26	7	28	46	2	106	36
泰州医药高新技术产业开发区									
兴化市	2	13	169	1	10	5		72	22
靖江市	18	24	54	1	30	94		56	32
泰兴市	9	17	32	6	358	140	14	122	54
宿迁市	**79**	**58**	**42**	**2**	**60**	**20**	**23**	**398**	**296**
宿城区	23	17	22	1	16	4	8	147	101
宿豫区	9	23	14	1	18	3	10	125	132
沭阳县									
泗阳县									
泗洪县									
宿迁经济技术开发区									
宿迁市湖滨新区	1	4	3		25	9	4	104	11
苏州宿迁工业园区	3	1	2			1		2	8
宿迁市洋河新区	43	13	1		1	3	1	20	44
男	**1289**	**1766**	**2488**	**530**	**4081**	**1667**	**584**	**6332**	**3698**
南京市	**82**	**256**	**134**	**238**	**690**	**375**	**34**	**509**	**429**
玄武区	3	19	3	21	16	9	1	2	3
秦淮区	3	25	18	12	17	24	1	4	9
建邺区	2	15	4	10	6	11		4	7
鼓楼区		24	4	9	28	19		7	10
浦口区		8	5	3	11	7		38	34
栖霞区	12	26	13	93	89	77	4	39	61
雨花台区	2	12	4	8	18	14	13	12	65
江宁区	35	89	32	4	44	116	1	141	94
六合区	3	6	3	4	51	10	3	18	12
溧水区	11	6	30		19	15	3	41	29
高淳区	5	10	3		52	3	3	48	51
南京江北新区	6	16	15	74	339	70	5	155	54
无锡市	**183**	**304**	**1178**	**40**	**405**	**171**	**39**	**897**	**871**
锡山区	28	56	20	5	37	7	3	158	35

4-6a 续表 51　　　　单位：人

地区 性别	生产制造及有关人员 纸及纸制品生产加工人员	印刷和记录媒介复制人员	文教、工美、体育和娱乐用品制造人员	石油加工和炼焦、煤化工生产人员	化学原料和化学制品制造人员	医药制造人员	化学纤维制造人员	橡胶和塑料制品制造人员	非金属矿物制品制造人员
惠山区	36	45	9	1	46	5	4	133	49
滨湖区	10	27	13	3	9	48		55	12
梁溪区	6	42	21	4	30	28	3	69	25
新吴区	23	53	15	6	56	30	5	178	23
江苏无锡经济开发区	5	5	6	2	4	14	3	26	12
江阴市	57	60	15	16	122	30	17	228	102
宜兴市	18	16	1079	3	101	9	4	50	613
徐州市	**49**	**64**	**119**	**29**	**340**	**46**	**6**	**161**	**159**
鼓楼区	4	17	6	4	10	10	1	20	10
云龙区	3	10	6	1	13	6		9	18
贾汪区	20	3	9	3	17	3		50	31
泉山区	9	14	5	1	15	10		15	16
铜山区	7	5	15	1	9	4		16	49
丰县									
沛县									
睢宁县									
徐州经济技术开发区								1	
新沂市	3	6	5		265	10	4	17	18
邳州市	3	9	73	19	11	3	1	33	17
常州市	**80**	**157**	**87**	**11**	**372**	**149**	**13**	**664**	**297**
天宁区	15	17	7		27	24	4	47	40
钟楼区	11	34	11		43	10		101	24
新北区	11	9	7	5	191	49	4	163	78
武进区	14	29	30		27	28	3	187	63
金坛区	19	44	16	1	49	23	1	65	32
江苏省常州市经济开发区	8	12	9		13	12	1	81	13
溧阳市	2	12	7	5	22	3		20	47
苏州市	**425**	**462**	**474**	**19**	**606**	**211**	**156**	**1939**	**676**
虎丘区	39	51	71	2	55	37	4	276	147
吴中区	42	48	88	2	70	55	4	154	72
相城区	68	59	46	2	53	18	39	351	80
姑苏区	9	29	125		30	35	1	33	19
吴江区	10	64	7	1	16	10	18	165	90
苏州工业园区									
常熟市	55	40	35	2	134	22	22	181	81
张家港市	12	11	10	2	73	4	12	95	23
昆山市	161	139	77	4	129	13	46	599	143
太仓市	29	21	15	4	46	17	10	85	21
南通市	**110**	**117**	**87**	**10**	**245**	**124**	**59**	**523**	**320**
崇川区	21	34	6	4	77	24	29	71	19
港闸区	4	17	11		24	10	5	74	62
通州区	28	19	9	1	10	4	2	97	33
如东县									
南通经济技术开发区									
通州湾示范区									
苏锡通科技产业园区									
启东市	20	20	8	3	80	44	11	14	13
如皋市	8	5	36		21	3	3	166	41
海门市	7	10	5		20	27	1	50	53
海安市	22	12	12	2	13	12	8	51	99
连云港市	**6**	**20**	**21**	**31**	**220**	**111**	**8**	**112**	**70**
连云区	2			6	52	10	2	3	14

4-6a　续表 52　　　　　　　　　　　　　　　　　　　　单位：人

地　区 性　别	生产制造及有关人员								
	纸及纸制品生产加工人员	印刷和记录媒介复制人员	文教、工美、体育和娱乐用品制造人　员	石油加工和炼焦、煤化工生产人员	化学原料和化学品制造人　员	医药制造人　　员	化学纤维制造人员	橡胶和塑料制品制造人员	非金属矿物制品制造人员
海州区	3	16	9	2	43	87	5	33	28
赣榆区	1	4	12	5	10	14	1	75	27
东海县									1
灌云县									
灌南县									
连云港经济技术开发区									
连云港高新技术产业开发区									
江苏连云港徐圩新区				18	115			1	
江苏省连云港市云台山风景名胜区									
淮安市	**60**	**46**	**21**	**28**	**225**	**47**	**6**	**134**	**73**
淮安区	13	7	6		16	9	1	53	11
淮阴区	8	15	4	2	19	5	1	21	19
清江浦区	13	22	9	24	63	29	2	51	14
洪泽区	26	2	2	2	127	4	2	9	29
涟水县									
盱眙县									
金湖县									
淮安经济技术开发区									
工业园区									
生态文旅区									
苏淮高新区									
盐城市	**40**	**55**	**24**	**19**	**70**	**49**	**32**	**141**	**160**
亭湖区	5	22	10	8	16	8	1	38	24
盐都区	7	16	4		4	1		16	38
大丰区	10	10	3	1	31	30	2	19	20
响水县									
滨海县									
阜宁县									
射阳县									
建湖县									
盐城经济技术开发区									
江苏省盐南高新区	1	2	3		9	2	2	17	16
东台市	17	5	4	10	10	8	27	51	62
扬州市	**48**	**78**	**210**	**20**	**294**	**84**	**166**	**420**	**117**
广陵区	9	15	68		81	15	9	64	10
邗江区	11	20	66	8	31	24		22	29
江都区	4	14	33	5	26	12	3	52	15
宝应县									
扬州经济技术开发区									
蜀冈瘦西湖景区	3	4	17	3	12	3		9	5
生态新城	10	16	2		29			150	
仪征市	3	1	12	4	86	7	154	87	26
高邮市	8	8	12		29	23		36	32
镇江市	**150**	**128**	**50**	**37**	**213**	**38**	**24**	**337**	**193**
京口区	53	7	4	7	87	11		27	17
润州区	30	6	1	6	39	3	1	11	17
丹徒区	18	7	2	21	37	9	1	53	44
镇江新区									
江苏镇江高新区	2	3	1	1	9	1		19	5
丹阳市	30	81	27	1	25	7	21	82	68
扬中市		13	5		7	2		53	14
句容市	17	11	10	1	9	5	1	92	28

4-6a 续表 53 单位：人

地区 性别	生产制造及有关人员								
	纸及纸制品生产加工人员	印刷和记录媒介复制人员	文教、工美、体育和娱乐用品制造人员	石油加工和炼焦、煤化工生产人员	化学原料和化学制品制造人员	医药制造人员	化学纤维制造人员	橡胶和塑料制品制造人员	非金属矿物制品制造人员
泰州市	**25**	**45**	**74**	**46**	**361**	**248**	**28**	**260**	**148**
海陵区	3	12	11	34	51	26	16	45	34
高港区	6	3	4	1	5	61	3	36	17
姜堰区	4	6	14	4	20	21	1	53	27
泰州医药高新技术产业开发区									
兴化市	1	8	21	1	4	2		33	17
靖江市	5	10	9	1	18	58		30	19
泰兴市	6	6	15	5	263	80	8	63	34
宿迁市	**31**	**34**	**9**	**2**	**40**	**14**	**13**	**235**	**185**
宿城区	11	8	5	1	9	1	5	79	67
宿豫区	4	15	3	1	13	3	6	74	81
沭阳县									
泗阳县									
泗洪县									
宿迁经济技术开发区									
宿迁市湖滨新区	1	4	1		17	8	1	74	6
苏州宿迁工业园区	2								6
宿迁市洋河新区	13	7			1	2	1	8	25
女	**1007**	**1300**	**3260**	**120**	**1489**	**1576**	**319**	**5098**	**1799**
南京市	**59**	**136**	**149**	**51**	**171**	**422**	**20**	**286**	**135**
玄武区		6	3	8	4	18		1	3
秦淮区	2	20	6	2	7	22			2
建邺区		2	2	2	4	19	2	2	2
鼓楼区	1	7	3	2	5	18	1	1	1
浦口区		6	5		2	18		29	2
栖霞区	12	15	22	17	22	75	2	26	19
雨花台区		4	3	1	1	19	10	6	21
江宁区	23	47	33	2	12	129	2	72	31
六合区	2	6	41		12	9	2	13	4
溧水区	6	2	19	1	6	8		52	12
高淳区	8	7	4		19	6		22	22
南京江北新区	5	14	8	16	77	81	1	62	16
无锡市	**193**	**235**	**1043**	**5**	**173**	**182**	**37**	**801**	**617**
锡山区	33	29	22	1	16	12	3	182	13
惠山区	21	33	7		23	9	10	101	21
滨湖区	9	16	17		8	38		75	5
梁溪区	3	43	13		18	37	4	58	9
新吴区	14	31	9		28	33	2	138	8
江苏无锡经济开发区	8	5	19	1	2	7	5	13	4
江阴市	62	53	30	2	45	33	6	184	36
宜兴市	43	25	926	1	33	13	7	50	521
徐州市	**49**	**68**	**125**	**4**	**140**	**78**	**4**	**76**	**55**
鼓楼区	2	7	4		2	13	1	8	6
云龙区	1	11	10		4	20		3	3
贾汪区	14	4	17	1	7	3	1	15	7
泉山区	4	14	6		2	17		4	2
铜山区	19	15	9		4	12		8	20
丰县									
沛县									
睢宁县									
徐州经济技术开发区		1			1				
新沂市	3	10	26		116	8	1	7	9
邳州市	6	6	53	3	4	5	1	31	8

4-6a　续表 54　　　　单位：人

地　区 性　别	生产制造及有关人员								
	纸及纸制品生产加工人员	印刷和记录媒介复制人员	文教、工美、体育和娱乐用品制造人员	石油加工和炼焦、煤化工生产人员	化学原料和化学制品制造人员	医药制造人员	化学纤维制造人员	橡胶和塑料制品制造人员	非金属矿物制品制造人员
常州市	**78**	**128**	**103**	**5**	**132**	**148**	**16**	**495**	**118**
天宁区	7	13	6		12	34		24	7
钟楼区	16	27	9	1	16	19		74	11
新北区	12	11	16	2	64	24	7	91	38
武进区	18	21	34	1	14	37	3	142	28
金坛区	9	23	19		11	16		63	20
江苏省常州市经济开发区	12	26	4		4	8	6	89	4
溧阳市	4	7	15	1	11	10		12	10
苏州市	**257**	**350**	**541**	**9**	**286**	**201**	**100**	**1352**	**297**
虎丘区	19	33	199		41	31	2	189	66
吴中区	31	31	70	1	33	53	1	152	21
相城区	50	48	31	1	29	21	33	303	29
姑苏区	5	19	48	1	19	22	1	23	3
吴江区	13	28	8		7	14	11	94	52
苏州工业园区									
常熟市	32	34	36	1	55	16	17	122	29
张家港市	5	15	10		25	5	5	45	8
昆山市	81	122	112	2	58	26	25	361	80
太仓市	21	20	27	3	19	13	5	63	9
南通市	**76**	**79**	**241**	**4**	**108**	**111**	**24**	**346**	**124**
崇川区	8	21	16	1	17	19	7	18	7
港闸区	4	12	15	1	8	15		28	14
通州区	21	13	34		6	4	3	84	8
如东县									
南通经济技术开发区									
通州湾示范区									
苏锡通科技产业园区									
启东市	7	7	36	2	38	30	6	13	6
如皋市	11	9	66		10	3	2	134	23
海门市	10	9	26		13	35	1	35	11
海安市	15	8	48		16	5	5	34	55
连云港市	**6**	**21**	**47**	**4**	**37**	**72**	**4**	**488**	**31**
连云区	2	1		1	8	11	1	5	1
海州区	2	12	8		10	52	2	22	12
赣榆区	1	7	39	2	6	9	1	461	17
东海县									1
灌云县									
灌南县									
连云港经济技术开发区									
连云港高新技术产业开发区									
江苏连云港徐圩新区				1	13				
江苏省连云港市云台山风景名胜区	1	1							
淮安市	**54**	**35**	**49**	**4**	**55**	**32**	**4**	**96**	**47**
淮安区	11	6	15		11	7	1	48	7
淮阴区	25	10	12		7	5		20	6
清江浦区	14	15	13	3	14	19	2	12	3
洪泽区	4	4	9	1	23	1	1	16	31
涟水县									
盱眙县									
金湖县									
淮安经济技术开发区									
工业园区									

4-6a 续表 55 单位：人

地区 性别	生产制造及有关人员								
	纸及纸制品生产加工人员	印刷和记录媒介复制人员	文教、工美、体育和娱乐用品制造人员	石油加工和炼焦、煤化工生产人员	化学原料和化学制品制造人员	医药制造人员	化学纤维制造人员	橡胶和塑料制品制造人员	非金属矿物制品制造人员
生态文旅区									
苏淮高新区									
盐城市	**35**	**50**	**75**	**8**	**26**	**30**	**14**	**126**	**63**
亭湖区	4	19	12	1	3	1		43	16
盐都区	13	14	2	1	3	5	1	11	13
大丰区	9	6	13		10	15	1	17	6
响水县									
滨海县									
阜宁县									
射阳县									
建湖县									
盐城经济技术开发区			1						
江苏省盐南高新区	3	6	8	1	6	1	1	10	10
东台市	6	5	39	5	4	8	11	45	18
扬州市	**40**	**50**	**543**	**12**	**113**	**55**	**50**	**370**	**50**
广陵区	6	11	46	1	36	9	1	77	5
邗江区	3	11	232	6	16	15	1	22	16
江都区	7	11	81	3	15	6	1	56	3
宝应县									
扬州经济技术开发区									
蜀冈瘦西湖景区	1	2	28		4	1		9	1
生态新城	8	5	1		18			144	
仪征市	7	5	137	2	16	5	47	46	13
高邮市	8	5	18		8	19		16	12
镇江市	**72**	**69**	**63**	**6**	**77**	**36**	**13**	**247**	**85**
京口区	9	7	3	2	39	6	2	13	7
润州区	8	6	2	1	13	8	2	12	4
丹徒区	9	9	4	3	11	5	1	31	11
镇江新区									
江苏镇江高新区		3	2			3		17	1
丹阳市	30	38	13		12	4	8	58	50
扬中市	4	3	4		1	3		74	5
句容市	12	3	35		1	7		42	7
泰州市	**40**	**55**	**248**	**8**	**151**	**203**	**23**	**252**	**66**
海陵区	4	13	18	3	23	28	15	44	17
高港区	9	2	8	1	7	51	1	31	2
姜堰区	10	10	12	3	8	25	1	53	9
泰州医药高新技术产业开发区									
兴化市	1	5	148		6	3		39	5
靖江市	13	14	45		12	36		26	13
泰兴市	3	11	17	1	95	60	6	59	20
宿迁市	**48**	**24**	**33**		**20**	**6**	**10**	**163**	**111**
宿城区	12	9	17		7	3	3	68	34
宿豫区	5	8	11		5		4	51	51
沭阳县									
泗阳县									
泗洪县									
宿迁经济技术开发区									
宿迁市湖滨新区			2		8	1	3	30	5
苏州宿迁工业园区	1	1	2			1		2	2
宿迁市洋河新区	30	6	1			1		12	19

4-6a 续表 56

单位：人

地区 性别	生产制造及有关人员								
	采矿人员	金属冶炼和压延加工人员	机械制造基础加工人员	金属制品制造人员	通用设备制造人员	专用设备制造人员	汽车制造人员	铁路、船舶、航空设备制造人员	电气机械和器材制造人员
江　苏	**1205**	**6141**	**37880**	**12779**	**9623**	**4929**	**13085**	**3888**	**10054**
南京市	**199**	**878**	**2739**	**1073**	**731**	**391**	**1840**	**377**	**1136**
玄武区	10	2	30	30	10	11	44	3	11
秦淮区	5	16	108	42	41	50	49	34	34
建邺区	3	6	53	19	17	3	15	5	5
鼓楼区	6	16	95	49	24	7	36	30	37
浦口区	1	30	195	53	22	10	56	23	27
栖霞区	50	42	213	65	54	51	204	63	465
雨花台区	76	198	239	106	41	22	42	11	35
江宁区	7	121	747	345	271	92	702	42	149
六合区	12	33	100	40	27	9	55	8	31
溧水区	5	34	342	88	90	25	245	16	234
高淳区		5	129	64	37	26	105	6	29
南京江北新区	24	375	488	172	97	85	287	136	79
无锡市	**19**	**1505**	**8971**	**2016**	**2053**	**622**	**2184**	**1242**	**1315**
锡山区	4	98	1326	390	186	65	247	673	148
惠山区	2	267	1821	316	416	114	403	26	272
滨湖区	1	66	972	173	311	61	168	8	81
梁溪区	3	45	524	206	262	44	293	19	147
新吴区	1	108	861	315	253	132	726	16	192
江苏无锡经济开发区		35	945	124	126	27	124	13	129
江阴市	6	798	2086	347	347	123	196	480	141
宜兴市	2	88	436	145	152	56	27	7	205
徐州市	**466**	**286**	**1493**	**387**	**353**	**136**	**222**	**105**	**92**
鼓楼区	61	17	151	61	22	22	41	11	8
云龙区	24	8	206	54	32	27	43	20	17
贾汪区	81	15	186	27	49	9	41	44	9
泉山区	105	9	308	78	58	24	30	6	10
铜山区	158	38	399	68	102	37	53	11	22
丰县									
沛县									
睢宁县									
徐州经济技术开发区		1	5		5				1
新沂市	13	166	76	42	36	7	5	6	10
邳州市	24	32	162	57	49	10	9	7	15
常州市	**47**	**798**	**6059**	**1574**	**1356**	**668**	**1737**	**449**	**2619**
天宁区	6	55	366	100	106	66	101	61	90
钟楼区	3	63	656	248	141	121	277	37	242
新北区	2	106	1654	316	307	174	629	200	406
武进区	9	84	1746	554	361	199	396	51	286
金坛区	8	114	433	116	169	56	178	8	475
江苏省常州市经济开发区	7	269	674	167	144	29	103	92	285
溧阳市	12	107	530	73	128	23	53		835
苏州市	**43**	**944**	**6790**	**3461**	**2796**	**1058**	**3777**	**549**	**2626**
虎丘区	18	95	553	236	616	252	463	71	710
吴中区	7	40	645	327	217	99	241	7	431
相城区	3	82	1156	723	214	96	426	10	252
姑苏区	3	17	147	128	50	55	64	2	40
吴江区	1	120	598	374	227	98	183	5	458
苏州工业园区									
常熟市	6	156	724	315	325	112	691	33	220

4-6a 续表 57

单位：人

地区 性别	生产制造及有关人员 采矿人员	金属冶炼和压延加工人员	机械制造基础加工人员	金属制品制造人员	通用设备制造人员	专用设备制造人员	汽车制造人员	铁路、船舶、航空设备制造人员	电气机械和器材制造人员
张家港市	3	275	489	166	146	44	116	4	38
昆山市		127	2207	893	793	248	1016	295	365
太仓市	2	32	271	299	208	54	577	122	112
南通市	**28**	**372**	**2891**	**1104**	**583**	**124**	**483**	**434**	**408**
崇川区	8	19	220	101	44	23	30	106	30
港闸区	2	39	777	114	67	22	73	89	23
通州区	2	64	362	245	58	15	137	28	52
如东县									
南通经济技术开发区									
通州湾示范区									
苏锡通科技产业园区									
启东市	2	19	244	121	178	14	40	13	129
如皋市	2	36	275	104	60	15	58	9	36
海门市	3	83	443	235	61	18	51	180	36
海安市	9	112	570	184	115	17	94	9	102
连云港市	**48**	**33**	**273**	**164**	**79**	**38**	**54**	**12**	**37**
连云区	13	5	61	14	7	7	7	1	6
海州区	15	7	119	63	39	22	25	6	23
赣榆区	18	11	55	86	26	6	20	5	7
东海县			5				1		1
灌云县									
灌南县									
连云港经济技术开发区									
连云港高新技术产业开发区									
江苏连云港徐圩新区	2	10	31	1	7	2	1		
江苏省连云港市云台山风景名胜区			2			1			
淮安市	**65**	**215**	**393**	**169**	**96**	**33**	**127**	**15**	**61**
淮安区	11	6	128	43	43	3	27	3	6
淮阴区	5	17	91	33	16	5	36	3	16
清江浦区	24	174	104	69	21	24	43	5	22
洪泽区	25	18	70	24	16	1	21	4	17
涟水县									
盱眙县									
金湖县									
淮安经济技术开发区									
工业园区									
生态文旅区									
苏淮高新区									
盐城市	**24**	**155**	**1826**	**379**	**261**	**107**	**697**	**25**	**136**
亭湖区	5	20	295	74	74	17	220	5	29
盐都区	4	7	220	69	39	12	124	6	13
大丰区	6	40	187	75	96	11	53	1	25
响水县									
滨海县									
阜宁县									
射阳县									
建湖县									
盐城经济技术开发区			2		2		8		
江苏省盐南高新区	3	11	105	52	12	5	247		12
东台市	6	77	1017	109	38	62	45	13	57
扬州市	**165**	**327**	**2036**	**782**	**327**	**74**	**943**	**282**	**434**
广陵区	11	29	327	96	59	25	169	18	32

4-6a 续表 58

单位：人

地区 性别	生产制造及有关人员								
	采矿人员	金属冶炼和压延加工人员	机械制造基础加工人员	金属制品制造人员	通用设备制造人员	专用设备制造人员	汽车制造人员	铁路、船舶、航空设备制造人员	电气机械和器材制造人员
邗江区	87	39	372	164	44	14	92	7	109
江都区	40	67	530	136	83	7	122	27	51
宝应县									
扬州经济技术开发区									
蜀冈瘦西湖景区	18	7	100	36	11	2	43		12
生态新城	1		12	3			1		
仪征市	8	17	344	182	39	5	468	219	113
高邮市		168	351	165	91	21	48	11	117
镇江市	**45**	**335**	**1205**	**633**	**338**	**1510**	**474**	**108**	**604**
京口区	5	50	85	55	45	21	92	24	44
润州区	22	7	70	37	29	5	28	34	8
丹徒区	12	21	178	63	52	65	82	19	36
镇江新区									
江苏镇江高新区	3	2	87	10	12		28	7	5
丹阳市		180	458	258	77	1408	152	7	46
扬中市		48	186	95	60	9	56	3	446
句容市	3	27	141	115	63	2	36	14	19
泰州市	**46**	**222**	**2931**	**905**	**578**	**156**	**506**	**276**	**514**
海陵区	24	39	604	223	122	28	109	90	266
高港区	3	13	120	66	24	22	116	21	11
姜堰区	5	34	553	171	110	38	56	22	97
泰州医药高新技术产业开发区									
兴化市	2	28	237	111	45	6	21	6	6
靖江市	4	64	972	138	162	30	161	102	75
泰兴市	8	44	445	196	115	32	43	35	59
宿迁市	**10**	**71**	**273**	**132**	**72**	**12**	**41**	**14**	**72**
宿城区	3	23	128	36	40	5	9	4	49
宿豫区	4	39	99	65	21	3	25	3	14
沭阳县									
泗阳县									
泗洪县									
宿迁经济技术开发区									
宿迁市湖滨新区		2	24	7	5	1	1	2	1
苏州宿迁工业园区	1	2	1	14	1		3	1	1
宿迁市洋河新区	2	5	21	10	5	3	3	4	7
男	**1024**	**4889**	**30683**	**9172**	**7210**	**2947**	**8804**	**2896**	**6426**
南京市	**175**	**727**	**2367**	**835**	**571**	**256**	**1416**	**317**	**796**
玄武区	6	2	24	23	8	8	37	3	6
秦淮区	4	14	85	33	35	38	39	24	27
建邺区	3	6	49	12	12	2	11	3	5
鼓楼区	5	13	80	41	19	6	32	28	32
浦口区		23	161	41	17	7	43	19	17
栖霞区	48	30	194	46	46	35	133	56	349
雨花台区	69	175	218	86	36	17	36	9	25
江宁区	5	91	627	269	207	72	544	33	103
六合区	12	28	85	28	23	6	32	7	20
溧水区	4	27	297	68	61	17	200	14	136
高淳区		5	111	60	29	9	77	5	20
南京江北新区	19	313	436	128	78	39	232	116	56
无锡市	**16**	**1257**	**7260**	**1464**	**1578**	**412**	**1410**	**870**	**808**
锡山区	3	81	951	288	143	41	140	410	88

4-6a 续表 59 单位：人

地区 性别	生产制造及有关人员 采矿人员	金属冶炼和压延加工人员	机械制造基础加工人员	金属制品制造人员	通用设备制造人员	专用设备制造人员	汽车制造人员	铁路、船舶、航空设备制造人员	电气机械和器材制造人员
惠山区	2	213	1489	228	306	77	276	20	156
滨湖区	1	55	795	128	232	42	107	5	51
梁溪区	2	40	432	152	186	25	219	15	85
新吴区	1	79	723	222	197	84	451	13	119
江苏无锡经济开发区		32	801	90	98	25	72	8	82
江阴市	5	685	1693	251	291	77	127	393	93
宜兴市	2	72	376	105	125	41	18	6	134
徐州市	**425**	**208**	**1339**	**320**	**323**	**91**	**171**	**77**	**60**
鼓楼区	54	12	137	49	19	19	37	8	7
云龙区	22	7	180	49	31	21	32	14	14
贾汪区	78	13	162	22	41	7	28	34	4
泉山区	92	5	280	63	53	20	25	6	8
铜山区	144	27	359	56	95	16	36	4	10
丰县									
沛县									
睢宁县									
徐州经济技术开发区		1	4		5				1
新沂市	11	118	69	37	33	4	4	5	8
邳州市	24	25	148	44	46	4	9	6	8
常州市	**33**	**635**	**4907**	**1106**	**1003**	**378**	**1105**	**327**	**1731**
天宁区	4	48	312	73	76	35	67	48	53
钟楼区	2	51	546	157	98	62	164	30	123
新北区	1	79	1285	220	224	103	383	134	201
武进区	6	68	1401	399	269	115	264	39	150
金坛区	7	87	353	96	126	37	126	4	360
江苏省常州市经济开发区	4	211	522	101	96	12	70	72	138
溧阳市	9	91	488	60	114	14	31		706
苏州市	**38**	**714**	**5384**	**2418**	**1936**	**648**	**2459**	**371**	**1549**
虎丘区	15	63	442	155	410	140	293	56	424
吴中区	7	30	441	219	146	63	129	6	222
相城区	3	64	890	486	148	46	273	5	134
姑苏区	2	15	123	96	38	33	39	2	30
吴江区	1	70	477	269	150	56	121	4	283
苏州工业园区									
常熟市	6	123	584	215	210	77	453	24	156
张家港市	2	226	432	126	125	25	71	4	33
昆山市		99	1768	641	556	171	750	167	197
太仓市	2	24	227	211	153	37	330	103	70
南通市	**22**	**284**	**2422**	**751**	**443**	**76**	**294**	**386**	**259**
崇川区	7	19	199	83	39	12	16	94	20
港闸区	1	35	675	85	61	15	49	76	12
通州区	2	37	302	151	54	12	88	27	33
如东县									
南通经济技术开发区									
通州湾示范区									
苏锡通科技产业园区									
启东市	2	16	196	81	126	7	31	12	84
如皋市	2	31	238	71	48	12	44	7	26
海门市	2	66	377	159	44	8	20	163	27
海安市	6	80	435	121	71	10	46	7	57
连云港市	**40**	**29**	**258**	**131**	**75**	**25**	**33**	**8**	**26**
连云区	12	4	57	12	7	4	2	1	5

4-6a 续表 60

单位：人

地 区 性 别	生产制造及有关人员								
	采矿人员	金属冶炼和压延加工人员	机械制造基础加工人员	金属制品制造人员	通用设备制造人员	专用设备制造人员	汽车制造人员	铁路、船舶、航空设备制造人员	电气机械和器材制造人员
海州区	10	6	112	50	36	15	17	2	17
赣榆区	16	11	53	68	25	3	13	5	4
东海县			4						
灌云县									
灌南县									
连云港经济技术开发区									
连云港高新技术产业开发区									
江苏连云港徐圩新区	2	8	30	1	7	2	1		
江苏省连云港市云台山风景名胜区			2			1			
淮安市	**48**	**171**	**347**	**121**	**84**	**15**	**97**	**13**	**35**
淮安区	8	5	107	28	37	1	21	2	3
淮阴区	4	15	79	26	16	1	24	3	10
清江浦区	16	140	95	47	16	12	38	5	15
洪泽区	20	11	66	20	15	1	14	3	7
涟水县									
盱眙县									
金湖县									
淮安经济技术开发区									
工业园区									
生态文旅区									
苏淮高新区									
盐城市	**17**	**121**	**1450**	**289**	**212**	**82**	**455**	**16**	**98**
亭湖区	3	17	267	53	62	12	151	5	20
盐都区	3	6	183	53	32	9	86	3	11
大丰区	4	32	163	56	73	6	39	1	19
响水县									
滨海县									
阜宁县									
射阳县									
建湖县									
盐城经济技术开发区			2		2		3		
江苏省盐南高新区	3	8	92	39	12	3	160		8
东台市	4	58	743	88	31	52	16	7	40
扬州市	**123**	**270**	**1647**	**594**	**262**	**52**	**678**	**228**	**301**
广陵区	10	25	268	65	50	16	97	12	22
邗江区	58	33	332	132	37	8	57	5	88
江都区	37	54	427	93	70	5	96	23	37
宝应县									
扬州经济技术开发区									
蜀冈瘦西湖景区	12	5	84	32	7	2	33		11
生态新城	1		10	2			1		
仪征市	5	10	262	155	31	4	360	177	66
高邮市		143	264	115	67	17	34	11	77
镇江市	**39**	**254**	**971**	**440**	**270**	**824**	**326**	**78**	**383**
京口区	5	44	71	37	36	15	58	18	24
润州区	18	6	58	28	18	2	23	27	7
丹徒区	10	19	149	52	39	49	65	16	16
镇江新区									
江苏镇江高新区	3	2	77	7	8		20	4	2
丹阳市		133	352	184	64	752	103	4	29
扬中市		33	142	57	43	4	36	1	292
句容市	3	17	122	75	62	2	21	8	13

4-6a 续表 61

单位：人

地区 性别	生产制造及有关人员								
	采矿人员	金属冶炼和压延加工人员	机械制造基础加工人员	金属制品制造人员	通用设备制造人员	专用设备制造人员	汽车制造人员	铁路、船舶、航空设备制造人员	电气机械和器材制造人员
泰州市	**39**	**156**	**2083**	**608**	**394**	**83**	**326**	**192**	**325**
海陵区	20	24	396	138	86	15	60	47	176
高港区	2	10	83	45	14	8	91	16	7
姜堰区	4	23	372	119	76	12	38	20	67
泰州医药高新技术产业开发区									
兴化市	1	25	194	85	36	6	17	6	5
靖江市	4	50	731	90	106	22	96	81	37
泰兴市	8	24	307	131	76	20	24	22	33
宿迁市	**9**	**63**	**248**	**95**	**59**	**5**	**34**	**13**	**55**
宿城区	3	20	114	28	28	3	9	3	35
宿豫区	3	37	94	40	20	1	18	3	13
沭阳县									
泗阳县									
泗洪县									
宿迁经济技术开发区									
宿迁市湖滨新区		2	19	4	5		1	2	1
苏州宿迁工业园区	1		1	13	1		3	1	
宿迁市洋河新区	2	4	20	10	5	1	3	4	6
女	**181**	**1252**	**7197**	**3607**	**2413**	**1982**	**4281**	**992**	**3628**
南京市	**24**	**151**	**372**	**238**	**160**	**135**	**424**	**60**	**340**
玄武区	4		6	7	2	3	7		5
秦淮区	1	2	23	9	6	12	10	10	7
建邺区			4	7	5	1	4	2	
鼓楼区	1	3	15	8	5	1	4	2	5
浦口区	1	7	34	12	5	3	13	4	10
栖霞区	2	12	19	19	8	16	71	7	116
雨花台区	7	23	21	20	5	5	6	2	10
江宁区	2	30	120	76	64	20	158	9	46
六合区		5	15	12	4	3	23	1	11
溧水区	1	7	45	20	29	8	45	2	98
高淳区			18	4	8	17	28	1	9
南京江北新区	5	62	52	44	19	46	55	20	23
无锡市	**3**	**248**	**1711**	**552**	**475**	**210**	**774**	**372**	**507**
锡山区	1	17	375	102	43	24	107	263	60
惠山区		54	332	88	110	37	127	6	116
滨湖区		11	177	45	79	19	61	3	30
梁溪区	1	5	92	54	76	19	74	4	62
新吴区		29	138	93	56	48	275	3	73
江苏无锡经济开发区		3	144	34	28	2	52	5	47
江阴市	1	113	393	96	56	46	69	87	48
宜兴市		16	60	40	27	15	9	1	71
徐州市	**41**	**78**	**154**	**67**	**30**	**45**	**51**	**28**	**32**
鼓楼区	7	5	14	12	3	3	4	3	1
云龙区	2	1	26	5	1	6	11	6	3
贾汪区	3	2	24	5	8	2	13	10	5
泉山区	13	4	28	15	5	4	5		2
铜山区	14	11	40	12	7	21	17	7	12
丰县									
沛县									
睢宁县									
徐州经济技术开发区			1						
新沂市	2	48	7	5	3	3	1	1	2
邳州市		7	14	13	3	6		1	7

4-6a　续表 62

单位：人

地　　区 性　　别	生产制造及有关人员								
	采矿人员	金属冶炼和压延加工人员	机械制造基础加工人员	金属制品制造人员	通用设备制造人员	专用设备制造人员	汽车制造人员	铁路、船舶、航空设备制造人员	电气机械和器材制造人员
常州市	**14**	**163**	**1152**	**468**	**353**	**290**	**632**	**122**	**888**
天宁区	2	7	54	27	30	31	34	13	37
钟楼区	1	12	110	91	43	59	113	7	119
新北区	1	27	369	96	83	71	246	66	205
武进区	3	16	345	155	92	84	132	12	136
金坛区	1	27	80	20	43	19	52	4	115
江苏省常州市经济开发区	3	58	152	66	48	17	33	20	147
溧阳市	3	16	42	13	14	9	22		129
苏州市	**5**	**230**	**1406**	**1043**	**860**	**410**	**1318**	**178**	**1077**
虎丘区	3	32	111	81	206	112	170	15	286
吴中区		10	204	108	71	36	112	1	209
相城区		18	266	237	66	50	153	5	118
姑苏区	1	2	24	32	12	22	25		10
吴江区		50	121	105	77	42	62	1	175
苏州工业园区									
常熟市		33	140	100	115	35	238	9	64
张家港市	1	49	57	40	21	19	45		5
昆山市		28	439	252	237	77	266	128	168
太仓市		8	44	88	55	17	247	19	42
南通市	**6**	**88**	**469**	**353**	**140**	**48**	**189**	**48**	**149**
崇川区	1		21	18	5	11	14	12	10
港闸区	1	4	102	29	6	7	24	13	11
通州区		27	60	94	4	3	49	1	19
如东县									
南通经济技术开发区									
通州湾示范区									
苏锡通科技产业园区									
启东市		3	48	40	52	7	9	1	45
如皋市		5	37	33	12	3	14	2	10
海门市	1	17	66	76	17	10	31	17	9
海安市	3	32	135	63	44	7	48	2	45
连云港市	**8**	**4**	**15**	**33**	**4**	**13**	**21**	**4**	**11**
连云区	1	1	4	2		3	5		1
海州区	5	1	7	13	3	7	8	4	6
赣榆区	2		2	18	1	3	7		3
东海县			1				1		1
灌云县									
灌南县									
连云港经济技术开发区									
连云港高新技术产业开发区									
江苏连云港徐圩新区		2	1						
江苏省连云港市云台山风景名胜区									
淮安市	**17**	**44**	**46**	**48**	**12**	**18**	**30**	**2**	**26**
淮安区	3	1	21	15	6	2	6	1	3
淮阴区	1	2	12	7		4	12		6
清江浦区	8	34	9	22	5	12	5		7
洪泽区	5	7	4	4	1		7	1	10
涟水县									
盱眙县									
金湖县									
淮安经济技术开发区									
工业园区									

4-6a 续表 63 单位：人

地　区 性　别	生产制造及有关人员								
	采矿人员	金属冶炼和压延加工人员	机械制造基础加工人员	金属制品制造人员	通用设备制造人员	专用设备制造人员	汽车制造人员	铁路、船舶、航空设备制造人员	电气机械和器材制造人员
生态文旅区									
苏淮高新区									
盐城市	**7**	**34**	**376**	**90**	**49**	**25**	**242**	**9**	**38**
亭湖区	2	3	28	21	12	5	69		9
盐都区	1	1	37	16	7	3	38	3	2
大丰区	2	8	24	19	23	5	14		6
响水县									
滨海县									
阜宁县									
射阳县									
建湖县									
盐城经济技术开发区							5		
江苏省盐南高新区		3	13	13		2	87		4
东台市	2	19	274	21	7	10	29	6	17
扬州市	**42**	**57**	**389**	**188**	**65**	**22**	**265**	**54**	**133**
广陵区	1	4	59	31	9	9	72	6	10
邗江区	29	6	40	32	7	6	35	2	21
江都区	3	13	103	43	13	2	26	4	14
宝应县									
扬州经济技术开发区									
蜀冈瘦西湖景区	6	2	16	4	4		10		1
生态新城			2	1					
仪征市	3	7	82	27	8	1	108	42	47
高邮市		25	87	50	24	4	14		40
镇江市	**6**	**81**	**234**	**193**	**68**	**686**	**148**	**30**	**221**
京口区		6	14	18	9	6	34	6	20
润州区	4	1	12	9	11	3	5	7	1
丹徒区	2	2	29	11	13	16	17	3	20
镇江新区									
江苏镇江高新区			10	3	4		8	3	3
丹阳市		47	106	74	13	656	49	3	17
扬中市		15	44	38	17	5	20	2	154
句容市		10	19	40	1		15	6	6
泰州市	**7**	**66**	**848**	**297**	**184**	**73**	**180**	**84**	**189**
海陵区	4	15	208	85	36	13	49	43	90
高港区	1	3	37	21	10	14	25	5	4
姜堰区	1	11	181	52	34	26	18	2	30
泰州医药高新技术产业开发区									
兴化市	1	3	43	26	9		4		1
靖江市		14	241	48	56	8	65	21	38
泰兴市		20	138	65	39	12	19	13	26
宿迁市	**1**	**8**	**25**	**37**	**13**	**7**	**7**	**1**	**17**
宿城区		3	14	8	12	2		1	14
宿豫区	1	2	5	25	1	2	7		1
沭阳县									
泗阳县									
泗洪县									
宿迁经济技术开发区									
宿迁市湖滨新区			5	3		1			
苏州宿迁工业园区		2		1					1
宿迁市洋河新区		1	1			2			1

4-6a 续表 64

单位：人

地区 性别	生产制造及有关人员								不便分类的其他从业人员
	计算机、通信和其他电子设备制造人员	仪器仪表制造人员	废弃资源综合利用人员	电力、热力、气体、水生产和输配人员	建筑施工人员	运输设备和通用工程机械操作人员及有关人员	生产辅助人员	其他生产制造及有关人员	
江　苏	**73563**	**818**	**721**	**2425**	**136924**	**12817**	**76564**	**2550**	**4419**
南京市	**8191**	**145**	**93**	**428**	**22319**	**2440**	**10628**	**239**	**923**
玄武区	166	9	2	16	548	67	483	4	23
秦淮区	237	22	12	21	1290	124	503	9	110
建邺区	67	4	4	16	1776	57	429	9	50
鼓楼区	268	4	4	26	1125	175	750	10	28
浦口区	407		3	20	1252	142	348	10	26
栖霞区	2116	18	3	69	2421	343	1631	40	168
雨花台区	348	4	17	47	2237	234	842	25	43
江宁区	2739	30	10	45	3493	397	2215	44	291
六合区	263	3	3	12	998	75	351	17	21
溧水区	336	2	7	59	2124	201	800	9	14
高淳区	148	4	4	8	1684	103	299	5	4
南京江北新区	1096	45	24	89	3371	522	1977	57	145
无锡市	**11329**	**165**	**107**	**327**	**14197**	**1699**	**12509**	**295**	**29**
锡山区	2198	16	21	15	1721	125	1545	23	
惠山区	701	47	10	57	1449	278	2348	83	9
滨湖区	936	18	12	15	1887	122	928	23	4
梁溪区	1236	30	12	32	2478	132	1324		7
新吴区	3820	11	8	21	1043	171	2032	34	1
江苏无锡经济开发区	658	7	7	12	1336	92	653	21	1
江阴市	1225	26	19	113	2002	506	2682	64	4
宜兴市	555	10	18	62	2281	273	997	47	3
徐州市	**1367**	**17**	**17**	**218**	**9536**	**1259**	**3052**	**113**	**351**
鼓楼区	251	2	1	33	1024	221	518	14	179
云龙区	180		1	28	903	162	439	3	20
贾汪区	100	1	2	19	831	96	210	5	6
泉山区	186	3	6	58	921	244	565	16	83
铜山区	314	2	3	24	1435	180	430	22	17
丰县									
沛县									
睢宁县									
徐州经济技术开发区	1				19	3	14		
新沂市	149	6		16	1700	135	447	15	25
邳州市	186	3	4	40	2703	218	429	38	21
常州市	**7280**	**94**	**87**	**192**	**14207**	**1115**	**8679**	**372**	**388**
天宁区	359	11	3	35	1961	111	903	40	45
钟楼区	1001	15	15	26	2073	150	1074	91	33
新北区	1937	24	12	61	1461	221	2177	106	9
武进区	2433	11	38	22	2904	232	2185	54	190
金坛区	269	19	5	15	1993	95	839	4	1
江苏省常州市经济开发区	646	11	6	16	467	144	934	66	12
溧阳市	635	3	8	17	3348	162	567	11	98
苏州市	**28917**	**222**	**136**	**360**	**19130**	**1588**	**20005**	**405**	**497**
虎丘区	4758	52	18	45	1562	189	2622	4	8
吴中区	3783	59	12	26	3470	162	1905	37	28
相城区	3309	10	30	23	2797	174	1911	63	102
姑苏区	930	7	15	27	1965	109	1018	25	162
吴江区	4832	24	7	16	1643	132	3274	13	6
苏州工业园区									
常熟市	1867	25	30	89	2219	281	1852	13	22

4-6a 续表 65 单位：人

地区 性别	生产制造及有关人员								不便分类的其他从业人员
	计算机、通信和其他电子设备制造人员	仪器仪表制造人员	废弃资源综合利用人员	电力、热力、气体、水生产和输配人员	建筑施工人员	运输设备和通用工程机械操作人员及有关人员	生产辅助人员	其他生产制造及有关人员	
张家港市	626	12	7	47	1642	141	1502	33	75
昆山市	7635	25	13	57	2588	249	4643	51	23
太仓市	1177	8	4	30	1244	151	1278	166	71
南通市	**3575**	**40**	**86**	**166**	**14698**	**869**	**5894**	**207**	**398**
崇川区	604	11	12	58	1427	216	1139	27	143
港闸区	390	6	13	16	1522	166	759	36	39
通州区	458	1	16	17	2421	88	859	23	80
如东县									
南通经济技术开发区									
通州湾示范区									
苏锡通科技产业园区									
启东市	502	16	20	22	2686	79	615	5	4
如皋市	412	2	12	19	1432	89	553	22	80
海门市	290	3	3	14	2248	95	608	22	10
海安市	919	1	10	20	2962	136	1361	72	42
连云港市	**487**	**22**	**8**	**93**	**3467**	**549**	**1357**	**19**	**109**
连云区	60	3	3	22	481	177	464	2	19
海州区	348	5	3	56	1247	185	549	15	43
赣榆区	72	1	2	9	1459	108	269	2	42
东海县	1				71	64	2		3
灌云县									
灌南县									
连云港经济技术开发区									
连云港高新技术产业开发区									
江苏连云港徐圩新区	5	13		6	142	12	72		
江苏省连云港市云台山风景名胜区	1				67	3	1		2
淮安市	**1166**	**6**	**24**	**120**	**4948**	**492**	**1396**	**73**	**327**
淮安区	400		6	16	1358	82	304	14	152
淮阴区	284	2	9	28	1781	170	313	22	87
清江浦区	309	4	9	56	1168	182	590	25	74
洪泽区	173			20	641	58	189	12	14
涟水县									
盱眙县									
金湖县									
淮安经济技术开发区									
工业园区									
生态文旅区									
苏淮高新区									
盐城市	**2511**	**7**	**26**	**116**	**7531**	**535**	**1987**	**153**	**649**
亭湖区	424	2	7	32	2009	154	427	27	200
盐都区	530	2	13	4	1797	98	256	28	103
大丰区	250	2	1	28	644	108	398	36	119
响水县									
滨海县									
阜宁县									
射阳县									
建湖县									
盐城经济技术开发区	1				23	2	5	1	2
江苏省盐南高新区	296		1	32	1208	70	231	9	186
东台市	1010	1	4	20	1850	103	670	52	39
扬州市	**2697**	**34**	**44**	**100**	**9399**	**671**	**2980**	**299**	**500**
广陵区	368	6	10	20	1930	77	443	24	29

4-6a　续表 66　　　　单位：人

地区 性别	生产制造及有关人员								不便分类的其他从业人员
	计算机、通信和其他电子设备制造人员	仪器仪表制造人员	废弃资源综合利用人员	电力、热力、气体、水生产和输配人员	建筑施工人员	运输设备和通用工程机械操作人员及有关人员	生产辅助人员	其他生产制造及有关人员	
邗江区	699	4	4	15	1932	108	580	31	137
江都区	354	8	12	8	1615	138	488	43	119
宝应县									
扬州经济技术开发区									
蜀冈瘦西湖景区	113	1	2	7	629	47	150	2	13
生态新城	8				108	5	223	144	61
仪征市	792	9	3	28	1417	151	609	31	52
高邮市	363	6	13	22	1768	145	487	24	89
镇江市	**2405**	**33**	**23**	**141**	**6140**	**494**	**2563**	**168**	**9**
京口区	328	7	1	54	723	52	317	15	
润州区	158	3	2	27	520	75	271	17	
丹徒区	217	2		19	733	63	200	94	
镇江新区									
江苏镇江高新区	171	2	1	3	357	25	126	6	3
丹阳市	291	14	13	29	1130	136	1087	16	
扬中市	704	4	1	5	859	26	196	13	1
句容市	536	1	5	4	1818	117	366	7	5
泰州市	**2441**	**30**	**50**	**116**	**7969**	**814**	**3614**	**193**	**199**
海陵区	702	6	17	26	1812	165	636	36	61
高港区	229	4		9	610	87	353	12	4
姜堰区	376	2	5	15	1651	115	586	25	29
泰州医药高新技术产业开发区									
兴化市	167	3	7	14	1242	100	383	75	55
靖江市	426	9	5	24	1159	168	919		5
泰兴市	541	6	16	28	1495	179	737	45	45
宿迁市	**1197**	**3**	**20**	**48**	**3383**	**292**	**1900**	**14**	**40**
宿城区	782	1	14	31	1378	127	735	4	
宿豫区	242	2	3	11	1159	107	493	8	18
沭阳县									
泗阳县									
泗洪县									
宿迁经济技术开发区									
宿迁市湖滨新区	24			1	449	29	88	2	11
苏州宿迁工业园区	106		1	1	87	10	66		5
宿迁市洋河新区	43		2	4	310	19	518		6
男	**42554**	**500**	**516**	**2056**	**120241**	**11325**	**49907**	**1577**	**2698**
南京市	**4938**	**103**	**71**	**363**	**19917**	**2185**	**7635**	**164**	**555**
玄武区	119	8	2	10	489	58	350	3	13
秦淮区	163	16	9	19	1153	119	363	6	71
建邺区	50	4	3	14	1582	53	345	5	30
鼓楼区	206	4	3	19	1010	161	547	10	20
浦口区	246		3	16	1111	132	248	4	16
栖霞区	1329	7	2	62	2157	314	1191	25	102
雨花台区	218	4	13	39	1942	207	639	18	27
江宁区	1485	17	7	36	3087	349	1495	32	173
六合区	147	2	3	9	907	70	237	13	12
溧水区	176	2	6	54	1926	178	536	5	10
高淳区	105	2	4	8	1606	96	221	5	2
南京江北新区	694	37	16	77	2947	448	1463	38	79
无锡市	**6058**	**96**	**75**	**277**	**12438**	**1400**	**8021**	**189**	**18**
锡山区	1350	8	15	14	1509	118	952	15	

4-6a 续表 67 单位：人

地区 性别	生产制造及有关人员								不便分类的其他从业人员
	计算机、通信和其他电子设备制造人员	仪器仪表制造人员	废弃资源综合利用人员	电力、热力、气体、水生产和输配人员	建筑施工人员	运输设备和通用工程机械操作人员及有关人员	生产辅助人员	其他生产制造及有关人员	
惠山区	371	33	9	49	1262	233	1328	44	7
滨湖区	512	11	8	11	1665	94	590	13	1
梁溪区	569	18	7	27	2176	110	943		5
新吴区	1919	6	6	17	889	157	1267	26	1
江苏无锡经济开发区	273	4	6	11	1186	76	410	17	
江阴市	716	11	13	95	1732	394	1885	46	3
宜兴市	348	5	11	53	2019	218	646	28	1
徐州市	**910**	**10**	**12**	**176**	**8235**	**1149**	**2238**	**78**	**213**
鼓楼区	184	1	1	27	905	199	412	11	114
云龙区	133		1	20	770	142	332	3	14
贾汪区	69	1	2	19	753	82	158	3	4
泉山区	139	2	4	47	807	229	448	11	40
铜山区	155		2	18	1251	171	252	16	9
丰县									
沛县									
睢宁县									
徐州经济技术开发区	1				18	3	10		
新沂市	100	3		14	1367	123	309	10	17
邳州市	129	3	2	31	2364	200	317	24	15
常州市	**4002**	**60**	**58**	**158**	**12480**	**937**	**5505**	**235**	**245**
天宁区	204	9	2	28	1699	93	634	19	29
钟楼区	506	8	10	22	1811	125	690	54	21
新北区	930	16	7	51	1266	200	1264	70	8
武进区	1399	6	27	17	2523	210	1334	33	107
金坛区	166	14	2	14	1814	85	522	2	1
江苏省常州市经济开发区	300	5	6	13	397	92	621	51	4
溧阳市	497	2	4	13	2970	132	440	6	75
苏州市	**17038**	**119**	**97**	**309**	**16641**	**1427**	**12399**	**243**	**296**
虎丘区	2768	26	13	36	1405	174	1674	3	8
吴中区	2122	35	8	22	2942	145	1152	21	18
相城区	1835	5	19	19	2405	156	1187	36	66
姑苏区	498	4	11	21	1733	92	695	17	93
吴江区	2879	13	5	16	1465	124	2039	10	4
苏州工业园区									
常熟市	1166	12	23	81	1989	251	1117	8	11
张家港市	406	9	6	40	1470	117	1058	20	42
昆山市	4697	11	10	50	2163	233	2739	33	17
太仓市	667	4	2	24	1069	135	738	95	37
南通市	**2055**	**20**	**60**	**143**	**13346**	**774**	**3928**	**136**	**254**
崇川区	407	8	9	50	1263	195	829	21	90
港闸区	241	2	10	12	1315	148	555	24	25
通州区	267	1	11	14	2305	79	535	15	53
如东县									
南通经济技术开发区									
通州湾示范区									
苏锡通科技产业园区									
启东市	242	6	11	21	2579	71	432	5	2
如皋市	253	2	10	18	1216	79	351	14	51
海门市	157		2	12	2046	81	375	11	9
海安市	488	1	7	16	2622	121	851	46	24
连云港市	**296**	**20**	**5**	**84**	**3062**	**513**	**1001**	**12**	**70**
连云区	45	3	2	19	438	163	387	2	14

4-6a　续表 68　　　　单位：人

地　区 性　别	生产制造及有关人员								不便分类的其他从业人员
	计算机、通信和其他电子设备制造人员	仪器仪表制造人员	废弃资源综合利用人员	电力、热力、气体、水生产和输配人员	建筑施工人员	运输设备和通用工程机械操作人员及有关人员	生产辅助人员	其他生产制造及有关人员	
海州区	202	4	2	50	1118	176	387	9	26
赣榆区	45		1	9	1253	101	165	1	26
东海县					57	58	1		3
灌云县									
灌南县									
连云港经济技术开发区									
连云港高新技术产业开发区									
江苏连云港徐圩新区	4	13		6	138	12	60		
江苏省连云港市云台山风景名胜区					58	3	1		1
淮安市	**620**	**6**	**15**	**104**	**4337**	**442**	**945**	**47**	**196**
淮安区	170		5	14	1218	80	199	9	100
淮阴区	165	2	5	24	1525	159	194	16	46
清江浦区	179	4	5	47	1025	150	426	17	44
洪泽区	106			19	569	53	126	5	6
涟水县									
盱眙县									
金湖县									
淮安经济技术开发区									
工业园区									
生态文旅区									
苏淮高新区									
盐城市	**1623**	**4**	**21**	**100**	**6613**	**498**	**1336**	**94**	**386**
亭湖区	277	1	5	30	1745	144	310	20	112
盐都区	317	2	10	4	1527	93	177	13	62
大丰区	150	1	1	22	588	100	262	21	72
响水县									
滨海县									
阜宁县									
射阳县									
建湖县									
盐城经济技术开发区					23	2	5		1
江苏省盐南高新区	181		1	28	1041	67	172	7	117
东台市	698		4	16	1689	92	410	33	22
扬州市	**1622**	**22**	**35**	**87**	**8003**	**577**	**1999**	**164**	**305**
广陵区	233	5	9	16	1617	65	307	16	14
邗江区	420	2	2	14	1568	96	392	19	90
江都区	184	3	10	7	1391	112	336	19	65
宝应县									
扬州经济技术开发区									
蜀冈瘦西湖景区	69		2	5	527	42	106	2	10
生态新城	8				101	5	112	70	36
仪征市	506	6	2	27	1143	130	430	21	30
高邮市	202	6	10	18	1656	127	316	17	60
镇江市	**1328**	**21**	**17**	**121**	**5262**	**456**	**1511**	**91**	**8**
京口区	177	3	1	46	607	50	243	10	
润州区	79	2	2	23	429	67	213	12	
丹徒区	115	1		17	581	59	117	43	
镇江新区									
江苏镇江高新区	105	1	1	3	312	23	91	5	3
丹阳市	157	12	9	24	996	118	504	9	
扬中市	421	2	1	4	712	25	124	7	1
句容市	274		3	4	1625	114	219	5	4

4-6a 续表 69

单位：人

地区 性别	生产制造及有关人员								不便分类的其他从业人员
	计算机、通信和其他电子设备制造人员	仪器仪表制造人员	废弃资源综合利用人员	电力、热力、气体、水生产和输配人员	建筑施工人员	运输设备和通用工程机械操作人员及有关人员	生产辅助人员	其他生产制造及有关人员	
泰州市	**1361**	**18**	**33**	**91**	**6834**	**696**	**2329**	**115**	**125**
海陵区	416	5	11	21	1545	147	423	22	36
高港区	101	2		7	524	70	224	7	2
姜堰区	207	1	5	10	1470	100	385	14	19
泰州医药高新技术产业开发区									
兴化市	102	1	4	13	1055	96	206	44	40
靖江市	237	5	4	17	1008	123	590		4
泰兴市	298	4	9	23	1232	160	501	28	24
宿迁市	**703**	**1**	**17**	**43**	**3073**	**271**	**1060**	**9**	**27**
宿城区	476		12	27	1271	119	482	3	
宿豫区	130	1	3	10	1054	98	318	4	14
沭阳县									
泗阳县									
泗洪县									
宿迁经济技术开发区									
宿迁市湖滨新区	16			1	391	28	53	2	6
苏州宿迁工业园区	53		1	1	74	8	34		3
宿迁市洋河新区	28		1	4	283	18	173		4
女	**31009**	**318**	**205**	**369**	**16683**	**1492**	**26657**	**973**	**1721**
南京市	**3253**	**42**	**22**	**65**	**2402**	**255**	**2993**	**75**	**368**
玄武区	47	1		6	59	9	133	1	10
秦淮区	74	6	3	2	137	5	140	3	39
建邺区	17		1	2	194	4	84	4	20
鼓楼区	62		1	7	115	14	203		8
浦口区	161			4	141	10	100	6	10
栖霞区	787	11	1	7	264	29	440	15	66
雨花台区	130		4	8	295	27	203	7	16
江宁区	1254	13	3	9	406	48	720	12	118
六合区	116	1		3	91	5	114	4	9
溧水区	160		1	5	198	23	264	4	4
高淳区	43	2			78	7	78		2
南京江北新区	402	8	8	12	424	74	514	19	66
无锡市	**5271**	**69**	**32**	**50**	**1759**	**299**	**4488**	**106**	**11**
锡山区	848	8	6	1	212	7	593	8	
惠山区	330	14	1	8	187	45	1020	39	2
滨湖区	424	7	4	4	222	28	338	10	3
梁溪区	667	12	5	5	302	22	381		2
新吴区	1901	5	2	4	154	14	765	8	
江苏无锡经济开发区	385	3	1	1	150	16	243	4	1
江阴市	509	15	6	18	270	112	797	18	1
宜兴市	207	5	7	9	262	55	351	19	2
徐州市	**457**	**7**	**5**	**42**	**1301**	**110**	**814**	**35**	**138**
鼓楼区	67	1		6	119	22	106	3	65
云龙区	47			8	133	20	107		6
贾汪区	31				78	14	52	2	2
泉山区	47	1	2	11	114	15	117	5	43
铜山区	159	2	1	6	184	9	178	6	8
丰县									
沛县									
睢宁县									
徐州经济技术开发区					1		4		
新沂市	49	3		2	333	12	138	5	8
邳州市	57		2	9	339	18	112	14	6

4-6a 续表 70 单位：人

地区 性别	生产制造及有关人员								不便分类的其他从业人员
	计算机、通信和其他电子设备制造人员	仪器仪表制造人员	废弃资源综合利用人员	电力、热力、气体、水生产和输配人员	建筑施工人员	运输设备和通用工程机械操作人员及有关人员	生产辅助人员	其他生产制造及有关人员	
常州市	**3278**	**34**	**29**	**34**	**1727**	**178**	**3174**	**137**	**143**
天宁区	155	2	1	7	262	18	269	21	16
钟楼区	495	7	5	4	262	25	384	37	12
新北区	1007	8	5	10	195	21	913	36	1
武进区	1034	5	11	5	381	22	851	21	83
金坛区	103	5	3	1	179	10	317	2	
江苏省常州市经济开发区	346	6		3	70	52	313	15	8
溧阳市	138	1	4	4	378	30	127	5	23
苏州市	**11879**	**103**	**39**	**51**	**2489**	**161**	**7606**	**162**	**201**
虎丘区	1990	26	5	9	157	15	948	1	
吴中区	1661	24	4	4	528	17	753	16	10
相城区	1474	5	11	4	392	18	724	27	36
姑苏区	432	3	4	6	232	17	323	8	69
吴江区	1953	11	2		178	8	1235	3	2
苏州工业园区									
常熟市	701	13	7	8	230	30	735	5	11
张家港市	220	3	1	7	172	24	444	13	33
昆山市	2938	14	3	7	425	16	1904	18	6
太仓市	510	4	2	6	175	16	540	71	34
南通市	**1520**	**20**	**26**	**23**	**1352**	**95**	**1966**	**71**	**144**
崇川区	197	3	3	8	164	21	310	6	53
港闸区	149	4	3	4	207	18	204	12	14
通州区	191		5	3	116	9	324	8	27
如东县									
南通经济技术开发区									
通州湾示范区									
苏锡通科技产业园区									
启东市	260	10	9	1	107	8	183		2
如皋市	159		2	1	216	10	202	8	29
海门市	133	3	1	2	202	14	233	11	1
海安市	431		3	4	340	15	510	26	18
连云港市	**191**	**2**	**3**	**9**	**405**	**36**	**356**	**7**	**39**
连云区	15		1	3	43	14	77		5
海州区	146	1	1	6	129	9	162	6	17
赣榆区	27	1	1		206	7	104	1	16
东海县	1				14	6	1		
灌云县									
灌南县									
连云港经济技术开发区									
连云港高新技术产业开发区									
江苏连云港徐圩新区	1				4		12		
江苏省连云港市云台山风景名胜区	1				9				1
淮安市	**546**		**9**	**16**	**611**	**50**	**451**	**26**	**131**
淮安区	230		1	2	140	2	105	5	52
淮阴区	119		4	4	256	11	119	6	41
清江浦区	130		4	9	143	32	164	8	30
洪泽区	67			1	72	5	63	7	8
涟水县									
盱眙县									
金湖县									
淮安经济技术开发区									
工业园区									

4-6a 续表 71 单位：人

地区 性别	生产制造及有关人员								不便分类的其他从业人员
	计算机、通信和其他电子设备制造人员	仪器仪表制造人员	废弃资源综合利用人员	电力、热力、气体、水生产和输配人员	建筑施工人员	运输设备和通用工程机械操作人员及有关人员	生产辅助人员	其他生产制造及有关人员	
生态文旅区									
苏淮高新区									
盐城市	**888**	**3**	**5**	**16**	**918**	**37**	**651**	**59**	**263**
亭湖区	147	1	2	2	264	10	117	7	88
盐都区	213		3		270	5	79	15	41
大丰区	100	1		6	56	8	136	15	47
响水县									
滨海县									
阜宁县									
射阳县									
建湖县									
盐城经济技术开发区	1							1	1
江苏省盐南高新区	115			4	167	3	59	2	69
东台市	312	1		4	161	11	260	19	17
扬州市	**1075**	**12**	**9**	**13**	**1396**	**94**	**981**	**135**	**195**
广陵区	135	1	1	4	313	12	136	8	15
邗江区	279	2	2	1	364	12	188	12	47
江都区	170	5	2	1	224	26	152	24	54
宝应县									
扬州经济技术开发区									
蜀冈瘦西湖景区	44	1		2	102	5	44		3
生态新城					7		111	74	25
仪征市	286	3	1	1	274	21	179	10	22
高邮市	161		3	4	112	18	171	7	29
镇江市	**1077**	**12**	**6**	**20**	**878**	**38**	**1052**	**77**	**1**
京口区	151	4		8	116	2	74	5	
润州区	79	1		4	91	8	58	5	
丹徒区	102	1		2	152	4	83	51	
镇江新区									
江苏镇江高新区	66	1			45	2	35	1	
丹阳市	134	2	4	5	134	18	583	7	
扬中市	283	2		1	147	1	72	6	
句容市	262	1	2		193	3	147	2	1
泰州市	**1080**	**12**	**17**	**25**	**1135**	**118**	**1285**	**78**	**74**
海陵区	286	1	6	5	267	18	213	14	25
高港区	128	2		2	86	17	129	5	2
姜堰区	169	1		5	181	15	201	11	10
泰州医药高新技术产业开发区									
兴化市	65	2	3	1	187	4	177	31	15
靖江市	189	4	1	7	151	45	329		1
泰兴市	243	2	7	5	263	19	236	17	21
宿迁市	**494**	**2**	**3**	**5**	**310**	**21**	**840**	**5**	**13**
宿城区	306	1	2	4	107	8	253	1	
宿豫区	112	1		1	105	9	175	4	4
沭阳县									
泗阳县									
泗洪县									
宿迁经济技术开发区									
宿迁市湖滨新区	8				58	1	35		5
苏州宿迁工业园区	53				13	2	32		2
宿迁市洋河新区	15		1		27	1	345		2

4-6b　各地区分性别、职业中类的就业人口(镇)

单位：人

地　区 性　别	合计	党的机关、国家机关、群众团体和社会组织、企事业单位负责人						
		小计	中国共产党机关负责人	国家机关负责人	民主党派和工商联负责人	人民团体和群众团体、社会组织及其他成员组织负责人	基层群众自治组织负责人	企事业单位负责人
江　苏	**1047479**	**31750**	**36**	**761**	**3**	**951**	**417**	**29582**
南京市	**8350**	**400**	**1**	**6**		**6**	**1**	**386**
玄武区								
秦淮区								
建邺区								
鼓楼区								
浦口区	38							
栖霞区								
雨花台区	306	14						14
江宁区								
六合区	6064	325		6		1	1	317
溧水区	1392	55	1			5		49
高淳区	550	6						6
南京江北新区								
无锡市	**63957**	**2560**	**2**	**24**		**56**	**30**	**2448**
锡山区	15266	520		5		46	3	466
惠山区	6013	400	1	1		5	4	389
滨湖区								
梁溪区								
新吴区								
江苏无锡经济开发区								
江阴市	27532	1064	1	5		3	14	1041
宜兴市	15146	576		13		2	9	552
徐州市	**123058**	**2148**		**59**		**148**	**60**	**1881**
鼓楼区								
云龙区	902	25		1		1		23
贾汪区	3446	45		4		3	1	37
泉山区								
铜山区	18824	190		6		24	5	155
丰县	22106	388		7		29	7	345
沛县	22863	292		14		9	16	253
睢宁县	24801	598		23		31	11	533
徐州经济技术开发区	13772	491		3		40	1	447
新沂市	7210	43					10	33
邳州市	9134	76		1		11	9	55
常州市	**33204**	**1157**		**6**		**15**	**8**	**1128**
天宁区	2512	103						103
钟楼区								
新北区	6343	410		2		3	2	403
武进区	8737	333		4		4	1	324
金坛区	3166	39				2	4	33
江苏省常州市经济开发区	5325	141						141
溧阳市	7121	131				6	1	124
苏州市	**190180**	**7159**	**6**	**74**		**50**	**44**	**6985**
虎丘区	211	1						1
吴中区	12173	514		4		7	3	500
相城区	3222	102				1	1	100
姑苏区								
吴江区	26424	545		5		6	9	525
苏州工业园区	64396	3393	2	41		16	9	3325
常熟市	25010	672	1	5		10	5	651

4-6b 续表 1　　单位：人

地区 性别	合计	党的机关、国家机关、群众团体和社会组织、企事业单位负责人						
		小计	中国共产党机关负责人	国家机关负责人	民主党派和工商联负责人	人民团体和群众团体、社会组织及其他成员组织负责人	基层群众自治组织负责人	企事业单位负责人
张家港市	30830	1035		6		5	7	1017
昆山市	12656	328	2	7		4	10	305
太仓市	15258	569	1	6		1		561
南通市	**119669**	**3057**	**3**	**49**		**98**	**52**	**2855**
崇川区								
港闸区								
通州区	17822	370	1	5		5	3	356
如东县	27294	706	2	31		54	16	603
南通经济技术开发区	15555	647				14	3	630
通州湾示范区	1596	29				4	1	24
苏锡通科技产业园区	2951	56		2			1	53
启东市	10350	143				8	9	126
如皋市	19254	397		7		8	8	374
海门市	15358	453		3		4	3	443
海安市	9489	256		1		1	8	246
连云港市	**79918**	**1858**	**1**	**83**		**119**	**22**	**1633**
连云区	132							
海州区	2152	25					1	24
赣榆区	14182	154				6	3	145
东海县	26618	571		23		67	3	478
灌云县	13660	371		20		19	7	325
灌南县	13557	341	1	23		12	7	298
连云港经济技术开发区	2790	88		3		5		80
连云港高新技术产业开发区	5915	281		14		8	1	258
江苏连云港徐圩新区	836	26				2		24
江苏省连云港市云台山风景名胜区	76	1						1
淮安市	**70119**	**2211**	**3**	**94**		**104**	**32**	**1978**
淮安区	3778	80	1	1		4	11	63
淮阴区	3446	63		3		6		54
清江浦区	268	1						1
洪泽区	932	8		2		1	2	3
涟水县	22925	592		12		30	4	546
盱眙县	13862	559	1	35		24	7	492
金湖县	8239	312		17		14	8	273
淮安经济技术开发区	11264	371	1	12		4		354
工业园区	351	2						2
生态文旅区	4275	214		12		21		181
苏淮高新区	779	9						9
盐城市	**116017**	**3267**	**5**	**153**		**113**	**67**	**2929**
亭湖区	3085	35		3		3	1	28
盐都区	4510	132		8		6	4	114
大丰区	11211	194		8		4	14	168
响水县	10085	407		16		5	7	379
滨海县	16121	434		14		1	8	411
阜宁县	17566	653		33		46	2	572
射阳县	22419	527	2	24		35	4	462
建湖县	16608	609	2	39		6	12	550
盐城经济技术开发区	3169	132		5		4		123
江苏省盐南高新区								
东台市	11243	144	1	3		3	15	122
扬州市	**55754**	**1832**	**3**	**53**	**1**	**83**	**24**	**1668**
广陵区	2449	152		1		4	3	144

4-6b　续表 2

单位：人

地　区 性　别	合计	党的机关、国家机关、群众团体和社会组织、企事业单位负责人						
		小计	中国共产党机关负责人	国家机关负责人	民主党派和工商联负责人	人民团体和群众团体、社会组织及其他成员组织负责人	基层群众自治组织负责人	企事业单位负责人
邗江区	2914	97					1	96
江都区	10852	320		15		17	3	285
宝应县	19450	516		19		30	9	458
扬州经济技术开发区	9840	349		11	1	16	1	320
蜀冈瘦西湖景区								
生态新城	550	9	1	1				7
仪征市	3128	125		1		1	1	122
高邮市	6571	264	2	5		15	6	236
镇江市	**43249**	**1537**	**2**	**19**	**1**	**9**	**14**	**1492**
京口区	272	2						2
润州区								
丹徒区	3240	67	1			8	1	57
镇江新区	9948	491		4			2	485
江苏镇江高新区								
丹阳市	23046	781	1	14			5	761
扬中市	2468	98					1	97
句容市	4275	98		1	1	1	5	90
泰州市	**55336**	**1774**	**4**	**48**	**1**	**73**	**31**	**1617**
海陵区	1447	36			1	1	1	33
高港区	2324	91		2		4	4	81
姜堰区	4723	157	2	4		1	4	146
泰州医药高新技术产业开发区	11021	496	1	18		5		472
兴化市	17869	421	1	18		16	6	380
靖江市	5740	214		6		19	3	186
泰兴市	12212	359				27	13	319
宿迁市	**88668**	**2790**	**6**	**93**		**77**	**32**	**2582**
宿城区	1959	26				2	5	19
宿豫区	2218	40		1		3	1	35
沭阳县	39043	1367	1	26		22	13	1305
泗阳县	18779	613		26		30	7	550
泗洪县	19612	510	4	35		17	5	449
宿迁经济技术开发区	6434	231	1	5		2	1	222
宿迁市湖滨新区	623	3				1		2
苏州宿迁工业园区								
宿迁市洋河新区								
男	**624697**	**23780**	**28**	**641**	**2**	**617**	**329**	**22163**
南京市	**5253**	**297**	**1**	**5**		**6**		**285**
玄武区								
秦淮区								
建邺区								
鼓楼区								
浦口区	23							
栖霞区								
雨花台区	206	10						10
江宁区								
六合区	3715	240		5		1		234
溧水区	904	41	1			5		35
高淳区	405	6						6
南京江北新区								
无锡市	**38221**	**2028**	**1**	**23**		**34**	**23**	**1947**
锡山区	9093	417		5		29	2	381

4-6b 续表 3

单位：人

地区 性别	合计	党的机关、国家机关、群众团体和社会组织、企事业单位负责人						
		小计	中国共产党机关负责人	国家机关负责人	民主党派和工商联负责人	人民团体和群众团体、社会组织及其他成员组织负责人	基层群众自治组织负责人	企事业单位负责人
惠山区	3697	324		1		3	4	316
滨湖区								
梁溪区								
新吴区								
江苏无锡经济开发区								
江阴市	15959	835	1	5		2	10	817
宜兴市	9472	452		12			7	433
徐州市	**74420**	**1633**		**49**		**100**	**53**	**1431**
鼓楼区								
云龙区	557	18		1		1		16
贾汪区	2263	31		3		1	1	26
泉山区								
铜山区	10265	137		5		17	4	111
丰县	13048	289		6		26	6	251
沛县	14668	237		10		6	13	208
睢宁县	14685	460		21		16	11	412
徐州经济技术开发区	8896	370		2		24		344
新沂市	4467	30					9	21
邳州市	5571	61		1		9	9	42
常州市	**20197**	**899**		**6**		**13**	**7**	**873**
天宁区	1455	85						85
钟楼区								
新北区	3675	305		2		1	2	300
武进区	5153	251		4		4		243
金坛区	2031	27				2	4	21
江苏省常州市经济开发区	3263	125						125
溧阳市	4620	106				6	1	99
苏州市	**113067**	**5302**	**5**	**53**		**30**	**33**	**5181**
虎丘区	124	1						1
吴中区	7278	392		3		6	2	381
相城区	2053	82					1	81
姑苏区								
吴江区	15875	459		4		4	8	443
苏州工业园区	37573	2432	2	27		9	6	2388
常熟市	15003	474		3		6	4	461
张家港市	18566	798		5		3	4	786
昆山市	7395	251	2	7		2	8	232
太仓市	9200	413	1	4				408
南通市	**69334**	**2237**	**1**	**43**		**60**	**31**	**2102**
崇川区								
港闸区								
通州区	10078	264		5		2	2	255
如东县	15088	506	1	27		32	12	434
南通经济技术开发区	9692	465				9	3	453
通州湾示范区	1011	25				2	1	22
苏锡通科技产业园区	1877	48		1			1	46
启东市	6433	115				6	3	106
如皋市	11116	299		7		6	5	281
海门市	8812	336		2		3	1	330
海安市	5227	179		1			3	175
连云港市	**46279**	**1314**	**1**	**69**		**70**	**20**	**1154**
连云区	118							

4-6b 续表 4

单位：人

地区 性别	合计	党的机关、国家机关、群众团体和社会组织、企事业单位负责人						
		小计	中国共产党机关负责人	国家机关负责人	民主党派和工商联负责人	人民团体和群众团体、社会组织及其他成员组织负责人	基层群众自治组织负责人	企事业单位负责人
海州区	1425	19					1	18
赣榆区	8117	108				3	3	102
东海县	14417	369		22		42	2	303
灌云县	8173	281		17		13	7	244
灌南县	8174	246	1	17		7	6	215
连云港经济技术开发区	1737	65		3		2		60
连云港高新技术产业开发区	3485	208		10		2	1	195
江苏连云港徐圩新区	581	17				1		16
江苏省连云港市云台山风景名胜区	52	1						1
淮安市	**40933**	**1589**	**3**	**81**		**59**	**28**	**1418**
淮安区	2350	71	1	1		3	11	55
淮阴区	2324	48		3		6		39
清江浦区	182							
洪泽区	620	8		2		1	2	3
涟水县	11777	391		11		13	4	363
盱眙县	8734	407	1	29		16	6	355
金湖县	5085	224		15		7	5	197
淮安经济技术开发区	6656	276	1	12		2		261
工业园区	220	2						2
生态文旅区	2451	153		8		11		134
苏淮高新区	534	9						9
盐城市	**71836**	**2532**	**5**	**136**		**79**	**57**	**2255**
亭湖区	1946	26		2			1	23
盐都区	2733	109		7		4	4	94
大丰区	6388	151		8		4	9	130
响水县	6257	293		15		3	6	269
滨海县	10429	329		11			8	310
阜宁县	11383	501		32		36	1	432
射阳县	13906	416	2	23		23	4	364
建湖县	10412	487	2	31		4	12	438
盐城经济技术开发区	1981	102		4		2		96
江苏省盐南高新区								
东台市	6401	118	1	3		3	12	99
扬州市	**33105**	**1365**	**3**	**45**		**57**	**14**	**1246**
广陵区	1349	105		1		1	2	101
邗江区	1692	64					1	63
江都区	6390	246		14		12	2	218
宝应县	11728	404		18		23	3	360
扬州经济技术开发区	5790	245		7		9	1	228
蜀冈瘦西湖景区								
生态新城	310	7	1	1				5
仪征市	1901	92		1		1	1	89
高邮市	3945	202	2	3		11	4	182
镇江市	**25443**	**1186**	**1**	**16**	**1**	**7**	**11**	**1150**
京口区	172	2						2
润州区								
丹徒区	1956	53				6	1	46
镇江新区	6016	353		4			1	348
江苏镇江高新区								
丹阳市	13243	625	1	11			4	609
扬中市	1437	78					1	77
句容市	2619	75		1	1	1	4	68

4-6b 续表 5

单位：人

地区 性别	合计	党的机关、国家机关、群众团体和社会组织、企事业单位负责人						
		小计	中国共产党机关负责人	国家机关负责人	民主党派和工商联负责人	人民团体和群众团体、社会组织及其他成员组织负责人	基层群众自治组织负责人	企事业单位负责人
泰州市	**33018**	**1348**	**3**	**39**	**1**	**44**	**26**	**1235**
海陵区	856	30			1			29
高港区	1387	71		2		2	4	63
姜堰区	2864	124	2	4		1	3	114
泰州医药高新技术产业开发区	6432	375	1	14		3		357
兴化市	11081	321		17		12	5	287
靖江市	3508	159		2		11	3	143
泰兴市	6890	268				15	11	242
宿迁市	**53591**	**2050**	**4**	**76**		**58**	**26**	**1886**
宿城区	1148	24				2	5	17
宿豫区	1416	31		1		2	1	27
沭阳县	23820	979	1	22		16	10	930
泗阳县	11321	459		22		25	6	406
泗洪县	11644	383	3	27		10	3	340
宿迁经济技术开发区	3861	172		4		2	1	165
宿迁市湖滨新区	381	2				1		1
苏州宿迁工业园区								
宿迁市洋河新区								
女	**422782**	**7970**	**8**	**120**	**1**	**334**	**88**	**7419**
南京市	**3097**	**103**		**1**			**1**	**101**
玄武区								
秦淮区								
建邺区								
鼓楼区								
浦口区	15							
栖霞区								
雨花台区	100	4						4
江宁区								
六合区	2349	85		1			1	83
溧水区	488	14						14
高淳区	145							
南京江北新区								
无锡市	**25736**	**532**	**1**	**1**		**22**	**7**	**501**
锡山区	6173	103				17	1	85
惠山区	2316	76	1			2		73
滨湖区								
梁溪区								
新吴区								
江苏无锡经济开发区								
江阴市	11573	229				1	4	224
宜兴市	5674	124		1		2	2	119
徐州市	**48638**	**515**		**10**		**48**	**7**	**450**
鼓楼区								
云龙区	345	7						7
贾汪区	1183	14		1		2		11
泉山区								
铜山区	8559	53		1		7	1	44
丰县	9058	99		1		3	1	94
沛县	8195	55		4		3	3	45
睢宁县	10116	138		2		15		121
徐州经济技术开发区	4876	121		1		16	1	103
新沂市	2743	13					1	12
邳州市	3563	15				2		13

4-6b 续表 6

单位：人

地区 性别	合计	党的机关、国家机关、群众团体和社会组织、企事业单位负责人						
		小计	中国共产党机关负责人	国家机关负责人	民主党派和工商联负责人	人民团体和群众团体、社会组织及其他成员组织负责人	基层群众自治组织负责人	企事业单位负责人
常州市	**13007**	**258**				**2**	**1**	**255**
天宁区	1057	18						18
钟楼区								
新北区	2668	105				2		103
武进区	3584	82					1	81
金坛区	1135	12						12
江苏省常州市经济开发区	2062	16						16
溧阳市	2501	25						25
苏州市	**77113**	**1857**	**1**	**21**		**20**	**11**	**1804**
虎丘区	87							
吴中区	4895	122		1		1	1	119
相城区	1169	20				1		19
姑苏区								
吴江区	10549	86		1		2	1	82
苏州工业园区	26823	961		14		7	3	937
常熟市	10007	198	1	2		4	1	190
张家港市	12264	237		1		2	3	231
昆山市	5261	77				2	2	73
太仓市	6058	156		2		1		153
南通市	**50335**	**820**	**2**	**6**		**38**	**21**	**753**
崇川区								
港闸区								
通州区	7744	106	1			3	1	101
如东县	12206	200	1	4		22	4	169
南通经济技术开发区	5863	182				5		177
通州湾示范区	585	4				2		2
苏锡通科技产业园区	1074	8		1				7
启东市	3917	28				2	6	20
如皋市	8138	98				2	3	93
海门市	6546	117		1		1	2	113
海安市	4262	77				1	5	71
连云港市	**33639**	**544**		**14**		**49**	**2**	**479**
连云区	14							
海州区	727	6						6
赣榆区	6065	46				3		43
东海县	12201	202		1		25	1	175
灌云县	5487	90		3		6		81
灌南县	5383	95		6		5	1	83
连云港经济技术开发区	1053	23				3		20
连云港高新技术产业开发区	2430	73		4		6		63
江苏连云港徐圩新区	255	9				1		8
江苏省连云港市云台山风景名胜区	24							
淮安市	**29186**	**622**		**13**		**45**	**4**	**560**
淮安区	1428	9				1		8
淮阴区	1122	15						15
清江浦区	86	1						1
洪泽区	312							
涟水县	11148	201		1		17		183
盱眙县	5128	152		6		8	1	137
金湖县	3154	88		2		7	3	76
淮安经济技术开发区	4608	95				2		93
工业园区	131							

4-6b 续表 7

单位：人

地区 性别	合计	党的机关、国家机关、群众团体和社会组织、企事业单位负责人						
		小计	中国共产党机关负责人	国家机关负责人	民主党派和工商联负责人	人民团体和群众团体、社会组织及其他成员组织负责人	基层群众自治组织负责人	企事业单位负责人
生态文旅区	1824	61		4		10		47
苏淮高新区	245							
盐城市	**44181**	**735**		**17**		**34**	**10**	**674**
亭湖区	1139	9		1		3		5
盐都区	1777	23		1		2		20
大丰区	4823	43					5	38
响水县	3828	114		1		2	1	110
滨海县	5692	105		3		1		101
阜宁县	6183	152		1		10	1	140
射阳县	8513	111		1		12		98
建湖县	6196	122		8		2		112
盐城经济技术开发区	1188	30		1		2		27
江苏省盐南高新区								
东台市	4842	26					3	23
扬州市	**22649**	**467**		**8**	**1**	**26**	**10**	**422**
广陵区	1100	47				3	1	43
邗江区	1222	33						33
江都区	4462	74		1		5	1	67
宝应县	7722	112		1		7	6	98
扬州经济技术开发区	4050	104		4	1	7		92
蜀冈瘦西湖景区								
生态新城	240	2						2
仪征市	1227	33						33
高邮市	2626	62		2		4	2	54
镇江市	**17806**	**351**	**1**	**3**		**2**	**3**	**342**
京口区	100							
润州区								
丹徒区	1284	14	1			2		11
镇江新区	3932	138					1	137
江苏镇江高新区								
丹阳市	9803	156		3			1	152
扬中市	1031	20						20
句容市	1656	23					1	22
泰州市	**22318**	**426**	**1**	**9**		**29**	**5**	**382**
海陵区	591	6				1	1	4
高港区	937	20				2		18
姜堰区	1859	33					1	32
泰州医药高新技术产业开发区	4589	121		4		2		115
兴化市	6788	100	1	1		4	1	93
靖江市	2232	55		4		8		43
泰兴市	5322	91				12	2	77
宿迁市	**35077**	**740**	**2**	**17**		**19**	**6**	**696**
宿城区	811	2						2
宿豫区	802	9				1		8
沭阳县	15223	388		4		6	3	375
泗阳县	7458	154		4		5	1	144
泗洪县	7968	127	1	8		7	2	109
宿迁经济技术开发区	2573	59	1	1				57
宿迁市湖滨新区	242	1						1
苏州宿迁工业园区								
宿迁市洋河新区								

4-6b　续表 8

单位：人

地　　区 性　　别	专业技术人员 小计	科学研究人　员	工程技术人　员	农业技术人　员	飞机和船舶技术人　员	卫生专业技术人员	经济和金融专业人　员	法律、社会和宗教专业人员	教学人员	文学艺术、体育专业人员
江　苏	**101743**	**593**	**27678**	**861**	**121**	**13050**	**22939**	**2065**	**31114**	**1284**
南京市	**1038**	**6**	**370**	**4**	**2**	**122**	**224**	**30**	**241**	**11**
玄武区										
秦淮区										
建邺区										
鼓楼区										
浦口区	3		1				1		1	
栖霞区										
雨花台区	33	2	12			6	5		6	
江宁区										
六合区	821	4	276	3		102	181	23	202	10
溧水区	143		72		1	11	27	3	22	1
高淳区	38		9	1	1	3	10	4	10	
南京江北新区										
无锡市	**6402**	**24**	**2048**	**13**	**3**	**588**	**2058**	**131**	**1361**	**75**
锡山区	1308	7	400	5	1	102	431	37	283	12
惠山区	1035	1	380	2		113	314	27	178	11
滨湖区										
梁溪区										
新吴区										
江苏无锡经济开发区										
江阴市	2566	2	764	4	1	202	909	38	588	34
宜兴市	1493	14	504	2	1	171	404	29	312	18
徐州市	**11266**	**20**	**2620**	**205**	**9**	**1727**	**1874**	**175**	**4333**	**145**
鼓楼区										
云龙区	90	1	26	2		9	11		38	2
贾汪区	179	1	53	2		22	29	2	64	5
泉山区										
铜山区	1255		303	31		183	167	11	515	21
丰县	2020	4	403	54	2	288	445	25	762	16
沛县	2718	3	659	15	4	457	369	52	1072	39
睢宁县	2414	1	418	12	2	420	402	36	1069	30
徐州经济技术开发区	1941	9	676	3	1	263	380	44	514	19
新沂市	328		55	10		42	31	1	179	7
邳州市	321	1	27	76		43	40	4	120	6
常州市	**2716**	**5**	**813**	**81**	**1**	**233**	**764**	**40**	**719**	**20**
天宁区	232		68			16	73	6	61	1
钟楼区										
新北区	527	2	113		1	51	172	11	167	3
武进区	774	3	235	1		68	215	11	230	2
金坛区	101		34	1		12	24	3	25	2
江苏省常州市经济开发区	506		172	2		34	166	3	117	7
溧阳市	576		191	77		52	114	6	119	5
苏州市	**24130**	**278**	**9302**	**43**	**12**	**1725**	**7180**	**567**	**4283**	**349**
虎丘区	15		6			2	4		3	
吴中区	1268	9	458	4		72	434	6	259	11
相城区	277		98			18	77	25	53	5
姑苏区										
吴江区	2256	2	350	5		209	1090	24	537	20
苏州工业园区	13255	246	5986	12	7	776	3294	353	2104	218
常熟市	1506	3	487	9	1	148	495	26	283	32

4-6b 续表 9

单位：人

地区 性别	专业技术人员 小计	科学研究人员	工程技术人员	农业技术人员	飞机和船舶技术人员	卫生专业技术人员	经济和金融专业人员	法律、社会和宗教专业人员	教学人员	文学艺术、体育专业人员
张家港市	2850	6	920	1	3	280	913	71	602	28
昆山市	1633	4	621	6		135	531	29	268	19
太仓市	1070	8	376	6	1	85	342	33	174	16
南通市	**8782**	**45**	**2610**	**74**	**25**	**1082**	**2034**	**201**	**2282**	**96**
崇川区										
港闸区										
通州区	1041	3	281	5	2	115	318	15	250	19
如东县	2295	10	518	38	8	364	541	56	693	17
南通经济技术开发区	1803	19	711	2	5	155	416	41	386	19
通州湾示范区	160	1	58			19	30	7	38	
苏锡通科技产业园区	157		61			23	40	6	17	
启东市	534	4	202	6	1	71	97	3	134	6
如皋市	1526	4	478	5	5	188	328	39	448	19
海门市	635	2	166	7		68	112	8	115	8
海安市	631	2	135	11	4	79	152	26	201	8
连云港市	**7673**	**51**	**1478**	**87**	**12**	**1309**	**1157**	**120**	**3169**	**75**
连云区	5		3				2			
海州区	148	1	24	1	1	25	23	4	65	2
赣榆区	705	1	168	19	4	94	89	8	304	6
东海县	2245	5	309	22	1	369	332	31	1084	17
灌云县	1217	3	200	13	2	259	168	15	504	22
灌南县	1407	2	288	18		288	153	15	616	9
连云港经济技术开发区	445	16	141	1	2	35	99	8	108	4
连云港高新技术产业开发区	1436	23	331	11	2	224	280	38	469	14
江苏连云港徐圩新区	59		12	2		13	11	1	18	1
江苏省连云港市云台山风景名胜区	6		2			2			1	
淮安市	**7012**	**25**	**1285**	**66**	**5**	**1121**	**1363**	**138**	**2794**	**75**
淮安区	273	1	34	4	1	71	32	2	122	3
淮阴区	145		49	6		19	20	2	47	1
清江浦区	11		2				2	1	5	
洪泽区	55		8	1		12	10	5	16	1
涟水县	1757	7	287	7		279	358	41	730	20
盱眙县	1678	3	246	16	3	329	273	32	732	21
金湖县	920	2	166	20		148	243	20	305	4
淮安经济技术开发区	1193	8	281	4	1	138	259	24	423	11
工业园区	21		6			1	4		10	
生态文旅区	898	4	183	8		116	150	11	389	11
苏淮高新区	61		23			8	12		15	3
盐城市	**10042**	**21**	**1891**	**129**	**21**	**1773**	**1691**	**214**	**3970**	**155**
亭湖区	176		36	5		32	33	7	53	2
盐都区	413	2	104	4		64	67	7	146	6
大丰区	569	4	146	20	1	84	120	9	131	36
响水县	1041	2	159	6	3	216	149	17	460	16
滨海县	1655	1	252	32	1	306	250	24	759	9
阜宁县	1692	3	371	11	2	280	245	34	692	15
射阳县	1948	3	347	30	9	372	305	52	773	25
建湖县	1716	5	328	5	2	283	359	31	649	36
盐城经济技术开发区	278	1	71	2	1	34	50	9	98	4
江苏省盐南高新区										
东台市	554		77	14	2	102	113	24	209	6
扬州市	**5675**	**49**	**1507**	**41**	**12**	**716**	**1229**	**116**	**1764**	**74**
广陵区	179		45	2	1	26	51	3	44	1

4-6b 续表 10

单位：人

地区 性别	专业技术人员									
	小计	科学研究人员	工程技术人员	农业技术人员	飞机和船舶技术人员	卫生专业技术人员	经济和金融专业人员	法律、社会和宗教专业人员	教学人员	文学艺术、体育专业人员
邗江区	255		74	7	1	28	51	6	74	4
江都区	932	2	280	5	3	103	233	21	244	7
宝应县	1956	7	364	14	1	286	455	56	711	26
扬州经济技术开发区	1474	30	454	4	6	176	232	21	461	20
蜀冈瘦西湖景区										
生态新城	37		6	2		5	5	1	11	7
仪征市	205	1	62			29	41		68	2
高邮市	637	9	222	7		63	161	8	151	7
镇江市	**3423**	**11**	**1117**	**7**	**6**	**253**	**956**	**45**	**940**	**43**
京口区	17		9				6		2	
润州区										
丹徒区	183		40	1	3	19	50	4	65	1
镇江新区	1229	5	484	1	3	91	276	15	320	13
江苏镇江高新区										
丹阳市	1358	2	370	4		104	475	13	356	20
扬中市	179	2	67			12	54	1	42	1
句容市	457	2	147	1		27	95	12	155	8
泰州市	**4526**	**41**	**1136**	**34**	**12**	**675**	**1096**	**109**	**1280**	**41**
海陵区	87		26	1		10	21	3	24	2
高港区	211	2	67	1		29	45	11	49	3
姜堰区	275		75	3		27	68	9	78	6
泰州医药高新技术产业开发区	1589	33	339	8		250	440	50	407	11
兴化市	953	1	151	14	1	161	232	19	357	7
靖江市	450	1	158	1	8	48	116	5	103	4
泰兴市	961	4	320	6	3	150	174	12	262	8
宿迁市	**9058**	**17**	**1501**	**77**	**1**	**1726**	**1313**	**179**	**3978**	**125**
宿城区	96		17	2		16	14		43	4
宿豫区	108		26	2		17	12	3	43	3
沭阳县	3671	9	615	30		752	480	84	1613	36
泗阳县	2044	4	322	9		360	288	33	954	39
泗洪县	2340	4	329	32	1	444	380	41	1039	34
宿迁经济技术开发区	780		183	2		134	138	18	280	9
宿迁市湖滨新区	19		9			3	1		6	
苏州宿迁工业园区										
宿迁市洋河新区										
男	**48228**	**352**	**23015**	**590**	**113**	**4185**	**5939**	**1252**	**10911**	**714**
南京市	**520**	**4**	**316**	**3**	**2**	**24**	**62**	**15**	**71**	**7**
玄武区										
秦淮区										
建邺区										
鼓楼区										
浦口区	2		1						1	
栖霞区										
雨花台区	18	2	11			1	3		1	
江宁区										
六合区	398	2	235	3		19	51	11	58	7
溧水区	83		61		1	3	4	2	8	
高淳区	19		8		1	1	4	2	3	
南京江北新区										
无锡市	**2753**	**11**	**1745**	**7**	**3**	**155**	**327**	**69**	**341**	**43**
锡山区	535	6	339	3	1	24	65	11	64	6

4-6b 续表 11　　　　单位：人

地区 性别	专业技术人员 小计	科学研究人员	工程技术人员	农业技术人员	飞机和船舶技术人员	卫生专业技术人员	经济和金融专业人员	法律、社会和宗教专业人员	教学人员	文学艺术、体育专业人员
惠山区	453	1	312	2		26	47	19	37	7
滨湖区										
梁溪区										
新吴区										
江苏无锡经济开发区										
江阴市	1066	1	658	1	1	61	143	21	150	17
宜兴市	699	3	436	1	1	44	72	18	90	13
徐州市	**5408**	**14**	**2246**	**114**	**9**	**591**	**606**	**107**	**1555**	**80**
鼓楼区										
云龙区	37		23	2		2			9	1
贾汪区	96	1	48	2		9	10	2	20	3
泉山区										
铜山区	597		273	17		64	47	6	169	12
丰县	937	3	332	29	2	122	145	16	270	7
沛县	1366	2	571	13	4	164	144	29	382	27
睢宁县	1074	1	358	8	2	130	115	28	405	15
徐州经济技术开发区	969	6	569	2	1	67	113	21	163	9
新沂市	160		48	8		14	15	1	69	3
邳州市	172	1	24	33		19	17	4	68	3
常州市	**1209**	**5**	**681**	**46**	**1**	**86**	**121**	**28**	**208**	**12**
天宁区	98		60			7	10	5	10	1
钟楼区										
新北区	211	2	99		1	18	22	9	54	3
武进区	329	3	189	1		27	32	8	65	1
金坛区	52		29	1		2	7	2	9	2
江苏省常州市经济开发区	208		147	1		11	15		27	3
溧阳市	311		157	43		21	35	4	43	2
苏州市	**11517**	**157**	**7446**	**23**	**11**	**494**	**1620**	**293**	**1092**	**178**
虎丘区	7		6						1	
吴中区	615	6	389	3		18	107	5	70	6
相城区	143		81			5	18	24	13	2
姑苏区										
吴江区	696	1	296	2		52	180	12	135	11
苏州工业园区	6831	137	4653	4	6	243	829	168	544	112
常熟市	692	3	399	6	1	35	111	20	90	17
张家港市	1212	5	785		3	69	188	29	115	8
昆山市	811	3	519	4		45	128	18	68	14
太仓市	510	2	318	4	1	27	59	17	56	8
南通市	**4365**	**26**	**2205**	**65**	**24**	**306**	**586**	**145**	**746**	**45**
崇川区										
港闸区										
通州区	476	1	243	5	2	36	87	8	75	7
如东县	1047	6	440	34	8	107	166	37	225	6
南通经济技术开发区	940	11	605	1	5	26	110	26	118	9
通州湾示范区	93	1	48			4	11	7	19	
苏锡通科技产业园区	80		46			12	7	3	6	
启东市	278	2	165	6	1	26	29	2	38	4
如皋市	754	3	397	3	4	49	103	33	144	10
海门市	371	1	143	7		24	23	5	35	5
海安市	326	1	118	9	4	22	50	24	86	4
连云港市	**3547**	**32**	**1242**	**62**	**12**	**450**	**407**	**66**	**1135**	**38**
连云区	5		3				2			

4-6b　续表 12　　　　单位：人

地区 性别	专业技术人员 小计	科学研究人员	工程技术人员	农业技术人员	飞机和船舶技术人员	卫生专业技术人员	经济和金融专业人员	法律、社会和宗教专业人员	教学人员	文学艺术、体育专业人员
海州区	76	1	22	1	1	10	12	2	26	
赣榆区	346		144	10	4	31	33	7	107	3
东海县	929	4	255	16	1	120	114	17	363	8
灌云县	581	3	176	11	2	96	64	8	192	10
灌南县	680	1	232	12		101	50	9	257	7
连云港经济技术开发区	228	6	116	1	2	9	34	5	37	2
连云港高新技术产业开发区	668	17	281	9	2	77	94	18	146	7
江苏连云港徐圩新区	31		11	2		5	4		7	1
江苏省连云港市云台山风景名胜区	3		2			1				
淮安市	**3246**	**13**	**1118**	**46**	**4**	**364**	**409**	**85**	**1078**	**38**
淮安区	135	1	31	2	1	24	11	1	59	3
淮阴区	89		43	5		9	10	1	19	1
清江浦区	5		2					1	1	
洪泽区	39		8	1		8	6	5	8	1
涟水县	791	4	246	3		89	111	26	291	8
盱眙县	758	1	211	11	3	108	78	18	305	10
金湖县	417		150	16		42	75	13	111	2
淮安经济技术开发区	563	5	250	3		38	73	16	143	5
工业园区	9		6				2		1	
生态文旅区	403	2	149	5		42	41	4	133	6
苏淮高新区	37		22			4	2		7	2
盐城市	**4988**	**14**	**1654**	**98**	**20**	**614**	**554**	**165**	**1661**	**94**
亭湖区	100		31	5		13	14	4	25	2
盐都区	228	2	91	3		25	26	5	65	5
大丰区	281	1	119	13	1	25	36	8	48	18
响水县	481	1	134	6	3	70	48	14	191	7
滨海县	768		224	26	1	110	78	15	297	5
阜宁县	889	1	330	10	2	98	77	28	303	11
射阳县	1010	3	302	19	9	137	120	37	345	17
建湖县	788	5	289	5	1	90	97	26	242	23
盐城经济技术开发区	143	1	66	1	1	11	18	5	34	2
江苏省盐南高新区										
东台市	300		68	10	2	35	40	23	111	4
扬州市	**2792**	**31**	**1257**	**30**	**10**	**220**	**305**	**69**	**726**	**50**
广陵区	82		39	2	1	8	7	2	21	1
邗江区	118		54	5	1	8	10	6	26	2
江都区	453	2	221	3	2	32	53	14	97	4
宝应县	949	4	327	12	1	93	134	33	308	19
扬州经济技术开发区	752	21	385	3	5	48	57	9	171	14
蜀冈瘦西湖景区										
生态新城	14		5	1		1			4	3
仪征市	99		50			8	7		31	2
高邮市	325	4	176	4		22	37	5	68	5
镇江市	**1585**	**8**	**921**	**6**	**6**	**73**	**206**	**24**	**299**	**22**
京口区	10		8				2			
润州区										
丹徒区	93		34	1	3	6	19	2	28	
镇江新区	597	4	390	1	3	17	57	7	96	7
江苏镇江高新区										
丹阳市	566	1	307	3		39	85	7	110	10
扬中市	95	2	58			7	12	1	15	
句容市	224	1	124	1		4	31	7	50	5

4-6b 续表 13

单位：人

地区 性别	专业技术人员 小计	科学研究人员	工程技术人员	农业技术人员	飞机和船舶技术人员	卫生专业技术人员	经济和金融专业人员	法律、社会和宗教专业人员	教学人员	文学艺术、体育专业人员
泰州市	**2194**	**27**	**929**	**24**	**10**	**252**	**305**	**72**	**497**	**24**
海陵区	46		23	1		5	3	3	10	1
高港区	108	1	63	1		10	7	7	14	3
姜堰区	132		65	2		7	14	8	30	4
泰州医药高新技术产业开发区	678	20	278	4		76	118	29	120	6
兴化市	492	1	126	12	1	72	87	17	167	3
靖江市	221	1	128	1	7	14	23	2	40	3
泰兴市	517	4	246	3	2	68	53	6	116	4
宿迁市	**4104**	**10**	**1255**	**66**	**1**	**556**	**431**	**114**	**1502**	**83**
宿城区	44		14	2		5	4		16	3
宿豫区	60		22	2		9	7	2	15	1
沭阳县	1632	3	522	26		252	159	56	566	20
泗阳县	965	4	279	8		116	100	20	385	30
泗洪县	1042	3	262	26	1	137	120	25	421	23
宿迁经济技术开发区	352		148	2		37	40	11	99	6
宿迁市湖滨新区	9		8				1			
苏州宿迁工业园区										
宿迁市洋河新区										
女	**53515**	**241**	**4663**	**271**	**8**	**8865**	**17000**	**813**	**20203**	**570**
南京市	**518**	**2**	**54**	**1**		**98**	**162**	**15**	**170**	**4**
玄武区										
秦淮区										
建邺区										
鼓楼区										
浦口区	1						1			
栖霞区										
雨花台区	15		1			5	2		5	
江宁区										
六合区	423	2	41			83	130	12	144	3
溧水区	60		11			8	23	1	14	1
高淳区	19		1	1		2	6	2	7	
南京江北新区										
无锡市	**3649**	**13**	**303**	**6**		**433**	**1731**	**62**	**1020**	**32**
锡山区	773	1	61	2		78	366	26	219	6
惠山区	582		68			87	267	8	141	4
滨湖区										
梁溪区										
新吴区										
江苏无锡经济开发区										
江阴市	1500	1	106	3		141	766	17	438	17
宜兴市	794	11	68	1		127	332	11	222	5
徐州市	**5858**	**6**	**374**	**91**		**1136**	**1268**	**68**	**2778**	**65**
鼓楼区										
云龙区	53	1	3			7	11		29	1
贾汪区	83		5			13	19		44	2
泉山区										
铜山区	658		30	14		119	120	5	346	9
丰县	1083	1	71	25		166	300	9	492	9
沛县	1352	1	88	2		293	225	23	690	12
睢宁县	1340		60	4		290	287	8	664	15
徐州经济技术开发区	972	3	107	1		196	267	23	351	10
新沂市	168		7	2		28	16		110	4
邳州市	149		3	43		24	23		52	3

4-6b　续表 14　　　　　　　　　　　　　　　　　　　　　　单位：人

地　区 性　别	专业技术人员 小计	科学研究人员	工程技术人员	农业技术人员	飞机和船舶技术人员	卫生专业技术人员	经济和金融专业人员	法律、社会和宗教专业人员	教学人员	文学艺术、体育专业人员
常州市	**1507**		**132**	**35**		**147**	**643**	**12**	**511**	**8**
天宁区	134		8			9	63	1	51	
钟楼区										
新北区	316		14			33	150	2	113	
武进区	445		46			41	183	3	165	1
金坛区	49		5			10	17	1	16	
江苏省常州市经济开发区	298		25	1		23	151	3	90	4
溧阳市	265		34	34		31	79	2	76	3
苏州市	**12613**	**121**	**1856**	**20**	**1**	**1231**	**5560**	**274**	**3191**	**171**
虎丘区	8					2	4		2	
吴中区	653	3	69	1		54	327	1	189	5
相城区	134		17			13	59	1	40	3
姑苏区										
吴江区	1560	1	54	3		157	910	12	402	9
苏州工业园区	6424	109	1333	8	1	533	2465	185	1560	106
常熟市	814		88	3		113	384	6	193	15
张家港市	1638	1	135	1		211	725	42	487	20
昆山市	822	1	102	2		90	403	11	200	5
太仓市	560	6	58	2		58	283	16	118	8
南通市	**4417**	**19**	**405**	**9**	**1**	**776**	**1448**	**56**	**1536**	**51**
崇川区										
港闸区										
通州区	565	2	38			79	231	7	175	12
如东县	1248	4	78	4		257	375	19	468	11
南通经济技术开发区	863	8	106	1		129	306	15	268	10
通州湾示范区	67		10			15	19		19	
苏锡通科技产业园区	77		15			11	33	3	11	
启东市	256	2	37			45	68	1	96	2
如皋市	772	1	81	2	1	139	225	6	304	9
海门市	264	1	23			44	89	3	80	3
海安市	305	1	17	2		57	102	2	115	4
连云港市	**4126**	**19**	**236**	**25**		**859**	**750**	**54**	**2034**	**37**
连云区										
海州区	72		2			15	11	2	39	2
赣榆区	359	1	24	9		63	56	1	197	3
东海县	1316	1	54	6		249	218	14	721	9
灌云县	636		24	2		163	104	7	312	12
灌南县	727	1	56	6		187	103	6	359	2
连云港经济技术开发区	217	10	25			26	65	3	71	2
连云港高新技术产业开发区	768	6	50	2		147	186	20	323	7
江苏连云港徐圩新区	28		1			8	7	1	11	
江苏省连云港市云台山风景名胜区	3					1			1	
淮安市	**3766**	**12**	**167**	**20**	**1**	**757**	**954**	**53**	**1716**	**37**
淮安区	138		3	2		47	21	1	63	
淮阴区	56		6	1		10	10	1	28	
清江浦区	6						2		4	
洪泽区	16					4	4		8	
涟水县	966	3	41	4		190	247	15	439	12
盱眙县	920	2	35	5		221	195	14	427	11
金湖县	503	2	16	4		106	168	7	194	2
淮安经济技术开发区	630	3	31	1	1	100	186	8	280	6
工业园区	12					1	2		9	

4-6b 续表 15

单位：人

地区 性别	专业技术人员 小计	科学研究人员	工程技术人员	农业技术人员	飞机和船舶技术人员	卫生专业技术人员	经济和金融专业人员	法律、社会和宗教专业人员	教学人员	文学艺术、体育专业人员
生态文旅区	495	2	34	3		74	109	7	256	5
苏淮高新区	24		1			4	10		8	1
盐城市	**5054**	**7**	**237**	**31**	**1**	**1159**	**1137**	**49**	**2309**	**61**
亭湖区	76		5			19	19	3	28	
盐都区	185		13	1		39	41	2	81	1
大丰区	288	3	27	7		59	84	1	83	18
响水县	560	1	25			146	101	3	269	9
滨海县	887	1	28	6		196	172	9	462	4
阜宁县	803	2	41	1		182	168	6	389	4
射阳县	938		45	11		235	185	15	428	8
建湖县	928		39		1	193	262	5	407	13
盐城经济技术开发区	135		5	1		23	32	4	64	2
江苏省盐南高新区										
东台市	254		9	4		67	73	1	98	2
扬州市	**2883**	**18**	**250**	**11**	**2**	**496**	**924**	**47**	**1038**	**24**
广陵区	97		6			18	44	1	23	
邗江区	137		20	2		20	41		48	2
江都区	479		59	2	1	71	180	7	147	3
宝应县	1007	3	37	2		193	321	23	403	7
扬州经济技术开发区	722	9	69	1	1	128	175	12	290	6
蜀冈瘦西湖景区										
生态新城	23		1	1		4	5	1	7	4
仪征市	106	1	12			21	34		37	
高邮市	312	5	46	3		41	124	3	83	2
镇江市	**1838**	**3**	**196**	**1**		**180**	**750**	**21**	**641**	**21**
京口区	7		1				4		2	
润州区										
丹徒区	90		6			13	31	2	37	1
镇江新区	632	1	94			74	219	8	224	6
江苏镇江高新区										
丹阳市	792	1	63	1		65	390	6	246	10
扬中市	84		9			5	42		27	1
句容市	233	1	23			23	64	5	105	3
泰州市	**2332**	**14**	**207**	**10**	**2**	**423**	**791**	**37**	**783**	**17**
海陵区	41		3			5	18		14	1
高港区	103	1	4			19	38	4	35	
姜堰区	143		10	1		20	54	1	48	2
泰州医药高新技术产业开发区	911	13	61	4		174	322	21	287	5
兴化市	461		25	2		89	145	2	190	4
靖江市	229		30		1	34	93	3	63	1
泰兴市	444		74	3	1	82	121	6	146	4
宿迁市	**4954**	**7**	**246**	**11**		**1170**	**882**	**65**	**2476**	**42**
宿城区	52		3			11	10		27	1
宿豫区	48		4			8	5	1	28	2
沭阳县	2039	6	93	4		500	321	28	1047	16
泗阳县	1079		43	1		244	188	13	569	9
泗洪县	1298	1	67	6		307	260	16	618	11
宿迁经济技术开发区	428		35			97	98	7	181	3
宿迁市湖滨新区	10		1			3			6	
苏州宿迁工业园区										
宿迁市洋河新区										

4-6b　续表 16　　　　　　　　　　　　　　　　　　　　　　　　　　　　单位：人

地　区 性　别	专业技术人员		办事人员和有关人员				社会生产服务和生活服务人员		
	新闻出版、文化专业人员	其他专业技术人员	小计	办事人员	安全和消防人员	其他办事人员和有关人员	小计	批发与零售服务人员	交通运输、仓储和邮政业服务人员
江　苏	**965**	**1073**	**60405**	**49020**	**9975**	**1410**	**355317**	**161789**	**65035**
南京市	**11**	**17**	**793**	**589**	**189**	**15**	**3192**	**1309**	**617**
玄武区									
秦淮区									
建邺区									
鼓楼区									
浦口区			5	4	1		17	3	3
栖霞区									
雨花台区	2		18	12	6		126	25	41
江宁区									
六合区	6	14	609	499	99	11	2428	1069	445
溧水区	3	3	83	59	22	2	419	146	68
高淳区			78	15	61	2	202	66	60
南京江北新区									
无锡市	**48**	**53**	**2987**	**2604**	**224**	**159**	**19849**	**8224**	**4609**
锡山区	15	15	843	768	40	35	4771	1805	1275
惠山区	8	1	110	82	23	5	2059	738	561
滨湖区									
梁溪区									
新吴区									
江苏无锡经济开发区									
江阴市	9	15	1312	1134	94	84	7967	3392	1883
宜兴市	16	22	722	620	67	35	5052	2289	890
徐州市	**85**	**73**	**5574**	**4182**	**1342**	**50**	**48260**	**23374**	**9341**
鼓楼区									
云龙区		1	56	27	29		461	172	89
贾汪区		1	102	71	29	2	1262	517	327
泉山区									
铜山区	14	10	497	330	159	8	9341	5177	1550
丰县	11	10	944	746	193	5	9456	4964	1694
沛县	27	21	1309	983	307	19	8456	3607	1774
睢宁县	16	8	1436	1118	312	6	9379	4346	1835
徐州经济技术开发区	14	18	970	719	243	8	5576	2260	1250
新沂市		3	129	87	41	1	2105	935	516
邳州市	3	1	131	101	29	1	2224	1396	306
常州市	**24**	**16**	**1533**	**666**	**309**	**558**	**10835**	**4894**	**1859**
天宁区	1	6	137	48	24	65	761	357	121
钟楼区									
新北区	5	2	314	97	26	191	2196	895	441
武进区	6	3	458	224	78	156	2972	1456	439
金坛区			73	30	15	28	951	391	164
江苏省常州市经济开发区	1	4	145	55	21	69	1721	771	355
溧阳市	11	1	406	212	145	49	2234	1024	339
苏州市	**205**	**186**	**14208**	**12457**	**1573**	**178**	**63423**	**25520**	**12696**
虎丘区			28	27	1		88	27	9
吴中区	7	8	686	613	55	18	3579	1415	607
相城区		1	227	220	7		1240	432	401
姑苏区									
吴江区	13	6	1278	1226	47	5	9375	4980	1667
苏州工业园区	133	126	7122	6318	679	125	22361	7988	3802
常熟市	15	7	877	738	132	7	6196	2326	1484

4-6b 续表 17

单位：人

地　区 性　别	专业技术人员		办事人员和有关人员				社会生产服务和生活服务人员		
	新闻出版、文化专业人员	其他专业技术人员	小计	办事人员	安全和消防人员	其他办事人员和有关人员	小计	批发与零售服务人员	交通运输、仓储和邮政业服务人员
张家港市	18	8	1549	1285	262	2	10111	4212	2369
昆山市	10	10	1343	1143	191	9	4771	2057	915
太仓市	9	20	1098	887	199	12	5702	2083	1442
南通市	**98**	**235**	**5169**	**4386**	**728**	**55**	**30725**	**14632**	**5137**
崇川区									
港闸区									
通州区	24	9	645	534	101	10	4851	2473	883
如东县	33	17	1462	1347	102	13	6400	2824	1115
南通经济技术开发区	13	36	1215	989	211	15	5282	2499	790
通州湾示范区	5	2	82	61	17	4	396	185	53
苏锡通科技产业园区	5	5	78	65	9	4	712	225	189
启东市	5	5	307	240	66	1	2713	1416	405
如皋市	5	7	654	606	44	4	4636	1984	858
海门市	1	148	461	317	141	3	3545	2049	516
海安市	7	6	265	227	37	1	2190	977	328
连云港市	**130**	**85**	**4180**	**3316**	**817**	**47**	**29745**	**15178**	**5031**
连云区			2		2		16	2	8
海州区		2	64	46	17	1	927	318	244
赣榆区	5	7	265	183	73	9	3608	1758	849
东海县	73	2	1157	885	267	5	12241	7484	1474
灌云县	10	21	674	497	168	9	4906	2241	929
灌南县	7	11	803	666	125	12	4527	2047	838
连云港经济技术开发区	6	25	283	256	23	4	1034	387	273
连云港高新技术产业开发区	27	17	884	760	120	4	2146	836	321
江苏连云港徐圩新区	1		37	15	19	3	298	99	88
江苏省连云港市云台山风景名胜区	1		11	8	3		42	6	7
淮安市	**56**	**84**	**4999**	**3858**	**1071**	**70**	**25888**	**11605**	**4323**
淮安区	1	2	165	122	41	2	1329	649	216
淮阴区		1	70	52	17	1	985	414	204
清江浦区		1	12	7	4	1	109	50	17
洪泽区		2	47	29	14	4	339	159	45
涟水县	6	22	1251	904	343	4	9739	4606	1402
盱眙县	12	11	991	789	196	6	4959	2028	1066
金湖县	6	6	843	692	148	3	2816	1212	474
淮安经济技术开发区	20	24	954	737	192	25	3834	1767	640
工业园区			38	26	12		111	20	27
生态文旅区	11	15	570	471	75	24	1463	619	194
苏淮高新区			58	29	29		204	81	38
盐城市	**76**	**101**	**6597**	**5161**	**1370**	**66**	**38239**	**17212**	**7210**
亭湖区		8	111	83	26	2	993	394	141
盐都区	3	10	208	154	46	8	1563	760	207
大丰区	4	14	427	273	146	8	2826	1265	492
响水县	4	9	786	594	182	10	3546	1541	729
滨海县	15	6	1202	972	225	5	5670	2308	1353
阜宁县	14	25	1077	848	219	10	5908	2673	1023
射阳县	18	14	1165	935	218	12	8495	4176	1502
建湖县	13	5	1136	907	225	4	5889	2571	1076
盐城经济技术开发区	3	5	210	166	43	1	802	285	133
江苏省盐南高新区									
东台市	2	5	275	229	40	6	2547	1239	554
扬州市	**83**	**84**	**3989**	**3312**	**631**	**46**	**18420**	**8358**	**2545**
广陵区	4	2	167	146	19	2	683	311	139

4-6b 续表 18

单位：人

地区 性别	专业技术人员		办事人员和有关人员				社会生产服务和生活服务人员		
	新闻出版、文化专业人员	其他专业技术人员	小计	办事人员	安全和消防人员	其他办事人员和有关人员	小计	批发与零售服务人员	交通运输、仓储和邮政业服务人员
邗江区	1	9	153	110	40	3	899	394	127
江都区	8	26	580	470	95	15	3130	1407	468
宝应县	33	3	1589	1293	290	6	7170	3496	891
扬州经济技术开发区	29	41	1068	936	114	18	3482	1462	515
蜀冈瘦西湖景区									
生态新城			24	17	7		147	63	15
仪征市		2	104	78	26		929	342	126
高邮市	8	1	304	262	40	2	1980	883	264
镇江市	**31**	**14**	**2664**	**2006**	**637**	**21**	**13615**	**5711**	**2840**
京口区			18	13	5		60	14	27
润州区									
丹徒区			167	104	60	3	998	403	163
镇江新区	12	9	970	785	177	8	3660	1682	722
江苏镇江高新区									
丹阳市	9	5	1130	826	296	8	6170	2640	1286
扬中市			142	101	41		703	348	93
句容市	10		237	177	58	2	2024	624	549
泰州市	**47**	**55**	**3237**	**2452**	**684**	**101**	**18131**	**8651**	**3011**
海陵区			50	33	17		411	150	80
高港区	3	1	161	110	47	4	751	275	158
姜堰区	5	4	185	153	32		1474	608	306
泰州医药高新技术产业开发区	30	21	1400	1127	202	71	3670	1504	535
兴化市	3	7	592	409	171	12	6528	3780	1032
靖江市	2	4	365	266	97	2	1601	637	348
泰兴市	4	18	484	354	118	12	3696	1697	552
宿迁市	**71**	**70**	**4475**	**4031**	**400**	**44**	**34995**	**17121**	**5816**
宿城区			37	32	5		648	267	105
宿豫区	2		67	58	7	2	746	309	146
沭阳县	35	17	1825	1709	108	8	16107	8447	2876
泗阳县	10	25	1032	951	63	18	7093	3431	1017
泗洪县	16	20	1024	887	122	15	7369	3157	1263
宿迁经济技术开发区	8	8	478	383	94	1	2789	1422	372
宿迁市湖滨新区			12	11	1		243	88	37
苏州宿迁工业园区									
宿迁市洋河新区									
男	**381**	**776**	**37024**	**27239**	**8978**	**807**	**202050**	**80900**	**53720**
南京市	**4**	**12**	**465**	**283**	**173**	**9**	**1844**	**674**	**511**
玄武区									
秦淮区									
建邺区									
鼓楼区									
浦口区			3	2	1		10	2	2
栖霞区									
雨花台区			11	5	6		85	12	37
江宁区									
六合区	2	10	334	235	92	7	1392	553	361
溧水区	2	2	50	31	19		227	71	58
高淳区			67	10	55	2	130	36	53
南京江北新区									
无锡市	**13**	**39**	**1631**	**1302**	**198**	**131**	**11461**	**4270**	**3467**
锡山区	4	12	428	362	35	31	2865	922	1004

4-6b 续表 19

单位：人

地区 性别	专业技术人员		办事人员和有关人员				社会生产服务和生活服务人员		
	新闻出版、文化专业人员	其他专业技术人员	小计	办事人员	安全和消防人员	其他办事人员和有关人员	小计	批发与零售服务人员	交通运输、仓储和邮政业服务人员
惠山区	1	1	71	48	19	4	1181	391	416
滨湖区									
梁溪区									
新吴区									
江苏无锡经济开发区									
江阴市	3	10	750	591	85	74	4582	1765	1346
宜兴市	5	16	382	301	59	22	2833	1192	701
徐州市	**36**	**50**	**3769**	**2521**	**1225**	**23**	**26851**	**10859**	**7808**
鼓楼区									
云龙区			38	11	27		242	80	79
贾汪区		1	66	40	26		805	296	280
泉山区									
铜山区	4	5	335	190	141	4	4355	1915	1267
丰县	4	7	656	485	167	4	5327	2446	1331
沛县	14	16	887	597	282	8	4942	1721	1535
睢宁县	8	4	997	703	291	3	5307	2028	1553
徐州经济技术开发区	4	14	602	372	228	2	3281	1183	1041
新沂市		2	91	55	35	1	1286	449	456
邳州市	2	1	97	68	28	1	1306	741	266
常州市	**8**	**13**	**881**	**358**	**266**	**257**	**5858**	**2422**	**1401**
天宁区	1	4	74	27	20	27	417	176	85
钟楼区									
新北区	1	2	164	64	22	78	1249	476	332
武进区		3	266	106	74	86	1594	724	328
金坛区			51	23	14	14	542	182	143
江苏省常州市经济开发区	1	3	75	31	18	26	981	409	249
溧阳市	5	1	251	107	118	26	1075	455	264
苏州市	**75**	**128**	**7520**	**5992**	**1426**	**102**	**37337**	**13316**	**10311**
虎丘区			12	11	1		56	15	8
吴中区	6	5	394	333	52	9	2084	720	505
相城区			103	96	7		832	245	342
姑苏区									
吴江区	2	5	716	670	42	4	5884	2983	1352
苏州工业园区	53	82	3594	2914	607	73	12886	3941	3047
常熟市	3	7	524	396	123	5	3684	1171	1224
张家港市	4	6	881	650	230	1	5815	2132	1909
昆山市	4	8	671	491	177	3	2820	1068	738
太仓市	3	15	625	431	187	7	3276	1041	1186
南通市	**32**	**185**	**3008**	**2318**	**660**	**30**	**17225**	**7312**	**4197**
崇川区									
港闸区									
通州区	7	5	367	272	90	5	2769	1213	735
如东县	8	10	853	752	94	7	3542	1308	907
南通经济技术开发区	4	25	719	512	197	10	2912	1276	628
通州湾示范区	2	1	50	31	15	4	208	85	52
苏锡通科技产业园区	3	3	44	32	9	3	427	118	143
启东市	1	4	176	115	61		1572	776	348
如皋市	3	5	367	326	40	1	2661	975	696
海门市		128	287	162	125		1987	1078	430
海安市	4	4	145	116	29		1147	483	258
连云港市	**45**	**58**	**2838**	**2075**	**735**	**28**	**16276**	**7214**	**4341**
连云区			2		2		11	2	6

4-6b 续表 20

单位：人

地区 性别	专业技术人员		办事人员和有关人员				社会生产服务和生活服务人员		
	新闻出版、文化专业人员	其他专业技术人员	小计	办事人员	安全和消防人员	其他办事人员和有关人员	小计	批发与零售服务人员	交通运输、仓储和邮政业服务人员
海州区		1	46	30	15	1	594	170	217
赣榆区	2	5	180	108	69	3	2205	911	741
东海县	30	1	832	587	242	3	6128	3423	1253
灌云县	4	15	484	327	150	7	2848	1108	820
灌南县	1	10	542	422	111	9	2507	947	734
连云港经济技术开发区	2	14	175	154	19	2	595	180	229
连云港高新技术产业开发区	5	12	539	432	105	2	1178	417	258
江苏连云港徐圩新区	1		30	10	19	1	182	52	76
江苏省连云港市云台山风景名胜区			8	5	3		28	4	7
淮安市	**31**	**60**	**3344**	**2331**	**971**	**42**	**14082**	**5383**	**3694**
淮安区	1	1	129	89	38	2	770	347	180
淮阴区		1	55	37	17	1	617	206	182
清江浦区		1	9	4	4	1	72	30	14
洪泽区		2	39	22	13	4	208	92	39
涟水县	3	10	871	556	311	4	4776	1906	1191
盱眙县	4	9	703	525	175	3	2991	974	953
金湖县	3	5	520	396	124		1576	627	391
淮安经济技术开发区	13	17	597	404	176	17	2072	841	525
工业园区			27	15	12		66	12	23
生态文旅区	7	14	340	258	72	10	803	298	163
苏淮高新区			54	25	29		131	50	33
盐城市	**39**	**75**	**4532**	**3286**	**1207**	**39**	**22375**	**8804**	**6261**
亭湖区		6	82	60	21	1	578	195	133
盐都区		6	135	90	40	5	832	358	167
大丰区	1	11	293	161	130	2	1538	614	411
响水县		7	574	398	168	8	2046	762	647
滨海县	7	5	859	655	201	3	3571	1219	1225
阜宁县	8	21	729	533	191	5	3565	1432	897
射阳县	11	10	827	621	198	8	5036	2174	1304
建湖县	8	2	728	535	190	3	3267	1243	913
盐城经济技术开发区	2	2	131	95	36		441	144	108
江苏省盐南高新区									
东台市	2	5	174	138	32	4	1501	663	456
扬州市	**34**	**60**	**2452**	**1859**	**557**	**36**	**10085**	**4162**	**2068**
广陵区		1	100	80	18	2	383	173	103
邗江区	1	5	98	59	36	3	505	179	108
江都区	2	23	351	252	87	12	1713	683	361
宝应县	17	1	1004	758	243	3	3876	1727	730
扬州经济技术开发区	10	29	608	491	103	14	1882	701	434
蜀冈瘦西湖景区									
生态新城			17	10	7		64	21	9
仪征市		1	78	54	24		518	163	104
高邮市	4		196	155	39	2	1144	515	219
镇江市	**10**	**10**	**1682**	**1082**	**587**	**13**	**7545**	**2812**	**2222**
京口区			10	5	5		34	7	20
润州区									
丹徒区			128	66	60	2	552	192	143
镇江新区	7	8	572	407	160	5	2014	782	578
江苏镇江高新区									
丹阳市	2	2	735	458	272	5	3430	1341	989
扬中市			93	54	39		373	194	66
句容市	1		144	92	51	1	1142	296	426

4-6b 续表 21

单位：人

地区 性别	专业技术人员		办事人员和有关人员				社会生产服务和生活服务人员		
	新闻出版、文化专业人员	其他专业技术人员	小计	办事人员	安全和消防人员	其他办事人员和有关人员	小计	批发与零售服务人员	交通运输、仓储和邮政业服务人员
泰州市	**16**	**38**	**2028**	**1360**	**599**	**69**	**10173**	**4634**	**2325**
海陵区			35	19	16		212	80	60
高港区	1	1	97	51	43	3	392	140	129
姜堰区		2	122	96	26		853	331	237
泰州医药高新技术产业开发区	10	17	787	571	168	48	1994	744	415
兴化市	2	4	446	292	146	8	3886	2199	805
靖江市		2	218	125	92	1	844	309	247
泰兴市	3	12	323	206	108	9	1992	831	432
宿迁市	**38**	**48**	**2874**	**2472**	**374**	**28**	**20938**	**9038**	**5114**
宿城区			27	22	5		369	126	88
宿豫区	2		45	36	7	2	462	155	131
沭阳县	15	13	1148	1042	102	4	9896	4690	2544
泗阳县	6	17	653	582	58	13	4237	1760	915
泗洪县	11	13	673	554	111	8	4245	1539	1076
宿迁经济技术开发区	4	5	320	229	90	1	1582	723	326
宿迁市湖滨新区			8	7	1		147	45	34
苏州宿迁工业园区									
宿迁市洋河新区									
女	**584**	**297**	**23381**	**21781**	**997**	**603**	**153267**	**80889**	**11315**
南京市	**7**	**5**	**328**	**306**	**16**	**6**	**1348**	**635**	**106**
玄武区									
秦淮区									
建邺区									
鼓楼区									
浦口区			2	2			7	1	1
栖霞区									
雨花台区	2		7	7			41	13	4
江宁区									
六合区	4	4	275	264	7	4	1036	516	84
溧水区	1	1	33	28	3	2	192	75	10
高淳区			11	5	6		72	30	7
南京江北新区									
无锡市	**35**	**14**	**1356**	**1302**	**26**	**28**	**8388**	**3954**	**1142**
锡山区	11	3	415	406	5	4	1906	883	271
惠山区	7		39	34	4	1	878	347	145
滨湖区									
梁溪区									
新吴区									
江苏无锡经济开发区									
江阴市	6	5	562	543	9	10	3385	1627	537
宜兴市	11	6	340	319	8	13	2219	1097	189
徐州市	**49**	**23**	**1805**	**1661**	**117**	**27**	**21409**	**12515**	**1533**
鼓楼区									
云龙区		1	18	16	2		219	92	10
贾汪区			36	31	3	2	457	221	47
泉山区									
铜山区	10	5	162	140	18	4	4986	3262	283
丰县	7	3	288	261	26	1	4129	2518	363
沛县	13	5	422	386	25	11	3514	1886	239
睢宁县	8	4	439	415	21	3	4072	2318	282
徐州经济技术开发区	10	4	368	347	15	6	2295	1077	209
新沂市		1	38	32	6		819	486	60
邳州市	1		34	33	1		918	655	40

4-6b　续表 22

单位：人

地区 性别	专业技术人员		办事人员和有关人员				社会生产服务和生活服务人员		
	新闻出版、文化专业人员	其他专业技术人员	小计	办事人员	安全和消防人员	其他办事人员和有关人员	小计	批发与零售服务人员	交通运输、仓储和邮政业服务人员
常州市	**16**	**3**	**652**	**308**	**43**	**301**	**4977**	**2472**	**458**
天宁区		2	63	21	4	38	344	181	36
钟楼区									
新北区	4		150	33	4	113	947	419	109
武进区	6		192	118	4	70	1378	732	111
金坛区			22	7	1	14	409	209	21
江苏省常州市经济开发区		1	70	24	3	43	740	362	106
溧阳市	6		155	105	27	23	1159	569	75
苏州市	**130**	**58**	**6688**	**6465**	**147**	**76**	**26086**	**12204**	**2385**
虎丘区			16	16			32	12	1
吴中区	1	3	292	280	3	9	1495	695	102
相城区		1	124	124			408	187	59
姑苏区									
吴江区	11	1	562	556	5	1	3491	1997	315
苏州工业园区	80	44	3528	3404	72	52	9475	4047	755
常熟市	12		353	342	9	2	2512	1155	260
张家港市	14	2	668	635	32	1	4296	2080	460
昆山市	6	2	672	652	14	6	1951	989	177
太仓市	6	5	473	456	12	5	2426	1042	256
南通市	**66**	**50**	**2161**	**2068**	**68**	**25**	**13500**	**7320**	**940**
崇川区									
港闸区									
通州区	17	4	278	262	11	5	2082	1260	148
如东县	25	7	609	595	8	6	2858	1516	208
南通经济技术开发区	9	11	496	477	14	5	2370	1223	162
通州湾示范区	3	1	32	30	2		188	100	1
苏锡通科技产业园区	2	2	34	33		1	285	107	46
启东市	4	1	131	125	5	1	1141	640	57
如皋市	2	2	287	280	4	3	1975	1009	162
海门市	1	20	174	155	16	3	1558	971	86
海安市	3	2	120	111	8	1	1043	494	70
连云港市	**85**	**27**	**1342**	**1241**	**82**	**19**	**13469**	**7964**	**690**
连云区							5		2
海州区		1	18	16	2		333	148	27
赣榆区	3	2	85	75	4	6	1403	847	108
东海县	43	1	325	298	25	2	6113	4061	221
灌云县	6	6	190	170	18	2	2058	1133	109
灌南县	6	1	261	244	14	3	2020	1100	104
连云港经济技术开发区	4	11	108	102	4	2	439	207	44
连云港高新技术产业开发区	22	5	345	328	15	2	968	419	63
江苏连云港徐圩新区			7	5		2	116	47	12
江苏省连云港市云台山风景名胜区	1		3	3			14	2	
淮安市	**25**	**24**	**1655**	**1527**	**100**	**28**	**11806**	**6222**	**629**
淮安区		1	36	33	3		559	302	36
淮阴区			15	15			368	208	22
清江浦区			3	3			37	20	3
洪泽区			8	7	1		131	67	6
涟水县	3	12	380	348	32		4963	2700	211
盱眙县	8	2	288	264	21	3	1968	1054	113
金湖县	3	1	323	296	24	3	1240	585	83
淮安经济技术开发区	7	7	357	333	16	8	1762	926	115
工业园区			11	11			45	8	4

4-6b 续表 23

单位：人

地区 性别	专业技术人员		办事人员和有关人员				社会生产服务和生活服务人员		
	新闻出版、文化专业人员	其他专业技术人员	小计	办事人员	安全和消防人员	其他办事人员和有关人员	小计	批发与零售服务人员	交通运输、仓储和邮政业服务人员
生态文旅区	4	1	230	213	3	14	660	321	31
苏淮高新区			4	4			73	31	5
盐城市	**37**	**26**	**2065**	**1875**	**163**	**27**	**15864**	**8408**	**949**
亭湖区		2	29	23	5	1	415	199	8
盐都区	3	4	73	64	6	3	731	402	40
大丰区	3	3	134	112	16	6	1288	651	81
响水县	4	2	212	196	14	2	1500	779	82
滨海县	8	1	343	317	24	2	2099	1089	128
阜宁县	6	4	348	315	28	5	2343	1241	126
射阳县	7	4	338	314	20	4	3459	2002	198
建湖县	5	3	408	372	35	1	2622	1328	163
盐城经济技术开发区	1	3	79	71	7	1	361	141	25
江苏省盐南高新区									
东台市			101	91	8	2	1046	576	98
扬州市	**49**	**24**	**1537**	**1453**	**74**	**10**	**8335**	**4196**	**477**
广陵区	4	1	67	66	1		300	138	36
邗江区		4	55	51	4		394	215	19
江都区	6	3	229	218	8	3	1417	724	107
宝应县	16	2	585	535	47	3	3294	1769	161
扬州经济技术开发区	19	12	460	445	11	4	1600	761	81
蜀冈瘦西湖景区									
生态新城			7	7			83	42	6
仪征市		1	26	24	2		411	179	22
高邮市	4	1	108	107	1		836	368	45
镇江市	**21**	**4**	**982**	**924**	**50**	**8**	**6070**	**2899**	**618**
京口区			8	8			26	7	7
润州区									
丹徒区			39	38		1	446	211	20
镇江新区	5	1	398	378	17	3	1646	900	144
江苏镇江高新区									
丹阳市	7	3	395	368	24	3	2740	1299	297
扬中市			49	47	2		330	154	27
句容市	9		93	85	7	1	882	328	123
泰州市	**31**	**17**	**1209**	**1092**	**85**	**32**	**7958**	**4017**	**686**
海陵区			15	14	1		199	70	20
高港区	2		64	59	4	1	359	135	29
姜堰区	5	2	63	57	6		621	277	69
泰州医药高新技术产业开发区	20	4	613	556	34	23	1676	760	120
兴化市	1	3	146	117	25	4	2642	1581	227
靖江市	2	2	147	141	5	1	757	328	101
泰兴市	1	6	161	148	10	3	1704	866	120
宿迁市	**33**	**22**	**1601**	**1559**	**26**	**16**	**14057**	**8083**	**702**
宿城区			10	10			279	141	17
宿豫区			22	22			284	154	15
沭阳县	20	4	677	667	6	4	6211	3757	332
泗阳县	4	8	379	369	5	5	2856	1671	102
泗洪县	5	7	351	333	11	7	3124	1618	187
宿迁经济技术开发区	4	3	158	154	4		1207	699	46
宿迁市湖滨新区			4	4			96	43	3
苏州宿迁工业园区									
宿迁市洋河新区									

4-6b 续表 24 单位：人

地区 性别	社会生产服务和生活服务人员								
	住宿和餐饮服务人员	信息传输、软件和信息技术服务人员	金融服务人员	房地产服务人员	租赁和商务服务人员	技术辅助服务人员	水利、环境和公共设施管理服务人员	居民服务人员	电力、燃气及水供应服务人员
江苏	**40411**	**6590**	**5680**	**5023**	**10052**	**7669**	**15994**	**20853**	**2994**
南京市	**367**	**107**	**41**	**81**	**113**	**74**	**202**	**134**	**20**
玄武区									
秦淮区									
建邺区									
鼓楼区									
浦口区	4			2			1	2	
栖霞区									
雨花台区	16	8	2	4	3	1	11	6	1
江宁区									
六合区	273	80	28	58	81	60	136	94	13
溧水区	45	12	9	16	28	11	39	24	4
高淳区	29	7	2	1	1	2	15	8	2
南京江北新区									
无锡市	**2055**	**270**	**294**	**220**	**943**	**573**	**782**	**948**	**194**
锡山区	500	62	48	56	228	157	234	212	54
惠山区	177	52	43	65	79	57	71	101	16
滨湖区									
梁溪区									
新吴区									
江苏无锡经济开发区									
江阴市	826	101	116	67	362	199	254	379	75
宜兴市	552	55	87	32	274	160	223	256	49
徐州市	**5218**	**751**	**644**	**468**	**689**	**746**	**2526**	**2266**	**378**
鼓楼区									
云龙区	60	11	6	18	16	4	44	19	9
贾汪区	149	18	13	15	21	8	66	66	5
泉山区									
铜山区	872	89	63	40	95	101	553	453	50
丰县	930	106	115	81	142	148	495	391	55
沛县	999	163	184	112	114	143	421	413	136
睢宁县	1135	129	164	83	107	176	402	512	75
徐州经济技术开发区	590	196	77	100	161	120	386	204	31
新沂市	259	21	15	10	22	22	91	112	13
邳州市	224	18	7	9	11	24	68	96	4
常州市	**1294**	**119**	**169**	**70**	**362**	**223**	**546**	**804**	**97**
天宁区	87	7	16	4	39	20	20	54	8
钟楼区									
新北区	233	24	31	11	104	43	99	222	13
武进区	317	36	47	11	72	63	219	195	12
金坛区	150	9	13	15	30	18	37	63	11
江苏省常州市经济开发区	186	20	31	7	82	41	42	112	27
溧阳市	321	23	31	22	35	38	129	158	26
苏州市	**6148**	**2145**	**1308**	**1454**	**3467**	**1898**	**2981**	**3604**	**323**
虎丘区	5	3	2	2	7	3	20	7	
吴中区	473	67	47	65	207	102	239	207	19
相城区	93	23	15	14	73	23	89	26	6
姑苏区									
吴江区	737	82	150	92	387	185	492	343	39
苏州工业园区	2271	1598	748	842	1596	959	911	971	90
常熟市	607	83	77	75	321	165	333	472	32

4-6b 续表 25 单位：人

地区 性别	社会生产服务和生活服务人员								
	住宿和餐饮服务人员	信息传输、软件和信息技术服务人员	金融服务人员	房地产服务人员	租赁和商务服务人员	技术辅助服务人员	水利、环境和公共设施管理服务人员	居民服务人员	电力、燃气及水供应服务人员
张家港市	1038	157	150	128	358	223	411	566	89
昆山市	437	82	69	173	370	112	156	255	21
太仓市	487	50	50	63	148	126	330	757	27
南通市	**3156**	**614**	**473**	**396**	**1190**	**747**	**1361**	**1644**	**315**
崇川区									
港闸区									
通州区	422	79	63	27	150	109	178	246	46
如东县	716	101	168	55	272	174	251	388	91
南通经济技术开发区	429	208	88	169	314	195	222	201	24
通州湾示范区	58	7	4	15	4	9	21	26	3
苏锡通科技产业园区	90	12	5	10	55	17	62	22	4
启东市	277	33	33	28	69	44	181	114	28
如皋市	517	100	67	42	184	107	181	319	63
海门市	332	45	19	21	83	51	144	156	34
海安市	315	29	26	29	59	41	121	172	22
连云港市	**3167**	**495**	**443**	**385**	**474**	**483**	**1166**	**1671**	**240**
连云区	3						3		
海州区	142	10	17	23	13	17	30	51	7
赣榆区	269	40	35	16	39	60	176	195	21
东海县	1145	235	119	90	127	132	439	624	59
灌云县	672	65	85	71	64	77	137	297	48
灌南县	553	59	66	49	64	85	187	365	65
连云港经济技术开发区	103	12	12	26	59	18	63	37	11
连云港高新技术产业开发区	227	71	107	106	95	87	115	80	23
江苏连云港徐圩新区	51	2	2	3	2	7	9	20	4
江苏省连云港市云台山风景名胜区	2	1		1	11		7	2	2
淮安市	**3555**	**394**	**372**	**431**	**397**	**523**	**1194**	**1762**	**242**
淮安区	204	18	8	11	13	10	32	108	4
淮阴区	161	8	8	10	8	11	41	66	7
清江浦区	16	2	4	1	2	1	6	9	
洪泽区	62	2	2		4	5	11	22	5
涟水县	1430	97	73	129	126	197	473	749	71
盱眙县	695	57	71	91	95	89	199	301	48
金湖县	390	58	90	28	37	59	115	181	49
淮安经济技术开发区	386	107	73	96	78	91	200	207	40
工业园区	29	1			2	3	19	4	1
生态文旅区	150	41	43	65	31	54	87	100	12
苏淮高新区	32	3			1	3	11	15	5
盐城市	**4947**	**442**	**629**	**468**	**480**	**714**	**1607**	**2523**	**387**
亭湖区	115	10	10	14	15	16	59	171	6
盐都区	207	15	20	22	22	31	74	106	24
大丰区	349	27	30	41	52	52	191	177	38
响水县	499	37	54	41	24	33	131	268	37
滨海县	727	45	87	51	47	102	265	384	56
阜宁县	810	88	82	79	60	107	248	392	52
射阳县	1014	99	153	129	94	187	230	456	93
建湖县	849	68	149	64	64	142	251	382	41
盐城经济技术开发区	106	18	11	16	47	13	73	60	11
江苏省盐南高新区									
东台市	271	35	33	11	55	31	85	127	29
扬州市	**2421**	**350**	**364**	**253**	**292**	**414**	**708**	**1613**	**206**
广陵区	70	21	10	3	12	15	19	43	9

4-6b　续表 26

单位：人

地　区 性　别	社会生产服务和生活服务人员								
	住宿和餐饮服务人　员	信息传输、软件和信息技术服务人　员	金融服务人　员	房地产服务人员	租赁和商务服务人　员	技术辅助服务人员	水利、环境和公共设施管理服务人员	居民服务人　员	电力、燃气及水供应服务人　员
邗江区	120	22	13	12	26	17	26	95	7
江都区	376	55	47	19	36	61	99	256	45
宝应县	975	114	142	109	62	152	280	576	64
扬州经济技术开发区	469	81	108	87	103	89	148	274	37
蜀冈瘦西湖景区									
生态新城	25	7	4		2	2	6	11	1
仪征市	125	19	18	9	13	19	55	140	9
高邮市	261	31	22	14	38	59	75	218	34
镇江市	**1704**	**186**	**169**	**164**	**257**	**281**	**649**	**906**	**152**
京口区	3	2		1	1	1	7	1	
润州区									
丹徒区	120	8	15	15	11	24	38	124	25
镇江新区	434	62	62	37	98	90	138	132	42
江苏镇江高新区									
丹阳市	808	58	59	25	55	119	279	516	56
扬中市	90	10	14	14	4	14	43	32	12
句容市	249	46	19	72	88	33	144	101	17
泰州市	**2295**	**230**	**284**	**199**	**286**	**386**	**915**	**1055**	**191**
海陵区	55	13	9	3	5	9	37	34	
高港区	124	5	12	3	4	16	75	50	8
姜堰区	171	17	12	15	25	32	82	122	21
泰州医药高新技术产业开发区	448	98	132	97	134	131	229	162	31
兴化市	775	35	43	23	30	62	202	307	60
靖江市	218	24	17	18	22	44	82	117	34
泰兴市	504	38	59	40	66	92	208	263	37
宿迁市	**4084**	**487**	**490**	**434**	**1102**	**607**	**1357**	**1923**	**249**
宿城区	82	16	10	9	29	9	56	32	4
宿豫区	112	9	3	5	50	8	26	34	5
沭阳县	1615	214	186	161	452	210	516	819	87
泗阳县	950	80	98	103	211	131	224	486	61
泗洪县	1001	106	122	88	256	173	379	429	71
宿迁经济技术开发区	291	57	51	67	87	76	139	109	20
宿迁市湖滨新区	33	5	20	1	17		17	14	1
苏州宿迁工业园区									
宿迁市洋河新区									
男	**18716**	**4366**	**2690**	**2963**	**7437**	**4615**	**6156**	**7402**	**2573**
南京市	**166**	**72**	**20**	**47**	**75**	**52**	**59**	**40**	**17**
玄武区									
秦淮区									
建邺区									
鼓楼区									
浦口区	2			1			1	1	
栖霞区									
雨花台区	8	5	1	4	2	1	5	1	1
江宁区									
六合区	128	52	15	32	51	43	39	27	10
溧水区	14	10	4	9	21	6	8	8	4
高淳区	14	5		1	1	2	6	3	2
南京江北新区									
无锡市	**839**	**200**	**133**	**129**	**724**	**326**	**350**	**290**	**165**
锡山区	216	52	29	41	169	89	113	64	48

4-6b 续表 27

单位：人

地　　区 性　　别	社会生产服务和生活服务人员								
	住宿和餐饮服务人员	信息传输、软件和信息技术服务人员	金融服务人员	房地产服务人员	租赁和商务服务人员	技术辅助服务人员	水利、环境和公共设施管理服务人员	居民服务人员	电力、燃气及水供应服务人员
惠山区	61	33	21	35	54	43	29	24	13
滨湖区									
梁溪区									
新吴区									
江苏无锡经济开发区									
江阴市	368	78	44	35	293	106	109	131	61
宜兴市	194	37	39	18	208	88	99	71	43
徐州市	**2650**	**457**	**316**	**281**	**484**	**467**	**907**	**794**	**312**
鼓楼区									
云龙区	20	6	3	8	12	3	13	2	8
贾汪区	77	8	7	12	16	6	22	27	5
泉山区									
铜山区	384	56	27	25	60	58	170	124	46
丰县	492	71	64	54	116	102	189	155	40
沛县	539	108	86	62	71	86	156	144	108
睢宁县	594	78	76	46	76	102	154	191	62
徐州经济技术开发区	284	103	39	62	110	78	135	58	26
新沂市	136	16	11	7	16	16	42	47	13
邳州市	124	11	3	5	7	16	26	46	4
常州市	**488**	**82**	**65**	**47**	**283**	**117**	**234**	**326**	**85**
天宁区	46	4	6	2	31	9	4	23	7
钟楼区									
新北区	92	18	8	8	84	26	37	93	11
武进区	119	24	17	7	54	34	112	84	9
金坛区	64	8	8	9	28	11	15	27	11
江苏省常州市经济开发区	89	15	11	6	62	22	17	46	23
溧阳市	78	13	15	15	24	15	49	53	24
苏州市	**3019**	**1552**	**580**	**880**	**2561**	**1064**	**1224**	**1119**	**284**
虎丘区	3	2	1	1	6	3	11	3	
吴中区	233	53	22	36	174	53	94	78	17
相城区	44	17	5	8	66	18	34	11	5
姑苏区									
吴江区	343	57	71	52	329	120	249	103	35
苏州工业园区	1172	1168	321	553	1069	527	322	260	79
常熟市	296	52	30	34	272	86	150	159	31
张家港市	462	107	70	59	273	117	164	162	74
昆山市	240	61	35	93	260	63	64	87	16
太仓市	226	35	25	44	112	77	136	256	27
南通市	**1446**	**358**	**214**	**233**	**817**	**431**	**573**	**528**	**268**
崇川区									
港闸区									
通州区	208	52	32	15	112	68	72	82	37
如东县	332	60	78	28	220	96	116	119	82
南通经济技术开发区	223	91	38	105	132	116	105	69	22
通州湾示范区	27	4	1	10	3	3	7	8	2
苏锡通科技产业园区	47	8	3	5	48	12	17	8	4
启东市	122	23	15	15	55	24	74	39	18
如皋市	225	68	29	27	151	63	75	117	58
海门市	149	32	7	8	43	29	51	44	29
海安市	113	20	11	20	53	20	56	42	16
连云港市	**1434**	**288**	**213**	**213**	**333**	**288**	**411**	**524**	**201**
连云区	1						2		

4-6b 续表 28

单位：人

地区 性别	社会生产服务和生活服务人员								
	住宿和餐饮服务人员	信息传输、软件和信息技术服务人员	金融服务人员	房地产服务人员	租赁和商务服务人员	技术辅助服务人员	水利、环境和公共设施管理服务人员	居民服务人员	电力、燃气及水供应服务人员
海州区	73	5	7	17	10	11	12	18	6
赣榆区	122	25	18	9	28	31	87	76	20
东海县	516	119	61	49	83	73	108	160	49
灌云县	305	39	44	43	42	56	57	114	38
灌南县	238	47	33	27	50	52	77	124	58
连云港经济技术开发区	37	6	4	10	52	12	22	10	7
连云港高新技术产业开发区	119	44	46	54	61	50	37	17	18
江苏连云港徐圩新区	22	2		3	2	3	5	5	3
江苏省连云港市云台山风景名胜区	1	1		1	5		4		2
淮安市	**1636**	**243**	**189**	**256**	**273**	**323**	**355**	**612**	**216**
淮安区	92	11	6	9	10	8	12	45	3
淮阴区	93	4	3	8	8	7	20	36	6
清江浦区	10	2	4	1	2	1	3	4	
洪泽区	32		2		3	4	5	8	5
涟水县	598	63	41	70	92	120	107	203	60
盱眙县	350	42	35	52	75	57	90	130	45
金湖县	184	42	35	15	26	32	36	54	43
淮安经济技术开发区	182	55	37	64	39	56	44	73	36
工业园区	13	1			2	1	7	2	1
生态文旅区	68	21	26	37	15	35	27	48	12
苏淮高新区	14	2			1	2	4	9	5
盐城市	**2218**	**303**	**326**	**295**	**351**	**481**	**625**	**1039**	**343**
亭湖区	48	7	7	9	13	13	19	92	6
盐都区	85	12	10	15	19	16	30	36	20
大丰区	121	20	12	19	47	28	83	62	34
响水县	231	20	30	23	16	21	43	98	32
滨海县	352	35	40	26	28	68	140	179	48
阜宁县	389	61	43	58	44	76	93	183	50
射阳县	490	69	84	83	67	124	82	191	81
建湖县	357	43	78	49	45	105	79	124	36
盐城经济技术开发区	39	12	9	5	37	10	12	32	9
江苏省盐南高新区									
东台市	106	24	13	8	35	20	44	42	27
扬州市	**1066**	**222**	**183**	**133**	**218**	**254**	**240**	**664**	**161**
广陵区	31	10	5	1	6	8	6	11	6
邗江区	59	16	9	9	21	9	15	44	6
江都区	143	33	26	12	29	28	32	104	35
宝应县	426	76	77	57	49	105	94	233	55
扬州经济技术开发区	227	53	45	45	73	49	41	116	24
蜀冈瘦西湖景区									
生态新城	12	1	2		2	2		5	1
仪征市	62	16	9	3	11	13	26	62	5
高邮市	106	17	10	6	27	40	26	89	29
镇江市	**735**	**127**	**70**	**79**	**185**	**180**	**234**	**322**	**137**
京口区	1	2		1	1	1			
润州区									
丹徒区	54	4	4	8	8	13	15	53	24
镇江新区	181	46	27	17	70	63	46	41	37
江苏镇江高新区									
丹阳市	366	38	27	12	36	72	107	198	49
扬中市	34	6	2	8	3	9	13	5	11
句容市	99	31	10	33	67	22	53	25	16

4-6b 续表 29　　单位：人

地　区 性　别	社会生产服务和生活服务人员								
	住宿和餐饮服务人员	信息传输、软件和信息技术服务人员	金融服务人员	房地产服务人员	租赁和商务服务人员	技术辅助服务人员	水利、环境和公共设施管理服务人员	居民服务人员	电力、燃气及水供应服务人员
泰州市	**979**	**171**	**125**	**112**	**209**	**240**	**323**	**399**	**163**
海陵区	20	6	4	2	4	7	10	8	
高港区	39	2	5	2	1	10	26	15	6
姜堰区	72	12	6	7	17	22	35	45	18
泰州医药高新技术产业开发区	190	76	57	53	98	82	54	66	24
兴化市	339	29	24	10	26	40	88	126	56
靖江市	83	18	6	10	15	29	25	45	25
泰兴市	236	28	23	28	48	50	85	94	34
宿迁市	**2040**	**291**	**256**	**258**	**924**	**392**	**621**	**745**	**221**
宿城区	41	7	9	7	26	5	22	12	4
宿豫区	55	5	1	4	38	6	12	17	4
沭阳县	793	124	96	96	380	123	237	318	78
泗阳县	509	55	55	62	194	91	91	218	54
泗洪县	479	64	67	56	223	114	183	133	61
宿迁经济技术开发区	145	32	20	32	50	53	69	40	19
宿迁市湖滨新区	18	4	8	1	13		7	7	1
苏州宿迁工业园区									
宿迁市洋河新区									
女	**21695**	**2224**	**2990**	**2060**	**2615**	**3054**	**9838**	**13451**	**421**
南京市	**201**	**35**	**21**	**34**	**38**	**22**	**143**	**94**	**3**
玄武区									
秦淮区									
建邺区									
鼓楼区									
浦口区	2			1				1	
栖霞区									
雨花台区	8	3	1		1		6	5	
江宁区									
六合区	145	28	13	26	30	17	97	67	3
溧水区	31	2	5	7	7	5	31	16	
高淳区	15	2	2				9	5	
南京江北新区									
无锡市	**1216**	**70**	**161**	**91**	**219**	**247**	**432**	**658**	**29**
锡山区	284	10	19	15	59	68	121	148	6
惠山区	116	19	22	30	25	14	42	77	3
滨湖区									
梁溪区									
新吴区									
江苏无锡经济开发区									
江阴市	458	23	72	32	69	93	145	248	14
宜兴市	358	18	48	14	66	72	124	185	6
徐州市	**2568**	**294**	**328**	**187**	**205**	**279**	**1619**	**1472**	**66**
鼓楼区									
云龙区	40	5	3	10	4	1	31	17	1
贾汪区	72	10	6	3	5	2	44	39	
泉山区									
铜山区	488	33	36	15	35	43	383	329	4
丰县	438	35	51	27	26	46	306	236	15
沛县	460	55	98	50	43	57	265	269	28
睢宁县	541	51	88	37	31	74	248	321	13
徐州经济技术开发区	306	93	38	38	51	42	251	146	5
新沂市	123	5	4	3	6	6	49	65	
邳州市	100	7	4	4	4	8	42	50	

4-6b 续表 30

单位：人

地区 性别	社会生产服务和生活服务人员								
	住宿和餐饮服务人员	信息传输、软件和信息技术服务人员	金融服务人员	房地产服务人员	租赁和商务服务人员	技术辅助服务人员	水利、环境和公共设施管理服务人员	居民服务人员	电力、燃气及水供应服务人员
常州市	**806**	**37**	**104**	**23**	**79**	**106**	**312**	**478**	**12**
天宁区	41	3	10	2	8	11	16	31	1
钟楼区									
新北区	141	6	23	3	20	17	62	129	2
武进区	198	12	30	4	18	29	107	111	3
金坛区	86	1	5	6	2	7	22	36	
江苏省常州市经济开发区	97	5	20	1	20	19	25	66	4
溧阳市	243	10	16	7	11	23	80	105	2
苏州市	**3129**	**593**	**728**	**574**	**906**	**834**	**1757**	**2485**	**39**
虎丘区	2	1	1	1	1		9	4	
吴中区	240	14	25	29	33	49	145	129	2
相城区	49	6	10	6	7	5	55	15	1
姑苏区									
吴江区	394	25	79	40	58	65	243	240	4
苏州工业园区	1099	430	427	289	527	432	589	711	11
常熟市	311	31	47	41	49	79	183	313	1
张家港市	576	50	80	69	85	106	247	404	15
昆山市	197	21	34	80	110	49	92	168	5
太仓市	261	15	25	19	36	49	194	501	
南通市	**1710**	**256**	**259**	**163**	**373**	**316**	**788**	**1116**	**47**
崇川区									
港闸区									
通州区	214	27	31	12	38	41	106	164	9
如东县	384	41	90	27	52	78	135	269	9
南通经济技术开发区	206	117	50	64	182	79	117	132	2
通州湾示范区	31	3	3	5	1	6	14	18	1
苏锡通科技产业园区	43	4	2	5	7	5	45	14	
启东市	155	10	18	13	14	20	107	75	10
如皋市	292	32	38	15	33	44	106	202	5
海门市	183	13	12	13	40	22	93	112	5
海安市	202	9	15	9	6	21	65	130	6
连云港市	**1733**	**207**	**230**	**172**	**141**	**195**	**755**	**1147**	**39**
连云区	2						1		
海州区	69	5	10	6	3	6	18	33	1
赣榆区	147	15	17	7	11	29	89	119	1
东海县	629	116	58	41	44	59	331	464	10
灌云县	367	26	41	28	22	21	80	183	10
灌南县	315	12	33	22	14	33	110	241	7
连云港经济技术开发区	66	6	8	16	7	6	41	27	4
连云港高新技术产业开发区	108	27	61	52	34	37	78	63	5
江苏连云港徐圩新区	29		2			4	4	15	1
江苏省连云港市云台山风景名胜区	1				6		3	2	
淮安市	**1919**	**151**	**183**	**175**	**124**	**200**	**839**	**1150**	**26**
淮安区	112	7	2	2	3	2	20	63	1
淮阴区	68	4	5	2		4	21	30	1
清江浦区	6						3	5	
洪泽区	30	2			1	1	6	14	
涟水县	832	34	32	59	34	77	366	546	11
盱眙县	345	15	36	39	20	32	109	171	3
金湖县	206	16	55	13	11	27	79	127	6
淮安经济技术开发区	204	52	36	32	39	35	156	134	4
工业园区	16					2	12	2	

4-6b 续表 31

单位：人

地　　区 性　　别	社会生产服务和生活服务人员 住宿和餐饮服务人员	信息传输、软件和信息技术服务人员	金融服务人员	房地产服务人员	租赁和商务服务人员	技术辅助服务人员	水利、环境和公共设施管理服务人员	居民服务人员	电力、燃气及水供应服务人员
生态文旅区	82	20	17	28	16	19	60	52	
苏淮高新区	18	1				1	7	6	
盐城市	**2729**	**139**	**303**	**173**	**129**	**233**	**982**	**1484**	**44**
亭湖区	67	3	3	5	2	3	40	79	
盐都区	122	3	10	7	3	15	44	70	4
大丰区	228	7	18	22	5	24	108	115	4
响水县	268	17	24	18	8	12	88	170	5
滨海县	375	10	47	25	19	34	125	205	8
阜宁县	421	27	39	21	16	31	155	209	2
射阳县	524	30	69	46	27	63	148	265	12
建湖县	492	25	71	15	19	37	172	258	5
盐城经济技术开发区	67	6	2	11	10	3	61	28	2
江苏省盐南高新区									
东台市	165	11	20	3	20	11	41	85	2
扬州市	**1355**	**128**	**181**	**120**	**74**	**160**	**468**	**949**	**45**
广陵区	39	11	5	2	6	7	13	32	3
邗江区	61	6	4	3	5	8	11	51	1
江都区	233	22	21	7	7	33	67	152	10
宝应县	549	38	65	52	13	47	186	343	9
扬州经济技术开发区	242	28	63	42	30	40	107	158	13
蜀冈瘦西湖景区									
生态新城	13	6	2				6	6	
仪征市	63	3	9	6	2	6	29	78	4
高邮市	155	14	12	8	11	19	49	129	5
镇江市	**969**	**59**	**99**	**85**	**72**	**101**	**415**	**584**	**15**
京口区	2						7	1	
润州区									
丹徒区	66	4	11	7	3	11	23	71	1
镇江新区	253	16	35	20	28	27	92	91	5
江苏镇江高新区									
丹阳市	442	20	32	13	19	47	172	318	7
扬中市	56	4	12	6	1	5	30	27	1
句容市	150	15	9	39	21	11	91	76	1
泰州市	**1316**	**59**	**159**	**87**	**77**	**146**	**592**	**656**	**28**
海陵区	35	7	5	1	1	2	27	26	
高港区	85	3	7	1	3	6	49	35	2
姜堰区	99	5	6	8	8	10	47	77	3
泰州医药高新技术产业开发区	258	22	75	44	36	49	175	96	7
兴化市	436	6	19	13	4	22	114	181	4
靖江市	135	6	11	8	7	15	57	72	9
泰兴市	268	10	36	12	18	42	123	169	3
宿迁市	**2044**	**196**	**234**	**176**	**178**	**215**	**736**	**1178**	**28**
宿城区	41	9	1	2	3	4	34	20	
宿豫区	57	4	2	1	12	2	14	17	1
沭阳县	822	90	90	65	72	87	279	501	9
泗阳县	441	25	43	41	17	40	133	268	7
泗洪县	522	42	55	32	33	59	196	296	10
宿迁经济技术开发区	146	25	31	35	37	23	70	69	1
宿迁市湖滨新区	15	1	12		4		10	7	
苏州宿迁工业园区									
宿迁市洋河新区									

4-6b　续表 32　　　　　　　　　　　　　　　　　　　　　　　　　　　　单位：人

地　区 性　别	社会生产服务和生活服务人员				农、林、牧、渔业生产及辅助人员				
	修理及制作服务人员	文化、体育和娱乐服务人员	健康服务人员	其他社会生产和生活服务人员	小计	农业生产人员	林业生产人员	畜牧业生产人员	渔业生产人员
江　苏	**10611**	**1621**	**607**	**388**	**93152**	**77878**	**1444**	**3847**	**7459**
南京市	**103**	**13**	**7**	**4**	**242**	**137**	**16**	**10**	**73**
玄武区									
秦淮区									
建邺区									
鼓楼区									
浦口区		1		1	6	3	3		
栖霞区									
雨花台区	5	2	1		1		1		
江宁区									
六合区	82	7	1	1	64	39	8	8	4
溧水区	10	3	2	2	95	91	3	1	
高淳区	6		3		76	4	1	1	69
南京江北新区									
无锡市	**559**	**115**	**39**	**24**	**933**	**646**	**47**	**38**	**180**
锡山区	119	13	3	5	183	127	24	5	20
惠山区	62	16	18	3	28	24			4
滨湖区									
梁溪区									
新吴区									
江苏无锡经济开发区									
江阴市	235	58	14	6	190	136	6	25	19
宜兴市	143	28	4	10	532	359	17	8	137
徐州市	**1589**	**144**	**92**	**34**	**16509**	**14726**	**297**	**933**	**187**
鼓楼区									
云龙区	11		2		30	15	1	1	13
贾汪区	52	2	3		576	545	1	20	6
泉山区									
铜山区	250	22	16	10	1731	1270	14	212	22
丰县	302	16	13	4	2530	2308	34	155	5
沛县	322	42	20	6	2466	2121	29	216	49
睢宁县	339	44	21	11	2223	1963	39	159	27
徐州经济技术开发区	172	9	17	3	366	310	8	36	5
新沂市	83	6			2339	2183	34	62	53
邳州市	58	3			4248	4011	137	72	7
常州市	**314**	**58**	**11**	**15**	**1009**	**559**	**156**	**38**	**185**
天宁区	23	3		2	57	47	3		6
钟楼区									
新北区	70	9	1		18	12	1		5
武进区	76	14	4	11	477	268	108	8	35
金坛区	40	8	1	1	178	54	21	20	74
江苏省常州市经济开发区	36	7	3	1	8	7			1
溧阳市	69	17	2		271	171	23	10	64
苏州市	**1327**	**411**	**82**	**59**	**2068**	**1483**	**87**	**56**	**377**
虎丘区	1	2			8	3	5		
吴中区	98	17	3	13	394	321	40	1	11
相城区	41	4			31	17	3	2	9
姑苏区									
吴江区	182	30	6	3	285	163	15	9	94
苏州工业园区	362	157	41	25	178	82	3	9	77
常熟市	170	37	9	5	558	412	5	6	131

4-6b 续表 33

单位：人

地区 性别	社会生产服务和生活服务人员				农、林、牧、渔业生产及辅助人员				
	修理及制作服务人员	文化、体育和娱乐服务人员	健康服务人员	其他社会生产和生活服务人员	小计	农业生产人员	林业生产人员	畜牧业生产人员	渔业生产人员
张家港市	269	117	15	9	244	196	8	15	15
昆山市	88	31	5		39	24	2	4	9
太仓市	116	16	3	4	331	265	6	10	31
南通市	**894**	**90**	**52**	**24**	**17037**	**15250**	**48**	**477**	**992**
崇川区									
港闸区									
通州区	149	12	10	4	1041	987	1	19	13
如东县	212	11	17	5	7283	6596	10	141	471
南通经济技术开发区	97	30	8	8	43	30		5	5
通州湾示范区	6		3	2	195	123		4	66
苏锡通科技产业园区	18	1	1	1	109	101		2	
启东市	77	8			2042	1651	2	59	307
如皋市	191	14	6	3	2566	2308	22	96	22
海门市	89	4	2		1633	1481	3	72	64
海安市	55	10	5	1	2125	1973	10	79	44
连云港市	**857**	**92**	**30**	**33**	**13625**	**11409**	**97**	**444**	**1452**
连云区					1				1
海州区	43	8	1	3	346	292	2	2	35
赣榆区	138	5	4	3	4061	2678	22	130	1183
东海县	270	28	8	7	3491	3199	43	157	44
灌云县	184	21	7	8	2955	2767	16	52	71
灌南县	125	13	6	5	2542	2346	5	78	68
连云港经济技术开发区	21	6	2	4	42	14	1	5	17
连云港高新技术产业开发区	65	11	1	1	86	66	6	4	7
江苏连云港徐圩新区	9		1	1	101	47	2	16	26
江苏省连云港市云台山风景名胜区	2			1					
淮安市	**914**	**98**	**37**	**41**	**6811**	**6001**	**56**	**293**	**298**
淮安区	49	5	1	1	706	590	6	29	35
淮阴区	45		1	1	656	612	1	20	15
清江浦区		1			53	47		5	1
洪泽区	17	3	2		165	108	2	7	38
涟水县	349	24	6	7	3065	2951	14	58	30
盱眙县	186	19	7	7	1037	725	13	142	120
金湖县	98	13	9	3	391	285	3	13	54
淮安经济技术开发区	111	20	4	14	384	361	5	11	1
工业园区	5				42	39	2	1	
生态文旅区	41	11	7	8	140	124	9	1	1
苏淮高新区	13	2			172	159	1	6	3
盐城市	**1335**	**174**	**71**	**40**	**20479**	**17515**	**104**	**816**	**1320**
亭湖区	35	3	3	1	436	372	4	19	28
盐都区	61	6	3	5	205	139	15	3	36
大丰区	92	11	4	5	3629	3153	15	203	163
响水县	119	19	8	6	1596	1287	12	37	170
滨海县	209	24	6	6	2554	2368	9	80	40
阜宁县	230	34	21	9	2267	2014	2	65	107
射阳县	298	44	15	5	4284	3352	19	184	457
建湖县	200	23	7	2	806	651	7	28	94
盐城经济技术开发区	21	6	1	1	146	123	2	17	3
江苏省盐南高新区									
东台市	70	4	3		4556	4056	19	180	222
扬州市	**720**	**105**	**35**	**36**	**2022**	**1530**	**25**	**61**	**322**
广陵区	20	6	2	3	59	49	4	3	3

4-6b　续表 34　　　　　　　　　　　　　　　　　　单位：人

地区 性别	社会生产服务和生活服务人员				农、林、牧、渔业生产及辅助人员				
	修理及制作服务人员	文化、体育和娱乐服务人员	健康服务人员	其他社会生产和生活服务人员	小计	农业生产人员	林业生产人员	畜牧业生产人员	渔业生产人员
邗江区	25	12	2	1	65	46	2		14
江都区	239	12	9	1	461	350	10	20	59
宝应县	253	37	8	11	730	565	2	17	114
扬州经济技术开发区	67	23	5	14	72	66		2	1
蜀冈瘦西湖景区									
生态新城	9	2			41	40			1
仪征市	49	3		2	41	30	3	2	1
高邮市	58	10	9	4	553	384	4	17	129
镇江市	**439**	**110**	**30**	**17**	**1799**	**1462**	**75**	**101**	**119**
京口区	3				2		2		
润州区									
丹徒区	31	15	3	3	440	386	2	24	15
镇江新区	131	24	2	4	67	48	4	5	6
江苏镇江高新区									
丹阳市	192	54	18	5	1000	793	52	58	72
扬中市	22	7			74	59	1	3	11
句容市	60	10	7	5	216	176	14	11	15
泰州市	**506**	**70**	**23**	**29**	**4308**	**2321**	**63**	**223**	**1539**
海陵区	9	5	1	1	66	56		1	6
高港区	17	4			102	89		6	3
姜堰区	52	7	3	1	208	127	5	17	40
泰州医药高新技术产业开发区	136	20	6	7	40	29	1	3	1
兴化市	144	20	4	11	2597	913	24	125	1458
靖江市	37	1	1	1	36	19	2	2	12
泰兴市	111	13	8	8	1259	1088	31	69	19
宿迁市	**1054**	**141**	**98**	**32**	**6310**	**4839**	**373**	**357**	**415**
宿城区	27	2			316	304	2	4	6
宿豫区	33	3	1	2	254	218	3	19	9
沭阳县	428	39	49	8	2797	2091	349	207	60
泗阳县	251	25	15	10	853	677	5	49	50
泗洪县	230	55	28	11	1871	1413	11	64	228
宿迁经济技术开发区	76	17	5		108	83	2	10	10
宿迁市湖滨新区	9			1	111	53	1	4	52
苏州宿迁工业园区									
宿迁市洋河新区									
男	**9205**	**876**	**197**	**234**	**49121**	**38485**	**923**	**2472**	**5546**
南京市	**95**	**10**	**2**	**4**	**149**	**67**	**11**	**8**	**58**
玄武区									
秦淮区									
建邺区									
鼓楼区									
浦口区				1	3	2	1		
栖霞区									
雨花台区	5	2	1		1		1		
江宁区									
六合区	74	6		1	48	27	6	7	4
溧水区	10	2		2	38	36	2		
高淳区	6		1		59	2	1	1	54
南京江北新区									
无锡市	**486**	**60**	**10**	**12**	**575**	**369**	**34**	**25**	**134**
锡山区	107	7	1	3	111	68	18	4	16

4-6b 续表 35

单位：人

地 区 性 别	社会生产服务和生活服务人员				农、林、牧、渔业生产及辅助人员				
	修理及制作服务人员	文化、体育和娱乐服务人员	健康服务人员	其他社会生产和生活服务人员	小计	农业生产人员	林业生产人员	畜牧业生产人员	渔业生产人员
惠山区	51	4	4	2	17	13			4
滨湖区									
梁溪区									
新吴区									
江苏无锡经济开发区									
江阴市	201	37	5	3	125	87	5	16	14
宜兴市	127	12		4	322	201	11	5	100
徐州市	**1372**	**95**	**29**	**20**	**8718**	**7588**	**183**	**605**	**144**
鼓楼区									
云龙区	6		2		16	5	1	1	9
贾汪区	48	1			353	330	1	13	6
泉山区									
铜山区	199	10	8	6	741	500	8	130	14
丰县	252	10	5		1275	1121	28	103	5
沛县	290	28	5	3	1232	991	19	145	38
睢宁县	299	35	4	9	1210	1038	26	103	22
徐州经济技术开发区	150	5	5	2	180	141	7	25	2
新沂市	74	3			1242	1138	21	36	42
邳州市	54	3			2469	2324	72	49	6
常州市	**273**	**22**	**5**	**8**	**591**	**302**	**83**	**22**	**134**
天宁区	22	1		1	34	27	3		4
钟楼区									
新北区	58	6			11	6	1		4
武进区	69	6	1	6	278	150	56	4	26
金坛区	32	4			116	30	13	12	56
江苏省常州市经济开发区	29		2	1	2	2			
溧阳市	63	5	2		150	87	10	6	44
苏州市	**1182**	**189**	**21**	**35**	**1210**	**794**	**60**	**35**	**279**
虎丘区	1	2			7	3	4		
吴中区	84	8		7	206	160	25		7
相城区	35	2			24	13	2	2	7
姑苏区									
吴江区	170	16	2	2	185	95	12	7	69
苏州工业园区	321	82	10	14	133	63	3	6	56
常熟市	151	22	2	4	311	203	4	4	96
张家港市	240	37	4	5	144	109	6	10	13
昆山市	77	15	3		27	16	1	3	7
太仓市	103	5		3	173	132	3	3	24
南通市	**766**	**50**	**18**	**14**	**7955**	**6579**	**38**	**308**	**850**
崇川区									
港闸区									
通州区	130	7	4	2	480	438	1	15	11
如东县	183	6	4	3	3483	2909	8	100	410
南通经济技术开发区	84	14	3	6	30	18		5	5
通州湾示范区	5		1		109	52		3	53
苏锡通科技产业园区	13		1		54	47		1	
启东市	59	4			968	666	2	36	256
如皋市	161	11	3	2	1199	1023	19	67	18
海门市	85	1	1		722	629	1	34	55
海安市	46	7	1	1	910	797	7	47	42
连云港市	**733**	**49**	**11**	**23**	**7322**	**5660**	**72**	**270**	**1165**
连云区					1				1

4-6b　续表 36　　　　单位：人

地　区 性　别	社会生产服务和生活服务人员				农、林、牧、渔业生产及辅助人员				
	修理及制作服务人员	文化、体育和娱乐服务人员	健康服务人员	其他社会生产和生活服务人员	小计	农业生产人员	林业生产人员	畜牧业生产人员	渔业生产人员
海州区	39	7		2	212	171	1		27
赣榆区	130	1	3	3	2136	1061	16	87	945
东海县	218	10	3	3	1869	1693	28	83	35
灌云县	162	13	3	4	1615	1464	13	35	63
灌南县	104	10	1	5	1320	1181	5	51	56
连云港经济技术开发区	19	3		4	32	9	1	3	14
连云港高新技术产业开发区	51	5		1	59	43	6	1	6
江苏连云港徐圩新区	8		1		78	38	2	10	18
江苏省连云港市云台山风景名胜区	2			1					
淮安市	**790**	**67**	**16**	**29**	**3717**	**3107**	**44**	**203**	**232**
淮安区	43	3		1	400	307	5	19	28
淮阴区	44				374	338	1	17	12
清江浦区		1			33	28		4	1
洪泽区	15	3			103	67	2	5	23
涟水县	296	19	4	6	1407	1329	12	33	23
盱眙县	166	13	3	6	706	470	11	99	97
金湖县	80	6	3	2	276	189	3	11	43
淮安经济技术开发区	97	11	2	10	224	209	2	9	1
工业园区	4				23	21	1	1	
生态文旅区	36	9	4	4	75	64	6	1	1
苏淮高新区	9	2			96	85	1	4	3
盐城市	**1176**	**101**	**28**	**24**	**10876**	**8768**	**76**	**499**	**1014**
亭湖区	32	2	1	1	217	168	3	12	22
盐都区	52	4	3	5	113	64	10	3	29
大丰区	78	6	2	1	1796	1464	13	117	127
响水县	105	11	3	4	940	693	8	22	137
滨海县	192	14	2	3	1429	1285	6	58	30
阜宁县	207	17	8	7	1216	1052	2	43	79
射阳县	256	24	5	2	2397	1762	14	101	353
建湖县	176	16	2	1	422	310	5	24	64
盐城经济技术开发区	17	6	1		78	61	2	11	3
江苏省盐南高新区									
东台市	61	1	1		2268	1909	13	108	170
扬州市	**633**	**49**	**11**	**21**	**1123**	**795**	**18**	**41**	**208**
广陵区	18	2	1	2	30	24	3	2	1
邗江区	22	6	1	1	39	26			10
江都区	218	8		1	235	168	6	10	35
宝应县	219	17	4	7	421	311	2	13	71
扬州经济技术开发区	55	10	2	7	37	32		2	1
蜀冈瘦西湖景区									
生态新城	9				24	23			1
仪征市	41	1		2	24	15	3	2	1
高邮市	51	5	3	1	313	196	4	12	88
镇江市	**364**	**61**	**10**	**7**	**964**	**746**	**41**	**61**	**86**
京口区	1				1		1		
润州区									
丹徒区	25	7		2	243	205	1	17	10
镇江新区	110	15	1		39	27	3	2	5
江苏镇江高新区									
丹阳市	161	27	6	1	516	378	28	36	56
扬中市	16	6			41	34	1	1	5
句容市	51	6	3	4	124	102	7	5	10

4-6b 续表 37

单位：人

地区 性别	社会生产服务和生活服务人员				农、林、牧、渔业生产及辅助人员				
	修理及制作服务人员	文化、体育和娱乐服务人员	健康服务人员	其他社会生产和生活服务人员	小计	农业生产人员	林业生产人员	畜牧业生产人员	渔业生产人员
泰州市	**436**	**37**	**6**	**14**	**2217**	**993**	**30**	**143**	**947**
海陵区	7	3		1	31	22		1	5
高港区	15	2			35	27		2	3
姜堰区	45	5		1	104	55	3	11	24
泰州医药高新技术产业开发区	120	12	1	2	27	20	1	2	1
兴化市	125	10	2	7	1506	462	12	85	891
靖江市	31			1	20	8	1	1	9
泰兴市	93	5	3	2	494	399	13	41	14
宿迁市	**899**	**86**	**30**	**23**	**3704**	**2717**	**233**	**252**	**295**
宿城区	21	1			147	139	2	3	3
宿豫区	30	3	1		165	138	2	13	8
沭阳县	370	23	19	5	1593	1132	216	143	42
泗阳县	211	12	3	7	493	379	4	35	34
泗洪县	196	36	7	11	1184	863	6	49	166
宿迁经济技术开发区	62	11			66	48	2	7	8
宿迁市湖滨新区	9				56	18	1	2	34
苏州宿迁工业园区									
宿迁市洋河新区									
女	**1406**	**745**	**410**	**154**	**44031**	**39393**	**521**	**1375**	**1913**
南京市	**8**	**3**	**5**		**93**	**70**	**5**	**2**	**15**
玄武区									
秦淮区									
建邺区									
鼓楼区									
浦口区		1			3	1	2		
栖霞区									
雨花台区									
江宁区									
六合区	8	1	1		16	12	2	1	
溧水区		1	2		57	55	1	1	
高淳区			2		17	2			15
南京江北新区									
无锡市	**73**	**55**	**29**	**12**	**358**	**277**	**13**	**13**	**46**
锡山区	12	6	2	2	72	59	6	1	4
惠山区	11	12	14	1	11	11			
滨湖区									
梁溪区									
新吴区									
江苏无锡经济开发区									
江阴市	34	21	9	3	65	49	1	9	5
宜兴市	16	16	4	6	210	158	6	3	37
徐州市	**217**	**49**	**63**	**14**	**7791**	**7138**	**114**	**328**	**43**
鼓楼区									
云龙区	5				14	10			4
贾汪区	4	1	3		223	215		7	
泉山区									
铜山区	51	12	8	4	990	770	6	82	8
丰县	50	6	8	4	1255	1187	6	52	
沛县	32	14	15	3	1234	1130	10	71	11
睢宁县	40	9	17	2	1013	925	13	56	5
徐州经济技术开发区	22	4	12	1	186	169	1	11	3
新沂市	9	3			1097	1045	13	26	11
邳州市	4				1779	1687	65	23	1

4-6b 续表 38

单位：人

地区 性别	社会生产服务和生活服务人员				农、林、牧、渔业生产及辅助人员				
	修理及制作服务人员	文化、体育和娱乐服务人员	健康服务人员	其他社会生产和生活服务人员	小计	农业生产人员	林业生产人员	畜牧业生产人员	渔业生产人员
常州市	**41**	**36**	**6**	**7**	**418**	**257**	**73**	**16**	**51**
天宁区	1	2		1	23	20			2
钟楼区									
新北区	12	3	1		7	6			1
武进区	7	8	3	5	199	118	52	4	9
金坛区	8	4	1	1	62	24	8	8	18
江苏省常州市经济开发区	7	7	1		6	5			1
溧阳市	6	12			121	84	13	4	20
苏州市	**145**	**222**	**61**	**24**	**858**	**689**	**27**	**21**	**98**
虎丘区					1		1		
吴中区	14	9	3	6	188	161	15	1	4
相城区	6	2			7	4	1		2
姑苏区									
吴江区	12	14	4	1	100	68	3	2	25
苏州工业园区	41	75	31	11	45	19		3	21
常熟市	19	15	7	1	247	209	1	2	35
张家港市	29	80	11	4	100	87	2	5	2
昆山市	11	16	2		12	8	1	1	2
太仓市	13	11	3	1	158	133	3	7	7
南通市	**128**	**40**	**34**	**10**	**9082**	**8671**	**10**	**169**	**142**
崇川区									
港闸区									
通州区	19	5	6	2	561	549		4	2
如东县	29	5	13	2	3800	3687	2	41	61
南通经济技术开发区	13	16	5	2	13	12			
通州湾示范区	1		2	2	86	71		1	13
苏锡通科技产业园区	5	1		1	55	54		1	
启东市	18	4			1074	985		23	51
如皋市	30	3	3	1	1367	1285	3	29	4
海门市	4	3	1		911	852	2	38	9
海安市	9	3	4		1215	1176	3	32	2
连云港市	**124**	**43**	**19**	**10**	**6303**	**5749**	**25**	**174**	**287**
连云区									
海州区	4	1	1	1	134	121	1	2	8
赣榆区	8	4	1		1925	1617	6	43	238
东海县	52	18	5	4	1622	1506	15	74	9
灌云县	22	8	4	4	1340	1303	3	17	8
灌南县	21	3	5		1222	1165		27	12
连云港经济技术开发区	2	3	2		10	5		2	3
连云港高新技术产业开发区	14	6	1		27	23		3	1
江苏连云港徐圩新区	1			1	23	9		6	8
江苏省连云港市云台山风景名胜区									
淮安市	**124**	**31**	**21**	**12**	**3094**	**2894**	**12**	**90**	**66**
淮安区	6	2	1		306	283	1	10	7
淮阴区	1		1	1	282	274		3	3
清江浦区					20	19		1	
洪泽区	2		2		62	41		2	15
涟水县	53	5	2	1	1658	1622	2	25	7
盱眙县	20	6	4	1	331	255	2	43	23
金湖县	18	7	6	1	115	96		2	11
淮安经济技术开发区	14	9	2	4	160	152	3	2	
工业园区	1				19	18	1		

4-6b 续表 39

单位：人

地区 性别	社会生产服务和生活服务人员				农、林、牧、渔业生产及辅助人员				
	修理及制作服务人员	文化、体育和娱乐服务人员	健康服务人员	其他社会生产和生活服务人员	小计	农业生产人员	林业生产人员	畜牧业生产人员	渔业生产人员
生态文旅区	5	2	3	4	65	60	3		
苏淮高新区	4				76	74		2	
盐城市	**159**	**73**	**43**	**16**	**9603**	**8747**	**28**	**317**	**306**
亭湖区	3	1	2		219	204	1	7	6
盐都区	9	2			92	75	5		7
大丰区	14	5	2	4	1833	1689	2	86	36
响水县	14	8	5	2	656	594	4	15	33
滨海县	17	10	4	3	1125	1083	3	22	10
阜宁县	23	17	13	2	1051	962		22	28
射阳县	42	20	10	3	1887	1590	5	83	104
建湖县	24	7	5	1	384	341	2	4	30
盐城经济技术开发区	4			1	68	62		6	
江苏省盐南高新区									
东台市	9	3	2		2288	2147	6	72	52
扬州市	**87**	**56**	**24**	**15**	**899**	**735**	**7**	**20**	**114**
广陵区	2	4	1	1	29	25	1	1	2
邗江区	3	6	1		26	20	2		4
江都区	21	4	9		226	182	4	10	24
宝应县	34	20	4	4	309	254		4	43
扬州经济技术开发区	12	13	3	7	35	34			
蜀冈瘦西湖景区									
生态新城		2			17	17			
仪征市	8	2			17	15			
高邮市	7	5	6	3	240	188		5	41
镇江市	**75**	**49**	**20**	**10**	**835**	**716**	**34**	**40**	**33**
京口区	2				1		1		
润州区									
丹徒区	6	8	3	1	197	181	1	7	5
镇江新区	21	9	1	4	28	21	1	3	1
江苏镇江高新区									
丹阳市	31	27	12	4	484	415	24	22	16
扬中市	6	1			33	25		2	6
句容市	9	4	4	1	92	74	7	6	5
泰州市	**70**	**33**	**17**	**15**	**2091**	**1328**	**33**	**80**	**592**
海陵区	2	2	1		35	34			1
高港区	2	2			67	62		4	
姜堰区	7	2	3		104	72	2	6	16
泰州医药高新技术产业开发区	16	8	5	5	13	9		1	
兴化市	19	10	2	4	1091	451	12	40	567
靖江市	6	1	1		16	11	1	1	3
泰兴市	18	8	5	6	765	689	18	28	5
宿迁市	**155**	**55**	**68**	**9**	**2606**	**2122**	**140**	**105**	**120**
宿城区	6	1			169	165		1	3
宿豫区	3			2	89	80	1	6	1
沭阳县	58	16	30	3	1204	959	133	64	18
泗阳县	40	13	12	3	360	298	1	14	16
泗洪县	34	19	21		687	550	5	15	62
宿迁经济技术开发区	14	6	5		42	35		3	2
宿迁市湖滨新区				1	55	35		2	18
苏州宿迁工业园区									
宿迁市洋河新区									

4-6b　续表 40　　　　单位：人

地区 性别	农林牧渔生产辅助人员	其他农、林、牧、渔业生产加工人员	生产制造及有关人员 小计	农副产品加工人员	食品、饮料生产加工人员	烟草及其制品加工人员	纺织、针织、印染人员	纺织品、服装和皮革、毛皮制品加工制作人员	木材加工、家具与木制品制作人员
江　苏	**2404**	**120**	**401698**	**4352**	**4576**	**32**	**18902**	**51976**	**14770**
南京市	**5**	**1**	**2670**	**35**	**36**		**6**	**175**	**77**
玄武区									
秦淮区									
建邺区									
鼓楼区									
浦口区			6	1					
栖霞区									
雨花台区			114		1			5	1
江宁区									
六合区	4	1	1805	12	19		5	142	25
溧水区			596	19	16		1	17	38
高淳区	1		149	3				11	13
南京江北新区									
无锡市	**20**	**2**	**31218**	**80**	**150**	**1**	**2486**	**4067**	**878**
锡山区	7		7641	1	49		100	721	289
惠山区			2381	15	18	1	67	48	63
滨湖区									
梁溪区									
新吴区									
江苏无锡经济开发区									
江阴市	4		14431	26	36		1950	3067	285
宜兴市	9	2	6765	38	47		369	231	241
徐州市	**358**	**8**	**39113**	**836**	**644**		**936**	**2150**	**2681**
鼓楼区									
云龙区			240		3		2	2	7
贾汪区	3	1	1260	16	19		19	39	177
泉山区									
铜山区	213		5798	205	100		53	302	131
丰县	25	3	6755	186	155		30	202	831
沛县	51		7609	147	138		382	204	110
睢宁县	32	3	8679	101	90		363	970	885
徐州经济技术开发区	6	1	4409	33	58		42	66	100
新沂市	7		2253	70	55		27	250	86
邳州市	21		2110	78	26		18	115	354
常州市	**68**	**3**	**15905**	**73**	**130**		**315**	**705**	**713**
天宁区	1		1206	4	6		7	34	19
钟楼区									
新北区			2877	6	11		132	41	37
武进区	58		3708	19	35		79	87	58
金坛区	8	1	1816	14	4		49	265	83
江苏省常州市经济开发区			2804	11	14		13	44	422
溧阳市	1	2	3494	19	60		35	234	94
苏州市	**59**	**6**	**78523**	**227**	**511**	**5**	**8703**	**8285**	**1662**
虎丘区			71					1	
吴中区	16	5	5565	2	30		45	365	104
相城区			1343	9	8		17	52	31
姑苏区									
吴江区	4		12685	29	55		4427	807	263
苏州工业园区	6	1	17840	13	201		59	430	138
常熟市	4		15153	28	34		2152	4436	354

4-6b 续表 41

单位：人

地区 性别	农林牧渔生产辅助人员	其他农、林、牧、渔业生产加工人员	生产制造及有关人员 小计	农副产品加工人员	食品、饮料生产加工人员	烟草及其制品加工人员	纺织、针织、印染人员	纺织品、服装和皮革、毛皮制品加工制作人员	木材加工、家具与木制品制作人员
张家港市	10		15025	125	84		1801	1301	337
昆山市			4535	7	32		35	334	67
太仓市	19		6306	14	67	5	167	559	368
南通市	**260**	**10**	**54610**	**372**	**406**	**3**	**2581**	**14654**	**2067**
崇川区									
港闸区									
通州区	21		9846	24	35	2	305	4192	258
如东县	62	3	9137	134	119		1007	1417	317
南通经济技术开发区	2	1	6457	25	59		375	763	102
通州湾示范区	2		732	16	6		10	81	35
苏锡通科技产业园区	5	1	1826	8	18	1	31	489	43
启东市	22	1	4604	48	40		38	268	307
如皋市	115	3	9416	82	65		409	2402	409
海门市	13		8592	19	34		104	4632	111
海安市	18	1	4000	16	30		302	410	485
连云港市	**215**	**8**	**22601**	**588**	**478**		**169**	**2609**	**512**
连云区			108	1					
海州区	15		637	7	19		10	62	13
赣榆区	44	4	5361	315	84		24	528	127
东海县	47	1	6831	107	154		40	934	157
灌云县	48	1	3487	56	74		48	680	59
灌南县	44	1	3908	50	85		39	311	129
连云港经济技术开发区	5		881	21	22		3	39	6
连云港高新技术产业开发区	3		1068	26	32		1	31	16
江苏连云港徐圩新区	9	1	304	5	8		4	24	4
江苏省连云港市云台山风景名胜区			16						1
淮安市	**149**	**14**	**22958**	**326**	**379**	**18**	**302**	**3372**	**637**
淮安区	42	4	1224	32	22		25	115	30
淮阴区	8		1521	19	18		21	179	62
清江浦区			82	2	2		4	5	3
洪泽区	8	2	317	22	11		3	41	14
涟水县	10	2	6472	64	156		139	1936	230
盱眙县	33	4	4598	112	64		22	465	61
金湖县	36		2957	29	25		32	288	95
淮安经济技术开发区	5	1	4400	29	64	14	19	245	85
工业园区			137	2				3	19
生态文旅区	4	1	977	14	14	4	37	88	35
苏淮高新区	3		273	1	3			7	3
盐城市	**709**	**15**	**36744**	**659**	**394**		**1423**	**3652**	**973**
亭湖区	13		1326	9	9		36	109	12
盐都区	12		1959	64	30		54	195	52
大丰区	92	3	3521	30	30		281	347	123
响水县	88	2	2645	53	41		102	262	41
滨海县	56	1	4590	85	45		70	406	166
阜宁县	78	1	5882	86	53		65	666	191
射阳县	266	6	5881	165	87		480	700	133
建湖县	26		6430	44	43		137	697	122
盐城经济技术开发区	1		1361	2	4		4	34	15
江苏省盐南高新区									
东台市	77	2	3149	121	52		194	236	118
扬州市	**80**	**4**	**23409**	**256**	**223**	**1**	**204**	**2715**	**700**
广陵区			1202	5	4		21	143	27

4-6b　续表 42　　　　单位：人

地区 性别	农林牧渔生产辅助人员	其他农、林、牧、渔业生产加工人员	生产制造及有关人员 小计	农副产品加工人员	食品、饮料生产加工人员	烟草及其制品加工人员	纺织、针织、印染人员	纺织品、服装和皮革、毛皮制品加工制作人员	木材加工、家具与木制品制作人员
邗江区	2	1	1442	7	9		22	264	20
江都区	22		5360	60	44		33	678	149
宝应县	32		7415	96	76		53	491	257
扬州经济技术开发区	1	2	3187	33	55	1	20	369	68
蜀冈瘦西湖景区									
生态新城			273	2	1		1	44	5
仪征市	4	1	1702	5	2		20	171	59
高邮市	19		2828	48	32		34	555	115
镇江市	**42**		**20134**	**124**	**137**		**157**	**2390**	**361**
京口区			173					2	40
润州区									
丹徒区	13		1384	18	17		11	204	42
镇江新区	4		3467	11	33		4	94	56
江苏镇江高新区									
丹阳市	25		12599	76	49		129	1898	188
扬中市			1272	7	8		11	126	19
句容市			1239	12	30		2	66	16
泰州市	**152**	**10**	**23192**	**337**	**230**	**1**	**404**	**2344**	**603**
海陵区	3		797	3	2		7	27	55
高港区	4		1007	37	17	1	9	76	59
姜堰区	19		2412	20	8		47	310	55
泰州医药高新技术产业开发区	6		3818	13	52		192	103	77
兴化市	68	9	6673	177	78		44	392	131
靖江市	1		3074	10	23		10	267	38
泰兴市	51	1	5411	77	50		95	1169	188
宿迁市	**287**	**39**	**30621**	**439**	**858**	**3**	**1216**	**4858**	**2906**
宿城区			836	9	14		17	133	60
宿豫区	5		992	30	16		44	140	33
沭阳县	74	16	13158	127	149		520	1784	1988
泗阳县	53	19	6915	66	286	3	497	1228	568
泗洪县	153	2	6474	196	300		104	1205	189
宿迁经济技术开发区	1	2	2012	4	90		33	334	58
宿迁市湖滨新区	1		234	7	3		1	34	10
苏州宿迁工业园区									
宿迁市洋河新区									
男	**1620**	**75**	**262430**	**2345**	**2416**	**21**	**7028**	**14801**	**11471**
南京市	**4**	**1**	**1966**	**15**	**18**			**31**	**71**
玄武区									
秦淮区									
建邺区									
鼓楼区									
浦口区			5	1					
栖霞区									
雨花台区			81					1	
江宁区									
六合区	3	1	1292	7	7			26	23
溧水区			465	5	11			4	35
高淳区	1		123	2					13
南京江北新区									
无锡市	**12**	**1**	**19768**	**50**	**78**		**814**	**1500**	**741**
锡山区	5		4737	1	28		37	250	229

4-6b 续表 43

单位：人

地区 性别	农林牧渔生产辅助人员	其他农、林、牧、渔业生产加工人员	生产制造及有关人员 小计	农副产品加工人员	食品、饮料生产加工人员	烟草及其制品加工人员	纺织、针织、印染人员	纺织品、服装和皮革、毛皮制品加工制作人员	木材加工、家具与木制品制作人员
惠山区			1651	7	7		37	13	53
滨湖区									
梁溪区									
新吴区									
江苏无锡经济开发区									
江阴市	3		8600	16	20		618	1180	257
宜兴市	4	1	4780	26	23		122	57	202
徐州市	**194**	**4**	**27920**	**411**	**281**		**245**	**364**	**1810**
鼓楼区									
云龙区			206		1		1	1	7
贾汪区	3		898	10	11		6	7	97
泉山区									
铜山区	89		4094	70	30		5	20	89
丰县	16	2	4560	82	74		4	37	492
沛县	39		5994	86	60		94	44	95
睢宁县	20	1	5585	60	43		103	195	669
徐州经济技术开发区	4	1	3483	16	24		19	13	87
新沂市	5		1647	41	24		7	33	71
邳州市	18		1453	46	14		6	14	203
常州市	**48**	**2**	**10730**	**41**	**69**		**133**	**165**	**556**
天宁区			736	1	2		1	15	18
钟楼区									
新北区			1734	3	5		82	12	33
武进区	42		2429	8	20		19	25	52
金坛区	5		1237	8	4		23	63	81
江苏省常州市经济开发区			1872	7	5		6	18	286
溧阳市	1	2	2722	14	33		2	32	86
苏州市	**40**	**2**	**49830**	**144**	**292**	**3**	**3930**	**3088**	**1347**
虎丘区			41					1	
吴中区	12	2	3494		15		12	117	88
相城区			867	6	4		4	15	29
姑苏区									
吴江区	2		7935	12	27		2131	314	185
苏州工业园区	5		11557	6	138		28	143	126
常熟市	4		9308	17	15		1105	1770	294
张家港市	6		9706	93	46		577	444	286
昆山市			2811	3	14		10	109	52
太仓市	11		4111	7	33	3	63	175	287
南通市	**174**	**6**	**34351**	**226**	**227**	**2**	**709**	**4941**	**1770**
崇川区									
港闸区									
通州区	15		5699	15	18	1	102	1547	227
如东县	55	1	5647	74	70		232	204	291
南通经济技术开发区	2		4567	18	36		178	271	88
通州湾示范区	1		524	11	2		1	8	33
苏锡通科技产业园区	5	1	1213	4	11	1	17	171	34
启东市	7	1	3319	26	22		11	34	266
如皋市	70	2	5790	57	39		88	392	362
海门市	3		5083	11	17		50	2288	101
海安市	16	1	2509	10	12		30	26	368
连云港市	**150**	**5**	**14827**	**269**	**233**		**44**	**461**	**384**
连云区			99	1					

4-6b　续表 44　　　　　　　　　　　　　　　　　　　　　　　单位：人

地　区 性　别	农林牧渔生产辅助人员	其他农、林、牧、渔业生产加工人员	生产制造及有关人员						
			小计	农副产品加工人员	食品、饮料生产加工人员	烟草及其制品加工人员	纺织、针织、印染人员	纺织品、服装和皮革、毛皮制品加工制作人员	木材加工、家具与木制品制作人员
海州区	13		473	5	5		2	9	9
赣榆区	25	2	3124	119	40		1	37	108
东海县	30		4242	46	70		10	209	98
灌云县	39	1	2334	31	39		16	114	52
灌南县	26	1	2859	30	50		13	64	94
连云港经济技术开发区	5		627	16	15		1	9	4
连云港高新技术产业开发区	3		821	18	11		1	14	15
江苏连云港徐圩新区	9	1	236	3	3			5	3
江苏省连云港市云台山风景名胜区			12						1
淮安市	**122**	**9**	**14806**	**196**	**196**	**13**	**69**	**563**	**568**
淮安区	37	4	844	16	11		2	21	30
淮阴区	6		1136	14	8		10	33	60
清江浦区			63		1		1	1	3
洪泽区	4	2	223	13	6		1	6	13
涟水县	8	2	3506	43	96		31	300	197
盱眙县	28	1	3141	59	30		8	106	55
金湖县	30		2072	17	10		5	38	86
淮安经济技术开发区	3		2852	22	24	10	8	46	77
工业园区			93	2				1	10
生态文旅区	3		670	9	9	3	3	10	34
苏淮高新区	3		206	1	1			1	3
盐城市	**508**	**11**	**26136**	**361**	**206**		**386**	**693**	**859**
亭湖区	12		936	7	2		12	10	12
盐都区	7		1301	18	13		8	14	45
大丰区	73	2	2302	20	15		64	45	98
响水县	78	2	1872	27	27		21	55	36
滨海县	49	1	3463	55	25		23	98	151
阜宁县	39	1	4424	48	28		17	133	178
射阳县	163	4	4141	98	49		190	173	114
建湖县	19		4704	24	16		15	136	115
盐城经济技术开发区	1		960	2	2		2	5	15
江苏省盐南高新区									
东台市	67	1	2033	62	29		34	24	95
扬州市	**58**	**3**	**15041**	**128**	**106**		**74**	**524**	**623**
广陵区			647	3	2		4	39	23
邗江区	2	1	865	4	3		9	33	19
江都区	16		3350	33	16		12	102	120
宝应县	24		5039	46	40		22	101	235
扬州经济技术开发区		2	2122	15	23		8	98	52
蜀冈瘦西湖景区									
生态新城			176	1	1			18	3
仪征市	3		1080	2	1		13	44	58
高邮市	13		1762	24	20		6	89	113
镇江市	**30**		**12442**	**83**	**65**		**32**	**742**	**309**
京口区			115					1	28
润州区									
丹徒区	10		887	11	9		1	66	34
镇江新区	2		2408	9	10		1	30	49
江苏镇江高新区									
丹阳市	18		7368	49	27		29	595	169
扬中市			757	5	5		1	41	15
句容市			907	9	14			9	14

4-6b 续表 45

单位：人

地区 性别	农林牧渔生产辅助人员	其他农、林、牧、渔业生产加工人员	生产制造及有关人员						
			小计	农副产品加工人员	食品、饮料生产加工人员	烟草及其制品加工人员	纺织、针织、印染人员	纺织品、服装和皮革、毛皮制品加工制作人员	木材加工、家具与木制品制作人员
泰州市	**98**	**6**	**14954**	**172**	**111**		**123**	**441**	**539**
海陵区	3		502	3	1		2	4	51
高港区	3		683	25	8		3	12	55
姜堰区	11		1521	13	5		8	42	53
泰州医药高新技术产业开发区	3		2566	7	27		59	21	69
兴化市	50	6	4365	74	36		13	51	117
靖江市	1		2046	4	8		2	69	32
泰兴市	27		3271	46	26		36	242	162
宿迁市	**182**	**25**	**19659**	**249**	**534**	**3**	**469**	**1288**	**1894**
宿城区			537	6	10		6	26	37
宿豫区	4		645	19	8		18	29	28
沭阳县	50	10	8488	71	65		200	492	1250
泗阳县	29	12	4379	42	176	3	191	321	375
泗洪县	98	2	4102	103	225		42	333	150
宿迁经济技术开发区		1	1350	4	48		12	81	45
宿迁市湖滨新区	1		158	4	2			6	9
苏州宿迁工业园区									
宿迁市洋河新区									
女	**784**	**45**	**139268**	**2007**	**2160**	**11**	**11874**	**37175**	**3299**
南京市	**1**		**704**	**20**	**18**		**6**	**144**	**6**
玄武区									
秦淮区									
建邺区									
鼓楼区									
浦口区			1						
栖霞区									
雨花台区			33		1			4	1
江宁区									
六合区	1		513	5	12		5	116	2
溧水区			131	14	5		1	13	3
高淳区			26	1				11	
南京江北新区									
无锡市	**8**	**1**	**11450**	**30**	**72**	**1**	**1672**	**2567**	**137**
锡山区	2		2904		21		63	471	60
惠山区			730	8	11	1	30	35	10
滨湖区									
梁溪区									
新吴区									
江苏无锡经济开发区									
江阴市	1		5831	10	16		1332	1887	28
宜兴市	5	1	1985	12	24		247	174	39
徐州市	**164**	**4**	**11193**	**425**	**363**		**691**	**1786**	**871**
鼓楼区									
云龙区			34		2		1	1	
贾汪区		1	362	6	8		13	32	80
泉山区									
铜山区	124		1704	135	70		48	282	42
丰县	9	1	2195	104	81		26	165	339
沛县	12		1615	61	78		288	160	15
睢宁县	12	2	3094	41	47		260	775	216
徐州经济技术开发区	2		926	17	34		23	53	13
新沂市	2		606	29	31		20	217	15
邳州市	3		657	32	12		12	101	151

4-6b　续表 46

单位：人

地　区 性　别			生产制造及有关人员						
	农林牧渔生产辅助人员	其他农、林、牧、渔业生产加工人员	小计	农副产品加工人员	食品、饮料生产加工人员	烟草及其制品加工人员	纺织、针织、印染人员	纺织品、服装和皮革、毛皮制品加工制作人员	木材加工、家具与木制品制作人员
常州市	**20**	**1**	**5175**	**32**	**61**		**182**	**540**	**157**
天宁区	1		470	3	4		6	19	1
钟楼区									
新北区			1143	3	6		50	29	4
武进区	16		1279	11	15		60	62	6
金坛区	3	1	579	6			26	202	2
江苏省常州市经济开发区			932	4	9		7	26	136
溧阳市			772	5	27		33	202	8
苏州市	**19**	**4**	**28693**	**83**	**219**	**2**	**4773**	**5197**	**315**
虎丘区			30						
吴中区	4	3	2071	2	15		33	248	16
相城区			476	3	4		13	37	2
姑苏区									
吴江区	2		4750	17	28		2296	493	78
苏州工业园区	1	1	6283	7	63		31	287	12
常熟市			5845	11	19		1047	2666	60
张家港市	4		5319	32	38		1224	857	51
昆山市			1724	4	18		25	225	15
太仓市	8		2195	7	34	2	104	384	81
南通市	**86**	**4**	**20259**	**146**	**179**	**1**	**1872**	**9713**	**297**
崇川区									
港闸区									
通州区	6		4147	9	17	1	203	2645	31
如东县	7	2	3490	60	49		775	1213	26
南通经济技术开发区		1	1890	7	23		197	492	14
通州湾示范区	1		208	5	4		9	73	2
苏锡通科技产业园区			613	4	7		14	318	9
启东市	15		1285	22	18		27	234	41
如皋市	45	1	3626	25	26		321	2010	47
海门市	10		3509	8	17		54	2344	10
海安市	2		1491	6	18		272	384	117
连云港市	**65**	**3**	**7774**	**319**	**245**		**125**	**2148**	**128**
连云区			9						
海州区	2		164	2	14		8	53	4
赣榆区	19	2	2237	196	44		23	491	19
东海县	17	1	2589	61	84		30	725	59
灌云县	9		1153	25	35		32	566	7
灌南县	18		1049	20	35		26	247	35
连云港经济技术开发区			254	5	7		2	30	2
连云港高新技术产业开发区			247	8	21			17	1
江苏连云港徐圩新区			68	2	5		4	19	1
江苏省连云港市云台山风景名胜区			4						
淮安市	**27**	**5**	**8152**	**130**	**183**	**5**	**233**	**2809**	**69**
淮安区	5		380	16	11		23	94	
淮阴区	2		385	5	10		11	146	2
清江浦区			19	2	1		3	4	
洪泽区	4		94	9	5		2	35	1
涟水县	2		2966	21	60		108	1636	33
盱眙县	5	3	1457	53	34		14	359	6
金湖县	6		885	12	15		27	250	9
淮安经济技术开发区	2	1	1548	7	40	4	11	199	8
工业园区			44					2	9

4-6b 续表 47 单位：人

地区 性别	农林牧渔生产辅助人员	其他农、林、牧、渔业生产加工人员	生产制造及有关人员 小计	农副产品加工人员	食品、饮料生产加工人员	烟草及其制品加工人员	纺织、针织、印染人员	纺织品、服装和皮革、毛皮制品加工制作人员	木材加工、家具与木制品制作人员
生态文旅区	1	1	307	5	5	1	34	78	1
苏淮高新区			67		2			6	
盐城市	**201**	**4**	**10608**	**298**	**188**		**1037**	**2959**	**114**
亭湖区	1		390	2	7		24	99	
盐都区	5		658	46	17		46	181	7
大丰区	19	1	1219	10	15		217	302	25
响水县	10		773	26	14		81	207	5
滨海县	7		1127	30	20		47	308	15
阜宁县	39		1458	38	25		48	533	13
射阳县	103	2	1740	67	38		290	527	19
建湖县	7		1726	20	27		122	561	7
盐城经济技术开发区			401		2		2	29	
江苏省盐南高新区									
东台市	10	1	1116	59	23		160	212	23
扬州市	**22**	**1**	**8368**	**128**	**117**	**1**	**130**	**2191**	**77**
广陵区			555	2	2		17	104	4
邗江区			577	3	6		13	231	1
江都区	6		2010	27	28		21	576	29
宝应县	8		2376	50	36		31	390	22
扬州经济技术开发区	1		1065	18	32	1	12	271	16
蜀冈瘦西湖景区									
生态新城			97	1			1	26	2
仪征市	1	1	622	3	1		7	127	1
高邮市	6		1066	24	12		28	466	2
镇江市	**12**		**7692**	**41**	**72**		**125**	**1648**	**52**
京口区			58					1	12
润州区									
丹徒区	3		497	7	8		10	138	8
镇江新区	2		1059	2	23		3	64	7
江苏镇江高新区									
丹阳市	7		5231	27	22		100	1303	19
扬中市			515	2	3		10	85	4
句容市			332	3	16		2	57	2
泰州市	**54**	**4**	**8238**	**165**	**119**	**1**	**281**	**1903**	**64**
海陵区			295		1		5	23	4
高港区	1		324	12	9	1	6	64	4
姜堰区	8		891	7	3		39	268	2
泰州医药高新技术产业开发区	3		1252	6	25		133	82	8
兴化市	18	3	2308	103	42		31	341	14
靖江市			1028	6	15		8	198	6
泰兴市	24	1	2140	31	24		59	927	26
宿迁市	**105**	**14**	**10962**	**190**	**324**		**747**	**3570**	**1012**
宿城区			299	3	4		11	107	23
宿豫区	1		347	11	8		26	111	5
沭阳县	24	6	4670	56	84		320	1292	738
泗阳县	24	7	2536	24	110		306	907	193
泗洪县	55		2372	93	75		62	872	39
宿迁经济技术开发区	1	1	662		42		21	253	13
宿迁市湖滨新区			76	3	1		1	28	1
苏州宿迁工业园区									
宿迁市洋河新区									

4-6b 续表 48 单位：人

地区 性别	生产制造及有关人员								
	纸及纸制品生产加工人员	印刷和记录媒介复制人员	文教、工美、体育和娱乐用品制造人员	石油加工和炼焦、煤化工生产人员	化学原料和化学制品制造人员	医药制造人员	化学纤维制造人员	橡胶和塑料制品制造人员	非金属矿物制品制造人员
江 苏	**2673**	**1707**	**5298**	**248**	**4219**	**1422**	**1060**	**9757**	**5342**
南京市	**3**	**4**	**12**	**8**	**61**	**33**	**5**	**56**	**25**
玄武区									
秦淮区									
建邺区									
鼓楼区									
浦口区								1	
栖霞区									
雨花台区	1	2			2	4		5	7
江宁区									
六合区	2	2	10	8	54	27	5	36	11
溧水区			2		2	2		14	6
高淳区					3				1
南京江北新区									
无锡市	**372**	**397**	**170**	**24**	**318**	**22**	**251**	**1311**	**773**
锡山区	268	275	47	1	34	9	1	254	76
惠山区	25	9	11	9	17	3	1	41	23
滨湖区									
梁溪区									
新吴区									
江苏无锡经济开发区									
江阴市	62	89	53	4	98	7	230	816	115
宜兴市	17	24	59	10	169	3	19	200	559
徐州市	**90**	**99**	**743**	**47**	**315**	**90**	**8**	**460**	**450**
鼓楼区									
云龙区			1			1			1
贾汪区	5	1	12	2	18	3		67	27
泉山区									
铜山区	27	21	98	2	18	8		38	163
丰县	8	23	25	17	155	3	1	19	18
沛县	6	16	73	22	12	3	5	227	48
睢宁县	32	17	499		12	24	1	57	75
徐州经济技术开发区	5	18	6	4	19	42	1	18	31
新沂市	4	3	12		77	5		31	54
邳州市	3		17		4	1		3	33
常州市	**84**	**46**	**42**	**5**	**123**	**59**	**16**	**534**	**231**
天宁区	12	10		1	7	23		73	5
钟楼区									
新北区	24	8	2		7	2	1	121	53
武进区	12	10	19		22	22	12	181	39
金坛区	3	2	1		16	4	1	41	30
江苏省常州市经济开发区	33	10	6	3	36	3	1	73	36
溧阳市		6	14	1	35	5	1	45	68
苏州市	**894**	**482**	**620**	**41**	**1087**	**312**	**481**	**2511**	**723**
虎丘区	1		29						
吴中区	67	18	121		35	3	4	270	80
相城区	19	6	9		3	2	4	115	29
姑苏区									
吴江区	40	34	103	3	82	17	213	288	80
苏州工业园区	325	123	54	3	157	203	6	474	75
常熟市	192	63	80	3	316	35	42	291	184

4-6b 续表 49

单位：人

地区 性别	生产制造及有关人员								
	纸及纸制品生产加工人员	印刷和记录媒介复制人员	文教、工美、体育和娱乐用品制造人员	石油加工和炼焦、煤化工生产人员	化学原料和化学制品制造人员	医药制造人员	化学纤维制造人员	橡胶和塑料制品制造人员	非金属矿物制品制造人员
张家港市	45	53	71	25	368	16	55	633	161
昆山市	97	148	58	1	57	4		169	34
太仓市	108	37	95	6	69	32	157	271	80
南通市	**222**	**96**	**658**	**13**	**676**	**141**	**106**	**857**	**750**
崇川区									
港闸区									
通州区	32	15	154	1	8	4	8	125	87
如东县	52	18	192	6	283	55	22	121	116
南通经济技术开发区	62	18	25	3	132	49	12	162	91
通州湾示范区	1	3	2		1		2	7	7
苏锡通科技产业园区	7	2	3		42	1	1	40	26
启东市	12	3	20		50	10	1	47	33
如皋市	26	16	88	3	136	16	21	132	126
海门市	21	11	119		17	5	20	124	107
海安市	9	10	55		7	1	19	99	157
连云港市	**59**	**39**	**739**	**31**	**203**	**244**	**12**	**857**	**405**
连云区								1	10
海州区	1	1	6		1	4		5	7
赣榆区	7	3	189	23	11	10	4	769	53
东海县	21	9	508		17	8		17	268
灌云县	15	10	20	5	49	5		33	28
灌南县	5	11	11		89	10	1	15	22
连云港经济技术开发区	4	2	3		24	129	5	10	7
连云港高新技术产业开发区	3	3	1	2	9	78	2	5	8
江苏连云港徐圩新区	3		1	1	3			2	2
江苏省连云港市云台山风景名胜区									
淮安市	**114**	**80**	**266**	**9**	**222**	**68**	**18**	**454**	**168**
淮安区	4	3	40		6	2	2	41	10
淮阴区	19	2	8		4	6	1	16	5
清江浦区					2				3
洪泽区	4		1		3			9	1
涟水县	28	40	78		48	9	4	35	35
盱眙县	10	12	62	1	45	13	1	128	57
金湖县	25	7	64	4	19	17	9	49	31
淮安经济技术开发区	17	14	4	4	25	17		148	19
工业园区	2		3		6	1	1	2	
生态文旅区	5	2	6		5	3		23	6
苏淮高新区					59			3	1
盐城市	**140**	**104**	**350**	**7**	**487**	**140**	**37**	**460**	**499**
亭湖区	3	7	12		3	3		30	29
盐都区	6	5	30		6		2	29	31
大丰区	29	18	93	2	76	26	3	35	44
响水县	11	3	33		40	8		17	18
滨海县	19	5	21		213	48		29	55
阜宁县	12	18	51	1	64	8	24	157	78
射阳县	34	15	29	1	33	27	3	30	60
建湖县	15	22	36	3	41	8	3	85	125
盐城经济技术开发区			6		2	3		4	1
江苏省盐南高新区									
东台市	11	11	39		9	9	2	44	58
扬州市	**117**	**59**	**860**	**23**	**198**	**65**	**24**	**445**	**529**
广陵区	3	11	11	1	12	6	3	59	4

4-6b　续表 50　　　　单位：人

地区 性别	纸及纸制品生产加工人员	印刷和记录媒介复制人员	文教、工美、体育和娱乐用品制造人员	石油加工和炼焦、煤化工生产人员	化学原料和化学制品制造人员	医药制造人员	化学纤维制造人员	橡胶和塑料制品制造人员	非金属矿物制品制造人员
	生产制造及有关人员								
邗江区	21	4	84		10	4	1	25	15
江都区	13	14	222	10	73	12		76	36
宝应县	25	10	218	1	38	15	3	92	433
扬州经济技术开发区	42	13	23	7	40	21	2	93	15
蜀冈瘦西湖景区									
生态新城			3		5			16	
仪征市	4		256	3	6	4	14	52	9
高邮市	9	7	43	1	14	3	1	32	17
镇江市	**312**	**90**	**101**	**6**	**172**	**36**	**27**	**912**	**282**
京口区					2	1		1	
润州区									
丹徒区	3	3	5		12	3	17	34	34
镇江新区	161	4	10	1	99	20	1	125	12
江苏镇江高新区									
丹阳市	126	58	28		46	3	9	660	173
扬中市	20	5	17		7	1		82	16
句容市	2	20	41	5	6	8		10	47
泰州市	**81**	**56**	**248**	**23**	**243**	**161**	**12**	**454**	**221**
海陵区	3		1			1		7	5
高港区	2	4	6		15	20	1	34	20
姜堰区	8	1	15	1	33	3		121	29
泰州医药高新技术产业开发区	12	25	41	19	13	99	5	81	24
兴化市	32	9	74		29	4	2	79	60
靖江市	3	3	9	1	16	3	2	18	22
泰兴市	21	14	102	2	137	31	2	114	61
宿迁市	**185**	**155**	**489**	**11**	**114**	**51**	**63**	**446**	**286**
宿城区	3	4	18	1	6		3	40	8
宿豫区	9	1	4	1	39	16	41	16	15
沭阳县	69	83	321	3	29	16	9	153	101
泗阳县	37	26	59	3	14	12	5	61	43
泗洪县	56	25	77	3	19	5		111	84
宿迁经济技术开发区	11	15	5		7	2	5	60	31
宿迁市湖滨新区		1	5					5	4
苏州宿迁工业园区									
宿迁市洋河新区									
男	**1559**	**945**	**1605**	**208**	**3071**	**794**	**622**	**5150**	**3667**
南京市	**3**	**2**	**2**	**6**	**47**	**23**	**5**	**33**	**18**
玄武区									
秦淮区									
建邺区									
鼓楼区									
浦口区								1	
栖霞区									
雨花台区	1	1			2	2		2	6
江宁区									
六合区	2	1	1	6	41	21	5	22	6
溧水区			1		1			8	5
高淳区					3				1
南京江北新区									
无锡市	**193**	**211**	**63**	**21**	**210**	**12**	**139**	**758**	**570**
锡山区	126	148	16	1	21	5		140	61

4-6b 续表 51 单位：人

地区 性别	生产制造及有关人员								
	纸及纸制品生产加工人员	印刷和记录媒介复制人员	文教、工美、体育和娱乐用品制造人员	石油加工和炼焦、煤化工生产人员	化学原料和化学制品制造人员	医药制造人员	化学纤维制造人员	橡胶和塑料制品制造人员	非金属矿物制品制造人员
惠山区	20	3	4	8	10	2	1	27	17
滨湖区									
梁溪区									
新吴区									
江苏无锡经济开发区									
江阴市	42	50	15	4	71	3	129	489	81
宜兴市	5	10	28	8	108	2	9	102	411
徐州市	**40**	**52**	**94**	**37**	**199**	**52**	**7**	**246**	**303**
鼓楼区									
云龙区			1			1			1
贾汪区	4		6	2	15	1		43	21
泉山区									
铜山区	9	7	9	1	10	4		18	85
丰县	3	12	8	13	82	1	1	10	12
沛县	5	6	8	17	10	3	5	123	32
睢宁县	12	12	52		7	16		27	54
徐州经济技术开发区	3	14	4	4	14	21	1	10	24
新沂市	2	1	3		60	5		13	44
邳州市	2		3		1			2	30
常州市	**54**	**21**	**17**	**5**	**92**	**25**	**8**	**271**	**171**
天宁区	9	5		1	5	7		33	3
钟楼区									
新北区	16	4	1		4			72	42
武进区	9	4	8		16	11	8	80	25
金坛区	1	1			12	2		22	21
江苏省常州市经济开发区	19	3	3	3	27	1		37	26
溧阳市		4	5	1	28	4		27	54
苏州市	**565**	**278**	**289**	**35**	**801**	**169**	**268**	**1430**	**528**
虎丘区			5						
吴中区	44	9	63		19	2	3	139	60
相城区	14	2	2		2	1	2	68	21
姑苏区									
吴江区	26	22	62	3	45	11	133	167	66
苏州工业园区	201	74	36	2	97	105	3	271	48
常熟市	121	40	40	3	260	22	26	165	128
张家港市	29	27	22	20	295	11	19	370	115
昆山市	60	79	35	1	37			95	28
太仓市	70	25	24	6	46	17	82	155	62
南通市	**130**	**48**	**307**	**12**	**518**	**76**	**66**	**497**	**542**
崇川区									
港闸区									
通州区	17	9	68	1	7	2	4	76	55
如东县	30	6	107	5	222	35	13	58	89
南通经济技术开发区	47	9	13	3	101	22	11	121	79
通州湾示范区		2	1		1		2	5	2
苏锡通科技产业园区	4	1	1		37	1		25	22
启东市	6	1	6		26	5	1	28	26
如皋市	13	8	42	3	105	8	15	79	92
海门市	8	7	58		14	3	10	70	56
海安市	5	5	11		5		10	35	121
连云港市	**32**	**19**	**247**	**28**	**151**	**157**	**7**	**107**	**268**
连云区								1	10

4-6b 续表 52 单位：人

地 区 性 别	生产制造及有关人员								
	纸及纸制品生产加工人员	印刷和记录媒介复制人员	文教、工美、体育和娱乐用品制造人员	石油加工和炼焦、煤化工生产人员	化学原料和化学制品制造人员	医药制造人员	化学纤维制造人员	橡胶和塑料制品制造人员	非金属矿物制品制造人员
海州区		1			1	3		1	4
赣榆区	4	1	8	22	7	6	1	61	45
东海县	8	3	228		11	7		10	159
灌云县	11	6	5	4	34	2		19	22
灌南县	4	6	3		72	2	1	7	16
连云港经济技术开发区	3	1	2		19	77	3	4	5
连云港高新技术产业开发区	1	1		1	6	60	2	3	5
江苏连云港徐圩新区	1		1	1	1			1	2
江苏省连云港市云台山风景名胜区									
淮安市	**60**	**46**	**68**	**7**	**167**	**36**	**12**	**258**	**134**
淮安区	4	2	19		4	2	2	27	9
淮阴区	6	2	2		4	3		7	3
清江浦区					2				3
洪泽区	2				3			4	1
涟水县	12	21	9		35	3	2	19	28
盱眙县	7	5	14	1	35	5	1	61	46
金湖县	16	5	22	2	15	11	7	29	25
淮安经济技术开发区	9	10	1	4	21	10		91	13
工业园区	1				3			1	
生态文旅区	3	1	1		4	2		18	5
苏淮高新区					41			1	1
盐城市	**83**	**60**	**84**	**5**	**372**	**76**	**25**	**243**	**314**
亭湖区	2	5	3		3	1		15	20
盐都区	2	4	5		3		1	12	16
大丰区	16	7	18	2	47	16	3	23	30
响水县	8	1	11		36	4		11	13
滨海县	11	4	7		164	35		19	44
阜宁县	9	9	14	1	51	3	16	79	38
射阳县	23	11	7		28	10	3	17	43
建湖县	8	14	14	2	31	3	1	41	66
盐城经济技术开发区					2	1		4	1
江苏省盐南高新区									
东台市	4	5	5		7	3	1	22	43
扬州市	**64**	**31**	**197**	**16**	**127**	**31**	**17**	**218**	**271**
广陵区	2	5	6	1	7	1	2	22	3
邗江区	13	2	9		7	4		12	12
江都区	3	7	45	7	47	3		30	27
宝应县	11	3	105		23	5	2	44	197
扬州经济技术开发区	31	7	6	5	27	12	2	41	12
蜀冈瘦西湖景区									
生态新城			1		3			9	
仪征市			19	3	3	3	10	36	8
高邮市	4	7	6		10	3	1	24	12
镇江市	**207**	**53**	**39**	**6**	**140**	**18**	**16**	**573**	**187**
京口区					2				
润州区									
丹徒区	3	1	2		12	1	9	19	18
镇江新区	120	1	3	1	82	10	1	84	7
江苏镇江高新区									
丹阳市	70	34	14		37	1	6	427	113
扬中市	12	4	2		2	1		37	14
句容市	2	13	18	5	5	5		6	35

4-6b 续表 53

单位：人

地区 性别	生产制造及有关人员								
	纸及纸制品生产加工人员	印刷和记录媒介复制人员	文教、工美、体育和娱乐用品制造人员	石油加工和炼焦、煤化工生产人员	化学原料和化学制品制造人员	医药制造人员	化学纤维制造人员	橡胶和塑料制品制造人员	非金属矿物制品制造人员
泰州市	**34**	**30**	**71**	**21**	**165**	**88**	**6**	**248**	**157**
海陵区	1					1		1	4
高港区		2	4		10	14		17	11
姜堰区	2		4	1	17	1		75	20
泰州医药高新技术产业开发区	6	14	13	18	10	48	3	38	18
兴化市	14	5	16		16	3	1	58	42
靖江市	1	2	4		10	3	2	8	16
泰兴市	10	7	30	2	102	18		51	46
宿迁市	**94**	**94**	**127**	**9**	**82**	**31**	**46**	**268**	**204**
宿城区	1	4	4	1	3		2	19	8
宿豫区	5	1	1	1	29	13	33	5	11
沭阳县	39	52	78	3	21	9	5	86	76
泗阳县	16	15	23	2	8	7	4	36	32
泗洪县	25	14	17	2	15	2		80	52
宿迁经济技术开发区	8	7	2		6		2	38	21
宿迁市湖滨新区		1	2					4	4
苏州宿迁工业园区									
宿迁市洋河新区									
女	**1114**	**762**	**3693**	**40**	**1148**	**628**	**438**	**4607**	**1675**
南京市		**2**	**10**	**2**	**14**	**10**		**23**	**7**
玄武区									
秦淮区									
建邺区									
鼓楼区									
浦口区									
栖霞区									
雨花台区		1				2		3	1
江宁区									
六合区		1	9	2	13	6		14	5
溧水区			1		1	2		6	1
高淳区									
南京江北新区									
无锡市	**179**	**186**	**107**	**3**	**108**	**10**	**112**	**553**	**203**
锡山区	142	127	31		13	4	1	114	15
惠山区	5	6	7	1	7	1		14	6
滨湖区									
梁溪区									
新吴区									
江苏无锡经济开发区									
江阴市	20	39	38		27	4	101	327	34
宜兴市	12	14	31	2	61	1	10	98	148
徐州市	**50**	**47**	**649**	**10**	**116**	**38**	**1**	**214**	**147**
鼓楼区									
云龙区									
贾汪区	1	1	6		3	2		24	6
泉山区									
铜山区	18	14	89	1	8	4		20	78
丰县	5	11	17	4	73	2		9	6
沛县	1	10	65	5	2			104	16
睢宁县	20	5	447		5	8	1	30	21
徐州经济技术开发区	2	4	2		5	21		8	7
新沂市	2	2	9		17			18	10
邳州市	1		14		3	1		1	3

4-6b　续表 54　　　　单位：人

地　区 性　别	生产制造及有关人员 纸及纸制品生产加工人员	印刷和记录媒介复制人员	文教、工美、体育和娱乐用品制造人员	石油加工和炼焦、煤化工生产人员	化学原料和化学制品制造人员	医药制造人员	化学纤维制造人员	橡胶和塑料制品制造人员	非金属矿物制品制造人员
常州市	**30**	**25**	**25**		**31**	**34**	**8**	**263**	**60**
天宁区	3	5			2	16		40	2
钟楼区									
新北区	8	4	1		3	2	1	49	11
武进区	3	6	11		6	11	4	101	14
金坛区	2	1	1		4	2	1	19	9
江苏省常州市经济开发区	14	7	3		9	2	1	36	10
溧阳市		2	9		7	1	1	18	14
苏州市	**329**	**204**	**331**	**6**	**286**	**143**	**213**	**1081**	**195**
虎丘区	1		24						
吴中区	23	9	58		16	1	1	131	20
相城区	5	4	7		1	1	2	47	8
姑苏区									
吴江区	14	12	41		37	6	80	121	14
苏州工业园区	124	49	18	1	60	98	3	203	27
常熟市	71	23	40		56	13	16	126	56
张家港市	16	26	49	5	73	5	36	263	46
昆山市	37	69	23		20	4		74	6
太仓市	38	12	71		23	15	75	116	18
南通市	**92**	**48**	**351**	**1**	**158**	**65**	**40**	**360**	**208**
崇川区									
港闸区									
通州区	15	6	86		1	2	4	49	32
如东县	22	12	85	1	61	20	9	63	27
南通经济技术开发区	15	9	12		31	27	1	41	12
通州湾示范区	1	1	1					2	5
苏锡通科技产业园区	3	1	2		5		1	15	4
启东市	6	2	14		24	5		19	7
如皋市	13	8	46		31	8	6	53	34
海门市	13	4	61		3	2	10	54	51
海安市	4	5	44		2	1	9	64	36
连云港市	**27**	**20**	**492**	**3**	**52**	**87**	**5**	**750**	**137**
连云区									
海州区	1		6			1		4	3
赣榆区	3	2	181	1	4	4	3	708	8
东海县	13	6	280		6	1		7	109
灌云县	4	4	15	1	15	3		14	6
灌南县	1	5	8		17	8		8	6
连云港经济技术开发区	1	1	1		5	52	2	6	2
连云港高新技术产业开发区	2	2	1	1	3	18		2	3
江苏连云港徐圩新区	2				2			1	
江苏省连云港市云台山风景名胜区									
淮安市	**54**	**34**	**198**	**2**	**55**	**32**	**6**	**196**	**34**
淮安区		1	21		2			14	1
淮阴区	13		6			3	1	9	2
清江浦区									
洪泽区	2		1					5	
涟水县	16	19	69		13	6	2	16	7
盱眙县	3	7	48		10	8		67	11
金湖县	9	2	42	2	4	6	2	20	6
淮安经济技术开发区	8	4	3		4	7		57	6
工业园区	1		3		3	1	1	1	

4-6b 续表 55

单位：人

地区 性别	生产制造及有关人员								
	纸及纸制品生产加工人员	印刷和记录媒介复制人员	文教、工美、体育和娱乐用品制造人员	石油加工和炼焦、煤化工生产人员	化学原料和化学制品制造人员	医药制造人员	化学纤维制造人员	橡胶和塑料制品制造人员	非金属矿物制品制造人员
生态文旅区	2	1	5		1	1		5	1
苏淮高新区					18			2	
盐城市	**57**	**44**	**266**	**2**	**115**	**64**	**12**	**217**	**185**
亭湖区	1	2	9			2		15	9
盐都区	4	1	25		3		1	17	15
大丰区	13	11	75		29	10		12	14
响水县	3	2	22		4	4		6	5
滨海县	8	1	14		49	13		10	11
阜宁县	3	9	37		13	5	8	78	40
射阳县	11	4	22	1	5	17		13	17
建湖县	7	8	22	1	10	5	2	44	59
盐城经济技术开发区			6			2			
江苏省盐南高新区									
东台市	7	6	34		2	6	1	22	15
扬州市	**53**	**28**	**663**	**7**	**71**	**34**	**7**	**227**	**258**
广陵区	1	6	5		5	5	1	37	1
邗江区	8	2	75		3		1	13	3
江都区	10	7	177	3	26	9		46	9
宝应县	14	7	113	1	15	10	1	48	236
扬州经济技术开发区	11	6	17	2	13	9		52	3
蜀冈瘦西湖景区									
生态新城			2		2			7	
仪征市	4		237		3	1	4	16	1
高邮市	5		37	1	4			8	5
镇江市	**105**	**37**	**62**		**32**	**18**	**11**	**339**	**95**
京口区						1		1	
润州区									
丹徒区		2	3			2	8	15	16
镇江新区	41	3	7		17	10		41	5
江苏镇江高新区									
丹阳市	56	24	14		9	2	3	233	60
扬中市	8	1	15		5			45	2
句容市		7	23		1	3		4	12
泰州市	**47**	**26**	**177**	**2**	**78**	**73**	**6**	**206**	**64**
海陵区	2		1					6	1
高港区	2	2	2		5	6	1	17	9
姜堰区	6	1	11		16	2		46	9
泰州医药高新技术产业开发区	6	11	28	1	3	51	2	43	6
兴化市	18	4	58		13	1	1	21	18
靖江市	2	1	5	1	6			10	6
泰兴市	11	7	72		35	13	2	63	15
宿迁市	**91**	**61**	**362**	**2**	**32**	**20**	**17**	**178**	**82**
宿城区	2		14		3		1	21	
宿豫区	4		3		10	3	8	11	4
沭阳县	30	31	243		8	7	4	67	25
泗阳县	21	11	36	1	6	5	1	25	11
泗洪县	31	11	60	1	4	3		31	32
宿迁经济技术开发区	3	8	3		1	2	3	22	10
宿迁市湖滨新区			3					1	
苏州宿迁工业园区									
宿迁市洋河新区									

4-6b 续表 56

单位：人

地区 性别	生产制造及有关人员								
	采矿人员	金属冶炼和压延加工人员	机械制造基础加工人员	金属制品制造人员	通用设备制造人员	专用设备制造人员	汽车制造人员	铁路、船舶、航空设备制造人员	电气机械和器材制造人员
江　苏	**1315**	**6775**	**32471**	**10753**	**6899**	**3083**	**8374**	**2658**	**6429**
南京市	**4**	**27**	**138**	**56**	**43**	**19**	**94**	**14**	**33**
玄武区									
秦淮区									
建邺区									
鼓楼区									
浦口区			1						
栖霞区									
雨花台区			8	2	2	2	7		1
江宁区									
六合区	4	15	100	26	22	7	78	11	22
溧水区		12	27	26	18	9	9	2	10
高淳区			2	2	1	1		1	
南京江北新区									
无锡市	**18**	**749**	**4060**	**943**	**878**	**261**	**577**	**697**	**709**
锡山区	1	105	1357	325	200	45	147	654	134
惠山区	2	44	566	66	124	33	96	9	52
滨湖区									
梁溪区									
新吴区									
江苏无锡经济开发区									
江阴市	2	515	1161	374	300	128	223	31	124
宜兴市	13	85	976	178	254	55	111	3	399
徐州市	**815**	**406**	**3227**	**596**	**519**	**396**	**325**	**559**	**407**
鼓楼区									
云龙区	1	1	48	9	1		5	3	1
贾汪区	32	8	114	43	15	6	39	23	4
泉山区									
铜山区	59	126	599	112	122	24	53	15	37
丰县	10	18	740	61	104	11	75	438	204
沛县	648	134	553	57	60	12	30	18	42
睢宁县	15	27	279	109	54	5	34	8	59
徐州经济技术开发区	37	14	745	58	139	328	82	51	43
新沂市	12	70	73	32	7	7	3	1	10
邳州市	1	8	76	115	17	3	4	2	7
常州市	**12**	**576**	**2733**	**612**	**506**	**233**	**898**	**13**	**394**
天宁区	1	36	184	31	49	97	9	3	8
钟楼区									
新北区		21	582	218	65	16	693	1	36
武进区	1	112	938	109	183	46	101	4	172
金坛区	8	22	141	28	38	49	21	2	66
江苏省常州市经济开发区		233	338	89	42	10	19	2	74
溧阳市	2	152	550	137	129	15	55	1	38
苏州市	**28**	**1765**	**5252**	**2922**	**1754**	**1033**	**2223**	**87**	**1479**
虎丘区				1	3	1			
吴中区		13	485	376	122	56	144	3	235
相城区		15	141	93	44	5	15	1	19
姑苏区									
吴江区	4	61	399	375	374	33	306		303
苏州工业园区	7	68	570	385	376	411	836	27	626
常熟市	2	336	975	432	272	247	405	11	118

4-6b 续表 57

单位：人

地区 性别	生产制造及有关人员								
	采矿人员	金属冶炼和压延加工人员	机械制造基础加工人员	金属制品制造人员	通用设备制造人员	专用设备制造人员	汽车制造人员	铁路、船舶、航空设备制造人员	电气机械和器材制造人员
张家港市	9	1172	1773	671	355	170	197	13	81
昆山市		18	398	221	149	89	142	14	58
太仓市	6	82	511	368	59	21	178	18	39
南通市	**15**	**496**	**3297**	**1644**	**803**	**281**	**460**	**343**	**526**
崇川区									
港闸区									
通州区	4	24	674	205	84	14	13	48	28
如东县	2	47	373	170	72	40	41	19	204
南通经济技术开发区	1	213	309	242	254	79	245	157	145
通州湾示范区		2	65	35	17	3	3		2
苏锡通科技产业园区		58	85	46	94	14	24	5	2
启东市		35	401	492	128	84	16	17	78
如皋市	3	81	701	201	86	32	73	66	29
海门市	5	19	343	175	41	2	28	7	17
海安市		17	346	78	27	13	17	24	21
连云港市	**68**	**626**	**672**	**297**	**158**	**30**	**134**	**26**	**153**
连云区	5	32	7		2				
海州区		5	34	14	6	6	2		
赣榆区	4	171	67	87	41	1	8	10	24
东海县	18	10	113	76	15	3	58	3	93
灌云县	25	10	145	48	32	11	9	6	12
灌南县	3	381	246	37	46	7	17	5	9
连云港经济技术开发区	5	6	32	23	7	1	29	2	2
连云港高新技术产业开发区	8	3	22	4	8	1	10		8
江苏连云港徐圩新区		8	4	7	1		1		5
江苏省连云港市云台山风景名胜区			2	1					
淮安市	**91**	**145**	**886**	**321**	**164**	**50**	**273**	**25**	**322**
淮安区	1	3	22	20	3		4	2	3
淮阴区	4	3	21	12	11	3	3	2	5
清江浦区	1		1	1	1				
洪泽区	2		10	3	3		3	1	
涟水县	4	11	115	63	18	12	19	7	36
盱眙县	10	47	159	72	56	13	57	3	69
金湖县	56	27	451	44	41	15	46	6	115
淮安经济技术开发区	11	51	80	82	13	6	127	4	87
工业园区			5	7	11		1		
生态文旅区	1	3	17	17	5	1	11		7
苏淮高新区	1		5		2		2		
盐城市	**97**	**344**	**3609**	**668**	**522**	**76**	**540**	**50**	**311**
亭湖区	1	2	61	15	18	3	41	1	5
盐都区	1	5	311	50	31	3	52		20
大丰区	2	123	286	61	85	10	55	1	33
响水县	38	75	136	34	28	3	9	12	9
滨海县	36	27	334	59	77		34	8	88
阜宁县	4	13	298	76	78	9	34	2	22
射阳县	6	16	236	103	78	10	38	6	22
建湖县	8	15	1467	71	57	21	37	7	56
盐城经济技术开发区		7	26	28	12	5	221		15
江苏省盐南高新区									
东台市	1	61	454	171	58	12	19	13	41
扬州市	**100**	**220**	**1916**	**593**	**441**	**235**	**530**	**192**	**944**
广陵区		21	74	65	22	130	10	27	45

4-6b 续表 58

单位：人

地区 性别	生产制造及有关人员								
	采矿人员	金属冶炼和压延加工人员	机械制造基础加工人员	金属制品制造人员	通用设备制造人员	专用设备制造人员	汽车制造人员	铁路、船舶、航空设备制造人员	电气机械和器材制造人员
邗江区	2	13	218	58	20	8	55		32
江都区	80	106	761	194	128	17	89	124	13
宝应县	5	31	371	134	65	24	198	15	193
扬州经济技术开发区	9	15	158	53	114	18	84	12	318
蜀冈瘦西湖景区生态新城			33	4			3		
仪征市	2	2	81	27	14	22	72	11	17
高邮市	2	32	220	58	78	16	19	3	326
镇江市	**8**	**401**	**2590**	**659**	**521**	**260**	**1702**	**203**	**485**
京口区		37	7	4	2	2	2	1	11
润州区									
丹徒区		44	91	54	57	19	51	6	15
镇江新区	3	12	197	109	35	52	125	16	102
江苏镇江高新区									
丹阳市		250	2143	441	379	180	1436	59	228
扬中市		17	94	30	37	3	55	113	122
句容市	5	41	58	21	11	4	33	8	7
泰州市	**13**	**893**	**3354**	**933**	**431**	**104**	**410**	**419**	**176**
海陵区		3	215	13	22	1	78	64	19
高港区		3	71	26	21	8	13	14	5
姜堰区	1	72	264	62	114	15	12	11	14
泰州医药高新技术产业开发区	3	18	612	68	30	45	36	13	40
兴化市	3	633	815	537	74	18	113	20	13
靖江市	4	97	884	71	95	6	72	238	36
泰兴市	2	67	493	156	75	11	86	59	49
宿迁市	**46**	**127**	**737**	**509**	**159**	**105**	**208**	**30**	**490**
宿城区		5	23	9	2	1	2	1	12
宿豫区	1	5	34	15	3	2	14	2	43
沭阳县	17	62	285	180	69	56	43	5	264
泗阳县	18	16	192	124	15	16	34	12	24
泗洪县	4	17	161	95	56	28	96	5	93
宿迁经济技术开发区	6	21	35	84	14		19	4	53
宿迁市湖滨新区		1	7	2		2		1	1
苏州宿迁工业园区									
宿迁市洋河新区									
男	**1128**	**5258**	**25973**	**7485**	**5229**	**1891**	**5117**	**1825**	**3866**
南京市	**3**	**22**	**112**	**44**	**34**	**15**	**59**	**12**	**25**
玄武区									
秦淮区									
建邺区									
鼓楼区									
浦口区			1						
栖霞区									
雨花台区			7	2	2	1	3		1
江宁区									
六合区	3	11	78	21	16	5	50	9	16
溧水区		11	25	19	15	8	6	2	8
高淳区			1	2	1	1		1	
南京江北新区									
无锡市	**14**	**572**	**3273**	**675**	**676**	**169**	**345**	**386**	**426**
锡山区	1	79	1008	211	125	18	87	365	80

4-6b 续表 59　　　　单位：人

地　区 性　别	生产制造及有关人员 采矿人员	金属冶炼和压延加工人员	机械制造基础加工人员	金属制品制造人员	通用设备制造人员	专用设备制造人员	汽车制造人员	铁路、船舶、航空设备制造人员	电气机械和器材制造人员
惠山区	2	34	446	41	96	21	51	4	22
滨湖区									
梁溪区									
新吴区									
江苏无锡经济开发区									
江阴市	1	397	1002	285	244	88	134	16	63
宜兴市	10	62	817	138	211	42	73	1	261
徐州市	**738**	**340**	**2850**	**437**	**429**	**337**	**240**	**356**	**210**
鼓楼区									
云龙区	1	1	44	7			4	3	1
贾汪区	29	6	95	34	14	4	26	16	4
泉山区									
铜山区	54	104	532	70	104	11	37	10	15
丰县	10	16	593	47	67	7	53	266	95
沛县	584	116	522	45	53	10	27	17	24
睢宁县	14	19	255	66	45	3	23	8	35
徐州经济技术开发区	35	12	677	50	126	298	64	33	24
新沂市	10	59	66	27	5	2	2	1	8
邳州市	1	7	66	91	15	2	4	2	4
常州市	**11**	**472**	**2149**	**405**	**355**	**116**	**442**	**10**	**198**
天宁区	1	32	141	24	33	37	6	2	5
钟楼区									
新北区		18	452	121	38	12	321	1	10
武进区	1	87	727	69	132	28	57	3	75
金坛区	8	18	108	20	24	22	13	2	44
江苏省常州市经济开发区		193	251	59	30	6	11	1	34
溧阳市	1	124	470	112	98	11	34	1	30
苏州市	**23**	**1418**	**4257**	**1990**	**1351**	**592**	**1523**	**66**	**907**
虎丘区				1	2	1			
吴中区		11	364	270	83	34	98	3	134
相城区		12	125	65	30		10	1	9
姑苏区									
吴江区	2	47	348	266	290	24	178		171
苏州工业园区	5	43	461	282	289	244	580	23	425
常熟市	2	280	782	309	235	131	324	7	70
张家港市	8	941	1433	392	265	99	120	10	47
昆山市		13	317	156	115	46	101	9	29
太仓市	6	71	427	249	42	13	112	13	22
南通市	**9**	**369**	**2629**	**1159**	**616**	**191**	**304**	**271**	**359**
崇川区									
港闸区									
通州区	2	18	544	155	71	12	5	39	11
如东县	1	40	288	134	55	26	24	18	137
南通经济技术开发区	1	155	283	198	205	46	173	121	128
通州湾示范区		1	49	23	14	3	2		2
苏锡通科技产业园区		43	68	29	71	12	19	4	1
启东市		27	293	308	85	59	10	14	37
如皋市	2	63	589	147	71	21	47	51	22
海门市	3	12	238	110	25	2	14	5	9
海安市		10	277	55	19	10	10	19	12
连云港市	**62**	**489**	**587**	**239**	**133**	**20**	**89**	**21**	**82**
连云区	5	26	7		2				

4-6b 续表 60

单位：人

地区 性别	生产制造及有关人员								
	采矿人员	金属冶炼和压延加工人员	机械制造基础加工人员	金属制品制造人员	通用设备制造人员	专用设备制造人员	汽车制造人员	铁路、船舶、航空设备制造人员	电气机械和器材制造人员
海州区		2	33	13	6	3	2		
赣榆区	4	143	64	72	34		4	8	22
东海县	17	7	90	51	15	3	37	3	45
灌云县	21	8	128	42	28	10	7	5	7
灌南县	3	292	212	28	40	4	12	3	
连云港经济技术开发区	4	3	29	21	2		22	2	1
连云港高新技术产业开发区	8	2	18	4	5		5		3
江苏连云港徐圩新区		6	4	7	1				4
江苏省连云港市云台山风景名胜区			2	1					
淮安市	**67**	**116**	**751**	**223**	**132**	**28**	**206**	**19**	**186**
淮安区	1	3	18	15	3		4	1	2
淮阴区	3	3	20	12	9	1	2	1	4
清江浦区	1				1				
洪泽区	2		10	2	3		2	1	
涟水县	1	7	102	41	17	7	11	6	12
盱眙县	8	35	141	60	40	5	43	3	43
金湖县	41	23	368	34	31	10	36	4	68
淮安经济技术开发区	8	42	69	42	12	5	97	3	51
工业园区			5	6	9		1		
生态文旅区	1	3	14	11	5		9		6
苏淮高新区	1		4		2		1		
盐城市	**69**	**271**	**2994**	**516**	**422**	**50**	**341**	**42**	**187**
亭湖区		2	54	13	14	1	23	1	3
盐都区	1	1	269	34	28	3	36		15
大丰区	1	96	235	46	67	8	37	1	22
响水县	32	64	127	28	25	2	8	10	4
滨海县	22	25	283	52	66		19	6	50
阜宁县	3	10	267	66	65	6	25	2	16
射阳县	3	14	204	87	67	5	24	6	17
建湖县	6	12	1223	58	38	15	29	7	27
盐城经济技术开发区		2	23	16	8	2	129		13
江苏省盐南高新区									
东台市	1	45	309	116	44	8	11	9	20
扬州市	**75**	**177**	**1470**	**400**	**313**	**91**	**367**	**156**	**656**
广陵区		16	65	41	16	40	6	22	34
邗江区	1	10	171	47	17	4	39		20
江都区	62	92	575	125	79	10	57	99	11
宝应县	2	22	281	94	51	10	140	12	145
扬州经济技术开发区	6	11	135	40	95	11	56	11	227
蜀冈瘦西湖景区									
生态新城			25	3			2		
仪征市	2	2	71	21	9	9	55	9	8
高邮市	2	24	147	29	46	7	12	3	211
镇江市	**8**	**310**	**1929**	**411**	**334**	**173**	**815**	**131**	**222**
京口区		33	5	2	2	2	2	1	3
润州区									
丹徒区		33	74	31	33	13	36	5	6
镇江新区	3	10	156	69	28	37	77	11	73
江苏镇江高新区									
丹阳市		189	1578	276	238	118	651	36	73
扬中市		12	69	17	24	2	29	73	63
句容市	5	33	47	16	9	1	20	5	4

4-6b 续表 61

单位：人

地区 性别	生产制造及有关人员								
	采矿人员	金属冶炼和压延加工人员	机械制造基础加工人员	金属制品制造人员	通用设备制造人员	专用设备制造人员	汽车制造人员	铁路、船舶、航空设备制造人员	电气机械和器材制造人员
泰州市	**10**	**595**	**2345**	**608**	**308**	**55**	**243**	**330**	**91**
海陵区		3	121	7	16	1	36	28	10
高港区		3	51	17	14	3	11	11	3
姜堰区	1	35	176	42	73	8	7	8	7
泰州医药高新技术产业开发区	2	15	424	44	23	21	20	12	21
兴化市	3	417	583	352	50	10	86	16	8
靖江市	3	78	596	46	72	6	29	210	11
泰兴市	1	44	394	100	60	6	54	45	31
宿迁市	**39**	**107**	**627**	**378**	**126**	**54**	**143**	**25**	**317**
宿城区		3	18	9	2		2	1	8
宿豫区	1	4	30	12	3	1	8	1	28
沭阳县	15	56	236	130	57	29	30	5	167
泗阳县	13	12	175	89	12	7	25	11	17
泗洪县	4	11	128	72	41	15	63	3	65
宿迁经济技术开发区	6	20	33	64	11		15	3	31
宿迁市湖滨新区		1	7	2		2		1	1
苏州宿迁工业园区									
宿迁市洋河新区									
女	**187**	**1517**	**6498**	**3268**	**1670**	**1192**	**3257**	**833**	**2563**
南京市	**1**	**5**	**26**	**12**	**9**	**4**	**35**	**2**	**8**
玄武区									
秦淮区									
建邺区									
鼓楼区									
浦口区									
栖霞区									
雨花台区			1			1	4		
江宁区									
六合区	1	4	22	5	6	2	28	2	6
溧水区		1	2	7	3	1	3		2
高淳区			1						
南京江北新区									
无锡市	**4**	**177**	**787**	**268**	**202**	**92**	**232**	**311**	**283**
锡山区		26	349	114	75	27	60	289	54
惠山区		10	120	25	28	12	45	5	30
滨湖区									
梁溪区									
新吴区									
江苏无锡经济开发区									
江阴市	1	118	159	89	56	40	89	15	61
宜兴市	3	23	159	40	43	13	38	2	138
徐州市	**77**	**66**	**377**	**159**	**90**	**59**	**85**	**203**	**197**
鼓楼区									
云龙区			4	2	1		1		
贾汪区	3	2	19	9	1	2	13	7	
泉山区									
铜山区	5	22	67	42	18	13	16	5	22
丰县		2	147	14	37	4	22	172	109
沛县	64	18	31	12	7	2	3	1	18
睢宁县	1	8	24	43	9	2	11		24
徐州经济技术开发区	2	2	68	8	13	30	18	18	19
新沂市	2	11	7	5	2	5	1		2
邳州市		1	10	24	2	1			3

4-6b　续表 62　　　　单位：人

地　区 性　别	生产制造及有关人员								
	采矿人员	金属冶炼和压延加工人员	机械制造基础加工人员	金属制品制造人员	通用设备制造人员	专用设备制造人员	汽车制造人员	铁路、船舶、航空设备制造人员	电气机械和器材制造人员
常州市	**1**	**104**	**584**	**207**	**151**	**117**	**456**	**3**	**196**
天宁区		4	43	7	16	60	3	1	3
钟楼区									
新北区		3	130	97	27	4	372		26
武进区		25	211	40	51	18	44	1	97
金坛区		4	33	8	14	27	8		22
江苏省常州市经济开发区		40	87	30	12	4	8	1	40
溧阳市	1	28	80	25	31	4	21		8
苏州市	**5**	**347**	**995**	**932**	**403**	**441**	**700**	**21**	**572**
虎丘区					1				
吴中区		2	121	106	39	22	46		101
相城区		3	16	28	14	5	5		10
姑苏区									
吴江区	2	14	51	109	84	9	128		132
苏州工业园区	2	25	109	103	87	167	256	4	201
常熟市		56	193	123	37	116	81	4	48
张家港市	1	231	340	279	90	71	77	3	34
昆山市		5	81	65	34	43	41	5	29
太仓市		11	84	119	17	8	66	5	17
南通市	**6**	**127**	**668**	**485**	**187**	**90**	**156**	**72**	**167**
崇川区									
港闸区									
通州区	2	6	130	50	13	2	8	9	17
如东县	1	7	85	36	17	14	17	1	67
南通经济技术开发区		58	26	44	49	33	72	36	17
通州湾示范区		1	16	12	3		1		
苏锡通科技产业园区		15	17	17	23	2	5	1	1
启东市		8	108	184	43	25	6	3	41
如皋市	1	18	112	54	15	11	26	15	7
海门市	2	7	105	65	16		14	2	8
海安市		7	69	23	8	3	7	5	9
连云港市	**6**	**137**	**85**	**58**	**25**	**10**	**45**	**5**	**71**
连云区		6							
海州区		3	1	1		3			
赣榆区		28	3	15	7	1	4	2	2
东海县	1	3	23	25			21		48
灌云县	4	2	17	6	4	1	2	1	5
灌南县		89	34	9	6	3	5	2	9
连云港经济技术开发区	1	3	3	2	5	1	7		1
连云港高新技术产业开发区		1	4		3	1	5		5
江苏连云港徐圩新区		2					1		1
江苏省连云港市云台山风景名胜区									
淮安市	**24**	**29**	**135**	**98**	**32**	**22**	**67**	**6**	**136**
淮安区			4	5				1	1
淮阴区	1		1		2	2	1	1	1
清江浦区			1	1					
洪泽区				1			1		
涟水县	3	4	13	22	1	5	8	1	24
盱眙县	2	12	18	12	16	8	14		26
金湖县	15	4	83	10	10	5	10	2	47
淮安经济技术开发区	3	9	11	40	1	1	30	1	36
工业园区				1	2				

4-6b　续表 63　　单位：人

地　区 性　别	生产制造及有关人员								
	采矿人员	金属冶炼和压延加工人员	机械制造基础加工人员	金属制品制造人员	通用设备制造人员	专用设备制造人员	汽车制造人员	铁路、船舶、航空设备制造人员	电气机械和器材制造人员
生态文旅区			3	6		1	2		1
苏淮高新区			1				1		
盐城市	**28**	**73**	**615**	**152**	**100**	**26**	**199**	**8**	**124**
亭湖区	1		7	2	4	2	18		2
盐都区		4	42	16	3		16		5
大丰区	1	27	51	15	18	2	18		11
响水县	6	11	9	6	3	1	1	2	5
滨海县	14	2	51	7	11		15	2	38
阜宁县	1	3	31	10	13	3	9		6
射阳县	3	2	32	16	11	5	14		5
建湖县	2	3	244	13	19	6	8		29
盐城经济技术开发区		5	3	12	4	3	92		2
江苏省盐南高新区									
东台市		16	145	55	14	4	8	4	21
扬州市	**25**	**43**	**446**	**193**	**128**	**144**	**163**	**36**	**288**
广陵区		5	9	24	6	90	4	5	11
邗江区	1	3	47	11	3	4	16		12
江都区	18	14	186	69	49	7	32	25	2
宝应县	3	9	90	40	14	14	58	3	48
扬州经济技术开发区	3	4	23	13	19	7	28	1	91
蜀冈瘦西湖景区									
生态新城			8	1			1		
仪征市			10	6	5	13	17	2	9
高邮市		8	73	29	32	9	7		115
镇江市		**91**	**661**	**248**	**187**	**87**	**887**	**72**	**263**
京口区		4	2	2					8
润州区									
丹徒区		11	17	23	24	6	15	1	9
镇江新区		2	41	40	7	15	48	5	29
江苏镇江高新区									
丹阳市		61	565	165	141	62	785	23	155
扬中市		5	25	13	13	1	26	40	59
句容市		8	11	5	2	3	13	3	3
泰州市	**3**	**298**	**1009**	**325**	**123**	**49**	**167**	**89**	**85**
海陵区			94	6	6		42	36	9
高港区			20	9	7	5	2	3	2
姜堰区		37	88	20	41	7	5	3	7
泰州医药高新技术产业开发区	1	3	188	24	7	24	16	1	19
兴化市		216	232	185	24	8	27	4	5
靖江市	1	19	288	25	23		43	28	25
泰兴市	1	23	99	56	15	5	32	14	18
宿迁市	**7**	**20**	**110**	**131**	**33**	**51**	**65**	**5**	**173**
宿城区		2	5			1			4
宿豫区		1	4	3		1	6	1	15
沭阳县	2	6	49	50	12	27	13		97
泗阳县	5	4	17	35	3	9	9	1	7
泗洪县		6	33	23	15	13	33	2	28
宿迁经济技术开发区		1	2	20	3		4	1	22
宿迁市湖滨新区									
苏州宿迁工业园区									
宿迁市洋河新区									

4-6b 续表 64

单位：人

地区 性别	生产制造及有关人员								不便分类的其他从业人员
	计算机、通信和其他电子设备制造人员	仪器仪表制造人员	废弃资源综合利用人员	电力、热力、气体、水生产和输配人员	建筑施工人员	运输设备和通用工程机械操作人员及有关人员	生产辅助人员	其他生产制造及有关人员	
江　苏	**38688**	**366**	**622**	**1248**	**98938**	**8771**	**45745**	**2229**	**3414**
南京市	**333**	**1**	**3**	**5**	**899**	**84**	**366**	**15**	**15**
玄武区									
秦淮区									
建邺区									
鼓楼区									
浦口区	1						2		1
栖霞区									
雨花台区	25	1	2		13	3	20		
江宁区									
六合区	241			3	536	71	300	11	12
溧水区	63		1		254	7	38	3	1
高淳区	3			2	96	3	6	1	1
南京江北新区									
无锡市	**1497**	**45**	**83**	**98**	**3533**	**536**	**5162**	**72**	**8**
锡山区	433	14	29	20	725	91	1217	19	
惠山区	96	18	8	9	370	67	464	6	
滨湖区									
梁溪区									
新吴区									
江苏无锡经济开发区									
江阴市	541	9	30	42	1256	198	2628	31	2
宜兴市	427	4	16	27	1182	180	853	16	6
徐州市	**2276**	**13**	**41**	**149**	**14252**	**1353**	**3901**	**329**	**188**
鼓楼区									
云龙区	12		1		102	8	29	2	
贾汪区	99	2	2	7	275	61	121	4	22
泉山区									
铜山区	205	1	12	30	2199	423	598	17	12
丰县	400	3	5	14	2063	131	576	229	13
沛县	248	4	7	68	3270	221	831	13	13
睢宁县	514	1	11	13	3234	220	960	10	72
徐州经济技术开发区	549	2	1	12	1179	175	503	48	19
新沂市	136			4	994	69	155	6	13
邳州市	113		2	1	936	45	128		24
常州市	**1495**	**25**	**35**	**43**	**2830**	**257**	**1959**	**208**	**49**
天宁区	147	2	3	2	179	16	162	76	16
钟楼区									
新北区	241	4	11	4	201	29	305	5	1
武进区	372	4	8	11	455	49	518	30	15
金坛区	215	8		5	486	28	184	2	8
江苏省常州市经济开发区	365	5	13	15	275	62	488	69	
溧阳市	155	2		6	1234	73	302	26	9
苏州市	**12266**	**97**	**79**	**229**	**9406**	**1413**	**11585**	**361**	**669**
虎丘区	4				27		4		
吴中区	1359	3	7	9	1026	58	496	29	167
相城区	169	3	2	11	201	32	288		2
姑苏区									
吴江区	677	6	2	64	1097	133	2397	13	
苏州工业园区	7125	44	5	30	1734	257	2949	129	247
常熟市	623	3	10	52	1660	168	1617	12	48

4-6b 续表 65

单位：人

地区 性别	生产制造及有关人员								不便分类的其他从业人员
	计算机、通信和其他电子设备制造人员	仪器仪表制造人员	废弃资源综合利用人员	电力、热力、气体、水生产和输配人员	建筑施工人员	运输设备和通用工程机械操作人员及有关人员	生产辅助人员	其他生产制造及有关人员	
张家港市	620	14	43	53	1831	544	2363	41	16
昆山市	987	17	4	5	588	44	742	16	7
太仓市	702	7	6	5	1242	177	729	121	182
南通市	**2957**	**65**	**63**	**112**	**12847**	**926**	**5991**	**182**	**289**
崇川区									
港闸区									
通州区	440	9	16	9	1903	97	999	29	28
如东县	272	16	5	43	2547	151	1257	19	11
南通经济技术开发区	602	4	4	21	1246	148	872	37	108
通州湾示范区	51	1			220	17	128	17	2
苏锡通科技产业园区	197	3	9	4	244	69	244	16	13
启东市	338	28	8	7	1595	48	445	7	7
如皋市	413	1	18	20	2664	266	803	28	59
海门市	451	1	3	2	1275	86	792	21	39
海安市	193	2		6	1153	44	451	8	22
连云港市	**1702**	**8**	**106**	**93**	**8822**	**878**	**1763**	**120**	**236**
连云区	1			8	5	12	24		
海州区	40	1	1	3	308	47	32	2	5
赣榆区	115	1	25	9	2113	146	387	5	28
东海县	749	1	64	18	2696	231	427	16	82
灌云县	214		4	7	1493	134	233	22	50
灌南县	366	2	8	11	1575	121	254	42	29
连云港经济技术开发区	81	2	2	13	174	34	164	29	17
连云港高新技术产业开发区	87	1	2	24	412	59	200	2	14
江苏连云港徐圩新区	49				41	93	36	2	11
江苏省连云港市云台山风景名胜区					5	1	6		
淮安市	**3697**	**29**	**22**	**54**	**7950**	**459**	**1918**	**119**	**240**
淮安区	77		2	5	644	24	64	18	1
淮阴区	100		2	2	914	27	52		6
清江浦区	3				45	1	8		
洪泽区	33				121	8	21	3	1
涟水县	698	2	1	6	2098	82	475	23	49
盱眙县	652	4	7	16	1834	114	406	26	40
金湖县	148	22	7	7	748	94	423	13	
淮安经济技术开发区	1783		1	13	1048	61	302	27	128
工业园区	14	1		2	48	6	3		
生态文旅区	122		2	2	389	29	121	8	13
苏淮高新区	67			1	61	13	43	1	2
盐城市	**3534**	**23**	**51**	**157**	**13167**	**1022**	**3072**	**176**	**649**
亭湖区	378	2		2	449	39	42	5	8
盐都区	151	1	4	3	624	26	152	21	30
大丰区	177		5	23	909	129	464	21	45
响水县	371	1		28	884	105	259	24	64
滨海县	381	2	3	22	1876	203	276	2	16
阜宁县	722	2	15	12	2498	141	443	39	87
射阳县	386	6	9	39	2411	173	526	19	119
建湖县	501	4	2	13	2157	137	481	15	22
盐城经济技术开发区	352		3	1	474	15	118	9	240
江苏省盐南高新区									
东台市	115	5	10	14	885	54	311	21	18
扬州市	**2547**	**14**	**24**	**67**	**6655**	**415**	**1909**	**188**	**407**
广陵区	81		4	6	151	50	198	8	7

4-6b　续表 66　　　　　　　　　　　　　　　　　　　　　　　　　　单位：人

地区 性别	生产制造及有关人员								不便分类的其他从业人员
	计算机、通信和其他电子设备制造人员	仪器仪表制造人员	废弃资源综合利用人员	电力、热力、气体、水生产和输配人员	建筑施工人员	运输设备和通用工程机械操作人员及有关人员	生产辅助人员	其他生产制造及有关人员	
邗江区	88	1	1	4	346	21	82	7	3
江都区	269	4	2	11	1454	113	527	48	69
宝应县	1273	1	8	16	2675	68	505	25	74
扬州经济技术开发区	622	5	3	18	449	87	336	84	208
蜀冈瘦西湖景区									
生态新城	12		2	1	120		17	4	19
仪征市	110			1	638	18	75	7	22
高邮市	92	3	4	10	822	58	169	5	5
镇江市	**1900**	**24**	**22**	**52**	**3074**	**251**	**2757**	**118**	**77**
京口区	13			2	24	9	13		
润州区									
丹徒区	173	2	3	3	286	17	148	12	1
镇江新区	890	3	3	14	660	93	465	57	64
江苏镇江高新区									
丹阳市	536	17	14	22	1414	87	1907	43	8
扬中市	190	2	1	2	207	9	71		
句容市	98		1	9	483	36	153	6	4
泰州市	**1803**	**17**	**62**	**106**	**5696**	**504**	**2685**	**168**	**168**
海陵区	16			2	143	4	101	5	
高港区	67		2	7	314	35	115	5	1
姜堰区	97	1	1	2	808	37	210	40	12
泰州医药高新技术产业开发区	529	2	1	10	949	76	610	20	8
兴化市	583	1	47	54	1763	112	713	63	105
靖江市	166	1	5	9	389	142	431	3	
泰兴市	345	12	6	22	1330	98	505	32	42
宿迁市	**2681**	**5**	**31**	**83**	**9807**	**673**	**2677**	**173**	**419**
宿城区	56			1	316	17	74	1	
宿豫区	90	3		1	271	28	61	14	11
沭阳县	1230	2	10	55	4156	269	1010	93	118
泗阳县	462		4	15	2276	132	650	17	229
泗洪县	572		11	8	2118	137	672	27	24
宿迁经济技术开发区	244		6	2	565	87	196	21	36
宿迁市湖滨新区	27			1	105	3	14		1
苏州宿迁工业园区									
宿迁市洋河新区									
男	**22308**	**202**	**451**	**1072**	**87295**	**7733**	**28489**	**1405**	**2064**
南京市	**200**	**1**	**1**	**5**	**803**	**79**	**267**	**10**	**12**
玄武区									
秦淮区									
建邺区									
鼓楼区									
浦口区	1						1		
栖霞区									
雨花台区	19	1			13	3	14		
江宁区									
六合区	140			3	478	66	220	8	11
溧水区	39		1		224	7	28	2	
高淳区	1			2	88	3	4		1
南京江北新区									
无锡市	**805**	**26**	**60**	**85**	**3210**	**457**	**3184**	**45**	**5**
锡山区	213	4	20	19	675	82	676	11	

4-6b 续表 67

单位：人

地区 性别	生产制造及有关人员								不便分类的其他从业人员
	计算机、通信和其他电子设备制造人员	仪器仪表制造人员	废弃资源综合利用人员	电力、热力、气体、水生产和输配人员	建筑施工人员	运输设备和通用工程机械操作人员及有关人员	生产辅助人员	其他生产制造及有关人员	
惠山区	45	12	8	8	330	58	260	4	
滨湖区									
梁溪区									
新吴区									
江苏无锡经济开发区									
江阴市	326	6	23	36	1153	164	1667	20	1
宜兴市	221	4	9	22	1052	153	581	10	4
徐州市	**1299**	**8**	**34**	**126**	**12521**	**1219**	**2425**	**210**	**121**
鼓楼区									
云龙区	9		1		94	8	19	1	
贾汪区	72	2	2	7	232	56	72	4	14
泉山区									
铜山区	95	1	9	24	1971	377	314	9	6
丰县	256	1	5	12	1665	115	381	140	4
沛县	127	2	5	55	3011	201	599	8	10
睢宁县	273		10	12	2842	205	520	5	52
徐州经济技术开发区	304	2	1	11	1042	149	360	41	11
新沂市	87			4	910	66	94	2	11
邳州市	76		1	1	754	42	66		13
常州市	**780**	**20**	**27**	**34**	**2553**	**204**	**1203**	**123**	**29**
天宁区	73	2	3	1	151	14	72	39	11
钟楼区									
新北区	104	2	7	4	169	26	174	1	1
武进区	181	2	5	6	419	35	302	15	6
金坛区	130	7		4	440	25	132	2	6
江苏省常州市经济开发区	187	5	12	13	233	42	303	51	
溧阳市	105	2		6	1141	62	220	15	5
苏州市	**7149**	**54**	**54**	**197**	**8217**	**1169**	**7477**	**219**	**351**
虎丘区	3				26		2		
吴中区	738	2	4	8	829	55	273	17	93
相城区	73		1	11	184	30	146		2
姑苏区									
吴江区	401	4	2	56	1004	120	1811	7	
苏州工业园区	4265	19	3	26	1549	232	1762	71	140
常熟市	381	3	8	44	1543	158	1018	7	10
张家港市	374	9	29	43	1579	371	1597	35	10
昆山市	513	12	3	4	482	39	440	9	4
太仓市	401	5	4	5	1021	164	428	73	92
南通市	**1812**	**34**	**43**	**100**	**11827**	**793**	**3645**	**119**	**193**
崇川区									
港闸区									
通州区	239	4	9	7	1755	83	576	20	23
如东县	148	9	5	36	2391	145	742	12	10
南通经济技术开发区	397		3	20	1120	131	562	27	59
通州湾示范区	33	1			214	14	88	12	2
苏锡通科技产业园区	151	3	5	4	233	63	168	10	11
启东市	214	15	6	7	1483	37	262	4	5
如皋市	259	1	13	19	2447	213	506	16	46
海门市	265		2	2	1178	75	437	13	26
海安市	106	1		5	1006	32	304	5	11
连云港市	**1004**	**4**	**78**	**81**	**7591**	**822**	**1037**	**81**	**155**
连云区	1			7	5	11	23		

4-6b　续表 68　　　　　　　　　　　　　　　　单位：人

地　区 性　别	生产制造及有关人员								不便分类的其他从业人员
	计算机、通信和其他电子设备制造人员	仪器仪表制造人员	废弃资源综合利用人员	电力、热力、气体、水生产和输配人员	建筑施工人员	运输设备和通用工程机械操作人员及有关人员	生产辅助人员	其他生产制造及有关人员	
海州区	24		1	3	280	46	18	2	5
赣榆区	75		10	9	1902	134	180	3	18
东海县	428		51	17	2179	215	213	12	48
灌云县	129		4	6	1279	127	162	16	30
灌南县	202	1	8	7	1388	110	160	27	20
连云港经济技术开发区	54	2	2	12	149	31	116	18	15
连云港高新技术产业开发区	52	1	2	20	366	57	138	2	12
江苏连云港徐圩新区	39				38	90	25	1	7
江苏省连云港市云台山风景名胜区					5	1	2		
淮安市	**2029**	**19**	**15**	**48**	**6875**	**422**	**1207**	**70**	**149**
淮安区	39		1	5	538	23	35	7	1
淮阴区	60		2	2	805	26	34		5
清江浦区	1				44	1	4		
洪泽区	23				106	8	16	1	
涟水县	319	2		4	1805	73	289	14	35
盱眙县	333	3	5	15	1598	106	255	15	28
金湖县	89	13	4	7	684	83	282	7	
淮安经济技术开发区	1056		1	11	843	58	187	21	72
工业园区	4	1		1	40	6	2		
生态文旅区	61		2	2	356	26	68	4	7
苏淮高新区	44			1	56	12	35	1	1
盐城市	**2238**	**12**	**34**	**133**	**11828**	**954**	**2153**	**125**	**397**
亭湖区	264	1		2	403	39	20	4	7
盐都区	82		3	2	546	24	102	14	15
大丰区	110		4	20	800	113	327	11	27
响水县	252	1		20	771	95	167	16	51
滨海县	206	1	2	17	1679	193	204	2	10
阜宁县	501	1	9	10	2320	136	328	35	59
射阳县	231	5	5	34	2103	162	393	15	79
建湖县	320	3	1	13	1988	131	338	9	16
盐城经济技术开发区	217		2	1	409	14	83	7	126
江苏省盐南高新区									
东台市	55		8	14	809	47	191	12	7
扬州市	**1454**	**6**	**15**	**57**	**5826**	**353**	**1078**	**120**	**247**
广陵区	39		3	4	122	34	81	4	2
邗江区	49	1		4	297	21	51	6	3
江都区	130		1	8	1238	81	303	27	42
宝应县	712	1	4	13	2378	65	265	10	35
扬州经济技术开发区	413	3	2	18	395	81	220	59	144
蜀冈瘦西湖景区									
生态新城	7		1		92		7	3	8
仪征市	50			1	578	16	43	6	10
高邮市	54	1	4	9	726	55	108	5	3
镇江市	**1026**	**7**	**16**	**47**	**2676**	**213**	**1574**	**80**	**39**
京口区	6			1	14	8	5		
润州区									
丹徒区	97	1	2	3	254	16	93	4	
镇江新区	487		3	13	560	83	345	45	33
江苏镇江高新区									
丹阳市	278	5	9	20	1256	67	976	27	3
扬中市	108	1	1	2	165	6	46		
句容市	50		1	8	427	33	109	4	3

4-6b 续表 69

单位：人

地区 性别	生产制造及有关人员								不便分类的其他从业人员
	计算机、通信和其他电子设备制造人员	仪器仪表制造人员	废弃资源综合利用人员	电力、热力、气体、水生产和输配人员	建筑施工人员	运输设备和通用工程机械操作人员及有关人员	生产辅助人员	其他生产制造及有关人员	
泰州市	**1025**	**7**	**50**	**85**	**4873**	**419**	**1603**	**101**	**104**
海陵区	9			2	132	4	61	4	
高港区	26		2	5	265	33	74	4	1
姜堰区	53		1	2	707	32	107	21	8
泰州医药高新技术产业开发区	328	2	1	10	847	69	369	7	5
兴化市	311	1	38	43	1464	99	395	43	65
靖江市	95	1	3	5	346	104	278	2	
泰兴市	203	3	5	18	1112	78	319	20	25
宿迁市	**1487**	**4**	**24**	**74**	**8495**	**629**	**1636**	**102**	**262**
宿城区	32			1	273	16	45		
宿豫区	28	2		1	253	27	38	7	8
沭阳县	776	2	7	50	3546	251	621	63	84
泗阳县	230		4	13	1957	121	434	8	135
泗洪县	262		8	6	1871	128	352	13	15
宿迁经济技术开发区	146		5	2	510	83	136	11	19
宿迁市湖滨新区	13			1	85	3	10		1
苏州宿迁工业园区									
宿迁市洋河新区									
女	**16380**	**164**	**171**	**176**	**11643**	**1038**	**17256**	**824**	**1350**
南京市	**133**		**2**		**96**	**5**	**99**	**5**	**3**
玄武区									
秦淮区									
建邺区									
鼓楼区									
浦口区							1		1
栖霞区									
雨花台区	6		2				6		
江宁区									
六合区	101				58	5	80	3	1
溧水区	24				30		10	1	1
高淳区	2				8		2	1	
南京江北新区									
无锡市	**692**	**19**	**23**	**13**	**323**	**79**	**1978**	**27**	**3**
锡山区	220	10	9	1	50	9	541	8	
惠山区	51	6		1	40	9	204	2	
滨湖区									
梁溪区									
新吴区									
江苏无锡经济开发区									
江阴市	215	3	7	6	103	34	961	11	1
宜兴市	206		7	5	130	27	272	6	2
徐州市	**977**	**5**	**7**	**23**	**1731**	**134**	**1476**	**119**	**67**
鼓楼区									
云龙区	3				8		10	1	
贾汪区	27				43	5	49		8
泉山区									
铜山区	110		3	6	228	46	284	8	6
丰县	144	2		2	398	16	195	89	9
沛县	121	2	2	13	259	20	232	5	3
睢宁县	241	1	1	1	392	15	440	5	20
徐州经济技术开发区	245			1	137	26	143	7	8
新沂市	49				84	3	61	4	2
邳州市	37		1		182	3	62		11

4-6b　续表 70　　　　单位：人

地　区 性　别	生产制造及有关人员								不便分类的其他从业人员
	计算机、通信和其他电子设备制造人员	仪器仪表制造人员	废弃资源综合利用人员	电力、热力、气体、水生产和输配人员	建筑施工人员	运输设备和通用工程机械操作人员及有关人员	生产辅助人员	其他生产制造及有关人员	
常州市	**715**	**5**	**8**	**9**	**277**	**53**	**756**	**85**	**20**
天宁区	74			1	28	2	90	37	5
钟楼区									
新北区	137	2	4		32	3	131	4	
武进区	191	2	3	5	36	14	216	15	9
金坛区	85	1		1	46	3	52		2
江苏省常州市经济开发区	178		1	2	42	20	185	18	
溧阳市	50				93	11	82	11	4
苏州市	**5117**	**43**	**25**	**32**	**1189**	**244**	**4108**	**142**	**318**
虎丘区	1				1		2		
吴中区	621	1	3	1	197	3	223	12	74
相城区	96	3	1		17	2	142		
姑苏区									
吴江区	276	2		8	93	13	586	6	
苏州工业园区	2860	25	2	4	185	25	1187	58	107
常熟市	242		2	8	117	10	599	5	38
张家港市	246	5	14	10	252	173	766	6	6
昆山市	474	5	1	1	106	5	302	7	3
太仓市	301	2	2		221	13	301	48	90
南通市	**1145**	**31**	**20**	**12**	**1020**	**133**	**2346**	**63**	**96**
崇川区									
港闸区									
通州区	201	5	7	2	148	14	423	9	5
如东县	124	7		7	156	6	515	7	1
南通经济技术开发区	205	4	1	1	126	17	310	10	49
通州湾示范区	18				6	3	40	5	
苏锡通科技产业园区	46		4		11	6	76	6	2
启东市	124	13	2		112	11	183	3	2
如皋市	154		5	1	217	53	297	12	13
海门市	186	1	1		97	11	355	8	13
海安市	87	1		1	147	12	147	3	11
连云港市	**698**	**4**	**28**	**12**	**1231**	**56**	**726**	**39**	**81**
连云区				1		1	1		
海州区	16	1			28	1	14		
赣榆区	40	1	15		211	12	207	2	10
东海县	321	1	13	1	517	16	214	4	34
灌云县	85			1	214	7	71	6	20
灌南县	164	1		4	187	11	94	15	9
连云港经济技术开发区	27			1	25	3	48	11	2
连云港高新技术产业开发区	35			4	46	2	62		2
江苏连云港徐圩新区	10				3	3	11	1	4
江苏省连云港市云台山风景名胜区							4		
淮安市	**1668**	**10**	**7**	**6**	**1075**	**37**	**711**	**49**	**91**
淮安区	38		1		106	1	29	11	
淮阴区	40				109	1	18		1
清江浦区	2				1		4		
洪泽区	10				15		5	2	1
涟水县	379		1	2	293	9	186	9	14
盱眙县	319	1	2	1	236	8	151	11	12
金湖县	59	9	3		64	11	141	6	
淮安经济技术开发区	727			2	205	3	115	6	56
工业园区	10			1	8		1		

4-6b 续表 71 单位：人

地 区 性 别	生产制造及有关人员								不便分类的其他从业人员
	计算机、通信和其他电子设备制造人员	仪器仪表制造人员	废弃资源综合利用人员	电力、热力、气体、水生产和输配人员	建筑施工人员	运输设备和通用工程机械操作人员及有关人员	生产辅助人员	其他生产制造及有关人员	
生态文旅区	61				33	3	53	4	6
苏淮高新区	23				5	1	8		1
盐城市	**1296**	**11**	**17**	**24**	**1339**	**68**	**919**	**51**	**252**
亭湖区	114	1			46		22	1	1
盐都区	69	1	1	1	78	2	50	7	15
大丰区	67		1	3	109	16	137	10	18
响水县	119			8	113	10	92	8	13
滨海县	175	1	1	5	197	10	72		6
阜宁县	221	1	6	2	178	5	115	4	28
射阳县	155	1	4	5	308	11	133	4	40
建湖县	181	1	1		169	6	143	6	6
盐城经济技术开发区	135		1		65	1	35	2	114
江苏省盐南高新区									
东台市	60	5	2		76	7	120	9	11
扬州市	**1093**	**8**	**9**	**10**	**829**	**62**	**831**	**68**	**160**
广陵区	42		1	2	29	16	117	4	5
邗江区	39		1		49		31	1	
江都区	139	4	1	3	216	32	224	21	27
宝应县	561		4	3	297	3	240	15	39
扬州经济技术开发区	209	2	1		54	6	116	25	64
蜀冈瘦西湖景区生态新城	5		1	1	28		10	1	11
仪征市	60				60	2	32	1	12
高邮市	38	2		1	96	3	61		2
镇江市	**874**	**17**	**6**	**5**	**398**	**38**	**1183**	**38**	**38**
京口区	7			1	10	1	8		
润州区									
丹徒区	76	1	1		32	1	55	8	1
镇江新区	403	3		1	100	10	120	12	31
江苏镇江高新区									
丹阳市	258	12	5	2	158	20	931	16	5
扬中市	82	1			42	3	25		
句容市	48			1	56	3	44	2	1
泰州市	**778**	**10**	**12**	**21**	**823**	**85**	**1082**	**67**	**64**
海陵区	7				11		40	1	
高港区	41			2	49	2	41	1	
姜堰区	44	1			101	5	103	19	4
泰州医药高新技术产业开发区	201				102	7	241	13	3
兴化市	272		9	11	299	13	318	20	40
靖江市	71		2	4	43	38	153	1	
泰兴市	142	9	1	4	218	20	186	12	17
宿迁市	**1194**	**1**	**7**	**9**	**1312**	**44**	**1041**	**71**	**157**
宿城区	24				43	1	29	1	
宿豫区	62	1			18	1	23	7	3
沭阳县	454		3	5	610	18	389	30	34
泗阳县	232			2	319	11	216	9	94
泗洪县	310		3	2	247	9	320	14	9
宿迁经济技术开发区	98		1		55	4	60	10	17
宿迁市湖滨新区	14				20		4		
苏州宿迁工业园区									
宿迁市洋河新区									

4-6c　各地区分性别、职业中类的就业人口(乡村)

单位：人

地　区 性　别	合计	党的机关、国家机关、群众团体和社会组织、企事业单位负责人						
		小计	中国共产党机关负责人	国家机关负责人	民主党派和工商联负责人	人民团体和群众团体、社会组织及其他成员组织负责人	基层群众自治组织负责人	企事业单位负责人
江　苏	**1089292**	**15182**	**24**	**225**	**2**	**513**	**654**	**13764**
南京市	**58381**	**1271**	**4**	**16**		**36**	**30**	**1185**
玄武区								
秦淮区								
建邺区								
鼓楼区								
浦口区	3501	55				1	1	53
栖霞区	2968	90	2					88
雨花台区								
江宁区	19492	496		5		2	9	480
六合区	14015	296		5		9	11	271
溧水区	7239	127				6	4	117
高淳区	10167	193	2	6		17	4	164
南京江北新区	999	14				1	1	12
无锡市	**69308**	**1695**		**10**		**18**	**22**	**1645**
锡山区	6622	149				1		148
惠山区	11849	385				3	2	380
滨湖区	2443	82						82
梁溪区								
新吴区	4340	69						69
江苏无锡经济开发区								
江阴市	24124	558		2		5	5	546
宜兴市	19930	452		8		9	15	420
徐州市	**129411**	**683**	**3**	**25**		**43**	**79**	**533**
鼓楼区								
云龙区								
贾汪区	6495	63					4	59
泉山区								
铜山区	26235	108	1	3		17	6	81
丰县	17461	103		5		8	16	74
沛县	18254	72				4	18	50
睢宁县	18154	133	1	9		3	10	110
徐州经济技术开发区	2214	13					2	11
新沂市	17616	94	1	3		7	5	78
邳州市	22982	97		5		4	18	70
常州市	**65633**	**1418**		**14**		**40**	**31**	**1333**
天宁区	2949	74				1	2	71
钟楼区	2151	96		2			1	93
新北区	6038	205		1		3	4	197
武进区	20925	541		4		20	6	511
金坛区	10096	139		2		6	13	118
江苏省常州市经济开发区	8991	185		1		1		183
溧阳市	14483	178		4		9	5	160
苏州市	**138169**	**2673**	**1**	**18**		**18**	**43**	**2593**
虎丘区	3965	40				1		39
吴中区	20055	455		10		8		437
相城区	3059	104					6	98
姑苏区								
吴江区	20914	251		1		3	17	230
苏州工业园区								
常熟市	28091	490	1			4	7	478

4-6c　续表 1　　　　单位：人

地区 性别	合计	党的机关、国家机关、群众团体和社会组织、企事业单位负责人						
		小计	中国共产党机关负责人	国家机关负责人	民主党派和工商联负责人	人民团体和群众团体、社会组织及其他成员组织负责人	基层群众自治组织负责人	企事业单位负责人
张家港市	20448	407		2			3	402
昆山市	25050	499				2	8	489
太仓市	16587	427		5			2	420
南通市	**127189**	**1506**	**3**	**14**	**1**	**49**	**39**	**1400**
崇川区								
港闸区	209	2						2
通州区	18145	231		6		10	8	207
如东县	22392	258	1	1		13	7	236
南通经济技术开发区								
通州湾示范区	2525	18				1		17
苏锡通科技产业园区	2800	87				2		85
启东市	20232	187				10	9	168
如皋市	24402	327	1	3		10	4	309
海门市	16298	147		2		1	4	140
海安市	20186	249	1	2	1	2	7	236
连云港市	**71954**	**433**	**1**	**8**		**15**	**54**	**355**
连云区	124	1						1
海州区	3747	27				1	2	24
赣榆区	22016	144		1		3	23	117
东海县	19515	114		2		4	10	98
灌云县	10716	56	1	5		2	2	46
灌南县	13964	59				2	14	43
连云港经济技术开发区	828	20				3	1	16
连云港高新技术产业开发区								
江苏连云港徐圩新区	67	1					1	
江苏省连云港市云台山风景名胜区	977	11					1	10
淮安市	**53893**	**617**	**1**	**17**		**32**	**55**	**512**
淮安区	11199	155		3		5	28	119
淮阴区	10008	93	1	1		14	6	71
清江浦区	2451	18		1			1	16
洪泽区	3865	49		1		3	7	38
涟水县	15055	121		1		7	7	106
盱眙县	6229	47		4			2	41
金湖县	4689	133		6		3	4	120
淮安经济技术开发区								
工业园区	322	1						1
生态文旅区								
苏淮高新区	75							
盐城市	**126474**	**1100**	**8**	**40**		**54**	**110**	**888**
亭湖区	4786	63	1	4		4	3	51
盐都区	13296	188		7		5	18	158
大丰区	17526	185		4		7	14	160
响水县	8089	45	2	2			3	38
滨海县	11932	68	1	4		2	7	54
阜宁县	15024	168	1	2		6	10	149
射阳县	18211	133	1	2		11	23	96
建湖县	10382	131		11		6	11	103
盐城经济技术开发区	1445	4		1				3
江苏省盐南高新区								
东台市	25783	115	2	3		13	21	76
扬州市	**75749**	**1305**		**27**	**1**	**60**	**61**	**1156**
广陵区	4757	79		1		6	3	69

4-6c 续表 2

单位：人

地区 性别	合计	党的机关、国家机关、群众团体和社会组织、企事业单位负责人						
		小计	中国共产党机关负责人	国家机关负责人	民主党派和工商联负责人	人民团体和群众团体、社会组织及其他成员组织负责人	基层群众自治组织负责人	企事业单位负责人
邗江区	4516	102		1			1	100
江都区	18021	364		5		29	19	311
宝应县	18969	210		10	1	9	16	174
扬州经济技术开发区	727	24					1	23
蜀冈瘦西湖景区生态新城	918	17				1		16
仪征市	8772	163		6		6	4	147
高邮市	19069	346		4		9	17	316
镇江市	**33479**	**692**		**4**		**9**	**22**	**657**
京口区	285	8						8
润州区	52	1						1
丹徒区	4666	94				4	2	88
镇江新区	1516	88				1		87
江苏镇江高新区								
丹阳市	10745	199		1		1	6	191
扬中市	5179	165		1			1	163
句容市	11036	137		2		3	13	119
泰州市	**70360**	**1233**	**1**	**23**		**73**	**67**	**1069**
海陵区	2512	54				3	2	49
高港区	4273	114	1	4		3	3	103
姜堰区	10730	220		5		9	12	194
泰州医药高新技术产业开发区	747	20						20
兴化市	22014	243		7		9	23	204
靖江市	10373	287		3		29	16	239
泰兴市	19711	295		4		20	11	260
宿迁市	**69292**	**556**	**2**	**9**		**66**	**41**	**438**
宿城区	9947	67	1			13	7	46
宿豫区	4635	32		1		8	1	22
沭阳县	26183	224		4		14	12	194
泗阳县	9536	97		2		12	9	74
泗洪县	12980	86		2		4	10	70
宿迁经济技术开发区	1973	15	1			2		12
宿迁市湖滨新区	2152	7				1	1	5
苏州宿迁工业园区								
宿迁市洋河新区	1886	28				12	1	15
男	**649928**	**11936**	**20**	**187**	**1**	**362**	**544**	**10822**
南京市	**38810**	**1027**	**4**	**14**		**24**	**25**	**960**
玄武区								
秦淮区								
建邺区								
鼓楼区								
浦口区	2212	44				1		43
栖霞区	1918	72	2					70
雨花台区								
江宁区	13017	386		4		2	7	373
六合区	9167	236		5		4	9	218
溧水区	4883	111				5	4	102
高淳区	6955	167	2	5		12	4	144
南京江北新区	658	11					1	10
无锡市	**42733**	**1353**		**8**		**11**	**19**	**1315**
锡山区	3960	126						126

4-6c 续表 3

单位：人

地区 性别	合计	党的机关、国家机关、群众团体和社会组织、企事业单位负责人						
		小计	中国共产党机关负责人	国家机关负责人	民主党派和工商联负责人	人民团体和群众团体、社会组织及其他成员组织负责人	基层群众自治组织负责人	企事业单位负责人
惠山区	7520	320				2	2	316
滨湖区	1520	70						70
梁溪区								
新吴区	2729	51						51
江苏无锡经济开发区								
江阴市	14685	439		2		3	3	431
宜兴市	12319	347		6		6	14	321
徐州市	**76614**	**538**	**2**	**23**		**30**	**69**	**414**
鼓楼区								
云龙区								
贾汪区	4377	52					3	49
泉山区								
铜山区	14769	83		3		12	6	62
丰县	9611	76		4		6	14	52
沛县	11203	57				4	15	38
睢宁县	10839	108	1	9		3	8	87
徐州经济技术开发区	1396	11					2	9
新沂市	10993	74	1	2		4	4	63
邳州市	13426	77		5		1	17	54
常州市	**40538**	**1127**		**12**		**25**	**28**	**1062**
天宁区	1793	59				1	2	56
钟楼区	1333	80		2			1	77
新北区	3564	165		1		1	4	159
武进区	12454	435		4		15	6	410
金坛区	6267	110		1		2	11	96
江苏省常州市经济开发区	5547	142		1		1		140
溧阳市	9580	136		3		5	4	124
苏州市	**84289**	**2080**	**1**	**14**		**11**	**40**	**2014**
虎丘区	2514	31				1		30
吴中区	11876	353		7		6		340
相城区	1974	74					3	71
姑苏区								
吴江区	12625	207		1		1	17	188
苏州工业园区								
常熟市	16598	398	1			1	7	389
张家港市	12776	312		2			3	307
昆山市	15915	390				2	8	380
太仓市	10011	315		4			2	309
南通市	**69298**	**1144**	**2**	**10**		**34**	**27**	**1071**
崇川区								
港闸区	136	2						2
通州区	10205	176		4		10	7	155
如东县	12261	194	1	1		8	6	178
南通经济技术开发区								
通州湾示范区	1330	12				1		11
苏锡通科技产业园区	1641	58				2		56
启东市	11515	145				4	4	137
如皋市	13607	267	1	3		8	3	252
海门市	8249	100		2			1	97
海安市	10354	190				1	6	183
连云港市	**40149**	**335**	**1**	**8**		**8**	**47**	**271**
连云区	87							

4-6c 续表 4

单位：人

地区 性别	合计	党的机关、国家机关、群众团体和社会组织、企事业单位负责人						
		小计	中国共产党机关负责人	国家机关负责人	民主党派和工商联负责人	人民团体和群众团体、社会组织及其他成员组织负责人	基层群众自治组织负责人	企事业单位负责人
海州区	2482	22				1	2	19
赣榆区	12082	123		1		2	21	99
东海县	10165	84		2		2	10	70
灌云县	6512	42	1	5		1	2	33
灌南县	7607	42					10	32
连云港经济技术开发区	524	15				2	1	12
连云港高新技术产业开发区								
江苏连云港徐圩新区	43	1					1	
江苏省连云港市云台山风景名胜区	647	6						6
淮安市	**33545**	**481**	**1**	**15**		**24**	**46**	**395**
淮安区	6906	124		3		3	24	94
淮阴区	6621	76	1	1		13	5	56
清江浦区	1530	14						14
洪泽区	2523	39				3	6	30
涟水县	8521	98		1		4	5	88
盱眙县	4034	42		4			2	36
金湖县	3163	88		6		1	4	77
淮安经济技术开发区								
工业园区	205							
生态文旅区								
苏淮高新区	42							
盐城市	**73726**	**845**	**7**	**32**		**39**	**87**	**680**
亭湖区	3051	53	1	4		3	2	43
盐都区	8162	153		5		5	16	127
大丰区	9824	139		3		6	10	120
响水县	4675	40	2	2			3	33
滨海县	7399	52	1	4		1	6	40
阜宁县	9103	121	1	2		5	8	105
射阳县	10702	96		1		8	17	70
建湖县	6277	106		8		5	11	82
盐城经济技术开发区	891	3		1				2
江苏省盐南高新区								
东台市	13642	82	2	2		6	14	58
扬州市	**46591**	**1024**		**21**	**1**	**45**	**48**	**909**
广陵区	2919	67		1		4	1	61
邗江区	2714	74					1	73
江都区	11084	287		4		21	13	249
宝应县	11917	172		10	1	8	14	139
扬州经济技术开发区	438	19					1	18
蜀冈瘦西湖景区								
生态新城	514	13						13
仪征市	5560	124		4		5	3	112
高邮市	11445	268		2		7	15	244
镇江市	**20707**	**550**		**2**		**9**	**17**	**522**
京口区	183	5						5
润州区	32							
丹徒区	2862	75				4	2	69
镇江新区	950	68				1		67
江苏镇江高新区								
丹阳市	6282	165				1	5	159
扬中市	3144	134		1			1	132
句容市	7254	103		1		3	9	90

4-6c 续表 5

单位：人

地区 性别	合计	党的机关、国家机关、群众团体和社会组织、企事业单位负责人						
		小计	中国共产党机关负责人	国家机关负责人	民主党派和工商联负责人	人民团体和群众团体、社会组织及其他成员组织负责人	基层群众自治组织负责人	企事业单位负责人
泰州市	**41514**	**1005**		**19**		**54**	**53**	**879**
海陵区	1438	42				1	1	40
高港区	2492	89		2		2	3	82
姜堰区	6621	180		5		8	9	158
泰州医药高新技术产业开发区	432	17						17
兴化市	13029	204		5		7	18	174
靖江市	6465	227		3		23	14	187
泰兴市	11037	246		4		13	8	221
宿迁市	**41414**	**427**	**2**	**9**		**48**	**38**	**330**
宿城区	6005	53	1			10	7	35
宿豫区	3035	26		1		6	1	18
沭阳县	15523	166		4		11	9	142
泗阳县	5797	73		2		10	9	52
泗洪县	7214	74		2		2	10	60
宿迁经济技术开发区	1250	11	1			1		9
宿迁市湖滨新区	1444	5				1	1	3
苏州宿迁工业园区								
宿迁市洋河新区	1146	19				7	1	11
女	**439364**	**3246**	**4**	**38**	**1**	**151**	**110**	**2942**
南京市	**19571**	**244**		**2**		**12**	**5**	**225**
玄武区								
秦淮区								
建邺区								
鼓楼区								
浦口区	1289	11					1	10
栖霞区	1050	18						18
雨花台区								
江宁区	6475	110		1			2	107
六合区	4848	60				5	2	53
溧水区	2356	16				1		15
高淳区	3212	26		1		5		20
南京江北新区	341	3				1		2
无锡市	**26575**	**342**		**2**		**7**	**3**	**330**
锡山区	2662	23				1		22
惠山区	4329	65				1		64
滨湖区	923	12						12
梁溪区								
新吴区	1611	18						18
江苏无锡经济开发区								
江阴市	9439	119				2	2	115
宜兴市	7611	105		2		3	1	99
徐州市	**52797**	**145**	**1**	**2**		**13**	**10**	**119**
鼓楼区								
云龙区								
贾汪区	2118	11					1	10
泉山区								
铜山区	11466	25	1			5		19
丰县	7850	27		1		2	2	22
沛县	7051	15					3	12
睢宁县	7315	25					2	23
徐州经济技术开发区	818	2						2
新沂市	6623	20		1		3	1	15
邳州市	9556	20				3	1	16

4-6c　续表 6

单位：人

地　区 性　别	合计	党的机关、国家机关、群众团体和社会组织、企事业单位负责人						
		小计	中国共产党机关负责人	国家机关负责人	民主党派和工商联负责人	人民团体和群众团体、社会组织及其他成员组织负责人	基层群众自治组织负责人	企事业单位负责人
常州市	**25095**	**291**		**2**		**15**	**3**	**271**
天宁区	1156	15						15
钟楼区	818	16						16
新北区	2474	40				2		38
武进区	8471	106				5		101
金坛区	3829	29		1		4	2	22
江苏省常州市经济开发区	3444	43						43
溧阳市	4903	42		1		4	1	36
苏州市	**53880**	**593**		**4**		**7**	**3**	**579**
虎丘区	1451	9						9
吴中区	8179	102		3		2		97
相城区	1085	30					3	27
姑苏区								
吴江区	8289	44				2		42
苏州工业园区								
常熟市	11493	92				3		89
张家港市	7672	95						95
昆山市	9135	109						109
太仓市	6576	112		1				111
南通市	**57891**	**362**	**1**	**4**	**1**	**15**	**12**	**329**
崇川区								
港闸区	73							
通州区	7940	55		2			1	52
如东县	10131	64				5	1	58
南通经济技术开发区								
通州湾示范区	1195	6						6
苏锡通科技产业园区	1159	29						29
启东市	8717	42				6	5	31
如皋市	10795	60				2	1	57
海门市	8049	47				1	3	43
海安市	9832	59	1	2	1	1	1	53
连云港市	**31805**	**98**				**7**	**7**	**84**
连云区	37	1						1
海州区	1265	5						5
赣榆区	9934	21				1	2	18
东海县	9350	30				2		28
灌云县	4204	14				1		13
灌南县	6357	17				2	4	11
连云港经济技术开发区	304	5				1		4
连云港高新技术产业开发区								
江苏连云港徐圩新区	24							
江苏省连云港市云台山风景名胜区	330	5					1	4
淮安市	**20348**	**136**		**2**		**8**	**9**	**117**
淮安区	4293	31				2	4	25
淮阴区	3387	17				1	1	15
清江浦区	921	4		1			1	2
洪泽区	1342	10		1			1	8
涟水县	6534	23				3	2	18
盱眙县	2195	5						5
金湖县	1526	45				2		43
淮安经济技术开发区								
工业园区	117	1						1

4-6c 续表 7

单位：人

地区 性别	合计	党的机关、国家机关、群众团体和社会组织、企事业单位负责人						
		小计	中国共产党机关负责人	国家机关负责人	民主党派和工商联负责人	人民团体和群众团体、社会组织及其他成员组织负责人	基层群众自治组织负责人	企事业单位负责人
生态文旅区								
苏淮高新区	33							
盐城市	**52748**	**255**	**1**	**8**		**15**	**23**	**208**
亭湖区	1735	10				1	1	8
盐都区	5134	35		2			2	31
大丰区	7702	46		1		1	4	40
响水县	3414	5						5
滨海县	4533	16				1	1	14
阜宁县	5921	47				1	2	44
射阳县	7509	37	1	1		3	6	26
建湖县	4105	25		3		1		21
盐城经济技术开发区	554	1						1
江苏省盐南高新区								
东台市	12141	33		1		7	7	18
扬州市	**29158**	**281**		**6**		**15**	**13**	**247**
广陵区	1838	12				2	2	8
邗江区	1802	28		1				27
江都区	6937	77		1		8	6	62
宝应县	7052	38				1	2	35
扬州经济技术开发区	289	5						5
蜀冈瘦西湖景区								
生态新城	404	4				1		3
仪征市	3212	39		2		1	1	35
高邮市	7624	78		2		2	2	72
镇江市	**12772**	**142**		**2**			**5**	**135**
京口区	102	3						3
润州区	20	1						1
丹徒区	1804	19						19
镇江新区	566	20						20
江苏镇江高新区								
丹阳市	4463	34		1			1	32
扬中市	2035	31						31
句容市	3782	34		1			4	29
泰州市	**28846**	**228**	**1**	**4**		**19**	**14**	**190**
海陵区	1074	12				2	1	9
高港区	1781	25	1	2		1		21
姜堰区	4109	40				1	3	36
泰州医药高新技术产业开发区	315	3						3
兴化市	8985	39		2		2	5	30
靖江市	3908	60				6	2	52
泰兴市	8674	49				7	3	39
宿迁市	**27878**	**129**				**18**	**3**	**108**
宿城区	3942	14				3		11
宿豫区	1600	6				2		4
沭阳县	10660	58				3	3	52
泗阳县	3739	24				2		22
泗洪县	5766	12				2		10
宿迁经济技术开发区	723	4				1		3
宿迁市湖滨新区	708	2						2
苏州宿迁工业园区								
宿迁市洋河新区	740	9				5		4

4-6c 续表 8

单位：人

地区 性别	专业技术人员 小计	科学研究人员	工程技术人员	农业技术人员	飞机和船舶技术人员	卫生专业技术人员	经济和金融专业人员	法律、社会和宗教专业人员	教学人员	文学艺术、体育专业人员
江　苏	**46388**	**260**	**16000**	**883**	**90**	**5954**	**10532**	**1196**	**9881**	**687**
南京市	**4145**	**37**	**1597**	**33**	**14**	**439**	**929**	**159**	**771**	**69**
玄武区										
秦淮区										
建邺区										
鼓楼区										
浦口区	239	4	74	1		25	60	15	53	2
栖霞区	241	2	96	4		36	50	7	40	2
雨花台区										
江宁区	1401	15	523	3	1	129	367	34	277	20
六合区	1024	10	404	12	4	146	178	44	172	25
溧水区	387	2	135	5	2	31	105	23	69	6
高淳区	766	4	314	8	7	70	149	33	153	12
南京江北新区	87		51			2	20	3	7	2
无锡市	**4040**	**9**	**1669**	**19**	**2**	**353**	**1149**	**107**	**624**	**48**
锡山区	380	1	136	1		19	124	15	75	5
惠山区	877	3	347	4		66	270	18	141	13
滨湖区	198		73			25	61	4	28	
梁溪区										
新吴区	347	1	221		1	14	56	11	36	4
江苏无锡经济开发区										
江阴市	1231	3	479	2		123	370	25	196	19
宜兴市	1007	1	413	12	1	106	268	34	148	7
徐州市	**3680**	**9**	**1039**	**158**	**2**	**587**	**492**	**51**	**1213**	**67**
鼓楼区										
云龙区										
贾汪区	284	1	75	3		46	36	4	106	6
泉山区										
铜山区	918	2	291	64	1	124	123	11	266	25
丰县	455	2	101	49		85	81	7	116	6
沛县	490	1	193	4		56	63	11	145	10
睢宁县	476	1	138	6	1	84	70	10	148	8
徐州经济技术开发区	107	1	41	1		14	17		31	
新沂市	523	1	135	9		100	61	8	197	6
邳州市	427		65	22		78	41		204	6
常州市	**3695**	**14**	**1337**	**177**	**4**	**278**	**1034**	**41**	**664**	**36**
天宁区	206	1	86	4		11	54	6	40	3
钟楼区	128		36	1		10	48	1	30	1
新北区	365	1	111	6		29	128	5	72	7
武进区	1295	6	478	11	3	90	370	8	255	12
金坛区	449	3	186	6		42	126	6	72	2
江苏省常州市经济开发区	391	2	123	1		11	144	10	69	8
溧阳市	861	1	317	148	1	85	164	5	126	3
苏州市	**8630**	**62**	**3350**	**51**	**4**	**766**	**2594**	**202**	**1435**	**71**
虎丘区	336	6	147			21	87	8	61	2
吴中区	1376	8	546	10	4	99	369	30	270	17
相城区	221		100	1		16	57	27	17	1
姑苏区										
吴江区	1074	5	160	9		124	527	8	230	5
苏州工业园区										
常熟市	1366	4	448	9		168	457	36	217	11

4-6c 续表 9

单位：人

地区 性别	专业技术人员 小计	科学研究人员	工程技术人员	农业技术人员	飞机和船舶技术人员	卫生专业技术人员	经济和金融专业人员	法律、社会和宗教专业人员	教学人员	文学艺术、体育专业人员
张家港市	1146	6	430	6		130	323	37	197	8
昆山市	2280	4	1219	3		139	531	27	321	15
太仓市	831	29	300	13		69	243	29	122	12
南通市	**4947**	**22**	**1672**	**67**	**27**	**700**	**1093**	**216**	**934**	**97**
崇川区										
港闸区	8		5				2			
通州区	939	4	338	11	3	136	221	25	160	20
如东县	725	1	205	14	9	111	165	35	146	27
南通经济技术开发区										
通州湾示范区	77	3	23			15	14	1	16	4
苏锡通科技产业园区	149		45			22	47	1	29	2
启东市	571	1	229	1	7	100	111	7	96	9
如皋市	1227	9	399	21	1	161	239	71	262	23
海门市	505	1	184	6	1	55	125	15	97	2
海安市	746	3	244	14	6	100	169	61	128	10
连云港市	**2082**	**7**	**583**	**52**	**3**	**346**	**287**	**14**	**695**	**44**
连云区	5		2				1		2	
海州区	120		38			16	17	3	38	1
赣榆区	799	3	240	23	3	111	112	3	260	18
东海县	503	2	110	20		86	71	3	192	14
灌云县	228		60	7		49	32	1	75	1
灌南县	308	1	100	2		69	29	3	96	7
连云港经济技术开发区	63		16			6	15		22	2
连云港高新技术产业开发区										
江苏连云港徐圩新区	5		2				2			
江苏省连云港市云台山风景名胜区	51	1	15			9	8	1	10	1
淮安市	**1648**	**3**	**402**	**34**	**2**	**342**	**297**	**24**	**496**	**18**
淮安区	380		87	1	1	73	75	3	129	6
淮阴区	270	1	79	1		67	39	3	69	3
清江浦区	116		23	3		15	18	3	48	
洪泽区	145		38	4		28	27	1	42	2
涟水县	285	1	75	7	1	75	31	4	83	2
盱眙县	246		36	4		57	61	4	81	2
金湖县	188	1	59	14		27	38	6	39	3
淮安经济技术开发区										
工业园区	16		4				7		5	
生态文旅区										
苏淮高新区	2		1				1			
盐城市	**3447**	**51**	**1083**	**92**	**11**	**672**	**559**	**128**	**690**	**61**
亭湖区	247	2	131	2		33	31	5	29	3
盐都区	473	4	143	10	1	73	91	12	120	8
大丰区	524	6	155	29	2	87	108	13	97	11
响水县	154		28	3		30	29	3	51	4
滨海县	245	1	58	6		62	43	3	67	5
阜宁县	462	1	188	10	2	108	44	8	79	10
射阳县	480	1	130	25	4	118	64	6	91	12
建湖县	291	1	92	4		49	54	24	62	3
盐城经济技术开发区	44		25	1		5	4	1	8	
江苏省盐南高新区										
东台市	527	35	133	2	2	107	91	53	86	5
扬州市	**3701**	**21**	**1316**	**56**	**4**	**476**	**795**	**101**	**776**	**79**
广陵区	232	1	91	1		14	68	4	45	5

4-6c　续表 10　　　　　　　　　　　　　　　　　　　　　　　　　　　　单位：人

地　区 性　别	专业技术人员									
	小计	科学研究人员	工程技术人员	农业技术人员	飞机和船舶技术人员	卫生专业技术人员	经济和金融专业人员	法律、社会和宗教专业人员	教学人员	文学艺术、体育专业人员
邗江区	231		85	4	1	24	53	3	48	4
江都区	942	4	338	10	3	124	196	25	181	21
宝应县	759	5	235	13		99	154	28	194	23
扬州经济技术开发区	115		48			14	32		21	
蜀冈瘦西湖景区										
生态新城	40	1	12				14		12	
仪征市	423	2	132	7		67	63	11	124	10
高邮市	959	8	375	21		134	215	30	151	16
镇江市	**1425**	**9**	**483**	**26**	**1**	**149**	**425**	**24**	**276**	**8**
京口区	18	1	9			1	3		4	
润州区	2		1				1			
丹徒区	164	2	49		1	24	52	2	29	1
镇江新区	124	2	51	1		9	30	2	26	1
江苏镇江高新区										
丹阳市	395		144	7		27	132	4	73	3
扬中市	255	2	73	2		20	90	4	61	1
句容市	467	2	156	16		68	117	12	83	2
泰州市	**2908**	**14**	**1005**	**74**	**16**	**432**	**590**	**93**	**587**	**47**
海陵区	110		31	2		22	26		25	2
高港区	348	4	183	2		31	50	7	58	6
姜堰区	506	2	163	18	1	88	78	35	106	7
泰州医药高新技术产业开发区	53	1	12			4	19	4	9	2
兴化市	568	3	120	24		110	140	15	143	4
靖江市	524		208	13	13	68	114	13	78	6
泰兴市	799	4	288	15	2	109	163	19	168	20
宿迁市	**2040**	**2**	**464**	**44**		**414**	**288**	**36**	**720**	**42**
宿城区	334		74	5		50	53	6	130	11
宿豫区	161		27	1		43	32	7	48	2
沭阳县	667		152	13		138	88	10	243	12
泗阳县	259		67	1		61	27	2	91	6
泗洪县	353		74	21		80	52	4	113	4
宿迁经济技术开发区	88	1	35			12	13	5	15	5
宿迁市湖滨新区	92	1	25	2		12	14		36	1
苏州宿迁工业园区										
宿迁市洋河新区	86		10	1		18	9	2	44	1
男	**24421**	**155**	**13670**	**588**	**84**	**2209**	**2928**	**869**	**3017**	**381**
南京市	**2237**	**23**	**1398**	**25**	**13**	**111**	**273**	**76**	**220**	**40**
玄武区										
秦淮区										
建邺区										
鼓楼区										
浦口区	121	1	67	1		5	15	10	19	1
栖霞区	127	1	84	3		6	12	4	15	1
雨花台区										
江宁区	724	8	451	2	1	29	104	16	84	9
六合区	585	9	348	8	4	50	48	26	54	18
溧水区	195	1	119	4	2	6	34	4	13	4
高淳区	434	3	289	7	6	15	54	15	32	6
南京江北新区	51		40				6	1	3	1
无锡市	**1931**	**7**	**1392**	**10**	**2**	**89**	**191**	**69**	**124**	**21**
锡山区	150	1	110			1	15	7	11	3

4-6c 续表 11　　单位：人

地区 性别	专业技术人员 小计	科学研究人员	工程技术人员	农业技术人员	飞机和船舶技术人员	卫生专业技术人员	经济和金融专业人员	法律、社会和宗教专业人员	教学人员	文学艺术、体育专业人员
惠山区	381	2	288	2		11	29	10	24	9
滨湖区	89		61			8	6	3	6	
梁溪区										
新吴区	211		178		1	2	18	5	4	1
江苏无锡经济开发区										
江阴市	588	3	409	1		41	59	19	44	7
宜兴市	512	1	346	7	1	26	64	25	35	1
徐州市	**2081**	**8**	**921**	**83**	**2**	**280**	**223**	**37**	**439**	**38**
鼓楼区										
云龙区										
贾汪区	149	1	68	3		23	15	3	27	3
泉山区										
铜山区	482	1	266	33	1	40	44	8	65	15
丰县	247	2	77	21		49	38	6	45	2
沛县	323	1	173	3		38	27	9	60	7
睢宁县	292	1	119	4	1	39	44	7	67	3
徐州经济技术开发区	63	1	38			6	5		11	
新沂市	302	1	125	6		49	31	4	76	5
邳州市	223		55	13		36	19		88	3
常州市	**1833**	**11**	**1132**	**107**	**4**	**85**	**235**	**22**	**168**	**12**
天宁区	96	1	65	2		3	12	2	9	2
钟楼区	52		31			3	8	1	8	1
新北区	171		103	6		10	26	5	16	2
武进区	607	5	395	8	3	23	66	4	70	2
金坛区	255	3	156	4		16	50	3	20	1
江苏省常州市经济开发区	158	2	98	1		3	17	6	14	2
溧阳市	494		284	86	1	27	56	1	31	2
苏州市	**4275**	**32**	**2845**	**37**	**4**	**189**	**579**	**154**	**359**	**36**
虎丘区	172	2	127			6	16	7	13	
吴中区	705	6	463	7	4	20	94	24	70	7
相城区	133		89	1		5	10	25	2	1
姑苏区										
吴江区	359	3	145	7		32	110	6	51	3
苏州工业园区										
常熟市	626	2	385	8		42	96	26	58	4
张家港市	561	3	361	5		31	74	27	48	6
昆山市	1298	4	1017	1		32	125	19	84	7
太仓市	421	12	258	8		21	54	20	33	8
南通市	**2531**	**13**	**1438**	**52**	**26**	**218**	**288**	**180**	**205**	**51**
崇川区										
港闸区	6		4				1			
通州区	467	2	296	7	3	42	51	17	31	11
如东县	364	1	176	11	9	25	48	32	41	15
南通经济技术开发区										
通州湾示范区	32	2	19			4	2	1	2	2
苏锡通科技产业园区	65		39			7	11		3	2
启东市	279	1	181	1	6	32	34	6	8	7
如皋市	661	4	342	19	1	68	66	59	65	12
海门市	254	1	163	5	1	18	27	8	20	1
海安市	403	2	218	9	6	22	48	57	35	1
连云港市	**1156**	**5**	**508**	**32**	**3**	**188**	**136**	**6**	**227**	**18**
连云区	3		2						1	

4-6c　续表 12　　　　单位：人

地　区 性　别	专业技术人员 小计	科学研究人员	工程技术人员	农业技术人员	飞机和船舶技术人员	卫生专业技术人员	经济和金融专业人员	法律、社会和宗教专业人员	教学人员	文学艺术、体育专业人员
海州区	60		32			8	3	1	11	
赣榆区	458	2	219	12	3	58	56	1	81	9
东海县	247	2	85	13		53	35	3	52	3
灌云县	151		53	5		30	19	1	39	1
灌南县	184		89	2		34	16		38	4
连云港经济技术开发区	26		14			2	4		4	1
连云港高新技术产业开发区										
江苏连云港徐圩新区	3		1				1			
江苏省连云港市云台山风景名胜区	24	1	13			3	2		1	
淮安市	**949**	**1**	**352**	**24**	**2**	**164**	**148**	**18**	**208**	**12**
淮安区	215		76	1	1	33	39	3	57	4
淮阴区	158	1	67			31	24	3	23	2
清江浦区	49		21	3		6	7		7	
洪泽区	76		34	2		10	9	1	18	2
涟水县	186		67	4	1	43	18	3	44	1
盱眙县	139		31	3		30	31	3	39	1
金湖县	120		51	11		11	19	5	20	2
淮安经济技术开发区										
工业园区	5		4				1			
生态文旅区										
苏淮高新区	1		1							
盐城市	**2004**	**26**	**925**	**71**	**11**	**289**	**215**	**113**	**250**	**37**
亭湖区	154		106	2		12	14	3	8	1
盐都区	276	3	119	7	1	37	32	10	54	6
大丰区	285	3	135	24	2	39	29	11	26	4
响水县	93		25	2		14	18	2	25	3
滨海县	132		52	4		32	22	2	18	2
阜宁县	287	1	160	8	2	50	16	7	32	5
射阳县	274	1	112	21	4	46	28	4	28	10
建湖县	177	1	78	1		19	26	21	26	3
盐城经济技术开发区	27		22	1		1	1	1	1	
江苏省盐南高新区										
东台市	299	17	116	1	2	39	29	52	32	3
扬州市	**1946**	**14**	**1093**	**42**	**4**	**155**	**226**	**78**	**242**	**47**
广陵区	117	1	80	1		3	13	4	9	4
邗江区	123		75	4	1	5	14	3	12	4
江都区	492		290	6	3	34	51	19	58	6
宝应县	415	3	197	9		33	56	26	68	17
扬州经济技术开发区	53		37			5	3		8	
蜀冈瘦西湖景区										
生态新城	20	1	11				4		4	
仪征市	226	1	116	5		21	20	8	43	8
高邮市	500	8	287	17		54	65	18	40	8
镇江市	**698**	**6**	**407**	**15**	**1**	**54**	**97**	**13**	**84**	**4**
京口区	9		8			1				
润州区	2		1				1			
丹徒区	84	1	42		1	11	13	1	11	1
镇江新区	67	1	47			4	6	1	6	1
江苏镇江高新区										
丹阳市	175		104	4		11	26	2	24	1
扬中市	117	2	64	2		3	24	1	19	
句容市	244	2	141	9		24	27	8	24	1

4-6c 续表 13　　　　单位：人

地区 性别	专业技术人员 小计	科学研究人员	工程技术人员	农业技术人员	飞机和船舶技术人员	卫生专业技术人员	经济和金融专业人员	法律、社会和宗教专业人员	教学人员	文学艺术、体育专业人员
泰州市	**1673**	**7**	**856**	**61**	**12**	**176**	**197**	**75**	**225**	**31**
海陵区	51		27	1		6	6		7	2
高港区	234	2	161	2		14	14	4	27	5
姜堰区	279		141	15		32	22	31	29	3
泰州医药高新技术产业开发区	26		11			1	5	3	4	1
兴化市	315	1	101	19		53	67	13	53	3
靖江市	288		169	12	10	27	21	10	32	2
泰兴市	480	4	246	12	2	43	62	14	73	15
宿迁市	**1107**	**2**	**403**	**29**		**211**	**120**	**28**	**266**	**34**
宿城区	166		58	3		25	23	3	42	10
宿豫区	87		24	1		18	10	7	25	2
沭阳县	365		133	9		79	39	7	83	9
泗阳县	147		57			32	13	2	37	4
泗洪县	197		66	14		41	21	3	46	4
宿迁经济技术开发区	55	1	31			4	4	4	5	4
宿迁市湖滨新区	49	1	24	2		5	5		11	1
苏州宿迁工业园区										
宿迁市洋河新区	41		10			7	5	2	17	
女	**21967**	**105**	**2330**	**295**	**6**	**3745**	**7604**	**327**	**6864**	**306**
南京市	**1908**	**14**	**199**	**8**	**1**	**328**	**656**	**83**	**551**	**29**
玄武区										
秦淮区										
建邺区										
鼓楼区										
浦口区	118	3	7			20	45	5	34	1
栖霞区	114	1	12	1		30	38	3	25	1
雨花台区										
江宁区	677	7	72	1		100	263	18	193	11
六合区	439	1	56	4		96	130	18	118	7
溧水区	192	1	16	1		25	71	19	56	2
高淳区	332	1	25	1	1	55	95	18	121	6
南京江北新区	36		11			2	14	2	4	1
无锡市	**2109**	**2**	**277**	**9**		**264**	**958**	**38**	**500**	**27**
锡山区	230		26	1		18	109	8	64	2
惠山区	496	1	59	2		55	241	8	117	4
滨湖区	109		12			17	55	1	22	
梁溪区										
新吴区	136	1	43			12	38	6	32	3
江苏无锡经济开发区										
江阴市	643		70	1		82	311	6	152	12
宜兴市	495		67	5		80	204	9	113	6
徐州市	**1599**	**1**	**118**	**75**		**307**	**269**	**14**	**774**	**29**
鼓楼区										
云龙区										
贾汪区	135		7			23	21	1	79	3
泉山区										
铜山区	436	1	25	31		84	79	3	201	10
丰县	208		24	28		36	43	1	71	4
沛县	167		20	1		18	36	2	85	3
睢宁县	184		19	2		45	26	3	81	5
徐州经济技术开发区	44		3	1		8	12		20	
新沂市	221		10	3		51	30	4	121	1
邳州市	204		10	9		42	22		116	3

4-6c 续表 14

单位：人

地区 性别	专业技术人员 小计	科学研究人员	工程技术人员	农业技术人员	飞机和船舶技术人员	卫生专业技术人员	经济和金融专业人员	法律、社会和宗教专业人员	教学人员	文学艺术、体育专业人员
常州市	**1862**	**3**	**205**	**70**		**193**	**799**	**19**	**496**	**24**
天宁区	110		21	2		8	42	4	31	1
钟楼区	76		5	1		7	40		22	
新北区	194	1	8			19	102		56	5
武进区	688	1	83	3		67	304	4	185	10
金坛区	194		30	2		26	76	3	52	1
江苏省常州市经济开发区	233		25			8	127	4	55	6
溧阳市	367	1	33	62		58	108	4	95	1
苏州市	**4355**	**30**	**505**	**14**		**577**	**2015**	**48**	**1076**	**35**
虎丘区	164	4	20			15	71	1	48	2
吴中区	671	2	83	3		79	275	6	200	10
相城区	88		11			11	47	2	15	
姑苏区										
吴江区	715	2	15	2		92	417	2	179	2
苏州工业园区										
常熟市	740	2	63	1		126	361	10	159	7
张家港市	585	3	69	1		99	249	10	149	2
昆山市	982		202	2		107	406	8	237	8
太仓市	410	17	42	5		48	189	9	89	4
南通市	**2416**	**9**	**234**	**15**	**1**	**482**	**805**	**36**	**729**	**46**
崇川区										
港闸区	2		1				1			
通州区	472	2	42	4		94	170	8	129	9
如东县	361		29	3		86	117	3	105	12
南通经济技术开发区										
通州湾示范区	45	1	4			11	12		14	2
苏锡通科技产业园区	84		6			15	36	1	26	
启东市	292		48		1	68	77	1	88	2
如皋市	566	5	57	2		93	173	12	197	11
海门市	251		21	1		37	98	7	77	1
海安市	343	1	26	5		78	121	4	93	9
连云港市	**926**	**2**	**75**	**20**		**158**	**151**	**8**	**468**	**26**
连云区	2						1		1	
海州区	60		6			8	14	2	27	1
赣榆区	341	1	21	11		53	56	2	179	9
东海县	256		25	7		33	36		140	11
灌云县	77		7	2		19	13		36	
灌南县	124	1	11			35	13	3	58	3
连云港经济技术开发区	37		2			4	11		18	1
连云港高新技术产业开发区										
江苏连云港徐圩新区	2		1				1			
江苏省连云港市云台山风景名胜区	27		2			6	6	1	9	1
淮安市	**699**	**2**	**50**	**10**		**178**	**149**	**6**	**288**	**6**
淮安区	165		11			40	36		72	2
淮阴区	112		12	1		36	15		46	1
清江浦区	67		2			9	11	3	41	
洪泽区	69		4	2		18	18		24	
涟水县	99	1	8	3		32	13	1	39	1
盱眙县	107		5	1		27	30	1	42	1
金湖县	68	1	8	3		16	19	1	19	1
淮安经济技术开发区										
工业园区	11						6		5	

4-6c 续表 15

单位：人

地区 性别	专业技术人员 小计	科学研究人员	工程技术人员	农业技术人员	飞机和船舶技术人员	卫生专业技术人员	经济和金融专业人员	法律、社会和宗教专业人员	教学人员	文学艺术、体育专业人员
生态文旅区										
苏淮高新区	1						1			
盐城市	**1443**	**25**	**158**	**21**		**383**	**344**	**15**	**440**	**24**
亭湖区	93	2	25			21	17	2	21	2
盐都区	197	1	24	3		36	59	2	66	2
大丰区	239	3	20	5		48	79	2	71	7
响水县	61		3	1		16	11	1	26	1
滨海县	113	1	6	2		30	21	1	49	3
阜宁县	175		28	2		58	28	1	47	5
射阳县	206		18	4		72	36	2	63	2
建湖县	114		14	3		30	28	3	36	
盐城经济技术开发区	17		3			4	3		7	
江苏省盐南高新区										
东台市	228	18	17	1		68	62	1	54	2
扬州市	**1755**	**7**	**223**	**14**		**321**	**569**	**23**	**534**	**32**
广陵区	115		11			11	55		36	1
邗江区	108		10			19	39		36	
江都区	450	4	48	4		90	145	6	123	15
宝应县	344	2	38	4		66	98	2	126	6
扬州经济技术开发区	62		11			9	29		13	
蜀冈瘦西湖景区										
生态新城	20		1				10		8	
仪征市	197	1	16	2		46	43	3	81	2
高邮市	459		88	4		80	150	12	111	8
镇江市	**727**	**3**	**76**	**11**		**95**	**328**	**11**	**192**	**4**
京口区	9	1	1				3		4	
润州区										
丹徒区	80	1	7			13	39	1	18	
镇江新区	57	1	4	1		5	24	1	20	
江苏镇江高新区										
丹阳市	220		40	3		16	106	2	49	2
扬中市	138		9			17	66	3	42	1
句容市	223		15	7		44	90	4	59	1
泰州市	**1235**	**7**	**149**	**13**	**4**	**256**	**393**	**18**	**362**	**16**
海陵区	59		4	1		16	20		18	
高港区	114	2	22			17	36	3	31	1
姜堰区	227	2	22	3	1	56	56	4	77	4
泰州医药高新技术产业开发区	27	1	1			3	14	1	5	1
兴化市	253	2	19	5		57	73	2	90	1
靖江市	236		39	1	3	41	93	3	46	4
泰兴市	319		42	3		66	101	5	95	5
宿迁市	**933**		**61**	**15**		**203**	**168**	**8**	**454**	**8**
宿城区	168		16	2		25	30	3	88	1
宿豫区	74		3			25	22		23	
沭阳县	302		19	4		59	49	3	160	3
泗阳县	112		10	1		29	14		54	2
泗洪县	156		8	7		39	31	1	67	
宿迁经济技术开发区	33		4			8	9	1	10	1
宿迁市湖滨新区	43		1			7	9		25	
苏州宿迁工业园区										
宿迁市洋河新区	45			1		11	4		27	1

4-6c　续表 16　　　　单位：人

地　区 性　别	专业技术人员 新闻出版、文化专业人员	专业技术人员 其他专业技术人员	办事人员和有关人员 小计	办事人员和有关人员 办事人员	办事人员和有关人员 安全和消防人员	办事人员和有关人员 其他办事人员和有关人员	社会生产服务和生活服务人员 小计	社会生产服务和生活服务人员 批发与零售服务人员	社会生产服务和生活服务人员 交通运输、仓储和邮政业服务人员
江　苏	**375**	**530**	**29960**	**21832**	**6842**	**1286**	**253190**	**103807**	**50203**
南京市	**50**	**47**	**3723**	**2453**	**1222**	**48**	**18822**	**5455**	**4105**
玄武区									
秦淮区									
建邺区									
鼓楼区									
浦口区	4	1	293	154	139		1284	307	243
栖霞区	4		201	153	48		1109	316	243
雨花台区									
江宁区	14	18	1616	1091	512	13	6832	1841	1839
六合区	12	17	750	464	270	16	4771	1379	884
溧水区	5	4	339	219	118	2	2015	671	384
高淳区	10	6	465	331	117	17	2516	864	444
南京江北新区	1	1	59	41	18		295	77	68
无锡市	**27**	**33**	**1930**	**1661**	**145**	**124**	**17809**	**5871**	**4666**
锡山区	1	3	231	218	11	2	1949	647	553
惠山区	8	7	171	135	28	8	3155	959	942
滨湖区		7	181	172	2	7	614	155	156
梁溪区									
新吴区	1	2	222	197	20	5	1390	396	446
江苏无锡经济开发区									
江阴市	7	7	601	496	42	63	6107	2076	1652
宜兴市	10	7	524	443	42	39	4594	1638	917
徐州市	**16**	**46**	**1575**	**980**	**569**	**26**	**29906**	**16727**	**5698**
鼓楼区									
云龙区									
贾汪区	1	6	129	85	44		1553	594	448
泉山区									
铜山区	4	7	365	220	141	4	10905	6967	1627
丰县		8	202	100	100	2	5058	3402	721
沛县	4	3	180	102	74	4	2659	1168	646
睢宁县	4	6	280	201	76	3	3017	1279	784
徐州经济技术开发区		2	44	29	14	1	574	195	160
新沂市	1	5	207	132	64	11	2762	1067	800
邳州市	2	9	168	111	56	1	3378	2055	512
常州市	**32**	**78**	**2058**	**836**	**455**	**767**	**18317**	**7671**	**3569**
天宁区		1	123	38	13	72	720	311	122
钟楼区		1	82	22	17	43	888	350	297
新北区	3	3	186	42	18	126	2184	966	469
武进区	16	46	821	382	187	252	5413	2267	997
金坛区	4	2	195	57	46	92	2451	1020	383
江苏省常州市经济开发区	1	22	165	34	17	114	2164	813	637
溧阳市	8	3	486	261	157	68	4497	1944	664
苏州市	**55**	**40**	**6493**	**5479**	**950**	**64**	**37909**	**13734**	**8585**
虎丘区	4		219	183	35	1	1401	405	343
吴中区	10	13	897	729	139	29	6384	2119	1086
相城区	1	1	97	85	9	3	1010	260	350
姑苏区									
吴江区	4	2	760	717	40	3	5722	2563	1110
苏州工业园区									
常熟市	12	4	1092	957	129	6	6500	2308	1568

4-6c 续表 17

单位：人

地区 性别	专业技术人员		办事人员和有关人员				社会生产服务和生活服务人员		
	新闻出版、文化专业人员	其他专业技术人员	小计	办事人员	安全和消防人员	其他办事人员和有关人员	小计	批发与零售服务人员	交通运输、仓储和邮政业服务人员
张家港市	6	3	693	572	120	1	5195	2012	1252
昆山市	14	7	1578	1338	222	18	7163	2490	1787
太仓市	4	10	1157	898	256	3	4534	1577	1089
南通市	**60**	**59**	**2754**	**2264**	**430**	**60**	**21923**	**9060**	**3676**
崇川区									
港闸区		1	18	11	4	3	29	13	2
通州区	16	5	522	396	91	35	3533	1531	560
如东县	5	7	356	315	36	5	3311	1259	650
南通经济技术开发区									
通州湾示范区	1		52	40	12		390	131	68
苏锡通科技产业园区	1	2	87	82	5		920	352	232
启东市	9	1	376	274	99	3	3630	1624	566
如皋市	13	28	526	490	30	6	4355	1798	768
海门市	9	10	450	343	101	6	2568	1143	340
海安市	6	5	367	313	52	2	3187	1209	490
连云港市	**17**	**34**	**879**	**600**	**266**	**13**	**13815**	**5620**	**3008**
连云区			10	6	4		34	8	10
海州区	2	5	89	60	27	2	923	275	275
赣榆区	9	17	254	191	55	8	3641	1490	1011
东海县	3	2	226	142	83	1	4671	2158	842
灌云县	2	1	97	69	27	1	1486	600	303
灌南县		1	107	71	36		2362	911	376
连云港经济技术开发区		2	50	38	11	1	282	65	69
连云港高新技术产业开发区									
江苏连云港徐圩新区		1	2		2		21	4	
江苏省连云港市云台山风景名胜区	1	5	44	23	21		395	109	122
淮安市	**8**	**22**	**1247**	**871**	**356**	**20**	**9647**	**3527**	**2073**
淮安区	2	3	284	208	74	2	2332	879	519
淮阴区	1	7	172	107	61	4	1699	586	380
清江浦区	2	4	93	63	28	2	697	218	167
洪泽区	3		138	96	39	3	936	351	175
涟水县		6	172	109	60	3	1629	616	353
盱眙县		1	124	79	43	2	1226	454	289
金湖县		1	236	189	43	4	1034	393	175
淮安经济技术开发区									
工业园区			26	18	8		81	27	14
生态文旅区									
苏淮高新区			2	2			13	3	1
盐城市	**32**	**68**	**2236**	**1485**	**701**	**50**	**21341**	**9213**	**3915**
亭湖区	2	9	106	76	27	3	915	399	178
盐都区	5	6	368	238	121	9	3302	1371	435
大丰区	3	13	430	298	118	14	3157	1275	582
响水县	5	1	86	54	30	2	1149	386	244
滨海县			179	119	57	3	1650	575	416
阜宁县	7	5	271	165	100	6	2701	982	566
射阳县	5	24	310	199	100	11	3918	2241	525
建湖县	1	1	181	112	69		1563	593	327
盐城经济技术开发区			48	28	20		193	93	30
江苏省盐南高新区									
东台市	4	9	257	196	59	2	2793	1298	612
扬州市	**27**	**50**	**2435**	**1851**	**568**	**16**	**17150**	**6644**	**2540**
广陵区		3	223	187	33	3	1124	506	221

4-6c 续表 18

单位：人

地区 性别	专业技术人员		办事人员和有关人员				社会生产服务和生活服务人员		
	新闻出版、文化专业人员	其他专业技术人员	小计	办事人员	安全和消防人员	其他办事人员和有关人员	小计	批发与零售服务人员	交通运输、仓储和邮政业服务人员
邗江区	4	5	207	161	46		1073	459	145
江都区	7	33	539	417	117	5	3962	1410	579
宝应县	7	1	425	303	120	2	4491	1832	661
扬州经济技术开发区			82	72	10		263	100	19
蜀冈瘦西湖景区									
生态新城		1	48	43	4	1	287	138	33
仪征市	2	5	382	265	116	1	2289	800	339
高邮市	7	2	529	403	122	4	3661	1399	543
镇江市	**9**	**15**	**1379**	**894**	**446**	**39**	**9255**	**3379**	**1817**
京口区			25	15	10		113	42	29
润州区			2		2		31	29	2
丹徒区	1	3	184	127	49	8	1282	318	256
镇江新区		2	89	59	27	3	358	125	72
江苏镇江高新区									
丹阳市	2	3	382	212	167	3	2377	757	541
扬中市	1	1	265	188	75	2	1417	642	251
句容市	5	6	432	293	116	23	3677	1466	666
泰州市	**24**	**26**	**2264**	**1614**	**609**	**41**	**17403**	**7462**	**3428**
海陵区		2	103	56	45	2	694	284	115
高港区	4	3	205	139	59	7	1053	409	184
姜堰区	4	4	399	322	69	8	2657	1015	590
泰州医药高新技术产业开发区	1	1	44	25	18	1	260	78	36
兴化市	4	5	426	309	105	12	6001	3103	1140
靖江市	5	6	463	304	158	1	2551	929	614
泰兴市	6	5	624	459	155	10	4187	1644	749
宿迁市	**18**	**12**	**987**	**844**	**125**	**18**	**19893**	**9444**	**3123**
宿城区	5		134	113	20	1	2343	928	549
宿豫区	1		91	80	11		1009	291	214
沭阳县	9	2	282	258	19	5	8111	4426	1230
泗阳县		4	144	123	14	7	2750	989	377
泗洪县	2	3	182	155	23	4	3977	2258	398
宿迁经济技术开发区		2	52	27	25		593	200	134
宿迁市湖滨新区		1	47	38	8	1	596	173	117
苏州宿迁工业园区									
宿迁市洋河新区	1		55	50	5		514	179	104
男	**137**	**383**	**19258**	**12250**	**6309**	**699**	**147189**	**53889**	**41759**
南京市	**18**	**40**	**2476**	**1305**	**1141**	**30**	**10811**	**2827**	**3544**
玄武区									
秦淮区									
建邺区									
鼓楼区									
浦口区	2		209	80	129		723	148	217
栖霞区	1		108	63	45		660	147	218
雨花台区									
江宁区	6	14	1069	586	477	6	3933	960	1541
六合区	3	17	503	241	253	9	2759	682	803
溧水区	4	4	225	117	107	1	1138	369	336
高淳区	2	5	326	198	114	14	1433	482	373
南京江北新区			36	20	16		165	39	56
无锡市	**3**	**23**	**1022**	**792**	**133**	**97**	**10572**	**3133**	**3630**
锡山区		2	111	98	11	2	1200	350	441

4-6c 续表 19 单位：人

地区 性别	专业技术人员		办事人员和有关人员				社会生产服务和生活服务人员		
	新闻出版、文化专业人员	其他专业技术人员	小计	办事人员	安全和消防人员	其他办事人员和有关人员	小计	批发与零售服务人员	交通运输、仓储和邮政业服务人员
惠山区	1	5	102	69	27	6	1892	495	742
滨湖区		5	86	81	2	3	342	78	103
梁溪区									
新吴区		2	115	91	19	5	876	225	342
江苏无锡经济开发区									
江阴市	1	4	321	227	39	55	3659	1099	1269
宜兴市	1	5	287	226	35	26	2603	886	733
徐州市	**12**	**38**	**1218**	**664**	**535**	**19**	**17022**	**8054**	**4851**
鼓楼区									
云龙区									
贾汪区	1	5	97	56	41		1081	353	406
泉山区									
铜山区	3	6	277	143	133	1	5327	2885	1337
丰县		7	160	69	89	2	2669	1671	519
沛县	3	2	148	75	70	3	1695	609	580
睢宁县	3	4	203	126	74	3	1922	679	694
徐州经济技术开发区		2	33	20	12	1	342	88	142
新沂市	1	4	168	99	61	8	1842	583	720
邳州市	1	8	132	76	55	1	2144	1186	453
常州市	**7**	**50**	**1193**	**448**	**406**	**339**	**10127**	**3956**	**2755**
天宁区			49	18	12	19	426	173	91
钟楼区			46	13	14	19	553	190	245
新北区	1	2	86	30	17	39	1216	509	347
武进区	2	29	479	188	167	124	2947	1121	743
金坛区		2	123	36	38	49	1421	552	314
江苏省常州市经济开发区		15	87	22	16	49	1288	462	451
溧阳市	4	2	323	141	142	40	2276	949	564
苏州市	**13**	**27**	**3687**	**2753**	**898**	**36**	**22939**	**7306**	**7158**
虎丘区	1		124	91	33		876	227	300
吴中区	4	6	509	364	130	15	3663	1065	918
相城区			50	40	8	2	631	137	290
姑苏区									
吴江区	1	1	426	385	39	2	3571	1513	899
苏州工业园区									
常熟市	1	4	632	507	121	4	3920	1175	1302
张家港市	3	3	392	280	112		3205	1074	1051
昆山市	3	6	846	625	209	12	4496	1320	1471
太仓市		7	708	461	246	1	2577	795	927
南通市	**20**	**40**	**1561**	**1141**	**380**	**40**	**12281**	**4414**	**3043**
崇川区									
港闸区		1	12	5	4	3	13	5	2
通州区	3	4	297	190	83	24	1921	691	454
如东县	2	4	215	177	35	3	1925	622	548
南通经济技术开发区									
通州湾示范区			32	21	11		206	62	52
苏锡通科技产业园区	1	2	51	47	4		571	179	200
启东市	2	1	207	113	91	3	2050	853	473
如皋市	5	20	307	275	28	4	2643	935	642
海门市	4	6	248	168	78	2	1285	507	271
海安市	3	2	192	145	46	1	1667	560	401
连云港市	**6**	**27**	**652**	**393**	**247**	**12**	**7793**	**2619**	**2638**
连云区			7	3	4		20	3	10

4-6c　续表 20

单位：人

地　区 性　别	专业技术人员		办事人员和有关人员				社会生产服务和生活服务人员		
	新闻出版、文化专业人员	其他专业技术人员	小计	办事人员	安全和消防人员	其他办事人员和有关人员	小计	批发与零售服务人员	交通运输、仓储和邮政业服务人员
海州区	1	4	71	42	27	2	606	139	247
赣榆区	3	14	181	123	51	7	2286	751	914
东海县		1	165	92	72	1	2292	922	703
灌云县	2	1	75	48	26	1	934	323	280
灌南县		1	84	49	35		1263	414	309
连云港经济技术开发区		1	30	20	9	1	160	27	58
连云港高新技术产业开发区									
江苏连云港徐圩新区		1	2		2		7	1	
江苏省连云港市云台山风景名胜区		4	37	16	21		225	39	117
淮安市	**3**	**17**	**967**	**625**	**328**	**14**	**5975**	**1953**	**1815**
淮安区	1		213	145	67	1	1403	470	443
淮阴区	1	6	143	85	54	4	1098	335	352
清江浦区	1	4	70	42	27	1	422	110	150
洪泽区			105	64	38	3	553	192	153
涟水县		5	138	83	53	2	998	339	296
盱眙县		1	109	65	42	2	792	258	250
金湖县		1	165	125	39	1	652	233	158
淮安经济技术开发区									
工业园区			22	14	8		50	15	13
生态文旅区									
苏淮高新区			2	2			7	1	
盐城市	**17**	**50**	**1630**	**958**	**639**	**33**	**12822**	**5060**	**3378**
亭湖区	1	7	76	48	26	2	571	211	163
盐都区	2	5	273	163	102	8	1928	813	366
大丰区	2	10	307	189	109	9	1816	667	497
响水县	3	1	64	34	29	1	702	205	213
滨海县			145	89	54	2	1076	336	351
阜宁县	3	3	203	106	95	2	1700	549	507
射阳县	2	18	234	133	93	8	2210	1148	454
建湖县	1	1	127	68	59		984	327	289
盐城经济技术开发区			33	15	18		116	57	28
江苏省盐南高新区									
东台市	3	5	168	113	54	1	1719	747	510
扬州市	**14**	**31**	**1628**	**1096**	**524**	**8**	**9867**	**3501**	**2091**
广陵区		2	144	110	32	2	667	285	176
邗江区	2	3	137	94	43		596	225	116
江都区	4	21	358	247	106	5	2315	705	455
宝应县	5	1	289	180	109		2527	1026	548
扬州经济技术开发区			53	43	10		152	53	18
蜀冈瘦西湖景区									
生态新城			28	24	4		163	69	28
仪征市		4	272	164	108		1326	408	286
高邮市	3		347	234	112	1	2121	730	464
镇江市	**5**	**12**	**925**	**491**	**409**	**25**	**5310**	**1882**	**1490**
京口区			14	7	7		73	21	27
润州区			1		1		16	14	2
丹徒区	1	2	118	67	47	4	713	167	210
镇江新区		1	53	26	25	2	203	66	61
江苏镇江高新区									
丹阳市		3	283	128	153	2	1350	391	437
扬中市	1	1	174	102	70	2	799	374	194
句容市	3	5	282	161	106	15	2156	849	559

4-6c 续表 21

单位：人

地区 性别	专业技术人员		办事人员和有关人员				社会生产服务和生活服务人员		
	新闻出版、文化专业人员	其他专业技术人员	小计	办事人员	安全和消防人员	其他办事人员和有关人员	小计	批发与零售服务人员	交通运输、仓储和邮政业服务人员
泰州市	**13**	**20**	**1558**	**976**	**550**	**32**	**9862**	**4028**	**2731**
海陵区		2	81	38	41	2	343	132	90
高港区	3	2	139	78	58	3	535	219	140
姜堰区	4	2	263	193	63	7	1513	527	476
泰州医药高新技术产业开发区		1	22	7	14	1	123	36	27
兴化市	1	4	333	237	86	10	3597	1781	902
靖江市	1	4	293	149	143	1	1477	479	500
泰兴市	4	5	427	274	145	8	2274	854	596
宿迁市	**6**	**8**	**741**	**608**	**119**	**14**	**11808**	**5156**	**2635**
宿城区	2		96	78	17	1	1479	493	495
宿豫区			79	68	11		674	173	190
沭阳县	4	2	200	177	19	4	4928	2533	1022
泗阳县		2	120	100	14	6	1604	502	322
泗洪县		2	137	112	23	2	2102	1161	308
宿迁经济技术开发区		2	39	16	23		375	111	109
宿迁市湖滨新区			34	26	7	1	354	92	101
苏州宿迁工业园区									
宿迁市洋河新区			36	31	5		292	91	88
女	**238**	**147**	**10702**	**9582**	**533**	**587**	**106001**	**49918**	**8444**
南京市	**32**	**7**	**1247**	**1148**	**81**	**18**	**8011**	**2628**	**561**
玄武区									
秦淮区									
建邺区									
鼓楼区									
浦口区	2	1	84	74	10		561	159	26
栖霞区	3		93	90	3		449	169	25
雨花台区									
江宁区	8	4	547	505	35	7	2899	881	298
六合区	9		247	223	17	7	2012	697	81
溧水区	1		114	102	11	1	877	302	48
高淳区	8	1	139	133	3	3	1083	382	71
南京江北新区	1	1	23	21	2		130	38	12
无锡市	**24**	**10**	**908**	**869**	**12**	**27**	**7237**	**2738**	**1036**
锡山区	1	1	120	120			749	297	112
惠山区	7	2	69	66	1	2	1263	464	200
滨湖区		2	95	91		4	272	77	53
梁溪区									
新吴区	1		107	106	1		514	171	104
江苏无锡经济开发区									
江阴市	6	3	280	269	3	8	2448	977	383
宜兴市	9	2	237	217	7	13	1991	752	184
徐州市	**4**	**8**	**357**	**316**	**34**	**7**	**12884**	**8673**	**847**
鼓楼区									
云龙区									
贾汪区		1	32	29	3		472	241	42
泉山区									
铜山区	1	1	88	77	8	3	5578	4082	290
丰县		1	42	31	11		2389	1731	202
沛县	1	1	32	27	4	1	964	559	66
睢宁县	1	2	77	75	2		1095	600	90
徐州经济技术开发区			11	9	2		232	107	18
新沂市		1	39	33	3	3	920	484	80
邳州市	1	1	36	35	1		1234	869	59

4-6c 续表 22

单位：人

地区 性别	专业技术人员		办事人员和有关人员				社会生产服务和生活服务人员		
	新闻出版、文化专业人员	其他专业技术人员	小计	办事人员	安全和消防人员	其他办事人员和有关人员	小计	批发与零售服务人员	交通运输、仓储和邮政业服务人员
常州市	**25**	**28**	**865**	**388**	**49**	**428**	**8190**	**3715**	**814**
天宁区		1	74	20	1	53	294	138	31
钟楼区		1	36	9	3	24	335	160	52
新北区	2	1	100	12	1	87	968	457	122
武进区	14	17	342	194	20	128	2466	1146	254
金坛区	4		72	21	8	43	1030	468	69
江苏省常州市经济开发区	1	7	78	12	1	65	876	351	186
溧阳市	4	1	163	120	15	28	2221	995	100
苏州市	**42**	**13**	**2806**	**2726**	**52**	**28**	**14970**	**6428**	**1427**
虎丘区	3		95	92	2	1	525	178	43
吴中区	6	7	388	365	9	14	2721	1054	168
相城区	1	1	47	45	1	1	379	123	60
姑苏区									
吴江区	3	1	334	332	1	1	2151	1050	211
苏州工业园区									
常熟市	11		460	450	8	2	2580	1133	266
张家港市	3		301	292	8	1	1990	938	201
昆山市	11	1	732	713	13	6	2667	1170	316
太仓市	4	3	449	437	10	2	1957	782	162
南通市	**40**	**19**	**1193**	**1123**	**50**	**20**	**9642**	**4646**	**633**
崇川区									
港闸区			6	6			16	8	
通州区	13	1	225	206	8	11	1612	840	106
如东县	3	3	141	138	1	2	1386	637	102
南通经济技术开发区									
通州湾示范区	1		20	19	1		184	69	16
苏锡通科技产业园区			36	35	1		349	173	32
启东市	7		169	161	8		1580	771	93
如皋市	8	8	219	215	2	2	1712	863	126
海门市	5	4	202	175	23	4	1283	636	69
海安市	3	3	175	168	6	1	1520	649	89
连云港市	**11**	**7**	**227**	**207**	**19**	**1**	**6022**	**3001**	**370**
连云区			3	3			14	5	
海州区	1	1	18	18			317	136	28
赣榆区	6	3	73	68	4	1	1355	739	97
东海县	3	1	61	50	11		2379	1236	139
灌云县			22	21	1		552	277	23
灌南县			23	22	1		1099	497	67
连云港经济技术开发区		1	20	18	2		122	38	11
连云港高新技术产业开发区									
江苏连云港徐圩新区							14	3	
江苏省连云港市云台山风景名胜区	1	1	7	7			170	70	5
淮安市	**5**	**5**	**280**	**246**	**28**	**6**	**3672**	**1574**	**258**
淮安区	1	3	71	63	7	1	929	409	76
淮阴区		1	29	22	7		601	251	28
清江浦区	1		23	21	1	1	275	108	17
洪泽区	3		33	32	1		383	159	22
涟水县		1	34	26	7	1	631	277	57
盱眙县			15	14	1		434	196	39
金湖县			71	64	4	3	382	160	17
淮安经济技术开发区									
工业园区			4	4			31	12	1

4-6c 续表 23

单位：人

地区 性别	专业技术人员		办事人员和有关人员				社会生产服务和生活服务人员		
	新闻出版、文化专业人员	其他专业技术人员	小计	办事人员	安全和消防人员	其他办事人员和有关人员	小计	批发与零售服务人员	交通运输、仓储和邮政业服务人员
生态文旅区									
苏淮高新区							6	2	1
盐城市	**15**	**18**	**606**	**527**	**62**	**17**	**8519**	**4153**	**537**
亭湖区	1	2	30	28	1	1	344	188	15
盐都区	3	1	95	75	19	1	1374	558	69
大丰区	1	3	123	109	9	5	1341	608	85
响水县	2		22	20	1	1	447	181	31
滨海县			34	30	3	1	574	239	65
阜宁县	4	2	68	59	5	4	1001	433	59
射阳县	3	6	76	66	7	3	1708	1093	71
建湖县			54	44	10		579	266	38
盐城经济技术开发区			15	13	2		77	36	2
江苏省盐南高新区									
东台市	1	4	89	83	5	1	1074	551	102
扬州市	**13**	**19**	**807**	**755**	**44**	**8**	**7283**	**3143**	**449**
广陵区		1	79	77	1	1	457	221	45
邗江区	2	2	70	67	3		477	234	29
江都区	3	12	181	170	11		1647	705	124
宝应县	2		136	123	11	2	1964	806	113
扬州经济技术开发区			29	29			111	47	1
蜀冈瘦西湖景区									
生态新城		1	20	19		1	124	69	5
仪征市	2	1	110	101	8	1	963	392	53
高邮市	4	2	182	169	10	3	1540	669	79
镇江市	**4**	**3**	**454**	**403**	**37**	**14**	**3945**	**1497**	**327**
京口区			11	8	3		40	21	2
润州区			1		1		15	15	
丹徒区		1	66	60	2	4	569	151	46
镇江新区		1	36	33	2	1	155	59	11
江苏镇江高新区									
丹阳市	2		99	84	14	1	1027	366	104
扬中市			91	86	5		618	268	57
句容市	2	1	150	132	10	8	1521	617	107
泰州市	**11**	**6**	**706**	**638**	**59**	**9**	**7541**	**3434**	**697**
海陵区			22	18	4		351	152	25
高港区	1	1	66	61	1	4	518	190	44
姜堰区		2	136	129	6	1	1144	488	114
泰州医药高新技术产业开发区	1		22	18	4		137	42	9
兴化市	3	1	93	72	19	2	2404	1322	238
靖江市	4	2	170	155	15		1074	450	114
泰兴市	2		197	185	10	2	1913	790	153
宿迁市	**12**	**4**	**246**	**236**	**6**	**4**	**8085**	**4288**	**488**
宿城区	3		38	35	3		864	435	54
宿豫区	1		12	12			335	118	24
沭阳县	5		82	81		1	3183	1893	208
泗阳县		2	24	23		1	1146	487	55
泗洪县	2	1	45	43		2	1875	1097	90
宿迁经济技术开发区			13	11	2		218	89	25
宿迁市湖滨新区		1	13	12	1		242	81	16
苏州宿迁工业园区									
宿迁市洋河新区	1		19	19			222	88	16

4-6c　续表 24　　　　单位：人

地　区 性　别	社会生产服务和生活服务人员 住宿和餐饮服务人员	信息传输、软件和信息技术服务人员	金融服务人员	房地产服务人员	租赁和商务服务人员	技术辅助服务人员	水利、环境和公共设施管理服务人员	居民服务人员	电力、燃气及水供应服务人员
江　苏	**28300**	**3352**	**2204**	**2604**	**7942**	**4212**	**19963**	**18136**	**2553**
南京市	**2706**	**478**	**168**	**276**	**775**	**373**	**2364**	**1146**	**191**
玄武区									
秦淮区									
建邺区									
鼓楼区									
浦口区	167	26	11	31	55	12	278	84	9
栖霞区	127	34	11	14	93	12	152	42	11
雨花台区									
江宁区	907	166	49	90	302	127	909	316	55
六合区	820	139	34	72	134	110	465	433	55
溧水区	301	28	26	32	57	39	254	120	30
高淳区	357	77	36	32	114	63	255	139	28
南京江北新区	27	8	1	5	20	10	51	12	3
无锡市	**2032**	**220**	**173**	**173**	**1256**	**361**	**1314**	**888**	**199**
锡山区	169	21	20	18	116	58	152	104	19
惠山区	346	41	29	53	192	61	198	156	55
滨湖区	85	8	6	14	60	22	51	25	5
梁溪区									
新吴区	148	36	12	14	159	17	87	21	10
江苏无锡经济开发区									
江阴市	709	84	60	39	361	119	385	324	61
宜兴市	575	30	46	35	368	84	441	258	49
徐州市	**2461**	**241**	**180**	**168**	**256**	**262**	**1543**	**1209**	**219**
鼓楼区									
云龙区									
贾汪区	169	19	16	17	24	19	99	82	15
泉山区									
铜山区	750	75	42	28	78	67	531	446	58
丰县	256	22	16	21	22	18	307	109	29
沛县	321	34	24	25	29	34	126	114	22
睢宁县	299	34	18	17	38	43	176	160	43
徐州经济技术开发区	74	4	7	2	8	10	57	28	4
新沂市	317	29	21	27	34	44	127	142	29
邳州市	275	24	36	31	23	27	120	128	19
常州市	**1990**	**181**	**150**	**134**	**677**	**369**	**1555**	**1143**	**196**
天宁区	83	10	7	7	55	12	29	42	10
钟楼区	77	4	4	6	10	23	37	42	6
新北区	174	12	18	7	120	38	208	90	16
武进区	488	60	43	31	142	120	628	340	53
金坛区	272	24	22	30	148	36	214	164	27
江苏省常州市经济开发区	219	21	19	12	112	53	114	67	25
溧阳市	677	50	37	41	90	87	325	398	59
苏州市	**4093**	**562**	**385**	**501**	**2232**	**808**	**3453**	**2201**	**213**
虎丘区	160	29	8	34	97	32	202	51	1
吴中区	1054	97	52	79	437	153	600	483	45
相城区	160	7	6	9	72	17	87	24	6
姑苏区									
吴江区	422	42	63	32	325	95	692	216	32
苏州工业园区									
常熟市	564	70	92	67	452	150	538	450	28

4-6c 续表 25 单位：人

地区 性别	社会生产服务和生活服务人员								
	住宿和餐饮服务人员	信息传输、软件和信息技术服务人员	金融服务人员	房地产服务人员	租赁和商务服务人员	技术辅助服务人员	水利、环境和公共设施管理服务人员	居民服务人员	电力、燃气及水供应服务人员
张家港市	550	83	67	53	227	115	343	236	57
昆山市	723	182	66	190	505	181	539	262	25
太仓市	460	52	31	37	117	65	452	479	19
南通市	**2362**	**439**	**269**	**230**	**825**	**559**	**1454**	**1787**	**333**
崇川区									
港闸区	7			1			4	1	
通州区	367	80	55	48	141	97	229	223	52
如东县	383	64	48	21	152	101	192	253	52
南通经济技术开发区									
通州湾示范区	33	7	5	11	8	7	40	48	10
苏锡通科技产业园区	70	29	5	11	89	14	38	42	13
启东市	399	44	32	32	99	46	344	236	53
如皋市	371	111	68	38	194	152	206	376	57
海门市	324	39	21	19	30	39	183	295	45
海安市	408	65	35	49	112	103	218	313	51
连云港市	**1479**	**135**	**77**	**278**	**199**	**163**	**993**	**1139**	**145**
连云区	2				3		8	2	
海州区	120	7	7	8	23	10	91	30	9
赣榆区	282	50	36	39	39	70	211	224	44
东海县	503	28	14	27	74	30	444	371	29
灌云县	200	19	6	14	18	10	69	157	16
灌南县	292	20	9	177	20	26	83	303	38
连云港经济技术开发区	29	5	3	8	18	13	34	14	5
连云港高新技术产业开发区									
江苏连云港徐圩新区	1	1	1				11	1	
江苏省连云港市云台山风景名胜区	50	5	1	5	4	4	42	37	4
淮安市	**1452**	**127**	**68**	**91**	**113**	**107**	**687**	**779**	**133**
淮安区	358	23	14	25	18	22	118	234	16
淮阴区	237	32	8	20	23	17	150	116	21
清江浦区	93	18	9	2	12	14	59	59	9
洪泽区	175	9	6	15	10	9	76	62	14
涟水县	269	17	5	8	15	15	82	135	14
盱眙县	163	12	12	4	23	16	94	85	18
金湖县	142	16	14	12	11	14	94	83	38
淮安经济技术开发区									
工业园区	13			3	1		14	4	3
生态文旅区									
苏淮高新区	2			2				1	
盐城市	**2645**	**231**	**214**	**221**	**290**	**278**	**1368**	**1751**	**260**
亭湖区	109	5	11	12	22	18	48	59	12
盐都区	479	32	35	44	45	46	318	359	23
大丰区	430	41	71	39	56	41	236	206	63
响水县	142	11	7	22	13	13	91	151	17
滨海县	248	18	6	11	5	15	142	105	15
阜宁县	396	22	23	22	34	40	173	259	30
射阳县	362	28	32	39	51	32	135	261	42
建湖县	204	23	12	11	18	28	124	116	20
盐城经济技术开发区	30	1		2	4		12	17	
江苏省盐南高新区									
东台市	245	50	17	19	42	45	89	218	38
扬州市	**2223**	**289**	**187**	**217**	**272**	**327**	**1033**	**2079**	**215**
广陵区	140	14	14	9	18	12	52	67	21

4-6c　续表 26　　　　单位：人

地　区 性　别	社会生产服务和生活服务人员								
	住宿和餐饮服务人　员	信息传输、软件和信息技术服务人　员	金融服务人　员	房地产服务人员	租赁和商务服务人　员	技术辅助服务人员	水利、环境和公共设施管理服务人员	居民服务人　员	电力、燃气及水供应服务人　员
邗江区	140	26	17	20	23	25	59	100	13
江都区	516	64	43	34	70	72	200	379	58
宝应县	555	74	32	63	47	81	274	671	42
扬州经济技术开发区	33	1	3	3	1	5	13	70	2
蜀冈瘦西湖景区生态新城	39	4	6	1	9	7	23	13	
仪征市	364	31	20	15	24	35	196	324	35
高邮市	436	75	52	72	80	90	216	455	44
镇江市	**1105**	**96**	**87**	**101**	**168**	**157**	**935**	**912**	**114**
京口区	15	1			5	3	9	3	6
润州区									
丹徒区	172	12	20	13	19	30	107	264	14
镇江新区	41	3	5	7	10	8	31	25	8
江苏镇江高新区									
丹阳市	324	24	24	18	29	41	217	255	35
扬中市	182	18	18	15	10	39	90	70	19
句容市	371	38	20	48	95	36	481	295	32
泰州市	**1846**	**159**	**152**	**108**	**265**	**273**	**1524**	**1327**	**223**
海陵区	80	7	14	6	20	13	68	50	5
高港区	121	17	11	8	15	39	103	98	7
姜堰区	325	21	27	24	52	39	192	223	44
泰州医药高新技术产业开发区	44	8	4	5	6	7	31	19	3
兴化市	534	31	37	12	56	41	385	426	60
靖江市	316	30	19	25	55	47	223	152	50
泰兴市	426	45	40	28	61	87	522	359	54
宿迁市	**1906**	**194**	**94**	**106**	**614**	**175**	**1740**	**1775**	**112**
宿城区	254	45	13	17	83	23	200	126	15
宿豫区	126	12	7	13	101	16	98	70	11
沭阳县	581	59	27	34	162	40	864	450	32
泗阳县	286	19	10	8	63	23	176	701	12
泗洪县	402	24	22	21	103	38	269	331	22
宿迁经济技术开发区	80	18	2	8	19	10	41	31	8
宿迁市湖滨新区	109	8	8	2	61	14	49	22	7
苏州宿迁工业园区									
宿迁市洋河新区	68	9	5	3	22	11	43	44	5
男	**12048**	**2305**	**991**	**1615**	**6185**	**2516**	**8695**	**6786**	**2302**
南京市	**1043**	**330**	**88**	**160**	**541**	**232**	**866**	**345**	**171**
玄武区									
秦淮区									
建邺区									
鼓楼区									
浦口区	74	21	7	18	40	6	108	25	8
栖霞区	53	27	5	7	82	5	57	10	9
雨花台区									
江宁区	333	105	26	45	201	82	312	74	50
六合区	376	102	17	50	89	74	149	164	46
溧水区	85	16	13	20	47	24	109	30	28
高淳区	117	54	20	18	65	35	113	38	27
南京江北新区	5	5		2	17	6	18	4	3
无锡市	**715**	**166**	**71**	**97**	**985**	**202**	**594**	**290**	**174**
锡山区	57	16	13	11	92	31	76	39	18

4-6c 续表 27　　单位：人

地　区 性　别	社会生产服务和生活服务人员								
	住宿和餐饮服务人员	信息传输、软件和信息技术服务人员	金融服务人员	房地产服务人员	租赁和商务服务人员	技术辅助服务人员	水利、环境和公共设施管理服务人员	居民服务人员	电力、燃气及水供应服务人员
惠山区	129	31	11	30	141	27	88	50	51
滨湖区	37	7	3	10	43	16	20	7	1
梁溪区									
新吴区	64	25	4	8	116	12	30	8	8
江苏无锡经济开发区									
江阴市	290	64	24	20	301	73	178	100	55
宜兴市	138	23	16	18	292	43	202	86	41
徐州市	**1296**	**155**	**92**	**112**	**185**	**157**	**682**	**432**	**202**
鼓楼区									
云龙区									
贾汪区	104	16	11	12	20	13	44	46	14
泉山区									
铜山区	364	46	20	18	59	36	199	112	55
丰县	125	12	10	16	12	13	122	47	24
沛县	178	22	9	17	22	21	55	49	22
睢宁县	157	19	8	8	24	27	98	60	39
徐州经济技术开发区	37	1	4	2	5	2	24	13	4
新沂市	174	22	10	21	26	25	70	53	26
邳州市	157	17	20	18	17	20	70	52	18
常州市	**697**	**126**	**47**	**81**	**502**	**200**	**687**	**396**	**170**
天宁区	44	6	2	7	41	3	14	15	8
钟楼区	41	1	1	3	5	9	15	12	6
新北区	54	6	5	4	103	13	89	27	12
武进区	190	49	14	14	93	66	301	132	44
金坛区	106	16	10	20	119	23	95	58	26
江苏省常州市经济开发区	94	14	6	6	81	25	52	21	21
溧阳市	168	34	9	27	60	61	121	131	53
苏州市	**1924**	**422**	**157**	**289**	**1859**	**457**	**1538**	**726**	**193**
虎丘区	79	22	6	21	77	21	75	17	1
吴中区	500	65	21	41	350	82	234	209	38
相城区	63	5		4	57	6	45	8	6
姑苏区									
吴江区	185	35	21	20	290	55	349	71	30
苏州工业园区									
常熟市	259	55	38	36	384	85	234	156	26
张家港市	268	58	25	27	191	66	159	79	51
昆山市	367	140	34	118	417	102	261	74	24
太仓市	203	42	12	22	93	40	181	112	17
南通市	**984**	**292**	**103**	**146**	**648**	**317**	**687**	**579**	**294**
崇川区									
港闸区	1			1			3		
通州区	156	51	17	29	110	52	113	82	45
如东县	169	35	19	8	131	49	104	80	48
南通经济技术开发区									
通州湾示范区	11	4	2	11	4	6	15	13	8
苏锡通科技产业园区	37	15	3	8	57	7	10	19	11
启东市	172	32	12	15	77	25	155	58	49
如皋市	172	87	33	30	163	91	112	144	49
海门市	128	25	5	11	17	18	86	99	41
海安市	138	43	12	33	89	69	89	84	43
连云港市	**636**	**92**	**38**	**178**	**147**	**108**	**365**	**372**	**133**
连云区	1				3		1	1	

4-6c　续表 28　　　　　　　　　　　　　　　　　　　　　　　　　　单位：人

地　区 性　别	社会生产服务和生活服务人员								
	住宿和餐饮服务人员	信息传输、软件和信息技术服务人员	金融服务人员	房地产服务人员	租赁和商务服务人员	技术辅助服务人员	水利、环境和公共设施管理服务人员	居民服务人员	电力、燃气及水供应服务人员
海州区	67	4	2	6	15	8	41	11	8
赣榆区	130	30	18	33	25	53	92	69	41
东海县	184	16	7	10	60	16	135	89	27
灌云县	103	16	3	12	10	9	37	73	15
灌南县	121	17	5	108	14	11	34	116	34
连云港经济技术开发区	10	5	2	6	16	8	9	2	5
连云港高新技术产业开发区									
江苏连云港徐圩新区			1				4		
江苏省连云港市云台山风景名胜区	20	4		3	4	3	12	11	3
淮安市	**662**	**88**	**37**	**64**	**91**	**71**	**305**	**344**	**127**
淮安区	153	17	7	17	16	15	56	99	16
淮阴区	117	21	5	14	19	10	64	50	21
清江浦区	45	9	5	1	12	11	20	23	8
洪泽区	75	6	1	8	4	6	32	32	13
涟水县	137	13	3	5	12	9	26	57	14
盱眙县	81	8	6	4	19	9	58	36	15
金湖县	49	14	10	10	8	11	44	44	37
淮安经济技术开发区									
工业园区	5			3	1		5	3	3
生态文旅区									
苏淮高新区				2					
盐城市	**1160**	**164**	**123**	**153**	**237**	**169**	**617**	**742**	**239**
亭湖区	51	4	9	10	22	11	21	25	10
盐都区	205	24	25	31	36	28	127	150	22
大丰区	167	24	38	24	46	21	91	98	58
响水县	63	9	5	17	12	10	37	71	17
滨海县	120	10	3	10	4	12	83	56	14
阜宁县	200	17	13	14	30	23	80	103	28
射阳县	147	22	17	26	41	22	67	97	38
建湖县	95	19	8	8	13	16	63	51	18
盐城经济技术开发区	11			2	2		4	12	
江苏省盐南高新区									
东台市	101	35	5	11	31	26	44	79	34
扬州市	**988**	**183**	**85**	**148**	**185**	**220**	**427**	**888**	**190**
广陵区	56	11	6	7	8	9	18	32	18
邗江区	73	15	10	14	9	15	22	47	12
江都区	194	37	15	17	50	46	93	182	47
宝应县	225	46	14	45	39	57	109	248	39
扬州经济技术开发区	19	1		1		3	5	40	2
蜀冈瘦西湖景区									
生态新城	20	3	3	1	6	5	9	7	
仪征市	182	22	15	10	15	22	76	168	32
高邮市	219	48	22	53	58	63	95	164	40
镇江市	**404**	**60**	**27**	**56**	**134**	**92**	**400**	**375**	**100**
京口区	8				4	1	5	2	5
润州区									
丹徒区	69	6	6	4	14	10	30	143	10
镇江新区	11	3	1	3	6	5	12	11	8
江苏镇江高新区									
丹阳市	137	15	6	10	26	23	84	109	32
扬中市	66	9	8	12	9	27	23	13	17
句容市	113	27	6	27	75	26	246	97	28

4-6c 续表 29 单位：人

地区 性别	社会生产服务和生活服务人员 住宿和餐饮服务人员	信息传输、软件和信息技术服务人员	金融服务人员	房地产服务人员	租赁和商务服务人员	技术辅助服务人员	水利、环境和公共设施管理服务人员	居民服务人员	电力、燃气及水供应服务人员
泰州市	**629**	**117**	**81**	**66**	**205**	**177**	**604**	**512**	**209**
海陵区	21	5	7	1	12	4	24	15	4
高港区	33	10	6	3	9	25	22	30	6
姜堰区	115	15	14	14	44	28	73	82	40
泰州医药高新技术产业开发区	10	7	2		4	5	5	9	3
兴化市	203	24	27	10	40	22	205	203	59
靖江市	106	24	10	17	46	30	80	57	49
泰兴市	141	32	15	21	50	63	195	116	48
宿迁市	**910**	**110**	**42**	**65**	**466**	**114**	**923**	**785**	**100**
宿城区	112	22	4	13	77	14	108	52	14
宿豫区	74	6	2	9	68	10	54	37	10
沭阳县	281	34	15	23	126	27	457	213	30
泗阳县	150	14	7	5	53	17	88	361	11
泗洪县	185	13	7	10	77	23	157	75	19
宿迁经济技术开发区	37	11	1	2	11	7	22	22	5
宿迁市湖滨新区	44	5	2	1	35	8	25	9	7
苏州宿迁工业园区									
宿迁市洋河新区	27	5	4	2	19	8	12	16	4
女	**16252**	**1047**	**1213**	**989**	**1757**	**1696**	**11268**	**11350**	**251**
南京市	**1663**	**148**	**80**	**116**	**234**	**141**	**1498**	**801**	**20**
玄武区									
秦淮区									
建邺区									
鼓楼区									
浦口区	93	5	4	13	15	6	170	59	1
栖霞区	74	7	6	7	11	7	95	32	2
雨花台区									
江宁区	574	61	23	45	101	45	597	242	5
六合区	444	37	17	22	45	36	316	269	9
溧水区	216	12	13	12	10	15	145	90	2
高淳区	240	23	16	14	49	28	142	101	1
南京江北新区	22	3	1	3	3	4	33	8	
无锡市	**1317**	**54**	**102**	**76**	**271**	**159**	**720**	**598**	**25**
锡山区	112	5	7	7	24	27	76	65	1
惠山区	217	10	18	23	51	34	110	106	4
滨湖区	48	1	3	4	17	6	31	18	4
梁溪区									
新吴区	84	11	8	6	43	5	57	13	2
江苏无锡经济开发区									
江阴市	419	20	36	19	60	46	207	224	6
宜兴市	437	7	30	17	76	41	239	172	8
徐州市	**1165**	**86**	**88**	**56**	**71**	**105**	**861**	**777**	**17**
鼓楼区									
云龙区									
贾汪区	65	3	5	5	4	6	55	36	1
泉山区									
铜山区	386	29	22	10	19	31	332	334	3
丰县	131	10	6	5	10	5	185	62	5
沛县	143	12	15	8	7	13	71	65	
睢宁县	142	15	10	9	14	16	78	100	4
徐州经济技术开发区	37	3	3		3	8	33	15	
新沂市	143	7	11	6	8	19	57	89	3
邳州市	118	7	16	13	6	7	50	76	1

4-6c　续表 30　　　　　　　　　　　　　　　　　　　　　　　　　　　　单位：人

地　区 性　别	社会生产服务和生活服务人员								
	住宿和餐饮服务人　员	信息传输、软件和信息技术服务人　员	金融服务人　员	房地产服务人员	租赁和商务服务人　员	技术辅助服务人员	水利、环境和公共设施管理服务人员	居民服务人　员	电力、燃气及水供应服务人　员
常州市	**1293**	**55**	**103**	**53**	**175**	**169**	**868**	**747**	**26**
天宁区	39	4	5		14	9	15	27	2
钟楼区	36	3	3	3	5	14	22	30	
新北区	120	6	13	3	17	25	119	63	4
武进区	298	11	29	17	49	54	327	208	9
金坛区	166	8	12	10	29	13	119	106	1
江苏省常州市经济开发区	125	7	13	6	31	28	62	46	4
溧阳市	509	16	28	14	30	26	204	267	6
苏州市	**2169**	**140**	**228**	**212**	**373**	**351**	**1915**	**1475**	**20**
虎丘区	81	7	2	13	20	11	127	34	
吴中区	554	32	31	38	87	71	366	274	7
相城区	97	2	6	5	15	11	42	16	
姑苏区									
吴江区	237	7	42	12	35	40	343	145	2
苏州工业园区									
常熟市	305	15	54	31	68	65	304	294	2
张家港市	282	25	42	26	36	49	184	157	6
昆山市	356	42	32	72	88	79	278	188	1
太仓市	257	10	19	15	24	25	271	367	2
南通市	**1378**	**147**	**166**	**84**	**177**	**242**	**767**	**1208**	**39**
崇川区									
港闸区	6						1	1	
通州区	211	29	38	19	31	45	116	141	7
如东县	214	29	29	13	21	52	88	173	4
南通经济技术开发区									
通州湾示范区	22	3	3		4	1	25	35	2
苏锡通科技产业园区	33	14	2	3	32	7	28	23	2
启东市	227	12	20	17	22	21	189	178	4
如皋市	199	24	35	8	31	61	94	232	8
海门市	196	14	16	8	13	21	97	196	4
海安市	270	22	23	16	23	34	129	229	8
连云港市	**843**	**43**	**39**	**100**	**52**	**55**	**628**	**767**	**12**
连云区	1						7	1	
海州区	53	3	5	2	8	2	50	19	1
赣榆区	152	20	18	6	14	17	119	155	3
东海县	319	12	7	17	14	14	309	282	2
灌云县	97	3	3	2	8	1	32	84	1
灌南县	171	3	4	69	6	15	49	187	4
连云港经济技术开发区	19		1	2	2	5	25	12	
连云港高新技术产业开发区									
江苏连云港徐圩新区	1	1					7	1	
江苏省连云港市云台山风景名胜区	30	1	1	2		1	30	26	1
淮安市	**790**	**39**	**31**	**27**	**22**	**36**	**382**	**435**	**6**
淮安区	205	6	7	8	2	7	62	135	
淮阴区	120	11	3	6	4	7	86	66	
清江浦区	48	9	4	1		3	39	36	1
洪泽区	100	3	5	7	6	3	44	30	1
涟水县	132	4	2	3	3	6	56	78	
盱眙县	82	4	6		4	7	36	49	3
金湖县	93	2	4	2	3	3	50	39	1
淮安经济技术开发区									
工业园区	8						9	1	

4-6c 续表 31

单位：人

地区 性别	社会生产服务和生活服务人员								
	住宿和餐饮服务人员	信息传输、软件和信息技术服务人员	金融服务人员	房地产服务人员	租赁和商务服务人员	技术辅助服务人员	水利、环境和公共设施管理服务人员	居民服务人员	电力、燃气及水供应服务人员
生态文旅区									
苏淮高新区	2							1	
盐城市	**1485**	**67**	**91**	**68**	**53**	**109**	**751**	**1009**	**21**
亭湖区	58	1	2	2		7	27	34	2
盐都区	274	8	10	13	9	18	191	209	1
大丰区	263	17	33	15	10	20	145	108	5
响水县	79	2	2	5	1	3	54	80	
滨海县	128	8	3	1	1	3	59	49	1
阜宁县	196	5	10	8	4	17	93	156	2
射阳县	215	6	15	13	10	10	68	164	4
建湖县	109	4	4	3	5	12	61	65	2
盐城经济技术开发区	19	1			2		8	5	
江苏省盐南高新区									
东台市	144	15	12	8	11	19	45	139	4
扬州市	**1235**	**106**	**102**	**69**	**87**	**107**	**606**	**1191**	**25**
广陵区	84	3	8	2	10	3	34	35	3
邗江区	67	11	7	6	14	10	37	53	1
江都区	322	27	28	17	20	26	107	197	11
宝应县	330	28	18	18	8	24	165	423	3
扬州经济技术开发区	14		3	2	1	2	8	30	
蜀冈瘦西湖景区									
生态新城	19	1	3		3	2	14	6	
仪征市	182	9	5	5	9	13	120	156	3
高邮市	217	27	30	19	22	27	121	291	4
镇江市	**701**	**36**	**60**	**45**	**34**	**65**	**535**	**537**	**14**
京口区	7	1			1	2	4	1	1
润州区									
丹徒区	103	6	14	9	5	20	77	121	4
镇江新区	30		4	4	4	3	19	14	
江苏镇江高新区									
丹阳市	187	9	18	8	3	18	133	146	3
扬中市	116	9	10	3	1	12	67	57	2
句容市	258	11	14	21	20	10	235	198	4
泰州市	**1217**	**42**	**71**	**42**	**60**	**96**	**920**	**815**	**14**
海陵区	59	2	7	5	8	9	44	35	1
高港区	88	7	5	5	6	14	81	68	1
姜堰区	210	6	13	10	8	11	119	141	4
泰州医药高新技术产业开发区	34	1	2	5	2	2	26	10	
兴化市	331	7	10	2	16	19	180	223	1
靖江市	210	6	9	8	9	17	143	95	1
泰兴市	285	13	25	7	11	24	327	243	6
宿迁市	**996**	**84**	**52**	**41**	**148**	**61**	**817**	**990**	**12**
宿城区	142	23	9	4	6	9	92	74	1
宿豫区	52	6	5	4	33	6	44	33	1
沭阳县	300	25	12	11	36	13	407	237	2
泗阳县	136	5	3	3	10	6	88	340	1
泗洪县	217	11	15	11	26	15	112	256	3
宿迁经济技术开发区	43	7	1	6	8	3	19	9	3
宿迁市湖滨新区	65	3	6	1	26	6	24	13	
苏州宿迁工业园区									
宿迁市洋河新区	41	4	1	1	3	3	31	28	1

4-6c 续表 32

单位：人

地区 性别	社会生产服务和生活服务人员				农、林、牧、渔业生产及辅助人员				
	修理及制作服务人员	文化、体育和娱乐服务人员	健康服务人员	其他社会生产和生活服务人员	小计	农业生产人员	林业生产人员	畜牧业生产人员	渔业生产人员
江 苏	**8149**	**919**	**349**	**497**	**306466**	**270225**	**5379**	**10857**	**14978**
南京市	**642**	**58**	**55**	**30**	**5588**	**3577**	**344**	**264**	**1332**
玄武区									
秦淮区									
建邺区									
鼓楼区									
浦口区	47	6	7	1	543	298	167	38	38
栖霞区	36	9	6	3	282	265	3	6	4
雨花台区									
江宁区	199	13	11	8	1084	931	50	43	47
六合区	204	15	16	11	636	469	47	78	21
溧水区	56	10	3	4	1167	972	35	71	73
高淳区	91	4	9	3	1803	585	42	25	1137
南京江北新区	9	1	3		73	57		3	12
无锡市	**536**	**60**	**38**	**22**	**4786**	**3806**	**185**	**99**	**660**
锡山区	62	4	2	4	138	114	7	5	12
惠山区	103	7	11	2	543	501	6	7	25
滨湖区	15	3	7	2	19	18			
梁溪区									
新吴区	30	11	3		40	26	12		
江苏无锡经济开发区									
江阴市	196	23	15	3	997	828	24	34	98
宜兴市	130	12		11	3049	2319	136	53	525
徐州市	**842**	**66**	**27**	**7**	**60051**	**55815**	**1121**	**2178**	**321**
鼓楼区									
云龙区									
贾汪区	44	4	3		2441	2291	18	98	17
泉山区									
铜山区	207	21	7	1	6038	4959	103	570	122
丰县	126	5	1	3	7073	6652	30	334	4
沛县	104	5	6	1	9655	9097	15	467	20
睢宁县	112	12	1	1	8996	8602	49	224	15
徐州经济技术开发区	20	3	2		680	626	18	26	2
新沂市	113	8	4		9648	9174	66	235	115
邳州市	116	8	3	1	15520	14414	822	224	26
常州市	**496**	**73**	**15**	**98**	**6370**	**3697**	**1529**	**254**	**747**
天宁区	29		2	1	133	79	3	5	44
钟楼区	25	5	2		141	73	56	2	4
新北区	51	11	3	1	197	150	6	5	31
武进区	143	15	2	84	2305	1280	830	30	102
金坛区	86	21	3	1	1589	619	542	130	267
江苏省常州市经济开发区	59	9	2	2	32	24	1	2	3
溧阳市	103	12	1	9	1973	1472	91	80	296
苏州市	**907**	**141**	**37**	**57**	**6878**	**5529**	**212**	**84**	**936**
虎丘区	35	4			99	51	41		7
吴中区	139	25	6	9	2073	1874	75	11	53
相城区	10	1		1	82	22	3		56
姑苏区									
吴江区	110	7	8	5	858	516	45	12	266
苏州工业园区									
常熟市	171	31	9	2	1973	1578	23	17	346

4-6c 续表 33

单位：人

地区 性别	社会生产服务和生活服务人员				农、林、牧、渔业生产及辅助人员				
	修理及制作服务人员	文化、体育和娱乐服务人员	健康服务人员	其他社会生产和生活服务人员	小计	农业生产人员	林业生产人员	畜牧业生产人员	渔业生产人员
张家港市	162	29	6	3	474	417	10	12	20
昆山市	149	29	5	30	287	138	8	1	137
太仓市	131	15	3	7	1032	933	7	31	51
南通市	**783**	**85**	**29**	**32**	**46665**	**43345**	**311**	**1261**	**1308**
崇川区									
港闸区	1				34	34			
通州区	124	14	6	6	3736	3578	10	80	40
如东县	109	17	5	5	10139	9112	25	207	730
南通经济技术开发区									
通州湾示范区	20	1	1		1184	1088	2	24	39
苏锡通科技产业园区	21	3	1		186	173	1	6	3
启东市	132	13	4	6	8001	7398	28	224	341
如皋市	188	11	3	14	7422	6807	217	237	22
海门市	76	11	2	1	7050	6724	21	145	46
海安市	112	15	7		8913	8431	7	338	87
连云港市	**491**	**56**	**16**	**16**	**33347**	**30447**	**240**	**1312**	**860**
连云区	1				24	6	4		14
海州区	51	10	2	5	1461	1336	5	31	60
赣榆区	130	7	5	3	8628	7684	33	370	475
东海县	130	17	3	1	8118	7051	146	663	123
灌云县	62	8	1	3	6441	6123	23	96	78
灌南县	96	7	2	2	8562	8193	29	148	73
连云港经济技术开发区	12	6	1		45	8		2	22
连云港高新技术产业开发区									
江苏连云港徐圩新区	1			1	6	2		1	
江苏省连云港市云台山风景名胜区	8	1	2	1	62	44		1	15
淮安市	**411**	**41**	**15**	**23**	**23672**	**21782**	**129**	**616**	**826**
淮安区	91	8	1	6	4120	3866	38	73	88
淮阴区	95	7	7		3633	3472	12	84	35
清江浦区	29	4	1	3	830	765	3	26	23
洪泽区	29	4	1		1128	774	11	77	197
涟水县	86	9	2	3	9664	9463	23	111	31
盱眙县	47	2		7	2839	2435	19	191	171
金湖县	29	7	3	3	1329	892	14	50	281
淮安经济技术开发区									
工业园区	2				80	66	9	4	
生态文旅区									
苏淮高新区	3			1	49	49			
盐城市	**806**	**70**	**33**	**46**	**66205**	**60621**	**227**	**2513**	**2100**
亭湖区	32	4	6		1836	1689	9	59	68
盐都区	92	10	2	11	3781	2899	19	91	668
大丰区	93	16	5	3	8485	7577	29	324	402
响水县	41	4	2	5	4779	4614	44	74	28
滨海县	87	5		2	7384	7057	8	140	130
阜宁县	137	6	3	8	7893	7529	35	157	124
射阳县	136	13	8	13	9206	7628	38	969	401
建湖县	83	1	2	1	5317	4959	12	118	170
盐城经济技术开发区	4				524	507	2	10	4
江苏省盐南高新区									
东台市	101	11	5	3	17000	16162	31	571	105
扬州市	**958**	**95**	**28**	**43**	**14569**	**11878**	**126**	**323**	**1809**
广陵区	33	16		1	213	169	15	11	16

4-6c 续表 34

单位：人

地区 性别	社会生产服务和生活服务人员				农、林、牧、渔业生产及辅助人员				
	修理及制作服务人员	文化、体育和娱乐服务人员	健康服务人员	其他社会生产和生活服务人员	小计	农业生产人员	林业生产人员	畜牧业生产人员	渔业生产人员
邗江区	39	4	3		149	108	1	21	12
江都区	488	25	10	14	2510	2072	68	53	237
宝应县	140	12	6	1	5420	4508	16	78	550
扬州经济技术开发区	10	3			20	18			2
蜀冈瘦西湖景区									
生态新城	8	2	1	3	27	20		1	1
仪征市	84	14	1	7	468	395	15	27	15
高邮市	156	19	7	17	5762	4588	11	132	976
镇江市	**280**	**51**	**31**	**22**	**3925**	**3210**	**258**	**208**	**181**
京口区					3	3			
润州区					3	3			
丹徒区	32	20	2	3	765	642	17	79	22
镇江新区	17	3		3	76	64	3	6	2
江苏镇江高新区									
丹阳市	75	10	20	7	1173	944	76	35	82
扬中市	53	5	3	2	231	185	3	16	19
句容市	103	13	6	7	1674	1369	159	72	56
泰州市	**481**	**57**	**17**	**81**	**14227**	**9617**	**82**	**824**	**3306**
海陵区	28	1		3	366	311	5	17	32
高港区	31	3	2	5	551	507		19	15
姜堰区	77	9	5	14	866	568	5	122	131
泰州医药高新技术产业开发区	17			2	61	60		1	
兴化市	108	16	7	45	7554	4036	12	362	2958
靖江市	78	12	1		435	278	20	46	66
泰兴市	142	16	2	12	4394	3857	40	257	104
宿迁市	**516**	**66**	**8**	**20**	**20183**	**16901**	**615**	**921**	**592**
宿城区	71	15	2	2	3059	2722	23	178	123
宿豫区	46	3		1	1650	1518	11	90	13
沭阳县	184	15	2	5	6977	5824	532	373	56
泗阳县	71	8	3	4	2841	2590	7	68	72
泗洪县	70	11	1	7	4563	3340	21	169	224
宿迁经济技术开发区	31	10		1	180	143	15	14	1
宿迁市湖滨新区	22	4			503	386	4	12	98
苏州宿迁工业园区									
宿迁市洋河新区	21				410	378	2	17	5
男	**7166**	**549**	**104**	**279**	**154590**	**131375**	**3159**	**6566**	**10223**
南京市	**597**	**29**	**20**	**18**	**3367**	**1979**	**206**	**178**	**952**
玄武区									
秦淮区									
建邺区									
鼓楼区									
浦口区	44	4	2	1	319	165	98	25	31
栖霞区	34	4	1	1	153	139	2	6	4
雨花台区									
江宁区	189	5	4	6	647	544	28	30	36
六合区	188	8	5	6	377	265	31	49	15
溧水区	52	6	2	1	661	523	25	48	51
高淳区	83	2	3	3	1176	320	22	19	806
南京江北新区	7		3		34	23		1	9
无锡市	**461**	**33**	**8**	**13**	**2720**	**2074**	**124**	**62**	**434**
锡山区	51	1		4	80	64	5	3	8

4-6c 续表 35

单位：人

地区 性别	社会生产服务和生活服务人员				农、林、牧、渔业生产及辅助人员				
	修理及制作服务人员	文化、体育和娱乐服务人员	健康服务人员	其他社会生产和生活服务人员	小计	农业生产人员	林业生产人员	畜牧业生产人员	渔业生产人员
惠山区	88	4	5		326	296	5	6	17
滨湖区	13	1	1	2	9	8			
梁溪区									
新吴区	25	9			32	18	12		
江苏无锡经济开发区									
江阴市	170	12	2	2	586	469	18	22	67
宜兴市	114	6		5	1687	1219	84	31	342
徐州市	**746**	**42**	**12**	**4**	**31187**	**28560**	**677**	**1376**	**240**
鼓楼区									
云龙区									
贾汪区	40	2			1447	1337	13	70	14
泉山区									
铜山区	183	12	1		2709	2078	72	359	81
丰县	93	2	1	2	3452	3203	21	192	4
沛县	101	4	5	1	4773	4405	12	296	16
睢宁县	101	7	1		4752	4496	36	139	13
徐州经济技术开发区	17	2	1		348	311	15	16	2
新沂市	106	6			5285	4966	45	152	91
邳州市	105	7	3	1	8421	7764	463	152	19
常州市	**413**	**35**	**3**	**59**	**3480**	**1953**	**799**	**131**	**509**
天宁区	22				80	45	2	2	30
钟楼区	22	2	1		81	41	32	2	3
新北区	41	6			106	74	4	3	23
武进区	122	6		52	1172	646	405	15	72
金坛区	70	10	1	1	884	313	292	70	184
江苏省常州市经济开发区	49	4	1	1	19	13	1	2	2
溧阳市	87	7		5	1138	821	63	37	195
苏州市	**787**	**82**	**7**	**34**	**3614**	**2671**	**158**	**59**	**636**
虎丘区	30				61	28	30		3
吴中区	117	16		7	1021	884	54	7	31
相城区	10				47	12	2		33
姑苏区									
吴江区	93	5	2	3	505	246	37	9	196
苏州工业园区									
常熟市	151	17	2		985	722	17	14	224
张家港市	138	16	1	1	285	245	7	7	17
昆山市	129	20		19	201	95	5	1	97
太仓市	119	8	2	4	509	439	6	21	35
南通市	**700**	**50**	**6**	**18**	**20276**	**17954**	**175**	**766**	**1101**
崇川区									
港闸区	1				15	15			
通州区	109	8	1	3	1577	1463	6	56	32
如东县	100	11		1	4874	4098	11	117	601
南通经济技术开发区									
通州湾示范区	17		1		518	455	1	16	33
苏锡通科技产业园区	21	3	1		98	87	1	5	2
启东市	116	7	2	4	3336	2847	18	151	316
如皋市	171	5		9	3388	2991	123	153	14
海门市	67	8	1	1	2911	2719	12	96	39
海安市	98	8			3559	3279	3	172	64
连云港市	**424**	**32**	**2**	**9**	**16179**	**14330**	**134**	**775**	**618**
连云区	1				14	1	3		10

4-6c 续表 36

单位：人

地区 性别	社会生产服务和生活服务人员				农、林、牧、渔业生产及辅助人员				
	修理及制作服务人员	文化、体育和娱乐服务人员	健康服务人员	其他社会生产和生活服务人员	小计	农业生产人员	林业生产人员	畜牧业生产人员	渔业生产人员
海州区	47	8		3	842	747	3	19	48
赣榆区	123	4	1	2	3678	3044	16	226	349
东海县	114	8		1	3873	3272	70	373	77
灌云县	47	4	1	1	3559	3315	15	69	59
灌南县	75	4		1	4149	3924	27	84	47
连云港经济技术开发区	9	3			26	6		2	15
连云港高新技术产业开发区									
江苏连云港徐圩新区	1				1			1	
江苏省连云港市云台山风景名胜区	7	1		1	37	21		1	13
淮安市	**372**	**30**	**4**	**12**	**12738**	**11413**	**102**	**401**	**569**
淮安区	85	7		2	2189	1989	30	54	68
淮阴区	85	4	1		1959	1842	10	55	25
清江浦区	24	2		2	446	401	2	19	16
洪泽区	26	4	1		690	451	10	50	130
涟水县	79	5	2	1	4824	4693	17	65	26
盱眙县	43	2		3	1734	1458	17	126	115
金湖县	25	6		3	827	519	11	29	189
淮安经济技术开发区									
工业园区	2				44	35	5	3	
生态文旅区									
苏淮高新区	3			1	25	25			
盐城市	**704**	**40**	**9**	**27**	**33509**	**29975**	**123**	**1411**	**1471**
亭湖区	29	4	1		968	866	5	38	50
盐都区	87	5	1	8	1978	1436	10	57	412
大丰区	76	8		1	4125	3510	18	194	303
响水县	38	3		2	2449	2343	21	51	22
滨海县	74	2		1	4136	3874	8	91	118
阜宁县	122	5	2	7	4135	3906	14	94	86
射阳县	114	8	2	7	4799	3878	18	484	293
建湖县	75	1		1	2800	2565	10	74	110
盐城经济技术开发区					246	234	1	8	2
江苏省盐南高新区									
东台市	89	4	3		7873	7363	18	320	75
扬州市	**854**	**70**	**13**	**24**	**7819**	**6007**	**74**	**222**	**1164**
广陵区	27	13		1	101	68	14	7	11
邗江区	33	3	2		87	57	1	15	9
江都区	445	19	4	6	1268	1005	27	35	142
宝应县	118	9	3	1	2994	2323	13	63	359
扬州经济技术开发区	9	1			10	9			1
蜀冈瘦西湖景区									
生态新城	7	2	1	2	10	7			1
仪征市	76	10	1	3	255	204	11	16	15
高邮市	139	13	2	11	3094	2334	8	86	626
镇江市	**244**	**24**	**11**	**11**	**2164**	**1679**	**172**	**125**	**139**
京口区					2	2			
润州区					2	2			
丹徒区	30	12	1	1	395	322	10	47	14
镇江新区	15			1	40	31	2	4	2
江苏镇江高新区									
丹阳市	67	2	7	4	595	448	35	21	65
扬中市	41	3	1	2	128	94	2	10	16
句容市	91	7	2	3	1002	780	123	43	42

4-6c 续表 37

单位：人

地区 性别	社会生产服务和生活服务人员				农、林、牧、渔业生产及辅助人员				
	修理及制作服务人员	文化、体育和娱乐服务人员	健康服务人员	其他社会生产和生活服务人员	小计	农业生产人员	林业生产人员	畜牧业生产人员	渔业生产人员
泰州市	**425**	**34**	**6**	**38**	**6689**	**3930**	**42**	**487**	**1995**
海陵区	25	1		2	160	126	1	12	21
高港区	28	2		2	197	166		14	11
姜堰区	69	5	2	9	471	291	3	66	85
泰州医药高新技术产业开发区	14			1	26	26			
兴化市	86	10	3	22	3933	1824	7	219	1768
靖江市	72	6	1		232	138	9	29	37
泰兴市	131	10		2	1670	1359	22	147	73
宿迁市	**439**	**48**	**3**	**12**	**10848**	**8850**	**373**	**573**	**395**
宿城区	63	10		2	1490	1279	20	93	87
宿豫区	38	3			943	850	7	61	11
沭阳县	151	12	1	3	3796	3097	311	241	38
泗阳县	64	4	2	4	1511	1343	3	44	55
泗洪县	56	9		2	2479	1786	16	105	129
宿迁经济技术开发区	29	7		1	99	73	11	8	1
宿迁市湖滨新区	22	3			305	220	4	9	69
苏州宿迁工业园区									
宿迁市洋河新区	16				225	202	1	12	5
女	**983**	**370**	**245**	**218**	**151876**	**138850**	**2220**	**4291**	**4755**
南京市	**45**	**29**	**35**	**12**	**2221**	**1598**	**138**	**86**	**380**
玄武区									
秦淮区									
建邺区									
鼓楼区									
浦口区	3	2	5		224	133	69	13	7
栖霞区	2	5	5	2	129	126	1		
雨花台区									
江宁区	10	8	7	2	437	387	22	13	11
六合区	16	7	11	5	259	204	16	29	6
溧水区	4	4	1	3	506	449	10	23	22
高淳区	8	2	6		627	265	20	6	331
南京江北新区	2	1			39	34		2	3
无锡市	**75**	**27**	**30**	**9**	**2066**	**1732**	**61**	**37**	**226**
锡山区	11	3	2		58	50	2	2	4
惠山区	15	3	6	2	217	205	1	1	8
滨湖区	2	2	6		10	10			
梁溪区									
新吴区	5	2	3		8	8			
江苏无锡经济开发区									
江阴市	26	11	13	1	411	359	6	12	31
宜兴市	16	6		6	1362	1100	52	22	183
徐州市	**96**	**24**	**15**	**3**	**28864**	**27255**	**444**	**802**	**81**
鼓楼区									
云龙区									
贾汪区	4	2	3		994	954	5	28	3
泉山区									
铜山区	24	9	6	1	3329	2881	31	211	41
丰县	33	3		1	3621	3449	9	142	
沛县	3	1	1		4882	4692	3	171	4
睢宁县	11	5		1	4244	4106	13	85	2
徐州经济技术开发区	3	1	1		332	315	3	10	
新沂市	7	2	4		4363	4208	21	83	24
邳州市	11	1			7099	6650	359	72	7

4-6c 续表 38

单位：人

地区 性别	社会生产服务和生活服务人员				农、林、牧、渔业生产及辅助人员				
	修理及制作服务人员	文化、体育和娱乐服务人员	健康服务人员	其他社会生产和生活服务人员	小计	农业生产人员	林业生产人员	畜牧业生产人员	渔业生产人员
常州市	**83**	**38**	**12**	**39**	**2890**	**1744**	**730**	**123**	**238**
天宁区	7		2	1	53	34	1	3	14
钟楼区	3	3	1		60	32	24		1
新北区	10	5	3	1	91	76	2	2	8
武进区	21	9	2	32	1133	634	425	15	30
金坛区	16	11	2		705	306	250	60	83
江苏省常州市经济开发区	10	5	1	1	13	11			1
溧阳市	16	5	1	4	835	651	28	43	101
苏州市	**120**	**59**	**30**	**23**	**3264**	**2858**	**54**	**25**	**300**
虎丘区	5	4			38	23	11		4
吴中区	22	9	6	2	1052	990	21	4	22
相城区		1		1	35	10	1		23
姑苏区									
吴江区	17	2	6	2	353	270	8	3	70
苏州工业园区									
常熟市	20	14	7	2	988	856	6	3	122
张家港市	24	13	5	2	189	172	3	5	3
昆山市	20	9	5	11	86	43	3		40
太仓市	12	7	1	3	523	494	1	10	16
南通市	**83**	**35**	**23**	**14**	**26389**	**25391**	**136**	**495**	**207**
崇川区									
港闸区					19	19			
通州区	15	6	5	3	2159	2115	4	24	8
如东县	9	6	5	4	5265	5014	14	90	129
南通经济技术开发区									
通州湾示范区	3	1			666	633	1	8	6
苏锡通科技产业园区					88	86		1	1
启东市	16	6	2	2	4665	4551	10	73	25
如皋市	17	6	3	5	4034	3816	94	84	8
海门市	9	3	1		4139	4005	9	49	7
海安市	14	7	7		5354	5152	4	166	23
连云港市	**67**	**24**	**14**	**7**	**17168**	**16117**	**106**	**537**	**242**
连云区					10	5	1		4
海州区	4	2	2	2	619	589	2	12	12
赣榆区	7	3	4	1	4950	4640	17	144	126
东海县	16	9	3		4245	3779	76	290	46
灌云县	15	4		2	2882	2808	8	27	19
灌南县	21	3	2	1	4413	4269	2	64	26
连云港经济技术开发区	3	3	1		19	2			7
连云港高新技术产业开发区									
江苏连云港徐圩新区				1	5	2			
江苏省连云港市云台山风景名胜区	1		2		25	23			2
淮安市	**39**	**11**	**11**	**11**	**10934**	**10369**	**27**	**215**	**257**
淮安区	6	1	1	4	1931	1877	8	19	20
淮阴区	10	3	6		1674	1630	2	29	10
清江浦区	5	2	1	1	384	364	1	7	7
洪泽区	3				438	323	1	27	67
涟水县	7	4		2	4840	4770	6	46	5
盱眙县	4			4	1105	977	2	65	56
金湖县	4	1	3		502	373	3	21	92
淮安经济技术开发区									
工业园区					36	31	4	1	

4-6c 续表 39

单位：人

地区 性别	社会生产服务和生活服务人员				农、林、牧、渔业生产及辅助人员				
	修理及制作服务人员	文化、体育和娱乐服务人员	健康服务人员	其他社会生产和生活服务人员	小计	农业生产人员	林业生产人员	畜牧业生产人员	渔业生产人员
生态文旅区									
苏淮高新区					24	24			
盐城市	**102**	**30**	**24**	**19**	**32696**	**30646**	**104**	**1102**	**629**
亭湖区	3		5		868	823	4	21	18
盐都区	5	5	1	3	1803	1463	9	34	256
大丰区	17	8	5	2	4360	4067	11	130	99
响水县	3	1	2	3	2330	2271	23	23	6
滨海县	13	3		1	3248	3183		49	12
阜宁县	15	1	1	1	3758	3623	21	63	38
射阳县	22	5	6	6	4407	3750	20	485	108
建湖县	8		2		2517	2394	2	44	60
盐城经济技术开发区	4				278	273	1	2	2
江苏省盐南高新区									
东台市	12	7	2	3	9127	8799	13	251	30
扬州市	**104**	**25**	**15**	**19**	**6750**	**5871**	**52**	**101**	**645**
广陵区	6	3			112	101	1	4	5
邗江区	6	1	1		62	51		6	3
江都区	43	6	6	8	1242	1067	41	18	95
宝应县	22	3	3		2426	2185	3	15	191
扬州经济技术开发区	1	2			10	9			1
蜀冈瘦西湖景区									
生态新城	1			1	17	13		1	
仪征市	8	4		4	213	191	4	11	
高邮市	17	6	5	6	2668	2254	3	46	350
镇江市	**36**	**27**	**20**	**11**	**1761**	**1531**	**86**	**83**	**42**
京口区					1	1			
润州区					1	1			
丹徒区	2	8	1	2	370	320	7	32	8
镇江新区	2	3		2	36	33	1	2	
江苏镇江高新区									
丹阳市	8	8	13	3	578	496	41	14	17
扬中市	12	2	2		103	91	1	6	3
句容市	12	6	4	4	672	589	36	29	14
泰州市	**56**	**23**	**11**	**43**	**7538**	**5687**	**40**	**337**	**1311**
海陵区	3			1	206	185	4	5	11
高港区	3	1	2	3	354	341		5	4
姜堰区	8	4	3	5	395	277	2	56	46
泰州医药高新技术产业开发区	3			1	35	34		1	
兴化市	22	6	4	23	3621	2212	5	143	1190
靖江市	6	6			203	140	11	17	29
泰兴市	11	6	2	10	2724	2498	18	110	31
宿迁市	**77**	**18**	**5**	**8**	**9335**	**8051**	**242**	**348**	**197**
宿城区	8	5	2		1569	1443	3	85	36
宿豫区	8			1	707	668	4	29	2
沭阳县	33	3	1	2	3181	2727	221	132	18
泗阳县	7	4	1		1330	1247	4	24	17
泗洪县	14	2	1	5	2084	1554	5	64	95
宿迁经济技术开发区	2	3			81	70	4	6	
宿迁市湖滨新区		1			198	166		3	29
苏州宿迁工业园区									
宿迁市洋河新区	5				185	176	1	5	

4-6c 续表 40

单位：人

地区 性别	农林牧渔生产辅助人员	其他农、林、牧、渔业生产加工人员	生产制造及有关人员 小计	农副产品加工人员	食品、饮料生产加工人员	烟草及其制品加工人员	纺织、针织、印染人员	纺织品、服装和皮革、毛皮制品加工制作人员	木材加工、家具与木制品制作人员
江　苏	**4857**	**170**	**434980**	**4505**	**3616**	**21**	**18530**	**49748**	**20410**
南京市	**65**	**6**	**24684**	**212**	**309**	**2**	**58**	**2013**	**1336**
玄武区									
秦淮区									
建邺区									
鼓楼区									
浦口区	2		1079	13	19		2	113	63
栖霞区	3	1	1043	4	11		2	19	25
雨花台区									
江宁区	10	3	8012	89	161		6	316	559
六合区	21		6497	38	53	1	30	854	333
溧水区	16		3197	28	25	1	8	143	101
高淳区	12	2	4386	36	34		9	560	248
南京江北新区	1		470	4	6		1	8	7
无锡市	**35**	**1**	**39047**	**181**	**368**	**1**	**2646**	**3469**	**1066**
锡山区			3775	6	10		96	510	84
惠山区	4		6717	21	195		310	162	300
滨湖区	1		1349	2	15		6	13	26
梁溪区									
新吴区	2		2272	7	8		13	19	35
江苏无锡经济开发区									
江阴市	13		14630	68	70		1784	2318	344
宜兴市	15	1	10304	77	70	1	437	447	277
徐州市	**601**	**15**	**33311**	**651**	**438**	**1**	**604**	**1732**	**3034**
鼓楼区									
云龙区									
贾汪区	17		2007	27	21		10	48	352
泉山区									
铜山区	282	2	7852	182	121		43	384	216
丰县	47	6	4527	121	76		32	129	604
沛县	54	2	5186	71	58	1	345	111	127
睢宁县	104	2	5229	58	36		84	483	781
徐州经济技术开发区	8		795	7	2		3	16	21
新沂市	58		4353	71	68		67	393	174
邳州市	31	3	3362	114	56		20	168	759
常州市	**119**	**24**	**33521**	**261**	**189**		**423**	**1582**	**1464**
天宁区	2		1685	6	4		8	29	38
钟楼区	2	4	815	24	7		7	36	22
新北区	5		2900	20	21		32	73	70
武进区	54	9	10466	20	61		159	262	223
金坛区	24	7	5171	49	34		76	751	113
江苏省常州市经济开发区	2		6051	4	20		94	95	819
溧阳市	30	4	6433	138	42		47	336	179
苏州市	**114**	**3**	**75329**	**240**	**439**	**7**	**9156**	**10460**	**2161**
虎丘区			1870	3	12		3	52	52
吴中区	58	2	8725	38	95		116	884	215
相城区	1		1544	16	10		5	88	49
姑苏区									
吴江区	19		12242	36	38		4905	814	357
苏州工业园区									
常熟市	9		16654	35	58	1	1933	5351	542

4-6c 续表 41

单位：人

地区 性别	农林牧渔生产辅助人员	其他农、林、牧、渔业生产加工人员	生产制造及有关人员 小计	农副产品加工人员	食品、饮料生产加工人员	烟草及其制品加工人员	纺织、针织、印染人员	纺织品、服装和皮革、毛皮制品加工制作人员	木材加工、家具与木制品制作人员
张家港市	15		12490	61	44		1823	1794	349
昆山市	3		13242	11	90	1	44	517	212
太仓市	9	1	8562	40	92	5	327	960	385
南通市	**423**	**17**	**49124**	**395**	**273**	**4**	**2699**	**9639**	**2159**
崇川区									
港闸区			118		1		1	9	4
通州区	28		9133	40	31	2	242	2367	347
如东县	57	8	7592	83	56	1	915	1139	232
南通经济技术开发区									
通州湾示范区	29	2	799	14	3		14	128	31
苏锡通科技产业园区	3		1367	6	2		44	487	44
启东市	9	1	7463	52	30	1	182	807	309
如皋市	136	3	10430	110	72		514	2804	515
海门市	114		5535	30	37		116	1182	300
海安市	47	3	6687	60	41		671	716	377
连云港市	**474**	**14**	**21108**	**425**	**283**		**220**	**3012**	**638**
连云区			50	2	1				
海州区	26	3	1110	4	15		8	38	17
赣榆区	63	3	8454	234	99		36	1168	202
东海县	134	1	5825	99	97		95	1038	263
灌云县	119	2	2339	18	24		29	369	23
灌南县	114	5	2521	46	27		42	359	129
连云港经济技术开发区	13		364	10	13		4	12	3
连云港高新技术产业开发区									
江苏连云港徐圩新区	3		32					1	
江苏省连云港市云台山风景名胜区	2		413	12	7		6	27	1
淮安市	**305**	**14**	**16897**	**300**	**192**	**3**	**267**	**1905**	**873**
淮安区	54	1	3844	67	40		57	477	157
淮阴区	29	1	4117	77	42		63	438	242
清江浦区	13		694	13	19	2	12	30	45
洪泽区	64	5	1458	22	16	1	27	165	52
涟水县	33	3	3161	42	54		69	391	115
盱眙县	22	1	1740	65	6		9	257	115
金湖县	89	3	1758	11	15		30	141	139
淮安经济技术开发区									
工业园区	1		116	3				5	7
生态文旅区									
苏淮高新区			9					1	1
盐城市	**720**	**24**	**31663**	**496**	**222**		**1041**	**2664**	**901**
亭湖区	9	2	1592	12	11		22	126	25
盐都区	101	3	5151	87	38		89	365	134
大丰区	149	4	4662	74	28		229	438	157
响水县	19		1840	11	5		72	270	28
滨海县	49		2380	28	19		32	184	51
阜宁县	45	3	3436	51	35		32	324	150
射阳县	158	12	4016	101	46		146	333	115
建湖县	58		2882	48	8		183	219	92
盐城经济技术开发区	1		627		2		4	50	7
江苏省盐南高新区									
东台市	131		5077	84	30		232	355	142
扬州市	**422**	**11**	**36329**	**380**	**148**	**2**	**333**	**4244**	**1312**
广陵区	2		2882	9	8		16	320	85

4-6c 续表 42

单位：人

地区 性别	农林牧渔生产辅助人员	其他农、林、牧、渔业生产加工人员	生产制造及有关人员 小计	农副产品加工人员	食品、饮料生产加工人员	烟草及其制品加工人员	纺织、针织、印染人员	纺织品、服装和皮革、毛皮制品加工制作人员	木材加工、家具与木制品制作人员
邗江区	7		2715	20	8		27	436	53
江都区	75	5	9628	60	36	1	70	1101	352
宝应县	266	2	7626	164	39		51	471	334
扬州经济技术开发区			209	2	1			25	8
蜀冈瘦西湖景区									
生态新城	5		487	1	3		3	30	4
仪征市	13	3	5029	52	14	1	54	337	162
高邮市	54	1	7753	72	39		112	1524	314
镇江市	**65**	**3**	**16781**	**134**	**103**	**1**	**138**	**1990**	**511**
京口区			118	5	1			5	4
润州区			13	1					1
丹徒区	5		2177	13	19		7	171	97
镇江新区	1		761	6	1	1		24	31
江苏镇江高新区									
丹阳市	36		6219	35	25		82	1111	155
扬中市	8		2845	17	7		15	255	35
句容市	15	3	4648	57	50		34	424	188
泰州市	**367**	**31**	**32075**	**447**	**240**		**326**	**3659**	**1180**
海陵区	1		1175	15	2		8	67	76
高港区	10		2000	22	29		31	205	108
姜堰区	37	3	6035	49	25		99	728	226
泰州医药高新技术产业开发区			308	2	2		8	10	21
兴化市	170	16	7115	210	97		61	363	177
靖江市	23	2	6105	53	36		53	516	181
泰兴市	126	10	9337	96	49		66	1770	391
宿迁市	**1147**	**7**	**25111**	**383**	**412**		**619**	**3379**	**3775**
宿城区	13		4010	37	82		110	393	510
宿豫区	17	1	1677	37	24		70	131	47
沭阳县	188	4	9863	148	63		174	1168	2541
泗阳县	103	1	3051	27	58		142	371	332
泗洪县	808	1	3805	117	55		75	1033	142
宿迁经济技术开发区	7		1009	5	25		29	157	91
宿迁市湖滨新区	3		903	9	28		11	47	15
苏州宿迁工业园区									
宿迁市洋河新区	8		793	3	77		8	79	97
男	**3168**	**99**	**290596**	**2447**	**1793**	**16**	**6308**	**11463**	**15639**
南京市	**49**	**3**	**18796**	**135**	**133**	**2**	**27**	**286**	**1193**
玄武区									
秦淮区									
建邺区									
鼓楼区									
浦口区			791	9	9		2	31	57
栖霞区	2		796	3	3			5	20
雨花台区									
江宁区	8	1	6227	56	65		3	97	465
六合区	17		4678	23	20	1	13	94	305
溧水区	14		2549	19	11	1	5	22	97
高淳区	7	2	3394	23	20		4	36	242
南京江北新区	1		361	2	5			1	7
无锡市	**25**	**1**	**25135**	**107**	**174**	**1**	**906**	**1206**	**882**
锡山区			2293	4	4		36	140	68

4-6c 续表 43　　　　单位：人

地区 性别	农林牧渔生产辅助人员	其他农、林、牧、渔业生产加工人员	生产制造及有关人员 小计	农副产品加工人员	食品、饮料生产加工人员	烟草及其制品加工人员	纺织、针织、印染人员	纺织品、服装和皮革、毛皮制品加工制作人员	木材加工、家具与木制品制作人员
惠山区	2		4499	10	88		158	52	233
滨湖区	1		924	1	4			6	23
梁溪区									
新吴区	2		1444	2	4		6	10	25
江苏无锡经济开发区									
江阴市	10		9092	40	32		577	867	295
宜兴市	10	1	6883	50	42	1	129	131	238
徐州市	**328**	**6**	**24435**	**334**	**188**	**1**	**139**	**308**	**1885**
鼓楼区									
云龙区									
贾汪区	13		1540	17	9			12	170
泉山区									
铜山区	118	1	5860	77	31		5	29	147
丰县	31	1	2983	56	29		8	19	367
沛县	44		4196	41	30	1	72	21	106
睢宁县	67	1	3547	38	21		28	95	552
徐州经济技术开发区	4		598	4	1			2	7
新沂市	31		3304	41	34		23	91	116
邳州市	20	3	2407	60	33		3	39	420
常州市	**77**	**11**	**22607**	**163**	**88**		**135**	**357**	**1143**
天宁区	1		1079	3	1		5	8	32
钟楼区	2	1	520	12	4		5	6	20
新北区	2		1820	11	13		12	24	60
武进区	31	3	6758	13	27		45	96	187
金坛区	22	3	3402	35	16		20	133	108
江苏省常州市经济开发区	1		3850	2	12		42	33	569
溧阳市	18	4	5178	87	15		6	57	167
苏州市	**88**	**2**	**47548**	**157**	**231**	**5**	**3996**	**4114**	**1753**
虎丘区			1250	2	9			7	41
吴中区	44	1	5547	23	53		48	277	186
相城区			1039	11	5		2	30	41
姑苏区									
吴江区	17		7553	19	18		2264	307	260
苏州工业园区									
常熟市	8		10032	22	28	1	903	2333	458
张家港市	9		7992	43	25		622	703	307
昆山市	3		8683	8	45		26	163	148
太仓市	7	1	5452	29	48	4	131	294	312
南通市	**270**	**10**	**31344**	**220**	**143**	**2**	**433**	**1334**	**1931**
崇川区									
港闸区			88					1	4
通州区	20		5737	23	17	1	50	370	320
如东县	44	3	4682	53	31	1	137	124	207
南通经济技术开发区									
通州湾示范区	11	2	528	3	3		4	11	28
苏锡通科技产业园区	3		795	2	1		20	133	41
启东市	3	1	5494	27	17		27	90	302
如皋市	105	2	6266	64	36		67	327	461
海门市	45		3427	14	20		34	223	235
海安市	39	2	4327	34	18		94	55	333
连云港市	**313**	**9**	**13873**	**160**	**110**		**50**	**352**	**438**
连云区			43	1					

4-6c 续表 44

单位：人

地区 性别	农林牧渔生产辅助人员	其他农、林、牧、渔业生产加工人员	生产制造及有关人员 小计	农副产品加工人员	食品、饮料生产加工人员	烟草及其制品加工人员	纺织、针织、印染人员	纺织品、服装和皮革、毛皮制品加工制作人员	木材加工、家具与木制品制作人员
海州区	22	3	869	2	1		3	8	15
赣榆区	41	2	5300	70	28		4	61	152
东海县	80	1	3480	38	42		20	110	155
灌云县	99	2	1712	9	14		6	73	20
灌南县	66	1	1859	33	17		16	94	95
连云港经济技术开发区	3		263	3	5			2	1
连云港高新技术产业开发区									
江苏连云港徐圩新区			29						
江苏省连云港市云台山风景名胜区	2		318	4	3		1	4	
淮安市	**243**	**10**	**12335**	**175**	**109**	**2**	**74**	**406**	**735**
淮安区	47	1	2719	39	16		14	74	145
淮阴区	26	1	3170	39	23		15	104	225
清江浦区	8		526	7	13	1		8	41
洪泽区	46	3	1051	16	6	1	6	35	41
涟水县	20	3	2265	24	39		23	85	81
盱眙县	18		1213	40	4		2	71	87
金湖县	77	2	1302	9	8		14	29	112
淮安经济技术开发区									
工业园区	1		82	1					2
生态文旅区									
苏淮高新区			7						1
盐城市	**513**	**16**	**22598**	**281**	**112**		**193**	**479**	**789**
亭湖区	7	2	1206	9	3		4	41	22
盐都区	63		3534	26	13		14	35	125
大丰区	97	3	3101	50	20		41	54	120
响水县	12		1299	9	4		14	75	21
滨海县	45		1841	20	12		12	48	44
阜宁县	33	2	2599	31	21		13	73	142
射阳县	117	9	2988	61	22		45	84	103
建湖县	41		2073	32	4		19	30	82
盐城经济技术开发区	1		462		1		2	6	7
江苏省盐南高新区									
东台市	97		3495	43	12		29	33	123
扬州市	**346**	**6**	**24142**	**192**	**63**	**2**	**71**	**638**	**1152**
广陵区	1		1820	5	4		6	94	52
邗江区	5		1669	14	4		7	26	50
江都区	56	3	6322	32	13	1	15	179	306
宝应县	234	2	5497	68	11		9	59	298
扬州经济技术开发区			144	2	1			4	6
蜀冈瘦西湖景区									
生态新城	2		275	1	1		3	9	3
仪征市	8	1	3345	32	7	1	12	66	154
高邮市	40		5070	38	22		19	201	283
镇江市	**48**	**1**	**11045**	**86**	**64**	**1**	**25**	**573**	**425**
京口区			80	3				1	3
润州区			11	1					1
丹徒区	2		1477	7	13		1	55	78
镇江新区	1		506	3		1		7	28
江苏镇江高新区									
丹阳市	26		3714	25	17		11	391	132
扬中市	6		1791	12	2		6	66	32
句容市	13	1	3466	35	32		7	53	151

4-6c 续表 45

单位：人

地区 性别	农林牧渔生产辅助人员	其他农、林、牧、渔业生产加工人员	生产制造及有关人员						
			小计	农副产品加工人员	食品、饮料生产加工人员	烟草及其制品加工人员	纺织、针织、印染人员	纺织品、服装和皮革、毛皮制品加工制作人员	木材加工、家具与木制品制作人员
泰州市	**216**	**19**	**20569**	**217**	**113**		**46**	**643**	**985**
海陵区			756	11	1		1	6	62
高港区	6		1297	9	17		1	31	100
姜堰区	23	3	3882	31	8		11	69	200
泰州医药高新技术产业开发区			217				2		21
兴化市	106	9	4585	86	51		15	55	151
靖江市	18	1	3944	24	14		8	124	150
泰兴市	63	6	5888	56	22		8	358	301
宿迁市	**652**	**5**	**16169**	**220**	**265**		**213**	**767**	**2328**
宿城区	11		2721	21	62		26	80	342
宿豫区	13	1	1213	22	9		21	19	40
沭阳县	107	2	6031	85	33		76	310	1441
泗阳县	65	1	2114	17	33		38	83	253
泗洪县	442	1	2217	63	36		36	205	102
宿迁经济技术开发区	6		647	3	14		7	39	66
宿迁市湖滨新区	3		693	7	14		6	11	10
苏州宿迁工业园区									
宿迁市洋河新区	5		533	2	64		3	20	74
女	**1689**	**71**	**144384**	**2058**	**1823**	**5**	**12222**	**38285**	**4771**
南京市	**16**	**3**	**5888**	**77**	**176**		**31**	**1727**	**143**
玄武区									
秦淮区									
建邺区									
鼓楼区									
浦口区	2		288	4	10			82	6
栖霞区	1	1	247	1	8		2	14	5
雨花台区									
江宁区	2	2	1785	33	96		3	219	94
六合区	4		1819	15	33		17	760	28
溧水区	2		648	9	14		3	121	4
高淳区	5		992	13	14		5	524	6
南京江北新区			109	2	1		1	7	
无锡市	**10**		**13912**	**74**	**194**		**1740**	**2263**	**184**
锡山区			1482	2	6		60	370	16
惠山区	2		2218	11	107		152	110	67
滨湖区			425	1	11		6	7	3
梁溪区									
新吴区			828	5	4		7	9	10
江苏无锡经济开发区									
江阴市	3		5538	28	38		1207	1451	49
宜兴市	5		3421	27	28		308	316	39
徐州市	**273**	**9**	**8876**	**317**	**250**		**465**	**1424**	**1149**
鼓楼区									
云龙区									
贾汪区	4		467	10	12		10	36	182
泉山区									
铜山区	164	1	1992	105	90		38	355	69
丰县	16	5	1544	65	47		24	110	237
沛县	10	2	990	30	28		273	90	21
睢宁县	37	1	1682	20	15		56	388	229
徐州经济技术开发区	4		197	3	1		3	14	14
新沂市	27		1049	30	34		44	302	58
邳州市	11		955	54	23		17	129	339

4-6c　续表 46

单位：人

地　区 性　别	农林牧渔生产辅助人员	其他农、林、牧、渔业生产加工人员	生产制造及有关人员 小计	农副产品加工人员	食品、饮料生产加工人员	烟草及其制品加工人员	纺织、针织、印染人员	纺织品、服装和皮革、毛皮制品加工制作人员	木材加工、家具与木制品制作人员
常州市	**42**	**13**	**10914**	**98**	**101**		**288**	**1225**	**321**
天宁区	1		606	3	3		3	21	6
钟楼区		3	295	12	3		2	30	2
新北区	3		1080	9	8		20	49	10
武进区	23	6	3708	7	34		114	166	36
金坛区	2	4	1769	14	18		56	618	5
江苏省常州市经济开发区	1		2201	2	8		52	62	250
溧阳市	12		1255	51	27		41	279	12
苏州市	**26**	**1**	**27781**	**83**	**208**	**2**	**5160**	**6346**	**408**
虎丘区			620	1	3		3	45	11
吴中区	14	1	3178	15	42		68	607	29
相城区	1		505	5	5		3	58	8
姑苏区									
吴江区	2		4689	17	20		2641	507	97
苏州工业园区									
常熟市	1		6622	13	30		1030	3018	84
张家港市	6		4498	18	19		1201	1091	42
昆山市			4559	3	45	1	18	354	64
太仓市	2		3110	11	44	1	196	666	73
南通市	**153**	**7**	**17780**	**175**	**130**	**2**	**2266**	**8305**	**228**
崇川区									
港闸区			30		1		1	8	
通州区	8		3396	17	14	1	192	1997	27
如东县	13	5	2910	30	25		778	1015	25
南通经济技术开发区									
通州湾示范区	18		271	11			10	117	3
苏锡通科技产业园区			572	4	1		24	354	3
启东市	6		1969	25	13	1	155	717	7
如皋市	31	1	4164	46	36		447	2477	54
海门市	69		2108	16	17		82	959	65
海安市	8	1	2360	26	23		577	661	44
连云港市	**161**	**5**	**7235**	**265**	**173**		**170**	**2660**	**200**
连云区			7	1	1				
海州区	4		241	2	14		5	30	2
赣榆区	22	1	3154	164	71		32	1107	50
东海县	54		2345	61	55		75	928	108
灌云县	20		627	9	10		23	296	3
灌南县	48	4	662	13	10		26	265	34
连云港经济技术开发区	10		101	7	8		4	10	2
连云港高新技术产业开发区									
江苏连云港徐圩新区	3		3					1	
江苏省连云港市云台山风景名胜区			95	8	4		5	23	1
淮安市	**62**	**4**	**4562**	**125**	**83**	**1**	**193**	**1499**	**138**
淮安区	7		1125	28	24		43	403	12
淮阴区	3		947	38	19		48	334	17
清江浦区	5		168	6	6	1	12	22	4
洪泽区	18	2	407	6	10		21	130	11
涟水县	13		896	18	15		46	306	34
盱眙县	4	1	527	25	2		7	186	28
金湖县	12	1	456	2	7		16	112	27
淮安经济技术开发区									
工业园区			34	2				5	5

4-6c 续表 47

单位：人

地区 性别	农林牧渔生产辅助人员	其他农、林、牧、渔业生产加工人员	生产制造及有关人员						
			小计	农副产品加工人员	食品、饮料生产加工人员	烟草及其制品加工人员	纺织、针织、印染人员	纺织品、服装和皮革、毛皮制品加工制作人员	木材加工、家具与木制品制作人员
生态文旅区									
苏淮高新区			2					1	
盐城市	**207**	**8**	**9065**	**215**	**110**		**848**	**2185**	**112**
亭湖区	2		386	3	8		18	85	3
盐都区	38	3	1617	61	25		75	330	9
大丰区	52	1	1561	24	8		188	384	37
响水县	7		541	2	1		58	195	7
滨海县	4		539	8	7		20	136	7
阜宁县	12	1	837	20	14		19	251	8
射阳县	41	3	1028	40	24		101	249	12
建湖县	17		809	16	4		164	189	10
盐城经济技术开发区			165		1		2	44	
江苏省盐南高新区									
东台市	34		1582	41	18		203	322	19
扬州市	**76**	**5**	**12187**	**188**	**85**		**262**	**3606**	**160**
广陵区	1		1062	4	4		10	226	33
邗江区	2		1046	6	4		20	410	3
江都区	19	2	3306	28	23		55	922	46
宝应县	32		2129	96	28		42	412	36
扬州经济技术开发区			65					21	2
蜀冈瘦西湖景区									
生态新城	3		212		2			21	1
仪征市	5	2	1684	20	7		42	271	8
高邮市	14	1	2683	34	17		93	1323	31
镇江市	**17**	**2**	**5736**	**48**	**39**		**113**	**1417**	**86**
京口区			38	2	1			4	1
润州区			2						
丹徒区	3		700	6	6		6	116	19
镇江新区			255	3	1			17	3
江苏镇江高新区									
丹阳市	10		2505	10	8		71	720	23
扬中市	2		1054	5	5		9	189	3
句容市	2	2	1182	22	18		27	371	37
泰州市	**151**	**12**	**11506**	**230**	**127**		**280**	**3016**	**195**
海陵区	1		419	4	1		7	61	14
高港区	4		703	13	12		30	174	8
姜堰区	14		2153	18	17		88	659	26
泰州医药高新技术产业开发区			91	2	2		6	10	
兴化市	64	7	2530	124	46		46	308	26
靖江市	5	1	2161	29	22		45	392	31
泰兴市	63	4	3449	40	27		58	1412	90
宿迁市	**495**	**2**	**8942**	**163**	**147**		**406**	**2612**	**1447**
宿城区	2		1289	16	20		84	313	168
宿豫区	4		464	15	15		49	112	7
沭阳县	81	2	3832	63	30		98	858	1100
泗阳县	38		937	10	25		104	288	79
泗洪县	366		1588	54	19		39	828	40
宿迁经济技术开发区	1		362	2	11		22	118	25
宿迁市湖滨新区			210	2	14		5	36	5
苏州宿迁工业园区									
宿迁市洋河新区	3		260	1	13		5	59	23

4-6c　续表 48　　　　单位：人

地　区 性　别	生产制造及有关人员								
	纸及纸制品生产加工人员	印刷和记录媒介复制人员	文教、工美、体育和娱乐用品制造人　员	石油加工和炼焦、煤化工生产人员	化学原料和化学制品制造人　员	医药制造人　　员	化学纤维制造人员	橡胶和塑料制品制造人员	非金属矿物制品制造人员
江　苏	**2260**	**1495**	**7467**	**173**	**3522**	**785**	**1563**	**10430**	**6784**
南京市	**91**	**80**	**225**	**9**	**273**	**69**	**14**	**395**	**417**
玄武区									
秦淮区									
建邺区									
鼓楼区									
浦口区	2			1	11	7		42	29
栖霞区	3	3			13	1	1	15	9
雨花台区									
江宁区	60	39	46	3	38	14	1	153	189
六合区	11	29	141	2	90	21	5	64	67
溧水区	13	3	28	1	23	8		39	50
高淳区	2	6	9		66	12	4	74	49
南京江北新区			1	2	32	6	3	8	24
无锡市	**285**	**286**	**1602**	**30**	**375**	**42**	**267**	**2017**	**1068**
锡山区	82	68	93	2	28	8	4	280	46
惠山区	21	15	11	11	25	8	14	184	73
滨湖区	2	21	1	1	11	6	8	39	19
梁溪区									
新吴区	22	14	6		16	1	1	91	10
江苏无锡经济开发区									
江阴市	116	132	64	6	111	12	222	1007	194
宜兴市	42	36	1427	10	184	7	18	416	726
徐州市	**100**	**35**	**435**	**26**	**107**	**21**	**10**	**318**	**504**
鼓楼区									
云龙区									
贾汪区	14	1	8	2	4			27	36
泉山区									
铜山区	32	15	100	2	23	6		41	230
丰县	11	2	29	9	18	1		19	19
沛县	8	7	14	9	6		6	138	48
睢宁县	14	5	225	1		3		33	29
徐州经济技术开发区		1	4		2			1	2
新沂市	13	4	28	2	49	11	2	25	101
邳州市	8		27	1	5		2	34	39
常州市	**259**	**139**	**95**	**13**	**243**	**86**	**69**	**1189**	**611**
天宁区	13	11	1		20	6	2	93	4
钟楼区	12	4	5		4	2		42	11
新北区	29	5	12		24	10	4	123	38
武进区	59	31	37	4	66	37	30	438	165
金坛区	41	30	18	2	57	23	21	242	94
江苏省常州市经济开发区	91	49	6	3	49	4	5	178	92
溧阳市	14	9	16	4	23	4	7	73	207
苏州市	**676**	**538**	**793**	**20**	**687**	**119**	**888**	**2868**	**853**
虎丘区	12	12	148	1	9	7		52	39
吴中区	114	94	260		33	23	16	528	138
相城区	20	12	3		10	2	11	94	59
姑苏区									
吴江区	45	10	60	1	40	13	253	167	83
苏州工业园区									
常熟市	104	48	107	5	259	33	38	432	134

4-6c 续表 49　　　　单位：人

地　区 性　别	生产制造及有关人员								
	纸及纸制品生产加工人员	印刷和记录媒介复制人员	文教、工美、体育和娱乐用品制造人员	石油加工和炼焦、煤化工生产人员	化学原料和化学制品制造人员	医药制造人员	化学纤维制造人员	橡胶和塑料制品制造人员	非金属矿物制品制造人员
张家港市	61	53	75	8	166	10	47	512	134
昆山市	223	275	86	2	101	11	4	694	121
太仓市	97	34	54	3	69	20	519	389	145
南通市	**146**	**85**	**631**	**9**	**678**	**94**	**177**	**564**	**478**
崇川区									
港闸区					2				
通州区	31	16	82	2	22	5	124	77	57
如东县	22	12	184	1	423	34	11	68	87
南通经济技术开发区									
通州湾示范区	4	1	4		1	1	1	13	8
苏锡通科技产业园区	5		5	1	2			13	7
启东市	27	6	109	1	76	25	21	41	59
如皋市	22	21	123	1	98	15	4	135	87
海门市	18	17	98	3	26	10	3	75	70
海安市	17	12	26		28	4	13	142	103
连云港市	**39**	**24**	**726**	**7**	**87**	**59**	**5**	**696**	**320**
连云区					2				
海州区	3	2	3		1	16	2	29	49
赣榆区	9	4	424	2	15	12	2	608	130
东海县	13	6	273	1	14	6		29	118
灌云县	11		11	1	12	1		8	8
灌南县	3	10	13		15	4		13	12
连云港经济技术开发区		1			3	13		4	1
连云港高新技术产业开发区									
江苏连云港徐圩新区				1	19				
江苏省连云港市云台山风景名胜区		1	2	2	6	7	1	5	2
淮安市	**89**	**30**	**180**	**4**	**146**	**21**	**5**	**198**	**144**
淮安区	17	5	74		19		1	92	43
淮阴区	13	7	9	1	18	9		21	18
清江浦区	7				12	1		9	2
洪泽区	10	2	19	1	55	3		20	27
涟水县	32	11	12		18	2		21	20
盱眙县	2	1	34	1	9	2	1	18	21
金湖县	8	4	32	1	9	4	3	15	10
淮安经济技术开发区									
工业园区					5			2	3
生态文旅区									
苏淮高新区					1				
盐城市	**105**	**54**	**253**	**13**	**255**	**76**	**37**	**362**	**391**
亭湖区	5	4	9		8	3		47	27
盐都区	11	5	23	1	25	2	1	46	105
大丰区	31	15	87	2	124	33	5	38	47
响水县	3	4	14	1	6	1	1	6	13
滨海县	5	4	7	7	17	10	1	20	17
阜宁县	5	9	36	1	19	4	21	81	29
射阳县	24	4	17		37	14		25	18
建湖县	11	5	6		8	3	2	28	60
盐城经济技术开发区			4				1		4
江苏省盐南高新区									
东台市	10	4	50	1	11	6	5	71	71
扬州市	**109**	**64**	**1410**	**12**	**301**	**34**	**33**	**530**	**808**
广陵区	16	9	31		12	2	6	113	15

4-6c　续表 50

单位：人

地　区 性　别	生产制造及有关人员 纸及纸制品生产加工人员	印刷和记录媒介复制人员	文教、工美、体育和娱乐用品制造人　员	石油加工和炼焦、煤化工生产人员	化学原料和化学制品制造人　员	医药制造人　　员	化学纤维制造人员	橡胶和塑料制品制造人员	非金属矿物制品制造人员
邗江区	1	6	172		17	2		22	29
江都区	34	15	294	2	154	15	4	179	41
宝应县	19	5	175		20	5	1	36	528
扬州经济技术开发区	3	2			2			2	6
蜀冈瘦西湖景区									
生态新城	9	7	6		11			63	2
仪征市	7	8	679	10	40	4	21	55	93
高邮市	20	12	53		45	6	1	60	94
镇江市	**147**	**64**	**136**	**20**	**111**	**18**	**18**	**508**	**602**
京口区		3			11			5	3
润州区									
丹徒区	14	4	5	16	26	4	7	65	131
镇江新区	12	2	4		10	1		21	7
江苏镇江高新区									
丹阳市	75	41	18		35	6	11	219	130
扬中市	10	6	12		10	1		130	28
句容市	36	8	97	4	19	6		68	303
泰州市	**98**	**27**	**400**	**9**	**183**	**134**	**11**	**453**	**266**
海陵区	3	1	3		7	2	1	21	15
高港区	11		19		11	44	1	35	12
姜堰区	30	8	26		28	17		88	53
泰州医药高新技术产业开发区	3	3	4		2	10	1	11	3
兴化市	10	6	160	4	19	7	6	115	74
靖江市	20	5	23	3	29	14	1	86	32
泰兴市	21	4	165	2	87	40	1	97	77
宿迁市	**116**	**69**	**581**	**1**	**76**	**12**	**29**	**332**	**322**
宿城区	15	10	54		5		1	86	44
宿豫区	7	3	9		10	4	12	32	43
沭阳县	39	22	385		19	7		79	113
泗阳县	11	5	28		2		1	35	19
泗洪县	9	8	80	1	3		2	34	22
宿迁经济技术开发区	12	2	4		4		5	37	35
宿迁市湖滨新区	2	10	5		32	1	8	15	39
苏州宿迁工业园区									
宿迁市洋河新区	21	9	16		1			14	7
男	**1198**	**866**	**2308**	**134**	**2543**	**461**	**946**	**5302**	**4623**
南京市	**43**	**42**	**61**	**9**	**205**	**38**	**10**	**224**	**297**
玄武区									
秦淮区									
建邺区									
鼓楼区									
浦口区	1			1	10	3		28	19
栖霞区	1	1			8	1		12	7
雨花台区									
江宁区	34	20	21	3	22	6	1	84	154
六合区	2	15	25	2	73	16	4	34	44
溧水区	5	3	12	1	18	3		19	30
高淳区		3	3		52	7	3	43	26
南京江北新区				2	22	2	2	4	17
无锡市	**123**	**152**	**780**	**19**	**267**	**24**	**141**	**1113**	**714**
锡山区	34	39	33	1	20	7	3	170	41

4-6c 续表 51

单位：人

地区 性别	生产制造及有关人员 纸及纸制品生产加工人员	印刷和记录媒介复制人员	文教、工美、体育和娱乐用品制造人员	石油加工和炼焦、煤化工生产人员	化学原料和化学制品制造人员	医药制造人员	化学纤维制造人员	橡胶和塑料制品制造人员	非金属矿物制品制造人员
惠山区	10	12	9	6	18	4	6	86	55
滨湖区	1	11	1		9	3	5	23	17
梁溪区									
新吴区	8	9	1		10			38	7
江苏无锡经济开发区									
江阴市	58	64	30	5	82	4	120	594	143
宜兴市	12	17	706	7	128	6	7	202	451
徐州市	**50**	**18**	**76**	**20**	**81**	**14**	**2**	**166**	**302**
鼓楼区									
云龙区									
贾汪区	10	1	4	1	3			22	25
泉山区									
铜山区	11	8	15	1	15	4		21	125
丰县	5	1	5	7	11			9	12
沛县	2	4	2	7	6		1	61	19
睢宁县	7	1	19	1		2		16	24
徐州经济技术开发区		1	1		2				2
新沂市	9	2	12	2	42	8		16	66
邳州市	6		18	1	2		1	21	29
常州市	**127**	**76**	**38**	**11**	**172**	**49**	**52**	**647**	**421**
天宁区	5	4			12	3	1	46	3
钟楼区	3	3	1		3			20	7
新北区	12	1	1		19	6	4	64	23
武进区	29	12	16	3	48	16	20	219	111
金坛区	28	21	10	1	44	19	18	144	57
江苏省常州市经济开发区	46	29	4	3	30	2	4	110	56
溧阳市	4	6	6	4	16	3	5	44	164
苏州市	**417**	**337**	**370**	**18**	**500**	**74**	**532**	**1667**	**663**
虎丘区	6	6	39	1	6	5		32	32
吴中区	65	51	131		18	13	7	264	112
相城区	14	8	2		9	2	5	52	47
姑苏区									
吴江区	31	6	41	1	33	7	164	100	68
苏州工业园区									
常熟市	71	26	56	3	183	19	22	256	97
张家港市	32	36	38	8	131	6	27	301	105
昆山市	131	176	41	2	77	8	2	435	96
太仓市	67	28	22	3	43	14	305	227	106
南通市	**70**	**50**	**229**	**3**	**513**	**63**	**118**	**250**	**327**
崇川区									
港闸区					2				
通州区	16	8	26	1	16	4	95	39	41
如东县	7	7	106	1	342	26	6	36	48
南通经济技术开发区									
通州湾示范区		1			1	1		3	5
苏锡通科技产业园区	5		1		2			11	5
启东市	13	5	15		53	16	9	13	44
如皋市	13	10	47	1	64	10	2	74	70
海门市	9	12	26		14	4	1	28	37
海安市	7	7	8		19	2	5	46	77
连云港市	**18**	**15**	**117**	**6**	**70**	**32**	**4**	**88**	**249**
连云区					2				

4-6c 续表 52

单位：人

地区 性别	生产制造及有关人员								
	纸及纸制品生产加工人员	印刷和记录媒介复制人员	文教、工美、体育和娱乐用品制造人员	石油加工和炼焦、煤化工生产人员	化学原料和化学制品制造人员	医药制造人员	化学纤维制造人员	橡胶和塑料制品制造人员	非金属矿物制品制造人员
海州区	2	2			1	12	2	13	39
赣榆区	6	3	20	2	12	6	1	53	107
东海县	3	3	84	1	9	2		10	87
灌云县	5		3	1	10			2	5
灌南县	2	5	8		11	1		8	8
连云港经济技术开发区		1			3	8		1	1
连云港高新技术产业开发区									
江苏连云港徐圩新区				1	19				
江苏省连云港市云台山风景名胜区		1	2	1	3	3	1	1	2
淮安市	**56**	**15**	**42**	**4**	**107**	**9**	**3**	**95**	**106**
淮安区	11	3	22		9			43	33
淮阴区	5	4	2	1	14	2		11	15
清江浦区	5				10			4	2
洪泽区	7	2	9	1	40	2		7	12
涟水县	20	4	2		15	2		10	15
盱眙县	2		2	1	7	1	1	9	18
金湖县	6	2	5	1	6	2	2	10	9
淮安经济技术开发区									
工业园区					5			1	2
生态文旅区									
苏淮高新区					1				
盐城市	**56**	**33**	**65**	**10**	**185**	**53**	**25**	**179**	**266**
亭湖区	4	2	3		7	1		20	20
盐都区	2	4	7	1	19	1	1	16	71
大丰区	15	7	22	1	88	30	4	23	31
响水县	3	2	5	1	5	1	1	4	10
滨海县	3	3	2	5	13	9		13	13
阜宁县	4	6	10	1	19	2	12	46	21
射阳县	14	3	3		22	5		12	12
建湖县	6	3	3		5	2	2	15	34
盐城经济技术开发区			2				1		3
江苏省盐南高新区									
东台市	5	3	8	1	7	2	4	30	51
扬州市	**56**	**35**	**262**	**8**	**188**	**15**	**18**	**231**	**452**
广陵区	10	6	11		4	1	4	47	13
邗江区		2	17		11	2		12	22
江都区	11	8	74	1	91	4		72	23
宝应县	10	4	89		11	3	1	21	255
扬州经济技术开发区	3	1			2			1	4
蜀冈瘦西湖景区									
生态新城	7	2	5		5			24	
仪征市	3	5	49	7	33	2	12	28	70
高邮市	12	7	17		31	3	1	26	65
镇江市	**76**	**35**	**29**	**19**	**83**	**7**	**10**	**261**	**420**
京口区		2			9			2	3
润州区									
丹徒区	8	1	3	16	20	1	6	29	80
镇江新区	9	2	1		10	1		8	6
江苏镇江高新区									
丹阳市	39	19	8		22	2	4	126	76
扬中市	5	5	4		6			56	22
句容市	15	6	13	3	16	3		40	233

4-6c 续表 53

单位：人

地区 性别	生产制造及有关人员								
	纸及纸制品生产加工人员	印刷和记录媒介复制人员	文教、工美、体育和娱乐用品制造人员	石油加工和炼焦、煤化工生产人员	化学原料和化学制品制造人员	医药制造人员	化学纤维制造人员	橡胶和塑料制品制造人员	非金属矿物制品制造人员
泰州市	**43**	**12**	**110**	**7**	**119**	**74**	**7**	**194**	**170**
海陵区	1		1		3	2		8	10
高港区	2		8		8	24		14	7
姜堰区	16	3	9		17	7		42	34
泰州医药高新技术产业开发区	2	1	2		1	4	1	4	2
兴化市	6	3	16	3	6	2	5	58	45
靖江市	8	3	8	3	17	10	1	29	21
泰兴市	8	2	66	1	67	25		39	51
宿迁市	**63**	**46**	**129**		**53**	**9**	**24**	**187**	**236**
宿城区	7	6	10		5		1	45	33
宿豫区	2	3	3		8	4	9	19	28
沭阳县	25	16	88		12	4		43	87
泗阳县	8	3	5		1		1	28	14
泗洪县	4	4	14		3		1	15	16
宿迁经济技术开发区	9	1	1		3		5	23	25
宿迁市湖滨新区	2	10	1		20	1	7	8	30
苏州宿迁工业园区									
宿迁市洋河新区	6	3	7		1			6	3
女	**1062**	**629**	**5159**	**39**	**979**	**324**	**617**	**5128**	**2161**
南京市	**48**	**38**	**164**		**68**	**31**	**4**	**171**	**120**
玄武区									
秦淮区									
建邺区									
鼓楼区									
浦口区	1				1	4		14	10
栖霞区	2	2			5		1	3	2
雨花台区									
江宁区	26	19	25		16	8		69	35
六合区	9	14	116		17	5	1	30	23
溧水区	8		16		5	5		20	20
高淳区	2	3	6		14	5	1	31	23
南京江北新区			1		10	4	1	4	7
无锡市	**162**	**134**	**822**	**11**	**108**	**18**	**126**	**904**	**354**
锡山区	48	29	60	1	8	1	1	110	5
惠山区	11	3	2	5	7	4	8	98	18
滨湖区	1	10		1	2	3	3	16	2
梁溪区									
新吴区	14	5	5		6	1	1	53	3
江苏无锡经济开发区									
江阴市	58	68	34	1	29	8	102	413	51
宜兴市	30	19	721	3	56	1	11	214	275
徐州市	**50**	**17**	**359**	**6**	**26**	**7**	**8**	**152**	**202**
鼓楼区									
云龙区									
贾汪区	4		4	1	1			5	11
泉山区									
铜山区	21	7	85	1	8	2		20	105
丰县	6	1	24	2	7	1		10	7
沛县	6	3	12	2			5	77	29
睢宁县	7	4	206			1		17	5
徐州经济技术开发区			3					1	
新沂市	4	2	16		7	3	2	9	35
邳州市	2		9		3		1	13	10

4-6c　续表 54

单位：人

地　区 性　别	生产制造及有关人员								
	纸及纸制品生产加工人员	印刷和记录媒介复制人员	文教、工美、体育和娱乐用品制造人　员	石油加工和炼焦、煤化工生产人员	化学原料和化学制品制造人　员	医药制造人　　员	化学纤维制造人员	橡胶和塑料制品制造人员	非金属矿物制品制造人员
常州市	**132**	**63**	**57**	**2**	**71**	**37**	**17**	**542**	**190**
天宁区	8	7	1		8	3	1	47	1
钟楼区	9	1	4		1	2		22	4
新北区	17	4	11		5	4		59	15
武进区	30	19	21	1	18	21	10	219	54
金坛区	13	9	8	1	13	4	3	98	37
江苏省常州市经济开发区	45	20	2		19	2	1	68	36
溧阳市	10	3	10		7	1	2	29	43
苏州市	**259**	**201**	**423**	**2**	**187**	**45**	**356**	**1201**	**190**
虎丘区	6	6	109		3	2		20	7
吴中区	49	43	129		15	10	9	264	26
相城区	6	4	1		1		6	42	12
姑苏区									
吴江区	14	4	19		7	6	89	67	15
苏州工业园区									
常熟市	33	22	51	2	76	14	16	176	37
张家港市	29	17	37		35	4	20	211	29
昆山市	92	99	45		24	3	2	259	25
太仓市	30	6	32		26	6	214	162	39
南通市	**76**	**35**	**402**	**6**	**165**	**31**	**59**	**314**	**151**
崇川区									
港闸区									
通州区	15	8	56	1	6	1	29	38	16
如东县	15	5	78		81	8	5	32	39
南通经济技术开发区									
通州湾示范区	4		4				1	10	3
苏锡通科技产业园区			4	1				2	2
启东市	14	1	94	1	23	9	12	28	15
如皋市	9	11	76		34	5	2	61	17
海门市	9	5	72	3	12	6	2	47	33
海安市	10	5	18		9	2	8	96	26
连云港市	**21**	**9**	**609**	**1**	**17**	**27**	**1**	**608**	**71**
连云区									
海州区	1		3			4		16	10
赣榆区	3	1	404		3	6	1	555	23
东海县	10	3	189		5	4		19	31
灌云县	6		8		2	1		6	3
灌南县	1	5	5		4	3		5	4
连云港经济技术开发区						5		3	
连云港高新技术产业开发区									
江苏连云港徐圩新区									
江苏省连云港市云台山风景名胜区				1	3	4		4	
淮安市	**33**	**15**	**138**		**39**	**12**	**2**	**103**	**38**
淮安区	6	2	52		10		1	49	10
淮阴区	8	3	7		4	7		10	3
清江浦区	2				2	1		5	
洪泽区	3		10		15	1		13	15
涟水县	12	7	10		3			11	5
盱眙县		1	32		2	1		9	3
金湖县	2	2	27		3	2	1	5	1
淮安经济技术开发区									
工业园区								1	1

4-6c 续表 55

单位：人

地区 性别	生产制造及有关人员								
	纸及纸制品生产加工人员	印刷和记录媒介复制人员	文教、工美、体育和娱乐用品制造人员	石油加工和炼焦、煤化工生产人员	化学原料和化学制品制造人员	医药制造人员	化学纤维制造人员	橡胶和塑料制品制造人员	非金属矿物制品制造人员
生态文旅区									
苏淮高新区									
盐城市	**49**	**21**	**188**	**3**	**70**	**23**	**12**	**183**	**125**
亭湖区	1	2	6		1	2		27	7
盐都区	9	1	16		6	1		30	34
大丰区	16	8	65	1	36	3	1	15	16
响水县		2	9		1			2	3
滨海县	2	1	5	2	4	1	1	7	4
阜宁县	1	3	26			2	9	35	8
射阳县	10	1	14		15	9		13	6
建湖县	5	2	3		3	1		13	26
盐城经济技术开发区			2						1
江苏省盐南高新区									
东台市	5	1	42		4	4	1	41	20
扬州市	**53**	**29**	**1148**	**4**	**113**	**19**	**15**	**299**	**356**
广陵区	6	3	20		8	1	2	66	2
邗江区	1	4	155		6			10	7
江都区	23	7	220	1	63	11	4	107	18
宝应县	9	1	86		9	2		15	273
扬州经济技术开发区		1						1	2
蜀冈瘦西湖景区									
生态新城	2	5	1		6			39	2
仪征市	4	3	630	3	7	2	9	27	23
高邮市	8	5	36		14	3		34	29
镇江市	**71**	**29**	**107**	**1**	**28**	**11**	**8**	**247**	**182**
京口区		1			2			3	
润州区									
丹徒区	6	3	2		6	3	1	36	51
镇江新区	3		3					13	1
江苏镇江高新区									
丹阳市	36	22	10		13	4	7	93	54
扬中市	5	1	8		4	1		74	6
句容市	21	2	84	1	3	3		28	70
泰州市	**55**	**15**	**290**	**2**	**64**	**60**	**4**	**259**	**96**
海陵区	2	1	2		4		1	13	5
高港区	9		11		3	20	1	21	5
姜堰区	14	5	17		11	10		46	19
泰州医药高新技术产业开发区	1	2	2		1	6		7	1
兴化市	4	3	144	1	13	5	1	57	29
靖江市	12	2	15		12	4		57	11
泰兴市	13	2	99	1	20	15	1	58	26
宿迁市	**53**	**23**	**452**	**1**	**23**	**3**	**5**	**145**	**86**
宿城区	8	4	44					41	11
宿豫区	5		6		2		3	13	15
沭阳县	14	6	297		7	3		36	26
泗阳县	3	2	23		1			7	5
泗洪县	5	4	66	1			1	19	6
宿迁经济技术开发区	3	1	3		1			14	10
宿迁市湖滨新区			4		12		1	7	9
苏州宿迁工业园区									
宿迁市洋河新区	15	6	9					8	4

4-6c　续表 56

单位：人

地　区 性　别	生产制造及有关人员								
	采矿人员	金属冶炼和压延加工人员	机械制造基础加工人员	金属制品制造人员	通用设备制造人员	专用设备制造人员	汽车制造人员	铁路、船舶、航空设备制造人员	电气机械和器材制造人员
江　苏	**530**	**5813**	**35933**	**11958**	**7098**	**2265**	**6759**	**2617**	**5935**
南京市	**36**	**157**	**1320**	**568**	**424**	**126**	**674**	**96**	**275**
玄武区									
秦淮区									
建邺区									
鼓楼区									
浦口区	7	16	50	19	32	9	32	5	10
栖霞区	6	5	127	17	30	23	46	21	55
雨花台区									
江宁区	5	31	512	238	215	22	300	42	98
六合区	13	42	228	107	64	37	89	13	50
溧水区	4	29	239	134	52	9	78	9	43
高淳区	1	11	144	47	21	20	121	5	14
南京江北新区		23	20	6	10	6	8	1	5
无锡市	**10**	**984**	**5641**	**1148**	**1226**	**254**	**835**	**218**	**962**
锡山区		43	537	178	59	10	118	131	55
惠山区	2	235	1917	223	337	53	281	18	131
滨湖区		25	320	90	130	19	37	1	9
梁溪区									
新吴区		29	180	45	69	20	143	9	48
江苏无锡经济开发区									
江阴市	1	458	1777	421	347	106	222	53	101
宜兴市	7	194	910	191	284	46	34	6	618
徐州市	**196**	**247**	**2060**	**447**	**360**	**54**	**204**	**215**	**279**
鼓楼区									
云龙区									
贾汪区	44	14	180	34	26	3	33	7	7
泉山区									
铜山区	43	67	684	126	103	22	46	10	50
丰县	4	15	393	65	113	7	29	184	110
沛县	76	51	358	40	39	7	19	3	25
睢宁县	2	13	132	59	18	1	33		26
徐州经济技术开发区	3	3	96	7	9	2	3	3	29
新沂市	17	72	127	79	37	6	25	3	24
邳州市	7	12	90	37	15	6	16	5	8
常州市	**34**	**975**	**5411**	**1147**	**1069**	**419**	**849**	**91**	**1013**
天宁区	1	42	257	78	56	83	14	6	5
钟楼区		8	129	44	34	26	8	1	56
新北区	2	22	648	105	97	25	382	18	46
武进区	8	241	2421	455	499	217	259	37	214
金坛区	7	48	289	131	122	44	76	15	482
江苏省常州市经济开发区		389	986	243	156	13	47	12	146
溧阳市	16	225	681	91	105	11	63	2	64
苏州市	**29**	**1098**	**6065**	**3348**	**1297**	**487**	**1517**	**195**	**1165**
虎丘区	10	16	112	51	50	28	43	8	92
吴中区	3	21	836	604	168	37	129	4	138
相城区		8	121	59	42	8	64		70
姑苏区									
吴江区	6	175	404	371	307	42	29	2	217
苏州工业园区									
常熟市	5	189	1311	602	156	116	308	7	261

4-6c 续表 57

单位：人

地　　区 性　　别	生产制造及有关人员								
	采矿人员	金属冶炼和压延加工人员	机械制造基础加工人员	金属制品制造人员	通用设备制造人员	专用设备制造人员	汽车制造人员	铁路、船舶、航空设备制造人员	电气机械和器材制造人员
张家港市	1	504	1370	554	189	56	218	2	94
昆山市	1	112	1329	658	301	166	476	97	244
太仓市	3	73	582	449	84	34	250	75	49
南通市	**16**	**269**	**2755**	**1383**	**444**	**110**	**231**	**165**	**357**
崇川区									
港闸区			30		4			2	
通州区	5	34	649	178	91	30	31	30	34
如东县	3	51	309	162	38	13	19	11	129
南通经济技术开发区									
通州湾示范区		2	53	30	12		5		5
苏锡通科技产业园区		64	43	36	9	1	3		12
启东市		23	410	448	121	13	15	89	66
如皋市	2	37	638	169	80	28	73	27	39
海门市	2	31	183	236	54	13	56	1	37
海安市	4	27	440	124	35	12	29	5	35
连云港市	**45**	**207**	**435**	**219**	**83**	**47**	**111**	**24**	**146**
连云区			5						
海州区		2	45	17	5	13	4		4
赣榆区	26	103	99	93	33	10	15	6	21
东海县	17	17	100	68	21	9	69	5	80
灌云县	2	3	78	18	12	3	6	5	26
灌南县		75	73	18	9	8	9	7	9
连云港经济技术开发区		6	30	1	2		6	1	4
连云港高新技术产业开发区									
江苏连云港徐圩新区		1				1			
江苏省连云港市云台山风景名胜区			5	4	1	3	2		2
淮安市	**49**	**57**	**595**	**191**	**113**	**23**	**92**	**11**	**94**
淮安区		6	119	32	36	9	17	3	15
淮阴区	21	6	99	44	15	6	21	3	10
清江浦区		9	16	7	6	4	5		
洪泽区	11	11	38	22	7		7		8
涟水县	2	4	69	34	7		13	3	9
盱眙县	2	13	83	21	20	2	9	1	19
金湖县	13	6	168	20	21	2	18	1	33
淮安经济技术开发区									
工业园区		2	3	11	1		2		
生态文旅区									
苏淮高新区									
盐城市	**31**	**336**	**2336**	**729**	**461**	**104**	**359**	**36**	**197**
亭湖区	1	8	97	16	20	6	40		5
盐都区	4	91	422	217	70	38	58	2	23
大丰区		104	365	77	96	13	80	2	30
响水县	5	30	74	14	15	6	8	6	9
滨海县	1	15	128	52	28	5	10		14
阜宁县	1	8	174	70	37	9	28	3	11
射阳县	3	10	140	55	93	11	60	5	31
建湖县	5	23	432	41	19	4	15	1	13
盐城经济技术开发区	2		17	3		1	51		1
江苏省盐南高新区									
东台市	9	47	487	184	83	11	9	17	60
扬州市	**39**	**700**	**3139**	**905**	**429**	**274**	**697**	**697**	**701**
广陵区	1	363	290	139	41	211	27	185	74

4-6c 续表 58 单位：人

地区 性别	生产制造及有关人员 采矿人员	金属冶炼和压延加工人员	机械制造基础加工人员	金属制品制造人员	通用设备制造人员	专用设备制造人员	汽车制造人员	铁路、船舶、航空设备制造人员	电气机械和器材制造人员
邗江区	2	18	407	93	16	11	65	1	20
江都区	24	115	1281	305	122	17	263	472	35
宝应县	4	97	277	80	51	14	97	6	92
扬州经济技术开发区		3	16	4	2	2	11	2	6
蜀冈瘦西湖景区生态新城		4	36	23	3		6	1	4
仪征市	4	10	176	63	27	2	180	4	39
高邮市	4	90	656	198	167	17	48	26	431
镇江市	**20**	**262**	**1598**	**584**	**439**	**185**	**658**	**64**	**354**
京口区		4	13	4			2	2	5
润州区									
丹徒区	2	69	169	75	68	17	35	8	20
镇江新区	1	27	110	34	117	11	16	1	6
江苏镇江高新区									
丹阳市		91	920	270	150	148	526	6	38
扬中市	1	23	239	130	77		43	10	264
句容市	16	48	147	71	27	9	36	37	21
泰州市	**16**	**489**	**4045**	**1012**	**658**	**128**	**432**	**770**	**206**
海陵区	5	12	264	32	25	3	51	11	18
高港区	2	6	143	49	22	16	29	44	6
姜堰区	1	53	661	223	125	36	27	25	36
泰州医药高新技术产业开发区			30	13	2	4	6	1	4
兴化市	4	251	618	376	77	7	71	19	12
靖江市		119	1533	172	310	17	187	478	67
泰兴市	4	48	796	147	97	45	61	192	63
宿迁市	**9**	**32**	**533**	**277**	**95**	**54**	**100**	**35**	**186**
宿城区	1	3	109	43	9	13	17	2	51
宿豫区		2	63	20	11	5	5	1	12
沭阳县	3	12	148	96	36	7	33	6	45
泗阳县		8	87	55	15	3	14	2	20
泗洪县	1	2	64	34	18	12	21	3	19
宿迁经济技术开发区	2	1	16	9	1	12	6	1	30
宿迁市湖滨新区		2	36	8	3		1	18	7
苏州宿迁工业园区									
宿迁市洋河新区	2	2	10	12	2	2	3	2	2
男	**462**	**4535**	**28054**	**8165**	**5231**	**1239**	**4317**	**1988**	**3522**
南京市	**29**	**135**	**1111**	**430**	**320**	**81**	**496**	**81**	**184**
玄武区									
秦淮区									
建邺区									
鼓楼区									
浦口区	6	15	40	16	24	6	30	4	6
栖霞区	5	2	106	13	25	17	29	19	37
雨花台区									
江宁区	4	30	427	190	155	14	216	31	66
六合区	11	35	198	76	50	26	68	12	39
溧水区	2	28	205	96	42	5	57	9	23
高淳区	1	9	115	37	17	10	89	5	10
南京江北新区		16	20	2	7	3	7	1	3
无锡市	**9**	**791**	**4522**	**792**	**933**	**180**	**497**	**127**	**578**
锡山区		32	398	114	43	7	78	75	30

4-6c 续表 59

单位：人

地区 性别	生产制造及有关人员								
	采矿人员	金属冶炼和压延加工人员	机械制造基础加工人员	金属制品制造人员	通用设备制造人员	专用设备制造人员	汽车制造人员	铁路、船舶、航空设备制造人员	电气机械和器材制造人员
惠山区	2	193	1489	149	241	41	140	10	64
滨湖区		19	262	59	100	14	22		2
梁溪区									
新吴区		21	149	32	50	14	99	5	31
江苏无锡经济开发区									
江阴市	1	384	1484	307	280	71	139	33	51
宜兴市	6	142	740	131	219	33	19	4	400
徐州市	**191**	**196**	**1843**	**328**	**323**	**28**	**157**	**148**	**150**
鼓楼区									
云龙区									
贾汪区	44	10	168	26	22	3	31	6	3
泉山区									
铜山区	43	49	624	85	99	12	33	10	27
丰县	2	13	301	45	95	2	18	122	44
沛县	76	47	349	31	36	4	16	2	19
睢宁县	1	10	116	43	17	1	28		15
徐州经济技术开发区	3	2	80	7	7	1	2	1	18
新沂市	15	56	120	62	33	1	18	3	17
邳州市	7	9	85	29	14	4	11	4	7
常州市	**25**	**743**	**4067**	**743**	**720**	**207**	**500**	**59**	**598**
天宁区	1	32	196	54	40	27	7	4	2
钟楼区		8	100	29	27	12	4		27
新北区	2	16	483	59	64	9	200	11	21
武进区	5	187	1775	283	328	125	169	27	95
金坛区	6	32	221	96	79	21	53	9	332
江苏省常州市经济开发区		282	704	152	107	7	29	6	75
溧阳市	11	186	588	70	75	6	38	2	46
苏州市	**24**	**863**	**4819**	**2328**	**959**	**298**	**1030**	**130**	**707**
虎丘区	10	12	98	31	31	11	30	7	48
吴中区	1	16	679	423	88	20	87	3	69
相城区		8	104	47	33	5	38		40
姑苏区									
吴江区	5	117	302	273	250	25	19	1	136
苏州工业园区									
常熟市	4	152	1015	391	112	75	207	4	185
张家港市	1	409	1088	367	151	26	156	2	56
昆山市	1	92	1066	479	231	115	329	57	145
太仓市	2	57	467	317	63	21	164	56	28
南通市	**12**	**194**	**2237**	**913**	**316**	**64**	**127**	**146**	**213**
崇川区									
港闸区			26		3			2	
通州区	4	27	543	145	77	16	20	27	17
如东县	2	36	255	120	29	6	13	9	84
南通经济技术开发区									
通州湾示范区		1	41	17	7		1		4
苏锡通科技产业园区		49	37	23	3	1	2		7
启东市		13	322	254	74	9	8	81	40
如皋市	2	26	550	140	63	16	51	23	26
海门市	1	20	118	129	30	10	16		15
海安市	3	22	345	85	30	6	16	4	20
连云港市	**30**	**149**	**381**	**154**	**71**	**26**	**77**	**19**	**69**
连云区			5						

4-6c　续表 60　　　　　　　　　　　　　　　　　　　　　　　　　　　　单位：人

地　区 性　别	生产制造及有关人员								
	采矿人员	金属冶炼和压延加工人员	机械制造基础加工人员	金属制品制造人员	通用设备制造人员	专用设备制造人员	汽车制造人员	铁路、船舶、航空设备制造人员	电气机械和器材制造人员
海州区		2	36	12	3	9	3		3
赣榆区	23	80	92	69	28	3	10	5	10
东海县	6	9	81	43	18	4	47	3	28
灌云县	1	3	70	11	10	3	6	5	17
灌南县		50	65	16	9	4	6	5	7
连云港经济技术开发区		5	27	1	2		3	1	3
连云港高新技术产业开发区									
江苏连云港徐圩新区						1			
江苏省连云港市云台山风景名胜区			5	2	1	2	2		1
淮安市	**44**	**45**	**513**	**140**	**88**	**14**	**63**	**10**	**50**
淮安区		3	105	23	28	7	13	3	9
淮阴区	19	5	86	36	14	3	15	3	4
清江浦区		8	15	4	4	1	2		
洪泽区	10	8	36	16	5		4		6
涟水县	2	3	64	23	7		9	2	5
盱眙县	2	10	68	14	14	2	8	1	10
金湖县	11	6	136	13	15	1	12	1	16
淮安经济技术开发区									
工业园区		2	3	11	1				
生态文旅区									
苏淮高新区									
盐城市	**28**	**256**	**1861**	**517**	**367**	**51**	**232**	**23**	**121**
亭湖区	1	7	81	12	18	4	21		3
盐都区	4	61	352	142	52	11	36	2	15
大丰区		79	282	55	77	8	47	1	24
响水县	3	27	69	12	13	4	8	5	1
滨海县	1	12	117	40	26	1	6		8
阜宁县	1	6	155	57	31	6	20	2	6
射阳县	3	9	129	45	87	8	37	3	22
建湖县	4	19	345	31	14	1	11	1	8
盐城经济技术开发区	2		10	1			41		1
江苏省盐南高新区									
东台市	9	36	321	122	49	8	5	9	33
扬州市	**30**	**566**	**2311**	**585**	**299**	**97**	**493**	**554**	**445**
广陵区	1	324	206	89	32	65	16	147	41
邗江区	2	17	327	76	10	8	54	1	16
江都区	19	91	909	174	90	7	164	376	21
宝应县	2	66	197	57	37	6	75	4	64
扬州经济技术开发区		1	15	3	2	1	10	1	3
蜀冈瘦西湖景区									
生态新城		4	29	22	2		4	1	3
仪征市	3	7	142	46	20		141	4	21
高邮市	3	56	486	118	106	10	29	20	276
镇江市	**19**	**206**	**1152**	**388**	**299**	**107**	**338**	**41**	**215**
京口区		4	8	1			1	2	4
润州区									
丹徒区	2	58	123	59	45	10	23	6	10
镇江新区	1	18	79	22	78	9	8	1	4
江苏镇江高新区									
丹阳市		70	654	164	95	81	249	5	21
扬中市	1	19	163	91	60		34	5	163
句容市	15	37	125	51	21	7	23	22	13

4-6c 续表 61 单位：人

地区 性别	生产制造及有关人员								
	采矿人员	金属冶炼和压延加工人员	机械制造基础加工人员	金属制品制造人员	通用设备制造人员	专用设备制造人员	汽车制造人员	铁路、船舶、航空设备制造人员	电气机械和器材制造人员
泰州市	**13**	**364**	**2768**	**653**	**453**	**65**	**239**	**618**	**88**
海陵区	4	5	145	23	16	2	24	7	5
高港区	2	5	100	29	12	4	17	39	1
姜堰区	1	24	415	140	85	14	17	21	20
泰州医药高新技术产业开发区			24	12	1	2	5	1	
兴化市	3	196	460	242	57	4	55	14	8
靖江市		95	1066	105	202	9	85	369	28
泰兴市	3	39	558	102	80	30	36	167	26
宿迁市	**8**	**27**	**469**	**194**	**83**	**21**	**68**	**32**	**104**
宿城区	1	3	98	34	5	6	12	2	31
宿豫区		1	55	15	10	3	3		10
沭阳县	2	11	138	69	33	1	24	6	16
泗阳县		5	72	31	14	2	7	1	13
泗洪县	1	2	47	22	15	5	15	2	13
宿迁经济技术开发区	2	1	15	9	1	2	4	1	14
宿迁市湖滨新区		2	35	6	3			18	5
苏州宿迁工业园区									
宿迁市洋河新区	2	2	9	8	2	2	3	2	2
女	**68**	**1278**	**7879**	**3793**	**1867**	**1026**	**2442**	**629**	**2413**
南京市	**7**	**22**	**209**	**138**	**104**	**45**	**178**	**15**	**91**
玄武区									
秦淮区									
建邺区									
鼓楼区									
浦口区	1	1	10	3	8	3	2	1	4
栖霞区	1	3	21	4	5	6	17	2	18
雨花台区									
江宁区	1	1	85	48	60	8	84	11	32
六合区	2	7	30	31	14	11	21	1	11
溧水区	2	1	34	38	10	4	21		20
高淳区		2	29	10	4	10	32		4
南京江北新区		7		4	3	3	1		2
无锡市	**1**	**193**	**1119**	**356**	**293**	**74**	**338**	**91**	**384**
锡山区		11	139	64	16	3	40	56	25
惠山区		42	428	74	96	12	141	8	67
滨湖区		6	58	31	30	5	15	1	7
梁溪区									
新吴区		8	31	13	19	6	44	4	17
江苏无锡经济开发区									
江阴市		74	293	114	67	35	83	20	50
宜兴市	1	52	170	60	65	13	15	2	218
徐州市	**5**	**51**	**217**	**119**	**37**	**26**	**47**	**67**	**129**
鼓楼区									
云龙区									
贾汪区		4	12	8	4		2	1	4
泉山区									
铜山区		18	60	41	4	10	13		23
丰县	2	2	92	20	18	5	11	62	66
沛县		4	9	9	3	3	3	1	6
睢宁县	1	3	16	16	1		5		11
徐州经济技术开发区		1	16		2	1	1	2	11
新沂市	2	16	7	17	4	5	7		7
邳州市		3	5	8	1	2	5	1	1

4-6c 续表 62 单位：人

地区 性别	生产制造及有关人员								
	采矿人员	金属冶炼和压延加工人员	机械制造基础加工人员	金属制品制造人员	通用设备制造人员	专用设备制造人员	汽车制造人员	铁路、船舶、航空设备制造人员	电气机械和器材制造人员
常州市	**9**	**232**	**1344**	**404**	**349**	**212**	**349**	**32**	**415**
天宁区		10	61	24	16	56	7	2	3
钟楼区			29	15	7	14	4	1	29
新北区		6	165	46	33	16	182	7	25
武进区	3	54	646	172	171	92	90	10	119
金坛区	1	16	68	35	43	23	23	6	150
江苏省常州市经济开发区		107	282	91	49	6	18	6	71
溧阳市	5	39	93	21	30	5	25		18
苏州市	**5**	**235**	**1246**	**1020**	**338**	**189**	**487**	**65**	**458**
虎丘区		4	14	20	19	17	13	1	44
吴中区	2	5	157	181	80	17	42	1	69
相城区			17	12	9	3	26		30
姑苏区									
吴江区	1	58	102	98	57	17	10	1	81
苏州工业园区									
常熟市	1	37	296	211	44	41	101	3	76
张家港市		95	282	187	38	30	62		38
昆山市		20	263	179	70	51	147	40	99
太仓市	1	16	115	132	21	13	86	19	21
南通市	**4**	**75**	**518**	**470**	**128**	**46**	**104**	**19**	**144**
崇川区									
港闸区			4		1				
通州区	1	7	106	33	14	14	11	3	17
如东县	1	15	54	42	9	7	6	2	45
南通经济技术开发区									
通州湾示范区		1	12	13	5		4		1
苏锡通科技产业园区		15	6	13	6		1		5
启东市		10	88	194	47	4	7	8	26
如皋市		11	88	29	17	12	22	4	13
海门市	1	11	65	107	24	3	40	1	22
海安市	1	5	95	39	5	6	13	1	15
连云港市	**15**	**58**	**54**	**65**	**12**	**21**	**34**	**5**	**77**
连云区									
海州区			9	5	2	4	1		1
赣榆区	3	23	7	24	5	7	5	1	11
东海县	11	8	19	25	3	5	22	2	52
灌云县	1		8	7	2				9
灌南县		25	8	2		4	3	2	2
连云港经济技术开发区		1	3				3		1
连云港高新技术产业开发区									
江苏连云港徐圩新区		1							
江苏省连云港市云台山风景名胜区				2		1			1
淮安市	**5**	**12**	**82**	**51**	**25**	**9**	**29**	**1**	**44**
淮安区		3	14	9	8	2	4		6
淮阴区	2	1	13	8	1	3	6		6
清江浦区		1	1	3	2	3	3		
洪泽区	1	3	2	6	2		3		2
涟水县		1	5	11			4	1	4
盱眙县		3	15	7	6		1		9
金湖县	2		32	7	6	1	6		17
淮安经济技术开发区									
工业园区							2		

4-6c 续表 63 单位：人

地区 性别	生产制造及有关人员								
	采矿人员	金属冶炼和压延加工人员	机械制造基础加工人员	金属制品制造人员	通用设备制造人员	专用设备制造人员	汽车制造人员	铁路、船舶、航空设备制造人员	电气机械和器材制造人员
生态文旅区									
苏淮高新区									
盐城市	**3**	**80**	**475**	**212**	**94**	**53**	**127**	**13**	**76**
亭湖区		1	16	4	2	2	19		2
盐都区		30	70	75	18	27	22		8
大丰区		25	83	22	19	5	33	1	6
响水县	2	3	5	2	2	2		1	8
滨海县		3	11	12	2	4	4		6
阜宁县		2	19	13	6	3	8	1	5
射阳县		1	11	10	6	3	23	2	9
建湖县	1	4	87	10	5	3	4		5
盐城经济技术开发区			7	2		1	10		
江苏省盐南高新区									
东台市		11	166	62	34	3	4	8	27
扬州市	**9**	**134**	**828**	**320**	**130**	**177**	**204**	**143**	**256**
广陵区		39	84	50	9	146	11	38	33
邗江区		1	80	17	6	3	11		4
江都区	5	24	372	131	32	10	99	96	14
宝应县	2	31	80	23	14	8	22	2	28
扬州经济技术开发区		2	1	1		1	1	1	3
蜀冈瘦西湖景区									
生态新城			7	1	1		2		1
仪征市	1	3	34	17	7	2	39		18
高邮市	1	34	170	80	61	7	19	6	155
镇江市	**1**	**56**	**446**	**196**	**140**	**78**	**320**	**23**	**139**
京口区			5	3			1		1
润州区									
丹徒区		11	46	16	23	7	12	2	10
镇江新区		9	31	12	39	2	8		2
江苏镇江高新区									
丹阳市		21	266	106	55	67	277	1	17
扬中市		4	76	39	17		9	5	101
句容市	1	11	22	20	6	2	13	15	8
泰州市	**3**	**125**	**1277**	**359**	**205**	**63**	**193**	**152**	**118**
海陵区	1	7	119	9	9	1	27	4	13
高港区		1	43	20	10	12	12	5	5
姜堰区		29	246	83	40	22	10	4	16
泰州医药高新技术产业开发区			6	1	1	2	1		4
兴化市	1	55	158	134	20	3	16	5	4
靖江市		24	467	67	108	8	102	109	39
泰兴市	1	9	238	45	17	15	25	25	37
宿迁市	**1**	**5**	**64**	**83**	**12**	**33**	**32**	**3**	**82**
宿城区			11	9	4	7	5		20
宿豫区		1	8	5	1	2	2	1	2
沭阳县	1	1	10	27	3	6	9		29
泗阳县		3	15	24	1	1	7	1	7
泗洪县			17	12	3	7	6	1	6
宿迁经济技术开发区			1			10	2		16
宿迁市湖滨新区			1	2			1		2
苏州宿迁工业园区									
宿迁市洋河新区			1	4					

4-6c 续表 64

单位：人

地区 性别	生产制造及有关人员								不便分类的其他从业人员
	计算机、通信和其他电子设备制造人员	仪器仪表制造人员	废弃资源综合利用人员	电力、热力、气体、水生产和输配人员	建筑施工人员	运输设备和通用工程机械操作人员及有关人员	生产辅助人员	其他生产制造及有关人员	
江　苏	**32397**	**381**	**860**	**1038**	**141392**	**7796**	**38647**	**2252**	**3126**
南京市	**1644**	**46**	**23**	**75**	**11052**	**592**	**1964**	**109**	**148**
玄武区									
秦淮区									
建邺区									
鼓楼区									
浦口区	141	2	3		311	43	95	2	8
栖霞区	99	15	1	7	329	38	115	3	2
雨花台区									
江宁区	743	23	7	30	3072	208	764	28	51
六合区	333	2	10	15	3139	143	425	48	41
溧水区	183	1	1	8	1621	68	230	17	7
高淳区	104	2		10	2420	73	276	8	38
南京江北新区	41	1	1	5	160	19	59	3	1
无锡市	**2389**	**30**	**114**	**103**	**4975**	**637**	**5596**	**222**	**1**
锡山区	185	4	4	5	465	55	602	7	
惠山区	182	12	25	36	486	152	1202	75	1
滨湖区	176	1	4	1	158	19	171	18	
梁溪区									
新吴区	976	3	12	2	209	23	257	4	
江苏无锡经济开发区									
江阴市	454	8	55	37	1637	218	2260	27	
宜兴市	416	2	14	22	2020	170	1104	91	
徐州市	**1726**	**7**	**61**	**68**	**16011**	**1055**	**2149**	**156**	**205**
鼓楼区									
云龙区									
贾汪区	94		5	6	739	124	136	5	18
泉山区									
铜山区	282	5	9	15	3980	423	579	13	49
丰县	317		6	8	1788	77	246	95	43
沛县	186		2	12	3097	75	241	6	12
睢宁县	236		20	9	2313	97	509	9	23
徐州经济技术开发区	52			1	438	44	44	2	1
新沂市	374		7	15	2184	126	233	16	29
邳州市	185	2	12	2	1472	89	161	10	30
常州市	**3489**	**58**	**101**	**89**	**6933**	**666**	**4220**	**334**	**254**
天宁区	400	2	5	3	205	31	228	34	8
钟楼区	72		1	1	99	30	128	2	1
新北区	279	5	28	3	327	50	390	12	1
武进区	1297	14	19	36	1453	153	1390	161	84
金坛区	222	8	4	9	1498	82	570	13	102
江苏省常州市经济开发区	884	11	16	20	426	115	984	94	3
溧阳市	335	18	28	17	2925	205	530	18	55
苏州市	**9586**	**87**	**113**	**174**	**10097**	**932**	**8985**	**249**	**257**
虎丘区	245	5	10	3	523	26	239	7	
吴中区	1836	10	35	11	1460	100	733	46	145
相城区	323		1	2	211	34	219	3	1
姑苏区									
吴江区	285	2	10	45	1312	118	2049	46	7
苏州工业园区									
常熟市	846	4	13	35	1902	141	1643	35	16

4-6c 续表 65

单位：人

地区 性别	生产制造及有关人员								不便分类的其他从业人员
	计算机、通信和其他电子设备制造人员	仪器仪表制造人员	废弃资源综合利用人员	电力、热力、气体、水生产和输配人员	建筑施工人员	运输设备和通用工程机械操作人员及有关人员	生产辅助人员	其他生产制造及有关人员	
张家港市	553	3	15	27	1889	252	1602	24	43
昆山市	4248	61	12	20	1443	105	1532	45	1
太仓市	1250	2	17	31	1357	156	968	43	44
南通市	**1990**	**56**	**85**	**112**	**18490**	**579**	**3896**	**155**	**270**
崇川区									
港闸区	3				58		4		
通州区	368	4	15	12	3399	89	691	28	51
如东县	193	5	8	30	2357	120	865	11	11
南通经济技术开发区									
通州湾示范区	27	2	1	3	347	13	69	7	5
苏锡通科技产业园区	40		10	4	315	18	188	8	4
启东市	414	32	15	23	3445	75	522	6	4
如皋市	378	6	9	21	3609	136	615	42	115
海门市	307	6	20	12	2162	50	346	34	43
海安市	260	1	7	7	2798	78	596	19	37
连云港市	**1106**	**11**	**171**	**31**	**10388**	**661**	**806**	**76**	**290**
连云区			1		29	5	5		
海州区	58	1	1	4	639	73	48	9	17
赣榆区	222	1	75	13	4330	197	255	10	96
东海县	419	6	86	8	2397	167	293	11	58
灌云县	198		7	2	1310	58	68	28	69
灌南县	150	3	1	2	1343	58	79	4	45
连云港经济技术开发区	43			1	136	31	36	3	4
连云港高新技术产业开发区									
江苏连云港徐圩新区				1	4		4		
江苏省连云港市云台山风景名胜区	16				200	72	18	11	1
淮安市	**1326**	**22**	**13**	**30**	**8671**	**379**	**834**	**40**	**165**
淮安区	341		3	5	1968	85	149	7	84
淮阴区	277	5		3	2400	88	158	3	24
清江浦区	38	1	2	3	364	41	45	1	3
洪泽区	105			7	695	27	93	7	11
涟水县	337		3	4	1642	59	176	12	23
盱眙县	145	2	1	2	776	29	67	7	7
金湖县	69	14	3	6	771	45	143	3	11
淮安经济技术开发区									
工业园区	13		1		51	4	3		2
生态文旅区									
苏淮高新区	1				4	1			
盐城市	**2536**	**18**	**40**	**109**	**14823**	**625**	**1857**	**196**	**482**
亭湖区	122		1	2	873	30	66	6	27
盐都区	623	1	14	7	2303	57	247	42	33
大丰区	324	3	5	35	1579	124	458	59	83
响水县	150			8	965	46	62	7	36
滨海县	211	1	3	15	1336	76	76	7	26
阜宁县	353	1	4	11	1630	68	221	10	93
射阳县	294		5	14	2055	104	221	35	148
建湖县	111		2	5	1300	44	182	12	17
盐城经济技术开发区	70			1	381	5	23		5
江苏省盐南高新区									
东台市	278	12	6	11	2401	71	301	18	14
扬州市	**1966**	**18**	**30**	**81**	**13985**	**452**	**2242**	**254**	**260**
广陵区	171		5	28	382	80	225	18	4

4-6c 续表 66 单位：人

地区 性别	生产制造及有关人员								不便分类的其他从业人员
	计算机、通信和其他电子设备制造人员	仪器仪表制造人员	废弃资源综合利用人员	电力、热力、气体、水生产和输配人员	建筑施工人员	运输设备和通用工程机械操作人员及有关人员	生产辅助人员	其他生产制造及有关人员	
邗江区	84	1	3	2	1000	42	155	2	39
江都区	382	7	3	17	3158	95	823	151	76
宝应县	639	6	8	16	3985	63	339	4	38
扬州经济技术开发区	18				73	1	18	2	14
蜀冈瘦西湖景区									
生态新城	13		1		69	8	135	45	12
仪征市	309		7	7	2370	74	197	23	18
高邮市	350	4	3	11	2948	89	350	9	59
镇江市	**1640**	**12**	**20**	**40**	**4505**	**292**	**1517**	**90**	**22**
京口区	24				13	4	10		
润州区	1				8		2		
丹徒区	252	5	3	5	574	58	213	25	
镇江新区	143		3		73	6	69	24	20
江苏镇江高新区									
丹阳市	235	3	5	13	1034	67	759	11	
扬中市	741	3		6	542	39	194	7	1
句容市	244	1	9	16	2261	118	270	23	1
泰州市	**1189**	**13**	**71**	**76**	**11884**	**502**	**2865**	**286**	**250**
海陵区	27		14	3	360	28	95	6	10
高港区	101	1	1	2	863	34	148	5	2
姜堰区	249	1	9	11	2670	71	402	58	47
泰州医药高新技术产业开发区	12			1	111	4	33	7	1
兴化市	316	2	32	20	3016	100	824	61	107
靖江市	161	2	10	6	1065	152	766	8	8
泰兴市	323	7	5	33	3799	113	597	141	75
宿迁市	**1810**	**3**	**18**	**50**	**9578**	**424**	**1716**	**85**	**522**
宿城区	349		6	8	1560	81	397	14	
宿豫区	111			2	835	42	135	4	15
沭阳县	693	2	7	21	3255	151	569	21	59
泗阳县	169			5	1387	46	201	8	394
泗洪县	292	1		6	1516	54	166	15	14
宿迁经济技术开发区	87		3	1	287	17	109	21	36
宿迁市湖滨新区	69		1	4	478	23	29	2	4
苏州宿迁工业园区									
宿迁市洋河新区	40		1	3	260	10	110		
男	**18164**	**190**	**596**	**916**	**125806**	**6980**	**22995**	**1389**	**1938**
南京市	**971**	**19**	**15**	**69**	**10157**	**547**	**1371**	**75**	**96**
玄武区									
秦淮区									
建邺区									
鼓楼区									
浦口区	88	1	1		276	42	65	1	5
栖霞区	52	4	1	4	306	31	82	2	2
雨花台区									
江宁区	462	11	5	30	2808	198	530	19	31
六合区	193	1	7	13	2823	132	292	31	29
溧水区	85	1		8	1493	65	171	13	4
高淳区	72	1		9	2302	63	186	6	25
南京江北新区	19		1	5	149	16	45	3	
无锡市	**1295**	**18**	**81**	**94**	**4566**	**538**	**3363**	**142**	
锡山区	87	2	3	5	438	50	326	5	

4-6c 续表 67 单位：人

地区 性别	生产制造及有关人员 计算机、通信和其他电子设备制造人员	仪器仪表制造人员	废弃资源综合利用人员	电力、热力、气体、水生产和输配人员	建筑施工人员	运输设备和通用工程机械操作人员及有关人员	生产辅助人员	其他生产制造及有关人员	不便分类的其他从业人员
惠山区	92	7	18	32	421	120	693	40	
滨湖区	95	1	3		133	16	82	12	
梁溪区									
新吴区	561	2	10	2	179	22	144	3	
江苏无锡经济开发区									
江阴市	253	6	37	35	1508	190	1385	17	
宜兴市	207		10	20	1887	140	733	65	
徐州市	**961**	**5**	**51**	**58**	**14248**	**989**	**1091**	**84**	**133**
鼓楼区									
云龙区									
贾汪区	65		5	5	666	113	95	4	11
泉山区									
铜山区	145	3	8	13	3566	385	261	8	31
丰县	181		6	8	1393	73	105	46	24
沛县	101		2	9	2881	73	174	3	11
睢宁县	113		15	8	2088	91	192	5	15
徐州经济技术开发区	20			1	366	44	25	1	1
新沂市	218		7	12	2010	122	139	9	18
邳州市	118	2	8	2	1278	88	100	8	22
常州市	**1756**	**21**	**68**	**75**	**6258**	**561**	**2526**	**201**	**171**
天宁区	233		4	2	170	29	137	18	4
钟楼区	29		1	1	94	30	74		1
新北区	119	2	17	3	282	42	232	8	
武进区	560	5	14	30	1290	111	818	94	56
金坛区	125	4	2	7	1358	72	322	9	72
江苏省常州市经济开发区	448	4	11	18	359	90	553	63	3
溧阳市	242	6	19	14	2705	187	390	9	35
苏州市	**5706**	**55**	**75**	**163**	**8882**	**822**	**5696**	**157**	**146**
虎丘区	113	1	7	3	478	22	156	6	
吴中区	1088	4	24	9	1263	89	404	32	78
相城区	185				188	28	133	2	
姑苏区									
吴江区	183	2	6	44	1198	112	1535	26	4
苏州工业园区									
常熟市	480	2	10	33	1751	125	982	26	5
张家港市	345	2	10	26	1700	209	1041	19	29
昆山市	2543	43	8	17	1202	99	872	26	1
太仓市	769	1	10	31	1102	138	573	20	29
南通市	**1075**	**16**	**64**	**101**	**17308**	**489**	**2281**	**102**	**161**
崇川区									
港闸区					47		3		
通州区	199	1	13	10	3162	71	362	16	30
如东县	95	2	5	27	2251	105	502	9	7
南通经济技术开发区									
通州湾示范区	10		1	2	333	13	34	4	2
苏锡通科技产业园区	26		7	4	267	17	126	5	3
启东市	241	10	10	22	3352	60	362	5	4
如皋市	235	1	7	19	3334	123	374	30	75
海门市	131	1	15	11	2042	39	172	20	24
海安市	138	1	6	6	2520	61	346	13	16
连云港市	**615**	**8**	**96**	**30**	**9339**	**630**	**412**	**58**	**161**
连云区			1		27	4	3		

4-6c 续表 68

单位：人

地区 性别	生产制造及有关人员								不便分类的其他从业人员
	计算机、通信和其他电子设备制造人员	仪器仪表制造人员	废弃资源综合利用人员	电力、热力、气体、水生产和输配人员	建筑施工人员	运输设备和通用工程机械操作人员及有关人员	生产辅助人员	其他生产制造及有关人员	
海州区	29	1	1	4	560	71	29	6	12
赣榆区	140	1	18	13	3976	181	120	6	56
东海县	208	4	68	7	2101	160	123	6	24
灌云县	126		7	2	1173	57	46	27	39
灌南县	80	2	1	2	1208	54	49	3	26
连云港经济技术开发区	22			1	117	31	24	1	4
连云港高新技术产业开发区									
江苏连云港徐圩新区				1	4		3		
江苏省连云港市云台山风景名胜区	10				173	72	15	9	
淮安市	**738**	**15**	**13**	**24**	**7745**	**359**	**513**	**23**	**100**
淮安区	163		3	3	1778	82	87	3	43
淮阴区	173	2		3	2163	82	101	1	17
清江浦区	24		2	3	309	39	23	1	3
洪泽区	58			4	624	25	66	4	9
涟水县	184		3	4	1468	55	108	8	12
盱眙县	85	2	1	2	680	29	36	4	5
金湖县	44	11	3	5	679	43	89	2	9
淮安经济技术开发区									
工业园区	6		1		41	3	3		2
生态文旅区									
苏淮高新区	1				3	1			
盐城市	**1500**	**9**	**33**	**87**	**12876**	**572**	**1206**	**133**	**318**
亭湖区	63		1	2	785	30	38	4	23
盐都区	374		11	7	1899	50	152	31	20
大丰区	189	3	4	27	1356	102	307	34	51
响水县	99			7	805	41	45	5	28
滨海县	124		2	11	1162	75	53	6	17
阜宁县	206	1	3	7	1478	63	147	9	58
射阳县	196		5	11	1761	98	164	24	101
建湖县	63		2	5	1160	43	121	8	10
盐城经济技术开发区	33			1	334	5	12		4
江苏省盐南高新区									
东台市	153	5	5	9	2136	65	167	12	6
扬州市	**1073**	**12**	**23**	**67**	**12431**	**397**	**1242**	**134**	**165**
广陵区	89		4	22	337	64	116	10	3
邗江区	41		2	1	832	39	76		28
江都区	197	5	2	15	2786	82	474	80	42
宝应县	317	4	6	14	3608	57	143	1	23
扬州经济技术开发区	10				59	1	13	1	7
蜀冈瘦西湖景区									
生态新城	7		1		60	7	55	20	5
仪征市	195		5	6	2069	64	127	14	12
高邮市	217	3	3	9	2680	83	238	8	45
镇江市	**938**	**6**	**12**	**34**	**3982**	**271**	**865**	**58**	**15**
京口区	14				12	4	7		
润州区	1				7		1		
丹徒区	130	4	2	4	489	54	128	12	
镇江新区	82		2		60	6	45	15	13
江苏镇江高新区									
丹阳市	139	1	3	13	890	61	388	8	
扬中市	432			4	437	34	126	6	1
句容市	140	1	5	13	2087	112	170	17	1

4-6c 续表 69

单位：人

地区 性别	生产制造及有关人员								
	计算机、通信和其他电子设备制造人员	仪器仪表制造人员	废弃资源综合利用人员	电力、热力、气体、水生产和输配人员	建筑施工人员	运输设备和通用工程机械操作人员及有关人员	生产辅助人员	其他生产制造及有关人员	不便分类的其他从业人员
泰州市	**571**	**3**	**51**	**68**	**9797**	**403**	**1504**	**171**	**158**
海陵区	11		10	3	321	25	47	2	5
高港区	38	1	1	2	719	22	80	4	1
姜堰区	130		5	10	2263	59	204	27	33
泰州医药高新技术产业开发区	8			1	97	3	21	2	1
兴化市	130	1	22	19	2384	88	369	31	62
靖江市	83	1	8	5	904	107	451	6	4
泰兴市	171		5	28	3109	99	332	99	52
宿迁市	**965**	**3**	**14**	**46**	**8217**	**402**	**925**	**51**	**314**
宿城区	200		4	8	1421	79	171	8	
宿豫区	41			2	756	39	90	1	13
沭阳县	396	2	6	19	2620	143	311	14	37
泗阳县	76			5	1218	44	137	5	228
泗洪县	139	1		5	1299	50	92	10	8
宿迁经济技术开发区	46		3		266	16	60	11	24
宿迁市湖滨新区	46			4	403	22	20	2	4
苏州宿迁工业园区									
宿迁市洋河新区	21		1	3	234	9	44		
女	**14233**	**191**	**264**	**122**	**15586**	**816**	**15652**	**863**	**1188**
南京市	**673**	**27**	**8**	**6**	**895**	**45**	**593**	**34**	**52**
玄武区									
秦淮区									
建邺区									
鼓楼区									
浦口区	53	1	2		35	1	30	1	3
栖霞区	47	11		3	23	7	33	1	
雨花台区									
江宁区	281	12	2		264	10	234	9	20
六合区	140	1	3	2	316	11	133	17	12
溧水区	98		1		128	3	59	4	3
高淳区	32	1		1	118	10	90	2	13
南京江北新区	22	1			11	3	14		1
无锡市	**1094**	**12**	**33**	**9**	**409**	**99**	**2233**	**80**	**1**
锡山区	98	2	1		27	5	276	2	
惠山区	90	5	7	4	65	32	509	35	1
滨湖区	81		1	1	25	3	89	6	
梁溪区									
新吴区	415	1	2		30	1	113	1	
江苏无锡经济开发区									
江阴市	201	2	18	2	129	28	875	10	
宜兴市	209	2	4	2	133	30	371	26	
徐州市	**765**	**2**	**10**	**10**	**1763**	**66**	**1058**	**72**	**72**
鼓楼区									
云龙区									
贾汪区	29			1	73	11	41	1	7
泉山区									
铜山区	137	2	1	2	414	38	318	5	18
丰县	136				395	4	141	49	19
沛县	85			3	216	2	67	3	1
睢宁县	123		5	1	225	6	317	4	8
徐州经济技术开发区	32				72		19	1	
新沂市	156			3	174	4	94	7	11
邳州市	67		4		194	1	61	2	8

4-6c 续表 70

单位：人

地区 性别	生产制造及有关人员								不便分类的其他从业人员
	计算机、通信和其他电子设备制造人员	仪器仪表制造人员	废弃资源综合利用人员	电力、热力、气体、水生产和输配人员	建筑施工人员	运输设备和通用工程机械操作人员及有关人员	生产辅助人员	其他生产制造及有关人员	
常州市	**1733**	**37**	**33**	**14**	**675**	**105**	**1694**	**133**	**83**
天宁区	167	2	1	1	35	2	91	16	4
钟楼区	43				5		54	2	
新北区	160	3	11		45	8	158	4	1
武进区	737	9	5	6	163	42	572	67	28
金坛区	97	4	2	2	140	10	248	4	30
江苏省常州市经济开发区	436	7	5	2	67	25	431	31	
溧阳市	93	12	9	3	220	18	140	9	20
苏州市	**3880**	**32**	**38**	**11**	**1215**	**110**	**3289**	**92**	**111**
虎丘区	132	4	3		45	4	83	1	
吴中区	748	6	11	2	197	11	329	14	67
相城区	138		1	2	23	6	86	1	1
姑苏区									
吴江区	102		4	1	114	6	514	20	3
苏州工业园区									
常熟市	366	2	3	2	151	16	661	9	11
张家港市	208	1	5	1	189	43	561	5	14
昆山市	1705	18	4	3	241	6	660	19	
太仓市	481	1	7		255	18	395	23	15
南通市	**915**	**40**	**21**	**11**	**1182**	**90**	**1615**	**53**	**109**
崇川区									
港闸区	3				11		1		
通州区	169	3	2	2	237	18	329	12	21
如东县	98	3	3	3	106	15	363	2	4
南通经济技术开发区									
通州湾示范区	17	2		1	14		35	3	3
苏锡通科技产业园区	14		3		48	1	62	3	1
启东市	173	22	5	1	93	15	160	1	
如皋市	143	5	2	2	275	13	241	12	40
海门市	176	5	5	1	120	11	174	14	19
海安市	122		1	1	278	17	250	6	21
连云港市	**491**	**3**	**75**	**1**	**1049**	**31**	**394**	**18**	**129**
连云区					2	1	2		
海州区	29				79	2	19	3	5
赣榆区	82		57		354	16	135	4	40
东海县	211	2	18	1	296	7	170	5	34
灌云县	72				137	1	22	1	30
灌南县	70	1			135	4	30	1	19
连云港经济技术开发区	21				19		12	2	
连云港高新技术产业开发区									
江苏连云港徐圩新区							1		
江苏省连云港市云台山风景名胜区	6				27		3	2	1
淮安市	**588**	**7**		**6**	**926**	**20**	**321**	**17**	**65**
淮安区	178			2	190	3	62	4	41
淮阴区	104	3			237	6	57	2	7
清江浦区	14	1			55	2	22		
洪泽区	47			3	71	2	27	3	2
涟水县	153				174	4	68	4	11
盱眙县	60				96		31	3	2
金湖县	25	3		1	92	2	54	1	2
淮安经济技术开发区									
工业园区	7				10	1			

4-6c 续表 71 单位：人

地区 性别	生产制造及有关人员								不便分类的其他从业人员
	计算机、通信和其他电子设备制造人员	仪器仪表制造人员	废弃资源综合利用人员	电力、热力、气体、水生产和输配人员	建筑施工人员	运输设备和通用工程机械操作人员及有关人员	生产辅助人员	其他生产制造及有关人员	
生态文旅区									
苏淮高新区					1				
盐城市	**1036**	**9**	**7**	**22**	**1947**	**53**	**651**	**63**	**164**
亭湖区	59				88		28	2	4
盐都区	249	1	3		404	7	95	11	13
大丰区	135		1	8	223	22	151	25	32
响水县	51			1	160	5	17	2	8
滨海县	87	1	1	4	174	1	23	1	9
阜宁县	147		1	4	152	5	74	1	35
射阳县	98			3	294	6	57	11	47
建湖县	48				140	1	61	4	7
盐城经济技术开发区	37				47		11		1
江苏省盐南高新区									
东台市	125	7	1	2	265	6	134	6	8
扬州市	**893**	**6**	**7**	**14**	**1554**	**55**	**1000**	**120**	**95**
广陵区	82		1	6	45	16	109	8	1
邗江区	43	1	1	1	168	3	79	2	11
江都区	185	2	1	2	372	13	349	71	34
宝应县	322	2	2	2	377	6	196	3	15
扬州经济技术开发区	8				14		5	1	7
蜀冈瘦西湖景区									
生态新城	6				9	1	80	25	7
仪征市	114		2	1	301	10	70	9	6
高邮市	133	1		2	268	6	112	1	14
镇江市	**702**	**6**	**8**	**6**	**523**	**21**	**652**	**32**	**7**
京口区	10				1		3		
润州区					1		1		
丹徒区	122	1	1	1	85	4	85	13	
镇江新区	61		1		13		24	9	7
江苏镇江高新区									
丹阳市	96	2	2		144	6	371	3	
扬中市	309	3		2	105	5	68	1	
句容市	104		4	3	174	6	100	6	
泰州市	**618**	**10**	**20**	**8**	**2087**	**99**	**1361**	**115**	**92**
海陵区	16		4		39	3	48	4	5
高港区	63				144	12	68	1	1
姜堰区	119	1	4	1	407	12	198	31	14
泰州医药高新技术产业开发区	4				14	1	12	5	
兴化市	186	1	10	1	632	12	455	30	45
靖江市	78	1	2	1	161	45	315	2	4
泰兴市	152	7		5	690	14	265	42	23
宿迁市	**845**		**4**	**4**	**1361**	**22**	**791**	**34**	**208**
宿城区	149		2		139	2	226	6	
宿豫区	70				79	3	45	3	2
沭阳县	297		1	2	635	8	258	7	22
泗阳县	93				169	2	64	3	166
泗洪县	153			1	217	4	74	5	6
宿迁经济技术开发区	41			1	21	1	49	10	12
宿迁市湖滨新区	23		1		75	1	9		
苏州宿迁工业园区									
宿迁市洋河新区	19				26	1	66		

4-7 全省分年龄、性别、职业中类的就业人口

单位：人

年龄组 性别	合计	党的机关、国家机关、群众团体和社会组织、企事业单位负责人						
		小计	中国共产党机关负责人	国家机关负责人	民主党派和工商联负责人	人民团体和群众团体、社会组织及其他成员组织负责人	基层群众自治组织负责人	企事业单位负责人
总　计	**4062749**	**134342**	**145**	**3178**	**11**	**3166**	**1462**	**126380**
16-19岁	29540	93				6		87
20-24岁	198883	2184	1	8		50	19	2106
25-29岁	446924	10586	8	93	1	253	55	10176
30-34岁	667568	24282	15	233	1	516	177	23340
35-39岁	487468	22606	18	315	1	414	116	21742
40-44岁	461618	22030	25	526		449	175	20855
45-49岁	515711	20328	31	687	2	542	225	18841
50-54岁	524641	17568	24	675	3	458	336	16072
55-59岁	345136	10802	19	579	2	331	251	9620
60-64岁	157413	2127	1	32	1	69	51	1973
65-69岁	134129	1277	2	14		47	34	1180
70-74岁	59545	323	1	10		21	16	275
75岁及以上	34173	136		6		10	7	113
男	**2401192**	**99982**	**112**	**2591**	**8**	**2068**	**1163**	**94040**
16-19岁	19049	64				3		61
20-24岁	115644	1490	1	4		31	14	1440
25-29岁	256648	7463	4	57		157	33	7212
30-34岁	377751	17034	11	145	1	305	116	16456
35-39岁	272445	15988	14	229	1	255	83	15406
40-44岁	255318	15841	22	405		281	122	15011
45-49岁	289369	15167	24	562	1	344	177	14059
50-54岁	334107	14156	18	591	3	318	277	12949
55-59岁	240779	9468	16	543	2	265	239	8403
60-64岁	101031	1825		29		48	49	1699
65-69岁	83030	1095	1	12		32	33	1017
70-74岁	35701	280	1	9		20	13	237
75岁及以上	20320	111		5		9	7	90
女	**1661557**	**34360**	**33**	**587**	**3**	**1098**	**299**	**32340**
16-19岁	10491	29				3		26
20-24岁	83239	694		4		19	5	666
25-29岁	190276	3123	4	36	1	96	22	2964
30-34岁	289817	7248	4	88		211	61	6884
35-39岁	215023	6618	4	86		159	33	6336
40-44岁	206300	6189	3	121		168	53	5844
45-49岁	226342	5161	7	125	1	198	48	4782
50-54岁	190534	3412	6	84		140	59	3123
55-59岁	104357	1334	3	36		66	12	1217
60-64岁	56382	302	1	3	1	21	2	274
65-69岁	51099	182	1	2		15	1	163
70-74岁	23844	43		1		1	3	38
75岁及以上	13853	25		1		1		23

4-7 续表 1　　　　　　　　　　　　　　　　　　　　　　　　　　　　　单位：人

年龄组 性　别	专业技术人员									
	小计	科学研究人　员	工程技术人　员	农业技术人　员	飞机和船舶技术人　员	卫生专业技术人员	经济和金融专业人　员	法律、社会和宗教专业人员	教学人员	文学艺术、体育专业人员
总　计	**467324**	**3371**	**135476**	**2713**	**641**	**58572**	**115800**	**11350**	**122790**	**6823**
16-19岁	1884	6	395	6		309	206	11	760	136
20-24岁	39126	273	9851	124	31	6343	7741	578	12138	1144
25-29岁	85413	814	24613	243	88	11531	21072	2012	21471	1711
30-34岁	103892	856	34427	313	139	11566	29041	2517	21245	1561
35-39岁	73400	542	22391	252	100	7711	18774	1769	19631	785
40-44岁	57581	299	14262	233	74	6411	15629	1333	17713	519
45-49岁	45750	212	11732	329	69	5973	11977	1150	12980	377
50-54岁	33910	179	9921	420	68	4355	6759	958	10268	297
55-59岁	19951	128	6237	374	59	2575	3522	698	5707	212
60-64岁	3418	26	1063	156	11	794	595	154	516	41
65-69岁	1904	22	442	164		619	326	89	184	23
70-74岁	722	11	102	65	1	256	120	50	88	16
75岁及以上	373	3	40	34	1	129	38	31	89	1
男	**218905**	**1979**	**111731**	**1810**	**603**	**17391**	**30377**	**6425**	**39923**	**3744**
16-19岁	742	2	323	4		41	62	7	210	67
20-24岁	14595	129	7994	70	25	902	1914	254	2361	531
25-29岁	34851	421	19960	166	81	2111	5143	866	4443	846
30-34岁	45411	495	27928	200	133	2582	6373	1158	4714	829
35-39岁	33076	336	18090	176	93	2305	4295	943	5702	466
40-44岁	25754	189	11585	146	67	2235	3479	778	6390	316
45-49岁	22561	139	9607	203	65	2433	3125	764	5476	237
50-54岁	20763	119	8827	291	67	1934	2752	742	5361	218
55-59岁	16156	108	5912	276	59	1571	2450	627	4615	167
60-64岁	2684	16	988	107	11	527	415	139	399	35
65-69岁	1453	16	401	109		435	243	77	125	19
70-74岁	574	6	85	43	1	209	96	44	66	12
75岁及以上	285	3	31	19	1	106	30	26	61	1
女	**248419**	**1392**	**23745**	**903**	**38**	**41181**	**85423**	**4925**	**82867**	**3079**
16-19岁	1142	4	72	2		268	144	4	550	69
20-24岁	24531	144	1857	54	6	5441	5827	324	9777	613
25-29岁	50562	393	4653	77	7	9420	15929	1146	17028	865
30-34岁	58481	361	6499	113	6	8984	22668	1359	16531	732
35-39岁	40324	206	4301	76	7	5406	14479	826	13929	319
40-44岁	31827	110	2677	87	7	4176	12150	555	11323	203
45-49岁	23189	73	2125	126	4	3540	8852	386	7504	140
50-54岁	13147	60	1094	129	1	2421	4007	216	4907	79
55-59岁	3795	20	325	98		1004	1072	71	1092	45
60-64岁	734	10	75	49		267	180	15	117	6
65-69岁	451	6	41	55		184	83	12	59	4
70-74岁	148	5	17	22		47	24	6	22	4
75岁及以上	88		9	15		23	8	5	28	

4-7　续表 2　　　　单位：人

年龄组 性别	专业技术人员		办事人员和有关人员				社会生产服务和生活服务人员		
	新闻出版、文化专业人员	其他专业技术人员	小计	办事人员	安全和消防人员	其他办事人员和有关人员	小计	批发与零售服务人员	交通运输、仓储和邮政业服务人员
总　计	**6269**	**3519**	**292786**	**241141**	**43105**	**8540**	**1376645**	**598895**	**237023**
16-19岁	33	22	692	512	142	38	12121	3942	1260
20-24岁	670	233	15351	12569	2237	545	78175	31892	9532
25-29岁	1333	525	40634	35068	4246	1320	172838	78740	23740
30-34岁	1463	764	59812	52644	5249	1919	251148	122914	38751
35-39岁	957	488	42544	37520	3717	1307	179155	87267	32165
40-44岁	655	453	36689	32019	3663	1007	164945	75683	34255
45-49岁	519	432	34869	29007	4864	998	173884	72934	37602
50-54岁	362	323	29394	21914	6770	710	158691	60818	32983
55-59岁	239	200	23374	16065	6813	496	98235	34707	17888
60-64岁	17	45	4772	2201	2474	97	40452	13237	4869
65-69岁	13	22	3179	1148	1959	72	31467	10308	3060
70-74岁	6	7	1119	331	762	26	11112	4204	749
75岁及以上	2	5	357	143	209	5	4422	2249	169
男	**2371**	**2551**	**172296**	**129129**	**38621**	**4546**	**775788**	**297999**	**194502**
16-19岁	11	15	399	249	132	18	7382	1813	1013
20-24岁	240	175	7426	5146	2040	240	45429	15719	7516
25-29岁	427	387	18969	14719	3679	571	99250	39185	19118
30-34岁	469	530	28396	23109	4398	889	137388	57634	30887
35-39岁	335	335	22119	18305	3152	662	97460	40638	25763
40-44岁	250	319	20591	17053	3010	528	87778	34380	27478
45-49岁	210	302	21556	16800	4206	550	90440	34244	30231
50-54岁	209	243	23087	16186	6387	514	92874	33904	28551
55-59岁	190	181	21478	14437	6621	420	63305	21682	16118
60-64岁	12	35	4236	1814	2348	74	24866	8312	4295
65-69岁	11	17	2781	917	1808	56	19503	6463	2741
70-74岁	5	7	961	276	666	19	7244	2611	665
75岁及以上	2	5	297	118	174	5	2869	1414	126
女	**3898**	**968**	**120490**	**112012**	**4484**	**3994**	**600857**	**300896**	**42521**
16-19岁	22	7	293	263	10	20	4739	2129	247
20-24岁	430	58	7925	7423	197	305	32746	16173	2016
25-29岁	906	138	21665	20349	567	749	73588	39555	4622
30-34岁	994	234	31416	29535	851	1030	113760	65280	7864
35-39岁	622	153	20425	19215	565	645	81695	46629	6402
40-44岁	405	134	16098	14966	653	479	77167	41303	6777
45-49岁	309	130	13313	12207	658	448	83444	38690	7371
50-54岁	153	80	6307	5728	383	196	65817	26914	4432
55-59岁	49	19	1896	1628	192	76	34930	13025	1770
60-64岁	5	10	536	387	126	23	15586	4925	574
65-69岁	2	5	398	231	151	16	11964	3845	319
70-74岁	1		158	55	96	7	3868	1593	84
75岁及以上			60	25	35		1553	835	43

4-7 续表 3　　单位：人

年龄组 性别	社会生产服务和生活服务人员								
	住宿和餐饮服务人员	信息传输、软件和信息技术服务人员	金融服务人员	房地产服务人员	租赁和商务服务人员	技术辅助服务人员	水利、环境和公共设施管理服务人员	居民服务人员	电力、燃气及水供应服务人员
总计	**150687**	**37666**	**29501**	**26229**	**50613**	**37439**	**68934**	**78769**	**10888**
16-19岁	3245	207	38	134	389	292	49	1532	28
20-24岁	9912	4868	2076	1844	3484	4563	422	4574	368
25-29岁	15654	11139	6055	4155	6220	9082	1208	8274	933
30-34岁	22534	10559	7929	5495	7486	9824	2310	12197	1496
35-39岁	17807	5380	4178	3361	4827	5516	2457	8829	1093
40-44岁	18637	2700	2841	2794	4139	3324	4790	8870	1439
45-49岁	21605	1435	2870	2744	4860	2315	9762	10466	1807
50-54岁	20224	876	2279	2514	6407	1465	13803	10541	1861
55-59岁	12053	410	1053	1907	6788	820	12116	6222	1316
60-64岁	4832	62	105	690	2843	143	9192	3145	326
65-69岁	3197	19	51	461	2147	70	8804	2564	149
70-74岁	770	4	14	105	762	19	3106	1107	58
75岁及以上	217	7	12	25	261	6	915	448	14
男	**69761**	**25956**	**13528**	**15284**	**35143**	**22453**	**26377**	**26326**	**9248**
16-19岁	2196	121	21	90	227	182	36	760	23
20-24岁	6269	3290	956	1159	1754	2640	285	1841	300
25-29岁	8981	7610	2961	2488	2993	5475	687	3048	767
30-34岁	11955	7094	3494	2962	3733	5820	1147	3963	1209
35-39岁	8784	3737	1684	1670	2589	3283	922	2659	859
40-44岁	8104	1900	1083	1349	2527	1929	1258	2384	1139
45-49岁	7355	1025	1188	1349	3497	1313	2117	2607	1447
50-54岁	7133	712	1214	1715	5842	990	4016	3175	1731
55-59岁	4995	386	822	1518	6507	649	4543	2358	1260
60-64岁	2097	55	59	537	2678	104	4169	1424	305
65-69岁	1415	19	27	346	1917	47	4630	1221	142
70-74岁	373	3	11	79	659	15	1956	634	53
75岁及以上	104	4	8	22	220	6	611	252	13
女	**80926**	**11710**	**15973**	**10945**	**15470**	**14986**	**42557**	**52443**	**1640**
16-19岁	1049	86	17	44	162	110	13	772	5
20-24岁	3643	1578	1120	685	1730	1923	137	2733	68
25-29岁	6673	3529	3094	1667	3227	3607	521	5226	166
30-34岁	10579	3465	4435	2533	3753	4004	1163	8234	287
35-39岁	9023	1643	2494	1691	2238	2233	1535	6170	234
40-44岁	10533	800	1758	1445	1612	1395	3532	6486	300
45-49岁	14250	410	1682	1395	1363	1002	7645	7859	360
50-54岁	13091	164	1065	799	565	475	9787	7366	130
55-59岁	7058	24	231	389	281	171	7573	3864	56
60-64岁	2735	7	46	153	165	39	5023	1721	21
65-69岁	1782		24	115	230	23	4174	1343	7
70-74岁	397	1	3	26	103	4	1150	473	5
75岁及以上	113	3	4	3	41		304	196	1

4-7 续表 4

单位：人

年龄组 性 别	社会生产服务和生活服务人员				农、林、牧、渔业生产及辅助人员				
	修理及制作服务人员	文化、体育和娱乐服务人员	健康服务人员	其他社会生产和生活服务人员	小计	农业生产人员	林业生产人员	畜牧业生产人员	渔业生产人员
总 计	**38150**	**7431**	**2807**	**1613**	**429316**	**371210**	**7982**	**16098**	**25696**
16-19岁	796	186	13	10	823	698	22	31	52
20-24岁	3072	1190	292	86	3405	2723	74	225	266
25-29岁	5425	1645	404	164	8725	6774	241	589	831
30-34岁	7350	1515	536	252	16819	13105	413	1104	1656
35-39岁	5001	778	315	181	14468	11179	371	1000	1405
40-44岁	4496	500	316	161	19302	14782	547	1236	2055
45-49岁	4395	549	327	213	36362	29046	850	2102	3338
50-54岁	3925	494	266	235	68577	56958	1384	3144	5533
55-59岁	2276	323	201	155	65322	56020	1269	2471	4360
60-64岁	732	133	75	68	60736	54797	941	1626	2524
65-69岁	460	74	41	62	68750	62716	1137	1538	2493
70-74岁	148	33	14	19	39230	36713	532	693	873
75岁及以上	74	11	7	7	26797	25699	201	339	310
男	**33404**	**4074**	**832**	**901**	**219246**	**180815**	**4843**	**9964**	**18159**
16-19岁	774	113	7	6	541	438	19	28	44
20-24岁	2888	705	66	41	2079	1576	44	159	213
25-29岁	4847	917	93	80	5200	3712	166	444	668
30-34岁	6448	775	124	143	9549	6880	271	738	1283
35-39岁	4316	365	82	109	7884	5624	232	629	1057
40-44岁	3803	253	105	86	9846	6919	325	707	1434
45-49岁	3608	264	96	99	17109	12538	501	1204	2194
50-54岁	3389	285	91	126	31511	24196	825	1794	3669
55-59岁	2060	223	88	96	30928	24849	762	1527	3011
60-64岁	652	94	39	46	31035	27096	570	1021	1797
65-69岁	415	46	26	48	36759	32636	695	1019	1870
70-74岁	137	25	9	14	21418	19723	304	457	678
75岁及以上	67	9	6	7	15387	14628	129	237	241
女	**4746**	**3357**	**1975**	**712**	**210070**	**190395**	**3139**	**6134**	**7537**
16-19岁	22	73	6	4	282	260	3	3	8
20-24岁	184	485	226	45	1326	1147	30	66	53
25-29岁	578	728	311	84	3525	3062	75	145	163
30-34岁	902	740	412	109	7270	6225	142	366	373
35-39岁	685	413	233	72	6584	5555	139	371	348
40-44岁	693	247	211	75	9456	7863	222	529	621
45-49岁	787	285	231	114	19253	16508	349	898	1144
50-54岁	536	209	175	109	37066	32762	559	1350	1864
55-59岁	216	100	113	59	34394	31171	507	944	1349
60-64岁	80	39	36	22	29701	27701	371	605	727
65-69岁	45	28	15	14	31991	30080	442	519	623
70-74岁	11	8	5	5	17812	16990	228	236	195
75岁及以上	7	2	1		11410	11071	72	102	69

4-7 续表 5

单位：人

年龄组 性别	农林牧渔生产辅助人员	其他农、林、牧、渔业生产加工人员	生产制造及有关人员						
			小计	农副产品加工人员	食品、饮料生产加工人员	烟草及其制品加工人员	纺织、针织、印染人员	纺织品、服装和皮革、毛皮制品加工制作人员	木材加工、家具与木制品制作人员
总　计	**7948**	**382**	**1351377**	**11794**	**15131**	**271**	**47265**	**137955**	**49352**
16-19岁	17	3	13267	46	243		419	1137	200
20-24岁	110	7	59919	222	1048	16	1763	4439	1155
25-29岁	271	19	127597	621	1766	51	4000	11203	2983
30-34岁	510	31	210108	1139	2549	46	7158	22195	5420
35-39岁	483	30	154171	912	1857	18	5780	18388	4430
40-44岁	641	41	159937	1145	1731	28	6768	19707	4924
45-49岁	987	39	203242	1782	2167	43	8918	24045	7738
50-54岁	1501	57	215158	2343	1958	43	7295	20936	10526
55-59岁	1149	53	126531	1549	1098	20	3358	9904	7295
60-64岁	803	45	45445	878	369	3	996	3204	2745
65-69岁	833	33	27180	744	252	3	572	1957	1460
70-74岁	403	16	6854	294	72		170	607	330
75岁及以上	240	8	1968	119	21		68	233	146
男	**5241**	**224**	**908275**	**6433**	**7595**	**182**	**16688**	**36357**	**38580**
16-19岁	9	3	9544	33	142		222	503	167
20-24岁	81	6	44180	159	562	10	975	1983	946
25-29岁	200	10	90257	408	934	37	1832	4265	2363
30-34岁	359	18	139073	646	1285	21	2630	6647	4146
35-39岁	328	14	95219	461	852	13	1792	4528	3224
40-44岁	435	26	94873	529	790	17	1886	4060	3514
45-49岁	653	19	121800	844	926	25	2340	4718	5664
50-54岁	1004	23	150870	1176	999	37	2491	4720	8377
55-59岁	742	37	98809	900	669	17	1611	2954	6281
60-64岁	520	31	36058	534	218	3	500	1041	2334
65-69岁	521	18	21185	462	156	2	295	655	1189
70-74岁	244	12	5109	204	44		85	207	269
75岁及以上	145	7	1298	77	18		29	76	106
女	**2707**	**158**	**443102**	**5361**	**7536**	**89**	**30577**	**101598**	**10772**
16-19岁	8		3723	13	101		197	634	33
20-24岁	29	1	15739	63	486	6	788	2456	209
25-29岁	71	9	37340	213	832	14	2168	6938	620
30-34岁	151	13	71035	493	1264	25	4528	15548	1274
35-39岁	155	16	58952	451	1005	5	3988	13860	1206
40-44岁	206	15	65064	616	941	11	4882	15647	1410
45-49岁	334	20	81442	938	1241	18	6578	19327	2074
50-54岁	497	34	64288	1167	959	6	4804	16216	2149
55-59岁	407	16	27722	649	429	3	1747	6950	1014
60-64岁	283	14	9387	344	151		496	2163	411
65-69岁	312	15	5995	282	96	1	277	1302	271
70-74岁	159	4	1745	90	28		85	400	61
75岁及以上	95	1	670	42	3		39	157	40

4-7　续表 6　　　　单位：人

年龄组 性　别	生产制造及有关人员								
	纸及纸制品生产加工人员	印刷和记录媒介复制人员	文教、工美、体育和娱乐用品制造人　员	石油加工和炼焦、煤化工生产人员	化学原料和化学制品制造人　员	医药制造人　　员	化学纤维制造人员	橡胶和塑料制品制造人员	非金属矿物制品制造人员
总　计	**7229**	**6268**	**18513**	**1071**	**13311**	**5450**	**3526**	**31617**	**17623**
16-19岁	50	55	117		41	16	31	340	95
20-24岁	220	293	599	50	592	572	215	1339	583
25-29岁	538	623	1622	105	1203	1001	394	2764	1348
30-34岁	1042	1022	2778	153	2157	1182	563	4946	2302
35-39岁	890	824	2122	94	1645	722	385	3860	1932
40-44岁	930	944	2240	126	1786	617	500	4146	2038
45-49岁	1225	1027	2840	209	2196	614	595	5130	2931
50-54岁	1176	833	2901	203	2172	434	503	4697	3170
55-59岁	676	475	1707	101	1104	222	236	2571	1846
60-64岁	257	106	709	17	237	39	58	1000	798
65-69岁	154	55	556	12	141	24	35	586	441
70-74岁	56	8	194	1	26	6	10	186	125
75岁及以上	15	3	128		11	1	1	52	14
男	**4046**	**3577**	**6401**	**872**	**9695**	**2922**	**2152**	**16784**	**11988**
16-19岁	36	36	63		23	9	19	247	76
20-24岁	147	210	336	43	442	324	171	962	459
25-29岁	360	399	761	94	910	540	279	1795	1008
30-34岁	636	624	1061	127	1588	625	375	2861	1587
35-39岁	494	464	707	74	1115	339	215	2050	1230
40-44岁	486	484	660	94	1177	264	251	1898	1219
45-49岁	554	468	777	147	1439	281	280	2206	1799
50-54岁	606	460	899	178	1725	310	309	2305	2117
55-59岁	420	319	592	89	940	183	179	1463	1381
60-64岁	165	71	249	16	203	32	42	586	636
65-69岁	93	36	180	9	104	12	24	316	359
70-74岁	39	6	70	1	22	3	7	75	105
75岁及以上	10		46		7		1	20	12
女	**3183**	**2691**	**12112**	**199**	**3616**	**2528**	**1374**	**14833**	**5635**
16-19岁	14	19	54		18	7	12	93	19
20-24岁	73	83	263	7	150	248	44	377	124
25-29岁	178	224	861	11	293	461	115	969	340
30-34岁	406	398	1717	26	569	557	188	2085	715
35-39岁	396	360	1415	20	530	383	170	1810	702
40-44岁	444	460	1580	32	609	353	249	2248	819
45-49岁	671	559	2063	62	757	333	315	2924	1132
50-54岁	570	373	2002	25	447	124	194	2392	1053
55-59岁	256	156	1115	12	164	39	57	1108	465
60-64岁	92	35	460	1	34	7	16	414	162
65-69岁	61	19	376	3	37	12	11	270	82
70-74岁	17	2	124		4	3	3	111	20
75岁及以上	5	3	82		4	1		32	2

4-7 续表 7

单位：人

年龄组 性别	生产制造及有关人员								
	采矿人员	金属冶炼和压延加工人员	机械制造基础加工人员	金属制品制造人员	通用设备制造人员	专用设备制造人员	汽车制造人员	铁路、船舶、航空设备制造人员	电气机械和器材制造人员
总计	**3050**	**18729**	**106284**	**35490**	**23620**	**10277**	**28218**	**9163**	**22418**
16-19岁	3	123	1058	307	205	119	555	111	636
20-24岁	58	747	4589	1504	1178	686	1937	495	2023
25-29岁	189	1684	10261	3303	2564	1362	3908	940	3248
30-34岁	388	2984	18552	5613	4359	2084	6284	1700	4589
35-39岁	305	2251	13131	4147	2919	1442	4009	1264	2792
40-44岁	401	2397	13560	4524	3027	1301	3554	1221	2639
45-49岁	643	3186	16803	5798	3534	1358	3656	1465	2790
50-54岁	652	3109	15958	5412	3155	1120	2502	1262	2147
55-59岁	294	1568	8128	2991	1795	532	1280	502	1028
60-64岁	46	409	2604	1074	529	171	363	118	315
65-69岁	37	223	1341	640	288	80	141	68	175
70-74岁	14	39	256	144	57	18	26	14	25
75岁及以上	20	9	43	33	10	4	3	3	11
男	**2614**	**14682**	**84710**	**24822**	**17670**	**6077**	**18238**	**6709**	**13814**
16-19岁	2	104	939	250	175	86	475	93	530
20-24岁	48	631	4099	1242	973	520	1583	413	1579
25-29岁	165	1409	8975	2586	2072	922	2980	737	2241
30-34岁	333	2376	15832	4199	3401	1276	4306	1294	2851
35-39岁	251	1676	10444	2851	2134	760	2388	881	1558
40-44岁	323	1742	10120	2875	2046	631	1900	827	1295
45-49岁	518	2306	11867	3527	2304	663	1762	961	1324
50-54岁	604	2509	12049	3623	2335	666	1538	929	1294
55-59岁	276	1342	6741	2217	1488	374	906	404	734
60-64岁	38	357	2234	826	447	113	268	99	239
65-69岁	30	191	1160	483	238	56	110	59	144
70-74岁	12	34	216	116	49	9	20	9	18
75岁及以上	14	5	34	27	8	1	2	3	7
女	**436**	**4047**	**21574**	**10668**	**5950**	**4200**	**9980**	**2454**	**8604**
16-19岁	1	19	119	57	30	33	80	18	106
20-24岁	10	116	490	262	205	166	354	82	444
25-29岁	24	275	1286	717	492	440	928	203	1007
30-34岁	55	608	2720	1414	958	808	1978	406	1738
35-39岁	54	575	2687	1296	785	682	1621	383	1234
40-44岁	78	655	3440	1649	981	670	1654	394	1344
45-49岁	125	880	4936	2271	1230	695	1894	504	1466
50-54岁	48	600	3909	1789	820	454	964	333	853
55-59岁	18	226	1387	774	307	158	374	98	294
60-64岁	8	52	370	248	82	58	95	19	76
65-69岁	7	32	181	157	50	24	31	9	31
70-74岁	2	5	40	28	8	9	6	5	7
75岁及以上	6	4	9	6	2	3	1	3	4

4-7　续表 8　　　　单位：人

年龄组 性　别	生产制造及有关人员								不便分类的其他从业人员
	计算机、通信和其他电子设备制造人　员	仪器仪表制造人员	废弃资源综合利用人　员	电力、热力、气体、水生产和输配人员	建筑施工人　员	运输设备和通用工程机械操作人员及有关人员	生产辅助人　员	其他生产制造及有关人员	
总　计	**144648**	**1565**	**2203**	**4711**	**377254**	**29384**	**160956**	**7031**	**10959**
16-19岁	4555	19	6	10	1254	241	1236	39	660
20-24岁	14924	106	35	203	8125	1406	8502	295	723
25-29岁	24446	187	110	488	21936	3632	18417	700	1131
30-34岁	32774	305	207	702	38212	5436	30114	1153	1507
35-39岁	19994	218	150	498	31296	3759	21292	845	1124
40-44岁	16027	212	204	494	38423	3862	19568	893	1134
45-49岁	14936	217	337	684	59018	4438	21836	1083	1276
50-54岁	10029	168	450	752	84038	3853	20366	995	1343
55-59岁	4780	103	349	560	55718	2093	12059	589	921
60-64岁	1307	21	160	166	22043	445	4023	235	463
65-69岁	647	8	132	114	13347	185	2612	150	372
70-74岁	166	1	43	32	3117	25	752	40	185
75岁及以上	63		20	8	727	9	179	14	120
男	**83026**	**892**	**1563**	**4044**	**333342**	**26038**	**101391**	**4371**	**6700**
16-19岁	3123	12	5	7	1101	236	802	28	377
20-24岁	10567	81	29	179	7181	1325	5795	206	445
25-29岁	15754	121	80	423	19720	3400	12196	491	658
30-34岁	18744	173	150	574	34158	4926	18879	742	900
35-39岁	10139	112	108	415	27450	3275	12720	499	699
40-44岁	7100	98	139	375	33032	3198	11354	489	635
45-49岁	6599	95	222	539	49931	3645	12493	576	736
50-54岁	6018	100	310	690	74066	3439	13386	605	846
55-59岁	3425	78	251	539	50831	1965	8815	425	635
60-64岁	942	15	120	160	20288	422	2687	173	327
65-69岁	465	6	105	106	12190	176	1676	98	254
70-74岁	112	1	32	29	2786	22	478	29	115
75岁及以上	38		12	8	608	9	110	10	73
女	**61622**	**673**	**640**	**667**	**43912**	**3346**	**59565**	**2660**	**4259**
16-19岁	1432	7	1	3	153	5	434	11	283
20-24岁	4357	25	6	24	944	81	2707	89	278
25-29岁	8692	66	30	65	2216	232	6221	209	473
30-34岁	14030	132	57	128	4054	510	11235	411	607
35-39岁	9855	106	42	83	3846	484	8572	346	425
40-44岁	8927	114	65	119	5391	664	8214	404	499
45-49岁	8337	122	115	145	9087	793	9343	507	540
50-54岁	4011	68	140	62	9972	414	6980	390	497
55-59岁	1355	25	98	21	4887	128	3244	164	286
60-64岁	365	6	40	6	1755	23	1336	62	136
65-69岁	182	2	27	8	1157	9	936	52	118
70-74岁	54		11	3	331	3	274	11	70
75岁及以上	25		8		119		69	4	47

4-7a 全省分年龄、性别、职业中类的就业人口(城市)

单位：人

年龄组 性 别	合计	党的机关、国家机关、群众团体和社会组织、企事业单位负责人						
		小计	中国共产党机关负责人	国家机关负责人	民主党派和工商联负责人	人民团体和群众团体、社会组织及其他成员组织负责人	基层群众自治组织负责人	企事业单位负责人
总 计	**1925978**	**87410**	**85**	**2192**	**6**	**1702**	**391**	**83034**
16-19岁	14765	46				3		43
20-24岁	110597	1369	1	3		19	9	1337
25-29岁	250687	6951	5	58		137	17	6734
30-34岁	374052	16614	10	146	1	305	73	16079
35-39岁	279426	15958	10	231	1	243	51	15422
40-44岁	252386	15250	16	382		259	58	14535
45-49岁	250827	13180	17	466	1	301	55	12340
50-54岁	208662	10417	14	476	1	236	68	9622
55-59岁	124041	6192	11	394	2	162	45	5578
60-64岁	30903	824		19		23	5	777
65-69岁	19744	452	1	8		8	5	430
70-74岁	6654	112		6		5	2	99
75岁及以上	3234	45		3		1	3	38
男	**1126567**	**64266**	**64**	**1763**	**5**	**1089**	**290**	**61055**
16-19岁	9603	30				1		29
20-24岁	62721	927	1	2		12	7	905
25-29岁	139127	4819	2	34		88	12	4683
30-34岁	204806	11511	7	93	1	173	49	11188
35-39岁	151869	11171	8	161	1	145	31	10825
40-44岁	137320	10862	13	290		161	41	10357
45-49岁	140627	9740	14	374		182	38	9132
50-54岁	142269	8421	11	409	1	158	55	7787
55-59岁	97469	5557	8	367	2	140	43	4997
60-64岁	21586	718		17		17	5	679
65-69岁	13079	377		8		6	4	359
70-74岁	4171	96		6		5	2	83
75岁及以上	1920	37		2		1	3	31
女	**799411**	**23144**	**21**	**429**	**1**	**613**	**101**	**21979**
16-19岁	5162	16				2		14
20-24岁	47876	442		1		7	2	432
25-29岁	111560	2132	3	24		49	5	2051
30-34岁	169246	5103	3	53		132	24	4891
35-39岁	127557	4787	2	70		98	20	4597
40-44岁	115066	4388	3	92		98	17	4178
45-49岁	110200	3440	3	92	1	119	17	3208
50-54岁	66393	1996	3	67		78	13	1835
55-59岁	26572	635	3	27		22	2	581
60-64岁	9317	106		2		6		98
65-69岁	6665	75	1			2	1	71
70-74岁	2483	16						16
75岁及以上	1314	8		1				7

4-7a　续表 1

单位：人

年龄组 性　别	专业技术人员									
	小计	科学研究人　　员	工程技术人　　员	农业技术人　　员	飞机和船舶技术人　员	卫生专业技术人员	经济和金融专业人　员	法律、社会和宗教专业人员	教学人员	文学艺术、体育专业人员
总　计	**319193**	**2518**	**91798**	**969**	**430**	**39568**	**82329**	**8089**	**81795**	**4852**
16-19岁	978	4	204	2		191	117	6	337	79
20-24岁	24887	165	6290	58	14	3988	5147	385	7416	801
25-29岁	57432	551	16552	123	65	7708	14384	1457	14069	1261
30-34岁	73048	659	23792	164	106	8618	20644	1852	14492	1142
35-39岁	54090	447	16179	122	72	6019	14239	1357	14034	588
40-44岁	41439	246	10205	111	53	4504	11721	969	12424	386
45-49岁	31448	181	7870	127	43	3853	8932	850	8686	265
50-54岁	21566	142	6233	117	41	2584	4585	640	6565	177
55-59岁	11991	104	3850	101	30	1471	2177	455	3357	128
60-64岁	1331	9	408	15	4	317	220	56	259	15
65-69岁	646	7	165	13		198	117	34	91	7
70-74岁	209	2	34	12	1	68	36	11	37	3
75岁及以上	128	1	16	4	1	49	10	17	28	
男	**146256**	**1472**	**75046**	**632**	**406**	**10997**	**21510**	**4304**	**25995**	**2649**
16-19岁	378	1	166	1		24	30	3	93	43
20-24岁	9433	78	5063	35	12	589	1284	160	1547	388
25-29岁	23471	276	13244	73	59	1412	3641	607	3027	616
30-34岁	31578	375	19083	92	102	1906	4668	818	3296	589
35-39岁	23814	271	12939	81	66	1742	3261	670	3987	355
40-44岁	18150	157	8282	69	49	1515	2610	533	4306	235
45-49岁	14901	118	6420	81	42	1433	2282	536	3506	161
50-54岁	12952	92	5568	85	40	1059	1908	478	3267	134
55-59岁	9834	88	3703	81	30	902	1591	400	2663	108
60-64岁	1012	7	383	12	4	197	127	49	198	13
65-69岁	480	6	153	10		131	75	27	61	6
70-74岁	162	2	28	10	1	52	27	9	28	1
75岁及以上	91	1	14	2	1	35	6	14	16	
女	**172937**	**1046**	**16752**	**337**	**24**	**28571**	**60819**	**3785**	**55800**	**2203**
16-19岁	600	3	38	1		167	87	3	244	36
20-24岁	15454	87	1227	23	2	3399	3863	225	5869	413
25-29岁	33961	275	3308	50	6	6296	10743	850	11042	645
30-34岁	41470	284	4709	72	4	6712	15976	1034	11196	553
35-39岁	30276	176	3240	41	6	4277	10978	687	10047	233
40-44岁	23289	89	1923	42	4	2989	9111	436	8118	151
45-49岁	16547	63	1450	46	1	2420	6650	314	5180	104
50-54岁	8614	50	665	32	1	1525	2677	162	3298	43
55-59岁	2157	16	147	20		569	586	55	694	20
60-64岁	319	2	25	3		120	93	7	61	2
65-69岁	166	1	12	3		67	42	7	30	1
70-74岁	47		6	2		16	9	2	9	2
75岁及以上	37		2	2		14	4	3	12	

4-7a 续表 2

单位：人

年龄组 性 别	专业技术人员		办事人员和有关人员				社会生产服务和生活服务人员		
	新闻出版、文化专业人员	其他专业技术人员	小计	办事人员	安全和消防人员	其他办事人员和有关人员	小计	批发与零售服务人员	交通运输、仓储和邮政业服务人员
总 计	**4929**	**1916**	**202421**	**170289**	**26288**	**5844**	**768138**	**333299**	**121785**
16-19岁	22	16	402	303	73	26	6858	2028	637
20-24岁	502	121	9630	7985	1306	339	47189	18269	5288
25-29岁	975	287	26941	23487	2563	891	103643	45829	12602
30-34岁	1155	424	42027	37233	3458	1336	151343	74418	20075
35-39岁	783	250	31988	28423	2596	969	110132	55143	16911
40-44岁	551	269	27376	24116	2517	743	99352	46861	18446
45-49岁	419	222	25096	21155	3247	694	99123	41478	20172
50-54岁	298	184	19805	15109	4234	462	79179	28228	16643
55-59岁	198	120	15498	10906	4277	315	45801	14248	8640
60-64岁	14	14	2058	984	1039	35	13444	3463	1440
65-69岁	8	6	1127	415	688	24	8667	2132	733
70-74岁	3	2	353	115	230	8	2531	794	162
75岁及以上	1	1	120	58	60	2	876	408	36
男	**1853**	**1392**	**116014**	**89640**	**23334**	**3040**	**426549**	**163210**	**99023**
16-19岁	6	11	222	137	70	15	4233	980	507
20-24岁	190	87	4530	3202	1178	150	27309	9035	4129
25-29岁	305	211	12226	9674	2178	374	58677	22653	10020
30-34岁	363	286	19540	16087	2857	596	81031	34618	15749
35-39岁	271	171	16259	13606	2178	475	58406	25494	13271
40-44岁	204	190	15064	12627	2050	387	51294	20877	14514
45-49岁	164	158	15170	12019	2777	374	50118	18871	15938
50-54岁	173	148	15448	11113	3994	341	48035	16470	14733
55-59岁	157	111	14365	9921	4166	278	31738	9815	8032
60-64岁	11	11	1822	798	999	25	8282	2270	1299
65-69岁	6	5	975	319	638	18	5295	1374	664
70-74岁	2	2	293	91	197	5	1593	504	144
75岁及以上	1	1	100	46	52	2	538	249	23
女	**3076**	**524**	**86407**	**80649**	**2954**	**2804**	**341589**	**170089**	**22762**
16-19岁	16	5	180	166	3	11	2625	1048	130
20-24岁	312	34	5100	4783	128	189	19880	9234	1159
25-29岁	670	76	14715	13813	385	517	44966	23176	2582
30-34岁	792	138	22487	21146	601	740	70312	39800	4326
35-39岁	512	79	15729	14817	418	494	51726	29649	3640
40-44岁	347	79	12312	11489	467	356	48058	25984	3932
45-49岁	255	64	9926	9136	470	320	49005	22607	4234
50-54岁	125	36	4357	3996	240	121	31144	11758	1910
55-59岁	41	9	1133	985	111	37	14063	4433	608
60-64岁	3	3	236	186	40	10	5162	1193	141
65-69岁	2	1	152	96	50	6	3372	758	69
70-74岁	1		60	24	33	3	938	290	18
75岁及以上			20	12	8		338	159	13

4-7a 续表 3

单位：人

年龄组 性别	社会生产服务和生活服务人员								
	住宿和餐饮服务人员	信息传输、软件和信息技术服务人员	金融服务人员	房地产服务人员	租赁和商务服务人员	技术辅助服务人员	水利、环境和公共设施管理服务人员	居民服务人员	电力、燃气及水供应服务人员
总计	**81976**	**27724**	**21617**	**18602**	**32619**	**25558**	**32977**	**39780**	**5341**
16-19岁	2078	103	22	85	265	197	21	855	10
20-24岁	6296	3445	1371	1311	2464	3025	230	2624	189
25-29岁	9240	8101	4265	2956	4338	6114	698	4709	495
30-34岁	12859	7858	5935	3879	5367	6780	1330	6698	795
35-39岁	10257	4158	3258	2509	3528	4013	1421	4852	613
40-44岁	10796	2118	2197	2061	2952	2375	2813	4973	756
45-49岁	12223	1041	2176	2054	3313	1555	5787	5484	909
50-54岁	10030	580	1624	1762	3993	903	7227	4805	884
55-59岁	5487	276	696	1302	4123	510	5889	2599	562
60-64岁	1620	27	45	378	1255	51	3679	1042	88
65-69岁	864	11	22	237	727	23	2941	777	24
70-74岁	169	2	6	52	218	7	771	280	15
75岁及以上	57	4		16	76	5	170	82	1
男	**38997**	**19285**	**9847**	**10706**	**21521**	**15322**	**11526**	**12138**	**4373**
16-19岁	1413	66	13	55	144	122	14	413	9
20-24岁	3996	2379	636	829	1213	1721	156	986	156
25-29岁	5240	5627	2055	1759	2020	3609	394	1664	392
30-34岁	6792	5351	2569	2080	2571	3971	666	2029	618
35-39岁	5058	2889	1305	1223	1791	2418	521	1373	458
40-44岁	4703	1492	858	965	1724	1407	671	1230	568
45-49岁	4227	722	911	989	2337	917	1116	1267	692
50-54岁	3787	464	879	1225	3655	657	2030	1332	816
55-59岁	2552	258	580	1068	3982	433	2259	951	544
60-64岁	738	23	26	290	1189	39	1637	398	84
65-69岁	397	11	11	173	648	18	1511	326	21
70-74岁	71	1	4	36	184	5	449	132	14
75岁及以上	23	2		14	63	5	102	37	1
女	**42979**	**8439**	**11770**	**7896**	**11098**	**10236**	**21451**	**27642**	**968**
16-19岁	665	37	9	30	121	75	7	442	1
20-24岁	2300	1066	735	482	1251	1304	74	1638	33
25-29岁	4000	2474	2210	1197	2318	2505	304	3045	103
30-34岁	6067	2507	3366	1799	2796	2809	664	4669	177
35-39岁	5199	1269	1953	1286	1737	1595	900	3479	155
40-44岁	6093	626	1339	1096	1228	968	2142	3743	188
45-49岁	7996	319	1265	1065	976	638	4671	4217	217
50-54岁	6243	116	745	537	338	246	5197	3473	68
55-59岁	2935	18	116	234	141	77	3630	1648	18
60-64岁	882	4	19	88	66	12	2042	644	4
65-69岁	467		11	64	79	5	1430	451	3
70-74岁	98	1	2	16	34	2	322	148	1
75岁及以上	34	2		2	13		68	45	

4-7a 续表 4

单位：人

年龄组 性　别	社会生产服务和生活服务人员				农、林、牧、渔业生产及辅助人员				
	修理及制作服务人　员	文化、体育和娱乐服务人员	健康服务人　　员	其他社会生产和生活服务人　员	小计	农业生产人　　员	林业生产人　　员	畜牧业生产人员	渔业生产人　　员
总　计	**19390**	**4891**	**1851**	**728**	**29698**	**23107**	**1159**	**1394**	**3259**
16-19岁	419	129	6	3	42	26	2	2	11
20-24岁	1604	841	193	39	244	145	13	24	40
25-29岁	2791	1149	268	88	817	489	43	80	152
30-34岁	3810	1043	369	127	1578	933	68	132	370
35-39岁	2624	527	225	93	1395	841	60	124	300
40-44岁	2385	323	218	78	1743	1080	97	130	353
45-49岁	2257	337	219	118	2873	1972	144	198	451
50-54岁	1938	283	179	100	4846	3643	210	231	624
55-59岁	1129	175	114	51	4442	3484	183	209	473
60-64岁	248	53	36	19	3587	3117	109	93	210
65-69岁	126	23	18	9	4010	3511	151	108	195
70-74岁	43	7	3	2	2355	2171	59	47	57
75岁及以上	16	1	3	1	1766	1695	20	16	23
男	**17033**	**2649**	**531**	**388**	**15535**	**10955**	**761**	**926**	**2390**
16-19岁	412	79	5	1	30	16	2	2	9
20-24岁	1512	490	53	18	159	86	7	17	33
25-29岁	2500	636	62	46	530	276	35	60	127
30-34岁	3337	533	80	67	982	511	43	87	286
35-39岁	2254	248	54	49	836	432	39	93	234
40-44岁	2005	163	74	43	949	520	57	70	255
45-49岁	1854	165	62	50	1487	901	88	124	313
50-54岁	1717	153	59	58	2396	1568	144	143	445
55-59岁	1052	126	50	36	2214	1525	126	152	341
60-64岁	223	37	16	13	1750	1423	74	60	151
65-69岁	111	13	12	5	2035	1702	95	72	139
70-74岁	42	5	1	1	1218	1094	37	36	40
75岁及以上	14	1	3	1	949	901	14	10	17
女	**2357**	**2242**	**1320**	**340**	**14163**	**12152**	**398**	**468**	**869**
16-19岁	7	50	1	2	12	10			2
20-24岁	92	351	140	21	85	59	6	7	7
25-29岁	291	513	206	42	287	213	8	20	25
30-34岁	473	510	289	60	596	422	25	45	84
35-39岁	370	279	171	44	559	409	21	31	66
40-44岁	380	160	144	35	794	560	40	60	98
45-49岁	403	172	157	68	1386	1071	56	74	138
50-54岁	221	130	120	42	2450	2075	66	88	179
55-59岁	77	49	64	15	2228	1959	57	57	132
60-64岁	25	16	20	6	1837	1694	35	33	59
65-69岁	15	10	6	4	1975	1809	56	36	56
70-74岁	1	2	2	1	1137	1077	22	11	17
75岁及以上	2				817	794	6	6	6

4-7a 续表 5

单位：人

年龄组 性别	农林牧渔生产辅助人员	其他农、林、牧、渔业生产加工人员	生产制造及有关人员 小计	农副产品加工人员	食品、饮料生产加工人员	烟草及其制品加工人员	纺织、针织、印染人员	纺织品、服装和皮革、毛皮制品加工制作人员	木材加工、家具与木制品制作人员
总　计	**687**	**92**	**514699**	**2937**	**6939**	**218**	**9833**	**36231**	**14172**
16-19岁	1		6291	10	126		76	241	68
20-24岁	18	4	26992	69	553	15	285	1017	363
25-29岁	43	10	54365	198	906	47	752	2648	856
30-34岁	63	12	88749	369	1234	35	1465	5855	1801
35-39岁	57	13	65313	281	885	15	1296	5223	1420
40-44岁	70	13	66677	358	867	22	1536	6050	1544
45-49岁	98	10	78534	502	992	35	2092	6995	2472
50-54岁	128	10	72293	522	819	29	1417	5048	2918
55-59岁	86	7	39784	340	401	19	647	2157	1908
60-64岁	50	8	9564	135	75	1	137	570	506
65-69岁	42	3	4775	102	60		85	299	245
70-74岁	20	1	1069	37	16		30	96	51
75岁及以上	11	1	293	14	5		15	32	20
男	**453**	**50**	**355249**	**1641**	**3386**	**145**	**3352**	**10093**	**11470**
16-19岁	1		4623	7	76		36	113	56
20-24岁	13	3	20188	54	282	9	152	496	307
25-29岁	28	4	39106	132	470	33	325	1097	687
30-34岁	48	7	59742	229	586	16	470	1774	1377
35-39岁	33	5	41047	150	376	11	369	1268	1087
40-44岁	40	7	40706	171	372	13	426	1248	1154
45-49岁	58	3	48890	233	418	20	533	1420	1890
50-54岁	91	5	54631	281	449	26	562	1438	2475
55-59岁	63	7	33518	218	267	16	347	864	1720
60-64岁	36	6	7933	76	46	1	66	223	452
65-69岁	26	1	3871	60	31		43	105	211
70-74岁	10	1	790	22	9		15	34	41
75岁及以上	6	1	204	8	4		8	13	13
女	**234**	**42**	**159450**	**1296**	**3553**	**73**	**6481**	**26138**	**2702**
16-19岁			1668	3	50		40	128	12
20-24岁	5	1	6804	15	271	6	133	521	56
25-29岁	15	6	15259	66	436	14	427	1551	169
30-34岁	15	5	29007	140	648	19	995	4081	424
35-39岁	24	8	24266	131	509	4	927	3955	333
40-44岁	30	6	25971	187	495	9	1110	4802	390
45-49岁	40	7	29644	269	574	15	1559	5575	582
50-54岁	37	5	17662	241	370	3	855	3610	443
55-59岁	23		6266	122	134	3	300	1293	188
60-64岁	14	2	1631	59	29		71	347	54
65-69岁	16	2	904	42	29		42	194	34
70-74岁	10		279	15	7		15	62	10
75岁及以上	5		89	6	1		7	19	7

4-7a 续表 6 单位：人

年龄组 性 别	生产制造及有关人员								
	纸及纸制品生产加工人员	印刷和记录媒介复制人员	文教、工美、体育和娱乐用品制造人员	石油加工和炼焦、煤化工生产人员	化学原料和化学制品制造人员	医药制造人员	化学纤维制造人员	橡胶和塑料制品制造人员	非金属矿物制品制造人员
总 计	**2296**	**3066**	**5748**	**650**	**5570**	**3243**	**903**	**11430**	**5497**
16-19岁	12	23	39		14	9	3	117	34
20-24岁	62	161	232	32	260	295	28	546	190
25-29岁	146	327	598	59	517	590	71	1029	464
30-34岁	340	491	996	86	920	742	114	1988	801
35-39岁	274	423	814	58	785	443	115	1554	680
40-44岁	338	499	820	84	812	395	164	1656	657
45-49岁	450	518	887	135	981	387	189	1871	1010
50-54岁	371	378	743	131	823	244	148	1480	929
55-59岁	203	202	415	59	373	111	60	751	510
60-64岁	64	26	111	4	51	14	9	224	145
65-69岁	26	16	65	2	21	8	2	138	59
70-74岁	6	2	19		8	4		57	17
75岁及以上	4		9		5	1		19	1
男	**1289**	**1766**	**2488**	**530**	**4081**	**1667**	**584**	**6332**	**3698**
16-19岁	9	13	25		8	4	2	92	27
20-24岁	48	118	137	26	190	148	21	405	138
25-29岁	93	214	333	52	388	312	54	695	338
30-34岁	196	289	467	69	677	369	80	1170	536
35-39岁	147	216	326	45	524	205	66	826	446
40-44岁	176	254	279	66	541	158	86	740	388
45-49岁	204	244	319	95	658	172	102	845	614
50-54岁	201	239	311	119	695	181	112	841	630
55-59岁	150	148	213	53	333	99	53	485	394
60-64岁	40	16	45	4	43	12	6	138	118
65-69岁	17	13	24	1	16	5	2	63	53
70-74岁	5	2	6		5	2		24	15
75岁及以上	3		3		3			8	1
女	**1007**	**1300**	**3260**	**120**	**1489**	**1576**	**319**	**5098**	**1799**
16-19岁	3	10	14		6	5	1	25	7
20-24岁	14	43	95	6	70	147	7	141	52
25-29岁	53	113	265	7	129	278	17	334	126
30-34岁	144	202	529	17	243	373	34	818	265
35-39岁	127	207	488	13	261	238	49	728	234
40-44岁	162	245	541	18	271	237	78	916	269
45-49岁	246	274	568	40	323	215	87	1026	396
50-54岁	170	139	432	12	128	63	36	639	299
55-59岁	53	54	202	6	40	12	7	266	116
60-64岁	24	10	66		8	2	3	86	27
65-69岁	9	3	41	1	5	3		75	6
70-74岁	1		13		3	2		33	2
75岁及以上	1		6		2	1		11	

4-7a　续表 7　　　　单位：人

年龄组 性　别	生产制造及有关人员								
	采矿人员	金属冶炼和压延加工人员	机械制造基础加工人　员	金属制品制造人员	通用设备制造人员	专用设备制造人员	汽车制造人　员	铁路、船舶、航空设备制造人　员	电气机械和器材制造人员
总　计	**1205**	**6141**	**37880**	**12779**	**9623**	**4929**	**13085**	**3888**	**10054**
16-19岁	1	51	540	111	86	64	282	51	371
20-24岁	18	260	1849	590	521	345	946	242	1113
25-29岁	45	553	3800	1288	1162	658	1867	427	1544
30-34岁	131	1004	7005	2151	1963	991	3193	762	2127
35-39岁	124	828	4947	1686	1266	766	2008	546	1272
40-44岁	177	813	5074	1781	1298	683	1733	557	1217
45-49岁	312	1106	5999	2113	1452	653	1635	627	1158
50-54岁	251	948	5282	1800	1115	495	921	452	768
55-59岁	119	464	2554	873	613	208	410	186	358
60-64岁	14	70	575	236	91	48	65	22	85
65-69岁	7	35	216	117	46	16	22	13	35
70-74岁	3	7	31	27	8	2		2	1
75岁及以上	3	2	8	6	2		3	1	5
男	**1024**	**4889**	**30683**	**9172**	**7210**	**2947**	**8804**	**2896**	**6426**
16-19岁	1	41	467	99	74	44	252	44	319
20-24岁	13	208	1646	495	429	263	791	211	909
25-29岁	37	466	3337	1023	918	433	1454	334	1078
30-34岁	107	826	5933	1615	1495	601	2230	596	1359
35-39岁	100	621	3925	1153	882	409	1223	378	696
40-44岁	134	606	3821	1163	865	350	966	389	637
45-49岁	259	803	4308	1318	983	319	821	411	563
50-54岁	236	805	4240	1291	888	312	652	341	505
55-59岁	113	412	2258	703	553	164	343	160	265
60-64岁	13	62	519	187	79	36	53	19	63
65-69岁	6	31	199	99	36	15	17	12	30
70-74岁	2	7	25	22	6	1			
75岁及以上	3	1	5	4	2		2	1	2
女	**181**	**1252**	**7197**	**3607**	**2413**	**1982**	**4281**	**992**	**3628**
16-19岁		10	73	12	12	20	30	7	52
20-24岁	5	52	203	95	92	82	155	31	204
25-29岁	8	87	463	265	244	225	413	93	466
30-34岁	24	178	1072	536	468	390	963	166	768
35-39岁	24	207	1022	533	384	357	785	168	576
40-44岁	43	207	1253	618	433	333	767	168	580
45-49岁	53	303	1691	795	469	334	814	216	595
50-54岁	15	143	1042	509	227	183	269	111	263
55-59岁	6	52	296	170	60	44	67	26	93
60-64岁	1	8	56	49	12	12	12	3	22
65-69岁	1	4	17	18	10	1	5	1	5
70-74岁	1		6	5	2	1		2	1
75岁及以上		1	3	2			1		3

4-7a 续表 8 单位：人

年龄组 性 别	生产制造及有关人员								不便分类的其他从业人员
	计算机、通信和其他电子设备制造人员	仪器仪表制造人员	废弃资源综合利用人员	电力、热力、气体、水生产和输配人员	建筑施工人员	运输设备和通用工程机械操作人员及有关人员	生产辅助人员	其他生产制造及有关人员	
总 计	**73563**	**818**	**721**	**2425**	**136924**	**12817**	**76564**	**2550**	**4419**
16-19岁	2680	7		1	541	97	623	13	148
20-24岁	8020	57	9	118	3624	654	4401	117	286
25-29岁	12687	93	50	237	9351	1521	9627	247	538
30-34岁	16856	161	57	374	16256	2280	15766	435	693
35-39岁	10383	114	57	281	13307	1648	11483	331	550
40-44岁	8491	126	59	279	16439	1793	9985	370	549
45-49岁	7533	109	116	395	23363	2039	9991	417	573
50-54岁	4367	89	149	402	28807	1678	8435	334	556
55-59岁	1976	57	109	277	17540	937	4762	185	333
60-64岁	351	3	45	29	4759	117	920	62	95
65-69岁	162	2	48	24	2382	47	450	25	67
70-74岁	45		16	6	464	4	99	11	25
75岁及以上	12		6	2	91	2	22	3	6
男	**42554**	**500**	**516**	**2056**	**120241**	**11325**	**49907**	**1577**	**2698**
16-19岁	1831	4			478	94	398	9	87
20-24岁	5651	47	7	106	3221	611	2968	81	175
25-29岁	8221	58	38	209	8334	1413	6364	166	298
30-34岁	9660	93	36	297	14365	2066	9906	252	422
35-39岁	5236	60	39	233	11534	1420	6881	195	336
40-44岁	3683	63	40	210	14025	1496	5980	206	295
45-49岁	3383	57	81	303	19583	1660	6048	223	321
50-54岁	2876	65	104	376	25385	1520	6245	230	386
55-59岁	1582	49	83	266	16166	884	4009	148	243
60-64岁	261	3	33	26	4431	113	706	43	69
65-69岁	124	1	40	23	2215	44	319	16	46
70-74岁	34		12	5	423	2	65	6	19
75岁及以上	12		3	2	81	2	18	2	1
女	**31009**	**318**	**205**	**369**	**16683**	**1492**	**26657**	**973**	**1721**
16-19岁	849	3		1	63	3	225	4	61
20-24岁	2369	10	2	12	403	43	1433	36	111
25-29岁	4466	35	12	28	1017	108	3263	81	240
30-34岁	7196	68	21	77	1891	214	5860	183	271
35-39岁	5147	54	18	48	1773	228	4602	136	214
40-44岁	4808	63	19	69	2414	297	4005	164	254
45-49岁	4150	52	35	92	3780	379	3943	194	252
50-54岁	1491	24	45	26	3422	158	2190	104	170
55-59岁	394	8	26	11	1374	53	753	37	90
60-64岁	90		12	3	328	4	214	19	26
65-69岁	38	1	8	1	167	3	131	9	21
70-74岁	11		4	1	41	2	34	5	6
75岁及以上			3		10		4	1	5

4-7b　全省分年龄、性别、职业中类的就业人口(镇)

单位：人

年龄组 性别	合计	党的机关、国家机关、群众团体和社会组织、企事业单位负责人						
		小计	中国共产党机关负责人	国家机关负责人	民主党派和工商联负责人	人民团体和群众团体、社会组织及其他成员组织负责人	基层群众自治组织负责人	企事业单位负责人
总　计	**1047479**	**31750**	**36**	**761**	**3**	**951**	**417**	**29582**
16-19岁	7471	33				2		31
20-24岁	48959	546		3		17	6	520
25-29岁	114258	2604	2	24		76	17	2485
30-34岁	174084	5549	3	65		161	52	5268
35-39岁	125663	4959	6	64		126	29	4734
40-44岁	119404	4905	7	127		139	66	4566
45-49岁	135683	4806	8	180		151	76	4391
50-54岁	141231	4475	7	146	2	139	82	4099
55-59岁	88657	2689	3	133		96	69	2388
60-64岁	40554	637		8	1	20	13	595
65-69岁	31713	403		6		19	4	374
70-74岁	12735	96		2		2	3	89
75岁及以上	7067	48		3		3		42
男	**624697**	**23780**	**28**	**641**	**2**	**617**	**329**	**22163**
16-19岁	4758	24				1		23
20-24岁	28924	374		2		12	4	356
25-29岁	66797	1887	1	15		47	9	1815
30-34岁	100403	3976	2	36		98	34	3806
35-39岁	71608	3539	4	50		81	22	3382
40-44岁	66945	3531	7	105		78	47	3294
45-49岁	76968	3621	6	154		106	61	3294
50-54岁	88903	3541	5	134	2	96	65	3239
55-59岁	60902	2288	3	128		68	67	2022
60-64岁	26433	530		8		12	13	497
65-69岁	20015	346		4		13	4	325
70-74岁	7787	85		2		2	3	78
75岁及以上	4254	38		3		3		32
女	**422782**	**7970**	**8**	**120**	**1**	**334**	**88**	**7419**
16-19岁	2713	9				1		8
20-24岁	20035	172		1		5	2	164
25-29岁	47461	717	1	9		29	8	670
30-34岁	73681	1573	1	29		63	18	1462
35-39岁	54055	1420	2	14		45	7	1352
40-44岁	52459	1374		22		61	19	1272
45-49岁	58715	1185	2	26		45	15	1097
50-54岁	52328	934	2	12		43	17	860
55-59岁	27755	401		5		28	2	366
60-64岁	14121	107			1	8		98
65-69岁	11698	57		2		6		49
70-74岁	4948	11						11
75岁及以上	2813	10						10

4-7b 续表 1

单位：人

年龄组 性别	专业技术人员 小计	科学研究人员	工程技术人员	农业技术人员	飞机和船舶技术人员	卫生专业技术人员	经济和金融专业人员	法律、社会和宗教专业人员	教学人员	文学艺术、体育专业人员
总 计	**101743**	**593**	**27678**	**861**	**121**	**13050**	**22939**	**2065**	**31114**	**1284**
16-19岁	486	2	82	3		60	53	3	236	35
20-24岁	8611	70	2095	33	4	1403	1518	104	2992	224
25-29岁	18543	190	5021	69	12	2664	4375	382	5127	292
30-34岁	21710	144	7031	88	14	2285	5845	446	5101	281
35-39岁	14860	78	4467	83	18	1394	3366	280	4736	134
40-44岁	12350	38	2804	70	18	1462	2935	238	4483	95
45-49岁	10398	24	2424	112	15	1543	2253	193	3526	83
50-54岁	8220	26	2053	142	21	1141	1459	197	2978	66
55-59岁	4802	14	1281	139	16	622	816	139	1659	44
60-64岁	929	1	264	41	3	207	177	49	162	12
65-69岁	528	5	112	48		175	97	22	53	7
70-74岁	188		33	17		59	27	10	30	10
75岁及以上	118	1	11	16		35	18	2	31	1
男	**48228**	**352**	**23015**	**590**	**113**	**4185**	**5939**	**1252**	**10911**	**714**
16-19岁	180	1	63	2		6	23	2	61	15
20-24岁	3096	32	1706	18	3	215	365	45	530	97
25-29岁	7362	103	4140	52	12	515	1011	168	1008	151
30-34岁	9410	84	5770	66	12	532	1191	209	1121	163
35-39岁	6884	53	3674	59	17	457	755	174	1462	69
40-44岁	5632	23	2255	46	15	510	669	144	1784	59
45-49岁	5371	18	1996	66	14	681	605	144	1655	59
50-54岁	5086	20	1833	100	21	536	563	157	1720	45
55-59岁	3826	12	1192	107	16	389	512	131	1375	30
60-64岁	753	1	249	29	3	144	136	47	122	11
65-69岁	400	4	101	29		121	76	21	34	6
70-74岁	144		29	10		47	19	9	20	8
75岁及以上	84	1	7	6		32	14	1	19	1
女	**53515**	**241**	**4663**	**271**	**8**	**8865**	**17000**	**813**	**20203**	**570**
16-19岁	306	1	19	1		54	30	1	175	20
20-24岁	5515	38	389	15	1	1188	1153	59	2462	127
25-29岁	11181	87	881	17		2149	3364	214	4119	141
30-34岁	12300	60	1261	22	2	1753	4654	237	3980	118
35-39岁	7976	25	793	24	1	937	2611	106	3274	65
40-44岁	6718	15	549	24	3	952	2266	94	2699	36
45-49岁	5027	6	428	46	1	862	1648	49	1871	24
50-54岁	3134	6	220	42		605	896	40	1258	21
55-59岁	976	2	89	32		233	304	8	284	14
60-64岁	176		15	12		63	41	2	40	1
65-69岁	128	1	11	19		54	21	1	19	1
70-74岁	44		4	7		12	8	1	10	2
75岁及以上	34		4	10		3	4	1	12	

4-7b　续表 2　　　单位：人

年龄组 性　别	专业技术人员		办事人员和有关人员				社会生产服务和生活服务人员		
	新闻出版、文化专业人员	其他专业技术人员	小计	办事人员	安全和消防人员	其他办事人员和有关人员	小计	批发与零售服务人　员	交通运输、仓储和邮政业服务人员
总　计	**965**	**1073**	**60405**	**49020**	**9975**	**1410**	**355317**	**161789**	**65035**
16-19岁	8	4	162	123	34	5	2918	1051	327
20-24岁	96	72	3517	2898	512	107	18382	8235	2363
25-29岁	241	170	8870	7647	1007	216	42996	20840	6429
30-34岁	224	251	12325	10806	1214	305	64061	32216	11008
35-39岁	133	171	7861	6900	762	199	45477	21957	9257
40-44岁	86	121	6892	5962	759	171	41451	19086	9507
45-49岁	81	144	6934	5731	1030	173	44712	19598	10023
50-54岁	56	81	6297	4625	1545	127	43364	18431	8785
55-59岁	33	39	4790	3240	1477	73	26493	10681	4649
60-64岁	2	11	1355	621	717	17	12015	4530	1471
65-69岁	3	6	945	331	606	8	9107	3284	927
70-74岁	1	1	338	89	240	9	3109	1206	238
75岁及以上	1	2	119	47	72		1232	674	51
男	**381**	**776**	**37024**	**27239**	**8978**	**807**	**202050**	**80900**	**53720**
16-19岁	4	3	101	68	32	1	1750	470	269
20-24岁	30	55	1757	1248	464	45	10814	4138	1904
25-29岁	82	120	4366	3373	884	109	24801	10377	5243
30-34岁	76	186	6144	4953	1040	151	35398	15125	8843
35-39岁	47	117	4298	3527	657	114	25252	10299	7508
40-44岁	39	88	4082	3355	626	101	22740	8855	7763
45-49岁	35	98	4476	3472	898	106	24058	9455	8212
50-54岁	34	57	4997	3456	1448	93	24895	9901	7512
55-59岁	28	34	4376	2888	1429	59	16486	6318	4110
60-64岁	1	10	1210	522	674	14	7407	2813	1286
65-69岁	3	5	830	263	560	7	5621	1998	816
70-74岁	1	1	292	76	209	7	2012	719	216
75岁及以上	1	2	95	38	57		816	432	38
女	**584**	**297**	**23381**	**21781**	**997**	**603**	**153267**	**80889**	**11315**
16-19岁	4	1	61	55	2	4	1168	581	58
20-24岁	66	17	1760	1650	48	62	7568	4097	459
25-29岁	159	50	4504	4274	123	107	18195	10463	1186
30-34岁	148	65	6181	5853	174	154	28663	17091	2165
35-39岁	86	54	3563	3373	105	85	20225	11658	1749
40-44岁	47	33	2810	2607	133	70	18711	10231	1744
45-49岁	46	46	2458	2259	132	67	20654	10143	1811
50-54岁	22	24	1300	1169	97	34	18469	8530	1273
55-59岁	5	5	414	352	48	14	10007	4363	539
60-64岁	1	1	145	99	43	3	4608	1717	185
65-69岁		1	115	68	46	1	3486	1286	111
70-74岁			46	13	31	2	1097	487	22
75岁及以上			24	9	15		416	242	13

4-7b 续表 3

单位：人

年龄组 性　别	社会生产服务和生活服务人员								
	住宿和餐饮服务人　员	信息传输、软件和信息技术服务人　员	金融服务人　　员	房地产服务人员	租赁和商务服务人　员	技术辅助服务人员	水利、环境和公共设施管理服务人员	居民服务人　　员	电力、燃气及水供应服务人　员
总　计	**40411**	**6590**	**5680**	**5023**	**10052**	**7669**	**15994**	**20853**	**2994**
16-19岁	674	58	10	25	68	58	15	386	9
20-24岁	2160	870	442	314	606	929	99	1165	100
25-29岁	4040	1932	1220	775	1161	1839	291	2242	244
30-34岁	6263	1809	1452	1084	1311	1973	556	3415	410
35-39岁	4879	926	731	604	846	1076	602	2558	306
40-44岁	4823	433	503	526	736	664	1045	2272	394
45-49岁	5661	273	536	482	925	506	2035	2651	519
50-54岁	5610	196	496	493	1316	367	3088	2771	489
55-59岁	3468	73	243	385	1430	181	2724	1531	363
60-64岁	1526	13	25	190	748	46	2252	844	92
65-69岁	984	4	15	110	622	22	2255	643	47
70-74岁	266	1	1	30	220	8	805	267	13
75岁及以上	57	2	6	5	63		227	108	8
男	**18716**	**4366**	**2690**	**2963**	**7437**	**4615**	**6156**	**7402**	**2573**
16-19岁	449	30	5	18	52	36	12	192	6
20-24岁	1381	553	204	195	323	554	63	523	83
25-29岁	2343	1250	617	462	590	1146	168	838	203
30-34岁	3333	1154	672	582	704	1199	272	1163	336
35-39岁	2410	639	310	312	493	617	232	793	252
40-44岁	2132	286	189	270	477	371	283	659	320
45-49岁	2005	208	219	254	692	271	464	725	424
50-54岁	1977	160	266	323	1198	231	888	921	454
55-59岁	1429	68	183	288	1368	135	981	630	344
60-64岁	657	12	12	148	720	34	988	415	86
65-69岁	433	4	8	82	569	15	1147	335	46
70-74岁	136	1	1	24	197	6	506	147	12
75岁及以上	31	1	4	5	54		152	61	7
女	**21695**	**2224**	**2990**	**2060**	**2615**	**3054**	**9838**	**13451**	**421**
16-19岁	225	28	5	7	16	22	3	194	3
20-24岁	779	317	238	119	283	375	36	642	17
25-29岁	1697	682	603	313	571	693	123	1404	41
30-34岁	2930	655	780	502	607	774	284	2252	74
35-39岁	2469	287	421	292	353	459	370	1765	54
40-44岁	2691	147	314	256	259	293	762	1613	74
45-49岁	3656	65	317	228	233	235	1571	1926	95
50-54岁	3633	36	230	170	118	136	2200	1850	35
55-59岁	2039	5	60	97	62	46	1743	901	19
60-64岁	869	1	13	42	28	12	1264	429	6
65-69岁	551		7	28	53	7	1108	308	1
70-74岁	130			6	23	2	299	120	1
75岁及以上	26	1	2		9		75	47	1

4-7b　续表 4　　单位：人

年龄组 性别	社会生产服务和生活服务人员				农、林、牧、渔业生产及辅助人员				
	修理及制作服务人员	文化、体育和娱乐服务人员	健康服务人员	其他社会生产和生活服务人员	小计	农业生产人员	林业生产人员	畜牧业生产人员	渔业生产人员
总　计	**10611**	**1621**	**607**	**388**	**93152**	**77878**	**1444**	**3847**	**7459**
16-19岁	193	39	2	3	174	143	5	7	15
20-24岁	788	221	70	20	841	637	16	54	97
25-29岁	1511	335	95	42	2207	1651	55	155	267
30-34岁	2044	332	115	73	4474	3292	93	315	608
35-39岁	1437	186	68	44	3800	2780	94	257	495
40-44岁	1231	115	71	45	4981	3579	127	310	711
45-49岁	1258	131	67	47	8675	6594	174	536	1036
50-54岁	1109	116	49	48	15791	12597	245	753	1677
55-59岁	614	71	43	37	14148	11812	217	584	1191
60-64岁	215	39	10	14	12596	11239	151	347	622
65-69岁	150	21	12	11	13259	12028	152	325	534
70-74岁	38	11	3	2	7260	6795	74	133	158
75岁及以上	23	4	2	2	4946	4731	41	71	48
男	**9205**	**876**	**197**	**234**	**49121**	**38485**	**923**	**2472**	**5546**
16-19岁	187	23		1	108	79	5	7	14
20-24岁	732	137	12	12	520	360	12	40	75
25-29岁	1335	184	24	21	1358	917	39	123	222
30-34岁	1781	163	27	44	2676	1785	64	228	485
35-39岁	1249	82	24	32	2226	1506	54	167	384
40-44岁	1031	57	24	23	2726	1768	79	187	521
45-49岁	1021	60	22	26	4406	3007	108	320	731
50-54岁	947	68	23	26	7749	5598	160	450	1190
55-59岁	534	50	22	26	6960	5348	137	365	877
60-64岁	191	27	7	11	6454	5516	94	227	470
65-69岁	138	13	8	9	7129	6254	102	221	410
70-74岁	36	8	2	1	3974	3661	41	86	129
75岁及以上	23	4	2	2	2835	2686	28	51	38
女	**1406**	**745**	**410**	**154**	**44031**	**39393**	**521**	**1375**	**1913**
16-19岁	6	16	2	2	66	64			1
20-24岁	56	84	58	8	321	277	4	14	22
25-29岁	176	151	71	21	849	734	16	32	45
30-34岁	263	169	88	29	1798	1507	29	87	123
35-39岁	188	104	44	12	1574	1274	40	90	111
40-44岁	200	58	47	22	2255	1811	48	123	190
45-49岁	237	71	45	21	4269	3587	66	216	305
50-54岁	162	48	26	22	8042	6999	85	303	487
55-59岁	80	21	21	11	7188	6464	80	219	314
60-64岁	24	12	3	3	6142	5723	57	120	152
65-69岁	12	8	4	2	6130	5774	50	104	124
70-74岁	2	3	1	1	3286	3134	33	47	29
75岁及以上					2111	2045	13	20	10

4-7b 续表 5 单位：人

年龄组 性别	农林牧渔生产辅助人员	其他农、林、牧、渔业生产加工人员	生产制造及有关人员 小计	农副产品加工人员	食品、饮料生产加工人员	烟草及其制品加工人员	纺织、针织、印染人员	纺织品、服装和皮革、毛皮制品加工制作人员	木材加工、家具与木制品制作人员
总　计	**2404**	**120**	**401698**	**4352**	**4576**	**32**	**18902**	**51976**	**14770**
16-19岁	2	2	3500	18	77		171	465	53
20-24岁	34	3	16822	72	280		758	1844	362
25-29岁	75	4	38663	221	488		1760	4759	1027
30-34岁	157	9	65452	426	813	9	3068	8874	1723
35-39岁	166	8	48319	353	584	2	2382	7304	1496
40-44岁	236	18	48463	418	518	4	2734	7219	1556
45-49岁	322	13	59757	653	621	2	3421	8359	2335
50-54岁	503	16	62687	905	608	12	2835	7532	2981
55-59岁	326	18	35466	562	355		1251	3511	2012
60-64岁	225	12	12901	346	129		315	1154	753
65-69岁	208	12	7380	258	76	3	164	683	360
70-74岁	97	3	1713	87	19		33	195	69
75岁及以上	53	2	575	33	8		10	77	43
男	**1620**	**75**	**262430**	**2345**	**2416**	**21**	**7028**	**14801**	**11471**
16-19岁	1	2	2487	12	44		100	223	44
20-24岁	30	3	12221	48	164		420	849	285
25-29岁	54	3	26799	134	272		863	1887	821
30-34岁	110	4	42505	241	431	4	1191	2890	1325
35-39岁	111	4	29167	178	303	2	751	1906	1097
40-44岁	157	14	28028	190	256	3	785	1600	1092
45-49岁	232	8	34804	320	286	1	949	1783	1688
50-54岁	346	5	42395	462	306	9	1025	1845	2373
55-59岁	219	14	26780	323	208		657	1107	1731
60-64岁	142	5	9994	198	72		168	378	641
65-69岁	134	8	5623	158	53	2	100	231	289
70-74岁	54	3	1259	60	14		17	76	54
75岁及以上	30	2	368	21	7		2	26	31
女	**784**	**45**	**139268**	**2007**	**2160**	**11**	**11874**	**37175**	**3299**
16-19岁	1		1013	6	33		71	242	9
20-24岁	4		4601	24	116		338	995	77
25-29岁	21	1	11864	87	216		897	2872	206
30-34岁	47	5	22947	185	382	5	1877	5984	398
35-39岁	55	4	19152	175	281		1631	5398	399
40-44岁	79	4	20435	228	262	1	1949	5619	464
45-49岁	90	5	24953	333	335	1	2472	6576	647
50-54岁	157	11	20292	443	302	3	1810	5687	608
55-59岁	107	4	8686	239	147		594	2404	281
60-64岁	83	7	2907	148	57		147	776	112
65-69岁	74	4	1757	100	23	1	64	452	71
70-74岁	43		454	27	5		16	119	15
75岁及以上	23		207	12	1		8	51	12

4-7b 续表 6

单位：人

年龄组 性 别	生产制造及有关人员								
	纸及纸制品生产加工人员	印刷和记录媒介复制人员	文教、工美、体育和娱乐用品制造人 员	石油加工和炼焦、煤化工生产人员	化学原料和化学制品制造人 员	医药制造人 员	化学纤维制造人员	橡胶和塑料制品制造人员	非金属矿物制品制造人员
总 计	**2673**	**1707**	**5298**	**248**	**4219**	**1422**	**1060**	**9757**	**5342**
16-19岁	22	13	30		18	4	11	102	24
20-24岁	91	65	153	10	190	194	77	365	166
25-29岁	225	165	447	37	398	266	121	841	385
30-34岁	421	301	851	49	763	313	199	1559	754
35-39岁	391	226	615	24	521	201	132	1246	637
40-44岁	350	249	693	25	554	142	147	1300	674
45-49岁	418	257	797	41	646	137	157	1576	846
50-54岁	368	231	809	31	680	93	138	1468	949
55-59岁	227	144	430	22	325	57	54	812	515
60-64岁	86	33	207	5	79	9	17	277	236
65-69岁	52	21	169	3	34	6	7	150	120
70-74岁	19		49	1	9			47	29
75岁及以上	3	2	48		2			14	7
男	**1559**	**945**	**1605**	**208**	**3071**	**794**	**622**	**5150**	**3667**
16-19岁	14	10	18		8	2	4	71	22
20-24岁	59	46	89	10	135	123	59	251	142
25-29岁	160	101	180	36	313	150	82	538	286
30-34岁	268	185	278	42	568	184	121	917	525
35-39岁	232	137	167	19	357	98	71	664	403
40-44岁	191	126	182	17	373	61	76	629	409
45-49岁	198	115	182	30	422	58	70	687	552
50-54岁	196	104	224	27	519	62	77	658	640
55-59岁	146	87	126	21	272	47	41	450	383
60-64岁	54	24	64	4	68	8	14	166	179
65-69岁	27	10	57	1	26	1	7	95	98
70-74岁	13		19	1	9			17	22
75岁及以上	1		19		1			7	6
女	**1114**	**762**	**3693**	**40**	**1148**	**628**	**438**	**4607**	**1675**
16-19岁	8	3	12		10	2	7	31	2
20-24岁	32	19	64		55	71	18	114	24
25-29岁	65	64	267	1	85	116	39	303	99
30-34岁	153	116	573	7	195	129	78	642	229
35-39岁	159	89	448	5	164	103	61	582	234
40-44岁	159	123	511	8	181	81	71	671	265
45-49岁	220	142	615	11	224	79	87	889	294
50-54岁	172	127	585	4	161	31	61	810	309
55-59岁	81	57	304	1	53	10	13	362	132
60-64岁	32	9	143	1	11	1	3	111	57
65-69岁	25	11	112	2	8	5		55	22
70-74岁	6		30					30	7
75岁及以上	2	2	29		1			7	1

4-7b 续表 7

单位：人

年龄组 性 别	生产制造及有关人员								
	采矿人员	金属冶炼和压延加工人员	机械制造基础加工人员	金属制品制造人员	通用设备制造人员	专用设备制造人员	汽车制造人员	铁路、船舶、航空设备制造人员	电气机械和器材制造人员
总 计	**1315**	**6775**	**32471**	**10753**	**6899**	**3083**	**8374**	**2658**	**6429**
16-19岁	1	45	250	72	66	40	172	35	158
20-24岁	28	277	1363	426	349	218	563	148	488
25-29岁	114	667	3183	1033	717	429	1152	281	925
30-34岁	196	1150	5880	1724	1300	711	1789	492	1337
35-39岁	133	823	4190	1261	875	421	1135	377	856
40-44岁	171	881	4271	1369	901	346	993	329	774
45-49岁	244	1088	5087	1788	1014	396	1123	428	806
50-54岁	275	1069	4648	1648	931	312	842	351	637
55-59岁	111	537	2321	890	477	137	398	148	309
60-64岁	16	157	797	308	157	44	137	39	82
65-69岁	11	68	372	195	91	25	53	26	47
70-74岁	4	11	92	32	20	3	17	4	9
75岁及以上	11	2	17	7	1	1			1
男	**1128**	**5258**	**25973**	**7485**	**5229**	**1891**	**5117**	**1825**	**3866**
16-19岁		38	230	57	57	31	139	27	125
20-24岁	25	246	1230	348	289	170	429	117	364
25-29岁	100	544	2796	792	581	311	843	219	625
30-34岁	171	876	5073	1290	1038	447	1165	331	812
35-39岁	113	595	3343	861	664	229	654	245	488
40-44岁	141	631	3223	855	629	160	505	204	362
45-49岁	187	794	3585	1089	660	203	501	266	385
50-54岁	253	857	3499	1117	689	190	478	247	376
55-59岁	105	465	1891	658	395	98	256	111	220
60-64岁	13	141	693	235	133	30	94	31	65
65-69岁	10	60	322	149	78	20	41	24	36
70-74岁	4	9	75	27	16	2	12	3	7
75岁及以上	6	2	13	7					1
女	**187**	**1517**	**6498**	**3268**	**1670**	**1192**	**3257**	**833**	**2563**
16-19岁	1	7	20	15	9	9	33	8	33
20-24岁	3	31	133	78	60	48	134	31	124
25-29岁	14	123	387	241	136	118	309	62	300
30-34岁	25	274	807	434	262	264	624	161	525
35-39岁	20	228	847	400	211	192	481	132	368
40-44岁	30	250	1048	514	272	186	488	125	412
45-49岁	57	294	1502	699	354	193	622	162	421
50-54岁	22	212	1149	531	242	122	364	104	261
55-59岁	6	72	430	232	82	39	142	37	89
60-64岁	3	16	104	73	24	14	43	8	17
65-69岁	1	8	50	46	13	5	12	2	11
70-74岁		2	17	5	4	1	5	1	2
75岁及以上	5		4		1	1			

4-7b　续表 8　　　　单位：人

年龄组 性　别	生产制造及有关人员								不便分类的其他从业人员
	计算机、通信和其他电子设备制造人员	仪器仪表制造人员	废弃资源综合利用人员	电力、热力、气体、水生产和输配人员	建筑施工人员	运输设备和通用工程机械操作人员及有关人员	生产辅助人员	其他生产制造及有关人员	
总　计	**38688**	**366**	**622**	**1248**	**98938**	**8771**	**45745**	**2229**	**3414**
16-19岁	954	4	1	5	296	67	314	12	198
20-24岁	3549	27	15	44	2044	368	2194	94	240
25-29岁	6497	48	34	158	5937	1115	4968	265	375
30-34岁	9089	79	82	199	10701	1743	8441	416	513
35-39岁	5578	53	46	134	8938	1178	5909	298	387
40-44岁	4331	42	62	128	10355	1123	5527	277	362
45-49岁	3958	51	91	151	15161	1294	6488	323	401
50-54岁	2795	40	115	193	21753	1128	6039	271	397
55-59岁	1320	17	92	142	14089	555	3487	159	269
60-64岁	394	5	38	50	5512	141	1311	67	121
65-69岁	166		29	32	3270	50	802	37	91
70-74岁	38		9	10	680	5	213	9	31
75岁及以上	19		8	2	202	4	52	1	29
男	**22308**	**202**	**451**	**1072**	**87295**	**7733**	**28489**	**1405**	**2064**
16-19岁	664	2	1	3	257	66	210	8	108
20-24岁	2561	18	13	36	1775	343	1511	66	142
25-29岁	4160	33	23	133	5272	1041	3307	196	224
30-34岁	5195	45	63	168	9491	1553	5341	276	294
35-39岁	2874	28	35	116	7809	1026	3529	173	242
40-44岁	2032	19	41	99	8892	926	3174	145	206
45-49岁	1821	18	63	122	12920	1065	3604	180	232
50-54岁	1641	18	88	169	19179	1010	3889	168	240
55-59岁	918	16	58	139	12827	518	2399	107	186
60-64岁	290	5	33	49	5104	131	855	54	85
65-69岁	118		23	28	2983	46	507	23	66
70-74岁	24		6	8	618	4	134	8	21
75岁及以上	10		4	2	168	4	29	1	18
女	**16380**	**164**	**171**	**176**	**11643**	**1038**	**17256**	**824**	**1350**
16-19岁	290	2		2	39	1	104	4	90
20-24岁	988	9	2	8	269	25	683	28	98
25-29岁	2337	15	11	25	665	74	1661	69	151
30-34岁	3894	34	19	31	1210	190	3100	140	219
35-39岁	2704	25	11	18	1129	152	2380	125	145
40-44岁	2299	23	21	29	1463	197	2353	132	156
45-49岁	2137	33	28	29	2241	229	2884	143	169
50-54岁	1154	22	27	24	2574	118	2150	103	157
55-59岁	402	1	34	3	1262	37	1088	52	83
60-64岁	104		5	1	408	10	456	13	36
65-69岁	48		6	4	287	4	295	14	25
70-74岁	14		3	2	62	1	79	1	10
75岁及以上	9		4		34		23		11

4-7c 全省分年龄、性别、职业中类的就业人口(乡村)

单位：人

年龄组 性别	合计	党的机关、国家机关、群众团体和社会组织、企事业单位负责人						
		小计	中国共产党机关负责人	国家机关负责人	民主党派和工商联负责人	人民团体和群众团体、社会组织及其他成员组织负责人	基层群众自治组织负责人	企事业单位负责人
总　计	**1089292**	**15182**	**24**	**225**	**2**	**513**	**654**	**13764**
16-19岁	7304	14				1		13
20-24岁	39327	269		2		14	4	249
25-29岁	81979	1031	1	11	1	40	21	957
30-34岁	119432	2119	2	22		50	52	1993
35-39岁	82379	1689	2	20		45	36	1586
40-44岁	89828	1875	2	17		51	51	1754
45-49岁	129201	2342	6	41	1	90	94	2110
50-54岁	174748	2676	3	53		83	186	2351
55-59岁	132438	1921	5	52		73	137	1654
60-64岁	85956	666	1	5		26	33	601
65-69岁	82672	422	1			20	25	376
70-74岁	40156	115	1	2		14	11	87
75岁及以上	23872	43				6	4	33
男	**649928**	**11936**	**20**	**187**	**1**	**362**	**544**	**10822**
16-19岁	4688	10				1		9
20-24岁	23999	189				7	3	179
25-29岁	50724	757	1	8		22	12	714
30-34岁	72542	1547	2	16		34	33	1462
35-39岁	48968	1278	2	18		29	30	1199
40-44岁	51053	1448	2	10		42	34	1360
45-49岁	71774	1806	4	34	1	56	78	1633
50-54岁	102935	2194	2	48		64	157	1923
55-59岁	82408	1623	5	48		57	129	1384
60-64岁	53012	577		4		19	31	523
65-69岁	49936	372	1			13	25	333
70-74岁	23743	99	1	1		13	8	76
75岁及以上	14146	36				5	4	27
女	**439364**	**3246**	**4**	**38**	**1**	**151**	**110**	**2942**
16-19岁	2616	4						4
20-24岁	15328	80		2		7	1	70
25-29岁	31255	274		3	1	18	9	243
30-34岁	46890	572		6		16	19	531
35-39岁	33411	411		2		16	6	387
40-44岁	38775	427		7		9	17	394
45-49岁	57427	536	2	7		34	16	477
50-54岁	71813	482	1	5		19	29	428
55-59岁	50030	298		4		16	8	270
60-64岁	32944	89	1	1		7	2	78
65-69岁	32736	50				7		43
70-74岁	16413	16		1		1	3	11
75岁及以上	9726	7				1		6

4-7c　续表 1　　　　　　　　　　　　　　　　　　　　单位：人

年龄组 性　别	专业技术人员									
	小计	科学研究人员	工程技术人员	农业技术人员	飞机和船舶技术人员	卫生专业技术人员	经济和金融专业人员	法律、社会和宗教专业人员	教学人员	文学艺术、体育专业人员
总　计	**46388**	**260**	**16000**	**883**	**90**	**5954**	**10532**	**1196**	**9881**	**687**
16-19岁	420		109	1		58	36	2	187	22
20-24岁	5628	38	1466	33	13	952	1076	89	1730	119
25-29岁	9438	73	3040	51	11	1159	2313	173	2275	158
30-34岁	9134	53	3604	61	19	663	2552	219	1652	138
35-39岁	4450	17	1745	47	10	298	1169	132	861	63
40-44岁	3792	15	1253	52	3	445	973	126	806	38
45-49岁	3904	7	1438	90	11	577	792	107	768	29
50-54岁	4124	11	1635	161	6	630	715	121	725	54
55-59岁	3158	10	1106	134	13	482	529	104	691	40
60-64岁	1158	16	391	100	4	270	198	49	95	14
65-69岁	730	10	165	103		246	112	33	40	9
70-74岁	325	9	35	36		129	57	29	21	3
75岁及以上	127	1	13	14		45	10	12	30	
男	**24421**	**155**	**13670**	**588**	**84**	**2209**	**2928**	**869**	**3017**	**381**
16-19岁	184		94	1		11	9	2	56	9
20-24岁	2066	19	1225	17	10	98	265	49	284	46
25-29岁	4018	42	2576	41	10	184	491	91	408	79
30-34岁	4423	36	3075	42	19	144	514	131	297	77
35-39岁	2378	12	1477	36	10	106	279	99	253	42
40-44岁	1972	9	1048	31	3	210	200	101	300	22
45-49岁	2289	3	1191	56	9	319	238	84	315	17
50-54岁	2725	7	1426	106	6	339	281	107	374	39
55-59岁	2496	8	1017	88	13	280	347	96	577	29
60-64岁	919	8	356	66	4	186	152	43	79	11
65-69岁	573	6	147	70		183	92	29	30	7
70-74岁	268	4	28	23		110	50	26	18	3
75岁及以上	110	1	10	11		39	10	11	26	
女	**21967**	**105**	**2330**	**295**	**6**	**3745**	**7604**	**327**	**6864**	**306**
16-19岁	236		15			47	27		131	13
20-24岁	3562	19	241	16	3	854	811	40	1446	73
25-29岁	5420	31	464	10	1	975	1822	82	1867	79
30-34岁	4711	17	529	19		519	2038	88	1355	61
35-39岁	2072	5	268	11		192	890	33	608	21
40-44岁	1820	6	205	21		235	773	25	506	16
45-49岁	1615	4	247	34	2	258	554	23	453	12
50-54岁	1399	4	209	55		291	434	14	351	15
55-59岁	662	2	89	46		202	182	8	114	11
60-64岁	239	8	35	34		84	46	6	16	3
65-69岁	157	4	18	33		63	20	4	10	2
70-74岁	57	5	7	13		19	7	3	3	
75岁及以上	17		3	3		6		1	4	

4-7c 续表 2

单位：人

年龄组 性别	专业技术人员		办事人员和有关人员				社会生产服务和生活服务人员		
	新闻出版、文化专业人员	其他专业技术人员	小计	办事人员	安全和消防人员	其他办事人员和有关人员	小计	批发与零售服务人员	交通运输、仓储和邮政业服务人员
总计	**375**	**530**	**29960**	**21832**	**6842**	**1286**	**253190**	**103807**	**50203**
16-19岁	3	2	128	86	35	7	2345	863	296
20-24岁	72	40	2204	1686	419	99	12604	5388	1881
25-29岁	117	68	4823	3934	676	213	26199	12071	4709
30-34岁	84	89	5460	4605	577	278	35744	16280	7668
35-39岁	41	67	2695	2197	359	139	23546	10167	5997
40-44岁	18	63	2421	1941	387	93	24142	9736	6302
45-49岁	19	66	2839	2121	587	131	30049	11858	7407
50-54岁	8	58	3292	2180	991	121	36148	14159	7555
55-59岁	8	41	3086	1919	1059	108	25941	9778	4599
60-64岁	1	20	1359	596	718	45	14993	5244	1958
65-69岁	2	10	1107	402	665	40	13693	4892	1400
70-74岁	2	4	428	127	292	9	5472	2204	349
75岁及以上		2	118	38	77	3	2314	1167	82
男	**137**	**383**	**19258**	**12250**	**6309**	**699**	**147189**	**53889**	**41759**
16-19岁	1	1	76	44	30	2	1399	363	237
20-24岁	20	33	1139	696	398	45	7306	2546	1483
25-29岁	40	56	2377	1672	617	88	15772	6155	3855
30-34岁	30	58	2712	2069	501	142	20959	7891	6295
35-39岁	17	47	1562	1172	317	73	13802	4845	4984
40-44岁	7	41	1445	1071	334	40	13744	4648	5201
45-49岁	11	46	1910	1309	531	70	16264	5918	6081
50-54岁	2	38	2642	1617	945	80	19944	7533	6306
55-59岁	5	36	2737	1628	1026	83	15081	5549	3976
60-64岁		14	1204	494	675	35	9177	3229	1710
65-69岁	2	7	976	335	610	31	8587	3091	1261
70-74岁	2	4	376	109	260	7	3639	1388	305
75岁及以上		2	102	34	65	3	1515	733	65
女	**238**	**147**	**10702**	**9582**	**533**	**587**	**106001**	**49918**	**8444**
16-19岁	2	1	52	42	5	5	946	500	59
20-24岁	52	7	1065	990	21	54	5298	2842	398
25-29岁	77	12	2446	2262	59	125	10427	5916	854
30-34岁	54	31	2748	2536	76	136	14785	8389	1373
35-39岁	24	20	1133	1025	42	66	9744	5322	1013
40-44岁	11	22	976	870	53	53	10398	5088	1101
45-49岁	8	20	929	812	56	61	13785	5940	1326
50-54岁	6	20	650	563	46	41	16204	6626	1249
55-59岁	3	5	349	291	33	25	10860	4229	623
60-64岁	1	6	155	102	43	10	5816	2015	248
65-69岁		3	131	67	55	9	5106	1801	139
70-74岁			52	18	32	2	1833	816	44
75岁及以上			16	4	12		799	434	17

4-7c 续表 3

单位：人

年龄组 性 别	社会生产服务和生活服务人员								
	住宿和餐饮服务人员	信息传输、软件和信息技术服务人员	金融服务人员	房地产服务人员	租赁和商务服务人员	技术辅助服务人员	水利、环境和公共设施管理服务人员	居民服务人员	电力、燃气及水供应服务人员
总 计	**28300**	**3352**	**2204**	**2604**	**7942**	**4212**	**19963**	**18136**	**2553**
16-19岁	493	46	6	24	56	37	13	291	9
20-24岁	1456	553	263	219	414	609	93	785	79
25-29岁	2374	1106	570	424	721	1129	219	1323	194
30-34岁	3412	892	542	532	808	1071	424	2084	291
35-39岁	2671	296	189	248	453	427	434	1419	174
40-44岁	3018	149	141	207	451	285	932	1625	289
45-49岁	3721	121	158	208	622	254	1940	2331	379
50-54岁	4584	100	159	259	1098	195	3488	2965	488
55-59岁	3098	61	114	220	1235	129	3503	2092	391
60-64岁	1686	22	35	122	840	46	3261	1259	146
65-69岁	1349	4	14	114	798	25	3608	1144	78
70-74岁	335	1	7	23	324	4	1530	560	30
75岁及以上	103	1	6	4	122	1	518	258	5
男	**12048**	**2305**	**991**	**1615**	**6185**	**2516**	**8695**	**6786**	**2302**
16-19岁	334	25	3	17	31	24	10	155	8
20-24岁	892	358	116	135	218	365	66	332	61
25-29岁	1398	733	289	267	383	720	125	546	172
30-34岁	1830	589	253	300	458	650	209	771	255
35-39岁	1316	209	69	135	305	248	169	493	149
40-44岁	1269	122	36	114	326	151	304	495	251
45-49岁	1123	95	58	106	468	125	537	615	331
50-54岁	1369	88	69	167	989	102	1098	922	461
55-59岁	1014	60	59	162	1157	81	1303	777	372
60-64岁	702	20	21	99	769	31	1544	611	135
65-69岁	585	4	8	91	700	14	1972	560	75
70-74岁	166	1	6	19	278	4	1001	355	27
75岁及以上	50	1	4	3	103	1	357	154	5
女	**16252**	**1047**	**1213**	**989**	**1757**	**1696**	**11268**	**11350**	**251**
16-19岁	159	21	3	7	25	13	3	136	1
20-24岁	564	195	147	84	196	244	27	453	18
25-29岁	976	373	281	157	338	409	94	777	22
30-34岁	1582	303	289	232	350	421	215	1313	36
35-39岁	1355	87	120	113	148	179	265	926	25
40-44岁	1749	27	105	93	125	134	628	1130	38
45-49岁	2598	26	100	102	154	129	1403	1716	48
50-54岁	3215	12	90	92	109	93	2390	2043	27
55-59岁	2084	1	55	58	78	48	2200	1315	19
60-64岁	984	2	14	23	71	15	1717	648	11
65-69岁	764		6	23	98	11	1636	584	3
70-74岁	169		1	4	46		529	205	3
75岁及以上	53		2	1	19		161	104	

4-7c 续表 4

单位：人

年龄组 性　别	社会生产服务和生活服务人员				农、林、牧、渔业生产及辅助人员				
	修理及制作服务人　员	文化、体育和娱乐服务人员	健康服务人　　员	其他社会生产和生活服务人　员	小计	农业生产人　　员	林业生产人　　员	畜牧业生产人员	渔业生产人　　员
总　计	**8149**	**919**	**349**	**497**	**306466**	**270225**	**5379**	**10857**	**14978**
16-19岁	184	18	5	4	607	529	15	22	26
20-24岁	680	128	29	27	2320	1941	45	147	129
25-29岁	1123	161	41	34	5701	4634	143	354	412
30-34岁	1496	140	52	52	10767	8880	252	657	678
35-39岁	940	65	22	44	9273	7558	217	619	610
40-44岁	880	62	27	38	12578	10123	323	796	991
45-49岁	880	81	41	48	24814	20480	532	1368	1851
50-54岁	878	95	38	87	47940	40718	929	2160	3232
55-59岁	533	77	44	67	46732	40724	869	1678	2696
60-64岁	269	41	29	35	44553	40441	681	1186	1692
65-69岁	184	30	11	42	51481	47177	834	1105	1764
70-74岁	67	15	8	15	29615	27747	399	513	658
75岁及以上	35	6	2	4	20085	19273	140	252	239
男	**7166**	**549**	**104**	**279**	**154590**	**131375**	**3159**	**6566**	**10223**
16-19岁	175	11	2	4	403	343	12	19	21
20-24岁	644	78	1	11	1400	1130	25	102	105
25-29岁	1012	97	7	13	3312	2519	92	261	319
30-34岁	1330	79	17	32	5891	4584	164	423	512
35-39岁	813	35	4	28	4822	3686	139	369	439
40-44岁	767	33	7	20	6171	4631	189	450	658
45-49岁	733	39	12	23	11216	8630	305	760	1150
50-54岁	725	64	9	42	21366	17030	521	1201	2034
55-59岁	474	47	16	34	21754	17976	499	1010	1793
60-64岁	238	30	16	22	22831	20157	402	734	1176
65-69岁	166	20	6	34	27595	24680	498	726	1321
70-74岁	59	12	6	12	16226	14968	226	335	509
75岁及以上	30	4	1	4	11603	11041	87	176	186
女	**983**	**370**	**245**	**218**	**151876**	**138850**	**2220**	**4291**	**4755**
16-19岁	9	7	3		204	186	3	3	5
20-24岁	36	50	28	16	920	811	20	45	24
25-29岁	111	64	34	21	2389	2115	51	93	93
30-34岁	166	61	35	20	4876	4296	88	234	166
35-39岁	127	30	18	16	4451	3872	78	250	171
40-44岁	113	29	20	18	6407	5492	134	346	333
45-49岁	147	42	29	25	13598	11850	227	608	701
50-54岁	153	31	29	45	26574	23688	408	959	1198
55-59岁	59	30	28	33	24978	22748	370	668	903
60-64岁	31	11	13	13	21722	20284	279	452	516
65-69岁	18	10	5	8	23886	22497	336	379	443
70-74岁	8	3	2	3	13389	12779	173	178	149
75岁及以上	5	2	1		8482	8232	53	76	53

4-7c　续表 5　　　　　　　　　　　　　　　　　　　　单位：人

年龄组 性　别	农林牧渔生产辅助人员	其他农、林、牧、渔业生产加工人员	生产制造及有关人员 小计	农副产品加工人员	食品、饮料生产加工人员	烟草及其制品加工人员	纺织、针织、印染人员	纺织品、服装和皮革、毛皮制品加工制作人员	木材加工、家具与木制品制作人员
总　计	**4857**	**170**	**434980**	**4505**	**3616**	**21**	**18530**	**49748**	**20410**
16-19岁	14	1	3476	18	40		172	431	79
20-24岁	58		16105	81	215	1	720	1578	430
25-29岁	153	5	34569	202	372	4	1488	3796	1100
30-34岁	290	10	55907	344	502	2	2625	7466	1896
35-39岁	260	9	40539	278	388	1	2102	5861	1514
40-44岁	335	10	44797	369	346	2	2498	6438	1824
45-49岁	567	16	64951	627	554	6	3405	8691	2931
50-54岁	870	31	80178	916	531	2	3043	8356	4627
55-59岁	737	28	51281	647	342	1	1460	4236	3375
60-64岁	528	25	22980	397	165	2	544	1480	1486
65-69岁	583	18	15025	384	116		323	975	855
70-74岁	286	12	4072	170	37		107	316	210
75岁及以上	176	5	1100	72	8		43	124	83
男	**3168**	**99**	**290596**	**2447**	**1793**	**16**	**6308**	**11463**	**15639**
16-19岁	7	1	2434	14	22		86	167	67
20-24岁	38		11771	57	116	1	403	638	354
25-29岁	118	3	24352	142	192	4	644	1281	855
30-34岁	201	7	36826	176	268	1	969	1983	1444
35-39岁	184	5	25005	133	173		672	1354	1040
40-44岁	238	5	26139	168	162	1	675	1212	1268
45-49岁	363	8	38106	291	222	4	858	1515	2086
50-54岁	567	13	53844	433	244	2	904	1437	3529
55-59岁	460	16	38511	359	194	1	607	983	2830
60-64岁	342	20	18131	260	100	2	266	440	1241
65-69岁	361	9	11691	244	72		152	319	689
70-74岁	180	8	3060	122	21		53	97	174
75岁及以上	109	4	726	48	7		19	37	62
女	**1689**	**71**	**144384**	**2058**	**1823**	**5**	**12222**	**38285**	**4771**
16-19岁	7		1042	4	18		86	264	12
20-24岁	20		4334	24	99		317	940	76
25-29岁	35	2	10217	60	180		844	2515	245
30-34岁	89	3	19081	168	234	1	1656	5483	452
35-39岁	76	4	15534	145	215	1	1430	4507	474
40-44岁	97	5	18658	201	184	1	1823	5226	556
45-49岁	204	8	26845	336	332	2	2547	7176	845
50-54岁	303	18	26334	483	287		2139	6919	1098
55-59岁	277	12	12770	288	148		853	3253	545
60-64岁	186	5	4849	137	65		278	1040	245
65-69岁	222	9	3334	140	44		171	656	166
70-74岁	106	4	1012	48	16		54	219	36
75岁及以上	67	1	374	24	1		24	87	21

4-7c 续表 6

单位：人

年龄组 性别	生产制造及有关人员								
	纸及纸制品生产加工人员	印刷和记录媒介复制人员	文教、工美、体育和娱乐用品制造人员	石油加工和炼焦、煤化工生产人员	化学原料和化学制品制造人员	医药制造人员	化学纤维制造人员	橡胶和塑料制品制造人员	非金属矿物制品制造人员
总　计	**2260**	**1495**	**7467**	**173**	**3522**	**785**	**1563**	**10430**	**6784**
16-19岁	16	19	48		9	3	17	121	37
20-24岁	67	67	214	8	142	83	110	428	227
25-29岁	167	131	577	9	288	145	202	894	499
30-34岁	281	230	931	18	474	127	250	1399	747
35-39岁	225	175	693	12	339	78	138	1060	615
40-44岁	242	196	727	17	420	80	189	1190	707
45-49岁	357	252	1156	33	569	90	249	1683	1075
50-54岁	437	224	1349	41	669	97	217	1749	1292
55-59岁	246	129	862	20	406	54	122	1008	821
60-64岁	107	47	391	8	107	16	32	499	417
65-69岁	76	18	322	7	86	10	26	298	262
70-74岁	31	6	126		9	2	10	82	79
75岁及以上	8	1	71		4		1	19	6
男	**1198**	**866**	**2308**	**134**	**2543**	**461**	**946**	**5302**	**4623**
16-19岁	13	13	20		7	3	13	84	27
20-24岁	40	46	110	7	117	53	91	306	179
25-29岁	107	84	248	6	209	78	143	562	384
30-34岁	172	150	316	16	343	72	174	774	526
35-39岁	115	111	214	10	234	36	78	560	381
40-44岁	119	104	199	11	263	45	89	529	422
45-49岁	152	109	276	22	359	51	108	674	633
50-54岁	209	117	364	32	511	67	120	806	847
55-59岁	124	84	253	15	335	37	85	528	604
60-64岁	71	31	140	8	92	12	22	282	339
65-69岁	49	13	99	7	62	6	15	158	208
70-74岁	21	4	45		8	1	7	34	68
75岁及以上	6		24		3		1	5	5
女	**1062**	**629**	**5159**	**39**	**979**	**324**	**617**	**5128**	**2161**
16-19岁	3	6	28		2		4	37	10
20-24岁	27	21	104	1	25	30	19	122	48
25-29岁	60	47	329	3	79	67	59	332	115
30-34岁	109	80	615	2	131	55	76	625	221
35-39岁	110	64	479	2	105	42	60	500	234
40-44岁	123	92	528	6	157	35	100	661	285
45-49岁	205	143	880	11	210	39	141	1009	442
50-54岁	228	107	985	9	158	30	97	943	445
55-59岁	122	45	609	5	71	17	37	480	217
60-64岁	36	16	251		15	4	10	217	78
65-69岁	27	5	223		24	4	11	140	54
70-74岁	10	2	81		1	1	3	48	11
75岁及以上	2	1	47		1			14	1

4-7c　续表 7　　　　　　　　　　　　　　　　　　　　　　　　　　　　单位：人

年龄组 性　别	生产制造及有关人员								
	采矿人员	金属冶炼和压延加工人员	机械制造基础加工人　　员	金属制品制造人员	通用设备制造人员	专用设备制造人员	汽车制造人　　员	铁路、船舶、航空设备制造人　　员	电气机械和器材制造人员
总　计	**530**	**5813**	**35933**	**11958**	**7098**	**2265**	**6759**	**2617**	**5935**
16-19岁	1	27	268	124	53	15	101	25	107
20-24岁	12	210	1377	488	308	123	428	105	422
25-29岁	30	464	3278	982	685	275	889	232	779
30-34岁	61	830	5667	1738	1096	382	1302	446	1125
35-39岁	48	600	3994	1200	778	255	866	341	664
40-44岁	53	703	4215	1374	828	272	828	335	648
45-49岁	87	992	5717	1897	1068	309	898	410	826
50-54岁	126	1092	6028	1964	1109	313	739	459	742
55-59岁	64	567	3253	1228	705	187	472	168	361
60-64岁	16	182	1232	530	281	79	161	57	148
65-69岁	19	120	753	328	151	39	66	29	93
70-74岁	7	21	133	85	29	13	9	8	15
75岁及以上	6	5	18	20	7	3		2	5
男	**462**	**4535**	**28054**	**8165**	**5231**	**1239**	**4317**	**1988**	**3522**
16-19岁	1	25	242	94	44	11	84	22	86
20-24岁	10	177	1223	399	255	87	363	85	306
25-29岁	28	399	2842	771	573	178	683	184	538
30-34岁	55	674	4826	1294	868	228	911	367	680
35-39岁	38	460	3176	837	588	122	511	258	374
40-44岁	48	505	3076	857	552	121	429	234	296
45-49岁	72	709	3974	1120	661	141	440	284	376
50-54岁	115	847	4310	1215	758	164	408	341	413
55-59岁	58	465	2592	856	540	112	307	133	249
60-64岁	12	154	1022	404	235	47	121	49	111
65-69岁	14	100	639	235	124	21	52	23	78
70-74岁	6	18	116	67	27	6	8	6	11
75岁及以上	5	2	16	16	6	1		2	4
女	**68**	**1278**	**7879**	**3793**	**1867**	**1026**	**2442**	**629**	**2413**
16-19岁		2	26	30	9	4	17	3	21
20-24岁	2	33	154	89	53	36	65	20	116
25-29岁	2	65	436	211	112	97	206	48	241
30-34岁	6	156	841	444	228	154	391	79	445
35-39岁	10	140	818	363	190	133	355	83	290
40-44岁	5	198	1139	517	276	151	399	101	352
45-49岁	15	283	1743	777	407	168	458	126	450
50-54岁	11	245	1718	749	351	149	331	118	329
55-59岁	6	102	661	372	165	75	165	35	112
60-64岁	4	28	210	126	46	32	40	8	37
65-69岁	5	20	114	93	27	18	14	6	15
70-74岁	1	3	17	18	2	7	1	2	4
75岁及以上	1	3	2	4	1	2			1

4-7c 续表 8 单位：人

年龄组 性　别	生产制造及有关人员 计算机、通信和其他电子设备制造人员	仪器仪表制造人员	废弃资源综合利用人员	电力、热力、气体、水生产和输配人员	建筑施工人员	运输设备和通用工程机械操作人员及有关人员	生产辅助人员	其他生产制造及有关人员	不便分类的其他从业人员
总　计	**32397**	**381**	**860**	**1038**	**141392**	**7796**	**38647**	**2252**	**3126**
16-19岁	921	8	5	4	417	77	299	14	314
20-24岁	3355	22	11	41	2457	384	1907	84	197
25-29岁	5262	46	26	93	6648	996	3822	188	218
30-34岁	6829	65	68	129	11255	1413	5907	302	301
35-39岁	4033	51	47	83	9051	933	3900	216	187
40-44岁	3205	44	83	87	11629	946	4056	246	223
45-49岁	3445	57	130	138	20494	1105	5357	343	302
50-54岁	2867	39	186	157	33478	1047	5892	390	390
55-59岁	1484	29	148	141	24089	601	3810	245	319
60-64岁	562	13	77	87	11772	187	1792	106	247
65-69岁	319	6	55	58	7695	88	1360	88	214
70-74岁	83	1	18	16	1973	16	440	20	129
75岁及以上	32		6	4	434	3	105	10	85
男	**18164**	**190**	**596**	**916**	**125806**	**6980**	**22995**	**1389**	**1938**
16-19岁	628	6	4	4	366	76	194	11	182
20-24岁	2355	16	9	37	2185	371	1316	59	128
25-29岁	3373	30	19	81	6114	946	2525	129	136
30-34岁	3889	35	51	109	10302	1307	3632	214	184
35-39岁	2029	24	34	66	8107	829	2310	131	121
40-44岁	1385	16	58	66	10115	776	2200	138	134
45-49岁	1395	20	78	114	17428	920	2841	173	183
50-54岁	1501	17	118	145	29502	909	3252	207	220
55-59岁	925	13	110	134	21838	563	2407	170	206
60-64岁	391	7	54	85	10753	178	1126	76	173
65-69岁	223	5	42	55	6992	86	850	59	142
70-74岁	54	1	14	16	1745	16	279	15	75
75岁及以上	16		5	4	359	3	63	7	54
女	**14233**	**191**	**264**	**122**	**15586**	**816**	**15652**	**863**	**1188**
16-19岁	293	2	1		51	1	105	3	132
20-24岁	1000	6	2	4	272	13	591	25	69
25-29岁	1889	16	7	12	534	50	1297	59	82
30-34岁	2940	30	17	20	953	106	2275	88	117
35-39岁	2004	27	13	17	944	104	1590	85	66
40-44岁	1820	28	25	21	1514	170	1856	108	89
45-49岁	2050	37	52	24	3066	185	2516	170	119
50-54岁	1366	22	68	12	3976	138	2640	183	170
55-59岁	559	16	38	7	2251	38	1403	75	113
60-64岁	171	6	23	2	1019	9	666	30	74
65-69岁	96	1	13	3	703	2	510	29	72
70-74岁	29		4		228		161	5	54
75岁及以上	16		1		75		42	3	31

第二部分　长表数据资料

第五卷　婚姻

5-1 各地区分性别、婚姻状况的15岁及以上人口

单位：人

地区	15岁及以上人口			未婚		
	合计	男	女	小计	男	女
江 苏	**6979672**	**3512398**	**3467274**	**1088192**	**647154**	**441038**
南京市	**793473**	**403291**	**390182**	**179031**	**99576**	**79455**
玄武区	46810	22996	23814	14245	7465	6780
秦淮区	65755	31968	33787	13231	7026	6205
建邺区	45113	22625	22488	9996	5296	4700
鼓楼区	82047	39242	42805	18126	8931	9195
浦口区	32986	16762	16224	5617	2988	2629
栖霞区	82936	42961	39975	25841	14094	11747
雨花台区	51179	26843	24336	12005	6963	5042
江宁区	156991	81798	75193	39398	22535	16863
六合区	56934	28605	28329	6253	3850	2403
溧水区	41775	21821	19954	6671	3909	2762
高淳区	40660	20849	19811	5671	3581	2090
南京江北新区	90287	46821	43466	21977	12938	9039
无锡市	**623084**	**320052**	**303032**	**92542**	**56751**	**35791**
锡山区	74757	39326	35431	10696	7010	3686
惠山区	73479	38712	34767	12607	7737	4870
滨湖区	52367	26776	25591	12404	6940	5464
梁溪区	82516	40899	41617	13633	7731	5902
新吴区	55499	28700	26799	9414	5978	3436
江苏无锡经济开发区	27442	14084	13358	4145	2501	1644
江阴市	147730	76138	71592	17016	11035	5981
宜兴市	109294	55417	53877	12627	7819	4808
徐州市	**680811**	**336836**	**343975**	**105623**	**62878**	**42745**
鼓楼区	35167	17531	17636	5439	3168	2271
云龙区	37517	18226	19291	7169	3834	3335
贾汪区	34852	17666	17186	5434	3285	2149
泉山区	52798	25574	27224	9127	4967	4160
铜山区	93056	46473	46583	16608	9685	6923
丰县	69070	33770	35300	8875	5636	3239
沛县	77736	38150	39586	9661	6088	3573
睢宁县	75238	36701	38537	10040	6274	3766
徐州经济技术开发区	29410	15212	14198	5832	3611	2221
新沂市	71809	35696	36113	10959	6664	4295
邳州市	104158	51837	52321	16479	9666	6813
常州市	**450599**	**231313**	**219286**	**70699**	**43737**	**26962**
天宁区	57324	28348	28976	8492	4775	3717
钟楼区	55900	28242	27658	10002	5783	4219
新北区	71737	36389	35348	11230	6897	4333
武进区	107487	56273	51214	19029	11999	7030
金坛区	50752	25777	24975	6155	3993	2162
江苏省常州市经济开发区	36537	19472	17065	5709	3832	1877
溧阳市	70862	36812	34050	10082	6458	3624

5-1 续表 1

单位：人

地 区	15岁及以上人口			未 婚		
	合计	男	女	小计	男	女
苏州市	**1073699**	**559138**	**514561**	**186699**	**113642**	**73057**
虎丘区	70371	36766	33605	16698	9899	6799
吴中区	113672	59416	54256	22775	13454	9321
相城区	73179	38874	34305	12370	7725	4645
姑苏区	79362	38858	40504	15191	8050	7141
吴江区	125633	65781	59852	20088	12717	7371
苏州工业园区	98370	50923	47447	24170	14138	10032
常熟市	148796	77235	71561	20634	12814	7820
张家港市	123795	63762	60033	15699	9658	6041
昆山市	166168	88066	78102	29242	19019	10223
太仓市	74353	39457	34896	9832	6168	3664
南通市	**672752**	**326392**	**346360**	**80690**	**47492**	**33198**
崇川区	64366	31112	33254	14358	7307	7051
港闸区	33647	17008	16639	6116	3470	2646
通州区	95575	45925	49650	10134	6122	4012
如东县	80031	38561	41470	6449	4087	2362
南通经济技术开发区	24550	13035	11515	3915	2391	1524
通州湾示范区	8608	4104	4504	1234	746	488
苏锡通科技产业园区	8560	4535	4025	1031	692	339
启东市	86294	41359	44935	8423	4964	3459
如皋市	110011	53152	56859	12158	7365	4793
海门市	80930	38274	42656	8648	5255	3393
海安市	80180	39327	40853	8224	5093	3131
连云港市	**338984**	**168902**	**170082**	**57604**	**34590**	**23014**
连云区	12978	6815	6163	1670	1048	622
海州区	57055	28220	28835	9057	5141	3916
赣榆区	76368	38017	38351	11825	7683	4142
东海县	69792	34140	35652	11705	7031	4674
灌云县	49511	24949	24562	7848	4737	3111
灌南县	45944	22795	23149	7065	4406	2659
连云港经济技术开发区	7149	3672	3477	1383	839	544
连云港高新技术产业开发区	14540	7114	7426	6167	3082	3085
江苏连云港徐圩新区	3344	1984	1360	556	406	150
江苏省连云港市云台山风景名胜区	2303	1196	1107	328	217	111
淮安市	**343601**	**169025**	**174576**	**48266**	**28049**	**20217**
淮安区	57813	28106	29707	7120	4464	2656
淮阴区	56740	28420	28320	9514	5429	4085
清江浦区	45481	22025	23456	6932	3695	3237
洪泽区	22981	11296	11685	2509	1449	1060
涟水县	59520	29238	30282	8684	5292	3392
盱眙县	43711	21468	22243	4833	2801	2032
金湖县	25364	12644	12720	2197	1344	853
淮安经济技术开发区	21937	10928	11009	5465	2966	2499
工业园区	1200	606	594	106	66	40
生态文旅区	7025	3350	3675	747	448	299
苏淮高新区	1829	944	885	159	95	64

5-1 续表 2 单位：人

地区	15岁及以上人口			未婚		
	合计	男	女	小计	男	女
盐城市	**573548**	**286972**	**286576**	**71354**	**44015**	**27339**
亭湖区	60147	30474	29673	10687	6271	4416
盐都区	55156	28002	27154	6561	4325	2236
大丰区	60086	30081	30005	5549	3391	2158
响水县	34576	17205	17371	4553	2831	1722
滨海县	59326	29414	29912	7319	4595	2724
阜宁县	64598	32373	32225	8103	5054	3049
射阳县	70758	35773	34985	7978	4942	3036
建湖县	50739	25206	25533	5347	3547	1800
盐城经济技术开发区	8659	4371	4288	1919	1013	906
江苏省盐南高新区	27797	13607	14190	5296	2755	2541
东台市	81706	40466	41240	8042	5291	2751
扬州市	**419140**	**207695**	**211445**	**60540**	**34788**	**25752**
广陵区	47637	24280	23357	7903	4497	3406
邗江区	63044	30976	32068	15445	8219	7226
江都区	84810	41015	43795	9239	5517	3722
宝应县	69054	34281	34773	8556	5151	3405
扬州经济技术开发区	20342	10186	10156	4304	2400	1904
蜀冈瘦西湖景区	11876	5875	6001	1698	892	806
生态新城	5744	2914	2830	665	395	270
仪征市	46753	23697	23056	5230	3259	1971
高邮市	69880	34471	35409	7500	4458	3042
镇江市	**271223**	**136879**	**134344**	**38048**	**22787**	**15261**
京口区	30494	15187	15307	6269	3591	2678
润州区	20325	10078	10247	2871	1594	1277
丹徒区	29092	15054	14038	5536	3391	2145
镇江新区	20759	10655	10104	2872	1848	1024
江苏镇江高新区	5259	2739	2520	717	450	267
丹阳市	84563	42547	42016	10439	6289	4150
扬中市	27753	14096	13657	2767	1755	1012
句容市	52978	26523	26455	6577	3869	2708
泰州市	**388612**	**191884**	**196728**	**45720**	**28170**	**17550**
海陵区	51085	24697	26388	9112	4761	4351
高港区	22763	11399	11364	2585	1697	888
姜堰区	59771	28995	30776	6447	4036	2411
泰州医药高新技术产业开发区	19261	9557	9704	3227	1853	1374
兴化市	92142	46413	45729	9344	6277	3067
靖江市	59146	29594	29552	6256	3814	2442
泰兴市	84444	41229	43215	8749	5732	3017
宿迁市	**350146**	**174019**	**176127**	**51376**	**30679**	**20697**
宿城区	49395	24473	24922	7651	4312	3339
宿豫区	32131	16039	16092	4299	2505	1794
沭阳县	115472	58000	57472	16846	10253	6593
泗阳县	57814	28399	29415	8682	5317	3365
泗洪县	57290	27795	29495	7190	4157	3033
宿迁经济技术开发区	14082	7139	6943	2196	1328	868
宿迁市湖滨新区	11073	5813	5260	2829	1797	1032
苏州宿迁工业园区	1897	887	1010	193	112	81
宿迁市洋河新区	10992	5474	5518	1490	898	592

5-1　续表 3　　　　单位：人

地　区	有配偶			离　婚			丧　偶		
	小计	男	女	小计	男	女	小计	男	女
江　苏	**5361483**	**2688112**	**2673371**	**133349**	**70903**	**62446**	**396648**	**106229**	**290419**
南京市	**558422**	**285127**	**273295**	**22365**	**10634**	**11731**	**33655**	**7954**	**25701**
玄武区	29171	14466	14705	1520	645	875	1874	420	1454
秦淮区	45970	22916	23054	3031	1322	1709	3523	704	2819
建邺区	31872	16302	15570	1653	704	949	1592	323	1269
鼓楼区	57036	28206	28830	2953	1310	1643	3932	795	3137
浦口区	24924	12908	12016	818	435	383	1627	431	1196
栖霞区	51868	27125	24743	2401	1098	1303	2826	644	2182
雨花台区	35885	18742	17143	1657	769	888	1632	369	1263
江宁区	109561	56555	53006	2939	1457	1482	5093	1251	3842
六合区	45893	23078	22815	1086	623	463	3702	1054	2648
溧水区	31762	16669	15093	998	627	371	2344	616	1728
高淳区	31380	15977	15403	876	530	346	2733	761	1972
南京江北新区	63100	32183	30917	2433	1114	1319	2777	586	2191
无锡市	**485081**	**248239**	**236842**	**15891**	**8133**	**7758**	**29570**	**6929**	**22641**
锡山区	59541	30709	28832	1591	867	724	2929	740	2189
惠山区	56491	29476	27015	1616	877	739	2765	622	2143
滨湖区	36209	18666	17543	1365	603	762	2389	567	1822
梁溪区	61474	30778	30696	3152	1435	1717	4257	955	3302
新吴区	42960	21702	21258	1133	538	595	1992	482	1510
江苏无锡经济开发区	21745	11089	10656	656	307	349	896	187	709
江阴市	119482	61377	58105	3608	1938	1670	7624	1788	5836
宜兴市	87179	44442	42737	2770	1568	1202	6718	1588	5130
徐州市	**522170**	**255861**	**266309**	**11115**	**6309**	**4806**	**41903**	**11788**	**30115**
鼓楼区	27053	13504	13549	1013	461	552	1662	398	1264
云龙区	28059	13675	14384	852	357	495	1437	360	1077
贾汪区	26661	13436	13225	552	362	190	2205	583	1622
泉山区	39497	19397	20100	1543	639	904	2631	571	2060
铜山区	69017	34178	34839	1508	993	515	5923	1617	4306
丰县	54491	26227	28264	736	494	242	4968	1413	3555
沛县	61743	29853	31890	1197	741	456	5135	1468	3667
睢宁县	58861	28174	30687	947	612	335	5390	1641	3749
徐州经济技术开发区	21918	11028	10890	476	251	225	1184	322	862
新沂市	55105	27060	28045	1173	699	474	4572	1273	3299
邳州市	79765	39329	40436	1118	700	418	6796	2142	4654
常州市	**346997**	**176765**	**170232**	**11076**	**5653**	**5423**	**21827**	**5158**	**16669**
天宁区	44073	22080	21993	1961	876	1085	2798	617	2181
钟楼区	41632	21112	20520	1766	812	954	2500	535	1965
新北区	55690	28017	27673	1554	744	810	3263	731	2532
武进区	81878	41971	39907	2258	1215	1043	4322	1088	3234
金坛区	40246	20353	19893	1150	619	531	3201	812	2389
江苏省常州市经济开发区	28599	14855	13744	726	439	287	1503	346	1157
溧阳市	54879	28377	26502	1661	948	713	4240	1029	3211

5-1 续表 4

单位：人

地　区	有配偶			离　婚			丧　偶		
	小计	男	女	小计	男	女	小计	男	女
苏州市	**829686**	**426853**	**402833**	**19152**	**9176**	**9976**	**38162**	**9467**	**28695**
虎丘区	50628	25892	24736	1103	520	583	1942	455	1487
吴中区	86080	44415	41665	1512	731	781	3305	816	2489
相城区	57279	29919	27360	1236	623	613	2294	607	1687
姑苏区	57529	28718	28811	2681	1207	1474	3961	883	3078
吴江区	98693	50810	47883	1997	1009	988	4855	1245	3610
苏州工业园区	70701	35649	35052	1420	608	812	2079	528	1551
常熟市	118377	61318	57059	2685	1332	1353	7100	1771	5329
张家港市	100149	51628	48521	2416	1183	1233	5531	1293	4238
昆山市	130323	66812	63511	2591	1202	1389	4012	1033	2979
太仓市	59927	31692	28235	1511	761	750	3083	836	2247
南通市	**529211**	**259690**	**269521**	**9652**	**5261**	**4391**	**53199**	**13949**	**39250**
崇川区	45999	22711	23288	1279	469	810	2730	625	2105
港闸区	25513	12938	12575	498	248	250	1520	352	1168
通州区	76344	37163	39181	1110	622	488	7987	2018	5969
如东县	64620	31663	32957	1141	677	464	7821	2134	5687
南通经济技术开发区	19427	10263	9164	310	146	164	898	235	663
通州湾示范区	6380	3056	3324	127	77	50	867	225	642
苏锡通科技产业园区	6938	3631	3307	153	101	52	438	111	327
启东市	68903	33697	35206	1381	791	590	7587	1907	5680
如皋市	86042	42017	44025	1559	921	638	10252	2849	7403
海门市	64955	30863	34092	987	576	411	6340	1580	4760
海安市	64090	31688	32402	1107	633	474	6759	1913	4846
连云港市	**255505**	**124842**	**130663**	**5954**	**3501**	**2453**	**19921**	**5969**	**13952**
连云区	10286	5451	4835	386	170	216	636	146	490
海州区	44024	21733	22291	1417	682	735	2557	664	1893
赣榆区	58323	28040	30283	1118	746	372	5102	1548	3554
东海县	52528	25039	27489	1073	619	454	4486	1451	3035
灌云县	37525	18567	18958	738	523	215	3400	1122	2278
灌南县	35359	17080	18279	710	494	216	2810	815	1995
连云港经济技术开发区	5205	2629	2576	189	105	84	372	99	273
连云港高新技术产业开发区	7919	3897	4022	205	87	118	249	48	201
江苏连云港徐圩新区	2569	1503	1066	71	45	26	148	30	118
江苏省连云港市云台山风景名胜区	1767	903	864	47	30	17	161	46	115
淮安市	**267648**	**131057**	**136591**	**5515**	**3305**	**2210**	**22172**	**6614**	**15558**
淮安区	44929	21589	23340	775	501	274	4989	1552	3437
淮阴区	42644	21324	21320	894	604	290	3688	1063	2625
清江浦区	35253	17240	18013	1180	550	630	2116	540	1576
洪泽区	18567	9149	9418	351	213	138	1554	485	1069
涟水县	45907	22133	23774	774	545	229	4155	1268	2887
盱眙县	35371	17410	17961	717	431	286	2790	826	1964
金湖县	21080	10566	10514	370	215	155	1717	519	1198
淮安经济技术开发区	15473	7557	7916	300	168	132	699	237	462
工业园区	986	506	480	14	7	7	94	27	67
生态文旅区	5917	2794	3123	121	60	61	240	48	192
苏淮高新区	1521	789	732	19	11	8	130	49	81

5-1 续表 5

单位：人

地 区	有配偶			离 婚			丧 偶		
	小计	男	女	小计	男	女	小计	男	女
盐城市	**452268**	**225010**	**227258**	**8266**	**5128**	**3138**	**41660**	**12819**	**28841**
亭湖区	45578	22827	22751	908	461	447	2974	915	2059
盐都区	43732	21961	21771	650	410	240	4213	1306	2907
大丰区	48863	24728	24135	972	562	410	4702	1400	3302
响水县	27255	13378	13877	540	361	179	2228	635	1593
滨海县	46597	22841	23756	893	591	302	4517	1387	3130
阜宁县	50462	25025	25437	1061	733	328	4972	1561	3411
射阳县	56423	28480	27943	1175	719	456	5182	1632	3550
建湖县	40887	19970	20917	659	428	231	3846	1261	2585
盐城经济技术开发区	6064	3108	2956	115	73	42	561	177	384
江苏省盐南高新区	21596	10542	11054	229	110	119	676	200	476
东台市	64811	32150	32661	1064	680	384	7789	2345	5444
扬州市	**325117**	**162055**	**163062**	**6033**	**3309**	**2724**	**27450**	**7543**	**19907**
广陵区	36552	18814	17738	787	377	410	2395	592	1803
邗江区	44050	21725	22325	713	327	386	2836	705	2131
江都区	67466	32990	34476	1348	786	562	6757	1722	5035
宝应县	54194	26798	27396	905	588	317	5399	1744	3655
扬州经济技术开发区	14942	7451	7491	254	119	135	842	216	626
蜀冈瘦西湖景区	9470	4769	4701	209	91	118	499	123	376
生态新城	4658	2387	2271	67	35	32	354	97	257
仪征市	37526	19143	18383	849	480	369	3148	815	2333
高邮市	56259	27978	28281	901	506	395	5220	1529	3691
镇江市	**210398**	**106450**	**103948**	**6280**	**3481**	**2799**	**16497**	**4161**	**12336**
京口区	21855	10843	11012	866	418	448	1504	335	1169
润州区	15725	7882	7843	704	337	367	1025	265	760
丹徒区	21013	10706	10307	648	405	243	1895	552	1343
镇江新区	16319	8288	8031	401	205	196	1167	314	853
江苏镇江高新区	4125	2145	1980	152	79	73	265	65	200
丹阳市	66854	33843	33011	2008	1137	871	5262	1278	3984
扬中市	22604	11627	10977	433	233	200	1949	481	1468
句容市	41903	21116	20787	1068	667	401	3430	871	2559
泰州市	**305606**	**152032**	**153574**	**6441**	**3605**	**2836**	**30845**	**8077**	**22768**
海陵区	38147	18742	19405	1079	500	579	2747	694	2053
高港区	17886	9048	8838	385	214	171	1907	440	1467
姜堰区	47187	22991	24196	975	555	420	5162	1413	3749
泰州医药高新技术产业开发区	14645	7266	7379	336	178	158	1053	260	793
兴化市	73562	36981	36581	1312	855	457	7924	2300	5624
靖江市	47321	24048	23273	1183	605	578	4386	1127	3259
泰兴市	66858	32956	33902	1171	698	473	7666	1843	5823
宿迁市	**273374**	**134131**	**139243**	**5609**	**3408**	**2201**	**19787**	**5801**	**13986**
宿城区	38315	19004	19311	865	480	385	2564	677	1887
宿豫区	25370	12646	12724	507	319	188	1955	569	1386
沭阳县	90359	44583	45776	1757	1146	611	6510	2018	4492
泗阳县	44705	21550	23155	786	514	272	3641	1018	2623
泗洪县	45936	22106	23830	1044	574	470	3120	958	2162
宿迁经济技术开发区	11061	5518	5543	242	126	116	583	167	416
宿迁市湖滨新区	7403	3717	3686	174	118	56	667	181	486
苏州宿迁工业园区	1630	754	876	52	16	36	22	5	17
宿迁市洋河新区	8595	4253	4342	182	115	67	725	208	517

5-1a 各地区分性别、婚姻状况的15岁及以上人口(城市)

单位：人

地　区	15岁及以上人口			未　婚		
	合计	男	女	小计	男	女
江　苏	**3329412**	**1670279**	**1659133**	**622356**	**353641**	**268715**
南京市	**667711**	**337324**	**330387**	**162439**	**89072**	**73367**
玄武区	46810	22996	23814	14245	7465	6780
秦淮区	65755	31968	33787	13231	7026	6205
建邺区	45113	22625	22488	9996	5296	4700
鼓楼区	82047	39242	42805	18126	8931	9195
浦口区	26405	13429	12976	4983	2601	2382
栖霞区	77767	40222	37545	25343	13788	11555
雨花台区	50513	26483	24030	11890	6881	5009
江宁区	121279	62171	59108	33143	18522	14621
六合区	18982	9272	9710	2301	1298	1003
溧水区	24497	13050	11447	4492	2739	1753
高淳区	19963	9976	9987	2891	1711	1180
南京江北新区	88580	45890	42690	21798	12814	8984
无锡市	**411983**	**209792**	**202191**	**68952**	**41020**	**27932**
锡山区	41126	21813	19313	6618	4345	2273
惠山区	45369	23777	21592	8881	5390	3491
滨湖区	48430	24655	23775	11807	6545	5262
梁溪区	82516	40899	41617	13633	7731	5902
新吴区	49547	25327	24220	8249	5149	3100
江苏无锡经济开发区	27442	14084	13358	4145	2501	1644
江阴市	68119	34737	33382	8769	5490	3279
宜兴市	49434	24500	24934	6850	3869	2981
徐州市	**237013**	**116583**	**120430**	**44414**	**24512**	**19902**
鼓楼区	35167	17531	17636	5439	3168	2271
云龙区	34915	16883	18032	6079	3222	2857
贾汪区	14667	7384	7283	2926	1652	1274
泉山区	52798	25574	27224	9127	4967	4160
铜山区	29816	14700	15116	8622	4495	4127
丰县						
沛县						
睢宁县						
徐州经济技术开发区	273	132	141	38	21	17
新沂市	26629	13170	13459	4597	2646	1951
邳州市	42748	21209	21539	7586	4341	3245
常州市	**289512**	**147557**	**141955**	**51680**	**31070**	**20610**
天宁区	47914	23515	24399	7333	4001	3332
钟楼区	52068	26112	25956	9006	5130	3876
新北区	52198	26420	25778	9037	5488	3549
武进区	62838	32990	29848	14192	8814	5378
金坛区	27588	13815	13773	3888	2383	1505
江苏省常州市经济开发区	15589	8164	7425	2729	1771	958
溧阳市	31317	16541	14776	5495	3483	2012

5-1a　续表 1

单位：人

地　区	15岁及以上人口			未　婚		
	合计	男	女	小计	男	女
苏州市	**580274**	**298120**	**282154**	**111177**	**65646**	**45531**
虎丘区	64155	33351	30804	15819	9306	6513
吴中区	67598	34853	32745	15965	8981	6984
相城区	63747	33619	30128	10994	6769	4225
姑苏区	79362	38858	40504	15191	8050	7141
吴江区	50470	26550	23920	10104	6373	3731
苏州工业园区						
常熟市	71599	36447	35152	11624	6902	4722
张家港市	42502	21303	21199	6820	3924	2896
昆山市	111273	57983	53290	20033	12629	7404
太仓市	29568	15156	14412	4627	2712	1915
南通市	**264264**	**128063**	**136201**	**40628**	**22183**	**18445**
崇川区	64366	31112	33254	14358	7307	7051
港闸区	33366	16849	16517	6086	3450	2636
通州区	33225	15937	17288	4261	2407	1854
如东县						
南通经济技术开发区						
通州湾示范区						
苏锡通科技产业园区						
启东市	33244	15840	17404	4003	2233	1770
如皋市	30561	14474	16087	3612	1955	1657
海门市	29372	14198	15174	3772	2091	1681
海安市	40130	19653	20477	4536	2740	1796
连云港市	**82052**	**41074**	**40978**	**13595**	**7966**	**5629**
连云区	12635	6577	6058	1636	1017	619
海州区	45722	22369	23353	7455	4087	3368
赣榆区	21742	10836	10906	4079	2534	1545
东海县	708	373	335	112	75	37
灌云县						
灌南县						
连云港经济技术开发区						
连云港高新技术产业开发区						
江苏连云港徐圩新区	874	720	154	258	214	44
江苏省连云港市云台山风景名胜区	371	199	172	55	39	16
淮安市	**102260**	**49350**	**52910**	**17182**	**9173**	**8009**
淮安区	24350	11685	12665	3665	2137	1528
淮阴区	25595	12435	13160	5573	2824	2749
清江浦区	40610	19544	21066	6388	3354	3034
洪泽区	11705	5686	6019	1556	858	698
涟水县						
盱眙县						
金湖县						
淮安经济技术开发区						
工业园区						
生态文旅区						
苏淮高新区						

5-1a 续表 2 单位：人

地区	15岁及以上人口			未婚		
	合计	男	女	小计	男	女
盐城市	**144611**	**72168**	**72443**	**23700**	**13662**	**10038**
亭湖区	45994	23196	22798	9014	5168	3846
盐都区	22189	11169	11020	3057	1872	1185
大丰区	19070	9303	9767	2092	1174	918
响水县						
滨海县						
阜宁县						
射阳县						
建湖县						
盐城经济技术开发区	271	142	129	79	42	37
江苏省盐南高新区	27797	13607	14190	5296	2755	2541
东台市	29290	14751	14539	4162	2651	1511
扬州市	**181031**	**89158**	**91873**	**32416**	**17681**	**14735**
广陵区	36604	18492	18112	6638	3729	2909
邗江区	49545	24275	25270	13862	7255	6607
江都区	28620	13649	14971	3698	2014	1684
宝应县						
扬州经济技术开发区						
蜀冈瘦西湖景区	11876	5875	6001	1698	892	806
生态新城	3171	1640	1531	383	235	148
仪征市	25563	12827	12736	3177	1888	1289
高邮市	25652	12400	13252	2960	1668	1292
镇江市	**139926**	**69551**	**70375**	**21359**	**12192**	**9167**
京口区	29524	14675	14849	6154	3507	2647
润州区	20267	10042	10225	2866	1589	1277
丹徒区	12185	6146	6039	1568	935	633
镇江新区						
江苏镇江高新区	5259	2739	2520	717	450	267
丹阳市	33217	16335	16882	4755	2697	2058
扬中市	14847	7487	7360	1664	990	674
句容市	24627	12127	12500	3635	2024	1611
泰州市	**166588**	**80705**	**85883**	**23110**	**12984**	**10126**
海陵区	44604	21509	23095	8503	4364	4139
高港区	11520	5753	5767	1430	896	534
姜堰区	27772	13262	14510	3554	2024	1530
泰州医药高新技术产业开发区						
兴化市	23546	11640	11906	2909	1746	1163
靖江市	28407	13771	14636	2993	1739	1254
泰兴市	30739	14770	15969	3721	2215	1506
宿迁市	**62187**	**30834**	**31353**	**11704**	**6480**	**5224**
宿城区	29978	14711	15267	5406	2821	2585
宿豫区	17787	8732	9055	2935	1581	1354
沭阳县						
泗阳县						
泗洪县						
宿迁经济技术开发区						
宿迁市湖滨新区	6063	3258	2805	2290	1442	848
苏州宿迁工业园区	1897	887	1010	193	112	81
宿迁市洋河新区	6462	3246	3216	880	524	356

5-1a 续表 3 单位：人

地 区	有配偶			离 婚			丧 偶		
	小计	男	女	小计	男	女	小计	男	女
江 苏	**2501620**	**1251862**	**1249758**	**75008**	**33690**	**41318**	**130428**	**31086**	**99342**
南京市	**461185**	**234026**	**227159**	**19723**	**8857**	**10866**	**24364**	**5369**	**18995**
玄武区	29171	14466	14705	1520	645	875	1874	420	1454
秦淮区	45970	22916	23054	3031	1322	1709	3523	704	2819
建邺区	31872	16302	15570	1653	704	949	1592	323	1269
鼓楼区	57036	28206	28830	2953	1310	1643	3932	795	3137
浦口区	19644	10199	9445	681	343	338	1097	286	811
栖霞区	47669	24852	22817	2268	1025	1243	2487	557	1930
雨花台区	35403	18484	16919	1637	757	880	1583	361	1222
江宁区	83027	41991	41036	2201	992	1209	2908	666	2242
六合区	15425	7569	7856	373	173	200	883	232	651
溧水区	18580	9800	8780	554	285	269	871	226	645
高淳区	15645	7808	7837	451	206	245	976	251	725
南京江北新区	61743	31433	30310	2401	1095	1306	2638	548	2090
无锡市	**315227**	**159867**	**155360**	**11026**	**5068**	**5958**	**16778**	**3837**	**12941**
锡山区	32491	16744	15747	841	421	420	1176	303	873
惠山区	34135	17601	16534	951	455	496	1402	331	1071
滨湖区	33163	17035	16128	1295	560	735	2165	515	1650
梁溪区	61474	30778	30696	3152	1435	1717	4257	955	3302
新吴区	38454	19272	19182	1047	482	565	1797	424	1373
江苏无锡经济开发区	21745	11089	10656	656	307	349	896	187	709
江阴市	54454	27726	26728	1829	849	980	3067	672	2395
宜兴市	39311	19622	19689	1255	559	696	2018	450	1568
徐州市	**177205**	**87226**	**89979**	**5135**	**2301**	**2834**	**10259**	**2544**	**7715**
鼓楼区	27053	13504	13549	1013	461	552	1662	398	1264
云龙区	26661	12983	13678	830	348	482	1345	330	1015
贾汪区	10751	5436	5315	244	128	116	746	168	578
泉山区	39497	19397	20100	1543	639	904	2631	571	2060
铜山区	19523	9652	9871	437	233	204	1234	320	914
丰县									
沛县									
睢宁县									
徐州经济技术开发区	215	103	112	6	4	2	14	4	10
新沂市	20498	10032	10466	520	213	307	1014	279	735
邳州市	33007	16119	16888	542	275	267	1613	474	1139
常州市	**219605**	**110784**	**108821**	**7461**	**3302**	**4159**	**10766**	**2401**	**8365**
天宁区	36579	18259	18320	1789	771	1018	2213	484	1729
钟楼区	39045	19731	19314	1682	757	925	2335	494	1841
新北区	40246	20066	20180	1070	453	617	1845	413	1432
武进区	45748	23212	22536	1219	559	660	1679	405	1274
金坛区	21924	10904	11020	665	277	388	1111	251	860
江苏省常州市经济开发区	11912	6063	5849	359	198	161	589	132	457
溧阳市	24151	12549	11602	677	287	390	994	222	772

5-1a 续表 4 单位：人

地 区	有配偶			离 婚			丧 偶		
	小计	男	女	小计	男	女	小计	男	女
苏州市	**441681**	**223886**	**217795**	**10921**	**4713**	**6208**	**16495**	**3875**	**12620**
虎丘区	45709	23220	22489	996	457	539	1631	368	1263
吴中区	49495	25195	24300	780	334	446	1358	343	1015
相城区	49889	25863	24026	1030	501	529	1834	486	1348
姑苏区	57529	28718	28811	2681	1207	1474	3961	883	3078
吴江区	38541	19601	18940	707	309	398	1118	267	851
苏州工业园区									
常熟市	56177	28431	27746	1397	559	838	2401	555	1846
张家港市	33491	16782	16709	902	328	574	1289	269	1020
昆山市	87363	44101	43262	1756	755	1001	2121	498	1623
太仓市	23487	11975	11512	672	263	409	782	206	576
南通市	**205718**	**100616**	**105102**	**4149**	**1816**	**2333**	**13769**	**3448**	**10321**
崇川区	45999	22711	23288	1279	469	810	2730	625	2105
港闸区	25285	12805	12480	497	247	250	1498	347	1151
通州区	26574	12823	13751	411	198	213	1979	509	1470
如东县									
南通经济技术开发区									
通州湾示范区									
苏锡通科技产业园区									
启东市	26894	12914	13980	541	234	307	1806	459	1347
如皋市	24463	11801	12662	484	216	268	2002	502	1500
海门市	23957	11615	12342	357	164	193	1286	328	958
海安市	32546	15947	16599	580	288	292	2468	678	1790
连云港市	**62913**	**31286**	**31627**	**2081**	**958**	**1123**	**3463**	**864**	**2599**
连云区	10002	5254	4748	379	164	215	618	142	476
海州区	35128	17257	17871	1254	568	686	1885	457	1428
赣榆区	16368	7861	8507	412	197	215	883	244	639
东海县	544	278	266	12	10	2	40	10	30
灌云县									
灌南县									
连云港经济技术开发区									
连云港高新技术产业开发区									
江苏连云港徐圩新区	587	493	94	16	12	4	13	1	12
江苏省连云港市云台山风景名胜区	284	143	141	8	7	1	24	10	14
淮安市	**78895**	**38135**	**40760**	**2073**	**972**	**1101**	**4110**	**1070**	**3040**
淮安区	19206	9061	10145	367	183	184	1112	304	808
淮阴区	18770	9180	9590	407	196	211	845	235	610
清江浦区	31395	15286	16109	1112	501	611	1715	403	1312
洪泽区	9524	4608	4916	187	92	95	438	128	310
涟水县									
盱眙县									
金湖县									
淮安经济技术开发区									
工业园区									
生态文旅区									
苏淮高新区									

5-1a 续表 5

单位：人

地 区	有配偶			离 婚			丧 偶		
	小计	男	女	小计	男	女	小计	男	女
盐城市	**112975**	**55809**	**57166**	**2022**	**976**	**1046**	**5914**	**1721**	**4193**
亭湖区	34542	17179	17363	711	320	391	1727	529	1198
盐都区	18025	8912	9113	285	148	137	822	237	585
大丰区	15817	7762	8055	362	162	200	799	205	594
响水县									
滨海县									
阜宁县									
射阳县									
建湖县									
盐城经济技术开发区	176	89	87	5	4	1	11	7	4
江苏省盐南高新区	21596	10542	11054	229	110	119	676	200	476
东台市	22819	11325	11494	430	232	198	1879	543	1336
扬州市	**138381**	**68399**	**69982**	**2718**	**1191**	**1527**	**7516**	**1887**	**5629**
广陵区	27826	14113	13713	610	267	343	1530	383	1147
邗江区	33470	16381	17089	561	223	338	1652	416	1236
江都区	23247	11152	12095	439	199	240	1236	284	952
宝应县									
扬州经济技术开发区									
蜀冈瘦西湖景区	9470	4769	4701	209	91	118	499	123	376
生态新城	2602	1345	1257	39	19	20	147	41	106
仪征市	20647	10388	10259	498	239	259	1241	312	929
高邮市	21119	10251	10868	362	153	209	1211	328	883
镇江市	**108707**	**54179**	**54528**	**3463**	**1647**	**1816**	**6397**	**1533**	**4864**
京口区	21099	10453	10646	838	401	437	1433	314	1119
润州区	15676	7853	7823	701	335	366	1024	265	759
丹徒区	9799	4918	4881	270	144	126	548	149	399
镇江新区									
江苏镇江高新区	4125	2145	1980	152	79	73	265	65	200
丹阳市	26247	12987	13260	834	353	481	1381	298	1083
扬中市	12251	6226	6025	217	99	118	715	172	543
句容市	19510	9597	9913	451	236	215	1031	270	761
泰州市	**131927**	**64335**	**67592**	**3209**	**1412**	**1797**	**8342**	**1974**	**6368**
海陵区	33009	16188	16821	964	420	544	2128	537	1591
高港区	9182	4626	4556	181	83	98	727	148	579
姜堰区	22387	10681	11706	505	220	285	1326	337	989
泰州医药高新技术产业开发区									
兴化市	19199	9428	9771	416	212	204	1022	254	768
靖江市	23363	11462	11901	654	253	401	1397	317	1080
泰兴市	24787	11950	12837	489	224	265	1742	381	1361
宿迁市	**47201**	**23314**	**23887**	**1027**	**477**	**550**	**2255**	**563**	**1692**
宿城区	22978	11410	11568	530	233	297	1064	247	817
宿豫区	14036	6871	7165	255	124	131	561	156	405
沭阳县									
泗阳县									
泗洪县									
宿迁经济技术开发区									
宿迁市湖滨新区	3441	1708	1733	75	42	33	257	66	191
苏州宿迁工业园区	1630	754	876	52	16	36	22	5	17
宿迁市洋河新区	5116	2571	2545	115	62	53	351	89	262

5-1b 各地区分性别、婚姻状况的15岁及以上人口(镇)

单位：人

地区	15岁及以上人口			未婚		
	合计	男	女	小计	男	女
江苏	**1797042**	**903875**	**893167**	**267939**	**161236**	**106703**
南京市	**14167**	**7200**	**6967**	**1635**	**1042**	**593**
玄武区						
秦淮区						
建邺区						
鼓楼区						
浦口区	127	63	64	14	10	4
栖霞区						
雨花台区	666	360	306	115	82	33
江宁区						
六合区	9596	4848	4748	1064	677	387
溧水区	2624	1318	1306	266	159	107
高淳区	1154	611	543	176	114	62
南京江北新区						
无锡市	**100248**	**51747**	**48501**	**11789**	**7650**	**4139**
锡山区	23884	12398	11486	3189	2054	1135
惠山区	9734	5033	4701	1263	789	474
滨湖区						
梁溪区						
新吴区						
江苏无锡经济开发区						
江阴市	41186	21121	20065	4401	2831	1570
宜兴市	25444	13195	12249	2936	1976	960
徐州市	**219149**	**109043**	**110106**	**34990**	**21196**	**13794**
鼓楼区						
云龙区	2602	1343	1259	1090	612	478
贾汪区	6582	3330	3252	846	516	330
泉山区						
铜山区	26223	13085	13138	3726	2284	1442
丰县	37763	18819	18944	5635	3504	2131
沛县	45440	22384	23056	6168	3744	2424
睢宁县	42892	20834	22058	6443	3896	2547
徐州经济技术开发区	25310	13119	12191	5334	3282	2052
新沂市	13093	6423	6670	2198	1296	902
邳州市	19244	9706	9538	3550	2062	1488
常州市	**54469**	**27969**	**26500**	**7356**	**4654**	**2702**
天宁区	4122	2088	2034	559	354	205
钟楼区						
新北区	10190	5151	5039	1326	810	516
武进区	13700	6996	6704	1697	1071	626
金坛区	5693	2935	2758	547	376	171
江苏省常州市经济开发区	8128	4337	3791	1465	985	480
溧阳市	12636	6462	6174	1762	1058	704

5-1b 续表 1

单位：人

地区	15岁及以上人口			未婚		
	合计	男	女	小计	男	女
苏州市	**287732**	**150616**	**137116**	**50320**	**30702**	**19618**
虎丘区	395	196	199	42	29	13
吴中区	17820	9475	8345	2832	1819	1013
相城区	5108	2783	2325	728	468	260
姑苏区						
吴江区	41744	21745	19999	6467	3989	2478
苏州工业园区	98370	50923	47447	24170	14138	10032
常熟市	35664	19141	16523	5027	3240	1787
张家港市	48257	24879	23378	5416	3409	2007
昆山市	18961	9883	9078	2956	1871	1085
太仓市	21413	11591	9822	2682	1739	943
南通市	**200377**	**99689**	**100688**	**23483**	**14484**	**8999**
崇川区						
港闸区						
通州区	30391	14880	15511	3076	1936	1140
如东县	45019	21677	23342	4135	2528	1607
南通经济技术开发区	24550	13035	11515	3915	2391	1524
通州湾示范区	3892	1973	1919	961	563	398
苏锡通科技产业园区	4132	2300	1832	602	441	161
启东市	17412	8814	8598	2030	1164	866
如皋市	36369	17807	18562	4388	2681	1707
海门市	24641	12222	12419	2900	1890	1010
海安市	13971	6981	6990	1476	890	586
连云港市	**139367**	**69885**	**69482**	**28373**	**16514**	**11859**
连云区	132	118	14	22	21	1
海州区	4582	2326	2256	768	460	308
赣榆区	21688	10907	10781	3281	2177	1104
东海县	39400	19690	19710	8115	4783	3332
灌云县	26353	13316	13037	4669	2745	1924
灌南县	24506	12239	12267	3850	2336	1514
连云港经济技术开发区	5649	2896	2753	1204	720	484
连云港高新技术产业开发区	14540	7114	7426	6167	3082	3085
江苏连云港徐圩新区	2346	1192	1154	277	178	99
江苏省连云港市云台山风景名胜区	171	87	84	20	12	8
淮安市	**128999**	**63028**	**65971**	**19213**	**10976**	**8237**
淮安区	8363	4117	4246	887	559	328
淮阴区	8180	4135	4045	1067	682	385
清江浦区	532	277	255	46	30	16
洪泽区	2109	1083	1026	173	106	67
涟水县	34483	16540	17943	5734	3322	2412
盱眙县	29056	14024	15032	3326	1832	1494
金湖县	14988	7384	7604	1561	904	657
淮安经济技术开发区	21937	10928	11009	5465	2966	2499
工业园区	607	299	308	55	33	22
生态文旅区	7025	3350	3675	747	448	299
苏淮高新区	1719	891	828	152	94	58

5-1b 续表 2 单位：人

地　区	15岁及以上人口			未　婚		
	合计	男	女	小计	男	女
盐城市	**219330**	**108797**	**110533**	**27556**	**16483**	**11073**
亭湖区	5380	2784	2596	815	532	283
盐都区	8285	4129	4156	985	639	346
大丰区	16785	8432	8353	1349	820	529
响水县	21006	10412	10594	3008	1803	1205
滨海县	34538	16928	17610	4607	2707	1900
阜宁县	36653	18084	18569	4822	2807	2015
射阳县	42017	20991	21026	5238	3074	2164
建湖县	31200	15339	15861	3664	2315	1349
盐城经济技术开发区	6063	3022	3041	1619	811	808
江苏省盐南高新区						
东台市	17403	8676	8727	1449	975	474
扬州市	**101148**	**49612**	**51536**	**14011**	**8031**	**5980**
广陵区	3787	1892	1895	547	312	235
邗江区	5190	2592	2598	719	434	285
江都区	20764	9959	10805	2158	1269	889
宝应县	35149	17035	18114	4587	2605	1982
扬州经济技术开发区	18808	9430	9378	4119	2282	1837
蜀冈瘦西湖景区						
生态新城	1014	494	520	113	62	51
仪征市	5133	2622	2511	540	348	192
高邮市	11303	5588	5715	1228	719	509
镇江市	**72455**	**37181**	**35274**	**11450**	**6976**	**4474**
京口区	389	218	171	64	49	15
润州区						
丹徒区	8359	4519	3840	3261	1958	1303
镇江新区	17893	9158	8735	2545	1624	921
江苏镇江高新区						
丹阳市	34014	17342	16672	4156	2510	1646
扬中市	4071	2066	2005	340	225	115
句容市	7729	3878	3851	1084	610	474
泰州市	**94467**	**47660**	**46807**	**11798**	**7330**	**4468**
海陵区	2365	1163	1202	200	127	73
高港区	3926	1973	1953	366	258	108
姜堰区	8953	4450	4503	886	574	312
泰州医药高新技术产业开发区	17955	8941	9014	3114	1784	1330
兴化市	29401	15175	14226	3107	2011	1096
靖江市	11268	5737	5531	1944	1134	810
泰兴市	20599	10221	10378	2181	1442	739
宿迁市	**165134**	**81448**	**83686**	**25965**	**15198**	**10767**
宿城区	3193	1562	1631	326	201	125
宿豫区	4295	2158	2137	411	265	146
沭阳县	71136	35629	35507	11809	6958	4851
泗阳县	37658	18474	19184	6419	3810	2609
泗洪县	37195	17773	19422	5110	2861	2249
宿迁经济技术开发区	10599	5323	5276	1781	1035	746
宿迁市湖滨新区	1058	529	529	109	68	41
苏州宿迁工业园区						
宿迁市洋河新区						

5-1b 续表 3

单位：人

地 区	有配偶			离 婚			丧 偶		
	小计	男	女	小计	男	女	小计	男	女
江 苏	**1406368**	**701480**	**704888**	**28215**	**15587**	**12628**	**94520**	**25572**	**68948**
南京市	**11570**	**5834**	**5736**	**293**	**164**	**129**	**669**	**160**	**509**
玄武区									
秦淮区									
建邺区									
鼓楼区									
浦口区	96	49	47	3	2	1	14	2	12
栖霞区									
雨花台区	482	258	224	20	12	8	49	8	41
江宁区									
六合区	8002	3990	4012	178	94	84	352	87	265
溧水区	2132	1092	1040	67	37	30	159	30	129
高淳区	858	445	413	25	19	6	95	33	62
南京江北新区									
无锡市	**81186**	**41658**	**39528**	**2323**	**1287**	**1036**	**4950**	**1152**	**3798**
锡山区	19025	9771	9254	507	286	221	1163	287	876
惠山区	7823	4038	3785	230	116	114	418	90	328
滨湖区									
梁溪区									
新吴区									
江苏无锡经济开发区									
江阴市	33973	17382	16591	902	478	424	1910	430	1480
宜兴市	20365	10467	9898	684	407	277	1459	345	1114
徐州市	**169475**	**82864**	**86611**	**2999**	**1703**	**1296**	**11685**	**3280**	**8405**
鼓楼区									
云龙区	1398	692	706	22	9	13	92	30	62
贾汪区	5245	2632	2613	101	73	28	390	109	281
泉山区									
铜山区	20332	10062	10270	458	300	158	1707	439	1268
丰县	29771	14543	15228	385	217	168	1972	555	1417
沛县	36253	17600	18653	760	405	355	2259	635	1624
睢宁县	33742	16042	17700	496	253	243	2211	643	1568
徐州经济技术开发区	18696	9417	9279	409	199	210	871	221	650
新沂市	9882	4785	5097	181	126	55	832	216	616
邳州市	14156	7091	7065	187	121	66	1351	432	919
常州市	**42925**	**21933**	**20992**	**1192**	**675**	**517**	**2996**	**707**	**2289**
天宁区	3281	1643	1638	69	41	28	213	50	163
钟楼区									
新北区	8002	4092	3910	254	125	129	608	124	484
武进区	10954	5569	5385	320	174	146	729	182	547
金坛区	4648	2366	2282	105	71	34	393	122	271
江苏省常州市经济开发区	6226	3209	3017	145	80	65	292	63	229
溧阳市	9814	5054	4760	299	184	115	761	166	595

5-1b 续表 4

单位：人

地　区	有配偶			离　婚			丧　偶		
	小计	男	女	小计	男	女	小计	男	女
苏州市	**223006**	**115163**	**107843**	**4773**	**2313**	**2460**	**9633**	**2438**	**7195**
虎丘区	330	161	169	3	1	2	20	5	15
吴中区	14132	7374	6758	286	139	147	570	143	427
相城区	4056	2194	1862	101	57	44	223	64	159
姑苏区									
吴江区	33008	16996	16012	754	364	390	1515	396	1119
苏州工业园区	70701	35649	35052	1420	608	812	2079	528	1551
常熟市	28453	15174	13279	557	315	242	1627	412	1215
张家港市	39721	20496	19225	928	467	461	2192	507	1685
昆山市	15141	7715	7426	297	136	161	567	161	406
太仓市	17464	9404	8060	427	226	201	840	222	618
南通市	**158784**	**79609**	**79175**	**2678**	**1552**	**1126**	**15432**	**4044**	**11388**
崇川区									
港闸区									
通州区	24566	12118	12448	328	198	130	2421	628	1793
如东县	36395	17781	18614	661	352	309	3828	1016	2812
南通经济技术开发区	19427	10263	9164	310	146	164	898	235	663
通州湾示范区	2590	1313	1277	67	37	30	274	60	214
苏锡通科技产业园区	3255	1749	1506	90	60	30	185	50	135
启东市	13605	7129	6476	247	155	92	1530	366	1164
如皋市	28138	13925	14213	478	284	194	3365	917	2448
海门市	19732	9735	9997	309	194	115	1700	403	1297
海安市	11076	5596	5480	188	126	62	1231	369	862
连云港市	**102455**	**50305**	**52150**	**2172**	**1227**	**945**	**6367**	**1839**	**4528**
连云区	105	93	12	5	4	1			
海州区	3549	1771	1778	63	40	23	202	55	147
赣榆区	16514	8079	8435	280	203	77	1613	448	1165
东海县	29096	14122	14974	672	320	352	1517	465	1052
灌云县	19915	9874	10041	391	249	142	1378	448	930
灌南县	19318	9427	9891	341	207	134	997	269	728
连云港经济技术开发区	4030	2024	2006	156	82	74	259	70	189
连云港高新技术产业开发区	7919	3897	4022	205	87	118	249	48	201
江苏连云港徐圩新区	1882	953	929	53	32	21	134	29	105
江苏省连云港市云台山风景名胜区	127	65	62	6	3	3	18	7	11
淮安市	**101742**	**49206**	**52536**	**1840**	**1041**	**799**	**6204**	**1805**	**4399**
淮安区	6618	3240	3378	105	79	26	753	239	514
淮阴区	6285	3163	3122	112	87	25	716	203	513
清江浦区	436	227	209	6	6		44	14	30
洪泽区	1719	898	821	24	19	5	193	60	133
涟水县	26874	12568	14306	412	239	173	1463	411	1052
盱眙县	23830	11555	12275	491	256	235	1409	381	1028
金湖县	12650	6210	6440	245	113	132	532	157	375
淮安经济技术开发区	15473	7557	7916	300	168	132	699	237	462
工业园区	505	250	255	6	3	3	41	13	28
生态文旅区	5917	2794	3123	121	60	61	240	48	192
苏淮高新区	1435	744	691	18	11	7	114	42	72

5-1b　续表 5

单位：人

地　区	有配偶			离　婚			丧　偶		
	小计	男	女	小计	男	女	小计	男	女
盐城市	**175627**	**86633**	**88994**	**3273**	**1903**	**1370**	**12874**	**3778**	**9096**
亭湖区	4091	2083	2008	82	54	28	392	115	277
盐都区	6702	3298	3404	97	60	37	501	132	369
大丰区	13659	7020	6639	276	155	121	1501	437	1064
响水县	16680	8145	8535	327	197	130	991	267	724
滨海县	27568	13411	14157	513	298	215	1850	512	1338
阜宁县	29235	14318	14917	557	340	217	2039	619	1420
射阳县	33763	16837	16926	727	384	343	2289	696	1593
建湖县	25627	12321	13306	417	242	175	1492	461	1031
盐城经济技术开发区	4072	2080	1992	69	41	28	303	90	213
江苏省盐南高新区									
东台市	14230	7120	7110	208	132	76	1516	449	1067
扬州市	**80037**	**39336**	**40701**	**1257**	**680**	**577**	**5843**	**1565**	**4278**
广陵区	2942	1491	1451	58	32	26	240	57	183
邗江区	4091	2047	2044	54	32	22	326	79	247
江都区	16718	8109	8609	315	181	134	1573	400	1173
宝应县	28389	13710	14679	399	217	182	1774	503	1271
扬州经济技术开发区	13740	6861	6879	230	104	126	719	183	536
蜀冈瘦西湖景区									
生态新城	809	407	402	10	7	3	82	18	64
仪征市	4151	2141	2010	69	37	32	373	96	277
高邮市	9197	4570	4627	122	70	52	756	229	527
镇江市	**55301**	**28280**	**27021**	**1422**	**822**	**600**	**4282**	**1103**	**3179**
京口区	288	155	133	10	6	4	27	8	19
润州区									
丹徒区	4506	2332	2174	144	92	52	448	137	311
镇江新区	14062	7125	6937	348	167	181	938	242	696
江苏镇江高新区									
丹阳市	26992	13845	13147	720	450	270	2146	537	1609
扬中市	3327	1719	1608	60	37	23	344	85	259
句容市	6126	3104	3022	140	70	70	379	94	285
泰州市	**74631**	**37769**	**36862**	**1319**	**777**	**542**	**6719**	**1784**	**4935**
海陵区	1920	956	964	41	29	12	204	51	153
高港区	3147	1594	1553	70	37	33	343	84	259
姜堰区	7109	3545	3564	119	81	38	839	250	589
泰州医药高新技术产业开发区	13622	6768	6854	318	164	154	901	225	676
兴化市	24124	12408	11716	325	203	122	1845	553	1292
靖江市	8376	4322	4054	195	113	82	753	168	585
泰兴市	16333	8176	8157	251	150	101	1834	453	1381
宿迁市	**129629**	**62890**	**66739**	**2674**	**1443**	**1231**	**6866**	**1917**	**4949**
宿城区	2639	1294	1345	40	21	19	188	46	142
宿豫区	3511	1763	1748	71	48	23	302	82	220
沭阳县	55305	27160	28145	1096	638	458	2926	873	2053
泗阳县	29126	13943	15183	532	302	230	1581	419	1162
泗洪县	29916	14186	15730	736	345	391	1433	381	1052
宿迁经济技术开发区	8284	4116	4168	175	73	102	359	99	260
宿迁市湖滨新区	848	428	420	24	16	8	77	17	60
苏州宿迁工业园区									
宿迁市洋河新区									

5-1c 各地区分性别、婚姻状况的15岁及以上人口(乡村)

单位：人

地　　区	15岁及以上人口			未　　婚		
	合计	男	女	小计	男	女
江　苏	**1853218**	**938244**	**914974**	**197897**	**132277**	**65620**
南京市	**111595**	**58767**	**52828**	**14957**	**9462**	**5495**
玄武区						
秦淮区						
建邺区						
鼓楼区						
浦口区	6454	3270	3184	620	377	243
栖霞区	5169	2739	2430	498	306	192
雨花台区						
江宁区	35712	19627	16085	6255	4013	2242
六合区	28356	14485	13871	2888	1875	1013
溧水区	14654	7453	7201	1913	1011	902
高淳区	19543	10262	9281	2604	1756	848
南京江北新区	1707	931	776	179	124	55
无锡市	**110853**	**58513**	**52340**	**11801**	**8081**	**3720**
锡山区	9747	5115	4632	889	611	278
惠山区	18376	9902	8474	2463	1558	905
滨湖区	3937	2121	1816	597	395	202
梁溪区						
新吴区	5952	3373	2579	1165	829	336
江苏无锡经济开发区						
江阴市	38425	20280	18145	3846	2714	1132
宜兴市	34416	17722	16694	2841	1974	867
徐州市	**224649**	**111210**	**113439**	**26219**	**17170**	**9049**
鼓楼区						
云龙区						
贾汪区	13603	6952	6651	1662	1117	545
泉山区						
铜山区	37017	18688	18329	4260	2906	1354
丰县	31307	14951	16356	3240	2132	1108
沛县	32296	15766	16530	3493	2344	1149
睢宁县	32346	15867	16479	3597	2378	1219
徐州经济技术开发区	3827	1961	1866	460	308	152
新沂市	32087	16103	15984	4164	2722	1442
邳州市	42166	20922	21244	5343	3263	2080
常州市	**106618**	**55787**	**50831**	**11663**	**8013**	**3650**
天宁区	5288	2745	2543	600	420	180
钟楼区	3832	2130	1702	996	653	343
新北区	9349	4818	4531	867	599	268
武进区	30949	16287	14662	3140	2114	1026
金坛区	17471	9027	8444	1720	1234	486
江苏省常州市经济开发区	12820	6971	5849	1515	1076	439
溧阳市	26909	13809	13100	2825	1917	908

5-1c　续表 1　　单位：人

地　区	15岁及以上人口			未　婚		
	合计	男	女	小计	男	女
苏州市	**205693**	**110402**	**95291**	**25202**	**17294**	**7908**
虎丘区	5821	3219	2602	837	564	273
吴中区	28254	15088	13166	3978	2654	1324
相城区	4324	2472	1852	648	488	160
姑苏区						
吴江区	33419	17486	15933	3517	2355	1162
苏州工业园区						
常熟市	41533	21647	19886	3983	2672	1311
张家港市	33036	17580	15456	3463	2325	1138
昆山市	35934	20200	15734	6253	4519	1734
太仓市	23372	12710	10662	2523	1717	806
南通市	**208111**	**98640**	**109471**	**16579**	**10825**	**5754**
崇川区						
港闸区	281	159	122	30	20	10
通州区	31959	15108	16851	2797	1779	1018
如东县	35012	16884	18128	2314	1559	755
南通经济技术开发区						
通州湾示范区	4716	2131	2585	273	183	90
苏锡通科技产业园区	4428	2235	2193	429	251	178
启东市	35638	16705	18933	2390	1567	823
如皋市	43081	20871	22210	4158	2729	1429
海门市	26917	11854	15063	1976	1274	702
海安市	26079	12693	13386	2212	1463	749
连云港市	**117565**	**57943**	**59622**	**15636**	**10110**	**5526**
连云区	211	120	91	12	10	2
海州区	6751	3525	3226	834	594	240
赣榆区	32938	16274	16664	4465	2972	1493
东海县	29684	14077	15607	3478	2173	1305
灌云县	23158	11633	11525	3179	1992	1187
灌南县	21438	10556	10882	3215	2070	1145
连云港经济技术开发区	1500	776	724	179	119	60
连云港高新技术产业开发区						
江苏连云港徐圩新区	124	72	52	21	14	7
江苏省连云港市云台山风景名胜区	1761	910	851	253	166	87
淮安市	**112342**	**56647**	**55695**	**11871**	**7900**	**3971**
淮安区	25100	12304	12796	2568	1768	800
淮阴区	22965	11850	11115	2874	1923	951
清江浦区	4339	2204	2135	498	311	187
洪泽区	9167	4527	4640	780	485	295
涟水县	25037	12698	12339	2950	1970	980
盱眙县	14655	7444	7211	1507	969	538
金湖县	10376	5260	5116	636	440	196
淮安经济技术开发区						
工业园区	593	307	286	51	33	18
生态文旅区						
苏淮高新区	110	53	57	7	1	6

5-1c 续表 2

单位：人

地区	15岁及以上人口			未婚		
	合计	男	女	小计	男	女
盐城市	**209607**	**106007**	**103600**	**20098**	**13870**	**6228**
亭湖区	8773	4494	4279	858	571	287
盐都区	24682	12704	11978	2519	1814	705
大丰区	24231	12346	11885	2108	1397	711
响水县	13570	6793	6777	1545	1028	517
滨海县	24788	12486	12302	2712	1888	824
阜宁县	27945	14289	13656	3281	2247	1034
射阳县	28741	14782	13959	2740	1868	872
建湖县	19539	9867	9672	1683	1232	451
盐城经济技术开发区	2325	1207	1118	221	160	61
江苏省盐南高新区						
东台市	35013	17039	17974	2431	1665	766
扬州市	**136961**	**68925**	**68036**	**14113**	**9076**	**5037**
广陵区	7246	3896	3350	718	456	262
邗江区	8309	4109	4200	864	530	334
江都区	35426	17407	18019	3383	2234	1149
宝应县	33905	17246	16659	3969	2546	1423
扬州经济技术开发区	1534	756	778	185	118	67
蜀冈瘦西湖景区						
生态新城	1559	780	779	169	98	71
仪征市	16057	8248	7809	1513	1023	490
高邮市	32925	16483	16442	3312	2071	1241
镇江市	**58842**	**30147**	**28695**	**5239**	**3619**	**1620**
京口区	581	294	287	51	35	16
润州区	58	36	22	5	5	
丹徒区	8548	4389	4159	707	498	209
镇江新区	2866	1497	1369	327	224	103
江苏镇江高新区						
丹阳市	17332	8870	8462	1528	1082	446
扬中市	8835	4543	4292	763	540	223
句容市	20622	10518	10104	1858	1235	623
泰州市	**127557**	**63519**	**64038**	**10812**	**7856**	**2956**
海陵区	4116	2025	2091	409	270	139
高港区	7317	3673	3644	789	543	246
姜堰区	23046	11283	11763	2007	1438	569
泰州医药高新技术产业开发区	1306	616	690	113	69	44
兴化市	39195	19598	19597	3328	2520	808
靖江市	19471	10086	9385	1319	941	378
泰兴市	33106	16238	16868	2847	2075	772
宿迁市	**122825**	**61737**	**61088**	**13707**	**9001**	**4706**
宿城区	16224	8200	8024	1919	1290	629
宿豫区	10049	5149	4900	953	659	294
沭阳县	44336	22371	21965	5037	3295	1742
泗阳县	20156	9925	10231	2263	1507	756
泗洪县	20095	10022	10073	2080	1296	784
宿迁经济技术开发区	3483	1816	1667	415	293	122
宿迁市湖滨新区	3952	2026	1926	430	287	143
苏州宿迁工业园区						
宿迁市洋河新区	4530	2228	2302	610	374	236

5-1c　续表 3

单位：人

地　　区	有配偶			离　婚			丧　偶		
	小计	男	女	小计	男	女	小计	男	女
江　苏	**1453495**	**734770**	**718725**	**30126**	**21626**	**8500**	**171700**	**49571**	**122129**
南京市	**85667**	**45267**	**40400**	**2349**	**1613**	**736**	**8622**	**2425**	**6197**
玄武区									
秦淮区									
建邺区									
鼓楼区									
浦口区	5184	2660	2524	134	90	44	516	143	373
栖霞区	4199	2273	1926	133	73	60	339	87	252
雨花台区									
江宁区	26534	14564	11970	738	465	273	2185	585	1600
六合区	22466	11519	10947	535	356	179	2467	735	1732
溧水区	11050	5777	5273	377	305	72	1314	360	954
高淳区	14877	7724	7153	400	305	95	1662	477	1185
南京江北新区	1357	750	607	32	19	13	139	38	101
无锡市	**88668**	**46714**	**41954**	**2542**	**1778**	**764**	**7842**	**1940**	**5902**
锡山区	8025	4194	3831	243	160	83	590	150	440
惠山区	14533	7837	6696	435	306	129	945	201	744
滨湖区	3046	1631	1415	70	43	27	224	52	172
梁溪区									
新吴区	4506	2430	2076	86	56	30	195	58	137
江苏无锡经济开发区									
江阴市	31055	16269	14786	877	611	266	2647	686	1961
宜兴市	27503	14353	13150	831	602	229	3241	793	2448
徐州市	**175490**	**85771**	**89719**	**2981**	**2305**	**676**	**19959**	**5964**	**13995**
鼓楼区									
云龙区									
贾汪区	10665	5368	5297	207	161	46	1069	306	763
泉山区									
铜山区	29162	14464	14698	613	460	153	2982	858	2124
丰县	24720	11684	13036	351	277	74	2996	858	2138
沛县	25490	12253	13237	437	336	101	2876	833	2043
睢宁县	25119	12132	12987	451	359	92	3179	998	2181
徐州经济技术开发区	3007	1508	1499	61	48	13	299	97	202
新沂市	24725	12243	12482	472	360	112	2726	778	1948
邳州市	32602	16119	16483	389	304	85	3832	1236	2596
常州市	**84467**	**44048**	**40419**	**2423**	**1676**	**747**	**8065**	**2050**	**6015**
天宁区	4213	2178	2035	103	64	39	372	83	289
钟楼区	2587	1381	1206	84	55	29	165	41	124
新北区	7442	3859	3583	230	166	64	810	194	616
武进区	25176	13190	11986	719	482	237	1914	501	1413
金坛区	13674	7083	6591	380	271	109	1697	439	1258
江苏省常州市经济开发区	10461	5583	4878	222	161	61	622	151	471
溧阳市	20914	10774	10140	685	477	208	2485	641	1844

5-1c 续表 4 单位：人

地区	有配偶			离婚			丧偶		
	小计	男	女	小计	男	女	小计	男	女
苏州市	**164999**	**87804**	**77195**	**3458**	**2150**	**1308**	**12034**	**3154**	**8880**
虎丘区	4589	2511	2078	104	62	42	291	82	209
吴中区	22453	11846	10607	446	258	188	1377	330	1047
相城区	3334	1862	1472	105	65	40	237	57	180
姑苏区									
吴江区	27144	14213	12931	536	336	200	2222	582	1640
苏州工业园区									
常熟市	33747	17713	16034	731	458	273	3072	804	2268
张家港市	26937	14350	12587	586	388	198	2050	517	1533
昆山市	27819	14996	12823	538	311	227	1324	374	950
太仓市	18976	10313	8663	412	272	140	1461	408	1053
南通市	**164709**	**79465**	**85244**	**2825**	**1893**	**932**	**23998**	**6457**	**17541**
崇川区									
港闸区	228	133	95	1	1		22	5	17
通州区	25204	12222	12982	371	226	145	3587	881	2706
如东县	28225	13882	14343	480	325	155	3993	1118	2875
南通经济技术开发区									
通州湾示范区	3790	1743	2047	60	40	20	593	165	428
苏锡通科技产业园区	3683	1882	1801	63	41	22	253	61	192
启东市	28404	13654	14750	593	402	191	4251	1082	3169
如皋市	33441	16291	17150	597	421	176	4885	1430	3455
海门市	21266	9513	11753	321	218	103	3354	849	2505
海安市	20468	10145	10323	339	219	120	3060	866	2194
连云港市	**90137**	**43251**	**46886**	**1701**	**1316**	**385**	**10091**	**3266**	**6825**
连云区	179	104	75	2	2		18	4	14
海州区	5347	2705	2642	100	74	26	470	152	318
赣榆区	25441	12100	13341	426	346	80	2606	856	1750
东海县	22888	10639	12249	389	289	100	2929	976	1953
灌云县	17610	8693	8917	347	274	73	2022	674	1348
灌南县	16041	7653	8388	369	287	82	1813	546	1267
连云港经济技术开发区	1175	605	570	33	23	10	113	29	84
连云港高新技术产业开发区									
江苏连云港徐圩新区	100	57	43	2	1	1	1		1
江苏省连云港市云台山风景名胜区	1356	695	661	33	20	13	119	29	90
淮安市	**87011**	**43716**	**43295**	**1602**	**1292**	**310**	**11858**	**3739**	**8119**
淮安区	19105	9288	9817	303	239	64	3124	1009	2115
淮阴区	17589	8981	8608	375	321	54	2127	625	1502
清江浦区	3422	1727	1695	62	43	19	357	123	234
洪泽区	7324	3643	3681	140	102	38	923	297	626
涟水县	19033	9565	9468	362	306	56	2692	857	1835
盱眙县	11541	5855	5686	226	175	51	1381	445	936
金湖县	8430	4356	4074	125	102	23	1185	362	823
淮安经济技术开发区									
工业园区	481	256	225	8	4	4	53	14	39
生态文旅区									
苏淮高新区	86	45	41	1		1	16	7	9

5-1c 续表 5

单位：人

地区	有配偶			离婚			丧偶		
	小计	男	女	小计	男	女	小计	男	女
盐城市	**163666**	**82568**	**81098**	**2971**	**2249**	**722**	**22872**	**7320**	**15552**
亭湖区	6945	3565	3380	115	87	28	855	271	584
盐都区	19005	9751	9254	268	202	66	2890	937	1953
大丰区	19387	9946	9441	334	245	89	2402	758	1644
响水县	10575	5233	5342	213	164	49	1237	368	869
滨海县	19029	9430	9599	380	293	87	2667	875	1792
阜宁县	21227	10707	10520	504	393	111	2933	942	1991
射阳县	22660	11643	11017	448	335	113	2893	936	1957
建湖县	15260	7649	7611	242	186	56	2354	800	1554
盐城经济技术开发区	1816	939	877	41	28	13	247	80	167
江苏省盐南高新区									
东台市	27762	13705	14057	426	316	110	4394	1353	3041
扬州市	**106699**	**54320**	**52379**	**2058**	**1438**	**620**	**14091**	**4091**	**10000**
广陵区	5784	3210	2574	119	78	41	625	152	473
邗江区	6489	3297	3192	98	72	26	858	210	648
江都区	27501	13729	13772	594	406	188	3948	1038	2910
宝应县	25805	13088	12717	506	371	135	3625	1241	2384
扬州经济技术开发区	1202	590	612	24	15	9	123	33	90
蜀冈瘦西湖景区									
生态新城	1247	635	612	18	9	9	125	38	87
仪征市	12728	6614	6114	282	204	78	1534	407	1127
高邮市	25943	13157	12786	417	283	134	3253	972	2281
镇江市	**46390**	**23991**	**22399**	**1395**	**1012**	**383**	**5818**	**1525**	**4293**
京口区	468	235	233	18	11	7	44	13	31
润州区	49	29	20	3	2	1	1		1
丹徒区	6708	3456	3252	234	169	65	899	266	633
镇江新区	2257	1163	1094	53	38	15	229	72	157
江苏镇江高新区									
丹阳市	13615	7011	6604	454	334	120	1735	443	1292
扬中市	7026	3682	3344	156	97	59	890	224	666
句容市	16267	8415	7852	477	361	116	2020	507	1513
泰州市	**99048**	**49928**	**49120**	**1913**	**1416**	**497**	**15784**	**4319**	**11465**
海陵区	3218	1598	1620	74	51	23	415	106	309
高港区	5557	2828	2729	134	94	40	837	208	629
姜堰区	17691	8765	8926	351	254	97	2997	826	2171
泰州医药高新技术产业开发区	1023	498	525	18	14	4	152	35	117
兴化市	30239	15145	15094	571	440	131	5057	1493	3564
靖江市	15582	8264	7318	334	239	95	2236	642	1594
泰兴市	25738	12830	12908	431	324	107	4090	1009	3081
宿迁市	**96544**	**47927**	**48617**	**1908**	**1488**	**420**	**10666**	**3321**	**7345**
宿城区	12698	6300	6398	295	226	69	1312	384	928
宿豫区	7823	4012	3811	181	147	34	1092	331	761
沭阳县	35054	17423	17631	661	508	153	3584	1145	2439
泗阳县	15579	7607	7972	254	212	42	2060	599	1461
泗洪县	16020	7920	8100	308	229	79	1687	577	1110
宿迁经济技术开发区	2777	1402	1375	67	53	14	224	68	156
宿迁市湖滨新区	3114	1581	1533	75	60	15	333	98	235
苏州宿迁工业园区									
宿迁市洋河新区	3479	1682	1797	67	53	14	374	119	255

5-2 全省分性别、职业、婚姻状况的人口

单位：人

职业大类	15岁及以上人口			未婚		
	合计	男	女	小计	男	女
总　计	**4064038**	**2401948**	**1662090**	**490192**	**316761**	**173431**
党的机关、国家机关、群众团体和社会组织、企事业单位负责人	134346	99985	34361	7414	5043	2371
专业技术人员	467430	218966	248464	92495	40809	51686
办事人员和有关人员	292808	172307	120501	40334	20866	19468
社会生产服务和生活服务人员	1377186	776096	601090	188912	119664	69248
农、林、牧、渔业生产及辅助人员	429404	219306	210098	13665	11495	2170
生产制造及有关人员	1351676	908463	443213	144821	117284	27537
不便分类的其他从业人员	11188	6825	4363	2551	1600	951

5-2 续表

单位：人

职业大类	有配偶			离婚			丧偶		
	小计	男	女	小计	男	女	小计	男	女
总　计	**3421295**	**2008450**	**1412845**	**89557**	**52578**	**36979**	**62994**	**24159**	**38835**
党的机关、国家机关、群众团体和社会组织、企事业单位负责人	123279	92907	30372	3186	1796	1390	467	239	228
专业技术人员	364870	174338	190532	8735	3305	5430	1330	514	816
办事人员和有关人员	244298	147062	97236	6795	3545	3250	1381	834	547
社会生产服务和生活服务人员	1135348	632603	502745	37584	18885	18699	15342	4944	10398
农、林、牧、渔业生产及辅助人员	379841	192610	187231	5241	4178	1063	30657	11023	19634
生产制造及有关人员	1165457	763932	401525	27764	20716	7048	13634	6531	7103
不便分类的其他从业人员	8202	4998	3204	252	153	99	183	74	109

5-2a　全省分性别、职业、婚姻状况的人口(城市)

单位：人

职业大类	15岁及以上人口			未　婚		
	合计	男	女	小计	男	女
总　计	**1926355**	**1126806**	**799549**	**282535**	**173371**	**109164**
党的机关、国家机关、群众团体和社会组织、企事业单位负责人	87412	64268	23144	5107	3372	1735
专业技术人员	319221	146276	172945	62245	27478	34767
办事人员和有关人员	202428	116017	86411	27349	13695	13654
社会生产服务和生活服务人员	768360	426692	341668	119659	74167	45492
农、林、牧、渔业生产及辅助人员	29704	15539	14165	926	764	162
生产制造及有关人员	514778	355300	159478	66290	53293	12997
不便分类的其他从业人员	4452	2714	1738	959	602	357

5-2a　续表

单位：人

职业大类	有配偶			离　婚			丧　偶		
	小计	男	女	小计	男	女	小计	男	女
总　计	**1585686**	**925930**	**659756**	**46886**	**23427**	**23459**	**11248**	**4078**	**7170**
党的机关、国家机关、群众团体和社会组织、企事业单位负责人	79796	59552	20244	2282	1238	1044	227	106	121
专业技术人员	249928	116333	133595	6419	2258	4161	629	207	422
办事人员和有关人员	169418	99492	69926	4984	2472	2512	677	358	319
社会生产服务和生活服务人员	620743	340712	280031	22880	10350	12530	5078	1463	3615
农、林、牧、渔业生产及辅助人员	26498	13877	12621	397	279	118	1883	619	1264
生产制造及有关人员	435951	293926	142025	9817	6769	3048	2720	1312	1408
不便分类的其他从业人员	3352	2038	1314	107	61	46	34	13	21

5-2b 全省分性别、职业、婚姻状况的人口(镇)

单位：人

职业大类	15岁及以上人口			未婚		
	合计	男	女	小计	男	女
总　计	**1047855**	**624902**	**422953**	**112204**	**74211**	**37993**
党的机关、国家机关、群众团体和社会组织、企事业单位负责人	31752	23781	7971	1560	1119	441
专业技术人员	101780	48247	53533	18884	8159	10725
办事人员和有关人员	60410	37025	23385	8117	4439	3678
社会生产服务和生活服务人员	355467	202126	153341	40803	26230	14573
农、林、牧、渔业生产及辅助人员	93172	49132	44040	2903	2350	553
生产制造及有关人员	401781	262482	139299	39150	31433	7717
不便分类的其他从业人员	3493	2109	1384	787	481	306

5-2b 续表

单位：人

职业大类	有配偶			离婚			丧偶		
	小计	男	女	小计	男	女	小计	男	女
总　计	**901204**	**533296**	**367908**	**19959**	**12016**	**7943**	**14488**	**5379**	**9109**
党的机关、国家机关、群众团体和社会组织、企事业单位负责人	29482	22262	7220	589	342	247	121	58	63
专业技术人员	81076	39370	41706	1488	587	901	332	131	201
办事人员和有关人员	50865	31764	19101	1103	617	486	325	205	120
社会生产服务和生活服务人员	302205	170331	131874	8189	4217	3972	4270	1348	2922
农、林、牧、渔业生产及辅助人员	83581	44010	39571	1076	828	248	5612	1944	3668
生产制造及有关人员	351410	224000	127410	7435	5377	2058	3786	1672	2114
不便分类的其他从业人员	2585	1559	1026	79	48	31	42	21	21

5-2c　全省分性别、职业、婚姻状况的人口(乡村)

单位：人

职业大类	15岁及以上人口			未　婚		
	合计	男	女	小计	男	女
总　计	**1089828**	**650240**	**439588**	**95453**	**69179**	**26274**
党的机关、国家机关、群众团体和社会组织、企事业单位负责人	15182	11936	3246	747	552	195
专业技术人员	46429	24443	21986	11366	5172	6194
办事人员和有关人员	29970	19265	10705	4868	2732	2136
社会生产服务和生活服务人员	253359	147278	106081	28450	19267	9183
农、林、牧、渔业生产及辅助人员	306528	154635	151893	9836	8381	1455
生产制造及有关人员	435117	290681	144436	39381	32558	6823
不便分类的其他从业人员	3243	2002	1241	805	517	288

5-2c　续表

单位：人

职业大类	有 配 偶			离　婚			丧　偶		
	小计	男	女	小计	男	女	小计	男	女
总　计	**934405**	**549224**	**385181**	**22712**	**17135**	**5577**	**37258**	**14702**	**22556**
党的机关、国家机关、群众团体和社会组织、企事业单位负责人	14001	11093	2908	315	216	99	119	75	44
专业技术人员	33866	18635	15231	828	460	368	369	176	193
办事人员和有关人员	24015	15806	8209	708	456	252	379	271	108
社会生产服务和生活服务人员	212400	121560	90840	6515	4318	2197	5994	2133	3861
农、林、牧、渔业生产及辅助人员	269762	134723	135039	3768	3071	697	23162	8460	14702
生产制造及有关人员	378096	246006	132090	10512	8570	1942	7128	3547	3581
不便分类的其他从业人员	2265	1401	864	66	44	22	107	40	67

5-3 全省分年龄、性别、受教育

受教育程度 年龄	15岁及以上人口			未婚		
	合计	男	女	小计	男	女
总计	**6979672**	**3512398**	**3467274**	**1088192**	**647154**	**441038**
15-19岁	**366950**	**198503**	**168447**	**365308**	**198146**	**167162**
15	76628	41681	34947	76614	41676	34938
16	80739	44044	36695	80666	44029	36637
17	70311	38426	31885	70143	38388	31755
18	63201	34322	28879	62753	34224	28529
19	76071	40030	36041	75132	39829	35303
20-24岁	**386256**	**205975**	**180281**	**337588**	**188627**	**148961**
20	80815	42768	38047	78861	42280	36581
21	73521	38864	34657	69807	37828	31979
22	73610	39699	33911	66160	37295	28865
23	76383	40828	35555	63049	36033	27016
24	81927	43816	38111	59711	35191	24520
25-29岁	**540218**	**282749**	**257469**	**207571**	**130669**	**76902**
25	94430	49916	44514	58316	35095	23221
26	95639	50516	45123	47526	29538	17988
27	105036	54779	50257	40386	25720	14666
28	115086	60011	55075	33018	21530	11488
29	130027	67527	62500	28325	18786	9539
30-34岁	**785415**	**401523**	**383892**	**86373**	**57700**	**28673**
30	173435	90137	83298	29056	19565	9491
31	168974	86470	82504	21026	14104	6922
32	150003	76137	73866	14820	9762	5058
33	160478	81527	78951	12680	8452	4228
34	132525	67252	65273	8791	5817	2974
35-39岁	**569193**	**289157**	**280036**	**24222**	**15726**	**8496**
35	108920	55565	53355	6092	3971	2121
36	107170	54302	52868	5213	3376	1837
37	107768	54907	52861	4483	2894	1589
38	129886	66155	63731	4795	3098	1697
39	115449	58228	57221	3639	2387	1252
40-44岁	**540255**	**273384**	**266871**	**12420**	**8385**	**4035**
40	98016	49702	48314	2800	1815	985
41	114805	58108	56697	2721	1801	920
42	109876	55730	54146	2446	1661	785
43	105604	53240	52364	2303	1609	694
44	111954	56604	55350	2150	1499	651
45-49岁	**623047**	**314008**	**309039**	**10583**	**7975**	**2608**
45	109638	55707	53931	2064	1489	575
46	114996	57918	57078	2067	1513	554
47	119171	60230	58941	2022	1521	501
48	130369	65410	64959	2116	1624	492
49	148873	74743	74130	2314	1828	486
50-54岁	**772111**	**381518**	**390593**	**10556**	**8925**	**1631**
50	161479	80002	81477	2428	1940	488
51	159624	79014	80610	2251	1887	364
52	165629	81597	84032	2142	1801	341
53	131899	64768	67131	1716	1509	207
54	153480	76137	77343	2019	1788	231
55-59岁	**628098**	**310330**	**317768**	**7189**	**6391**	**798**
55	147004	72322	74682	1679	1498	181
56	135940	67110	68830	1574	1378	196
57	158688	79028	79660	1778	1585	193
58	119364	59152	60212	1314	1176	138
59	67102	32718	34384	844	754	90
60-64岁	**464269**	**233408**	**230861**	**6972**	**6532**	**440**
60	74454	37154	37300	966	878	88
61	74948	37490	37458	1139	1062	77
62	98214	49808	48406	1574	1487	87
63	115112	58338	56774	1771	1671	100
64	101541	50618	50923	1522	1434	88
65岁及以上	**1303860**	**621843**	**682017**	**19410**	**18078**	**1332**

程度、婚姻状况的人口

单位：人

有配偶			离婚			丧偶		
小计	男	女	小计	男	女	小计	男	女
5361483	**2688112**	**2673371**	**133349**	**70903**	**62446**	**396648**	**106229**	**290419**
1623	**348**	**1275**	**19**	**9**	**10**			
14	5	9						
72	15	57	1		1			
167	37	130	1	1				
444	96	348	4	2	2			
926	195	731	13	6	7			
48209	**17159**	**31050**	**449**	**187**	**262**	**10**	**2**	**8**
1942	484	1458	12	4	8			
3684	1024	2660	27	12	15	3		3
7393	2382	5011	55	22	33	2		2
13223	4748	8475	111	47	64			
21967	8521	13446	244	102	142	5	2	3
326915	**149261**	**177654**	**5588**	**2786**	**2802**	**144**	**33**	**111**
35696	14653	21043	403	164	239	15	4	11
47481	20688	26793	618	289	329	14	1	13
63643	28582	35061	987	471	516	20	6	14
80602	37729	42873	1428	741	687	38	11	27
99493	47609	51884	2152	1121	1031	57	11	46
679473	**333264**	**346209**	**19004**	**10393**	**8611**	**565**	**166**	**399**
141025	68753	72272	3267	1792	1475	87	27	60
144026	70205	73821	3812	2124	1688	110	37	73
131359	64298	67061	3726	2041	1685	98	36	62
143335	70722	72613	4326	2322	2004	137	31	106
119728	59286	60442	3873	2114	1759	133	35	98
525347	**263237**	**262110**	**18681**	**9947**	**8734**	**943**	**247**	**696**
99377	49755	49622	3317	1803	1514	134	36	98
98532	49140	49392	3286	1748	1538	139	38	101
99566	50089	49477	3525	1880	1645	194	44	150
120362	60587	59775	4500	2408	2092	229	62	167
107510	53666	53844	4053	2108	1945	247	67	180
506392	**254554**	**251838**	**19341**	**9909**	**9432**	**2102**	**536**	**1566**
91617	46094	45523	3346	1734	1612	253	59	194
107558	54068	53490	4164	2152	2012	362	87	275
102947	51914	51033	4055	2045	2010	428	110	318
98989	49546	49443	3863	1965	1898	449	120	329
105281	52932	52349	3913	2013	1900	610	160	450
587216	**294631**	**292585**	**19847**	**10095**	**9752**	**5401**	**1307**	**4094**
103100	52170	50930	3800	1887	1913	674	161	513
108379	54281	54098	3732	1919	1813	818	205	613
112394	56584	55810	3790	1896	1894	965	229	736
122986	61405	61581	4004	2078	1926	1263	303	960
140357	70191	70166	4521	2315	2206	1681	409	1272
727033	**358410**	**368623**	**20058**	**10504**	**9554**	**14464**	**3679**	**10785**
152168	75069	77099	4733	2445	2288	2150	548	1602
150422	74217	76205	4350	2258	2092	2601	652	1949
156201	76771	79430	4308	2270	2038	2978	755	2223
124117	60885	63232	3132	1656	1476	2934	718	2216
144125	71468	72657	3535	1875	1660	3801	1006	2795
585328	**291075**	**294253**	**13887**	**7450**	**6437**	**21694**	**5414**	**16280**
138067	68119	69948	3224	1701	1523	4034	1004	3030
126902	63061	63841	3121	1647	1474	4343	1024	3319
147757	74107	73650	3600	1941	1659	5553	1395	4158
110821	55415	55406	2499	1363	1136	4730	1198	3532
61781	30373	31408	1443	798	645	3034	793	2241
419146	**213707**	**205439**	**7730**	**4565**	**3165**	**30421**	**8604**	**21817**
68169	34379	33790	1614	912	702	3705	985	2720
68080	34443	33637	1363	794	569	4366	1191	3175
88769	45620	43149	1589	920	669	6282	1781	4501
103453	53241	50212	1711	1073	638	8177	2353	5824
90675	46024	44651	1453	866	587	7891	2294	5597
954801	**512466**	**442335**	**8745**	**5058**	**3687**	**320904**	**86241**	**234663**

5-3 续表 1

受教育程度 年龄	15岁及以上人口 合计	男	女	未婚 小计	男	女
未上过学	**227223**	**45918**	**181305**	**10440**	**8793**	**1647**
15-19岁	**457**	**295**	**162**	**453**	**295**	**158**
15	87	62	25	87	62	25
16	91	61	30	90	61	29
17	92	54	38	92	54	38
18	89	55	34	88	55	33
19	98	63	35	96	63	33
20-24岁	**559**	**332**	**227**	**503**	**322**	**181**
20	111	58	53	107	58	49
21	85	44	41	81	43	38
22	103	66	37	96	65	31
23	127	78	49	103	72	31
24	133	86	47	116	84	32
25-29岁	**848**	**463**	**385**	**602**	**402**	**200**
25	151	93	58	117	79	38
26	144	88	56	113	78	35
27	139	78	61	103	69	34
28	193	98	95	131	84	47
29	221	106	115	138	92	46
30-34岁	**1399**	**712**	**687**	**712**	**516**	**196**
30	285	139	146	162	108	54
31	299	165	134	158	123	35
32	240	112	128	111	74	37
33	300	156	144	151	112	39
34	275	140	135	130	99	31
35-39岁	**1465**	**604**	**861**	**559**	**402**	**157**
35	252	103	149	104	71	33
36	268	120	148	108	82	26
37	301	112	189	105	72	33
38	309	136	173	130	95	35
39	335	133	202	112	82	30
40-44岁	**2161**	**722**	**1439**	**537**	**413**	**124**
40	317	123	194	94	74	20
41	385	136	249	111	82	29
42	453	156	297	116	91	25
43	472	144	328	106	81	25
44	534	163	371	110	85	25
45-49岁	**4726**	**1199**	**3527**	**673**	**539**	**134**
45	614	162	452	113	85	28
46	705	184	521	116	91	25
47	853	216	637	109	89	20
48	1147	294	853	152	123	29
49	1407	343	1064	183	151	32
50-54岁	**10098**	**2219**	**7879**	**930**	**821**	**109**
50	1753	411	1342	188	157	31
51	1873	452	1421	199	173	26
52	2185	472	1713	192	174	18
53	1900	402	1498	153	144	9
54	2387	482	1905	198	173	25
55-59岁	**11995**	**2025**	**9970**	**683**	**628**	**55**
55	2331	439	1892	154	142	12
56	2179	397	1782	155	141	14
57	2828	485	2343	170	153	17
58	2747	406	2341	119	109	10
59	1910	298	1612	85	83	2
60-64岁	**21911**	**4008**	**17903**	**938**	**882**	**56**
60	2337	423	1914	125	115	10
61	2981	549	2432	144	134	10
62	4548	857	3691	201	190	11
63	6008	1107	4901	246	229	17
64	6037	1072	4965	222	214	8
65岁及以上	**171604**	**33339**	**138265**	**3850**	**3573**	**277**

单位：人

有配偶			离婚			丧偶		
小计	男	女	小计	男	女	小计	男	女
130454	**27510**	**102944**	**1292**	**556**	**736**	**85037**	**9059**	**75978**
4		**4**						
1		1						
1		1						
2		2						
54	**8**	**46**	**2**	**2**				
4		4						
4	1	3						
7	1	6						
23	5	18	1	1				
16	1	15	1	1				
238	**58**	**180**	**7**	**2**	**5**	**1**	**1**	
32	13	19	1		1	1	1	
31	10	21						
35	8	27	1	1				
61	13	48	1	1				
79	14	65	4		4			
657	**187**	**470**	**27**	**9**	**18**	**3**		**3**
118	31	87	4		4	1		1
134	38	96	7	4	3			
123	37	86	4	1	3	2		2
141	40	101	8	4	4			
141	41	100	4		4			
865	**186**	**679**	**33**	**14**	**19**	**8**	**2**	**6**
138	28	110	8	3	5	2	1	1
156	37	119	3	1	2	1		1
185	37	148	9	3	6	2		2
174	39	135	5	2	3			
212	45	167	8	5	3	3	1	2
1551	**277**	**1274**	**49**	**26**	**23**	**24**	**6**	**18**
217	47	170	5	1	4	1	1	
261	46	215	10	8	2	3		3
319	59	260	12	5	7	6	1	5
352	55	297	11	7	4	3	1	2
402	70	332	11	5	6	11	3	8
3842	**608**	**3234**	**97**	**45**	**52**	**114**	**7**	**107**
482	70	412	12	6	6	7	1	6
560	85	475	12	6	6	17	2	15
704	117	587	18	10	8	22		22
945	159	786	25	10	15	25	2	23
1151	177	974	30	13	17	43	2	41
8578	**1287**	**7291**	**164**	**77**	**87**	**426**	**34**	**392**
1482	234	1248	34	14	20	49	6	43
1577	255	1322	35	19	16	62	5	57
1869	271	1598	28	17	11	96	10	86
1618	238	1380	37	14	23	92	6	86
2032	289	1743	30	13	17	127	7	120
10231	**1271**	**8960**	**166**	**66**	**100**	**915**	**60**	**855**
2012	275	1737	41	12	29	124	10	114
1844	234	1610	26	12	14	154	10	144
2389	297	2092	41	16	25	228	19	209
2360	273	2087	33	13	20	235	11	224
1626	192	1434	25	13	12	174	10	164
18083	**2815**	**15268**	**180**	**87**	**93**	**2710**	**224**	**2486**
1975	276	1699	25	15	10	212	17	195
2484	380	2104	27	12	15	326	23	303
3746	604	3142	44	21	23	557	42	515
4939	783	4156	43	23	20	780	72	708
4939	772	4167	41	16	25	835	70	765
86351	**20813**	**65538**	**567**	**228**	**339**	**80836**	**8725**	**72111**

5-3 续表 2

受教育程度 年　　龄	15岁及以上人口			未　　婚		
	合计	男	女	小计	男	女
学前教育	**11239**	**3156**	**8083**	**762**	**554**	**208**
15-19岁	**208**	**111**	**97**	**207**	**110**	**97**
15	88	46	42	88	46	42
16	41	22	19	41	22	19
17	28	10	18	28	10	18
18	34	23	11	33	22	11
19	17	10	7	17	10	7
20-24岁	**97**	**47**	**50**	**85**	**47**	**38**
20	30	19	11	30	19	11
21	12	6	6	10	6	4
22	17	7	10	14	7	7
23	19	9	10	17	9	8
24	19	6	13	14	6	8
25-29岁	**99**	**47**	**52**	**46**	**30**	**16**
25	20	10	10	15	8	7
26	21	12	9	11	7	4
27	12	6	6	5	4	1
28	20	9	11	8	7	1
29	26	10	16	7	4	3
30-34岁	**135**	**62**	**73**	**42**	**31**	**11**
30	29	19	10	12	11	1
31	35	13	22	9	6	3
32	20	8	12	6	3	3
33	27	11	16	8	7	1
34	24	11	13	7	4	3
35-39岁	**103**	**44**	**59**	**20**	**11**	**9**
35	19	5	14	2		2
36	15	6	9	6	3	3
37	17	6	11	2	1	1
38	31	16	15	4	4	
39	21	11	10	6	3	3
40-44岁	**117**	**48**	**69**	**19**	**16**	**3**
40	16	9	7	2	2	
41	21	8	13	5	4	1
42	19	6	13	4	3	1
43	27	13	14	5	5	
44	34	12	22	3	2	1
45-49岁	**221**	**67**	**154**	**14**	**9**	**5**
45	46	14	32	4	4	
46	30	6	24	4	1	3
47	32	16	16	2	2	
48	47	14	33	1	1	
49	66	17	49	3	1	2
50-54岁	**561**	**162**	**399**	**48**	**40**	**8**
50	90	24	66	6	5	1
51	96	31	65	8	6	2
52	120	34	86	10	8	2
53	110	25	85	8	5	3
54	145	48	97	16	16	
55-59岁	**670**	**193**	**477**	**28**	**26**	**2**
55	132	42	90	8	7	1
56	135	36	99	7	6	1
57	157	43	114	4	4	
58	146	44	102	6	6	
59	100	28	72	3	3	
60-64岁	**1011**	**267**	**744**	**42**	**40**	**2**
60	120	26	94	6	4	2
61	151	44	107	5	5	
62	208	63	145	6	6	
63	274	74	200	13	13	
64	258	60	198	12	12	
65岁及以上	**8017**	**2108**	**5909**	**211**	**194**	**17**

单位：人

有配偶			离　婚			丧　偶		
小计	男	女	小计	男	女	小计	男	女
6953	**2063**	**4890**	**71**	**41**	**30**	**3453**	**498**	**2955**
1	**1**							
1	1							
12		**12**						
2		2						
3		3						
2		2						
5		5						
53	**17**	**36**						
5	2	3						
10	5	5						
7	2	5						
12	2	10						
19	6	13						
93	**31**	**62**						
17	8	9						
26	7	19						
14	5	9						
19	4	15						
17	7	10						
78	**31**	**47**	**4**	**2**	**2**	**1**		**1**
15	4	11	1	1		1		1
9	3	6						
14	5	9	1		1			
26	12	14	1		1			
14	7	7	1	1				
94	**31**	**63**	**4**	**1**	**3**			
13	6	7	1	1				
15	4	11	1		1			
15	3	12						
22	8	14						
29	10	19	2		2			
197	**54**	**143**	**6**	**3**	**3**	**4**	**1**	**3**
39	8	31	2	2		1		1
26	5	21						
29	13	16				1	1	
44	12	32	1	1		1		1
59	16	43	3		3	1		1
474	**111**	**363**	**16**	**8**	**8**	**23**	**3**	**20**
78	16	62	4	2	2	2	1	1
83	24	59	1	1		4		4
105	25	80	1	1		4		4
93	19	74	4	1	3	5		5
115	27	88	6	3	3	8	2	6
601	**155**	**446**	**4**	**3**	**1**	**37**	**9**	**28**
118	34	84	2	1	1	4		4
122	29	93				6	1	5
141	37	104	1	1		11	1	10
132	34	98				8	4	4
88	21	67	1	1		8	3	5
854	**209**	**645**	**10**	**7**	**3**	**105**	**11**	**94**
102	18	84	1	1		11	3	8
124	33	91	6	4	2	16	2	14
185	55	130	2	1	1	15	1	14
229	59	170				32	2	30
214	44	170	1	1		31	3	28
4496	**1423**	**3073**	**27**	**17**	**10**	**3283**	**474**	**2809**

5-3 续表 3

受教育程度 年　　龄	15岁及以上人口			未　　婚		
	合计	男	女	小计	男	女
小　学	**1295059**	**528925**	**766134**	**38003**	**32941**	**5062**
15-19岁	**1986**	**1162**	**824**	**1892**	**1141**	**751**
15	336	183	153	335	183	152
16	325	201	124	315	199	116
17	365	217	148	357	215	142
18	460	286	174	435	282	153
19	500	275	225	450	262	188
20-24岁	**3791**	**2170**	**1621**	**2606**	**1785**	**821**
20	548	319	229	478	307	171
21	557	334	223	438	300	138
22	757	450	307	559	387	172
23	886	504	382	573	396	177
24	1043	563	480	558	395	163
25-29岁	**8549**	**4257**	**4292**	**2649**	**1893**	**756**
25	1201	624	577	551	383	168
26	1303	676	627	487	345	142
27	1688	848	840	564	407	157
28	1981	994	987	529	384	145
29	2376	1115	1261	518	374	144
30-34岁	**19402**	**8626**	**10776**	**2563**	**1944**	**619**
30	3475	1658	1817	645	479	166
31	3836	1790	2046	593	444	149
32	3781	1674	2107	475	367	108
33	4351	1868	2483	466	357	109
34	3959	1636	2323	384	297	87
35-39岁	**20700**	**8320**	**12380**	**1561**	**1242**	**319**
35	3746	1561	2185	327	263	64
36	3783	1567	2216	278	228	50
37	3863	1564	2299	321	250	71
38	4612	1819	2793	330	259	71
39	4696	1809	2887	305	242	63
40-44岁	**37173**	**14194**	**22979**	**1625**	**1335**	**290**
40	4847	1854	2993	279	232	47
41	6851	2619	4232	323	249	74
42	7378	2781	4597	320	269	51
43	8347	3272	5075	378	315	63
44	9750	3668	6082	325	270	55
45-49岁	**80118**	**28900**	**51218**	**2457**	**2148**	**309**
45	11070	4157	6913	387	323	64
46	13081	4768	8313	475	412	63
47	15012	5475	9537	459	401	58
48	18249	6446	11803	532	472	60
49	22706	8054	14652	604	540	64
50-54岁	**160740**	**58482**	**102258**	**3795**	**3451**	**344**
50	27450	9745	17705	726	637	89
51	32156	11887	20269	793	715	78
52	35586	12944	22642	787	712	75
53	30634	10996	19638	680	624	56
54	34914	12910	22004	809	763	46
55-59岁	**142141**	**50051**	**92090**	**2972**	**2796**	**176**
55	32838	11783	21055	690	653	37
56	29417	10428	18989	629	590	39
57	34341	12262	22079	744	696	48
58	28571	9768	18803	540	509	31
59	16974	5810	11164	369	348	21
60-64岁	**162219**	**62721**	**99498**	**3794**	**3687**	**107**
60	20071	7189	12882	444	426	18
61	23250	8714	14536	575	559	16
62	34159	13333	20826	878	853	25
63	43472	17182	26290	1006	987	19
64	41267	16303	24964	891	862	29
65岁及以上	**658240**	**290042**	**368198**	**12089**	**11519**	**570**

单位：人

有配偶			离　婚			丧　偶		
小计	男	女	小计	男	女	小计	男	女
1040037	**432714**	**607323**	**14899**	**8856**	**6043**	**202120**	**54414**	**147706**
92	**20**	**72**	**2**	**1**	**1**			
1		1						
10	2	8						
8	2	6						
24	3	21	1	1				
49	13	36	1		1			
1166	**379**	**787**	**18**	**6**	**12**	**1**		**1**
70	12	58						
118	34	84				1		1
197	63	134	1		1			
306	105	201	7	3	4			
475	165	310	10	3	7			
5743	**2279**	**3464**	**149**	**84**	**65**	**8**	**1**	**7**
642	234	408	8	7	1			
796	323	473	19	8	11	1		1
1091	422	669	31	19	12	2		2
1411	593	818	40	17	23	1		1
1803	707	1096	51	33	18	4	1	3
16202	**6347**	**9855**	**600**	**329**	**271**	**37**	**6**	**31**
2701	1115	1586	120	63	57	9	1	8
3133	1289	1844	104	56	48	6	1	5
3177	1240	1937	119	65	54	10	2	8
3740	1433	2307	138	77	61	7	1	6
3451	1270	2181	119	68	51	5	1	4
18334	**6667**	**11667**	**722**	**393**	**329**	**83**	**18**	**65**
3282	1225	2057	126	70	56	11	3	8
3358	1267	2091	135	70	65	12	2	10
3402	1248	2154	122	62	60	18	4	14
4105	1464	2641	161	92	69	16	4	12
4187	1463	2724	178	99	79	26	5	21
34016	**12092**	**21924**	**1235**	**707**	**528**	**297**	**60**	**237**
4389	1539	2850	149	79	70	30	4	26
6217	2209	4008	263	152	111	48	9	39
6755	2355	4400	265	147	118	38	10	28
7624	2778	4846	276	162	114	69	17	52
9031	3211	5820	282	167	115	112	20	92
74535	**25461**	**49074**	**1949**	**1080**	**869**	**1177**	**211**	**966**
10251	3615	6636	320	191	129	112	28	84
12106	4145	7961	336	185	151	164	26	138
14003	4846	9157	358	191	167	192	37	155
17022	5708	11314	411	221	190	284	45	239
21153	7147	14006	524	292	232	425	75	350
149111	**52248**	**96863**	**3103**	**1834**	**1269**	**4731**	**949**	**3782**
25538	8612	16926	598	358	240	588	138	450
29901	10614	19287	678	405	273	784	153	631
33137	11606	21531	693	424	269	969	202	767
28361	9897	18464	524	283	241	1069	192	877
32174	11519	20655	610	364	246	1321	264	1057
129450	**44582**	**84868**	**2180**	**1328**	**852**	**7539**	**1345**	**6194**
30233	10546	19687	545	339	206	1370	245	1125
26804	9311	17493	475	278	197	1509	249	1260
31169	10890	20279	555	332	223	1873	344	1529
25953	8706	17247	410	247	163	1668	306	1362
15291	5129	10162	195	132	63	1119	201	918
142282	**54638**	**87644**	**1804**	**1218**	**586**	**14339**	**3178**	**11161**
17904	6298	11606	292	197	95	1431	268	1163
20493	7552	12941	280	190	90	1902	413	1489
29992	11577	18415	371	252	119	2918	651	2267
38006	15008	22998	441	292	149	4019	895	3124
35887	14203	21684	420	287	133	4069	951	3118
469106	**228001**	**241105**	**3137**	**1876**	**1261**	**173908**	**48646**	**125262**

5-3 续表 4

受教育程度 年　　龄	15岁及以上人口			未　婚		
	合计	男	女	小计	男	女
初　中	**2509922**	**1335769**	**1174153**	**187381**	**129451**	**57930**
15-19岁	**65565**	**37561**	**28004**	**64566**	**37363**	**27203**
15	30023	16649	13374	30013	16646	13367
16	12906	7279	5627	12862	7272	5590
17	8017	4738	3279	7906	4720	3186
18	6975	4260	2715	6692	4205	2487
19	7644	4635	3009	7093	4520	2573
20-24岁	**60102**	**35407**	**24695**	**39909**	**28038**	**11871**
20	8205	5042	3163	7109	4783	2326
21	9160	5580	3580	7252	5029	2223
22	11901	7093	4808	8469	5952	2517
23	13946	8040	5906	8439	6007	2432
24	16890	9652	7238	8640	6267	2373
25-29岁	**133745**	**72332**	**61413**	**35686**	**26831**	**8855**
25	20682	11585	9097	8892	6549	2343
26	22261	12297	9964	7588	5728	1860
27	25648	13915	11733	6952	5214	1738
28	29701	15873	13828	6213	4731	1482
29	35453	18662	16791	6041	4609	1432
30-34岁	**238208**	**121260**	**116948**	**21144**	**16139**	**5005**
30	51239	27068	24171	6896	5296	1600
31	50251	25863	24388	5090	3879	1211
32	44416	22492	21924	3608	2756	852
33	49676	24837	24839	3272	2480	792
34	42626	21000	21626	2278	1728	550
35-39岁	**207414**	**102454**	**104960**	**7061**	**5280**	**1781**
35	37861	18678	19183	1697	1252	445
36	39625	19398	20227	1579	1202	377
37	39175	19458	19717	1263	937	326
38	47319	23563	23756	1406	1044	362
39	43434	21357	22077	1116	845	271
40-44岁	**243033**	**120043**	**122990**	**4444**	**3326**	**1118**
40	38778	19076	19702	915	664	251
41	48565	23987	24578	924	694	230
42	49625	24730	24895	892	671	221
43	50296	24732	25564	877	660	217
44	55769	27518	28251	836	637	199
45-49岁	**334280**	**167604**	**166676**	**4178**	**3281**	**897**
45	56312	27990	28322	823	647	176
46	60862	30205	30657	792	595	197
47	64217	32245	31972	804	632	172
48	70801	35582	35219	821	646	175
49	82088	41582	40506	938	761	177
50-54岁	**428625**	**219372**	**209253**	**3914**	**3357**	**557**
50	89476	45205	44271	946	808	138
51	88518	45181	43337	822	693	129
52	92002	47148	44854	790	663	127
53	73304	37828	35476	617	545	72
54	85325	44010	41315	739	648	91
55-59岁	**309506**	**160513**	**148993**	**2406**	**2133**	**273**
55	80033	40882	39151	585	517	68
56	70432	35906	34526	562	484	78
57	77882	40505	37377	585	522	63
58	53719	28578	25141	428	388	40
59	27440	14642	12798	246	222	24
60-64岁	**169920**	**99714**	**70206**	**1538**	**1411**	**127**
60	28633	15858	12775	259	233	26
61	27987	15906	12081	261	240	21
62	36114	21379	14735	356	330	26
63	41553	25095	16458	366	335	31
64	35633	21476	14157	296	273	23
65岁及以上	**319524**	**199509**	**120015**	**2535**	**2292**	**243**

单位：人

有配偶			离婚			丧偶		
小计	男	女	小计	男	女	小计	男	女
2188904	**1142563**	**1046341**	**57771**	**33520**	**24251**	**75866**	**30235**	**45631**
987	**191**	**796**	**12**	**7**	**5**			
10	3	7						
43	7	36	1		1			
110	17	93	1	1				
281	54	227	2	1	1			
543	110	433	8	5	3			
19936	**7255**	**12681**	**254**	**114**	**140**	**3**		**3**
1086	256	830	10	3	7			
1885	540	1345	21	11	10	2		2
3394	1126	2268	37	15	22	1		1
5444	2006	3438	63	27	36			
8127	3327	4800	123	58	65			
95756	**44243**	**51513**	**2239**	**1245**	**994**	**64**	**13**	**51**
11589	4946	6643	190	88	102	11	2	9
14382	6422	7960	285	146	139	6	1	5
18279	8491	9788	405	207	198	12	3	9
22936	10819	12117	539	319	220	13	4	9
28570	13565	15005	820	485	335	22	3	19
209745	**100669**	**109076**	**7068**	**4372**	**2696**	**251**	**80**	**171**
43033	20985	22048	1277	779	498	33	8	25
43620	21003	22617	1486	958	528	55	23	32
39438	18893	20545	1335	826	509	35	17	18
44766	21389	23377	1578	954	624	60	14	46
38888	18399	20489	1392	855	537	68	18	50
192897	**92782**	**100115**	**6990**	**4277**	**2713**	**466**	**115**	**351**
34836	16652	18184	1271	761	510	57	13	44
36741	17431	19310	1236	746	490	69	19	50
36509	17686	18823	1307	816	491	96	19	77
44103	21427	22676	1693	1059	634	117	33	84
40708	19586	21122	1483	895	588	127	31	96
229178	**111618**	**117560**	**8299**	**4801**	**3498**	**1112**	**298**	**814**
36439	17610	18829	1303	776	527	121	26	95
45759	22256	23503	1710	993	717	172	44	128
46788	23020	23768	1701	970	731	244	69	175
47455	23023	24432	1704	978	726	260	71	189
52737	25709	27028	1881	1084	797	315	88	227
317200	**158065**	**159135**	**9878**	**5457**	**4421**	**3024**	**801**	**2223**
53276	26299	26977	1831	960	871	382	84	298
57815	28463	29352	1791	1018	773	464	129	335
60977	30410	30567	1906	1067	839	530	136	394
67206	33588	33618	2049	1152	897	725	196	529
77926	39305	38621	2301	1260	1041	923	256	667
406660	**208015**	**198645**	**10531**	**5829**	**4702**	**7520**	**2171**	**5349**
84918	42733	42185	2411	1340	1071	1201	324	877
84058	42859	41199	2231	1230	1001	1407	399	1008
87381	44782	42599	2284	1267	1017	1547	436	1111
69537	35916	33621	1688	933	755	1462	434	1028
80766	41725	39041	1917	1059	858	1903	578	1325
290912	**151776**	**139136**	**6541**	**3739**	**2802**	**9647**	**2865**	**6782**
75748	38877	36871	1678	906	772	2022	582	1440
66274	33994	32280	1568	877	691	2028	551	1477
73088	38240	34848	1688	994	694	2521	749	1772
50277	26965	23312	1049	625	424	1965	600	1365
25525	13700	11825	558	337	221	1111	383	728
156505	**92877**	**63628**	**2840**	**1780**	**1060**	**9037**	**3646**	**5391**
26547	14833	11714	562	339	223	1265	453	812
25866	14880	10986	498	297	201	1362	489	873
33297	19942	13355	573	339	234	1888	768	1120
38175	23293	14882	649	458	191	2363	1009	1354
32620	19929	12691	558	347	211	2159	927	1232
269128	**175072**	**94056**	**3119**	**1899**	**1220**	**44742**	**20246**	**24496**

5-3 续表 5

受教育程度 年龄	15岁及以上人口			未婚		
	合计	男	女	小计	男	女
高　中	**1321354**	**742998**	**578356**	**304850**	**184696**	**120154**
15-19岁	**189877**	**104603**	**85274**	**189477**	**104507**	**84970**
15	43035	23148	19887	43033	23147	19886
16	60812	33164	27648	60798	33160	27638
17	51596	28216	23380	51558	28202	23356
18	22532	12988	9544	22428	12961	9467
19	11902	7087	4815	11660	7037	4623
20-24岁	**58583**	**35453**	**23130**	**46503**	**30847**	**15656**
20	10010	6096	3914	9509	5950	3559
21	9841	6016	3825	8863	5729	3134
22	11441	6927	4514	9455	6247	3208
23	12890	7780	5110	9473	6452	3021
24	14401	8634	5767	9203	6469	2734
25-29岁	**109336**	**61897**	**47439**	**36990**	**26729**	**10261**
25	17486	10242	7244	9394	6618	2776
26	18174	10543	7631	7984	5799	2185
27	21170	11917	9253	7366	5381	1985
28	24108	13545	10563	6416	4689	1727
29	28398	15650	12748	5830	4242	1588
30-34岁	**177082**	**95500**	**81582**	**19176**	**13938**	**5238**
30	39136	21498	17638	6262	4644	1618
31	38368	20730	17638	4628	3404	1224
32	34211	18250	15961	3331	2346	985
33	36228	19404	16824	2915	2086	829
34	29139	15618	13521	2040	1458	582
35-39岁	**126843**	**66721**	**60122**	**5082**	**3412**	**1670**
35	23674	12605	11069	1339	903	436
36	22598	11815	10783	1018	697	321
37	23252	12286	10966	929	610	319
38	29436	15499	13937	1004	678	326
39	27883	14516	13367	792	524	268
40-44岁	**125678**	**66733**	**58945**	**2669**	**1712**	**957**
40	24010	12651	11359	640	415	225
41	28263	14937	13326	619	399	220
42	25759	13684	12075	500	312	188
43	23735	12651	11084	455	295	160
44	23911	12810	11101	455	291	164
45-49岁	**116761**	**65201**	**51560**	**1889**	**1261**	**628**
45	22291	12261	10030	420	272	148
46	22275	12294	9981	373	251	122
47	22170	12341	9829	386	254	132
48	23804	13370	10434	347	234	113
49	26221	14935	11286	363	250	113
50-54岁	**110246**	**62884**	**47362**	**1211**	**870**	**341**
50	27044	15180	11864	335	223	112
51	23626	13410	10216	277	203	74
52	22742	12988	9754	244	174	70
53	16957	9725	7232	173	129	44
54	19877	11581	8296	182	141	41
55-59岁	**120129**	**68277**	**51852**	**786**	**601**	**185**
55	21289	12312	8977	158	119	39
56	23791	13698	10093	164	122	42
57	32027	18052	13975	198	157	41
58	26529	15113	11416	166	129	37
59	16493	9102	7391	100	74	26
60-64岁	**88315**	**52221**	**36094**	**524**	**423**	**101**
60	19145	10800	8345	105	81	24
61	16936	9757	7179	123	101	22
62	18951	11199	7752	109	91	18
63	19033	11592	7441	106	87	19
64	14250	8873	5377	81	63	18
65岁及以上	**98504**	**63508**	**34996**	**543**	**396**	**147**

单位：人

有配偶			离婚			丧偶		
小计	男	女	小计	男	女	小计	男	女
962144	**533512**	**428632**	**32117**	**16120**	**15997**	**22243**	**8670**	**13573**
397	**95**	**302**	**3**	**1**	**2**			
2	1	1						
14	4	10						
38	14	24						
104	27	77						
239	49	190	3	1	2			
11979	**4563**	**7416**	**100**	**42**	**58**	**1**	**1**	
500	145	355	1	1				
975	287	688	3		3			
1975	675	1300	11	5	6			
3392	1317	2075	25	11	14			
5137	2139	2998	60	25	35	1	1	
70866	**34404**	**36462**	**1446**	**754**	**692**	**34**	**10**	**24**
7980	3584	4396	110	40	70	2		2
10041	4669	5372	148	75	73	1		1
13547	6412	7135	255	123	132	2	1	1
17319	8650	8669	363	202	161	10	4	6
21979	11089	10890	570	314	256	19	5	14
153037	**78807**	**74230**	**4730**	**2707**	**2023**	**139**	**48**	**91**
32053	16377	15676	794	467	327	27	10	17
32751	16770	15981	963	549	414	26	7	19
29922	15377	14545	932	514	418	26	13	13
32222	16706	15516	1059	601	458	32	11	21
26089	13577	12512	982	576	406	28	7	21
116967	**60769**	**56198**	**4618**	**2480**	**2138**	**176**	**60**	**116**
21501	11256	10245	805	436	369	29	10	19
20760	10678	10082	798	435	363	22	5	17
21449	11220	10229	845	445	400	29	11	18
27309	14210	13099	1074	595	479	49	16	33
25948	13405	12543	1096	569	527	47	18	29
117425	**62430**	**54995**	**5175**	**2481**	**2694**	**409**	**110**	**299**
22394	11752	10642	925	469	456	51	15	36
26411	13963	12448	1143	555	588	90	20	70
24057	12839	11218	1124	515	609	78	18	60
22216	11863	10353	991	473	518	73	20	53
22347	12013	10334	992	469	523	117	37	80
109331	**61498**	**47833**	**4781**	**2243**	**2538**	**760**	**199**	**561**
20803	11520	9283	951	439	512	117	30	87
20828	11564	9264	960	445	515	114	34	80
20761	11660	9101	875	393	482	148	34	114
22341	12616	9725	948	474	474	168	46	122
24598	14138	10460	1047	492	555	213	55	158
103679	**59771**	**43908**	**4022**	**1840**	**2182**	**1334**	**403**	**931**
25380	14405	10975	1089	489	600	240	63	177
22180	12721	9459	911	411	500	258	75	183
21416	12374	9042	820	360	460	262	80	182
15992	9238	6754	559	285	274	233	73	160
18711	11033	7678	643	295	348	341	112	229
112605	**65022**	**47583**	**3695**	**1713**	**1982**	**3043**	**941**	**2102**
20080	11763	8317	645	303	342	406	127	279
22358	13063	9295	745	339	406	524	174	350
30049	17203	12846	988	452	536	792	240	552
24830	14386	10444	788	369	419	745	229	516
15288	8607	6681	529	250	279	576	171	405
81728	**49263**	**32465**	**2308**	**1170**	**1138**	**3755**	**1365**	**2390**
17717	10208	7509	608	289	319	715	222	493
15692	9183	6509	447	239	208	674	234	440
17543	10580	6963	487	247	240	812	281	531
17604	10938	6666	460	238	222	863	329	534
13172	8354	4818	306	157	149	691	299	392
84130	**56890**	**27240**	**1239**	**689**	**550**	**12592**	**5533**	**7059**

5-3 续表 6

受教育程度 年 龄	15岁及以上人口 合计	男	女	未婚 小计	男	女
大学专科	**823054**	**444970**	**378084**	**250339**	**143750**	**106589**
15-19岁	**63379**	**33380**	**29999**	**63254**	**33347**	**29907**
15	2913	1522	1391	2912	1521	1391
16	6278	3181	3097	6274	3179	3095
17	8419	4412	4007	8410	4409	4001
18	18352	9799	8553	18321	9790	8531
19	27417	14466	12951	27337	14448	12889
20-24岁	**113816**	**61050**	**52766**	**102997**	**57386**	**45611**
20	27455	14789	12666	27215	14731	12484
21	21015	11187	9828	20427	11051	9376
22	20998	11290	9708	19550	10872	8678
23	21607	11499	10108	18587	10488	8099
24	22741	12285	10456	17218	10244	6974
25-29岁	**141115**	**74393**	**66722**	**56120**	**35542**	**20578**
25	26169	13939	12230	16538	10075	6463
26	25820	13816	12004	13106	8234	4872
27	27454	14509	12945	10760	6937	3823
28	29226	15214	14012	8513	5513	3000
29	32446	16915	15531	7203	4783	2420
30-34岁	**181620**	**92708**	**88912**	**20291**	**13075**	**7216**
30	41674	21450	20224	7061	4654	2407
31	40015	20269	19746	4959	3211	1748
32	35089	17786	17303	3531	2220	1311
33	36249	18486	17763	2853	1819	1034
34	28593	14717	13876	1887	1171	716
35-39岁	**102498**	**52724**	**49774**	**4494**	**2619**	**1875**
35	21290	11062	10228	1178	703	475
36	19376	10037	9339	995	578	417
37	19484	9932	9552	831	499	332
38	23171	11861	11310	871	478	393
39	19177	9832	9345	619	361	258
40-44岁	**68813**	**36516**	**32297**	**1651**	**891**	**760**
40	15160	7854	7306	454	240	214
41	15901	8291	7610	353	186	167
42	14103	7445	6658	349	190	159
43	11959	6437	5522	258	142	116
44	11690	6489	5201	237	133	104
45-49岁	**46917**	**26871**	**20046**	**754**	**415**	**339**
45	10443	5903	4540	190	91	99
46	9602	5422	4180	156	88	68
47	9023	5178	3845	138	79	59
48	8911	5171	3740	140	85	55
49	8938	5197	3741	130	72	58
50-54岁	**33947**	**20215**	**13732**	**377**	**228**	**149**
50	8640	5021	3619	135	64	71
51	7379	4279	3100	83	61	22
52	7195	4265	2930	71	39	32
53	4857	2990	1867	48	33	15
54	5876	3660	2216	40	31	9
55-59岁	**25462**	**16061**	**9401**	**181**	**115**	**66**
55	5755	3593	2162	53	38	15
56	5654	3538	2116	35	20	15
57	6774	4258	2516	42	29	13
58	4611	2961	1650	27	18	9
59	2668	1711	957	24	10	14
60-64岁	**14213**	**9549**	**4664**	**95**	**62**	**33**
60	2706	1782	924	22	15	7
61	2467	1662	805	22	16	6
62	2927	1989	938	14	10	4
63	3273	2180	1093	23	15	8
64	2840	1936	904	14	6	8
65岁及以上	**31274**	**21503**	**9771**	**125**	**70**	**55**

单位：人

有配偶			离婚			丧偶		
小计	男	女	小计	男	女	小计	男	女
551126	**291806**	**259320**	**16471**	**7329**	**9142**	**5118**	**2085**	**3033**
123	**33**	**90**	**2**		**2**			
1	1							
4	2	2						
9	3	6						
30	9	21	1		1			
79	18	61	1		1			
10757	**3646**	**7111**	**57**	**17**	**40**	**5**	**1**	**4**
239	58	181	1		1			
587	135	452	1	1				
1442	417	1025	5	1	4	1		1
3007	1007	2000	13	4	9			
5482	2029	3453	37	11	26	4	1	3
83793	**38353**	**45440**	**1179**	**493**	**686**	**23**	**5**	**18**
9563	3840	5723	67	23	44	1	1	
12593	5539	7054	119	43	76	2		2
16493	7488	9005	198	83	115	3	1	2
20364	9551	10813	338	148	190	11	2	9
24780	11935	12845	457	196	261	6	1	5
157191	**77685**	**79506**	**4053**	**1926**	**2127**	**85**	**22**	**63**
33936	16469	17467	668	321	347	9	6	3
34245	16678	17567	794	375	419	17	5	12
30725	15153	15572	814	409	405	19	4	15
32422	16224	16198	950	439	511	24	4	20
25863	13161	12702	827	382	445	16	3	13
94377	**48488**	**45889**	**3498**	**1582**	**1916**	**129**	**35**	**94**
19430	10025	9405	662	329	333	20	5	15
17754	9177	8577	601	270	331	26	12	14
17965	9127	8838	661	301	360	27	5	22
21435	11010	10425	839	368	471	26	5	21
17793	9149	8644	735	314	421	30	8	22
64291	**34441**	**29850**	**2710**	**1147**	**1563**	**161**	**37**	**124**
14158	7381	6777	516	224	292	32	9	23
14899	7826	7073	623	272	351	26	7	19
13136	6998	6138	573	250	323	45	7	38
11135	6064	5071	538	222	316	28	9	19
10963	6172	4791	460	179	281	30	5	25
44084	**25639**	**18445**	**1891**	**779**	**1112**	**188**	**38**	**150**
9797	5628	4169	424	177	247	32	7	25
9048	5168	3880	364	158	206	34	8	26
8488	4961	3527	351	129	222	46	9	37
8376	4938	3438	361	140	221	34	8	26
8375	4944	3431	391	175	216	42	6	36
31893	**19332**	**12561**	**1399**	**583**	**816**	**278**	**72**	**206**
8080	4786	3294	380	160	220	45	11	34
6930	4078	2852	307	127	180	59	13	46
6770	4091	2679	292	119	173	62	16	46
4547	2858	1689	211	91	120	51	8	43
5566	3519	2047	209	86	123	61	24	37
24084	**15453**	**8631**	**839**	**366**	**473**	**358**	**127**	**231**
5422	3430	1992	201	95	106	79	30	49
5345	3408	1937	193	86	107	81	24	57
6425	4110	2315	222	96	126	85	23	62
4365	2854	1511	139	55	84	80	34	46
2527	1651	876	84	34	50	33	16	17
13360	**9158**	**4202**	**406**	**205**	**201**	**352**	**124**	**228**
2549	1711	838	83	42	41	52	14	38
2310	1590	720	77	39	38	58	17	41
2764	1909	855	80	42	38	69	28	41
3080	2097	983	81	39	42	89	29	60
2657	1851	806	85	43	42	84	36	48
27173	**19578**	**7595**	**437**	**231**	**206**	**3539**	**1624**	**1915**

5-3 续表 7

受教育程度 年 龄	15岁及以上人口			未 婚		
	合计	男	女	小计	男	女
大学本科	**704350**	**363252**	**341098**	**262752**	**130343**	**132409**
15-19岁	**45411**	**21350**	**24061**	**45392**	**21342**	**24050**
15	146	71	75	146	71	75
16	286	136	150	286	136	150
17	1788	776	1012	1786	775	1011
18	14741	6902	7839	14738	6900	7838
19	28450	13465	14985	28436	13460	14976
20-24岁	**135748**	**65058**	**70690**	**131526**	**63779**	**67747**
20	34362	16402	17960	34322	16389	17933
21	32359	15494	16865	32246	15468	16778
22	25557	12494	13063	25188	12394	12794
23	22005	10621	11384	20975	10318	10657
24	21465	10047	11418	18795	9210	9585
25-29岁	**126064**	**59411**	**66653**	**60689**	**31848**	**28841**
25	23833	11049	12784	18156	9098	9058
26	23816	11173	12643	14727	7668	7059
27	25006	11611	13395	11804	6260	5544
28	26073	12393	13680	9060	4989	4071
29	27336	13185	14151	6942	3833	3109
30-34岁	**147550**	**72455**	**75095**	**18452**	**9939**	**8513**
30	33127	16004	17123	6538	3556	2982
31	31785	15444	16341	4579	2510	2069
32	28369	13911	14458	3095	1653	1442
33	29707	14730	14977	2523	1331	1192
34	24562	12366	12196	1717	889	828
35-39岁	**95690**	**50306**	**45384**	**4535**	**2335**	**2200**
35	19288	10026	9262	1210	662	548
36	18661	9810	8851	1023	492	531
37	18772	9978	8794	853	445	408
38	21797	11465	10332	890	464	426
39	17172	9027	8145	559	272	287
40-44岁	**55037**	**30092**	**24945**	**1200**	**565**	**635**
40	12852	6942	5910	350	157	193
41	12802	6941	5861	298	149	149
42	10877	5904	4973	213	101	112
43	9454	5162	4292	187	94	93
44	9052	5143	3909	152	64	88
45-49岁	**35495**	**21106**	**14389**	**520**	**268**	**252**
45	7814	4502	3312	106	55	51
46	7468	4408	3060	120	59	61
47	6954	4143	2811	103	55	48
48	6565	3961	2604	110	56	54
49	6694	4092	2602	81	43	38
50-54岁	**25036**	**16123**	**8913**	**234**	**131**	**103**
50	6285	3894	2391	71	35	36
51	5338	3308	2030	60	32	28
52	5223	3368	1855	40	25	15
53	3735	2492	1243	33	25	8
54	4455	3061	1394	30	14	16
55-59岁	**16162**	**11569**	**4593**	**115**	**80**	**35**
55	4125	2876	1249	28	21	7
56	3841	2728	1113	17	10	7
57	4137	2976	1161	31	22	9
58	2702	1987	715	24	14	10
59	1357	1002	355	15	13	2
60-64岁	**6091**	**4443**	**1648**	**35**	**24**	**11**
60	1300	954	346	5	4	1
61	1086	788	298	9	7	2
62	1177	876	301	8	5	3
63	1371	1006	365	9	5	4
64	1157	819	338	4	3	1
65岁及以上	**16066**	**11339**	**4727**	**54**	**32**	**22**

单位：人

有配偶			离婚			丧偶		
小计	男	女	小计	男	女	小计	男	女
429218	**227689**	**201529**	**9673**	**4006**	**5667**	**2707**	**1214**	**1493**
19	**8**	**11**						
2	1	1						
3	2	1						
14	5	9						
4204	**1273**	**2931**	**18**	**6**	**12**			
40	13	27						
111	26	85	2		2			
368	99	269	1	1				
1028	302	726	2	1	1			
2657	833	1824	13	4	9			
64829	**27363**	**37466**	**535**	**198**	**337**	**11**	**2**	**9**
5650	1945	3705	27	6	21			
9040	3488	5552	46	17	29	3		3
13108	5313	7795	93	37	56	1	1	
16870	7350	9520	141	53	88	2	1	1
20161	9267	10894	228	85	143	5		5
126722	**61531**	**65191**	**2329**	**976**	**1353**	**47**	**9**	**38**
26200	12295	13905	381	151	230	8	2	6
26780	12766	14014	420	167	253	6	1	5
24786	12042	12744	482	216	266	6		6
26630	13172	13458	542	226	316	12	1	11
22326	11256	11070	504	216	288	15	5	10
88586	**46903**	**41683**	**2494**	**1052**	**1442**	**75**	**16**	**59**
17664	9182	8482	401	178	223	13	4	9
17174	9116	8058	456	202	254	8		8
17386	9311	8075	512	217	295	21	5	16
20241	10734	9507	647	264	383	19	3	16
16121	8560	7561	478	191	287	14	4	10
52079	**28853**	**23226**	**1664**	**651**	**1013**	**94**	**23**	**71**
12095	6621	5474	391	160	231	16	4	12
12110	6633	5477	371	152	219	23	7	16
10313	5670	4643	335	128	207	16	5	11
8939	4958	3981	313	109	204	15	1	14
8622	4971	3651	254	102	152	24	6	18
33756	**20372**	**13384**	**1090**	**417**	**673**	**129**	**49**	**80**
7454	4344	3110	231	92	139	23	11	12
7080	4245	2835	244	98	146	24	6	18
6583	3985	2598	244	91	153	24	12	12
6257	3836	2421	173	64	109	25	5	20
6382	3962	2420	198	72	126	33	15	18
23902	**15639**	**8263**	**755**	**308**	**447**	**145**	**45**	**100**
5989	3776	2213	201	78	123	24	5	19
5085	3208	1877	168	61	107	25	7	18
4971	3257	1714	175	75	100	37	11	26
3577	2416	1161	104	46	58	21	5	16
4280	2982	1298	107	48	59	38	17	21
15481	**11220**	**4261**	**422**	**207**	**215**	**144**	**62**	**82**
3966	2805	1161	102	40	62	29	10	19
3685	2656	1029	104	49	55	35	13	22
3974	2897	1077	91	39	52	41	18	23
2574	1909	665	77	51	26	27	13	14
1282	953	329	48	28	20	12	8	4
5781	**4287**	**1494**	**163**	**83**	**80**	**112**	**49**	**63**
1240	919	321	36	23	13	19	8	11
1025	758	267	27	12	15	25	11	14
1119	846	273	29	16	13	21	9	12
1306	970	336	29	17	12	27	14	13
1091	794	297	42	15	27	20	7	13
13859	**10240**	**3619**	**203**	**108**	**95**	**1950**	**959**	**991**

5-3 续表 8

受教育程度 年　　龄	15岁及以上人口			未　　婚		
	合计	男	女	小计	男	女
硕士研究生	**77231**	**40809**	**36422**	**30213**	**14535**	**15678**
15-19岁	**61**	**35**	**26**	**61**	**35**	**26**
15						
16						
17	6	3	3	6	3	3
18	18	9	9	18	9	9
19	37	23	14	37	23	14
20-24岁	**13074**	**6183**	**6891**	**12983**	**6153**	**6830**
20	87	40	47	84	40	44
21	472	195	277	472	195	277
22	2774	1339	1435	2769	1338	1431
23	4768	2223	2545	4748	2217	2531
24	4973	2386	2587	4910	2363	2547
25-29岁	**18077**	**8500**	**9577**	**12863**	**6224**	**6639**
25	4480	2122	2358	4263	2045	2218
26	3626	1629	1997	3080	1423	1657
27	3405	1595	1810	2403	1194	1209
28	3262	1563	1699	1767	895	872
29	3304	1591	1713	1350	667	683
30-34岁	**17673**	**8698**	**8975**	**3214**	**1613**	**1601**
30	3931	1949	1982	1200	630	570
31	3881	1876	2005	822	398	424
32	3412	1617	1795	520	257	263
33	3497	1748	1749	396	204	192
34	2952	1508	1444	276	124	152
35-39岁	**12706**	**6880**	**5826**	**735**	**337**	**398**
35	2470	1318	1152	188	87	101
36	2512	1345	1167	167	76	91
37	2559	1369	1190	144	67	77
38	2808	1544	1264	127	60	67
39	2357	1304	1053	109	47	62
40-44岁	**6923**	**4195**	**2728**	**219**	**94**	**125**
40	1726	999	727	49	23	26
41	1688	987	701	70	27	43
42	1378	844	534	42	17	25
43	1096	684	412	29	12	17
44	1035	681	354	29	15	14
45-49岁	**3749**	**2532**	**1217**	**82**	**46**	**36**
45	884	603	281	17	11	6
46	820	536	284	26	13	13
47	738	507	231	19	9	10
48	675	447	228	10	5	5
49	632	439	193	10	8	2
50-54岁	**2333**	**1679**	**654**	**37**	**20**	**17**
50	605	428	177	13	6	7
51	535	385	150	9	4	5
52	464	309	155	6	4	2
53	325	247	78	4	4	
54	404	310	94	5	2	3
55-59岁	**1623**	**1291**	**332**	**14**	**9**	**5**
55	397	307	90	3	1	2
56	395	301	94	3	3	
57	431	347	84	4	2	2
58	276	238	38	3	2	1
59	124	98	26	1	1	
60-64岁	**476**	**393**	**83**	**3**	**2**	**1**
60	120	103	17			
61	71	54	17			
62	105	90	15	1	1	
63	105	84	21			
64	75	62	13	2	1	1
65岁及以上	**536**	**423**	**113**	**2**	**2**	

单位：人

有配偶			离婚			丧偶		
小计	男	女	小计	男	女	小计	男	女
46006	**25828**	**20178**	**927**	**403**	**524**	**85**	**43**	**42**
91	**30**	**61**						
3		3						
5	1	4						
20	6	14						
63	23	40						
5180	**2266**	**2914**	**31**	**9**	**22**	**3**	**1**	**2**
217	77	140						
544	206	338	1		1	1		1
998	400	598	4	1	3			
1488	667	821	6	1	5	1		1
1933	916	1017	20	7	13	1	1	
14271	**7016**	**7255**	**185**	**68**	**117**	**3**	**1**	**2**
2708	1308	1400	23	11	12			
3023	1464	1559	36	14	22			
2854	1352	1502	38	8	30			
3053	1524	1529	46	20	26	2		2
2633	1368	1265	42	15	27	1	1	
11681	**6416**	**5265**	**286**	**126**	**160**	**4**	**1**	**3**
2241	1208	1033	40	23	17	1		1
2295	1249	1046	50	20	30			
2351	1269	1082	63	33	30	1		1
2610	1460	1150	69	23	46	2	1	1
2184	1230	954	64	27	37			
6525	**4023**	**2502**	**175**	**77**	**98**	**4**	**1**	**3**
1627	958	669	48	18	30	2		2
1581	943	638	37	17	20			
1296	802	494	39	25	14	1		1
1044	661	383	23	11	12			
977	659	318	28	6	22	1	1	
3537	**2426**	**1111**	**126**	**59**	**67**	**4**	**1**	**3**
842	575	267	25	17	8			
770	514	256	23	9	14	1		1
693	488	205	24	10	14	2		2
634	427	207	30	14	16	1	1	
598	422	176	24	9	15			
2230	**1637**	**593**	**59**	**20**	**39**	**7**	**2**	**5**
578	419	159	13	3	10	1		1
505	377	128	19	4	15	2		2
446	301	145	11	4	7	1		1
315	240	75	5	3	2	1		1
386	300	86	11	6	5	2	2	
1567	**1256**	**311**	**35**	**24**	**11**	**7**	**2**	**5**
385	302	83	9	4	5			
378	291	87	9	6	3	5	1	4
414	335	79	13	10	3			
270	234	36	2	2		1		1
120	94	26	2	2		1	1	
450	**375**	**75**	**14**	**10**	**4**	**9**	**6**	**3**
114	98	16	6	5	1			
67	51	16	1	1		3	2	1
100	87	13	2	1	1	2	1	1
96	78	18	5	3	2	4	3	1
73	61	12						
474	**383**	**91**	**16**	**10**	**6**	**44**	**28**	**16**

5-3 续表 9

受教育程度 年　　龄	15岁及以上人口			未　　婚		
	合计	男	女	小计	男	女
博士研究生	**10240**	**6601**	**3639**	**3452**	**2091**	**1361**
15-19岁	**6**	**6**		**6**	**6**	
15						
16						
17						
18						
19	6	6		6	6	
20-24岁	**486**	**275**	**211**	**476**	**270**	**206**
20	7	3	4	7	3	4
21	20	8	12	18	7	11
22	62	33	29	60	33	27
23	135	74	61	134	74	60
24	262	157	105	257	153	104
25-29岁	**2385**	**1449**	**936**	**1926**	**1170**	**756**
25	408	252	156	390	240	150
26	474	282	192	430	256	174
27	514	300	214	429	254	175
28	522	322	200	381	238	143
29	467	293	174	296	182	114
30-34岁	**2346**	**1502**	**844**	**779**	**505**	**274**
30	539	352	187	280	187	93
31	504	320	184	188	129	59
32	465	287	178	143	86	57
33	443	287	156	96	56	40
34	395	256	139	72	47	25
35-39岁	**1774**	**1104**	**670**	**175**	**88**	**87**
35	320	207	113	47	30	17
36	332	204	128	39	18	21
37	345	202	143	35	13	22
38	403	252	151	33	16	17
39	374	239	135	21	11	10
40-44岁	**1320**	**841**	**479**	**56**	**33**	**23**
40	310	194	116	17	8	9
41	329	202	127	18	11	7
42	284	180	104	10	7	3
43	218	145	73	8	5	3
44	179	120	59	3	2	1
45-49岁	**780**	**528**	**252**	**16**	**8**	**8**
45	164	115	49	4	1	3
46	153	95	58	5	3	2
47	172	109	63	2		2
48	170	125	45	3	2	1
49	121	84	37	2	2	
50-54岁	**525**	**382**	**143**	**10**	**7**	**3**
50	136	94	42	8	5	3
51	103	81	22			
52	112	69	43	2	2	
53	77	63	14			
54	97	75	22			
55-59岁	**410**	**350**	**60**	**4**	**3**	**1**
55	104	88	16			
56	96	78	18	2	2	
57	111	100	11			
58	63	57	6	1	1	
59	36	27	9	1		1
60-64岁	**113**	**92**	**21**	**3**	**1**	**2**
60	22	19	3			
61	19	16	3			
62	25	22	3	1	1	
63	23	18	5	2		2
64	24	17	7			
65岁及以上	**95**	**72**	**23**	**1**		**1**

单位：人

有配偶			离　婚			丧　偶		
小计	男	女	小计	男	女	小计	男	女
6641	**4427**	**2214**	**128**	**72**	**56**	**19**	**11**	**8**
10	**5**	**5**						
2	1	1						
2		2						
1		1						
5	4	1						
457	**278**	**179**	**2**	**1**	**1**			
18	12	6						
44	26	18						
85	46	39						
141	84	57						
169	110	59	2	1	1			
1555	**991**	**564**	**12**	**6**	**6**			
259	165	94						
314	190	124	2	1	1			
320	199	121	2	2				
342	230	112	5	1	4			
320	207	113	3	2	1			
1562	**995**	**567**	**36**	**21**	**15**	**1**		**1**
270	175	95	3	2	1			
285	182	103	7	4	3	1		1
305	186	119	5	3	2			
359	231	128	11	5	6			
343	221	122	10	7	3			
1233	**789**	**444**	**30**	**18**	**12**	**1**	**1**	
285	180	105	8	6	2			
305	188	117	6	3	3			
268	168	100	6	5	1			
202	136	66	7	3	4	1	1	
173	117	56	3	1	2			
734	**508**	**226**	**29**	**12**	**17**	**1**		**1**
156	111	45	4	3	1			
146	92	54	2		2			
156	104	52	14	5	9			
161	121	40	6	2	4			
115	80	35	3	2	1	1		1
506	**370**	**136**	**9**	**5**	**4**			
125	88	37	3	1	2			
103	81	22						
106	64	42	4	3	1			
77	63	14						
95	74	21	2	1	1			
397	**340**	**57**	**5**	**4**	**1**	**4**	**3**	**1**
103	87	16	1	1				
92	75	17	1		1	1	1	
108	98	10	1	1		2	1	1
60	54	6	1	1		1	1	
34	26	8	1	1				
103	**85**	**18**	**5**	**5**		**2**	**1**	**1**
21	18	3	1	1				
19	16	3						
23	20	3	1	1				
18	15	3	3	3				
22	16	6				2	1	1
84	**66**	**18**				**10**	**6**	**4**

5-3a 全省分年龄、性别、受教育

受教育程度 / 年龄	15岁及以上人口			未婚		
	合计	男	女	小计	男	女
总计	**3329412**	**1670279**	**1659133**	**622356**	**353641**	**268715**
15-19岁	**195559**	**104703**	**90856**	**195013**	**104579**	**90434**
15	34549	18585	15964	34545	18584	15961
16	40352	21849	18503	40338	21847	18491
17	36331	19824	16507	36279	19809	16470
18	36164	19380	16784	36015	19344	16671
19	48163	25065	23098	47836	24995	22841
20-24岁	**234455**	**123688**	**110767**	**212591**	**115813**	**96778**
20	52977	27636	25341	52250	27444	24806
21	46949	24593	22356	45480	24205	21275
22	43674	23459	20215	40462	22378	18084
23	44223	23321	20902	38199	21163	17036
24	46632	24679	21953	36200	20623	15577
25-29岁	**296806**	**153325**	**143481**	**124193**	**75018**	**49175**
25	52719	27609	25110	34967	20361	14606
26	52932	27578	25354	28525	17008	11517
27	57869	29748	28121	24391	14905	9486
28	62893	32275	30618	19725	12331	7394
29	70393	36115	34278	16585	10413	6172
30-34岁	**429918**	**215992**	**213926**	**51390**	**32340**	**19050**
30	92149	47099	45050	16798	10753	6045
31	91713	46259	45454	12600	8029	4571
32	82982	41280	41702	8983	5506	3477
33	89108	44342	44766	7636	4753	2883
34	73966	37012	36954	5373	3299	2074
35-39岁	**319678**	**159950**	**159728**	**14937**	**8915**	**6022**
35	60439	30311	30128	3763	2268	1495
36	59409	29746	29663	3183	1907	1276
37	60777	30448	30329	2809	1647	1162
38	74022	37156	36866	2976	1773	1203
39	65031	32289	32742	2206	1320	886
40-44岁	**290579**	**146070**	**144509**	**7035**	**4163**	**2872**
40	54871	27520	27351	1682	969	713
41	62957	31507	31450	1568	917	651
42	59330	29830	29500	1371	813	558
43	55600	27942	27658	1203	738	465
44	57821	29271	28550	1211	726	485
45-49岁	**298507**	**151899**	**146608**	**5217**	**3426**	**1791**
45	55529	28404	27125	1107	692	415
46	56730	28789	27941	1036	653	383
47	57488	29378	28110	1026	696	330
48	61310	31061	30249	1020	686	334
49	67450	34267	33183	1028	699	329
50-54岁	**330124**	**163760**	**166364**	**3987**	**2941**	**1046**
50	71526	35678	35848	1029	719	310
51	69560	34515	35045	893	656	237
52	70840	35013	35827	793	563	230
53	54394	26782	27612	602	470	132
54	63804	31772	32032	670	533	137
55-59岁	**271948**	**133611**	**138337**	**2450**	**1917**	**533**
55	62098	30560	31538	558	444	114
56	59927	29357	30570	545	414	131
57	70152	34649	35503	625	497	128
58	50689	24921	25768	453	359	94
59	29082	14124	14958	269	203	66
60-64岁	**190371**	**93907**	**96464**	**1620**	**1321**	**299**
60	33052	16313	16739	280	213	67
61	31998	15811	16187	300	250	50
62	40286	19992	20294	341	278	63
63	46106	22856	23250	378	317	61
64	38929	18935	19994	321	263	58
65岁及以上	**471467**	**223374**	**248093**	**3923**	**3208**	**715**

程度、婚姻状况的人口(城市)

单位：人

有配偶			离婚			丧偶		
小计	男	女	小计	男	女	小计	男	女
2501620	**1251862**	**1249758**	**75008**	**33690**	**41318**	**130428**	**31086**	**99342**
540	**121**	**419**	**6**	**3**	**3**			
4	1	3						
14	2	12						
52	15	37						
147	35	112	2	1	1			
323	68	255	4	2	2			
21705	**7822**	**13883**	**158**	**53**	**105**	**1**		**1**
725	192	533	2		2			
1459	386	1073	10	2	8			
3201	1078	2123	11	3	8			
5983	2144	3839	41	14	27			
10337	4022	6315	94	34	60	1		1
170163	**77252**	**92911**	**2400**	**1046**	**1354**	**50**	**9**	**41**
17599	7199	10400	150	49	101	3		3
24163	10476	13687	237	94	143	7		7
33059	14670	18389	416	172	244	3	1	2
42512	19661	22851	638	278	360	18	5	13
52830	25246	27584	959	453	506	19	3	16
368996	**179202**	**189794**	**9328**	**4399**	**4929**	**204**	**51**	**153**
73885	35640	38245	1441	694	747	25	12	13
77299	37383	39916	1775	837	938	39	10	29
72113	34896	37217	1852	868	984	34	10	24
79215	38564	40651	2199	1014	1185	58	11	47
66484	32719	33765	2061	986	1075	48	8	40
293913	**146220**	**147693**	**10433**	**4716**	**5717**	**395**	**99**	**296**
54827	27185	27642	1795	842	953	54	16	38
54396	27037	27359	1781	788	993	49	14	35
55909	27881	28028	1974	902	1072	85	18	67
68398	34212	34186	2555	1154	1401	93	17	76
60383	29905	30478	2328	1030	1298	114	34	80
271760	**137029**	**134731**	**11004**	**4705**	**6299**	**780**	**173**	**607**
51169	25679	25490	1924	851	1073	96	21	75
58946	29564	29382	2311	1000	1311	132	26	106
55474	28025	27449	2324	962	1362	161	30	131
52045	26231	25814	2192	937	1255	160	36	124
54126	27530	26596	2253	955	1298	231	60	171
280023	**143287**	**136736**	**11358**	**4782**	**6576**	**1909**	**404**	**1505**
51968	26717	25251	2189	926	1263	265	69	196
53266	27162	26104	2132	914	1218	296	60	236
53972	27725	26247	2166	884	1282	324	73	251
57555	29324	28231	2284	970	1314	451	81	370
63262	32359	30903	2587	1088	1499	573	121	452
309946	**154948**	**154998**	**11336**	**4836**	**6500**	**4855**	**1035**	**3820**
67105	33678	33427	2666	1124	1542	726	157	569
65332	32634	32698	2466	1043	1423	869	182	687
66599	33196	33403	2459	1040	1419	989	214	775
51081	25364	25717	1725	747	978	986	201	785
59829	30076	29753	2020	882	1138	1285	281	1004
253096	**126241**	**126855**	**8641**	**3901**	**4740**	**7761**	**1552**	**6209**
58299	29053	29246	1887	803	1084	1354	260	1094
55832	27782	28050	1930	866	1064	1620	295	1325
65187	32705	32482	2317	1047	1270	2023	400	1623
47039	23477	23562	1548	735	813	1649	350	1299
26739	13224	13515	959	450	509	1115	247	868
173066	**87600**	**85466**	**4993**	**2493**	**2500**	**10692**	**2493**	**8199**
30226	15252	14974	1108	536	572	1438	312	1126
29228	14753	14475	914	463	451	1556	345	1211
36645	18669	17976	1036	501	535	2264	544	1720
41780	21293	20487	1066	568	498	2882	678	2204
35187	17633	17554	869	425	444	2552	614	1938
358412	**192140**	**166272**	**5351**	**2756**	**2595**	**103781**	**25270**	**78511**

5-3a 续表 1

受教育程度 年 龄	15岁及以上人口			未 婚		
	合计	男	女	小计	男	女
未上过学	**63423**	**12220**	**51203**	**2451**	**1843**	**608**
15-19岁	**137**	**89**	**48**	**137**	**89**	**48**
15	19	12	7	19	12	7
16	29	19	10	29	19	10
17	35	21	14	35	21	14
18	25	18	7	25	18	7
19	29	19	10	29	19	10
20-24岁	**165**	**91**	**74**	**154**	**90**	**64**
20	39	22	17	38	22	16
21	30	14	16	28	13	15
22	26	12	14	26	12	14
23	42	23	19	35	23	12
24	28	20	8	27	20	7
25-29岁	**232**	**122**	**110**	**179**	**105**	**74**
25	34	23	11	30	20	10
26	44	23	21	38	22	16
27	44	24	20	36	20	16
28	52	24	28	38	19	19
29	58	28	30	37	24	13
30-34岁	**434**	**209**	**225**	**204**	**137**	**67**
30	88	37	51	47	27	20
31	88	44	44	39	26	13
32	82	34	48	37	19	18
33	88	51	37	43	34	9
34	88	43	45	38	31	7
35-39岁	**435**	**199**	**236**	**173**	**121**	**52**
35	69	32	37	28	21	7
36	85	41	44	34	25	9
37	97	37	60	34	20	14
38	94	47	47	46	31	15
39	90	42	48	31	24	7
40-44岁	**637**	**205**	**432**	**135**	**90**	**45**
40	96	33	63	30	20	10
41	111	40	71	27	19	8
42	130	39	91	23	16	7
43	144	45	99	27	17	10
44	156	48	108	28	18	10
45-49岁	**1601**	**406**	**1195**	**183**	**125**	**58**
45	207	56	151	33	18	15
46	227	60	167	32	22	10
47	281	67	214	27	16	11
48	426	107	319	43	31	12
49	460	116	344	48	38	10
50-54岁	**3388**	**752**	**2636**	**209**	**174**	**35**
50	586	144	442	40	34	6
51	620	148	472	39	30	9
52	704	146	558	43	38	5
53	647	136	511	36	30	6
54	831	178	653	51	42	9
55-59岁	**3934**	**663**	**3271**	**153**	**131**	**22**
55	756	143	613	29	26	3
56	708	135	573	40	33	7
57	975	159	816	37	29	8
58	889	124	765	28	25	3
59	606	102	504	19	18	1
60-64岁	**6733**	**1127**	**5606**	**175**	**142**	**33**
60	680	108	572	24	18	6
61	920	167	753	36	30	6
62	1393	237	1156	37	28	9
63	1901	314	1587	47	38	9
64	1839	301	1538	31	28	3
65岁及以上	**45727**	**8357**	**37370**	**749**	**639**	**110**

单位：人

有配偶			离 婚			丧 偶		
小计	男	女	小计	男	女	小计	男	女
37705	**8173**	**29532**	**517**	**184**	**333**	**22750**	**2020**	**20730**
11	**1**	**10**						
1		1						
2	1	1						
7		7						
1		1						
52	**17**	**35**	**1**		**1**			
4	3	1						
6	1	5						
8	4	4						
14	5	9						
20	4	16	1		1			
219	**69**	**150**	**10**	**3**	**7**	**1**		**1**
39	10	29	2		2			
46	16	30	3	2	1			
43	15	28	1		1	1		1
43	16	27	2	1	1			
48	12	36	2		2			
250	**75**	**175**	**12**	**3**	**9**			
37	9	28	4	2	2			
51	16	35						
59	16	43	4	1	3			
46	16	30	2		2			
57	18	39	2		2			
479	**103**	**376**	**20**	**11**	**9**	**3**	**1**	**2**
65	13	52	1		1			
81	18	63	3	3				
100	19	81	7	4	3			
111	25	86	5	3	2	1		1
122	28	94	4	1	3	2	1	1
1345	**261**	**1084**	**46**	**19**	**27**	**27**	**1**	**26**
170	37	133	3	1	2	1		1
185	35	150	7	3	4	3		3
240	46	194	10	5	5	4		4
362	71	291	17	5	12	4		4
388	72	316	9	5	4	15	1	14
3009	**546**	**2463**	**70**	**25**	**45**	**100**	**7**	**93**
524	102	422	15	6	9	7	2	5
557	113	444	10	5	5	14		14
628	99	529	12	6	6	21	3	18
566	101	465	19	4	15	26	1	25
734	131	603	14	4	10	32	1	31
3450	**501**	**2949**	**73**	**21**	**52**	**258**	**10**	**248**
670	113	557	20	3	17	37	1	36
621	98	523	10	4	6	37		37
849	119	730	20	5	15	69	6	63
778	91	687	15	6	9	68	2	66
532	80	452	8	3	5	47	1	46
5632	**899**	**4733**	**72**	**27**	**45**	**854**	**59**	**795**
581	80	501	12	7	5	63	3	60
796	130	666	11	4	7	77	3	74
1158	194	964	17	5	12	181	10	171
1572	247	1325	16	6	10	266	23	243
1525	248	1277	16	5	11	267	20	247
23258	**5701**	**17557**	**213**	**75**	**138**	**21507**	**1942**	**19565**

5-3a 续表 2

受教育程度 年 龄	15岁及以上人口			未 婚		
	合计	男	女	小计	男	女
学前教育	**2592**	**771**	**1821**	**233**	**148**	**85**
15-19岁	**99**	**58**	**41**	**99**	**58**	**41**
15	36	20	16	36	20	16
16	19	11	8	19	11	8
17	16	8	8	16	8	8
18	17	11	6	17	11	6
19	11	8	3	11	8	3
20-24岁	**37**	**18**	**19**	**34**	**18**	**16**
20	12	6	6	12	6	6
21	4	4		4	4	
22	7	5	2	5	5	
23	6	1	5	6	1	5
24	8	2	6	7	2	5
25-29岁	**39**	**14**	**25**	**15**	**8**	**7**
25	5	3	2	5	3	2
26	8	3	5	4	2	2
27	5	2	3	2	1	1
28	11	3	8	2	1	1
29	10	3	7	2	1	1
30-34岁	**63**	**28**	**35**	**17**	**13**	**4**
30	11	7	4	3	3	
31	17	7	10	4	3	1
32	11	3	8	3	1	2
33	15	6	9	5	5	
34	9	5	4	2	1	1
35-39岁	**43**	**23**	**20**	**8**	**5**	**3**
35	8	4	4			
36	7	4	3	2	1	1
37	6	4	2	2	1	1
38	13	6	7	1	1	
39	9	5	4	3	2	1
40-44岁	**34**	**12**	**22**	**5**	**4**	**1**
40	3	1	2	1	1	
41	4	1	3	1	1	
42	7	3	4	2	1	1
43	5	2	3			
44	15	5	10	1	1	
45-49岁	**60**	**21**	**39**	**4**	**1**	**3**
45	11	3	8			
46	6	1	5	1		1
47	7	5	2			
48	13	4	9			
49	23	8	15	3	1	2
50-54岁	**147**	**40**	**107**	**8**	**4**	**4**
50	26	4	22			
51	26	12	14	2	1	1
52	29	9	20	2		2
53	24	3	21	2	1	1
54	42	12	30	2	2	
55-59岁	**180**	**62**	**118**	**6**	**6**	
55	36	17	19	4	4	
56	35	10	25			
57	49	13	36	1	1	
58	37	16	21			
59	23	6	17	1	1	
60-64岁	**239**	**58**	**181**	**4**	**3**	**1**
60	32	7	25	1		1
61	35	8	27			
62	48	12	36			
63	60	21	39	1	1	
64	64	10	54	2	2	
65岁及以上	**1651**	**437**	**1214**	**33**	**28**	**5**

单位：人

有配偶			离婚			丧偶		
小计	男	女	小计	男	女	小计	男	女
1630	**505**	**1125**	**22**	**10**	**12**	**707**	**108**	**599**
3		**3**						
2		2						
1		1						
24	**6**	**18**						
4	1	3						
3	1	2						
9	2	7						
8	2	6						
46	**15**	**31**						
8	4	4						
13	4	9						
8	2	6						
10	1	9						
7	4	3						
35	**18**	**17**						
8	4	4						
5	3	2						
4	3	1						
12	5	7						
6	3	3						
27	**8**	**19**	**2**		**2**			
2		2						
3		3						
5	2	3						
5	2	3						
12	4	8	2		2			
53	**19**	**34**	**2**	**1**	**1**	**1**		**1**
9	2	7	1	1		1		1
5	1	4						
7	5	2						
13	4	9						
19	7	12	1		1			
128	**34**	**94**	**5**	**2**	**3**	**6**		**6**
25	3	22	1	1				
24	11	13						
27	9	18						
17	2	15	2		2	3		3
35	9	26	2	1	1	3		3
156	**49**	**107**	**3**	**2**	**1**	**15**	**5**	**10**
29	12	17	2	1	1	1		1
33	9	24				2	1	1
43	10	33	1	1		4	1	3
33	14	19				4	2	2
18	4	14				4	1	3
213	**52**	**161**	**3**	**1**	**2**	**19**	**2**	**17**
27	5	22	1	1		3	1	2
32	8	24	1		1	2		2
41	11	30	1		1	6	1	5
56	20	36				3		3
57	8	49				5		5
945	**304**	**641**	**7**	**4**	**3**	**666**	**101**	**565**

5-3a 续表 3

受教育程度 年龄	15岁及以上人口			未婚		
	合计	男	女	小计	男	女
小　学	**378091**	**149987**	**228104**	**8953**	**6987**	**1966**
15-19岁	**600**	**370**	**230**	**578**	**366**	**212**
15	86	45	41	86	45	41
16	98	67	31	96	67	29
17	86	61	25	85	61	24
18	162	110	52	155	109	46
19	168	87	81	156	84	72
20-24岁	**1306**	**801**	**505**	**961**	**669**	**292**
20	187	117	70	173	114	59
21	203	128	75	167	115	52
22	261	170	91	204	144	60
23	305	183	122	211	142	69
24	350	203	147	206	154	52
25-29岁	**2934**	**1586**	**1348**	**951**	**691**	**260**
25	395	225	170	197	141	56
26	438	247	191	173	124	49
27	572	306	266	206	145	61
28	699	395	304	193	155	38
29	830	413	417	182	126	56
30-34岁	**6459**	**3002**	**3457**	**859**	**616**	**243**
30	1132	567	565	229	166	63
31	1267	637	630	200	146	54
32	1234	567	667	145	108	37
33	1469	663	806	152	104	48
34	1357	568	789	133	92	41
35-39岁	**6921**	**2884**	**4037**	**475**	**344**	**131**
35	1290	551	739	112	84	28
36	1213	522	691	84	64	20
37	1301	549	752	99	71	28
38	1534	634	900	99	69	30
39	1583	628	955	81	56	25
40-44岁	**12874**	**5148**	**7726**	**484**	**362**	**122**
40	1670	649	1021	84	64	20
41	2374	931	1443	95	62	33
42	2637	1066	1571	99	77	22
43	2875	1185	1690	115	89	26
44	3318	1317	2001	91	70	21
45-49岁	**26956**	**10352**	**16604**	**686**	**544**	**142**
45	3810	1518	2292	121	91	30
46	4475	1733	2742	137	106	31
47	5201	2062	3139	156	129	27
48	6181	2290	3891	128	102	26
49	7289	2749	4540	144	116	28
50-54岁	**51668**	**19465**	**32203**	**883**	**717**	**166**
50	8833	3226	5607	197	156	41
51	10741	4131	6610	187	147	40
52	11386	4285	7101	180	142	38
53	9688	3584	6104	146	121	25
54	11020	4239	6781	173	151	22
55-59岁	**42612**	**15304**	**27308**	**635**	**539**	**96**
55	10129	3730	6399	151	130	21
56	9209	3358	5851	133	116	17
57	10348	3793	6555	170	144	26
58	8199	2802	5397	115	95	20
59	4727	1621	3106	66	54	12
60-64岁	**44846**	**16754**	**28092**	**581**	**532**	**49**
60	5688	2006	3682	79	68	11
61	6546	2442	4104	91	85	6
62	9581	3662	5919	130	119	11
63	12070	4560	7510	139	132	7
64	10961	4084	6877	142	128	14
65岁及以上	**180915**	**74321**	**106594**	**1860**	**1607**	**253**

单位：人

有配偶			离婚			丧偶		
小计	男	女	小计	男	女	小计	男	女
308165	**127734**	**180431**	**5578**	**2590**	**2988**	**55395**	**12676**	**42719**
22	**4**	**18**						
2		2						
1		1						
7	1	6						
12	3	9						
342	**132**	**210**	**3**		**3**			
14	3	11						
36	13	23						
57	26	31						
92	41	51	2		2			
143	49	94	1		1			
1936	**872**	**1064**	**46**	**23**	**23**	**1**		**1**
196	82	114	2	2				
259	121	138	6	2	4			
358	158	200	8	3	5			
490	233	257	16	7	9			
633	278	355	14	9	5	1		1
5415	**2308**	**3107**	**178**	**78**	**100**	**7**		**7**
870	381	489	32	20	12	1		1
1041	481	560	24	10	14	2		2
1057	446	611	31	13	18	1		1
1268	540	728	47	19	28	2		2
1179	460	719	44	16	28	1		1
6182	**2422**	**3760**	**242**	**113**	**129**	**22**	**5**	**17**
1133	445	688	42	21	21	3	1	2
1080	439	641	48	19	29	1		1
1164	464	700	33	13	20	5	1	4
1371	533	838	59	31	28	5	1	4
1434	541	893	60	29	31	8	2	6
11904	**4587**	**7317**	**433**	**193**	**240**	**53**	**6**	**47**
1527	564	963	54	21	33	5		5
2177	823	1354	92	44	48	10	2	8
2427	937	1490	104	50	54	7	2	5
2662	1059	1603	90	37	53	8		8
3111	1204	1907	93	41	52	23	2	21
25240	**9433**	**15807**	**749**	**326**	**423**	**281**	**49**	**232**
3526	1353	2173	135	66	69	28	8	20
4166	1566	2600	131	55	76	41	6	35
4872	1866	3006	133	58	75	40	9	31
5826	2122	3704	152	59	93	75	7	68
6850	2526	4324	198	88	110	97	19	78
48452	**18031**	**30421**	**1110**	**497**	**613**	**1223**	**220**	**1003**
8292	2943	5349	203	94	109	141	33	108
10117	3838	6279	246	113	133	191	33	158
10715	3970	6745	238	118	120	253	55	198
9048	3346	5702	195	68	127	299	49	250
10280	3934	6346	228	104	124	339	50	289
39258	**14105**	**25153**	**805**	**369**	**436**	**1914**	**291**	**1623**
9467	3467	6000	176	83	93	335	50	285
8468	3119	5349	188	77	111	420	46	374
9477	3475	6002	214	92	122	487	82	405
7524	2548	4976	165	86	79	395	73	322
4322	1496	2826	62	31	31	277	40	237
39833	**15204**	**24629**	**678**	**349**	**329**	**3754**	**669**	**3085**
5095	1815	3280	111	59	52	403	64	339
5825	2201	3624	122	67	55	508	89	419
8535	3326	5209	137	77	60	779	140	639
10662	4147	6515	177	83	94	1092	198	894
9716	3715	6001	131	63	68	972	178	794
129581	**60636**	**68945**	**1334**	**642**	**692**	**48140**	**11436**	**36704**

5-3a 续表 4

受教育程度 年 龄	15岁及以上人口			未 婚		
	合计	男	女	小计	男	女
初 中	**998572**	**509766**	**488806**	**75075**	**51598**	**23477**
15-19岁	**23449**	**13864**	**9585**	**23137**	**13798**	**9339**
15	10481	5885	4596	10478	5884	4594
16	4172	2416	1756	4165	2416	1749
17	2870	1816	1054	2835	1809	1026
18	2796	1770	1026	2705	1749	956
19	3130	1977	1153	2954	1940	1014
20-24岁	**24240**	**14873**	**9367**	**17069**	**12113**	**4956**
20	3438	2223	1215	3082	2129	953
21	3772	2385	1387	3126	2212	914
22	4886	3032	1854	3650	2592	1058
23	5538	3288	2250	3542	2529	1013
24	6606	3945	2661	3669	2651	1018
25-29岁	**50334**	**27846**	**22488**	**15063**	**11145**	**3918**
25	7941	4613	3328	3731	2745	986
26	8294	4672	3622	3117	2305	812
27	9745	5398	4347	3021	2210	811
28	11124	6066	5058	2679	2021	658
29	13230	7097	6133	2515	1864	651
30-34岁	**89423**	**45753**	**43670**	**9164**	**6779**	**2385**
30	18732	10057	8675	2865	2168	697
31	18587	9708	8879	2225	1661	564
32	16808	8492	8316	1598	1159	439
33	18980	9470	9510	1463	1064	399
34	16316	8026	8290	1013	727	286
35-39岁	**81626**	**39669**	**41957**	**3158**	**2241**	**917**
35	14679	7148	7531	765	535	230
36	15344	7492	7852	693	509	184
37	15381	7512	7869	576	395	181
38	18839	9185	9654	625	444	181
39	17383	8332	9051	499	358	141
40-44岁	**100246**	**48585**	**51661**	**2006**	**1354**	**652**
40	15873	7728	8145	442	296	146
41	20030	9664	10366	408	279	129
42	20625	10017	10608	398	273	125
43	20687	10049	10638	349	237	112
44	23031	11127	11904	409	269	140
45-49岁	**133745**	**65635**	**68110**	**1874**	**1322**	**552**
45	23110	11327	11783	395	277	118
46	24661	11971	12690	342	225	117
47	25774	12685	13089	364	271	93
48	28383	13961	14422	377	268	109
49	31817	15691	16126	396	281	115
50-54岁	**163811**	**80436**	**83375**	**1507**	**1167**	**340**
50	34245	16751	17494	363	290	73
51	34018	16683	17335	344	264	80
52	35465	17427	18038	298	211	87
53	27610	13630	13980	237	190	47
54	32473	15945	16528	265	212	53
55-59岁	**121192**	**58913**	**62279**	**864**	**694**	**170**
55	31091	15022	16069	201	164	37
56	28171	13368	14803	218	165	53
57	31077	15167	15910	221	180	41
58	20495	10205	10290	146	123	23
59	10358	5151	5207	78	62	16
60-64岁	**67541**	**35752**	**31789**	**424**	**342**	**82**
60	11354	5774	5580	83	63	20
61	11045	5728	5317	72	62	10
62	14137	7551	6586	89	69	20
63	16623	9045	7578	98	83	15
64	14382	7654	6728	82	65	17
65岁及以上	**142965**	**78440**	**64525**	**809**	**643**	**166**

单位：人

有配偶			离婚			丧偶		
小计	男	女	小计	男	女	小计	男	女
865256	**435950**	**429306**	**26719**	**12706**	**14013**	**31522**	**9512**	**22010**
308	**64**	**244**	**4**	**2**	**2**			
3	1	2						
7		7						
35	7	28						
90	20	70	1	1				
173	36	137	3	1	2			
7108	**2739**	**4369**	**63**	**21**	**42**			
355	94	261	1		1			
639	171	468	7	2	5			
1231	439	792	5	1	4			
1976	752	1224	20	7	13			
2907	1283	1624	30	11	19			
34570	**16374**	**18196**	**682**	**325**	**357**	**19**	**2**	**17**
4142	1846	2296	66	22	44	2		2
5091	2334	2757	82	33	49	4		4
6601	3138	3463	121	50	71	2		2
8286	3964	4322	156	80	76	3	1	2
10450	5092	5358	257	140	117	8	1	7
77798	**37675**	**40123**	**2394**	**1285**	**1109**	**67**	**14**	**53**
15444	7661	7783	416	225	191	7	3	4
15887	7793	8094	459	249	210	16	5	11
14751	7104	7647	450	227	223	9	2	7
16950	8101	8849	549	302	247	18	3	15
14766	7016	7750	520	282	238	17	1	16
75636	**36034**	**39602**	**2694**	**1365**	**1329**	**138**	**29**	**109**
13426	6366	7060	471	242	229	17	5	12
14152	6738	7414	484	242	242	15	3	12
14262	6855	7407	513	258	255	30	4	26
17540	8404	9136	643	332	311	31	5	26
16256	7671	8585	583	291	292	45	12	33
94501	**45581**	**48920**	**3410**	**1571**	**1839**	**329**	**79**	**250**
14859	7159	7700	536	266	270	36	7	29
18894	9069	9825	680	307	373	48	9	39
19464	9428	10036	695	304	391	68	12	56
19566	9470	10096	692	321	371	80	21	59
21718	10455	11263	807	373	434	97	30	67
126429	**62174**	**64255**	**4505**	**1937**	**2568**	**937**	**202**	**735**
21800	10687	11113	798	340	458	117	23	94
23383	11360	12023	791	353	438	145	33	112
24398	12005	12393	860	373	487	152	36	116
26804	13238	13566	965	409	556	237	46	191
30044	14884	15160	1091	462	629	286	64	222
154570	**76440**	**78130**	**5257**	**2294**	**2963**	**2477**	**535**	**1942**
32324	15870	16454	1172	511	661	386	80	306
32113	15839	16274	1097	481	616	464	99	365
33509	16629	16880	1164	488	676	494	99	395
26057	12957	13100	829	369	460	487	114	373
30567	15145	15422	995	445	550	646	143	503
113101	**55696**	**57405**	**3745**	**1778**	**1967**	**3482**	**745**	**2737**
29274	14324	14950	929	396	533	687	138	549
26299	12630	13669	890	422	468	764	151	613
28910	14294	14616	1016	501	515	930	192	738
19081	9638	9443	573	293	280	695	151	544
9537	4810	4727	337	166	171	406	113	293
61924	**33460**	**28464**	**1777**	**935**	**842**	**3416**	**1015**	**2401**
10440	5410	5030	349	173	176	482	128	354
10171	5387	4784	307	152	155	495	127	368
12962	7066	5896	375	182	193	711	234	477
15224	8442	6782	391	240	151	910	280	630
13127	7155	5972	355	188	167	818	246	572
119311	**69713**	**49598**	**2188**	**1193**	**995**	**20657**	**6891**	**13766**

5-3a 续表 5

受教育程度 年　　龄	15岁及以上人口			未　　婚		
	合计	男	女	小计	男	女
高　中	**729740**	**390453**	**339287**	**157250**	**94159**	**63091**
15-19岁	**97029**	**53306**	**43723**	**96876**	**53271**	**43605**
15	22052	11663	10389	22051	11663	10388
16	31702	17225	14477	31699	17225	14474
17	26737	14650	12087	26725	14644	12081
18	11027	6459	4568	10991	6450	4541
19	5511	3309	2202	5410	3289	2121
20-24岁	**27959**	**16938**	**11021**	**22659**	**14915**	**7744**
20	4716	2858	1858	4514	2805	1709
21	4682	2880	1802	4265	2759	1506
22	5518	3351	2167	4634	3036	1598
23	6166	3693	2473	4661	3117	1544
24	6877	4156	2721	4585	3198	1387
25-29岁	**52332**	**29302**	**23030**	**18742**	**13222**	**5520**
25	8300	4877	3423	4638	3230	1408
26	8652	5006	3646	4016	2862	1154
27	10138	5617	4521	3728	2640	1088
28	11670	6470	5200	3325	2381	944
29	13572	7332	6240	3035	2109	926
30-34岁	**89130**	**46549**	**42581**	**10585**	**7392**	**3193**
30	18892	10129	8763	3241	2320	921
31	19035	10045	8990	2562	1811	751
32	17205	8865	8340	1875	1266	609
33	18604	9568	9036	1672	1140	532
34	15394	7942	7452	1235	855	380
35-39岁	**69894**	**34914**	**34980**	**3225**	**2052**	**1173**
35	12514	6369	6145	836	530	306
36	11960	5933	6027	615	401	214
37	12689	6347	6342	585	365	220
38	16711	8323	8388	658	427	231
39	16020	7942	8078	531	329	202
40-44岁	**74972**	**37693**	**37279**	**1801**	**1064**	**737**
40	14042	6951	7091	414	246	168
41	16832	8405	8427	422	249	173
42	15369	7791	7578	331	193	138
43	14345	7213	7132	315	188	127
44	14384	7333	7051	319	188	131
45-49岁	**69125**	**36776**	**32349**	**1337**	**846**	**491**
45	13446	6999	6447	297	179	118
46	13399	7066	6333	259	164	95
47	13204	7042	6162	279	178	101
48	13855	7425	6430	248	163	85
49	15221	8244	6977	254	162	92
50-54岁	**63897**	**34294**	**29603**	**853**	**578**	**275**
50	15911	8477	7434	244	151	93
51	13941	7515	6426	204	142	62
52	13220	7089	6131	174	116	58
53	9591	5128	4463	114	81	33
54	11234	6085	5149	117	88	29
55-59岁	**70107**	**36520**	**33587**	**530**	**379**	**151**
55	12226	6556	5670	107	73	34
56	14038	7461	6577	110	75	35
57	18743	9669	9074	131	98	33
58	15081	7787	7294	113	84	29
59	10019	5047	4972	69	49	20
60-64岁	**54179**	**28838**	**25341**	**324**	**233**	**91**
60	11929	6158	5771	71	50	21
61	10568	5522	5046	76	55	21
62	11720	6187	5533	66	49	17
63	11586	6330	5256	65	47	18
64	8376	4641	3735	46	32	14
65岁及以上	**61116**	**35323**	**25793**	**318**	**207**	**111**

单位：人

有配偶			离婚			丧偶		
小计	男	女	小计	男	女	小计	男	女
537631	**282610**	**255021**	**21180**	**9463**	**11717**	**13679**	**4221**	**9458**
152	**34**	**118**	**1**	**1**				
1		1						
3		3						
12	6	6						
36	9	27						
100	19	81	1	1				
5254	**2005**	**3249**	**46**	**18**	**28**			
202	53	149						
416	121	295	1		1			
880	313	567	4	2	2			
1494	571	923	11	5	6			
2262	947	1315	30	11	19			
32949	**15777**	**17172**	**632**	**300**	**332**	**9**	**3**	**6**
3623	1635	1988	38	12	26	1		1
4582	2121	2461	54	23	31			
6291	2925	3366	119	52	67			
8167	4002	4165	174	85	89	4	2	2
10286	5094	5192	247	128	119	4	1	3
76164	**37962**	**38202**	**2325**	**1174**	**1151**	**56**	**21**	**35**
15293	7617	7676	350	187	163	8	5	3
15988	7996	7992	478	236	242	7	2	5
14866	7377	7489	450	216	234	14	6	8
16386	8163	8223	530	260	270	16	5	11
13631	6809	6822	517	275	242	11	3	8
63991	**31645**	**32346**	**2590**	**1188**	**1402**	**88**	**29**	**59**
11217	5632	5585	448	203	245	13	4	9
10945	5359	5586	390	169	221	10	4	6
11633	5768	5865	455	207	248	16	7	9
15398	7589	7809	630	302	328	25	5	20
14798	7297	7501	667	307	360	24	9	15
69574	**35151**	**34423**	**3377**	**1429**	**1948**	**220**	**49**	**171**
13055	6456	6599	553	244	309	20	5	15
15649	7845	7804	718	304	414	43	7	36
14267	7309	6958	727	280	447	44	9	35
13311	6710	6601	676	305	371	43	10	33
13292	6831	6461	703	296	407	70	18	52
63993	**34413**	**29580**	**3391**	**1432**	**1959**	**404**	**85**	**319**
12405	6519	5886	673	280	393	71	21	50
12417	6612	5805	663	279	384	60	11	49
12226	6601	5625	625	249	376	74	14	60
12854	6938	5916	666	305	361	87	19	68
14091	7743	6348	764	319	445	112	20	92
59326	**32271**	**27055**	**2989**	**1251**	**1738**	**729**	**194**	**535**
14751	7985	6766	776	310	466	140	31	109
12902	7038	5864	699	294	405	136	41	95
12281	6679	5602	623	259	364	142	35	107
8960	4835	4125	397	183	214	120	29	91
10432	5734	4698	494	205	289	191	58	133
64999	**34554**	**30445**	**2883**	**1223**	**1660**	**1695**	**364**	**1331**
11403	6227	5176	499	210	289	217	46	171
13059	7081	5978	567	237	330	302	68	234
17396	9156	8240	782	325	457	434	90	344
13963	7355	6608	605	259	346	400	89	311
9178	4735	4443	430	192	238	342	71	271
49663	**27082**	**22581**	**1924**	**911**	**1013**	**2268**	**612**	**1656**
10904	5774	5130	518	233	285	436	101	335
9709	5169	4540	377	192	185	406	106	300
10734	5819	4915	407	187	220	513	132	381
10638	5962	4676	374	183	191	509	138	371
7678	4358	3320	248	116	132	404	135	269
51566	**31716**	**19850**	**1022**	**536**	**486**	**8210**	**2864**	**5346**

5-3a 续表 6

受教育程度	15岁及以上人口			未婚		
年龄	合计	男	女	小计	男	女
大学专科	**548711**	**292045**	**256666**	**157370**	**89667**	**67703**
15-19岁	**41076**	**21434**	**19642**	**41025**	**21419**	**19606**
15	1788	916	872	1788	916	872
16	4148	2029	2119	4146	2027	2119
17	5373	2738	2635	5371	2737	2634
18	11598	6135	5463	11583	6130	5453
19	18169	9616	8553	18137	9609	8528
20-24岁	**69371**	**37531**	**31840**	**63231**	**35454**	**27777**
20	18106	9864	8242	17975	9827	8148
21	12950	7041	5909	12645	6975	5670
22	12319	6719	5600	11525	6489	5036
23	12557	6654	5903	10856	6086	4770
24	13439	7253	6186	10230	6077	4153
25-29岁	**83980**	**43936**	**40044**	**33853**	**21228**	**12625**
25	15436	8239	7197	9851	6025	3826
26	15320	8195	7125	7912	4921	2991
27	16245	8527	7718	6572	4186	2386
28	17326	8872	8454	5122	3238	1884
29	19653	10103	9550	4396	2858	1538
30-34岁	**115835**	**57598**	**58237**	**13260**	**8249**	**5011**
30	25295	12729	12566	4367	2804	1563
31	25196	12422	12774	3262	2058	1204
32	22687	11280	11407	2375	1435	940
33	23723	11693	12030	1941	1179	762
34	18934	9474	9460	1315	773	542
35-39岁	**72569**	**36061**	**36508**	**3386**	**1902**	**1484**
35	14422	7210	7212	842	478	364
36	13577	6760	6817	735	420	315
37	13886	6833	7053	646	361	285
38	16724	8359	8365	677	367	310
39	13960	6899	7061	486	276	210
40-44岁	**51064**	**26440**	**24624**	**1362**	**712**	**650**
40	11169	5669	5500	369	187	182
41	11739	5981	5758	290	151	139
42	10459	5350	5109	289	148	141
43	8958	4687	4271	215	119	96
44	8739	4753	3986	199	107	92
45-49岁	**35139**	**19611**	**15528**	**611**	**325**	**286**
45	7907	4359	3548	155	69	86
46	7205	3965	3240	132	72	60
47	6740	3745	2995	103	54	49
48	6593	3732	2861	114	70	44
49	6694	3810	2884	107	60	47
50-54岁	**24980**	**14456**	**10524**	**306**	**179**	**127**
50	6363	3622	2741	115	53	62
51	5462	3075	2387	65	47	18
52	5335	3053	2282	59	32	27
53	3554	2110	1444	34	22	12
54	4266	2596	1670	33	25	8
55-59岁	**19072**	**11517**	**7555**	**150**	**93**	**57**
55	4211	2539	1672	41	29	12
56	4229	2521	1708	29	16	13
57	5089	3057	2032	34	24	10
58	3476	2142	1334	25	17	8
59	2067	1258	809	21	7	14
60-64岁	**11108**	**7205**	**3903**	**81**	**50**	**31**
60	2125	1335	790	20	13	7
61	1892	1232	660	17	12	5
62	2313	1529	784	12	8	4
63	2571	1646	925	20	13	7
64	2207	1463	744	12	4	8
65岁及以上	**24517**	**16256**	**8261**	**105**	**56**	**49**

单位：人

有配偶			离婚			丧偶		
小计	男	女	小计	男	女	小计	男	女
375221	**195803**	**179418**	**12161**	**5093**	**7068**	**3959**	**1482**	**2477**
50	**15**	**35**	**1**		**1**			
2	2							
2	1	1						
14	5	9	1		1			
32	7	25						
6104	**2068**	**4036**	**35**	**9**	**26**	**1**		**1**
130	37	93	1		1			
305	66	239						
792	230	562	2		2			
1694	567	1127	7	1	6			
3183	1168	2015	25	8	17	1		1
49482	**22455**	**27027**	**633**	**252**	**381**	**12**	**1**	**11**
5558	2205	3353	27	9	18			
7342	3248	4094	64	26	38	2		2
9571	4299	5272	102	42	60			
12015	5566	6449	181	67	114	8	1	7
14996	7137	7859	259	108	151	2		2
100032	**48255**	**51777**	**2503**	**1083**	**1420**	**40**	**11**	**29**
20559	9758	10801	366	165	201	3	2	1
21464	10158	11306	460	203	257	10	3	7
19793	9600	10193	513	243	270	6	2	4
21152	10267	10885	618	244	374	12	3	9
17064	8472	8592	546	228	318	9	1	8
66531	**33066**	**33465**	**2568**	**1069**	**1499**	**84**	**24**	**60**
13103	6515	6588	466	213	253	11	4	7
12396	6164	6232	431	169	262	15	7	8
12731	6255	6476	492	214	278	17	3	14
15411	7732	7679	620	257	363	16	3	13
12890	6400	6490	559	216	343	25	7	18
47437	**24848**	**22589**	**2158**	**861**	**1297**	**107**	**19**	**88**
10381	5315	5066	398	162	236	21	5	16
10964	5631	5333	469	195	274	16	4	12
9680	5008	4672	460	191	269	30	3	27
8288	4396	3892	436	168	268	19	4	15
8124	4498	3626	395	145	250	21	3	18
32792	**18616**	**14176**	**1592**	**643**	**949**	**144**	**27**	**117**
7371	4137	3234	355	146	209	26	7	19
6737	3759	2978	311	129	182	25	5	20
6313	3580	2733	289	105	184	35	6	29
6149	3539	2610	308	120	188	22	3	19
6222	3601	2621	329	143	186	36	6	30
23284	**13743**	**9541**	**1188**	**487**	**701**	**202**	**47**	**155**
5904	3427	2477	314	135	179	30	7	23
5099	2923	2176	254	100	154	44	5	39
4974	2909	2065	253	98	155	49	14	35
3298	2003	1295	186	79	107	36	6	30
4009	2481	1528	181	75	106	43	15	28
17935	**11033**	**6902**	**719**	**306**	**413**	**268**	**85**	**183**
3949	2418	1531	165	74	91	56	18	38
3968	2411	1557	171	77	94	61	17	44
4809	2943	1866	186	78	108	60	12	48
3265	2054	1211	122	46	76	64	25	39
1944	1207	737	75	31	44	27	13	14
10376	**6880**	**3496**	**375**	**185**	**190**	**276**	**90**	**186**
1989	1274	715	79	38	41	37	10	27
1760	1175	585	69	35	34	46	10	36
2177	1468	709	72	36	36	52	17	35
2400	1570	830	77	38	39	74	25	49
2050	1393	657	78	38	40	67	28	39
21198	**14824**	**6374**	**389**	**198**	**191**	**2825**	**1178**	**1647**

5-3a 续表 7

受教育程度 年龄	15岁及以上人口 合计	男	女	未婚 小计	男	女
大学本科	**534355**	**274969**	**259386**	**193197**	**95513**	**97684**
15-19岁	**33123**	**15554**	**17569**	**33115**	**15550**	**17565**
15	87	44	43	87	44	43
16	184	82	102	184	82	102
17	1212	529	683	1210	528	682
18	10528	4873	5655	10528	4873	5655
19	21112	10026	11086	21106	10023	11083
20-24岁	**99977**	**48016**	**51961**	**97158**	**47163**	**49995**
20	26411	12516	13895	26390	12511	13879
21	24904	11983	12921	24843	11970	12873
22	18287	9026	9261	18052	8957	9095
23	15449	7531	7918	14745	7321	7424
24	14926	6960	7966	13128	6404	6724
25-29岁	**90251**	**42361**	**47890**	**43391**	**22586**	**20805**
25	16604	7672	8932	12695	6311	6384
26	16851	7870	8981	10436	5410	5026
27	17930	8315	9615	8534	4509	4025
28	18950	8922	10028	6654	3613	3041
29	19916	9582	10334	5072	2743	2329
30-34岁	**111737**	**54339**	**57398**	**14020**	**7441**	**6579**
30	24294	11677	12617	4848	2601	2247
31	23839	11566	12273	3477	1900	1577
32	21684	10453	11231	2405	1250	1155
33	22916	11188	11728	1947	1014	933
34	19004	9455	9549	1343	676	667
35-39岁	**75692**	**39375**	**36317**	**3717**	**1875**	**1842**
35	15043	7691	7352	973	516	457
36	14770	7670	7100	845	405	440
37	14908	7829	7079	713	364	349
38	17352	9077	8275	728	369	359
39	13619	7108	6511	458	221	237
40-44岁	**43605**	**23635**	**19970**	**1000**	**466**	**534**
40	10257	5458	4799	285	127	158
41	10128	5464	4664	247	122	125
42	8660	4685	3975	186	88	98
43	7443	4032	3411	148	72	76
44	7117	3996	3121	134	57	77
45-49岁	**27924**	**16413**	**11511**	**440**	**219**	**221**
45	6127	3513	2614	89	46	43
46	5914	3440	2474	105	50	55
47	5474	3222	2252	79	41	38
48	5119	3039	2080	98	46	52
49	5290	3199	2091	69	36	33
50-54岁	**19722**	**12517**	**7205**	**184**	**102**	**82**
50	4897	2989	1908	55	27	28
51	4197	2552	1645	45	23	22
52	4204	2678	1526	29	18	11
53	2922	1918	1004	29	21	8
54	3502	2380	1122	26	13	13
55-59岁	**13068**	**9192**	**3876**	**98**	**67**	**31**
55	3215	2208	1007	22	17	5
56	3099	2163	936	12	6	6
57	3396	2400	996	28	20	8
58	2218	1594	624	23	13	10
59	1140	827	313	13	11	2
60-64岁	**5202**	**3742**	**1460**	**27**	**17**	**10**
60	1119	817	302	2	1	1
61	912	649	263	8	6	2
62	979	716	263	6	4	2
63	1179	848	331	7	3	4
64	1013	712	301	4	3	1
65岁及以上	**14054**	**9825**	**4229**	**47**	**27**	**20**

单位：人

有配偶			离婚			丧偶		
小计	男	女	小计	男	女	小计	男	女
330935	**175213**	**155722**	**7888**	**3217**	**4671**	**2335**	**1026**	**1309**
8	**4**	**4**						
2	1	1						
6	3	3						
2808	**848**	**1960**	**11**	**5**	**6**			
21	5	16						
59	13	46	2		2			
235	69	166						
703	209	494	1	1				
1790	552	1238	8	4	4			
46476	**19635**	**26841**	**377**	**138**	**239**	**7**	**2**	**5**
3892	1357	2535	17	4	13			
6384	2450	3934	30	10	20	1		1
9333	3781	5552	62	24	38	1	1	
12189	5270	6919	105	38	67	2	1	1
14678	6777	7901	163	62	101	3		3
95942	**46184**	**49758**	**1745**	**710**	**1035**	**30**	**4**	**26**
19186	8988	10198	254	86	168	6	2	4
20041	9542	10499	317	124	193	4		4
18904	9042	9862	372	161	211	3		3
20550	10004	10546	411	170	241	8		8
17261	8608	8653	391	169	222	9	2	7
69869	**36639**	**33230**	**2048**	**850**	**1198**	**58**	**11**	**47**
13734	7034	6700	327	139	188	9	2	7
13542	7098	6444	376	167	209	7		7
13759	7283	6476	420	179	241	16	3	13
16079	8498	7581	531	208	323	14	2	12
12755	6726	6029	394	157	237	12	4	8
41125	**22601**	**18524**	**1417**	**551**	**866**	**63**	**17**	**46**
9628	5191	4437	332	136	196	12	4	8
9557	5210	4347	309	128	181	15	4	11
8173	4487	3686	290	106	184	11	4	7
7021	3871	3150	266	89	177	8		8
6746	3842	2904	220	92	128	17	5	12
26438	**15794**	**10644**	**936**	**361**	**575**	**110**	**39**	**71**
5818	3383	2435	199	74	125	21	10	11
5581	3299	2282	207	86	121	21	5	16
5164	3092	2072	214	81	133	17	8	9
4851	2931	1920	145	57	88	25	5	20
5024	3089	1935	171	63	108	26	11	15
18774	**12128**	**6646**	**649**	**255**	**394**	**115**	**32**	**83**
4652	2895	1757	169	63	106	21	4	17
3992	2479	1513	141	46	95	19	4	15
3991	2588	1403	154	64	90	30	8	22
2787	1854	933	92	41	51	14	2	12
3352	2312	1040	93	41	52	31	14	17
12475	**8901**	**3574**	**375**	**176**	**199**	**120**	**48**	**72**
3085	2152	933	87	32	55	21	7	14
2964	2104	860	94	43	51	29	10	19
3247	2330	917	84	34	50	37	16	21
2107	1530	577	66	43	23	22	8	14
1072	785	287	44	24	20	11	7	4
4933	**3614**	**1319**	**146**	**71**	**75**	**96**	**40**	**56**
1071	791	280	32	20	12	14	5	9
859	623	236	26	12	14	19	8	11
929	691	238	24	12	12	20	9	11
1124	821	303	23	12	11	25	12	13
950	688	262	41	15	26	18	6	12
12087	**8865**	**3222**	**184**	**100**	**84**	**1736**	**833**	**903**

5-3a 续表 8

受教育程度 年 龄	15岁及以上人口			未 婚		
	合计	男	女	小计	男	女
硕士研究生	**64968**	**34279**	**30689**	**24866**	**11932**	**12934**
15-19岁	**42**	**24**	**18**	**42**	**24**	**18**
15						
16						
17	2	1	1	2	1	1
18	11	4	7	11	4	7
19	29	19	10	29	19	10
20-24岁	**10984**	**5180**	**5804**	**10916**	**5155**	**5761**
20	63	29	34	61	29	32
21	387	152	235	387	152	235
22	2321	1120	1201	2318	1119	1199
23	4038	1878	2160	4022	1874	2148
24	4175	2001	2174	4128	1981	2147
25-29岁	**14630**	**6897**	**7733**	**10325**	**5015**	**5310**
25	3658	1744	1914	3487	1682	1805
26	2900	1311	1589	2442	1132	1310
27	2748	1295	1453	1928	974	954
28	2610	1244	1366	1379	696	683
29	2714	1303	1411	1089	531	558
30-34岁	**14821**	**7219**	**7602**	**2634**	**1295**	**1339**
30	3239	1589	1650	961	505	456
31	3259	1559	1700	680	319	361
32	2873	1339	1534	428	197	231
33	2936	1458	1478	334	171	163
34	2514	1274	1240	231	103	128
35-39岁	**10915**	**5846**	**5069**	**640**	**296**	**344**
35	2127	1121	1006	166	76	90
36	2161	1142	1019	142	66	76
37	2202	1160	1042	125	60	65
38	2391	1305	1086	111	51	60
39	2034	1118	916	96	43	53
40-44岁	**5957**	**3593**	**2364**	**198**	**86**	**112**
40	1484	857	627	42	21	21
41	1446	841	605	64	25	39
42	1187	717	470	38	15	23
43	942	595	347	26	11	15
44	898	583	315	28	14	14
45-49岁	**3263**	**2214**	**1049**	**67**	**37**	**30**
45	762	524	238	13	11	2
46	705	467	238	23	11	12
47	648	448	200	16	7	9
48	598	397	201	9	4	5
49	550	378	172	6	4	2
50-54岁	**2050**	**1462**	**588**	**29**	**15**	**14**
50	540	379	161	9	5	4
51	464	329	135	7	2	5
52	400	263	137	6	4	2
53	289	217	72	4	4	
54	357	274	83	3		3
55-59岁	**1426**	**1135**	**291**	**11**	**6**	**5**
55	343	269	74	3	1	2
56	353	271	82	2	2	
57	379	306	73	3	1	2
58	238	200	38	2	1	1
59	113	89	24	1	1	
60-64岁	**426**	**348**	**78**	**3**	**2**	**1**
60	106	91	15			
61	62	47	15			
62	94	79	15	1	1	
63	96	76	20			
64	68	55	13	2	1	1
65岁及以上	**454**	**361**	**93**	**1**	**1**	

单位：人

有配偶			离　婚			丧　偶		
小计	男	女	小计	男	女	小计	男	女
39213	**21956**	**17257**	**822**	**358**	**464**	**67**	**33**	**34**
68	**25**	**43**						
2		2						
3	1	2						
16	4	12						
47	20	27						
4276	**1874**	**2402**	**27**	**7**	**20**	**2**	**1**	**1**
171	62	109						
457	179	278	1		1			
816	320	496	4	1	3			
1224	547	677	6	1	5	1		1
1608	766	842	16	5	11	1	1	
12021	**5862**	**6159**	**163**	**61**	**102**	**3**	**1**	**2**
2257	1073	1184	21	11	10			
2547	1228	1319	32	12	20			
2411	1135	1276	34	7	27			
2562	1270	1292	38	17	21	2		2
2244	1156	1088	38	14	24	1	1	
10026	**5440**	**4586**	**245**	**109**	**136**	**4**	**1**	**3**
1926	1025	901	34	20	14	1		1
1974	1058	916	45	18	27			
2024	1073	951	52	27	25	1		1
2218	1233	985	60	20	40	2	1	1
1884	1051	833	54	24	30			
5597	**3435**	**2162**	**158**	**71**	**87**	**4**	**1**	**3**
1398	820	578	42	16	26	2		2
1348	800	548	34	16	18			
1113	680	433	35	22	13	1		1
895	573	322	21	11	10			
843	562	281	26	6	20	1	1	
3082	**2125**	**957**	**110**	**51**	**59**	**4**	**1**	**3**
728	498	230	21	15	6			
661	447	214	20	9	11	1		1
608	433	175	22	8	14	2		2
562	379	183	26	13	13	1	1	
523	368	155	21	6	15			
1959	**1427**	**532**	**59**	**20**	**39**	**3**		**3**
517	371	146	13	3	10	1		1
437	323	114	19	4	15	1		1
383	255	128	11	4	7			
279	210	69	5	3	2	1		1
343	268	75	11	6	5			
1376	**1105**	**271**	**33**	**22**	**11**	**6**	**2**	**4**
332	265	67	8	3	5			
338	262	76	9	6	3	4	1	3
363	295	68	13	10	3			
234	198	36	1	1		1		1
109	85	24	2	2		1	1	
402	**332**	**70**	**13**	**9**	**4**	**8**	**5**	**3**
101	87	14	5	4	1			
58	44	14	1	1		3	2	1
89	76	13	2	1	1	2	1	1
88	71	17	5	3	2	3	2	1
66	54	12						
406	**331**	**75**	**14**	**8**	**6**	**33**	**21**	**12**

5-3a 续表 9

受教育程度	15岁及以上人口			未婚		
年龄	合计	男	女	小计	男	女
博士研究生	**8960**	**5789**	**3171**	**2961**	**1794**	**1167**
15-19岁	**4**	**4**		**4**	**4**	
15						
16						
17						
18						
19	4	4		4	4	
20-24岁	**416**	**240**	**176**	**409**	**236**	**173**
20	5	1	4	5	1	4
21	17	6	11	15	5	10
22	49	24	25	48	24	24
23	122	70	52	121	70	51
24	223	139	84	220	136	84
25-29岁	**2074**	**1261**	**813**	**1674**	**1018**	**656**
25	346	213	133	333	204	129
26	425	251	174	387	230	157
27	442	264	178	364	220	144
28	451	279	172	333	207	126
29	410	254	156	257	157	100
30-34岁	**2016**	**1295**	**721**	**647**	**418**	**229**
30	466	307	159	237	159	78
31	425	271	154	151	105	46
32	398	247	151	117	71	46
33	377	245	132	79	42	37
34	350	225	125	63	41	22
35-39岁	**1583**	**979**	**604**	**155**	**79**	**76**
35	287	185	102	41	28	13
36	292	182	110	33	16	17
37	307	177	130	29	10	19
38	364	220	144	31	14	17
39	333	215	118	21	11	10
40-44岁	**1190**	**759**	**431**	**44**	**25**	**19**
40	277	174	103	15	7	8
41	293	180	113	14	9	5
42	256	162	94	5	2	3
43	201	134	67	8	5	3
44	163	109	54	2	2	
45-49岁	**694**	**471**	**223**	**15**	**7**	**8**
45	149	105	44	4	1	3
46	138	86	52	5	3	2
47	159	102	57	2		2
48	142	106	36	3	2	1
49	106	72	34	1	1	
50-54岁	**461**	**338**	**123**	**8**	**5**	**3**
50	125	86	39	6	3	3
51	91	70	21			
52	97	63	34	2	2	
53	69	56	13			
54	79	63	16			
55-59岁	**357**	**305**	**52**	**3**	**2**	**1**
55	91	76	15			
56	85	70	15	1	1	
57	96	85	11			
58	56	51	5	1	1	
59	29	23	6	1		1
60-64岁	**97**	**83**	**14**	**1**		**1**
60	19	17	2			
61	18	16	2			
62	21	19	2			
63	20	16	4	1		1
64	19	15	4			
65岁及以上	**68**	**54**	**14**	**1**		**1**

单位：人

有配偶			离 婚			丧 偶		
小计	男	女	小计	男	女	小计	男	女
5864	**3918**	**1946**	**121**	**69**	**52**	**14**	**8**	**6**
7	**4**	**3**						
2	1	1						
1		1						
1		1						
3	3							
398	**242**	**156**	**2**	**1**	**1**			
13	9	4						
38	21	17						
78	44	34						
118	72	46						
151	96	55	2	1	1			
1359	**872**	**487**	**10**	**5**	**5**			
229	148	81						
272	165	107	2	1	1			
280	175	105	1	1				
294	202	92	4	1	3			
284	182	102	3	2	1			
1393	**881**	**512**	**34**	**19**	**15**	**1**		**1**
243	155	88	3	2	1			
251	162	89	7	4	3	1		1
273	164	109	5	3	2			
323	202	121	10	4	6			
303	198	105	9	6	3			
1116	**715**	**401**	**29**	**18**	**11**	**1**	**1**	
254	161	93	8	6	2			
273	168	105	6	3	3			
245	155	90	6	5	1			
186	125	61	6	3	3	1	1	
158	106	52	3	1	2			
651	**452**	**199**	**27**	**12**	**15**	**1**		**1**
141	101	40	4	3	1			
131	83	48	2		2			
144	97	47	13	5	8			
134	102	32	5	2	3			
101	69	32	3	2	1	1		1
444	**328**	**116**	**9**	**5**	**4**			
116	82	34	3	1	2			
91	70	21						
91	58	33	4	3	1			
69	56	13						
77	62	15	2	1	1			
346	**297**	**49**	**5**	**4**	**1**	**3**	**2**	**1**
90	75	15	1	1				
82	68	14	1		1	1	1	
93	83	10	1	1		2	1	1
54	49	5	1	1				
27	22	5	1	1				
90	**77**	**13**	**5**	**5**		**1**	**1**	
18	16	2	1	1				
18	16	2						
20	18	2	1	1				
16	13	3	3	3				
18	14	4				1	1	
60	**50**	**10**				**7**	**4**	**3**

5-3b 全省分年龄、性别、受教育

受教育程度 / 年龄	15岁及以上人口			未婚		
	合计	男	女	小计	男	女
总　计	**1797042**	**903875**	**893167**	**267939**	**161236**	**106703**
15-19岁	**106647**	**58388**	**48259**	**106104**	**58284**	**47820**
15	25107	13798	11309	25105	13796	11309
16	26325	14491	11834	26299	14485	11814
17	22377	12352	10025	22310	12337	9973
18	15809	8773	7036	15659	8748	6911
19	17029	8974	8055	16731	8918	7813
20-24岁	**89486**	**47980**	**41506**	**74517**	**42654**	**31863**
20	17192	9240	7952	16569	9071	7498
21	15998	8494	7504	14756	8131	6625
22	17484	9392	8092	15197	8682	6515
23	18484	10014	8470	14381	8539	5842
24	20328	10840	9488	13614	8231	5383
25-29岁	**141812**	**73744**	**68068**	**48142**	**30988**	**17154**
25	24084	12640	11444	13528	8274	5254
26	24888	13077	11811	11036	6999	4037
27	27513	14343	13170	9240	6027	3213
28	30377	15715	14662	7644	5085	2559
29	34950	17969	16981	6694	4603	2091
30-34岁	**210866**	**107498**	**103368**	**19698**	**13550**	**6148**
30	47886	24727	23159	6897	4719	2178
31	45664	23123	22541	4750	3276	1474
32	39860	20253	19607	3324	2295	1029
33	42312	21568	20744	2806	1935	871
34	35144	17827	17317	1921	1325	596
35-39岁	**151203**	**76492**	**74711**	**4990**	**3377**	**1613**
35	29337	15013	14324	1289	892	397
36	29113	14586	14527	1121	737	384
37	28638	14511	14127	901	617	284
38	33932	17196	16736	956	634	322
39	30183	15186	14997	723	497	226
40-44岁	**143182**	**72065**	**71117**	**2518**	**1769**	**749**
40	25690	12931	12759	579	406	173
41	30141	15174	14967	547	367	180
42	29077	14544	14533	508	353	155
43	28174	14140	14034	475	338	137
44	30100	15276	14824	409	305	104
45-49岁	**167493**	**83976**	**83517**	**2104**	**1610**	**494**
45	29513	14857	14656	404	313	91
46	30430	15209	15221	427	326	101
47	32050	16110	15940	391	274	117
48	35145	17679	17466	405	308	97
49	40355	20121	20234	477	389	88
50-54岁	**207314**	**102192**	**105122**	**2290**	**1945**	**345**
50	43998	21704	22294	509	398	111
51	42582	21115	21467	492	414	78
52	44459	21780	22679	464	402	62
53	35685	17499	18186	387	341	46
54	40590	20094	20496	438	390	48
55-59岁	**159263**	**78804**	**80459**	**1540**	**1396**	**144**
55	38544	18848	19696	366	329	37
56	34379	17061	17318	330	297	33
57	39956	19959	19997	416	382	34
58	29858	14886	14972	261	236	25
59	16526	8050	8476	167	152	15
60-64岁	**114116**	**57478**	**56638**	**1550**	**1472**	**78**
60	18154	9132	9022	214	202	12
61	18361	9188	9173	253	237	16
62	24378	12382	11996	334	322	12
63	28209	14379	13830	405	383	22
64	25014	12397	12617	344	328	16
65岁及以上	**305660**	**145258**	**160402**	**4486**	**4191**	**295**

程度、婚姻状况的人口(镇)

单位：人

有配偶			离婚			丧偶		
小计	男	女	小计	男	女	小计	男	女
1406368	**701480**	**704888**	**28215**	**15587**	**12628**	**94520**	**25572**	**68948**
539	**103**	**436**	**4**	**1**	**3**			
2	2							
26	6	20						
66	14	52	1	1				
149	25	124	1		1			
296	56	240	2		2			
14840	**5262**	**9578**	**126**	**64**	**62**	**3**		**3**
620	167	453	3	2	1			
1231	357	874	9	6	3	2		2
2266	701	1565	21	9	12			
4072	1460	2612	31	15	16			
6651	2577	4074	62	32	30	1		1
92105	**41937**	**50168**	**1526**	**811**	**715**	**39**	**8**	**31**
10440	4313	6127	113	52	61	3	1	2
13658	5979	7679	191	99	92	3		3
17963	8156	9807	302	158	144	8	2	6
22370	10432	11938	354	196	158	9	2	7
27674	13057	14617	566	306	260	16	3	13
186180	**91114**	**95066**	**4804**	**2780**	**2024**	**184**	**54**	**130**
40067	19484	20583	892	515	377	30	9	21
39857	19239	20618	1026	599	427	31	9	22
35588	17417	18171	916	529	387	32	12	20
38401	18997	19404	1064	627	437	41	9	32
32267	15977	16290	906	510	396	50	15	35
141640	**70600**	**71040**	**4331**	**2455**	**1876**	**242**	**60**	**182**
27204	13635	13569	807	474	333	37	12	25
27171	13407	13764	777	436	341	44	6	38
26855	13428	13427	824	452	372	58	14	44
31901	15952	15949	1023	595	428	52	15	37
28509	14178	14331	900	498	402	51	13	38
135934	**67982**	**67952**	**4149**	**2166**	**1983**	**581**	**148**	**433**
24327	12148	12179	712	364	348	72	13	59
28612	14318	14294	888	465	423	94	24	70
27594	13698	13896	857	457	400	118	36	82
26710	13334	13376	859	432	427	130	36	94
28691	14484	14207	833	448	385	167	39	128
159826	**79869**	**79957**	**4154**	**2184**	**1970**	**1409**	**313**	**1096**
28142	14110	14032	799	406	393	168	28	140
29015	14442	14573	771	395	376	217	46	171
30612	15366	15246	800	425	375	247	45	202
33571	16826	16745	832	457	375	337	88	249
38486	19125	19361	952	501	451	440	106	334
197119	**97124**	**99995**	**4083**	**2145**	**1938**	**3822**	**978**	**2844**
41891	20652	21239	1002	516	486	596	138	458
40529	20075	20454	890	463	427	671	163	508
42379	20725	21654	849	450	399	767	203	564
33867	16613	17254	662	346	316	769	199	570
38453	19059	19394	680	370	310	1019	275	744
149828	**74632**	**75196**	**2476**	**1398**	**1078**	**5419**	**1378**	**4041**
36528	17914	18614	613	339	274	1037	266	771
32361	16172	16189	579	316	263	1109	276	833
37568	18862	18706	613	363	250	1359	352	1007
27967	14113	13854	451	248	203	1179	289	890
15404	7571	7833	220	132	88	735	195	540
103856	**53116**	**50740**	**1169**	**750**	**419**	**7541**	**2140**	**5401**
16792	8533	8259	235	153	82	913	244	669
16818	8536	8282	183	111	72	1107	304	803
22224	11456	10768	258	164	94	1562	440	1122
25524	13223	12301	263	183	80	2017	590	1427
22498	11368	11130	230	139	91	1942	562	1380
224501	**119741**	**104760**	**1393**	**833**	**560**	**75280**	**20493**	**54787**

5-3b 续表 1

受教育程度 年龄	15岁及以上人口 合计	男	女	未婚 小计	男	女
未上过学	**55414**	**11232**	**44182**	**2582**	**2145**	**437**
15-19岁	**135**	**87**	**48**	**134**	**87**	**47**
15	28	20	8	28	20	8
16	27	16	11	27	16	11
17	18	9	9	18	9	9
18	33	21	12	33	21	12
19	29	21	8	28	21	7
20-24岁	**151**	**83**	**68**	**132**	**80**	**52**
20	28	15	13	28	15	13
21	20	9	11	19	9	10
22	30	19	11	26	19	7
23	32	19	13	25	16	9
24	41	21	20	34	21	13
25-29岁	**257**	**140**	**117**	**171**	**118**	**53**
25	41	27	14	32	22	10
26	41	25	16	29	20	9
27	40	22	18	27	20	7
28	59	32	27	40	28	12
29	76	34	42	43	28	15
30-34岁	**365**	**201**	**164**	**190**	**131**	**59**
30	85	50	35	51	34	17
31	72	42	30	40	30	10
32	62	34	28	28	20	8
33	78	39	39	41	27	14
34	68	36	32	30	20	10
35-39岁	**388**	**152**	**236**	**135**	**98**	**37**
35	67	31	36	29	21	8
36	71	29	42	27	22	5
37	85	31	54	26	17	9
38	77	26	51	23	16	7
39	88	35	53	30	22	8
40-44岁	**578**	**191**	**387**	**133**	**100**	**33**
40	82	38	44	28	22	6
41	109	33	76	28	18	10
42	129	44	85	29	21	8
43	117	34	83	22	20	2
44	141	42	99	26	19	7
45-49岁	**1213**	**290**	**923**	**161**	**127**	**34**
45	151	37	114	26	21	5
46	181	48	133	26	20	6
47	226	52	174	26	20	6
48	275	72	203	38	28	10
49	380	81	299	45	38	7
50-54岁	**2446**	**526**	**1920**	**216**	**188**	**28**
50	452	100	352	46	34	12
51	455	108	347	48	43	5
52	565	118	447	45	41	4
53	445	103	342	38	37	1
54	529	97	432	39	33	6
55-59岁	**2893**	**475**	**2418**	**155**	**142**	**13**
55	582	98	484	38	34	4
56	530	89	441	32	30	2
57	638	111	527	42	38	4
58	675	106	569	26	24	2
59	468	71	397	17	16	1
60-64岁	**5648**	**1030**	**4618**	**241**	**226**	**15**
60	602	113	489	28	26	2
61	772	123	649	37	34	3
62	1182	230	952	46	44	2
63	1528	285	1243	68	63	5
64	1564	279	1285	62	59	3
65岁及以上	**41340**	**8057**	**33283**	**914**	**848**	**66**

单位：人

有配偶			离婚			丧偶		
小计	男	女	小计	男	女	小计	男	女
32071	**6723**	**25348**	**315**	**115**	**200**	**20446**	**2249**	**18197**
1		**1**						
1		1						
19	**3**	**16**						
1		1						
4		4						
7	3	4						
7		7						
83	**21**	**62**	**3**	**1**	**2**			
9	5	4						
12	5	7						
13	2	11						
18	3	15	1	1				
31	6	25	2		2			
168	**67**	**101**	**7**	**3**	**4**			
34	16	18						
31	11	20	1	1				
32	13	19	2	1	1			
34	11	23	3	1	2			
37	16	21	1		1			
239	**46**	**193**	**10**	**6**	**4**	**4**	**2**	**2**
35	8	27	2	1	1	1	1	
43	7	36	1		1			
55	13	42	2	1	1	2		2
51	8	43	3	2	1			
55	10	45	2	2		1	1	
424	**80**	**344**	**15**	**9**	**6**	**6**	**2**	**4**
51	15	36	3	1	2			
78	13	65	3	2	1			
94	22	72	4	1	3	2		2
91	11	80	2	2		2	1	1
110	19	91	3	3		2	1	1
1011	**154**	**857**	**20**	**8**	**12**	**21**	**1**	**20**
122	14	108	2	1	1	1	1	
150	27	123	2	1	1	3		3
190	29	161	5	3	2	5		5
229	43	186	2	1	1	6		6
320	41	279	9	2	7	6		6
2090	**314**	**1776**	**41**	**14**	**27**	**99**	**10**	**89**
382	63	319	8	2	6	16	1	15
386	61	325	9	2	7	12	2	10
488	71	417	7	3	4	25	3	22
381	60	321	10	4	6	16	2	14
453	59	394	7	3	4	30	2	28
2477	**303**	**2174**	**43**	**12**	**31**	**218**	**18**	**200**
508	59	449	9	2	7	27	3	24
447	54	393	8	3	5	43	2	41
536	67	469	7	2	5	53	4	49
585	75	510	11	2	9	53	5	48
401	48	353	8	3	5	42	4	38
4702	**732**	**3970**	**37**	**13**	**24**	**668**	**59**	**609**
526	80	446	4	2	2	44	5	39
640	79	561	6	3	3	89	7	82
979	169	810	12	4	8	145	13	132
1262	201	1061	5	3	2	193	18	175
1295	203	1092	10	1	9	197	16	181
20857	**5003**	**15854**	**139**	**49**	**90**	**19430**	**2157**	**17273**

5-3b 续表 2

受教育程度 年　　龄	15岁及以上人口			未　婚		
	合计	男	女	小计	男	女
学前教育	**2807**	**764**	**2043**	**184**	**127**	**57**
15-19岁	**64**	**36**	**28**	**64**	**36**	**28**
15	32	16	16	32	16	16
16	11	7	4	11	7	4
17	6	2	4	6	2	4
18	11	9	2	11	9	2
19	4	2	2	4	2	2
20-24岁	**31**	**15**	**16**	**25**	**15**	**10**
20	8	8		8	8	
21	2	1	1	1	1	
22	7	1	6	6	1	5
23	9	4	5	7	4	3
24	5	1	4	3	1	2
25-29岁	**28**	**11**	**17**	**11**	**7**	**4**
25	8	3	5	5	2	3
26	7	4	3	3	2	1
27	3		3			
28	4	1	3	1	1	
29	6	3	3	2	2	
30-34岁	**32**	**15**	**17**	**7**	**6**	**1**
30	5	3	2	2	2	
31	9	4	5	3	3	
32	6	3	3	2	1	1
33	6	3	3			
34	6	2	4			
35-39岁	**20**	**8**	**12**	**3**	**2**	**1**
35	2	1	1			
36	4	1	3	2	1	1
37	5	2	3			
38	6	2	4			
39	3	2	1	1	1	
40-44岁	**41**	**18**	**23**	**4**	**2**	**2**
40	7	4	3			
41	7	3	4	1		1
42	3		3			
43	12	6	6	2	2	
44	12	5	7	1		1
45-49岁	**57**	**10**	**47**			
45	12	3	9			
46	7	1	6			
47	9	3	6			
48	13	1	12			
49	16	2	14			
50-54岁	**148**	**39**	**109**	**13**	**11**	**2**
50	21	6	15	2	2	
51	24	5	19	3	2	1
52	41	10	31	3	3	
53	29	7	22	3	2	1
54	33	11	22	2	2	
55-59岁	**168**	**43**	**125**	**5**	**5**	
55	39	10	29			
56	27	1	26	1	1	
57	44	16	28	1	1	
58	41	13	28	3	3	
59	17	3	14			
60-64岁	**264**	**72**	**192**	**5**	**5**	
60	29	5	24			
61	48	12	36			
62	58	22	36	1	1	
63	71	20	51	3	3	
64	58	13	45	1	1	
65岁及以上	**1954**	**497**	**1457**	**47**	**38**	**9**

单位：人

有配偶			离　婚			丧　偶		
小计	男	女	小计	男	女	小计	男	女
1791	**515**	**1276**	**13**	**4**	**9**	**819**	**118**	**701**
6		**6**						
1		1						
1		1						
2		2						
2		2						
17	**4**	**13**						
3	1	2						
4	2	2						
3		3						
3		3						
4	1	3						
25	**9**	**16**						
3	1	2						
6	1	5						
4	2	2						
6	3	3						
6	2	4						
14	**4**	**10**	**3**	**2**	**1**			
1		1	1	1				
2		2						
5	2	3						
5	2	3	1		1			
1		1	1	1				
36	**16**	**20**	**1**		**1**			
7	4	3						
5	3	2	1		1			
3		3						
10	4	6						
11	5	6						
55	**10**	**45**	**2**		**2**			
12	3	9						
7	1	6						
9	3	6						
13	1	12						
14	2	12	2		2			
130	**27**	**103**	**1**		**1**	**4**	**1**	**3**
18	4	14				1		1
20	3	17				1		1
37	7	30				1		1
25	5	20	1		1			
30	8	22				1	1	
158	**37**	**121**	**1**	**1**		**4**		**4**
39	10	29						
26		26						
40	15	25				3		3
37	10	27				1		1
16	2	14	1	1				
231	**63**	**168**	**2**	**1**	**1**	**26**	**3**	**23**
28	5	23				1		1
39	10	29	2	1	1	7	1	6
54	21	33				3		3
62	17	45				6		6
48	10	38				9	2	7
1119	**345**	**774**	**3**		**3**	**785**	**114**	**671**

5-3b 续表 3

受教育程度 年龄	15岁及以上人口			未婚		
	合计	男	女	小计	男	女
小 学	**334141**	**134086**	**200055**	**9399**	**7962**	**1437**
15-19岁	**596**	**347**	**249**	**565**	**339**	**226**
15	95	58	37	95	58	37
16	87	54	33	86	54	32
17	121	68	53	117	66	51
18	130	82	48	123	81	42
19	163	85	78	144	80	64
20-24岁	**1128**	**629**	**499**	**753**	**504**	**249**
20	158	95	63	140	90	50
21	164	94	70	124	83	41
22	230	125	105	167	104	63
23	255	144	111	161	115	46
24	321	171	150	161	112	49
25-29岁	**2612**	**1238**	**1374**	**733**	**475**	**258**
25	376	185	191	159	101	58
26	394	187	207	129	82	47
27	520	251	269	151	103	48
28	607	290	317	152	94	58
29	715	325	390	142	95	47
30-34岁	**6107**	**2609**	**3498**	**700**	**513**	**187**
30	1075	503	572	163	116	47
31	1201	535	666	169	127	42
32	1201	502	699	130	95	35
33	1374	560	814	133	98	35
34	1256	509	747	105	77	28
35-39岁	**6487**	**2491**	**3996**	**396**	**313**	**83**
35	1164	471	693	87	70	17
36	1239	486	753	72	54	18
37	1214	468	746	79	57	22
38	1440	532	908	86	72	14
39	1430	534	896	72	60	12
40-44岁	**10611**	**3937**	**6674**	**402**	**323**	**79**
40	1394	510	884	71	62	9
41	1974	735	1239	89	66	23
42	2118	761	1357	82	65	17
43	2342	894	1448	77	63	14
44	2783	1037	1746	83	67	16
45-49岁	**21855**	**7711**	**14144**	**540**	**475**	**65**
45	3094	1126	1968	84	73	11
46	3592	1239	2353	114	99	15
47	4059	1460	2599	94	81	13
48	4946	1740	3206	106	96	10
49	6164	2146	4018	142	126	16
50-54岁	**42890**	**15440**	**27450**	**886**	**802**	**84**
50	7370	2579	4791	160	134	26
51	8437	3127	5310	188	172	16
52	9705	3463	6242	186	171	15
53	8213	2914	5299	175	158	17
54	9165	3357	5808	177	167	10
55-59岁	**37127**	**12926**	**24201**	**674**	**640**	**34**
55	8678	3019	5659	153	146	7
56	7637	2712	4925	147	140	7
57	8872	3108	5764	178	170	8
58	7527	2575	4952	124	117	7
59	4413	1512	2901	72	67	5
60-64岁	**42632**	**16227**	**26405**	**858**	**832**	**26**
60	5334	1935	3399	99	94	5
61	6113	2206	3907	139	136	3
62	9063	3438	5625	185	180	5
63	11363	4478	6885	235	228	7
64	10759	4170	6589	200	194	6
65岁及以上	**162096**	**70531**	**91565**	**2892**	**2746**	**146**

单位：人

有配偶			离　婚			丧　偶		
小计	男	女	小计	男	女	小计	男	女
271797	**110966**	**160831**	**3582**	**2043**	**1539**	**49363**	**13115**	**36248**
30	**8**	**22**	**1**		**1**			
1		1						
4	2	2						
7	1	6						
18	5	13	1		1			
365	**123**	**242**	**9**	**2**	**7**	**1**		**1**
18	5	13						
39	11	28				1		1
62	21	41	1		1			
91	28	63	3	1	2			
155	58	97	5	1	4			
1838	**739**	**1099**	**40**	**24**	**16**	**1**		**1**
213	80	133	4	4				
262	105	157	3		3			
359	141	218	9	7	2	1		1
446	193	253	9	3	6			
558	220	338	15	10	5			
5218	**1988**	**3230**	**177**	**104**	**73**	**12**	**4**	**8**
871	364	507	38	22	16	3	1	2
994	389	605	36	18	18	2	1	1
1028	384	644	40	22	18	3	1	2
1204	437	767	36	25	11	1		1
1121	414	707	27	17	10	3	1	2
5863	**2070**	**3793**	**208**	**105**	**103**	**20**	**3**	**17**
1031	376	655	43	24	19	3	1	2
1133	418	715	30	14	16	4		4
1088	392	696	43	19	24	4		4
1309	439	870	42	20	22	3	1	2
1302	445	857	50	28	22	6	1	5
9820	**3445**	**6375**	**313**	**156**	**157**	**76**	**13**	**63**
1270	425	845	42	23	19	11		11
1821	641	1180	56	28	28	8		8
1959	663	1296	66	31	35	11	2	9
2179	787	1392	69	37	32	17	7	10
2591	929	1662	80	37	43	29	4	25
20505	**6914**	**13591**	**489**	**270**	**219**	**321**	**52**	**269**
2904	1003	1901	69	42	27	37	8	29
3351	1092	2259	83	42	41	44	6	38
3822	1324	2498	95	48	47	48	7	41
4662	1567	3095	106	64	42	72	13	59
5766	1928	3838	136	74	62	120	18	102
39991	**13963**	**26028**	**784**	**437**	**347**	**1229**	**238**	**991**
6892	2325	4567	150	84	66	168	36	132
7875	2820	5055	171	97	74	203	38	165
9089	3151	5938	177	89	88	253	52	201
7640	2628	5012	133	79	54	265	49	216
8495	3039	5456	153	88	65	340	63	277
33984	**11647**	**22337**	**531**	**303**	**228**	**1938**	**336**	**1602**
8044	2738	5306	137	77	60	344	58	286
6988	2434	4554	109	67	42	393	71	322
8077	2772	5305	143	82	61	474	84	390
6857	2337	4520	100	50	50	446	71	375
4018	1366	2652	42	27	15	281	52	229
37676	**14342**	**23334**	**404**	**265**	**139**	**3694**	**788**	**2906**
4793	1724	3069	65	44	21	377	73	304
5411	1929	3482	60	40	20	503	101	402
8022	3038	4984	86	50	36	770	170	600
10027	3978	6049	88	62	26	1013	210	803
9423	3673	5750	105	69	36	1031	234	797
116507	**55727**	**60780**	**626**	**377**	**249**	**42071**	**11681**	**30390**

5-3b 续表 4

受教育程度 年 龄	15岁及以上人口			未 婚		
	合计	男	女	小计	男	女
初 中	**720508**	**377612**	**342896**	**52457**	**35577**	**16880**
15-19岁	**19710**	**11198**	**8512**	**19376**	**11136**	**8240**
15	9320	5191	4129	9319	5190	4129
16	3920	2202	1718	3906	2199	1707
17	2383	1386	997	2339	1380	959
18	1962	1167	795	1867	1151	716
19	2125	1252	873	1945	1216	729
20-24岁	**17684**	**10077**	**7607**	**11030**	**7698**	**3332**
20	2306	1396	910	1942	1305	637
21	2577	1536	1041	1928	1335	593
22	3432	1966	1466	2334	1621	713
23	4237	2349	1888	2418	1700	718
24	5132	2830	2302	2408	1737	671
25-29岁	**42960**	**22467**	**20493**	**10140**	**7513**	**2627**
25	6553	3532	3021	2552	1836	716
26	7201	3865	3336	2207	1640	567
27	8185	4344	3841	1910	1429	481
28	9458	4827	4631	1740	1280	460
29	11563	5899	5664	1731	1328	403
30-34岁	**77379**	**38161**	**39218**	**5767**	**4346**	**1421**
30	16904	8625	8279	1915	1452	463
31	16373	8113	8260	1401	1057	344
32	14281	7071	7210	960	731	229
33	15934	7718	8216	867	637	230
34	13887	6634	7253	624	469	155
35-39岁	**67432**	**32459**	**34973**	**1834**	**1341**	**493**
35	12396	5980	6416	442	319	123
36	13108	6175	6933	415	315	100
37	12775	6177	6598	320	234	86
38	15312	7453	7859	372	261	111
39	13841	6674	7167	285	212	73
40-44岁	**74411**	**36097**	**38314**	**1081**	**796**	**285**
40	12208	5800	6408	230	167	63
41	14946	7230	7716	215	155	60
42	15129	7322	7807	226	166	60
43	15332	7410	7922	233	164	69
44	16796	8335	8461	177	144	33
45-49岁	**97398**	**48443**	**48955**	**910**	**698**	**212**
45	16783	8210	8573	187	155	32
46	17604	8663	8941	185	137	48
47	18754	9315	9439	164	111	53
48	20384	10241	10143	174	130	44
49	23873	12014	11859	200	165	35
50-54岁	**121598**	**61821**	**59777**	**886**	**751**	**135**
50	26095	13129	12966	215	177	38
51	25187	12798	12389	186	151	35
52	25899	13164	12735	173	148	25
53	20770	10623	10147	133	116	17
54	23647	12107	11540	179	159	20
55-59岁	**83710**	**43236**	**40474**	**539**	**482**	**57**
55	22013	11175	10838	138	120	18
56	18915	9683	9232	113	98	15
57	20996	10858	10138	146	136	10
58	14314	7595	6719	82	74	8
59	7472	3925	3547	60	54	6
60-64岁	**44064**	**26080**	**17984**	**357**	**326**	**31**
60	7583	4212	3371	62	58	4
61	7381	4236	3145	64	55	9
62	9504	5666	3838	82	78	4
63	10613	6494	4119	82	72	10
64	8983	5472	3511	67	63	4
65岁及以上	**74162**	**47573**	**26589**	**537**	**490**	**47**

单位：人

有配偶			离 婚			丧 偶		
小计	男	女	小计	男	女	小计	男	女
635811	**326329**	**309482**	**13865**	**8149**	**5716**	**18375**	**7557**	**10818**
332	**61**	**271**	**2**	**1**	**1**			
1	1							
14	3	11						
43	5	38	1	1				
94	16	78	1		1			
180	36	144						
6579	**2339**	**4240**	**74**	**40**	**34**	**1**		**1**
361	89	272	3	2	1			
641	196	445	7	5	2	1		1
1086	339	747	12	6	6			
1801	640	1161	18	9	9			
2690	1075	1615	34	18	16			
32102	**14533**	**17569**	**702**	**418**	**284**	**16**	**3**	**13**
3949	1666	2283	51	30	21	1		1
4901	2165	2736	92	60	32	1		1
6128	2830	3298	142	84	58	5	1	4
7561	3459	4102	153	87	66	4	1	3
9563	4413	5150	264	157	107	5	1	4
69488	**32520**	**36968**	**2036**	**1267**	**769**	**88**	**28**	**60**
14611	6948	7663	368	223	145	10	2	8
14500	6752	7748	460	299	161	12	5	7
12930	6096	6834	379	238	141	12	6	6
14611	6811	7800	433	265	168	23	5	18
12836	5913	6923	396	242	154	31	10	21
63510	**29880**	**33630**	**1955**	**1205**	**750**	**133**	**33**	**100**
11559	5434	6125	376	221	155	19	6	13
12338	5658	6680	331	199	132	24	3	21
12060	5701	6359	363	233	130	32	9	23
14442	6883	7559	471	301	170	27	8	19
13111	6204	6907	414	251	163	31	7	24
70864	**34010**	**36854**	**2136**	**1202**	**934**	**330**	**89**	**241**
11638	5463	6175	309	165	144	31	5	26
14255	6817	7438	427	244	183	49	14	35
14388	6870	7518	441	259	182	74	27	47
14552	6976	7576	469	252	217	78	18	60
16031	7884	8147	490	282	208	98	25	73
93230	**46200**	**47030**	**2427**	**1351**	**1076**	**831**	**194**	**637**
16016	7797	8219	480	242	238	100	16	84
16845	8254	8591	445	246	199	129	26	103
17977	8905	9072	467	271	196	146	28	118
19522	9769	9753	481	285	196	207	57	150
22870	11475	11395	554	307	247	249	67	182
116256	**59159**	**57097**	**2375**	**1303**	**1072**	**2081**	**608**	**1473**
24979	12551	12428	568	318	250	333	83	250
24105	12269	11836	517	274	243	379	104	275
24822	12609	12213	495	283	212	409	124	285
19833	10180	9653	391	202	189	413	125	288
22517	11550	10967	404	226	178	547	172	375
79426	**41270**	**38156**	**1242**	**742**	**500**	**2503**	**742**	**1761**
20999	10714	10285	330	183	147	546	158	388
17957	9260	8697	317	176	141	528	149	379
19912	10332	9580	293	189	104	645	201	444
13527	7249	6278	203	126	77	502	146	356
7031	3715	3316	99	68	31	282	88	194
40902	**24492**	**16410**	**476**	**329**	**147**	**2329**	**933**	**1396**
7095	3977	3118	103	72	31	323	105	218
6872	4001	2871	77	49	28	368	131	237
8843	5334	3509	97	67	30	482	187	295
9806	6061	3745	118	91	27	607	270	337
8286	5119	3167	81	50	31	549	240	309
63122	**41865**	**21257**	**440**	**291**	**149**	**10063**	**4927**	**5136**

5-3b 续表 5

受教育程度 年龄	15岁及以上人口 合计	男	女	未婚 小计	男	女
高 中	**359040**	**205550**	**153490**	**93529**	**56253**	**37276**
15-19岁	**63600**	**35196**	**28404**	**63476**	**35169**	**28307**
15	14876	8117	6759	14875	8116	6759
16	20818	11408	9410	20809	11405	9404
17	17522	9617	7905	17507	9612	7895
18	7038	4040	2998	7001	4033	2968
19	3346	2014	1332	3284	2003	1281
20-24岁	**16424**	**9949**	**6475**	**12585**	**8467**	**4118**
20	2772	1728	1044	2619	1674	945
21	2689	1653	1036	2371	1563	808
22	3129	1883	1246	2525	1676	849
23	3662	2235	1427	2578	1810	768
24	4172	2450	1722	2492	1744	748
25-29岁	**32771**	**18237**	**14534**	**10074**	**7292**	**2782**
25	5096	2911	2185	2585	1812	773
26	5403	3056	2347	2157	1541	616
27	6394	3572	2822	2046	1512	534
28	7237	3994	3243	1712	1257	455
29	8641	4704	3937	1574	1170	404
30-34岁	**53250**	**28776**	**24474**	**4955**	**3632**	**1323**
30	12048	6570	5478	1701	1253	448
31	11693	6274	5419	1162	880	282
32	10314	5518	4796	863	620	243
33	10698	5777	4921	741	537	204
34	8497	4637	3860	488	342	146
35-39岁	**36314**	**19541**	**16773**	**1156**	**793**	**363**
35	7051	3815	3236	314	225	89
36	6780	3597	3183	249	169	80
37	6804	3670	3134	230	158	72
38	8137	4448	3689	203	134	69
39	7542	4011	3531	160	107	53
40-44岁	**32831**	**18049**	**14782**	**510**	**343**	**167**
40	6510	3582	2928	132	93	39
41	7360	4051	3309	120	83	37
42	6714	3610	3104	98	56	42
43	6073	3381	2692	79	57	22
44	6174	3425	2749	81	54	27
45-49岁	**30337**	**17419**	**12918**	**309**	**204**	**105**
45	5770	3288	2482	62	40	22
46	5657	3237	2420	70	51	19
47	5747	3278	2469	61	33	28
48	6301	3616	2685	57	36	21
49	6862	4000	2862	59	44	15
50-54岁	**28162**	**16557**	**11605**	**191**	**134**	**57**
50	6958	3954	3004	57	38	19
51	5911	3460	2451	41	29	12
52	5813	3446	2367	37	27	10
53	4448	2644	1804	26	18	8
54	5032	3053	1979	30	22	8
55-59岁	**27442**	**16400**	**11042**	**121**	**93**	**28**
55	5181	3124	2057	23	19	4
56	5457	3282	2175	25	19	6
57	7370	4387	2983	38	30	8
58	5962	3584	2378	22	15	7
59	3472	2023	1449	13	10	3
60-64岁	**18299**	**11673**	**6626**	**72**	**68**	**4**
60	3968	2386	1582	20	19	1
61	3431	2149	1282	10	10	
62	3907	2531	1376	15	15	
63	3934	2578	1356	14	14	
64	3059	2029	1030	13	10	3
65岁及以上	**19610**	**13753**	**5857**	**80**	**58**	**22**

单位：人

有配偶			离婚			丧偶		
小计	男	女	小计	男	女	小计	男	女
254873	**143971**	**110902**	**6237**	**3333**	**2904**	**4401**	**1993**	**2408**
124	**27**	**97**						
1	1							
9	3	6						
15	5	10						
37	7	30						
62	11	51						
3815	**1466**	**2349**	**24**	**16**	**8**			
153	54	99						
317	90	227	1		1			
598	204	394	6	3	3			
1080	423	657	4	2	2			
1667	695	972	13	11	2			
22292	**10737**	**11555**	**393**	**206**	**187**	**12**	**2**	**10**
2477	1086	1391	33	13	20	1		1
3199	1493	1706	47	22	25			
4270	2022	2248	77	38	39	1		1
5428	2677	2751	93	59	34	4	1	3
6918	3459	3459	143	74	69	6	1	5
46957	**24372**	**22585**	**1292**	**760**	**532**	**46**	**12**	**34**
10089	5167	4922	248	148	100	10	2	8
10262	5237	5025	257	155	102	12	2	10
9203	4764	4439	240	130	110	8	4	4
9638	5047	4591	310	190	120	9	3	6
7765	4157	3608	237	137	100	7	1	6
33975	**18080**	**15895**	**1137**	**654**	**483**	**46**	**14**	**32**
6539	3467	3072	189	120	69	9	3	6
6288	3294	2994	234	133	101	9	1	8
6346	3395	2951	221	115	106	7	2	5
7671	4152	3519	251	158	93	12	4	8
7131	3772	3359	242	128	114	9	4	5
31135	**17131**	**14004**	**1076**	**542**	**534**	**110**	**33**	**77**
6133	3360	2773	226	123	103	19	6	13
6974	3837	3137	242	124	118	24	7	17
6375	3441	2934	220	108	112	21	5	16
5770	3226	2544	204	91	113	20	7	13
5883	3267	2616	184	96	88	26	8	18
28992	**16748**	**12244**	**847**	**415**	**432**	**189**	**52**	**137**
5515	3160	2355	170	86	84	23	2	21
5388	3098	2290	168	77	91	31	11	20
5494	3165	2329	155	74	81	37	6	31
6028	3478	2550	173	87	86	43	15	28
6567	3847	2720	181	91	90	55	18	37
27037	**16057**	**10980**	**610**	**273**	**337**	**324**	**93**	**231**
6646	3819	2827	192	82	110	63	15	48
5680	3359	2321	128	60	68	62	12	50
5595	3352	2243	118	46	72	63	21	42
4271	2560	1711	94	47	47	57	19	38
4845	2967	1878	78	38	40	79	26	53
26140	**15802**	**10338**	**513**	**264**	**249**	**668**	**241**	**427**
4965	3017	1948	95	52	43	98	36	62
5189	3155	2034	118	60	58	125	48	77
7043	4235	2808	130	69	61	159	53	106
5667	3457	2210	112	56	56	161	56	105
3276	1938	1338	58	27	31	125	48	77
17263	**11164**	**6099**	**212**	**118**	**94**	**752**	**323**	**429**
3739	2282	1457	56	29	27	153	56	97
3265	2068	1197	32	16	16	124	55	69
3691	2419	1272	53	36	17	148	61	87
3691	2456	1235	43	21	22	186	87	99
2877	1939	938	28	16	12	141	64	77
17143	**12387**	**4756**	**133**	**85**	**48**	**2254**	**1223**	**1031**

5-3b 续表 6

受教育程度 年龄	15岁及以上人口 合计	男	女	未婚 小计	男	女
大学专科	**183432**	**100842**	**82590**	**56443**	**32663**	**23780**
15-19岁	**14095**	**7570**	**6525**	**14047**	**7563**	**6484**
15	717	378	339	717	378	339
16	1400	768	632	1398	768	630
17	1969	1111	858	1965	1109	856
18	4070	2224	1846	4059	2223	1836
19	5939	3089	2850	5908	3085	2823
20-24岁	**26886**	**14228**	**12658**	**23834**	**13195**	**10639**
20	5950	3060	2890	5875	3045	2830
21	4844	2528	2316	4654	2480	2174
22	5178	2785	2393	4760	2670	2090
23	5319	2881	2438	4458	2577	1881
24	5595	2974	2621	4087	2423	1664
25-29岁	**35194**	**18442**	**16752**	**13034**	**8304**	**4730**
25	6423	3393	3030	3864	2339	1525
26	6358	3368	2990	3009	1909	1100
27	6931	3660	3271	2471	1598	873
28	7404	3844	3560	2018	1333	685
29	8078	4177	3901	1672	1125	547
30-34岁	**43626**	**22692**	**20934**	**4379**	**2901**	**1478**
30	10599	5526	5073	1647	1094	553
31	9768	5016	4752	1060	686	374
32	8344	4235	4109	750	491	259
33	8348	4434	3914	560	385	175
34	6567	3481	3086	362	245	117
35-39岁	**21660**	**11700**	**9960**	**735**	**447**	**288**
35	4842	2662	2180	218	144	74
36	4246	2319	1927	180	96	84
37	4072	2163	1909	116	80	36
38	4673	2462	2211	132	72	60
39	3827	2094	1733	89	55	34
40-44岁	**13500**	**7441**	**6059**	**208**	**120**	**88**
40	2926	1545	1381	60	36	24
41	3139	1680	1459	49	25	24
42	2777	1572	1205	44	29	15
43	2333	1320	1013	30	15	15
44	2325	1324	1001	25	15	10
45-49岁	**9340**	**5611**	**3729**	**108**	**63**	**45**
45	2047	1225	822	27	16	11
46	1896	1101	795	17	10	7
47	1832	1125	707	27	20	7
48	1841	1125	716	20	10	10
49	1724	1035	689	17	7	10
50-54岁	**7038**	**4392**	**2646**	**51**	**35**	**16**
50	1789	1071	718	11	5	6
51	1486	896	590	13	10	3
52	1455	919	536	11	7	4
53	1025	675	350	10	8	2
54	1283	831	452	6	5	1
55-59岁	**4974**	**3459**	**1515**	**27**	**19**	**8**
55	1184	788	396	9	7	2
56	1118	770	348	6	4	2
57	1318	922	396	7	4	3
58	877	629	248	2	1	1
59	477	350	127	3	3	
60-64岁	**2368**	**1741**	**627**	**9**	**8**	**1**
60	458	344	114	2	2	
61	448	329	119	2	1	1
62	481	349	132	2	2	
63	523	381	142	2	2	
64	458	338	120	1	1	
65岁及以上	**4751**	**3566**	**1185**	**11**	**8**	**3**

单位：人

有配偶			离婚			丧偶		
小计	男	女	小计	男	女	小计	男	女
123432	**66457**	**56975**	**2737**	**1317**	**1420**	**820**	**405**	**415**
47	**7**	**40**	**1**		**1**			
2		2						
4	2	2						
11	1	10						
30	4	26	1		1			
3036	**1027**	**2009**	**15**	**6**	**9**	**1**		**1**
75	15	60						
189	47	142	1	1				
416	115	301	2		2			
856	301	555	5	3	2			
1500	549	951	7	2	5	1		1
21871	**10016**	**11855**	**283**	**119**	**164**	**6**	**3**	**3**
2541	1049	1492	17	4	13	1	1	
3312	1447	1865	37	12	25			
4404	2041	2363	55	20	35	1	1	
5307	2474	2833	78	37	41	1		1
6307	3005	3302	96	46	50	3	1	2
38342	**19325**	**19017**	**876**	**458**	**418**	**29**	**8**	**21**
8787	4343	4444	159	85	74	6	4	2
8502	4232	4270	202	97	105	4	1	3
7413	3648	3765	173	95	78	8	1	7
7597	3948	3649	184	100	84	7	1	6
6043	3154	2889	158	81	77	4	1	3
20276	**10935**	**9341**	**623**	**312**	**311**	**26**	**6**	**20**
4490	2443	2047	130	74	56	4	1	3
3947	2159	1788	113	62	51	6	2	4
3836	2033	1803	111	48	63	9	2	7
4384	2319	2065	152	70	82	5	1	4
3619	1981	1638	117	58	59	2		2
12878	**7135**	**5743**	**382**	**178**	**204**	**32**	**8**	**24**
2785	1475	1310	74	32	42	7	2	5
2976	1605	1371	107	48	59	7	2	5
2644	1502	1142	84	40	44	5	1	4
2225	1267	958	72	36	36	6	2	4
2248	1286	962	45	22	23	7	1	6
8979	**5453**	**3526**	**220**	**88**	**132**	**33**	**7**	**26**
1965	1189	776	50	20	30	5		5
1834	1070	764	37	19	18	8	2	6
1749	1085	664	49	18	31	7	2	5
1771	1099	672	41	13	28	9	3	6
1660	1010	650	43	18	25	4		4
6758	**4271**	**2487**	**174**	**71**	**103**	**55**	**15**	**40**
1712	1047	665	54	17	37	12	2	10
1424	865	559	40	17	23	9	4	5
1402	893	509	34	19	15	8		8
983	657	326	21	9	12	11	1	10
1237	809	428	25	9	16	15	8	7
4778	**3363**	**1415**	**104**	**49**	**55**	**65**	**28**	**37**
1132	755	377	29	18	11	14	8	6
1079	757	322	18	5	13	15	4	11
1256	893	363	34	17	17	21	8	13
850	616	234	14	6	8	11	6	5
461	342	119	9	3	6	4	2	2
2281	**1695**	**586**	**23**	**13**	**10**	**55**	**25**	**30**
443	337	106	3	3		10	2	8
431	320	111	5	2	3	10	6	4
460	334	126	6	4	2	13	9	4
507	375	132	4	1	3	10	3	7
440	329	111	5	3	2	12	5	7
4186	**3230**	**956**	**36**	**23**	**13**	**518**	**305**	**213**

5-3b 续表 7

受教育程度 年　　龄	15岁及以上人口			未　　婚		
	合计	男	女	小计	男	女
大学本科	**130573**	**67795**	**62778**	**48961**	**24395**	**24566**
15-19岁	**8432**	**3944**	**4488**	**8427**	**3944**	**4483**
15	39	18	21	39	18	21
16	62	36	26	62	36	26
17	355	157	198	355	157	198
18	2563	1228	1335	2563	1228	1335
19	5413	2505	2908	5408	2505	2903
20-24岁	**25560**	**12240**	**13320**	**24556**	**11940**	**12616**
20	5956	2932	3024	5943	2928	3015
21	5640	2642	2998	5597	2629	2968
22	5139	2462	2677	5042	2440	2602
23	4402	2111	2291	4168	2047	2121
24	4423	2093	2330	3806	1896	1910
25-29岁	**25146**	**11889**	**13257**	**11896**	**6290**	**5606**
25	4942	2295	2647	3726	1882	1844
26	4893	2315	2578	2984	1572	1412
27	4902	2249	2653	2243	1182	1061
28	5035	2444	2591	1640	915	725
29	5374	2586	2788	1303	739	564
30-34岁	**27480**	**13682**	**13798**	**3164**	**1732**	**1432**
30	6556	3137	3419	1205	660	545
31	5984	2851	3133	790	423	367
32	5151	2630	2521	497	280	217
33	5341	2754	2587	402	215	187
34	4448	2310	2138	270	154	116
35-39岁	**17106**	**9102**	**8004**	**636**	**343**	**293**
35	3484	1861	1623	178	103	75
36	3311	1776	1535	151	70	81
37	3319	1789	1530	106	62	44
38	3868	2027	1841	126	71	55
39	3124	1649	1475	75	37	38
40-44岁	**10187**	**5691**	**4496**	**152**	**71**	**81**
40	2303	1300	1003	50	24	26
41	2349	1287	1062	37	17	20
42	2000	1094	906	21	9	12
43	1810	1003	807	29	16	13
44	1725	1007	718	15	5	10
45-49岁	**6762**	**4147**	**2615**	**62**	**34**	**28**
45	1525	885	640	14	8	6
46	1372	848	524	12	7	5
47	1327	814	513	17	7	10
48	1290	822	468	10	8	2
49	1248	778	470	9	4	5
50-54岁	**4731**	**3189**	**1542**	**41**	**21**	**20**
50	1248	815	433	14	7	7
51	1011	663	348	13	7	6
52	908	612	296	9	5	4
53	720	504	216	2	2	
54	844	595	249	3		3
55-59岁	**2723**	**2082**	**641**	**15**	**11**	**4**
55	807	588	219	5	3	2
56	647	489	158	4	3	1
57	658	507	151	3	2	1
58	420	343	77	1	1	
59	191	155	36	2	2	
60-64岁	**786**	**611**	**175**	**7**	**6**	**1**
60	164	124	40	3	3	
61	158	126	32	1	1	
62	172	136	36	2	1	1
63	169	136	33	1	1	
64	123	89	34			
65岁及以上	**1660**	**1218**	**442**	**5**	**3**	**2**

单位：人

有配偶			离　婚			丧　偶		
小计	男	女	小计	男	女	小计	男	女
79959	**42684**	**37275**	**1368**	**587**	**781**	**285**	**129**	**156**
5		**5**						
5		5						
1000	**300**	**700**	**4**		**4**			
13	4	9						
43	13	30						
97	22	75						
233	64	169	1		1			
614	197	417	3		3			
13145	**5558**	**7587**	**102**	**41**	**61**	**3**		**3**
1208	412	796	8	1	7			
1896	738	1158	12	5	7	1		1
2640	1058	1582	19	9	10			
3375	1520	1855	20	9	11			
4026	1830	2196	43	17	26	2		2
23910	**11765**	**12145**	**397**	**183**	**214**	**9**	**2**	**7**
5273	2440	2833	77	37	40	1		1
5126	2400	2726	67	28	39	1		1
4574	2309	2265	79	41	38	1		1
4847	2494	2353	91	45	46	1		1
4090	2122	1968	83	32	51	5	2	3
16103	**8603**	**7500**	**354**	**154**	**200**	**13**	**2**	**11**
3245	1728	1517	60	30	30	1		1
3096	1680	1416	63	26	37	1		1
3135	1695	1440	74	31	43	4	1	3
3644	1915	1729	93	40	53	5	1	4
2983	1585	1398	64	27	37	2		2
9798	**5543**	**4255**	**210**	**74**	**136**	**27**	**3**	**24**
2196	1258	938	53	18	35	4		4
2257	1251	1006	49	18	31	6	1	5
1935	1068	867	39	16	23	5	1	4
1734	972	762	40	14	26	7	1	6
1676	994	682	29	8	21	5		5
6553	**4061**	**2492**	**133**	**45**	**88**	**14**	**7**	**7**
1484	862	622	25	14	11	2	1	1
1325	830	495	33	10	23	2	1	1
1280	796	484	26	9	17	4	2	2
1255	808	447	25	6	19			
1209	765	444	24	6	18	6	3	3
4563	**3108**	**1455**	**98**	**47**	**51**	**29**	**13**	**16**
1201	794	407	30	13	17	3	1	2
968	640	328	25	13	12	5	3	2
874	594	280	18	10	8	7	3	4
699	494	205	12	5	7	7	3	4
821	586	235	13	6	7	7	3	4
2647	**2034**	**613**	**40**	**25**	**15**	**21**	**12**	**9**
782	576	206	12	6	6	8	3	5
630	479	151	9	5	4	4	2	2
645	499	146	6	4	2	4	2	2
405	331	74	10	7	3	4	4	
185	149	36	3	3		1	1	
748	**585**	**163**	**15**	**11**	**4**	**16**	**9**	**7**
152	115	37	4	3	1	5	3	2
150	122	28	1		1	6	3	3
165	132	33	4	3	1	1		1
161	128	33	5	5		2	2	
120	88	32	1		1	2	1	1
1487	**1127**	**360**	**15**	**7**	**8**	**153**	**81**	**72**

5-3b 续表 8

受教育程度 年　　龄	15岁及以上人口			未　婚		
	合计	男	女	小计	男	女
硕士研究生	**10095**	**5343**	**4752**	**4032**	**1898**	**2134**
15-19岁	**13**	**8**	**5**	**13**	**8**	**5**
15						
16						
17	3	2	1	3	2	1
18	2	2		2	2	
19	8	4	4	8	4	4
20-24岁	**1568**	**732**	**836**	**1551**	**729**	**822**
20	13	5	8	13	5	8
21	60	30	30	60	30	30
22	332	146	186	331	146	185
23	558	268	290	556	267	289
24	605	283	322	591	281	310
25-29岁	**2625**	**1185**	**1440**	**1908**	**881**	**1027**
25	599	264	335	564	253	311
26	558	236	322	490	216	274
27	482	216	266	342	156	186
28	527	253	274	308	154	154
29	459	216	243	204	102	102
30-34岁	**2371**	**1205**	**1166**	**441**	**227**	**214**
30	559	278	281	181	87	94
31	512	259	253	105	58	47
32	446	229	217	71	44	27
33	480	250	230	48	25	23
34	374	189	185	36	13	23
35-39岁	**1634**	**934**	**700**	**79**	**32**	**47**
35	304	174	130	16	8	8
36	322	184	138	22	9	13
37	329	189	140	18	6	12
38	385	219	166	12	6	6
39	294	168	126	11	3	8
40-44岁	**907**	**570**	**337**	**18**	**7**	**11**
40	230	135	95	6	1	5
41	226	136	90	5	2	3
42	181	125	56	3	2	1
43	139	82	57	3	1	2
44	131	92	39	1	1	
45-49岁	**453**	**295**	**158**	**13**	**8**	**5**
45	116	73	43	4		4
46	107	64	43	3	2	1
47	84	57	27	2	2	
48	70	45	25			
49	76	56	20	4	4	
50-54岁	**244**	**191**	**53**	**6**	**3**	**3**
50	56	44	12	4	1	3
51	62	50	12			
52	59	43	16			
53	28	23	5			
54	39	31	8	2	2	
55-59岁	**177**	**141**	**36**	**3**	**3**	
55	48	35	13			
56	39	28	11	1	1	
57	46	36	10	1	1	
58	35	35		1	1	
59	9	7	2			
60-64岁	**41**	**36**	**5**			
60	13	11	2			
61	9	7	2			
62	8	8				
63	6	5	1			
64	5	5				
65岁及以上	**62**	**46**	**16**			

单位：人

有配偶			离婚			丧偶		
小计	男	女	小计	男	女	小计	男	女
5964	**3404**	**2560**	**92**	**37**	**55**	**7**	**4**	**3**
17	**3**	**14**						
1		1						
2	1	1						
14	2	12						
713	**302**	**411**	**3**	**2**	**1**	**1**		**1**
35	11	24						
67	20	47				1		1
140	60	80						
219	99	120						
252	112	140	3	2	1			
1913	**974**	**939**	**17**	**4**	**13**			
376	191	185	2		2			
404	200	204	3	1	2			
373	184	189	2	1	1			
426	224	202	6	1	5			
334	175	159	4	1	3			
1515	**886**	**629**	**40**	**16**	**24**			
282	163	119	6	3	3			
295	173	122	5	2	3			
301	178	123	10	5	5			
364	210	154	9	3	6			
273	162	111	10	3	7			
874	**558**	**316**	**15**	**5**	**10**			
219	132	87	5	2	3			
218	133	85	3	1	2			
175	121	54	3	2	1			
134	81	53	2		2			
128	91	37	2		2			
426	**280**	**146**	**14**	**7**	**7**			
109	72	37	3	1	2			
101	62	39	3		3			
80	53	27	2	2				
67	44	23	3	1	2			
69	49	20	3	3				
237	**188**	**49**				**1**		**1**
52	43	9						
62	50	12						
58	43	15				1		1
28	23	5						
37	29	8						
171	**136**	**35**	**2**	**2**		**1**		**1**
47	34	13	1	1				
37	27	10				1		1
45	35	10						
33	33		1	1				
9	7	2						
41	**36**	**5**						
13	11	2						
9	7	2						
8	8							
6	5	1						
5	5							
57	**41**	**16**	**1**	**1**		**4**	**4**	

5-3b 续表 9

受教育程度	15岁及以上人口			未婚		
年龄	合计	男	女	小计	男	女
博士研究生	**1032**	**651**	**381**	**352**	**216**	**136**
15-19岁	**2**	**2**		**2**	**2**	
15						
16						
17						
18						
19	2	2		2	2	
20-24岁	**54**	**27**	**27**	**51**	**26**	**25**
20	1	1		1	1	
21	2	1	1	2	1	1
22	7	5	2	6	5	1
23	10	3	7	10	3	7
24	34	17	17	32	16	16
25-29岁	**219**	**135**	**84**	**175**	**108**	**67**
25	46	30	16	41	27	14
26	33	21	12	28	17	11
27	56	29	27	50	27	23
28	46	30	16	33	23	10
29	38	25	13	23	14	9
30-34岁	**256**	**157**	**99**	**95**	**62**	**33**
30	55	35	20	32	21	11
31	52	29	23	20	12	8
32	55	31	24	23	13	10
33	53	33	20	14	11	3
34	41	29	12	6	5	1
35-39岁	**162**	**105**	**57**	**16**	**8**	**8**
35	27	18	9	5	2	3
36	32	19	13	3	1	2
37	35	22	13	6	3	3
38	34	27	7	2	2	
39	34	19	15			
40-44岁	**116**	**71**	**45**	**10**	**7**	**3**
40	30	17	13	2	1	1
41	31	19	12	3	1	2
42	26	16	10	5	5	
43	16	10	6			
44	13	9	4			
45-49岁	**78**	**50**	**28**	**1**	**1**	
45	15	10	5			
46	14	8	6			
47	12	6	6			
48	25	17	8			
49	12	9	3	1	1	
50-54岁	**57**	**37**	**20**			
50	9	6	3			
51	9	8	1			
52	14	5	9			
53	7	6	1			
54	18	12	6			
55-59岁	**49**	**42**	**7**	**1**	**1**	
55	12	11	1			
56	9	7	2	1	1	
57	14	14				
58	7	6	1			
59	7	4	3			
60-64岁	**14**	**8**	**6**	**1**	**1**	
60	3	2	1			
61	1		1			
62	3	2	1	1	1	
63	2	2				
64	5	2	3			
65岁及以上	**25**	**17**	**8**			

单位：人

有配偶			离婚			丧偶		
小计	男	女	小计	男	女	小计	男	女
670	**431**	**239**	**6**	**2**	**4**	**4**	**2**	**2**
3	**1**	**2**						
1		1						
2	1	1						
44	**27**	**17**						
5	3	2						
5	4	1						
6	2	4						
13	7	6						
15	11	4						
159	**94**	**65**	**2**	**1**	**1**			
23	14	9						
32	17	15						
31	17	14	1	1				
38	22	16	1		1			
35	24	11						
145	**96**	**49**	**1**	**1**				
22	16	6						
29	18	11						
29	19	10						
31	24	7	1	1				
34	19	15						
105	**64**	**41**	**1**		**1**			
28	16	12						
28	18	10						
21	11	10						
15	10	5	1		1			
13	9	4						
75	**49**	**26**	**2**		**2**			
15	10	5						
14	8	6						
11	6	5	1		1			
24	17	7	1		1			
11	8	3						
57	**37**	**20**						
9	6	3						
9	8	1						
14	5	9						
7	6	1						
18	12	6						
47	**40**	**7**				**1**	**1**	
12	11	1						
8	6	2						
14	14							
6	5	1				1	1	
7	4	3						
12	**7**	**5**				**1**		**1**
3	2	1						
1		1						
2	1	1						
2	2							
4	2	2				1		1
23	**16**	**7**				**2**	**1**	**1**

5-3c 全省分年龄、性别、受教育

受教育程度 年　龄	15岁及以上人口			未　婚		
	合计	男	女	小计	男	女
总　计	**1853218**	**938244**	**914974**	**197897**	**132277**	**65620**
15-19岁	**64744**	**35412**	**29332**	**64191**	**35283**	**28908**
15	16972	9298	7674	16964	9296	7668
16	14062	7704	6358	14029	7697	6332
17	11603	6250	5353	11554	6242	5312
18	11228	6169	5059	11079	6132	4947
19	10879	5991	4888	10565	5916	4649
20-24岁	**62315**	**34307**	**28008**	**50480**	**30160**	**20320**
20	10646	5892	4754	10042	5765	4277
21	10574	5777	4797	9571	5492	4079
22	12452	6848	5604	10501	6235	4266
23	13676	7493	6183	10469	6331	4138
24	14967	8297	6670	9897	6337	3560
25-29岁	**101600**	**55680**	**45920**	**35236**	**24663**	**10573**
25	17627	9667	7960	9821	6460	3361
26	17819	9861	7958	7965	5531	2434
27	19654	10688	8966	6755	4788	1967
28	21816	12021	9795	5649	4114	1535
29	24684	13443	11241	5046	3770	1276
30-34岁	**144631**	**78033**	**66598**	**15285**	**11810**	**3475**
30	33400	18311	15089	5361	4093	1268
31	31597	17088	14509	3676	2799	877
32	27161	14604	12557	2513	1961	552
33	29058	15617	13441	2238	1764	474
34	23415	12413	11002	1497	1193	304
35-39岁	**98312**	**52715**	**45597**	**4295**	**3434**	**861**
35	19144	10241	8903	1040	811	229
36	18648	9970	8678	909	732	177
37	18353	9948	8405	773	630	143
38	21932	11803	10129	863	691	172
39	20235	10753	9482	710	570	140
40-44岁	**106494**	**55249**	**51245**	**2867**	**2453**	**414**
40	17455	9251	8204	539	440	99
41	21707	11427	10280	606	517	89
42	21469	11356	10113	567	495	72
43	21830	11158	10672	625	533	92
44	24033	12057	11976	530	468	62
45-49岁	**157047**	**78133**	**78914**	**3262**	**2939**	**323**
45	24596	12446	12150	553	484	69
46	27836	13920	13916	604	534	70
47	29633	14742	14891	605	551	54
48	33914	16670	17244	691	630	61
49	41068	20355	20713	809	740	69
50-54岁	**234673**	**115566**	**119107**	**4279**	**4039**	**240**
50	45955	22620	23335	890	823	67
51	47482	23384	24098	866	817	49
52	50330	24804	25526	885	836	49
53	41820	20487	21333	727	698	29
54	49086	24271	24815	911	865	46
55-59岁	**196887**	**97915**	**98972**	**3199**	**3078**	**121**
55	46362	22914	23448	755	725	30
56	41634	20692	20942	699	667	32
57	48580	24420	24160	737	706	31
58	38817	19345	19472	600	581	19
59	21494	10544	10950	408	399	9
60-64岁	**159782**	**82023**	**77759**	**3802**	**3739**	**63**
60	23248	11709	11539	472	463	9
61	24589	12491	12098	586	575	11
62	33550	17434	16116	899	887	12
63	40797	21103	19694	988	971	17
64	37598	19286	18312	857	843	14
65岁及以上	**526733**	**253211**	**273522**	**11001**	**10679**	**322**

程度、婚姻状况的人口(乡村)

单位：人

有配偶			离婚			丧偶		
小计	男	女	小计	男	女	小计	男	女
1453495	**734770**	**718725**	**30126**	**21626**	**8500**	**171700**	**49571**	**122129**
544	**124**	**420**	**9**	**5**	**4**			
8	2	6						
32	7	25	1		1			
49	8	41						
148	36	112	1	1				
307	71	236	7	4	3			
11664	**4075**	**7589**	**165**	**70**	**95**	**6**	**2**	**4**
597	125	472	7	2	5			
994	281	713	8	4	4	1		1
1926	603	1323	23	10	13	2		2
3168	1144	2024	39	18	21			
4979	1922	3057	88	36	52	3	2	1
64647	**30072**	**34575**	**1662**	**929**	**733**	**55**	**16**	**39**
7657	3141	4516	140	63	77	9	3	6
9660	4233	5427	190	96	94	4	1	3
12621	5756	6865	269	141	128	9	3	6
15720	7636	8084	436	267	169	11	4	7
18989	9306	9683	627	362	265	22	5	17
124297	**62948**	**61349**	**4872**	**3214**	**1658**	**177**	**61**	**116**
27073	13629	13444	934	583	351	32	6	26
26870	13583	13287	1011	688	323	40	18	22
23658	11985	11673	958	644	314	32	14	18
25719	13161	12558	1063	681	382	38	11	27
20977	10590	10387	906	618	288	35	12	23
89794	**46417**	**43377**	**3917**	**2776**	**1141**	**306**	**88**	**218**
17346	8935	8411	715	487	228	43	8	35
16965	8696	8269	728	524	204	46	18	28
16802	8780	8022	727	526	201	51	12	39
20063	10423	9640	922	659	263	84	30	54
18618	9583	9035	825	580	245	82	20	62
98698	**49543**	**49155**	**4188**	**3038**	**1150**	**741**	**215**	**526**
16121	8267	7854	710	519	191	85	25	60
20000	10186	9814	965	687	278	136	37	99
19879	10191	9688	874	626	248	149	44	105
20234	9981	10253	812	596	216	159	48	111
22464	10918	11546	827	610	217	212	61	151
147367	**71475**	**75892**	**4335**	**3129**	**1206**	**2083**	**590**	**1493**
22990	11343	11647	812	555	257	241	64	177
26098	12677	13421	829	610	219	305	99	206
27810	13493	14317	824	587	237	394	111	283
31860	15255	16605	888	651	237	475	134	341
38609	18707	19902	982	726	256	668	182	486
219968	**106338**	**113630**	**4639**	**3523**	**1116**	**5787**	**1666**	**4121**
43172	20739	22433	1065	805	260	828	253	575
44561	21508	23053	994	752	242	1061	307	754
47223	22850	24373	1000	780	220	1222	338	884
39169	18908	20261	745	563	182	1179	318	861
45843	22333	23510	835	623	212	1497	450	1047
182404	**90202**	**92202**	**2770**	**2151**	**619**	**8514**	**2484**	**6030**
43240	21152	22088	724	559	165	1643	478	1165
38709	19107	19602	612	465	147	1614	453	1161
45002	22540	22462	670	531	139	2171	643	1528
35815	17825	17990	500	380	120	1902	559	1343
19638	9578	10060	264	216	48	1184	351	833
142224	**72991**	**69233**	**1568**	**1322**	**246**	**12188**	**3971**	**8217**
21151	10594	10557	271	223	48	1354	429	925
22034	11154	10880	266	220	46	1703	542	1161
29900	15495	14405	295	255	40	2456	797	1659
36149	18725	17424	382	322	60	3278	1085	2193
32990	17023	15967	354	302	52	3397	1118	2279
371888	**200585**	**171303**	**2001**	**1469**	**532**	**141843**	**40478**	**101365**

5-3c 续表 1

受教育程度 年 龄	15岁及以上人口			未 婚		
	合计	男	女	小计	男	女
未上过学	**108386**	**22466**	**85920**	**5407**	**4805**	**602**
15-19岁	**185**	**119**	**66**	**182**	**119**	**63**
15	40	30	10	40	30	10
16	35	26	9	34	26	8
17	39	24	15	39	24	15
18	31	16	15	30	16	14
19	40	23	17	39	23	16
20-24岁	**243**	**158**	**85**	**217**	**152**	**65**
20	44	21	23	41	21	20
21	35	21	14	34	21	13
22	47	35	12	44	34	10
23	53	36	17	43	33	10
24	64	45	19	55	43	12
25-29岁	**359**	**201**	**158**	**252**	**179**	**73**
25	76	43	33	55	37	18
26	59	40	19	46	36	10
27	55	32	23	40	29	11
28	82	42	40	53	37	16
29	87	44	43	58	40	18
30-34岁	**600**	**302**	**298**	**318**	**248**	**70**
30	112	52	60	64	47	17
31	139	79	60	79	67	12
32	96	44	52	46	35	11
33	134	66	68	67	51	16
34	119	61	58	62	48	14
35-39岁	**642**	**253**	**389**	**251**	**183**	**68**
35	116	40	76	47	29	18
36	112	50	62	47	35	12
37	119	44	75	45	35	10
38	138	63	75	61	48	13
39	157	56	101	51	36	15
40-44岁	**946**	**326**	**620**	**269**	**223**	**46**
40	139	52	87	36	32	4
41	165	63	102	56	45	11
42	194	73	121	64	54	10
43	211	65	146	57	44	13
44	237	73	164	56	48	8
45-49岁	**1912**	**503**	**1409**	**329**	**287**	**42**
45	256	69	187	54	46	8
46	297	76	221	58	49	9
47	346	97	249	56	53	3
48	446	115	331	71	64	7
49	567	146	421	90	75	15
50-54岁	**4264**	**941**	**3323**	**505**	**459**	**46**
50	715	167	548	102	89	13
51	798	196	602	112	100	12
52	916	208	708	104	95	9
53	808	163	645	79	77	2
54	1027	207	820	108	98	10
55-59岁	**5168**	**887**	**4281**	**375**	**355**	**20**
55	993	198	795	87	82	5
56	941	173	768	83	78	5
57	1215	215	1000	91	86	5
58	1183	176	1007	65	60	5
59	836	125	711	49	49	
60-64岁	**9530**	**1851**	**7679**	**522**	**514**	**8**
60	1055	202	853	73	71	2
61	1289	259	1030	71	70	1
62	1973	390	1583	118	118	
63	2579	508	2071	131	128	3
64	2634	492	2142	129	127	2
65岁及以上	**84537**	**16925**	**67612**	**2187**	**2086**	**101**

单位：人

有配偶			离婚			丧偶		
小计	男	女	小计	男	女	小计	男	女
60678	**12614**	**48064**	**460**	**257**	**203**	**41841**	**4790**	**37051**
3		**3**						
1		1						
1		1						
1		1						
24	**4**	**20**	**2**	**2**				
3		3						
1		1						
3	1	2						
9	2	7	1	1				
8	1	7	1	1				
103	**20**	**83**	**3**	**1**	**2**	**1**	**1**	
19	5	14	1		1	1	1	
13	4	9						
14	2	12	1	1				
29	5	24						
28	4	24	1		1			
270	**51**	**219**	**10**	**3**	**7**	**2**		**2**
45	5	40	2		2	1		1
57	11	46	3	1	2			
48	9	39	1		1	1		1
64	13	51	3	2	1			
56	13	43	1		1			
376	**65**	**311**	**11**	**5**	**6**	**4**		**4**
66	11	55	2		2	1		1
62	14	48	2	1	1	1		1
71	8	63	3	1	2			
77	15	62						
100	17	83	4	3	1	2		2
648	**94**	**554**	**14**	**6**	**8**	**15**	**3**	**12**
101	19	82	1		1	1	1	
102	15	87	4	3	1	3		3
125	18	107	1		1	4	1	3
150	19	131	4	2	2			
170	23	147	4	1	3	7	1	6
1486	**193**	**1293**	**31**	**18**	**13**	**66**	**5**	**61**
190	19	171	7	4	3	5		5
225	23	202	3	2	1	11	2	9
274	42	232	3	2	1	13		13
354	45	309	6	4	2	15	2	13
443	64	379	12	6	6	22	1	21
3479	**427**	**3052**	**53**	**38**	**15**	**227**	**17**	**210**
576	69	507	11	6	5	26	3	23
634	81	553	16	12	4	36	3	33
753	101	652	9	8	1	50	4	46
671	77	594	8	6	2	50	3	47
845	99	746	9	6	3	65	4	61
4304	**467**	**3837**	**50**	**33**	**17**	**439**	**32**	**407**
834	103	731	12	7	5	60	6	54
776	82	694	8	5	3	74	8	66
1004	111	893	14	9	5	106	9	97
997	107	890	7	5	2	114	4	110
693	64	629	9	7	2	85	5	80
7749	**1184**	**6565**	**71**	**47**	**24**	**1188**	**106**	**1082**
868	116	752	9	6	3	105	9	96
1048	171	877	10	5	5	160	13	147
1609	241	1368	15	12	3	231	19	212
2105	335	1770	22	14	8	321	31	290
2119	321	1798	15	10	5	371	34	337
42236	**10109**	**32127**	**215**	**104**	**111**	**39899**	**4626**	**35273**

5-3c 续表 2

受教育程度 年 龄	15岁及以上人口			未 婚		
	合计	男	女	小计	男	女
学前教育	**5840**	**1621**	**4219**	**345**	**279**	**66**
15-19岁	**45**	**17**	**28**	**44**	**16**	**28**
15	20	10	10	20	10	10
16	11	4	7	11	4	7
17	6		6	6		6
18	6	3	3	5	2	3
19	2		2	2		2
20-24岁	**29**	**14**	**15**	**26**	**14**	**12**
20	10	5	5	10	5	5
21	6	1	5	5	1	4
22	3	1	2	3	1	2
23	4	4		4	4	
24	6	3	3	4	3	1
25-29岁	**32**	**22**	**10**	**20**	**15**	**5**
25	7	4	3	5	3	2
26	6	5	1	4	3	1
27	4	4		3	3	
28	5	5		5	5	
29	10	4	6	3	1	2
30-34岁	**40**	**19**	**21**	**18**	**12**	**6**
30	13	9	4	7	6	1
31	9	2	7	2		2
32	3	2	1	1	1	
33	6	2	4	3	2	1
34	9	4	5	5	3	2
35-39岁	**40**	**13**	**27**	**9**	**4**	**5**
35	9		9	2		2
36	4	1	3	2	1	1
37	6		6			
38	12	8	4	3	3	
39	9	4	5	2		2
40-44岁	**42**	**18**	**24**	**10**	**10**	
40	6	4	2	1	1	
41	10	4	6	3	3	
42	9	3	6	2	2	
43	10	5	5	3	3	
44	7	2	5	1	1	
45-49岁	**104**	**36**	**68**	**10**	**8**	**2**
45	23	8	15	4	4	
46	17	4	13	3	1	2
47	16	8	8	2	2	
48	21	9	12	1	1	
49	27	7	20			
50-54岁	**266**	**83**	**183**	**27**	**25**	**2**
50	43	14	29	4	3	1
51	46	14	32	3	3	
52	50	15	35	5	5	
53	57	15	42	3	2	1
54	70	25	45	12	12	
55-59岁	**322**	**88**	**234**	**17**	**15**	**2**
55	57	15	42	4	3	1
56	73	25	48	6	5	1
57	64	14	50	2	2	
58	68	15	53	3	3	
59	60	19	41	2	2	
60-64岁	**508**	**137**	**371**	**33**	**32**	**1**
60	59	14	45	5	4	1
61	68	24	44	5	5	
62	102	29	73	5	5	
63	143	33	110	9	9	
64	136	37	99	9	9	
65岁及以上	**4412**	**1174**	**3238**	**131**	**128**	**3**

单位：人

有配偶			离婚			丧偶		
小计	男	女	小计	男	女	小计	男	女
3532	**1043**	**2489**	**36**	**27**	**9**	**1927**	**272**	**1655**
1	**1**							
1	1							
3		**3**						
1		1						
2		2						
12	**7**	**5**						
2	1	1						
2	2							
1	1							
7	3	4						
22	**7**	**15**						
6	3	3						
7	2	5						
2	1	1						
3		3						
4	1	3						
29	**9**	**20**	**1**		**1**	**1**		**1**
6		6				1		1
2		2						
5		5	1		1			
9	5	4						
7	4	3						
31	**7**	**24**	**1**	**1**				
4	2	2	1	1				
7	1	6						
7	1	6						
7	2	5						
6	1	5						
89	**25**	**64**	**2**	**2**		**3**	**1**	**2**
18	3	15	1	1				
14	3	11						
13	5	8				1	1	
18	7	11	1	1		1		1
26	7	19				1		1
216	**50**	**166**	**10**	**6**	**4**	**13**	**2**	**11**
35	9	26	3	1	2	1	1	
39	10	29	1	1		3		3
41	9	32	1	1		3		3
51	12	39	1	1		2		2
50	10	40	4	2	2	4	1	3
287	**69**	**218**				**18**	**4**	**14**
50	12	38				3		3
63	20	43				4		4
58	12	46				4		4
62	10	52				3	2	1
54	15	39				4	2	2
410	**94**	**316**	**5**	**5**		**60**	**6**	**54**
47	8	39				7	2	5
53	15	38	3	3		7	1	6
90	23	67	1	1		6		6
111	22	89				23	2	21
109	26	83	1	1		17	1	16
2432	**774**	**1658**	**17**	**13**	**4**	**1832**	**259**	**1573**

5-3c 续表 3

受教育程度 年 龄	15岁及以上人口			未 婚		
	合计	男	女	小计	男	女
小 学	**582827**	**244852**	**337975**	**19651**	**17992**	**1659**
15-19岁	**790**	**445**	**345**	**749**	**436**	**313**
15	155	80	75	154	80	74
16	140	80	60	133	78	55
17	158	88	70	155	88	67
18	168	94	74	157	92	65
19	169	103	66	150	98	52
20-24岁	**1357**	**740**	**617**	**892**	**612**	**280**
20	203	107	96	165	103	62
21	190	112	78	147	102	45
22	266	155	111	188	139	49
23	326	177	149	201	139	62
24	372	189	183	191	129	62
25-29岁	**3003**	**1433**	**1570**	**965**	**727**	**238**
25	430	214	216	195	141	54
26	471	242	229	185	139	46
27	596	291	305	207	159	48
28	675	309	366	184	135	49
29	831	377	454	194	153	41
30-34岁	**6836**	**3015**	**3821**	**1004**	**815**	**189**
30	1268	588	680	253	197	56
31	1368	618	750	224	171	53
32	1346	605	741	200	164	36
33	1508	645	863	181	155	26
34	1346	559	787	146	128	18
35-39岁	**7292**	**2945**	**4347**	**690**	**585**	**105**
35	1292	539	753	128	109	19
36	1331	559	772	122	110	12
37	1348	547	801	143	122	21
38	1638	653	985	145	118	27
39	1683	647	1036	152	126	26
40-44岁	**13688**	**5109**	**8579**	**739**	**650**	**89**
40	1783	695	1088	124	106	18
41	2503	953	1550	139	121	18
42	2623	954	1669	139	127	12
43	3130	1193	1937	186	163	23
44	3649	1314	2335	151	133	18
45-49岁	**31307**	**10837**	**20470**	**1231**	**1129**	**102**
45	4166	1513	2653	182	159	23
46	5014	1796	3218	224	207	17
47	5752	1953	3799	209	191	18
48	7122	2416	4706	298	274	24
49	9253	3159	6094	318	298	20
50-54岁	**66182**	**23577**	**42605**	**2026**	**1932**	**94**
50	11247	3940	7307	369	347	22
51	12978	4629	8349	418	396	22
52	14495	5196	9299	421	399	22
53	12733	4498	8235	359	345	14
54	14729	5314	9415	459	445	14
55-59岁	**62402**	**21821**	**40581**	**1663**	**1617**	**46**
55	14031	5034	8997	386	377	9
56	12571	4358	8213	349	334	15
57	15121	5361	9760	396	382	14
58	12845	4391	8454	301	297	4
59	7834	2677	5157	231	227	4
60-64岁	**74741**	**29740**	**45001**	**2355**	**2323**	**32**
60	9049	3248	5801	266	264	2
61	10591	4066	6525	345	338	7
62	15515	6233	9282	563	554	9
63	20039	8144	11895	632	627	5
64	19547	8049	11498	549	540	9
65岁及以上	**315229**	**145190**	**170039**	**7337**	**7166**	**171**

单位：人

有配偶			离婚			丧偶		
小计	男	女	小计	男	女	小计	男	女
460075	**194014**	**266061**	**5739**	**4223**	**1516**	**97362**	**28623**	**68739**
40	**8**	**32**	**1**	**1**				
1		1						
7	2	5						
3		3						
10	1	9	1	1				
19	5	14						
459	**124**	**335**	**6**	**4**	**2**			
38	4	34						
43	10	33						
78	16	62						
123	36	87	2	2				
177	58	119	4	2	2			
1969	**668**	**1301**	**63**	**37**	**26**	**6**	**1**	**5**
233	72	161	2	1	1			
275	97	178	10	6	4	1		1
374	123	251	14	9	5	1		1
475	167	308	15	7	8	1		1
612	209	403	22	14	8	3	1	2
5569	**2051**	**3518**	**245**	**147**	**98**	**18**	**2**	**16**
960	370	590	50	21	29	5		5
1098	419	679	44	28	16	2		2
1092	410	682	48	30	18	6	1	5
1268	456	812	55	33	22	4	1	3
1151	396	755	48	35	13	1		1
6289	**2175**	**4114**	**272**	**175**	**97**	**41**	**10**	**31**
1118	404	714	41	25	16	5	1	4
1145	410	735	57	37	20	7	2	5
1150	392	758	46	30	16	9	3	6
1425	492	933	60	41	19	8	2	6
1451	477	974	68	42	26	12	2	10
12292	**4060**	**8232**	**489**	**358**	**131**	**168**	**41**	**127**
1592	550	1042	53	35	18	14	4	10
2219	745	1474	115	80	35	30	7	23
2369	755	1614	95	66	29	20	6	14
2783	932	1851	117	88	29	44	10	34
3329	1078	2251	109	89	20	60	14	46
28790	**9114**	**19676**	**711**	**484**	**227**	**575**	**110**	**465**
3821	1259	2562	116	83	33	47	12	35
4589	1487	3102	122	88	34	79	14	65
5309	1656	3653	130	85	45	104	21	83
6534	2019	4515	153	98	55	137	25	112
8537	2693	5844	190	130	60	208	38	170
60668	**20254**	**40414**	**1209**	**900**	**309**	**2279**	**491**	**1788**
10354	3344	7010	245	180	65	279	69	210
11909	3956	7953	261	195	66	390	82	308
13333	4485	8848	278	217	61	463	95	368
11673	3923	7750	196	136	60	505	94	411
13399	4546	8853	229	172	57	642	151	491
56208	**18830**	**37378**	**844**	**656**	**188**	**3687**	**718**	**2969**
12722	4341	8381	232	179	53	691	137	554
11348	3758	7590	178	134	44	696	132	564
13615	4643	8972	198	158	40	912	178	734
11572	3821	7751	145	111	34	827	162	665
6951	2267	4684	91	74	17	561	109	452
64773	**25092**	**39681**	**722**	**604**	**118**	**6891**	**1721**	**5170**
8016	2759	5257	116	94	22	651	131	520
9257	3422	5835	98	83	15	891	223	668
13435	5213	8222	148	125	23	1369	341	1028
17317	6883	10434	176	147	29	1914	487	1427
16748	6815	9933	184	155	29	2066	539	1527
223018	**111638**	**111380**	**1177**	**857**	**320**	**83697**	**25529**	**58168**

5-3c 续表 4

受教育程度 年龄	15岁及以上人口 合计	男	女	未婚 小计	男	女
初 中	**790842**	**448391**	**342451**	**59849**	**42276**	**17573**
15-19岁	**22406**	**12499**	**9907**	**22053**	**12429**	**9624**
15	10222	5573	4649	10216	5572	4644
16	4814	2661	2153	4791	2657	2134
17	2764	1536	1228	2732	1531	1201
18	2217	1323	894	2120	1305	815
19	2389	1406	983	2194	1364	830
20-24岁	**18178**	**10457**	**7721**	**11810**	**8227**	**3583**
20	2461	1423	1038	2085	1349	736
21	2811	1659	1152	2198	1482	716
22	3583	2095	1488	2485	1739	746
23	4171	2403	1768	2479	1778	701
24	5152	2877	2275	2563	1879	684
25-29岁	**40451**	**22019**	**18432**	**10483**	**8173**	**2310**
25	6188	3440	2748	2609	1968	641
26	6766	3760	3006	2264	1783	481
27	7718	4173	3545	2021	1575	446
28	9119	4980	4139	1794	1430	364
29	10660	5666	4994	1795	1417	378
30-34岁	**71406**	**37346**	**34060**	**6213**	**5014**	**1199**
30	15603	8386	7217	2116	1676	440
31	15291	8042	7249	1464	1161	303
32	13327	6929	6398	1050	866	184
33	14762	7649	7113	942	779	163
34	12423	6340	6083	641	532	109
35-39岁	**58356**	**30326**	**28030**	**2069**	**1698**	**371**
35	10786	5550	5236	490	398	92
36	11173	5731	5442	471	378	93
37	11019	5769	5250	367	308	59
38	13168	6925	6243	409	339	70
39	12210	6351	5859	332	275	57
40-44岁	**68376**	**35361**	**33015**	**1357**	**1176**	**181**
40	10697	5548	5149	243	201	42
41	13589	7093	6496	301	260	41
42	13871	7391	6480	268	232	36
43	14277	7273	7004	295	259	36
44	15942	8056	7886	250	224	26
45-49岁	**103137**	**53526**	**49611**	**1394**	**1261**	**133**
45	16419	8453	7966	241	215	26
46	18597	9571	9026	265	233	32
47	19689	10245	9444	276	250	26
48	22034	11380	10654	270	248	22
49	26398	13877	12521	342	315	27
50-54岁	**143216**	**77115**	**66101**	**1521**	**1439**	**82**
50	29136	15325	13811	368	341	27
51	29313	15700	13613	292	278	14
52	30638	16557	14081	319	304	15
53	24924	13575	11349	247	239	8
54	29205	15958	13247	295	277	18
55-59岁	**104604**	**58364**	**46240**	**1003**	**957**	**46**
55	26929	14685	12244	246	233	13
56	23346	12855	10491	231	221	10
57	25809	14480	11329	218	206	12
58	18910	10778	8132	200	191	9
59	9610	5566	4044	108	106	2
60-64岁	**58315**	**37882**	**20433**	**757**	**743**	**14**
60	9696	5872	3824	114	112	2
61	9561	5942	3619	125	123	2
62	12473	8162	4311	185	183	2
63	14317	9556	4761	186	180	6
64	12268	8350	3918	147	145	2
65岁及以上	**102397**	**73496**	**28901**	**1189**	**1159**	**30**

单位：人

有配偶			离婚			丧偶		
小计	男	女	小计	男	女	小计	男	女
687837	**380284**	**307553**	**17187**	**12665**	**4522**	**25969**	**13166**	**12803**
347	**66**	**281**	**6**	**4**	**2**			
6	1	5						
22	4	18	1		1			
32	5	27						
97	18	79						
190	38	152	5	4	1			
6249	**2177**	**4072**	**117**	**53**	**64**	**2**		**2**
370	73	297	6	1	5			
605	173	432	7	4	3	1		1
1077	348	729	20	8	12	1		1
1667	614	1053	25	11	14			
2530	969	1561	59	29	30			
29084	**13336**	**15748**	**855**	**502**	**353**	**29**	**8**	**21**
3498	1434	2064	73	36	37	8	2	6
4390	1923	2467	111	53	58	1	1	
5550	2523	3027	142	73	69	5	2	3
7089	3396	3693	230	152	78	6	2	4
8557	4060	4497	299	188	111	9	1	8
62459	**30474**	**31985**	**2638**	**1820**	**818**	**96**	**38**	**58**
12978	6376	6602	493	331	162	16	3	13
13233	6458	6775	567	410	157	27	13	14
11757	5693	6064	506	361	145	14	9	5
13205	6477	6728	596	387	209	19	6	13
11286	5470	5816	476	331	145	20	7	13
53751	**26868**	**26883**	**2341**	**1707**	**634**	**195**	**53**	**142**
9851	4852	4999	424	298	126	21	2	19
10251	5035	5216	421	305	116	30	13	17
10187	5130	5057	431	325	106	34	6	28
12121	6140	5981	579	426	153	59	20	39
11341	5711	5630	486	353	133	51	12	39
63813	**32027**	**31786**	**2753**	**2028**	**725**	**453**	**130**	**323**
9942	4988	4954	458	345	113	54	14	40
12610	6370	6240	603	442	161	75	21	54
12936	6722	6214	565	407	158	102	30	72
13337	6577	6760	543	405	138	102	32	70
14988	7370	7618	584	429	155	120	33	87
97541	**49691**	**47850**	**2946**	**2169**	**777**	**1256**	**405**	**851**
15460	7815	7645	553	378	175	165	45	120
17587	8849	8738	555	419	136	190	70	120
18602	9500	9102	579	423	156	232	72	160
20880	10581	10299	603	458	145	281	93	188
25012	12946	12066	656	491	165	388	125	263
135834	**72416**	**63418**	**2899**	**2232**	**667**	**2962**	**1028**	**1934**
27615	14312	13303	671	511	160	482	161	321
27840	14751	13089	617	475	142	564	196	368
29050	15544	13506	625	496	129	644	213	431
23647	12779	10868	468	362	106	562	195	367
27682	15030	12652	518	388	130	710	263	447
98385	**54810**	**43575**	**1554**	**1219**	**335**	**3662**	**1378**	**2284**
25475	13839	11636	419	327	92	789	286	503
22018	12104	9914	361	279	82	736	251	485
24266	13614	10652	379	304	75	946	356	590
17669	10078	7591	273	206	67	768	303	465
8957	5175	3782	122	103	19	423	182	241
53679	**34925**	**18754**	**587**	**516**	**71**	**3292**	**1698**	**1594**
9012	5446	3566	110	94	16	460	220	240
8823	5492	3331	114	96	18	499	231	268
11492	7542	3950	101	90	11	695	347	348
13145	8790	4355	140	127	13	846	459	387
11207	7655	3552	122	109	13	792	441	351
86695	**63494**	**23201**	**491**	**415**	**76**	**14022**	**8428**	**5594**

5-3c 续表 5

受教育程度 年　龄	15岁及以上人口			未　婚		
	合计	男	女	小计	男	女
高　中	**232574**	**146995**	**85579**	**54071**	**34284**	**19787**
15-19岁	**29248**	**16101**	**13147**	**29125**	**16067**	**13058**
15	6107	3368	2739	6107	3368	2739
16	8292	4531	3761	8290	4530	3760
17	7337	3949	3388	7326	3946	3380
18	4467	2489	1978	4436	2478	1958
19	3045	1764	1281	2966	1745	1221
20-24岁	**14200**	**8566**	**5634**	**11259**	**7465**	**3794**
20	2522	1510	1012	2376	1471	905
21	2470	1483	987	2227	1407	820
22	2794	1693	1101	2296	1535	761
23	3062	1852	1210	2234	1525	709
24	3352	2028	1324	2126	1527	599
25-29岁	**24233**	**14358**	**9875**	**8174**	**6215**	**1959**
25	4090	2454	1636	2171	1576	595
26	4119	2481	1638	1811	1396	415
27	4638	2728	1910	1592	1229	363
28	5201	3081	2120	1379	1051	328
29	6185	3614	2571	1221	963	258
30-34岁	**34702**	**20175**	**14527**	**3636**	**2914**	**722**
30	8196	4799	3397	1320	1071	249
31	7640	4411	3229	904	713	191
32	6692	3867	2825	593	460	133
33	6926	4059	2867	502	409	93
34	5248	3039	2209	317	261	56
35-39岁	**20635**	**12266**	**8369**	**701**	**567**	**134**
35	4109	2421	1688	189	148	41
36	3858	2285	1573	154	127	27
37	3759	2269	1490	114	87	27
38	4588	2728	1860	143	117	26
39	4321	2563	1758	101	88	13
40-44岁	**17875**	**10991**	**6884**	**358**	**305**	**53**
40	3458	2118	1340	94	76	18
41	4071	2481	1590	77	67	10
42	3676	2283	1393	71	63	8
43	3317	2057	1260	61	50	11
44	3353	2052	1301	55	49	6
45-49岁	**17299**	**11006**	**6293**	**243**	**211**	**32**
45	3075	1974	1101	61	53	8
46	3219	1991	1228	44	36	8
47	3219	2021	1198	46	43	3
48	3648	2329	1319	42	35	7
49	4138	2691	1447	50	44	6
50-54岁	**18187**	**12033**	**6154**	**167**	**158**	**9**
50	4175	2749	1426	34	34	
51	3774	2435	1339	32	32	
52	3709	2453	1256	33	31	2
53	2918	1953	965	33	30	3
54	3611	2443	1168	35	31	4
55-59岁	**22580**	**15357**	**7223**	**135**	**129**	**6**
55	3882	2632	1250	28	27	1
56	4296	2955	1341	29	28	1
57	5914	3996	1918	29	29	
58	5486	3742	1744	31	30	1
59	3002	2032	970	18	15	3
60-64岁	**15837**	**11710**	**4127**	**128**	**122**	**6**
60	3248	2256	992	14	12	2
61	2937	2086	851	37	36	1
62	3324	2481	843	28	27	1
63	3513	2684	829	27	26	1
64	2815	2203	612	22	21	1
65岁及以上	**17778**	**14432**	**3346**	**145**	**131**	**14**

单位：人

有配偶			离婚			丧偶		
小计	男	女	小计	男	女	小计	男	女
169640	**106931**	**62709**	**4700**	**3324**	**1376**	**4163**	**2456**	**1707**
121	**34**	**87**	**2**		**2**			
2	1	1						
11	3	8						
31	11	20						
77	19	58	2		2			
2910	**1092**	**1818**	**30**	**8**	**22**	**1**	**1**	
145	38	107	1	1				
242	76	166	1		1			
497	158	339	1		1			
818	323	495	10	4	6			
1208	497	711	17	3	14	1	1	
15625	**7890**	**7735**	**421**	**248**	**173**	**13**	**5**	**8**
1880	863	1017	39	15	24			
2260	1055	1205	47	30	17	1		1
2986	1465	1521	59	33	26	1	1	
3724	1971	1753	96	58	38	2	1	1
4775	2536	2239	180	112	68	9	3	6
29916	**16473**	**13443**	**1113**	**773**	**340**	**37**	**15**	**22**
6671	3593	3078	196	132	64	9	3	6
6501	3537	2964	228	158	70	7	3	4
5853	3236	2617	242	168	74	4	3	1
6198	3496	2702	219	151	68	7	3	4
4693	2611	2082	228	164	64	10	3	7
19001	**11044**	**7957**	**891**	**638**	**253**	**42**	**17**	**25**
3745	2157	1588	168	113	55	7	3	4
3527	2025	1502	174	133	41	3		3
3470	2057	1413	169	123	46	6	2	4
4240	2469	1771	193	135	58	12	7	5
4019	2336	1683	187	134	53	14	5	9
16716	**10148**	**6568**	**722**	**510**	**212**	**79**	**28**	**51**
3206	1936	1270	146	102	44	12	4	8
3788	2281	1507	183	127	56	23	6	17
3415	2089	1326	177	127	50	13	4	9
3135	1927	1208	111	77	34	10	3	7
3172	1915	1257	105	77	28	21	11	10
16346	**10337**	**6009**	**543**	**396**	**147**	**167**	**62**	**105**
2883	1841	1042	108	73	35	23	7	16
3023	1854	1169	129	89	40	23	12	11
3041	1894	1147	95	70	25	37	14	23
3459	2200	1259	109	82	27	38	12	26
3940	2548	1392	102	82	20	46	17	29
17316	**11443**	**5873**	**423**	**316**	**107**	**281**	**116**	**165**
3983	2601	1382	121	97	24	37	17	20
3598	2324	1274	84	57	27	60	22	38
3540	2343	1197	79	55	24	57	24	33
2761	1843	918	68	55	13	56	25	31
3434	2332	1102	71	52	19	71	28	43
21466	**14666**	**6800**	**299**	**226**	**73**	**680**	**336**	**344**
3712	2519	1193	51	41	10	91	45	46
4110	2827	1283	60	42	18	97	58	39
5610	3812	1798	76	58	18	199	97	102
5200	3574	1626	71	54	17	184	84	100
2834	1934	900	41	31	10	109	52	57
14802	**11017**	**3785**	**172**	**141**	**31**	**735**	**430**	**305**
3074	2152	922	34	27	7	126	65	61
2718	1946	772	38	31	7	144	73	71
3118	2342	776	27	24	3	151	88	63
3275	2520	755	43	34	9	168	104	64
2617	2057	560	30	25	5	146	100	46
15421	**12787**	**2634**	**84**	**68**	**16**	**2128**	**1446**	**682**

5-3c 续表 6

受教育程度 年 龄	15岁及以上人口			未 婚		
	合计	男	女	小计	男	女
大学专科	**90911**	**52083**	**38828**	**36526**	**21420**	**15106**
15-19岁	**8208**	**4376**	**3832**	**8182**	**4365**	**3817**
15	408	228	180	407	227	180
16	730	384	346	730	384	346
17	1077	563	514	1074	563	511
18	2684	1440	1244	2679	1437	1242
19	3309	1761	1548	3292	1754	1538
20-24岁	**17559**	**9291**	**8268**	**15932**	**8737**	**7195**
20	3399	1865	1534	3365	1859	1506
21	3221	1618	1603	3128	1596	1532
22	3501	1786	1715	3265	1713	1552
23	3731	1964	1767	3273	1825	1448
24	3707	2058	1649	2901	1744	1157
25-29岁	**21941**	**12015**	**9926**	**9233**	**6010**	**3223**
25	4310	2307	2003	2823	1711	1112
26	4142	2253	1889	2185	1404	781
27	4278	2322	1956	1717	1153	564
28	4496	2498	1998	1373	942	431
29	4715	2635	2080	1135	800	335
30-34岁	**22159**	**12418**	**9741**	**2652**	**1925**	**727**
30	5780	3195	2585	1047	756	291
31	5051	2831	2220	637	467	170
32	4058	2271	1787	406	294	112
33	4178	2359	1819	352	255	97
34	3092	1762	1330	210	153	57
35-39岁	**8269**	**4963**	**3306**	**373**	**270**	**103**
35	2026	1190	836	118	81	37
36	1553	958	595	80	62	18
37	1526	936	590	69	58	11
38	1774	1040	734	62	39	23
39	1390	839	551	44	30	14
40-44岁	**4249**	**2635**	**1614**	**81**	**59**	**22**
40	1065	640	425	25	17	8
41	1023	630	393	14	10	4
42	867	523	344	16	13	3
43	668	430	238	13	8	5
44	626	412	214	13	11	2
45-49岁	**2438**	**1649**	**789**	**35**	**27**	**8**
45	489	319	170	8	6	2
46	501	356	145	7	6	1
47	451	308	143	8	5	3
48	477	314	163	6	5	1
49	520	352	168	6	5	1
50-54岁	**1929**	**1367**	**562**	**20**	**14**	**6**
50	488	328	160	9	6	3
51	431	308	123	5	4	1
52	405	293	112	1		1
53	278	205	73	4	3	1
54	327	233	94	1	1	
55-59岁	**1416**	**1085**	**331**	**4**	**3**	**1**
55	360	266	94	3	2	1
56	307	247	60			
57	367	279	88	1	1	
58	258	190	68			
59	124	103	21			
60-64岁	**737**	**603**	**134**	**5**	**4**	**1**
60	123	103	20			
61	127	101	26	3	3	
62	133	111	22			
63	179	153	26	1		1
64	175	135	40	1	1	
65岁及以上	**2006**	**1681**	**325**	**9**	**6**	**3**

单位：人

有配偶			离　婚			丧　偶		
小计	男	女	小计	男	女	小计	男	女
52473	**29546**	**22927**	**1573**	**919**	**654**	**339**	**198**	**141**
26	**11**	**15**						
1	1							
3		3						
5	3	2						
17	7	10						
1617	**551**	**1066**	**7**	**2**	**5**	**3**	**1**	**2**
34	6	28						
93	22	71						
234	72	162	1	1		1		1
457	139	318	1		1			
799	312	487	5	1	4	2	1	1
12440	**5882**	**6558**	**263**	**122**	**141**	**5**	**1**	**4**
1464	586	878	23	10	13			
1939	844	1095	18	5	13			
2518	1148	1370	41	21	20	2		2
3042	1511	1531	79	44	35	2	1	1
3477	1793	1684	102	42	60	1		1
18817	**10105**	**8712**	**674**	**385**	**289**	**16**	**3**	**13**
4590	2368	2222	143	71	72			
4279	2288	1991	132	75	57	3	1	2
3519	1905	1614	128	71	57	5	1	4
3673	2009	1664	148	95	53	5		5
2756	1535	1221	123	73	50	3	1	2
7570	**4487**	**3083**	**307**	**201**	**106**	**19**	**5**	**14**
1837	1067	770	66	42	24	5		5
1411	854	557	57	39	18	5	3	2
1398	839	559	58	39	19	1		1
1640	959	681	67	41	26	5	1	4
1284	768	516	59	40	19	3	1	2
3976	**2458**	**1518**	**170**	**108**	**62**	**22**	**10**	**12**
992	591	401	44	30	14	4	2	2
959	590	369	47	29	18	3	1	2
812	488	324	29	19	10	10	3	7
622	401	221	30	18	12	3	3	
591	388	203	20	12	8	2	1	1
2313	**1570**	**743**	**79**	**48**	**31**	**11**	**4**	**7**
461	302	159	19	11	8	1		1
477	339	138	16	10	6	1	1	
426	296	130	13	6	7	4	1	3
456	300	156	12	7	5	3	2	1
493	333	160	19	14	5	2		2
1851	**1318**	**533**	**37**	**25**	**12**	**21**	**10**	**11**
464	312	152	12	8	4	3	2	1
407	290	117	13	10	3	6	4	2
394	289	105	5	2	3	5	2	3
266	198	68	4	3	1	4	1	3
320	229	91	3	2	1	3	1	2
1371	**1057**	**314**	**16**	**11**	**5**	**25**	**14**	**11**
341	257	84	7	3	4	9	4	5
298	240	58	4	4		5	3	2
360	274	86	2	1	1	4	3	1
250	184	66	3	3		5	3	2
122	102	20				2	1	1
703	**583**	**120**	**8**	**7**	**1**	**21**	**9**	**12**
117	100	17	1	1		5	2	3
119	95	24	3	2	1	2	1	1
127	107	20	2	2		4	2	2
173	152	21				5	1	4
167	129	38	2	2		5	3	2
1789	**1524**	**265**	**12**	**10**	**2**	**196**	**141**	**55**

5-3c 续表 7

受教育程度 年龄	15岁及以上人口 合计	男	女	未婚 小计	男	女
大学本科	**39422**	**20488**	**18934**	**20594**	**10435**	**10159**
15-19岁	**3856**	**1852**	**2004**	**3850**	**1848**	**2002**
15	20	9	11	20	9	11
16	40	18	22	40	18	22
17	221	90	131	221	90	131
18	1650	801	849	1647	799	848
19	1925	934	991	1922	932	990
20-24岁	**10211**	**4802**	**5409**	**9812**	**4676**	**5136**
20	1995	954	1041	1989	950	1039
21	1815	869	946	1806	869	937
22	2131	1006	1125	2094	997	1097
23	2154	979	1175	2062	950	1112
24	2116	994	1122	1861	910	951
25-29岁	**10667**	**5161**	**5506**	**5402**	**2972**	**2430**
25	2287	1082	1205	1735	905	830
26	2072	988	1084	1307	686	621
27	2174	1047	1127	1027	569	458
28	2088	1027	1061	766	461	305
29	2046	1017	1029	567	351	216
30-34岁	**8333**	**4434**	**3899**	**1268**	**766**	**502**
30	2277	1190	1087	485	295	190
31	1962	1027	935	312	187	125
32	1534	828	706	193	123	70
33	1450	788	662	174	102	72
34	1110	601	509	104	59	45
35-39岁	**2892**	**1829**	**1063**	**182**	**117**	**65**
35	761	474	287	59	43	16
36	580	364	216	27	17	10
37	545	360	185	34	19	15
38	577	361	216	36	24	12
39	429	270	159	26	14	12
40-44岁	**1245**	**766**	**479**	**48**	**28**	**20**
40	292	184	108	15	6	9
41	325	190	135	14	10	4
42	217	125	92	6	4	2
43	201	127	74	10	6	4
44	210	140	70	3	2	1
45-49岁	**809**	**546**	**263**	**18**	**15**	**3**
45	162	104	58	3	1	2
46	182	120	62	3	2	1
47	153	107	46	7	7	
48	156	100	56	2	2	
49	156	115	41	3	3	
50-54岁	**583**	**417**	**166**	**9**	**8**	**1**
50	140	90	50	2	1	1
51	130	93	37	2	2	
52	111	78	33	2	2	
53	93	70	23	2	2	
54	109	86	23	1	1	
55-59岁	**371**	**295**	**76**	**2**	**2**	
55	103	80	23	1	1	
56	95	76	19	1	1	
57	83	69	14			
58	64	50	14			
59	26	20	6			
60-64岁	**103**	**90**	**13**	**1**	**1**	
60	17	13	4			
61	16	13	3			
62	26	24	2			
63	23	22	1	1	1	
64	21	18	3			
65岁及以上	**352**	**296**	**56**	**2**	**2**	

单位：人

有配偶			离　婚			丧　偶		
小计	男	女	小计	男	女	小计	男	女
18324	**9792**	**8532**	**417**	**202**	**215**	**87**	**59**	**28**
6	**4**	**2**						
3	2	1						
3	2	1						
396	**125**	**271**	**3**	**1**	**2**			
6	4	2						
9		9						
36	8	28	1	1				
92	29	63						
253	84	169	2		2			
5208	**2170**	**3038**	**56**	**19**	**37**	**1**		**1**
550	176	374	2	1	1			
760	300	460	4	2	2	1		1
1135	474	661	12	4	8			
1306	560	746	16	6	10			
1457	660	797	22	6	16			
6870	**3582**	**3288**	**187**	**83**	**104**	**8**	**3**	**5**
1741	867	874	50	28	22	1		1
1613	824	789	36	15	21	1	1	
1308	691	617	31	14	17	2		2
1233	674	559	40	11	29	3	1	2
975	526	449	30	15	15	1	1	
2614	**1661**	**953**	**92**	**48**	**44**	**4**	**3**	**1**
685	420	265	14	9	5	3	2	1
536	338	198	17	9	8			
492	333	159	18	7	11	1	1	
518	321	197	23	16	7			
383	249	134	20	7	13			
1156	**709**	**447**	**37**	**26**	**11**	**4**	**3**	**1**
271	172	99	6	6				
296	172	124	13	6	7	2	2	
205	115	90	6	6				
184	115	69	7	6	1			
200	135	65	5	2	3	2	1	1
765	**517**	**248**	**21**	**11**	**10**	**5**	**3**	**2**
152	99	53	7	4	3			
174	116	58	4	2	2	1		1
139	97	42	4	1	3	3	2	1
151	97	54	3	1	2			
149	108	41	3	3		1	1	
565	**403**	**162**	**8**	**6**	**2**	**1**		**1**
136	87	49	2	2				
125	89	36	2	2		1		1
106	75	31	3	1	2			
91	68	23						
107	84	23	1	1				
359	**285**	**74**	**7**	**6**	**1**	**3**	**2**	**1**
99	77	22	3	2	1			
91	73	18	1	1		2	1	1
82	68	14	1	1				
62	48	14	1	1		1	1	
25	19	6	1	1				
100	**88**	**12**	**2**	**1**	**1**			
17	13	4						
16	13	3						
25	23	2	1	1				
21	21		1		1			
21	18	3						
285	**248**	**37**	**4**	**1**	**3**	**61**	**45**	**16**

5-3c 续表 8

受教育程度 年　　龄	15岁及以上人口			未　婚		
	合计	男	女	小计	男	女
硕士研究生	**2168**	**1187**	**981**	**1315**	**705**	**610**
15-19岁	**6**	**3**	**3**	**6**	**3**	**3**
15						
16						
17	1		1	1		1
18	5	3	2	5	3	2
19						
20-24岁	**522**	**271**	**251**	**516**	**269**	**247**
20	11	6	5	10	6	4
21	25	13	12	25	13	12
22	121	73	48	120	73	47
23	172	77	95	170	76	94
24	193	102	91	191	101	90
25-29岁	**822**	**418**	**404**	**630**	**328**	**302**
25	223	114	109	212	110	102
26	168	82	86	148	75	73
27	175	84	91	133	64	69
28	125	66	59	80	45	35
29	131	72	59	57	34	23
30-34岁	**481**	**274**	**207**	**139**	**91**	**48**
30	133	82	51	58	38	20
31	110	58	52	37	21	16
32	93	49	44	21	16	5
33	81	40	41	14	8	6
34	64	45	19	9	8	1
35-39岁	**157**	**100**	**57**	**16**	**9**	**7**
35	39	23	16	6	3	3
36	29	19	10	3	1	2
37	28	20	8	1	1	
38	32	20	12	4	3	1
39	29	18	11	2	1	1
40-44岁	**59**	**32**	**27**	**3**	**1**	**2**
40	12	7	5	1	1	
41	16	10	6	1		1
42	10	2	8	1		1
43	15	7	8			
44	6	6				
45-49岁	**33**	**23**	**10**	**2**	**1**	**1**
45	6	6				
46	8	5	3			
47	6	2	4	1		1
48	7	5	2	1	1	
49	6	5	1			
50-54岁	**39**	**26**	**13**	**2**	**2**	
50	9	5	4			
51	9	6	3	2	2	
52	5	3	2			
53	8	7	1			
54	8	5	3			
55-59岁	**20**	**15**	**5**			
55	6	3	3			
56	3	2	1			
57	6	5	1			
58	3	3				
59	2	2				
60-64岁	**9**	**9**				
60	1	1				
61						
62	3	3				
63	3	3				
64	2	2				
65岁及以上	**20**	**16**	**4**	**1**	**1**	

单位：人

有配偶			离婚			丧偶		
小计	男	女	小计	男	女	小计	男	女
829	**468**	**361**	**13**	**8**	**5**	**11**	**6**	**5**
6	**2**	**4**						
1		1						
1		1						
2	1	1						
2	1	1						
191	**90**	**101**	**1**		**1**			
11	4	7						
20	7	13						
42	20	22						
45	21	24						
73	38	35	1		1			
337	**180**	**157**	**5**	**3**	**2**			
75	44	31						
72	36	36	1	1				
70	33	37	2		2			
65	30	35	2	2				
55	37	18						
140	**90**	**50**	**1**	**1**				
33	20	13						
26	18	8						
26	18	8	1	1				
28	17	11						
27	17	10						
54	**30**	**24**	**2**	**1**	**1**			
10	6	4	1		1			
15	10	5						
8	1	7	1	1				
15	7	8						
6	6							
29	**21**	**8**	**2**	**1**	**1**			
5	5		1	1				
8	5	3						
5	2	3						
5	4	1	1		1			
6	5	1						
34	**22**	**12**				**3**	**2**	**1**
9	5	4						
6	4	2				1		1
5	3	2						
8	7	1						
6	3	3				2	2	
20	**15**	**5**						
6	3	3						
3	2	1						
6	5	1						
3	3							
2	2							
7	**7**		**1**	**1**		**1**	**1**	
			1	1				
3	3							
2	2					1	1	
2	2							
11	**11**		**1**	**1**		**7**	**3**	**4**

5-3c 续表 9

受教育程度 年龄	15岁及以上人口			未婚		
	合计	男	女	小计	男	女
博士研究生	**248**	**161**	**87**	**139**	**81**	**58**
15-19岁						
15						
16						
17						
18						
19						
20-24岁	**16**	**8**	**8**	**16**	**8**	**8**
20	1	1		1	1	
21	1	1		1	1	
22	6	4	2	6	4	2
23	3	1	2	3	1	2
24	5	1	4	5	1	4
25-29岁	**92**	**53**	**39**	**77**	**44**	**33**
25	16	9	7	16	9	7
26	16	10	6	15	9	6
27	16	7	9	15	7	8
28	25	13	12	15	8	7
29	19	14	5	16	11	5
30-34岁	**74**	**50**	**24**	**37**	**25**	**12**
30	18	10	8	11	7	4
31	27	20	7	17	12	5
32	12	9	3	3	2	1
33	13	9	4	3	3	
34	4	2	2	3	1	2
35-39岁	**29**	**20**	**9**	**4**	**1**	**3**
35	6	4	2	1		1
36	8	3	5	3	1	2
37	3	3				
38	5	5				
39	7	5	2			
40-44岁	**14**	**11**	**3**	**2**	**1**	**1**
40	3	3				
41	5	3	2	1	1	
42	2	2				
43	1	1				
44	3	2	1	1		1
45-49岁	**8**	**7**	**1**			
45						
46	1	1				
47	1	1				
48	3	2	1			
49	3	3				
50-54岁	**7**	**7**		**2**	**2**	
50	2	2		2	2	
51	3	3				
52	1	1				
53	1	1				
54						
55-59岁	**4**	**3**	**1**			
55	1	1				
56	2	1	1			
57	1	1				
58						
59						
60-64岁	**2**	**1**	**1**	**1**		**1**
60						
61						
62	1	1				
63	1		1	1		1
64						
65岁及以上	**2**	**1**	**1**			

单位：人

有配偶			离　婚			丧　偶		
小计	男	女	小计	男	女	小计	男	女
107	**78**	**29**	**1**	**1**		**1**	**1**	
15	**9**	**6**						
1	1							
1		1						
10	5	5						
3	3							
37	**25**	**12**						
7	3	4						
10	8	2						
9	7	2						
10	6	4						
1	1							
24	**18**	**6**	**1**	**1**				
5	4	1						
5	2	3						
3	3							
5	5							
6	4	2	1	1				
12	**10**	**2**						
3	3							
4	2	2						
2	2							
1	1							
2	2							
8	**7**	**1**						
1	1							
1	1							
3	2	1						
3	3							
5	**5**							
3	3							
1	1							
1	1							
4	**3**	**1**						
1	1							
2	1	1						
1	1							
1	**1**							
1	1							
1		**1**				**1**	**1**	

5-4 全省分初婚年龄、性别、初婚年份的人口

单位：人

初婚年龄	初婚年份								
	合计			1980年			1981年		
	合计	男	女	小计	男	女	小计	男	女
总计	**4645112**	**2322202**	**2322910**	**136020**	**65840**	**70180**	**92508**	**44498**	**48010**
15岁以下	**3257**	**754**	**2503**	**204**	**48**	**156**	**97**	**20**	**77**
15-19岁	**425389**	**131159**	**294230**	**11532**	**2475**	**9057**	**9394**	**2177**	**7217**
15	16292	4641	11651	724	185	539	481	121	360
16	29557	7673	21884	1320	280	1040	741	144	597
17	57595	15830	41765	2539	504	2035	1460	281	1179
18	109280	32702	76578	2933	550	2383	2956	642	2314
19	212665	70313	142352	4016	956	3060	3756	989	2767
20-24岁	**2704046**	**1263453**	**1440593**	**80443**	**35622**	**44821**	**53771**	**23256**	**30515**
20	353606	125651	227955	6901	2069	4832	4809	1301	3508
21	508645	215698	292947	12219	4625	7594	7444	2552	4892
22	644916	309862	335054	19574	8263	11311	11197	4599	6598
23	637929	315467	322462	22579	10698	11881	15639	7074	8565
24	558950	296775	262175	19170	9967	9203	14682	7730	6952
25-29岁	**1207306**	**732008**	**475298**	**39324**	**24471**	**14853**	**26461**	**17015**	**9446**
25	440830	251801	189029	16620	9580	7040	10222	6014	4208
26	310474	187434	123040	10222	6397	3825	7531	4847	2684
27	214128	135307	78821	6164	4088	2076	4473	3092	1381
28	143573	93241	50332	3989	2786	1203	2587	1873	714
29	98301	64225	34076	2329	1620	709	1648	1189	459
30-34岁	**207660**	**133274**	**74386**	**3661**	**2636**	**1025**	**2350**	**1744**	**606**
30	69003	44844	24159	1519	1085	434	956	713	243
31	49631	31802	17829	863	639	224	603	444	159
32	37800	24083	13717	620	450	170	381	274	107
33	29031	18371	10660	400	280	120	240	189	51
34	22195	14174	8021	259	182	77	170	124	46
35-39岁	**55390**	**36117**	**19273**	**606**	**437**	**169**	**330**	**234**	**96**
35	17062	11019	6043	197	149	48	111	85	26
36	13023	8596	4427	132	96	36	83	61	22
37	10308	6789	3519	119	90	29	50	31	19
38	8101	5287	2814	84	55	29	43	35	8
39	6896	4426	2470	74	47	27	43	22	21
40-44岁	**22155**	**13785**	**8370**	**183**	**119**	**64**	**74**	**43**	**31**
40	5721	3577	2144	59	44	15	26	15	11
41	4850	3079	1771	50	28	22	17	10	7
42	4452	2731	1721	28	20	8	9	6	3
43	3901	2385	1516	20	14	6	9	4	5
44	3231	2013	1218	26	13	13	13	8	5
45-49岁	**10292**	**6239**	**4053**	**53**	**29**	**24**	**21**	**6**	**15**
45	2816	1710	1106	13	11	2	4		4
46	2271	1375	896	11	3	8	5	2	3
47	1948	1191	757	9	5	4	4		4
48	1743	1059	684	12	5	7	3	2	1
49	1514	904	610	8	5	3	5	2	3
50岁及以上	**9617**	**5413**	**4204**	**14**	**3**	**11**	**10**	**3**	**7**
平均初婚年龄	**24.17**	**24.86**	**23.48**	**23.92**	**24.74**	**23.15**	**23.88**	**24.78**	**23.05**

5-4　续表 1　　　　单位：人

初婚年龄	初婚年份								
	1982年			1983年			1984年		
	小计	男	女	小计	男	女	小计	男	女
总　计	**100557**	**48482**	**52075**	**94446**	**45602**	**48844**	**102904**	**49867**	**53037**
15岁以下	**122**	**21**	**101**	**134**	**22**	**112**	**114**	**23**	**91**
15-19岁	**14096**	**3683**	**10413**	**13847**	**3889**	**9958**	**14631**	**4244**	**10387**
15	583	137	446	600	168	432	727	200	527
16	1034	223	811	992	204	788	1111	291	820
17	1815	423	1392	2000	479	1521	1840	425	1415
18	3639	856	2783	3340	863	2477	4056	1122	2934
19	7025	2044	4981	6915	2175	4740	6897	2206	4691
20-24岁	**54239**	**23801**	**30438**	**51288**	**22339**	**28949**	**61347**	**27195**	**34152**
20	7531	2460	5071	11375	4119	7256	11551	4140	7411
21	8030	3002	5028	10324	4068	6256	16846	6933	9913
22	10825	4530	6295	9257	3956	5301	13565	6159	7406
23	13103	6114	6989	10288	4729	5559	10036	4762	5274
24	14750	7695	7055	10044	5467	4577	9349	5201	4148
25-29岁	**28679**	**18528**	**10151**	**25608**	**16859**	**8749**	**22891**	**15650**	**7241**
25	11579	6793	4786	9947	6026	3921	7534	4850	2684
26	7123	4623	2500	7026	4655	2371	6519	4406	2113
27	5232	3667	1565	4081	2876	1205	4321	3088	1233
28	2937	2105	832	2814	2028	786	2620	1898	722
29	1808	1340	468	1740	1274	466	1897	1408	489
30-34岁	**2788**	**2023**	**765**	**2906**	**2064**	**842**	**3118**	**2224**	**894**
30	1137	844	293	1115	803	312	1184	873	311
31	631	455	176	692	480	212	788	551	237
32	469	339	130	535	383	152	546	399	147
33	307	214	93	351	248	103	345	227	118
34	244	171	73	213	150	63	255	174	81
35-39岁	**452**	**312**	**140**	**437**	**299**	**138**	**550**	**386**	**164**
35	157	104	53	159	117	42	196	137	59
36	109	77	32	98	66	32	121	88	33
37	76	54	22	77	46	31	113	83	30
38	55	39	16	53	36	17	66	42	24
39	55	38	17	50	34	16	54	36	18
40-44岁	**122**	**80**	**42**	**148**	**88**	**60**	**160**	**102**	**58**
40	37	25	12	50	32	18	42	32	10
41	32	20	12	28	18	10	40	22	18
42	24	16	8	29	17	12	33	21	12
43	15	8	7	21	11	10	30	19	11
44	14	11	3	20	10	10	15	8	7
45-49岁	**34**	**24**	**10**	**48**	**28**	**20**	**58**	**30**	**28**
45	12	9	3	14	9	5	17	8	9
46	10	7	3	18	7	11	10	8	2
47	4	3	1	4	4		12	3	9
48	4	3	1	3		3	11	7	4
49	4	2	2	9	8	1	8	4	4
50岁及以上	**25**	**10**	**15**	**30**	**14**	**16**	**35**	**13**	**22**
平均初婚年龄	**23.69**	**24.65**	**22.79**	**23.43**	**24.4**	**22.51**	**23.2**	**24.13**	**22.32**

5-4 续表 2

单位：人

初婚年龄	初婚年份								
	1985年			1986年			1987年		
	小计	男	女	小计	男	女	小计	男	女
总 计	**144683**	**70310**	**74373**	**146938**	**71300**	**75638**	**144309**	**70444**	**73865**
15岁以下	**124**	**25**	**99**	**109**	**17**	**92**	**112**	**22**	**90**
15-19岁	**20255**	**5917**	**14338**	**19106**	**5662**	**13444**	**18895**	**5696**	**13199**
15	815	208	607	604	124	480	542	112	430
16	1713	406	1307	1307	299	1008	1101	227	874
17	2824	701	2123	2986	784	2202	2547	659	1888
18	4853	1334	3519	5044	1437	3607	5317	1526	3791
19	10050	3268	6782	9165	3018	6147	9388	3172	6216
20-24岁	**92094**	**42185**	**49909**	**100001**	**46534**	**53467**	**99386**	**47183**	**52203**
20	14563	5236	9327	16129	5954	10175	14253	5454	8799
21	21977	9286	12691	20704	8824	11880	21562	9358	12204
22	27414	12942	14472	25664	12135	13529	23171	10968	12203
23	17399	8723	8676	24443	12352	12091	22491	11315	11176
24	10741	5998	4743	13061	7269	5792	17909	10088	7821
25-29岁	**26090**	**17973**	**8117**	**21643**	**14881**	**6762**	**19772**	**13242**	**6530**
25	8715	5532	3183	7087	4424	2663	8431	5174	3257
26	6136	4259	1877	5229	3622	1607	4174	2809	1365
27	5377	3920	1457	3713	2684	1029	3003	2161	842
28	3499	2558	941	3244	2406	838	2134	1581	553
29	2363	1704	659	2370	1745	625	2030	1517	513
30-34岁	**4855**	**3400**	**1455**	**4720**	**3339**	**1381**	**4804**	**3402**	**1402**
30	1756	1262	494	1556	1116	440	1622	1173	449
31	1244	866	378	1247	896	351	1095	784	311
32	820	559	261	884	595	289	918	644	274
33	631	425	206	606	426	180	696	486	210
34	404	288	116	427	306	121	473	315	158
35-39岁	**858**	**591**	**267**	**914**	**608**	**306**	**935**	**664**	**271**
35	288	196	92	296	210	86	360	247	113
36	195	142	53	204	137	67	215	157	58
37	158	111	47	186	115	71	158	116	42
38	113	71	42	122	77	45	114	84	30
39	104	71	33	106	69	37	88	60	28
40-44岁	**242**	**150**	**92**	**287**	**170**	**117**	**253**	**157**	**96**
40	75	50	25	89	52	37	74	43	31
41	46	31	15	52	32	20	57	40	17
42	43	26	17	43	30	13	44	30	14
43	42	24	18	57	37	20	42	25	17
44	36	19	17	46	19	27	36	19	17
45-49岁	**113**	**49**	**64**	**100**	**58**	**42**	**101**	**56**	**45**
45	32	14	18	28	16	12	31	14	17
46	28	9	19	15	9	6	25	15	10
47	25	12	13	20	13	7	16	9	7
48	15	9	6	18	10	8	16	11	5
49	13	5	8	19	10	9	13	7	6
50岁及以上	**52**	**20**	**32**	**58**	**31**	**27**	**51**	**22**	**29**
平均初婚年龄	**23.11**	**23.97**	**22.3**	**23.09**	**23.88**	**22.34**	**23.1**	**23.84**	**22.39**

5-4 续表 3

单位：人

初婚年龄	初婚年份								
	1988年			1989年			1990年		
	小计	男	女	小计	男	女	小计	男	女
总　计	**159979**	**77987**	**81992**	**148065**	**72882**	**75183**	**170860**	**85074**	**85786**
15岁以下	**117**	**19**	**98**	**112**	**21**	**91**	**191**	**52**	**139**
15-19岁	**22132**	**6882**	**15250**	**20151**	**6555**	**13596**	**23453**	**7837**	**15616**
15	630	167	463	534	147	387	799	220	579
16	1305	295	1010	1093	269	824	1534	414	1120
17	2746	648	2098	2558	699	1859	2968	869	2099
18	5774	1689	4085	5267	1660	3607	6085	1977	4108
19	11677	4083	7594	10699	3780	6919	12067	4357	7710
20-24岁	**106363**	**50628**	**55735**	**99411**	**47794**	**51617**	**115876**	**56658**	**59218**
20	16620	6454	10166	17902	7130	10772	19553	7836	11717
21	21168	9253	11915	21383	9563	11820	27666	12736	14930
22	27155	13107	14048	22493	11074	11419	27952	13969	13983
23	22838	11504	11334	21939	11303	10636	22355	11721	10634
24	18582	10310	8272	15694	8724	6970	18350	10396	7954
25-29岁	**24764**	**15828**	**8936**	**22950**	**14720**	**8230**	**26002**	**16751**	**9251**
25	13161	7940	5221	10495	6378	4117	11351	6907	4444
26	5340	3478	1862	6760	4441	2319	7113	4630	2483
27	2744	1887	857	2976	1987	989	4501	3122	1379
28	2005	1411	594	1572	1115	457	1999	1394	605
29	1514	1112	402	1147	799	348	1038	698	340
30-34岁	**4947**	**3501**	**1446**	**3809**	**2690**	**1119**	**3306**	**2385**	**921**
30	1480	1083	397	916	623	293	804	572	232
31	1192	834	358	954	692	262	635	465	170
32	964	660	304	828	587	241	755	543	212
33	758	532	226	613	430	183	613	456	157
34	553	392	161	498	358	140	499	349	150
35-39岁	**1169**	**836**	**333**	**1163**	**814**	**349**	**1350**	**974**	**376**
35	425	312	113	401	278	123	445	326	119
36	301	218	83	301	219	82	321	235	86
37	193	130	63	208	147	61	260	189	71
38	144	100	44	136	91	45	204	141	63
39	106	76	30	117	79	38	120	83	37
40-44岁	**298**	**194**	**104**	**291**	**185**	**106**	**403**	**265**	**138**
40	81	55	26	91	66	25	114	78	36
41	71	45	26	76	46	30	82	56	26
42	58	35	23	52	32	20	91	59	32
43	45	30	15	34	17	17	58	36	22
44	43	29	14	38	24	14	58	36	22
45-49岁	**115**	**64**	**51**	**112**	**71**	**41**	**167**	**98**	**69**
45	27	16	11	30	18	12	55	35	20
46	27	16	11	24	17	7	37	21	16
47	27	12	15	22	17	5	23	15	8
48	20	13	7	20	11	9	26	15	11
49	14	7	7	16	8	8	26	12	14
50岁及以上	**74**	**35**	**39**	**66**	**32**	**34**	**112**	**54**	**58**
平均初婚年龄	**23.08**	**23.78**	**22.41**	**23**	**23.65**	**22.37**	**22.92**	**23.55**	**22.3**

5-4 续表 4

单位：人

初婚年龄	初婚年份								
	1991年			1992年			1993年		
	小计	男	女	小计	男	女	小计	男	女
总　计	**113908**	**56307**	**57601**	**129734**	**64665**	**65069**	**127693**	**63623**	**64070**
15岁以下	**93**	**24**	**69**	**96**	**23**	**73**	**89**	**22**	**67**
15-19岁	**12994**	**4303**	**8691**	**12692**	**4202**	**8490**	**11289**	**3462**	**7827**
15	491	145	346	504	140	364	429	126	303
16	729	165	564	833	236	597	734	174	560
17	1520	452	1068	1607	460	1147	1489	418	1071
18	3259	1049	2210	3125	1010	2115	2877	857	2020
19	6995	2492	4503	6623	2356	4267	5760	1887	3873
20-24岁	**78984**	**37576**	**41408**	**91100**	**43474**	**47626**	**88494**	**42270**	**46224**
20	12363	4805	7558	12136	4649	7487	10601	3931	6670
21	17543	7896	9647	19066	8624	10442	17218	7721	9497
22	20903	10150	10753	23550	11424	12126	22808	11121	11687
23	16854	8420	8434	21626	10802	10824	21461	10516	10945
24	11321	6305	5016	14722	7975	6747	16406	8981	7425
25-29岁	**18717**	**12238**	**6479**	**21919**	**14261**	**7658**	**23122**	**14783**	**8339**
25	8279	5020	3259	8819	5349	3470	10211	6077	4134
26	4760	3196	1564	5976	3870	2106	5394	3449	1945
27	2901	2034	867	3335	2306	1029	3797	2596	1201
28	1924	1414	510	2204	1599	605	2162	1524	638
29	853	574	279	1585	1137	448	1558	1137	421
30-34岁	**1865**	**1329**	**536**	**2239**	**1561**	**678**	**2766**	**1828**	**938**
30	440	322	118	750	529	221	1148	795	353
31	416	295	121	440	307	133	621	393	228
32	330	239	91	350	233	117	346	214	132
33	358	245	113	336	227	109	341	219	122
34	321	228	93	363	265	98	310	207	103
35-39岁	**832**	**615**	**217**	**1010**	**739**	**271**	**1150**	**826**	**324**
35	240	173	67	303	220	83	322	230	92
36	196	151	45	235	177	58	275	200	75
37	167	127	40	193	136	57	203	152	51
38	120	93	27	158	125	33	183	130	53
39	109	71	38	121	81	40	167	114	53
40-44岁	**266**	**148**	**118**	**426**	**274**	**152**	**455**	**248**	**207**
40	61	36	25	130	92	38	113	68	45
41	71	46	25	87	55	32	113	57	56
42	60	31	29	89	57	32	81	41	40
43	42	20	22	66	40	26	94	52	42
44	32	15	17	54	30	24	54	30	24
45-49岁	**92**	**51**	**41**	**140**	**75**	**65**	**191**	**120**	**71**
45	26	14	12	31	19	12	61	43	18
46	23	11	12	35	19	16	30	21	9
47	15	10	5	31	17	14	47	27	20
48	14	7	7	26	13	13	29	13	16
49	14	9	5	17	7	10	24	16	8
50岁及以上	**65**	**23**	**42**	**112**	**56**	**56**	**137**	**64**	**73**
平均初婚年龄	**23.05**	**23.65**	**22.47**	**23.27**	**23.86**	**22.69**	**23.49**	**24.08**	**22.91**

5-4 续表 5

单位：人

初婚年龄	初婚年份								
	1994年			1995年			1996年		
	小计	男	女	小计	男	女	小计	男	女
总 计	**117740**	**58944**	**58796**	**129595**	**65410**	**64185**	**111752**	**56349**	**55403**
15岁以下	**66**	**15**	**51**	**63**	**13**	**50**	**62**	**20**	**42**
15-19岁	**9920**	**3124**	**6796**	**10378**	**3077**	**7301**	**8299**	**2449**	**5850**
15	417	122	295	409	125	284	261	74	187
16	673	172	501	788	214	574	575	149	426
17	1250	363	887	1342	369	973	1097	323	774
18	2415	754	1661	2467	738	1729	1961	584	1377
19	5165	1713	3452	5372	1631	3741	4405	1319	3086
20-24岁	**78914**	**37413**	**41501**	**82760**	**39510**	**43250**	**68798**	**32246**	**36552**
20	8963	3086	5877	9585	3184	6401	8260	2594	5666
21	14264	6260	8004	14647	6319	8328	12625	5331	7294
22	19371	9509	9862	19832	9823	10009	16808	8228	8580
23	20200	9999	10201	20184	10114	10070	16836	8453	8383
24	16116	8559	7557	18512	10070	8442	14269	7640	6629
25-29岁	**24032**	**15260**	**8772**	**29825**	**18643**	**11182**	**28124**	**17505**	**10619**
25	10781	6439	4342	13091	7838	5253	11660	6897	4763
26	6201	3988	2213	7815	4865	2950	7587	4743	2844
27	3285	2204	1081	4554	2956	1598	4553	2986	1567
28	2290	1592	698	2426	1654	772	2714	1812	902
29	1475	1037	438	1939	1330	609	1610	1067	543
30-34岁	**2914**	**1963**	**951**	**4157**	**2719**	**1438**	**4256**	**2791**	**1465**
30	1045	705	340	1349	890	459	1402	913	489
31	865	572	293	1029	661	368	955	636	319
32	461	317	144	921	600	321	816	521	295
33	290	198	92	534	342	192	683	462	221
34	253	171	82	324	226	98	400	259	141
35-39岁	**1002**	**696**	**306**	**1102**	**770**	**332**	**908**	**610**	**298**
35	216	147	69	238	166	72	232	148	84
36	251	186	65	216	151	65	192	134	58
37	196	140	56	238	168	70	151	106	45
38	154	104	50	220	152	68	173	118	55
39	185	119	66	190	133	57	160	104	56
40-44岁	**525**	**296**	**229**	**690**	**389**	**301**	**617**	**358**	**259**
40	122	76	46	212	121	91	129	81	48
41	121	62	59	144	87	57	157	94	63
42	111	65	46	128	67	61	129	78	51
43	109	54	55	118	64	54	111	58	53
44	62	39	23	88	50	38	91	47	44
45-49岁	**186**	**88**	**98**	**247**	**128**	**119**	**291**	**148**	**143**
45	51	25	26	62	38	24	65	37	28
46	37	22	15	55	26	29	55	28	27
47	37	17	20	54	28	26	61	35	26
48	30	8	22	36	15	21	48	21	27
49	31	16	15	40	21	19	62	27	35
50岁及以上	**181**	**89**	**92**	**373**	**161**	**212**	**397**	**222**	**175**
平均初婚年龄	**23.7**	**24.28**	**23.11**	**23.96**	**24.56**	**23.35**	**24.15**	**24.79**	**23.49**

5-4 续表 6 单位：人

初婚年龄	初婚年份								
	1997年			1998年			1999年		
	小计	男	女	小计	男	女	小计	男	女
总　计	**102287**	**51449**	**50838**	**111509**	**56372**	**55137**	**96544**	**48831**	**47713**
15岁以下	**55**	**15**	**40**	**77**	**16**	**61**	**66**	**14**	**52**
15-19岁	**7148**	**2040**	**5108**	**7629**	**2089**	**5540**	**6306**	**1665**	**4641**
15	285	72	213	299	84	215	280	80	200
16	440	114	326	537	130	407	457	111	346
17	873	236	637	852	207	645	837	205	632
18	1751	488	1263	1693	448	1245	1379	354	1025
19	3799	1130	2669	4248	1220	3028	3353	915	2438
20-24岁	**62462**	**28675**	**33787**	**66534**	**30932**	**35602**	**59820**	**27543**	**32277**
20	7053	2124	4929	7907	2320	5587	7210	2074	5136
21	11783	4681	7102	12062	4824	7238	10914	4313	6601
22	15543	7550	7993	16974	8295	8679	14831	7336	7495
23	15139	7391	7748	16053	8111	7942	14994	7395	7599
24	12944	6929	6015	13538	7382	6156	11871	6425	5446
25-29岁	**26252**	**16686**	**9566**	**28345**	**17818**	**10527**	**24185**	**15533**	**8652**
25	9999	5920	4079	10303	6060	4243	8994	5382	3612
26	7087	4486	2601	6966	4410	2556	5933	3844	2089
27	4590	3098	1492	5214	3494	1720	4074	2715	1359
28	2774	1933	841	3396	2243	1153	3024	2107	917
29	1802	1249	553	2466	1611	855	2160	1485	675
30-34岁	**3989**	**2628**	**1361**	**6348**	**3868**	**2480**	**4486**	**2957**	**1529**
30	1167	775	392	1851	1142	709	1611	1059	552
31	973	636	337	1401	845	556	1069	701	368
32	736	475	261	1340	802	538	771	516	255
33	594	393	201	993	595	398	610	406	204
34	519	349	170	763	484	279	425	275	150
35-39岁	**876**	**563**	**313**	**1406**	**941**	**465**	**953**	**658**	**295**
35	286	189	97	584	388	196	343	234	109
36	173	121	52	310	216	94	276	201	75
37	153	104	49	179	116	63	154	108	46
38	118	71	47	176	124	52	88	60	28
39	146	78	68	157	97	60	92	55	37
40-44岁	**906**	**502**	**404**	**698**	**429**	**269**	**371**	**251**	**120**
40	181	104	77	160	101	59	60	42	18
41	160	94	66	167	99	68	85	61	24
42	202	102	100	146	92	54	62	39	23
43	188	97	91	123	75	48	76	48	28
44	175	105	70	102	62	40	88	61	27
45-49岁	**398**	**233**	**165**	**271**	**163**	**108**	**198**	**123**	**75**
45	131	78	53	87	45	42	56	31	25
46	95	52	43	62	39	23	47	30	17
47	70	45	25	49	30	19	35	26	9
48	59	35	24	39	26	13	35	20	15
49	43	23	20	34	23	11	25	16	9
50岁及以上	**201**	**107**	**94**	**201**	**116**	**85**	**159**	**87**	**72**
平均初婚年龄	**24.28**	**24.99**	**23.57**	**24.43**	**25.16**	**23.68**	**24.21**	**24.98**	**23.42**

5-4 续表 7

单位：人

初婚年龄	初婚年份								
	2000年			2001年			2002年		
	小计	男	女	小计	男	女	小计	男	女
总　计	**115315**	**58840**	**56475**	**79304**	**39958**	**39346**	**94821**	**47776**	**47045**
15岁以下	**182**	**58**	**124**	**122**	**32**	**90**	**149**	**41**	**108**
15-19岁	**9219**	**2707**	**6512**	**6276**	**1762**	**4514**	**7576**	**2254**	**5322**
15	562	191	371	360	135	225	502	184	318
16	755	220	535	472	163	309	648	227	421
17	1309	396	913	781	217	564	987	272	715
18	2476	717	1759	1331	333	998	1730	540	1190
19	4117	1183	2934	3332	914	2418	3709	1031	2678
20-24岁	**71855**	**33922**	**37933**	**49178**	**22782**	**26396**	**58218**	**26783**	**31435**
20	8152	2449	5703	5195	1430	3765	7616	2198	5418
21	13900	5696	8204	8648	3428	5220	9778	3787	5991
22	17929	8898	9031	13059	6370	6689	13891	6808	7083
23	17117	8685	8432	12043	5990	6053	14837	7446	7391
24	14757	8194	6563	10233	5564	4669	12096	6544	5552
25-29岁	**27388**	**17558**	**9830**	**19556**	**12499**	**7057**	**23415**	**14899**	**8516**
25	10407	6230	4177	7707	4579	3128	8973	5266	3707
26	6850	4424	2426	4965	3208	1757	6201	3965	2236
27	4575	3050	1525	3151	2137	1014	4004	2702	1302
28	3226	2227	999	2120	1463	657	2485	1757	728
29	2330	1627	703	1613	1112	501	1752	1209	543
30-34岁	**4680**	**3221**	**1459**	**3053**	**2116**	**937**	**4012**	**2796**	**1216**
30	1678	1161	517	1097	761	336	1335	927	408
31	1187	817	370	798	550	248	986	696	290
32	814	556	258	502	349	153	732	513	219
33	539	374	165	430	304	126	551	383	168
34	462	313	149	226	152	74	408	277	131
35-39岁	**1176**	**833**	**343**	**668**	**480**	**188**	**915**	**656**	**259**
35	369	261	108	214	143	71	244	164	80
36	296	208	88	162	121	41	233	172	61
37	260	186	74	142	112	30	169	125	44
38	151	103	48	93	63	30	153	104	49
39	100	75	25	57	41	16	116	91	25
40-44岁	**390**	**279**	**111**	**179**	**127**	**52**	**225**	**152**	**73**
40	85	61	24	44	29	15	67	42	25
41	73	53	20	38	25	13	42	32	10
42	78	62	16	34	25	9	41	24	17
43	73	49	24	32	26	6	39	25	14
44	81	54	27	31	22	9	36	29	7
45-49岁	**248**	**161**	**87**	**144**	**83**	**61**	**184**	**120**	**64**
45	76	53	23	32	22	10	45	27	18
46	47	33	14	40	26	14	45	27	18
47	53	29	24	19	7	12	32	21	11
48	45	30	15	27	15	12	31	23	8
49	27	16	11	26	13	13	31	22	9
50岁及以上	**177**	**101**	**76**	**128**	**77**	**51**	**127**	**75**	**52**
平均初婚年龄	**24.01**	**24.77**	**23.22**	**24**	**24.77**	**23.23**	**24.03**	**24.82**	**23.22**

5-4 续表 8

单位：人

初婚年龄	初婚年份								
	2003年			2004年			2005年		
	小计	男	女	小计	男	女	小计	男	女
总　计	**100901**	**50852**	**50049**	**103319**	**52263**	**51056**	**106539**	**54231**	**52308**
15岁以下	**110**	**31**	**79**	**94**	**28**	**66**	**98**	**32**	**66**
15-19岁	**8330**	**2575**	**5755**	**9080**	**2807**	**6273**	**11571**	**3728**	**7843**
15	516	174	342	534	187	347	676	245	431
16	805	255	550	781	242	539	1025	319	706
17	1241	360	881	1346	393	953	1707	586	1121
18	1961	601	1360	2241	678	1563	3119	961	2158
19	3807	1185	2622	4178	1307	2871	5044	1617	3427
20-24岁	**60570**	**27983**	**32587**	**60748**	**28261**	**32487**	**60044**	**28835**	**31209**
20	7194	2275	4919	6974	2308	4666	7552	2608	4944
21	12676	5033	7643	11114	4502	6612	10468	4491	5977
22	13554	6504	7050	16589	7954	8635	14056	7083	6973
23	13941	7018	6923	13964	6894	7070	16017	8178	7839
24	13205	7153	6052	12107	6603	5504	11951	6475	5476
25-29岁	**25692**	**16026**	**9666**	**26811**	**16753**	**10058**	**27077**	**16563**	**10514**
25	9841	5742	4099	10403	6053	4350	9666	5536	4130
26	6659	4108	2551	6888	4254	2634	7166	4366	2800
27	4483	2952	1531	4486	2965	1521	4751	3036	1715
28	2826	1929	897	3093	2112	981	3189	2073	1116
29	1883	1295	588	1941	1369	572	2305	1552	753
30-34岁	**4525**	**3088**	**1437**	**4638**	**3065**	**1573**	**5189**	**3357**	**1832**
30	1387	974	413	1389	952	437	1535	1028	507
31	1043	692	351	1072	720	352	1158	755	403
32	939	656	283	856	571	285	980	633	347
33	649	416	233	743	448	295	832	511	321
34	507	350	157	578	374	204	684	430	254
35-39岁	**1073**	**738**	**335**	**1238**	**887**	**351**	**1610**	**1066**	**544**
35	346	224	122	436	311	125	534	355	179
36	222	153	69	277	200	77	394	259	135
37	222	161	61	209	143	66	278	175	103
38	148	99	49	164	121	43	203	134	69
39	135	101	34	152	112	40	201	143	58
40-44岁	**272**	**192**	**80**	**367**	**255**	**112**	**485**	**335**	**150**
40	102	70	32	116	81	35	124	85	39
41	60	45	15	126	89	37	120	88	32
42	40	26	14	61	40	21	127	83	44
43	37	30	7	33	22	11	71	50	21
44	33	21	12	31	23	8	43	29	14
45-49岁	**202**	**136**	**66**	**169**	**99**	**70**	**257**	**174**	**83**
45	59	41	18	25	12	13	43	33	10
46	40	27	13	50	35	15	53	34	19
47	39	23	16	27	18	9	50	32	18
48	35	24	11	40	18	22	60	43	17
49	29	21	8	27	16	11	51	32	19
50岁及以上	**127**	**83**	**44**	**174**	**108**	**66**	**208**	**141**	**67**
平均初婚年龄	**24.08**	**24.85**	**23.3**	**24.12**	**24.87**	**23.35**	**24.17**	**24.91**	**23.4**

5-4 续表 9

单位：人

初婚年龄	初婚年份								
	2006年			2007年			2008年		
	小计	男	女	小计	男	女	小计	男	女
总 计	**111034**	**56236**	**54798**	**98386**	**50071**	**48315**	**126382**	**64370**	**62012**
15岁以下	**53**	**11**	**42**	**49**	**13**	**36**	**54**	**16**	**38**
15-19岁	**11475**	**3770**	**7705**	**10891**	**3782**	**7109**	**13665**	**4948**	**8717**
15	389	117	272	298	99	199	357	112	245
16	965	304	661	662	202	460	714	209	505
17	1549	491	1058	1699	581	1118	1759	598	1161
18	2963	959	2004	2793	953	1840	4090	1500	2590
19	5609	1899	3710	5439	1947	3492	6745	2529	4216
20-24岁	**60643**	**28638**	**32005**	**51655**	**24439**	**27216**	**66289**	**31486**	**34803**
20	8043	2747	5296	8638	3082	5556	10693	4054	6639
21	10220	4352	5868	9839	4313	5526	14358	6295	8063
22	12830	6245	6585	11084	5535	5549	15385	7655	7730
23	14093	7137	6956	10879	5557	5322	13459	6964	6495
24	15457	8157	7300	11215	5952	5263	12394	6518	5876
25-29岁	**31025**	**18588**	**12437**	**28341**	**16979**	**11362**	**36634**	**21681**	**14953**
25	10955	5966	4989	10992	6215	4777	12310	6850	5460
26	8031	4816	3215	6893	4049	2844	10744	6180	4564
27	5944	3786	2158	4824	3037	1787	6289	3910	2379
28	3651	2356	1295	3403	2196	1207	4219	2703	1516
29	2444	1664	780	2229	1482	747	3072	2038	1034
30-34岁	**5365**	**3584**	**1781**	**4928**	**3199**	**1729**	**6238**	**4029**	**2209**
30	1762	1207	555	1559	1027	532	2064	1317	747
31	1240	824	416	1195	784	411	1430	905	525
32	937	624	313	864	570	294	1148	745	403
33	821	529	292	673	425	248	891	588	303
34	605	400	205	637	393	244	705	474	231
35-39岁	**1578**	**1055**	**523**	**1646**	**1079**	**567**	**2112**	**1344**	**768**
35	508	353	155	463	294	169	580	365	215
36	397	251	146	429	273	156	462	288	174
37	310	211	99	315	225	90	438	280	158
38	212	141	71	254	172	82	362	242	120
39	151	99	52	185	115	70	270	169	101
40-44岁	**518**	**359**	**159**	**533**	**374**	**159**	**769**	**489**	**280**
40	149	99	50	141	95	46	212	146	66
41	110	80	30	120	86	34	166	105	61
42	86	62	24	115	77	38	150	91	59
43	104	74	30	97	73	24	127	73	54
44	69	44	25	60	43	17	114	74	40
45-49岁	**174**	**115**	**59**	**172**	**109**	**63**	**291**	**193**	**98**
45	44	24	20	49	28	21	105	73	32
46	29	22	7	33	22	11	73	49	24
47	25	13	12	29	19	10	35	24	11
48	41	31	10	23	13	10	44	27	17
49	35	25	10	38	27	11	34	20	14
50岁及以上	**203**	**116**	**87**	**171**	**97**	**74**	**330**	**184**	**146**
平均初婚年龄	**24.31**	**25.04**	**23.56**	**24.28**	**24.99**	**23.53**	**24.32**	**24.98**	**23.63**

5-4 续表 10

单位：人

初婚年龄	初婚年份								
	2009年			2010年			2011年		
	小计	男	女	小计	男	女	小计	男	女
总　计	**119048**	**60680**	**58368**	**139161**	**71569**	**67592**	**115970**	**58667**	**57303**
15岁以下	**55**	**13**	**42**	**50**	**5**	**45**	**27**	**6**	**21**
15-19岁	**11840**	**4395**	**7445**	**12414**	**4711**	**7703**	**7503**	**2653**	**4850**
15	253	71	182	372	116	256	237	61	176
16	579	166	413	723	249	474	448	137	311
17	1398	471	927	1557	537	1020	929	276	653
18	2999	1105	1894	3194	1228	1966	1882	623	1259
19	6611	2582	4029	6568	2581	3987	4007	1556	2451
20-24岁	**64850**	**30809**	**34041**	**80424**	**39150**	**41274**	**67084**	**31665**	**35419**
20	9655	3776	5879	12330	5010	7320	7495	2885	4610
21	13251	5828	7423	15475	7058	8417	12560	5472	7088
22	16539	8305	8234	19067	9597	9470	15469	7627	7842
23	14051	7016	7035	18855	9610	9245	16010	7860	8150
24	11354	5884	5470	14697	7875	6822	15550	7821	7729
25-29岁	**32649**	**19375**	**13274**	**35164**	**20735**	**14429**	**32724**	**18847**	**13877**
25	9892	5470	4422	11047	6217	4830	11375	6158	5217
26	8598	5027	3571	8582	4897	3685	7832	4431	3401
27	7404	4511	2893	6980	4241	2739	5804	3422	2382
28	4054	2605	1449	5425	3423	2002	4369	2760	1609
29	2701	1762	939	3130	1957	1173	3344	2076	1268
30-34岁	**6216**	**3853**	**2363**	**6961**	**4354**	**2607**	**5843**	**3696**	**2147**
30	2043	1275	768	2207	1403	804	1938	1244	694
31	1415	869	546	1675	1057	618	1398	876	522
32	1110	667	443	1262	774	488	1047	662	385
33	923	590	333	988	592	396	846	537	309
34	725	452	273	829	528	301	614	377	237
35-39岁	**2002**	**1305**	**697**	**2376**	**1470**	**906**	**1610**	**1029**	**581**
35	519	323	196	694	413	281	496	329	167
36	426	285	141	504	313	191	373	229	144
37	415	282	133	438	260	178	300	201	99
38	336	221	115	401	264	137	226	133	93
39	306	194	112	339	220	119	215	137	78
40-44岁	**848**	**552**	**296**	**975**	**643**	**332**	**671**	**450**	**221**
40	244	150	94	283	192	91	195	127	68
41	200	130	70	223	149	74	163	106	57
42	146	89	57	183	112	71	124	87	37
43	153	108	45	137	93	44	104	74	30
44	105	75	30	149	97	52	85	56	29
45-49岁	**305**	**193**	**112**	**409**	**264**	**145**	**299**	**190**	**109**
45	89	51	38	104	62	42	86	51	35
46	90	64	26	104	71	33	57	40	17
47	56	30	26	93	63	30	61	39	22
48	39	27	12	58	33	25	61	39	22
49	31	21	10	50	35	15	34	21	13
50岁及以上	**283**	**185**	**98**	**388**	**237**	**151**	**209**	**131**	**78**
平均初婚年龄	**24.39**	**25.02**	**23.73**	**24.36**	**24.92**	**23.76**	**24.57**	**25.12**	**24**

5-4 续表 11

单位：人

初婚年龄	初婚年份								
	2012年			2013年			2014年		
	小计	男	女	小计	男	女	小计	男	女
总 计	**132898**	**67875**	**65023**	**120814**	**61359**	**59455**	**113009**	**57312**	**55697**
15岁以下	**30**	**8**	**22**	**12**	**2**	**10**	**12**	**1**	**11**
15-19岁	**7649**	**2585**	**5064**	**5810**	**1889**	**3921**	**4803**	**1538**	**3265**
15	237	59	178	149	28	121	114	31	83
16	467	123	344	400	94	306	303	64	239
17	1040	312	728	835	249	586	631	174	457
18	2068	709	1359	1550	508	1042	1273	414	859
19	3837	1382	2455	2876	1010	1866	2482	855	1627
20-24岁	**73694**	**35288**	**38406**	**62829**	**29767**	**33062**	**53225**	**24874**	**28351**
20	6834	2674	4160	4987	1765	3222	4279	1497	2782
21	11608	5108	6500	8221	3462	4759	6463	2717	3746
22	18445	9052	9393	13845	6766	7079	10426	4983	5443
23	18656	9180	9476	18295	8950	9345	14194	6816	7378
24	18151	9274	8877	17481	8824	8657	17863	8861	9002
25-29岁	**40425**	**23021**	**17404**	**40839**	**22786**	**18053**	**43357**	**23861**	**19496**
25	15598	8364	7234	15132	7932	7200	15519	8115	7404
26	9919	5535	4384	11416	6339	5077	11609	6294	5315
27	6714	4053	2661	6895	4004	2891	8349	4809	3540
28	4628	2855	1773	4345	2612	1733	4905	2892	2013
29	3566	2214	1352	3051	1899	1152	2975	1751	1224
30-34岁	**7492**	**4641**	**2851**	**7657**	**4617**	**3040**	**7714**	**4595**	**3119**
30	2773	1737	1036	2402	1473	929	2212	1348	864
31	1694	1056	638	2042	1219	823	1841	1109	732
32	1297	776	521	1365	774	591	1694	1001	693
33	1006	628	378	1009	630	379	1117	642	475
34	722	444	278	839	521	318	850	495	355
35-39岁	**2051**	**1318**	**733**	**1981**	**1229**	**752**	**2181**	**1362**	**819**
35	561	333	228	617	382	235	690	433	257
36	490	340	150	477	297	180	492	292	200
37	372	246	126	351	227	124	400	245	155
38	335	217	118	279	160	119	343	223	120
39	293	182	111	257	163	94	256	169	87
40-44岁	**910**	**597**	**313**	**951**	**605**	**346**	**952**	**603**	**349**
40	221	144	77	227	137	90	227	143	84
41	211	137	74	194	125	69	185	118	67
42	190	126	64	207	137	70	211	135	76
43	161	107	54	165	103	62	181	99	82
44	127	83	44	158	103	55	148	108	40
45-49岁	**379**	**251**	**128**	**404**	**256**	**148**	**410**	**255**	**155**
45	90	61	29	127	79	48	112	74	38
46	94	57	37	83	55	28	101	53	48
47	62	39	23	83	50	33	84	56	28
48	62	43	19	51	30	21	56	40	16
49	71	51	20	60	42	18	57	32	25
50岁及以上	**268**	**166**	**102**	**331**	**208**	**123**	**355**	**223**	**132**
平均初婚年龄	**24.82**	**25.34**	**24.27**	**25.19**	**25.7**	**24.66**	**25.56**	**26.07**	**25.04**

5-4 续表 12

单位：人

初婚年龄	初婚年份								
	2015年			2016年			2017年		
	小计	男	女	小计	男	女	小计	男	女
总　计	**114421**	**58135**	**56286**	**93120**	**47160**	**45960**	**81190**	**41182**	**40008**
15岁以下	**15**	**1**	**14**	**12**		**12**	**7**		**7**
15-19岁	**4215**	**1241**	**2974**	**2773**	**804**	**1969**	**1982**	**541**	**1441**
15	109	28	81	67	11	56	47	10	37
16	252	65	187	145	38	107	110	20	90
17	530	141	389	353	89	264	245	63	182
18	1145	327	818	688	195	493	505	133	372
19	2179	680	1499	1520	471	1049	1075	315	760
20-24岁	**47039**	**21617**	**25422**	**35173**	**16031**	**19142**	**28484**	**12501**	**15983**
20	3841	1284	2557	2730	906	1824	2155	653	1502
21	5914	2365	3549	4472	1778	2694	3618	1389	2229
22	9207	4289	4918	7059	3226	3833	5818	2678	3140
23	12242	5842	6400	9315	4372	4943	7301	3261	4040
24	15835	7837	7998	11597	5749	5848	9592	4520	5072
25-29岁	**50186**	**27516**	**22670**	**43705**	**23669**	**20036**	**39294**	**21484**	**17810**
25	17651	9348	8303	12697	6460	6237	10242	5272	4970
26	13071	6982	6089	12269	6606	5663	10003	5395	4608
27	9209	5157	4052	8832	4913	3919	9019	5010	4009
28	6389	3780	2609	5901	3364	2537	6087	3500	2587
29	3866	2249	1617	4006	2326	1680	3943	2307	1636
30-34岁	**8486**	**4986**	**3500**	**7510**	**4298**	**3212**	**7513**	**4329**	**3184**
30	2519	1481	1038	2365	1362	1003	2792	1611	1181
31	1914	1121	793	1668	968	700	1758	1044	714
32	1538	911	627	1267	731	536	1244	689	555
33	1511	894	617	1119	621	498	941	535	406
34	1004	579	425	1091	616	475	778	450	328
35-39岁	**2450**	**1516**	**934**	**2178**	**1290**	**888**	**2056**	**1237**	**819**
35	772	456	316	679	390	289	700	403	297
36	595	365	230	548	336	212	480	290	190
37	431	265	166	424	261	163	354	215	139
38	336	224	112	303	180	123	295	194	101
39	316	206	110	224	123	101	227	135	92
40-44岁	**1008**	**624**	**384**	**869**	**521**	**348**	**808**	**479**	**329**
40	248	149	99	217	131	86	179	91	88
41	203	127	76	182	117	65	186	122	64
42	229	145	84	189	104	85	161	90	71
43	183	115	68	168	102	66	161	96	65
44	145	88	57	113	67	46	121	80	41
45-49岁	**578**	**365**	**213**	**464**	**294**	**170**	**521**	**310**	**211**
45	161	97	64	139	91	48	143	91	52
46	134	85	49	94	61	33	111	57	54
47	116	76	40	92	58	34	95	54	41
48	80	47	33	78	50	28	104	68	36
49	87	60	27	61	34	27	68	40	28
50岁及以上	**444**	**269**	**175**	**436**	**253**	**183**	**525**	**301**	**224**
平均初婚年龄	**25.95**	**26.47**	**25.4**	**26.27**	**26.75**	**25.78**	**26.62**	**27.14**	**26.08**

5-4 续表 13

单位：人

初婚年龄	初婚年份								
	2018年			2019年			2020年		
	小计	男	女	小计	男	女	小计	男	女
总　计	**87044**	**43837**	**43207**	**66236**	**33335**	**32901**	**44169**	**22258**	**21911**
15岁以下	**12**		**12**	**10**	**3**	**7**	**1**	**1**	
15-19岁	**1919**	**495**	**1424**	**1481**	**374**	**1107**	**770**	**172**	**598**
15	38	11	27	44	10	34	17	4	13
16	128	25	103	104	26	78	54	8	46
17	248	53	195	215	44	171	86	22	64
18	485	130	355	386	99	287	210	51	159
19	1020	276	744	732	195	537	403	87	316
20-24岁	**28419**	**12353**	**16066**	**20106**	**8680**	**11426**	**11434**	**4755**	**6679**
20	1915	541	1374	1332	393	939	731	196	535
21	3158	1154	2004	2284	901	1383	1175	400	775
22	5733	2561	3172	3884	1668	2216	2160	920	1240
23	7865	3520	4345	5429	2419	3010	2909	1256	1653
24	9748	4577	5171	7177	3299	3878	4459	1983	2476
25-29岁	**42152**	**22652**	**19500**	**31911**	**17067**	**14844**	**20256**	**10804**	**9452**
25	10319	5186	5133	7828	3846	3982	4997	2396	2601
26	9735	5164	4571	7394	3887	3507	4757	2489	2268
27	8974	4881	4093	6449	3544	2905	4104	2226	1878
28	7929	4479	3450	5563	3123	2440	3452	1999	1453
29	5195	2942	2253	4677	2667	2010	2946	1694	1252
30-34岁	**9720**	**5523**	**4197**	**8538**	**4839**	**3699**	**7098**	**4036**	**3062**
30	3490	1992	1498	3110	1820	1290	2538	1467	1071
31	2528	1418	1110	2137	1192	945	1739	978	761
32	1627	943	684	1548	883	665	1238	705	533
33	1192	653	539	1028	567	461	923	504	419
34	883	517	366	715	377	338	660	382	278
35-39岁	**2563**	**1472**	**1091**	**2091**	**1195**	**896**	**1832**	**983**	**849**
35	803	453	350	586	328	258	452	250	202
36	686	396	290	495	293	202	381	202	179
37	451	259	192	441	247	194	356	194	162
38	336	193	143	310	179	131	337	172	165
39	287	171	116	259	148	111	306	165	141
40-44岁	**917**	**565**	**352**	**926**	**504**	**422**	**1167**	**632**	**535**
40	252	151	101	234	122	112	248	119	129
41	172	107	65	183	101	82	237	134	103
42	183	120	63	164	84	80	271	148	123
43	164	105	59	176	103	73	235	125	110
44	146	82	64	169	94	75	176	106	70
45-49岁	**570**	**349**	**221**	**587**	**339**	**248**	**589**	**341**	**248**
45	155	97	58	142	77	65	157	86	71
46	105	65	40	118	68	50	121	62	59
47	108	66	42	125	82	43	99	64	35
48	104	63	41	120	72	48	120	79	41
49	98	58	40	82	40	42	92	50	42
50岁及以上	**772**	**428**	**344**	**586**	**334**	**252**	**1022**	**534**	**488**
平均初婚年龄	**27.02**	**27.55**	**26.48**	**27.33**	**27.85**	**26.8**	**28.43**	**28.98**	**27.88**

5-4a 全省分初婚年龄、性别、初婚年份的人口(城市)

单位：人

初婚年龄	初婚年份								
	合　计			1980年			1981年		
	合计	男	女	小计	男	女	小计	男	女
总　计	**2276282**	**1131338**	**1144944**	**55171**	**26167**	**29004**	**41800**	**19706**	**22094**
15岁以下	**1090**	**295**	**795**	**69**	**15**	**54**	**36**	**10**	**26**
15-19岁	**148567**	**45350**	**103217**	**3709**	**844**	**2865**	**3060**	**680**	**2380**
15	5790	1889	3901	252	74	178	167	45	122
16	10108	2849	7259	449	104	345	255	56	199
17	19312	5436	13876	838	176	662	464	93	371
18	37106	11156	25950	866	186	680	938	193	745
19	76251	24020	52231	1304	304	1000	1236	293	943
20-24岁	**1237275**	**545356**	**691919**	**29948**	**12030**	**17918**	**23034**	**8957**	**14077**
20	134966	43754	91212	2196	622	1574	1711	387	1324
21	206281	80448	125833	4041	1339	2702	2884	828	2056
22	286401	127809	158592	7034	2603	4431	4575	1646	2929
23	311696	142953	168743	8566	3629	4937	6919	2747	4172
24	297931	150392	147539	8111	3837	4274	6945	3349	3596
25-29岁	**719819**	**430892**	**288927**	**19203**	**11671**	**7532**	**14125**	**8918**	**5207**
25	252696	140225	112471	7635	4171	3464	5217	2926	2291
26	186508	110899	75609	5085	3137	1948	4037	2538	1499
27	132178	83009	49169	3115	2041	1074	2447	1706	741
28	88591	57508	31083	2099	1439	660	1479	1067	412
29	59846	39251	20595	1269	883	386	945	681	264
30-34岁	**118905**	**76868**	**42037**	**1890**	**1351**	**539**	**1349**	**1008**	**341**
30	40619	26538	14081	800	563	237	561	419	142
31	28411	18341	10070	466	337	129	355	263	92
32	21247	13706	7541	314	223	91	202	148	54
33	16214	10364	5850	197	147	50	146	118	28
34	12414	7919	4495	113	81	32	85	60	25
35-39岁	**30115**	**19702**	**10413**	**252**	**189**	**63**	**151**	**110**	**41**
35	9413	6089	3324	89	69	20	41	34	7
36	7140	4749	2391	53	41	12	45	34	11
37	5630	3718	1912	39	34	5	26	17	9
38	4350	2820	1530	33	20	13	17	12	5
39	3582	2326	1256	38	25	13	22	13	9
40-44岁	**11227**	**7238**	**3989**	**76**	**55**	**21**	**31**	**16**	**15**
40	2982	1935	1047	25	21	4	9	4	5
41	2416	1596	820	20	13	7	2	1	1
42	2254	1459	795	10	9	1	6	4	2
43	1967	1232	735	10	7	3	6	2	4
44	1608	1016	592	11	5	6	8	5	3
45-49岁	**5011**	**3146**	**1865**	**21**	**12**	**9**	**9**	**4**	**5**
45	1363	857	506	5	4	1	2		2
46	1152	718	434	4	1	3	4	2	2
47	936	588	348	4	2	2	1		1
48	873	544	329	4	2	2	1	1	
49	687	439	248	4	3	1	1	1	
50岁及以上	**4273**	**2491**	**1782**	**3**		**3**	**5**	**3**	**2**
平均初婚年龄	**24.69**	**25.41**	**23.97**	**24.37**	**25.23**	**23.59**	**24.34**	**25.29**	**23.49**

5-4a　续表 1　　　　　　　　　　　　　　　　　　　　　　　　单位：人

初婚年龄	初婚年份								
	1982年			1983年			1984年		
	小计	男	女	小计	男	女	小计	男	女
总　计	**43219**	**20417**	**22802**	**38978**	**18410**	**20568**	**42209**	**19961**	**22248**
15岁以下	**35**	**6**	**29**	**35**	**8**	**27**	**32**	**9**	**23**
15-19岁	**4534**	**1175**	**3359**	**4506**	**1308**	**3198**	**4691**	**1353**	**3338**
15	200	54	146	213	66	147	259	84	175
16	333	69	264	324	86	238	349	92	257
17	556	146	410	572	157	415	555	132	423
18	1141	276	865	1036	281	755	1261	346	915
19	2304	630	1674	2361	718	1643	2267	699	1568
20-24岁	**22482**	**8896**	**13586**	**20185**	**7944**	**12241**	**24488**	**9869**	**14619**
20	2480	688	1792	3860	1215	2645	4122	1326	2796
21	2932	951	1981	3587	1243	2344	6148	2295	3853
22	4405	1584	2821	3610	1349	2261	5220	2105	3115
23	5679	2329	3350	4494	1781	2713	4473	1848	2625
24	6986	3344	3642	4634	2356	2278	4525	2295	2230
25-29岁	**14523**	**9133**	**5390**	**12644**	**8028**	**4616**	**11360**	**7582**	**3778**
25	5696	3140	2556	4869	2752	2117	3746	2327	1419
26	3585	2259	1326	3430	2201	1229	3311	2178	1133
27	2742	1928	814	2049	1426	623	2128	1476	652
28	1602	1138	464	1390	989	401	1267	921	346
29	898	668	230	906	660	246	908	680	228
30-34岁	**1378**	**1020**	**358**	**1322**	**937**	**385**	**1285**	**915**	**370**
30	554	426	128	498	345	153	499	364	135
31	313	222	91	289	199	90	314	220	94
32	253	184	69	262	200	62	233	175	58
33	148	107	41	173	124	49	131	85	46
34	110	81	29	100	69	31	108	71	37
35-39岁	**197**	**141**	**56**	**194**	**131**	**63**	**237**	**162**	**75**
35	79	55	24	75	52	23	88	63	25
36	44	34	10	46	30	16	51	36	15
37	30	20	10	31	19	12	49	33	16
38	24	17	7	21	15	6	28	18	10
39	20	15	5	21	15	6	21	12	9
40-44岁	**48**	**33**	**15**	**63**	**39**	**24**	**73**	**45**	**28**
40	12	10	2	26	16	10	20	14	6
41	17	11	6	9	8	1	16	9	7
42	9	5	4	13	7	6	18	12	6
43	6	3	3	8	5	3	15	8	7
44	4	4		7	3	4	4	2	2
45-49岁	**15**	**10**	**5**	**15**	**8**	**7**	**29**	**18**	**11**
45	4	2	2	3	1	2	11	6	5
46	5	4	1	7	3	4	5	5	
47	3	2	1	1	1		3	1	2
48	1	1		1		1	6	4	2
49	2	1	1	3	3		4	2	2
50岁及以上	**7**	**3**	**4**	**14**	**7**	**7**	**14**	**8**	**6**
平均初婚年龄	**24.16**	**25.15**	**23.28**	**23.91**	**24.9**	**23.02**	**23.62**	**24.59**	**22.75**

5-4a 续表 2 单位：人

初婚年龄	初婚年份								
	1985年			1986年			1987年		
	小计	男	女	小计	男	女	小计	男	女
总 计	**59425**	**28244**	**31181**	**61966**	**29403**	**32563**	**61817**	**29566**	**32251**
15岁以下	**36**	**5**	**31**	**41**	**10**	**31**	**33**	**10**	**23**
15-19岁	**6615**	**1923**	**4692**	**6289**	**1866**	**4423**	**6315**	**1877**	**4438**
15	275	91	184	181	37	144	171	39	132
16	548	148	400	409	118	291	342	91	251
17	907	243	664	974	262	712	809	195	614
18	1589	437	1152	1615	465	1150	1830	523	1307
19	3296	1004	2292	3110	984	2126	3163	1029	2134
20-24岁	**37292**	**15774**	**21518**	**41845**	**18055**	**23790**	**42565**	**18938**	**23627**
20	5136	1669	3467	5662	1884	3778	5070	1723	3347
21	8388	3265	5123	7893	3022	4871	8252	3290	4962
22	11099	4720	6379	10859	4630	6229	9698	4224	5474
23	7483	3385	4098	11220	5194	6026	10635	4937	5698
24	5186	2735	2451	6211	3325	2886	8910	4764	4146
25-29岁	**13022**	**8864**	**4158**	**11362**	**7783**	**3579**	**10425**	**7019**	**3406**
25	4509	2796	1713	3767	2312	1455	4330	2627	1703
26	3149	2172	977	2982	2087	895	2337	1590	747
27	2663	1929	734	1946	1411	535	1702	1257	445
28	1661	1207	454	1614	1190	424	1094	817	277
29	1040	760	280	1053	783	270	962	728	234
30-34岁	**1949**	**1347**	**602**	**1926**	**1366**	**560**	**1962**	**1370**	**592**
30	716	513	203	635	447	188	734	527	207
31	505	341	164	507	370	137	446	321	125
32	325	212	113	361	254	107	346	232	114
33	244	160	84	247	178	69	255	178	77
34	159	121	38	176	117	59	181	112	69
35-39岁	**346**	**231**	**115**	**331**	**223**	**108**	**371**	**262**	**109**
35	121	77	44	107	76	31	150	104	46
36	82	59	23	71	47	24	80	57	23
37	60	41	19	70	46	24	62	45	17
38	46	29	17	50	33	17	43	30	13
39	37	25	12	33	21	12	36	26	10
40-44岁	**100**	**68**	**32**	**101**	**58**	**43**	**86**	**59**	**27**
40	31	20	11	27	15	12	27	20	7
41	18	15	3	15	6	9	18	13	5
42	14	11	3	13	11	2	16	13	3
43	16	9	7	26	18	8	15	8	7
44	21	13	8	20	8	12	10	5	5
45-49岁	**50**	**24**	**26**	**41**	**24**	**17**	**40**	**24**	**16**
45	10	5	5	12	7	5	14	6	8
46	15	6	9	7	5	2	8	4	4
47	9	3	6	8	5	3	7	5	2
48	10	6	4	7	3	4	5	5	
49	6	4	2	7	4	3	6	4	2
50岁及以上	**15**	**8**	**7**	**30**	**18**	**12**	**20**	**7**	**13**
平均初婚年龄	**23.45**	**24.34**	**22.64**	**23.41**	**24.24**	**22.66**	**23.42**	**24.18**	**22.72**

5-4a 续表 3 单位：人

初婚年龄	初婚年份								
	1988年			1989年			1990年		
	小计	男	女	小计	男	女	小计	男	女
总　计	**67181**	**32325**	**34856**	**62089**	**30178**	**31911**	**70438**	**34932**	**35506**
15岁以下	**38**	**7**	**31**	**30**	**5**	**25**	**59**	**19**	**40**
15-19岁	**7384**	**2172**	**5212**	**6787**	**2148**	**4639**	**8025**	**2632**	**5393**
15	190	55	135	178	56	122	286	93	193
16	422	93	329	374	100	274	504	141	363
17	839	187	652	840	220	620	995	297	698
18	1862	526	1336	1668	530	1138	2081	657	1424
19	4071	1311	2760	3727	1242	2485	4159	1444	2715
20-24岁	**44160**	**19943**	**24217**	**40813**	**18562**	**22251**	**46803**	**21913**	**24890**
20	5851	2109	3742	6644	2455	4189	7119	2664	4455
21	7950	3206	4744	8082	3336	4746	10537	4496	6041
22	10824	4821	6003	9028	4071	4957	11208	5308	5900
23	10306	4870	5436	9607	4680	4927	9580	4765	4815
24	9229	4937	4292	7452	4020	3432	8359	4680	3679
25-29岁	**12986**	**8382**	**4604**	**12219**	**7941**	**4278**	**13310**	**8792**	**4518**
25	6941	4194	2747	5586	3399	2187	5565	3470	2095
26	2780	1839	941	3607	2403	1204	3792	2520	1272
27	1470	1038	432	1576	1107	469	2394	1699	695
28	1057	773	284	860	625	235	1017	732	285
29	738	538	200	590	407	183	542	371	171
30-34岁	**1997**	**1398**	**599**	**1587**	**1105**	**482**	**1474**	**1063**	**411**
30	666	474	192	424	283	141	402	298	104
31	478	334	144	400	288	112	276	207	69
32	359	237	122	299	216	83	336	242	94
33	298	217	81	255	176	79	245	176	69
34	196	136	60	209	142	67	215	140	75
35-39岁	**433**	**309**	**124**	**471**	**310**	**161**	**503**	**350**	**153**
35	159	112	47	179	116	63	161	111	50
36	115	84	31	107	73	34	116	80	36
37	67	47	20	78	52	26	98	73	25
38	54	37	17	58	37	21	77	58	19
39	38	29	9	49	32	17	51	28	23
40-44岁	**110**	**74**	**36**	**119**	**73**	**46**	**158**	**107**	**51**
40	32	21	11	40	29	11	45	31	14
41	28	20	8	35	20	15	33	23	10
42	24	15	9	19	12	7	37	26	11
43	9	7	2	8	2	6	24	15	9
44	17	11	6	17	10	7	19	12	7
45-49岁	**45**	**26**	**19**	**38**	**21**	**17**	**55**	**28**	**27**
45	11	6	5	8	3	5	15	7	8
46	14	10	4	7	3	4	13	5	8
47	5	3	2	9	8	1	12	8	4
48	5	1	4	8	4	4	9	4	5
49	10	6	4	6	3	3	6	4	2
50岁及以上	**28**	**14**	**14**	**25**	**13**	**12**	**51**	**28**	**23**
平均初婚年龄	**23.41**	**24.14**	**22.73**	**23.33**	**24.02**	**22.68**	**23.23**	**23.9**	**22.57**

5-4a 续表 4

单位：人

初婚年龄	初婚年份								
	1991年			1992年			1993年		
	小计	男	女	小计	男	女	小计	男	女
总 计	**49465**	**24335**	**25130**	**56580**	**28206**	**28374**	**56864**	**28370**	**28494**
15岁以下	**27**	**8**	**19**	**31**	**6**	**25**	**29**	**11**	**18**
15-19岁	**4734**	**1538**	**3196**	**4500**	**1469**	**3031**	**4029**	**1239**	**2790**
15	192	61	131	192	53	139	150	47	103
16	250	55	195	306	90	216	247	53	194
17	535	175	360	551	172	379	495	139	356
18	1180	369	811	1052	342	710	1006	308	698
19	2577	878	1699	2399	812	1587	2131	692	1439
20-24岁	**33155**	**14939**	**18216**	**38762**	**17655**	**21107**	**38564**	**17579**	**20985**
20	4608	1682	2926	4457	1567	2890	4066	1404	2662
21	6727	2827	3900	7257	3117	4140	6949	2991	3958
22	8858	3932	4926	9899	4481	5418	9602	4351	5251
23	7634	3548	4086	10086	4755	5331	9874	4482	5392
24	5328	2950	2378	7063	3735	3328	8073	4351	3722
25-29岁	**10113**	**6846**	**3267**	**11528**	**7850**	**3678**	**12076**	**8070**	**4006**
25	4215	2610	1605	4376	2747	1629	5152	3105	2047
26	2626	1833	793	3089	2107	982	2853	1932	921
27	1724	1255	469	1898	1376	522	2009	1466	543
28	1092	830	262	1290	963	327	1220	916	304
29	456	318	138	875	657	218	842	651	191
30-34岁	**914**	**650**	**264**	**1058**	**750**	**308**	**1376**	**945**	**431**
30	229	163	66	367	259	108	611	432	179
31	209	160	49	222	164	58	291	193	98
32	159	113	46	173	120	53	165	113	52
33	167	109	58	154	109	45	165	114	51
34	150	105	45	142	98	44	144	93	51
35-39岁	**358**	**264**	**94**	**440**	**318**	**122**	**473**	**347**	**126**
35	110	78	32	148	103	45	146	109	37
36	92	77	15	93	70	23	110	80	30
37	65	47	18	79	58	21	82	66	16
38	43	32	11	63	49	14	64	39	25
39	48	30	18	57	38	19	71	53	18
40-44岁	**106**	**63**	**43**	**160**	**99**	**61**	**172**	**95**	**77**
40	26	16	10	47	32	15	44	26	18
41	27	19	8	37	21	16	43	22	21
42	27	14	13	30	18	12	27	13	14
43	15	9	6	24	14	10	35	23	12
44	11	5	6	22	14	8	23	11	12
45-49岁	**33**	**17**	**16**	**56**	**33**	**23**	**90**	**55**	**35**
45	8	4	4	14	10	4	26	17	9
46	10	4	6	12	8	4	12	8	4
47	5	4	1	13	6	7	21	13	8
48	4	2	2	11	6	5	20	10	10
49	6	3	3	6	3	3	11	7	4
50岁及以上	**25**	**10**	**15**	**45**	**26**	**19**	**55**	**29**	**26**
平均初婚年龄	**23.38**	**24.07**	**22.71**	**23.59**	**24.25**	**22.92**	**23.77**	**24.43**	**23.11**

5-4a 续表 5 单位：人

初婚年龄	初婚年份								
	1994年			1995年			1996年		
	小计	男	女	小计	男	女	小计	男	女
总　计	**53192**	**26586**	**26606**	**58878**	**29756**	**29122**	**52883**	**26609**	**26274**
15岁以下	**29**	**8**	**21**	**17**	**4**	**13**	**21**	**8**	**13**
15-19岁	**3565**	**1121**	**2444**	**3769**	**1166**	**2603**	**2952**	**834**	**2118**
15	163	57	106	163	61	102	88	31	57
16	256	66	190	305	87	218	189	49	140
17	440	116	324	495	143	352	402	116	286
18	829	258	571	876	283	593	718	210	508
19	1877	624	1253	1930	592	1338	1555	428	1127
20-24岁	**34828**	**15702**	**19126**	**36621**	**16667**	**19954**	**31370**	**13916**	**17454**
20	3500	1129	2371	3670	1171	2499	3185	903	2282
21	5702	2358	3344	5952	2395	3557	5113	2022	3091
22	8375	3854	4521	8551	3938	4613	7474	3375	4099
23	9335	4281	5054	9424	4399	5025	8146	3731	4415
24	7916	4080	3836	9024	4764	4260	7452	3885	3567
25-29岁	**12548**	**8244**	**4304**	**15458**	**9931**	**5527**	**15498**	**9817**	**5681**
25	5564	3357	2207	6681	4020	2661	6402	3766	2636
26	3244	2200	1044	4143	2679	1464	4228	2674	1554
27	1749	1247	502	2428	1641	787	2593	1781	812
28	1212	881	331	1248	901	347	1476	1033	443
29	779	559	220	958	690	268	799	563	236
30-34岁	**1474**	**1052**	**422**	**2058**	**1404**	**654**	**2092**	**1441**	**651**
30	554	397	157	670	465	205	690	462	228
31	447	304	143	515	354	161	481	331	150
32	202	148	54	445	303	142	413	281	132
33	146	117	29	270	175	95	319	231	88
34	125	86	39	158	107	51	189	136	53
35-39岁	**412**	**280**	**132**	**447**	**322**	**125**	**437**	**301**	**136**
35	110	77	33	113	84	29	120	78	42
36	105	71	34	89	71	18	103	77	26
37	68	48	20	98	64	34	67	48	19
38	63	39	24	76	51	25	80	54	26
39	66	45	21	71	52	19	67	44	23
40-44岁	**202**	**114**	**88**	**271**	**151**	**120**	**238**	**143**	**95**
40	54	33	21	87	49	38	59	40	19
41	40	26	14	68	39	29	57	36	21
42	40	21	19	36	19	17	41	24	17
43	46	20	26	45	22	23	41	23	18
44	22	14	8	35	22	13	40	20	20
45-49岁	**64**	**33**	**31**	**89**	**48**	**41**	**115**	**59**	**56**
45	19	9	10	24	15	9	25	15	10
46	18	14	4	19	9	10	23	13	10
47	8	3	5	15	9	6	32	15	17
48	9	1	8	13	6	7	15	6	9
49	10	6	4	18	9	9	20	10	10
50岁及以上	**70**	**32**	**38**	**148**	**63**	**85**	**160**	**90**	**70**
平均初婚年龄	**23.94**	**24.59**	**23.29**	**24.19**	**24.84**	**23.54**	**24.43**	**25.14**	**23.7**

5-4a 续表 6

单位：人

初婚年龄	初婚年份								
	1997年			1998年			1999年		
	小计	男	女	小计	男	女	小计	男	女
总 计	**49896**	**25061**	**24835**	**54256**	**27371**	**26885**	**49387**	**24901**	**24486**
15岁以下	**27**	**9**	**18**	**23**	**9**	**14**	**28**	**10**	**18**
15-19岁	**2755**	**820**	**1935**	**2791**	**789**	**2002**	**2433**	**637**	**1796**
15	121	36	85	113	42	71	114	40	74
16	162	47	115	209	63	146	198	57	141
17	336	103	233	288	64	224	305	75	230
18	654	201	453	623	162	461	486	116	370
19	1482	433	1049	1558	458	1100	1330	349	981
20-24岁	**29392**	**12743**	**16649**	**31120**	**13504**	**17616**	**29263**	**12604**	**16659**
20	2738	773	1965	3220	857	2363	3005	809	2196
21	5044	1837	3207	5043	1866	3177	4828	1712	3116
22	7107	3178	3929	7677	3377	4300	7005	3194	3811
23	7539	3334	4205	8087	3744	4343	7769	3474	4295
24	6964	3621	3343	7093	3660	3433	6656	3415	3241
25-29岁	**14741**	**9516**	**5225**	**16171**	**10415**	**5756**	**14562**	**9495**	**5067**
25	5625	3325	2300	5917	3506	2411	5315	3138	2177
26	4044	2564	1480	4070	2627	1443	3655	2404	1251
27	2609	1852	757	3014	2085	929	2543	1750	793
28	1537	1096	441	1863	1293	570	1809	1311	498
29	926	679	247	1307	904	403	1240	892	348
30-34岁	**1968**	**1361**	**607**	**2986**	**1888**	**1098**	**2319**	**1604**	**715**
30	572	405	167	906	590	316	858	596	262
31	481	316	165	617	395	222	549	372	177
32	349	244	105	602	356	246	370	264	106
33	319	222	97	459	291	168	311	219	92
34	247	174	73	402	256	146	231	153	78
35-39岁	**404**	**273**	**131**	**694**	**477**	**217**	**485**	**355**	**130**
35	131	93	38	300	205	95	161	120	41
36	93	64	29	162	114	48	139	104	35
37	70	51	19	84	60	24	91	67	24
38	49	29	20	79	58	21	48	34	14
39	61	36	25	69	40	29	46	30	16
40-44岁	**364**	**197**	**167**	**272**	**168**	**104**	**155**	**106**	**49**
40	68	39	29	66	40	26	27	19	8
41	54	25	29	67	44	23	43	29	14
42	85	42	43	64	42	22	25	17	8
43	87	45	42	40	22	18	30	20	10
44	70	46	24	35	20	15	30	21	9
45-49岁	**170**	**99**	**71**	**120**	**74**	**46**	**78**	**54**	**24**
45	53	32	21	34	18	16	25	15	10
46	48	23	25	26	18	8	13	9	4
47	25	19	6	23	14	9	11	11	
48	26	16	10	21	13	8	17	11	6
49	18	9	9	16	11	5	12	8	4
50岁及以上	**75**	**43**	**32**	**79**	**47**	**32**	**64**	**36**	**28**
平均初婚年龄	**24.51**	**25.27**	**23.74**	**24.68**	**25.47**	**23.88**	**24.5**	**25.34**	**23.64**

5-4a 续表 7 单位：人

初婚年龄	初婚年份								
	2000年			2001年			2002年		
	小计	男	女	小计	男	女	小计	男	女
总 计	**59225**	**29967**	**29258**	**41590**	**20802**	**20788**	**49652**	**24822**	**24830**
15岁以下	**71**	**23**	**48**	**45**	**12**	**33**	**56**	**13**	**43**
15-19岁	**3592**	**1055**	**2537**	**2402**	**673**	**1729**	**2852**	**851**	**2001**
15	247	88	159	167	69	98	201	83	118
16	301	89	212	180	77	103	239	100	139
17	493	155	338	302	93	209	342	103	239
18	946	286	660	496	116	380	630	181	449
19	1605	437	1168	1257	318	939	1440	384	1056
20-24岁	**35515**	**15663**	**19852**	**24724**	**10715**	**14009**	**29088**	**12464**	**16624**
20	3526	957	2569	2120	510	1610	3210	794	2416
21	6236	2238	3998	3840	1314	2526	4311	1472	2839
22	8660	4025	4635	6353	2874	3479	6802	3031	3771
23	8864	4128	4736	6453	2915	3538	7851	3605	4246
24	8229	4315	3914	5958	3102	2856	6914	3562	3352
25-29岁	**16570**	**10740**	**5830**	**12137**	**7749**	**4388**	**14679**	**9332**	**5347**
25	6191	3643	2548	4667	2684	1983	5480	3135	2345
26	4199	2739	1460	3149	2048	1101	3934	2520	1414
27	2852	1967	885	2005	1377	628	2587	1733	854
28	1969	1400	569	1350	952	398	1594	1164	430
29	1359	991	368	966	688	278	1084	780	304
30-34岁	**2491**	**1781**	**710**	**1724**	**1257**	**467**	**2250**	**1638**	**612**
30	947	676	271	651	475	176	779	571	208
31	633	455	178	449	327	122	565	413	152
32	428	303	125	281	205	76	414	309	105
33	263	191	72	224	166	58	283	200	83
34	220	156	64	119	84	35	209	145	64
35-39岁	**628**	**462**	**166**	**349**	**260**	**89**	**461**	**343**	**118**
35	200	147	53	97	73	24	101	66	35
36	162	114	48	92	67	25	127	104	23
37	147	109	38	78	60	18	88	65	23
38	67	49	18	54	38	16	78	54	24
39	52	43	9	28	22	6	67	54	13
40-44岁	**195**	**137**	**58**	**88**	**65**	**23**	**118**	**88**	**30**
40	44	33	11	24	17	7	40	31	9
41	40	30	10	20	14	6	25	21	4
42	39	31	8	14	11	3	17	10	7
43	31	21	10	13	11	2	19	13	6
44	41	22	19	17	12	5	17	13	4
45-49岁	**97**	**64**	**33**	**63**	**39**	**24**	**84**	**54**	**30**
45	26	17	9	17	12	5	19	12	7
46	18	15	3	18	14	4	22	11	11
47	19	12	7	10	5	5	13	8	5
48	21	11	10	10	6	4	16	12	4
49	13	9	4	8	2	6	14	11	3
50岁及以上	**66**	**42**	**24**	**58**	**32**	**26**	**64**	**39**	**25**
平均初婚年龄	**24.32**	**25.16**	**23.47**	**24.37**	**25.19**	**23.55**	**24.42**	**25.28**	**23.56**

5-4a 续表 8

单位：人

初婚年龄	初婚年份								
	2003年			2004年			2005年		
	小计	男	女	小计	男	女	小计	男	女
总　计	**53755**	**26870**	**26885**	**55088**	**27649**	**27439**	**54961**	**27688**	**27273**
15岁以下	**42**	**12**	**30**	**30**	**9**	**21**	**43**	**18**	**25**
15-19岁	**3079**	**940**	**2139**	**3352**	**1019**	**2333**	**4329**	**1361**	**2968**
15	193	69	124	192	81	111	261	100	161
16	285	105	180	284	88	196	377	127	250
17	452	133	319	508	152	356	625	218	407
18	712	220	492	786	219	567	1142	338	804
19	1437	413	1024	1582	479	1103	1924	578	1346
20-24岁	**30649**	**13249**	**17400**	**30710**	**13336**	**17374**	**29232**	**13142**	**16090**
20	3018	852	2166	2814	796	2018	3126	983	2143
21	5715	1980	3735	4864	1719	3145	4381	1687	2694
22	6600	2935	3665	8291	3702	4589	6600	3074	3526
23	7595	3541	4054	7524	3423	4101	8383	3950	4433
24	7721	3941	3780	7217	3696	3521	6742	3448	3294
25-29岁	**16498**	**10210**	**6288**	**17235**	**10649**	**6586**	**17077**	**10267**	**6810**
25	6115	3405	2710	6488	3640	2848	5950	3277	2673
26	4312	2627	1685	4448	2729	1719	4497	2663	1834
27	2954	1992	962	2956	1935	1021	3080	1956	1124
28	1894	1317	577	2059	1420	639	2105	1382	723
29	1223	869	354	1284	925	359	1445	989	456
30-34岁	**2657**	**1870**	**787**	**2777**	**1918**	**859**	**3013**	**2018**	**995**
30	894	652	242	878	626	252	930	638	292
31	582	401	181	679	466	213	703	471	232
32	539	386	153	499	342	157	554	377	177
33	362	232	130	407	267	140	478	305	173
34	280	199	81	314	217	97	348	227	121
35-39岁	**522**	**375**	**147**	**654**	**484**	**170**	**826**	**564**	**262**
35	156	108	48	230	173	57	285	196	89
36	101	75	26	149	111	38	210	143	67
37	107	79	28	113	77	36	133	83	50
38	82	53	29	85	62	23	104	68	36
39	76	60	16	77	61	16	94	74	20
40-44岁	**147**	**102**	**45**	**189**	**141**	**48**	**254**	**190**	**64**
40	61	44	17	67	53	14	63	49	14
41	28	20	8	60	43	17	64	50	14
42	25	16	9	35	25	10	67	44	23
43	17	14	3	15	10	5	40	33	7
44	16	8	8	12	10	2	20	14	6
45-49岁	**102**	**71**	**31**	**81**	**52**	**29**	**105**	**72**	**33**
45	29	21	8	11	7	4	23	15	8
46	17	11	6	25	18	7	19	12	7
47	26	14	12	16	10	6	23	18	5
48	15	11	4	18	8	10	22	13	9
49	15	14	1	11	9	2	18	14	4
50岁及以上	**59**	**41**	**18**	**60**	**41**	**19**	**82**	**56**	**26**
平均初婚年龄	**24.52**	**25.34**	**23.69**	**24.57**	**25.4**	**23.75**	**24.64**	**25.44**	**23.84**

5-4a　续表 9　　　　单位：人

初婚年龄	初婚年份								
	2006年			2007年			2008年		
	小计	男	女	小计	男	女	小计	男	女
总　计	**60879**	**30491**	**30388**	**51943**	**26170**	**25773**	**67358**	**34118**	**33240**
15岁以下	**16**	**6**	**10**	**21**	**8**	**13**	**23**	**8**	**15**
15-19岁	**4167**	**1281**	**2886**	**3774**	**1279**	**2495**	**4858**	**1716**	**3142**
15	148	41	107	82	35	47	117	41	76
16	314	93	221	218	67	151	258	89	169
17	526	172	354	535	182	353	556	168	388
18	1010	317	693	954	330	624	1406	517	889
19	2169	658	1511	1985	665	1320	2521	901	1620
20-24岁	**31074**	**13714**	**17360**	**25126**	**11137**	**13989**	**32064**	**14397**	**17667**
20	3298	987	2311	3479	1062	2417	4325	1520	2805
21	4503	1763	2740	4205	1698	2507	6297	2569	3728
22	6089	2722	3367	5122	2383	2739	7370	3425	3945
23	7693	3582	4111	5709	2698	3011	6900	3307	3593
24	9491	4660	4831	6611	3296	3315	7172	3576	3596
25-29岁	**20912**	**12222**	**8690**	**18517**	**10769**	**7748**	**24470**	**14089**	**10381**
25	7144	3685	3459	6978	3761	3217	7925	4164	3761
26	5425	3176	2249	4521	2552	1969	7240	4060	3180
27	4121	2580	1541	3222	1983	1239	4300	2635	1665
28	2554	1624	930	2320	1490	830	2918	1856	1062
29	1668	1157	511	1476	983	493	2087	1374	713
30-34岁	**3392**	**2348**	**1044**	**3151**	**2065**	**1086**	**4023**	**2655**	**1368**
30	1166	826	340	1034	685	349	1352	876	476
31	791	531	260	767	506	261	939	605	334
32	581	400	181	553	377	176	736	497	239
33	482	323	159	402	247	155	564	381	183
34	372	268	104	395	250	145	432	296	136
35-39岁	**876**	**615**	**261**	**896**	**605**	**291**	**1185**	**776**	**409**
35	302	223	79	267	174	93	338	219	119
36	221	150	71	225	153	72	274	181	93
37	165	115	50	165	117	48	241	164	77
38	111	70	41	144	103	41	187	130	57
39	77	57	20	95	58	37	145	82	63
40-44岁	**277**	**204**	**73**	**297**	**208**	**89**	**414**	**277**	**137**
40	75	54	21	70	43	27	119	90	29
41	57	44	13	66	48	18	75	48	27
42	45	36	9	68	47	21	84	59	25
43	59	44	15	58	43	15	69	36	33
44	41	26	15	35	27	8	67	44	23
45-49岁	**84**	**55**	**29**	**83**	**52**	**31**	**163**	**112**	**51**
45	23	12	11	28	16	12	63	45	18
46	16	14	2	19	13	6	45	31	14
47	10	3	7	14	8	6	14	11	3
48	19	16	3	7	3	4	25	14	11
49	16	10	6	15	12	3	16	11	5
50岁及以上	**81**	**46**	**35**	**78**	**47**	**31**	**158**	**88**	**70**
平均初婚年龄	**24.87**	**25.66**	**24.09**	**24.92**	**25.66**	**24.16**	**24.96**	**25.67**	**24.24**

5-4a 续表 10

单位：人

初婚年龄	初婚年份								
	2009年			2010年			2011年		
	小计	男	女	小计	男	女	小计	男	女
总　计	**65130**	**32923**	**32207**	**73125**	**37425**	**35700**	**65732**	**33038**	**32694**
15岁以下	**19**	**2**	**17**	**22**	**2**	**20**	**7**	**2**	**5**
15-19岁	**4214**	**1548**	**2666**	**4561**	**1691**	**2870**	**2696**	**918**	**1778**
15	88	28	60	114	46	68	80	26	54
16	190	68	122	244	86	158	149	42	107
17	507	171	336	547	188	359	337	100	237
18	1010	397	613	1155	438	717	634	213	421
19	2419	884	1535	2501	933	1568	1496	537	959
20-24岁	**32531**	**14562**	**17969**	**38993**	**18219**	**20774**	**34762**	**15679**	**19083**
20	3924	1405	2519	4915	1887	3028	3022	1060	1962
21	5932	2430	3502	6583	2868	3715	5517	2254	3263
22	8173	3842	4331	9120	4352	4768	7799	3697	4102
23	7699	3552	4147	9945	4827	5118	8918	4149	4769
24	6803	3333	3470	8430	4285	4145	9506	4519	4987
25-29岁	**22369**	**12958**	**9411**	**22961**	**13242**	**9719**	**22677**	**12841**	**9836**
25	6440	3396	3044	6803	3671	3132	7492	3910	3582
26	5940	3358	2582	5639	3112	2527	5453	2988	2465
27	5254	3161	2093	4767	2850	1917	4171	2449	1722
28	2859	1805	1054	3682	2301	1381	3131	1961	1170
29	1876	1238	638	2070	1308	762	2430	1533	897
30-34岁	**4021**	**2533**	**1488**	**4331**	**2792**	**1539**	**3918**	**2487**	**1431**
30	1376	863	513	1393	906	487	1341	866	475
31	897	563	334	1055	683	372	973	608	365
32	728	447	281	765	481	284	675	420	255
33	562	366	196	616	392	224	528	344	184
34	458	294	164	502	330	172	401	249	152
35-39岁	**1196**	**794**	**402**	**1372**	**868**	**504**	**1026**	**667**	**359**
35	315	199	116	429	256	173	314	211	103
36	256	182	74	278	184	94	232	146	86
37	256	176	80	259	160	99	209	139	70
38	200	129	71	226	148	78	147	96	51
39	169	108	61	180	120	60	124	75	49
40-44岁	**477**	**321**	**156**	**516**	**364**	**152**	**394**	**277**	**117**
40	141	88	53	163	118	45	109	75	34
41	102	65	37	110	76	34	95	61	34
42	85	55	30	97	66	31	76	56	20
43	84	65	19	76	51	25	66	50	16
44	65	48	17	70	53	17	48	35	13
45-49岁	**167**	**116**	**51**	**219**	**152**	**67**	**155**	**103**	**52**
45	49	33	16	48	32	16	41	28	13
46	51	40	11	63	47	16	29	19	10
47	23	13	10	52	36	16	29	21	8
48	21	14	7	31	19	12	36	24	12
49	23	16	7	25	18	7	20	11	9
50岁及以上	**136**	**89**	**47**	**150**	**95**	**55**	**97**	**64**	**33**
平均初婚年龄	**25.02**	**25.71**	**24.33**	**24.92**	**25.54**	**24.28**	**25.13**	**25.73**	**24.53**

5-4a　续表 11　　　　单位：人

初婚年龄	初婚年份								
	2012年			2013年			2014年		
	小计	男	女	小计	男	女	小计	男	女
总　计	**74544**	**37885**	**36659**	**68159**	**34364**	**33795**	**64782**	**32690**	**32092**
15岁以下	**6**	**1**	**5**	**2**	**1**	**1**	**3**	**1**	**2**
15-19岁	**2773**	**922**	**1851**	**2015**	**640**	**1375**	**1666**	**532**	**1134**
15	70	18	52	38	7	31	32	8	24
16	136	36	100	137	39	98	101	20	81
17	370	109	261	258	76	182	191	56	135
18	737	252	485	531	165	366	448	149	299
19	1460	507	953	1051	353	698	894	299	595
20-24岁	**37695**	**17347**	**20348**	**32138**	**14661**	**17477**	**27292**	**12243**	**15049**
20	2826	1078	1748	2019	660	1359	1734	570	1164
21	5055	2112	2943	3624	1439	2185	2791	1106	1685
22	8904	4199	4705	6772	3162	3610	5034	2329	2705
23	10024	4684	5340	9576	4515	5061	7498	3437	4061
24	10886	5274	5612	10147	4885	5262	10235	4801	5434
25-29岁	**27037**	**15147**	**11890**	**26727**	**14547**	**12180**	**28342**	**15329**	**13013**
25	10065	5259	4806	9575	4829	4746	9662	4933	4729
26	6654	3650	3004	7434	3973	3461	7602	3962	3640
27	4595	2694	1901	4634	2648	1986	5627	3189	2438
28	3213	1978	1235	2967	1780	1187	3379	1987	1392
29	2510	1566	944	2117	1317	800	2072	1258	814
30-34岁	**4937**	**3094**	**1843**	**5101**	**3131**	**1970**	**5073**	**3043**	**2030**
30	1908	1199	709	1658	1026	632	1509	943	566
31	1115	710	405	1360	826	534	1186	714	472
32	831	500	331	895	528	367	1098	661	437
33	618	400	218	666	420	246	724	408	316
34	465	285	180	522	331	191	556	317	239
35-39岁	**1275**	**827**	**448**	**1251**	**768**	**483**	**1386**	**881**	**505**
35	327	192	135	397	239	158	449	279	170
36	310	222	88	304	182	122	314	192	122
37	239	159	80	222	145	77	242	154	88
38	224	140	84	182	108	74	233	154	79
39	175	114	61	146	94	52	148	102	46
40-44岁	**516**	**347**	**169**	**545**	**369**	**176**	**598**	**390**	**208**
40	126	85	41	140	86	54	155	99	56
41	124	82	42	99	74	25	118	83	35
42	117	81	36	114	82	32	126	85	41
43	81	54	27	101	70	31	112	61	51
44	68	45	23	91	57	34	87	62	25
45-49岁	**182**	**120**	**62**	**208**	**137**	**71**	**234**	**154**	**80**
45	42	32	10	67	43	24	63	45	18
46	46	26	20	50	34	16	64	34	30
47	32	21	11	34	24	10	49	35	14
48	33	21	12	29	16	13	29	23	6
49	29	20	9	28	20	8	29	17	12
50岁及以上	**123**	**80**	**43**	**172**	**110**	**62**	**188**	**117**	**71**
平均初婚年龄	**25.32**	**25.86**	**24.76**	**25.66**	**26.2**	**25.12**	**26.04**	**26.56**	**25.5**

5-4a 续表 12 单位：人

初婚年龄	初婚年份								
	2015年			2016年			2017年		
	小计	男	女	小计	男	女	小计	男	女
总　计	**65366**	**33147**	**32219**	**54388**	**27584**	**26804**	**47627**	**24193**	**23434**
15岁以下				**2**		**2**	**1**		**1**
15-19岁	**1514**	**462**	**1052**	**1020**	**290**	**730**	**757**	**210**	**547**
15	35	10	25	15	3	12	19	9	10
16	82	18	64	57	14	43	35	4	31
17	185	56	129	128	38	90	76	16	60
18	396	121	275	238	66	172	175	52	123
19	816	257	559	582	169	413	452	129	323
20-24岁	**23871**	**10666**	**13205**	**18300**	**8095**	**10205**	**14787**	**6337**	**8450**
20	1598	506	1092	1127	349	778	880	254	626
21	2510	934	1576	1911	748	1163	1620	612	1008
22	4416	1985	2431	3436	1500	1936	2824	1261	1563
23	6426	2958	3468	5076	2286	2790	3929	1708	2221
24	8921	4283	4638	6750	3212	3538	5534	2502	3032
25-29岁	**31805**	**17075**	**14730**	**27725**	**14872**	**12853**	**24694**	**13291**	**11403**
25	10587	5424	5163	7734	3859	3875	6167	3085	3082
26	8295	4315	3980	7665	4064	3601	6262	3347	2915
27	6137	3341	2796	5761	3149	2612	5731	3134	2597
28	4182	2476	1706	3895	2231	1664	3920	2224	1696
29	2604	1519	1085	2670	1569	1101	2614	1501	1113
30-34岁	**5526**	**3283**	**2243**	**4859**	**2791**	**2068**	**4972**	**2899**	**2073**
30	1622	945	677	1502	870	632	1866	1083	783
31	1256	754	502	1054	616	438	1152	702	450
32	1029	623	406	824	476	348	804	457	347
33	987	589	398	752	406	346	621	350	271
34	632	372	260	727	423	304	529	307	222
35-39岁	**1557**	**973**	**584**	**1464**	**889**	**575**	**1375**	**834**	**541**
35	506	294	212	448	264	184	482	289	193
36	374	229	145	381	231	150	314	190	124
37	276	175	101	296	194	102	234	139	95
38	198	134	64	191	117	74	199	134	65
39	203	141	62	148	83	65	146	82	64
40-44岁	**569**	**358**	**211**	**534**	**341**	**193**	**493**	**308**	**185**
40	146	89	57	127	82	45	104	63	41
41	108	69	39	117	77	40	110	75	35
42	135	85	50	116	77	39	99	55	44
43	103	69	34	102	62	40	107	63	44
44	77	46	31	72	43	29	73	52	21
45-49岁	**318**	**201**	**117**	**267**	**172**	**95**	**280**	**167**	**113**
45	90	57	33	83	54	29	80	52	28
46	77	49	28	48	32	16	60	29	31
47	64	36	28	52	29	23	54	30	24
48	43	27	16	49	37	12	59	40	19
49	44	32	12	35	20	15	27	16	11
50岁及以上	**206**	**129**	**77**	**217**	**134**	**83**	**268**	**147**	**121**
平均初婚年龄	**26.36**	**26.87**	**25.83**	**26.66**	**27.16**	**26.15**	**26.98**	**27.48**	**26.47**

5-4a 续表 13

单位：人

初婚年龄	初婚年份								
	2018年			2019年			2020年		
	小计	男	女	小计	男	女	小计	男	女
总　计	**50638**	**25619**	**25019**	**40057**	**20125**	**19932**	**26589**	**13264**	**13325**
15岁以下	**2**		**2**	**3**		**3**			
15-19岁	**684**	**185**	**499**	**529**	**123**	**406**	**290**	**63**	**227**
15	8	3	5	10	1	9	5	1	4
16	40	10	30	36	10	26	14	2	12
17	81	15	66	63	15	48	34	9	25
18	177	58	119	133	35	98	79	17	62
19	378	99	279	287	62	225	158	34	124
20-24岁	**14742**	**6343**	**8399**	**10929**	**4603**	**6326**	**6363**	**2594**	**3769**
20	809	231	578	561	165	396	335	91	244
21	1429	506	923	1062	399	663	586	204	382
22	2740	1228	1512	2031	863	1168	1157	479	678
23	4152	1811	2341	2995	1287	1708	1630	677	953
24	5612	2567	3045	4280	1889	2391	2655	1143	1512
25-29岁	**26095**	**13801**	**12294**	**20415**	**10751**	**9664**	**13003**	**6714**	**6289**
25	6130	2996	3134	4876	2359	2517	3119	1422	1697
26	6032	3130	2902	4719	2416	2303	3041	1526	1515
27	5747	3072	2675	4171	2270	1901	2707	1423	1284
28	4866	2759	2107	3593	1988	1605	2254	1291	963
29	3320	1844	1476	3056	1718	1338	1882	1052	830
30-34岁	**6276**	**3597**	**2679**	**5607**	**3173**	**2434**	**4442**	**2520**	**1922**
30	2232	1287	945	2031	1185	846	1604	912	692
31	1614	924	690	1391	777	614	1089	598	491
32	1064	627	437	1014	571	443	767	454	313
33	763	412	351	697	397	300	566	315	251
34	603	347	256	474	243	231	416	241	175
35-39岁	**1651**	**949**	**702**	**1402**	**808**	**594**	**1127**	**605**	**522**
35	517	293	224	380	218	162	285	160	125
36	438	255	183	346	208	138	236	127	109
37	307	177	130	304	165	139	235	130	105
38	222	130	92	201	115	86	199	97	102
39	167	94	73	171	102	69	172	91	81
40-44岁	**554**	**353**	**201**	**549**	**300**	**249**	**598**	**335**	**263**
40	156	95	61	153	80	73	127	66	61
41	117	79	38	115	68	47	119	69	50
42	107	75	32	95	47	48	139	81	58
43	88	59	29	96	56	40	124	65	59
44	86	45	41	90	49	41	89	54	35
45-49岁	**304**	**201**	**103**	**331**	**194**	**137**	**311**	**187**	**124**
45	86	59	27	75	40	35	77	43	34
46	59	38	21	72	42	30	64	35	29
47	66	44	22	70	46	24	51	32	19
48	50	32	18	71	45	26	76	50	26
49	43	28	15	43	21	22	43	27	16
50岁及以上	**330**	**190**	**140**	**292**	**173**	**119**	**455**	**246**	**209**
平均初婚年龄	**27.31**	**27.81**	**26.8**	**27.61**	**28.1**	**27.11**	**28.4**	**28.96**	**27.85**

5-4b 全省分初婚年龄、性别、初婚年份的人口(镇)

单位：人

初婚年龄	初婚年份								
	合　计			1980年			1981年		
	合计	男	女	小计	男	女	小计	男	女
总　计	**1230431**	**611802**	**618629**	**33485**	**16249**	**17236**	**21789**	**10496**	**11293**
15岁以下	**942**	**234**	**708**	**49**	**13**	**36**	**24**	**4**	**20**
15-19岁	**131983**	**42407**	**89576**	**2990**	**670**	**2320**	**2449**	**644**	**1805**
15	4937	1405	3532	189	48	141	124	34	90
16	9022	2324	6698	333	75	258	207	40	167
17	17762	5160	12602	660	140	520	371	77	294
18	34276	10725	23551	781	153	628	769	191	578
19	65986	22793	43193	1027	254	773	978	302	676
20-24岁	**757498**	**364180**	**393318**	**21024**	**9629**	**11395**	**13432**	**6114**	**7318**
20	107683	40158	67525	1830	579	1251	1277	369	908
21	152103	66456	85647	3351	1352	1999	1978	733	1245
22	183883	91520	92363	5196	2317	2879	2827	1230	1597
23	172601	88988	83613	5923	2874	3049	3872	1882	1990
24	141228	77058	64170	4724	2507	2217	3478	1900	1578
25-29岁	**271260**	**163051**	**108209**	**8520**	**5309**	**3211**	**5410**	**3410**	**2000**
25	104411	60272	44139	3892	2289	1603	2214	1324	890
26	69687	41842	27845	2172	1328	844	1553	994	559
27	46131	28797	17334	1209	820	389	900	577	323
28	30348	19137	11211	811	564	247	467	334	133
29	20683	13003	7680	436	308	128	276	181	95
30-34岁	**46114**	**28263**	**17851**	**705**	**498**	**207**	**386**	**270**	**116**
30	14899	9304	5595	291	203	88	147	104	43
31	11109	6786	4323	144	102	42	104	73	31
32	8509	5141	3368	135	103	32	75	49	26
33	6526	3885	2641	82	55	27	25	18	7
34	5071	3147	1924	53	35	18	35	26	9
35-39岁	**12440**	**7775**	**4665**	**142**	**97**	**45**	**70**	**46**	**24**
35	3812	2360	1452	44	35	9	27	20	7
36	2900	1819	1081	30	19	11	13	8	5
37	2299	1455	844	31	20	11	11	8	3
38	1797	1148	649	22	14	8	11	9	2
39	1632	993	639	15	9	6	8	1	7
40-44岁	**5227**	**3080**	**2147**	**37**	**23**	**14**	**12**	**8**	**4**
40	1285	773	512	8	6	2	5	3	2
41	1183	711	472	11	6	5	4	3	1
42	1052	597	455	4	3	1	2	1	1
43	939	548	391	6	4	2			
44	768	451	317	8	4	4	1	1	
45-49岁	**2583**	**1506**	**1077**	**13**	**7**	**6**	**5**		**5**
45	725	425	300	3	3		1		1
46	538	307	231	2	1	1			
47	493	295	198	2	1	1	2		2
48	441	263	178	4		4			
49	386	216	170	2	2		2		2
50岁及以上	**2384**	**1306**	**1078**	**5**	**3**	**2**	**1**		**1**
平均初婚年龄	**23.77**	**24.37**	**23.18**	**23.67**	**24.4**	**22.98**	**23.56**	**24.31**	**22.86**

5-4b　续表 1

单位：人

初婚年龄	初婚年份								
	1982年			1983年			1984年		
	小计	男	女	小计	男	女	小计	男	女
总　计	**24705**	**11934**	**12771**	**23943**	**11667**	**12276**	**26057**	**12676**	**13381**
15岁以下	**36**	**9**	**27**	**38**	**6**	**32**	**28**	**5**	**23**
15-19岁	**3908**	**1110**	**2798**	**3844**	**1130**	**2714**	**4081**	**1249**	**2832**
15	158	33	125	175	52	123	192	49	143
16	294	68	226	275	51	224	303	94	209
17	481	112	369	566	153	413	519	133	386
18	1022	253	769	981	262	719	1136	325	811
19	1953	644	1309	1847	612	1235	1931	648	1283
20-24岁	**13943**	**6430**	**7513**	**13724**	**6356**	**7368**	**16176**	**7461**	**8715**
20	2079	733	1346	3185	1269	1916	3207	1221	1986
21	2166	847	1319	2845	1174	1671	4618	1970	2648
22	2744	1230	1514	2498	1134	1364	3622	1662	1960
23	3416	1701	1715	2694	1373	1321	2472	1286	1186
24	3538	1919	1619	2502	1406	1096	2257	1322	935
25-29岁	**6140**	**3926**	**2214**	**5568**	**3652**	**1916**	**4900**	**3362**	**1538**
25	2570	1531	1039	2290	1431	859	1692	1098	594
26	1568	1018	550	1536	1021	515	1353	934	419
27	1090	748	342	848	583	265	911	661	250
28	533	367	166	554	377	177	542	381	161
29	379	262	117	340	240	100	402	288	114
30-34岁	**547**	**374**	**173**	**612**	**424**	**188**	**703**	**486**	**217**
30	228	154	74	252	182	70	266	186	80
31	123	89	34	160	112	48	174	118	56
32	85	59	26	103	65	38	123	88	35
33	58	37	21	62	42	20	75	46	29
34	53	35	18	35	23	12	65	48	17
35-39岁	**85**	**53**	**32**	**107**	**71**	**36**	**108**	**77**	**31**
35	34	20	14	36	27	9	32	20	12
36	19	11	8	21	11	10	24	19	5
37	11	9	2	22	13	9	17	16	1
38	10	6	4	14	9	5	20	13	7
39	11	7	4	14	11	3	15	9	6
40-44岁	**33**	**23**	**10**	**30**	**16**	**14**	**33**	**22**	**11**
40	11	7	4	8	6	2	10	10	
41	9	6	3	3		3	5	3	2
42	4	4		7	4	3	6	4	2
43	4	2	2	7	4	3	6	3	3
44	5	4	1	5	2	3	6	2	4
45-49岁	**9**	**8**	**1**	**14**	**9**	**5**	**18**	**9**	**9**
45	5	4	1	6	4	2	4	1	3
46				5	2	3	3	2	1
47	1	1		2	2		5	2	3
48	2	2					3	2	1
49	1	1		1	1		3	2	1
50岁及以上	**4**	**1**	**3**	**6**	**3**	**3**	**10**	**5**	**5**
平均初婚年龄	**23.36**	**24.2**	**22.56**	**23.09**	**23.94**	**22.28**	**22.89**	**23.74**	**22.09**

5-4b 续表 2　　　单位：人

初婚年龄	初婚年份								
	1985年			1986年			1987年		
	小计	男	女	小计	男	女	小计	男	女
总　计	**37211**	**18176**	**19035**	**37476**	**18347**	**19129**	**36823**	**18061**	**18762**
15岁以下	**31**	**6**	**25**	**22**	**2**	**20**	**30**	**7**	**23**
15-19岁	**5741**	**1775**	**3966**	**5470**	**1698**	**3772**	**5230**	**1697**	**3533**
15	205	52	153	176	45	131	147	29	118
16	500	120	380	342	66	276	314	58	256
17	785	209	576	815	210	605	697	203	494
18	1383	407	976	1456	452	1004	1449	473	976
19	2868	987	1881	2681	925	1756	2623	934	1689
20-24岁	**24387**	**11605**	**12782**	**26071**	**12666**	**13405**	**25883**	**12676**	**13207**
20	4011	1557	2454	4463	1787	2676	4033	1634	2399
21	6042	2593	3449	5665	2560	3105	5837	2630	3207
22	7314	3597	3717	6677	3329	3348	6246	3040	3206
23	4464	2381	2083	6114	3230	2884	5577	2924	2653
24	2556	1477	1079	3152	1760	1392	4190	2448	1742
25-29岁	**5688**	**3881**	**1807**	**4537**	**3060**	**1477**	**4324**	**2771**	**1553**
25	1967	1256	711	1578	1004	574	1962	1172	790
26	1301	897	404	1018	700	318	889	572	317
27	1170	848	322	759	527	232	601	411	190
28	745	519	226	671	481	190	447	313	134
29	505	361	144	511	348	163	425	303	122
30-34岁	**1081**	**727**	**354**	**1054**	**717**	**337**	**1062**	**733**	**329**
30	405	288	117	351	241	110	333	233	100
31	269	187	82	287	201	86	240	161	79
32	178	107	71	198	121	77	215	152	63
33	148	90	58	126	86	40	170	117	53
34	81	55	26	92	68	24	104	70	34
35-39岁	**196**	**135**	**61**	**210**	**142**	**68**	**197**	**127**	**70**
35	59	38	21	70	51	19	73	46	27
36	41	29	12	40	27	13	38	27	11
37	39	30	9	43	25	18	32	19	13
38	28	16	12	30	21	9	31	24	7
39	29	22	7	27	18	9	23	11	12
40-44岁	**49**	**30**	**19**	**72**	**40**	**32**	**60**	**32**	**28**
40	13	9	4	26	13	13	15	6	9
41	10	5	5	12	8	4	15	10	5
42	11	7	4	10	6	4	9	6	3
43	11	9	2	18	11	7	11	5	6
44	4		4	6	2	4	10	5	5
45-49岁	**24**	**10**	**14**	**25**	**15**	**10**	**23**	**12**	**11**
45	8	3	5	8	6	2	6	4	2
46	6	2	4	4	2	2	8	5	3
47	5	2	3	6	3	3	3	1	2
48	2	2		3	2	1	5	1	4
49	3	1	2	4	2	2	1	1	
50岁及以上	**14**	**7**	**7**	**15**	**7**	**8**	**14**	**6**	**8**
平均初婚年龄	**22.84**	**23.59**	**22.12**	**22.82**	**23.49**	**22.18**	**22.85**	**23.46**	**22.26**

5-4b　续表 3　　　　单位：人

初婚年龄	初婚年份								
	1988年			1989年			1990年		
	小计	男	女	小计	男	女	小计	男	女
总　计	**42044**	**20476**	**21568**	**39547**	**19483**	**20064**	**47302**	**23478**	**23824**
15岁以下	**38**	**8**	**30**	**32**	**11**	**21**	**50**	**13**	**37**
15-19岁	**6512**	**2177**	**4335**	**5888**	**2007**	**3881**	**7117**	**2534**	**4583**
15	192	53	139	143	35	108	229	65	164
16	380	85	295	308	83	225	451	116	335
17	828	233	595	748	217	531	949	295	654
18	1685	535	1150	1555	517	1038	1826	643	1183
19	3427	1271	2156	3134	1155	1979	3662	1415	2247
20-24岁	**28552**	**13917**	**14635**	**27257**	**13390**	**13867**	**32827**	**16326**	**16501**
20	4741	1926	2815	5161	2166	2995	5894	2446	3448
21	5907	2684	3223	6101	2731	3370	8063	3812	4251
22	7551	3742	3809	6247	3193	3054	7889	4040	3849
23	5896	3028	2868	5802	3075	2727	6138	3321	2817
24	4457	2537	1920	3946	2225	1721	4843	2707	2136
25-29岁	**5403**	**3344**	**2059**	**5102**	**3213**	**1889**	**6092**	**3796**	**2296**
25	2944	1772	1172	2378	1461	917	2788	1626	1162
26	1170	720	450	1516	958	558	1644	1060	584
27	574	375	199	665	420	245	1001	689	312
28	417	271	146	307	213	94	458	294	164
29	298	206	92	236	161	75	201	127	74
30-34岁	**1141**	**775**	**366**	**885**	**587**	**298**	**762**	**514**	**248**
30	315	221	94	207	134	73	176	109	67
31	278	190	88	236	158	78	143	101	42
32	245	159	86	209	134	75	190	132	58
33	161	105	56	126	86	40	140	94	46
34	142	100	42	107	75	32	113	78	35
35-39岁	**266**	**178**	**88**	**273**	**201**	**72**	**294**	**201**	**93**
35	95	68	27	81	58	23	94	66	28
36	66	46	20	76	58	18	77	50	27
37	52	33	19	57	44	13	56	38	18
38	31	17	14	35	24	11	40	26	14
39	22	14	8	24	17	7	27	21	6
40-44岁	**76**	**48**	**28**	**66**	**44**	**22**	**95**	**59**	**36**
40	19	14	5	22	15	7	27	17	10
41	18	10	8	17	11	6	16	12	4
42	14	8	6	10	4	6	21	14	7
43	17	10	7	8	6	2	14	7	7
44	8	6	2	9	8	1	17	9	8
45-49岁	**39**	**20**	**19**	**29**	**22**	**7**	**41**	**25**	**16**
45	8	4	4	9	6	3	10	8	2
46	7	3	4	8	7	1	12	6	6
47	13	6	7	2	2		6	4	2
48	10	7	3	4	3	1	6	4	2
49	1		1	6	4	2	7	3	4
50岁及以上	**17**	**9**	**8**	**15**	**8**	**7**	**24**	**10**	**14**
平均初婚年龄	**22.81**	**23.39**	**22.25**	**22.75**	**23.32**	**22.19**	**22.66**	**23.17**	**22.16**

5-4b 续表 4

单位：人

初婚年龄	初婚年份								
	1991年			1992年			1993年		
	小计	男	女	小计	男	女	小计	男	女
总　计	**30413**	**14955**	**15458**	**35166**	**17409**	**17757**	**34939**	**17292**	**17647**
15岁以下	**31**	**11**	**20**	**31**	**7**	**24**	**20**	**4**	**16**
15-19岁	**3798**	**1309**	**2489**	**3913**	**1350**	**2563**	**3490**	**1137**	**2353**
15	131	35	96	153	47	106	140	41	99
16	204	56	148	246	78	168	227	54	173
17	440	128	312	495	153	342	467	142	325
18	978	330	648	1005	314	691	892	290	602
19	2045	760	1285	2014	758	1256	1764	610	1154
20-24岁	**21768**	**10636**	**11132**	**25273**	**12324**	**12949**	**24993**	**12247**	**12746**
20	3600	1462	2138	3657	1483	2174	3266	1303	1963
21	5082	2357	2725	5667	2610	3057	4985	2221	2764
22	5708	2882	2826	6554	3286	3268	6546	3327	3219
23	4509	2335	2174	5592	2853	2739	5883	3019	2864
24	2869	1600	1269	3803	2092	1711	4313	2377	1936
25-29岁	**4118**	**2536**	**1582**	**5086**	**3156**	**1930**	**5402**	**3254**	**2148**
25	1989	1179	810	2204	1318	886	2506	1438	1068
26	1033	651	382	1418	841	577	1240	754	486
27	545	352	193	689	450	239	892	564	328
28	388	249	139	449	322	127	428	273	155
29	163	105	58	326	225	101	336	225	111
30-34岁	**406**	**279**	**127**	**499**	**340**	**159**	**572**	**362**	**210**
30	95	68	27	172	118	54	231	157	74
31	83	55	28	93	63	30	136	82	54
32	73	53	20	72	48	24	63	33	30
33	79	51	28	78	49	29	72	42	30
34	76	52	24	84	62	22	70	48	22
35-39岁	**186**	**132**	**54**	**203**	**136**	**67**	**279**	**190**	**89**
35	50	32	18	58	42	16	77	52	25
36	37	24	13	48	28	20	65	45	20
37	40	32	8	43	28	15	48	32	16
38	31	25	6	30	24	6	46	34	12
39	28	19	9	24	14	10	43	27	16
40-44岁	**62**	**31**	**31**	**101**	**65**	**36**	**106**	**54**	**52**
40	11	5	6	34	21	13	25	14	11
41	23	14	9	16	12	4	24	10	14
42	12	5	7	22	14	8	20	10	10
43	10	4	6	16	12	4	29	14	15
44	6	3	3	13	6	7	8	6	2
45-49岁	**25**	**14**	**11**	**36**	**17**	**19**	**41**	**29**	**12**
45	9	5	4	6	3	3	14	13	1
46	4	3	1	12	4	8	7	7	
47	3		3	10	7	3	12	5	7
48	5	3	2	5	2	3	2	1	1
49	4	3	1	3	1	2	6	3	3
50岁及以上	**19**	**7**	**12**	**24**	**14**	**10**	**36**	**15**	**21**
平均初婚年龄	**22.79**	**23.26**	**22.33**	**22.98**	**23.46**	**22.51**	**23.21**	**23.67**	**22.75**

5-4b 续表 5

单位：人

初婚年龄	初婚年份								
	1994年			1995年			1996年		
	小计	男	女	小计	男	女	小计	男	女
总 计	**31672**	**15813**	**15859**	**35904**	**18023**	**17881**	**30451**	**15248**	**15203**
15岁以下	**18**	**4**	**14**	**23**	**6**	**17**	**22**	**5**	**17**
15-19岁	**3016**	**994**	**2022**	**3266**	**1021**	**2245**	**2735**	**849**	**1886**
15	140	39	101	138	39	99	85	21	64
16	204	51	153	232	64	168	206	61	145
17	399	134	265	402	121	281	359	116	243
18	725	248	477	785	253	532	619	190	429
19	1548	522	1026	1709	544	1165	1466	461	1005
20-24岁	**22030**	**10798**	**11232**	**23744**	**11677**	**12067**	**19637**	**9519**	**10118**
20	2640	968	1672	2967	1045	1922	2626	894	1732
21	4222	1906	2316	4446	1987	2459	3898	1683	2215
22	5445	2789	2656	5727	2944	2783	4772	2418	2354
23	5541	2836	2705	5611	2945	2666	4696	2528	2168
24	4182	2299	1883	4993	2756	2237	3645	1996	1649
25-29岁	**5575**	**3380**	**2195**	**7307**	**4364**	**2943**	**6607**	**3998**	**2609**
25	2579	1548	1031	3448	1978	1470	2828	1684	1144
26	1469	871	598	1826	1092	734	1750	1076	674
27	730	448	282	1052	650	402	1019	625	394
28	482	304	178	550	366	184	626	380	246
29	315	209	106	431	278	153	384	233	151
30-34岁	**636**	**401**	**235**	**969**	**601**	**368**	**954**	**592**	**362**
30	233	146	87	310	191	119	307	201	106
31	174	115	59	244	146	98	211	126	85
32	120	77	43	224	142	82	194	118	76
33	60	33	27	120	70	50	153	92	61
34	49	30	19	71	52	19	89	55	34
35-39岁	**216**	**147**	**69**	**265**	**175**	**90**	**187**	**117**	**70**
35	38	21	17	54	35	19	49	28	21
36	52	44	8	51	37	14	39	25	14
37	54	41	13	62	43	19	31	16	15
38	30	22	8	54	34	20	32	21	11
39	42	19	23	44	26	18	36	27	9
40-44岁	**101**	**54**	**47**	**171**	**99**	**72**	**157**	**91**	**66**
40	23	17	6	51	29	22	28	15	13
41	27	11	16	31	22	9	50	32	18
42	20	11	9	35	16	19	24	16	8
43	19	10	9	25	16	9	32	17	15
44	12	5	7	29	16	13	23	11	12
45-49岁	**42**	**18**	**24**	**76**	**42**	**34**	**69**	**32**	**37**
45	8	3	5	22	15	7	19	12	7
46	9	5	4	15	6	9	14	4	10
47	12	5	7	20	10	10	7	5	2
48	9	4	5	11	5	6	13	6	7
49	4	1	3	8	6	2	16	5	11
50岁及以上	**38**	**17**	**21**	**83**	**38**	**45**	**83**	**45**	**38**
平均初婚年龄	**23.39**	**23.84**	**22.93**	**23.68**	**24.19**	**23.16**	**23.75**	**24.29**	**23.21**

5-4b 续表 6

单位：人

初婚年龄	初婚年份								
	1997年			1998年			1999年		
	小计	男	女	小计	男	女	小计	男	女
总　计	**27531**	**13721**	**13810**	**29799**	**14872**	**14927**	**25634**	**12824**	**12810**
15岁以下	**11**	**3**	**8**	**24**	**4**	**20**	**18**	**3**	**15**
15-19岁	**2256**	**652**	**1604**	**2391**	**662**	**1729**	**2012**	**551**	**1461**
15	80	25	55	90	24	66	84	24	60
16	114	32	82	163	32	131	130	33	97
17	280	80	200	236	64	172	275	64	211
18	573	145	428	517	151	366	484	135	349
19	1209	370	839	1385	391	994	1039	295	744
20-24岁	**17681**	**8422**	**9259**	**18833**	**9050**	**9783**	**16880**	**8076**	**8804**
20	2213	694	1519	2394	730	1664	2259	680	1579
21	3602	1482	2120	3709	1520	2189	3288	1362	1926
22	4447	2265	2182	4978	2588	2390	4345	2257	2088
23	4110	2166	1944	4316	2257	2059	4035	2118	1917
24	3309	1815	1494	3436	1955	1481	2953	1659	1294
25-29岁	**6139**	**3778**	**2361**	**6495**	**3963**	**2532**	**5404**	**3393**	**2011**
25	2418	1412	1006	2400	1387	1013	2126	1285	841
26	1653	1031	622	1572	976	596	1270	801	469
27	1051	665	386	1183	786	397	868	561	307
28	597	401	196	789	479	310	660	434	226
29	420	269	151	551	335	216	480	312	168
30-34岁	**905**	**563**	**342**	**1489**	**843**	**646**	**966**	**577**	**389**
30	262	170	92	435	252	183	345	197	148
31	213	131	82	339	185	154	238	139	99
32	165	98	67	323	180	143	162	103	59
33	131	77	54	243	137	106	147	91	56
34	134	87	47	149	89	60	74	47	27
35-39岁	**184**	**113**	**71**	**301**	**192**	**109**	**186**	**123**	**63**
35	63	34	29	126	80	46	70	48	22
36	29	23	6	64	44	20	53	36	17
37	32	23	9	40	19	21	26	15	11
38	24	16	8	40	26	14	17	14	3
39	36	17	19	31	23	8	20	10	10
40-44岁	**217**	**119**	**98**	**163**	**101**	**62**	**80**	**51**	**29**
40	31	20	11	43	26	17	8	5	3
41	44	28	16	39	26	13	19	15	4
42	52	21	31	30	20	10	10	7	3
43	41	21	20	32	17	15	21	12	9
44	49	29	20	19	12	7	22	12	10
45-49岁	**87**	**48**	**39**	**54**	**29**	**25**	**54**	**32**	**22**
45	30	16	14	21	8	13	14	7	7
46	21	11	10	11	7	4	17	11	6
47	12	8	4	7	5	2	11	8	3
48	15	8	7	9	7	2	7	2	5
49	9	5	4	6	2	4	5	4	1
50岁及以上	**51**	**23**	**28**	**49**	**28**	**21**	**34**	**18**	**16**
平均初婚年龄	**23.92**	**24.52**	**23.32**	**24.04**	**24.66**	**23.42**	**23.78**	**24.43**	**23.14**

5-4b 续表 7

单位：人

初婚年龄	初婚年份								
	2000年			2001年			2002年		
	小计	男	女	小计	男	女	小计	男	女
总　计	**31463**	**15904**	**15559**	**21409**	**10641**	**10768**	**26121**	**12929**	**13192**
15岁以下	**57**	**15**	**42**	**36**	**10**	**26**	**50**	**16**	**34**
15-19岁	**3005**	**896**	**2109**	**2067**	**592**	**1475**	**2490**	**759**	**1731**
15	165	62	103	95	33	62	158	56	102
16	236	63	173	147	46	101	201	69	132
17	430	125	305	243	60	183	334	96	238
18	810	222	588	466	120	346	589	191	398
19	1364	424	940	1116	333	783	1208	347	861
20-24岁	**20487**	**10009**	**10478**	**13986**	**6665**	**7321**	**17068**	**8054**	**9014**
20	2507	803	1704	1724	497	1227	2467	753	1714
21	4188	1812	2376	2686	1152	1534	3139	1246	1893
22	5147	2576	2571	3798	1891	1907	4122	2108	2014
23	4795	2598	2197	3220	1700	1520	4203	2216	1987
24	3850	2220	1630	2558	1425	1133	3137	1731	1406
25-29岁	**6374**	**3972**	**2402**	**4406**	**2800**	**1606**	**5259**	**3295**	**1964**
25	2569	1536	1033	1828	1108	720	2102	1257	845
26	1565	978	587	1117	719	398	1398	884	514
27	1017	652	365	672	445	227	859	585	274
28	693	460	233	433	300	133	521	332	189
29	530	346	184	356	228	128	379	237	142
30-34岁	**1094**	**715**	**379**	**665**	**414**	**251**	**921**	**599**	**322**
30	372	242	130	236	148	88	322	202	120
31	278	179	99	192	118	74	212	141	71
32	181	116	65	101	64	37	146	97	49
33	134	93	41	91	57	34	136	90	46
34	129	85	44	45	27	18	105	69	36
35-39岁	**254**	**175**	**79**	**145**	**103**	**42**	**211**	**137**	**74**
35	67	47	20	50	29	21	62	37	25
36	67	48	19	24	19	5	54	33	21
37	54	39	15	39	31	8	40	27	13
38	42	25	17	20	14	6	31	22	9
39	24	16	8	12	10	2	24	18	6
40-44岁	**85**	**61**	**24**	**35**	**19**	**16**	**47**	**24**	**23**
40	21	15	6	8	4	4	11	2	9
41	14	7	7	6	2	4	12	7	5
42	15	13	2	8	5	3	12	6	6
43	20	12	8	9	6	3	6	3	3
44	15	14	1	4	2	2	6	6	
45-49岁	**59**	**34**	**25**	**40**	**19**	**21**	**45**	**28**	**17**
45	25	16	9	8	4	4	15	9	6
46	8	3	5	12	6	6	15	9	6
47	12	5	7	3	1	2	4	3	1
48	8	7	1	10	4	6	4	2	2
49	6	3	3	7	4	3	7	5	2
50岁及以上	**48**	**27**	**21**	**29**	**19**	**10**	**30**	**17**	**13**
平均初婚年龄	**23.65**	**24.32**	**22.96**	**23.58**	**24.25**	**22.92**	**23.59**	**24.27**	**22.93**

5-4b 续表 8

单位：人

初婚年龄	初婚年份								
	2003年			2004年			2005年		
	小计	男	女	小计	男	女	小计	男	女
总　计	**27436**	**13625**	**13811**	**28537**	**14180**	**14357**	**30058**	**15056**	**15002**
15岁以下	**36**	**9**	**27**	**38**	**14**	**24**	**22**	**6**	**16**
15-19岁	**2866**	**867**	**1999**	**3121**	**950**	**2171**	**3943**	**1270**	**2673**
15	181	60	121	180	60	120	233	83	150
16	279	65	214	283	83	200	325	100	225
17	413	125	288	438	122	316	607	204	403
18	691	213	478	790	238	552	1081	340	741
19	1302	404	898	1430	447	983	1697	543	1154
20-24岁	**17450**	**8304**	**9146**	**17864**	**8524**	**9340**	**17891**	**8759**	**9132**
20	2335	791	1544	2390	835	1555	2492	885	1607
21	3945	1647	2298	3727	1573	2154	3438	1522	1916
22	4068	2011	2057	4927	2443	2484	4294	2252	2042
23	3848	2034	1814	3900	2030	1870	4519	2366	2153
24	3254	1821	1433	2920	1643	1277	3148	1734	1414
25-29岁	**5703**	**3539**	**2164**	**6027**	**3761**	**2266**	**6334**	**3895**	**2439**
25	2286	1385	901	2448	1447	1001	2293	1361	932
26	1506	927	579	1571	965	606	1711	1057	654
27	957	612	345	994	668	326	1101	694	407
28	572	375	197	630	418	212	688	425	263
29	382	240	142	384	263	121	541	358	183
30-34岁	**995**	**647**	**348**	**1019**	**630**	**389**	**1225**	**726**	**499**
30	264	169	95	280	174	106	347	223	124
31	256	168	88	223	139	84	255	147	108
32	209	135	74	209	140	69	242	140	102
33	151	100	51	168	89	79	185	101	84
34	115	75	40	139	88	51	196	115	81
35-39岁	**272**	**179**	**93**	**284**	**190**	**94**	**417**	**252**	**165**
35	94	62	32	98	70	28	131	80	51
36	55	36	19	59	42	17	101	63	38
37	59	39	20	44	26	18	73	44	29
38	37	27	10	42	27	15	54	33	21
39	27	15	12	41	25	16	58	32	26
40-44岁	**50**	**35**	**15**	**92**	**60**	**32**	**104**	**70**	**34**
40	22	15	7	29	19	10	26	19	7
41	10	7	3	29	20	9	24	19	5
42	2	2		19	11	8	33	21	12
43	10	7	3	6	4	2	14	6	8
44	6	4	2	9	6	3	7	5	2
45-49岁	**43**	**30**	**13**	**39**	**17**	**22**	**71**	**43**	**28**
45	9	7	2	6	3	3	12	12	
46	10	7	3	9	7	2	15	8	7
47	10	7	3	3	1	2	14	4	10
48	9	6	3	11	4	7	15	11	4
49	5	3	2	10	2	8	15	8	7
50岁及以上	**21**	**15**	**6**	**53**	**34**	**19**	**51**	**35**	**16**
平均初婚年龄	**23.58**	**24.29**	**22.88**	**23.61**	**24.29**	**22.93**	**23.71**	**24.37**	**23.05**

5-4b　续表 9　　　　　　　　　　　　　　　　　　　　　　　　　　　单位：人

初婚年龄	初婚年份								
	2006年			2007年			2008年		
	小计	男	女	小计	男	女	小计	男	女
总　计	**30150**	**15165**	**14985**	**27701**	**13943**	**13758**	**34990**	**17636**	**17354**
15岁以下	**22**	**4**	**18**	**10**	**3**	**7**	**17**	**7**	**10**
15-19岁	**3936**	**1340**	**2596**	**3874**	**1342**	**2532**	**4659**	**1673**	**2986**
15	118	41	77	111	36	75	126	32	94
16	334	109	225	244	74	170	249	67	182
17	541	169	372	601	204	397	617	203	414
18	1062	344	718	998	321	677	1415	526	889
19	1881	677	1204	1920	707	1213	2252	845	1407
20-24岁	**17757**	**8687**	**9070**	**15621**	**7572**	**8049**	**20183**	**9825**	**10358**
20	2726	973	1753	2797	1077	1720	3540	1346	2194
21	3339	1463	1876	3183	1405	1778	4636	2102	2534
22	4023	2052	1971	3438	1750	1688	4770	2464	2306
23	3898	2051	1847	3262	1751	1511	3961	2143	1818
24	3771	2148	1623	2941	1589	1352	3276	1770	1506
25-29岁	**6633**	**4017**	**2616**	**6478**	**3934**	**2544**	**7992**	**4831**	**3161**
25	2435	1397	1038	2640	1539	1101	2882	1705	1177
26	1756	1061	695	1581	957	624	2340	1378	962
27	1222	785	437	1054	667	387	1320	816	504
28	706	452	254	720	456	264	822	515	307
29	514	322	192	483	315	168	628	417	211
30-34岁	**1202**	**757**	**445**	**1106**	**699**	**407**	**1331**	**823**	**508**
30	379	235	144	340	220	120	447	262	185
31	281	191	90	263	166	97	304	190	114
32	213	132	81	196	124	72	235	148	87
33	198	120	78	159	103	56	189	117	72
34	131	79	52	148	86	62	156	106	50
35-39岁	**381**	**229**	**152**	**407**	**257**	**150**	**495**	**294**	**201**
35	116	71	45	111	70	41	144	85	59
36	93	53	40	111	66	45	97	54	43
37	81	51	30	76	49	27	97	54	43
38	55	36	19	53	36	17	91	54	37
39	36	18	18	56	36	20	66	47	19
40-44岁	**131**	**82**	**49**	**123**	**89**	**34**	**179**	**101**	**78**
40	43	25	18	37	29	8	38	23	15
41	27	18	9	22	17	5	49	26	23
42	20	14	6	29	19	10	41	18	23
43	24	15	9	19	14	5	29	21	8
44	17	10	7	16	10	6	22	13	9
45-49岁	**30**	**20**	**10**	**45**	**30**	**15**	**62**	**40**	**22**
45	5	4	1	8	5	3	23	14	9
46	5	4	1	6	4	2	13	9	4
47	6	4	2	10	7	3	12	8	4
48	6	3	3	11	6	5	8	7	1
49	8	5	3	10	8	2	6	2	4
50岁及以上	**58**	**29**	**29**	**37**	**17**	**20**	**72**	**42**	**30**
平均初婚年龄	**23.73**	**24.38**	**23.08**	**23.71**	**24.39**	**23.03**	**23.69**	**24.29**	**23.08**

5-4b 续表 10 单位：人

初婚年龄	初婚年份								
	2009年			2010年			2011年		
	小计	男	女	小计	男	女	小计	男	女
总　计	**32235**	**16340**	**15895**	**39330**	**19990**	**19340**	**30419**	**15256**	**15163**
15岁以下	**18**	**7**	**11**	**13**	**2**	**11**	**9**	**3**	**6**
15-19岁	**4246**	**1587**	**2659**	**4298**	**1649**	**2649**	**2576**	**926**	**1650**
15	80	21	59	146	46	100	79	19	60
16	217	46	171	245	78	167	159	55	104
17	486	165	321	539	203	336	306	91	215
18	1115	400	715	1097	426	671	666	224	442
19	2348	955	1393	2271	896	1375	1366	537	829
20-24岁	**18886**	**9254**	**9632**	**24233**	**11909**	**12324**	**19099**	**9202**	**9897**
20	3177	1271	1906	4135	1691	2444	2513	1026	1487
21	4165	1904	2261	5127	2350	2777	4036	1779	2257
22	4828	2527	2301	5801	3011	2790	4489	2234	2255
23	3866	2030	1836	5268	2700	2568	4325	2193	2132
24	2850	1522	1328	3902	2157	1745	3736	1970	1766
25-29岁	**6904**	**4163**	**2741**	**8124**	**4864**	**3260**	**6830**	**3956**	**2874**
25	2261	1307	954	2804	1618	1186	2554	1442	1112
26	1821	1085	736	1972	1175	797	1661	966	695
27	1483	897	586	1517	925	592	1126	650	476
28	808	547	261	1139	725	414	886	557	329
29	531	327	204	692	421	271	603	341	262
30-34岁	**1388**	**830**	**558**	**1660**	**980**	**680**	**1252**	**765**	**487**
30	428	273	155	519	320	199	390	245	145
31	341	198	143	388	233	155	284	168	116
32	233	133	100	306	175	131	229	148	81
33	214	126	88	238	125	113	211	123	88
34	172	100	72	209	127	82	138	81	57
35-39岁	**448**	**288**	**160**	**562**	**326**	**236**	**366**	**226**	**140**
35	121	71	50	157	92	65	119	74	45
36	93	60	33	124	70	54	97	58	39
37	88	61	27	110	62	48	58	39	19
38	73	47	26	96	61	35	38	17	21
39	73	49	24	75	41	34	54	38	16
40-44岁	**206**	**126**	**80**	**235**	**142**	**93**	**149**	**94**	**55**
40	53	31	22	58	37	21	44	29	15
41	52	34	18	60	37	23	42	27	15
42	37	20	17	46	23	23	29	20	9
43	41	25	16	32	21	11	16	10	6
44	23	16	7	39	24	15	18	8	10
45-49岁	**72**	**43**	**29**	**96**	**54**	**42**	**81**	**49**	**32**
45	19	9	10	31	16	15	25	13	12
46	22	13	9	20	10	10	14	10	4
47	18	11	7	22	13	9	16	11	5
48	9	7	2	10	6	4	19	11	8
49	4	3	1	13	9	4	7	4	3
50岁及以上	**67**	**42**	**25**	**109**	**64**	**45**	**57**	**35**	**22**
平均初婚年龄	**23.76**	**24.34**	**23.17**	**23.84**	**24.33**	**23.34**	**24.01**	**24.5**	**23.52**

5-4b 续表 11

单位：人

初婚年龄	初婚年份								
	2012年			2013年			2014年		
	小计	男	女	小计	男	女	小计	男	女
总 计	**35346**	**17788**	**17558**	**32001**	**16210**	**15791**	**29419**	**14814**	**14605**
15岁以下	**11**	**4**	**7**	**2**		**2**	**5**		**5**
15-19岁	**2624**	**880**	**1744**	**2056**	**703**	**1353**	**1716**	**543**	**1173**
15	89	22	67	51	10	41	40	9	31
16	153	37	116	137	28	109	115	23	92
17	362	116	246	284	96	188	227	58	169
18	716	244	472	572	205	367	450	149	301
19	1304	461	843	1012	364	648	884	304	580
20-24岁	**21289**	**10276**	**11013**	**18186**	**8759**	**9427**	**15340**	**7318**	**8022**
20	2234	848	1386	1660	587	1073	1392	523	869
21	3785	1672	2113	2647	1150	1497	2110	907	1203
22	5570	2748	2822	4100	2046	2054	3113	1478	1635
23	5174	2597	2577	5236	2619	2617	3998	1961	2037
24	4526	2411	2115	4543	2357	2186	4727	2449	2278
25-29岁	**8932**	**5133**	**3799**	**9224**	**5256**	**3968**	**9796**	**5470**	**4326**
25	3582	1934	1648	3566	1941	1625	3780	2007	1773
26	2203	1260	943	2597	1500	1097	2612	1479	1133
27	1462	923	539	1524	892	632	1800	1066	734
28	966	579	387	933	559	374	998	593	405
29	719	437	282	604	364	240	606	325	281
30-34岁	**1624**	**957**	**667**	**1667**	**968**	**699**	**1704**	**977**	**727**
30	545	336	209	496	301	195	458	256	202
31	390	225	165	454	265	189	427	254	173
32	302	175	127	297	150	147	383	213	170
33	230	127	103	220	134	86	249	147	102
34	157	94	63	200	118	82	187	107	80
35-39岁	**460**	**291**	**169**	**436**	**270**	**166**	**486**	**288**	**198**
35	141	91	50	142	92	50	147	90	57
36	110	66	44	111	69	42	114	65	49
37	74	47	27	78	51	27	96	56	40
38	61	45	16	52	26	26	62	39	23
39	74	42	32	53	32	21	67	38	29
40-44岁	**229**	**145**	**84**	**235**	**131**	**104**	**193**	**110**	**83**
40	53	31	22	49	31	18	42	26	16
41	54	36	18	54	25	29	43	22	21
42	41	27	14	60	33	27	43	26	17
43	41	28	13	37	17	20	38	18	20
44	40	23	17	35	25	10	27	18	9
45-49岁	**102**	**63**	**39**	**111**	**69**	**42**	**97**	**58**	**39**
45	21	8	13	31	23	8	29	19	10
46	28	18	10	17	10	7	20	11	9
47	15	9	6	30	16	14	16	11	5
48	17	13	4	16	10	6	17	12	5
49	21	15	6	17	10	7	15	5	10
50岁及以上	**75**	**39**	**36**	**84**	**54**	**30**	**82**	**50**	**32**
平均初婚年龄	**24.33**	**24.83**	**23.82**	**24.71**	**25.18**	**24.24**	**25.05**	**25.51**	**24.58**

5-4b 续表 12

单位：人

初婚年龄	初婚年份								
	2015年			2016年			2017年		
	小计	男	女	小计	男	女	小计	男	女
总 计	**29723**	**14952**	**14771**	**23299**	**11638**	**11661**	**20472**	**10332**	**10140**
15岁以下	**5**		**5**	**2**		**2**	**4**		**4**
15-19岁	**1463**	**423**	**1040**	**913**	**272**	**641**	**638**	**171**	**467**
15	37	11	26	24	4	20	14	1	13
16	89	27	62	45	16	29	36	7	29
17	174	44	130	107	24	83	94	28	66
18	392	108	284	230	62	168	175	40	135
19	771	233	538	507	166	341	319	95	224
20-24岁	**13609**	**6337**	**7272**	**9925**	**4605**	**5320**	**8042**	**3647**	**4395**
20	1225	427	798	893	297	596	716	218	498
21	1931	788	1143	1440	589	851	1137	430	707
22	2790	1340	1450	2120	1007	1113	1724	826	898
23	3436	1669	1767	2582	1235	1347	1999	932	1067
24	4227	2113	2114	2890	1477	1413	2466	1241	1225
25-29岁	**11624**	**6431**	**5193**	**9878**	**5320**	**4558**	**9242**	**5087**	**4155**
25	4433	2387	2046	2975	1513	1462	2523	1311	1212
26	3045	1623	1422	2900	1557	1343	2379	1279	1100
27	1948	1134	814	1935	1090	845	2087	1154	933
28	1379	825	554	1251	701	550	1394	808	586
29	819	462	357	817	459	358	859	535	324
30-34岁	**1950**	**1115**	**835**	**1734**	**974**	**760**	**1639**	**900**	**739**
30	588	358	230	554	319	235	582	322	260
31	437	240	197	394	227	167	407	225	182
32	326	180	146	292	163	129	281	143	138
33	355	202	153	237	126	111	202	117	85
34	244	135	109	257	139	118	167	93	74
35-39岁	**544**	**323**	**221**	**446**	**246**	**200**	**439**	**253**	**186**
35	174	99	75	143	73	70	140	74	66
36	137	82	55	104	64	40	116	69	47
37	87	54	33	81	40	41	77	47	30
38	72	45	27	66	39	27	60	39	21
39	74	43	31	52	30	22	46	24	22
40-44岁	**269**	**167**	**102**	**190**	**100**	**90**	**213**	**120**	**93**
40	67	45	22	56	30	26	50	17	33
41	59	33	26	39	24	15	53	36	17
42	55	38	17	39	14	25	42	25	17
43	46	28	18	35	21	14	34	23	11
44	42	23	19	21	11	10	34	19	15
45-49岁	**142**	**93**	**49**	**109**	**63**	**46**	**135**	**78**	**57**
45	40	19	21	32	21	11	38	21	17
46	34	22	12	20	12	8	25	14	11
47	33	26	7	24	17	7	20	11	9
48	20	12	8	16	5	11	26	16	10
49	15	14	1	17	8	9	26	16	10
50岁及以上	**117**	**63**	**54**	**102**	**58**	**44**	**120**	**76**	**44**
平均初婚年龄	**25.52**	**26.04**	**25**	**25.82**	**26.25**	**25.4**	**26.23**	**26.75**	**25.71**

5-4b　续表 13　　　　单位：人

初婚年龄	初婚年份								
	2018年			2019年			2020年		
	小计	男	女	小计	男	女	小计	男	女
总　计	**22061**	**10997**	**11064**	**15905**	**7940**	**7965**	**10465**	**5266**	**5199**
15岁以下	**5**		**5**	**4**	**3**	**1**			
15-19岁	**658**	**163**	**495**	**486**	**136**	**350**	**241**	**49**	**192**
15	17	4	13	17	3	14	5	2	3
16	47	6	41	35	6	29	13	2	11
17	79	20	59	75	15	60	33	8	25
18	151	35	116	134	40	94	55	10	45
19	364	98	266	225	72	153	135	27	108
20-24岁	**8027**	**3497**	**4530**	**5436**	**2385**	**3051**	**3004**	**1273**	**1731**
20	595	167	428	427	131	296	235	66	169
21	980	383	597	675	268	407	317	100	217
22	1743	767	976	1105	468	637	580	251	329
23	2210	999	1211	1459	670	789	781	362	419
24	2499	1181	1318	1770	848	922	1091	494	597
25-29岁	**10057**	**5487**	**4570**	**7220**	**3875**	**3345**	**4406**	**2419**	**1987**
25	2629	1352	1277	1859	942	917	1189	590	599
26	2317	1262	1055	1648	875	773	1036	560	476
27	2039	1126	913	1442	782	660	815	474	341
28	1897	1060	837	1254	710	544	737	418	319
29	1175	687	488	1017	566	451	629	377	252
30-34岁	**2136**	**1187**	**949**	**1829**	**1022**	**807**	**1639**	**915**	**724**
30	752	426	326	673	398	275	566	320	246
31	557	293	264	461	245	216	416	240	176
32	356	202	154	335	189	146	285	153	132
33	275	151	124	200	99	101	228	120	108
34	196	115	81	160	91	69	144	82	62
35-39岁	**586**	**340**	**246**	**446**	**245**	**201**	**400**	**210**	**190**
35	189	106	83	133	71	62	103	55	48
36	165	94	71	104	58	46	81	39	42
37	83	50	33	89	48	41	68	36	32
38	76	45	31	68	40	28	72	36	36
39	73	45	28	52	28	24	76	44	32
40-44岁	**216**	**121**	**95**	**192**	**105**	**87**	**333**	**168**	**165**
40	54	30	24	40	27	13	66	30	36
41	33	18	15	41	17	24	67	35	32
42	48	26	22	34	19	15	76	36	40
43	45	26	19	40	22	18	70	37	33
44	36	21	15	37	20	17	54	30	24
45-49岁	**155**	**87**	**68**	**154**	**89**	**65**	**171**	**101**	**70**
45	43	25	18	41	21	20	53	31	22
46	22	12	10	32	18	14	26	12	14
47	26	14	12	29	19	10	29	20	9
48	35	19	16	29	19	10	30	22	8
49	29	17	12	23	12	11	33	16	17
50岁及以上	**221**	**115**	**106**	**138**	**80**	**58**	**271**	**131**	**140**
平均初婚年龄	**26.68**	**27.21**	**26.16**	**26.94**	**27.45**	**26.42**	**28.39**	**28.89**	**27.88**

5-4c 全省分初婚年龄、性别、初婚年份的人口(乡村)

单位：人

初婚年龄	初婚年份								
	合　计			1980年			1981年		
	合计	男	女	小计	男	女	小计	男	女
总　计	**1138399**	**579062**	**559337**	**47364**	**23424**	**23940**	**28919**	**14296**	**14623**
15岁以下	**1225**	**225**	**1000**	**86**	**20**	**66**	**37**	**6**	**31**
15-19岁	**144839**	**43402**	**101437**	**4833**	**961**	**3872**	**3885**	**853**	**3032**
15	5565	1347	4218	283	63	220	190	42	148
16	10427	2500	7927	538	101	437	279	48	231
17	20521	5234	15287	1041	188	853	625	111	514
18	37898	10821	27077	1286	211	1075	1249	258	991
19	70428	23500	46928	1685	398	1287	1542	394	1148
20-24岁	**709273**	**353917**	**355356**	**29471**	**13963**	**15508**	**17305**	**8185**	**9120**
20	110957	41739	69218	2875	868	2007	1821	545	1276
21	150261	68794	81467	4827	1934	2893	2582	991	1591
22	174632	90533	84099	7344	3343	4001	3795	1723	2072
23	153632	83526	70106	8090	4195	3895	4848	2445	2403
24	119791	69325	50466	6335	3623	2712	4259	2481	1778
25-29岁	**216227**	**138065**	**78162**	**11601**	**7491**	**4110**	**6926**	**4687**	**2239**
25	83723	51304	32419	5093	3120	1973	2791	1764	1027
26	54279	34693	19586	2965	1932	1033	1941	1315	626
27	35819	23501	12318	1840	1227	613	1126	809	317
28	24634	16596	8038	1079	783	296	641	472	169
29	17772	11971	5801	624	429	195	427	327	100
30-34岁	**42641**	**28143**	**14498**	**1066**	**787**	**279**	**615**	**466**	**149**
30	13485	9002	4483	428	319	109	248	190	58
31	10111	6675	3436	253	200	53	144	108	36
32	8044	5236	2808	171	124	47	104	77	27
33	6291	4122	2169	121	78	43	69	53	16
34	4710	3108	1602	93	66	27	50	38	12
35-39岁	**12835**	**8640**	**4195**	**212**	**151**	**61**	**109**	**78**	**31**
35	3837	2570	1267	64	45	19	43	31	12
36	2983	2028	955	49	36	13	25	19	6
37	2379	1616	763	49	36	13	13	6	7
38	1954	1319	635	29	21	8	15	14	1
39	1682	1107	575	21	13	8	13	8	5
40-44岁	**5701**	**3467**	**2234**	**70**	**41**	**29**	**31**	**19**	**12**
40	1454	869	585	26	17	9	12	8	4
41	1251	772	479	19	9	10	11	6	5
42	1146	675	471	14	8	6	1	1	
43	995	605	390	4	3	1	3	2	1
44	855	546	309	7	4	3	4	2	2
45-49岁	**2698**	**1587**	**1111**	**19**	**10**	**9**	**7**	**2**	**5**
45	728	428	300	5	4	1	1		1
46	581	350	231	5	1	4	1		1
47	519	308	211	3	2	1	1		1
48	429	252	177	4	3	1	2	1	1
49	441	249	192	2		2	2	1	1
50岁及以上	**2960**	**1616**	**1344**	**6**		**6**	**4**		**4**
平均初婚年龄	**23.57**	**24.3**	**22.81**	**23.57**	**24.42**	**22.75**	**23.46**	**24.42**	**22.52**

5-4c 续表 1 单位：人

初婚年龄	初婚年份								
	1982年			1983年			1984年		
	小计	男	女	小计	男	女	小计	男	女
总 计	**32633**	**16131**	**16502**	**31525**	**15525**	**16000**	**34638**	**17230**	**17408**
15岁以下	**51**	**6**	**45**	**61**	**8**	**53**	**54**	**9**	**45**
15-19岁	**5654**	**1398**	**4256**	**5497**	**1451**	**4046**	**5859**	**1642**	**4217**
15	225	50	175	212	50	162	276	67	209
16	407	86	321	393	67	326	459	105	354
17	778	165	613	862	169	693	766	160	606
18	1476	327	1149	1323	320	1003	1659	451	1208
19	2768	770	1998	2707	845	1862	2699	859	1840
20-24岁	**17814**	**8475**	**9339**	**17379**	**8039**	**9340**	**20683**	**9865**	**10818**
20	2972	1039	1933	4330	1635	2695	4222	1593	2629
21	2932	1204	1728	3892	1651	2241	6080	2668	3412
22	3676	1716	1960	3149	1473	1676	4723	2392	2331
23	4008	2084	1924	3100	1575	1525	3091	1628	1463
24	4226	2432	1794	2908	1705	1203	2567	1584	983
25-29岁	**8016**	**5469**	**2547**	**7396**	**5179**	**2217**	**6631**	**4706**	**1925**
25	3313	2122	1191	2788	1843	945	2096	1425	671
26	1970	1346	624	2060	1433	627	1855	1294	561
27	1400	991	409	1184	867	317	1282	951	331
28	802	600	202	870	662	208	811	596	215
29	531	410	121	494	374	120	587	440	147
30-34岁	**863**	**629**	**234**	**972**	**703**	**269**	**1130**	**823**	**307**
30	355	264	91	365	276	89	419	323	96
31	195	144	51	243	169	74	300	213	87
32	131	96	35	170	118	52	190	136	54
33	101	70	31	116	82	34	139	96	43
34	81	55	26	78	58	20	82	55	27
35-39岁	**170**	**118**	**52**	**136**	**97**	**39**	**205**	**147**	**58**
35	44	29	15	48	38	10	76	54	22
36	46	32	14	31	25	6	46	33	13
37	35	25	10	24	14	10	47	34	13
38	21	16	5	18	12	6	18	11	7
39	24	16	8	15	8	7	18	15	3
40-44岁	**41**	**24**	**17**	**55**	**33**	**22**	**54**	**35**	**19**
40	14	8	6	16	10	6	12	8	4
41	6	3	3	16	10	6	19	10	9
42	11	7	4	9	6	3	9	5	4
43	5	3	2	6	2	4	9	8	1
44	5	3	2	8	5	3	5	4	1
45-49岁	**10**	**6**	**4**	**19**	**11**	**8**	**11**	**3**	**8**
45	3	3		5	4	1	2	1	1
46	5	3	2	6	2	4	2	1	1
47				1	1		4		4
48	1		1	2		2	2	1	1
49	1		1	5	4	1	1		1
50岁及以上	**14**	**6**	**8**	**10**	**4**	**6**	**11**		**11**
平均初婚年龄	**23.3**	**24.35**	**22.29**	**23.08**	**24.15**	**22.04**	**22.91**	**23.89**	**21.94**

5-4c 续表 2 单位：人

初婚年龄	初婚年份								
	1985年			1986年			1987年		
	小计	男	女	小计	男	女	小计	男	女
总　计	**48047**	**23890**	**24157**	**47496**	**23550**	**23946**	**45669**	**22817**	**22852**
15岁以下	**57**	**14**	**43**	**46**	**5**	**41**	**49**	**5**	**44**
15-19岁	**7899**	**2219**	**5680**	**7347**	**2098**	**5249**	**7350**	**2122**	**5228**
15	335	65	270	247	42	205	224	44	180
16	665	138	527	556	115	441	445	78	367
17	1132	249	883	1197	312	885	1041	261	780
18	1881	490	1391	1973	520	1453	2038	530	1508
19	3886	1277	2609	3374	1109	2265	3602	1209	2393
20-24岁	**30415**	**14806**	**15609**	**32085**	**15813**	**16272**	**30938**	**15569**	**15369**
20	5416	2010	3406	6004	2283	3721	5150	2097	3053
21	7547	3428	4119	7146	3242	3904	7473	3438	4035
22	9001	4625	4376	8128	4176	3952	7227	3704	3523
23	5452	2957	2495	7109	3928	3181	6279	3454	2825
24	2999	1786	1213	3698	2184	1514	4809	2876	1933
25-29岁	**7380**	**5228**	**2152**	**5744**	**4038**	**1706**	**5023**	**3452**	**1571**
25	2239	1480	759	1742	1108	634	2139	1375	764
26	1686	1190	496	1229	835	394	948	647	301
27	1544	1143	401	1008	746	262	700	493	207
28	1093	832	261	959	735	224	593	451	142
29	818	583	235	806	614	192	643	486	157
30-34岁	**1825**	**1326**	**499**	**1740**	**1256**	**484**	**1780**	**1299**	**481**
30	635	461	174	570	428	142	555	413	142
31	470	338	132	453	325	128	409	302	107
32	317	240	77	325	220	105	357	260	97
33	239	175	64	233	162	71	271	191	80
34	164	112	52	159	121	38	188	133	55
35-39岁	**316**	**225**	**91**	**373**	**243**	**130**	**367**	**275**	**92**
35	108	81	27	119	83	36	137	97	40
36	72	54	18	93	63	30	97	73	24
37	59	40	19	73	44	29	64	52	12
38	39	26	13	42	23	19	40	30	10
39	38	24	14	46	30	16	29	23	6
40-44岁	**93**	**52**	**41**	**114**	**72**	**42**	**107**	**66**	**41**
40	31	21	10	36	24	12	32	17	15
41	18	11	7	25	18	7	24	17	7
42	18	8	10	20	13	7	19	11	8
43	15	6	9	13	8	5	16	12	4
44	11	6	5	20	9	11	16	9	7
45-49岁	**39**	**15**	**24**	**34**	**19**	**15**	**38**	**20**	**18**
45	14	6	8	8	3	5	11	4	7
46	7	1	6	4	2	2	9	6	3
47	11	7	4	6	5	1	6	3	3
48	3	1	2	8	5	3	6	5	1
49	4		4	8	4	4	6	2	4
50岁及以上	**23**	**5**	**18**	**13**	**6**	**7**	**17**	**9**	**8**
平均初婚年龄	**22.91**	**23.83**	**22.01**	**22.87**	**23.73**	**22.03**	**22.87**	**23.7**	**22.04**

5-4c　续表 3　　　　单位：人

初婚年龄	初婚年份								
	1988年			1989年			1990年		
	小计	男	女	小计	男	女	小计	男	女
总　计	**50754**	**25186**	**25568**	**46429**	**23221**	**23208**	**53120**	**26664**	**26456**
15岁以下	**41**	**4**	**37**	**50**	**5**	**45**	**82**	**20**	**62**
15-19岁	**8236**	**2533**	**5703**	**7476**	**2400**	**5076**	**8311**	**2671**	**5640**
15	248	59	189	213	56	157	284	62	222
16	503	117	386	411	86	325	579	157	422
17	1079	228	851	970	262	708	1024	277	747
18	2227	628	1599	2044	613	1431	2178	677	1501
19	4179	1501	2678	3838	1383	2455	4246	1498	2748
20-24岁	**33651**	**16768**	**16883**	**31341**	**15842**	**15499**	**36246**	**18419**	**17827**
20	6028	2419	3609	6097	2509	3588	6540	2726	3814
21	7311	3363	3948	7200	3496	3704	9066	4428	4638
22	8780	4544	4236	7218	3810	3408	8855	4621	4234
23	6636	3606	3030	6530	3548	2982	6637	3635	3002
24	4896	2836	2060	4296	2479	1817	5148	3009	2139
25-29岁	**6375**	**4102**	**2273**	**5629**	**3566**	**2063**	**6600**	**4163**	**2437**
25	3276	1974	1302	2531	1518	1013	2998	1811	1187
26	1390	919	471	1637	1080	557	1677	1050	627
27	700	474	226	735	460	275	1106	734	372
28	531	367	164	405	277	128	524	368	156
29	478	368	110	321	231	90	295	200	95
30-34岁	**1809**	**1328**	**481**	**1337**	**998**	**339**	**1070**	**808**	**262**
30	499	388	111	285	206	79	226	165	61
31	436	310	126	318	246	72	216	157	59
32	360	264	96	320	237	83	229	169	60
33	299	210	89	232	168	64	228	186	42
34	215	156	59	182	141	41	171	131	40
35-39岁	**470**	**349**	**121**	**419**	**303**	**116**	**553**	**423**	**130**
35	171	132	39	141	104	37	190	149	41
36	120	88	32	118	88	30	128	105	23
37	74	50	24	73	51	22	106	78	28
38	59	46	13	43	30	13	87	57	30
39	46	33	13	44	30	14	42	34	8
40-44岁	**112**	**72**	**40**	**106**	**68**	**38**	**150**	**99**	**51**
40	30	20	10	29	22	7	42	30	12
41	25	15	10	24	15	9	33	21	12
42	20	12	8	23	16	7	33	19	14
43	19	13	6	18	9	9	20	14	6
44	18	12	6	12	6	6	22	15	7
45-49岁	**31**	**18**	**13**	**45**	**28**	**17**	**71**	**45**	**26**
45	8	6	2	13	9	4	30	20	10
46	6	3	3	9	7	2	12	10	2
47	9	3	6	11	7	4	5	3	2
48	5	5		8	4	4	11	7	4
49	3	1	2	4	1	3	13	5	8
50岁及以上	**29**	**12**	**17**	**26**	**11**	**15**	**37**	**16**	**21**
平均初婚年龄	**22.86**	**23.63**	**22.11**	**22.76**	**23.45**	**22.08**	**22.74**	**23.41**	**22.07**

5-4c 续表 4

单位：人

初婚年龄	初婚年份								
	1991年			1992年			1993年		
	小计	男	女	小计	男	女	小计	男	女
总　计	**34030**	**17017**	**17013**	**37988**	**19050**	**18938**	**35890**	**17961**	**17929**
15岁以下	**35**	**5**	**30**	**34**	**10**	**24**	**40**	**7**	**33**
15-19岁	**4462**	**1456**	**3006**	**4279**	**1383**	**2896**	**3770**	**1086**	**2684**
15	168	49	119	159	40	119	139	38	101
16	275	54	221	281	68	213	260	67	193
17	545	149	396	561	135	426	527	137	390
18	1101	350	751	1068	354	714	979	259	720
19	2373	854	1519	2210	786	1424	1865	585	1280
20-24岁	**24061**	**12001**	**12060**	**27065**	**13495**	**13570**	**24937**	**12444**	**12493**
20	4155	1661	2494	4022	1599	2423	3269	1224	2045
21	5734	2712	3022	6142	2897	3245	5284	2509	2775
22	6337	3336	3001	7097	3657	3440	6660	3443	3217
23	4711	2537	2174	5948	3194	2754	5704	3015	2689
24	3124	1755	1369	3856	2148	1708	4020	2253	1767
25-29岁	**4486**	**2856**	**1630**	**5305**	**3255**	**2050**	**5644**	**3459**	**2185**
25	2075	1231	844	2239	1284	955	2553	1534	1019
26	1101	712	389	1469	922	547	1301	763	538
27	632	427	205	748	480	268	896	566	330
28	444	335	109	465	314	151	514	335	179
29	234	151	83	384	255	129	380	261	119
30-34岁	**545**	**400**	**145**	**682**	**471**	**211**	**818**	**521**	**297**
30	116	91	25	211	152	59	306	206	100
31	124	80	44	125	80	45	194	118	76
32	98	73	25	105	65	40	118	68	50
33	112	85	27	104	69	35	104	63	41
34	95	71	24	137	105	32	96	66	30
35-39岁	**288**	**219**	**69**	**367**	**285**	**82**	**398**	**289**	**109**
35	80	63	17	97	75	22	99	69	30
36	67	50	17	94	79	15	100	75	25
37	62	48	14	71	50	21	73	54	19
38	46	36	10	65	52	13	73	57	16
39	33	22	11	40	29	11	53	34	19
40-44岁	**98**	**54**	**44**	**165**	**110**	**55**	**177**	**99**	**78**
40	24	15	9	49	39	10	44	28	16
41	21	13	8	34	22	12	46	25	21
42	21	12	9	37	25	12	34	18	16
43	17	7	10	26	14	12	30	15	15
44	15	7	8	19	10	9	23	13	10
45-49岁	**34**	**20**	**14**	**48**	**25**	**23**	**60**	**36**	**24**
45	9	5	4	11	6	5	21	13	8
46	9	4	5	11	7	4	11	6	5
47	7	6	1	8	4	4	14	9	5
48	5	2	3	10	5	5	7	2	5
49	4	3	1	8	3	5	7	6	1
50岁及以上	**21**	**6**	**15**	**43**	**16**	**27**	**46**	**20**	**26**
平均初婚年龄	**22.81**	**23.39**	**22.23**	**23.08**	**23.64**	**22.52**	**23.33**	**23.9**	**22.75**

5-4c 续表 5

单位：人

初婚年龄	初婚年份								
	1994年			1995年			1996年		
	小计	男	女	小计	男	女	小计	男	女
总　计	**32876**	**16545**	**16331**	**34813**	**17631**	**17182**	**28418**	**14492**	**13926**
15岁以下	**19**	**3**	**16**	**23**	**3**	**20**	**19**	**7**	**12**
15-19岁	**3339**	**1009**	**2330**	**3343**	**890**	**2453**	**2612**	**766**	**1846**
15	114	26	88	108	25	83	88	22	66
16	213	55	158	251	63	188	180	39	141
17	411	113	298	445	105	340	336	91	245
18	861	248	613	806	202	604	624	184	440
19	1740	567	1173	1733	495	1238	1384	430	954
20-24岁	**22056**	**10913**	**11143**	**22395**	**11166**	**11229**	**17791**	**8811**	**8980**
20	2823	989	1834	2948	968	1980	2449	797	1652
21	4340	1996	2344	4249	1937	2312	3614	1626	1988
22	5551	2866	2685	5554	2941	2613	4562	2435	2127
23	5324	2882	2442	5149	2770	2379	3994	2194	1800
24	4018	2180	1838	4495	2550	1945	3172	1759	1413
25-29岁	**5909**	**3636**	**2273**	**7060**	**4348**	**2712**	**6019**	**3690**	**2329**
25	2638	1534	1104	2962	1840	1122	2430	1447	983
26	1488	917	571	1846	1094	752	1609	993	616
27	806	509	297	1074	665	409	941	580	361
28	596	407	189	628	387	241	612	399	213
29	381	269	112	550	362	188	427	271	156
30-34岁	**804**	**510**	**294**	**1130**	**714**	**416**	**1210**	**758**	**452**
30	258	162	96	369	234	135	405	250	155
31	244	153	91	270	161	109	263	179	84
32	139	92	47	252	155	97	209	122	87
33	84	48	36	144	97	47	211	139	72
34	79	55	24	95	67	28	122	68	54
35-39岁	**374**	**269**	**105**	**390**	**273**	**117**	**284**	**192**	**92**
35	68	49	19	71	47	24	63	42	21
36	94	71	23	76	43	33	50	32	18
37	74	51	23	78	61	17	53	42	11
38	61	43	18	90	67	23	61	43	18
39	77	55	22	75	55	20	57	33	24
40-44岁	**222**	**128**	**94**	**248**	**139**	**109**	**222**	**124**	**98**
40	45	26	19	74	43	31	42	26	16
41	54	25	29	45	26	19	50	26	24
42	51	33	18	57	32	25	64	38	26
43	44	24	20	48	26	22	38	18	20
44	28	20	8	24	12	12	28	16	12
45-49岁	**80**	**37**	**43**	**82**	**38**	**44**	**107**	**57**	**50**
45	24	13	11	16	8	8	21	10	11
46	10	3	7	21	11	10	18	11	7
47	17	9	8	19	9	10	22	15	7
48	12	3	9	12	4	8	20	9	11
49	17	9	8	14	6	8	26	12	14
50岁及以上	**73**	**40**	**33**	**142**	**60**	**82**	**154**	**87**	**67**
平均初婚年龄	**23.6**	**24.19**	**23**	**23.86**	**24.48**	**23.23**	**24.04**	**24.67**	**23.39**

5-4c 续表 6 单位：人

初婚年龄	初婚年份								
	1997年			1998年			1999年		
	小计	男	女	小计	男	女	小计	男	女
总 计	**24860**	**12667**	**12193**	**27454**	**14129**	**13325**	**21523**	**11106**	**10417**
15岁以下	**17**	**3**	**14**	**30**	**3**	**27**	**20**	**1**	**19**
15-19岁	**2137**	**568**	**1569**	**2447**	**638**	**1809**	**1861**	**477**	**1384**
15	84	11	73	96	18	78	82	16	66
16	164	35	129	165	35	130	129	21	108
17	257	53	204	328	79	249	257	66	191
18	524	142	382	553	135	418	409	103	306
19	1108	327	781	1305	371	934	984	271	713
20-24岁	**15389**	**7510**	**7879**	**16581**	**8378**	**8203**	**13677**	**6863**	**6814**
20	2102	657	1445	2293	733	1560	1946	585	1361
21	3137	1362	1775	3310	1438	1872	2798	1239	1559
22	3989	2107	1882	4319	2330	1989	3481	1885	1596
23	3490	1891	1599	3650	2110	1540	3190	1803	1387
24	2671	1493	1178	3009	1767	1242	2262	1351	911
25-29岁	**5372**	**3392**	**1980**	**5679**	**3440**	**2239**	**4219**	**2645**	**1574**
25	1956	1183	773	1986	1167	819	1553	959	594
26	1390	891	499	1324	807	517	1008	639	369
27	930	581	349	1017	623	394	663	404	259
28	640	436	204	744	471	273	555	362	193
29	456	301	155	608	372	236	440	281	159
30-34岁	**1116**	**704**	**412**	**1873**	**1137**	**736**	**1201**	**776**	**425**
30	333	200	133	510	300	210	408	266	142
31	279	189	90	445	265	180	282	190	92
32	222	133	89	415	266	149	239	149	90
33	144	94	50	291	167	124	152	96	56
34	138	88	50	212	139	73	120	75	45
35-39岁	**288**	**177**	**111**	**411**	**272**	**139**	**282**	**180**	**102**
35	92	62	30	158	103	55	112	66	46
36	51	34	17	84	58	26	84	61	23
37	51	30	21	55	37	18	37	26	11
38	45	26	19	57	40	17	23	12	11
39	49	25	24	57	34	23	26	15	11
40-44岁	**325**	**186**	**139**	**263**	**160**	**103**	**136**	**94**	**42**
40	82	45	37	51	35	16	25	18	7
41	62	41	21	61	29	32	23	17	6
42	65	39	26	52	30	22	27	15	12
43	60	31	29	51	36	15	25	16	9
44	56	30	26	48	30	18	36	28	8
45-49岁	**141**	**86**	**55**	**97**	**60**	**37**	**66**	**37**	**29**
45	48	30	18	32	19	13	17	9	8
46	26	18	8	25	14	11	17	10	7
47	33	18	15	19	11	8	13	7	6
48	18	11	7	9	6	3	11	7	4
49	16	9	7	12	10	2	8	4	4
50岁及以上	**75**	**41**	**34**	**73**	**41**	**32**	**61**	**33**	**28**
平均初婚年龄	**24.23**	**24.95**	**23.48**	**24.35**	**25.07**	**23.58**	**24.05**	**24.79**	**23.26**

5-4c 续表 7

单位：人

初婚年龄	初婚年份								
	2000年			2001年			2002年		
	小计	男	女	小计	男	女	小计	男	女
总 计	**24627**	**12969**	**11658**	**16305**	**8515**	**7790**	**19048**	**10025**	**9023**
15岁以下	**54**	**20**	**34**	**41**	**10**	**31**	**43**	**12**	**31**
15-19岁	**2622**	**756**	**1866**	**1807**	**497**	**1310**	**2234**	**644**	**1590**
15	150	41	109	98	33	65	143	45	98
16	218	68	150	145	40	105	208	58	150
17	386	116	270	236	64	172	311	73	238
18	720	209	511	369	97	272	511	168	343
19	1148	322	826	959	263	696	1061	300	761
20-24岁	**15853**	**8250**	**7603**	**10468**	**5402**	**5066**	**12062**	**6265**	**5797**
20	2119	689	1430	1351	423	928	1939	651	1288
21	3476	1646	1830	2122	962	1160	2328	1069	1259
22	4122	2297	1825	2908	1605	1303	2967	1669	1298
23	3458	1959	1499	2370	1375	995	2783	1625	1158
24	2678	1659	1019	1717	1037	680	2045	1251	794
25-29岁	**4444**	**2846**	**1598**	**3013**	**1950**	**1063**	**3477**	**2272**	**1205**
25	1647	1051	596	1212	787	425	1391	874	517
26	1086	707	379	699	441	258	869	561	308
27	706	431	275	474	315	159	558	384	174
28	564	367	197	337	211	126	370	261	109
29	441	290	151	291	196	95	289	192	97
30-34岁	**1095**	**725**	**370**	**664**	**445**	**219**	**841**	**559**	**282**
30	359	243	116	210	138	72	234	154	80
31	276	183	93	157	105	52	209	142	67
32	205	137	68	120	80	40	172	107	65
33	142	90	52	115	81	34	132	93	39
34	113	72	41	62	41	21	94	63	31
35-39岁	**294**	**196**	**98**	**174**	**117**	**57**	**243**	**176**	**67**
35	102	67	35	67	41	26	81	61	20
36	67	46	21	46	35	11	52	35	17
37	59	38	21	25	21	4	41	33	8
38	42	29	13	19	11	8	44	28	16
39	24	16	8	17	9	8	25	19	6
40-44岁	**110**	**81**	**29**	**56**	**43**	**13**	**60**	**40**	**20**
40	20	13	7	12	8	4	16	9	7
41	19	16	3	12	9	3	5	4	1
42	24	18	6	12	9	3	12	8	4
43	22	16	6	10	9	1	14	9	5
44	25	18	7	10	8	2	13	10	3
45-49岁	**92**	**63**	**29**	**41**	**25**	**16**	**55**	**38**	**17**
45	25	20	5	7	6	1	11	6	5
46	21	15	6	10	6	4	8	7	1
47	22	12	10	6	1	5	15	10	5
48	16	12	4	7	5	2	11	9	2
49	8	4	4	11	7	4	10	6	4
50岁及以上	**63**	**32**	**31**	**41**	**26**	**15**	**33**	**19**	**14**
平均初婚年龄	**23.72**	**24.43**	**22.93**	**23.63**	**24.38**	**22.81**	**23.6**	**24.39**	**22.73**

5-4c 续表 8

单位：人

初婚年龄	初婚年份								
	2003年			2004年			2005年		
	小计	男	女	小计	男	女	小计	男	女
总　计	**19710**	**10357**	**9353**	**19694**	**10434**	**9260**	**21520**	**11487**	**10033**
15岁以下	**32**	**10**	**22**	**26**	**5**	**21**	**33**	**8**	**25**
15-19岁	**2385**	**768**	**1617**	**2607**	**838**	**1769**	**3299**	**1097**	**2202**
15	142	45	97	162	46	116	182	62	120
16	241	85	156	214	71	143	323	92	231
17	376	102	274	400	119	281	475	164	311
18	558	168	390	665	221	444	896	283	613
19	1068	368	700	1166	381	785	1423	496	927
20-24岁	**12471**	**6430**	**6041**	**12174**	**6401**	**5773**	**12921**	**6934**	**5987**
20	1841	632	1209	1770	677	1093	1934	740	1194
21	3016	1406	1610	2523	1210	1313	2649	1282	1367
22	2886	1558	1328	3371	1809	1562	3162	1757	1405
23	2498	1443	1055	2540	1441	1099	3115	1862	1253
24	2230	1391	839	1970	1264	706	2061	1293	768
25-29岁	**3491**	**2277**	**1214**	**3549**	**2343**	**1206**	**3666**	**2401**	**1265**
25	1440	952	488	1467	966	501	1423	898	525
26	841	554	287	869	560	309	958	646	312
27	572	348	224	536	362	174	570	386	184
28	360	237	123	404	274	130	396	266	130
29	278	186	92	273	181	92	319	205	114
30-34岁	**873**	**571**	**302**	**842**	**517**	**325**	**951**	**613**	**338**
30	229	153	76	231	152	79	258	167	91
31	205	123	82	170	115	55	200	137	63
32	191	135	56	148	89	59	184	116	68
33	136	84	52	168	92	76	169	105	64
34	112	76	36	125	69	56	140	88	52
35-39岁	**279**	**184**	**95**	**300**	**213**	**87**	**367**	**250**	**117**
35	96	54	42	108	68	40	118	79	39
36	66	42	24	69	47	22	83	53	30
37	56	43	13	52	40	12	72	48	24
38	29	19	10	37	32	5	45	33	12
39	32	26	6	34	26	8	49	37	12
40-44岁	**75**	**55**	**20**	**86**	**54**	**32**	**127**	**75**	**52**
40	19	11	8	20	9	11	35	17	18
41	22	18	4	37	26	11	32	19	13
42	13	8	5	7	4	3	27	18	9
43	10	9	1	12	8	4	17	11	6
44	11	9	2	10	7	3	16	10	6
45-49岁	**57**	**35**	**22**	**49**	**30**	**19**	**81**	**59**	**22**
45	21	13	8	8	2	6	8	6	2
46	13	9	4	16	10	6	19	14	5
47	3	2	1	8	7	1	13	10	3
48	11	7	4	11	6	5	23	19	4
49	9	4	5	6	5	1	18	10	8
50岁及以上	**47**	**27**	**20**	**61**	**33**	**28**	**75**	**50**	**25**
平均初婚年龄	**23.59**	**24.31**	**22.79**	**23.6**	**24.29**	**22.82**	**23.6**	**24.36**	**22.74**

5-4c 续表 9

单位：人

初婚年龄	初婚年份								
	2006年			2007年			2008年		
	小计	男	女	小计	男	女	小计	男	女
总 计	**20005**	**10580**	**9425**	**18742**	**9958**	**8784**	**24034**	**12616**	**11418**
15岁以下	**15**	**1**	**14**	**18**	**2**	**16**	**14**	**1**	**13**
15-19岁	**3372**	**1149**	**2223**	**3243**	**1161**	**2082**	**4148**	**1559**	**2589**
15	123	35	88	105	28	77	114	39	75
16	317	102	215	200	61	139	207	53	154
17	482	150	332	563	195	368	586	227	359
18	891	298	593	841	302	539	1269	457	812
19	1559	564	995	1534	575	959	1972	783	1189
20-24岁	**11812**	**6237**	**5575**	**10908**	**5730**	**5178**	**14042**	**7264**	**6778**
20	2019	787	1232	2362	943	1419	2828	1188	1640
21	2378	1126	1252	2451	1210	1241	3425	1624	1801
22	2718	1471	1247	2524	1402	1122	3245	1766	1479
23	2502	1504	998	1908	1108	800	2598	1514	1084
24	2195	1349	846	1663	1067	596	1946	1172	774
25-29岁	**3480**	**2349**	**1131**	**3346**	**2276**	**1070**	**4172**	**2761**	**1411**
25	1376	884	492	1374	915	459	1503	981	522
26	850	579	271	791	540	251	1164	742	422
27	601	421	180	548	387	161	669	459	210
28	391	280	111	363	250	113	479	332	147
29	262	185	77	270	184	86	357	247	110
30-34岁	**771**	**479**	**292**	**671**	**435**	**236**	**884**	**551**	**333**
30	217	146	71	185	122	63	265	179	86
31	168	102	66	165	112	53	187	110	77
32	143	92	51	115	69	46	177	100	77
33	141	86	55	112	75	37	138	90	48
34	102	53	49	94	57	37	117	72	45
35-39岁	**321**	**211**	**110**	**343**	**217**	**126**	**432**	**274**	**158**
35	90	59	31	85	50	35	98	61	37
36	83	48	35	93	54	39	91	53	38
37	64	45	19	74	59	15	100	62	38
38	46	35	11	57	33	24	84	58	26
39	38	24	14	34	21	13	59	40	19
40-44岁	**110**	**73**	**37**	**113**	**77**	**36**	**176**	**111**	**65**
40	31	20	11	34	23	11	55	33	22
41	26	18	8	32	21	11	42	31	11
42	21	12	9	18	11	7	25	14	11
43	21	15	6	20	16	4	29	16	13
44	11	8	3	9	6	3	25	17	8
45-49岁	**60**	**40**	**20**	**44**	**27**	**17**	**66**	**41**	**25**
45	16	8	8	13	7	6	19	14	5
46	8	4	4	8	5	3	15	9	6
47	9	6	3	5	4	1	9	5	4
48	16	12	4	5	4	1	11	6	5
49	11	10	1	13	7	6	12	7	5
50岁及以上	**64**	**41**	**23**	**56**	**33**	**23**	**100**	**54**	**46**
平均初婚年龄	**23.46**	**24.23**	**22.6**	**23.33**	**24.08**	**22.49**	**23.41**	**24.08**	**22.68**

5-4c 续表 10 单位：人

初婚年龄	初婚年份								
	2009年			2010年			2011年		
	小计	男	女	小计	男	女	小计	男	女
总　计	**21683**	**11417**	**10266**	**26706**	**14154**	**12552**	**19819**	**10373**	**9446**
15岁以下	**18**	**4**	**14**	**15**	**1**	**14**	**11**	**1**	**10**
15-19岁	**3380**	**1260**	**2120**	**3555**	**1371**	**2184**	**2231**	**809**	**1422**
15	85	22	63	112	24	88	78	16	62
16	172	52	120	234	85	149	140	40	100
17	405	135	270	471	146	325	286	85	201
18	874	308	566	942	364	578	582	186	396
19	1844	743	1101	1796	752	1044	1145	482	663
20-24岁	**13433**	**6993**	**6440**	**17198**	**9022**	**8176**	**13223**	**6784**	**6439**
20	2554	1100	1454	3280	1432	1848	1960	799	1161
21	3154	1494	1660	3765	1840	1925	3007	1439	1568
22	3538	1936	1602	4146	2234	1912	3181	1696	1485
23	2486	1434	1052	3642	2083	1559	2767	1518	1249
24	1701	1029	672	2365	1433	932	2308	1332	976
25-29岁	**3376**	**2254**	**1122**	**4079**	**2629**	**1450**	**3217**	**2050**	**1167**
25	1191	767	424	1440	928	512	1329	806	523
26	837	584	253	971	610	361	718	477	241
27	667	453	214	696	466	230	507	323	184
28	387	253	134	604	397	207	352	242	110
29	294	197	97	368	228	140	311	202	109
30-34岁	**807**	**490**	**317**	**970**	**582**	**388**	**673**	**444**	**229**
30	239	139	100	295	177	118	207	133	74
31	177	108	69	232	141	91	141	100	41
32	149	87	62	191	118	73	143	94	49
33	147	98	49	134	75	59	107	70	37
34	95	58	37	118	71	47	75	47	28
35-39岁	**358**	**223**	**135**	**442**	**276**	**166**	**218**	**136**	**82**
35	83	53	30	108	65	43	63	44	19
36	77	43	34	102	59	43	44	25	19
37	71	45	26	69	38	31	33	23	10
38	63	45	18	79	55	24	41	20	21
39	64	37	27	84	59	25	37	24	13
40-44岁	**165**	**105**	**60**	**224**	**137**	**87**	**128**	**79**	**49**
40	50	31	19	62	37	25	42	23	19
41	46	31	15	53	36	17	26	18	8
42	24	14	10	40	23	17	19	11	8
43	28	18	10	29	21	8	22	14	8
44	17	11	6	40	20	20	19	13	6
45-49岁	**66**	**34**	**32**	**94**	**58**	**36**	**63**	**38**	**25**
45	21	9	12	25	14	11	20	10	10
46	17	11	6	21	14	7	14	11	3
47	15	6	9	19	14	5	16	7	9
48	9	6	3	17	8	9	6	4	2
49	4	2	2	12	8	4	7	6	1
50岁及以上	**80**	**54**	**26**	**129**	**78**	**51**	**55**	**32**	**23**
平均初婚年龄	**23.4**	**24.02**	**22.71**	**23.56**	**24.1**	**22.95**	**23.54**	**24.1**	**22.94**

5-4c 续表 11

单位：人

初婚年龄	初婚年份								
	2012年			2013年			2014年		
	小计	男	女	小计	男	女	小计	男	女
总　计	**23008**	**12202**	**10806**	**20654**	**10785**	**9869**	**18808**	**9808**	**9000**
15岁以下	**13**	**3**	**10**	**8**	**1**	**7**	**4**		**4**
15-19岁	**2252**	**783**	**1469**	**1739**	**546**	**1193**	**1421**	**463**	**958**
15	78	19	59	60	11	49	42	14	28
16	178	50	128	126	27	99	87	21	66
17	308	87	221	293	77	216	213	60	153
18	615	213	402	447	138	309	375	116	259
19	1073	414	659	813	293	520	704	252	452
20-24岁	**14710**	**7665**	**7045**	**12505**	**6347**	**6158**	**10593**	**5313**	**5280**
20	1774	748	1026	1308	518	790	1153	404	749
21	2768	1324	1444	1950	873	1077	1562	704	858
22	3971	2105	1866	2973	1558	1415	2279	1176	1103
23	3458	1899	1559	3483	1816	1667	2698	1418	1280
24	2739	1589	1150	2791	1582	1209	2901	1611	1290
25-29岁	**4456**	**2741**	**1715**	**4888**	**2983**	**1905**	**5219**	**3062**	**2157**
25	1951	1171	780	1991	1162	829	2077	1175	902
26	1062	625	437	1385	866	519	1395	853	542
27	657	436	221	737	464	273	922	554	368
28	449	298	151	445	273	172	528	312	216
29	337	211	126	330	218	112	297	168	129
30-34岁	**931**	**590**	**341**	**889**	**518**	**371**	**937**	**575**	**362**
30	320	202	118	248	146	102	245	149	96
31	189	121	68	228	128	100	228	141	87
32	164	101	63	173	96	77	213	127	86
33	158	101	57	123	76	47	144	87	57
34	100	65	35	117	72	45	107	71	36
35-39岁	**316**	**200**	**116**	**294**	**191**	**103**	**309**	**193**	**116**
35	93	50	43	78	51	27	94	64	30
36	70	52	18	62	46	16	64	35	29
37	59	40	19	51	31	20	62	35	27
38	50	32	18	45	26	19	48	30	18
39	44	26	18	58	37	21	41	29	12
40-44岁	**165**	**105**	**60**	**171**	**105**	**66**	**161**	**103**	**58**
40	42	28	14	38	20	18	30	18	12
41	33	19	14	41	26	15	24	13	11
42	32	18	14	33	22	11	42	24	18
43	39	25	14	27	16	11	31	20	11
44	19	15	4	32	21	11	34	28	6
45-49岁	**95**	**68**	**27**	**85**	**50**	**35**	**79**	**43**	**36**
45	27	21	6	29	13	16	20	10	10
46	20	13	7	16	11	5	17	8	9
47	15	9	6	19	10	9	19	10	9
48	12	9	3	6	4	2	10	5	5
49	21	16	5	15	12	3	13	10	3
50岁及以上	**70**	**47**	**23**	**75**	**44**	**31**	**85**	**56**	**29**
平均初婚年龄	**23.94**	**24.5**	**23.31**	**24.35**	**24.89**	**23.76**	**24.73**	**25.28**	**24.13**

5-4c 续表 12

单位：人

初婚年龄	初婚年份								
	2015年			2016年			2017年		
	小计	男	女	小计	男	女	小计	男	女
总　计	**19332**	**10036**	**9296**	**15433**	**7938**	**7495**	**13091**	**6657**	**6434**
15岁以下	**10**	**1**	**9**	**8**		**8**	**2**		**2**
15-19岁	**1238**	**356**	**882**	**840**	**242**	**598**	**587**	**160**	**427**
15	37	7	30	28	4	24	14		14
16	81	20	61	43	8	35	39	9	30
17	171	41	130	118	27	91	75	19	56
18	357	98	259	220	67	153	155	41	114
19	592	190	402	431	136	295	304	91	213
20-24岁	**9559**	**4614**	**4945**	**6948**	**3331**	**3617**	**5655**	**2517**	**3138**
20	1018	351	667	710	260	450	559	181	378
21	1473	643	830	1121	441	680	861	347	514
22	2001	964	1037	1503	719	784	1270	591	679
23	2380	1215	1165	1657	851	806	1373	621	752
24	2687	1441	1246	1957	1060	897	1592	777	815
25-29岁	**6757**	**4010**	**2747**	**6102**	**3477**	**2625**	**5358**	**3106**	**2252**
25	2631	1537	1094	1988	1088	900	1552	876	676
26	1731	1044	687	1704	985	719	1362	769	593
27	1124	682	442	1136	674	462	1201	722	479
28	828	479	349	755	432	323	773	468	305
29	443	268	175	519	298	221	470	271	199
30-34岁	**1010**	**588**	**422**	**917**	**533**	**384**	**902**	**530**	**372**
30	309	178	131	309	173	136	344	206	138
31	221	127	94	220	125	95	199	117	82
32	183	108	75	151	92	59	159	89	70
33	169	103	66	130	89	41	118	68	50
34	128	72	56	107	54	53	82	50	32
35-39岁	**349**	**220**	**129**	**268**	**155**	**113**	**242**	**150**	**92**
35	92	63	29	88	53	35	78	40	38
36	84	54	30	63	41	22	50	31	19
37	68	36	32	47	27	20	43	29	14
38	66	45	21	46	24	22	36	21	15
39	39	22	17	24	10	14	35	29	6
40-44岁	**170**	**99**	**71**	**145**	**80**	**65**	**102**	**51**	**51**
40	35	15	20	34	19	15	25	11	14
41	36	25	11	26	16	10	23	11	12
42	39	22	17	34	13	21	20	10	10
43	34	18	16	31	19	12	20	10	10
44	26	19	7	20	13	7	14	9	5
45-49岁	**118**	**71**	**47**	**88**	**59**	**29**	**106**	**65**	**41**
45	31	21	10	24	16	8	25	18	7
46	23	14	9	26	17	9	26	14	12
47	19	14	5	16	12	4	21	13	8
48	17	8	9	13	8	5	19	12	7
49	28	14	14	9	6	3	15	8	7
50岁及以上	**121**	**77**	**44**	**117**	**61**	**56**	**137**	**78**	**59**
平均初婚年龄	**25.21**	**25.8**	**24.57**	**25.56**	**26.08**	**25.01**	**25.92**	**26.53**	**25.29**

5-4c　续表 13　　　　　　　　　　　　　　　　　　　　　　　　　单位：人

初婚年龄	初婚年份								
	2018年			2019年			2020年		
	小计	男	女	小计	男	女	小计	男	女
总　计	**14345**	**7221**	**7124**	**10274**	**5270**	**5004**	**7115**	**3728**	**3387**
15岁以下	**5**		**5**	**3**		**3**	**1**	**1**	
15-19岁	**577**	**147**	**430**	**466**	**115**	**351**	**239**	**60**	**179**
15	13	4	9	17	6	11	7	1	6
16	41	9	32	33	10	23	27	4	23
17	88	18	70	77	14	63	19	5	14
18	157	37	120	119	24	95	76	24	52
19	278	79	199	220	61	159	110	26	84
20-24岁	**5650**	**2513**	**3137**	**3741**	**1692**	**2049**	**2067**	**888**	**1179**
20	511	143	368	344	97	247	161	39	122
21	749	265	484	547	234	313	272	96	176
22	1250	566	684	748	337	411	423	190	233
23	1503	710	793	975	462	513	498	217	281
24	1637	829	808	1127	562	565	713	346	367
25-29岁	**6000**	**3364**	**2636**	**4276**	**2441**	**1835**	**2847**	**1671**	**1176**
25	1560	838	722	1093	545	548	689	384	305
26	1386	772	614	1027	596	431	680	403	277
27	1188	683	505	836	492	344	582	329	253
28	1166	660	506	716	425	291	461	290	171
29	700	411	289	604	383	221	435	265	170
30-34岁	**1308**	**739**	**569**	**1102**	**644**	**458**	**1017**	**601**	**416**
30	506	279	227	406	237	169	368	235	133
31	357	201	156	285	170	115	234	140	94
32	207	114	93	199	123	76	186	98	88
33	154	90	64	131	71	60	129	69	60
34	84	55	29	81	43	38	100	59	41
35-39岁	**326**	**183**	**143**	**243**	**142**	**101**	**305**	**168**	**137**
35	97	54	43	73	39	34	64	35	29
36	83	47	36	45	27	18	64	36	28
37	61	32	29	48	34	14	53	28	25
38	38	18	20	41	24	17	66	39	27
39	47	32	15	36	18	18	58	30	28
40-44岁	**147**	**91**	**56**	**185**	**99**	**86**	**236**	**129**	**107**
40	42	26	16	41	15	26	55	23	32
41	22	10	12	27	16	11	51	30	21
42	28	19	9	35	18	17	56	31	25
43	31	20	11	40	25	15	41	23	18
44	24	16	8	42	25	17	33	22	11
45-49岁	**111**	**61**	**50**	**102**	**56**	**46**	**107**	**53**	**54**
45	26	13	13	26	16	10	27	12	15
46	24	15	9	14	8	6	31	15	16
47	16	8	8	26	17	9	19	12	7
48	19	12	7	20	8	12	14	7	7
49	26	13	13	16	7	9	16	7	9
50岁及以上	**221**	**123**	**98**	**156**	**81**	**75**	**296**	**157**	**139**
平均初婚年龄	**26.5**	**27.12**	**25.87**	**26.84**	**27.46**	**26.2**	**28.62**	**29.17**	**28.02**

5-5 全省分年龄、性别、初婚年龄的人口

单位：人

年龄	初婚年龄					
	合计			15岁以下		
	合计	男	女	小计	男	女
总计	**5891480**	**2865244**	**3026236**	**5810**	**1204**	**4606**
20岁以下	**1642**	**357**	**1285**	**56**	**6**	**50**
20-24岁	**48668**	**17348**	**31320**	**144**	**29**	**115**
20	1954	488	1466	16	1	15
21	3714	1036	2678	24	3	21
22	7450	2404	5046	23	7	16
23	13334	4795	8539	39	11	28
24	22216	8625	13591	42	7	35
25-29岁	**332647**	**152080**	**180567**	**301**	**77**	**224**
25	36114	14821	21293	53	8	45
26	48113	20978	27135	51	18	33
27	64650	29059	35591	72	17	55
28	82068	38481	43587	56	17	39
29	101702	48741	52961	69	17	52
30-34岁	**699042**	**343823**	**355219**	**680**	**187**	**493**
30	144379	70572	73807	142	43	99
31	147948	72366	75582	132	34	98
32	135183	66375	68808	125	34	91
33	147798	73075	74723	156	45	111
34	123734	61435	62299	125	31	94
35-39岁	**544971**	**273431**	**271540**	**313**	**77**	**236**
35	102828	51594	51234	83	26	57
36	101957	50926	51031	59	12	47
37	103285	52013	51272	37	10	27
38	125091	63057	62034	79	18	61
39	111810	55841	55969	55	11	44
40-44岁	**527835**	**264999**	**262836**	**523**	**133**	**390**
40	95216	47887	47329	55	16	39
41	112084	56307	55777	109	24	85
42	107430	54069	53361	116	25	91
43	103301	51631	51670	115	26	89
44	109804	55105	54699	128	42	86
45-49岁	**612464**	**306033**	**306431**	**568**	**112**	**456**
45	107574	54218	53356	158	35	123
46	112929	56405	56524	85	17	68
47	117149	58709	58440	113	19	94
48	128253	63786	64467	101	19	82
49	146559	72915	73644	111	22	89
50-54岁	**761555**	**372593**	**388962**	**666**	**116**	**550**
50	159051	78062	80989	126	19	107
51	157373	77127	80246	159	29	130
52	163487	79796	83691	157	31	126
53	130183	63259	66924	105	18	87
54	151461	74349	77112	119	19	100
55-59岁	**620909**	**303939**	**316970**	**390**	**85**	**305**
55	145325	70824	74501	150	45	105
56	134366	65732	68634	66	12	54
57	156910	77443	79467	92	12	80
58	118050	57976	60074	52	12	40
59	66258	31964	34294	30	4	26
60-64岁	**457297**	**226876**	**230421**	**365**	**77**	**288**
60	73488	36276	37212	31	6	25
61	73809	36428	37381	49	10	39
62	96640	48321	48319	86	21	65
63	113341	56667	56674	101	26	75
64	100019	49184	50835	98	14	84
65岁及以上	**1284450**	**603765**	**680685**	**1804**	**305**	**1499**

5-5　续表 1　　　　单位：人

年　龄	初婚年龄								
	15岁			16岁			17岁		
	小计	男	女	小计	男	女	小计	男	女
总　计	**28119**	**6641**	**21478**	**50927**	**11076**	**39851**	**96949**	**23031**	**73918**
20岁以下	**179**	**40**	**139**	**351**	**71**	**280**	**439**	**94**	**345**
20-24岁	**774**	**187**	**587**	**1391**	**339**	**1052**	**2311**	**619**	**1692**
20	94	20	74	126	29	97	242	54	188
21	107	32	75	205	60	145	309	91	218
22	141	31	110	282	57	225	438	104	334
23	183	40	143	346	83	263	604	172	432
24	249	64	185	432	110	322	718	198	520
25-29岁	**1614**	**495**	**1119**	**3033**	**926**	**2107**	**6280**	**2042**	**4238**
25	328	95	233	478	126	352	977	291	686
26	295	81	214	611	215	396	982	300	682
27	307	103	204	628	189	439	1269	417	852
28	341	108	233	678	205	473	1446	481	965
29	343	108	235	638	191	447	1606	553	1053
30-34岁	**2627**	**927**	**1700**	**4306**	**1369**	**2937**	**7893**	**2558**	**5335**
30	601	220	381	852	261	591	1754	600	1154
31	587	200	387	1080	352	728	1686	559	1127
32	474	168	306	828	256	572	1558	524	1034
33	554	192	362	840	246	594	1558	491	1067
34	411	147	264	706	254	452	1337	384	953
35-39岁	**1720**	**520**	**1200**	**2721**	**772**	**1949**	**4883**	**1332**	**3551**
35	461	165	296	515	177	338	1018	282	736
36	398	121	277	671	201	470	854	234	620
37	278	77	201	527	132	395	1079	327	752
38	311	81	230	529	137	392	1058	293	765
39	272	76	196	479	125	354	874	196	678
40-44岁	**2143**	**635**	**1508**	**3420**	**885**	**2535**	**5782**	**1636**	**4146**
40	297	79	218	488	120	368	797	213	584
41	455	153	302	759	191	568	1060	311	749
42	431	132	299	691	190	501	1220	347	873
43	464	117	347	690	170	520	1255	353	902
44	496	154	342	792	214	578	1450	412	1038
45-49岁	**3049**	**768**	**2281**	**5609**	**1355**	**4254**	**10788**	**3014**	**7774**
45	664	185	479	753	180	573	1463	424	1039
46	636	173	463	1193	316	877	1572	460	1112
47	583	160	423	1266	329	937	2295	677	1618
48	564	116	448	1221	283	938	2777	776	2001
49	602	134	468	1176	247	929	2681	677	2004
50-54岁	**3277**	**844**	**2433**	**6252**	**1457**	**4795**	**12531**	**3114**	**9417**
50	755	189	566	1221	270	951	2608	616	1992
51	763	200	563	1580	378	1202	2812	766	2046
52	645	174	471	1405	356	1049	3046	747	2299
53	561	147	414	957	210	747	2068	506	1562
54	553	134	419	1089	243	846	1997	479	1518
55-59岁	**2030**	**430**	**1600**	**3746**	**683**	**3063**	**7765**	**1604**	**6161**
55	614	162	452	823	159	664	1868	451	1417
56	523	114	409	1037	217	820	1540	308	1232
57	456	88	368	969	187	782	2193	441	1752
58	288	44	244	625	84	541	1562	306	1256
59	149	22	127	292	36	256	602	98	504
60-64岁	**1501**	**350**	**1151**	**2469**	**430**	**2039**	**4210**	**713**	**3497**
60	224	46	178	288	36	252	554	76	478
61	247	73	174	452	90	362	600	109	491
62	312	83	229	527	80	447	992	179	813
63	373	85	288	589	122	467	1096	189	907
64	345	63	282	613	102	511	968	160	808
65岁及以上	**9205**	**1445**	**7760**	**17629**	**2789**	**14840**	**34067**	**6305**	**27762**

5-5 续表 2

单位：人

年 龄	初婚年龄								
	18岁			19岁			20岁		
	小计	男	女	小计	男	女	小计	男	女
总　计	**173630**	**46325**	**127305**	**325402**	**102295**	**223107**	**501603**	**175173**	**326430**
20岁以下	**427**	**104**	**323**	**190**	**42**	**148**			
20-24岁	**3676**	**1040**	**2636**	**5726**	**1666**	**4060**	**7753**	**2298**	**5455**
20	456	116	340	599	158	441	421	110	311
21	488	139	349	886	226	660	1102	309	793
22	597	166	431	1066	306	760	1700	468	1232
23	904	252	652	1333	397	936	2071	612	1459
24	1231	367	864	1842	579	1263	2459	799	1660
25-29岁	**10811**	**3814**	**6997**	**17668**	**6468**	**11200**	**25345**	**9223**	**16122**
25	1474	487	987	2407	792	1615	3467	1123	2344
26	1790	603	1187	2672	924	1748	3916	1391	2525
27	2012	685	1327	3430	1207	2223	4812	1672	3140
28	2618	958	1660	3915	1524	2391	6072	2339	3733
29	2917	1081	1836	5244	2021	3223	7078	2698	4380
30-34岁	**15811**	**5335**	**10476**	**30552**	**11152**	**19400**	**49748**	**18939**	**30809**
30	3884	1457	2427	7014	2767	4247	11012	4418	6594
31	3367	1201	2166	6834	2612	4222	10859	4321	6538
32	2738	889	1849	5589	2041	3548	9666	3642	6024
33	3270	1055	2215	5865	2029	3836	10010	3756	6254
34	2552	733	1819	5250	1703	3547	8201	2802	5399
35-39岁	**9210**	**2698**	**6512**	**19479**	**5792**	**13687**	**35466**	**11281**	**24185**
35	1990	618	1372	4350	1407	2943	7406	2529	4877
36	1857	593	1264	4011	1252	2759	7288	2452	4836
37	1473	418	1055	3578	1023	2555	6731	2205	4526
38	1991	537	1454	3575	1013	2562	7744	2335	5409
39	1899	532	1367	3965	1097	2868	6297	1760	4537
40-44岁	**9801**	**2825**	**6976**	**20498**	**5977**	**14521**	**37407**	**11093**	**26314**
40	1460	371	1089	3417	961	2456	6408	1859	4549
41	1806	496	1310	4026	1141	2885	8130	2364	5766
42	1848	541	1307	3955	1145	2810	7767	2302	5465
43	2220	683	1537	4086	1222	2864	7182	2114	5068
44	2467	734	1733	5014	1508	3506	7920	2454	5466
45-49岁	**19301**	**6122**	**13179**	**33485**	**11549**	**21936**	**51706**	**18719**	**32987**
45	2626	802	1824	5175	1663	3512	8918	2966	5952
46	3048	932	2116	5550	1831	3719	9219	3068	6151
47	3120	1045	2075	6138	2086	4052	9853	3588	6265
48	4819	1525	3294	6793	2447	4346	11353	4285	7068
49	5688	1818	3870	9829	3522	6307	12363	4812	7551
50-54岁	**25606**	**7360**	**18246**	**52069**	**17816**	**34253**	**83149**	**32467**	**50682**
50	5617	1697	3920	11371	4021	7350	16810	6525	10285
51	5416	1579	3837	11310	3955	7355	18461	7490	10971
52	5412	1549	3863	10870	3721	7149	18062	7094	10968
53	4720	1317	3403	8619	2889	5730	14074	5389	8685
54	4441	1218	3223	9899	3230	6669	15742	5969	9773
55-59岁	**15146**	**3475**	**11671**	**31073**	**9367**	**21706**	**53880**	**18968**	**34912**
55	3638	970	2668	8223	2675	5548	15266	5553	9713
56	3323	836	2487	6429	2056	4373	11844	4192	7652
57	3455	773	2682	7409	2245	5164	12395	4553	7842
58	3203	642	2561	5500	1532	3968	9442	3198	6244
59	1527	254	1273	3512	859	2653	4933	1472	3461
60-64岁	**7559**	**1420**	**6139**	**16269**	**4342**	**11927**	**29389**	**8962**	**20427**
60	1085	164	921	3040	728	2312	6096	1709	4387
61	1045	187	858	2500	668	1832	5485	1717	3768
62	1418	268	1150	2996	837	2159	5663	1731	3932
63	2118	409	1709	3675	976	2699	6246	1946	4300
64	1893	392	1501	4058	1133	2925	5899	1859	4040
65岁及以上	**56282**	**12132**	**44150**	**98393**	**28124**	**70269**	**127760**	**43223**	**84537**

5-5　续表 3

单位：人

年　龄	初婚年龄								
	21岁			22岁			23岁		
	小计	男	女	小计	男	女	小计	男	女
总　计	**669611**	**279084**	**390527**	**809217**	**383081**	**426136**	**783581**	**386161**	**397420**
20岁以下									
20-24岁	**8588**	**3192**	**5396**	**9588**	**4154**	**5434**	**6291**	**2752**	**3539**
20									
21	593	176	417						
22	1943	714	1229	1260	551	709			
23	2806	1066	1740	3328	1422	1906	1720	740	980
24	3246	1236	2010	5000	2181	2819	4571	2012	2559
25-29岁	**33031**	**13591**	**19440**	**42726**	**20086**	**22640**	**47145**	**21910**	**25235**
25	4277	1620	2657	5868	2704	3164	7159	3186	3973
26	5244	2115	3129	6468	2949	3519	7311	3277	4034
27	6239	2554	3685	8522	3929	4593	8667	3964	4703
28	7527	3138	4389	9822	4644	5178	11207	5264	5943
29	9744	4164	5580	12046	5860	6186	12801	6219	6582
30-34岁	**67345**	**29869**	**37476**	**86010**	**42716**	**43294**	**87763**	**43504**	**44259**
30	13084	5747	7337	17773	8771	9002	17979	8756	9223
31	14883	6693	8190	16938	8259	8679	19056	9315	9741
32	13184	5913	7271	17139	8588	8551	15970	7907	8063
33	14695	6435	8260	18601	9320	9281	19141	9645	9496
34	11499	5081	6418	15559	7778	7781	15617	7881	7736
35-39岁	**53969**	**22176**	**31793**	**68654**	**33733**	**34921**	**68138**	**34561**	**33577**
35	9675	4148	5527	11893	5993	5900	12979	6608	6371
36	10401	4474	5927	12348	6023	6325	11786	6056	5730
37	10473	4293	6180	13218	6559	6659	12416	6253	6163
38	12571	4998	7573	16242	7957	8285	16038	8175	7863
39	10849	4263	6586	14953	7201	7752	14919	7469	7450
40-44岁	**56450**	**22526**	**33924**	**75253**	**36980**	**38273**	**72643**	**36312**	**36331**
40	8486	3343	5143	12486	6055	6431	12970	6458	6512
41	12256	4919	7337	14288	6931	7357	15149	7559	7590
42	12267	4947	7320	16178	8037	8141	13082	6598	6484
43	11484	4588	6896	16009	7871	8138	15026	7527	7499
44	11957	4729	7228	16292	8086	8206	16416	8170	8246
45-49岁	**74520**	**32529**	**41991**	**91720**	**44974**	**46746**	**86011**	**42911**	**43100**
45	12027	4997	7030	15552	7569	7983	15267	7781	7486
46	13973	5941	8032	16725	8150	8575	15652	7707	7945
47	14263	6254	8009	18561	9127	9434	16047	7972	8075
48	15885	7040	8845	19078	9445	9633	18796	9444	9352
49	18372	8297	10075	21804	10683	11121	20249	10007	10242
50-54岁	**108684**	**48719**	**59965**	**120789**	**59089**	**61700**	**103735**	**52385**	**51350**
50	18421	8361	10060	23596	11356	12240	21575	10552	11023
51	23368	10663	12705	21416	10422	10994	20762	10425	10337
52	25470	11489	13981	27052	13401	13651	19666	9792	9874
53	19442	8556	10886	22453	11088	11365	18877	9734	9143
54	21983	9650	12333	26272	12822	13450	22855	11882	10973
55-59岁	**82667**	**34505**	**48162**	**104772**	**49091**	**55681**	**100692**	**50607**	**50085**
55	21082	9075	12007	24671	11724	12947	22599	11443	11156
56	19985	8401	11584	22928	10842	12086	21067	10640	10427
57	20484	8610	11874	28824	13565	15259	25549	12853	12696
58	13561	5513	8048	19264	9025	10239	20848	10514	10334
59	7555	2906	4649	9085	3935	5150	10629	5157	5472
60-64岁	**46254**	**16897**	**29357**	**65030**	**27007**	**38023**	**73154**	**33806**	**39348**
60	7932	2826	5106	10176	4330	5846	10422	4870	5552
61	9713	3541	6172	10565	4305	6260	11056	5089	5967
62	10376	3858	6518	16196	6835	9361	14715	6752	7963
63	10085	3679	6406	15953	6666	9287	21064	9921	11143
64	8148	2993	5155	12140	4871	7269	15897	7174	8723
65岁及以上	**138103**	**55080**	**83023**	**144675**	**65251**	**79424**	**138009**	**67413**	**70596**

5-5 续表 4

单位：人

年龄	初婚年龄								
	24岁			25岁			26岁		
	小计	男	女	小计	男	女	小计	男	女
总计	**679366**	**361761**	**317605**	**527765**	**303620**	**224145**	**367165**	**223427**	**143738**
20岁以下									
20-24岁	**2426**	**1072**	**1354**						
20									
21									
22									
23									
24	2426	1072	1354						
25-29岁	**49667**	**23689**	**25978**	**41306**	**20688**	**20618**	**28282**	**14999**	**13283**
25	6491	2929	3562	3135	1460	1675			
26	8751	4091	4660	7070	3471	3599	2952	1543	1409
27	9624	4511	5113	9544	4814	4730	6858	3549	3309
28	11041	5396	5645	10164	5114	5050	9054	4824	4230
29	13760	6762	6998	11393	5829	5564	9418	5083	4335
30-34岁	**85959**	**43625**	**42334**	**76850**	**40671**	**36179**	**59116**	**32117**	**26999**
30	17865	8940	8925	17087	8974	8113	12129	6505	5624
31	17904	9008	8896	16216	8551	7665	13193	7050	6143
32	17523	8859	8664	14496	7571	6925	11372	6133	5239
33	17174	8688	8486	16444	8728	7716	11978	6657	5321
34	15493	8130	7363	12607	6847	5760	10444	5772	4672
35-39岁	**63001**	**33330**	**29671**	**55486**	**30803**	**24683**	**43580**	**25064**	**18516**
35	11855	6238	5617	10907	6060	4847	8205	4637	3568
36	11833	6130	5703	10257	5665	4592	8495	4809	3686
37	11210	6004	5206	11035	6103	4932	8309	4821	3488
38	14662	7766	6896	12050	6819	5231	10399	5988	4411
39	13441	7192	6249	11237	6156	5081	8172	4809	3363
40-44岁	**61243**	**33276**	**27967**	**47245**	**27411**	**19834**	**34950**	**21382**	**13568**
40	11232	6026	5206	9359	5317	4042	7262	4295	2967
41	13532	7370	6162	10711	6185	4526	7740	4705	3035
42	12397	6712	5685	9989	5790	4199	7051	4346	2705
43	10707	5798	4909	8911	5243	3668	6538	4036	2502
44	13375	7370	6005	8275	4876	3399	6359	4000	2359
45-49岁	**69735**	**37739**	**31996**	**50069**	**29780**	**20289**	**31474**	**20203**	**11271**
45	12828	7054	5774	9491	5667	3824	5392	3503	1889
46	13180	7161	6019	9781	5870	3911	6279	4030	2249
47	12789	6915	5874	9776	5766	4010	6251	4022	2229
48	13716	7249	6467	9814	5821	3993	6656	4276	2380
49	17222	9360	7862	11207	6656	4551	6896	4372	2524
50-54岁	**77099**	**42206**	**34893**	**52269**	**31283**	**20986**	**33426**	**21131**	**12295**
50	17340	9260	8080	13145	7760	5385	7715	4825	2890
51	15874	8636	7238	11008	6607	4401	7573	4722	2851
52	15995	8736	7259	10915	6527	4388	6965	4435	2530
53	11445	6263	5182	8392	5051	3341	5092	3241	1851
54	16445	9311	7134	8809	5338	3471	6081	3908	2173
55-59岁	**77641**	**43266**	**34375**	**50363**	**30632**	**19731**	**28413**	**18710**	**9703**
55	16477	9170	7307	10594	6438	4156	5029	3364	1665
56	16702	9276	7426	10254	6226	4028	6092	3979	2113
57	19348	10777	8571	13056	7889	5167	7399	4850	2549
58	15477	8727	6750	10036	6154	3882	6008	3943	2065
59	9637	5316	4321	6423	3925	2498	3885	2574	1311
60-64岁	**64921**	**34612**	**30309**	**46797**	**28612**	**18185**	**31037**	**20954**	**10083**
60	10319	5812	4507	8556	5445	3111	5042	3454	1588
61	9107	5017	4090	7412	4726	2686	5467	3750	1717
62	12889	6828	6061	9124	5639	3485	6413	4427	1986
63	15517	8103	7414	11533	6903	4630	7239	4811	2428
64	17089	8852	8237	10172	5899	4273	6876	4512	2364
65岁及以上	**127674**	**68946**	**58728**	**107380**	**63740**	**43640**	**76887**	**48867**	**28020**

5-5 续表 5

单位：人

年龄	初婚年龄								
	27岁			28岁			29岁		
	小计	男	女	小计	男	女	小计	男	女
总计	**251330**	**160330**	**91000**	**167625**	**109772**	**57853**	**114584**	**75544**	**39040**
20岁以下									
20-24岁									
20									
21									
22									
23									
24									
25-29岁	**16461**	**8940**	**7521**	**7120**	**4062**	**3058**	**1857**	**1070**	**787**
25									
26									
27	2666	1448	1218						
28	5813	3151	2662	2314	1318	996			
29	7982	4341	3641	4806	2744	2062	1857	1070	787
30-34岁	**43405**	**24409**	**18996**	**31858**	**18320**	**13538**	**21715**	**12486**	**9229**
30	9406	5243	4163	7691	4342	3349	4397	2540	1857
31	9118	5070	4048	6599	3757	2842	5202	2905	2297
32	8662	4765	3897	5702	3277	2425	4041	2331	1710
33	8925	5094	3831	6518	3788	2730	4212	2458	1754
34	7294	4237	3057	5348	3156	2192	3863	2252	1611
35-39岁	**33500**	**20248**	**13252**	**23073**	**14367**	**8706**	**16320**	**9997**	**6323**
35	6626	4015	2611	4214	2552	1662	3124	1843	1281
36	6020	3552	2468	4626	2823	1803	3010	1811	1199
37	6537	3935	2602	4319	2680	1639	3334	2107	1227
38	7665	4660	3005	5426	3433	1993	3584	2226	1358
39	6652	4086	2566	4488	2879	1609	3268	2010	1258
40-44岁	**24860**	**15995**	**8865**	**17715**	**11520**	**6195**	**12852**	**8521**	**4331**
40	4926	3112	1814	3922	2506	1416	2715	1773	942
41	5815	3679	2136	3720	2410	1310	2985	1971	1014
42	5061	3243	1818	3670	2364	1306	2494	1655	839
43	4581	3001	1580	3199	2060	1139	2369	1610	759
44	4477	2960	1517	3204	2180	1024	2289	1512	777
45-49岁	**20778**	**13930**	**6848**	**13677**	**9458**	**4219**	**9462**	**6566**	**2896**
45	4064	2706	1358	2833	1890	943	2088	1483	605
46	3444	2353	1091	2563	1816	747	1892	1304	588
47	4104	2753	1351	2230	1563	667	1762	1225	537
48	4224	2819	1405	2850	1957	893	1637	1129	508
49	4942	3299	1643	3201	2232	969	2083	1425	658
50-54岁	**21151**	**14086**	**7065**	**13770**	**9341**	**4429**	**10152**	**6886**	**3266**
50	4925	3291	1634	3342	2261	1081	2346	1617	729
51	4335	2865	1470	2793	1890	903	2254	1526	728
52	4852	3166	1686	2935	1990	945	2145	1436	709
53	3317	2214	1103	2313	1564	749	1497	1019	478
54	3722	2550	1172	2387	1636	751	1910	1288	622
55-59岁	**16689**	**11462**	**5227**	**10020**	**7160**	**2860**	**6728**	**4733**	**1995**
55	3523	2402	1121	2220	1579	641	1589	1109	480
56	2861	1995	866	2092	1493	599	1444	1048	396
57	4259	2941	1318	2133	1561	572	1709	1234	475
58	3554	2442	1112	2073	1467	606	1101	758	343
59	2492	1682	810	1502	1060	442	885	584	301
60-64岁	**20054**	**14403**	**5651**	**13154**	**9597**	**3557**	**8935**	**6506**	**2429**
60	2991	2123	868	1926	1347	579	1161	804	357
61	3270	2345	925	1910	1403	507	1288	929	359
62	4849	3514	1335	2899	2162	737	1842	1358	484
63	4914	3582	1332	3620	2649	971	2320	1732	588
64	4030	2839	1191	2799	2036	763	2324	1683	641
65岁及以上	**54432**	**36857**	**17575**	**37238**	**25947**	**11291**	**26563**	**18779**	**7784**

5-5 续表 6 单位：人

年 龄	初婚年龄								
	30岁			31岁			32岁		
	小计	男	女	小计	男	女	小计	男	女
总 计	**79537**	**52031**	**27506**	**56480**	**36446**	**20034**	**42657**	**27268**	**15389**
20岁以下									
20-24岁									
20									
21									
22									
23									
24									
25-29岁									
25									
26									
27									
28									
29									
30-34岁	**13647**	**7878**	**5769**	**7651**	**4325**	**3326**	**3979**	**2263**	**1716**
30	1709	988	721						
31	3113	1823	1290	1181	656	525			
32	3297	1882	1415	1996	1128	868	823	467	356
33	3118	1792	1326	2546	1419	1127	1548	878	670
34	2410	1393	1017	1928	1122	806	1608	918	690
35-39岁	**12012**	**7357**	**4655**	**9191**	**5476**	**3715**	**7154**	**4153**	**3001**
35	2464	1430	1034	1690	980	710	1280	740	540
36	2239	1367	872	1845	1084	761	1271	716	555
37	2290	1403	887	1772	1059	713	1443	843	600
38	2799	1738	1061	2031	1214	817	1716	1020	696
39	2220	1419	801	1853	1139	714	1444	834	610
40-44岁	**9619**	**6176**	**3443**	**7279**	**4584**	**2695**	**5926**	**3631**	**2295**
40	2044	1293	751	1434	893	541	1285	746	539
41	2121	1337	784	1649	1042	607	1145	730	415
42	2059	1296	763	1492	928	564	1228	746	482
43	1655	1083	572	1412	880	532	1101	664	437
44	1740	1167	573	1292	841	451	1167	745	422
45-49岁	**6923**	**4768**	**2155**	**5510**	**3686**	**1824**	**4614**	**3054**	**1560**
45	1575	1073	502	1186	789	397	917	598	319
46	1463	992	471	1167	764	403	930	626	304
47	1399	982	417	1123	755	368	949	619	330
48	1294	917	377	1011	664	347	881	579	302
49	1192	804	388	1023	714	309	937	632	305
50-54岁	**7596**	**4999**	**2597**	**5427**	**3551**	**1876**	**4023**	**2703**	**1320**
50	1521	1066	455	847	609	238	805	583	222
51	1630	1082	548	1042	701	341	569	390	179
52	1829	1135	694	1192	799	393	749	511	238
53	1282	841	441	1212	729	483	721	492	229
54	1334	875	459	1134	713	421	1179	727	452
55-59岁	**5001**	**3401**	**1600**	**4044**	**2659**	**1385**	**3566**	**2285**	**1281**
55	1402	909	493	949	634	315	951	592	359
56	1077	736	341	978	642	336	731	469	262
57	1172	802	370	953	620	333	939	612	327
58	879	613	266	747	487	260	630	409	221
59	471	341	130	417	276	141	315	203	112
60-64岁	**6037**	**4330**	**1707**	**4059**	**2885**	**1174**	**3043**	**2129**	**914**
60	722	511	211	449	322	127	380	251	129
61	810	560	250	523	376	147	308	216	92
62	1274	920	354	856	617	239	597	424	173
63	1674	1213	461	1163	841	322	853	611	242
64	1557	1126	431	1068	729	339	905	627	278
65岁及以上	**18702**	**13122**	**5580**	**13319**	**9280**	**4039**	**10352**	**7050**	**3302**

5-5　续表 7　　　　单位：人

年　龄	初婚年龄								
	33岁			34岁			35岁		
	小计	男	女	小计	男	女	小计	男	女
总　计	**32377**	**20491**	**11886**	**24525**	**15635**	**8890**	**18748**	**12086**	**6662**
20岁以下									
20-24岁									
20									
21									
22									
23									
24									
25-29岁									
25									
26									
27									
28									
29									
30-34岁	**1684**	**913**	**771**	**443**	**260**	**183**			
30									
31									
32									
33	645	359	286						
34	1039	554	485	443	260	183			
35-39岁	**5840**	**3335**	**2505**	**4438**	**2509**	**1929**	**3047**	**1714**	**1333**
35	1068	598	470	711	368	343	314	180	134
36	1055	603	452	840	502	338	558	315	243
37	1038	548	490	791	451	340	728	380	348
38	1453	853	600	1045	585	460	775	466	309
39	1226	733	493	1051	603	448	672	373	299
40-44岁	**4848**	**2993**	**1855**	**3874**	**2368**	**1506**	**3178**	**1963**	**1215**
40	991	599	392	821	478	343	704	423	281
41	1021	627	394	879	534	345	716	439	277
42	925	592	333	776	482	294	647	398	249
43	943	568	375	612	375	237	568	345	223
44	968	607	361	786	499	287	543	358	185
45-49岁	**3953**	**2510**	**1443**	**3361**	**2154**	**1207**	**2743**	**1722**	**1021**
45	866	564	302	729	456	273	620	373	247
46	754	490	264	731	472	259	594	370	224
47	733	463	270	621	405	216	544	344	200
48	813	508	305	615	401	214	490	290	200
49	787	485	302	665	420	245	495	345	150
50-54岁	**2856**	**1910**	**946**	**2256**	**1513**	**743**	**1864**	**1260**	**604**
50	693	441	252	636	412	224	545	368	177
51	558	371	187	506	339	167	442	310	132
52	495	344	151	454	310	144	395	270	125
53	498	354	144	271	183	88	251	165	86
54	612	400	212	389	269	120	231	147	84
55-59岁	**3158**	**2043**	**1115**	**2456**	**1600**	**856**	**1802**	**1215**	**587**
55	848	513	335	455	295	160	334	235	99
56	693	455	238	625	384	241	322	218	104
57	684	456	228	632	432	200	552	369	183
58	612	408	204	450	291	159	379	255	124
59	321	211	110	294	198	96	215	138	77
60-64岁	**2137**	**1481**	**656**	**1708**	**1196**	**512**	**1307**	**924**	**383**
60	318	208	110	305	212	93	241	161	80
61	347	230	117	262	167	95	201	140	61
62	337	234	103	342	250	92	292	212	80
63	532	379	153	369	262	107	322	230	92
64	603	430	173	430	305	125	251	181	70
65岁及以上	**7901**	**5306**	**2595**	**5989**	**4035**	**1954**	**4807**	**3288**	**1519**

5-5 续表 8

单位：人

年 龄	初婚年龄								
	36岁			37岁			38岁		
	小计	男	女	小计	男	女	小计	男	女
总 计	**14184**	**9255**	**4929**	**11161**	**7275**	**3886**	**8688**	**5627**	**3061**
20岁以下									
20-24岁									
20									
21									
22									
23									
24									
25-29岁									
25									
26									
27									
28									
29									
30-34岁									
30									
31									
32									
33									
34									
35-39岁	**1918**	**1110**	**808**	**1117**	**629**	**488**	**553**	**292**	**261**
35									
36	235	131	104						
37	455	263	192	214	119	95			
38	670	386	284	454	250	204	224	109	115
39	558	330	228	449	260	189	329	183	146
40-44岁	**2569**	**1594**	**975**	**1990**	**1219**	**771**	**1595**	**991**	**604**
40	510	305	205	367	213	154	326	196	130
41	577	356	221	423	257	166	322	194	128
42	526	321	205	420	264	156	280	169	111
43	466	291	175	411	258	153	321	213	108
44	490	321	169	369	227	142	346	219	127
45-49岁	**2223**	**1415**	**808**	**1943**	**1267**	**676**	**1599**	**1020**	**579**
45	416	254	162	358	231	127	309	188	121
46	468	297	171	306	207	99	313	202	111
47	457	301	156	420	263	157	256	156	100
48	427	276	151	407	260	147	352	227	125
49	455	287	168	452	306	146	369	247	122
50-54岁	**1572**	**1060**	**512**	**1394**	**940**	**454**	**1227**	**822**	**405**
50	399	243	156	343	233	110	361	239	122
51	397	261	136	318	215	103	257	169	88
52	333	237	96	293	179	114	246	165	81
53	212	147	65	207	149	58	178	113	65
54	231	172	59	233	164	69	185	136	49
55-59岁	**1239**	**884**	**355**	**901**	**641**	**260**	**661**	**451**	**210**
55	196	141	55	183	131	52	157	111	46
56	209	151	58	135	103	32	143	99	44
57	341	251	90	224	170	54	127	87	40
58	322	220	102	215	151	64	145	94	51
59	171	121	50	144	86	58	89	60	29
60-64岁	**1152**	**832**	**320**	**935**	**670**	**265**	**817**	**558**	**259**
60	193	133	60	176	126	50	155	114	41
61	200	142	58	126	84	42	125	74	51
62	231	161	70	223	159	64	157	106	51
63	284	213	71	222	161	61	214	145	69
64	244	183	61	188	140	48	166	119	47
65岁及以上	**3511**	**2360**	**1151**	**2881**	**1909**	**972**	**2236**	**1493**	**743**

5-5 续表 9

单位：人

年龄	初婚年龄					
	39岁			40岁及以上		
	小计	男	女	小计	男	女
总计	**7295**	**4643**	**2652**	**43144**	**25962**	**17182**
20岁以下						
20-24岁						
20						
21						
22						
23						
24						
25-29岁						
25						
26						
27						
28						
29						
30-34岁						
30						
31						
32						
33						
34						
35-39岁	**188**	**105**	**83**			
35						
36						
37						
38						
39	188	105	83			
40-44岁	**1338**	**785**	**553**	**2834**	**1588**	**1246**
40	302	163	139	152	74	78
41	288	172	116	402	210	192
42	229	140	89	631	359	272
43	226	124	102	750	411	339
44	293	186	107	899	534	365
45-49岁	**1346**	**863**	**483**	**6297**	**3845**	**2452**
45	272	176	96	1027	611	416
46	255	167	88	1156	689	467
47	271	171	100	1225	749	476
48	259	159	100	1420	874	546
49	289	190	99	1469	922	547
50-54岁	**1158**	**744**	**414**	**7557**	**4791**	**2766**
50	330	203	127	1658	1045	613
51	261	164	97	1509	972	537
52	223	140	83	1686	1062	624
53	162	106	56	1257	774	483
54	182	131	51	1447	938	509
55-59岁	**586**	**437**	**149**	**5480**	**3545**	**1935**
55	171	122	49	1313	822	491
56	125	94	31	1141	746	395
57	136	104	32	1420	961	459
58	74	56	18	1003	631	372
59	80	61	19	603	385	218
60-64岁	**706**	**438**	**268**	**4298**	**2745**	**1553**
60	97	62	35	609	400	209
61	129	84	45	612	396	216
62	138	73	65	896	593	303
63	170	104	66	1095	709	386
64	172	115	57	1086	647	439
65岁及以上	**1973**	**1271**	**702**	**16678**	**9448**	**7230**

5-5a 全省分年龄、性别、初婚年龄的人口(城市)

单位：人

年龄	初婚年龄					
	合计			15岁以下		
	合计	男	女	小计	男	女
总计	**2707056**	**1316638**	**1390418**	**1843**	**439**	**1404**
20岁以下	**546**	**124**	**422**	**10**	**1**	**9**
20-24岁	**21864**	**7875**	**13989**	**46**	**10**	**36**
20	727	192	535	3	1	2
21	1469	388	1081	7		7
22	3212	1081	2131	7	3	4
23	6024	2158	3866	10	4	6
24	10432	4056	6376	19	2	17
25-29岁	**172613**	**78307**	**94306**	**110**	**38**	**72**
25	17752	7248	10504	20	3	17
26	24407	10570	13837	21	7	14
27	33478	14843	18635	27	10	17
28	43168	19944	23224	18	9	9
29	53808	25702	28106	24	9	15
30-34岁	**378528**	**183652**	**194876**	**250**	**69**	**181**
30	75351	36346	39005	51	13	38
31	79113	38230	40883	52	14	38
32	73999	35774	38225	35	8	27
33	81472	39589	41883	61	19	42
34	68593	33713	34880	51	15	36
35-39岁	**304741**	**151035**	**153706**	**124**	**39**	**85**
35	56676	28043	28633	34	13	21
36	56226	27839	28387	23	7	16
37	57968	28801	29167	17	6	11
38	71046	35383	35663	33	9	24
39	62825	30969	31856	17	4	13
40-44岁	**283544**	**141907**	**141637**	**171**	**52**	**119**
40	53189	26551	26638	14	7	7
41	61389	30590	30799	45	14	31
42	57959	29017	28942	33	7	26
43	54397	27204	27193	32	7	25
44	56610	28545	28065	47	17	30
45-49岁	**293290**	**148473**	**144817**	**168**	**36**	**132**
45	54422	27712	26710	48	8	40
46	55694	28136	27558	29	6	23
47	56462	28682	27780	20	6	14
48	60290	30375	29915	31	8	23
49	66422	33568	32854	40	8	32
50-54岁	**326137**	**160819**	**165318**	**206**	**42**	**164**
50	70497	34959	35538	33	6	27
51	68667	33859	34808	52	11	41
52	70047	34450	35597	49	11	38
53	53792	26312	27480	32	7	25
54	63134	31239	31895	40	7	33
55-59岁	**269498**	**131694**	**137804**	**132**	**40**	**92**
55	61540	30116	31424	55	20	35
56	59382	28943	30439	27	8	19
57	69527	34152	35375	27	5	22
58	50236	24562	25674	16	6	10
59	28813	13921	14892	7	1	6
60-64岁	**188751**	**92586**	**96165**	**105**	**25**	**80**
60	32772	16100	16672	11	2	9
61	31698	15561	16137	13	5	8
62	39945	19714	20231	29	6	23
63	45728	22539	23189	28	8	20
64	38608	18672	19936	24	4	20
65岁及以上	**467544**	**220166**	**247378**	**521**	**87**	**434**

5-5a　续表 1　　　　单位：人

年龄	初婚年龄								
	15岁			16岁			17岁		
	小计	男	女	小计	男	女	小计	男	女
总　计	**9248**	**2484**	**6764**	**16113**	**3754**	**12359**	**30617**	**7248**	**23369**
20岁以下	**48**	**15**	**33**	**114**	**24**	**90**	**139**	**33**	**106**
20-24岁	**233**	**61**	**172**	**465**	**117**	**348**	**740**	**204**	**536**
20	31	9	22	38	9	29	74	14	60
21	31	7	24	76	20	56	108	32	76
22	33	8	25	96	17	79	158	40	118
23	60	15	45	111	32	79	188	59	129
24	78	22	56	144	39	105	212	59	153
25-29岁	**518**	**188**	**330**	**1013**	**331**	**682**	**2193**	**697**	**1496**
25	97	36	61	143	35	108	335	97	238
26	100	36	64	211	73	138	366	116	250
27	107	38	69	213	70	143	445	142	303
28	93	35	58	234	87	147	512	173	339
29	121	43	78	212	66	146	535	169	366
30-34岁	**1022**	**394**	**628**	**1524**	**520**	**1004**	**2748**	**887**	**1861**
30	214	76	138	279	85	194	552	174	378
31	238	102	136	379	132	247	572	203	369
32	170	60	110	300	96	204	554	188	366
33	216	79	137	299	89	210	570	189	381
34	184	77	107	267	118	149	500	133	367
35-39岁	**706**	**247**	**459**	**1061**	**343**	**718**	**1779**	**516**	**1263**
35	191	70	121	188	78	110	364	114	250
36	183	67	116	268	86	182	304	97	207
37	101	39	62	218	61	157	408	123	285
38	129	36	93	208	60	148	414	122	292
39	102	35	67	179	58	121	289	60	229
40-44岁	**809**	**268**	**541**	**1246**	**329**	**917**	**2075**	**591**	**1484**
40	111	33	78	168	41	127	301	88	213
41	179	75	104	281	74	207	384	114	270
42	172	57	115	272	78	194	451	129	322
43	166	42	124	237	53	184	471	129	342
44	181	61	120	288	83	205	468	131	337
45-49岁	**1016**	**289**	**727**	**1850**	**461**	**1389**	**3570**	**1019**	**2551**
45	254	81	173	267	67	200	504	157	347
46	218	73	145	376	96	280	543	167	376
47	194	56	138	453	126	327	758	236	522
48	162	34	128	384	84	300	919	256	663
49	188	45	143	370	88	282	846	203	643
50-54岁	**1136**	**339**	**797**	**1994**	**544**	**1450**	**3973**	**1006**	**2967**
50	246	80	166	395	115	280	831	180	651
51	265	81	184	483	138	345	929	251	678
52	234	73	161	463	127	336	952	244	708
53	180	47	133	292	77	215	655	168	487
54	211	58	153	361	87	274	606	163	443
55-59岁	**680**	**173**	**507**	**1219**	**254**	**965**	**2426**	**536**	**1890**
55	201	63	138	264	54	210	545	157	388
56	187	47	140	364	78	286	471	98	373
57	150	38	112	322	73	249	710	146	564
58	99	16	83	195	33	162	524	111	413
59	43	9	34	74	16	58	176	24	152
60-64岁	**430**	**122**	**308**	**667**	**138**	**529**	**1148**	**226**	**922**
60	72	17	55	81	14	67	141	21	120
61	77	27	50	125	25	100	158	33	125
62	80	29	51	152	31	121	272	64	208
63	115	33	82	148	39	109	301	57	244
64	86	16	70	161	29	132	276	51	225
65岁及以上	**2650**	**388**	**2262**	**4960**	**693**	**4267**	**9826**	**1533**	**8293**

5-5a 续表 2 单位：人

年龄	初婚年龄								
	18岁			19岁			20岁		
	小计	男	女	小计	男	女	小计	男	女
总计	**55462**	**14514**	**40948**	**108192**	**31938**	**76254**	**176594**	**55830**	**120764**
20岁以下	**160**	**35**	**125**	**75**	**16**	**59**			
20-24岁	**1276**	**380**	**896**	**2222**	**616**	**1606**	**3262**	**946**	**2316**
20	150	44	106	229	59	170	202	56	146
21	169	54	115	324	70	254	460	122	338
22	207	62	145	443	127	316	718	205	513
23	335	96	239	525	140	385	862	250	612
24	415	124	291	701	220	481	1020	313	707
25-29岁	**3789**	**1340**	**2449**	**6603**	**2314**	**4289**	**10334**	**3552**	**6782**
25	509	176	333	858	284	574	1427	435	992
26	612	194	418	950	306	644	1556	514	1042
27	702	243	459	1304	438	866	1940	639	1301
28	925	334	591	1498	569	929	2517	899	1618
29	1041	393	648	1993	717	1276	2894	1065	1829
30-34岁	**5489**	**1847**	**3642**	**11383**	**3878**	**7505**	**20070**	**6952**	**13118**
30	1314	524	790	2546	949	1597	4355	1624	2731
31	1152	404	748	2533	934	1599	4401	1623	2778
32	945	303	642	2076	709	1367	3912	1357	2555
33	1163	353	810	2262	704	1558	4048	1358	2690
34	915	263	652	1966	582	1384	3354	990	2364
35-39岁	**3371**	**963**	**2408**	**7467**	**2080**	**5387**	**14702**	**4112**	**10590**
35	700	194	506	1689	508	1181	3052	920	2132
36	671	212	459	1505	443	1062	3004	904	2100
37	543	153	390	1367	386	981	2793	807	1986
38	736	188	548	1378	367	1011	3197	849	2348
39	721	216	505	1528	376	1152	2656	632	2024
40-44岁	**3531**	**1042**	**2489**	**7663**	**2199**	**5464**	**15246**	**4137**	**11109**
40	542	124	418	1336	376	960	2737	699	2038
41	645	194	451	1502	410	1092	3433	929	2504
42	702	205	497	1483	436	1047	3192	856	2336
43	771	247	524	1559	445	1114	2815	784	2031
44	871	272	599	1783	532	1251	3069	869	2200
45-49岁	**6630**	**2099**	**4531**	**12106**	**4048**	**8058**	**19642**	**6644**	**12998**
45	936	289	647	1871	598	1273	3375	1073	2302
46	1042	325	717	2043	682	1361	3581	1103	2478
47	1091	348	743	2215	710	1505	3807	1311	2496
48	1661	516	1145	2532	865	1667	4259	1461	2798
49	1900	621	1279	3445	1193	2252	4620	1696	2924
50-54岁	**8332**	**2366**	**5966**	**17787**	**5768**	**12019**	**29909**	**10745**	**19164**
50	1787	497	1290	3919	1319	2600	6117	2217	3900
51	1825	530	1295	3899	1293	2606	6785	2562	4223
52	1779	521	1258	3803	1219	2584	6574	2392	4182
53	1535	439	1096	2860	907	1953	4906	1685	3221
54	1406	379	1027	3306	1030	2276	5527	1889	3638
55-59岁	**4668**	**1103**	**3565**	**10287**	**2950**	**7337**	**18768**	**5863**	**12905**
55	1113	293	820	2725	841	1884	5369	1765	3604
56	1031	267	764	2155	664	1491	4240	1346	2894
57	1127	259	868	2491	730	1761	4341	1411	2930
58	972	202	770	1797	443	1354	3099	910	2189
59	425	82	343	1119	272	847	1719	431	1288
60-64岁	**2077**	**420**	**1657**	**4691**	**1192**	**3499**	**8606**	**2399**	**6207**
60	301	47	254	1002	231	771	2045	488	1557
61	302	69	233	689	178	511	1673	525	1148
62	404	82	322	837	249	588	1612	470	1142
63	590	118	472	1053	257	796	1741	498	1243
64	480	104	376	1110	277	833	1535	418	1117
65岁及以上	**16139**	**2919**	**13220**	**27908**	**6877**	**21031**	**36055**	**10480**	**25575**

5-5a 续表 3

单位：人

年 龄	初婚年龄								
	21岁			22岁			23岁		
	小计	男	女	小计	男	女	小计	男	女
总 计	**254135**	**96916**	**157219**	**339037**	**148448**	**190589**	**363515**	**165517**	**197998**
20岁以下									
20-24岁	**3910**	**1403**	**2507**	**4832**	**2072**	**2760**	**3431**	**1445**	**1986**
20									
21	294	83	211						
22	887	325	562	663	294	369			
23	1264	455	809	1726	710	1016	943	397	546
24	1465	540	925	2443	1068	1375	2488	1048	1440
25-29岁	**14273**	**5574**	**8699**	**20669**	**9400**	**11269**	**25140**	**11270**	**13870**
25	1887	701	1186	2846	1284	1562	3871	1671	2200
26	2217	861	1356	3085	1369	1716	3889	1710	2179
27	2655	1023	1632	4108	1805	2303	4621	2030	2591
28	3286	1267	2019	4722	2156	2566	6006	2696	3310
29	4228	1722	2506	5908	2786	3122	6753	3163	3590
30-34岁	**29428**	**12255**	**17173**	**41927**	**19773**	**22154**	**47098**	**22166**	**24932**
30	5693	2353	3340	8593	4052	4541	9324	4348	4976
31	6426	2762	3664	8387	3947	4440	10132	4720	5412
32	5783	2428	3355	8220	3905	4315	8848	4168	4680
33	6523	2664	3859	9220	4345	4875	10247	4898	5349
34	5003	2048	2955	7507	3524	3983	8547	4032	4515
35-39岁	**23645**	**8654**	**14991**	**32974**	**15011**	**17963**	**36112**	**16867**	**19245**
35	4244	1669	2575	5573	2621	2952	6701	3148	3553
36	4333	1682	2651	5769	2571	3198	6203	2974	3229
37	4558	1629	2929	6269	2896	3373	6667	3091	3576
38	5612	1972	3640	7962	3625	4337	8489	3984	4505
39	4898	1702	3196	7401	3298	4103	8052	3670	4382
40-44岁	**24661**	**8764**	**15897**	**35953**	**16254**	**19699**	**38492**	**17680**	**20812**
40	3727	1271	2456	6031	2664	3367	7022	3267	3755
41	5484	1909	3575	7112	3176	3936	8057	3705	4352
42	5513	1971	3542	7687	3573	4114	7043	3243	3800
43	4819	1767	3052	7660	3470	4190	7836	3559	4277
44	5118	1846	3272	7463	3371	4092	8534	3906	4628
45-49岁	**29878**	**12335**	**17543**	**40152**	**18272**	**21880**	**41667**	**19067**	**22600**
45	4984	1959	3025	7129	3158	3971	7701	3550	4151
46	5647	2233	3414	7432	3360	4072	7874	3523	4351
47	5693	2333	3360	8096	3696	4400	7825	3558	4267
48	6523	2758	3765	8248	3814	4434	8798	4101	4697
49	7031	3052	3979	9247	4244	5003	9469	4335	5134
50-54岁	**41280**	**17142**	**24138**	**49449**	**22435**	**27014**	**46681**	**22120**	**24561**
50	7018	3014	4004	9917	4424	5493	9851	4460	5391
51	8850	3742	5108	9081	4055	5026	9729	4592	5137
52	9803	4059	5744	10921	5080	5841	9037	4202	4835
53	7215	2950	4265	9043	4139	4904	8095	3918	4177
54	8394	3377	5017	10487	4737	5750	9969	4948	5021
55-59岁	**30876**	**11693**	**19183**	**42842**	**18133**	**24709**	**45629**	**21074**	**24555**
55	8012	3174	4838	10100	4380	5720	10005	4744	5261
56	7714	2934	4780	9744	4186	5558	9835	4611	5224
57	7663	2939	4724	11795	5022	6773	11980	5501	6479
58	4804	1753	3051	7716	3260	4456	9080	4211	4869
59	2683	893	1790	3487	1285	2202	4729	2007	2722
60-64岁	**14758**	**4729**	**10029**	**23810**	**8640**	**15170**	**30125**	**12248**	**17877**
60	3035	919	2116	4061	1506	2555	4559	1841	2718
61	3338	1030	2308	4393	1568	2825	4791	1923	2868
62	3342	1094	2248	5997	2207	3790	6480	2602	3878
63	2839	951	1888	5618	2094	3524	8376	3535	4841
64	2204	735	1469	3741	1265	2476	5919	2347	3572
65岁及以上	**41426**	**14367**	**27059**	**46429**	**18458**	**27971**	**49140**	**21580**	**27560**

5-5a 续表 4

单位：人

年龄	初婚年龄								
	24岁			25岁			26岁		
	小计	男	女	小计	男	女	小计	男	女
总计	**345638**	**174035**	**171603**	**290016**	**161585**	**128431**	**212796**	**127282**	**85514**
20岁以下									
20-24岁	**1447**	**621**	**826**						
20									
21									
22									
23									
24	1447	621	826						
25-29岁	**28674**	**13185**	**15489**	**25068**	**12232**	**12836**	**17784**	**9210**	**8574**
25	3795	1655	2140	1964	871	1093			
26	5100	2311	2789	4398	2113	2285	1902	960	942
27	5550	2489	3061	5738	2827	2911	4342	2180	2162
28	6382	2975	3407	6053	2959	3094	5624	2911	2713
29	7847	3755	4092	6915	3462	3453	5916	3159	2757
30-34岁	**50374**	**24288**	**26086**	**48182**	**24732**	**23450**	**38009**	**20103**	**17906**
30	10072	4794	5278	10242	5208	5034	7500	3979	3521
31	10343	4947	5396	9970	5128	4842	8377	4383	3994
32	10442	5045	5397	9174	4658	4516	7334	3789	3545
33	10445	4973	5472	10552	5405	5147	7801	4184	3617
34	9072	4529	4543	8244	4333	3911	6997	3768	3229
35-39岁	**37238**	**18526**	**18712**	**35450**	**18696**	**16754**	**29469**	**16429**	**13040**
35	7054	3488	3566	6807	3601	3206	5662	3120	2542
36	6869	3404	3465	6597	3500	3097	5651	3076	2575
37	6559	3295	3264	7064	3693	3371	5677	3191	2486
38	8879	4352	4527	7766	4154	3612	7050	3961	3089
39	7877	3987	3890	7216	3748	3468	5429	3081	2348
40-44岁	**35423**	**18195**	**17228**	**29319**	**16386**	**12933**	**22676**	**13629**	**9047**
40	6611	3349	3262	5871	3213	2658	4858	2792	2066
41	7911	4023	3888	6717	3752	2965	5001	2966	2035
42	7205	3700	3505	6205	3427	2778	4524	2759	1765
43	6225	3218	3007	5464	3124	2340	4255	2589	1666
44	7471	3905	3566	5062	2870	2192	4038	2523	1515
45-49岁	**36782**	**19145**	**17637**	**28850**	**17028**	**11822**	**19056**	**12387**	**6669**
45	7182	3765	3417	5675	3326	2349	3425	2242	1183
46	7086	3644	3442	5806	3449	2357	3855	2501	1354
47	6862	3577	3285	5614	3317	2297	3896	2550	1346
48	7217	3705	3512	5614	3324	2290	3928	2570	1358
49	8435	4454	3981	6141	3612	2529	3952	2524	1428
50-54岁	**37069**	**19909**	**17160**	**26647**	**16173**	**10474**	**17897**	**11734**	**6163**
50	8581	4427	4154	6865	4078	2787	4327	2701	1626
51	7782	4103	3679	5605	3405	2200	4061	2618	1443
52	7792	4216	3576	5577	3379	2198	3672	2464	1208
53	5337	2912	2425	4178	2566	1612	2674	1785	889
54	7577	4251	3326	4422	2745	1677	3163	2166	997
55-59岁	**37641**	**20178**	**17463**	**26099**	**15956**	**10143**	**15208**	**10253**	**4955**
55	7698	4158	3540	5259	3290	1969	2714	1906	808
56	8127	4336	3791	5344	3244	2100	3252	2180	1072
57	9754	5212	4542	6952	4227	2725	3984	2645	1339
58	7416	4011	3405	5113	3112	2001	3124	2082	1042
59	4646	2461	2185	3431	2083	1348	2134	1440	694
60-64岁	**30062**	**14741**	**15321**	**23480**	**13669**	**9811**	**16067**	**10683**	**5384**
60	4996	2578	2418	4416	2733	1683	2920	2006	914
61	4291	2175	2116	3825	2377	1448	2867	1960	907
62	5975	2932	3043	4437	2603	1834	3247	2211	1036
63	7447	3593	3854	5688	3177	2511	3590	2310	1280
64	7353	3463	3890	5114	2779	2335	3443	2196	1247
65岁及以上	**50928**	**25247**	**25681**	**46921**	**26713**	**20208**	**36630**	**22854**	**13776**

5-5a 续表 5

单位：人

年 龄	初婚年龄								
	27岁			28岁			29岁		
	小计	男	女	小计	男	女	小计	男	女
总 计	**150548**	**95424**	**55124**	**100720**	**66053**	**34667**	**68048**	**45176**	**22872**
20岁以下									
20-24岁									
20									
21									
22									
23									
24									
25-29岁	**10652**	**5709**	**4943**	**4600**	**2608**	**1992**	**1193**	**659**	**534**
25									
26									
27	1726	909	817						
28	3797	2027	1770	1501	847	654			
29	5129	2773	2356	3099	1761	1338	1193	659	534
30-34岁	**28529**	**15721**	**12808**	**20621**	**11813**	**8808**	**14237**	**8114**	**6123**
30	5958	3246	2712	4779	2696	2083	2811	1613	1198
31	5874	3206	2668	4168	2334	1834	3351	1825	1526
32	5828	3128	2700	3766	2153	1613	2664	1512	1152
33	5968	3336	2632	4271	2483	1788	2794	1637	1157
34	4901	2805	2096	3637	2147	1490	2617	1527	1090
35-39岁	**23280**	**13843**	**9437**	**15999**	**9906**	**6093**	**11367**	**7046**	**4321**
35	4488	2648	1840	2883	1756	1127	2152	1304	848
36	4293	2496	1797	3211	1953	1258	2105	1277	828
37	4507	2677	1830	3043	1857	1186	2329	1470	859
38	5398	3242	2156	3750	2363	1387	2575	1616	959
39	4594	2780	1814	3112	1977	1135	2206	1379	827
40-44岁	**16635**	**10598**	**6037**	**12112**	**7849**	**4263**	**8655**	**5779**	**2876**
40	3330	2078	1252	2728	1715	1013	1894	1253	641
41	3997	2469	1528	2547	1646	901	2012	1321	691
42	3309	2101	1208	2575	1645	930	1691	1119	572
43	3029	1968	1061	2142	1375	767	1582	1087	495
44	2970	1982	988	2120	1468	652	1476	999	477
45-49岁	**12964**	**8890**	**4074**	**8682**	**6160**	**2522**	**5931**	**4245**	**1686**
45	2642	1765	877	1911	1291	620	1363	985	378
46	2205	1520	685	1660	1211	449	1266	901	365
47	2579	1784	795	1426	1015	411	1080	786	294
48	2608	1803	805	1744	1244	500	996	707	289
49	2930	2018	912	1941	1399	542	1226	866	360
50-54岁	**11628**	**8134**	**3494**	**7493**	**5308**	**2185**	**5383**	**3869**	**1514**
50	2833	1979	854	1896	1341	555	1333	973	360
51	2440	1692	748	1547	1077	470	1243	893	350
52	2642	1802	840	1593	1126	467	1123	797	326
53	1768	1241	527	1189	849	340	733	524	209
54	1945	1420	525	1268	915	353	951	682	269
55-59岁	**9201**	**6564**	**2637**	**5548**	**4123**	**1425**	**3566**	**2605**	**961**
55	1990	1430	560	1215	914	301	808	573	235
56	1689	1231	458	1209	896	313	770	591	179
57	2303	1637	666	1250	953	297	936	709	227
58	1897	1346	551	1070	779	291	604	428	176
59	1322	920	402	804	581	223	448	304	144
60-64岁	**10347**	**7413**	**2934**	**6550**	**4797**	**1753**	**4219**	**3087**	**1132**
60	1666	1219	447	1015	738	277	605	421	184
61	1789	1292	497	1004	746	258	653	464	189
62	2388	1740	648	1442	1075	367	880	656	224
63	2452	1758	694	1752	1268	484	1050	796	254
64	2052	1404	648	1337	970	367	1031	750	281
65岁及以上	**27312**	**18552**	**8760**	**19115**	**13489**	**5626**	**13497**	**9772**	**3725**

5-5a 续表 6 单位：人

年 龄	初婚年龄								
	30岁			31岁			32岁		
	小计	男	女	小计	男	女	小计	男	女
总 计	**45710**	**30215**	**15495**	**31526**	**20603**	**10923**	**23396**	**15214**	**8182**
20岁以下									
20-24岁									
20									
21									
22									
23									
24									
25-29岁									
25									
26									
27									
28									
29									
30-34岁	**8845**	**5120**	**3725**	**4900**	**2789**	**2111**	**2551**	**1475**	**1076**
30	1068	612	456						
31	2028	1170	858	730	396	334			
32	2128	1234	894	1306	733	573	514	300	214
33	2032	1169	863	1618	920	698	989	562	427
34	1589	935	654	1246	740	506	1048	613	435
35-39岁	**8085**	**4982**	**3103**	**6005**	**3628**	**2377**	**4678**	**2766**	**1912**
35	1568	896	672	1096	645	451	846	491	355
36	1488	910	578	1188	715	473	800	458	342
37	1579	989	590	1166	703	463	982	588	394
38	1936	1216	720	1320	797	523	1114	664	450
39	1514	971	543	1235	768	467	936	565	371
40-44岁	**6339**	**4130**	**2209**	**4747**	**3035**	**1712**	**3807**	**2364**	**1443**
40	1322	851	471	996	631	365	842	492	350
41	1384	879	505	1044	671	373	740	472	268
42	1387	885	502	955	599	356	760	473	287
43	1090	715	375	905	577	328	693	429	264
44	1156	800	356	847	557	290	772	498	274
45-49岁	**4277**	**3072**	**1205**	**3345**	**2292**	**1053**	**2760**	**1901**	**859**
45	973	683	290	755	512	243	575	392	183
46	946	666	280	723	477	246	576	401	175
47	869	633	236	710	491	219	551	379	172
48	774	573	201	582	394	188	513	338	175
49	715	517	198	575	418	157	545	391	154
50-54岁	**3939**	**2716**	**1223**	**2747**	**1884**	**863**	**2071**	**1451**	**620**
50	859	614	245	486	362	124	452	343	109
51	900	632	268	575	413	162	324	233	91
52	900	590	310	590	407	183	388	276	112
53	626	437	189	556	351	205	374	263	111
54	654	443	211	540	351	189	533	336	197
55-59岁	**2567**	**1809**	**758**	**2024**	**1386**	**638**	**1701**	**1153**	**548**
55	691	475	216	488	337	151	434	283	151
56	573	410	163	488	337	151	367	249	118
57	621	434	187	488	332	156	462	319	143
58	440	309	131	357	242	115	287	194	93
59	242	181	61	203	138	65	151	108	43
60-64岁	**2747**	**1939**	**808**	**1730**	**1253**	**477**	**1258**	**884**	**374**
60	370	263	107	227	173	54	187	132	55
61	379	260	119	236	176	60	144	98	46
62	573	405	168	368	264	104	266	192	74
63	765	550	215	468	344	124	346	248	98
64	660	461	199	431	296	135	315	214	101
65岁及以上	**8911**	**6447**	**2464**	**6028**	**4336**	**1692**	**4570**	**3220**	**1350**

5-5a　续表 7　　　　单位：人

年　龄	初婚年龄								
	33岁			34岁			35岁		
	小计	男	女	小计	男	女	小计	男	女
总　计	**17626**	**11330**	**6296**	**13395**	**8590**	**4805**	**10098**	**6551**	**3547**
20岁以下									
20-24岁									
20									
21									
22									
23									
24									
25-29岁									
25									
26									
27									
28									
29									
30-34岁	**1062**	**589**	**473**	**279**	**167**	**112**			
30									
31									
32									
33	393	222	171						
34	669	367	302	279	167	112			
35-39岁	**3851**	**2188**	**1663**	**2943**	**1672**	**1271**	**1993**	**1146**	**847**
35	709	399	310	472	240	232	203	120	83
36	689	384	305	559	329	230	368	212	156
37	688	356	332	545	307	238	456	239	217
38	972	580	392	706	401	305	529	331	198
39	793	469	324	661	395	266	437	244	193
40-44岁	**3043**	**1922**	**1121**	**2455**	**1512**	**943**	**2020**	**1232**	**788**
40	647	384	263	536	300	236	469	282	187
41	629	404	225	552	342	210	458	274	184
42	589	387	202	496	315	181	421	258	163
43	580	361	219	396	243	153	343	203	140
44	598	386	212	475	312	163	329	215	114
45-49岁	**2355**	**1554**	**801**	**2036**	**1347**	**689**	**1648**	**1058**	**590**
45	547	364	183	470	295	175	391	241	150
46	456	300	156	453	299	154	370	231	139
47	446	287	159	374	255	119	321	208	113
48	462	301	161	386	262	124	277	169	108
49	444	302	142	353	236	117	289	209	80
50-54岁	**1484**	**1011**	**473**	**1183**	**833**	**350**	**938**	**669**	**269**
50	379	243	136	342	238	104	311	223	88
51	293	188	105	280	198	82	232	171	61
52	253	190	63	243	166	77	186	135	51
53	241	177	64	125	90	35	103	70	33
54	318	213	105	193	141	52	106	70	36
55-59岁	**1545**	**1066**	**479**	**1242**	**833**	**409**	**901**	**640**	**261**
55	393	260	133	242	155	87	172	130	42
56	357	244	113	323	204	119	160	115	45
57	337	237	100	333	229	104	281	195	86
58	304	210	94	205	150	55	176	125	51
59	154	115	39	139	95	44	112	75	37
60-64岁	**943**	**656**	**287**	**776**	**524**	**252**	**623**	**447**	**176**
60	159	118	41	153	105	48	123	88	35
61	167	111	56	131	81	50	90	63	27
62	157	111	46	136	98	38	136	104	32
63	206	140	66	160	109	51	153	104	49
64	254	176	78	196	131	65	121	88	33
65岁及以上	**3343**	**2344**	**999**	**2481**	**1702**	**779**	**1975**	**1359**	**616**

5-5a 续表 8

单位：人

年　龄	初婚年龄								
	36岁			37岁			38岁		
	小计	男	女	小计	男	女	小计	男	女
总　计	**7620**	**5066**	**2554**	**5953**	**3931**	**2022**	**4572**	**2966**	**1606**
20岁以下									
20-24岁									
20									
21									
22									
23									
24									
25-29岁									
25									
26									
27									
28									
29									
30-34岁									
30									
31									
32									
33									
34									
35-39岁	**1250**	**733**	**517**	**748**	**414**	**334**	**339**	**172**	**167**
35									
36	145	82	63						
37	306	177	129	126	68	58			
38	441	257	184	324	175	149	128	62	66
39	358	217	141	298	171	127	211	110	101
40-44岁	**1671**	**1035**	**636**	**1306**	**822**	**484**	**1027**	**653**	**374**
40	346	203	143	260	154	106	223	137	86
41	379	234	145	285	184	101	206	127	79
42	340	214	126	281	177	104	176	108	68
43	293	178	115	250	165	85	203	137	66
44	313	206	107	230	142	88	219	144	75
45-49岁	**1287**	**866**	**421**	**1205**	**804**	**401**	**997**	**644**	**353**
45	251	158	93	236	157	79	212	133	79
46	271	182	89	198	134	64	202	127	75
47	266	186	80	258	164	94	166	109	57
48	259	175	84	251	167	84	196	126	70
49	240	165	75	262	182	80	221	149	72
50-54岁	**840**	**597**	**243**	**711**	**484**	**227**	**658**	**442**	**216**
50	230	149	81	178	122	56	199	130	69
51	210	146	64	166	116	50	140	94	46
52	176	126	50	146	89	57	134	94	40
53	104	81	23	108	78	30	93	54	39
54	120	95	25	113	79	34	92	70	22
55-59岁	**661**	**479**	**182**	**487**	**359**	**128**	**342**	**235**	**107**
55	113	85	28	99	73	26	87	57	30
56	110	77	33	69	51	18	74	54	20
57	182	138	44	130	98	32	70	49	21
58	161	108	53	124	94	30	65	44	21
59	95	71	24	65	43	22	46	31	15
60-64岁	**496**	**362**	**134**	**390**	**279**	**111**	**345**	**239**	**106**
60	101	72	29	87	63	24	73	60	13
61	90	69	21	55	41	14	62	34	28
62	100	69	31	94	60	34	67	46	21
63	113	82	31	81	60	21	76	51	25
64	92	70	22	73	55	18	67	48	19
65岁及以上	**1415**	**994**	**421**	**1106**	**769**	**337**	**864**	**581**	**283**

5-5a 续表 9

单位：人

年龄	初婚年龄					
	39岁			40岁及以上		
	小计	男	女	小计	男	女
总计	**3738**	**2423**	**1315**	**20900**	**13106**	**7794**
20岁以下						
20-24岁						
20						
21						
22						
23						
24						
25-29岁						
25						
26						
27						
28						
29						
30-34岁						
30						
31						
32						
33						
34						
35-39岁	**105**	**56**	**49**			
35						
36						
37						
38						
39	105	56	49			
40-44岁	**849**	**505**	**344**	**1613**	**945**	**668**
40	188	105	83	79	42	37
41	174	104	70	231	122	109
42	135	75	60	362	220	142
43	159	88	71	422	244	178
44	193	133	60	519	317	202
45-49岁	**763**	**493**	**270**	**3673**	**2317**	**1356**
45	150	100	50	595	363	232
46	156	108	48	680	417	263
47	162	100	62	730	461	269
48	142	89	53	824	531	293
49	153	96	57	844	545	299
50-54岁	**615**	**404**	**211**	**4087**	**2694**	**1393**
50	185	115	70	927	609	318
51	138	84	54	833	541	292
52	117	72	45	900	593	307
53	90	62	28	680	435	245
54	85	71	14	747	516	231
55-59岁	**305**	**241**	**64**	**2933**	**1995**	**938**
55	81	61	20	667	438	229
56	70	56	14	632	429	203
57	77	62	15	761	552	209
58	39	29	10	552	354	198
59	38	33	5	321	222	99
60-64岁	**305**	**196**	**109**	**1996**	**1278**	**718**
60	50	36	14	316	209	107
61	62	39	23	294	192	102
62	67	39	28	407	275	132
63	64	36	28	508	323	185
64	62	46	16	471	279	192
65岁及以上	**796**	**528**	**268**	**6598**	**3877**	**2721**

5-5b 全省分年龄、性别、初婚年龄的人口(镇)

单位：人

年龄	初婚年龄					
	合计			15岁以下		
	合计	男	女	小计	男	女
总计	**1529103**	**742639**	**786464**	**1610**	**349**	**1261**
20岁以下	**543**	**104**	**439**	**18**	**3**	**15**
20-24岁	**14969**	**5326**	**9643**	**46**	**11**	**35**
20	623	169	454	7		7
21	1242	363	879	9	2	7
22	2287	710	1577	6	3	3
23	4103	1475	2628	13	4	9
24	6714	2609	4105	11	2	9
25-29岁	**93670**	**42756**	**50914**	**95**	**25**	**70**
25	10556	4366	6190	14	4	10
26	13852	6078	7774	19	8	11
27	18273	8316	9957	21	5	16
28	22733	10630	12103	16	2	14
29	28256	13366	14890	25	6	19
30-34岁	**191168**	**93948**	**97220**	**219**	**64**	**155**
30	40989	20008	20981	45	18	27
31	40914	19847	21067	42	9	33
32	36536	17958	18578	47	15	32
33	39506	19633	19873	47	15	32
34	33223	16502	16721	38	7	31
35-39岁	**146213**	**73115**	**73098**	**85**	**18**	**67**
35	28048	14121	13927	23	5	18
36	27992	13849	14143	13	2	11
37	27737	13894	13843	10	3	7
38	32976	16562	16414	21	5	16
39	29460	14689	14771	18	3	15
40-44岁	**140664**	**70296**	**70368**	**147**	**39**	**108**
40	25111	12525	12586	20	5	15
41	29594	14807	14787	27	7	20
42	28569	14191	14378	32	6	26
43	27699	13802	13897	39	8	31
44	29691	14971	14720	29	13	16
45-49岁	**165389**	**82366**	**83023**	**159**	**40**	**119**
45	29109	14544	14565	43	14	29
46	30003	14883	15120	24	6	18
47	31659	15836	15823	40	7	33
48	34740	17371	17369	29	7	22
49	39878	19732	20146	23	6	17
50-54岁	**205024**	**100247**	**104777**	**176**	**32**	**144**
50	43489	21306	22183	30	5	25
51	42090	20701	21389	40	6	34
52	43995	21378	22617	50	11	39
53	35298	17158	18140	30	6	24
54	40152	19704	20448	26	4	22
55-59岁	**157723**	**77408**	**80315**	**111**	**19**	**92**
55	38178	18519	19659	38	10	28
56	34049	16764	17285	18	2	16
57	39540	19577	19963	27	4	23
58	29597	14650	14947	19	2	17
59	16359	7898	8461	9	1	8
60-64岁	**112566**	**56006**	**56560**	**107**	**22**	**85**
60	17940	8930	9010	8	1	7
61	18108	8951	9157	19	3	16
62	24044	12060	11984	20	5	15
63	27804	13996	13808	32	11	21
64	24670	12069	12601	28	2	26
65岁及以上	**301174**	**141067**	**160107**	**447**	**76**	**371**

5-5b 续表 1

单位：人

年龄	初婚年龄								
	15岁			16岁			17岁		
	小计	男	女	小计	男	女	小计	男	女
总计	**7904**	**1941**	**5963**	**14192**	**3186**	**11006**	**27287**	**7049**	**20238**
20岁以下	**65**	**10**	**55**	**115**	**17**	**98**	**151**	**32**	**119**
20-24岁	**272**	**66**	**206**	**479**	**116**	**363**	**788**	**210**	**578**
20	31	8	23	43	15	28	91	24	67
21	38	13	25	66	22	44	99	30	69
22	52	11	41	98	20	78	133	34	99
23	59	11	48	134	28	106	222	58	164
24	92	23	69	138	31	107	243	64	179
25-29岁	**570**	**168**	**402**	**1071**	**310**	**761**	**2164**	**737**	**1427**
25	128	39	89	166	49	117	347	120	227
26	106	28	78	205	75	130	313	96	217
27	89	23	66	228	56	172	444	156	288
28	135	41	94	242	56	186	493	175	318
29	112	37	75	230	74	156	567	190	377
30-34岁	**864**	**301**	**563**	**1468**	**435**	**1033**	**2731**	**880**	**1851**
30	211	81	130	298	84	214	630	217	413
31	184	51	133	360	125	235	569	175	394
32	168	65	103	287	81	206	572	199	373
33	185	64	121	298	72	226	517	147	370
34	116	40	76	225	73	152	443	142	301
35-39岁	**506**	**155**	**351**	**825**	**217**	**608**	**1574**	**414**	**1160**
35	134	54	80	163	53	110	344	91	253
36	112	31	81	209	54	155	276	68	208
37	83	20	63	157	38	119	351	107	244
38	87	28	59	164	42	122	327	87	240
39	90	22	68	132	30	102	276	61	215
40-44岁	**682**	**198**	**484**	**1037**	**280**	**757**	**1806**	**569**	**1237**
40	95	30	65	148	43	105	247	72	175
41	155	47	108	249	66	183	330	103	227
42	141	38	103	197	55	142	380	122	258
43	144	42	102	211	46	165	381	115	266
44	147	41	106	232	70	162	468	157	311
45-49岁	**866**	**223**	**643**	**1648**	**412**	**1236**	**3302**	**980**	**2322**
45	190	53	137	212	61	151	455	134	321
46	184	47	137	357	94	263	462	148	314
47	152	41	111	362	100	262	741	220	521
48	164	38	126	363	89	274	847	257	590
49	176	44	132	354	68	286	797	221	576
50-54岁	**866**	**222**	**644**	**1723**	**399**	**1324**	**3482**	**936**	**2546**
50	201	47	154	313	59	254	732	204	528
51	189	49	140	443	98	345	758	215	543
52	174	52	122	385	108	277	873	223	650
53	171	45	126	280	68	212	576	151	425
54	131	29	102	302	66	236	543	143	400
55-59岁	**536**	**129**	**407**	**981**	**178**	**803**	**2030**	**458**	**1572**
55	174	49	125	235	45	190	529	142	387
56	126	30	96	262	62	200	400	81	319
57	120	24	96	247	41	206	577	125	452
58	77	18	59	147	18	129	361	77	284
59	39	8	31	90	12	78	163	33	130
60-64岁	**405**	**104**	**301**	**662**	**128**	**534**	**1105**	**213**	**892**
60	66	15	51	68	8	60	139	20	119
61	69	19	50	129	34	95	180	35	145
62	89	29	60	145	18	127	266	55	211
63	94	21	73	152	36	116	277	50	227
64	87	20	67	168	32	136	243	53	190
65岁及以上	**2272**	**365**	**1907**	**4183**	**694**	**3489**	**8154**	**1620**	**6534**

5-5b 续表 2 单位：人

年龄	初婚年龄								
	18岁			19岁			20岁		
	小计	男	女	小计	男	女	小计	男	女
总　计	**50096**	**14303**	**35793**	**94033**	**31184**	**62849**	**144713**	**53018**	**91695**
20岁以下	**126**	**30**	**96**	**68**	**12**	**56**			
20-24岁	**1254**	**338**	**916**	**1883**	**568**	**1315**	**2495**	**750**	**1745**
20	145	41	104	188	50	138	118	31	87
21	178	41	137	307	87	220	387	119	268
22	198	52	146	345	98	247	527	144	383
23	288	67	221	425	135	290	653	187	466
24	445	137	308	618	198	420	810	269	541
25-29岁	**3844**	**1384**	**2460**	**6125**	**2237**	**3888**	**8348**	**3090**	**5258**
25	521	185	336	865	275	590	1125	370	755
26	664	236	428	962	348	614	1278	490	788
27	694	229	465	1185	424	761	1608	567	1041
28	904	340	564	1331	498	833	1945	745	1200
29	1061	394	667	1782	692	1090	2392	918	1474
30-34岁	**5561**	**1851**	**3710**	**10532**	**3948**	**6584**	**16495**	**6474**	**10021**
30	1360	511	849	2533	1035	1498	3696	1514	2182
31	1186	415	771	2284	868	1416	3607	1466	2141
32	969	298	671	1929	725	1204	3191	1223	1968
33	1168	388	780	1981	716	1265	3246	1248	1998
34	878	239	639	1805	604	1201	2755	1023	1732
35-39岁	**3166**	**933**	**2233**	**6511**	**2014**	**4497**	**11712**	**3916**	**7796**
35	713	244	469	1418	464	954	2447	860	1587
36	644	202	442	1401	440	961	2479	849	1630
37	510	140	370	1191	336	855	2189	786	1403
38	685	188	497	1185	350	835	2567	810	1757
39	614	159	455	1316	424	892	2030	611	1419
40-44岁	**3109**	**941**	**2168**	**6629**	**1976**	**4653**	**11659**	**3637**	**8022**
40	469	139	330	1093	309	784	2042	628	1414
41	590	155	435	1303	374	929	2501	774	1727
42	574	171	403	1303	374	929	2375	716	1659
43	721	237	484	1305	411	894	2211	681	1530
44	755	239	516	1625	508	1117	2530	838	1692
45-49岁	**5834**	**1956**	**3878**	**10090**	**3652**	**6438**	**15663**	**6032**	**9631**
45	798	267	531	1607	540	1067	2840	983	1857
46	967	295	672	1677	566	1111	2722	984	1738
47	967	328	639	1867	684	1183	2997	1180	1817
48	1446	518	928	2020	763	1257	3478	1415	2063
49	1656	548	1108	2919	1099	1820	3626	1470	2156
50-54岁	**7332**	**2286**	**5046**	**15141**	**5477**	**9664**	**24041**	**9861**	**14180**
50	1680	545	1135	3458	1304	2154	4979	2011	2968
51	1515	499	1016	3265	1200	2065	5457	2292	3165
52	1509	468	1041	3085	1114	1971	5131	2116	3015
53	1353	405	948	2508	888	1620	4092	1661	2431
54	1275	369	906	2825	971	1854	4382	1781	2601
55-59岁	**4187**	**1027**	**3160**	**8514**	**2774**	**5740**	**14837**	**5635**	**9202**
55	1057	294	763	2357	804	1553	4199	1671	2528
56	954	259	695	1760	596	1164	3270	1231	2039
57	935	219	716	1991	658	1333	3474	1376	2098
58	810	188	622	1510	485	1025	2553	945	1608
59	431	67	364	896	231	665	1341	412	929
60-64岁	**2038**	**418**	**1620**	**4361**	**1265**	**3096**	**7974**	**2551**	**5423**
60	305	44	261	774	204	570	1628	503	1125
61	282	49	233	686	210	476	1499	483	1016
62	390	80	310	853	250	603	1594	519	1075
63	551	120	431	976	269	707	1658	531	1127
64	510	125	385	1072	332	740	1595	515	1080
65岁及以上	**13645**	**3139**	**10506**	**24179**	**7261**	**16918**	**31489**	**11072**	**20417**

5-5b 续表 3

单位：人

年龄	初婚年龄								
	21岁			22岁			23岁		
	小计	男	女	小计	男	女	小计	男	女
总　计	**192577**	**82923**	**109654**	**224733**	**110214**	**114519**	**208102**	**106853**	**101249**
20岁以下									
20-24岁	**2603**	**996**	**1607**	**2808**	**1199**	**1609**	**1752**	**812**	**940**
20									
21	158	49	109						
22	585	203	382	343	145	198			
23	867	342	525	969	426	543	473	217	256
24	993	402	591	1496	628	868	1279	595	684
25-29岁	**10736**	**4479**	**6257**	**12745**	**6112**	**6633**	**13070**	**6205**	**6865**
25	1346	520	826	1725	827	898	1939	859	1080
26	1749	707	1042	1967	904	1063	2032	945	1087
27	2037	864	1173	2598	1267	1331	2444	1150	1294
28	2431	1020	1411	2916	1383	1533	3108	1497	1611
29	3173	1368	1805	3539	1731	1808	3547	1754	1793
30-34岁	**21741**	**9864**	**11877**	**25749**	**13084**	**12665**	**24433**	**12392**	**12041**
30	4293	1932	2361	5382	2678	2704	5235	2614	2621
31	4837	2150	2687	4987	2459	2528	5352	2666	2686
32	4241	1976	2265	5213	2674	2539	4319	2164	2155
33	4677	2124	2553	5403	2805	2598	5285	2731	2554
34	3693	1682	2011	4764	2468	2296	4242	2217	2025
35-39岁	**17490**	**7438**	**10052**	**20959**	**10684**	**10275**	**19446**	**10308**	**9138**
35	3159	1386	1773	3710	1921	1789	3813	2052	1761
36	3462	1515	1947	3852	1961	1891	3507	1873	1634
37	3457	1486	1971	4026	2078	1948	3512	1809	1703
38	3986	1644	2342	4916	2504	2412	4542	2415	2127
39	3426	1407	2019	4455	2220	2235	4072	2159	1913
40-44岁	**17264**	**7236**	**10028**	**22022**	**11208**	**10814**	**20052**	**10572**	**9480**
40	2668	1098	1570	3762	1900	1862	3646	1886	1760
41	3752	1610	2142	4093	2047	2046	4277	2236	2041
42	3682	1560	2122	4777	2364	2413	3521	1865	1656
43	3537	1449	2088	4607	2384	2223	4182	2237	1945
44	3625	1519	2106	4783	2513	2270	4426	2348	2078
45-49岁	**22295**	**9886**	**12409**	**26214**	**13383**	**12831**	**23630**	**12435**	**11195**
45	3760	1557	2203	4502	2300	2202	4166	2247	1919
46	4212	1874	2338	4744	2398	2346	4183	2162	2021
47	4299	1946	2353	5327	2711	2616	4448	2370	2078
48	4595	2028	2567	5396	2815	2581	5309	2816	2493
49	5429	2481	2948	6245	3159	3086	5524	2840	2684
50-54岁	**30962**	**14273**	**16689**	**33634**	**16993**	**16641**	**27904**	**14570**	**13334**
50	5440	2512	2928	6678	3325	3353	5972	3020	2952
51	6839	3252	3587	5774	2939	2835	5380	2828	2552
52	7260	3288	3972	7694	3908	3786	5213	2672	2541
53	5570	2520	3050	6237	3187	3050	5184	2756	2428
54	5853	2701	3152	7251	3634	3617	6155	3294	2861
55-59岁	**22693**	**9818**	**12875**	**28054**	**13664**	**14390**	**25431**	**13339**	**12092**
55	5812	2601	3211	6753	3309	3444	5902	3057	2845
56	5492	2380	3112	6047	3000	3047	5230	2743	2487
57	5633	2418	3215	7728	3788	3940	6442	3371	3071
58	3715	1574	2141	5019	2411	2608	5232	2782	2450
59	2041	845	1196	2507	1156	1351	2625	1386	1239
60-64岁	**12598**	**4895**	**7703**	**16919**	**7397**	**9522**	**18916**	**9276**	**9640**
60	2103	784	1319	2603	1166	1437	2751	1424	1327
61	2687	1056	1631	2614	1119	1495	2881	1430	1451
62	2831	1141	1690	4256	1899	2357	3682	1810	1872
63	2743	1080	1663	4180	1841	2339	5501	2691	2810
64	2234	834	1400	3266	1372	1894	4101	1921	2180
65岁及以上	**34195**	**14038**	**20157**	**35629**	**16490**	**19139**	**33468**	**16944**	**16524**

5-5b 续表 4

单位：人

年 龄	初婚年龄								
	24岁			25岁			26岁		
	小计	男	女	小计	男	女	小计	男	女
总 计	**169553**	**92584**	**76969**	**124135**	**72065**	**52070**	**81888**	**49571**	**32317**
20岁以下									
20-24岁	**589**	**260**	**329**						
20									
21									
22									
23									
24	589	260	329						
25-29岁	**12686**	**6235**	**6451**	**10096**	**5140**	**4956**	**6527**	**3522**	**3005**
25	1649	759	890	731	359	372			
26	2211	1052	1159	1709	856	853	637	333	304
27	2459	1219	1240	2372	1228	1144	1546	809	737
28	2790	1445	1345	2544	1285	1259	2125	1176	949
29	3577	1760	1817	2740	1412	1328	2219	1204	1015
30-34岁	**22053**	**11608**	**10445**	**18286**	**9879**	**8407**	**13635**	**7529**	**6106**
30	4786	2469	2317	4216	2249	1967	2945	1572	1373
31	4708	2444	2264	4003	2124	1879	3062	1629	1433
32	4384	2292	2092	3427	1835	1592	2611	1450	1161
33	4230	2267	1963	3773	2054	1719	2696	1561	1135
34	3945	2136	1809	2867	1617	1250	2321	1317	1004
35-39岁	**16156**	**8868**	**7288**	**13136**	**7630**	**5506**	**9537**	**5654**	**3883**
35	2994	1624	1370	2706	1568	1138	1747	1026	721
36	3120	1660	1460	2417	1383	1034	1934	1154	780
37	2999	1636	1363	2616	1527	1089	1789	1054	735
38	3611	2059	1552	2804	1676	1128	2253	1310	943
39	3432	1889	1543	2593	1476	1117	1814	1110	704
40-44岁	**15471**	**8668**	**6803**	**11031**	**6585**	**4446**	**7957**	**4897**	**3060**
40	2796	1527	1269	2203	1278	925	1630	987	643
41	3331	1896	1435	2464	1459	1005	1774	1078	696
42	3104	1719	1385	2366	1426	940	1623	997	626
43	2724	1516	1208	2051	1235	816	1478	911	567
44	3516	2010	1506	1947	1187	760	1452	924	528
45-49岁	**17876**	**9939**	**7937**	**12021**	**7130**	**4891**	**7085**	**4441**	**2644**
45	3219	1814	1405	2327	1372	955	1208	773	435
46	3269	1860	1409	2324	1401	923	1468	902	566
47	3263	1817	1446	2325	1351	974	1313	832	481
48	3547	1938	1609	2298	1365	933	1471	920	551
49	4578	2510	2068	2747	1641	1106	1625	1014	611
50-54岁	**20077**	**11121**	**8956**	**13007**	**7609**	**5398**	**7818**	**4712**	**3106**
50	4571	2532	2039	3368	1926	1442	1802	1125	677
51	4141	2290	1851	2768	1615	1153	1738	1042	696
52	4114	2276	1838	2649	1569	1080	1655	987	668
53	2945	1595	1350	2071	1226	845	1162	695	467
54	4306	2428	1878	2151	1273	878	1461	863	598
55-59岁	**18827**	**10676**	**8151**	**11639**	**6988**	**4651**	**6336**	**3993**	**2343**
55	4229	2353	1876	2582	1492	1090	1097	681	416
56	4098	2347	1751	2363	1444	919	1406	896	510
57	4482	2563	1919	2919	1766	1153	1667	1055	612
58	3760	2159	1601	2326	1393	933	1344	847	497
59	2258	1254	1004	1449	893	556	822	514	308
60-64岁	**15774**	**8736**	**7038**	**10494**	**6525**	**3969**	**6512**	**4406**	**2106**
60	2520	1497	1023	1941	1246	695	998	682	316
61	2231	1289	942	1604	1025	579	1148	794	354
62	3145	1709	1436	2130	1331	799	1345	918	427
63	3662	2005	1657	2571	1578	993	1516	1031	485
64	4216	2236	1980	2248	1345	903	1505	981	524
65岁及以上	**30044**	**16473**	**13571**	**24425**	**14579**	**9846**	**16481**	**10417**	**6064**

5-5b 续表 5

单位：人

年龄	初婚年龄								
	27岁			28岁			29岁		
	小计	男	女	小计	男	女	小计	男	女
总 计	**53521**	**33735**	**19786**	**35095**	**22262**	**12833**	**23789**	**15098**	**8691**
20岁以下									
20-24岁									
20									
21									
22									
23									
24									
25-29岁	**3618**	**1987**	**1631**	**1576**	**880**	**696**	**399**	**245**	**154**
25									
26									
27	548	319	229						
28	1261	689	572	492	278	214			
29	1809	979	830	1084	602	482	399	245	154
30-34岁	**9561**	**5483**	**4078**	**7073**	**4086**	**2987**	**4692**	**2715**	**1977**
30	2193	1248	945	1818	1024	794	967	550	417
31	2042	1127	915	1538	888	650	1166	669	497
32	1792	1024	768	1233	706	527	881	531	350
33	1922	1128	794	1414	832	582	898	523	375
34	1612	956	656	1070	636	434	780	442	338
35-39岁	**6973**	**4237**	**2736**	**4819**	**2991**	**1828**	**3296**	**1920**	**1376**
35	1446	909	537	895	533	362	651	353	298
36	1191	702	489	966	580	386	581	335	246
37	1390	842	548	900	559	341	678	423	255
38	1580	947	633	1121	711	410	681	392	289
39	1366	837	529	937	608	329	705	417	288
40-44岁	**5399**	**3470**	**1929**	**3576**	**2278**	**1298**	**2692**	**1724**	**968**
40	1061	661	400	751	490	261	526	324	202
41	1187	758	429	776	485	291	604	394	210
42	1195	766	429	712	454	258	527	352	175
43	1006	661	345	666	419	247	511	325	186
44	950	624	326	671	430	241	524	329	195
45-49岁	**4533**	**2981**	**1552**	**2870**	**1896**	**974**	**2027**	**1315**	**712**
45	882	591	291	564	369	195	447	313	134
46	723	483	240	528	337	191	342	216	126
47	902	574	328	477	327	150	391	240	151
48	928	616	312	611	409	202	353	234	119
49	1098	717	381	690	454	236	494	312	182
50-54岁	**4824**	**3018**	**1806**	**3071**	**1953**	**1118**	**2294**	**1443**	**851**
50	1112	702	410	753	479	274	519	337	182
51	982	606	376	614	393	221	490	311	179
52	1127	694	433	653	409	244	500	305	195
53	753	476	277	547	352	195	353	224	129
54	850	540	310	504	320	184	432	266	166
55-59岁	**3545**	**2324**	**1221**	**2076**	**1377**	**699**	**1403**	**935**	**468**
55	757	479	278	461	294	167	346	237	109
56	535	342	193	414	293	121	303	197	106
57	933	628	305	427	278	149	370	257	113
58	796	532	264	459	293	166	217	143	74
59	524	343	181	315	219	96	167	101	66
60-64岁	**4182**	**2941**	**1241**	**2747**	**1912**	**835**	**1868**	**1296**	**572**
60	621	415	206	408	263	145	239	167	72
61	651	450	201	387	266	121	245	170	75
62	1068	752	316	618	447	171	376	258	118
63	1034	765	269	746	522	224	503	348	155
64	808	559	249	588	414	174	505	353	152
65岁及以上	**10886**	**7294**	**3592**	**7287**	**4889**	**2398**	**5118**	**3505**	**1613**

5-5b 续表 6

单位：人

年　龄	初婚年龄								
	30岁			31岁			32岁		
	小计	男	女	小计	男	女	小计	男	女
总　计	**16924**	**10632**	**6292**	**12554**	**7699**	**4855**	**9582**	**5808**	**3774**
20岁以下									
20-24岁									
20									
21									
22									
23									
24									
25-29岁									
25									
26									
27									
28									
29									
30-34岁	**2967**	**1683**	**1284**	**1723**	**934**	**789**	**896**	**487**	**409**
30	381	212	169						
31	693	413	280	294	169	125			
32	684	377	307	413	226	187	175	97	78
33	678	387	291	576	296	280	356	192	164
34	531	294	237	440	243	197	365	198	167
35-39岁	**2541**	**1537**	**1004**	**2113**	**1216**	**897**	**1577**	**863**	**714**
35	589	365	224	387	220	167	267	151	116
36	477	279	198	436	245	191	309	169	140
37	478	281	197	399	228	171	293	155	138
38	556	337	219	477	278	199	388	225	163
39	441	275	166	414	245	169	320	163	157
40-44岁	**2107**	**1307**	**800**	**1617**	**972**	**645**	**1303**	**770**	**533**
40	475	298	177	287	160	127	285	156	129
41	471	300	171	392	243	149	264	169	95
42	422	249	173	337	202	135	291	166	125
43	351	217	134	320	193	127	244	139	105
44	388	243	145	281	174	107	219	140	79
45-49岁	**1481**	**932**	**549**	**1230**	**787**	**443**	**1091**	**679**	**412**
45	343	217	126	270	181	89	216	134	82
46	293	177	116	268	166	102	219	141	78
47	288	192	96	228	136	92	229	136	93
48	292	190	102	235	151	84	207	133	74
49	265	156	109	229	153	76	220	135	85
50-54岁	**1691**	**1045**	**646**	**1267**	**754**	**513**	**865**	**542**	**323**
50	345	230	115	197	130	67	167	112	55
51	328	193	135	248	155	93	104	68	36
52	431	242	189	275	161	114	179	114	65
53	304	197	107	279	161	118	146	97	49
54	283	183	100	268	147	121	269	151	118
55-59岁	**1104**	**715**	**389**	**880**	**552**	**328**	**852**	**518**	**334**
55	320	194	126	204	129	75	235	135	100
56	243	155	88	232	142	90	169	103	66
57	237	157	80	196	121	75	218	141	77
58	200	138	62	157	98	59	162	97	65
59	104	71	33	91	62	29	68	42	26
60-64岁	**1304**	**894**	**410**	**929**	**621**	**308**	**734**	**483**	**251**
60	167	109	58	90	58	32	70	40	30
61	169	107	62	113	79	34	66	49	17
62	282	194	88	210	143	67	147	102	45
63	359	255	104	274	184	90	221	144	77
64	327	229	98	242	157	85	230	148	82
65岁及以上	**3729**	**2519**	**1210**	**2795**	**1863**	**932**	**2264**	**1466**	**798**

5-5b 续表 7

单位：人

年龄	初婚年龄								
	33岁			34岁			35岁		
	小计	男	女	小计	男	女	小计	男	女
总计	**7229**	**4298**	**2931**	**5571**	**3444**	**2127**	**4216**	**2600**	**1616**
20岁以下									
20-24岁									
20									
21									
22									
23									
24									
25-29岁									
25									
26									
27									
28									
29									
30-34岁	**390**	**197**	**193**	**99**	**54**	**45**			
30									
31									
32									
33	156	83	73						
34	234	114	120	99	54	45			
35-39岁	**1290**	**725**	**565**	**1006**	**562**	**444**	**671**	**357**	**314**
35	228	126	102	148	81	67	66	35	31
36	230	134	96	195	117	78	127	68	59
37	229	121	108	170	97	73	171	88	83
38	325	176	149	240	130	110	162	91	71
39	278	168	110	253	137	116	145	75	70
40-44岁	**1123**	**645**	**478**	**901**	**529**	**372**	**733**	**457**	**276**
40	219	137	82	188	111	77	148	84	64
41	238	132	106	203	115	88	172	105	67
42	221	129	92	174	104	70	143	89	54
43	222	118	104	143	85	58	135	88	47
44	223	129	94	193	114	79	135	91	44
45-49岁	**898**	**523**	**375**	**796**	**488**	**308**	**646**	**385**	**261**
45	190	111	79	174	109	65	140	81	59
46	171	108	63	158	97	61	133	78	55
47	161	100	61	153	95	58	126	76	50
48	200	117	83	127	82	45	128	69	59
49	176	87	89	184	105	79	119	81	38
50-54岁	**679**	**446**	**233**	**566**	**360**	**206**	**449**	**284**	**165**
50	160	102	58	155	96	59	124	72	52
51	132	92	40	125	77	48	103	68	35
52	118	73	45	104	69	35	103	74	29
53	128	87	41	71	46	25	69	41	28
54	141	92	49	111	72	39	50	29	21
55-59岁	**725**	**419**	**306**	**514**	**328**	**186**	**377**	**236**	**141**
55	215	119	96	83	56	27	69	47	22
56	148	91	57	126	73	53	65	41	24
57	153	89	64	134	87	47	112	73	39
58	136	81	55	110	71	39	84	51	33
59	73	39	34	61	41	20	47	24	23
60-64岁	**467**	**300**	**167**	**384**	**265**	**119**	**271**	**181**	**90**
60	65	36	29	65	44	21	48	32	16
61	71	44	27	52	31	21	47	28	19
62	79	54	25	81	60	21	61	41	20
63	122	76	46	89	62	27	69	51	18
64	130	90	40	97	68	29	46	29	17
65岁及以上	**1657**	**1043**	**614**	**1305**	**858**	**447**	**1069**	**700**	**369**

5-5b 续表 8 单位：人

年 龄	初婚年龄								
	36岁			37岁			38岁		
	小计	男	女	小计	男	女	小计	男	女
总 计	**3160**	**1953**	**1207**	**2509**	**1570**	**939**	**1940**	**1229**	**711**
20岁以下									
20-24岁									
20									
21									
22									
23									
24									
25-29岁									
25									
26									
27									
28									
29									
30-34岁									
30									
31									
32									
33									
34									
35-39岁	**439**	**245**	**194**	**221**	**123**	**98**	**120**	**63**	**57**
35									
36	54	28	26						
37	91	52	39	48	28	20			
38	164	90	74	82	45	37	52	22	30
39	130	75	55	91	50	41	68	41	27
40-44岁	**568**	**343**	**225**	**414**	**243**	**171**	**334**	**204**	**130**
40	109	66	43	66	39	27	67	41	26
41	116	69	47	87	45	42	76	47	29
42	127	74	53	83	54	29	59	34	25
43	107	68	39	93	53	40	67	45	22
44	109	66	43	85	52	33	65	37	28
45-49岁	**527**	**311**	**216**	**425**	**265**	**160**	**326**	**201**	**125**
45	106	58	48	72	44	28	52	28	24
46	118	69	49	61	41	20	63	43	20
47	98	62	36	97	62	35	44	23	21
48	94	58	36	97	58	39	87	54	33
49	111	64	47	98	60	38	80	53	27
50-54岁	**372**	**228**	**144**	**344**	**215**	**129**	**296**	**187**	**109**
50	94	50	44	78	52	26	83	51	32
51	100	59	41	86	51	35	55	35	20
52	78	56	22	72	40	32	66	42	24
53	46	29	17	50	36	14	43	26	17
54	54	34	20	58	36	22	49	33	16
55-59岁	**251**	**179**	**72**	**203**	**133**	**70**	**159**	**110**	**49**
55	33	24	9	43	27	16	39	28	11
56	48	37	11	35	25	10	34	25	9
57	67	47	20	54	42	12	24	17	7
58	72	48	24	38	25	13	40	24	16
59	31	23	8	33	14	19	22	16	6
60-64岁	**245**	**175**	**70**	**223**	**154**	**69**	**173**	**112**	**61**
60	33	23	10	33	24	9	28	19	9
61	44	33	11	30	14	16	30	19	11
62	47	34	13	55	40	15	30	19	11
63	75	57	18	56	40	16	52	33	19
64	46	28	18	49	36	13	33	22	11
65岁及以上	**758**	**472**	**286**	**679**	**437**	**242**	**532**	**352**	**180**

5-5b　续表 9

单位：人

年龄	初婚年龄					
	39岁			40岁及以上		
	小计	男	女	小计	男	女
总　计	**1742**	**1059**	**683**	**10448**	**6012**	**4436**
20岁以下						
20-24岁						
20						
21						
22						
23						
24						
25-29岁						
25						
26						
27						
28						
29						
30-34岁						
30						
31						
32						
33						
34						
35-39岁	**44**	**27**	**17**			
35						
36						
37						
38						
39	44	27	17			
40-44岁	**309**	**175**	**134**	**722**	**373**	**349**
40	66	35	31	44	21	23
41	71	43	28	91	50	41
42	57	32	25	146	73	73
43	42	24	18	201	95	106
44	73	41	32	240	134	106
45-49岁	**323**	**195**	**128**	**1533**	**899**	**634**
45	72	40	32	254	153	101
46	53	30	23	280	160	120
47	61	43	18	303	183	120
48	68	36	32	350	195	155
49	69	46	23	346	208	138
50-54岁	**291**	**179**	**112**	**1852**	**1102**	**750**
50	76	49	27	402	229	173
51	62	42	20	354	226	128
52	65	40	25	432	267	165
53	39	22	17	291	161	130
54	49	26	23	373	219	154
55-59岁	**139**	**92**	**47**	**1319**	**792**	**527**
55	45	28	17	364	214	150
56	27	15	12	244	154	90
57	32	22	10	341	210	131
58	16	12	4	237	138	99
59	19	15	4	133	76	57
60-64岁	**163**	**101**	**62**	**1011**	**635**	**376**
60	23	11	12	146	95	51
61	25	19	6	149	96	53
62	25	11	14	219	141	78
63	49	34	15	242	161	81
64	41	26	15	255	142	113
65岁及以上	**473**	**290**	**183**	**4011**	**2211**	**1800**

5-5c 全省分年龄、性别、初婚年龄的人口(乡村)

单位：人

年龄	初婚年龄					
	合计			15岁以下		
	合计	男	女	小计	男	女
总计	**1655321**	**805967**	**849354**	**2357**	**416**	**1941**
20岁以下	**553**	**129**	**424**	**28**	**2**	**26**
20-24岁	**11835**	**4147**	**7688**	**52**	**8**	**44**
20	604	127	477	6		6
21	1003	285	718	8	1	7
22	1951	613	1338	10	1	9
23	3207	1162	2045	16	3	13
24	5070	1960	3110	12	3	9
25-29岁	**66364**	**31017**	**35347**	**96**	**14**	**82**
25	7806	3207	4599	19	1	18
26	9854	4330	5524	11	3	8
27	12899	5900	6999	24	2	22
28	16167	7907	8260	22	6	16
29	19638	9673	9965	20	2	18
30-34岁	**129346**	**66223**	**63123**	**211**	**54**	**157**
30	28039	14218	13821	46	12	34
31	27921	14289	13632	38	11	27
32	24648	12643	12005	43	11	32
33	26820	13853	12967	48	11	37
34	21918	11220	10698	36	9	27
35-39岁	**94017**	**49281**	**44736**	**104**	**20**	**84**
35	18104	9430	8674	26	8	18
36	17739	9238	8501	23	3	20
37	17580	9318	8262	10	1	9
38	21069	11112	9957	25	4	21
39	19525	10183	9342	20	4	16
40-44岁	**103627**	**52796**	**50831**	**205**	**42**	**163**
40	16916	8811	8105	21	4	17
41	21101	10910	10191	37	3	34
42	20902	10861	10041	51	12	39
43	21205	10625	10580	44	11	33
44	23503	11589	11914	52	12	40
45-49岁	**153785**	**75194**	**78591**	**241**	**36**	**205**
45	24043	11962	12081	67	13	54
46	27232	13386	13846	32	5	27
47	29028	14191	14837	53	6	47
48	33223	16040	17183	41	4	37
49	40259	19615	20644	48	8	40
50-54岁	**230394**	**111527**	**118867**	**284**	**42**	**242**
50	45065	21797	23268	63	8	55
51	46616	22567	24049	67	12	55
52	49445	23968	25477	58	9	49
53	41093	19789	21304	43	5	38
54	48175	23406	24769	53	8	45
55-59岁	**193688**	**94837**	**98851**	**147**	**26**	**121**
55	45607	22189	23418	57	15	42
56	40935	20025	20910	21	2	19
57	47843	23714	24129	38	3	35
58	38217	18764	19453	17	4	13
59	21086	10145	10941	14	2	12
60-64岁	**155980**	**78284**	**77696**	**153**	**30**	**123**
60	22776	11246	11530	12	3	9
61	24003	11916	12087	17	2	15
62	32651	16547	16104	37	10	27
63	39809	20132	19677	41	7	34
64	36741	18443	18298	46	8	38
65岁及以上	**515732**	**242532**	**273200**	**836**	**142**	**694**

5-5c　续表 1　　　　单位：人

年　龄	初婚年龄								
	15岁			16岁			17岁		
	小计	男	女	小计	男	女	小计	男	女
总　计	**10967**	**2216**	**8751**	**20622**	**4136**	**16486**	**39045**	**8734**	**30311**
20岁以下	**66**	**15**	**51**	**122**	**30**	**92**	**149**	**29**	**120**
20-24岁	**269**	**60**	**209**	**447**	**106**	**341**	**783**	**205**	**578**
20	32	3	29	45	5	40	77	16	61
21	38	12	26	63	18	45	102	29	73
22	56	12	44	88	20	68	147	30	117
23	64	14	50	101	23	78	194	55	139
24	79	19	60	150	40	110	263	75	188
25-29岁	**526**	**139**	**387**	**949**	**285**	**664**	**1923**	**608**	**1315**
25	103	20	83	169	42	127	295	74	221
26	89	17	72	195	67	128	303	88	215
27	111	42	69	187	63	124	380	119	261
28	113	32	81	202	62	140	441	133	308
29	110	28	82	196	51	145	504	194	310
30-34岁	**741**	**232**	**509**	**1314**	**414**	**900**	**2414**	**791**	**1623**
30	176	63	113	275	92	183	572	209	363
31	165	47	118	341	95	246	545	181	364
32	136	43	93	241	79	162	432	137	295
33	153	49	104	243	85	158	471	155	316
34	111	30	81	214	63	151	394	109	285
35-39岁	**508**	**118**	**390**	**835**	**212**	**623**	**1530**	**402**	**1128**
35	136	41	95	164	46	118	310	77	233
36	103	23	80	194	61	133	274	69	205
37	94	18	76	152	33	119	320	97	223
38	95	17	78	157	35	122	317	84	233
39	80	19	61	168	37	131	309	75	234
40-44岁	**652**	**169**	**483**	**1137**	**276**	**861**	**1901**	**476**	**1425**
40	91	16	75	172	36	136	249	53	196
41	121	31	90	229	51	178	346	94	252
42	118	37	81	222	57	165	389	96	293
43	154	33	121	242	71	171	403	109	294
44	168	52	116	272	61	211	514	124	390
45-49岁	**1167**	**256**	**911**	**2111**	**482**	**1629**	**3916**	**1015**	**2901**
45	220	51	169	274	52	222	504	133	371
46	234	53	181	460	126	334	567	145	422
47	237	63	174	451	103	348	796	221	575
48	238	44	194	474	110	364	1011	263	748
49	238	45	193	452	91	361	1038	253	785
50-54岁	**1275**	**283**	**992**	**2535**	**514**	**2021**	**5076**	**1172**	**3904**
50	308	62	246	513	96	417	1045	232	813
51	309	70	239	654	142	512	1125	300	825
52	237	49	188	557	121	436	1221	280	941
53	210	55	155	385	65	320	837	187	650
54	211	47	164	426	90	336	848	173	675
55-59岁	**814**	**128**	**686**	**1546**	**251**	**1295**	**3309**	**610**	**2699**
55	239	50	189	324	60	264	794	152	642
56	210	37	173	411	77	334	669	129	540
57	186	26	160	400	73	327	906	170	736
58	112	10	102	283	33	250	677	118	559
59	67	5	62	128	8	120	263	41	222
60-64岁	**666**	**124**	**542**	**1140**	**164**	**976**	**1957**	**274**	**1683**
60	86	14	72	139	14	125	274	35	239
61	101	27	74	198	31	167	262	41	221
62	143	25	118	230	31	199	454	60	394
63	164	31	133	289	47	242	518	82	436
64	172	27	145	284	41	243	449	56	393
65岁及以上	**4283**	**692**	**3591**	**8486**	**1402**	**7084**	**16087**	**3152**	**12935**

5-5c 续表 2

单位：人

年 龄	初婚年龄								
	18岁			19岁			20岁		
	小计	男	女	小计	男	女	小计	男	女
总 计	**68072**	**17508**	**50564**	**123177**	**39173**	**84004**	**180296**	**66325**	**113971**
20岁以下	**141**	**39**	**102**	**47**	**14**	**33**			
20-24岁	**1146**	**322**	**824**	**1621**	**482**	**1139**	**1996**	**602**	**1394**
20	161	31	130	182	49	133	101	23	78
21	141	44	97	255	69	186	255	68	187
22	192	52	140	278	81	197	455	119	336
23	281	89	192	383	122	261	556	175	381
24	371	106	265	523	161	362	629	217	412
25-29岁	**3178**	**1090**	**2088**	**4940**	**1917**	**3023**	**6663**	**2581**	**4082**
25	444	126	318	684	233	451	915	318	597
26	514	173	341	760	270	490	1082	387	695
27	616	213	403	941	345	596	1264	466	798
28	789	284	505	1086	457	629	1610	695	915
29	815	294	521	1469	612	857	1792	715	1077
30-34岁	**4761**	**1637**	**3124**	**8637**	**3326**	**5311**	**13183**	**5513**	**7670**
30	1210	422	788	1935	783	1152	2961	1280	1681
31	1029	382	647	2017	810	1207	2851	1232	1619
32	824	288	536	1584	607	977	2563	1062	1501
33	939	314	625	1622	609	1013	2716	1150	1566
34	759	231	528	1479	517	962	2092	789	1303
35-39岁	**2673**	**802**	**1871**	**5501**	**1698**	**3803**	**9052**	**3253**	**5799**
35	577	180	397	1243	435	808	1907	749	1158
36	542	179	363	1105	369	736	1805	699	1106
37	420	125	295	1020	301	719	1749	612	1137
38	570	161	409	1012	296	716	1980	676	1304
39	564	157	407	1121	297	824	1611	517	1094
40-44岁	**3161**	**842**	**2319**	**6206**	**1802**	**4404**	**10502**	**3319**	**7183**
40	449	108	341	988	276	712	1629	532	1097
41	571	147	424	1221	357	864	2196	661	1535
42	572	165	407	1169	335	834	2200	730	1470
43	728	199	529	1222	366	856	2156	649	1507
44	841	223	618	1606	468	1138	2321	747	1574
45-49岁	**6837**	**2067**	**4770**	**11289**	**3849**	**7440**	**16401**	**6043**	**10358**
45	892	246	646	1697	525	1172	2703	910	1793
46	1039	312	727	1830	583	1247	2916	981	1935
47	1062	369	693	2056	692	1364	3049	1097	1952
48	1712	491	1221	2241	819	1422	3616	1409	2207
49	2132	649	1483	3465	1230	2235	4117	1646	2471
50-54岁	**9942**	**2708**	**7234**	**19141**	**6571**	**12570**	**29199**	**11861**	**17338**
50	2150	655	1495	3994	1398	2596	5714	2297	3417
51	2076	550	1526	4146	1462	2684	6219	2636	3583
52	2124	560	1564	3982	1388	2594	6357	2586	3771
53	1832	473	1359	3251	1094	2157	5076	2043	3033
54	1760	470	1290	3768	1229	2539	5833	2299	3534
55-59岁	**6291**	**1345**	**4946**	**12272**	**3643**	**8629**	**20275**	**7470**	**12805**
55	1468	383	1085	3141	1030	2111	5698	2117	3581
56	1338	310	1028	2514	796	1718	4334	1615	2719
57	1393	295	1098	2927	857	2070	4580	1766	2814
58	1421	252	1169	2193	604	1589	3790	1343	2447
59	671	105	566	1497	356	1141	1873	629	1244
60-64岁	**3444**	**582**	**2862**	**7217**	**1885**	**5332**	**12809**	**4012**	**8797**
60	479	73	406	1264	293	971	2423	718	1705
61	461	69	392	1125	280	845	2313	709	1604
62	624	106	518	1306	338	968	2457	742	1715
63	977	171	806	1646	450	1196	2847	917	1930
64	903	163	740	1876	524	1352	2769	926	1843
65岁及以上	**26498**	**6074**	**20424**	**46306**	**13986**	**32320**	**60216**	**21671**	**38545**

5-5c 续表 3

单位：人

年龄	初婚年龄								
	21岁			22岁			23岁		
	小计	男	女	小计	男	女	小计	男	女
总　计	**222899**	**99245**	**123654**	**245447**	**124419**	**121028**	**211964**	**113791**	**98173**
20岁以下									
20-24岁	**2075**	**793**	**1282**	**1948**	**883**	**1065**	**1108**	**495**	**613**
20									
21	141	44	97						
22	471	186	285	254	112	142			
23	675	269	406	633	286	347	304	126	178
24	788	294	494	1061	485	576	804	369	435
25-29岁	**8022**	**3538**	**4484**	**9312**	**4574**	**4738**	**8935**	**4435**	**4500**
25	1044	399	645	1297	593	704	1349	656	693
26	1278	547	731	1416	676	740	1390	622	768
27	1547	667	880	1816	857	959	1602	784	818
28	1810	851	959	2184	1105	1079	2093	1071	1022
29	2343	1074	1269	2599	1343	1256	2501	1302	1199
30-34岁	**16176**	**7750**	**8426**	**18334**	**9859**	**8475**	**16232**	**8946**	**7286**
30	3098	1462	1636	3798	2041	1757	3420	1794	1626
31	3620	1781	1839	3564	1853	1711	3572	1929	1643
32	3160	1509	1651	3706	2009	1697	2803	1575	1228
33	3495	1647	1848	3978	2170	1808	3609	2016	1593
34	2803	1351	1452	3288	1786	1502	2828	1632	1196
35-39岁	**12834**	**6084**	**6750**	**14721**	**8038**	**6683**	**12580**	**7386**	**5194**
35	2272	1093	1179	2610	1451	1159	2465	1408	1057
36	2606	1277	1329	2727	1491	1236	2076	1209	867
37	2458	1178	1280	2923	1585	1338	2237	1353	884
38	2973	1382	1591	3364	1828	1536	3007	1776	1231
39	2525	1154	1371	3097	1683	1414	2795	1640	1155
40-44岁	**14525**	**6526**	**7999**	**17278**	**9518**	**7760**	**14099**	**8060**	**6039**
40	2091	974	1117	2693	1491	1202	2302	1305	997
41	3020	1400	1620	3083	1708	1375	2815	1618	1197
42	3072	1416	1656	3714	2100	1614	2518	1490	1028
43	3128	1372	1756	3742	2017	1725	3008	1731	1277
44	3214	1364	1850	4046	2202	1844	3456	1916	1540
45-49岁	**22347**	**10308**	**12039**	**25354**	**13319**	**12035**	**20714**	**11409**	**9305**
45	3283	1481	1802	3921	2111	1810	3400	1984	1416
46	4114	1834	2280	4549	2392	2157	3595	2022	1573
47	4271	1975	2296	5138	2720	2418	3774	2044	1730
48	4767	2254	2513	5434	2816	2618	4689	2527	2162
49	5912	2764	3148	6312	3280	3032	5256	2832	2424
50-54岁	**36442**	**17304**	**19138**	**37706**	**19661**	**18045**	**29150**	**15695**	**13455**
50	5963	2835	3128	7001	3607	3394	5752	3072	2680
51	7679	3669	4010	6561	3428	3133	5653	3005	2648
52	8407	4142	4265	8437	4413	4024	5416	2918	2498
53	6657	3086	3571	7173	3762	3411	5598	3060	2538
54	7736	3572	4164	8534	4451	4083	6731	3640	3091
55-59岁	**29098**	**12994**	**16104**	**33876**	**17294**	**16582**	**29632**	**16194**	**13438**
55	7258	3300	3958	7818	4035	3783	6692	3642	3050
56	6779	3087	3692	7137	3656	3481	6002	3286	2716
57	7188	3253	3935	9301	4755	4546	7127	3981	3146
58	5042	2186	2856	6529	3354	3175	6536	3521	3015
59	2831	1168	1663	3091	1494	1597	3275	1764	1511
60-64岁	**18898**	**7273**	**11625**	**24301**	**10970**	**13331**	**24113**	**12282**	**11831**
60	2794	1123	1671	3512	1658	1854	3112	1605	1507
61	3688	1455	2233	3558	1618	1940	3384	1736	1648
62	4203	1623	2580	5943	2729	3214	4553	2340	2213
63	4503	1648	2855	6155	2731	3424	7187	3695	3492
64	3710	1424	2286	5133	2234	2899	5877	2906	2971
65岁及以上	**62482**	**26675**	**35807**	**62617**	**30303**	**32314**	**55401**	**28889**	**26512**

5-5c 续表 4

单位：人

年龄	初婚年龄								
	24岁			25岁			26岁		
	小计	男	女	小计	男	女	小计	男	女
总 计	**164175**	**95142**	**69033**	**113614**	**69970**	**43644**	**72481**	**46574**	**25907**
20岁以下									
20-24岁	**390**	**191**	**199**						
20									
21									
22									
23									
24	390	191	199						
25-29岁	**8307**	**4269**	**4038**	**6142**	**3316**	**2826**	**3971**	**2267**	**1704**
25	1047	515	532	440	230	210			
26	1440	728	712	963	502	461	413	250	163
27	1615	803	812	1434	759	675	970	560	410
28	1869	976	893	1567	870	697	1305	737	568
29	2336	1247	1089	1738	955	783	1283	720	563
30-34岁	**13532**	**7729**	**5803**	**10382**	**6060**	**4322**	**7472**	**4485**	**2987**
30	3007	1677	1330	2629	1517	1112	1684	954	730
31	2853	1617	1236	2243	1299	944	1754	1038	716
32	2697	1522	1175	1895	1078	817	1427	894	533
33	2499	1448	1051	2119	1269	850	1481	912	569
34	2476	1465	1011	1496	897	599	1126	687	439
35-39岁	**9607**	**5936**	**3671**	**6900**	**4477**	**2423**	**4574**	**2981**	**1593**
35	1807	1126	681	1394	891	503	796	491	305
36	1844	1066	778	1243	782	461	910	579	331
37	1652	1073	579	1355	883	472	843	576	267
38	2172	1355	817	1480	989	491	1096	717	379
39	2132	1316	816	1428	932	496	929	618	311
40-44岁	**10349**	**6413**	**3936**	**6895**	**4440**	**2455**	**4317**	**2856**	**1461**
40	1825	1150	675	1285	826	459	774	516	258
41	2290	1451	839	1530	974	556	965	661	304
42	2088	1293	795	1418	937	481	904	590	314
43	1758	1064	694	1396	884	512	805	536	269
44	2388	1455	933	1266	819	447	869	553	316
45-49岁	**15077**	**8655**	**6422**	**9198**	**5622**	**3576**	**5333**	**3375**	**1958**
45	2427	1475	952	1489	969	520	759	488	271
46	2825	1657	1168	1651	1020	631	956	627	329
47	2664	1521	1143	1837	1098	739	1042	640	402
48	2952	1606	1346	1902	1132	770	1257	786	471
49	4209	2396	1813	2319	1403	916	1319	834	485
50-54岁	**19953**	**11176**	**8777**	**12615**	**7501**	**5114**	**7711**	**4685**	**3026**
50	4188	2301	1887	2912	1756	1156	1586	999	587
51	3951	2243	1708	2635	1587	1048	1774	1062	712
52	4089	2244	1845	2689	1579	1110	1638	984	654
53	3163	1756	1407	2143	1259	884	1256	761	495
54	4562	2632	1930	2236	1320	916	1457	879	578
55-59岁	**21173**	**12412**	**8761**	**12625**	**7688**	**4937**	**6869**	**4464**	**2405**
55	4550	2659	1891	2753	1656	1097	1218	777	441
56	4477	2593	1884	2547	1538	1009	1434	903	531
57	5112	3002	2110	3185	1896	1289	1748	1150	598
58	4301	2557	1744	2597	1649	948	1540	1014	526
59	2733	1601	1132	1543	949	594	929	620	309
60-64岁	**19085**	**11135**	**7950**	**12823**	**8418**	**4405**	**8458**	**5865**	**2593**
60	2803	1737	1066	2199	1466	733	1124	766	358
61	2585	1553	1032	1983	1324	659	1452	996	456
62	3769	2187	1582	2557	1705	852	1821	1298	523
63	4408	2505	1903	3274	2148	1126	2133	1470	663
64	5520	3153	2367	2810	1775	1035	1928	1335	593
65岁及以上	**46702**	**27226**	**19476**	**36034**	**22448**	**13586**	**23776**	**15596**	**8180**

5-5c 续表 5

单位：人

年龄	初婚年龄								
	27岁			28岁			29岁		
	小计	男	女	小计	男	女	小计	男	女
总计	**47261**	**31171**	**16090**	**31810**	**21457**	**10353**	**22747**	**15270**	**7477**
20岁以下									
20-24岁									
20									
21									
22									
23									
24									
25-29岁	**2191**	**1244**	**947**	**944**	**574**	**370**	**265**	**166**	**99**
25									
26									
27	392	220	172						
28	755	435	320	321	193	128			
29	1044	589	455	623	381	242	265	166	99
30-34岁	**5315**	**3205**	**2110**	**4164**	**2421**	**1743**	**2786**	**1657**	**1129**
30	1255	749	506	1094	622	472	619	377	242
31	1202	737	465	893	535	358	685	411	274
32	1042	613	429	703	418	285	496	288	208
33	1035	630	405	833	473	360	520	298	222
34	781	476	305	641	373	268	466	283	183
35-39岁	**3247**	**2168**	**1079**	**2255**	**1470**	**785**	**1657**	**1031**	**626**
35	692	458	234	436	263	173	321	186	135
36	536	354	182	449	290	159	324	199	125
37	640	416	224	376	264	112	327	214	113
38	687	471	216	555	359	196	328	218	110
39	692	469	223	439	294	145	357	214	143
40-44岁	**2826**	**1927**	**899**	**2027**	**1393**	**634**	**1505**	**1018**	**487**
40	535	373	162	443	301	142	295	196	99
41	631	452	179	397	279	118	369	256	113
42	557	376	181	383	265	118	276	184	92
43	546	372	174	391	266	125	276	198	78
44	557	354	203	413	282	131	289	184	105
45-49岁	**3281**	**2059**	**1222**	**2125**	**1402**	**723**	**1504**	**1006**	**498**
45	540	350	190	358	230	128	278	185	93
46	516	350	166	375	268	107	284	187	97
47	623	395	228	327	221	106	291	199	92
48	688	400	288	495	304	191	288	188	100
49	914	564	350	570	379	191	363	247	116
50-54岁	**4699**	**2934**	**1765**	**3206**	**2080**	**1126**	**2475**	**1574**	**901**
50	980	610	370	693	441	252	494	307	187
51	913	567	346	632	420	212	521	322	199
52	1083	670	413	689	455	234	522	334	188
53	796	497	299	577	363	214	411	271	140
54	927	590	337	615	401	214	527	340	187
55-59岁	**3943**	**2574**	**1369**	**2396**	**1660**	**736**	**1759**	**1193**	**566**
55	776	493	283	544	371	173	435	299	136
56	637	422	215	469	304	165	371	260	111
57	1023	676	347	456	330	126	403	268	135
58	861	564	297	544	395	149	280	187	93
59	646	419	227	383	260	123	270	179	91
60-64岁	**5525**	**4049**	**1476**	**3857**	**2888**	**969**	**2848**	**2123**	**725**
60	704	489	215	503	346	157	317	216	101
61	830	603	227	519	391	128	390	295	95
62	1393	1022	371	839	640	199	586	444	142
63	1428	1059	369	1122	859	263	767	588	179
64	1170	876	294	874	652	222	788	580	208
65岁及以上	**16234**	**11011**	**5223**	**10836**	**7569**	**3267**	**7948**	**5502**	**2446**

5-5c 续表 6　　　　单位：人

年　龄	初婚年龄								
	30岁			31岁			32岁		
	小计	男	女	小计	男	女	小计	男	女
总　计	**16903**	**11184**	**5719**	**12400**	**8144**	**4256**	**9679**	**6246**	**3433**
20岁以下									
20-24岁									
20									
21									
22									
23									
24									
25-29岁									
25									
26									
27									
28									
29									
30-34岁	**1835**	**1075**	**760**	**1028**	**602**	**426**	**532**	**301**	**231**
30	260	164	96						
31	392	240	152	157	91	66			
32	485	271	214	277	169	108	134	70	64
33	408	236	172	352	203	149	203	124	79
34	290	164	126	242	139	103	195	107	88
35-39岁	**1386**	**838**	**548**	**1073**	**632**	**441**	**899**	**524**	**375**
35	307	169	138	207	115	92	167	98	69
36	274	178	96	221	124	97	162	89	73
37	233	133	100	207	128	79	168	100	68
38	307	185	122	234	139	95	214	131	83
39	265	173	92	204	126	78	188	106	82
40-44岁	**1173**	**739**	**434**	**915**	**577**	**338**	**816**	**497**	**319**
40	247	144	103	151	102	49	158	98	60
41	266	158	108	213	128	85	141	89	52
42	250	162	88	200	127	73	177	107	70
43	214	151	63	187	110	77	164	96	68
44	196	124	72	164	110	54	176	107	69
45-49岁	**1165**	**764**	**401**	**935**	**607**	**328**	**763**	**474**	**289**
45	259	173	86	161	96	65	126	72	54
46	224	149	75	176	121	55	135	84	51
47	242	157	85	185	128	57	169	104	65
48	228	154	74	194	119	75	161	108	53
49	212	131	81	219	143	76	172	106	66
50-54岁	**1966**	**1238**	**728**	**1413**	**913**	**500**	**1087**	**710**	**377**
50	317	222	95	164	117	47	186	128	58
51	402	257	145	219	133	86	141	89	52
52	498	303	195	327	231	96	182	121	61
53	352	207	145	377	217	160	201	132	69
54	397	249	148	326	215	111	377	240	137
55-59岁	**1330**	**877**	**453**	**1140**	**721**	**419**	**1013**	**614**	**399**
55	391	240	151	257	168	89	282	174	108
56	261	171	90	258	163	95	195	117	78
57	314	211	103	269	167	102	259	152	107
58	239	166	73	233	147	86	181	118	63
59	125	89	36	123	76	47	96	53	43
60-64岁	**1986**	**1497**	**489**	**1400**	**1011**	**389**	**1051**	**762**	**289**
60	185	139	46	132	91	41	123	79	44
61	262	193	69	174	121	53	98	69	29
62	419	321	98	278	210	68	184	130	54
63	550	408	142	421	313	108	286	219	67
64	570	436	134	395	276	119	360	265	95
65岁及以上	**6062**	**4156**	**1906**	**4496**	**3081**	**1415**	**3518**	**2364**	**1154**

5-5c 续表 7

单位：人

年 龄	初婚年龄								
	33岁			34岁			35岁		
	小计	男	女	小计	男	女	小计	男	女
总 计	**7522**	**4863**	**2659**	**5559**	**3601**	**1958**	**4434**	**2935**	**1499**
20岁以下									
20-24岁									
20									
21									
22									
23									
24									
25-29岁									
25									
26									
27									
28									
29									
30-34岁	**232**	**127**	**105**	**65**	**39**	**26**			
30									
31									
32									
33	96	54	42						
34	136	73	63	65	39	26			
35-39岁	**699**	**422**	**277**	**489**	**275**	**214**	**383**	**211**	**172**
35	131	73	58	91	47	44	45	25	20
36	136	85	51	86	56	30	63	35	28
37	121	71	50	76	47	29	101	53	48
38	156	97	59	99	54	45	84	44	40
39	155	96	59	137	71	66	90	54	36
40-44岁	**682**	**426**	**256**	**518**	**327**	**191**	**425**	**274**	**151**
40	125	78	47	97	67	30	87	57	30
41	154	91	63	124	77	47	86	60	26
42	115	76	39	106	63	43	83	51	32
43	141	89	52	73	47	26	90	54	36
44	147	92	55	118	73	45	79	52	27
45-49岁	**700**	**433**	**267**	**529**	**319**	**210**	**449**	**279**	**170**
45	129	89	40	85	52	33	89	51	38
46	127	82	45	120	76	44	91	61	30
47	126	76	50	94	55	39	97	60	37
48	151	90	61	102	57	45	85	52	33
49	167	96	71	128	79	49	87	55	32
50-54岁	**693**	**453**	**240**	**507**	**320**	**187**	**477**	**307**	**170**
50	154	96	58	139	78	61	110	73	37
51	133	91	42	101	64	37	107	71	36
52	124	81	43	107	75	32	106	61	45
53	129	90	39	75	47	28	79	54	25
54	153	95	58	85	56	29	75	48	27
55-59岁	**888**	**558**	**330**	**700**	**439**	**261**	**524**	**339**	**185**
55	240	134	106	130	84	46	93	58	35
56	188	120	68	176	107	69	97	62	35
57	194	130	64	165	116	49	159	101	58
58	172	117	55	135	70	65	119	79	40
59	94	57	37	94	62	32	56	39	17
60-64岁	**727**	**525**	**202**	**548**	**407**	**141**	**413**	**296**	**117**
60	94	54	40	87	63	24	70	41	29
61	109	75	34	79	55	24	64	49	15
62	101	69	32	125	92	33	95	67	28
63	204	163	41	120	91	29	100	75	25
64	219	164	55	137	106	31	84	64	20
65岁及以上	**2901**	**1919**	**982**	**2203**	**1475**	**728**	**1763**	**1229**	**534**

5-5c 续表 8

单位：人

年 龄	初婚年龄								
	36岁			37岁			38岁		
	小计	男	女	小计	男	女	小计	男	女
总 计	**3404**	**2236**	**1168**	**2699**	**1774**	**925**	**2176**	**1432**	**744**
20岁以下									
20-24岁									
20									
21									
22									
23									
24									
25-29岁									
25									
26									
27									
28									
29									
30-34岁									
30									
31									
32									
33									
34									
35-39岁	**229**	**132**	**97**	**148**	**92**	**56**	**94**	**57**	**37**
35									
36	36	21	15						
37	58	34	24	40	23	17			
38	65	39	26	48	30	18	44	25	19
39	70	38	32	60	39	21	50	32	18
40-44岁	**330**	**216**	**114**	**270**	**154**	**116**	**234**	**134**	**100**
40	55	36	19	41	20	21	36	18	18
41	82	53	29	51	28	23	40	20	20
42	59	33	26	56	33	23	45	27	18
43	66	45	21	68	40	28	51	31	20
44	68	49	19	54	33	21	62	38	24
45-49岁	**409**	**238**	**171**	**313**	**198**	**115**	**276**	**175**	**101**
45	59	38	21	50	30	20	45	27	18
46	79	46	33	47	32	15	48	32	16
47	93	53	40	65	37	28	46	24	22
48	74	43	31	59	35	24	69	47	22
49	104	58	46	92	64	28	68	45	23
50-54岁	**360**	**235**	**125**	**339**	**241**	**98**	**273**	**193**	**80**
50	75	44	31	87	59	28	79	58	21
51	87	56	31	66	48	18	62	40	22
52	79	55	24	75	50	25	46	29	17
53	62	37	25	49	35	14	42	33	9
54	57	43	14	62	49	13	44	33	11
55-59岁	**327**	**226**	**101**	**211**	**149**	**62**	**160**	**106**	**54**
55	50	32	18	41	31	10	31	26	5
56	51	37	14	31	27	4	35	20	15
57	92	66	26	40	30	10	33	21	12
58	89	64	25	53	32	21	40	26	14
59	45	27	18	46	29	17	21	13	8
60-64岁	**411**	**295**	**116**	**322**	**237**	**85**	**299**	**207**	**92**
60	59	38	21	56	39	17	54	35	19
61	66	40	26	41	29	12	33	21	12
62	84	58	26	74	59	15	60	41	19
63	96	74	22	85	61	24	86	61	25
64	106	85	21	66	49	17	66	49	17
65岁及以上	**1338**	**894**	**444**	**1096**	**703**	**393**	**840**	**560**	**280**

5-5c 续表 9

单位：人

年龄	初婚年龄					
	39岁			40岁及以上		
	小计	男	女	小计	男	女
总计	**1815**	**1161**	**654**	**11796**	**6844**	**4952**
20岁以下						
20-24岁						
20						
21						
22						
23						
24						
25-29岁						
25						
26						
27						
28						
29						
30-34岁						
30						
31						
32						
33						
34						
35-39岁	**39**	**22**	**17**			
35						
36						
37						
38						
39	39	22	17			
40-44岁	**180**	**105**	**75**	**499**	**270**	**229**
40	48	23	25	29	11	18
41	43	25	18	80	38	42
42	37	33	4	123	66	57
43	25	12	13	127	72	55
44	27	12	15	140	83	57
45-49岁	**260**	**175**	**85**	**1091**	**629**	**462**
45	50	36	14	178	95	83
46	46	29	17	196	112	84
47	48	28	20	192	105	87
48	49	34	15	246	148	98
49	67	48	19	279	169	110
50-54岁	**252**	**161**	**91**	**1618**	**995**	**623**
50	69	39	30	329	207	122
51	61	38	23	322	205	117
52	41	28	13	354	202	152
53	33	22	11	286	178	108
54	48	34	14	327	203	124
55-59岁	**142**	**104**	**38**	**1228**	**758**	**470**
55	45	33	12	282	170	112
56	28	23	5	265	163	102
57	27	20	7	318	199	119
58	19	15	4	214	139	75
59	23	13	10	149	87	62
60-64岁	**238**	**141**	**97**	**1291**	**832**	**459**
60	24	15	9	147	96	51
61	42	26	16	169	108	61
62	46	23	23	270	177	93
63	57	34	23	345	225	120
64	69	43	26	360	226	134
65岁及以上	**704**	**453**	**251**	**6069**	**3360**	**2709**

5-6 全省分性别、受教育程度、初婚年龄的人口

单位：人

受教育程度	初婚年龄					
	合计			15岁以下		
	合计	男	女	小计	男	女
总　计	**5891480**	**2865244**	**3026236**	**5810**	**1204**	**4606**
未上过学	216783	37125	179658	680	41	639
学前教育	10477	2602	7875	32	5	27
小　学	1257056	495984	761072	2060	309	1751
初　中	2322541	1206318	1116223	2089	538	1551
高　中	1016504	558302	458202	603	193	410
大学专科	572715	301220	271495	226	73	153
大学本科	441598	232909	208689	115	43	72
硕士研究生	47018	26274	20744	4	2	2
博士研究生	6788	4510	2278	1		1

5-6 续表 1

单位：人

受教育程度	初婚年龄								
	15岁			16岁			17岁		
	小计	男	女	小计	男	女	小计	男	女
总　计	**28119**	**6641**	**21478**	**50927**	**11076**	**39851**	**96949**	**23031**	**73918**
未上过学	2971	152	2819	5659	270	5389	10235	576	9659
学前教育	148	15	133	241	16	225	391	34	357
小　学	9999	1528	8471	18621	2740	15881	35098	5855	29243
初　中	10525	3193	7332	19234	5405	13829	38191	11823	26368
高　中	2833	1094	1739	4930	1721	3209	9428	3351	6077
大学专科	1079	422	657	1559	630	929	2608	994	1614
大学本科	530	227	303	655	283	372	933	376	557
硕士研究生	31	9	22	19	7	12	54	17	37
博士研究生	3	1	2	9	4	5	11	5	6

5-6　续表 2

单位：人

受教育程度	初婚年龄								
	18岁			19岁			20岁		
	小计	男	女	小计	男	女	小计	男	女
总　计	**173630**	**46325**	**127305**	**325402**	**102295**	**223107**	**501603**	**175173**	**326430**
未上过学	15871	1100	14771	25379	2516	22863	29425	3468	25957
学前教育	726	80	646	1184	172	1012	1346	258	1088
小　学	59784	11290	48494	104719	25925	78794	143712	40910	102802
初　中	72406	24411	47995	141636	52915	88721	228759	91862	136897
高　中	18464	7037	11427	38681	15708	22973	69903	28891	41012
大学专科	4899	1815	3084	10750	3879	6871	21961	7670	14291
大学本科	1403	556	847	2924	1117	1807	6263	1998	4265
硕士研究生	69	32	37	117	56	61	202	101	101
博士研究生	8	4	4	12	7	5	32	15	17

5-6　续表 3

单位：人

受教育程度	初婚年龄								
	21岁			22岁			23岁		
	小计	男	女	小计	男	女	小计	男	女
总　计	**669611**	**279084**	**390527**	**809217**	**383081**	**426136**	**783581**	**386161**	**397420**
未上过学	27322	3946	23376	24783	4429	20354	19841	3898	15943
学前教育	1337	291	1046	1280	301	979	1012	285	727
小　学	163382	55265	108117	170580	65949	104631	147955	63146	84809
初　中	314367	146242	168125	367355	192093	175262	327609	177169	150440
高　中	110008	52729	57279	149730	78353	71377	153555	81662	71893
大学专科	39444	15662	23782	65787	30009	35778	81538	38373	43165
大学本科	13321	4750	8571	28531	11407	17124	49614	20517	29097
硕士研究生	378	178	200	1022	463	559	2166	965	1201
博士研究生	52	21	31	149	77	72	291	146	145

5-6 续表 4

单位：人

受教育程度	初婚年龄								
	24岁			25岁			26岁		
	小计	男	女	小计	男	女	小计	男	女
总　计	**679366**	**361761**	**317605**	**527765**	**303620**	**224145**	**367165**	**223427**	**143738**
未上过学	14945	3532	11413	10206	2891	7315	6779	2165	4614
学前教育	734	257	477	478	200	278	376	156	220
小　学	116724	56124	60600	82484	44381	38103	53459	31066	22393
初　中	252480	146337	106143	173387	107186	66201	109393	71153	38240
高　中	134258	77061	57197	102726	62960	39766	68397	44181	24216
大学专科	86477	44302	42175	76973	43263	33710	57768	34730	23038
大学本科	68979	31745	37234	73992	38830	35162	61973	35123	26850
硕士研究生	4232	2074	2158	6688	3394	3294	8035	4245	3790
博士研究生	537	329	208	831	515	316	985	608	377

5-6 续表 5

单位：人

受教育程度	初婚年龄								
	27岁			28岁			29岁		
	小计	男	女	小计	男	女	小计	男	女
总　计	**251330**	**160330**	**91000**	**167625**	**109772**	**57853**	**114584**	**75544**	**39040**
未上过学	4755	1648	3107	3394	1283	2111	2721	1052	1669
学前教育	275	134	141	177	78	99	149	64	85
小　学	35665	22126	13539	24530	15665	8865	18459	11721	6738
初　中	71067	47671	23396	47145	32013	15132	33288	22656	10632
高　中	45242	30543	14699	29450	20182	9268	19662	13490	6172
大学专科	39963	25450	14513	26303	17123	9180	16749	10980	5769
大学本科	45729	27841	17888	30265	19573	10692	19102	12775	6327
硕士研究生	7658	4246	3412	5564	3304	2260	3823	2369	1454
博士研究生	976	671	305	797	551	246	631	437	194

5-6　续表 6　　单位：人

受教育程度	初婚年龄								
	30岁			31岁			32岁		
	小计	男	女	小计	男	女	小计	男	女
总　计	**79537**	**52031**	**27506**	**56480**	**36446**	**20034**	**42657**	**27268**	**15389**
未上过学	2110	782	1328	1561	593	968	1329	468	861
学前教育	118	48	70	78	34	44	67	35	32
小　学	13632	8629	5003	10309	6343	3966	8371	5066	3305
初　中	24298	16075	8223	18404	11884	6520	14350	9282	5068
高　中	13718	9218	4500	9643	6440	3203	7537	4988	2549
大学专科	11092	7378	3714	7179	4737	2442	5047	3283	1764
大学本科	11718	7971	3747	7544	5205	2339	4814	3349	1465
硕士研究生	2393	1598	795	1443	961	482	940	646	294
博士研究生	458	332	126	319	249	70	202	151	51

5-6　续表 7　　单位：人

受教育程度	初婚年龄								
	33岁			34岁			35岁		
	小计	男	女	小计	男	女	小计	男	女
总　计	**32377**	**20491**	**11886**	**24525**	**15635**	**8890**	**18748**	**12086**	**6662**
未上过学	1075	399	676	863	308	555	691	273	418
学前教育	51	19	32	37	16	21	37	19	18
小　学	6352	3861	2491	4932	3025	1907	3950	2446	1504
初　中	11068	7091	3977	8531	5529	3002	6383	4210	2173
高　中	5946	3836	2110	4461	2894	1567	3454	2294	1160
大学专科	3644	2390	1254	2771	1859	912	2075	1377	698
大学本科	3485	2347	1138	2463	1666	797	1803	1219	584
硕士研究生	613	441	172	387	276	111	308	214	94
博士研究生	143	107	36	80	62	18	47	34	13

5-6 续表 8

单位：人

受教育程度	初婚年龄								
	36岁			37岁			38岁		
	小计	男	女	小计	男	女	小计	男	女
总　计	**14184**	**9255**	**4929**	**11161**	**7275**	**3886**	**8688**	**5627**	**3061**
未上过学	524	196	328	450	147	303	329	121	208
学前教育	26	10	16	21	7	14	19	12	7
小　学	3033	1903	1130	2499	1563	936	2038	1225	813
初　中	4994	3293	1701	3960	2608	1352	3178	2086	1092
高　中	2447	1678	769	2022	1404	618	1479	1006	473
大学专科	1538	1036	502	1089	762	327	822	580	242
大学本科	1340	945	395	936	644	292	677	482	195
硕士研究生	239	159	80	144	109	35	111	84	27
博士研究生	43	35	8	40	31	9	35	31	4

5-6 续表 9

单位：人

受教育程度	初婚年龄					
	39岁			40岁及以上		
	小计	男	女	小计	男	女
总　计	**7295**	**4643**	**2652**	**43144**	**25962**	**17182**
未上过学	337	115	222	2548	756	1792
学前教育	12	6	6	125	50	75
小　学	1754	1035	719	12955	6888	6067
初　中	2714	1734	980	15730	9859	5871
高　中	1266	859	407	6661	4529	2132
大学专科	641	456	185	2733	1987	746
大学本科	457	346	111	2032	1574	458
硕士研究生	84	68	16	294	256	38
博士研究生	30	24	6	66	63	3

5-6a 全省分性别、受教育程度、初婚年龄的人口(城市)

单位：人

受教育程度	初婚年龄					
	合计			15岁以下		
	合计	男	女	小计	男	女
总 计	**2707056**	**1316638**	**1390418**	**1843**	**439**	**1404**
未上过学	60972	10377	50595	182	13	169
学前教育	2359	623	1736	12	2	10
小 学	369138	143000	226138	509	88	421
初 中	923497	458168	465329	627	172	455
高 中	572490	296294	276196	307	92	215
大学专科	391341	202378	188963	117	36	81
大学本科	341158	179456	161702	84	34	50
硕士研究生	40102	22347	17755	4	2	2
博士研究生	5999	3995	2004	1		1

5-6a 续表 1

单位：人

受教育程度	初婚年龄								
	15岁			16岁			17岁		
	小计	男	女	小计	男	女	小计	男	女
总 计	**9248**	**2484**	**6764**	**16113**	**3754**	**12359**	**30617**	**7248**	**23369**
未上过学	778	41	737	1460	72	1388	2831	169	2662
学前教育	19	2	17	46		46	86	6	80
小 学	2593	444	2149	4834	731	4103	9183	1451	7732
初 中	3524	1113	2411	6230	1726	4504	12498	3607	8891
高 中	1322	479	843	2174	699	1475	3992	1254	2738
大学专科	634	241	393	881	327	554	1394	504	890
大学本科	348	155	193	466	190	276	585	240	345
硕士研究生	28	8	20	14	5	9	40	13	27
博士研究生	2	1	1	8	4	4	8	4	4

5-6a 续表 2

单位：人

受教育程度	初婚年龄								
	18岁			19岁			20岁		
	小计	男	女	小计	男	女	小计	男	女
总 计	**55462**	**14514**	**40948**	**108192**	**31938**	**76254**	**176594**	**55830**	**120764**
未上过学	4232	293	3939	6653	621	6032	7664	807	6857
学前教育	157	19	138	240	48	192	257	50	207
小 学	15779	2813	12966	28245	6480	21765	38989	10190	28799
初 中	23914	7438	16476	48401	16152	32249	80707	28459	52248
高 中	7843	2712	5131	16869	5943	10926	32373	11235	21138
大学专科	2578	873	1705	5833	1954	3879	12387	3840	8547
大学本科	900	336	564	1854	693	1161	4048	1164	2884
硕士研究生	53	27	26	91	43	48	150	76	74
博士研究生	6	3	3	6	4	2	19	9	10

5-6a 续表 3

单位：人

受教育程度	初婚年龄								
	21岁			22岁			23岁		
	小计	男	女	小计	男	女	小计	男	女
总 计	**254135**	**96916**	**157219**	**339037**	**148448**	**190589**	**363515**	**165517**	**197998**
未上过学	7377	1020	6357	7241	1250	5991	5986	1091	4895
学前教育	291	56	235	301	80	221	241	69	172
小 学	46049	14652	31397	50149	18424	31725	45408	18559	26849
初 中	114784	47886	66898	141057	67338	73719	132812	66116	66696
高 中	53074	21778	31296	77980	35794	42186	85956	40197	45759
大学专科	23284	8415	14869	41199	17481	23718	54168	23911	30257
大学本科	8963	2963	6000	20183	7673	12510	36896	14668	22228
硕士研究生	280	135	145	815	353	462	1807	789	1018
博士研究生	33	11	22	112	55	57	241	117	124

5-6a　续表 4

单位：人

受教育程度	初婚年龄								
	24岁			25岁			26岁		
	小计	男	女	小计	男	女	小计	男	女
总　计	**345638**	**174035**	**171603**	**290016**	**161585**	**128431**	**212796**	**127282**	**85514**
未上过学	4792	1110	3682	3226	939	2287	2101	655	1446
学前教育	180	58	122	130	61	69	94	39	55
小　学	37304	17359	19945	26719	14034	12685	17288	9890	7398
初　中	107268	58563	48705	77012	45804	31208	50359	32081	18278
高　中	79479	41791	37688	63920	37218	26702	44258	27828	16430
大学专科	59733	29270	30463	54592	29985	24607	42064	25075	16989
大学本科	52796	23831	28965	57975	30193	27782	48859	27555	21304
硕士研究生	3630	1772	1858	5702	2890	2812	6879	3607	3272
博士研究生	456	281	175	740	461	279	894	552	342

5-6a　续表 5

单位：人

受教育程度	初婚年龄								
	27岁			28岁			29岁		
	小计	男	女	小计	男	女	小计	男	女
总　计	**150548**	**95424**	**55124**	**100720**	**66053**	**34667**	**68048**	**45176**	**22872**
未上过学	1482	504	978	1009	377	632	756	298	458
学前教育	82	50	32	47	20	27	39	15	24
小　学	11380	6978	4402	7839	4972	2867	5885	3701	2184
初　中	33560	22323	11237	22421	15079	7342	15762	10712	5050
高　中	30194	20180	10014	19753	13496	6257	13452	9219	4233
大学专科	29770	18913	10857	19850	13002	6848	12773	8371	4402
大学本科	36632	22263	14369	24313	15754	8559	15531	10455	5076
硕士研究生	6559	3604	2955	4779	2861	1918	3275	2011	1264
博士研究生	889	609	280	709	492	217	575	394	181

5-6a 续表 6

单位：人

受教育程度	初婚年龄								
	30岁			31岁			32岁		
	小计	男	女	小计	男	女	小计	男	女
总　计	**45710**	**30215**	**15495**	**31526**	**20603**	**10923**	**23396**	**15214**	**8182**
未上过学	588	206	382	413	151	262	364	136	228
学前教育	29	10	19	21	8	13	18	7	11
小　学	4220	2621	1599	3081	1846	1235	2535	1507	1028
初　中	11114	7269	3845	8408	5365	3043	6624	4240	2384
高　中	9204	6199	3005	6472	4298	2174	4954	3280	1674
大学专科	8496	5680	2816	5504	3659	1845	3936	2580	1356
大学本科	9610	6576	3034	6092	4222	1870	3988	2783	1205
硕士研究生	2050	1365	685	1245	827	418	800	548	252
博士研究生	399	289	110	290	227	63	177	133	44

5-6a 续表 7

单位：人

受教育程度	初婚年龄								
	33岁			34岁			35岁		
	小计	男	女	小计	男	女	小计	男	女
总　计	**17626**	**11330**	**6296**	**13395**	**8590**	**4805**	**10098**	**6551**	**3547**
未上过学	288	109	179	243	82	161	171	67	104
学前教育	11	4	7	8	2	6	7	2	5
小　学	1860	1091	769	1480	894	586	1134	683	451
初　中	5080	3249	1831	4011	2526	1485	2968	1918	1050
高　中	3998	2601	1397	3010	1948	1062	2339	1550	789
大学专科	2872	1877	995	2180	1457	723	1673	1098	575
大学本科	2865	1920	945	2053	1384	669	1486	1007	479
硕士研究生	525	384	141	341	242	99	276	195	81
博士研究生	127	95	32	69	55	14	44	31	13

5-6a 续表 8

单位：人

受教育程度	初婚年龄								
	36岁			37岁			38岁		
	小计	男	女	小计	男	女	小计	男	女
总 计	**7620**	**5066**	**2554**	**5953**	**3931**	**2022**	**4572**	**2966**	**1606**
未上过学	142	58	84	96	27	69	86	31	55
学前教育	6	2	4	4	1	3	1		1
小 学	866	539	327	696	407	289	618	340	278
初 中	2337	1548	789	1900	1241	659	1457	924	533
高 中	1668	1140	528	1437	990	447	1031	690	341
大学专科	1231	821	410	870	603	267	665	463	202
大学本科	1128	794	334	792	541	251	588	418	170
硕士研究生	203	132	71	124	94	30	96	73	23
博士研究生	39	32	7	34	27	7	30	27	3

5-6a 续表 9

单位：人

受教育程度	初婚年龄					
	39岁			40岁及以上		
	小计	男	女	小计	男	女
总 计	**3738**	**2423**	**1315**	**20900**	**13106**	**7794**
未上过学	93	35	58	718	215	503
学前教育	2	1	1	30	11	19
小 学	511	281	230	3984	2025	1959
初 中	1256	770	486	7406	4549	2857
高 中	875	596	279	4556	3087	1469
大学专科	504	357	147	2153	1585	568
大学本科	397	301	96	1726	1343	383
硕士研究生	72	60	12	264	231	33
博士研究生	28	22	6	63	60	3

5-6b 全省分性别、受教育程度、初婚年龄的人口(镇)

单位：人

受教育程度	初婚年龄					
	合计			15岁以下		
	合计	男	女	小计	男	女
总　计	**1529103**	**742639**	**786464**	**1610**	**349**	**1261**
未上过学	52832	9087	43745	162	12	150
学前教育	2623	637	1986	5		5
小　学	324742	126124	198618	540	80	460
初　中	668051	342035	326016	633	162	471
高　中	265511	149297	116214	184	66	118
大学专科	126989	68179	58810	61	21	40
大学本科	81612	43400	38212	25	8	17
硕士研究生	6063	3445	2618			
博士研究生	680	435	245			

5-6b 续表 1

单位：人

受教育程度	初婚年龄								
	15岁			16岁			17岁		
	小计	男	女	小计	男	女	小计	男	女
总　计	**7904**	**1941**	**5963**	**14192**	**3186**	**11006**	**27287**	**7049**	**20238**
未上过学	719	38	681	1322	60	1262	2383	141	2242
学前教育	39	7	32	59	3	56	86	8	78
小　学	2546	376	2170	4604	669	3935	8767	1566	7201
初　中	3235	973	2262	6037	1639	4398	11766	3721	8045
高　中	912	368	544	1559	550	1009	3150	1182	1968
大学专科	295	120	175	459	193	266	847	327	520
大学本科	154	58	96	148	71	77	274	100	174
硕士研究生	3	1	2	3	1	2	11	3	8
博士研究生	1		1	1		1	3	1	2

5-6b　续表 2

单位：人

受教育程度	初婚年龄								
	18岁			19岁			20岁		
	小计	男	女	小计	男	女	小计	男	女
总　计	**50096**	**14303**	**35793**	**94033**	**31184**	**62849**	**144713**	**53018**	**91695**
未上过学	3782	266	3516	6076	624	5452	7146	870	6276
学前教育	156	17	139	284	34	250	345	74	271
小　学	15299	3056	12243	27000	6918	20082	37224	10685	26539
初　中	22624	7772	14852	43751	16626	27125	69886	28576	41310
高　中	6214	2396	3818	12717	5343	7374	21690	9521	12169
大学专科	1609	619	990	3322	1293	2029	6607	2607	4000
大学本科	395	171	224	858	333	525	1765	662	1103
硕士研究生	15	5	10	21	11	10	39	19	20
博士研究生	2	1	1	4	2	2	11	4	7

5-6b　续表 3

单位：人

受教育程度	初婚年龄								
	21岁			22岁			23岁		
	小计	男	女	小计	男	女	小计	男	女
总　计	**192577**	**82923**	**109654**	**224733**	**110214**	**114519**	**208102**	**106853**	**101249**
未上过学	6809	968	5841	6158	1116	5042	4969	997	3972
学前教育	337	82	255	321	70	251	272	70	202
小　学	42887	14461	28426	44930	17205	27725	38638	16315	22323
初　中	94584	44180	50404	107520	56848	50672	94363	51372	42991
高　中	33305	16952	16353	42008	23476	18532	40352	23462	16890
大学专科	11047	4819	6228	16882	8398	8484	18876	9746	9130
大学本科	3510	1416	2094	6709	2991	3718	10288	4716	5572
硕士研究生	79	35	44	170	89	81	298	148	150
博士研究生	19	10	9	35	21	14	46	27	19

5-6b 续表 4

单位：人

受教育程度	初婚年龄								
	24岁			25岁			26岁		
	小计	男	女	小计	男	女	小计	男	女
总　计	**169553**	**92584**	**76969**	**124135**	**72065**	**52070**	**81888**	**49571**	**32317**
未上过学	3736	880	2856	2485	681	1804	1635	499	1136
学前教育	185	68	117	130	46	84	101	39	62
小　学	30284	14115	16169	21237	11002	10235	13567	7666	5901
初　中	69937	40255	29682	46625	28385	18240	28578	18085	10493
高　中	33176	20352	12824	23774	15115	8659	14842	9659	5183
大学专科	18669	10274	8395	15929	9324	6605	11299	6837	4462
大学本科	12974	6345	6629	13012	7032	5980	10761	6167	4594
硕士研究生	525	257	268	865	434	431	1031	576	455
博士研究生	67	38	29	78	46	32	74	43	31

5-6b 续表 5

单位：人

受教育程度	初婚年龄								
	27岁			28岁			29岁		
	小计	男	女	小计	男	女	小计	男	女
总　计	**53521**	**33735**	**19786**	**35095**	**22262**	**12833**	**23789**	**15098**	**8691**
未上过学	1147	397	750	809	300	509	635	247	388
学前教育	80	33	47	40	15	25	30	15	15
小　学	8765	5306	3459	6133	3746	2387	4591	2799	1792
初　中	18337	11886	6451	11865	7692	4173	8370	5367	3003
高　中	9448	6315	3133	6034	4039	1995	3887	2580	1307
大学专科	7244	4616	2628	4581	2903	1678	2839	1849	990
大学本科	7441	4555	2886	4859	3126	1733	2924	1898	1026
硕士研究生	981	572	409	700	391	309	467	308	159
博士研究生	78	55	23	74	50	24	46	35	11

5-6b 续表 6 单位：人

受教育程度	初婚年龄								
	30岁			31岁			32岁		
	小计	男	女	小计	男	女	小计	男	女
总　计	**16924**	**10632**	**6292**	**12554**	**7699**	**4855**	**9582**	**5808**	**3774**
未上过学	494	208	286	385	148	237	348	116	232
学前教育	32	12	20	15	4	11	17	9	8
小　学	3321	1993	1328	2630	1564	1066	2109	1190	919
初　中	6285	3982	2303	4872	2937	1935	3768	2334	1434
高　中	2810	1815	995	2021	1315	706	1657	1058	599
大学专科	1876	1210	666	1219	780	439	840	525	315
大学本科	1755	1168	587	1207	808	399	702	477	225
硕士研究生	306	212	94	177	122	55	117	82	35
博士研究生	45	32	13	28	21	7	24	17	7

5-6b 续表 7 单位：人

受教育程度	初婚年龄								
	33岁			34岁			35岁		
	小计	男	女	小计	男	女	小计	男	女
总　计	**7229**	**4298**	**2931**	**5571**	**3444**	**2127**	**4216**	**2600**	**1616**
未上过学	242	78	164	188	70	118	168	59	109
学前教育	8	1	7	11	4	7	8	2	6
小　学	1619	935	684	1250	724	526	1043	614	429
初　中	2903	1716	1187	2291	1450	841	1676	1060	616
高　中	1257	758	499	956	607	349	704	451	253
大学专科	577	378	199	462	308	154	310	215	95
大学本科	526	368	158	364	248	116	273	177	96
硕士研究生	83	54	29	41	29	12	31	19	12
博士研究生	14	10	4	8	4	4	3	3	

5-6b 续表 8

单位：人

受教育程度	初婚年龄								
	36岁			37岁			38岁		
	小计	男	女	小计	男	女	小计	男	女
总　计	**3160**	**1953**	**1207**	**2509**	**1570**	**939**	**1940**	**1229**	**711**
未上过学	137	52	85	110	35	75	82	29	53
学前教育	8	3	5	6	2	4	5	1	4
小　学	693	403	290	690	418	272	509	301	208
初　中	1332	808	524	1018	633	385	842	543	299
高　中	536	367	169	370	254	116	282	194	88
大学专科	242	168	74	173	125	48	128	93	35
大学本科	176	124	52	121	88	33	72	53	19
硕士研究生	32	25	7	16	12	4	15	11	4
博士研究生	4	3	1	5	3	2	5	4	1

5-6b 续表 9

单位：人

受教育程度	初婚年龄					
	39岁			40岁及以上		
	小计	男	女	小计	男	女
总　计	**1742**	**1059**	**683**	**10448**	**6012**	**4436**
未上过学	83	25	58	622	171	451
学前教育	7	3	4	36	15	21
小　学	480	273	207	3386	1744	1642
初　中	712	442	270	4241	2591	1650
高　中	275	178	97	1391	924	467
大学专科	116	86	30	480	345	135
大学本科	55	42	13	264	198	66
硕士研究生	12	8	4	25	21	4
博士研究生	2	2		3	3	

5-6c　全省分性别、受教育程度、初婚年龄的人口(乡村)

单位：人

受教育程度	初婚年龄					
	合　计			15岁以下		
	合计	男	女	小计	男	女
总　计	**1655321**	**805967**	**849354**	**2357**	**416**	**1941**
未上过学	102979	17661	85318	336	16	320
学前教育	5495	1342	4153	15	3	12
小　学	563176	226860	336316	1011	141	870
初　中	730993	406115	324878	829	204	625
高　中	178503	112711	65792	112	35	77
大学专科	54385	30663	23722	48	16	32
大学本科	18828	10053	8775	6	1	5
硕士研究生	853	482	371			
博士研究生	109	80	29			

5-6c　续表 1

单位：人

受教育程度	初婚年龄								
	15岁			16岁			17岁		
	小计	男	女	小计	男	女	小计	男	女
总　计	**10967**	**2216**	**8751**	**20622**	**4136**	**16486**	**39045**	**8734**	**30311**
未上过学	1474	73	1401	2877	138	2739	5021	266	4755
学前教育	90	6	84	136	13	123	219	20	199
小　学	4860	708	4152	9183	1340	7843	17148	2838	14310
初　中	3766	1107	2659	6967	2040	4927	13927	4495	9432
高　中	599	247	352	1197	472	725	2286	915	1371
大学专科	150	61	89	219	110	109	367	163	204
大学本科	28	14	14	41	22	19	74	36	38
硕士研究生				2	1	1	3	1	2
博士研究生									

5-6c 续表 2

单位：人

受教育程度	初婚年龄								
	18岁			19岁			20岁		
	小计	男	女	小计	男	女	小计	男	女
总　计	**68072**	**17508**	**50564**	**123177**	**39173**	**84004**	**180296**	**66325**	**113971**
未上过学	7857	541	7316	12650	1271	11379	14615	1791	12824
学前教育	413	44	369	660	90	570	744	134	610
小　学	28706	5421	23285	49474	12527	36947	67499	20035	47464
初　中	25868	9201	16667	49484	20137	29347	78166	34827	43339
高　中	4407	1929	2478	9095	4422	4673	15840	8135	7705
大学专科	712	323	389	1595	632	963	2967	1223	1744
大学本科	108	49	59	212	91	121	450	172	278
硕士研究生	1		1	5	2	3	13	6	7
博士研究生				2	1	1	2	2	

5-6c 续表 3

单位：人

受教育程度	初婚年龄								
	21岁			22岁			23岁		
	小计	男	女	小计	男	女	小计	男	女
总　计	**222899**	**99245**	**123654**	**245447**	**124419**	**121028**	**211964**	**113791**	**98173**
未上过学	13136	1958	11178	11384	2063	9321	8886	1810	7076
学前教育	709	153	556	658	151	507	499	146	353
小　学	74446	26152	48294	75501	30320	45181	63909	28272	35637
初　中	104999	54176	50823	118778	67907	50871	100434	59681	40753
高　中	23629	13999	9630	29742	19083	10659	27247	18003	9244
大学专科	5113	2428	2685	7706	4130	3576	8494	4716	3778
大学本科	848	371	477	1639	743	896	2430	1133	1297
硕士研究生	19	8	11	37	21	16	61	28	33
博士研究生				2	1	1	4	2	2

5-6c 续表 4

单位：人

受教育程度	初婚年龄								
	24岁			25岁			26岁		
	小计	男	女	小计	男	女	小计	男	女
总　计	**164175**	**95142**	**69033**	**113614**	**69970**	**43644**	**72481**	**46574**	**25907**
未上过学	6417	1542	4875	4495	1271	3224	3043	1011	2032
学前教育	369	131	238	218	93	125	181	78	103
小　学	49136	24650	24486	34528	19345	15183	22604	13510	9094
初　中	75275	47519	27756	49750	32997	16753	30456	20987	9469
高　中	21603	14918	6685	15032	10627	4405	9297	6694	2603
大学专科	8075	4758	3317	6452	3954	2498	4405	2818	1587
大学本科	3209	1569	1640	3005	1605	1400	2353	1401	952
硕士研究生	77	45	32	121	70	51	125	62	63
博士研究生	14	10	4	13	8	5	17	13	4

5-6c 续表 5

单位：人

受教育程度	初婚年龄								
	27岁			28岁			29岁		
	小计	男	女	小计	男	女	小计	男	女
总　计	**47261**	**31171**	**16090**	**31810**	**21457**	**10353**	**22747**	**15270**	**7477**
未上过学	2126	747	1379	1576	606	970	1330	507	823
学前教育	113	51	62	90	43	47	80	34	46
小　学	15520	9842	5678	10558	6947	3611	7983	5221	2762
初　中	19170	13462	5708	12859	9242	3617	9156	6577	2579
高　中	5600	4048	1552	3663	2647	1016	2323	1691	632
大学专科	2949	1921	1028	1872	1218	654	1137	760	377
大学本科	1656	1023	633	1093	693	400	647	422	225
硕士研究生	118	70	48	85	52	33	81	50	31
博士研究生	9	7	2	14	9	5	10	8	2

5-6c 续表 6

单位：人

受教育程度	初婚年龄								
	30岁			31岁			32岁		
	小计	男	女	小计	男	女	小计	男	女
总　计	**16903**	**11184**	**5719**	**12400**	**8144**	**4256**	**9679**	**6246**	**3433**
未上过学	1028	368	660	763	294	469	617	216	401
学前教育	57	26	31	42	22	20	32	19	13
小　学	6091	4015	2076	4598	2933	1665	3727	2369	1358
初　中	6899	4824	2075	5124	3582	1542	3958	2708	1250
高　中	1704	1204	500	1150	827	323	926	650	276
大学专科	720	488	232	456	298	158	271	178	93
大学本科	353	227	126	245	175	70	124	89	35
硕士研究生	37	21	16	21	12	9	23	16	7
博士研究生	14	11	3	1	1		1	1	

5-6c 续表 7

单位：人

受教育程度	初婚年龄								
	33岁			34岁			35岁		
	小计	男	女	小计	男	女	小计	男	女
总　计	**7522**	**4863**	**2659**	**5559**	**3601**	**1958**	**4434**	**2935**	**1499**
未上过学	545	212	333	432	156	276	352	147	205
学前教育	32	14	18	18	10	8	22	15	7
小　学	2873	1835	1038	2202	1407	795	1773	1149	624
初　中	3085	2126	959	2229	1553	676	1739	1232	507
高　中	691	477	214	495	339	156	411	293	118
大学专科	195	135	60	129	94	35	92	64	28
大学本科	94	59	35	46	34	12	44	35	9
硕士研究生	5	3	2	5	5		1		1
博士研究生	2	2		3	3				

5-6c　续表 8　　单位：人

受教育程度	初婚年龄								
	36岁			37岁			38岁		
	小计	男	女	小计	男	女	小计	男	女
总　计	**3404**	**2236**	**1168**	**2699**	**1774**	**925**	**2176**	**1432**	**744**
未上过学	245	86	159	244	85	159	161	61	100
学前教育	12	5	7	11	4	7	13	11	2
小　学	1474	961	513	1113	738	375	911	584	327
初　中	1325	937	388	1042	734	308	879	619	260
高　中	243	171	72	215	160	55	166	122	44
大学专科	65	47	18	46	34	12	29	24	5
大学本科	36	27	9	23	15	8	17	11	6
硕士研究生	4	2	2	4	3	1			
博士研究生				1	1				

5-6c　续表 9　　单位：人

受教育程度	初婚年龄					
	39岁			40岁及以上		
	小计	男	女	小计	男	女
总　计	**1815**	**1161**	**654**	**11796**	**6844**	**4952**
未上过学	161	55	106	1208	370	838
学前教育	3	2	1	59	24	35
小　学	763	481	282	5585	3119	2466
初　中	746	522	224	4083	2719	1364
高　中	116	85	31	714	518	196
大学专科	21	13	8	100	57	43
大学本科	5	3	2	42	33	9
硕士研究生				5	4	1
博士研究生						

第二部分　长表数据资料

第六卷　生育

6-1 各地区分性别、孩次的出生人口
(2019.11.1-2020.10.31)

单位：人

地　　区	出生人数				第　一　孩			
	合计	男	女	性别比(女=100)	小计	男	女	性别比(女=100)
江　苏	**57749**	**30345**	**27404**	**110.73**	**30521**	**16131**	**14390**	**112.10**
南京市	**7011**	**3724**	**3287**	**113.29**	**4387**	**2316**	**2071**	**111.83**
玄武区	282	144	138	104.35	177	91	86	105.81
秦淮区	449	248	201	123.38	312	178	134	132.84
建邺区	370	199	171	116.37	247	136	111	122.52
鼓楼区	504	275	229	120.09	321	178	143	124.48
浦口区	338	176	162	108.64	207	103	104	99.04
栖霞区	648	344	304	113.16	438	233	205	113.66
雨花台区	505	271	234	115.81	342	182	160	113.75
江宁区	1607	875	732	119.54	1004	541	463	116.85
六合区	483	243	240	101.25	276	136	140	97.14
溧水区	405	227	178	127.53	211	115	96	119.79
高淳区	371	198	173	114.45	198	103	95	108.42
南京江北新区	1049	524	525	99.81	654	320	334	95.81
无锡市	**5093**	**2663**	**2430**	**109.59**	**2885**	**1501**	**1384**	**108.45**
锡山区	683	359	324	110.80	369	190	179	106.15
惠山区	671	359	312	115.06	372	191	181	105.52
滨湖区	331	175	156	112.18	206	115	91	126.37
梁溪区	582	283	299	94.65	367	176	191	92.15
新吴区	640	341	299	114.05	366	204	162	125.93
江苏无锡经济开发区	274	153	121	126.45	154	84	70	120.00
江阴市	1207	623	584	106.68	658	337	321	104.98
宜兴市	705	370	335	110.45	393	204	189	107.94
徐州市	**7392**	**3962**	**3430**	**115.51**	**3115**	**1654**	**1461**	**113.21**
鼓楼区	377	189	188	100.53	197	95	102	93.14
云龙区	530	273	257	106.23	277	142	135	105.19
贾汪区	405	228	177	128.81	155	79	76	103.95
泉山区	581	310	271	114.39	307	166	141	117.73
铜山区	1002	526	476	110.50	419	219	200	109.50
丰县	704	374	330	113.33	247	130	117	111.11
沛县	869	470	399	117.79	315	163	152	107.24
睢宁县	819	448	371	120.75	341	200	141	141.84
徐州经济技术开发区	416	205	211	97.16	181	87	94	92.55
新沂市	759	419	340	123.24	289	161	128	125.78
邳州市	930	520	410	126.83	387	212	175	121.14
常州市	**3675**	**1925**	**1750**	**110.00**	**2097**	**1115**	**982**	**113.54**
天宁区	451	230	221	104.07	256	129	127	101.57
钟楼区	424	216	208	103.85	247	121	126	96.03
新北区	732	378	354	106.78	420	207	213	97.18
武进区	924	493	431	114.39	514	280	234	119.66
金坛区	360	196	164	119.51	233	133	100	133.00
江苏省常州市经济开发区	307	168	139	120.86	168	100	68	147.06
溧阳市	477	244	233	104.72	259	145	114	127.19

6-1　续表 1　　单位：人

地　区	出生人数				第　一　孩			
	合计	男	女	性别比(女=100)	小计	男	女	性别比(女=100)
苏州市	**10087**	**5258**	**4829**	**108.88**	**5324**	**2841**	**2483**	**114.42**
虎丘区	718	392	326	120.25	372	206	166	124.10
吴中区	1239	658	581	113.25	677	369	308	119.81
相城区	816	428	388	110.31	434	238	196	121.43
姑苏区	563	288	275	104.73	364	193	171	112.87
吴江区	1187	632	555	113.87	640	332	308	107.79
苏州工业园区	1062	551	511	107.83	546	290	256	113.28
常熟市	978	518	460	112.61	513	285	228	125.00
张家港市	984	488	496	98.39	523	269	254	105.91
昆山市	1960	1011	949	106.53	969	518	451	114.86
太仓市	580	292	288	101.39	286	141	145	97.24
南通市	**4097**	**2107**	**1990**	**105.88**	**2452**	**1257**	**1195**	**105.19**
崇川区	467	250	217	115.21	292	153	139	110.07
港闸区	325	178	147	121.09	193	94	99	94.95
通州区	606	302	304	99.34	356	174	182	95.60
如东县	362	173	189	91.53	230	111	119	93.28
南通经济技术开发区	247	126	121	104.13	147	80	67	119.40
通州湾示范区	27	14	13	107.69	18	8	10	80.00
苏锡通科技产业园区	70	41	29	141.38	47	26	21	123.81
启东市	412	191	221	86.43	267	124	143	86.71
如皋市	676	350	326	107.36	374	210	164	128.05
海门市	480	244	236	103.39	286	144	142	101.41
海安市	425	238	187	127.27	242	133	109	122.02
连云港市	**3343**	**1756**	**1587**	**110.65**	**1494**	**769**	**725**	**106.07**
连云区	102	47	55	85.45	57	26	31	83.87
海州区	634	331	303	109.24	326	174	152	114.47
赣榆区	783	418	365	114.52	340	178	162	109.88
东海县	734	387	347	111.53	297	150	147	102.04
灌云县	414	233	181	128.73	163	97	66	146.97
灌南县	392	200	192	104.17	162	75	87	86.21
连云港经济技术开发区	63	29	34	85.29	34	14	20	70.00
连云港高新技术产业开发区	177	91	86	105.81	90	45	45	100.00
江苏连云港徐圩新区	23	10	13	76.92	12	4	8	50.00
江苏省连云港市云台山风景名胜区	21	10	11	90.91	13	6	7	85.71
淮安市	**2968**	**1575**	**1393**	**113.07**	**1461**	**811**	**650**	**124.77**
淮安区	423	224	199	112.56	200	114	86	132.56
淮阴区	488	258	230	112.17	258	141	117	120.51
清江浦区	462	258	204	126.47	237	133	104	127.88
洪泽区	162	87	75	116.00	86	50	36	138.89
涟水县	483	267	216	123.61	231	142	89	159.55
盱眙县	390	201	189	106.35	198	98	100	98.00
金湖县	183	91	92	98.91	80	42	38	110.53
淮安经济技术开发区	248	123	125	98.40	112	62	50	124.00
工业园区	17	12	5	240.00	7	5	2	250.00
生态文旅区	102	50	52	96.15	45	20	25	80.00
苏淮高新区	10	4	6	66.67	7	4	3	133.33

6-1 续表 2 单位：人

地　区	出生人数				第　一　孩			
	合计	男	女	性别比（女=100）	小计	男	女	性别比（女=100）
盐城市	**3405**	**1785**	**1620**	**110.19**	**1712**	**918**	**794**	**115.62**
亭湖区	402	208	194	107.22	211	110	101	108.91
盐都区	348	184	164	112.20	179	103	76	135.53
大丰区	343	175	168	104.17	177	91	86	105.81
响水县	247	127	120	105.83	114	58	56	103.57
滨海县	356	194	162	119.75	156	94	62	151.61
阜宁县	409	225	184	122.28	217	117	100	117.00
射阳县	347	183	164	111.59	173	96	77	124.68
建湖县	237	107	130	82.31	116	50	66	75.76
盐城经济技术开发区	63	28	35	80.00	33	15	18	83.33
江苏省盐南高新区	283	160	123	130.08	158	92	66	139.39
东台市	370	194	176	110.23	178	92	86	106.98
扬州市	**2590**	**1351**	**1239**	**109.04**	**1585**	**834**	**751**	**111.05**
广陵区	281	151	130	116.15	182	102	80	127.50
邗江区	461	238	223	106.73	290	146	144	101.39
江都区	440	235	205	114.63	268	139	129	107.75
宝应县	376	217	159	136.48	224	132	92	143.48
扬州经济技术开发区	181	87	94	92.55	119	58	61	95.08
蜀冈瘦西湖景区	90	49	41	119.51	60	37	23	160.87
生态新城	29	14	15	93.33	16	9	7	128.57
仪征市	285	133	152	87.50	176	89	87	102.30
高邮市	447	227	220	103.18	250	122	128	95.31
镇江市	**1913**	**990**	**923**	**107.26**	**1135**	**583**	**552**	**105.62**
京口区	183	87	96	90.63	126	61	65	93.85
润州区	131	58	73	79.45	93	42	51	82.35
丹徒区	179	96	83	115.66	107	59	48	122.92
镇江新区	173	85	88	96.59	122	62	60	103.33
江苏镇江高新区	43	22	21	104.76	32	19	13	146.15
丹阳市	595	301	294	102.38	312	153	159	96.23
扬中市	195	111	84	132.14	117	68	49	138.78
句容市	414	230	184	125.00	226	119	107	111.21
泰州市	**2296**	**1210**	**1086**	**111.42**	**1230**	**647**	**583**	**110.98**
海陵区	341	183	158	115.82	185	104	81	128.40
高港区	161	84	77	109.09	77	39	38	102.63
姜堰区	300	157	143	109.79	161	89	72	123.61
泰州医药高新技术产业开发区	211	107	104	102.88	121	57	64	89.06
兴化市	443	230	213	107.98	210	106	104	101.92
靖江市	385	193	192	100.52	216	108	108	100.00
泰兴市	455	256	199	128.64	260	144	116	124.14
宿迁市	**3879**	**2039**	**1840**	**110.82**	**1644**	**885**	**759**	**116.60**
宿城区	658	320	338	94.67	292	150	142	105.63
宿豫区	413	214	199	107.54	168	93	75	124.00
沭阳县	1275	686	589	116.47	535	278	257	108.17
泗阳县	529	285	244	116.80	221	124	97	127.84
泗洪县	592	316	276	114.49	234	139	95	146.32
宿迁经济技术开发区	166	81	85	95.29	84	40	44	90.91
宿迁市湖滨新区	101	55	46	119.57	40	19	21	90.48
苏州宿迁工业园区	47	25	22	113.64	24	11	13	84.62
宿迁市洋河新区	98	57	41	139.02	46	31	15	206.67

6-1 续表 3

单位：人

地区	第二孩				第三孩			
	小计	男	女	性别比(女=100)	小计	男	女	性别比(女=100)
江苏	**24103**	**12379**	**11724**	**105.59**	**2754**	**1637**	**1117**	**146.55**
南京市	**2477**	**1322**	**1155**	**114.46**	**137**	**82**	**55**	**149.09**
玄武区	100	50	50	100.00	5	3	2	150.00
秦淮区	127	65	62	104.84	9	5	4	125.00
建邺区	116	60	56	107.14	7	3	4	75.00
鼓楼区	177	94	83	113.25	5	3	2	150.00
浦口区	124	70	54	129.63	5	3	2	150.00
栖霞区	201	106	95	111.58	8	5	3	166.67
雨花台区	151	82	69	118.84	12	7	5	140.00
江宁区	568	311	257	121.01	33	21	12	175.00
六合区	201	106	95	111.58	6	1	5	20.00
溧水区	173	96	77	124.68	19	15	4	375.00
高淳区	163	89	74	120.27	10	6	4	150.00
南京江北新区	376	193	183	105.46	18	10	8	125.00
无锡市	**2033**	**1057**	**976**	**108.30**	**159**	**96**	**63**	**152.38**
锡山区	290	153	137	111.68	21	14	7	200.00
惠山区	267	145	122	118.85	29	21	8	262.50
滨湖区	117	54	63	85.71	8	6	2	300.00
梁溪区	206	102	104	98.08	7	3	4	75.00
新吴区	258	129	129	100.00	14	6	8	75.00
江苏无锡经济开发区	113	63	50	126.00	7	6	1	600.00
江阴市	503	260	243	107.00	44	26	18	144.44
宜兴市	279	151	128	117.97	29	14	15	93.33
徐州市	**3411**	**1802**	**1609**	**112.00**	**757**	**442**	**315**	**140.32**
鼓楼区	163	83	80	103.75	16	10	6	166.67
云龙区	233	121	112	108.04	18	9	9	100.00
贾汪区	178	104	74	140.54	62	40	22	181.82
泉山区	248	128	120	106.67	23	15	8	187.50
铜山区	464	236	228	103.51	108	64	44	145.45
丰县	371	193	178	108.43	71	43	28	153.57
沛县	433	242	191	126.70	107	57	50	114.00
睢宁县	385	198	187	105.88	83	46	37	124.32
徐州经济技术开发区	209	102	107	95.33	21	11	10	110.00
新沂市	343	178	165	107.88	111	68	43	158.14
邳州市	384	217	167	129.94	137	79	58	136.21
常州市	**1447**	**742**	**705**	**105.25**	**121**	**63**	**58**	**108.62**
天宁区	187	95	92	103.26	6	5	1	500.00
钟楼区	163	87	76	114.47	14	8	6	133.33
新北区	291	159	132	120.45	21	12	9	133.33
武进区	358	188	170	110.59	48	23	25	92.00
金坛区	119	58	61	95.08	6	4	2	200.00
江苏省常州市经济开发区	127	63	64	98.44	11	5	6	83.33
溧阳市	202	92	110	83.64	15	6	9	66.67

6-1 续表 4

单位：人

地区	第二孩				第三孩			
	小计	男	女	性别比(女=100)	小计	男	女	性别比(女=100)
苏州市	**4377**	**2179**	**2198**	**99.14**	**360**	**226**	**134**	**168.66**
虎丘区	321	170	151	112.58	24	15	9	166.67
吴中区	517	257	260	98.85	43	31	12	258.33
相城区	352	173	179	96.65	26	16	10	160.00
姑苏区	186	88	98	89.80	12	7	5	140.00
吴江区	487	264	223	118.39	58	34	24	141.67
苏州工业园区	486	243	243	100.00	29	18	11	163.64
常熟市	424	208	216	96.30	37	23	14	164.29
张家港市	424	194	230	84.35	35	24	11	218.18
昆山市	921	456	465	98.06	63	35	28	125.00
太仓市	259	126	133	94.74	33	23	10	230.00
南通市	**1542**	**799**	**743**	**107.54**	**89**	**47**	**42**	**111.90**
崇川区	160	89	71	125.35	14	7	7	100.00
港闸区	120	78	42	185.71	10	6	4	150.00
通州区	240	124	116	106.90	9	4	5	80.00
如东县	122	56	66	84.85	9	6	3	200.00
南通经济技术开发区	88	42	46	91.30	7	2	5	40.00
通州湾示范区	9	6	3	200.00				
苏锡通科技产业园区	22	15	7	214.29	1		1	
启东市	137	63	74	85.14	8	4	4	100.00
如皋市	286	129	157	82.17	15	10	5	200.00
海门市	181	96	85	112.94	10	4	6	66.67
海安市	177	101	76	132.89	6	4	2	200.00
连云港市	**1424**	**737**	**687**	**107.28**	**357**	**209**	**148**	**141.22**
连云区	42	20	22	90.91	3	1	2	50.00
海州区	272	135	137	98.54	30	18	12	150.00
赣榆区	319	163	156	104.49	101	65	36	180.56
东海县	303	162	141	114.89	116	62	54	114.81
灌云县	184	101	83	121.69	54	28	26	107.69
灌南县	187	97	90	107.78	35	23	12	191.67
连云港经济技术开发区	24	11	13	84.62	5	4	1	400.00
连云港高新技术产业开发区	76	40	36	111.11	11	6	5	120.00
江苏连云港徐圩新区	10	5	5	100.00	1	1		
江苏省连云港市云台山风景名胜区	7	3	4	75.00	1	1		
淮安市	**1341**	**661**	**680**	**97.21**	**151**	**96**	**55**	**174.55**
淮安区	201	97	104	93.27	19	11	8	137.50
淮阴区	192	91	101	90.10	36	25	11	227.27
清江浦区	204	111	93	119.35	17	13	4	325.00
洪泽区	69	35	34	102.94	7	2	5	40.00
涟水县	213	101	112	90.18	37	22	15	146.67
盱眙县	174	90	84	107.14	17	12	5	240.00
金湖县	99	48	51	94.12	2	1	1	100.00
淮安经济技术开发区	127	56	71	78.87	8	5	3	166.67
工业园区	10	7	3	233.33				
生态文旅区	50	25	25	100.00	7	5	2	250.00
苏淮高新区	2		2		1		1	

6-1　续表 5

单位：人

地　　区	第　二　孩				第　三　孩			
	小计	男	女	性别比(女=100)	小计	男	女	性别比(女=100)
盐城市	**1553**	**778**	**775**	**100.39**	**124**	**80**	**44**	**181.82**
亭湖区	182	91	91	100.00	8	6	2	300.00
盐都区	161	75	86	87.21	8	6	2	300.00
大丰区	156	78	78	100.00	8	6	2	300.00
响水县	110	55	55	100.00	20	13	7	185.71
滨海县	168	79	89	88.76	30	19	11	172.73
阜宁县	170	92	78	117.95	19	14	5	280.00
射阳县	159	81	78	103.85	14	6	8	75.00
建湖县	114	52	62	83.87	5	4	1	400.00
盐城经济技术开发区	27	10	17	58.82	2	2		
江苏省盐南高新区	119	66	53	124.53	6	2	4	50.00
东台市	187	99	88	112.50	4	2	2	100.00
扬州市	**952**	**485**	**467**	**103.85**	**41**	**28**	**13**	**215.38**
广陵区	95	45	50	90.00	3	3		
邗江区	160	84	76	110.53	9	7	2	350.00
江都区	167	94	73	128.77	4	2	2	100.00
宝应县	140	77	63	122.22	9	7	2	350.00
扬州经济技术开发区	56	26	30	86.67	6	3	3	100.00
蜀冈瘦西湖景区	28	11	17	64.71	2	1	1	100.00
生态新城	10	3	7	42.86	3	2	1	200.00
仪征市	106	43	63	68.25	1	1		
高邮市	190	102	88	115.91	4	2	2	100.00
镇江市	**720**	**379**	**341**	**111.14**	**54**	**27**	**27**	**100.00**
京口区	52	26	26	100.00	4		4	
润州区	37	15	22	68.18	1	1		
丹徒区	70	36	34	105.88	2	1	1	100.00
镇江新区	45	20	25	80.00	6	3	3	100.00
江苏镇江高新区	9	3	6	50.00	2		2	
丹阳市	259	137	122	112.30	23	11	12	91.67
扬中市	72	38	34	111.76	6	5	1	500.00
句容市	176	104	72	144.44	10	6	4	150.00
泰州市	**1009**	**537**	**472**	**113.77**	**51**	**24**	**27**	**88.89**
海陵区	151	77	74	104.05	5	2	3	66.67
高港区	78	41	37	110.81	5	3	2	150.00
姜堰区	126	65	61	106.56	12	3	9	33.33
泰州医药高新技术产业开发区	89	50	39	128.21				
兴化市	221	116	105	110.48	11	8	3	266.67
靖江市	162	83	79	105.06	7	2	5	40.00
泰兴市	182	105	77	136.36	11	6	5	120.00
宿迁市	**1817**	**901**	**916**	**98.36**	**353**	**217**	**136**	**159.56**
宿城区	307	136	171	79.53	51	29	22	131.82
宿豫区	213	102	111	91.89	29	18	11	163.64
沭阳县	584	305	279	109.32	128	87	41	212.20
泗阳县	257	133	124	107.26	47	26	21	123.81
泗洪县	281	132	149	88.59	60	34	26	130.77
宿迁经济技术开发区	73	37	36	102.78	8	4	4	100.00
宿迁市湖滨新区	44	25	19	131.58	16	10	6	166.67
苏州宿迁工业园区	18	12	6	200.00	4	2	2	100.00
宿迁市洋河新区	40	19	21	90.48	10	7	3	233.33

6-1 续表 6

单位：人

地　区	第四孩				第五孩及以上			
	小计	男	女	性别比(女=100)	小计	男	女	性别比(女=100)
江　苏	**311**	**164**	**147**	**111.56**	**60**	**34**	**26**	**130.77**
南京市	**9**	**3**	**6**	**50.00**	**1**	**1**		
玄武区								
秦淮区	1		1					
建邺区								
鼓楼区	1		1					
浦口区	2		2					
栖霞区	1		1					
雨花台区								
江宁区	1	1			1	1		
六合区								
溧水区	2	1	1	100.00				
高淳区								
南京江北新区	1	1						
无锡市	**15**	**9**	**6**	**150.00**	**1**		**1**	
锡山区	3	2	1	200.00				
惠山区	3	2	1	200.00				
滨湖区								
梁溪区	2	2						
新吴区	2	2						
江苏无锡经济开发区								
江阴市	2		2					
宜兴市	3	1	2	50.00	1		1	
徐州市	**89**	**53**	**36**	**147.22**	**20**	**11**	**9**	**122.22**
鼓楼区	1	1						
云龙区	2	1	1	100.00				
贾汪区	9	5	4	125.00	1		1	
泉山区	3	1	2	50.00				
铜山区	9	7	2	350.00	2		2	
丰县	13	6	7	85.71	2	2		
沛县	10	6	4	150.00	4	2	2	100.00
睢宁县	7	3	4	75.00	3	1	2	50.00
徐州经济技术开发区	5	5						
新沂市	12	9	3	300.00	4	3	1	300.00
邳州市	18	9	9	100.00	4	3	1	300.00
常州市	**8**	**3**	**5**	**60.00**	**2**	**2**		
天宁区	2	1	1	100.00				
钟楼区								
新北区								
武进区	3	1	2	50.00	1	1		
金坛区	2	1	1	100.00				
江苏省常州市经济开发区	1		1					
溧阳市					1	1		

6-1　续表 7　　　　单位：人

地　区	第　四　孩				第五孩及以上			
	小计	男	女	性别比（女=100）	小计	男	女	性别比（女=100）
苏州市	**24**	**10**	**14**	**71.43**	**2**	**2**		
虎丘区	1	1						
吴中区	2	1	1	100.00				
相城区	4	1	3	33.33				
姑苏区	1		1					
吴江区	2	2						
苏州工业园区	1		1					
常熟市	4	2	2	100.00				
张家港市	1		1		1	1		
昆山市	7	2	5	40.00				
太仓市	1	1			1	1		
南通市	**12**	**4**	**8**	**50.00**	**2**		**2**	
崇川区	1	1						
港闸区	2		2					
通州区	1		1					
如东县					1		1	
南通经济技术开发区	4	2	2	100.00	1		1	
通州湾示范区								
苏锡通科技产业园区								
启东市								
如皋市	1	1						
海门市	3		3					
海安市								
连云港市	**55**	**32**	**23**	**139.13**	**13**	**9**	**4**	**225.00**
连云区								
海州区	4	2	2	100.00	2	2		
赣榆区	19	10	9	111.11	4	2	2	100.00
东海县	16	11	5	220.00	2	2		
灌云县	10	5	5	100.00	3	2	1	200.00
灌南县	6	4	2	200.00	2	1	1	100.00
连云港经济技术开发区								
连云港高新技术产业开发区								
江苏连云港徐圩新区								
江苏省连云港市云台山风景名胜区								
淮安市	**13**	**6**	**7**	**85.71**	**2**	**1**	**1**	**100.00**
淮安区	2	1	1	100.00	1	1		
淮阴区	1	1			1		1	
清江浦区	4	1	3	33.33				
洪泽区								
涟水县	2	2						
盱眙县	1	1						
金湖县	2		2					
淮安经济技术开发区	1		1					
工业园区								
生态文旅区								
苏淮高新区								

6-1 续表 8 单位：人

地　区	第　四　孩				第五孩及以上			
	小计	男	女	性别比（女=100）	小计	男	女	性别比（女=100）
盐城市	**13**	**7**	**6**	**116.67**	**3**	**2**	**1**	**200.00**
亭湖区					1	1		
盐都区								
大丰区	2		2					
响水县	2	1	1	100.00	1		1	
滨海县	2	2						
阜宁县	3	2	1	200.00				
射阳县	1		1					
建湖县	1		1		1	1		
盐城经济技术开发区	1	1						
江苏省盐南高新区								
东台市	1	1						
扬州市	**11**	**4**	**7**	**57.14**	**1**		**1**	
广陵区	1	1						
邗江区	2	1	1	100.00				
江都区	1		1					
宝应县	3	1	2	50.00				
扬州经济技术开发区								
蜀冈瘦西湖景区								
生态新城								
仪征市	1		1		1		1	
高邮市	3	1	2	50.00				
镇江市	**3**	**1**	**2**	**50.00**	**1**		**1**	
京口区	1		1					
润州区								
丹徒区								
镇江新区								
江苏镇江高新区								
丹阳市					1		1	
扬中市								
句容市	2	1	1	100.00				
泰州市	**6**	**2**	**4**	**50.00**				
海陵区								
高港区	1	1						
姜堰区	1		1					
泰州医药高新技术产业开发区	1		1					
兴化市	1		1					
靖江市								
泰兴市	2	1	1	100.00				
宿迁市	**53**	**30**	**23**	**130.43**	**12**	**6**	**6**	**100.00**
宿城区	6	3	3	100.00	2	2		
宿豫区	3	1	2	50.00				
沭阳县	24	14	10	140.00	4	2	2	100.00
泗阳县	3	1	2	50.00	1	1		
泗洪县	14	10	4	250.00	3	1	2	50.00
宿迁经济技术开发区	1		1					
宿迁市湖滨新区	1	1						
苏州宿迁工业园区	1		1					
宿迁市洋河新区					2		2	

6-1a　各地区分性别、孩次的出生人口
(2019.11.1-2020.10.31)(城市)

单位：人

地　区	出生人数				第　一　孩			
	合计	男	女	性别比(女=100)	小计	男	女	性别比(女=100)
江　苏	**31264**	**16496**	**14768**	**111.70**	**17689**	**9360**	**8329**	**112.38**
南京市	**6085**	**3257**	**2828**	**115.17**	**3871**	**2049**	**1822**	**112.46**
玄武区	282	144	138	104.35	177	91	86	105.81
秦淮区	449	248	201	123.38	312	178	134	132.84
建邺区	370	199	171	116.37	247	136	111	122.52
鼓楼区	504	275	229	120.09	321	178	143	124.48
浦口区	276	150	126	119.05	179	92	87	105.75
栖霞区	621	329	292	112.67	420	224	196	114.29
雨花台区	501	268	233	115.02	338	179	159	112.58
江宁区	1348	733	615	119.19	857	458	399	114.79
六合区	179	96	83	115.66	103	50	53	94.34
溧水区	290	163	127	128.35	150	78	72	108.33
高淳区	225	130	95	136.84	120	67	53	126.42
南京江北新区	1040	522	518	100.77	647	318	329	96.66
无锡市	**3688**	**1951**	**1737**	**112.32**	**2168**	**1137**	**1031**	**110.28**
锡山区	441	236	205	115.12	252	131	121	108.26
惠山区	474	246	228	107.89	263	128	135	94.81
滨湖区	314	169	145	116.55	199	113	86	131.40
梁溪区	582	283	299	94.65	367	176	191	92.15
新吴区	581	306	275	111.27	331	181	150	120.67
江苏无锡经济开发区	274	153	121	126.45	154	84	70	120.00
江阴市	633	341	292	116.78	364	197	167	117.96
宜兴市	389	217	172	126.16	238	127	111	114.41
徐州市	**2771**	**1493**	**1278**	**116.82**	**1333**	**699**	**634**	**110.25**
鼓楼区	377	189	188	100.53	197	95	102	93.14
云龙区	509	259	250	103.60	264	134	130	103.08
贾汪区	160	93	67	138.81	61	29	32	90.63
泉山区	581	310	271	114.39	307	166	141	117.73
铜山区	328	175	153	114.38	152	77	75	102.67
丰县								
沛县								
睢宁县								
徐州经济技术开发区	7	4	3	133.33	1		1	
新沂市	317	177	140	126.43	145	77	68	113.24
邳州市	492	286	206	138.83	206	121	85	142.35
常州市	**2713**	**1421**	**1292**	**109.98**	**1568**	**819**	**749**	**109.35**
天宁区	385	193	192	100.52	217	108	109	99.08
钟楼区	398	203	195	104.10	237	113	124	91.13
新北区	598	305	293	104.10	345	165	180	91.67
武进区	645	355	290	122.41	359	200	159	125.79
金坛区	255	137	118	116.10	172	95	77	123.38
江苏省常州市经济开发区	160	86	74	116.22	87	50	37	135.14
溧阳市	272	142	130	109.23	151	88	63	139.68

6-1a 续表 1

单位：人

地　区	出生人数				第　一　孩			
	合计	男	女	性别比(女=100)	小计	男	女	性别比(女=100)
苏州市	**6202**	**3247**	**2955**	**109.88**	**3309**	**1770**	**1539**	**115.01**
虎丘区	680	370	310	119.35	352	195	157	124.20
吴中区	897	456	441	103.40	506	266	240	110.83
相城区	743	395	348	113.51	400	221	179	123.46
姑苏区	563	288	275	104.73	364	193	171	112.87
吴江区	637	348	289	120.42	353	190	163	116.56
苏州工业园区								
常熟市	560	297	263	112.93	289	157	132	118.94
张家港市	386	195	191	102.09	192	101	91	110.99
昆山市	1444	751	693	108.37	704	376	328	114.63
太仓市	292	147	145	101.38	149	71	78	91.03
南通市	**1981**	**1016**	**965**	**105.28**	**1172**	**579**	**593**	**97.64**
崇川区	467	250	217	115.21	292	153	139	110.07
港闸区	323	176	147	119.73	193	94	99	94.95
通州区	265	133	132	100.76	160	79	81	97.53
如东县								
南通经济技术开发区								
通州湾示范区								
苏锡通科技产业园区								
启东市	198	85	113	75.22	115	44	71	61.97
如皋市	246	116	130	89.23	126	62	64	96.88
海门市	192	95	97	97.94	123	56	67	83.58
海安市	290	161	129	124.81	163	91	72	126.39
连云港市	**888**	**471**	**417**	**112.95**	**460**	**246**	**214**	**114.95**
连云区	102	47	55	85.45	57	26	31	83.87
海州区	514	274	240	114.17	267	143	124	115.32
赣榆区	255	138	117	117.95	129	73	56	130.36
东海县	11	9	2	450.00	5	3	2	150.00
灌云县								
灌南县								
连云港经济技术开发区								
连云港高新技术产业开发区								
江苏连云港徐圩新区	2	1	1	100.00	1		1	
江苏省连云港市云台山风景名胜区	4	2	2	100.00	1	1		
淮安市	**1062**	**567**	**495**	**114.55**	**559**	**312**	**247**	**126.32**
淮安区	222	120	102	117.65	108	65	43	151.16
淮阴区	304	157	147	106.80	171	93	78	119.23
清江浦区	427	236	191	123.56	218	120	98	122.45
洪泽区	109	54	55	98.18	62	34	28	121.43
涟水县								
盱眙县								
金湖县								
淮安经济技术开发区								
工业园区								
生态文旅区								
苏淮高新区								

6-1a　续表 2　　　　单位：人

地　区	出生人数				第　一　孩			
	合计	男	女	性别比（女=100）	小计	男	女	性别比（女=100）
盐城市	**1218**	**650**	**568**	**114.44**	**656**	**352**	**304**	**115.79**
亭湖区	341	182	159	114.47	186	96	90	106.67
盐都区	223	119	104	114.42	118	64	54	118.52
大丰区	181	97	84	115.48	98	53	45	117.78
响水县								
滨海县								
阜宁县								
射阳县								
建湖县								
盐城经济技术开发区	1		1		1		1	
江苏省盐南高新区	283	160	123	130.08	158	92	66	139.39
东台市	189	92	97	94.85	95	47	48	97.92
扬州市	**1384**	**720**	**664**	**108.43**	**851**	**446**	**405**	**110.12**
广陵区	244	124	120	103.33	159	82	77	106.49
邗江区	393	208	185	112.43	249	127	122	104.10
江都区	229	126	103	122.33	140	77	63	122.22
宝应县								
扬州经济技术开发区								
蜀冈瘦西湖景区	90	49	41	119.51	60	37	23	160.87
生态新城	19	8	11	72.73	10	5	5	100.00
仪征市	187	92	95	96.84	120	61	59	103.39
高邮市	222	113	109	103.67	113	57	56	101.79
镇江市	**1126**	**588**	**538**	**109.29**	**682**	**368**	**314**	**117.20**
京口区	180	87	93	93.55	123	61	62	98.39
润州区	131	58	73	79.45	93	42	51	82.35
丹徒区	126	67	59	113.56	76	43	33	130.30
镇江新区								
江苏镇江高新区	43	22	21	104.76	32	19	13	146.15
丹阳市	287	151	136	111.03	159	86	73	117.81
扬中市	132	81	51	158.82	77	51	26	196.15
句容市	227	122	105	116.19	122	66	56	117.86
泰州市	**1201**	**632**	**569**	**111.07**	**645**	**355**	**290**	**122.41**
海陵区	317	171	146	117.12	172	98	74	132.43
高港区	96	48	48	100.00	50	25	25	100.00
姜堰区	208	109	99	110.10	112	63	49	128.57
泰州医药高新技术产业开发区								
兴化市	166	79	87	90.80	78	40	38	105.26
靖江市	217	113	104	108.65	124	66	58	113.79
泰兴市	197	112	85	131.76	109	63	46	136.96
宿迁市	**945**	**483**	**462**	**104.55**	**415**	**228**	**187**	**121.93**
宿城区	451	219	232	94.40	203	106	97	109.28
宿豫区	316	169	147	114.97	130	76	54	140.74
沭阳县								
泗阳县								
泗洪县								
宿迁经济技术开发区								
宿迁市湖滨新区	62	32	30	106.67	24	12	12	100.00
苏州宿迁工业园区	47	25	22	113.64	24	11	13	84.62
宿迁市洋河新区	69	38	31	122.58	34	23	11	209.09

6-1a 续表 3

单位：人

地 区	第二孩				第三孩			
	小计	男	女	性别比(女=100)	小计	男	女	性别比(女=100)
江 苏	**12502**	**6493**	**6009**	**108.05**	**977**	**601**	**376**	**159.84**
南京市	**2092**	**1135**	**957**	**118.60**	**114**	**70**	**44**	**159.09**
玄武区	100	50	50	100.00	5	3	2	150.00
秦淮区	127	65	62	104.84	9	5	4	125.00
建邺区	116	60	56	107.14	7	3	4	75.00
鼓楼区	177	94	83	113.25	5	3	2	150.00
浦口区	91	55	36	152.78	4	3	1	300.00
栖霞区	192	100	92	108.70	8	5	3	166.67
雨花台区	151	82	69	118.84	12	7	5	140.00
江宁区	464	258	206	125.24	25	15	10	150.00
六合区	74	45	29	155.17	2	1	1	100.00
溧水区	128	75	53	141.51	12	10	2	500.00
高淳区	98	58	40	145.00	7	5	2	250.00
南京江北新区	374	193	181	106.63	18	10	8	125.00
无锡市	**1419**	**751**	**668**	**112.43**	**91**	**59**	**32**	**184.38**
锡山区	177	96	81	118.52	12	9	3	300.00
惠山区	189	103	86	119.77	21	15	6	250.00
滨湖区	107	50	57	87.72	8	6	2	300.00
梁溪区	206	102	104	98.08	7	3	4	75.00
新吴区	237	119	118	100.85	12	5	7	71.43
江苏无锡经济开发区	113	63	50	126.00	7	6	1	600.00
江阴市	248	131	117	111.97	19	13	6	216.67
宜兴市	142	87	55	158.18	5	2	3	66.67
徐州市	**1228**	**658**	**570**	**115.44**	**191**	**123**	**68**	**180.88**
鼓楼区	163	83	80	103.75	16	10	6	166.67
云龙区	227	116	111	104.50	16	8	8	100.00
贾汪区	78	48	30	160.00	19	14	5	280.00
泉山区	248	128	120	106.67	23	15	8	187.50
铜山区	155	83	72	115.28	20	14	6	233.33
丰县								
沛县								
睢宁县								
徐州经济技术开发区	3	2	1	200.00	3	2	1	200.00
新沂市	135	75	60	125.00	33	22	11	200.00
邳州市	219	123	96	128.13	61	38	23	165.22
常州市	**1057**	**557**	**500**	**111.40**	**84**	**44**	**40**	**110.00**
天宁区	162	80	82	97.56	6	5	1	500.00
钟楼区	147	82	65	126.15	14	8	6	133.33
新北区	234	129	105	122.86	19	11	8	137.50
武进区	255	140	115	121.74	29	14	15	93.33
金坛区	80	41	39	105.13	2	1	1	100.00
江苏省常州市经济开发区	67	34	33	103.03	5	2	3	66.67
溧阳市	112	51	61	83.61	9	3	6	50.00

6-1a　续表 4

单位：人

地　区	第二孩				第三孩			
	小计	男	女	性别比(女=100)	小计	男	女	性别比(女=100)
苏州市	**2663**	**1338**	**1325**	**100.98**	**210**	**132**	**78**	**169.23**
虎丘区	306	161	145	111.03	21	13	8	162.50
吴中区	366	170	196	86.73	24	20	4	500.00
相城区	315	157	158	99.37	24	16	8	200.00
姑苏区	186	88	98	89.80	12	7	5	140.00
吴江区	252	142	110	129.09	31	15	16	93.75
苏州工业园区								
常熟市	243	123	120	102.50	24	15	9	166.67
张家港市	182	86	96	89.58	10	7	3	233.33
昆山市	684	346	338	102.37	50	28	22	127.27
太仓市	129	65	64	101.56	14	11	3	366.67
南通市	**754**	**407**	**347**	**117.29**	**50**	**28**	**22**	**127.27**
崇川区	160	89	71	125.35	14	7	7	100.00
港闸区	118	76	42	180.95	10	6	4	150.00
通州区	101	52	49	106.12	4	2	2	100.00
如东县								
南通经济技术开发区								
通州湾示范区								
苏锡通科技产业园区								
启东市	79	39	40	97.50	4	2	2	100.00
如皋市	111	47	64	73.44	8	6	2	300.00
海门市	64	38	26	146.15	4	1	3	33.33
海安市	121	66	55	120.00	6	4	2	200.00
连云港市	**377**	**194**	**183**	**106.01**	**45**	**28**	**17**	**164.71**
连云区	42	20	22	90.91	3	1	2	50.00
海州区	224	116	108	107.41	20	13	7	185.71
赣榆区	101	50	51	98.04	22	14	8	175.00
东海县	6	6						
灌云县								
灌南县								
连云港经济技术开发区								
连云港高新技术产业开发区								
江苏连云港徐圩新区	1	1						
江苏省连云港市云台山风景名胜区	3	1	2	50.00				
淮安市	**460**	**226**	**234**	**96.58**	**37**	**27**	**10**	**270.00**
淮安区	106	50	56	89.29	7	4	3	133.33
淮阴区	118	54	64	84.38	14	10	4	250.00
清江浦区	191	103	88	117.05	14	12	2	600.00
洪泽区	45	19	26	73.08	2	1	1	100.00
涟水县								
盱眙县								
金湖县								
淮安经济技术开发区								
工业园区								
生态文旅区								
苏淮高新区								

6-1a 续表 5

单位：人

地　区	第二孩				第三孩			
	小计	男	女	性别比(女=100)	小计	男	女	性别比(女=100)
盐城市	**538**	**282**	**256**	**110.16**	**22**	**15**	**7**	**214.29**
亭湖区	149	81	68	119.12	6	5	1	500.00
盐都区	99	51	48	106.25	6	4	2	200.00
大丰区	78	40	38	105.26	4	4		
响水县								
滨海县								
阜宁县								
射阳县								
建湖县								
盐城经济技术开发区								
江苏省盐南高新区	119	66	53	124.53	6	2	4	50.00
东台市	93	44	49	89.80				
扬州市	**507**	**257**	**250**	**102.80**	**20**	**15**	**5**	**300.00**
广陵区	81	38	43	88.37	3	3		
邗江区	135	74	61	121.31	8	6	2	300.00
江都区	84	47	37	127.03	4	2	2	100.00
宝应县								
扬州经济技术开发区								
蜀冈瘦西湖景区	28	11	17	64.71	2	1	1	100.00
生态新城	8	2	6	33.33	1	1		
仪征市	65	30	35	85.71	1	1		
高邮市	106	55	51	107.84	1	1		
镇江市	**418**	**207**	**211**	**98.10**	**24**	**12**	**12**	**100.00**
京口区	52	26	26	100.00	4		4	
润州区	37	15	22	68.18	1	1		
丹徒区	48	23	25	92.00	2	1	1	100.00
镇江新区								
江苏镇江高新区	9	3	6	50.00	2		2	
丹阳市	121	61	60	101.67	7	4	3	133.33
扬中市	50	26	24	108.33	5	4	1	400.00
句容市	101	53	48	110.42	3	2	1	200.00
泰州市	**525**	**267**	**258**	**103.49**	**28**	**9**	**19**	**47.37**
海陵区	140	71	69	102.90	5	2	3	66.67
高港区	43	22	21	104.76	3	1	2	50.00
姜堰区	86	45	41	109.76	9	1	8	12.50
泰州医药高新技术产业开发区								
兴化市	85	37	48	77.08	3	2	1	200.00
靖江市	89	45	44	102.27	4	2	2	100.00
泰兴市	82	47	35	134.29	4	1	3	33.33
宿迁市	**464**	**214**	**250**	**85.60**	**61**	**39**	**22**	**177.27**
宿城区	222	95	127	74.80	24	16	8	200.00
宿豫区	167	81	86	94.19	18	12	6	200.00
沭阳县								
泗阳县								
泗洪县								
宿迁经济技术开发区								
宿迁市湖滨新区	29	15	14	107.14	9	5	4	125.00
苏州宿迁工业园区	18	12	6	200.00	4	2	2	100.00
宿迁市洋河新区	28	11	17	64.71	6	4	2	200.00

6-1a　续表 6　　　　单位：人

地　区	第四孩				第五孩及以上			
	小计	男	女	性别比（女=100）	小计	男	女	性别比（女=100）
江　苏	**83**	**33**	**50**	**66.00**	**13**	**9**	**4**	**225.00**
南京市	**7**	**2**	**5**	**40.00**	**1**	**1**		
玄武区								
秦淮区	1		1					
建邺区								
鼓楼区	1		1					
浦口区	2		2					
栖霞区	1		1					
雨花台区								
江宁区	1	1			1	1		
六合区								
溧水区								
高淳区								
南京江北新区	1	1						
无锡市	**9**	**4**	**5**	**80.00**	**1**		**1**	
锡山区								
惠山区	1		1					
滨湖区								
梁溪区	2	2						
新吴区	1	1						
江苏无锡经济开发区								
江阴市	2		2					
宜兴市	3	1	2	50.00	1		1	
徐州市	**16**	**10**	**6**	**166.67**	**3**	**3**		
鼓楼区	1	1						
云龙区	2	1	1	100.00				
贾汪区	2	2						
泉山区	3	1	2	50.00				
铜山区	1	1						
丰县								
沛县								
睢宁县								
徐州经济技术开发区								
新沂市	2	1	1	100.00	2	2		
邳州市	5	3	2	150.00	1	1		
常州市	**4**	**1**	**3**	**33.33**				
天宁区								
钟楼区								
新北区								
武进区	2	1	1	100.00				
金坛区	1		1					
江苏省常州市经济开发区	1		1					
溧阳市								

6-1a 续表 7

单位：人

地区	第四孩				第五孩及以上			
	小计	男	女	性别比(女=100)	小计	男	女	性别比(女=100)
苏州市	**19**	**6**	**13**	**46.15**	**1**	**1**		
虎丘区	1	1						
吴中区	1		1					
相城区	4	1	3	33.33				
姑苏区	1		1					
吴江区	1	1						
苏州工业园区								
常熟市	4	2	2	100.00				
张家港市	1		1		1	1		
昆山市	6	1	5	20.00				
太仓市								
南通市	**5**	**2**	**3**	**66.67**				
崇川区	1	1						
港闸区	2		2					
通州区								
如东县								
南通经济技术开发区								
通州湾示范区								
苏锡通科技产业园区								
启东市								
如皋市	1	1						
海门市	1		1					
海安市								
连云港市	**4**	**2**	**2**	**100.00**	**2**	**1**	**1**	**100.00**
连云区								
海州区	2	1	1	100.00	1	1		
赣榆区	2	1	1	100.00	1		1	
东海县								
灌云县								
灌南县								
连云港经济技术开发区								
连云港高新技术产业开发区								
江苏连云港徐圩新区								
江苏省连云港市云台山风景名胜区								
淮安市	**4**	**1**	**3**	**33.33**	**2**	**1**	**1**	**100.00**
淮安区					1	1		
淮阴区					1		1	
清江浦区	4	1	3	33.33				
洪泽区								
涟水县								
盱眙县								
金湖县								
淮安经济技术开发区								
工业园区								
生态文旅区								
苏淮高新区								

6-1a　续表 8

单位：人

地　　区	第四孩				第五孩及以上			
	小计	男	女	性别比(女=100)	小计	男	女	性别比(女=100)
盐城市	**2**	**1**	**1**	**100.00**				
亭湖区								
盐都区								
大丰区	1		1					
响水县								
滨海县								
阜宁县								
射阳县								
建湖县								
盐城经济技术开发区								
江苏省盐南高新区								
东台市	1	1						
扬州市	**6**	**2**	**4**	**50.00**				
广陵区	1	1						
邗江区	1	1						
江都区	1		1					
宝应县								
扬州经济技术开发区								
蜀冈瘦西湖景区								
生态新城								
仪征市	1		1					
高邮市	2		2					
镇江市	**2**	**1**	**1**	**100.00**				
京口区	1		1					
润州区								
丹徒区								
镇江新区								
江苏镇江高新区								
丹阳市								
扬中市								
句容市	1	1						
泰州市	**3**	**1**	**2**	**50.00**				
海陵区								
高港区								
姜堰区	1		1					
泰州医药高新技术产业开发区								
兴化市								
靖江市								
泰兴市	2	1	1	100.00				
宿迁市	**2**		**2**		**3**	**2**	**1**	**200.00**
宿城区					2	2		
宿豫区	1		1					
沭阳县								
泗阳县								
泗洪县								
宿迁经济技术开发区								
宿迁市湖滨新区								
苏州宿迁工业园区	1		1					
宿迁市洋河新区					1		1	

6-1b 各地区分性别、孩次的出生人口
(2019.11.1-2020.10.31)(镇)

单位：人

地区	出生人数				第一孩			
	合计	男	女	性别比(女=100)	小计	男	女	性别比(女=100)
江苏	**15908**	**8291**	**7617**	**108.85**	**7676**	**4042**	**3634**	**111.23**
南京市	**177**	**96**	**81**	**118.52**	**106**	**59**	**47**	**125.53**
玄武区								
秦淮区								
建邺区								
鼓楼区								
浦口区								
栖霞区								
雨花台区	4	3	1	300.00	4	3	1	300.00
江宁区								
六合区	134	69	65	106.15	82	43	39	110.26
溧水区	29	17	12	141.67	16	10	6	166.67
高淳区	10	7	3	233.33	4	3	1	300.00
南京江北新区								
无锡市	**779**	**394**	**385**	**102.34**	**404**	**208**	**196**	**106.12**
锡山区	171	88	83	106.02	87	46	41	112.20
惠山区	94	52	42	123.81	58	34	24	141.67
滨湖区								
梁溪区								
新吴区								
江苏无锡经济开发区								
江阴市	358	178	180	98.89	181	87	94	92.55
宜兴市	156	76	80	95.00	78	41	37	110.81
徐州市	**2657**	**1398**	**1259**	**111.04**	**1040**	**548**	**492**	**111.38**
鼓楼区								
云龙区	21	14	7	200.00	13	8	5	160.00
贾汪区	88	47	41	114.63	31	17	14	121.43
泉山区								
铜山区	291	147	144	102.08	113	59	54	109.26
丰县	429	224	205	109.27	152	80	72	111.11
沛县	574	299	275	108.73	213	107	106	100.94
睢宁县	550	304	246	123.58	230	133	97	137.11
徐州经济技术开发区	377	186	191	97.38	169	83	86	96.51
新沂市	158	84	74	113.51	48	25	23	108.70
邳州市	169	93	76	122.37	71	36	35	102.86
常州市	**374**	**191**	**183**	**104.37**	**213**	**119**	**94**	**126.60**
天宁区	40	21	19	110.53	24	14	10	140.00
钟楼区								
新北区	75	41	34	120.59	44	23	21	109.52
武进区	92	44	48	91.67	51	27	24	112.50
金坛区	32	15	17	88.24	19	12	7	171.43
江苏省常州市经济开发区	53	28	25	112.00	32	18	14	128.57
溧阳市	82	42	40	105.00	43	25	18	138.89

6-1b 续表 1

单位：人

地 区	出生人数				第 一 孩			
	合计	男	女	性别比（女=100）	小计	男	女	性别比（女=100）
苏州市	**2682**	**1396**	**1286**	**108.55**	**1386**	**736**	**650**	**113.23**
虎丘区	4	3	1	300.00	2	1	1	100.00
吴中区	141	86	55	156.36	66	41	25	164.00
相城区	40	19	21	90.48	16	7	9	77.78
姑苏区								
吴江区	361	190	171	111.11	188	95	93	102.15
苏州工业园区	1062	551	511	107.83	546	290	256	113.28
常熟市	217	123	94	130.85	117	73	44	165.91
张家港市	438	222	216	102.78	247	128	119	107.56
昆山市	239	118	121	97.52	119	63	56	112.50
太仓市	180	84	96	87.50	85	38	47	80.85
南通市	**1245**	**649**	**596**	**108.89**	**724**	**403**	**321**	**125.55**
崇川区								
港闸区								
通州区	183	92	91	101.10	99	52	47	110.64
如东县	231	115	116	99.14	144	76	68	111.76
南通经济技术开发区	247	126	121	104.13	147	80	67	119.40
通州湾示范区	11	6	5	120.00	7	3	4	75.00
苏锡通科技产业园区	34	19	15	126.67	24	13	11	118.18
启东市	87	40	47	85.11	56	29	27	107.41
如皋市	222	130	92	141.30	125	82	43	190.70
海门市	177	87	90	96.67	93	50	43	116.28
海安市	53	34	19	178.95	29	18	11	163.64
连云港市	**1473**	**765**	**708**	**108.05**	**636**	**310**	**326**	**95.09**
连云区								
海州区	59	24	35	68.57	34	14	20	70.00
赣榆区	224	126	98	128.57	89	44	45	97.78
东海县	440	230	210	109.52	190	96	94	102.13
灌云县	262	144	118	122.03	103	55	48	114.58
灌南县	237	116	121	95.87	91	40	51	78.43
连云港经济技术开发区	53	25	28	89.29	28	12	16	75.00
连云港高新技术产业开发区	177	91	86	105.81	90	45	45	100.00
江苏连云港徐圩新区	21	9	12	75.00	11	4	7	57.14
江苏省连云港市云台山风景名胜区								
淮安市	**1288**	**676**	**612**	**110.46**	**589**	**324**	**265**	**122.26**
淮安区	50	26	24	108.33	22	12	10	120.00
淮阴区	54	28	26	107.69	20	11	9	122.22
清江浦区	3	3						
洪泽区	10	7	3	233.33	5	4	1	400.00
涟水县	356	201	155	129.68	167	103	64	160.94
盱眙县	292	150	142	105.63	143	69	74	93.24
金湖县	151	75	76	98.68	62	34	28	121.43
淮安经济技术开发区	248	123	125	98.40	112	62	50	124.00
工业园区	13	9	4	225.00	7	5	2	250.00
生态文旅区	102	50	52	96.15	45	20	25	80.00
苏淮高新区	9	4	5	80.00	6	4	2	200.00

6-1b 续表 2

单位：人

地区	出生人数				第一孩			
	合计	男	女	性别比(女=100)	小计	男	女	性别比(女=100)
盐城市	**1457**	**746**	**711**	**104.92**	**719**	**377**	**342**	**110.23**
亭湖区	28	11	17	64.71	9	5	4	125.00
盐都区	45	25	20	125.00	24	16	8	200.00
大丰区	77	42	35	120.00	39	23	16	143.75
响水县	174	89	85	104.71	81	38	43	88.37
滨海县	253	136	117	116.24	109	64	45	142.22
阜宁县	283	150	133	112.78	154	79	75	105.33
射阳县	273	143	130	110.00	139	76	63	120.63
建湖县	200	83	117	70.94	100	42	58	72.41
盐城经济技术开发区	52	26	26	100.00	28	14	14	100.00
江苏省盐南高新区								
东台市	72	41	31	132.26	36	20	16	125.00
扬州市	**647**	**349**	**298**	**117.11**	**384**	**207**	**177**	**116.95**
广陵区	15	8	7	114.29	4	3	1	300.00
邗江区	27	13	14	92.86	15	8	7	114.29
江都区	85	43	42	102.38	50	21	29	72.41
宝应县	244	146	98	148.98	136	85	51	166.67
扬州经济技术开发区	165	79	86	91.86	111	54	57	94.74
蜀冈瘦西湖景区								
生态新城	4	2	2	100.00	3	2	1	200.00
仪征市	29	13	16	81.25	16	8	8	100.00
高邮市	78	45	33	136.36	49	26	23	113.04
镇江市	**517**	**258**	**259**	**99.61**	**293**	**136**	**157**	**86.62**
京口区	2		2		2		2	
润州区								
丹徒区	25	15	10	150.00	13	8	5	160.00
镇江新区	147	70	77	90.91	101	48	53	90.57
江苏镇江高新区								
丹阳市	247	119	128	92.97	124	53	71	74.65
扬中市	15	8	7	114.29	10	4	6	66.67
句容市	81	46	35	131.43	43	23	20	115.00
泰州市	**594**	**307**	**287**	**106.97**	**326**	**162**	**164**	**98.78**
海陵区	7	3	4	75.00	4	1	3	33.33
高港区	27	14	13	107.69	9	6	3	200.00
姜堰区	22	11	11	100.00	13	7	6	116.67
泰州医药高新技术产业开发区	206	102	104	98.08	120	56	64	87.50
兴化市	136	77	59	130.51	66	32	34	94.12
靖江市	73	36	37	97.30	42	21	21	100.00
泰兴市	123	64	59	108.47	72	39	33	118.18
宿迁市	**2018**	**1066**	**952**	**111.97**	**856**	**453**	**403**	**112.41**
宿城区	51	28	23	121.74	28	16	12	133.33
宿豫区	45	21	24	87.50	21	11	10	110.00
沭阳县	907	497	410	121.22	377	191	186	102.69
泗阳县	416	220	196	112.24	173	94	79	118.99
泗洪县	467	242	225	107.56	186	110	76	144.74
宿迁经济技术开发区	124	55	69	79.71	67	30	37	81.08
宿迁市湖滨新区	8	3	5	60.00	4	1	3	33.33
苏州宿迁工业园区								
宿迁市洋河新区								

6-1b 续表 3

单位：人

地区	第二孩				第三孩			
	小计	男	女	性别比(女=100)	小计	男	女	性别比(女=100)
江苏	**7127**	**3595**	**3532**	**101.78**	**969**	**583**	**386**	**151.04**
南京市	**67**	**35**	**32**	**109.38**	**4**	**2**	**2**	**100.00**
玄武区								
秦淮区								
建邺区								
鼓楼区								
浦口区								
栖霞区								
雨花台区								
江宁区								
六合区	50	26	24	108.33	2		2	
溧水区	11	5	6	83.33	2	2		
高淳区	6	4	2	200.00				
南京江北新区								
无锡市	**341**	**164**	**177**	**92.66**	**32**	**21**	**11**	**190.91**
锡山区	77	37	40	92.50	5	4	1	400.00
惠山区	33	15	18	83.33	3	3		
滨湖区								
梁溪区								
新吴区								
江苏无锡经济开发区								
江阴市	161	82	79	103.80	16	9	7	128.57
宜兴市	70	30	40	75.00	8	5	3	166.67
徐州市	**1312**	**681**	**631**	**107.92**	**268**	**150**	**118**	**127.12**
鼓楼区								
云龙区	6	5	1	500.00	2	1	1	100.00
贾汪区	40	24	16	150.00	14	6	8	75.00
泉山区								
铜山区	143	69	74	93.24	32	17	15	113.33
丰县	233	119	114	104.39	39	23	16	143.75
沛县	283	150	133	112.78	68	37	31	119.35
睢宁县	267	140	127	110.24	48	29	19	152.63
徐州经济技术开发区	189	93	96	96.88	17	8	9	88.89
新沂市	80	40	40	100.00	23	14	9	155.56
邳州市	71	41	30	136.67	25	15	10	150.00
常州市	**149**	**64**	**85**	**75.29**	**9**	**5**	**4**	**125.00**
天宁区	15	6	9	66.67				
钟楼区								
新北区	30	17	13	130.77	1	1		
武进区	37	15	22	68.18	4	2	2	100.00
金坛区	12	2	10	20.00				
江苏省常州市经济开发区	17	8	9	88.89	4	2	2	100.00
溧阳市	38	16	22	72.73				

6-1b 续表 4

单位：人

地区	第二孩				第三孩			
	小计	男	女	性别比（女=100）	小计	男	女	性别比（女=100）
苏州市	**1193**	**591**	**602**	**98.17**	**101**	**68**	**33**	**206.06**
虎丘区	2	2						
吴中区	67	39	28	139.29	8	6	2	300.00
相城区	22	12	10	120.00	2		2	
姑苏区								
吴江区	152	80	72	111.11	21	15	6	250.00
苏州工业园区	486	243	243	100.00	29	18	11	163.64
常熟市	94	46	48	95.83	6	4	2	200.00
张家港市	173	80	93	86.02	18	14	4	350.00
昆山市	115	52	63	82.54	5	3	2	150.00
太仓市	82	37	45	82.22	12	8	4	200.00
南通市	**484**	**230**	**254**	**90.55**	**28**	**14**	**14**	**100.00**
崇川区								
港闸区								
通州区	79	38	41	92.68	4	2	2	100.00
如东县	80	34	46	73.91	6	5	1	500.00
南通经济技术开发区	88	42	46	91.30	7	2	5	40.00
通州湾示范区	4	3	1	300.00				
苏锡通科技产业园区	10	6	4	150.00				
启东市	30	11	19	57.89	1		1	
如皋市	93	46	47	97.87	4	2	2	100.00
海门市	76	34	42	80.95	6	3	3	100.00
海安市	24	16	8	200.00				
连云港市	**650**	**342**	**308**	**111.04**	**158**	**94**	**64**	**146.88**
连云区								
海州区	23	9	14	64.29	2	1	1	100.00
赣榆区	97	56	41	136.59	30	21	9	233.33
东海县	183	93	90	103.33	59	34	25	136.00
灌云县	118	67	51	131.37	33	17	16	106.25
灌南县	123	63	60	105.00	18	11	7	157.14
连云港经济技术开发区	21	10	11	90.91	4	3	1	300.00
连云港高新技术产业开发区	76	40	36	111.11	11	6	5	120.00
江苏连云港徐圩新区	9	4	5	80.00	1	1		
江苏省连云港市云台山风景名胜区								
淮安市	**627**	**304**	**323**	**94.12**	**66**	**45**	**21**	**214.29**
淮安区	25	12	13	92.31	3	2	1	200.00
淮阴区	28	12	16	75.00	6	5	1	500.00
清江浦区	3	3						
洪泽区	3	3			2		2	
涟水县	162	78	84	92.86	25	18	7	257.14
盱眙县	136	71	65	109.23	12	9	3	300.00
金湖县	85	40	45	88.89	2	1	1	100.00
淮安经济技术开发区	127	56	71	78.87	8	5	3	166.67
工业园区	6	4	2	200.00				
生态文旅区	50	25	25	100.00	7	5	2	250.00
苏淮高新区	2		2		1		1	

6-1b 续表 5

单位：人

地区	第二孩				第三孩			
	小计	男	女	性别比(女=100)	小计	男	女	性别比(女=100)
盐城市	**656**	**314**	**342**	**91.81**	**72**	**49**	**23**	**213.04**
亭湖区	16	4	12	33.33	2	1	1	100.00
盐都区	21	9	12	75.00				
大丰区	36	18	18	100.00	1	1		
响水县	77	39	38	102.63	14	11	3	366.67
滨海县	122	58	64	90.63	22	14	8	175.00
阜宁县	115	60	55	109.09	12	9	3	300.00
射阳县	120	61	59	103.39	13	6	7	85.71
建湖县	93	36	57	63.16	5	4	1	400.00
盐城经济技术开发区	21	9	12	75.00	2	2		
江苏省盐南高新区								
东台市	35	20	15	133.33	1	1		
扬州市	**246**	**134**	**112**	**119.64**	**13**	**7**	**6**	**116.67**
广陵区	11	5	6	83.33				
邗江区	10	4	6	66.67	1	1		
江都区	35	22	13	169.23				
宝应县	99	56	43	130.23	6	4	2	200.00
扬州经济技术开发区	50	23	27	85.19	4	2	2	100.00
蜀冈瘦西湖景区								
生态新城					1		1	
仪征市	13	5	8	62.50				
高邮市	28	19	9	211.11	1		1	
镇江市	**201**	**111**	**90**	**123.33**	**21**	**11**	**10**	**110.00**
京口区								
润州区								
丹徒区	12	7	5	140.00				
镇江新区	41	19	22	86.36	5	3	2	150.00
江苏镇江高新区								
丹阳市	108	59	49	120.41	14	7	7	100.00
扬中市	5	4	1	400.00				
句容市	35	22	13	169.23	2	1	1	100.00
泰州市	**256**	**140**	**116**	**120.69**	**10**	**5**	**5**	**100.00**
海陵区	3	2	1	200.00				
高港区	18	8	10	80.00				
姜堰区	8	4	4	100.00	1		1	
泰州医药高新技术产业开发区	85	46	39	117.95				
兴化市	66	42	24	175.00	3	3		
靖江市	28	15	13	115.38	3		3	
泰兴市	48	23	25	92.00	3	2	1	200.00
宿迁市	**945**	**485**	**460**	**105.43**	**187**	**112**	**75**	**149.33**
宿城区	15	9	6	150.00	8	3	5	60.00
宿豫区	20	10	10	100.00	3		3	
沭阳县	431	240	191	125.65	83	56	27	207.41
泗阳县	204	105	99	106.06	37	21	16	131.25
泗洪县	221	97	124	78.23	50	29	21	138.10
宿迁经济技术开发区	50	22	28	78.57	6	3	3	100.00
宿迁市湖滨新区	4	2	2	100.00				
苏州宿迁工业园区								
宿迁市洋河新区								

6-1b 续表 6

单位：人

地　　区	第 四 孩				第五孩及以上			
	小计	男	女	性别比(女=100)	小计	男	女	性别比(女=100)
江　苏	**114**	**62**	**52**	**119.23**	**22**	**9**	**13**	**69.23**
南京市								
玄武区								
秦淮区								
建邺区								
鼓楼区								
浦口区								
栖霞区								
雨花台区								
江宁区								
六合区								
溧水区								
高淳区								
南京江北新区								
无锡市	**2**	**1**	**1**	**100.00**				
锡山区	2	1	1	100.00				
惠山区								
滨湖区								
梁溪区								
新吴区								
江苏无锡经济开发区								
江阴市								
宜兴市								
徐州市	**29**	**16**	**13**	**123.08**	**8**	**3**	**5**	**60.00**
鼓楼区								
云龙区								
贾汪区	2		2		1		1	
泉山区								
铜山区	2	2			1		1	
丰县	5	2	3	66.67				
沛县	6	3	3	100.00	4	2	2	100.00
睢宁县	4	2	2	100.00	1		1	
徐州经济技术开发区	2	2						
新沂市	6	4	2	200.00	1	1		
邳州市	2	1	1	100.00				
常州市	**2**	**2**			**1**	**1**		
天宁区	1	1						
钟楼区								
新北区								
武进区								
金坛区	1	1						
江苏省常州市经济开发区								
溧阳市					1	1		

6-1b　续表 7　　　　单位：人

地　　区	第　四　孩				第五孩及以上			
	小计	男	女	性别比 (女=100)	小计	男	女	性别比 (女=100)
苏州市	**2**	**1**	**1**	**100.00**				
虎丘区								
吴中区								
相城区								
姑苏区								
吴江区								
苏州工业园区	1		1					
常熟市								
张家港市								
昆山市								
太仓市	1	1						
南通市	**7**	**2**	**5**	**40.00**	**2**		**2**	
崇川区								
港闸区								
通州区	1		1					
如东县					1		1	
南通经济技术开发区	4	2	2	100.00	1		1	
通州湾示范区								
苏锡通科技产业园区								
启东市								
如皋市								
海门市	2		2					
海安市								
连云港市	**26**	**17**	**9**	**188.89**	**3**	**2**	**1**	**200.00**
连云区								
海州区								
赣榆区	8	5	3	166.67				
东海县	6	5	1	500.00	2	2		
灌云县	8	5	3	166.67				
灌南县	4	2	2	100.00	1		1	
连云港经济技术开发区								
连云港高新技术产业开发区								
江苏连云港徐圩新区								
江苏省连云港市云台山风景名胜区								
淮安市	**6**	**3**	**3**	**100.00**				
淮安区								
淮阴区								
清江浦区								
洪泽区								
涟水县	2	2						
盱眙县	1	1						
金湖县	2		2					
淮安经济技术开发区	1		1					
工业园区								
生态文旅区								
苏淮高新区								

6-1b 续表 8

单位：人

地　区	第四孩				第五孩及以上			
	小计	男	女	性别比（女=100）	小计	男	女	性别比（女=100）
盐城市	**7**	**4**	**3**	**133.33**	**3**	**2**	**1**	**200.00**
亭湖区					1	1		
盐都区								
大丰区	1		1					
响水县	1	1			1		1	
滨海县								
阜宁县	2	2						
射阳县	1		1					
建湖县	1		1		1	1		
盐城经济技术开发区	1	1						
江苏省盐南高新区								
东台市								
扬州市	**4**	**1**	**3**	**33.33**				
广陵区								
邗江区	1		1					
江都区								
宝应县	3	1	2	50.00				
扬州经济技术开发区								
蜀冈瘦西湖景区								
生态新城								
仪征市								
高邮市								
镇江市	**1**		**1**		**1**		**1**	
京口区								
润州区								
丹徒区								
镇江新区								
江苏镇江高新区								
丹阳市					1		1	
扬中市								
句容市	1		1					
泰州市	**2**		**2**					
海陵区								
高港区								
姜堰区								
泰州医药高新技术产业开发区	1		1					
兴化市	1		1					
靖江市								
泰兴市								
宿迁市	**26**	**15**	**11**	**136.36**	**4**	**1**	**3**	**33.33**
宿城区								
宿豫区	1		1					
沭阳县	14	9	5	180.00	2	1	1	100.00
泗阳县	2		2					
泗洪县	8	6	2	300.00	2		2	
宿迁经济技术开发区	1		1					
宿迁市湖滨新区								
苏州宿迁工业园区								
宿迁市洋河新区								

6-1c 各地区分性别、孩次的出生人口
(2019.11.1-2020.10.31)(乡村)

单位：人

地区	出生人数				第一孩			
	合计	男	女	性别比(女=100)	小计	男	女	性别比(女=100)
江 苏	**10577**	**5558**	**5019**	**110.74**	**5156**	**2729**	**2427**	**112.44**
南京市	**749**	**371**	**378**	**98.15**	**410**	**208**	**202**	**102.97**
玄武区								
秦淮区								
建邺区								
鼓楼区								
浦口区	62	26	36	72.22	28	11	17	64.71
栖霞区	27	15	12	125.00	18	9	9	100.00
雨花台区								
江宁区	259	142	117	121.37	147	83	64	129.69
六合区	170	78	92	84.78	91	43	48	89.58
溧水区	86	47	39	120.51	45	27	18	150.00
高淳区	136	61	75	81.33	74	33	41	80.49
南京江北新区	9	2	7	28.57	7	2	5	40.00
无锡市	**626**	**318**	**308**	**103.25**	**313**	**156**	**157**	**99.36**
锡山区	71	35	36	97.22	30	13	17	76.47
惠山区	103	61	42	145.24	51	29	22	131.82
滨湖区	17	6	11	54.55	7	2	5	40.00
梁溪区								
新吴区	59	35	24	145.83	35	23	12	191.67
江苏无锡经济开发区								
江阴市	216	104	112	92.86	113	53	60	88.33
宜兴市	160	77	83	92.77	77	36	41	87.80
徐州市	**1964**	**1071**	**893**	**119.93**	**742**	**407**	**335**	**121.49**
鼓楼区								
云龙区								
贾汪区	157	88	69	127.54	63	33	30	110.00
泉山区								
铜山区	383	204	179	113.97	154	83	71	116.90
丰县	275	150	125	120.00	95	50	45	111.11
沛县	295	171	124	137.90	102	56	46	121.74
睢宁县	269	144	125	115.20	111	67	44	152.27
徐州经济技术开发区	32	15	17	88.24	11	4	7	57.14
新沂市	284	158	126	125.40	96	59	37	159.46
邳州市	269	141	128	110.16	110	55	55	100.00
常州市	**588**	**313**	**275**	**113.82**	**316**	**177**	**139**	**127.34**
天宁区	26	16	10	160.00	15	7	8	87.50
钟楼区	26	13	13	100.00	10	8	2	400.00
新北区	59	32	27	118.52	31	19	12	158.33
武进区	187	94	93	101.08	104	53	51	103.92
金坛区	73	44	29	151.72	42	26	16	162.50
江苏省常州市经济开发区	94	54	40	135.00	49	32	17	188.24
溧阳市	123	60	63	95.24	65	32	33	96.97

6-1c 续表 1

单位：人

地区	出生人数				第一孩			
	合计	男	女	性别比（女=100）	小计	男	女	性别比（女=100）
苏州市	**1203**	**615**	**588**	**104.59**	**629**	**335**	**294**	**113.95**
虎丘区	34	19	15	126.67	18	10	8	125.00
吴中区	201	116	85	136.47	105	62	43	144.19
相城区	33	14	19	73.68	18	10	8	125.00
姑苏区								
吴江区	189	94	95	98.95	99	47	52	90.38
苏州工业园区								
常熟市	201	98	103	95.15	107	55	52	105.77
张家港市	160	71	89	79.78	84	40	44	90.91
昆山市	277	142	135	105.19	146	79	67	117.91
太仓市	108	61	47	129.79	52	32	20	160.00
南通市	**871**	**442**	**429**	**103.03**	**556**	**275**	**281**	**97.86**
崇川区								
港闸区	2	2						
通州区	158	77	81	95.06	97	43	54	79.63
如东县	131	58	73	79.45	86	35	51	68.63
南通经济技术开发区								
通州湾示范区	16	8	8	100.00	11	5	6	83.33
苏锡通科技产业园区	36	22	14	157.14	23	13	10	130.00
启东市	127	66	61	108.20	96	51	45	113.33
如皋市	208	104	104	100.00	123	66	57	115.79
海门市	111	62	49	126.53	70	38	32	118.75
海安市	82	43	39	110.26	50	24	26	92.31
连云港市	**982**	**520**	**462**	**112.55**	**398**	**213**	**185**	**115.14**
连云区								
海州区	61	33	28	117.86	25	17	8	212.50
赣榆区	304	154	150	102.67	122	61	61	100.00
东海县	283	148	135	109.63	102	51	51	100.00
灌云县	152	89	63	141.27	60	42	18	233.33
灌南县	155	84	71	118.31	71	35	36	97.22
连云港经济技术开发区	10	4	6	66.67	6	2	4	50.00
连云港高新技术产业开发区								
江苏连云港徐圩新区								
江苏省连云港市云台山风景名胜区	17	8	9	88.89	12	5	7	71.43
淮安市	**618**	**332**	**286**	**116.08**	**313**	**175**	**138**	**126.81**
淮安区	151	78	73	106.85	70	37	33	112.12
淮阴区	130	73	57	128.07	67	37	30	123.33
清江浦区	32	19	13	146.15	19	13	6	216.67
洪泽区	43	26	17	152.94	19	12	7	171.43
涟水县	127	66	61	108.20	64	39	25	156.00
盱眙县	98	51	47	108.51	55	29	26	111.54
金湖县	32	16	16	100.00	18	8	10	80.00
淮安经济技术开发区								
工业园区	4	3	1	300.00				
生态文旅区								
苏淮高新区	1		1		1		1	

6-1c 续表 2

单位：人

地区	出生人数				第一孩			
	合计	男	女	性别比(女=100)	小计	男	女	性别比(女=100)
盐城市	**730**	**389**	**341**	**114.08**	**337**	**189**	**148**	**127.70**
亭湖区	33	15	18	83.33	16	9	7	128.57
盐都区	80	40	40	100.00	37	23	14	164.29
大丰区	85	36	49	73.47	40	15	25	60.00
响水县	73	38	35	108.57	33	20	13	153.85
滨海县	103	58	45	128.89	47	30	17	176.47
阜宁县	126	75	51	147.06	63	38	25	152.00
射阳县	74	40	34	117.65	34	20	14	142.86
建湖县	37	24	13	184.62	16	8	8	100.00
盐城经济技术开发区	10	2	8	25.00	4	1	3	33.33
江苏省盐南高新区								
东台市	109	61	48	127.08	47	25	22	113.64
扬州市	**559**	**282**	**277**	**101.81**	**350**	**181**	**169**	**107.10**
广陵区	22	19	3	633.33	19	17	2	850.00
邗江区	41	17	24	70.83	26	11	15	73.33
江都区	126	66	60	110.00	78	41	37	110.81
宝应县	132	71	61	116.39	88	47	41	114.63
扬州经济技术开发区	16	8	8	100.00	8	4	4	100.00
蜀冈瘦西湖景区								
生态新城	6	4	2	200.00	3	2	1	200.00
仪征市	69	28	41	68.29	40	20	20	100.00
高邮市	147	69	78	88.46	88	39	49	79.59
镇江市	**270**	**144**	**126**	**114.29**	**160**	**79**	**81**	**97.53**
京口区	1		1		1		1	
润州区								
丹徒区	28	14	14	100.00	18	8	10	80.00
镇江新区	26	15	11	136.36	21	14	7	200.00
江苏镇江高新区								
丹阳市	61	31	30	103.33	29	14	15	93.33
扬中市	48	22	26	84.62	30	13	17	76.47
句容市	106	62	44	140.91	61	30	31	96.77
泰州市	**501**	**271**	**230**	**117.83**	**259**	**130**	**129**	**100.78**
海陵区	17	9	8	112.50	9	5	4	125.00
高港区	38	22	16	137.50	18	8	10	80.00
姜堰区	70	37	33	112.12	36	19	17	111.76
泰州医药高新技术产业开发区	5	5			1	1		
兴化市	141	74	67	110.45	66	34	32	106.25
靖江市	95	44	51	86.27	50	21	29	72.41
泰兴市	135	80	55	145.45	79	42	37	113.51
宿迁市	**916**	**490**	**426**	**115.02**	**373**	**204**	**169**	**120.71**
宿城区	156	73	83	87.95	61	28	33	84.85
宿豫区	52	24	28	85.71	17	6	11	54.55
沭阳县	368	189	179	105.59	158	87	71	122.54
泗阳县	113	65	48	135.42	48	30	18	166.67
泗洪县	125	74	51	145.10	48	29	19	152.63
宿迁经济技术开发区	42	26	16	162.50	17	10	7	142.86
宿迁市湖滨新区	31	20	11	181.82	12	6	6	100.00
苏州宿迁工业园区								
宿迁市洋河新区	29	19	10	190.00	12	8	4	200.00

6-1c 续表 3

单位：人

地区	第二孩				第三孩			
	小计	男	女	性别比（女=100）	小计	男	女	性别比（女=100）
江苏	**4474**	**2291**	**2183**	**104.95**	**808**	**453**	**355**	**127.61**
南京市	**318**	**152**	**166**	**91.57**	**19**	**10**	**9**	**111.11**
玄武区								
秦淮区								
建邺区								
鼓楼区								
浦口区	33	15	18	83.33	1		1	
栖霞区	9	6	3	200.00				
雨花台区								
江宁区	104	53	51	103.92	8	6	2	300.00
六合区	77	35	42	83.33	2		2	
溧水区	34	16	18	88.89	5	3	2	150.00
高淳区	59	27	32	84.38	3	1	2	50.00
南京江北新区	2		2					
无锡市	**273**	**142**	**131**	**108.40**	**36**	**16**	**20**	**80.00**
锡山区	36	20	16	125.00	4	1	3	33.33
惠山区	45	27	18	150.00	5	3	2	150.00
滨湖区	10	4	6	66.67				
梁溪区								
新吴区	21	10	11	90.91	2	1	1	100.00
江苏无锡经济开发区								
江阴市	94	47	47	100.00	9	4	5	80.00
宜兴市	67	34	33	103.03	16	7	9	77.78
徐州市	**871**	**463**	**408**	**113.48**	**298**	**169**	**129**	**131.01**
鼓楼区								
云龙区								
贾汪区	60	32	28	114.29	29	20	9	222.22
泉山区								
铜山区	166	84	82	102.44	56	33	23	143.48
丰县	138	74	64	115.63	32	20	12	166.67
沛县	150	92	58	158.62	39	20	19	105.26
睢宁县	118	58	60	96.67	35	17	18	94.44
徐州经济技术开发区	17	7	10	70.00	1	1		
新沂市	128	63	65	96.92	55	32	23	139.13
邳州市	94	53	41	129.27	51	26	25	104.00
常州市	**241**	**121**	**120**	**100.83**	**28**	**14**	**14**	**100.00**
天宁区	10	9	1	900.00				
钟楼区	16	5	11	45.45				
新北区	27	13	14	92.86	1		1	
武进区	66	33	33	100.00	15	7	8	87.50
金坛区	27	15	12	125.00	4	3	1	300.00
江苏省常州市经济开发区	43	21	22	95.45	2	1	1	100.00
溧阳市	52	25	27	92.59	6	3	3	100.00

6-1c　续表 4　　　　单位：人

地　区	第二孩 小计	第二孩 男	第二孩 女	第二孩 性别比（女=100）	第三孩 小计	第三孩 男	第三孩 女	第三孩 性别比（女=100）
苏州市	**521**	**250**	**271**	**92.25**	**49**	**26**	**23**	**113.04**
虎丘区	13	7	6	116.67	3	2	1	200.00
吴中区	84	48	36	133.33	11	5	6	83.33
相城区	15	4	11	36.36				
姑苏区								
吴江区	83	42	41	102.44	6	4	2	200.00
苏州工业园区								
常熟市	87	39	48	81.25	7	4	3	133.33
张家港市	69	28	41	68.29	7	3	4	75.00
昆山市	122	58	64	90.63	8	4	4	100.00
太仓市	48	24	24	100.00	7	4	3	133.33
南通市	**304**	**162**	**142**	**114.08**	**11**	**5**	**6**	**83.33**
崇川区								
港闸区	2	2						
通州区	60	34	26	130.77	1		1	
如东县	42	22	20	110.00	3	1	2	50.00
南通经济技术开发区								
通州湾示范区	5	3	2	150.00				
苏锡通科技产业园区	12	9	3	300.00	1		1	
启东市	28	13	15	86.67	3	2	1	200.00
如皋市	82	36	46	78.26	3	2	1	200.00
海门市	41	24	17	141.18				
海安市	32	19	13	146.15				
连云港市	**397**	**201**	**196**	**102.55**	**154**	**87**	**67**	**129.85**
连云区								
海州区	25	10	15	66.67	8	4	4	100.00
赣榆区	121	57	64	89.06	49	30	19	157.89
东海县	114	63	51	123.53	57	28	29	96.55
灌云县	66	34	32	106.25	21	11	10	110.00
灌南县	64	34	30	113.33	17	12	5	240.00
连云港经济技术开发区	3	1	2	50.00	1	1		
连云港高新技术产业开发区								
江苏连云港徐圩新区								
江苏省连云港市云台山风景名胜区	4	2	2	100.00	1	1		
淮安市	**254**	**131**	**123**	**106.50**	**48**	**24**	**24**	**100.00**
淮安区	70	35	35	100.00	9	5	4	125.00
淮阴区	46	25	21	119.05	16	10	6	166.67
清江浦区	10	5	5	100.00	3	1	2	50.00
洪泽区	21	13	8	162.50	3	1	2	50.00
涟水县	51	23	28	82.14	12	4	8	50.00
盱眙县	38	19	19	100.00	5	3	2	150.00
金湖县	14	8	6	133.33				
淮安经济技术开发区								
工业园区	4	3	1	300.00				
生态文旅区								
苏淮高新区								

6-1c 续表 5　　　　单位：人

地　区	第二孩				第三孩			
	小计	男	女	性别比（女=100）	小计	男	女	性别比（女=100）
盐城市	**359**	**182**	**177**	**102.82**	**30**	**16**	**14**	**114.29**
亭湖区	17	6	11	54.55				
盐都区	41	15	26	57.69	2	2		
大丰区	42	20	22	90.91	3	1	2	50.00
响水县	33	16	17	94.12	6	2	4	50.00
滨海县	46	21	25	84.00	8	5	3	166.67
阜宁县	55	32	23	139.13	7	5	2	250.00
射阳县	39	20	19	105.26	1		1	
建湖县	21	16	5	320.00				
盐城经济技术开发区	6	1	5	20.00				
江苏省盐南高新区								
东台市	59	35	24	145.83	3	1	2	50.00
扬州市	**199**	**94**	**105**	**89.52**	**8**	**6**	**2**	**300.00**
广陵区	3	2	1	200.00				
邗江区	15	6	9	66.67				
江都区	48	25	23	108.70				
宝应县	41	21	20	105.00	3	3		
扬州经济技术开发区	6	3	3	100.00	2	1	1	100.00
蜀冈瘦西湖景区								
生态新城	2	1	1	100.00	1	1		
仪征市	28	8	20	40.00				
高邮市	56	28	28	100.00	2	1	1	100.00
镇江市	**101**	**61**	**40**	**152.50**	**9**	**4**	**5**	**80.00**
京口区								
润州区								
丹徒区	10	6	4	150.00				
镇江新区	4	1	3	33.33	1		1	
江苏镇江高新区								
丹阳市	30	17	13	130.77	2		2	
扬中市	17	8	9	88.89	1	1		
句容市	40	29	11	263.64	5	3	2	150.00
泰州市	**228**	**130**	**98**	**132.65**	**13**	**10**	**3**	**333.33**
海陵区	8	4	4	100.00				
高港区	17	11	6	183.33	2	2		
姜堰区	32	16	16	100.00	2	2		
泰州医药高新技术产业开发区	4	4						
兴化市	70	37	33	112.12	5	3	2	150.00
靖江市	45	23	22	104.55				
泰兴市	52	35	17	205.88	4	3	1	300.00
宿迁市	**408**	**202**	**206**	**98.06**	**105**	**66**	**39**	**169.23**
宿城区	70	32	38	84.21	19	10	9	111.11
宿豫区	26	11	15	73.33	8	6	2	300.00
沭阳县	153	65	88	73.86	45	31	14	221.43
泗阳县	53	28	25	112.00	10	5	5	100.00
泗洪县	60	35	25	140.00	10	5	5	100.00
宿迁经济技术开发区	23	15	8	187.50	2	1	1	100.00
宿迁市湖滨新区	11	8	3	266.67	7	5	2	250.00
苏州宿迁工业园区								
宿迁市洋河新区	12	8	4	200.00	4	3	1	300.00

6-1c 续表 6

单位：人

地区	第四孩				第五孩及以上			
	小计	男	女	性别比(女=100)	小计	男	女	性别比(女=100)
江　苏	**114**	**69**	**45**	**153.33**	**25**	**16**	**9**	**177.78**
南京市	**2**	**1**	**1**	**100.00**				
玄武区								
秦淮区								
建邺区								
鼓楼区								
浦口区								
栖霞区								
雨花台区								
江宁区								
六合区								
溧水区	2	1	1	100.00				
高淳区								
南京江北新区								
无锡市	**4**	**4**						
锡山区	1	1						
惠山区	2	2						
滨湖区								
梁溪区								
新吴区	1	1						
江苏无锡经济开发区								
江阴市								
宜兴市								
徐州市	**44**	**27**	**17**	**158.82**	**9**	**5**	**4**	**125.00**
鼓楼区								
云龙区								
贾汪区	5	3	2	150.00				
泉山区								
铜山区	6	4	2	200.00	1		1	
丰县	8	4	4	100.00	2	2		
沛县	4	3	1	300.00				
睢宁县	3	1	2	50.00	2	1	1	100.00
徐州经济技术开发区	3	3						
新沂市	4	4			1		1	
邳州市	11	5	6	83.33	3	2	1	200.00
常州市	**2**		**2**		**1**	**1**		
天宁区	1		1					
钟楼区								
新北区								
武进区	1		1		1	1		
金坛区								
江苏省常州市经济开发区								
溧阳市								

6-1c 续表 7

单位：人

地区	第四孩				第五孩及以上			
	小计	男	女	性别比(女=100)	小计	男	女	性别比(女=100)
苏州市	**3**	**3**			**1**	**1**		
虎丘区								
吴中区	1	1						
相城区								
姑苏区								
吴江区	1	1						
苏州工业园区								
常熟市								
张家港市								
昆山市	1	1						
太仓市					1	1		
南通市								
崇川区								
港闸区								
通州区								
如东县								
南通经济技术开发区								
通州湾示范区								
苏锡通科技产业园区								
启东市								
如皋市								
海门市								
海安市								
连云港市	**25**	**13**	**12**	**108.33**	**8**	**6**	**2**	**300.00**
连云区								
海州区	2	1	1	100.00	1	1		
赣榆区	9	4	5	80.00	3	2	1	200.00
东海县	10	6	4	150.00				
灌云县	2		2		3	2	1	200.00
灌南县	2	2			1	1		
连云港经济技术开发区								
连云港高新技术产业开发区								
江苏连云港徐圩新区								
江苏省连云港市云台山风景名胜区								
淮安市	**3**	**2**	**1**	**200.00**				
淮安区	2	1	1	100.00				
淮阴区	1	1						
清江浦区								
洪泽区								
涟水县								
盱眙县								
金湖县								
淮安经济技术开发区								
工业园区								
生态文旅区								
苏淮高新区								

6-1c　续表 8　　　　单位：人

地　　区	第　四　孩				第五孩及以上			
	小计	男	女	性别比（女=100）	小计	男	女	性别比（女=100）
盐城市	**4**	**2**	**2**	**100.00**				
亭湖区								
盐都区								
大丰区								
响水县	1		1					
滨海县	2	2						
阜宁县	1		1					
射阳县								
建湖县								
盐城经济技术开发区								
江苏省盐南高新区								
东台市								
扬州市	**1**	**1**			**1**		**1**	
广陵区								
邗江区								
江都区								
宝应县								
扬州经济技术开发区								
蜀冈瘦西湖景区								
生态新城								
仪征市					1		1	
高邮市	1	1						
镇江市								
京口区								
润州区								
丹徒区								
镇江新区								
江苏镇江高新区								
丹阳市								
扬中市								
句容市								
泰州市	**1**	**1**						
海陵区								
高港区	1	1						
姜堰区								
泰州医药高新技术产业开发区								
兴化市								
靖江市								
泰兴市								
宿迁市	**25**	**15**	**10**	**150.00**	**5**	**3**	**2**	**150.00**
宿城区	6	3	3	100.00				
宿豫区	1	1						
沭阳县	10	5	5	100.00	2	1	1	100.00
泗阳县	1	1			1	1		
泗洪县	6	4	2	200.00	1	1		
宿迁经济技术开发区								
宿迁市湖滨新区	1	1						
苏州宿迁工业园区								
宿迁市洋河新区					1		1	

6-2 全省按年龄、受教育程度、生育孩次

受教育程度 年　龄	合　计	生男孩的妇女人数	生女孩的妇女人数	一　孩		
				小计	男	女
总　计	**57749**	**30345**	**27404**	**30521**	**16131**	**14390**
15-19岁	**443**	**231**	**212**	**396**	**210**	**186**
15	3	1	2	3	1	2
16	16	4	12	15	4	11
17	54	34	20	52	32	20
18	136	68	68	120	61	59
19	234	124	110	206	112	94
20-24岁	**6206**	**3233**	**2973**	**4818**	**2520**	**2298**
20	415	228	187	346	190	156
21	666	363	303	540	293	247
22	1096	556	540	834	422	412
23	1600	827	773	1241	659	582
24	2429	1259	1170	1857	956	901
25-29岁	**22524**	**11824**	**10700**	**14916**	**7809**	**7107**
25	3496	1828	1668	2553	1317	1236
26	4020	2128	1892	2907	1523	1384
27	4828	2561	2267	3351	1779	1572
28	5012	2564	2448	3140	1601	1539
29	5168	2743	2425	2965	1589	1376
30-34岁	**20774**	**10976**	**9798**	**8252**	**4395**	**3857**
30	5826	3088	2738	2826	1497	1329
31	5104	2655	2449	2157	1133	1024
32	3865	2091	1774	1437	803	634
33	3493	1846	1647	1137	600	537
34	2486	1296	1190	695	362	333
35-39岁	**6001**	**3128**	**2873**	**1553**	**837**	**716**
35	1716	871	845	474	253	221
36	1407	718	689	344	193	151
37	1150	629	521	289	162	127
38	1006	534	472	255	128	127
39	722	376	346	191	101	90
40-44岁	**1315**	**699**	**616**	**365**	**214**	**151**
40	432	231	201	111	66	45
41	358	178	180	89	48	41
42	238	138	100	69	43	26
43	161	85	76	48	27	21
44	126	67	59	48	30	18
45-49岁	**486**	**254**	**232**	**221**	**146**	**75**
45	106	59	47	45	32	13
46	95	48	47	40	28	12
47	66	35	31	28	21	7
48	107	58	49	53	31	22
49	112	54	58	55	34	21

分的育龄妇女人数(2019.11.1-2020.10.31)

单位：人

二孩			三孩及以上		
小计	男	女	小计	男	女
24103	**12379**	**11724**	**3125**	**1835**	**1290**
44	**19**	**25**	**3**	**2**	**1**
1		1			
2	2				
15	6	9	1	1	
26	11	15	2	1	1
1296	**661**	**635**	**92**	**52**	**40**
64	35	29	5	3	2
116	62	54	10	8	2
248	127	121	14	7	7
342	160	182	17	8	9
526	277	249	46	26	20
6955	**3595**	**3360**	**653**	**420**	**233**
850	451	399	93	60	33
1018	545	473	95	60	35
1365	709	656	112	73	39
1714	860	854	158	103	55
2008	1030	978	195	124	71
11091	**5732**	**5359**	**1431**	**849**	**582**
2688	1393	1295	312	198	114
2628	1336	1292	319	186	133
2124	1118	1006	304	170	134
2076	1080	996	280	166	114
1575	805	770	216	129	87
3766	**1917**	**1849**	**682**	**374**	**308**
1076	532	544	166	86	80
895	434	461	168	91	77
726	396	330	135	71	64
632	337	295	119	69	50
437	218	219	94	57	37
747	**372**	**375**	**203**	**113**	**90**
248	120	128	73	45	28
222	106	116	47	24	23
135	72	63	34	23	11
86	46	40	27	12	15
56	28	28	22	9	13
204	**83**	**121**	**61**	**25**	**36**
45	20	25	16	7	9
40	13	27	15	7	8
25	10	15	13	4	9
46	24	22	8	3	5
48	16	32	9	4	5

6-2 续表 1

受教育程度 年 龄	合 计	生男孩的 妇女人数	生女孩的 妇女人数	一 孩		
				小计	男	女
未上过学	**74**	**39**	**35**	**34**	**20**	**14**
15-19岁						
15						
16						
17						
18						
19						
20-24岁	**9**	**5**	**4**	**7**	**3**	**4**
20	1		1	1		1
21	1	1		1	1	
22	2	2				
23	3	1	2	3	1	2
24	2	1	1	2	1	1
25-29岁	**18**	**10**	**8**	**8**	**6**	**2**
25	2	2		1	1	
26	2		2	1		1
27	2	2		1	1	
28	4	2	2	1	1	
29	8	4	4	4	3	1
30-34岁	**21**	**9**	**12**	**11**	**5**	**6**
30	6	2	4	5	2	3
31	6	2	4	3	1	2
32	4	1	3	1		1
33	3	2	1	1	1	
34	2	2		1	1	
35-39岁	**15**	**7**	**8**	**6**	**4**	**2**
35	5	2	3	2	1	1
36	4	1	3	1	1	
37	3	1	2	2	1	1
38						
39	3	3		1	1	
40-44岁	**7**	**6**	**1**	**2**	**2**	
40	2	2				
41						
42	2	2		1	1	
43	2	1	1	1	1	
44	1	1				
45-49岁	**4**	**2**	**2**			
45	2	1	1			
46						
47	1	1				
48	1		1			
49						

单位：人

二孩			三孩及以上		
小计	男	女	小计	男	女
32	**15**	**17**	**8**	**4**	**4**
1	**1**		**1**	**1**	
1	1		1	1	
10	**4**	**6**			
1	1				
1		1			
1	1				
3	1	2			
4	1	3			
8	**3**	**5**	**2**	**1**	**1**
1		1			
2		2	1	1	
2	1	1	1		1
2	1	1			
1	1				
8	**3**	**5**	**1**		**1**
3	1	2			
3		3			
			1		1
2	2				
3	**3**		**2**	**1**	**1**
1	1		1	1	
1	1				
			1		1
1	1				
2	**1**	**1**	**2**	**1**	**1**
			2	1	1
1	1				
1		1			

6-2 续表 2

受教育程度 年 龄	合 计	生男孩的妇女人数	生女孩的妇女人数	一孩		
				小计	男	女
学前教育	**11**	**5**	**6**	**4**	**2**	**2**
15-19岁						
15						
16						
17						
18						
19						
20-24岁	**2**		**2**	**1**		**1**
20						
21						
22	1		1	1		1
23						
24	1		1			
25-29岁	**5**	**4**	**1**	**3**	**2**	**1**
25	1	1		1	1	
26						
27	1		1	1		1
28						
29	3	3		1	1	
30-34岁	**2**		**2**			
30	1		1			
31	1		1			
32						
33						
34						
35-39岁	**1**		**1**			
35	1		1			
36						
37						
38						
39						
40-44岁	**1**	**1**				
40						
41						
42	1	1				
43						
44						
45-49岁						
45						
46						
47						
48						
49						

单位：人

二孩			三孩及以上		
小计	男	女	小计	男	女
5	**2**	**3**	**2**	**1**	**1**
			1		**1**
			1		1
1	**1**		**1**	**1**	
1	1		1	1	
2		**2**			
1		1			
1		1			
1		**1**			
1		1			
1	**1**				
1	1				

6-2 续表 3

受教育程度 年龄	合计	生男孩的妇女人数	生女孩的妇女人数	一孩		
				小计	男	女
小学	**1326**	**704**	**622**	**457**	**253**	**204**
15-19岁	**19**	**7**	**12**	**14**	**4**	**10**
15						
16						
17	4	1	3	4	1	3
18	7	2	5	4	1	3
19	8	4	4	6	2	4
20-24岁	**136**	**78**	**58**	**84**	**49**	**35**
20	14	10	4	11	8	3
21	18	13	5	11	8	3
22	30	17	13	22	12	10
23	36	20	16	18	12	6
24	38	18	20	22	9	13
25-29岁	**330**	**180**	**150**	**134**	**74**	**60**
25	55	31	24	25	13	12
26	58	30	28	26	15	11
27	61	28	33	27	14	13
28	77	43	34	26	14	12
29	79	48	31	30	18	12
30-34岁	**422**	**233**	**189**	**123**	**71**	**52**
30	104	53	51	32	16	16
31	86	54	32	23	17	6
32	75	39	36	19	11	8
33	93	51	42	33	19	14
34	64	36	28	16	8	8
35-39岁	**227**	**113**	**114**	**53**	**27**	**26**
35	54	21	33	12	4	8
36	48	26	22	10	4	6
37	41	22	19	8	6	2
38	42	23	19	13	6	7
39	42	21	21	10	7	3
40-44岁	**98**	**52**	**46**	**23**	**12**	**11**
40	27	13	14	4	2	2
41	28	16	12	3	2	1
42	19	9	10	6	3	3
43	12	7	5	4	2	2
44	12	7	5	6	3	3
45-49岁	**94**	**41**	**53**	**26**	**16**	**10**
45	16	8	8	4	2	2
46	19	8	11	4	1	3
47	13	5	8	2	2	
48	24	10	14	10	6	4
49	22	10	12	6	5	1

单位：人

二孩			三孩及以上		
小计	男	女	小计	男	女
623	**324**	**299**	**246**	**127**	**119**
4	**2**	**2**	**1**	**1**	
3	1	2			
1	1		1	1	
46	**25**	**21**	**6**	**4**	**2**
3	2	1			
5	3	2	2	2	
8	5	3			
16	8	8	2		2
14	7	7	2	2	
145	**77**	**68**	**51**	**29**	**22**
23	13	10	7	5	2
23	10	13	9	5	4
24	9	15	10	5	5
42	24	18	9	5	4
33	21	12	16	9	7
217	**114**	**103**	**82**	**48**	**34**
59	30	29	13	7	6
42	22	20	21	15	6
41	20	21	15	8	7
41	24	17	19	8	11
34	18	16	14	10	4
105	**55**	**50**	**69**	**31**	**38**
30	13	17	12	4	8
25	15	10	13	7	6
19	10	9	14	6	8
13	9	4	16	8	8
18	8	10	14	6	8
55	**30**	**25**	**20**	**10**	**10**
17	8	9	6	3	3
16	10	6	9	4	5
10	4	6	3	2	1
8	5	3			
4	3	1	2	1	1
51	**21**	**30**	**17**	**4**	**13**
8	5	3	4	1	3
12	5	7	3	2	1
7	3	4	4		4
12	4	8	2		2
12	4	8	4	1	3

6-2 续表 4

受教育程度 年　龄	合　计	生男孩的 妇女人数	生女孩的 妇女人数	一　孩		
				小计	男	女
初　中	**15150**	**8002**	**7148**	**6028**	**3249**	**2779**
15-19岁	**267**	**145**	**122**	**237**	**132**	**105**
15	3	1	2	3	1	2
16	15	3	12	14	3	11
17	39	23	16	37	21	16
18	78	45	33	69	41	28
19	132	73	59	114	66	48
20-24岁	**2372**	**1243**	**1129**	**1574**	**823**	**751**
20	229	128	101	186	102	84
21	311	164	147	224	116	108
22	500	260	240	324	168	156
23	594	311	283	393	216	177
24	738	380	358	447	221	226
25-29岁	**4784**	**2552**	**2232**	**2127**	**1116**	**1011**
25	890	462	428	459	234	225
26	892	475	417	455	232	223
27	940	511	429	444	233	211
28	1010	546	464	402	220	182
29	1052	558	494	367	197	170
30-34岁	**5020**	**2656**	**2364**	**1347**	**735**	**612**
30	1345	735	610	414	237	177
31	1189	624	565	324	176	148
32	911	469	442	234	124	110
33	910	480	430	223	121	102
34	665	348	317	152	77	75
35-39岁	**1877**	**959**	**918**	**455**	**256**	**199**
35	510	253	257	124	72	52
36	455	232	223	112	62	50
37	370	211	159	77	55	22
38	323	157	166	80	41	39
39	219	106	113	62	26	36
40-44岁	**565**	**303**	**262**	**157**	**96**	**61**
40	171	92	79	40	23	17
41	142	74	68	34	20	14
42	105	59	46	32	18	14
43	82	45	37	28	17	11
44	65	33	32	23	18	5
45-49岁	**265**	**144**	**121**	**131**	**91**	**40**
45	55	28	27	25	17	8
46	47	26	21	21	18	3
47	40	25	15	20	17	3
48	54	32	22	28	17	11
49	69	33	36	37	22	15

单位：人

二孩			三孩及以上		
小计	男	女	小计	男	女
7448	**3775**	**3673**	**1674**	**978**	**696**
29	**13**	**16**	**1**		**1**
1		1			
2	2				
9	4	5			
17	7	10	1		1
731	**382**	**349**	**67**	**38**	**29**
38	23	15	5	3	2
80	43	37	7	5	2
164	86	78	12	6	6
191	91	100	10	4	6
258	139	119	33	20	13
2294	**1201**	**1093**	**363**	**235**	**128**
376	194	182	55	34	21
383	208	175	54	35	19
435	236	199	61	42	19
515	263	252	93	63	30
585	300	285	100	61	39
2940	**1482**	**1458**	**733**	**439**	**294**
771	393	378	160	105	55
694	357	337	171	91	80
522	255	267	155	90	65
547	269	278	140	90	50
406	208	198	107	63	44
1068	**520**	**548**	**354**	**183**	**171**
302	135	167	84	46	38
249	125	124	94	45	49
219	118	101	74	38	36
180	85	95	63	31	32
118	57	61	39	23	16
283	**139**	**144**	**125**	**68**	**57**
91	46	45	40	23	17
80	39	41	28	15	13
49	24	25	24	17	7
36	20	16	18	8	10
27	10	17	15	5	10
103	**38**	**65**	**31**	**15**	**16**
24	8	16	6	3	3
17	4	13	9	4	5
12	4	8	8	4	4
23	14	9	3	1	2
27	8	19	5	3	2

6-2 续表 5

受教育程度 年龄	合计	生男孩的妇女人数	生女孩的妇女人数	一孩		
				小计	男	女
高中	**11181**	**5847**	**5334**	**5237**	**2732**	**2505**
15-19岁	**115**	**57**	**58**	**106**	**54**	**52**
15						
16	1	1		1	1	
17	9	8	1	9	8	1
18	40	15	25	36	13	23
19	65	33	32	60	32	28
20-24岁	**1510**	**781**	**729**	**1195**	**631**	**564**
20	115	58	57	99	52	47
21	170	101	69	149	89	60
22	278	130	148	229	109	120
23	393	193	200	297	148	149
24	554	299	255	421	233	188
25-29岁	**4002**	**2105**	**1897**	**2251**	**1160**	**1091**
25	706	365	341	473	234	239
26	708	378	330	444	228	216
27	847	450	397	488	260	228
28	853	432	421	443	221	222
29	888	480	408	403	217	186
30-34岁	**4019**	**2111**	**1908**	**1256**	**659**	**597**
30	1108	596	512	405	216	189
31	976	488	488	299	144	155
32	747	401	346	225	121	104
33	683	361	322	192	101	91
34	505	265	240	135	77	58
35-39岁	**1182**	**616**	**566**	**299**	**155**	**144**
35	359	185	174	96	49	47
36	269	134	135	59	33	26
37	198	98	100	58	27	31
38	204	111	93	49	24	25
39	152	88	64	37	22	15
40-44岁	**265**	**131**	**134**	**87**	**46**	**41**
40	86	41	45	25	10	15
41	76	36	40	27	16	11
42	43	25	18	12	8	4
43	33	15	18	9	5	4
44	27	14	13	14	7	7
45-49岁	**88**	**46**	**42**	**43**	**27**	**16**
45	24	13	11	12	9	3
46	17	8	9	7	4	3
47	10	4	6	5	2	3
48	21	12	9	10	6	4
49	16	9	7	9	6	3

单位：人

二孩			三孩及以上		
小计	男	女	小计	男	女
5301	**2708**	**2593**	**643**	**407**	**236**
8	**2**	**6**	**1**	**1**	
3	1	2	1	1	
5	1	4			
305	**145**	**160**	**10**	**5**	**5**
16	6	10			
21	12	9			
48	21	27	1		1
93	42	51	3	3	
127	64	63	6	2	4
1621	**858**	**763**	**130**	**87**	**43**
216	121	95	17	10	7
245	137	108	19	13	6
338	176	162	21	14	7
379	190	189	31	21	10
443	234	209	42	29	13
2419	**1239**	**1180**	**344**	**213**	**131**
615	323	292	88	57	31
612	298	314	65	46	19
442	235	207	80	45	35
425	225	200	66	35	31
325	158	167	45	30	15
764	**380**	**384**	**119**	**81**	**38**
227	116	111	36	20	16
178	80	98	32	21	11
121	57	64	19	14	5
137	72	65	18	15	3
101	55	46	14	11	3
148	**69**	**79**	**30**	**16**	**14**
49	24	25	12	7	5
42	16	26	7	4	3
28	15	13	3	2	1
20	9	11	4	1	3
9	5	4	4	2	2
36	**15**	**21**	**9**	**4**	**5**
8	2	6	4	2	2
7	3	4	3	1	2
5	2	3			
9	5	4	2	1	1
7	3	4			

6-2 续表 6

受教育程度 年　龄	合　计	生男孩的妇女人数	生女孩的妇女人数	一　孩		
				小计	男	女
大学专科	**14660**	**7665**	**6995**	**8607**	**4526**	**4081**
15-19岁	**38**	**21**	**17**	**36**	**19**	**17**
15						
16						
17	2	2		2	2	
18	11	6	5	11	6	5
19	25	13	12	23	11	12
20-24岁	**1587**	**824**	**763**	**1411**	**737**	**674**
20	51	29	22	44	25	19
21	142	68	74	132	64	68
22	234	124	110	210	112	98
23	429	242	187	393	225	168
24	731	361	370	632	311	321
25-29岁	**6534**	**3384**	**3150**	**4665**	**2432**	**2233**
25	1139	605	534	945	501	444
26	1233	650	583	963	511	452
27	1410	713	697	1047	530	517
28	1352	687	665	883	453	430
29	1400	729	671	827	437	390
30-34岁	**5101**	**2691**	**2410**	**2113**	**1124**	**989**
30	1456	743	713	763	386	377
31	1288	686	602	564	306	258
32	979	545	434	349	202	147
33	833	437	396	269	146	123
34	545	280	265	168	84	84
35-39岁	**1221**	**641**	**580**	**334**	**179**	**155**
35	371	192	179	98	51	47
36	275	142	133	74	40	34
37	262	142	120	72	37	35
38	183	99	84	52	27	25
39	130	66	64	38	24	14
40-44岁	**161**	**94**	**67**	**42**	**32**	**10**
40	69	44	25	22	17	5
41	48	26	22	7	4	3
42	31	18	13	10	9	1
43	7	3	4	2	1	1
44	6	3	3	1	1	
45-49岁	**18**	**10**	**8**	**6**	**3**	**3**
45	6	6		1	1	
46	7	2	5	4	2	2
47	2		2	1		1
48	2	2				
49	1		1			

单位：人

二孩			三孩及以上		
小计	男	女	小计	男	女
5708	**2948**	**2760**	**345**	**191**	**154**
2	**2**				
2	2				
170	**84**	**86**	**6**	**3**	**3**
7	4	3			
9	3	6	1	1	
24	12	12			
34	16	18	2	1	1
96	49	47	3	1	2
1793	**904**	**889**	**76**	**48**	**28**
182	95	87	12	9	3
260	133	127	10	6	4
352	177	175	11	6	5
451	224	227	18	10	8
548	275	273	25	17	8
2827	**1482**	**1345**	**161**	**85**	**76**
661	339	322	32	18	14
686	358	328	38	22	16
598	328	270	32	15	17
530	274	256	34	17	17
352	183	169	25	13	12
802	**419**	**383**	**85**	**43**	**42**
249	131	118	24	10	14
182	89	93	19	13	6
175	99	76	15	6	9
117	63	54	14	9	5
79	37	42	13	5	8
104	**51**	**53**	**15**	**11**	**4**
37	19	18	10	8	2
39	21	18	2	1	1
20	9	11	1		1
3		3	2	2	
5	2	3			
10	**6**	**4**	**2**	**1**	**1**
5	5				
3		3			
			1		1
1	1		1	1	
1		1			

6-2 续表 7

受教育程度 年 龄	合 计	生男孩的 妇女人数	生女孩的 妇女人数	一 孩		
				小计	男	女
大学本科	**13574**	**7156**	**6418**	**8956**	**4722**	**4234**
15-19岁	**4**	**1**	**3**	**3**	**1**	**2**
15						
16						
17						
18						
19	4	1	3	3	1	2
20-24岁	**582**	**298**	**284**	**538**	**273**	**265**
20	3	3		3	3	
21	24	16	8	23	15	8
22	49	22	27	46	20	26
23	145	60	85	137	57	80
24	361	197	164	329	178	151
25-29岁	**6384**	**3348**	**3036**	**5291**	**2792**	**2499**
25	694	357	337	640	328	312
26	1091	572	519	985	516	469
27	1486	814	672	1266	699	567
28	1571	786	785	1248	628	620
29	1542	819	723	1152	621	531
30-34岁	**5189**	**2750**	**2439**	**2723**	**1442**	**1281**
30	1547	823	724	988	530	458
31	1304	664	640	744	384	360
32	952	525	427	486	273	213
33	805	435	370	328	167	161
34	581	303	278	177	88	89
35-39岁	**1226**	**662**	**564**	**340**	**184**	**156**
35	336	180	156	114	64	50
36	290	154	136	69	41	28
37	238	134	104	64	32	32
38	213	121	92	55	28	27
39	149	73	76	38	19	19
40-44岁	**175**	**87**	**88**	**49**	**22**	**27**
40	59	29	30	16	11	5
41	49	18	31	17	5	12
42	32	19	13	8	4	4
43	22	12	10	4	1	3
44	13	9	4	4	1	3
45-49岁	**14**	**10**	**4**	**12**	**8**	**4**
45	2	2		2	2	
46	4	4		3	3	
47						
48	4	2	2	4	2	2
49	4	2	2	3	1	2

单位：人

二孩			三孩及以上		
小计	男	女	小计	男	女
4430	**2316**	**2114**	**188**	**118**	**70**
1		**1**			
1		1			
43	**24**	**19**	**1**	**1**	
1	1				
3	2	1			
8	3	5			
31	18	13	1	1	
1061	**536**	**525**	**32**	**20**	**12**
52	27	25	2	2	
103	55	48	3	1	2
211	109	102	9	6	3
316	154	162	7	4	3
379	191	188	11	7	4
2366	**1249**	**1117**	**100**	**59**	**41**
541	283	258	18	10	8
538	270	268	22	10	12
447	241	206	19	11	8
459	253	206	18	15	3
381	202	179	23	13	10
839	**445**	**394**	**47**	**33**	**14**
213	110	103	9	6	3
213	108	105	8	5	3
163	95	68	11	7	4
151	88	63	7	5	2
99	44	55	12	10	2
118	**60**	**58**	**8**	**5**	**3**
40	16	24	3	2	1
32	13	19			
22	14	8	2	1	1
16	10	6	2	1	1
8	7	1	1	1	
2	**2**				
1	1				
1	1				

6-2 续表 8

受教育程度 年　　龄	合　计	生男孩的 妇女人数	生女孩的 妇女人数	一　　孩		
				小计	男	女
硕士研究生	**1654**	**862**	**792**	**1117**	**582**	**535**
15-19岁						
15						
16						
17						
18						
19						
20-24岁	**8**	**4**	**4**	**8**	**4**	**4**
20	2		2	2		2
21						
22	2	1	1	2	1	1
23						
24	4	3	1	4	3	1
25-29岁	**452**	**233**	**219**	**423**	**219**	**204**
25	9	5	4	9	5	4
26	34	22	12	32	20	12
27	80	42	38	76	41	35
28	140	66	74	132	62	70
29	189	98	91	174	91	83
30-34岁	**927**	**486**	**441**	**620**	**326**	**294**
30	240	122	118	201	97	104
31	232	127	105	179	96	83
32	183	104	79	115	67	48
33	157	77	80	84	42	42
34	115	56	59	41	24	17
35-39岁	**231**	**120**	**111**	**59**	**29**	**30**
35	73	35	38	26	11	15
36	59	26	33	15	10	5
37	35	21	14	7	4	3
38	39	21	18	6	2	4
39	25	17	8	5	2	3
40-44岁	**33**	**18**	**15**	**4**	**3**	**1**
40	13	7	6	3	2	1
41	12	6	6	1	1	
42	3	3				
43	3	2	1			
44	2		2			
45-49岁	**3**	**1**	**2**	**3**	**1**	**2**
45	1	1		1	1	
46	1		1	1		1
47						
48	1		1	1		1
49						

单位：人

二孩			三孩及以上		
小计	男	女	小计	男	女
521	**273**	**248**	**16**	**7**	**9**
29	**14**	**15**			
2	2				
4	1	3			
8	4	4			
15	7	8			
299	**156**	**143**	**8**	**4**	**4**
38	24	14	1	1	
52	30	22	1	1	
67	36	31	1	1	
70	34	36	3	1	2
72	32	40	2		2
166	**89**	**77**	**6**	**2**	**4**
46	24	22	1		1
42	16	26	2		2
27	17	10	1		1
32	18	14	1	1	
19	14	5	1	1	
27	**14**	**13**	**2**	**1**	**1**
10	5	5			
10	5	5	1		1
2	2		1	1	
3	2	1			
2		2			

6-2 续表 9

受教育程度 年龄	合计	生男孩的妇女人数	生女孩的妇女人数	一孩 小计	一孩 男	一孩 女
博士研究生	**119**	**65**	**54**	**81**	**45**	**36**
15-19岁						
15						
16						
17						
18						
19						
20-24岁						
20						
21						
22						
23						
24						
25-29岁	**15**	**8**	**7**	**14**	**8**	**6**
25						
26	2	1	1	1	1	
27	1	1		1	1	
28	5	2	3	5	2	3
29	7	4	3	7	4	3
30-34岁	**73**	**40**	**33**	**59**	**33**	**26**
30	19	14	5	18	13	5
31	22	10	12	21	9	12
32	14	7	7	8	5	3
33	9	3	6	7	3	4
34	9	6	3	5	3	2
35-39岁	**21**	**10**	**11**	**7**	**3**	**4**
35	7	3	4	2	1	1
36	7	3	4	4	2	2
37	3		3	1		1
38	2	2				
39	2	2				
40-44岁	**10**	**7**	**3**	**1**	**1**	
40	5	3	2	1	1	
41	3	2	1			
42	2	2				
43						
44						
45-49岁						
45						
46						
47						
48						
49						

单位：人

二孩			三孩及以上		
小计	男	女	小计	男	女
35	**18**	**17**	**3**	**2**	**1**
1		**1**			
1		1			
13	**7**	**6**	**1**		**1**
1	1				
1	1				
5	2	3	1		1
2		2			
4	3	1			
13	**6**	**7**	**1**	**1**	
5	2	3			
3	1	2			
2		2			
2	2				
1	1		1	1	
8	**5**	**3**	**1**	**1**	
3	1	2	1	1	
3	2	1			
2	2				

6-2a 全省按年龄、受教育程度、生育孩次

受教育程度 年龄	合计	生男孩的 妇女人数	生女孩的 妇女人数	一孩		
				小计	男	女
总计	**31264**	**16496**	**14768**	**17689**	**9360**	**8329**
15-19岁	**113**	**51**	**62**	**102**	**49**	**53**
15	1		1	1		1
16	3	2	1	3	2	1
17	10	6	4	10	6	4
18	33	13	20	29	13	16
19	66	30	36	59	28	31
20-24岁	**2543**	**1319**	**1224**	**2113**	**1101**	**1012**
20	123	74	49	108	68	40
21	241	131	110	209	114	95
22	395	202	193	322	167	155
23	674	347	327	554	287	267
24	1110	565	545	920	465	455
25-29岁	**12194**	**6414**	**5780**	**8841**	**4653**	**4188**
25	1740	919	821	1384	727	657
26	2059	1084	975	1627	842	785
27	2607	1393	1214	1979	1062	917
28	2856	1466	1390	1972	1019	953
29	2932	1552	1380	1879	1003	876
30-34岁	**11950**	**6349**	**5601**	**5331**	**2843**	**2488**
30	3240	1722	1518	1779	932	847
31	2960	1541	1419	1425	739	686
32	2268	1276	992	937	540	397
33	2017	1058	959	738	387	351
34	1465	752	713	452	245	207
35-39岁	**3531**	**1874**	**1657**	**977**	**526**	**451**
35	1002	511	491	317	169	148
36	812	411	401	215	115	100
37	677	380	297	172	93	79
38	594	328	266	155	79	76
39	446	244	202	118	70	48
40-44岁	**718**	**374**	**344**	**212**	**121**	**91**
40	241	127	114	68	40	28
41	199	97	102	54	28	26
42	128	71	57	34	21	13
43	86	42	44	28	16	12
44	64	37	27	28	16	12
45-49岁	**215**	**115**	**100**	**113**	**67**	**46**
45	50	28	22	22	14	8
46	40	21	19	23	15	8
47	28	12	16	12	7	5
48	50	30	20	25	13	12
49	47	24	23	31	18	13

分的育龄妇女人数(2019.11.1-2020.10.31)(城市)

单位：人

二孩			三孩及以上		
小计	男	女	小计	男	女
12502	**6493**	**6009**	**1073**	**643**	**430**
11	**2**	**9**			
4		4			
7	2	5			
411	**210**	**201**	**19**	**8**	**11**
13	6	7	2		2
29	14	15	3	3	
72	35	37	1		1
116	59	57	4	1	3
181	96	85	9	4	5
3168	**1630**	**1538**	**185**	**131**	**54**
329	171	158	27	21	6
412	226	186	20	16	4
595	306	289	33	25	8
838	415	423	46	32	14
994	512	482	59	37	22
6116	**3207**	**2909**	**503**	**299**	**204**
1347	721	626	114	69	45
1430	737	693	105	65	40
1213	669	544	118	67	51
1192	621	571	87	50	37
934	459	475	79	48	31
2278	**1192**	**1086**	**276**	**156**	**120**
627	311	316	58	31	27
532	259	273	65	37	28
445	254	191	60	33	27
384	215	169	55	34	21
290	153	137	38	21	17
438	**212**	**226**	**68**	**41**	**27**
148	71	77	25	16	9
130	60	70	15	9	6
82	43	39	12	7	5
49	22	27	9	4	5
29	16	13	7	5	2
80	**40**	**40**	**22**	**8**	**14**
22	11	11	6	3	3
13	6	7	4		4
11	4	7	5	1	4
20	14	6	5	3	2
14	5	9	2	1	1

6-2a 续表 1

受教育程度 年 龄	合 计	生男孩的 妇女人数	生女孩的 妇女人数	一 孩		
				小计	男	女
未上过学	**26**	**15**	**11**	**18**	**11**	**7**
15-19岁						
15						
16						
17						
18						
19						
20-24岁	**1**		**1**	**1**		**1**
20						
21						
22						
23	1		1	1		1
24						
25-29岁	**6**	**4**	**2**	**4**	**4**	
25						
26						
27						
28	2	1	1	1	1	
29	4	3	1	3	3	
30-34岁	**9**	**3**	**6**	**7**	**2**	**5**
30	3		3	3		3
31	1		1	1		1
32	2		2	1		1
33	1	1		1	1	
34	2	2		1	1	
35-39岁	**7**	**5**	**2**	**5**	**4**	**1**
35	3	2	1	1	1	
36	1	1		1	1	
37	2	1	1	2	1	1
38						
39	1	1		1	1	
40-44岁	**2**	**2**		**1**	**1**	
40						
41						
42						
43	1	1		1	1	
44	1	1				
45-49岁	**1**	**1**				
45	1	1				
46						
47						
48						
49						

单位：人

二孩			三孩及以上		
小计	男	女	小计	男	女
6	**3**	**3**	**2**	**1**	**1**
2		**2**			
1		1			
1		1			
1	**1**		**1**		**1**
			1		1
1	1				
2	**1**	**1**			
2	1	1			
1	**1**				
1	1				
			1	**1**	
			1	1	

6-2a 续表 2

受教育程度 年龄	合计	生男孩的妇女人数	生女孩的妇女人数	一孩		
				小计	男	女
学前教育	**3**	**2**	**1**	**2**	**1**	**1**
15-19岁						
15						
16						
17						
18						
19						
20-24岁						
20						
21						
22						
23						
24						
25-29岁	**3**	**2**	**1**	**2**	**1**	**1**
25						
26						
27	1		1	1		1
28						
29	2	2		1	1	
30-34岁						
30						
31						
32						
33						
34						
35-39岁						
35						
36						
37						
38						
39						
40-44岁						
40						
41						
42						
43						
44						
45-49岁						
45						
46						
47						
48						
49						

单位：人

二孩			三孩及以上		
小计	男	女	小计	男	女
1	**1**				
1	**1**				
1	1				

6-2a 续表 3

受教育程度 年龄	合计	生男孩的妇女人数	生女孩的妇女人数	一孩		
				小计	男	女
小 学	**393**	**204**	**189**	**145**	**76**	**69**
15-19岁	**3**		**3**	**2**		**2**
15						
16						
17	1		1	1		1
18	2		2	1		1
19						
20-24岁	**30**	**19**	**11**	**17**	**11**	**6**
20						
21	4	3	1			
22	7	4	3	5	4	1
23	10	8	2	5	4	1
24	9	4	5	7	3	4
25-29岁	**88**	**52**	**36**	**46**	**27**	**19**
25	9	6	3	3	1	2
26	15	9	6	11	7	4
27	13	7	6	7	4	3
28	25	12	13	12	6	6
29	26	18	8	13	9	4
30-34岁	**131**	**73**	**58**	**45**	**23**	**22**
30	30	12	18	12	4	8
31	30	20	10	6	5	1
32	25	13	12	9	5	4
33	24	14	10	10	5	5
34	22	14	8	8	4	4
35-39岁	**79**	**35**	**44**	**18**	**8**	**10**
35	20	5	15	6	2	4
36	19	10	9	4	2	2
37	12	5	7	2	1	1
38	16	8	8	4	2	2
39	12	7	5	2	1	1
40-44岁	**32**	**13**	**19**	**7**	**2**	**5**
40	7	2	5	1		1
41	9	4	5			
42	7	3	4	2	1	1
43	4	2	2	1	1	
44	5	2	3	3		3
45-49岁	**30**	**12**	**18**	**10**	**5**	**5**
45	6	2	4	1		1
46	3	1	2	1		1
47	7	4	3	2	2	
48	7	3	4	3	1	2
49	7	2	5	3	2	1

单位：人

二孩			三孩及以上		
小计	男	女	小计	男	女
185	**96**	**89**	**63**	**32**	**31**
1		**1**			
1		1			
10	**5**	**5**	**3**	**3**	
2	1	1	2	2	
2		2			
5	4	1			
1		1	1	1	
33	**21**	**12**	**9**	**4**	**5**
5	4	1	1	1	
4	2	2			
5	3	2	1		1
10	5	5	3	1	2
9	7	2	4	2	2
68	**37**	**31**	**18**	**13**	**5**
17	7	10	1	1	
17	10	7	7	5	2
13	5	8	3	3	
10	7	3	4	2	2
11	8	3	3	2	1
36	**17**	**19**	**25**	**10**	**15**
11	2	9	3	1	2
10	6	4	5	2	3
5	3	2	5	1	4
5	3	2	7	3	4
5	3	2	5	3	2
21	**9**	**12**	**4**	**2**	**2**
4	1	3	2	1	1
7	3	4	2	1	1
5	2	3			
3	1	2			
2	2				
16	**7**	**9**	**4**		**4**
3	2	1	2		2
2	1	1			
4	2	2	1		1
3	2	1	1		1
4		4			

6-2a 续表 4

受教育程度 年 龄	合 计	生男孩的 妇女人数	生女孩的 妇女人数	一 孩		
				小计	男	女
初 中	**5169**	**2774**	**2395**	**2121**	**1162**	**959**
15-19岁	**59**	**33**	**26**	**53**	**31**	**22**
15	1		1	1		1
16	2	1	1	2	1	1
17	7	5	2	7	5	2
18	17	10	7	16	10	6
19	32	17	15	27	15	12
20-24岁	**711**	**373**	**338**	**505**	**271**	**234**
20	65	37	28	56	34	22
21	98	56	42	76	45	31
22	130	71	59	88	51	37
23	181	94	87	121	63	58
24	237	115	122	164	78	86
25-29岁	**1576**	**855**	**721**	**751**	**399**	**352**
25	293	155	138	160	87	73
26	275	154	121	159	85	74
27	299	167	132	158	80	78
28	349	186	163	146	79	67
29	360	193	167	128	68	60
30-34岁	**1765**	**952**	**813**	**489**	**270**	**219**
30	440	238	202	141	77	64
31	414	224	190	114	64	50
32	321	179	142	80	48	32
33	328	169	159	87	44	43
34	262	142	120	67	37	30
35-39岁	**725**	**376**	**349**	**191**	**107**	**84**
35	193	100	93	51	30	21
36	173	84	89	48	24	24
37	151	89	62	33	23	10
38	118	62	56	28	15	13
39	90	41	49	31	15	16
40-44岁	**223**	**123**	**100**	**71**	**43**	**28**
40	73	38	35	19	10	9
41	51	31	20	12	7	5
42	40	21	19	11	7	4
43	32	17	15	15	9	6
44	27	16	11	14	10	4
45-49岁	**110**	**62**	**48**	**61**	**41**	**20**
45	23	12	11	12	8	4
46	18	10	8	11	8	3
47	16	7	9	7	4	3
48	26	17	9	12	9	3
49	27	16	11	19	12	7

单位：人

二孩			三孩及以上		
小计	男	女	小计	男	女
2595	**1346**	**1249**	**453**	**266**	**187**
6	**2**	**4**			
1		1			
5	2	3			
193	**100**	**93**	**13**	**2**	**11**
7	3	4	2		2
22	11	11			
41	20	21	1		1
57	31	26	3		3
66	35	31	7	2	5
743	**396**	**347**	**82**	**60**	**22**
122	61	61	11	7	4
106	59	47	10	10	
128	75	53	13	12	1
178	89	89	25	18	7
209	112	97	23	13	10
1066	**558**	**508**	**210**	**124**	**86**
253	133	120	46	28	18
245	127	118	55	33	22
190	105	85	51	26	25
210	107	103	31	18	13
168	86	82	27	19	8
428	**213**	**215**	**106**	**56**	**50**
125	60	65	17	10	7
96	45	51	29	15	14
92	51	41	26	15	11
68	36	32	22	11	11
47	21	26	12	5	7
120	**60**	**60**	**32**	**20**	**12**
42	21	21	12	7	5
33	19	14	6	5	1
23	10	13	6	4	2
13	7	6	4	1	3
9	3	6	4	3	1
39	**17**	**22**	**10**	**4**	**6**
10	3	7	1	1	
5	2	3	2		2
6	2	4	3	1	2
12	7	5	2	1	1
6	3	3	2	1	1

6-2a 续表 5

受教育程度 年　龄	合　计	生男孩的 妇女人数	生女孩的 妇女人数	一　孩		
				小计	男	女
高　中	**5392**	**2824**	**2568**	**2583**	**1351**	**1232**
15-19岁	**37**	**10**	**27**	**33**	**10**	**23**
15						
16	1	1		1	1	
17	2	1	1	2	1	1
18	10		10	8		8
19	24	8	16	22	8	14
20-24岁	**595**	**320**	**275**	**489**	**270**	**219**
20	37	25	12	33	24	9
21	57	30	27	56	29	27
22	119	61	58	99	52	47
23	156	81	75	122	65	57
24	226	123	103	179	100	79
25-29岁	**1853**	**966**	**887**	**1105**	**570**	**535**
25	310	158	152	222	107	115
26	322	161	161	217	101	116
27	380	201	179	226	119	107
28	420	218	202	229	124	105
29	421	228	193	211	119	92
30-34岁	**2034**	**1070**	**964**	**703**	**372**	**331**
30	549	300	249	212	112	100
31	479	236	243	165	78	87
32	382	213	169	123	68	55
33	355	186	169	121	65	56
34	269	135	134	82	49	33
35-39岁	**661**	**354**	**307**	**173**	**88**	**85**
35	189	100	89	55	29	26
36	138	63	75	32	13	19
37	103	53	50	28	14	14
38	127	73	54	33	16	17
39	104	65	39	25	16	9
40-44岁	**160**	**78**	**82**	**52**	**27**	**25**
40	44	21	23	13	4	9
41	49	23	26	19	11	8
42	30	15	15	7	4	3
43	21	8	13	6	3	3
44	16	11	5	7	5	2
45-49岁	**52**	**26**	**26**	**28**	**14**	**14**
45	15	8	7	8	5	3
46	13	6	7	6	4	2
47	4	1	3	3	1	2
48	10	6	4	5	1	4
49	10	5	5	6	3	3

单位：人

二孩			三孩及以上		
小计	男	女	小计	男	女
2575	**1318**	**1257**	**234**	**155**	**79**
4		**4**			
2		2			
2		2			
105	**49**	**56**	**1**	**1**	
4	1	3			
1	1				
20	9	11			
33	15	18	1	1	
47	23	24			
704	**366**	**338**	**44**	**30**	**14**
80	45	35	8	6	2
100	58	42	5	2	3
145	76	69	9	6	3
183	88	95	8	6	2
196	99	97	14	10	4
1213	**620**	**593**	**118**	**78**	**40**
303	166	137	34	22	12
296	145	151	18	13	5
230	126	104	29	19	10
216	110	106	18	11	7
168	73	95	19	13	6
435	**228**	**207**	**53**	**38**	**15**
117	62	55	17	9	8
92	41	51	14	9	5
67	31	36	8	8	
86	49	37	8	8	
73	45	28	6	4	2
95	**45**	**50**	**13**	**6**	**7**
28	16	12	3	1	2
26	10	16	4	2	2
21	10	11	2	1	1
14	5	9	1		1
6	4	2	3	2	1
19	**10**	**9**	**5**	**2**	**3**
5	2	3	2	1	1
5	2	3	2		2
1		1			
4	4		1	1	
4	2	2			

6-2a 续表 6

受教育程度 年龄	合 计	生男孩的妇女人数	生女孩的妇女人数	一孩 小计	一孩 男	一孩 女
大学专科	**8906**	**4647**	**4259**	**5245**	**2751**	**2494**
15-19岁	**13**	**7**	**6**	**13**	**7**	**6**
15						
16						
17						
18	4	3	1	4	3	1
19	9	4	5	9	4	5
20-24岁	**832**	**426**	**406**	**755**	**385**	**370**
20	19	11	8	17	9	8
21	69	34	35	64	32	32
22	109	54	55	102	50	52
23	230	128	102	214	121	93
24	405	199	206	358	173	185
25-29岁	**3800**	**1970**	**1830**	**2799**	**1458**	**1341**
25	655	351	304	561	300	261
26	696	365	331	557	292	265
27	802	405	397	613	317	296
28	801	411	390	545	279	266
29	846	438	408	523	270	253
30-34岁	**3245**	**1704**	**1541**	**1392**	**741**	**651**
30	874	451	423	469	238	231
31	825	435	390	385	201	184
32	657	373	284	243	144	99
33	533	275	258	179	99	80
34	356	170	186	116	59	57
35-39岁	**885**	**465**	**420**	**252**	**135**	**117**
35	270	133	137	82	40	42
36	195	103	92	56	32	24
37	187	105	82	49	24	25
38	134	70	64	39	19	20
39	99	54	45	26	20	6
40-44岁	**122**	**68**	**54**	**32**	**24**	**8**
40	53	32	21	17	13	4
41	36	19	17	6	4	2
42	21	12	9	6	5	1
43	7	3	4	2	1	1
44	5	2	3	1	1	
45-49岁	**9**	**7**	**2**	**2**	**1**	**1**
45	4	4				
46	2	1	1	2	1	1
47	1		1			
48	2	2				
49						

单位：人

二孩			三孩及以上		
小计	男	女	小计	男	女
3469	**1788**	**1681**	**192**	**108**	**84**
75	**39**	**36**	**2**	**2**	
2	2				
4	1	3	1	1	
7	4	3			
16	7	9			
46	25	21	1	1	
969	**486**	**483**	**32**	**26**	**6**
87	44	43	7	7	
136	70	66	3	3	
184	84	100	5	4	1
250	127	123	6	5	1
312	161	151	11	7	4
1767	**923**	**844**	**86**	**40**	**46**
388	204	184	17	9	8
424	226	198	16	8	8
395	220	175	19	9	10
333	167	166	21	9	12
227	106	121	13	5	8
575	**300**	**275**	**58**	**30**	**28**
175	86	89	13	7	6
129	64	65	10	7	3
124	76	48	14	5	9
81	42	39	14	9	5
66	32	34	7	2	5
78	**35**	**43**	**12**	**9**	**3**
29	13	16	7	6	1
28	14	14	2	1	1
14	7	7	1		1
3		3	2	2	
4	1	3			
5	**5**		**2**	**1**	**1**
4	4				
			1		1
1	1		1	1	

6-2a 续表 7

受教育程度 年龄	合计	生男孩的妇女人数	生女孩的妇女人数	一孩		
				小计	男	女
大学本科	**9892**	**5251**	**4641**	**6575**	**3475**	**3100**
15-19岁	**1**	**1**		**1**	**1**	
15						
16						
17						
18						
19	1	1		1	1	
20-24岁	**369**	**179**	**190**	**341**	**162**	**179**
20	1	1		1	1	
21	13	8	5	13	8	5
22	29	12	17	27	10	17
23	96	36	60	91	34	57
24	230	122	108	209	109	100
25-29岁	**4490**	**2368**	**2122**	**3780**	**2006**	**1774**
25	467	246	221	432	229	203
26	719	374	345	654	338	316
27	1042	573	469	908	503	405
28	1144	584	560	929	477	452
29	1118	591	527	857	459	398
30-34岁	**3923**	**2099**	**1824**	**2120**	**1125**	**995**
30	1133	607	526	760	408	352
31	987	507	480	577	298	279
32	718	405	313	379	216	163
33	636	343	293	264	132	132
34	449	237	212	140	71	69
35-39岁	**955**	**528**	**427**	**278**	**155**	**123**
35	259	139	120	96	56	40
36	230	127	103	58	33	25
37	188	109	79	50	26	24
38	162	95	67	45	25	20
39	116	58	58	29	15	14
40-44岁	**143**	**69**	**74**	**45**	**20**	**25**
40	50	26	24	15	10	5
41	41	14	27	16	5	11
42	25	15	10	8	4	4
43	18	9	9	3	1	2
44	9	5	4	3		3
45-49岁	**11**	**7**	**4**	**10**	**6**	**4**
45	1	1		1	1	
46	3	3		2	2	
47						
48	4	2	2	4	2	2
49	3	1	2	3	1	2

单位：人

二孩			三孩及以上		
小计	男	女	小计	男	女
3204	**1701**	**1503**	**113**	**75**	**38**
28	**17**	**11**			
2	2				
5	2	3			
21	13	8			
692	**351**	**341**	**18**	**11**	**7**
35	17	18			
63	35	28	2	1	1
129	67	62	5	3	2
211	105	106	4	2	2
254	127	127	7	5	2
1741	**933**	**808**	**62**	**41**	**21**
358	191	167	15	8	7
401	203	198	9	6	3
326	180	146	13	9	4
362	202	160	10	9	1
294	157	137	15	9	6
649	**353**	**296**	**28**	**20**	**8**
156	79	77	7	4	3
167	90	77	5	4	1
132	79	53	6	4	2
113	67	46	4	3	1
81	38	43	6	5	1
93	**46**	**47**	**5**	**3**	**2**
34	15	19	1	1	
25	9	16			
15	10	5	2	1	1
13	7	6	2	1	1
6	5	1			
1	**1**				
1	1				

6-2a 续表 8

受教育程度 年龄	合计	生男孩的妇女人数	生女孩的妇女人数	一孩 小计	一孩 男	一孩 女
硕士研究生	**1377**	**724**	**653**	**929**	**495**	**434**
15-19岁						
15						
16						
17						
18						
19						
20-24岁	**5**	**2**	**3**	**5**	**2**	**3**
20	1		1	1		1
21						
22	1		1	1		1
23						
24	3	2	1	3	2	1
25-29岁	**364**	**190**	**174**	**341**	**181**	**160**
25	6	3	3	6	3	3
26	30	20	10	28	18	10
27	69	39	30	65	38	27
28	111	53	58	106	52	54
29	148	75	73	136	70	66
30-34岁	**780**	**415**	**365**	**525**	**283**	**242**
30	196	103	93	167	82	85
31	205	111	94	159	86	73
32	150	87	63	95	55	40
33	132	68	64	70	39	31
34	97	46	51	34	21	13
35-39岁	**199**	**102**	**97**	**53**	**26**	**27**
35	61	29	32	24	10	14
36	49	20	29	12	8	4
37	31	18	13	7	4	3
38	35	18	17	6	2	4
39	23	17	6	4	2	2
40-44岁	**27**	**15**	**12**	**3**	**3**	
40	10	6	4	2	2	
41	10	4	6	1	1	
42	3	3				
43	3	2	1			
44	1		1			
45-49岁	**2**		**2**	**2**		**2**
45						
46	1		1	1		1
47						
48	1		1	1		1
49						

单位：人

二孩			三孩及以上		
小计	男	女	小计	男	女
434	**224**	**210**	**14**	**5**	**9**
23	**9**	**14**			
2	2				
4	1	3			
5	1	4			
12	5	7			
248	**129**	**119**	**7**	**3**	**4**
28	20	8	1	1	
46	25	21			
54	31	23	1	1	
59	28	31	3	1	2
61	25	36	2		2
141	**75**	**66**	**5**	**1**	**4**
36	19	17	1		1
35	12	23	2		2
23	14	9	1		1
29	16	13			
18	14	4	1	1	
22	**11**	**11**	**2**	**1**	**1**
8	4	4			
8	3	5	1		1
2	2		1	1	
3	2	1			
1		1			

6-2a 续表 9

受教育程度 年龄	合计	生男孩的妇女人数	生女孩的妇女人数	一孩 小计	一孩 男	一孩 女
博士研究生	**106**	**55**	**51**	**71**	**38**	**33**
15-19岁						
15						
16						
17						
18						
19						
20-24岁						
20						
21						
22						
23						
24						
25-29岁	**14**	**7**	**7**	**13**	**7**	**6**
25						
26	2	1	1	1	1	
27	1	1		1	1	
28	4	1	3	4	1	3
29	7	4	3	7	4	3
30-34岁	**63**	**33**	**30**	**50**	**27**	**23**
30	15	11	4	15	11	4
31	19	8	11	18	7	11
32	13	6	7	7	4	3
33	8	2	6	6	2	4
34	8	6	2	4	3	1
35-39岁	**20**	**9**	**11**	**7**	**3**	**4**
35	7	3	4	2	1	1
36	7	3	4	4	2	2
37	3		3	1		1
38	2	2				
39	1	1				
40-44岁	**9**	**6**	**3**	**1**	**1**	
40	4	2	2	1	1	
41	3	2	1			
42	2	2				
43						
44						
45-49岁						
45						
46						
47						
48						
49						

单位：人

二孩			三孩及以上		
小计	男	女	小计	男	女
33	**16**	**17**	**2**	**1**	**1**
1		**1**			
1		1			
12	**6**	**6**	**1**		**1**
1	1				
5	2	3	1		1
2		2			
4	3	1			
12	**5**	**7**	**1**	**1**	
5	2	3			
3	1	2			
2		2			
2	2				
			1	1	
8	**5**	**3**			
3	1	2			
3	2	1			
2	2				

6-2b 全省按年龄、受教育程度、生育孩次

受教育程度 年　　龄	合　计	生男孩的妇女人数	生女孩的妇女人数	一　孩		
				小计	男	女
总　计	**15908**	**8291**	**7617**	**7676**	**4042**	**3634**
15-19岁	**155**	**89**	**66**	**141**	**80**	**61**
15						
16	5		5	5		5
17	22	17	5	21	16	5
18	54	27	27	48	23	25
19	74	45	29	67	41	26
20-24岁	**2051**	**1055**	**996**	**1547**	**805**	**742**
20	137	77	60	114	66	48
21	235	132	103	185	104	81
22	388	185	203	289	138	151
23	527	260	267	397	204	193
24	764	401	363	562	293	269
25-29岁	**6168**	**3232**	**2936**	**3674**	**1919**	**1755**
25	992	534	458	679	354	325
26	1163	617	546	781	410	371
27	1307	692	615	823	439	384
28	1316	655	661	716	353	363
29	1390	734	656	675	363	312
30-34岁	**5452**	**2846**	**2606**	**1822**	**957**	**865**
30	1611	856	755	645	345	300
31	1341	684	657	459	246	213
32	951	471	480	299	149	150
33	917	492	425	272	143	129
34	632	343	289	147	74	73
35-39岁	**1581**	**804**	**777**	**354**	**192**	**162**
35	456	231	225	98	55	43
36	391	210	181	82	52	30
37	310	163	147	73	41	32
38	272	132	140	62	27	35
39	152	68	84	39	17	22
40-44岁	**354**	**193**	**161**	**82**	**50**	**32**
40	126	67	59	30	19	11
41	95	47	48	19	10	9
42	68	41	27	17	9	8
43	35	23	12	9	6	3
44	30	15	15	7	6	1
45-49岁	**147**	**72**	**75**	**56**	**39**	**17**
45	30	16	14	12	10	2
46	31	16	15	11	8	3
47	24	12	12	9	7	2
48	32	16	16	13	8	5
49	30	12	18	11	6	5

分的育龄妇女人数(2019.11.1–2020.10.31)(镇)

单位：人

二孩			三孩及以上		
小计	男	女	小计	男	女
7127	**3595**	**3532**	**1105**	**654**	**451**
12	**8**	**4**	**2**	**1**	**1**
1	1				
5	3	2	1	1	
6	4	2	1		1
459	**224**	**235**	**45**	**26**	**19**
21	9	12	2	2	
46	26	20	4	2	2
90	42	48	9	5	4
123	53	70	7	3	4
179	94	85	23	14	9
2248	**1157**	**1091**	**246**	**156**	**90**
279	159	120	34	21	13
343	182	161	39	25	14
445	231	214	39	22	17
531	256	275	69	46	23
650	329	321	65	42	23
3142	**1591**	**1551**	**488**	**298**	**190**
854	433	421	112	78	34
767	372	395	115	66	49
569	276	293	83	46	37
543	283	260	102	66	36
409	227	182	76	42	34
996	**490**	**506**	**231**	**122**	**109**
296	144	152	62	32	30
249	125	124	60	33	27
190	100	90	47	22	25
178	88	90	32	17	15
83	33	50	30	18	12
199	**102**	**97**	**73**	**41**	**32**
69	31	38	27	17	10
56	28	28	20	9	11
39	22	17	12	10	2
18	13	5	8	4	4
17	8	9	6	1	5
71	**23**	**48**	**20**	**10**	**10**
15	3	12	3	3	
15	4	11	5	4	1
8	3	5	7	2	5
17	8	9	2		2
16	5	11	3	1	2

6-2b 续表 1

受教育程度 年龄	合计	生男孩的妇女人数	生女孩的妇女人数	一孩		
				小计	男	女
未上过学	**17**	**10**	**7**	**4**	**1**	**3**
15-19岁						
15						
16						
17						
18						
19						
20-24岁	**4**	**2**	**2**	**2**		**2**
20						
21						
22	2	2				
23	1		1	1		1
24	1		1	1		1
25-29岁	**4**	**3**	**1**	**1**	**1**	
25	1	1		1	1	
26						
27	1	1				
28						
29	2	1	1			
30-34岁	**1**		**1**			
30	1		1			
31						
32						
33						
34						
35-39岁	**4**	**2**	**2**	**1**		**1**
35	2		2	1		1
36						
37						
38						
39	2	2				
40-44岁	**2**	**2**				
40	1	1				
41						
42	1	1				
43						
44						
45-49岁	**2**	**1**	**1**			
45						
46						
47	1	1				
48	1		1			
49						

单位：人

二孩			三孩及以上		
小计	男	女	小计	男	女
12	**8**	**4**	**1**	**1**	
1	**1**		**1**	**1**	
1	1		1	1	
3	**2**	**1**			
1	1				
2	1	1			
1		**1**			
1		1			
3	**2**	**1**			
1		1			
2	2				
2	**2**				
1	1				
1	1				
2	**1**	**1**			
1	1				
1		1			

6-2b 续表 2

受教育程度 年龄	合计	生男孩的妇女人数	生女孩的妇女人数	一孩		
				小计	男	女
学前教育	**4**		**4**	**1**		**1**
15-19岁						
15						
16						
17						
18						
19						
20-24岁	**2**		**2**	**1**		**1**
20						
21						
22	1		1	1		1
23						
24	1		1			
25-29岁						
25						
26						
27						
28						
29						
30-34岁	**2**		**2**			
30	1		1			
31	1		1			
32						
33						
34						
35-39岁						
35						
36						
37						
38						
39						
40-44岁						
40						
41						
42						
43						
44						
45-49岁						
45						
46						
47						
48						
49						

单位：人

二孩			三孩及以上		
小计	男	女	小计	男	女
2		**2**	**1**		**1**
			1		**1**
			1		1
2		**2**			
1		1			
1		1			

6-2b 续表 3

受教育程度 年　　龄	合　计	生男孩的 妇女人数	生女孩的 妇女人数	一　　孩		
				小计	男	女
小　学	**442**	**229**	**213**	**138**	**76**	**62**
15-19岁	**2**	**1**	**1**	**2**	**1**	**1**
15						
16						
17						
18						
19	2	1	1	2	1	1
20-24岁	**44**	**21**	**23**	**24**	**11**	**13**
20	3	1	2	2		2
21	4	4		3	3	
22	11	6	5	9	4	5
23	12	5	7	4	2	2
24	14	5	9	6	2	4
25-29岁	**116**	**65**	**51**	**41**	**22**	**19**
25	20	15	5	8	7	1
26	25	11	14	8	2	6
27	26	12	14	12	6	6
28	21	12	9	6	4	2
29	24	15	9	7	3	4
30-34岁	**150**	**84**	**66**	**41**	**25**	**16**
30	38	20	18	11	8	3
31	26	14	12	5	2	3
32	28	17	11	6	3	3
33	35	19	16	14	8	6
34	23	14	9	5	4	1
35-39岁	**78**	**35**	**43**	**19**	**10**	**9**
35	15	5	10	3		3
36	19	8	11	3		3
37	16	7	9	2	2	
38	11	9	2	5	4	1
39	17	6	11	6	4	2
40-44岁	**26**	**12**	**14**	**5**	**4**	**1**
40	8	2	6	1	1	
41	9	5	4	1	1	
42	5	2	3	1		1
43	2	2		1	1	
44	2	1	1	1	1	
45-49岁	**26**	**11**	**15**	**6**	**3**	**3**
45	5	3	2	2	1	1
46	4	2	2	1		1
47	5		5			
48	8	4	4	3	2	1
49	4	2	2			

单位：人

二孩			三孩及以上		
小计	男	女	小计	男	女
221	**111**	**110**	**83**	**42**	**41**
18	**10**	**8**	**2**		**2**
1	1				
1	1				
2	2				
6	3	3	2		2
8	3	5			
55	**29**	**26**	**20**	**14**	**6**
8	6	2	4	2	2
11	5	6	6	4	2
11	4	7	3	2	1
12	6	6	3	2	1
13	8	5	4	4	
78	**41**	**37**	**31**	**18**	**13**
21	9	12	6	3	3
15	8	7	6	4	2
15	10	5	7	4	3
15	9	6	6	2	4
12	5	7	6	5	1
42	**20**	**22**	**17**	**5**	**12**
9	4	5	3	1	2
12	6	6	4	2	2
10	4	6	4	1	3
4	4		2	1	1
7	2	5	4		4
15	**5**	**10**	**6**	**3**	**3**
6	1	5	1		1
4	2	2	4	2	2
3	1	2	1	1	
1	1				
1		1			
13	**6**	**7**	**7**	**2**	**5**
2	1	1	1	1	
2	1	1	1	1	
2		2	3		3
4	2	2	1		1
3	2	1	1		1

6-2b 续表 4

受教育程度 年龄	合计	生男孩的妇女人数	生女孩的妇女人数	一孩		
				小计	男	女
初 中	**5167**	**2671**	**2496**	**1957**	**1043**	**914**
15-19岁	**90**	**56**	**34**	**80**	**51**	**29**
15						
16	5		5	5		5
17	16	11	5	15	10	5
18	27	16	11	23	14	9
19	42	29	13	37	27	10
20-24岁	**840**	**426**	**414**	**543**	**274**	**269**
20	78	45	33	64	38	26
21	104	47	57	71	28	43
22	188	92	96	123	59	64
23	220	105	115	146	75	71
24	250	137	113	139	74	65
25-29岁	**1617**	**845**	**772**	**667**	**345**	**322**
25	296	157	139	144	74	70
26	299	162	137	138	72	66
27	319	162	157	146	73	73
28	348	184	164	120	67	53
29	355	180	175	119	59	60
30-34岁	**1710**	**872**	**838**	**457**	**248**	**209**
30	479	258	221	137	78	59
31	414	213	201	110	64	46
32	285	128	157	71	34	37
33	321	169	152	89	47	42
34	211	104	107	50	25	25
35-39岁	**640**	**333**	**307**	**134**	**77**	**57**
35	171	91	80	33	22	11
36	169	93	76	37	22	15
37	126	71	55	21	14	7
38	121	53	68	28	13	15
39	53	25	28	15	6	9
40-44岁	**185**	**97**	**88**	**42**	**24**	**18**
40	58	33	25	11	8	3
41	47	21	26	10	5	5
42	39	22	17	11	4	7
43	23	14	9	7	4	3
44	18	7	11	3	3	
45-49岁	**85**	**42**	**43**	**34**	**24**	**10**
45	15	6	9	4	3	1
46	17	10	7	6	6	
47	14	9	5	6	6	
48	19	10	9	8	4	4
49	20	7	13	10	5	5

单位：人

二孩			三孩及以上		
小计	男	女	小计	男	女
2605	**1280**	**1325**	**605**	**348**	**257**
9	**5**	**4**	**1**		**1**
1	1				
4	2	2			
4	2	2	1		1
265	**130**	**135**	**32**	**22**	**10**
12	5	7	2	2	
29	17	12	4	2	2
58	29	29	7	4	3
71	28	43	3	2	1
95	51	44	16	12	4
815	**415**	**400**	**135**	**85**	**50**
132	70	62	20	13	7
140	77	63	21	13	8
153	78	75	20	11	9
186	89	97	42	28	14
204	101	103	32	20	12
1003	**477**	**526**	**250**	**147**	**103**
279	135	144	63	45	18
253	123	130	51	26	25
173	73	100	41	21	20
173	83	90	59	39	20
125	63	62	36	16	20
378	**193**	**185**	**128**	**63**	**65**
104	50	54	34	19	15
98	55	43	34	16	18
76	44	32	29	13	16
71	30	41	22	10	12
29	14	15	9	5	4
95	**48**	**47**	**48**	**25**	**23**
31	16	15	16	9	7
24	11	13	13	5	8
18	10	8	10	8	2
11	7	4	5	3	2
11	4	7	4		4
40	**12**	**28**	**11**	**6**	**5**
10	2	8	1	1	
8	2	6	3	2	1
4	1	3	4	2	2
10	6	4	1		1
8	1	7	2	1	1

6-2b 续表 5

受教育程度 年龄	合计	生男孩的妇女人数	生女孩的妇女人数	一孩		
				小计	男	女
高中	**3470**	**1840**	**1630**	**1539**	**805**	**734**
15-19岁	**43**	**22**	**21**	**40**	**19**	**21**
15						
16						
17	4	4		4	4	
18	21	9	12	19	7	12
19	18	9	9	17	8	9
20-24岁	**528**	**263**	**265**	**414**	**208**	**206**
20	36	20	16	31	18	13
21	70	46	24	58	40	18
22	93	33	60	76	28	48
23	140	64	76	105	46	59
24	189	100	89	144	76	68
25-29岁	**1250**	**691**	**559**	**645**	**347**	**298**
25	222	127	95	141	77	64
26	220	118	102	130	68	62
27	261	149	112	142	85	57
28	259	133	126	123	57	66
29	288	164	124	109	60	49
30-34岁	**1213**	**648**	**565**	**323**	**167**	**156**
30	334	183	151	106	58	48
31	312	158	154	77	37	40
32	230	115	115	67	32	35
33	200	109	91	46	24	22
34	137	83	54	27	16	11
35-39岁	**340**	**164**	**176**	**85**	**44**	**41**
35	118	52	66	32	17	15
36	82	47	35	18	14	4
37	60	29	31	19	8	11
38	54	24	30	12	4	8
39	26	12	14	4	1	3
40-44岁	**74**	**40**	**34**	**23**	**13**	**10**
40	33	16	17	11	5	6
41	21	10	11	7	4	3
42	9	8	1	2	2	
43	7	4	3	1	1	
44	4	2	2	2	1	1
45-49岁	**22**	**12**	**10**	**9**	**7**	**2**
45	7	4	3	3	3	
46	4	2	2	1		1
47	3	2	1	2	1	1
48	4	2	2	2	2	
49	4	2	2	1	1	

单位：人

二孩			三孩及以上		
小计	男	女	小计	男	女
1693	**873**	**820**	**238**	**162**	**76**
2	**2**		**1**	**1**	
1	1		1	1	
1	1				
109	**53**	**56**	**5**	**2**	**3**
5	2	3			
12	6	6			
16	5	11	1		1
34	17	17	1	1	
42	23	19	3	1	2
559	**311**	**248**	**46**	**33**	**13**
76	47	29	5	3	2
84	45	39	6	5	1
110	58	52	9	6	3
124	66	58	12	10	2
165	95	70	14	9	5
767	**395**	**372**	**123**	**86**	**37**
200	104	96	28	21	7
206	99	107	29	22	7
140	68	72	23	15	8
130	70	60	24	15	9
91	54	37	19	13	6
207	**90**	**117**	**48**	**30**	**18**
70	27	43	16	8	8
51	24	27	13	9	4
33	17	16	8	4	4
37	16	21	5	4	1
16	6	10	6	5	1
38	**19**	**19**	**13**	**8**	**5**
17	7	10	5	4	1
11	4	7	3	2	1
6	5	1	1	1	
3	2	1	3	1	2
1	1		1		1
11	**3**	**8**	**2**	**2**	
3		3	1	1	
2	1	1	1	1	
1	1				
2		2			
3	1	2			

6-2b 续表 6

受教育程度 年龄	合计	生男孩的妇女人数	生女孩的妇女人数	一孩		
				小计	男	女
大学专科	**3793**	**1999**	**1794**	**2150**	**1149**	**1001**
15-19岁	**18**	**10**	**8**	**17**	**9**	**8**
15						
16						
17	2	2		2	2	
18	6	2	4	6	2	4
19	10	6	4	9	5	4
20-24岁	**475**	**253**	**222**	**417**	**227**	**190**
20	19	10	9	16	9	7
21	48	28	20	44	26	18
22	79	44	35	67	39	28
23	122	68	54	111	64	47
24	207	103	104	179	89	90
25-29岁	**1754**	**909**	**845**	**1183**	**627**	**556**
25	303	164	139	246	131	115
26	351	183	168	266	141	125
27	367	187	180	257	127	130
28	355	182	173	216	117	99
29	378	193	185	198	111	87
30-34岁	**1263**	**675**	**588**	**464**	**246**	**218**
30	390	203	187	186	93	93
31	329	172	157	126	75	51
32	201	105	96	61	30	31
33	209	115	94	59	32	27
34	134	80	54	32	16	16
35-39岁	**245**	**129**	**116**	**57**	**31**	**26**
35	69	41	28	11	8	3
36	60	31	29	12	6	6
37	59	29	30	20	12	8
38	36	21	15	7	3	4
39	21	7	14	7	2	5
40-44岁	**30**	**21**	**9**	**8**	**7**	**1**
40	14	11	3	5	4	1
41	8	5	3			
42	7	4	3	3	3	
43						
44	1	1				
45-49岁	**8**	**2**	**6**	**4**	**2**	**2**
45	1	1		1	1	
46	5	1	4	2	1	1
47	1		1	1		1
48						
49	1		1			

单位：人

二孩			三孩及以上		
小计	男	女	小计	男	女
1530	**786**	**744**	**113**	**64**	**49**
1	**1**				
1	1				
55	**26**	**29**	**3**		**3**
3	1	2			
4	2	2			
12	5	7			
10	4	6	1		1
26	14	12	2		2
536	**264**	**272**	**35**	**18**	**17**
53	31	22	4	2	2
79	39	40	6	3	3
105	58	47	5	2	3
130	61	69	9	4	5
169	75	94	11	7	4
745	**396**	**349**	**54**	**33**	**21**
192	103	89	12	7	5
185	87	98	18	10	8
133	71	62	7	4	3
140	75	65	10	8	2
95	60	35	7	4	3
169	**87**	**82**	**19**	**11**	**8**
51	31	20	7	2	5
42	20	22	6	5	1
38	16	22	1	1	
29	18	11			
9	2	7	5	3	2
20	**12**	**8**	**2**	**2**	
7	5	2	2	2	
8	5	3			
4	1	3			
1	1				
4		**4**			
3		3			
1		1			

6-2b 续表 7

受教育程度 年 龄	合 计	生男孩的 妇女人数	生女孩的 妇女人数	一 孩		
				小计	男	女
大学本科	**2761**	**1410**	**1351**	**1720**	**888**	**832**
15-19岁	**2**		**2**	**2**		**2**
15						
16						
17						
18						
19	2		2	2		2
20-24岁	**157**	**89**	**68**	**145**	**84**	**61**
20	1	1		1	1	
21	9	7	2	9	7	2
22	14	8	6	13	8	5
23	32	18	14	30	17	13
24	101	55	46	92	51	41
25-29岁	**1353**	**683**	**670**	**1069**	**546**	**523**
25	148	68	80	137	62	75
26	265	142	123	236	126	110
27	322	178	144	255	145	110
28	309	133	176	230	100	130
29	309	162	147	211	113	98
30-34岁	**972**	**495**	**477**	**446**	**227**	**219**
30	324	170	154	171	91	80
31	233	111	122	122	58	64
32	176	90	86	75	39	36
33	129	71	58	52	29	23
34	110	53	57	26	10	16
35-39岁	**244**	**123**	**121**	**53**	**27**	**26**
35	69	36	33	16	7	9
36	52	25	27	9	8	1
37	45	24	21	11	5	6
38	47	23	24	10	3	7
39	31	15	16	7	4	3
40-44岁	**30**	**17**	**13**	**3**	**2**	**1**
40	8	2	6	1	1	
41	8	4	4	1		1
42	7	4	3			
43	3	3				
44	4	4		1	1	
45-49岁	**3**	**3**		**2**	**2**	
45	1	1		1	1	
46	1	1		1	1	
47						
48						
49	1	1				

单位：人

二孩			三孩及以上		
小计	男	女	小计	男	女
979	**487**	**492**	**62**	**35**	**27**
11	**4**	**7**	**1**	**1**	
1		1			
2	1	1			
8	3	5	1	1	
274	**131**	**143**	**10**	**6**	**4**
10	5	5	1	1	
29	16	13			
65	32	33	2	1	1
76	31	45	3	2	1
94	47	47	4	2	2
497	**255**	**242**	**29**	**13**	**16**
150	77	73	3	2	1
101	50	51	10	3	7
96	49	47	5	2	3
74	40	34	3	2	1
76	39	37	8	4	4
172	**83**	**89**	**19**	**13**	**6**
51	27	24	2	2	
40	16	24	3	1	2
29	16	13	5	3	2
34	18	16	3	2	1
18	6	12	6	5	1
24	**13**	**11**	**3**	**2**	**1**
5		5	2	1	1
7	4	3			
7	4	3			
3	3				
2	2		1	1	
1	**1**				
1	1				

6-2b 续表 8

受教育程度 年龄	合计	生男孩的妇女人数	生女孩的妇女人数	一孩		
				小计	男	女
硕士研究生	**243**	**124**	**119**	**159**	**75**	**84**
15-19岁						
15						
16						
17						
18						
19						
20-24岁	**1**	**1**		**1**	**1**	
20						
21						
22						
23						
24	1	1		1	1	
25-29岁	**74**	**36**	**38**	**68**	**31**	**37**
25	2	2		2	2	
26	3	1	2	3	1	2
27	11	3	8	11	3	8
28	24	11	13	21	8	13
29	34	19	15	31	17	14
30-34岁	**132**	**66**	**66**	**83**	**39**	**44**
30	40	19	21	31	15	16
31	23	14	9	16	8	8
32	30	15	15	18	10	8
33	23	9	14	12	3	9
34	16	9	7	6	3	3
35-39岁	**29**	**17**	**12**	**5**	**3**	**2**
35	12	6	6	2	1	1
36	9	6	3	3	2	1
37	4	3	1			
38	3	2	1			
39	1		1			
40-44岁	**6**	**3**	**3**	**1**		**1**
40	3	1	2	1		1
41	2	2				
42						
43						
44	1		1			
45-49岁	**1**	**1**		**1**	**1**	
45	1	1		1	1	
46						
47						
48						
49						

单位：人

二孩			三孩及以上		
小计	男	女	小计	男	女
83	**48**	**35**	**1**	**1**	
6	**5**	**1**			
3	3				
3	2	1			
48	**26**	**22**	**1**	**1**	
9	4	5			
6	5	1	1	1	
12	5	7			
11	6	5			
10	6	4			
24	**14**	**10**			
10	5	5			
6	4	2			
4	3	1			
3	2	1			
1		1			
5	**3**	**2**			
2	1	1			
2	2				
1		1			

6-2b 续表 9

受教育程度 年 龄	合 计	生男孩的 妇女人数	生女孩的 妇女人数	一 孩		
				小计	男	女
博士研究生	**11**	**8**	**3**	**8**	**5**	**3**
15-19岁						
15						
16						
17						
18						
19						
20-24岁						
20						
21						
22						
23						
24						
25-29岁						
25						
26						
27						
28						
29						
30-34岁	**9**	**6**	**3**	**8**	**5**	**3**
30	4	3	1	3	2	1
31	3	2	1	3	2	1
32	1	1		1	1	
33						
34	1		1	1		1
35-39岁	**1**	**1**				
35						
36						
37						
38						
39	1	1				
40-44岁	**1**	**1**				
40	1	1				
41						
42						
43						
44						
45-49岁						
45						
46						
47						
48						
49						

单位：人

二孩			三孩及以上		
小计	男	女	小计	男	女
2	**2**		**1**	**1**	
1	**1**				
1	1				
1	**1**				
1	1				
			1	**1**	
			1	1	

6-2c 全省按年龄、受教育程度、生育孩次

受教育程度 年 龄	合 计	生男孩的 妇女人数	生女孩的 妇女人数	一 孩		
				小计	男	女
总 计	**10577**	**5558**	**5019**	**5156**	**2729**	**2427**
15-19岁	**175**	**91**	**84**	**153**	**81**	**72**
15	2	1	1	2	1	1
16	8	2	6	7	2	5
17	22	11	11	21	10	11
18	49	28	21	43	25	18
19	94	49	45	80	43	37
20-24岁	**1612**	**859**	**753**	**1158**	**614**	**544**
20	155	77	78	124	56	68
21	190	100	90	146	75	71
22	313	169	144	223	117	106
23	399	220	179	290	168	122
24	555	293	262	375	198	177
25-29岁	**4162**	**2178**	**1984**	**2401**	**1237**	**1164**
25	764	375	389	490	236	254
26	798	427	371	499	271	228
27	914	476	438	549	278	271
28	840	443	397	452	229	223
29	846	457	389	411	223	188
30-34岁	**3372**	**1781**	**1591**	**1099**	**595**	**504**
30	975	510	465	402	220	182
31	803	430	373	273	148	125
32	646	344	302	201	114	87
33	559	296	263	127	70	57
34	389	201	188	96	43	53
35-39岁	**889**	**450**	**439**	**222**	**119**	**103**
35	258	129	129	59	29	30
36	204	97	107	47	26	21
37	163	86	77	44	28	16
38	140	74	66	38	22	16
39	124	64	60	34	14	20
40-44岁	**243**	**132**	**111**	**71**	**43**	**28**
40	65	37	28	13	7	6
41	64	34	30	16	10	6
42	42	26	16	18	13	5
43	40	20	20	11	5	6
44	32	15	17	13	8	5
45-49岁	**124**	**67**	**57**	**52**	**40**	**12**
45	26	15	11	11	8	3
46	24	11	13	6	5	1
47	14	11	3	7	7	
48	25	12	13	15	10	5
49	35	18	17	13	10	3

分的育龄妇女人数(2019.11.1-2020.10.31)(乡村)

单位：人

二孩			三孩及以上		
小计	男	女	小计	男	女
4474	**2291**	**2183**	**947**	**538**	**409**
21	**9**	**12**	**1**	**1**	
1		1			
1	1				
6	3	3			
13	5	8	1	1	
426	**227**	**199**	**28**	**18**	**10**
30	20	10	1	1	
41	22	19	3	3	
86	50	36	4	2	2
103	48	55	6	4	2
166	87	79	14	8	6
1539	**808**	**731**	**222**	**133**	**89**
242	121	121	32	18	14
263	137	126	36	19	17
325	172	153	40	26	14
345	189	156	43	25	18
364	189	175	71	45	26
1833	**934**	**899**	**440**	**252**	**188**
487	239	248	86	51	35
431	227	204	99	55	44
342	173	169	103	57	46
341	176	165	91	50	41
232	119	113	61	39	22
492	**235**	**257**	**175**	**96**	**79**
153	77	76	46	23	23
114	50	64	43	21	22
91	42	49	28	16	12
70	34	36	32	18	14
64	32	32	26	18	8
110	**58**	**52**	**62**	**31**	**31**
31	18	13	21	12	9
36	18	18	12	6	6
14	7	7	10	6	4
19	11	8	10	4	6
10	4	6	9	3	6
53	**20**	**33**	**19**	**7**	**12**
8	6	2	7	1	6
12	3	9	6	3	3
6	3	3	1	1	
9	2	7	1		1
18	6	12	4	2	2

6-2c 续表 1

受教育程度 年龄	合计	生男孩的妇女人数	生女孩的妇女人数	一孩		
				小计	男	女
未上过学	**31**	**14**	**17**	**12**	**8**	**4**
15-19岁						
15						
16						
17						
18						
19						
20-24岁	**4**	**3**	**1**	**4**	**3**	**1**
20	1		1	1		1
21	1	1		1	1	
22						
23	1	1		1	1	
24	1	1		1	1	
25-29岁	**8**	**3**	**5**	**3**	**1**	**2**
25	1	1				
26	2		2	1		1
27	1	1		1	1	
28	2	1	1			
29	2		2	1		1
30-34岁	**11**	**6**	**5**	**4**	**3**	**1**
30	2	2		2	2	
31	5	2	3	2	1	1
32	2	1	1			
33	2	1	1			
34						
35-39岁	**4**		**4**			
35						
36	3		3			
37	1		1			
38						
39						
40-44岁	**3**	**2**	**1**	**1**	**1**	
40	1	1				
41						
42	1	1		1	1	
43	1		1			
44						
45-49岁	**1**		**1**			
45	1		1			
46						
47						
48						
49						

单位：人

	二孩			三孩及以上		
	小计	男	女	小计	男	女
	14	**4**	**10**	**5**	**2**	**3**
	5	**2**	**3**			
	1	1				
	1		1			
	2	1	1			
	1		1			
	6	**2**	**4**	**1**	**1**	
	2		2	1	1	
	2	1	1			
	2	1	1			
	3		**3**	**1**		**1**
	3		3			
				1		1
				2	**1**	**1**
				1	1	
				1		1
				1		**1**
				1		1

6-2c 续表 2

受教育程度 年龄	合计	生男孩的妇女人数	生女孩的妇女人数	一孩		
				小计	男	女
学前教育	**4**	**3**	**1**	**1**	**1**	
15-19岁						
15						
16						
17						
18						
19						
20-24岁						
20						
21						
22						
23						
24						
25-29岁	**2**	**2**		**1**	**1**	
25	1	1		1	1	
26						
27						
28						
29	1	1				
30-34岁						
30						
31						
32						
33						
34						
35-39岁	**1**		**1**			
35	1		1			
36						
37						
38						
39						
40-44岁	**1**	**1**				
40						
41						
42	1	1				
43						
44						
45-49岁						
45						
46						
47						
48						
49						

单位：人

二孩			三孩及以上		
小计	男	女	小计	男	女
2	**1**	**1**	**1**	**1**	
			1	**1**	
			1	1	
1		**1**			
1		1			
1	**1**				
1	1				

6-2c 续表 3

受教育程度 年龄	合计	生男孩的 妇女人数	生女孩的 妇女人数	一孩		
				小计	男	女
小学	**491**	**271**	**220**	**174**	**101**	**73**
15-19岁	**14**	**6**	**8**	**10**	**3**	**7**
15						
16						
17	3	1	2	3	1	2
18	5	2	3	3	1	2
19	6	3	3	4	1	3
20-24岁	**62**	**38**	**24**	**43**	**27**	**16**
20	11	9	2	9	8	1
21	10	6	4	8	5	3
22	12	7	5	8	4	4
23	14	7	7	9	6	3
24	15	9	6	9	4	5
25-29岁	**126**	**63**	**63**	**47**	**25**	**22**
25	26	10	16	14	5	9
26	18	10	8	7	6	1
27	22	9	13	8	4	4
28	31	19	12	8	4	4
29	29	15	14	10	6	4
30-34岁	**141**	**76**	**65**	**37**	**23**	**14**
30	36	21	15	9	4	5
31	30	20	10	12	10	2
32	22	9	13	4	3	1
33	34	18	16	9	6	3
34	19	8	11	3		3
35-39岁	**70**	**43**	**27**	**16**	**9**	**7**
35	19	11	8	3	2	1
36	10	8	2	3	2	1
37	13	10	3	4	3	1
38	15	6	9	4		4
39	13	8	5	2	2	
40-44岁	**40**	**27**	**13**	**11**	**6**	**5**
40	12	9	3	2	1	1
41	10	7	3	2	1	1
42	7	4	3	3	2	1
43	6	3	3	2		2
44	5	4	1	2	2	
45-49岁	**38**	**18**	**20**	**10**	**8**	**2**
45	5	3	2	1	1	
46	12	5	7	2	1	1
47	1	1				
48	9	3	6	4	3	1
49	11	6	5	3	3	

单位：人

二孩			三孩及以上		
小计	男	女	小计	男	女
217	**117**	**100**	**100**	**53**	**47**
3	**2**	**1**	**1**	**1**	
2	1	1			
1	1		1	1	
18	**10**	**8**	**1**	**1**	
2	1	1			
2	1	1			
4	3	1			
5	1	4			
5	4	1	1	1	
57	**27**	**30**	**22**	**11**	**11**
10	3	7	2	2	
8	3	5	3	1	2
8	2	6	6	3	3
20	13	7	3	2	1
11	6	5	8	3	5
71	**36**	**35**	**33**	**17**	**16**
21	14	7	6	3	3
10	4	6	8	6	2
13	5	8	5	1	4
16	8	8	9	4	5
11	5	6	5	3	2
27	**18**	**9**	**27**	**16**	**11**
10	7	3	6	2	4
3	3		4	3	1
4	3	1	5	4	1
4	2	2	7	4	3
6	3	3	5	3	2
19	**16**	**3**	**10**	**5**	**5**
7	6	1	3	2	1
5	5		3	1	2
2	1	1	2	1	1
4	3	1			
1	1		2	1	1
22	**8**	**14**	**6**	**2**	**4**
3	2	1	1		1
8	3	5	2	1	1
1	1				
5		5			
5	2	3	3	1	2

6-2c 续表 4

受教育程度 年龄	合计	生男孩的妇女人数	生女孩的妇女人数	一孩 小计	一孩 男	一孩 女
初 中	**4814**	**2557**	**2257**	**1950**	**1044**	**906**
15-19岁	**118**	**56**	**62**	**104**	**50**	**54**
15	2	1	1	2	1	1
16	8	2	6	7	2	5
17	16	7	9	15	6	9
18	34	19	15	30	17	13
19	58	27	31	50	24	26
20-24岁	**821**	**444**	**377**	**526**	**278**	**248**
20	86	46	40	66	30	36
21	109	61	48	77	43	34
22	182	97	85	113	58	55
23	193	112	81	126	78	48
24	251	128	123	144	69	75
25-29岁	**1591**	**852**	**739**	**709**	**372**	**337**
25	301	150	151	155	73	82
26	318	159	159	158	75	83
27	322	182	140	140	80	60
28	313	176	137	136	74	62
29	337	185	152	120	70	50
30-34岁	**1545**	**832**	**713**	**401**	**217**	**184**
30	426	239	187	136	82	54
31	361	187	174	100	48	52
32	305	162	143	83	42	41
33	261	142	119	47	30	17
34	192	102	90	35	15	20
35-39岁	**512**	**250**	**262**	**130**	**72**	**58**
35	146	62	84	40	20	20
36	113	55	58	27	16	11
37	93	51	42	23	18	5
38	84	42	42	24	13	11
39	76	40	36	16	5	11
40-44岁	**157**	**83**	**74**	**44**	**29**	**15**
40	40	21	19	10	5	5
41	44	22	22	12	8	4
42	26	16	10	10	7	3
43	27	14	13	6	4	2
44	20	10	10	6	5	1
45-49岁	**70**	**40**	**30**	**36**	**26**	**10**
45	17	10	7	9	6	3
46	12	6	6	4	4	
47	10	9	1	7	7	
48	9	5	4	8	4	4
49	22	10	12	8	5	3

单位：人

二孩			三孩及以上		
小计	男	女	小计	男	女
2248	**1149**	**1099**	**616**	**364**	**252**
14	**6**	**8**			
1		1			
1	1				
4	2	2			
8	3	5			
273	**152**	**121**	**22**	**14**	**8**
19	15	4	1	1	
29	15	14	3	3	
65	37	28	4	2	2
63	32	31	4	2	2
97	53	44	10	6	4
736	**390**	**346**	**146**	**90**	**56**
122	63	59	24	14	10
137	72	65	23	12	11
154	83	71	28	19	9
151	85	66	26	17	9
172	87	85	45	28	17
871	**447**	**424**	**273**	**168**	**105**
239	125	114	51	32	19
196	107	89	65	32	33
159	77	82	63	43	20
164	79	85	50	33	17
113	59	54	44	28	16
262	**114**	**148**	**120**	**64**	**56**
73	25	48	33	17	16
55	25	30	31	14	17
51	23	28	19	10	9
41	19	22	19	10	9
42	22	20	18	13	5
68	**31**	**37**	**45**	**23**	**22**
18	9	9	12	7	5
23	9	14	9	5	4
8	4	4	8	5	3
12	6	6	9	4	5
7	3	4	7	2	5
24	**9**	**15**	**10**	**5**	**5**
4	3	1	4	1	3
4		4	4	2	2
2	1	1	1	1	
1	1				
13	4	9	1	1	

6-2c 续表 5

受教育程度 年龄	合计	生男孩的妇女人数	生女孩的妇女人数	一孩 小计	一孩 男	一孩 女
高中	**2319**	**1183**	**1136**	**1115**	**576**	**539**
15-19岁	**35**	**25**	**10**	**33**	**25**	**8**
15						
16						
17	3	3		3	3	
18	9	6	3	9	6	3
19	23	16	7	21	16	5
20-24岁	**387**	**198**	**189**	**292**	**153**	**139**
20	42	13	29	35	10	25
21	43	25	18	35	20	15
22	66	36	30	54	29	25
23	97	48	49	70	37	33
24	139	76	63	98	57	41
25-29岁	**899**	**448**	**451**	**501**	**243**	**258**
25	174	80	94	110	50	60
26	166	99	67	97	59	38
27	206	100	106	120	56	64
28	174	81	93	91	40	51
29	179	88	91	83	38	45
30-34岁	**772**	**393**	**379**	**230**	**120**	**110**
30	225	113	112	87	46	41
31	185	94	91	57	29	28
32	135	73	62	35	21	14
33	128	66	62	25	12	13
34	99	47	52	26	12	14
35-39岁	**181**	**98**	**83**	**41**	**23**	**18**
35	52	33	19	9	3	6
36	49	24	25	9	6	3
37	35	16	19	11	5	6
38	23	14	9	4	4	
39	22	11	11	8	5	3
40-44岁	**31**	**13**	**18**	**12**	**6**	**6**
40	9	4	5	1	1	
41	6	3	3	1	1	
42	4	2	2	3	2	1
43	5	3	2	2	1	1
44	7	1	6	5	1	4
45-49岁	**14**	**8**	**6**	**6**	**6**	
45	2	1	1	1	1	
46						
47	3	1	2			
48	7	4	3	3	3	
49	2	2		2	2	

单位：人

二孩			三孩及以上		
小计	男	女	小计	男	女
1033	**517**	**516**	**171**	**90**	**81**
2		**2**			
2		2			
91	**43**	**48**	**4**	**2**	**2**
7	3	4			
8	5	3			
12	7	5			
26	10	16	1	1	
38	18	20	3	1	2
358	**181**	**177**	**40**	**24**	**16**
60	29	31	4	1	3
61	34	27	8	6	2
83	42	41	3	2	1
72	36	36	11	5	6
82	40	42	14	10	4
439	**224**	**215**	**103**	**49**	**54**
112	53	59	26	14	12
110	54	56	18	11	7
72	41	31	28	11	17
79	45	34	24	9	15
66	31	35	7	4	3
122	**62**	**60**	**18**	**13**	**5**
40	27	13	3	3	
35	15	20	5	3	2
21	9	12	3	2	1
14	7	7	5	3	2
12	4	8	2	2	
15	**5**	**10**	**4**	**2**	**2**
4	1	3	4	2	2
5	2	3			
1		1			
3	2	1			
2		2			
6	**2**	**4**	**2**		**2**
			1		1
3	1	2			
3	1	2	1		1

6-2c 续表 6

受教育程度 年龄	合计	生男孩的妇女人数	生女孩的妇女人数	一孩		
				小计	男	女
大学专科	**1961**	**1019**	**942**	**1212**	**626**	**586**
15-19岁	**7**	**4**	**3**	**6**	**3**	**3**
15						
16						
17						
18	1	1		1	1	
19	6	3	3	5	2	3
20-24岁	**280**	**145**	**135**	**239**	**125**	**114**
20	13	8	5	11	7	4
21	25	6	19	24	6	18
22	46	26	20	41	23	18
23	77	46	31	68	40	28
24	119	59	60	95	49	46
25-29岁	**980**	**505**	**475**	**683**	**347**	**336**
25	181	90	91	138	70	68
26	186	102	84	140	78	62
27	241	121	120	177	86	91
28	196	94	102	122	57	65
29	176	98	78	106	56	50
30-34岁	**593**	**312**	**281**	**257**	**137**	**120**
30	192	89	103	108	55	53
31	134	79	55	53	30	23
32	121	67	54	45	28	17
33	91	47	44	31	15	16
34	55	30	25	20	9	11
35-39岁	**91**	**47**	**44**	**25**	**13**	**12**
35	32	18	14	5	3	2
36	20	8	12	6	2	4
37	16	8	8	3	1	2
38	13	8	5	6	5	1
39	10	5	5	5	2	3
40-44岁	**9**	**5**	**4**	**2**	**1**	**1**
40	2	1	1			
41	4	2	2	1		1
42	3	2	1	1	1	
43						
44						
45-49岁	**1**	**1**				
45	1	1				
46						
47						
48						
49						

单位：人

二孩			三孩及以上		
小计	男	女	小计	男	女
709	**374**	**335**	**40**	**19**	**21**
1	**1**				
1	1				
40	**19**	**21**	**1**	**1**	
2	1	1			
1		1			
5	3	2			
8	5	3	1	1	
24	10	14			
288	**154**	**134**	**9**	**4**	**5**
42	20	22	1		1
45	24	21	1		1
63	35	28	1		1
71	36	35	3	1	2
67	39	28	3	3	
315	**163**	**152**	**21**	**12**	**9**
81	32	49	3	2	1
77	45	32	4	4	
70	37	33	6	2	4
57	32	25	3		3
30	17	13	5	4	1
58	**32**	**26**	**8**	**2**	**6**
23	14	9	4	1	3
11	5	6	3	1	2
13	7	6			
7	3	4			
4	3	1	1		1
6	**4**	**2**	**1**		**1**
1	1		1		1
3	2	1			
2	1	1			
1	**1**				
1	1				

6-2c 续表 7

受教育程度 年龄	合计	生男孩的妇女人数	生女孩的妇女人数	一孩		
				小计	男	女
大学本科	**921**	**495**	**426**	**661**	**359**	**302**
15-19岁	**1**		**1**			
15						
16						
17						
18						
19	1		1			
20-24岁	**56**	**30**	**26**	**52**	**27**	**25**
20	1	1		1	1	
21	2	1	1	1		1
22	6	2	4	6	2	4
23	17	6	11	16	6	10
24	30	20	10	28	18	10
25-29岁	**541**	**297**	**244**	**442**	**240**	**202**
25	79	43	36	71	37	34
26	107	56	51	95	52	43
27	122	63	59	103	51	52
28	118	69	49	89	51	38
29	115	66	49	84	49	35
30-34岁	**294**	**156**	**138**	**157**	**90**	**67**
30	90	46	44	57	31	26
31	84	46	38	45	28	17
32	58	30	28	32	18	14
33	40	21	19	12	6	6
34	22	13	9	11	7	4
35-39岁	**27**	**11**	**16**	**9**	**2**	**7**
35	8	5	3	2	1	1
36	8	2	6	2		2
37	5	1	4	3	1	2
38	4	3	1			
39	2		2	2		2
40-44岁	**2**	**1**	**1**	**1**		**1**
40	1	1				
41						
42						
43	1		1	1		1
44						
45-49岁						
45						
46						
47						
48						
49						

单位：人

二孩			三孩及以上		
小计	男	女	小计	男	女
247	**128**	**119**	**13**	**8**	**5**
1		**1**			
1		1			
4	**3**	**1**			
1	1				
1		1			
2	2				
95	**54**	**41**	**4**	**3**	**1**
7	5	2	1	1	
11	4	7	1		1
17	10	7	2	2	
29	18	11			
31	17	14			
128	**61**	**67**	**9**	**5**	**4**
33	15	18			
36	17	19	3	1	2
25	12	13	1		1
23	11	12	5	4	1
11	6	5			
18	**9**	**9**			
6	4	2			
6	2	4			
2		2			
4	3	1			
1	**1**				
1	1				

6-2c 续表 8

受教育程度 年 龄	合 计	生男孩的妇女人数	生女孩的妇女人数	一 孩		
				小计	男	女
硕士研究生	**34**	**14**	**20**	**29**	**12**	**17**
15-19岁						
15						
16						
17						
18						
19						
20-24岁	**2**	**1**	**1**	**2**	**1**	**1**
20	1		1	1		1
21						
22	1	1		1	1	
23						
24						
25-29岁	**14**	**7**	**7**	**14**	**7**	**7**
25	1		1	1		1
26	1	1		1	1	
27						
28	5	2	3	5	2	3
29	7	4	3	7	4	3
30-34岁	**15**	**5**	**10**	**12**	**4**	**8**
30	4		4	3		3
31	4	2	2	4	2	2
32	3	2	1	2	2	
33	2		2	2		2
34	2	1	1	1		1
35-39岁	**3**	**1**	**2**	**1**		**1**
35						
36	1		1			
37						
38	1	1				
39	1		1	1		1
40-44岁						
40						
41						
42						
43						
44						
45-49岁						
45						
46						
47						
48						
49						

单位：人

二孩			三孩及以上		
小计	男	女	小计	男	女
4	**1**	**3**	**1**	**1**	
3	**1**	**2**			
1		1			
1		1			
1	1				
1		**1**	**1**	**1**	
1		1			
			1	1	

6-2c 续表 9

受教育程度 年　　龄	合　计	生男孩的 妇女人数	生女孩的 妇女人数	一　　孩		
				小计	男	女
博士研究生	**2**	**2**		**2**	**2**	
15-19岁						
15						
16						
17						
18						
19						
20-24岁						
20						
21						
22						
23						
24						
25-29岁	**1**	**1**		**1**	**1**	
25						
26						
27						
28	1	1		1	1	
29						
30-34岁	**1**	**1**		**1**	**1**	
30						
31						
32						
33	1	1		1	1	
34						
35-39岁						
35						
36						
37						
38						
39						
40-44岁						
40						
41						
42						
43						
44						
45-49岁						
45						
46						
47						
48						
49						

单位：人

二孩			三孩及以上		
小计	男	女	小计	男	女

6-3 全省育龄妇女分年龄、孩次的生育状况 (2019.11.1-2020.10.31)

单位：人、‰

年龄	平均育龄妇女人数	出生人数	生育率	第一孩		第二孩		第三孩及以上	
				出生数	生育率	出生数	生育率	出生数	生育率
总计	**1867105**	**57816**	**30.97**	**30552**	**16.36**	**24128**	**12.92**	**3136**	**1.68**
15-19岁	**169805**	**625**	**3.68**	**550**	**3.24**	**70**	**0.41**	**5**	**0.03**
15	36562	11	0.30	11	0.30				
16	33452	33	0.99	30	0.90	3	0.09		
17	30577	82	2.68	76	2.49	5	0.16	1	0.03
18	31613	186	5.88	164	5.19	21	0.66	1	0.03
19	37601	313	8.32	269	7.15	41	1.09	3	0.08
20-24岁	**183758**	**7655**	**41.66**	**5873**	**31.96**	**1648**	**8.97**	**134**	**0.73**
20	36949	525	14.21	436	11.80	82	2.22	7	0.19
21	34204	864	25.26	660	19.30	191	5.58	13	0.38
22	33656	1283	38.12	987	29.33	278	8.26	18	0.53
23	37195	2057	55.30	1608	43.23	424	11.40	25	0.67
24	41754	2926	70.08	2182	52.26	673	16.12	71	1.70
25-29岁	**275190**	**23860**	**86.70**	**15219**	**55.30**	**7888**	**28.66**	**753**	**2.74**
25	44855	3772	84.09	2720	60.64	956	21.31	96	2.14
26	47096	4481	95.15	3185	67.63	1185	25.16	111	2.36
27	51656	4834	93.58	3242	62.76	1473	28.52	119	2.30
28	59103	5216	88.25	3135	53.04	1896	32.08	185	3.13
29	72480	5557	76.67	2937	40.52	2378	32.81	242	3.34
30-34岁	**371597**	**18715**	**50.36**	**6965**	**18.74**	**10379**	**27.93**	**1371**	**3.69**
30	85164	5485	64.41	2452	28.79	2699	31.69	334	3.92
31	77766	4470	57.48	1781	22.90	2389	30.72	300	3.86
32	78298	3750	47.89	1307	16.69	2139	27.32	304	3.88
33	70929	2922	41.20	864	12.18	1806	25.46	252	3.55
34	59440	2088	35.13	561	9.44	1346	22.64	181	3.05
35-39岁	**275114**	**5294**	**19.24**	**1380**	**5.02**	**3281**	**11.93**	**633**	**2.30**
35	52153	1547	29.66	439	8.42	952	18.25	156	2.99
36	52219	1266	24.24	302	5.78	788	15.09	176	3.37
37	57070	1048	18.36	278	4.87	662	11.60	108	1.89
38	64267	901	14.02	219	3.41	569	8.85	113	1.76
39	49405	532	10.77	142	2.87	310	6.27	80	1.62
40-44岁	**270070**	**1160**	**4.30**	**331**	**1.23**	**655**	**2.43**	**174**	**0.64**
40	54301	422	7.77	103	1.90	253	4.66	66	1.22
41	53844	288	5.35	75	1.39	177	3.29	36	0.67
42	53027	198	3.73	62	1.17	104	1.96	32	0.60
43	53782	151	2.81	57	1.06	73	1.36	21	0.39
44	55116	101	1.83	34	0.62	48	0.87	19	0.34
45-49岁	**321571**	**507**	**1.58**	**234**	**0.73**	**207**	**0.64**	**66**	**0.21**
45	55052	108	1.96	47	0.85	41	0.74	20	0.36
46	57489	80	1.39	34	0.59	34	0.59	12	0.21
47	62424	85	1.36	44	0.70	29	0.46	12	0.19
48	69165	101	1.46	43	0.62	51	0.74	7	0.10
49	77441	133	1.72	66	0.85	52	0.67	15	0.19

6-3a 全省育龄妇女分年龄、孩次的生育状况
(2019.11.1-2020.10.31)(城市)

单位：人、‰

年 龄	平均育龄妇女人数	出生人数	生育率	第一孩		第二孩		第三孩及以上	
				出生数	生育率	出生数	生育率	出生数	生育率
总 计	**1019057**	**31296**	**30.71**	**17707**	**17.38**	**12512**	**12.28**	**1077**	**1.06**
15-19岁	**95752**	**165**	**1.72**	**150**	**1.57**	**14**	**0.15**	**1**	**0.01**
15	17826	2	0.11	2	0.11				
16	16942	6	0.35	6	0.35				
17	16735	19	1.14	18	1.08	1	0.06		
18	19475	56	2.88	50	2.57	6	0.31		
19	24774	82	3.31	74	2.99	7	0.28	1	0.04
20-24岁	**110737**	**3319**	**29.97**	**2726**	**24.62**	**561**	**5.07**	**32**	**0.29**
20	24253	177	7.30	150	6.18	24	0.99	3	0.12
21	21266	311	14.62	262	12.32	47	2.21	2	0.09
22	19846	489	24.64	403	20.31	82	4.13	4	0.20
23	21682	917	42.29	769	35.47	143	6.60	5	0.23
24	23690	1425	60.15	1142	48.21	265	11.19	18	0.76
25-29岁	**152528**	**13049**	**85.55**	**9133**	**59.88**	**3684**	**24.15**	**232**	**1.52**
25	25293	1893	74.84	1484	58.67	383	15.14	26	1.03
26	26455	2352	88.91	1843	69.67	480	18.14	29	1.10
27	28846	2711	93.98	1992	69.06	688	23.85	31	1.07
28	32448	2932	90.36	1941	59.82	938	28.91	53	1.63
29	39486	3161	80.05	1873	47.43	1195	30.26	93	2.36
30-34岁	**207978**	**10794**	**51.90**	**4530**	**21.78**	**5793**	**27.85**	**471**	**2.26**
30	46285	3073	66.39	1565	33.81	1398	30.20	110	2.38
31	43631	2634	60.37	1196	27.41	1322	30.30	116	2.66
32	44126	2163	49.02	831	18.83	1238	28.06	94	2.13
33	40183	1690	42.06	561	13.96	1043	25.96	86	2.14
34	33753	1234	36.56	377	11.17	792	23.46	65	1.93
35-39岁	**156985**	**3115**	**19.84**	**854**	**5.44**	**1998**	**12.73**	**263**	**1.68**
35	29208	889	30.44	277	9.48	556	19.04	56	1.92
36	29540	751	25.42	190	6.43	486	16.45	75	2.54
37	33154	634	19.12	173	5.22	411	12.40	50	1.51
38	37024	531	14.34	130	3.51	353	9.53	48	1.30
39	28059	310	11.05	84	2.99	192	6.84	34	1.21
40-44岁	**144699**	**629**	**4.35**	**194**	**1.34**	**382**	**2.64**	**53**	**0.37**
40	30533	241	7.89	69	2.26	155	5.08	17	0.56
41	29520	152	5.15	37	1.25	103	3.49	12	0.41
42	28514	102	3.58	34	1.19	58	2.03	10	0.35
43	27929	82	2.94	33	1.18	38	1.36	11	0.39
44	28203	52	1.84	21	0.74	28	0.99	3	0.11
45-49岁	**150378**	**225**	**1.50**	**120**	**0.80**	**80**	**0.53**	**25**	**0.17**
45	27299	46	1.69	22	0.81	16	0.59	8	0.29
46	27797	38	1.37	20	0.72	14	0.50	4	0.14
47	29388	38	1.29	20	0.68	12	0.41	6	0.20
48	31574	41	1.30	20	0.63	19	0.60	2	0.06
49	34320	62	1.81	38	1.11	19	0.55	5	0.15

6-3b 全省育龄妇女分年龄、孩次的生育状况 (2019.11.1-2020.10.31)(镇)

单位：人、‰

年龄	平均育龄妇女人数	出生人数	生育率	第一孩		第二孩		第三孩及以上	
				出生数	生育率	出生数	生育率	出生数	生育率
总计	**495413**	**15921**	**32.14**	**7679**	**15.50**	**7132**	**14.40**	**1110**	**2.24**
15-19岁	**46440**	**213**	**4.59**	**187**	**4.03**	**24**	**0.52**	**2**	**0.04**
15	11741	4	0.34	4	0.34				
16	10849	13	1.20	12	1.11	1	0.09		
17	8559	36	4.21	32	3.74	3	0.35	1	0.12
18	7149	56	7.83	50	6.99	5	0.70	1	0.14
19	8142	104	12.77	89	10.93	15	1.84		
20-24岁	**43376**	**2443**	**56.32**	**1819**	**41.94**	**564**	**13.00**	**60**	**1.38**
20	7886	177	22.44	150	19.02	25	3.17	2	0.25
21	7752	308	39.73	223	28.77	76	9.80	9	1.16
22	8037	441	54.87	334	41.56	99	12.32	8	1.00
23	9033	658	72.84	497	55.02	150	16.61	11	1.22
24	10668	859	80.52	615	57.65	214	20.06	30	2.81
25-29岁	**73453**	**6506**	**88.57**	**3702**	**50.40**	**2531**	**34.46**	**273**	**3.72**
25	11529	1067	92.55	723	62.71	310	26.89	34	2.95
26	12286	1276	103.86	817	66.50	416	33.86	43	3.50
27	13644	1269	93.01	762	55.85	458	33.57	49	3.59
28	15998	1423	88.95	751	46.94	594	37.13	78	4.88
29	19996	1471	73.56	649	32.46	753	37.66	69	3.45
30-34岁	**99632**	**4904**	**49.22**	**1521**	**15.27**	**2904**	**29.15**	**479**	**4.81**
30	23592	1521	64.47	550	23.31	841	35.65	130	5.51
31	20754	1130	54.45	361	17.39	677	32.62	92	4.43
32	20806	950	45.66	298	14.32	551	26.48	101	4.85
33	18636	762	40.89	197	10.57	479	25.70	86	4.61
34	15844	541	34.15	115	7.26	356	22.47	70	4.42
35-39岁	**73344**	**1401**	**19.10**	**326**	**4.44**	**865**	**11.79**	**210**	**2.86**
35	14320	425	29.68	101	7.05	266	18.58	58	4.05
36	14203	327	23.02	65	4.58	202	14.22	60	4.22
37	14954	287	19.19	73	4.88	182	12.17	32	2.14
38	16841	228	13.54	52	3.09	144	8.55	32	1.90
39	13026	134	10.29	35	2.69	71	5.45	28	2.15
40-44岁	**72117**	**307**	**4.26**	**69**	**0.96**	**176**	**2.44**	**62**	**0.86**
40	14174	111	7.83	20	1.41	66	4.66	25	1.76
41	14451	88	6.09	22	1.52	50	3.46	16	1.11
42	14210	52	3.66	12	0.84	29	2.04	11	0.77
43	14542	32	2.20	10	0.69	18	1.24	4	0.28
44	14740	24	1.63	5	0.34	13	0.88	6	0.41
45-49岁	**87051**	**147**	**1.69**	**55**	**0.63**	**68**	**0.78**	**24**	**0.28**
45	14821	34	2.29	15	1.01	14	0.94	5	0.34
46	15546	26	1.67	8	0.51	12	0.77	6	0.39
47	16780	25	1.49	11	0.66	10	0.60	4	0.24
48	18760	29	1.55	11	0.59	15	0.80	3	0.16
49	21144	33	1.56	10	0.47	17	0.80	6	0.28

6-3c　全省育龄妇女分年龄、孩次的生育状况

(2019.11.1-2020.10.31)(乡村)

单位：人、‰

年　龄	平均育龄妇女人数	出生人数	生育率	第　一　孩		第　二　孩		第三孩及以上	
				出生数	生育率	出生数	生育率	出生数	生育率
总　计	**352635**	**10599**	**30.06**	**5166**	**14.65**	**4484**	**12.72**	**949**	**2.69**
15-19岁	**27613**	**247**	**8.95**	**213**	**7.71**	**32**	**1.16**	**2**	**0.07**
15	6995	5	0.71	5	0.71				
16	5661	14	2.47	12	2.12	2	0.35		
17	5283	27	5.11	26	4.92	1	0.19		
18	4989	74	14.83	64	12.83	10	2.00		
19	4685	127	27.11	106	22.63	19	4.06	2	0.43
20-24岁	**29645**	**1893**	**63.86**	**1328**	**44.80**	**523**	**17.64**	**42**	**1.42**
20	4810	171	35.55	136	28.27	33	6.86	2	0.42
21	5186	245	47.24	175	33.74	68	13.11	2	0.39
22	5773	353	61.15	250	43.31	97	16.80	6	1.04
23	6480	482	74.38	342	52.78	131	20.22	9	1.39
24	7396	642	86.80	425	57.46	194	26.23	23	3.11
25-29岁	**49209**	**4305**	**87.48**	**2384**	**48.45**	**1673**	**34.00**	**248**	**5.04**
25	8033	812	101.08	513	63.86	263	32.74	36	4.48
26	8355	853	102.09	525	62.84	289	34.59	39	4.67
27	9166	854	93.17	488	53.24	327	35.68	39	4.25
28	10657	861	80.79	443	41.57	364	34.16	54	5.07
29	12998	925	71.16	415	31.93	430	33.08	80	6.15
30-34岁	**63987**	**3017**	**47.15**	**914**	**14.28**	**1682**	**26.29**	**421**	**6.58**
30	15287	891	58.28	337	22.04	460	30.09	94	6.15
31	13381	706	52.76	224	16.74	390	29.15	92	6.88
32	13366	637	47.66	178	13.32	350	26.19	109	8.16
33	12110	470	38.81	106	8.75	284	23.45	80	6.61
34	9843	313	31.80	69	7.01	198	20.12	46	4.67
35-39岁	**44785**	**778**	**17.37**	**200**	**4.47**	**418**	**9.33**	**160**	**3.57**
35	8625	233	27.01	61	7.07	130	15.07	42	4.87
36	8476	188	22.18	47	5.55	100	11.80	41	4.84
37	8962	127	14.17	32	3.57	69	7.70	26	2.90
38	10402	142	13.65	37	3.56	72	6.92	33	3.17
39	8320	88	10.58	23	2.76	47	5.65	18	2.16
40-44岁	**53254**	**224**	**4.21**	**68**	**1.28**	**97**	**1.82**	**59**	**1.11**
40	9594	70	7.30	14	1.46	32	3.34	24	2.50
41	9873	48	4.86	16	1.62	24	2.43	8	0.81
42	10303	44	4.27	16	1.55	17	1.65	11	1.07
43	11311	37	3.27	14	1.24	17	1.50	6	0.53
44	12173	25	2.05	8	0.66	7	0.58	10	0.82
45-49岁	**84142**	**135**	**1.60**	**59**	**0.70**	**59**	**0.70**	**17**	**0.20**
45	12932	28	2.17	10	0.77	11	0.85	7	0.54
46	14146	16	1.13	6	0.42	8	0.57	2	0.14
47	16256	22	1.35	13	0.80	7	0.43	2	0.12
48	18831	31	1.65	12	0.64	17	0.90	2	0.11
49	21977	38	1.73	18	0.82	16	0.73	4	0.18

6-4 各地区育龄妇女年龄别生育率

单位：‰

地　　区	15-19岁	20-24岁	25-29岁	30-34岁	35-39岁	40-44岁	45-49岁	总和生育率
江　苏	**3.68**	**41.66**	**86.70**	**50.36**	**19.24**	**4.30**	**1.58**	**1037.60**
南京市	**0.71**	**15.85**	**78.66**	**58.09**	**22.51**	**4.83**	**0.83**	**907.42**
玄武区		4.52	45.08	58.40	23.41	4.66		680.39
秦淮区		11.60	62.14	50.97	17.63	7.04	0.39	748.80
建邺区	1.11	10.58	53.23	57.47	24.54	7.05	1.16	775.76
鼓楼区	0.94	5.18	61.51	41.95	22.03	3.64	1.26	682.55
浦口区		23.19	93.73	65.03	25.62	5.21		1063.90
栖霞区	0.47	8.89	74.42	51.54	19.58	2.60	1.06	792.84
雨花台区	0.90	17.94	78.58	56.43	20.99	4.26	1.02	900.59
江宁区	0.84	19.39	81.90	60.44	22.53	5.16	1.23	957.42
六合区	1.09	58.43	92.58	54.49	17.97	2.80	0.39	1138.73
溧水区	1.57	32.86	100.57	77.66	31.56	5.03	0.95	1250.92
高淳区	1.26	35.67	120.63	68.56	26.42	8.48	0.43	1307.31
南京江北新区	0.76	18.45	92.16	64.82	25.62	4.20	0.91	1034.70
无锡市	**4.32**	**44.80**	**81.75**	**45.07**	**16.15**	**3.50**	**1.22**	**984.03**
锡山区	5.40	55.73	75.18	46.18	18.83	4.09	1.33	1033.70
惠山区	6.95	53.83	89.81	44.03	19.08	4.97	1.89	1102.75
滨湖区	0.53	14.23	75.94	43.28	14.52	1.01	0.86	751.89
梁溪区	1.47	26.01	70.78	41.06	15.27	2.31	0.56	787.30
新吴区	3.46	42.00	95.60	50.30	20.30	3.75	2.17	1087.90
江苏无锡经济开发区	6.26	41.61	80.77	49.38	14.73	5.71	0.83	996.49
江阴市	4.00	66.42	84.98	45.15	12.90	3.63	1.15	1091.18
宜兴市	6.76	54.18	78.73	43.20	15.87	3.09	1.04	1014.30
徐州市	**5.22**	**61.31**	**104.61**	**63.87**	**25.33**	**6.45**	**2.15**	**1344.74**
鼓楼区		31.85	96.99	68.07	24.06	6.89	0.60	1142.32
云龙区	1.70	30.78	114.13	71.23	28.16	9.24	3.21	1292.16
贾汪区	8.70	69.23	113.60	68.62	32.10	7.86	1.32	1507.22
泉山区	0.74	23.89	105.08	71.17	34.48	6.03	2.41	1219.04
铜山区	4.80	47.21	102.93	66.60	25.59	5.06	0.74	1264.67
丰县	10.30	90.76	106.90	65.15	23.83	6.75	2.15	1529.22
沛县	9.33	93.60	104.90	64.05	19.26	4.93	1.03	1485.48
睢宁县	8.98	84.08	107.06	54.52	23.31	7.87	4.62	1452.24
徐州经济技术开发区	0.86	51.65	105.48	77.25	26.01	6.97		1341.09
新沂市	6.91	80.94	108.15	56.37	26.61	7.77	2.54	1446.44
邳州市	2.93	68.36	94.00	56.31	21.52	4.89	2.77	1253.92
常州市	**3.50**	**43.72**	**84.30**	**45.86**	**17.86**	**4.26**	**2.07**	**1007.85**
天宁区	3.31	41.06	77.31	50.69	15.85	1.53	0.33	950.43
钟楼区	3.23	24.47	79.23	47.68	16.48	2.96	0.75	874.01
新北区	0.58	49.21	91.26	49.72	18.45	7.04	2.39	1093.25
武进区	3.66	43.65	81.45	43.95	17.73	3.42	0.76	973.09
金坛区	8.21	53.52	85.76	44.21	19.04	5.68	4.98	1107.01
江苏省常州市经济开发区	4.88	68.67	80.20	38.95	24.54	2.55	5.25	1125.15
溧阳市	4.04	40.23	93.02	42.46	16.02	6.41	2.18	1021.85

6-4　续表 1

单位：‰

地　　区	15-19岁	20-24岁	25-29岁	30-34岁	35-39岁	40-44岁	45-49岁	总　和 生育率
苏州市	**4.02**	**36.01**	**76.42**	**48.02**	**18.66**	**4.32**	**1.85**	**946.46**
虎丘区	2.14	20.88	81.24	47.39	18.75	4.26	2.16	884.06
吴中区	4.94	31.61	80.73	54.82	21.01	5.76	4.81	1018.40
相城区	4.62	53.93	82.43	51.12	21.06	4.42	1.29	1094.39
姑苏区	1.18	18.20	62.57	50.34	16.33	3.64	0.65	764.55
吴江区	6.60	51.33	81.10	46.57	18.42	5.04	1.55	1053.04
苏州工业园区	0.87	16.60	66.78	52.92	20.35	5.01	1.42	819.63
常熟市	3.97	38.79	69.44	34.89	11.69	1.96	0.57	806.53
张家港市	7.59	54.20	80.85	42.58	11.58	5.54	1.27	1017.99
昆山市	4.73	40.57	80.85	51.63	24.28	3.79	2.27	1040.60
太仓市	0.77	46.35	72.65	46.10	18.59	4.78	3.11	961.70
南通市	**1.96**	**44.25**	**85.50**	**41.95**	**14.67**	**2.72**	**1.28**	**961.75**
崇川区	1.42	16.38	76.30	49.07	16.09	0.76	1.45	807.32
港闸区	0.98	32.15	94.65	48.83	19.62	1.58		988.97
通州区	3.41	52.32	82.09	39.61	13.18	2.43	0.23	966.36
如东县	3.99	58.29	91.77	37.89	11.90	4.57	2.72	1055.63
南通经济技术开发区		51.75	79.58	38.19	31.62	2.26		1017.00
通州湾示范区		38.83	87.21	30.30	13.07			847.10
苏锡通科技产业园区	18.87	91.37	77.81	42.89	12.74			1218.38
启东市	0.71	47.75	75.07	36.59	12.15	4.98	1.16	892.08
如皋市	2.28	50.40	99.84	46.30	11.90	3.89	2.43	1085.22
海门市	3.42	61.21	79.38	38.38	14.47	0.66	0.83	991.80
海安市		50.65	93.11	41.03	13.58	2.69	1.06	1010.65
连云港市	**6.88**	**67.18**	**95.48**	**57.09**	**22.84**	**4.60**	**1.49**	**1277.82**
连云区	6.25	35.97	82.98	51.79	16.95	2.16		980.48
海州区	4.57	58.52	97.86	63.20	23.84	7.28	1.16	1282.16
赣榆区	7.52	98.88	100.28	56.63	24.56	3.32	1.42	1463.01
东海县	10.84	82.11	96.13	55.86	19.65	4.53	0.31	1347.17
灌云县	7.27	72.34	85.37	58.30	21.14	3.58	3.15	1255.73
灌南县	10.34	81.84	91.21	47.29	17.57	6.17	3.12	1287.60
连云港经济技术开发区		58.44	67.57	61.27	18.25		3.53	1045.30
连云港高新技术产业开发区		13.99	117.54	72.73	54.41			1293.36
江苏连云港徐圩新区	40.00	38.96	95.74	72.73	13.16			1302.95
江苏省连云港市云台山风景名胜区		100.00	144.44		55.56			1500.00
淮安市	**7.13**	**58.30**	**91.97**	**56.03**	**21.14**	**4.80**	**1.88**	**1206.28**
淮安区	5.25	81.35	91.84	49.34	17.00	3.73		1242.56
淮阴区	6.96	50.45	90.12	56.41	24.58	3.68	1.90	1170.52
清江浦区	1.68	40.70	94.47	56.60	21.83	3.68	1.36	1101.65
洪泽区		60.98	101.92	57.25	18.49	6.40	0.75	1228.93
涟水县	12.30	71.95	90.68	52.65	17.88	4.94	3.49	1269.48
盱眙县	18.03	69.85	94.04	61.57	23.23	11.09	4.35	1410.74
金湖县		64.86	91.14	68.23	28.01	2.29	2.02	1282.77
淮安经济技术开发区	3.57	34.69	84.14	55.48	22.40	2.37		1013.22
工业园区		190.48	98.36	82.19	22.22			1966.25
生态文旅区		101.56	101.49	54.84	21.96	2.62		1412.35
苏淮高新区	90.91	58.82	56.60	28.99		16.39		1258.58

6-4 续表 2

单位：‰

地 区	15-19岁	20-24岁	25-29岁	30-34岁	35-39岁	40-44岁	45-49岁	总 和 生育率
盐城市	**2.81**	**47.07**	**88.36**	**43.63**	**17.47**	**4.04**	**0.99**	**1021.83**
亭湖区	2.13	23.88	91.34	47.81	18.34	4.28	0.64	942.15
盐都区	1.07	61.51	80.05	40.96	19.62	6.70	0.75	1053.25
大丰区	4.30	51.60	98.88	44.96	16.62	5.20	1.00	1112.77
响水县	6.73	90.75	80.38	42.15	19.97	3.69		1218.39
滨海县	4.20	55.20	74.16	45.90	18.29	6.60	1.87	1031.07
阜宁县	4.24	45.88	98.63	47.95	23.66	2.77	2.04	1125.81
射阳县	2.98	38.69	90.05	39.28	15.04	3.87	0.55	952.29
建湖县	2.39	47.97	77.57	40.47	13.66	1.97		920.15
盐城经济技术开发区		25.92	91.19	37.13	21.28	7.97		917.43
江苏省盐南高新区	0.68	42.31	102.63	44.62	15.21	2.75	2.39	1052.90
东台市	1.52	61.24	88.70	41.95	11.60	2.30	1.11	1042.10
扬州市	**1.38**	**30.18**	**87.04**	**44.42**	**15.53**	**3.06**	**1.23**	**914.16**
广陵区	1.58	24.83	78.25	38.98	9.10	2.00	1.34	780.39
邗江区	0.61	14.02	89.37	47.80	14.66	4.21	1.86	862.62
江都区	1.88	43.30	87.25	41.14	12.70	1.61	0.89	943.92
宝应县	1.34	39.85	82.62	38.99	18.60	2.54	1.96	929.47
扬州经济技术开发区		29.14	88.40	52.32	18.82	5.79	1.14	978.07
蜀冈瘦西湖景区		33.58	77.65	42.49	20.65	12.24	1.78	941.96
生态新城	9.43	25.42	62.80	30.41	14.85			714.58
仪征市	1.27	37.58	91.28	49.49	16.29	1.06		984.79
高邮市	3.31	41.76	96.51	49.13	20.39	4.18	1.23	1082.54
镇江市	**3.03**	**37.87**	**91.40**	**45.22**	**15.17**	**4.29**	**2.78**	**998.83**
京口区	1.06	15.71	85.59	41.55	12.96	5.38	1.44	818.48
润州区		34.25	72.02	42.95	23.09	4.46	0.95	888.60
丹徒区	2.17	22.40	96.96	46.19	12.04	4.15	2.43	931.70
镇江新区		53.78	92.66	42.38	17.34	4.47	7.79	1092.17
江苏镇江高新区		50.00	116.59	28.67	15.31			1052.86
丹阳市	7.80	48.34	84.39	45.57	13.92	3.93	1.99	1029.73
扬中市		61.48	95.44	39.16	16.69	4.61	6.00	1116.87
句容市	0.87	38.33	105.04	52.92	14.74	4.39	2.26	1092.78
泰州市	**2.54**	**48.56**	**91.89**	**41.19**	**12.85**	**3.16**	**0.72**	**1004.59**
海陵区	1.13	22.23	82.69	37.23	14.07	6.53	0.45	821.65
高港区		48.46	94.76	53.32	19.23		0.78	1082.78
姜堰区	0.84	50.16	91.26	38.95	10.42	2.84	0.65	975.65
泰州医药高新技术产业开发区		51.61	110.69	45.88	8.30	2.49	1.24	1101.01
兴化市	4.60	69.37	77.51	32.52	16.43	4.38	0.75	1027.79
靖江市	5.70	55.16	99.48	43.80	11.71	3.56	0.68	1100.45
泰兴市	3.02	62.10	101.30	47.71	10.68	1.06	0.78	1133.24
宿迁市	**7.17**	**82.58**	**102.25**	**55.26**	**25.11**	**6.16**	**2.79**	**1406.61**
宿城区	7.53	63.31	112.82	64.18	29.87	7.43	0.89	1430.17
宿豫区	6.87	82.37	110.96	57.65	33.90	6.47	1.42	1498.19
沭阳县	10.41	93.64	104.47	52.55	24.46	7.48	3.95	1484.78
泗阳县	5.39	80.63	97.97	51.87	21.32	5.44	3.43	1330.30
泗洪县	4.88	86.58	93.47	56.65	26.37	5.80	1.82	1377.83
宿迁经济技术开发区	12.16	77.48	89.06	46.25	9.93	1.70	4.34	1204.62
宿迁市湖滨新区	1.49	71.90	108.11	51.57	23.88		4.42	1306.76
苏州宿迁工业园区		36.36	120.48	72.10	12.90			1209.25
宿迁市洋河新区	3.65	101.31	71.76	43.94	22.79	4.74	1.81	1249.96

6-4a　各地区育龄妇女年龄别生育率(城市)

单位：‰

地　　区	15-19岁	20-24岁	25-29岁	30-34岁	35-39岁	40-44岁	45-49岁	总　和 生育率
江　苏	**1.72**	**29.97**	**85.55**	**51.90**	**19.84**	**4.35**	**1.50**	**974.16**
南京市	**0.52**	**13.68**	**76.19**	**58.04**	**22.52**	**4.92**	**0.77**	**883.23**
玄武区		4.52	45.08	58.40	23.41	4.66		680.39
秦淮区		11.60	62.14	50.97	17.63	7.04	0.39	748.80
建邺区	1.11	10.58	53.23	57.47	24.54	7.05	1.16	775.76
鼓楼区	0.94	5.18	61.51	41.95	22.03	3.64	1.26	682.55
浦口区		21.23	88.89	62.61	28.44	6.26		1037.14
栖霞区	0.48	8.64	73.61	52.42	20.24	2.75	1.15	796.45
雨花台区	0.91	17.19	78.88	56.83	20.68	4.28	1.03	899.04
江宁区	0.21	15.29	79.70	62.50	22.64	5.20	0.71	931.19
六合区		65.33	96.01	50.60	14.57	4.24		1153.74
溧水区	1.32	37.69	98.73	76.32	33.44	5.31	0.78	1267.92
高淳区	2.10	41.24	125.00	67.89	20.33	6.83	0.84	1321.11
南京江北新区	0.77	18.14	92.16	65.15	25.94	4.26	0.93	1036.70
无锡市	**2.88**	**37.67**	**84.16**	**47.00**	**16.67**	**3.27**	**0.88**	**962.61**
锡山区	3.83	51.94	77.36	50.27	20.95	5.72	0.52	1052.93
惠山区	5.70	55.26	90.03	46.42	21.49	4.58	2.33	1129.06
滨湖区		13.51	76.96	45.89	14.14	1.08	0.95	762.66
梁溪区	1.47	26.01	70.78	41.06	15.27	2.31	0.56	787.30
新吴区	3.77	39.40	96.62	51.82	20.32	3.24	1.46	1083.15
江苏无锡经济开发区	6.26	41.61	80.77	49.38	14.73	5.71	0.83	996.49
江阴市	1.67	61.45	99.41	47.01	13.73	2.72	0.56	1132.82
宜兴市	3.56	40.72	79.26	46.80	14.00	3.01	0.37	938.57
徐州市	**1.83**	**35.36**	**101.99**	**66.21**	**29.50**	**7.30**	**2.26**	**1222.25**
鼓楼区		31.85	96.99	68.07	24.06	6.89	0.60	1142.32
云龙区	2.08	37.17	110.66	73.39	29.10	9.49	3.39	1326.33
贾汪区	1.47	41.03	92.63	72.15	37.59	7.41	1.50	1268.89
泉山区	0.74	23.89	105.08	71.17	34.48	6.03	2.41	1219.04
铜山区	2.03	20.00	97.01	70.94	30.00	5.22	1.68	1134.45
丰县								
沛县								
睢宁县								
徐州经济技术开发区		250.00		125.00	166.67	125.00		3333.33
新沂市	6.28	59.04	112.98	48.49	29.30	10.35	1.38	1339.12
邳州市	0.62	64.23	93.82	59.66	25.19	5.99	3.77	1266.43
常州市	**2.60**	**36.19**	**85.79**	**49.42**	**18.99**	**4.43**	**2.32**	**998.70**
天宁区	1.88	37.04	78.45	51.52	15.51	0.90		926.49
钟楼区	3.10	24.27	81.35	44.69	16.78	3.12	0.79	870.52
新北区	0.73	43.11	89.81	51.88	20.09	7.89	2.17	1078.41
武进区	2.53	34.76	83.38	48.55	19.59	3.90	0.35	965.28
金坛区	5.74	46.51	89.02	49.01	22.03	5.88	7.08	1126.42
江苏省常州市经济开发区	2.40	54.89	90.48	54.14	30.86	3.12	9.60	1227.48
溧阳市	4.48	33.53	96.75	48.48	17.12	6.72	3.62	1053.53

6-4a 续表 1

单位：‰

地 区	15-19岁	20-24岁	25-29岁	30-34岁	35-39岁	40-44岁	45-49岁	总 和 生育率
苏州市	**3.00**	**33.63**	**80.84**	**51.77**	**20.35**	**4.52**	**2.27**	**981.89**
虎丘区	1.79	20.42	81.97	48.74	19.30	4.22	2.44	894.36
吴中区	4.84	28.60	83.56	64.86	26.29	7.43	6.59	1110.82
相城区	5.32	51.75	83.20	52.86	21.62	4.20	1.11	1100.30
姑苏区	1.18	18.20	62.57	50.34	16.33	3.64	0.65	764.55
吴江区	2.39	44.44	91.49	52.15	22.77	5.94	1.55	1103.68
苏州工业园区								
常熟市	2.89	36.82	70.89	37.09	12.76	2.67	0.87	819.87
张家港市	1.71	34.14	88.24	49.41	12.95	5.09	1.86	966.95
昆山市	4.22	41.40	85.98	53.96	24.38	4.29	2.71	1084.69
太仓市	1.43	43.20	77.44	50.60	20.27	4.83	3.67	1007.26
南通市	**1.42**	**33.54**	**85.99**	**42.52**	**14.83**	**2.89**	**1.37**	**912.81**
崇川区	1.42	16.38	76.30	49.07	16.09	0.76	1.45	807.32
港闸区	0.98	32.29	94.32	48.61	19.71	1.59		987.48
通州区	1.38	44.94	93.35	37.59	16.00	2.71		979.86
如东县								
南通经济技术开发区								
通州湾示范区								
苏锡通科技产业园区								
启东市		40.97	73.13	35.07	11.35	4.36	1.88	833.75
如皋市	2.55	45.89	99.55	41.46	13.59	8.95	3.18	1075.93
海门市	3.84	45.22	78.73	35.80	11.20		1.40	880.95
海安市		65.38	92.26	41.53	14.87	3.35	1.45	1094.18
连云港市	**2.93**	**52.44**	**96.31**	**59.31**	**25.21**	**6.12**	**1.54**	**1219.26**
连云区	6.29	36.23	84.05	52.70	16.98	2.20		992.27
海州区	0.96	41.41	96.83	65.06	25.21	8.13	1.39	1194.90
赣榆区	3.64	88.84	100.63	52.43	28.51	3.36	2.79	1401.03
东海县	125.00	100.00	100.00	61.22	46.51			2163.68
灌云县								
灌南县								
连云港经济技术开发区								
连云港高新技术产业开发区								
江苏连云港徐圩新区		30.30	66.67					484.85
江苏省连云港市云台山风景名胜区		250.00	181.82		55.56			2436.87
淮安市	**1.41**	**47.72**	**91.22**	**54.57**	**21.13**	**3.71**	**0.38**	**1100.77**
淮安区	2.60	73.29	85.91	40.71	15.21	2.61		1101.60
淮阴区	1.51	39.96	89.36	59.87	23.37	3.89		1089.79
清江浦区	0.90	38.58	94.96	57.17	23.19	3.95	1.01	1098.80
洪泽区		66.93	95.56	60.66	21.65	4.63		1247.13
涟水县								
盱眙县								
金湖县								
淮安经济技术开发区								
工业园区								
生态文旅区								
苏淮高新区								

6-4a　续表 2

单位：‰

地　　区	15-19岁	20-24岁	25-29岁	30-34岁	35-39岁	40-44岁	45-49岁	总　和 生育率
盐城市	**0.85**	**42.93**	**93.31**	**44.67**	**15.80**	**4.41**	**1.25**	**1016.11**
亭湖区	0.63	18.34	94.85	51.08	17.60	4.21	0.41	935.60
盐都区	2.25	74.43	79.02	44.40	17.08	6.72	1.64	1127.70
大丰区	2.46	72.97	103.70	41.40	12.00	6.05	2.03	1203.01
响水县								
滨海县								
阜宁县								
射阳县								
建湖县								
盐城经济技术开发区			100.00					500.00
江苏省盐南高新区	0.68	42.31	102.63	44.62	15.21	2.75	2.39	1052.90
东台市		63.34	86.59	37.78	15.58	3.44	0.77	1037.47
扬州市	**0.79**	**24.90**	**90.69**	**47.40**	**14.88**	**3.65**	**1.20**	**917.53**
广陵区	0.95	24.77	82.83	40.84	9.66	2.43	1.72	816.05
邗江区	0.66	11.55	89.37	50.22	15.35	4.75	1.92	869.09
江都区		43.90	103.32	45.48	11.57	1.83		1030.57
宝应县								
扬州经济技术开发区								
蜀冈瘦西湖景区		33.58	77.65	42.49	20.65	12.24	1.78	941.96
生态新城		42.25	52.24	37.43	15.15			735.38
仪征市	1.82	39.76	95.51	51.96	17.75	1.58		1041.88
高邮市	1.77	48.91	97.42	52.75	20.39	4.32	1.84	1137.01
镇江市	**1.40**	**34.51**	**94.24**	**46.15**	**15.10**	**3.61**	**2.90**	**989.56**
京口区	1.08	15.02	87.47	42.55	12.44	5.56	1.48	828.05
润州区		34.25	72.52	43.09	23.12	4.47	0.95	892.02
丹徒区		42.80	111.52	57.67	14.84		5.05	1159.43
镇江新区								
江苏镇江高新区		50.00	116.59	28.67	15.31			1052.86
丹阳市	3.08	45.98	92.85	47.45	14.05	2.49		1029.47
扬中市		57.24	95.00	42.61	18.87	5.41	10.66	1148.95
句容市	1.39	37.76	102.96	48.97	11.07	3.50	4.66	1051.51
泰州市	**1.33**	**39.70**	**90.32**	**38.49**	**12.05**	**3.06**	**0.80**	**928.71**
海陵区	1.18	21.95	83.05	37.17	13.97	7.25	0.52	825.44
高港区		47.43	109.50	40.07	17.03			1070.17
姜堰区	1.22	57.65	96.59	38.62	10.84	3.44	1.32	1048.40
泰州医药高新技术产业开发区								
兴化市	1.72	62.63	77.91	37.34	13.47	3.36	0.90	986.71
靖江市	2.01	49.63	92.71	40.75	10.77	1.95		989.08
泰兴市	1.46	52.37	96.61	38.09	9.17		1.48	995.89
宿迁市	**2.94**	**61.60**	**110.88**	**64.60**	**30.99**	**6.38**	**1.50**	**1394.41**
宿城区	1.93	46.11	114.55	67.88	32.85	6.47	0.77	1352.83
宿豫区	5.57	77.17	113.79	62.91	34.14	7.75	1.26	1512.99
沭阳县								
泗阳县								
泗洪县								
宿迁经济技术开发区								
宿迁市湖滨新区	1.62	65.57	120.19	61.64	25.38		5.03	1397.17
苏州宿迁工业园区		36.36	120.48	72.10	12.90			1209.25
宿迁市洋河新区	6.13	108.81	68.26	47.62	23.90	7.97	2.99	1328.44

6-4b 各地区育龄妇女年龄别生育率(镇)

单位：‰

地 区	15-19岁	20-24岁	25-29岁	30-34岁	35-39岁	40-44岁	45-49岁	总和生育率
江 苏	**4.59**	**56.32**	**88.57**	**49.22**	**19.10**	**4.26**	**1.69**	**1118.75**
南京市	**5.21**	**55.56**	**101.01**	**54.84**	**27.91**	**4.09**	**1.65**	**1251.37**
玄武区								
秦淮区								
建邺区								
鼓楼区								
浦口区								
栖霞区								
雨花台区		142.86	41.67		66.67			1255.95
江宁区								
六合区	8.26	57.14	101.09	49.83	23.35	2.90	2.69	1226.32
溧水区		41.67	106.38	77.42	40.82	10.31		1382.97
高淳区			129.03	100.00	41.67			1353.49
南京江北新区								
无锡市	**6.94**	**65.59**	**73.13**	**43.27**	**16.39**	**3.54**	**2.20**	**1055.36**
锡山区	4.60	62.60	64.17	38.43	16.38	2.01	2.40	952.89
惠山区	10.10	67.87	102.63	46.59	17.41	2.14		1233.72
滨湖区								
梁溪区								
新吴区								
江苏无锡经济开发区								
江阴市	6.63	70.23	73.46	46.91	13.12	5.31	3.11	1093.87
宜兴市	8.62	59.70	67.89	38.77	22.87	2.04	1.42	1006.54
徐州市	**5.42**	**72.86**	**107.92**	**63.71**	**22.93**	**6.71**	**1.42**	**1404.81**
鼓楼区								
云龙区			181.82	28.99	9.90			1103.52
贾汪区	8.26	84.62	133.09	66.67	31.03	4.59	3.55	1659.04
泉山区								
铜山区	6.60	73.06	97.81	62.74	25.25	8.46		1369.54
丰县	6.82	72.75	105.76	62.56	23.41	8.99	2.40	1413.50
沛县	8.90	81.54	107.72	65.19	19.99	6.38	0.85	1452.88
睢宁县	5.97	87.77	108.39	55.41	24.08	6.21	1.79	1448.11
徐州经济技术开发区	0.92	45.10	108.27	79.59	23.75	5.74		1316.82
新沂市	3.90	102.66	115.83	64.71	30.04	2.35	1.59	1605.42
邳州市	4.94	79.23	103.66	54.66	14.29	5.84	2.58	1326.00
常州市	**3.23**	**71.55**	**83.54**	**30.85**	**15.82**	**3.57**	**1.32**	**1049.41**
天宁区	11.36	47.62	99.45	50.25	29.07	11.24		1244.94
钟楼区								
新北区		59.78	91.67	39.26	14.89	7.39	5.32	1091.51
武进区	7.35	82.80	71.70	30.67	11.11			1018.20
金坛区		94.74	87.84	37.91	6.76	5.68		1164.64
江苏省常州市经济开发区		63.35	65.87	22.99	18.63		2.20	865.18
溧阳市	3.23	72.58	96.07	19.42	18.67	4.25		1071.03

6-4b 续表 1

单位：‰

地 区	15-19岁	20-24岁	25-29岁	30-34岁	35-39岁	40-44岁	45-49岁	总 和 生育率
苏州市	**3.41**	**36.42**	**74.95**	**46.70**	**17.07**	**4.55**	**1.48**	**922.90**
虎丘区		133.33	50.00	52.63				1179.82
吴中区	3.08	34.71	74.20	34.19	10.48	3.93	2.52	815.55
相城区		74.07	69.12	40.88	22.35			1032.13
姑苏区								
吴江区	8.90	52.21	76.96	43.53	14.65	5.58	1.81	1018.25
苏州工业园区	0.87	16.60	66.78	52.92	20.35	5.01	1.42	819.63
常熟市	1.27	40.61	74.12	30.68	8.97	1.43		785.45
张家港市	9.56	78.05	88.78	42.40	11.63	6.37	0.80	1187.95
昆山市	2.97	42.05	88.09	60.57	25.89	2.60	1.32	1117.43
太仓市		60.17	83.05	44.18	17.46	4.66	4.70	1071.05
南通市	**2.00**	**58.00**	**82.36**	**40.83**	**15.78**	**3.20**	**1.61**	**1018.91**
崇川区								
港闸区								
通州区	2.48	62.18	71.50	35.62	12.75	3.97	0.71	946.05
如东县	1.36	56.11	92.06	40.58	11.10	4.91	2.61	1043.62
南通经济技术开发区		51.75	79.58	38.19	31.62	2.26		1017.00
通州湾示范区		18.52	86.42	29.13				670.32
苏锡通科技产业园区	38.46	105.26	70.51	45.23	12.50			1359.82
启东市	2.77	52.26	68.52	45.37	11.63	6.51		935.27
如皋市	1.18	55.03	104.19	48.57	12.57	1.49	4.61	1138.21
海门市	4.90	78.71	69.07	40.44	19.05	2.52		1073.47
海安市		24.51	96.22	41.99	7.69	1.85		861.31
连云港市	**5.36**	**60.88**	**90.44**	**54.58**	**23.95**	**2.94**	**1.17**	**1196.59**
连云区								
海州区	19.35	196.43	94.06	40.27	11.17	5.35		1833.16
赣榆区	4.87	104.28	104.58	55.74	31.72		1.01	1510.98
东海县	6.87	67.50	85.40	51.22	18.09	3.76		1164.26
灌云县	8.71	72.15	82.96	53.36	24.64	4.67	3.69	1250.89
灌南县	7.22	87.40	86.78	48.19	17.67	2.99	0.92	1255.86
连云港经济技术开发区		48.00	62.76	71.24	18.02		4.20	1021.11
连云港高新技术产业开发区		13.99	117.54	72.73	54.41			1293.36
江苏连云港徐圩新区	43.48	52.63	106.67	85.11	17.24			1525.62
江苏省连云港市云台山风景名胜区								
淮安市	**9.30**	**59.02**	**90.53**	**57.08**	**19.69**	**3.22**	**2.07**	**1204.61**
淮安区	6.62	96.77	96.77	56.03	13.39			1347.99
淮阴区	15.08	52.33	85.47	57.14	24.04		2.53	1182.92
清江浦区		250.00	71.43	58.82				1901.26
洪泽区			134.62	76.92				1057.69
涟水县	12.05	68.83	87.63	50.72	16.35	5.41	3.20	1220.99
盱眙县	16.86	71.43	94.45	58.75	18.32	4.15	2.49	1332.25
金湖县		55.56	93.10	77.33	28.43		2.90	1286.60
淮安经济技术开发区	3.57	34.69	84.14	55.48	22.40	2.37		1013.22
工业园区		181.82	125.00	104.17	45.45			2282.20
生态文旅区		101.56	101.49	54.84	21.96	2.62		1412.35
苏淮高新区	100.00	62.50	57.69	14.93		18.18		1266.50

6-4b 续表 2

单位：‰

地　区	15-19岁	20-24岁	25-29岁	30-34岁	35-39岁	40-44岁	45-49岁	总　和 生育率
盐城市	**2.83**	**51.89**	**86.95**	**43.24**	**18.27**	**3.93**	**1.06**	**1040.84**
亭湖区	12.90	50.00	56.45	47.12	18.87	10.36		978.53
盐都区		61.40	78.82	38.25	19.11	5.38		1014.79
大丰区	9.62	44.44	86.26	59.23	21.47	5.52		1132.72
响水县	1.61	97.26	74.65	39.39	22.97	3.84		1198.54
滨海县	1.02	53.23	71.94	45.74	18.22	6.65	2.30	995.53
阜宁县	3.11	45.79	106.46	46.22	21.11	3.50	2.69	1144.43
射阳县	3.08	42.39	98.15	43.07	16.19	2.67	0.43	1029.92
建湖县	3.16	52.63	84.29	40.05	14.63	1.84		983.02
盐城经济技术开发区		23.87	94.12	33.54	26.32	10.99		944.13
江苏省盐南高新区								
东台市	4.41	77.67	88.41	38.00	8.95	1.62	2.32	1106.90
扬州市	**1.92**	**35.58**	**86.08**	**40.69**	**17.18**	**3.29**	**0.54**	**926.42**
广陵区		25.64	42.02	38.96	14.08			603.52
邗江区		34.88	80.81	25.38	17.05			790.59
江都区	2.55	30.49	81.29	32.08	7.90	3.10		786.99
宝应县	2.22	48.13	84.62	39.25	21.31	3.51	0.96	1000.01
扬州经济技术开发区		25.99	86.59	50.14	20.03	5.10	1.23	945.35
蜀冈瘦西湖景区								
生态新城	62.50		64.52		31.25			791.33
仪征市		10.53	91.89	41.67	13.70			788.92
高邮市	4.81	48.78	112.30	49.05	11.81	4.07		1154.09
镇江市	**6.64**	**37.07**	**86.12**	**45.15**	**16.14**	**3.46**	**2.78**	**986.79**
京口区		125.00	55.56					902.78
润州区								
丹徒区	3.33	7.95	59.21	25.91	18.52	4.93		599.22
镇江新区		50.33	92.86	39.68	15.08	2.44	5.69	1030.40
江苏镇江高新区								
丹阳市	15.22	48.22	83.55	45.88	15.05	4.09	2.70	1073.53
扬中市		78.13	53.57	16.00	9.90	8.20		828.97
句容市		27.62	105.26	73.50	24.91			1156.48
泰州市	**2.92**	**58.12**	**90.97**	**41.94**	**10.95**	**2.64**	**1.47**	**1044.97**
海陵区			72.73	38.96				558.44
高港区		63.49	71.94	67.11	17.09		3.92	1117.82
姜堰区		61.54	39.47	22.03	11.36	2.70		685.49
泰州医药高新技术产业开发区		53.07	112.98	45.45	8.67	2.65	1.35	1120.87
兴化市	3.77	64.52	69.71	30.05	11.75	3.63	1.39	924.09
靖江市	7.46	45.45	96.03	41.99	12.08	2.20	3.88	1045.48
泰兴市	3.03	82.19	101.80	56.30	11.45	2.25	0.81	1289.17
宿迁市	**5.07**	**87.33**	**100.47**	**52.38**	**23.86**	**6.56**	**3.50**	**1395.93**
宿城区	44.44	132.53	150.00	31.75	36.36	7.14		2011.14
宿豫区	16.95	78.65	132.08	54.19	22.22	5.26		1546.74
沭阳县	4.99	89.36	101.09	52.46	26.43	8.47	4.94	1438.71
泗阳县	4.91	78.95	99.94	49.11	20.99	6.04	3.49	1317.18
泗洪县	4.58	92.43	97.89	60.31	26.70	5.57	1.37	1444.23
宿迁经济技术开发区		69.70	82.67	46.36	6.02	2.10	5.86	1063.53
宿迁市湖滨新区		142.86	117.65					1302.52
苏州宿迁工业园区								
宿迁市洋河新区								

6-4c　各地区育龄妇女年龄别生育率(乡村)

单位：‰

地　区	15-19岁	20-24岁	25-29岁	30-34岁	35-39岁	40-44岁	45-49岁	总和生育率
江　苏	**8.95**	**63.86**	**87.48**	**47.15**	**17.37**	**4.21**	**1.60**	**1153.09**
南京市	**2.10**	**41.27**	**97.91**	**59.49**	**21.26**	**4.20**	**0.99**	**1136.10**
玄武区								
秦淮区								
建邺区								
鼓楼区								
浦口区		38.46	116.79	78.95	6.49			1203.45
栖霞区		25.97	91.95	35.09	6.45			797.34
雨花台区								
江宁区	3.66	48.75	95.36	48.34	21.87	4.97	2.74	1128.46
六合区		52.75	82.05	62.33	18.62	1.17		1084.60
溧水区	2.09	20.90	105.77	82.00	22.88	2.83	1.48	1189.74
高淳区		29.73	113.64	67.13	37.50	11.93		1299.60
南京江北新区		64.52	92.59	32.79				949.48
无锡市	**10.42**	**64.57**	**78.41**	**36.23**	**12.71**	**4.51**	**1.41**	**1041.32**
锡山区	25.32	55.25	89.67	40.98	12.90	2.31	1.77	1141.07
惠山区	9.52	39.66	79.04	33.16	11.65	7.62	1.96	913.14
滨湖区	12.82	31.58	61.07	10.87	19.11			677.23
梁溪区								
新吴区		60.98	85.91	35.89	20.08	8.44	8.13	1097.10
江苏无锡经济开发区								
江阴市	6.65	72.21	67.87	37.97	10.49	3.32		992.61
宜兴市	16.39	85.59	90.65	38.11	13.43	4.43	1.86	1252.35
徐州市	**11.66**	**96.56**	**103.53**	**60.37**	**21.31**	**4.80**	**2.75**	**1504.92**
鼓楼区								
云龙区								
贾汪区	30.17	103.85	125.26	65.34	25.10	10.34		1800.28
泉山区								
铜山区	11.48	112.26	112.12	65.78	21.51	1.89	0.59	1628.09
丰县	17.08	118.61	108.96	69.90	24.56	3.01	1.83	1719.74
沛县	10.31	113.38	99.42	61.80	17.82	1.98	1.30	1530.10
睢宁县	16.10	77.44	104.34	52.50	21.44	11.16	8.45	1457.12
徐州经济技术开发区		120.00	84.51	45.92	34.48	8.00		1464.54
新沂市	9.96	92.84	98.39	61.79	21.49	6.98	4.12	1477.91
邳州市	5.04	68.66	88.48	51.72	18.61	2.65	1.67	1184.16
常州市	**8.95**	**60.94**	**78.53**	**38.85**	**13.68**	**4.06**	**1.82**	**1034.12**
天宁区	16.95	82.47	40.70	39.60	6.45		3.19	946.86
钟楼区	3.85	29.41	45.45	107.38	9.62			978.55
新北区		98.68	105.66	39.77	7.33			1257.22
武进区	8.38	58.63	80.33	35.27	15.54	4.20	1.83	1020.88
金坛区	18.75	54.69	75.79	32.38	13.33	5.08	2.54	1012.82
江苏省常州市经济开发区	17.14	92.47	76.60	26.67	19.74	3.65	2.48	1193.66
溧阳市	3.86	34.93	84.17	45.39	11.43	7.19	1.52	942.50

6-4c 续表 1

单位：‰

地　　区	15-19岁	20-24岁	25-29岁	30-34岁	35-39岁	40-44岁	45-49岁	总　和 生育率
苏州市	**10.67**	**45.82**	**61.80**	**35.02**	**14.12**	**3.25**	**1.30**	**859.88**
虎丘区	11.11	18.40	73.80	23.89	10.05	5.03		711.41
吴中区	6.82	42.86	75.97	38.32	12.29	3.06	2.50	909.06
相城区		75.27	82.87	29.66	7.19	16.13	5.92	1085.22
姑苏区								
吴江区	14.18	67.19	60.69	36.57	12.70	2.60	1.22	975.72
苏州工业园区								
常熟市	11.93	42.72	60.98	33.66	11.72	0.74	0.53	811.36
张家港市	19.27	53.60	53.17	30.03	8.28	4.94	1.20	852.46
昆山市	8.13	37.11	59.20	36.35	22.57	2.46	1.48	836.54
太仓市		37.20	51.18	38.84	15.90	4.80	0.90	744.07
南通市	**3.87**	**53.45**	**88.75**	**42.19**	**12.42**	**1.73**	**0.83**	**1016.14**
崇川区								
港闸区			200.00	90.91				1454.55
通州区	8.96	52.41	77.09	48.36	7.78			972.94
如东县	11.32	61.70	91.30	32.53	13.89	3.85	2.88	1087.36
南通经济技术开发区								
通州湾示范区		61.22	87.91	31.58	25.32			1030.16
苏锡通科技产业园区		78.43	83.77	40.98	12.99			1080.86
启东市		53.74	82.03	34.02	14.76	5.39	0.84	953.90
如皋市	3.53	50.26	95.98	50.47	8.97	0.76		1049.87
海门市		59.38	97.77	41.14	17.24		0.93	1082.30
海安市		37.46	93.68	38.39	14.29	1.56	0.93	931.54
连云港市	**13.17**	**92.67**	**103.45**	**58.97**	**18.23**	**5.51**	**1.87**	**1469.35**
连云区								
海州区	17.70	91.67	109.65	66.45	17.96			1517.12
赣榆区	14.53	102.77	96.50	61.10	16.33	5.49	0.68	1487.08
东海县	18.21	110.89	120.00	66.45	21.69	6.07	0.77	1720.39
灌云县	5.04	72.68	89.72	67.16	14.29	1.65	2.44	1264.93
灌南县	14.52	75.00	99.26	45.61	17.39	11.33	5.95	1345.33
连云港经济技术开发区		103.45	87.72	12.82	19.23			1116.09
连云港高新技术产业开发区								
江苏连云港徐圩新区								
江苏省连云港市云台山风景名胜区		90.91	146.67		61.22			1494.00
淮安市	**13.13**	**78.55**	**97.07**	**56.48**	**25.07**	**9.72**	**3.14**	**1415.82**
淮安区	9.69	89.89	102.11	65.50	22.82	7.05		1485.27
淮阴区	18.60	81.74	94.57	46.02	27.71	4.91	3.83	1386.88
清江浦区	13.89	56.00	90.91	47.90			4.93	1068.14
洪泽区		60.15	108.57	43.90	13.82	12.77	2.04	1206.30
涟水县	12.92	79.27	101.62	60.18	23.64	3.66	4.05	1426.63
盱眙县	20.92	64.68	92.25	73.77	47.97	36.59	8.65	1724.10
金湖县		97.56	83.33	31.91	25.86	9.95		1243.11
淮安经济技术开发区								
工业园区		200.00	47.62	40.00				1438.10
生态文旅区								
苏淮高新区				500.00				2500.00

6-4c　续表 2　　　　　　　　　　　　　　　　　　　　　　　　单位：‰

地　　区	15-19岁	20-24岁	25-29岁	30-34岁	35-39岁	40-44岁	45-49岁	总和生育率
盐城市	**6.01**	**45.38**	**82.59**	**42.70**	**18.17**	**3.73**	**0.70**	**996.40**
亭湖区	8.06	68.18	83.83	13.76	24.88		2.40	1005.60
盐都区		39.34	83.77	33.84	25.70	7.60		951.28
大丰区	3.17	33.43	98.98	41.43	23.56	3.44	0.89	1024.55
响水县	18.45	74.53	97.01	49.18	12.29	3.32		1273.93
滨海县	11.14	59.29	80.65	46.31	18.49	6.48	1.08	1117.12
阜宁县	6.64	46.04	81.42	51.96	30.14	1.23	0.93	1091.79
射阳县	2.72	30.47	67.42	29.24	11.53	6.98	0.77	745.67
建湖县		34.29	48.89	42.33	9.32	2.49		686.57
盐城经济技术开发区		52.63	75.47	63.49				957.98
江苏省盐南高新区								
东台市	3.09	49.05	92.93	52.49	5.89	1.20	0.69	1026.67
扬州市	**2.57**	**37.97**	**80.14**	**41.32**	**15.23**	**1.62**	**1.85**	**903.53**
广陵区	10.53	24.79	64.52	25.00				624.18
邗江区		45.45	97.22	40.00	5.21	3.79	2.72	971.99
江都区	4.35	50.78	66.09	41.05	19.43		2.37	920.37
宝应县		28.73	79.82	38.46	13.20	0.86	3.37	822.15
扬州经济技术开发区		125.00	117.65	86.96		12.66		1711.31
蜀冈瘦西湖景区								
生态新城			95.24	30.77				630.04
仪征市		44.05	81.42	46.91	13.33			928.60
高邮市	4.61	32.15	87.94	43.53	24.14	4.04	1.15	987.82
镇江市	**1.80**	**55.63**	**89.60**	**41.08**	**13.62**	**8.65**	**2.46**	**1064.18**
京口区					62.50			312.50
润州区								
丹徒区		62.50	84.34	23.47		12.61		914.58
镇江新区		88.89	90.91	69.31	43.48	26.67	20.13	1696.92
江苏镇江高新区								
丹阳市	6.10	57.59	55.70	36.80	10.31	8.33	4.70	897.62
扬中市		62.99	115.08	39.82	12.35			1151.20
句容市		45.90	109.47	47.23	17.54	8.70		1144.23
泰州市	**6.20**	**62.41**	**97.43**	**49.03**	**17.90**	**3.95**		**1184.62**
海陵区		47.62	81.63	37.38	22.73			946.81
高港区		43.48	72.63	87.72	27.03			1154.25
姜堰区		31.69	97.83	49.07	8.45	1.43		942.34
泰州医药高新技术产业开发区			51.28	54.55				529.14
兴化市	9.73	84.51	85.99	28.57	27.49	6.63		1214.62
靖江市	12.99	92.39	126.58	56.77	14.71	9.35		1563.90
泰兴市	6.45	62.32	109.00	60.19	13.38	2.05		1266.97
宿迁市	**17.02**	**94.26**	**98.07**	**51.70**	**22.38**	**5.18**	**2.35**	**1454.88**
宿城区	24.10	101.88	96.72	60.48	17.07	10.27	1.25	1558.80
宿豫区	7.69	105.96	75.27	33.44	42.86	3.68	2.43	1356.66
沭阳县	25.87	104.22	113.65	52.80	18.39	5.15	2.35	1612.20
泗阳县	6.99	86.14	90.28	64.15	22.68	3.64	3.30	1385.86
泗洪县	5.85	72.02	78.90	45.22	25.21	6.46	2.70	1181.78
宿迁经济技术开发区	100.00	108.43	114.65	45.71	28.30			1985.50
宿迁市湖滨新区		63.16	85.94	50.51	27.52		5.05	1160.87
苏州宿迁工业园区								
宿迁市洋河新区		88.50	79.14	35.29	20.00			1114.63

6-5 各地区按活产子女数分的15-64岁妇女人数

单位：人

地 区	15-64岁妇女人数	活产0个	活产1个	活产2个	活产3个	活产4个	活产5个及以上
江 苏	**2785257**	**540644**	**1400456**	**721550**	**101750**	**16996**	**3861**
南京市	**327705**	**95596**	**172366**	**53562**	**5239**	**793**	**149**
玄武区	19681	7748	9873	1869	162	23	6
秦淮区	26508	7711	15684	2804	256	46	7
建邺区	19120	5854	10558	2419	242	43	4
鼓楼区	34448	10865	19543	3661	323	43	13
浦口区	13509	3232	7211	2750	272	40	4
栖霞区	35041	13516	16353	4597	479	80	16
雨花台区	21211	6325	10980	3368	434	92	12
江宁区	65730	20232	32452	11732	1133	142	39
六合区	22567	3136	13267	5474	587	84	19
溧水区	16064	3309	7878	4419	397	54	7
高淳区	15586	2504	8746	4098	212	24	2
南京江北新区	38240	11164	19821	6371	742	122	20
无锡市	**248783**	**45591**	**141763**	**54544**	**5876**	**844**	**165**
锡山区	30092	4883	16309	7815	927	131	27
惠山区	29675	6152	15146	7361	859	133	24
滨湖区	20915	6351	11042	3104	361	49	8
梁溪区	33397	7603	20217	4970	527	68	12
新吴区	22882	4599	13063	4736	419	60	5
江苏无锡经济开发区	11691	2217	6560	2584	278	40	12
江阴市	58554	7756	32708	16213	1610	226	41
宜兴市	41577	6030	26718	7761	895	137	36
徐州市	**277437**	**50850**	**75190**	**120749**	**25656**	**4237**	**755**
鼓楼区	14743	3007	8332	3044	297	56	7
云龙区	16651	3933	7890	4307	444	69	8
贾汪区	13780	2483	3389	6273	1383	218	34
泉山区	22257	5115	11790	4723	528	86	15
铜山区	37795	7822	8056	17777	3535	519	86
丰县	27101	3949	5076	14469	3036	485	86
沛县	31540	4432	6385	16102	3859	638	124
睢宁县	30561	4621	6613	15318	3429	498	82
徐州经济技术开发区	12399	2703	3770	5055	748	111	12
新沂市	29247	4888	6225	14048	3331	616	139
邳州市	41363	7897	7664	19633	5066	941	162
常州市	**180063**	**34082**	**101567**	**39310**	**4268**	**689**	**147**
天宁区	23692	4707	13968	4425	513	66	13
钟楼区	22910	5114	12725	4376	591	89	15
新北区	29969	5536	16598	6992	707	110	26
武进区	43225	8842	22118	10680	1329	222	34
金坛区	19442	2871	12993	3189	300	64	25
江苏省常州市经济开发区	14380	2570	7508	3706	488	89	19
溧阳市	26445	4442	15657	5942	340	49	15

6-5 续表 1

单位：人

地　　区	15-64岁妇女人数	活产0个	活产1个	活产2个	活产3个	活产4个	活产5个及以上
苏州市	**435832**	**93351**	**223869**	**106483**	**10402**	**1438**	**289**
虎丘区	29596	8130	13771	6953	627	98	17
吴中区	47309	12074	22528	11462	1065	148	32
相城区	29863	6222	14416	8198	855	144	28
姑苏区	31956	8781	17681	4885	527	67	15
吴江区	50290	9687	25527	13551	1277	211	37
苏州工业园区	42333	12346	19973	9192	712	91	19
常熟市	57774	9762	32288	13952	1574	168	30
张家港市	49370	7529	27490	12722	1383	214	32
昆山市	69235	14110	34429	18818	1617	210	51
太仓市	28106	4710	15766	6750	765	87	28
南通市	**255449**	**40573**	**172134**	**39563**	**2698**	**399**	**82**
崇川区	27664	8062	16564	2790	215	28	5
港闸区	13858	3220	8289	2030	260	49	10
通州区	36279	5100	24264	6368	471	69	7
如东县	27694	2963	21771	2790	140	25	5
南通经济技术开发区	9931	1977	6133	1637	158	21	5
通州湾示范区	2864	546	1918	375	21	3	1
苏锡通科技产业园区	3142	453	1843	727	100	13	6
启东市	31425	4340	23170	3644	227	33	11
如皋市	41755	5777	26063	9411	431	61	12
海门市	31021	4306	20900	5306	432	63	14
海安市	29816	3829	21219	4485	243	34	6
连云港市	**137084**	**27157**	**34791**	**57903**	**14030**	**2524**	**679**
连云区	4971	820	2669	1293	160	22	7
海州区	23843	4754	10501	7065	1244	229	50
赣榆区	30501	4940	4567	16008	4123	677	186
东海县	28622	5454	5029	13748	3653	580	158
灌云县	19055	3836	3882	8231	2378	573	155
灌南县	18457	3077	4420	8513	1972	374	101
连云港经济技术开发区	2869	667	1190	870	112	25	5
连云港高新技术产业开发区	6862	3301	2041	1291	202	19	8
江苏连云港徐圩新区	1035	169	335	444	76	9	2
江苏省连云港市云台山风景名胜区	869	139	157	440	110	16	7
淮安市	**139192**	**24294**	**60843**	**45475**	**6980**	**1265**	**335**
淮安区	22328	3250	10123	7658	1070	187	40
淮阴区	22755	4869	7654	8128	1678	335	91
清江浦区	19813	3933	10369	4918	503	73	17
洪泽区	9143	1245	5384	2305	180	22	7
涟水县	23544	4082	6926	9839	2169	408	120
盱眙县	17484	2444	7358	6602	863	174	43
金湖县	9703	1050	6647	1930	68	6	2
淮安经济技术开发区	9960	2926	4247	2454	279	42	12
工业园区	465	58	139	235	27	5	1
生态文旅区	3317	366	1577	1226	133	13	2
苏淮高新区	680	71	419	180	10		

6-5 续表 2

单位：人

地　区	15-64岁妇女人数	活产0个	活产1个	活产2个	活产3个	活产4个	活产5个及以上
盐城市	**219976**	**33615**	**116432**	**61711**	**6830**	**1099**	**289**
亭湖区	24582	5393	13840	5003	304	34	8
盐都区	20684	2825	10916	6440	447	47	9
大丰区	22547	2689	16303	3354	167	25	9
响水县	13510	2060	3785	6015	1285	283	82
滨海县	22455	3406	6678	9875	2024	367	105
阜宁县	24586	3855	10324	8971	1190	207	39
射阳县	26999	3675	15154	7492	591	69	18
建湖县	18965	2254	10286	5967	420	30	8
盐城经济技术开发区	3500	1008	1618	805	66	2	1
江苏省盐南高新区	12902	3109	6921	2724	130	14	4
东台市	29246	3341	20607	5065	206	21	6
扬州市	**165617**	**30789**	**105423**	**27600**	**1493**	**252**	**60**
广陵区	18909	4176	12057	2451	178	38	9
邗江区	27220	8120	14813	4053	202	27	5
江都区	32411	4467	22423	5173	290	46	12
宝应县	26607	4098	16176	5957	311	57	8
扬州经济技术开发区	8549	2373	5002	1084	75	10	5
蜀冈瘦西湖景区	4983	980	3261	693	43	4	2
生态新城	2244	352	1411	438	40	2	1
仪征市	18046	2505	11879	3433	182	37	10
高邮市	26648	3718	18401	4318	172	31	8
镇江市	**106354**	**19014**	**67084**	**18414**	**1501**	**272**	**69**
京口区	12239	3182	7700	1222	109	20	6
润州区	8194	1629	5472	1008	64	15	6
丹徒区	11073	2532	6645	1760	96	33	7
镇江新区	8242	1360	5456	1306	102	14	4
江苏镇江高新区	2106	347	1364	353	37	4	1
丹阳市	33428	5153	20614	6796	713	121	31
扬中市	10612	1294	7282	1889	130	13	4
句容市	20460	3517	12551	4080	250	52	10
泰州市	**147383**	**21155**	**91521**	**32504**	**1917**	**236**	**50**
海陵区	21415	4952	13126	3146	165	23	3
高港区	8668	1130	5371	2027	115	22	3
姜堰区	22775	2908	15569	4087	184	20	7
泰州医药高新技术产业开发区	8251	1690	4654	1771	117	17	2
兴化市	31966	3729	18116	9521	537	52	11
靖江市	22566	3030	14981	4216	291	38	10
泰兴市	31742	3716	19704	7736	508	64	14
宿迁市	**144382**	**24577**	**37473**	**63732**	**14860**	**2948**	**792**
宿城区	20981	3931	6005	8629	1950	383	83
宿豫区	13193	2161	3638	5785	1282	255	72
沭阳县	46750	7640	10213	21682	5607	1246	362
泗阳县	23441	4029	6599	10078	2197	412	126
泗洪县	24139	3875	6861	10607	2319	393	84
宿迁经济技术开发区	6132	1043	1906	2630	460	76	17
宿迁市湖滨新区	4339	1093	844	1859	452	68	23
苏州宿迁工业园区	976	110	348	450	62	5	1
宿迁市洋河新区	4431	695	1059	2012	531	110	24

6-6　全省按受教育程度、活产子女数分的15-64岁妇女人数

单位：人

受教育程度	15-64岁妇女人数	活产0个	活产1个	活产2个	活产3个	活产4个	活产5个及以上
总　计	**2785257**	**540644**	**1400456**	**721550**	**101750**	**16996**	**3861**
未上过学	43040	2221	15942	17978	5285	1254	360
学前教育	2174	234	904	791	188	39	18
小　学	397936	10815	193742	151252	33621	6811	1695
初　中	1054138	83347	580585	333672	48075	7033	1426
高　中	543360	137940	280566	112544	10671	1357	282
大学专科	368313	128460	175350	61359	2764	320	60
大学本科	336371	156646	138658	39825	1058	166	18
硕士研究生	36309	19254	13263	3699	77	15	1
博士研究生	3616	1727	1446	430	11	1	1

6-7　全省按职业、活产子女数分的15-64岁妇女人数

单位：人

职业大类	15-64岁妇女人数	活产0个	活产1个	活产2个	活产3个	活产4个	活产5个及以上	妇女平均活产子女数
总　计	**1573294**	**245062**	**822857**	**439024**	**55537**	**8858**	**1956**	**1.22**
党的机关、国家机关、群众团体和社会组织、企事业单位负责人	34111	3928	19810	9468	796	95	14	1.22
专业技术人员	247777	69892	132833	42963	1790	260	39	0.91
办事人员和有关人员	119885	27735	70105	21032	880	121	12	0.96
社会生产服务和生活服务人员	583705	96736	305526	159400	18694	2755	594	1.19
农、林、牧、渔业生产及辅助人员	148885	4582	63412	61945	15137	3047	762	1.67
生产制造及有关人员	434803	41004	229283	143296	18130	2558	532	1.34
不便分类的其他从业人员	4128	1185	1888	920	110	22	3	1.01

6-8 各地区按存活子女数分的15-64岁妇女人数

单位：人

地区	15-64岁妇女人数	存活0个	存活1个	存活2个	存活3个	存活4个	存活5个及以上
江苏	**2785257**	**576052**	**1387100**	**705601**	**97699**	**15642**	**3163**
南京市	**327705**	**100100**	**169840**	**51992**	**4982**	**687**	**104**
玄武区	19681	7997	9702	1805	153	20	4
秦淮区	26508	8197	15331	2685	245	45	5
建邺区	19120	6157	10370	2324	228	38	3
鼓楼区	34448	11413	19159	3521	317	32	6
浦口区	13509	3510	7074	2636	257	31	1
栖霞区	35041	14036	16032	4448	444	69	12
雨花台区	21211	6533	10858	3303	423	84	10
江宁区	65730	20800	32193	11480	1098	134	25
六合区	22567	3493	13140	5313	537	68	16
溧水区	16064	3571	7780	4307	365	39	2
高淳区	15586	2781	8644	3949	194	17	1
南京江北新区	38240	11612	19557	6221	721	110	19
无锡市	**248783**	**47987**	**140682**	**53519**	**5693**	**776**	**126**
锡山区	30092	5132	16231	7688	902	118	21
惠山区	29675	6497	14993	7214	826	126	19
滨湖区	20915	6612	10873	3030	350	44	6
梁溪区	33397	8132	19874	4808	512	64	7
新吴区	22882	4773	12966	4675	408	56	4
江苏无锡经济开发区	11691	2303	6511	2561	269	36	11
江阴市	58554	8217	32601	15940	1563	202	31
宜兴市	41577	6321	26633	7603	863	130	27
徐州市	**277437**	**53705**	**74791**	**119267**	**24971**	**4032**	**671**
鼓楼区	14743	3198	8222	2978	289	50	6
云龙区	16651	4053	7853	4252	427	60	6
贾汪区	13780	2591	3389	6223	1346	204	27
泉山区	22257	5276	11722	4655	511	81	12
铜山区	37795	8081	8086	17604	3451	494	79
丰县	27101	4306	5025	14275	2966	452	77
沛县	31540	4766	6412	15909	3731	608	114
睢宁县	30561	4911	6575	15170	3353	477	75
徐州经济技术开发区	12399	2797	3760	4998	728	104	12
新沂市	29247	5326	6158	13800	3251	590	122
邳州市	41363	8400	7589	19403	4918	912	141
常州市	**180063**	**36255**	**100636**	**38359**	**4071**	**622**	**120**
天宁区	23692	4974	13817	4342	488	59	12
钟楼区	22910	5342	12622	4289	569	76	12
新北区	29969	6043	16397	6752	670	90	17
武进区	43225	9333	21918	10459	1272	213	30
金坛区	19442	3096	12896	3087	280	64	19
江苏省常州市经济开发区	14380	2735	7459	3622	468	78	18
溧阳市	26445	4732	15527	5808	324	42	12

6-8 续表 1

单位：人

地 区	15-64岁妇女人数	存活0个	存活1个	存活2个	存活3个	存活4个	存活5个及以上
苏州市	**435832**	**98481**	**221758**	**104095**	**10023**	**1259**	**216**
虎丘区	29596	8594	13548	6760	602	82	10
吴中区	47309	12553	22334	11222	1044	136	20
相城区	29863	6655	14238	8025	807	120	18
姑苏区	31956	9065	17535	4760	519	63	14
吴江区	50290	10489	25205	13188	1215	162	31
苏州工业园区	42333	12757	19774	9032	680	78	12
常熟市	57774	9941	32356	13762	1536	155	24
张家港市	49370	8177	27219	12409	1345	192	28
昆山市	69235	15131	33961	18371	1548	187	37
太仓市	28106	5119	15588	6566	727	84	22
南通市	**255449**	**43480**	**170816**	**38259**	**2507**	**335**	**52**
崇川区	27664	8230	16476	2721	210	25	2
港闸区	13858	3301	8246	1998	260	47	6
通州区	36279	5393	24188	6183	448	63	4
如东县	27694	3383	21564	2608	115	22	2
南通经济技术开发区	9931	2110	6055	1589	154	18	5
通州湾示范区	2864	587	1895	359	19	3	1
苏锡通科技产业园区	3142	471	1840	715	98	13	5
启东市	31425	4760	22922	3508	203	23	9
如皋市	41755	6423	25801	9110	376	41	4
海门市	31021	4777	20651	5123	404	55	11
海安市	29816	4045	21178	4345	220	25	3
连云港市	**137084**	**29498**	**34147**	**57018**	**13460**	**2381**	**580**
连云区	4971	969	2582	1242	153	19	6
海州区	23843	5407	10172	6806	1202	217	39
赣榆区	30501	5366	4526	15846	3987	624	152
东海县	28622	5868	4976	13604	3482	558	134
灌云县	19055	4137	3830	8118	2293	537	140
灌南县	18457	3247	4404	8449	1903	364	90
连云港经济技术开发区	2869	697	1189	848	107	24	4
连云港高新技术产业开发区	6862	3432	1991	1243	171	18	7
江苏连云港徐圩新区	1035	233	316	422	58	5	1
江苏省连云港市云台山风景名胜区	869	142	161	440	104	15	7
淮安市	**139192**	**27015**	**59914**	**44232**	**6607**	**1165**	**259**
淮安区	22328	3676	9977	7467	1009	175	24
淮阴区	22755	5563	7388	7832	1588	309	75
清江浦区	19813	4246	10220	4783	481	69	14
洪泽区	9143	1435	5313	2221	152	17	5
涟水县	23544	4537	6827	9629	2070	387	94
盱眙县	17484	2824	7254	6413	810	150	33
金湖县	9703	1173	6605	1858	62	4	1
淮安经济技术开发区	9960	3041	4199	2402	269	38	11
工业园区	465	66	133	234	28	4	
生态文旅区	3317	378	1580	1217	128	12	2
苏淮高新区	680	76	418	176	10		

6-8 续表 2

单位：人

地　　区	15-64岁妇女人数	存活0个	存活1个	存活2个	存活3个	存活4个	存活5个及以上
盐城市	**219976**	**37112**	**115190**	**60111**	**6406**	**942**	**215**
亭湖区	24582	6041	13381	4863	270	23	4
盐都区	20684	3318	10719	6206	396	41	4
大丰区	22547	2927	16249	3198	148	19	6
响水县	13510	2323	3732	5862	1253	270	70
滨海县	22455	4054	6527	9586	1905	304	79
阜宁县	24586	4020	10346	8853	1150	186	31
射阳县	26999	4052	15012	7330	540	52	13
建湖县	18965	2373	10287	5894	387	21	3
盐城经济技术开发区	3500	1037	1610	791	59	2	1
江苏省盐南高新区	12902	3234	6871	2667	117	11	2
东台市	29246	3733	20456	4861	181	13	2
扬州市	**165617**	**32293**	**104880**	**26828**	**1375**	**204**	**37**
广陵区	18909	4352	11994	2354	172	30	7
邗江区	27220	8250	14788	3965	191	24	2
江都区	32411	4816	22259	5017	274	37	8
宝应县	26607	4565	15981	5741	269	46	5
扬州经济技术开发区	8549	2426	4966	1074	71	8	4
蜀冈瘦西湖景区	4983	1005	3246	683	43	4	2
生态新城	2244	366	1402	434	39	2	1
仪征市	18046	2668	11821	3364	163	27	3
高邮市	26648	3845	18423	4196	153	26	5
镇江市	**106354**	**20050**	**66633**	**17932**	**1434**	**255**	**50**
京口区	12239	3390	7557	1172	100	16	4
润州区	8194	1789	5359	964	62	14	6
丹徒区	11073	2654	6607	1686	92	32	2
镇江新区	8242	1459	5412	1262	95	12	2
江苏镇江高新区	2106	357	1365	348	34	2	
丹阳市	33428	5349	20563	6681	692	117	26
扬中市	10612	1405	7231	1839	122	12	3
句容市	20460	3647	12539	3980	237	50	7
泰州市	**147383**	**22653**	**91066**	**31717**	**1741**	**177**	**29**
海陵区	21415	5264	12942	3043	146	17	3
高港区	8668	1233	5328	1975	113	16	3
姜堰区	22775	3116	15525	3955	167	10	2
泰州医药高新技术产业开发区	8251	1795	4617	1716	107	15	1
兴化市	31966	4063	18043	9345	475	38	2
靖江市	22566	3167	14972	4119	266	33	9
泰兴市	31742	4015	19639	7564	467	48	9
宿迁市	**144382**	**27423**	**36747**	**62272**	**14429**	**2807**	**704**
宿城区	20981	4303	5886	8458	1893	363	78
宿豫区	13193	2403	3579	5662	1239	246	64
沭阳县	46750	8627	10010	21117	5460	1202	334
泗阳县	23441	4530	6482	9795	2139	379	116
泗洪县	24139	4386	6702	10381	2245	368	57
宿迁经济技术开发区	6132	1142	1867	2593	440	74	16
宿迁市湖滨新区	4339	1123	837	1851	447	63	18
苏州宿迁工业园区	976	129	340	440	61	6	
宿迁市洋河新区	4431	780	1044	1975	505	106	21

6-9　全省按受教育程度、存活子女数分的15-64岁妇女人数

单位：人

受教育程度	15-64岁妇女人数	存活0个	存活1个	存活2个	存活3个	存活4个	存活5个及以上
总　计	**2785257**	**576052**	**1387100**	**705601**	**97699**	**15642**	**3163**
未上过学	43040	3033	15951	17502	5052	1195	307
学前教育	2174	261	914	769	177	37	16
小　学	397936	17283	192858	147548	32383	6409	1455
初　中	1054138	98671	575048	326488	46315	6467	1149
高　中	543360	144438	277211	110158	10153	1191	209
大学专科	368313	132045	173389	60048	2579	229	23
大学本科	336371	159095	137166	39042	960	105	3
硕士研究生	36309	19470	13140	3620	70	9	
博士研究生	3616	1756	1423	426	10		1

6-10　全省按职业、存活子女数分的15-64岁妇女人数

单位：人

职业大类	15-64岁妇女人数	存活0个	存活1个	存活2个	存活3个	存活4个	存活5个及以上	妇女平均存活子女数
总　计	**1573294**	**264145**	**815751**	**430251**	**53423**	**8144**	**1580**	**1.19**
党的机关、国家机关、群众团体和社会组织、企事业单位负责人	34111	4370	19606	9274	775	78	8	1.20
专业技术人员	247777	72421	131432	42039	1678	183	24	0.89
办事人员和有关人员	119885	29018	69343	20620	814	86	4	0.95
社会生产服务和生活服务人员	583705	104158	302489	156136	17964	2494	464	1.17
农、林、牧、渔业生产及辅助人员	148885	6578	63436	60695	14619	2906	651	1.64
生产制造及有关人员	434803	46374	227579	140579	17470	2375	426	1.32
不便分类的其他从业人员	4128	1226	1866	908	103	22	3	0.99

6-11 各地区15-64岁妇女平均活产子女数和平均存活子女数

单位：人、%

地区	15-64岁妇女人数	活产子女总数			存活子女总数			存活子女数占活产子女数的百分比	妇女平均活产子女数	妇女平均存活子女数
		合计	男	女	合计	男	女			
江 苏	**2785257**	**3237360**	**1774407**	**1462953**	**3170669**	**1733993**	**1436676**	**97.94**	**1.16**	**1.14**
南京市	**327705**	**299164**	**161030**	**138134**	**292062**	**156933**	**135129**	**97.63**	**0.91**	**0.89**
玄武区	19681	14221	7550	6671	13872	7350	6522	97.55	0.72	0.70
秦淮区	26508	22283	11881	10402	21645	11533	10112	97.14	0.84	0.82
建邺区	19120	16314	8539	7775	15869	8284	7585	97.27	0.85	0.83
鼓楼区	34448	28072	14971	13101	27310	14549	12761	97.29	0.81	0.79
浦口区	13509	13709	7376	6333	13246	7110	6136	96.62	1.01	0.98
栖霞区	35041	27388	14873	12515	26598	14429	12169	97.12	0.78	0.76
雨花台区	21211	19449	10596	8853	19122	10399	8723	98.32	0.92	0.90
江宁区	65730	60087	32676	27411	59114	32118	26996	98.38	0.91	0.90
六合区	22567	26417	14279	12138	25733	13881	11852	97.41	1.17	1.14
溧水区	16064	18161	9856	8305	17657	9531	8126	97.22	1.13	1.10
高淳区	15586	17685	9567	8118	17198	9274	7924	97.25	1.13	1.10
南京江北新区	38240	35378	18866	16512	34698	18475	16223	98.08	0.93	0.91
无锡市	**248783**	**272745**	**149162**	**123583**	**268574**	**146761**	**121813**	**98.47**	**1.10**	**1.08**
锡山区	30092	35392	19497	15895	34897	19232	15665	98.60	1.18	1.16
惠山区	29675	33104	18337	14767	32502	17963	14539	98.18	1.12	1.10
滨湖区	20915	18571	9910	8661	18190	9679	8511	97.95	0.89	0.87
梁溪区	33397	32074	17396	14678	31317	16977	14340	97.64	0.96	0.94
新吴区	22882	24061	13326	10735	23788	13159	10629	98.87	1.05	1.04
江苏无锡经济开发区	11691	12785	6877	5908	12640	6785	5855	98.87	1.09	1.08
江阴市	58554	71087	39349	31738	70143	38814	31329	98.67	1.21	1.20
宜兴市	41577	45671	24470	21201	45097	24152	20945	98.74	1.10	1.08
徐州市	**277437**	**414600**	**228717**	**185883**	**407898**	**224617**	**183281**	**98.38**	**1.49**	**1.47**
鼓楼区	14743	15570	8509	7061	15275	8336	6939	98.11	1.06	1.04
云龙区	16651	18153	9713	8440	17909	9553	8356	98.66	1.09	1.08
贾汪区	13780	21147	11776	9371	20837	11583	9254	98.53	1.53	1.51
泉山区	22257	23243	12404	10839	22951	12223	10728	98.74	1.04	1.03
铜山区	37795	56740	30914	25826	56033	30488	25545	98.75	1.50	1.48
丰县	27101	45519	25425	20094	44692	24900	19792	98.18	1.68	1.65
沛县	31540	53363	29613	23750	52447	29061	23386	98.28	1.69	1.66
睢宁县	30561	49959	27708	22251	49274	27291	21983	98.63	1.63	1.61
徐州经济技术开发区	12399	16632	9024	7608	16420	8906	7514	98.73	1.34	1.32
新沂市	29247	47517	26408	21109	46518	25825	20693	97.90	1.62	1.59
邳州市	41363	66757	37223	29534	65542	36451	29091	98.18	1.61	1.58
常州市	**180063**	**196538**	**107280**	**89258**	**192693**	**105051**	**87642**	**98.04**	**1.09**	**1.07**
天宁区	23692	24693	13264	11429	24267	13018	11249	98.27	1.04	1.02
钟楼区	22910	23685	12896	10789	23274	12662	10612	98.26	1.03	1.02
新北区	29969	33291	18000	15291	32362	17481	14881	97.21	1.11	1.08
武进区	43225	48535	26458	22077	47665	25973	21692	98.21	1.12	1.10
金坛区	19442	20658	11087	9571	20266	10840	9426	98.10	1.06	1.04
江苏省常州市经济开发区	14380	16842	9473	7369	16514	9278	7236	98.05	1.17	1.15
溧阳市	26445	28834	16102	12732	28345	15799	12546	98.30	1.09	1.07

6-11　续表 1

单位：人、%

地　区	15-64岁妇女人数	活产子女总数			存活子女总数			存活子女数占活产子女数的百分比	妇女平均活产子女数	妇女平均存活子女数
		合计	男	女	合计	男	女			
苏州市	**435832**	**475325**	**261069**	**214256**	**466183**	**255649**	**210534**	**98.08**	**1.09**	**1.07**
虎丘区	29596	30038	16368	13670	29254	15872	13382	97.39	1.01	0.99
吴中区	47309	49407	27380	22027	48556	26888	21668	98.28	1.04	1.03
相城区	29863	34107	18766	15341	33286	18283	15003	97.59	1.14	1.11
姑苏区	31956	29377	15748	13629	28936	15475	13461	98.50	0.92	0.91
吴江区	50290	57496	31706	25790	56036	30851	25185	97.46	1.14	1.11
苏州工业园区	42333	40958	22202	18756	40251	21785	18466	98.27	0.97	0.95
常熟市	57774	65745	35983	29762	65234	35642	29592	99.22	1.14	1.13
张家港市	49370	58106	31769	26337	56983	31133	25850	98.07	1.18	1.15
昆山市	69235	78035	43421	34614	76296	42419	33877	97.77	1.13	1.10
太仓市	28106	32056	17726	14330	31351	17301	14050	97.80	1.14	1.12
南通市	**255449**	**261380**	**139181**	**122199**	**256466**	**136188**	**120278**	**98.12**	**1.02**	**1.00**
崇川区	27664	22927	12211	10716	22659	12049	10610	98.83	0.83	0.82
港闸区	13858	13375	7263	6112	13240	7193	6047	98.99	0.97	0.96
通州区	36279	38728	20547	18181	38171	20198	17973	98.56	1.07	1.05
如东县	27694	27898	14422	13476	27223	14003	13220	97.58	1.01	0.98
南通经济技术开发区	9931	9992	5440	4552	9794	5331	4463	98.02	1.01	0.99
通州湾示范区	2864	2748	1410	1338	2687	1375	1312	97.78	0.96	0.94
苏锡通科技产业园区	3142	3679	2011	1668	3641	1991	1650	98.97	1.17	1.16
启东市	31425	31330	16468	14862	30687	16075	14612	97.95	1.00	0.98
如皋市	41755	46486	25362	21124	45335	24653	20682	97.52	1.11	1.09
海门市	31021	33132	17477	15655	32386	17028	15358	97.75	1.07	1.04
海安市	29816	31085	16570	14515	30643	16292	14351	98.58	1.04	1.03
连云港市	**137084**	**206395**	**115244**	**91151**	**201139**	**111803**	**89336**	**97.45**	**1.51**	**1.47**
连云区	4971	5858	3214	2644	5631	3088	2543	96.12	1.18	1.13
海州区	23843	29537	16479	13058	28459	15817	12642	96.35	1.24	1.19
赣榆区	30501	52656	29848	22808	51477	29032	22445	97.76	1.73	1.69
东海县	28622	46643	25691	20952	45567	24975	20592	97.69	1.63	1.59
灌云县	19055	30604	17016	13588	29840	16507	13333	97.50	1.61	1.57
灌南县	18457	29392	16521	12871	28935	16194	12741	98.45	1.59	1.57
连云港经济技术开发区	2869	3392	1889	1503	3323	1851	1472	97.97	1.18	1.16
连云港高新技术产业开发区	6862	5347	2933	2414	5097	2786	2311	95.32	0.78	0.74
江苏连云港徐圩新区	1035	1497	852	645	1359	765	594	90.78	1.45	1.31
江苏省连云港市云台山风景名胜区	869	1469	801	668	1451	788	663	98.77	1.69	1.67
淮安市	**139192**	**179585**	**98962**	**80623**	**174233**	**95726**	**78507**	**97.02**	**1.29**	**1.25**
淮安区	22328	29605	16834	12771	28762	16292	12470	97.15	1.33	1.29
淮阴区	22755	30781	17001	13780	29455	16177	13278	95.69	1.35	1.29
清江浦区	19813	22095	12116	9979	21579	11800	9779	97.66	1.12	1.09
洪泽区	9143	10657	5832	4825	10304	5636	4668	96.69	1.17	1.13
涟水县	23544	35383	19619	15764	34340	19000	15340	97.05	1.50	1.46
盱眙县	17484	24082	12729	11353	23288	12272	11016	96.70	1.38	1.33
金湖县	9703	10745	5677	5068	10528	5558	4970	97.98	1.11	1.09
淮安经济技术开发区	9960	10223	5851	4372	10020	5724	4296	98.01	1.03	1.01
工业园区	465	715	380	335	701	371	330	98.04	1.54	1.51
生态文旅区	3317	4490	2493	1997	4456	2472	1984	99.24	1.35	1.34
苏淮高新区	680	809	430	379	800	424	376	98.89	1.19	1.18

6-11 续表 2

单位：人、%

地　区	15-64岁妇女人数	活产子女总数			存活子女总数			存活子女数占活产子女数的百分比	妇女平均活产子女数	妇女平均存活子女数
		合计	男	女	合计	男	女			
盐城市	**219976**	**266286**	**149061**	**117225**	**259542**	**144834**	**114708**	**97.47**	**1.21**	**1.18**
亭湖区	24582	24935	14637	10298	24030	14054	9976	96.37	1.01	0.98
盐都区	20684	25374	15087	10287	24506	14533	9973	96.58	1.23	1.18
大丰区	22547	23660	12393	11267	23198	12138	11060	98.05	1.05	1.03
响水县	13510	21250	11802	9448	20677	11429	9248	97.30	1.57	1.53
滨海县	22455	34528	19110	15418	33048	18174	14874	95.71	1.54	1.47
阜宁县	24586	32866	18317	14549	32404	18035	14369	98.59	1.34	1.32
射阳县	26999	32281	17936	14345	31567	17481	14086	97.79	1.20	1.17
建湖县	18965	23643	13386	10257	23336	13207	10129	98.70	1.25	1.23
盐城经济技术开发区	3500	3439	1937	1502	3382	1900	1482	98.34	0.98	0.97
江苏省盐南高新区	12902	12838	7491	5347	12610	7352	5258	98.22	1.00	0.98
东台市	29246	31472	16965	14507	30784	16531	14253	97.81	1.08	1.05
扬州市	**165617**	**166433**	**91127**	**75306**	**163675**	**89451**	**74224**	**98.34**	**1.00**	**0.99**
广陵区	18909	17692	9881	7811	17375	9686	7689	98.21	0.94	0.92
邗江区	27220	23659	13198	10461	23397	13043	10354	98.89	0.87	0.86
江都区	32411	33890	18350	15540	33305	17995	15310	98.27	1.05	1.03
宝应县	26607	29294	16341	12953	28481	15856	12625	97.22	1.10	1.07
扬州经济技术开发区	8549	7462	4112	3350	7381	4066	3315	98.91	0.87	0.86
蜀冈瘦西湖景区	4983	4803	2628	2175	4768	2608	2160	99.27	0.96	0.96
生态新城	2244	2420	1360	1060	2400	1344	1056	99.17	1.08	1.07
仪征市	18046	19489	10585	8904	19161	10384	8777	98.32	1.08	1.06
高邮市	26648	27724	14672	13052	27407	14469	12938	98.86	1.04	1.03
镇江市	**106354**	**109873**	**59017**	**50856**	**108084**	**57927**	**50157**	**98.37**	**1.03**	**1.02**
京口区	12239	10584	5617	4967	10287	5448	4839	97.19	0.86	0.84
润州区	8194	7776	4171	3605	7565	4047	3518	97.29	0.95	0.92
丹徒区	11073	10623	5594	5029	10393	5442	4951	97.83	0.96	0.94
镇江新区	8242	8454	4654	3800	8282	4540	3742	97.97	1.03	1.00
江苏镇江高新区	2106	2202	1217	985	2171	1192	979	98.59	1.05	1.03
丹阳市	33428	36988	19998	16990	36602	19762	16840	98.96	1.11	1.09
扬中市	10612	11523	6316	5207	11339	6209	5130	98.40	1.09	1.07
句容市	20460	21723	11450	10273	21445	11287	10158	98.72	1.06	1.05
泰州市	**147383**	**163491**	**91560**	**71931**	**160586**	**89745**	**70841**	**98.22**	**1.11**	**1.09**
海陵区	21415	20020	10933	9087	19549	10656	8893	97.65	0.93	0.91
高港区	8668	9874	5463	4411	9697	5349	4348	98.21	1.14	1.12
姜堰区	22775	24410	13255	11155	23986	12999	10987	98.26	1.07	1.05
泰州医药高新技术产业开发区	8251	8626	4786	3840	8436	4657	3779	97.80	1.05	1.02
兴化市	31966	39033	22824	16209	38320	22359	15961	98.17	1.22	1.20
靖江市	22566	24491	13271	11220	24187	13093	11094	98.76	1.09	1.07
泰兴市	31742	37037	21028	16009	36411	20632	15779	98.31	1.17	1.15
宿迁市	**144382**	**225545**	**122997**	**102548**	**219534**	**119308**	**100226**	**97.33**	**1.56**	**1.52**
宿城区	20981	31094	16799	14295	30355	16348	14007	97.62	1.48	1.45
宿豫区	13193	20447	11140	9307	19936	10812	9124	97.50	1.55	1.51
沭阳县	46750	77326	42036	35290	75195	40728	34467	97.24	1.65	1.61
泗阳县	23441	35670	19979	15691	34622	19342	15280	97.06	1.52	1.48
泗洪县	24139	37051	19925	17126	35971	19279	16692	97.09	1.53	1.49
宿迁经济技术开发区	6132	8940	4909	4031	8754	4800	3954	97.92	1.46	1.43
宿迁市湖滨新区	4339	6311	3449	2862	6227	3388	2839	98.67	1.45	1.44
苏州宿迁工业园区	976	1459	800	659	1427	779	648	97.81	1.49	1.46
宿迁市洋河新区	4431	7247	3960	3287	7047	3832	3215	97.24	1.64	1.59

6-12 全省按年龄分的15-64岁妇女平均活产子女数和平均存活子女数

单位：人、%

年 龄	15-64岁妇女人数	活产子女总数			存活子女总数			存活子女数占活产子女数的百分比	妇女平均活产子女数	妇女平均存活子女数
		合计	男	女	合计	男	女			
总 计	**2785257**	**3237360**	**1774407**	**1462953**	**3170669**	**1733993**	**1436676**	**97.94**	**1.16**	**1.14**
15-19岁	**168447**	**775**	**391**	**384**	**768**	**386**	**382**	**99.10**		
15	34947	3	1	2	3	1	2	100.00		
16	36695	25	6	19	25	6	19	100.00		
17	31885	73	39	34	73	39	34	100.00		
18	28879	212	99	113	212	99	113	100.00	0.01	0.01
19	36041	462	246	216	455	241	214	98.48	0.01	0.01
20-24岁	**180281**	**26541**	**14098**	**12443**	**26090**	**13838**	**12252**	**98.30**	**0.15**	**0.14**
20	38047	1095	602	493	1081	593	488	98.72	0.03	0.03
21	34657	2139	1116	1023	2104	1096	1008	98.36	0.06	0.06
22	33911	4111	2198	1913	4030	2145	1885	98.03	0.12	0.12
23	35555	7174	3791	3383	7051	3723	3328	98.29	0.20	0.20
24	38111	12022	6391	5631	11824	6281	5543	98.35	0.32	0.31
25-29岁	**257469**	**196504**	**104712**	**91792**	**193150**	**102767**	**90383**	**98.29**	**0.76**	**0.75**
25	44514	19391	10328	9063	19060	10119	8941	98.29	0.44	0.43
26	45123	26040	13807	12233	25586	13550	12036	98.26	0.58	0.57
27	50257	37188	19853	17335	36547	19491	17056	98.28	0.74	0.73
28	55075	49366	26230	23136	48577	25772	22805	98.40	0.90	0.88
29	62500	64519	34494	30025	63380	33835	29545	98.23	1.03	1.01
30-34岁	**383892**	**489615**	**263116**	**226499**	**481048**	**258199**	**222849**	**98.25**	**1.28**	**1.25**
30	83298	95888	51610	44278	94331	50703	43628	98.38	1.15	1.13
31	82504	101809	54719	47090	100000	53681	46319	98.22	1.23	1.21
32	73866	95384	51193	44191	93705	50201	43504	98.24	1.29	1.27
33	78951	106239	57051	49188	104351	55986	48365	98.22	1.35	1.32
34	65273	90295	48543	41752	88661	47628	41033	98.19	1.38	1.36
35-39岁	**280036**	**400305**	**216500**	**183805**	**392938**	**212241**	**180697**	**98.16**	**1.43**	**1.40**
35	53355	75930	40998	34932	74591	40233	34358	98.24	1.42	1.40
36	52868	76295	41293	35002	74867	40458	34409	98.13	1.44	1.42
37	52861	76155	41413	34742	74765	40607	34158	98.17	1.44	1.41
38	63731	90418	48698	41720	88733	47739	40994	98.14	1.42	1.39
39	57221	81507	44098	37409	79982	43204	36778	98.13	1.42	1.40
40-44岁	**266871**	**367770**	**201386**	**166384**	**360902**	**197334**	**163568**	**98.13**	**1.38**	**1.35**
40	48314	68102	37119	30983	66912	36401	30511	98.25	1.41	1.38
41	56697	78637	42919	35718	77126	42028	35098	98.08	1.39	1.36
42	54146	74635	41027	33608	73231	40205	33026	98.12	1.38	1.35
43	52364	71301	38918	32383	69935	38110	31825	98.08	1.36	1.34
44	55350	75095	41403	33692	73698	40590	33108	98.14	1.36	1.33
45-49岁	**309039**	**414590**	**230893**	**183697**	**406362**	**225814**	**180548**	**98.02**	**1.34**	**1.31**
45	53931	72696	40399	32297	71284	39576	31708	98.06	1.35	1.32
46	57078	76774	42753	34021	75310	41851	33459	98.09	1.35	1.32
47	58941	79046	44022	35024	77457	43028	34429	97.99	1.34	1.31
48	64959	87219	48562	38657	85522	47510	38012	98.05	1.34	1.32
49	74130	98855	55157	43698	96789	53849	42940	97.91	1.33	1.31
50-54岁	**390593**	**533093**	**297080**	**236013**	**521458**	**289838**	**231620**	**97.82**	**1.36**	**1.34**
50	81477	108966	60665	48301	106679	59267	47412	97.90	1.34	1.31
51	80610	108146	60488	47658	105853	59079	46774	97.88	1.34	1.31
52	84032	114491	63928	50563	111940	62348	49592	97.77	1.36	1.33
53	67131	92983	51897	41086	90927	50558	40369	97.79	1.39	1.35
54	77343	108507	60102	48405	106059	58586	47473	97.74	1.40	1.37
55-59岁	**317768**	**457194**	**253278**	**203916**	**446459**	**246577**	**199882**	**97.65**	**1.44**	**1.40**
55	74682	104724	58143	46581	102306	56656	45650	97.69	1.40	1.37
56	68830	96489	53483	43006	94323	52116	42207	97.76	1.40	1.37
57	79660	114353	63316	51037	111614	61614	50000	97.60	1.44	1.40
58	60212	89584	49662	39922	87456	48348	39108	97.62	1.49	1.45
59	34384	52044	28674	23370	50760	27843	22917	97.53	1.51	1.48
60-64岁	**230861**	**350973**	**192953**	**158020**	**341494**	**186999**	**154495**	**97.30**	**1.52**	**1.48**
60	37300	54972	30399	24573	53588	29526	24062	97.48	1.47	1.44
61	37458	55458	30596	24862	53929	29646	24283	97.24	1.48	1.44
62	48406	73563	40520	33043	71543	39300	32243	97.25	1.52	1.48
63	56774	86642	47335	39307	84264	45818	38446	97.26	1.53	1.48
64	50923	80338	44103	36235	78170	42709	35461	97.30	1.58	1.54

6-13 全省按受教育程度分的15-64岁妇女平均活产子女数和平均存活子女数

单位：人、%

受教育程度	15-64岁妇女人数	活产子女总数		
		合计	男	女
总 计	**2785257**	**3237360**	**1774407**	**1462953**
未上过学	43040	74707	41531	33176
学前教育	2174	3305	1912	1393
小 学	397936	633370	353737	279633
初 中	1054138	1427892	786332	641560
高 中	543360	544580	296339	248241
大学专科	368313	307959	164608	143351
大学本科	336371	222242	117635	104607
硕士研究生	36309	20957	11074	9883
博士研究生	3616	2348	1239	1109

6-13 续表

单位：人、%

受教育程度	存活子女总数			存活子女数占活产子女数的百分比	妇女平均活产子女数	妇女平均存活子女数
	合计	男	女			
总 计	**3170669**	**1733993**	**1436676**	**97.94**	**1.16**	**1.14**
未上过学	72524	40162	32362	97.08	1.74	1.69
学前教育	3219	1857	1362	97.40	1.52	1.48
小 学	618427	344276	274151	97.64	1.59	1.55
初 中	1398888	768749	630139	97.97	1.35	1.33
高 中	533852	289965	243887	98.03	1.00	0.98
大学专科	302256	161309	140947	98.15	0.84	0.82
大学本科	218567	115571	102996	98.35	0.66	0.65
硕士研究生	20626	10884	9742	98.42	0.58	0.57
博士研究生	2310	1220	1090	98.38	0.65	0.64

中国人口普查
CHINA POPULATION CENSUS

2020

江苏省人口普查年鉴

(第5册)

JIANGSU POPULATION CENSUS YEARBOOK 2020

(BOOK 5)

江　苏　省　统　计　局
江苏省第七次全国人口普查领导小组办公室　编

Compiled by
Jiangsu Provincial Bureau of Statistics
Office of the Leading Group of Jiangsu province for the Seventh National Population Census

中国统计出版社
China Statistics Press

图书在版编目（CIP）数据

江苏省人口普查年鉴. 2020. 第 5 册 / 江苏省统计局, 江苏省第七次全国人口普查领导小组办公室编. -- 北京 : 中国统计出版社, 2022.7
ISBN 978-7-5037-9843-6

Ⅰ. ①江… Ⅱ. ①江… ②江… Ⅲ. ①人口普查－统计资料－江苏－2020－年鉴 Ⅳ. ①C924.255.3-54

中国版本图书馆 CIP 数据核字(2022)第 111117 号

江苏省人口普查年鉴-2020（第 5 册）

作　　者/江苏省统计局　江苏省第七次全国人口普查领导小组办公室编
责任编辑/郭　栋
执行编辑/周小睿
封面设计/李雪燕
出版发行/中国统计出版社有限公司
通信地址/北京市丰台区西三环南路甲 6 号　邮政编码/100073
发行电话/邮购（010）63376909　书店（010）68783171
网　　址/http://www.zgtjcbs.com/
印　　刷/河北鑫兆源印刷有限公司
经　　销/新华书店
开　　本/880mm×1230mm　1/16
字　　数/1368 千字
印　　张/42.75
版　　别/2022 年 7 月第 1 版
版　　次/2022 年 7 月第 1 次印刷
定　　价/980.00 元（全五册附光盘）

目　　录

第5册

第二部分　长表数据资料(续)

第三部分　附　录

第二部分 长表数据资料

第七卷 迁移和户口登记地

7-1　全省按现住地、户口登记地类型分的户口登记地在外乡镇街道人口

单位：人

现住地	合计					省内				
	合计	乡	镇的村委会	镇的居委会	街道	小计	乡	镇的村委会	镇的居委会	街道
江　苏	**2739769**	**417808**	**1415814**	**334223**	**571924**	**1719222**	**193392**	**795123**	**260356**	**470351**
南京市	**396972**	**47167**	**136463**	**48576**	**164766**	**257563**	**20272**	**68650**	**34566**	**134075**
玄武区	22224	2379	5537	2419	11889	13494	922	2381	1478	8713
秦淮区	31512	2524	8297	3483	17208	21869	922	3514	2325	15108
建邺区	25711	2288	6958	2566	13899	17823	930	3180	1817	11896
鼓楼区	34515	3322	7274	4345	19574	23785	1484	3156	2929	16216
浦口区	12707	1763	2932	1306	6706	8382	907	1318	927	5230
栖霞区	53078	5698	18744	7344	21292	33403	2245	8818	5427	16913
雨花台区	36879	6148	11872	4579	14280	22973	2565	5394	3252	11762
江宁区	86795	11443	33861	12030	29461	51852	4453	15873	8571	22955
六合区	14625	1675	5427	1640	5883	11368	931	3794	1283	5360
溧水区	17565	2079	9910	1888	3688	12532	1150	6715	1498	3169
高淳区	8471	1604	4664	778	1425	6362	1087	3402	677	1196
南京江北新区	52890	6244	20987	6198	19461	33720	2676	11105	4382	15557
无锡市	**316229**	**56597**	**181557**	**27412**	**50663**	**150774**	**17159**	**75122**	**19073**	**39420**
锡山区	45434	8294	29769	2636	4735	17412	2045	10216	1654	3497
惠山区	42780	9702	24492	3628	4958	17971	2984	9658	2159	3170
滨湖区	28875	5215	12384	3149	8127	14854	1874	4941	2016	6023
梁溪区	41734	5516	16930	5299	13989	26409	2243	8111	4033	12022
新吴区	31040	6535	15962	2285	6258	15340	2252	6603	1468	5017
江苏无锡经济开发区	16403	2269	7711	1550	4873	8863	734	3236	1046	3847
江阴市	62048	12830	40785	3725	4708	24242	3077	14832	2783	3550
宜兴市	47915	6236	33524	5140	3015	25683	1950	17525	3914	2294
徐州市	**178829**	**10136**	**88937**	**26039**	**53717**	**153311**	**7822**	**74685**	**22835**	**47969**
鼓楼区	19799	776	3973	2139	12911	16597	401	2864	1802	11530
云龙区	19363	778	7863	4719	6003	15895	542	5937	4059	5357
贾汪区	7510	594	3516	849	2551	6426	453	2869	769	2335
泉山区	23907	909	7179	4306	11513	19684	578	5058	3607	10441
铜山区	20524	1370	11353	2244	5557	14964	805	8166	1708	4285
丰县	13055	2732	8327	526	1470	11948	2586	7610	477	1275
沛县	16839	874	10125	3625	2215	15220	752	9123	3336	2009
睢宁县	17392	439	12429	2715	1809	16152	379	11599	2529	1645
徐州经济技术开发区	13895	625	8543	1069	3658	11574	398	6948	889	3339
新沂市	13002	532	8640	1409	2421	12079	476	8004	1308	2291
邳州市	13543	507	6989	2438	3609	12772	452	6507	2351	3462
常州市	**232705**	**42511**	**133833**	**21566**	**34795**	**127124**	**15285**	**66907**	**16468**	**28464**
天宁区	30873	4393	13883	2413	10184	18721	1414	6652	1801	8854
钟楼区	33057	6635	15570	2103	8749	19493	2466	7809	1670	7548
新北区	36070	4908	21127	3110	6925	20279	1710	10757	2302	5510
武进区	63846	11686	41107	6832	4221	30916	4076	18474	5360	3006
金坛区	23164	3648	15664	2325	1527	14705	1436	10264	1740	1265
江苏省常州市经济开发区	23656	7233	12868	1797	1758	8993	1965	4470	1130	1428
溧阳市	22039	4008	13614	2986	1431	14017	2218	8481	2465	853

7-1 续表 1 单位：人

现住地	合计					省内				
	合计	乡	镇的村委会	镇的居委会	街道	小计	乡	镇的村委会	镇的居委会	街道
苏州市	**634475**	**126154**	**371786**	**64732**	**71803**	**240564**	**35378**	**120500**	**37488**	**47198**
虎丘区	45852	8996	24256	5482	7118	21028	3015	9431	3451	5131
吴中区	69277	16621	36817	6618	9221	27380	5441	11848	3845	6246
相城区	47334	9934	27057	4146	6197	18540	2475	9167	2526	4372
姑苏区	39509	14531	7510	2400	15068	22730	5847	3038	1527	12318
吴江区	68355	17241	41411	6004	3699	18122	3950	9414	2845	1913
苏州工业园区	65785	12225	31568	8658	13334	29693	4113	11984	5075	8521
常熟市	81559	9303	59429	5776	7051	31222	2234	20642	3818	4528
张家港市	68981	9012	51583	6587	1799	27986	2361	20311	4498	816
昆山市	107302	20959	66218	14218	5907	32293	4723	17961	7290	2319
太仓市	40521	7332	25937	4843	2409	11570	1219	6704	2613	1034
南通市	**180774**	**27977**	**102470**	**23493**	**26834**	**113401**	**13024**	**59561**	**18952**	**21864**
崇川区	33644	3940	12550	5843	11311	24986	2036	8239	4872	9839
港闸区	22693	2775	12571	3034	4313	15362	1431	7832	2489	3610
通州区	22286	4919	13684	2169	1514	10746	1365	6395	1772	1214
如东县	10027	1344	5427	2216	1040	7430	857	3798	1964	811
南通经济技术开发区	15650	1637	10031	2222	1760	9453	703	5641	1750	1359
通州湾示范区	1712	225	1039	273	175	1008	119	558	209	122
苏锡通科技产业园区	4133	1237	2486	219	191	1367	271	826	144	126
启东市	17281	3198	11122	1996	965	11029	1947	6975	1560	547
如皋市	13297	2787	6264	2428	1818	9770	1932	4516	1851	1471
海门市	24326	3769	16085	1501	2971	11847	1188	7480	1006	2173
海安市	15725	2146	11211	1592	776	10403	1175	7301	1335	592
连云港市	**74203**	**11145**	**33295**	**10125**	**19638**	**65145**	**9695**	**28847**	**9171**	**17432**
连云区	6094	645	2013	603	2833	4785	479	1420	501	2385
海州区	17761	2354	4866	2624	7917	16373	2108	4410	2450	7405
赣榆区	8719	731	5881	1546	561	7481	552	5062	1405	462
东海县	11038	2431	6202	464	1941	10155	2256	5714	426	1759
灌云县	8178	1599	4166	1682	731	7738	1522	3925	1613	678
灌南县	7789	1426	5117	1112	134	7144	1333	4672	1057	82
连云港经济技术开发区	3345	403	1083	486	1373	2849	303	882	424	1240
连云港高新技术产业开发区	9933	1346	3393	1478	3716	7791	1016	2490	1188	3097
江苏连云港徐圩新区	1061	129	537	111	284	558	48	239	90	181
江苏省连云港市云台山风景名胜区	285	81	37	19	148	271	78	33	17	143
淮安市	**102228**	**18081**	**45200**	**13357**	**25590**	**94626**	**16586**	**41505**	**12509**	**24026**
淮安区	13828	2841	7101	1911	1975	13100	2620	6785	1798	1897
淮阴区	12713	2307	5577	1834	2995	11691	2083	5140	1708	2760
清江浦区	18970	2223	4596	2803	9348	17500	1920	4043	2603	8934
洪泽区	7129	1104	3972	1133	920	6822	1067	3805	1089	861
涟水县	12556	3296	5688	2001	1571	12061	3155	5493	1908	1505
盱眙县	13154	3574	6163	1597	1820	12376	3365	5798	1519	1694
金湖县	9245	1282	6180	1055	728	8530	1178	5748	968	636
淮安经济技术开发区	11462	1258	4568	658	4978	9617	1034	3475	585	4523
工业园区	148	15	119	9	5	85	1	75	5	4
生态文旅区	2648	177	898	345	1228	2488	161	813	319	1195
苏淮高新区	375	4	338	11	22	356	2	330	7	17

7-1 续表 2 单位：人

现住地	合计					省内				
	合计	乡	镇的村委会	镇的居委会	街道	小计	乡	镇的村委会	镇的居委会	街道
盐城市	**145635**	**15318**	**72356**	**32318**	**25643**	**133281**	**13481**	**65291**	**30484**	**24025**
亭湖区	19513	1791	7852	3496	6374	17856	1524	6985	3300	6047
盐都区	17372	745	9253	2973	4401	16321	630	8575	2875	4241
大丰区	13649	1388	7908	2315	2038	11900	1155	6755	2123	1867
响水县	10066	2752	4198	2914	202	9486	2601	3940	2788	157
滨海县	12621	1854	7024	2363	1380	11824	1728	6546	2269	1281
阜宁县	12499	649	7303	3029	1518	12020	571	7053	2925	1471
射阳县	15332	1329	7806	5142	1055	14318	1202	7256	4898	962
建湖县	16933	2331	9453	3241	1908	16197	2205	9100	3157	1735
盐城经济技术开发区	2787	194	1195	873	525	2177	115	950	685	427
江苏省盐南高新区	14028	1300	3971	3045	5712	13201	1186	3708	2884	5423
东台市	10835	985	6393	2927	530	7981	564	4423	2580	414
扬州市	**127046**	**16697**	**67142**	**17521**	**25686**	**103205**	**12460**	**53587**	**15478**	**21680**
广陵区	20195	3558	8693	1911	6033	15815	2432	6336	1612	5435
邗江区	29603	3427	11488	3581	11107	23311	2548	8762	3069	8932
江都区	18633	1504	13282	3115	732	14881	1032	10587	2760	502
宝应县	14167	1855	9485	2474	353	13363	1763	8969	2363	268
扬州经济技术开发区	10711	945	4658	1274	3834	7984	492	3098	1094	3300
蜀冈瘦西湖景区	5767	747	2061	631	2328	4853	569	1529	567	2188
生态新城	1862	353	1337	69	103	1045	162	763	42	78
仪征市	10944	1264	6661	2570	449	8448	784	5088	2218	358
高邮市	15164	3044	9477	1896	747	13505	2678	8455	1753	619
镇江市	**119096**	**14415**	**58373**	**13178**	**33130**	**81000**	**6421**	**35840**	**10712**	**28027**
京口区	16782	1253	4248	2918	8363	13202	814	2765	2355	7268
润州区	11558	721	2997	2186	5654	9901	459	2171	2014	5257
丹徒区	11662	1136	6639	1123	2764	8054	540	4395	890	2229
镇江新区	12263	1623	6464	1531	2645	9136	939	4752	1209	2236
江苏镇江高新区	3789	382	1223	391	1793	2963	217	820	336	1590
丹阳市	35446	6003	22248	2554	4641	18434	2010	10949	1817	3658
扬中市	8366	677	5913	529	1247	5277	227	3641	428	981
句容市	19230	2620	8641	1946	6023	14033	1215	6347	1663	4808
泰州市	**117692**	**10567**	**70803**	**15347**	**20975**	**94549**	**6781**	**55604**	**13430**	**18734**
海陵区	24279	1600	10516	3904	8259	19760	891	7984	3386	7499
高港区	6813	549	3951	802	1511	5126	278	2864	643	1341
姜堰区	17323	1814	11075	2080	2354	15535	1421	9994	1923	2197
泰州医药高新技术产业开发区	10256	1084	4257	1768	3147	7584	507	2770	1512	2795
兴化市	16507	2210	9985	1940	2372	14488	1856	8723	1770	2139
靖江市	24195	1281	18084	3141	1689	18475	552	13703	2782	1438
泰兴市	18319	2029	12935	1712	1643	13581	1276	9566	1414	1325
宿迁市	**113885**	**21043**	**53599**	**20559**	**18684**	**104679**	**19028**	**49024**	**19190**	**17437**
宿城区	15219	1757	6312	2439	4711	13417	1361	5335	2256	4465
宿豫区	12072	2377	6319	1971	1405	11087	2186	5778	1839	1284
沭阳县	30408	4517	17177	3343	5371	28578	4149	16198	3163	5068
泗阳县	18190	4156	8103	3702	2229	17261	3903	7749	3495	2114
泗洪县	25711	6242	10757	6589	2123	24034	5824	10025	6242	1943
宿迁经济技术开发区	6454	1126	2266	903	2159	5804	937	1988	842	2037
宿迁市湖滨新区	3358	632	1325	1061	340	2293	472	758	837	226
苏州宿迁工业园区	1295	74	644	285	292	1159	52	573	276	258
宿迁市洋河新区	1178	162	696	266	54	1046	144	620	240	42

7-1 续表 3 单位：人

现住地	省外									
	小计					北京				
	小计	乡	镇的村委会	镇的居委会	街道	小计	乡	镇的村委会	镇的居委会	街道
江　苏	**1020547**	**224416**	**620691**	**73867**	**101573**	**1925**	**80**	**232**	**355**	**1258**
南京市	**139409**	**26895**	**67813**	**14010**	**30691**	**535**	**12**	**40**	**71**	**412**
玄武区	8730	1457	3156	941	3176	52		3	3	46
秦淮区	9643	1602	4783	1158	2100	36	1		8	27
建邺区	7888	1358	3778	749	2003	74		1	11	62
鼓楼区	10730	1838	4118	1416	3358	65	1	2	10	52
浦口区	4325	856	1614	379	1476	21		2		19
栖霞区	19675	3453	9926	1917	4379	73	3	13	7	50
雨花台区	13906	3583	6478	1327	2518	29	3	2	4	20
江宁区	34943	6990	17988	3459	6506	100	3	12	19	66
六合区	3257	744	1633	357	523	3			2	1
溧水区	5033	929	3195	390	519	5				5
高淳区	2109	517	1262	101	229	8		1		7
南京江北新区	19170	3568	9882	1816	3904	69	1	4	7	57
无锡市	**165455**	**39438**	**106435**	**8339**	**11243**	**183**	**5**	**16**	**38**	**124**
锡山区	28022	6249	19553	982	1238	25	1	3	3	18
惠山区	24809	6718	14834	1469	1788	10		2	3	5
滨湖区	14021	3341	7443	1133	2104	21	1	3	2	15
梁溪区	15325	3273	8819	1266	1967	27		1	8	18
新吴区	15700	4283	9359	817	1241	26	2	2	2	20
江苏无锡经济开发区	7540	1535	4475	504	1026	23				23
江阴市	37806	9753	25953	942	1158	26	1	5	12	8
宜兴市	22232	4286	15999	1226	721	25			8	17
徐州市	**25518**	**2314**	**14252**	**3204**	**5748**	**93**	**3**	**20**	**15**	**55**
鼓楼区	3202	375	1109	337	1381	10				10
云龙区	3468	236	1926	660	646	14	2	1	5	6
贾汪区	1084	141	647	80	216	4		2		2
泉山区	4223	331	2121	699	1072	21			3	18
铜山区	5560	565	3187	536	1272	19	1	4	2	12
丰县	1107	146	717	49	195	5		5		
沛县	1619	122	1002	289	206	6		1	3	2
睢宁县	1240	60	830	186	164	3		2	1	
徐州经济技术开发区	2321	227	1595	180	319	6		3		3
新沂市	923	56	636	101	130	1				1
邳州市	771	55	482	87	147	4		2	1	1
常州市	**105581**	**27226**	**66926**	**5098**	**6331**	**107**	**9**	**16**	**20**	**62**
天宁区	12152	2979	7231	612	1330	19		1	1	17
钟楼区	13564	4169	7761	433	1201	19	2	1	1	15
新北区	15791	3198	10370	808	1415	15	2		4	9
武进区	32930	7610	22633	1472	1215	18	1	5	5	7
金坛区	8459	2212	5400	585	262	22	3	7	5	7
江苏省常州市经济开发区	14663	5268	8398	667	330	7	1		2	4
溧阳市	8022	1790	5133	521	578	7		2	2	3

7-1　续表 4　　　　　　　　　　　　　　　　　　　　　　　　　　　　　单位：人

现住地	省外									
	小计					北京				
	小计	乡	镇的村委会	镇的居委会	街道	小计	乡	镇的村委会	镇的居委会	街道
苏州市	**393911**	**90776**	**251286**	**27244**	**24605**	**552**	**25**	**56**	**123**	**348**
虎丘区	24824	5981	14825	2031	1987	64		1	13	50
吴中区	41897	11180	24969	2773	2975	52	5	7	16	24
相城区	28794	7459	17890	1620	1825	33	2	7	8	16
姑苏区	16779	8684	4472	873	2750	38	6		1	31
吴江区	50233	13291	31997	3159	1786	16	1	3	6	6
苏州工业园区	36092	8112	19584	3583	4813	228	2	10	41	175
常熟市	50337	7069	38787	1958	2523	20	1	1	8	10
张家港市	40995	6651	31272	2089	983	27	3	6	4	14
昆山市	75009	16236	48257	6928	3588	65	5	15	25	20
太仓市	28951	6113	19233	2230	1375	9		6	1	2
南通市	**67373**	**14953**	**42909**	**4541**	**4970**	**94**	**7**	**12**	**27**	**48**
崇川区	8658	1904	4311	971	1472	18	1		4	13
港闸区	7331	1344	4739	545	703	9	1	2	2	4
通州区	11540	3554	7289	397	300	8	4			4
如东县	2597	487	1629	252	229	8			5	3
南通经济技术开发区	6197	934	4390	472	401	8		1	4	3
通州湾示范区	704	106	481	64	53					
苏锡通科技产业园区	2766	966	1660	75	65					
启东市	6252	1251	4147	436	418	16	1	5	4	6
如皋市	3527	855	1748	577	347	4		1		3
海门市	12479	2581	8605	495	798	12		3		9
海安市	5322	971	3910	257	184	11			8	3
连云港市	**9058**	**1450**	**4448**	**954**	**2206**	**48**	**1**	**13**	**7**	**27**
连云区	1309	166	593	102	448	8				8
海州区	1388	246	456	174	512	13	1	3	2	7
赣榆区	1238	179	819	141	99	8		2	1	5
东海县	883	175	488	38	182	6		3		3
灌云县	440	77	241	69	53	1		1		
灌南县	645	93	445	55	52	1		1		
连云港经济技术开发区	496	100	201	62	133					
连云港高新技术产业开发区	2142	330	903	290	619	9		3	4	2
江苏连云港徐圩新区	503	81	298	21	103	2				2
江苏省连云港市云台山风景名胜区	14	3	4	2	5					
淮安市	**7602**	**1495**	**3695**	**848**	**1564**	**32**		**1**	**8**	**23**
淮安区	728	221	316	113	78	3				3
淮阴区	1022	224	437	126	235	8			2	6
清江浦区	1470	303	553	200	414	12		1	3	8
洪泽区	307	37	167	44	59	1				1
涟水县	495	141	195	93	66	3			1	2
盱眙县	778	209	365	78	126	2				2
金湖县	715	104	432	87	92	2			2	
淮安经济技术开发区	1845	224	1093	73	455	1				1
工业园区	63	14	44	4	1					
生态文旅区	160	16	85	26	33					
苏淮高新区	19	2	8	4	5					

7-1 续表 5

单位：人

现住地	省外									
	小计					北京				
	小计	乡	镇的村委会	镇的居委会	街道	小计	乡	镇的村委会	镇的居委会	街道
盐城市	**12354**	**1837**	**7065**	**1834**	**1618**	**53**	**2**	**12**	**17**	**22**
亭湖区	1657	267	867	196	327	7		1	2	4
盐都区	1051	115	678	98	160	1				1
大丰区	1749	233	1153	192	171	7		2	2	3
响水县	580	151	258	126	45	5		4		1
滨海县	797	126	478	94	99	2		1		1
阜宁县	479	78	250	104	47	4	1		1	2
射阳县	1014	127	550	244	93	7		3	4	
建湖县	736	126	353	84	173	6			4	2
盐城经济技术开发区	610	79	245	188	98	1			1	
江苏省盐南高新区	827	114	263	161	289	6	1	1	2	2
东台市	2854	421	1970	347	116	7			1	6
扬州市	**23841**	**4237**	**13555**	**2043**	**4006**	**93**	**9**	**19**	**9**	**56**
广陵区	4380	1126	2357	299	598	14		5	2	7
邗江区	6292	879	2726	512	2175	28	5	3	2	18
江都区	3752	472	2695	355	230	10		4		6
宝应县	804	92	516	111	85	8	2		1	5
扬州经济技术开发区	2727	453	1560	180	534	7	2			5
蜀冈瘦西湖景区	914	178	532	64	140	9			2	7
生态新城	817	191	574	27	25	5		1		4
仪征市	2496	480	1573	352	91	8		3	2	3
高邮市	1659	366	1022	143	128	4		3		1
镇江市	**38096**	**7994**	**22533**	**2466**	**5103**	**46**	**2**	**3**	**4**	**37**
京口区	3580	439	1483	563	1095	13				13
润州区	1657	262	826	172	397	3				3
丹徒区	3608	596	2244	233	535	7		1	1	5
镇江新区	3127	684	1712	322	409	3			1	2
江苏镇江高新区	826	165	403	55	203	1				1
丹阳市	17012	3993	11299	737	983	7			1	6
扬中市	3089	450	2272	101	266	2				2
句容市	5197	1405	2294	283	1215	10	2	2	1	5
泰州市	**23143**	**3786**	**15199**	**1917**	**2241**	**65**	**3**	**17**	**11**	**34**
海陵区	4519	709	2532	518	760	14			2	12
高港区	1687	271	1087	159	170	4		1		3
姜堰区	1788	393	1081	157	157	7		1	4	2
泰州医药高新技术产业开发区	2672	577	1487	256	352	4	1	1		2
兴化市	2019	354	1262	170	233	7	2			5
靖江市	5720	729	4381	359	251	4		1	1	2
泰兴市	4738	753	3369	298	318	25		13	4	8
宿迁市	**9206**	**2015**	**4575**	**1369**	**1247**	**24**	**2**	**7**	**5**	**10**
宿城区	1802	396	977	183	246	3			1	2
宿豫区	985	191	541	132	121	4	1	1		2
沭阳县	1830	368	979	180	303	3		2		1
泗阳县	929	253	354	207	115	4	1	2		1
泗洪县	1677	418	732	347	180	7		2	2	3
宿迁经济技术开发区	650	189	278	61	122					
宿迁市湖滨新区	1065	160	567	224	114	3			2	1
苏州宿迁工业园区	136	22	71	9	34					
宿迁市洋河新区	132	18	76	26	12					

7-1 续表 6

单位：人

现住地	省外									
	天津					河北				
	小计	乡	镇的村委会	镇的居委会	街道	小计	乡	镇的村委会	镇的居委会	街道
江　苏	**1711**	**92**	**352**	**300**	**967**	**15361**	**3170**	**8286**	**1432**	**2473**
南京市	**499**	**26**	**60**	**64**	**349**	**2725**	**487**	**1172**	**294**	**772**
玄武区	73	1	7	5	60	268	30	85	27	126
秦淮区	26	1	3	7	15	170	24	67	25	54
建邺区	33	1	3		29	149	19	81	9	40
鼓楼区	45	4	1	5	35	198	32	61	23	82
浦口区	24	4		3	17	66	11	21	7	27
栖霞区	77	3	11	10	53	342	48	187	24	83
雨花台区	18	3	3	4	8	293	87	116	28	62
江宁区	107	5	19	18	65	658	107	287	91	173
六合区	5	1	1		3	67	21	27	6	13
溧水区	5		2	1	2	63	6	41	4	12
高淳区	2	1			1	48	13	19	9	7
南京江北新区	84	2	10	11	61	403	89	180	41	93
无锡市	**197**	**9**	**41**	**45**	**102**	**1857**	**411**	**1109**	**141**	**196**
锡山区	20		6	4	10	310	82	198	16	14
惠山区	15		6	4	5	263	73	152	18	20
滨湖区	56		9	13	34	291	63	143	28	57
梁溪区	29	3	5	7	14	226	41	119	27	39
新吴区	32	1	6	11	14	187	37	120	13	17
江苏无锡经济开发区	13	1		2	10	119	15	64	13	27
江阴市	20	2	7	1	10	289	66	197	15	11
宜兴市	12	2	2	3	5	172	34	116	11	11
徐州市	**81**	**2**	**8**	**16**	**55**	**822**	**102**	**375**	**103**	**242**
鼓楼区	11			4	7	149	34	29	17	69
云龙区	17	2		7	8	121	7	64	26	24
贾汪区	1			1		17	1	9	1	6
泉山区	20		2		18	95	13	38	8	36
铜山区	16		3	3	10	229	29	99	32	69
丰县	1		1			29	9	17		3
沛县	2		1		1	42	4	26	9	3
睢宁县	4			1	3	22	1	16	3	2
徐州经济技术开发区	8				8	77		51	4	22
新沂市						20	1	15	1	3
邳州市	1		1			21	3	11	2	5
常州市	**110**	**6**	**26**	**27**	**51**	**879**	**254**	**480**	**59**	**86**
天宁区	21		7	2	12	83	18	46	6	13
钟楼区	9			1	8	98	30	52	4	12
新北区	25	1	4	3	17	199	53	109	6	31
武进区	31		5	15	11	222	62	133	9	18
金坛区	7	5	1		1	111	54	39	17	1
江苏省常州市经济开发区	5		1	2	2	76	17	42	12	5
溧阳市	12		8	4		90	20	59	5	6

7-1 续表 7

单位：人

现住地	省外									
	天津					河北				
	小计	乡	镇的村委会	镇的居委会	街道	小计	乡	镇的村委会	镇的居委会	街道
苏州市	**404**	**27**	**108**	**90**	**179**	**4730**	**1090**	**2746**	**385**	**509**
虎丘区	56	1	13	11	31	464	108	270	37	49
吴中区	23	1	3	10	9	463	110	249	47	57
相城区	31	2	11	7	11	308	79	180	17	32
姑苏区	19	4		2	13	211	78	62	17	54
吴江区	21	2	7	5	7	651	183	390	35	43
苏州工业园区	136	12	30	20	74	651	123	320	64	144
常熟市	19		4	8	7	451	61	319	26	45
张家港市	29	1	15	9	4	350	66	244	24	16
昆山市	53	4	25	8	16	851	208	496	96	51
太仓市	17			10	7	330	74	216	22	18
南通市	**101**	**4**	**36**	**16**	**45**	**1018**	**222**	**581**	**130**	**85**
崇川区	30		8	8	14	227	61	93	36	37
港闸区	7	1	2	2	2	134	24	85	8	17
通州区	6			1	5	91	35	52	1	3
如东县	9		1		8	34	4	23	2	5
南通经济技术开发区	4		1	1	2	104	20	53	22	9
通州湾示范区						9	5	3		1
苏锡通科技产业园区	5		4		1	39	9	28	1	1
启东市	14	2	9	2	1	79	5	54	14	6
如皋市	2	1	1			86	12	50	21	3
海门市	21		9	1	11	114	33	74	4	3
海安市	3		1	1	1	101	14	66	21	
连云港市	**47**		**8**		**39**	**432**	**79**	**202**	**42**	**109**
连云区	7		1		6	75	15	30	12	18
海州区	13		1		12	64	14	11	7	32
赣榆区	3		2		1	30	6	21	3	
东海县	1		1			35	6	13		16
灌云县						25	1	16	7	1
灌南县						72	15	42		15
连云港经济技术开发区	7				7	25	5	12	2	6
连云港高新技术产业开发区	16		3		13	85	14	40	11	20
江苏连云港徐圩新区						21	3	17		1
江苏省连云港市云台山风景名胜区										
淮安市	**17**		**9**	**1**	**7**	**265**	**48**	**108**	**32**	**77**
淮安区	4		4			29	9	5	14	1
淮阴区	2		1	1		53	10	16	5	22
清江浦区	3		1		2	66	10	26	4	26
洪泽区	1				1	10	2	2	4	2
涟水县	2		2			10	2	7		1
盱眙县						8	5	3		
金湖县	2				2	24	9	11	2	2
淮安经济技术开发区	1				1	60	1	34	2	23
工业园区	1		1			3		3		
生态文旅区	1				1	2		1	1	
苏淮高新区										

7-1 续表 8

单位：人

现住地	省外									
	天津					河北				
	小计	乡	镇的村委会	镇的居委会	街道	小计	乡	镇的村委会	镇的居委会	街道
盐城市	**44**	**1**	**7**	**12**	**24**	**355**	**45**	**189**	**65**	**56**
亭湖区	6			4	2	40	5	16	7	12
盐都区	3	1		1	1	44	4	28	4	8
大丰区	1				1	38	7	20	5	6
响水县	4			1	3	18	3	7	4	4
滨海县	1				1	11		4	5	2
阜宁县	3		2		1	9	1	8		
射阳县	1			1		12	1	3	3	5
建湖县	3			1	2	24	6	8	5	5
盐城经济技术开发区	7		2	2	3	14		8	6	
江苏省盐南高新区	11		2	1	8	33	1	13	7	12
东台市	4		1	1	2	112	17	74	19	2
扬州市	**63**	**8**	**18**	**12**	**25**	**853**	**165**	**518**	**55**	**115**
广陵区	15	4	1	2	8	483	121	320	13	29
邗江区	22	4	3	2	13	120	9	50	9	52
江都区	8		3	5		75	3	47	14	11
宝应县	4		4			17		11	6	
扬州经济技术开发区	2				2	64	18	26	2	18
蜀冈瘦西湖景区	1				1	16	4	10		2
生态新城						4	1	3		
仪征市	7		3	3	1	45	8	29	7	1
高邮市	4		4			29	1	22	4	2
镇江市	**77**	**5**	**8**	**5**	**59**	**473**	**87**	**239**	**34**	**113**
京口区	34			1	33	69	7	18	14	30
润州区	12			1	11	33	1	13	5	14
丹徒区	7	2	1		4	70	20	38	2	10
镇江新区	7		4	2	1	47	7	22	3	15
江苏镇江高新区						12	1	11		
丹阳市	6	1	1	1	3	83	12	57	6	8
扬中市	2		2			50	2	40		8
句容市	9	2			7	109	37	40	4	28
泰州市	**50**	**1**	**17**	**10**	**22**	**569**	**98**	**348**	**60**	**63**
海陵区	14		8	1	5	132	21	61	24	26
高港区	3		1	1	1	63	15	39	6	3
姜堰区	3				3	41	12	21	6	2
泰州医药高新技术产业开发区	7		1	1	5	84	22	36	7	19
兴化市	1			1		71	17	37	7	10
靖江市	13		3	6	4	72	6	61	5	
泰兴市	9	1	4		4	106	5	93	5	3
宿迁市	**21**	**3**	**6**	**2**	**10**	**383**	**82**	**219**	**32**	**50**
宿城区	6		2	1	3	75	12	47	3	13
宿豫区	3	2	1			28	2	15	3	8
沭阳县	3			1	2	51	19	16	2	14
泗阳县	3	1	1		1	15	6	6	3	
泗洪县	2				2	34	7	19	7	1
宿迁经济技术开发区						29	18	8		3
宿迁市湖滨新区	4		2		2	144	18	104	13	9
苏州宿迁工业园区						6		3	1	2
宿迁市洋河新区						1		1		

7-1 续表 9

单位：人

现住地	省外									
	山西					内蒙古				
	小计	乡	镇的村委会	镇的居委会	街道	小计	乡	镇的村委会	镇的居委会	街道
江苏	**18153**	**3724**	**10524**	**1484**	**2421**	**4494**	**841**	**1997**	**606**	**1050**
南京市	**2608**	**468**	**1122**	**260**	**758**	**1004**	**163**	**322**	**134**	**385**
玄武区	243	34	80	36	93	85	13	20	6	46
秦淮区	101	14	39	14	34	57	5	14	7	31
建邺区	108	12	52	18	26	51	12	14	11	14
鼓楼区	178	35	45	12	86	58	6	13	12	27
浦口区	50	12	11	2	25	26	8	2	8	8
栖霞区	477	91	235	47	104	170	16	60	20	74
雨花台区	189	44	86	15	44	71	13	21	13	24
江宁区	746	143	322	75	206	264	53	88	34	89
六合区	42	10	18	5	9	32	9	10	5	8
溧水区	76	13	49	1	13	28	10	13	2	3
高淳区	32	4	25		3	3		2		1
南京江北新区	366	56	160	35	115	159	18	65	16	60
无锡市	**2644**	**621**	**1609**	**182**	**232**	**513**	**112**	**237**	**49**	**115**
锡山区	448	84	303	28	33	92	23	54	3	12
惠山区	276	68	153	24	31	71	9	45	4	13
滨湖区	250	41	123	32	54	91	14	36	7	34
梁溪区	154	23	78	19	34	62	18	18	6	20
新吴区	1063	316	677	34	36	59	13	26	5	15
江苏无锡经济开发区	93	15	50	10	18	51	7	20	7	17
江阴市	209	43	145	8	13	57	22	24	7	4
宜兴市	151	31	80	27	13	30	6	14	10	
徐州市	**586**	**79**	**245**	**71**	**191**	**302**	**25**	**123**	**44**	**110**
鼓楼区	53	23	2	2	26	21	3	1	2	15
云龙区	47	1	21	9	16	25	4	12	2	7
贾汪区	24	3	8		13	13		7	3	3
泉山区	76	10	28	14	24	42	2	9	10	21
铜山区	249	31	113	29	76	118	7	49	16	46
丰县	16	1	7		8	15	6	7		2
沛县	19		8	3	8	18	1	10	5	2
睢宁县	11		3	3	5	12		6		6
徐州经济技术开发区	48	5	27	4	12	14	1	7		6
新沂市	27	1	19	6	1	6		2	4	
邳州市	16	4	9	1	2	18	1	13	2	2
常州市	**1272**	**313**	**781**	**74**	**104**	**309**	**47**	**180**	**32**	**50**
天宁区	54	13	24	5	12	29	6	12	4	7
钟楼区	124	30	61	16	17	43	15	18		10
新北区	407	86	283	12	26	69	4	45	6	14
武进区	382	107	231	22	22	98	12	53	19	14
金坛区	112	22	78	9	3	18	2	14	2	
江苏省常州市经济开发区	116	38	68	8	2	10	2	7	1	
溧阳市	77	17	36	2	22	42	6	31		5

7-1 续表 10

单位：人

现住地	省外									
	山西					内蒙古				
	小计	乡	镇的村委会	镇的居委会	街道	小计	乡	镇的村委会	镇的居委会	街道
苏州市	**7651**	**1693**	**4874**	**533**	**551**	**1320**	**313**	**656**	**177**	**174**
虎丘区	1064	217	690	80	77	117	22	63	17	15
吴中区	778	159	457	70	92	185	43	109	20	13
相城区	393	101	241	24	27	90	23	49	4	14
姑苏区	194	94	41	12	47	67	31	11	8	17
吴江区	678	203	397	51	27	100	21	48	21	10
苏州工业园区	1248	276	745	93	134	246	53	108	29	56
常熟市	582	87	438	17	40	85	20	39	17	9
张家港市	327	39	228	33	27	98	16	60	14	8
昆山市	2119	473	1444	133	69	261	69	135	29	28
太仓市	268	44	193	20	11	71	15	34	18	4
南通市	**935**	**170**	**551**	**94**	**120**	**206**	**42**	**99**	**34**	**31**
崇川区	215	59	94	22	40	41	4	14	9	14
港闸区	94	15	43	16	20	22	5	14	1	2
通州区	77	20	42	8	7	25	6	16	1	2
如东县	22	11	9	2		10		4	5	1
南通经济技术开发区	85	4	60	11	10	35	8	16	4	7
通州湾示范区	3		3							
苏锡通科技产业园区	44	8	32	1	3	3		3		
启东市	116	17	79	14	6	18	3	6	7	2
如皋市	64	6	38	5	15	12	5	5	1	1
海门市	134	19	88	12	15	27	9	11	5	2
海安市	81	11	63	3	4	13	2	10	1	
连云港市	**229**	**23**	**119**	**14**	**73**	**124**	**14**	**61**	**15**	**34**
连云区	38	3	24	1	10	12	1	3	1	7
海州区	29	6	2	4	17	22	3	8	2	9
赣榆区	14		14			40	8	31		1
东海县	8	1	6		1	11		4	1	6
灌云县	7		5	1	1	6		2	4	
灌南县	27	1	26			1		1		
连云港经济技术开发区	7			1	6	8	1	1	2	4
连云港高新技术产业开发区	79	8	37	7	27	22	1	10	5	6
江苏连云港徐圩新区	20	4	5		11	2		1		1
江苏省连云港市云台山风景名胜区										
淮安市	**170**	**23**	**73**	**31**	**43**	**100**	**20**	**46**	**18**	**16**
淮安区	24	3	3	15	3	22	7	11	1	3
淮阴区	32	1	12	5	14	3		2		1
清江浦区	30	9	12	2	7	26	4	4	14	4
洪泽区	1		1			3		3		
涟水县	13	2	3	6	2	2	1			1
盱眙县	5	2	1	2		9	3	3	1	2
金湖县	14		13		1	4	1	1		2
淮安经济技术开发区	50	6	28	1	15	23	4	14	2	3
工业园区						7		7		
生态文旅区	1				1	1		1		
苏淮高新区										

7-1 续表 11

单位：人

现住地	省外									
	山西					内蒙古				
	小计	乡	镇的村委会	镇的居委会	街道	小计	乡	镇的村委会	镇的居委会	街道
盐城市	**276**	**47**	**165**	**33**	**31**	**85**	**9**	**44**	**20**	**12**
亭湖区	41	5	24	3	9	23	2	12	9	
盐都区	16	3	10		3	8	3	2	1	2
大丰区	37	7	21	4	5	5		4		1
响水县	8	2	5		1	3		1		2
滨海县	13	3	10			7		4	3	
阜宁县	9	5	3	1		2		1	1	
射阳县	25	8	11	6		9	2	5	1	1
建湖县	7		5	1	1	5		2		3
盐城经济技术开发区	29	7	10	10	2	3		2	1	
江苏省盐南高新区	21	3	11	1	6	8	1	2	2	3
东台市	70	4	55	7	4	12	1	9	2	
扬州市	**451**	**85**	**248**	**20**	**98**	**159**	**24**	**73**	**26**	**36**
广陵区	45	13	24	4	4	19	3	7	4	5
邗江区	154	28	57	3	66	55	9	16	8	22
江都区	42	5	31	3	3	20	2	11	4	3
宝应县	5			2	3	5	2	2	1	
扬州经济技术开发区	116	21	79	3	13	19	3	10	3	3
蜀冈瘦西湖景区	11		6		5	5		2	1	2
生态新城	5	2	3			3		2		1
仪征市	22	5	11	3	3	18	1	13	4	
高邮市	51	11	37	2	1	15	4	10	1	
镇江市	**531**	**93**	**253**	**67**	**118**	**170**	**45**	**72**	**18**	**35**
京口区	128	6	46	33	43	31	5	10	6	10
润州区	25	11	5	3	6	19	4	8	4	3
丹徒区	80	5	37	6	32	28	7	16		5
镇江新区	67	12	36	8	11	15	6	8		1
江苏镇江高新区	13	8	3		2	5	3			2
丹阳市	107	25	67	5	10	34	12	12	5	5
扬中市	24	1	18		5	5	2	3		
句容市	87	25	41	12	9	33	6	15	3	9
泰州市	**568**	**70**	**367**	**65**	**66**	**136**	**21**	**62**	**16**	**37**
海陵区	159	6	100	28	25	34	4	8	6	16
高港区	27	1	21	4	1	5	3	2		
姜堰区	36	11	24		1	11	2	7		2
泰州医药高新技术产业开发区	197	39	127	14	17	25	7	10	3	5
兴化市	36	1	26	6	3	17		11	2	4
靖江市	78	6	46	11	15	20	2	11	4	3
泰兴市	35	6	23	2	4	24	3	13	1	7
宿迁市	**232**	**39**	**117**	**40**	**36**	**66**	**6**	**22**	**23**	**15**
宿城区	29	10	10	3	6	13		7	2	4
宿豫区	13	2	8	2	1	6	1	4	1	
沭阳县	32	5	11	7	9	5		3	1	1
泗阳县	8	3	3	2		13	2	1	7	3
泗洪县	12	4	3	3	2	3	1		1	1
宿迁经济技术开发区	9	3	5	1		4	2			2
宿迁市湖滨新区	126	11	75	22	18	19		6	10	3
苏州宿迁工业园区	2	1	1			2		1		1
宿迁市洋河新区	1		1			1			1	

7-1 续表 12

单位：人

现住地	省外									
	辽宁					吉林				
	小计	乡	镇的村委会	镇的居委会	街道	小计	乡	镇的村委会	镇的居委会	街道
江　苏	**8224**	**1357**	**3400**	**1126**	**2341**	**9134**	**1626**	**4324**	**1149**	**2035**
南京市	**1688**	**231**	**511**	**199**	**747**	**1551**	**243**	**609**	**206**	**493**
玄武区	144	14	32	10	88	107	16	29	14	48
秦淮区	120	17	33	14	56	128	24	46	22	36
建邺区	134	15	36	24	59	72	16	29	5	22
鼓楼区	141	8	36	27	70	113	10	39	17	47
浦口区	33	2	9	6	16	67	10	27	6	24
栖霞区	255	36	73	21	125	239	35	99	27	78
雨花台区	140	26	39	14	61	87	18	30	8	31
江宁区	387	72	124	49	142	421	56	181	58	126
六合区	29	1	16	1	11	47	13	16	5	13
溧水区	39	6	24	4	5	51	7	25	10	9
高淳区	11	5	3	1	2	4	1	3		
南京江北新区	255	29	86	28	112	215	37	85	34	59
无锡市	**953**	**163**	**403**	**121**	**266**	**1167**	**217**	**554**	**123**	**273**
锡山区	156	30	73	20	33	159	16	99	17	27
惠山区	115	19	45	22	29	153	29	74	20	30
滨湖区	121	16	39	10	56	175	29	65	15	66
梁溪区	153	19	62	22	50	169	22	70	29	48
新吴区	107	25	44	9	29	175	38	73	22	42
江苏无锡经济开发区	83	5	27	18	33	91	10	45	2	34
江阴市	141	39	68	11	23	133	43	68	10	12
宜兴市	77	10	45	9	13	112	30	60	8	14
徐州市	**311**	**22**	**103**	**41**	**145**	**329**	**19**	**131**	**48**	**131**
鼓楼区	23	2	4	1	16	57	2	15	10	30
云龙区	28		8	6	14	35	1	7	8	19
贾汪区	7		2	1	4	7		5	1	1
泉山区	42	4	6	12	20	49	1	24	7	17
铜山区	104	9	28	6	61	60	4	16	4	36
丰县	7		6	1		41	6	22	6	7
沛县	17	1	7	3	6	20	2	13	2	3
睢宁县	19	6	5	5	3	10		4	4	2
徐州经济技术开发区	42		24	2	16	29	1	18	3	7
新沂市	9		7	1	1	12	2	5	3	2
邳州市	13		6	3	4	9		2		7
常州市	**566**	**103**	**265**	**74**	**124**	**716**	**150**	**393**	**72**	**101**
天宁区	72	11	27	11	23	65	13	37	6	9
钟楼区	73	20	28	6	19	86	23	44	5	14
新北区	134	9	66	15	44	108	6	65	3	34
武进区	100	14	52	15	19	170	33	95	28	14
金坛区	51	13	29	6	3	128	38	67	12	11
江苏省常州市经济开发区	79	19	35	13	12	76	27	38	4	7
溧阳市	57	17	28	8	4	83	10	47	14	12

7-1 续表 13

单位：人

现住地	省外									
	辽宁					吉林				
	小计	乡	镇的村委会	镇的居委会	街道	小计	乡	镇的村委会	镇的居委会	街道
苏州市	**2591**	**478**	**1205**	**381**	**527**	**3194**	**654**	**1559**	**432**	**549**
虎丘区	198	47	92	13	46	282	51	139	28	64
吴中区	245	63	107	43	32	287	85	136	28	38
相城区	174	32	76	21	45	235	63	109	29	34
姑苏区	170	80	21	11	58	179	70	34	7	68
吴江区	223	54	126	24	19	274	56	148	33	37
苏州工业园区	486	57	169	93	167	612	125	203	97	187
常熟市	254	23	175	15	41	265	24	184	35	22
张家港市	203	31	103	38	31	301	44	185	55	17
昆山市	482	75	239	101	67	608	115	322	108	63
太仓市	156	16	97	22	21	151	21	99	12	19
南通市	**660**	**119**	**339**	**96**	**106**	**578**	**97**	**338**	**57**	**86**
崇川区	96	8	36	18	34	100	17	38	15	30
港闸区	60	5	31	12	12	62	8	33	7	14
通州区	116	27	69	9	11	58	16	33	6	3
如东县	32	4	18	5	5	29	2	10	6	11
南通经济技术开发区	67	11	36	8	12	78	16	51	5	6
通州湾示范区	7	5	1	1						
苏锡通科技产业园区	24	13	9		2	21	7	12	2	
启东市	66	16	26	18	6	69	5	53	5	6
如皋市	43	10	23	9	1	49	5	34	4	6
海门市	105	14	63	9	19	68	8	53		7
海安市	44	6	27	7	4	44	13	21	7	3
连云港市	**232**	**44**	**66**	**30**	**92**	**298**	**25**	**129**	**33**	**111**
连云区	47	5	9	7	26	57	2	18	2	35
海州区	39	6	11	3	19	37	2	9	4	22
赣榆区	28	4	13	8	3	63	11	42	8	2
东海县	13	5	5	2	1	28		16	6	6
灌云县	5	2	1		2	4		2	1	1
灌南县	5		2		3	7		5	1	1
连云港经济技术开发区	13		2	2	9	12	4	3	1	4
连云港高新技术产业开发区	41	3	10	8	20	48	4	13	8	23
江苏连云港徐圩新区	39	17	13		9	42	2	21	2	17
江苏省连云港市云台山风景名胜区	2	2								
淮安市	**127**	**30**	**51**	**11**	**35**	**92**	**22**	**35**	**8**	**27**
淮安区	13	9	2		2	3	1	2		
淮阴区	14	1	4	1	8	28	11	9	2	6
清江浦区	27	8	7	1	11	18	1	4	3	10
洪泽区	2		1	1		2	1		1	
涟水县	6	3	2	1		4	1	2	1	
盱眙县	11	2	7	1	1	18	5	7	1	5
金湖县	9		4	2	3	1				1
淮安经济技术开发区	40	6	24		10	15	2	8		5
工业园区						3		3		
生态文旅区	4	1		3						
苏淮高新区	1			1						

7-1　续表 14

单位：人

现 住 地	省外									
	辽宁					吉林				
	小计	乡	镇的村委会	镇的居委会	街道	小计	乡	镇的村委会	镇的居委会	街道
盐城市	**218**	**21**	**106**	**41**	**50**	**191**	**26**	**79**	**50**	**36**
亭湖区	24	7	6	2	9	20	3	4	3	10
盐都区	13	1	6	3	3	12	1	8	1	2
大丰区	24	2	14	7	1	25	6	9	7	3
响水县	11	5	2	3	1	16	9	3	4	
滨海县	10		6	3	1	8		6	1	1
阜宁县	5	1	3	1		4		2	2	
射阳县	61	4	36	12	9	18	2	8	7	1
建湖县	9		5	1	3	13	2	7	2	2
盐城经济技术开发区	5		4		1	20		6	9	5
江苏省盐南高新区	17		4	2	11	31	1	9	9	12
东台市	39	1	20	7	11	24	2	17	5	
扬州市	**265**	**50**	**113**	**41**	**61**	**284**	**44**	**143**	**32**	**65**
广陵区	58	11	25	8	14	52	12	14	9	17
邗江区	52	10	16	3	23	58	3	28	2	25
江都区	45	3	27	12	3	67	8	44	10	5
宝应县	5		3	1	1	11	1	5	1	4
扬州经济技术开发区	19		11	1	7	19	1	11		7
蜀冈瘦西湖景区	13	2	1	2	8	8		4		4
生态新城	7	2	5			9	1	7		1
仪征市	55	17	20	14	4	36	14	13	7	2
高邮市	11	5	5		1	24	4	17	3	
镇江市	**259**	**37**	**80**	**24**	**118**	**327**	**50**	**139**	**47**	**91**
京口区	58	5	8	5	40	58	4	17	4	33
润州区	20	1	6	3	10	15	2	5	4	4
丹徒区	43	3	17	4	19	30	6	12	5	7
镇江新区	32	6	12	7	7	37	6	8	10	13
江苏镇江高新区	3				3	1				1
丹阳市	64	17	19	4	24	120	25	65	15	15
扬中市	14	2	8	1	3	18	2	13	1	2
句容市	25	3	10		12	48	5	19	8	16
泰州市	**243**	**36**	**116**	**37**	**54**	**254**	**45**	**140**	**21**	**48**
海陵区	48	4	14	11	19	55	7	28	5	15
高港区	22	5	11	2	4	25	4	17	2	2
姜堰区	26	8	12		6	12	1	7	1	3
泰州医药高新技术产业开发区	34	7	13	7	7	40	14	13	6	7
兴化市	15	3	7	1	4	11	1	5		5
靖江市	45	2	25	12	6	61	10	40	4	7
泰兴市	53	7	34	4	8	50	8	30	3	9
宿迁市	**111**	**23**	**42**	**30**	**16**	**153**	**34**	**75**	**20**	**24**
宿城区	19	5	10	1	3	52	7	29	5	11
宿豫区	24	3	10	6	5	23	9	7	6	1
沭阳县	16	2	9	3	2	33	4	21	3	5
泗阳县	21	7	8	4	2	11	5	4	2	
泗洪县	6			6		8	2	4	2	
宿迁经济技术开发区	5	3		2		6	1	3		2
宿迁市湖滨新区	19	3	5	7	4	15	4	6	2	3
苏州宿迁工业园区	1			1		2				2
宿迁市洋河新区						3	2	1		

7-1 续表 15

单位：人

现住地	省外									
	黑龙江					上海				
	小计	乡	镇的村委会	镇的居委会	街道	小计	乡	镇的村委会	镇的居委会	街道
江苏	**17960**	**3368**	**8281**	**2628**	**3683**	**11105**	**489**	**1635**	**2486**	**6495**
南京市	**2565**	**369**	**850**	**425**	**921**	**1347**	**43**	**58**	**143**	**1103**
玄武区	179	28	28	23	100	104		3	5	96
秦淮区	177	20	53	36	68	88		2	6	80
建邺区	141	15	35	24	67	126	3	1	16	106
鼓楼区	202	21	49	40	92	156	2	6	21	127
浦口区	81	22	13	10	36	26	3	1		22
栖霞区	444	47	170	74	153	157	5	11	21	120
雨花台区	208	40	71	22	75	328	11	6	23	288
江宁区	658	109	254	120	175	207	10	14	32	151
六合区	39	6	17	1	15	9			1	8
溧水区	96	4	55	16	21	16	1	6		9
高淳区	15	6	6		3	13		3		10
南京江北新区	325	51	99	59	116	117	8	5	18	86
无锡市	**2345**	**483**	**1125**	**310**	**427**	**1232**	**51**	**139**	**271**	**771**
锡山区	330	63	188	35	44	80	1	17	17	45
惠山区	377	80	177	61	59	150	6	26	34	84
滨湖区	319	59	137	52	71	205	11	18	44	132
梁溪区	290	60	109	40	81	252	8	11	67	166
新吴区	312	61	147	35	69	116	6	12	18	80
江苏无锡经济开发区	162	32	51	23	56	119	1	3	16	99
江阴市	311	71	173	37	30	184	8	31	46	99
宜兴市	244	57	143	27	17	126	10	21	29	66
徐州市	**753**	**57**	**314**	**153**	**229**	**155**	**6**	**46**	**18**	**85**
鼓楼区	85	1	23	8	53	15			1	14
云龙区	77	1	31	23	22	19	1		5	13
贾汪区	35	7	18	7	3	1				1
泉山区	103	5	33	29	36	27		1	4	22
铜山区	147	9	69	18	51	10		5	1	4
丰县	49	7	20	7	15	17	1	9		7
沛县	74	7	36	21	10	24	3	7	3	11
睢宁县	30	4	19	4	3	11		6	1	4
徐州经济技术开发区	61	11	23	21	6	7		4	1	2
新沂市	42	2	17	5	18	8		2	2	4
邳州市	50	3	25	10	12	16	1	12		3
常州市	**1416**	**314**	**749**	**149**	**204**	**665**	**32**	**104**	**136**	**393**
天宁区	134	17	69	14	34	117	2	6	6	103
钟楼区	193	49	86	16	42	132	7	3	22	100
新北区	256	32	143	28	53	103	2	12	14	75
武进区	414	97	214	54	49	128	5	29	43	51
金坛区	75	20	48	5	2	44	3	12	10	19
江苏省常州市经济开发区	217	87	102	17	11	66	3	15	15	33
溧阳市	127	12	87	15	13	75	10	27	26	12

7-1 续表 16

单位：人

现住地	省外									
	黑龙江					上海				
	小计	乡	镇的村委会	镇的居委会	街道	小计	乡	镇的村委会	镇的居委会	街道
苏州市	**6674**	**1403**	**3275**	**988**	**1008**	**4506**	**199**	**610**	**1244**	**2453**
虎丘区	541	94	253	82	112	164	4	17	42	101
吴中区	710	195	334	90	91	231	11	30	70	120
相城区	422	79	230	50	63	131	10	21	30	70
姑苏区	401	178	65	37	121	254	20	8	11	215
吴江区	661	161	337	95	68	195	19	50	51	75
苏州工业园区	885	180	368	153	184	513	25	40	94	354
常熟市	477	69	289	51	68	263	4	46	65	148
张家港市	516	71	302	93	50	192	3	30	72	87
昆山市	1450	271	780	236	163	1898	62	285	647	904
太仓市	611	105	317	101	88	665	41	83	162	379
南通市	**1091**	**193**	**543**	**180**	**175**	**1392**	**67**	**287**	**341**	**697**
崇川区	194	24	71	36	63	200	4	8	58	130
港闸区	100	8	59	16	17	39	1	6	11	21
通州区	150	43	77	20	10	110	5	21	37	47
如东县	44	3	20	16	5	61	2	8	17	34
南通经济技术开发区	133	15	77	18	23	83	1	13	17	52
通州湾示范区	7	3	1	2	1	26	1	5	9	11
苏锡通科技产业园区	59	23	30	2	4	26		10	3	13
启东市	113	14	74	14	11	414	24	103	100	187
如皋市	83	24	23	21	15	76	11	15	14	36
海门市	128	18	64	26	20	270	16	71	46	137
海安市	80	18	47	9	6	87	2	27	29	29
连云港市	**568**	**59**	**259**	**84**	**166**	**70**	**9**	**20**	**6**	**35**
连云区	84	7	26	8	43	9				9
海州区	108	6	29	26	47	12		1	1	10
赣榆区	184	18	127	19	20	11		4	3	4
东海县	52	8	21	4	19	13	2	6		5
灌云县	4		2	1	1	5		3		2
灌南县	34	6	20	8		10	6	3	1	
连云港经济技术开发区	27	3	10	6	8	3		1		2
连云港高新技术产业开发区	50	6	12	11	21	7	1	2	1	3
江苏连云港徐圩新区	23	5	11	1	6					
江苏省连云港市云台山风景名胜区	2		1		1					
淮安市	**192**	**38**	**71**	**25**	**58**	**94**	**9**	**23**	**15**	**47**
淮安区	16	4	3	4	5	17		8		9
淮阴区	27	4	13	6	4	11	2	3	2	4
清江浦区	51	16	10	7	18	20	1	1	2	16
洪泽区	7		3	1	3	3				3
涟水县	8	2	3	3		20	5	5	5	5
盱眙县	11	4	2		5	4	1	2	1	
金湖县	28		14	3	11	9		3	2	4
淮安经济技术开发区	39	8	20	1	10	7			1	6
工业园区	1		1			2		1	1	
生态文旅区	4		2		2	1			1	
苏淮高新区										

7-1 续表 17 单位：人

现住地	省外									
	黑龙江					上海				
	小计	乡	镇的村委会	镇的居委会	街道	小计	乡	镇的村委会	镇的居委会	街道
盐城市	**348**	**39**	**189**	**59**	**61**	**324**	**15**	**75**	**79**	**155**
亭湖区	44	6	21	4	13	24		6	2	16
盐都区	30		25	1	4	20		4	5	11
大丰区	52	5	26	6	15	56	2	4	16	34
响水县	18	3	10	5		8		3	2	3
滨海县	23	5	13	4	1	20	2	7	3	8
阜宁县	11	3	6	2		37	1	17	12	7
射阳县	44	4	19	9	12	27	1	11	11	4
建湖县	17	1	3	5	8	63	8	6	7	42
盐城经济技术开发区	19	1	9	8	1	10		2	2	6
江苏省盐南高新区	31	2	15	9	5	24		2	8	14
东台市	59	9	42	6	2	35	1	13	11	10
扬州市	**467**	**75**	**225**	**57**	**110**	**444**	**24**	**96**	**80**	**244**
广陵区	60	15	17	8	20	60	3	18	7	32
邗江区	113	13	40	6	54	84	8	16	9	51
江都区	100	6	71	13	10	93	2	20	18	53
宝应县	25		8	15	2	39	3	14	9	13
扬州经济技术开发区	52	12	24	5	11	45	4	7	2	32
蜀冈瘦西湖景区	16	5	7	1	3	16	1	1	2	12
生态新城	16	4	9		3	9		1		8
仪征市	49	9	32	6	2	34		4	19	11
高邮市	36	11	17	3	5	64	3	15	14	32
镇江市	**657**	**112**	**289**	**86**	**170**	**375**	**13**	**53**	**48**	**261**
京口区	110	9	37	22	42	71			15	56
润州区	46	4	19	9	14	54	1	5	1	47
丹徒区	72	16	30	9	17	42	3	11	4	24
镇江新区	83	18	37	13	15	30	3	7	4	16
江苏镇江高新区	18		7	5	6	4		1	2	1
丹阳市	158	46	77	13	22	90	6	14	8	62
扬中市	37	2	22	6	7	59		10	11	38
句容市	133	17	60	9	47	25		5	3	17
泰州市	**577**	**135**	**283**	**58**	**101**	**417**	**12**	**95**	**93**	**217**
海陵区	128	34	59	10	25	80		14	10	56
高港区	51	4	33	4	10	22	2	4	7	9
姜堰区	52	20	19	3	10	31	1	7	13	10
泰州医药高新技术产业开发区	111	34	26	18	33	50	3	5	9	33
兴化市	34	11	14	2	7	56	1	19	13	23
靖江市	125	18	85	15	7	86		19	28	39
泰兴市	76	14	47	6	9	92	5	27	13	47
宿迁市	**307**	**91**	**109**	**54**	**53**	**84**	**9**	**29**	**12**	**34**
宿城区	65	20	25	12	8	17	2	3		12
宿豫区	45	12	22	9	2	9		4		5
沭阳县	54	15	20	4	15	8	1		1	6
泗阳县	29	11	6	4	8	26	2	15	4	5
泗洪县	32	11	7	8	6	7	3	1	1	2
宿迁经济技术开发区	37	14	14	5	4	5	1			4
宿迁市湖滨新区	32	6	11	9	6	2			2	
苏州宿迁工业园区	9	2	4		3					
宿迁市洋河新区	4			3	1	10		6	4	

7-1　续表 18　　　　单位：人

现住地	省外									
	浙江					安徽				
	小计	乡	镇的村委会	镇的居委会	街道	小计	乡	镇的村委会	镇的居委会	街道
江　苏	**30737**	**4432**	**16942**	**3503**	**5860**	**341260**	**74192**	**222557**	**21289**	**23222**
南京市	**4869**	**618**	**1997**	**517**	**1737**	**60871**	**12245**	**33736**	**5773**	**9117**
玄武区	400	43	145	46	166	2793	531	1322	327	613
秦淮区	342	34	157	41	110	4970	864	2784	560	762
建邺区	232	23	89	29	91	3769	704	2082	304	679
鼓楼区	533	51	174	81	227	4501	839	2110	584	968
浦口区	98	13	26	6	53	2291	472	972	188	659
栖霞区	608	64	180	58	306	7754	1476	4357	757	1164
雨花台区	405	64	168	37	136	6763	1833	3485	602	843
江宁区	1236	191	533	106	406	15008	2929	8755	1424	1900
六合区	118	14	51	18	35	1664	405	864	188	207
溧水区	179	18	105	24	32	1881	305	1284	136	156
高淳区	92	17	56	7	12	914	213	568	33	100
南京江北新区	626	86	313	64	163	8563	1674	5153	670	1066
无锡市	**4293**	**616**	**2472**	**476**	**729**	**56811**	**13187**	**38606**	**2431**	**2587**
锡山区	569	77	370	23	99	8737	1766	6513	233	225
惠山区	470	67	259	73	71	10842	2941	6759	579	563
滨湖区	520	106	195	73	146	4686	1051	2872	286	477
梁溪区	1029	136	582	126	185	5650	1269	3504	376	501
新吴区	322	53	164	40	65	4150	1113	2560	214	263
江苏无锡经济开发区	162	16	70	9	67	2378	477	1594	150	157
江阴市	608	83	437	39	49	12852	3188	9128	254	282
宜兴市	613	78	395	93	47	7516	1382	5676	339	119
徐州市	**812**	**37**	**349**	**176**	**250**	**8375**	**700**	**5355**	**944**	**1376**
鼓楼区	134	1	35	36	62	1224	82	533	126	483
云龙区	198	13	89	47	49	1261	85	821	201	154
贾汪区	20	1	6	1	12	245	41	161	21	22
泉山区	110	6	32	30	42	2058	168	1248	290	352
铜山区	114	8	53	10	43	1607	159	1166	132	150
丰县	29	2	16	1	10	262	25	187	9	41
沛县	62	1	36	16	9	170	10	106	36	18
睢宁县	54	3	29	16	6	530	19	395	71	45
徐州经济技术开发区	50		25	12	13	807	101	595	41	70
新沂市	20	1	13	4	2	120	6	86	8	20
邳州市	21	1	15	3	2	91	4	57	9	21
常州市	**2194**	**369**	**1248**	**205**	**372**	**43499**	**10625**	**29531**	**1717**	**1626**
天宁区	544	76	268	56	144	6030	1436	3929	243	422
钟楼区	325	77	157	28	63	6744	2132	4131	159	322
新北区	316	39	189	18	70	6095	1132	4375	248	340
武进区	524	93	325	51	55	14342	3004	10578	448	312
金坛区	161	27	93	25	16	2119	501	1420	151	47
江苏省常州市经济开发区	108	34	54	7	13	5663	1883	3362	319	99
溧阳市	216	23	162	20	11	2506	537	1736	149	84

7-1 续表 19

单位：人

现住地	省外									
	浙江					安徽				
	小计	乡	镇的村委会	镇的居委会	街道	小计	乡	镇的村委会	镇的居委会	街道
苏州市	**10902**	**1829**	**6597**	**1191**	**1285**	**118357**	**26654**	**80381**	**6757**	**4565**
虎丘区	416	66	233	42	75	6190	1586	3822	500	282
吴中区	746	175	384	80	107	12426	3437	7521	758	710
相城区	829	130	472	87	140	9336	2285	6095	499	457
姑苏区	783	329	221	56	177	6655	3623	2132	288	612
吴江区	1175	267	708	139	61	14198	3700	9277	803	418
苏州工业园区	698	116	251	113	218	7044	1598	4239	663	544
常熟市	3505	314	2664	267	260	22109	2859	18026	576	648
张家港市	693	79	464	84	66	12745	1778	10187	584	196
昆山市	1422	253	786	261	122	19076	4123	12966	1499	488
太仓市	635	100	414	62	59	8578	1665	6116	587	210
南通市	**2375**	**375**	**1518**	**213**	**269**	**19021**	**4283**	**12874**	**1042**	**822**
崇川区	355	56	154	58	87	2094	451	1188	211	244
港闸区	279	58	157	36	28	2853	537	1918	195	203
通州区	353	63	260	17	13	4018	1232	2643	77	66
如东县	194	29	115	25	25	598	102	432	38	26
南通经济技术开发区	124	6	95	14	9	1562	239	1169	85	69
通州湾示范区	64	9	45	6	4	205	17	172	9	7
苏锡通科技产业园区	64	21	36		7	747	288	439	14	6
启东市	183	22	134	13	14	1704	358	1281	61	4
如皋市	115	28	48	19	20	824	184	387	205	48
海门市	432	51	330	8	43	3133	695	2206	104	128
海安市	212	32	144	17	19	1283	180	1039	43	21
连云港市	**353**	**36**	**151**	**52**	**114**	**1055**	**190**	**574**	**113**	**178**
连云区	41	3	12	3	23	144	16	89	7	32
海州区	92	14	30	19	29	233	56	109	17	51
赣榆区	46	2	22	12	10	66	17	28	17	4
东海县	45	2	21	3	19	109	17	72	3	17
灌云县	29	2	16	3	8	72	14	39	14	5
灌南县	45	6	26	7	6	82	10	65	7	
连云港经济技术开发区	9	2	4	1	2	60	14	31	5	10
连云港高新技术产业开发区	41	4	19	3	15	260	45	119	41	55
江苏连云港徐圩新区	5	1	1	1	2	26	1	20	1	4
江苏省连云港市云台山风景名胜区						3		2	1	
淮安市	**455**	**71**	**197**	**65**	**122**	**1603**	**324**	**817**	**184**	**278**
淮安区	53	12	28	5	8	152	44	76	16	16
淮阴区	58	14	31	3	10	171	35	91	21	24
清江浦区	145	19	47	21	58	301	73	129	43	56
洪泽区	14	2	4	3	5	58	12	26	8	12
涟水县	28	2	20	4	2	89	24	33	20	12
盱眙县	37	6	16	9	6	331	77	161	27	66
金湖县	30	3	12	8	7	206	19	143	30	14
淮安经济技术开发区	80	13	35	6	26	243	32	127	10	74
工业园区	3		2	1		6	1	5		
生态文旅区	7		2	5		40	7	24	6	3
苏淮高新区						6		2	3	1

7-1　续表 20

单位：人

现住地	省外									
	浙江					安徽				
	小计	乡	镇的村委会	镇的居委会	街道	小计	乡	镇的村委会	镇的居委会	街道
盐城市	**638**	**50**	**347**	**118**	**123**	**1792**	**258**	**1110**	**225**	**199**
亭湖区	64	3	29	11	21	213	36	124	20	33
盐都区	59	6	42	3	8	182	14	133	16	19
大丰区	111	3	87	17	4	244	30	178	19	17
响水县	72	15	38	19		107	25	50	24	8
滨海县	59	6	28	8	17	175	33	102	15	25
阜宁县	26	4	9	6	7	83	17	38	24	4
射阳县	63	3	33	13	14	160	11	106	29	14
建湖县	37	3	17	3	14	139	26	86	12	15
盐城经济技术开发区	30	3	18	5	4	53	4	22	15	12
江苏省盐南高新区	48	2	12	14	20	147	27	53	21	46
东台市	69	2	34	19	14	289	35	218	30	6
扬州市	**952**	**97**	**499**	**125**	**231**	**7708**	**1378**	**4965**	**543**	**822**
广陵区	208	42	92	15	59	1418	376	809	76	157
邗江区	263	25	102	33	103	2227	403	1278	139	407
江都区	110	2	86	18	4	1139	134	877	99	29
宝应县	36	2	26	3	5	181	8	128	21	24
扬州经济技术开发区	186	12	101	30	43	792	115	509	50	118
蜀冈瘦西湖景区	32		18	3	11	361	69	250	13	29
生态新城	8	1	7			319	53	248	13	5
仪征市	51	1	35	12	3	874	136	609	101	28
高邮市	58	12	32	11	3	397	84	257	31	25
镇江市	**1370**	**179**	**685**	**161**	**345**	**14083**	**2866**	**9299**	**772**	**1146**
京口区	147	13	49	22	63	857	112	447	139	159
润州区	69	11	25	8	25	496	78	260	55	103
丹徒区	145	21	91	11	22	1047	197	698	80	72
镇江新区	116	22	46	24	24	1012	201	620	98	93
江苏镇江高新区	23	7	7	1	8	377	69	198	16	94
丹阳市	575	71	331	76	97	7250	1595	5163	252	240
扬中市	82	8	45	9	20	1238	174	956	38	70
句容市	213	26	91	10	86	1806	440	957	94	315
泰州市	**965**	**94**	**608**	**113**	**150**	**5781**	**958**	**4120**	**405**	**298**
海陵区	252	19	147	35	51	900	183	538	89	90
高港区	54	1	44	5	4	455	53	336	33	33
姜堰区	92	17	53	11	11	400	88	256	32	24
泰州医药高新技术产业开发区	61	2	24	5	30	489	104	308	44	33
兴化市	103	12	54	16	21	446	80	294	39	33
靖江市	139	11	98	18	12	1730	211	1425	73	21
泰兴市	264	32	188	23	21	1361	239	963	95	64
宿迁市	**559**	**61**	**274**	**91**	**133**	**2304**	**524**	**1189**	**383**	**208**
宿城区	84	12	37	3	32	384	63	248	47	26
宿豫区	50	3	33	4	10	223	33	138	33	19
沭阳县	164	16	94	24	30	334	67	190	41	36
泗阳县	68	16	21	20	11	195	52	77	39	27
泗洪县	99	9	52	21	17	855	249	364	179	63
宿迁经济技术开发区	47	2	21	6	18	160	43	80	14	23
宿迁市湖滨新区	37	3	11	11	12	67	8	37	18	4
苏州宿迁工业园区	5		3	1	1	40	6	21	4	9
宿迁市洋河新区	5		2	1	2	46	3	34	8	1

7-1 续表 21

单位：人

现住地	省外									
	福建					江西				
	小计	乡	镇的村委会	镇的居委会	街道	小计	乡	镇的村委会	镇的居委会	街道
江苏	**17441**	**2909**	**10244**	**1868**	**2420**	**34836**	**7500**	**20230**	**3333**	**3773**
南京市	**2962**	**444**	**1431**	**364**	**723**	**4924**	**991**	**2230**	**546**	**1157**
玄武区	245	35	85	26	99	362	80	132	37	113
秦淮区	198	27	95	38	38	355	66	161	43	85
建邺区	135	23	48	21	43	241	48	102	35	56
鼓楼区	283	32	97	30	124	469	88	182	61	138
浦口区	72	13	24	17	18	118	26	42	7	43
栖霞区	302	45	141	38	78	528	62	265	67	134
雨花台区	412	87	230	46	49	482	128	211	41	102
江宁区	659	108	345	83	123	1325	290	593	151	291
六合区	102	6	62	10	24	126	22	66	12	26
溧水区	71	4	41	8	18	203	47	117	18	21
高淳区	21	6	11	3	1	56	13	37	1	5
南京江北新区	462	58	252	44	108	659	121	322	73	143
无锡市	**2539**	**412**	**1649**	**240**	**238**	**4961**	**1074**	**3092**	**396**	**399**
锡山区	478	120	289	38	31	996	203	675	73	45
惠山区	388	70	240	42	36	716	179	376	83	78
滨湖区	211	25	101	37	48	447	100	237	37	73
梁溪区	489	66	308	51	64	696	131	446	61	58
新吴区	163	35	97	16	15	396	104	229	27	36
江苏无锡经济开发区	85	13	45	9	18	204	49	121	9	25
江阴市	263	62	176	12	13	839	203	541	38	57
宜兴市	462	21	393	35	13	667	105	467	68	27
徐州市	**483**	**15**	**254**	**73**	**141**	**557**	**55**	**312**	**70**	**120**
鼓楼区	62		24	5	33	70	7	23	18	22
云龙区	116	2	71	24	19	73	4	38	9	22
贾汪区	22		9		13	21		16	1	4
泉山区	71	1	35	9	26	83	9	40	14	20
铜山区	86	7	56	4	19	119	26	54	14	25
丰县	8		6	1	1	22	1	13	1	7
沛县	17		8	6	3	49		38	7	4
睢宁县	21		12	5	4	38	1	30	1	6
徐州经济技术开发区	38	2	11	11	14	55	6	43	5	1
新沂市	28	3	16	4	5	12	1	8		3
邳州市	14		6	4	4	15		9		6
常州市	**1204**	**204**	**768**	**93**	**139**	**2918**	**700**	**1759**	**204**	**255**
天宁区	190	25	116	14	35	410	92	235	30	53
钟楼区	215	63	106	16	30	451	135	250	15	51
新北区	265	27	193	15	30	551	100	366	33	52
武进区	301	50	202	21	28	742	179	478	50	35
金坛区	102	17	68	12	5	208	60	121	13	14
江苏省常州市经济开发区	44	11	25	8		301	80	188	21	12
溧阳市	87	11	58	7	11	255	54	121	42	38

7-1　续表 22

单位：人

现住地	省外									
	福建					江西				
	小计	乡	镇的村委会	镇的居委会	街道	小计	乡	镇的村委会	镇的居委会	街道
苏州市	**6371**	**1260**	**3939**	**612**	**560**	**14562**	**3383**	**8775**	**1416**	**988**
虎丘区	294	64	152	36	42	921	229	508	98	86
吴中区	594	126	353	54	61	1580	422	859	161	138
相城区	512	92	332	32	56	1268	313	772	104	79
姑苏区	387	185	89	32	81	791	403	205	54	129
吴江区	548	173	290	62	23	1349	368	760	130	91
苏州工业园区	493	85	211	74	123	1187	263	601	159	164
常熟市	959	89	746	70	54	1767	266	1337	97	67
张家港市	715	79	576	40	20	980	169	692	89	30
昆山市	1119	195	731	132	61	3733	772	2368	434	159
太仓市	750	172	459	80	39	986	178	673	90	45
南通市	**1162**	**176**	**737**	**100**	**149**	**2266**	**411**	**1504**	**191**	**160**
崇川区	222	51	101	11	59	394	79	212	42	61
港闸区	247	19	201	13	14	199	45	120	24	10
通州区	126	27	76	14	9	342	86	228	17	11
如东县	99	4	75	14	6	116	16	78	12	10
南通经济技术开发区	63	3	53	4	3	173	19	118	20	16
通州湾示范区	12	4	6	1	1	22	10	7	5	
苏锡通科技产业园区	14	1	11	1	1	77	25	48	2	2
启东市	67	14	41	8	4	206	27	145	25	9
如皋市	113	24	33	23	33	152	26	92	22	12
海门市	108	17	71	8	12	234	24	173	18	19
海安市	91	12	69	3	7	351	54	283	4	10
连云港市	**197**	**31**	**94**	**29**	**43**	**278**	**52**	**134**	**36**	**56**
连云区	17	1	6	4	6	24	3	12	2	7
海州区	53	11	12	10	20	42	11	7	8	16
赣榆区	37		33	3	1	36	5	22	7	2
东海县	22	10	9	1	2	26	4	16	1	5
灌云县	9	2	7			13		13		
灌南县	15	2	7	4	2	17	1	14	2	
连云港经济技术开发区	4	1	1		2	13	2	6	3	2
连云港高新技术产业开发区	39	4	18	7	10	105	25	43	13	24
江苏连云港徐圩新区	1		1			2	1	1		
江苏省连云港市云台山风景名胜区										
淮安市	**214**	**59**	**71**	**47**	**37**	**234**	**50**	**113**	**22**	**49**
淮安区	35	15	8	10	2	30	13	11		6
淮阴区	29	6	8	12	3	23	3	17	2	1
清江浦区	81	16	26	18	21	63	11	29	6	17
洪泽区	3	1	2			13	3	8		2
涟水县	10		3	6	1	9	6	1	2	
盱眙县	5		2		3	21	7	5	4	5
金湖县	8	4	3		1	24		10	4	10
淮安经济技术开发区	39	15	18		6	49	7	31	3	8
工业园区						1			1	
生态文旅区	4	2	1	1		1		1		
苏淮高新区										

7-1 续表 23

单位：人

现住地	省外									
	福建					江西				
	小计	乡	镇的村委会	镇的居委会	街道	小计	乡	镇的村委会	镇的居委会	街道
盐城市	**380**	**35**	**192**	**93**	**60**	**442**	**74**	**239**	**80**	**49**
亭湖区	78	7	39	16	16	51	9	27	6	9
盐都区	40	4	27	4	5	67	11	39	9	8
大丰区	71	6	44	15	6	40	8	20	4	8
响水县	9	2	3	4		34	21	7	6	
滨海县	10	1	7	2		24	3	17	3	1
阜宁县	32		22	7	3	17		13	3	1
射阳县	26		7	18	1	39	2	22	12	3
建湖县	19	2	10	1	6	21	3	13	5	
盐城经济技术开发区	11			8	3	18	1	12	5	
江苏省盐南高新区	45	3	12	11	19	39	2	13	9	15
东台市	39	10	21	7	1	92	14	56	18	4
扬州市	**483**	**82**	**228**	**70**	**103**	**865**	**122**	**466**	**95**	**182**
广陵区	137	29	59	14	35	140	30	76	11	23
邗江区	116	25	46	6	39	280	32	102	23	123
江都区	41	4	26	8	3	132	11	100	17	4
宝应县	13		10	3		30	5	22	1	2
扬州经济技术开发区	63	3	34	6	20	84	13	47	9	15
蜀冈瘦西湖景区	20	7	8	5		34	5	19	3	7
生态新城						6	3	3		
仪征市	20	2	6	12		88	11	57	17	3
高邮市	73	12	39	16	6	71	12	40	14	5
镇江市	**748**	**108**	**449**	**72**	**119**	**1508**	**318**	**806**	**123**	**261**
京口区	102	6	46	27	23	160	35	77	8	40
润州区	38	3	28	1	6	100	9	56	16	19
丹徒区	85	9	63	4	9	172	23	113	16	20
镇江新区	74	16	47	4	7	151	29	67	14	41
江苏镇江高新区	3		1		2	50	7	9	10	24
丹阳市	324	59	189	25	51	530	139	318	36	37
扬中市	25	5	16	1	3	148	25	113	4	6
句容市	97	10	59	10	18	197	51	53	19	74
泰州市	**503**	**66**	**352**	**32**	**53**	**1065**	**210**	**683**	**99**	**73**
海陵区	116	20	69	6	21	263	47	152	28	36
高港区	25	3	15	2	5	63	17	34	9	3
姜堰区	54	6	40	3	5	107	30	68	8	1
泰州医药高新技术产业开发区	51	7	34	4	6	89	14	48	16	11
兴化市	34	11	14	6	3	120	26	83	8	3
靖江市	123	11	100	6	6	183	32	120	16	15
泰兴市	100	8	80	5	7	240	44	178	14	4
宿迁市	**195**	**17**	**80**	**43**	**55**	**256**	**60**	**117**	**55**	**24**
宿城区	20	2	12	2	4	37	8	22	4	3
宿豫区	20	2	5	5	8	19	4	8	4	3
沭阳县	83	6	44	10	23	36	13	17	2	4
泗阳县	15	1	7	3	4	50	7	26	16	1
泗洪县	22	2	6	7	7	43	10	17	9	7
宿迁经济技术开发区	21	4	3	11	3	34	12	16	2	4
宿迁市湖滨新区	6		2	4		30	6	7	15	2
苏州宿迁工业园区	3		1	1	1	1		1		
宿迁市洋河新区	5				5	6		3	3	

7-1　续表 24　　　　　　　　　　　　　　　　　　单位：人

现住地	省外									
	山东					河南				
	小计	乡	镇的村委会	镇的居委会	街道	小计	乡	镇的村委会	镇的居委会	街道
江　苏	**58594**	**10906**	**36637**	**4416**	**6635**	**161969**	**43577**	**101438**	**7687**	**9267**
南京市	**7230**	**1153**	**3516**	**678**	**1883**	**14554**	**3905**	**7305**	**1068**	**2276**
玄武区	624	73	187	69	295	776	182	309	61	224
秦淮区	410	63	172	60	115	743	147	420	58	118
建邺区	370	59	157	28	126	770	176	407	45	142
鼓楼区	647	90	233	80	244	923	233	359	98	233
浦口区	166	31	70	8	57	345	89	96	19	141
栖霞区	1105	177	572	97	259	2507	548	1454	182	323
雨花台区	563	134	278	45	106	1679	582	763	129	205
江宁区	1959	283	1093	170	413	3963	1200	1942	268	553
六合区	138	34	67	19	18	299	100	143	31	25
溧水区	192	33	123	11	25	628	167	392	34	35
高淳区	95	27	55	7	6	197	61	120	9	7
南京江北新区	961	149	509	84	219	1724	420	900	134	270
无锡市	**7346**	**1475**	**4861**	**446**	**564**	**25424**	**7442**	**16094**	**737**	**1151**
锡山区	1030	180	761	43	46	5025	1448	3324	109	144
惠山区	921	190	594	63	74	3773	1222	2197	83	271
滨湖区	716	136	364	67	149	2280	665	1296	122	197
梁溪区	873	123	557	74	119	1815	548	1050	79	138
新吴区	1028	258	681	47	42	2793	858	1690	83	162
江苏无锡经济开发区	280	51	167	20	42	1314	352	811	63	88
江阴市	1799	431	1247	58	63	6065	1783	4114	75	93
宜兴市	699	106	490	74	29	2359	566	1612	123	58
徐州市	**4311**	**309**	**2528**	**499**	**975**	**2569**	**298**	**1502**	**296**	**473**
鼓楼区	462	45	144	45	228	376	65	145	26	140
云龙区	533	21	294	107	111	408	45	241	67	55
贾汪区	236	36	126	23	51	135	19	76	11	29
泉山区	503	24	225	83	171	337	30	172	68	67
铜山区	694	43	436	48	167	516	57	310	47	102
丰县	265	42	175	10	38	96	12	61	4	19
沛县	597	43	396	96	62	143	21	78	24	20
睢宁县	112	1	67	11	33	109	7	82	12	8
徐州经济技术开发区	426	25	316	39	46	288	30	219	17	22
新沂市	278	17	205	19	37	81	6	58	13	4
邳州市	205	12	144	18	31	80	6	60	7	7
常州市	**3498**	**780**	**2222**	**188**	**308**	**13387**	**4363**	**7996**	**460**	**568**
天宁区	358	79	192	18	69	1175	421	583	62	109
钟楼区	628	169	377	19	63	1513	568	827	19	99
新北区	699	146	449	32	72	2292	574	1475	120	123
武进区	919	158	653	64	44	4352	1322	2797	117	116
金坛区	185	31	123	23	8	844	213	576	46	9
江苏省常州市经济开发区	380	113	230	20	17	2097	957	1054	58	28
溧阳市	329	84	198	12	35	1114	308	684	38	84

7-1 续表 25 单位：人

现住地	省外									
	山东					河南				
	小计	乡	镇的村委会	镇的居委会	街道	小计	乡	镇的村委会	镇的居委会	街道
苏州市	**21393**	**4664**	**14037**	**1496**	**1196**	**80610**	**21227**	**52675**	**3697**	**3011**
虎丘区	1976	426	1300	132	118	4969	1355	3081	314	219
吴中区	2411	650	1470	158	133	9030	2410	5651	417	552
相城区	1512	339	1012	72	89	5828	1870	3566	177	215
姑苏区	1025	530	309	44	142	2506	1491	606	110	299
吴江区	2063	559	1262	168	74	13122	3581	8568	662	311
苏州工业园区	3721	696	2376	325	324	7136	2094	4119	490	433
常熟市	1572	195	1228	47	102	8794	1608	6505	199	482
张家港市	1938	262	1521	106	49	10381	2077	7983	239	82
昆山市	3542	712	2413	286	131	14074	3527	9380	866	301
太仓市	1633	295	1146	158	34	4770	1214	3216	223	117
南通市	**6341**	**1240**	**4356**	**358**	**387**	**11393**	**3165**	**7398**	**401**	**429**
崇川区	1042	230	591	91	130	918	264	483	62	109
港闸区	851	135	599	30	87	816	186	524	35	71
通州区	1319	403	858	45	13	2137	818	1260	27	32
如东县	222	31	161	15	15	241	65	154	18	4
南通经济技术开发区	732	72	576	61	23	981	196	690	45	50
通州湾示范区	99	17	60	10	12	63	10	45	2	6
苏锡通科技产业园区	199	51	137	9	2	540	201	316	14	9
启东市	441	80	317	25	19	1003	276	667	37	23
如皋市	197	43	124	20	10	408	111	228	54	15
海门市	1054	147	797	40	70	3579	889	2499	99	92
海安市	185	31	136	12	6	707	149	532	8	18
连云港市	**1334**	**193**	**707**	**115**	**319**	**1044**	**210**	**558**	**93**	**183**
连云区	212	28	96	14	74	186	42	101	13	30
海州区	183	32	58	21	72	125	26	52	12	35
赣榆区	299	42	215	27	15	92	11	64	10	7
东海县	156	29	90	8	29	124	32	71	4	17
灌云县	39	9	24		6	60	9	29	15	7
灌南县	57	7	32	9	9	89	6	73	6	4
连云港经济技术开发区	91	18	49	9	15	53	13	18	8	14
连云港高新技术产业开发区	230	19	95	26	90	199	54	81	22	42
江苏连云港徐圩新区	65	9	48	1	7	116	17	69	3	27
江苏省连云港市云台山风景名胜区	2				2					
淮安市	**601**	**115**	**289**	**57**	**140**	**858**	**180**	**467**	**71**	**140**
淮安区	48	18	13	15	2	83	24	46	6	7
淮阴区	63	7	26	6	24	102	43	42	6	11
清江浦区	119	34	45	10	30	110	21	42	13	34
洪泽区	48	5	28	8	7	15		7	7	1
涟水县	34	13	12	6	3	62	23	20	8	11
盱眙县	38	7	21		10	99	29	52	12	6
金湖县	51	8	32	4	7	78	16	51	8	3
淮安经济技术开发区	183	23	104	5	51	293	20	198	11	64
工业园区	5		3	1	1	3	2	1		
生态文旅区	7		3	2	2	13	2	8		3
苏淮高新区	5		2		3					

7-1　续表 26　　　　单位：人

现住地	省外									
	山东					河南				
	小计	乡	镇的村委会	镇的居委会	街道	小计	乡	镇的村委会	镇的居委会	街道
盐城市	**919**	**121**	**576**	**113**	**109**	**1664**	**271**	**1081**	**219**	**93**
亭湖区	116	17	61	9	29	263	31	194	26	12
盐都区	57	3	38	8	8	130	16	102	6	6
大丰区	221	20	172	14	15	174	21	131	11	11
响水县	77	15	38	13	11	47	10	21	14	2
滨海县	67	8	52	3	4	101	22	66	8	5
阜宁县	32	7	15	6	4	38	6	21	8	3
射阳县	67	16	29	19	3	81	13	48	18	2
建湖县	63	15	35	6	7	92	24	47	4	17
盐城经济技术开发区	45	6	27	8	4	85	22	30	27	6
江苏省盐南高新区	57	1	29	10	17	64	7	21	15	21
东台市	117	13	80	17	7	589	99	400	82	8
扬州市	**1448**	**240**	**866**	**133**	**209**	**2521**	**546**	**1489**	**155**	**331**
广陵区	331	97	177	30	27	406	122	211	30	43
邗江区	324	43	125	32	124	497	63	212	44	178
江都区	231	31	182	11	7	457	60	344	17	36
宝应县	73	7	50	14	2	71	12	56	1	2
扬州经济技术开发区	216	20	143	18	35	294	52	183	15	44
蜀冈瘦西湖景区	46	12	27		7	92	33	43	7	9
生态新城	31	11	20			266	83	181	2	
仪征市	126	11	92	20	3	251	70	148	27	6
高邮市	70	8	50	8	4	187	51	111	12	13
镇江市	**2185**	**385**	**1370**	**123**	**307**	**3689**	**984**	**2186**	**170**	**349**
京口区	257	33	115	27	82	292	54	122	45	71
润州区	212	33	151	12	16	139	42	71	9	17
丹徒区	182	11	128	6	37	361	87	227	14	33
镇江新区	239	60	137	18	24	410	86	270	13	41
江苏镇江高新区	46	13	29	3	1	81	18	31	10	22
丹阳市	546	80	407	30	29	1389	354	923	53	59
扬中市	383	66	267	5	45	295	39	236	5	15
句容市	320	89	136	22	73	722	304	306	21	91
泰州市	**1240**	**117**	**904**	**100**	**119**	**3103**	**689**	**2048**	**188**	**178**
海陵区	253	22	157	19	55	567	108	349	55	55
高港区	114	6	78	21	9	222	53	135	11	23
姜堰区	56	5	39	3	9	253	84	131	22	16
泰州医药高新技术产业开发区	146	23	98	14	11	565	172	320	39	34
兴化市	99	17	58	12	12	230	40	162	13	15
靖江市	344	29	290	19	6	707	133	536	22	16
泰兴市	228	15	184	12	17	559	99	415	26	19
宿迁市	**748**	**114**	**405**	**110**	**119**	**1153**	**297**	**639**	**132**	**85**
宿城区	176	25	118	12	21	302	88	159	36	19
宿豫区	108	25	47	14	22	146	41	86	14	5
沭阳县	166	19	99	16	32	190	53	107	12	18
泗阳县	70	16	20	25	9	87	29	35	15	8
泗洪县	69	10	40	8	11	131	32	68	20	11
宿迁经济技术开发区	60	14	25	8	13	69	22	38	1	8
宿迁市湖滨新区	85	5	43	26	11	202	30	123	34	15
苏州宿迁工业园区	9		8	1		17	2	14		1
宿迁市洋河新区	5		5			9		9		

7-1 续表 27

单位：人

现住地	省外									
	湖北					湖南				
	小计	乡	镇的村委会	镇的居委会	街道	小计	乡	镇的村委会	镇的居委会	街道
江苏	**44380**	**9144**	**27137**	**3739**	**4360**	**24531**	**5583**	**14505**	**2072**	**2371**
南京市	**4875**	**870**	**2255**	**563**	**1187**	**3052**	**643**	**1326**	**351**	**732**
玄武区	293	51	87	32	123	246	50	68	40	88
秦淮区	270	49	99	32	90	223	40	100	26	57
建邺区	289	35	135	47	72	159	22	78	17	42
鼓楼区	372	47	137	49	139	251	62	82	27	80
浦口区	136	28	38	19	51	95	15	41	6	33
栖霞区	595	98	298	68	131	378	69	151	42	116
雨花台区	426	112	186	43	85	276	74	124	34	44
江宁区	1386	270	670	162	284	724	155	348	89	132
六合区	86	10	44	8	24	77	10	42	6	19
溧水区	239	32	166	19	22	153	35	81	12	25
高淳区	163	23	120	3	17	75	26	37	2	10
南京江北新区	620	115	275	81	149	395	85	174	50	86
无锡市	**5661**	**1270**	**3599**	**348**	**444**	**3824**	**891**	**2465**	**215**	**253**
锡山区	1087	207	791	36	53	811	200	560	27	24
惠山区	762	198	444	48	72	559	134	332	52	41
滨湖区	390	76	218	35	61	269	67	139	27	36
梁溪区	476	83	269	44	80	261	53	144	15	49
新吴区	756	181	468	45	62	372	107	213	29	23
江苏无锡经济开发区	234	23	147	28	36	168	33	83	14	38
江阴市	1322	378	830	62	52	964	202	703	35	24
宜兴市	634	124	432	50	28	420	95	291	16	18
徐州市	**513**	**38**	**283**	**62**	**130**	**366**	**32**	**212**	**54**	**68**
鼓楼区	40	2	16	3	19	23	6	6		11
云龙区	82	4	44	22	12	34	3	17	8	6
贾汪区	20	3	15		2	11		9		2
泉山区	73	1	22	17	33	43	5	19	11	8
铜山区	120	12	54	12	42	124	10	69	20	25
丰县	16	3	10	1	2	20	2	14		4
沛县	34	1	25	3	5	25		22	2	1
睢宁县	38	4	28	2	4	26		21	2	3
徐州经济技术开发区	44	6	33	1	4	27	2	17	5	3
新沂市	25	1	22		2	16	1	8	4	3
邳州市	21	1	14	1	5	17	3	10	2	2
常州市	**4158**	**948**	**2675**	**252**	**283**	**1863**	**485**	**1161**	**93**	**124**
天宁区	322	90	163	25	44	141	35	92	2	12
钟楼区	518	143	301	22	52	246	84	130	5	27
新北区	580	112	371	33	64	249	64	148	11	26
武进区	1041	209	705	69	58	525	140	334	33	18
金坛区	809	147	589	49	24	135	34	95	5	1
江苏省常州市经济开发区	500	169	288	34	9	342	81	238	15	8
溧阳市	388	78	258	20	32	225	47	124	22	32

7-1　续表 28　　　　单位：人

现住地	省外									
	湖北					湖南				
	小计	乡	镇的村委会	镇的居委会	街道	小计	乡	镇的村委会	镇的居委会	街道
苏州市	**21206**	**4640**	**13496**	**1738**	**1332**	**10422**	**2477**	**6341**	**925**	**679**
虎丘区	1214	262	731	106	115	626	166	354	51	55
吴中区	1856	449	1140	124	143	1324	358	791	102	73
相城区	1394	342	869	105	78	892	232	544	64	52
姑苏区	658	300	173	28	157	334	170	65	29	70
吴江区	1955	470	1226	160	99	1201	306	722	101	72
苏州工业园区	1937	351	1068	228	290	964	229	465	107	163
常熟市	1648	230	1238	86	94	909	149	638	74	48
张家港市	2400	414	1803	127	56	505	85	361	35	24
昆山市	5401	1112	3490	591	208	2799	576	1841	286	96
太仓市	2743	710	1758	183	92	868	206	560	76	26
南通市	**3108**	**586**	**2043**	**267**	**212**	**1948**	**459**	**1220**	**137**	**132**
崇川区	331	68	166	48	49	211	39	105	24	43
港闸区	257	27	170	41	19	160	25	103	11	21
通州区	478	112	325	21	20	258	81	153	21	3
如东县	121	22	79	7	13	111	23	62	17	9
南通经济技术开发区	528	70	398	39	21	261	73	159	18	11
通州湾示范区	30	1	20	5	4	29	1	23	3	2
苏锡通科技产业园区	96	30	59	5	2	72	18	54		
启东市	278	49	188	22	19	194	44	128	10	12
如皋市	195	43	87	33	32	153	54	74	16	9
海门市	410	82	279	22	27	285	58	201	9	17
海安市	384	82	272	24	6	214	43	158	8	5
连云港市	**305**	**29**	**171**	**30**	**75**	**175**	**33**	**93**	**18**	**31**
连云区	52	3	32	1	16	28	2	9	7	10
海州区	48	8	22	6	12	27	5	12	5	5
赣榆区	24	2	16	4	2	17	7	7	1	2
东海县	25	6	14		5	20	5	13	1	1
灌云县	22	2	10	6	4	8	4	4		
灌南县	25	3	19		3	13	1	8	1	3
连云港经济技术开发区	26	1	12	4	9	6	1	3		2
连云港高新技术产业开发区	57	1	31	6	19	40	4	27	2	7
江苏连云港徐圩新区	24	2	14	3	5	16	4	10	1	1
江苏省连云港市云台山风景名胜区	2	1	1							
淮安市	**330**	**55**	**162**	**41**	**72**	**256**	**51**	**117**	**28**	**60**
淮安区	21	7	10	1	3	9	4	3	1	1
淮阴区	43	8	19	12	4	47	11	19	6	11
清江浦区	68	2	39	9	18	45	9	16	5	15
洪泽区	11	2	6	1	2	21	1	13		7
涟水县	25	9	10	4	2	12	3	5	4	
盱眙县	27	9	15	1	2	17	3	10	2	2
金湖县	45	7	22	8	8	25	6	11	5	3
淮安经济技术开发区	64	9	24	4	27	64	14	26	4	20
工业园区	4	2	2			8		8		
生态文旅区	19		12	1	6	8		6	1	1
苏淮高新区	3		3							

7-1 续表 29

单位：人

现住地	省外									
	湖北					湖南				
	小计	乡	镇的村委会	镇的居委会	街道	小计	乡	镇的村委会	镇的居委会	街道
盐城市	**505**	**56**	**292**	**86**	**71**	**434**	**83**	**245**	**63**	**43**
亭湖区	42	5	22	5	10	39	7	18	5	9
盐都区	66	10	39	4	13	32	7	18	6	1
大丰区	72	7	47	14	4	78	16	44	13	5
响水县	19	5	9	3	2	9	5	4		
滨海县	38	5	24	1	8	22	1	15	1	5
阜宁县	23	1	15	4	3	12	1	9	1	1
射阳县	29	4	13	10	2	52	9	28	10	5
建湖县	38	9	12	10	7	18	3	8	1	6
盐城经济技术开发区	25	2	12	8	3	12	3	3	4	2
江苏省盐南高新区	25	1	5	6	13	14	2	4	5	3
东台市	128	7	94	21	6	146	29	94	17	6
扬州市	**882**	**148**	**506**	**92**	**136**	**518**	**69**	**336**	**43**	**70**
广陵区	122	19	73	9	21	90	21	60	3	6
邗江区	212	34	103	19	56	132	13	67	17	35
江都区	225	29	151	28	17	77	6	65	4	2
宝应县	37	14	17	5	1	33	3	24	4	2
扬州经济技术开发区	69	13	35	1	20	53	1	30	5	17
蜀冈瘦西湖景区	43	7	13	13	10	29	8	16	2	3
生态新城	10	2	8			14	2	12		
仪征市	96	5	73	11	7	49	8	35	5	1
高邮市	68	25	33	6	4	41	7	27	3	4
镇江市	**1355**	**267**	**773**	**108**	**207**	**836**	**192**	**463**	**70**	**111**
京口区	141	7	72	25	37	93	10	42	21	20
润州区	82	5	33	18	26	19	2	10	4	3
丹徒区	98	9	69	4	16	65	14	41	1	9
镇江新区	183	51	84	24	24	55	7	30	4	14
江苏镇江高新区	23	1	6	4	12	18		9	1	8
丹阳市	522	131	333	24	34	376	91	235	23	27
扬中市	103	10	85		8	47	12	28	3	4
句容市	203	53	91	9	50	163	56	68	13	26
泰州市	**1158**	**159**	**741**	**113**	**145**	**613**	**114**	**417**	**38**	**44**
海陵区	245	26	149	27	43	85	16	50	9	10
高港区	111	16	62	12	21	45	12	25	5	3
姜堰区	96	15	63	10	8	62	12	38	8	4
泰州医药高新技术产业开发区	109	23	57	10	19	73	8	58	3	4
兴化市	123	19	64	15	25	59	14	37	6	2
靖江市	255	33	188	17	17	164	37	110	5	12
泰兴市	219	27	158	22	12	125	15	99	2	9
宿迁市	**324**	**78**	**141**	**39**	**66**	**224**	**54**	**109**	**37**	**24**
宿城区	54	16	24	6	8	36	9	17	6	4
宿豫区	32	4	14	6	8	27	5	20		2
沭阳县	75	18	42	5	10	67	19	38	3	7
泗阳县	39	16	15		8	33	6	6	18	3
泗洪县	59	9	20	15	15	27	4	18	2	3
宿迁经济技术开发区	26	9	7	2	8	18	5	6	3	4
宿迁市湖滨新区	30	4	15	4	7	11	4	3	4	
苏州宿迁工业园区	5		3		2	3	1	1		1
宿迁市洋河新区	4	2	1	1		2	1		1	

7-1 续表 30

单位：人

现住地	省外									
	广东					广西				
	小计	乡	镇的村委会	镇的居委会	街道	小计	乡	镇的村委会	镇的居委会	街道
江　苏	**7488**	**941**	**2783**	**1196**	**2568**	**7486**	**1573**	**3983**	**716**	**1214**
南京市	**1849**	**177**	**448**	**241**	**983**	**1282**	**218**	**504**	**153**	**407**
玄武区	158	11	34	23	90	126	16	48	11	51
秦淮区	154	24	39	14	77	67	15	30	7	15
建邺区	114	12	21	12	69	63	8	37	8	10
鼓楼区	195	13	37	33	112	118	22	36	21	39
浦口区	35	3	12	4	16	35	4	6	4	21
栖霞区	313	31	87	33	162	244	36	88	23	97
雨花台区	149	19	34	25	71	114	25	47	17	25
江宁区	399	43	80	44	232	248	42	117	24	65
六合区	17	2	4	5	6	20	7	4	5	4
溧水区	46	4	28	6	8	56	14	23	6	13
高淳区	6	1	2		3	6	2	3	1	
南京江北新区	263	14	70	42	137	185	27	65	26	67
无锡市	**864**	**136**	**376**	**119**	**233**	**852**	**179**	**541**	**50**	**82**
锡山区	109	28	47	6	28	161	34	100	10	17
惠山区	84	26	42	4	12	106	26	63	8	9
滨湖区	115	12	37	13	53	109	22	57	12	18
梁溪区	144	19	67	21	37	58	14	28	1	15
新吴区	97	21	37	11	28	73	20	46	1	6
江苏无锡经济开发区	68	1	10	13	44	48	16	22	4	6
江阴市	142	21	86	20	15	136	24	98	4	10
宜兴市	105	8	50	31	16	161	23	127	10	1
徐州市	**218**	**13**	**63**	**48**	**94**	**228**	**20**	**124**	**29**	**55**
鼓楼区	13	1	1	3	8	25	8	7		10
云龙区	15		1	9	5	29	2	14	5	8
贾汪区	11		2	1	8	19	1	10		8
泉山区	46	7	5	12	22	20	1	7	10	2
铜山区	69	3	24	9	33	75	5	42	9	19
丰县	13	1	5	2	5	13	1	9	1	2
沛县	13		5	4	4	17		16		1
睢宁县	7		4	3		13	1	5	4	3
徐州经济技术开发区	8		4	1	3	12	1	10		1
新沂市	18		11	3	4	4		4		
邳州市	5	1	1	1	2	1				1
常州市	**463**	**65**	**210**	**74**	**114**	**740**	**218**	**385**	**48**	**89**
天宁区	45	5	19		21	45	5	30	3	7
钟楼区	84	14	36	9	25	93	12	55	6	20
新北区	96	12	39	9	36	119	19	69	6	25
武进区	83	6	37	27	13	265	112	117	19	17
金坛区	47	8	27	8	4	38	3	30	2	3
江苏省常州市经济开发区	28	7	10	3	8	57	16	39	2	
溧阳市	80	13	42	18	7	123	51	45	10	17

7-1 续表 31

单位：人

现住地	省外									
	广东					广西				
	小计	乡	镇的村委会	镇的居委会	街道	小计	乡	镇的村委会	镇的居委会	街道
苏州市	**2386**	**384**	**1037**	**411**	**554**	**2450**	**574**	**1424**	**212**	**240**
虎丘区	150	24	53	24	49	190	39	107	23	21
吴中区	286	60	111	47	68	403	113	209	39	42
相城区	196	30	84	41	41	172	48	100	15	9
姑苏区	142	52	30	10	50	97	48	17	1	31
吴江区	204	41	91	41	31	297	91	177	18	11
苏州工业园区	385	45	97	79	164	292	63	139	27	63
常熟市	289	17	201	30	41	208	36	135	21	16
张家港市	119	23	65	16	15	144	19	104	12	9
昆山市	477	81	240	87	69	521	101	348	43	29
太仓市	138	11	65	36	26	126	16	88	13	9
南通市	**478**	**60**	**206**	**85**	**127**	**529**	**130**	**323**	**26**	**50**
崇川区	117	10	42	22	43	130	27	67	8	28
港闸区	63	9	29	15	10	30	6	20	2	2
通州区	51	12	23	7	9	56	25	29	1	1
如东县	25		10	2	13	32	2	25		5
南通经济技术开发区	32	3	18	8	3	37	7	27	2	1
通州湾示范区	6		1	5		7	2	5		
苏锡通科技产业园区	7	1	5	1		22	9	12	1	
启东市	51	12	19	9	11	85	17	56	5	7
如皋市	23	2	11	4	6	31	12	11	5	3
海门市	59	7	19	7	26	53	8	43	1	1
海安市	44	4	29	5	6	46	15	28	1	2
连云港市	**124**	**15**	**28**	**17**	**64**	**109**	**24**	**47**	**20**	**18**
连云区	14	3	3	1	7	6		1	5	
海州区	29	5	1	5	18	14	9		3	2
赣榆区	16		6		10	9	2	7		
东海县	8	1	1		6	13	4	6		3
灌云县	2		1		1	3	1	2		
灌南县	4		2		2	7	1	4	1	1
连云港经济技术开发区	7	1	3	1	2	2			1	1
连云港高新技术产业开发区	41	3	11	10	17	49	7	24	8	10
江苏连云港徐圩新区	3	2			1	5		3	1	1
江苏省连云港市云台山风景名胜区						1			1	
淮安市	**72**	**9**	**28**	**15**	**20**	**111**	**11**	**44**	**24**	**32**
淮安区	6	2	3		1	10		3	6	1
淮阴区	6	3	2		1	27	5	10	4	8
清江浦区	16	1	3	6	6	16	1	3	4	8
洪泽区	1			1		1	1			
涟水县	8	2	3	1	2	5	1	1	2	1
盱眙县	3	1	1	1		12	3	6	3	
金湖县	6		3		3	5		3	2	
淮安经济技术开发区	20		13	4	3	31		17	2	12
工业园区										
生态文旅区	6			2	4	4		1	1	2
苏淮高新区										

7-1 续表 32　　　　单位：人

现住地	省外									
	广东					广西				
	小计	乡	镇的村委会	镇的居委会	街道	小计	乡	镇的村委会	镇的居委会	街道
盐城市	**165**	**17**	**61**	**46**	**41**	**197**	**29**	**99**	**32**	**37**
亭湖区	30	8	18	1	3	49	11	22	6	10
盐都区	23	1	9	3	10	14	4	8		2
大丰区	17	1	12	2	2	24	3	11	7	3
响水县	1		1							
滨海县	9		1	5	3	11	3	5	1	2
阜宁县	7		2	3	2	4	2	1	1	
射阳县	20	2	3	13	2	14	1	8	2	3
建湖县	9		2	2	5	7		6		1
盐城经济技术开发区	17	4	4	6	3	21	1	5	9	6
江苏省盐南高新区	19	1	1	6	11	11	1	4	1	5
东台市	13		8	5		42	3	29	5	5
扬州市	**267**	**19**	**83**	**38**	**127**	**231**	**32**	**101**	**16**	**82**
广陵区	25	3	6	4	12	18	5	7	1	5
邗江区	146	6	48	9	83	142	15	46	9	72
江都区	18		7	10	1	18	5	11	2	
宝应县	2		1	1		6	1	4	1	
扬州经济技术开发区	30	2	5	4	19	15		9	1	5
蜀冈瘦西湖景区	7		1		6	5	2	3		
生态新城						10	1	9		
仪征市	29	7	11	7	4	9		8	1	
高邮市	10	1	4	3	2	8	3	4	1	
镇江市	**271**	**21**	**97**	**37**	**116**	**400**	**75**	**196**	**36**	**93**
京口区	40	5	1	9	25	74	4	24	16	30
润州区	28	2	8	4	14	7	2	5		
丹徒区	41	5	15	9	12	67	10	30	9	18
镇江新区	27	4	15	2	6	24	5	13	4	2
江苏镇江高新区	7		7			6	2	3	1	
丹阳市	69	2	35	6	26	156	39	97	6	14
扬中市	5		3	1	1	16	1	15		
句容市	54	3	13	6	32	50	12	9		29
泰州市	**253**	**17**	**122**	**48**	**66**	**247**	**46**	**150**	**33**	**18**
海陵区	83	6	33	16	28	88	18	48	14	8
高港区	11		7	2	2	8	1	4	2	1
姜堰区	36		20	7	9	18	3	15		
泰州医药高新技术产业开发区	25	2	7	6	10	32	8	16	3	5
兴化市	27	3	20	1	3	10	3	5	2	
靖江市	41	5	15	13	8	52	5	37	8	2
泰兴市	30	1	20	3	6	39	8	25	4	2
宿迁市	**78**	**8**	**24**	**17**	**29**	**110**	**17**	**45**	**37**	**11**
宿城区	12	1	4	1	6	26	6	16	1	3
宿豫区	8		2	3	3	9		5	4	
沭阳县	23	2	5	6	10	21	7	5	1	8
泗阳县	12	1	7	1	3	7	1	5	1	
泗洪县	17	3	4	4	6	9		4	5	
宿迁经济技术开发区	2		1	1		9	1	7	1	
宿迁市湖滨新区	3	1	1	1		27	2	1	24	
苏州宿迁工业园区	1				1	1		1		
宿迁市洋河新区						1		1		

7-1 续表 33

单位：人

现住地	省外									
	海南					重庆				
	小计	乡	镇的村委会	镇的居委会	街道	小计	乡	镇的村委会	镇的居委会	街道
江苏	**1024**	**139**	**404**	**169**	**312**	**19115**	**4194**	**11744**	**1416**	**1761**
南京市	**256**	**25**	**68**	**46**	**117**	**1672**	**262**	**675**	**206**	**529**
玄武区	39	4	11	6	18	147	19	41	16	71
秦淮区	16	1	5	6	4	100	8	38	15	39
建邺区	12		2	1	9	70	17	22	11	20
鼓楼区	28	2	7	5	14	173	27	56	18	72
浦口区	13		1	2	10	43	10	8	3	22
栖霞区	44	5	8	11	20	239	33	98	33	75
雨花台区	13	3	1	2	7	116	24	48	16	28
江宁区	41	5	17	4	15	380	59	173	46	102
六合区						31	1	14	6	10
溧水区	10	1	2	3	4	89	6	52	16	15
高淳区	1		1			38	6	16	5	11
南京江北新区	39	4	13	6	16	246	52	109	21	64
无锡市	**88**	**14**	**34**	**18**	**22**	**5337**	**1419**	**3403**	**262**	**253**
锡山区	9	1	5	1	2	1128	242	820	42	24
惠山区	7	2		4	1	435	100	274	32	29
滨湖区	22	2	7	4	9	316	82	157	33	44
梁溪区	14		6	2	6	226	36	130	31	29
新吴区	4	1	1	2		666	261	338	27	40
江苏无锡经济开发区	8	3		3	2	126	24	68	12	22
江阴市	16	5	9	1	1	1588	496	1020	43	29
宜兴市	8		6	1	1	852	178	596	42	36
徐州市	**50**	**5**	**19**	**10**	**16**	**265**	**23**	**127**	**47**	**68**
鼓楼区	4				4	14	1	6	2	5
云龙区	3	1		1	1	33	8	12	3	10
贾汪区						9		8	1	
泉山区	4			1	3	37	2	16	11	8
铜山区	24		12	7	5	83	8	36	12	27
丰县	3		2		1	20		16		4
沛县	5	1	3		1	12		7	2	3
睢宁县						18	1	2	15	
徐州经济技术开发区	1				1	24	2	18	1	3
新沂市	3		2	1		6		3		3
邳州市	3	3				9	1	3		5
常州市	**80**	**17**	**39**	**4**	**20**	**2024**	**477**	**1282**	**142**	**123**
天宁区	7	2	4		1	144	34	77	15	18
钟楼区	6		1		5	166	48	91	8	19
新北区	13	4	5		4	159	26	86	14	33
武进区	29	7	11	3	8	781	136	563	49	33
金坛区	3		3			416	119	250	42	5
江苏省常州市经济开发区	11	2	8		1	215	89	109	8	9
溧阳市	11	2	7	1	1	143	25	106	6	6

7-1 续表 34

单位：人

现住地	省外									
	海南					重庆				
	小计	乡	镇的村委会	镇的居委会	街道	小计	乡	镇的村委会	镇的居委会	街道
苏州市	**238**	**46**	**101**	**51**	**40**	**6010**	**1273**	**3883**	**456**	**398**
虎丘区	14	2	6	3	3	274	51	166	32	25
吴中区	24	5	8	3	8	538	150	294	37	57
相城区	3		2		1	499	134	315	20	30
姑苏区	14	7	3	1	3	150	81	29	9	31
吴江区	35	14	15	5	1	629	154	385	57	33
苏州工业园区	52	5	9	18	20	426	75	224	53	74
常熟市	28	4	19	5		716	98	551	38	29
张家港市	4	1	1	1	1	904	150	682	47	25
昆山市	44	7	29	6	2	1210	243	810	110	47
太仓市	20	1	9	9	1	664	137	427	53	47
南通市	**54**	**9**	**23**	**7**	**15**	**1613**	**358**	**1030**	**106**	**119**
崇川区	13	2	3	2	6	235	70	121	35	9
港闸区	7		5	2		161	26	101	9	25
通州区	2		1		1	254	68	175	6	5
如东县	3		3			58	15	37	4	2
南通经济技术开发区	5		2		3	211	36	151	13	11
通州湾示范区	1	1				24	3	19		2
苏锡通科技产业园区	2		2			142	43	90	3	6
启东市	2		1		1	120	26	77	7	10
如皋市	5	3	1		1	125	21	69	13	22
海门市	11	3	3	2	3	137	22	93	7	15
海安市	3		2	1		146	28	97	9	12
连云港市	**40**	**5**	**19**	**1**	**15**	**142**	**25**	**68**	**18**	**31**
连云区	3		2	1		14		5	1	8
海州区	5		3		2	23	4	3	5	11
赣榆区	6	1	5			5	1	3	1	
东海县	3				3	10	1	9		
灌云县	1		1			20	4	10	6	
灌南县	4	4				20	3	17		
连云港经济技术开发区	2		1		1	9	3	2	1	3
连云港高新技术产业开发区	16		7		9	26	3	11	4	8
江苏连云港徐圩新区						15	6	8		1
江苏省连云港市云台山风景名胜区										
淮安市	**16**		**7**	**4**	**5**	**137**	**26**	**79**	**15**	**17**
淮安区	1				1	17	7	8	2	
淮阴区	1		1			16	4	8	4	
清江浦区						29	5	11	3	10
洪泽区	1		1			18	1	16	1	
涟水县	3		1	2		6	1	3	2	
盱眙县	1		1			4		3	1	
金湖县	2			2		20	3	14	1	2
淮安经济技术开发区	7		3		4	23	4	14	1	4
工业园区						3	1	2		
生态文旅区						1				1
苏淮高新区										

7-1 续表 35

单位：人

现住地	省外									
	海南					重庆				
	小计	乡	镇的村委会	镇的居委会	街道	小计	乡	镇的村委会	镇的居委会	街道
盐城市	**23**	**3**	**5**	**8**	**7**	**275**	**47**	**162**	**30**	**36**
亭湖区	3	1	1	1		32	1	12	3	16
盐都区	1				1	14	3	7	1	3
大丰区	1		1			63	9	47	3	4
响水县						12	1	8	2	1
滨海县	2	2				10	3	5	1	1
阜宁县	5		1	2	2	9	1	7	1	
射阳县	3		1	1	1	31	12	14	5	
建湖县						9		3	3	3
盐城经济技术开发区	4			3	1	11	1	7		3
江苏省盐南高新区	4		1	1	2	12	2	3	3	4
东台市						72	14	49	8	1
扬州市	**50**	**2**	**30**	**1**	**17**	**350**	**22**	**236**	**39**	**53**
广陵区	6		4		2	32		23	5	4
邗江区	28	2	15		11	77	6	38	7	26
江都区	6		6			82	4	71	5	2
宝应县	2		1		1	11	2	6	3	
扬州经济技术开发区						20	1	8	1	10
蜀冈瘦西湖景区	5		3		2	17	3	11	1	2
生态新城						6	1	3		2
仪征市	2		1	1		64	1	50	13	
高邮市	1				1	41	4	26	4	7
镇江市	**55**	**6**	**30**	**2**	**17**	**699**	**173**	**396**	**54**	**76**
京口区	21	1	6	1	13	82	15	30	10	27
润州区						31	10	19	2	
丹徒区	13	2	10		1	98	23	60	4	11
镇江新区	6	1	3		2	46	5	28	9	4
江苏镇江高新区						4	1	3		
丹阳市	5	1	4			278	63	187	19	9
扬中市	1		1			45	4	36		5
句容市	9	1	6	1	1	115	52	33	10	20
泰州市	**55**	**4**	**28**	**9**	**14**	**456**	**54**	**334**	**26**	**42**
海陵区	11	2	4	2	3	70	7	48	4	11
高港区	6		6			28	8	13	1	6
姜堰区	4		3		1	22	7	14		1
泰州医药高新技术产业开发区						45	3	26	7	9
兴化市	3		3			68	10	50	1	7
靖江市	16	2	7	6	1	114	6	100	7	1
泰兴市	15		5	1	9	109	13	83	6	7
宿迁市	**19**	**3**	**1**	**8**	**7**	**135**	**35**	**69**	**15**	**16**
宿城区	6	3			3	21	5	13	2	1
宿豫区						17	1	9	3	4
沭阳县	5		1	2	2	41	14	21	1	5
泗阳县	2			1	1	20	4	11	3	2
泗洪县	5			5		18	3	10	4	1
宿迁经济技术开发区	1				1	4	1	3		
宿迁市湖滨新区						5	1	1	1	2
苏州宿迁工业园区						6	6			
宿迁市洋河新区						3		1	1	1

7-1　续表 36　　　　　　　　　　　　　　　　　　　　　　　　　　　　　单位：人

现住地	省外									
	四川					贵州				
	小计	乡	镇的村委会	镇的居委会	街道	小计	乡	镇的村委会	镇的居委会	街道
江　苏	**66495**	**16247**	**41827**	**3935**	**4486**	**34012**	**8750**	**21445**	**1448**	**2369**
南京市	**4889**	**1052**	**2225**	**535**	**1077**	**2987**	**674**	**1457**	**238**	**618**
玄武区	335	75	94	39	127	218	42	82	24	70
秦淮区	324	65	157	34	68	103	18	55	12	18
建邺区	286	67	116	29	74	117	28	65	3	21
鼓楼区	317	70	109	55	83	163	44	58	26	35
浦口区	132	26	42	16	48	77	15	37	2	23
栖霞区	682	149	310	70	153	527	100	249	37	141
雨花台区	439	108	195	62	74	178	36	96	21	25
江宁区	1200	252	615	111	222	708	150	378	56	124
六合区	114	34	53	12	15	52	12	31	3	6
溧水区	221	44	136	14	27	252	61	158	16	17
高淳区	95	27	50	7	11	68	27	31	5	5
南京江北新区	744	135	348	86	175	524	141	217	33	133
无锡市	**17279**	**4441**	**11493**	**637**	**708**	**7686**	**2067**	**5190**	**160**	**269**
锡山区	3171	709	2259	103	100	1090	293	730	24	43
惠山区	2540	811	1483	130	116	647	181	402	22	42
滨湖区	1231	428	608	96	99	305	106	152	14	33
梁溪区	1326	362	794	80	90	237	72	124	17	24
新吴区	1014	290	623	46	55	297	98	169	13	17
江苏无锡经济开发区	932	197	619	47	69	354	123	214	9	8
江阴市	5472	1377	3869	90	136	2181	621	1514	21	25
宜兴市	1593	267	1238	45	43	2575	573	1885	40	77
徐州市	**958**	**110**	**553**	**97**	**198**	**552**	**88**	**329**	**52**	**83**
鼓楼区	87	20	30	3	34	55	18	22	2	13
云龙区	85	9	49	16	11	77	9	34	14	20
贾汪区	67	13	47		7	54	5	41	2	6
泉山区	148	15	82	21	30	42	10	17	4	11
铜山区	226	21	127	17	61	169	31	101	16	21
丰县	49	13	26	3	7	14		13	1	
沛县	105	9	72	14	10	44	2	32	9	1
睢宁县	46	1	23	6	16	26	2	19	2	3
徐州经济技术开发区	55	6	39	3	7	29	2	22	2	3
新沂市	42	2	27	7	6	25	6	18		1
邳州市	48	1	31	7	9	17	3	10		4
常州市	**10674**	**2891**	**6901**	**480**	**402**	**4760**	**1535**	**2853**	**149**	**223**
天宁区	1409	387	849	71	102	230	83	135	2	10
钟楼区	913	277	551	22	63	341	114	166	11	50
新北区	1455	350	927	93	85	382	107	233	14	28
武进区	3613	816	2537	159	101	1391	395	931	38	27
金坛区	720	218	428	64	10	419	141	247	12	19
江苏省常州市经济开发区	2017	711	1238	46	22	1338	547	754	25	12
溧阳市	547	132	371	25	19	659	148	387	47	77

7-1 续表 37 单位：人

现住地	省外									
	四川					贵州				
	小计	乡	镇的村委会	镇的居委会	街道	小计	乡	镇的村委会	镇的居委会	街道
苏州市	**22284**	**5496**	**14347**	**1406**	**1035**	**9324**	**2247**	**6246**	**376**	**455**
虎丘区	1200	293	717	84	106	453	107	284	26	36
吴中区	3088	921	1857	153	157	901	246	564	45	46
相城区	1527	406	939	94	88	829	240	518	28	43
姑苏区	623	356	126	46	95	223	116	62	9	36
吴江区	3027	844	1905	185	93	2626	665	1874	50	37
苏州工业园区	1492	427	751	140	174	510	130	231	40	109
常熟市	2007	336	1500	88	83	877	176	635	28	38
张家港市	4313	731	3346	186	50	1011	164	764	40	43
昆山市	3547	834	2268	296	149	1024	216	679	83	46
太仓市	1460	348	938	134	40	870	187	635	27	21
南通市	**2874**	**651**	**1842**	**203**	**178**	**3127**	**855**	**2014**	**133**	**125**
崇川区	436	117	191	64	64	326	77	184	28	37
港闸区	250	46	171	14	19	193	37	115	20	21
通州区	370	109	247	12	2	391	156	225	7	3
如东县	161	43	88	22	8	145	42	92	6	5
南通经济技术开发区	254	32	189	15	18	184	33	131	11	9
通州湾示范区	22	4	17	1		27	8	17	1	1
苏锡通科技产业园区	134	47	80	6	1	205	72	123	7	3
启东市	341	83	226	10	22	179	38	125	8	8
如皋市	174	40	98	24	12	225	87	98	27	13
海门市	447	73	316	29	29	906	248	630	11	17
海安市	285	57	219	6	3	346	57	274	7	8
连云港市	**510**	**104**	**275**	**42**	**89**	**275**	**61**	**135**	**37**	**42**
连云区	75	9	44	3	19	6	2	3		1
海州区	65	10	29	4	22	26	5	16	1	4
赣榆区	60	21	34	4	1	28	6	18	4	
东海县	51	18	28	1	4	20	3	14	1	2
灌云县	46	7	27	7	5	22	10	10	2	
灌南县	39	8	28	2	1	20	6	13	1	
连云港经济技术开发区	24	7	6	6	5	9	5	1	2	1
连云港高新技术产业开发区	137	20	73	14	30	134	24	55	24	31
江苏连云港徐圩新区	13	4	6	1	2	8		5	2	1
江苏省连云港市云台山风景名胜区						2				2
淮安市	**342**	**85**	**172**	**37**	**48**	**396**	**94**	**208**	**29**	**65**
淮安区	32	5	19	8		32	22	6	3	1
淮阴区	38	14	21	2	1	88	21	43	12	12
清江浦区	70	21	28	9	12	47	14	25	5	3
洪泽区	24	2	9	3	10	23	4	14	4	1
涟水县	40	11	21	5	3	35	5	13	2	15
盱眙县	38	13	18	6	1	25	11	8	1	5
金湖县	29	5	18	2	4	39	7	30		2
淮安经济技术开发区	54	9	28	2	15	96	10	58	2	26
工业园区	1	1								
生态文旅区	13	2	9		2	11		11		
苏淮高新区	3	2	1							

7-1　续表 38　　单位：人

现住地	省外									
	四川					贵州				
	小计	乡	镇的村委会	镇的居委会	街道	小计	乡	镇的村委会	镇的居委会	街道
盐城市	**816**	**141**	**461**	**117**	**97**	**635**	**105**	**411**	**74**	**45**
亭湖区	128	20	75	17	16	112	29	49	12	22
盐都区	68	3	34	10	21	28	5	14	6	3
大丰区	128	21	89	11	7	111	15	86	7	3
响水县	34	9	13	11	1	16	2	7	6	1
滨海县	53	13	25	9	6	22	2	15	5	
阜宁县	27	7	16	4		32	10	19	3	
射阳县	59	8	35	13	3	59	5	49	5	
建湖县	64	13	34	7	10	17	2	12	2	1
盐城经济技术开发区	29	5	8	9	7	50	10	12	16	12
江苏省盐南高新区	49	8	14	7	20	25	9	9	4	3
东台市	177	34	118	19	6	163	16	139	8	
扬州市	**1348**	**301**	**730**	**94**	**223**	**844**	**137**	**497**	**47**	**163**
广陵区	198	76	86	11	25	110	28	69	8	5
邗江区	285	28	77	19	161	252	27	83	13	129
江都区	209	36	157	12	4	136	19	106	6	5
宝应县	74	20	42	5	7	27		22	1	4
扬州经济技术开发区	130	31	74	7	18	76	1	56	1	18
蜀冈瘦西湖景区	55	8	41	6		26	5	20		1
生态新城	14	2	12			17	7	6	4	
仪征市	269	62	172	31	4	105	29	63	13	
高邮市	114	38	69	3	4	95	21	72	1	1
镇江市	**2739**	**633**	**1696**	**142**	**268**	**1836**	**535**	**1050**	**76**	**175**
京口区	244	33	119	38	54	144	32	66	19	27
润州区	96	20	49	3	24	40	11	21	3	5
丹徒区	270	30	189	13	38	229	38	157	9	25
镇江新区	202	44	117	28	13	71	37	19	10	5
江苏镇江高新区	32	8	17	1	6	31	3	24	1	3
丹阳市	1484	397	974	42	71	1070	355	642	25	48
扬中市	177	33	132	7	5	91	13	58	5	15
句容市	234	68	99	10	57	160	46	63	4	47
泰州市	**1316**	**235**	**893**	**94**	**94**	**1154**	**222**	**805**	**50**	**77**
海陵区	233	43	117	36	37	203	36	128	20	19
高港区	45	11	29	4	1	82	22	50	4	6
姜堰区	93	24	51	8	10	90	11	70	2	7
泰州医药高新技术产业开发区	113	27	60	12	14	76	15	51	4	6
兴化市	139	22	98	5	14	161	27	118	5	11
靖江市	394	53	319	15	7	301	39	236	7	19
泰兴市	299	55	219	14	11	241	72	152	8	9
宿迁市	**466**	**107**	**239**	**51**	**69**	**436**	**130**	**250**	**27**	**29**
宿城区	108	18	62	15	13	78	31	38	3	6
宿豫区	61	11	42	2	6	27	4	22	1	
沭阳县	82	19	41	6	16	137	30	86	8	13
泗阳县	82	24	36	16	6	41	24	14	2	1
泗洪县	57	15	27	7	8	65	16	33	10	6
宿迁经济技术开发区	33	12	10		11	10	2	7	1	
宿迁市湖滨新区	32	6	18	4	4	72	22	45	2	3
苏州宿迁工业园区	6		2		4	1		1		
宿迁市洋河新区	5	2	1	1	1	5	1	4		

7-1 续表 39

单位：人

现住地	省外									
	云南					西藏				
	小计	乡	镇的村委会	镇的居委会	街道	小计	乡	镇的村委会	镇的居委会	街道
江　苏	**26039**	**7084**	**16356**	**1110**	**1489**	**775**	**238**	**255**	**57**	**225**
南京市	**2357**	**557**	**1214**	**179**	**407**	**185**	**44**	**48**	**25**	**68**
玄武区	159	26	59	9	65	27	12	4	2	9
秦淮区	111	22	62	12	15	1				1
建邺区	89	15	62	4	8	2				2
鼓楼区	139	24	57	12	46	20	8	5		7
浦口区	60	11	30	5	14	10	3	1	2	4
栖霞区	417	93	207	29	88	55	11	17	8	19
雨花台区	143	27	84	20	12	7	2		4	1
江宁区	631	172	334	43	82	37	6	12	6	13
六合区	40	9	28		3					
溧水区	201	68	121	9	3					
高淳区	73	22	45	4	2	2				2
南京江北新区	294	68	125	32	69	24	2	9	3	10
无锡市	**4354**	**1242**	**2837**	**124**	**151**	**24**	**6**	**17**	**1**	
锡山区	641	158	432	21	30					
惠山区	444	145	264	11	24	5	1	4		
滨湖区	220	58	127	13	22	5	2	2	1	
梁溪区	149	39	84	11	15					
新吴区	332	99	213	10	10	10	1	9		
江苏无锡经济开发区	104	22	70	4	8	3	1	2		
江阴市	954	275	655	3	21	1	1			
宜兴市	1510	446	992	51	21					
徐州市	**336**	**64**	**194**	**33**	**45**	**48**	**15**	**16**	**3**	**14**
鼓楼区	23	12	3	2	6	8	5		1	2
云龙区	10	2	4	2	2	4		4		
贾汪区	41	9	20	1	11					
泉山区	22	3	10	6	3	6		2		4
铜山区	98	15	51	12	20	18	4	6	2	6
丰县	15	6	8		1					
沛县	21	4	13	2	2					
睢宁县	30	5	18	7		3	1	1		1
徐州经济技术开发区	21	3	18			8	5	2		1
新沂市	38	3	34	1		1		1		
邳州市	17	2	15							
常州市	**3897**	**1339**	**2345**	**96**	**117**	**31**	**29**		**1**	**1**
天宁区	201	72	116	6	7					
钟楼区	176	76	90		10	2	1		1	
新北区	332	91	208	15	18	27	27			
武进区	1169	358	760	22	29	1	1			
金坛区	1219	401	745	38	35					
江苏省常州市经济开发区	469	228	230	9	2					
溧阳市	331	113	196	6	16	1				1

7-1　续表 40　　　　单位：人

现住地	省外									
	云南					西藏				
	小计	乡	镇的村委会	镇的居委会	街道	小计	乡	镇的村委会	镇的居委会	街道
苏州市	**8092**	**2042**	**5425**	**333**	**292**	**36**	**9**	**11**	**2**	**14**
虎丘区	534	156	319	36	23	1				1
吴中区	964	270	616	36	42	3	2	1		
相城区	786	221	525	17	23	1		1		
姑苏区	152	81	34	9	28	18	6			12
吴江区	1446	382	967	74	23	6		4	1	1
苏州工业园区	595	175	306	36	78					
常熟市	840	153	648	16	23	2	1		1	
张家港市	812	147	611	37	17					
昆山市	1180	288	826	42	24	2		2		
太仓市	783	169	573	30	11	3		3		
南通市	**1866**	**533**	**1144**	**89**	**100**	**171**	**82**	**36**	**5**	**48**
崇川区	209	66	97	18	28	68	16	16	1	35
港闸区	141	31	82	8	20	60	54	2		4
通州区	240	76	153	9	2	1				1
如东县	77	34	35	6	2					
南通经济技术开发区	136	18	96	13	9	9	1	8		
通州湾示范区	24	1	20	2	1					
苏锡通科技产业园区	84	41	43							
启东市	184	52	124	3	5	1		1		
如皋市	190	38	123	20	9	9	9			
海门市	270	64	178	5	23	21	2	9	2	8
海安市	311	112	193	5	1	2			2	
连云港市	**264**	**53**	**148**	**17**	**46**	**43**	**18**	**14**	**3**	**8**
连云区	10	4	4		2					
海州区	13	2	9		2	2				2
赣榆区	29	6	20	1	2	1		1		
东海县	49	14	28		7					
灌云县	15	5	8	1	1					
灌南县	32	7	23	1	1					
连云港经济技术开发区	2			1	1					
连云港高新技术产业开发区	109	15	52	13	29	40	18	13	3	6
江苏连云港徐圩新区	5		4		1					
江苏省连云港市云台山风景名胜区										
淮安市	**228**	**87**	**116**	**11**	**14**	**89**	**9**	**71**	**3**	**6**
淮安区	20	7	13							
淮阴区	36	9	20	1	6					
清江浦区	27	12	10	3	2	7	2			5
洪泽区	7		7							
涟水县	25	15	7	3						
盱眙县	22	14	5	2	1	1	1			
金湖县	23	13	10							
淮安经济技术开发区	60	9	44	2	5	81	6	71	3	1
工业园区	7	7								
生态文旅区	1	1								
苏淮高新区										

7-1 续表 41

单位：人

现住地	省外									
	云南					西藏				
	小计	乡	镇的村委会	镇的居委会	街道	小计	乡	镇的村委会	镇的居委会	街道
盐城市	**495**	**94**	**333**	**41**	**27**	**36**	**19**	**12**	**1**	**4**
亭湖区	52	10	27	7	8	16	5	7		4
盐都区	35	4	24	3	4					
大丰区	63	24	39							
响水县	18	4	12	2		1	1			
滨海县	46	4	37	4	1					
阜宁县	25	7	13	5						
射阳县	45	6	29	8	2	1		1		
建湖县	22	4	17		1					
盐城经济技术开发区	15	4	7	3	1	4	1	2	1	
江苏省盐南高新区	30	7	14	2	7	12	12			
东台市	144	20	114	7	3	2		2		
扬州市	**992**	**329**	**545**	**40**	**78**	**37**	**1**	**7**	**3**	**26**
广陵区	172	65	98	4	5					
邗江区	132	26	45	8	53	28		3		25
江都区	217	62	142	8	5	4		1	3	
宝应县	50	6	39	5						
扬州经济技术开发区	179	82	85	3	9	5	1	3		1
蜀冈瘦西湖景区	14	4	10							
生态新城	29	6	17	6						
仪征市	116	64	46	5	1					
高邮市	83	14	63	1	5					
镇江市	**1832**	**491**	**1136**	**67**	**138**	**43**	**2**	**11**	**5**	**25**
京口区	99	13	41	19	26	15	1	6	5	3
润州区	13	7	3		3	1	1			
丹徒区	139	14	83	7	35	3		3		
镇江新区	46	16	17	6	7					
江苏镇江高新区	48	20	25		3					
丹阳市	1251	349	836	30	36	2		2		
扬中市	121	31	89		1					
句容市	115	41	42	5	27	22				22
泰州市	**980**	**165**	**735**	**40**	**40**	**29**	**3**	**12**	**5**	**9**
海陵区	125	17	75	13	20	21	2	12	1	6
高港区	56	12	40	4						
姜堰区	62	17	44		1	2			2	
泰州医药高新技术产业开发区	65	14	41	6	4					
兴化市	62	16	35	2	9					
靖江市	381	53	317	9	2	5			2	3
泰兴市	229	36	183	6	4	1	1			
宿迁市	**346**	**88**	**184**	**40**	**34**	**3**	**1**			**2**
宿城区	53	12	32	6	3	1	1			
宿豫区	38	8	22	7	1					
沭阳县	100	24	53	6	17	2				2
泗阳县	40	9	19	6	6					
泗洪县	48	18	23	6	1					
宿迁经济技术开发区	19	7	6	2	4					
宿迁市湖滨新区	43	9	27	5	2					
苏州宿迁工业园区										
宿迁市洋河新区	5	1	2	2						

7-1　续表 42　　　　单位：人

现 住 地	省外									
	陕西					甘肃				
	小计	乡	镇的村委会	镇的居委会	街道	小计	乡	镇的村委会	镇的居委会	街道
江　苏	**28516**	**5800**	**18367**	**1888**	**2461**	**20361**	**5078**	**12040**	**1320**	**1923**
南京市	**2458**	**370**	**1177**	**259**	**652**	**2153**	**407**	**988**	**245**	**513**
玄武区	204	21	74	13	96	174	27	52	14	81
秦淮区	173	15	82	29	47	118	34	54	21	9
建邺区	122	11	53	14	44	103	14	37	19	33
鼓楼区	186	24	57	29	76	131	26	46	10	49
浦口区	63	11	25	2	25	55	12	21	3	19
栖霞区	432	60	234	30	108	424	70	228	47	79
雨花台区	173	41	78	16	38	148	23	70	25	30
江宁区	603	93	315	69	126	525	126	241	62	96
六合区	58	11	30	7	10	32	6	24	1	1
溧水区	114	25	69	12	8	91	13	71	4	3
高淳区	31	11	15	3	2	27	4	22		1
南京江北新区	299	47	145	35	72	325	52	122	39	112
无锡市	**4042**	**744**	**2837**	**189**	**272**	**2222**	**571**	**1356**	**100**	**195**
锡山区	649	132	462	21	34	626	132	436	17	41
惠山区	357	62	237	27	31	237	60	146	12	19
滨湖区	317	68	178	23	48	123	42	59	8	14
梁溪区	266	63	146	23	34	185	46	91	14	34
新吴区	653	163	412	33	45	405	101	260	11	33
江苏无锡经济开发区	182	23	120	8	31	88	22	43	2	21
江阴市	761	147	552	23	39	396	139	223	12	22
宜兴市	857	86	730	31	10	162	29	98	24	11
徐州市	**486**	**45**	**235**	**78**	**128**	**371**	**57**	**187**	**48**	**79**
鼓楼区	46	3	16	15	12	51	26	11	1	13
云龙区	33	3	13	8	9	31	3	15	4	9
贾汪区	14	2	7	3	2	13		7	1	5
泉山区	57	5	21	9	22	31	1	12	8	10
铜山区	147	15	64	18	50	119	13	58	14	34
丰县	41	1	31	1	8	18	2	14		2
沛县	36	1	17	10	8	21	4	10	5	2
睢宁县	21	2	14	4	1	12	1	9	1	1
徐州经济技术开发区	43	11	22	2	8	42	3	34	5	
新沂市	27	1	19	3	4	18	1	10	7	
邳州市	21	1	11	5	4	15	3	7	2	3
常州市	**2244**	**462**	**1518**	**106**	**158**	**1487**	**421**	**879**	**73**	**114**
天宁区	160	26	114	6	14	114	26	70	2	16
钟楼区	177	39	97	11	30	133	33	85	3	12
新北区	518	81	361	27	49	247	81	125	15	26
武进区	594	118	415	24	37	546	149	317	38	42
金坛区	261	78	164	12	7	151	46	96	5	4
江苏省常州市经济开发区	240	76	150	10	4	183	64	104	8	7
溧阳市	294	44	217	16	17	113	22	82	2	7

7-1 续表 43

单位：人

现住地	省外									
	陕西					甘肃				
	小计	乡	镇的村委会	镇的居委会	街道	小计	乡	镇的村委会	镇的居委会	街道
苏州市	**15195**	**3471**	**9984**	**950**	**790**	**10754**	**2873**	**6777**	**593**	**511**
虎丘区	1272	306	798	102	66	964	269	570	60	65
吴中区	1674	406	1112	77	79	919	262	539	65	53
相城区	780	206	469	42	63	502	152	301	21	28
姑苏区	303	155	64	22	62	263	146	49	13	55
吴江区	2132	569	1377	120	66	1261	367	814	50	30
苏州工业园区	2341	486	1471	176	208	1524	381	938	108	97
常熟市	938	118	714	38	68	644	117	443	27	57
张家港市	727	94	565	42	26	409	73	297	31	8
昆山市	4167	940	2812	284	131	3572	918	2378	175	101
太仓市	861	191	602	47	21	696	188	448	43	17
南通市	**1586**	**288**	**1105**	**91**	**102**	**948**	**247**	**582**	**52**	**67**
崇川区	185	32	122	9	22	142	45	61	15	21
港闸区	99	16	73	4	6	81	11	60	4	6
通州区	213	41	154	15	3	242	78	144	11	9
如东县	70	14	46	6	4	62	17	39	1	5
南通经济技术开发区	165	19	113	21	12	99	17	68	6	8
通州湾示范区	6	4	2			9		9		
苏锡通科技产业园区	86	31	51	2	2	46	25	21		
启东市	194	35	142	8	9	81	19	54	4	4
如皋市	84	22	48	6	8	35	7	17	4	7
海门市	339	57	236	13	33	89	14	71	1	3
海安市	145	17	118	7	3	62	14	38	6	4
连云港市	**212**	**25**	**106**	**25**	**56**	**276**	**36**	**154**	**23**	**63**
连云区	73	8	35	3	27	54	8	27	4	15
海州区	24	4	4	4	12	28	1	8	3	16
赣榆区	26	2	21	1	2	34	3	28	3	
东海县	25	5	18		2	5	1	3		1
灌云县	8	2	1		5	3	1	2		
灌南县	11		6	4	1	6		6		
连云港经济技术开发区	12	2	5	4	1	22	4	6	2	10
连云港高新技术产业开发区	21	1	6	8	6	90	16	45	10	19
江苏连云港徐圩新区	12	1	10	1		34	2	29	1	2
江苏省连云港市云台山风景名胜区										
淮安市	**162**	**34**	**86**	**19**	**23**	**197**	**23**	**122**	**17**	**35**
淮安区	19	2	13	2	2	23	3	16	3	1
淮阴区	15	3	4	5	3	20	1	6	3	10
清江浦区	26	6	12	4	4	36	5	19	4	8
洪泽区	3		3			5		4	1	
涟水县	18	5	9	3	1	7	2	3	2	
盱眙县	6		3	2	1	21	6	13	1	1
金湖县	24	3	18	2	1	4		4		
淮安经济技术开发区	47	14	21	1	11	72	6	52	1	13
工业园区						5		5		
生态文旅区	4	1	3			3			2	1
苏淮高新区						1				1

7-1　续表 44

单位：人

现住地	省外									
	陕西					甘肃				
	小计	乡	镇的村委会	镇的居委会	街道	小计	乡	镇的村委会	镇的居委会	街道
盐城市	**314**	**31**	**210**	**29**	**44**	**441**	**99**	**260**	**38**	**44**
亭湖区	27	1	22	1	3	44	7	23	5	9
盐都区	33		25		8	42	10	25	2	5
大丰区	31	3	22	3	3	33	8	14	3	8
响水县	18	6	7	3	2	9	3	4		2
滨海县	31	6	17	3	5	18	3	10	4	1
阜宁县	9	1	3	2	3	10	1	3	2	4
射阳县	27	3	17	5	2	16	5	8	2	1
建湖县	17	1	8	1	7	11	2	6		3
盐城经济技术开发区	16	1	10	2	3	34	3	19	4	8
江苏省盐南高新区	12	4	4	2	2	17	11	3	2	1
东台市	93	5	75	7	6	207	46	145	14	2
扬州市	**412**	**68**	**235**	**45**	**64**	**434**	**100**	**170**	**29**	**135**
广陵区	91	11	52	17	11	33	11	15		7
邗江区	81	16	35	9	21	166	18	39	9	100
江都区	82	8	54	11	9	62	15	36	7	4
宝应县	19	3	13	3		16	1	5	3	7
扬州经济技术开发区	42	8	18	1	15	75	25	36	4	10
蜀冈瘦西湖景区	20		13	2	5	8	3		1	4
生态新城	13	5	8			12	4	7		1
仪征市	32	13	15	1	3	33	5	23	4	1
高邮市	32	4	27	1		29	18	9	1	1
镇江市	**668**	**141**	**404**	**40**	**83**	**465**	**115**	**226**	**30**	**94**
京口区	71	11	27	14	19	88	7	35	10	36
润州区	38	1	19	6	12	11	1	6		4
丹徒区	65		45	2	18	87	20	39	7	21
镇江新区	56	14	32	7	3	55	24	19	6	6
江苏镇江高新区	13	3	7		3	4	1	3		
丹阳市	281	71	192	10	8	127	36	79	6	6
扬中市	43	5	37		1	38	12	25		1
句容市	101	36	45	1	19	55	14	20	1	20
泰州市	**579**	**85**	**393**	**40**	**61**	**469**	**88**	**273**	**56**	**52**
海陵区	111	20	67	4	20	145	25	68	23	29
高港区	41	3	24	6	8	35	11	22	2	
姜堰区	24	3	21			51	10	37	2	2
泰州医药高新技术产业开发区	72	4	49	7	12	93	21	55	9	8
兴化市	49	10	28	3	8	32	7	16	3	6
靖江市	188	24	144	14	6	48	1	35	8	4
泰兴市	94	21	60	6	7	65	13	40	9	3
宿迁市	**158**	**36**	**77**	**17**	**28**	**144**	**41**	**66**	**16**	**21**
宿城区	39	6	21		12	33	10	13	1	9
宿豫区	16	6	8	2		17	7	6	3	1
沭阳县	43	6	25	8	4	28	3	19	5	1
泗阳县	9	3	3	1	2	12	1	4	5	2
泗洪县	18	5	5	6	2	14	4	5	1	4
宿迁经济技术开发区	14	4	6		4	9	6	2	1	
宿迁市湖滨新区	7	3	4			24	8	13		3
苏州宿迁工业园区	12	3	5		4	2	1	1		
宿迁市洋河新区						5	1	3		1

7-1 续表 45

单位：人

现住地	省外									
	青海					宁夏				
	小计	乡	镇的村委会	镇的居委会	街道	小计	乡	镇的村委会	镇的居委会	街道
江　苏	**2025**	**397**	**802**	**261**	**565**	**1534**	**253**	**651**	**202**	**428**
南京市	**349**	**47**	**120**	**43**	**139**	**361**	**46**	**129**	**48**	**138**
玄武区	35	3	13	2	17	42	4	8	7	23
秦淮区	13	1	3	2	7	13		5	4	4
建邺区	11	2	2		7	18		9	1	8
鼓楼区	29	3	4	10	12	24	3	3	5	13
浦口区	13	1	4	1	7	6			2	4
栖霞区	56	6	22	8	20	80	12	40	7	21
雨花台区	11	3		1	7	13	3	4	2	4
江宁区	97	18	42	8	29	107	16	41	10	40
六合区	6				6					
溧水区	5	2	2		1	4		3		1
高淳区	4		4			1		1		
南京江北新区	69	8	24	11	26	53	8	15	10	20
无锡市	**226**	**64**	**77**	**30**	**55**	**121**	**23**	**50**	**18**	**30**
锡山区	25	6	13	3	3	23	4	12	3	4
惠山区	37	11	19	1	6	10	3	4	2	1
滨湖区	41	17	7	4	13	24	1	8	4	11
梁溪区	16	6	1	4	5	8	3	3		2
新吴区	37	8	17	6	6	18	5	9		4
江苏无锡经济开发区	24	2	3	5	14	9	1	3	3	2
江阴市	14	3	6	1	4	12	3	1	3	5
宜兴市	32	11	11	6	4	17	3	10	3	1
徐州市	**147**	**17**	**58**	**26**	**46**	**109**	**14**	**45**	**13**	**37**
鼓楼区	29	3	10	2	14	6	1	1	1	3
云龙区	9		1	6	2	15	2	5	3	5
贾汪区						4		4		
泉山区	22	7	6	2	7	13	1	2	3	7
铜山区	48	4	24	5	15	47	8	17	4	18
丰县	3		3			5		5		
沛县	6	1	2	2	1	11	2	5	1	3
睢宁县	3		1	2		3		3		
徐州经济技术开发区	6	2	2		2	4		3		1
新沂市	15		8	3	4					
邳州市	6		1	4	1	1			1	
常州市	**119**	**20**	**36**	**30**	**33**	**119**	**13**	**60**	**18**	**28**
天宁区	6	2	2		2	7	1	1	1	4
钟楼区	21	1	5	5	10	10	2	3	2	3
新北区	23	2	8	5	8	22	2	6	4	10
武进区	36	9	10	9	8	61	7	34	10	10
金坛区	23	3	9	11		8		8		
江苏省常州市经济开发区	5	3	2			3		3		
溧阳市	5				5	8	1	5	1	1

7-1 续表 46

单位：人

现住地	省外									
	青海					宁夏				
	小计	乡	镇的村委会	镇的居委会	街道	小计	乡	镇的村委会	镇的居委会	街道
苏州市	**515**	**103**	**247**	**68**	**97**	**377**	**75**	**191**	**44**	**67**
虎丘区	62	12	27	7	16	43	8	23	6	6
吴中区	41	14	10	8	9	33	10	16	6	1
相城区	40	12	15	5	8	19	6	10	1	2
姑苏区	45	20	2	1	22	16	5	4	1	6
吴江区	45	11	27	3	4	44	12	25	5	2
苏州工业园区	78	12	30	17	19	76	4	29	14	29
常熟市	33	4	22	1	6	26	5	16	1	4
张家港市	40	1	30	9		14	2	8		4
昆山市	98	16	60	14	8	81	21	43	10	7
太仓市	33	1	24	3	5	25	2	17		6
南通市	**135**	**47**	**53**	**10**	**25**	**69**	**16**	**23**	**8**	**22**
崇川区	38	7	19	1	11	18	4	8	4	2
港闸区	11	4	2	1	4	23	1	3	2	17
通州区	4	1		2	1	3		3		
如东县	2				2	1	1			
南通经济技术开发区	27	12	13	2		4	1	1	2	
通州湾示范区										
苏锡通科技产业园区	5	1	4							
启东市	4		2		2	8	3	4		1
如皋市	14	8	1	2	3	6	5	1		
海门市	14	1	10	1	2	4		2		2
海安市	16	13	2	1		2	1	1		
连云港市	**46**	**8**	**15**	**4**	**19**	**15**	**6**	**4**	**3**	**2**
连云区	8			1	7	1		1		
海州区	8	1	1	2	4	2	1	1		
赣榆区	6		4		2	4	1	2	1	
东海县						3	1		2	
灌云县	1			1		2	1			1
灌南县										
连云港经济技术开发区	5	5								
连云港高新技术产业开发区	18	2	10		6	3	2			1
江苏连云港徐圩新区										
江苏省连云港市云台山风景名胜区										
淮安市	**99**	**7**	**78**	**1**	**13**	**12**		**9**	**1**	**2**
淮安区	2		2							
淮阴区	1		1							
清江浦区	1	1				3		1		2
洪泽区	1				1	4		4		
涟水县	4		2		2					
盱眙县										
金湖县	1		1							
淮安经济技术开发区	89	6	72	1	10	5		4	1	
工业园区										
生态文旅区										
苏淮高新区										

7-1 续表 47　　单位：人

现住地	省外									
	青海					宁夏				
	小计	乡	镇的村委会	镇的居委会	街道	小计	乡	镇的村委会	镇的居委会	街道
盐城市	**71**	**30**	**27**	**6**	**8**	**123**	**28**	**63**	**17**	**15**
亭湖区	7	3			4	15	1	6	3	5
盐都区	5		4	1		5		5		
大丰区						9	2	6		1
响水县	5	5				1		1		
滨海县										
阜宁县						2	1		1	
射阳县	8	5	1	2		5		2	3	
建湖县	1		1			2	1			1
盐城经济技术开发区	4		1	3		10		2	6	2
江苏省盐南高新区	6	1	1		4	7	4	1		2
东台市	35	16	19			67	19	40	4	4
扬州市	**127**	**15**	**34**	**15**	**63**	**44**	**13**	**12**	**2**	**17**
广陵区	16	6	2	2	6	7		2	1	4
邗江区	68	2	8	4	54	8	2			6
江都区	15	3	4	7	1	12	7	3		2
宝应县	4		3	1						
扬州经济技术开发区	7	3	2		2	12	2	4	1	5
蜀冈瘦西湖景区	1		1							
生态新城						2		2		
仪征市	2		1	1		1	1			
高邮市	14	1	13			2	1	1		
镇江市	**94**	**13**	**19**	**12**	**50**	**99**	**11**	**34**	**7**	**47**
京口区	13	2	3	2	6	31	2	9	3	17
润州区	6				6	1		1		
丹徒区	17	5	6		6	15	3	6	1	5
镇江新区	15	1	3	3	8	3	1	2		
江苏镇江高新区	1				1					
丹阳市	18	4	2	4	8	18	2	8	2	6
扬中市	2		1	1		6		5	1	
句容市	22	1	4	2	15	25	3	3		19
泰州市	**50**	**9**	**23**	**8**	**10**	**60**	**8**	**21**	**12**	**19**
海陵区	17	6	8	2	1	18	1	10	4	3
高港区	4	1		3		8	3		2	3
姜堰区	8		3		5	9	2	2	3	2
泰州医药高新技术产业开发区	3		2	1		7	2	1		4
兴化市	2		2			1		1		
靖江市	9		4	1	4	6		2	2	2
泰兴市	7	2	4	1		11		5	1	5
宿迁市	**47**	**17**	**15**	**8**	**7**	**25**		**10**	**11**	**4**
宿城区	5	2	3			5		2	2	1
宿豫区	2	2								
沭阳县	12	4	4	2	2	2		1		1
泗阳县	2			2		3			3	
泗洪县	3			3		5			5	
宿迁经济技术开发区	13	2	7		4	4		3		1
宿迁市湖滨新区	5	2	1	1	1	6		4	1	1
苏州宿迁工业园区										
宿迁市洋河新区	5	5								

7-1　续表 48　　　　　　　　　　　　　　　　　　　　单位：人

现住地	省外				
	新疆				
	小计	乡	镇的村委会	镇的居委会	街道
江　苏	**3862**	**732**	**1313**	**676**	**1141**
南京市	**752**	**105**	**220**	**136**	**291**
玄武区	72	16	14	8	34
秦淮区	36	3	8	5	20
建邺区	28	1	2	3	22
鼓楼区	72	11	17	15	29
浦口区	68	1	32	21	14
栖霞区	151	24	61	21	45
雨花台区	33	10	2	8	13
江宁区	159	24	43	27	65
六合区	4		1		3
溧水区	19	3	6	4	6
高淳区	8	1	6	1	
南京江北新区	102	11	28	23	40
无锡市	**410**	**93**	**153**	**62**	**102**
锡山区	37	9	13	6	9
惠山区	39	5	15	3	16
滨湖区	145	41	49	21	34
梁溪区	45	10	12	11	12
新吴区	37	7	16	7	7
江苏无锡经济开发区	15		3	1	11
江阴市	51	16	26	1	8
宜兴市	41	5	19	12	5
徐州市	**332**	**44**	**142**	**37**	**109**
鼓楼区	26	4	2	1	19
云龙区	36	1	15	13	7
贾汪区	33		32		1
泉山区	22		7	3	12
铜山区	105	26	41	13	25
丰县	15	5	9		1
沛县	9	4	2	1	2
睢宁县	8		6		2
徐州经济技术开发区	41	2	5		34
新沂市	21	1	16	2	2
邳州市	16	1	7	4	4
常州市	**182**	**37**	**64**	**22**	**59**
天宁区	20	2	7	1	10
钟楼区	25	5	9	1	10
新北区	35	7	10	5	13
武进区	52	10	12	11	19
金坛区	23	5	13	1	4
江苏省常州市经济开发区	10	3	4		3
溧阳市	17	5	9	3	

7-1 续表 49 单位：人

现住地	省外				
	新疆				
	小计	乡	镇的村委会	镇的居委会	街道
苏州市	**805**	**167**	**283**	**157**	**198**
虎丘区	111	16	36	26	33
吴中区	82	22	31	9	20
相城区	52	10	25	6	11
姑苏区	61	19	10	4	28
吴江区	51	17	17	4	13
苏州工业园区	136	24	36	32	44
常熟市	50	5	26	6	13
张家港市	98	29	39	22	8
昆山市	133	19	46	40	28
太仓市	31	6	17	8	
南通市	**234**	**61**	**92**	**42**	**39**
崇川区	53	15	18	11	9
港闸区	23	3	9	4	7
通州区	41	10	22	5	4
如东县	10	1	5	1	3
南通经济技术开发区	13	2	7	3	1
通州湾示范区	2			2	
苏锡通科技产业园区	3	1	1	1	
启东市	21	9	6	3	3
如皋市	30	14	7	5	4
海门市	15	2	3	5	5
海安市	23	4	14	2	3
连云港市	**213**	**42**	**76**	**27**	**68**
连云区	4	1		1	2
海州区	9	3	4		2
赣榆区	16	3	7	3	3
东海县	2				2
灌云县	8	1	5		2
灌南县	2		2		
连云港经济技术开发区	38	8	24		6
连云港高新技术产业开发区	130	26	33	21	50
江苏连云港徐圩新区	4		1	2	1
江苏省连云港市云台山风景名胜区					
淮安市	**101**	**15**	**25**	**8**	**53**
淮安区	4	3		1	
淮阴区	60	8	8	3	41
清江浦区	7	1	2	1	3
洪泽区	6		5		1
涟水县	7	3	4		
盱眙县	2				2
金湖县	2		1		1
淮安经济技术开发区	9		5	3	1
工业园区					
生态文旅区	4				4
苏淮高新区					

7-1　续表 50　　　　单位：人

现住地	省外				
	新疆				
	小计	乡	镇的村委会	镇的居委会	街道
盐城市	**95**	**41**	**13**	**22**	**19**
亭湖区	47	27	1	6	13
盐都区	3	1	2		
大丰区	13	7	3	2	1
响水县					
滨海县	4	1	1	2	
阜宁县	2		1	1	
射阳县	5			2	3
建湖县	3	1		1	1
盐城经济技术开发区	8		1	7	
江苏省盐南高新区	2			1	1
东台市	8	4	4		
扬州市	**249**	**32**	**67**	**86**	**64**
广陵区	14	3	5	1	5
邗江区	142	4	25	68	45
江都区	19	7	8	3	1
宝应县					
扬州经济技术开发区	36	7	10	7	12
蜀冈瘦西湖景区	4		4		
生态新城	2			2	
仪征市	5			5	
高邮市	27	11	15		1
镇江市	**206**	**35**	**71**	**26**	**74**
京口区	37	7	10	3	17
润州区	3			1	2
丹徒区	30	13	8	5	4
镇江新区	15	2	9		4
江苏镇江高新区	2		2		
丹阳市	72	10	30	10	22
扬中市	12	1	8	2	1
句容市	35	2	4	5	24
泰州市	**188**	**22**	**92**	**37**	**37**
海陵区	49	9	11	14	15
高港区	52	4	34	5	9
姜堰区	30	4	15	9	2
泰州医药高新技术产业开发区	6	1		1	4
兴化市	3	1	1	1	
靖江市	16		7	5	4
泰兴市	32	3	24	2	3
宿迁市	**95**	**38**	**15**	**14**	**28**
宿城区	43	22	3	8	10
宿豫区	10	3	2		5
沭阳县	14	2	5		7
泗阳县	12	5	2	4	1
泗洪县	2	1			1
宿迁经济技术开发区	2	1			1
宿迁市湖滨新区	9	4	2	2	1
苏州宿迁工业园区	2				2
宿迁市洋河新区	1		1		

7-1a 全省按现住地、户口登记地类型分的户口登记地在外乡镇街道人口(城市)

单位：人

现住地	合计					省内				
	合计	乡	镇的村委会	镇的居委会	街道	小计	乡	镇的村委会	镇的居委会	街道
江苏	**1770036**	**253373**	**818076**	**231326**	**467261**	**1158214**	**115395**	**477255**	**178167**	**387397**
南京市	**369275**	**42377**	**122899**	**46165**	**157834**	**242468**	**18318**	**62414**	**32915**	**128821**
玄武区	22224	2379	5537	2419	11889	13494	922	2381	1478	8713
秦淮区	31512	2524	8297	3483	17208	21869	922	3514	2325	15108
建邺区	25711	2288	6958	2566	13899	17823	930	3180	1817	11896
鼓楼区	34515	3322	7274	4345	19574	23785	1484	3156	2929	16216
浦口区	11533	1419	2482	1225	6407	7891	775	1200	871	5045
栖霞区	51822	5403	18073	7268	21078	32796	2129	8521	5389	16757
雨花台区	36475	6017	11759	4547	14152	22721	2501	5332	3235	11653
江宁区	73601	9249	26894	11070	26388	45891	3802	13281	7954	20854
六合区	7065	525	2114	818	3608	5973	268	1672	677	3356
溧水区	15031	1678	8714	1559	3080	10989	927	6091	1267	2704
高淳区	7345	1399	4086	686	1174	5751	1006	3129	605	1011
南京江北新区	52441	6174	20711	6179	19377	33485	2652	10957	4368	15508
无锡市	**224254**	**36423**	**116702**	**24055**	**47074**	**121216**	**12484**	**54347**	**17054**	**37331**
锡山区	28699	5455	17265	1987	3992	12346	1509	6418	1295	3124
惠山区	27616	5450	15270	2741	4155	12734	1954	6520	1591	2669
滨湖区	26691	4790	10849	3052	8000	14104	1804	4416	1949	5935
梁溪区	41734	5516	16930	5299	13989	26409	2243	8111	4033	12022
新吴区	26735	5358	13292	2124	5961	13981	1918	5854	1382	4827
江苏无锡经济开发区	16403	2269	7711	1550	4873	8863	734	3236	1046	3847
江阴市	28146	5108	16032	3076	3930	14739	1472	7704	2427	3136
宜兴市	28230	2477	19353	4226	2174	18040	850	12088	3331	1771
徐州市	**105465**	**4217**	**40294**	**17440**	**43514**	**88552**	**2712**	**32062**	**15006**	**38772**
鼓楼区	19799	776	3973	2139	12911	16597	401	2864	1802	11530
云龙区	18082	628	7133	4596	5725	14891	435	5362	3947	5147
贾汪区	6328	527	2589	759	2453	5516	407	2180	685	2244
泉山区	23907	909	7179	4306	11513	19684	578	5058	3607	10441
铜山区	15021	809	7010	2091	5111	10558	367	4735	1580	3876
丰县										
沛县										
睢宁县										
徐州经济技术开发区	16		4	1	11	11		4	1	6
新沂市	10455	349	6452	1334	2320	9908	328	6132	1247	2201
邳州市	11857	219	5954	2214	3470	11387	196	5727	2137	3327
常州市	**176271**	**29533**	**94693**	**19225**	**32820**	**108673**	**12193**	**53956**	**15250**	**27274**
天宁区	27153	3685	11221	2173	10074	17554	1273	5790	1706	8785
钟楼区	30692	6064	14077	1966	8585	18325	2219	7118	1561	7427
新北区	29745	3760	16689	2622	6674	17554	1307	8880	2017	5350
武进区	44734	7526	27102	6390	3716	25221	3168	14171	5108	2774
金坛区	16498	2038	11314	1906	1240	12547	1050	8808	1614	1075
江苏省常州市经济开发区	10419	3135	4332	1465	1487	5532	1139	2184	943	1266
溧阳市	17030	3325	9958	2703	1044	11940	2037	7005	2301	597

7-1a　续表 1

单位：人

现住地	合计					省内				
	合计	乡	镇的村委会	镇的居委会	街道	小计	乡	镇的村委会	镇的居委会	街道
苏州市	**369138**	**79193**	**193264**	**44730**	**51951**	**161107**	**25060**	**72882**	**27146**	**36019**
虎丘区	42464	8246	22172	5228	6818	19804	2820	8734	3292	4958
吴中区	46170	11819	20443	5739	8169	21489	4533	7907	3338	5711
相城区	42325	8848	23529	3893	6055	17292	2257	8340	2403	4292
姑苏区	39509	14531	7510	2400	15068	22730	5847	3038	1527	12318
吴江区	34284	9555	18078	3602	3049	11956	2881	5530	1827	1718
苏州工业园区										
常熟市	48091	4922	32674	4654	5841	22177	1345	13749	3231	3852
张家港市	26830	2961	18116	4753	1000	15114	1083	9886	3594	551
昆山市	73005	15330	41742	11369	4564	23893	3642	12403	5979	1869
太仓市	16460	2981	9000	3092	1387	6652	652	3295	1955	750
南通市	**109812**	**15275**	**57258**	**15765**	**21514**	**79381**	**8904**	**39151**	**13206**	**18120**
崇川区	33644	3940	12550	5843	11311	24986	2036	8239	4872	9839
港闸区	22584	2765	12503	3023	4293	15318	1431	7808	2481	3598
通州区	10582	1530	6389	1642	1021	6809	669	3863	1436	841
如东县										
南通经济技术开发区										
通州湾示范区										
苏锡通科技产业园区										
启东市	9165	1854	5502	1350	459	7113	1390	4280	1132	311
如皋市	8496	1965	3631	1440	1460	6954	1502	2994	1263	1195
海门市	12935	1662	7857	1024	2392	9406	929	5789	798	1890
海安市	12406	1559	8826	1443	578	8795	947	6178	1224	446
连云港市	**29004**	**3123**	**10416**	**4389**	**11076**	**25554**	**2620**	**8939**	**4006**	**9989**
连云区	5905	627	1894	586	2798	4708	476	1376	489	2367
海州区	16310	1971	4221	2403	7715	15021	1734	3837	2239	7211
赣榆区	6013	413	3871	1354	375	5519	371	3576	1250	322
东海县	9	8			1	9	8			1
灌云县										
灌南县										
连云港经济技术开发区										
连云港高新技术产业开发区										
江苏连云港徐圩新区	752	97	428	44	183	282	24	148	26	84
江苏省连云港市云台山风景名胜区	15	7	2	2	4	15	7	2	2	4
淮安市	**48757**	**7698**	**18950**	**7230**	**14879**	**45793**	**7037**	**17824**	**6796**	**14136**
淮安区	12644	2610	6423	1736	1875	12134	2449	6226	1645	1814
淮阴区	11455	2103	4736	1771	2845	10643	1924	4443	1655	2621
清江浦区	18702	2189	4430	2780	9303	17277	1895	3905	2585	8892
洪泽区	5956	796	3361	943	856	5739	769	3250	911	809
涟水县										
盱眙县										
金湖县										
淮安经济技术开发区										
工业园区										
生态文旅区										
苏淮高新区										

7-1a 续表 2

单位：人

现住地	合计					省内				
	合计	乡	镇的村委会	镇的居委会	街道	小计	乡	镇的村委会	镇的居委会	街道
盐城市	**62580**	**4879**	**27380**	**13031**	**17290**	**57172**	**4088**	**24466**	**12250**	**16368**
亭湖区	17513	1650	6547	3320	5996	16253	1396	6032	3141	5684
盐都区	14501	624	7325	2537	4015	13803	537	6947	2456	3863
大丰区	8807	692	5169	1685	1261	8273	632	4877	1593	1171
响水县										
滨海县										
阜宁县										
射阳县										
建湖县										
盐城经济技术开发区	124	23	54	11	36	101	18	38	11	34
江苏省盐南高新区	14028	1300	3971	3045	5712	13201	1186	3708	2884	5423
东台市	7607	590	4314	2433	270	5541	319	2864	2165	193
扬州市	**87129**	**12198**	**41914**	**12524**	**20493**	**72341**	**9351**	**34623**	**11020**	**17347**
广陵区	17455	3118	6640	1792	5905	14358	2258	5219	1541	5340
邗江区	27712	3240	10002	3473	10997	21949	2438	7689	2980	8842
江都区	13091	919	9308	2489	375	11382	740	8169	2231	242
宝应县										
扬州经济技术开发区										
蜀冈瘦西湖景区	5767	747	2061	631	2328	4853	569	1529	567	2188
生态新城	1367	284	1015	51	17	714	115	564	27	8
仪征市	8873	1130	5011	2365	367	7187	741	4095	2059	292
高邮市	12864	2760	7877	1723	504	11898	2490	7358	1615	435
镇江市	**74644**	**7208**	**31662**	**9640**	**26134**	**57165**	**3850**	**22690**	**8132**	**22493**
京口区	16349	1240	3883	2881	8345	12957	812	2559	2333	7253
润州区	11492	713	2944	2185	5650	9878	458	2154	2013	5253
丹徒区	7202	715	4106	672	1709	5525	383	3066	556	1520
镇江新区										
江苏镇江高新区	3789	382	1223	391	1793	2963	217	820	336	1590
丹阳市	16966	2534	9453	1594	3385	11375	1099	6339	1196	2741
扬中市	5792	388	4053	416	935	4022	140	2774	348	760
句容市	13054	1236	6000	1501	4317	10445	741	4978	1350	3376
泰州市	**84245**	**6891**	**49559**	**11669**	**16126**	**72745**	**5073**	**42595**	**10417**	**14660**
海陵区	23727	1533	10182	3857	8155	19361	873	7739	3347	7402
高港区	5600	379	3175	668	1378	4386	201	2427	526	1232
姜堰区	15454	1532	9836	1950	2136	14311	1307	9175	1820	2009
泰州医药高新技术产业开发区										
兴化市	10933	1485	5992	1406	2050	10126	1355	5591	1302	1878
靖江市	16833	672	12413	2555	1193	14770	370	10942	2352	1106
泰兴市	11698	1290	7961	1233	1214	9791	967	6721	1070	1033
宿迁市	**29462**	**4358**	**13085**	**5463**	**6556**	**26047**	**3705**	**11306**	**4969**	**6067**
宿城区	13585	1399	5348	2269	4569	12155	1090	4604	2126	4335
宿豫区	10716	2175	5471	1747	1323	9972	2016	5083	1647	1226
沭阳县										
泗阳县										
泗洪县										
宿迁经济技术开发区										
宿迁市湖滨新区	2906	575	1085	926	320	1899	423	562	706	208
苏州宿迁工业园区	1295	74	644	285	292	1159	52	573	276	258
宿迁市洋河新区	960	135	537	236	52	862	124	484	214	40

7-1a　续表 3　　　　单位：人

现住地	省外									
	小计					北京				
	小计	乡	镇的村委会	镇的居委会	街道	小计	乡	镇的村委会	镇的居委会	街道
江　苏	**611822**	**137978**	**340821**	**53159**	**79864**	**1392**	**51**	**128**	**261**	**952**
南京市	**126807**	**24059**	**60485**	**13250**	**29013**	**526**	**12**	**39**	**69**	**406**
玄武区	8730	1457	3156	941	3176	52		3	3	46
秦淮区	9643	1602	4783	1158	2100	36	1		8	27
建邺区	7888	1358	3778	749	2003	74		1	11	62
鼓楼区	10730	1838	4118	1416	3358	65	1	2	10	52
浦口区	3642	644	1282	354	1362	21		2		19
栖霞区	19026	3274	9552	1879	4321	73	3	13	7	50
雨花台区	13754	3516	6427	1312	2499	29	3	2	4	20
江宁区	27710	5447	13613	3116	5534	95	3	12	19	61
六合区	1092	257	442	141	252					
溧水区	4042	751	2623	292	376	5				5
高淳区	1594	393	957	81	163	7				7
南京江北新区	18956	3522	9754	1811	3869	69	1	4	7	57
无锡市	**103038**	**23939**	**62355**	**7001**	**9743**	**161**	**5**	**13**	**38**	**105**
锡山区	16353	3946	10847	692	868	25	1	3	3	18
惠山区	14882	3496	8750	1150	1486	8		2	3	3
滨湖区	12587	2986	6433	1103	2065	21	1	3	2	15
梁溪区	15325	3273	8819	1266	1967	27		1	8	18
新吴区	12754	3440	7438	742	1134	26	2	2	2	20
江苏无锡经济开发区	7540	1535	4475	504	1026	23				23
江阴市	13407	3636	8328	649	794	18	1	2	12	3
宜兴市	10190	1627	7265	895	403	13			8	5
徐州市	**16913**	**1505**	**8232**	**2434**	**4742**	**66**	**2**	**5**	**10**	**49**
鼓楼区	3202	375	1109	337	1381	10				10
云龙区	3191	193	1771	649	578	14	2	1	5	6
贾汪区	812	120	409	74	209	2				2
泉山区	4223	331	2121	699	1072	21			3	18
铜山区	4463	442	2275	511	1235	15		3	1	11
丰县										
沛县										
睢宁县										
徐州经济技术开发区	5				5					
新沂市	547	21	320	87	119	1				1
邳州市	470	23	227	77	143	3		1	1	1
常州市	**67598**	**17340**	**40737**	**3975**	**5546**	**89**	**5**	**12**	**16**	**56**
天宁区	9599	2412	5431	467	1289	18			1	17
钟楼区	12367	3845	6959	405	1158	19	2	1	1	15
新北区	12191	2453	7809	605	1324	14	2		4	8
武进区	19513	4358	12931	1282	942	13	1	2	3	7
金坛区	3951	988	2506	292	165	14		7	5	2
江苏省常州市经济开发区	4887	1996	2148	522	221	5			1	4
溧阳市	5090	1288	2953	402	447	6		2	1	3

7-1a　续表 4　　　　单位：人

现住地	省外									
	小计					北京				
	小计	乡	镇的村委会	镇的居委会	街道	小计	乡	镇的村委会	镇的居委会	街道
苏州市	**208031**	**54133**	**120382**	**17584**	**15932**	**282**	**18**	**33**	**74**	**157**
虎丘区	22660	5426	13438	1936	1860	61		1	13	47
吴中区	24681	7286	12536	2401	2458	50	5	7	16	22
相城区	25033	6591	15189	1490	1763	33	2	7	8	16
姑苏区	16779	8684	4472	873	2750	38	6		1	31
吴江区	22328	6674	12548	1775	1331	9			5	4
苏州工业园区										
常熟市	25914	3577	18925	1423	1989	14		1	6	7
张家港市	11716	1878	8230	1159	449	18	3	1	2	12
昆山市	49112	11688	29339	5390	2695	52	2	11	22	17
太仓市	9808	2329	5705	1137	637	7		5	1	1
南通市	**30431**	**6371**	**18107**	**2559**	**3394**	**60**	**3**	**3**	**18**	**36**
崇川区	8658	1904	4311	971	1472	18	1		4	13
港闸区	7266	1334	4695	542	695	9	1	2	2	4
通州区	3773	861	2526	206	180	4	1			3
如东县										
南通经济技术开发区										
通州湾示范区										
苏锡通科技产业园区										
启东市	2052	464	1222	218	148	10			4	6
如皋市	1542	463	637	177	265	2				2
海门市	3529	733	2068	226	502	8		1		7
海安市	3611	612	2648	219	132	9			8	1
连云港市	**3450**	**503**	**1477**	**383**	**1087**	**23**	**1**		**3**	**19**
连云区	1197	151	518	97	431	8				8
海州区	1289	237	384	164	504	10	1		2	7
赣榆区	494	42	295	104	53	3			1	2
东海县										
灌云县										
灌南县										
连云港经济技术开发区										
连云港高新技术产业开发区										
江苏连云港徐圩新区	470	73	280	18	99	2				2
江苏省连云港市云台山风景名胜区										
淮安市	**2964**	**661**	**1126**	**434**	**743**	**22**			**4**	**18**
淮安区	510	161	197	91	61	3				3
淮阴区	812	179	293	116	224	7			1	6
清江浦区	1425	294	525	195	411	11			3	8
洪泽区	217	27	111	32	47	1				1
涟水县										
盱眙县										
金湖县										
淮安经济技术开发区										
工业园区										
生态文旅区										
苏淮高新区										

7-1a　续表 5　　　　单位：人

现住地	省外									
	小计					北京				
	小计	乡	镇的村委会	镇的居委会	街道	小计	乡	镇的村委会	镇的居委会	街道
盐城市	**5408**	**791**	**2914**	**781**	**922**	**26**	**1**	**4**	**7**	**14**
亭湖区	1260	254	515	179	312	7		1	2	4
盐都区	698	87	378	81	152	1				1
大丰区	534	60	292	92	90	5		2	2	1
响水县										
滨海县										
阜宁县										
射阳县										
建湖县										
盐城经济技术开发区	23	5	16		2					
江苏省盐南高新区	827	114	263	161	289	6	1	1	2	2
东台市	2066	271	1450	268	77	7			1	6
扬州市	**14788**	**2847**	**7291**	**1504**	**3146**	**58**	**3**	**13**	**8**	**34**
广陵区	3097	860	1421	251	565	12		3	2	7
邗江区	5763	802	2313	493	2155	25	3	3	2	17
江都区	1709	179	1139	258	133	5		2		3
宝应县										
扬州经济技术开发区										
蜀冈瘦西湖景区	914	178	532	64	140	9			2	7
生态新城	653	169	451	24	9	1		1		
仪征市	1686	389	916	306	75	3		1	2	
高邮市	966	270	519	108	69	3		3		
镇江市	**17479**	**3358**	**8972**	**1508**	**3641**	**29**		**1**	**1**	**27**
京口区	3392	428	1324	548	1092	13				13
润州区	1614	255	790	172	397	3				3
丹徒区	1677	332	1040	116	189	2				2
镇江新区										
江苏镇江高新区	826	165	403	55	203	1				1
丹阳市	5591	1435	3114	398	644	5				5
扬中市	1770	248	1279	68	175					
句容市	2609	495	1022	151	941	5		1	1	3
泰州市	**11500**	**1818**	**6964**	**1252**	**1466**	**40**		**4**	**10**	**26**
海陵区	4366	660	2443	510	753	12			1	11
高港区	1214	178	748	142	146	4		1		3
姜堰区	1143	225	661	130	127	6			4	2
泰州医药高新技术产业开发区										
兴化市	807	130	401	104	172	4				4
靖江市	2063	302	1471	203	87	3			1	2
泰兴市	1907	323	1240	163	181	11		3	4	4
宿迁市	**3415**	**653**	**1779**	**494**	**489**	**10**	**1**	**1**	**3**	**5**
宿城区	1430	309	744	143	234	3			1	2
宿豫区	744	159	388	100	97	4	1	1		2
沭阳县										
泗阳县										
泗洪县										
宿迁经济技术开发区										
宿迁市湖滨新区	1007	152	523	220	112	3			2	1
苏州宿迁工业园区	136	22	71	9	34					
宿迁市洋河新区	98	11	53	22	12					

7-1a 续表 6

单位：人

现住地	省外									
	天津					河北				
	小计	乡	镇的村委会	镇的居委会	街道	小计	乡	镇的村委会	镇的居委会	街道
江苏	**1315**	**55**	**232**	**240**	**788**	**10118**	**2017**	**5068**	**1096**	**1937**
南京市	**491**	**24**	**56**	**63**	**348**	**2567**	**446**	**1093**	**279**	**749**
玄武区	73	1	7	5	60	268	30	85	27	126
秦淮区	26	1	3	7	15	170	24	67	25	54
建邺区	33	1	3		29	149	19	81	9	40
鼓楼区	45	4	1	5	35	198	32	61	23	82
浦口区	24	4		3	17	59	11	17	7	24
栖霞区	77	3	11	10	53	335	48	180	24	83
雨花台区	18	3	3	4	8	292	87	116	28	61
江宁区	102	4	17	17	64	593	93	250	85	165
六合区	3				3	16	4	5		7
溧水区	4		1	1	2	48	3	33	2	10
高淳区	2	1			1	39	7	19	8	5
南京江北新区	84	2	10	11	61	400	88	179	41	92
无锡市	**178**	**6**	**34**	**44**	**94**	**1355**	**281**	**774**	**123**	**177**
锡山区	14		5	4	5	204	60	124	12	8
惠山区	11		3	3	5	172	46	93	15	18
滨湖区	56		9	13	34	273	55	133	28	57
梁溪区	29	3	5	7	14	226	41	119	27	39
新吴区	31	1	5	11	14	166	32	104	13	17
江苏无锡经济开发区	13	1		2	10	119	15	64	13	27
江阴市	15	1	5	1	8	136	24	97	11	4
宜兴市	9		2	3	4	59	8	40	4	7
徐州市	**57**	**1**	**3**	**12**	**41**	**607**	**85**	**229**	**84**	**209**
鼓楼区	11			4	7	149	34	29	17	69
云龙区	15	1		7	7	119	7	64	26	22
贾汪区	1			1		10		3	1	6
泉山区	20		2		18	95	13	38	8	36
铜山区	9				9	204	29	78	29	68
丰县										
沛县										
睢宁县										
徐州经济技术开发区										
新沂市						15	1	10	1	3
邳州市	1		1			15	1	7	2	5
常州市	**95**	**1**	**19**	**24**	**51**	**641**	**171**	**339**	**52**	**79**
天宁区	18		4	2	12	67	17	31	6	13
钟楼区	9			1	8	76	24	37	4	11
新北区	24		4	3	17	167	42	88	6	31
武进区	29		4	14	11	167	43	100	9	15
金坛区	3	1	1		1	65	25	25	15	
江苏省常州市经济开发区	4		1	1	2	32	7	14	8	3
溧阳市	8		5	3		67	13	44	4	6

7-1a　续表 7　　　　单位：人

现住地	省外									
	天津					河北				
	小计	乡	镇的村委会	镇的居委会	街道	小计	乡	镇的村委会	镇的居委会	街道
苏州市	**231**	**12**	**63**	**58**	**98**	**2760**	**680**	**1532**	**258**	**290**
虎丘区	54	1	13	11	29	432	97	252	37	46
吴中区	23	1	3	10	9	350	94	159	46	51
相城区	30	2	11	7	10	263	63	155	16	29
姑苏区	19	4		2	13	211	78	62	17	54
吴江区	17	1	6	3	7	436	124	255	28	29
苏州工业园区										
常熟市	12		1	5	6	293	38	208	12	35
张家港市	22	1	10	8	3	112	10	83	15	4
昆山市	42	2	19	6	15	550	154	287	75	34
太仓市	12			6	6	113	22	71	12	8
南通市	**68**	**1**	**21**	**14**	**32**	**576**	**115**	**308**	**90**	**63**
崇川区	30		8	8	14	227	61	93	36	37
港闸区	7	1	2	2	2	131	21	85	8	17
通州区	4				4	36	5	28	1	2
如东县										
南通经济技术开发区										
通州湾示范区										
苏锡通科技产业园区										
启东市	11		8	2	1	26	3	8	12	3
如皋市						23	2	9	11	1
海门市	13		2	1	10	52	18	30	1	3
海安市	3		1	1	1	81	5	55	21	
连云港市	**21**		**2**		**19**	**169**	**33**	**65**	**20**	**51**
连云区	7		1		6	75	15	30	12	18
海州区	13		1		12	63	14	11	6	32
赣榆区	1				1	10	1	7	2	
东海县										
灌云县										
灌南县										
连云港经济技术开发区										
连云港高新技术产业开发区										
江苏连云港徐圩新区						21	3	17		1
江苏省连云港市云台山风景名胜区										
淮安市	**5**		**2**	**1**	**2**	**151**	**28**	**47**	**26**	**50**
淮安区	1		1			27	9	4	13	1
淮阴区	1			1		48	7	15	5	21
清江浦区	3		1		2	66	10	26	4	26
洪泽区						10	2	2	4	2
涟水县										
盱眙县										
金湖县										
淮安经济技术开发区										
工业园区										
生态文旅区										
苏淮高新区										

7-1a 续表 8　　单位：人

现住地	省外									
	天津					河北				
	小计	乡	镇的村委会	镇的居委会	街道	小计	乡	镇的村委会	镇的居委会	街道
盐城市	**22**		**3**	**7**	**12**	**192**	**16**	**100**	**37**	**39**
亭湖区	6			4	2	31	5	7	7	12
盐都区	2			1	1	26	3	11	4	8
大丰区	1				1	20	4	6	4	6
响水县										
滨海县										
阜宁县										
射阳县										
建湖县										
盐城经济技术开发区	1		1							
江苏省盐南高新区	11		2	1	8	33	1	13	7	12
东台市	1			1		82	3	63	15	1
扬州市	**50**	**8**	**11**	**8**	**23**	**306**	**37**	**159**	**32**	**78**
广陵区	13	4	1		8	61	12	37		12
邗江区	22	4	3	2	13	113	9	44	8	52
江都区	6		3	3		56	2	29	14	11
宝应县										
扬州经济技术开发区										
蜀冈瘦西湖景区	1				1	16	4	10		2
生态新城						3	1	2		
仪征市	7		3	3	1	34	8	18	7	1
高邮市	1		1			23	1	19	3	
镇江市	**57**		**4**	**3**	**50**	**260**	**41**	**113**	**26**	**80**
京口区	34			1	33	64	7	13	14	30
润州区	12			1	11	31	1	11	5	14
丹徒区	3		1		2	19	9	6	1	3
镇江新区										
江苏镇江高新区						12	1	11		
丹阳市	5		1	1	3	46	7	27	4	8
扬中市	2		2			24		21		3
句容市	1				1	64	16	24	2	22
泰州市	**30**		**11**	**5**	**14**	**294**	**54**	**148**	**50**	**42**
海陵区	14		8	1	5	132	21	61	24	26
高港区	2			1	1	40	10	21	6	3
姜堰区	3				3	31	9	14	6	2
泰州医药高新技术产业开发区										
兴化市						33	9	10	6	8
靖江市	5			3	2	20		16	4	
泰兴市	6		3		3	38	5	26	4	3
宿迁市	**10**	**2**	**3**	**1**	**4**	**240**	**30**	**161**	**19**	**30**
宿城区	5		2	1	2	69	11	43	3	12
宿豫区	3	2	1			20	1	10	2	7
沭阳县										
泗阳县										
泗洪县										
宿迁经济技术开发区										
宿迁市湖滨新区	2				2	144	18	104	13	9
苏州宿迁工业园区						6		3	1	2
宿迁市洋河新区						1		1		

7-1a　续表 9

单位：人

现住地	省外									
	山西					内蒙古				
	小计	乡	镇的村委会	镇的居委会	街道	小计	乡	镇的村委会	镇的居委会	街道
江　苏	**11530**	**2432**	**6155**	**1092**	**1851**	**3020**	**545**	**1188**	**442**	**845**
南京市	**2384**	**438**	**1016**	**251**	**679**	**949**	**147**	**302**	**129**	**371**
玄武区	243	34	80	36	93	85	13	20	6	46
秦淮区	101	14	39	14	34	57	5	14	7	31
建邺区	108	12	52	18	26	51	12	14	11	14
鼓楼区	178	35	45	12	86	58	6	13	12	27
浦口区	48	11	10	2	25	26	8	2	8	8
栖霞区	465	89	226	46	104	168	16	59	19	74
雨花台区	189	44	86	15	44	71	13	21	13	24
江宁区	597	126	257	71	143	242	45	82	34	81
六合区	9	3	4	1	1	6	2	1	1	2
溧水区	63	11	41	1	10	24	9	10	2	3
高淳区	25	3	19		3	2		1		1
南京江北新区	358	56	157	35	110	159	18	65	16	60
无锡市	**1828**	**428**	**1052**	**155**	**193**	**378**	**74**	**158**	**39**	**107**
锡山区	331	65	231	19	16	53	10	33	1	9
惠山区	187	45	93	20	29	49	8	27	2	12
滨湖区	228	38	109	30	51	69	9	21	7	32
梁溪区	154	23	78	19	34	62	18	18	6	20
新吴区	644	217	375	24	28	52	12	20	5	15
江苏无锡经济开发区	93	15	50	10	18	51	7	20	7	17
江阴市	112	15	85	6	6	27	8	12	5	2
宜兴市	79	10	31	27	11	15	2	7	6	
徐州市	**466**	**67**	**180**	**61**	**158**	**221**	**17**	**73**	**37**	**94**
鼓楼区	53	23	2	2	26	21	3	1	2	15
云龙区	46		21	9	16	25	4	12	2	7
贾汪区	23	3	7		13	13		7	3	3
泉山区	76	10	28	14	24	42	2	9	10	21
铜山区	239	30	104	29	76	103	7	35	15	46
丰县										
沛县										
睢宁县										
徐州经济技术开发区										
新沂市	21	1	13	6	1	6		2	4	
邳州市	8		5	1	2	11	1	7	1	2
常州市	**974**	**238**	**573**	**64**	**99**	**235**	**35**	**129**	**27**	**44**
天宁区	48	12	19	5	12	29	6	12	4	7
钟楼区	111	23	56	15	17	42	15	17		10
新北区	371	78	256	11	26	64	3	43	4	14
武进区	281	74	164	22	21	72	5	39	18	10
金坛区	41	4	32	4	1	5		4	1	
江苏省常州市经济开发区	68	34	29	5		4	2	2		
溧阳市	54	13	17	2	22	19	4	12		3

7-1a 续表 10 单位：人

现住地	省外									
	山西					内蒙古				
	小计	乡	镇的村委会	镇的居委会	街道	小计	乡	镇的村委会	镇的居委会	街道
苏州市	**4172**	**999**	**2481**	**346**	**346**	**690**	**182**	**317**	**99**	**92**
虎丘区	1005	199	651	80	75	106	18	61	16	11
吴中区	501	106	250	58	87	114	34	53	16	11
相城区	322	92	182	23	25	83	22	43	4	14
姑苏区	194	94	41	12	47	67	31	11	8	17
吴江区	391	110	230	31	20	68	17	25	17	9
苏州工业园区										
常熟市	320	39	236	9	36	39	5	16	13	5
张家港市	122	20	66	22	14	35	5	22	5	3
昆山市	1250	322	784	105	39	161	43	80	19	19
太仓市	67	17	41	6	3	17	7	6	1	3
南通市	**504**	**96**	**272**	**55**	**81**	**107**	**20**	**44**	**23**	**20**
崇川区	215	59	94	22	40	41	4	14	9	14
港闸区	93	15	43	16	19	20	5	12	1	2
通州区	36	4	24	5	3	5		4	1	
如东县										
南通经济技术开发区										
通州湾示范区										
苏锡通科技产业园区										
启东市	39	4	30	4	1	10		3	5	2
如皋市	27	5	10		12	7	4	1	1	1
海门市	28	3	18	5	2	15	6	3	5	1
海安市	66	6	53	3	4	9	1	7	1	
连云港市	**82**	**10**	**30**	**4**	**38**	**42**	**5**	**18**	**2**	**17**
连云区	29		18	1	10	12	1	3	1	7
海州区	28	6	2	3	17	19	3	6	1	9
赣榆区	5		5			9	1	8		
东海县										
灌云县										
灌南县										
连云港经济技术开发区										
连云港高新技术产业开发区										
江苏连云港徐圩新区	20	4	5		11	2		1		1
江苏省连云港市云台山风景名胜区										
淮安市	**81**	**11**	**24**	**22**	**24**	**39**	**3**	**15**	**15**	**6**
淮安区	22	1	3	15	3	12		9	1	2
淮阴区	29	1	9	5	14	2		2		
清江浦区	30	9	12	2	7	25	3	4	14	4
洪泽区										
涟水县										
盱眙县										
金湖县										
淮安经济技术开发区										
工业园区										
生态文旅区										
苏淮高新区										

7-1a 续表 11

单位：人

现住地	省外									
	山西					内蒙古				
	小计	乡	镇的村委会	镇的居委会	街道	小计	乡	镇的村委会	镇的居委会	街道
盐城市	**121**	**17**	**72**	**9**	**23**	**34**	**4**	**11**	**14**	**5**
亭湖区	22	5	7	2	8	14	2	3	9	
盐都区	10	3	5		2	6	1	2	1	2
大丰区	8	2	1		5	2		2		
响水县										
滨海县										
阜宁县										
射阳县										
建湖县										
盐城经济技术开发区	1		1							
江苏省盐南高新区	21	3	11	1	6	8	1	2	2	3
东台市	59	4	47	6	2	4		2	2	
扬州市	**259**	**57**	**107**	**13**	**82**	**108**	**16**	**43**	**18**	**31**
广陵区	38	12	18	4	4	14	2	5	2	5
邗江区	139	28	42	3	66	52	9	13	8	22
江都区	17		13	1	3	5		1	2	2
宝应县										
扬州经济技术开发区										
蜀冈瘦西湖景区	11		6		5	5		2	1	2
生态新城	5	2	3			2		2		
仪征市	19	5	8	3	3	17	1	12	4	
高邮市	30	10	17	2	1	13	4	8	1	
镇江市	**253**	**41**	**93**	**51**	**68**	**108**	**35**	**33**	**14**	**26**
京口区	124	6	43	32	43	26	5	6	6	9
润州区	25	11	5	3	6	19	4	8	4	3
丹徒区	10	1	4	3	2	15	6	7		2
镇江新区										
江苏镇江高新区	13	8	3		2	5	3			2
丹阳市	41	9	24	4	4	23	10	7	3	3
扬中市	12	1	6		5	4	2	2		
句容市	28	5	8	9	6	16	5	3	1	7
泰州市	**248**	**13**	**165**	**35**	**35**	**70**	**6**	**28**	**12**	**24**
海陵区	159	6	100	28	25	34	4	8	6	16
高港区	21	1	16	3	1	4	2	2		
姜堰区	21	1	20			7		6		1
泰州医药高新技术产业开发区										
兴化市	10	1	4	2	3	6		1	2	3
靖江市	21	1	17	1	2	9		5	4	
泰兴市	16	3	8	1	4	10		6		4
宿迁市	**158**	**17**	**90**	**26**	**25**	**39**	**1**	**17**	**13**	**8**
宿城区	19	4	7	2	6	12		6	2	4
宿豫区	12	2	7	2	1	5	1	4		
沭阳县										
泗阳县										
泗洪县										
宿迁经济技术开发区										
宿迁市湖滨新区	124	10	74	22	18	19		6	10	3
苏州宿迁工业园区	2	1	1			2		1		1
宿迁市洋河新区	1		1			1			1	

7-1a 续表 12

单位：人

现住地	省外									
	辽宁					吉林				
	小计	乡	镇的村委会	镇的居委会	街道	小计	乡	镇的村委会	镇的居委会	街道
江 苏	**5560**	**919**	**2001**	**799**	**1841**	**5957**	**1018**	**2573**	**827**	**1539**
南京市	**1596**	**222**	**461**	**191**	**722**	**1407**	**206**	**541**	**196**	**464**
玄武区	144	14	32	10	88	107	16	29	14	48
秦淮区	120	17	33	14	56	128	24	46	22	36
建邺区	134	15	36	24	59	72	16	29	5	22
鼓楼区	141	8	36	27	70	113	10	39	17	47
浦口区	33	2	9	6	16	60	10	24	6	20
栖霞区	253	36	73	20	124	233	34	95	27	77
雨花台区	140	26	39	14	61	86	18	29	8	31
江宁区	334	64	97	46	127	340	34	140	54	112
六合区	8	1	4		3	17	2	6	1	8
溧水区	27	6	16	1	4	38	5	19	8	6
高淳区	9	4	2	1	2	2	1	1		
南京江北新区	253	29	84	28	112	211	36	84	34	57
无锡市	**794**	**121**	**320**	**114**	**239**	**930**	**147**	**420**	**118**	**245**
锡山区	125	24	55	18	28	120	11	74	15	20
惠山区	82	8	29	20	25	97	13	41	20	23
滨湖区	116	13	37	10	56	159	26	54	15	64
梁溪区	153	19	62	22	50	169	22	70	29	48
新吴区	100	23	43	9	25	156	31	63	21	41
江苏无锡经济开发区	83	5	27	18	33	91	10	45	2	34
江阴市	94	23	45	11	15	67	21	30	9	7
宜兴市	41	6	22	6	7	71	13	43	7	8
徐州市	**211**	**13**	**50**	**30**	**118**	**214**	**8**	**64**	**33**	**109**
鼓楼区	23	2	4	1	16	57	2	15	10	30
云龙区	27		7	6	14	32	1	6	8	17
贾汪区	7		2	1	4	3		1	1	1
泉山区	42	4	6	12	20	49	1	24	7	17
铜山区	92	7	20	6	59	56	4	13	4	35
丰县										
沛县										
睢宁县										
徐州经济技术开发区										
新沂市	9		7	1	1	8		3	3	2
邳州市	11		4	3	4	9		2		7
常州市	**413**	**70**	**178**	**54**	**111**	**479**	**84**	**253**	**54**	**88**
天宁区	66	9	24	11	22	58	9	34	6	9
钟楼区	73	20	28	6	19	83	22	42	5	14
新北区	120	9	53	15	43	92	6	49	3	34
武进区	80	10	39	14	17	110	17	58	24	11
金坛区	16	7	8		1	55	14	36		5
江苏省常州市经济开发区	30	7	12	4	7	23	9	8	3	3
溧阳市	28	8	14	4	2	58	7	26	13	12

7-1a 续表 13

单位：人

现住地	省外									
	辽宁					吉林				
	小计	乡	镇的村委会	镇的居委会	街道	小计	乡	镇的村委会	镇的居委会	街道
苏州市	**1455**	**318**	**595**	**239**	**303**	**1787**	**394**	**817**	**274**	**302**
虎丘区	189	44	88	12	45	258	48	127	27	56
吴中区	175	49	58	39	29	195	62	79	23	31
相城区	161	30	70	20	41	220	58	99	29	34
姑苏区	170	80	21	11	58	179	70	34	7	68
吴江区	94	27	42	11	14	169	33	82	22	32
苏州工业园区										
常熟市	161	16	103	12	30	138	12	84	23	19
张家港市	93	10	39	29	15	146	24	68	42	12
昆山市	356	59	150	90	57	427	77	215	96	39
太仓市	56	3	24	15	14	55	10	29	5	11
南通市	**311**	**38**	**152**	**56**	**65**	**269**	**48**	**130**	**35**	**56**
崇川区	96	8	36	18	34	100	17	38	15	30
港闸区	56	4	29	12	11	54	8	30	7	9
通州区	42	8	28	3	3	15	5	6	2	2
如东县										
南通经济技术开发区										
通州湾示范区										
苏锡通科技产业园区										
启东市	23	8	7	7	1	29	4	18	4	3
如皋市	9		7	1	1	14	2	6		6
海门市	49	5	24	8	12	19	2	14		3
海安市	36	5	21	7	3	38	10	18	7	3
连云港市	**137**	**28**	**38**	**17**	**54**	**153**	**6**	**61**	**12**	**74**
连云区	47	5	9	7	26	56	2	18	2	34
海州区	38	6	11	3	18	37	2	9	4	22
赣榆区	13		5	7	1	18		13	4	1
东海县										
灌云县										
灌南县										
连云港经济技术开发区										
连云港高新技术产业开发区										
江苏连云港徐圩新区	39	17	13		9	42	2	21	2	17
江苏省连云港市云台山风景名胜区										
淮安市	**45**	**12**	**11**	**3**	**19**	**44**	**13**	**10**	**5**	**16**
淮安区	5	4			1	1	1			
淮阴区	12		4	1	7	23	10	6	1	6
清江浦区	27	8	7	1	11	18	1	4	3	10
洪泽区	1			1		2	1		1	
涟水县										
盱眙县										
金湖县										
淮安经济技术开发区										
工业园区										
生态文旅区										
苏淮高新区										

7-1a　续表 14　　　　单位：人

现住地	省外									
	辽宁					吉林				
	小计	乡	镇的村委会	镇的居委会	街道	小计	乡	镇的村委会	镇的居委会	街道
盐城市	**87**	**9**	**33**	**15**	**30**	**91**	**8**	**31**	**25**	**27**
亭湖区	22	7	5	2	8	18	3	2	3	10
盐都区	10	1	5	2	2	11	1	7	1	2
大丰区	6		3	3		14	2	2	7	3
响水县										
滨海县										
阜宁县										
射阳县										
建湖县										
盐城经济技术开发区										
江苏省盐南高新区	17		4	2	11	31	1	9	9	12
东台市	32	1	16	6	9	17	1	11	5	
扬州市	**184**	**46**	**54**	**33**	**51**	**192**	**38**	**75**	**28**	**51**
广陵区	43	8	14	7	14	44	9	9	9	17
邗江区	51	10	15	3	23	58	3	28	2	25
江都区	17	2	5	9	1	22	7	5	7	3
宝应县										
扬州经济技术开发区										
蜀冈瘦西湖景区	13	2	1	2	8	8		4		4
生态新城	7	2	5			5	1	4		
仪征市	46	17	13	12	4	34	14	11	7	2
高邮市	7	5	1		1	21	4	14	3	
镇江市	**148**	**19**	**36**	**11**	**82**	**175**	**27**	**63**	**26**	**59**
京口区	58	5	8	5	40	56	4	15	4	33
润州区	20	1	6	3	10	15	2	5	4	4
丹徒区	10	2	3	1	4	14	5	5	3	1
镇江新区										
江苏镇江高新区	3				3	1				1
丹阳市	34	9	6	2	17	58	11	26	11	10
扬中市	10	2	6		2	11	2	7		2
句容市	13		7		6	20	3	5	4	8
泰州市	**119**	**12**	**51**	**21**	**35**	**140**	**23**	**72**	**13**	**32**
海陵区	46	2	14	11	19	54	6	28	5	15
高港区	19	4	9	2	4	22	3	15	2	2
姜堰区	11	1	5		5	8		4	1	3
泰州医药高新技术产业开发区										
兴化市	5		3		2	2				2
靖江市	13	1	4	6	2	27	7	10	4	6
泰兴市	25	4	16	2	3	27	7	15	1	4
宿迁市	**60**	**11**	**22**	**15**	**12**	**76**	**16**	**36**	**8**	**16**
宿城区	16	5	7	1	3	44	4	24	5	11
宿豫区	24	3	10	6	5	14	7	6	1	
沭阳县										
泗阳县										
泗洪县										
宿迁经济技术开发区										
宿迁市湖滨新区	19	3	5	7	4	15	4	6	2	3
苏州宿迁工业园区	1			1		2				2
宿迁市洋河新区						1	1			

7-1a　续表 15　　　　单位：人

现住地	省外									
	黑龙江					上海				
	小计	乡	镇的村委会	镇的居委会	街道	小计	乡	镇的村委会	镇的居委会	街道
江　苏	**11740**	**2162**	**4859**	**1881**	**2838**	**7223**	**283**	**728**	**1721**	**4491**
南京市	**2402**	**340**	**756**	**406**	**900**	**1317**	**40**	**53**	**138**	**1086**
玄武区	179	28	28	23	100	104		3	5	96
秦淮区	177	20	53	36	68	88		2	6	80
建邺区	141	15	35	24	67	126	3	1	16	106
鼓楼区	202	21	49	40	92	156	2	6	21	127
浦口区	79	20	13	10	36	25	3	1		21
栖霞区	423	43	161	69	150	156	5	11	21	119
雨花台区	206	40	69	22	75	327	11	6	23	287
江宁区	566	89	206	107	164	190	7	12	28	143
六合区	17	5	1	1	10	5				5
溧水区	79	4	40	15	20	13	1	4		8
高淳区	10	4	4		2	10		2		8
南京江北新区	323	51	97	59	116	117	8	5	18	86
无锡市	**1796**	**357**	**801**	**262**	**376**	**988**	**36**	**76**	**231**	**645**
锡山区	249	53	137	29	30	49	1	9	7	32
惠山区	253	53	103	49	48	95	2	9	29	55
滨湖区	299	55	128	46	70	200	11	18	43	128
梁溪区	290	60	109	40	81	252	8	11	67	166
新吴区	256	48	115	30	63	114	6	12	18	78
江苏无锡经济开发区	162	32	51	23	56	119	1	3	16	99
江阴市	171	36	91	24	20	99	4	8	32	55
宜兴市	116	20	67	21	8	60	3	6	19	32
徐州市	**461**	**23**	**153**	**100**	**185**	**76**		**4**	**13**	**59**
鼓楼区	85	1	23	8	53	15			1	14
云龙区	73	1	29	23	20	18			5	13
贾汪区	21	7	6	7	1	1				1
泉山区	103	5	33	29	36	27		1	4	22
铜山区	106	8	34	18	46	6		2	1	3
丰县										
沛县										
睢宁县										
徐州经济技术开发区										
新沂市	30		8	5	17	6			2	4
邳州市	43	1	20	10	12	3		1		2
常州市	**997**	**221**	**468**	**127**	**181**	**529**	**25**	**50**	**111**	**343**
天宁区	108	14	47	14	33	105	1	2	6	96
钟楼区	178	43	78	16	41	132	7	3	22	100
新北区	210	24	109	24	53	90	2	6	11	71
武进区	289	68	134	48	39	98	3	20	37	38
金坛区	32	7	22	2	1	17	1	1	4	11
江苏省常州市经济开发区	109	56	39	10	4	30	2		9	19
溧阳市	71	9	39	13	10	57	9	18	22	8

7-1a 续表 16

单位：人

现住地	省外									
	黑龙江					上海				
	小计	乡	镇的村委会	镇的居委会	街道	小计	乡	镇的村委会	镇的居委会	街道
苏州市	**3955**	**896**	**1762**	**650**	**647**	**2743**	**121**	**356**	**829**	**1437**
虎丘区	514	93	244	78	99	154	4	16	39	95
吴中区	489	131	199	80	79	170	5	18	58	89
相城区	387	69	207	49	62	121	7	17	27	70
姑苏区	401	178	65	37	121	254	20	8	11	215
吴江区	421	108	197	62	54	75	11	12	13	39
苏州工业园区										
常熟市	276	40	155	39	42	181	4	29	35	113
张家港市	184	22	81	66	15	111	1	9	53	48
昆山市	1002	202	507	176	117	1461	45	218	540	658
太仓市	281	53	107	63	58	216	24	29	53	110
南通市	**568**	**94**	**262**	**100**	**112**	**648**	**34**	**73**	**206**	**335**
崇川区	194	24	71	36	63	200	4	8	58	130
港闸区	98	8	58	16	16	39	1	6	11	21
通州区	71	23	34	11	3	63	1	8	32	22
如东县										
南通经济技术开发区										
通州湾示范区										
苏锡通科技产业园区										
启东市	47	4	32	6	5	127	13	19	45	50
如皋市	38	5	14	8	11	47	6	8	8	25
海门市	64	13	23	18	10	115	8	9	27	71
海安市	56	17	30	5	4	57	1	15	25	16
连云港市	**261**	**22**	**86**	**48**	**105**	**28**		**1**	**4**	**23**
连云区	84	7	26	8	43	9				9
海州区	97	6	23	24	44	11			1	10
赣榆区	61	4	28	15	14	8		1	3	4
东海县										
灌云县										
灌南县										
连云港经济技术开发区										
连云港高新技术产业开发区										
江苏连云港徐圩新区	19	5	9	1	4					
江苏省连云港市云台山风景名胜区										
淮安市	**84**	**21**	**19**	**15**	**29**	**43**	**3**	**5**	**4**	**31**
淮安区	7	1		1	5	10		2		8
淮阴区	20	4	6	6	4	10	2	2	2	4
清江浦区	50	16	10	7	17	20	1	1	2	16
洪泽区	7		3	1	3	3				3
涟水县										
盱眙县										
金湖县										
淮安经济技术开发区										
工业园区										
生态文旅区										
苏淮高新区										

7-1a　续表 17　　　　单位：人

现住地	省外									
	黑龙江					上海				
	小计	乡	镇的村委会	镇的居委会	街道	小计	乡	镇的村委会	镇的居委会	街道
盐城市	**149**	**12**	**88**	**23**	**26**	**96**	**3**	**8**	**31**	**54**
亭湖区	36	5	14	4	13	17		2	2	13
盐都区	25		20	1	4	13		1	3	9
大丰区	16	1	8	3	4	28	2		11	15
响水县										
滨海县										
阜宁县										
射阳县										
建湖县										
盐城经济技术开发区										
江苏省盐南高新区	31	2	15	9	5	24		2	8	14
东台市	41	4	31	6		14	1	3	7	3
扬州市	**321**	**55**	**144**	**29**	**93**	**246**	**15**	**35**	**60**	**136**
广陵区	53	10	15	8	20	48	3	9	7	29
邗江区	111	13	38	6	54	67	7	10	7	43
江都区	58	5	38	7	8	42	2	4	14	22
宝应县										
扬州经济技术开发区										
蜀冈瘦西湖景区	16	5	7	1	3	16	1	1	2	12
生态新城	15	4	9		2	4		1		3
仪征市	42	7	28	5	2	28		1	17	10
高邮市	26	11	9	2	4	41	2	9	13	17
镇江市	**374**	**49**	**147**	**66**	**112**	**242**	**2**	**17**	**35**	**188**
京口区	105	9	32	22	42	71			15	56
润州区	45	3	19	9	14	54	1	5	1	47
丹徒区	43	12	18	8	5	8		2	1	5
镇江新区										
江苏镇江高新区	18		7	5	6	4		1	2	1
丹阳市	81	20	32	13	16	51	1	2	6	42
扬中市	33	2	18	6	7	41		3	10	28
句容市	49	3	21	3	22	13		4		9
泰州市	**239**	**41**	**120**	**26**	**52**	**236**	**3**	**40**	**55**	**138**
海陵区	111	18	59	10	24	76		13	8	55
高港区	34	2	22	3	7	18	1	3	6	8
姜堰区	34	10	12	2	10	22		6	10	6
泰州医药高新技术产业开发区										
兴化市	16	8	2		6	16		1	5	10
靖江市	30		21	8	1	54		3	23	28
泰兴市	14	3	4	3	4	50	2	14	3	31
宿迁市	**133**	**31**	**53**	**29**	**20**	**31**	**1**	**10**	**4**	**16**
宿城区	54	15	23	8	8	14	1	2		11
宿豫区	35	8	16	9	2	9		4		5
沭阳县										
泗阳县										
泗洪县										
宿迁经济技术开发区										
宿迁市湖滨新区	31	6	10	9	6	2			2	
苏州宿迁工业园区	9	2	4		3					
宿迁市洋河新区	4			3	1	6		4	2	

7-1a 续表 18

单位：人

现住地	省外									
	浙江					安徽				
	小计	乡	镇的村委会	镇的居委会	街道	小计	乡	镇的村委会	镇的居委会	街道
江　苏	**21651**	**3182**	**11196**	**2589**	**4684**	**215413**	**48631**	**131245**	**16164**	**19373**
南京市	**4334**	**537**	**1706**	**497**	**1594**	**54723**	**10843**	**30002**	**5402**	**8476**
玄武区	400	43	145	46	166	2793	531	1322	327	613
秦淮区	342	34	157	41	110	4970	864	2784	560	762
建邺区	232	23	89	29	91	3769	704	2082	304	679
鼓楼区	533	51	174	81	227	4501	839	2110	584	968
浦口区	87	11	20	6	50	1748	306	694	165	583
栖霞区	606	64	178	58	306	7418	1382	4155	748	1133
雨花台区	405	64	168	37	136	6671	1787	3462	590	832
江宁区	835	131	318	94	292	11559	2206	6542	1239	1572
六合区	58	7	17	11	23	588	148	250	87	103
溧水区	143	13	82	24	24	1520	251	1041	109	119
高淳区	70	11	45	6	8	715	172	460	22	61
南京江北新区	623	85	313	64	161	8471	1653	5100	667	1051
无锡市	**3398**	**463**	**1874**	**409**	**652**	**36573**	**8373**	**23790**	**2096**	**2314**
锡山区	453	72	279	18	84	5018	1132	3524	185	177
惠山区	330	36	201	47	46	6804	1621	4242	455	486
滨湖区	509	102	188	73	146	4196	943	2509	278	466
梁溪区	1029	136	582	126	185	5650	1269	3504	376	501
新吴区	286	46	138	40	62	3552	936	2171	200	245
江苏无锡经济开发区	162	16	70	9	67	2378	477	1594	150	157
江阴市	289	31	192	35	31	4872	1312	3193	168	199
宜兴市	340	24	224	61	31	4103	683	3053	284	83
徐州市	**590**	**27**	**223**	**131**	**209**	**5904**	**453**	**3502**	**774**	**1175**
鼓楼区	134	1	35	36	62	1224	82	533	126	483
云龙区	189	11	85	47	46	1174	74	767	198	135
贾汪区	19	1	5	1	12	193	38	112	21	22
泉山区	110	6	32	30	42	2058	168	1248	290	352
铜山区	112	8	51	10	43	1127	88	768	127	144
丰县										
沛县										
睢宁县										
徐州经济技术开发区										
新沂市	11		5	4	2	63	2	40	3	18
邳州市	15		10	3	2	65	1	34	9	21
常州市	**1759**	**295**	**941**	**183**	**340**	**29414**	**7226**	**19383**	**1402**	**1403**
天宁区	523	74	258	47	144	5025	1272	3170	175	408
钟楼区	307	71	146	28	62	6144	1993	3689	149	313
新北区	247	30	149	12	56	4542	829	3191	201	321
武进区	375	67	212	46	50	9004	1748	6623	399	234
金坛区	107	18	56	24	9	1066	237	715	79	35
江苏省常州市经济开发区	48	16	15	6	11	2074	762	964	282	66
溧阳市	152	19	105	20	8	1559	385	1031	117	26

7-1a　续表 19　　　　单位：人

现住地	省外									
	浙江					安徽				
	小计	乡	镇的村委会	镇的居委会	街道	小计	乡	镇的村委会	镇的居委会	街道
苏州市	**7646**	**1333**	**4559**	**829**	**925**	**63583**	**16756**	**39031**	**4486**	**3310**
虎丘区	382	66	208	37	71	5431	1383	3312	468	268
吴中区	588	142	284	63	99	7629	2390	3975	671	593
相城区	783	119	440	84	140	8223	2069	5243	465	446
姑苏区	783	329	221	56	177	6655	3623	2132	288	612
吴江区	395	138	191	30	36	5340	1721	2886	414	319
苏州工业园区										
常熟市	2990	253	2259	246	232	11038	1459	8642	431	506
张家港市	351	38	224	58	31	3788	541	2873	305	69
昆山市	1074	208	556	214	96	12752	3004	8195	1154	399
太仓市	300	40	176	41	43	2727	566	1773	290	98
南通市	**1110**	**190**	**588**	**143**	**189**	**9137**	**1891**	**6003**	**594**	**649**
崇川区	355	56	154	58	87	2094	451	1188	211	244
港闸区	279	58	157	36	28	2837	534	1908	192	203
通州区	97	15	65	8	9	1280	294	895	37	54
如东县										
南通经济技术开发区										
通州湾示范区										
苏锡通科技产业园区										
启东市	73	11	45	10	7	547	127	389	30	1
如皋市	74	20	26	11	17	355	109	167	45	34
海门市	95	13	46	3	33	1129	263	727	41	98
海安市	137	17	95	17	8	895	113	729	38	15
连云港市	**159**	**20**	**49**	**34**	**56**	**415**	**78**	**218**	**35**	**84**
连云区	36	3	9	3	21	131	16	83	7	25
海州区	80	14	19	18	29	222	54	102	15	51
赣榆区	38	2	20	12	4	37	7	14	12	4
东海县										
灌云县										
灌南县										
连云港经济技术开发区										
连云港高新技术产业开发区										
江苏连云港徐圩新区	5	1	1	1	2	25	1	19	1	4
江苏省连云港市云台山风景名胜区										
淮安市	**236**	**46**	**83**	**31**	**76**	**560**	**144**	**242**	**75**	**99**
淮安区	36	12	12	4	8	104	32	50	11	11
淮阴区	47	14	22	3	8	135	30	63	20	22
清江浦区	144	18	47	21	58	276	73	109	38	56
洪泽区	9	2	2	3	2	45	9	20	6	10
涟水县										
盱眙县										
金湖县										
淮安经济技术开发区										
工业园区										
生态文旅区										
苏淮高新区										

7-1a 续表 20 单位：人

现住地	省外									
	浙江					安徽				
	小计	乡	镇的村委会	镇的居委会	街道	小计	乡	镇的村委会	镇的居委会	街道
盐城市	**197**	**12**	**90**	**35**	**60**	**709**	**92**	**420**	**85**	**112**
亭湖区	64	3	29	11	21	170	36	84	18	32
盐都区	41	4	26	3	8	122	9	79	15	19
大丰区	19	2	10	3	4	91	4	66	10	11
响水县										
滨海县										
阜宁县										
射阳县										
建湖县										
盐城经济技术开发区	2		2							
江苏省盐南高新区	48	2	12	14	20	147	27	53	21	46
东台市	23	1	11	4	7	179	16	138	21	4
扬州市	**635**	**78**	**292**	**86**	**179**	**5072**	**1018**	**3022**	**404**	**628**
广陵区	203	42	87	15	59	1163	332	609	68	154
邗江区	258	25	97	33	103	1963	361	1069	134	399
江都区	64	1	45	14	4	642	63	495	72	12
宝应县										
扬州经济技术开发区										
蜀冈瘦西湖景区	32		18	3	11	361	69	250	13	29
生态新城	7	1	6			245	40	192	12	1
仪征市	34	1	19	12	2	522	98	310	90	24
高邮市	37	8	20	9		176	55	97	15	9
镇江市	**829**	**114**	**364**	**101**	**250**	**5852**	**1143**	**3393**	**450**	**866**
京口区	147	13	49	22	63	814	111	405	139	159
润州区	69	11	25	8	25	489	78	253	55	103
丹徒区	73	18	38	8	9	643	115	420	59	49
镇江新区										
江苏镇江高新区	23	7	7	1	8	377	69	198	16	94
丹阳市	354	54	170	54	76	1906	514	1136	101	155
扬中市	30	1	25	3	1	802	107	611	28	56
句容市	133	10	50	5	68	821	149	370	52	250
泰州市	**609**	**51**	**368**	**91**	**99**	**2903**	**519**	**1912**	**271**	**201**
海陵区	249	19	144	35	51	857	177	502	89	89
高港区	39	1	29	5	4	332	36	232	32	32
姜堰区	74	15	39	10	10	251	54	152	31	14
泰州医药高新技术产业开发区										
兴化市	58		33	10	15	166	27	89	26	24
靖江市	79	8	42	18	11	723	100	578	38	7
泰兴市	110	8	81	13	8	574	125	359	55	35
宿迁市	**149**	**16**	**59**	**19**	**55**	**568**	**95**	**327**	**90**	**56**
宿城区	74	11	29	3	31	279	55	165	33	26
宿豫区	35	2	21	3	9	157	26	87	28	16
沭阳县										
泗阳县										
泗洪县										
宿迁经济技术开发区										
宿迁市湖滨新区	30	3	4	11	12	59	7	30	18	4
苏州宿迁工业园区	5		3	1	1	40	6	21	4	9
宿迁市洋河新区	5		2	1	2	33	1	24	7	1

7-1a 续表 21

单位：人

现住地	省外									
	福建					江西				
	小计	乡	镇的村委会	镇的居委会	街道	小计	乡	镇的村委会	镇的居委会	街道
江苏	**11914**	**2073**	**6515**	**1386**	**1940**	**23452**	**5243**	**12700**	**2463**	**3046**
南京市	**2764**	**419**	**1308**	**353**	**684**	**4515**	**882**	**2033**	**526**	**1074**
玄武区	245	35	85	26	99	362	80	132	37	113
秦淮区	198	27	95	38	38	355	66	161	43	85
建邺区	135	23	48	21	43	241	48	102	35	56
鼓楼区	283	32	97	30	124	469	88	182	61	138
浦口区	72	13	24	17	18	102	25	32	7	38
栖霞区	298	43	139	38	78	524	60	263	67	134
雨花台区	407	86	226	46	49	478	126	211	41	100
江宁区	560	90	285	81	104	1074	210	479	144	241
六合区	32	2	16	5	9	47	13	21	3	10
溧水区	57	4	33	7	13	170	41	103	15	11
高淳区	15	6	8		1	43	9	28	1	5
南京江北新区	462	58	252	44	108	650	116	319	72	143
无锡市	**1825**	**327**	**1080**	**209**	**209**	**3646**	**779**	**2188**	**338**	**341**
锡山区	343	96	187	35	25	713	154	479	47	33
惠山区	279	53	164	31	31	533	122	272	74	65
滨湖区	195	24	86	37	48	411	97	207	37	70
梁溪区	489	66	308	51	64	696	131	446	61	58
新吴区	152	33	88	16	15	344	92	192	26	34
江苏无锡经济开发区	85	13	45	9	18	204	49	121	9	25
江阴市	150	34	99	10	7	407	89	249	28	41
宜兴市	132	8	103	20	1	338	45	222	56	15
徐州市	**376**	**11**	**191**	**50**	**124**	**359**	**39**	**166**	**56**	**98**
鼓楼区	62		24	5	33	70	7	23	18	22
云龙区	110	1	66	24	19	66	3	35	9	19
贾汪区	21		8		13	16		11	1	4
泉山区	71	1	35	9	26	83	9	40	14	20
铜山区	71	6	42	4	19	106	20	48	14	24
丰县										
沛县										
睢宁县										
徐州经济技术开发区	5				5					
新沂市	23	3	11	4	5	5		2		3
邳州市	13		5	4	4	13		7		6
常州市	**932**	**154**	**570**	**80**	**128**	**2227**	**519**	**1311**	**161**	**236**
天宁区	174	22	105	13	34	379	89	209	28	53
钟楼区	200	62	95	16	27	414	128	221	15	50
新北区	217	22	154	11	30	457	86	296	24	51
武进区	199	29	129	19	22	519	117	324	47	31
金坛区	68	7	47	9	5	146	31	93	10	12
江苏省常州市经济开发区	25	3	14	8		128	27	77	16	8
溧阳市	49	9	26	4	10	184	41	91	21	31

7-1a 续表 22　　单位：人

现住地	省外									
	福建					江西				
	小计	乡	镇的村委会	镇的居委会	街道	小计	乡	镇的村委会	镇的居委会	街道
苏州市	**3696**	**804**	**2139**	**406**	**347**	**8992**	**2327**	**4990**	**979**	**696**
虎丘区	250	54	132	35	29	861	217	465	94	85
吴中区	440	110	217	53	60	979	294	441	129	115
相城区	441	77	282	32	50	1140	287	687	92	74
姑苏区	387	185	89	32	81	791	403	205	54	129
吴江区	193	49	110	22	12	804	243	384	96	81
苏州工业园区										
常熟市	710	66	534	63	47	1001	148	727	77	49
张家港市	196	32	135	21	8	420	83	263	56	18
昆山市	823	148	526	108	41	2574	552	1569	327	126
太仓市	256	83	114	40	19	422	100	249	54	19
南通市	**708**	**103**	**439**	**47**	**119**	**1210**	**240**	**749**	**108**	**113**
崇川区	222	51	101	11	59	394	79	212	42	61
港闸区	247	19	201	13	14	199	45	120	24	10
通州区	49	1	38	4	6	132	39	78	12	3
如东县										
南通经济技术开发区										
通州湾示范区										
苏锡通科技产业园区										
启东市	23		15	5	3	73	15	43	11	4
如皋市	68	20	12	7	29	70	15	39	5	11
海门市	39	5	28	5	1	104	14	62	12	16
海安市	60	7	44	2	7	238	33	195	2	8
连云港市	**81**	**12**	**25**	**17**	**27**	**98**	**18**	**39**	**16**	**25**
连云区	14	1	3	4	6	24	3	12	2	7
海州区	52	11	11	10	20	40	9	7	8	16
赣榆区	14		10	3	1	32	5	19	6	2
东海县										
灌云县										
灌南县										
连云港经济技术开发区										
连云港高新技术产业开发区										
江苏连云港徐圩新区	1		1			2	1	1		
江苏省连云港市云台山风景名胜区										
淮安市	**137**	**36**	**37**	**38**	**26**	**106**	**25**	**48**	**8**	**25**
淮安区	33	13	8	10	2	21	10	5		6
淮阴区	22	6	3	10	3	15	3	9	2	1
清江浦区	81	16	26	18	21	62	11	29	6	16
洪泽区	1	1				8	1	5		2
涟水县										
盱眙县										
金湖县										
淮安经济技术开发区										
工业园区										
生态文旅区										
苏淮高新区										

7-1a 续表 23

单位：人

现住地	省外									
	福建					江西				
	小计	乡	镇的村委会	镇的居委会	街道	小计	乡	镇的村委会	镇的居委会	街道
盐城市	**215**	**23**	**105**	**44**	**43**	**204**	**32**	**98**	**31**	**43**
亭湖区	71	6	36	16	13	43	9	19	6	9
盐都区	36	4	24	3	5	43	9	18	8	8
大丰区	31		17	8	6	17	5	3	2	7
响水县										
滨海县										
阜宁县										
射阳县										
建湖县										
盐城经济技术开发区										
江苏省盐南高新区	45	3	12	11	19	39	2	13	9	15
东台市	32	10	16	6		62	7	45	6	4
扬州市	**363**	**70**	**156**	**55**	**82**	**575**	**89**	**257**	**70**	**159**
广陵区	120	25	46	14	35	119	29	59	8	23
邗江区	112	25	42	6	39	252	32	76	21	123
江都区	35	3	22	8	2	59	2	43	12	2
宝应县										
扬州经济技术开发区										
蜀冈瘦西湖景区	20	7	8	5		34	5	19	3	7
生态新城						6	3	3		
仪征市	10	2	2	6		54	10	24	17	3
高邮市	66	8	36	16	6	51	8	33	9	1
镇江市	**434**	**63**	**226**	**52**	**93**	**794**	**149**	**384**	**78**	**183**
京口区	88	6	37	22	23	152	35	69	8	40
润州区	38	3	28	1	6	100	9	56	16	19
丹徒区	42	6	33		3	93	15	57	10	11
镇江新区										
江苏镇江高新区	3		1		2	50	7	9	10	24
丹阳市	201	43	94	23	41	218	62	117	18	21
扬中市	20	5	11	1	3	81	17	58	2	4
句容市	42		22	5	15	100	4	18	14	64
泰州市	**334**	**47**	**222**	**25**	**40**	**650**	**126**	**411**	**67**	**46**
海陵区	114	19	68	6	21	260	47	149	28	36
高港区	22	2	13	2	5	52	17	27	5	3
姜堰区	48	6	37	1	4	91	27	55	8	1
泰州医药高新技术产业开发区										
兴化市	23	6	8	6	3	45	8	32	3	2
靖江市	69	8	54	6	1	94	19	62	11	2
泰兴市	58	6	42	4	6	108	8	86	12	2
宿迁市	**49**	**4**	**17**	**10**	**18**	**76**	**18**	**26**	**25**	**7**
宿城区	17	2	11		4	24	8	10	3	3
宿豫区	19	2	4	5	8	17	4	7	4	2
沭阳县										
泗阳县										
泗洪县										
宿迁经济技术开发区										
宿迁市湖滨新区	5		1	4		30	6	7	15	2
苏州宿迁工业园区	3		1	1	1	1		1		
宿迁市洋河新区	5				5	4		1	3	

7-1a 续表 24 单位：人

现住地	省外									
	山东					河南				
	小计	乡	镇的村委会	镇的居委会	街道	小计	乡	镇的村委会	镇的居委会	街道
江　苏	**35596**	**6919**	**20468**	**2982**	**5227**	**88489**	**25386**	**50558**	**5267**	**7278**
南京市	**6723**	**1043**	**3214**	**648**	**1818**	**13172**	**3521**	**6485**	**1010**	**2156**
玄武区	624	73	187	69	295	776	182	309	61	224
秦淮区	410	63	172	60	115	743	147	420	58	118
建邺区	370	59	157	28	126	770	176	407	45	142
鼓楼区	647	90	233	80	244	923	233	359	98	233
浦口区	156	26	66	8	56	312	70	86	19	137
栖霞区	1057	156	552	92	257	2425	525	1408	180	312
雨花台区	555	128	278	45	104	1670	580	756	129	205
江宁区	1662	231	894	161	376	3125	977	1416	248	484
六合区	53	19	23	7	4	73	21	34	9	9
溧水区	164	25	110	9	20	540	153	341	22	24
高淳区	74	26	37	6	5	127	40	77	7	3
南京江北新区	951	147	505	83	216	1688	417	872	134	265
无锡市	**5015**	**985**	**3144**	**369**	**517**	**15261**	**4485**	**9177**	**611**	**988**
锡山区	638	118	455	30	35	3097	951	1985	66	95
惠山区	568	102	346	55	65	2162	614	1246	63	239
滨湖区	661	127	319	66	149	1897	550	1035	118	194
梁溪区	873	123	557	74	119	1815	548	1050	79	138
新吴区	856	213	560	44	39	2242	696	1333	73	140
江苏无锡经济开发区	280	51	167	20	42	1314	352	811	63	88
江阴市	777	210	480	37	50	1683	539	1027	53	64
宜兴市	362	41	260	43	18	1051	235	690	96	30
徐州市	**2455**	**162**	**1196**	**329**	**768**	**1707**	**201**	**884**	**229**	**393**
鼓楼区	462	45	144	45	228	376	65	145	26	140
云龙区	491	18	266	104	103	365	32	220	65	48
贾汪区	170	28	73	20	49	112	18	57	11	26
泉山区	503	24	225	83	171	337	30	172	68	67
铜山区	548	35	310	47	156	431	50	235	45	101
丰县										
沛县										
睢宁县										
徐州经济技术开发区										
新沂市	184	5	130	18	31	44	3	29	8	4
邳州市	97	7	48	12	30	42	3	26	6	7
常州市	**2625**	**596**	**1582**	**160**	**287**	**8803**	**2972**	**5018**	**328**	**485**
天宁区	319	70	166	15	68	908	316	449	36	107
钟楼区	560	155	331	17	57	1393	519	766	16	92
新北区	601	121	380	30	70	1784	446	1162	65	111
武进区	587	99	393	57	38	2792	922	1688	101	81
金坛区	132	25	84	15	8	393	101	255	31	6
江苏省常州市经济开发区	220	77	112	15	16	817	442	311	48	16
溧阳市	206	49	116	11	30	716	226	387	31	72

7-1a 续表 25

单位：人

现住地	省外									
	山东					河南				
	小计	乡	镇的村委会	镇的居委会	街道	小计	乡	镇的村委会	镇的居委会	街道
苏州市	**11520**	**2876**	**7012**	**875**	**757**	**39221**	**11769**	**23028**	**2330**	**2094**
虎丘区	1863	398	1223	127	115	4574	1209	2856	298	211
吴中区	1569	463	850	142	114	5239	1538	2962	363	376
相城区	1317	300	863	65	89	4966	1651	2949	157	209
姑苏区	1025	530	309	44	142	2506	1491	606	110	299
吴江区	1339	380	786	103	70	5798	1714	3435	405	244
苏州工业园区										
常熟市	841	100	630	35	76	3850	743	2575	113	419
张家港市	620	74	465	56	25	2269	460	1667	114	28
昆山市	2307	525	1459	219	104	8635	2513	5223	646	253
太仓市	639	106	427	84	22	1384	450	755	124	55
南通市	**3093**	**637**	**1986**	**186**	**284**	**3655**	**897**	**2279**	**172**	**307**
崇川区	1042	230	591	91	130	918	264	483	62	109
港闸区	842	132	593	30	87	811	186	519	35	71
通州区	547	146	377	19	5	463	97	329	9	28
如东县										
南通经济技术开发区										
通州湾示范区										
苏锡通科技产业园区										
启东市	119	20	81	10	8	325	103	187	20	15
如皋市	71	23	36	7	5	152	49	72	20	11
海门市	353	69	223	18	43	476	109	288	22	57
海安市	119	17	85	11	6	510	89	401	4	16
连云港市	**553**	**73**	**276**	**49**	**155**	**400**	**77**	**199**	**32**	**92**
连云区	208	26	94	14	74	148	35	75	10	28
海州区	173	29	53	21	70	114	26	42	12	34
赣榆区	108	9	81	13	5	40	3	27	7	3
东海县										
灌云县										
灌南县										
连云港经济技术开发区										
连云港高新技术产业开发区										
江苏连云港徐圩新区	64	9	48	1	6	98	13	55	3	27
江苏省连云港市云台山风景名胜区										
淮安市	**225**	**51**	**88**	**29**	**57**	**245**	**60**	**107**	**31**	**47**
淮安区	40	16	12	10	2	51	14	28	6	3
淮阴区	56	7	21	6	22	73	25	32	6	10
清江浦区	110	28	42	10	30	110	21	42	13	34
洪泽区	19		13	3	3	11		5	6	
涟水县										
盱眙县										
金湖县										
淮安经济技术开发区										
工业园区										
生态文旅区										
苏淮高新区										

7-1a 续表 26

单位：人

现住地	省外									
	山东					河南				
	小计	乡	镇的村委会	镇的居委会	街道	小计	乡	镇的村委会	镇的居委会	街道
盐城市	**326**	**32**	**189**	**44**	**61**	**828**	**141**	**515**	**120**	**52**
亭湖区	100	17	48	9	26	107	30	53	13	11
盐都区	39	2	22	8	7	71	13	47	5	6
大丰区	40	7	27	2	4	60	7	39	6	8
响水县										
滨海县										
阜宁县										
射阳县										
建湖县										
盐城经济技术开发区	5	4	1			1	1			
江苏省盐南高新区	57	1	29	10	17	64	7	21	15	21
东台市	85	1	62	15	7	525	83	355	81	6
扬州市	**901**	**182**	**459**	**93**	**167**	**1549**	**393**	**755**	**130**	**271**
广陵区	281	92	134	29	26	278	93	114	29	42
邗江区	317	43	118	32	124	456	58	177	43	178
江都区	92	12	70	7	3	188	18	127	12	31
宝应县										
扬州经济技术开发区										
蜀冈瘦西湖景区	46	12	27		7	92	33	43	7	9
生态新城	21	9	12			228	78	148	2	
仪征市	98	11	66	18	3	188	65	92	26	5
高邮市	46	3	32	7	4	119	48	54	11	6
镇江市	**1236**	**180**	**751**	**87**	**218**	**1683**	**446**	**897**	**94**	**246**
京口区	246	32	105	27	82	281	54	114	43	70
润州区	186	33	125	12	16	139	42	71	9	17
丹徒区	78	4	60	2	12	193	50	127	3	13
镇江新区										
江苏镇江高新区	46	13	29	3	1	81	18	31	10	22
丹阳市	290	33	218	21	18	501	147	290	19	45
扬中市	206	31	137	5	33	147	19	121	3	4
句容市	184	34	77	17	56	341	116	143	7	75
泰州市	**597**	**62**	**377**	**64**	**94**	**1370**	**281**	**873**	**108**	**108**
海陵区	245	22	149	19	55	544	94	341	54	55
高港区	88	3	56	20	9	150	40	90	11	9
姜堰区	42	2	28	3	9	159	47	86	10	16
泰州医药高新技术产业开发区										
兴化市	52	11	18	11	12	84	16	47	8	13
靖江市	99	21	70	7	1	204	43	147	12	2
泰兴市	71	3	56	4	8	229	41	162	13	13
宿迁市	**327**	**40**	**194**	**49**	**44**	**595**	**143**	**341**	**72**	**39**
宿城区	144	14	98	12	20	261	75	139	29	18
宿豫区	92	23	43	11	15	122	37	70	10	5
沭阳县										
泗阳县										
泗洪县										
宿迁经济技术开发区										
宿迁市湖滨新区	78	3	41	25	9	187	29	110	33	15
苏州宿迁工业园区	9		8	1		17	2	14		1
宿迁市洋河新区	4		4			8		8		

7-1a　续表 27　　　　单位：人

现住地	省外									
	湖北					湖南				
	小计	乡	镇的村委会	镇的居委会	街道	小计	乡	镇的村委会	镇的居委会	街道
江　苏	**25974**	**5578**	**14524**	**2609**	**3263**	**14168**	**3374**	**7475**	**1498**	**1821**
南京市	**4477**	**797**	**2016**	**533**	**1131**	**2777**	**585**	**1162**	**334**	**696**
玄武区	293	51	87	32	123	246	50	68	40	88
秦淮区	270	49	99	32	90	223	40	100	26	57
建邺区	289	35	135	47	72	159	22	78	17	42
鼓楼区	372	47	137	49	139	251	62	82	27	80
浦口区	117	21	36	17	43	93	15	39	6	33
栖霞区	573	93	287	65	128	375	67	150	42	116
雨花台区	417	109	182	41	85	273	74	121	34	44
江宁区	1156	230	523	151	252	556	116	246	81	113
六合区	25	1	7		17	11		5		6
溧水区	217	28	155	15	19	141	32	78	9	22
高淳区	133	21	95	3	14	57	23	23	2	9
南京江北新区	615	112	273	81	149	392	84	172	50	86
无锡市	**3538**	**713**	**2141**	**301**	**383**	**2131**	**536**	**1198**	**179**	**218**
锡山区	550	102	387	23	38	387	116	240	17	14
惠山区	447	101	247	40	59	316	70	169	43	34
滨湖区	365	72	199	35	59	256	64	129	27	36
梁溪区	476	83	269	44	80	261	53	144	15	49
新吴区	614	139	384	40	51	325	98	181	24	22
江苏无锡经济开发区	234	23	147	28	36	168	33	83	14	38
江阴市	493	138	262	47	46	215	59	114	26	16
宜兴市	359	55	246	44	14	203	43	138	13	9
徐州市	**325**	**19**	**140**	**53**	**113**	**234**	**28**	**106**	**44**	**56**
鼓楼区	40	2	16	3	19	23	6	6		11
云龙区	77	3	40	22	12	30	3	15	7	5
贾汪区	11	2	7		2	4		2		2
泉山区	73	1	22	17	33	43	5	19	11	8
铜山区	101	10	39	11	41	110	10	55	20	25
丰县										
沛县										
睢宁县										
徐州经济技术开发区										
新沂市	10	1	8		1	12	1	4	4	3
邳州市	13		8		5	12	3	5	2	2
常州市	**2645**	**640**	**1579**	**182**	**244**	**1109**	**315**	**615**	**74**	**105**
天宁区	260	69	125	23	43	88	26	48	2	12
钟楼区	476	133	274	17	52	225	82	113	5	25
新北区	482	95	309	30	48	224	57	131	10	26
武进区	635	143	384	62	46	265	69	152	30	14
金坛区	349	72	246	13	18	76	20	54	2	
江苏省常州市经济开发区	170	70	70	24	6	104	30	56	12	6
溧阳市	273	58	171	13	31	127	31	61	13	22

7-1a 续表 28

单位：人

现住地	省外									
	湖北					湖南				
	小计	乡	镇的村委会	镇的居委会	街道	小计	乡	镇的村委会	镇的居委会	街道
苏州市	**11284**	**2828**	**6585**	**1061**	**810**	**5710**	**1471**	**3169**	**631**	**439**
虎丘区	1101	226	672	96	107	595	165	327	50	53
吴中区	1026	297	495	107	127	609	178	290	74	67
相城区	1208	309	737	91	71	758	185	465	59	49
姑苏区	658	300	173	28	157	334	170	65	29	70
吴江区	970	285	531	84	70	619	186	311	72	50
苏州工业园区										
常熟市	830	115	592	55	68	445	73	275	60	37
张家港市	560	105	361	66	28	175	38	107	13	17
昆山市	3641	805	2252	431	153	1867	407	1160	225	75
太仓市	1290	386	772	103	29	308	69	169	49	21
南通市	**1360**	**245**	**819**	**165**	**131**	**762**	**165**	**445**	**66**	**86**
崇川区	331	68	166	48	49	211	39	105	24	43
港闸区	257	27	170	41	19	160	25	103	11	21
通州区	180	33	129	11	7	85	28	42	12	3
如东县										
南通经济技术开发区										
通州湾示范区										
苏锡通科技产业园区										
启东市	101	14	66	15	6	57	12	36	6	3
如皋市	130	32	50	17	31	47	18	21	4	4
海门市	112	22	64	12	14	85	16	56	4	9
海安市	249	49	174	21	5	117	27	82	5	3
连云港市	**123**	**13**	**67**	**10**	**33**	**65**	**8**	**27**	**14**	**16**
连云区	49	3	30		16	24	1	6	7	10
海州区	44	8	18	6	12	25	5	10	5	5
赣榆区	10		6	3	1	3	1	1	1	
东海县										
灌云县										
灌南县										
连云港经济技术开发区										
连云港高新技术产业开发区										
江苏连云港徐圩新区	20	2	13	1	4	13	1	10	1	1
江苏省连云港市云台山风景名胜区										
淮安市	**127**	**17**	**62**	**23**	**25**	**106**	**24**	**39**	**11**	**32**
淮安区	18	7	9	1	1	6	3	3		
淮阴区	30	6	8	12	4	40	11	12	6	11
清江浦区	68	2	39	9	18	43	9	15	5	14
洪泽区	11	2	6	1	2	17	1	9		7
涟水县										
盱眙县										
金湖县										
淮安经济技术开发区										
工业园区										
生态文旅区										
苏淮高新区										

7-1a　续表 29　　　　单位：人

现住地	省外									
	湖北					湖南				
	小计	乡	镇的村委会	镇的居委会	街道	小计	乡	镇的村委会	镇的居委会	街道
盐城市	**226**	**18**	**127**	**42**	**39**	**179**	**40**	**82**	**38**	**19**
亭湖区	35	5	15	5	10	28	7	7	5	9
盐都区	48	9	23	4	12	21	6	10	4	1
大丰区	26	1	16	8	1	38	6	16	12	4
响水县										
滨海县										
阜宁县										
射阳县										
建湖县										
盐城经济技术开发区	4		4							
江苏省盐南高新区	25	1	5	6	13	14	2	4	5	3
东台市	88	2	64	19	3	78	19	45	12	2
扬州市	**529**	**96**	**255**	**77**	**101**	**317**	**51**	**188**	**29**	**49**
广陵区	91	16	48	8	19	66	14	43	3	6
邗江区	184	31	81	16	56	121	13	56	17	35
江都区	93	19	41	23	10	31	4	24	2	1
宝应县										
扬州经济技术开发区										
蜀冈瘦西湖景区	43	7	13	13	10	29	8	16	2	3
生态新城	10	2	8			6	2	4		
仪征市	70	4	52	11	3	34	6	23	5	
高邮市	38	17	12	6	3	30	4	22		4
镇江市	**641**	**91**	**350**	**68**	**132**	**435**	**83**	**238**	**41**	**73**
京口区	135	7	66	25	37	82	8	36	19	19
润州区	81	5	32	18	26	19	2	10	4	3
丹徒区	57	5	36	2	14	22	7	14		1
镇江新区										
江苏镇江高新区	23	1	6	4	12	18		9	1	8
丹阳市	195	47	119	13	16	192	50	111	14	17
扬中市	60	8	45		7	23	9	12	1	1
句容市	90	18	46	6	20	79	7	46	2	24
泰州市	**596**	**83**	**335**	**79**	**99**	**282**	**52**	**178**	**27**	**25**
海陵区	233	24	141	25	43	78	13	48	7	10
高港区	77	12	34	10	21	33	5	22	4	2
姜堰区	56	8	33	10	5	30	5	15	7	3
泰州医药高新技术产业开发区										
兴化市	58	6	26	5	21	23	1	15	5	2
靖江市	88	19	53	13	3	65	17	44	3	1
泰兴市	84	14	48	16	6	53	11	34	1	7
宿迁市	**103**	**18**	**48**	**15**	**22**	**61**	**16**	**28**	**10**	**7**
宿城区	40	10	18	5	7	30	6	14	6	4
宿豫区	28	4	12	6	6	18	5	11		2
沭阳县										
泗阳县										
泗洪县										
宿迁经济技术开发区										
宿迁市湖滨新区	29	4	15	3	7	8	3	2	3	
苏州宿迁工业园区	5		3		2	3	1	1		1
宿迁市洋河新区	1			1		2	1		1	

7-1a 续表 30 单位：人

现住地	省外									
	广东					广西				
	小计	乡	镇的村委会	镇的居委会	街道	小计	乡	镇的村委会	镇的居委会	街道
江　苏	**5443**	**676**	**1807**	**891**	**2069**	**4706**	**1024**	**2203**	**512**	**967**
南京市	**1756**	**155**	**425**	**237**	**939**	**1218**	**203**	**476**	**145**	**394**
玄武区	158	11	34	23	90	126	16	48	11	51
秦淮区	154	24	39	14	77	67	15	30	7	15
建邺区	114	12	21	12	69	63	8	37	8	10
鼓楼区	195	13	37	33	112	118	22	36	21	39
浦口区	35	3	12	4	16	32	3	6	4	19
栖霞区	312	30	87	33	162	242	36	86	23	97
雨花台区	149	19	34	25	71	113	25	47	17	24
江宁区	330	24	68	42	196	224	38	103	18	65
六合区	7		2	3	2	15	5	3	5	2
溧水区	33	4	19	6	4	28	6	13	4	5
高淳区	6	1	2		3	5	2	2	1	
南京江北新区	263	14	70	42	137	185	27	65	26	67
无锡市	**706**	**106**	**281**	**106**	**213**	**497**	**104**	**297**	**34**	**62**
锡山区	81	25	29	2	25	71	18	46	4	3
惠山区	64	21	32	3	8	50	11	28	5	6
滨湖区	112	10	36	13	53	94	14	50	12	18
梁溪区	144	19	67	21	37	58	14	28	1	15
新吴区	89	19	32	11	27	60	14	40	1	5
江苏无锡经济开发区	68	1	10	13	44	48	16	22	4	6
江阴市	71	9	38	18	6	49	12	28	1	8
宜兴市	77	2	37	25	13	67	5	55	6	1
徐州市	**155**	**11**	**24**	**38**	**82**	**159**	**15**	**74**	**24**	**46**
鼓楼区	13	1	1	3	8	25	8	7		10
云龙区	15		1	9	5	25	1	13	5	6
贾汪区	10		1	1	8	18	1	9		8
泉山区	46	7	5	12	22	20	1	7	10	2
铜山区	59	3	14	9	33	70	4	38	9	19
丰县										
沛县										
睢宁县										
徐州经济技术开发区										
新沂市	9		2	3	4					
邳州市	3			1	2	1				1
常州市	**364**	**47**	**146**	**68**	**103**	**498**	**160**	**209**	**41**	**88**
天宁区	43	5	18		20	23	3	10	3	7
钟楼区	77	14	29	9	25	88	12	53	3	20
新北区	80	8	29	9	34	104	16	59	5	24
武进区	75	3	35	26	11	148	76	39	16	17
金坛区	29	8	12	8	1	26		21	2	3
江苏省常州市经济开发区	15	1	3	3	8	14	6	6	2	
溧阳市	45	8	20	13	4	95	47	21	10	17

7-1a　续表 31　　　　单位：人

现住地	省外									
	广东					广西				
	小计	乡	镇的村委会	镇的居委会	街道	小计	乡	镇的村委会	镇的居委会	街道
苏州市	**1430**	**253**	**592**	**264**	**321**	**1326**	**367**	**674**	**142**	**143**
虎丘区	138	24	45	23	46	171	33	96	23	19
吴中区	212	45	62	40	65	261	85	102	34	40
相城区	181	25	77	38	41	144	42	81	12	9
姑苏区	142	52	30	10	50	97	48	17	1	31
吴江区	119	24	47	27	21	129	53	64	8	4
苏州工业园区										
常熟市	198	14	136	23	25	103	23	52	17	11
张家港市	61	13	26	13	9	53	14	27	9	3
昆山市	305	52	144	68	41	317	61	208	28	20
太仓市	74	4	25	22	23	51	8	27	10	6
南通市	**325**	**43**	**122**	**65**	**95**	**273**	**68**	**153**	**15**	**37**
崇川区	117	10	42	22	43	130	27	67	8	28
港闸区	63	9	29	15	10	29	6	19	2	2
通州区	24	2	12	6	4	24	9	13	1	1
如东县										
南通经济技术开发区										
通州湾示范区										
苏锡通科技产业园区										
启东市	31	12	5	8	6	29	7	21	1	
如皋市	13	1	5	3	4	19	8	7	1	3
海门市	44	5	8	7	24	6	1	3	1	1
海安市	33	4	21	4	4	36	10	23	1	2
连云港市	**53**	**10**	**4**	**4**	**35**	**29**	**10**	**8**	**8**	**3**
连云区	12	3	2		7	6		1	5	
海州区	28	5	1	4	18	14	9		3	2
赣榆区	10		1		9	5	1	4		
东海县										
灌云县										
灌南县										
连云港经济技术开发区										
连云港高新技术产业开发区										
江苏连云港徐圩新区	3	2			1	4		3		1
江苏省连云港市云台山风景名胜区										
淮安市	**24**	**4**	**6**	**6**	**8**	**49**	**6**	**13**	**13**	**17**
淮安区	3		2		1	8		1	6	1
淮阴区	5	3	1		1	24	4	9	3	8
清江浦区	16	1	3	6	6	16	1	3	4	8
洪泽区						1	1			
涟水县										
盱眙县										
金湖县										
淮安经济技术开发区										
工业园区										
生态文旅区										
苏淮高新区										

7-1a 续表 32

单位：人

现住地	省外									
	广东					广西				
	小计	乡	镇的村委会	镇的居委会	街道	小计	乡	镇的村委会	镇的居委会	街道
盐城市	**91**	**10**	**41**	**15**	**25**	**94**	**17**	**45**	**11**	**21**
亭湖区	29	8	17	1	3	43	10	17	6	10
盐都区	23	1	9	3	10	11	4	5		2
大丰区	6		5		1	3		1	2	
响水县										
滨海县										
阜宁县										
射阳县										
建湖县										
盐城经济技术开发区	3		3			1		1		
江苏省盐南高新区	19	1	1	6	11	11	1	4	1	5
东台市	11		6	5		25	2	17	2	4
扬州市	**207**	**15**	**56**	**31**	**105**	**179**	**20**	**69**	**13**	**77**
广陵区	21	2	4	4	11	13	1	6	1	5
邗江区	141	5	44	9	83	141	14	46	9	72
江都区	13		3	9	1	2		1	1	
宝应县										
扬州经济技术开发区										
蜀冈瘦西湖景区	7		1		6	5	2	3		
生态新城						6	1	5		
仪征市	19	7	2	7	3	7		6	1	
高邮市	6	1	2	2	1	5	2	2	1	
镇江市	**154**	**10**	**33**	**23**	**88**	**185**	**20**	**83**	**17**	**65**
京口区	40	5	1	9	25	73	4	24	15	30
润州区	28	2	8	4	14	7	2	5		
丹徒区	2			2		11	4	4	1	2
镇江新区										
江苏镇江高新区	7		7			6	2	3	1	
丹阳市	35	2	8	3	22	42	8	30		4
扬中市	3		1	1	1	11		11		
句容市	39	1	8	4	26	35		6		29
泰州市	**161**	**10**	**73**	**32**	**46**	**145**	**27**	**86**	**21**	**11**
海陵区	83	6	33	16	28	88	18	48	14	8
高港区	9		6	2	1	7	1	3	2	1
姜堰区	31		15	7	9	8	1	7		
泰州医药高新技术产业开发区										
兴化市	6		4		2	5	2	2	1	
靖江市	17	4	5	6	2	20	3	15	2	
泰兴市	15		10	1	4	17	2	11	2	2
宿迁市	**17**	**2**	**4**	**2**	**9**	**54**	**7**	**16**	**28**	**3**
宿城区	7	1	1		5	20	5	11	1	3
宿豫区	6		2	1	3	6		3	3	
沭阳县										
泗阳县										
泗洪县										
宿迁经济技术开发区										
宿迁市湖滨新区	3	1	1	1		27	2	1	24	
苏州宿迁工业园区	1				1	1		1		
宿迁市洋河新区										

7-1a　续表 33　　　　单位：人

现住地	省外									
	海南					重庆				
	小计	乡	镇的村委会	镇的居委会	街道	小计	乡	镇的村委会	镇的居委会	街道
江　苏	**710**	**106**	**256**	**111**	**237**	**10108**	**2235**	**5530**	**972**	**1371**
南京市	**246**	**24**	**64**	**44**	**114**	**1537**	**239**	**606**	**189**	**503**
玄武区	39	4	11	6	18	147	19	41	16	71
秦淮区	16	1	5	6	4	100	8	38	15	39
建邺区	12		2	1	9	70	17	22	11	20
鼓楼区	28	2	7	5	14	173	27	56	18	72
浦口区	13		1	2	10	42	10	7	3	22
栖霞区	44	5	8	11	20	223	31	90	28	74
雨花台区	13	3	1	2	7	115	24	48	15	28
江宁区	33	4	13	4	12	313	43	137	45	88
六合区						11		4	1	6
溧水区	8	1	2	1	4	69	4	43	11	11
高淳区	1		1			28	4	11	5	8
南京江北新区	39	4	13	6	16	246	52	109	21	64
无锡市	**64**	**10**	**22**	**14**	**18**	**2612**	**639**	**1558**	**207**	**208**
锡山区	5	1	3	1		329	69	212	26	22
惠山区	5	2		2	1	256	59	149	24	24
滨湖区	22	2	7	4	9	290	77	137	32	44
梁溪区	14		6	2	6	226	36	130	31	29
新吴区	3	1	1	1		494	178	270	18	28
江苏无锡经济开发区	8	3		3	2	126	24	68	12	22
江阴市	3	1	1	1		342	102	197	30	13
宜兴市	4		4			549	94	395	34	26
徐州市	**39**	**3**	**13**	**10**	**13**	**161**	**18**	**58**	**29**	**56**
鼓楼区	4				4	14	1	6	2	5
云龙区	2			1	1	27	7	8	3	9
贾汪区						3		2	1	
泉山区	4			1	3	37	2	16	11	8
铜山区	24		12	7	5	69	7	23	12	27
丰县										
沛县										
睢宁县										
徐州经济技术开发区										
新沂市	2		1	1		4		2		2
邳州市	3	3				7	1	1		5
常州市	**61**	**16**	**23**	**3**	**19**	**1138**	**270**	**671**	**93**	**104**
天宁区	6	2	4			95	23	41	13	18
钟楼区	6		1		5	140	41	77	8	14
新北区	12	4	4		4	133	22	67	12	32
武进区	24	6	7	3	8	404	64	276	35	29
金坛区	3		3			176	58	103	12	3
江苏省常州市经济开发区	3	2			1	94	45	39	7	3
溧阳市	7	2	4		1	96	17	68	6	5

7-1a 续表 34　　　　单位：人

现住地	省外									
	海南					重庆				
	小计	乡	镇的村委会	镇的居委会	街道	小计	乡	镇的村委会	镇的居委会	街道
苏州市	**133**	**35**	**60**	**23**	**15**	**2920**	**712**	**1682**	**283**	**243**
虎丘区	14	2	6	3	3	255	48	151	32	24
吴中区	15	4	6		5	331	91	153	35	52
相城区	3		2		1	423	103	273	18	29
姑苏区	14	7	3	1	3	150	81	29	9	31
吴江区	28	12	10	5	1	222	70	107	23	22
苏州工业园区										
常熟市	17	3	11	3		293	42	214	23	14
张家港市	2		1	1		197	26	141	21	9
昆山市	29	7	17	4	1	837	202	498	97	40
太仓市	11		4	6	1	212	49	116	25	22
南通市	**34**	**7**	**10**	**6**	**11**	**724**	**170**	**415**	**65**	**74**
崇川区	13	2	3	2	6	235	70	121	35	9
港闸区	7		5	2		161	26	101	9	25
通州区	1				1	66	19	43	2	2
如东县										
南通经济技术开发区										
通州湾示范区										
苏锡通科技产业园区										
启东市	1				1	39	9	24	2	4
如皋市	2	2				81	14	42	8	17
海门市	10	3	2	2	3	40	11	21	2	6
海安市						102	21	63	7	11
连云港市	**8**		**5**	**1**	**2**	**52**	**10**	**16**	**6**	**20**
连云区	2		1	1		13		4	1	8
海州区	5		3		2	23	4	3	5	11
赣榆区	1		1			1		1		
东海县										
灌云县										
灌南县										
连云港经济技术开发区										
连云港高新技术产业开发区										
江苏连云港徐圩新区						15	6	8		1
江苏省连云港市云台山风景名胜区										
淮安市	**3**		**2**		**1**	**73**	**17**	**37**	**9**	**10**
淮安区	1				1	15	7	7	1	
淮阴区	1		1			13	4	5	4	
清江浦区						27	5	9	3	10
洪泽区	1		1			18	1	16	1	
涟水县										
盱眙县										
金湖县										
淮安经济技术开发区										
工业园区										
生态文旅区										
苏淮高新区										

7-1a 续表 35

单位：人

现住地	省外									
	海南					重庆				
	小计	乡	镇的村委会	镇的居委会	街道	小计	乡	镇的村委会	镇的居委会	街道
盐城市	**9**	**1**	**3**	**2**	**3**	**99**	**10**	**52**	**14**	**23**
亭湖区	3	1	1	1		25		6	3	16
盐都区	1				1	7	1	3	1	2
大丰区	1		1			20	1	17	2	
响水县										
滨海县										
阜宁县										
射阳县										
建湖县										
盐城经济技术开发区						1		1		
江苏省盐南高新区	4		1	1	2	12	2	3	3	4
东台市						34	6	22	5	1
扬州市	**41**	**2**	**23**	**1**	**15**	**189**	**14**	**109**	**26**	**40**
广陵区	5		3		2	19		10	5	4
邗江区	28	2	15		11	69	6	30	7	26
江都区	2		2			32	1	30	1	
宝应县										
扬州经济技术开发区										
蜀冈瘦西湖景区	5		3		2	17	3	11	1	2
生态新城						5	1	2		2
仪征市	1			1		29	1	17	11	
高邮市						18	2	9	1	6
镇江市	**31**	**3**	**13**	**2**	**13**	**360**	**97**	**176**	**30**	**57**
京口区	21	1	6	1	13	74	15	23	9	27
润州区						28	7	19	2	
丹徒区	3	1	2			51	14	34	1	2
镇江新区										
江苏镇江高新区						4	1	3		
丹阳市	3		3			86	17	48	13	8
扬中市	1		1			33	2	27		4
句容市	3	1	1	1		84	41	22	5	16
泰州市	**35**	**2**	**18**	**5**	**10**	**208**	**30**	**136**	**17**	**25**
海陵区	11	2	4	2	3	64	7	42	4	11
高港区	5		5			24	7	10	1	6
姜堰区	3		3			13	6	7		
泰州医药高新技术产业开发区										
兴化市	1		1			13		8		5
靖江市	5		3	2		41	4	30	6	1
泰兴市	10		2	1	7	53	6	39	6	2
宿迁市	**6**	**3**			**3**	**35**	**9**	**14**	**4**	**8**
宿城区	6	3			3	10	1	8		1
宿豫区						11	1	4	2	4
沭阳县										
泗阳县										
泗洪县										
宿迁经济技术开发区										
宿迁市湖滨新区						5	1	1	1	2
苏州宿迁工业园区						6	6			
宿迁市洋河新区						3		1	1	1

7-1a 续表 36

单位：人

现住地	省外									
	四川					贵州				
	小计	乡	镇的村委会	镇的居委会	街道	小计	乡	镇的村委会	镇的居委会	街道
江　苏	**35106**	**8958**	**20099**	**2637**	**3412**	**14275**	**3896**	**7772**	**919**	**1688**
南京市	**4394**	**917**	**1947**	**514**	**1016**	**2641**	**602**	**1243**	**219**	**577**
玄武区	335	75	94	39	127	218	42	82	24	70
秦淮区	324	65	157	34	68	103	18	55	12	18
建邺区	286	67	116	29	74	117	28	65	3	21
鼓楼区	317	70	109	55	83	163	44	58	26	35
浦口区	122	22	39	16	45	72	13	34	2	23
栖霞区	661	143	298	68	152	516	96	242	37	141
雨花台区	435	107	193	62	73	176	35	95	21	25
江宁区	892	172	433	101	186	532	123	261	48	100
六合区	40	9	18	5	8	11	5	3		3
溧水区	175	35	111	12	17	168	42	114	8	4
高淳区	71	18	38	7	8	49	16	24	5	4
南京江北新区	736	134	341	86	175	516	140	210	33	133
无锡市	**9729**	**2616**	**6040**	**480**	**593**	**2812**	**814**	**1704**	**107**	**187**
锡山区	1842	457	1265	61	59	340	112	209	12	7
惠山区	1195	315	701	89	90	323	61	206	15	41
滨湖区	1117	401	526	91	99	283	102	134	14	33
梁溪区	1326	362	794	80	90	237	72	124	17	24
新吴区	824	223	506	43	52	204	72	105	12	15
江苏无锡经济开发区	932	197	619	47	69	354	123	214	9	8
江阴市	2054	600	1289	51	114	381	123	240	7	11
宜兴市	439	61	340	18	20	690	149	472	21	48
徐州市	**580**	**70**	**292**	**67**	**151**	**337**	**66**	**165**	**37**	**69**
鼓楼区	87	20	30	3	34	55	18	22	2	13
云龙区	70	6	42	15	7	57	8	23	13	13
贾汪区	45	11	27		7	38	4	26	2	6
泉山区	148	15	82	21	30	42	10	17	4	11
铜山区	175	18	83	16	58	128	24	67	16	21
丰县										
沛县										
睢宁县										
徐州经济技术开发区										
新沂市	24		13	5	6	11	2	8		1
邳州市	31		15	7	9	6		2		4
常州市	**5433**	**1522**	**3286**	**305**	**320**	**1782**	**587**	**912**	**111**	**172**
天宁区	757	224	402	40	91	113	43	58	2	10
钟楼区	840	259	498	22	61	284	91	137	10	46
新北区	1026	264	632	57	73	249	81	130	12	26
武进区	1676	383	1122	116	55	373	93	234	29	17
金坛区	353	118	209	22	4	174	67	100	2	5
江苏省常州市经济开发区	419	175	193	33	18	205	115	74	9	7
溧阳市	362	99	230	15	18	384	97	179	47	61

7-1a　续表 37　　　　单位：人

现住地	省外									
	四川					贵州				
	小计	乡	镇的村委会	镇的居委会	街道	小计	乡	镇的村委会	镇的居委会	街道
苏州市	**10407**	**2850**	**6053**	**872**	**632**	**3428**	**1032**	**1918**	**217**	**261**
虎丘区	1027	277	578	82	90	401	93	250	25	33
吴中区	1451	481	734	123	113	469	164	221	41	43
相城区	1293	341	781	87	84	677	202	411	25	39
姑苏区	623	356	126	46	95	223	116	62	9	36
吴江区	1127	375	600	92	60	450	160	254	17	19
苏州工业园区										
常熟市	806	135	562	57	52	301	68	194	17	22
张家港市	1424	217	1085	103	19	209	46	118	11	34
昆山市	2206	558	1326	228	94	541	141	310	65	25
太仓市	450	110	261	54	25	157	42	98	7	10
南通市	**1363**	**331**	**808**	**113**	**111**	**1055**	**284**	**626**	**58**	**87**
崇川区	436	117	191	64	64	326	77	184	28	37
港闸区	248	46	169	14	19	188	37	110	20	21
通州区	130	28	94	7	1	92	33	57	1	1
如东县										
南通经济技术开发区										
通州湾示范区										
苏锡通科技产业园区										
启东市	106	31	72	2	1	35	13	20		2
如皋市	75	27	32	6	10	96	60	24	3	9
海门市	178	37	114	14	13	138	49	76	2	11
海安市	190	45	136	6	3	180	15	155	4	6
连云港市	**127**	**21**	**56**	**12**	**38**	**45**	**8**	**24**	**7**	**6**
连云区	51	8	26	3	14	4	1	2		1
海州区	53	9	18	4	22	23	5	13	1	4
赣榆区	11	1	6	4		10	2	4	4	
东海县										
灌云县										
灌南县										
连云港经济技术开发区										
连云港高新技术产业开发区										
江苏连云港徐圩新区	12	3	6	1	2	8		5	2	1
江苏省连云港市云台山风景名胜区										
淮安市	**132**	**38**	**56**	**15**	**23**	**154**	**52**	**65**	**21**	**16**
淮安区	19	5	10	4		25	17	5	3	
淮阴区	26	10	13	2	1	65	17	27	9	12
清江浦区	69	21	27	9	12	47	14	25	5	3
洪泽区	18	2	6		10	17	4	8	4	1
涟水县										
盱眙县										
金湖县										
淮安经济技术开发区										
工业园区										
生态文旅区										
苏淮高新区										

7-1a 续表 38

单位：人

现住地	省外									
	四川					贵州				
	小计	乡	镇的村委会	镇的居委会	街道	小计	乡	镇的村委会	镇的居委会	街道
盐城市	**331**	**46**	**180**	**43**	**62**	**272**	**44**	**172**	**27**	**29**
亭湖区	106	15	60	16	15	98	29	36	12	21
盐都区	51	2	23	6	20	17	4	6	4	3
大丰区	31	8	22	1		16		12	2	2
响水县										
滨海县										
阜宁县										
射阳县										
建湖县										
盐城经济技术开发区	4		2		2					
江苏省盐南高新区	49	8	14	7	20	25	9	9	4	3
东台市	90	13	59	13	5	116	2	109	5	
扬州市	**794**	**158**	**384**	**62**	**190**	**446**	**97**	**176**	**35**	**138**
广陵区	151	65	50	11	25	65	27	25	8	5
邗江区	261	20	64	18	159	226	24	61	12	129
江都区	77	9	61	7		29	3	22	1	3
宝应县										
扬州经济技术开发区										
蜀冈瘦西湖景区	55	8	41	6		26	5	20		1
生态新城	11	2	9			16	7	5	4	
仪征市	183	32	130	17	4	57	20	28	9	
高邮市	56	22	29	3	2	27	11	15	1	
镇江市	**1052**	**247**	**541**	**75**	**189**	**711**	**186**	**382**	**45**	**98**
京口区	207	29	89	35	54	134	29	59	19	27
润州区	93	17	49	3	24	40	11	21	3	5
丹徒区	89	16	65	1	7	61	14	40	4	3
镇江新区										
江苏镇江高新区	32	8	17	1	6	31	3	24	1	3
丹阳市	387	128	193	25	41	343	117	189	14	23
扬中市	97	15	71	7	4	43	7	28		8
句容市	147	34	57	3	53	59	5	21	4	29
泰州市	**599**	**113**	**359**	**63**	**64**	**450**	**79**	**302**	**30**	**39**
海陵区	220	40	107	36	37	203	36	128	20	19
高港区	25	5	17	3		44	7	30	3	4
姜堰区	56	11	29	7	9	24	6	13		5
泰州医药高新技术产业开发区										
兴化市	52	9	29	4	10	54	11	32	4	7
靖江市	134	21	103	8	2	42	2	38	1	1
泰兴市	112	27	74	5	6	83	17	61	2	3
宿迁市	**165**	**29**	**97**	**16**	**23**	**142**	**45**	**83**	**5**	**9**
宿城区	87	14	50	11	12	51	18	25	2	6
宿豫区	39	8	29		2	17	4	12	1	
沭阳县										
泗阳县										
泗洪县										
宿迁经济技术开发区										
宿迁市湖滨新区	29	5	16	4	4	69	22	42	2	3
苏州宿迁工业园区	6		2		4	1		1		
宿迁市洋河新区	4	2		1	1	4	1	3		

7-1a 续表 39

单位：人

现住地	省外									
	云南					西藏				
	小计	乡	镇的村委会	镇的居委会	街道	小计	乡	镇的村委会	镇的居委会	街道
江苏	**11100**	**3154**	**6179**	**674**	**1093**	**561**	**170**	**138**	**46**	**207**
南京市	**2041**	**469**	**1031**	**160**	**381**	**185**	**44**	**48**	**25**	**68**
玄武区	159	26	59	9	65	27	12	4	2	9
秦淮区	111	22	62	12	15	1				1
建邺区	89	15	62	4	8	2				2
鼓楼区	139	24	57	12	46	20	8	5		7
浦口区	52	11	26	5	10	10	3	1	2	4
栖霞区	408	90	202	29	87	55	11	17	8	19
雨花台区	141	26	83	20	12	7	2		4	1
江宁区	473	140	236	32	65	37	6	12	6	13
六合区	11	3	6		2					
溧水区	134	38	94	1	1					
高淳区	41	11	25	4	1	2				2
南京江北新区	283	63	119	32	69	24	2	9	3	10
无锡市	**1675**	**489**	**1013**	**71**	**102**	**23**	**5**	**17**	**1**	
锡山区	309	98	184	14	13					
惠山区	194	67	101	10	16	5	1	4		
滨湖区	179	42	102	13	22	5	2	2	1	
梁溪区	149	39	84	11	15					
新吴区	244	77	150	8	9	10	1	9		
江苏无锡经济开发区	104	22	70	4	8	3	1	2		
江阴市	240	75	150	1	14					
宜兴市	256	69	172	10	5					
徐州市	**173**	**37**	**72**	**22**	**42**	**37**	**9**	**13**	**3**	**12**
鼓楼区	23	12	3	2	6	8	5		1	2
云龙区	9	2	3	2	2	4		4		
贾汪区	28	7	9	1	11					
泉山区	22	3	10	6	3	6		2		4
铜山区	76	12	34	10	20	18	4	6	2	6
丰县										
沛县										
睢宁县										
徐州经济技术开发区										
新沂市	12	1	10	1		1		1		
邳州市	3		3							
常州市	**1558**	**528**	**877**	**62**	**91**	**2**	**1**			**1**
天宁区	135	57	66	5	7					
钟楼区	149	58	81		10					
新北区	200	58	114	11	17					
武进区	435	122	273	20	20	1	1			
金坛区	402	119	243	21	19					
江苏省常州市经济开发区	49	29	16	2	2					
溧阳市	188	85	84	3	16	1				1

7-1a 续表 40

单位：人

现住地	省外									
	云南					西藏				
	小计	乡	镇的村委会	镇的居委会	街道	小计	乡	镇的村委会	镇的居委会	街道
苏州市	**3175**	**933**	**1874**	**194**	**174**	**31**	**8**	**8**	**1**	**14**
虎丘区	500	142	300	35	23	1				1
吴中区	368	111	187	29	41	3	2	1		
相城区	675	211	426	15	23	1		1		
姑苏区	152	81	34	9	28	18	6			12
吴江区	419	110	238	55	16	6		4	1	1
苏州工业园区										
常熟市	240	48	168	7	17					
张家港市	135	36	84	6	9					
昆山市	583	167	372	31	13	2		2		
太仓市	103	27	65	7	4					
南通市	**833**	**251**	**469**	**38**	**75**	**142**	**79**	**18**	**3**	**42**
崇川区	209	66	97	18	28	68	16	16	1	35
港闸区	141	31	82	8	20	60	54	2		4
通州区	65	12	50	1	2	1				1
如东县										
南通经济技术开发区										
通州湾示范区										
苏锡通科技产业园区										
启东市	45	18	22	1	4					
如皋市	37	8	20	6	3	9	9			
海门市	101	25	57	2	17	2				2
海安市	235	91	141	2	1	2			2	
连云港市	**27**	**5**	**16**	**1**	**5**	**3**		**1**		**2**
连云区	10	4	4		2					
海州区	9	1	6		2	2				2
赣榆区	3		2	1		1		1		
东海县										
灌云县										
灌南县										
连云港经济技术开发区										
连云港高新技术产业开发区										
江苏连云港徐圩新区	5		4		1					
江苏省连云港市云台山风景名胜区										
淮安市	**57**	**19**	**27**	**3**	**8**	**7**	**2**			**5**
淮安区	5	4	1							
淮阴区	21	4	11		6					
清江浦区	26	11	10	3	2	7	2			5
洪泽区	5		5							
涟水县										
盱眙县										
金湖县										
淮安经济技术开发区										
工业园区										
生态文旅区										
苏淮高新区										

7-1a　续表 41　　　　单位：人

现住地	省外									
	云南					西藏				
	小计	乡	镇的村委会	镇的居委会	街道	小计	乡	镇的村委会	镇的居委会	街道
盐城市	**173**	**32**	**105**	**14**	**22**	**30**	**17**	**9**		**4**
亭湖区	40	10	15	7	8	16	5	7		4
盐都区	11	2	3	2	4					
大丰区	7	1	6							
响水县										
滨海县										
阜宁县										
射阳县										
建湖县										
盐城经济技术开发区										
江苏省盐南高新区	30	7	14	2	7	12	12			
东台市	85	12	67	3	3	2		2		
扬州市	**417**	**143**	**179**	**29**	**66**	**32**		**4**	**3**	**25**
广陵区	71	35	28	3	5					
邗江区	118	19	38	8	53	28		3		25
江都区	40	8	20	7	5	4		1	3	
宝应县										
扬州经济技术开发区										
蜀冈瘦西湖景区	14	4	10							
生态新城	25	5	14	6						
仪征市	101	61	35	4	1					
高邮市	48	11	34	1	2					
镇江市	**583**	**183**	**266**	**41**	**93**	**40**	**2**	**8**	**5**	**25**
京口区	93	13	35	19	26	15	1	6	5	3
润州区	13	7	3		3	1	1			
丹徒区	51	3	30	2	16					
镇江新区										
江苏镇江高新区	48	20	25		3					
丹阳市	277	109	134	17	17	2		2		
扬中市	29	9	19		1					
句容市	72	22	20	3	27	22				22
泰州市	**298**	**46**	**195**	**27**	**30**	**29**	**3**	**12**	**5**	**9**
海陵区	124	17	74	13	20	21	2	12	1	6
高港区	30	7	19	4						
姜堰区	25	5	19		1	2			2	
泰州医药高新技术产业开发区										
兴化市	25	3	15	1	6					
靖江市	42	2	34	6		5			2	3
泰兴市	52	12	34	3	3	1	1			
宿迁市	**90**	**19**	**55**	**12**	**4**					
宿城区	33	7	20	4	2					
宿豫区	14	3	9	2						
沭阳县										
泗阳县										
泗洪县										
宿迁经济技术开发区										
宿迁市湖滨新区	40	9	24	5	2					
苏州宿迁工业园区										
宿迁市洋河新区	3		2	1						

7-1a 续表 42　　单位：人

现住地	省外									
	陕西					甘肃				
	小计	乡	镇的村委会	镇的居委会	街道	小计	乡	镇的村委会	镇的居委会	街道
江苏	**17035**	**3568**	**10293**	**1290**	**1884**	**13041**	**3337**	**7190**	**946**	**1568**
南京市	**2240**	**338**	**1049**	**234**	**619**	**2030**	**374**	**914**	**237**	**505**
玄武区	204	21	74	13	96	174	27	52	14	81
秦淮区	173	15	82	29	47	118	34	54	21	9
建邺区	122	11	53	14	44	103	14	37	19	33
鼓楼区	186	24	57	29	76	131	26	46	10	49
浦口区	63	11	25	2	25	52	10	20	3	19
栖霞区	415	58	223	28	106	406	65	217	45	79
雨花台区	170	41	75	16	38	145	20	70	25	30
江宁区	501	77	257	62	105	470	110	210	59	91
六合区	15	2	7	1	5	10	5	5		
溧水区	74	20	47	3	4	82	11	66	2	3
高淳区	25	11	10	2	2	16	1	15		
南京江北新区	292	47	139	35	71	323	51	122	39	111
无锡市	**2835**	**480**	**1958**	**159**	**238**	**1676**	**409**	**1017**	**81**	**169**
锡山区	440	82	309	18	31	510	105	359	15	31
惠山区	199	28	130	17	24	127	22	79	10	16
滨湖区	257	53	140	22	42	114	39	54	8	13
梁溪区	266	63	146	23	34	185	46	91	14	34
新吴区	508	130	306	31	41	323	84	200	8	31
江苏无锡经济开发区	182	23	120	8	31	88	22	43	2	21
江阴市	361	68	251	12	30	250	89	130	9	22
宜兴市	622	33	556	28	5	79	2	61	15	1
徐州市	**286**	**25**	**104**	**57**	**100**	**242**	**43**	**96**	**33**	**70**
鼓楼区	46	3	16	15	12	51	26	11	1	13
云龙区	27	2	9	8	8	27	3	14	4	6
贾汪区	2				2	11		5	1	5
泉山区	57	5	21	9	22	31	1	12	8	10
铜山区	131	13	50	18	50	103	13	47	10	33
丰县										
沛县										
睢宁县										
徐州经济技术开发区										
新沂市	14	1	6	3	4	8		1	7	
邳州市	9	1	2	4	2	11		6	2	3
常州市	**1435**	**306**	**916**	**70**	**143**	**1002**	**286**	**549**	**62**	**105**
天宁区	102	20	62	6	14	100	24	58	2	16
钟楼区	164	38	86	11	29	125	27	84	2	12
新北区	391	61	271	11	48	217	78	102	12	25
武进区	361	73	240	20	28	370	105	193	37	35
金坛区	120	35	76	2	7	48	8	34	2	4
江苏省常州市经济开发区	118	43	65	8	2	68	32	24	6	6
溧阳市	179	36	116	12	15	74	12	54	1	7

7-1a　续表 43　　　　单位：人

现住地	省外									
	陕西					甘肃				
	小计	乡	镇的村委会	镇的居委会	街道	小计	乡	镇的村委会	镇的居委会	街道
苏州市	**8212**	**2105**	**5016**	**615**	**476**	**6233**	**1811**	**3657**	**389**	**376**
虎丘区	1198	290	744	98	66	917	261	534	59	63
吴中区	780	223	425	70	62	535	142	280	62	51
相城区	648	178	372	36	62	429	121	262	21	25
姑苏区	303	155	64	22	62	263	146	49	13	55
吴江区	1657	439	1079	86	53	937	254	621	35	27
苏州工业园区										
常熟市	427	45	305	23	54	334	76	193	11	54
张家港市	242	33	168	32	9	134	19	94	17	4
昆山市	2677	680	1679	219	99	2401	704	1457	150	90
太仓市	280	62	180	29	9	283	88	167	21	7
南通市	**754**	**114**	**519**	**46**	**75**	**511**	**131**	**302**	**33**	**45**
崇川区	185	32	122	9	22	142	45	61	15	21
港闸区	92	16	66	4	6	81	11	60	4	6
通州区	64	8	46	9	1	174	47	113	6	8
如东县										
南通经济技术开发区										
通州湾示范区										
苏锡通科技产业园区										
启东市	74	15	49	4	6	30	11	17	1	1
如皋市	40	5	24	3	8	13	2	4	1	6
海门市	213	30	143	10	30	28	5	23		
海安市	86	8	69	7	2	43	10	24	6	3
连云港市	**124**	**14**	**62**	**9**	**39**	**132**	**13**	**76**	**10**	**33**
连云区	72	8	34	3	27	53	8	26	4	15
海州区	23	4	4	4	11	24	1	5	2	16
赣榆区	17	1	14	1	1	21	2	16	3	
东海县										
灌云县										
灌南县										
连云港经济技术开发区										
连云港高新技术产业开发区										
江苏连云港徐圩新区	12	1	10	1		34	2	29	1	2
江苏省连云港市云台山风景名胜区										
淮安市	**54**	**10**	**26**	**10**	**8**	**78**	**6**	**43**	**11**	**18**
淮安区	13	1	9	1	2	18	1	14	3	
淮阴区	13	3	3	5	2	19		6	3	10
清江浦区	26	6	12	4	4	36	5	19	4	8
洪泽区	2		2			5		4	1	
涟水县										
盱眙县										
金湖县										
淮安经济技术开发区										
工业园区										
生态文旅区										
苏淮高新区										

7-1a 续表 44

单位：人

现住地	省外									
	陕西					甘肃				
	小计	乡	镇的村委会	镇的居委会	街道	小计	乡	镇的村委会	镇的居委会	街道
盐城市	**130**	**9**	**89**	**12**	**20**	**269**	**64**	**165**	**21**	**19**
亭湖区	11	1	6	1	3	31	4	13	5	9
盐都区	20		12		8	25	7	11	2	5
大丰区	12		7	2	3	3			1	2
响水县										
滨海县										
阜宁县										
射阳县										
建湖县										
盐城经济技术开发区										
江苏省盐南高新区	12	4	4	2	2	17	11	3	2	1
东台市	75	4	60	7	4	193	42	138	11	2
扬州市	**215**	**47**	**104**	**26**	**38**	**286**	**64**	**87**	**19**	**116**
广陵区	46	10	25	5	6	27	8	12		7
邗江区	70	12	29	9	20	162	18	38	6	100
江都区	24	4	8	8	4	33	8	16	7	2
宝应县										
扬州经济技术开发区										
蜀冈瘦西湖景区	20		13	2	5	8	3		1	4
生态新城	12	4	8			12	4	7		1
仪征市	24	13	7	1	3	17	5	7	4	1
高邮市	19	4	14	1		27	18	7	1	1
镇江市	**325**	**44**	**180**	**30**	**71**	**233**	**59**	**99**	**13**	**62**
京口区	71	11	27	14	19	88	7	35	10	36
润州区	38	1	19	6	12	11	1	6		4
丹徒区	35		18	2	15	31	16	11		4
镇江新区										
江苏镇江高新区	13	3	7		3	4	1	3		
丹阳市	100	18	67	8	7	50	18	25	3	4
扬中市	16		15		1	15	8	7		
句容市	52	11	27		14	34	8	12		14
泰州市	**356**	**59**	**234**	**21**	**42**	**281**	**53**	**158**	**33**	**37**
海陵区	109	20	65	4	20	144	24	68	23	29
高港区	34	2	18	6	8	21	5	14	2	
姜堰区	17	2	15			45	8	34	2	1
泰州医药高新技术产业开发区										
兴化市	32	6	15	3	8	14	5	4	1	4
靖江市	128	22	99	5	2	20		17	2	1
泰兴市	36	7	22	3	4	37	11	21	3	2
宿迁市	**69**	**17**	**36**	**1**	**15**	**68**	**24**	**27**	**4**	**13**
宿城区	36	6	19		11	25	9	6	1	9
宿豫区	14	5	8	1		16	7	6	3	
沭阳县										
泗阳县										
泗洪县										
宿迁经济技术开发区										
宿迁市湖滨新区	7	3	4			23	7	13		3
苏州宿迁工业园区	12	3	5		4	2	1	1		
宿迁市洋河新区						2		1		1

7-1a 续表 45

单位：人

现住地	省外									
	青海					宁夏				
	小计	乡	镇的村委会	镇的居委会	街道	小计	乡	镇的村委会	镇的居委会	街道
江苏	**1393**	**283**	**455**	**188**	**467**	**1131**	**188**	**453**	**148**	**342**
南京市	**329**	**44**	**110**	**43**	**132**	**348**	**44**	**123**	**48**	**133**
玄武区	35	3	13	2	17	42	4	8	7	23
秦淮区	13	1	3	2	7	13		5	4	4
建邺区	11	2	2		7	18		9	1	8
鼓楼区	29	3	4	10	12	24	3	3	5	13
浦口区	13	1	4	1	7	6			2	4
栖霞区	55	6	21	8	20	79	12	39	7	21
雨花台区	11	3		1	7	12	2	4	2	4
江宁区	89	16	37	8	28	98	15	37	10	36
六合区	1				1					
溧水区	3	1	2			2		2		
高淳区	1		1			1		1		
南京江北新区	68	8	23	11	26	53	8	15	10	20
无锡市	**194**	**56**	**61**	**29**	**48**	**96**	**21**	**35**	**18**	**22**
锡山区	22	6	11	3	2	15	4	7	3	1
惠山区	35	10	18	1	6	8	1	4	2	1
滨湖区	39	15	7	4	13	22	1	6	4	11
梁溪区	16	6	1	4	5	8	3	3		2
新吴区	30	6	12	6	6	17	5	8		4
江苏无锡经济开发区	24	2	3	5	14	9	1	3	3	2
江阴市	6	2	2		2	7	3	1	3	
宜兴市	22	9	7	6		10	3	3	3	1
徐州市	**119**	**14**	**41**	**22**	**42**	**77**	**12**	**21**	**12**	**32**
鼓楼区	29	3	10	2	14	6	1	1	1	3
云龙区	9		1	6	2	13	2	4	3	4
贾汪区										
泉山区	22	7	6	2	7	13	1	2	3	7
铜山区	47	4	24	5	14	44	8	14	4	18
丰县										
沛县										
睢宁县										
徐州经济技术开发区										
新沂市	7			3	4					
邳州市	5			4	1	1			1	
常州市	**98**	**10**	**30**	**25**	**33**	**103**	**11**	**49**	**15**	**28**
天宁区	6	2	2		2	7	1	1	1	4
钟楼区	21	1	5	5	10	8	1	3	1	3
新北区	22	1	8	5	8	19	2	4	3	10
武进区	25	3	5	9	8	59	6	33	10	10
金坛区	14		8	6		4		4		
江苏省常州市经济开发区	5	3	2							
溧阳市	5				5	6	1	4		1

7-1a 续表 46 单位：人

现住地	省外									
	青海					宁夏				
	小计	乡	镇的村委会	镇的居委会	街道	小计	乡	镇的村委会	镇的居委会	街道
苏州市	**318**	**82**	**129**	**37**	**70**	**220**	**55**	**110**	**25**	**30**
虎丘区	59	12	27	6	14	41	6	23	6	6
吴中区	31	12	2	8	9	20	6	9	4	1
相城区	33	10	11	4	8	19	6	10	1	2
姑苏区	45	20	2	1	22	16	5	4	1	6
吴江区	35	8	20	3	4	32	8	17	5	2
苏州工业园区										
常熟市	13	3	9	1		13	5	7	1	
张家港市	9		6	3		6		4		2
昆山市	78	16	45	9	8	65	19	33	7	6
太仓市	15	1	7	2	5	8		3		5
南通市	**78**	**28**	**25**	**6**	**19**	**54**	**11**	**15**	**6**	**22**
崇川区	38	7	19	1	11	18	4	8	4	2
港闸区	11	4	2	1	4	23	1	3	2	17
通州区	3			2	1	1		1		
如东县										
南通经济技术开发区										
通州湾示范区										
苏锡通科技产业园区										
启东市	2				2	6	3	2		1
如皋市	11	8	1	1	1	2	2			
海门市	4	1	2	1		2				2
海安市	9	8	1			2	1	1		
连云港市	**16**	**1**	**1**	**3**	**11**	**3**	**1**	**2**		
连云区	8			1	7	1		1		
海州区	8	1	1	2	4	2	1	1		
赣榆区										
东海县										
灌云县										
灌南县										
连云港经济技术开发区										
连云港高新技术产业开发区										
江苏连云港徐圩新区										
江苏省连云港市云台山风景名胜区										
淮安市	**3**	**1**	**2**			**7**		**5**		**2**
淮安区	2		2							
淮阴区										
清江浦区	1	1				3		1		2
洪泽区						4		4		
涟水县										
盱眙县										
金湖县										
淮安经济技术开发区										
工业园区										
生态文旅区										
苏淮高新区										

7-1a 续表 47

单位：人

现住地	省外									
	青海					宁夏				
	小计	乡	镇的村委会	镇的居委会	街道	小计	乡	镇的村委会	镇的居委会	街道
盐城市	**47**	**20**	**19**		**8**	**95**	**24**	**52**	**7**	**12**
亭湖区	7	3			4	13	1	4	3	5
盐都区						5		5		
大丰区						3		2		1
响水县										
滨海县										
阜宁县										
射阳县										
建湖县										
盐城经济技术开发区										
江苏省盐南高新区	6	1	1		4	7	4	1		2
东台市	34	16	18			67	19	40	4	4
扬州市	**97**	**9**	**18**	**10**	**60**	**18**	**3**	**4**	**1**	**10**
广陵区	14	6	2		6	6		1	1	4
邗江区	68	2	8	4	54	8	2			6
江都区	6		1	5		2		2		
宝应县										
扬州经济技术开发区										
蜀冈瘦西湖景区	1		1							
生态新城						1		1		
仪征市	2		1	1		1	1			
高邮市	6	1	5							
镇江市	**47**	**3**	**5**	**6**	**33**	**71**	**4**	**21**	**6**	**40**
京口区	13	2	3	2	6	31	2	9	3	17
润州区	6				6	1		1		
丹徒区	2				2	3	2		1	
镇江新区										
江苏镇江高新区	1				1					
丹阳市	8		1	2	5	10		5	1	4
扬中市	1		1			6		5	1	
句容市	16	1		2	13	20		1		19
泰州市	**33**	**6**	**11**	**6**	**10**	**30**	**2**	**12**	**7**	**9**
海陵区	17	6	8	2	1	18	1	10	4	3
高港区	3			3		4	1			3
姜堰区	6		1		5	4		1	2	1
泰州医药高新技术产业开发区										
兴化市	2		2							
靖江市	5			1	4					
泰兴市						4		1	1	2
宿迁市	**14**	**9**	**3**	**1**	**1**	**9**		**4**	**3**	**2**
宿城区	5	2	3			3			2	1
宿豫区										
沭阳县										
泗阳县										
泗洪县										
宿迁经济技术开发区										
宿迁市湖滨新区	4	2		1	1	6		4	1	1
苏州宿迁工业园区										
宿迁市洋河新区	5	5								

7-1a 续表 48

单位：人

现住地	省外				
	新疆				
	小计	乡	镇的村委会	镇的居委会	街道
江　苏	**2701**	**515**	**833**	**508**	**845**
南京市	**718**	**104**	**206**	**130**	**278**
玄武区	72	16	14	8	34
秦淮区	36	3	8	5	20
建邺区	28	1	2	3	22
鼓楼区	72	11	17	15	29
浦口区	68	1	32	21	14
栖霞区	151	24	61	21	45
雨花台区	33	10	2	8	13
江宁区	132	23	33	21	55
六合区	3				3
溧水区	13	3	3	4	3
高淳区	8	1	6	1	
南京江北新区	102	11	28	23	40
无锡市	**324**	**74**	**112**	**58**	**80**
锡山区	20	3	6	4	7
惠山区	28	4	11	3	10
滨湖区	142	41	48	20	33
梁溪区	45	10	12	11	12
新吴区	32	5	13	7	7
江苏无锡经济开发区	15		3	1	11
江阴市	18	7	10	1	
宜兴市	24	4	9	11	
徐州市	**219**	**26**	**90**	**34**	**69**
鼓楼区	26	4	2	1	19
云龙区	35	1	15	13	6
贾汪区	30		29		1
泉山区	22		7	3	12
铜山区	83	20	26	12	25
丰县					
沛县					
睢宁县					
徐州经济技术开发区					
新沂市	7		4	1	2
邳州市	16	1	7	4	4
常州市	**158**	**29**	**49**	**21**	**59**
天宁区	19	2	6	1	10
钟楼区	23	4	8	1	10
新北区	32	6	9	4	13
武进区	47	8	9	11	19
金坛区	17	5	7	1	4
江苏省常州市经济开发区	6	1	2		3
溧阳市	14	3	8	3	

7-1a　续表 49　　　　单位：人

现住地	省外				
	新疆				
	小计	乡	镇的村委会	镇的居委会	街道
苏州市	**471**	**106**	**140**	**98**	**127**
虎丘区	108	16	36	26	30
吴中区	59	21	14	7	17
相城区	51	10	25	5	11
姑苏区	61	19	10	4	28
吴江区	29	14	4		11
苏州工业园区					
常熟市	30	4	7	6	13
张家港市	22	7	2	12	1
昆山市	97	13	37	31	16
太仓市	14	2	5	7	
南通市	**139**	**37**	**52**	**27**	**23**
崇川区	53	15	18	11	9
港闸区	23	3	9	4	7
通州区	19	3	12	4	
如东县					
南通经济技术开发区					
通州湾示范区					
苏锡通科技产业园区					
启东市	14	7	3	3	1
如皋市	10	7			3
海门市	7		1	3	3
海安市	13	2	9	2	
连云港市	**21**	**6**	**5**	**5**	**5**
连云区	4	1		1	2
海州区	9	3	4		2
赣榆区	4	2		2	
东海县					
灌云县					
灌南县					
连云港经济技术开发区					
连云港高新技术产业开发区					
江苏连云港徐圩新区	4		1	2	1
江苏省连云港市云台山风景名胜区					
淮安市	**67**	**12**	**5**	**5**	**45**
淮安区	4	3		1	
淮阴区	55	8	3	3	41
清江浦区	7	1	2	1	3
洪泽区	1				1
涟水县					
盱眙县					
金湖县					
淮安经济技术开发区					
工业园区					
生态文旅区					
苏淮高新区					

7-1a 续表 50

单位：人

现住地	省外				
	新疆				
	小计	乡	镇的村委会	镇的居委会	街道
盐城市	**66**	**37**	**6**	**8**	**15**
亭湖区	47	27	1	6	13
盐都区	2	1	1		
大丰区	10	7	1	1	1
响水县					
滨海县					
阜宁县					
射阳县					
建湖县					
盐城经济技术开发区					
江苏省盐南高新区	2			1	1
东台市	5	2	3		
扬州市	**202**	**23**	**53**	**75**	**51**
广陵区	12	3	4		5
邗江区	142	4	25	68	45
江都区	13	6	5	2	
宝应县					
扬州经济技术开发区					
蜀冈瘦西湖景区	4		4		
生态新城					
仪征市	5			5	
高邮市	26	10	15		1
镇江市	**137**	**17**	**55**	**11**	**54**
京口区	36	7	9	3	17
润州区	3			1	2
丹徒区	13	7	5	1	
镇江新区					
江苏镇江高新区	2		2		
丹阳市	47	1	29	5	12
扬中市	9	1	8		
句容市	27	1	2	1	23
泰州市	**118**	**15**	**53**	**26**	**24**
海陵区	46	9	11	14	12
高港区	51	4	34	4	9
姜堰区	15	1	5	7	2
泰州医药高新技术产业开发区					
兴化市	2	1		1	
靖江市	1		1		
泰兴市	3		2		1
宿迁市	**61**	**29**	**7**	**10**	**15**
宿城区	42	22	3	8	9
宿豫区	7	3	1		3
沭阳县					
泗阳县					
泗洪县					
宿迁经济技术开发区					
宿迁市湖滨新区	9	4	2	2	1
苏州宿迁工业园区	2				2
宿迁市洋河新区	1		1		

7-1b 全省按现住地、户口登记地类型分的户口登记地在外乡镇街道人口(镇)

单位：人

现住地	合计					省内				
	合计	乡	镇的村委会	镇的居委会	街道	小计	乡	镇的村委会	镇的居委会	街道
江苏	**704331**	**114160**	**411130**	**91343**	**87698**	**461640**	**63259**	**251788**	**74775**	**71818**
南京市	**6941**	**1101**	**2813**	**710**	**2317**	**5117**	**652**	**1868**	**543**	**2054**
玄武区										
秦淮区										
建邺区										
鼓楼区										
浦口区	29	5	1	1	22	23	2	1	1	19
栖霞区										
雨花台区	404	131	113	32	128	252	64	62	17	109
江宁区										
六合区	5689	864	2366	569	1890	4279	528	1617	439	1695
溧水区	636	72	287	71	206	418	37	153	52	176
高淳区	183	29	46	37	71	145	21	35	34	55
南京江北新区										
无锡市	**45570**	**9253**	**32512**	**1938**	**1867**	**16100**	**2295**	**11516**	**1212**	**1077**
锡山区	11938	1980	8812	525	621	3580	342	2628	294	316
惠山区	4946	1436	2793	425	292	2048	375	1187	291	195
滨湖区										
梁溪区										
新吴区										
江苏无锡经济开发区										
江阴市	18073	3912	13280	404	477	5792	953	4380	208	251
宜兴市	10613	1925	7627	584	477	4680	625	3321	419	315
徐州市	**66293**	**5327**	**43084**	**8298**	**9584**	**59525**	**4692**	**38564**	**7585**	**8684**
鼓楼区										
云龙区	1281	150	730	123	278	1004	107	575	112	210
贾汪区	524	11	400	68	45	408	6	297	64	41
泉山区										
铜山区	3640	327	2908	107	298	2996	258	2367	88	283
丰县	12167	2673	7649	510	1335	11348	2551	7155	463	1179
沛县	15908	816	9442	3546	2104	14519	716	8618	3274	1911
睢宁县	16614	389	11838	2645	1742	15624	346	11206	2478	1594
徐州经济技术开发区	13736	624	8430	1056	3626	11471	398	6879	877	3317
新沂市	1370	74	1232	33	31	1218	66	1098	27	27
邳州市	1053	263	455	210	125	937	244	369	202	122
常州市	**21887**	**4861**	**14661**	**1581**	**784**	**7700**	**1276**	**5125**	**771**	**528**
天宁区	1800	421	1067	231	81	583	68	376	90	49
钟楼区										
新北区	3824	692	2562	409	161	1702	295	1064	234	109
武进区	6504	1224	4926	199	155	2020	282	1531	117	90
金坛区	1933	613	948	309	63	680	189	374	66	51
江苏省常州市经济开发区	5127	1640	3137	206	144	1461	361	891	126	83
溧阳市	2699	271	2021	227	180	1254	81	889	138	146

7-1b 续表 1

单位：人

现住地	合计					省内				
	合计	乡	镇的村委会	镇的居委会	街道	小计	乡	镇的村委会	镇的居委会	街道
苏州市	**173279**	**31838**	**107855**	**16692**	**16894**	**59619**	**7977**	**32773**	**8859**	**10010**
虎丘区	44		38	2	4	19		17	2	
吴中区	11297	2567	7706	675	349	3323	534	2184	400	205
相城区	2696	730	1749	181	36	748	170	463	99	16
姑苏区										
吴江区	22875	5194	15047	2177	457	4593	742	2786	919	146
苏州工业园区	65785	12225	31568	8658	13334	29693	4113	11984	5075	8521
常熟市	19214	2646	15096	709	763	5617	613	4139	396	469
张家港市	26638	4004	20532	1509	593	9169	965	7227	766	211
昆山市	11551	2148	7344	1361	698	3744	530	2217	711	286
太仓市	13179	2324	8775	1420	660	2713	310	1756	491	156
南通市	**57399**	**9650**	**36588**	**6891**	**4270**	**27369**	**3076**	**16205**	**5087**	**3001**
崇川区										
港闸区										
通州区	8832	2391	5679	422	340	2621	385	1725	262	249
如东县	8157	1014	4317	2003	823	6237	685	3143	1775	634
南通经济技术开发区	15650	1637	10031	2222	1760	9453	703	5641	1750	1359
通州湾示范区	1433	185	855	243	150	868	109	465	184	110
苏锡通科技产业园区	2355	725	1380	146	104	807	170	475	102	60
启东市	5177	834	3566	446	331	2238	275	1580	257	126
如皋市	3832	689	2003	887	253	2217	364	1149	510	194
海门市	9595	1781	7036	407	371	1758	198	1229	163	168
海安市	2368	394	1721	115	138	1170	187	798	84	101
连云港市	**41728**	**7233**	**20809**	**5533**	**8153**	**36979**	**6485**	**18396**	**5001**	**7097**
连云区	132	14	89	12	17	45	1	31	7	6
海州区	1156	337	469	207	143	1105	332	435	198	140
赣榆区	1716	149	1348	118	101	1289	83	1029	99	78
东海县	10189	2126	5729	440	1894	9544	2026	5393	404	1721
灌云县	7724	1482	3891	1638	713	7392	1429	3720	1576	667
灌南县	7364	1359	4785	1094	126	6793	1280	4390	1048	75
连云港经济技术开发区	3171	367	1013	477	1314	2694	273	818	415	1188
连云港高新技术产业开发区	9933	1346	3393	1478	3716	7791	1016	2490	1188	3097
江苏连云港徐圩新区	287	32	87	67	101	270	24	85	64	97
江苏省连云港市云台山风景名胜区	56	21	5	2	28	56	21	5	2	28
淮安市	**48954**	**9282**	**23671**	**5787**	**10214**	**45093**	**8646**	**21550**	**5424**	**9473**
淮安区	612	88	365	114	45	528	72	319	97	40
淮阴区	626	95	470	39	22	544	88	399	35	22
清江浦区	30	3	26	1		14	3	10	1	
洪泽区	165	12	71	59	23	145	12	56	57	20
涟水县	12043	3091	5467	1974	1511	11665	2988	5319	1887	1471
盱眙县	12626	3470	5835	1580	1741	11918	3290	5507	1503	1618
金湖县	8285	1071	5570	1001	643	7769	996	5278	929	566
淮安经济技术开发区	11462	1258	4568	658	4978	9617	1034	3475	585	4523
工业园区	85	13	66	5	1	52		47	4	1
生态文旅区	2648	177	898	345	1228	2488	161	813	319	1195
苏淮高新区	372	4	335	11	22	353	2	327	7	17

7-1b　续表 2　　　　单位：人

现住地	合计					省内				
	合计	乡	镇的村委会	镇的居委会	街道	小计	乡	镇的村委会	镇的居委会	街道
盐城市	**73937**	**9295**	**38682**	**18474**	**7486**	**68887**	**8499**	**35974**	**17497**	**6917**
亭湖区	1327	43	891	146	247	997	33	599	129	236
盐都区	1595	54	970	324	247	1489	39	895	312	243
大丰区	2493	222	1320	410	541	1812	133	849	331	499
响水县	9718	2695	3931	2894	198	9210	2553	3729	2774	154
滨海县	12086	1766	6636	2329	1355	11423	1659	6263	2241	1260
阜宁县	12205	613	7094	3008	1490	11812	552	6906	2906	1448
射阳县	14009	1183	6870	4960	996	13238	1101	6481	4732	924
建湖县	15903	2245	8740	3144	1774	15309	2146	8465	3065	1633
盐城经济技术开发区	2556	165	1066	859	466	1995	94	855	672	374
江苏省盐南高新区										
东台市	2045	309	1164	400	172	1602	189	932	335	146
扬州市	**31642**	**3459**	**18953**	**4522**	**4708**	**26192**	**2673**	**15487**	**4074**	**3958**
广陵区	1084	105	817	94	68	740	54	575	53	58
邗江区	1273	100	1001	94	78	955	58	750	81	66
江都区	3257	376	2108	508	265	2424	236	1540	441	207
宝应县	13662	1774	9113	2448	327	13013	1720	8705	2340	248
扬州经济技术开发区	10091	874	4363	1180	3674	7475	443	2879	1003	3150
蜀冈瘦西湖景区										
生态新城	232	23	132	9	68	169	19	87	8	55
仪征市	682	59	532	44	47	375	25	280	34	36
高邮市	1361	148	887	145	181	1041	118	671	114	138
镇江市	**34834**	**5541**	**20238**	**3162**	**5893**	**19243**	**2067**	**10133**	**2296**	**4747**
京口区	310	13	259	30	8	169	2	146	16	5
润州区										
丹徒区	3336	278	1759	409	890	1938	116	957	300	565
镇江新区	11402	1423	5888	1499	2592	8526	833	4320	1180	2193
江苏镇江高新区										
丹阳市	15154	2868	10378	878	1030	5876	764	3754	570	788
扬中市	886	88	643	38	117	444	20	288	29	107
句容市	3746	871	1311	308	1256	2290	332	668	201	1089
泰州市	**24099**	**2678**	**14217**	**3211**	**3993**	**16574**	**1253**	**9243**	**2674**	**3404**
海陵区	222	43	136	20	23	131	12	80	18	21
高港区	623	110	358	91	64	380	48	192	81	59
姜堰区	898	150	613	62	73	535	46	369	55	65
泰州医药高新技术产业开发区	10034	1074	4130	1715	3115	7432	507	2692	1470	2763
兴化市	4267	610	3043	431	183	3325	400	2400	377	148
靖江市	4102	288	2987	484	343	2363	91	1669	369	234
泰兴市	3953	403	2950	408	192	2408	149	1841	304	114
宿迁市	**77768**	**14642**	**37047**	**14544**	**11535**	**73242**	**13668**	**34954**	**13752**	**10868**
宿城区	370	33	245	82	10	291	25	194	64	8
宿豫区	783	96	474	186	27	648	79	397	160	12
沭阳县	28860	4061	16209	3310	5280	27310	3789	15397	3137	4987
泗阳县	17518	3981	7780	3610	2147	16726	3762	7503	3407	2054
泗洪县	24006	5443	10125	6424	2014	22601	5137	9506	6109	1849
宿迁经济技术开发区	6079	999	2150	881	2049	5524	852	1898	824	1950
宿迁市湖滨新区	152	29	64	51	8	142	24	59	51	8
苏州宿迁工业园区										
宿迁市洋河新区										

7-1b 续表 3 单位：人

现住地	省外									
	小计					北京				
	小计	乡	镇的村委会	镇的居委会	街道	小计	乡	镇的村委会	镇的居委会	街道
江　苏	**242691**	**50901**	**159342**	**16568**	**15880**	**428**	**18**	**59**	**86**	**265**
南京市	**1824**	**449**	**945**	**167**	**263**	**3**			**2**	**1**
玄武区										
秦淮区										
建邺区										
鼓楼区										
浦口区	6	3			3					
栖霞区										
雨花台区	152	67	51	15	19					
江宁区										
六合区	1410	336	749	130	195	3			2	1
溧水区	218	35	134	19	30					
高淳区	38	8	11	3	16					
南京江北新区										
无锡市	**29470**	**6958**	**20996**	**726**	**790**	**10**		**3**		**7**
锡山区	8358	1638	6184	231	305					
惠山区	2898	1061	1606	134	97					
滨湖区										
梁溪区										
新吴区										
江苏无锡经济开发区										
江阴市	12281	2959	8900	196	226	8		3		5
宜兴市	5933	1300	4306	165	162	2				2
徐州市	**6768**	**635**	**4520**	**713**	**900**	**13**		**4**	**4**	**5**
鼓楼区										
云龙区	277	43	155	11	68					
贾汪区	116	5	103	4	4	1		1		
泉山区										
铜山区	644	69	541	19	15					
丰县	819	122	494	47	156					
沛县	1389	100	824	272	193	5			3	2
睢宁县	990	43	632	167	148	1			1	
徐州经济技术开发区	2265	226	1551	179	309	6		3		3
新沂市	152	8	134	6	4					
邳州市	116	19	86	8	3					
常州市	**14187**	**3585**	**9536**	**810**	**256**	**5**	**1**	**2**	**1**	**1**
天宁区	1217	353	691	141	32					
钟楼区										
新北区	2122	397	1498	175	52	1				1
武进区	4484	942	3395	82	65	2		2		
金坛区	1253	424	574	243	12					
江苏省常州市经济开发区	3666	1279	2246	80	61	2	1		1	
溧阳市	1445	190	1132	89	34					

7-1b　续表 4

单位：人

现住地	省外									
	小计					北京				
	小计	乡	镇的村委会	镇的居委会	街道	小计	乡	镇的村委会	镇的居委会	街道
苏州市	**113660**	**23861**	**75082**	**7833**	**6884**	**256**	**5**	**18**	**49**	**184**
虎丘区	25		21		4					
吴中区	7974	2033	5522	275	144	1				1
相城区	1948	560	1286	82	20					
姑苏区										
吴江区	18282	4452	12261	1258	311	6		3	1	2
苏州工业园区	36092	8112	19584	3583	4813	228	2	10	41	175
常熟市	13597	2033	10957	313	294	5	1		2	2
张家港市	17469	3039	13305	743	382	8		4	2	2
昆山市	7807	1618	5127	650	412	6	2		3	1
太仓市	10466	2014	7019	929	504	2		1		1
南通市	**30030**	**6574**	**20383**	**1804**	**1269**	**27**	**1**	**7**	**8**	**11**
崇川区										
港闸区										
通州区	6211	2006	3954	160	91	1				1
如东县	1920	329	1174	228	189	7			4	3
南通经济技术开发区	6197	934	4390	472	401	8		1	4	3
通州湾示范区	565	76	390	59	40					
苏锡通科技产业园区	1548	555	905	44	44					
启东市	2939	559	1986	189	205	5	1	4		
如皋市	1615	325	854	377	59	2		1		1
海门市	7837	1583	5807	244	203	2		1		1
海安市	1198	207	923	31	37	2				2
连云港市	**4749**	**748**	**2413**	**532**	**1056**	**20**		**10**	**4**	**6**
连云区	87	13	58	5	11					
海州区	51	5	34	9	3	3		3		
赣榆区	427	66	319	19	23	2		1		1
东海县	645	100	336	36	173	4		1		3
灌云县	332	53	171	62	46	1		1		
灌南县	571	79	395	46	51	1		1		
连云港经济技术开发区	477	94	195	62	126					
连云港高新技术产业开发区	2142	330	903	290	619	9		3	4	2
江苏连云港徐圩新区	17	8	2	3	4					
江苏省连云港市云台山风景名胜区										
淮安市	**3861**	**636**	**2121**	**363**	**741**	**6**			**3**	**3**
淮安区	84	16	46	17	5					
淮阴区	82	7	71	4		1			1	
清江浦区	16		16							
洪泽区	20		15	2	3					
涟水县	378	103	148	87	40	3			1	2
盱眙县	708	180	328	77	123					
金湖县	516	75	292	72	77	1			1	
淮安经济技术开发区	1845	224	1093	73	455	1				1
工业园区	33	13	19	1						
生态文旅区	160	16	85	26	33					
苏淮高新区	19	2	8	4	5					

7-1b 续表 5

单位：人

现住地	省外									
	小计					北京				
	小计	乡	镇的村委会	镇的居委会	街道	小计	乡	镇的村委会	镇的居委会	街道
盐城市	**5050**	**796**	**2708**	**977**	**569**	**20**		**3**	**10**	**7**
亭湖区	330	10	292	17	11					
盐都区	106	15	75	12	4					
大丰区	681	89	471	79	42	2				2
响水县	508	142	202	120	44	1				1
滨海县	663	107	373	88	95	1				1
阜宁县	393	61	188	102	42	2			1	1
射阳县	771	82	389	228	72	7		3	4	
建湖县	594	99	275	79	141	6			4	2
盐城经济技术开发区	561	71	211	187	92	1			1	
江苏省盐南高新区										
东台市	443	120	232	65	26					
扬州市	**5450**	**786**	**3466**	**448**	**750**	**28**	**6**	**2**	**1**	**19**
广陵区	344	51	242	41	10					
邗江区	318	42	251	13	12	2	2			
江都区	833	140	568	67	58	3				3
宝应县	649	54	408	108	79	8	2		1	5
扬州经济技术开发区	2616	431	1484	177	524	7	2			5
蜀冈瘦西湖景区										
生态新城	63	4	45	1	13	4				4
仪征市	307	34	252	10	11	4		2		2
高邮市	320	30	216	31	43					
镇江市	**15591**	**3474**	**10105**	**866**	**1146**	**13**	**1**		**2**	**10**
京口区	141	11	113	14	3					
润州区										
丹徒区	1398	162	802	109	325	4			1	3
镇江新区	2876	590	1568	319	399	3			1	2
江苏镇江高新区										
丹阳市	9278	2104	6624	308	242	1				1
扬中市	442	68	355	9	10	2				2
句容市	1456	539	643	107	167	3	1			2
泰州市	**7525**	**1425**	**4974**	**537**	**589**	**15**	**3**	**6**		**6**
海陵区	91	31	56	2	2					
高港区	243	62	166	10	5					
姜堰区	363	104	244	7	8					
泰州医药高新技术产业开发区	2602	567	1438	245	352	4	1	1		2
兴化市	942	210	643	54	35	2	2			
靖江市	1739	197	1318	115	109					
泰兴市	1545	254	1109	104	78	9		5		4
宿迁市	**4526**	**974**	**2093**	**792**	**667**	**12**	**1**	**4**	**2**	**5**
宿城区	79	8	51	18	2					
宿豫区	135	17	77	26	15					
沭阳县	1550	272	812	173	293	2		1		1
泗阳县	792	219	277	203	93	3	1	1		1
泗洪县	1405	306	619	315	165	7		2	2	3
宿迁经济技术开发区	555	147	252	57	99					
宿迁市湖滨新区	10	5	5							
苏州宿迁工业园区										
宿迁市洋河新区										

7-1b　续表 6　　　　　　　　　　　　　　　　　　　　　　　　单位：人

现住地	省外									
	天津					河北				
	小计	乡	镇的村委会	镇的居委会	街道	小计	乡	镇的村委会	镇的居委会	街道
江　苏	**330**	**29**	**81**	**54**	**166**	**3472**	**733**	**2013**	**272**	**454**
南京市	**1**	**1**				**37**	**14**	**12**	**4**	**7**
玄武区										
秦淮区										
建邺区										
鼓楼区										
浦口区										
栖霞区										
雨花台区						1				1
江宁区										
六合区	1	1				33	13	11	4	5
溧水区						3	1	1		1
高淳区										
南京江北新区										
无锡市	**13**	**3**	**1**	**1**	**8**	**271**	**55**	**196**	**10**	**10**
锡山区	5				5	76	12	57	2	5
惠山区	2		1	1		28	7	19		2
滨湖区										
梁溪区										
新吴区										
江苏无锡经济开发区										
江阴市	3	1			2	89	20	63	3	3
宜兴市	3	2			1	78	16	57	5	
徐州市	**23**	**1**	**5**	**4**	**13**	**186**	**15**	**120**	**19**	**32**
鼓楼区										
云龙区	2	1			1	2				2
贾汪区						1		1		
泉山区										
铜山区	6		3	3		21		18	3	
丰县	1		1			24	9	12		3
沛县	2		1		1	37	4	21	9	3
睢宁县	4			1	3	18		13	3	2
徐州经济技术开发区	8				8	75		49	4	22
新沂市						3		3		
邳州市						5	2	3		
常州市	**11**	**5**	**5**	**1**		**122**	**42**	**70**	**6**	**4**
天宁区	3		3			12		12		
钟楼区										
新北区	1	1				18	2	16		
武进区						20	5	13		2
金坛区	4	4				34	27	5	2	
江苏省常州市经济开发区	1			1		25	7	13	3	2
溧阳市	2		2			13	1	11	1	

7-1b 续表 7

单位：人

现住地	省外									
	天津					河北				
	小计	乡	镇的村委会	镇的居委会	街道	小计	乡	镇的村委会	镇的居委会	街道
苏州市	**158**	**14**	**38**	**29**	**77**	**1413**	**305**	**807**	**102**	**199**
虎丘区										
吴中区						51	6	44		1
相城区						28	13	13	1	1
姑苏区										
吴江区	3		1	2		177	46	111	7	13
苏州工业园区	136	12	30	20	74	651	123	320	64	144
常熟市	7		3	3	1	93	17	59	7	10
张家港市	4		3		1	182	48	114	8	12
昆山市	4	2	1		1	97	19	62	6	10
太仓市	4			4		134	33	84	9	8
南通市	**21**	**1**	**6**	**2**	**12**	**388**	**86**	**241**	**40**	**21**
崇川区										
港闸区										
通州区	1			1		48	25	23		
如东县	9		1		8	31	3	21	2	5
南通经济技术开发区	4		1	1	2	104	20	53	22	9
通州湾示范区						9	5	3		1
苏锡通科技产业园区	1				1	30	3	25	1	1
启东市	1	1				33	1	27	2	3
如皋市						58	9	37	10	2
海门市	5		4		1	59	13	43	3	
海安市						16	7	9		
连云港市	**24**		**5**		**19**	**240**	**44**	**121**	**17**	**58**
连云区										
海州区						1			1	
赣榆区	1		1			17	5	11	1	
东海县	1		1			33	5	12		16
灌云县						7		4	2	1
灌南县						72	15	42		15
连云港经济技术开发区	6				6	25	5	12	2	6
连云港高新技术产业开发区	16		3		13	85	14	40	11	20
江苏连云港徐圩新区										
江苏省连云港市云台山风景名胜区										
淮安市	**9**		**5**		**4**	**103**	**17**	**54**	**6**	**26**
淮安区	2		2			1			1	
淮阴区	1		1			1	1			
清江浦区										
洪泽区										
涟水县	1		1			8	2	5		1
盱眙县						6	4	2		
金湖县	2				2	23	9	10	2	2
淮安经济技术开发区	1				1	60	1	34	2	23
工业园区	1		1			2		2		
生态文旅区	1				1	2		1	1	
苏淮高新区										

7-1b　续表 8　　　　单位：人

现住地	省外									
	天津					河北				
	小计	乡	镇的村委会	镇的居委会	街道	小计	乡	镇的村委会	镇的居委会	街道
盐城市	**20**	**1**	**4**	**5**	**10**	**124**	**27**	**58**	**23**	**16**
亭湖区						9		9		
盐都区	1	1				9	1	8		
大丰区						12	1	10	1	
响水县	4			1	3	14	3	4	4	3
滨海县	1				1	10		4	4	2
阜宁县	3		2		1	7	1	6		
射阳县	1			1		9	1	1	2	5
建湖县	3			1	2	23	6	7	5	5
盐城经济技术开发区	6		1	2	3	10		4	6	
江苏省盐南高新区										
东台市	1		1			21	14	5	1	1
扬州市	**10**		**4**	**4**	**2**	**126**	**17**	**74**	**18**	**17**
广陵区	2			2		22		14	8	
邗江区						6		5	1	
江都区	2			2		12		12		
宝应县	4		4			16		10	6	
扬州经济技术开发区	2				2	62	17	26	2	17
蜀冈瘦西湖景区										
生态新城										
仪征市						5		5		
高邮市						3		2	1	
镇江市	**16**	**2**	**3**	**2**	**9**	**157**	**38**	**84**	**8**	**27**
京口区						5		5		
润州区										
丹徒区	4	2			2	46	11	27	1	7
镇江新区	6		3	2	1	46	7	21	3	15
江苏镇江高新区										
丹阳市						24	5	17	2	
扬中市						2		2		
句容市	6				6	34	15	12	2	5
泰州市	**18**	**1**	**4**	**5**	**8**	**190**	**33**	**129**	**8**	**20**
海陵区										
高港区						4		4		
姜堰区						7	2	5		
泰州医药高新技术产业开发区	7		1	1	5	82	22	34	7	19
兴化市	1			1		30	8	20	1	1
靖江市	7		2	3	2	30	1	29		
泰兴市	3	1	1		1	37		37		
宿迁市	**6**		**1**	**1**	**4**	**115**	**40**	**47**	**11**	**17**
宿城区						2		1		1
宿豫区						4	1	2	1	
沭阳县	3			1	2	45	14	16	2	13
泗阳县	1		1			14	6	5	3	
泗洪县	2				2	24	3	15	5	1
宿迁经济技术开发区						26	16	8		2
宿迁市湖滨新区										
苏州宿迁工业园区										
宿迁市洋河新区										

7-1b 续表 9 单位：人

现住地	省外									
	山西					内蒙古				
	小计	乡	镇的村委会	镇的居委会	街道	小计	乡	镇的村委会	镇的居委会	街道
江苏	**3982**	**740**	**2495**	**326**	**421**	**1042**	**197**	**535**	**147**	**163**
南京市	**21**	**6**	**8**	**3**	**4**	**18**	**5**	**3**	**4**	**6**
玄武区										
秦淮区										
建邺区										
鼓楼区										
浦口区										
栖霞区										
雨花台区										
江宁区										
六合区	19	5	7	3	4	17	5	2	4	6
溧水区	2	1	1			1		1		
高淳区										
南京江北新区										
无锡市	**187**	**36**	**117**	**8**	**26**	**66**	**18**	**36**	**8**	**4**
锡山区	92	14	55	6	17	38	13	20	2	3
惠山区	13	2	9	1	1	2		2		
滨湖区										
梁溪区										
新吴区										
江苏无锡经济开发区										
江阴市	47	10	29	1	7	17	4	10	2	1
宜兴市	35	10	24		1	9	1	4	4	
徐州市	**99**	**11**	**47**	**9**	**32**	**57**	**8**	**29**	**6**	**14**
鼓楼区										
云龙区	1	1								
贾汪区	1		1							
泉山区										
铜山区	5		5			5		5		
丰县	12	1	4		7	13	6	5		2
沛县	16		5	3	8	16	1	8	5	2
睢宁县	10		3	2	5	7		3		4
徐州经济技术开发区	47	5	26	4	12	10	1	3		6
新沂市	1		1							
邳州市	6	4	2			6		5	1	
常州市	**98**	**24**	**66**	**6**	**2**	**42**	**9**	**27**	**4**	**2**
天宁区	3		3							
钟楼区										
新北区	26	6	19	1		4	1	1	2	
武进区	21	9	12			10	4	5	1	
金坛区	9	7		2		3	2	1		
江苏省常州市经济开发区	29	1	23	3	2	3		2	1	
溧阳市	10	1	9			22	2	18		2

7-1b　续表 10　　　　　　　　　　　　　　　　　　　　单位：人

现住地	省外									
	山西					内蒙古				
	小计	乡	镇的村委会	镇的居委会	街道	小计	乡	镇的村委会	镇的居委会	街道
苏州市	**2192**	**449**	**1422**	**160**	**161**	**491**	**99**	**253**	**71**	**68**
虎丘区										
吴中区	112	27	73	11	1	47	9	34	4	
相城区	33	4	27		2	5	1	4		
姑苏区										
吴江区	215	54	137	19	5	27	4	18	4	1
苏州工业园区	1248	276	745	93	134	246	53	108	29	56
常熟市	145	20	117	6	2	28	6	14	4	4
张家港市	103	10	79	11	3	47	7	30	8	2
昆山市	233	42	167	12	12	54	17	27	6	4
太仓市	103	16	77	8	2	37	2	18	16	1
南通市	**348**	**50**	**233**	**32**	**33**	**83**	**16**	**46**	**10**	**11**
崇川区										
港闸区										
通州区	27	8	16	2	1	14	2	10		2
如东县	17	8	7	2		10		4	5	1
南通经济技术开发区	85	4	60	11	10	35	8	16	4	7
通州湾示范区	2		2							
苏锡通科技产业园区	38	7	27	1	3	3		3		
启东市	56	11	35	7	3	5	3	1	1	
如皋市	35	1	26	5	3	3	1	2		
海门市	82	10	55	4	13	10	2	7		1
海安市	6	1	5			3		3		
连云港市	**142**	**12**	**85**	**10**	**35**	**62**	**3**	**29**	**13**	**17**
连云区	9	3	6							
海州区	1			1		1			1	
赣榆区	9		9			16	1	14		1
东海县	5		4		1	8		1	1	6
灌云县	6		4	1	1	6		2	4	
灌南县	26	1	25			1		1		
连云港经济技术开发区	7			1	6	8	1	1	2	4
连云港高新技术产业开发区	79	8	37	7	27	22	1	10	5	6
江苏连云港徐圩新区										
江苏省连云港市云台山风景名胜区										
淮安市	**80**	**11**	**42**	**9**	**18**	**39**	**9**	**19**	**3**	**8**
淮安区	1	1								
淮阴区	1		1							
清江浦区										
洪泽区										
涟水县	12	2	2	6	2	2	1			1
盱眙县	5	2	1	2		9	3	3	1	2
金湖县	10		10			4	1	1		2
淮安经济技术开发区	50	6	28	1	15	23	4	14	2	3
工业园区										
生态文旅区	1				1	1		1		
苏淮高新区										

7-1b 续表 11

单位：人

现住地	省外									
	山西					内蒙古				
	小计	乡	镇的村委会	镇的居委会	街道	小计	乡	镇的村委会	镇的居委会	街道
盐城市	**123**	**24**	**68**	**24**	**7**	**38**	**1**	**25**	**5**	**7**
亭湖区	18		16	1	1	5		5		
盐都区										
大丰区	16	2	10	4		3		2		1
响水县	8	2	5		1	3		1		2
滨海县	12	3	9			6		4	2	
阜宁县	8	5	2	1		2		1	1	
射阳县	19	5	8	6		7	1	4	1	1
建湖县	6		4	1	1	4		1		3
盐城经济技术开发区	28	7	9	10	2	3		2	1	
江苏省盐南高新区										
东台市	8		5	1	2	5		5		
扬州市	**158**	**21**	**114**	**7**	**16**	**34**	**7**	**16**	**8**	**3**
广陵区	5		5			2			2	
邗江区	13		13			2		2		
江都区	9	1	6	2		5	2	1	2	
宝应县	5			2	3	5	2	2	1	
扬州经济技术开发区	115	20	79	3	13	19	3	10	3	3
蜀冈瘦西湖景区										
生态新城										
仪征市	1		1			1		1		
高邮市	10		10							
镇江市	**200**	**33**	**105**	**16**	**46**	**44**	**9**	**26**	**2**	**7**
京口区	4		3	1		5		4		1
润州区										
丹徒区	56	4	21	3	28	6	1	2		3
镇江新区	62	12	31	8	11	15	6	8		1
江苏镇江高新区										
丹阳市	50	12	32	1	5	8	2	4		2
扬中市	1		1			1		1		
句容市	27	5	17	3	2	9		7	2	
泰州市	**278**	**50**	**168**	**30**	**30**	**45**	**9**	**22**	**3**	**11**
海陵区										
高港区	1			1						
姜堰区	12	9	2		1	2	1	1		
泰州医药高新技术产业开发区	197	39	127	14	17	25	7	10	3	5
兴化市	17		13	4		6		5		1
靖江市	40		18	10	12	6	1	2		3
泰兴市	11	2	8	1		6		4		2
宿迁市	**56**	**13**	**20**	**12**	**11**	**23**	**4**	**4**	**10**	**5**
宿城区										
宿豫区	1		1			1			1	
沭阳县	29	5	9	6	9	5		3	1	1
泗阳县	8	3	3	2		13	2	1	7	3
泗洪县	10	2	3	3	2	2			1	1
宿迁经济技术开发区	8	3	4	1		2	2			
宿迁市湖滨新区										
苏州宿迁工业园区										
宿迁市洋河新区										

7-1b　续表 12　　　　单位：人

现住地	省外									
	辽宁					吉林				
	小计	乡	镇的村委会	镇的居委会	街道	小计	乡	镇的村委会	镇的居委会	街道
江　苏	**1976**	**306**	**969**	**286**	**415**	**2231**	**426**	**1128**	**279**	**398**
南京市	**24**		**14**	**2**	**8**	**25**	**8**	**9**	**1**	**7**
玄武区										
秦淮区										
建邺区										
鼓楼区										
浦口区										
栖霞区										
雨花台区						1		1		
江宁区										
六合区	19		12		7	17	6	6		5
溧水区	5		2	2	1	7	2	2	1	2
高淳区										
南京江北新区										
无锡市	**82**	**21**	**41**	**4**	**16**	**112**	**38**	**54**	**4**	**16**
锡山区	26	6	13	2	5	27	3	15	2	7
惠山区	14	8	4		2	28	12	14		2
滨湖区										
梁溪区										
新吴区										
江苏无锡经济开发区										
江阴市	19	4	9		6	31	12	16	1	2
宜兴市	23	3	15	2	3	26	11	9	1	5
徐州市	**82**	**9**	**38**	**11**	**24**	**91**	**7**	**49**	**13**	**22**
鼓楼区										
云龙区	1		1			3		1		2
贾汪区						4		4		
泉山区										
铜山区	6	2	2		2	4		3		1
丰县	6		5	1		33	6	14	6	7
沛县	13	1	6	3	3	7		3	1	3
睢宁县	16	6	2	5	3	9		4	3	2
徐州经济技术开发区	39		21	2	16	29	1	18	3	7
新沂市						2		2		
邳州市	1		1							
常州市	**89**	**18**	**51**	**15**	**5**	**110**	**30**	**63**	**15**	**2**
天宁区						3		3		
钟楼区										
新北区	11		11			12		12		
武进区	9		9			30	6	20	2	2
金坛区	9	3	3	3		23	12		11	
江苏省常州市经济开发区	41	9	20	8	4	19	9	9	1	
溧阳市	19	6	8	4	1	23	3	19	1	

7-1b 续表 13

单位：人

现住地	省外									
	辽宁					吉林				
	小计	乡	镇的村委会	镇的居委会	街道	小计	乡	镇的村委会	镇的居委会	街道
苏州市	**904**	**119**	**443**	**132**	**210**	**1091**	**222**	**515**	**139**	**215**
虎丘区										
吴中区	38	5	27	4	2	47	15	24	3	5
相城区	6	1	2		3	7	3	4		
姑苏区										
吴江区	106	19	69	13	5	86	18	53	10	5
苏州工业园区	486	57	169	93	167	612	125	203	97	187
常熟市	70	6	51	3	10	98	12	76	8	2
张家港市	84	15	54	6	9	123	14	93	11	5
昆山市	49	9	27	6	7	76	26	36	6	8
太仓市	65	7	44	7	7	42	9	26	4	3
南通市	**288**	**62**	**160**	**35**	**31**	**260**	**40**	**180**	**19**	**21**
崇川区										
港闸区										
通州区	67	15	41	6	5	37	10	22	4	1
如东县	24	4	12	4	4	23	2	8	3	10
南通经济技术开发区	67	11	36	8	12	78	16	51	5	6
通州湾示范区	6	4	1	1						
苏锡通科技产业园区	13	5	6		2	21	7	12	2	
启东市	27	4	12	7	4	25	1	22	1	1
如皋市	32	10	14	8		31	1	26	4	
海门市	48	9	34	1	4	42	2	37		3
海安市	4		4			3	1	2		
连云港市	**75**	**6**	**20**	**13**	**36**	**129**	**16**	**57**	**20**	**36**
连云区						1				1
海州区										
赣榆区	7		5	1	1	30	8	19	3	
东海县	6	1	2	2	1	27		15	6	6
灌云县	4	2			2	4		2	1	1
灌南县	4		1		3	7		5	1	1
连云港经济技术开发区	13		2	2	9	12	4	3	1	4
连云港高新技术产业开发区	41	3	10	8	20	48	4	13	8	23
江苏连云港徐圩新区										
江苏省连云港市云台山风景名胜区										
淮安市	**68**	**12**	**34**	**8**	**14**	**39**	**9**	**18**	**2**	**10**
淮安区						1		1		
淮阴区						1	1			
清江浦区										
洪泽区										
涟水县	6	3	2	1		4	1	2	1	
盱眙县	10	2	6	1	1	18	5	7	1	5
金湖县	7		2	2	3					
淮安经济技术开发区	40	6	24		10	15	2	8		5
工业园区										
生态文旅区	4	1		3						
苏淮高新区	1			1						

7-1b　续表 14　　　　单位：人

现住地	省外									
	辽宁					吉林				
	小计	乡	镇的村委会	镇的居委会	街道	小计	乡	镇的村委会	镇的居委会	街道
盐城市	**101**	**10**	**51**	**26**	**14**	**75**	**13**	**29**	**25**	**8**
亭湖区	1				1	2		2		
盐都区	3		1	1	1					
大丰区	9		5	4		4		4		
响水县	11	5	2	3	1	16	9	3	4	
滨海县	7		3	3	1	5		3	1	1
阜宁县	3	1	1	1		4		2	2	
射阳县	51	4	28	12	7	12	1	3	7	1
建湖县	8		5	1	2	10	2	5	2	1
盐城经济技术开发区	4		4			20		6	9	5
江苏省盐南高新区										
东台市	4		2	1	1	2	1	1		
扬州市	**46**	**1**	**30**	**5**	**10**	**48**	**2**	**31**	**2**	**13**
广陵区	3		2	1						
邗江区										
江都区	11	1	8		2	17		14	1	2
宝应县	5		3	1	1	10	1	4	1	4
扬州经济技术开发区	19		11	1	7	19	1	11		7
蜀冈瘦西湖景区										
生态新城										
仪征市	7		5	2		1		1		
高邮市	1		1			1		1		
镇江市	**91**	**15**	**33**	**11**	**32**	**121**	**17**	**54**	**21**	**29**
京口区						2		2		
润州区										
丹徒区	27	1	9	2	15	13	1	4	2	6
镇江新区	32	6	12	7	7	37	6	8	10	13
江苏镇江高新区										
丹阳市	26	6	11	2	7	52	9	34	4	5
扬中市						2		1	1	
句容市	6	2	1		3	15	1	5	4	5
泰州市	**78**	**21**	**37**	**9**	**11**	**78**	**18**	**40**	**8**	**12**
海陵区	2	2				1	1			
高港区						2		2		
姜堰区	10	5	5			2	1	1		
泰州医药高新技术产业开发区	34	7	13	7	7	40	14	13	6	7
兴化市	5	3	2			9	1	5		3
靖江市	12	1	8		3	13		13		
泰兴市	15	3	9	2	1	11	1	6	2	2
宿迁市	**48**	**12**	**17**	**15**	**4**	**52**	**6**	**29**	**10**	**7**
宿城区										
宿豫区						6		1	5	
沭阳县	16	2	9	3	2	28	2	18	3	5
泗阳县	21	7	8	4	2	8	3	4	1	
泗洪县	6			6		5	1	3	1	
宿迁经济技术开发区	5	3		2		5		3		2
宿迁市湖滨新区										
苏州宿迁工业园区										
宿迁市洋河新区										

7-1b 续表 15

单位：人

现住地	省外									
	黑龙江					上海				
	小计	乡	镇的村委会	镇的居委会	街道	小计	乡	镇的村委会	镇的居委会	街道
江苏	**4323**	**826**	**2213**	**609**	**675**	**2754**	**140**	**506**	**607**	**1501**
南京市	**27**	**1**	**20**		**6**	**6**		**2**	**1**	**3**
玄武区										
秦淮区										
建邺区										
鼓楼区										
浦口区										
栖霞区										
雨花台区	2		2			1				1
江宁区										
六合区	17	1	11		5	2			1	1
溧水区	8		7		1	3		2		1
高淳区										
南京江北新区										
无锡市	**233**	**52**	**135**	**24**	**22**	**139**	**6**	**40**	**25**	**68**
锡山区	63	9	38	6	10	25		7	9	9
惠山区	29	5	16	3	5	28	3	7	2	16
滨湖区										
梁溪区										
新吴区										
江苏无锡经济开发区										
江阴市	84	20	52	10	2	49	1	17	9	22
宜兴市	57	18	29	5	5	37	2	9	5	21
徐州市	**232**	**28**	**122**	**49**	**33**	**54**	**6**	**18**	**5**	**25**
鼓楼区										
云龙区	4		2		2	1	1			
贾汪区	7		5		2					
泉山区										
铜山区	21		21							
丰县	36	2	16	7	11	10	1	2		7
沛县	65	7	32	17	9	22	3	5	3	11
睢宁县	26	4	15	4	3	8		3	1	4
徐州经济技术开发区	61	11	23	21	6	7		4	1	2
新沂市	7	2	5			2		2		
邳州市	5	2	3			4	1	2		1
常州市	**169**	**33**	**115**	**13**	**8**	**62**	**3**	**23**	**17**	**19**
天宁区	9	3	5		1	8	1	1		6
钟楼区										
新北区	29	8	18	3		8		3	3	2
武进区	43	5	34	1	3	7		2	1	4
金坛区	12	5	3	3	1	8	1	4	3	
江苏省常州市经济开发区	37	12	21	4		20		9	6	5
溧阳市	39		34	2	3	11	1	4	4	2

7-1b　续表 16　　　　单位：人

现住地	省外									
	黑龙江					上海				
	小计	乡	镇的村委会	镇的居委会	街道	小计	乡	镇的村委会	镇的居委会	街道
苏州市	**1992**	**392**	**1018**	**284**	**298**	**1367**	**60**	**161**	**324**	**822**
虎丘区	2				2	1		1		
吴中区	113	33	64	7	9	40	6	6	11	17
相城区	9	6	3			6	3	3		
姑苏区										
吴江区	198	43	112	29	14	98	5	26	37	30
苏州工业园区	885	180	368	153	184	513	25	40	94	354
常熟市	135	21	84	11	19	47		9	17	21
张家港市	257	37	168	21	31	65	2	12	15	36
昆山市	175	38	86	32	19	209	13	21	53	122
太仓市	218	34	133	31	20	388	6	43	97	242
南通市	**453**	**77**	**242**	**77**	**57**	**515**	**22**	**118**	**111**	**264**
崇川区										
港闸区										
通州区	61	13	35	7	6	29	2	4	5	18
如东县	39	3	16	16	4	48		2	16	30
南通经济技术开发区	133	15	77	18	23	83	1	13	17	52
通州湾示范区	5	1	1	2	1	16	1	2	7	6
苏锡通科技产业园区	40	13	23	1	3	10		1	1	8
启东市	55	8	33	8	6	197	7	52	42	96
如皋市	42	19	6	13	4	24	4	5	5	10
海门市	62	5	40	8	9	85	6	31	15	33
海安市	16		11	4	1	23	1	8	3	11
连云港市	**215**	**20**	**113**	**29**	**53**	**28**	**1**	**14**	**2**	**11**
连云区										
海州区	3		2	1						
赣榆区	60	3	52	3	2	1		1		
东海县	41	2	16	4	19	10		5		5
灌云县	4		2	1	1	4		2		2
灌南县	28	6	19	3		4		3	1	
连云港经济技术开发区	27	3	10	6	8	2		1		1
连云港高新技术产业开发区	50	6	12	11	21	7	1	2	1	3
江苏连云港徐圩新区	2				2					
江苏省连云港市云台山风景名胜区										
淮安市	**91**	**14**	**40**	**10**	**27**	**36**	**4**	**7**	**10**	**15**
淮安区	3			3		1				1
淮阴区	3		3			1		1		
清江浦区										
洪泽区										
涟水县	7	2	2	3		15	4	2	5	4
盱眙县	11	4	2		5	2		1	1	
金湖县	24		11	3	10	8		2	2	4
淮安经济技术开发区	39	8	20	1	10	7			1	6
工业园区						1		1		
生态文旅区	4		2		2	1			1	
苏淮高新区										

7-1b 续表 17 单位：人

现住地	省外									
	黑龙江					上海				
	小计	乡	镇的村委会	镇的居委会	街道	小计	乡	镇的村委会	镇的居委会	街道
盐城市	**157**	**23**	**71**	**33**	**30**	**159**	**7**	**33**	**45**	**74**
亭湖区	4		4			3				3
盐都区	2		2			1				1
大丰区	19	3	9	1	6	17		2	5	10
响水县	14	3	7	4		7		2	2	3
滨海县	18	5	8	4	1	17		6	3	8
阜宁县	11	3	6	2		26	1	8	12	5
射阳县	40	3	16	9	12	24	1	8	11	4
建湖县	16		3	5	8	46	5	2	6	33
盐城经济技术开发区	19	1	9	8	1	8		2	2	4
江苏省盐南高新区										
东台市	14	5	7		2	10		3	4	3
扬州市	**105**	**12**	**52**	**27**	**14**	**136**	**8**	**30**	**18**	**80**
广陵区						4		3		1
邗江区						7	1	2	1	3
江都区	22		15	5	2	25		6	4	15
宝应县	22		6	15	1	33	3	9	9	12
扬州经济技术开发区	52	12	24	5	11	44	3	7	2	32
蜀冈瘦西湖景区										
生态新城						5				5
仪征市	3		2	1		3		1	1	1
高邮市	6		5	1		15	1	2	1	11
镇江市	**242**	**52**	**119**	**20**	**51**	**94**	**10**	**21**	**13**	**50**
京口区	5		5							
润州区										
丹徒区	28	4	11	1	12	26	3	5	3	15
镇江新区	78	14	36	13	15	29	2	7	4	16
江苏镇江高新区										
丹阳市	65	22	40		3	32	5	9	2	16
扬中市						1			1	
句容市	66	12	27	6	21	6			3	3
泰州市	**263**	**76**	**118**	**26**	**43**	**124**	**7**	**32**	**31**	**54**
海陵区	17	16			1	4		1	2	1
高港区	9	1	8			1				1
姜堰区	10	8	2			5	1		2	2
泰州医药高新技术产业开发区	111	34	26	18	33	50	3	5	9	33
兴化市	17	3	11	2	1	24	1	12	6	5
靖江市	63	9	44	5	5	14		6	5	3
泰兴市	36	5	27	1	3	26	2	8	7	9
宿迁市	**144**	**46**	**48**	**17**	**33**	**34**	**6**	**7**	**5**	**16**
宿城区						1		1		
宿豫区	3		3							
沭阳县	48	13	18	2	15	7			1	6
泗阳县	29	11	6	4	8	15	2	5	4	4
泗洪县	29	10	7	6	6	6	3	1		2
宿迁经济技术开发区	35	12	14	5	4	5	1			4
宿迁市湖滨新区										
苏州宿迁工业园区										
宿迁市洋河新区										

7-1b　续表 18　　　　　　　　　　　　　　　　　　　　　　　单位：人

现住地	省外									
	浙江					安徽				
	小计	乡	镇的村委会	镇的居委会	街道	小计	乡	镇的村委会	镇的居委会	街道
江　苏	**6100**	**754**	**3718**	**780**	**848**	**71978**	**14619**	**51052**	**3913**	**2394**
南京市	**53**	**7**	**25**	**5**	**16**	**917**	**256**	**476**	**82**	**103**
玄武区										
秦淮区										
建邺区										
鼓楼区										
浦口区						4	3			1
栖霞区										
雨花台区						92	46	23	12	11
江宁区										
六合区	42	4	23	5	10	708	192	385	63	68
溧水区	9	1	2		6	79	10	57	4	8
高淳区	2	2				34	5	11	3	15
南京江北新区										
无锡市	**509**	**75**	**338**	**49**	**47**	**9592**	**2195**	**7137**	**165**	**95**
锡山区	95	5	72	5	13	2551	420	2073	31	27
惠山区	62	9	28	18	7	1299	465	765	56	13
滨湖区										
梁溪区										
新吴区										
江苏无锡经济开发区										
江阴市	200	27	157	2	14	3973	915	2961	51	46
宜兴市	152	34	81	24	13	1769	395	1338	27	9
徐州市	**189**	**6**	**102**	**40**	**41**	**2069**	**208**	**1522**	**158**	**181**
鼓楼区										
云龙区	9	2	4		3	87	11	54	3	19
贾汪区	1		1			28		28		
泉山区										
铜山区						336	52	279	2	3
丰县	23	1	11	1	10	204	23	141	8	32
沛县	52		30	13	9	147	9	86	34	18
睢宁县	49	3	26	14	6	435	10	320	66	39
徐州经济技术开发区	50		25	12	13	799	101	589	40	69
新沂市	3		3			20		14	5	1
邳州市	2		2			13	2	11		
常州市	**198**	**16**	**150**	**18**	**14**	**5332**	**1237**	**3801**	**221**	**73**
天宁区	14	1	4	9		494	94	319	67	14
钟楼区										
新北区	40	4	26	2	8	918	166	704	36	12
武进区	90	9	73	5	3	1764	367	1365	20	12
金坛区	5		4	1		317	101	159	57	
江苏省常州市经济开发区	22		19	1	2	1415	450	925	18	22
溧阳市	27	2	24		1	424	59	329	23	13

7-1b 续表 19

单位：人

现住地	省外									
	浙江					安徽				
	小计	乡	镇的村委会	镇的居委会	街道	小计	乡	镇的村委会	镇的居委会	街道
苏州市	**2298**	**345**	**1346**	**302**	**305**	**32609**	**6219**	**23714**	**1798**	**878**
虎丘区	1		1			11		11		
吴中区	89	13	55	17	4	2319	594	1620	63	42
相城区	36	11	23	2		602	148	429	25	
姑苏区										
吴江区	589	100	362	106	21	5638	1255	3986	347	50
苏州工业园区	698	116	251	113	218	7044	1598	4239	663	544
常熟市	348	35	288	10	15	5999	770	5077	81	71
张家港市	230	29	153	22	26	5537	847	4380	228	82
昆山市	136	17	87	18	14	2164	431	1571	143	19
太仓市	171	24	126	14	7	3295	576	2401	248	70
南通市	**897**	**114**	**664**	**67**	**52**	**8025**	**1886**	**5595**	**408**	**136**
崇川区										
港闸区										
通州区	208	40	155	9	4	2199	726	1435	27	11
如东县	89	10	43	23	13	485	70	360	36	19
南通经济技术开发区	124	6	95	14	9	1562	239	1169	85	69
通州湾示范区	39	1	32	6		160	11	135	9	5
苏锡通科技产业园区	28	8	17		3	414	179	224	6	5
启东市	69	8	55	3	3	818	174	612	29	3
如皋市	27	4	13	8	2	391	68	161	152	10
海门市	262	28	220	4	10	1710	370	1270	59	11
海安市	51	9	34		8	286	49	229	5	3
连云港市	**160**	**14**	**76**	**18**	**52**	**561**	**95**	**299**	**74**	**93**
连云区	4		2		2	13		6		7
海州区	8		7	1		8	2	4	2	
赣榆区	4		2		2	18	8	8	2	
东海县	29		8	3	18	87	12	56	3	16
灌云县	25	2	12	3	8	52	8	25	14	5
灌南县	40	6	22	7	5	70	9	54	7	
连云港经济技术开发区	9	2	4	1	2	53	11	27	5	10
连云港高新技术产业开发区	41	4	19	3	15	260	45	119	41	55
江苏连云港徐圩新区										
江苏省连云港市云台山风景名胜区										
淮安市	**192**	**19**	**95**	**34**	**44**	**887**	**138**	**483**	**94**	**172**
淮安区	15		14	1		23	6	8	5	4
淮阴区	5		5			23	1	22		
清江浦区						15		15		
洪泽区	4		1		3	6		4	2	
涟水县	20		14	4	2	74	17	29	17	11
盱眙县	35	6	14	9	6	303	62	148	27	66
金湖县	25		10	8	7	150	12	101	24	13
淮安经济技术开发区	80	13	35	6	26	243	32	127	10	74
工业园区	1			1		4	1	3		
生态文旅区	7		2	5		40	7	24	6	3
苏淮高新区						6		2	3	1

7-1b　续表 20　　　　单位：人

现住地	省外									
	浙江					安徽				
	小计	乡	镇的村委会	镇的居委会	街道	小计	乡	镇的村委会	镇的居委会	街道
盐城市	**360**	**28**	**203**	**75**	**54**	**825**	**132**	**485**	**132**	**76**
亭湖区						31		29	2	
盐都区	11	2	9			22	3	18	1	
大丰区	80	1	66	13		77	12	55	8	2
响水县	56	13	28	15		96	22	42	24	8
滨海县	53	4	24	8	17	152	28	86	14	24
阜宁县	25	4	8	6	7	78	16	34	24	4
射阳县	39		20	11	8	133	8	86	26	13
建湖县	32	3	15	3	11	113	22	69	10	12
盐城经济技术开发区	23	1	14	4	4	52	4	21	15	12
江苏省盐南高新区										
东台市	41		19	15	7	71	17	45	8	1
扬州市	**259**	**14**	**158**	**37**	**50**	**1729**	**242**	**1182**	**122**	**183**
广陵区	1		1			123	27	88	7	1
邗江区	3		3			154	16	128	2	8
江都区	28	1	23	4		268	52	182	24	10
宝应县	33		25	3	5	154	8	102	21	23
扬州经济技术开发区	183	11	99	30	43	740	101	473	49	117
蜀冈瘦西湖景区										
生态新城	1		1			42	2	35	1	4
仪征市	6		5		1	125	23	95	3	4
高邮市	4	2	1		1	123	13	79	15	16
镇江市	**384**	**46**	**226**	**51**	**61**	**6404**	**1396**	**4513**	**295**	**200**
京口区						25	1	24		
润州区										
丹徒区	56	3	40	2	11	226	21	163	20	22
镇江新区	103	16	41	24	22	935	184	565	98	88
江苏镇江高新区										
丹阳市	187	17	131	22	17	4435	947	3302	137	49
扬中市	14	4	9		1	160	22	131	5	2
句容市	24	6	5	3	10	623	221	328	35	39
泰州市	**259**	**35**	**161**	**17**	**46**	**1644**	**285**	**1182**	**103**	**74**
海陵区	3		3			28	3	25		
高港区	14		14			70	13	56		1
姜堰区	6	2	4			95	19	72		4
泰州医药高新技术产业开发区	60	2	23	5	30	433	94	272	34	33
兴化市	36	11	17	5	3	234	51	164	13	6
靖江市	28	3	24		1	377	45	305	21	6
泰兴市	112	17	76	7	12	407	60	288	35	24
宿迁市	**342**	**35**	**174**	**67**	**66**	**1384**	**330**	**663**	**261**	**130**
宿城区						34	1	24	9	
宿豫区	7	1	6			32	3	25	4	
沭阳县	157	14	90	23	30	287	55	158	40	34
泗阳县	60	15	16	20	9	167	47	67	36	17
泗洪县	85	4	46	19	16	728	198	309	161	60
宿迁经济技术开发区	33	1	16	5	11	133	25	78	11	19
宿迁市湖滨新区						3	1	2		
苏州宿迁工业园区										
宿迁市洋河新区										

7-1b 续表 21

单位：人

现住地	省外									
	福建					江西				
	小计	乡	镇的村委会	镇的居委会	街道	小计	乡	镇的村委会	镇的居委会	街道
江　苏	**4155**	**635**	**2727**	**411**	**382**	**7284**	**1420**	**4620**	**703**	**541**
南京市	**70**	**5**	**49**	**4**	**12**	**58**	**7**	**27**	**4**	**20**
玄武区										
秦淮区										
建邺区										
鼓楼区										
浦口区										
栖霞区										
雨花台区	5	1	4			4	2			2
江宁区										
六合区	65	4	45	4	12	50	3	27	4	16
溧水区						4	2			2
高淳区										
南京江北新区										
无锡市	**512**	**57**	**418**	**17**	**20**	**682**	**163**	**455**	**39**	**25**
锡山区	116	22	85	3	6	240	39	168	22	11
惠山区	31	11	20			71	23	39	6	3
滨湖区										
梁溪区										
新吴区										
江苏无锡经济开发区										
江阴市	68	11	52	1	4	247	69	166	3	9
宜兴市	297	13	261	13	10	124	32	82	8	2
徐州市	**95**	**3**	**53**	**22**	**17**	**178**	**14**	**128**	**14**	**22**
鼓楼区										
云龙区	6	1	5			7	1	3		3
贾汪区	1		1			1		1		
泉山区										
铜山区	10		10			9	6	2		1
丰县	7		5	1	1	19	1	10	1	7
沛县	15		6	6	3	49		38	7	4
睢宁县	19		11	4	4	33		26	1	6
徐州经济技术开发区	33	2	11	11	9	55	6	43	5	1
新沂市	4		4			5		5		
邳州市										
常州市	**152**	**25**	**116**	**10**	**1**	**331**	**76**	**223**	**28**	**4**
天宁区	15	3	11		1	10	3	5	2	
钟楼区										
新北区	37	3	30	4		74	3	61	9	1
武进区	51	10	40	1		94	12	79	1	2
金坛区	18	7	9	2		28	21	5	2	
江苏省常州市经济开发区	6	2	4			92	34	55	2	1
溧阳市	25		22	3		33	3	18	12	

7-1b　续表 22　　　　　　　　　　　　　　　　　　　　　　　　　　单位：人

现住地	省外									
	福建					江西				
	小计	乡	镇的村委会	镇的居委会	街道	小计	乡	镇的村委会	镇的居委会	街道
苏州市	**2031**	**366**	**1311**	**181**	**173**	**3560**	**716**	**2253**	**345**	**246**
虎丘区	2				2					
吴中区	106	11	95			279	63	179	27	10
相城区	46	13	30		3	66	16	38	9	3
姑苏区										
吴江区	318	111	156	40	11	385	82	263	31	9
苏州工业园区	493	85	211	74	123	1187	263	601	159	164
常熟市	145	15	125	3	2	464	80	361	15	8
张家港市	471	37	405	18	11	397	63	298	26	10
昆山市	117	28	66	10	13	454	110	276	46	22
太仓市	333	66	223	36	8	328	39	237	32	20
南通市	**384**	**63**	**243**	**52**	**26**	**843**	**121**	**603**	**75**	**44**
崇川区										
港闸区										
通州区	62	23	26	10	3	153	31	110	4	8
如东县	75	4	53	13	5	100	15	65	12	8
南通经济技术开发区	63	3	53	4	3	173	19	118	20	16
通州湾示范区	12	4	6	1	1	17	6	7	4	
苏锡通科技产业园区	12	1	9	1	1	53	19	32		2
启东市	26	7	15	3	1	110	7	85	13	5
如皋市	41	4	19	16	2	54	1	37	15	1
海门市	67	12	42	3	10	95	8	80	5	2
海安市	26	5	20	1		88	15	69	2	2
连云港市	**105**	**17**	**60**	**12**	**16**	**162**	**29**	**83**	**19**	**31**
连云区	3		3							
海州区						2	2			
赣榆区	15		15			2		2		
东海县	21	9	9	1	2	20	1	13	1	5
灌云县	8	1	7			5		5		
灌南县	15	2	7	4	2	17	1	14	2	
连云港经济技术开发区	4	1	1		2	11		6	3	2
连云港高新技术产业开发区	39	4	18	7	10	105	25	43	13	24
江苏连云港徐圩新区										
江苏省连云港市云台山风景名胜区										
淮安市	**72**	**22**	**32**	**7**	**11**	**105**	**18**	**53**	**11**	**23**
淮安区	1	1				6		6		
淮阴区	4		4			2		2		
清江浦区										
洪泽区	2		2							
涟水县	10		3	6	1	9	6	1	2	
盱眙县	4		1		3	18	5	4	4	5
金湖县	8	4	3		1	20		8	2	10
淮安经济技术开发区	39	15	18		6	49	7	31	3	8
工业园区										
生态文旅区	4	2	1	1		1		1		
苏淮高新区										

7-1b 续表 23 单位：人

现住地	省外									
	福建					江西				
	小计	乡	镇的村委会	镇的居委会	街道	小计	乡	镇的村委会	镇的居委会	街道
盐城市	**125**	**10**	**61**	**40**	**14**	**185**	**35**	**102**	**46**	**2**
亭湖区	5		3		2	6		6		
盐都区	1			1		7		6	1	
大丰区	33	6	22	5		15	1	13	1	
响水县	8	2	2	4		34	21	7	6	
滨海县	9	1	6	2		19	3	13	2	1
阜宁县	17		10	5	2	16		12	3	1
射阳县	21		6	14	1	29	1	16	12	
建湖县	18	1	10	1	6	19	3	11	5	
盐城经济技术开发区	11			8	3	17	1	11	5	
江苏省盐南高新区										
东台市	2		2			23	5	7	11	
扬州市	**87**	**8**	**49**	**10**	**20**	**207**	**23**	**141**	**24**	**19**
广陵区	17	4	13			7		4	3	
邗江区	3		3			19		17	2	
江都区	4	1	3			43	4	34	5	
宝应县	12		9	3		20	4	15	1	
扬州经济技术开发区	45	3	16	6	20	84	13	47	9	15
蜀冈瘦西湖景区										
生态新城										
仪征市	5		4	1		19	1	18		
高邮市	1		1			15	1	6	4	4
镇江市	**253**	**33**	**175**	**19**	**26**	**544**	**122**	**309**	**43**	**70**
京口区	14		9	5		4		4		
润州区										
丹徒区	39	3	26	4	6	60	3	42	6	9
镇江新区	73	16	46	4	7	138	27	58	14	39
江苏镇江高新区										
丹阳市	100	8	81	1	10	248	54	164	18	12
扬中市						22		22		
句容市	27	6	13	5	3	72	38	19	5	10
泰州市	**135**	**15**	**103**	**7**	**10**	**280**	**58**	**175**	**27**	**20**
海陵区	1	1				1		1		
高港区	3	1	2			5		2	3	
姜堰区	5		3	2		3		3		
泰州医药高新技术产业开发区	51	7	34	4	6	85	14	44	16	11
兴化市	8	4	4			64	18	42	3	1
靖江市	30		27		3	46	4	31	4	7
泰兴市	37	2	33	1	1	76	22	52	1	1
宿迁市	**134**	**11**	**57**	**30**	**36**	**149**	**38**	**68**	**28**	**15**
宿城区						4		4		
宿豫区	1		1			1				1
沭阳县	79	5	42	10	22	31	11	14	2	4
泗阳县	14	1	6	3	4	45	7	21	16	1
泗洪县	19	1	5	6	7	39	9	16	8	6
宿迁经济技术开发区	21	4	3	11	3	29	11	13	2	3
宿迁市湖滨新区										
苏州宿迁工业园区										
宿迁市洋河新区										

7-1b 续表 24

单位：人

现住地	省外									
	山东					河南				
	小计	乡	镇的村委会	镇的居委会	街道	小计	乡	镇的村委会	镇的居委会	街道
江 苏	**15974**	**2695**	**10907**	**1241**	**1131**	**44185**	**11363**	**29542**	**1934**	**1346**
南京市	**64**	**25**	**23**	**6**	**10**	**181**	**55**	**99**	**15**	**12**
玄武区										
秦淮区										
建邺区										
鼓楼区										
浦口区										
栖霞区										
雨花台区	8	6			2	9	2	7		
江宁区										
六合区	48	12	22	6	8	151	51	76	13	11
溧水区	7	6	1			21	2	16	2	1
高淳区	1	1								
南京江北新区										
无锡市	**1215**	**254**	**888**	**45**	**28**	**5059**	**1441**	**3458**	**66**	**94**
锡山区	298	52	230	11	5	1418	380	955	35	48
惠山区	123	34	83	2	4	408	194	198	3	13
滨湖区										
梁溪区										
新吴区										
江苏无锡经济开发区										
江阴市	582	128	426	20	8	2560	690	1825	21	24
宜兴市	212	40	149	12	11	673	177	480	7	9
徐州市	**1499**	**118**	**1040**	**162**	**179**	**672**	**86**	**460**	**60**	**66**
鼓楼区										
云龙区	42	3	28	3	8	43	13	21	2	7
贾汪区	32	5	23	2	2	5		5		
泉山区										
铜山区	85	3	78	1	3	41	5	33	2	1
丰县	208	35	135	9	29	69	11	42	4	12
沛县	547	41	350	94	62	120	18	62	23	17
睢宁县	83	1	46	8	28	81	5	58	11	7
徐州经济技术开发区	416	25	308	39	44	288	30	219	17	22
新沂市	42	3	36	1	2	15	2	13		
邳州市	44	2	36	5	1	10	2	7	1	
常州市	**322**	**52**	**246**	**18**	**6**	**1739**	**551**	**1058**	**104**	**26**
天宁区	18	5	10	3		151	82	41	26	2
钟楼区										
新北区	66	13	51	2		326	69	197	52	8
武进区	112	19	88	3	2	529	121	393	7	8
金坛区	14		7	7		67	35	22	10	
江苏省常州市经济开发区	67	13	51	2	1	474	202	261	6	5
溧阳市	45	2	39	1	3	192	42	144	3	3

7-1b 续表 25

单位：人

现住地	省外									
	山东					河南				
	小计	乡	镇的村委会	镇的居委会	街道	小计	乡	镇的村委会	镇的居委会	街道
苏州市	**7162**	**1308**	**4921**	**545**	**388**	**24495**	**6203**	**16611**	**1089**	**592**
虎丘区						1		1		
吴中区	407	101	294	6	6	1542	407	1082	43	10
相城区	113	26	82	5		398	126	263	9	
姑苏区										
吴江区	507	115	332	56	4	5164	1413	3467	241	43
苏州工业园区	3721	696	2376	325	324	7136	2094	4119	490	433
常熟市	470	67	380	9	14	2794	529	2188	49	28
张家港市	955	146	749	38	22	4308	917	3260	101	30
昆山市	375	50	275	40	10	1383	322	976	65	20
太仓市	614	107	433	66	8	1769	395	1255	91	28
南通市	**2594**	**445**	**1903**	**166**	**80**	**6743**	**1858**	**4558**	**212**	**115**
崇川区										
港闸区										
通州区	594	200	366	25	3	1413	550	842	18	3
如东县	160	25	106	15	14	198	49	131	14	4
南通经济技术开发区	732	72	576	61	23	981	196	690	45	50
通州湾示范区	77	12	43	10	12	60	10	43	2	5
苏锡通科技产业园区	120	33	79	7	1	332	122	194	8	8
启东市	204	34	146	14	10	442	118	300	16	8
如皋市	104	16	73	11	4	229	56	136	33	4
海门市	550	44	471	22	13	2959	722	2131	75	31
海安市	53	9	43	1		129	35	91	1	2
连云港市	**629**	**86**	**333**	**58**	**152**	**555**	**118**	**295**	**55**	**87**
连云区	2		2			36	7	25	3	1
海州区	2	1			1	5		4		1
赣榆区	115	22	80	6	7	24		21		3
东海县	103	13	57	8	25	104	27	57	3	17
灌云县	36	8	22		6	51	7	24	15	5
灌南县	52	6	28	9	9	80	6	66	4	4
连云港经济技术开发区	88	17	49	9	13	51	13	16	8	14
连云港高新技术产业开发区	230	19	95	26	90	199	54	81	22	42
江苏连云港徐圩新区	1				1	5	4	1		
江苏省连云港市云台山风景名胜区										
淮安市	**291**	**47**	**157**	**17**	**70**	**508**	**84**	**307**	**37**	**80**
淮安区	3	1		2		9	4	5		
淮阴区	4		4			3		3		
清江浦区										
洪泽区										
涟水县	26	9	9	5	3	48	17	17	8	6
盱眙县	37	7	20		10	89	24	48	12	5
金湖县	26	7	15	3	1	51	15	28	6	2
淮安经济技术开发区	183	23	104	5	51	293	20	198	11	64
工业园区						2	2			
生态文旅区	7		3	2	2	13	2	8		3
苏淮高新区	5		2		3					

7-1b　续表 26　　　　单位：人

现住地	省外									
	山东					河南				
	小计	乡	镇的村委会	镇的居委会	街道	小计	乡	镇的村委会	镇的居委会	街道
盐城市	**423**	**69**	**246**	**69**	**39**	**631**	**108**	**394**	**94**	**35**
亭湖区	10		7		3	152		138	13	1
盐都区	5	1	4			4	1	2	1	
大丰区	91	5	70	12	4	51	9	40	1	1
响水县	74	15	35	13	11	39	9	14	14	2
滨海县	52	8	37	3	4	83	21	51	7	4
阜宁县	29	6	13	6	4	31	4	16	8	3
射阳县	51	12	18	19	2	73	8	45	18	2
建湖县	49	8	28	6	7	82	22	41	4	15
盐城经济技术开发区	38	2	24	8	4	80	21	26	27	6
江苏省盐南高新区										
东台市	24	12	10	2		36	13	21	1	1
扬州市	**375**	**44**	**258**	**32**	**41**	**516**	**75**	**362**	**24**	**55**
广陵区	12		11		1	29	6	21	1	1
邗江区	5		5			25	2	22	1	
江都区	52	13	34	1	4	70	9	54	5	2
宝应县	63	6	44	12	1	42	4	35	1	2
扬州经济技术开发区	215	20	142	18	35	289	51	179	15	44
蜀冈瘦西湖景区										
生态新城	3	1	2							
仪征市	12		12			30	2	27		1
高邮市	13	4	8	1		31	1	24	1	5
镇江市	**622**	**141**	**387**	**31**	**63**	**1459**	**356**	**943**	**71**	**89**
京口区	9	1	8			6		4	1	1
润州区										
丹徒区	83	7	52	4	20	117	25	64	9	19
镇江新区	215	58	116	18	23	374	71	249	13	41
江苏镇江高新区										
丹阳市	191	35	144	8	4	700	156	499	33	12
扬中市	42	7	33		2	59	12	44	1	2
句容市	82	33	34	1	14	203	92	83	14	14
泰州市	**433**	**49**	**339**	**32**	**13**	**1205**	**312**	**786**	**53**	**54**
海陵区	4		4			11	3	8		
高港区	12	3	8	1		22	8	14		
姜堰区	5	2	3			53	28	25		
泰州医药高新技术产业开发区	146	23	98	14	11	565	172	320	39	34
兴化市	43	6	36	1		130	22	102	4	2
靖江市	133	6	116	9	2	233	40	175	4	14
泰兴市	90	9	74	7		191	39	142	6	4
宿迁市	**345**	**57**	**166**	**60**	**62**	**422**	**116**	**211**	**54**	**41**
宿城区	8	4	4			10	1	6	3	
宿豫区	14	2	3	3	6	12	2	6	4	
沭阳县	145	16	84	16	29	161	47	86	11	17
泗阳县	65	14	17	25	9	77	27	28	15	7
泗洪县	58	5	35	8	10	103	23	51	20	9
宿迁经济技术开发区	53	14	23	8	8	59	16	34	1	8
宿迁市湖滨新区	2	2								
苏州宿迁工业园区										
宿迁市洋河新区										

7-1b 续表 27

单位：人

现住地	省外									
	湖北					湖南				
	小计	乡	镇的村委会	镇的居委会	街道	小计	乡	镇的村委会	镇的居委会	街道
江　苏	**11098**	**2167**	**7256**	**872**	**803**	**6158**	**1351**	**3920**	**442**	**445**
南京市	**50**	**8**	**33**	**4**	**5**	**45**	**8**	**19**	**5**	**13**
玄武区										
秦淮区										
建邺区										
鼓楼区										
浦口区										
栖霞区										
雨花台区	9	3	4	2		3		3		
江宁区										
六合区	32	4	23	1	4	40	8	14	5	13
溧水区	9	1	6	1	1	2		2		
高淳区										
南京江北新区										
无锡市	**1082**	**280**	**749**	**23**	**30**	**794**	**154**	**593**	**19**	**28**
锡山区	412	73	317	9	13	337	62	255	10	10
惠山区	75	25	46		4	29	10	11	4	4
滨湖区										
梁溪区										
新吴区										
江苏无锡经济开发区										
江阴市	471	148	308	10	5	329	59	260	3	7
宜兴市	124	34	78	4	8	99	23	67	2	7
徐州市	**133**	**15**	**98**	**9**	**11**	**99**	**3**	**76**	**10**	**10**
鼓楼区										
云龙区	5	1	4			4		2	1	1
贾汪区	7		7			3		3		
泉山区										
铜山区	10	1	8	1		8		8		
丰县	10	3	5	1	1	10	1	7		2
沛县	25	1	19	3	2	22		19	2	1
睢宁县	30	3	22	2	3	23		18	2	3
徐州经济技术开发区	43	6	32	1	4	27	2	17	5	3
新沂市	1				1	1		1		
邳州市	2		1	1		1		1		
常州市	**607**	**147**	**388**	**53**	**19**	**309**	**74**	**214**	**14**	**7**
天宁区	37	21	14	2		41	9	32		
钟楼区										
新北区	46	8	26	3	9	11	2	9		
武进区	146	21	116	4	5	108	27	80		1
金坛区	182	41	109	30	2	14	6	5	3	
江苏省常州市经济开发区	137	50	77	7	3	81	28	48	3	2
溧阳市	59	6	46	7		54	2	40	8	4

7-1b 续表 28

单位：人

现住地	省外									
	湖北					湖南				
	小计	乡	镇的村委会	镇的居委会	街道	小计	乡	镇的村委会	镇的居委会	街道
苏州市	**5974**	**1154**	**3893**	**515**	**412**	**2776**	**646**	**1700**	**224**	**206**
虎丘区	1		1							
吴中区	418	91	308	11	8	390	107	263	18	2
相城区	102	23	68	8	3	85	40	40	4	1
姑苏区										
吴江区	713	150	464	74	25	340	70	227	24	19
苏州工业园区	1937	351	1068	228	290	964	229	465	107	163
常熟市	455	61	360	17	17	286	66	204	9	7
张家港市	1146	210	870	46	20	206	31	153	17	5
昆山市	570	115	369	64	22	256	61	165	23	7
太仓市	632	153	385	67	27	249	42	183	22	2
南通市	**1502**	**267**	**1069**	**96**	**70**	**972**	**239**	**626**	**65**	**42**
崇川区										
港闸区										
通州区	242	54	168	9	11	132	28	95	9	
如东县	89	19	51	7	12	79	21	37	13	8
南通经济技术开发区	528	70	398	39	21	261	73	159	18	11
通州湾示范区	29	1	19	5	4	21	1	16	3	1
苏锡通科技产业园区	56	21	34	1		32	8	24		
启东市	135	25	95	7	8	123	28	84	3	8
如皋市	55	9	29	16	1	87	34	38	11	4
海门市	281	58	202	9	12	163	36	114	5	8
海安市	87	10	73	3	1	74	10	59	3	2
连云港市	**153**	**7**	**91**	**17**	**38**	**96**	**18**	**59**	**4**	**15**
连云区	3		2	1		4	1	3		
海州区	4		4							
赣榆区	8		8			8	2	4		2
东海县	19	3	11		5	14	2	10	1	1
灌云县	14		9	4	1	8	4	4		
灌南县	18	2	13		3	13	1	8	1	3
连云港经济技术开发区	26	1	12	4	9	6	1	3		2
连云港高新技术产业开发区	57	1	31	6	19	40	4	27	2	7
江苏连云港徐圩新区	4		1	2	1	3	3			
江苏省连云港市云台山风景名胜区										
淮安市	**171**	**31**	**81**	**16**	**43**	**125**	**24**	**62**	**14**	**25**
淮安区										
淮阴区	5		5			3		3		
清江浦区										
洪泽区										
涟水县	20	9	8	2	1	9	2	3	4	
盱眙县	23	6	14	1	2	15	3	8	2	2
金湖县	33	5	13	8	7	19	5	9	3	2
淮安经济技术开发区	64	9	24	4	27	64	14	26	4	20
工业园区	4	2	2			7		7		
生态文旅区	19		12	1	6	8		6	1	1
苏淮高新区	3		3							

7-1b 续表 29

单位：人

现住地	省外									
	湖北					湖南				
	小计	乡	镇的村委会	镇的居委会	街道	小计	乡	镇的村委会	镇的居委会	街道
盐城市	**201**	**31**	**103**	**39**	**28**	**138**	**24**	**75**	**21**	**18**
亭湖区	7		7			5		5		
盐都区	8		7		1	3		1	2	
大丰区	24	3	16	3	2	17	5	11	1	
响水县	17	5	7	3	2	8	4	4		
滨海县	30	5	16	1	8	20	1	13	1	5
阜宁县	18	1	10	4	3	8		6	1	1
射阳县	25	3	11	9	2	30	1	17	10	2
建湖县	29	7	7	9	6	14	3	5	1	5
盐城经济技术开发区	20	2	8	8	2	12	3	3	4	2
江苏省盐南高新区										
东台市	23	5	14	2	2	21	7	10	1	3
扬州市	**193**	**23**	**128**	**12**	**30**	**136**	**14**	**91**	**13**	**18**
广陵区	13	1	10	1	1	14	7	7		
邗江区	9		7	2		10		10		
江都区	52	3	39	3	7	16	2	13	1	
宝应县	25	3	16	5	1	31	3	22	4	2
扬州经济技术开发区	69	13	35	1	20	51	1	30	5	15
蜀冈瘦西湖景区										
生态新城						3		3		
仪征市	11	1	10			6	1	4		1
高邮市	14	2	11		1	5		2	3	
镇江市	**510**	**102**	**323**	**38**	**47**	**301**	**83**	**166**	**19**	**33**
京口区	3		3			9	2	4	2	1
润州区										
丹徒区	31		28	1	2	30	4	17	1	8
镇江新区	147	25	75	23	24	50	7	25	4	14
江苏镇江高新区										
丹阳市	278	72	179	11	16	158	38	107	5	8
扬中市	22	1	20		1	5		5		
句容市	29	4	18	3	4	49	32	8	7	2
泰州市	**344**	**56**	**229**	**28**	**31**	**233**	**44**	**167**	**8**	**14**
海陵区	1		1			1	1			
高港区	15	3	10	2		10	7	2	1	
姜堰区	22	3	19			23	2	19	1	1
泰州医药高新技术产业开发区	108	23	56	10	19	71	8	56	3	4
兴化市	41	12	21	7	1	28	13	14	1	
靖江市	85	8	64	4	9	59	12	39	1	7
泰兴市	72	7	58	5	2	41	1	37	1	2
宿迁市	**178**	**46**	**71**	**22**	**39**	**134**	**20**	**72**	**26**	**16**
宿城区										
宿豫区	3		1		2	8		8		
沭阳县	65	16	34	5	10	57	10	37	3	7
泗阳县	33	16	13		4	30	4	6	18	2
泗洪县	52	6	16	15	15	24	2	17	2	3
宿迁经济技术开发区	25	8	7	2	8	15	4	4	3	4
宿迁市湖滨新区										
苏州宿迁工业园区										
宿迁市洋河新区										

7-1b　续表 30　　　　单位：人

现住地	省外									
	广东					广西				
	小计	乡	镇的村委会	镇的居委会	街道	小计	乡	镇的村委会	镇的居委会	街道
江　苏	**1452**	**159**	**644**	**259**	**390**	**1786**	**319**	**1080**	**165**	**222**
南京市	**12**	**2**	**2**	**1**	**7**	**9**	**2**	**2**		**5**
玄武区										
秦淮区										
建邺区										
鼓楼区										
浦口区						2				2
栖霞区										
雨花台区						1				1
江宁区										
六合区	7	2	1	1	3	4	2			2
溧水区	5		1		4	2		2		
高淳区										
南京江北新区										
无锡市	**83**	**16**	**50**	**8**	**9**	**163**	**19**	**116**	**12**	**16**
锡山区	20	2	12	3	3	71	8	43	6	14
惠山区	7	1	4	1	1	13	1	11		1
滨湖区										
梁溪区										
新吴区										
江苏无锡经济开发区										
江阴市	41	8	30		3	25	1	21	2	1
宜兴市	15	5	4	4	2	54	9	41	4	
徐州市	**40**	**2**	**18**	**9**	**11**	**47**	**4**	**31**	**3**	**9**
鼓楼区										
云龙区						4	1	1		2
贾汪区										
泉山区										
铜山区	6		6			1		1		
丰县	8	1	1	2	4	5	1	1	1	2
沛县	12		4	4	4	13		12		1
睢宁县	5		3	2		11	1	5	2	3
徐州经济技术开发区	8		4	1	3	10	1	8		1
新沂市						3		3		
邳州市	1	1								
常州市	**33**	**8**	**17**	**5**	**3**	**83**	**22**	**61**		
天宁区	1				1	5	2	3		
钟楼区										
新北区	13	2	10		1	3	1	2		
武进区	1	1				30	10	20		
金坛区	1		1			3	3			
江苏省常州市经济开发区	6	2	4			20	5	15		
溧阳市	11	3	2	5	1	22	1	21		

7-1b 续表 31

单位：人

现住地	省外									
	广东					广西				
	小计	乡	镇的村委会	镇的居委会	街道	小计	乡	镇的村委会	镇的居委会	街道
苏州市	**720**	**83**	**308**	**124**	**205**	**737**	**136**	**455**	**57**	**89**
虎丘区										
吴中区	37	3	28	4	2	84	17	62	3	2
相城区	9	5	3	1		17	5	9	3	
姑苏区										
吴江区	74	15	35	14	10	101	20	71	9	1
苏州工业园区	385	45	97	79	164	292	63	139	27	63
常熟市	55	1	45	4	5	64	10	45	4	5
张家港市	33	4	23	1	5	62	3	50	3	6
昆山市	83	8	47	11	17	67	13	40	5	9
太仓市	44	2	30	10	2	50	5	39	3	3
南通市	**122**	**14**	**67**	**17**	**24**	**202**	**40**	**138**	**11**	**13**
崇川区										
港闸区										
通州区	22	8	10		4	26	13	13		
如东县	21		8	2	11	20	1	14		5
南通经济技术开发区	32	3	18	8	3	37	7	27	2	1
通州湾示范区	6		1	5		6	1	5		
苏锡通科技产业园区	2		1	1		8	2	5	1	
启东市	12		11		1	50	9	30	4	7
如皋市	8	1	5	1	1	6		2	4	
海门市	13	2	9		2	42	4	38		
海安市	6		4		2	7	3	4		
连云港市	**65**	**4**	**20**	**13**	**28**	**70**	**10**	**34**	**11**	**15**
连云区	2		1	1						
海州区	1			1						
赣榆区	2		1		1	1		1		
东海县	7		1		6	10	2	5		3
灌云县	2		1		1					
灌南县	4		2		2	7	1	4	1	1
连云港经济技术开发区	6	1	3	1	1	2			1	1
连云港高新技术产业开发区	41	3	11	10	17	49	7	24	8	10
江苏连云港徐圩新区						1			1	
江苏省连云港市云台山风景名胜区										
淮安市	**43**	**3**	**21**	**8**	**11**	**57**	**3**	**29**	**11**	**14**
淮安区						1		1		
淮阴区	1		1			2		1	1	
清江浦区										
洪泽区										
涟水县	8	2	3	1	2	3		1	2	
盱眙县	3	1	1	1		11	3	5	3	
金湖县	5		3		2	5		3	2	
淮安经济技术开发区	20		13	4	3	31		17	2	12
工业园区										
生态文旅区	6			2	4	4		1	1	2
苏淮高新区										

7-1b　续表 32　　　　单位：人

现住地	省外									
	广东					广西				
	小计	乡	镇的村委会	镇的居委会	街道	小计	乡	镇的村委会	镇的居委会	街道
盐城市	**57**	**5**	**12**	**26**	**14**	**78**	**10**	**37**	**18**	**13**
亭湖区						6	1	5		
盐都区										
大丰区	6		5		1	14	2	6	4	2
响水县	1		1							
滨海县	7			5	2	10	3	4	1	2
阜宁县	7		2	3	2	3	1	1	1	
射阳县	14	1	1	10	2	10	1	6	2	1
建湖县	7		1	2	4	6		5		1
盐城经济技术开发区	14	4	1	6	3	19	1	3	9	6
江苏省盐南高新区										
东台市	1		1			10	1	7	1	1
扬州市	**40**	**2**	**14**	**5**	**19**	**33**	**8**	**18**	**2**	**5**
广陵区	3		2		1	3	2	1		
邗江区	5	1	4			1	1			
江都区	2		1	1		6	3	3		
宝应县	2		1	1		6	1	4	1	
扬州经济技术开发区	23	1	4	2	16	15		9	1	5
蜀冈瘦西湖景区										
生态新城										
仪征市	3		2		1	1		1		
高邮市	2			1	1	1	1			
镇江市	**106**	**11**	**56**	**14**	**25**	**183**	**45**	**91**	**19**	**28**
京口区						1			1	
润州区										
丹徒区	39	5	15	7	12	53	6	23	8	16
镇江新区	27	4	15	2	6	24	5	13	4	2
江苏镇江高新区										
丹阳市	29		22	3	4	98	29	53	6	10
扬中市	1		1							
句容市	10	2	3	2	3	7	5	2		
泰州市	**80**	**6**	**42**	**16**	**16**	**86**	**15**	**52**	**12**	**7**
海陵区										
高港区						1		1		
姜堰区	1		1			6	1	5		
泰州医药高新技术产业开发区	25	2	7	6	10	32	8	16	3	5
兴化市	21	3	16	1	1	4	1	2	1	
靖江市	23	1	10	7	5	25	1	16	6	2
泰兴市	10		8	2		18	4	12	2	
宿迁市	**51**	**3**	**17**	**13**	**18**	**38**	**5**	**16**	**9**	**8**
宿城区	1		1			1	1			
宿豫区	1			1		2		1	1	
沭阳县	20		4	6	10	13	2	2	1	8
泗阳县	12	1	7	1	3	5	1	3	1	
泗洪县	15	2	4	4	5	9		4	5	
宿迁经济技术开发区	2		1	1		8	1	6	1	
宿迁市湖滨新区										
苏州宿迁工业园区										
宿迁市洋河新区										

7-1b 续表 33

单位：人

现住地	省外									
	海南					重庆				
	小计	乡	镇的村委会	镇的居委会	街道	小计	乡	镇的村委会	镇的居委会	街道
江苏	**228**	**24**	**91**	**51**	**62**	**5099**	**1068**	**3410**	**361**	**260**
南京市						**11**		**8**	**3**	
玄武区										
秦淮区										
建邺区										
鼓楼区										
浦口区										
栖霞区										
雨花台区						1			1	
江宁区										
六合区						6		6		
溧水区						4		2	2	
高淳区										
南京江北新区										
无锡市	**13**		**7**	**3**	**3**	**1387**	**326**	**1009**	**34**	**18**
锡山区	3		1		2	635	141	477	15	2
惠山区	2			2		58	9	41	6	2
滨湖区										
梁溪区										
新吴区										
江苏无锡经济开发区										
江阴市	6		6			537	134	383	8	12
宜兴市	2			1	1	157	42	108	5	2
徐州市	**8**	**2**	**3**		**3**	**75**	**4**	**42**	**18**	**11**
鼓楼区										
云龙区	1	1				6	1	4		1
贾汪区						2		2		
泉山区										
铜山区						6		6		
丰县	2		1		1	15		11		4
沛县	4	1	2		1	9		4	2	3
睢宁县						16	1		15	
徐州经济技术开发区	1				1	21	2	15	1	3
新沂市										
邳州市										
常州市	**4**		**4**			**374**	**85**	**241**	**43**	**5**
天宁区						13	6	6	1	
钟楼区										
新北区						11	2	9		
武进区						175	34	127	12	2
金坛区						113	27	57	29	
江苏省常州市经济开发区	3		3			35	13	18	1	3
溧阳市	1		1			27	3	24		

7-1b　续表 34　　　　　　　　　　　　　　　　　　　　　　　　单位：人

现住地	省外									
	海南					重庆				
	小计	乡	镇的村委会	镇的居委会	街道	小计	乡	镇的村委会	镇的居委会	街道
苏州市	**80**	**10**	**24**	**26**	**20**	**1773**	**385**	**1126**	**145**	**117**
虎丘区										
吴中区	3			3		80	24	53	2	1
相城区						36	19	15	2	
姑苏区										
吴江区	5	2	3			238	58	142	30	8
苏州工业园区	52	5	9	18	20	426	75	224	53	74
常熟市	6	1	4	1		249	35	196	11	7
张家港市	1	1				386	93	267	14	12
昆山市	4		3	1		124	20	93	7	4
太仓市	9	1	5	3		234	61	136	26	11
南通市	**14**	**1**	**8**	**1**	**4**	**694**	**140**	**482**	**39**	**33**
崇川区										
港闸区										
通州区	1		1			170	45	118	4	3
如东县	3		3			44	9	29	4	2
南通经济技术开发区	5		2		3	211	36	151	13	11
通州湾示范区	1	1				21	3	16		2
苏锡通科技产业园区	1		1			63	19	37	3	4
启东市						48	11	29	4	4
如皋市	1				1	27	5	17	5	
海门市	1		1			76	5	60	4	7
海安市	1			1		34	7	25	2	
连云港市	**31**	**4**	**14**		**13**	**82**	**15**	**44**	**12**	**11**
连云区	1		1			1		1		
海州区										
赣榆区	4		4			4	1	2	1	
东海县	3				3	6	1	5		
灌云县	1		1			17	4	7	6	
灌南县	4	4				19	3	16		
连云港经济技术开发区	2		1		1	9	3	2	1	3
连云港高新技术产业开发区	16		7		9	26	3	11	4	8
江苏连云港徐圩新区										
江苏省连云港市云台山风景名胜区										
淮安市	**13**		**5**	**4**	**4**	**48**	**7**	**30**	**4**	**7**
淮安区										
淮阴区										
清江浦区										
洪泽区										
涟水县	3		1	2		5	1	2	2	
盱眙县	1		1			2		2		
金湖县	2			2		14	1	10	1	2
淮安经济技术开发区	7		3		4	23	4	14	1	4
工业园区						3	1	2		
生态文旅区						1				1
苏淮高新区										

7-1b 续表 35　　单位：人

现住地	省外									
	海南					重庆				
	小计	乡	镇的村委会	镇的居委会	街道	小计	乡	镇的村委会	镇的居委会	街道
盐城市	**14**	**2**	**2**	**6**	**4**	**104**	**21**	**59**	**14**	**10**
亭湖区						2	1	1		
盐都区						4		3		1
大丰区						20	5	14		1
响水县						8	1	4	2	1
滨海县	2	2				8	1	5	1	1
阜宁县	5		1	2	2	9	1	7	1	
射阳县	3		1	1	1	20	7	8	5	
建湖县						9		3	3	3
盐城经济技术开发区	4			3	1	8	1	4		3
江苏省盐南高新区										
东台市						16	4	10	2	
扬州市	**4**		**2**		**2**	**80**	**5**	**54**	**9**	**12**
广陵区						3		3		
邗江区						4		4		
江都区	2		2			13	2	9	1	1
宝应县	1				1	10	2	5	3	
扬州经济技术开发区						20	1	8	1	10
蜀冈瘦西湖景区										
生态新城										
仪征市						13		12	1	
高邮市	1				1	17		13	3	1
镇江市	**22**	**3**	**15**		**4**	**237**	**48**	**152**	**21**	**16**
京口区						6		5	1	
润州区										
丹徒区	10	1	8		1	41	6	23	3	9
镇江新区	6	1	3		2	46	5	28	9	4
江苏镇江高新区										
丹阳市	2	1	1			133	33	95	5	
扬中市						2	1	1		
句容市	4		3		1	9	3		3	3
泰州市	**13**	**2**	**6**	**4**	**1**	**162**	**16**	**124**	**8**	**14**
海陵区										
高港区						3		3		
姜堰区						3		3		
泰州医药高新技术产业开发区						45	3	26	7	9
兴化市	2		2			36	9	26		1
靖江市	11	2	4	4	1	37	1	35	1	
泰兴市						38	3	31		4
宿迁市	**12**		**1**	**7**	**4**	**72**	**16**	**39**	**11**	**6**
宿城区						3		1	2	
宿豫区						6		5	1	
沭阳县	5		1	2	2	28	10	13	1	4
泗阳县	2			1	1	14	2	8	3	1
泗洪县	4			4		17	3	9	4	1
宿迁经济技术开发区	1				1	4	1	3		
宿迁市湖滨新区										
苏州宿迁工业园区										
宿迁市洋河新区										

7-1b　续表 36　　　　单位：人

现住地	省外									
	四川					贵州				
	小计	乡	镇的村委会	镇的居委会	街道	小计	乡	镇的村委会	镇的居委会	街道
江　苏	**16629**	**3953**	**10928**	**1008**	**740**	**9549**	**2329**	**6393**	**389**	**438**
南京市	**55**	**14**	**28**	**7**	**6**	**31**	**3**	**25**	**1**	**2**
玄武区										
秦淮区										
建邺区										
鼓楼区										
浦口区										
栖霞区										
雨花台区	4	1	2		1	2	1	1		
江宁区										
六合区	42	11	20	6	5	17	2	13	1	1
溧水区	9	2	6	1		12		11		1
高淳区										
南京江北新区										
无锡市	**3460**	**803**	**2489**	**99**	**69**	**2017**	**509**	**1441**	**24**	**43**
锡山区	859	173	620	33	33	508	122	350	9	27
惠山区	428	186	213	24	5	40	21	18		1
滨湖区										
梁溪区										
新吴区										
江苏无锡经济开发区										
江阴市	1489	346	1100	27	16	745	189	541	9	6
宜兴市	684	98	556	15	15	724	177	532	6	9
徐州市	**241**	**27**	**149**	**23**	**42**	**123**	**6**	**88**	**15**	**14**
鼓楼区										
云龙区	15	3	7	1	4	20	1	11	1	7
贾汪区	13		13			4		4		
泉山区										
铜山区	12		10		2	7		7		
丰县	29	12	7	3	7	12		11	1	
沛县	79	6	53	11	9	35	1	24	9	1
睢宁县	35	1	14	5	15	11	1	5	2	3
徐州经济技术开发区	46	5	33	3	5	28	2	21	2	3
新沂市	8		8			5	1	4		
邳州市	4		4			1		1		
常州市	**1941**	**525**	**1242**	**134**	**40**	**786**	**217**	**541**	**18**	**10**
天宁区	295	103	155	30	7	35	10	25		
钟楼区										
新北区	206	41	122	34	9	67	12	53	2	
武进区	588	105	450	17	16	280	77	197	5	1
金坛区	126	32	52	38	4	74	22	37	10	5
江苏省常州市经济开发区	626	224	391	8	3	206	76	125	1	4
溧阳市	100	20	72	7	1	124	20	104		

7-1b 续表 37

单位：人

现住地	省外									
	四川					贵州				
	小计	乡	镇的村委会	镇的居委会	街道	小计	乡	镇的村委会	镇的居委会	街道
苏州市	**6732**	**1714**	**4311**	**426**	**281**	**2788**	**627**	**1892**	**123**	**146**
虎丘区	2		2			4		4		
吴中区	724	224	466	22	12	156	27	125	3	1
相城区	122	39	73	7	3	80	22	54	3	1
姑苏区										
吴江区	1186	327	764	78	17	924	229	666	27	2
苏州工业园区	1492	427	751	140	174	510	130	231	40	109
常熟市	674	130	517	11	16	290	53	220	5	12
张家港市	1569	321	1164	64	20	366	59	282	21	4
昆山市	393	98	230	37	28	125	20	85	9	11
太仓市	570	148	344	67	11	333	87	225	15	6
南通市	**1163**	**202**	**823**	**78**	**60**	**1565**	**414**	**1066**	**60**	**25**
崇川区										
港闸区										
通州区	171	45	123	3		236	90	138	6	2
如东县	96	14	55	19	8	81	25	50	5	1
南通经济技术开发区	254	32	189	15	18	184	33	131	11	9
通州湾示范区	19	2	16	1		25	7	16	1	1
苏锡通科技产业园区	80	26	47	6	1	75	36	38	1	
启东市	174	37	110	8	19	107	20	73	8	6
如皋市	70	12	41	15	2	90	19	49	21	1
海门市	228	28	177	11	12	663	165	489	6	3
海安市	71	6	65			104	19	82	1	2
连云港市	**302**	**70**	**162**	**28**	**42**	**197**	**44**	**90**	**29**	**34**
连云区	4	1	3			2	1	1		
海州区	4		4			2		2		
赣榆区	29	11	18			7	2	5		
东海县	32	15	14	1	2	9		7		2
灌云县	37	7	18	7	5	19	7	10	2	
灌南县	35	8	26		1	15	5	9	1	
连云港经济技术开发区	23	7	6	6	4	9	5	1	2	1
连云港高新技术产业开发区	137	20	73	14	30	134	24	55	24	31
江苏连云港徐圩新区	1	1								
江苏省连云港市云台山风景名胜区										
淮安市	**167**	**34**	**92**	**19**	**22**	**177**	**35**	**103**	**6**	**33**
淮安区	8		4	4		3	3			
淮阴区	3		3			7	1	5	1	
清江浦区	1		1							
洪泽区	2		2			1		1		
涟水县	28	4	18	5	1	13	3	8	2	
盱眙县	36	13	16	6	1	22	11	5	1	5
金湖县	19	4	10	2	3	24	7	15		2
淮安经济技术开发区	54	9	28	2	15	96	10	58	2	26
工业园区										
生态文旅区	13	2	9		2	11		11		
苏淮高新区	3	2	1							

7-1b 续表 38

单位：人

现住地	省外									
	四川					贵州				
	小计	乡	镇的村委会	镇的居委会	街道	小计	乡	镇的村委会	镇的居委会	街道
盐城市	**331**	**68**	**170**	**70**	**23**	**236**	**46**	**133**	**43**	**14**
亭湖区	17	5	11	1		8		8		
盐都区	8	1	4	3		3	1	1	1	
大丰区	50	4	33	9	4	61	9	47	5	
响水县	31	8	11	11	1	11	1	4	5	1
滨海县	46	11	20	9	6	16	1	11	4	
阜宁县	18	1	13	4		25	9	13	3	
射阳县	45	6	24	12	3	33	5	24	4	
建湖县	41	8	23	6	4	14	2	9	2	1
盐城经济技术开发区	25	5	6	9	5	49	9	12	16	12
江苏省盐南高新区										
东台市	50	19	25	6		16	9	4	3	
扬州市	**307**	**66**	**199**	**13**	**29**	**193**	**7**	**155**	**6**	**25**
广陵区	10	2	8			28		28		
邗江区	13	7	5	1		10	1	9		
江都区	66	15	47	1	3	38	5	28	3	2
宝应县	52	6	35	4	7	17		12	1	4
扬州经济技术开发区	123	29	69	7	18	73	1	53	1	18
蜀冈瘦西湖景区										
生态新城	2		2			1		1		
仪征市	14	4	10			14		13	1	
高邮市	27	3	23		1	12		11		1
镇江市	**1283**	**295**	**873**	**55**	**60**	**813**	**266**	**464**	**26**	**57**
京口区	26	4	19	3		10	3	7		
润州区										
丹徒区	104	8	60	10	26	113	20	66	5	22
镇江新区	189	41	109	26	13	66	33	18	10	5
江苏镇江高新区										
丹阳市	880	220	626	14	20	573	185	355	11	22
扬中市	51	11	40			3	1	2		
句容市	33	11	19	2	1	48	24	16		8
泰州市	**405**	**81**	**276**	**26**	**22**	**433**	**101**	**295**	**18**	**19**
海陵区	13	3	10							
高港区	8	2	5		1	32	15	14	1	2
姜堰区	23	9	13	1		45	2	42	1	
泰州医药高新技术产业开发区	110	27	57	12	14	76	15	51	4	6
兴化市	60	10	47		3	65	14	49	1	1
靖江市	104	16	80	4	4	137	21	105	5	6
泰兴市	87	14	64	9		78	34	34	6	4
宿迁市	**242**	**54**	**114**	**30**	**44**	**190**	**54**	**100**	**20**	**16**
宿城区	4		2	2		2	1	1		
宿豫区	17	3	10	1	3	2		2		
沭阳县	75	13	40	6	16	94	21	54	7	12
泗阳县	66	19	25	16	6	33	21	9	2	1
泗洪县	46	8	25	5	8	49	9	27	10	3
宿迁经济技术开发区	31	10	10		11	10	2	7	1	
宿迁市湖滨新区	3	1	2							
苏州宿迁工业园区										
宿迁市洋河新区										

7-1b 续表 39

单位：人

现住地	省外									
	云南					西藏				
	小计	乡	镇的村委会	镇的居委会	街道	小计	乡	镇的村委会	镇的居委会	街道
江苏	**7219**	**1805**	**4805**	**326**	**283**	**207**	**63**	**116**	**10**	**18**
南京市	**34**	**8**	**25**		**1**					
玄武区										
秦淮区										
建邺区										
鼓楼区										
浦口区										
栖霞区										
雨花台区	2	1	1							
江宁区										
六合区	22	3	18		1					
溧水区	10	4	6							
高淳区										
南京江北新区										
无锡市	**1013**	**263**	**708**	**10**	**32**					
锡山区	197	33	147	3	14					
惠山区	39	18	15		6					
滨湖区										
梁溪区										
新吴区										
江苏无锡经济开发区										
江阴市	317	80	232	1	4					
宜兴市	460	132	314	6	8					
徐州市	**87**	**10**	**63**	**11**	**3**	**11**	**6**	**3**		**2**
鼓楼区										
云龙区	1		1							
贾汪区	1		1							
泉山区										
铜山区	9		7	2						
丰县	9	2	6		1					
沛县	15	1	10	2	2					
睢宁县	20	4	9	7		3	1	1		1
徐州经济技术开发区	19	3	16			8	5	2		1
新沂市	9		9							
邳州市	4		4							
常州市	**716**	**251**	**439**	**25**	**1**	**27**	**27**			
天宁区	29	6	22	1						
钟楼区										
新北区	60	13	43	4		27	27			
武进区	252	83	166	2	1					
金坛区	105	31	61	13						
江苏省常州市经济开发区	200	109	89	2						
溧阳市	70	9	58	3						

7-1b　续表 40　　　　单位：人

现住地	省外									
	云南					西藏				
	小计	乡	镇的村委会	镇的居委会	街道	小计	乡	镇的村委会	镇的居委会	街道
苏州市	**2437**	**582**	**1639**	**115**	**101**	**4**		**3**	**1**	
虎丘区										
吴中区	247	81	161	5						
相城区	41	5	35	1						
姑苏区										
吴江区	563	143	398	18	4					
苏州工业园区	595	175	306	36	78					
常熟市	244	46	189	6	3	1			1	
张家港市	341	42	267	28	4					
昆山市	87	14	63	2	8					
太仓市	319	76	220	19	4	3		3		
南通市	**769**	**176**	**527**	**46**	**20**	**28**	**3**	**17**	**2**	**6**
崇川区										
港闸区										
通州区	124	37	84	3						
如东县	55	25	24	6						
南通经济技术开发区	136	18	96	13	9	9	1	8		
通州湾示范区	19	1	15	2	1					
苏锡通科技产业园区	44	15	29							
启东市	77	21	53	2	1					
如皋市	131	22	89	14	6					
海门市	130	23	101	3	3	19	2	9	2	6
海安市	53	14	36	3						
连云港市	**170**	**23**	**93**	**16**	**38**	**40**	**18**	**13**	**3**	**6**
连云区										
海州区	1		1							
赣榆区	14	1	13							
东海县	20	3	11		6					
灌云县	4	1	1	1	1					
灌南县	20	3	15	1	1					
连云港经济技术开发区	2			1	1					
连云港高新技术产业开发区	109	15	52	13	29	40	18	13	3	6
江苏连云港徐圩新区										
江苏省连云港市云台山风景名胜区										
淮安市	**122**	**45**	**63**	**8**	**6**	**81**	**6**	**71**	**3**	**1**
淮安区	1		1							
淮阴区	6	2	3	1						
清江浦区										
洪泽区										
涟水县	19	11	5	3						
盱眙县	19	13	3	2	1					
金湖县	9	2	7							
淮安经济技术开发区	60	9	44	2	5	81	6	71	3	1
工业园区	7	7								
生态文旅区	1	1								
苏淮高新区										

7-1b 续表 41

单位：人

现住地	省外									
	云南					西藏				
	小计	乡	镇的村委会	镇的居委会	街道	小计	乡	镇的村委会	镇的居委会	街道
盐城市	**188**	**40**	**119**	**26**	**3**	**6**	**2**	**3**	**1**	
亭湖区	10		10							
盐都区	4	1	2	1						
大丰区	33	16	17							
响水县	15	4	9	2		1	1			
滨海县	29	1	24	4						
阜宁县	17	4	8	5						
射阳县	29	2	17	8	2	1		1		
建湖县	10	3	7							
盐城经济技术开发区	14	4	6	3	1	4	1	2	1	
江苏省盐南高新区										
东台市	27	5	19	3						
扬州市	**284**	**114**	**152**	**9**	**9**	**5**	**1**	**3**		**1**
广陵区	7		6	1						
邗江区	13	7	6							
江都区	30	16	14							
宝应县	38	6	27	5						
扬州经济技术开发区	175	82	81	3	9	5	1	3		1
蜀冈瘦西湖景区										
生态新城	2	1	1							
仪征市	9	2	7							
高邮市	10		10							
镇江市	**901**	**193**	**649**	**25**	**34**	**3**		**3**		
京口区	6		6							
润州区										
丹徒区	64	8	32	5	19	3		3		
镇江新区	41	11	17	6	7					
江苏镇江高新区										
丹阳市	741	165	556	12	8					
扬中市	37	4	33							
句容市	12	5	5	2						
泰州市	**356**	**75**	**261**	**11**	**9**					
海陵区	1		1							
高港区	15	2	13							
姜堰区	13	5	8							
泰州医药高新技术产业开发区	65	14	41	6	4					
兴化市	31	13	14	1	3					
靖江市	160	25	131	2	2					
泰兴市	71	16	53	2						
宿迁市	**142**	**25**	**67**	**24**	**26**	**2**				**2**
宿城区	3		1	2						
宿豫区	10	5	2	3						
沭阳县	64	4	37	6	17	2				2
泗阳县	23	4	8	6	5					
泗洪县	30	10	14	5	1					
宿迁经济技术开发区	11	2	4	2	3					
宿迁市湖滨新区	1		1							
苏州宿迁工业园区										
宿迁市洋河新区										

7-1b　续表 42　　　　单位：人

现住地	省外									
	陕西					甘肃				
	小计	乡	镇的村委会	镇的居委会	街道	小计	乡	镇的村委会	镇的居委会	街道
江　苏	**6922**	**1388**	**4630**	**471**	**433**	**4513**	**1090**	**2810**	**320**	**293**
南京市	**46**	**9**	**23**	**11**	**3**	**19**	**4**	**12**	**2**	**1**
玄武区										
秦淮区										
建邺区										
鼓楼区										
浦口区										
栖霞区										
雨花台区	3		3			3	3			
江宁区										
六合区	29	7	14	6	2	13		12	1	
溧水区	14	2	6	5	1	2	1		1	
高淳区						1				1
南京江北新区										
无锡市	**499**	**112**	**355**	**17**	**15**	**198**	**48**	**127**	**9**	**14**
锡山区	145	37	104	3	1	77	6	60	2	9
惠山区	51	12	31	5	3	13	4	9		
滨湖区										
梁溪区										
新吴区										
江苏无锡经济开发区										
江阴市	236	43	177	9	7	80	32	45	3	
宜兴市	67	20	43		4	28	6	13	4	5
徐州市	**140**	**15**	**84**	**19**	**22**	**99**	**8**	**69**	**14**	**8**
鼓楼区										
云龙区	6	1	4		1	4		1		3
贾汪区	2			2						
泉山区										
铜山区	12		12			11		6	4	1
丰县	26	1	20	1	4	11	1	9		1
沛县	26		9	10	7	16	1	8	5	2
睢宁县	16	2	9	4	1	9		8		1
徐州经济技术开发区	41	11	20	2	8	41	3	33	5	
新沂市	8		8			4		4		
邳州市	3		2		1	3	3			
常州市	**339**	**52**	**257**	**28**	**2**	**169**	**52**	**108**	**7**	**2**
天宁区	13	3	10			8	1	7		
钟楼区										
新北区	84	13	56	14	1	20		17	3	
武进区	81	6	75			33	9	23		1
金坛区	50	18	22	10		29	18	8	3	
江苏省常州市经济开发区	46	11	34		1	53	21	30	1	1
溧阳市	65	1	60	4		26	3	23		

7-1b 续表 43

单位：人

现住地	省外									
	陕西					甘肃				
	小计	乡	镇的村委会	镇的居委会	街道	小计	乡	镇的村委会	镇的居委会	街道
苏州市	**4317**	**922**	**2881**	**257**	**257**	**2766**	**696**	**1780**	**173**	**117**
虎丘区										
吴中区	436	99	332	1	4	183	67	111	3	2
相城区	61	13	46	2		35	17	18		
姑苏区										
吴江区	356	102	221	24	9	229	63	152	13	1
苏州工业园区	2341	486	1471	176	208	1524	381	938	108	97
常熟市	229	31	181	10	7	161	18	136	6	1
张家港市	298	46	232	7	13	204	36	151	14	3
昆山市	338	84	223	23	8	198	55	125	10	8
太仓市	258	61	175	14	8	232	59	149	19	5
南通市	**661**	**114**	**481**	**41**	**25**	**356**	**87**	**232**	**18**	**19**
崇川区										
港闸区										
通州区	118	19	96	2	1	39	18	16	5	
如东县	55	6	39	6	4	55	14	35	1	5
南通经济技术开发区	165	19	113	21	12	99	17	68	6	8
通州湾示范区	6	4	2			9		9		
苏锡通科技产业园区	38	12	23	2	1	29	18	11		
启东市	93	15	71	4	3	41	7	28	3	3
如皋市	33	16	14	3		18	4	12	2	
海门市	112	20	86	3	3	56	7	45	1	3
海安市	41	3	37		1	10	2	8		
连云港市	**73**	**7**	**36**	**16**	**14**	**136**	**22**	**72**	**13**	**29**
连云区	1		1			1		1		
海州区	1				1	4		3	1	
赣榆区	5	1	4			7		7		
东海县	17	2	13		2	4	1	2		1
灌云县	5	1	1		3	3	1	2		
灌南县	11		6	4	1	6		6		
连云港经济技术开发区	12	2	5	4	1	21	4	6	2	9
连云港高新技术产业开发区	21	1	6	8	6	90	16	45	10	19
江苏连云港徐圩新区										
江苏省连云港市云台山风景名胜区										
淮安市	**94**	**22**	**50**	**8**	**14**	**111**	**15**	**74**	**6**	**16**
淮安区	4		3	1		1		1		
淮阴区						1	1			
清江浦区										
洪泽区										
涟水县	13	4	5	3	1	7	2	3	2	
盱眙县	6		3	2	1	21	6	13	1	1
金湖县	20	3	15	1	1	4		4		
淮安经济技术开发区	47	14	21	1	11	72	6	52	1	13
工业园区						1		1		
生态文旅区	4	1	3			3			2	1
苏淮高新区						1				1

7-1b　续表 44　　　　单位：人

现住地	省外									
	陕西					甘肃				
	小计	乡	镇的村委会	镇的居委会	街道	小计	乡	镇的村委会	镇的居委会	街道
盐城市	**133**	**16**	**78**	**17**	**22**	**135**	**29**	**67**	**16**	**23**
亭湖区	14		14			13	3	10		
盐都区						8	3	5		
大丰区	10	1	8	1		14	4	3	1	6
响水县	18	6	7	3	2	8	3	3		2
滨海县	29	5	16	3	5	18	3	10	4	1
阜宁县	8	1	2	2	3	9	1	3	2	3
射阳县	15	1	8	5	1	14	5	6	2	1
建湖县	15	1	7	1	6	10	2	6		2
盐城经济技术开发区	16	1	10	2	3	34	3	19	4	8
江苏省盐南高新区										
东台市	8		6		2	7	2	2	3	
扬州市	**119**	**17**	**64**	**17**	**21**	**122**	**34**	**61**	**10**	**17**
广陵区	28		12	12	4	4	2	2		
邗江区	10	4	5		1	4		1	3	
江都区	18	3	12	1	2	12	6	6		
宝应县	15	2	10	3		16	1	5	3	7
扬州经济技术开发区	41	8	18	1	14	73	25	34	4	10
蜀冈瘦西湖景区										
生态新城										
仪征市	1		1			13		13		
高邮市	6		6							
镇江市	**275**	**73**	**181**	**10**	**11**	**193**	**51**	**97**	**17**	**28**
京口区										
润州区										
丹徒区	25		22		3	52	3	26	7	16
镇江新区	47	6	31	7	3	54	23	19	6	6
江苏镇江高新区										
丹阳市	170	51	116	2	1	67	18	44	3	2
扬中市	6	2	4			8	3	5		
句容市	27	14	8	1	4	12	4	3	1	4
泰州市	**157**	**20**	**108**	**14**	**15**	**147**	**29**	**81**	**23**	**14**
海陵区	2		2			1	1			
高港区	5	1	4			9	5	4		
姜堰区	4		4							
泰州医药高新技术产业开发区	72	4	49	7	12	93	21	55	9	8
兴化市	14	4	10			12	1	7	2	2
靖江市	30		20	7	3	15		6	6	3
泰兴市	30	11	19			17	1	9	6	1
宿迁市	**69**	**9**	**32**	**16**	**12**	**62**	**15**	**30**	**12**	**5**
宿城区	1				1	5		5		
宿豫区	1			1		1				1
沭阳县	36	5	19	8	4	23	3	14	5	1
泗阳县	6		3	1	2	12	1	4	5	2
泗洪县	15	2	5	6	2	11	4	5	1	1
宿迁经济技术开发区	10	2	5		3	9	6	2	1	
宿迁市湖滨新区						1	1			
苏州宿迁工业园区										
宿迁市洋河新区										

7-1b 续表 45

单位：人

现住地	省外									
	青海					宁夏				
	小计	乡	镇的村委会	镇的居委会	街道	小计	乡	镇的村委会	镇的居委会	街道
江苏	**463**	**77**	**247**	**60**	**79**	**284**	**39**	**126**	**48**	**71**
南京市	**5**				**5**	**1**	**1**			
玄武区										
秦淮区										
建邺区										
鼓楼区										
浦口区										
栖霞区										
雨花台区						1	1			
江宁区										
六合区	5				5					
溧水区										
高淳区										
南京江北新区										
无锡市	**16**	**1**	**8**		**7**	**11**		**3**		**8**
锡山区	3		2		1	5		2		3
惠山区										
滨湖区										
梁溪区										
新吴区										
江苏无锡经济开发区										
江阴市	5	1	2		2	5				5
宜兴市	8		4		4	1		1		
徐州市	**23**	**3**	**13**	**3**	**4**	**22**		**17**	**1**	**4**
鼓楼区										
云龙区						2		1		1
贾汪区										
泉山区										
铜山区	1				1	1		1		
丰县	3		3			5		5		
沛县	5	1	2	1	1	8		5	1	2
睢宁县	2			2		3		3		
徐州经济技术开发区	5	2	1		2	3		2		1
新沂市	6		6							
邳州市	1		1							
常州市	**10**	**1**	**5**	**4**		**5**	**1**	**2**	**2**	
天宁区										
钟楼区										
新北区						3		2	1	
武进区	5		5			1	1			
金坛区	5	1		4						
江苏省常州市经济开发区										
溧阳市						1			1	

7-1b　续表 46　　　　单位：人

现住地	省外									
	青海					宁夏				
	小计	乡	镇的村委会	镇的居委会	街道	小计	乡	镇的村委会	镇的居委会	街道
苏州市	**136**	**17**	**71**	**27**	**21**	**126**	**13**	**60**	**18**	**35**
虎丘区										
吴中区	3		3			6	2	2	2	
相城区	5	1	4							
姑苏区										
吴江区	8	3	5			10	3	7		
苏州工业园区	78	12	30	17	19	76	4	29	14	29
常熟市	12	1	9		2	9		6		3
张家港市	19		13	6		5	1	2		2
昆山市	4			4		8	2	3	2	1
太仓市	7		7			12	1	11		
南通市	**41**	**13**	**23**	**3**	**2**	**11**	**5**	**4**	**2**	
崇川区										
港闸区										
通州区	1	1				1		1		
如东县	2				2	1	1			
南通经济技术开发区	27	12	13	2		4	1	1	2	
通州湾示范区										
苏锡通科技产业园区	2		2							
启东市										
如皋市						3	3			
海门市	7		7			2		2		
海安市	2		1	1						
连云港市	**30**	**7**	**14**	**1**	**8**	**11**	**4**	**2**	**3**	**2**
连云区										
海州区										
赣榆区	6		4		2	4	1	2	1	
东海县						3	1		2	
灌云县	1			1		1				1
灌南县										
连云港经济技术开发区	5	5								
连云港高新技术产业开发区	18	2	10		6	3	2			1
江苏连云港徐圩新区										
江苏省连云港市云台山风景名胜区										
淮安市	**94**	**6**	**75**	**1**	**12**	**5**		**4**	**1**	
淮安区										
淮阴区										
清江浦区										
洪泽区										
涟水县	4		2		2					
盱眙县										
金湖县	1		1							
淮安经济技术开发区	89	6	72	1	10	5		4	1	
工业园区										
生态文旅区										
苏淮高新区										

7-1b 续表 47

单位：人

现住地	省外									
	青海					宁夏				
	小计	乡	镇的村委会	镇的居委会	街道	小计	乡	镇的村委会	镇的居委会	街道
盐城市	**21**	**10**	**6**	**5**		**23**	**2**	**9**	**10**	**2**
亭湖区						2		2		
盐都区	2		2							
大丰区						3		3		
响水县	5	5								
滨海县										
阜宁县						2	1		1	
射阳县	8	5	1	2		5		2	3	
建湖县	1		1			1	1			
盐城经济技术开发区	4		1	3		10		2	6	2
江苏省盐南高新区										
东台市	1		1							
扬州市	**14**	**4**	**5**	**3**	**2**	**16**	**3**	**5**	**1**	**7**
广陵区	2			2						
邗江区										
江都区	1	1				3		1		2
宝应县	4		3	1						
扬州经济技术开发区	7	3	2		2	12	2	4	1	5
蜀冈瘦西湖景区										
生态新城										
仪征市										
高邮市						1	1			
镇江市	**39**	**10**	**12**	**5**	**12**	**24**	**6**	**12**		**6**
京口区										
润州区										
丹徒区	15	5	6		4	12	1	6		5
镇江新区	15	1	3	3	8	3	1	2		
江苏镇江高新区										
丹阳市	6	4		2		5	2	2		1
扬中市										
句容市	3		3			4	2	2		
泰州市	**8**	**1**	**6**	**1**		**17**	**4**	**5**	**2**	**6**
海陵区										
高港区	1	1								
姜堰区	1		1			2	2			
泰州医药高新技术产业开发区	3		2	1		7	2	1		4
兴化市						1		1		
靖江市	1		1			6		2	2	2
泰兴市	2		2			1		1		
宿迁市	**26**	**4**	**9**	**7**	**6**	**12**		**3**	**8**	**1**
宿城区										
宿豫区										
沭阳县	10	2	4	2	2	2		1		1
泗阳县	2			2		3			3	
泗洪县	3			3		5			5	
宿迁经济技术开发区	11	2	5		4	2		2		
宿迁市湖滨新区										
苏州宿迁工业园区										
宿迁市洋河新区										

7-1b　续表 48　　单位：人

现住地	省外				
	新疆				
	小计	乡	镇的村委会	镇的居委会	街道
江　苏	**870**	**168**	**321**	**138**	**243**
南京市	**1**		**1**		
玄武区					
秦淮区					
建邺区					
鼓楼区					
浦口区					
栖霞区					
雨花台区					
江宁区					
六合区	1		1		
溧水区					
高淳区					
南京江北新区					
无锡市	**52**	**13**	**24**	**3**	**12**
锡山区	16	6	6	2	2
惠山区	5	1	2		2
滨湖区					
梁溪区					
新吴区					
江苏无锡经济开发区					
江阴市	18	6	9		3
宜兴市	13		7	1	5
徐州市	**81**	**10**	**29**	**2**	**40**
鼓楼区					
云龙区	1				1
贾汪区	2		2		
泉山区					
铜山区	11		10	1	
丰县	9	4	4		1
沛县	7	4		1	2
睢宁县	7		5		2
徐州经济技术开发区	41	2	5		34
新沂市	3		3		
邳州市					
常州市	**2**	**1**	**1**		
天宁区					
钟楼区					
新北区					
武进区	2	1	1		
金坛区					
江苏省常州市经济开发区					
溧阳市					

7-1b 续表 49

单位：人

现住地	省外 新疆 小计	乡	镇的村委会	镇的居委会	街道
苏州市	**275**	**54**	**108**	**52**	**61**
虎丘区					
吴中区	16	1	11	2	2
相城区					
姑苏区					
吴江区	18	2	10	4	2
苏州工业园区	136	24	36	32	44
常熟市	14	1	13		
张家港市	62	20	29	7	6
昆山市	18	2	3	6	7
太仓市	11	4	6	1	
南通市	**61**	**17**	**21**	**11**	**12**
崇川区					
港闸区					
通州区	14	3	6	1	4
如东县	4	1			3
南通经济技术开发区	13	2	7	3	1
通州湾示范区					
苏锡通科技产业园区	3	1	1	1	
启东市	6	1	3		2
如皋市	13	6	2	5	
海门市	6	2	1	1	2
海安市	2	1	1		
连云港市	**186**	**34**	**69**	**22**	**61**
连云区					
海州区					
赣榆区	7		5	1	1
东海县	2				2
灌云县	7		5		2
灌南县	2		2		
连云港经济技术开发区	38	8	24		6
连云港高新技术产业开发区	130	26	33	21	50
江苏连云港徐圩新区					
江苏省连云港市云台山风景名胜区					
淮安市	**27**	**1**	**15**	**3**	**8**
淮安区					
淮阴区	4		4		
清江浦区					
洪泽区	5		5		
涟水县	1	1			
盱眙县	2				2
金湖县	2		1		1
淮安经济技术开发区	9		5	3	1
工业园区					
生态文旅区	4				4
苏淮高新区					

7-1b 续表 50

单位：人

现住地	省外				
	新疆				
	小计	乡	镇的村委会	镇的居委会	街道
盐城市	**19**	**2**	**2**	**13**	**2**
亭湖区					
盐都区					
大丰区					
响水县					
滨海县	3	1		2	
阜宁县	2		1	1	
射阳县	3			2	1
建湖县	2			1	1
盐城经济技术开发区	8		1	7	
江苏省盐南高新区					
东台市	1	1			
扬州市	**40**	**8**	**12**	**9**	**11**
广陵区	2		1	1	
邗江区					
江都区	3		1	1	1
宝应县					
扬州经济技术开发区	34	7	10	7	10
蜀冈瘦西湖景区					
生态新城					
仪征市					
高邮市	1	1			
镇江市	**57**	**17**	**13**	**12**	**15**
京口区	1		1		
润州区					
丹徒区	15	6	1	4	4
镇江新区	15	2	9		4
江苏镇江高新区					
丹阳市	19	8		4	7
扬中市	1			1	
句容市	6	1	2	3	
泰州市	**39**	**3**	**20**	**7**	**9**
海陵区					
高港区	1			1	
姜堰区	5	2	3		
泰州医药高新技术产业开发区	5	1			4
兴化市	1		1		
靖江市	14		5	5	4
泰兴市	13		11	1	1
宿迁市	**30**	**8**	**6**	**4**	**12**
宿城区					
宿豫区	2				2
沭阳县	13	2	4		7
泗阳县	11	4	2	4	1
泗洪县	2	1			1
宿迁经济技术开发区	2	1			1
宿迁市湖滨新区					
苏州宿迁工业园区					
宿迁市洋河新区					

7-1c 全省按现住地、户口登记地类型分的户口登记地在外乡镇街道人口(乡村)

单位：人

现住地	合计					省内				
	合计	乡	镇的村委会	镇的居委会	街道	小计	乡	镇的村委会	镇的居委会	街道
江苏	**265402**	**50275**	**186608**	**11554**	**16965**	**99368**	**14738**	**66080**	**7414**	**11136**
南京市	**20756**	**3689**	**10751**	**1701**	**4615**	**9978**	**1302**	**4368**	**1108**	**3200**
玄武区										
秦淮区										
建邺区										
鼓楼区										
浦口区	1145	339	449	80	277	468	130	117	55	166
栖霞区	1256	295	671	76	214	607	116	297	38	156
雨花台区										
江宁区	13194	2194	6967	960	3073	5961	651	2592	617	2101
六合区	1871	286	947	253	385	1116	135	505	167	309
溧水区	1898	329	909	258	402	1125	186	471	179	289
高淳区	943	176	532	55	180	466	60	238	38	130
南京江北新区	449	70	276	19	84	235	24	148	14	49
无锡市	**46405**	**10921**	**32343**	**1419**	**1722**	**13458**	**2380**	**9259**	**807**	**1012**
锡山区	4797	859	3692	124	122	1486	194	1170	65	57
惠山区	10218	2816	6429	462	511	3189	655	1951	277	306
滨湖区	2184	425	1535	97	127	750	70	525	67	88
梁溪区										
新吴区	4305	1177	2670	161	297	1359	334	749	86	190
江苏无锡经济开发区										
江阴市	15829	3810	11473	245	301	3711	652	2748	148	163
宜兴市	9072	1834	6544	330	364	2963	475	2116	164	208
徐州市	**7071**	**592**	**5559**	**301**	**619**	**5234**	**418**	**4059**	**244**	**513**
鼓楼区										
云龙区										
贾汪区	658	56	527	22	53	502	40	392	20	50
泉山区										
铜山区	1863	234	1435	46	148	1410	180	1064	40	126
丰县	888	59	678	16	135	600	35	455	14	96
沛县	931	58	683	79	111	701	36	505	62	98
睢宁县	778	50	591	70	67	528	33	393	51	51
徐州经济技术开发区	143	1	109	12	21	92		65	11	16
新沂市	1177	109	956	42	70	953	82	774	34	63
邳州市	633	25	580	14	14	448	12	411	12	13
常州市	**34547**	**8117**	**24479**	**760**	**1191**	**10751**	**1816**	**7826**	**447**	**662**
天宁区	1920	287	1595	9	29	584	73	486	5	20
钟楼区	2365	571	1493	137	164	1168	247	691	109	121
新北区	2501	456	1876	79	90	1023	108	813	51	51
武进区	12608	2936	9079	243	350	3675	626	2772	135	142
金坛区	4733	997	3402	110	224	1478	197	1082	60	139
江苏省常州市经济开发区	8110	2458	5399	126	127	2000	465	1395	61	79
溧阳市	2310	412	1635	56	207	823	100	587	26	110

7-1c　续表 1　　　　单位：人

现住地	合计					省内				
	合计	乡	镇的村委会	镇的居委会	街道	小计	乡	镇的村委会	镇的居委会	街道
苏州市	**92058**	**15123**	**70667**	**3310**	**2958**	**19838**	**2341**	**14845**	**1483**	**1169**
虎丘区	3344	750	2046	252	296	1205	195	680	157	173
吴中区	11810	2235	8668	204	703	2568	374	1757	107	330
相城区	2313	356	1779	72	106	500	48	364	24	64
姑苏区										
吴江区	11196	2492	8286	225	193	1573	327	1098	99	49
苏州工业园区										
常熟市	14254	1735	11659	413	447	3428	276	2754	191	207
张家港市	15513	2047	12935	325	206	3703	313	3198	138	54
昆山市	22746	3481	17132	1488	645	4656	551	3341	600	164
太仓市	10882	2027	8162	331	362	2205	257	1653	167	128
南通市	**13563**	**3052**	**8624**	**837**	**1050**	**6651**	**1044**	**4205**	**659**	**743**
崇川区										
港闸区	109	10	68	11	20	44		24	8	12
通州区	2872	998	1616	105	153	1316	311	807	74	124
如东县	1870	330	1110	213	217	1193	172	655	189	177
南通经济技术开发区										
通州湾示范区	279	40	184	30	25	140	10	93	25	12
苏锡通科技产业园区	1778	512	1106	73	87	560	101	351	42	66
启东市	2939	510	2054	200	175	1678	282	1115	171	110
如皋市	969	133	630	101	105	599	66	373	78	82
海门市	1796	326	1192	70	208	683	61	462	45	115
海安市	951	193	664	34	60	438	41	325	27	45
连云港市	**3471**	**789**	**2070**	**203**	**409**	**2612**	**590**	**1512**	**164**	**346**
连云区	57	4	30	5	18	32	2	13	5	12
海州区	295	46	176	14	59	247	42	138	13	54
赣榆区	990	169	662	74	85	673	98	457	56	62
东海县	840	297	473	24	46	602	222	321	22	37
灌云县	454	117	275	44	18	346	93	205	37	11
灌南县	425	67	332	18	8	351	53	282	9	7
连云港经济技术开发区	174	36	70	9	59	155	30	64	9	52
连云港高新技术产业开发区										
江苏连云港徐圩新区	22		22			6		6		
江苏省连云港市云台山风景名胜区	214	53	30	15	116	200	50	26	13	111
淮安市	**4517**	**1101**	**2579**	**340**	**497**	**3740**	**903**	**2131**	**289**	**417**
淮安区	572	143	313	61	55	438	99	240	56	43
淮阴区	632	109	371	24	128	504	71	298	18	117
清江浦区	238	31	140	22	45	209	22	128	17	42
洪泽区	1008	296	540	131	41	938	286	499	121	32
涟水县	513	205	221	27	60	396	167	174	21	34
盱眙县	528	104	328	17	79	458	75	291	16	76
金湖县	960	211	610	54	85	761	182	470	39	70
淮安经济技术开发区										
工业园区	63	2	53	4	4	33	1	28	1	3
生态文旅区										
苏淮高新区	3		3			3		3		

7-1c 续表 2

单位: 人

现住地	合计					省内				
	合计	乡	镇的村委会	镇的居委会	街道	小计	乡	镇的村委会	镇的居委会	街道
盐城市	**9118**	**1144**	**6294**	**813**	**867**	**7222**	**894**	**4851**	**737**	**740**
亭湖区	673	98	414	30	131	606	95	354	30	127
盐都区	1276	67	958	112	139	1029	54	733	107	135
大丰区	2349	474	1419	220	236	1815	390	1029	199	197
响水县	348	57	267	20	4	276	48	211	14	3
滨海县	535	88	388	34	25	401	69	283	28	21
阜宁县	294	36	209	21	28	208	19	147	19	23
射阳县	1323	146	936	182	59	1080	101	775	166	38
建湖县	1030	86	713	97	134	888	59	635	92	102
盐城经济技术开发区	107	6	75	3	23	81	3	57	2	19
江苏省盐南高新区										
东台市	1183	86	915	94	88	838	56	627	80	75
扬州市	**8275**	**1040**	**6275**	**475**	**485**	**4672**	**436**	**3477**	**384**	**375**
广陵区	1656	335	1236	25	60	717	120	542	18	37
邗江区	618	87	485	14	32	407	52	323	8	24
江都区	2285	209	1866	118	92	1075	56	878	88	53
宝应县	505	81	372	26	26	350	43	264	23	20
扬州经济技术开发区	620	71	295	94	160	509	49	219	91	150
蜀冈瘦西湖景区										
生态新城	263	46	190	9	18	162	28	112	7	15
仪征市	1389	75	1118	161	35	886	18	713	125	30
高邮市	939	136	713	28	62	566	70	426	24	46
镇江市	**9618**	**1666**	**6473**	**376**	**1103**	**4592**	**504**	**3017**	**284**	**787**
京口区	123		106	7	10	76		60	6	10
润州区	66	8	53	1	4	23	1	17	1	4
丹徒区	1124	143	774	42	165	591	41	372	34	144
镇江新区	861	200	576	32	53	610	106	432	29	43
江苏镇江高新区										
丹阳市	3326	601	2417	82	226	1183	147	856	51	129
扬中市	1688	201	1217	75	195	811	67	579	51	114
句容市	2430	513	1330	137	450	1298	142	701	112	343
泰州市	**9348**	**998**	**7027**	**467**	**856**	**5230**	**455**	**3766**	**339**	**670**
海陵区	330	24	198	27	81	268	6	165	21	76
高港区	590	60	418	43	69	360	29	245	36	50
姜堰区	971	132	626	68	145	689	68	450	48	123
泰州医药高新技术产业开发区	222	10	127	53	32	152		78	42	32
兴化市	1307	115	950	103	139	1037	101	732	91	113
靖江市	3260	321	2684	102	153	1342	91	1092	61	98
泰兴市	2668	336	2024	71	237	1382	160	1004	40	178
宿迁市	**6655**	**2043**	**3467**	**552**	**593**	**5390**	**1655**	**2764**	**469**	**502**
宿城区	1264	325	719	88	132	971	246	537	66	122
宿豫区	573	106	374	38	55	467	91	298	32	46
沭阳县	1548	456	968	33	91	1268	360	801	26	81
泗阳县	672	175	323	92	82	535	141	246	88	60
泗洪县	1705	799	632	165	109	1433	687	519	133	94
宿迁经济技术开发区	375	127	116	22	110	280	85	90	18	87
宿迁市湖滨新区	300	28	176	84	12	252	25	137	80	10
苏州宿迁工业园区										
宿迁市洋河新区	218	27	159	30	2	184	20	136	26	2

7-1c　续表 3　　　　单位：人

现住地	省外									
	小计					北京				
	小计	乡	镇的村委会	镇的居委会	街道	小计	乡	镇的村委会	镇的居委会	街道
江　苏	**166034**	**35537**	**120528**	**4140**	**5829**	**105**	**11**	**45**	**8**	**41**
南京市	**10778**	**2387**	**6383**	**593**	**1415**	**6**		**1**		**5**
玄武区										
秦淮区										
建邺区										
鼓楼区										
浦口区	677	209	332	25	111					
栖霞区	649	179	374	38	58					
雨花台区										
江宁区	7233	1543	4375	343	972	5				5
六合区	755	151	442	86	76					
溧水区	773	143	438	79	113					
高淳区	477	116	294	17	50	1		1		
南京江北新区	214	46	128	5	35					
无锡市	**32947**	**8541**	**23084**	**612**	**710**	**12**				**12**
锡山区	3311	665	2522	59	65					
惠山区	7029	2161	4478	185	205	2				2
滨湖区	1434	355	1010	30	39					
梁溪区										
新吴区	2946	843	1921	75	107					
江苏无锡经济开发区										
江阴市	12118	3158	8725	97	138					
宜兴市	6109	1359	4428	166	156	10				10
徐州市	**1837**	**174**	**1500**	**57**	**106**	**14**	**1**	**11**	**1**	**1**
鼓楼区										
云龙区										
贾汪区	156	16	135	2	3	1		1		
泉山区										
铜山区	453	54	371	6	22	4	1	1	1	1
丰县	288	24	223	2	39	5		5		
沛县	230	22	178	17	13	1		1		
睢宁县	250	17	198	19	16	2		2		
徐州经济技术开发区	51	1	44	1	5					
新沂市	224	27	182	8	7					
邳州市	185	13	169	2	1	1		1		
常州市	**23796**	**6301**	**16653**	**313**	**529**	**13**	**3**	**2**	**3**	**5**
天宁区	1336	214	1109	4	9	1		1		
钟楼区	1197	324	802	28	43					
新北区	1478	348	1063	28	39					
武进区	8933	2310	6307	108	208	3		1	2	
金坛区	3255	800	2320	50	85	8	3			5
江苏省常州市经济开发区	6110	1993	4004	65	48					
溧阳市	1487	312	1048	30	97	1			1	

7-1c 续表 4

单位：人

现住地	省外									
	小计					北京				
	小计	乡	镇的村委会	镇的居委会	街道	小计	乡	镇的村委会	镇的居委会	街道
苏州市	**72220**	**12782**	**55822**	**1827**	**1789**	**14**	**2**	**5**		**7**
虎丘区	2139	555	1366	95	123	3				3
吴中区	9242	1861	6911	97	373	1				1
相城区	1813	308	1415	48	42					
姑苏区										
吴江区	9623	2165	7188	126	144	1	1			
苏州工业园区										
常熟市	10826	1459	8905	222	240	1				1
张家港市	11810	1734	9737	187	152	1		1		
昆山市	18090	2930	13791	888	481	7	1	4		2
太仓市	8677	1770	6509	164	234					
南通市	**6912**	**2008**	**4419**	**178**	**307**	**7**	**3**	**2**	**1**	**1**
崇川区										
港闸区	65	10	44	3	8					
通州区	1556	687	809	31	29	3	3			
如东县	677	158	455	24	40	1			1	
南通经济技术开发区										
通州湾示范区	139	30	91	5	13					
苏锡通科技产业园区	1218	411	755	31	21					
启东市	1261	228	939	29	65	1		1		
如皋市	370	67	257	23	23					
海门市	1113	265	730	25	93	2		1		1
海安市	513	152	339	7	15					
连云港市	**859**	**199**	**558**	**39**	**63**	**5**		**3**		**2**
连云区	25	2	17		6					
海州区	48	4	38	1	5					
赣榆区	317	71	205	18	23	3		1		2
东海县	238	75	152	2	9	2		2		
灌云县	108	24	70	7	7					
灌南县	74	14	50	9	1					
连云港经济技术开发区	19	6	6		7					
连云港高新技术产业开发区										
江苏连云港徐圩新区	16		16							
江苏省连云港市云台山风景名胜区	14	3	4	2	5					
淮安市	**777**	**198**	**448**	**51**	**80**	**4**		**1**	**1**	**2**
淮安区	134	44	73	5	12					
淮阴区	128	38	73	6	11					
清江浦区	29	9	12	5	3	1		1		
洪泽区	70	10	41	10	9					
涟水县	117	38	47	6	26					
盱眙县	70	29	37	1	3	2				2
金湖县	199	29	140	15	15	1			1	
淮安经济技术开发区										
工业园区	30	1	25	3	1					
生态文旅区										
苏淮高新区										

7-1c　续表 5　　　　单位：人

现住地	省外									
	小计					北京				
	小计	乡	镇的村委会	镇的居委会	街道	小计	乡	镇的村委会	镇的居委会	街道
盐城市	**1896**	**250**	**1443**	**76**	**127**	**7**	**1**	**5**		**1**
亭湖区	67	3	60		4					
盐都区	247	13	225	5	4					
大丰区	534	84	390	21	39					
响水县	72	9	56	6	1	4		4		
滨海县	134	19	105	6	4	1		1		
阜宁县	86	17	62	2	5	2	1			1
射阳县	243	45	161	16	21					
建湖县	142	27	78	5	32					
盐城经济技术开发区	26	3	18	1	4					
江苏省盐南高新区										
东台市	345	30	288	14	13					
扬州市	**3603**	**604**	**2798**	**91**	**110**	**7**		**4**		**3**
广陵区	939	215	694	7	23	2		2		
邗江区	211	35	162	6	8	1				1
江都区	1210	153	988	30	39	2		2		
宝应县	155	38	108	3	6					
扬州经济技术开发区	111	22	76	3	10					
蜀冈瘦西湖景区										
生态新城	101	18	78	2	3					
仪征市	503	57	405	36	5	1				1
高邮市	373	66	287	4	16	1				1
镇江市	**5026**	**1162**	**3456**	**92**	**316**	**4**	**1**	**2**	**1**	
京口区	47		46	1						
润州区	43	7	36							
丹徒区	533	102	402	8	21	1		1		
镇江新区	251	94	144	3	10					
江苏镇江高新区										
丹阳市	2143	454	1561	31	97	1			1	
扬中市	877	134	638	24	81					
句容市	1132	371	629	25	107	2	1	1		
泰州市	**4118**	**543**	**3261**	**128**	**186**	**10**		**7**	**1**	**2**
海陵区	62	18	33	6	5	2			1	1
高港区	230	31	173	7	19					
姜堰区	282	64	176	20	22	1		1		
泰州医药高新技术产业开发区	70	10	49	11						
兴化市	270	14	218	12	26	1				1
靖江市	1918	230	1592	41	55	1		1		
泰兴市	1286	176	1020	31	59	5		5		
宿迁市	**1265**	**388**	**703**	**83**	**91**	**2**		**2**		
宿城区	293	79	182	22	10					
宿豫区	106	15	76	6	9					
沭阳县	280	96	167	7	10	1		1		
泗阳县	137	34	77	4	22	1		1		
泗洪县	272	112	113	32	15					
宿迁经济技术开发区	95	42	26	4	23					
宿迁市湖滨新区	48	3	39	4	2					
苏州宿迁工业园区										
宿迁市洋河新区	34	7	23	4						

7-1c 续表 6

单位：人

现住地	省外									
	天津					河北				
	小计	乡	镇的村委会	镇的居委会	街道	小计	乡	镇的村委会	镇的居委会	街道
江苏	**66**	**8**	**39**	**6**	**13**	**1771**	**420**	**1205**	**64**	**82**
南京市	**7**	**1**	**4**	**1**	**1**	**121**	**27**	**67**	**11**	**16**
玄武区										
秦淮区										
建邺区										
鼓楼区										
浦口区						7		4		3
栖霞区						7		7		
雨花台区										
江宁区	5	1	2	1	1	65	14	37	6	8
六合区	1		1			18	4	11	2	1
溧水区	1		1			12	2	7	2	1
高淳区						9	6		1	2
南京江北新区						3	1	1		1
无锡市	**6**		**6**			**231**	**75**	**139**	**8**	**9**
锡山区	1		1			30	10	17	2	1
惠山区	2		2			63	20	40	3	
滨湖区						18	8	10		
梁溪区										
新吴区	1		1			21	5	16		
江苏无锡经济开发区										
江阴市	2		2			64	22	37	1	4
宜兴市						35	10	19	2	4
徐州市	**1**				**1**	**29**	**2**	**26**		**1**
鼓楼区										
云龙区										
贾汪区						6	1	5		
泉山区										
铜山区	1				1	4		3		1
丰县						5		5		
沛县						5		5		
睢宁县						4	1	3		
徐州经济技术开发区						2		2		
新沂市						2		2		
邳州市						1		1		
常州市	**4**		**2**	**2**		**116**	**41**	**71**	**1**	**3**
天宁区						4	1	3		
钟楼区						22	6	15		1
新北区						14	9	5		
武进区	2		1	1		35	14	20		1
金坛区						12	2	9		1
江苏省常州市经济开发区						19	3	15	1	
溧阳市	2		1	1		10	6	4		

7-1c　续表 7

单位：人

现住地	省外									
	天津					河北				
	小计	乡	镇的村委会	镇的居委会	街道	小计	乡	镇的村委会	镇的居委会	街道
苏州市	**15**	**1**	**7**	**3**	**4**	**557**	**105**	**407**	**25**	**20**
虎丘区	2				2	32	11	18		3
吴中区						62	10	46	1	5
相城区	1				1	17	3	12		2
姑苏区										
吴江区	1	1				38	13	24		1
苏州工业园区										
常熟市						65	6	52	7	
张家港市	3		2	1		56	8	47	1	
昆山市	7		5	2		204	35	147	15	7
太仓市	1				1	83	19	61	1	2
南通市	**12**	**2**	**9**		**1**	**54**	**21**	**32**		**1**
崇川区										
港闸区						3	3			
通州区	1				1	7	5	1		1
如东县						3	1	2		
南通经济技术开发区										
通州湾示范区										
苏锡通科技产业园区	4		4			9	6	3		
启东市	2	1	1			20	1	19		
如皋市	2	1	1			5	1	4		
海门市	3		3			3	2	1		
海安市						4	2	2		
连云港市	**2**		**1**		**1**	**23**	**2**	**16**	**5**	
连云区										
海州区										
赣榆区	1		1			3		3		
东海县						2	1	1		
灌云县						18	1	12	5	
灌南县										
连云港经济技术开发区	1				1					
连云港高新技术产业开发区										
江苏连云港徐圩新区										
江苏省连云港市云台山风景名胜区										
淮安市	**3**		**2**		**1**	**11**	**3**	**7**		**1**
淮安区	1		1			1		1		
淮阴区						4	2	1		1
清江浦区										
洪泽区	1				1					
涟水县	1		1			2		2		
盱眙县						2	1	1		
金湖县						1		1		
淮安经济技术开发区										
工业园区						1		1		
生态文旅区										
苏淮高新区										

7-1c 续表 8

单位：人

现住地	省外									
	天津					河北				
	小计	乡	镇的村委会	镇的居委会	街道	小计	乡	镇的村委会	镇的居委会	街道
盐城市	**2**				**2**	**39**	**2**	**31**	**5**	**1**
亭湖区										
盐都区						9		9		
大丰区						6	2	4		
响水县						4		3		1
滨海县						1			1	
阜宁县						2		2		
射阳县						3		2	1	
建湖县						1		1		
盐城经济技术开发区						4		4		
江苏省盐南高新区										
东台市	2				2	9		6	3	
扬州市	**3**		**3**			**421**	**111**	**285**	**5**	**20**
广陵区						400	109	269	5	17
邗江区						1		1		
江都区						7	1	6		
宝应县						1		1		
扬州经济技术开发区						2	1			1
蜀冈瘦西湖景区										
生态新城						1		1		
仪征市						6		6		
高邮市	3		3			3		1		2
镇江市	**4**	**3**	**1**			**56**	**8**	**42**		**6**
京口区										
润州区						2		2		
丹徒区						5		5		
镇江新区	1		1			1		1		
江苏镇江高新区										
丹阳市	1	1				13		13		
扬中市						24	2	17		5
句容市	2	2				11	6	4		1
泰州市	**2**		**2**			**85**	**11**	**71**	**2**	**1**
海陵区										
高港区	1		1			19	5	14		
姜堰区						3	1	2		
泰州医药高新技术产业开发区						2		2		
兴化市						8		7		1
靖江市	1		1			22	5	16	1	
泰兴市						31		30	1	
宿迁市	**5**	**1**	**2**		**2**	**28**	**12**	**11**	**2**	**3**
宿城区	1				1	4	1	3		
宿豫区						4		3		1
沭阳县						6	5			1
泗阳县	2	1			1	1		1		
泗洪县						10	4	4	2	
宿迁经济技术开发区						3	2			1
宿迁市湖滨新区	2		2							
苏州宿迁工业园区										
宿迁市洋河新区										

7-1c 续表 9

单位：人

现住地	省外									
	山西					内蒙古				
	小计	乡	镇的村委会	镇的居委会	街道	小计	乡	镇的村委会	镇的居委会	街道
江　苏	**2641**	**552**	**1874**	**66**	**149**	**432**	**99**	**274**	**17**	**42**
南京市	**203**	**24**	**98**	**6**	**75**	**37**	**11**	**17**	**1**	**8**
玄武区										
秦淮区										
建邺区										
鼓楼区										
浦口区	2	1	1							
栖霞区	12	2	9	1		2		1	1	
雨花台区										
江宁区	149	17	65	4	63	22	8	6		8
六合区	14	2	7	1	4	9	2	7		
溧水区	11	1	7		3	3	1	2		
高淳区	7	1	6			1		1		
南京江北新区	8		3		5					
无锡市	**629**	**157**	**440**	**19**	**13**	**69**	**20**	**43**	**2**	**4**
锡山区	25	5	17	3		1		1		
惠山区	76	21	51	3	1	20	1	16	2	1
滨湖区	22	3	14	2	3	22	5	15		2
梁溪区										
新吴区	419	99	302	10	8	7	1	6		
江苏无锡经济开发区										
江阴市	50	18	31	1		13	10	2		1
宜兴市	37	11	25		1	6	3	3		
徐州市	**21**	**1**	**18**	**1**	**1**	**24**		**21**	**1**	**2**
鼓楼区										
云龙区										
贾汪区										
泉山区										
铜山区	5	1	4			10		9	1	
丰县	4		3		1	2		2		
沛县	3		3			2		2		
睢宁县	1			1		5		3		2
徐州经济技术开发区	1		1			4		4		
新沂市	5		5							
邳州市	2		2			1		1		
常州市	**200**	**51**	**142**	**4**	**3**	**32**	**3**	**24**	**1**	**4**
天宁区	3	1	2							
钟楼区	13	7	5	1		1		1		
新北区	10	2	8			1		1		
武进区	80	24	55		1	16	3	9		4
金坛区	62	11	46	3	2	10		9	1	
江苏省常州市经济开发区	19	3	16			3		3		
溧阳市	13	3	10			1		1		

7-1c 续表 10

单位：人

现住地	省外									
	山西					内蒙古				
	小计	乡	镇的村委会	镇的居委会	街道	小计	乡	镇的村委会	镇的居委会	街道
苏州市	**1287**	**245**	**971**	**27**	**44**	**139**	**32**	**86**	**7**	**14**
虎丘区	59	18	39		2	11	4	2	1	4
吴中区	165	26	134	1	4	24		22		2
相城区	38	5	32	1		2		2		
姑苏区										
吴江区	72	39	30	1	2	5		5		
苏州工业园区										
常熟市	117	28	85	2	2	18	9	9		
张家港市	102	9	83		10	16	4	8	1	3
昆山市	636	109	493	16	18	46	9	28	4	5
太仓市	98	11	75	6	6	17	6	10	1	
南通市	**83**	**24**	**46**	**7**	**6**	**16**	**6**	**9**	**1**	
崇川区										
港闸区	1				1	2		2		
通州区	14	8	2	1	3	6	4	2		
如东县	5	3	2							
南通经济技术开发区										
通州湾示范区	1		1							
苏锡通科技产业园区	6	1	5							
启东市	21	2	14	3	2	3		2	1	
如皋市	2		2			2		2		
海门市	24	6	15	3		2	1	1		
海安市	9	4	5			1	1			
连云港市	**5**	**1**	**4**			**20**	**6**	**14**		
连云区										
海州区						2		2		
赣榆区						15	6	9		
东海县	3	1	2			3		3		
灌云县	1		1							
灌南县	1		1							
连云港经济技术开发区										
连云港高新技术产业开发区										
江苏连云港徐圩新区										
江苏省连云港市云台山风景名胜区										
淮安市	**9**	**1**	**7**		**1**	**22**	**8**	**12**		**2**
淮安区	1	1				10	7	2		1
淮阴区	2		2			1				1
清江浦区						1	1			
洪泽区	1		1			3		3		
涟水县	1		1							
盱眙县										
金湖县	4		3		1					
淮安经济技术开发区										
工业园区						7		7		
生态文旅区										
苏淮高新区										

7-1c 续表 11

单位：人

现住地	省外									
	山西					内蒙古				
	小计	乡	镇的村委会	镇的居委会	街道	小计	乡	镇的村委会	镇的居委会	街道
盐城市	**32**	**6**	**25**		**1**	**13**	**4**	**8**	**1**	
亭湖区	1		1			4		4		
盐都区	6		5		1	2	2			
大丰区	13	3	10							
响水县										
滨海县	1		1			1			1	
阜宁县	1		1							
射阳县	6	3	3			2	1	1		
建湖县	1		1			1		1		
盐城经济技术开发区										
江苏省盐南高新区										
东台市	3		3			3	1	2		
扬州市	**34**	**7**	**27**			**17**	**1**	**14**		**2**
广陵区	2	1	1			3	1	2		
邗江区	2		2			1		1		
江都区	16	4	12			10		9		1
宝应县										
扬州经济技术开发区	1	1								
蜀冈瘦西湖景区										
生态新城						1				1
仪征市	2		2							
高邮市	11	1	10			2		2		
镇江市	**78**	**19**	**55**		**4**	**18**	**1**	**13**	**2**	**2**
京口区										
润州区										
丹徒区	14		12		2	7		7		
镇江新区	5		5							
江苏镇江高新区										
丹阳市	16	4	11		1	3		1	2	
扬中市	11		11							
句容市	32	15	16		1	8	1	5		2
泰州市	**42**	**7**	**34**		**1**	**21**	**6**	**12**	**1**	**2**
海陵区										
高港区	5		5			1	1			
姜堰区	3	1	2			2	1			1
泰州医药高新技术产业开发区										
兴化市	9		9			5		5		
靖江市	17	5	11		1	5	1	4		
泰兴市	8	1	7			8	3	3	1	1
宿迁市	**18**	**9**	**7**	**2**		**4**	**1**	**1**		**2**
宿城区	10	6	3	1		1		1		
宿豫区										
沭阳县	3		2	1						
泗阳县										
泗洪县	2	2				1	1			
宿迁经济技术开发区	1		1			2				2
宿迁市湖滨新区	2	1	1							
苏州宿迁工业园区										
宿迁市洋河新区										

7-1c 续表 12

单位：人

现住地	省外									
	辽宁					吉林				
	小计	乡	镇的村委会	镇的居委会	街道	小计	乡	镇的村委会	镇的居委会	街道
江苏	**688**	**132**	**430**	**41**	**85**	**946**	**182**	**623**	**43**	**98**
南京市	**68**	**9**	**36**	**6**	**17**	**119**	**29**	**59**	**9**	**22**
玄武区										
秦淮区										
建邺区										
鼓楼区										
浦口区						7		3		4
栖霞区	2			1	1	6	1	4		1
雨花台区										
江宁区	53	8	27	3	15	81	22	41	4	14
六合区	2			1	1	13	5	4	4	
溧水区	7		6	1		6		4	1	1
高淳区	2	1	1			2		2		
南京江北新区	2		2			4	1	1		2
无锡市	**77**	**21**	**42**	**3**	**11**	**125**	**32**	**80**	**1**	**12**
锡山区	5		5			12	2	10		
惠山区	19	3	12	2	2	28	4	19		5
滨湖区	5	3	2			16	3	11		2
梁溪区										
新吴区	7	2	1		4	19	7	10	1	1
江苏无锡经济开发区										
江阴市	28	12	14		2	35	10	22		3
宜兴市	13	1	8	1	3	15	6	8		1
徐州市	**18**		**15**		**3**	**24**	**4**	**18**	**2**	
鼓楼区										
云龙区										
贾汪区										
泉山区										
铜山区	6		6							
丰县	1		1			8		8		
沛县	4		1		3	13	2	10	1	
睢宁县	3		3			1			1	
徐州经济技术开发区	3		3							
新沂市						2	2			
邳州市	1		1							
常州市	**64**	**15**	**36**	**5**	**8**	**127**	**36**	**77**	**3**	**11**
天宁区	6	2	3		1	4	4			
钟楼区						3	1	2		
新北区	3		2		1	4		4		
武进区	11	4	4	1	2	30	10	17	2	1
金坛区	26	3	18	3	2	50	12	31	1	6
江苏省常州市经济开发区	8	3	3	1	1	34	9	21		4
溧阳市	10	3	6		1	2		2		

7-1c　续表 13　　　　单位：人

现住地	省外									
	辽宁					吉林				
	小计	乡	镇的村委会	镇的居委会	街道	小计	乡	镇的村委会	镇的居委会	街道
苏州市	**232**	**41**	**167**	**10**	**14**	**316**	**38**	**227**	**19**	**32**
虎丘区	9	3	4	1	1	24	3	12	1	8
吴中区	32	9	22		1	45	8	33	2	2
相城区	7	1	4	1	1	8	2	6		
姑苏区										
吴江区	23	8	15			19	5	13	1	
苏州工业园区										
常熟市	23	1	21		1	29		24	4	1
张家港市	26	6	10	3	7	32	6	24	2	
昆山市	77	7	62	5	3	105	12	71	6	16
太仓市	35	6	29			54	2	44	3	5
南通市	**61**	**19**	**27**	**5**	**10**	**49**	**9**	**28**	**3**	**9**
崇川区										
港闸区	4	1	2		1	8		3		5
通州区	7	4			3	6	1	5		
如东县	8		6	1	1	6		2	3	1
南通经济技术开发区										
通州湾示范区	1	1								
苏锡通科技产业园区	11	8	3							
启东市	16	4	7	4	1	15		13		2
如皋市	2		2			4	2	2		
海门市	8		5		3	7	4	2		1
海安市	4	1	2		1	3	2	1		
连云港市	**20**	**10**	**8**		**2**	**16**	**3**	**11**	**1**	**1**
连云区										
海州区	1				1					
赣榆区	8	4	3		1	15	3	10	1	1
东海县	7	4	3			1		1		
灌云县	1		1							
灌南县	1		1							
连云港经济技术开发区										
连云港高新技术产业开发区										
江苏连云港徐圩新区										
江苏省连云港市云台山风景名胜区	2	2								
淮安市	**14**	**6**	**6**		**2**	**9**		**7**	**1**	**1**
淮安区	8	5	2		1	1		1		
淮阴区	2	1			1	4		3	1	
清江浦区										
洪泽区	1		1							
涟水县										
盱眙县	1		1							
金湖县	2		2			1				1
淮安经济技术开发区										
工业园区						3		3		
生态文旅区										
苏淮高新区										

7-1c 续表 14

单位：人

现住地	省外									
	辽宁					吉林				
	小计	乡	镇的村委会	镇的居委会	街道	小计	乡	镇的村委会	镇的居委会	街道
盐城市	**30**	**2**	**22**		**6**	**25**	**5**	**19**		**1**
亭湖区	1		1							
盐都区						1		1		
大丰区	9	2	6		1	7	4	3		
响水县										
滨海县	3		3			3		3		
阜宁县	2		2							
射阳县	10		8		2	6	1	5		
建湖县	1				1	3		2		1
盐城经济技术开发区	1				1					
江苏省盐南高新区										
东台市	3		2		1	5		5		
扬州市	**35**	**3**	**29**	**3**		**44**	**4**	**37**	**2**	**1**
广陵区	12	3	9			8	3	5		
邗江区	1		1							
江都区	17		14	3		28	1	25	2	
宝应县						1		1		
扬州经济技术开发区										
蜀冈瘦西湖景区										
生态新城						4		3		1
仪征市	2		2			1		1		
高邮市	3		3			2		2		
镇江市	**20**	**3**	**11**	**2**	**4**	**31**	**6**	**22**		**3**
京口区										
润州区										
丹徒区	6		5	1		3		3		
镇江新区										
江苏镇江高新区										
丹阳市	4	2	2			10	5	5		
扬中市	4		2	1	1	5		5		
句容市	6	1	2		3	13	1	9		3
泰州市	**46**	**3**	**28**	**7**	**8**	**36**	**4**	**28**		**4**
海陵区										
高港区	3	1	2			1	1			
姜堰区	5	2	2		1	2		2		
泰州医药高新技术产业开发区										
兴化市	5		2	1	2					
靖江市	20		13	6	1	21	3	17		1
泰兴市	13		9		4	12		9		3
宿迁市	**3**		**3**			**25**	**12**	**10**	**2**	**1**
宿城区	3		3			8	3	5		
宿豫区						3	2			1
沭阳县						5	2	3		
泗阳县						3	2		1	
泗洪县						3	1	1	1	
宿迁经济技术开发区						1	1			
宿迁市湖滨新区										
苏州宿迁工业园区										
宿迁市洋河新区						2	1	1		

7-1c　续表 15

单位：人

现住地	省外									
	黑龙江					上海				
	小计	乡	镇的村委会	镇的居委会	街道	小计	乡	镇的村委会	镇的居委会	街道
江　苏	**1897**	**380**	**1209**	**138**	**170**	**1128**	**66**	**401**	**158**	**503**
南京市	**136**	**28**	**74**	**19**	**15**	**24**	**3**	**3**	**4**	**14**
玄武区										
秦淮区										
建邺区										
鼓楼区										
浦口区	2	2				1				1
栖霞区	21	4	9	5	3	1				1
雨花台区										
江宁区	92	20	48	13	11	17	3	2	4	8
六合区	5		5			2				2
溧水区	9		8	1						
高淳区	5	2	2		1	3		1		2
南京江北新区	2		2							
无锡市	**316**	**74**	**189**	**24**	**29**	**105**	**9**	**23**	**15**	**58**
锡山区	18	1	13		4	6		1	1	4
惠山区	95	22	58	9	6	27	1	10	3	13
滨湖区	20	4	9	6	1	5			1	4
梁溪区										
新吴区	56	13	32	5	6	2				2
江苏无锡经济开发区										
江阴市	56	15	30	3	8	36	3	6	5	22
宜兴市	71	19	47	1	4	29	5	6	5	13
徐州市	**60**	**6**	**39**	**4**	**11**	**25**		**24**		**1**
鼓楼区										
云龙区										
贾汪区	7		7							
泉山区										
铜山区	20	1	14		5	4		3		1
丰县	13	5	4		4	7		7		
沛县	9		4	4	1	2		2		
睢宁县	4		4			3		3		
徐州经济技术开发区										
新沂市	5		4		1					
邳州市	2		2			9		9		
常州市	**250**	**60**	**166**	**9**	**15**	**74**	**4**	**31**	**8**	**31**
天宁区	17		17			4		3		1
钟楼区	15	6	8		1					
新北区	17		16	1		5		3		2
武进区	82	24	46	5	7	23	2	7	5	9
金坛区	31	8	23			19	1	7	3	8
江苏省常州市经济开发区	71	19	42	3	7	16	1	6		9
溧阳市	17	3	14			7		5		2

7-1c 续表 16

单位：人

现住地	省外									
	黑龙江					上海				
	小计	乡	镇的村委会	镇的居委会	街道	小计	乡	镇的村委会	镇的居委会	街道
苏州市	**727**	**115**	**495**	**54**	**63**	**396**	**18**	**93**	**91**	**194**
虎丘区	25	1	9	4	11	9			3	6
吴中区	108	31	71	3	3	21		6	1	14
相城区	26	4	20	1	1	4		1	3	
姑苏区										
吴江区	42	10	28	4		22	3	12	1	6
苏州工业园区										
常熟市	66	8	50	1	7	35		8	13	14
张家港市	75	12	53	6	4	16		9	4	3
昆山市	273	31	187	28	27	228	4	46	54	124
太仓市	112	18	77	7	10	61	11	11	12	27
南通市	**70**	**22**	**39**	**3**	**6**	**229**	**11**	**96**	**24**	**98**
崇川区										
港闸区	2		1		1					
通州区	18	7	8	2	1	18	2	9		7
如东县	5		4		1	13	2	6	1	4
南通经济技术开发区										
通州湾示范区	2	2				10		3	2	5
苏锡通科技产业园区	19	10	7	1	1	16		9	2	5
启东市	11	2	9			90	4	32	13	41
如皋市	3		3			5	1	2	1	1
海门市	2		1		1	70	2	31	4	33
海安市	8	1	6		1	7		4	1	2
连云港市	**92**	**17**	**60**	**7**	**8**	**14**	**8**	**5**		**1**
连云区										
海州区	8		4	1	3	1		1		
赣榆区	63	11	47	1	4	2		2		
东海县	11	6	5			3	2	1		
灌云县						1		1		
灌南县	6		1	5		6	6			
连云港经济技术开发区						1				1
连云港高新技术产业开发区										
江苏连云港徐圩新区	2		2							
江苏省连云港市云台山风景名胜区	2		1		1					
淮安市	**17**	**3**	**12**		**2**	**15**	**2**	**11**	**1**	**1**
淮安区	6	3	3			6		6		
淮阴区	4		4							
清江浦区	1				1					
洪泽区										
涟水县	1		1			5	1	3		1
盱眙县						2	1	1		
金湖县	4		3		1	1		1		
淮安经济技术开发区										
工业园区	1		1			1			1	
生态文旅区										
苏淮高新区										

7-1c　续表 17　　　　单位：人

现住地	省外									
	黑龙江					上海				
	小计	乡	镇的村委会	镇的居委会	街道	小计	乡	镇的村委会	镇的居委会	街道
盐城市	**42**	**4**	**30**	**3**	**5**	**69**	**5**	**34**	**3**	**27**
亭湖区	4	1	3			4		4		
盐都区	3		3			6		3	2	1
大丰区	17	1	9	2	5	11		2		9
响水县	4		3	1		1		1		
滨海县	5		5			3	2	1		
阜宁县						11		9		2
射阳县	4	1	3			3		3		
建湖县	1	1				17	3	4	1	9
盐城经济技术开发区						2				2
江苏省盐南高新区										
东台市	4		4			11		7		4
扬州市	**41**	**8**	**29**	**1**	**3**	**62**	**1**	**31**	**2**	**28**
广陵区	7	5	2			8		6		2
邗江区	2		2			10		4	1	5
江都区	20	1	18	1		26		10		16
宝应县	3		2		1	6		5		1
扬州经济技术开发区						1	1			
蜀冈瘦西湖景区										
生态新城	1				1					
仪征市	4	2	2			3		2	1	
高邮市	4		3		1	8		4		4
镇江市	**41**	**11**	**23**		**7**	**39**	**1**	**15**		**23**
京口区										
润州区	1	1								
丹徒区	1		1			8		4		4
镇江新区	5	4	1			1	1			
江苏镇江高新区										
丹阳市	12	4	5		3	7		3		4
扬中市	4		4			17		7		10
句容市	18	2	12		4	6		1		5
泰州市	**75**	**18**	**45**	**6**	**6**	**57**	**2**	**23**	**7**	**25**
海陵区										
高港区	8	1	3	1	3	3	1	1	1	
姜堰区	8	2	5	1		4		1	1	2
泰州医药高新技术产业开发区										
兴化市	1		1			16		6	2	8
靖江市	32	9	20	2	1	18		10		8
泰兴市	26	6	16	2	2	16	1	5	3	7
宿迁市	**30**	**14**	**8**	**8**		**19**	**2**	**12**	**3**	**2**
宿城区	11	5	2	4		2	1			1
宿豫区	7	4	3							
沭阳县	6	2	2	2		1	1			
泗阳县						11		10		1
泗洪县	3	1		2		1			1	
宿迁经济技术开发区	2	2								
宿迁市湖滨新区	1		1							
苏州宿迁工业园区										
宿迁市洋河新区						4		2	2	

7-1c 续表 18

单位：人

现住地	省外									
	浙江					安徽				
	小计	乡	镇的村委会	镇的居委会	街道	小计	乡	镇的村委会	镇的居委会	街道
江　苏	**2986**	**496**	**2028**	**134**	**328**	**53869**	**10942**	**40260**	**1212**	**1455**
南京市	**482**	**74**	**266**	**15**	**127**	**5231**	**1146**	**3258**	**289**	**538**
玄武区										
秦淮区										
建邺区										
鼓楼区										
浦口区	11	2	6		3	539	163	278	23	75
栖霞区	2		2			336	94	202	9	31
雨花台区										
江宁区	401	60	215	12	114	3449	723	2213	185	328
六合区	18	3	11	2	2	368	65	229	38	36
溧水区	27	4	21		2	282	44	186	23	29
高淳区	20	4	11	1	4	165	36	97	8	24
南京江北新区	3	1			2	92	21	53	3	15
无锡市	**386**	**78**	**260**	**18**	**30**	**10646**	**2619**	**7679**	**170**	**178**
锡山区	21		19		2	1168	214	916	17	21
惠山区	78	22	30	8	18	2739	855	1752	68	64
滨湖区	11	4	7			490	108	363	8	11
梁溪区										
新吴区	36	7	26		3	598	177	389	14	18
江苏无锡经济开发区										
江阴市	119	25	88	2	4	4007	961	2974	35	37
宜兴市	121	20	90	8	3	1644	304	1285	28	27
徐州市	**33**	**4**	**24**	**5**		**402**	**39**	**331**	**12**	**20**
鼓楼区										
云龙区										
贾汪区						24	3	21		
泉山区										
铜山区	2		2			144	19	119	3	3
丰县	6	1	5			58	2	46	1	9
沛县	10	1	6	3		23	1	20	2	
睢宁县	5		3	2		95	9	75	5	6
徐州经济技术开发区						8		6	1	1
新沂市	6	1	5			37	4	32		1
邳州市	4	1	3			13	1	12		
常州市	**237**	**58**	**157**	**4**	**18**	**8753**	**2162**	**6347**	**94**	**150**
天宁区	7	1	6			511	70	440	1	
钟楼区	18	6	11		1	600	139	442	10	9
新北区	29	5	14	4	6	635	137	480	11	7
武进区	59	17	40		2	3574	889	2590	29	66
金坛区	49	9	33		7	736	163	546	15	12
江苏省常州市经济开发区	38	18	20			2174	671	1473	19	11
溧阳市	37	2	33		2	523	93	376	9	45

7-1c　续表 19　　　　　　　　　　　　　　　　　　　　　　　单位：人

现住地	省外									
	浙江					安徽				
	小计	乡	镇的村委会	镇的居委会	街道	小计	乡	镇的村委会	镇的居委会	街道
苏州市	**958**	**151**	**692**	**60**	**55**	**22165**	**3679**	**17636**	**473**	**377**
虎丘区	33		24	5	4	748	203	499	32	14
吴中区	69	20	45		4	2478	453	1926	24	75
相城区	10		9	1		511	68	423	9	11
姑苏区										
吴江区	191	29	155	3	4	3220	724	2405	42	49
苏州工业园区										
常熟市	167	26	117	11	13	5072	630	4307	64	71
张家港市	112	12	87	4	9	3420	390	2934	51	45
昆山市	212	28	143	29	12	4160	688	3200	202	70
太仓市	164	36	112	7	9	2556	523	1942	49	42
南通市	**368**	**71**	**266**	**3**	**28**	**1859**	**506**	**1276**	**40**	**37**
崇川区										
港闸区						16	3	10	3	
通州区	48	8	40			539	212	313	13	1
如东县	105	19	72	2	12	113	32	72	2	7
南通经济技术开发区										
通州湾示范区	25	8	13		4	45	6	37		2
苏锡通科技产业园区	36	13	19		4	333	109	215	8	1
启东市	41	3	34		4	339	57	280	2	
如皋市	14	4	9		1	78	7	59	8	4
海门市	75	10	64	1		294	62	209	4	19
海安市	24	6	15		3	102	18	81		3
连云港市	**34**	**2**	**26**		**6**	**79**	**17**	**57**	**4**	**1**
连云区	1		1							
海州区	4		4			3		3		
赣榆区	4				4	11	2	6	3	
东海县	16	2	13		1	22	5	16		1
灌云县	4		4			20	6	14		
灌南县	5		4		1	12	1	11		
连云港经济技术开发区						7	3	4		
连云港高新技术产业开发区										
江苏连云港徐圩新区						1		1		
江苏省连云港市云台山风景名胜区						3		2	1	
淮安市	**27**	**6**	**19**		**2**	**156**	**42**	**92**	**15**	**7**
淮安区	2		2			25	6	18		1
淮阴区	6		4		2	13	4	6	1	2
清江浦区	1	1				10		5	5	
洪泽区	1		1			7	3	2		2
涟水县	8	2	6			15	7	4	3	1
盱眙县	2		2			28	15	13		
金湖县	5	3	2			56	7	42	6	1
淮安经济技术开发区										
工业园区	2		2			2		2		
生态文旅区										
苏淮高新区										

7-1c 续表 20

单位：人

现住地	省外									
	浙江					安徽				
	小计	乡	镇的村委会	镇的居委会	街道	小计	乡	镇的村委会	镇的居委会	街道
盐城市	**81**	**10**	**54**	**8**	**9**	**258**	**34**	**205**	**8**	**11**
亭湖区						12		11		1
盐都区	7		7			38	2	36		
大丰区	12		11	1		76	14	57	1	4
响水县	16	2	10	4		11	3	8		
滨海县	6	2	4			23	5	16	1	1
阜宁县	1		1			5	1	4		
射阳县	24	3	13	2	6	27	3	20	3	1
建湖县	5		2		3	26	4	17	2	3
盐城经济技术开发区	5	2	2	1		1		1		
江苏省盐南高新区										
东台市	5	1	4			39	2	35	1	1
扬州市	**58**	**5**	**49**	**2**	**2**	**907**	**118**	**761**	**17**	**11**
广陵区	4		4			132	17	112	1	2
邗江区	2		2			110	26	81	3	
江都区	18		18			229	19	200	3	7
宝应县	3	2	1			27		26		1
扬州经济技术开发区	3	1	2			52	14	36	1	1
蜀冈瘦西湖景区										
生态新城						32	11	21		
仪征市	11		11			227	15	204	8	
高邮市	17	2	11	2	2	98	16	81	1	
镇江市	**157**	**19**	**95**	**9**	**34**	**1827**	**327**	**1393**	**27**	**80**
京口区						18		18		
润州区						7		7		
丹徒区	16		13	1	2	178	61	115	1	1
镇江新区	13	6	5		2	77	17	55		5
江苏镇江高新区										
丹阳市	34		30		4	909	134	725	14	36
扬中市	38	3	11	6	18	276	45	214	5	12
句容市	56	10	36	2	8	362	70	259	7	26
泰州市	**97**	**8**	**79**	**5**	**5**	**1234**	**154**	**1026**	**31**	**23**
海陵区						15	3	11		1
高港区	1		1			53	4	48	1	
姜堰区	12		10	1	1	54	15	32	1	6
泰州医药高新技术产业开发区	1		1			56	10	36	10	
兴化市	9	1	4	1	3	46	2	41		3
靖江市	32		32			630	66	542	14	8
泰兴市	42	7	31	3	1	380	54	316	5	5
宿迁市	**68**	**10**	**41**	**5**	**12**	**352**	**99**	**199**	**32**	**22**
宿城区	10	1	8		1	71	7	59	5	
宿豫区	8		6	1	1	34	4	26	1	3
沭阳县	7	2	4	1		47	12	32	1	2
泗阳县	8	1	5		2	28	5	10	3	10
泗洪县	14	5	6	2	1	127	51	55	18	3
宿迁经济技术开发区	14	1	5	1	7	27	18	2	3	4
宿迁市湖滨新区	7		7			5		5		
苏州宿迁工业园区										
宿迁市洋河新区						13	2	10	1	

7-1c 续表 21

单位：人

现住地	省外									
	福建					江西				
	小计	乡	镇的村委会	镇的居委会	街道	小计	乡	镇的村委会	镇的居委会	街道
江苏	**1372**	**201**	**1002**	**71**	**98**	**4100**	**837**	**2910**	**167**	**186**
南京市	**128**	**20**	**74**	**7**	**27**	**351**	**102**	**170**	**16**	**63**
玄武区										
秦淮区										
建邺区										
鼓楼区										
浦口区						16	1	10		5
栖霞区	4	2	2			4	2	2		
雨花台区										
江宁区	99	18	60	2	19	251	80	114	7	50
六合区	5		1	1	3	29	6	18	5	
溧水区	14		8	1	5	29	4	14	3	8
高淳区	6		3	3		13	4	9		
南京江北新区						9	5	3	1	
无锡市	**202**	**28**	**151**	**14**	**9**	**633**	**132**	**449**	**19**	**33**
锡山区	19	2	17			43	10	28	4	1
惠山区	78	6	56	11	5	112	34	65	3	10
滨湖区	16	1	15			36	3	30		3
梁溪区										
新吴区	11	2	9			52	12	37	1	2
江苏无锡经济开发区										
江阴市	45	17	25	1	2	185	45	126	7	7
宜兴市	33		29	2	2	205	28	163	4	10
徐州市	**12**	**1**	**10**	**1**		**20**	**2**	**18**		
鼓楼区										
云龙区										
贾汪区						4		4		
泉山区										
铜山区	5	1	4			4		4		
丰县	1		1			3		3		
沛县	2		2							
睢宁县	2		1	1		5	1	4		
徐州经济技术开发区										
新沂市	1		1			2	1	1		
邳州市	1		1			2		2		
常州市	**120**	**25**	**82**	**3**	**10**	**360**	**105**	**225**	**15**	**15**
天宁区	1			1		21		21		
钟楼区	15	1	11		3	37	7	29		1
新北区	11	2	9			20	11	9		
武进区	51	11	33	1	6	129	50	75	2	2
金坛区	16	3	12	1		34	8	23	1	2
江苏省常州市经济开发区	13	6	7			81	19	56	3	3
溧阳市	13	2	10		1	38	10	12	9	7

7-1c 续表 22

单位：人

现住地	省外									
	福建					江西				
	小计	乡	镇的村委会	镇的居委会	街道	小计	乡	镇的村委会	镇的居委会	街道
苏州市	**644**	**90**	**489**	**25**	**40**	**2010**	**340**	**1532**	**92**	**46**
虎丘区	42	10	20	1	11	60	12	43	4	1
吴中区	48	5	41	1	1	322	65	239	5	13
相城区	25	2	20		3	62	10	47	3	2
姑苏区										
吴江区	37	13	24			160	43	113	3	1
苏州工业园区										
常熟市	104	8	87	4	5	302	38	249	5	10
张家港市	48	10	36	1	1	163	23	131	7	2
昆山市	179	19	139	14	7	705	110	523	61	11
太仓市	161	23	122	4	12	236	39	187	4	6
南通市	**70**	**10**	**55**	**1**	**4**	**213**	**50**	**152**	**8**	**3**
崇川区										
港闸区										
通州区	15	3	12			57	16	40	1	
如东县	24		22	1	1	16	1	13		2
南通经济技术开发区										
通州湾示范区						5	4		1	
苏锡通科技产业园区	2		2			24	6	16	2	
启东市	18	7	11			23	5	17	1	
如皋市	4		2		2	28	10	16	2	
海门市	2		1		1	35	2	31	1	1
海安市	5		5			25	6	19		
连云港市	**11**	**2**	**9**			**18**	**5**	**12**	**1**	
连云区										
海州区	1		1							
赣榆区	8		8			2		1	1	
东海县	1	1				6	3	3		
灌云县	1	1				8		8		
灌南县										
连云港经济技术开发区						2	2			
连云港高新技术产业开发区										
江苏连云港徐圩新区										
江苏省连云港市云台山风景名胜区										
淮安市	**5**	**1**	**2**	**2**		**23**	**7**	**12**	**3**	**1**
淮安区	1	1				3	3			
淮阴区	3		1	2		6		6		
清江浦区						1				1
洪泽区						5	2	3		
涟水县										
盱眙县	1		1			3	2	1		
金湖县						4		2	2	
淮安经济技术开发区										
工业园区						1			1	
生态文旅区										
苏淮高新区										

7-1c 续表 23

单位：人

现住地	省外									
	福建					江西				
	小计	乡	镇的村委会	镇的居委会	街道	小计	乡	镇的村委会	镇的居委会	街道
盐城市	**40**	**2**	**26**	**9**	**3**	**53**	**7**	**39**	**3**	**4**
亭湖区	2	1			1	2		2		
盐都区	3		3			17	2	15		
大丰区	7		5	2		8	2	4	1	1
响水县	1		1							
滨海县	1		1			5		4	1	
阜宁县	15		12	2	1	1		1		
射阳县	5		1	4		10	1	6		3
建湖县	1	1				2		2		
盐城经济技术开发区						1		1		
江苏省盐南高新区										
东台市	5		3	1	1	7	2	4	1	
扬州市	**33**	**4**	**23**	**5**	**1**	**83**	**10**	**68**	**1**	**4**
广陵区						14	1	13		
邗江区	1		1			9		9		
江都区	2		1		1	30	5	23		2
宝应县	1		1			10	1	7		2
扬州经济技术开发区	18		18							
蜀冈瘦西湖景区										
生态新城										
仪征市	5			5		15		15		
高邮市	6	4	2			5	3	1	1	
镇江市	**61**	**12**	**48**	**1**		**170**	**47**	**113**	**2**	**8**
京口区						4		4		
润州区										
丹徒区	4		4			19	5	14		
镇江新区	1		1			13	2	9		2
江苏镇江高新区										
丹阳市	23	8	14	1		64	23	37		4
扬中市	5		5			45	8	33	2	2
句容市	28	4	24			25	9	16		
泰州市	**34**	**4**	**27**		**3**	**135**	**26**	**97**	**5**	**7**
海陵区	1		1			2		2		
高港区						6		5	1	
姜堰区	1				1	13	3	10		
泰州医药高新技术产业开发区						4		4		
兴化市	3	1	2			11		9	2	
靖江市	24	3	19		2	43	9	27	1	6
泰兴市	5		5			56	14	40	1	1
宿迁市	**12**	**2**	**6**	**3**	**1**	**31**	**4**	**23**	**2**	**2**
宿城区	3		1	2		9		8	1	
宿豫区						1		1		
沭阳县	4	1	2		1	5	2	3		
泗阳县	1		1			5		5		
泗洪县	3	1	1	1		4	1	1	1	1
宿迁经济技术开发区						5	1	3		1
宿迁市湖滨新区	1		1							
苏州宿迁工业园区										
宿迁市洋河新区						2		2		

7-1c 续表 24

单位：人

现住地	省外									
	山东					河南				
	小计	乡	镇的村委会	镇的居委会	街道	小计	乡	镇的村委会	镇的居委会	街道
江苏	**7024**	**1292**	**5262**	**193**	**277**	**29295**	**6828**	**21338**	**486**	**643**
南京市	**443**	**85**	**279**	**24**	**55**	**1201**	**329**	**721**	**43**	**108**
玄武区										
秦淮区										
建邺区										
鼓楼区										
浦口区	10	5	4		1	33	19	10		4
栖霞区	48	21	20	5	2	82	23	46	2	11
雨花台区										
江宁区	297	52	199	9	37	838	223	526	20	69
六合区	37	3	22	6	6	75	28	33	9	5
溧水区	21	2	12	2	5	67	12	35	10	10
高淳区	20		18	1	1	70	21	43	2	4
南京江北新区	10	2	4	1	3	36	3	28		5
无锡市	**1116**	**236**	**829**	**32**	**19**	**5104**	**1516**	**3459**	**60**	**69**
锡山区	94	10	76	2	6	510	117	384	8	1
惠山区	230	54	165	6	5	1203	414	753	17	19
滨湖区	55	9	45	1		383	115	261	4	3
梁溪区										
新吴区	172	45	121	3	3	551	162	357	10	22
江苏无锡经济开发区										
江阴市	440	93	341	1	5	1822	554	1262	1	5
宜兴市	125	25	81	19		635	154	442	20	19
徐州市	**357**	**29**	**292**	**8**	**28**	**190**	**11**	**158**	**7**	**14**
鼓楼区										
云龙区										
贾汪区	34	3	30	1		18	1	14		3
泉山区										
铜山区	61	5	48		8	44	2	42		
丰县	57	7	40	1	9	27	1	19		7
沛县	50	2	46	2		23	3	16	1	3
睢宁县	29		21	3	5	28	2	24	1	1
徐州经济技术开发区	10		8		2					
新沂市	52	9	39		4	22	1	16	5	
邳州市	64	3	60	1		28	1	27		
常州市	**551**	**132**	**394**	**10**	**15**	**2845**	**840**	**1920**	**28**	**57**
天宁区	21	4	16		1	116	23	93		
钟楼区	68	14	46	2	6	120	49	61	3	7
新北区	32	12	18		2	182	59	116	3	4
武进区	220	40	172	4	4	1031	279	716	9	27
金坛区	39	6	32	1		384	77	299	5	3
江苏省常州市经济开发区	93	23	67	3		806	313	482	4	7
溧阳市	78	33	43		2	206	40	153	4	9

7-1c 续表 25

单位：人

现住地	省外									
	山东					河南				
	小计	乡	镇的村委会	镇的居委会	街道	小计	乡	镇的村委会	镇的居委会	街道
苏州市	**2711**	**480**	**2104**	**76**	**51**	**16894**	**3255**	**13036**	**278**	**325**
虎丘区	113	28	77	5	3	394	146	224	16	8
吴中区	435	86	326	10	13	2249	465	1607	11	166
相城区	82	13	67	2		464	93	354	11	6
姑苏区										
吴江区	217	64	144	9		2160	454	1666	16	24
苏州工业园区										
常熟市	261	28	218	3	12	2150	336	1742	37	35
张家港市	363	42	307	12	2	3804	700	3056	24	24
昆山市	860	137	679	27	17	4056	692	3181	155	28
太仓市	380	82	286	8	4	1617	369	1206	8	34
南通市	**654**	**158**	**467**	**6**	**23**	**995**	**410**	**561**	**17**	**7**
崇川区										
港闸区	9	3	6			5		5		
通州区	178	57	115	1	5	261	171	89		1
如东县	62	6	55		1	43	16	23	4	
南通经济技术开发区										
通州湾示范区	22	5	17			3		2		1
苏锡通科技产业园区	79	18	58	2	1	208	79	122	6	1
启东市	118	26	90	1	1	236	55	180	1	
如皋市	22	4	15	2	1	27	6	20	1	
海门市	151	34	103		14	144	58	80	2	4
海安市	13	5	8			68	25	40	3	
连云港市	**152**	**34**	**98**	**8**	**12**	**89**	**15**	**64**	**6**	**4**
连云区	2	2				2		1		1
海州区	8	2	5		1	6		6		
赣榆区	76	11	54	8	3	28	8	16	3	1
东海县	53	16	33		4	20	5	14	1	
灌云县	3	1	2			9	2	5		2
灌南县	5	1	4			9		7	2	
连云港经济技术开发区	3	1			2	2		2		
连云港高新技术产业开发区										
江苏连云港徐圩新区						13		13		
江苏省连云港市云台山风景名胜区	2				2					
淮安市	**85**	**17**	**44**	**11**	**13**	**105**	**36**	**53**	**3**	**13**
淮安区	5	1	1	3		23	6	13		4
淮阴区	3		1		2	26	18	7		1
清江浦区	9	6	3							
洪泽区	29	5	15	5	4	4		2	1	1
涟水县	8	4	3	1		14	6	3		5
盱眙县	1		1			10	5	4		1
金湖县	25	1	17	1	6	27	1	23	2	1
淮安经济技术开发区										
工业园区	5		3	1	1	1		1		
生态文旅区										
苏淮高新区										

7-1c 续表 26

单位：人

现住地	省外									
	山东					河南				
	小计	乡	镇的村委会	镇的居委会	街道	小计	乡	镇的村委会	镇的居委会	街道
盐城市	**170**	**20**	**141**		**9**	**205**	**22**	**172**	**5**	**6**
亭湖区	6		6			4	1	3		
盐都区	13		12		1	55	2	53		
大丰区	90	8	75		7	63	5	52	4	2
响水县	3		3			8	1	7		
滨海县	15		15			18	1	15	1	1
阜宁县	3	1	2			7	2	5		
射阳县	16	4	11		1	8	5	3		
建湖县	14	7	7			10	2	6		2
盐城经济技术开发区	2		2			4		4		
江苏省盐南高新区										
东台市	8		8			28	3	24		1
扬州市	**172**	**14**	**149**	**8**	**1**	**456**	**78**	**372**	**1**	**5**
广陵区	38	5	32	1		99	23	76		
邗江区	2		2			16	3	13		
江都区	87	6	78	3		199	33	163		3
宝应县	10	1	6	2	1	29	8	21		
扬州经济技术开发区	1		1			5	1	4		
蜀冈瘦西湖景区										
生态新城	7	1	6			38	5	33		
仪征市	16		14	2		33	3	29	1	
高邮市	11	1	10			37	2	33		2
镇江市	**327**	**64**	**232**	**5**	**26**	**547**	**182**	**346**	**5**	**14**
京口区	2		2			5		4	1	
润州区	26		26							
丹徒区	21		16		5	51	12	36	2	1
镇江新区	24	2	21		1	36	15	21		
江苏镇江高新区										
丹阳市	65	12	45	1	7	188	51	134	1	2
扬中市	135	28	97		10	89	8	71	1	9
句容市	54	22	25	4	3	178	96	80		2
泰州市	**210**	**6**	**188**	**4**	**12**	**528**	**96**	**389**	**27**	**16**
海陵区	4		4			12	11		1	
高港区	14		14			50	5	31		14
姜堰区	9	1	8			41	9	20	12	
泰州医药高新技术产业开发区										
兴化市	4		4			16	2	13	1	
靖江市	112	2	104	3	3	270	50	214	6	
泰兴市	67	3	54	1	9	139	19	111	7	2
宿迁市	**76**	**17**	**45**	**1**	**13**	**136**	**38**	**87**	**6**	**5**
宿城区	24	7	16		1	31	12	14	4	1
宿豫区	2		1		1	12	2	10		
沭阳县	21	3	15		3	29	6	21	1	1
泗阳县	5	2	3			10	2	7		1
泗洪县	11	5	5		1	28	9	17		2
宿迁经济技术开发区	7		2		5	10	6	4		
宿迁市湖滨新区	5		2	1	2	15	1	13	1	
苏州宿迁工业园区										
宿迁市洋河新区	1		1			1		1		

7-1c　续表 27　　　　单位：人

现住地	省外									
	湖北					湖南				
	小计	乡	镇的村委会	镇的居委会	街道	小计	乡	镇的村委会	镇的居委会	街道
江　苏	**7308**	**1399**	**5357**	**258**	**294**	**4205**	**858**	**3110**	**132**	**105**
南京市	**348**	**65**	**206**	**26**	**51**	**230**	**50**	**145**	**12**	**23**
玄武区										
秦淮区										
建邺区										
鼓楼区										
浦口区	19	7	2	2	8	2		2		
栖霞区	22	5	11	3	3	3	2	1		
雨花台区										
江宁区	230	40	147	11	32	168	39	102	8	19
六合区	29	5	14	7	3	26	2	23	1	
溧水区	13	3	5	3	2	10	3	1	3	3
高淳区	30	2	25		3	18	3	14		1
南京江北新区	5	3	2			3	1	2		
无锡市	**1041**	**277**	**709**	**24**	**31**	**899**	**201**	**674**	**17**	**7**
锡山区	125	32	87	4	2	87	22	65		
惠山区	240	72	151	8	9	214	54	152	5	3
滨湖区	25	4	19		2	13	3	10		
梁溪区										
新吴区	142	42	84	5	11	47	9	32	5	1
江苏无锡经济开发区										
江阴市	358	92	260	5	1	420	84	329	6	1
宜兴市	151	35	108	2	6	118	29	86	1	2
徐州市	**55**	**4**	**45**		**6**	**33**	**1**	**30**		**2**
鼓楼区										
云龙区										
贾汪区	2	1	1			4		4		
泉山区										
铜山区	9	1	7		1	6		6		
丰县	6		5		1	10	1	7		2
沛县	9		6		3	3		3		
睢宁县	8	1	6		1	3		3		
徐州经济技术开发区	1		1							
新沂市	14		14			3		3		
邳州市	6	1	5			4		4		
常州市	**906**	**161**	**708**	**17**	**20**	**445**	**96**	**332**	**5**	**12**
天宁区	25		24		1	12		12		
钟楼区	42	10	27	5		21	2	17		2
新北区	52	9	36		7	14	5	8	1	
武进区	260	45	205	3	7	152	44	102	3	3
金坛区	278	34	234	6	4	45	8	36		1
江苏省常州市经济开发区	193	49	141	3		157	23	134		
溧阳市	56	14	41		1	44	14	23	1	6

7-1c 续表 28

单位：人

现住地	省外									
	湖北					湖南				
	小计	乡	镇的村委会	镇的居委会	街道	小计	乡	镇的村委会	镇的居委会	街道
苏州市	**3948**	**658**	**3018**	**162**	**110**	**1936**	**360**	**1472**	**70**	**34**
虎丘区	112	36	58	10	8	31	1	27	1	2
吴中区	412	61	337	6	8	325	73	238	10	4
相城区	84	10	64	6	4	49	7	39	1	2
姑苏区										
吴江区	272	35	231	2	4	242	50	184	5	3
苏州工业园区										
常熟市	363	54	286	14	9	178	10	159	5	4
张家港市	694	99	572	15	8	124	16	101	5	2
昆山市	1190	192	869	96	33	676	108	516	38	14
太仓市	821	171	601	13	36	311	95	208	5	3
南通市	**246**	**74**	**155**	**6**	**11**	**214**	**55**	**149**	**6**	**4**
崇川区										
港闸区										
通州区	56	25	28	1	2	41	25	16		
如东县	32	3	28		1	32	2	25	4	1
南通经济技术开发区										
通州湾示范区	1		1			8		7		1
苏锡通科技产业园区	40	9	25	4	2	40	10	30		
启东市	42	10	27		5	14	4	8	1	1
如皋市	10	2	8			19	2	15	1	1
海门市	17	2	13	1	1	37	6	31		
海安市	48	23	25			23	6	17		
连云港市	**29**	**9**	**13**	**3**	**4**	**14**	**7**	**7**		
连云区										
海州区						2		2		
赣榆区	6	2	2	1	1	6	4	2		
东海县	6	3	3			6	3	3		
灌云县	8	2	1	2	3					
灌南县	7	1	6							
连云港经济技术开发区										
连云港高新技术产业开发区										
江苏连云港徐圩新区										
江苏省连云港市云台山风景名胜区	2	1	1							
淮安市	**32**	**7**	**19**	**2**	**4**	**25**	**3**	**16**	**3**	**3**
淮安区	3		1		2	3	1		1	1
淮阴区	8	2	6			4		4		
清江浦区						2		1		1
洪泽区						4		4		
涟水县	5		2	2	1	3	1	2		
盱眙县	4	3	1			2		2		
金湖县	12	2	9		1	6	1	2	2	1
淮安经济技术开发区										
工业园区						1		1		
生态文旅区										
苏淮高新区										

7-1c　续表 29　　　　　　　　　　　　　　　　　　　　　　　　单位：人

现住地	省外									
	湖北					湖南				
	小计	乡	镇的村委会	镇的居委会	街道	小计	乡	镇的村委会	镇的居委会	街道
盐城市	**78**	**7**	**62**	**5**	**4**	**117**	**19**	**88**	**4**	**6**
亭湖区						6		6		
盐都区	10	1	9			8	1	7		
大丰区	22	3	15	3	1	23	5	17		1
响水县	2		2			1	1			
滨海县	8		8			2		2		
阜宁县	5		5			4	1	3		
射阳县	4	1	2	1		22	8	11		3
建湖县	9	2	5	1	1	4		3		1
盐城经济技术开发区	1				1					
江苏省盐南高新区										
东台市	17		16		1	47	3	39	4	1
扬州市	**160**	**29**	**123**	**3**	**5**	**65**	**4**	**57**	**1**	**3**
广陵区	18	2	15		1	10		10		
邗江区	19	3	15	1		1		1		
江都区	80	7	71	2		30		28	1	1
宝应县	12	11	1			2		2		
扬州经济技术开发区						2				2
蜀冈瘦西湖景区										
生态新城						5		5		
仪征市	15		11		4	9	1	8		
高邮市	16	6	10			6	3	3		
镇江市	**204**	**74**	**100**	**2**	**28**	**100**	**26**	**59**	**10**	**5**
京口区	3		3			2		2		
润州区	1		1							
丹徒区	10	4	5	1		13	3	10		
镇江新区	36	26	9	1		5		5		
江苏镇江高新区										
丹阳市	49	12	35		2	26	3	17	4	2
扬中市	21	1	20			19	3	11	2	3
句容市	84	31	27		26	35	17	14	4	
泰州市	**218**	**20**	**177**	**6**	**15**	**98**	**18**	**72**	**3**	**5**
海陵区	11	2	7	2		6	2	2	2	
高港区	19	1	18			2		1		1
姜堰区	18	4	11		3	9	5	4		
泰州医药高新技术产业开发区	1		1			2		2		
兴化市	24	1	17	3	3	8		8		
靖江市	82	6	71		5	40	8	27	1	4
泰兴市	63	6	52	1	4	31	3	28		
宿迁市	**43**	**14**	**22**	**2**	**5**	**29**	**18**	**9**	**1**	**1**
宿城区	14	6	6	1	1	6	3	3		
宿豫区	1		1			1		1		
沭阳县	10	2	8			10	9	1		
泗阳县	6		2		4	3	2			1
泗洪县	7	3	4			3	2	1		
宿迁经济技术开发区	1	1				3	1	2		
宿迁市湖滨新区	1			1		3	1	1	1	
苏州宿迁工业园区										
宿迁市洋河新区	3	2	1							

7-1c 续表 30 单位：人

现住地	省外									
	广东					广西				
	小计	乡	镇的村委会	镇的居委会	街道	小计	乡	镇的村委会	镇的居委会	街道
江　苏	**593**	**106**	**332**	**46**	**109**	**994**	**230**	**700**	**39**	**25**
南京市	**81**	**20**	**21**	**3**	**37**	**55**	**13**	**26**	**8**	**8**
玄武区										
秦淮区										
建邺区										
鼓楼区										
浦口区						1	1			
栖霞区	1	1				2		2		
雨花台区										
江宁区	69	19	12	2	36	24	4	14	6	
六合区	3		1	1	1	1		1		
溧水区	8		8			26	8	8	2	8
高淳区						1		1		
南京江北新区										
无锡市	**75**	**14**	**45**	**5**	**11**	**192**	**56**	**128**	**4**	**4**
锡山区	8	1	6	1		19	8	11		
惠山区	13	4	6		3	43	14	24	3	2
滨湖区	3	2	1			15	8	7		
梁溪区										
新吴区	8	2	5		1	13	6	6		1
江苏无锡经济开发区										
江阴市	30	4	18	2	6	62	11	49	1	1
宜兴市	13	1	9	2	1	40	9	31		
徐州市	**23**		**21**	**1**	**1**	**22**	**1**	**19**	**2**	
鼓楼区										
云龙区										
贾汪区	1		1			1		1		
泉山区										
铜山区	4		4			4	1	3		
丰县	5		4		1	8		8		
沛县	1		1			4		4		
睢宁县	2		1	1		2			2	
徐州经济技术开发区						2		2		
新沂市	9		9			1		1		
邳州市	1		1							
常州市	**66**	**10**	**47**	**1**	**8**	**159**	**36**	**115**	**7**	**1**
天宁区	1		1			17		17		
钟楼区	7		7			5		2	3	
新北区	3	2			1	12	2	8	1	1
武进区	7	2	2	1	2	87	26	58	3	
金坛区	17		14		3	9		9		
江苏省常州市经济开发区	7	4	3			23	5	18		
溧阳市	24	2	20		2	6	3	3		

7-1c 续表 31 单位：人

现住地	省外									
	广东					广西				
	小计	乡	镇的村委会	镇的居委会	街道	小计	乡	镇的村委会	镇的居委会	街道
苏州市	**236**	**48**	**137**	**23**	**28**	**387**	**71**	**295**	**13**	**8**
虎丘区	12		8	1	3	19	6	11		2
吴中区	37	12	21	3	1	58	11	45	2	
相城区	6		4	2		11	1	10		
姑苏区										
吴江区	11	2	9			67	18	42	1	6
苏州工业园区										
常熟市	36	2	20	3	11	41	3	38		
张家港市	25	6	16	2	1	29	2	27		
昆山市	89	21	49	8	11	137	27	100	10	
太仓市	20	5	10	4	1	25	3	22		
南通市	**31**	**3**	**17**	**3**	**8**	**54**	**22**	**32**		
崇川区										
港闸区						1		1		
通州区	5	2	1	1	1	6	3	3		
如东县	4		2		2	12	1	11		
南通经济技术开发区										
通州湾示范区						1	1			
苏锡通科技产业园区	5	1	4			14	7	7		
启东市	8		3	1	4	6	1	5		
如皋市	2		1		1	6	4	2		
海门市	2		2			5	3	2		
海安市	5		4	1		3	2	1		
连云港市	**6**	**1**	**4**		**1**	**10**	**4**	**5**	**1**	
连云区										
海州区										
赣榆区	4		4			3	1	2		
东海县	1	1				3	2	1		
灌云县						3	1	2		
灌南县										
连云港经济技术开发区	1				1					
连云港高新技术产业开发区										
江苏连云港徐圩新区										
江苏省连云港市云台山风景名胜区						1			1	
淮安市	**5**	**2**	**1**	**1**	**1**	**5**	**2**	**2**		**1**
淮安区	3	2	1			1		1		
淮阴区						1	1			
清江浦区										
洪泽区	1			1						
涟水县						2	1			1
盱眙县						1		1		
金湖县	1				1					
淮安经济技术开发区										
工业园区										
生态文旅区										
苏淮高新区										

7-1c 续表 32

单位：人

现住地	省外									
	广东					广西				
	小计	乡	镇的村委会	镇的居委会	街道	小计	乡	镇的村委会	镇的居委会	街道
盐城市	**17**	**2**	**8**	**5**	**2**	**25**	**2**	**17**	**3**	**3**
亭湖区	1		1							
盐都区						3		3		
大丰区	5	1	2	2		7	1	4	1	1
响水县										
滨海县	2		1		1	1		1		
阜宁县						1	1			
射阳县	6	1	2	3		4		2		2
建湖县	2		1		1	1		1		
盐城经济技术开发区						1		1		
江苏省盐南高新区										
东台市	1		1			7		5	2	
扬州市	**20**	**2**	**13**	**2**	**3**	**19**	**4**	**14**	**1**	
广陵区	1	1				2	2			
邗江区										
江都区	3		3			10	2	7	1	
宝应县										
扬州经济技术开发区	7	1	1	2	3					
蜀冈瘦西湖景区										
生态新城						4		4		
仪征市	7		7			1		1		
高邮市	2		2			2		2		
镇江市	**11**		**8**		**3**	**32**	**10**	**22**		
京口区										
润州区										
丹徒区						3		3		
镇江新区										
江苏镇江高新区										
丹阳市	5		5			16	2	14		
扬中市	1		1			5	1	4		
句容市	5		2		3	8	7	1		
泰州市	**12**	**1**	**7**		**4**	**16**	**4**	**12**		
海陵区										
高港区	2		1		1					
姜堰区	4		4			4	1	3		
泰州医药高新技术产业开发区										
兴化市						1		1		
靖江市	1				1	7	1	6		
泰兴市	5	1	2		2	4	2	2		
宿迁市	**10**	**3**	**3**	**2**	**2**	**18**	**5**	**13**		
宿城区	4		2	1	1	5		5		
宿豫区	1			1		1		1		
沭阳县	3	2	1			8	5	3		
泗阳县						2		2		
泗洪县	2	1			1					
宿迁经济技术开发区						1		1		
宿迁市湖滨新区										
苏州宿迁工业园区										
宿迁市洋河新区						1		1		

7-1c　续表 33　　　　　　单位：人

现住地	省外									
	海南					重庆				
	小计	乡	镇的村委会	镇的居委会	街道	小计	乡	镇的村委会	镇的居委会	街道
江　苏	**86**	**9**	**57**	**7**	**13**	**3908**	**891**	**2804**	**83**	**130**
南京市	**10**	**1**	**4**	**2**	**3**	**124**	**23**	**61**	**14**	**26**
玄武区										
秦淮区										
建邺区										
鼓楼区										
浦口区						1		1		
栖霞区						16	2	8	5	1
雨花台区										
江宁区	8	1	4		3	67	16	36	1	14
六合区						14	1	4	5	4
溧水区	2			2		16	2	7	3	4
高淳区						10	2	5		3
南京江北新区										
无锡市	**11**	**4**	**5**	**1**	**1**	**1338**	**454**	**836**	**21**	**27**
锡山区	1		1			164	32	131	1	
惠山区						121	32	84	2	3
滨湖区						26	5	20	1	
梁溪区										
新吴区	1			1		172	83	68	9	12
江苏无锡经济开发区										
江阴市	7	4	2		1	709	260	440	5	4
宜兴市	2		2			146	42	93	3	8
徐州市	**3**		**3**			**29**	**1**	**27**		**1**
鼓楼区										
云龙区										
贾汪区						4		4		
泉山区										
铜山区						8	1	7		
丰县	1		1			5		5		
沛县	1		1			3		3		
睢宁县						2		2		
徐州经济技术开发区						3		3		
新沂市	1		1			2		1		1
邳州市						2		2		
常州市	**15**	**1**	**12**	**1**	**1**	**512**	**122**	**370**	**6**	**14**
天宁区	1				1	36	5	30	1	
钟楼区						26	7	14		5
新北区	1		1			15	2	10	2	1
武进区	5	1	4			202	38	160	2	2
金坛区						127	34	90	1	2
江苏省常州市经济开发区	5		5			86	31	52		3
溧阳市	3		2	1		20	5	14		1

7-1c 续表 34 单位：人

现住地	省外									
	海南					重庆				
	小计	乡	镇的村委会	镇的居委会	街道	小计	乡	镇的村委会	镇的居委会	街道
苏州市	**25**	**1**	**17**	**2**	**5**	**1317**	**176**	**1075**	**28**	**38**
虎丘区						19	3	15		1
吴中区	6	1	2		3	127	35	88		4
相城区						40	12	27		1
姑苏区										
吴江区	2		2			169	26	136	4	3
苏州工业园区										
常熟市	5		4	1		174	21	141	4	8
张家港市	1				1	321	31	274	12	4
昆山市	11		9	1	1	249	21	219	6	3
太仓市						218	27	175	2	14
南通市	**6**	**1**	**5**			**195**	**48**	**133**	**2**	**12**
崇川区										
港闸区										
通州区						18	4	14		
如东县						14	6	8		
南通经济技术开发区										
通州湾示范区						3		3		
苏锡通科技产业园区	1		1			79	24	53		2
启东市	1		1			33	6	24	1	2
如皋市	2	1	1			17	2	10		5
海门市						21	6	12	1	2
海安市	2		2			10		9		1
连云港市	**1**	**1**				**8**		**8**		
连云区										
海州区										
赣榆区	1	1								
东海县						4		4		
灌云县						3		3		
灌南县						1		1		
连云港经济技术开发区										
连云港高新技术产业开发区										
江苏连云港徐圩新区										
江苏省连云港市云台山风景名胜区										
淮安市						**16**	**2**	**12**	**2**	
淮安区						2		1	1	
淮阴区						3		3		
清江浦区						2		2		
洪泽区										
涟水县						1		1		
盱眙县						2		1	1	
金湖县						6	2	4		
淮安经济技术开发区										
工业园区										
生态文旅区										
苏淮高新区										

7-1c　续表 35　　　　单位：人

现住地	省外									
	海南					重庆				
	小计	乡	镇的村委会	镇的居委会	街道	小计	乡	镇的村委会	镇的居委会	街道
盐城市						**72**	**16**	**51**	**2**	**3**
亭湖区						5		5		
盐都区						3	2	1		
大丰区						23	3	16	1	3
响水县						4		4		
滨海县						2	2			
阜宁县										
射阳县						11	5	6		
建湖县										
盐城经济技术开发区						2		2		
江苏省盐南高新区										
东台市						22	4	17	1	
扬州市	**5**		**5**			**81**	**3**	**73**	**4**	**1**
广陵区	1		1			10		10		
邗江区						4		4		
江都区	2		2			37	1	32	3	1
宝应县	1		1			1		1		
扬州经济技术开发区										
蜀冈瘦西湖景区										
生态新城						1		1		
仪征市	1		1			22		21	1	
高邮市						6	2	4		
镇江市	**2**		**2**			**102**	**28**	**68**	**3**	**3**
京口区						2		2		
润州区						3	3			
丹徒区						6	3	3		
镇江新区										
江苏镇江高新区										
丹阳市						59	13	44	1	1
扬中市						10	1	8		1
句容市	2		2			22	8	11	2	1
泰州市	**7**		**4**		**3**	**86**	**8**	**74**	**1**	**3**
海陵区						6		6		
高港区	1		1			1	1			
姜堰区	1				1	6	1	4		1
泰州医药高新技术产业开发区										
兴化市						19	1	16	1	1
靖江市						36	1	35		
泰兴市	5		3		2	18	4	13		1
宿迁市	**1**			**1**		**28**	**10**	**16**		**2**
宿城区						8	4	4		
宿豫区										
沭阳县						13	4	8		1
泗阳县						6	2	3		1
泗洪县	1			1		1		1		
宿迁经济技术开发区										
宿迁市湖滨新区										
苏州宿迁工业园区										
宿迁市洋河新区										

7-1c 续表 36

单位：人

现住地	省外									
	四川					贵州				
	小计	乡	镇的村委会	镇的居委会	街道	小计	乡	镇的村委会	镇的居委会	街道
江　苏	**14760**	**3336**	**10800**	**290**	**334**	**10188**	**2525**	**7280**	**140**	**243**
南京市	**440**	**121**	**250**	**14**	**55**	**315**	**69**	**189**	**18**	**39**
玄武区										
秦淮区										
建邺区										
鼓楼区										
浦口区	10	4	3		3	5	2	3		
栖霞区	21	6	12	2	1	11	4	7		
雨花台区										
江宁区	308	80	182	10	36	176	27	117	8	24
六合区	32	14	15	1	2	24	5	15	2	2
溧水区	37	7	19	1	10	72	19	33	8	12
高淳区	24	9	12		3	19	11	7		1
南京江北新区	8	1	7			8	1	7		
无锡市	**4090**	**1022**	**2964**	**58**	**46**	**2857**	**744**	**2045**	**29**	**39**
锡山区	470	79	374	9	8	242	59	171	3	9
惠山区	917	310	569	17	21	284	99	178	7	
滨湖区	114	27	82	5		22	4	18		
梁溪区										
新吴区	190	67	117	3	3	93	26	64	1	2
江苏无锡经济开发区										
江阴市	1929	431	1480	12	6	1055	309	733	5	8
宜兴市	470	108	342	12	8	1161	247	881	13	20
徐州市	**137**	**13**	**112**	**7**	**5**	**92**	**16**	**76**		
鼓楼区										
云龙区										
贾汪区	9	2	7			12	1	11		
泉山区										
铜山区	39	3	34	1	1	34	7	27		
丰县	20	1	19			2		2		
沛县	26	3	19	3	1	9	1	8		
睢宁县	11		9	1	1	15	1	14		
徐州经济技术开发区	9	1	6		2	1		1		
新沂市	10	2	6	2		9	3	6		
邳州市	13	1	12			10	3	7		
常州市	**3300**	**844**	**2373**	**41**	**42**	**2192**	**731**	**1400**	**20**	**41**
天宁区	357	60	292	1	4	82	30	52		
钟楼区	73	18	53		2	57	23	29	1	4
新北区	223	45	173	2	3	66	14	50		2
武进区	1349	328	965	26	30	738	225	500	4	9
金坛区	241	68	167	4	2	171	52	110		9
江苏省常州市经济开发区	972	312	654	5	1	927	356	555	15	1
溧阳市	85	13	69	3		151	31	104		16

7-1c　续表 37　　　　单位：人

现住地	省外									
	四川					贵州				
	小计	乡	镇的村委会	镇的居委会	街道	小计	乡	镇的村委会	镇的居委会	街道
苏州市	**5145**	**932**	**3983**	**108**	**122**	**3108**	**588**	**2436**	**36**	**48**
虎丘区	171	16	137	2	16	48	14	30	1	3
吴中区	913	216	657	8	32	276	55	218	1	2
相城区	112	26	85		1	72	16	53		3
姑苏区										
吴江区	714	142	541	15	16	1252	276	954	6	16
苏州工业园区										
常熟市	527	71	421	20	15	286	55	221	6	4
张家港市	1320	193	1097	19	11	436	59	364	8	5
昆山市	948	178	712	31	27	358	55	284	9	10
太仓市	440	90	333	13	4	380	58	312	5	5
南通市	**348**	**118**	**211**	**12**	**7**	**507**	**157**	**322**	**15**	**13**
崇川区										
港闸区	2		2			5		5		
通州区	69	36	30	2	1	63	33	30		
如东县	65	29	33	3		64	17	42	1	4
南通经济技术开发区										
通州湾示范区	3	2	1			2	1	1		
苏锡通科技产业园区	54	21	33			130	36	85	6	3
启东市	61	15	44		2	37	5	32		
如皋市	29	1	25	3		39	8	25	3	3
海门市	41	8	25	4	4	105	34	65	3	3
海安市	24	6	18			62	23	37	2	
连云港市	**81**	**13**	**57**	**2**	**9**	**33**	**9**	**21**	**1**	**2**
连云区	20		15		5					
海州区	8	1	7			1		1		
赣榆区	20	9	10		1	11	2	9		
东海县	19	3	14		2	11	3	7	1	
灌云县	9		9			3	3			
灌南县	4		2	2		5	1	4		
连云港经济技术开发区	1				1					
连云港高新技术产业开发区										
江苏连云港徐圩新区										
江苏省连云港市云台山风景名胜区						2				2
淮安市	**43**	**13**	**24**	**3**	**3**	**65**	**7**	**40**	**2**	**16**
淮安区	5		5			4	2	1		1
淮阴区	9	4	5			16	3	11	2	
清江浦区										
洪泽区	4		1	3		5		5		
涟水县	12	7	3		2	22	2	5		15
盱眙县	2		2			3		3		
金湖县	10	1	8		1	15		15		
淮安经济技术开发区										
工业园区	1	1								
生态文旅区										
苏淮高新区										

7-1c 续表 38

单位：人

现住地	省外									
	四川					贵州				
	小计	乡	镇的村委会	镇的居委会	街道	小计	乡	镇的村委会	镇的居委会	街道
盐城市	**154**	**27**	**111**	**4**	**12**	**127**	**15**	**106**	**4**	**2**
亭湖区	5		4		1	6		5		1
盐都区	9		7	1	1	8		7	1	
大丰区	47	9	34	1	3	34	6	27		1
响水县	3	1	2			5	1	3	1	
滨海县	7	2	5			6	1	4	1	
阜宁县	9	6	3			7	1	6		
射阳县	14	2	11	1		26		25	1	
建湖县	23	5	11	1	6	3		3		
盐城经济技术开发区						1	1			
江苏省盐南高新区										
东台市	37	2	34		1	31	5	26		
扬州市	**247**	**77**	**147**	**19**	**4**	**205**	**33**	**166**	**6**	
广陵区	37	9	28			17	1	16		
邗江区	11	1	8		2	16	2	13	1	
江都区	66	12	49	4	1	69	11	56	2	
宝应县	22	14	7	1		10		10		
扬州经济技术开发区	7	2	5			3		3		
蜀冈瘦西湖景区										
生态新城	1		1							
仪征市	72	26	32	14		34	9	22	3	
高邮市	31	13	17		1	56	10	46		
镇江市	**404**	**91**	**282**	**12**	**19**	**312**	**83**	**204**	**5**	**20**
京口区	11		11							
润州区	3	3								
丹徒区	77	6	64	2	5	55	4	51		
镇江新区	13	3	8	2		5	4	1		
江苏镇江高新区										
丹阳市	217	49	155	3	10	154	53	98		3
扬中市	29	7	21		1	45	5	28	5	7
句容市	54	23	23	5	3	53	17	26		10
泰州市	**312**	**41**	**258**	**5**	**8**	**271**	**42**	**208**	**2**	**19**
海陵区										
高港区	12	4	7	1		6		6		
姜堰区	14	4	9		1	21	3	15	1	2
泰州医药高新技术产业开发区	3		3							
兴化市	27	3	22	1	1	42	2	37		3
靖江市	156	16	136	3	1	122	16	93	1	12
泰兴市	100	14	81		5	80	21	57		2
宿迁市	**59**	**24**	**28**	**5**	**2**	**104**	**31**	**67**	**2**	**4**
宿城区	17	4	10	2	1	25	12	12	1	
宿豫区	5		3	1	1	8		8		
沭阳县	7	6	1			43	9	32	1	1
泗阳县	16	5	11			8	3	5		
泗洪县	11	7	2	2		16	7	6		3
宿迁经济技术开发区	2	2								
宿迁市湖滨新区						3		3		
苏州宿迁工业园区										
宿迁市洋河新区	1		1			1		1		

7-1c　续表 39

单位：人

现住地	省外									
	云南					西藏				
	小计	乡	镇的村委会	镇的居委会	街道	小计	乡	镇的村委会	镇的居委会	街道
江　苏	**7720**	**2125**	**5372**	**110**	**113**	**7**	**5**	**1**	**1**	
南京市	**282**	**80**	**158**	**19**	**25**					
玄武区										
秦淮区										
建邺区										
鼓楼区										
浦口区	8		4		4					
栖霞区	9	3	5		1					
雨花台区										
江宁区	158	32	98	11	17					
六合区	7	3	4							
溧水区	57	26	21	8	2					
高淳区	32	11	20		1					
南京江北新区	11	5	6							
无锡市	**1666**	**490**	**1116**	**43**	**17**	**1**	**1**			
锡山区	135	27	101	4	3					
惠山区	211	60	148	1	2					
滨湖区	41	16	25							
梁溪区										
新吴区	88	22	63	2	1					
江苏无锡经济开发区										
江阴市	397	120	273	1	3	1	1			
宜兴市	794	245	506	35	8					
徐州市	**76**	**17**	**59**							
鼓楼区										
云龙区										
贾汪区	12	2	10							
泉山区										
铜山区	13	3	10							
丰县	6	4	2							
沛县	6	3	3							
睢宁县	10	1	9							
徐州经济技术开发区	2		2							
新沂市	17	2	15							
邳州市	10	2	8							
常州市	**1623**	**560**	**1029**	**9**	**25**	**2**	**1**		**1**	
天宁区	37	9	28							
钟楼区	27	18	9			2	1		1	
新北区	72	20	51		1					
武进区	482	153	321		8					
金坛区	712	251	441	4	16					
江苏省常州市经济开发区	220	90	125	5						
溧阳市	73	19	54							

7-1c　续表 40　　　　单位：人

现住地	省外									
	云南					西藏				
	小计	乡	镇的村委会	镇的居委会	街道	小计	乡	镇的村委会	镇的居委会	街道
苏州市	**2480**	**527**	**1912**	**24**	**17**	**1**	**1**			
虎丘区	34	14	19	1						
吴中区	349	78	268	2	1					
相城区	70	5	64	1						
姑苏区										
吴江区	464	129	331	1	3					
苏州工业园区										
常熟市	356	59	291	3	3	1	1			
张家港市	336	69	260	3	4					
昆山市	510	107	391	9	3					
太仓市	361	66	288	4	3					
南通市	**264**	**106**	**148**	**5**	**5**	**1**		**1**		
崇川区										
港闸区										
通州区	51	27	19	5						
如东县	22	9	11		2					
南通经济技术开发区										
通州湾示范区	5		5							
苏锡通科技产业园区	40	26	14							
启东市	62	13	49			1		1		
如皋市	22	8	14							
海门市	39	16	20		3					
海安市	23	7	16							
连云港市	**67**	**25**	**39**		**3**					
连云区										
海州区	3	1	2							
赣榆区	12	5	5		2					
东海县	29	11	17		1					
灌云县	11	4	7							
灌南县	12	4	8							
连云港经济技术开发区										
连云港高新技术产业开发区										
江苏连云港徐圩新区										
江苏省连云港市云台山风景名胜区										
淮安市	**49**	**23**	**26**			**1**	**1**			
淮安区	14	3	11							
淮阴区	9	3	6							
清江浦区	1	1								
洪泽区	2		2							
涟水县	6	4	2							
盱眙县	3	1	2			1	1			
金湖县	14	11	3							
淮安经济技术开发区										
工业园区										
生态文旅区										
苏淮高新区										

7-1c 续表 41 单位：人

现住地	省外									
	云南					西藏				
	小计	乡	镇的村委会	镇的居委会	街道	小计	乡	镇的村委会	镇的居委会	街道
盐城市	**134**	**22**	**109**	**1**	**2**					
亭湖区	2		2							
盐都区	20	1	19							
大丰区	23	7	16							
响水县	3		3							
滨海县	17	3	13		1					
阜宁县	8	3	5							
射阳县	16	4	12							
建湖县	12	1	10		1					
盐城经济技术开发区	1		1							
江苏省盐南高新区										
东台市	32	3	28	1						
扬州市	**291**	**72**	**214**	**2**	**3**					
广陵区	94	30	64							
邗江区	1		1							
江都区	147	38	108	1						
宝应县	12		12							
扬州经济技术开发区	4		4							
蜀冈瘦西湖景区										
生态新城	2		2							
仪征市	6	1	4	1						
高邮市	25	3	19		3					
镇江市	**348**	**115**	**221**	**1**	**11**					
京口区										
润州区										
丹徒区	24	3	21							
镇江新区	5	5								
江苏镇江高新区										
丹阳市	233	75	146	1	11					
扬中市	55	18	37							
句容市	31	14	17							
泰州市	**326**	**44**	**279**	**2**	**1**					
海陵区										
高港区	11	3	8							
姜堰区	24	7	17							
泰州医药高新技术产业开发区										
兴化市	6		6							
靖江市	179	26	152	1						
泰兴市	106	8	96	1	1					
宿迁市	**114**	**44**	**62**	**4**	**4**	**1**	**1**			
宿城区	17	5	11		1	1	1			
宿豫区	14		11	2	1					
沭阳县	36	20	16							
泗阳县	17	5	11		1					
泗洪县	18	8	9	1						
宿迁经济技术开发区	8	5	2		1					
宿迁市湖滨新区	2		2							
苏州宿迁工业园区										
宿迁市洋河新区	2	1		1						

7-1c 续表 42

单位：人

现住地	省外									
	陕西					甘肃				
	小计	乡	镇的村委会	镇的居委会	街道	小计	乡	镇的村委会	镇的居委会	街道
江苏	**4559**	**844**	**3444**	**127**	**144**	**2807**	**651**	**2040**	**54**	**62**
南京市	**172**	**23**	**105**	**14**	**30**	**104**	**29**	**62**	**6**	**7**
玄武区										
秦淮区										
建邺区										
鼓楼区										
浦口区						3	2	1		
栖霞区	17	2	11	2	2	18	5	11	2	
雨花台区										
江宁区	102	16	58	7	21	55	16	31	3	5
六合区	14	2	9		3	9	1	7		1
溧水区	26	3	16	4	3	7	1	5	1	
高淳区	6		5	1		10	3	7		
南京江北新区	7		6		1	2	1			1
无锡市	**708**	**152**	**524**	**13**	**19**	**348**	**114**	**212**	**10**	**12**
锡山区	64	13	49		2	39	21	17		1
惠山区	107	22	76	5	4	97	34	58	2	3
滨湖区	60	15	38	1	6	9	3	5		1
梁溪区										
新吴区	145	33	106	2	4	82	17	60	3	2
江苏无锡经济开发区										
江阴市	164	36	124	2	2	66	18	48		
宜兴市	168	33	131	3	1	55	21	24	5	5
徐州市	**60**	**5**	**47**	**2**	**6**	**30**	**6**	**22**	**1**	**1**
鼓楼区										
云龙区										
贾汪区	10	2	7	1		2		2		
泉山区										
铜山区	4	2	2			5		5		
丰县	15		11		4	7	1	5		1
沛县	10	1	8		1	5	3	2		
睢宁县	5		5			3	1	1	1	
徐州经济技术开发区	2		2			1		1		
新沂市	5		5			6	1	5		
邳州市	9		7	1	1	1		1		
常州市	**470**	**104**	**345**	**8**	**13**	**316**	**83**	**222**	**4**	**7**
天宁区	45	3	42			6	1	5		
钟楼区	13	1	11		1	8	6	1	1	
新北区	43	7	34	2		10	3	6		1
武进区	152	39	100	4	9	143	35	101	1	6
金坛区	91	25	66			74	20	54		
江苏省常州市经济开发区	76	22	51	2	1	62	11	50	1	
溧阳市	50	7	41		2	13	7	5	1	

7-1c　续表 43　　　　单位：人

现住地	省外									
	陕西					甘肃				
	小计	乡	镇的村委会	镇的居委会	街道	小计	乡	镇的村委会	镇的居委会	街道
苏州市	**2666**	**444**	**2087**	**78**	**57**	**1755**	**366**	**1340**	**31**	**18**
虎丘区	74	16	54	4		47	8	36	1	2
吴中区	458	84	355	6	13	201	53	148		
相城区	71	15	51	4	1	38	14	21		3
姑苏区										
吴江区	119	28	77	10	4	95	50	41	2	2
苏州工业园区										
常熟市	282	42	228	5	7	149	23	114	10	2
张家港市	187	15	165	3	4	71	18	52		1
昆山市	1152	176	910	42	24	973	159	796	15	3
太仓市	323	68	247	4	4	181	41	132	3	5
南通市	**171**	**60**	**105**	**4**	**2**	**81**	**29**	**48**	**1**	**3**
崇川区										
港闸区	7		7							
通州区	31	14	12	4	1	29	13	15		1
如东县	15	8	7			7	3	4		
南通经济技术开发区										
通州湾示范区										
苏锡通科技产业园区	48	19	28		1	17	7	10		
启东市	27	5	22			10	1	9		
如皋市	11	1	10			4	1	1	1	1
海门市	14	7	7			5	2	3		
海安市	18	6	12			9	2	6		1
连云港市	**15**	**4**	**8**		**3**	**8**	**1**	**6**		**1**
连云区										
海州区										
赣榆区	4		3		1	6	1	5		
东海县	8	3	5			1		1		
灌云县	3	1			2					
灌南县										
连云港经济技术开发区						1				1
连云港高新技术产业开发区										
江苏连云港徐圩新区										
江苏省连云港市云台山风景名胜区										
淮安市	**14**	**2**	**10**	**1**	**1**	**8**	**2**	**5**		**1**
淮安区	2	1	1			4	2	1		1
淮阴区	2		1		1					
清江浦区										
洪泽区	1		1							
涟水县	5	1	4							
盱眙县										
金湖县	4		3	1						
淮安经济技术开发区										
工业园区						4		4		
生态文旅区										
苏淮高新区										

7-1c 续表 44

单位：人

现住地	省外									
	陕西					甘肃				
	小计	乡	镇的村委会	镇的居委会	街道	小计	乡	镇的村委会	镇的居委会	街道
盐城市	**51**	**6**	**43**		**2**	**37**	**6**	**28**	**1**	**2**
亭湖区	2		2							
盐都区	13		13			9		9		
大丰区	9	2	7			16	4	11	1	
响水县						1		1		
滨海县	2	1	1							
阜宁县	1		1			1				1
射阳县	12	2	9		1	2		2		
建湖县	2		1		1	1				1
盐城经济技术开发区										
江苏省盐南高新区										
东台市	10	1	9			7	2	5		
扬州市	**78**	**4**	**67**	**2**	**5**	**26**	**2**	**22**		**2**
广陵区	17	1	15		1	2	1	1		
邗江区	1		1							
江都区	40	1	34	2	3	17	1	14		2
宝应县	4	1	3							
扬州经济技术开发区	1				1	2		2		
蜀冈瘦西湖景区										
生态新城	1	1								
仪征市	7		7			3		3		
高邮市	7		7			2		2		
镇江市	**68**	**24**	**43**		**1**	**39**	**5**	**30**		**4**
京口区										
润州区										
丹徒区	5		5			4	1	2		1
镇江新区	9	8	1			1	1			
江苏镇江高新区										
丹阳市	11	2	9			10		10		
扬中市	21	3	18			15	1	13		1
句容市	22	11	10		1	9	2	5		2
泰州市	**66**	**6**	**51**	**5**	**4**	**41**	**6**	**34**		**1**
海陵区										
高港区	2		2			5	1	4		
姜堰区	3	1	2			6	2	3		1
泰州医药高新技术产业开发区										
兴化市	3		3			6	1	5		
靖江市	30	2	25	2	1	13	1	12		
泰兴市	28	3	19	3	3	11	1	10		
宿迁市	**20**	**10**	**9**		**1**	**14**	**2**	**9**		**3**
宿城区	2		2			3	1	2		
宿豫区	1	1								
沭阳县	7	1	6			5		5		
泗阳县	3	3								
泗洪县	3	3				3				3
宿迁经济技术开发区	4	2	1		1					
宿迁市湖滨新区										
苏州宿迁工业园区										
宿迁市洋河新区						3	1	2		

7-1c　续表 45　　　　单位：人

现住地	省外									
	青海					宁夏				
	小计	乡	镇的村委会	镇的居委会	街道	小计	乡	镇的村委会	镇的居委会	街道
江苏	**169**	**37**	**100**	**13**	**19**	**119**	**26**	**72**	**6**	**15**
南京市	**15**	**3**	**10**		**2**	**12**	**1**	**6**		**5**
玄武区										
秦淮区										
建邺区										
鼓楼区										
浦口区										
栖霞区	1		1			1		1		
雨花台区										
江宁区	8	2	5		1	9	1	4		4
六合区										
溧水区	2	1			1	2		1		1
高淳区	3		3							
南京江北新区	1		1							
无锡市	**16**	**7**	**8**	**1**		**14**	**2**	**12**		
锡山区						3		3		
惠山区	2	1	1			2	2			
滨湖区	2	2				2		2		
梁溪区										
新吴区	7	2	5			1		1		
江苏无锡经济开发区										
江阴市	3		2	1						
宜兴市	2	2				6		6		
徐州市	**5**		**4**	**1**		**10**	**2**	**7**		**1**
鼓楼区										
云龙区										
贾汪区						4		4		
泉山区										
铜山区						2		2		
丰县										
沛县	1			1		3	2			1
睢宁县	1		1							
徐州经济技术开发区	1		1			1		1		
新沂市	2		2							
邳州市										
常州市	**11**	**9**	**1**	**1**		**11**	**1**	**9**	**1**	
天宁区										
钟楼区						2	1		1	
新北区	1	1								
武进区	6	6				1		1		
金坛区	4	2	1	1		4		4		
江苏省常州市经济开发区						3		3		
溧阳市						1		1		

7-1c 续表 46

单位：人

现住地	省外									
	青海					宁夏				
	小计	乡	镇的村委会	镇的居委会	街道	小计	乡	镇的村委会	镇的居委会	街道
苏州市	**61**	**4**	**47**	**4**	**6**	**31**	**7**	**21**	**1**	**2**
虎丘区	3			1	2	2	2			
吴中区	7	2	5			7	2	5		
相城区	2	1		1						
姑苏区										
吴江区	2		2			2	1	1		
苏州工业园区										
常熟市	8		4		4	4		3		1
张家港市	12	1	11			3	1	2		
昆山市	16		15	1		8		7	1	
太仓市	11		10	1		5	1	3		1
南通市	**16**	**6**	**5**	**1**	**4**	**4**		**4**		
崇川区										
港闸区										
通州区						1		1		
如东县										
南通经济技术开发区										
通州湾示范区										
苏锡通科技产业园区	3	1	2							
启东市	2		2			2		2		
如皋市	3			1	2	1		1		
海门市	3		1		2					
海安市	5	5								
连云港市						**1**	**1**			
连云区										
海州区										
赣榆区										
东海县										
灌云县						1	1			
灌南县										
连云港经济技术开发区										
连云港高新技术产业开发区										
江苏连云港徐圩新区										
江苏省连云港市云台山风景名胜区										
淮安市	**2**		**1**		**1**					
淮安区										
淮阴区	1		1							
清江浦区										
洪泽区	1				1					
涟水县										
盱眙县										
金湖县										
淮安经济技术开发区										
工业园区										
生态文旅区										
苏淮高新区										

7-1c　续表 47

单位：人

现住地	省外									
	青海					宁夏				
	小计	乡	镇的村委会	镇的居委会	街道	小计	乡	镇的村委会	镇的居委会	街道
盐城市	**3**		**2**	**1**		**5**	**2**	**2**		**1**
亭湖区										
盐都区	3		2	1						
大丰区						3	2	1		
响水县						1		1		
滨海县										
阜宁县										
射阳县										
建湖县						1				1
盐城经济技术开发区										
江苏省盐南高新区										
东台市										
扬州市	**16**	**2**	**11**	**2**	**1**	**10**	**7**	**3**		
广陵区						1		1		
邗江区										
江都区	8	2	3	2	1	7	7			
宝应县										
扬州经济技术开发区										
蜀冈瘦西湖景区										
生态新城						1		1		
仪征市										
高邮市	8		8			1		1		
镇江市	**8**		**2**	**1**	**5**	**4**	**1**	**1**	**1**	**1**
京口区										
润州区										
丹徒区										
镇江新区										
江苏镇江高新区										
丹阳市	4		1		3	3		1	1	1
扬中市	1			1						
句容市	3		1		2	1	1			
泰州市	**9**	**2**	**6**	**1**		**13**	**2**	**4**	**3**	**4**
海陵区										
高港区						4	2		2	
姜堰区	1		1			3		1	1	1
泰州医药高新技术产业开发区										
兴化市										
靖江市	3		3							
泰兴市	5	2	2	1		6		3		3
宿迁市	**7**	**4**	**3**			**4**		**3**		**1**
宿城区						2		2		
宿豫区	2	2								
沭阳县	2	2								
泗阳县										
泗洪县										
宿迁经济技术开发区	2		2			2		1		1
宿迁市湖滨新区	1		1							
苏州宿迁工业园区										
宿迁市洋河新区										

7-1c 续表 48

单位：人

现住地	省外				
	新疆				
	小计	乡	镇的村委会	镇的居委会	街道
江 苏	**291**	**49**	**159**	**30**	**53**
南京市	**33**	**1**	**13**	**6**	**13**
玄武区					
秦淮区					
建邺区					
鼓楼区					
浦口区					
栖霞区					
雨花台区					
江宁区	27	1	10	6	10
六合区					
溧水区	6		3		3
高淳区					
南京江北新区					
无锡市	**34**	**6**	**17**	**1**	**10**
锡山区	1		1		
惠山区	6		2		4
滨湖区	3		1	1	1
梁溪区					
新吴区	5	2	3		
江苏无锡经济开发区					
江阴市	15	3	7		5
宜兴市	4	1	3		
徐州市	**32**	**8**	**23**	**1**	
鼓楼区					
云龙区					
贾汪区	1		1		
泉山区					
铜山区	11	6	5		
丰县	6	1	5		
沛县	2		2		
睢宁县	1		1		
徐州经济技术开发区					
新沂市	11	1	9	1	
邳州市					
常州市	**22**	**7**	**14**	**1**	
天宁区	1		1		
钟楼区	2	1	1		
新北区	3	1	1	1	
武进区	3	1	2		
金坛区	6		6		
江苏省常州市经济开发区	4	2	2		
溧阳市	3	2	1		

7-1c　续表 49

单位：人

现住地	省外				
	新疆				
	小计	乡	镇的村委会	镇的居委会	街道
苏州市	**59**	**7**	**35**	**7**	**10**
虎丘区	3				3
吴中区	7		6		1
相城区	1			1	
姑苏区					
吴江区	4	1	3		
苏州工业园区					
常熟市	6		6		
张家港市	14	2	8	3	1
昆山市	18	4	6	3	5
太仓市	6		6		
南通市	**34**	**7**	**19**	**4**	**4**
崇川区					
港闸区					
通州区	8	4	4		
如东县	6		5	1	
南通经济技术开发区					
通州湾示范区	2			2	
苏锡通科技产业园区					
启东市	1	1			
如皋市	7	1	5		1
海门市	2		1	1	
海安市	8	1	4		3
连云港市	**6**	**2**	**2**		**2**
连云区					
海州区					
赣榆区	5	1	2		2
东海县					
灌云县	1	1			
灌南县					
连云港经济技术开发区					
连云港高新技术产业开发区					
江苏连云港徐圩新区					
江苏省连云港市云台山风景名胜区					
淮安市	**7**	**2**	**5**		
淮安区					
淮阴区	1		1		
清江浦区					
洪泽区					
涟水县	6	2	4		
盱眙县					
金湖县					
淮安经济技术开发区					
工业园区					
生态文旅区					
苏淮高新区					

7-1c 续表 50

单位：人

现住地	省外				
	新疆				
	小计	乡	镇的村委会	镇的居委会	街道
盐城市	**10**	**2**	**5**	**1**	**2**
亭湖区					
盐都区	1		1		
大丰区	3		2	1	
响水县					
滨海县	1		1		
阜宁县					
射阳县	2				2
建湖县	1	1			
盐城经济技术开发区					
江苏省盐南高新区					
东台市	2	1	1		
扬州市	**7**	**1**	**2**	**2**	**2**
广陵区					
邗江区					
江都区	3	1	2		
宝应县					
扬州经济技术开发区	2				2
蜀冈瘦西湖景区					
生态新城	2			2	
仪征市					
高邮市					
镇江市	**12**	**1**	**3**	**3**	**5**
京口区					
润州区					
丹徒区	2		2		
镇江新区					
江苏镇江高新区					
丹阳市	6	1	1	1	3
扬中市	2			1	1
句容市	2			1	1
泰州市	**31**	**4**	**19**	**4**	**4**
海陵区	3				3
高港区					
姜堰区	10	1	7	2	
泰州医药高新技术产业开发区	1			1	
兴化市					
靖江市	1		1		
泰兴市	16	3	11	1	1
宿迁市	**4**	**1**	**2**		**1**
宿城区	1				1
宿豫区	1		1		
沭阳县	1		1		
泗阳县	1	1			
泗洪县					
宿迁经济技术开发区					
宿迁市湖滨新区					
苏州宿迁工业园区					
宿迁市洋河新区					

7-2　全省按现住地、职业和性别分的户口登记地在本省其他乡镇街道人口

单位：人

现住地	合计			党的机关、国家机关、群众团体和社会组织、企事业单位负责人		
	合计	男	女	小计	男	女
江　苏	**882316**	**515686**	**366630**	**39390**	**29322**	**10068**
南京市	**128949**	**75364**	**53585**	**6567**	**4764**	**1803**
玄武区	6455	3397	3058	378	263	115
秦淮区	11222	6059	5163	560	399	161
建邺区	9523	5307	4216	607	435	172
鼓楼区	10967	5828	5139	591	399	192
浦口区	4460	2668	1792	216	151	65
栖霞区	15420	9315	6105	802	605	197
雨花台区	12270	7406	4864	665	479	186
江宁区	25802	15446	10356	1240	902	338
六合区	6069	3585	2484	326	257	69
溧水区	6466	4110	2356	254	189	65
高淳区	3125	1965	1160	206	151	55
南京江北新区	17170	10278	6892	722	534	188
无锡市	**87367**	**51302**	**36065**	**3802**	**2903**	**899**
锡山区	10879	6570	4309	339	275	64
惠山区	9882	6070	3812	420	332	88
滨湖区	7771	4521	3250	379	285	94
梁溪区	14442	8146	6296	529	397	132
新吴区	9506	5612	3894	513	383	130
江苏无锡经济开发区	5193	3069	2124	217	172	45
江阴市	15511	9035	6476	688	517	171
宜兴市	14183	8279	5904	717	542	175
徐州市	**66673**	**37966**	**28707**	**2692**	**1991**	**701**
鼓楼区	7670	4418	3252	412	280	132
云龙区	7054	4049	3005	419	311	108
贾汪区	2330	1397	933	72	61	11
泉山区	8660	4770	3890	607	455	152
铜山区	6526	3205	3321	263	183	80
丰县	5448	3265	2183	110	85	25
沛县	6168	3639	2529	96	76	20
睢宁县	7128	3799	3329	193	144	49
徐州经济技术开发区	5388	3480	1908	231	175	56
新沂市	5468	2929	2539	115	84	31
邳州市	4833	3015	1818	174	137	37
常州市	**71985**	**42361**	**29624**	**3576**	**2666**	**910**
天宁区	10041	5662	4379	464	348	116
钟楼区	10266	6000	4266	705	513	192
新北区	11863	6834	5029	686	501	185
武进区	17742	10665	7077	970	735	235
金坛区	8552	4913	3639	296	216	80
江苏省常州市经济开发区	5705	3428	2277	88	75	13
溧阳市	7816	4859	2957	367	278	89

7-2 续表 1

单位：人

现住地	合计			党的机关、国家机关、群众团体和社会组织、企事业单位负责人		
	合计	男	女	小计	男	女
苏州市	**145043**	**85160**	**59883**	**5771**	**4423**	**1348**
虎丘区	11988	7181	4807	241	206	35
吴中区	16911	9728	7183	817	601	216
相城区	11148	6717	4431	681	505	176
姑苏区	11967	6537	5430	308	242	66
吴江区	11201	6680	4521	298	242	56
苏州工业园区	17039	9822	7217	833	597	236
常熟市	19855	11557	8298	869	676	193
张家港市	16696	9741	6955	586	474	112
昆山市	20159	12263	7896	698	549	149
太仓市	8079	4934	3145	440	331	109
南通市	**61692**	**35700**	**25992**	**3205**	**2322**	**883**
崇川区	11877	6524	5353	750	540	210
港闸区	8336	4826	3510	453	321	132
通州区	6536	3639	2897	284	198	86
如东县	4264	2420	1844	217	157	60
南通经济技术开发区	6061	3681	2380	257	192	65
通州湾示范区	340	235	105	13	11	2
苏锡通科技产业园区	1023	653	370	25	18	7
启东市	5873	3758	2115	198	153	45
如皋市	4809	2683	2126	266	201	65
海门市	6090	3588	2502	379	271	108
海安市	6483	3693	2790	363	260	103
连云港市	**29869**	**17322**	**12547**	**979**	**722**	**257**
连云区	2654	1701	953	75	56	19
海州区	8012	4777	3235	289	217	72
赣榆区	3342	1769	1573	100	65	35
东海县	5157	2684	2473	134	97	37
灌云县	3425	1987	1438	123	98	25
灌南县	3003	1786	1217	106	82	24
连云港经济技术开发区	1344	779	565	47	33	14
连云港高新技术产业开发区	2476	1504	972	93	67	26
江苏连云港徐圩新区	334	271	63	9	6	3
江苏省连云港市云台山风景名胜区	122	64	58	3	1	2
淮安市	**43403**	**25061**	**18342**	**1738**	**1283**	**455**
淮安区	5494	2962	2532	192	147	45
淮阴区	5014	2993	2021	255	193	62
清江浦区	8093	4663	3430	418	307	111
洪泽区	2942	1778	1164	112	80	32
涟水县	7024	3622	3402	173	114	59
盱眙县	4894	2984	1910	229	172	57
金湖县	4307	2694	1613	143	100	43
淮安经济技术开发区	4275	2529	1746	156	124	32
工业园区	46	26	20			
生态文旅区	1154	690	464	57	43	14
苏淮高新区	160	120	40	3	3	

7-2 续表 2

单位：人

现住地	合计			党的机关、国家机关、群众团体和社会组织、企事业单位负责人		
	合计	男	女	小计	男	女
盐城市	**60977**	**37488**	**23489**	**2547**	**1958**	**589**
亭湖区	7744	4716	3028	259	207	52
盐都区	8559	5184	3375	356	289	67
大丰区	6839	4030	2809	305	224	81
响水县	3573	2138	1435	209	154	55
滨海县	4429	2884	1545	166	132	34
阜宁县	4572	3025	1547	187	143	44
射阳县	6382	4048	2334	213	170	43
建湖县	7430	4645	2785	271	210	61
盐城经济技术开发区	1047	645	402	51	41	10
江苏省盐南高新区	6197	3744	2453	423	318	105
东台市	4205	2429	1776	107	70	37
扬州市	**51141**	**29858**	**21283**	**2200**	**1607**	**593**
广陵区	8873	5174	3699	298	202	96
邗江区	9841	5473	4368	594	424	170
江都区	7532	4434	3098	368	274	94
宝应县	6447	3901	2546	206	163	43
扬州经济技术开发区	3871	2275	1596	152	109	43
蜀冈瘦西湖景区	2387	1434	953	128	94	34
生态新城	651	396	255	17	13	4
仪征市	4489	2685	1804	186	139	47
高邮市	7050	4086	2964	251	189	62
镇江市	**41175**	**23780**	**17395**	**1913**	**1372**	**541**
京口区	5739	3211	2528	274	179	95
润州区	4504	2610	1894	199	140	59
丹徒区	3411	2067	1344	190	136	54
镇江新区	4588	2687	1901	250	171	79
江苏镇江高新区	1523	930	593	32	26	6
丹阳市	10964	6067	4897	589	432	157
扬中市	3345	1999	1346	154	121	33
句容市	7101	4209	2892	225	167	58
泰州市	**48792**	**28195**	**20597**	**2751**	**2082**	**669**
海陵区	9428	5292	4136	603	435	168
高港区	2777	1641	1136	115	91	24
姜堰区	7564	4307	3257	521	398	123
泰州医药高新技术产业开发区	3898	2232	1666	222	165	57
兴化市	7064	4302	2762	326	254	72
靖江市	10441	5929	4512	657	511	146
泰兴市	7620	4492	3128	307	228	79
宿迁市	**45250**	**26129**	**19121**	**1649**	**1229**	**420**
宿城区	6646	3819	2827	243	186	57
宿豫区	5567	3288	2279	205	160	45
沭阳县	12650	7012	5638	544	375	169
泗阳县	6505	3793	2712	221	173	48
泗洪县	8979	5263	3716	212	166	46
宿迁经济技术开发区	2989	1842	1147	116	91	25
宿迁市湖滨新区	750	423	327	34	22	12
苏州宿迁工业园区	691	412	279	53	42	11
宿迁市洋河新区	473	277	196	21	14	7

7-2 续表 3

单位：人

现住地	专业技术人员			办事人员和有关人员			社会生产服务和生活服务人员		
	小计	男	女	小计	男	女	小计	男	女
江　苏	**142144**	**64309**	**77835**	**83486**	**46585**	**36901**	**349271**	**193815**	**155456**
南京市	**28611**	**13027**	**15584**	**17612**	**9459**	**8153**	**52121**	**29481**	**22640**
玄武区	1806	796	1010	1022	515	507	2735	1422	1313
秦淮区	2844	1177	1667	1563	797	766	5150	2785	2365
建邺区	2543	1127	1416	1680	910	770	3771	2065	1706
鼓楼区	2888	1209	1679	2215	1199	1016	4417	2316	2101
浦口区	866	414	452	707	384	323	1704	955	749
栖霞区	3150	1403	1747	2019	1132	887	6108	3657	2451
雨花台区	2735	1386	1349	1486	775	711	5459	3197	2262
江宁区	5483	2571	2912	3151	1659	1492	10536	6245	4291
六合区	960	431	529	678	367	311	2293	1258	1035
溧水区	1043	501	542	633	370	263	2257	1268	989
高淳区	517	253	264	375	246	129	965	484	481
南京江北新区	3776	1759	2017	2083	1105	978	6726	3829	2897
无锡市	**13648**	**6076**	**7572**	**7435**	**3715**	**3720**	**34247**	**19608**	**14639**
锡山区	1433	651	782	839	424	415	4388	2692	1696
惠山区	1406	632	774	151	79	72	3777	2291	1486
滨湖区	1416	622	794	1155	613	542	2878	1608	1270
梁溪区	2673	1085	1588	1659	822	837	6954	3967	2987
新吴区	1603	823	780	890	371	519	3403	2008	1395
江苏无锡经济开发区	966	473	493	508	248	260	2091	1170	921
江阴市	1999	847	1152	968	482	486	5367	3017	2350
宜兴市	2152	943	1209	1265	676	589	5389	2855	2534
徐州市	**11284**	**4808**	**6476**	**5889**	**3544**	**2345**	**29956**	**16042**	**13914**
鼓楼区	1268	540	728	896	515	381	3804	2066	1738
云龙区	1452	597	855	921	542	379	3350	1878	1472
贾汪区	356	137	219	163	91	72	900	495	405
泉山区	2028	777	1251	1168	696	472	3795	1997	1798
铜山区	1247	518	729	555	343	212	2980	1251	1729
丰县	788	371	417	272	165	107	2495	1434	1061
沛县	937	458	479	400	244	156	2548	1345	1203
睢宁县	919	374	545	453	286	167	2975	1537	1438
徐州经济技术开发区	865	420	445	406	217	189	2108	1223	885
新沂市	687	284	403	330	222	108	2653	1348	1305
邳州市	737	332	405	325	223	102	2348	1468	880
常州市	**10953**	**4870**	**6083**	**5026**	**2758**	**2268**	**28302**	**15714**	**12588**
天宁区	2031	811	1220	905	503	402	4417	2497	1920
钟楼区	1733	737	996	619	306	313	4823	2824	1999
新北区	2108	942	1166	844	431	413	4660	2575	2085
武进区	2542	1178	1364	1494	845	649	6246	3630	2616
金坛区	923	413	510	373	235	138	3322	1726	1596
江苏省常州市经济开发区	544	255	289	150	71	79	2015	1149	866
溧阳市	1072	534	538	641	367	274	2819	1313	1506

7-2 续表 4

单位：人

现住地	专业技术人员			办事人员和有关人员			社会生产服务和生活服务人员		
	小计	男	女	小计	男	女	小计	男	女
苏州市	**24228**	**11517**	**12711**	**12599**	**6399**	**6200**	**57239**	**33056**	**24183**
虎丘区	2326	1181	1145	1143	558	585	4902	2997	1905
吴中区	2917	1432	1485	753	387	366	7294	3979	3315
相城区	1839	902	937	1017	534	483	4507	2647	1860
姑苏区	2436	1041	1395	1743	885	858	5819	3243	2576
吴江区	1628	752	876	780	398	382	4313	2538	1775
苏州工业园区	3965	2032	1933	1885	878	1007	6185	3557	2628
常熟市	2509	1046	1463	1434	799	635	7357	4257	3100
张家港市	2310	957	1353	1333	646	687	6168	3517	2651
昆山市	3366	1731	1635	1853	923	930	7699	4633	3066
太仓市	932	443	489	658	391	267	2995	1688	1307
南通市	**9665**	**4336**	**5329**	**5885**	**3135**	**2750**	**21269**	**11212**	**10057**
崇川区	2600	1050	1550	1672	916	756	4771	2516	2255
港闸区	1396	611	785	831	432	399	3222	1804	1418
通州区	848	401	447	537	286	251	1999	1015	984
如东县	636	265	371	412	239	173	1181	609	572
南通经济技术开发区	881	462	419	526	282	244	2121	1113	1008
通州湾示范区	62	38	24	26	20	6	69	38	31
苏锡通科技产业园区	78	40	38	29	20	9	286	164	122
启东市	703	360	343	465	218	247	1891	1042	849
如皋市	885	389	496	430	236	194	1613	847	766
海门市	757	367	390	490	246	244	1962	964	998
海安市	819	353	466	467	240	227	2154	1100	1054
连云港市	**4372**	**2020**	**2352**	**2456**	**1590**	**866**	**13866**	**7510**	**6356**
连云区	397	172	225	266	153	113	1100	649	451
海州区	1119	535	584	771	497	274	4328	2404	1924
赣榆区	578	264	314	222	141	81	1422	732	690
东海县	542	211	331	225	159	66	2791	1397	1394
灌云县	491	227	264	253	176	77	1503	831	672
灌南县	404	209	195	199	135	64	1163	618	545
连云港经济技术开发区	216	92	124	150	89	61	484	261	223
连云港高新技术产业开发区	576	275	301	338	215	123	937	541	396
江苏连云港徐圩新区	41	31	10	25	20	5	75	50	25
江苏省连云港市云台山风景名胜区	8	4	4	7	5	2	63	27	36
淮安市	**5748**	**2547**	**3201**	**3737**	**2369**	**1368**	**17516**	**9274**	**8242**
淮安区	827	356	471	451	284	167	2399	1116	1283
淮阴区	727	334	393	384	253	131	2143	1142	1001
清江浦区	1505	594	911	1067	672	395	3483	1887	1596
洪泽区	258	120	138	194	125	69	1044	590	454
涟水县	561	281	280	377	262	115	3306	1630	1676
盱眙县	653	292	361	356	232	124	1772	1025	747
金湖县	375	174	201	363	214	149	1390	772	618
淮安经济技术开发区	560	262	298	376	218	158	1507	834	673
工业园区	5	1	4	12	8	4	11	3	8
生态文旅区	255	118	137	141	86	55	418	245	173
苏淮高新区	22	15	7	16	15	1	43	30	13

7-2 续表 5

单位：人

现住地	专业技术人员			办事人员和有关人员			社会生产服务和生活服务人员		
	小计	男	女	小计	男	女	小计	男	女
盐城市	**7981**	**3801**	**4180**	**5388**	**3403**	**1985**	**23285**	**13264**	**10021**
亭湖区	1060	519	541	679	450	229	3678	2077	1601
盐都区	1113	562	551	728	446	282	3602	1981	1621
大丰区	875	403	472	680	395	285	2298	1261	1037
响水县	478	225	253	309	210	99	1380	786	594
滨海县	637	299	338	382	254	128	1706	1078	628
阜宁县	584	295	289	304	199	105	1657	1012	645
射阳县	703	353	350	420	292	128	2519	1487	1032
建湖县	760	340	420	451	259	192	2559	1415	1144
盐城经济技术开发区	115	51	64	84	48	36	210	124	86
江苏省盐南高新区	1121	498	623	1072	684	388	2295	1315	980
东台市	535	256	279	279	166	113	1381	728	653
扬州市	**6922**	**3144**	**3778**	**4914**	**2833**	**2081**	**19094**	**10162**	**8932**
广陵区	1010	477	533	769	413	356	4138	2171	1967
邗江区	1853	820	1033	1300	751	549	3829	1996	1833
江都区	1000	441	559	647	374	273	2630	1335	1295
宝应县	690	341	349	497	281	216	2364	1288	1076
扬州经济技术开发区	706	331	375	524	299	225	1348	751	597
蜀冈瘦西湖景区	369	173	196	275	155	120	1007	577	430
生态新城	27	13	14	13	7	6	194	124	70
仪征市	514	223	291	475	280	195	1450	735	715
高邮市	753	325	428	414	273	141	2134	1185	949
镇江市	**5746**	**2504**	**3242**	**4837**	**2834**	**2003**	**15958**	**8562**	**7396**
京口区	1000	417	583	961	534	427	2343	1206	1137
润州区	782	344	438	808	493	315	2001	1099	902
丹徒区	393	184	209	496	307	189	1156	624	532
镇江新区	617	290	327	423	231	192	1751	944	807
江苏镇江高新区	158	66	92	211	123	88	697	395	302
丹阳市	1357	535	822	905	545	360	3878	2010	1868
扬中市	391	173	218	334	191	143	1138	646	492
句容市	1048	495	553	699	410	289	2994	1638	1356
泰州市	**7043**	**3083**	**3960**	**4937**	**2850**	**2087**	**17984**	**9538**	**8446**
海陵区	1449	627	822	1135	639	496	3959	2019	1940
高港区	415	214	201	314	170	144	996	535	461
姜堰区	1203	516	687	691	410	281	2676	1397	1279
泰州医药高新技术产业开发区	702	280	422	643	351	292	1402	780	622
兴化市	715	317	398	430	288	142	2966	1711	1255
靖江市	1534	617	917	1110	578	532	3409	1762	1647
泰兴市	1025	512	513	614	414	200	2576	1334	1242
宿迁市	**5943**	**2576**	**3367**	**2771**	**1696**	**1075**	**18434**	**10392**	**8042**
宿城区	1198	471	727	632	385	247	2498	1390	1108
宿豫区	626	266	360	294	180	114	2492	1374	1118
沭阳县	1498	648	850	635	367	268	5622	3137	2485
泗阳县	737	344	393	312	188	124	2524	1467	1057
泗洪县	1238	543	695	507	330	177	3432	1948	1484
宿迁经济技术开发区	375	171	204	235	163	72	1264	742	522
宿迁市湖滨新区	74	39	35	32	20	12	261	134	127
苏州宿迁工业园区	153	75	78	92	43	49	204	124	80
宿迁市洋河新区	44	19	25	32	20	12	137	76	61

7-2　续表 6　　　　单位：人

现住地	农、林、牧、渔业生产及辅助人员			生产制造及有关人员			不便分类的其他从业人员		
	小计	男	女	小计	男	女	小计	男	女
江　苏	**17419**	**10063**	**7356**	**248016**	**170028**	**77988**	**2590**	**1564**	**1026**
南京市	**930**	**593**	**337**	**22750**	**17819**	**4931**	**358**	**221**	**137**
玄武区	11	9	2	493	387	106	10	5	5
秦淮区	6	4	2	1065	875	190	34	22	12
建邺区	3	2	1	900	757	143	19	11	8
鼓楼区				848	700	148	8	5	3
浦口区	103	65	38	857	694	163	7	5	2
栖霞区	50	31	19	3221	2442	779	70	45	25
雨花台区	16	10	6	1892	1548	344	17	11	6
江宁区	247	153	94	5036	3851	1185	109	65	44
六合区	141	92	49	1654	1167	487	17	13	4
溧水区	107	67	40	2165	1710	455	7	5	2
高淳区	138	99	39	919	728	191	5	4	1
南京江北新区	108	61	47	3700	2960	740	55	30	25
无锡市	**868**	**502**	**366**	**27354**	**18488**	**8866**	**13**	**10**	**3**
锡山区	115	66	49	3765	2462	1303			
惠山区	129	78	51	3995	2654	1341	4	4	
滨湖区	29	12	17	1912	1380	532	2	1	1
梁溪区	12	9	3	2612	1864	748	3	2	1
新吴区	23	17	6	3074	2010	1064			
江苏无锡经济开发区	22	13	9	1389	993	396			
江阴市	347	192	155	6141	3979	2162	1	1	
宜兴市	191	115	76	4466	3146	1320	3	2	1
徐州市	**1909**	**852**	**1057**	**14799**	**10644**	**4155**	**144**	**85**	**59**
鼓楼区	37	25	12	1182	949	233	71	43	28
云龙区	32	20	12	873	697	176	7	4	3
贾汪区	75	36	39	762	576	186	2	1	1
泉山区	44	35	9	997	801	196	21	9	12
铜山区	168	57	111	1308	851	457	5	2	3
丰县	150	69	81	1629	1139	490	4	2	2
沛县	343	116	227	1841	1398	443	3	2	1
睢宁县	337	157	180	2240	1293	947	11	8	3
徐州经济技术开发区	61	40	21	1710	1401	309	7	4	3
新沂市	400	184	216	1274	800	474	9	7	2
邳州市	262	113	149	983	739	244	4	3	1
常州市	**770**	**471**	**299**	**23216**	**15771**	**7445**	**142**	**111**	**31**
天宁区	35	24	11	2172	1464	708	17	15	2
钟楼区	102	59	43	2277	1556	721	7	5	2
新北区	50	33	17	3513	2350	1163	2	2	
武进区	231	131	100	6176	4088	2088	83	58	25
金坛区	229	152	77	3401	2163	1238	8	8	
江苏省常州市经济开发区	7	3	4	2898	1872	1026	3	3	
溧阳市	116	69	47	2779	2278	501	22	20	2

7-2 续表 7

单位：人

现住地	农、林、牧、渔业生产及辅助人员			生产制造及有关人员			不便分类的其他从业人员		
	小计	男	女	小计	男	女	小计	男	女
苏州市	**756**	**463**	**293**	**44160**	**29131**	**15029**	**290**	**171**	**119**
虎丘区	39	23	16	3335	2214	1121	2	2	
吴中区	63	38	25	5006	3256	1750	61	35	26
相城区	33	20	13	3054	2095	959	17	14	3
姑苏区	18	8	10	1600	1089	511	43	29	14
吴江区	121	76	45	4057	2671	1386	4	3	1
苏州工业园区	27	18	9	4075	2701	1374	69	39	30
常熟市	152	98	54	7520	4679	2841	14	2	12
张家港市	126	79	47	6146	4051	2095	27	17	10
昆山市	68	46	22	6470	4377	2093	5	4	1
太仓市	109	57	52	2897	1998	899	48	26	22
南通市	**1590**	**939**	**651**	**19901**	**13643**	**6258**	**177**	**113**	**64**
崇川区	24	15	9	2007	1453	554	53	34	19
港闸区	48	25	23	2371	1624	747	15	9	6
通州区	242	127	115	2596	1589	1007	30	23	7
如东县	354	234	120	1462	915	547	2	1	1
南通经济技术开发区	18	13	5	2230	1603	627	28	16	12
通州湾示范区	52	39	13	117	88	29	1	1	
苏锡通科技产业园区	6	4	2	598	406	192	1	1	
启东市	400	234	166	2214	1750	464	2	1	1
如皋市	100	56	44	1490	940	550	25	14	11
海门市	159	94	65	2338	1643	695	5	3	2
海安市	187	98	89	2478	1632	846	15	10	5
连云港市	**1436**	**809**	**627**	**6679**	**4628**	**2051**	**81**	**43**	**38**
连云区	192	158	34	622	511	111	2	2	
海州区	138	77	61	1351	1040	311	16	7	9
赣榆区	261	136	125	747	427	320	12	4	8
东海县	257	118	139	1191	691	500	17	11	6
灌云县	232	131	101	811	519	292	12	5	7
灌南县	266	129	137	855	608	247	10	5	5
连云港经济技术开发区	17	10	7	426	290	136	4	4	
连云港高新技术产业开发区	28	17	11	498	385	113	6	4	2
江苏连云港徐圩新区	36	27	9	146	136	10	2	1	1
江苏省连云港市云台山风景名胜区	9	6	3	32	21	11			
淮安市	**1687**	**979**	**708**	**12782**	**8489**	**4293**	**195**	**120**	**75**
淮安区	128	80	48	1429	934	495	68	45	23
淮阴区	141	93	48	1335	963	372	29	15	14
清江浦区	70	45	25	1531	1145	386	19	13	6
洪泽区	137	85	52	1186	773	413	11	5	6
涟水县	557	224	333	2037	1102	935	13	9	4
盱眙县	237	167	70	1627	1082	545	20	14	6
金湖县	331	226	105	1705	1208	497			
淮安经济技术开发区	67	49	18	1578	1024	554	31	18	13
工业园区	1		1	17	14	3			
生态文旅区	7	4	3	272	193	79	4	1	3
苏淮高新区	11	6	5	65	51	14			

7-2　续表 8　　　　单位：人

现 住 地	农、林、牧、渔业生产及辅助人员			生产制造及有关人员			不便分类的其他从业人员		
	小计	男	女	小计	男	女	小计	男	女
盐城市	**3262**	**1952**	**1310**	**17952**	**12788**	**5164**	**562**	**322**	**240**
亭湖区	166	102	64	1822	1321	501	80	40	40
盐都区	234	146	88	2455	1715	740	71	45	26
大丰区	667	426	241	1951	1281	670	63	40	23
响水县	237	140	97	949	615	334	11	8	3
滨海县	175	98	77	1359	1021	338	4	2	2
阜宁县	191	109	82	1635	1260	375	14	7	7
射阳县	648	425	223	1825	1280	545	54	41	13
建湖县	394	220	174	2981	2192	789	14	9	5
盐城经济技术开发区	13	4	9	420	300	120	154	77	77
江苏省盐南高新区	100	70	30	1100	811	289	86	48	38
东台市	437	212	225	1455	992	463	11	5	6
扬州市	**1006**	**619**	**387**	**16665**	**11299**	**5366**	**340**	**194**	**146**
广陵区	65	35	30	2576	1871	705	17	5	12
邗江区	72	42	30	2150	1415	735	43	25	18
江都区	170	105	65	2660	1876	784	57	29	28
宝应县	279	171	108	2371	1636	735	40	21	19
扬州经济技术开发区	34	19	15	1014	708	306	93	58	35
蜀冈瘦西湖景区	16	10	6	586	421	165	6	4	2
生态新城	14	7	7	361	215	146	25	17	8
仪征市	64	39	25	1779	1258	521	21	11	10
高邮市	292	191	101	3168	1899	1269	38	24	14
镇江市	**664**	**402**	**262**	**12017**	**8086**	**3931**	**40**	**20**	**20**
京口区	10	8	2	1151	867	284			
润州区	14	11	3	700	523	177			
丹徒区	105	67	38	1071	749	322			
镇江新区	34	19	15	1477	1015	462	36	17	19
江苏镇江高新区	4	2	2	420	317	103	1	1	
丹阳市	286	158	128	3949	2387	1562			
扬中市	57	37	20	1271	831	440			
句容市	154	100	54	1978	1397	581	3	2	1
泰州市	**1019**	**564**	**455**	**14961**	**10018**	**4943**	**97**	**60**	**37**
海陵区	128	72	56	2137	1488	649	17	12	5
高港区	38	19	19	898	612	286	1		1
姜堰区	112	63	49	2343	1513	830	18	10	8
泰州医药高新技术产业开发区	16	11	5	907	642	265	6	3	3
兴化市	371	217	154	2221	1494	727	35	21	14
靖江市	88	53	35	3641	2406	1235	2	2	
泰兴市	266	129	137	2814	1863	951	18	12	6
宿迁市	**1522**	**918**	**604**	**14780**	**9224**	**5556**	**151**	**94**	**57**
宿城区	170	98	72	1905	1289	616			
宿豫区	162	99	63	1779	1202	577	9	7	2
沭阳县	334	181	153	3985	2281	1704	32	23	9
泗阳县	152	79	73	2479	1495	984	80	47	33
泗洪县	613	398	215	2964	1870	1094	13	8	5
宿迁经济技术开发区	38	31	7	948	637	311	13	7	6
宿迁市湖滨新区	44	28	16	305	180	125			
苏州宿迁工业园区				186	127	59	3	1	2
宿迁市洋河新区	9	4	5	229	143	86	1	1	

7-3 全省按现住地、职业和性别分的户口登记地在外省人口

单位：人

现住地	合计			党的机关、国家机关、群众团体和社会组织、企事业单位负责人		
	合计	男	女	小计	男	女
江　苏	**705765**	**447326**	**258439**	**18008**	**13688**	**4320**
南京市	**86633**	**56204**	**30429**	**3033**	**2230**	**803**
玄武区	3740	2195	1545	135	95	40
秦淮区	6792	3866	2926	204	139	65
建邺区	5895	3705	2190	239	171	68
鼓楼区	5877	3351	2526	219	146	73
浦口区	2816	1927	889	72	53	19
栖霞区	11404	7781	3623	345	252	93
雨花台区	9623	6259	3364	474	345	129
江宁区	22078	14645	7433	740	565	175
六合区	2189	1497	692	100	79	21
溧水区	3659	2670	989	56	49	7
高淳区	1598	1204	394	55	42	13
南京江北新区	10962	7104	3858	394	294	100
无锡市	**115348**	**73238**	**42110**	**2503**	**1943**	**560**
锡山区	20650	13274	7376	370	306	64
惠山区	16744	11025	5719	392	315	77
滨湖区	7938	5099	2839	211	157	54
梁溪区	10348	6328	4020	301	224	77
新吴区	11440	7186	4254	326	246	80
江苏无锡经济开发区	5126	3381	1745	123	95	28
江阴市	28399	17511	10888	514	391	123
宜兴市	14703	9434	5269	266	209	57
徐州市	**12812**	**7694**	**5118**	**519**	**386**	**133**
鼓楼区	1798	1191	607	75	55	20
云龙区	1774	1094	680	130	95	35
贾汪区	519	372	147	8	5	3
泉山区	2209	1316	893	120	87	33
铜山区	1705	857	848	59	44	15
丰县	646	356	290	12	9	3
沛县	868	495	373	18	14	4
睢宁县	734	369	365	22	18	4
徐州经济技术开发区	1556	1085	471	50	43	7
新沂市	555	302	253	16	10	6
邳州市	448	257	191	9	6	3
常州市	**74295**	**47848**	**26447**	**1649**	**1303**	**346**
天宁区	8113	5053	3060	171	142	29
钟楼区	9038	5753	3285	264	212	52
新北区	10964	6863	4101	372	284	88
武进区	23014	14669	8345	639	503	136
金坛区	6117	3994	2123	56	45	11
江苏省常州市经济开发区	10731	6767	3964	81	63	18
溧阳市	6318	4749	1569	66	54	12

7-3　续表 1　　单位：人

现住地	合计			党的机关、国家机关、群众团体和社会组织、企事业单位负责人		
	合计	男	女	小计	男	女
苏州市	**292127**	**181874**	**110253**	**6681**	**5086**	**1595**
虎丘区	18478	11692	6786	201	172	29
吴中区	31692	19535	12157	858	657	201
相城区	21175	13532	7643	911	648	263
姑苏区	11026	6474	4552	183	152	31
吴江区	37667	23225	14442	344	287	57
苏州工业园区	25034	15694	9340	682	507	175
常熟市	39715	24214	15501	815	604	211
张家港市	29336	18092	11244	556	444	112
昆山市	55603	35121	20482	1382	1087	295
太仓市	22401	14295	8106	749	528	221
南通市	**46809**	**30445**	**16364**	**1350**	**997**	**353**
崇川区	4206	2653	1553	215	147	68
港闸区	4233	2809	1424	176	129	47
通州区	8748	5236	3512	163	116	47
如东县	1896	1242	654	59	42	17
南通经济技术开发区	4334	2968	1366	105	77	28
通州湾示范区	397	275	122	9	8	1
苏锡通科技产业园区	2104	1340	764	38	28	10
启东市	4739	3508	1231	80	71	9
如皋市	2464	1587	877	72	55	17
海门市	9290	5835	3455	285	212	73
海安市	4398	2992	1406	148	112	36
连云港市	**5149**	**3397**	**1752**	**156**	**127**	**29**
连云区	955	728	227	21	21	
海州区	810	527	283	48	40	8
赣榆区	799	415	384	22	16	6
东海县	579	263	316	15	12	3
灌云县	311	200	111	9	7	2
灌南县	503	370	133	15	12	3
连云港经济技术开发区	290	185	105	7	6	1
连云港高新技术产业开发区	406	265	141	15	9	6
江苏连云港徐圩新区	493	442	51	4	4	
江苏省连云港市云台山风景名胜区	3	2	1			
淮安市	**4284**	**2788**	**1496**	**191**	**143**	**48**
淮安区	453	292	161	23	22	1
淮阴区	391	243	148	17	9	8
清江浦区	819	535	284	58	43	15
洪泽区	217	156	61	14	11	3
涟水县	370	193	177	19	13	6
盱眙县	473	285	188	17	11	6
金湖县	538	383	155	6	6	
淮安经济技术开发区	850	574	276	28	21	7
工业园区	52	42	10	1	1	
生态文旅区	105	72	33	7	5	2
苏淮高新区	16	13	3	1	1	

7-3 续表 2

单位：人

现住地	合计			党的机关、国家机关、群众团体和社会组织、企事业单位负责人		
	合计	男	女	小计	男	女
盐城市	**8550**	**5527**	**3023**	**208**	**169**	**39**
亭湖区	877	579	298	17	15	2
盐都区	779	499	280	18	13	5
大丰区	1371	896	475	35	29	6
响水县	392	248	144	5	5	
滨海县	539	330	209	23	20	3
阜宁县	265	162	103	8	8	
射阳县	675	444	231	13	9	4
建湖县	446	260	186	22	19	3
盐城经济技术开发区	345	230	115	17	13	4
江苏省盐南高新区	407	260	147	34	25	9
东台市	2454	1619	835	16	13	3
扬州市	**14677**	**9663**	**5014**	**415**	**299**	**116**
广陵区	3245	2194	1051	81	57	24
邗江区	2547	1560	987	118	86	32
江都区	2601	1735	866	77	54	23
宝应县	563	358	205	18	14	4
扬州经济技术开发区	1536	1019	517	34	22	12
蜀冈瘦西湖景区	604	431	173	15	13	2
生态新城	650	382	268	11	6	5
仪征市	1767	1229	538	36	25	11
高邮市	1164	755	409	25	22	3
镇江市	**23815**	**14963**	**8852**	**651**	**504**	**147**
京口区	1384	849	535	65	47	18
润州区	1006	653	353	40	34	6
丹徒区	1696	1160	536	67	47	20
镇江新区	1891	1239	652	88	68	20
江苏镇江高新区	521	373	148	7	6	1
丹阳市	11936	7116	4820	293	226	67
扬中市	2199	1499	700	34	28	6
句容市	3182	2074	1108	57	48	9
泰州市	**15735**	**10285**	**5450**	**452**	**338**	**114**
海陵区	2361	1413	948	102	77	25
高港区	1190	805	385	43	32	11
姜堰区	1204	749	455	50	35	15
泰州医药高新技术产业开发区	2005	1311	694	54	44	10
兴化市	1505	987	518	47	34	13
靖江市	3888	2631	1257	84	65	19
泰兴市	3582	2389	1193	72	51	21
宿迁市	**5531**	**3400**	**2131**	**200**	**163**	**37**
宿城区	1281	823	458	22	15	7
宿豫区	730	500	230	25	20	5
沭阳县	1193	686	507	53	43	10
泗阳县	604	326	278	28	22	6
泗洪县	940	535	405	43	38	5
宿迁经济技术开发区	494	340	154	22	18	4
宿迁市湖滨新区	120	81	39	3	3	
苏州宿迁工业园区	104	71	33	3	3	
宿迁市洋河新区	65	38	27	1	1	

7-3　续表 3　　　　　　　　　　　　　　　　　　　　　　　　单位：人

现住地	专业技术人员			办事人员和有关人员			社会生产服务和生活服务人员		
	小计	男	女	小计	男	女	小计	男	女
江　苏	**50049**	**28983**	**21066**	**23498**	**12769**	**10729**	**244328**	**144737**	**99591**
南京市	**11045**	**5607**	**5438**	**4959**	**2719**	**2240**	**40866**	**24530**	**16336**
玄武区	609	296	313	280	132	148	2330	1339	991
秦淮区	932	400	532	393	210	183	4294	2327	1967
建邺区	930	432	498	463	273	190	2900	1634	1266
鼓楼区	838	353	485	520	273	247	3425	1821	1604
浦口区	397	224	173	184	112	72	1174	754	420
栖霞区	1221	668	553	600	332	268	4759	3079	1680
雨花台区	1454	799	655	456	251	205	5053	3073	1980
江宁区	2468	1309	1159	1106	572	534	9925	6349	3576
六合区	192	92	100	107	67	40	868	524	344
溧水区	299	180	119	132	91	41	820	492	328
高淳区	140	87	53	60	46	14	408	248	160
南京江北新区	1565	767	798	658	360	298	4910	2890	2020
无锡市	**6080**	**3598**	**2482**	**2657**	**1415**	**1242**	**39024**	**23644**	**15380**
锡山区	916	533	383	510	282	228	6463	4201	2262
惠山区	919	554	365	44	20	24	5543	3466	2077
滨湖区	658	378	280	379	219	160	3132	1760	1372
梁溪区	775	364	411	473	228	245	6313	3669	2644
新吴区	943	641	302	440	226	214	3912	2373	1539
江苏无锡经济开发区	470	289	181	166	89	77	2104	1219	885
江阴市	850	506	344	394	206	188	7277	4407	2870
宜兴市	549	333	216	251	145	106	4280	2549	1731
徐州市	**1601**	**815**	**786**	**510**	**306**	**204**	**5837**	**3117**	**2720**
鼓楼区	178	104	74	76	47	29	976	576	400
云龙区	252	116	136	97	61	36	1002	576	426
贾汪区	43	18	25	13	7	6	108	62	46
泉山区	320	141	179	121	72	49	1257	696	561
铜山区	188	82	106	66	39	27	910	386	524
丰县	78	41	37	16	11	5	225	110	115
沛县	106	45	61	23	17	6	277	135	142
睢宁县	68	38	30	13	7	6	247	106	141
徐州经济技术开发区	240	171	69	58	28	30	477	280	197
新沂市	71	36	35	13	8	5	208	106	102
邳州市	57	23	34	14	9	5	150	84	66
常州市	**3668**	**2264**	**1404**	**1387**	**796**	**591**	**23402**	**13765**	**9637**
天宁区	434	223	211	158	87	71	3562	2060	1502
钟楼区	460	259	201	147	71	76	4419	2676	1743
新北区	670	403	267	221	124	97	3904	2295	1609
武进区	1127	708	419	576	344	232	6028	3535	2493
金坛区	223	152	71	52	32	20	1460	843	617
江苏省常州市经济开发区	422	277	145	79	41	38	2501	1463	1038
溧阳市	332	242	90	154	97	57	1528	893	635

7-3 续表 4

单位：人

现住地	专业技术人员			办事人员和有关人员			社会生产服务和生活服务人员		
	小计	男	女	小计	男	女	小计	男	女
苏州市	**20218**	**12171**	**8047**	**10281**	**5219**	**5062**	**98602**	**58566**	**40036**
虎丘区	1817	1072	745	907	460	447	6238	3858	2380
吴中区	2438	1455	983	553	266	287	11398	6499	4899
相城区	1369	838	531	731	380	351	7481	4690	2791
姑苏区	1149	598	551	679	361	318	6655	3590	3065
吴江区	1912	1050	862	922	446	476	10703	6558	4145
苏州工业园区	3007	1853	1154	1543	818	725	8878	5369	3509
常熟市	1144	695	449	672	396	276	13491	7949	5542
张家港市	1156	687	469	578	330	248	8995	5165	3830
昆山市	5243	3312	1931	2895	1302	1593	17804	10773	7031
太仓市	983	611	372	801	460	341	6959	4115	2844
南通市	**2095**	**1401**	**694**	**1075**	**670**	**405**	**13294**	**8022**	**5272**
崇川区	320	170	150	196	125	71	2223	1237	986
港闸区	256	147	109	139	83	56	2000	1255	745
通州区	176	106	70	110	69	41	2126	1359	767
如东县	113	77	36	42	26	16	461	271	190
南通经济技术开发区	225	151	74	129	85	44	1314	768	546
通州湾示范区	21	17	4	13	10	3	78	52	26
苏锡通科技产业园区	49	30	19	32	17	15	509	339	170
启东市	273	207	66	105	69	36	1014	638	376
如皋市	175	124	51	60	32	28	693	399	294
海门市	325	254	71	158	108	50	2018	1222	796
海安市	162	118	44	91	46	45	858	482	376
连云港市	**727**	**457**	**270**	**279**	**164**	**115**	**1570**	**856**	**714**
连云区	189	147	42	81	43	38	246	143	103
海州区	128	66	62	42	28	14	386	232	154
赣榆区	51	22	29	32	17	15	251	124	127
东海县	40	13	27	14	12	2	283	119	164
灌云县	26	18	8	15	10	5	73	33	40
灌南县	44	26	18	19	13	6	77	41	36
连云港经济技术开发区	67	34	33	31	19	12	76	48	28
连云港高新技术产业开发区	104	63	41	27	9	18	145	91	54
江苏连云港徐圩新区	77	67	10	18	13	5	31	24	7
江苏省连云港市云台山风景名胜区	1	1					2	1	1
淮安市	**399**	**228**	**171**	**199**	**124**	**75**	**1339**	**753**	**586**
淮安区	57	28	29	18	13	5	153	92	61
淮阴区	56	37	19	12	7	5	130	73	57
清江浦区	103	59	44	41	24	17	413	240	173
洪泽区	16	8	8	11	7	4	49	26	23
涟水县	16	7	9	10	8	2	143	64	79
盱眙县	51	26	25	16	10	6	145	70	75
金湖县	33	22	11	44	26	18	119	71	48
淮安经济技术开发区	46	29	17	32	21	11	151	95	56
工业园区	2	2		8	5	3	8	7	1
生态文旅区	18	10	8	7	3	4	26	14	12
苏淮高新区	1		1				2	1	1

7-3　续表 5　　　　单位：人

现住地	专业技术人员			办事人员和有关人员			社会生产服务和生活服务人员		
	小计	男	女	小计	男	女	小计	男	女
盐城市	**638**	**398**	**240**	**346**	**226**	**120**	**1938**	**1042**	**896**
亭湖区	68	29	39	29	19	10	284	167	117
盐都区	61	32	29	47	34	13	253	145	108
大丰区	105	72	33	74	46	28	289	165	124
响水县	29	17	12	20	14	6	119	58	61
滨海县	49	27	22	28	15	13	121	55	66
阜宁县	22	14	8	26	18	8	69	36	33
射阳县	61	47	14	20	14	6	174	82	92
建湖县	35	15	20	17	11	6	148	64	84
盐城经济技术开发区	30	23	7	11	7	4	30	20	10
江苏省盐南高新区	71	42	29	46	27	19	183	111	72
东台市	107	80	27	28	21	7	268	139	129
扬州市	**986**	**582**	**404**	**491**	**313**	**178**	**4524**	**2552**	**1972**
广陵区	181	108	73	90	48	42	1209	685	524
邗江区	250	137	113	140	91	49	1142	645	497
江都区	180	113	67	50	36	14	636	355	281
宝应县	41	26	15	37	25	12	157	72	85
扬州经济技术开发区	107	63	44	49	26	23	440	262	178
蜀冈瘦西湖景区	38	18	20	21	14	7	196	115	81
生态新城	12	8	4	15	9	6	103	61	42
仪征市	103	64	39	62	45	17	357	190	167
高邮市	74	45	29	27	19	8	284	167	117
镇江市	**1185**	**640**	**545**	**672**	**421**	**251**	**7582**	**4373**	**3209**
京口区	145	63	82	68	45	23	593	321	272
润州区	107	67	40	49	30	19	523	297	226
丹徒区	69	41	28	68	39	29	498	315	183
镇江新区	235	127	108	81	49	32	661	386	275
江苏镇江高新区	36	23	13	31	21	10	174	98	76
丹阳市	337	176	161	253	159	94	3160	1768	1392
扬中市	43	28	15	32	21	11	723	418	305
句容市	213	115	98	90	57	33	1250	770	480
泰州市	**946**	**579**	**367**	**437**	**274**	**163**	**4785**	**2696**	**2089**
海陵区	174	83	91	83	45	38	1055	570	485
高港区	138	103	35	44	30	14	356	199	157
姜堰区	73	45	28	25	12	13	377	209	168
泰州医药高新技术产业开发区	117	64	53	86	56	30	477	273	204
兴化市	92	49	43	38	27	11	471	276	195
靖江市	147	95	52	77	46	31	1019	587	432
泰兴市	205	140	65	84	58	26	1030	582	448
宿迁市	**461**	**243**	**218**	**205**	**122**	**83**	**1565**	**821**	**744**
宿城区	123	69	54	48	24	24	335	200	135
宿豫区	46	27	19	23	17	6	246	137	109
沭阳县	85	55	30	54	32	22	334	153	181
泗阳县	50	19	31	24	12	12	166	73	93
泗洪县	76	30	46	21	14	7	278	139	139
宿迁经济技术开发区	36	16	20	18	11	7	133	80	53
宿迁市湖滨新区	20	11	9	1	1		29	12	17
苏州宿迁工业园区	22	15	7	15	10	5	18	12	6
宿迁市洋河新区	3	1	2	1	1		26	15	11

7-3 续表 6　　　　单位：人

现住地	农、林、牧、渔业生产及辅助人员			生产制造及有关人员			不便分类的其他从业人员		
	小计	男	女	小计	男	女	小计	男	女
江　苏	**8695**	**4784**	**3911**	**359867**	**241569**	**118298**	**1320**	**796**	**524**
南京市	**737**	**427**	**310**	**25767**	**20552**	**5215**	**226**	**139**	**87**
玄武区	4	2	2	380	329	51	2	2	
秦淮区	5	4	1	933	766	167	31	20	11
建邺区	1		1	1354	1191	163	8	4	4
鼓楼区	2	1	1	869	756	113	4	1	3
浦口区	71	48	23	914	733	181	4	3	1
栖霞区	63	31	32	4381	3397	984	35	22	13
雨花台区	19	10	9	2152	1772	380	15	9	6
江宁区	361	203	158	7406	5606	1800	72	41	31
六合区	63	46	17	851	683	168	8	6	2
溧水区	66	38	28	2283	1818	465	3	2	1
高淳区	22	14	8	907	761	146	6	6	
南京江北新区	60	30	30	3337	2740	597	38	23	15
无锡市	**1149**	**677**	**472**	**63929**	**41958**	**21971**	**6**	**3**	**3**
锡山区	144	80	64	12247	7872	4375			
惠山区	158	89	69	9687	6581	3106	1		1
滨湖区	16	7	9	3541	2578	963	1		1
梁溪区	5	4	1	2479	1837	642	2	2	
新吴区	25	22	3	5794	3678	2116			
江苏无锡经济开发区	24	15	9	2238	1674	564	1		1
江阴市	544	322	222	18819	11678	7141	1	1	
宜兴市	233	138	95	9124	6060	3064			
徐州市	**418**	**135**	**283**	**3898**	**2919**	**979**	**29**	**16**	**13**
鼓楼区	4	2	2	481	401	80	8	6	2
云龙区	10	7	3	282	238	44	1	1	
贾汪区	25	7	18	320	271	49	2	2	
泉山区	4	3	1	377	315	62	10	2	8
铜山区	62	15	47	419	291	128	1		1
丰县	54	19	35	261	166	95			
沛县	61	12	49	383	272	111			
睢宁县	84	28	56	295	169	126	5	3	2
徐州经济技术开发区	12	8	4	718	554	164	1	1	
新沂市	48	14	34	199	128	71			
邳州市	54	20	34	163	114	49	1	1	
常州市	**824**	**476**	**348**	**43193**	**29129**	**14064**	**172**	**115**	**57**
天宁区	34	23	11	3734	2508	1226	20	10	10
钟楼区	81	39	42	3655	2488	1167	12	8	4
新北区	26	19	7	5770	3737	2033	1	1	
武进区	377	222	155	14176	9303	4873	91	54	37
金坛区	218	124	94	4093	2784	1309	15	14	1
江苏省常州市经济开发区	22	10	12	7622	4910	2712	4	3	1
溧阳市	66	39	27	4143	3399	744	29	25	4

7-3　续表 7　　　　单位：人

现住地	农、林、牧、渔业生产及辅助人员			生产制造及有关人员			不便分类的其他从业人员		
	小计	男	女	小计	男	女	小计	男	女
苏州市	**1397**	**835**	**562**	**154419**	**99690**	**54729**	**529**	**307**	**222**
虎丘区	38	23	15	9276	6106	3170	1	1	
吴中区	52	37	15	16230	10526	5704	163	95	68
相城区	57	38	19	10595	6916	3679	31	22	9
姑苏区	22	13	9	2306	1740	566	32	20	12
吴江区	188	111	77	23598	14773	8825			
苏州工业园区	23	19	4	10817	7076	3741	84	52	32
常熟市	290	170	120	23282	14390	8892	21	10	11
张家港市	283	156	127	17715	11278	6437	53	32	21
昆山市	85	55	30	28183	18585	9598	11	7	4
太仓市	359	213	146	12417	8300	4117	133	68	65
南通市	**1636**	**938**	**698**	**27245**	**18348**	**8897**	**114**	**69**	**45**
崇川区	17	9	8	1211	951	260	24	14	10
港闸区	32	21	11	1625	1170	455	5	4	1
通州区	379	209	170	5778	3370	2408	16	7	9
如东县	179	114	65	1042	712	330			
南通经济技术开发区	10	7	3	2510	1857	653	41	23	18
通州湾示范区	102	63	39	174	125	49			
苏锡通科技产业园区	51	28	23	1419	893	526	6	5	1
启东市	281	180	101	2986	2343	643			
如皋市	105	60	45	1354	913	441	5	4	1
海门市	404	217	187	6087	3813	2274	13	9	4
海安市	76	30	46	3059	2201	858	4	3	1
连云港市	**221**	**74**	**147**	**2182**	**1709**	**473**	**14**	**10**	**4**
连云区	10	7	3	405	365	40	3	2	1
海州区	12	8	4	190	151	39	4	2	2
赣榆区	90	22	68	350	211	139	3	3	
东海县	48	10	38	178	97	81	1		1
灌云县	29	15	14	158	116	42	1	1	
灌南县	28	8	20	319	269	50	1	1	
连云港经济技术开发区	1	1		107	76	31	1	1	
连云港高新技术产业开发区	2	2		113	91	22			
江苏连云港徐圩新区	1	1		362	333	29			
江苏省连云港市云台山风景名胜区									
淮安市	**135**	**63**	**72**	**2009**	**1470**	**539**	**12**	**7**	**5**
淮安区	14	5	9	185	131	54	3	1	2
淮阴区	20	7	13	153	109	44	3	1	2
清江浦区	7	3	4	195	164	31	2	2	
洪泽区	23	17	6	104	87	17			
涟水县	28	6	22	154	95	59			
盱眙县	25	14	11	216	152	64	3	2	1
金湖县	17	10	7	319	248	71			
淮安经济技术开发区				593	408	185			
工业园区				33	27	6			
生态文旅区	1	1		45	38	7	1	1	
苏淮高新区				12	11	1			

7-3 续表 8 单位：人

现住地	农、林、牧、渔业生产及辅助人员			生产制造及有关人员			不便分类的其他从业人员		
	小计	男	女	小计	男	女	小计	男	女
盐城市	**559**	**267**	**292**	**4809**	**3401**	**1408**	**52**	**24**	**28**
亭湖区	22	9	13	455	339	116	2	1	1
盐都区	19	9	10	380	266	114	1		1
大丰区	128	74	54	730	502	228	10	8	2
响水县	78	52	26	141	102	39			
滨海县	24	1	23	294	212	82			
阜宁县	20	5	15	118	79	39	2	2	
射阳县	114	76	38	288	215	73	5	1	4
建湖县	9	3	6	214	147	67	1	1	
盐城经济技术开发区				233	158	75	24	9	15
江苏省盐南高新区	1		1	67	53	14	5	2	3
东台市	144	38	106	1889	1328	561	2		2
扬州市	**283**	**169**	**114**	**7872**	**5678**	**2194**	**106**	**70**	**36**
广陵区	27	19	8	1652	1274	378	5	3	2
邗江区	31	21	10	845	566	279	21	14	7
江都区	107	58	49	1541	1112	429	10	7	3
宝应县	21	16	5	286	202	84	3	3	
扬州经济技术开发区	8	4	4	848	606	242	50	36	14
蜀冈瘦西湖景区	3	2	1	330	268	62	1	1	
生态新城	19	14	5	482	282	200	8	2	6
仪征市	32	14	18	1174	889	285	3	2	1
高邮市	35	21	14	714	479	235	5	2	3
镇江市	**679**	**390**	**289**	**13032**	**8626**	**4406**	**14**	**9**	**5**
京口区	5	2	3	508	371	137			
润州区	8	5	3	279	220	59			
丹徒区	100	56	44	894	662	232			
镇江新区	25	13	12	795	593	202	6	3	3
江苏镇江高新区	5	3	2	266	220	46	2	2	
丹阳市	353	199	154	7536	4585	2951	4	3	1
扬中市	86	54	32	1281	950	331			
句容市	97	58	39	1473	1025	448	2	1	1
泰州市	**485**	**256**	**229**	**8603**	**6127**	**2476**	**27**	**15**	**12**
海陵区	25	13	12	914	619	295	8	6	2
高港区	9	6	3	600	435	165			
姜堰区	34	17	17	640	427	213	5	4	1
泰州医药高新技术产业开发区	1		1	1270	874	396			
兴化市	31	15	16	822	586	236	4		4
靖江市	195	103	92	2365	1735	630	1		1
泰兴市	190	102	88	1992	1451	541	9	5	4
宿迁市	**172**	**77**	**95**	**2909**	**1962**	**947**	**19**	**12**	**7**
宿城区	30	9	21	723	506	217			
宿豫区	19	12	7	370	287	83	1		1
沭阳县	51	21	30	611	379	232	5	3	2
泗阳县	18	8	10	312	188	124	6	4	2
泗洪县	44	22	22	477	291	186	1	1	
宿迁经济技术开发区	3	2	1	276	209	67	6	4	2
宿迁市湖滨新区	5	2	3	62	52	10			
苏州宿迁工业园区	1	1		45	30	15			
宿迁市洋河新区	1		1	33	20	13			

7-4 全省按现住地、户口登记地类型、受教育程度分的户口登记地在本省其他乡镇街道人口

单位：人

现住地	合计					未上过学				
	合计	乡	镇的村委会	镇的居委会	街道	小计	乡	镇的村委会	镇的居委会	街道
江苏	**1688545**	**190235**	**780518**	**255759**	**462033**	**25758**	**3604**	**12927**	**3521**	**5706**
南京市	**253474**	**20002**	**67593**	**34046**	**131833**	**3863**	**385**	**1356**	**455**	**1667**
玄武区	13352	917	2363	1460	8612	56	4	19	7	26
秦淮区	21595	911	3482	2302	14900	309	18	84	31	176
建邺区	17589	918	3151	1794	11726	229	19	80	22	108
鼓楼区	23569	1476	3141	2899	16053	317	27	93	32	165
浦口区	8201	891	1304	906	5100	102	11	18	16	57
栖霞区	32935	2214	8712	5351	16658	454	37	139	75	203
雨花台区	22621	2521	5324	3219	11557	544	69	134	60	281
江宁区	51035	4399	15664	8425	22547	821	103	307	105	306
六合区	11050	911	3681	1249	5209	278	33	127	39	79
溧水区	12206	1132	6516	1473	3085	244	14	149	28	53
高淳区	6212	1070	3308	667	1167	169	26	70	15	58
南京江北新区	33109	2642	10947	4301	15219	340	24	136	25	155
无锡市	**148314**	**16904**	**73853**	**18771**	**38786**	**1706**	**275**	**958**	**152**	**321**
锡山区	17072	2012	10025	1618	3417	183	33	108	12	30
惠山区	17683	2938	9510	2121	3114	347	87	206	27	27
滨湖区	14674	1848	4887	1991	5948	204	35	99	7	63
梁溪区	26064	2221	7994	3982	11867	358	36	155	47	120
新吴区	15074	2212	6479	1440	4943	64	14	32	9	9
江苏无锡经济开发区	8716	718	3184	1028	3786	188	24	110	15	39
江阴市	23809	3030	14577	2738	3464	181	28	121	15	17
宜兴市	25222	1925	17197	3853	2247	181	18	127	20	16
徐州市	**149658**	**7660**	**72827**	**22281**	**46890**	**1776**	**91**	**906**	**278**	**501**
鼓楼区	16223	388	2800	1756	11279	197	5	33	21	138
云龙区	15506	536	5774	3957	5239	208	6	91	46	65
贾汪区	6275	438	2813	746	2278	120	16	53	11	40
泉山区	19271	571	4950	3535	10215	225	12	84	41	88
铜山区	14668	788	8019	1669	4192	113	2	70	21	20
丰县	11644	2530	7397	466	1251	71	20	46	2	3
沛县	14841	728	8893	3267	1953	204	6	112	55	31
睢宁县	15694	372	11261	2456	1605	184	6	127	26	25
徐州经济技术开发区	11241	387	6736	861	3257	192	8	121	23	40
新沂市	11799	471	7821	1277	2230	168	6	119	19	24
邳州市	12496	451	6363	2291	3391	94	4	50	13	27
常州市	**124919**	**15031**	**65716**	**16158**	**28014**	**1558**	**233**	**975**	**140**	**210**
天宁区	18415	1398	6523	1771	8723	215	23	96	22	74
钟楼区	19215	2424	7687	1652	7452	269	51	138	16	64
新北区	19882	1681	10549	2247	5405	248	28	163	20	37
武进区	30379	4006	18153	5263	2957	353	59	254	28	12
金坛区	14443	1408	10092	1710	1233	208	33	156	12	7
江苏省常州市经济开发区	8851	1939	4402	1102	1408	109	17	67	16	9
溧阳市	13734	2175	8310	2413	836	156	22	101	26	7

7-4 续表 1　　　　　　　　　　　　　　　　　　　　　　　　　单位：人

现住地	合计					未上过学				
	合计	乡	镇的村委会	镇的居委会	街道	小计	乡	镇的村委会	镇的居委会	街道
苏州市	**236942**	**34909**	**118682**	**36890**	**46461**	**3261**	**532**	**1727**	**453**	**549**
虎丘区	20696	2971	9295	3381	5049	355	57	175	51	72
吴中区	27058	5380	11697	3799	6182	394	79	189	69	57
相城区	18206	2448	9012	2472	4274	300	44	168	34	54
姑苏区	22442	5781	2995	1500	12166	338	90	58	18	172
吴江区	17816	3877	9270	2801	1868	274	64	143	44	23
苏州工业园区	29292	4055	11820	5027	8390	438	76	209	67	86
常熟市	30713	2200	20310	3760	4443	256	17	174	21	44
张家港市	27441	2322	19912	4403	804	331	27	262	39	3
昆山市	31869	4672	17741	7177	2279	430	60	251	90	29
太仓市	11409	1203	6630	2570	1006	145	18	98	20	9
南通市	**111747**	**12851**	**58675**	**18671**	**21550**	**1200**	**155**	**594**	**168**	**283**
崇川区	24651	2016	8127	4803	9705	342	25	98	66	153
港闸区	15057	1401	7665	2435	3556	183	23	91	21	48
通州区	10575	1349	6291	1746	1189	122	19	68	21	14
如东县	7341	848	3756	1945	792	95	14	52	20	9
南通经济技术开发区	9293	688	5553	1717	1335	72	10	43	4	15
通州湾示范区	1000	115	554	209	122	7		4	2	1
苏锡通科技产业园区	1351	267	815	144	125	8	2	5	1	
启东市	10894	1925	6884	1539	546	73	15	51	5	2
如皋市	9624	1912	4430	1827	1455	80	21	35	9	15
海门市	11683	1169	7386	992	2136	101	11	65	5	20
海安市	10278	1161	7214	1314	589	117	15	82	14	6
连云港市	**63918**	**9546**	**28314**	**8997**	**17061**	**1167**	**191**	**494**	**181**	**301**
连云区	4707	472	1401	499	2335	148	11	44	22	71
海州区	16087	2075	4338	2404	7270	387	60	117	66	144
赣榆区	7281	537	4932	1363	449	76	10	45	17	4
东海县	9988	2230	5617	417	1724	92	20	56	8	8
灌云县	7571	1490	3838	1577	666	101	13	66	18	4
灌南县	7017	1312	4582	1042	81	133	37	79	15	2
连云港经济技术开发区	2783	300	867	416	1200	76	10	27	17	22
连云港高新技术产业开发区	7667	1006	2468	1174	3019	123	27	43	13	40
江苏连云港徐圩新区	554	48	238	88	180	18		13	4	1
江苏省连云港市云台山风景名胜区	263	76	33	17	137	13	3	4	1	5
淮安市	**92666**	**16286**	**40631**	**12268**	**23481**	**2117**	**440**	**1125**	**227**	**325**
淮安区	12821	2575	6628	1768	1850	201	43	110	26	22
淮阴区	11471	2042	5048	1674	2707	184	47	87	14	36
清江浦区	17164	1892	3975	2556	8741	201	32	67	32	70
洪泽区	6683	1041	3727	1065	850	146	31	83	16	16
涟水县	11800	3093	5360	1876	1471	89	28	44	10	7
盱眙县	12112	3307	5664	1482	1659	772	185	435	98	54
金湖县	8330	1158	5610	951	611	244	47	168	19	10
淮安经济技术开发区	9412	1017	3420	570	4405	178	23	74	10	71
工业园区	81	1	72	4	4	3		3		
生态文旅区	2440	158	801	315	1166	83	4	38	2	39
苏淮高新区	352	2	326	7	17	16		16		

7-4　续表 2　　　　　　　　　　　　　　　　　　　　　　　　　单位：人

现住地	合计					未上过学				
	合计	乡	镇的村委会	镇的居委会	街道	小计	乡	镇的村委会	镇的居委会	街道
盐城市	**131017**	**13266**	**64111**	**29971**	**23669**	**2210**	**253**	**1130**	**468**	**359**
亭湖区	17634	1501	6895	3263	5975	287	14	138	33	102
盐都区	15975	615	8386	2816	4158	243	11	122	40	70
大丰区	11671	1137	6613	2085	1836	187	18	119	32	18
响水县	9309	2550	3861	2745	153	238	80	85	68	5
滨海县	11638	1703	6444	2226	1265	213	44	119	37	13
阜宁县	11763	562	6896	2864	1441	176	12	100	39	25
射阳县	14076	1178	7141	4811	946	238	17	134	72	15
建湖县	15923	2171	8924	3114	1714	259	30	154	49	26
盐城经济技术开发区	2159	114	940	681	424	34	3	9	11	11
江苏省盐南高新区	12995	1178	3635	2832	5350	178	16	63	37	62
东台市	7874	557	4376	2534	407	157	8	87	50	12
扬州市	**101503**	**12263**	**52578**	**15255**	**21407**	**2087**	**310**	**1268**	**290**	**219**
广陵区	15593	2403	6231	1595	5364	181	34	87	10	50
邗江区	22991	2523	8606	3038	8824	285	33	159	27	66
江都区	14630	1020	10407	2708	495	327	36	210	73	8
宝应县	13087	1721	8766	2336	264	280	38	188	50	4
扬州经济技术开发区	7856	485	3040	1070	3261	115	9	74	6	26
蜀冈瘦西湖景区	4795	564	1506	562	2163	134	16	70	14	34
生态新城	1032	160	755	40	77	20	3	15	1	1
仪征市	8261	762	4972	2175	352	226	16	146	57	7
高邮市	13258	2625	8295	1731	607	519	125	319	52	23
镇江市	**79632**	**6308**	**35207**	**10537**	**27580**	**1139**	**113**	**566**	**147**	**313**
京口区	13018	805	2714	2322	7177	216	26	67	33	90
润州区	9781	456	2141	1990	5194	158	11	58	26	63
丹徒区	7908	528	4322	873	2185	121	11	78	15	17
镇江新区	8965	915	4664	1183	2203	164	15	98	23	28
江苏镇江高新区	2901	212	808	328	1553	61	9	19	14	19
丹阳市	18131	1981	10764	1790	3596	198	19	130	20	29
扬中市	5203	224	3589	425	965	54	4	37	3	10
句容市	13725	1187	6205	1626	4707	167	18	79	13	57
泰州市	**92814**	**6661**	**54597**	**13199**	**18357**	**1346**	**143**	**719**	**189**	**295**
海陵区	19407	874	7841	3323	7369	371	36	140	60	135
高港区	5002	276	2794	626	1306	59		41	7	11
姜堰区	15279	1399	9821	1902	2157	128	10	82	15	21
泰州医药高新技术产业开发区	7401	491	2700	1484	2726	191	16	62	47	66
兴化市	14226	1834	8560	1740	2092	326	53	198	35	40
靖江市	18157	541	13463	2737	1416	104	7	86	10	1
泰兴市	13342	1246	9418	1387	1291	167	21	110	15	21
宿迁市	**101941**	**18548**	**47734**	**18715**	**16944**	**2328**	**483**	**1109**	**373**	**363**
宿城区	13102	1329	5216	2212	4345	257	27	116	40	74
宿豫区	10686	2104	5583	1772	1227	298	68	153	51	26
沭阳县	27887	4045	15809	3091	4942	380	57	208	32	83
泗阳县	16855	3835	7545	3425	2050	266	52	133	44	37
泗洪县	23380	5672	9749	6072	1887	852	230	398	156	68
宿迁经济技术开发区	5646	915	1925	823	1983	186	33	54	29	70
宿迁市湖滨新区	2242	461	739	822	220	41	9	21	11	
苏州宿迁工业园区	1123	50	560	265	248	23	1	10	7	5
宿迁市洋河新区	1020	137	608	233	42	25	6	16	3	

7-4 续表 3

单位：人

现住地	学前教育					小学				
	小计	乡	镇的村委会	镇的居委会	街道	小计	乡	镇的村委会	镇的居委会	街道
江苏	**53422**	**5648**	**25549**	**8090**	**14135**	**235470**	**30994**	**123942**	**31410**	**49124**
南京市	**6534**	**396**	**1584**	**788**	**3766**	**26140**	**2655**	**8780**	**2984**	**11721**
玄武区	245	5	23	33	184	1087	98	314	116	559
秦淮区	475	15	57	50	353	1995	125	460	181	1229
建邺区	434	8	48	38	340	1561	104	347	130	980
鼓楼区	474	19	32	54	369	2076	151	418	220	1287
浦口区	296	30	34	27	205	1220	200	231	105	684
栖霞区	700	36	140	90	434	2640	243	776	372	1249
雨花台区	568	65	89	61	353	2242	295	638	275	1034
江宁区	1204	79	316	209	600	4770	512	1752	687	1819
六合区	510	31	171	57	251	1787	150	664	199	774
溧水区	474	31	269	46	128	1935	222	1090	193	430
高淳区	217	30	133	14	40	1148	203	641	111	193
南京江北新区	937	47	272	109	509	3679	352	1449	395	1483
无锡市	**3814**	**406**	**1940**	**401**	**1067**	**19763**	**2765**	**11253**	**1999**	**3746**
锡山区	470	52	301	40	77	2599	386	1704	163	346
惠山区	388	65	212	41	70	2460	554	1464	195	247
滨湖区	313	28	98	34	153	1562	187	624	171	580
梁溪区	598	44	174	79	301	3009	336	1161	397	1115
新吴区	457	60	179	36	182	1791	306	879	154	452
江苏无锡经济开发区	184	19	75	19	71	1012	117	489	98	308
江阴市	657	80	390	59	128	3244	488	2095	322	339
宜兴市	747	58	511	93	85	4086	391	2837	499	359
徐州市	**6019**	**283**	**3189**	**920**	**1627**	**20530**	**1118**	**11328**	**2823**	**5261**
鼓楼区	554	16	106	69	363	1761	37	350	210	1164
云龙区	516	5	214	134	163	1448	34	624	327	463
贾汪区	227	17	89	31	90	990	89	445	106	350
泉山区	593	21	145	110	317	1903	52	582	332	937
铜山区	522	27	300	58	137	1651	122	1034	151	344
丰县	559	118	368	15	58	1852	418	1221	55	158
沛县	685	30	425	154	76	2452	129	1564	487	272
睢宁县	859	17	633	138	71	3370	80	2454	521	315
徐州经济技术开发区	530	15	326	49	140	1244	29	806	80	329
新沂市	451	8	311	51	81	1936	89	1252	198	397
邳州市	523	9	272	111	131	1923	39	996	356	532
常州市	**3447**	**391**	**1819**	**442**	**795**	**16464**	**2321**	**9890**	**1716**	**2537**
天宁区	464	26	150	44	244	2194	222	982	180	810
钟楼区	490	67	200	39	184	2270	415	1075	140	640
新北区	577	37	295	64	181	2509	243	1520	233	513
武进区	775	103	465	137	70	4076	556	2741	546	233
金坛区	470	41	325	53	51	2336	270	1722	219	125
江苏省常州市经济开发区	229	46	114	27	42	1276	351	680	121	124
溧阳市	442	71	270	78	23	1803	264	1170	277	92

7-4　续表 4　　　　单位：人

现住地	学前教育					小学				
	小计	乡	镇的村委会	镇的居委会	街道	小计	乡	镇的村委会	镇的居委会	街道
苏州市	**6676**	**854**	**3420**	**1131**	**1271**	**32453**	**5150**	**17772**	**4422**	**5109**
虎丘区	559	77	236	104	142	2577	404	1266	389	518
吴中区	680	122	292	112	154	3370	751	1578	438	603
相城区	545	55	244	78	168	2887	411	1480	355	641
姑苏区	502	112	77	38	275	2564	740	414	145	1265
吴江区	597	123	305	97	72	2843	696	1558	352	237
苏州工业园区	721	102	276	124	219	3500	553	1534	525	888
常熟市	933	69	651	91	122	3689	280	2554	396	459
张家港市	989	79	725	165	20	4786	458	3697	549	82
昆山市	860	91	468	234	67	4657	679	2716	996	266
太仓市	290	24	146	88	32	1580	178	975	277	150
南通市	**3000**	**277**	**1588**	**520**	**615**	**13452**	**1699**	**7389**	**1986**	**2378**
崇川区	641	37	242	107	255	2318	168	743	453	954
港闸区	532	47	280	101	104	1830	191	973	242	424
通州区	277	31	162	48	36	1570	251	949	224	146
如东县	129	7	57	46	19	868	89	456	242	81
南通经济技术开发区	356	17	218	69	52	1085	87	645	198	155
通州湾示范区	8		8			78	13	57	4	4
苏锡通科技产业园区	33	5	13	4	11	226	57	128	24	17
启东市	202	30	137	28	7	1442	255	1008	135	44
如皋市	351	53	175	66	57	1398	270	677	243	208
海门市	310	30	198	24	58	1580	186	972	129	293
海安市	161	20	98	27	16	1057	132	781	92	52
连云港市	**2071**	**302**	**882**	**315**	**572**	**8674**	**1456**	**4199**	**1232**	**1787**
连云区	157	18	34	16	89	754	99	291	79	285
海州区	456	70	114	55	217	2160	308	666	349	837
赣榆区	271	21	164	65	21	869	62	562	192	53
东海县	289	58	156	8	67	1187	296	658	61	172
灌云县	319	59	160	77	23	1282	281	665	231	105
灌南县	276	58	173	45		1470	266	984	210	10
连云港经济技术开发区	104	6	29	20	49	314	50	119	36	109
连云港高新技术产业开发区	170	8	47	28	87	495	69	201	54	171
江苏连云港徐圩新区	14	1	5	1	7	100	8	52	18	22
江苏省连云港市云台山风景名胜区	15	3			12	43	17	1	2	23
淮安市	**3404**	**634**	**1530**	**409**	**831**	**15694**	**3196**	**7498**	**1892**	**3108**
淮安区	559	113	314	60	72	2606	623	1372	281	330
淮阴区	318	67	129	43	79	1369	279	654	193	243
清江浦区	512	49	112	69	282	2284	293	627	317	1047
洪泽区	256	35	140	46	35	1581	264	896	253	168
涟水县	475	134	210	78	53	1642	480	737	267	158
盱眙县	509	154	236	54	65	2765	795	1363	318	289
金湖县	362	54	252	32	24	1716	261	1204	165	86
淮安经济技术开发区	331	27	106	18	180	1185	154	408	54	569
工业园区	2		2			12		10	2	
生态文旅区	74	1	23	9	41	476	47	171	41	217
苏淮高新区	6		6			58		56	1	1

7-4 续表 5　　单位：人

现住地	学前教育					小学				
	小计	乡	镇的村委会	镇的居委会	街道	小计	乡	镇的村委会	镇的居委会	街道
盐城市	**4678**	**434**	**2421**	**1047**	**776**	**20632**	**2267**	**11177**	**4204**	**2984**
亭湖区	493	39	207	92	155	2265	175	978	380	732
盐都区	615	25	344	95	151	2395	104	1340	398	553
大丰区	416	25	261	77	53	1580	150	976	253	201
响水县	387	114	165	105	3	1937	580	855	489	13
滨海县	489	69	278	97	45	2224	379	1324	309	212
阜宁县	513	14	306	123	70	2289	114	1439	460	276
射阳县	511	53	259	165	34	2469	200	1339	788	142
建湖县	624	65	363	129	67	3095	414	1871	516	294
盐城经济技术开发区	46	4	21	13	8	195	5	90	53	47
江苏省盐南高新区	420	17	127	100	176	1233	93	407	262	471
东台市	164	9	90	51	14	950	53	558	296	43
扬州市	**3314**	**378**	**1912**	**463**	**561**	**15909**	**2200**	**9600**	**1892**	**2217**
广陵区	379	47	173	27	132	2478	525	1087	185	681
邗江区	594	45	251	80	218	2426	312	1192	203	719
江都区	530	36	384	97	13	2498	187	1850	371	90
宝应县	555	78	390	81	6	2647	330	1899	377	41
扬州经济技术开发区	242	15	92	25	110	902	59	439	90	314
蜀冈瘦西湖景区	129	14	50	16	49	656	113	252	68	223
生态新城	19	4	14		1	230	50	167	7	6
仪征市	335	25	225	70	15	1352	108	891	310	43
高邮市	531	114	333	67	17	2720	516	1823	281	100
镇江市	**2400**	**193**	**1108**	**323**	**776**	**11495**	**1064**	**6175**	**1185**	**3071**
京口区	358	21	76	78	183	1580	138	464	252	726
润州区	274	10	69	59	136	1328	104	422	226	576
丹徒区	235	16	144	24	51	1064	93	691	73	207
镇江新区	302	44	139	44	75	1486	137	951	129	269
江苏镇江高新区	88	1	13	12	62	487	52	185	47	203
丹阳市	544	63	333	39	109	2818	338	1845	203	432
扬中市	120	1	82	7	30	814	45	582	55	132
句容市	479	37	252	60	130	1918	157	1035	200	526
泰州市	**3015**	**209**	**1734**	**423**	**649**	**14586**	**1257**	**9201**	**1687**	**2441**
海陵区	559	23	207	100	229	2822	157	1318	407	940
高港区	187	8	105	24	50	892	38	516	91	247
姜堰区	612	55	418	51	88	2457	276	1672	230	279
泰州医药高新技术产业开发区	302	16	116	50	120	995	52	357	231	355
兴化市	496	61	292	50	93	2929	405	1869	311	344
靖江市	559	19	413	97	30	2370	83	1924	265	98
泰兴市	300	27	183	51	39	2121	246	1545	152	178
宿迁市	**5050**	**891**	**2422**	**908**	**829**	**19678**	**3846**	**9680**	**3388**	**2764**
宿城区	528	42	206	87	193	1974	209	878	320	567
宿豫区	511	96	264	81	70	1944	390	1044	313	197
沭阳县	1441	198	822	177	244	5426	847	3189	538	852
泗阳县	810	165	408	130	107	2771	561	1409	470	331
泗洪县	1316	319	562	337	98	5763	1513	2450	1382	418
宿迁经济技术开发区	249	36	77	38	98	984	177	325	123	359
宿迁市湖滨新区	74	25	20	24	5	459	121	172	154	12
苏州宿迁工业园区	69	4	35	17	13	151	3	78	46	24
宿迁市洋河新区	52	6	28	17	1	206	25	135	42	4

7-4　续表 6　　　　单位：人

现住地	初中					高中				
	小计	乡	镇的村委会	镇的居委会	街道	小计	乡	镇的村委会	镇的居委会	街道
江　苏	**488742**	**65241**	**264068**	**63907**	**95526**	**350997**	**37039**	**160052**	**56115**	**97791**
南京市	**51549**	**5206**	**17675**	**6637**	**22031**	**46741**	**3071**	**11302**	**6695**	**25673**
玄武区	2018	173	528	228	1089	2277	116	346	230	1585
秦淮区	4228	285	1011	434	2498	4823	183	719	495	3426
建邺区	2923	268	809	296	1550	3296	139	504	372	2281
鼓楼区	4083	315	788	519	2461	4611	214	572	639	3186
浦口区	1934	274	379	199	1082	1479	141	214	200	924
栖霞区	6536	520	2082	1124	2810	6595	325	1597	1280	3393
雨花台区	5080	709	1387	675	2309	4174	443	718	595	2418
江宁区	9619	1040	3836	1431	3312	8269	625	2465	1383	3796
六合区	3116	274	1101	336	1405	2373	189	714	254	1216
溧水区	3149	331	1799	334	685	2356	182	1309	299	566
高淳区	1898	368	1088	162	280	1216	169	630	150	267
南京江北新区	6965	649	2867	899	2550	5272	345	1514	798	2615
无锡市	**48120**	**6902**	**28279**	**4712**	**8227**	**28374**	**2752**	**13255**	**3913**	**8454**
锡山区	6241	880	4131	469	761	3054	326	1630	331	767
惠山区	6036	1163	3632	519	722	2984	445	1454	550	535
滨湖区	3553	520	1649	422	962	2652	240	833	354	1225
梁溪区	7669	868	3128	1042	2631	5413	381	1423	906	2703
新吴区	4541	891	2346	341	963	2838	388	1150	255	1045
江苏无锡经济开发区	2604	288	1241	268	807	1676	123	532	167	854
江阴市	8799	1463	5937	670	729	5057	557	2993	626	881
宜兴市	8677	829	6215	981	652	4700	292	3240	724	444
徐州市	**40942**	**2374**	**21943**	**5468**	**11157**	**35792**	**1707**	**17658**	**5120**	**11307**
鼓楼区	4199	72	778	422	2927	3980	64	617	423	2876
云龙区	3201	64	1347	734	1056	3117	69	1001	860	1187
贾汪区	2052	172	972	231	677	1442	87	644	166	545
泉山区	3948	156	1119	718	1955	4637	109	1203	906	2419
铜山区	3581	265	2347	271	698	2812	95	1785	277	655
丰县	3843	809	2498	171	365	3057	652	1882	138	385
沛县	5310	306	3357	996	651	3288	126	2013	788	361
睢宁县	5328	147	3803	841	537	3562	66	2691	478	327
徐州经济技术开发区	2433	103	1580	165	585	2519	70	1287	160	1002
新沂市	3561	176	2354	371	660	3306	109	2336	294	567
邳州市	3486	104	1788	548	1046	4072	260	2199	630	983
常州市	**39592**	**5837**	**23569**	**4105**	**6081**	**23468**	**2595**	**11775**	**3303**	**5795**
天宁区	5635	606	2448	481	2100	3663	217	1106	360	1980
钟楼区	5611	1001	2733	366	1511	3571	430	1282	339	1520
新北区	5374	534	3275	540	1025	3428	339	1717	405	967
武进区	9664	1485	6414	1203	562	4583	463	2760	912	448
金坛区	5178	528	3782	522	346	2952	252	1999	415	286
江苏省常州市经济开发区	3723	986	2026	378	333	1612	307	759	200	346
溧阳市	4407	697	2891	615	204	3659	587	2152	672	248

7-4 续表 7

单位：人

现住地	初中					高中				
	小计	乡	镇的村委会	镇的居委会	街道	小计	乡	镇的村委会	镇的居委会	街道
苏州市	**68610**	**11568**	**40733**	**7976**	**8333**	**44475**	**6484**	**22141**	**7222**	**8628**
虎丘区	5082	915	2655	703	809	3820	542	1653	677	948
吴中区	7154	1609	3795	746	1004	5329	1093	2325	736	1175
相城区	5488	930	3149	540	869	3071	382	1576	441	672
姑苏区	5608	1827	935	405	2441	4521	1032	551	320	2618
吴江区	5696	1345	3297	711	343	3462	695	1786	638	343
苏州工业园区	5575	949	2652	833	1141	5365	757	2493	829	1286
常熟市	11726	1093	8649	978	1006	5261	263	3427	722	849
张家港市	8869	864	7018	858	129	4647	407	3254	859	127
昆山市	9193	1512	5771	1528	382	7012	1095	3966	1520	431
太仓市	4219	524	2812	674	209	1987	218	1110	480	179
南通市	**33368**	**4378**	**19919**	**4384**	**4687**	**24435**	**2828**	**12884**	**4220**	**4503**
崇川区	4875	475	1787	908	1705	4581	390	1410	922	1859
港闸区	4178	389	2451	500	838	2567	219	1240	444	664
通州区	3771	520	2512	441	298	2227	271	1288	400	268
如东县	2188	280	1252	509	147	2170	275	1158	518	219
南通经济技术开发区	2337	217	1505	336	279	1915	123	1162	357	273
通州湾示范区	186	41	113	24	8	558	45	296	137	80
苏锡通科技产业园区	574	121	382	41	30	232	40	143	23	26
启东市	4548	858	3050	472	168	2147	404	1270	355	118
如皋市	2622	535	1258	472	357	2645	538	1255	504	348
海门市	4737	537	3124	359	717	2529	212	1587	225	505
海安市	3352	405	2485	322	140	2864	311	2075	335	143
连云港市	**17288**	**2911**	**8469**	**2313**	**3595**	**17204**	**2538**	**8340**	**2078**	**4248**
连云区	1513	167	603	147	596	898	81	217	105	495
海州区	4347	722	1413	584	1628	4072	467	1035	657	1913
赣榆区	1698	147	1124	334	93	2643	139	2057	313	134
东海县	2545	582	1438	130	395	3740	810	2260	87	583
灌云县	2634	525	1423	502	184	1974	403	989	407	175
灌南县	2657	481	1788	367	21	1601	326	1035	219	21
连云港经济技术开发区	619	97	226	82	214	883	73	274	122	414
连云港高新技术产业开发区	1001	153	350	132	366	1232	207	430	142	453
江苏连云港徐圩新区	182	12	88	30	52	95	8	35	22	30
江苏省连云港市云台山风景名胜区	92	25	16	5	46	66	24	8	4	30
淮安市	**29541**	**6144**	**13861**	**3619**	**5917**	**20436**	**3278**	**9101**	**2791**	**5266**
淮安区	4071	871	2183	468	549	3035	562	1640	415	418
淮阴区	3466	807	1638	445	576	2761	424	1261	405	671
清江浦区	4636	633	1420	638	1945	3744	370	750	567	2057
洪泽区	2548	413	1464	391	280	1309	190	732	199	188
涟水县	4587	1344	2058	729	456	3182	752	1500	478	452
盱眙县	4218	1266	1996	463	493	2159	536	990	288	345
金湖县	2817	405	1971	277	164	1892	246	1266	235	145
淮安经济技术开发区	2401	348	768	146	1139	1733	174	714	108	737
工业园区	22		20		2	20		18	1	1
生态文旅区	658	57	229	61	311	507	23	148	93	243
苏淮高新区	117		114	1	2	94	1	82	2	9

7-4　续表 8　　　　单位：人

现住地	初中					高中				
	小计	乡	镇的村委会	镇的居委会	街道	小计	乡	镇的村委会	镇的居委会	街道
盐城市	**43970**	**4644**	**23986**	**9132**	**6208**	**31281**	**2982**	**14704**	**7625**	**5970**
亭湖区	4753	337	2229	763	1424	4439	344	1607	868	1620
盐都区	5495	228	3060	907	1300	4083	141	2125	759	1058
大丰区	3636	318	2312	559	447	2905	389	1512	551	453
响水县	3651	1036	1614	959	42	1799	393	687	684	35
滨海县	4474	716	2524	773	461	2563	293	1481	532	257
阜宁县	4812	227	3005	1061	519	2341	136	1239	682	284
射阳县	5186	460	2742	1698	286	3486	243	1789	1210	244
建湖县	6441	952	3869	1050	570	3310	485	1733	692	400
盐城经济技术开发区	361	15	196	83	67	436	18	230	111	77
江苏省盐南高新区	2674	194	884	599	997	3377	272	925	749	1431
东台市	2487	161	1551	680	95	2542	268	1376	787	111
扬州市	**30062**	**4251**	**18090**	**3904**	**3817**	**19644**	**2102**	**10041**	**3305**	**4196**
广陵区	4662	879	2196	353	1234	3594	395	1329	483	1387
邗江区	4145	619	2086	374	1066	3685	366	1529	514	1276
江都区	5233	352	3930	829	122	2863	216	1978	562	107
宝应县	4951	723	3391	765	72	2571	303	1660	555	53
扬州经济技术开发区	1721	95	944	198	484	1522	100	592	223	607
蜀冈瘦西湖景区	1324	207	404	168	545	1191	95	414	135	547
生态新城	476	72	359	26	19	146	25	95	6	20
仪征市	2510	237	1601	588	84	1727	150	1005	505	67
高邮市	5040	1067	3179	603	191	2345	452	1439	322	132
镇江市	**24563**	**2294**	**12861**	**2817**	**6591**	**15887**	**1234**	**6528**	**2316**	**5809**
京口区	3283	280	937	518	1548	2546	140	404	555	1447
润州区	2859	179	786	538	1356	2010	74	340	458	1138
丹徒区	2263	191	1432	182	458	1349	86	774	159	330
镇江新区	2913	300	1735	349	529	1785	196	825	241	523
江苏镇江高新区	964	98	307	89	470	571	27	140	74	330
丹阳市	6425	763	4274	526	862	3659	463	2023	378	795
扬中市	1743	89	1273	130	251	943	34	650	67	192
句容市	4113	394	2117	485	1117	3024	214	1372	384	1054
泰州市	**28529**	**2386**	**18469**	**3343**	**4331**	**19725**	**1278**	**11700**	**2810**	**3937**
海陵区	4925	250	2270	770	1635	3773	135	1421	607	1610
高港区	1585	114	925	173	373	949	40	535	134	240
姜堰区	5073	510	3505	530	528	3273	278	1986	458	551
泰州医药高新技术产业开发区	1751	137	735	354	525	1099	61	374	236	428
兴化市	5189	728	3276	557	628	3288	403	1961	403	521
靖江市	5467	201	4412	572	282	4160	105	3118	609	328
泰兴市	4539	446	3346	387	360	3183	256	2305	363	259
宿迁市	**32608**	**6346**	**16214**	**5497**	**4551**	**23535**	**4190**	**10623**	**4717**	**4005**
宿城区	3508	456	1654	544	854	2717	250	1052	506	909
宿豫区	3556	746	1846	603	361	2185	382	1228	336	239
沭阳县	9782	1465	5849	1058	1410	6705	936	3554	756	1459
泗阳县	5128	1148	2392	892	696	5464	1424	2151	1331	558
泗洪县	7743	2013	3311	1861	558	4208	884	1767	1234	323
宿迁经济技术开发区	1693	281	564	239	609	1322	216	490	205	411
宿迁市湖滨新区	504	167	176	149	12	540	67	156	259	58
苏州宿迁工业园区	305	10	194	58	43	183	7	85	48	43
宿迁市洋河新区	389	60	228	93	8	211	24	140	42	5

7-4 续表 9

单位：人

现住地	大学专科					大学本科				
	小计	乡	镇的村委会	镇的居委会	街道	小计	乡	镇的村委会	镇的居委会	街道
江苏	**264047**	**26758**	**109398**	**44668**	**83223**	**243380**	**19377**	**79322**	**43879**	**100802**
南京市	**45666**	**3458**	**11798**	**6549**	**23861**	**61383**	**4249**	**13486**	**8582**	**35066**
玄武区	1900	77	310	224	1289	4231	337	619	481	2794
秦淮区	3987	133	567	454	2833	4800	128	517	572	3583
建邺区	3302	174	664	374	2090	4737	192	639	479	3427
鼓楼区	3948	271	447	474	2756	6291	394	631	769	4497
浦口区	1367	115	198	152	902	1571	106	211	183	1071
栖霞区	5980	442	1437	972	3129	8452	513	2176	1260	4503
雨花台区	3851	426	848	522	2055	5341	468	1400	935	2538
江宁区	10473	912	3169	1978	4414	13712	1032	3496	2242	6942
六合区	1767	156	578	205	828	1153	77	312	148	616
溧水区	2096	178	1094	295	529	1864	171	780	267	646
高淳区	834	146	425	95	168	681	116	305	112	148
南京江北新区	6161	428	2061	804	2868	8550	715	2400	1134	4301
无锡市	**25165**	**2482**	**11077**	**3873**	**7733**	**19434**	**1219**	**6700**	**3367**	**8148**
锡山区	2356	215	1242	296	603	2005	113	857	284	751
惠山区	3841	475	1886	521	959	1518	140	627	251	500
滨湖区	3114	555	960	451	1148	2818	250	555	455	1558
梁溪区	4546	332	1214	727	2273	4057	208	697	712	2440
新吴区	3085	357	1255	320	1153	2097	182	606	293	1016
江苏无锡经济开发区	1314	75	425	181	633	1459	60	282	244	873
江阴市	3131	272	1747	487	625	2582	135	1245	521	681
宜兴市	3778	201	2348	890	339	2898	131	1831	607	329
徐州市	**25300**	**1221**	**11249**	**4011**	**8819**	**17546**	**798**	**6107**	**3361**	**7280**
鼓楼区	3326	156	609	359	2202	2063	34	293	241	1495
云龙区	2883	66	1051	780	986	3893	283	1405	1018	1187
贾汪区	838	38	399	124	277	587	18	202	76	291
泉山区	4181	103	1082	780	2216	3341	105	671	552	2013
铜山区	2874	155	1461	350	908	2498	99	832	473	1094
丰县	1610	380	982	61	187	608	123	374	23	88
沛县	1909	97	982	500	330	958	32	429	278	219
睢宁县	1535	39	1040	292	164	831	17	497	156	161
徐州经济技术开发区	3062	123	1934	235	770	1155	34	636	132	353
新沂市	1608	42	1040	208	318	737	40	395	128	174
邳州市	1474	22	669	322	461	875	13	373	284	205
常州市	**20209**	**2322**	**9699**	**3074**	**5114**	**18621**	**1253**	**7513**	**3109**	**6746**
天宁区	2939	178	949	312	1500	2973	115	730	334	1794
钟楼区	2882	267	1098	324	1193	3827	186	1104	393	2144
新北区	3374	240	1748	429	957	4046	240	1743	516	1547
武进区	6275	1048	3205	1219	803	4255	273	2133	1103	746
金坛区	1912	158	1309	268	177	1302	122	752	204	224
江苏省常州市经济开发区	1189	148	461	204	376	665	78	281	151	155
溧阳市	1638	283	929	318	108	1553	239	770	408	136

7-4 续表 10

单位：人

现住地	大学专科					大学本科				
	小计	乡	镇的村委会	镇的居委会	街道	小计	乡	镇的村委会	镇的居委会	街道
苏州市	**40918**	**5791**	**18501**	**7452**	**9174**	**36881**	**4195**	**13515**	**7510**	**11661**
虎丘区	4085	610	1830	699	946	3792	343	1365	679	1405
吴中区	5465	1039	2102	876	1448	4229	632	1333	750	1514
相城区	3065	338	1419	483	825	2593	270	905	497	921
姑苏区	4323	1067	538	281	2437	4064	825	399	269	2571
吴江区	2690	561	1267	471	391	2059	368	858	437	396
苏州工业园区	5875	809	2435	1074	1557	6768	724	2013	1371	2660
常熟市	3944	174	2437	634	699	4687	300	2320	871	1196
张家港市	3941	249	2622	894	176	3691	230	2239	979	243
昆山市	5656	782	2871	1516	487	3774	428	1596	1192	558
太仓市	1874	162	980	524	208	1224	75	487	465	197
南通市	**18161**	**2014**	**8964**	**3337**	**3846**	**16979**	**1419**	**7008**	**3761**	**4791**
崇川区	5114	483	1822	943	1866	6164	395	1908	1260	2601
港闸区	3003	275	1520	548	660	2607	251	1047	536	773
通州区	1367	150	759	281	177	1166	105	528	308	225
如东县	998	117	433	285	163	849	64	333	310	142
南通经济技术开发区	2042	137	1223	394	288	1399	91	730	328	250
通州湾示范区	94	13	42	23	16	67	3	33	19	12
苏锡通科技产业园区	176	23	96	33	24	99	19	45	18	17
启东市	1129	221	621	224	63	1307	135	724	307	141
如皋市	1348	319	552	246	231	1130	167	460	280	223
海门市	1405	119	888	126	272	994	72	540	118	264
海安市	1485	157	1008	234	86	1197	117	660	277	143
连云港市	**9811**	**1333**	**3587**	**1590**	**3301**	**7290**	**782**	**2265**	**1225**	**3018**
连云区	680	63	134	66	417	531	33	77	62	359
海州区	2826	287	690	433	1416	1730	154	293	246	1037
赣榆区	981	100	566	237	78	709	57	400	191	61
东海县	1353	312	664	79	298	761	147	374	43	197
灌云县	697	132	314	174	77	543	73	216	164	90
灌南县	503	85	315	88	15	370	57	208	93	12
连云港经济技术开发区	446	41	118	73	214	312	19	71	64	158
连云港高新技术产业开发区	2214	301	755	427	731	2270	233	609	357	1071
江苏连云港徐圩新区	90	8	30	10	42	51	9	14	3	25
江苏省连云港市云台山风景名胜区	21	4	1	3	13	13		3	2	8
淮安市	**11277**	**1532**	**4547**	**1629**	**3569**	**9594**	**1027**	**2847**	**1615**	**4105**
淮安区	1292	234	601	223	234	1026	127	397	288	214
淮阴区	1230	211	488	228	303	2064	201	767	332	764
清江浦区	2664	246	522	432	1464	2867	260	463	464	1680
洪泽区	530	66	272	100	92	305	42	138	57	68
涟水县	1304	267	599	205	233	502	84	208	105	105
盱眙县	956	228	391	143	194	704	136	247	114	207
金湖县	826	94	520	122	90	453	49	218	97	89
淮安经济技术开发区	2109	168	996	125	820	1350	119	312	100	819
工业园区	14	1	13			6		4	1	1
生态文旅区	300	16	101	48	135	308	9	85	57	157
苏淮高新区	52	1	44	3	4	9		8		1

7-4 续表 11　　　　　　　　　　　　　　　　　　　　　　　　单位：人

现住地	大学专科					大学本科				
	小计	乡	镇的村委会	镇的居委会	街道	小计	乡	镇的村委会	镇的居委会	街道
盐城市	**16150**	**1701**	**6777**	**4004**	**3668**	**11497**	**954**	**3780**	**3336**	**3427**
亭湖区	2607	224	973	557	853	2655	358	741	546	1010
盐都区	2009	71	997	356	585	1080	35	382	251	412
大丰区	1772	175	946	334	317	1124	62	476	264	322
响水县	728	184	273	248	23	547	157	179	180	31
滨海县	916	117	433	229	137	737	82	278	241	136
阜宁县	957	43	500	287	127	651	15	294	209	133
射阳县	1373	141	588	517	127	782	59	284	344	95
建湖县	1384	167	649	367	201	781	58	275	297	151
盐城经济技术开发区	339	17	159	103	60	730	52	230	304	144
江苏省盐南高新区	3155	531	801	642	1181	1777	49	396	409	923
东台市	910	31	458	364	57	633	27	245	291	70
扬州市	**15501**	**1674**	**6723**	**2965**	**4139**	**13714**	**1237**	**4681**	**2224**	**5572**
广陵区	2521	333	883	336	969	1623	184	438	183	818
邗江区	5236	558	1533	1094	2051	5963	516	1739	639	3069
江都区	1865	127	1264	409	65	1258	63	759	352	84
宝应县	1257	162	777	274	44	806	85	453	224	44
扬州经济技术开发区	1490	103	606	254	527	1633	96	272	244	1021
蜀冈瘦西湖景区	651	56	183	71	341	643	57	124	85	377
生态新城	79	5	60		14	61	1	44		16
仪征市	1155	112	662	319	62	913	111	421	310	71
高邮市	1247	218	755	208	66	814	124	431	187	72
镇江市	**11831**	**713**	**4482**	**1768**	**4868**	**11072**	**639**	**3242**	**1807**	**5384**
京口区	2061	93	339	366	1263	2419	84	332	440	1563
润州区	1481	46	261	312	862	1512	27	191	342	952
丹徒区	1091	52	544	178	317	1603	71	599	228	705
镇江新区	1383	135	604	244	400	866	82	301	137	346
江苏镇江高新区	377	10	88	48	231	329	14	56	42	217
丹阳市	2245	167	1201	269	608	2146	165	933	337	711
扬中市	898	36	594	83	185	603	14	350	77	162
句容市	2295	174	851	268	1002	1594	182	480	204	728
泰州市	**13410**	**813**	**7331**	**2245**	**3021**	**11599**	**546**	**5247**	**2384**	**3422**
海陵区	3189	134	1201	606	1248	3609	135	1253	745	1476
高港区	801	51	435	107	208	492	22	225	84	161
姜堰区	2001	161	1262	272	306	1672	104	866	338	364
泰州医药高新技术产业开发区	1504	82	616	283	523	1414	118	420	253	623
兴化市	1202	138	599	205	260	770	44	356	171	199
靖江市	2878	79	1997	546	256	2510	45	1457	608	400
泰兴市	1835	168	1221	226	220	1132	78	670	185	199
宿迁市	**10648**	**1704**	**4663**	**2171**	**2110**	**7770**	**1059**	**2931**	**1598**	**2182**
宿城区	1542	143	517	273	609	2461	196	769	430	1066
宿豫区	1365	260	683	233	189	801	159	354	152	136
沭阳县	2611	351	1439	331	490	1492	184	730	191	387
泗阳县	1405	300	626	317	162	969	185	414	222	148
泗洪县	2085	453	781	634	217	1364	251	464	452	197
宿迁经济技术开发区	801	115	293	115	278	396	57	118	73	148
宿迁市湖滨新区	544	59	179	202	104	75	12	14	23	26
苏州宿迁工业园区	218	12	103	48	55	161	11	52	39	59
宿迁市洋河新区	77	11	42	18	6	51	4	16	16	15

7-4 续表 12

单位：人

现住地	硕士研究生					博士研究生				
	小计	乡	镇的村委会	镇的居委会	街道	小计	乡	镇的村委会	镇的居委会	街道
江 苏	**23836**	**1436**	**4897**	**3810**	**13693**	**2893**	**138**	**363**	**359**	**2033**
南京市	**9987**	**514**	**1472**	**1208**	**6793**	**1611**	**68**	**140**	**148**	**1255**
玄武区	1225	98	175	114	838	313	9	29	27	248
秦淮区	834	18	60	76	680	144	6	7	9	122
建邺区	985	13	55	75	842	122	1	5	8	108
鼓楼区	1501	74	141	174	1112	268	11	19	18	220
浦口区	202	13	19	19	151	30	1		5	24
栖霞区	1346	75	341	163	767	232	23	24	15	170
雨花台区	763	45	107	90	521	58	1	3	6	48
江宁区	1880	89	291	341	1159	287	7	32	49	199
六合区	59	1	11	11	36	7		3		4
溧水区	82	3	24	11	44	6		2		4
高淳区	46	11	16	8	11	3	1			2
南京江北新区	1064	74	232	126	632	141	8	16	11	106
无锡市	**1802**	**95**	**376**	**334**	**997**	**136**	**8**	**15**	**20**	**93**
锡山区	160	7	51	21	81	4		1	2	1
惠山区	105	9	27	16	53	4		2	1	1
滨湖区	412	27	67	91	227	46	6	2	6	32
梁溪区	393	15	41	69	268	21	1	1	3	16
新吴区	184	14	28	31	111	17		4	1	12
江苏无锡经济开发区	251	11	29	33	178	28	1	1	3	23
江阴市	148	7	47	35	59	10		2	3	5
宜兴市	149	5	86	38	20	6		2	1	3
徐州市	**1516**	**60**	**417**	**262**	**777**	**237**	**8**	**30**	**38**	**161**
鼓楼区	128	4	13	11	100	15		1		14
云龙区	211	6	39	50	116	29	3	2	8	16
贾汪区	16	1	7	1	7	3		2		1
泉山区	383	10	61	78	234	60	3	3	18	36
铜山区	505	21	174	59	251	112	2	16	9	85
丰县	43	10	25	1	7	1		1		
沛县	34	2	11	8	13	1			1	
睢宁县	23		14	4	5	2		2		
徐州经济技术开发区	98	5	45	17	31	8		1		7
新沂市	29	1	12	8	8	3		2		1
邳州市	46		16	25	5	3			2	1
常州市	**1447**	**75**	**451**	**249**	**672**	**113**	**4**	**25**	**20**	**64**
天宁区	306	9	56	35	206	26	2	6	3	15
钟楼区	275	7	57	34	177	20			1	19
新北区	301	20	83	35	163	25		5	5	15
武进区	367	18	173	105	71	31	1	8	10	12
金坛区	78	4	43	16	15	7		4	1	2
江苏省常州市经济开发区	47	5	14	5	23	1	1			
溧阳市	73	12	25	19	17	3		2		1

7-4　续表 13

单位：人

现住地	硕士研究生					博士研究生				
	小计	乡	镇的村委会	镇的居委会	街道	小计	乡	镇的村委会	镇的居委会	街道
苏州市	**3387**	**313**	**815**	**679**	**1580**	**281**	**22**	**58**	**45**	**156**
虎丘区	399	22	112	76	189	27	1	3	3	20
吴中区	400	52	73	68	207	37	3	10	4	20
相城区	237	13	68	43	113	20	5	3	1	11
姑苏区	469	80	20	17	352	53	8	3	7	35
吴江区	188	25	53	49	61	7		3	2	2
苏州工业园区	969	83	194	189	503	81	2	14	15	50
常熟市	192	4	86	43	59	25		12	4	9
张家港市	178	8	92	59	19	9		3	1	5
昆山市	266	22	95	93	56	21	3	7	8	3
太仓市	89	4	22	42	21	1				1
南通市	**1073**	**79**	**314**	**273**	**407**	**79**	**2**	**15**	**22**	**40**
崇川区	570	42	110	136	282	46	1	7	8	30
港闸区	147	6	59	39	43	10		4	4	2
通州区	69	2	25	22	20	6			1	5
如东县	43	2	15	14	12	1			1	
南通经济技术开发区	78	6	26	25	21	9		1	6	2
通州湾示范区	2		1		1					
苏锡通科技产业园区	3		3							
启东市	43	7	20	13	3	3		3		
如皋市	49	8	18	7	16	1	1			
海门市	25	2	12	5	6	2			1	1
海安市	44	4	25	12	3	1			1	
连云港市	**392**	**32**	**76**	**60**	**224**	**21**	**1**	**2**	**3**	**15**
连云区	25		1	2	22	1				1
海州区	103	7	10	14	72	6				6
赣榆区	33	1	14	13	5	1			1	
东海县	20	4	11	1	4	1	1			
灌云县	21	4	5	4	8					
灌南县	7	2		5						
连云港经济技术开发区	28	4	3	1	20	1			1	
连云港高新技术产业开发区	151	8	31	20	92	11		2	1	8
江苏连云港徐圩新区	4	2	1		1					
江苏省连云港市云台山风景名胜区										
淮安市	**536**	**35**	**93**	**80**	**328**	**67**		**29**	**6**	**32**
淮安区	31	2	11	7	11					
淮阴区	63	6	20	10	27	16		4	4	8
清江浦区	244	9	13	36	186	12		1	1	10
洪泽区	7		2	2	3	1			1	
涟水县	18	4	4	4	6	1				1
盱眙县	28	7	6	4	11	1				1
金湖县	20	2	11	4	3					
淮安经济技术开发区	89	4	18	9	58	36		24		12
工业园区	2		2							
生态文旅区	34	1	6	4	23					
苏淮高新区										

7-4 续表 14

单位：人

现住地	硕士研究生					博士研究生				
	小计	乡	镇的村委会	镇的居委会	街道	小计	乡	镇的村委会	镇的居委会	街道
盐城市	**541**	**26**	**126**	**144**	**245**	**58**	**5**	**10**	**11**	**32**
亭湖区	108	7	19	23	59	27	3	3	1	20
盐都区	50		14	9	27	5		2	1	2
大丰区	50		11	14	25	1			1	
响水县	22	6	3	12	1					
滨海县	21	3	7	7	4	1			1	
阜宁县	22	1	13	2	6	2			1	1
射阳县	30	4	6	17	3	1	1			
建湖县	27		9	14	4	2		1		1
盐城经济技术开发区	15		4	2	9	3		1	1	1
江苏省盐南高新区	168	5	31	30	102	13	1	1	4	7
东台市	28		9	14	5	3		2	1	
扬州市	**1171**	**99**	**250**	**197**	**625**	**101**	**12**	**13**	**15**	**61**
广陵区	149	6	35	18	90	6		3		3
邗江区	588	63	114	97	314	69	11	3	10	45
江都区	55	3	31	15	6	1		1		
宝应县	19	2	7	10		1		1		
扬州经济技术开发区	222	8	20	29	165	9		1	1	7
蜀冈瘦西湖景区	61	6	9	5	41	6				6
生态新城						1		1		
仪征市	41	3	20	15	3	2		1	1	
高邮市	36	8	14	8	6	6	1	2	3	
镇江市	**1101**	**51**	**237**	**148**	**665**	**144**	**7**	**8**	**26**	**103**
京口区	476	21	89	65	301	79	2	6	15	56
润州区	142	4	14	27	97	17	1		2	14
丹徒区	172	8	60	13	91	10			1	9
镇江新区	57	4	11	14	28	9	2		2	5
江苏镇江高新区	20	1		1	18	4			1	3
丹阳市	89	3	24	15	47	7		1	3	3
扬中市	27	1	21	2	3	1			1	
句容市	118	9	18	11	80	17	2	1	1	13
泰州市	**572**	**29**	**185**	**114**	**244**	**32**		**11**	**4**	**17**
海陵区	148	4	29	26	89	11		2	2	7
高港区	33	3	11	6	13	4		1		3
姜堰区	62	5	29	8	20	1		1		
泰州医药高新技术产业开发区	140	9	18	30	83	5		2		3
兴化市	25	2	9	8	6	1				1
靖江市	103	2	53	29	19	6		3	1	2
泰兴市	61	4	36	7	14	4		2	1	1
宿迁市	**311**	**28**	**85**	**62**	**136**	**13**	**1**	**7**	**1**	**4**
宿城区	112	6	22	12	72	3		2		1
宿豫区	26	3	11	3	9					
沭阳县	46	7	15	8	16	4		3		1
泗阳县	41		12	18	11	1			1	
泗洪县	45	8	14	16	7	4	1	2		1
宿迁经济技术开发区	14		4	1	9	1				1
宿迁市湖滨新区	5	1	1		3					
苏州宿迁工业园区	13	2	3	2	6					
宿迁市洋河新区	9	1	3	2	3					

7-5 全省按现住地、户口登记地类型、受教育程度分的户口登记地在外省人口

单位：人

现住地	合计					未上过学				
	合计	乡	镇的村委会	镇的居委会	街道	小计	乡	镇的村委会	镇的居委会	街道
江苏	**1007944**	**221655**	**612855**	**72975**	**100459**	**13123**	**3346**	**8221**	**730**	**826**
南京市	**137902**	**26573**	**67068**	**13859**	**30402**	**2192**	**525**	**1291**	**147**	**229**
玄武区	8685	1446	3141	938	3160	40	8	26		6
秦淮区	9554	1588	4731	1151	2084	173	43	105	10	15
建邺区	7805	1347	3743	743	1972	169	43	102	8	16
鼓楼区	10643	1826	4078	1407	3332	215	43	112	22	38
浦口区	4268	843	1595	378	1452	56	17	29	1	9
栖霞区	19491	3422	9828	1897	4344	263	70	151	19	23
雨花台区	13711	3512	6409	1304	2486	356	98	188	24	46
江宁区	34573	6914	17783	3415	6461	599	138	373	37	51
六合区	3199	726	1613	348	512	102	23	60	14	5
溧水区	4994	923	3170	386	515	41	4	31	4	2
高淳区	2078	511	1246	101	220	27	6	18		3
南京江北新区	18901	3515	9731	1791	3864	151	32	96	8	15
无锡市	**162909**	**38831**	**104745**	**8235**	**11098**	**2230**	**618**	**1415**	**81**	**116**
锡山区	27522	6131	19203	968	1220	245	69	167	2	7
惠山区	24378	6593	14572	1453	1760	565	183	343	18	21
滨湖区	13867	3305	7352	1122	2088	243	78	136	9	20
梁溪区	15092	3231	8666	1253	1942	272	55	174	21	22
新吴区	15494	4228	9232	808	1226	83	25	48	4	6
江苏无锡经济开发区	7434	1516	4408	498	1012	167	39	99	11	18
江阴市	37255	9603	25575	932	1145	374	100	249	7	18
宜兴市	21867	4224	15737	1201	705	281	69	199	9	4
徐州市	**25204**	**2295**	**14064**	**3157**	**5688**	**275**	**35**	**161**	**37**	**42**
鼓楼区	3162	371	1093	330	1368	36	6	18	5	7
云龙区	3426	235	1903	649	639	45	1	29	8	7
贾汪区	1075	140	642	78	215	14	6	7	1	
泉山区	4149	326	2077	688	1058	57	4	30	11	12
铜山区	5522	563	3161	532	1266	42	7	29	3	3
丰县	1088	144	704	49	191	5		4		1
沛县	1589	121	986	283	199	21	3	10	3	5
睢宁县	1232	60	826	184	162	13	2	8	1	2
徐州经济技术开发区	2283	225	1568	176	314	23	5	13	3	2
新沂市	913	55	628	101	129	16		11	2	3
邳州市	765	55	476	87	147	3	1	2		
常州市	**104152**	**26872**	**66006**	**5023**	**6251**	**1966**	**532**	**1319**	**58**	**57**
天宁区	11953	2930	7120	601	1302	269	73	177	6	13
钟楼区	13348	4089	7641	429	1189	320	82	213	10	15
新北区	15564	3160	10211	792	1401	287	67	196	12	12
武进区	32494	7529	22305	1456	1204	544	137	387	13	7
金坛区	8348	2184	5330	580	254	226	69	145	7	5
江苏省常州市经济开发区	14476	5201	8295	654	326	230	77	142	8	3
溧阳市	7969	1779	5104	511	575	90	27	59	2	2

7-5　续表 1　　　　单位：人

现住地	合计					未上过学				
	合计	乡	镇的村委会	镇的居委会	街道	小计	乡	镇的村委会	镇的居委会	街道
苏州市	**389412**	**89775**	**248409**	**26897**	**24331**	**4010**	**1089**	**2511**	**242**	**168**
虎丘区	24515	5902	14650	1997	1966	262	75	164	13	10
吴中区	41532	11080	24751	2747	2954	529	186	295	28	20
相城区	28446	7378	17664	1607	1797	425	113	269	23	20
姑苏区	16581	8580	4408	866	2727	243	113	93	7	30
吴江区	49716	13169	31680	3103	1764	467	127	292	33	15
苏州工业园区	35734	8032	19386	3547	4769	362	115	186	32	29
常熟市	49677	6985	38272	1928	2492	232	34	185	8	5
张家港市	40345	6540	30773	2065	967	511	95	380	26	10
昆山市	74277	16086	47802	6841	3548	619	158	383	56	22
太仓市	28589	6023	19023	2196	1347	360	73	264	16	7
南通市	**66542**	**14764**	**42362**	**4490**	**4926**	**849**	**204**	**542**	**53**	**50**
崇川区	8568	1887	4265	958	1458	125	27	76	11	11
港闸区	7233	1324	4671	538	700	202	39	123	20	20
通州区	11357	3502	7169	392	294	156	41	105	5	5
如东县	2575	482	1615	252	226	46	9	31	4	2
南通经济技术开发区	6103	919	4320	465	399	38	11	26	1	
通州湾示范区	698	106	477	63	52	8	1	7		
苏锡通科技产业园区	2723	951	1634	74	64	42	21	21		
启东市	6207	1244	4115	433	415	35	10	22	3	
如皋市	3488	844	1726	572	346	19	6	11	1	1
海门市	12315	2544	8492	490	789	146	33	96	7	10
海安市	5275	961	3878	253	183	32	6	24	1	1
连云港市	**8952**	**1438**	**4393**	**949**	**2172**	**108**	**19**	**59**	**9**	**21**
连云区	1283	163	582	101	437	20	3	10	1	6
海州区	1372	246	449	173	504	30	4	14	4	8
赣榆区	1217	178	801	140	98	26	6	18	2	
东海县	868	173	479	37	179	10	3	5	1	1
灌云县	436	74	240	69	53	3		3		
灌南县	642	93	443	55	51	3	1	2		
连云港经济技术开发区	484	98	196	62	128	4		3		1
连云港高新技术产业开发区	2133	329	901	289	614	10	1	3	1	5
江苏连云港徐圩新区	503	81	298	21	103	1	1			
江苏省连云港市云台山风景名胜区	14	3	4	2	5	1		1		
淮安市	**7507**	**1481**	**3657**	**832**	**1537**	**85**	**22**	**32**	**11**	**20**
淮安区	716	219	310	110	77	12	2	8		2
淮阴区	1014	223	432	126	233	11	5	5		1
清江浦区	1447	300	548	197	402	8	3	2	1	2
洪泽区	299	37	163	42	57	8	2	1	2	3
涟水县	488	138	193	91	66	1	1			
盱眙县	770	207	362	77	124	28	6	8	5	9
金湖县	702	104	423	85	90	6	2	3	1	
淮安经济技术开发区	1832	221	1091	71	449	7	1	2	1	3
工业园区	63	14	44	4	1					
生态文旅区	157	16	83	25	33	4		3	1	
苏淮高新区	19	2	8	4	5					

7-5 续表 2

单位：人

现住地	合计					未上过学				
	合计	乡	镇的村委会	镇的居委会	街道	小计	乡	镇的村委会	镇的居委会	街道
盐城市	**12243**	**1827**	**7002**	**1815**	**1599**	**158**	**27**	**100**	**13**	**18**
亭湖区	1638	267	852	194	325	15	2	8	1	4
盐都区	1037	115	669	97	156	9	3	4	1	1
大丰区	1734	233	1146	188	167	38	7	25	2	4
响水县	571	148	254	125	44	7		5	1	1
滨海县	793	125	476	94	98	13	1	10	2	
阜宁县	477	78	250	102	47	14	2	10		2
射阳县	1001	126	541	241	93	23	3	15	2	3
建湖县	729	125	351	81	172	8	2	5		1
盐城经济技术开发区	606	78	244	188	96	1		1		
江苏省盐南高新区	819	114	260	159	286	5	2	1		2
东台市	2838	418	1959	346	115	25	5	16	4	
扬州市	**23602**	**4202**	**13393**	**2026**	**3981**	**371**	**63**	**250**	**21**	**37**
广陵区	4341	1116	2334	299	592	44	15	20	2	7
邗江区	6237	872	2690	509	2166	81	24	40	4	13
江都区	3709	468	2661	352	228	53	7	42	2	2
宝应县	792	91	508	109	84	14	1	12		1
扬州经济技术开发区	2696	450	1540	177	529	30	2	23	2	3
蜀冈瘦西湖景区	905	175	527	63	140	53	1	45	3	4
生态新城	809	189	569	26	25	13	3	8	1	1
仪征市	2471	476	1557	348	90	54	5	44	4	1
高邮市	1642	365	1007	143	127	29	5	16	3	5
镇江市	**37518**	**7852**	**22181**	**2446**	**5039**	**599**	**150**	**381**	**28**	**40**
京口区	3557	436	1473	561	1087	49	9	27	5	8
润州区	1635	260	812	172	391	24	6	11	3	4
丹徒区	3571	585	2226	231	529	68	15	43	6	4
镇江新区	3069	673	1674	320	402	49	10	33		6
江苏镇江高新区	812	165	395	54	198	12	3	4	1	4
丹阳市	16712	3913	11106	727	966	278	84	181	8	5
扬中市	3053	445	2246	101	261	56	6	47		3
句容市	5109	1375	2249	280	1205	63	17	35	5	6
泰州市	**22899**	**3753**	**15039**	**1896**	**2211**	**186**	**38**	**119**	**12**	**17**
海陵区	4479	703	2509	511	756	58	11	36	4	7
高港区	1661	268	1071	156	166	10	1	7		2
姜堰区	1770	391	1068	156	155	9		9		
泰州医药高新技术产业开发区	2641	573	1469	253	346	29	6	17	3	3
兴化市	2000	353	1251	167	229	7		3	2	2
靖江市	5651	719	4325	358	249	34	9	24	1	
泰兴市	4697	746	3346	295	310	39	11	23	2	3
宿迁市	**9102**	**1992**	**4536**	**1350**	**1224**	**94**	**24**	**41**	**18**	**11**
宿城区	1783	392	969	180	242	13	3	7	2	1
宿豫区	981	190	540	131	120	8	4	2	2	
沭阳县	1810	361	975	178	296	18	2	10	3	3
泗阳县	917	253	350	203	111	8	4	2		2
泗洪县	1647	408	722	341	176	31	9	13	7	2
宿迁经济技术开发区	643	188	273	61	121	12	2	5	3	2
宿迁市湖滨新区	1058	160	563	221	114	1				1
苏州宿迁工业园区	134	22	71	9	32					
宿迁市洋河新区	129	18	73	26	12	3		2	1	

7-5　续表 3　　　　单位：人

现住地	学前教育					小　学				
	小计	乡	镇的村委会	镇的居委会	街道	小计	乡	镇的村委会	镇的居委会	街道
江　苏	**23565**	**5257**	**14724**	**1574**	**2010**	**163540**	**39336**	**106854**	**8480**	**8870**
南京市	**2287**	**464**	**1209**	**192**	**422**	**17123**	**3977**	**9937**	**1182**	**2027**
玄武区	71	13	30	6	22	595	140	334	36	85
秦淮区	176	35	99	13	29	1175	228	692	100	155
建邺区	115	15	58	8	34	900	201	542	48	109
鼓楼区	129	22	51	14	42	1082	230	547	123	182
浦口区	93	11	32	7	43	703	166	336	41	160
栖霞区	257	50	142	23	42	1862	418	1098	123	223
雨花台区	304	91	130	30	53	1940	579	1010	119	232
江宁区	622	131	358	43	90	4369	975	2628	311	455
六合区	88	26	39	12	11	710	167	386	65	92
溧水区	79	10	57	6	6	823	157	584	38	44
高淳区	42	12	23	3	4	433	117	266	20	30
南京江北新区	311	48	190	27	46	2531	599	1514	158	260
无锡市	**4404**	**1045**	**2874**	**211**	**274**	**31645**	**8111**	**21194**	**1144**	**1196**
锡山区	701	158	494	27	22	5335	1247	3845	133	110
惠山区	643	196	362	42	43	5099	1528	3101	271	199
滨湖区	312	65	192	18	37	1951	543	1165	103	140
梁溪区	390	74	227	37	52	2463	547	1563	143	210
新吴区	386	105	221	24	36	2063	615	1217	102	129
江苏无锡经济开发区	189	48	109	10	22	1469	354	930	74	111
江阴市	1035	277	699	19	40	6901	1872	4747	119	163
宜兴市	748	122	570	34	22	6364	1405	4626	199	134
徐州市	**572**	**41**	**337**	**64**	**130**	**3027**	**264**	**1903**	**317**	**543**
鼓楼区	79	5	23	14	37	388	20	170	35	163
云龙区	86	1	51	10	24	407	23	252	66	66
贾汪区	15	1	10	2	2	190	54	109	9	18
泉山区	105	9	68	10	18	532	44	299	67	122
铜山区	83	9	57	6	11	424	34	323	28	39
丰县	20	6	11		3	151	19	104	5	23
沛县	54	3	34	10	7	241	22	170	25	24
睢宁县	29	1	15	5	8	208	11	144	28	25
徐州经济技术开发区	62	1	43	6	12	203	19	144	19	21
新沂市	24	3	16		5	140	7	96	19	18
邳州市	15	2	9	1	3	143	11	92	16	24
常州市	**2784**	**695**	**1835**	**121**	**133**	**21465**	**5754**	**14291**	**740**	**680**
天宁区	365	94	223	15	33	2509	670	1561	95	183
钟楼区	355	131	191	10	23	2538	872	1509	48	109
新北区	426	71	302	18	35	2897	609	2007	121	160
武进区	888	175	658	33	22	6916	1604	5026	182	104
金坛区	219	57	130	21	11	2135	601	1392	97	45
江苏省常州市经济开发区	387	150	221	11	5	3041	1116	1757	130	38
溧阳市	144	17	110	13	4	1429	282	1039	67	41

7-5 续表 4

单位：人

现住地	学前教育					小学				
	小计	乡	镇的村委会	镇的居委会	街道	小计	乡	镇的村委会	镇的居委会	街道
苏州市	**8849**	**2071**	**5629**	**610**	**539**	**57531**	**13889**	**38305**	**3078**	**2259**
虎丘区	498	131	275	49	43	2841	740	1772	178	151
吴中区	803	211	471	70	51	6331	1777	3913	340	301
相城区	676	167	408	35	66	5070	1386	3233	217	234
姑苏区	457	231	137	22	67	2576	1435	771	102	268
吴江区	1166	315	718	82	51	9027	2369	5998	431	229
苏州工业园区	607	144	310	61	92	3579	881	2070	291	337
常熟市	1341	195	1030	57	59	6010	891	4691	223	205
张家港市	1259	213	975	45	26	8581	1378	6752	320	131
昆山市	1325	290	856	131	48	8491	1972	5596	658	265
太仓市	717	174	449	58	36	5025	1060	3509	318	138
南通市	**1753**	**421**	**1111**	**113**	**108**	**11953**	**2948**	**7849**	**617**	**539**
崇川区	201	45	97	25	34	1268	313	727	112	116
港闸区	214	39	148	17	10	1388	260	946	70	112
通州区	381	130	238	7	6	2539	809	1624	67	39
如东县	65	8	42	4	11	530	117	351	35	27
南通经济技术开发区	174	27	126	12	9	966	149	728	61	28
通州湾示范区	9		8	1		127	28	91	3	5
苏锡通科技产业园区	69	28	36	1	4	558	229	312	13	4
启东市	104	20	75	5	4	1016	228	710	46	32
如皋市	77	23	35	13	6	662	187	319	117	39
海门市	373	84	250	18	21	1981	468	1330	60	123
海安市	86	17	56	10	3	918	160	711	33	14
连云港市	**177**	**24**	**90**	**19**	**44**	**962**	**180**	**546**	**83**	**153**
连云区	32	4	9	3	16	139	16	76	6	41
海州区	23	3	6	5	9	186	52	61	19	54
赣榆区	41	4	33	2	2	189	21	133	20	15
东海县	23	4	15		4	114	22	67	3	22
灌云县	6	3	1	2		90	11	67	8	4
灌南县	10	2	6	1	1	82	17	56	9	
连云港经济技术开发区	22	3	11	2	6	47	12	25	5	5
连云港高新技术产业开发区	19		9	4	6	73	21	32	11	9
江苏连云港徐圩新区	1	1				41	7	29	2	3
江苏省连云港市云台山风景名胜区						1	1			
淮安市	**154**	**27**	**62**	**22**	**43**	**952**	**245**	**441**	**99**	**167**
淮安区	26	6	13	2	5	103	47	40	9	7
淮阴区	15	3	7	2	3	102	30	58	11	3
清江浦区	36	3	14	6	13	199	49	80	25	45
洪泽区	3		2	1		54	10	30	8	6
涟水县	9	2	4	2	1	76	18	27	9	22
盱眙县	18	3	7	4	4	153	45	73	10	25
金湖县	10	3	4	1	2	109	7	73	17	12
淮安经济技术开发区	32	7	9	3	13	113	29	37	4	43
工业园区	1		1			10	3	7		
生态文旅区	4		1	1	2	31	6	16	5	4
苏淮高新区						2	1		1	

7-5　续表 5　　　　　　　　　　　　　　　　　　　　　　　　　　单位：人

现住地	学前教育					小　学				
	小计	乡	镇　的村委会	镇　的居委会	街道	小计	乡	镇　的村委会	镇　的居委会	街道
盐城市	**228**	**28**	**124**	**36**	**40**	**1505**	**269**	**927**	**174**	**135**
亭湖区	26	3	12	6	5	132	18	86	10	18
盐都区	30	4	21	2	3	127	24	77	13	13
大丰区	36	2	24	4	6	296	52	199	24	21
响水县	12	5	3	4		74	16	41	12	5
滨海县	22	3	10	4	5	119	23	84	4	8
阜宁县	11		7	4		64	14	30	13	7
射阳县	16	2	10	4		201	29	113	42	17
建湖县	21		14	2	5	117	16	63	17	21
盐城经济技术开发区	7	3	2	1	1	14	1	4	2	7
江苏省盐南高新区	18	1	4	1	12	50	1	29	9	11
东台市	29	5	17	4	3	311	75	201	28	7
扬州市	**499**	**77**	**312**	**48**	**62**	**4117**	**833**	**2751**	**268**	**265**
广陵区	72	19	38	5	10	762	258	389	45	70
邗江区	123	21	75	6	21	773	134	505	39	95
江都区	78	9	58	9	2	778	96	599	59	24
宝应县	26	1	17	3	5	169	20	122	14	13
扬州经济技术开发区	63	5	36	12	10	355	52	258	16	29
蜀冈瘦西湖景区	12	3	5	1	3	224	51	152	12	9
生态新城	17	2	15			155	41	107	4	3
仪征市	59	11	30	12	6	589	99	429	56	5
高邮市	49	6	38		5	312	82	190	23	17
镇江市	**1093**	**215**	**685**	**64**	**129**	**8093**	**1851**	**5331**	**367**	**544**
京口区	64	12	27	12	13	485	92	238	76	79
润州区	49	6	31	1	11	337	49	205	31	52
丹徒区	61	14	40	1	6	591	125	406	17	43
镇江新区	107	20	66	9	12	519	129	303	46	41
江苏镇江高新区	19	4	7		8	178	50	87	9	32
丹阳市	558	113	369	34	42	4353	1049	3010	143	151
扬中市	87	10	68	2	7	837	154	627	10	46
句容市	148	36	77	5	30	793	203	455	35	100
泰州市	**550**	**101**	**355**	**47**	**47**	**3892**	**689**	**2746**	**240**	**217**
海陵区	86	17	43	10	16	543	134	303	37	69
高港区	54	7	37	6	4	270	49	163	33	25
姜堰区	51	10	26	6	9	362	70	243	32	17
泰州医药高新技术产业开发区	45	12	21	4	8	299	64	180	28	27
兴化市	37	4	32		1	291	49	194	22	26
靖江市	161	29	118	12	2	1167	166	953	35	13
泰兴市	116	22	78	9	7	960	157	710	53	40
宿迁市	**215**	**48**	**101**	**27**	**39**	**1275**	**326**	**633**	**171**	**145**
宿城区	31	8	19		4	229	42	135	22	30
宿豫区	26	5	11	4	6	129	24	79	17	9
沭阳县	45	10	18	5	12	312	73	172	22	45
泗阳县	19	6	8	3	2	125	44	51	21	9
泗洪县	62	12	29	13	8	306	92	118	69	27
宿迁经济技术开发区	18	5	8	1	4	107	39	39	10	19
宿迁市湖滨新区	3		3			27	3	17	6	1
苏州宿迁工业园区	7	1	2	1	3	10	2	4	2	2
宿迁市洋河新区	4	1	3			30	7	18	2	3

7-5 续表 6

单位：人

现住地	初中					高中				
	小计	乡	镇的村委会	镇的居委会	街道	小计	乡	镇的村委会	镇的居委会	街道
江苏	**430161**	**99927**	**285125**	**22414**	**22695**	**179324**	**39110**	**107914**	**15059**	**17241**
南京市	**39503**	**9043**	**22779**	**3090**	**4591**	**21945**	**4220**	**11047**	**2491**	**4187**
玄武区	1302	266	700	122	214	930	179	390	135	226
秦淮区	2831	540	1644	254	393	2053	341	980	263	469
建邺区	2085	472	1153	160	300	1350	227	622	164	337
鼓楼区	2528	485	1311	312	420	1801	275	644	314	568
浦口区	1414	312	651	100	351	702	120	268	93	221
栖霞区	5210	1145	3154	383	528	3433	629	2030	302	472
雨花台区	4159	1226	2121	259	553	2089	543	913	196	437
江宁区	10886	2627	6479	828	952	5312	1075	2857	581	799
六合区	1213	279	661	118	155	512	118	219	69	106
溧水区	1918	386	1316	116	100	834	155	535	66	78
高淳区	892	202	590	26	74	348	95	195	16	42
南京江北新区	5065	1103	2999	412	551	2581	463	1394	292	432
无锡市	**77490**	**19027**	**52208**	**2895**	**3360**	**25731**	**5904**	**16233**	**1585**	**2009**
锡山区	13933	3133	10036	404	360	4290	939	2938	189	224
惠山区	11702	3213	7163	554	772	3438	853	1992	298	295
滨湖区	5058	1288	3072	294	404	1824	367	1040	158	259
梁溪区	6233	1534	3749	390	560	2833	549	1578	291	415
新吴区	7113	2007	4440	280	386	3187	906	1863	168	250
江苏无锡经济开发区	2991	658	1946	173	214	1262	259	711	88	204
江阴市	20112	5264	14089	366	393	6408	1588	4354	212	254
宜兴市	10348	1930	7713	434	271	2489	443	1757	181	108
徐州市	**7906**	**654**	**5123**	**868**	**1261**	**4267**	**268**	**2417**	**612**	**970**
鼓楼区	1046	61	452	98	435	601	37	213	73	278
云龙区	1002	54	632	166	150	595	25	319	139	112
贾汪区	384	51	252	35	46	143	11	89	9	34
泉山区	1234	93	724	183	234	806	53	371	172	210
铜山区	1031	83	815	60	73	562	33	424	46	59
丰县	507	59	357	26	65	241	36	137	10	58
沛县	706	58	459	121	68	283	15	169	57	42
睢宁县	588	30	414	96	48	221	12	151	26	32
徐州经济技术开发区	716	118	523	28	47	508	24	350	47	87
新沂市	383	26	284	29	44	167	11	109	19	28
邳州市	309	21	211	26	51	140	11	85	14	30
常州市	**50014**	**13454**	**32804**	**1871**	**1885**	**14737**	**3697**	**8938**	**905**	**1197**
天宁区	5757	1443	3630	227	457	1669	386	904	116	263
钟楼区	6127	1991	3672	141	323	2111	662	1176	82	191
新北区	6959	1489	4753	337	380	2398	490	1558	122	228
武进区	15737	3787	11140	451	359	4009	847	2759	232	171
金坛区	3743	981	2427	254	81	1200	311	729	104	56
江苏省常州市经济开发区	7931	2870	4672	267	122	1679	611	891	124	53
溧阳市	3760	893	2510	194	163	1671	390	921	125	235

7-5　续表 7　　　　　　　　　　　　　　　　　　　　　　　　　　单位：人

现住地	初中					高中				
	小计	乡	镇的村委会	镇的居委会	街道	小计	乡	镇的村委会	镇的居委会	街道
苏州市	**174740**	**40293**	**119513**	**8745**	**6189**	**81780**	**19174**	**51280**	**6334**	**4992**
虎丘区	9188	2345	5755	692	396	6239	1495	3883	455	406
吴中区	17748	4772	11476	768	732	9109	2455	5329	681	644
相城区	13372	3670	8599	562	541	4806	1204	2954	306	342
姑苏区	5905	3295	1731	249	630	3159	1640	828	181	510
吴江区	24537	6464	16145	1341	587	9192	2531	5669	650	342
苏州工业园区	10216	2632	6237	745	602	9757	2248	5932	779	798
常熟市	29351	4277	23180	743	1151	7939	989	6036	438	476
张家港市	21029	3470	16533	739	287	5449	828	4019	439	163
昆山市	28937	6179	19947	2018	793	20970	4691	13367	1922	990
太仓市	14457	3189	9910	888	470	5160	1093	3263	483	321
南通市	**33244**	**7656**	**22404**	**1607**	**1577**	**9617**	**2054**	**5867**	**869**	**827**
崇川区	2613	651	1392	244	326	1358	312	626	188	232
港闸区	3022	526	2117	178	201	1041	231	651	76	83
通州区	6119	1905	3932	164	118	1502	451	922	74	55
如东县	1219	226	845	89	59	379	72	212	56	39
南通经济技术开发区	2920	510	2114	148	148	1029	122	739	105	63
通州湾示范区	268	56	189	9	14	168	19	108	26	15
苏锡通科技产业园区	1561	547	960	31	23	296	72	202	8	14
启东市	3451	731	2423	164	133	800	150	474	87	89
如皋市	1749	430	927	256	136	563	116	280	100	67
海门市	7453	1547	5308	244	354	1574	296	1060	85	133
海安市	2869	527	2197	80	65	907	213	593	64	37
连云港市	**2505**	**462**	**1475**	**192**	**376**	**1587**	**256**	**809**	**170**	**352**
连云区	413	64	223	30	96	270	25	129	21	95
海州区	435	80	196	44	115	283	56	80	43	104
赣榆区	466	90	322	31	23	259	37	168	36	18
东海县	292	57	167	11	57	267	53	157	13	44
灌云县	191	40	109	25	17	71	6	35	14	16
灌南县	268	31	199	23	15	169	21	118	16	14
连云港经济技术开发区	120	42	54	12	12	103	20	54	12	17
连云港高新技术产业开发区	169	46	86	14	23	118	32	40	12	34
江苏连云港徐圩新区	144	10	119	1	14	45	6	27	3	9
江苏省连云港市云台山风景名胜区	7	2		1	4	2		1		1
淮安市	**2233**	**533**	**1151**	**208**	**341**	**1385**	**267**	**655**	**166**	**297**
淮安区	287	107	134	20	26	117	34	57	16	10
淮阴区	238	67	129	21	21	171	34	66	20	51
清江浦区	413	70	193	59	91	275	62	93	38	82
洪泽区	142	18	92	9	23	48	4	21	12	11
涟水县	174	54	75	27	18	125	35	47	31	12
盱眙县	330	97	172	28	33	127	36	53	16	22
金湖县	293	58	187	23	25	163	19	103	21	20
淮安经济技术开发区	278	50	118	14	96	319	36	191	10	82
工业园区	26	8	16	2		10	2	7		1
生态文旅区	46	4	32	3	7	23	4	13	2	4
苏淮高新区	6		3	2	1	7	1	4		2

7-5 续表 8

单位：人

现住地	初中					高中				
	小计	乡	镇的村委会	镇的居委会	街道	小计	乡	镇的村委会	镇的居委会	街道
盐城市	**4434**	**679**	**2780**	**596**	**379**	**3227**	**447**	**2013**	**438**	**329**
亭湖区	370	39	248	34	49	489	68	304	55	62
盐都区	435	47	295	35	58	283	24	193	30	36
大丰区	725	102	514	70	39	303	41	198	32	32
响水县	274	75	134	54	11	89	23	36	22	8
滨海县	321	48	207	34	32	149	30	81	20	18
阜宁县	223	37	118	51	17	85	17	41	22	5
射阳县	427	55	256	89	27	191	26	92	55	18
建湖县	336	68	175	28	65	152	26	61	20	45
盐城经济技术开发区	106	20	50	24	12	176	33	89	36	18
江苏省盐南高新区	140	18	49	40	33	157	14	61	32	50
东台市	1077	170	734	137	36	1153	145	857	114	37
扬州市	**9139**	**1815**	**6046**	**575**	**703**	**3635**	**724**	**1967**	**432**	**512**
广陵区	1932	525	1134	100	173	826	169	436	70	151
邗江区	1419	280	869	79	191	759	156	358	113	132
江都区	2031	286	1482	138	125	441	40	305	56	40
宝应县	322	42	218	30	32	128	14	68	30	16
扬州经济技术开发区	873	136	638	19	80	508	144	257	36	71
蜀冈瘦西湖景区	285	73	172	12	28	204	27	106	22	49
生态新城	458	91	346	17	4	109	46	55	2	6
仪征市	1073	204	730	114	25	352	61	200	76	15
高邮市	746	178	457	66	45	308	67	182	27	32
镇江市	**15713**	**3663**	**10147**	**757**	**1146**	**5256**	**1062**	**2947**	**399**	**848**
京口区	845	160	440	101	144	418	59	164	68	127
润州区	601	116	336	49	100	282	39	123	27	93
丹徒区	1162	218	821	51	72	441	63	313	26	39
镇江新区	1105	254	646	103	102	593	125	300	62	106
江苏镇江高新区	342	60	182	25	75	158	37	74	9	38
丹阳市	8355	2006	5762	283	304	2067	455	1233	134	245
扬中市	1305	181	989	42	93	474	61	342	18	53
句容市	1998	668	971	103	256	823	223	398	55	147
泰州市	**9939**	**1848**	**6940**	**577**	**574**	**3837**	**570**	**2530**	**321**	**416**
海陵区	1415	297	875	89	154	669	92	398	63	116
高港区	714	119	493	58	44	347	52	230	30	35
姜堰区	747	198	459	49	41	329	78	184	27	40
泰州医药高新技术产业开发区	1215	305	701	118	91	381	60	244	34	43
兴化市	937	180	614	67	76	472	92	276	35	69
靖江市	2610	361	2099	91	59	854	93	657	62	42
泰兴市	2301	388	1699	105	109	785	103	541	70	71
宿迁市	**3301**	**800**	**1755**	**433**	**313**	**2320**	**467**	**1211**	**337**	**305**
宿城区	730	188	426	63	53	413	90	213	51	59
宿豫区	367	62	224	55	26	204	38	109	26	31
沭阳县	811	170	486	65	90	303	51	169	28	55
泗阳县	338	87	116	89	46	261	82	115	39	25
泗洪县	636	178	295	114	49	342	72	167	66	37
宿迁经济技术开发区	246	82	108	19	37	133	42	55	11	25
宿迁市湖滨新区	76	20	36	15	5	613	83	360	107	63
苏州宿迁工业园区	45	5	35	1	4	30	8	12	3	7
宿迁市洋河新区	52	8	29	12	3	21	1	11	6	3

7-5　续表 9　　单位：人

现住地	大学专科					大学本科				
	小计	乡	镇的村委会	镇的居委会	街道	小计	乡	镇的村委会	镇的居委会	街道
江　苏	**100372**	**19868**	**52649**	**11401**	**16454**	**83738**	**12762**	**32700**	**11407**	**26869**
南京市	**19152**	**3175**	**8874**	**2425**	**4678**	**29027**	**4114**	**9810**	**3596**	**11507**
玄武区	757	112	297	124	224	3538	485	920	379	1754
秦淮区	1445	200	626	241	378	1363	145	483	223	512
建邺区	1390	192	678	150	370	1508	177	529	176	626
鼓楼区	1462	266	509	206	481	2448	340	652	319	1137
浦口区	474	88	122	50	214	713	109	145	75	384
栖霞区	2703	359	1266	343	735	4602	558	1569	562	1913
雨花台区	1895	438	840	213	404	2630	485	1070	429	646
江宁区	5105	914	2499	677	1015	6466	870	2187	779	2630
六合区	346	64	160	37	85	208	45	81	29	53
溧水区	607	84	353	76	94	641	121	264	75	181
高淳区	192	35	102	24	31	128	41	47	10	30
南京江北新区	2776	423	1422	284	647	4782	738	1863	540	1641
无锡市	**12580**	**2763**	**7002**	**1209**	**1606**	**7661**	**1213**	**3410**	**905**	**2133**
锡山区	1800	393	1128	113	166	1141	184	559	92	306
惠山区	2101	449	1182	189	281	739	158	383	70	128
滨湖区	1592	538	666	152	236	2318	357	858	285	818
梁溪区	1803	321	928	209	345	994	140	424	144	286
新吴区	1764	408	1051	112	193	793	145	356	100	192
江苏无锡经济开发区	651	94	347	62	148	586	53	242	64	227
江阴市	1769	380	1104	124	161	613	115	322	74	102
宜兴市	1100	180	596	248	76	477	61	266	76	74
徐州市	**3676**	**454**	**1811**	**497**	**914**	**4691**	**520**	**1937**	**667**	**1567**
鼓楼区	773	232	150	79	312	221	8	65	21	127
云龙区	466	21	265	94	86	766	106	341	151	168
贾汪区	96	6	68	9	13	229	11	104	13	101
泉山区	630	43	292	124	171	673	76	251	101	245
铜山区	682	73	402	72	135	2223	290	871	270	792
丰县	115	19	64	5	27	43	5	22	3	13
沛县	185	15	103	35	32	95	4	38	32	21
睢宁县	114	3	65	19	27	57	1	27	9	20
徐州经济技术开发区	417	31	285	30	71	253	13	152	36	52
新沂市	110	5	68	16	21	70	3	41	16	10
邳州市	88	6	49	14	19	61	3	25	15	18
常州市	**7794**	**1955**	**4319**	**649**	**871**	**4849**	**721**	**2261**	**602**	**1265**
天宁区	801	175	392	75	159	514	85	216	52	161
钟楼区	898	238	488	47	125	923	105	369	77	372
新北区	1384	247	843	87	207	1096	165	510	86	335
武进区	2803	784	1546	247	226	1440	177	701	277	285
金坛区	529	118	329	59	23	231	42	127	34	28
江苏省常州市经济开发区	882	288	459	76	59	302	85	146	33	38
溧阳市	497	105	262	58	72	343	62	192	43	46

7-5 续表 10　　　　　单位：人

现住地	大学专科					大学本科				
	小计	乡	镇的村委会	镇的居委会	街道	小计	乡	镇的村委会	镇的居委会	街道
苏州市	**38350**	**8619**	**21268**	**4213**	**4250**	**21164**	**4178**	**8989**	**3184**	**4813**
虎丘区	3227	725	1816	341	345	1920	337	866	220	497
吴中区	4397	1068	2253	444	632	2374	567	922	382	503
相城区	2631	575	1485	265	306	1318	245	662	175	236
姑苏区	2340	1090	510	150	590	1663	662	324	149	528
吴江区	3603	954	2026	322	301	1596	393	778	220	205
苏州工业园区	5312	1131	2726	725	730	4710	737	1595	735	1643
常熟市	3106	368	2226	242	270	1593	228	869	203	293
张家港市	2326	380	1506	255	185	1096	168	574	214	140
昆山市	9515	2035	5539	1219	722	4022	712	1982	732	596
太仓市	1893	293	1181	250	169	872	129	417	154	172
南通市	**5261**	**972**	**2880**	**624**	**785**	**3519**	**463**	**1605**	**536**	**915**
崇川区	1590	360	737	187	306	1240	149	556	166	369
港闸区	748	147	421	78	102	594	81	255	92	166
通州区	455	124	253	41	37	189	42	90	29	28
如东县	161	22	78	29	32	151	25	52	32	42
南通经济技术开发区	678	68	439	87	84	265	25	139	42	59
通州湾示范区	93	1	65	17	10	21	1	7	6	7
苏锡通科技产业园区	138	40	74	14	10	55	13	27	6	9
启东市	334	45	189	44	56	440	58	216	74	92
如皋市	249	57	92	53	47	157	25	59	30	43
海门市	542	84	331	48	79	227	31	112	24	60
海安市	273	24	201	26	22	180	13	92	35	40
连云港市	**1972**	**319**	**838**	**233**	**582**	**1457**	**158**	**524**	**212**	**563**
连云区	186	31	61	20	74	211	20	74	18	99
海州区	224	27	54	33	110	168	22	34	22	90
赣榆区	157	12	91	31	23	71	8	34	15	14
东海县	112	25	48	5	34	47	8	18	4	17
灌云县	41	13	13	9	6	34	1	12	11	10
灌南县	65	12	39	5	9	44	9	22	1	12
连云港经济技术开发区	52	5	21	7	19	102	10	22	21	49
连云港高新技术产业开发区	985	166	435	113	271	665	53	261	114	237
江苏连云港徐圩新区	148	28	75	9	36	114	27	46	6	35
江苏省连云港市云台山风景名胜区	2		1	1		1		1		
淮安市	**1383**	**192**	**831**	**109**	**251**	**1227**	**188**	**454**	**205**	**380**
淮安区	66	16	32	6	12	98	5	23	56	14
淮阴区	68	28	15	8	17	402	55	151	62	134
清江浦区	185	28	68	26	63	305	84	94	41	86
洪泽区	22	3	8	4	7	21		9	5	7
涟水县	68	20	31	11	6	30	8	7	9	6
盱眙县	61	17	20	8	16	47	3	25	4	15
金湖县	79	11	37	13	18	39	2	15	9	13
淮安经济技术开发区	797	66	600	24	107	259	31	122	12	94
工业园区	11	1	9	1		5		4	1	
生态文旅区	23	2	10	7	4	20		4	6	10
苏淮高新区	3		1	1	1	1				1

7-5　续表 11　　　　单位：人

现住地	大学专科					大学本科				
	小计	乡	镇　的 村委会	镇　的 居委会	街道	小计	乡	镇　的 村委会	镇　的 居委会	街道
盐城市	**1309**	**187**	**605**	**232**	**285**	**1267**	**181**	**421**	**304**	**361**
亭湖区	143	18	77	12	36	430	116	109	69	136
盐都区	100	10	56	10	24	45	3	21	4	17
大丰区	196	22	127	22	25	125	7	54	30	34
响水县	61	15	21	15	10	50	14	12	16	8
滨海县	94	10	52	17	15	71	8	31	13	19
阜宁县	43	5	23	7	8	31	3	18	3	7
射阳县	93	6	34	35	18	47	5	21	13	8
建湖县	57	11	23	7	16	33	1	10	7	15
盐城经济技术开发区	49	6	15	16	12	246	13	80	109	44
江苏省盐南高新区	305	73	77	46	109	121	4	35	26	56
东台市	168	11	100	45	12	68	7	30	14	17
扬州市	**2743**	**362**	**1229**	**387**	**765**	**2661**	**236**	**744**	**231**	**1450**
广陵区	425	82	215	46	82	230	40	87	25	78
邗江区	1116	72	369	155	520	1730	126	423	80	1101
江都区	208	23	111	51	23	113	7	61	34	11
宝应县	61	10	41	7	3	65	3	27	24	11
扬州经济技术开发区	494	71	265	63	95	276	23	49	22	182
蜀冈瘦西湖景区	67	10	36	8	13	47	6	10	3	28
生态新城	45	5	35	1	4	12	1	3	1	7
仪征市	200	70	70	44	16	126	23	49	33	21
高邮市	127	19	87	12	9	62	7	35	9	11
镇江市	**2801**	**399**	**1197**	**308**	**897**	**3405**	**450**	**1279**	**449**	**1227**
京口区	241	27	83	55	76	1120	38	379	193	510
润州区	140	22	47	27	44	166	20	45	26	75
丹徒区	260	38	148	30	44	915	102	409	96	308
镇江新区	422	73	213	61	75	247	56	101	38	52
江苏镇江高新区	45	7	19		19	49	3	21	8	17
丹阳市	571	107	327	59	78	497	97	213	59	128
扬中市	233	25	147	22	39	51	8	21	7	15
句容市	889	100	213	54	522	360	126	90	22	122
泰州市	**2148**	**275**	**1253**	**266**	**354**	**2175**	**218**	**1030**	**408**	**519**
海陵区	680	63	381	104	132	987	86	463	197	241
高港区	165	27	93	18	27	80	13	38	10	19
姜堰区	137	19	80	17	21	118	14	60	20	24
泰州医药高新技术产业开发区	390	77	205	33	75	243	46	87	29	81
兴化市	167	17	96	23	31	85	10	34	17	24
靖江市	295	25	203	38	29	519	34	267	115	103
泰兴市	314	47	195	33	39	143	15	81	20	27
宿迁市	**1203**	**196**	**542**	**249**	**216**	**635**	**122**	**236**	**108**	**169**
宿城区	168	34	80	24	30	181	24	85	17	55
宿豫区	166	29	88	19	30	77	27	25	8	17
沭阳县	171	20	77	27	47	145	35	43	28	39
泗阳县	91	17	39	27	8	63	10	16	20	17
泗洪县	174	29	69	47	29	88	15	30	23	20
宿迁经济技术开发区	79	11	36	9	23	45	6	21	8	10
宿迁市湖滨新区	323	54	136	93	40	12		10		2
苏州宿迁工业园区	21	1	12		8	18	5	4	2	7
宿迁市洋河新区	10	1	5	3	1	6		2	2	2

7-5 续表 12 单位：人

现住地	硕士研究生					博士研究生				
	小计	乡	镇的村委会	镇的居委会	街道	小计	乡	镇的村委会	镇的居委会	街道
江苏	**12315**	**1797**	**4167**	**1700**	**4651**	**1806**	**252**	**501**	**210**	**843**
南京市	**5673**	**898**	**1849**	**656**	**2270**	**1000**	**157**	**272**	**80**	**491**
玄武区	1159	205	350	110	494	293	38	94	26	135
秦淮区	305	50	95	42	118	33	6	7	5	15
建邺区	262	17	58	28	159	26	3	1	1	21
鼓楼区	814	136	214	85	379	164	29	38	12	85
浦口区	94	18	11	10	55	19	2	1	1	15
栖霞区	923	138	342	131	312	238	55	76	11	96
雨花台区	323	51	131	33	108	15	1	6	1	7
江宁区	1078	166	370	144	398	136	18	32	15	71
六合区	19	4	6	4	5	1		1		
溧水区	49	6	28	5	10	2		2		
高淳区	14	3	5	2	4	2				2
南京江北新区	633	104	239	62	228	71	5	14	8	44
无锡市	**1048**	**133**	**359**	**187**	**369**	**120**	**17**	**50**	**18**	**35**
锡山区	74	8	35	8	23	3		1		2
惠山区	88	13	45	9	21	3		1	2	
滨湖区	491	58	184	95	154	78	11	39	8	20
梁溪区	101	11	22	18	50	3		1		2
新吴区	102	16	36	16	34	3	1		2	
江苏无锡经济开发区	103	10	18	15	60	16	1	6	1	8
江阴市	38	6	11	9	12	5	1		2	2
宜兴市	51	11	8	17	15	9	3	2	3	1
徐州市	**658**	**57**	**308**	**83**	**210**	**132**	**2**	**67**	**12**	**51**
鼓楼区	16	2	2	5	7	2				2
云龙区	49	4	12	11	22	10		2	4	4
贾汪区	4		3		1					
泉山区	100	4	37	18	41	12		5	2	5
铜山区	370	32	182	41	115	105	2	58	6	39
丰县	6		5		1					
沛县	4	1	3							
睢宁县	2		2							
徐州经济技术开发区	99	14	57	7	21	2		1		1
新沂市	3		3							
邳州市	5		2	1	2	1		1		
常州市	**497**	**58**	**228**	**67**	**144**	**46**	**6**	**11**	**10**	**19**
天宁区	63	3	16	13	31	6	1	1	2	2
钟楼区	71	8	23	12	28	5			2	3
新北区	110	20	41	9	40	7	2	1		4
武进区	141	18	83	18	22	16		5	3	8
金坛区	60	3	48	4	5	5	2	3		
江苏省常州市经济开发区	21	4	6	4	7	3		1	1	1
溧阳市	31	2	11	7	11	4	1		2	1

7-5 续表 13

单位：人

现住地	硕士研究生					博士研究生				
	小计	乡	镇的村委会	镇的居委会	街道	小计	乡	镇的村委会	镇的居委会	街道
苏州市	**2668**	**422**	**855**	**438**	**953**	**320**	**40**	**59**	**53**	**168**
虎丘区	307	51	113	45	98	33	3	6	4	20
吴中区	228	42	86	34	66	13	2	6		5
相城区	135	17	49	22	47	13	1	5	2	5
姑苏区	216	107	13	5	91	22	7	1	1	13
吴江区	115	14	52	20	29	13	2	2	4	5
苏州工业园区	1033	129	307	157	440	158	15	23	22	98
常熟市	91	2	48	12	29	14	1	7	2	4
张家港市	83	5	33	26	19	11	3	1	1	6
昆山市	367	46	125	92	104	31	3	7	13	8
太仓市	93	9	29	25	30	12	3	1	4	4
南通市	**307**	**45**	**90**	**65**	**107**	**39**	**1**	**14**	**6**	**18**
崇川区	151	30	45	23	53	22		9	2	11
港闸区	22	1	9	6	6	2		1	1	
通州区	16		5	5	6					
如东县	21	3	3	3	12	3		1		2
南通经济技术开发区	28	6	9	8	5	5	1		1	3
通州湾示范区	4		2	1	1					
苏锡通科技产业园区	4	1	2	1						
启东市	25	2	6	8	9	2			2	
如皋市	9		2	2	5	3		1		2
海门市	19	1	5	4	9					
海安市	8	1	2	4	1	2		2		
连云港市	**167**	**16**	**49**	**29**	**73**	**17**	**4**	**3**	**2**	**8**
连云区	11			2	9	1				1
海州区	19	2	4	3	10	4				4
赣榆区	7		2	3	2	1				1
东海县	3	1	2							
灌云县										
灌南县	1		1							
连云港经济技术开发区	30	3	6	3	18	4	3			1
连云港高新技术产业开发区	87	9	32	18	28	7	1	3	2	1
江苏连云港徐圩新区	9	1	2		6					
江苏省连云港市云台山风景名胜区										
淮安市	**77**	**6**	**24**	**10**	**37**	**11**	**1**	**7**	**2**	**1**
淮安区	7	2	3	1	1					
淮阴区	6	1		2	3	1		1		
清江浦区	23	1	3		19	3		1	1	1
洪泽区	1			1						
涟水县	5		2	2	1					
盱眙县	6		4	2						
金湖县	2	1	1			1	1			
淮安经济技术开发区	21	1	7	2	11	6		5	1	
工业园区										
生态文旅区	6		4		2					
苏淮高新区										

7-5 续表 14

单位：人

现住地	硕士研究生					博士研究生				
	小计	乡	镇的村委会	镇的居委会	街道	小计	乡	镇的村委会	镇的居委会	街道
盐城市	**100**	**7**	**30**	**19**	**44**	**15**	**2**	**2**	**3**	**8**
亭湖区	26	2	8	5	11	7	1		2	4
盐都区	6		1	2	3	2		1		1
大丰区	14		5	3	6	1			1	
响水县	4		2	1	1					
滨海县	4	2	1		1					
阜宁县	5		3	2		1				1
射阳县	3			1	2					
建湖县	3				3	2	1			1
盐城经济技术开发区	7	2	3		2					
江苏省盐南高新区	21	1	3	5	12	2		1		1
东台市	7		4		3					
扬州市	**390**	**76**	**89**	**54**	**171**	**47**	**16**	**5**	**10**	**16**
广陵区	48	8	15	6	19	2				2
邗江区	205	46	47	27	85	31	13	4	6	8
江都区	7		3	3	1					
宝应县	7		3	1	3					
扬州经济技术开发区	87	15	13	5	54	10	2	1	2	5
蜀冈瘦西湖景区生态新城	11	3	1	2	5	2	1			1
仪征市	17	3	5	8	1	1			1	
高邮市	8	1	2	2	3	1			1	
镇江市	**512**	**57**	**205**	**64**	**186**	**46**	**5**	**9**	**10**	**22**
京口区	295	34	108	42	111	40	5	7	9	19
润州区	34	2	13	8	11	2		1		1
丹徒区	72	10	46	4	12	1				1
镇江新区	27	6	12	1	8					
江苏镇江高新区	8	1	1	2	4	1				1
丹阳市	32	2	11	6	13	1			1	
扬中市	10		5		5					
句容市	34	2	9	1	22	1		1		
泰州市	**160**	**14**	**64**	**21**	**61**	**12**		**2**	**4**	**6**
海陵区	37	3	10	6	18	4			1	3
高港区	18		10	1	7	3				3
姜堰区	14	2	6	3	3	3		1	2	
泰州医药高新技术产业开发区	38	3	14	3	18	1			1	
兴化市	4	1	2	1						
靖江市	10	2	3	4	1	1		1		
泰兴市	39	3	19	3	14					
宿迁市	**58**	**8**	**17**	**7**	**26**	**1**	**1**			
宿城区	18	3	4	1	10					
宿豫区	3		2		1	1	1			
沭阳县	5				5					
泗阳县	12	3	3	4	2					
泗洪县	8	1	1	2	4					
宿迁经济技术开发区	3	1	1		1					
宿迁市湖滨新区	3		1		2					
苏州宿迁工业园区	3		2		1					
宿迁市洋河新区	3		3							

7-6　全省按现住地和出生地分的人口

单位：人

现住地	出生地								
	合计	省内		省外					
		本县市区	本省其他县市区	北京	天津	河北	山西	内蒙古	辽宁
江　苏	**8197063**	**6121359**	**916424**	**2795**	**1786**	**19801**	**20758**	**6495**	**12250**
南京市	**906845**	**506848**	**198094**	**1006**	**648**	**4683**	**3883**	**1807**	**3439**
玄武区	52527	23225	13993	124	90	552	420	180	381
秦淮区	73807	42051	15977	144	68	365	245	138	306
建邺区	51838	25213	14539	150	30	278	186	108	272
鼓楼区	93977	53153	21592	144	83	512	336	169	370
浦口区	37710	27868	3889	17	12	90	89	44	57
栖霞区	92861	39519	28323	107	76	515	588	222	461
雨花台区	58284	23133	17542	50	42	408	283	122	260
江宁区	179674	90492	42982	134	121	1060	960	450	718
六合区	65568	57138	3165	10	7	92	73	47	41
溧水区	48409	38200	4278	7	7	82	85	39	57
高淳区	47207	42544	1401	6	1	53	45	10	15
南京江北新区	104983	44312	30413	113	111	676	573	278	501
无锡市	**714339**	**418022**	**115450**	**289**	**206**	**2421**	**2994**	**768**	**1500**
锡山区	86256	39635	16686	22	21	380	486	120	220
惠山区	84870	41068	17573	37	16	359	360	104	191
滨湖区	58526	30288	12244	52	50	398	302	129	190
梁溪区	94389	56572	19325	49	36	301	236	118	269
新吴区	64573	30556	15906	29	29	246	1086	84	167
江苏无锡经济开发区	32659	14972	7864	34	17	233	150	97	170
江阴市	169387	111570	17827	30	24	317	230	77	201
宜兴市	123679	93361	8025	36	13	187	144	39	92
徐州市	**872289**	**788465**	**49154**	**186**	**98**	**1130**	**727**	**383**	**537**
鼓楼区	41937	32407	5609	19	12	173	68	26	52
云龙区	46359	31037	10387	36	20	196	72	44	51
贾汪区	44347	41714	1416	3		12	26	7	8
泉山区	62623	43456	11854	89	34	285	150	79	175
铜山区	119478	105842	6541	21	13	246	264	118	121
丰县	88322	86093	862		1	21	21	10	10
沛县	101279	97032	1500	4	5	65	25	46	31
睢宁县	97804	95522	749	1	4	21	8	9	17
徐州经济技术开发区	37364	26725	8028	9	8	73	60	17	52
新沂市	94763	92571	1239	1		15	19	8	12
邳州市	138013	136066	969	3	1	23	14	19	8
常州市	**517524**	**312943**	**89670**	**169**	**119**	**1137**	**1462**	**425**	**807**
天宁区	66061	36858	14812	27	24	127	105	55	111
钟楼区	64333	31637	17300	42	13	131	151	59	141
新北区	84451	45924	19289	24	26	316	480	106	207
武进区	123975	64211	25122	33	32	268	407	126	146
金坛区	56926	45631	2810	28	2	107	120	16	60
江苏省常州市经济开发区	41508	19685	7289	8	11	85	120	16	82
溧阳市	80270	68997	3048	7	11	103	79	47	60

7-6 续表 1

单位：人

现住地	出生地								
	合计	省内		省外					
		本县市区	本省其他县市区	北京	天津	河北	山西	内蒙古	辽宁
苏州市	**1236332**	**613517**	**202342**	**702**	**398**	**5601**	**8119**	**1844**	**3582**
虎丘区	82442	33850	21030	47	45	610	1089	172	314
吴中区	129551	61378	25449	76	26	479	775	220	301
相城区	84649	40159	15019	53	32	370	441	120	210
姑苏区	90183	51440	18265	64	39	309	300	112	279
吴江区	143071	80906	14717	69	20	652	630	120	241
苏州工业园区	116254	43236	30708	207	113	880	1329	369	789
常熟市	166830	99790	17733	52	28	461	586	97	262
张家港市	143216	85628	16696	29	19	375	352	124	245
昆山市	195927	73609	33303	81	56	1091	2316	414	734
太仓市	84209	43521	9422	24	20	374	301	96	207
南通市	**753048**	**631320**	**52506**	**106**	**78**	**1069**	**959**	**257**	**731**
崇川区	73594	51402	13169	22	28	239	240	57	139
港闸区	38597	22313	8960	1	6	132	89	27	69
通州区	107649	91507	4495	24	4	102	85	25	130
如东县	87141	81688	2310	5	6	47	30	18	34
南通经济技术开发区	28297	14920	7308	9	2	101	86	33	74
通州湾示范区	9263	7595	902	2		10	5	3	8
苏锡通科技产业园区	9584	5575	1309	1	1	39	50	5	23
启东市	94659	85283	3043	11	10	103	109	20	67
如皋市	125038	117947	3020	3	3	72	57	19	41
海门市	90696	74880	3724	10	13	123	124	24	98
海安市	88530	78210	4266	18	5	101	84	26	48
连云港市	**430886**	**398570**	**21064**	**39**	**48**	**510**	**273**	**164**	**264**
连云区	15268	11507	2040	9	11	86	54	20	66
海州区	69320	59536	7536	8	10	106	52	35	59
赣榆区	98193	96021	799	4	3	33	19	39	17
东海县	92596	90229	1160	5	3	44	8	16	17
灌云县	62915	61703	773	1		23	6	3	5
灌南县	60353	58634	990	3		72	24	4	6
连云港经济技术开发区	8467	6274	1547		3	22	4	13	16
连云港高新技术产业开发区	17126	8942	5764	6	17	100	90	31	54
江苏连云港徐圩新区	3820	3063	308	2	1	23	16	3	22
江苏省连云港市云台山风景名胜区	2828	2661	147	1		1			2
淮安市	**416475**	**380412**	**27219**	**56**	**15**	**292**	**162**	**101**	**134**
淮安区	69347	67184	1236	20	2	28	25	20	14
淮阴区	69325	65478	2766	6	4	43	32	2	11
清江浦区	54912	41890	11134	14	4	70	34	30	38
洪泽区	26550	25713	483		1	9	1		1
涟水县	74422	72974	957	3		8	4	4	3
盱眙县	53465	51172	1248	1	1	15	5	12	9
金湖县	28604	26399	1228	3	1	48	15	4	10
淮安经济技术开发区	26610	19819	5139	4	1	63	43	19	40
工业园区	1454	1325	58		1	3		7	
生态文旅区	9698	6487	2881	5		5	3	3	6
苏淮高新区	2088	1971	89						2

7-6 续表 2

单位：人

现住地	出生地								
	合计	省内		省外					
		本县市区	本省其他县市区	北京	天津	河北	山西	内蒙古	辽宁
盐城市	**670763**	**620903**	**35417**	**38**	**19**	**377**	**293**	**101**	**220**
亭湖区	69058	58724	8603	7		36	42	21	30
盐都区	64056	58127	4726	1	2	44	19	7	12
大丰区	66767	61380	3118	4	2	39	44	9	25
响水县	43835	41696	1587	1	3	13	10	6	10
滨海县	74217	71751	1548	1	2	14	16	9	11
阜宁县	78119	75345	1845	6	3	24	11	7	5
射阳县	81993	78152	2593	3	1	24	19	9	59
建湖县	58325	55187	2180	5		27	10	9	9
盐城经济技术开发区	9934	7951	1402	1	5	14	34	2	6
江苏省盐南高新区	34258	27927	5541	2	1	26	20	8	10
东台市	90201	84663	2274	7		116	68	14	43
扬州市	**473166**	**403852**	**42087**	**72**	**57**	**1018**	**465**	**205**	**332**
广陵区	53433	40845	8738	18	7	477	36	23	50
邗江区	72085	49740	15405	18	22	170	161	67	74
江都区	94645	85686	4273	7	6	123	41	32	53
宝应县	78526	76075	1329	3	2	31	16	7	10
扬州经济技术开发区	23130	15782	4495	5	2	72	117	15	25
蜀冈瘦西湖景区	13920	10876	1909	3	1	21	12	10	17
生态新城	6415	4862	755	1		6	6	3	6
仪征市	52836	45997	3125	10	10	86	24	27	84
高邮市	78176	73989	2058	7	7	32	52	21	13
镇江市	**307046**	**230008**	**36528**	**48**	**59**	**549**	**612**	**221**	**312**
京口区	34428	22938	7250	16	30	92	156	53	75
润州区	22940	16510	4440	1	6	38	34	18	25
丹徒区	32492	23841	4679	4	4	84	99	30	46
镇江新区	23764	16831	3740	3	4	52	66	18	32
江苏镇江高新区	6054	3895	1324	1		15	13	6	2
丹阳市	96030	71302	7482	9	7	91	119	42	73
扬中市	31384	26199	2009	2		55	28	10	14
句容市	59954	48492	5604	12	8	122	97	44	45
泰州市	**442909**	**385464**	**31911**	**53**	**29**	**648**	**591**	**152**	**281**
海陵区	58411	41670	11761	10	7	146	172	35	67
高港区	26142	21123	2989	4	2	69	26	12	23
姜堰区	67554	61625	3646	7	2	73	48	18	33
泰州医药高新技术产业开发区	22475	15042	4426	3	4	92	181	28	45
兴化市	106400	101716	2616	13	2	68	35	15	14
靖江市	66284	57039	3232	6	9	83	80	18	48
泰兴市	95643	87249	3241	10	3	117	49	26	51
宿迁市	**455441**	**431035**	**14982**	**31**	**12**	**366**	**218**	**67**	**111**
宿城区	63324	55498	5649	5	3	81	27	16	36
宿豫区	41225	38608	1623	5	2	27	16	7	23
沭阳县	151545	147349	2346	3	3	52	22	8	14
泗阳县	74493	72258	1384	5		12	4	10	12
泗洪县	75883	73248	1239	7	1	17	7	1	2
宿迁经济技术开发区	18165	16172	1288	1	1	26	7	5	5
宿迁市湖滨新区	13798	12048	677	4	2	138	130	17	18
苏州宿迁工业园区	2797	2033	558			11	3	3	1
宿迁市洋河新区	14211	13821	218	1		2	2		

7-6 续表 3

单位：人

现住地	出生地								
	省外								
	吉林	黑龙江	上海	浙江	安徽	福建	江西	山东	河南
江　苏	**13094**	**24911**	**14833**	**34028**	**370864**	**19420**	**42349**	**71320**	**168409**
南京市	**2855**	**4657**	**2882**	**7067**	**81959**	**4025**	**7474**	**12775**	**18547**
玄武区	267	388	389	773	4392	384	665	1280	1204
秦淮区	267	403	394	707	6604	305	613	1015	1118
建邺区	171	294	247	417	5140	246	407	753	986
鼓楼区	244	456	599	1055	6868	490	810	1556	1414
浦口区	103	132	32	119	3134	78	160	254	428
栖霞区	390	643	274	746	9580	381	749	1672	2817
雨花台区	153	311	272	511	8006	463	718	960	2021
江宁区	694	1172	297	1492	18710	835	1810	2893	4720
六合区	78	88	29	122	2707	112	152	244	407
溧水区	70	113	24	192	2118	85	222	244	678
高淳区	13	29	20	90	1526	28	83	106	230
南京江北新区	405	628	305	843	13174	618	1085	1798	2524
无锡市	**1709**	**3246**	**1897**	**4801**	**58240**	**2839**	**6044**	**8439**	**26039**
锡山区	211	450	212	615	8976	502	1193	1135	5054
惠山区	222	507	235	517	10760	460	898	1018	3744
滨湖区	246	415	322	659	4835	237	551	922	2344
梁溪区	261	487	502	1141	6077	573	898	1115	2021
新吴区	278	431	162	348	4676	205	559	1191	3009
江苏无锡经济开发区	178	300	165	224	2723	132	331	496	1459
江阴市	184	391	182	645	13003	297	963	1878	6099
宜兴市	129	265	117	652	7190	433	651	684	2309
徐州市	**520**	**1074**	**242**	**785**	**10519**	**465**	**672**	**6708**	**3247**
鼓楼区	80	128	15	128	1342	56	82	716	445
云龙区	73	160	37	186	1628	129	91	924	569
贾汪区	12	21	3	22	243	15	23	322	146
泉山区	169	257	82	148	2677	72	116	1284	552
铜山区	63	144	28	113	2268	83	141	902	640
丰县	32	53	5	10	316	6	22	367	98
沛县	37	124	34	62	328	17	59	1012	183
睢宁县	6	27	10	30	672	21	46	90	107
徐州经济技术开发区	29	76	10	48	841	31	60	499	326
新沂市	8	34	4	19	110	27	16	298	93
邳州市	11	50	14	19	94	8	16	294	88
常州市	**958**	**2022**	**1115**	**2473**	**44570**	**1453**	**3823**	**4137**	**13943**
天宁区	112	248	252	632	6452	250	579	504	1331
钟楼区	127	309	286	415	6900	263	608	747	1633
新北区	196	517	175	368	6728	345	988	951	2561
武进区	235	508	196	572	14521	336	883	1031	4544
金坛区	122	79	37	140	1974	110	194	179	811
江苏省常州市经济开发区	80	224	111	134	5453	68	339	416	2058
溧阳市	86	137	58	212	2542	81	232	309	1005

7-6　续表 4　　　　单位：人

现住地	出生地								
	省外								
	吉林	黑龙江	上海	浙江	安徽	福建	江西	山东	河南
苏州市	**4395**	**8736**	**5675**	**11641**	**121944**	**6857**	**17085**	**23048**	**80936**
虎丘区	412	730	226	543	6656	357	1151	2121	5069
吴中区	357	895	266	797	12304	616	1614	2481	8832
相城区	279	519	148	819	9201	488	1336	1607	5792
姑苏区	268	588	592	1070	7174	461	1051	1271	2761
吴江区	307	707	232	1219	13258	527	1357	1959	11896
苏州工业园区	1015	1268	518	880	7930	639	1688	4083	7656
常熟市	283	516	244	3353	21278	950	1726	1600	8472
张家港市	349	579	209	659	12311	678	1010	1909	10055
昆山市	911	2124	2390	1637	22697	1355	5033	4266	15474
太仓市	214	810	850	664	9135	786	1119	1751	4929
南通市	**676**	**1287**	**1092**	**2267**	**18479**	**1122**	**2393**	**6147**	**11249**
崇川区	145	286	199	370	2023	229	374	1044	937
港闸区	70	114	43	252	2797	214	226	827	820
通州区	62	156	80	340	3887	127	358	1255	2118
如东县	41	46	50	173	603	92	131	227	265
南通经济技术开发区	81	141	68	121	1499	70	200	684	912
通州湾示范区	1	10	27	57	210	11	23	103	69
苏锡通科技产业园区	23	58	23	61	731	16	78	181	510
启东市	82	126	303	172	1667	74	228	425	1035
如皋市	53	90	63	113	809	100	163	217	416
海门市	62	145	155	402	2977	108	226	977	3415
海安市	56	115	81	206	1276	81	386	207	752
连云港市	**386**	**735**	**62**	**335**	**1157**	**186**	**294**	**2202**	**1173**
连云区	69	127	12	46	171	19	29	324	212
海州区	89	181	21	100	273	49	58	393	195
赣榆区	70	157	7	39	72	36	33	454	80
东海县	19	67	6	44	105	13	19	454	111
灌云县	4	11	1	18	69	6	14	33	62
灌南县	7	28	4	33	97	12	13	72	91
连云港经济技术开发区	21	64	3	9	62	5	17	129	97
连云港高新技术产业开发区	68	80	8	41	275	44	109	295	214
江苏连云港徐圩新区	39	18		5	26	1	2	46	111
江苏省连云港市云台山风景名胜区		2			7	1		2	
淮安市	**131**	**254**	**144**	**431**	**1898**	**205**	**282**	**693**	**839**
淮安区	2	16	29	45	162	28	44	55	83
淮阴区	18	43	14	42	173	22	22	62	92
清江浦区	44	68	50	150	367	98	70	167	140
洪泽区	2	8	6	13	79	4	12	44	18
涟水县	5	5	9	19	84	4	17	31	55
盱眙县	26	16	10	43	440	7	21	44	102
金湖县	6	41	12	37	276	6	30	77	82
淮安经济技术开发区	21	50	8	65	228	30	49	174	238
工业园区	4	1	1	3	9			5	3
生态文旅区	3	6	5	14	72	6	17	30	26
苏淮高新区					8			4	

7-6 续表 5 单位：人

现住地	出生地								
	省外								
	吉林	黑龙江	上海	浙江	安徽	福建	江西	山东	河南
盐城市	**212**	**407**	**381**	**560**	**2016**	**319**	**451**	**1008**	**1824**
亭湖区	27	56	34	69	199	51	48	127	269
盐都区	19	29	28	50	211	29	65	66	161
大丰区	30	61	59	106	258	72	57	236	195
响水县	12	14	9	62	105	6	24	67	43
滨海县	5	24	33	39	188	9	29	59	109
阜宁县	7	20	61	23	161	37	22	61	71
射阳县	19	47	39	54	185	17	40	77	107
建湖县	12	22	47	35	192	19	34	68	121
盐城经济技术开发区	21	22	6	23	58	2	15	43	77
江苏省盐南高新区	35	43	21	44	136	37	24	73	72
东台市	25	69	44	55	323	40	93	131	599
扬州市	**371**	**634**	**454**	**884**	**7971**	**470**	**919**	**1757**	**2587**
广陵区	54	65	54	145	1166	101	123	293	345
邗江区	84	158	85	259	2254	129	288	407	509
江都区	82	130	81	114	1207	55	141	329	479
宝应县	20	29	30	20	223	11	44	88	106
扬州经济技术开发区	31	67	39	190	778	52	92	234	285
蜀冈瘦西湖景区	16	33	31	45	399	26	47	64	96
生态新城	9	20	5	9	303		7	37	259
仪征市	53	88	70	53	1098	22	94	218	321
高邮市	22	44	59	49	543	74	83	87	187
镇江市	**429**	**847**	**394**	**1333**	**14177**	**817**	**1558**	**2327**	**3776**
京口区	92	162	120	167	966	130	178	320	337
润州区	32	75	61	81	533	47	114	269	162
丹徒区	40	98	35	118	1137	85	164	185	376
镇江新区	45	98	27	113	1034	70	152	238	396
江苏镇江高新区	3	18	4	32	342	4	40	62	87
丹阳市	132	188	83	544	7004	351	548	541	1378
扬中市	20	49	29	61	1264	26	147	378	309
句容市	65	159	35	217	1897	104	215	334	731
泰州市	**304**	**712**	**383**	**982**	**5840**	**489**	**1099**	**1372**	**3137**
海陵区	70	163	115	263	908	111	250	290	604
高港区	29	67	15	55	464	24	81	129	230
姜堰区	18	71	32	94	463	66	123	82	258
泰州医药高新技术产业开发区	48	135	37	73	546	49	106	172	544
兴化市	13	37	70	95	388	23	116	92	202
靖江市	67	151	52	144	1726	113	178	357	720
泰兴市	59	88	62	258	1345	103	245	250	579
宿迁市	**148**	**300**	**112**	**469**	**2094**	**173**	**255**	**707**	**1112**
宿城区	63	95	29	81	429	29	50	192	307
宿豫区	19	37	11	45	202	17	18	85	137
沭阳县	29	51	13	136	318	66	39	132	190
泗阳县	4	15	16	53	172	5	46	58	59
泗洪县	5	26	13	79	645	16	36	60	109
宿迁经济技术开发区	9	32	12	38	160	23	27	66	82
宿迁市湖滨新区	15	30	1	30	61	7	29	89	193
苏州宿迁工业园区	4	10	7	3	55	4	4	18	24
宿迁市洋河新区		4	10	4	52	6	6	7	11

7-6 续表 6

单位：人

现住地	出生地								
	省外								
	湖北	湖南	广东	广西	海南	重庆	四川	贵州	云南
江　苏	**55163**	**30125**	**7954**	**9012**	**1397**	**20131**	**76452**	**38648**	**28736**
南京市	**8527**	**4929**	**2059**	**1641**	**337**	**2247**	**7219**	**3788**	**3039**
玄武区	631	455	206	179	48	220	535	269	189
秦淮区	558	434	172	109	23	179	584	149	147
建邺区	513	261	123	76	14	127	427	140	115
鼓楼区	902	549	250	166	39	249	574	238	207
浦口区	211	139	37	46	17	53	175	116	91
栖霞区	856	507	305	244	52	283	853	551	447
雨花台区	695	378	147	125	20	162	538	193	178
江宁区	2213	1129	400	346	59	475	1626	834	734
六合区	163	114	29	31	9	51	217	154	90
溧水区	298	180	62	56	10	91	293	382	249
高淳区	193	107	16	18	1	37	169	133	242
南京江北新区	1294	676	312	245	45	320	1228	629	350
无锡市	**6855**	**4595**	**954**	**1169**	**155**	**5393**	**19016**	**8325**	**4507**
锡山区	1251	926	131	182	18	1131	3360	1169	652
惠山区	903	649	91	136	12	408	2665	658	458
滨湖区	514	341	127	140	28	331	1370	342	243
梁溪区	662	384	171	85	19	291	1521	274	167
新吴区	950	450	106	116	10	683	1290	344	331
江苏无锡经济开发区	442	289	77	79	7	155	1109	325	118
江阴市	1468	1095	154	212	44	1597	6035	2484	981
宜兴市	665	461	97	219	17	797	1666	2729	1557
徐州市	**633**	**536**	**193**	**255**	**36**	**309**	**1842**	**840**	**632**
鼓楼区	64	47	7	26	1	16	120	62	29
云龙区	101	50	21	34	5	35	121	87	20
贾汪区	20	14	8	18		10	108	63	44
泉山区	117	105	46	24	5	59	281	67	32
铜山区	130	147	69	77	19	92	459	238	141
丰县	21	27	4	13	1	17	138	42	28
沛县	38	49	12	19		22	312	74	37
睢宁县	42	26	9	19		17	88	58	144
徐州经济技术开发区	50	31	6	13	3	28	106	47	30
新沂市	23	18	5	8	1	6	48	49	63
邳州市	27	22	6	4	1	7	61	53	64
常州市	**4988**	**2265**	**521**	**851**	**130**	**2093**	**11635**	**4855**	**3918**
天宁区	471	220	55	63	15	177	1591	263	228
钟楼区	628	309	106	112	20	204	1059	367	208
新北区	831	390	98	154	20	180	1716	402	343
武进区	1199	608	108	309	40	767	3775	1347	1182
金坛区	883	139	47	35	9	414	921	469	1137
江苏省常州市经济开发区	495	369	35	69	15	211	1961	1266	449
溧阳市	481	230	72	109	11	140	612	741	371

7-6 续表 7 单位：人

现住地	出生地 省外 湖北	湖南	广东	广西	海南	重庆	四川	贵州	云南
苏州市	**24424**	**11861**	**2579**	**2836**	**341**	**6008**	**23959**	**9740**	**8011**
虎丘区	1475	764	154	218	20	298	1364	514	528
吴中区	2022	1378	299	426	29	510	3214	970	937
相城区	1537	915	204	201	19	466	1600	846	756
姑苏区	901	460	168	135	26	180	784	272	188
吴江区	1974	1210	198	270	34	556	2914	2529	1326
苏州工业园区	2557	1286	388	361	71	494	1708	594	619
常熟市	1715	919	294	293	31	653	2053	842	851
张家港市	2484	579	134	177	23	870	4359	1077	829
昆山市	6878	3397	589	625	58	1296	4316	1190	1189
太仓市	2881	953	151	130	30	685	1647	906	788
南通市	**3436**	**2309**	**491**	**567**	**66**	**1638**	**3254**	**3933**	**2139**
崇川区	405	226	130	121	11	221	452	341	205
港闸区	290	162	55	29	6	149	274	195	145
通州区	495	343	61	57	2	250	403	508	253
如东县	153	235	30	50	2	96	241	302	97
南通经济技术开发区	549	265	28	42	5	201	259	200	128
通州湾示范区	32	35	7	11	1	21	29	42	27
苏锡通科技产业园区	96	74	10	24	2	137	130	201	87
启东市	297	192	50	87	4	133	366	216	214
如皋市	260	210	13	32	7	118	263	475	241
海门市	430	297	54	63	12	156	476	928	320
海安市	429	270	53	51	14	156	361	525	422
连云港市	**379**	**226**	**94**	**119**	**51**	**136**	**608**	**317**	**397**
连云区	70	44	11	6	8	14	114	11	9
海州区	86	50	18	19	5	21	91	29	26
赣榆区	24	19	9	9	4	8	75	34	57
东海县	29	24	3	12	7	6	41	25	90
灌云县	17	7		4	4	19	54	29	28
灌南县	28	15	6	7	5	17	47	43	71
连云港经济技术开发区	27	3	7	2	1	9	33	10	3
连云港高新技术产业开发区	76	49	37	52	17	27	139	129	108
江苏连云港徐圩新区	21	14	3	7		15	14	7	5
江苏省连云港市云台山风景名胜区	1	1		1					
淮安市	**358**	**270**	**92**	**131**	**28**	**135**	**443**	**592**	**455**
淮安区	24	13	6	11	4	12	71	66	92
淮阴区	38	36	12	26	2	14	53	118	103
清江浦区	87	63	21	16	8	29	83	63	37
洪泽区	8	15	1	6	1	18	28	43	12
涟水县	21	14	6	2	1	7	45	51	65
盱眙县	28	22	13	19	3	5	42	66	54
金湖县	50	26	6	11	2	23	49	70	32
淮安经济技术开发区	67	61	23	30	5	20	50	95	50
工业园区	3	8		1		4	1	2	7
生态文旅区	28	12	4	8	2	3	17	15	3
苏淮高新区	4			1			4	3	

7-6 续表 8

单位：人

现住地	出生地								
	省外								
	湖北	湖南	广东	广西	海南	重庆	四川	贵州	云南
盐城市	**609**	**575**	**120**	**279**	**29**	**424**	**1148**	**971**	**862**
亭湖区	51	48	26	53	2	31	164	119	66
盐都区	79	43	18	17	2	18	78	45	60
大丰区	98	99	18	56	4	154	202	210	118
响水县	18	9	5		1	7	29	29	30
滨海县	45	24	7	19	3	13	70	44	80
阜宁县	33	31	4	18	6	13	72	78	108
射阳县	38	63	11	24	3	52	127	95	67
建湖县	51	22	7	12		12	82	50	54
盐城经济技术开发区	24	21	12	21	3	10	27	35	24
江苏省盐南高新区	36	15	5	9	4	10	41	24	27
东台市	136	200	7	50	1	104	256	242	228
扬州市	**1412**	**626**	**255**	**275**	**62**	**407**	**2029**	**1031**	**1111**
广陵区	142	98	21	19	4	23	195	86	147
邗江区	321	163	122	144	29	91	386	280	136
江都区	438	95	31	38	8	105	346	165	260
宝应县	56	29	10	7	3	23	126	58	104
扬州经济技术开发区	87	57	13	15	1	25	167	77	178
蜀冈瘦西湖景区	52	37	13	9	7	18	68	28	17
生态新城	9	13	1	11		8	13	13	28
仪征市	179	84	22	20	9	75	501	159	133
高邮市	128	50	22	12	1	39	227	165	108
镇江市	**1541**	**939**	**257**	**456**	**73**	**722**	**3083**	**2152**	**1935**
京口区	179	99	36	83	20	85	252	159	107
润州区	92	49	29	17	1	37	103	44	14
丹徒区	140	76	40	69	17	107	317	259	153
镇江新区	176	73	28	23	6	44	215	78	49
江苏镇江高新区	28	21	5	8		3	34	32	50
丹阳市	553	389	64	176	14	280	1581	1201	1280
扬中市	132	58	7	23	5	51	202	82	120
句容市	241	174	48	57	10	115	379	297	162
泰州市	**1682**	**764**	**260**	**314**	**70**	**506**	**1663**	**1448**	**1065**
海陵区	310	112	82	93	13	72	290	231	144
高港区	229	58	13	12	6	40	79	116	78
姜堰区	151	88	35	32	10	28	158	147	87
泰州医药高新技术产业开发区	213	75	28	33	1	53	133	89	78
兴化市	144	76	28	24	2	65	179	182	83
靖江市	350	175	44	75	25	116	469	318	383
泰兴市	285	180	30	45	13	132	355	365	212
宿迁市	**319**	**230**	**79**	**119**	**19**	**113**	**553**	**656**	**665**
宿城区	69	49	10	29	4	23	143	125	123
宿豫区	31	31	5	9		13	74	61	70
沭阳县	76	55	20	17	4	35	103	194	182
泗阳县	26	23	21	12	4	9	79	83	82
泗洪县	47	31	14	9	3	21	56	68	90
宿迁经济技术开发区	31	21	3	13	1	4	40	25	33
宿迁市湖滨新区	28	13	4	28	2	3	36	84	63
苏州宿迁工业园区	8	4	2	2	1	4	9	3	
宿迁市洋河新区	3	3				1	13	13	22

7-6 续表 9

单位：人

现住地	出生地						
	省外						港澳台或国外
	西藏	陕西	甘肃	青海	宁夏	新疆	
江　苏	**732**	**31828**	**23466**	**2780**	**1996**	**7248**	**499**
南京市	**181**	**3691**	**3204**	**624**	**544**	**1985**	**181**
玄武区	31	353	305	65	65	229	40
秦淮区	2	318	176	45	19	144	28
建邺区	1	214	177	35	33	124	21
鼓楼区	13	331	247	55	49	227	30
浦口区	10	79	76	27	10	116	1
栖霞区	53	560	550	83	97	332	25
雨花台区	7	225	217	23	20	95	6
江宁区	41	847	703	161	164	388	14
六合区		107	53	17	4	17	
溧水区		131	108	9	4	33	2
高淳区	1	33	32	7	1	16	1
南京江北新区	22	493	560	97	78	264	13
无锡市	**30**	**4464**	**2548**	**326**	**197**	**844**	**57**
锡山区		694	654	34	29	104	3
惠山区	5	398	272	51	25	67	3
滨湖区	7	381	172	56	31	245	14
梁溪区		364	240	35	27	149	19
新吴区	12	737	444	47	23	66	2
江苏无锡经济开发区	4	240	140	29	26	64	10
江阴市	2	815	436	27	17	98	4
宜兴市		835	190	47	19	51	2
徐州市	**41**	**691**	**554**	**156**	**120**	**513**	**26**
鼓楼区	11	54	58	32	6	45	1
云龙区	5	77	53	12	15	78	5
贾汪区		18	12		2	37	
泉山区	3	125	101	40	25	104	10
铜山区	17	174	140	48	45	130	4
丰县		50	33	5	3	10	3
沛县		63	49	2	14	24	
睢宁县	1	26	21	1	3	8	1
徐州经济技术开发区	3	49	50	5	5	45	1
新沂市	1	25	18	6		18	
邳州市		30	19	5	2	14	1
常州市	**37**	**2496**	**1706**	**195**	**149**	**431**	**28**
天宁区	1	209	175	23	15	66	10
钟楼区	2	215	191	41	21	82	6
新北区	27	592	334	40	26	90	7
武进区	4	636	584	55	68	119	3
金坛区	1	275	124	20	5	27	
江苏省常州市经济开发区	1	238	188	11	4	17	
溧阳市	1	331	110	5	10	30	2

7-6 续表 10

单位：人

现住地	出生地						
	省外						港澳台或国外
	西藏	陕西	甘肃	青海	宁夏	新疆	
苏州市	**51**	**15913**	**11367**	**681**	**542**	**1507**	**90**
虎丘区	1	1346	1001	88	60	184	5
吴中区	5	1676	964	64	53	132	6
相城区	1	810	545	45	23	86	2
姑苏区	19	398	340	62	33	161	12
吴江区	9	1893	1169	42	44	76	10
苏州工业园区	4	2579	1674	132	133	316	30
常熟市	2	951	652	33	33	69	8
张家港市	3	762	459	47	22	163	1
昆山市	4	4579	3814	126	110	254	11
太仓市	3	919	749	42	31	66	5
南通市	**169**	**1656**	**1004**	**156**	**83**	**377**	**32**
崇川区	71	196	153	53	18	81	7
港闸区	60	108	90	11	27	36	
通州区	1	233	233	7	4	43	1
如东县		69	66	3	3	25	3
南通经济技术开发区	7	159	93	21	6	23	2
通州湾示范区		9	12	1			
苏锡通科技产业园区		81	45	6	1	5	1
启东市		198	93	5	8	36	2
如皋市	9	97	50	11	9	49	8
海门市	20	341	88	17	4	23	4
海安市	1	165	81	21	3	56	4
连云港市	**44**	**270**	**426**	**61**	**26**	**254**	**16**
连云区		89	64	11	2	12	1
海州区	1	57	152	24	9	26	5
赣榆区	1	23	28	4	4	7	4
东海县		15	10	1	4	4	5
灌云县		12	2	1	1	4	1
灌南县		11	8		1	4	
连云港经济技术开发区		17	25	3		41	
连云港高新技术产业开发区	42	35	103	17	5	152	
江苏连云港徐圩新区		11	33			4	
江苏省连云港市云台山风景名胜区			1				
淮安市	**39**	**199**	**235**	**85**	**12**	**123**	**10**
淮安区		18	26	2		6	3
淮阴区		13	21	3		55	1
清江浦区	7	48	54	5	3	20	
洪泽区		10	4	2	2	6	
涟水县		18	7			1	2
盱眙县	1	10	27	1		2	
金湖县		30	9	2	1	18	
淮安经济技术开发区	31	37	65	68	6	11	
工业园区			6				2
生态文旅区		14	15	2		4	2
苏淮高新区		1	1				

7-6 续表 11 单位：人

现住地	出生地						
	省外						港澳台或国外
	西藏	陕西	甘肃	青海	宁夏	新疆	
盐城市	**27**	**367**	**498**	**78**	**101**	**118**	**11**
亭湖区	11	34	44	7	10	47	2
盐都区		33	49	7	5	5	1
大丰区		45	42		9	17	
响水县		13	13	6	2	4	1
滨海县		35	20	2	1	5	2
阜宁县		14	25	2	2	4	
射阳县		29	18	8	5	5	3
建湖县		18	27	2	3	7	1
盐城经济技术开发区	4	22	32	3	6	8	
江苏省盐南高新区	12	17	24	4	6	4	
东台市		107	204	37	52	12	1
扬州市	**40**	**534**	**640**	**172**	**47**	**375**	**15**
广陵区		89	33	9	2	23	2
邗江区	29	108	180	69	16	176	5
江都区	3	107	106	42	9	51	2
宝应县		22	36	4	2	2	
扬州经济技术开发区	5	57	87	17	8	54	1
蜀冈瘦西湖景区	1	32	8	8	2	11	3
生态新城		12	15		1	2	1
仪征市	2	77	150	16	5	23	1
高邮市		30	25	7	2	33	
镇江市	**46**	**752**	**567**	**126**	**92**	**300**	**10**
京口区	16	89	98	22	32	67	2
润州区	1	64	17	7	2	17	
丹徒区	5	67	121	40	16	39	1
镇江新区		55	69	11	4	12	2
江苏镇江高新区	1	13	4	3	1	3	
丹阳市		291	167	19	12	107	2
扬中市		43	33	2	6	20	
句容市	23	130	58	22	19	35	3
泰州市	**21**	**642**	**568**	**83**	**65**	**297**	**14**
海陵区	20	111	156	27	18	87	3
高港区		47	49	9	7	57	
姜堰区		32	65	12	8	40	2
泰州医药高新技术产业开发区		89	112	4	13	22	1
兴化市		59	31	4	1	6	1
靖江市	1	191	54	16	6	36	2
泰兴市		113	101	11	12	49	5
宿迁市	**6**	**153**	**149**	**37**	**18**	**124**	**9**
宿城区	2	39	42	9	4	62	1
宿豫区	1	16	20	1	2	9	
沭阳县	2	33	26	8	1	15	3
泗阳县	1	13	9	2	2	11	3
泗洪县		13	9	3		8	
宿迁经济技术开发区		12	12	8	4	4	
宿迁市湖滨新区		7	24	2	5	10	
苏州宿迁工业园区		18	2			4	2
宿迁市洋河新区		2	5	4		1	

7-7 全省按现住地和五年前常住地分的人口

单位：人

现住地	五年前常住地								
	合计	省内		省外					
		本县市区	本省其他县市区	北京	天津	河北	山西	内蒙古	辽宁
江　苏	**7840932**	**7093599**	**319388**	**5062**	**1687**	**8566**	**11729**	**2478**	**5081**
南京市	**866087**	**715745**	**72466**	**1538**	**567**	**1715**	**2015**	**704**	**1376**
玄武区	50751	39594	4423	120	82	255	231	88	165
秦淮区	71402	63122	3981	119	27	74	54	27	85
建邺区	49581	40548	4698	135	33	73	68	23	75
鼓楼区	90691	80136	4956	113	53	152	139	41	112
浦口区	35837	31415	1883	47	12	41	52	23	43
栖霞区	89143	66064	11655	178	76	196	366	126	186
雨花台区	55636	42659	6545	139	36	139	126	37	99
江宁区	170722	133792	18066	368	134	405	525	180	297
六合区	62376	59436	1323	35	2	44	32	12	21
溧水区	46049	39920	2756	27	11	50	73	22	30
高淳区	44859	42722	719	24	3	37	27	2	11
南京江北新区	99040	76337	11461	233	98	249	322	123	252
无锡市	**684979**	**593363**	**34284**	**628**	**216**	**946**	**1656**	**254**	**564**
锡山区	82512	67456	5532	103	42	160	259	37	80
惠山区	81246	68349	5574	72	26	126	181	41	69
滨湖区	56612	46227	4022	85	52	233	165	58	95
梁溪区	90661	82985	3390	98	21	82	66	19	68
新吴区	61454	49570	4970	70	26	80	714	29	53
江苏无锡经济开发区	30835	25986	2248	64	18	49	61	19	77
江阴市	162375	143192	5881	98	17	126	119	34	80
宜兴市	119284	109598	2667	38	14	90	91	17	42
徐州市	**822971**	**792571**	**17775**	**214**	**58**	**462**	**445**	**151**	**221**
鼓楼区	39769	37405	1262	13	5	67	36	10	8
云龙区	43347	37642	4257	42	17	41	26	9	11
贾汪区	41896	40645	602	3		7	24	4	6
泉山区	59554	54548	3040	53	8	54	60	10	19
铜山区	112789	105821	3328	23	10	196	222	86	95
丰县	83261	82591	236	11	5	5	5	4	4
沛县	95185	94180	325	12	1	28	6	9	11
睢宁县	91907	90897	408	7	1	9	9	4	17
徐州经济技术开发区	34913	29749	3723	34	10	35	39	7	30
新沂市	89605	88984	320	2		8	12	1	8
邳州市	130745	130109	274	14	1	12	6	7	12
常州市	**496570**	**438212**	**26051**	**319**	**107**	**425**	**695**	**146**	**349**
天宁区	63323	56268	4041	36	16	43	25	10	39
钟楼区	61843	53344	4688	58	16	39	85	26	54
新北区	80298	68378	6494	78	31	89	184	26	86
武进区	118880	102774	6946	86	28	125	211	47	55
金坛区	54983	50630	1046	34	3	51	81	12	39
江苏省常州市经济开发区	40030	35039	1682	20	1	27	56	9	49
溧阳市	77213	71779	1154	7	12	51	53	16	27

7-7 续表 1

单位：人

现住地	五年前常住地								
	合计	省内		省外					
		本县市区	本省其他县市区	北京	天津	河北	山西	内蒙古	辽宁
苏州市	**1183987**	**977568**	**57719**	**1299**	**376**	**2207**	**4397**	**598**	**1288**
虎丘区	78463	58711	7602	120	43	247	702	69	132
吴中区	124023	101359	7645	92	25	176	391	44	105
相城区	80666	66190	4343	120	28	146	242	54	88
姑苏区	86922	77787	4124	116	22	84	122	25	90
吴江区	137447	116706	3733	91	18	298	329	41	87
苏州工业园区	110602	86287	8578	260	91	331	673	113	271
常熟市	161266	137758	5967	253	27	233	409	40	136
张家港市	137415	121364	4534	58	28	158	166	54	83
昆山市	185968	143279	8491	139	57	404	1238	126	230
太仓市	81215	68127	2702	50	37	130	125	32	66
南通市	**728448**	**673230**	**22496**	**299**	**102**	**583**	**698**	**122**	**370**
崇川区	70806	61975	4864	39	21	129	172	16	50
港闸区	36930	30404	3889	20	6	78	62	15	32
通州区	103873	97353	1742	36	4	43	64	15	60
如东县	84903	82340	1212	24	4	25	16	9	17
南通经济技术开发区	27056	21432	2930	18	8	35	62	12	38
通州湾示范区	9051	8118	431	17	2	8	5		6
苏锡通科技产业园区	9277	7265	590	9	6	24	30	5	9
启东市	92220	86852	1591	31	15	44	86	6	38
如皋市	120478	117298	1325	15	3	31	41	3	20
海门市	88007	80421	1604	50	17	67	97	18	63
海安市	85847	79772	2318	40	16	99	63	23	37
连云港市	**407309**	**392773**	**9174**	**76**	**28**	**237**	**140**	**61**	**131**
连云区	14535	13390	484	3	2	40	19	7	23
海州区	65846	64139	1143	16	2	21	11	5	22
赣榆区	92468	91450	370	23	3	18	11	18	8
东海县	86966	86330	316	11	3	12	2	2	4
灌云县	59591	59015	348	2		19	1		6
灌南县	57341	56192	773	1		35	7		
连云港经济技术开发区	8038	7207	578	1	1	8	3	4	14
连云港高新技术产业开发区	16149	9250	4988	16	14	67	73	19	35
江苏连云港徐圩新区	3699	3159	145	2	3	17	13	6	19
江苏省连云港市云台山风景名胜区	2676	2641	29	1					
淮安市	**396680**	**380481**	**11688**	**65**	**12**	**162**	**110**	**61**	**65**
淮安区	66337	64983	786	11	1	26	20	18	10
淮阴区	66080	64057	1493	4	1	36	22	5	1
清江浦区	52058	47935	3350	20	5	30	20	12	13
洪泽区	25577	25155	265		1	2		1	
涟水县	70604	69962	447		1	2	4	1	
盱眙县	51071	50201	502	7		3	5	5	4
金湖县	27518	26483	530	12	1	17	9	2	6
淮安经济技术开发区	25111	21642	2282	3	1	39	28	10	29
工业园区	1381	1293	35		1	3		7	
生态文旅区	8927	6826	1943	8		4	2		1
苏淮高新区	2016	1944	55						1

7-7　续表 2

单位：人

现住地	五年前常住地								
	合计	省内		省外					
		本县市区	本省其他县市区	北京	天津	河北	山西	内蒙古	辽宁
盐城市	**646105**	**622565**	**14630**	**120**	**37**	**253**	**219**	**61**	**162**
亭湖区	66634	62840	2778	9	2	21	29	13	20
盐都区	61627	58497	2259	14	4	37	14	4	4
大丰区	64746	62571	972	16	4	22	29	2	21
响水县	41752	40979	491	3		10	4	1	3
滨海县	71117	69756	883	7	1	5	4	4	6
阜宁县	75045	73291	1096	18	3	12	10	5	6
射阳县	79174	77699	851	7	5	11	12	6	22
建湖县	56418	55285	671	4	1	7	8	8	6
盐城经济技术开发区	9534	8049	1021	5	5	12	34	2	4
江苏省盐南高新区	32356	29762	2155	5	5	19	11	3	6
东台市	87702	83836	1453	32	7	97	64	13	64
扬州市	**456705**	**427982**	**16292**	**173**	**46**	**618**	**312**	**90**	**157**
广陵区	51753	47834	2205	21	1	379	18	8	21
邗江区	69269	58425	7217	27	14	77	124	33	39
江都区	91798	88705	1241	22	5	45	25	17	28
宝应县	75862	73591	1261	42	9	14	17	7	5
扬州经济技术开发区	22229	18961	1896	17	4	47	77	8	18
蜀冈瘦西湖景区	13357	12441	530	4	1	11	5	1	7
生态新城	6221	5867	159	5		4	2	2	4
仪征市	50788	48646	893	13	7	26	9	4	26
高邮市	75428	73512	890	22	5	15	35	10	9
镇江市	**295853**	**265385**	**13953**	**104**	**59**	**306**	**397**	**105**	**157**
京口区	33276	29372	1941	13	34	49	105	22	34
润州区	22135	20706	883	6	4	15	7	9	9
丹徒区	31424	27471	2066	8	3	63	84	16	34
镇江新区	22824	20120	1309	8	1	20	50	13	16
江苏镇江高新区	5787	5253	253			4	10	2	1
丹阳市	92576	83728	2833	38	7	41	65	20	42
扬中市	30259	28351	683	3	1	33	15	2	6
句容市	57572	50384	3985	28	9	81	61	21	15
泰州市	**426862**	**398430**	**15199**	**162**	**59**	**371**	**456**	**87**	**169**
海陵区	56176	48743	4693	27	15	65	145	19	42
高港区	25005	22894	1097	19	8	52	22	7	12
姜堰区	65349	62366	1965	35	2	22	26	3	17
泰州医药高新技术产业开发区	21300	17190	2290	13	7	60	148	18	31
兴化市	102643	99978	1321	23	1	40	26	9	12
靖江市	64053	59440	1964	16	14	54	66	16	22
泰兴市	92336	87819	1869	29	12	78	23	15	33
宿迁市	**428376**	**415294**	**7661**	**65**	**20**	**281**	**189**	**38**	**72**
宿城区	59359	55366	2729	13	6	61	21	5	25
宿豫区	38505	37209	707	11	2	16	9	4	12
沭阳县	142404	139912	1544	13	5	26	19	3	3
泗阳县	70534	69363	706	7		10	1	5	2
泗洪县	71511	70358	520	3	3	11	6	1	3
宿迁经济技术开发区	16998	16027	597	13	2	16	7	4	6
宿迁市湖滨新区	13116	11684	468	3	2	138	124	16	19
苏州宿迁工业园区	2542	2152	293			3	2		1
宿迁市洋河新区	13407	13223	97	2					1

7-7 续表 3

单位：人

现住地	五年前常住地								
	省外								
	吉林	黑龙江	上海	浙江	安徽	福建	江西	山东	河南
江　苏	**4712**	**8834**	**24079**	**17520**	**98552**	**6359**	**12839**	**23865**	**65453**
南京市	**1046**	**1715**	**2607**	**3624**	**23488**	**1505**	**2419**	**4378**	**7625**
玄武区	117	166	159	336	1332	194	213	483	512
秦淮区	76	91	166	175	1604	66	135	210	288
建邺区	47	83	193	154	1652	81	115	220	359
鼓楼区	65	123	161	259	1443	145	221	412	449
浦口区	27	44	106	67	967	35	83	102	204
栖霞区	180	288	316	554	3078	199	280	661	1266
雨花台区	55	119	260	220	2393	131	196	304	747
江宁区	270	442	601	1005	5635	317	609	1116	2051
六合区	10	25	73	61	610	42	50	101	165
溧水区	35	67	93	150	1063	48	101	133	459
高淳区	3	13	46	88	505	10	43	61	137
南京江北新区	161	254	433	555	3206	237	373	575	988
无锡市	**577**	**1085**	**2991**	**2481**	**13403**	**808**	**1550**	**2609**	**8749**
锡山区	65	149	679	404	1846	122	299	369	1636
惠山区	71	165	568	390	1957	128	197	282	1110
滨湖区	114	194	260	415	1248	120	222	437	778
梁溪区	76	102	413	247	1045	99	130	204	501
新吴区	72	157	339	166	1309	48	153	379	1245
江苏无锡经济开发区	48	87	233	97	492	42	63	124	353
江阴市	70	136	249	386	3733	101	291	610	2369
宜兴市	61	95	250	376	1773	148	195	204	757
徐州市	**150**	**238**	**364**	**452**	**3143**	**182**	**310**	**1784**	**1334**
鼓楼区	16	14	20	43	301	15	21	131	152
云龙区	13	18	54	78	388	21	24	190	173
贾汪区	3	5	9	23	144	6	17	110	95
泉山区	23	36	41	53	832	19	34	228	158
铜山区	42	57	52	95	662	66	101	429	351
丰县	11	11	20	13	107	2	8	94	38
沛县	9	15	19	30	66	6	21	205	63
睢宁县	5	18	69	42	189	11	25	40	28
徐州经济技术开发区	15	35	40	30	396	14	42	222	199
新沂市	7	8	6	18	24	16	6	76	34
邳州市	6	21	34	27	34	6	11	59	43
常州市	**343**	**662**	**1616**	**1317**	**8568**	**405**	**868**	**1210**	**4392**
天宁区	27	52	219	133	973	47	69	91	306
钟楼区	40	68	270	220	997	57	113	227	415
新北区	56	124	389	213	1395	108	142	228	755
武进区	80	211	431	426	2528	108	214	299	1348
金坛区	74	49	90	103	624	40	74	81	534
江苏省常州市经济开发区	18	95	91	106	959	11	106	85	452
溧阳市	48	63	126	116	1092	34	150	199	582

7-7　续表 4　　　　　　　　　　　　　　　　　　　　　　　　　　　　　　　单位：人

现住地	五年前常住地								
	省外								
	吉林	黑龙江	上海	浙江	安徽	福建	江西	山东	河南
苏州市	**1430**	**3047**	**8758**	**4381**	**31582**	**1980**	**4810**	**7330**	**30435**
虎丘区	152	321	300	263	2171	113	392	850	2475
吴中区	123	294	366	338	3239	188	508	697	3542
相城区	112	168	407	364	2294	173	344	497	2112
姑苏区	78	135	329	252	1143	110	194	277	645
吴江区	102	289	526	565	3637	141	387	759	4251
苏州工业园区	281	461	583	428	2274	206	470	1253	2925
常熟市	131	231	428	886	5622	301	555	545	3695
张家港市	103	211	366	304	2707	175	256	524	2899
昆山市	279	697	3710	627	6391	360	1449	1473	6379
太仓市	69	240	1743	354	2104	213	255	455	1512
南通市	**313**	**600**	**2990**	**1444**	**6380**	**423**	**957**	**2224**	**5246**
崇川区	50	106	192	163	641	57	153	307	474
港闸区	32	42	110	79	707	59	65	281	331
通州区	31	68	209	211	1267	78	146	419	896
如东县	17	20	123	96	198	31	45	71	150
南通经济技术开发区	37	56	272	81	506	30	71	196	386
通州湾示范区	1	3	88	34	111	7	9	62	38
苏锡通科技产业园区	14	33	146	76	279	10	37	85	260
启东市	34	79	669	118	700	25	110	229	535
如皋市	18	44	183	95	316	33	52	91	207
海门市	46	89	414	288	1120	54	97	365	1565
海安市	33	60	584	203	535	39	172	118	404
连云港市	**132**	**194**	**191**	**277**	**524**	**102**	**153**	**742**	**561**
连云区	27	17	15	21	79	9	7	102	102
海州区	7	43	30	34	94	14	13	63	44
赣榆区	12	42	25	37	26	19	7	196	44
东海县	4	20	7	32	17	9	11	58	37
灌云县	1	2	17	19	29		10	25	21
灌南县	2	12	63	80	28	10	8	37	33
连云港经济技术开发区	5	16	13	7	20	3	2	41	21
连云港高新技术产业开发区	37	26	17	36	210	36	94	178	167
江苏连云港徐圩新区	37	16	4	11	19	2	1	42	92
江苏省连云港市云台山风景名胜区					2				
淮安市	**30**	**102**	**408**	**293**	**626**	**80**	**100**	**393**	**461**
淮安区	1	11	143	35	61	8	10	40	42
淮阴区	8	14	36	27	57	11	4	34	51
清江浦区	3	25	71	53	128	26	17	50	46
洪泽区			13	24	21	2	6	22	2
涟水县	4	3	21	19	21	2	7	20	23
盱眙县	3	3	28	30	92	3	6	29	50
金湖县	1	26	30	36	92	6	8	46	58
淮安经济技术开发区	7	19	23	60	130	16	36	133	182
工业园区	3		4	2	4			4	2
生态文旅区		1	37	6	17	5	6	13	5
苏淮高新区			2	1	3	1		2	

7-7 续表 5

单位：人

现住地	五年前常住地								
	省外								
	吉林	黑龙江	上海	浙江	安徽	福建	江西	山东	河南
盐城市	**105**	**189**	**1267**	**576**	**764**	**174**	**215**	**587**	**1200**
亭湖区	12	25	52	28	76	27	22	51	212
盐都区	10	14	98	68	121	19	36	44	94
大丰区	15	32	129	121	103	25	22	164	110
响水县	2		35	53	47	4	7	40	17
滨海县	5	6	140	36	55	6	7	31	50
阜宁县	3	7	306	46	33	24	8	21	30
射阳县	6	25	98	66	52	13	29	45	33
建湖县	4	9	94	37	53	17	10	35	62
盐城经济技术开发区	10	16	16	22	28	4	7	39	69
江苏省盐南高新区	15	9	30	22	68	20	14	16	39
东台市	23	46	269	77	128	15	53	101	484
扬州市	**155**	**223**	**928**	**559**	**2571**	**164**	**381**	**691**	**1235**
广陵区	23	23	47	49	412	27	37	76	161
邗江区	37	73	81	169	796	48	152	174	316
江都区	40	41	118	72	330	17	53	127	228
宝应县	10	10	405	42	85	3	17	69	66
扬州经济技术开发区	7	20	29	141	195	30	35	122	151
蜀冈瘦西湖景区	5	9	11	16	135	7	10	13	36
生态新城	2	1	5	1	65		1	5	48
仪征市	19	27	36	24	366	9	36	78	133
高邮市	12	19	196	45	187	23	40	27	96
镇江市	**164**	**324**	**412**	**790**	**4573**	**280**	**506**	**871**	**1815**
京口区	37	58	36	87	303	60	55	114	158
润州区	6	21	35	32	113	15	18	39	65
丹徒区	18	37	39	91	304	30	55	108	174
镇江新区	17	47	44	51	369	10	48	94	201
江苏镇江高新区		6	7	9	96		5	28	37
丹阳市	48	65	123	291	2079	99	168	194	618
扬中市	6	14	51	76	380	13	44	102	151
句容市	32	76	77	153	929	53	113	192	411
泰州市	**162**	**314**	**1044**	**823**	**2084**	**185**	**466**	**667**	**1711**
海陵区	32	66	140	153	369	34	122	128	384
高港区	15	34	61	47	179	4	17	80	119
姜堰区	6	29	103	67	164	17	35	45	131
泰州医药高新技术产业开发区	39	75	73	51	200	17	39	105	399
兴化市	5	26	283	149	151	16	52	63	105
靖江市	32	56	183	165	458	49	85	132	281
泰兴市	33	28	201	191	563	48	116	114	292
宿迁市	**105**	**141**	**503**	**503**	**846**	**71**	**104**	**379**	**689**
宿城区	47	42	89	60	195	12	22	90	209
宿豫区	10	11	57	61	99	7	8	46	76
沭阳县	19	18	93	153	114	15	19	86	93
泗阳县	5	8	110	77	64	7	9	23	21
泗洪县	5	14	55	93	228	8	8	27	48
宿迁经济技术开发区	3	14	29	27	62	14	7	29	47
宿迁市湖滨新区	13	28	3	25	50	5	27	71	182
苏州宿迁工业园区	2	4	23	4	24	3	1	4	10
宿迁市洋河新区	1	2	44	3	10		3	3	3

7-7 续表 6

单位：人

现住地	五年前常住地								
	省外								
	湖北	湖南	广东	广西	海南	重庆	四川	贵州	云南
江 苏	**16325**	**9715**	**8109**	**4253**	**811**	**6778**	**21849**	**15297**	**13284**
南京市	**2806**	**1781**	**2072**	**1002**	**260**	**1052**	**2823**	**2084**	**1716**
玄武区	241	224	156	109	44	108	281	187	121
秦淮区	125	93	112	30	11	49	137	65	84
建邺区	169	86	130	37	16	55	166	57	55
鼓楼区	185	157	199	88	25	124	167	82	87
浦口区	86	56	51	32	14	28	87	77	45
栖霞区	333	240	334	191	39	166	395	406	345
雨花台区	239	106	186	75	18	57	220	137	99
江宁区	748	434	443	207	44	233	658	470	439
六合区	59	35	27	17	1	15	60	21	28
溧水区	147	93	66	40	9	46	142	148	145
高淳区	115	38	40	8		26	44	35	46
南京江北新区	359	219	328	168	39	145	466	399	222
无锡市	**1900**	**1255**	**1207**	**342**	**66**	**1434**	**4256**	**2602**	**1894**
锡山区	323	223	256	68	7	204	684	387	328
惠山区	213	177	171	40	9	95	475	249	182
滨湖区	226	150	145	61	18	108	347	194	140
梁溪区	146	79	120	25	8	50	220	91	68
新吴区	242	128	113	36	6	178	382	131	171
江苏无锡经济开发区	97	55	100	20		38	164	67	48
江阴市	432	312	190	51	11	519	1502	808	452
宜兴市	221	131	112	41	7	242	482	675	505
徐州市	**232**	**210**	**172**	**167**	**34**	**157**	**496**	**366**	**222**
鼓楼区	11	8	7	15		6	47	44	20
云龙区	36	19	14	28	6	15	46	60	10
贾汪区	8	8	12	16		3	49	36	30
泉山区	20	18	29	11	3	21	83	29	11
铜山区	88	106	60	67	21	61	133	130	78
丰县	7	4	4	5	2	2	20	7	7
沛县	10	12	11	9		9	42	18	17
睢宁县	10	7	15	6		14	19	8	15
徐州经济技术开发区	18	20	10	7		21	31	25	14
新沂市	8	3	5	3	1	3	13	5	17
邳州市	16	5	5		1	2	13	4	3
常州市	**1258**	**637**	**616**	**384**	**62**	**542**	**2383**	**1524**	**1432**
天宁区	111	43	58	13		33	340	60	89
钟楼区	141	87	113	52	16	39	211	137	90
新北区	172	86	120	59	6	63	346	132	126
武进区	271	148	165	136	26	159	658	394	412
金坛区	238	65	53	15	2	117	205	132	363
江苏省常州市经济开发区	114	85	47	22	6	57	336	291	142
溧阳市	211	123	60	87	6	74	287	378	210

7-7 续表 7　　　　单位：人

现住地	五年前常住地								
	省外								
	湖北	湖南	广东	广西	海南	重庆	四川	贵州	云南
苏州市	**6690**	**3481**	**2227**	**1075**	**177**	**2003**	**7064**	**4027**	**4094**
虎丘区	491	236	176	110	7	145	530	300	352
吴中区	652	395	217	188	9	176	1111	384	510
相城区	411	279	201	54	9	140	480	347	352
姑苏区	189	101	118	55	19	58	166	123	87
吴江区	514	329	210	89	18	187	865	866	599
苏州工业园区	682	385	271	151	50	169	589	297	352
常熟市	592	352	260	107	17	267	702	367	431
张家港市	597	177	170	58	7	216	908	439	351
昆山市	1977	987	452	225	25	430	1301	546	681
太仓市	585	240	152	38	16	215	412	358	379
南通市	**1287**	**852**	**513**	**320**	**31**	**645**	**1358**	**1592**	**1145**
崇川区	113	84	83	89	12	72	215	229	142
港闸区	86	57	49	14	3	53	92	105	81
通州区	234	94	72	23	2	73	148	149	106
如东县	54	41	31	31		22	72	84	48
南通经济技术开发区	175	107	30	24	2	95	121	108	71
通州湾示范区	20	12	9		1	16	13	12	6
苏锡通科技产业园区	47	34	21	11		53	47	75	42
启东市	134	85	55	46	2	78	199	115	121
如皋市	83	76	21	16	3	29	90	102	131
海门市	162	137	57	40	4	77	212	435	181
海安市	179	125	85	26	2	77	149	178	216
连云港市	**177**	**94**	**122**	**74**	**29**	**79**	**265**	**187**	**140**
连云区	31	11	20	4	4	8	47	5	4
海州区	24	15	11	2	5	6	19	11	4
赣榆区	9	11	19	3		3	30	11	12
东海县	7	2	7	4		4	8	4	4
灌云县	11	2	6	1	1	10	22	10	2
灌南县	6	7	5	3	3	5	10	10	3
连云港经济技术开发区	10	1	9	1	1	3	10	5	1
连云港高新技术产业开发区	59	32	44	49	15	25	110	123	106
江苏连云港徐圩新区	19	13	1	6		15	9	7	4
江苏省连云港市云台山风景名胜区	1			1				1	
淮安市	**146**	**133**	**84**	**87**	**9**	**57**	**164**	**266**	**121**
淮安区	8	6	10	11		2	17	16	11
淮阴区	8	25	3	22		3	9	55	18
清江浦区	32	22	21	7		9	36	44	20
洪泽区	2	5	3	2	4	11	11	7	2
涟水县	9	4	6	2		3	11	20	
盱眙县	17	7	6	7	1	1	17	6	13
金湖县	23	16	11	3	1	14	18	24	10
淮安经济技术开发区	30	39	16	24	3	9	38	87	41
工业园区	1	6				3	1		6
生态文旅区	13	3	8	8		2	4	7	
苏淮高新区	3			1			2		

7-7　续表 8　　　　单位：人

现住地	五年前常住地								
	省外								
	湖北	湖南	广东	广西	海南	重庆	四川	贵州	云南
盐城市	**266**	**226**	**167**	**140**	**15**	**130**	**424**	**403**	**290**
亭湖区	24	9	11	39	1	17	63	92	47
盐都区	40	31	29	18		8	42	17	18
大丰区	35	36	36	15	2	36	68	57	40
响水县	4	3	2			4	11	2	7
滨海县	15	4	12	3		4	12	12	19
阜宁县	11	5	4	4	5	4	15	21	14
射阳县	10	30	20	5	1	11	34	30	16
建湖县	16	6	7	2		1	28	10	9
盐城经济技术开发区	13	9	15	20	2	2	20	30	14
江苏省盐南高新区	9	13	6	5	1	9	25	15	19
东台市	89	80	25	29	3	34	106	117	87
扬州市	**345**	**265**	**219**	**168**	**39**	**180**	**645**	**500**	**639**
广陵区	56	43	25	4		6	72	39	85
邗江区	88	77	122	126	30	58	210	218	102
江都区	75	34	31	10	3	39	79	77	146
宝应县	21	15	8	2	1	9	29	12	16
扬州经济技术开发区	21	33	8	11		8	66	60	139
蜀冈瘦西湖景区	22	14	5	1	2	11	18	8	8
生态新城	1	6		7		3	5	3	9
仪征市	35	27	11	4	2	30	112	44	93
高邮市	26	16	9	3	1	16	54	39	41
镇江市	**528**	**388**	**249**	**248**	**38**	**251**	**1076**	**842**	**901**
京口区	66	53	16	64	16	42	116	116	75
润州区	31	12	10	2	1	13	26	17	7
丹徒区	35	35	46	57	9	48	151	141	90
镇江新区	62	28	25	13	3	24	90	37	30
江苏镇江高新区	3	10	2				6	9	33
丹阳市	161	137	82	57	6	78	438	367	504
扬中市	38	19	5	15		17	78	43	66
句容市	132	94	63	40	3	29	171	112	96
泰州市	**545**	**293**	**374**	**184**	**38**	**196**	**639**	**643**	**539**
海陵区	90	52	91	77	12	31	124	171	99
高港区	50	25	22	11	3	4	20	44	43
姜堰区	57	25	25	10	1	4	45	18	26
泰州医药高新技术产业开发区	61	33	45	26	3	28	87	58	45
兴化市	65	25	21	2		33	67	71	35
靖江市	104	61	113	36	16	40	151	157	185
泰兴市	118	72	57	22	3	56	145	124	106
宿迁市	**145**	**100**	**87**	**62**	**13**	**52**	**256**	**261**	**151**
宿城区	26	19	22	18	6	10	78	62	27
宿豫区	17	18	5	6		8	33	22	21
沭阳县	27	22	29	7	3	17	40	48	27
泗阳县	17	9	17	1		3	27	13	13
泗洪县	11	8	4		4	9	21	37	13
宿迁经济技术开发区	19	11	6	3		1	23	2	8
宿迁市湖滨新区	25	12	3	26		2	29	75	41
苏州宿迁工业园区	1		1			2	3		
宿迁市洋河新区	2	1		1			2	2	1

7-7 续表 9

单位：人

现住地	五年前常住地						
	省外						港澳台或国外
	西藏	陕西	甘肃	青海	宁夏	新疆	
江　苏	**709**	**13293**	**11431**	**1208**	**1124**	**3570**	**3373**
南京市	**171**	**1613**	**1458**	**291**	**322**	**972**	**1131**
玄武区	25	190	149	40	43	134	229
秦淮区	1	87	70	1	8	29	200
建邺区	1	64	59	6	15	21	87
鼓楼区	9	110	88	26	15	74	275
浦口区	10	46	44	13	9	84	4
栖霞区	48	287	285	37	79	214	75
雨花台区	8	106	90	4	6	39	41
江宁区	40	373	320	95	85	220	100
六合区	1	27	21	7		5	10
溧水区		78	59	4	2	23	9
高淳区		25	17	3	1	8	2
南京江北新区	28	220	256	55	59	121	99
无锡市	**29**	**1707**	**1170**	**107**	**94**	**386**	**366**
锡山区	1	323	331	14	25	64	36
惠山区	6	124	123	20	8	25	23
滨湖区	8	146	81	18	20	157	68
梁溪区	1	99	74	7	3	27	97
新吴区	10	355	234	21	10	31	26
江苏无锡经济开发区	2	69	45	10	9	18	32
江阴市		285	211	9	9	41	51
宜兴市	1	306	71	8	10	23	33
徐州市	**59**	**268**	**233**	**69**	**66**	**247**	**119**
鼓楼区	8	15	33	11	2	17	6
云龙区	5	15	19	2	9	41	18
贾汪区		3	9	2		15	2
泉山区		29	14	7	5	9	49
铜山区	16	126	96	30	37	93	11
丰县	1	12	4	2	2	8	9
沛县		16	15		7	5	8
睢宁县	1	9	3	2	1	11	7
徐州经济技术开发区	28	35	29	4	3	45	3
新沂市		4	6	6			1
邳州市		4	5	3		3	5
常州市	**38**	**861**	**664**	**50**	**77**	**154**	**203**
天宁区		56	50	3	7	23	42
钟楼区	5	75	70	10	1	20	59
新北区	28	195	107	14	11	33	24
武进区		201	254	11	48	54	26
金坛区		103	79	7	5	10	24
江苏省常州市经济开发区	3	64	36	3		4	14
溧阳市	2	167	68	2	5	10	14

7-7　续表 10　　　　单位：人

现住地	五年前常住地						
	省外						港澳台或国外
	西藏	陕西	甘肃	青海	宁夏	新疆	
苏州市	**35**	**6693**	**5663**	**237**	**244**	**583**	**489**
虎丘区	2	653	601	22	29	116	30
吴中区	3	642	483	19	24	53	25
相城区	1	353	265	21	8	32	31
姑苏区	18	102	124	34	10	47	138
吴江区	6	974	737	20	27	29	17
苏州工业园区		1030	802	38	53	134	114
常熟市	1	498	341	11	16	32	55
张家港市	1	244	158	13	12	43	31
昆山市	1	1867	1943	45	52	77	30
太仓市	2	330	209	14	13	20	18
南通市	**158**	**784**	**551**	**64**	**59**	**207**	**405**
崇川区	65	82	80	25	15	46	45
港闸区	58	34	32	8	18	21	7
通州区		117	141		4	27	41
如东县		31	46	2	1	9	33
南通经济技术开发区	7	72	48	5	5	10	6
通州湾示范区		6	5			2	9
苏锡通科技产业园区		32	26	2		3	6
启东市		110	58	2	8	14	31
如皋市	9	46	19	2	3	12	61
海门市	19	163	55	9	1	31	49
海安市		91	41	9	4	32	117
连云港市	**43**	**92**	**157**	**24**	**10**	**210**	**110**
连云区		26	15	3	1	1	8
海州区		8	11	4	2	2	21
赣榆区		15	11	3	2	12	18
东海县	1	4	1		1	1	43
灌云县	1	2		1	1		6
灌南县		4	4				
连云港经济技术开发区		9	6	1		37	
连云港高新技术产业开发区	41	19	84	12	3	152	12
江苏连云港徐圩新区		5	25			5	2
江苏省连云港市云台山风景名胜区							
淮安市	**37**	**81**	**148**	**73**	**12**	**79**	**46**
淮安区		7	19		1	5	18
淮阴区		6	15	1	1	51	2
清江浦区	5	14	28	1	1	7	7
洪泽区		3	4	1	3	5	
涟水县		5	1			1	5
盱眙县	1	2	18	1		1	2
金湖县		20	3	1		5	6
淮安经济技术开发区	31	20	53	68	6	4	2
工业园区			5				1
生态文旅区		3	2				3
苏淮高新区		1					

7-7 续表 11

单位：人

现住地	五年前常住地						
	省外						港澳台或国外
	西藏	陕西	甘肃	青海	宁夏	新疆	
盐城市	**28**	**232**	**361**	**58**	**86**	**82**	**73**
亭湖区	12	21	28	3	7	41	2
盐都区		36	31	6	5	3	6
大丰区		24	17	2	6	9	5
响水县		5	9	5		1	3
滨海县		10	10	1		3	10
阜宁县	1	11	14	1	3	1	12
射阳县		17	10	1		3	6
建湖县		15	9		1		3
盐城经济技术开发区	2	12	32	3	8	8	1
江苏省盐南高新区	12	5	23	2	5	4	4
东台市	1	76	178	34	51	9	21
扬州市	**37**	**235**	**344**	**111**	**22**	**250**	**129**
广陵区		45	14	7	2	3	10
邗江区	29	44	131	64	8	136	24
江都区	2	52	33	20	4	42	37
宝应县		19	59	6	1	4	7
扬州经济技术开发区	5	22	55	3	3	30	7
蜀冈瘦西湖景区		14	5	1	1	1	4
生态新城		7	5		1	2	1
仪征市		17	26	2	1	2	30
高邮市	1	15	16	8	1	30	9
镇江市	**43**	**344**	**320**	**81**	**74**	**172**	**97**
京口区	14	45	73	5	30	36	31
润州区		16	6			1	10
丹徒区	6	33	90	36	14	26	6
镇江新区		36	37	7	2	7	5
江苏镇江高新区		5	3	3		1	1
丹阳市	1	122	57	6	5	72	24
扬中市		15	20	2		7	3
句容市	22	72	34	22	23	22	17
泰州市	**29**	**310**	**292**	**25**	**47**	**153**	**166**
海陵区	23	44	97	7	15	41	25
高港区		31	23	2	6	46	8
姜堰区	2	11	33	1	4	11	43
泰州医药高新技术产业开发区	1	59	69	3	7	5	15
兴化市		39	15	2			8
靖江市	2	69	23	2	8	26	27
泰兴市	1	57	32	8	7	24	40
宿迁市	**2**	**73**	**70**	**18**	**11**	**75**	**39**
宿城区	1	26	15	6		45	6
宿豫区		6	13		2	9	
沭阳县		14	8	3	2	6	16
泗阳县		7	3			2	4
泗洪县	1	2	3			2	5
宿迁经济技术开发区		5	4	7	1	2	2
宿迁市湖滨新区		6	23	2	5	9	
苏州宿迁工业园区		7	1		1		
宿迁市洋河新区							6

第二部分　长表数据资料

第八卷　老年人口

8-1　各地区分性别、健康状况的60岁及以上老年人口

单位：人

地　区	60岁及以上人口			健　康		
	合计	男	女	小计	男	女
江　苏	**1768129**	**855251**	**912878**	**1081481**	**546452**	**535029**
南京市	**167565**	**81125**	**86440**	**105138**	**52821**	**52317**
玄武区	10805	5121	5684	6358	3125	3233
秦淮区	18988	8990	9998	11465	5656	5809
建邺区	9563	4570	4993	6479	3203	3276
鼓楼区	21862	10271	11591	13343	6533	6810
浦口区	7060	3444	3616	4225	2178	2047
栖霞区	13829	6743	7086	8488	4334	4154
雨花台区	9110	4482	4628	5809	2969	2840
江宁区	26021	12711	13310	16299	8208	8091
六合区	15128	7430	7698	9758	4960	4798
溧水区	9812	4885	4927	6049	3124	2925
高淳区	10683	5482	5201	6429	3428	3001
南京江北新区	14704	6996	7708	10436	5103	5333
无锡市	**140628**	**68717**	**71911**	**94997**	**48072**	**46925**
锡山区	14084	6952	7132	10106	5149	4957
惠山区	13562	6672	6890	9362	4785	4577
滨湖区	11924	5777	6147	7987	4015	3972
梁溪区	21601	10379	11222	14438	7108	7330
新吴区	10211	5002	5209	7060	3562	3498
江苏无锡经济开发区	4782	2334	2448	3697	1844	1853
江阴市	33399	16292	17107	22044	11206	10838
宜兴市	31065	15309	15756	20303	10403	9900
徐州市	**167960**	**80528**	**87432**	**93538**	**47171**	**46367**
鼓楼区	7929	3791	4138	4614	2317	2297
云龙区	7089	3389	3700	4704	2323	2381
贾汪区	8469	4015	4454	4541	2274	2267
泉山区	12881	6044	6837	7958	3941	4017
铜山区	22071	10652	11419	12286	6238	6048
丰县	19695	9319	10376	9539	4778	4761
沛县	19968	9493	10475	10409	5196	5213
睢宁县	20348	10070	10278	10090	5366	4724
徐州经济技术开发区	4693	2242	2451	2627	1333	1294
新沂市	16949	8026	8923	9553	4778	4775
邳州市	27868	13487	14381	17217	8627	8590
常州市	**102222**	**50219**	**52003**	**66479**	**33954**	**32525**
天宁区	13751	6627	7124	8853	4403	4450
钟楼区	12451	5992	6459	8269	4109	4160
新北区	14070	6790	7280	9379	4725	4654
武进区	20767	10313	10454	14186	7279	6907
金坛区	14751	7394	7357	9265	4850	4415
江苏省常州市经济开发区	7021	3473	3548	4495	2327	2168
溧阳市	19411	9630	9781	12032	6261	5771

8-1 续表 1

单位：人

地 区	60岁及以上人口			健 康		
	合计	男	女	小计	男	女
苏州市	**205233**	**98349**	**106884**	**147144**	**72894**	**74250**
虎丘区	10836	5131	5705	7682	3766	3916
吴中区	18593	8924	9669	12925	6461	6464
相城区	12175	6006	6169	8781	4478	4303
姑苏区	22565	10912	11653	13905	6964	6941
吴江区	25051	12320	12731	18298	9311	8987
苏州工业园区	14333	6613	7720	10459	4937	5522
常熟市	34178	16198	17980	26807	13111	13696
张家港市	26769	12677	14092	20132	9872	10260
昆山市	23763	11410	12353	17085	8468	8617
太仓市	16970	8158	8812	11070	5526	5544
南通市	**226553**	**107139**	**119414**	**132213**	**65741**	**66472**
崇川区	14102	6588	7514	9418	4569	4849
港闸区	6923	3252	3671	4445	2206	2239
通州区	32563	15351	17212	18899	9314	9585
如东县	34063	16262	17801	17561	8940	8621
南通经济技术开发区	4156	1977	2179	2843	1393	1450
通州湾示范区	3951	1833	2118	2094	1019	1075
苏锡通科技产业园区	2287	1120	1167	1568	806	762
启东市	33771	15486	18285	20942	10091	10851
如皋市	37673	18130	19543	19208	9908	9300
海门市	28892	13427	15465	19948	9578	10370
海安市	28172	13713	14459	15287	7917	7370
连云港市	**87728**	**42067**	**45661**	**51309**	**25791**	**25518**
连云区	3127	1483	1644	1999	991	1008
海州区	13369	6300	7069	8053	3950	4103
赣榆区	20358	9639	10719	11972	5938	6034
东海县	18104	8700	9404	11367	5680	5687
灌云县	15087	7371	7716	7855	4098	3757
灌南县	12895	6284	6611	7011	3624	3387
连云港经济技术开发区	1651	794	857	1028	521	507
连云港高新技术产业开发区	1610	772	838	1175	578	597
江苏连云港徐圩新区	884	425	459	505	251	254
江苏省连云港市云台山风景名胜区	643	299	344	344	160	184
淮安市	**95512**	**46992**	**48520**	**54541**	**28160**	**26381**
淮安区	19399	9546	9853	10699	5495	5204
淮阴区	15323	7629	7694	8269	4340	3929
清江浦区	9936	4750	5186	6058	3015	3043
洪泽区	6957	3427	3530	4152	2160	1992
涟水县	17841	8768	9073	10703	5511	5192
盱眙县	12938	6380	6558	6787	3520	3267
金湖县	7860	3846	4014	4508	2366	2142
淮安经济技术开发区	3277	1672	1605	2236	1159	1077
工业园区	349	170	179	152	92	60
生态文旅区	1049	498	551	668	336	332
苏淮高新区	583	306	277	309	166	143

8-1 续表 2

单位：人

地区	60岁及以上人口			健康		
	合计	男	女	小计	男	女
盐城市	**178090**	**86964**	**91126**	**96677**	**50114**	**46563**
亭湖区	13936	6822	7114	7683	3978	3705
盐都区	16576	8034	8542	9618	4886	4732
大丰区	19741	9462	10279	11466	5890	5576
响水县	10828	5238	5590	6019	3098	2921
滨海县	20334	10039	10295	8994	4813	4181
阜宁县	20696	10233	10463	10442	5496	4946
射阳县	21814	10696	11118	11383	6003	5380
建湖县	16933	8356	8577	9601	4882	4719
盐城经济技术开发区	2006	953	1053	1042	527	515
江苏省盐南高新区	3815	1829	1986	2818	1383	1435
东台市	31411	15302	16109	17611	9158	8453
扬州市	**116381**	**56664**	**59717**	**75443**	**38182**	**37261**
广陵区	11925	5810	6115	8146	4141	4005
邗江区	12868	6211	6657	9095	4542	4553
江都区	27645	13207	14438	18476	9121	9355
宝应县	20704	10191	10513	13410	6896	6514
扬州经济技术开发区	4297	2102	2195	2790	1417	1373
蜀冈瘦西湖景区	2751	1325	1426	2058	1010	1048
生态新城	1518	768	750	1035	548	487
仪征市	12948	6386	6562	7189	3710	3479
高邮市	21725	10664	11061	13244	6797	6447
镇江市	**72510**	**35206**	**37304**	**44842**	**22751**	**22091**
京口区	7927	3760	4167	5387	2654	2733
润州区	5583	2752	2831	3284	1674	1610
丹徒区	7971	3946	4025	4607	2381	2226
镇江新区	5063	2455	2608	3352	1694	1658
江苏镇江高新区	1106	541	565	818	410	408
丹阳市	22210	10763	11447	13640	6931	6709
扬中市	7929	3802	4127	5122	2589	2533
句容市	14721	7187	7534	8632	4418	4214
泰州市	**123424**	**60011**	**63413**	**77001**	**39038**	**37963**
海陵区	12817	6187	6630	8231	4127	4104
高港区	6744	3272	3472	4389	2212	2177
姜堰区	20213	10014	10199	11065	5733	5332
泰州医药高新技术产业开发区	3875	1878	1997	2451	1254	1197
兴化市	33712	16530	17182	21429	10925	10504
靖江市	17656	8521	9135	12815	6406	6409
泰兴市	28407	13609	14798	16621	8381	8240
宿迁市	**84323**	**41270**	**43053**	**42159**	**21763**	**20396**
宿城区	10530	5185	5345	5339	2745	2594
宿豫区	7694	3768	3926	3275	1715	1560
沭阳县	28967	14170	14797	13317	6967	6350
泗阳县	15573	7538	8035	8092	4095	3997
泗洪县	13749	6751	6998	8284	4228	4056
宿迁经济技术开发区	2398	1207	1191	1308	682	626
宿迁市湖滨新区	2478	1227	1251	1176	637	539
苏州宿迁工业园区	101	48	53	83	37	46
宿迁市洋河新区	2833	1376	1457	1285	657	628

8-1 续表 3 单位：人

地区	基本健康			不健康，但生活能自理			不健康，生活不能自理		
	小计	男	女	小计	男	女	小计	男	女
江 苏	**518292**	**232296**	**285996**	**133259**	**61258**	**72001**	**35097**	**15245**	**19852**
南京市	**49036**	**22140**	**26896**	**9814**	**4559**	**5255**	**3577**	**1605**	**1972**
玄武区	3578	1601	1977	642	300	342	227	95	132
秦淮区	6089	2710	3379	1031	460	571	403	164	239
建邺区	2449	1097	1352	458	200	258	177	70	107
鼓楼区	6927	3074	3853	1107	465	642	485	199	286
浦口区	2111	957	1154	557	240	317	167	69	98
栖霞区	4102	1857	2245	868	389	479	371	163	208
雨花台区	2495	1153	1342	572	250	322	234	110	124
江宁区	7695	3498	4197	1492	718	774	535	287	248
六合区	4120	1857	2263	937	473	464	313	140	173
溧水区	2806	1284	1522	732	373	359	225	104	121
高淳区	3302	1553	1749	780	414	366	172	87	85
南京江北新区	3362	1499	1863	638	277	361	268	117	151
无锡市	**35877**	**16035**	**19842**	**6846**	**3329**	**3517**	**2908**	**1281**	**1627**
锡山区	3094	1373	1721	626	314	312	258	116	142
惠山区	3309	1478	1831	639	296	343	252	113	139
滨湖区	3149	1408	1741	496	234	262	292	120	172
梁溪区	5634	2590	3044	954	436	518	575	245	330
新吴区	2552	1147	1405	439	219	220	160	74	86
江苏无锡经济开发区	810	365	445	179	95	84	96	30	66
江阴市	8999	3967	5032	1798	869	929	558	250	308
宜兴市	8330	3707	4623	1715	866	849	717	333	384
徐州市	**54705**	**24592**	**30113**	**16413**	**7338**	**9075**	**3304**	**1427**	**1877**
鼓楼区	2718	1197	1521	449	212	237	148	65	83
云龙区	1926	863	1063	315	135	180	144	68	76
贾汪区	3012	1322	1690	764	354	410	152	65	87
泉山区	3834	1652	2182	808	325	483	281	126	155
铜山区	6844	3106	3738	2460	1111	1349	481	197	284
丰县	7173	3244	3929	2515	1087	1428	468	210	258
沛县	6915	3112	3803	2208	1021	1187	436	164	272
睢宁县	7292	3400	3892	2567	1143	1424	399	161	238
徐州经济技术开发区	1498	636	862	457	217	240	111	56	55
新沂市	5444	2377	3067	1619	724	895	333	147	186
邳州市	8049	3683	4366	2251	1009	1242	351	168	183
常州市	**27938**	**12579**	**15359**	**5769**	**2771**	**2998**	**2036**	**915**	**1121**
天宁区	3839	1735	2104	715	351	364	344	138	206
钟楼区	3305	1494	1811	594	276	318	283	113	170
新北区	3687	1627	2060	724	318	406	280	120	160
武进区	5124	2339	2785	1051	499	552	406	196	210
金坛区	4389	2001	2388	847	435	412	250	108	142
江苏省常州市经济开发区	2062	930	1132	347	159	188	117	57	60
溧阳市	5532	2453	3079	1491	733	758	356	183	173

8-1 续表 4

单位：人

地 区	基本健康			不健康，但生活能自理			不健康，生活不能自理		
	小计	男	女	小计	男	女	小计	男	女
苏州市	**48475**	**21229**	**27246**	**6880**	**3029**	**3851**	**2734**	**1197**	**1537**
虎丘区	2572	1115	1457	444	195	249	138	55	83
吴中区	4660	2036	2624	724	305	419	284	122	162
相城区	2790	1250	1540	420	190	230	184	88	96
姑苏区	7329	3351	3978	944	414	530	387	183	204
吴江区	5596	2496	3100	836	378	458	321	135	186
苏州工业园区	3350	1447	1903	358	156	202	166	73	93
常熟市	6110	2531	3579	840	362	478	421	194	227
张家港市	5396	2257	3139	866	394	472	375	154	221
昆山市	5714	2540	3174	711	298	413	253	104	149
太仓市	4958	2206	2752	737	337	400	205	89	116
南通市	**69169**	**30305**	**38864**	**19287**	**8635**	**10652**	**5884**	**2458**	**3426**
崇川区	3848	1675	2173	552	229	323	284	115	169
港闸区	1994	828	1166	309	144	165	175	74	101
通州区	10746	4690	6056	2208	1038	1170	710	309	401
如东县	11314	5043	6271	4135	1830	2305	1053	449	604
南通经济技术开发区	1130	504	626	129	55	74	54	25	29
通州湾示范区	1294	566	728	430	197	233	133	51	82
苏锡通科技产业园区	543	228	315	132	66	66	44	20	24
启东市	9159	3831	5328	2772	1195	1577	898	369	529
如皋市	12962	5755	7207	4333	1988	2345	1170	479	691
海门市	6871	2973	3898	1446	635	811	627	241	386
海安市	9308	4212	5096	2841	1258	1583	736	326	410
连云港市	**26322**	**11722**	**14600**	**8432**	**3823**	**4609**	**1665**	**731**	**934**
连云区	890	391	499	181	80	101	57	21	36
海州区	4204	1871	2333	898	390	508	214	89	125
赣榆区	5862	2560	3302	2082	968	1114	442	173	269
东海县	4964	2190	2774	1433	662	771	340	168	172
灌云县	5093	2335	2758	1848	800	1048	291	138	153
灌南县	4051	1831	2220	1588	725	863	245	104	141
连云港经济技术开发区	460	188	272	126	66	60	37	19	18
连云港高新技术产业开发区	326	144	182	87	38	49	22	12	10
江苏连云港徐圩新区	273	124	149	96	45	51	10	5	5
江苏省连云港市云台山风景名胜区	199	88	111	93	49	44	7	2	5
淮安市	**29917**	**13680**	**16237**	**9078**	**4262**	**4816**	**1976**	**890**	**1086**
淮安区	6135	2833	3302	2108	1002	1106	457	216	241
淮阴区	5167	2407	2760	1603	764	839	284	118	166
清江浦区	2984	1319	1665	703	334	369	191	82	109
洪泽区	2050	903	1147	594	292	302	161	72	89
涟水县	5157	2357	2800	1694	764	930	287	136	151
盱眙县	4364	2023	2341	1448	683	765	339	154	185
金湖县	2532	1115	1417	634	285	349	186	80	106
淮安经济技术开发区	853	417	436	154	81	73	34	15	19
工业园区	138	57	81	47	16	31	12	5	7
生态文旅区	305	133	172	57	22	35	19	7	12
苏淮高新区	232	116	116	36	19	17	6	5	1

8-1 续表 5 单位：人

地区	基本健康			不健康，但生活能自理			不健康，生活不能自理		
	小计	男	女	小计	男	女	小计	男	女
盐城市	**59736**	**27151**	**32585**	**18230**	**8236**	**9994**	**3447**	**1463**	**1984**
亭湖区	4891	2250	2641	1143	505	638	219	89	130
盐都区	5323	2382	2941	1371	643	728	264	123	141
大丰区	5986	2612	3374	1839	777	1062	450	183	267
响水县	3310	1483	1827	1271	558	713	228	99	129
滨海县	8369	3872	4497	2495	1159	1336	476	195	281
阜宁县	7186	3330	3856	2660	1239	1421	408	168	240
射阳县	7559	3421	4138	2438	1088	1350	434	184	250
建湖县	5330	2485	2845	1741	868	873	261	121	140
盐城经济技术开发区	735	335	400	197	72	125	32	19	13
江苏省盐南高新区	775	341	434	176	83	93	46	22	24
东台市	10272	4640	5632	2899	1244	1655	629	260	369
扬州市	**32425**	**14523**	**17902**	**6805**	**3195**	**3610**	**1708**	**764**	**944**
广陵区	3250	1431	1819	393	184	209	136	54	82
邗江区	3177	1401	1776	438	204	234	158	64	94
江都区	7175	3143	4032	1508	721	787	486	222	264
宝应县	5649	2533	3116	1395	646	749	250	116	134
扬州经济技术开发区	1303	591	712	162	74	88	42	20	22
蜀冈瘦西湖景区	583	260	323	82	38	44	28	17	11
生态新城	413	186	227	54	26	28	16	8	8
仪征市	4379	2012	2367	1154	556	598	226	108	118
高邮市	6496	2966	3530	1619	746	873	366	155	211
镇江市	**21410**	**9542**	**11868**	**4941**	**2326**	**2615**	**1317**	**587**	**730**
京口区	2212	977	1235	238	97	141	90	32	58
润州区	1887	891	996	308	137	171	104	50	54
丹徒区	2586	1187	1399	649	327	322	129	51	78
镇江新区	1303	595	708	273	114	159	135	52	83
江苏镇江高新区	258	113	145	22	15	7	8	3	5
丹阳市	6465	2827	3638	1677	807	870	428	198	230
扬中市	2097	894	1203	510	233	277	200	86	114
句容市	4602	2058	2544	1264	596	668	223	115	108
泰州市	**34599**	**15456**	**19143**	**9521**	**4540**	**4981**	**2303**	**977**	**1326**
海陵区	3460	1549	1911	865	395	470	261	116	145
高港区	1730	746	984	468	241	227	157	73	84
姜堰区	6935	3212	3723	1796	875	921	417	194	223
泰州医药高新技术产业开发区	1084	477	607	250	109	141	90	38	52
兴化市	9326	4193	5133	2560	1235	1325	397	177	220
靖江市	3603	1545	2058	915	441	474	323	129	194
泰兴市	8461	3734	4727	2667	1244	1423	658	250	408
宿迁市	**28683**	**13342**	**15341**	**11243**	**5215**	**6028**	**2238**	**950**	**1288**
宿城区	3651	1730	1921	1199	564	635	341	146	195
宿豫区	2819	1309	1510	1300	609	691	300	135	165
沭阳县	10338	4794	5544	4469	2061	2408	843	348	495
泗阳县	5571	2560	3011	1577	739	838	333	144	189
泗洪县	3519	1654	1865	1715	780	935	231	89	142
宿迁经济技术开发区	802	380	422	236	119	117	52	26	26
宿迁市湖滨新区	961	435	526	289	132	157	52	23	29
苏州宿迁工业园区	11	7	4	6	4	2	1		1
宿迁市洋河新区	1011	473	538	452	207	245	85	39	46

8-1a　各地区分性别、健康状况的60岁及以上老年人口(城市)

单位：人

地　区	60岁及以上人口			健　康		
	合计	男	女	小计	男	女
江　苏	**661838**	**317281**	**344557**	**442888**	**219823**	**223065**
南京市	**130414**	**62514**	**67900**	**84294**	**41868**	**42426**
玄武区	10805	5121	5684	6358	3125	3233
秦淮区	18988	8990	9998	11465	5656	5809
建邺区	9563	4570	4993	6479	3203	3276
鼓楼区	21862	10271	11591	13343	6533	6810
浦口区	5036	2479	2557	3280	1680	1600
栖霞区	12241	5944	6297	7602	3858	3744
雨花台区	8887	4377	4510	5704	2916	2788
江宁区	16765	8044	8721	11489	5650	5839
六合区	4203	2050	2153	2929	1476	1453
溧水区	3800	1876	1924	2742	1391	1351
高淳区	4106	2068	2038	2810	1455	1355
南京江北新区	14158	6724	7434	10093	4925	5168
无锡市	**84376**	**40903**	**43473**	**58948**	**29445**	**29503**
锡山区	6133	3031	3102	4629	2343	2286
惠山区	7175	3553	3622	5191	2646	2545
滨湖区	11027	5338	5689	7327	3680	3647
梁溪区	21601	10379	11222	14438	7108	7330
新吴区	9280	4522	4758	6462	3229	3233
江苏无锡经济开发区	4782	2334	2448	3697	1844	1853
江阴市	14029	6752	7277	9741	4879	4862
宜兴市	10349	4994	5355	7463	3716	3747
徐州市	**47498**	**22470**	**25028**	**29583**	**14607**	**14976**
鼓楼区	7929	3791	4138	4614	2317	2297
云龙区	6730	3223	3507	4540	2237	2303
贾汪区	2961	1367	1594	1786	876	910
泉山区	12881	6044	6837	7958	3941	4017
铜山区	4909	2332	2577	2872	1427	1445
丰县						
沛县						
睢宁县						
徐州经济技术开发区	76	38	38	34	19	15
新沂市	4333	2035	2298	2752	1362	1390
邳州市	7679	3640	4039	5027	2428	2599
常州市	**54679**	**26513**	**28166**	**37337**	**18707**	**18630**
天宁区	11274	5423	5851	7222	3590	3632
钟楼区	11718	5621	6097	7849	3874	3975
新北区	8533	4101	4432	5936	2973	2963
武进区	8570	4188	4382	6094	3051	3043
金坛区	5821	2847	2974	3999	2026	1973
江苏省常州市经济开发区	3075	1517	1558	2047	1049	998
溧阳市	5688	2816	2872	4190	2144	2046

8-1a 续表 1

单位：人

地区	60岁及以上人口			健康		
	合计	男	女	小计	男	女
苏州市	**97768**	**46735**	**51033**	**70660**	**34711**	**35949**
虎丘区	9439	4444	4995	6838	3328	3510
吴中区	9042	4338	4704	6620	3268	3352
相城区	10126	4989	5137	7440	3789	3651
姑苏区	22565	10912	11653	13905	6964	6941
吴江区	6924	3317	3607	5415	2634	2781
苏州工业园区						
常熟市	13175	6229	6946	10736	5211	5525
张家港市	7312	3382	3930	5648	2682	2966
昆山市	14099	6686	7413	10507	5108	5399
太仓市	5086	2438	2648	3551	1727	1824
南通市	**64732**	**30528**	**34204**	**41458**	**20387**	**21071**
崇川区	14102	6588	7514	9418	4569	4849
港闸区	6837	3209	3628	4385	2172	2213
通州区	8606	4065	4541	5571	2743	2828
如东县						
南通经济技术开发区						
通州湾示范区						
苏锡通科技产业园区						
启东市	9413	4396	5017	6350	3064	3286
如皋市	7862	3699	4163	4321	2151	2170
海门市	7165	3415	3750	5460	2657	2803
海安市	10747	5156	5591	5953	3031	2922
连云港市	**17516**	**8211**	**9305**	**10956**	**5352**	**5604**
连云区	3025	1430	1595	1941	960	981
海州区	10116	4753	5363	6320	3089	3231
赣榆区	4023	1858	2165	2464	1189	1275
东海县	173	79	94	132	64	68
灌云县						
灌南县						
连云港经济技术开发区						
连云港高新技术产业开发区						
江苏连云港徐圩新区	68	36	32	40	22	18
江苏省连云港市云台山风景名胜区	111	55	56	59	28	31
淮安市	**19728**	**9527**	**10201**	**12403**	**6255**	**6148**
淮安区	5082	2477	2605	3067	1567	1500
淮阴区	3924	1901	2023	2452	1254	1198
清江浦区	8449	4017	4432	5304	2621	2683
洪泽区	2273	1132	1141	1580	813	767
涟水县						
盱眙县						
金湖县						
淮安经济技术开发区						
工业园区						
生态文旅区						
苏淮高新区						

8-1a　续表 2

单位：人

地　区	60岁及以上人口			健　康		
	合计	男	女	小计	男	女
盐城市	**28485**	**13901**	**14584**	**18085**	**9235**	**8850**
亭湖区	9060	4469	4591	5389	2780	2609
盐都区	3552	1738	1814	2593	1309	1284
大丰区	3915	1859	2056	2546	1268	1278
响水县						
滨海县						
阜宁县						
射阳县						
建湖县						
盐城经济技术开发区	38	20	18	7	3	4
江苏省盐南高新区	3815	1829	1986	2818	1383	1435
东台市	8105	3986	4119	4732	2492	2240
扬州市	**37685**	**18168**	**19517**	**26118**	**12981**	**13137**
广陵区	8410	4090	4320	5814	2936	2878
邗江区	8414	4045	4369	6148	3052	3096
江都区	6080	2897	3183	4570	2230	2340
宝应县						
扬州经济技术开发区						
蜀冈瘦西湖景区	2751	1325	1426	2058	1010	1048
生态新城	630	322	308	434	238	196
仪征市	5794	2797	2997	3244	1594	1650
高邮市	5606	2692	2914	3850	1921	1929
镇江市	**31574**	**15185**	**16389**	**21196**	**10535**	**10661**
京口区	7630	3618	4012	5174	2549	2625
润州区	5577	2749	2828	3279	1672	1607
丹徒区	2531	1246	1285	1616	825	791
镇江新区						
江苏镇江高新区	1106	541	565	818	410	408
丹阳市	6710	3166	3544	4796	2327	2469
扬中市	3109	1488	1621	2085	1050	1035
句容市	4911	2377	2534	3428	1702	1726
泰州市	**37910**	**18092**	**19818**	**26713**	**13177**	**13536**
海陵区	10312	4953	5359	6852	3405	3447
高港区	2735	1303	1432	2047	1012	1035
姜堰区	6094	2964	3130	3922	1965	1957
泰州医药高新技术产业开发区						
兴化市	5593	2679	2914	4060	1996	2064
靖江市	6068	2883	3185	4763	2335	2428
泰兴市	7108	3310	3798	5069	2464	2605
宿迁市	**9473**	**4534**	**4939**	**5137**	**2563**	**2574**
宿城区	4743	2263	2480	2693	1320	1373
宿豫区	2351	1129	1222	1245	627	618
沭阳县						
泗阳县						
泗洪县						
宿迁经济技术开发区						
宿迁市湖滨新区	950	468	482	501	274	227
苏州宿迁工业园区	101	48	53	83	37	46
宿迁市洋河新区	1328	626	702	615	305	310

8-1a 续表 3

单位：人

地区	基本健康			不健康，但生活能自理			不健康，生活不能自理		
	小计	男	女	小计	男	女	小计	男	女
江　苏	**174228**	**77491**	**96737**	**32379**	**14613**	**17766**	**12343**	**5354**	**6989**
南京市	**36685**	**16453**	**20232**	**6711**	**3015**	**3696**	**2724**	**1178**	**1546**
玄武区	3578	1601	1977	642	300	342	227	95	132
秦淮区	6089	2710	3379	1031	460	571	403	164	239
建邺区	2449	1097	1352	458	200	258	177	70	107
鼓楼区	6927	3074	3853	1107	465	642	485	199	286
浦口区	1371	621	750	283	130	153	102	48	54
栖霞区	3574	1614	1960	735	326	409	330	146	184
雨花台区	2396	1110	1286	557	244	313	230	107	123
江宁区	4276	1924	2352	716	334	382	284	136	148
六合区	1021	450	571	181	95	86	72	29	43
溧水区	798	364	434	173	82	91	87	39	48
高淳区	1006	467	539	229	118	111	61	28	33
南京江北新区	3200	1421	1779	599	261	338	266	117	149
无锡市	**20250**	**9087**	**11163**	**3472**	**1648**	**1824**	**1706**	**723**	**983**
锡山区	1180	535	645	223	108	115	101	45	56
惠山区	1599	723	876	261	134	127	124	50	74
滨湖区	2997	1340	1657	463	215	248	240	103	137
梁溪区	5634	2590	3044	954	436	518	575	245	330
新吴区	2272	1030	1242	399	196	203	147	67	80
江苏无锡经济开发区	810	365	445	179	95	84	96	30	66
江阴市	3417	1472	1945	637	297	340	234	104	130
宜兴市	2341	1032	1309	356	167	189	189	79	110
徐州市	**13913**	**6108**	**7805**	**3087**	**1341**	**1746**	**915**	**414**	**501**
鼓楼区	2718	1197	1521	449	212	237	148	65	83
云龙区	1772	800	972	279	119	160	139	67	72
贾汪区	938	389	549	171	76	95	66	26	40
泉山区	3834	1652	2182	808	325	483	281	126	155
铜山区	1478	662	816	460	203	257	99	40	59
丰县									
沛县									
睢宁县									
徐州经济技术开发区	19	9	10	18	7	11	5	3	2
新沂市	1211	521	690	302	124	178	68	28	40
邳州市	1943	878	1065	600	275	325	109	59	50
常州市	**13749**	**6193**	**7556**	**2515**	**1158**	**1357**	**1078**	**455**	**623**
天宁区	3132	1421	1711	611	291	320	309	121	188
钟楼区	3061	1387	1674	545	253	292	263	107	156
新北区	2046	886	1160	407	183	224	144	59	85
武进区	1944	895	1049	356	155	201	176	87	89
金坛区	1500	679	821	240	107	133	82	35	47
江苏省常州市经济开发区	836	379	457	141	64	77	51	25	26
溧阳市	1230	546	684	215	105	110	53	21	32

8-1a 续表 4

单位：人

地区	基本健康			不健康，但生活能自理			不健康，生活不能自理		
	小计	男	女	小计	男	女	小计	男	女
苏州市	**22733**	**10102**	**12631**	**3030**	**1330**	**1700**	**1345**	**592**	**753**
虎丘区	2150	927	1223	334	146	188	117	43	74
吴中区	2002	902	1100	278	113	165	142	55	87
相城区	2227	993	1234	319	144	175	140	63	77
姑苏区	7329	3351	3978	944	414	530	387	183	204
吴江区	1278	572	706	160	78	82	71	33	38
苏州工业园区									
常熟市	2025	821	1204	240	109	131	174	88	86
张家港市	1367	570	797	186	88	98	111	42	69
昆山市	3048	1351	1697	402	170	232	142	57	85
太仓市	1307	615	692	167	68	99	61	28	33
南通市	**18123**	**7860**	**10263**	**3731**	**1661**	**2070**	**1420**	**620**	**800**
崇川区	3848	1675	2173	552	229	323	284	115	169
港闸区	1973	820	1153	307	143	164	172	74	98
通州区	2430	1052	1378	444	201	243	161	69	92
如东县									
南通经济技术开发区									
通州湾示范区									
苏锡通科技产业园区									
启东市	2258	970	1288	572	248	324	233	114	119
如皋市	2641	1144	1497	684	318	366	216	86	130
海门市	1390	599	791	219	109	110	96	50	46
海安市	3583	1600	1983	953	413	540	258	112	146
连云港市	**5216**	**2294**	**2922**	**1050**	**449**	**601**	**294**	**116**	**178**
连云区	858	375	483	170	74	96	56	21	35
海州区	3124	1389	1735	524	216	308	148	59	89
赣榆区	1140	490	650	332	145	187	87	34	53
东海县	38	14	24	3	1	2			
灌云县									
灌南县									
连云港经济技术开发区									
连云港高新技术产业开发区									
江苏连云港徐圩新区	20	10	10	5	2	3	3	2	1
江苏省连云港市云台山风景名胜区	36	16	20	16	11	5			
淮安市	**5667**	**2504**	**3163**	**1270**	**608**	**662**	**388**	**160**	**228**
淮安区	1507	676	831	389	182	207	119	52	67
淮阴区	1164	505	659	247	121	126	61	21	40
清江浦区	2479	1093	1386	509	235	274	157	68	89
洪泽区	517	230	287	125	70	55	51	19	32
涟水县									
盱眙县									
金湖县									
淮安经济技术开发区									
工业园区									
生态文旅区									
苏淮高新区									

8-1a 续表 5

单位：人

地　区	基本健康			不健康，但生活能自理			不健康，生活不能自理		
	小计	男	女	小计	男	女	小计	男	女
盐城市	**8147**	**3663**	**4484**	**1793**	**804**	**989**	**460**	**199**	**261**
亭湖区	2932	1358	1574	616	277	339	123	54	69
盐都区	774	348	426	145	62	83	40	19	21
大丰区	1060	463	597	222	92	130	87	36	51
响水县									
滨海县									
阜宁县									
射阳县									
建湖县									
盐城经济技术开发区	30	16	14	1	1				
江苏省盐南高新区	775	341	434	176	83	93	46	22	24
东台市	2576	1137	1439	633	289	344	164	68	96
扬州市	**9648**	**4331**	**5317**	**1412**	**628**	**784**	**507**	**228**	**279**
广陵区	2305	1038	1267	199	83	116	92	33	59
邗江区	1962	862	1100	215	95	120	89	36	53
江都区	1195	519	676	204	95	109	111	53	58
宝应县									
扬州经济技术开发区									
蜀冈瘦西湖景区	583	260	323	82	38	44	28	17	11
生态新城	179	79	100	9	1	8	8	4	4
仪征市	2038	956	1082	409	189	220	103	58	45
高邮市	1386	617	769	294	127	167	76	27	49
镇江市	**8504**	**3798**	**4706**	**1405**	**642**	**763**	**469**	**210**	**259**
京口区	2143	946	1197	228	93	135	85	30	55
润州区	1886	890	996	308	137	171	104	50	54
丹徒区	720	329	391	154	77	77	41	15	26
镇江新区									
江苏镇江高新区	258	113	145	22	15	7	8	3	5
丹阳市	1525	659	866	286	132	154	103	48	55
扬中市	805	341	464	146	61	85	73	36	37
句容市	1167	520	647	261	127	134	55	28	27
泰州市	**8546**	**3741**	**4805**	**1950**	**880**	**1070**	**701**	**294**	**407**
海陵区	2654	1179	1475	607	277	330	199	92	107
高港区	496	205	291	129	58	71	63	28	35
姜堰区	1709	784	925	327	155	172	136	60	76
泰州医药高新技术产业开发区									
兴化市	1229	547	682	242	106	136	62	30	32
靖江市	989	405	584	217	104	113	99	39	60
泰兴市	1469	621	848	428	180	248	142	45	97
宿迁市	**3047**	**1357**	**1690**	**953**	**449**	**504**	**336**	**165**	**171**
宿城区	1491	678	813	378	179	199	181	86	95
宿豫区	765	329	436	237	118	119	104	55	49
沭阳县									
泗阳县									
泗洪县									
宿迁经济技术开发区									
宿迁市湖滨新区	317	136	181	116	51	65	16	7	9
苏州宿迁工业园区	11	7	4	6	4	2	1		1
宿迁市洋河新区	463	207	256	216	97	119	34	17	17

8-1b 各地区分性别、健康状况的60岁及以上老年人口(镇)

单位：人

地区	60岁及以上人口			健康		
	合计	男	女	小计	男	女
江苏	**419776**	**202736**	**217040**	**255417**	**128832**	**126585**
南京市	**2705**	**1302**	**1403**	**1761**	**873**	**888**
玄武区						
秦淮区						
建邺区						
鼓楼区						
浦口区	63	29	34	33	15	18
栖霞区						
雨花台区	223	105	118	105	53	52
江宁区						
六合区	1395	662	733	1054	510	544
溧水区	671	319	352	407	202	205
高淳区	353	187	166	162	93	69
南京江北新区						
无锡市	**22595**	**11090**	**11505**	**15223**	**7775**	**7448**
锡山区	5457	2678	2779	3789	1923	1866
惠山区	1942	923	1019	1227	616	611
滨湖区						
梁溪区						
新吴区						
江苏无锡经济开发区						
江阴市	8471	4112	4359	5747	2919	2828
宜兴市	6725	3377	3348	4460	2317	2143
徐州市	**46523**	**22073**	**24450**	**24717**	**12324**	**12393**
鼓楼区						
云龙区	359	166	193	164	86	78
贾汪区	1557	734	823	837	416	421
泉山区						
铜山区	6168	2913	3255	3478	1725	1753
丰县	8419	3954	4465	4076	1982	2094
沛县	9330	4382	4948	5117	2502	2615
睢宁县	8895	4341	4554	4290	2256	2034
徐州经济技术开发区	3570	1674	1896	2035	1005	1030
新沂市	2962	1377	1585	1486	738	748
邳州市	5263	2532	2731	3234	1614	1620
常州市	**13242**	**6515**	**6727**	**8311**	**4270**	**4041**
天宁区	906	434	472	607	299	308
钟楼区						
新北区	2456	1177	1279	1582	793	789
武进区	3218	1595	1623	2176	1114	1062
金坛区	1952	992	960	1163	608	555
江苏省常州市经济开发区	1366	674	692	894	469	425
溧阳市	3344	1643	1701	1889	987	902

8-1b 续表 1

单位：人

地　区	60岁及以上人口			健　康		
	合计	男	女	小计	男	女
苏州市	**51804**	**24790**	**27014**	**37443**	**18517**	**18926**
虎丘区	108	54	54	59	33	26
吴中区	2945	1429	1516	2068	1050	1018
相城区	1018	504	514	671	344	327
姑苏区						
吴江区	7698	3875	3823	5336	2793	2543
苏州工业园区	14333	6613	7720	10459	4937	5522
常熟市	7629	3632	3997	6220	3057	3163
张家港市	10313	4905	5408	7747	3816	3931
昆山市	3001	1466	1535	2035	1039	996
太仓市	4759	2312	2447	2848	1448	1400
南通市	**65746**	**31323**	**34423**	**38472**	**19237**	**19235**
崇川区						
港闸区						
通州区	10165	4847	5318	5791	2857	2934
如东县	17314	8239	9075	9406	4735	4671
南通经济技术开发区	4156	1977	2179	2843	1393	1450
通州湾示范区	1305	608	697	724	349	375
苏锡通科技产业园区	926	459	467	610	321	289
启东市	6434	2956	3478	4121	2010	2111
如皋市	12503	6035	6468	6663	3458	3205
海门市	7790	3635	4155	5411	2593	2818
海安市	5153	2567	2586	2903	1521	1382
连云港市	**28891**	**13896**	**14995**	**17616**	**8829**	**8787**
连云区	7	7		4	4	
海州区	1060	501	559	603	295	308
赣榆区	5925	2773	3152	3532	1731	1801
东海县	6824	3290	3534	4503	2250	2253
灌云县	6248	3045	3203	3454	1781	1673
灌南县	5193	2537	2656	3063	1556	1507
连云港经济技术开发区	1179	571	608	785	391	394
连云港高新技术产业开发区	1610	772	838	1175	578	597
江苏连云港徐圩新区	789	375	414	465	229	236
江苏省连云港市云台山风景名胜区	56	25	31	32	14	18
淮安市	**28293**	**13877**	**14416**	**17294**	**8789**	**8505**
淮安区	3154	1569	1585	1744	887	857
淮阴区	2592	1265	1327	1447	731	716
清江浦区	175	86	89	102	55	47
洪泽区	827	407	420	452	241	211
涟水县	6874	3315	3559	4391	2188	2203
盱眙县	6777	3281	3496	3874	1951	1923
金湖县	2887	1428	1459	2039	1051	988
淮安经济技术开发区	3277	1672	1605	2236	1159	1077
工业园区	155	79	76	69	43	26
生态文旅区	1049	498	551	668	336	332
苏淮高新区	526	277	249	272	147	125

8-1b　续表 2　　　　单位：人

地　　区	60岁及以上人口			健　　康		
	合计	男	女	小计	男	女
盐城市	**57529**	**27950**	**29579**	**32416**	**16579**	**15837**
亭湖区	1555	740	815	761	392	369
盐都区	2239	1082	1157	1321	661	660
大丰区	6115	2900	3215	3362	1698	1664
响水县	5065	2409	2656	3010	1492	1518
滨海县	8690	4235	4455	4426	2337	2089
阜宁县	9016	4393	4623	4675	2407	2268
射阳县	10292	5053	5239	5865	3031	2834
建湖县	6921	3390	3531	4659	2311	2348
盐城经济技术开发区	1108	525	583	667	334	333
江苏省盐南高新区						
东台市	6528	3223	3305	3670	1916	1754
扬州市	**25509**	**12399**	**13110**	**17158**	**8646**	**8512**
广陵区	1035	512	523	644	342	302
邗江区	1380	669	711	967	478	489
江都区	6660	3189	3471	4356	2176	2180
宝应县	7810	3776	4034	5566	2780	2786
扬州经济技术开发区	3745	1827	1918	2530	1278	1252
蜀冈瘦西湖景区						
生态新城	324	156	168	201	100	101
仪征市	1444	738	706	861	470	391
高邮市	3111	1532	1579	2033	1022	1011
镇江市	**18093**	**8882**	**9211**	**11057**	**5710**	**5347**
京口区	77	34	43	51	21	30
润州区						
丹徒区	1931	969	962	1074	569	505
镇江新区	4059	1947	2112	2763	1368	1395
江苏镇江高新区						
丹阳市	8752	4332	4420	5258	2777	2481
扬中市	1425	687	738	888	449	439
句容市	1849	913	936	1023	526	497
泰州市	**27800**	**13653**	**14147**	**17652**	**9027**	**8625**
海陵区	852	416	436	451	228	223
高港区	1236	602	634	717	365	352
姜堰区	3392	1725	1667	1857	1000	857
泰州医药高新技术产业开发区	3419	1665	1754	2270	1162	1108
兴化市	8871	4426	4445	6055	3116	2939
靖江市	3177	1514	1663	2262	1112	1150
泰兴市	6853	3305	3548	4040	2044	1996
宿迁市	**31046**	**14986**	**16060**	**16297**	**8256**	**8041**
宿城区	728	358	370	379	192	187
宿豫区	1158	567	591	527	278	249
沭阳县	13473	6530	6943	6395	3297	3098
泗阳县	7075	3380	3695	3868	1905	1963
泗洪县	6843	3287	3556	4005	2011	1994
宿迁经济技术开发区	1464	717	747	939	481	458
宿迁市湖滨新区	305	147	158	184	92	92
苏州宿迁工业园区						
宿迁市洋河新区						

8-1b 续表 3

单位：人

地　区	基本健康			不健康，但生活能自理			不健康，生活不能自理		
	小计	男	女	小计	男	女	小计	男	女
江　苏	**124255**	**55697**	**68558**	**32046**	**14682**	**17364**	**8058**	**3525**	**4533**
南京市	**780**	**353**	**427**	**123**	**54**	**69**	**41**	**22**	**19**
玄武区									
秦淮区									
建邺区									
鼓楼区									
浦口区	24	11	13	3	1	2	3	2	1
栖霞区									
雨花台区	99	43	56	15	6	9	4	3	1
江宁区									
六合区	271	122	149	53	22	31	17	8	9
溧水区	217	94	123	35	17	18	12	6	6
高淳区	169	83	86	17	8	9	5	3	2
南京江北新区									
无锡市	**5748**	**2538**	**3210**	**1131**	**551**	**580**	**493**	**226**	**267**
锡山区	1273	560	713	286	143	143	109	52	57
惠山区	576	243	333	92	43	49	47	21	26
滨湖区									
梁溪区									
新吴区									
江苏无锡经济开发区									
江阴市	2198	960	1238	387	178	209	139	55	84
宜兴市	1701	775	926	366	187	179	198	98	100
徐州市	**16275**	**7324**	**8951**	**4592**	**2031**	**2561**	**939**	**394**	**545**
鼓楼区									
云龙区	154	63	91	36	16	20	5	1	4
贾汪区	575	253	322	118	57	61	27	8	19
泉山区									
铜山区	1874	834	1040	675	298	377	141	56	85
丰县	3277	1509	1768	886	383	503	180	80	100
沛县	3177	1427	1750	829	376	453	207	77	130
睢宁县	3287	1509	1778	1118	488	630	200	88	112
徐州经济技术开发区	1157	496	661	298	134	164	80	39	41
新沂市	1141	481	660	275	130	145	60	28	32
邳州市	1633	752	881	357	149	208	39	17	22
常州市	**3943**	**1786**	**2157**	**709**	**329**	**380**	**279**	**130**	**149**
天宁区	245	99	146	38	27	11	16	9	7
钟楼区									
新北区	689	312	377	114	42	72	71	30	41
武进区	836	381	455	143	72	71	63	28	35
金坛区	673	326	347	91	49	42	25	9	16
江苏省常州市经济开发区	377	167	210	66	25	41	29	13	16
溧阳市	1123	501	622	257	114	143	75	41	34

8-1b　续表 4　　　　单位：人

地　　区	基本健康			不健康，但生活能自理			不健康，生活不能自理		
	小计	男	女	小计	男	女	小计	男	女
苏州市	**12081**	**5287**	**6794**	**1632**	**714**	**918**	**648**	**272**	**376**
虎丘区	39	14	25	6	3	3	4	4	
吴中区	724	311	413	116	53	63	37	15	22
相城区	284	139	145	48	18	30	15	3	12
姑苏区									
吴江区	1963	906	1057	289	134	155	110	42	68
苏州工业园区	3350	1447	1903	358	156	202	166	73	93
常熟市	1138	481	657	182	59	123	89	35	54
张家港市	2073	867	1206	350	159	191	143	63	80
昆山市	868	389	479	71	28	43	27	10	17
太仓市	1642	733	909	212	104	108	57	27	30
南通市	**20000**	**8872**	**11128**	**5594**	**2485**	**3109**	**1680**	**729**	**951**
崇川区									
港闸区									
通州区	3544	1587	1957	623	310	313	207	93	114
如东县	5478	2432	3046	1902	854	1048	528	218	310
南通经济技术开发区	1130	504	626	129	55	74	54	25	29
通州湾示范区	428	184	244	114	54	60	39	21	18
苏锡通科技产业园区	249	106	143	47	23	24	20	9	11
启东市	1664	686	978	485	192	293	164	68	96
如皋市	4040	1796	2244	1431	620	811	369	161	208
海门市	1838	811	1027	387	166	221	154	65	89
海安市	1629	766	863	476	211	265	145	69	76
连云港市	**8334**	**3704**	**4630**	**2448**	**1143**	**1305**	**493**	**220**	**273**
连云区	2	2		1	1				
海州区	347	155	192	93	44	49	17	7	10
赣榆区	1738	746	992	554	261	293	101	35	66
东海县	1807	797	1010	402	188	214	112	55	57
灌云县	2086	952	1134	580	252	328	128	60	68
灌南县	1492	676	816	556	269	287	82	36	46
连云港经济技术开发区	285	120	165	84	48	36	25	12	13
连云港高新技术产业开发区	326	144	182	87	38	49	22	12	10
江苏连云港徐圩新区	231	102	129	87	41	46	6	3	3
江苏省连云港市云台山风景名胜区	20	10	10	4	1	3			
淮安市	**8248**	**3808**	**4440**	**2243**	**1035**	**1208**	**508**	**245**	**263**
淮安区	1019	480	539	308	155	153	83	47	36
淮阴区	816	379	437	284	130	154	45	25	20
清江浦区	51	20	31	22	11	11			
洪泽区	287	124	163	69	32	37	19	10	9
涟水县	1909	884	1025	502	210	292	72	33	39
盱眙县	2062	940	1122	663	307	356	178	83	95
金湖县	675	300	375	124	58	66	49	19	30
淮安经济技术开发区	853	417	436	154	81	73	34	15	19
工业园区	54	23	31	29	12	17	3	1	2
生态文旅区	305	133	172	57	22	35	19	7	12
苏淮高新区	217	108	109	31	17	14	6	5	1

8-1b 续表 5

单位：人

地 区	基本健康			不健康，但生活能自理			不健康，生活不能自理		
	小计	男	女	小计	男	女	小计	男	女
盐城市	**18649**	**8425**	**10224**	**5430**	**2508**	**2922**	**1034**	**438**	**596**
亭湖区	609	274	335	154	65	89	31	9	22
盐都区	725	331	394	153	73	80	40	17	23
大丰区	1970	866	1104	641	277	364	142	59	83
响水县	1485	646	839	481	232	249	89	39	50
滨海县	3304	1484	1820	798	355	443	162	59	103
阜宁县	3090	1391	1699	1091	529	562	160	66	94
射阳县	3265	1482	1783	980	458	522	182	82	100
建湖县	1724	807	917	447	228	219	91	44	47
盐城经济技术开发区	357	162	195	69	19	50	15	10	5
江苏省盐南高新区									
东台市	2120	982	1138	616	272	344	122	53	69
扬州市	**6692**	**2962**	**3730**	**1319**	**639**	**680**	**340**	**152**	**188**
广陵区	321	139	182	54	24	30	16	7	9
邗江区	348	155	193	49	28	21	16	8	8
江都区	1782	768	1014	409	200	209	113	45	68
宝应县	1802	780	1022	345	163	182	97	53	44
扬州经济技术开发区	1059	478	581	127	56	71	29	15	14
蜀冈瘦西湖景区									
生态新城	106	46	60	13	7	6	4	3	1
仪征市	458	208	250	109	60	49	16		16
高邮市	816	388	428	213	101	112	49	21	28
镇江市	**5231**	**2323**	**2908**	**1390**	**673**	**717**	**415**	**176**	**239**
京口区	22	10	12	1	1		3	2	1
润州区									
丹徒区	638	294	344	194	98	96	25	8	17
镇江新区	962	438	524	211	92	119	123	49	74
江苏镇江高新区									
丹阳市	2562	1119	1443	726	349	377	206	87	119
扬中市	385	167	218	117	56	61	35	15	20
句容市	662	295	367	141	77	64	23	15	8
泰州市	**7740**	**3488**	**4252**	**1905**	**915**	**990**	**503**	**223**	**280**
海陵区	316	149	167	65	31	34	20	8	12
高港区	406	173	233	80	46	34	33	18	15
姜堰区	1169	538	631	313	163	150	53	24	29
泰州医药高新技术产业开发区	896	391	505	176	81	95	77	31	46
兴化市	2206	1010	1196	526	259	267	84	41	43
靖江市	677	299	378	175	77	98	63	26	37
泰兴市	2070	928	1142	570	258	312	173	75	98
宿迁市	**10534**	**4827**	**5707**	**3530**	**1605**	**1925**	**685**	**298**	**387**
宿城区	233	107	126	101	51	50	15	8	7
宿豫区	446	207	239	151	68	83	34	14	20
沭阳县	4954	2252	2702	1775	832	943	349	149	200
泗阳县	2459	1145	1314	607	263	344	141	67	74
泗洪县	1921	885	1036	803	349	454	114	42	72
宿迁经济技术开发区	430	191	239	73	31	42	22	14	8
宿迁市湖滨新区	91	40	51	20	11	9	10	4	6
苏州宿迁工业园区									
宿迁市洋河新区									

8-1c　各地区分性别、健康状况的60岁及以上老年人口(乡村)

单位：人

地　区	60岁及以上人口			健　康		
	合计	男	女	小计	男	女
江　苏	**686515**	**335234**	**351281**	**383176**	**197797**	**185379**
南京市	**34446**	**17309**	**17137**	**19083**	**10080**	**9003**
玄武区						
秦淮区						
建邺区						
鼓楼区						
浦口区	1961	936	1025	912	483	429
栖霞区	1588	799	789	886	476	410
雨花台区						
江宁区	9256	4667	4589	4810	2558	2252
六合区	9530	4718	4812	5775	2974	2801
溧水区	5341	2690	2651	2900	1531	1369
高淳区	6224	3227	2997	3457	1880	1577
南京江北新区	546	272	274	343	178	165
无锡市	**33657**	**16724**	**16933**	**20826**	**10852**	**9974**
锡山区	2494	1243	1251	1688	883	805
惠山区	4445	2196	2249	2944	1523	1421
滨湖区	897	439	458	660	335	325
梁溪区						
新吴区	931	480	451	598	333	265
江苏无锡经济开发区						
江阴市	10899	5428	5471	6556	3408	3148
宜兴市	13991	6938	7053	8380	4370	4010
徐州市	**73939**	**35985**	**37954**	**39238**	**20240**	**18998**
鼓楼区						
云龙区						
贾汪区	3951	1914	2037	1918	982	936
泉山区						
铜山区	10994	5407	5587	5936	3086	2850
丰县	11276	5365	5911	5463	2796	2667
沛县	10638	5111	5527	5292	2694	2598
睢宁县	11453	5729	5724	5800	3110	2690
徐州经济技术开发区	1047	530	517	558	309	249
新沂市	9654	4614	5040	5315	2678	2637
邳州市	14926	7315	7611	8956	4585	4371
常州市	**34301**	**17191**	**17110**	**20831**	**10977**	**9854**
天宁区	1571	770	801	1024	514	510
钟楼区	733	371	362	420	235	185
新北区	3081	1512	1569	1861	959	902
武进区	8979	4530	4449	5916	3114	2802
金坛区	6978	3555	3423	4103	2216	1887
江苏省常州市经济开发区	2580	1282	1298	1554	809	745
溧阳市	10379	5171	5208	5953	3130	2823

8-1c 续表 1

单位：人

地区	60岁及以上人口			健康		
	合计	男	女	小计	男	女
苏州市	**55661**	**26824**	**28837**	**39041**	**19666**	**19375**
虎丘区	1289	633	656	785	405	380
吴中区	6606	3157	3449	4237	2143	2094
相城区	1031	513	518	670	345	325
姑苏区						
吴江区	10429	5128	5301	7547	3884	3663
苏州工业园区						
常熟市	13374	6337	7037	9851	4843	5008
张家港市	9144	4390	4754	6737	3374	3363
昆山市	6663	3258	3405	4543	2321	2222
太仓市	7125	3408	3717	4671	2351	2320
南通市	**96075**	**45288**	**50787**	**52283**	**26117**	**26166**
崇川区						
港闸区	86	43	43	60	34	26
通州区	13792	6439	7353	7537	3714	3823
如东县	16749	8023	8726	8155	4205	3950
南通经济技术开发区						
通州湾示范区	2646	1225	1421	1370	670	700
苏锡通科技产业园区	1361	661	700	958	485	473
启东市	17924	8134	9790	10471	5017	5454
如皋市	17308	8396	8912	8224	4299	3925
海门市	13937	6377	7560	9077	4328	4749
海安市	12272	5990	6282	6431	3365	3066
连云港市	**41321**	**19960**	**21361**	**22737**	**11610**	**11127**
连云区	95	46	49	54	27	27
海州区	2193	1046	1147	1130	566	564
赣榆区	10410	5008	5402	5976	3018	2958
东海县	11107	5331	5776	6732	3366	3366
灌云县	8839	4326	4513	4401	2317	2084
灌南县	7702	3747	3955	3948	2068	1880
连云港经济技术开发区	472	223	249	243	130	113
连云港高新技术产业开发区						
江苏连云港徐圩新区	27	14	13			
江苏省连云港市云台山风景名胜区	476	219	257	253	118	135
淮安市	**47491**	**23588**	**23903**	**24844**	**13116**	**11728**
淮安区	11163	5500	5663	5888	3041	2847
淮阴区	8807	4463	4344	4370	2355	2015
清江浦区	1312	647	665	652	339	313
洪泽区	3857	1888	1969	2120	1106	1014
涟水县	10967	5453	5514	6312	3323	2989
盱眙县	6161	3099	3062	2913	1569	1344
金湖县	4973	2418	2555	2469	1315	1154
淮安经济技术开发区						
工业园区	194	91	103	83	49	34
生态文旅区						
苏淮高新区	57	29	28	37	19	18

8-1c　续表 2

单位：人

地　　区	60岁及以上人口			健　　康		
	合计	男	女	小计	男	女
盐城市	**92076**	**45113**	**46963**	**46176**	**24300**	**21876**
亭湖区	3321	1613	1708	1533	806	727
盐都区	10785	5214	5571	5704	2916	2788
大丰区	9711	4703	5008	5558	2924	2634
响水县	5763	2829	2934	3009	1606	1403
滨海县	11644	5804	5840	4568	2476	2092
阜宁县	11680	5840	5840	5767	3089	2678
射阳县	11522	5643	5879	5518	2972	2546
建湖县	10012	4966	5046	4942	2571	2371
盐城经济技术开发区	860	408	452	368	190	178
江苏省盐南高新区						
东台市	16778	8093	8685	9209	4750	4459
扬州市	**53187**	**26097**	**27090**	**32167**	**16555**	**15612**
广陵区	2480	1208	1272	1688	863	825
邗江区	3074	1497	1577	1980	1012	968
江都区	14905	7121	7784	9550	4715	4835
宝应县	12894	6415	6479	7844	4116	3728
扬州经济技术开发区	552	275	277	260	139	121
蜀冈瘦西湖景区						
生态新城	564	290	274	400	210	190
仪征市	5710	2851	2859	3084	1646	1438
高邮市	13008	6440	6568	7361	3854	3507
镇江市	**22843**	**11139**	**11704**	**12589**	**6506**	**6083**
京口区	220	108	112	162	84	78
润州区	6	3	3	5	2	3
丹徒区	3509	1731	1778	1917	987	930
镇江新区	1004	508	496	589	326	263
江苏镇江高新区						
丹阳市	6748	3265	3483	3586	1827	1759
扬中市	3395	1627	1768	2149	1090	1059
句容市	7961	3897	4064	4181	2190	1991
泰州市	**57714**	**28266**	**29448**	**32636**	**16834**	**15802**
海陵区	1653	818	835	928	494	434
高港区	2773	1367	1406	1625	835	790
姜堰区	10727	5325	5402	5286	2768	2518
泰州医药高新技术产业开发区	456	213	243	181	92	89
兴化市	19248	9425	9823	11314	5813	5501
靖江市	8411	4124	4287	5790	2959	2831
泰兴市	14446	6994	7452	7512	3873	3639
宿迁市	**43804**	**21750**	**22054**	**20725**	**10944**	**9781**
宿城区	5059	2564	2495	2267	1233	1034
宿豫区	4185	2072	2113	1503	810	693
沭阳县	15494	7640	7854	6922	3670	3252
泗阳县	8498	4158	4340	4224	2190	2034
泗洪县	6906	3464	3442	4279	2217	2062
宿迁经济技术开发区	934	490	444	369	201	168
宿迁市湖滨新区	1223	612	611	491	271	220
苏州宿迁工业园区						
宿迁市洋河新区	1505	750	755	670	352	318

8-1c 续表 3

单位：人

地区	基本健康			不健康，但生活能自理			不健康，生活不能自理		
	小计	男	女	小计	男	女	小计	男	女
江苏	**219809**	**99108**	**120701**	**68834**	**31963**	**36871**	**14696**	**6366**	**8330**
南京市	**11571**	**5334**	**6237**	**2980**	**1490**	**1490**	**812**	**405**	**407**
玄武区									
秦淮区									
建邺区									
鼓楼区									
浦口区	716	325	391	271	109	162	62	19	43
栖霞区	528	243	285	133	63	70	41	17	24
雨花台区									
江宁区	3419	1574	1845	776	384	392	251	151	100
六合区	2828	1285	1543	703	356	347	224	103	121
溧水区	1791	826	965	524	274	250	126	59	67
高淳区	2127	1003	1124	534	288	246	106	56	50
南京江北新区	162	78	84	39	16	23	2		2
无锡市	**9879**	**4410**	**5469**	**2243**	**1130**	**1113**	**709**	**332**	**377**
锡山区	641	278	363	117	63	54	48	19	29
惠山区	1134	512	622	286	119	167	81	42	39
滨湖区	152	68	84	33	19	14	52	17	35
梁溪区									
新吴区	280	117	163	40	23	17	13	7	6
江苏无锡经济开发区									
江阴市	3384	1535	1849	774	394	380	185	91	94
宜兴市	4288	1900	2388	993	512	481	330	156	174
徐州市	**24517**	**11160**	**13357**	**8734**	**3966**	**4768**	**1450**	**619**	**831**
鼓楼区									
云龙区									
贾汪区	1499	680	819	475	221	254	59	31	28
泉山区									
铜山区	3492	1610	1882	1325	610	715	241	101	140
丰县	3896	1735	2161	1629	704	925	288	130	158
沛县	3738	1685	2053	1379	645	734	229	87	142
睢宁县	4005	1891	2114	1449	655	794	199	73	126
徐州经济技术开发区	322	131	191	141	76	65	26	14	12
新沂市	3092	1375	1717	1042	470	572	205	91	114
邳州市	4473	2053	2420	1294	585	709	203	92	111
常州市	**10246**	**4600**	**5646**	**2545**	**1284**	**1261**	**679**	**330**	**349**
天宁区	462	215	247	66	33	33	19	8	11
钟楼区	244	107	137	49	23	26	20	6	14
新北区	952	429	523	203	93	110	65	31	34
武进区	2344	1063	1281	552	272	280	167	81	86
金坛区	2216	996	1220	516	279	237	143	64	79
江苏省常州市经济开发区	849	384	465	140	70	70	37	19	18
溧阳市	3179	1406	1773	1019	514	505	228	121	107

8-1c　续表 4　　　　单位：人

地　区	基本健康			不健康，但生活能自理			不健康，生活不能自理		
	小计	男	女	小计	男	女	小计	男	女
苏州市	**13661**	**5840**	**7821**	**2218**	**985**	**1233**	**741**	**333**	**408**
虎丘区	383	174	209	104	46	58	17	8	9
吴中区	1934	823	1111	330	139	191	105	52	53
相城区	279	118	161	53	28	25	29	22	7
姑苏区									
吴江区	2355	1018	1337	387	166	221	140	60	80
苏州工业园区									
常熟市	2947	1229	1718	418	194	224	158	71	87
张家港市	1956	820	1136	330	147	183	121	49	72
昆山市	1798	800	998	238	100	138	84	37	47
太仓市	2009	858	1151	358	165	193	87	34	53
南通市	**31046**	**13573**	**17473**	**9962**	**4489**	**5473**	**2784**	**1109**	**1675**
崇川区									
港闸区	21	8	13	2	1	1	3		3
通州区	4772	2051	2721	1141	527	614	342	147	195
如东县	5836	2611	3225	2233	976	1257	525	231	294
南通经济技术开发区									
通州湾示范区	866	382	484	316	143	173	94	30	64
苏锡通科技产业园区	294	122	172	85	43	42	24	11	13
启东市	5237	2175	3062	1715	755	960	501	187	314
如皋市	6281	2815	3466	2218	1050	1168	585	232	353
海门市	3643	1563	2080	840	360	480	377	126	251
海安市	4096	1846	2250	1412	634	778	333	145	188
连云港市	**12772**	**5724**	**7048**	**4934**	**2231**	**2703**	**878**	**395**	**483**
连云区	30	14	16	10	5	5	1		1
海州区	733	327	406	281	130	151	49	23	26
赣榆区	2984	1324	1660	1196	562	634	254	104	150
东海县	3119	1379	1740	1028	473	555	228	113	115
灌云县	3007	1383	1624	1268	548	720	163	78	85
灌南县	2559	1155	1404	1032	456	576	163	68	95
连云港经济技术开发区	175	68	107	42	18	24	12	7	5
连云港高新技术产业开发区									
江苏连云港徐圩新区	22	12	10	4	2	2	1		1
江苏省连云港市云台山风景名胜区	143	62	81	73	37	36	7	2	5
淮安市	**16002**	**7368**	**8634**	**5565**	**2619**	**2946**	**1080**	**485**	**595**
淮安区	3609	1677	1932	1411	665	746	255	117	138
淮阴区	3187	1523	1664	1072	513	559	178	72	106
清江浦区	454	206	248	172	88	84	34	14	20
洪泽区	1246	549	697	400	190	210	91	43	48
涟水县	3248	1473	1775	1192	554	638	215	103	112
盱眙县	2302	1083	1219	785	376	409	161	71	90
金湖县	1857	815	1042	510	227	283	137	61	76
淮安经济技术开发区									
工业园区	84	34	50	18	4	14	9	4	5
生态文旅区									
苏淮高新区	15	8	7	5	2	3			

8-1c 续表 5 单位：人

地区	基本健康			不健康，但生活能自理			不健康，生活不能自理		
	小计	男	女	小计	男	女	小计	男	女
盐城市	**32940**	**15063**	**17877**	**11007**	**4924**	**6083**	**1953**	**826**	**1127**
亭湖区	1350	618	732	373	163	210	65	26	39
盐都区	3824	1703	2121	1073	508	565	184	87	97
大丰区	2956	1283	1673	976	408	568	221	88	133
响水县	1825	837	988	790	326	464	139	60	79
滨海县	5065	2388	2677	1697	804	893	314	136	178
阜宁县	4096	1939	2157	1569	710	859	248	102	146
射阳县	4294	1939	2355	1458	630	828	252	102	150
建湖县	3606	1678	1928	1294	640	654	170	77	93
盐城经济技术开发区	348	157	191	127	52	75	17	9	8
江苏省盐南高新区									
东台市	5576	2521	3055	1650	683	967	343	139	204
扬州市	**16085**	**7230**	**8855**	**4074**	**1928**	**2146**	**861**	**384**	**477**
广陵区	624	254	370	140	77	63	28	14	14
邗江区	867	384	483	174	81	93	53	20	33
江都区	4198	1856	2342	895	426	469	262	124	138
宝应县	3847	1753	2094	1050	483	567	153	63	90
扬州经济技术开发区	244	113	131	35	18	17	13	5	8
蜀冈瘦西湖景区									
生态新城	128	61	67	32	18	14	4	1	3
仪征市	1883	848	1035	636	307	329	107	50	57
高邮市	4294	1961	2333	1112	518	594	241	107	134
镇江市	**7675**	**3421**	**4254**	**2146**	**1011**	**1135**	**433**	**201**	**232**
京口区	47	21	26	9	3	6	2		2
润州区	1	1							
丹徒区	1228	564	664	301	152	149	63	28	35
镇江新区	341	157	184	62	22	40	12	3	9
江苏镇江高新区									
丹阳市	2378	1049	1329	665	326	339	119	63	56
扬中市	907	386	521	247	116	131	92	35	57
句容市	2773	1243	1530	862	392	470	145	72	73
泰州市	**18313**	**8227**	**10086**	**5666**	**2745**	**2921**	**1099**	**460**	**639**
海陵区	490	221	269	193	87	106	42	16	26
高港区	828	368	460	259	137	122	61	27	34
姜堰区	4057	1890	2167	1156	557	599	228	110	118
泰州医药高新技术产业开发区	188	86	102	74	28	46	13	7	6
兴化市	5891	2636	3255	1792	870	922	251	106	145
靖江市	1937	841	1096	523	260	263	161	64	97
泰兴市	4922	2185	2737	1669	806	863	343	130	213
宿迁市	**15102**	**7158**	**7944**	**6760**	**3161**	**3599**	**1217**	**487**	**730**
宿城区	1927	945	982	720	334	386	145	52	93
宿豫区	1608	773	835	912	423	489	162	66	96
沭阳县	5384	2542	2842	2694	1229	1465	494	199	295
泗阳县	3112	1415	1697	970	476	494	192	77	115
泗洪县	1598	769	829	912	431	481	117	47	70
宿迁经济技术开发区	372	189	183	163	88	75	30	12	18
宿迁市湖滨新区	553	259	294	153	70	83	26	12	14
苏州宿迁工业园区									
宿迁市洋河新区	548	266	282	236	110	126	51	22	29

8-2　全省分年龄、性别、健康状况的60岁及以上老年人口

单位：人

年　龄	60岁及以上人口			健　康		
	合计	男	女	小计	男	女
总　计	**1768129**	**855251**	**912878**	**1081481**	**546452**	**535029**
60-64岁	**464269**	**233408**	**230861**	**356643**	**181568**	**175075**
60	74454	37154	37300	59784	30139	29645
61	74948	37490	37458	58730	29731	28999
62	98214	49808	48406	75732	38970	36762
63	115112	58338	56774	87266	44819	42447
64	101541	50618	50923	75131	37909	37222
65-69岁	**494473**	**244959**	**249514**	**341623**	**173261**	**168362**
65	110835	55368	55467	80328	40934	39394
66	110089	54741	55348	78015	39533	38482
67	94857	46887	47970	65192	33011	32181
68	98762	48915	49847	66033	33562	32471
69	79930	39048	40882	52055	26221	25834
70-74岁	**341219**	**167589**	**173630**	**198326**	**101391**	**96935**
70	76099	37471	38628	47673	24310	23363
71	76623	38017	38606	45535	23403	22132
72	69350	34005	35345	39992	20405	19587
73	62212	30316	31896	34720	17660	17060
74	56935	27780	29155	30406	15613	14793
75-79岁	**218624**	**104896**	**113728**	**103174**	**52679**	**50495**
75	49986	24389	25597	25563	13145	12418
76	48720	23547	25173	23864	12192	11672
77	40140	19330	20810	18550	9505	9045
78	38752	18257	20495	17320	8763	8557
79	41026	19373	21653	17877	9074	8803
80-84岁	**140311**	**63142**	**77169**	**51756**	**25095**	**26661**
80	33897	15640	18257	13832	6816	7016
81	28783	13029	15754	11007	5367	5640
82	30295	13724	16571	10955	5328	5627
83	24446	10925	13521	8338	4015	4323
84	22890	9824	13066	7624	3569	4055
85-89岁	**76940**	**30658**	**46282**	**22759**	**9825**	**12934**
85	20805	8682	12123	6621	2942	3679
86	18517	7449	11068	5657	2499	3158
87	15985	6393	9592	4548	1965	2583
88	12142	4603	7539	3393	1398	1995
89	9491	3531	5960	2540	1021	1519
90-94岁	**26244**	**8958**	**17286**	**6076**	**2280**	**3796**
90	8407	3043	5364	2145	850	1295
91	6472	2244	4228	1451	573	878
92	5476	1855	3621	1176	432	744
93	3391	1077	2314	742	250	492
94	2498	739	1759	562	175	387
95-99岁	**5473**	**1512**	**3961**	**1026**	**326**	**700**
95	2042	543	1499	396	113	283
96	1446	420	1026	279	96	183
97	943	264	679	181	68	113
98	604	172	432	98	28	70
99	438	113	325	72	21	51
100岁及以上	**576**	**129**	**447**	**98**	**27**	**71**

8-2 续表 单位：人

年 龄	基本健康			不健康，但生活能自理			不健康，生活不能自理		
	小计	男	女	小计	男	女	小计	男	女
总 计	**518292**	**232296**	**285996**	**133259**	**61258**	**72001**	**35097**	**15245**	**19852**
60-64岁	**89156**	**41790**	**47366**	**15638**	**8489**	**7149**	**2832**	**1561**	**1271**
60	12105	5644	6461	2155	1134	1021	410	237	173
61	13421	6242	7179	2380	1292	1088	417	225	192
62	18732	8811	9921	3201	1746	1455	549	281	268
63	23072	10867	12205	4016	2222	1794	758	430	328
64	21826	10226	11600	3886	2095	1791	698	388	310
65-69岁	**124997**	**57093**	**67904**	**23692**	**12330**	**11362**	**4161**	**2275**	**1886**
65	25304	11665	13639	4482	2351	2131	721	418	303
66	26391	12136	14255	4844	2585	2259	839	487	352
67	24100	11012	13088	4713	2417	2296	852	447	405
68	26661	12201	14460	5165	2691	2474	903	461	442
69	22541	10079	12462	4488	2286	2202	846	462	384
70-74岁	**113223**	**51548**	**61675**	**24760**	**12136**	**12624**	**4910**	**2514**	**2396**
70	22822	10348	12474	4728	2349	2379	876	464	412
71	24872	11436	13436	5253	2686	2567	963	492	471
72	23298	10628	12670	5072	2487	2585	988	485	503
73	21642	9826	11816	4826	2296	2530	1024	534	490
74	20589	9310	11279	4881	2318	2563	1059	539	520
75-79岁	**85755**	**38549**	**47206**	**24188**	**11053**	**13135**	**5507**	**2615**	**2892**
75	18754	8511	10243	4667	2247	2420	1002	486	516
76	18680	8486	10194	5075	2334	2741	1101	535	566
77	15891	7181	8710	4656	2154	2502	1043	490	553
78	15734	6951	8783	4633	2028	2605	1065	515	550
79	16696	7420	9276	5157	2290	2867	1296	589	707
80-84岁	**60092**	**26143**	**33949**	**22239**	**9272**	**12967**	**6224**	**2632**	**3592**
80	14140	6212	7928	4702	2058	2644	1223	554	669
81	12348	5418	6930	4329	1766	2563	1099	478	621
82	13079	5722	7357	4867	2061	2806	1394	613	781
83	10702	4700	6002	4164	1695	2469	1242	515	727
84	9823	4091	5732	4177	1692	2485	1266	472	794
85-89岁	**32602**	**12982**	**19620**	**15345**	**5652**	**9693**	**6234**	**2199**	**4035**
85	8901	3707	5194	3916	1525	2391	1367	508	859
86	7860	3132	4728	3618	1328	2290	1382	490	892
87	6846	2729	4117	3269	1218	2051	1322	481	841
88	5078	1918	3160	2479	891	1588	1192	396	796
89	3917	1496	2421	2063	690	1373	971	324	647
90-94岁	**10352**	**3598**	**6754**	**5952**	**1928**	**4024**	**3864**	**1152**	**2712**
90	3431	1236	2195	1799	631	1168	1032	326	706
91	2539	871	1668	1553	515	1038	929	285	644
92	2204	765	1439	1242	390	852	854	268	586
93	1319	458	861	749	210	539	581	159	422
94	859	268	591	609	182	427	468	114	354
95-99岁	**1954**	**558**	**1396**	**1310**	**368**	**942**	**1183**	**260**	**923**
95	753	200	553	487	141	346	406	89	317
96	531	157	374	357	102	255	279	65	214
97	322	96	226	213	54	159	227	46	181
98	198	63	135	144	46	98	164	35	129
99	150	42	108	109	25	84	107	25	82
100岁及以上	**161**	**35**	**126**	**135**	**30**	**105**	**182**	**37**	**145**

8-2a 全省分年龄、性别、健康状况的60岁及以上老年人口(城市)

单位：人

年龄	60岁及以上人口			健康		
	合计	男	女	小计	男	女
总计	**661838**	**317281**	**344557**	**442888**	**219823**	**223065**
60-64岁	**190371**	**93907**	**96464**	**153221**	**76277**	**76944**
60	33052	16313	16739	27507	13663	13844
61	31998	15811	16187	26077	13001	13076
62	40286	19992	20294	32572	16374	16198
63	46106	22856	23250	36626	18329	18297
64	38929	18935	19994	30439	14910	15529
65-69岁	**183495**	**89186**	**94309**	**136135**	**67308**	**68827**
65	41655	20346	21309	32107	15910	16197
66	42071	20536	21535	31803	15747	16056
67	34969	16911	18058	25864	12760	13104
68	35712	17402	18310	25827	12832	12995
69	29088	13991	15097	20534	10059	10475
70-74岁	**122883**	**60000**	**62883**	**78724**	**39727**	**38997**
70	27925	13737	14188	19038	9649	9389
71	27785	13555	14230	18200	9177	9023
72	24606	11982	12624	15621	7852	7769
73	22517	10925	11592	13925	6943	6982
74	20050	9801	10249	11940	6106	5834
75-79岁	**75068**	**35571**	**39497**	**40568**	**20357**	**20211**
75	17067	8194	8873	9834	4954	4880
76	16774	7961	8813	9418	4682	4736
77	13620	6500	7120	7219	3624	3595
78	13292	6234	7058	6917	3475	3442
79	14315	6682	7633	7180	3622	3558
80-84岁	**50293**	**22676**	**27617**	**21722**	**10608**	**11114**
80	12091	5546	6545	5782	2858	2924
81	10640	4814	5826	4767	2340	2427
82	10654	4827	5827	4499	2192	2307
83	8718	3887	4831	3490	1663	1827
84	8190	3602	4588	3184	1555	1629
85-89岁	**27829**	**11584**	**16245**	**9471**	**4290**	**5181**
85	7449	3166	4283	2717	1239	1478
86	6590	2767	3823	2366	1089	1277
87	5801	2394	3407	1932	872	1060
88	4507	1833	2674	1401	632	769
89	3482	1424	2058	1055	458	597
90-94岁	**9745**	**3670**	**6075**	**2599**	**1103**	**1496**
90	3093	1229	1864	903	397	506
91	2397	912	1485	631	284	347
92	2054	758	1296	520	211	309
93	1301	470	831	317	118	199
94	900	301	599	228	93	135
95-99岁	**1938**	**629**	**1309**	**410**	**141**	**269**
95	717	220	497	166	49	117
96	549	184	365	117	42	75
97	327	102	225	69	29	40
98	212	78	134	37	13	24
99	133	45	88	21	8	13
100岁及以上	**216**	**58**	**158**	**38**	**12**	**26**

8-2a 续表

单位：人

年龄	基本健康			不健康，但生活能自理			不健康，生活不能自理		
	小计	男	女	小计	男	女	小计	男	女
总计	**174228**	**77491**	**96737**	**32379**	**14613**	**17766**	**12343**	**5354**	**6989**
60-64岁	**32257**	**15003**	**17254**	**4011**	**2108**	**1903**	**882**	**519**	**363**
60	4779	2226	2553	620	333	287	146	91	55
61	5135	2382	2753	661	353	308	125	75	50
62	6751	3125	3626	797	403	394	166	90	76
63	8202	3832	4370	1036	553	483	242	142	100
64	7390	3438	3952	897	466	431	203	121	82
65-69岁	**40546**	**18347**	**22199**	**5569**	**2808**	**2761**	**1245**	**723**	**522**
65	8300	3776	4524	1045	531	514	203	129	74
66	8825	4006	4819	1171	604	567	272	179	93
67	7735	3475	4260	1106	524	582	264	152	112
68	8428	3829	4599	1190	616	574	267	125	142
69	7258	3261	3997	1057	533	524	239	138	101
70-74岁	**36811**	**16634**	**20177**	**5752**	**2802**	**2950**	**1596**	**837**	**759**
70	7466	3375	4091	1150	575	575	271	138	133
71	8032	3599	4433	1242	620	622	311	159	152
72	7525	3434	4091	1176	551	625	284	145	139
73	7164	3267	3897	1067	521	546	361	194	167
74	6624	2959	3665	1117	535	582	369	201	168
75-79岁	**27274**	**11987**	**15287**	**5406**	**2367**	**3039**	**1820**	**860**	**960**
75	5873	2618	3255	1037	470	567	323	152	171
76	5867	2593	3274	1136	523	613	353	163	190
77	5019	2242	2777	1015	446	569	367	188	179
78	4991	2163	2828	1042	435	607	342	161	181
79	5524	2371	3153	1176	493	683	435	196	239
80-84岁	**20743**	**8881**	**11862**	**5534**	**2250**	**3284**	**2294**	**937**	**1357**
80	4728	2010	2718	1146	480	666	435	198	237
81	4407	1898	2509	1070	408	662	396	168	228
82	4442	1914	2528	1214	518	696	499	203	296
83	3694	1616	2078	1076	426	650	458	182	276
84	3472	1443	2029	1028	418	610	506	186	320
85-89岁	**11875**	**4870**	**7005**	**4023**	**1549**	**2474**	**2460**	**875**	**1585**
85	3204	1329	1875	975	400	575	553	198	355
86	2799	1139	1660	915	343	572	510	196	314
87	2467	1016	1451	864	316	548	538	190	348
88	1923	763	1160	694	275	419	489	163	326
89	1482	623	859	575	215	360	370	128	242
90-94岁	**3959**	**1513**	**2446**	**1659**	**587**	**1072**	**1528**	**467**	**1061**
90	1298	519	779	490	187	303	402	126	276
91	945	348	597	446	159	287	375	121	254
92	867	319	548	340	120	220	327	108	219
93	545	221	324	211	68	143	228	63	165
94	304	106	198	172	53	119	196	49	147
95-99岁	**705**	**242**	**463**	**377**	**128**	**249**	**446**	**118**	**328**
95	273	86	187	133	50	83	145	35	110
96	202	72	130	118	38	80	112	32	80
97	115	40	75	49	13	36	94	20	74
98	71	31	40	44	17	27	60	17	43
99	44	13	31	33	10	23	35	14	21
100岁及以上	**58**	**14**	**44**	**48**	**14**	**34**	**72**	**18**	**54**

8-2b 全省分年龄、性别、健康状况的60岁及以上老年人口(镇)

单位：人

年 龄	60岁及以上人口			健 康		
	合计	男	女	小计	男	女
总 计	**419776**	**202736**	**217040**	**255417**	**128832**	**126585**
60-64岁	**114116**	**57478**	**56638**	**86810**	**44320**	**42490**
60	18154	9132	9022	14477	7387	7090
61	18361	9188	9173	14266	7265	7001
62	24378	12382	11996	18637	9601	9036
63	28209	14379	13830	21141	10873	10268
64	25014	12397	12617	18289	9194	9095
65-69岁	**118335**	**58358**	**59977**	**80923**	**40859**	**40064**
65	26954	13446	13508	19391	9831	9560
66	26506	13106	13400	18592	9313	9279
67	22456	11029	11427	15259	7710	7549
68	23545	11602	11943	15504	7866	7638
69	18874	9175	9699	12177	6139	6038
70-74岁	**78971**	**38643**	**40328**	**45166**	**23025**	**22141**
70	17647	8598	9049	10803	5430	5373
71	17569	8745	8824	10244	5314	4930
72	16131	7828	8303	9219	4647	4572
73	14299	7017	7282	7877	4039	3838
74	13325	6455	6870	7023	3595	3428
75-79岁	**51559**	**24659**	**26900**	**24128**	**12277**	**11851**
75	11829	5834	5995	6033	3128	2905
76	11513	5510	6003	5565	2843	2722
77	9464	4476	4988	4315	2190	2125
78	9184	4301	4883	4088	2018	2070
79	9569	4538	5031	4127	2098	2029
80-84岁	**32166**	**14526**	**17640**	**11679**	**5632**	**6047**
80	7910	3637	4273	3126	1543	1583
81	6572	3031	3541	2447	1192	1255
82	6972	3097	3875	2511	1190	1321
83	5461	2490	2971	1844	912	932
84	5251	2271	2980	1751	795	956
85-89岁	**17262**	**6736**	**10526**	**5055**	**2141**	**2914**
85	4772	1941	2831	1534	668	866
86	4239	1654	2585	1253	538	715
87	3463	1367	2096	952	412	540
88	2687	990	1697	771	299	472
89	2101	784	1317	545	224	321
90-94岁	**5914**	**1975**	**3939**	**1370**	**489**	**881**
90	1926	676	1250	507	179	328
91	1453	501	952	297	122	175
92	1190	379	811	252	83	169
93	738	231	507	164	61	103
94	607	188	419	150	44	106
95-99岁	**1319**	**332**	**987**	**258**	**82**	**176**
95	484	121	363	92	30	62
96	348	92	256	71	24	47
97	235	58	177	48	16	32
98	137	35	102	26	7	19
99	115	26	89	21	5	16
100岁及以上	**134**	**29**	**105**	**28**	**7**	**21**

8-2b 续表 单位：人

年 龄	基本健康			不健康，但生活能自理			不健康，生活不能自理		
	小计	男	女	小计	男	女	小计	男	女
总 计	**124255**	**55697**	**68558**	**32046**	**14682**	**17364**	**8058**	**3525**	**4533**
60-64岁	**22664**	**10634**	**12030**	**3941**	**2139**	**1802**	**701**	**385**	**316**
60	3050	1424	1626	529	263	266	98	58	40
61	3389	1541	1848	609	339	270	97	43	54
62	4798	2268	2530	798	438	360	145	75	70
63	5879	2824	3055	994	565	429	195	117	78
64	5548	2577	2971	1011	534	477	166	92	74
65-69岁	**30655**	**13949**	**16706**	**5775**	**3014**	**2761**	**982**	**536**	**446**
65	6275	2921	3354	1114	599	515	174	95	79
66	6531	3026	3505	1194	656	538	189	111	78
67	5889	2651	3238	1109	570	539	199	98	101
68	6547	2953	3594	1263	658	605	231	125	106
69	5413	2398	3015	1095	531	564	189	107	82
70-74岁	**26756**	**12168**	**14588**	**5896**	**2854**	**3042**	**1153**	**596**	**557**
70	5527	2504	3023	1104	538	566	213	126	87
71	5890	2687	3203	1208	628	580	227	116	111
72	5447	2466	2981	1219	584	635	246	131	115
73	5034	2323	2711	1157	544	613	231	111	120
74	4858	2188	2670	1208	560	648	236	112	124
75-79岁	**20402**	**9169**	**11233**	**5755**	**2621**	**3134**	**1274**	**592**	**682**
75	4462	2053	2409	1098	545	553	236	108	128
76	4479	1992	2487	1204	536	668	265	139	126
77	3788	1661	2127	1128	526	602	233	99	134
78	3743	1686	2057	1106	478	628	247	119	128
79	3930	1777	2153	1219	536	683	293	127	166
80-84岁	**13766**	**6064**	**7702**	**5316**	**2237**	**3079**	**1405**	**593**	**812**
80	3377	1464	1913	1131	500	631	276	130	146
81	2817	1287	1530	1040	439	601	268	113	155
82	2969	1292	1677	1180	482	698	312	133	179
83	2380	1055	1325	957	397	560	280	126	154
84	2223	966	1257	1008	419	589	269	91	178
85-89岁	**7254**	**2833**	**4421**	**3584**	**1283**	**2301**	**1369**	**479**	**890**
85	2028	824	1204	926	341	585	284	108	176
86	1771	679	1092	892	324	568	323	113	210
87	1489	594	895	724	251	473	298	110	188
88	1098	403	695	558	207	351	260	81	179
89	868	333	535	484	160	324	204	67	137
90-94岁	**2247**	**762**	**1485**	**1438**	**442**	**996**	**859**	**282**	**577**
90	761	274	487	428	140	288	230	83	147
91	594	201	393	364	116	248	198	62	136
92	428	146	282	311	80	231	199	70	129
93	271	78	193	180	55	125	123	37	86
94	193	63	130	155	51	104	109	30	79
95-99岁	**475**	**110**	**365**	**305**	**84**	**221**	**281**	**56**	**225**
95	186	42	144	111	28	83	95	21	74
96	126	30	96	76	25	51	75	13	62
97	76	20	56	62	13	49	49	9	40
98	41	7	34	29	11	18	41	10	31
99	46	11	35	27	7	20	21	3	18
100岁及以上	**36**	**8**	**28**	**36**	**8**	**28**	**34**	**6**	**28**

8-2c　全省分年龄、性别、健康状况的60岁及以上老年人口(乡村)

单位：人

年　龄	60岁及以上人口			健　康		
	合计	男	女	小计	男	女
总　计	**686515**	**335234**	**351281**	**383176**	**197797**	**185379**
60-64岁	**159782**	**82023**	**77759**	**116612**	**60971**	**55641**
60	23248	11709	11539	17800	9089	8711
61	24589	12491	12098	18387	9465	8922
62	33550	17434	16116	24523	12995	11528
63	40797	21103	19694	29499	15617	13882
64	37598	19286	18312	26403	13805	12598
65-69岁	**192643**	**97415**	**95228**	**124565**	**65094**	**59471**
65	42226	21576	20650	28830	15193	13637
66	41512	21099	20413	27620	14473	13147
67	37432	18947	18485	24069	12541	11528
68	39505	19911	19594	24702	12864	11838
69	31968	15882	16086	19344	10023	9321
70-74岁	**139365**	**68946**	**70419**	**74436**	**38639**	**35797**
70	30527	15136	15391	17832	9231	8601
71	31269	15717	15552	17091	8912	8179
72	28613	14195	14418	15152	7906	7246
73	25396	12374	13022	12918	6678	6240
74	23560	11524	12036	11443	5912	5531
75-79岁	**91997**	**44666**	**47331**	**38478**	**20045**	**18433**
75	21090	10361	10729	9696	5063	4633
76	20433	10076	10357	8881	4667	4214
77	17056	8354	8702	7016	3691	3325
78	16276	7722	8554	6315	3270	3045
79	17142	8153	8989	6570	3354	3216
80-84岁	**57852**	**25940**	**31912**	**18355**	**8855**	**9500**
80	13896	6457	7439	4924	2415	2509
81	11571	5184	6387	3793	1835	1958
82	12669	5800	6869	3945	1946	1999
83	10267	4548	5719	3004	1440	1564
84	9449	3951	5498	2689	1219	1470
85-89岁	**31849**	**12338**	**19511**	**8233**	**3394**	**4839**
85	8584	3575	5009	2370	1035	1335
86	7688	3028	4660	2038	872	1166
87	6721	2632	4089	1664	681	983
88	4948	1780	3168	1221	467	754
89	3908	1323	2585	940	339	601
90-94岁	**10585**	**3313**	**7272**	**2107**	**688**	**1419**
90	3388	1138	2250	735	274	461
91	2622	831	1791	523	167	356
92	2232	718	1514	404	138	266
93	1352	376	976	261	71	190
94	991	250	741	184	38	146
95-99岁	**2216**	**551**	**1665**	**358**	**103**	**255**
95	841	202	639	138	34	104
96	549	144	405	91	30	61
97	381	104	277	64	23	41
98	255	59	196	35	8	27
99	190	42	148	30	8	22
100岁及以上	**226**	**42**	**184**	**32**	**8**	**24**

8-2c 续表 单位：人

年 龄	基本健康			不健康，但生活能自理			不健康，生活不能自理		
	小计	男	女	小计	男	女	小计	男	女
总 计	**219809**	**99108**	**120701**	**68834**	**31963**	**36871**	**14696**	**6366**	**8330**
60-64岁	**34235**	**16153**	**18082**	**7686**	**4242**	**3444**	**1249**	**657**	**592**
60	4276	1994	2282	1006	538	468	166	88	78
61	4897	2319	2578	1110	600	510	195	107	88
62	7183	3418	3765	1606	905	701	238	116	122
63	8991	4211	4780	1986	1104	882	321	171	150
64	8888	4211	4677	1978	1095	883	329	175	154
65-69岁	**53796**	**24797**	**28999**	**12348**	**6508**	**5840**	**1934**	**1016**	**918**
65	10729	4968	5761	2323	1221	1102	344	194	150
66	11035	5104	5931	2479	1325	1154	378	197	181
67	10476	4886	5590	2498	1323	1175	389	197	192
68	11686	5419	6267	2712	1417	1295	405	211	194
69	9870	4420	5450	2336	1222	1114	418	217	201
70-74岁	**49656**	**22746**	**26910**	**13112**	**6480**	**6632**	**2161**	**1081**	**1080**
70	9829	4469	5360	2474	1236	1238	392	200	192
71	10950	5150	5800	2803	1438	1365	425	217	208
72	10326	4728	5598	2677	1352	1325	458	209	249
73	9444	4236	5208	2602	1231	1371	432	229	203
74	9107	4163	4944	2556	1223	1333	454	226	228
75-79岁	**38079**	**17393**	**20686**	**13027**	**6065**	**6962**	**2413**	**1163**	**1250**
75	8419	3840	4579	2532	1232	1300	443	226	217
76	8334	3901	4433	2735	1275	1460	483	233	250
77	7084	3278	3806	2513	1182	1331	443	203	240
78	7000	3102	3898	2485	1115	1370	476	235	241
79	7242	3272	3970	2762	1261	1501	568	266	302
80-84岁	**25583**	**11198**	**14385**	**11389**	**4785**	**6604**	**2525**	**1102**	**1423**
80	6035	2738	3297	2425	1078	1347	512	226	286
81	5124	2233	2891	2219	919	1300	435	197	238
82	5668	2516	3152	2473	1061	1412	583	277	306
83	4628	2029	2599	2131	872	1259	504	207	297
84	4128	1682	2446	2141	855	1286	491	195	296
85-89岁	**13473**	**5279**	**8194**	**7738**	**2820**	**4918**	**2405**	**845**	**1560**
85	3669	1554	2115	2015	784	1231	530	202	328
86	3290	1314	1976	1811	661	1150	549	181	368
87	2890	1119	1771	1681	651	1030	486	181	305
88	2057	752	1305	1227	409	818	443	152	291
89	1567	540	1027	1004	315	689	397	129	268
90-94岁	**4146**	**1323**	**2823**	**2855**	**899**	**1956**	**1477**	**403**	**1074**
90	1372	443	929	881	304	577	400	117	283
91	1000	322	678	743	240	503	356	102	254
92	909	300	609	591	190	401	328	90	238
93	503	159	344	358	87	271	230	59	171
94	362	99	263	282	78	204	163	35	128
95-99岁	**774**	**206**	**568**	**628**	**156**	**472**	**456**	**86**	**370**
95	294	72	222	243	63	180	166	33	133
96	203	55	148	163	39	124	92	20	72
97	131	36	95	102	28	74	84	17	67
98	86	25	61	71	18	53	63	8	55
99	60	18	42	49	8	41	51	8	43
100岁及以上	**67**	**13**	**54**	**51**	**8**	**43**	**76**	**13**	**63**

8-3　全省分性别、婚姻状况、健康状况的60岁及以上老年人口

单位：人

婚姻状况	60岁及以上人口			健　康		
	合计	男	女	小计	男	女
总　计	**1768129**	**855251**	**912878**	**1081481**	**546452**	**535029**
未　婚	26382	24610	1772	9309	8457	852
有配偶	1373947	726173	647774	917863	492255	425608
离　婚	16475	9623	6852	10164	5668	4496
丧　偶	351325	94845	256480	144145	40072	104073

8-3　续表

单位：人

婚姻状况	基本健康			不健康，但生活能自理			不健康，生活不能自理		
	小计	男	女	小计	男	女	小计	男	女
总　计	**518292**	**232296**	**285996**	**133259**	**61258**	**72001**	**35097**	**15245**	**19852**
未　婚	10444	9934	510	5527	5273	254	1102	946	156
有配偶	362554	182646	179908	75467	41110	34357	18063	10162	7901
离　婚	4691	2847	1844	1354	926	428	266	182	84
丧　偶	140603	36869	103734	50911	13949	36962	15666	3955	11711

8-3a　全省分性别、婚姻状况、健康状况的60岁及以上老年人口(城市)

单位：人

婚姻状况	60岁及以上人口			健　康		
	合计	男	女	小计	男	女
总　计	**661838**	**317281**	**344557**	**442888**	**219823**	**223065**
未　婚	5543	4529	1014	2382	1872	510
有配偶	531478	279740	251738	381091	202040	179051
离　婚	10344	5249	5095	6634	3221	3413
丧　偶	114473	27763	86710	52781	12690	40091

8-3a 续表

单位：人

婚姻状况	基本健康			不健康，但生活能自理			不健康，生活不能自理		
	小计	男	女	小计	男	女	小计	男	女
总　计	**174228**	**77491**	**96737**	**32379**	**14613**	**17766**	**12343**	**5354**	**6989**
未　婚	1824	1552	272	926	792	134	411	313	98
有配偶	125662	63833	61829	18775	10355	8420	5950	3512	2438
离　婚	2870	1511	1359	688	420	268	152	97	55
丧　偶	43872	10595	33277	11990	3046	8944	5830	1432	4398

8-3b 全省分性别、婚姻状况、健康状况的60岁及以上老年人口(镇)

单位：人

婚姻状况	60岁及以上人口			健　康		
	合计	男	女	小计	男	女
总　计	**419776**	**202736**	**217040**	**255417**	**128832**	**126585**
未　婚	6036	5663	373	2050	1873	177
有配偶	328357	172857	155500	218248	116631	101617
离　婚	2562	1583	979	1568	935	633
丧　偶	82821	22633	60188	33551	9393	24158

8-3b 续表

单位：人

婚姻状况	基本健康			不健康，但生活能自理			不健康，生活不能自理		
	小计	男	女	小计	男	女	小计	男	女
总　计	**124255**	**55697**	**68558**	**32046**	**14682**	**17364**	**8058**	**3525**	**4533**
未　婚	2459	2350	109	1306	1247	59	221	193	28
有配偶	87893	44041	43852	18099	9854	8245	4117	2331	1786
离　婚	716	464	252	233	152	81	45	32	13
丧　偶	33187	8842	24345	12408	3429	8979	3675	969	2706

8-3c 全省分性别、婚姻状况、健康状况的60岁及以上老年人口(乡村)

单位：人

婚姻状况	60岁及以上人口			健康		
	合计	男	女	小计	男	女
总计	**686515**	**335234**	**351281**	**383176**	**197797**	**185379**
未婚	14803	14418	385	4877	4712	165
有配偶	514112	273576	240536	318524	173584	144940
离婚	3569	2791	778	1962	1512	450
丧偶	154031	44449	109582	57813	17989	39824

8-3c 续表

单位：人

婚姻状况	基本健康			不健康，但生活能自理			不健康，生活不能自理		
	小计	男	女	小计	男	女	小计	男	女
总计	**219809**	**99108**	**120701**	**68834**	**31963**	**36871**	**14696**	**6366**	**8330**
未婚	6161	6032	129	3295	3234	61	470	440	30
有配偶	148999	74772	74227	38593	20901	17692	7996	4319	3677
离婚	1105	872	233	433	354	79	69	53	16
丧偶	63544	17432	46112	26513	7474	19039	6161	1554	4607

8-4 全省分性别、主要生活来源、健康状况的60岁及以上老年人口

单位：人

主要生活来源	60岁及以上人口			健康		
	合计	男	女	小计	男	女
总　计	**1768129**	**855251**	**912878**	**1081481**	**546452**	**535029**
劳动收入	373274	234969	138305	286515	184049	102466
离退休金/养老金	741918	378264	363654	495362	256730	238632
最低生活保障金	58634	31547	27087	20141	9642	10499
失业保险金	81	36	45	49	22	27
财产性收入	19153	9568	9585	10009	5058	4951
家庭其他成员供养	475915	155677	320238	215536	66300	149236
其　他	99154	45190	53964	53869	24651	29218

8-4 续表

单位：人

主要生活来源	基本健康			不健康，但生活能自理			不健康，生活不能自理		
	小计	男	女	小计	男	女	小计	男	女
总　计	**518292**	**232296**	**285996**	**133259**	**61258**	**72001**	**35097**	**15245**	**19852**
劳动收入	80290	46998	33292	6114	3710	2404	355	212	143
离退休金/养老金	201625	98388	103237	33679	17448	16231	11252	5698	5554
最低生活保障金	21561	12060	9501	13622	8189	5433	3310	1656	1654
失业保险金	26	11	15	2		2	4	3	1
财产性收入	7023	3349	3674	1920	1048	872	201	113	88
家庭其他成员供养	174016	56584	117432	68799	26394	42405	17564	6399	11165
其　他	33751	14906	18845	9123	4469	4654	2411	1164	1247

8-4a　全省分性别、主要生活来源、健康状况的60岁及以上老年人口(城市)

单位：人

主要生活来源	60岁及以上人口			健　康		
	合计	男	女	小计	男	女
总　计	**661838**	**317281**	**344557**	**442888**	**219823**	**223065**
劳动收入	57453	39136	18317	47826	33114	14712
离退休金/养老金	466891	230874	236017	318514	161083	157431
最低生活保障金	14636	6383	8253	6725	2700	4025
失业保险金	28	14	14	19	10	9
财产性收入	2410	1210	1200	1384	718	666
家庭其他成员供养	92890	27938	64952	51804	15055	36749
其　他	27530	11726	15804	16616	7143	9473

8-4a　续表

单位：人

主要生活来源	基本健康			不健康，但生活能自理			不健康，生活不能自理		
	小计	男	女	小计	男	女	小计	男	女
总　计	**174228**	**77491**	**96737**	**32379**	**14613**	**17766**	**12343**	**5354**	**6989**
劳动收入	9044	5657	3387	536	339	197	47	26	21
离退休金/养老金	122347	57403	64944	18661	8934	9727	7369	3454	3915
最低生活保障金	4875	2102	2773	2279	1209	1070	757	372	385
失业保险金	6	2	4				3	2	1
财产性收入	847	393	454	150	83	67	29	16	13
家庭其他成员供养	28845	8562	20283	8764	3154	5610	3477	1167	2310
其　他	8264	3372	4892	1989	894	1095	661	317	344

8-4b　全省分性别、主要生活来源、健康状况的60岁及以上老年人口(镇)

单位：人

主要生活来源	60岁及以上人口			健　康		
	合计	男	女	小计	男	女
总　计	**419776**	**202736**	**217040**	**255417**	**128832**	**126585**
劳动收入	89426	57361	32065	69308	45281	24027
离退休金/养老金	149484	79038	70446	100018	53388	46630
最低生活保障金	15373	8042	7331	5470	2505	2965
失业保险金	11	3	8	9	3	6
财产性收入	5060	2580	2480	2817	1456	1361
家庭其他成员供养	133596	43397	90199	62685	19261	43424
其　他	26826	12315	14511	15110	6938	8172

8-4b　续表

单位：人

主要生活来源	基本健康			不健康，但生活能自理			不健康，生活不能自理		
	小计	男	女	小计	男	女	小计	男	女
总　计	**124255**	**55697**	**68558**	**32046**	**14682**	**17364**	**8058**	**3525**	**4533**
劳动收入	18705	11238	7467	1336	797	539	77	45	32
离退休金/养老金	40986	20948	20038	6534	3619	2915	1946	1083	863
最低生活保障金	5721	3129	2592	3403	2014	1389	779	394	385
失业保险金	2		2						
财产性收入	1734	844	890	451	248	203	58	32	26
家庭其他成员供养	48309	15601	32708	18019	6871	11148	4583	1664	2919
其　他	8798	3937	4861	2303	1133	1170	615	307	308

8-4c　全省分性别、主要生活来源、健康状况的60岁及以上老年人口(乡村)

单位：人

主要生活来源	60岁及以上人口			健　康		
	合计	男	女	小计	男	女
总　计	**686515**	**335234**	**351281**	**383176**	**197797**	**185379**
劳动收入	226395	138472	87923	169381	105654	63727
离退休金/养老金	125543	68352	57191	76830	42259	34571
最低生活保障金	28625	17122	11503	7946	4437	3509
失业保险金	42	19	23	21	9	12
财产性收入	11683	5778	5905	5808	2884	2924
家庭其他成员供养	249429	84342	165087	101047	31984	69063
其　他	44798	21149	23649	22143	10570	11573

8-4c　续表

单位：人

主要生活来源	基本健康			不健康，但生活能自理			不健康，生活不能自理		
	小计	男	女	小计	男	女	小计	男	女
总　计	**219809**	**99108**	**120701**	**68834**	**31963**	**36871**	**14696**	**6366**	**8330**
劳动收入	52541	30103	22438	4242	2574	1668	231	141	90
离退休金/养老金	38292	20037	18255	8484	4895	3589	1937	1161	776
最低生活保障金	10965	6829	4136	7940	4966	2974	1774	890	884
失业保险金	18	9	9	2		2	1	1	
财产性收入	4442	2112	2330	1319	717	602	114	65	49
家庭其他成员供养	96862	32421	64441	42016	16369	25647	9504	3568	5936
其　他	16689	7597	9092	4831	2442	2389	1135	540	595

8-5 全省分性别、居住状况、健康状况的60岁及以上老年人口

单位：人

居住状况	60岁及以上人口			健康		
	合计	男	女	小计	男	女
总　计	**1768129**	**855251**	**912878**	**1081481**	**546452**	**535029**
与配偶和子女同住	418538	225575	192963	295483	161268	134215
与配偶同住	822604	434804	387800	528268	284043	244225
与子女同住	257633	71425	186208	127508	37134	90374
独居(有保姆)	2360	1020	1340	702	349	353
独居(无保姆)	200513	84658	115855	95038	43085	51953
养老机构	12344	6512	5832	1444	777	667
其　他	54137	31257	22880	33038	19796	13242

8-5 续表

单位：人

居住状况	基本健康			不健康，但生活能自理			不健康，生活不能自理		
	小计	男	女	小计	男	女	小计	男	女
总　计	**518292**	**232296**	**285996**	**133259**	**61258**	**72001**	**35097**	**15245**	**19852**
与配偶和子女同住	97361	49791	47570	20502	11461	9041	5192	3055	2137
与配偶同住	234025	117892	116133	49481	26825	22656	10830	6044	4786
与子女同住	89725	23709	66016	29952	7975	21977	10448	2607	7841
独居(有保姆)	779	329	450	356	155	201	523	187	336
独居(无保姆)	77649	30189	47460	25647	10625	15022	2179	759	1420
养老机构	4017	2414	1603	2854	1665	1189	4029	1656	2373
其　他	14736	7972	6764	4467	2552	1915	1896	937	959

8-5a　全省分性别、居住状况、健康状况的60岁及以上老年人口(城市)

单位：人

居住状况	60岁及以上人口			健　康		
	合计	男	女	小计	男	女
总　计	**661838**	**317281**	**344557**	**442888**	**219823**	**223065**
与配偶和子女同住	181393	98430	82963	137156	74986	62170
与配偶同住	289548	153838	135710	199048	106769	92279
与子女同住	103065	26955	76110	60188	16154	44034
独居(有保姆)	1302	529	773	348	167	181
独居(无保姆)	60286	23584	36702	32083	13520	18563
养老机构	6440	2677	3763	741	297	444
其　他	19804	11268	8536	13324	7930	5394

8-5a　续表

单位：人

居住状况	基本健康			不健康，但生活能自理			不健康，生活不能自理		
	小计	男	女	小计	男	女	小计	男	女
总　计	**174228**	**77491**	**96737**	**32379**	**14613**	**17766**	**12343**	**5354**	**6989**
与配偶和子女同住	36803	19092	17711	5705	3281	2424	1729	1071	658
与配偶同住	76038	38969	37069	11336	6236	5100	3126	1864	1262
与子女同住	32217	8116	24101	7328	1859	5469	3332	826	2506
独居(有保姆)	438	170	268	202	82	120	314	110	204
独居(无保姆)	22185	7848	14337	5418	2025	3393	600	191	409
养老机构	1770	802	968	1335	600	735	2594	978	1616
其　他	4777	2494	2283	1055	530	525	648	314	334

8-5b 全省分性别、居住状况、健康状况的60岁及以上老年人口(镇)

单位：人

居住状况	60岁及以上人口			健康		
	合计	男	女	小计	男	女
总　计	**419776**	**202736**	**217040**	**255417**	**128832**	**126585**
与配偶和子女同住	106726	57030	49696	74137	40147	33990
与配偶同住	188158	99237	88921	120578	64681	55897
与子女同住	63957	18020	45937	30983	9190	21793
独居(有保姆)	443	197	246	143	75	68
独居(无保姆)	44291	18852	25439	21127	9740	11387
养老机构	3005	1895	1110	325	218	107
其　他	13196	7505	5691	8124	4781	3343

8-5b 续表

单位：人

居住状况	基本健康			不健康，但生活能自理			不健康，生活不能自理		
	小计	男	女	小计	男	女	小计	男	女
总　计	**124255**	**55697**	**68558**	**32046**	**14682**	**17364**	**8058**	**3525**	**4533**
与配偶和子女同住	25841	13082	12759	5441	3049	2392	1307	752	555
与配偶同住	53853	27052	26801	11327	6132	5195	2400	1372	1028
与子女同住	22511	6022	16489	7864	2124	5740	2599	684	1915
独居(有保姆)	141	62	79	61	28	33	98	32	66
独居(无保姆)	17149	6757	10392	5551	2204	3347	464	151	313
养老机构	1138	789	349	786	548	238	756	340	416
其　他	3622	1933	1689	1016	597	419	434	194	240

8-5c 全省分性别、居住状况、健康状况的60岁及以上老年人口(乡村)

单位：人

居住状况	60岁及以上人口			健康		
	合计	男	女	小计	男	女
总计	**686515**	**335234**	**351281**	**383176**	**197797**	**185379**
与配偶和子女同住	130419	70115	60304	84190	46135	38055
与配偶同住	344898	181729	163169	208642	112593	96049
与子女同住	90611	26450	64161	36337	11790	24547
独居(有保姆)	615	294	321	211	107	104
独居(无保姆)	95936	42222	53714	41828	19825	22003
养老机构	2899	1940	959	378	262	116
其他	21137	12484	8653	11590	7085	4505

8-5c 续表

单位：人

居住状况	基本健康			不健康，但生活能自理			不健康，生活不能自理		
	小计	男	女	小计	男	女	小计	男	女
总计	**219809**	**99108**	**120701**	**68834**	**31963**	**36871**	**14696**	**6366**	**8330**
与配偶和子女同住	34717	17617	17100	9356	5131	4225	2156	1232	924
与配偶同住	104134	51871	52263	26818	14457	12361	5304	2808	2496
与子女同住	34997	9571	25426	14760	3992	10768	4517	1097	3420
独居(有保姆)	200	97	103	93	45	48	111	45	66
独居(无保姆)	38315	15584	22731	14678	6396	8282	1115	417	698
养老机构	1109	823	286	733	517	216	679	338	341
其他	6337	3545	2792	2396	1425	971	814	429	385

8-6 各地区分性别、主要生活来源的60岁及以上老年人口

单位：人

地区	60岁及以上人口			劳动收入		
	合计	男	女	小计	男	女
江苏	**1768129**	**855251**	**912878**	**373274**	**234969**	**138305**
南京市	**167565**	**81125**	**86440**	**11667**	**8939**	**2728**
玄武区	10805	5121	5684	309	212	97
秦淮区	18988	8990	9998	440	326	114
建邺区	9563	4570	4993	299	228	71
鼓楼区	21862	10271	11591	453	302	151
浦口区	7060	3444	3616	932	651	281
栖霞区	13829	6743	7086	881	652	229
雨花台区	9110	4482	4628	518	386	132
江宁区	26021	12711	13310	2506	1952	554
六合区	15128	7430	7698	1544	1225	319
溧水区	9812	4885	4927	1371	1092	279
高淳区	10683	5482	5201	1516	1252	264
南京江北新区	14704	6996	7708	898	661	237
无锡市	**140628**	**68717**	**71911**	**15463**	**11205**	**4258**
锡山区	14084	6952	7132	1924	1381	543
惠山区	13562	6672	6890	1415	1085	330
滨湖区	11924	5777	6147	572	445	127
梁溪区	21601	10379	11222	584	432	152
新吴区	10211	5002	5209	513	392	121
江苏无锡经济开发区	4782	2334	2448	298	241	57
江阴市	33399	16292	17107	4165	3049	1116
宜兴市	31065	15309	15756	5992	4180	1812
徐州市	**167960**	**80528**	**87432**	**44970**	**27759**	**17211**
鼓楼区	7929	3791	4138	277	188	89
云龙区	7089	3389	3700	472	310	162
贾汪区	8469	4015	4454	1789	1224	565
泉山区	12881	6044	6837	327	221	106
铜山区	22071	10652	11419	9378	5381	3997
丰县	19695	9319	10376	7011	4048	2963
沛县	19968	9493	10475	5243	3365	1878
睢宁县	20348	10070	10278	6075	4004	2071
徐州经济技术开发区	4693	2242	2451	773	542	231
新沂市	16949	8026	8923	5958	3629	2329
邳州市	27868	13487	14381	7667	4847	2820
常州市	**102222**	**50219**	**52003**	**15087**	**10719**	**4368**
天宁区	13751	6627	7124	710	530	180
钟楼区	12451	5992	6459	789	573	216
新北区	14070	6790	7280	2251	1540	711
武进区	20767	10313	10454	4176	2821	1355
金坛区	14751	7394	7357	2562	1848	714
江苏省常州市经济开发区	7021	3473	3548	863	648	215
溧阳市	19411	9630	9781	3736	2759	977

8-6 续表 1

单位：人

地区	60岁及以上人口			劳动收入		
	合计	男	女	小计	男	女
苏州市	**205233**	**98349**	**106884**	**23567**	**15641**	**7926**
虎丘区	10836	5131	5705	938	652	286
吴中区	18593	8924	9669	3015	1871	1144
相城区	12175	6006	6169	1550	1119	431
姑苏区	22565	10912	11653	424	296	128
吴江区	25051	12320	12731	3684	2611	1073
苏州工业园区	14333	6613	7720	659	476	183
常熟市	34178	16198	17980	6108	3752	2356
张家港市	26769	12677	14092	2383	1763	620
昆山市	23763	11410	12353	1563	1145	418
太仓市	16970	8158	8812	3243	1956	1287
南通市	**226553**	**107139**	**119414**	**67889**	**38872**	**29017**
崇川区	14102	6588	7514	389	279	110
港闸区	6923	3252	3671	371	279	92
通州区	32563	15351	17212	7996	4824	3172
如东县	34063	16262	17801	13877	7749	6128
南通经济技术开发区	4156	1977	2179	285	227	58
通州湾示范区	3951	1833	2118	1226	702	524
苏锡通科技产业园区	2287	1120	1167	594	389	205
启东市	33771	15486	18285	12449	6876	5573
如皋市	37673	18130	19543	9589	5892	3697
海门市	28892	13427	15465	9713	5370	4343
海安市	28172	13713	14459	11400	6285	5115
连云港市	**87728**	**42067**	**45661**	**27832**	**16553**	**11279**
连云区	3127	1483	1644	260	179	81
海州区	13369	6300	7069	1629	1032	597
赣榆区	20358	9639	10719	8048	4730	3318
东海县	18104	8700	9404	7397	4242	3155
灌云县	15087	7371	7716	4635	2875	1760
灌南县	12895	6284	6611	5359	3130	2229
连云港经济技术开发区	1651	794	857	173	133	40
连云港高新技术产业开发区	1610	772	838	160	112	48
江苏连云港徐圩新区	884	425	459	38	29	9
江苏省连云港市云台山风景名胜区	643	299	344	133	91	42
淮安市	**95512**	**46992**	**48520**	**21026**	**13690**	**7336**
淮安区	19399	9546	9853	3684	2513	1171
淮阴区	15323	7629	7694	3332	2265	1067
清江浦区	9936	4750	5186	767	514	253
洪泽区	6957	3427	3530	1070	801	269
涟水县	17841	8768	9073	7691	4352	3339
盱眙县	12938	6380	6558	2452	1778	674
金湖县	7860	3846	4014	1478	1067	411
淮安经济技术开发区	3277	1672	1605	282	203	79
工业园区	349	170	179	88	66	22
生态文旅区	1049	498	551	65	48	17
苏淮高新区	583	306	277	117	83	34

8-6 续表 2

单位：人

地区	60岁及以上人口			劳动收入		
	合计	男	女	小计	男	女
盐城市	**178090**	**86964**	**91126**	**62161**	**36551**	**25610**
亭湖区	13936	6822	7114	2644	1688	956
盐都区	16576	8034	8542	3975	2585	1390
大丰区	19741	9462	10279	9153	4990	4163
响水县	10828	5238	5590	4032	2408	1624
滨海县	20334	10039	10295	6514	4122	2392
阜宁县	20696	10233	10463	6011	3777	2234
射阳县	21814	10696	11118	8584	5016	3568
建湖县	16933	8356	8577	4461	2808	1653
盐城经济技术开发区	2006	953	1053	571	345	226
江苏省盐南高新区	3815	1829	1986	420	291	129
东台市	31411	15302	16109	15796	8521	7275
扬州市	**116381**	**56664**	**59717**	**22121**	**15120**	**7001**
广陵区	11925	5810	6115	1431	922	509
邗江区	12868	6211	6657	1562	1135	427
江都区	27645	13207	14438	5021	3475	1546
宝应县	20704	10191	10513	5291	3571	1720
扬州经济技术开发区	4297	2102	2195	374	271	103
蜀冈瘦西湖景区	2751	1325	1426	178	132	46
生态新城	1518	768	750	262	175	87
仪征市	12948	6386	6562	2025	1495	530
高邮市	21725	10664	11061	5977	3944	2033
镇江市	**72510**	**35206**	**37304**	**12042**	**8230**	**3812**
京口区	7927	3760	4167	244	171	73
润州区	5583	2752	2831	160	120	40
丹徒区	7971	3946	4025	1648	1101	547
镇江新区	5063	2455	2608	426	322	104
江苏镇江高新区	1106	541	565	85	60	25
丹阳市	22210	10763	11447	4855	3239	1616
扬中市	7929	3802	4127	1667	1101	566
句容市	14721	7187	7534	2957	2116	841
泰州市	**123424**	**60011**	**63413**	**27252**	**17489**	**9763**
海陵区	12817	6187	6630	2009	1325	684
高港区	6744	3272	3472	1311	843	468
姜堰区	20213	10014	10199	3522	2512	1010
泰州医药高新技术产业开发区	3875	1878	1997	571	422	149
兴化市	33712	16530	17182	9726	6165	3561
靖江市	17656	8521	9135	2530	1795	735
泰兴市	28407	13609	14798	7583	4427	3156
宿迁市	**84323**	**41270**	**43053**	**22197**	**14201**	**7996**
宿城区	10530	5185	5345	2459	1633	826
宿豫区	7694	3768	3926	1514	1041	473
沭阳县	28967	14170	14797	8849	5569	3280
泗阳县	15573	7538	8035	3436	2183	1253
泗洪县	13749	6751	6998	4441	2676	1765
宿迁经济技术开发区	2398	1207	1191	433	325	108
宿迁市湖滨新区	2478	1227	1251	560	415	145
苏州宿迁工业园区	101	48	53	9	6	3
宿迁市洋河新区	2833	1376	1457	496	353	143

8-6 续表 3

单位：人

地　区	离退休金/养老金			最低生活保障金			失业保险金		
	小计	男	女	小计	男	女	小计	男	女
江　苏	**741918**	**378264**	**363654**	**58634**	**31547**	**27087**	**81**	**36**	**45**
南京市	**124282**	**60817**	**63465**	**4988**	**2396**	**2592**	**6**	**3**	**3**
玄武区	9932	4738	5194	46	19	27			
秦淮区	17616	8369	9247	95	49	46			
建邺区	8492	4102	4390	105	30	75	1	1	
鼓楼区	20499	9678	10821	67	30	37			
浦口区	3952	1980	1972	353	156	197	1		1
栖霞区	10041	5121	4920	384	165	219			
雨花台区	7099	3631	3468	267	111	156	1		1
江宁区	15149	7640	7509	1651	770	881	3	2	1
六合区	8212	4143	4069	521	267	254			
溧水区	5947	2928	3019	560	286	274			
高淳区	5687	2818	2869	615	402	213			
南京江北新区	11656	5669	5987	324	111	213			
无锡市	**91122**	**45680**	**45442**	**5815**	**2354**	**3461**	**8**	**4**	**4**
锡山区	8794	4390	4404	759	298	461			
惠山区	7565	4014	3551	2794	1002	1792	4	2	2
滨湖区	9860	4832	5028	345	114	231			
梁溪区	20078	9604	10474	116	61	55			
新吴区	6693	3456	3237	7	5	2			
江苏无锡经济开发区	3947	1909	2038	106	40	66			
江阴市	19216	9809	9407	987	408	579	2	1	1
宜兴市	14969	7666	7303	701	426	275	2	1	1
徐州市	**43675**	**23895**	**19780**	**6941**	**3693**	**3248**	**1**		**1**
鼓楼区	6569	3293	3276	63	25	38			
云龙区	5012	2514	2498	356	165	191			
贾汪区	1791	1097	694	490	223	267			
泉山区	10871	5355	5516	116	44	72			
铜山区	3017	1851	1166	806	439	367			
丰县	2593	1505	1088	962	517	445			
沛县	3589	2221	1368	741	408	333			
睢宁县	2574	1568	1006	895	570	325	1		1
徐州经济技术开发区	1345	794	551	345	150	195			
新沂市	2128	1253	875	951	483	468			
邳州市	4186	2444	1742	1216	669	547			
常州市	**54591**	**27742**	**26849**	**3584**	**1631**	**1953**	**36**	**16**	**20**
天宁区	11216	5448	5768	209	95	114			
钟楼区	10051	4861	5190	232	98	134			
新北区	6339	3330	3009	531	227	304	3	3	
武进区	9090	4715	4375	747	303	444	3	1	2
金坛区	6097	3208	2889	876	417	459	14	6	8
江苏省常州市经济开发区	4570	2292	2278	239	95	144			
溧阳市	7228	3888	3340	750	396	354	16	6	10

8-6 续表 4

单位：人

地　　区	离退休金/养老金			最低生活保障金			失业保险金		
	小计	男	女	小计	男	女	小计	男	女
苏州市	**156918**	**74111**	**82807**	**2249**	**972**	**1277**	**1**		**1**
虎丘区	8386	3950	4436	254	92	162			
吴中区	12627	5930	6697	342	132	210	1		1
相城区	8377	4039	4338	248	106	142			
姑苏区	21269	10298	10971	143	82	61			
吴江区	16321	7849	8472	437	221	216			
苏州工业园区	11465	5393	6072	137	46	91			
常熟市	25179	11570	13609	229	97	132			
张家港市	21053	9941	11112	247	109	138			
昆山市	19443	9274	10169	135	50	85			
太仓市	12798	5867	6931	77	37	40			
南通市	**64841**	**34024**	**30817**	**6336**	**3759**	**2577**	**8**	**3**	**5**
崇川区	12944	6060	6884	69	28	41			
港闸区	5847	2756	3091	74	36	38			
通州区	6825	3755	3070	1219	754	465	1		1
如东县	6147	3471	2676	820	555	265			
南通经济技术开发区	3568	1659	1909	16	6	10			
通州湾示范区	964	499	465	165	85	80			
苏锡通科技产业园区	795	407	388	144	64	80			
启东市	6223	3666	2557	1009	539	470			
如皋市	6136	3616	2520	1196	715	481	7	3	4
海门市	6915	3793	3122	802	450	352			
海安市	8477	4342	4135	822	527	295			
连云港市	**22935**	**12072**	**10863**	**2743**	**1511**	**1232**	**1**	**1**	
连云区	2417	1182	1235	44	13	31			
海州区	8652	4195	4457	130	61	69			
赣榆区	2277	1409	868	962	533	429			
东海县	2385	1353	1032	454	257	197			
灌云县	2177	1282	895	624	362	262			
灌南县	2124	1187	937	438	243	195	1	1	
连云港经济技术开发区	916	480	436	23	8	15			
连云港高新技术产业开发区	1086	550	536	43	19	24			
江苏连云港徐圩新区	788	371	417	3	1	2			
江苏省连云港市云台山风景名胜区	113	63	50	22	14	8			
淮安市	**23235**	**12789**	**10446**	**3736**	**2275**	**1461**	**1**	**1**	
淮安区	3449	1981	1468	971	623	348			
淮阴区	1903	1150	753	892	561	331			
清江浦区	6733	3378	3355	193	93	100	1	1	
洪泽区	1738	993	745	193	116	77			
涟水县	2438	1391	1047	578	368	210			
盱眙县	2141	1259	882	470	285	185			
金湖县	2087	1188	899	258	133	125			
淮安经济技术开发区	2008	1060	948	133	70	63			
工业园区	16	12	4	5	3	2			
生态文旅区	620	316	304	13	5	8			
苏淮高新区	102	61	41	30	18	12			

8-6　续表 5　　　　单位：人

地　　区	离退休金/养老金			最低生活保障金			失业保险金		
	小计	男	女	小计	男	女	小计	男	女
盐城市	**38704**	**21616**	**17088**	**5884**	**3401**	**2483**	**2**	**2**	
亭湖区	5828	3125	2703	242	123	119			
盐都区	2648	1609	1039	519	306	213			
大丰区	4624	2499	2125	487	211	276	1	1	
响水县	2161	1164	997	452	253	199			
滨海县	2997	1746	1251	987	595	392			
阜宁县	3438	1953	1485	813	549	264			
射阳县	4500	2509	1991	590	310	280			
建湖县	3755	2241	1514	676	419	257	1	1	
盐城经济技术开发区	380	212	168	59	29	30			
江苏省盐南高新区	1900	1009	891	135	59	76			
东台市	6473	3549	2924	924	547	377			
扬州市	**38183**	**20452**	**17731**	**2990**	**1925**	**1065**	**1**		**1**
广陵区	7956	3975	3981	135	78	57			
邗江区	6873	3513	3360	247	151	96			
江都区	6358	3610	2748	712	480	232	1		1
宝应县	3878	2205	1673	642	427	215			
扬州经济技术开发区	2571	1307	1264	111	56	55			
蜀冈瘦西湖景区	2161	1073	1088	10	4	6			
生态新城	529	303	226	31	20	11			
仪征市	3904	2195	1709	484	321	163			
高邮市	3953	2271	1682	618	388	230			
镇江市	**30027**	**16330**	**13697**	**3675**	**1702**	**1973**			
京口区	6984	3362	3622	122	58	64			
润州区	4752	2402	2350	145	57	88			
丹徒区	2204	1341	863	488	221	267			
镇江新区	2475	1346	1129	945	363	582			
江苏镇江高新区	737	378	359	96	31	65			
丹阳市	6405	3683	2722	944	490	454			
扬中市	2401	1439	962	203	98	105			
句容市	4069	2379	1690	732	384	348			
泰州市	**41365**	**21775**	**19590**	**5030**	**3305**	**1725**	**15**	**5**	**10**
海陵区	7216	3588	3628	359	198	161			
高港区	1630	987	643	310	202	108	5	1	4
姜堰区	5988	3221	2767	705	571	134			
泰州医药高新技术产业开发区	1158	638	520	473	216	257			
兴化市	7141	3816	3325	1593	1113	480	3	1	2
靖江市	11144	5388	5756	269	146	123	1		1
泰兴市	7088	4137	2951	1321	859	462	6	3	3
宿迁市	**12040**	**6961**	**5079**	**4663**	**2623**	**2040**	**1**	**1**	
宿城区	2601	1417	1184	491	279	212			
宿豫区	707	460	247	452	271	181			
沭阳县	3135	1830	1305	1722	928	794			
泗阳县	2474	1421	1053	806	486	320	1	1	
泗洪县	2281	1277	1004	630	347	283			
宿迁经济技术开发区	397	255	142	190	105	85			
宿迁市湖滨新区	142	104	38	157	91	66			
苏州宿迁工业园区	35	21	14						
宿迁市洋河新区	268	176	92	215	116	99			

8-6 续表 6

单位：人

地区	财产性收入			家庭其他成员供养			其他		
	小计	男	女	小计	男	女	小计	男	女
江 苏	**19153**	**9568**	**9585**	**475915**	**155677**	**320238**	**99154**	**45190**	**53964**
南京市	**636**	**319**	**317**	**19494**	**5856**	**13638**	**6492**	**2795**	**3697**
玄武区	7	1	6	366	101	265	145	50	95
秦淮区	10	6	4	596	156	440	231	84	147
建邺区	19	10	9	449	122	327	198	77	121
鼓楼区	13	8	5	658	183	475	172	70	102
浦口区	41	24	17	1319	416	903	462	217	245
栖霞区	64	28	36	1553	440	1113	906	337	569
雨花台区	26	12	14	920	238	682	279	104	175
江宁区	169	77	92	5186	1668	3518	1357	602	755
六合区	62	37	25	3561	1177	2384	1228	581	647
溧水区	33	14	19	1615	431	1184	286	134	152
高淳区	148	84	64	1726	489	1237	991	437	554
南京江北新区	44	18	26	1545	435	1110	237	102	135
无锡市	**350**	**184**	**166**	**20235**	**6247**	**13988**	**7635**	**3043**	**4592**
锡山区	25	13	12	1863	594	1269	719	276	443
惠山区	16	9	7	1461	435	1026	307	125	182
滨湖区	12	6	6	454	145	309	681	235	446
梁溪区	5	4	1	615	180	435	203	98	105
新吴区	13	7	6	734	231	503	2251	911	1340
江苏无锡经济开发区	7	4	3	352	111	241	72	29	43
江阴市	116	55	61	6193	1949	4244	2720	1021	1699
宜兴市	156	86	70	8563	2602	5961	682	348	334
徐州市	**1211**	**654**	**557**	**61268**	**19934**	**41334**	**9894**	**4593**	**5301**
鼓楼区	32	15	17	748	174	574	240	96	144
云龙区	23	12	11	970	279	691	256	109	147
贾汪区	107	55	52	3202	927	2275	1090	489	601
泉山区	10	6	4	1327	322	1005	230	96	134
铜山区	53	29	24	7983	2539	5444	834	413	421
丰县	355	179	176	7406	2436	4970	1368	634	734
沛县	155	87	68	9019	2852	6167	1221	560	661
睢宁县	208	123	85	9413	3246	6167	1182	559	623
徐州经济技术开发区	13	4	9	1814	570	1244	403	182	221
新沂市	54	35	19	6558	2005	4553	1300	621	679
邳州市	201	109	92	12828	4584	8244	1770	834	936
常州市	**442**	**240**	**202**	**21665**	**6836**	**14829**	**6817**	**3035**	**3782**
天宁区	24	12	12	1251	383	868	341	159	182
钟楼区	50	27	23	964	302	662	365	131	234
新北区	35	22	13	3311	1025	2286	1600	643	957
武进区	116	65	51	4634	1510	3124	2001	898	1103
金坛区	84	46	38	3834	1243	2591	1284	626	658
江苏省常州市经济开发区	28	14	14	1130	326	804	191	98	93
溧阳市	105	54	51	6541	2047	4494	1035	480	555

8-6 续表 7

单位：人

地区	财产性收入			家庭其他成员供养			其他		
	小计	男	女	小计	男	女	小计	男	女
苏州市	**423**	**237**	**186**	**18488**	**5807**	**12681**	**3587**	**1581**	**2006**
虎丘区	23	12	11	1130	378	752	105	47	58
吴中区	87	53	34	1984	677	1307	537	261	276
相城区	14	9	5	1476	495	981	510	238	272
姑苏区	10	4	6	592	176	416	127	56	71
吴江区	91	51	40	3886	1309	2577	632	279	353
苏州工业园区	61	34	27	1630	505	1125	381	159	222
常熟市	41	20	21	2350	657	1693	271	102	169
张家港市	35	16	19	2622	677	1945	429	171	258
昆山市	53	33	20	2167	720	1447	402	188	214
太仓市	8	5	3	651	213	438	193	80	113
南通市	**2221**	**1101**	**1120**	**67196**	**21313**	**45883**	**18062**	**8067**	**9995**
崇川区	12	5	7	512	149	363	176	67	109
港闸区	10	6	4	500	134	366	121	41	80
通州区	431	219	212	12385	4095	8290	3706	1704	2002
如东县	224	112	112	10548	3313	7235	2447	1062	1385
南通经济技术开发区	1	1		243	65	178	43	19	24
通州湾示范区	81	40	41	999	282	717	516	225	291
苏锡通科技产业园区	11	5	6	639	204	435	104	51	53
启东市	640	295	345	9456	2448	7008	3994	1662	2332
如皋市	368	190	178	17021	6082	10939	3356	1632	1724
海门市	273	138	135	8663	2567	6096	2526	1109	1417
海安市	170	90	80	6230	1974	4256	1073	495	578
连云港市	**775**	**413**	**362**	**27141**	**8630**	**18511**	**6301**	**2887**	**3414**
连云区	5	3	2	331	78	253	70	28	42
海州区	63	36	27	2319	720	1599	576	256	320
赣榆区	98	44	54	7545	2295	5250	1428	628	800
东海县	120	64	56	6555	2244	4311	1193	540	653
灌云县	337	185	152	5267	1689	3578	2047	978	1069
灌南县	133	71	62	4120	1317	2803	720	335	385
连云港经济技术开发区	1	1		441	121	320	97	51	46
连云港高新技术产业开发区	3	1	2	242	64	178	76	26	50
江苏连云港徐圩新区	15	8	7	24	7	17	16	9	7
江苏省连云港市云台山风景名胜区				297	95	202	78	36	42
淮安市	**1653**	**879**	**774**	**38294**	**13608**	**24686**	**7567**	**3750**	**3817**
淮安区	130	75	55	9778	3658	6120	1387	696	691
淮阴区	182	107	75	7124	2593	4531	1890	953	937
清江浦区	22	9	13	1876	604	1272	344	151	193
洪泽区	263	138	125	3072	1086	1986	621	293	328
涟水县	133	72	61	5971	2072	3899	1030	513	517
盱眙县	294	163	131	6283	2238	4045	1298	657	641
金湖县	606	305	301	2909	902	2007	522	251	271
淮安经济技术开发区	8	5	3	505	165	340	341	169	172
工业园区	12	4	8	201	70	131	27	15	12
生态文旅区	1		1	296	106	190	54	23	31
苏淮高新区	2	1	1	279	114	165	53	29	24

8-6 续表 8

单位：人

地区	财产性收入			家庭其他成员供养			其他		
	小计	男	女	小计	男	女	小计	男	女
盐城市	**5341**	**2548**	**2793**	**54625**	**17501**	**37124**	**11373**	**5345**	**6028**
亭湖区	299	147	152	3942	1279	2663	981	460	521
盐都区	951	440	511	6977	2355	4622	1506	739	767
大丰区	1202	542	660	3441	888	2553	833	331	502
响水县	169	80	89	3071	896	2175	943	437	506
滨海县	232	117	115	7440	2437	5003	2164	1022	1142
阜宁县	267	155	112	8766	3081	5685	1401	718	683
射阳县	1203	567	636	5687	1726	3961	1250	568	682
建湖县	538	267	271	6928	2315	4613	574	305	269
盐城经济技术开发区	121	52	69	617	202	415	258	113	145
江苏省盐南高新区	27	14	13	1087	350	737	246	106	140
东台市	332	167	165	6669	1972	4697	1217	546	671
扬州市	**1049**	**542**	**507**	**46380**	**15900**	**30480**	**5657**	**2725**	**2932**
广陵区	33	15	18	2113	709	1404	257	111	146
邗江区	56	26	30	3588	1151	2437	542	235	307
江都区	209	108	101	13857	4814	9043	1487	720	767
宝应县	235	125	110	9756	3431	6325	902	432	470
扬州经济技术开发区	5	4	1	888	293	595	348	171	177
蜀冈瘦西湖景区	2	2		315	72	243	85	42	43
生态新城	1	1		540	198	342	155	71	84
仪征市	118	69	49	5633	1930	3703	784	376	408
高邮市	390	192	198	9690	3302	6388	1097	567	530
镇江市	**425**	**213**	**212**	**22516**	**6979**	**15537**	**3825**	**1752**	**2073**
京口区	14	10	4	474	117	357	89	42	47
润州区	10	6	4	362	108	254	154	59	95
丹徒区	51	22	29	2721	856	1865	859	405	454
镇江新区	8	5	3	652	196	456	557	223	334
江苏镇江高新区	8	3	5	122	40	82	58	29	29
丹阳市	196	96	100	9012	2899	6113	798	356	442
扬中市	74	37	37	3232	963	2269	352	164	188
句容市	64	34	30	5941	1800	4141	958	474	484
泰州市	**3487**	**1631**	**1856**	**40564**	**13211**	**27353**	**5711**	**2595**	**3116**
海陵区	61	28	33	2576	793	1783	596	255	341
高港区	97	54	43	2855	949	1906	536	236	300
姜堰区	514	269	245	8248	2865	5383	1236	576	660
泰州医药高新技术产业开发区	60	31	29	1150	377	773	463	194	269
兴化市	2320	1046	1274	11650	3774	7876	1279	615	664
靖江市	133	60	73	3366	1035	2331	213	97	116
泰兴市	302	143	159	10719	3418	7301	1388	622	766
宿迁市	**1140**	**607**	**533**	**38049**	**13855**	**24194**	**6233**	**3022**	**3211**
宿城区	151	83	68	4465	1598	2867	363	175	188
宿豫区	32	18	14	4220	1572	2648	769	406	363
沭阳县	492	265	227	12555	4543	8012	2214	1035	1179
泗阳县	191	102	89	7386	2722	4664	1279	623	656
泗洪县	215	106	109	5214	1893	3321	968	452	516
宿迁经济技术开发区	21	12	9	1187	424	763	170	86	84
宿迁市湖滨新区	20	12	8	1406	503	903	193	102	91
苏州宿迁工业园区				47	18	29	10	3	7
宿迁市洋河新区	18	9	9	1569	582	987	267	140	127

8-6a　各地区分性别、主要生活来源的60岁及以上老年人口(城市)

单位：人

地　区	60岁及以上人口			劳动收入		
	合计	男	女	小计	男	女
江　苏	**661838**	**317281**	**344557**	**57453**	**39136**	**18317**
南京市	**130414**	**62514**	**67900**	**5804**	**4405**	**1399**
玄武区	10805	5121	5684	309	212	97
秦淮区	18988	8990	9998	440	326	114
建邺区	9563	4570	4993	299	228	71
鼓楼区	21862	10271	11591	453	302	151
浦口区	5036	2479	2557	510	370	140
栖霞区	12241	5944	6297	561	435	126
雨花台区	8887	4377	4510	510	381	129
江宁区	16765	8044	8721	1007	791	216
六合区	4203	2050	2153	228	188	40
溧水区	3800	1876	1924	286	244	42
高淳区	4106	2068	2038	384	333	51
南京江北新区	14158	6724	7434	817	595	222
无锡市	**84376**	**40903**	**43473**	**5076**	**3830**	**1246**
锡山区	6133	3031	3102	673	517	156
惠山区	7175	3553	3622	559	440	119
滨湖区	11027	5338	5689	469	364	105
梁溪区	21601	10379	11222	584	432	152
新吴区	9280	4522	4758	390	298	92
江苏无锡经济开发区	4782	2334	2448	298	241	57
江阴市	14029	6752	7277	1037	766	271
宜兴市	10349	4994	5355	1066	772	294
徐州市	**47498**	**22470**	**25028**	**5081**	**3237**	**1844**
鼓楼区	7929	3791	4138	277	188	89
云龙区	6730	3223	3507	414	276	138
贾汪区	2961	1367	1594	282	209	73
泉山区	12881	6044	6837	327	221	106
铜山区	4909	2332	2577	1495	864	631
丰县						
沛县						
睢宁县						
徐州经济技术开发区	76	38	38	16	15	1
新沂市	4333	2035	2298	1024	592	432
邳州市	7679	3640	4039	1246	872	374
常州市	**54679**	**26513**	**28166**	**4322**	**3192**	**1130**
天宁区	11274	5423	5851	322	249	73
钟楼区	11718	5621	6097	642	473	169
新北区	8533	4101	4432	1056	743	313
武进区	8570	4188	4382	932	663	269
金坛区	5821	2847	2974	583	443	140
江苏省常州市经济开发区	3075	1517	1558	255	191	64
溧阳市	5688	2816	2872	532	430	102

8-6a 续表 1

单位：人

地区	60岁及以上人口			劳动收入		
	合计	男	女	小计	男	女
苏州市	**97768**	**46735**	**51033**	**7221**	**4919**	**2302**
虎丘区	9439	4444	4995	681	472	209
吴中区	9042	4338	4704	1035	665	370
相城区	10126	4989	5137	1173	858	315
姑苏区	22565	10912	11653	424	296	128
吴江区	6924	3317	3607	825	547	278
苏州工业园区						
常熟市	13175	6229	6946	1054	691	363
张家港市	7312	3382	3930	502	374	128
昆山市	14099	6686	7413	789	575	214
太仓市	5086	2438	2648	738	441	297
南通市	**64732**	**30528**	**34204**	**9032**	**5585**	**3447**
崇川区	14102	6588	7514	389	279	110
港闸区	6837	3209	3628	348	265	83
通州区	8606	4065	4541	1756	1040	716
如东县						
南通经济技术开发区						
通州湾示范区						
苏锡通科技产业园区						
启东市	9413	4396	5017	2336	1325	1011
如皋市	7862	3699	4163	1118	734	384
海门市	7165	3415	3750	1117	701	416
海安市	10747	5156	5591	1968	1241	727
连云港市	**17516**	**8211**	**9305**	**2431**	**1456**	**975**
连云区	3025	1430	1595	226	153	73
海州区	10116	4753	5363	738	453	285
赣榆区	4023	1858	2165	1316	764	552
东海县	173	79	94	107	58	49
灌云县						
灌南县						
连云港经济技术开发区						
连云港高新技术产业开发区						
江苏连云港徐圩新区	68	36	32	12	10	2
江苏省连云港市云台山风景名胜区	111	55	56	32	18	14
淮安市	**19728**	**9527**	**10201**	**1558**	**1144**	**414**
淮安区	5082	2477	2605	423	339	84
淮阴区	3924	1901	2023	568	396	172
清江浦区	8449	4017	4432	342	238	104
洪泽区	2273	1132	1141	225	171	54
涟水县						
盱眙县						
金湖县						
淮安经济技术开发区						
工业园区						
生态文旅区						
苏淮高新区						

8-6a 续表 2

单位：人

地 区	60岁及以上人口			劳动收入		
	合计	男	女	小计	男	女
盐城市	**28485**	**13901**	**14584**	**5229**	**3199**	**2030**
亭湖区	9060	4469	4591	1096	712	384
盐都区	3552	1738	1814	641	448	193
大丰区	3915	1859	2056	830	471	359
响水县						
滨海县						
阜宁县						
射阳县						
建湖县						
盐城经济技术开发区	38	20	18	3	1	2
江苏省盐南高新区	3815	1829	1986	420	291	129
东台市	8105	3986	4119	2239	1276	963
扬州市	**37685**	**18168**	**19517**	**3333**	**2429**	**904**
广陵区	8410	4090	4320	460	328	132
邗江区	8414	4045	4369	789	572	217
江都区	6080	2897	3183	640	461	179
宝应县						
扬州经济技术开发区						
蜀冈瘦西湖景区	2751	1325	1426	178	132	46
生态新城	630	322	308	83	61	22
仪征市	5794	2797	2997	501	377	124
高邮市	5606	2692	2914	682	498	184
镇江市	**31574**	**15185**	**16389**	**2753**	**1908**	**845**
京口区	7630	3618	4012	203	141	62
润州区	5577	2749	2828	155	117	38
丹徒区	2531	1246	1285	344	240	104
镇江新区						
江苏镇江高新区	1106	541	565	85	60	25
丹阳市	6710	3166	3544	816	548	268
扬中市	3109	1488	1621	499	335	164
句容市	4911	2377	2534	651	467	184
泰州市	**37910**	**18092**	**19818**	**4465**	**2986**	**1479**
海陵区	10312	4953	5359	1147	766	381
高港区	2735	1303	1432	352	242	110
姜堰区	6094	2964	3130	611	453	158
泰州医药高新技术产业开发区						
兴化市	5593	2679	2914	708	464	244
靖江市	6068	2883	3185	609	439	170
泰兴市	7108	3310	3798	1038	622	416
宿迁市	**9473**	**4534**	**4939**	**1148**	**846**	**302**
宿城区	4743	2263	2480	529	377	152
宿豫区	2351	1129	1222	262	198	64
沭阳县						
泗阳县						
泗洪县						
宿迁经济技术开发区						
宿迁市湖滨新区	950	468	482	165	129	36
苏州宿迁工业园区	101	48	53	9	6	3
宿迁市洋河新区	1328	626	702	183	136	47

8-6a 续表 3

单位：人

地 区	离退休金/养老金			最低生活保障金			失业保险金		
	小计	男	女	小计	男	女	小计	男	女
江 苏	**466891**	**230874**	**236017**	**14636**	**6383**	**8253**	**28**	**14**	**14**
南京市	**108061**	**52692**	**55369**	**2541**	**1054**	**1487**	**6**	**3**	**3**
玄武区	9932	4738	5194	46	19	27			
秦淮区	17616	8369	9247	95	49	46			
建邺区	8492	4102	4390	105	30	75	1	1	
鼓楼区	20499	9678	10821	67	30	37			
浦口区	3264	1633	1631	184	87	97	1		1
栖霞区	9700	4909	4791	300	118	182			
雨花台区	6914	3537	3377	261	107	154	1		1
江宁区	11420	5739	5681	718	308	410	3	2	1
六合区	3171	1607	1564	118	51	67			
溧水区	2920	1466	1454	133	52	81			
高淳区	2815	1404	1411	213	103	110			
南京江北新区	11318	5510	5808	301	100	201			
无锡市	**64423**	**31929**	**32494**	**2684**	**1019**	**1665**	**8**	**4**	**4**
锡山区	3886	1973	1913	362	141	221			
惠山区	4227	2260	1967	1370	498	872	4	2	2
滨湖区	9415	4593	4822	249	83	166			
梁溪区	20078	9604	10474	116	61	55			
新吴区	6148	3174	2974	7	5	2			
江苏无锡经济开发区	3947	1909	2038	106	40	66			
江阴市	9551	4874	4677	352	131	221	2	1	1
宜兴市	7171	3542	3629	122	60	62	2	1	1
徐州市	**29173**	**14902**	**14271**	**1171**	**537**	**634**			
鼓楼区	6569	3293	3276	63	25	38			
云龙区	4978	2490	2488	218	106	112			
贾汪区	1212	689	523	160	62	98			
泉山区	10871	5355	5516	116	44	72			
铜山区	1493	814	679	149	74	75			
丰县									
沛县									
睢宁县									
徐州经济技术开发区	2	2		6	3	3			
新沂市	1499	823	676	145	64	81			
邳州市	2549	1436	1113	314	159	155			
常州市	**40026**	**19738**	**20288**	**1392**	**557**	**835**	**1**		**1**
天宁区	10223	4932	5291	78	39	39			
钟楼区	9814	4713	5101	202	82	120			
新北区	4585	2349	2236	315	128	187			
武进区	5440	2715	2725	292	99	193			
金坛区	3536	1803	1733	352	152	200			
江苏省常州市经济开发区	2522	1239	1283	35	12	23			
溧阳市	3906	1987	1919	118	45	73	1		1

8-6a 续表 4 单位：人

地区	离退休金/养老金			最低生活保障金			失业保险金		
	小计	男	女	小计	男	女	小计	男	女
苏州市	**78872**	**37727**	**41145**	**1095**	**453**	**642**	**1**		**1**
虎丘区	7379	3496	3883	223	76	147			
吴中区	6138	2970	3168	178	65	113	1		1
相城区	7026	3409	3617	203	82	121			
姑苏区	21269	10298	10971	143	82	61			
吴江区	4651	2272	2379	107	44	63			
苏州工业园区									
常熟市	11380	5295	6085	69	39	30			
张家港市	5834	2724	3110	49	22	27			
昆山市	11135	5357	5778	101	36	65			
太仓市	4060	1906	2154	22	7	15			
南通市	**37958**	**18635**	**19323**	**1436**	**715**	**721**	**2**	**2**	
崇川区	12944	6060	6884	69	28	41			
港闸区	5813	2735	3078	73	35	38			
通州区	2846	1472	1374	345	189	156			
如东县									
南通经济技术开发区									
通州湾示范区									
苏锡通科技产业园区									
启东市	3511	1906	1605	327	170	157			
如皋市	3221	1678	1543	149	67	82	2	2	
海门市	3879	1960	1919	195	77	118			
海安市	5744	2824	2920	278	149	129			
连云港市	**11466**	**5626**	**5840**	**237**	**102**	**135**			
连云区	2381	1168	1213	42	12	30			
海州区	7931	3803	4128	66	29	37			
赣榆区	1079	623	456	119	55	64			
东海县	30	10	20	2	1	1			
灌云县									
灌南县									
连云港经济技术开发区									
连云港高新技术产业开发区									
江苏连云港徐圩新区	39	18	21	3	1	2			
江苏省连云港市云台山风景名胜区	6	4	2	5	4	1			
淮安市	**11780**	**6095**	**5685**	**484**	**236**	**248**	**1**	**1**	
淮安区	2469	1320	1149	167	80	87			
淮阴区	1398	762	636	113	61	52			
清江浦区	6644	3316	3328	128	52	76	1	1	
洪泽区	1269	697	572	76	43	33			
涟水县									
盱眙县									
金湖县									
淮安经济技术开发区									
工业园区									
生态文旅区									
苏淮高新区									

8-6a 续表 5

单位：人

地区	离退休金/养老金			最低生活保障金			失业保险金		
	小计	男	女	小计	男	女	小计	男	女
盐城市	**14110**	**7443**	**6667**	**651**	**325**	**326**			
亭湖区	5306	2775	2531	118	49	69			
盐都区	1008	595	413	111	55	56			
大丰区	2272	1147	1125	67	28	39			
响水县									
滨海县									
阜宁县									
射阳县									
建湖县									
盐城经济技术开发区	27	15	12						
江苏省盐南高新区	1900	1009	891	135	59	76			
东台市	3597	1902	1695	220	134	86			
扬州市	**24252**	**12259**	**11993**	**578**	**288**	**290**			
广陵区	7041	3443	3598	46	18	28			
邗江区	5786	2871	2915	117	62	55			
江都区	3243	1689	1554	84	40	44			
宝应县									
扬州经济技术开发区									
蜀冈瘦西湖景区	2161	1073	1088	10	4	6			
生态新城	281	154	127	13	7	6			
仪征市	3030	1607	1423	218	116	102			
高邮市	2710	1422	1288	90	41	49			
镇江市	**20932**	**10715**	**10217**	**1168**	**445**	**723**			
京口区	6837	3287	3550	104	49	55			
润州区	4751	2402	2349	145	57	88			
丹徒区	1051	596	455	222	81	141			
镇江新区									
江苏镇江高新区	737	378	359	96	31	65			
丹阳市	3919	2043	1876	331	116	215			
扬中市	1261	718	543	69	27	42			
句容市	2376	1291	1085	201	84	117			
泰州市	**22960**	**11526**	**11434**	**726**	**401**	**325**	**9**	**4**	**5**
海陵区	6815	3370	3445	237	116	121			
高港区	1018	574	444	74	41	33	4	1	3
姜堰区	3919	1961	1958	91	66	25			
泰州医药高新技术产业开发区									
兴化市	3140	1594	1546	106	60	46			
靖江市	4606	2192	2414	52	18	34			
泰兴市	3462	1835	1627	166	100	66	5	3	2
宿迁市	**2878**	**1587**	**1291**	**473**	**251**	**222**			
宿城区	2211	1147	1064	145	72	73			
宿豫区	393	255	138	132	73	59			
沭阳县									
泗阳县									
泗洪县									
宿迁经济技术开发区									
宿迁市湖滨新区	74	56	18	61	37	24			
苏州宿迁工业园区	35	21	14						
宿迁市洋河新区	165	108	57	135	69	66			

8-6a　续表 6　　　　单位：人

地　　区	财产性收入			家庭其他成员供养			其　　他		
	小计	男	女	小计	男	女	小计	男	女
江　苏	**2410**	**1210**	**1200**	**92890**	**27938**	**64952**	**27530**	**11726**	**15804**
南京市	**333**	**150**	**183**	**10014**	**2732**	**7282**	**3655**	**1478**	**2177**
玄武区	7	1	6	366	101	265	145	50	95
秦淮区	10	6	4	596	156	440	231	84	147
建邺区	19	10	9	449	122	327	198	77	121
鼓楼区	13	8	5	658	183	475	172	70	102
浦口区	22	12	10	746	228	518	309	149	160
栖霞区	38	13	25	924	213	711	718	256	462
雨花台区	26	12	14	898	237	661	277	103	174
江宁区	138	61	77	2546	737	1809	933	406	527
六合区	5	2	3	489	127	362	192	75	117
溧水区	2	1	1	382	79	303	77	34	43
高淳区	12	7	5	499	139	360	183	82	101
南京江北新区	41	17	24	1461	410	1051	220	92	128
无锡市	**181**	**87**	**94**	**6887**	**2063**	**4824**	**5117**	**1971**	**3146**
锡山区	4	1	3	814	250	564	394	149	245
惠山区	3	2	1	807	264	543	205	87	118
滨湖区	12	6	6	396	125	271	486	167	319
梁溪区	5	4	1	615	180	435	203	98	105
新吴区	13	7	6	669	207	462	2053	831	1222
江苏无锡经济开发区	7	4	3	352	111	241	72	29	43
江阴市	55	23	32	1479	421	1058	1553	536	1017
宜兴市	82	40	42	1755	505	1250	151	74	77
徐州市	**162**	**84**	**78**	**10118**	**2908**	**7210**	**1793**	**802**	**991**
鼓楼区	32	15	17	748	174	574	240	96	144
云龙区	23	12	11	860	240	620	237	99	138
贾汪区	38	15	23	962	254	708	307	138	169
泉山区	10	6	4	1327	322	1005	230	96	134
铜山区	10	6	4	1559	473	1086	203	101	102
丰县									
沛县									
睢宁县									
徐州经济技术开发区				45	14	31	7	4	3
新沂市	7	5	2	1340	400	940	318	151	167
邳州市	42	25	17	3277	1031	2246	251	117	134
常州市	**184**	**90**	**94**	**5620**	**1645**	**3975**	**3134**	**1291**	**1843**
天宁区	14	6	8	510	141	369	127	56	71
钟楼区	41	22	19	691	215	476	328	116	212
新北区	17	9	8	1406	430	976	1154	442	712
武进区	49	24	25	937	297	640	920	390	530
金坛区	23	12	11	949	251	698	378	186	192
江苏省常州市经济开发区	6	2	4	221	58	163	36	15	21
溧阳市	34	15	19	906	253	653	191	86	105

8-6a 续表 7 单位：人

地区	财产性收入			家庭其他成员供养			其他		
	小计	男	女	小计	男	女	小计	男	女
苏州市	**198**	**109**	**89**	**8669**	**2759**	**5910**	**1712**	**768**	**944**
虎丘区	23	12	11	1039	346	693	94	42	52
吴中区	50	27	23	1302	447	855	338	164	174
相城区	14	9	5	1298	437	861	412	194	218
姑苏区	10	4	6	592	176	416	127	56	71
吴江区	48	29	19	1105	348	757	188	77	111
苏州工业园区									
常熟市	17	9	8	584	170	414	71	25	46
张家港市	6	2	4	795	206	589	126	54	72
昆山市	27	15	12	1739	564	1175	308	139	169
太仓市	3	2	1	215	65	150	48	17	31
南通市	**377**	**185**	**192**	**11845**	**3608**	**8237**	**4082**	**1798**	**2284**
崇川区	12	5	7	512	149	363	176	67	109
港闸区	10	6	4	479	132	347	114	36	78
通州区	73	38	35	2275	735	1540	1311	591	720
如东县									
南通经济技术开发区									
通州湾示范区									
苏锡通科技产业园区									
启东市	132	62	70	2088	490	1598	1019	443	576
如皋市	38	17	21	2850	973	1877	484	228	256
海门市	59	28	31	1357	407	950	558	242	316
海安市	53	29	24	2284	722	1562	420	191	229
连云港市	**36**	**22**	**14**	**2755**	**756**	**1999**	**591**	**249**	**342**
连云区	5	3	2	303	67	236	68	27	41
海州区	24	15	9	1036	314	722	321	139	182
赣榆区	6	3	3	1328	343	985	175	70	105
东海县				32	9	23	2	1	1
灌云县									
灌南县									
连云港经济技术开发区									
连云港高新技术产业开发区									
江苏连云港徐圩新区	1	1		7	3	4	6	3	3
江苏省连云港市云台山风景名胜区				49	20	29	19	9	10
淮安市	**70**	**39**	**31**	**4840**	**1544**	**3296**	**995**	**468**	**527**
淮安区	15	11	4	1714	582	1132	294	145	149
淮阴区	26	14	12	1499	511	988	320	157	163
清江浦区	15	7	8	1066	293	773	253	110	143
洪泽区	14	7	7	561	158	403	128	56	72
涟水县									
盱眙县									
金湖县									
淮安经济技术开发区									
工业园区									
生态文旅区									
苏淮高新区									

8-6a　续表 8　　　　单位：人

地　区	财产性收入			家庭其他成员供养			其　他		
	小计	男	女	小计	男	女	小计	男	女
盐城市	**312**	**156**	**156**	**6685**	**2097**	**4588**	**1498**	**681**	**817**
亭湖区	87	45	42	1933	637	1296	520	251	269
盐都区	23	13	10	1491	501	990	278	126	152
大丰区	48	22	26	562	150	412	136	41	95
响水县									
滨海县									
阜宁县									
射阳县									
建湖县									
盐城经济技术开发区				4	1	3	4	3	1
江苏省盐南高新区	27	14	13	1087	350	737	246	106	140
东台市	127	62	65	1608	458	1150	314	154	160
扬州市	**95**	**57**	**38**	**8000**	**2484**	**5516**	**1427**	**651**	**776**
广陵区	8	3	5	701	236	465	154	62	92
邗江区	17	10	7	1395	404	991	310	126	184
江都区	27	15	12	1878	593	1285	208	99	109
宝应县									
扬州经济技术开发区									
蜀冈瘦西湖景区	2	2		315	72	243	85	42	43
生态新城	1	1		170	59	111	82	40	42
仪征市	17	13	4	1632	510	1122	396	174	222
高邮市	23	13	10	1909	610	1299	192	108	84
镇江市	**155**	**81**	**74**	**5380**	**1513**	**3867**	**1186**	**523**	**663**
京口区	13	9	4	394	97	297	79	35	44
润州区	10	6	4	362	108	254	154	59	95
丹徒区	5	2	3	551	157	394	358	170	188
镇江新区									
江苏镇江高新区	8	3	5	122	40	82	58	29	29
丹阳市	39	17	22	1449	382	1067	156	60	96
扬中市	59	28	31	1095	321	774	126	59	67
句容市	21	16	5	1407	408	999	255	111	144
泰州市	**277**	**130**	**147**	**7846**	**2335**	**5511**	**1627**	**710**	**917**
海陵区	36	15	21	1662	507	1155	415	179	236
高港区	27	17	10	844	248	596	416	180	236
姜堰区	37	21	16	1280	385	895	156	78	78
泰州医药高新技术产业开发区									
兴化市	113	47	66	1349	430	919	177	84	93
靖江市	12	7	5	731	206	525	58	21	37
泰兴市	52	23	29	1980	559	1421	405	168	237
宿迁市	**30**	**20**	**10**	**4231**	**1494**	**2737**	**713**	**336**	**377**
宿城区	9	6	3	1675	581	1094	174	80	94
宿豫区	11	8	3	1239	442	797	314	153	161
沭阳县									
泗阳县									
泗洪县									
宿迁经济技术开发区									
宿迁市湖滨新区	2	2		556	201	355	92	43	49
苏州宿迁工业园区				47	18	29	10	3	7
宿迁市洋河新区	8	4	4	714	252	462	123	57	66

8-6b 各地区分性别、主要生活来源的60岁及以上老年人口(镇)

单位：人

地区	60岁及以上人口			劳动收入		
	合计	男	女	小计	男	女
江 苏	**419776**	**202736**	**217040**	**89426**	**57361**	**32065**
南京市	**2705**	**1302**	**1403**	**229**	**184**	**45**
玄武区						
秦淮区						
建邺区						
鼓楼区						
浦口区	63	29	34	3	2	1
栖霞区						
雨花台区	223	105	118	8	5	3
江宁区						
六合区	1395	662	733	124	103	21
溧水区	671	319	352	57	43	14
高淳区	353	187	166	37	31	6
南京江北新区						
无锡市	**22595**	**11090**	**11505**	**3317**	**2421**	**896**
锡山区	5457	2678	2779	753	523	230
惠山区	1942	923	1019	137	108	29
滨湖区						
梁溪区						
新吴区						
江苏无锡经济开发区						
江阴市	8471	4112	4359	1212	892	320
宜兴市	6725	3377	3348	1215	898	317
徐州市	**46523**	**22073**	**24450**	**11879**	**7393**	**4486**
鼓楼区						
云龙区	359	166	193	58	34	24
贾汪区	1557	734	823	343	222	121
泉山区						
铜山区	6168	2913	3255	2726	1483	1243
丰县	8419	3954	4465	2465	1464	1001
沛县	9330	4382	4948	1492	1028	464
睢宁县	8895	4341	4554	1892	1302	590
徐州经济技术开发区	3570	1674	1896	422	304	118
新沂市	2962	1377	1585	1064	659	405
邳州市	5263	2532	2731	1417	897	520
常州市	**13242**	**6515**	**6727**	**2337**	**1702**	**635**
天宁区	906	434	472	128	92	36
钟楼区						
新北区	2456	1177	1279	416	289	127
武进区	3218	1595	1623	632	451	181
金坛区	1952	992	960	315	236	79
江苏省常州市经济开发区	1366	674	692	199	150	49
溧阳市	3344	1643	1701	647	484	163

8-6b 续表 1

单位：人

地区	60岁及以上人口			劳动收入		
	合计	男	女	小计	男	女
苏州市	**51804**	**24790**	**27014**	**5390**	**3705**	**1685**
虎丘区	108	54	54	15	12	3
吴中区	2945	1429	1516	409	273	136
相城区	1018	504	514	155	109	46
姑苏区						
吴江区	7698	3875	3823	828	631	197
苏州工业园区	14333	6613	7720	659	476	183
常熟市	7629	3632	3997	1552	976	576
张家港市	10313	4905	5408	880	646	234
昆山市	3001	1466	1535	144	102	42
太仓市	4759	2312	2447	748	480	268
南通市	**65746**	**31323**	**34423**	**18520**	**11012**	**7508**
崇川区						
港闸区						
通州区	10165	4847	5318	2135	1339	796
如东县	17314	8239	9075	6326	3561	2765
南通经济技术开发区	4156	1977	2179	285	227	58
通州湾示范区	1305	608	697	244	175	69
苏锡通科技产业园区	926	459	467	234	155	79
启东市	6434	2956	3478	2305	1326	979
如皋市	12503	6035	6468	2686	1734	952
海门市	7790	3635	4155	2280	1344	936
海安市	5153	2567	2586	2025	1151	874
连云港市	**28891**	**13896**	**14995**	**7717**	**4779**	**2938**
连云区	7	7		7	7	
海州区	1060	501	559	200	131	69
赣榆区	5925	2773	3152	2115	1306	809
东海县	6824	3290	3534	2327	1376	951
灌云县	6248	3045	3203	1460	912	548
灌南县	5193	2537	2656	1343	855	488
连云港经济技术开发区	1179	571	608	83	63	20
连云港高新技术产业开发区	1610	772	838	160	112	48
江苏连云港徐圩新区	789	375	414	20	16	4
江苏省连云港市云台山风景名胜区	56	25	31	2	1	1
淮安市	**28293**	**13877**	**14416**	**5184**	**3476**	**1708**
淮安区	3154	1569	1585	565	409	156
淮阴区	2592	1265	1327	562	404	158
清江浦区	175	86	89	49	33	16
洪泽区	827	407	420	149	106	43
涟水县	6874	3315	3559	2121	1201	920
盱眙县	6777	3281	3496	910	713	197
金湖县	2887	1428	1459	360	265	95
淮安经济技术开发区	3277	1672	1605	282	203	79
工业园区	155	79	76	36	30	6
生态文旅区	1049	498	551	65	48	17
苏淮高新区	526	277	249	85	64	21

8-6b 续表 2

单位：人

地区	60岁及以上人口			劳动收入		
	合计	男	女	小计	男	女
盐城市	**57529**	**27950**	**29579**	**14891**	**9128**	**5763**
亭湖区	1555	740	815	435	274	161
盐都区	2239	1082	1157	329	237	92
大丰区	6115	2900	3215	2734	1477	1257
响水县	5065	2409	2656	1087	701	386
滨海县	8690	4235	4455	1806	1214	592
阜宁县	9016	4393	4623	1514	1009	505
射阳县	10292	5053	5239	2809	1702	1107
建湖县	6921	3390	3531	944	689	255
盐城经济技术开发区	1108	525	583	249	157	92
江苏省盐南高新区						
东台市	6528	3223	3305	2984	1668	1316
扬州市	**25509**	**12399**	**13110**	**4051**	**2891**	**1160**
广陵区	1035	512	523	263	165	98
邗江区	1380	669	711	175	126	49
江都区	6660	3189	3471	1082	768	314
宝应县	7810	3776	4034	1161	852	309
扬州经济技术开发区	3745	1827	1918	294	210	84
蜀冈瘦西湖景区						
生态新城	324	156	168	51	36	15
仪征市	1444	738	706	310	229	81
高邮市	3111	1532	1579	715	505	210
镇江市	**18093**	**8882**	**9211**	**3532**	**2411**	**1121**
京口区	77	34	43	7	4	3
润州区						
丹徒区	1931	969	962	467	318	149
镇江新区	4059	1947	2112	251	196	55
江苏镇江高新区						
丹阳市	8752	4332	4420	2233	1506	727
扬中市	1425	687	738	330	216	114
句容市	1849	913	936	244	171	73
泰州市	**27800**	**13653**	**14147**	**6567**	**4356**	**2211**
海陵区	852	416	436	257	178	79
高港区	1236	602	634	250	164	86
姜堰区	3392	1725	1667	737	518	219
泰州医药高新技术产业开发区	3419	1665	1754	464	347	117
兴化市	8871	4426	4445	2649	1771	878
靖江市	3177	1514	1663	418	301	117
泰兴市	6853	3305	3548	1792	1077	715
宿迁市	**31046**	**14986**	**16060**	**5812**	**3903**	**1909**
宿城区	728	358	370	183	116	67
宿豫区	1158	567	591	191	141	50
沭阳县	13473	6530	6943	2934	1957	977
泗阳县	7075	3380	3695	958	656	302
泗洪县	6843	3287	3556	1263	824	439
宿迁经济技术开发区	1464	717	747	207	159	48
宿迁市湖滨新区	305	147	158	76	50	26
苏州宿迁工业园区						
宿迁市洋河新区						

8-6b　续表 3

单位：人

地　　区	离退休金/养老金			最低生活保障金			失业保险金		
	小计	男	女	小计	男	女	小计	男	女
江　苏	**149484**	**79038**	**70446**	**15373**	**8042**	**7331**	**11**	**3**	**8**
南京市	**1664**	**821**	**843**	**215**	**101**	**114**			
玄武区									
秦淮区									
建邺区									
鼓楼区									
浦口区	59	26	33						
栖霞区									
雨花台区	185	94	91	6	4	2			
江宁区									
六合区	808	401	407	75	29	46			
溧水区	419	200	219	115	52	63			
高淳区	193	100	93	19	16	3			
南京江北新区									
无锡市	**12673**	**6401**	**6272**	**1105**	**447**	**658**			
锡山区	3369	1685	1684	314	119	195			
惠山区	1267	654	613	339	109	230			
滨湖区									
梁溪区									
新吴区									
江苏无锡经济开发区									
江阴市	4885	2429	2456	257	101	156			
宜兴市	3152	1633	1519	195	118	77			
徐州市	**9201**	**5545**	**3656**	**2195**	**1135**	**1060**			
鼓楼区									
云龙区	34	24	10	138	59	79			
贾汪区	250	172	78	132	55	77			
泉山区									
铜山区	689	478	211	251	130	121			
丰县	1806	1013	793	345	181	164			
沛县	2809	1686	1123	312	158	154			
睢宁县	1891	1109	782	362	233	129			
徐州经济技术开发区	1153	687	466	299	125	174			
新沂市	138	102	36	156	82	74			
邳州市	431	274	157	200	112	88			
常州市	**5452**	**2894**	**2558**	**493**	**234**	**259**	**3**	**1**	**2**
天宁区	468	235	233	78	35	43			
钟楼区									
新北区	1032	527	505	50	22	28	1	1	
武进区	1218	653	565	110	49	61			
金坛区	855	469	386	61	33	28			
江苏省常州市经济开发区	799	410	389	85	35	50			
溧阳市	1080	600	480	109	60	49	2		2

8-6b 续表 4

单位：人

地　区	离退休金/养老金			最低生活保障金			失业保险金		
	小计	男	女	小计	男	女	小计	男	女
苏州市	**39783**	**18844**	**20939**	**533**	**209**	**324**			
虎丘区	92	42	50						
吴中区	2150	1011	1139	18	5	13			
相城区	605	300	305	38	19	19			
姑苏区									
吴江区	5595	2741	2854	104	52	52			
苏州工业园区	11465	5393	6072	137	46	91			
常熟市	5288	2447	2841	59	18	41			
张家港市	8166	3886	4280	133	50	83			
昆山市	2654	1282	1372	16	5	11			
太仓市	3768	1742	2026	28	14	14			
南通市	**17145**	**9237**	**7908**	**2017**	**1186**	**831**	**3**		**3**
崇川区									
港闸区									
通州区	2397	1310	1087	350	216	134			
如东县	4378	2376	2002	396	259	137			
南通经济技术开发区	3568	1659	1909	16	6	10			
通州湾示范区	408	201	207	27	14	13			
苏锡通科技产业园区	461	223	238	24	12	12			
启东市	1203	693	510	192	87	105			
如皋市	1705	1099	606	559	322	237	3		3
海门市	1628	916	712	286	156	130			
海安市	1397	760	637	167	114	53			
连云港市	**8204**	**4484**	**3720**	**979**	**524**	**455**			
连云区									
海州区	403	213	190	19	7	12			
赣榆区	588	359	229	310	171	139			
东海县	1493	842	651	165	86	79			
灌云县	1645	953	692	258	138	120			
灌南县	1429	798	631	164	96	68			
连云港经济技术开发区	772	399	373	15	5	10			
连云港高新技术产业开发区	1086	550	536	43	19	24			
江苏连云港徐圩新区	744	350	394						
江苏省连云港市云台山风景名胜区	44	20	24	5	2	3			
淮安市	**8865**	**4874**	**3991**	**995**	**581**	**414**			
淮安区	562	339	223	158	108	50			
淮阴区	143	113	30	196	119	77			
清江浦区	13	8	5	8	4	4			
洪泽区	159	88	71	40	20	20			
涟水县	1926	1011	915	177	106	71			
盱眙县	1821	1053	768	176	100	76			
金湖县	1511	824	687	60	28	32			
淮安经济技术开发区	2008	1060	948	133	70	63			
工业园区	7	5	2	4	3	1			
生态文旅区	620	316	304	13	5	8			
苏淮高新区	95	57	38	30	18	12			

8-6b　续表 5　　　　单位：人

地　区	离退休金/养老金			最低生活保障金			失业保险金		
	小计	男	女	小计	男	女	小计	男	女
盐城市	**17254**	**9588**	**7666**	**1815**	**954**	**861**	**1**	**1**	
亭湖区	270	171	99	40	21	19			
盐都区	632	368	264	77	36	41			
大丰区	1416	794	622	168	63	105	1	1	
响水县	1843	954	889	158	82	76			
滨海县	2533	1430	1103	283	149	134			
阜宁县	2631	1450	1181	307	190	117			
射阳县	3513	1931	1582	254	123	131			
建湖县	2564	1485	1079	247	130	117			
盐城经济技术开发区	308	162	146	45	23	22			
江苏省盐南高新区									
东台市	1544	843	701	236	137	99			
扬州市	**9208**	**5040**	**4168**	**568**	**365**	**203**			
广陵区	352	193	159	16	11	5			
邗江区	655	357	298	18	13	5			
江都区	1709	972	737	151	99	52			
宝应县	3094	1684	1410	164	103	61			
扬州经济技术开发区	2501	1259	1242	96	46	50			
蜀冈瘦西湖景区									
生态新城	151	84	67	1	1				
仪征市	194	137	57	50	42	8			
高邮市	552	354	198	72	50	22			
镇江市	**5313**	**3125**	**2188**	**1505**	**674**	**831**			
京口区	52	25	27	8	3	5			
润州区									
丹徒区	426	275	151	102	51	51			
镇江新区	2192	1185	1007	813	305	508			
江苏镇江高新区									
丹阳市	1647	1055	592	374	222	152			
扬中市	289	184	105	41	18	23			
句容市	707	401	306	167	75	92			
泰州市	**7856**	**4271**	**3585**	**1451**	**847**	**604**	**4**	**1**	**3**
海陵区	169	83	86	43	24	19			
高港区	225	145	80	90	52	38			
姜堰区	756	431	325	140	120	20			
泰州医药高新技术产业开发区	1082	588	494	443	203	240			
兴化市	1897	1040	857	363	243	120	3	1	2
靖江市	1944	934	1010	61	28	33			
泰兴市	1783	1050	733	311	177	134	1		1
宿迁市	**6866**	**3914**	**2952**	**1502**	**785**	**717**			
宿城区	80	55	25	78	38	40			
宿豫区	136	79	57	42	30	12			
沭阳县	2423	1395	1028	723	365	358			
泗阳县	1902	1063	839	263	154	109			
泗洪县	1946	1086	860	251	125	126			
宿迁经济技术开发区	358	221	137	117	58	59			
宿迁市湖滨新区	21	15	6	28	15	13			
苏州宿迁工业园区									
宿迁市洋河新区									

8-6b　续表 6　　单位：人

地　　区	财产性收入			家庭其他成员供养			其　　他		
	小计	男	女	小计	男	女	小计	男	女
江　苏	**5060**	**2580**	**2480**	**133596**	**43397**	**90199**	**26826**	**12315**	**14511**
南京市	**7**	**3**	**4**	**431**	**122**	**309**	**159**	**71**	**88**
玄武区									
秦淮区									
建邺区									
鼓楼区									
浦口区				1	1				
栖霞区									
雨花台区				22	1	21	2	1	1
江宁区									
六合区	3	2	1	283	78	205	102	49	53
溧水区	1		1	74	22	52	5	2	3
高淳区	3	1	2	51	20	31	50	19	31
南京江北新区									
无锡市	**87**	**45**	**42**	**4356**	**1346**	**3010**	**1057**	**430**	**627**
锡山区	15	6	9	728	238	490	278	107	171
惠山区	2	1	1	164	41	123	33	10	23
滨湖区									
梁溪区									
新吴区									
江苏无锡经济开发区									
江阴市	37	18	19	1506	451	1055	574	221	353
宜兴市	33	20	13	1958	616	1342	172	92	80
徐州市	**439**	**229**	**210**	**19717**	**6388**	**13329**	**3092**	**1383**	**1709**
鼓楼区									
云龙区				110	39	71	19	10	9
贾汪区	13	8	5	610	192	418	209	85	124
泉山区									
铜山区	23	10	13	2273	716	1557	206	96	110
丰县	209	99	110	3064	966	2098	530	231	299
沛县	60	34	26	4061	1224	2837	596	252	344
睢宁县	77	45	32	4278	1457	2821	395	195	200
徐州经济技术开发区	6	2	4	1343	407	936	347	149	198
新沂市	13	8	5	1344	409	935	247	117	130
邳州市	38	23	15	2634	978	1656	543	248	295
常州市	**78**	**45**	**33**	**3935**	**1205**	**2730**	**944**	**434**	**510**
天宁区	3	1	2	207	62	145	22	9	13
钟楼区									
新北区	12	8	4	755	242	513	190	88	102
武进区	27	17	10	934	283	651	297	142	155
金坛区	9	5	4	545	175	370	167	74	93
江苏省常州市经济开发区	5	2	3	243	62	181	35	15	20
溧阳市	22	12	10	1251	381	870	233	106	127

8-6b 续表 7

单位：人

地区	财产性收入			家庭其他成员供养			其他		
	小计	男	女	小计	男	女	小计	男	女
苏州市	**121**	**65**	**56**	**4851**	**1473**	**3378**	**1126**	**494**	**632**
虎丘区				1		1			
吴中区	15	9	6	242	80	162	111	51	60
相城区				126	33	93	94	43	51
姑苏区									
吴江区	18	11	7	940	339	601	213	101	112
苏州工业园区	61	34	27	1630	505	1125	381	159	222
常熟市	13	4	9	635	150	485	82	37	45
张家港市	11	5	6	956	254	702	167	64	103
昆山市	2	2		160	63	97	25	12	13
太仓市	1		1	161	49	112	53	27	26
南通市	**1066**	**525**	**541**	**21469**	**6852**	**14617**	**5526**	**2511**	**3015**
崇川区									
港闸区									
通州区	260	132	128	3930	1333	2597	1093	517	576
如东县	117	54	63	4882	1461	3421	1215	528	687
南通经济技术开发区	1	1		243	65	178	43	19	24
通州湾示范区	50	26	24	387	103	284	189	89	100
苏锡通科技产业园区	6	2	4	187	61	126	14	6	8
启东市	173	75	98	1932	509	1423	629	266	363
如皋市	213	114	99	5987	2119	3868	1350	647	703
海门市	161	80	81	2748	837	1911	687	302	385
海安市	85	41	44	1173	364	809	306	137	169
连云港市	**242**	**126**	**116**	**9566**	**2962**	**6604**	**2183**	**1021**	**1162**
连云区									
海州区	2	1	1	354	110	244	82	39	43
赣榆区	19	8	11	2489	751	1738	404	178	226
东海县	34	18	16	2386	773	1613	419	195	224
灌云县	143	75	68	2015	620	1395	727	347	380
灌南县	40	22	18	1806	565	1241	411	201	210
连云港经济技术开发区	1	1		254	74	180	54	29	25
连云港高新技术产业开发区	3	1	2	242	64	178	76	26	50
江苏连云港徐圩新区				16	4	12	9	5	4
江苏省连云港市云台山风景名胜区				4	1	3	1	1	
淮安市	**275**	**142**	**133**	**10858**	**3776**	**7082**	**2116**	**1028**	**1088**
淮安区	12	5	7	1670	617	1053	187	91	96
淮阴区	19	12	7	1352	468	884	320	149	171
清江浦区	5	1	4	100	40	60			
洪泽区	20	9	11	410	158	252	49	26	23
涟水县	41	18	23	2203	772	1431	406	207	199
盱眙县	67	39	28	3283	1120	2163	520	256	264
金湖县	89	48	41	688	188	500	179	75	104
淮安经济技术开发区	8	5	3	505	165	340	341	169	172
工业园区	11	4	7	89	33	56	8	4	4
生态文旅区	1		1	296	106	190	54	23	31
苏淮高新区	2	1	1	262	109	153	52	28	24

8-6b 续表 8

单位：人

地区	财产性收入			家庭其他成员供养			其他		
	小计	男	女	小计	男	女	小计	男	女
盐城市	**1311**	**656**	**655**	**18304**	**5751**	**12553**	**3953**	**1872**	**2081**
亭湖区	66	31	35	585	169	416	159	74	85
盐都区	65	31	34	914	291	623	222	119	103
大丰区	348	169	179	1204	296	908	244	100	144
响水县	75	34	41	1446	424	1022	456	214	242
滨海县	78	40	38	3000	943	2057	990	459	531
阜宁县	140	83	57	3923	1389	2534	501	272	229
射阳县	415	198	217	2621	795	1826	680	304	376
建湖县	53	28	25	2852	927	1925	261	131	130
盐城经济技术开发区	9	5	4	329	106	223	168	72	96
江苏省盐南高新区									
东台市	62	37	25	1430	411	1019	272	127	145
扬州市	**179**	**100**	**79**	**10338**	**3462**	**6876**	**1165**	**541**	**624**
广陵区	4	1	3	381	133	248	19	9	10
邗江区	8	5	3	493	155	338	31	13	18
江都区	39	25	14	3341	1174	2167	338	151	187
宝应县	79	42	37	2992	949	2043	320	146	174
扬州经济技术开发区	3	2	1	591	182	409	260	128	132
蜀冈瘦西湖景区生态新城				108	32	76	13	3	10
仪征市	27	15	12	801	281	520	62	34	28
高邮市	19	10	9	1631	556	1075	122	57	65
镇江市	**129**	**63**	**66**	**6438**	**2096**	**4342**	**1176**	**513**	**663**
京口区	1	1		8	1	7	1		1
润州区									
丹徒区	27	13	14	705	214	491	204	98	106
镇江新区	2	2		402	114	288	399	145	254
江苏镇江高新区									
丹阳市	85	42	43	4042	1338	2704	371	169	202
扬中市	6	3	3	698	233	465	61	33	28
句容市	8	2	6	583	196	387	140	68	72
泰州市	**756**	**379**	**377**	**9551**	**3086**	**6465**	**1615**	**713**	**902**
海陵区	9	7	2	278	87	191	96	37	59
高港区	33	17	16	588	204	384	50	20	30
姜堰区	155	81	74	1359	461	898	245	114	131
泰州医药高新技术产业开发区	57	29	28	925	312	613	448	186	262
兴化市	409	200	209	3103	967	2136	447	204	243
靖江市	10	3	7	684	219	465	60	29	31
泰兴市	83	42	41	2614	836	1778	269	123	146
宿迁市	**370**	**202**	**168**	**13782**	**4878**	**8904**	**2714**	**1304**	**1410**
宿城区	33	21	12	331	118	213	23	10	13
宿豫区	5	3	2	663	246	417	121	68	53
沭阳县	223	121	102	5932	2111	3821	1238	581	657
泗阳县	54	31	23	3190	1131	2059	708	345	363
泗洪县	49	22	27	2863	1007	1856	471	223	248
宿迁经济技术开发区	6	4	2	655	216	439	121	59	62
宿迁市湖滨新区				148	49	99	32	18	14
苏州宿迁工业园区									
宿迁市洋河新区									

8-6c 各地区分性别、主要生活来源的60岁及以上老年人口(乡村)

单位：人

地 区	60岁及以上人口			劳动收入		
	合计	男	女	小计	男	女
江 苏	**686515**	**335234**	**351281**	**226395**	**138472**	**87923**
南京市	**34446**	**17309**	**17137**	**5634**	**4350**	**1284**
玄武区						
秦淮区						
建邺区						
鼓楼区						
浦口区	1961	936	1025	419	279	140
栖霞区	1588	799	789	320	217	103
雨花台区						
江宁区	9256	4667	4589	1499	1161	338
六合区	9530	4718	4812	1192	934	258
溧水区	5341	2690	2651	1028	805	223
高淳区	6224	3227	2997	1095	888	207
南京江北新区	546	272	274	81	66	15
无锡市	**33657**	**16724**	**16933**	**7070**	**4954**	**2116**
锡山区	2494	1243	1251	498	341	157
惠山区	4445	2196	2249	719	537	182
滨湖区	897	439	458	103	81	22
梁溪区						
新吴区	931	480	451	123	94	29
江苏无锡经济开发区						
江阴市	10899	5428	5471	1916	1391	525
宜兴市	13991	6938	7053	3711	2510	1201
徐州市	**73939**	**35985**	**37954**	**28010**	**17129**	**10881**
鼓楼区						
云龙区						
贾汪区	3951	1914	2037	1164	793	371
泉山区						
铜山区	10994	5407	5587	5157	3034	2123
丰县	11276	5365	5911	4546	2584	1962
沛县	10638	5111	5527	3751	2337	1414
睢宁县	11453	5729	5724	4183	2702	1481
徐州经济技术开发区	1047	530	517	335	223	112
新沂市	9654	4614	5040	3870	2378	1492
邳州市	14926	7315	7611	5004	3078	1926
常州市	**34301**	**17191**	**17110**	**8428**	**5825**	**2603**
天宁区	1571	770	801	260	189	71
钟楼区	733	371	362	147	100	47
新北区	3081	1512	1569	779	508	271
武进区	8979	4530	4449	2612	1707	905
金坛区	6978	3555	3423	1664	1169	495
江苏省常州市经济开发区	2580	1282	1298	409	307	102
溧阳市	10379	5171	5208	2557	1845	712

8-6c 续表 1 单位：人

地区	60岁及以上人口			劳动收入		
	合计	男	女	小计	男	女
苏州市	**55661**	**26824**	**28837**	**10956**	**7017**	**3939**
虎丘区	1289	633	656	242	168	74
吴中区	6606	3157	3449	1571	933	638
相城区	1031	513	518	222	152	70
姑苏区						
吴江区	10429	5128	5301	2031	1433	598
苏州工业园区						
常熟市	13374	6337	7037	3502	2085	1417
张家港市	9144	4390	4754	1001	743	258
昆山市	6663	3258	3405	630	468	162
太仓市	7125	3408	3717	1757	1035	722
南通市	**96075**	**45288**	**50787**	**40337**	**22275**	**18062**
崇川区						
港闸区	86	43	43	23	14	9
通州区	13792	6439	7353	4105	2445	1660
如东县	16749	8023	8726	7551	4188	3363
南通经济技术开发区						
通州湾示范区	2646	1225	1421	982	527	455
苏锡通科技产业园区	1361	661	700	360	234	126
启东市	17924	8134	9790	7808	4225	3583
如皋市	17308	8396	8912	5785	3424	2361
海门市	13937	6377	7560	6316	3325	2991
海安市	12272	5990	6282	7407	3893	3514
连云港市	**41321**	**19960**	**21361**	**17684**	**10318**	**7366**
连云区	95	46	49	27	19	8
海州区	2193	1046	1147	691	448	243
赣榆区	10410	5008	5402	4617	2660	1957
东海县	11107	5331	5776	4963	2808	2155
灌云县	8839	4326	4513	3175	1963	1212
灌南县	7702	3747	3955	4016	2275	1741
连云港经济技术开发区	472	223	249	90	70	20
连云港高新技术产业开发区						
江苏连云港徐圩新区	27	14	13	6	3	3
江苏省连云港市云台山风景名胜区	476	219	257	99	72	27
淮安市	**47491**	**23588**	**23903**	**14284**	**9070**	**5214**
淮安区	11163	5500	5663	2696	1765	931
淮阴区	8807	4463	4344	2202	1465	737
清江浦区	1312	647	665	376	243	133
洪泽区	3857	1888	1969	696	524	172
涟水县	10967	5453	5514	5570	3151	2419
盱眙县	6161	3099	3062	1542	1065	477
金湖县	4973	2418	2555	1118	802	316
淮安经济技术开发区						
工业园区	194	91	103	52	36	16
生态文旅区						
苏淮高新区	57	29	28	32	19	13

8-6c　续表 2　　　　单位：人

地　区	60岁及以上人口			劳动收入		
	合计	男	女	小计	男	女
盐城市	**92076**	**45113**	**46963**	**42041**	**24224**	**17817**
亭湖区	3321	1613	1708	1113	702	411
盐都区	10785	5214	5571	3005	1900	1105
大丰区	9711	4703	5008	5589	3042	2547
响水县	5763	2829	2934	2945	1707	1238
滨海县	11644	5804	5840	4708	2908	1800
阜宁县	11680	5840	5840	4497	2768	1729
射阳县	11522	5643	5879	5775	3314	2461
建湖县	10012	4966	5046	3517	2119	1398
盐城经济技术开发区	860	408	452	319	187	132
江苏省盐南高新区						
东台市	16778	8093	8685	10573	5577	4996
扬州市	**53187**	**26097**	**27090**	**14737**	**9800**	**4937**
广陵区	2480	1208	1272	708	429	279
邗江区	3074	1497	1577	598	437	161
江都区	14905	7121	7784	3299	2246	1053
宝应县	12894	6415	6479	4130	2719	1411
扬州经济技术开发区	552	275	277	80	61	19
蜀冈瘦西湖景区						
生态新城	564	290	274	128	78	50
仪征市	5710	2851	2859	1214	889	325
高邮市	13008	6440	6568	4580	2941	1639
镇江市	**22843**	**11139**	**11704**	**5757**	**3911**	**1846**
京口区	220	108	112	34	26	8
润州区	6	3	3	5	3	2
丹徒区	3509	1731	1778	837	543	294
镇江新区	1004	508	496	175	126	49
江苏镇江高新区						
丹阳市	6748	3265	3483	1806	1185	621
扬中市	3395	1627	1768	838	550	288
句容市	7961	3897	4064	2062	1478	584
泰州市	**57714**	**28266**	**29448**	**16220**	**10147**	**6073**
海陵区	1653	818	835	605	381	224
高港区	2773	1367	1406	709	437	272
姜堰区	10727	5325	5402	2174	1541	633
泰州医药高新技术产业开发区	456	213	243	107	75	32
兴化市	19248	9425	9823	6369	3930	2439
靖江市	8411	4124	4287	1503	1055	448
泰兴市	14446	6994	7452	4753	2728	2025
宿迁市	**43804**	**21750**	**22054**	**15237**	**9452**	**5785**
宿城区	5059	2564	2495	1747	1140	607
宿豫区	4185	2072	2113	1061	702	359
沭阳县	15494	7640	7854	5915	3612	2303
泗阳县	8498	4158	4340	2478	1527	951
泗洪县	6906	3464	3442	3178	1852	1326
宿迁经济技术开发区	934	490	444	226	166	60
宿迁市湖滨新区	1223	612	611	319	236	83
苏州宿迁工业园区						
宿迁市洋河新区	1505	750	755	313	217	96

8-6c 续表 3

单位：人

地　　区	离退休金/养老金			最低生活保障金			失业保险金		
	小计	男	女	小计	男	女	小计	男	女
江　苏	**125543**	**68352**	**57191**	**28625**	**17122**	**11503**	**42**	**19**	**23**
南京市	**14557**	**7304**	**7253**	**2232**	**1241**	**991**			
玄武区									
秦淮区									
建邺区									
鼓楼区									
浦口区	629	321	308	169	69	100			
栖霞区	341	212	129	84	47	37			
雨花台区									
江宁区	3729	1901	1828	933	462	471			
六合区	4233	2135	2098	328	187	141			
溧水区	2608	1262	1346	312	182	130			
高淳区	2679	1314	1365	383	283	100			
南京江北新区	338	159	179	23	11	12			
无锡市	**14026**	**7350**	**6676**	**2026**	**888**	**1138**			
锡山区	1539	732	807	83	38	45			
惠山区	2071	1100	971	1085	395	690			
滨湖区	445	239	206	96	31	65			
梁溪区									
新吴区	545	282	263						
江苏无锡经济开发区									
江阴市	4780	2506	2274	378	176	202			
宜兴市	4646	2491	2155	384	248	136			
徐州市	**5301**	**3448**	**1853**	**3575**	**2021**	**1554**	**1**		**1**
鼓楼区									
云龙区									
贾汪区	329	236	93	198	106	92			
泉山区									
铜山区	835	559	276	406	235	171			
丰县	787	492	295	617	336	281			
沛县	780	535	245	429	250	179			
睢宁县	683	459	224	533	337	196	1		1
徐州经济技术开发区	190	105	85	40	22	18			
新沂市	491	328	163	650	337	313			
邳州市	1206	734	472	702	398	304			
常州市	**9113**	**5110**	**4003**	**1699**	**840**	**859**	**32**	**15**	**17**
天宁区	525	281	244	53	21	32			
钟楼区	237	148	89	30	16	14			
新北区	722	454	268	166	77	89	2	2	
武进区	2432	1347	1085	345	155	190	3	1	2
金坛区	1706	936	770	463	232	231	14	6	8
江苏省常州市经济开发区	1249	643	606	119	48	71			
溧阳市	2242	1301	941	523	291	232	13	6	7

8-6c　续表 4　　　　单位：人

地　区	离退休金/养老金			最低生活保障金			失业保险金		
	小计	男	女	小计	男	女	小计	男	女
苏州市	**38263**	**17540**	**20723**	**621**	**310**	**311**			
虎丘区	915	412	503	31	16	15			
吴中区	4339	1949	2390	146	62	84			
相城区	746	330	416	7	5	2			
姑苏区									
吴江区	6075	2836	3239	226	125	101			
苏州工业园区									
常熟市	8511	3828	4683	101	40	61			
张家港市	7053	3331	3722	65	37	28			
昆山市	5654	2635	3019	18	9	9			
太仓市	4970	2219	2751	27	16	11			
南通市	**9738**	**6152**	**3586**	**2883**	**1858**	**1025**	**3**	**1**	**2**
崇川区									
港闸区	34	21	13	1	1				
通州区	1582	973	609	524	349	175	1		1
如东县	1769	1095	674	424	296	128			
南通经济技术开发区									
通州湾示范区	556	298	258	138	71	67			
苏锡通科技产业园区	334	184	150	120	52	68			
启东市	1509	1067	442	490	282	208			
如皋市	1210	839	371	488	326	162	2	1	1
海门市	1408	917	491	321	217	104			
海安市	1336	758	578	377	264	113			
连云港市	**3265**	**1962**	**1303**	**1527**	**885**	**642**	**1**	**1**	
连云区	36	14	22	2	1	1			
海州区	318	179	139	45	25	20			
赣榆区	610	427	183	533	307	226			
东海县	862	501	361	287	170	117			
灌云县	532	329	203	366	224	142			
灌南县	695	389	306	274	147	127	1	1	
连云港经济技术开发区	144	81	63	8	3	5			
连云港高新技术产业开发区									
江苏连云港徐圩新区	5	3	2						
江苏省连云港市云台山风景名胜区	63	39	24	12	8	4			
淮安市	**2590**	**1820**	**770**	**2257**	**1458**	**799**			
淮安区	418	322	96	646	435	211			
淮阴区	362	275	87	583	381	202			
清江浦区	76	54	22	57	37	20			
洪泽区	310	208	102	77	53	24			
涟水县	512	380	132	401	262	139			
盱眙县	320	206	114	294	185	109			
金湖县	576	364	212	198	105	93			
淮安经济技术开发区									
工业园区	9	7	2	1		1			
生态文旅区									
苏淮高新区	7	4	3						

8-6c 续表 5　　　　单位：人

地　区	离退休金/养老金			最低生活保障金			失业保险金		
	小计	男	女	小计	男	女	小计	男	女
盐城市	**7340**	**4585**	**2755**	**3418**	**2122**	**1296**	**1**	**1**	
亭湖区	252	179	73	84	53	31			
盐都区	1008	646	362	331	215	116			
大丰区	936	558	378	252	120	132			
响水县	318	210	108	294	171	123			
滨海县	464	316	148	704	446	258			
阜宁县	807	503	304	506	359	147			
射阳县	987	578	409	336	187	149			
建湖县	1191	756	435	429	289	140	1	1	
盐城经济技术开发区	45	35	10	14	6	8			
江苏省盐南高新区									
东台市	1332	804	528	468	276	192			
扬州市	**4723**	**3153**	**1570**	**1844**	**1272**	**572**	**1**		**1**
广陵区	563	339	224	73	49	24			
邗江区	432	285	147	112	76	36			
江都区	1406	949	457	477	341	136	1		1
宝应县	784	521	263	478	324	154			
扬州经济技术开发区	70	48	22	15	10	5			
蜀冈瘦西湖景区									
生态新城	97	65	32	17	12	5			
仪征市	680	451	229	216	163	53			
高邮市	691	495	196	456	297	159			
镇江市	**3782**	**2490**	**1292**	**1002**	**583**	**419**			
京口区	95	50	45	10	6	4			
润州区	1		1						
丹徒区	727	470	257	164	89	75			
镇江新区	283	161	122	132	58	74			
江苏镇江高新区									
丹阳市	839	585	254	239	152	87			
扬中市	851	537	314	93	53	40			
句容市	986	687	299	364	225	139			
泰州市	**10549**	**5978**	**4571**	**2853**	**2057**	**796**	**2**		**2**
海陵区	232	135	97	79	58	21			
高港区	387	268	119	146	109	37	1		1
姜堰区	1313	829	484	474	385	89			
泰州医药高新技术产业开发区	76	50	26	30	13	17			
兴化市	2104	1182	922	1124	810	314			
靖江市	4594	2262	2332	156	100	56	1		1
泰兴市	1843	1252	591	844	582	262			
宿迁市	**2296**	**1460**	**836**	**2688**	**1587**	**1101**	**1**	**1**	
宿城区	310	215	95	268	169	99			
宿豫区	178	126	52	278	168	110			
沭阳县	712	435	277	999	563	436			
泗阳县	572	358	214	543	332	211	1	1	
泗洪县	335	191	144	379	222	157			
宿迁经济技术开发区	39	34	5	73	47	26			
宿迁市湖滨新区	47	33	14	68	39	29			
苏州宿迁工业园区									
宿迁市洋河新区	103	68	35	80	47	33			

8-6c 续表 6 单位：人

地 区	财产性收入			家庭其他成员供养			其 他		
	小计	男	女	小计	男	女	小计	男	女
江 苏	**11683**	**5778**	**5905**	**249429**	**84342**	**165087**	**44798**	**21149**	**23649**
南京市	**296**	**166**	**130**	**9049**	**3002**	**6047**	**2678**	**1246**	**1432**
玄武区									
秦淮区									
建邺区									
鼓楼区									
浦口区	19	12	7	572	187	385	153	68	85
栖霞区	26	15	11	629	227	402	188	81	107
雨花台区									
江宁区	31	16	15	2640	931	1709	424	196	228
六合区	54	33	21	2789	972	1817	934	457	477
溧水区	30	13	17	1159	330	829	204	98	106
高淳区	133	76	57	1176	330	846	758	336	422
南京江北新区	3	1	2	84	25	59	17	10	7
无锡市	**82**	**52**	**30**	**8992**	**2838**	**6154**	**1461**	**642**	**819**
锡山区	6	6		321	106	215	47	20	27
惠山区	11	6	5	490	130	360	69	28	41
滨湖区				58	20	38	195	68	127
梁溪区									
新吴区				65	24	41	198	80	118
江苏无锡经济开发区									
江阴市	24	14	10	3208	1077	2131	593	264	329
宜兴市	41	26	15	4850	1481	3369	359	182	177
徐州市	**610**	**341**	**269**	**31433**	**10638**	**20795**	**5009**	**2408**	**2601**
鼓楼区									
云龙区									
贾汪区	56	32	24	1630	481	1149	574	266	308
泉山区									
铜山区	20	13	7	4151	1350	2801	425	216	209
丰县	146	80	66	4342	1470	2872	838	403	435
沛县	95	53	42	4958	1628	3330	625	308	317
睢宁县	131	78	53	5135	1789	3346	787	364	423
徐州经济技术开发区	7	2	5	426	149	277	49	29	20
新沂市	34	22	12	3874	1196	2678	735	353	382
邳州市	121	61	60	6917	2575	4342	976	469	507
常州市	**180**	**105**	**75**	**12110**	**3986**	**8124**	**2739**	**1310**	**1429**
天宁区	7	5	2	534	180	354	192	94	98
钟楼区	9	5	4	273	87	186	37	15	22
新北区	6	5	1	1150	353	797	256	113	143
武进区	40	24	16	2763	930	1833	784	366	418
金坛区	52	29	23	2340	817	1523	739	366	373
江苏省常州市经济开发区	17	10	7	666	206	460	120	68	52
溧阳市	49	27	22	4384	1413	2971	611	288	323

8-6c 续表 7 单位：人

地 区	财产性收入			家庭其他成员供养			其 他		
	小计	男	女	小计	男	女	小计	男	女
苏州市	**104**	**63**	**41**	**4968**	**1575**	**3393**	**749**	**319**	**430**
虎丘区				90	32	58	11	5	6
吴中区	22	17	5	440	150	290	88	46	42
相城区				52	25	27	4	1	3
姑苏区									
吴江区	25	11	14	1841	622	1219	231	101	130
苏州工业园区									
常熟市	11	7	4	1131	337	794	118	40	78
张家港市	18	9	9	871	217	654	136	53	83
昆山市	24	16	8	268	93	175	69	37	32
太仓市	4	3	1	275	99	176	92	36	56
南通市	**778**	**391**	**387**	**33882**	**10853**	**23029**	**8454**	**3758**	**4696**
崇川区									
港闸区				21	2	19	7	5	2
通州区	98	49	49	6180	2027	4153	1302	596	706
如东县	107	58	49	5666	1852	3814	1232	534	698
南通经济技术开发区									
通州湾示范区	31	14	17	612	179	433	327	136	191
苏锡通科技产业园区	5	3	2	452	143	309	90	45	45
启东市	335	158	177	5436	1449	3987	2346	953	1393
如皋市	117	59	58	8184	2990	5194	1522	757	765
海门市	53	30	23	4558	1323	3235	1281	565	716
海安市	32	20	12	2773	888	1885	347	167	180
连云港市	**497**	**265**	**232**	**14820**	**4912**	**9908**	**3527**	**1617**	**1910**
连云区				28	11	17	2	1	1
海州区	37	20	17	929	296	633	173	78	95
赣榆区	73	33	40	3728	1201	2527	849	380	469
东海县	86	46	40	4137	1462	2675	772	344	428
灌云县	194	110	84	3252	1069	2183	1320	631	689
灌南县	93	49	44	2314	752	1562	309	134	175
连云港经济技术开发区				187	47	140	43	22	21
连云港高新技术产业开发区									
江苏连云港徐圩新区	14	7	7	1		1	1	1	
江苏省连云港市云台山风景名胜区				244	74	170	58	26	32
淮安市	**1308**	**698**	**610**	**22596**	**8288**	**14308**	**4456**	**2254**	**2202**
淮安区	103	59	44	6394	2459	3935	906	460	446
淮阴区	137	81	56	4273	1614	2659	1250	647	603
清江浦区	2	1	1	710	271	439	91	41	50
洪泽区	229	122	107	2101	770	1331	444	211	233
涟水县	92	54	38	3768	1300	2468	624	306	318
盱眙县	227	124	103	3000	1118	1882	778	401	377
金湖县	517	257	260	2221	714	1507	343	176	167
淮安经济技术开发区									
工业园区	1		1	112	37	75	19	11	8
生态文旅区									
苏淮高新区				17	5	12	1	1	

8-6c 续表 8

单位：人

地区	财产性收入			家庭其他成员供养			其他		
	小计	男	女	小计	男	女	小计	男	女
盐城市	**3718**	**1736**	**1982**	**29636**	**9653**	**19983**	**5922**	**2792**	**3130**
亭湖区	146	71	75	1424	473	951	302	135	167
盐都区	863	396	467	4572	1563	3009	1006	494	512
大丰区	806	351	455	1675	442	1233	453	190	263
响水县	94	46	48	1625	472	1153	487	223	264
滨海县	154	77	77	4440	1494	2946	1174	563	611
阜宁县	127	72	55	4843	1692	3151	900	446	454
射阳县	788	369	419	3066	931	2135	570	264	306
建湖县	485	239	246	4076	1388	2688	313	174	139
盐城经济技术开发区	112	47	65	284	95	189	86	38	48
江苏省盐南高新区									
东台市	143	68	75	3631	1103	2528	631	265	366
扬州市	**775**	**385**	**390**	**28042**	**9954**	**18088**	**3065**	**1533**	**1532**
广陵区	21	11	10	1031	340	691	84	40	44
邗江区	31	11	20	1700	592	1108	201	96	105
江都区	143	68	75	8638	3047	5591	941	470	471
宝应县	156	83	73	6764	2482	4282	582	286	296
扬州经济技术开发区	2	2		297	111	186	88	43	45
蜀冈瘦西湖景区									
生态新城				262	107	155	60	28	32
仪征市	74	41	33	3200	1139	2061	326	168	158
高邮市	348	169	179	6150	2136	4014	783	402	381
镇江市	**141**	**69**	**72**	**10698**	**3370**	**7328**	**1463**	**716**	**747**
京口区				72	19	53	9	7	2
润州区									
丹徒区	19	7	12	1465	485	980	297	137	160
镇江新区	6	3	3	250	82	168	158	78	80
江苏镇江高新区									
丹阳市	72	37	35	3521	1179	2342	271	127	144
扬中市	9	6	3	1439	409	1030	165	72	93
句容市	35	16	19	3951	1196	2755	563	295	268
泰州市	**2454**	**1122**	**1332**	**23167**	**7790**	**15377**	**2469**	**1172**	**1297**
海陵区	16	6	10	636	199	437	85	39	46
高港区	37	20	17	1423	497	926	70	36	34
姜堰区	322	167	155	5609	2019	3590	835	384	451
泰州医药高新技术产业开发区	3	2	1	225	65	160	15	8	7
兴化市	1798	799	999	7198	2377	4821	655	327	328
靖江市	111	50	61	1951	610	1341	95	47	48
泰兴市	167	78	89	6125	2023	4102	714	331	383
宿迁市	**740**	**385**	**355**	**20036**	**7483**	**12553**	**2806**	**1382**	**1424**
宿城区	109	56	53	2459	899	1560	166	85	81
宿豫区	16	7	9	2318	884	1434	334	185	149
沭阳县	269	144	125	6623	2432	4191	976	454	522
泗阳县	137	71	66	4196	1591	2605	571	278	293
泗洪县	166	84	82	2351	886	1465	497	229	268
宿迁经济技术开发区	15	8	7	532	208	324	49	27	22
宿迁市湖滨新区	18	10	8	702	253	449	69	41	28
苏州宿迁工业园区									
宿迁市洋河新区	10	5	5	855	330	525	144	83	61

8-7 全省分年龄、性别、主要生活来源的人口

单位：人

年龄	15岁及以上人口			劳动收入		
	合计	男	女	小计	男	女
总计	**6979672**	**3512398**	**3467274**	**4056008**	**2404634**	**1651374**
45岁以下	**3188287**	**1651291**	**1536996**	**2295477**	**1300993**	**994484**
45-49岁	**623047**	**314008**	**309039**	**517018**	**290728**	**226290**
45	109638	55707	53931	93231	51963	41268
46	114996	57918	57078	96898	53903	42995
47	119171	60230	58941	99824	55921	43903
48	130369	65410	64959	107214	60372	46842
49	148873	74743	74130	119851	68569	51282
50-54岁	**772111**	**381518**	**390593**	**525435**	**336022**	**189413**
50	161479	80002	81477	117920	72426	45494
51	159624	79014	80610	111225	70373	40852
52	165629	81597	84032	112289	71971	40318
53	131899	64768	67131	86659	56388	30271
54	153480	76137	77343	97342	64864	32478
55-59岁	**628098**	**310330**	**317768**	**344804**	**241922**	**102882**
55	147004	72322	74682	87125	59696	27429
56	135940	67110	68830	76500	53599	22901
57	158688	79028	79660	85702	61122	24580
58	119364	59152	60212	63024	44817	18207
59	67102	32718	34384	32453	22688	9765
60-64岁	**464269**	**233408**	**230861**	**155322**	**100376**	**54946**
60	74454	37154	37300	27062	17547	9515
61	74948	37490	37458	25513	16433	9080
62	98214	49808	48406	33047	21558	11489
63	115112	58338	56774	37487	24322	13165
64	101541	50618	50923	32213	20516	11697
65-69岁	**494473**	**244959**	**249514**	**131049**	**81841**	**49208**
65	110835	55368	55467	33024	20917	12107
66	110089	54741	55348	30502	19200	11302
67	94857	46887	47970	25021	15587	9434
68	98762	48915	49847	24394	15097	9297
69	79930	39048	40882	18108	11040	7068

8-7 续表 1

单位：人

年 龄	15岁及以上人口			劳动收入		
	合计	男	女	小计	男	女
70-74岁	**341219**	**167589**	**173630**	**56384**	**34197**	**22187**
70	76099	37471	38628	15053	9127	5926
71	76623	38017	38606	13459	8198	5261
72	69350	34005	35345	11280	6862	4418
73	62212	30316	31896	9036	5454	3582
74	56935	27780	29155	7556	4556	3000
75-79岁	**218624**	**104896**	**113728**	**21722**	**13448**	**8274**
75	49986	24389	25597	6073	3798	2275
76	48720	23547	25173	5306	3322	1984
77	40140	19330	20810	4075	2546	1529
78	38752	18257	20495	3353	2023	1330
79	41026	19373	21653	2915	1759	1156
80-84岁	**140311**	**63142**	**77169**	**6597**	**3935**	**2662**
80	33897	15640	18257	2082	1264	818
81	28783	13029	15754	1488	912	576
82	30295	13724	16571	1291	772	519
83	24446	10925	13521	941	532	409
84	22890	9824	13066	795	455	340
85-89岁	**76940**	**30658**	**46282**	**1839**	**1008**	**831**
85	20805	8682	12123	649	355	294
86	18517	7449	11068	472	268	204
87	15985	6393	9592	332	185	147
88	12142	4603	7539	223	113	110
89	9491	3531	5960	163	87	76
90-94岁	**26244**	**8958**	**17286**	**310**	**142**	**168**
90	8407	3043	5364	123	53	70
91	6472	2244	4228	67	32	35
92	5476	1855	3621	63	32	31
93	3391	1077	2314	34	19	15
94	2498	739	1759	23	6	17
95-99岁	**5473**	**1512**	**3961**	**48**	**22**	**26**
95	2042	543	1499	19	11	8
96	1446	420	1026	15	8	7
97	943	264	679	5	1	4
98	604	172	432	5		5
99	438	113	325	4	2	2
100岁及以上	**576**	**129**	**447**	**3**		**3**

8-7 续表 2

单位：人

年 龄	离退休金/养老金			最低生活保障金			失业保险金		
	小计	男	女	小计	男	女	小计	男	女
总 计	**966496**	**409167**	**557329**	**82149**	**45501**	**36648**	**3121**	**1795**	**1326**
45岁以下	**149**	**75**	**74**	**7354**	**4408**	**2946**	**1655**	**811**	**844**
45-49岁	**4622**	**141**	**4481**	**3626**	**2210**	**1416**	**644**	**281**	**363**
45	285	12	273	547	311	236	119	55	64
46	432	17	415	616	386	230	109	52	57
47	605	23	582	725	450	275	114	42	72
48	958	37	921	776	455	321	145	61	84
49	2342	52	2290	962	608	354	157	71	86
50-54岁	**87000**	**6663**	**80337**	**5988**	**3630**	**2358**	**473**	**405**	**68**
50	14117	609	13508	1063	653	410	110	67	43
51	17169	1062	16107	1241	751	490	88	83	5
52	18905	1355	17550	1232	767	465	92	86	6
53	15943	1371	14572	1083	645	438	90	82	8
54	20866	2266	18600	1369	814	555	93	87	6
55-59岁	**132807**	**24024**	**108783**	**6547**	**3706**	**2841**	**268**	**262**	**6**
55	26064	3621	22443	1387	782	605	114	109	5
56	27786	4469	23317	1336	729	607	33	33	
57	35308	6356	28952	1626	954	672	52	52	
58	26374	5094	21280	1316	730	586	45	44	1
59	17275	4484	12791	882	511	371	24	24	
60-64岁	**188674**	**93102**	**95572**	**9357**	**5376**	**3981**	**16**	**7**	**9**
60	30623	14531	16092	1082	614	468	2		2
61	31374	15263	16111	1325	741	584			
62	40045	19937	20108	2022	1165	857	3		3
63	46685	23440	23245	2507	1448	1059	2		2
64	39947	19931	20016	2421	1408	1013	9	7	2
65-69岁	**203382**	**103893**	**99489**	**14575**	**8284**	**6291**	**25**	**12**	**13**
65	44326	22492	21834	2947	1685	1262	7	4	3
66	45780	23301	22479	3032	1731	1301	5	2	3
67	38792	19829	18963	2787	1583	1204	2	1	1
68	40669	20940	19729	3176	1817	1359	7	3	4
69	33815	17331	16484	2633	1468	1165	4	2	2

8-7　续表 3　　　　单位：人

年　龄	离退休金/养老金			最低生活保障金			失业保险金		
	小计	男	女	小计	男	女	小计	男	女
70-74岁	**149646**	**79065**	**70581**	**13051**	**7293**	**5758**	**22**	**9**	**13**
70	33161	17395	15766	2625	1466	1159	7	5	2
71	33495	17709	15786	2915	1600	1315	7	3	4
72	29852	15795	14057	2686	1486	1200	5	1	4
73	27745	14623	13122	2425	1385	1040	3		3
74	25393	13543	11850	2400	1356	1044			
75-79岁	**94040**	**49599**	**44441**	**10093**	**5491**	**4602**	**10**	**7**	**3**
75	21488	11345	10143	2300	1275	1025	2	1	1
76	21025	11053	9972	2202	1239	963	5	4	1
77	16975	9031	7944	1847	983	864	2	1	1
78	16619	8690	7929	1836	1020	816			
79	17933	9480	8453	1908	974	934	1	1	
80-84岁	**61246**	**31566**	**29680**	**6525**	**3154**	**3371**	**5**	**1**	**4**
80	14900	7745	7155	1564	782	782	1	1	
81	12837	6600	6237	1349	665	684	1		1
82	13127	6786	6341	1464	718	746	1		1
83	10587	5502	5085	1101	512	589	1		1
84	9795	4933	4862	1047	477	570	1		1
85-89岁	**32225**	**15507**	**16718**	**3498**	**1466**	**2032**	**3**		**3**
85	8834	4329	4505	961	435	526	1		1
86	7602	3666	3936	847	373	474			
87	6698	3226	3472	746	304	442			
88	5123	2406	2717	527	205	322	2		2
89	3968	1880	2088	417	149	268			
90-94岁	**10562**	**4688**	**5874**	**1218**	**395**	**823**			
90	3399	1574	1825	377	146	231			
91	2709	1205	1504	317	107	210			
92	2169	960	1209	238	68	170			
93	1354	566	788	160	37	123			
94	931	383	548	126	37	89			
95-99岁	**1971**	**781**	**1190**	**284**	**83**	**201**			
95	763	288	475	109	27	82			
96	534	219	315	72	23	49			
97	344	132	212	50	17	33			
98	194	87	107	37	13	24			
99	136	55	81	16	3	13			
100岁及以上	**172**	**63**	**109**	**33**	**5**	**28**			

8-7 续表 4

单位：人

年 龄	财产性收入			家庭其他成员供养			其 他		
	小计	男	女	小计	男	女	小计	男	女
总 计	**47520**	**24175**	**23345**	**1529389**	**489926**	**1039463**	**294989**	**137200**	**157789**
45岁以下	**12222**	**6129**	**6093**	**759746**	**286207**	**473539**	**111684**	**52668**	**59016**
45-49岁	**4336**	**2117**	**2219**	**69686**	**8066**	**61620**	**23115**	**10465**	**12650**
45	706	359	347	10904	1247	9657	3846	1760	2086
46	726	357	369	12070	1302	10768	4145	1901	2244
47	829	412	417	12725	1465	11260	4349	1917	2432
48	970	446	524	15313	1767	13546	4993	2272	2721
49	1105	543	562	18674	2285	16389	5782	2615	3167
50-54岁	**6061**	**3147**	**2914**	**115233**	**16997**	**98236**	**31921**	**14654**	**17267**
50	1183	621	562	20817	2747	18070	6269	2879	3390
51	1150	584	566	22371	3184	19187	6380	2977	3403
52	1307	670	637	24968	3637	21331	6836	3111	3725
53	1088	585	503	21360	3147	18213	5676	2550	3126
54	1333	687	646	25717	4282	21435	6760	3137	3623
55-59岁	**5748**	**3214**	**2534**	**108809**	**22979**	**85830**	**29115**	**14223**	**14892**
55	1266	715	551	24590	4386	20204	6458	3013	3445
56	1184	664	520	22807	4574	18233	6294	3042	3252
57	1466	820	646	27118	6041	21077	7416	3683	3733
58	1185	671	514	21760	4971	16789	5660	2825	2835
59	647	344	303	12534	3007	9527	3287	1660	1627
60-64岁	**4377**	**2095**	**2282**	**84405**	**22240**	**62165**	**22118**	**10212**	**11906**
60	602	287	315	11860	2756	9104	3223	1419	1804
61	654	300	354	12629	3160	9469	3453	1593	1860
62	915	453	462	17511	4570	12941	4671	2125	2546
63	1125	532	593	21620	5875	15745	5686	2721	2965
64	1081	523	558	20785	5879	14906	5085	2354	2731
65-69岁	**5777**	**2853**	**2924**	**112047**	**35202**	**76845**	**27618**	**12874**	**14744**
65	1225	610	615	23558	6998	16560	5748	2662	3086
66	1236	590	646	23548	7138	16410	5986	2779	3207
67	1146	561	585	21767	6849	14918	5342	2477	2865
68	1191	593	598	23512	7689	15823	5813	2776	3037
69	979	499	480	19662	6528	13134	4729	2180	2549

8-7 续表 5 单位：人

年 龄	财产性收入			家庭其他成员供养			其 他		
	小计	男	女	小计	男	女	小计	男	女
70-74岁	**4464**	**2298**	**2166**	**96628**	**34857**	**61771**	**21024**	**9870**	**11154**
70	964	490	474	19739	6848	12891	4550	2140	2410
71	952	494	458	21050	7773	13277	4745	2240	2505
72	933	499	434	20258	7327	12931	4336	2035	2301
73	847	418	429	18254	6620	11634	3902	1816	2086
74	768	397	371	17327	6289	11038	3491	1639	1852
75-79岁	**2653**	**1404**	**1249**	**76318**	**28450**	**47868**	**13788**	**6497**	**7291**
75	604	324	280	16359	6151	10208	3160	1495	1665
76	602	317	285	16489	6157	10332	3091	1455	1636
77	513	261	252	14260	5315	8945	2468	1193	1275
78	482	262	220	14002	5097	8905	2460	1165	1295
79	452	240	212	15208	5730	9478	2609	1189	1420
80-84岁	**1292**	**660**	**632**	**56345**	**20256**	**36089**	**8301**	**3570**	**4731**
80	345	170	175	13001	4762	8239	2004	916	1088
81	269	142	127	11137	3991	7146	1702	719	983
82	291	162	129	12263	4478	7785	1858	808	1050
83	209	98	111	10162	3659	6503	1445	622	823
84	178	88	90	9782	3366	6416	1292	505	787
85-89岁	**479**	**214**	**265**	**34465**	**10854**	**23611**	**4431**	**1609**	**2822**
85	160	79	81	8979	3012	5967	1221	472	749
86	122	54	68	8408	2682	5726	1066	406	660
87	88	40	48	7210	2321	4889	911	317	594
88	46	17	29	5535	1633	3902	686	229	457
89	63	24	39	4333	1206	3127	547	185	362
90-94岁	**91**	**39**	**52**	**12570**	**3226**	**9344**	**1493**	**468**	**1025**
90	29	13	16	4002	1084	2918	477	173	304
91	26	7	19	2998	794	2204	355	99	256
92	19	14	5	2674	678	1996	313	103	210
93	11	3	8	1639	400	1239	193	52	141
94	6	2	4	1257	270	987	155	41	114
95-99岁	**20**	**5**	**15**	**2826**	**547**	**2279**	**324**	**74**	**250**
95	7	2	5	1023	194	829	121	21	100
96	6	2	4	728	146	582	91	22	69
97	3		3	490	97	393	51	17	34
98	3	1	2	330	63	267	35	8	27
99	1		1	255	47	208	26	6	20
100岁及以上				**311**	**45**	**266**	**57**	**16**	**41**

8-7a 全省分年龄、性别、主要生活来源的人口(城市)

单位：人

年 龄	15岁及以上人口			劳动收入		
	合计	男	女	小计	男	女
总 计	**3329412**	**1670279**	**1659133**	**1921735**	**1126403**	**795332**
45岁以下	**1766995**	**903728**	**863267**	**1281993**	**706436**	**575557**
45-49岁	**298507**	**151899**	**146608**	**250977**	**140935**	**110042**
45	55529	28404	27125	47957	26610	21347
46	56730	28789	27941	48494	26840	21654
47	57488	29378	28110	48790	27369	21421
48	61310	31061	30249	51063	28693	22370
49	67450	34267	33183	54673	31423	23250
50-54岁	**330124**	**163760**	**166364**	**208123**	**142498**	**65625**
50	71526	35678	35848	49792	32140	17652
51	69560	34515	35045	45187	30480	14707
52	70840	35013	35827	44390	30570	13820
53	54394	26782	27612	32397	22857	9540
54	63804	31772	32032	36357	26451	9906
55-59岁	**271948**	**133611**	**138337**	**123189**	**97398**	**25791**
55	62098	30560	31538	31493	24170	7323
56	59927	29357	30570	28415	22176	6239
57	70152	34649	35503	31080	24978	6102
58	50689	24921	25768	21578	17440	4138
59	29082	14124	14958	10623	8634	1989
60-64岁	**190371**	**93907**	**96464**	**29770**	**20995**	**8775**
60	33052	16313	16739	6131	4404	1727
61	31998	15811	16187	5218	3718	1500
62	40286	19992	20294	6221	4441	1780
63	46106	22856	23250	6817	4737	2080
64	38929	18935	19994	5383	3695	1688
65-69岁	**183495**	**89186**	**94309**	**18759**	**12574**	**6185**
65	41655	20346	21309	5263	3602	1661
66	42071	20536	21535	4604	3168	1436
67	34969	16911	18058	3482	2284	1198
68	35712	17402	18310	3205	2114	1091
69	29088	13991	15097	2205	1406	799

8-7a　续表 1　　　　单位：人

年　龄	15岁及以上人口			劳动收入		
	合计	男	女	小计	男	女
70-74岁	**122883**	**60000**	**62883**	**6104**	**3870**	**2234**
70	27925	13737	14188	1740	1118	622
71	27785	13555	14230	1518	947	571
72	24606	11982	12624	1193	742	451
73	22517	10925	11592	932	602	330
74	20050	9801	10249	721	461	260
75-79岁	**75068**	**35571**	**39497**	**2010**	**1242**	**768**
75	17067	8194	8873	606	384	222
76	16774	7961	8813	500	314	186
77	13620	6500	7120	346	214	132
78	13292	6234	7058	304	180	124
79	14315	6682	7633	254	150	104
80-84岁	**50293**	**22676**	**27617**	**595**	**340**	**255**
80	12091	5546	6545	193	115	78
81	10640	4814	5826	140	80	60
82	10654	4827	5827	118	66	52
83	8718	3887	4831	79	39	40
84	8190	3602	4588	65	40	25
85-89岁	**27829**	**11584**	**16245**	**177**	**92**	**85**
85	7449	3166	4283	55	34	21
86	6590	2767	3823	51	22	29
87	5801	2394	3407	32	12	20
88	4507	1833	2674	25	17	8
89	3482	1424	2058	14	7	7
90-94岁	**9745**	**3670**	**6075**	**31**	**20**	**11**
90	3093	1229	1864	16	10	6
91	2397	912	1485	7	2	5
92	2054	758	1296	4	4	
93	1301	470	831	2	2	
94	900	301	599	2	2	
95-99岁	**1938**	**629**	**1309**	**7**	**3**	**4**
95	717	220	497	2		2
96	549	184	365	2	2	
97	327	102	225			
98	212	78	134	1		1
99	133	45	88	2	1	1
100岁及以上	**216**	**58**	**158**			

8-7a　续表 2

单位：人

年　龄	离退休金/养老金			最低生活保障金			失业保险金		
	小计	男	女	小计	男	女	小计	男	女
总　计	**629273**	**252952**	**376321**	**21241**	**9981**	**11260**	**2229**	**1268**	**961**
45岁以下	**108**	**53**	**55**	**1748**	**954**	**794**	**1187**	**559**	**628**
45-49岁	**3431**	**103**	**3328**	**1007**	**551**	**456**	**480**	**213**	**267**
45	216	11	205	165	87	78	80	38	42
46	327	13	314	161	96	65	87	44	43
47	443	17	426	201	114	87	87	32	55
48	712	27	685	219	113	106	109	47	62
49	1733	35	1698	261	141	120	117	52	65
50-54岁	**63078**	**4620**	**58458**	**1750**	**964**	**786**	**333**	**285**	**48**
50	10529	429	10100	293	167	126	79	47	32
51	12620	741	11879	370	212	158	68	66	2
52	13869	945	12924	372	208	164	67	63	4
53	11321	946	10375	310	165	145	61	55	6
54	14739	1559	13180	405	212	193	58	54	4
55-59岁	**95765**	**17302**	**78463**	**2100**	**1129**	**971**	**201**	**197**	**4**
55	18616	2595	16021	428	240	188	78	75	3
56	20072	3221	16851	429	222	207	24	24	
57	25532	4606	20926	556	296	260	39	39	
58	18836	3607	15229	427	229	198	39	38	1
59	12709	3273	9436	260	142	118	21	21	
60-64岁	**129483**	**62973**	**66510**	**2345**	**1044**	**1301**	**7**	**4**	**3**
60	22208	10465	11743	316	153	163			
61	22000	10562	11438	326	147	179			
62	27556	13539	14017	494	205	289	2		2
63	31372	15484	15888	614	291	323			
64	26347	12923	13424	595	248	347	5	4	1
65-69岁	**128486**	**63967**	**64519**	**3675**	**1643**	**2032**	**5**	**2**	**3**
65	28417	14055	14362	734	322	412	2	2	
66	29538	14668	14870	763	345	418	1		1
67	24534	12227	12307	712	306	406	1		1
68	25209	12645	12564	783	357	426	1		1
69	20788	10372	10416	683	313	370			

8-7a　续表 3　　单位：人

年　龄	离退休金/养老金			最低生活保障金			失业保险金		
	小计	男	女	小计	男	女	小计	男	女
70-74岁	**89454**	**45737**	**43717**	**3416**	**1550**	**1866**	**7**	**2**	**5**
70	20332	10403	9929	701	307	394	1	1	
71	20197	10300	9897	779	349	430	3	1	2
72	17673	9061	8612	697	318	379	1		1
73	16547	8396	8151	618	295	323	2		2
74	14705	7577	7128	621	281	340			
75-79岁	**54791**	**27531**	**27260**	**2396**	**1094**	**1302**	**6**	**5**	**1**
75	12382	6271	6111	541	226	315			
76	12238	6101	6137	538	249	289	4	3	1
77	9946	5052	4894	408	190	218	1	1	
78	9764	4874	4890	438	226	212			
79	10461	5233	5228	471	203	268	1	1	
80-84岁	**36712**	**17984**	**18728**	**1608**	**663**	**945**	**3**	**1**	**2**
80	8888	4389	4499	381	161	220	1	1	
81	7760	3774	3986	359	155	204			
82	7702	3798	3904	338	137	201	1		1
83	6419	3150	3269	255	101	154	1		1
84	5943	2873	3070	275	109	166			
85-89岁	**19906**	**9227**	**10679**	**839**	**300**	**539**			
85	5381	2517	2864	253	104	149			
86	4694	2192	2502	175	61	114			
87	4134	1901	2233	183	66	117			
88	3209	1479	1730	123	39	84			
89	2488	1138	1350	105	30	75			
90-94岁	**6718**	**2925**	**3793**	**283**	**69**	**214**			
90	2150	972	1178	84	29	55			
91	1715	740	975	74	20	54			
92	1398	602	796	59	11	48			
93	867	369	498	33	4	29			
94	588	242	346	33	5	28			
95-99岁	**1242**	**495**	**747**	**67**	**18**	**49**			
95	479	187	292	28	5	23			
96	350	140	210	23	7	16			
97	214	80	134	7	3	4			
98	120	55	65	7	2	5			
99	79	33	46	2	1	1			
100岁及以上	**99**	**35**	**64**	**7**	**2**	**5**			

8-7a 续表 4

单位：人

年 龄	财产性收入			家庭其他成员供养			其 他		
	小计	男	女	小计	男	女	小计	男	女
总 计	**15136**	**8354**	**6782**	**628163**	**218363**	**409800**	**111635**	**52958**	**58677**
45岁以下	**6523**	**3290**	**3233**	**423889**	**167969**	**255920**	**51547**	**24467**	**27080**
45-49岁	**2066**	**1070**	**996**	**30523**	**4248**	**26275**	**10023**	**4779**	**5244**
45	338	178	160	5061	683	4378	1712	797	915
46	371	191	180	5458	702	4756	1832	903	929
47	391	211	180	5677	762	4915	1899	873	1026
48	460	220	240	6600	924	5676	2147	1037	1110
49	506	270	236	7727	1177	6550	2433	1169	1264
50-54岁	**2209**	**1399**	**810**	**42693**	**7919**	**34774**	**11938**	**6075**	**5863**
50	472	298	174	7939	1345	6594	2422	1252	1170
51	445	278	167	8461	1497	6964	2409	1241	1168
52	448	274	174	9164	1703	7461	2530	1250	1280
53	381	260	121	7785	1440	6345	2139	1059	1080
54	463	289	174	9344	1934	7410	2438	1273	1165
55-59岁	**1928**	**1385**	**543**	**38168**	**10289**	**27879**	**10597**	**5911**	**4686**
55	409	289	120	8754	1970	6784	2320	1221	1099
56	436	311	125	8177	2109	6068	2374	1294	1080
57	501	366	135	9615	2740	6875	2829	1624	1205
58	386	275	111	7452	2197	5255	1971	1135	836
59	196	144	52	4170	1273	2897	1103	637	466
60-64岁	**718**	**375**	**343**	**21834**	**5802**	**16032**	**6214**	**2714**	**3500**
60	108	60	48	3346	830	2516	943	401	542
61	118	66	52	3346	869	2477	990	449	541
62	155	77	78	4566	1192	3374	1292	538	754
63	180	92	88	5525	1514	4011	1598	738	860
64	157	80	77	5051	1397	3654	1391	588	803
65-69岁	**741**	**363**	**378**	**24292**	**7366**	**16926**	**7537**	**3271**	**4266**
65	172	82	90	5458	1595	3863	1609	688	921
66	167	81	86	5393	1573	3820	1605	701	904
67	131	64	67	4635	1401	3234	1474	629	845
68	158	75	83	4823	1530	3293	1533	681	852
69	113	61	52	3983	1267	2716	1316	572	744

8-7a 续表 5

单位：人

年 龄	财产性收入			家庭其他成员供养			其 他		
	小计	男	女	小计	男	女	小计	男	女
70-74岁	**540**	**268**	**272**	**17301**	**5892**	**11409**	**6061**	**2681**	**3380**
70	122	59	63	3741	1269	2472	1288	580	708
71	124	73	51	3798	1271	2527	1366	614	752
72	101	47	54	3683	1285	2398	1258	529	729
73	95	41	54	3170	1077	2093	1153	514	639
74	98	48	50	2909	990	1919	996	444	552
75-79岁	**243**	**134**	**109**	**11880**	**3942**	**7938**	**3742**	**1623**	**2119**
75	55	31	24	2625	919	1706	858	363	495
76	58	31	27	2566	877	1689	870	386	484
77	48	26	22	2230	732	1498	641	285	356
78	46	24	22	2103	645	1458	637	285	352
79	36	22	14	2356	769	1587	736	304	432
80-84岁	**111**	**50**	**61**	**9005**	**2741**	**6264**	**2259**	**897**	**1362**
80	41	17	24	2047	632	1415	540	231	309
81	23	10	13	1830	585	1245	528	210	318
82	24	10	14	1982	617	1365	489	199	290
83	8	5	3	1596	459	1137	360	133	227
84	15	8	7	1550	448	1102	342	124	218
85-89岁	**42**	**15**	**27**	**5713**	**1552**	**4161**	**1152**	**398**	**754**
85	17	5	12	1429	394	1035	314	112	202
86	11	4	7	1382	389	993	277	99	178
87	4	2	2	1218	335	883	230	78	152
88	3	2	1	968	241	727	179	55	124
89	7	2	5	716	193	523	152	54	98
90-94岁	**12**	**5**	**7**	**2263**	**537**	**1726**	**438**	**114**	**324**
90	4	1	3	713	182	531	126	35	91
91	3		3	497	125	372	101	25	76
92	4	3	1	495	110	385	94	28	66
93				325	76	249	74	19	55
94	1	1		233	44	189	43	7	36
95-99岁	**3**		**3**	**525**	**94**	**431**	**94**	**19**	**75**
95				172	22	150	36	6	30
96	1		1	146	30	116	27	5	22
97	1		1	94	14	80	11	5	6
98	1		1	71	19	52	12	2	10
99				42	9	33	8	1	7
100岁及以上				**77**	**12**	**65**	**33**	**9**	**24**

8-7b 全省分年龄、性别、主要生活来源的人口(镇)

单位：人

年龄	15岁及以上人口			劳动收入		
	合计	男	女	小计	男	女
总　计	**1797042**	**903875**	**893167**	**1047402**	**626552**	**420850**
45岁以下	**843196**	**436167**	**407029**	**591611**	**341083**	**250528**
45-49岁	**167493**	**83976**	**83517**	**136170**	**77430**	**58740**
45	29513	14857	14656	24543	13786	10757
46	30430	15209	15221	25062	14104	10958
47	32050	16110	15940	26434	14902	11532
48	35145	17679	17466	28321	16228	12093
49	40355	20121	20234	31810	18410	13400
50-54岁	**207314**	**102192**	**105122**	**141572**	**89469**	**52103**
50	43998	21704	22294	32295	19617	12678
51	42582	21115	21467	29797	18676	11121
52	44459	21780	22679	30279	19056	11223
53	35685	17499	18186	23493	15148	8345
54	40590	20094	20496	25708	16972	8736
55-59岁	**159263**	**78804**	**80459**	**88623**	**61209**	**27414**
55	38544	18848	19696	23007	15455	7552
56	34379	17061	17318	19554	13587	5967
57	39956	19959	19997	21996	15377	6619
58	29858	14886	14972	15953	11228	4725
59	16526	8050	8476	8113	5562	2551
60-64岁	**114116**	**57478**	**56638**	**40072**	**26285**	**13787**
60	18154	9132	9022	7168	4738	2430
61	18361	9188	9173	6598	4284	2314
62	24378	12382	11996	8679	5706	2973
63	28209	14379	13830	9580	6358	3222
64	25014	12397	12617	8047	5199	2848
65-69岁	**118335**	**58358**	**59977**	**30939**	**19714**	**11225**
65	26954	13446	13508	7975	5130	2845
66	26506	13106	13400	7347	4677	2670
67	22456	11029	11427	5769	3689	2080
68	23545	11602	11943	5728	3614	2114
69	18874	9175	9699	4120	2604	1516

8-7b　续表 1　　　　单位：人

年　龄	15岁及以上人口			劳动收入		
	合计	男	女	小计	男	女
70-74岁	**78971**	**38643**	**40328**	**12073**	**7485**	**4588**
70	17647	8598	9049	3271	1994	1277
71	17569	8745	8824	2827	1806	1021
72	16131	7828	8303	2418	1510	908
73	14299	7017	7282	1995	1228	767
74	13325	6455	6870	1562	947	615
75-79岁	**51559**	**24659**	**26900**	**4528**	**2803**	**1725**
75	11829	5834	5995	1299	818	481
76	11513	5510	6003	1109	682	427
77	9464	4476	4988	864	539	325
78	9184	4301	4883	675	409	266
79	9569	4538	5031	581	355	226
80-84岁	**32166**	**14526**	**17640**	**1364**	**826**	**538**
80	7910	3637	4273	457	280	177
81	6572	3031	3541	301	182	119
82	6972	3097	3875	272	162	110
83	5461	2490	2971	169	102	67
84	5251	2271	2980	165	100	65
85-89岁	**17262**	**6736**	**10526**	**377**	**219**	**158**
85	4772	1941	2831	129	70	59
86	4239	1654	2585	97	56	41
87	3463	1367	2096	68	42	26
88	2687	990	1697	45	27	18
89	2101	784	1317	38	24	14
90-94岁	**5914**	**1975**	**3939**	**59**	**21**	**38**
90	1926	676	1250	28	10	18
91	1453	501	952	10	5	5
92	1190	379	811	10	3	7
93	738	231	507	6	2	4
94	607	188	419	5	1	4
95-99岁	**1319**	**332**	**987**	**12**	**8**	**4**
95	484	121	363	6	5	1
96	348	92	256	5	2	3
97	235	58	177	1	1	
98	137	35	102			
99	115	26	89			
100岁及以上	**134**	**29**	**105**	**2**		**2**

8-7b 续表 2

单位：人

年 龄	离退休金/养老金			最低生活保障金			失业保险金		
	小计	男	女	小计	男	女	小计	男	女
总 计	**193831**	**85847**	**107984**	**21498**	**11557**	**9941**	**463**	**281**	**182**
45岁以下	**24**	**11**	**13**	**1925**	**1152**	**773**	**271**	**149**	**122**
45-49岁	**929**	**32**	**897**	**903**	**540**	**363**	**90**	**41**	**49**
45	54	1	53	122	79	43	25	13	12
46	80	4	76	146	83	63	13	6	7
47	127	4	123	179	106	73	15	5	10
48	194	8	186	208	124	84	12	5	7
49	474	15	459	248	148	100	25	12	13
50-54岁	**17378**	**1606**	**15772**	**1533**	**907**	**626**	**60**	**57**	**3**
50	2644	137	2507	272	161	111	13	11	2
51	3310	254	3056	329	201	128	7	7	
52	3653	326	3327	298	183	115	9	9	
53	3351	320	3031	280	168	112	11	11	
54	4420	569	3851	354	194	160	20	19	1
55-59岁	**26016**	**5160**	**20856**	**1764**	**916**	**848**	**31**	**31**	
55	5285	792	4493	376	188	188	19	19	
56	5516	974	4542	345	164	181	4	4	
57	6788	1331	5457	434	252	182	4	4	
58	5185	1119	4066	361	190	171	3	3	
59	3242	944	2298	248	122	126	1	1	
60-64岁	**37577**	**19110**	**18467**	**2606**	**1411**	**1195**			
60	5754	2827	2927	290	146	144			
61	6222	3132	3090	404	205	199			
62	7986	4112	3874	532	298	234			
63	9416	4851	4565	717	382	335			
64	8199	4188	4011	663	380	283			
65-69岁	**41671**	**21875**	**19796**	**3726**	**2062**	**1664**	**2**	**1**	**1**
65	9243	4836	4407	770	439	331			
66	9320	4904	4416	776	418	358	2	1	1
67	7824	4111	3713	723	410	313			
68	8307	4382	3925	783	450	333			
69	6977	3642	3335	674	345	329			

8-7b　续表 3　　　　单位：人

年　龄	离退休金/养老金			最低生活保障金			失业保险金		
	小计	男	女	小计	男	女	小计	男	女
70-74岁	**30739**	**16735**	**14004**	**3282**	**1809**	**1473**	**5**	**1**	**4**
70	6725	3627	3098	664	374	290	2	1	1
71	6801	3696	3105	706	376	330			
72	6143	3296	2847	689	385	304	2		2
73	5645	3119	2526	639	359	280	1		1
74	5425	2997	2428	584	315	269			
75-79岁	**19640**	**10879**	**8761**	**2659**	**1407**	**1252**	**2**	**1**	**1**
75	4613	2550	2063	604	342	262			
76	4323	2409	1914	595	331	264	1	1	
77	3473	1920	1553	489	248	241	1		1
78	3509	1916	1593	465	234	231			
79	3722	2084	1638	506	252	254			
80-84岁	**11867**	**6502**	**5365**	**1722**	**813**	**909**	**1**		**1**
80	2924	1601	1323	387	193	194			
81	2480	1385	1095	360	174	186			
82	2575	1368	1207	408	193	215			
83	2015	1136	879	284	134	150			
84	1873	1012	861	283	119	164	1		1
85-89岁	**5794**	**2940**	**2854**	**940**	**399**	**541**	**1**		**1**
85	1672	871	801	232	106	126			
86	1391	704	687	246	105	141			
87	1181	597	584	196	76	120			
88	881	422	459	148	62	86	1		1
89	669	346	323	118	50	68			
90-94岁	**1835**	**857**	**978**	**336**	**114**	**222**			
90	599	301	298	113	42	71			
91	478	214	264	85	31	54			
92	366	173	193	72	20	52			
93	229	95	134	34	8	26			
94	163	74	89	32	13	19			
95-99岁	**328**	**127**	**201**	**91**	**26**	**65**			
95	128	45	83	39	13	26			
96	94	39	55	18	6	12			
97	59	22	37	18	3	15			
98	28	13	15	12	4	8			
99	19	8	11	4		4			
100岁及以上	**33**	**13**	**20**	**11**	**1**	**10**			

8-7b 续表 4 单位：人

年 龄	财产性收入			家庭其他成员供养			其 他		
	小计	男	女	小计	男	女	小计	男	女
总 计	**12804**	**6503**	**6301**	**433626**	**132849**	**300777**	**87418**	**40286**	**47132**
45岁以下	**3294**	**1638**	**1656**	**211017**	**75778**	**135239**	**35054**	**16356**	**18698**
45-49岁	**1147**	**567**	**580**	**21189**	**2161**	**19028**	**7065**	**3205**	**3860**
45	204	107	97	3346	325	3021	1219	546	673
46	189	93	96	3649	342	3307	1291	577	714
47	240	117	123	3769	403	3366	1286	573	713
48	261	122	139	4649	480	4169	1500	712	788
49	253	128	125	5776	611	5165	1769	797	972
50-54岁	**1723**	**886**	**837**	**35193**	**4926**	**30267**	**9855**	**4341**	**5514**
50	334	170	164	6446	782	5664	1994	826	1168
51	299	151	148	6813	897	5916	2027	929	1098
52	384	199	185	7712	1060	6652	2124	947	1177
53	317	171	146	6559	933	5626	1674	748	926
54	389	195	194	7663	1254	6409	2036	891	1145
55-59岁	**1580**	**832**	**748**	**32631**	**6587**	**26044**	**8618**	**4069**	**4549**
55	366	208	158	7474	1278	6196	2017	908	1109
56	325	176	149	6779	1276	5503	1856	880	976
57	410	207	203	8176	1755	6421	2148	1033	1115
58	326	171	155	6412	1410	5002	1618	765	853
59	153	70	83	3790	868	2922	979	483	496
60-64岁	**1280**	**617**	**663**	**26168**	**7026**	**19142**	**6413**	**3029**	**3384**
60	181	78	103	3807	903	2904	954	440	514
61	190	79	111	3943	1014	2929	1004	474	530
62	274	154	120	5561	1480	4081	1346	632	714
63	334	162	172	6536	1825	4711	1626	801	825
64	301	144	157	6321	1804	4517	1483	682	801
65-69岁	**1575**	**805**	**770**	**32812**	**10385**	**22427**	**7610**	**3516**	**4094**
65	330	177	153	7034	2121	4913	1602	743	859
66	361	170	191	6972	2141	4831	1728	795	933
67	307	159	148	6379	1984	4395	1454	676	778
68	305	156	149	6845	2270	4575	1577	730	847
69	272	143	129	5582	1869	3713	1249	572	677

8-7b　续表 5　　　　单位：人

年　龄	财产性收入			家庭其他成员供养			其　他		
	小计	男	女	小计	男	女	小计	男	女
70-74岁	**1063**	**563**	**500**	**26435**	**9510**	**16925**	**5374**	**2540**	**2834**
70	230	124	106	5540	1923	3617	1215	555	660
71	229	125	104	5779	2145	3634	1227	597	630
72	233	132	101	5556	1973	3583	1090	532	558
73	200	92	108	4833	1762	3071	986	457	529
74	171	90	81	4727	1707	3020	856	399	457
75-79岁	**677**	**367**	**310**	**20483**	**7500**	**12983**	**3570**	**1702**	**1868**
75	147	81	66	4354	1643	2711	812	400	412
76	154	80	74	4509	1635	2874	822	372	450
77	121	62	59	3873	1394	2479	643	313	330
78	138	74	64	3762	1369	2393	635	299	336
79	117	70	47	3985	1459	2526	658	318	340
80-84岁	**327**	**160**	**167**	**14685**	**5279**	**9406**	**2200**	**946**	**1254**
80	92	41	51	3497	1263	2234	553	259	294
81	64	30	34	2907	1061	1846	460	199	261
82	74	39	35	3171	1149	2022	472	186	286
83	59	26	33	2551	925	1626	383	167	216
84	38	24	14	2559	881	1678	332	135	197
85-89岁	**110**	**57**	**53**	**8896**	**2709**	**6187**	**1144**	**412**	**732**
85	37	20	17	2371	742	1629	331	132	199
86	24	9	15	2217	693	1524	264	87	177
87	16	8	8	1781	563	1218	221	81	140
88	14	6	8	1427	415	1012	171	58	113
89	19	14	5	1100	296	804	157	54	103
90-94岁	**22**	**10**	**12**	**3263**	**836**	**2427**	**399**	**137**	**262**
90	9	4	5	1040	265	775	137	54	83
91	3	2	1	788	217	571	89	32	57
92	3	2	1	663	155	508	76	26	50
93	7	2	5	411	114	297	51	10	41
94				361	85	276	46	15	31
95-99岁	**6**	**1**	**5**	**771**	**140**	**631**	**111**	**30**	**81**
95	3		3	270	52	218	38	6	32
96	2		2	195	34	161	34	11	23
97				137	26	111	20	6	14
98	1	1		85	13	72	11	4	7
99				84	15	69	8	3	5
100岁及以上				**83**	**12**	**71**	**5**	**3**	**2**

8-7c 全省分年龄、性别、主要生活来源的人口(乡村)

单位：人

年龄	15岁及以上人口			劳动收入		
	合计	男	女	小计	男	女
总 计	**1853218**	**938244**	**914974**	**1086871**	**651679**	**435192**
45岁以下	**578096**	**311396**	**266700**	**421873**	**253474**	**168399**
45-49岁	**157047**	**78133**	**78914**	**129871**	**72363**	**57508**
45	24596	12446	12150	20731	11567	9164
46	27836	13920	13916	23342	12959	10383
47	29633	14742	14891	24600	13650	10950
48	33914	16670	17244	27830	15451	12379
49	41068	20355	20713	33368	18736	14632
50-54岁	**234673**	**115566**	**119107**	**175740**	**104055**	**71685**
50	45955	22620	23335	35833	20669	15164
51	47482	23384	24098	36241	21217	15024
52	50330	24804	25526	37620	22345	15275
53	41820	20487	21333	30769	18383	12386
54	49086	24271	24815	35277	21441	13836
55-59岁	**196887**	**97915**	**98972**	**132992**	**83315**	**49677**
55	46362	22914	23448	32625	20071	12554
56	41634	20692	20942	28531	17836	10695
57	48580	24420	24160	32626	20767	11859
58	38817	19345	19472	25493	16149	9344
59	21494	10544	10950	13717	8492	5225
60-64岁	**159782**	**82023**	**77759**	**85480**	**53096**	**32384**
60	23248	11709	11539	13763	8405	5358
61	24589	12491	12098	13697	8431	5266
62	33550	17434	16116	18147	11411	6736
63	40797	21103	19694	21090	13227	7863
64	37598	19286	18312	18783	11622	7161
65-69岁	**192643**	**97415**	**95228**	**81351**	**49553**	**31798**
65	42226	21576	20650	19786	12185	7601
66	41512	21099	20413	18551	11355	7196
67	37432	18947	18485	15770	9614	6156
68	39505	19911	19594	15461	9369	6092
69	31968	15882	16086	11783	7030	4753

8-7c　续表 1　　单位：人

年　龄	15岁及以上人口			劳动收入		
	合计	男	女	小计	男	女
70-74岁	**139365**	**68946**	**70419**	**38207**	**22842**	**15365**
70	30527	15136	15391	10042	6015	4027
71	31269	15717	15552	9114	5445	3669
72	28613	14195	14418	7669	4610	3059
73	25396	12374	13022	6109	3624	2485
74	23560	11524	12036	5273	3148	2125
75-79岁	**91997**	**44666**	**47331**	**15184**	**9403**	**5781**
75	21090	10361	10729	4168	2596	1572
76	20433	10076	10357	3697	2326	1371
77	17056	8354	8702	2865	1793	1072
78	16276	7722	8554	2374	1434	940
79	17142	8153	8989	2080	1254	826
80-84岁	**57852**	**25940**	**31912**	**4638**	**2769**	**1869**
80	13896	6457	7439	1432	869	563
81	11571	5184	6387	1047	650	397
82	12669	5800	6869	901	544	357
83	10267	4548	5719	693	391	302
84	9449	3951	5498	565	315	250
85-89岁	**31849**	**12338**	**19511**	**1285**	**697**	**588**
85	8584	3575	5009	465	251	214
86	7688	3028	4660	324	190	134
87	6721	2632	4089	232	131	101
88	4948	1780	3168	153	69	84
89	3908	1323	2585	111	56	55
90-94岁	**10585**	**3313**	**7272**	**220**	**101**	**119**
90	3388	1138	2250	79	33	46
91	2622	831	1791	50	25	25
92	2232	718	1514	49	25	24
93	1352	376	976	26	15	11
94	991	250	741	16	3	13
95-99岁	**2216**	**551**	**1665**	**29**	**11**	**18**
95	841	202	639	11	6	5
96	549	144	405	8	4	4
97	381	104	277	4		4
98	255	59	196	4		4
99	190	42	148	2	1	1
100岁及以上	**226**	**42**	**184**	**1**		**1**

8-7c 续表 2 单位：人

年 龄	离退休金/养老金			最低生活保障金			失业保险金		
	小计	男	女	小计	男	女	小计	男	女
总 计	**143392**	**70368**	**73024**	**39410**	**23963**	**15447**	**429**	**246**	**183**
45岁以下	**17**	**11**	**6**	**3681**	**2302**	**1379**	**197**	**103**	**94**
45-49岁	**262**	**6**	**256**	**1716**	**1119**	**597**	**74**	**27**	**47**
45	15		15	260	145	115	14	4	10
46	25		25	309	207	102	9	2	7
47	35	2	33	345	230	115	12	5	7
48	52	2	50	349	218	131	24	9	15
49	135	2	133	453	319	134	15	7	8
50-54岁	**6544**	**437**	**6107**	**2705**	**1759**	**946**	**80**	**63**	**17**
50	944	43	901	498	325	173	18	9	9
51	1239	67	1172	542	338	204	13	10	3
52	1383	84	1299	562	376	186	16	14	2
53	1271	105	1166	493	312	181	18	16	2
54	1707	138	1569	610	408	202	15	14	1
55-59岁	**11026**	**1562**	**9464**	**2683**	**1661**	**1022**	**36**	**34**	**2**
55	2163	234	1929	583	354	229	17	15	2
56	2198	274	1924	562	343	219	5	5	
57	2988	419	2569	636	406	230	9	9	
58	2353	368	1985	528	311	217	3	3	
59	1324	267	1057	374	247	127	2	2	
60-64岁	**21614**	**11019**	**10595**	**4406**	**2921**	**1485**	**9**	**3**	**6**
60	2661	1239	1422	476	315	161	2		2
61	3152	1569	1583	595	389	206			
62	4503	2286	2217	996	662	334	1		1
63	5897	3105	2792	1176	775	401	2		2
64	5401	2820	2581	1163	780	383	4	3	1
65-69岁	**33225**	**18051**	**15174**	**7174**	**4579**	**2595**	**18**	**9**	**9**
65	6666	3601	3065	1443	924	519	5	2	3
66	6922	3729	3193	1493	968	525	2	1	1
67	6434	3491	2943	1352	867	485	1	1	
68	7153	3913	3240	1610	1010	600	6	3	3
69	6050	3317	2733	1276	810	466	4	2	2

8-7c 续表 3 单位：人

年 龄	离退休金/养老金			最低生活保障金			失业保险金		
	小计	男	女	小计	男	女	小计	男	女
70-74岁	**29453**	**16593**	**12860**	**6353**	**3934**	**2419**	**10**	**6**	**4**
70	6104	3365	2739	1260	785	475	4	3	1
71	6497	3713	2784	1430	875	555	4	2	2
72	6036	3438	2598	1300	783	517	2	1	1
73	5553	3108	2445	1168	731	437			
74	5263	2969	2294	1195	760	435			
75-79岁	**19609**	**11189**	**8420**	**5038**	**2990**	**2048**	**2**	**1**	**1**
75	4493	2524	1969	1155	707	448	2	1	1
76	4464	2543	1921	1069	659	410			
77	3556	2059	1497	950	545	405			
78	3346	1900	1446	933	560	373			
79	3750	2163	1587	931	519	412			
80-84岁	**12667**	**7080**	**5587**	**3195**	**1678**	**1517**	**1**		**1**
80	3088	1755	1333	796	428	368			
81	2597	1441	1156	630	336	294	1		1
82	2850	1620	1230	718	388	330			
83	2153	1216	937	562	277	285			
84	1979	1048	931	489	249	240			
85-89岁	**6525**	**3340**	**3185**	**1719**	**767**	**952**	**2**		**2**
85	1781	941	840	476	225	251	1		1
86	1517	770	747	426	207	219			
87	1383	728	655	367	162	205			
88	1033	505	528	256	104	152	1		1
89	811	396	415	194	69	125			
90-94岁	**2009**	**906**	**1103**	**599**	**212**	**387**			
90	650	301	349	180	75	105			
91	516	251	265	158	56	102			
92	405	185	220	107	37	70			
93	258	102	156	93	25	68			
94	180	67	113	61	19	42			
95-99岁	**401**	**159**	**242**	**126**	**39**	**87**			
95	156	56	100	42	9	33			
96	90	40	50	31	10	21			
97	71	30	41	25	11	14			
98	46	19	27	18	7	11			
99	38	14	24	10	2	8			
100岁及以上	**40**	**15**	**25**	**15**	**2**	**13**			

8-7c 续表 4 单位：人

年龄	财产性收入			家庭其他成员供养			其他		
	小计	男	女	小计	男	女	小计	男	女
总计	**19580**	**9318**	**10262**	**467600**	**138714**	**328886**	**95936**	**43956**	**51980**
45岁以下	**2405**	**1201**	**1204**	**124840**	**42460**	**82380**	**25083**	**11845**	**13238**
45-49岁	**1123**	**480**	**643**	**17974**	**1657**	**16317**	**6027**	**2481**	**3546**
45	164	74	90	2497	239	2258	915	417	498
46	166	73	93	2963	258	2705	1022	421	601
47	198	84	114	3279	300	2979	1164	471	693
48	249	104	145	4064	363	3701	1346	523	823
49	346	145	201	5171	497	4674	1580	649	931
50-54岁	**2129**	**862**	**1267**	**37347**	**4152**	**33195**	**10128**	**4238**	**5890**
50	377	153	224	6432	620	5812	1853	801	1052
51	406	155	251	7097	790	6307	1944	807	1137
52	475	197	278	8092	874	7218	2182	914	1268
53	390	154	236	7016	774	6242	1863	743	1120
54	481	203	278	8710	1094	7616	2286	973	1313
55-59岁	**2240**	**997**	**1243**	**38010**	**6103**	**31907**	**9900**	**4243**	**5657**
55	491	218	273	8362	1138	7224	2121	884	1237
56	423	177	246	7851	1189	6662	2064	868	1196
57	555	247	308	9327	1546	7781	2439	1026	1413
58	473	225	248	7896	1364	6532	2071	925	1146
59	298	130	168	4574	866	3708	1205	540	665
60-64岁	**2379**	**1103**	**1276**	**36403**	**9412**	**26991**	**9491**	**4469**	**5022**
60	313	149	164	4707	1023	3684	1326	578	748
61	346	155	191	5340	1277	4063	1459	670	789
62	486	222	264	7384	1898	5486	2033	955	1078
63	611	278	333	9559	2536	7023	2462	1182	1280
64	623	299	324	9413	2678	6735	2211	1084	1127
65-69岁	**3461**	**1685**	**1776**	**54943**	**17451**	**37492**	**12471**	**6087**	**6384**
65	723	351	372	11066	3282	7784	2537	1231	1306
66	708	339	369	11183	3424	7759	2653	1283	1370
67	708	338	370	10753	3464	7289	2414	1172	1242
68	728	362	366	11844	3889	7955	2703	1365	1338
69	594	295	299	10097	3392	6705	2164	1036	1128

8-7c　续表 5

单位：人

年龄	财产性收入			家庭其他成员供养			其他		
	小计	男	女	小计	男	女	小计	男	女
70-74岁	**2861**	**1467**	**1394**	**52892**	**19455**	**33437**	**9589**	**4649**	**4940**
70	612	307	305	10458	3656	6802	2047	1005	1042
71	599	296	303	11473	4357	7116	2152	1029	1123
72	599	320	279	11019	4069	6950	1988	974	1014
73	552	285	267	10251	3781	6470	1763	845	918
74	499	259	240	9691	3592	6099	1639	796	843
75-79岁	**1733**	**903**	**830**	**43955**	**17008**	**26947**	**6476**	**3172**	**3304**
75	402	212	190	9380	3589	5791	1490	732	758
76	390	206	184	9414	3645	5769	1399	697	702
77	344	173	171	8157	3189	4968	1184	595	589
78	298	164	134	8137	3083	5054	1188	581	607
79	299	148	151	8867	3502	5365	1215	567	648
80-84岁	**854**	**450**	**404**	**32655**	**12236**	**20419**	**3842**	**1727**	**2115**
80	212	112	100	7457	2867	4590	911	426	485
81	182	102	80	6400	2345	4055	714	310	404
82	193	113	80	7110	2712	4398	897	423	474
83	142	67	75	6015	2275	3740	702	322	380
84	125	56	69	5673	2037	3636	618	246	372
85-89岁	**327**	**142**	**185**	**19856**	**6593**	**13263**	**2135**	**799**	**1336**
85	106	54	52	5179	1876	3303	576	228	348
86	87	41	46	4809	1600	3209	525	220	305
87	68	30	38	4211	1423	2788	460	158	302
88	29	9	20	3140	977	2163	336	116	220
89	37	8	29	2517	717	1800	238	77	161
90-94岁	**57**	**24**	**33**	**7044**	**1853**	**5191**	**656**	**217**	**439**
90	16	8	8	2249	637	1612	214	84	130
91	20	5	15	1713	452	1261	165	42	123
92	12	9	3	1516	413	1103	143	49	94
93	4	1	3	903	210	693	68	23	45
94	5	1	4	663	141	522	66	19	47
95-99岁	**11**	**4**	**7**	**1530**	**313**	**1217**	**119**	**25**	**94**
95	4	2	2	581	120	461	47	9	38
96	3	2	1	387	82	305	30	6	24
97	2		2	259	57	202	20	6	14
98	1		1	174	31	143	12	2	10
99	1		1	129	23	106	10	2	8
100岁及以上				**151**	**21**	**130**	**19**	**4**	**15**

8-8 全省分性别、婚姻状况、主要生活来源的60岁及以上老年人口

单位：人

婚姻状况	60岁及以上人口			劳动收入		
	合计	男	女	小计	男	女
总　计	**1768129**	**855251**	**912878**	**373274**	**234969**	**138305**
未　婚	26382	24610	1772	4199	4015	184
有配偶	1373947	726173	647774	330341	213692	116649
离　婚	16475	9623	6852	2774	2270	504
丧　偶	351325	94845	256480	35960	14992	20968

8-8 续表 1

单位：人

婚姻状况	离退休金/养老金			最低生活保障金			失业保险金		
	小计	男	女	小计	男	女	小计	男	女
总　计	**741918**	**378264**	**363654**	**58634**	**31547**	**27087**	**81**	**36**	**45**
未　婚	4109	3350	759	12543	12259	284	2	2	
有配偶	604244	333829	270415	30378	14589	15789	59	30	29
离　婚	10220	5116	5104	781	615	166			
丧　偶	123345	35969	87376	14932	4084	10848	20	4	16

8-8 续表 2

单位：人

婚姻状况	财产性收入			家庭其他成员供养			其　他		
	小计	男	女	小计	男	女	小计	男	女
总　计	**19153**	**9568**	**9585**	**475915**	**155677**	**320238**	**99154**	**45190**	**53964**
未　婚	209	203	6	1726	1533	193	3594	3248	346
有配偶	15340	8103	7237	320433	120189	200244	73152	35741	37411
离　婚	114	84	30	1841	1034	807	745	504	241
丧　偶	3490	1178	2312	151915	32921	118994	21663	5697	15966

8-8a　全省分性别、婚姻状况、主要生活来源的60岁及以上老年人口(城市)

单位：人

婚姻状况	60岁及以上人口			劳动收入		
	合计	男	女	小计	男	女
总　计	**661838**	**317281**	**344557**	**57453**	**39136**	**18317**
未　婚	5543	4529	1014	638	578	60
有配偶	531478	279740	251738	51938	36365	15573
离　婚	10344	5249	5095	727	534	193
丧　偶	114473	27763	86710	4150	1659	2491

8-8a　续表 1

单位：人

婚姻状况	离退休金/养老金			最低生活保障金			失业保险金		
	小计	男	女	小计	男	女	小计	男	女
总　计	**466891**	**230874**	**236017**	**14636**	**6383**	**8253**	**28**	**14**	**14**
未　婚	2392	1771	621	1342	1259	83			
有配偶	383155	205996	177159	9067	4047	5020	23	13	10
离　婚	8495	4073	4422	340	244	96			
丧　偶	72849	19034	53815	3887	833	3054	5	1	4

8-8a　续表 2

单位：人

婚姻状况	财产性收入			家庭其他成员供养			其　他		
	小计	男	女	小计	男	女	小计	男	女
总　计	**2410**	**1210**	**1200**	**92890**	**27938**	**64952**	**27530**	**11726**	**15804**
未　婚	34	31	3	392	296	96	745	594	151
有配偶	1989	1067	922	64661	22560	42101	20645	9692	10953
离　婚	23	13	10	499	223	276	260	162	98
丧　偶	364	99	265	27338	4859	22479	5880	1278	4602

8-8b 全省分性别、婚姻状况、主要生活来源的60岁及以上老年人口(镇)

单位：人

婚姻状况	60岁及以上人口			劳动收入		
	合计	男	女	小计	男	女
总 计	**419776**	**202736**	**217040**	**89426**	**57361**	**32065**
未 婚	6036	5663	373	904	849	55
有配偶	328357	172857	155500	80152	52853	27299
离 婚	2562	1583	979	592	467	125
丧 偶	82821	22633	60188	7778	3192	4586

8-8b 续表 1

单位：人

婚姻状况	离退休金/养老金			最低生活保障金			失业保险金		
	小计	男	女	小计	男	女	小计	男	女
总 计	**149484**	**79038**	**70446**	**15373**	**8042**	**7331**	**11**	**3**	**8**
未 婚	720	623	97	2914	2837	77	1	1	
有配偶	123608	70021	53587	8237	3988	4249	2	1	1
离 婚	1083	591	492	145	108	37			
丧 偶	24073	7803	16270	4077	1109	2968	8	1	7

8-8b 续表 2

单位：人

婚姻状况	财产性收入			家庭其他成员供养			其 他		
	小计	男	女	小计	男	女	小计	男	女
总 计	**5060**	**2580**	**2480**	**133596**	**43397**	**90199**	**26826**	**12315**	**14511**
未 婚	46	45	1	462	413	49	989	895	94
有配偶	4193	2229	1964	92150	33956	58194	20015	9809	10206
离 婚	30	22	8	510	265	245	202	130	72
丧 偶	791	284	507	40474	8763	31711	5620	1481	4139

8-8c　全省分性别、婚姻状况、主要生活来源的60岁及以上老年人口(乡村)

单位：人

婚姻状况	60岁及以上人口			劳动收入		
	合计	男	女	小计	男	女
总　计	**686515**	**335234**	**351281**	**226395**	**138472**	**87923**
未　婚	14803	14418	385	2657	2588	69
有配偶	514112	273576	240536	198251	124474	73777
离　婚	3569	2791	778	1455	1269	186
丧　偶	154031	44449	109582	24032	10141	13891

8-8c　续表 1

单位：人

婚姻状况	离退休金/养老金			最低生活保障金			失业保险金		
	小计	男	女	小计	男	女	小计	男	女
总　计	**125543**	**68352**	**57191**	**28625**	**17122**	**11503**	**42**	**19**	**23**
未　婚	997	956	41	8287	8163	124	1	1	
有配偶	97481	57812	39669	13074	6554	6520	34	16	18
离　婚	642	452	190	296	263	33			
丧　偶	26423	9132	17291	6968	2142	4826	7	2	5

8-8c　续表 2

单位：人

婚姻状况	财产性收入			家庭其他成员供养			其　他		
	小计	男	女	小计	男	女	小计	男	女
总　计	**11683**	**5778**	**5905**	**249429**	**84342**	**165087**	**44798**	**21149**	**23649**
未　婚	129	127	2	872	824	48	1860	1759	101
有配偶	9158	4807	4351	163622	63673	99949	32492	16240	16252
离　婚	61	49	12	832	546	286	283	212	71
丧　偶	2335	795	1540	84103	19299	64804	10163	2938	7225

8-9　全省分性别、居住状况、主要生活来源的60岁及以上老年人口

单位：人

居住状况	60岁及以上人口			劳动收入		
	合计	男	女	小计	男	女
总　计	**1768129**	**855251**	**912878**	**373274**	**234969**	**138305**
与配偶和子女同住	418538	225575	192963	92358	61497	30861
与配偶同住	822604	434804	387800	204815	128347	76468
与子女同住	257633	71425	186208	25299	12123	13176
独居(有保姆)	2360	1020	1340	194	120	74
独居(无保姆)	200513	84658	115855	34325	20448	13877
养老机构	12344	6512	5832	145	72	73
其　他	54137	31257	22880	16138	12362	3776

8-9　续表 1

单位：人

居住状况	离退休金/养老金			最低生活保障金			失业保险金		
	小计	男	女	小计	男	女	小计	男	女
总　计	**741918**	**378264**	**363654**	**58634**	**31547**	**27087**	**81**	**36**	**45**
与配偶和子女同住	194991	109050	85941	8636	4143	4493	15	7	8
与配偶同住	356793	199219	157574	19606	9499	10107	38	20	18
与子女同住	96804	29203	67601	8719	2357	6362	16	5	11
独居(有保姆)	1433	646	787	99	58	41			
独居(无保姆)	71211	29867	41344	15344	10258	5086	9	3	6
养老机构	5490	2232	3258	2247	1929	318			
其　他	15196	8047	7149	3983	3303	680	3	1	2

8-9　续表 2

单位：人

居住状况	财产性收入			家庭其他成员供养			其　他		
	小计	男	女	小计	男	女	小计	男	女
总　计	**19153**	**9568**	**9585**	**475915**	**155677**	**320238**	**99154**	**45190**	**53964**
与配偶和子女同住	2924	1621	1303	101368	40068	61300	18246	9189	9057
与配偶同住	11373	5924	5449	184034	69329	114705	45945	22466	23479
与子女同住	1540	546	994	112511	23748	88763	12744	3443	9301
独居(有保姆)	13	5	8	539	161	378	82	30	52
独居(无保姆)	2869	1239	1630	63719	17634	46085	13036	5209	7827
养老机构	18	13	5	2845	1019	1826	1599	1247	352
其　他	416	220	196	10899	3718	7181	7502	3606	3896

8-9a　全省分性别、居住状况、主要生活来源的60岁及以上老年人口(城市)

单位：人

居住状况	60岁及以上人口			劳动收入		
	合计	男	女	小计	男	女
总　计	**661838**	**317281**	**344557**	**57453**	**39136**	**18317**
与配偶和子女同住	181393	98430	82963	17639	12695	4944
与配偶同住	289548	153838	135710	25311	16923	8388
与子女同住	103065	26955	76110	4415	2214	2201
独居(有保姆)	1302	529	773	37	25	12
独居(无保姆)	60286	23584	36702	4583	2987	1596
养老机构	6440	2677	3763	78	26	52
其　他	19804	11268	8536	5390	4266	1124

8-9a　续表 1　单位：人

居住状况	离退休金/养老金			最低生活保障金			失业保险金		
	小计	男	女	小计	男	女	小计	男	女
总　计	**466891**	**230874**	**236017**	**14636**	**6383**	**8253**	**28**	**14**	**14**
与配偶和子女同住	126930	70381	56549	2972	1370	1602	6	4	2
与配偶同住	220382	119318	101064	5345	2385	2960	15	8	7
与子女同住	62221	17741	44480	2732	614	2118	6	1	5
独居(有保姆)	1074	451	623	22	9	13			
独居(无保姆)	41907	16261	25646	2625	1316	1309	1	1	
养老机构	4322	1656	2666	361	288	73			
其　他	10055	5066	4989	579	401	178			

8-9a　续表 2　单位：人

居住状况	财产性收入			家庭其他成员供养			其　他		
	小计	男	女	小计	男	女	小计	男	女
总　计	**2410**	**1210**	**1200**	**92890**	**27938**	**64952**	**27530**	**11726**	**15804**
与配偶和子女同住	575	328	247	26904	10529	16375	6367	3123	3244
与配偶同住	1221	647	574	25817	9139	16678	11457	5418	6039
与子女同住	279	89	190	28731	5211	23520	4681	1085	3596
独居(有保姆)	4	1	3	133	33	100	32	10	22
独居(无保姆)	269	113	156	7974	1913	6061	2927	993	1934
养老机构	4	3	1	1261	413	848	414	291	123
其　他	58	29	29	2070	700	1370	1652	806	846

8-9b 全省分性别、居住状况、主要生活来源的60岁及以上老年人口(镇)

单位：人

居住状况	60岁及以上人口			劳动收入		
	合计	男	女	小计	男	女
总　计	**419776**	**202736**	**217040**	**89426**	**57361**	**32065**
与配偶和子女同住	106726	57030	49696	25696	17286	8410
与配偶同住	188158	99237	88921	46096	29538	16558
与子女同住	63957	18020	45937	6426	3157	3269
独居(有保姆)	443	197	246	28	17	11
独居(无保姆)	44291	18852	25439	7424	4499	2925
养老机构	3005	1895	1110	26	17	9
其　他	13196	7505	5691	3730	2847	883

8-9b 续表 1

单位：人

居住状况	离退休金/养老金			最低生活保障金			失业保险金		
	小计	男	女	小计	男	女	小计	男	女
总　计	**149484**	**79038**	**70446**	**15373**	**8042**	**7331**	**11**	**3**	**8**
与配偶和子女同住	40003	22776	17227	2547	1239	1308			
与配偶同住	72810	41653	31157	5086	2483	2603	2	1	1
与子女同住	18549	6106	12443	2439	649	1790	4		4
独居(有保姆)	226	124	102	24	12	12			
独居(无保姆)	14160	6331	7829	3450	2136	1314	4	2	2
养老机构	743	350	393	912	780	132			
其　他	2993	1698	1295	915	743	172	1		1

8-9b 续表 2

单位：人

居住状况	财产性收入			家庭其他成员供养			其　他		
	小计	男	女	小计	男	女	小计	男	女
总　计	**5060**	**2580**	**2480**	**133596**	**43397**	**90199**	**26826**	**12315**	**14511**
与配偶和子女同住	961	520	441	32111	12459	19652	5408	2750	2658
与配偶同住	2930	1550	1380	49553	18290	31263	11681	5722	5959
与子女同住	414	156	258	32554	6956	25598	3571	996	2575
独居(有保姆)	2		2	141	36	105	22	8	14
独居(无保姆)	632	283	349	15382	4313	11069	3239	1288	1951
养老机构	4	3	1	792	318	474	528	427	101
其　他	117	68	49	3063	1025	2038	2377	1124	1253

8-9c 全省分性别、居住状况、主要生活来源的60岁及以上老年人口(乡村)

单位：人

居住状况	60岁及以上人口			劳动收入		
	合计	男	女	小计	男	女
总 计	**686515**	**335234**	**351281**	**226395**	**138472**	**87923**
与配偶和子女同住	130419	70115	60304	49023	31516	17507
与配偶同住	344898	181729	163169	133408	81886	51522
与子女同住	90611	26450	64161	14458	6752	7706
独居(有保姆)	615	294	321	129	78	51
独居(无保姆)	95936	42222	53714	22318	12962	9356
养老机构	2899	1940	959	41	29	12
其 他	21137	12484	8653	7018	5249	1769

8-9c 续表 1

单位：人

居住状况	离退休金/养老金			最低生活保障金			失业保险金		
	小计	男	女	小计	男	女	小计	男	女
总 计	**125543**	**68352**	**57191**	**28625**	**17122**	**11503**	**42**	**19**	**23**
与配偶和子女同住	28058	15893	12165	3117	1534	1583	9	3	6
与配偶同住	63601	38248	25353	9175	4631	4544	21	11	10
与子女同住	16034	5356	10678	3548	1094	2454	6	4	2
独居(有保姆)	133	71	62	53	37	16			
独居(无保姆)	15144	7275	7869	9269	6806	2463	4		4
养老机构	425	226	199	974	861	113			
其 他	2148	1283	865	2489	2159	330	2	1	1

8-9c 续表 2

单位：人

居住状况	财产性收入			家庭其他成员供养			其 他		
	小计	男	女	小计	男	女	小计	男	女
总 计	**11683**	**5778**	**5905**	**249429**	**84342**	**165087**	**44798**	**21149**	**23649**
与配偶和子女同住	1388	773	615	42353	17080	25273	6471	3316	3155
与配偶同住	7222	3727	3495	108664	41900	66764	22807	11326	11481
与子女同住	847	301	546	51226	11581	39645	4492	1362	3130
独居(有保姆)	7	4	3	265	92	173	28	12	16
独居(无保姆)	1968	843	1125	40363	11408	28955	6870	2928	3942
养老机构	10	7	3	792	288	504	657	529	128
其 他	241	123	118	5766	1993	3773	3473	1676	1797

8-10 各地区分性别、居住状况的60岁及以上老年人口

单位：人

地区	60岁及以上人口			与配偶和子女同住		
	合计	男	女	小计	男	女
江苏	**1768129**	**855251**	**912878**	**418538**	**225575**	**192963**
南京市	**167565**	**81125**	**86440**	**38684**	**21298**	**17386**
玄武区	10805	5121	5684	2679	1449	1230
秦淮区	18988	8990	9998	4847	2674	2173
建邺区	9563	4570	4993	2650	1449	1201
鼓楼区	21862	10271	11591	6101	3323	2778
浦口区	7060	3444	3616	1372	750	622
栖霞区	13829	6743	7086	2994	1668	1326
雨花台区	9110	4482	4628	2232	1233	999
江宁区	26021	12711	13310	6376	3505	2871
六合区	15128	7430	7698	2886	1575	1311
溧水区	9812	4885	4927	1452	817	635
高淳区	10683	5482	5201	1692	999	693
南京江北新区	14704	6996	7708	3403	1856	1547
无锡市	**140628**	**68717**	**71911**	**37209**	**20623**	**16586**
锡山区	14084	6952	7132	4861	2678	2183
惠山区	13562	6672	6890	3986	2181	1805
滨湖区	11924	5777	6147	2737	1497	1240
梁溪区	21601	10379	11222	5256	2914	2342
新吴区	10211	5002	5209	2955	1653	1302
江苏无锡经济开发区	4782	2334	2448	1294	727	567
江阴市	33399	16292	17107	10396	5794	4602
宜兴市	31065	15309	15756	5724	3179	2545
徐州市	**167960**	**80528**	**87432**	**30196**	**16166**	**14030**
鼓楼区	7929	3791	4138	1650	895	755
云龙区	7089	3389	3700	1724	926	798
贾汪区	8469	4015	4454	1214	643	571
泉山区	12881	6044	6837	2484	1326	1158
铜山区	22071	10652	11419	3689	1988	1701
丰县	19695	9319	10376	2528	1333	1195
沛县	19968	9493	10475	2799	1486	1313
睢宁县	20348	10070	10278	4686	2574	2112
徐州经济技术开发区	4693	2242	2451	937	501	436
新沂市	16949	8026	8923	3345	1784	1561
邳州市	27868	13487	14381	5140	2710	2430
常州市	**102222**	**50219**	**52003**	**23013**	**12811**	**10202**
天宁区	13751	6627	7124	3240	1801	1439
钟楼区	12451	5992	6459	2917	1597	1320
新北区	14070	6790	7280	3885	2149	1736
武进区	20767	10313	10454	5854	3242	2612
金坛区	14751	7394	7357	2149	1224	925
江苏省常州市经济开发区	7021	3473	3548	1809	1017	792
溧阳市	19411	9630	9781	3159	1781	1378

8-10　续表 1　　　　单位：人

地　　区	60岁及以上人口			与配偶和子女同住		
	合计	男	女	小计	男	女
苏州市	**205233**	**98349**	**106884**	**69645**	**37172**	**32473**
虎丘区	10836	5131	5705	3867	2074	1793
吴中区	18593	8924	9669	6946	3646	3300
相城区	12175	6006	6169	3926	2166	1760
姑苏区	22565	10912	11653	5533	3063	2470
吴江区	25051	12320	12731	9100	4944	4156
苏州工业园区	14333	6613	7720	5098	2680	2418
常熟市	34178	16198	17980	13496	7101	6395
张家港市	26769	12677	14092	7299	3912	3387
昆山市	23763	11410	12353	7611	4050	3561
太仓市	16970	8158	8812	6769	3536	3233
南通市	**226553**	**107139**	**119414**	**51830**	**27383**	**24447**
崇川区	14102	6588	7514	4173	2219	1954
港闸区	6923	3252	3671	2021	1094	927
通州区	32563	15351	17212	8284	4385	3899
如东县	34063	16262	17801	9465	4929	4536
南通经济技术开发区	4156	1977	2179	859	463	396
通州湾示范区	3951	1833	2118	470	233	237
苏锡通科技产业园区	2287	1120	1167	424	225	199
启东市	33771	15486	18285	2852	1483	1369
如皋市	37673	18130	19543	13040	6990	6050
海门市	28892	13427	15465	3763	1972	1791
海安市	28172	13713	14459	6479	3390	3089
连云港市	**87728**	**42067**	**45661**	**19999**	**10463**	**9536**
连云区	3127	1483	1644	659	350	309
海州区	13369	6300	7069	3743	1963	1780
赣榆区	20358	9639	10719	3148	1612	1536
东海县	18104	8700	9404	4384	2279	2105
灌云县	15087	7371	7716	2996	1565	1431
灌南县	12895	6284	6611	3644	1942	1702
连云港经济技术开发区	1651	794	857	511	269	242
连云港高新技术产业开发区	1610	772	838	565	297	268
江苏连云港徐圩新区	884	425	459	146	81	65
江苏省连云港市云台山风景名胜区	643	299	344	203	105	98
淮安市	**95512**	**46992**	**48520**	**21225**	**11516**	**9709**
淮安区	19399	9546	9853	3854	2082	1772
淮阴区	15323	7629	7694	3607	2000	1607
清江浦区	9936	4750	5186	2707	1465	1242
洪泽区	6957	3427	3530	1300	699	601
涟水县	17841	8768	9073	3722	1987	1735
盱眙县	12938	6380	6558	3079	1668	1411
金湖县	7860	3846	4014	1203	638	565
淮安经济技术开发区	3277	1672	1605	1082	601	481
工业园区	349	170	179	84	47	37
生态文旅区	1049	498	551	402	226	176
苏淮高新区	583	306	277	185	103	82

8-10 续表 2 单位：人

地区	60岁及以上人口			与配偶和子女同住		
	合计	男	女	小计	男	女
盐城市	**178090**	**86964**	**91126**	**31856**	**16927**	**14929**
亭湖区	13936	6822	7114	3332	1781	1551
盐都区	16576	8034	8542	2845	1516	1329
大丰区	19741	9462	10279	2759	1446	1313
响水县	10828	5238	5590	2400	1263	1137
滨海县	20334	10039	10295	3036	1639	1397
阜宁县	20696	10233	10463	4130	2208	1922
射阳县	21814	10696	11118	3174	1694	1480
建湖县	16933	8356	8577	2706	1424	1282
盐城经济技术开发区	2006	953	1053	551	289	262
江苏省盐南高新区	3815	1829	1986	1487	782	705
东台市	31411	15302	16109	5436	2885	2551
扬州市	**116381**	**56664**	**59717**	**31498**	**16955**	**14543**
广陵区	11925	5810	6115	3605	1962	1643
邗江区	12868	6211	6657	4620	2492	2128
江都区	27645	13207	14438	6790	3627	3163
宝应县	20704	10191	10513	4807	2580	2227
扬州经济技术开发区	4297	2102	2195	1212	668	544
蜀冈瘦西湖景区	2751	1325	1426	1001	544	457
生态新城	1518	768	750	596	330	266
仪征市	12948	6386	6562	3301	1800	1501
高邮市	21725	10664	11061	5566	2952	2614
镇江市	**72510**	**35206**	**37304**	**16562**	**8977**	**7585**
京口区	7927	3760	4167	1769	957	812
润州区	5583	2752	2831	1371	751	620
丹徒区	7971	3946	4025	1909	1031	878
镇江新区	5063	2455	2608	1199	654	545
江苏镇江高新区	1106	541	565	240	135	105
丹阳市	22210	10763	11447	5483	2968	2515
扬中市	7929	3802	4127	2323	1243	1080
句容市	14721	7187	7534	2268	1238	1030
泰州市	**123424**	**60011**	**63413**	**26168**	**14176**	**11992**
海陵区	12817	6187	6630	3641	1991	1650
高港区	6744	3272	3472	1905	1043	862
姜堰区	20213	10014	10199	3657	1994	1663
泰州医药高新技术产业开发区	3875	1878	1997	1339	740	599
兴化市	33712	16530	17182	4991	2684	2307
靖江市	17656	8521	9135	4926	2648	2278
泰兴市	28407	13609	14798	5709	3076	2633
宿迁市	**84323**	**41270**	**43053**	**20653**	**11108**	**9545**
宿城区	10530	5185	5345	2785	1541	1244
宿豫区	7694	3768	3926	1516	817	699
沭阳县	28967	14170	14797	7340	3880	3460
泗阳县	15573	7538	8035	3911	2092	1819
泗洪县	13749	6751	6998	2955	1592	1363
宿迁经济技术开发区	2398	1207	1191	714	398	316
宿迁市湖滨新区	2478	1227	1251	581	325	256
苏州宿迁工业园区	101	48	53	31	20	11
宿迁市洋河新区	2833	1376	1457	820	443	377

8-10　续表 3　　　　单位：人

地　区	与配偶同住			与子女同住			独居(有保姆)		
	小计	男	女	小计	男	女	小计	男	女
江　苏	**822604**	**434804**	**387800**	**257633**	**71425**	**186208**	**2360**	**1020**	**1340**
南京市	**78512**	**41879**	**36633**	**24617**	**6409**	**18208**	**418**	**170**	**248**
玄武区	4990	2619	2371	1516	367	1149	49	18	31
秦淮区	8534	4504	4030	2652	634	2018	79	27	52
建邺区	4137	2192	1945	1554	400	1154	29	17	12
鼓楼区	9297	4901	4396	3315	834	2481	100	37	63
浦口区	3582	1895	1687	946	265	681	15	3	12
栖霞区	6636	3576	3060	2037	529	1508	13	6	7
雨花台区	4189	2241	1948	1323	350	973	24	15	9
江宁区	11828	6323	5505	3921	1049	2872	29	13	16
六合区	7512	4006	3506	2378	679	1699	18	8	10
溧水区	5433	2920	2513	1184	319	865	6	3	3
高淳区	5511	3031	2480	1360	385	975	14	5	9
南京江北新区	6863	3671	3192	2431	598	1833	42	18	24
无锡市	**64141**	**34596**	**29545**	**19912**	**5056**	**14856**	**209**	**87**	**122**
锡山区	5345	2899	2446	2345	616	1729	9	4	5
惠山区	5821	3153	2668	2081	543	1538	15	5	10
滨湖区	5736	3088	2648	1497	369	1128	27	7	20
梁溪区	9879	5292	4587	2898	726	2172	41	17	24
新吴区	4468	2390	2078	1508	426	1082	15	9	6
江苏无锡经济开发区	2103	1146	957	785	194	591	5	2	3
江阴市	13889	7482	6407	5173	1317	3856	45	17	28
宜兴市	16900	9146	7754	3625	865	2760	52	26	26
徐州市	**86759**	**45396**	**41363**	**23560**	**6778**	**16782**	**178**	**81**	**97**
鼓楼区	3925	2093	1832	1078	288	790	15	4	11
云龙区	3420	1826	1594	979	254	725	13	8	5
贾汪区	4800	2506	2294	968	253	715	6		6
泉山区	6854	3609	3245	1593	390	1203	22	10	12
铜山区	11844	6247	5597	2839	780	2059	18	10	8
丰县	11051	5673	5378	2534	727	1807	16	8	8
沛县	11290	5848	5442	2618	743	1875	18	11	7
睢宁县	9122	4856	4266	3579	1167	2412	22	8	14
徐州经济技术开发区	2408	1276	1132	679	169	510	6	4	2
新沂市	8208	4238	3970	2522	717	1805	13	6	7
邳州市	13837	7224	6613	4171	1290	2881	29	12	17
常州市	**49984**	**27037**	**22947**	**13944**	**3626**	**10318**	**157**	**67**	**90**
天宁区	6568	3519	3049	1897	482	1415	36	18	18
钟楼区	6086	3252	2834	1596	376	1220	21	7	14
新北区	6080	3288	2792	2461	620	1841	10	3	7
武进区	9085	4898	4187	3152	883	2269	27	9	18
金坛区	8335	4570	3765	1572	400	1172	21	10	11
江苏省常州市经济开发区	3296	1792	1504	1049	261	788	9	4	5
溧阳市	10534	5718	4816	2217	604	1613	33	16	17

8-10 续表 4

单位：人

地区	与配偶同住			与子女同住			独居(有保姆)		
	小计	男	女	小计	男	女	小计	男	女
苏州市	**78785**	**41456**	**37329**	**34005**	**9150**	**24855**	**235**	**82**	**153**
虎丘区	3896	2035	1861	2064	570	1494	13	3	10
吴中区	6438	3388	3050	2979	823	2156	30	11	19
相城区	4876	2575	2301	1808	474	1334	9	4	5
姑苏区	10558	5585	4973	2824	702	2122	48	13	35
吴江区	8897	4764	4133	4568	1339	3229	21	11	10
苏州工业园区	4792	2486	2306	3018	813	2205	17	5	12
常熟市	11664	6104	5560	5927	1564	4363	22	7	15
张家港市	12398	6502	5896	3761	907	2854	33	10	23
昆山市	9421	4951	4470	4270	1216	3054	21	8	13
太仓市	5845	3066	2779	2786	742	2044	21	10	11
南通市	**106942**	**55659**	**51283**	**30723**	**8389**	**22334**	**231**	**95**	**136**
崇川区	5839	3063	2776	2169	534	1635	25	11	14
港闸区	2846	1480	1366	1159	276	883	8	3	5
通州区	14463	7509	6954	4730	1258	3472	29	12	17
如东县	15007	7819	7188	4863	1325	3538	23	9	14
南通经济技术开发区	2077	1081	996	588	139	449	4		4
通州湾示范区	2341	1211	1130	258	62	196	6	3	3
苏锡通科技产业园区	1286	670	616	206	58	148	5	3	2
启东市	21515	10971	10544	1876	495	1381	40	18	22
如皋市	12176	6506	5670	7931	2348	5583	31	11	20
海门市	16655	8609	8046	2654	678	1976	38	17	21
海安市	12737	6740	5997	4289	1216	3073	22	8	14
连云港市	**42605**	**21992**	**20613**	**11964**	**3746**	**8218**	**90**	**40**	**50**
连云区	1650	864	786	378	93	285	2		2
海州区	5926	3075	2851	1940	544	1396	26	8	18
赣榆区	11371	5804	5567	2246	694	1552	17	8	9
东海县	7978	4094	3884	2908	1005	1903	16	9	7
灌云县	7766	4028	3738	1826	587	1239	10	6	4
灌南县	5743	2996	2747	1964	628	1336	15	6	9
连云港经济技术开发区	705	368	337	251	71	180	1	1	
连云港高新技术产业开发区	646	338	308	254	74	180	3	2	1
江苏连云港徐圩新区	549	287	262	91	22	69			
江苏省连云港市云台山风景名胜区	271	138	133	106	28	78			
淮安市	**43970**	**23264**	**20706**	**15013**	**4587**	**10426**	**100**	**54**	**46**
淮安区	8966	4730	4236	3005	944	2061	29	18	11
淮阴区	6705	3580	3125	2595	762	1833	14	8	6
清江浦区	4339	2295	2044	1638	453	1185	21	8	13
洪泽区	3427	1817	1610	1002	336	666	6	4	2
涟水县	8491	4467	4024	2684	832	1852	14	9	5
盱眙县	5853	3089	2764	2000	596	1404	8	2	6
金湖县	4367	2302	2065	962	280	682	5	4	1
淮安经济技术开发区	1156	632	524	675	239	436	2		2
工业园区	159	83	76	58	19	39	1	1	
生态文旅区	290	155	135	280	81	199			
苏淮高新区	217	114	103	114	45	69			

8-10 续表 5

单位：人

地 区	与配偶同住			与子女同住			独居(有保姆)		
	小计	男	女	小计	男	女	小计	男	女
盐城市	**93617**	**49147**	**44470**	**22251**	**6624**	**15627**	**232**	**109**	**123**
亭湖区	6380	3365	3015	2272	733	1539	33	13	20
盐都区	8361	4348	4013	2055	614	1441	12	7	5
大丰区	11611	6084	5527	2024	554	1470	35	13	22
响水县	5537	2898	2639	1379	389	990	17	12	5
滨海县	11439	5993	5446	2323	723	1600	22	9	13
阜宁县	9992	5260	4732	2979	908	2071	35	14	21
射阳县	12204	6423	5781	2449	718	1731	31	18	13
建湖县	9330	4891	4439	1979	595	1384	16	9	7
盐城经济技术开发区	814	415	399	361	120	241			
江苏省盐南高新区	1304	688	616	746	234	512	4	4	
东台市	16645	8782	7863	3684	1036	2648	27	10	17
扬州市	**48107**	**25681**	**22426**	**19293**	**5414**	**13879**	**176**	**86**	**90**
广陵区	4619	2480	2139	2003	560	1443	26	13	13
邗江区	4332	2325	2007	2563	729	1834	13	4	9
江都区	11790	6286	5504	4565	1197	3368	37	22	15
宝应县	9036	4780	4256	3326	1044	2282	39	22	17
扬州经济技术开发区	1834	982	852	693	200	493	5	1	4
蜀冈瘦西湖景区	985	533	452	457	118	339	3	1	2
生态新城	457	248	209	274	82	192	1		1
仪征市	5584	3027	2557	2146	568	1578	17	9	8
高邮市	9470	5020	4450	3266	916	2350	35	14	21
镇江市	**34599**	**18604**	**15995**	**10557**	**2692**	**7865**	**119**	**51**	**68**
京口区	3954	2106	1848	1078	251	827	29	12	17
润州区	2623	1419	1204	813	241	572	13	6	7
丹徒区	3624	1961	1663	1263	368	895	6	3	3
镇江新区	2394	1294	1100	722	192	530	6	2	4
江苏镇江高新区	475	257	218	249	74	175	1		1
丹阳市	10191	5497	4694	3350	806	2544	39	15	24
扬中市	3237	1728	1509	1369	350	1019	5	3	2
句容市	8101	4342	3759	1713	410	1303	20	10	10
泰州市	**56722**	**30196**	**26526**	**18339**	**4915**	**13424**	**145**	**59**	**86**
海陵区	5474	2906	2568	2088	551	1537	30	10	20
高港区	2404	1320	1084	1375	361	1014	8	3	5
姜堰区	9691	5222	4469	2953	827	2126	23	9	14
泰州医药高新技术产业开发区	1233	679	554	845	231	614	7	4	3
兴化市	18246	9542	8704	3066	833	2233	40	18	22
靖江市	7328	3908	3420	3061	813	2248	15	4	11
泰兴市	12346	6619	5727	4951	1299	3652	22	11	11
宿迁市	**37861**	**19897**	**17964**	**13455**	**4039**	**9416**	**70**	**39**	**31**
宿城区	4435	2384	2051	1841	529	1312	5	3	2
宿豫区	3597	1904	1693	1293	382	911	9	7	2
沭阳县	13000	6755	6245	4328	1331	2997	25	11	14
泗阳县	7019	3671	3348	2439	706	1733	16	10	6
泗洪县	6589	3469	3120	2212	700	1512	9	3	6
宿迁经济技术开发区	946	509	437	424	128	296	1	1	
宿迁市湖滨新区	1127	601	526	386	109	277	2	2	
苏州宿迁工业园区	22	12	10	42	12	30			
宿迁市洋河新区	1126	592	534	490	142	348	3	2	1

8-10 续表 6

单位：人

地 区	独居(无保姆)			养老机构			其 他		
	小计	男	女	小计	男	女	小计	男	女
江 苏	**200513**	**84658**	**115855**	**12344**	**6512**	**5832**	**54137**	**31257**	**22880**
南京市	**17511**	**6939**	**10572**	**1639**	**743**	**896**	**6184**	**3687**	**2497**
玄武区	896	338	558	161	72	89	514	258	256
秦淮区	1819	643	1176	220	75	145	837	433	404
建邺区	710	248	462	95	39	56	388	225	163
鼓楼区	1862	664	1198	327	102	225	860	410	450
浦口区	857	335	522	51	33	18	237	163	74
栖霞区	1501	573	928	167	71	96	481	320	161
雨花台区	892	368	524	84	36	48	366	239	127
江宁区	2581	980	1601	249	119	130	1037	722	315
六合区	1744	797	947	92	69	23	498	296	202
溧水区	1451	626	825	61	39	22	225	161	64
高淳区	1724	810	914	90	59	31	292	193	99
南京江北新区	1474	557	917	42	29	13	449	267	182
无锡市	**14028**	**5566**	**8462**	**1640**	**646**	**994**	**3489**	**2143**	**1346**
锡山区	1063	470	593	132	64	68	329	221	108
惠山区	1089	456	633	99	38	61	471	296	175
滨湖区	1252	497	755	262	89	173	413	230	183
梁溪区	2426	905	1521	381	126	255	720	399	321
新吴区	849	326	523	178	64	114	238	134	104
江苏无锡经济开发区	410	158	252	45	12	33	140	95	45
江阴市	3041	1201	1840	257	100	157	598	381	217
宜兴市	3898	1553	2345	286	153	133	580	387	193
徐州市	**22117**	**9220**	**12897**	**705**	**460**	**245**	**4445**	**2427**	**2018**
鼓楼区	908	337	571	83	39	44	270	135	135
云龙区	741	274	467	33	11	22	179	90	89
贾汪区	1242	483	759	22	14	8	217	116	101
泉山区	1545	523	1022	28	12	16	355	174	181
铜山区	3131	1312	1819	129	84	45	421	231	190
丰县	2953	1210	1743	108	95	13	505	273	232
沛县	2751	1126	1625	45	36	9	447	243	204
睢宁县	2342	1098	1244	122	74	48	475	293	182
徐州经济技术开发区	570	229	341	14	13	1	79	50	29
新沂市	2394	1012	1382	39	28	11	428	241	187
邳州市	3540	1616	1924	82	54	28	1069	581	488
常州市	**11531**	**4686**	**6845**	**973**	**448**	**525**	**2620**	**1544**	**1076**
天宁区	1391	517	874	196	65	131	423	225	198
钟楼区	1412	549	863	172	69	103	247	142	105
新北区	1336	558	778	104	40	64	194	132	62
武进区	1877	835	1042	283	148	135	489	298	191
金坛区	2132	878	1254	104	63	41	438	249	189
江苏省常州市经济开发区	666	283	383	28	14	14	164	102	62
溧阳市	2717	1066	1651	86	49	37	665	396	269

8-10　续表 7　　　　　　　　　　　　　　　　　　　　单位：人

地　区	独居(无保姆)			养老机构			其　他		
	小计	男	女	小计	男	女	小计	男	女
苏州市	**15814**	**6649**	**9165**	**1636**	**631**	**1005**	**5113**	**3209**	**1904**
虎丘区	639	234	405	115	40	75	242	175	67
吴中区	1230	548	682	281	98	183	689	410	279
相城区	1067	474	593	68	34	34	421	279	142
姑苏区	2640	1064	1576	329	131	198	633	354	279
吴江区	1864	887	977	66	30	36	535	345	190
苏州工业园区	882	348	534	122	48	74	404	233	171
常熟市	2272	951	1321	246	100	146	551	371	180
张家港市	2537	943	1594	234	80	154	507	323	184
昆山市	1727	754	973	83	36	47	630	395	235
太仓市	956	446	510	92	34	58	501	324	177
南通市	**28616**	**10913**	**17703**	**1549**	**888**	**661**	**6662**	**3812**	**2850**
崇川区	1216	430	786	258	98	160	422	233	189
港闸区	602	234	368	69	25	44	218	140	78
通州区	3933	1524	2409	179	114	65	945	549	396
如东县	3698	1589	2109	154	109	45	853	482	371
南通经济技术开发区	452	167	285	19	11	8	157	116	41
通州湾示范区	711	249	462	25	13	12	140	62	78
苏锡通科技产业园区	269	100	169	10	4	6	87	60	27
启东市	6330	1941	4389	232	109	123	926	469	457
如皋市	3257	1487	1770	178	131	47	1060	657	403
海门市	4658	1586	3072	230	115	115	894	450	444
海安市	3490	1606	1884	195	159	36	960	594	366
连云港市	**9819**	**4117**	**5702**	**271**	**169**	**102**	**2980**	**1540**	**1440**
连云区	327	115	212	15	6	9	96	55	41
海州区	1180	439	741	43	16	27	511	255	256
赣榆区	3080	1248	1832	30	28	2	466	245	221
东海县	2146	957	1189	38	24	14	634	332	302
灌云县	1626	744	882	77	48	29	786	393	393
灌南县	1082	465	617	53	43	10	394	204	190
连云港经济技术开发区	149	64	85				34	21	13
连云港高新技术产业开发区	90	34	56	13	3	10	39	24	15
江苏连云港徐圩新区	80	25	55	2	1	1	16	9	7
江苏省连云港市云台山风景名胜区	59	26	33				4	2	2
淮安市	**10707**	**5038**	**5669**	**649**	**424**	**225**	**3848**	**2109**	**1739**
淮安区	2610	1242	1368	87	55	32	848	475	373
淮阴区	1548	780	768	98	69	29	756	430	326
清江浦区	882	357	525	29	9	20	320	163	157
洪泽区	830	361	469	82	46	36	310	164	146
涟水县	2099	972	1127	150	114	36	681	387	294
盱眙县	1311	659	652	121	86	35	566	280	286
金湖县	1045	465	580	54	31	23	224	126	98
淮安经济技术开发区	224	121	103	27	13	14	111	66	45
工业园区	42	18	24				5	2	3
生态文旅区	60	27	33				17	9	8
苏淮高新区	56	36	20	1	1		10	7	3

8-10 续表 8

单位：人

地 区	独居(无保姆)			养老机构			其 他		
	小计	男	女	小计	男	女	小计	男	女
盐城市	**23211**	**10231**	**12980**	**769**	**601**	**168**	**6154**	**3325**	**2829**
亭湖区	1286	596	690	13	10	3	620	324	296
盐都区	2313	999	1314	80	66	14	910	484	426
大丰区	2821	1102	1719	41	27	14	450	236	214
响水县	1128	484	644	13	11	2	354	181	173
滨海县	2674	1200	1474	102	84	18	738	391	347
阜宁县	2709	1310	1399	128	118	10	723	415	308
射阳县	2904	1266	1638	107	64	43	945	513	432
建湖县	2412	1123	1289	102	88	14	388	226	162
盐城经济技术开发区	182	80	102	12	11	1	86	38	48
江苏省盐南高新区	167	76	91	22	6	16	85	39	46
东台市	4615	1995	2620	149	116	33	855	478	377
扬州市	**12637**	**5742**	**6895**	**586**	**395**	**191**	**4084**	**2391**	**1693**
广陵区	1092	439	653	25	7	18	555	349	206
邗江区	928	416	512	48	26	22	364	219	145
江都区	3330	1430	1900	170	109	61	963	536	427
宝应县	2710	1327	1383	72	58	14	714	380	334
扬州经济技术开发区	358	138	220	7	4	3	188	109	79
蜀冈瘦西湖景区	183	66	117	8	4	4	114	59	55
生态新城	94	47	47	6	1	5	90	60	30
仪征市	1412	665	747	67	57	10	421	260	161
高邮市	2530	1214	1316	183	129	54	675	419	256
镇江市	**8321**	**3544**	**4777**	**652**	**330**	**322**	**1700**	**1008**	**692**
京口区	860	326	534	71	28	43	166	80	86
润州区	604	257	347	33	11	22	126	67	59
丹徒区	871	399	472	61	36	25	237	148	89
镇江新区	520	203	317	94	40	54	128	70	58
江苏镇江高新区	101	46	55	1	1		39	28	11
丹阳市	2549	1120	1429	171	86	85	427	271	156
扬中市	697	306	391	115	44	71	183	128	55
句容市	2119	887	1232	106	84	22	394	216	178
泰州市	**17301**	**7833**	**9468**	**788**	**437**	**351**	**3961**	**2395**	**1566**
海陵区	1253	539	714	45	19	26	286	171	115
高港区	848	412	436	26	16	10	178	117	61
姜堰区	3147	1491	1656	75	47	28	667	424	243
泰州医药高新技术产业开发区	299	141	158	37	15	22	115	68	47
兴化市	5945	2614	3331	146	116	30	1278	723	555
靖江市	1780	821	959	89	38	51	457	289	168
泰兴市	4029	1815	2214	370	186	184	980	603	377
宿迁市	**8900**	**4180**	**4720**	**487**	**340**	**147**	**2897**	**1667**	**1230**
宿城区	1103	503	600	87	51	36	274	174	100
宿豫区	975	462	513	71	60	11	233	136	97
沭阳县	3001	1443	1558	107	75	32	1166	675	491
泗阳县	1554	693	861	83	49	34	551	317	234
泗洪县	1453	684	769	85	69	16	446	234	212
宿迁经济技术开发区	224	112	112	12	12		77	47	30
宿迁市湖滨新区	317	150	167	12	9	3	53	31	22
苏州宿迁工业园区	2	1	1				4	3	1
宿迁市洋河新区	271	132	139	30	15	15	93	50	43

8-10a　各地区分性别、居住状况的60岁及以上老年人口(城市)

单位：人

地　区	60岁及以上人口			与配偶和子女同住		
	合计	男	女	小计	男	女
江　苏	**661838**	**317281**	**344557**	**181393**	**98430**	**82963**
南京市	**130414**	**62514**	**67900**	**32645**	**17915**	**14730**
玄武区	10805	5121	5684	2679	1449	1230
秦淮区	18988	8990	9998	4847	2674	2173
建邺区	9563	4570	4993	2650	1449	1201
鼓楼区	21862	10271	11591	6101	3323	2778
浦口区	5036	2479	2557	1085	594	491
栖霞区	12241	5944	6297	2669	1487	1182
雨花台区	8887	4377	4510	2203	1217	986
江宁区	16765	8044	8721	4704	2566	2138
六合区	4203	2050	2153	898	484	414
溧水区	3800	1876	1924	735	416	319
高淳区	4106	2068	2038	730	431	299
南京江北新区	14158	6724	7434	3344	1825	1519
无锡市	**84376**	**40903**	**43473**	**22536**	**12518**	**10018**
锡山区	6133	3031	3102	2019	1118	901
惠山区	7175	3553	3622	2255	1239	1016
滨湖区	11027	5338	5689	2482	1355	1127
梁溪区	21601	10379	11222	5256	2914	2342
新吴区	9280	4522	4758	2659	1487	1172
江苏无锡经济开发区	4782	2334	2448	1294	727	567
江阴市	14029	6752	7277	4213	2370	1843
宜兴市	10349	4994	5355	2358	1308	1050
徐州市	**47498**	**22470**	**25028**	**10420**	**5546**	**4874**
鼓楼区	7929	3791	4138	1650	895	755
云龙区	6730	3223	3507	1606	865	741
贾汪区	2961	1367	1594	521	269	252
泉山区	12881	6044	6837	2484	1326	1158
铜山区	4909	2332	2577	1010	524	486
丰县						
沛县						
睢宁县						
徐州经济技术开发区	76	38	38	15	9	6
新沂市	4333	2035	2298	1087	579	508
邳州市	7679	3640	4039	2047	1079	968
常州市	**54679**	**26513**	**28166**	**13112**	**7267**	**5845**
天宁区	11274	5423	5851	2477	1375	1102
钟楼区	11718	5621	6097	2690	1473	1217
新北区	8533	4101	4432	2324	1288	1036
武进区	8570	4188	4382	2332	1292	1040
金坛区	5821	2847	2974	1132	643	489
江苏省常州市经济开发区	3075	1517	1558	745	411	334
溧阳市	5688	2816	2872	1412	785	627

8-10a 续表 1　　单位：人

地　区	60岁及以上人口			与配偶和子女同住		
	合计	男	女	小计	男	女
苏州市	**97768**	**46735**	**51033**	**32560**	**17504**	**15056**
虎丘区	9439	4444	4995	3523	1885	1638
吴中区	9042	4338	4704	3176	1654	1522
相城区	10126	4989	5137	3297	1826	1471
姑苏区	22565	10912	11653	5533	3063	2470
吴江区	6924	3317	3607	2633	1409	1224
苏州工业园区						
常熟市	13175	6229	6946	5157	2733	2424
张家港市	7312	3382	3930	2214	1193	1021
昆山市	14099	6686	7413	5023	2683	2340
太仓市	5086	2438	2648	2004	1058	946
南通市	**64732**	**30528**	**34204**	**16904**	**8981**	**7923**
崇川区	14102	6588	7514	4173	2219	1954
港闸区	6837	3209	3628	1991	1078	913
通州区	8606	4065	4541	2258	1208	1050
如东县						
南通经济技术开发区						
通州湾示范区						
苏锡通科技产业园区						
启东市	9413	4396	5017	1065	557	508
如皋市	7862	3699	4163	3045	1627	1418
海门市	7165	3415	3750	1211	646	565
海安市	10747	5156	5591	3161	1646	1515
连云港市	**17516**	**8211**	**9305**	**4617**	**2422**	**2195**
连云区	3025	1430	1595	639	340	299
海州区	10116	4753	5363	2813	1486	1327
赣榆区	4023	1858	2165	1022	520	502
东海县	173	79	94	94	48	46
灌云县						
灌南县						
连云港经济技术开发区						
连云港高新技术产业开发区						
江苏连云港徐圩新区	68	36	32	13	8	5
江苏省连云港市云台山风景名胜区	111	55	56	36	20	16
淮安市	**19728**	**9527**	**10201**	**5888**	**3195**	**2693**
淮安区	5082	2477	2605	1673	915	758
淮阴区	3924	1901	2023	1190	642	548
清江浦区	8449	4017	4432	2328	1260	1068
洪泽区	2273	1132	1141	697	378	319
涟水县						
盱眙县						
金湖县						
淮安经济技术开发区						
工业园区						
生态文旅区						
苏淮高新区						

8-10a 续表 2

单位：人

地区	60岁及以上人口			与配偶和子女同住		
	合计	男	女	小计	男	女
盐城市	**28485**	**13901**	**14584**	**7921**	**4240**	**3681**
亭湖区	9060	4469	4591	2523	1354	1169
盐都区	3552	1738	1814	1176	628	548
大丰区	3915	1859	2056	795	419	376
响水县						
滨海县						
阜宁县						
射阳县						
建湖县						
盐城经济技术开发区	38	20	18	16	8	8
江苏省盐南高新区	3815	1829	1986	1487	782	705
东台市	8105	3986	4119	1924	1049	875
扬州市	**37685**	**18168**	**19517**	**12240**	**6595**	**5645**
广陵区	8410	4090	4320	2537	1373	1164
邗江区	8414	4045	4369	3192	1715	1477
江都区	6080	2897	3183	1844	1013	831
宝应县						
扬州经济技术开发区						
蜀冈瘦西湖景区	2751	1325	1426	1001	544	457
生态新城	630	322	308	303	167	136
仪征市	5794	2797	2997	1473	788	685
高邮市	5606	2692	2914	1890	995	895
镇江市	**31574**	**15185**	**16389**	**8072**	**4401**	**3671**
京口区	7630	3618	4012	1709	925	784
润州区	5577	2749	2828	1371	751	620
丹徒区	2531	1246	1285	696	385	311
镇江新区						
江苏镇江高新区	1106	541	565	240	135	105
丹阳市	6710	3166	3544	1990	1082	908
扬中市	3109	1488	1621	1101	593	508
句容市	4911	2377	2534	965	530	435
泰州市	**37910**	**18092**	**19818**	**11644**	**6291**	**5353**
海陵区	10312	4953	5359	3097	1684	1413
高港区	2735	1303	1432	902	492	410
姜堰区	6094	2964	3130	1794	976	818
泰州医药高新技术产业开发区						
兴化市	5593	2679	2914	1465	783	682
靖江市	6068	2883	3185	2401	1287	1114
泰兴市	7108	3310	3798	1985	1069	916
宿迁市	**9473**	**4534**	**4939**	**2834**	**1555**	**1279**
宿城区	4743	2263	2480	1452	796	656
宿豫区	2351	1129	1222	667	361	306
沭阳县						
泗阳县						
泗洪县						
宿迁经济技术开发区						
宿迁市湖滨新区	950	468	482	281	160	121
苏州宿迁工业园区	101	48	53	31	20	11
宿迁市洋河新区	1328	626	702	403	218	185

8-10a　续表 3　　　　　　　　　　　　　　　　　　　　　　　　单位：人

地　区	与配偶同住			与子女同住			独居(有保姆)		
	小计	男	女	小计	男	女	小计	男	女
江　苏	**289548**	**153838**	**135710**	**103065**	**26955**	**76110**	**1302**	**529**	**773**
南京市	**59109**	**31440**	**27669**	**19750**	**5022**	**14728**	**386**	**157**	**229**
玄武区	4990	2619	2371	1516	367	1149	49	18	31
秦淮区	8534	4504	4030	2652	634	2018	79	27	52
建邺区	4137	2192	1945	1554	400	1154	29	17	12
鼓楼区	9297	4901	4396	3315	834	2481	100	37	63
浦口区	2444	1300	1144	719	204	515	12	2	10
栖霞区	5794	3121	2673	1843	470	1373	12	6	6
雨花台区	4063	2175	1888	1308	347	961	24	15	9
江宁区	7074	3762	3312	2767	725	2042	19	9	10
六合区	2142	1146	996	624	170	454	11	4	7
溧水区	1948	1044	904	537	144	393	4	2	2
高淳区	2132	1171	961	545	149	396	6	2	4
南京江北新区	6554	3505	3049	2370	578	1792	41	18	23
无锡市	**37882**	**20354**	**17528**	**12388**	**3148**	**9240**	**141**	**57**	**84**
锡山区	2315	1264	1051	1097	284	813	5	1	4
惠山区	2831	1528	1303	1193	338	855	5	2	3
滨湖区	5376	2888	2488	1377	344	1033	26	7	19
梁溪区	9879	5292	4587	2898	726	2172	41	17	24
新吴区	4121	2200	1921	1377	390	987	14	8	6
江苏无锡经济开发区	2103	1146	957	785	194	591	5	2	3
江阴市	5986	3208	2778	2300	561	1739	26	11	15
宜兴市	5271	2828	2443	1361	311	1050	19	9	10
徐州市	**23677**	**12474**	**11203**	**6651**	**1726**	**4925**	**74**	**29**	**45**
鼓楼区	3925	2093	1832	1078	288	790	15	4	11
云龙区	3283	1755	1528	918	237	681	13	8	5
贾汪区	1613	841	772	387	86	301	3		3
泉山区	6854	3609	3245	1593	390	1203	22	10	12
铜山区	2510	1330	1180	688	174	514	6	3	3
丰县									
沛县									
睢宁县									
徐州经济技术开发区	49	26	23	4	2	2			
新沂市	1943	1006	937	743	190	553	6	2	4
邳州市	3500	1814	1686	1240	359	881	9	2	7
常州市	**25995**	**13995**	**12000**	**7910**	**1998**	**5912**	**96**	**41**	**55**
天宁区	5585	2996	2589	1492	370	1122	31	15	16
钟楼区	5786	3081	2705	1503	352	1151	21	7	14
新北区	3702	2004	1698	1552	386	1166	6	2	4
武进区	3573	1918	1655	1477	409	1068	9	3	6
金坛区	3090	1694	1396	754	181	573	6	3	3
江苏省常州市经济开发区	1514	816	698	436	120	316	2		2
溧阳市	2745	1486	1259	696	180	516	21	11	10

8-10a　续表 4　　　　单位：人

地　区	与配偶同住			与子女同住			独居(有保姆)		
	小计	男	女	小计	男	女	小计	男	女
苏州市	**37855**	**19969**	**17886**	**16019**	**4188**	**11831**	**149**	**49**	**100**
虎丘区	3277	1712	1565	1815	490	1325	12	2	10
吴中区	3158	1665	1493	1480	433	1047	21	9	12
相城区	4036	2129	1907	1522	406	1116	7	3	4
姑苏区	10558	5585	4973	2824	702	2122	48	13	35
吴江区	2351	1250	1101	1406	394	1012	6	3	3
苏州工业园区									
常熟市	4518	2386	2132	2204	545	1659	17	5	12
张家港市	3142	1651	1491	1106	214	892	13	5	8
昆山市	5048	2661	2387	2832	786	2046	16	7	9
太仓市	1767	930	837	830	218	612	9	2	7
南通市	**29202**	**15289**	**13913**	**9606**	**2522**	**7084**	**95**	**38**	**57**
崇川区	5839	3063	2776	2169	534	1635	25	11	14
港闸区	2815	1464	1351	1146	274	872	8	3	5
通州区	3848	2003	1845	1173	308	865	10	5	5
如东县									
南通经济技术开发区									
通州湾示范区									
苏锡通科技产业园区									
启东市	5944	3049	2895	671	186	485	19	6	13
如皋市	2366	1275	1091	1762	493	1269	7	4	3
海门市	4041	2130	1911	757	185	572	14	6	8
海安市	4349	2305	2044	1928	542	1386	12	3	9
连云港市	**8075**	**4198**	**3877**	**2490**	**649**	**1841**	**35**	**9**	**26**
连云区	1596	836	760	368	92	276	2		2
海州区	4442	2318	2124	1477	387	1090	24	7	17
赣榆区	1906	976	930	602	161	441	9	2	7
东海县	47	24	23	23	5	18			
灌云县									
灌南县									
连云港经济技术开发区									
连云港高新技术产业开发区									
江苏连云港徐圩新区	31	18	13	9	1	8			
江苏省连云港市云台山风景名胜区	53	26	27	11	3	8			
淮安市	**8020**	**4259**	**3761**	**3560**	**1033**	**2527**	**40**	**24**	**16**
淮安区	1883	998	885	985	298	687	13	10	3
淮阴区	1539	812	727	786	234	552	5	4	1
清江浦区	3720	1973	1747	1372	365	1007	20	8	12
洪泽区	878	476	402	417	136	281	2	2	
涟水县									
盱眙县									
金湖县									
淮安经济技术开发区									
工业园区									
生态文旅区									
苏淮高新区									

8-10a 续表 5

单位：人

地区	与配偶同住			与子女同住			独居(有保姆)		
	小计	男	女	小计	男	女	小计	男	女
盐城市	**12354**	**6553**	**5801**	**4618**	**1433**	**3185**	**58**	**26**	**32**
亭湖区	3769	2008	1761	1562	525	1037	26	11	15
盐都区	1327	703	624	696	224	472	3	2	1
大丰区	2113	1115	998	488	123	365	12	4	8
响水县									
滨海县									
阜宁县									
射阳县									
建湖县									
盐城经济技术开发区	14	7	7	6	3	3			
江苏省盐南高新区	1304	688	616	746	234	512	4	4	
东台市	3827	2032	1795	1120	324	796	13	5	8
扬州市	**14266**	**7637**	**6629**	**6617**	**1820**	**4797**	**73**	**33**	**40**
广陵区	3263	1742	1521	1354	387	967	22	12	10
邗江区	2817	1507	1310	1697	497	1200	12	3	9
江都区	2300	1238	1062	1173	293	880	16	9	7
宝应县									
扬州经济技术开发区									
蜀冈瘦西湖景区	985	533	452	457	118	339	3	1	2
生态新城	117	66	51	137	44	93	1		1
仪征市	2652	1410	1242	895	244	651	7	2	5
高邮市	2132	1141	991	904	237	667	12	6	6
镇江市	**14531**	**7778**	**6753**	**4895**	**1215**	**3680**	**75**	**35**	**40**
京口区	3803	2028	1775	1043	240	803	28	12	16
润州区	2619	1417	1202	812	241	571	13	6	7
丹徒区	1082	584	498	453	116	337	1	1	
镇江新区									
江苏镇江高新区	475	257	218	249	74	175	1		1
丹阳市	2864	1527	1337	1083	235	848	14	6	8
扬中市	1055	567	488	610	150	460	3	2	1
句容市	2633	1398	1235	645	159	486	15	8	7
泰州市	**14902**	**7935**	**6967**	**6729**	**1716**	**5013**	**71**	**26**	**45**
海陵区	4244	2245	1999	1776	485	1291	25	8	17
高港区	919	502	417	592	146	446	3	1	2
姜堰区	2463	1318	1145	1084	290	794	19	8	11
泰州医药高新技术产业开发区									
兴化市	2643	1388	1255	707	188	519	7	4	3
靖江市	1957	1047	910	1170	270	900	9	1	8
泰兴市	2676	1435	1241	1400	337	1063	8	4	4
宿迁市	**3680**	**1957**	**1723**	**1832**	**485**	**1347**	**9**	**5**	**4**
宿城区	1892	1012	880	869	219	650	2	1	1
宿豫区	904	478	426	478	133	345	4	2	2
沭阳县									
泗阳县									
泗洪县									
宿迁经济技术开发区									
宿迁市湖滨新区	381	204	177	179	52	127			
苏州宿迁工业园区	22	12	10	42	12	30			
宿迁市洋河新区	481	251	230	264	69	195	3	2	1

8-10a　续表 6　　　　单位：人

地　区	独居(无保姆)			养老机构			其　他		
	小计	男	女	小计	男	女	小计	男	女
江　苏	**60286**	**23584**	**36702**	**6440**	**2677**	**3763**	**19804**	**11268**	**8536**
南京市	**12174**	**4579**	**7595**	**1428**	**592**	**836**	**4922**	**2809**	**2113**
玄武区	896	338	558	161	72	89	514	258	256
秦淮区	1819	643	1176	220	75	145	837	433	404
建邺区	710	248	462	95	39	56	388	225	163
鼓楼区	1862	664	1198	327	102	225	860	410	450
浦口区	549	216	333	50	32	18	177	131	46
栖霞区	1318	503	815	160	68	92	445	289	156
雨花台区	845	352	493	84	36	48	360	235	125
江宁区	1381	507	874	219	101	118	601	374	227
六合区	390	164	226	13	9	4	125	73	52
溧水区	429	167	262	23	13	10	124	90	34
高淳区	575	247	328	34	16	18	84	52	32
南京江北新区	1400	530	870	42	29	13	407	239	168
无锡市	**7926**	**3021**	**4905**	**1129**	**402**	**727**	**2374**	**1403**	**971**
锡山区	459	206	253	52	24	28	186	134	52
惠山区	493	211	282	57	22	35	341	213	128
滨湖区	1189	469	720	191	66	125	386	209	177
梁溪区	2426	905	1521	381	126	255	720	399	321
新吴区	777	289	488	150	52	98	182	96	86
江苏无锡经济开发区	410	158	252	45	12	33	140	95	45
江阴市	1145	415	730	129	50	79	230	137	93
宜兴市	1027	368	659	124	50	74	189	120	69
徐州市	**5291**	**1998**	**3293**	**237**	**121**	**116**	**1148**	**576**	**572**
鼓楼区	908	337	571	83	39	44	270	135	135
云龙区	704	261	443	33	11	22	173	86	87
贾汪区	369	134	235	11	4	7	57	33	24
泉山区	1545	523	1022	28	12	16	355	174	181
铜山区	588	236	352	43	28	15	64	37	27
丰县									
沛县									
睢宁县									
徐州经济技术开发区	8	1	7						
新沂市	447	207	240	13	7	6	94	44	50
邳州市	722	299	423	26	20	6	135	67	68
常州市	**5471**	**2128**	**3343**	**753**	**302**	**451**	**1342**	**782**	**560**
天宁区	1181	437	744	189	60	129	319	170	149
钟楼区	1311	505	806	171	69	102	236	134	102
新北区	762	318	444	66	22	44	121	81	40
武进区	733	330	403	223	100	123	223	136	87
金坛区	636	224	412	55	27	28	148	75	73
江苏省常州市经济开发区	287	118	169	18	8	10	73	44	29
溧阳市	561	196	365	31	16	15	222	142	80

8-10a 续表 7　　　　单位：人

地　区	独居(无保姆)			养老机构			其　他		
	小计	男	女	小计	男	女	小计	男	女
苏州市	**7466**	**3028**	**4438**	**1082**	**417**	**665**	**2637**	**1580**	**1057**
虎丘区	515	180	335	88	27	61	209	148	61
吴中区	590	267	323	192	65	127	425	245	180
相城区	855	375	480	64	31	33	345	219	126
姑苏区	2640	1064	1576	329	131	198	633	354	279
吴江区	364	164	200	12	5	7	152	92	60
苏州工业园区									
常熟市	862	342	520	186	80	106	231	138	93
张家港市	596	202	394	124	44	80	117	73	44
昆山市	772	322	450	54	21	33	354	206	148
太仓市	272	112	160	33	13	20	171	105	66
南通市	**6531**	**2394**	**4137**	**655**	**303**	**352**	**1739**	**1001**	**738**
崇川区	1216	430	786	258	98	160	422	233	189
港闸区	597	232	365	69	25	44	211	133	78
通州区	1046	389	657	59	29	30	212	123	89
如东县									
南通经济技术开发区									
通州湾示范区									
苏锡通科技产业园区									
启东市	1373	430	943	115	57	58	226	111	115
如皋市	514	200	314	18	16	2	150	84	66
海门市	826	273	553	104	55	49	212	120	92
海安市	959	440	519	32	23	9	306	197	109
连云港市	**1651**	**603**	**1048**	**66**	**28**	**38**	**582**	**302**	**280**
连云区	319	111	208	15	6	9	86	45	41
海州区	887	323	564	42	15	27	431	217	214
赣榆区	415	157	258	9	7	2	60	35	25
东海县	8	1	7				1	1	
灌云县									
灌南县									
连云港经济技术开发区									
连云港高新技术产业开发区									
江苏连云港徐圩新区	12	6	6				3	3	
江苏省连云港市云台山风景名胜区	10	5	5				1	1	
淮安市	**1533**	**657**	**876**	**119**	**57**	**62**	**568**	**302**	**266**
淮安区	387	179	208	8	5	3	133	72	61
淮阴区	259	125	134	29	15	14	116	69	47
清江浦区	720	275	445	29	9	20	260	127	133
洪泽区	167	78	89	53	28	25	59	34	25
涟水县									
盱眙县									
金湖县									
淮安经济技术开发区									
工业园区									
生态文旅区									
苏淮高新区									

8-10a　续表 8　　　　单位：人

地　区	独居(无保姆)			养老机构			其　他		
	小计	男	女	小计	男	女	小计	男	女
盐城市	**2378**	**1049**	**1329**	**114**	**63**	**51**	**1042**	**537**	**505**
亭湖区	694	319	375	11	8	3	475	244	231
盐都区	214	111	103	13	8	5	123	62	61
大丰区	392	141	251	10	6	4	105	51	54
响水县									
滨海县									
阜宁县									
射阳县									
建湖县									
盐城经济技术开发区	2	2							
江苏省盐南高新区	167	76	91	22	6	16	85	39	46
东台市	909	400	509	58	35	23	254	141	113
扬州市	**2911**	**1190**	**1721**	**239**	**122**	**117**	**1339**	**771**	**568**
广陵区	760	294	466	25	7	18	449	275	174
邗江区	486	207	279	43	21	22	167	95	72
江都区	465	190	275	58	27	31	224	127	97
宝应县									
扬州经济技术开发区									
蜀冈瘦西湖景区	183	66	117	8	4	4	114	59	55
生态新城	31	19	12				41	26	15
仪征市	582	246	336	17	15	2	168	92	76
高邮市	404	168	236	88	48	40	176	97	79
镇江市	**3058**	**1244**	**1814**	**191**	**81**	**110**	**752**	**431**	**321**
京口区	817	309	508	71	28	43	159	76	83
润州区	604	257	347	33	11	22	125	66	59
丹徒区	198	89	109				101	71	30
镇江新区									
江苏镇江高新区	101	46	55	1	1		39	28	11
丹阳市	590	220	370	42	21	21	127	75	52
扬中市	221	105	116	31	13	18	88	58	30
句容市	527	218	309	13	7	6	113	57	56
泰州市	**3153**	**1368**	**1785**	**321**	**129**	**192**	**1090**	**627**	**463**
海陵区	908	383	525	44	19	25	218	129	89
高港区	229	105	124	14	8	6	76	49	27
姜堰区	546	261	285	26	11	15	162	100	62
泰州医药高新技术产业开发区									
兴化市	501	183	318	8	6	2	262	127	135
靖江市	357	171	186	37	11	26	137	96	41
泰兴市	612	265	347	192	74	118	235	126	109
宿迁市	**743**	**325**	**418**	**106**	**60**	**46**	**269**	**147**	**122**
宿城区	364	152	212	49	20	29	115	63	52
宿豫区	176	80	96	40	32	8	82	43	39
沭阳县									
泗阳县									
泗洪县									
宿迁经济技术开发区									
宿迁市湖滨新区	82	32	50	4	4		23	16	7
苏州宿迁工业园区	2	1	1				4	3	1
宿迁市洋河新区	119	60	59	13	4	9	45	22	23

8-10b 各地区分性别、居住状况的60岁及以上老年人口(镇)

单位：人

地 区	60岁及以上人口			与配偶和子女同住		
	合计	男	女	小计	男	女
江 苏	**419776**	**202736**	**217040**	**106726**	**57030**	**49696**
南京市	**2705**	**1302**	**1403**	**428**	**237**	**191**
玄武区						
秦淮区						
建邺区						
鼓楼区						
浦口区	63	29	34	2	1	1
栖霞区						
雨花台区	223	105	118	29	16	13
江宁区						
六合区	1395	662	733	276	151	125
溧水区	671	319	352	76	43	33
高淳区	353	187	166	45	26	19
南京江北新区						
无锡市	**22595**	**11090**	**11505**	**6530**	**3609**	**2921**
锡山区	5457	2678	2779	1936	1064	872
惠山区	1942	923	1019	460	255	205
滨湖区						
梁溪区						
新吴区						
江苏无锡经济开发区						
江阴市	8471	4112	4359	2884	1593	1291
宜兴市	6725	3377	3348	1250	697	553
徐州市	**46523**	**22073**	**24450**	**9236**	**4888**	**4348**
鼓楼区						
云龙区	359	166	193	118	61	57
贾汪区	1557	734	823	189	99	90
泉山区						
铜山区	6168	2913	3255	1113	587	526
丰县	8419	3954	4465	1343	705	638
沛县	9330	4382	4948	1592	824	768
睢宁县	8895	4341	4554	2588	1407	1181
徐州经济技术开发区	3570	1674	1896	737	391	346
新沂市	2962	1377	1585	597	310	287
邳州市	5263	2532	2731	959	504	455
常州市	**13242**	**6515**	**6727**	**2995**	**1674**	**1321**
天宁区	906	434	472	310	169	141
钟楼区						
新北区	2456	1177	1279	719	397	322
武进区	3218	1595	1623	853	472	381
金坛区	1952	992	960	246	136	110
江苏省常州市经济开发区	1366	674	692	332	194	138
溧阳市	3344	1643	1701	535	306	229

8-10b　续表 1

单位：人

地　区	60岁及以上人口			与配偶和子女同住		
	合计	男	女	小计	男	女
苏州市	**51804**	**24790**	**27014**	**17752**	**9448**	**8304**
虎丘区	108	54	54	17	10	7
吴中区	2945	1429	1516	1180	632	548
相城区	1018	504	514	317	169	148
姑苏区						
吴江区	7698	3875	3823	2593	1438	1155
苏州工业园区	14333	6613	7720	5098	2680	2418
常熟市	7629	3632	3997	3188	1667	1521
张家港市	10313	4905	5408	2793	1499	1294
昆山市	3001	1466	1535	801	423	378
太仓市	4759	2312	2447	1765	930	835
南通市	**65746**	**31323**	**34423**	**15572**	**8227**	**7345**
崇川区						
港闸区						
通州区	10165	4847	5318	2572	1361	1211
如东县	17314	8239	9075	4811	2509	2302
南通经济技术开发区	4156	1977	2179	859	463	396
通州湾示范区	1305	608	697	163	81	82
苏锡通科技产业园区	926	459	467	168	90	78
启东市	6434	2956	3478	655	342	313
如皋市	12503	6035	6468	4209	2268	1941
海门市	7790	3635	4155	1102	572	530
海安市	5153	2567	2586	1033	541	492
连云港市	**28891**	**13896**	**14995**	**7337**	**3862**	**3475**
连云区	7	7				
海州区	1060	501	559	315	165	150
赣榆区	5925	2773	3152	795	409	386
东海县	6824	3290	3534	2198	1165	1033
灌云县	6248	3045	3203	1514	785	729
灌南县	5193	2537	2656	1486	793	693
连云港经济技术开发区	1179	571	608	325	172	153
连云港高新技术产业开发区	1610	772	838	565	297	268
江苏连云港徐圩新区	789	375	414	125	69	56
江苏省连云港市云台山风景名胜区	56	25	31	14	7	7
淮安市	**28293**	**13877**	**14416**	**7908**	**4272**	**3636**
淮安区	3154	1569	1585	550	292	258
淮阴区	2592	1265	1327	580	320	260
清江浦区	175	86	89	43	25	18
洪泽区	827	407	420	133	70	63
涟水县	6874	3315	3559	1968	1038	930
盱眙县	6777	3281	3496	2127	1152	975
金湖县	2887	1428	1459	803	425	378
淮安经济技术开发区	3277	1672	1605	1082	601	481
工业园区	155	79	76	44	25	19
生态文旅区	1049	498	551	402	226	176
苏淮高新区	526	277	249	176	98	78

8-10b 续表 2 单位：人

地　区	60岁及以上人口			与配偶和子女同住		
	合计	男	女	小计	男	女
盐城市	**57529**	**27950**	**29579**	**12003**	**6349**	**5654**
亭湖区	1555	740	815	246	125	121
盐都区	2239	1082	1157	475	251	224
大丰区	6115	2900	3215	664	347	317
响水县	5065	2409	2656	1387	729	658
滨海县	8690	4235	4455	1778	956	822
阜宁县	9016	4393	4623	2349	1239	1110
射阳县	10292	5053	5239	1751	939	812
建湖县	6921	3390	3531	1827	961	866
盐城经济技术开发区	1108	525	583	367	192	175
江苏省盐南高新区						
东台市	6528	3223	3305	1159	610	549
扬州市	**25509**	**12399**	**13110**	**7654**	**4110**	**3544**
广陵区	1035	512	523	310	174	136
邗江区	1380	669	711	505	270	235
江都区	6660	3189	3471	1680	891	789
宝应县	7810	3776	4034	2531	1357	1174
扬州经济技术开发区	3745	1827	1918	1115	613	502
蜀冈瘦西湖景区						
生态新城	324	156	168	106	60	46
仪征市	1444	738	706	426	238	188
高邮市	3111	1532	1579	981	507	474
镇江市	**18093**	**8882**	**9211**	**4216**	**2283**	**1933**
京口区	77	34	43	2	1	1
润州区						
丹徒区	1931	969	962	490	260	230
镇江新区	4059	1947	2112	976	532	444
江苏镇江高新区						
丹阳市	8752	4332	4420	2065	1125	940
扬中市	1425	687	738	387	204	183
句容市	1849	913	936	296	161	135
泰州市	**27800**	**13653**	**14147**	**6018**	**3276**	**2742**
海陵区	852	416	436	188	107	81
高港区	1236	602	634	364	198	166
姜堰区	3392	1725	1667	468	258	210
泰州医药高新技术产业开发区	3419	1665	1754	1210	669	541
兴化市	8871	4426	4445	1500	814	686
靖江市	3177	1514	1663	900	490	410
泰兴市	6853	3305	3548	1388	740	648
宿迁市	**31046**	**14986**	**16060**	**9077**	**4795**	**4282**
宿城区	728	358	370	215	116	99
宿豫区	1158	567	591	226	118	108
沭阳县	13473	6530	6943	3909	2031	1878
泗阳县	7075	3380	3695	2303	1218	1085
泗洪县	6843	3287	3556	1874	1008	866
宿迁经济技术开发区	1464	717	747	476	265	211
宿迁市湖滨新区	305	147	158	74	39	35
苏州宿迁工业园区						
宿迁市洋河新区						

8-10b　续表 3　　单位：人

地　区	与配偶同住			与子女同住			独居(有保姆)		
	小计	男	女	小计	男	女	小计	男	女
江　苏	**188158**	**99237**	**88921**	**63957**	**18020**	**45937**	**443**	**197**	**246**
南京市	**1446**	**780**	**666**	**392**	**99**	**293**	**5**	**4**	**1**
玄武区									
秦淮区									
建邺区									
鼓楼区									
浦口区	46	25	21	5		5			
栖霞区									
雨花台区	126	66	60	15	3	12			
江宁区									
六合区	674	363	311	245	62	183	3	3	
溧水区	410	223	187	72	16	56	1		1
高淳区	190	103	87	55	18	37	1	1	
南京江北新区									
无锡市	**10038**	**5428**	**4610**	**3136**	**769**	**2367**	**25**	**13**	**12**
锡山区	2143	1146	997	838	217	621	4	3	1
惠山区	955	515	440	283	55	228	2	2	
滨湖区									
梁溪区									
新吴区									
江苏无锡经济开发区									
江阴市	3325	1794	1531	1288	312	976	15	5	10
宜兴市	3615	1973	1642	727	185	542	4	3	1
徐州市	**23095**	**11975**	**11120**	**7079**	**2010**	**5069**	**40**	**23**	**17**
鼓楼区									
云龙区	137	71	66	61	17	44			
贾汪区	923	472	451	157	39	118	1		1
泉山区									
铜山区	3175	1662	1513	835	210	625	8	4	4
丰县	4491	2278	2213	1190	330	860	7	4	3
沛县	5060	2608	2452	1300	358	942	6	5	1
睢宁县	3534	1874	1660	1645	521	1124	6	2	4
徐州经济技术开发区	1802	949	853	544	127	417	6	4	2
新沂市	1423	733	690	442	122	320	1	1	
邳州市	2550	1328	1222	905	286	619	5	3	2
常州市	**6459**	**3501**	**2958**	**1850**	**484**	**1366**	**20**	**7**	**13**
天宁区	352	184	168	145	40	105	4	2	2
钟楼区									
新北区	1044	560	484	404	100	304	1		1
武进区	1463	791	672	484	133	351	6		6
金坛区	1206	656	550	159	48	111	2	1	1
江苏省常州市经济开发区	665	366	299	216	43	173	2	1	1
溧阳市	1729	944	785	442	120	322	5	3	2

8-10b 续表 4

单位：人

地 区	与配偶同住			与子女同住			独居(有保姆)		
	小计	男	女	小计	男	女	小计	男	女
苏州市	**19530**	**10270**	**9260**	**8939**	**2443**	**6496**	**55**	**22**	**33**
虎丘区	66	35	31	13	4	9			
吴中区	996	526	470	457	124	333	5	1	4
相城区	423	223	200	146	36	110	2	1	1
姑苏区									
吴江区	2890	1564	1326	1296	392	904	9	5	4
苏州工业园区	4792	2486	2306	3018	813	2205	17	5	12
常熟市	2451	1277	1174	1330	350	980	3	1	2
张家港市	4835	2540	2295	1458	373	1085	12	4	8
昆山市	1333	698	635	474	153	321	1	1	
太仓市	1744	921	823	747	198	549	6	4	2
南通市	**30254**	**15801**	**14453**	**9009**	**2463**	**6546**	**69**	**26**	**43**
崇川区									
港闸区									
通州区	4513	2339	2174	1444	414	1030	14	5	9
如东县	7672	4009	3663	2480	661	1819	16	7	9
南通经济技术开发区	2077	1081	996	588	139	449	4		4
通州湾示范区	782	408	374	95	19	76	1	1	
苏锡通科技产业园区	491	256	235	114	34	80	2	1	1
启东市	3818	1949	1869	373	90	283	7	2	5
如皋市	4125	2207	1918	2563	738	1825	13	4	9
海门市	4350	2255	2095	680	171	509	9	5	4
海安市	2426	1297	1129	672	197	475	3	1	2
连云港市	**13308**	**6894**	**6414**	**4175**	**1309**	**2866**	**27**	**15**	**12**
连云区	1	1							
海州区	451	231	220	170	61	109			
赣榆区	3318	1692	1626	681	202	479	2	1	1
东海县	2506	1297	1209	1257	431	826	10	6	4
灌云县	2948	1536	1412	815	249	566	8	4	4
灌南县	2381	1248	1133	732	215	517	4	2	2
连云港经济技术开发区	534	280	254	174	52	122			
连云港高新技术产业开发区	646	338	308	254	74	180	3	2	1
江苏连云港徐圩新区	501	260	241	81	21	60			
江苏省连云港市云台山风景名胜区	22	11	11	11	4	7			
淮安市	**11430**	**6074**	**5356**	**4937**	**1495**	**3442**	**17**	**5**	**12**
淮安区	1563	821	742	465	149	316	3		3
淮阴区	1044	561	483	430	104	326			
清江浦区	73	38	35	37	11	26	1		1
洪泽区	412	217	195	100	35	65			
涟水县	2753	1441	1312	1212	365	847	4	2	2
盱眙县	2539	1347	1192	1207	355	852	4	1	3
金湖县	1347	728	619	396	102	294	3	2	1
淮安经济技术开发区	1156	632	524	675	239	436	2		2
工业园区	62	32	30	28	11	17			
生态文旅区	290	155	135	280	81	199			
苏淮高新区	191	102	89	107	43	64			

8-10b　续表 5　　　　单位：人

地　区	与配偶同住			与子女同住			独居(有保姆)		
	小计	男	女	小计	男	女	小计	男	女
盐城市	**28812**	**15181**	**13631**	**7808**	**2257**	**5551**	**70**	**34**	**36**
亭湖区	828	437	391	256	77	179	2		2
盐都区	1050	553	497	262	66	196	1		1
大丰区	3776	1967	1809	591	164	427	9	4	5
响水县	2298	1202	1096	754	201	553	12	10	2
滨海县	4448	2345	2103	1217	362	855	7	2	5
阜宁县	3941	2065	1876	1475	451	1024	12	4	8
射阳县	5383	2851	2532	1246	358	888	14	6	8
建湖县	3186	1700	1486	1091	318	773	7	6	1
盐城经济技术开发区	412	213	199	219	67	152			
江苏省盐南高新区									
东台市	3490	1848	1642	697	193	504	6	2	4
扬州市	**9927**	**5324**	**4603**	**4532**	**1291**	**3241**	**29**	**10**	**19**
广陵区	386	211	175	228	64	164	1		1
邗江区	445	240	205	267	73	194	1	1	
江都区	2876	1535	1341	1089	285	804	7	4	3
宝应县	2887	1544	1343	1432	427	1005	8	2	6
扬州经济技术开发区	1537	822	715	634	184	450	4	1	3
蜀冈瘦西湖景区									
生态新城	127	66	61	42	9	33			
仪征市	512	292	220	272	74	198	2	1	1
高邮市	1157	614	543	568	175	393	6	1	5
镇江市	**8531**	**4617**	**3914**	**2604**	**675**	**1929**	**26**	**8**	**18**
京口区	42	22	20	11	4	7	1		1
润州区									
丹徒区	847	464	383	288	81	207	3	1	2
镇江新区	1910	1030	880	593	153	440	5	1	4
江苏镇江高新区									
丹阳市	4065	2215	1850	1295	325	970	15	6	9
扬中市	638	338	300	212	63	149			
句容市	1029	548	481	205	49	156	2		2
泰州市	**12664**	**6770**	**5894**	**4205**	**1149**	**3056**	**32**	**18**	**14**
海陵区	431	231	200	107	21	86	2		2
高港区	436	241	195	242	67	175	4	2	2
姜堰区	1755	949	806	444	128	316			
泰州医药高新技术产业开发区	1075	593	482	755	208	547	7	4	3
兴化市	4703	2472	2231	873	253	620	7	5	2
靖江市	1299	689	610	558	146	412	3	1	2
泰兴市	2965	1595	1370	1226	326	900	9	6	3
宿迁市	**12664**	**6622**	**6042**	**5291**	**1576**	**3715**	**28**	**12**	**16**
宿城区	276	150	126	115	25	90	1	1	
宿豫区	544	288	256	205	60	145	1	1	
沭阳县	5522	2875	2647	2218	697	1521	12	3	9
泗阳县	2726	1419	1307	1238	345	893	8	4	4
泗洪县	2914	1529	1385	1204	367	837	5	2	3
宿迁经济技术开发区	543	291	252	278	78	200	1	1	
宿迁市湖滨新区	139	70	69	33	4	29			
苏州宿迁工业园区									
宿迁市洋河新区									

8-10b 续表 6　　　　单位：人

地区	独居(无保姆)			养老机构			其他		
	小计	男	女	小计	男	女	小计	男	女
江　苏	**44291**	**18852**	**25439**	**3005**	**1895**	**1110**	**13196**	**7505**	**5691**
南京市	**380**	**149**	**231**	**1**	**1**		**53**	**32**	**21**
玄武区									
秦淮区									
建邺区									
鼓楼区									
浦口区	9	2	7				1	1	
栖霞区									
雨花台区	47	16	31				6	4	2
江宁区									
六合区	166	66	100				31	17	14
溧水区	108	37	71				4		4
高淳区	50	28	22	1	1		11	10	1
南京江北新区									
无锡市	**2119**	**836**	**1283**	**295**	**150**	**145**	**452**	**285**	**167**
锡山区	384	165	219	63	32	31	89	51	38
惠山区	177	61	116	32	12	20	33	23	10
滨湖区									
梁溪区									
新吴区									
江苏无锡经济开发区									
江阴市	722	276	446	76	28	48	161	104	57
宜兴市	836	334	502	124	78	46	169	107	62
徐州市	**5586**	**2309**	**3277**	**225**	**158**	**67**	**1262**	**710**	**552**
鼓楼区									
云龙区	37	13	24				6	4	2
贾汪区	224	92	132	2	1	1	61	31	30
泉山区									
铜山区	918	375	543	23	17	6	96	58	38
丰县	1082	454	628	60	51	9	246	132	114
沛县	1118	444	674	19	12	7	235	131	104
睢宁县	830	360	470	87	49	38	205	128	77
徐州经济技术开发区	411	158	253	10	9	1	60	36	24
新沂市	412	158	254	9	7	2	78	46	32
邳州市	554	255	299	15	12	3	275	144	131
常州市	**1488**	**597**	**891**	**109**	**75**	**34**	**321**	**177**	**144**
天宁区	76	27	49	6	5	1	13	7	6
钟楼区									
新北区	231	88	143	26	13	13	31	19	12
武进区	299	130	169	47	38	9	66	31	35
金坛区	271	109	162	11	9	2	57	33	24
江苏省常州市经济开发区	115	46	69	5	4	1	31	20	11
溧阳市	496	197	299	14	6	8	123	67	56

8-10b　续表 7　　　　单位：人

地　区	独居(无保姆)			养老机构			其　他		
	小计	男	女	小计	男	女	小计	男	女
苏州市	**3987**	**1703**	**2284**	**328**	**122**	**206**	**1213**	**782**	**431**
虎丘区	10	3	7				2	2	
吴中区	190	84	106	44	17	27	73	45	28
相城区	96	50	46	4	3	1	30	22	8
姑苏区									
吴江区	711	349	362	42	19	23	157	108	49
苏州工业园区	882	348	534	122	48	74	404	233	171
常熟市	484	217	267	33	10	23	140	110	30
张家港市	977	362	615	54	14	40	184	113	71
昆山市	312	139	173	9	4	5	71	48	23
太仓市	325	151	174	20	7	13	152	101	51
南通市	**8246**	**3211**	**5035**	**447**	**316**	**131**	**2149**	**1279**	**870**
崇川区									
港闸区									
通州区	1247	497	750	72	54	18	303	177	126
如东县	1783	738	1045	101	71	30	451	244	207
南通经济技术开发区	452	167	285	19	11	8	157	116	41
通州湾示范区	220	76	144	2	1	1	42	22	20
苏锡通科技产业园区	97	38	59				54	40	14
启东市	1237	371	866	59	31	28	285	171	114
如皋市	1125	513	612	90	71	19	378	234	144
海门市	1345	462	883	58	35	23	246	135	111
海安市	740	349	391	46	42	4	233	140	93
连云港市	**2875**	**1165**	**1710**	**151**	**103**	**48**	**1018**	**548**	**470**
连云区	1	1					5	5	
海州区	95	33	62				29	11	18
赣榆区	944	365	579	17	17		168	87	81
东海县	570	230	340	22	13	9	261	148	113
灌云县	606	274	332	63	41	22	294	156	138
灌南县	372	154	218	34	28	6	184	97	87
连云港经济技术开发区	122	54	68				24	13	11
连云港高新技术产业开发区	90	34	56	13	3	10	39	24	15
江苏连云港徐圩新区	67	18	49	2	1	1	13	6	7
江苏省连云港市云台山风景名胜区	8	2	6				1	1	
淮安市	**2545**	**1249**	**1296**	**240**	**152**	**88**	**1216**	**630**	**586**
淮安区	390	191	199	38	35	3	145	81	64
淮阴区	285	147	138	26	16	10	227	117	110
清江浦区	19	10	9				2	2	
洪泽区	141	64	77	7	4	3	34	17	17
涟水县	590	282	308	60	38	22	287	149	138
盱眙县	542	258	284	67	38	29	291	130	161
金湖县	231	112	119	14	7	7	93	52	41
淮安经济技术开发区	224	121	103	27	13	14	111	66	45
工业园区	21	11	10						
生态文旅区	60	27	33				17	9	8
苏淮高新区	42	26	16	1	1		9	7	2

8-10b 续表 8 单位：人

地区	独居(无保姆)			养老机构			其他		
	小计	男	女	小计	男	女	小计	男	女
盐城市	**6393**	**2750**	**3643**	**371**	**291**	**80**	**2072**	**1088**	**984**
亭湖区	164	70	94				59	31	28
盐都区	263	98	165	22	22		166	92	74
大丰区	939	357	582	15	10	5	121	51	70
响水县	417	162	255	4	2	2	193	103	90
滨海县	857	363	494	45	37	8	338	170	168
阜宁县	911	427	484	89	82	7	239	125	114
射阳县	1225	538	687	87	49	38	586	312	274
建湖县	625	300	325	31	22	9	154	83	71
盐城经济技术开发区	70	31	39	9	8	1	31	14	17
江苏省盐南高新区									
东台市	922	404	518	69	59	10	185	107	78
扬州市	**2340**	**1069**	**1271**	**160**	**115**	**45**	**867**	**480**	**387**
广陵区	76	41	35				34	22	12
邗江区	117	55	62	1	1		44	29	15
江都区	739	324	415	55	36	19	214	114	100
宝应县	642	291	351	42	32	10	268	123	145
扬州经济技术开发区	297	116	181	7	4	3	151	87	64
蜀冈瘦西湖景区									
生态新城	31	13	18	5		5	13	8	5
仪征市	147	72	75	28	21	7	57	40	17
高邮市	291	157	134	22	21	1	86	57	29
镇江市	**2070**	**927**	**1143**	**259**	**137**	**122**	**387**	**235**	**152**
京口区	16	4	12				5	3	2
润州区									
丹徒区	238	121	117	13	13		52	29	23
镇江新区	391	141	250	92	38	54	92	52	40
江苏镇江高新区									
丹阳市	1040	500	540	109	57	52	163	104	59
扬中市	129	49	80	25	11	14	34	22	12
句容市	256	112	144	20	18	2	41	25	16
泰州市	**3543**	**1650**	**1893**	**229**	**147**	**82**	**1109**	**643**	**466**
海陵区	98	44	54	1		1	25	13	12
高港区	155	70	85	2	1	1	33	23	10
姜堰区	560	285	275	22	21	1	143	84	59
泰州医药高新技术产业开发区	245	118	127	29	13	16	98	60	38
兴化市	1259	584	675	59	41	18	470	257	213
靖江市	325	136	189	10	4	6	82	48	34
泰兴市	901	413	488	106	67	39	258	158	100
宿迁市	**2719**	**1237**	**1482**	**190**	**128**	**62**	**1077**	**616**	**461**
宿城区	92	43	49	5	4	1	24	19	5
宿豫区	146	73	73	5	5		31	22	9
沭阳县	1195	556	639	78	49	29	539	319	220
泗阳县	520	226	294	58	39	19	222	129	93
泗洪县	605	263	342	42	29	13	199	89	110
宿迁经济技术开发区	116	51	65	1	1		49	30	19
宿迁市湖滨新区	45	25	20	1	1		13	8	5
苏州宿迁工业园区									
宿迁市洋河新区									

8-10c 各地区分性别、居住状况的60岁及以上老年人口(乡村)

单位：人

地 区	60岁及以上人口			与配偶和子女同住		
	合计	男	女	小计	男	女
江 苏	**686515**	**335234**	**351281**	**130419**	**70115**	**60304**
南京市	**34446**	**17309**	**17137**	**5611**	**3146**	**2465**
玄武区						
秦淮区						
建邺区						
鼓楼区						
浦口区	1961	936	1025	285	155	130
栖霞区	1588	799	789	325	181	144
雨花台区						
江宁区	9256	4667	4589	1672	939	733
六合区	9530	4718	4812	1712	940	772
溧水区	5341	2690	2651	641	358	283
高淳区	6224	3227	2997	917	542	375
南京江北新区	546	272	274	59	31	28
无锡市	**33657**	**16724**	**16933**	**8143**	**4496**	**3647**
锡山区	2494	1243	1251	906	496	410
惠山区	4445	2196	2249	1271	687	584
滨湖区	897	439	458	255	142	113
梁溪区						
新吴区	931	480	451	296	166	130
江苏无锡经济开发区						
江阴市	10899	5428	5471	3299	1831	1468
宜兴市	13991	6938	7053	2116	1174	942
徐州市	**73939**	**35985**	**37954**	**10540**	**5732**	**4808**
鼓楼区						
云龙区						
贾汪区	3951	1914	2037	504	275	229
泉山区						
铜山区	10994	5407	5587	1566	877	689
丰县	11276	5365	5911	1185	628	557
沛县	10638	5111	5527	1207	662	545
睢宁县	11453	5729	5724	2098	1167	931
徐州经济技术开发区	1047	530	517	185	101	84
新沂市	9654	4614	5040	1661	895	766
邳州市	14926	7315	7611	2134	1127	1007
常州市	**34301**	**17191**	**17110**	**6906**	**3870**	**3036**
天宁区	1571	770	801	453	257	196
钟楼区	733	371	362	227	124	103
新北区	3081	1512	1569	842	464	378
武进区	8979	4530	4449	2669	1478	1191
金坛区	6978	3555	3423	771	445	326
江苏省常州市经济开发区	2580	1282	1298	732	412	320
溧阳市	10379	5171	5208	1212	690	522

8-10c 续表 1 单位：人

地 区	60岁及以上人口			与配偶和子女同住		
	合计	男	女	小计	男	女
苏州市	**55661**	**26824**	**28837**	**19333**	**10220**	**9113**
虎丘区	1289	633	656	327	179	148
吴中区	6606	3157	3449	2590	1360	1230
相城区	1031	513	518	312	171	141
姑苏区						
吴江区	10429	5128	5301	3874	2097	1777
苏州工业园区						
常熟市	13374	6337	7037	5151	2701	2450
张家港市	9144	4390	4754	2292	1220	1072
昆山市	6663	3258	3405	1787	944	843
太仓市	7125	3408	3717	3000	1548	1452
南通市	**96075**	**45288**	**50787**	**19354**	**10175**	**9179**
崇川区						
港闸区	86	43	43	30	16	14
通州区	13792	6439	7353	3454	1816	1638
如东县	16749	8023	8726	4654	2420	2234
南通经济技术开发区						
通州湾示范区	2646	1225	1421	307	152	155
苏锡通科技产业园区	1361	661	700	256	135	121
启东市	17924	8134	9790	1132	584	548
如皋市	17308	8396	8912	5786	3095	2691
海门市	13937	6377	7560	1450	754	696
海安市	12272	5990	6282	2285	1203	1082
连云港市	**41321**	**19960**	**21361**	**8045**	**4179**	**3866**
连云区	95	46	49	20	10	10
海州区	2193	1046	1147	615	312	303
赣榆区	10410	5008	5402	1331	683	648
东海县	11107	5331	5776	2092	1066	1026
灌云县	8839	4326	4513	1482	780	702
灌南县	7702	3747	3955	2158	1149	1009
连云港经济技术开发区	472	223	249	186	97	89
连云港高新技术产业开发区						
江苏连云港徐圩新区	27	14	13	8	4	4
江苏省连云港市云台山风景名胜区	476	219	257	153	78	75
淮安市	**47491**	**23588**	**23903**	**7429**	**4049**	**3380**
淮安区	11163	5500	5663	1631	875	756
淮阴区	8807	4463	4344	1837	1038	799
清江浦区	1312	647	665	336	180	156
洪泽区	3857	1888	1969	470	251	219
涟水县	10967	5453	5514	1754	949	805
盱眙县	6161	3099	3062	952	516	436
金湖县	4973	2418	2555	400	213	187
淮安经济技术开发区						
工业园区	194	91	103	40	22	18
生态文旅区						
苏淮高新区	57	29	28	9	5	4

8-10c　续表 2　　　　单位：人

地　区	60岁及以上人口			与配偶和子女同住		
	合计	男	女	小计	男	女
盐城市	**92076**	**45113**	**46963**	**11932**	**6338**	**5594**
亭湖区	3321	1613	1708	563	302	261
盐都区	10785	5214	5571	1194	637	557
大丰区	9711	4703	5008	1300	680	620
响水县	5763	2829	2934	1013	534	479
滨海县	11644	5804	5840	1258	683	575
阜宁县	11680	5840	5840	1781	969	812
射阳县	11522	5643	5879	1423	755	668
建湖县	10012	4966	5046	879	463	416
盐城经济技术开发区	860	408	452	168	89	79
江苏省盐南高新区						
东台市	16778	8093	8685	2353	1226	1127
扬州市	**53187**	**26097**	**27090**	**11604**	**6250**	**5354**
广陵区	2480	1208	1272	758	415	343
邗江区	3074	1497	1577	923	507	416
江都区	14905	7121	7784	3266	1723	1543
宝应县	12894	6415	6479	2276	1223	1053
扬州经济技术开发区	552	275	277	97	55	42
蜀冈瘦西湖景区						
生态新城	564	290	274	187	103	84
仪征市	5710	2851	2859	1402	774	628
高邮市	13008	6440	6568	2695	1450	1245
镇江市	**22843**	**11139**	**11704**	**4274**	**2293**	**1981**
京口区	220	108	112	58	31	27
润州区	6	3	3			
丹徒区	3509	1731	1778	723	386	337
镇江新区	1004	508	496	223	122	101
江苏镇江高新区						
丹阳市	6748	3265	3483	1428	761	667
扬中市	3395	1627	1768	835	446	389
句容市	7961	3897	4064	1007	547	460
泰州市	**57714**	**28266**	**29448**	**8506**	**4609**	**3897**
海陵区	1653	818	835	356	200	156
高港区	2773	1367	1406	639	353	286
姜堰区	10727	5325	5402	1395	760	635
泰州医药高新技术产业开发区	456	213	243	129	71	58
兴化市	19248	9425	9823	2026	1087	939
靖江市	8411	4124	4287	1625	871	754
泰兴市	14446	6994	7452	2336	1267	1069
宿迁市	**43804**	**21750**	**22054**	**8742**	**4758**	**3984**
宿城区	5059	2564	2495	1118	629	489
宿豫区	4185	2072	2113	623	338	285
沭阳县	15494	7640	7854	3431	1849	1582
泗阳县	8498	4158	4340	1608	874	734
泗洪县	6906	3464	3442	1081	584	497
宿迁经济技术开发区	934	490	444	238	133	105
宿迁市湖滨新区	1223	612	611	226	126	100
苏州宿迁工业园区						
宿迁市洋河新区	1505	750	755	417	225	192

8-10c 续表 3 单位：人

地　区	与配偶同住			与子女同住			独居(有保姆)		
	小计	男	女	小计	男	女	小计	男	女
江　苏	**344898**	**181729**	**163169**	**90611**	**26450**	**64161**	**615**	**294**	**321**
南京市	**17957**	**9659**	**8298**	**4475**	**1288**	**3187**	**27**	**9**	**18**
玄武区									
秦淮区									
建邺区									
鼓楼区									
浦口区	1092	570	522	222	61	161	3	1	2
栖霞区	842	455	387	194	59	135	1		1
雨花台区									
江宁区	4754	2561	2193	1154	324	830	10	4	6
六合区	4696	2497	2199	1509	447	1062	4	1	3
溧水区	3075	1653	1422	575	159	416	1	1	
高淳区	3189	1757	1432	760	218	542	7	2	5
南京江北新区	309	166	143	61	20	41	1		1
无锡市	**16221**	**8814**	**7407**	**4388**	**1139**	**3249**	**43**	**17**	**26**
锡山区	887	489	398	410	115	295			
惠山区	2035	1110	925	605	150	455	8	1	7
滨湖区	360	200	160	120	25	95	1		1
梁溪区									
新吴区	347	190	157	131	36	95	1	1	
江苏无锡经济开发区									
江阴市	4578	2480	2098	1585	444	1141	4	1	3
宜兴市	8014	4345	3669	1537	369	1168	29	14	15
徐州市	**39987**	**20947**	**19040**	**9830**	**3042**	**6788**	**64**	**29**	**35**
鼓楼区									
云龙区									
贾汪区	2264	1193	1071	424	128	296	2		2
泉山区									
铜山区	6159	3255	2904	1316	396	920	4	3	1
丰县	6560	3395	3165	1344	397	947	9	4	5
沛县	6230	3240	2990	1318	385	933	12	6	6
睢宁县	5588	2982	2606	1934	646	1288	16	6	10
徐州经济技术开发区	557	301	256	131	40	91			
新沂市	4842	2499	2343	1337	405	932	6	3	3
邳州市	7787	4082	3705	2026	645	1381	15	7	8
常州市	**17530**	**9541**	**7989**	**4184**	**1144**	**3040**	**41**	**19**	**22**
天宁区	631	339	292	260	72	188	1	1	
钟楼区	300	171	129	93	24	69			
新北区	1334	724	610	505	134	371	3	1	2
武进区	4049	2189	1860	1191	341	850	12	6	6
金坛区	4039	2220	1819	659	171	488	13	6	7
江苏省常州市经济开发区	1117	610	507	397	98	299	5	3	2
溧阳市	6060	3288	2772	1079	304	775	7	2	5

8-10c 续表 4 单位：人

地 区	与配偶同住			与子女同住			独居(有保姆)		
	小计	男	女	小计	男	女	小计	男	女
苏州市	**21400**	**11217**	**10183**	**9047**	**2519**	**6528**	**31**	**11**	**20**
虎丘区	553	288	265	236	76	160	1	1	
吴中区	2284	1197	1087	1042	266	776	4	1	3
相城区	417	223	194	140	32	108			
姑苏区									
吴江区	3656	1950	1706	1866	553	1313	6	3	3
苏州工业园区									
常熟市	4695	2441	2254	2393	669	1724	2	1	1
张家港市	4421	2311	2110	1197	320	877	8	1	7
昆山市	3040	1592	1448	964	277	687	4		4
太仓市	2334	1215	1119	1209	326	883	6	4	2
南通市	**47486**	**24569**	**22917**	**12108**	**3404**	**8704**	**67**	**31**	**36**
崇川区									
港闸区	31	16	15	13	2	11			
通州区	6102	3167	2935	2113	536	1577	5	2	3
如东县	7335	3810	3525	2383	664	1719	7	2	5
南通经济技术开发区									
通州湾示范区	1559	803	756	163	43	120	5	2	3
苏锡通科技产业园区	795	414	381	92	24	68	3	2	1
启东市	11753	5973	5780	832	219	613	14	10	4
如皋市	5685	3024	2661	3606	1117	2489	11	3	8
海门市	8264	4224	4040	1217	322	895	15	6	9
海安市	5962	3138	2824	1689	477	1212	7	4	3
连云港市	**21222**	**10900**	**10322**	**5299**	**1788**	**3511**	**28**	**16**	**12**
连云区	53	27	26	10	1	9			
海州区	1033	526	507	293	96	197	2	1	1
赣榆区	6147	3136	3011	963	331	632	6	5	1
东海县	5425	2773	2652	1628	569	1059	6	3	3
灌云县	4818	2492	2326	1011	338	673	2	2	
灌南县	3362	1748	1614	1232	413	819	11	4	7
连云港经济技术开发区	171	88	83	77	19	58	1	1	
连云港高新技术产业开发区									
江苏连云港徐圩新区	17	9	8	1		1			
江苏省连云港市云台山风景名胜区	196	101	95	84	21	63			
淮安市	**24520**	**12931**	**11589**	**6516**	**2059**	**4457**	**43**	**25**	**18**
淮安区	5520	2911	2609	1555	497	1058	13	8	5
淮阴区	4122	2207	1915	1379	424	955	9	4	5
清江浦区	546	284	262	229	77	152			
洪泽区	2137	1124	1013	485	165	320	4	2	2
涟水县	5738	3026	2712	1472	467	1005	10	7	3
盱眙县	3314	1742	1572	793	241	552	4	1	3
金湖县	3020	1574	1446	566	178	388	2	2	
淮安经济技术开发区									
工业园区	97	51	46	30	8	22	1	1	
生态文旅区									
苏淮高新区	26	12	14	7	2	5			

8-10c 续表 5

单位：人

地　区	与配偶同住			与子女同住			独居(有保姆)		
	小计	男	女	小计	男	女	小计	男	女
盐城市	**52451**	**27413**	**25038**	**9825**	**2934**	**6891**	**104**	**49**	**55**
亭湖区	1783	920	863	454	131	323	5	2	3
盐都区	5984	3092	2892	1097	324	773	8	5	3
大丰区	5722	3002	2720	945	267	678	14	5	9
响水县	3239	1696	1543	625	188	437	5	2	3
滨海县	6991	3648	3343	1106	361	745	15	7	8
阜宁县	6051	3195	2856	1504	457	1047	23	10	13
射阳县	6821	3572	3249	1203	360	843	17	12	5
建湖县	6144	3191	2953	888	277	611	9	3	6
盐城经济技术开发区	388	195	193	136	50	86			
江苏省盐南高新区									
东台市	9328	4902	4426	1867	519	1348	8	3	5
扬州市	**23914**	**12720**	**11194**	**8144**	**2303**	**5841**	**74**	**43**	**31**
广陵区	970	527	443	421	109	312	3	1	2
邗江区	1070	578	492	599	159	440			
江都区	6614	3513	3101	2303	619	1684	14	9	5
宝应县	6149	3236	2913	1894	617	1277	31	20	11
扬州经济技术开发区	297	160	137	59	16	43	1		1
蜀冈瘦西湖景区									
生态新城	213	116	97	95	29	66			
仪征市	2420	1325	1095	979	250	729	8	6	2
高邮市	6181	3265	2916	1794	504	1290	17	7	10
镇江市	**11537**	**6209**	**5328**	**3058**	**802**	**2256**	**18**	**8**	**10**
京口区	109	56	53	24	7	17			
润州区	4	2	2	1		1			
丹徒区	1695	913	782	522	171	351	2	1	1
镇江新区	484	264	220	129	39	90	1	1	
江苏镇江高新区									
丹阳市	3262	1755	1507	972	246	726	10	3	7
扬中市	1544	823	721	547	137	410	2	1	1
句容市	4439	2396	2043	863	202	661	3	2	1
泰州市	**29156**	**15491**	**13665**	**7405**	**2050**	**5355**	**42**	**15**	**27**
海陵区	799	430	369	205	45	160	3	2	1
高港区	1049	577	472	541	148	393	1		1
姜堰区	5473	2955	2518	1425	409	1016	4	1	3
泰州医药高新技术产业开发区	158	86	72	90	23	67			
兴化市	10900	5682	5218	1486	392	1094	26	9	17
靖江市	4072	2172	1900	1333	397	936	3	2	1
泰兴市	6705	3589	3116	2325	636	1689	5	1	4
宿迁市	**21517**	**11318**	**10199**	**6332**	**1978**	**4354**	**33**	**22**	**11**
宿城区	2267	1222	1045	857	285	572	2	1	1
宿豫区	2149	1138	1011	610	189	421	4	4	
沭阳县	7478	3880	3598	2110	634	1476	13	8	5
泗阳县	4293	2252	2041	1201	361	840	8	6	2
泗洪县	3675	1940	1735	1008	333	675	4	1	3
宿迁经济技术开发区	403	218	185	146	50	96			
宿迁市湖滨新区	607	327	280	174	53	121	2	2	
苏州宿迁工业园区									
宿迁市洋河新区	645	341	304	226	73	153			

8-10c 续表 6

单位：人

地区	独居(无保姆)			养老机构			其他		
	小计	男	女	小计	男	女	小计	男	女
江苏	**95936**	**42222**	**53714**	**2899**	**1940**	**959**	**21137**	**12484**	**8653**
南京市	**4957**	**2211**	**2746**	**210**	**150**	**60**	**1209**	**846**	**363**
玄武区									
秦淮区									
建邺区									
鼓楼区									
浦口区	299	117	182	1	1		59	31	28
栖霞区	183	70	113	7	3	4	36	31	5
雨花台区									
江宁区	1200	473	727	30	18	12	436	348	88
六合区	1188	567	621	79	60	19	342	206	136
溧水区	914	422	492	38	26	12	97	71	26
高淳区	1099	535	564	55	42	13	197	131	66
南京江北新区	74	27	47				42	28	14
无锡市	**3983**	**1709**	**2274**	**216**	**94**	**122**	**663**	**455**	**208**
锡山区	220	99	121	17	8	9	54	36	18
惠山区	419	184	235	10	4	6	97	60	37
滨湖区	63	28	35	71	23	48	27	21	6
梁溪区									
新吴区	72	37	35	28	12	16	56	38	18
江苏无锡经济开发区									
江阴市	1174	510	664	52	22	30	207	140	67
宜兴市	2035	851	1184	38	25	13	222	160	62
徐州市	**11240**	**4913**	**6327**	**243**	**181**	**62**	**2035**	**1141**	**894**
鼓楼区									
云龙区									
贾汪区	649	257	392	9	9		99	52	47
泉山区									
铜山区	1625	701	924	63	39	24	261	136	125
丰县	1871	756	1115	48	44	4	259	141	118
沛县	1633	682	951	26	24	2	212	112	100
睢宁县	1512	738	774	35	25	10	270	165	105
徐州经济技术开发区	151	70	81	4	4		19	14	5
新沂市	1535	647	888	17	14	3	256	151	105
邳州市	2264	1062	1202	41	22	19	659	370	289
常州市	**4572**	**1961**	**2611**	**111**	**71**	**40**	**957**	**585**	**372**
天宁区	134	53	81	1		1	91	48	43
钟楼区	101	44	57	1		1	11	8	3
新北区	343	152	191	12	5	7	42	32	10
武进区	845	375	470	13	10	3	200	131	69
金坛区	1225	545	680	38	27	11	233	141	92
江苏省常州市经济开发区	264	119	145	5	2	3	60	38	22
溧阳市	1660	673	987	41	27	14	320	187	133

8-10c 续表 7　　　　单位：人

地　区	独居(无保姆)			养老机构			其　他		
	小计	男	女	小计	男	女	小计	男	女
苏州市	**4361**	**1918**	**2443**	**226**	**92**	**134**	**1263**	**847**	**416**
虎丘区	114	51	63	27	13	14	31	25	6
吴中区	450	197	253	45	16	29	191	120	71
相城区	116	49	67				46	38	8
姑苏区									
吴江区	789	374	415	12	6	6	226	145	81
苏州工业园区									
常熟市	926	392	534	27	10	17	180	123	57
张家港市	964	379	585	56	22	34	206	137	69
昆山市	643	293	350	20	11	9	205	141	64
太仓市	359	183	176	39	14	25	178	118	60
南通市	**13839**	**5308**	**8531**	**447**	**269**	**178**	**2774**	**1532**	**1242**
崇川区									
港闸区	5	2	3				7	7	
通州区	1640	638	1002	48	31	17	430	249	181
如东县	1915	851	1064	53	38	15	402	238	164
南通经济技术开发区									
通州湾示范区	491	173	318	23	12	11	98	40	58
苏锡通科技产业园区	172	62	110	10	4	6	33	20	13
启东市	3720	1140	2580	58	21	37	415	187	228
如皋市	1618	774	844	70	44	26	532	339	193
海门市	2487	851	1636	68	25	43	436	195	241
海安市	1791	817	974	117	94	23	421	257	164
连云港市	**5293**	**2349**	**2944**	**54**	**38**	**16**	**1380**	**690**	**690**
连云区	7	3	4				5	5	
海州区	198	83	115	1	1		51	27	24
赣榆区	1721	726	995	4	4		238	123	115
东海县	1568	726	842	16	11	5	372	183	189
灌云县	1020	470	550	14	7	7	492	237	255
灌南县	710	311	399	19	15	4	210	107	103
连云港经济技术开发区	27	10	17				10	8	2
连云港高新技术产业开发区									
江苏连云港徐圩新区	1	1							
江苏省连云港市云台山风景名胜区	41	19	22				2		2
淮安市	**6629**	**3132**	**3497**	**290**	**215**	**75**	**2064**	**1177**	**887**
淮安区	1833	872	961	41	15	26	570	322	248
淮阴区	1004	508	496	43	38	5	413	244	169
清江浦区	143	72	71				58	34	24
洪泽区	522	219	303	22	14	8	217	113	104
涟水县	1509	690	819	90	76	14	394	238	156
盱眙县	769	401	368	54	48	6	275	150	125
金湖县	814	353	461	40	24	16	131	74	57
淮安经济技术开发区									
工业园区	21	7	14				5	2	3
生态文旅区									
苏淮高新区	14	10	4				1		1

8-10c　续表 8　　　　单位：人

地　区	独居(无保姆)			养老机构			其　他		
	小计	男	女	小计	男	女	小计	男	女
盐城市	**14440**	**6432**	**8008**	**284**	**247**	**37**	**3040**	**1700**	**1340**
亭湖区	428	207	221	2	2		86	49	37
盐都区	1836	790	1046	45	36	9	621	330	291
大丰区	1490	604	886	16	11	5	224	134	90
响水县	711	322	389	9	9		161	78	83
滨海县	1817	837	980	57	47	10	400	221	179
阜宁县	1798	883	915	39	36	3	484	290	194
射阳县	1679	728	951	20	15	5	359	201	158
建湖县	1787	823	964	71	66	5	234	143	91
盐城经济技术开发区	110	47	63	3	3		55	24	31
江苏省盐南高新区									
东台市	2784	1191	1593	22	22		416	230	186
扬州市	**7386**	**3483**	**3903**	**187**	**158**	**29**	**1878**	**1140**	**738**
广陵区	256	104	152				72	52	20
邗江区	325	154	171	4	4		153	95	58
江都区	2126	916	1210	57	46	11	525	295	230
宝应县	2068	1036	1032	30	26	4	446	257	189
扬州经济技术开发区	61	22	39				37	22	15
蜀冈瘦西湖景区									
生态新城	32	15	17	1	1		36	26	10
仪征市	683	347	336	22	21	1	196	128	68
高邮市	1835	889	946	73	60	13	413	265	148
镇江市	**3193**	**1373**	**1820**	**202**	**112**	**90**	**561**	**342**	**219**
京口区	27	13	14				2	1	1
润州区							1	1	
丹徒区	435	189	246	48	23	25	84	48	36
镇江新区	129	62	67	2	2		36	18	18
江苏镇江高新区									
丹阳市	919	400	519	20	8	12	137	92	45
扬中市	347	152	195	59	20	39	61	48	13
句容市	1336	557	779	73	59	14	240	134	106
泰州市	**10605**	**4815**	**5790**	**238**	**161**	**77**	**1762**	**1125**	**637**
海陵区	247	112	135				43	29	14
高港区	464	237	227	10	7	3	69	45	24
姜堰区	2041	945	1096	27	15	12	362	240	122
泰州医药高新技术产业开发区	54	23	31	8	2	6	17	8	9
兴化市	4185	1847	2338	79	69	10	546	339	207
靖江市	1098	514	584	42	23	19	238	145	93
泰兴市	2516	1137	1379	72	45	27	487	319	168
宿迁市	**5438**	**2618**	**2820**	**191**	**152**	**39**	**1551**	**904**	**647**
宿城区	647	308	339	33	27	6	135	92	43
宿豫区	653	309	344	26	23	3	120	71	49
沭阳县	1806	887	919	29	26	3	627	356	271
泗阳县	1034	467	567	25	10	15	329	188	141
泗洪县	848	421	427	43	40	3	247	145	102
宿迁经济技术开发区	108	61	47	11	11		28	17	11
宿迁市湖滨新区	190	93	97	7	4	3	17	7	10
苏州宿迁工业园区									
宿迁市洋河新区	152	72	80	17	11	6	48	28	20

8-11 全省分年龄、性别、居住状况的60岁及以上老年人口

单位：人

年 龄	60岁及以上人口			与配偶和子女同住		
	合计	男	女	小计	男	女
总 计	**1768129**	**855251**	**912878**	**418538**	**225575**	**192963**
60-64岁	**464269**	**233408**	**230861**	**142767**	**75006**	**67761**
60	74454	37154	37300	24485	12847	11638
61	74948	37490	37458	23750	12485	11265
62	98214	49808	48406	30389	16124	14265
63	115112	58338	56774	34541	18219	16322
64	101541	50618	50923	29602	15331	14271
65-69岁	**494473**	**244959**	**249514**	**133046**	**69596**	**63450**
65	110835	55368	55467	31752	16599	15153
66	110089	54741	55348	30723	15995	14728
67	94857	46887	47970	25342	13144	12198
68	98762	48915	49847	25480	13474	12006
69	79930	39048	40882	19749	10384	9365
70-74岁	**341219**	**167589**	**173630**	**76472**	**41629**	**34843**
70	76099	37471	38628	18311	9778	8533
71	76623	38017	38606	17787	9617	8170
72	69350	34005	35345	15289	8286	7003
73	62212	30316	31896	13358	7353	6005
74	56935	27780	29155	11727	6595	5132
75-79岁	**218624**	**104896**	**113728**	**38641**	**22233**	**16408**
75	49986	24389	25597	9780	5589	4191
76	48720	23547	25173	8969	5117	3852
77	40140	19330	20810	7021	4062	2959
78	38752	18257	20495	6410	3618	2792
79	41026	19373	21653	6461	3847	2614
80-84岁	**140311**	**63142**	**77169**	**18906**	**11511**	**7395**
80	33897	15640	18257	5157	3040	2117
81	28783	13029	15754	4067	2446	1621
82	30295	13724	16571	4102	2552	1550
83	24446	10925	13521	2968	1855	1113
84	22890	9824	13066	2612	1618	994
85-89岁	**76940**	**30658**	**46282**	**7055**	**4493**	**2562**
85	20805	8682	12123	2135	1339	796
86	18517	7449	11068	1747	1120	627
87	15985	6393	9592	1480	934	546
88	12142	4603	7539	1028	659	369
89	9491	3531	5960	665	441	224
90-94岁	**26244**	**8958**	**17286**	**1490**	**999**	**491**
90	8407	3043	5364	602	401	201
91	6472	2244	4228	373	244	129
92	5476	1855	3621	263	170	93
93	3391	1077	2314	157	115	42
94	2498	739	1759	95	69	26
95-99岁	**5473**	**1512**	**3961**	**154**	**102**	**52**
95	2042	543	1499	72	45	27
96	1446	420	1026	36	25	11
97	943	264	679	28	20	8
98	604	172	432	9	5	4
99	438	113	325	9	7	2
100岁及以上	**576**	**129**	**447**	**7**	**6**	**1**

8-11 续表 1

单位：人

年 龄	与配偶同住			与子女同住			独居(有保姆)		
	小计	男	女	小计	男	女	小计	男	女
总 计	**822604**	**434804**	**387800**	**257633**	**71425**	**186208**	**2360**	**1020**	**1340**
60-64岁	**224357**	**113250**	**111107**	**43835**	**12948**	**30887**	**191**	**112**	**79**
60	34268	17047	17221	7010	1948	5062	27	15	12
61	35497	17703	17794	6957	1975	4982	41	26	15
62	47222	23984	23238	9277	2760	6517	40	21	19
63	56667	28889	27778	10901	3365	7536	47	29	18
64	50703	25627	25076	9690	2900	6790	36	21	15
65-69岁	**255858**	**129862**	**125996**	**48095**	**14722**	**33373**	**261**	**139**	**122**
65	56040	28315	27725	10450	3261	7189	58	27	31
66	56583	28617	27966	10294	3198	7096	54	32	22
67	49232	25051	24181	9250	2798	6452	47	28	19
68	51718	26393	25325	9821	2992	6829	54	27	27
69	42285	21486	20799	8280	2473	5807	48	25	23
70-74岁	**174489**	**92486**	**82003**	**42580**	**12358**	**30222**	**262**	**130**	**132**
70	39946	20667	19279	8419	2531	5888	63	31	32
71	39895	21152	18743	8904	2647	6257	55	23	32
72	35505	18798	16707	8752	2570	6182	39	19	20
73	31372	16720	14652	8289	2360	5929	53	25	28
74	27771	15149	12622	8216	2250	5966	52	32	20
75-79岁	**98619**	**55747**	**42872**	**39315**	**10567**	**28748**	**271**	**102**	**169**
75	23843	13115	10728	7763	2158	5605	51	24	27
76	22692	12698	9994	8175	2185	5990	63	20	43
77	18140	10342	7798	7214	1927	5287	47	14	33
78	16892	9625	7267	7518	1989	5529	53	22	31
79	17052	9967	7085	8645	2308	6337	57	22	35
80-84岁	**48625**	**29737**	**18888**	**37676**	**9739**	**27937**	**468**	**191**	**277**
80	13291	7869	5422	7782	2000	5782	82	33	49
81	10388	6282	4106	7402	1911	5491	70	27	43
82	10350	6381	3969	8181	2128	6053	116	52	64
83	7890	4982	2908	7067	1821	5246	91	40	51
84	6706	4223	2483	7244	1879	5365	109	39	70
85-89岁	**17291**	**11336**	**5955**	**29219**	**7163**	**22056**	**511**	**187**	**324**
85	5579	3609	1970	7103	1757	5346	104	39	65
86	4398	2858	1540	6808	1626	5182	110	37	73
87	3382	2247	1135	6208	1571	4637	100	35	65
88	2279	1502	777	4968	1205	3763	100	46	54
89	1653	1120	533	4132	1004	3128	97	30	67
90-94岁	**3054**	**2149**	**905**	**13230**	**3178**	**10052**	**314**	**127**	**187**
90	1209	824	385	3904	980	2924	109	37	72
91	809	562	247	3173	783	2390	76	33	43
92	569	423	146	2848	673	2175	53	20	33
93	282	204	78	1898	440	1458	32	17	15
94	185	136	49	1407	302	1105	44	20	24
95-99岁	**297**	**228**	**69**	**3304**	**679**	**2625**	**69**	**28**	**41**
95	130	97	33	1182	238	944	26	10	16
96	88	69	19	861	187	674	16	6	10
97	36	28	8	602	124	478	11	3	8
98	18	15	3	377	85	292	8	5	3
99	25	19	6	282	45	237	8	4	4
100岁及以上	**14**	**9**	**5**	**379**	**71**	**308**	**13**	**4**	**9**

8-11 续表 2 单位：人

年 龄	独居(无保姆)			养老机构			其 他		
	小计	男	女	小计	男	女	小计	男	女
总 计	**200513**	**84658**	**115855**	**12344**	**6512**	**5832**	**54137**	**31257**	**22880**
60-64岁	**33210**	**18982**	**14228**	**762**	**600**	**162**	**19147**	**12510**	**6637**
60	4987	2872	2115	78	59	19	3599	2366	1233
61	5327	3051	2276	105	78	27	3271	2172	1099
62	6971	4050	2921	187	152	35	4128	2717	1411
63	8302	4765	3537	209	168	41	4445	2903	1542
64	7623	4244	3379	183	143	40	3704	2352	1352
65-69岁	**41196**	**20635**	**20561**	**1282**	**1002**	**280**	**14735**	**9003**	**5732**
65	8535	4620	3915	238	186	52	3762	2360	1402
66	8757	4576	4181	223	183	40	3455	2140	1315
67	7964	3941	4023	272	207	65	2750	1718	1032
68	8656	4160	4496	306	234	72	2727	1635	1092
69	7284	3338	3946	243	192	51	2041	1150	891
70-74岁	**38001**	**15488**	**22513**	**1579**	**1086**	**493**	**7836**	**4412**	**3424**
70	7202	3197	4005	281	203	78	1877	1064	813
71	7951	3364	4587	304	229	75	1727	985	742
72	7792	3154	4638	328	223	105	1645	955	690
73	7501	2908	4593	314	210	104	1325	740	585
74	7555	2865	4690	352	221	131	1262	668	594
75-79岁	**34821**	**12466**	**22355**	**1989**	**1224**	**765**	**4968**	**2557**	**2411**
75	7149	2705	4444	344	225	119	1056	573	483
76	7367	2729	4638	379	240	139	1075	558	517
77	6414	2283	4131	361	215	146	943	487	456
78	6583	2292	4291	413	266	147	883	445	438
79	7308	2457	4851	492	278	214	1011	494	517
80-84岁	**28637**	**9310**	**19327**	**2415**	**1119**	**1296**	**3584**	**1535**	**2049**
80	6326	2092	4234	453	225	228	806	381	425
81	5766	1858	3908	396	195	201	694	310	384
82	6256	2028	4228	510	257	253	780	326	454
83	5196	1723	3473	535	227	308	699	277	422
84	5093	1609	3484	521	215	306	605	241	364
85-89岁	**17804**	**5688**	**12116**	**2577**	**956**	**1621**	**2483**	**835**	**1648**
85	4707	1520	3187	592	216	376	585	202	383
86	4331	1387	2944	543	217	326	580	204	376
87	3695	1211	2484	575	210	365	545	185	360
88	2866	884	1982	475	169	306	426	138	288
89	2205	686	1519	392	144	248	347	106	241
90-94岁	**5730**	**1748**	**3982**	**1394**	**440**	**954**	**1032**	**317**	**715**
90	1880	570	1310	391	121	270	312	110	202
91	1430	435	995	361	117	244	250	70	180
92	1204	393	811	309	107	202	230	69	161
93	703	206	497	179	57	122	140	38	102
94	513	144	369	154	38	116	100	30	70
95-99岁	**1049**	**324**	**725**	**302**	**74**	**228**	**298**	**77**	**221**
95	412	108	304	111	23	88	109	22	87
96	295	94	201	86	21	65	64	18	46
97	162	63	99	48	11	37	56	15	41
98	113	37	76	36	13	23	43	12	31
99	67	22	45	21	6	15	26	10	16
100岁及以上	**65**	**17**	**48**	**44**	**11**	**33**	**54**	**11**	**43**

8-11a 全省分年龄、性别、居住状况的60岁及以上老年人口(城市)

单位：人

年龄	60岁及以上人口			与配偶和子女同住		
	合计	男	女	小计	男	女
总计	**661838**	**317281**	**344557**	**181393**	**98430**	**82963**
60-64岁	**190371**	**93907**	**96464**	**66738**	**35294**	**31444**
60	33052	16313	16739	12120	6437	5683
61	31998	15811	16187	11470	6154	5316
62	40286	19992	20294	14180	7497	6683
63	46106	22856	23250	15804	8376	7428
64	38929	18935	19994	13164	6830	6334
65-69岁	**183495**	**89186**	**94309**	**57137**	**30097**	**27040**
65	41655	20346	21309	13812	7285	6527
66	42071	20536	21535	13571	7133	6438
67	34969	16911	18058	10876	5654	5222
68	35712	17402	18310	10710	5687	5023
69	29088	13991	15097	8168	4338	3830
70-74岁	**122883**	**60000**	**62883**	**31355**	**17290**	**14065**
70	27925	13737	14188	7635	4195	3440
71	27785	13555	14230	7392	3971	3421
72	24606	11982	12624	6185	3415	2770
73	22517	10925	11592	5449	3037	2412
74	20050	9801	10249	4694	2672	2022
75-79岁	**75068**	**35571**	**39497**	**15000**	**8710**	**6290**
75	17067	8194	8873	3822	2191	1631
76	16774	7961	8813	3456	1978	1478
77	13620	6500	7120	2724	1592	1132
78	13292	6234	7058	2454	1412	1042
79	14315	6682	7633	2544	1537	1007
80-84岁	**50293**	**22676**	**27617**	**7525**	**4603**	**2922**
80	12091	5546	6545	2056	1227	829
81	10640	4814	5826	1631	967	664
82	10654	4827	5827	1650	1029	621
83	8718	3887	4831	1129	703	426
84	8190	3602	4588	1059	677	382
85-89岁	**27829**	**11584**	**16245**	**2901**	**1922**	**979**
85	7449	3166	4283	866	548	318
86	6590	2767	3823	706	484	222
87	5801	2394	3407	621	410	211
88	4507	1833	2674	420	277	143
89	3482	1424	2058	288	203	85
90-94岁	**9745**	**3670**	**6075**	**670**	**471**	**199**
90	3093	1229	1864	277	190	87
91	2397	912	1485	168	109	59
92	2054	758	1296	110	82	28
93	1301	470	831	71	55	16
94	900	301	599	44	35	9
95-99岁	**1938**	**629**	**1309**	**65**	**41**	**24**
95	717	220	497	30	19	11
96	549	184	365	17	12	5
97	327	102	225	13	8	5
98	212	78	134	3	1	2
99	133	45	88	2	1	1
100岁及以上	**216**	**58**	**158**	**2**	**2**	

8-11a 续表 1

单位：人

年龄	与配偶同住			与子女同住			独居(有保姆)		
	小计	男	女	小计	男	女	小计	男	女
总　计	**289548**	**153838**	**135710**	**103065**	**26955**	**76110**	**1302**	**529**	**773**
60-64岁	**81903**	**41544**	**40359**	**22525**	**5985**	**16540**	**77**	**41**	**36**
60	13545	6861	6684	3882	962	2920	9	5	4
61	13519	6737	6782	3695	956	2739	20	12	8
62	17258	8839	8419	4803	1326	3477	20	9	11
63	20303	10369	9934	5478	1503	3975	14	8	6
64	17278	8738	8540	4667	1238	3429	14	7	7
65-69岁	**86731**	**43898**	**42833**	**21455**	**6011**	**15444**	**101**	**48**	**53**
65	18837	9515	9322	4912	1372	3540	20	7	13
66	19613	9904	9709	4810	1350	3460	24	12	12
67	16558	8407	8151	4036	1088	2948	17	8	9
68	17186	8738	8448	4203	1227	2976	15	7	8
69	14537	7334	7203	3494	974	2520	25	14	11
70-74岁	**60381**	**32108**	**28273**	**16652**	**4572**	**12080**	**107**	**47**	**60**
70	13847	7224	6623	3468	1008	2460	26	10	16
71	13757	7247	6510	3601	1001	2600	23	9	14
72	12147	6443	5704	3356	916	2440	14	4	10
73	11016	5880	5136	3241	873	2368	26	14	12
74	9614	5314	4300	2986	774	2212	18	10	8
75-79岁	**33783**	**19035**	**14748**	**13934**	**3493**	**10441**	**124**	**44**	**80**
75	7988	4399	3589	2779	713	2066	21	8	13
76	7728	4254	3474	2972	763	2209	33	9	24
77	6126	3492	2634	2539	642	1897	17	4	13
78	5841	3331	2510	2625	635	1990	24	10	14
79	6100	3559	2541	3019	740	2279	29	13	16
80-84岁	**18242**	**11334**	**6908**	**13091**	**3150**	**9941**	**271**	**105**	**166**
80	4853	2861	1992	2768	666	2102	44	17	27
81	4031	2503	1528	2664	631	2033	38	12	26
82	3839	2369	1470	2771	685	2086	73	31	42
83	2944	1930	1014	2465	568	1897	51	22	29
84	2575	1671	904	2423	600	1823	65	23	42
85-89岁	**6983**	**4777**	**2206**	**9792**	**2337**	**7455**	**340**	**128**	**212**
85	2198	1468	730	2366	560	1806	69	24	45
86	1727	1168	559	2301	536	1765	71	25	46
87	1363	931	432	2098	496	1602	67	24	43
88	993	699	294	1654	398	1256	66	33	33
89	702	511	191	1373	347	1026	67	22	45
90-94岁	**1379**	**1026**	**353**	**4432**	**1125**	**3307**	**226**	**93**	**133**
90	529	379	150	1281	341	940	79	29	50
91	365	269	96	1064	290	774	57	25	32
92	270	210	60	952	228	724	37	14	23
93	129	97	32	674	167	507	22	11	11
94	86	71	15	461	99	362	31	14	17
95-99岁	**139**	**110**	**29**	**1067**	**258**	**809**	**47**	**19**	**28**
95	63	47	16	384	86	298	20	8	12
96	44	34	10	293	73	220	9	3	6
97	14	12	2	199	48	151	5		5
98	7	7		114	35	79	6	4	2
99	11	10	1	77	16	61	7	4	3
100岁及以上	**7**	**6**	**1**	**117**	**24**	**93**	**9**	**4**	**5**

8-11a 续表 2

单位：人

年 龄	独居(无保姆)			养老机构			其 他		
	小计	男	女	小计	男	女	小计	男	女
总 计	**60286**	**23584**	**36702**	**6440**	**2677**	**3763**	**19804**	**11268**	**8536**
60-64岁	**11066**	**5807**	**5259**	**284**	**182**	**102**	**7778**	**5054**	**2724**
60	1881	1013	868	38	23	15	1577	1012	565
61	1851	989	862	49	31	18	1394	932	462
62	2361	1238	1123	66	48	18	1598	1035	563
63	2666	1407	1259	64	37	27	1777	1156	621
64	2307	1160	1147	67	43	24	1432	919	513
65-69岁	**12298**	**5712**	**6586**	**458**	**295**	**163**	**5315**	**3125**	**2190**
65	2596	1288	1308	100	62	38	1378	817	561
66	2685	1293	1392	76	55	21	1292	789	503
67	2405	1104	1301	91	56	35	986	594	392
68	2510	1121	1389	106	66	40	982	556	426
69	2102	906	1196	85	56	29	677	369	308
70-74岁	**10998**	**4166**	**6832**	**654**	**358**	**296**	**2736**	**1459**	**1277**
70	2132	858	1274	104	59	45	713	383	330
71	2271	903	1368	126	81	45	615	343	272
72	2231	837	1394	119	63	56	554	304	250
73	2202	815	1387	142	76	66	441	230	211
74	2162	753	1409	163	79	84	413	199	214
75-79岁	**9790**	**3138**	**6652**	**935**	**456**	**479**	**1502**	**695**	**807**
75	1978	648	1330	141	67	74	338	168	170
76	2087	726	1361	170	79	91	328	152	176
77	1773	561	1212	178	95	83	263	114	149
78	1864	606	1258	208	112	96	276	128	148
79	2088	597	1491	238	103	135	297	133	164
80-84岁	**8620**	**2478**	**6142**	**1361**	**510**	**851**	**1183**	**496**	**687**
80	1884	562	1322	242	100	142	244	113	131
81	1815	509	1306	222	92	130	239	100	139
82	1814	507	1307	258	96	162	249	110	139
83	1570	466	1104	318	110	208	241	88	153
84	1537	434	1103	321	112	209	210	85	125
85-89岁	**5414**	**1603**	**3811**	**1587**	**540**	**1047**	**812**	**277**	**535**
85	1404	387	1017	348	109	239	198	70	128
86	1268	366	902	324	119	205	193	69	124
87	1122	357	765	370	126	244	160	50	110
88	927	270	657	303	105	198	144	51	93
89	693	223	470	242	81	161	117	37	80
90-94岁	**1767**	**558**	**1209**	**925**	**275**	**650**	**346**	**122**	**224**
90	570	172	398	256	74	182	101	44	57
91	416	125	291	234	67	167	93	27	66
92	401	128	273	206	68	138	78	28	50
93	243	89	154	119	38	81	43	13	30
94	137	44	93	110	28	82	31	10	21
95-99岁	**314**	**114**	**200**	**206**	**54**	**152**	**100**	**33**	**67**
95	102	31	71	77	18	59	41	11	30
96	110	40	70	57	16	41	19	6	13
97	51	21	30	33	8	25	12	5	7
98	38	18	20	24	8	16	20	5	15
99	13	4	9	15	4	11	8	6	2
100岁及以上	**19**	**8**	**11**	**30**	**7**	**23**	**32**	**7**	**25**

8-11b 全省分年龄、性别、居住状况的60岁及以上老年人口(镇)

单位：人

年龄	60岁及以上人口			与配偶和子女同住		
	合计	男	女	小计	男	女
总　计	**419776**	**202736**	**217040**	**106726**	**57030**	**49696**
60-64岁	**114116**	**57478**	**56638**	**37251**	**19461**	**17790**
60	18154	9132	9022	6253	3283	2970
61	18361	9188	9173	6089	3138	2951
62	24378	12382	11996	7981	4234	3747
63	28209	14379	13830	9062	4749	4313
64	25014	12397	12617	7866	4057	3809
65-69岁	**118335**	**58358**	**59977**	**34527**	**17852**	**16675**
65	26954	13446	13508	8441	4331	4110
66	26506	13106	13400	7987	4081	3906
67	22456	11029	11427	6491	3381	3110
68	23545	11602	11943	6503	3428	3075
69	18874	9175	9699	5105	2631	2474
70-74岁	**78971**	**38643**	**40328**	**18700**	**10117**	**8583**
70	17647	8598	9049	4475	2339	2136
71	17569	8745	8824	4308	2362	1946
72	16131	7828	8303	3781	2017	1764
73	14299	7017	7282	3251	1790	1461
74	13325	6455	6870	2885	1609	1276
75-79岁	**51559**	**24659**	**26900**	**9778**	**5634**	**4144**
75	11829	5834	5995	2437	1429	1008
76	11513	5510	6003	2345	1318	1027
77	9464	4476	4988	1782	1024	758
78	9184	4301	4883	1639	929	710
79	9569	4538	5031	1575	934	641
80-84岁	**32166**	**14526**	**17640**	**4488**	**2731**	**1757**
80	7910	3637	4273	1293	761	532
81	6572	3031	3541	967	596	371
82	6972	3097	3875	892	535	357
83	5461	2490	2971	716	459	257
84	5251	2271	2980	620	380	240
85-89岁	**17262**	**6736**	**10526**	**1642**	**1013**	**629**
85	4772	1941	2831	497	309	188
86	4239	1654	2585	404	236	168
87	3463	1367	2096	339	208	131
88	2687	990	1697	251	159	92
89	2101	784	1317	151	101	50
90-94岁	**5914**	**1975**	**3939**	**301**	**195**	**106**
90	1926	676	1250	127	81	46
91	1453	501	952	76	50	26
92	1190	379	811	52	30	22
93	738	231	507	27	18	9
94	607	188	419	19	16	3
95-99岁	**1319**	**332**	**987**	**37**	**25**	**12**
95	484	121	363	15	8	7
96	348	92	256	10	8	2
97	235	58	177	5	4	1
98	137	35	102	2	1	1
99	115	26	89	5	4	1
100岁及以上	**134**	**29**	**105**	**2**	**2**	

8-11b 续表 1 单位：人

年 龄	与配偶同住			与子女同住			独居(有保姆)		
	小计	男	女	小计	男	女	小计	男	女
总 计	**188158**	**99237**	**88921**	**63957**	**18020**	**45937**	**443**	**197**	**246**
60-64岁	**53361**	**27171**	**26190**	**11063**	**3351**	**7712**	**40**	**19**	**21**
60	8197	4113	4084	1701	495	1206	4	1	3
61	8510	4339	4171	1760	500	1260	6	3	3
62	11387	5836	5551	2314	670	1644	7	3	4
63	13336	6881	6455	2753	885	1868	14	7	7
64	11931	6002	5929	2535	801	1734	9	5	4
65-69岁	**58458**	**29686**	**28772**	**12318**	**3812**	**8506**	**51**	**27**	**24**
65	12987	6592	6395	2668	880	1788	12	6	6
66	13091	6636	6455	2557	799	1758	9	5	4
67	11063	5599	5464	2448	763	1685	10	5	5
68	11882	6045	5837	2520	734	1786	15	9	6
69	9435	4814	4621	2125	636	1489	5	2	3
70-74岁	**38858**	**20456**	**18402**	**10719**	**3185**	**7534**	**47**	**25**	**22**
70	8877	4553	4324	2154	642	1512	11	6	5
71	8865	4679	4186	2160	678	1482	6	4	2
72	7901	4134	3767	2226	671	1555	6	4	2
73	6931	3716	3215	2100	607	1493	11	4	7
74	6284	3374	2910	2079	587	1492	13	7	6
75-79岁	**22355**	**12523**	**9832**	**9773**	**2647**	**7126**	**69**	**31**	**38**
75	5488	3025	2463	1918	534	1384	14	7	7
76	5075	2788	2287	2101	564	1537	16	8	8
77	4110	2285	1825	1788	476	1312	14	5	9
78	3868	2197	1671	1845	486	1359	13	7	6
79	3814	2228	1586	2121	587	1534	12	4	8
80-84岁	**10785**	**6573**	**4212**	**9045**	**2408**	**6637**	**90**	**40**	**50**
80	2986	1746	1240	1848	484	1364	14	4	10
81	2246	1364	882	1834	504	1330	12	5	7
82	2336	1443	893	1974	503	1471	19	11	8
83	1714	1068	646	1623	439	1184	23	12	11
84	1503	952	551	1766	478	1288	22	8	14
85-89岁	**3636**	**2349**	**1287**	**6973**	**1685**	**5288**	**84**	**33**	**51**
85	1182	760	422	1775	421	1354	16	9	7
86	951	614	337	1639	411	1228	22	7	15
87	691	461	230	1445	361	1084	16	6	10
88	449	275	174	1176	271	905	18	6	12
89	363	239	124	938	221	717	12	5	7
90-94岁	**648**	**437**	**211**	**3140**	**751**	**2389**	**50**	**20**	**30**
90	270	177	93	948	229	719	19	5	14
91	176	115	61	729	175	554	10	5	5
92	100	72	28	678	154	524	8	4	4
93	62	46	16	422	105	317	3	2	1
94	40	27	13	363	88	275	10	4	6
95-99岁	**54**	**40**	**14**	**832**	**164**	**668**	**9**	**2**	**7**
95	25	19	6	283	58	225	2		2
96	13	9	4	225	50	175	4	1	3
97	9	6	3	153	28	125	1	1	
98	3	3		91	17	74	1		1
99	4	3	1	80	11	69	1		1
100岁及以上	**3**	**2**	**1**	**94**	**17**	**77**	**3**		**3**

8-11b 续表 2

单位：人

年龄	独居(无保姆)			养老机构			其他		
	小计	男	女	小计	男	女	小计	男	女
总计	**44291**	**18852**	**25439**	**3005**	**1895**	**1110**	**13196**	**7505**	**5691**
60-64岁	**7575**	**4370**	**3205**	**225**	**190**	**35**	**4601**	**2916**	**1685**
60	1156	676	480	23	20	3	820	544	276
61	1195	706	489	23	18	5	778	484	294
62	1597	939	658	56	47	9	1036	653	383
63	1907	1113	794	69	61	8	1068	683	385
64	1720	936	784	54	44	10	899	552	347
65-69岁	**8991**	**4514**	**4477**	**396**	**329**	**67**	**3594**	**2138**	**1456**
65	1862	1004	858	67	58	9	917	575	342
66	1922	1004	918	63	54	9	877	527	350
67	1723	837	886	94	77	17	627	367	260
68	1861	917	944	107	87	20	657	382	275
69	1623	752	871	65	53	12	516	287	229
70-74岁	**8261**	**3401**	**4860**	**431**	**337**	**94**	**1955**	**1122**	**833**
70	1590	731	859	83	67	16	457	260	197
71	1738	715	1023	87	75	12	405	232	173
72	1671	660	1011	99	73	26	447	269	178
73	1602	649	953	73	58	15	331	193	138
74	1660	646	1014	89	64	25	315	168	147
75-79岁	**7793**	**2784**	**5009**	**545**	**387**	**158**	**1246**	**653**	**593**
75	1589	614	975	115	84	31	268	141	127
76	1603	602	1001	108	82	26	265	148	117
77	1414	497	917	98	63	35	258	126	132
78	1506	496	1010	101	69	32	212	117	95
79	1681	575	1106	123	89	34	243	121	122
80-84岁	**6317**	**2075**	**4242**	**551**	**315**	**236**	**890**	**384**	**506**
80	1434	469	965	110	68	42	225	105	120
81	1249	427	822	97	56	41	167	79	88
82	1429	455	974	124	71	53	198	79	119
83	1111	379	732	112	67	45	162	66	96
84	1094	345	749	108	53	55	138	55	83
85-89岁	**3845**	**1245**	**2600**	**509**	**216**	**293**	**573**	**195**	**378**
85	1064	344	720	111	54	57	127	44	83
86	961	284	677	126	58	68	136	44	92
87	749	249	500	101	35	66	122	47	75
88	594	211	383	98	34	64	101	34	67
89	477	157	320	73	35	38	87	26	61
90-94岁	**1259**	**394**	**865**	**273**	**103**	**170**	**243**	**75**	**168**
90	414	128	286	75	29	46	73	27	46
91	330	108	222	75	31	44	57	17	40
92	235	81	154	64	24	40	53	14	39
93	161	40	121	35	12	23	28	8	20
94	119	37	82	24	7	17	32	9	23
95-99岁	**237**	**66**	**171**	**66**	**15**	**51**	**84**	**20**	**64**
95	114	28	86	21	4	17	24	4	20
96	58	15	43	21	4	17	17	5	12
97	31	12	19	12	2	10	24	5	19
98	21	6	15	9	4	5	10	4	6
99	13	5	8	3	1	2	9	2	7
100岁及以上	**13**	**3**	**10**	**9**	**3**	**6**	**10**	**2**	**8**

8-11c 全省分年龄、性别、居住状况的60岁及以上老年人口(乡村)

单位：人

年 龄	60岁及以上人口			与配偶和子女同住		
	合计	男	女	小计	男	女
总 计	**686515**	**335234**	**351281**	**130419**	**70115**	**60304**
60-64岁	**159782**	**82023**	**77759**	**38778**	**20251**	**18527**
60	23248	11709	11539	6112	3127	2985
61	24589	12491	12098	6191	3193	2998
62	33550	17434	16116	8228	4393	3835
63	40797	21103	19694	9675	5094	4581
64	37598	19286	18312	8572	4444	4128
65-69岁	**192643**	**97415**	**95228**	**41382**	**21647**	**19735**
65	42226	21576	20650	9499	4983	4516
66	41512	21099	20413	9165	4781	4384
67	37432	18947	18485	7975	4109	3866
68	39505	19911	19594	8267	4359	3908
69	31968	15882	16086	6476	3415	3061
70-74岁	**139365**	**68946**	**70419**	**26417**	**14222**	**12195**
70	30527	15136	15391	6201	3244	2957
71	31269	15717	15552	6087	3284	2803
72	28613	14195	14418	5323	2854	2469
73	25396	12374	13022	4658	2526	2132
74	23560	11524	12036	4148	2314	1834
75-79岁	**91997**	**44666**	**47331**	**13863**	**7889**	**5974**
75	21090	10361	10729	3521	1969	1552
76	20433	10076	10357	3168	1821	1347
77	17056	8354	8702	2515	1446	1069
78	16276	7722	8554	2317	1277	1040
79	17142	8153	8989	2342	1376	966
80-84岁	**57852**	**25940**	**31912**	**6893**	**4177**	**2716**
80	13896	6457	7439	1808	1052	756
81	11571	5184	6387	1469	883	586
82	12669	5800	6869	1560	988	572
83	10267	4548	5719	1123	693	430
84	9449	3951	5498	933	561	372
85-89岁	**31849**	**12338**	**19511**	**2512**	**1558**	**954**
85	8584	3575	5009	772	482	290
86	7688	3028	4660	637	400	237
87	6721	2632	4089	520	316	204
88	4948	1780	3168	357	223	134
89	3908	1323	2585	226	137	89
90-94岁	**10585**	**3313**	**7272**	**519**	**333**	**186**
90	3388	1138	2250	198	130	68
91	2622	831	1791	129	85	44
92	2232	718	1514	101	58	43
93	1352	376	976	59	42	17
94	991	250	741	32	18	14
95-99岁	**2216**	**551**	**1665**	**52**	**36**	**16**
95	841	202	639	27	18	9
96	549	144	405	9	5	4
97	381	104	277	10	8	2
98	255	59	196	4	3	1
99	190	42	148	2	2	
100岁及以上	**226**	**42**	**184**	**3**	**2**	**1**

8-11c 续表 1

单位：人

年 龄	与配偶同住			与子女同住			独居(有保姆)		
	小计	男	女	小计	男	女	小计	男	女
总 计	**344898**	**181729**	**163169**	**90611**	**26450**	**64161**	**615**	**294**	**321**
60-64岁	**89093**	**44535**	**44558**	**10247**	**3612**	**6635**	**74**	**52**	**22**
60	12526	6073	6453	1427	491	936	14	9	5
61	13468	6627	6841	1502	519	983	15	11	4
62	18577	9309	9268	2160	764	1396	13	9	4
63	23028	11639	11389	2670	977	1693	19	14	5
64	21494	10887	10607	2488	861	1627	13	9	4
65-69岁	**110669**	**56278**	**54391**	**14322**	**4899**	**9423**	**109**	**64**	**45**
65	24216	12208	12008	2870	1009	1861	26	14	12
66	23879	12077	11802	2927	1049	1878	21	15	6
67	21611	11045	10566	2766	947	1819	20	15	5
68	22650	11610	11040	3098	1031	2067	24	11	13
69	18313	9338	8975	2661	863	1798	18	9	9
70-74岁	**75250**	**39922**	**35328**	**15209**	**4601**	**10608**	**108**	**58**	**50**
70	17222	8890	8332	2797	881	1916	26	15	11
71	17273	9226	8047	3143	968	2175	26	10	16
72	15457	8221	7236	3170	983	2187	19	11	8
73	13425	7124	6301	2948	880	2068	16	7	9
74	11873	6461	5412	3151	889	2262	21	15	6
75-79岁	**42481**	**24189**	**18292**	**15608**	**4427**	**11181**	**78**	**27**	**51**
75	10367	5691	4676	3066	911	2155	16	9	7
76	9889	5656	4233	3102	858	2244	14	3	11
77	7904	4565	3339	2887	809	2078	16	5	11
78	7183	4097	3086	3048	868	2180	16	5	11
79	7138	4180	2958	3505	981	2524	16	5	11
80-84岁	**19598**	**11830**	**7768**	**15540**	**4181**	**11359**	**107**	**46**	**61**
80	5452	3262	2190	3166	850	2316	24	12	12
81	4111	2415	1696	2904	776	2128	20	10	10
82	4175	2569	1606	3436	940	2496	24	10	14
83	3232	1984	1248	2979	814	2165	17	6	11
84	2628	1600	1028	3055	801	2254	22	8	14
85-89岁	**6672**	**4210**	**2462**	**12454**	**3141**	**9313**	**87**	**26**	**61**
85	2199	1381	818	2962	776	2186	19	6	13
86	1720	1076	644	2868	679	2189	17	5	12
87	1328	855	473	2665	714	1951	17	5	12
88	837	528	309	2138	536	1602	16	7	9
89	588	370	218	1821	436	1385	18	3	15
90-94岁	**1027**	**686**	**341**	**5658**	**1302**	**4356**	**38**	**14**	**24**
90	410	268	142	1675	410	1265	11	3	8
91	268	178	90	1380	318	1062	9	3	6
92	199	141	58	1218	291	927	8	2	6
93	91	61	30	802	168	634	7	4	3
94	59	38	21	583	115	468	3	2	1
95-99岁	**104**	**78**	**26**	**1405**	**257**	**1148**	**13**	**7**	**6**
95	42	31	11	515	94	421	4	2	2
96	31	26	5	343	64	279	3	2	1
97	13	10	3	250	48	202	5	2	3
98	8	5	3	172	33	139	1	1	
99	10	6	4	125	18	107			
100岁及以上	**4**	**1**	**3**	**168**	**30**	**138**	**1**		**1**

8-11c 续表 2

单位：人

年 龄	独居(无保姆)			养老机构			其 他		
	小计	男	女	小计	男	女	小计	男	女
总 计	**95936**	**42222**	**53714**	**2899**	**1940**	**959**	**21137**	**12484**	**8653**
60-64岁	**14569**	**8805**	**5764**	**253**	**228**	**25**	**6768**	**4540**	**2228**
60	1950	1183	767	17	16	1	1202	810	392
61	2281	1356	925	33	29	4	1099	756	343
62	3013	1873	1140	65	57	8	1494	1029	465
63	3729	2245	1484	76	70	6	1600	1064	536
64	3596	2148	1448	62	56	6	1373	881	492
65-69岁	**19907**	**10409**	**9498**	**428**	**378**	**50**	**5826**	**3740**	**2086**
65	4077	2328	1749	71	66	5	1467	968	499
66	4150	2279	1871	84	74	10	1286	824	462
67	3836	2000	1836	87	74	13	1137	757	380
68	4285	2122	2163	93	81	12	1088	697	391
69	3559	1680	1879	93	83	10	848	494	354
70-74岁	**18742**	**7921**	**10821**	**494**	**391**	**103**	**3145**	**1831**	**1314**
70	3480	1608	1872	94	77	17	707	421	286
71	3942	1746	2196	91	73	18	707	410	297
72	3890	1657	2233	110	87	23	644	382	262
73	3697	1444	2253	99	76	23	553	317	236
74	3733	1466	2267	100	78	22	534	301	233
75-79岁	**17238**	**6544**	**10694**	**509**	**381**	**128**	**2220**	**1209**	**1011**
75	3582	1443	2139	88	74	14	450	264	186
76	3677	1401	2276	101	79	22	482	258	224
77	3227	1225	2002	85	57	28	422	247	175
78	3213	1190	2023	104	85	19	395	200	195
79	3539	1285	2254	131	86	45	471	240	231
80-84岁	**13700**	**4757**	**8943**	**503**	**294**	**209**	**1511**	**655**	**856**
80	3008	1061	1947	101	57	44	337	163	174
81	2702	922	1780	77	47	30	288	131	157
82	3013	1066	1947	128	90	38	333	137	196
83	2515	878	1637	105	50	55	296	123	173
84	2462	830	1632	92	50	42	257	101	156
85-89岁	**8545**	**2840**	**5705**	**481**	**200**	**281**	**1098**	**363**	**735**
85	2239	789	1450	133	53	80	260	88	172
86	2102	737	1365	93	40	53	251	91	160
87	1824	605	1219	104	49	55	263	88	175
88	1345	403	942	74	30	44	181	53	128
89	1035	306	729	77	28	49	143	43	100
90-94岁	**2704**	**796**	**1908**	**196**	**62**	**134**	**443**	**120**	**323**
90	896	270	626	60	18	42	138	39	99
91	684	202	482	52	19	33	100	26	74
92	568	184	384	39	15	24	99	27	72
93	299	77	222	25	7	18	69	17	52
94	257	63	194	20	3	17	37	11	26
95-99岁	**498**	**144**	**354**	**30**	**5**	**25**	**114**	**24**	**90**
95	196	49	147	13	1	12	44	7	37
96	127	39	88	8	1	7	28	7	21
97	80	30	50	3	1	2	20	5	15
98	54	13	41	3	1	2	13	3	10
99	41	13	28	3	1	2	9	2	7
100岁及以上	**33**	**6**	**27**	**5**	**1**	**4**	**12**	**2**	**10**

8-12 全省分性别、婚姻状况、居住状况的60岁及以上老年人口

单位：人

居住状况	60岁及以上人口			未婚		
	合计	男	女	小计	男	女
总　计	**1768129**	**855251**	**912878**	**26382**	**24610**	**1772**
与配偶和子女同住	418538	225575	192963			
与配偶同住	822604	434804	387800			
与子女同住	257633	71425	186208	624	562	62
独居(有保姆)	2360	1020	1340	95	85	10
独居(无保姆)	200513	84658	115855	14395	13687	708
养老机构	12344	6512	5832	3338	3090	248
其　他	54137	31257	22880	7930	7186	744

8-12 续表

单位：人

居住状况	有配偶			离婚			丧偶		
	小计	男	女	小计	男	女	小计	男	女
总　计	**1373947**	**726173**	**647774**	**16475**	**9623**	**6852**	**351325**	**94845**	**256480**
与配偶和子女同住	418538	225575	192963						
与配偶同住	822604	434804	387800						
与子女同住	64387	24052	40335	5704	2817	2887	186918	43994	142924
独居(有保姆)	410	216	194	54	33	21	1801	686	1115
独居(无保姆)	36453	22377	14076	8255	5179	3076	141410	43415	97995
养老机构	2641	1338	1303	161	112	49	6204	1972	4232
其　他	28914	17811	11103	2301	1482	819	14992	4778	10214

8-12a　全省分性别、婚姻状况、居住状况的60岁及以上老年人口(城市)

单位：人

居住状况	60岁及以上人口			未婚		
	合计	男	女	小计	男	女
总　计	**661838**	**317281**	**344557**	**5543**	**4529**	**1014**
与配偶和子女同住	181393	98430	82963			
与配偶同住	289548	153838	135710			
与子女同住	103065	26955	76110	136	105	31
独居(有保姆)	1302	529	773	28	20	8
独居(无保姆)	60286	23584	36702	2684	2269	415
养老机构	6440	2677	3763	686	564	122
其　他	19804	11268	8536	2009	1571	438

8-12a　续表

单位：人

居住状况	有配偶			离婚			丧偶		
	小计	男	女	小计	男	女	小计	男	女
总　计	**531478**	**279740**	**251738**	**10344**	**5249**	**5095**	**114473**	**27763**	**86710**
与配偶和子女同住	181393	98430	82963						
与配偶同住	289548	153838	135710						
与子女同住	33883	11479	22404	3611	1477	2134	65435	13894	51541
独居(有保姆)	207	98	109	31	16	15	1036	395	641
独居(无保姆)	12687	7474	5213	5087	2766	2321	39828	11075	28753
养老机构	1932	959	973	117	79	38	3705	1075	2630
其　他	11828	7462	4366	1498	911	587	4469	1324	3145

8-12b 全省分性别、婚姻状况、居住状况的60岁及以上老年人口(镇)

单位：人

居住状况	60岁及以上人口			未婚		
	合计	男	女	小计	男	女
总 计	**419776**	**202736**	**217040**	**6036**	**5663**	**373**
与配偶和子女同住	106726	57030	49696			
与配偶同住	188158	99237	88921			
与子女同住	63957	18020	45937	177	159	18
独居(有保姆)	443	197	246	16	15	1
独居(无保姆)	44291	18852	25439	2865	2725	140
养老机构	3005	1895	1110	1212	1145	67
其 他	13196	7505	5691	1766	1619	147

8-12b 续表

单位：人

居住状况	有配偶			离婚			丧偶		
	小计	男	女	小计	男	女	小计	男	女
总 计	**328357**	**172857**	**155500**	**2562**	**1583**	**979**	**82821**	**22633**	**60188**
与配偶和子女同住	106726	57030	49696						
与配偶同住	188158	99237	88921						
与子女同住	16400	6196	10204	970	522	448	46410	11143	35267
独居(有保姆)	92	48	44	11	8	3	324	126	198
独居(无保姆)	9040	5627	3413	1267	849	418	31119	9651	21468
养老机构	411	221	190	29	20	9	1353	509	844
其 他	7530	4498	3032	285	184	101	3615	1204	2411

8-12c　全省分性别、婚姻状况、居住状况的60岁及以上老年人口(乡村)

单位：人

居住状况	60岁及以上人口			未　婚		
	合计	男	女	小计	男	女
总　计	**686515**	**335234**	**351281**	**14803**	**14418**	**385**
与配偶和子女同住	130419	70115	60304			
与配偶同住	344898	181729	163169			
与子女同住	90611	26450	64161	311	298	13
独居(有保姆)	615	294	321	51	50	1
独居(无保姆)	95936	42222	53714	8846	8693	153
养老机构	2899	1940	959	1440	1381	59
其　他	21137	12484	8653	4155	3996	159

8-12c　续表

单位：人

居住状况	有配偶			离　婚			丧　偶		
	小计	男	女	小计	男	女	小计	男	女
总　计	**514112**	**273576**	**240536**	**3569**	**2791**	**778**	**154031**	**44449**	**109582**
与配偶和子女同住	130419	70115	60304						
与配偶同住	344898	181729	163169						
与子女同住	14104	6377	7727	1123	818	305	75073	18957	56116
独居(有保姆)	111	70	41	12	9	3	441	165	276
独居(无保姆)	14726	9276	5450	1901	1564	337	70463	22689	47774
养老机构	298	158	140	15	13	2	1146	388	758
其　他	9556	5851	3705	518	387	131	6908	2250	4658

第二部分　长表数据资料

第九卷　住房

9-1 各地区按建筑层数、承重类型分的家庭户户数

单位：户

地区	合计	建筑层数				承重类型				
		平房	多层(7层及以下)	高层(8−33层)	超高层(34层及以上)	钢及钢筋混凝土结构	混合结构	砖木结构	竹草土坯结构	其他结构
江　苏	**2743393**	**548539**	**1592572**	**578487**	**23795**	**1511107**	**956665**	**269063**	**520**	**6038**
南京市	**296337**	**19643**	**168337**	**101310**	**7047**	**202842**	**80970**	**11893**	**14**	**618**
玄武区	16343	375	12033	3915	20	7761	8299	276		7
秦淮区	27094	859	18497	7551	187	16688	9941	442	1	22
建邺区	18173	72	6866	8933	2302	14966	3152	49		6
鼓楼区	32728	611	23130	8222	765	22488	9923	310		7
浦口区	12770	1988	6388	4393	1	9001	2386	1366		17
栖霞区	27689	1082	14270	11969	368	22280	4755	636	2	16
雨花台区	18962	679	7517	9205	1561	15092	3309	538		23
江宁区	53508	3363	30446	18941	758	37404	13679	2008	6	411
六合区	22644	3847	13837	4959	1	12324	7822	2438		60
溧水区	16003	2363	9516	4124		9735	4779	1468	2	19
高淳区	15841	2754	11331	1756		7579	6500	1753	3	6
南京江北新区	34582	1650	14506	17342	1084	27524	6425	609		24
无锡市	**239543**	**15044**	**148728**	**71784**	**3987**	**148079**	**84260**	**6671**	**11**	**522**
锡山区	27230	2403	15850	8758	219	16063	10138	968	1	60
惠山区	26449	2019	14449	9724	257	17768	7876	740	4	61
滨湖区	18931	718	9582	8308	323	14024	4623	260		24
梁溪区	35430	666	20250	12879	1635	23477	11470	315		168
新吴区	20383	415	8858	10028	1082	17360	2809	213		1
江苏无锡经济开发区	10899	250	2309	7951	389	9784	1083	26		6
江阴市	55850	4198	40811	10795	46	30061	23737	1949	4	99
宜兴市	44371	4375	36619	3341	36	19542	22524	2200	2	103
徐州市	**288058**	**102224**	**147650**	**36736**	**1448**	**146722**	**114940**	**25090**	**197**	**1109**
鼓楼区	15714	575	10372	4125	642	12602	3034	75		3
云龙区	15820	406	9275	6078	61	12167	3550	93		10
贾汪区	14310	6213	7739	358		5040	8080	989	13	188
泉山区	23238	410	15801	6465	562	15966	7208	60		4
铜山区	38084	12319	24122	1598	45	14621	21932	1338	26	167
丰县	30868	13342	15006	2519	1	9064	16630	5051	41	82
沛县	33707	14278	16261	3125	43	11174	18486	3880	21	146
睢宁县	30916	14326	13789	2799	2	14221	9448	7059	46	142
徐州经济技术开发区	11870	947	7280	3552	91	6181	5363	208	4	114
新沂市	29727	12574	14761	2392		19797	6729	3148	11	42
邳州市	43804	26834	13244	3725	1	25889	14480	3189	35	211
常州市	**182207**	**15137**	**110921**	**52485**	**3664**	**92038**	**79362**	**10444**	**18**	**345**
天宁区	24131	1354	12333	9585	859	13673	10134	287		37
钟楼区	22764	1050	12713	8409	592	12941	9168	575	3	77
新北区	28851	1383	14223	12549	696	15936	9232	3663	1	19
武进区	41347	2366	26243	11434	1304	21569	18991	689	5	93
金坛区	21687	3619	14014	4054		9715	9167	2733	3	69
江苏省常州市经济开发区	14613	1884	9858	2669	202	6820	7273	496		24
溧阳市	28814	3481	21537	3785	11	11384	15397	2001	6	26

注：本表数据为民住在普通住宅的家庭户，下表同。

9-1 续表 1　　　　单位：户

地　　区	合　计	建筑层数				承重类型				
		平房	多层(7层及以下)	高层(8-33层)	超高层(34层及以上)	钢及钢筋混凝土结构	混合结构	砖木结构	竹草土坯结　构	其他结构
苏州市	**383896**	**35984**	**230820**	**113324**	**3768**	**268353**	**102083**	**13226**	**11**	**223**
虎丘区	23403	476	13100	9653	174	16856	6414	130		3
吴中区	39771	5581	22878	11106	206	29313	8149	2256	1	52
相城区	26030	2974	11579	11293	184	17994	6708	1295	5	28
姑苏区	33442	3342	22022	7635	443	19030	12304	2107	1	
吴江区	46084	7389	30325	8033	337	38151	6623	1273		37
苏州工业园区	31353	222	14622	16331	178	24695	6590	66		2
常熟市	47418	3114	35452	8633	219	24227	22215	966		10
张家港市	47110	6507	29917	10586	100	31070	13053	2935	3	49
昆山市	63580	2159	36184	23350	1887	50160	12654	744		22
太仓市	25705	4220	14741	6704	40	16857	7373	1454	1	20
南通市	**271583**	**48072**	**178896**	**43827**	**788**	**126419**	**116316**	**28199**	**31**	**618**
崇川区	23524	276	14292	8897	59	17695	5685	142		2
港闸区	12463	489	4007	7621	346	9814	2367	255		27
通州区	37548	7042	25588	4915	3	14650	18319	4417	3	159
如东县	32432	7440	23250	1742		10627	17530	4210	12	53
南通经济技术开发区	8780	81	3818	4711	170	7776	838	47		119
通州湾示范区	3898	803	2985	110		822	2553	503		20
苏锡通科技产业园区	3123	631	1660	827	5	1878	673	569		3
启东市	41400	10689	27558	3036	117	17371	18230	5714	7	78
如皋市	40561	5958	30748	3852	3	19123	17409	3974	2	53
海门市	36457	8224	24804	3408	21	12204	17186	6981	7	79
海安市	31397	6439	20186	4708	64	14459	15526	1387		25
连云港市	**140185**	**39583**	**85584**	**14481**	**537**	**77325**	**48254**	**13873**	**110**	**623**
连云区	5323	470	3135	1552	166	3985	1216	90		32
海州区	23304	2828	15290	5015	171	14816	7719	666	5	98
赣榆区	33600	13385	19015	1200		14854	12287	6322	53	84
东海县	30164	7655	19935	2471	103	20713	7092	2200	10	149
灌云县	20487	8852	11056	579		9600	8196	2508	25	158
灌南县	18543	5543	12421	578	1	7283	9277	1898	17	68
连云港经济技术开发区	2723	219	1818	686		1483	1152	86		2
连云港高新技术产业开发区	4092	143	1472	2381	96	3594	445	32		21
江苏连云港徐圩新区	1105	320	766	19		806	262	36		1
江苏省连云港市云台山风景名胜区	844	168	676			191	608	35		10
淮安市	**141153**	**33848**	**84747**	**21852**	**706**	**78377**	**45206**	**17107**	**14**	**449**
淮安区	24321	5859	15396	3033	33	10694	10579	3009	8	31
淮阴区	22388	5164	14429	2762	33	10611	8954	2698		125
清江浦区	18523	907	11943	5308	365	15605	2450	465		3
洪泽区	9522	3261	5147	1091	23	4744	2610	2145	2	21
涟水县	25537	9182	14105	2250		10443	11599	3418	2	75
盱眙县	18185	5435	11137	1595	18	10152	5002	2921	1	109
金湖县	10748	3633	6185	930		6486	1984	2228		50
淮安经济技术开发区	7814	176	4734	2882	22	6104	1532	145		33
工业园区	465	67	385	13		258	167	40		
生态文旅区	2962	40	748	1962	212	2801	138	23		
苏淮高新区	688	124	538	26		479	191	15	1	2

9-1　续表 2　　　　单位：户

地区	合计	建筑层数				承重类型				
		平房	多层(7层及以下)	高层(8-33层)	超高层(34层及以上)	钢及钢筋混凝土结构	混合结构	砖木结构	竹草土坯结构	其他结构
盐城市	**239275**	**96966**	**108415**	**33683**	**211**	**95694**	**80420**	**62433**	**45**	**683**
亭湖区	22865	4864	12547	5453	1	14075	6113	2654		23
盐都区	23278	10685	7342	5250	1	10289	5922	7013	4	50
大丰区	26146	13832	9305	3009		8731	6002	11364	8	41
响水县	14196	5735	7434	1026	1	6767	4463	2925	11	30
滨海县	25810	11398	12464	1935	13	9159	11332	5093	12	214
阜宁县	27133	10322	15175	1630	6	8910	11243	6935	3	42
射阳县	28998	15580	11345	2073		7992	11727	9206	1	72
建湖县	22569	8120	11569	2880		8971	6626	6940	4	28
盐城经济技术开发区	2844	1085	797	962		1477	340	1014		13
江苏省盐南高新区	10634	378	3228	6840	188	9499	974	154		7
东台市	34802	14967	17209	2625	1	9824	15678	9135	2	163
扬州市	**155568**	**42691**	**88142**	**24620**	**115**	**77280**	**57416**	**20689**	**18**	**165**
广陵区	17524	2969	9934	4621		11327	5505	689		3
邗江区	20990	1970	13520	5442	58	13217	6941	816	1	15
江都区	33460	11251	19153	3038	18	11402	16415	5601	6	36
宝应县	25951	11751	11355	2845		11266	8598	6032	3	52
扬州经济技术开发区	7322	409	4141	2749	23	4176	2803	335		8
蜀冈瘦西湖景区	4521	211	3478	832		3207	1199	112		3
生态新城	1670	308	1226	136		946	570	150		4
仪征市	18260	3296	12995	1958	11	9147	6981	2117	2	13
高邮市	25870	10526	12340	2999	5	12592	8404	4837	6	31
镇江市	**107859**	**12198**	**72306**	**22301**	**1054**	**50866**	**51696**	**5141**	**1**	**155**
京口区	12102	690	8025	3322	65	7190	4611	296		5
润州区	8644	431	4912	3242	59	5660	2775	206		3
丹徒区	10379	2003	7028	1315	33	4360	5282	724		13
镇江新区	8345	462	4274	3541	68	6704	1358	279	1	3
江苏镇江高新区	2065	144	807	1114		1754	218	65		28
丹阳市	33871	4152	24914	4474	331	11530	20661	1652		28
扬中市	10168	924	7890	1260	94	2512	7366	228		62
句容市	22285	3392	14456	4033	404	11156	9425	1691		13
泰州市	**158151**	**43272**	**93863**	**20763**	**253**	**65900**	**65305**	**26776**	**13**	**157**
海陵区	18480	2894	11762	3643	181	9180	7600	1682		18
高港区	8475	1026	5998	1451		4120	3910	438		7
姜堰区	25467	9018	13766	2646	37	10129	9678	5639	2	19
泰州医药高新技术产业开发区	6626	328	3807	2491		5358	1165	98		5
兴化市	40366	24304	14413	1648	1	11570	12572	16156	11	57
靖江市	22761	890	18426	3433	12	10911	11638	188		24
泰兴市	35976	4812	25691	5451	22	14632	18742	2575		27
宿迁市	**139578**	**43877**	**74163**	**21321**	**217**	**81212**	**30437**	**27521**	**37**	**371**
宿城区	19394	4486	10276	4631	1	11051	7394	888	1	60
宿豫区	13255	4071	7530	1654		7138	3120	2985	1	11
沭阳县	45034	17761	23137	4059	77	23638	8437	12759	18	182
泗阳县	23355	7429	11848	3984	94	13665	4902	4764	4	20
泗洪县	24389	6350	13551	4443	45	17346	3289	3704	6	44
宿迁经济技术开发区	5371	539	3647	1185		3687	1327	329		28
宿迁市湖滨新区	3603	1656	1779	168		1782	864	928	5	24
苏州宿迁工业园区	894	1	140	753		894				
宿迁市洋河新区	4283	1584	2255	444		2011	1104	1164	2	2

9-1a 各地区按建筑层数、承重类型分的家庭户户数(城市)

单位：户

地　　区	合　计	建筑层数				承重类型				
		平房	多层(7层及以下)	高层(8-33层)	超高层(34层及以上)	钢及钢筋混凝土结构	混合结构	砖木结构	竹草土坯结构	其他结构
江苏	**1280141**	**79675**	**731260**	**447286**	**21920**	**922644**	**322688**	**32949**	**48**	**1812**
南京市	**249135**	**8924**	**136228**	**96937**	**7046**	**186862**	**56853**	**4883**	**3**	**534**
玄武区	16343	375	12033	3915	20	7761	8299	276		7
秦淮区	27094	859	18497	7551	187	16688	9941	442	1	22
建邺区	18173	72	6866	8933	2302	14966	3152	49		6
鼓楼区	32728	611	23130	8222	765	22488	9923	310		7
浦口区	10043	1107	4948	3987	1	7808	1526	702		7
栖霞区	25808	738	12824	11878	368	21395	3951	453		9
雨花台区	18673	662	7285	9165	1561	14961	3175	524		13
江宁区	41783	1288	21777	17960	758	34744	6025	621	1	392
六合区	7847	529	4738	2580		5977	1452	371		47
溧水区	8677	449	4579	3649		7482	1053	138	1	3
高淳区	8013	708	5550	1755		5175	2394	441		3
南京江北新区	33953	1526	14001	17342	1084	27417	5962	556		18
无锡市	**160029**	**5055**	**86684**	**64341**	**3949**	**119177**	**38618**	**1929**	**6**	**299**
锡山区	15314	361	7765	6969	219	11855	3059	393		7
惠山区	16007	841	6844	8095	227	12637	3146	201	4	19
滨湖区	17653	638	8992	7700	323	13248	4150	231		24
梁溪区	35430	666	20250	12879	1635	23477	11470	315		168
新吴区	18660	233	7930	9415	1082	16348	2245	66		1
江苏无锡经济开发区	10899	250	2309	7951	389	9784	1083	26		6
江阴市	26392	753	17126	8475	38	19537	6543	295	2	15
宜兴市	19674	1313	15468	2857	36	12291	6922	402		59
徐州市	**97945**	**12220**	**60027**	**24387**	**1311**	**71278**	**25518**	**998**	**12**	**139**
鼓楼区	15714	575	10372	4125	642	12602	3034	75		3
云龙区	15184	288	8922	5913	61	11638	3460	76		10
贾汪区	5573	1358	3880	335		3376	2030	149		18
泉山区	23238	410	15801	6465	562	15966	7208	60		4
铜山区	10263	1874	6887	1457	45	5169	4877	182	4	31
丰县										
沛县										
睢宁县										
徐州经济技术开发区	113	86	27			34	79			
新沂市	10946	1756	6799	2391		9427	1407	107		5
邳州市	16914	5873	7339	3701	1	13066	3423	349	8	68
常州市	**116647**	**4284**	**59629**	**49144**	**3590**	**77672**	**35469**	**3383**	**6**	**117**
天宁区	20646	764	9675	9348	859	12589	7816	209		32
钟楼区	21530	880	11683	8375	592	12780	8132	568	3	47
新北区	21159	334	8360	11772	693	14538	5027	1586		8
武进区	23990	817	11467	10463	1243	17960	5754	256		20
金坛区	11487	771	7214	3502		7661	3344	479		3
江苏省常州市经济开发区	6110	405	3448	2065	192	4029	2019	56		6
溧阳市	11725	313	7782	3619	11	8115	3377	229	3	1

9-1a 续表 1

单位：户

地区	合计	建筑层数				承重类型				
		平房	多层(7层及以下)	高层(8-33层)	超高层(34层及以上)	钢及钢筋混凝土结构	混合结构	砖木结构	竹草土坯结构	其他结构
苏州市	**213156**	**11566**	**120782**	**77395**	**3413**	**162274**	**46269**	**4534**	**6**	**73**
虎丘区	21219	229	11560	9257	173	15732	5401	83		3
吴中区	23588	1606	11852	9935	195	21543	1727	294		24
相城区	22817	2237	9478	10918	184	16526	5187	1076	5	23
姑苏区	33442	3342	22022	7635	443	19030	12304	2107	1	
吴江区	18370	1318	11144	5590	318	16763	1446	154		7
苏州工业园区										
常熟市	25006	886	17331	6570	219	14916	9726	364		
张家港市	15651	728	8866	5959	98	12810	2657	175		9
昆山市	42334	530	22840	17209	1755	36374	5818	140		2
太仓市	10729	690	5689	4322	28	8580	2003	141		5
南通市	**103242**	**7287**	**61218**	**34125**	**612**	**72191**	**26443**	**4453**	**5**	**150**
崇川区	23524	276	14292	8897	59	17695	5685	142		2
港闸区	12392	485	3940	7621	346	9803	2316	247		26
通州区	13224	1252	7755	4214	3	8231	4139	790		64
如东县										
南通经济技术开发区										
通州湾示范区										
苏锡通科技产业园区										
启东市	15277	1944	10567	2649	117	9797	4107	1354	2	17
如皋市	11437	854	7451	3129	3	8078	2847	505	1	6
海门市	12164	1105	7974	3065	20	8190	3042	911	2	19
海安市	15224	1371	9239	4550	64	10397	4307	504		16
连云港市	**33559**	**3595**	**21912**	**7715**	**337**	**22951**	**9430**	**1084**	**2**	**92**
连云区	5245	444	3083	1552	166	3981	1153	79		32
海州区	19069	1536	12357	5005	171	13131	5582	301	1	54
赣榆区	8811	1496	6158	1157		5535	2574	696	1	5
东海县	222	26	196			196	23	3		
灌云县										
灌南县										
连云港经济技术开发区										
连云港高新技术产业开发区										
江苏连云港徐圩新区	75	26	48	1		65	5	4		1
江苏省连云港市云台山风景名胜区	137	67	70			43	93	1		
淮安市	**40199**	**3414**	**24302**	**12029**	**454**	**32268**	**6452**	**1436**		**43**
淮安区	9337	1558	4770	2976	33	6612	2098	625		2
淮阴区	9437	830	5814	2760	33	7092	1957	348		40
清江浦区	16761	647	10452	5297	365	14780	1696	284		1
洪泽区	4664	379	3266	996	23	3784	701	179		
涟水县										
盱眙县										
金湖县										
淮安经济技术开发区										
工业园区										
生态文旅区										
苏淮高新区										

9-1a 续表 2

单位：户

地区	合计	建筑层数				承重类型				
		平房	多层(7层及以下)	高层(8-33层)	超高层(34层及以上)	钢及钢筋混凝土结构	混合结构	砖木结构	竹草土坯结构	其他结构
盐城市	**56701**	**6723**	**27135**	**22652**	**191**	**41020**	**12411**	**3097**	**1**	**172**
亭湖区	17286	1602	10275	5408	1	12748	3828	700		10
盐都区	8971	836	3145	4989	1	7343	1347	279	1	1
大丰区	8426	1314	4212	2900		6074	1665	675		12
响水县										
滨海县										
阜宁县										
射阳县										
建湖县										
盐城经济技术开发区	61	5	4	52		54	4	3		
江苏省盐南高新区	10634	378	3228	6840	188	9499	974	154		7
东台市	11323	2588	6271	2463	1	5302	4593	1286		142
扬州市	**66458**	**5887**	**42140**	**18339**	**92**	**45996**	**18479**	**1953**	**3**	**27**
广陵区	13814	1432	7770	4612		10036	3447	330		1
邗江区	16220	886	9913	5363	58	11648	4206	361		5
江都区	11073	1129	7251	2675	18	6108	4623	326	2	14
宝应县										
扬州经济技术开发区										
蜀冈瘦西湖景区	4521	211	3478	832		3207	1199	112		3
生态新城	835	113	605	117		634	180	21		
仪征市	10399	848	7671	1869	11	6991	2927	479		2
高邮市	9596	1268	5452	2871	5	7372	1897	324	1	2
镇江市	**55871**	**3023**	**35732**	**16444**	**672**	**33742**	**20700**	**1347**		**82**
京口区	11716	560	7783	3308	65	7065	4409	237		5
润州区	8642	431	4910	3242	59	5660	2773	206		3
丹徒区	4779	339	3123	1284	33	3228	1398	148		5
镇江新区										
江苏镇江高新区	2065	144	807	1114		1754	218	65		28
丹阳市	13197	679	8601	3586	331	7376	5442	379		
扬中市	5464	353	3853	1164	94	1835	3513	79		37
句容市	10008	517	6655	2746	90	6824	2947	233		4
泰州市	**63730**	**5551**	**41782**	**16145**	**252**	**39220**	**21762**	**2712**	**1**	**35**
海陵区	15898	1529	10545	3643	181	8740	6346	798		14
高港区	4155	300	2590	1265		2842	1228	82		3
姜堰区	11147	1240	7255	2615	37	6752	3762	623	1	9
泰州医药高新技术产业开发区										
兴化市	9378	1909	5951	1517	1	5629	2787	959		3
靖江市	10783	98	7749	2924	12	7115	3612	52		4
泰兴市	12369	475	7692	4181	21	8142	4027	198		2
宿迁市	**23469**	**2146**	**13689**	**7633**	**1**	**17993**	**4284**	**1140**	**3**	**49**
宿城区	11516	805	6088	4622	1	9142	2137	194		43
宿豫区	6999	297	5049	1653		5495	1379	123		2
沭阳县										
泗阳县										
泗洪县										
宿迁经济技术开发区										
宿迁市湖滨新区	1613	262	1184	167		1103	361	145	1	3
苏州宿迁工业园区	894	1	140	753		894				
宿迁市洋河新区	2447	781	1228	438		1359	407	678	2	1

9-1b 各地区按建筑层数、承重类型分的家庭户户数(镇)

单位：户

地区	合计	建筑层数				承重类型				
		平房	多层(7层及以下)	高层(8-33层)	超高层(34层及以上)	钢及钢筋混凝土结构	混合结构	砖木结构	竹草土坯结构	其他结构
江苏	**694323**	**136293**	**437634**	**118754**	**1642**	**396670**	**234814**	**61233**	**122**	**1484**
南京市	**5865**	**391**	**2809**	**2664**	**1**	**4876**	**820**	**157**		**12**
玄武区										
秦淮区										
建邺区										
鼓楼区										
浦口区	63	7	56			55	2	6		
栖霞区										
雨花台区	289	17	232	40		131	134	14		10
江宁区										
六合区	3968	185	1499	2283	1	3759	192	16		1
溧水区	1144	91	712	341		852	244	47		1
高淳区	401	91	310			79	248	74		
南京江北新区										
无锡市	**37872**	**4213**	**28277**	**5373**	**9**	**20183**	**15833**	**1779**	**3**	**74**
锡山区	8534	1329	5552	1653		3685	4468	343	1	37
惠山区	3803	248	2460	1094	1	2900	780	115		8
滨湖区										
梁溪区										
新吴区										
江苏无锡经济开发区										
江阴市	15224	1539	11491	2186	8	8814	5586	809	2	13
宜兴市	10311	1097	8774	440		4784	4999	512		16
徐州市	**88904**	**26116**	**50356**	**12295**	**137**	**47363**	**35101**	**6010**	**45**	**385**
鼓楼区										
云龙区	636	118	353	165		529	90	17		
贾汪区	2725	1344	1358	23		803	1719	164	1	38
泉山区										
铜山区	11105	3248	7720	137		4666	6163	232	7	37
丰县	15536	4579	8476	2480	1	7491	6605	1408	12	20
沛县	19128	5015	10946	3124	43	9916	7661	1474	3	74
睢宁县	16873	4172	9905	2794	2	10543	4469	1757	10	94
徐州经济技术开发区	10140	455	6043	3551	91	5830	4150	52	1	107
新沂市	5218	2150	3067	1		3537	1232	441	3	5
邳州市	7543	5035	2488	20		4048	3012	465	8	10
常州市	**21919**	**2747**	**16640**	**2518**	**14**	**7956**	**12064**	**1862**	**3**	**34**
天宁区	1473	195	1083	195		637	796	39		1
钟楼区										
新北区	4003	492	2731	777	3	1225	2288	486	1	3
武进区	5565	372	4473	719	1	1919	3494	140	1	11
金坛区	2469	510	1699	260		960	902	604		3
江苏省常州市经济开发区	3223	407	2352	454	10	1613	1346	261		3
溧阳市	5186	771	4302	113		1602	3238	332	1	13

9-1b 续表 1　　　　　　　　　　　　　　　　　　　　　　　　　　　　　单位：户

地　　区	合　计	建筑层数				承重类型				
		平房	多层(7层及以下)	高层(8-33层)	超高层(34层及以上)	钢及钢筋混凝土结构	混合结构	砖木结构	竹草土坯结构	其他结构
苏州市	**100341**	**9749**	**59900**	**30480**	**212**	**73031**	**24298**	**2945**	**1**	**66**
虎丘区	160		2	158		160				
吴中区	6208	1140	4386	682		3491	2177	539		1
相城区	2074	473	1230	371		1189	853	30		2
姑苏区										
吴江区	16082	3205	10427	2431	19	12987	2338	738		19
苏州工业园区	31353	222	14622	16331	178	24695	6590	66		2
常熟市	10085	1051	7272	1762		5589	4309	186		1
张家港市	19024	2167	12861	3994	2	14493	3701	801		29
昆山市	7767	283	4514	2969	1	5574	2078	108		7
太仓市	7588	1208	4586	1782	12	4853	2252	477	1	5
南通市	**77867**	**16698**	**51890**	**9103**	**176**	**33457**	**33997**	**10173**	**8**	**232**
崇川区										
港闸区										
通州区	11727	3386	7708	633		3490	6029	2185		23
如东县	18145	3579	12825	1741		7628	8289	2197	6	25
南通经济技术开发区	8780	81	3818	4711	170	7776	838	47		119
通州湾示范区	1443	244	1089	110		392	869	170		12
苏锡通科技产业园区	1260	279	617	359	5	700	247	313		
启东市	7584	2259	4985	340		3218	3547	800		19
如皋市	13110	1943	10454	713		5951	5884	1256		19
海门市	10406	3507	6560	338	1	2484	4971	2935	2	14
海安市	5412	1420	3834	158		1818	3323	270		1
连云港市	**53338**	**11812**	**34583**	**6743**	**200**	**33949**	**15342**	**3841**	**32**	**174**
连云区										
海州区	1714	364	1340	10		866	759	87	1	1
赣榆区	9397	3979	5376	42		3715	3693	1965	14	10
东海县	14947	1969	10418	2457	103	12241	2215	446	1	44
灌云县	10352	2969	6804	579		6159	3363	750	11	69
灌南县	9582	1933	7073	575	1	5273	3829	452	5	23
连云港经济技术开发区	2189	163	1345	681		1385	732	70		2
连云港高新技术产业开发区	4092	143	1472	2381	96	3594	445	32		21
江苏连云港徐圩新区	1002	269	715	18		713	257	32		
江苏省连云港市云台山风景名胜区	63	23	40			3	49	7		4
淮安市	**51682**	**6373**	**35384**	**9673**	**252**	**34664**	**14150**	**2761**	**3**	**104**
淮安区	3547	718	2781	48		1500	1593	441	2	11
淮阴区	3332	570	2762			1109	1855	358		10
清江浦区	201	11	190			195	5	1		
洪泽区	976	253	723			409	410	157		
涟水县	14136	2210	9677	2249		8530	4893	702		11
盱眙县	11755	1702	8442	1593	18	8105	2980	647		23
金湖县	6091	584	4607	900		5238	564	275		14
淮安经济技术开发区	7814	176	4734	2882	22	6104	1532	145		33
工业园区	235		222	13		234	1			
生态文旅区	2962	40	748	1962	212	2801	138	23		
苏淮高新区	633	109	498	26		439	179	12	1	2

9-1b　续表 2

单位：户

地　区	合　计	建筑层数				承重类型				
		平房	多层(7层及以下)	高层(8-33层)	超高层(34层及以上)	钢及钢筋混凝土结构	混合结构	砖木结构	竹草土坯结　构	其他结构
盐城市	**89833**	**26245**	**52915**	**10653**	**20**	**42627**	**32108**	**14901**	**10**	**187**
亭湖区	1976	830	1114	32		728	804	440		4
盐都区	3536	1285	2048	203		1547	1282	700	1	6
大丰区	7355	4568	2719	68		1581	1874	3892	1	7
响水县	8315	2357	4933	1024	1	5111	2229	962	3	10
滨海县	14330	4138	8248	1931	13	7531	5231	1460	3	105
阜宁县	15158	2879	10647	1626	6	7683	5922	1544	2	7
射阳县	16581	5193	9481	1907		7199	6678	2680		24
建湖县	13163	1343	9011	2809		7878	4424	853		8
盐城经济技术开发区	1866	347	628	891		1347	226	281		12
江苏省盐南高新区										
东台市	7553	3305	4086	162		2022	3438	2089		4
扬州市	**37939**	**7718**	**24220**	**5978**	**23**	**20873**	**13648**	**3367**	**5**	**46**
广陵区	1312	352	951	9		765	475	72		
邗江区	1840	305	1480	55		860	881	97		2
江都区	8491	2677	5460	354		2907	4356	1218	1	9
宝应县	13361	2518	8016	2827		9227	3185	927	2	20
扬州经济技术开发区	6683	297	3791	2572	23	3884	2523	268		8
蜀冈瘦西湖景区										
生态新城	327	48	260	19		165	136	26		
仪征市	1846	265	1565	16		867	836	141		2
高邮市	4079	1256	2697	126		2198	1256	618	2	5
镇江市	**27880**	**3490**	**18809**	**5199**	**382**	**13270**	**13298**	**1283**		**29**
京口区	157	12	131	14		118	34	5		
润州区										
丹徒区	2155	577	1547	31		593	1302	256		4
镇江新区	7178	152	3679	3279	68	6136	985	57		
江苏镇江高新区										
丹阳市	13491	2226	10379	886		3596	9162	716		17
扬中市	1530	190	1247	93		279	1190	56		5
句容市	3369	333	1826	896	314	2548	625	193		3
泰州市	**36564**	**10705**	**21408**	**4451**		**16575**	**13719**	**6240**	**2**	**28**
海陵区	936	457	479			202	382	352		
高港区	1417	181	1050	186		710	563	141		3
姜堰区	3848	1800	2019	29		1104	1501	1240		3
泰州医药高新技术产业开发区	6143	257	3395	2491		5208	857	74		4
兴化市	11549	6474	4955	120		3471	4300	3764	2	12
靖江市	4010	116	3409	485		2569	1422	16		3
泰兴市	8661	1420	6101	1140		3311	4694	653		3
宿迁市	**64319**	**10036**	**40443**	**13624**	**216**	**47846**	**10436**	**5914**	**10**	**113**
宿城区	1305	166	1138	1		704	580	20		1
宿豫区	1790	479	1311			820	674	293		3
沭阳县	26686	5784	16772	4053	77	18047	4520	4018	8	93
泗阳县	14441	2042	8322	3983	94	11203	2261	973	1	3
泗洪县	15587	1349	9765	4428	45	13576	1466	534	1	10
宿迁经济技术开发区	4096	28	2909	1159		3199	885	12		
宿迁市湖滨新区	414	188	226			297	50	64		3
苏州宿迁工业园区										
宿迁市洋河新区										

9-1c 各地区按建筑层数、承重类型分的家庭户户数(乡村)

单位：户

地区	合计	建筑层数				承重类型				
		平房	多层(7层及以下)	高层(8-33层)	超高层(34层及以上)	钢及钢筋混凝土结构	混合结构	砖木结构	竹草土坯结构	其他结构
江苏	**768929**	**332571**	**423678**	**12447**	**233**	**191793**	**399163**	**174881**	**350**	**2742**
南京市	**41337**	**10328**	**29300**	**1709**		**11104**	**23297**	**6853**	**11**	**72**
玄武区										
秦淮区										
建邺区										
鼓楼区										
浦口区	2664	874	1384	406		1138	858	658		10
栖霞区	1881	344	1446	91		885	804	183	2	7
雨花台区										
江宁区	11725	2075	8669	981		2660	7654	1387	5	19
六合区	10829	3133	7600	96		2588	6178	2051		12
溧水区	6182	1823	4225	134		1401	3482	1283	1	15
高淳区	7427	1955	5471	1		2325	3858	1238	3	3
南京江北新区	629	124	505			107	463	53		6
无锡市	**41642**	**5776**	**33767**	**2070**	**29**	**8719**	**29809**	**2963**	**2**	**149**
锡山区	3382	713	2533	136		523	2611	232		16
惠山区	6639	930	5145	535	29	2231	3950	424		34
滨湖区	1278	80	590	608		776	473	29		
梁溪区										
新吴区	1723	182	928	613		1012	564	147		
江苏无锡经济开发区										
江阴市	14234	1906	12194	134		1710	11608	845		71
宜兴市	14386	1965	12377	44		2467	10603	1286	2	28
徐州市	**101209**	**63888**	**37267**	**54**		**28081**	**54321**	**18082**	**140**	**585**
鼓楼区										
云龙区										
贾汪区	6012	3511	2501			861	4331	676	12	132
泉山区										
铜山区	16716	7197	9515	4		4786	10892	924	15	99
丰县	15332	8763	6530	39		1573	10025	3643	29	62
沛县	14579	9263	5315	1		1258	10825	2406	18	72
睢宁县	14043	10154	3884	5		3678	4979	5302	36	48
徐州经济技术开发区	1617	406	1210	1		317	1134	156	3	7
新沂市	13563	8668	4895			6833	4090	2600	8	32
邳州市	19347	15926	3417	4		8775	8045	2375	19	133
常州市	**43641**	**8106**	**34652**	**823**	**60**	**6410**	**31829**	**5199**	**9**	**194**
天宁区	2012	395	1575	42		447	1522	39		4
钟楼区	1234	170	1030	34		161	1036	7		30
新北区	3689	557	3132			173	1917	1591		8
武进区	11792	1177	10303	252	60	1690	9743	293	4	62
金坛区	7731	2338	5101	292		1094	4921	1650	3	63
江苏省常州市经济开发区	5280	1072	4058	150		1178	3908	179		15
溧阳市	11903	2397	9453	53		1667	8782	1440	2	12

9-1c 续表 1

单位：户

地区	合计	建筑层数				承重类型				
		平房	多层(7层及以下)	高层(8-33层)	超高层(34层及以上)	钢及钢筋混凝土结构	混合结构	砖木结构	竹草土坯结构	其他结构
苏州市	**70399**	**14669**	**50138**	**5449**	**143**	**33048**	**31516**	**5747**	**4**	**84**
虎丘区	2024	247	1538	238	1	964	1013	47		
吴中区	9975	2835	6640	489	11	4279	4245	1423	1	27
相城区	1139	264	871	4		279	668	189		3
姑苏区										
吴江区	11632	2866	8754	12		8401	2839	381		11
苏州工业园区										
常熟市	12327	1177	10849	301		3722	8180	416		9
张家港市	12435	3612	8190	633		3767	6695	1959	3	11
昆山市	13479	1346	8830	3172	131	8212	4758	496		13
太仓市	7388	2322	4466	600		3424	3118	836		10
南通市	**90474**	**24087**	**65788**	**599**		**20771**	**55876**	**13573**	**18**	**236**
崇川区										
港闸区	71	4	67			11	51	8		1
通州区	12597	2404	10125	68		2929	8151	1442	3	72
如东县	14287	3861	10425	1		2999	9241	2013	6	28
南通经济技术开发区										
通州湾示范区	2455	559	1896			430	1684	333		8
苏锡通科技产业园区	1863	352	1043	468		1178	426	256		3
启东市	18539	6486	12006	47		4356	10576	3560	5	42
如皋市	16014	3161	12843	10		5094	8678	2213	1	28
海门市	13887	3612	10270	5		1530	9173	3135	3	46
海安市	10761	3648	7113			2244	7896	613		8
连云港市	**53288**	**24176**	**29089**	**23**		**20425**	**23482**	**8948**	**76**	**357**
连云区	78	26	52			4	63	11		
海州区	2521	928	1593			819	1378	278	3	43
赣榆区	15392	7910	7481	1		5604	6020	3661	38	69
东海县	14995	5660	9321	14		8276	4854	1751	9	105
灌云县	10135	5883	4252			3441	4833	1758	14	89
灌南县	8961	3610	5348	3		2010	5448	1446	12	45
连云港经济技术开发区	534	56	473	5		98	420	16		
连云港高新技术产业开发区										
江苏连云港徐圩新区	28	25	3			28				
江苏省连云港市云台山风景名胜区	644	78	566			145	466	27		6
淮安市	**49272**	**24061**	**25061**	**150**		**11445**	**24604**	**12910**	**11**	**302**
淮安区	11437	3583	7845	9		2582	6888	1943	6	18
淮阴区	9619	3764	5853	2		2410	5142	1992		75
清江浦区	1561	249	1301	11		630	749	180		2
洪泽区	3882	2629	1158	95		551	1499	1809	2	21
涟水县	11401	6972	4428	1		1913	6706	2716	2	64
盱眙县	6430	3733	2695	2		2047	2022	2274	1	86
金湖县	4657	3049	1578	30		1248	1420	1953		36
淮安经济技术开发区										
工业园区	230	67	163			24	166	40		
生态文旅区										
苏淮高新区	55	15	40			40	12	3		

9-1c 续表 2

单位：户

地　区	合　计	建筑层数				承重类型				
		平房	多层(7层及以下)	高层(8-33层)	超高层(34层及以上)	钢及钢筋混凝土结构	混合结构	砖木结构	竹草土坯结构	其他结构
盐城市	**92741**	**63998**	**28365**	**378**		**12047**	**35901**	**44435**	**34**	**324**
亭湖区	3603	2432	1158	13		599	1481	1514		9
盐都区	10771	8564	2149	58		1399	3293	6034	2	43
大丰区	10365	7950	2374	41		1076	2463	6797	7	22
响水县	5881	3378	2501	2		1656	2234	1963	8	20
滨海县	11480	7260	4216	4		1628	6101	3633	9	109
阜宁县	11975	7443	4528	4		1227	5321	5391	1	35
射阳县	12417	10387	1864	166		793	5049	6526	1	48
建湖县	9406	6777	2558	71		1093	2202	6087	4	20
盐城经济技术开发区	917	733	165	19		76	110	730		1
江苏省盐南高新区										
东台市	15926	9074	6852			2500	7647	5760	2	17
扬州市	**51171**	**29086**	**21782**	**303**		**10411**	**25289**	**15369**	**10**	**92**
广陵区	2398	1185	1213			526	1583	287		2
邗江区	2930	779	2127	24		709	1854	358	1	8
江都区	13896	7445	6442	9		2387	7436	4057	3	13
宝应县	12590	9233	3339	18		2039	5413	5105	1	32
扬州经济技术开发区	639	112	350	177		292	280	67		
蜀冈瘦西湖景区生态新城	508	147	361			147	254	103		4
仪征市	6015	2183	3759	73		1289	3218	1497	2	9
高邮市	12195	8002	4191	2		3022	5251	3895	3	24
镇江市	**24108**	**5685**	**17765**	**658**		**3854**	**17698**	**2511**	**1**	**44**
京口区	229	118	111			7	168	54		
润州区	2		2				2			
丹徒区	3445	1087	2358			539	2582	320		4
镇江新区	1167	310	595	262		568	373	222	1	3
江苏镇江高新区										
丹阳市	7183	1247	5934	2		558	6057	557		11
扬中市	3174	381	2790	3		398	2663	93		20
句容市	8908	2542	5975	391		1784	5853	1265		6
泰州市	**57857**	**27016**	**30673**	**167**	**1**	**10105**	**29824**	**17824**	**10**	**94**
海陵区	1646	908	738			238	872	532		4
高港区	2903	545	2358			568	2119	215		1
姜堰区	10472	5978	4492	2		2273	4415	3776	1	7
泰州医药高新技术产业开发区	483	71	412			150	308	24		1
兴化市	19439	15921	3507	11		2470	5485	11433	9	42
靖江市	7968	676	7268	24		1227	6604	120		17
泰兴市	14946	2917	11898	130	1	3179	10021	1724		22
宿迁市	**51790**	**31695**	**20031**	**64**		**15373**	**15717**	**20467**	**24**	**209**
宿城区	6573	3515	3050	8		1205	4677	674	1	16
宿豫区	4466	3295	1170	1		823	1067	2569	1	6
沭阳县	18348	11977	6365	6		5591	3917	8741	10	89
泗阳县	8914	5387	3526	1		2462	2641	3791	3	17
泗洪县	8802	5001	3786	15		3770	1823	3170	5	34
宿迁经济技术开发区	1275	511	738	26		488	442	317		28
宿迁市湖滨新区	1576	1206	369	1		382	453	719	4	18
苏州宿迁工业园区										
宿迁市洋河新区	1836	803	1027	6		652	697	486		1

9-2　各地区按住房建成时间分的家庭户住房状况

单位：户、间、平方米

地　区	合　计			1949年以前		
	户数	间数	面积	户数	间数	面积
江　苏	**2743393**	**8511474**	**340523087**	**5750**	**12739**	**419051**
南京市	**296337**	**794635**	**29636913**	**589**	**1155**	**31168**
玄武区	16343	39448	1285681	84	173	4449
秦淮区	27094	61393	1990154	281	446	9062
建邺区	18173	44468	1629291	1	2	93
鼓楼区	32728	75362	2495318	87	202	5675
浦口区	12770	37652	1510321	7	20	790
栖霞区	27689	70990	2489232	11	31	956
雨花台区	18962	45464	1572815	3	9	218
江宁区	53508	160626	6299577	25	64	2754
六合区	22644	75117	2976080	21	51	1949
溧水区	16003	47646	2039785	11	26	1074
高淳区	15841	49652	2235256	40	79	2824
南京江北新区	34582	86817	3113403	18	52	1324
无锡市	**239543**	**606760**	**27573890**	**568**	**1102**	**48709**
锡山区	27230	68061	3053274	27	55	1927
惠山区	26449	68933	2996313	138	230	8081
滨湖区	18931	47757	2029485	54	119	5082
梁溪区	35430	80971	3187359	69	155	4808
新吴区	20383	51457	2100498	10	31	2190
江苏无锡经济开发区	10899	27805	1164389	11	13	325
江阴市	55850	146784	7326040	111	228	13596
宜兴市	44371	114992	5716532	148	271	12700
徐州市	**288058**	**1049973**	**39490811**	**259**	**946**	**35836**
鼓楼区	15714	39328	1423275	15	64	1359
云龙区	15820	42809	1610871	17	67	2263
贾汪区	14310	52240	1780868	19	69	2208
泉山区	23238	60654	2250843	8	28	976
铜山区	38084	164540	6469761	67	301	13070
丰县	30868	156563	5024153	39	140	4264
沛县	33707	121269	4143337	34	101	2780
睢宁县	30916	114545	4687034	24	72	5059
徐州经济技术开发区	11870	38765	1436429	1	6	200
新沂市	29727	101318	4668195	19	58	1975
邳州市	43804	157942	5996045	16	40	1682
常州市	**182207**	**478481**	**21068866**	**449**	**868**	**35939**
天宁区	24131	60998	2525299	70	118	5232
钟楼区	22764	54993	2285568	40	63	2106
新北区	28851	78390	3730609	25	59	2635
武进区	41347	106897	4993209	99	186	8712
金坛区	21687	60524	2605922	70	171	7214
江苏省常州市经济开发区	14613	34236	1470592	86	145	4280
溧阳市	28814	82443	3457667	59	126	5760

9-2 续表 1

单位：户、间、平方米

地区	合计			1949年以前		
	户数	间数	面积	户数	间数	面积
苏州市	**383896**	**1024746**	**42981933**	**1881**	**3458**	**98237**
虎丘区	23403	60199	2298474	2	3	95
吴中区	39771	105672	4387406	56	162	6479
相城区	26030	64315	2621787	33	50	2061
姑苏区	33442	76025	2679087	1185	2053	50868
吴江区	46084	129090	5192979	227	468	15855
苏州工业园区	31353	76792	3043467			
常熟市	47418	151331	6976850	274	509	15281
张家港市	47110	126500	5934028	18	39	1563
昆山市	63580	158625	6384136	33	68	2721
太仓市	25705	76197	3463719	53	106	3314
南通市	**271583**	**906634**	**37974606**	**361**	**720**	**26594**
崇川区	23524	60304	2405677	64	113	2311
港闸区	12463	33350	1354178	7	15	630
通州区	37548	131719	5647511	70	167	6969
如东县	32432	118386	5322262	30	58	2416
南通经济技术开发区	8780	21919	928463	7	21	580
通州湾示范区	3898	11986	568082	2	5	236
苏锡通科技产业园区	3123	9370	380298	4	9	296
启东市	41400	107107	4949828	82	118	5866
如皋市	40561	172005	7236218	36	84	2997
海门市	36457	121306	4534424	48	111	3645
海安市	31397	119182	4647665	11	19	648
连云港市	**140185**	**530416**	**21290987**	**148**	**502**	**16444**
连云区	5323	16570	611692	4	26	610
海州区	23304	73177	2944739	38	102	3095
赣榆区	33600	131917	5309216	44	139	5109
东海县	30164	123877	5537785	19	59	2327
灌云县	20487	78956	2855332	32	118	3635
灌南县	18543	75729	2795130	3	25	692
连云港经济技术开发区	2723	8839	365894	3	13	376
连云港高新技术产业开发区	4092	12657	567787	4	12	340
江苏连云港徐圩新区	1105	4634	134142	1	8	260
江苏省连云港市云台山风景名胜区	844	4060	169270			
淮安市	**141153**	**511270**	**18989147**	**87**	**280**	**9005**
淮安区	24321	86185	3430913	24	59	1714
淮阴区	22388	96941	3554407	18	72	1817
清江浦区	18523	55715	2163380	14	33	879
洪泽区	9522	35121	1142235	5	18	725
涟水县	25537	101525	3602933	9	38	1494
盱眙县	18185	65276	2444234	16	55	2209
金湖县	10748	34257	1257268	1	5	167
淮安经济技术开发区	7814	23295	913175			
工业园区	465	1516	54449			
生态文旅区	2962	8711	339626			
苏淮高新区	688	2728	86527			

9-2　续表 2　　　　单位：户、间、平方米

地　　区	合　　计			1949年以前		
	户数	间数	面积	户数	间数	面积
盐城市	**239275**	**751754**	**27810348**	**198**	**553**	**17608**
亭湖区	22865	75385	2658366	5	12	510
盐都区	23278	72901	2572381	49	109	3172
大丰区	26146	73582	3337331	11	19	876
响水县	14196	50148	1757769	23	62	2271
滨海县	25810	81475	2939202	16	40	1297
阜宁县	27133	90720	2898381	25	79	2394
射阳县	28998	90021	2995814	22	77	2917
建湖县	22569	63887	2350546	14	32	1095
盐城经济技术开发区	2844	8189	330121			
江苏省盐南高新区	10634	31910	1262227	11	70	1546
东台市	34802	113536	4708210	22	53	1530
扬州市	**155568**	**508933**	**19752120**	**614**	**1516**	**46241**
广陵区	17524	50821	1960132	274	660	18262
邗江区	20990	67334	2824072	18	57	2407
江都区	33460	114095	4591242	110	277	11434
宝应县	25951	87933	2952429	83	243	5478
扬州经济技术开发区	7322	22104	834323	2	7	162
蜀冈瘦西湖景区	4521	13406	492924			
生态新城	1670	7517	358286			
仪征市	18260	61675	2558115	9	22	1038
高邮市	25870	84048	3180597	118	250	7460
镇江市	**107859**	**319334**	**13363870**	**287**	**737**	**23766**
京口区	12102	31475	1189177	24	62	2004
润州区	8644	22446	840271	79	143	3881
丹徒区	10379	36671	1397424	32	148	4132
镇江新区	8345	23688	901456	32	123	3785
江苏镇江高新区	2065	5646	227249	1	1	20
丹阳市	33871	94637	4254048	98	195	7193
扬中市	10168	35534	1761521	2	7	160
句容市	22285	69237	2792724	19	58	2591
泰州市	**158151**	**521496**	**22396205**	**216**	**509**	**18407**
海陵区	18480	56203	2309981	43	108	3669
高港区	8475	30201	1559083	5	13	757
姜堰区	25467	86014	3270630	25	79	2016
泰州医药高新技术产业开发区	6626	21439	966292	3	7	370
兴化市	40366	122316	4215561	95	188	6776
靖江市	22761	80864	4242163	10	45	1824
泰兴市	35976	124459	5832495	35	69	2995
宿迁市	**139578**	**507042**	**18193391**	**93**	**393**	**11097**
宿城区	19394	69542	2737818	7	33	740
宿豫区	13255	44074	1683262	5	18	474
沭阳县	45034	174292	5933427	54	268	6840
泗阳县	23355	91284	3303506	16	49	1788
泗洪县	24389	73724	2621635	7	15	650
宿迁经济技术开发区	5371	19056	667850	3	7	469
宿迁市湖滨新区	3603	14159	489093			
苏州宿迁工业园区	894	2666	104604			
宿迁市洋河新区	4283	18245	652196	1	3	136

9-2 续表 3 单位：户、间、平方米

地　区	1949-1959年			1960-1969年		
	户数	间数	面积	户数	间数	面积
江　苏	**5683**	**13958**	**489529**	**14326**	**36597**	**1289059**
南京市	**868**	**1646**	**47158**	**1563**	**3221**	**92752**
玄武区	135	287	8456	169	312	7733
秦淮区	251	405	9357	201	361	7865
建邺区	27	28	1431	1	2	15
鼓楼区	172	305	7294	349	631	15669
浦口区	4	15	460	41	149	6905
栖霞区	60	117	3102	214	423	10385
雨花台区	7	12	345	88	172	4052
江宁区	39	106	4691	52	145	5679
六合区	25	75	2495	61	193	6166
溧水区	26	67	3128	79	212	9164
高淳区	30	65	2615	85	160	6814
南京江北新区	92	164	3784	223	461	12305
无锡市	**649**	**1342**	**58092**	**1549**	**3469**	**158912**
锡山区	30	54	2196	98	210	11060
惠山区	104	205	8002	254	481	20789
滨湖区	87	152	5412	178	480	22322
梁溪区	96	199	6398	228	548	16428
新吴区	4	9	267	21	64	2562
江苏无锡经济开发区	7	13	645	14	25	1123
江阴市	98	222	11016	272	580	28365
宜兴市	223	488	24156	484	1081	56263
徐州市	**553**	**1775**	**57527**	**1689**	**5694**	**190510**
鼓楼区	69	184	2963	113	267	7318
云龙区	20	89	3103	50	167	4402
贾汪区	46	124	3441	153	430	11777
泉山区	5	7	160	79	180	4870
铜山区	133	433	15567	325	1113	41288
丰县	92	356	11056	325	1447	46161
沛县	62	190	6368	166	545	15864
睢宁县	32	105	4164	154	534	22907
徐州经济技术开发区	9	37	1305	59	174	5800
新沂市	24	65	2605	83	254	10480
邳州市	61	185	6795	182	583	19643
常州市	**678**	**1525**	**68446**	**1351**	**2872**	**122630**
天宁区	95	259	14001	128	243	10034
钟楼区	58	90	3247	94	165	6205
新北区	37	85	4317	96	225	11050
武进区	79	189	10302	330	761	37707
金坛区	103	246	12074	161	367	15299
江苏省常州市经济开发区	149	259	8144	263	447	15713
溧阳市	157	397	16361	279	664	26622

9-2　续表 4　　　　　　　　　　　　　　　　　　　　单位：户、间、平方米

地　区	1949-1959年			1960-1969年		
	户数	间数	面积	户数	间数	面积
苏州市	**588**	**1095**	**32151**	**1421**	**2815**	**91801**
虎丘区	1	1	30	3	4	95
吴中区	20	58	1965	78	216	7129
相城区	23	45	1891	48	110	3467
姑苏区	299	502	12442	599	1049	26242
吴江区	116	238	6828	249	550	18022
苏州工业园区				2	6	245
常熟市	69	137	4510	152	302	11541
张家港市	25	45	1725	107	222	12047
昆山市	14	32	1151	92	168	6705
太仓市	21	37	1609	91	188	6308
南通市	**467**	**1017**	**41108**	**1466**	**3072**	**120488**
崇川区	9	18	428	16	25	668
港闸区	3	9	280	28	55	1363
通州区	88	253	10084	260	633	25286
如东县	47	101	4285	170	387	16407
南通经济技术开发区				8	18	589
通州湾示范区	9	14	736	28	47	2141
苏锡通科技产业园区	2	3	110	28	51	1539
启东市	164	291	13893	468	732	32834
如皋市	11	30	788	72	213	8257
海门市	116	255	8743	335	776	26310
海安市	18	43	1761	53	135	5094
连云港市	**337**	**1095**	**35436**	**711**	**2313**	**72025**
连云区	10	42	1466	50	192	5496
海州区	142	396	12946	163	445	12717
赣榆区	90	319	9451	213	728	21438
东海县	30	101	3862	92	291	11573
灌云县	44	159	5378	90	284	9266
灌南县	9	42	1108	45	181	4868
连云港经济技术开发区	6	17	690	25	85	2918
连云港高新技术产业开发区	1	1	25	9	20	1030
江苏连云港徐圩新区	3	13	394	9	44	1394
江苏省连云港市云台山风景名胜区	2	5	116	15	43	1325
淮安市	**178**	**662**	**20487**	**627**	**2001**	**63877**
淮安区	36	86	2773	145	365	11408
淮阴区	22	75	2388	66	295	9585
清江浦区	23	130	2365	77	168	4143
洪泽区	23	65	1629	46	147	3951
涟水县	45	206	7986	189	758	26941
盱眙县	20	73	1910	51	141	4091
金湖县	4	7	236	47	108	3227
淮安经济技术开发区	5	20	1200			
工业园区				1	5	150
生态文旅区				2	9	295
苏淮高新区				3	5	86

9-2 续表 5 单位：户、间、平方米

地 区	1949-1959年			1960-1969年		
	户数	间数	面积	户数	间数	面积
盐城市	**328**	**933**	**28848**	**1274**	**3394**	**109407**
亭湖区	15	56	1486	107	308	9351
盐都区	62	201	6165	188	518	16946
大丰区	16	36	1214	154	319	12793
响水县	36	98	3209	106	312	9518
滨海县	64	163	5566	226	623	20477
阜宁县	27	84	2388	78	245	7031
射阳县	49	148	3784	150	394	10880
建湖县	14	32	1123	89	221	7347
盐城经济技术开发区	5	15	370	9	17	655
江苏省盐南高新区	3	13	405	23	86	2678
东台市	37	87	3138	144	351	11731
扬州市	**476**	**1305**	**45122**	**1089**	**3245**	**109990**
广陵区	99	235	7547	216	512	14937
邗江区	28	89	3686	35	139	5323
江都区	170	537	19136	319	1017	40367
宝应县	43	100	2805	239	741	20837
扬州经济技术开发区	2	5	140	11	47	1478
蜀冈瘦西湖景区	4	7	278	14	61	1572
生态新城	1	5	260	10	32	1630
仪征市	16	41	1728	62	203	8041
高邮市	113	286	9542	183	493	15805
镇江市	**236**	**634**	**23132**	**575**	**1467**	**54801**
京口区	14	32	1023	41	95	3014
润州区	40	96	2351	52	115	3225
丹徒区	34	113	3830	96	320	10856
镇江新区	13	50	1825	18	55	2100
江苏镇江高新区	1	7	200	2	5	123
丹阳市	85	178	8254	242	518	22410
扬中市	9	25	987	17	40	1840
句容市	40	133	4662	107	319	11233
泰州市	**216**	**548**	**20505**	**681**	**1739**	**62358**
海陵区	41	124	4520	119	315	10418
高港区	5	13	587	20	54	2791
姜堰区	36	82	2647	91	251	8108
泰州医药高新技术产业开发区				7	27	845
兴化市	100	253	9262	285	728	22658
靖江市	11	24	1339	29	84	4671
泰兴市	23	52	2150	130	280	12867
宿迁市	**109**	**381**	**11517**	**330**	**1295**	**39508**
宿城区	3	18	440	17	70	2090
宿豫区	6	27	1010	39	148	6008
沭阳县	34	122	3584	182	696	19583
泗阳县	11	32	1467	32	128	4455
泗洪县	52	167	4590	32	91	3053
宿迁经济技术开发区	1	4	156	1	3	103
宿迁市湖滨新区				15	106	2553
苏州宿迁工业园区						
宿迁市洋河新区	2	11	270	12	53	1663

9-2　续表 6　　　　单位：户、间、平方米

地　区	1970-1979年			1980-1989年			1990-1999年		
	户数	间数	面积	户数	间数	面积	户数	间数	面积
江　苏	**66263**	**174206**	**6256806**	**343526**	**993970**	**37426282**	**644124**	**2109247**	**82996417**
南京市	**6531**	**14409**	**435985**	**32721**	**79167**	**2540171**	**59976**	**166930**	**6180403**
玄武区	485	1000	24931	3558	7925	213985	5477	12542	377403
秦淮区	1204	2456	61479	5897	12644	338877	9112	20107	618546
建邺区	28	52	1282	1488	3097	80727	3287	7031	210612
鼓楼区	1816	3674	97367	8018	17207	466318	9951	22204	679597
浦口区	155	525	21607	643	2246	94176	1741	5899	243365
栖霞区	691	1416	37774	1673	4047	120617	2995	7835	259315
雨花台区	298	637	15503	1422	3263	91668	1611	3795	117941
江宁区	315	968	40954	2219	7813	339413	8031	28494	1199524
六合区	272	818	31264	1670	5480	217881	5892	22302	929970
溧水区	267	731	33834	1462	4404	198320	3680	12423	547662
高淳区	393	864	36545	1681	4230	181036	4592	15026	689623
南京江北新区	607	1268	33445	2990	6811	197153	3607	9272	306845
无锡市	**9588**	**21544**	**973287**	**45283**	**111723**	**5468649**	**41961**	**106321**	**4982473**
锡山区	959	2148	94956	4912	12595	644780	4152	10993	531185
惠山区	1796	4249	205288	4559	11576	554077	2803	7872	360444
滨湖区	756	1822	82367	3222	7492	300512	2777	7034	298812
梁溪区	2055	3882	122977	6940	14025	464988	7606	16300	595427
新吴区	138	395	16608	375	1113	54574	1975	4990	209927
江苏无锡经济开发区	119	267	12727	305	771	34839	443	1149	49929
江阴市	1299	3094	149478	13426	34333	1832850	11948	31530	1616624
宜兴市	2466	5687	288886	11544	29818	1582029	10257	26453	1320125
徐州市	**7106**	**22523**	**728353**	**31512**	**110577**	**3627949**	**65988**	**240937**	**8708671**
鼓楼区	580	1426	37600	1774	4096	120865	3418	8091	270606
云龙区	334	1024	29915	1295	4052	127234	3384	8912	307861
贾汪区	566	1717	53055	2181	7517	240598	3456	12813	419849
泉山区	857	1898	53532	4147	9504	267230	6223	16214	581338
铜山区	1037	3458	123813	4466	18197	653825	9596	42050	1652275
丰县	849	3888	117118	3610	17744	516106	6642	32965	1012118
沛县	1042	2990	89549	3866	13800	424304	8179	30904	1003594
睢宁县	539	1961	74637	3149	12332	446674	7256	27908	1108720
徐州经济技术开发区	127	478	16231	560	2318	81789	1613	6553	240200
新沂市	432	1322	49906	2983	9340	344119	6415	21253	916875
邳州市	743	2361	82997	3481	11677	405205	9806	33274	1195235
常州市	**7283**	**16798**	**743104**	**34863**	**89455**	**4145142**	**41358**	**111349**	**5062006**
天宁区	1058	2368	103523	5093	11631	459539	4719	11297	456895
钟楼区	834	1806	67857	4752	10641	421613	3283	7535	315298
新北区	389	923	49488	3606	10530	644704	4472	12634	721067
武进区	2074	5220	262931	8953	22978	1218815	7792	20293	1012715
金坛区	709	1768	70914	4178	12362	518068	6529	19222	825432
江苏省常州市经济开发区	1277	2435	97266	2979	6695	283329	3871	9020	407613
溧阳市	942	2278	91125	5302	14618	599074	10692	31348	1322986

9-2 续表 7 单位：户、间、平方米

地区	1970-1979年			1980-1989年			1990-1999年		
	户数	间数	面积	户数	间数	面积	户数	间数	面积
苏州市	**4798**	**10199**	**373049**	**34459**	**90347**	**3777879**	**76123**	**205339**	**8703007**
虎丘区	42	105	4343	295	909	40409	2874	7212	282338
吴中区	256	591	21691	2645	6811	280101	10644	28466	1212303
相城区	249	487	18061	1817	3923	174402	3541	8076	348718
姑苏区	1649	3006	82325	6281	12753	367091	8669	19329	649932
吴江区	817	1921	67000	5023	14573	563674	10975	31303	1252260
苏州工业园区	4	10	311	611	1313	34977	2448	5336	185115
常熟市	538	1253	53967	5652	17019	831533	13057	42760	2012535
张家港市	650	1478	70774	6303	17355	830106	11818	32155	1539291
昆山市	253	574	23579	2774	7059	264320	7310	17848	685085
太仓市	340	774	30998	3058	8632	391266	4787	12854	535430
南通市	**5856**	**13869**	**536482**	**27615**	**77319**	**3060803**	**92757**	**345447**	**14291452**
崇川区	342	667	19948	2765	5770	179127	5384	13084	462428
港闸区	89	208	6012	485	1170	36809	969	3186	102934
通州区	821	2183	85339	4118	12928	553515	15630	63958	2741141
如东县	694	1815	73359	3329	9850	426085	13196	50856	2309909
南通经济技术开发区	6	11	490	41	95	3305	566	1318	47974
通州湾示范区	117	223	10877	637	1743	83605	1976	6501	310296
苏锡通科技产业园区	103	242	7960	238	728	26350	531	1989	78243
启东市	1605	2942	130236	6347	13370	595142	13775	36673	1731674
如皋市	450	1499	56896	2608	9742	381569	14599	66802	2786315
海门市	1336	3296	115585	4178	12555	439241	14748	54111	1985903
海安市	293	783	29780	2869	9368	336055	11383	46969	1734635
连云港市	**2801**	**9297**	**293321**	**12395**	**41813**	**1269585**	**26283**	**95310**	**3315959**
连云区	225	703	22553	732	2291	66052	1316	4420	149752
海州区	658	1864	52493	2387	6888	217139	4758	14558	537695
赣榆区	659	2161	60937	3659	12318	344884	6063	21736	731450
东海县	381	1390	47098	2071	7141	223556	3520	12653	463317
灌云县	507	1791	64230	1899	6913	214847	5247	19460	642551
灌南县	224	853	28056	1192	4469	141909	4292	17627	597849
连云港经济技术开发区	53	156	6090	159	585	23434	454	1843	80514
连云港高新技术产业开发区	20	57	2706	42	154	7724	198	923	46248
江苏连云港徐圩新区	62	276	7662	206	826	22531	275	1324	36276
江苏省连云港市云台山风景名胜区	12	46	1496	48	228	7509	160	766	30307
淮安市	**2398**	**7851**	**254963**	**12582**	**46388**	**1470132**	**28207**	**110708**	**3832235**
淮安区	540	1593	53182	2401	7389	252979	5888	21264	810804
淮阴区	260	1002	36185	1194	5075	163866	4545	20868	719717
清江浦区	439	1051	30025	1429	3914	121314	2895	8584	310981
洪泽区	155	517	17294	1411	5711	156130	2138	8948	260485
涟水县	597	2406	79353	3271	14367	466868	6221	27650	931278
盱眙县	231	751	21492	1572	5734	168338	3499	12721	411830
金湖县	162	477	15379	1211	3764	127926	2431	8046	286357
淮安经济技术开发区	3	20	620	32	135	4746	319	1384	58069
工业园区	4	12	380	13	60	1768	49	210	7640
生态文旅区				4	12	442	70	289	13225
苏淮高新区	7	22	1053	44	227	5755	152	744	21849

9-2 续表 8

单位：户、间、平方米

地区	1970-1979年			1980-1989年			1990-1999年		
	户数	间数	面积	户数	间数	面积	户数	间数	面积
盐城市	**7828**	**21598**	**679012**	**43246**	**127305**	**4116376**	**64006**	**205711**	**7458678**
亭湖区	736	2060	61285	3374	9961	324829	6230	20784	692480
盐都区	950	2766	84501	4148	12789	407991	5645	18800	643743
大丰区	861	1944	86670	4701	12079	562000	7857	22302	1024416
响水县	501	1493	43016	1772	6074	175604	3667	12960	412515
滨海县	907	2564	76221	4625	13832	406066	6464	20256	664059
阜宁县	852	2910	75291	5532	19126	502239	7214	24991	778351
射阳县	829	2384	67121	7756	23211	678969	8965	27885	900379
建湖县	1086	2810	89069	5752	15346	498488	5022	14538	550008
盐城经济技术开发区	52	128	4852	343	919	36323	502	1494	64265
江苏省盐南高新区	26	77	2710	71	230	8033	777	2553	85473
东台市	1028	2462	88276	5172	13738	515834	11663	39148	1642989
扬州市	**4585**	**13796**	**458459**	**23563**	**72971**	**2526450**	**44495**	**155322**	**5947391**
广陵区	668	1772	53983	2715	7356	243936	3175	10185	399573
邗江区	253	933	35295	1083	3686	143098	5437	18533	767709
江都区	1190	3629	135439	6538	20761	788145	11123	39814	1598083
宝应县	1013	3162	87754	5067	16225	484372	8055	28536	935391
扬州经济技术开发区	176	499	14710	374	1370	48772	1534	5331	196212
蜀冈瘦西湖景区	106	306	8405	588	1646	50032	1134	3703	131780
生态新城	29	122	5395	152	626	30405	396	1881	84648
仪征市	268	874	35005	2405	7078	260252	5584	19847	815263
高邮市	882	2499	82473	4641	14223	477438	8057	27492	1018732
镇江市	**2995**	**7856**	**304704**	**16437**	**48519**	**2022021**	**28440**	**90149**	**3809042**
京口区	313	802	27445	2344	5664	182022	2808	6967	243374
润州区	314	686	19823	923	2172	63100	1569	4028	138771
丹徒区	307	1036	38622	1495	5937	209742	2959	11844	436891
镇江新区	92	296	10683	472	1752	59126	943	2868	105933
江苏镇江高新区	25	83	2909	73	299	11083	67	333	12825
丹阳市	1374	3303	142444	8070	23026	1081885	10369	29463	1337030
扬中市	85	213	9178	888	2785	133555	3452	12485	629040
句容市	485	1437	53600	2172	6884	281508	6273	22161	905178
泰州市	**3085**	**8269**	**290607**	**18438**	**53714**	**2043794**	**47832**	**162454**	**7098121**
海陵区	413	976	30668	1686	4704	161003	4506	13960	552625
高港区	103	314	15082	642	2114	109198	2273	8891	500725
姜堰区	491	1454	44940	3641	11032	367786	7887	27563	1003714
泰州医药高新技术产业开发区	21	84	3648	201	820	41891	871	3854	196258
兴化市	1281	3266	97938	7261	19503	610318	13148	38249	1247809
靖江市	214	637	32573	2122	7125	368457	7836	29326	1617065
泰兴市	562	1538	65758	2885	8416	385141	11311	40611	1979925
宿迁市	**1409**	**6197**	**185480**	**10412**	**44672**	**1357331**	**26698**	**113270**	**3606979**
宿城区	113	559	19891	988	4420	163460	2931	13130	488321
宿豫区	117	516	16782	1371	5561	199639	2187	9020	327122
沭阳县	713	3151	85314	4609	19916	534973	10092	42179	1227588
泗阳县	229	953	30033	1408	6131	193433	4843	21582	718095
泗洪县	98	302	9787	1174	4083	118348	4325	15593	462088
宿迁经济技术开发区	26	141	5514	109	781	22239	425	2548	77364
宿迁市湖滨新区	58	307	10200	266	1378	42488	812	4009	130222
苏州宿迁工业园区									
宿迁市洋河新区	55	268	7959	487	2402	82751	1083	5209	176179

9-2 续表 9　　单位：户、间、平方米

地　区	2000-2009年			2010-2014年			2015年以后		
	户数	间数	面积	户数	间数	面积	户数	间数	面积
江　苏	**845240**	**2671006**	**109682339**	**536246**	**1637987**	**67183271**	**282235**	**861764**	**34780333**
南京市	**98809**	**275442**	**10814996**	**53609**	**139431**	**5291079**	**41671**	**113234**	**4203201**
玄武区	4686	12436	467725	927	2417	94426	822	2356	86573
秦淮区	7377	18416	694308	1287	3086	118918	1484	3472	131742
建邺区	5814	15170	607309	4588	10583	394687	2939	8503	333135
鼓楼区	8318	21608	845569	2097	4941	190635	1920	4590	187194
浦口区	4349	13290	547380	3228	8856	346592	2602	6652	249046
栖霞区	9692	25736	919395	6579	16626	610466	5774	14759	527222
雨花台区	7806	18828	685960	5666	13111	460871	2061	5637	196257
江宁区	23369	67783	2649312	10710	29320	1115553	8748	25933	941697
六合区	7066	24446	988168	4479	12834	475652	3158	8918	322535
溧水区	4094	12485	542572	2856	7821	332134	3528	9477	371897
高淳区	4400	14765	692031	3012	9411	409674	1608	5052	214094
南京江北新区	11838	30479	1175267	8180	20425	741471	7027	17885	641809
无锡市	**74270**	**191554**	**8569750**	**45778**	**116966**	**5137068**	**19897**	**52739**	**2176950**
锡山区	8827	21759	937213	5299	12352	525298	2926	7895	304659
惠山区	7617	20326	870470	5677	14890	616653	3501	9104	352509
滨湖区	6687	17477	744143	4204	10448	456962	966	2733	113873
梁溪区	9977	24999	1096637	6285	15535	664282	2174	5328	215414
新吴区	9779	24295	993960	5539	13664	557949	2542	6896	262461
江苏无锡经济开发区	4363	10691	452827	3647	9555	404234	1990	5321	207740
江阴市	15760	42526	2076497	9028	23972	1134656	3908	10299	462958
宜兴市	11260	29481	1398003	6099	16550	777034	1890	5163	257336
徐州市	**90189**	**341181**	**13298458**	**59321**	**219811**	**8678456**	**31441**	**106529**	**4165051**
鼓楼区	4402	11243	452974	3116	8035	315354	2227	5922	214236
云龙区	5073	13144	527265	3688	9731	392053	1959	5623	216775
贾汪区	3900	15114	525545	2478	9230	330207	1511	5226	194188
泉山区	5907	16977	719827	3218	8300	333404	2794	7546	289506
铜山区	12015	54201	2165111	7323	31287	1254791	3122	13500	550021
丰县	8757	46758	1517674	6611	37449	1236753	3943	15816	562903
沛县	10148	38989	1358216	6851	23468	864798	3359	10282	377864
睢宁县	9226	35281	1508544	6383	23144	996848	4153	13208	519481
徐州经济技术开发区	3760	12725	475917	3796	10941	412863	1945	5533	202124
新沂市	9609	32971	1621762	7512	26205	1262389	2650	9850	458084
邳州市	17392	63778	2425623	8345	32021	1278996	3778	14023	579869
常州市	**48262**	**127484**	**5551366**	**31263**	**82800**	**3501509**	**16700**	**45330**	**1838724**
天宁区	6410	17504	744769	4301	11534	491344	2257	6044	239962
钟楼区	7535	19207	820843	4259	10745	460641	1909	4741	187758
新北区	9857	26177	1154435	6603	17424	732399	3766	10333	410514
武进区	10620	26796	1174962	7951	21098	876337	3449	9376	390728
金坛区	4630	12196	551137	3045	8021	349605	2262	6171	256179
江苏省常州市经济开发区	3253	8255	371943	1692	4237	174982	1043	2743	107322
溧阳市	5957	17349	733277	3412	9741	416201	2014	5922	246261

9-2 续表 10

单位：户、间、平方米

地区	2000-2009年			2010-2014年			2015年以后		
	户数	间数	面积	户数	间数	面积	户数	间数	面积
苏州市	**139500**	**359288**	**15175323**	**74535**	**200250**	**8413201**	**50591**	**151955**	**6317285**
虎丘区	11430	28985	1091968	4528	11602	450334	4228	11378	428862
吴中区	12761	32669	1396069	7636	20440	818232	5675	16259	643437
相城区	9030	22888	949151	6736	16623	659585	4553	12113	464451
姑苏区	8132	20598	847794	4232	10400	391249	2396	6335	251144
吴江区	15918	40549	1632835	7256	21604	907568	5503	17884	728937
苏州工业园区	17858	41883	1658648	7716	20731	859199	2714	7513	304972
常熟市	15263	47159	2120895	5774	17857	805859	6639	24335	1120729
张家港市	14346	37716	1785400	8790	23723	1079794	5053	13767	613328
昆山市	27029	65255	2682109	15896	39522	1614097	10179	28099	1104369
太仓市	7733	21586	1010454	5971	17748	827284	3651	14272	657056
南通市	**76497**	**269100**	**11568398**	**46223**	**136329**	**5797007**	**20341**	**59761**	**2532274**
崇川区	7236	20416	875305	5343	14044	601752	2365	6167	263710
港闸区	2614	6601	274729	5639	14776	622039	2629	7330	309382
通州区	8275	27895	1228481	5612	15963	678712	2674	7739	317984
如东县	9465	36562	1662683	3602	12201	535267	1899	6556	291851
南通经济技术开发区	2725	6779	288341	3778	9330	402668	1649	4347	184516
通州湾示范区	655	2115	100456	295	833	37755	179	505	21980
苏锡通科技产业园区	898	2999	121511	1008	2569	111217	311	780	33072
启东市	11530	32934	1547318	4712	12781	571973	2717	7266	320892
如皋市	14760	64308	2754618	5985	21723	917881	2040	7604	326897
海门市	9490	32500	1256420	4325	12340	486408	1881	5362	212169
海安市	8849	35991	1458536	5924	19769	831335	1997	6105	249821
连云港市	**46129**	**172030**	**7098064**	**34757**	**141431**	**6185927**	**16624**	**66625**	**3004226**
连云区	1824	5622	225925	891	2500	106050	271	774	33788
海州区	8619	27154	1179197	4332	15054	638523	2207	6716	290934
赣榆区	10269	39510	1669459	8644	37774	1676198	3959	17232	790290
东海县	8163	30976	1369705	10432	45982	2186973	5456	25284	1229374
灌云县	7027	27430	1026387	4146	16906	657685	1495	5895	231353
灌南县	7077	29968	1139311	4079	16687	649650	1622	5877	231687
连云港经济技术开发区	1119	3559	144895	579	1628	67580	325	953	39397
连云港高新技术产业开发区	1434	4898	230081	1249	3330	143160	1135	3262	136473
江苏连云港徐圩新区	207	878	26371	221	786	24620	121	479	14634
江苏省连云港市云台山风景名胜区	390	2035	86733	184	784	35488	33	153	6296
淮安市	**49041**	**186881**	**7227342**	**33631**	**112186**	**4409322**	**14402**	**44313**	**1701784**
淮安区	8938	34269	1416657	4416	15184	641919	1933	5976	239477
淮阴区	9063	42404	1584440	4711	19171	740965	2509	7979	295444
清江浦区	6969	22681	922942	4331	12640	508429	2346	6514	262302
洪泽区	3258	11755	407594	2016	6382	236298	470	1578	58129
涟水县	7716	30923	1140265	6101	20595	778928	1388	4582	169820
盱眙县	6091	21979	872476	4982	17935	728864	1723	5887	233024
金湖县	3388	11166	419803	2543	7583	287533	961	3101	116640
淮安经济技术开发区	2875	8955	356418	3270	9146	353500	1310	3635	138622
工业园区	194	679	25635	124	325	11358	80	225	7518
生态文旅区	299	1075	47772	947	2608	101171	1640	4718	176721
苏淮高新区	250	995	33340	190	617	20357	42	118	4087

9-2 续表 11 单位：户、间、平方米

地区	2000-2009年			2010-2014年			2015年以后		
	户数	间数	面积	户数	间数	面积	户数	间数	面积
盐城市	**63114**	**210366**	**8259920**	**41635**	**127416**	**5055527**	**17646**	**54478**	**2084972**
亭湖区	6206	22080	808721	4003	13230	500196	2189	6894	259508
盐都区	5657	18430	688047	4362	12835	477041	2217	6453	244775
大丰区	6667	20006	910796	3997	11360	500283	1882	5517	238283
响水县	4396	15921	593079	2537	9175	363674	1158	4053	154883
滨海县	7543	25250	984328	4244	13478	564951	1721	5269	216237
阜宁县	6797	22655	801570	4584	13976	509827	2024	6654	219290
射阳县	5940	19474	708516	3794	11918	456316	1493	4530	166932
建湖县	5000	14871	583070	4785	13683	533467	807	2354	86879
盐城经济技术开发区	743	2276	91563	1019	2801	111236	171	539	20857
江苏省盐南高新区	4031	12552	509312	3781	10584	435288	1911	5745	216782
东台市	10134	36851	1580918	4529	14376	603248	2073	6470	260546
扬州市	**43604**	**146398**	**5969193**	**25482**	**78347**	**3216257**	**11660**	**36033**	**1433017**
广陵区	4908	14919	607584	3415	9531	391646	2054	5651	222664
邗江区	8359	26415	1141465	3967	12030	512091	1810	5452	212998
江都区	8242	28967	1203407	3833	12603	524203	1935	6490	271028
宝应县	6310	22407	813569	3427	11154	409848	1714	5365	192375
扬州经济技术开发区	2730	8000	310455	1772	4843	185892	721	2002	76502
蜀冈瘦西湖景区	1366	4007	161915	1051	2916	110322	258	760	28620
生态新城	503	2371	115466	397	1692	83055	182	788	37427
仪征市	4972	17972	757632	3687	11621	509920	1257	4017	169236
高邮市	6214	21340	857700	3933	11957	489280	1729	5508	222167
镇江市	**26325**	**77431**	**3322706**	**21052**	**58832**	**2442108**	**11512**	**33709**	**1361590**
京口区	3179	8924	369028	2286	5901	238248	1093	3028	123019
润州区	2466	6520	265522	2414	6463	258555	787	2223	85043
丹徒区	2898	9457	387612	1620	4960	197091	938	2856	108648
镇江新区	2645	7307	290487	3128	8346	320300	1002	2891	107217
江苏镇江高新区	621	1608	68974	1000	2616	102143	275	694	28972
丹阳市	6122	17125	764983	4939	13516	584228	2572	7313	305621
扬中市	2578	9054	445850	1905	6518	322973	1232	4407	217938
句容市	5816	17436	730250	3760	10512	418570	3613	10297	385132
泰州市	**45670**	**158252**	**7020716**	**27250**	**88316**	**3824367**	**14763**	**47695**	**2017330**
海陵区	6227	20116	866197	3339	9947	423022	2106	5953	257859
高港区	2594	9736	518377	1827	5950	273785	1006	3116	137781
姜堰区	7353	26390	1060351	4046	12910	533955	1897	6253	247113
泰州医药高新技术产业开发区	2343	7626	346170	2216	6300	266035	964	2721	111075
兴化市	10233	32564	1196488	5691	19366	730739	2272	8199	293573
靖江市	6201	22035	1131455	4459	14914	738654	1879	6674	346125
泰兴市	10719	39785	1901678	5672	18929	858177	4639	14779	623804
宿迁市	**43830**	**155599**	**5806107**	**41710**	**135872**	**5231443**	**14987**	**49363**	**1943929**
宿城区	6967	24629	977819	6469	21017	850534	1899	5666	234523
宿豫区	4030	12752	500987	3798	11046	438057	1702	4986	193183
沭阳县	14187	50715	1831556	10350	38079	1457460	4813	19166	766529
泗阳县	8117	32846	1224094	6435	22396	855780	2264	7167	274361
泗洪县	5798	17182	638265	10413	29389	1117673	2490	6902	267181
宿迁经济技术开发区	2559	8612	308280	1803	5659	204684	444	1301	49041
宿迁市湖滨新区	1162	4377	155713	866	2802	103023	424	1180	44894
苏州宿迁工业园区				180	514	20771	714	2152	83833
宿迁市洋河新区	1010	4486	169393	1396	4970	183461	237	843	30384

9-2a　各地区按住房建成时间分的家庭户住房状况(城市)

单位：户、间、平方米

地　区	合　计			1949年以前		
	户数	间数	面积	户数	间数	面积
江　苏	**1280141**	**3482570**	**138116847**	**3537**	**7161**	**207924**
南京市	**249135**	**626230**	**22381287**	**544**	**1035**	**26244**
玄武区	16343	39448	1285681	84	173	4449
秦淮区	27094	61393	1990154	281	446	9062
建邺区	18173	44468	1629291	1	2	93
鼓楼区	32728	75362	2495318	87	202	5675
浦口区	10043	28346	1129552	5	11	500
栖霞区	25808	62978	2157887	8	16	536
雨花台区	18673	44827	1549059	3	9	218
江宁区	41783	114089	4262762	7	18	570
六合区	7847	23128	878457	15	36	1364
溧水区	8677	23634	951731	3	6	154
高淳区	8013	24090	1037348	32	64	2299
南京江北新区	33953	84467	3014047	18	52	1324
无锡市	**160029**	**398572**	**16857492**	**249**	**485**	**17289**
锡山区	15314	36839	1534257	6	12	267
惠山区	16007	42228	1733764	30	50	1792
滨湖区	17653	44092	1846444	52	115	4742
梁溪区	35430	80971	3187359	69	155	4808
新吴区	18660	47412	1927152	4	7	320
江苏无锡经济开发区	10899	27805	1164389	11	13	325
江阴市	26392	69085	3180490	35	62	2483
宜兴市	19674	50140	2283637	42	71	2552
徐州市	**97945**	**297810**	**12068109**	**71**	**317**	**12621**
鼓楼区	15714	39328	1423275	15	64	1359
云龙区	15184	39748	1496349	15	43	964
贾汪区	5573	18408	668444			
泉山区	23238	60654	2250843	8	28	976
铜山区	10263	44213	1846144	29	169	8840
丰县						
沛县						
睢宁县						
徐州经济技术开发区	113	494	22987			
新沂市	10946	36572	1863929			
邳州市	16914	58393	2496138	4	13	482
常州市	**116647**	**294501**	**12063848**	**146**	**268**	**9198**
天宁区	20646	51604	1990960	36	55	1822
钟楼区	21530	51951	2109215	40	63	2106
新北区	21159	56754	2482110	2	3	150
武进区	23990	58285	2385787	29	52	2110
金坛区	11487	29802	1260595	21	55	1722
江苏省常州市经济开发区	6110	14973	586228	15	32	977
溧阳市	11725	31132	1248953	3	8	311

9-2a 续表 1 单位：户、间、平方米

地区	合计			1949年以前		
	户数	间数	面积	户数	间数	面积
苏州市	**213156**	**537816**	**21269656**	**1567**	**2761**	**72655**
虎丘区	21219	54284	2041495	1	1	15
吴中区	23588	59173	2281955	25	60	2009
相城区	22817	56536	2256300	30	46	1931
姑苏区	33442	76025	2679087	1185	2053	50868
吴江区	18370	47715	1791048	70	139	5114
苏州工业园区						
常熟市	25006	69441	2894098	246	438	11945
张家港市	15651	41608	1908133	1	1	50
昆山市	42334	104391	4166128	6	17	527
太仓市	10729	28643	1251412	3	6	196
南通市	**103242**	**298782**	**12464652**	**147**	**289**	**8902**
崇川区	23524	60304	2405677	64	113	2311
港闸区	12392	33084	1342254	7	15	630
通州区	13224	39659	1687208	32	89	3468
如东县						
南通经济技术开发区						
通州湾示范区						
苏锡通科技产业园区						
启东市	15277	39454	1723175	12	16	893
如皋市	11437	40427	1722700	19	32	961
海门市	12164	33764	1344064	5	11	269
海安市	15224	52090	2239574	8	13	370
连云港市	**33559**	**108514**	**4227325**	**41**	**126**	**3645**
连云区	5245	16145	596903	4	26	610
海州区	19069	57006	2203708	35	93	2865
赣榆区	8811	33159	1347037	2	7	170
东海县	222	1402	49617			
灌云县						
灌南县						
连云港经济技术开发区						
连云港高新技术产业开发区						
江苏连云港徐圩新区	75	236	8424			
江苏省连云港市云台山风景名胜区	137	566	21636			
淮安市	**40199**	**123528**	**4611110**	**38**	**90**	**2675**
淮安区	9337	29086	1119092	20	43	1179
淮阴区	9437	33067	1220799	2	6	237
清江浦区	16761	47186	1762912	14	33	879
洪泽区	4664	14189	508307	2	8	380
涟水县						
盱眙县						
金湖县						
淮安经济技术开发区						
工业园区						
生态文旅区						
苏淮高新区						

9-2a　续表 2　　　　单位：户、间、平方米

地　区	合　计			1949年以前		
	户数	间数	面积	户数	间数	面积
盐城市	**56701**	**174043**	**6648985**	**17**	**88**	**2011**
亭湖区	17286	53141	1877447	1	4	90
盐都区	8971	26950	1014679			
大丰区	8426	25081	978561			
响水县						
滨海县						
阜宁县						
射阳县						
建湖县						
盐城经济技术开发区	61	178	7595			
江苏省盐南高新区	10634	31910	1262227	11	70	1546
东台市	11323	36783	1508476	5	14	375
扬州市	**66458**	**197429**	**7799208**	**418**	**1009**	**29421**
广陵区	13814	36657	1296244	271	647	17890
邗江区	16220	49485	2017788	14	40	1737
江都区	11073	34178	1438557	48	127	4599
宝应县						
扬州经济技术开发区						
蜀冈瘦西湖景区	4521	13406	492924			
生态新城	835	3638	168246			
仪征市	10399	31467	1250140			
高邮市	9596	28598	1135309	85	195	5195
镇江市	**55871**	**156256**	**6355229**	**162**	**375**	**11683**
京口区	11716	30035	1128188	23	58	1924
润州区	8642	22439	839965	79	143	3881
丹徒区	4779	15209	614102	11	74	1883
镇江新区						
江苏镇江高新区	2065	5646	227249	1	1	20
丹阳市	13197	36507	1546052	45	90	3409
扬中市	5464	18061	849945	1	2	60
句容市	10008	28359	1149728	2	7	506
泰州市	**63730**	**196720**	**8526199**	**135**	**312**	**11340**
海陵区	15898	46993	1943013	41	102	3547
高港区	4155	13725	669854	3	10	579
姜堰区	11147	33641	1411814	11	31	910
泰州医药高新技术产业开发区						
兴化市	9378	26937	1050713	73	145	5268
靖江市	10783	35535	1734120	2	14	660
泰兴市	12369	39889	1716685	5	10	376
宿迁市	**23469**	**72369**	**2843747**	**2**	**6**	**240**
宿城区	11516	35632	1439683			
宿豫区	6999	19590	753754	1	3	104
沭阳县						
泗阳县						
泗洪县						
宿迁经济技术开发区						
宿迁市湖滨新区	1613	5271	196179			
苏州宿迁工业园区	894	2666	104604			
宿迁市洋河新区	2447	9210	349527	1	3	136

9-2a 续表 3 单位：户、间、平方米

地区	1949-1959年			1960-1969年		
	户数	间数	面积	户数	间数	面积
江苏	**2575**	**5581**	**171518**	**5258**	**11638**	**364077**
南京市	**807**	**1487**	**40426**	**1348**	**2648**	**69506**
玄武区	135	287	8456	169	312	7733
秦淮区	251	405	9357	201	361	7865
建邺区	27	28	1431	1	2	15
鼓楼区	172	305	7294	349	631	15669
浦口区	3	12	310	30	101	4927
栖霞区	57	112	2822	210	416	10049
雨花台区	6	11	329	82	157	3733
江宁区	29	72	3226	18	54	1910
六合区	13	40	1260	26	68	2045
溧水区	3	8	470	10	25	1060
高淳区	20	45	1727	29	60	2195
南京江北新区	91	162	3744	223	461	12305
无锡市	**337**	**700**	**26085**	**619**	**1408**	**52325**
锡山区	3	5	135	11	17	782
惠山区	21	48	1662	58	108	4034
滨湖区	86	144	5155	101	257	10468
梁溪区	96	199	6398	228	548	16428
新吴区	4	9	267	11	29	1218
江苏无锡经济开发区	7	13	645	14	25	1123
江阴市	41	112	5328	73	183	8759
宜兴市	79	170	6495	123	241	9513
徐州市	**130**	**350**	**9397**	**356**	**1043**	**34990**
鼓楼区	69	184	2963	113	267	7318
云龙区	16	52	1535	45	107	2722
贾汪区	13	27	639	25	66	1917
泉山区	5	7	160	79	180	4870
铜山区	16	38	1910	59	289	12510
丰县						
沛县						
睢宁县						
徐州经济技术开发区	1	3	210			
新沂市	1	4	260	12	41	2018
邳州市	9	35	1720	23	93	3635
常州市	**197**	**357**	**12320**	**466**	**865**	**30765**
天宁区	30	64	2402	81	158	5513
钟楼区	56	88	3087	91	159	5855
新北区	3	6	290	18	38	1732
武进区	20	29	1009	109	206	7817
金坛区	16	32	1038	28	59	2324
江苏省常州市经济开发区	43	89	3005	73	118	3380
溧阳市	29	49	1489	66	127	4144

9-2a　续表 4　　　　单位：户、间、平方米

地　区	1949-1959年			1960-1969年		
	户数	间数	面积	户数	间数	面积
苏州市	**405**	**731**	**19359**	**869**	**1611**	**43685**
虎丘区	1	1	30	2	2	35
吴中区	9	31	1056	39	105	3159
相城区	17	34	1596	40	92	2679
姑苏区	299	502	12442	599	1049	26242
吴江区	18	51	1041	38	85	3132
苏州工业园区						
常熟市	56	101	2826	85	169	4988
张家港市	1	1	20	2	4	165
昆山市	2	4	118	40	63	1803
太仓市	2	6	230	24	42	1482
南通市	**101**	**240**	**9523**	**278**	**520**	**19703**
崇川区	9	18	428	16	25	668
港闸区	3	9	280	27	53	1303
通州区	31	109	4310	61	124	4556
如东县						
南通经济技术开发区						
通州湾示范区						
苏锡通科技产业园区						
启东市	28	43	1935	94	151	6491
如皋市	1	2	50	10	23	1161
海门市	21	38	1654	54	111	3985
海安市	8	21	866	16	33	1539
连云港市	**149**	**435**	**14346**	**217**	**646**	**18594**
连云区	10	42	1466	42	152	4282
海州区	136	382	12536	148	409	11716
赣榆区	1	3	124	21	64	1904
东海县						
灌云县						
灌南县						
连云港经济技术开发区						
连云港高新技术产业开发区						
江苏连云港徐圩新区	1	4	140	3	11	432
江苏省连云港市云台山风景名胜区	1	4	80	3	10	260
淮安市	**60**	**222**	**4980**	**213**	**515**	**14058**
淮安区	28	66	1972	104	236	6726
淮阴区				8	46	1519
清江浦区	23	130	2365	77	168	4143
洪泽区	9	26	643	24	65	1670
涟水县						
盱眙县						
金湖县						
淮安经济技术开发区						
工业园区						
生态文旅区						
苏淮高新区						

9-2a 续表 5 单位：户、间、平方米

地 区	1949-1959年			1960-1969年		
	户数	间数	面积	户数	间数	面积
盐城市	**27**	**88**	**2777**	**141**	**379**	**11993**
亭湖区	11	39	859	64	166	4624
盐都区	2	11	340	7	22	1045
大丰区				21	38	1166
响水县						
滨海县						
阜宁县						
射阳县						
建湖县						
盐城经济技术开发区						
江苏省盐南高新区	3	13	405	23	86	2678
东台市	11	25	1173	26	67	2480
扬州市	**196**	**509**	**17497**	**382**	**1063**	**35341**
广陵区	94	219	6662	198	462	12393
邗江区	23	71	3058	20	91	3199
江都区	20	70	3050	52	180	8374
宝应县						
扬州经济技术开发区						
蜀冈瘦西湖景区	4	7	278	14	61	1572
生态新城				2	8	630
仪征市	8	23	928	28	88	3433
高邮市	47	119	3521	68	173	5740
镇江市	**78**	**209**	**6044**	**171**	**406**	**14080**
京口区	13	29	933	39	88	2804
润州区	40	96	2351	52	115	3225
丹徒区	8	44	1440	19	68	2825
镇江新区						
江苏镇江高新区	1	7	200	2	5	123
丹阳市	13	28	940	38	78	3083
扬中市	2	4	140	9	26	965
句容市	1	1	40	12	26	1055
泰州市	**87**	**247**	**8634**	**190**	**503**	**17819**
海陵区	37	116	4150	104	285	9445
高港区	3	7	280	10	30	1640
姜堰区	13	31	967	14	49	1471
泰州医药高新技术产业开发区						
兴化市	25	73	2496	43	90	3078
靖江市	1	1	35	6	20	993
泰兴市	8	19	706	13	29	1192
宿迁市	**1**	**6**	**130**	**8**	**31**	**1218**
宿城区				3	11	340
宿豫区						
沭阳县						
泗阳县						
泗洪县						
宿迁经济技术开发区						
宿迁市湖滨新区				1	4	250
苏州宿迁工业园区						
宿迁市洋河新区	1	6	130	4	16	628

9-2a 续表 6

单位：户、间、平方米

地区	1970-1979年			1980-1989年			1990-1999年		
	户数	间数	面积	户数	间数	面积	户数	间数	面积
江 苏	**25464**	**58116**	**1912029**	**122990**	**300283**	**10363361**	**235495**	**649280**	**24798504**
南京市	**5574**	**11668**	**318027**	**27295**	**61464**	**1762918**	**44792**	**109057**	**3622115**
玄武区	485	1000	24931	3558	7925	213985	5477	12542	377403
秦淮区	1204	2456	61479	5897	12644	338877	9112	20107	618546
建邺区	28	52	1282	1488	3097	80727	3287	7031	210612
鼓楼区	1816	3674	97367	8018	17207	466318	9951	22204	679597
浦口区	116	355	15314	450	1408	60824	1236	3810	154962
栖霞区	661	1339	34225	1465	3233	87714	2475	5471	166521
雨花台区	285	609	14586	1393	3185	89709	1597	3750	116018
江宁区	86	247	8388	733	2320	83771	3998	11647	443859
六合区	91	211	7742	409	1295	50089	1550	5410	213087
溧水区	50	138	5758	380	1040	40637	1194	3747	150591
高淳区	151	332	14160	563	1451	59966	1589	5110	227956
南京江北新区	601	1255	32795	2941	6659	190301	3326	8228	262963
无锡市	**4748**	**9956**	**383966**	**18782**	**41779**	**1693676**	**23738**	**57371**	**2371141**
锡山区	408	869	35443	1345	2903	131869	1446	3463	144396
惠山区	425	1007	44894	1485	3687	157495	1310	3726	157716
滨湖区	659	1538	65704	2967	6487	244090	2642	6571	270912
梁溪区	2055	3882	122977	6940	14025	464988	7606	16300	595427
新吴区	81	247	9972	183	556	24115	1618	4124	168280
江苏无锡经济开发区	119	267	12727	305	771	34839	443	1149	49929
江阴市	362	819	34950	2870	7031	355943	4521	11923	542704
宜兴市	639	1327	57299	2687	6319	280337	4152	10115	441777
徐州市	**2382**	**6292**	**197943**	**10075**	**28979**	**949361**	**21048**	**64876**	**2549359**
鼓楼区	580	1426	37600	1774	4096	120865	3418	8091	270606
云龙区	309	781	21247	1252	3629	111473	3301	8360	285914
贾汪区	143	432	14184	750	2633	83023	1034	3718	129530
泉山区	857	1898	53532	4147	9504	267230	6223	16214	581338
铜山区	193	716	26665	955	4997	178256	2374	11461	482343
丰县									
沛县									
睢宁县									
徐州经济技术开发区	1	3	230	8	35	1800	42	204	9607
新沂市	120	421	19348	490	1637	81265	1977	7372	389783
邳州市	179	615	25137	699	2448	105449	2679	9456	400238
常州市	**2828**	**5870**	**219951**	**15129**	**33473**	**1266832**	**19561**	**47182**	**1905884**
天宁区	741	1564	52434	3669	7849	242338	3990	9212	329776
钟楼区	790	1700	61655	4290	9365	342125	3037	6916	277099
新北区	72	205	11353	1207	3469	206391	2107	5741	304404
武进区	662	1242	52269	2553	4713	184155	3290	7328	294211
金坛区	101	221	8235	1273	3177	120307	2593	6813	274991
江苏省常州市经济开发区	265	530	20002	906	2135	74353	1284	2915	111622
溧阳市	197	408	14003	1231	2765	97163	3260	8257	313781

9-2a 续表 7

单位：户、间、平方米

地区	1970-1979年			1980-1989年			1990-1999年		
	户数	间数	面积	户数	间数	面积	户数	间数	面积
苏州市	**2725**	**5249**	**160753**	**14798**	**32098**	**1085847**	**35326**	**84550**	**3160951**
虎丘区	26	52	1715	109	254	8995	2208	5322	194321
吴中区	135	308	10291	1386	3152	113590	4075	9684	362648
相城区	182	366	12879	1262	2594	109123	2596	5707	225934
姑苏区	1649	3006	82325	6281	12753	367091	8669	19329	649932
吴江区	160	338	11582	648	1519	47517	2721	6791	227393
苏州工业园区									
常熟市	222	430	14218	2103	4979	187720	5398	14522	586247
张家港市	125	284	11015	1240	2756	107221	2688	6684	294534
昆山市	118	236	8619	947	2077	70919	4922	11247	408155
太仓市	108	229	8109	822	2014	73671	2049	5264	211787
南通市	**1425**	**3234**	**115753**	**8068**	**19450**	**704332**	**24139**	**74277**	**2946389**
崇川区	342	667	19948	2765	5770	179127	5384	13084	462428
港闸区	87	206	5972	473	1121	34537	917	2985	93957
通州区	196	566	20141	928	2524	100218	3292	11467	491875
如东县									
南通经济技术开发区									
通州湾示范区									
苏锡通科技产业园区									
启东市	315	570	24942	1620	3417	141894	4233	11048	478214
如皋市	50	158	5720	470	1445	58774	2650	10346	426546
海门市	299	705	24945	1031	2652	91142	3719	10766	400330
海安市	136	362	14085	781	2521	98640	3944	14581	593039
连云港市	**880**	**2619**	**73950**	**3363**	**10181**	**312534**	**7000**	**22707**	**799996**
连云区	216	671	21011	724	2248	64465	1308	4356	147748
海州区	569	1591	42766	1972	5536	172075	3988	11923	424201
赣榆区	72	248	6751	647	2327	73606	1649	6204	219414
东海县	11	52	1783	4	14	550	24	115	4305
灌云县									
灌南县									
连云港经济技术开发区									
连云港高新技术产业开发区									
江苏连云港徐圩新区	8	45	1313	9	39	1153	8	32	1070
江苏省连云港市云台山风景名胜区	4	12	326	7	17	685	23	77	3258
淮安市	**812**	**2128**	**65994**	**2633**	**7787**	**250185**	**5898**	**20255**	**720742**
淮安区	275	718	23363	758	2250	74978	1294	4751	172835
淮阴区	80	313	11388	254	1097	36882	1502	6631	243276
清江浦区	431	1028	29125	1371	3713	113798	2616	7355	251150
洪泽区	26	69	2118	250	727	24527	486	1518	53481
涟水县									
盱眙县									
金湖县									
淮安经济技术开发区									
工业园区									
生态文旅区									
苏淮高新区									

9-2a　续表 8　　　　单位：户、间、平方米

地　区	1970-1979年			1980-1989年			1990-1999年		
	户数	间数	面积	户数	间数	面积	户数	间数	面积
盐城市	**807**	**2150**	**67769**	**4599**	**13423**	**461267**	**10984**	**35441**	**1300520**
亭湖区	475	1219	35718	2165	5885	185541	4359	13221	441719
盐都区	30	103	3471	318	1261	40003	973	3392	123774
大丰区	77	192	6902	780	2206	84353	1706	5257	194166
响水县									
滨海县									
阜宁县									
射阳县									
建湖县									
盐城经济技术开发区				1	5	210	5	12	475
江苏省盐南高新区	26	77	2710	71	230	8033	777	2553	85473
东台市	199	559	18968	1264	3836	143127	3164	11006	454913
扬州市	**1273**	**3683**	**118535**	**6940**	**19378**	**655050**	**14654**	**45605**	**1773483**
广陵区	570	1440	37770	2245	5561	169083	1967	5491	179631
邗江区	113	433	16472	548	1863	64409	3455	10859	416229
江都区	157	525	19833	1356	4169	156291	2875	8986	382516
宝应县									
扬州经济技术开发区									
蜀冈瘦西湖景区	106	306	8405	588	1646	50032	1134	3703	131780
生态新城	11	53	2351	52	248	11400	174	872	37109
仪征市	133	436	17200	1431	3851	132207	2828	8830	348821
高邮市	183	490	16504	720	2040	71628	2221	6864	277397
镇江市	**1096**	**2687**	**93438**	**6155**	**16306**	**597334**	**11873**	**33439**	**1317859**
京口区	303	773	26115	2234	5148	159903	2736	6634	228039
润州区	314	686	19823	923	2172	63100	1567	4021	138465
丹徒区	70	287	11122	340	1574	57389	599	2292	92412
镇江新区									
江苏镇江高新区	25	83	2909	73	299	11083	67	333	12825
丹阳市	250	496	19417	1673	4381	195855	3579	9607	390327
扬中市	30	83	3477	367	1086	45430	1431	4718	215699
句容市	104	279	10575	545	1646	64574	1894	5834	240092
泰州市	**817**	**2095**	**77216**	**4495**	**12729**	**496891**	**14623**	**46236**	**2013026**
海陵区	311	698	22712	1088	3008	108689	3651	10862	432229
高港区	32	107	5733	264	902	48129	884	3355	184675
姜堰区	92	280	9959	784	2298	78749	2334	6856	279185
泰州医药高新技术产业开发区									
兴化市	170	393	13628	936	2462	87562	2082	5806	207122
靖江市	62	142	5572	703	1960	82972	2509	8685	426181
泰兴市	150	475	19612	720	2099	90790	3163	10672	483634
宿迁市	**97**	**485**	**18734**	**658**	**3236**	**127134**	**1859**	**8284**	**317039**
宿城区	27	153	6904	226	1070	47349	907	4145	163395
宿豫区	17	61	3009	111	650	23571	223	889	34033
沭阳县									
泗阳县									
泗洪县									
宿迁经济技术开发区									
宿迁市湖滨新区	38	215	7190	53	274	10898	136	632	23671
苏州宿迁工业园区									
宿迁市洋河新区	15	56	1631	268	1242	45316	593	2618	95940

9-2a 续表 9

单位：户、间、平方米

地　区	2000-2009年			2010-2014年			2015年以后		
	户数	间数	面积	户数	间数	面积	户数	间数	面积
江　苏	**440281**	**1233397**	**51153988**	**281830**	**766206**	**31409994**	**162711**	**450908**	**17735452**
南京市	**85875**	**226195**	**8673910**	**46366**	**116303**	**4339432**	**36534**	**96373**	**3528709**
玄武区	4686	12436	467725	927	2417	94426	822	2356	86573
秦淮区	7377	18416	694308	1287	3086	118918	1484	3472	131742
建邺区	5814	15170	607309	4588	10583	394687	2939	8503	333135
鼓楼区	8318	21608	845569	2097	4941	190635	1920	4590	187194
浦口区	3513	10315	420229	2406	6586	260464	2284	5748	212022
栖霞区	9061	22903	802094	6315	15510	560704	5556	13978	493222
雨花台区	7706	18598	676119	5587	12974	456131	2014	5534	192216
江宁区	20453	55407	2109244	9003	23465	873967	7456	20859	737827
六合区	2482	7422	286175	1886	5056	183234	1375	3590	133461
溧水区	2493	6830	288427	1955	5039	207574	2589	6801	257060
高淳区	2340	7406	335882	2190	6448	265976	1099	3174	127187
南京江北新区	11632	29684	1140829	8125	20198	732716	6996	17768	637070
无锡市	**58666**	**150277**	**6523085**	**36201**	**92081**	**3996312**	**16689**	**44515**	**1793613**
锡山区	6277	15313	649125	3399	7581	321261	2419	6676	250979
惠山区	5562	14880	617829	4203	11092	456245	2913	7630	292097
滨湖区	6355	16711	712821	3876	9671	424163	915	2598	108389
梁溪区	9977	24999	1096637	6285	15535	664282	2174	5328	215414
新吴区	9041	22672	931331	5209	12944	533356	2509	6824	258293
江苏无锡经济开发区	4363	10691	452827	3647	9555	404234	1990	5321	207740
江阴市	9635	25553	1164153	6156	16176	744408	2699	7226	321762
宜兴市	7456	19458	898362	3426	9527	448363	1070	2912	138939
徐州市	**32293**	**103129**	**4446615**	**19803**	**58680**	**2494994**	**11787**	**34144**	**1372829**
鼓楼区	4402	11243	452974	3116	8035	315354	2227	5922	214236
云龙区	4917	12606	502279	3405	8863	360996	1924	5307	209219
贾汪区	1517	5044	189650	1143	3602	137172	948	2886	112329
泉山区	5907	16977	719827	3218	8300	333404	2794	7546	289506
铜山区	3297	14583	633460	2313	8354	351754	1027	3606	150406
丰县									
沛县									
睢宁县									
徐州经济技术开发区	37	158	7030	18	65	2990	6	26	1120
新沂市	4516	15365	801220	3104	9640	470234	726	2092	99801
邳州市	7700	27153	1140175	3486	11821	523090	2135	6759	296212
常州市	**38742**	**101107**	**4278100**	**26094**	**68920**	**2888220**	**13484**	**36459**	**1452578**
天宁区	5901	16114	670439	4071	10883	461420	2127	5705	224816
钟楼区	7346	18815	800813	4107	10354	439086	1773	4491	177389
新北区	8662	22843	969826	5741	15193	627859	3347	9256	360105
武进区	8197	20394	849969	6547	17352	711442	2583	6969	282805
金坛区	3512	9004	407618	2367	6189	270577	1576	4252	173783
江苏省常州市经济开发区	1780	4582	190111	1011	2596	106025	733	1976	76753
溧阳市	3344	9355	389324	2250	6353	271811	1345	3810	156927

9-2a　续表 10　　　　单位：户、间、平方米

地　区	2000-2009年			2010-2014年			2015年以后		
	户数	间数	面积	户数	间数	面积	户数	间数	面积
苏州市	**83521**	**214216**	**8885881**	**44258**	**115015**	**4667441**	**29687**	**81585**	**3173084**
虎丘区	10669	26974	1011655	4368	11274	437190	3835	10404	387539
吴中区	8032	20060	807243	5688	14441	542141	4199	11332	439818
相城区	8117	20710	852207	6259	15482	615651	4314	11505	434300
姑苏区	8132	20598	847794	4232	10400	391249	2396	6335	251144
吴江区	7736	18534	700411	3866	11037	451923	3113	9221	342935
苏州工业园区									
常熟市	10555	29831	1281352	3436	9907	427699	2905	9064	377103
张家港市	5620	15348	742226	3679	10194	476607	2295	6336	276295
昆山市	20574	50815	2108231	10110	25303	1018215	5615	14629	549541
太仓市	4086	11346	534762	2620	6977	306766	1015	2759	114409
南通市	**30066**	**91806**	**4011326**	**27086**	**75959**	**3252545**	**11932**	**33007**	**1396179**
崇川区	7236	20416	875305	5343	14044	601752	2365	6167	263710
港闸区	2612	6592	274209	5638	14775	622019	2628	7328	309347
通州区	3189	9682	431649	3685	10051	423139	1810	5047	207852
如东县									
南通经济技术开发区									
通州湾示范区									
苏锡通科技产业园区									
启东市	4966	13768	618420	2538	6619	286321	1471	3822	164065
如皋市	4324	16046	701563	2903	9265	395218	1010	3110	132707
海门市	3618	10256	432285	2291	6140	263138	1126	3085	126316
海安市	4121	15046	677895	4688	15065	660958	1522	4448	192182
连云港市	**12378**	**39339**	**1646859**	**6403**	**22336**	**915616**	**3128**	**10125**	**441785**
连云区	1798	5426	219658	891	2500	106050	252	724	31613
海州区	7251	21788	919587	3129	10081	399864	1841	5203	218098
赣榆区	3233	11638	488490	2202	8768	376480	984	3900	180098
东海县	41	227	9095	99	724	22988	43	270	10896
灌云县									
灌南县									
连云港经济技术开发区									
连云港高新技术产业开发区									
江苏连云港徐圩新区	3	6	310	42	96	3806	1	3	200
江苏省连云港市云台山风景名胜区	52	254	9719	40	167	6428	7	25	880
淮安市	**14745**	**47984**	**1824577**	**9871**	**27960**	**1085455**	**5929**	**16587**	**642444**
淮安区	3159	10744	431648	2222	6106	243805	1477	4172	162586
淮阴区	3542	13252	487805	2112	6273	236310	1937	5449	203382
清江浦区	5955	17340	668191	4013	11192	443147	2261	6227	250114
洪泽区	2089	6648	236933	1524	4389	162193	254	739	26362
涟水县									
盱眙县									
金湖县									
淮安经济技术开发区									
工业园区									
生态文旅区									
苏淮高新区									

9-2a 续表 11 单位：户、间、平方米

地区	2000-2009年			2010-2014年			2015年以后		
	户数	间数	面积	户数	间数	面积	户数	间数	面积
盐城市	**17710**	**57141**	**2246169**	**14863**	**43005**	**1694647**	**7553**	**22328**	**861832**
亭湖区	4907	16474	604644	3368	10334	387461	1936	5799	216791
盐都区	2780	8464	326342	3278	9254	346489	1583	4443	173215
大丰区	2616	8063	318986	2206	6308	253253	1020	3017	119735
响水县									
滨海县									
阜宁县									
射阳县									
建湖县									
盐城经济技术开发区	1	1	30	2	8	620	52	152	6260
江苏省盐南高新区	4031	12552	509312	3781	10584	435288	1911	5745	216782
东台市	3375	11587	486855	2228	6517	271536	1051	3172	129049
扬州市	**21225**	**64959**	**2697878**	**14830**	**42310**	**1723330**	**6540**	**18913**	**748673**
广陵区	3767	10493	395574	2893	7535	293438	1809	4809	183803
邗江区	7089	21633	924431	3380	9877	410947	1578	4618	177306
江都区	3526	11057	477115	2047	6097	259948	992	2967	126831
宝应县									
扬州经济技术开发区									
蜀冈瘦西湖景区	1366	4007	161915	1051	2916	110322	258	760	28620
生态新城	264	1208	59537	218	836	38385	114	413	18834
仪征市	2739	8831	363879	2411	6958	287431	821	2450	96241
高邮市	2474	7730	315427	2830	8091	322859	968	2896	117038
镇江市	**16083**	**45877**	**1978750**	**13128**	**36348**	**1515459**	**7125**	**20609**	**820582**
京口区	3079	8621	356306	2217	5715	231481	1072	2969	120683
润州区	2466	6520	265522	2414	6463	258555	787	2223	85043
丹徒区	1782	5304	227234	1190	3358	137136	760	2208	82661
镇江新区									
江苏镇江高新区	621	1608	68974	1000	2616	102143	275	694	28972
丹阳市	3156	9013	394442	2728	7847	334885	1715	4967	203694
扬中市	1662	5644	272899	1282	4234	204890	680	2264	106385
句容市	3317	9167	393373	2297	6115	246369	1836	5284	193144
泰州市	**20241**	**65026**	**2912132**	**14598**	**43830**	**1906707**	**8544**	**25742**	**1082434**
海陵区	5545	17216	737695	3136	9165	386598	1985	5541	237948
高港区	1082	3681	188618	1193	3598	154819	684	2035	85381
姜堰区	3792	12101	522087	2874	8375	364224	1233	3620	154262
泰州医药高新技术产业开发区									
兴化市	3094	9045	376490	2219	6517	266345	736	2406	88724
靖江市	3492	11717	585430	2939	9388	450410	1069	3608	181867
泰兴市	3236	11266	501812	2237	6787	284311	2837	8532	334252
宿迁市	**8736**	**26341**	**1028706**	**8329**	**23459**	**929836**	**3779**	**10521**	**420710**
宿城区	4765	14543	573977	4147	11767	481106	1441	3943	166612
宿豫区	2684	7367	282451	2674	7129	276044	1289	3491	134542
沭阳县									
泗阳县									
泗洪县									
宿迁经济技术开发区									
宿迁市湖滨新区	671	2144	78607	478	1379	51545	236	623	24018
苏州宿迁工业园区				180	514	20771	714	2152	83833
宿迁市洋河新区	616	2287	93671	850	2670	100370	99	312	11705

9-2b　各地区按住房建成时间分的家庭户住房状况(镇)

单位：户、间、平方米

地　　区	合　　计			1949年以前		
	户数	间数	面积	户数	间数	面积
江　苏	**694323**	**2205894**	**89006127**	**1161**	**2879**	**105804**
南京市	**5865**	**16310**	**618093**			
玄武区						
秦淮区						
建邺区						
鼓楼区						
浦口区	63	164	5956			
栖霞区						
雨花台区	289	637	23756			
江宁区						
六合区	3968	10850	386340			
溧水区	1144	3072	141085			
高淳区	401	1587	60956			
南京江北新区						
无锡市	**37872**	**98083**	**4814504**	**118**	**229**	**11770**
锡山区	8534	22630	1055398	14	32	1125
惠山区	3803	9904	444129	20	29	1112
滨湖区						
梁溪区						
新吴区						
江苏无锡经济开发区						
江阴市	15224	39090	2021395	35	85	6206
宜兴市	10311	26459	1293582	49	83	3327
徐州市	**88904**	**328184**	**12441653**	**66**	**222**	**10221**
鼓楼区						
云龙区	636	3061	114522	2	24	1299
贾汪区	2725	9795	341579	4	12	205
泉山区						
铜山区	11105	46631	1838186	5	20	620
丰县	15536	70055	2337472	10	33	937
沛县	19128	64312	2320205	18	52	1560
睢宁县	16873	57582	2501327	15	47	4160
徐州经济技术开发区	10140	30445	1119768	1	6	200
新沂市	5218	17887	852582	3	10	390
邳州市	7543	28416	1016012	8	18	850
常州市	**21919**	**57032**	**2692941**	**127**	**237**	**10398**
天宁区	1473	4104	203312	20	34	1280
钟楼区						
新北区	4003	10309	520208	12	22	875
武进区	5565	14462	728191	21	41	2610
金坛区	2469	6481	291307	25	64	3380
江苏省常州市经济开发区	3223	7496	326268	46	72	2118
溧阳市	5186	14180	623655	3	4	135

9-2b 续表 1

单位：户、间、平方米

地 区	合 计			1949年以前		
	户数	间数	面积	户数	间数	面积
苏州市	**100341**	**263604**	**11196852**	**261**	**559**	**19129**
虎丘区	160	354	14500			
吴中区	6208	15947	702875	20	60	2310
相城区	2074	4720	193908	1	2	70
姑苏区						
吴江区	16082	42281	1612209	146	304	9814
苏州工业园区	31353	76792	3043467			
常熟市	10085	34866	1590228	18	44	1803
张家港市	19024	49139	2284388	7	13	670
昆山市	7767	19505	837385	23	47	1924
太仓市	7588	20000	917892	46	89	2538
南通市	**77867**	**264986**	**11051478**	**110**	**243**	**9644**
崇川区						
港闸区						
通州区	11727	39043	1682840	29	55	2670
如东县	18145	64499	2821644	19	29	1276
南通经济技术开发区	8780	21919	928463	7	21	580
通州湾示范区	1443	4121	198356	1	4	200
苏锡通科技产业园区	1260	3940	153103	1	3	136
启东市	7584	20919	918867	18	37	1439
如皋市	13110	55591	2339312	12	40	1412
海门市	10406	33928	1229081	20	48	1653
海安市	5412	21026	779812	3	6	278
连云港市	**53338**	**196165**	**8067895**	**43**	**143**	**4978**
连云区						
海州区	1714	5738	250464	3	9	230
赣榆区	9397	38764	1571876	21	66	2909
东海县	14947	54830	2481689	4	12	308
灌云县	10352	37202	1465017	10	38	975
灌南县	9582	36090	1337543			
连云港经济技术开发区	2189	6457	263856	1	6	216
连云港高新技术产业开发区	4092	12657	567787	4	12	340
江苏连云港徐圩新区	1002	4212	119204			
江苏省连云港市云台山风景名胜区	63	215	10459			
淮安市	**51682**	**174774**	**6652183**	**18**	**62**	**2159**
淮安区	3547	13222	503224	1	5	120
淮阴区	3332	15595	595403			
清江浦区	201	767	38599			
洪泽区	976	3455	131036	2	8	275
涟水县	14136	50700	1841227	7	32	994
盱眙县	11755	38786	1547255	8	17	770
金湖县	6091	17144	642469			
淮安经济技术开发区	7814	23295	913175			
工业园区	235	642	21637			
生态文旅区	2962	8711	339626			
苏淮高新区	633	2457	78532			

9-2b 续表 2

单位：户、间、平方米

地区	合计			1949年以前		
	户数	间数	面积	户数	间数	面积
盐城市	**89833**	**275842**	**10424714**	**92**	**230**	**8444**
亭湖区	1976	7217	276910			
盐都区	3536	12155	411832	22	46	1500
大丰区	7355	19283	924633	8	13	626
响水县	8315	28144	1001333	19	50	1890
滨海县	14330	43510	1647290	9	19	697
阜宁县	15158	47249	1645334	2	4	120
射阳县	16581	50976	1813124	22	77	2917
建湖县	13163	37748	1483309	1	2	80
盐城经济技术开发区	1866	5338	204045			
江苏省盐南高新区						
东台市	7553	24222	1016904	9	19	614
扬州市	**37939**	**123101**	**4794071**	**142**	**367**	**11182**
广陵区	1312	4718	210863			
邗江区	1840	6447	280705	1	3	100
江都区	8491	27913	1100321	38	88	4259
宝应县	13361	43600	1535825	77	230	5019
扬州经济技术开发区	6683	19179	729267	1	5	102
蜀冈瘦西湖景区						
生态新城	327	1363	68693			
仪征市	1846	6373	311440			
高邮市	4079	13508	556957	25	41	1702
镇江市	**27880**	**78885**	**3384943**	**63**	**167**	**5282**
京口区	157	377	15425			
润州区						
丹徒区	2155	7677	305554	6	12	491
镇江新区	7178	19676	752231	23	86	2485
江苏镇江高新区						
丹阳市	13491	36467	1675103	32	62	2126
扬中市	1530	5209	272449	1	5	100
句容市	3369	9479	364181	1	2	80
泰州市	**36564**	**119223**	**5054312**	**58**	**148**	**5125**
海陵区	936	3360	123172	2	6	122
高港区	1417	5028	257299	2	3	178
姜堰区	3848	12547	455429	12	44	983
泰州医药高新技术产业开发区	6143	19384	864662	3	7	370
兴化市	11549	35855	1276357	9	20	710
靖江市	4010	13659	677035	5	20	680
泰兴市	8661	29390	1400358	25	48	2082
宿迁市	**64319**	**209705**	**7812488**	**63**	**272**	**7472**
宿城区	1305	4253	174988			
宿豫区	1790	6100	241622	3	6	210
沭阳县	26686	93612	3352837	42	222	5520
泗阳县	14441	49655	1924691	14	35	1418
泗洪县	15587	43418	1642453	3	6	210
宿迁经济技术开发区	4096	11068	419226	1	3	114
宿迁市湖滨新区	414	1599	56671			
苏州宿迁工业园区						
宿迁市洋河新区						

9-2b 续表 3 单位：户、间、平方米

地区	1949-1959年			1960-1969年		
	户数	间数	面积	户数	间数	面积
江 苏	**1129**	**2906**	**106015**	**3463**	**9259**	**334109**
南京市	**4**	**9**	**246**	**25**	**56**	**1800**
玄武区						
秦淮区						
建邺区						
鼓楼区						
浦口区				3	10	418
栖霞区						
雨花台区	1	1	16	6	15	319
江宁区						
六合区	2	6	170	5	9	262
溧水区	1	2	60	6	13	496
高淳区				5	9	305
南京江北新区						
无锡市	**107**	**209**	**10263**	**258**	**501**	**23596**
锡山区	19	37	1566	44	87	4454
惠山区	11	19	733	58	119	5468
滨湖区						
梁溪区						
新吴区						
江苏无锡经济开发区						
江阴市	22	31	1332	73	129	5235
宜兴市	55	122	6632	83	166	8439
徐州市	**109**	**391**	**12865**	**463**	**1783**	**60531**
鼓楼区						
云龙区	4	37	1568	5	60	1680
贾汪区	4	17	478	25	72	1851
泉山区						
铜山区	23	60	2305	94	288	9898
丰县	22	89	2581	152	719	24430
沛县	33	118	3384	54	221	6334
睢宁县	4	10	529	30	111	6003
徐州经济技术开发区	6	25	865	49	143	4275
新沂市	2	3	120	20	69	2890
邳州市	11	32	1035	34	100	3170
常州市	**108**	**245**	**11318**	**291**	**579**	**25624**
天宁区	10	17	580	15	27	1650
钟楼区						
新北区	10	21	768	32	65	2681
武进区	33	93	5538	107	244	10831
金坛区	21	55	2548	40	75	3768
江苏省常州市经济开发区	30	50	1531	62	97	3543
溧阳市	4	9	353	35	71	3151

9-2b　续表 4　　　　单位：户、间、平方米

地　区	1949-1959年			1960-1969年		
	户数	间数	面积	户数	间数	面积
苏州市	**112**	**205**	**7135**	**325**	**691**	**24763**
虎丘区						
吴中区	5	13	345	17	63	1826
相城区	4	4	104	5	13	643
姑苏区						
吴江区	53	94	2956	156	327	10253
苏州工业园区				2	6	245
常熟市	8	17	809	34	62	3249
张家港市	12	20	589	37	74	4044
昆山市	11	26	953	14	20	767
太仓市	19	31	1379	60	126	3736
南通市	**149**	**314**	**11716**	**412**	**910**	**33877**
崇川区						
港闸区						
通州区	27	54	2199	91	200	7893
如东县	28	61	2609	75	173	7144
南通经济技术开发区				8	18	589
通州湾示范区	3	7	310	12	20	863
苏锡通科技产业园区				13	21	633
启东市	32	55	2274	81	143	5735
如皋市	3	10	270	30	92	2912
海门市	49	111	3479	93	224	7482
海安市	7	16	575	9	19	626
连云港市	**93**	**306**	**10053**	**195**	**627**	**20341**
连云区						
海州区	3	5	188	8	16	580
赣榆区	54	186	5879	61	233	6813
东海县	7	26	723	29	81	2737
灌云县	19	63	2191	43	115	3985
灌南县	2	6	253	15	71	1990
连云港经济技术开发区	5	10	540	18	53	2053
连云港高新技术产业开发区	1	1	25	9	20	1030
江苏连云港徐圩新区	2	9	254	3	13	228
江苏省连云港市云台山风景名胜区				9	25	925
淮安市	**42**	**174**	**6610**	**220**	**729**	**25501**
淮安区	3	9	320	21	63	2439
淮阴区				4	20	630
清江浦区						
洪泽区	2	5	75	12	37	1194
涟水县	22	117	4365	119	477	17378
盱眙县	7	18	530	29	66	2051
金湖县	3	5	120	30	52	1428
淮安经济技术开发区	5	20	1200			
工业园区						
生态文旅区				2	9	295
苏淮高新区				3	5	86

9-2b 续表 5　　　　单位：户、间、平方米

地　区	1949-1959年			1960-1969年		
	户数	间数	面积	户数	间数	面积
盐城市	**146**	**384**	**11990**	**592**	**1546**	**50431**
亭湖区				11	33	884
盐都区	11	40	1190	45	110	3464
大丰区	8	16	568	77	164	6582
响水县	28	77	2458	87	250	7595
滨海县	51	121	3966	161	430	15607
阜宁县	12	40	1130	40	120	3868
射阳县	26	64	1863	103	266	7200
建湖县	1	3	80	31	84	2748
盐城经济技术开发区				2	3	167
江苏省盐南高新区						
东台市	9	23	735	35	86	2316
扬州市	**98**	**235**	**8666**	**245**	**686**	**23497**
广陵区	1	2	200	7	14	620
邗江区	2	11	258	5	20	630
江都区	51	135	5605	102	297	12170
宝应县	21	48	1103	86	243	6206
扬州经济技术开发区	1	3	60	8	36	1058
蜀冈瘦西湖景区						
生态新城						
仪征市	1	1	60	4	8	280
高邮市	21	35	1380	33	68	2533
镇江市	**68**	**162**	**7109**	**171**	**380**	**16243**
京口区						
润州区						
丹徒区	10	21	890	22	56	2232
镇江新区	9	37	1395	9	27	1039
江苏镇江高新区						
丹阳市	41	81	4080	128	275	11966
扬中市	2	9	252	1	1	60
句容市	6	14	492	11	21	946
泰州市	**37**	**87**	**2800**	**182**	**449**	**16269**
海陵区				3	8	200
高港区	1	2	87	2	4	148
姜堰区	4	11	205	20	54	1492
泰州医药高新技术产业开发区				4	19	630
兴化市	20	51	1554	75	201	6100
靖江市	4	9	460	9	21	1070
泰兴市	8	14	494	69	142	6629
宿迁市	**56**	**185**	**5244**	**84**	**322**	**11636**
宿城区	1	6	150	1	3	80
宿豫区	3	17	450	30	110	4568
沭阳县	14	41	1215	41	157	5120
泗阳县	3	7	299	7	40	1415
泗洪县	35	114	3130	4	9	350
宿迁经济技术开发区				1	3	103
宿迁市湖滨新区						
苏州宿迁工业园区						
宿迁市洋河新区						

9-2b 续表 6

单位：户、间、平方米

地区	1970-1979年			1980-1989年			1990-1999年		
	户数	间数	面积	户数	间数	面积	户数	间数	面积
江苏	**14581**	**40412**	**1461748**	**69138**	**209323**	**8066784**	**149876**	**508384**	**20238774**
南京市	**63**	**168**	**6294**	**273**	**768**	**32741**	**518**	**1757**	**78933**
玄武区									
秦淮区									
建邺区									
鼓楼区									
浦口区									
栖霞区									
雨花台区	13	28	917	29	78	1959	14	45	1923
江宁区									
六合区	15	50	2083	76	224	10751	142	466	21966
溧水区	24	64	2474	111	309	14636	226	674	32859
高淳区	11	26	820	57	157	5395	136	572	22185
南京江北新区									
无锡市	**1425**	**3146**	**146388**	**8639**	**21431**	**1071631**	**7877**	**20496**	**1035628**
锡山区	325	731	32094	2081	5705	286247	1828	5306	265448
惠山区	232	511	24996	601	1459	68688	611	1664	75698
滨湖区									
梁溪区									
新吴区									
江苏无锡经济开发区									
江阴市	309	667	30865	3523	7962	390315	3030	7325	386237
宜兴市	559	1237	58433	2434	6305	326381	2408	6201	308245
徐州市	**1828**	**6267**	**209094**	**7418**	**28997**	**981341**	**16966**	**67113**	**2447198**
鼓楼区									
云龙区	25	243	8668	43	423	15761	83	552	21947
贾汪区	171	495	13826	489	1662	59286	759	2856	99232
泉山区									
铜山区	282	917	33150	1300	4922	178924	2726	11497	449944
丰县	305	1462	47926	1446	6909	203592	2862	13702	430506
沛县	634	1703	50656	1645	6068	189267	3693	14138	470839
睢宁县	168	633	27759	933	3654	148350	2777	10290	457601
徐州经济技术开发区	83	303	9474	352	1338	46696	1199	4594	166398
新沂市	57	178	6455	450	1357	51858	998	3141	134837
邳州市	103	333	11180	760	2664	87607	1869	6343	215894
常州市	**1373**	**3010**	**136440**	**5154**	**13166**	**654646**	**6225**	**17021**	**837348**
天宁区	105	259	15536	558	1476	73482	238	792	43475
钟楼区									
新北区	144	287	13238	883	2309	130537	1138	3038	167189
武进区	459	1084	53041	1426	3729	199670	1336	3604	193123
金坛区	101	224	9896	550	1423	63086	875	2472	110688
江苏省常州市经济开发区	384	727	27433	668	1430	62889	765	1856	84927
溧阳市	180	429	17296	1069	2799	124982	1873	5259	237946

9-2b 续表 7　　　　单位：户、间、平方米

地　区	1970-1979年			1980-1989年			1990-1999年		
	户数	间数	面积	户数	间数	面积	户数	间数	面积
苏州市	**989**	**2189**	**83562**	**7122**	**17781**	**737864**	**17972**	**47089**	**1983754**
虎丘区									
吴中区	59	120	4201	464	1049	43815	1840	4559	193251
相城区	46	77	3057	255	477	19386	507	1082	44605
姑苏区									
吴江区	398	909	27915	1810	4791	162265	4150	10607	390802
苏州工业园区	4	10	311	611	1313	34977	2448	5336	185115
常熟市	109	273	12470	1162	3619	176613	2954	10466	473797
张家港市	167	349	18011	1684	4009	196158	4129	10258	501307
昆山市	37	80	3382	258	489	18008	649	1690	72316
太仓市	169	371	14215	878	2034	86642	1295	3091	122561
南通市	**1820**	**4646**	**178906**	**7597**	**23195**	**926597**	**27517**	**105676**	**4376766**
崇川区									
港闸区									
通州区	317	785	30740	1596	5015	213766	5004	19184	830912
如东县	409	1091	42583	1898	5656	238148	6857	26313	1157322
南通经济技术开发区	6	11	490	41	95	3305	566	1318	47974
通州湾示范区	57	116	5899	230	631	30870	664	2025	98959
苏锡通科技产业园区	46	128	3849	103	317	11337	231	959	35033
启东市	345	742	30269	1094	2539	107420	2568	7456	333211
如皋市	203	693	26973	861	3291	125752	5038	23453	967370
海门市	386	946	33075	1114	3544	120889	4207	15201	554888
海安市	51	134	5028	660	2107	75110	2382	9767	351097
连云港市	**889**	**3091**	**108234**	**3400**	**11982**	**375096**	**8210**	**30869**	**1112030**
连云区									
海州区	23	53	2024	133	432	14529	283	894	39161
赣榆区	188	650	18577	1027	3550	94025	1615	5853	199708
东海县	175	678	23657	590	1860	63216	1637	5639	213387
灌云县	287	908	36471	798	2903	98086	2138	7771	280302
灌南县	112	447	15651	514	1996	63869	1782	7456	252186
连云港经济技术开发区	35	100	4095	104	344	13479	287	1050	45386
连云港高新技术产业开发区	20	57	2706	42	154	7724	198	923	46248
江苏连云港徐圩新区	45	180	4333	187	720	19108	262	1252	33972
江苏省连云港市云台山风景名胜区	4	18	720	5	23	1060	8	31	1680
淮安市	**511**	**1754**	**59592**	**2409**	**8897**	**295226**	**7304**	**27975**	**996063**
淮安区	61	247	8254	327	1008	36900	1083	3937	147375
淮阴区	33	135	4796	101	469	14659	648	2901	103109
清江浦区				2	3	210	43	168	8359
洪泽区	25	74	2615	118	370	12642	323	1150	40650
涟水县	218	867	30893	901	4053	136383	2039	9332	311781
盱眙县	106	265	7951	590	1856	60653	1580	5133	187680
金湖县	58	124	3410	294	788	23448	1082	3097	108896
淮安经济技术开发区	3	20	620	32	135	4746	319	1384	58069
工业园区									
生态文旅区				4	12	442	70	289	13225
苏淮高新区	7	22	1053	40	203	5143	117	584	16919

9-2b 续表 8 单位：户、间、平方米

地区	1970-1979年			1980-1989年			1990-1999年		
	户数	间数	面积	户数	间数	面积	户数	间数	面积
盐城市	**2717**	**7344**	**238346**	**12248**	**35953**	**1234165**	**23065**	**72458**	**2700219**
亭湖区	82	217	6963	348	1152	44321	616	2338	85081
盐都区	175	524	15400	552	1890	58765	947	3478	116140
大丰区	340	746	35000	1608	3927	191711	2644	7010	336809
响水县	341	1020	28072	833	2914	84406	1789	6378	211272
滨海县	485	1319	43134	1681	4953	159407	2789	8637	301887
阜宁县	319	1023	28377	1674	5684	169601	3602	11555	391738
射阳县	459	1228	37213	2959	8706	269186	4908	15028	514987
建湖县	263	673	24270	1329	3507	134038	2791	8078	319834
盐城经济技术开发区	13	29	1245	113	333	11704	174	579	22132
江苏省盐南高新区									
东台市	240	565	18672	1151	2887	111026	2805	9377	400339
扬州市	**1130**	**3202**	**105194**	**4157**	**12746**	**450756**	**10199**	**35301**	**1342423**
广陵区	25	82	3159	79	257	10225	369	1401	62109
邗江区	49	182	5906	185	657	24810	631	2275	101200
江都区	352	970	37832	1544	4633	180200	2929	10218	400767
宝应县	415	1206	33389	1391	4240	124636	3202	11352	375024
扬州经济技术开发区	159	422	12395	293	946	34112	1292	3910	145574
蜀冈瘦西湖景区									
生态新城	1	3	160	33	105	5925	108	444	22497
仪征市	28	85	3111	134	379	15225	397	1357	67662
高邮市	101	252	9242	498	1529	55623	1271	4344	167590
镇江市	**786**	**1938**	**79183**	**4312**	**12833**	**574097**	**6846**	**20401**	**931633**
京口区				4	10	535	6	17	980
润州区									
丹徒区	88	272	10412	384	1422	51345	813	3025	122335
镇江新区	30	110	3772	180	612	18897	682	1812	66005
江苏镇江高新区									
丹阳市	603	1393	58731	3417	9806	458086	4228	11670	553928
扬中市	15	28	1240	139	455	23803	630	2251	122023
句容市	50	135	5028	188	528	21431	487	1626	66362
泰州市	**667**	**1864**	**61736**	**4003**	**11540**	**434303**	**10029**	**33609**	**1447809**
海陵区	39	135	2757	206	609	15923	301	1095	38536
高港区	33	117	5229	91	325	15549	304	1224	70370
姜堰区	104	305	9714	636	1863	61105	1344	4347	152641
泰州医药高新技术产业开发区	18	72	3145	154	629	32588	663	2936	150253
兴化市	292	770	21950	1815	4826	154962	3885	11430	393302
靖江市	33	81	3705	296	934	47374	828	2839	153554
泰兴市	148	384	15236	805	2354	106802	2704	9738	489153
宿迁市	**383**	**1793**	**48779**	**2406**	**10034**	**298321**	**7148**	**28619**	**948970**
宿城区	5	29	930	54	188	8186	133	536	23321
宿豫区	17	63	2158	133	510	16813	281	1097	37807
沭阳县	286	1463	37310	1605	7146	194234	3856	16046	501208
泗阳县	38	124	4988	338	1359	47254	1522	6695	243445
泗洪县	34	100	2878	252	714	27992	1191	3620	122609
宿迁经济技术开发区							99	294	9779
宿迁市湖滨新区	3	14	515	24	117	3842	66	331	10801
苏州宿迁工业园区									
宿迁市洋河新区									

9-2b 续表 9 单位：户、间、平方米

地区	2000-2009年			2010-2014年			2015年以后		
	户数	间数	面积	户数	间数	面积	户数	间数	面积
江 苏	**221045**	**708558**	**29100868**	**163721**	**506680**	**20753468**	**70209**	**217493**	**8838557**
南京市	**1320**	**3750**	**145185**	**2035**	**5412**	**199414**	**1627**	**4390**	**153480**
玄武区									
秦淮区									
建邺区									
鼓楼区									
浦口区	26	64	2144	28	73	2754	6	17	640
栖霞区									
雨花台区	100	230	9841	79	137	4740	47	103	4041
江宁区									
六合区	955	2593	95513	1573	4194	148381	1200	3308	107214
溧水区	131	366	17794	303	825	36330	342	819	36436
高淳区	108	497	19893	52	183	7209	32	143	5149
南京江北新区									
无锡市	**10647**	**28946**	**1443623**	**6852**	**18084**	**843684**	**1949**	**5041**	**227921**
锡山区	2163	5584	245751	1688	4233	179842	372	915	38871
惠山区	1169	3143	143608	831	2235	93066	270	725	30760
滨湖区									
梁溪区									
新吴区									
江苏无锡经济开发区									
江阴市	4866	13808	747104	2451	6695	345555	915	2388	108546
宜兴市	2449	6411	307160	1882	4921	225221	392	1013	49744
徐州市	**27592**	**104598**	**4059963**	**22096**	**78363**	**3099928**	**12366**	**40450**	**1560512**
鼓楼区									
云龙区	156	538	24986	283	868	31057	35	316	7556
贾汪区	694	2689	96590	387	1381	48198	192	611	21913
泉山区									
铜山区	3584	15700	619195	2188	9066	369743	903	4161	174407
丰县	4503	20684	698674	3420	16713	571163	2816	9744	357663
沛县	5570	19655	730915	4729	14365	565674	2752	7992	301576
睢宁县	5549	19566	874297	4533	14688	644079	2864	8583	338549
徐州经济技术开发区	3227	10105	374010	3435	9150	344550	1788	4781	173300
新沂市	1650	5641	280974	1523	5504	273971	515	1984	101087
邳州市	2659	10020	360322	1598	6628	251493	501	2278	84461
常州市	**4045**	**10749**	**507295**	**3068**	**7924**	**335634**	**1528**	**4101**	**174238**
天宁区	275	791	37084	156	461	20344	96	247	9881
钟楼区									
新北区	756	1973	94290	688	1729	72809	340	865	37821
武进区	999	2580	130216	803	2061	86999	381	1026	46163
金坛区	312	781	37551	317	810	35995	228	577	24395
江苏省常州市经济开发区	647	1724	80838	444	1068	44615	177	472	18374
溧阳市	1056	2900	127316	660	1795	74872	306	914	37604

9-2b　续表 10　　　　单位：户、间、平方米

地　区	2000-2009年			2010-2014年			2015年以后		
	户数	间数	面积	户数	间数	面积	户数	间数	面积
苏州市	**40395**	**102371**	**4369142**	**22051**	**60630**	**2616146**	**11114**	**32089**	**1355357**
虎丘区				57	121	4720	103	233	9780
吴中区	1953	5013	245115	1203	3178	138193	647	1892	73819
相城区	715	1740	73407	419	1009	38178	122	316	14458
姑苏区									
吴江区	5613	14055	577663	2280	6661	257567	1476	4533	172974
苏州工业园区	17858	41883	1658648	7716	20731	859199	2714	7513	304972
常熟市	2656	9312	430488	1621	5332	242234	1523	5741	248765
张家港市	6640	17392	798960	4231	11358	507488	2117	5666	257161
昆山市	2756	6935	299358	2671	6881	297541	1348	3337	143136
太仓市	2204	6041	285503	1853	5359	271026	1064	2858	130292
南通市	**21890**	**76115**	**3246774**	**13000**	**38070**	**1595711**	**5372**	**15817**	**671487**
崇川区									
港闸区									
通州区	2761	8356	367973	1342	3728	158139	560	1666	68548
如东县	4948	18452	822641	2616	8498	364936	1295	4226	184985
南通经济技术开发区	2725	6779	288341	3778	9330	402668	1649	4347	184516
通州湾示范区	219	653	31450	158	404	18020	99	261	11785
苏锡通科技产业园区	383	1293	49424	331	877	37801	152	342	14890
启东市	2072	6256	278074	845	2285	99083	529	1406	61362
如皋市	4727	19781	855543	1769	6440	278650	467	1791	80430
海门市	2647	8760	325323	1439	3914	138742	451	1180	43550
海安市	1408	5785	228005	722	2594	97672	170	598	21421
连云港市	**17923**	**65341**	**2725128**	**15216**	**56535**	**2496313**	**7369**	**27271**	**1215722**
连云区									
海州区	580	1904	87218	537	1915	83979	144	510	22555
赣榆区	2541	10314	433990	2576	11964	535264	1314	5948	274711
东海县	4691	16147	714881	5426	20819	995967	2388	9568	466813
灌云县	3814	13930	566709	2379	8421	350559	864	3053	125739
灌南县	3677	14403	549534	2378	8116	314191	1102	3595	139869
连云港经济技术开发区	968	2812	113595	470	1227	49664	301	855	34828
连云港高新技术产业开发区	1434	4898	230081	1249	3330	143160	1135	3262	136473
江苏连云港徐圩新区	204	872	26061	179	690	20814	120	476	14434
江苏省连云港市云台山风景名胜区	14	61	3059	22	53	2715	1	4	300
淮安市	**17974**	**63013**	**2468977**	**16843**	**52956**	**2063033**	**6361**	**19214**	**735022**
淮安区	1431	5625	215183	514	1961	79322	106	367	13311
淮阴区	1465	7279	283984	921	4147	163541	160	644	24684
清江浦区	91	400	22275	61	180	6910	4	16	845
洪泽区	260	922	34125	171	629	28050	63	260	11410
涟水县	4714	16798	624828	5007	15544	584061	1109	3480	130544
盱眙县	4316	14532	603862	3819	12796	519582	1300	4103	164176
金湖县	2151	6146	237008	1915	5254	204087	558	1678	64072
淮安经济技术开发区	2875	8955	356418	3270	9146	353500	1310	3635	138622
工业园区	137	368	12549	29	79	2538	69	195	6550
生态文旅区	299	1075	47772	947	2608	101171	1640	4718	176721
苏淮高新区	235	913	30973	189	612	20271	42	118	4087

9-2b 续表 11　　　　单位：户、间、平方米

地区	2000-2009年			2010-2014年			2015年以后		
	户数	间数	面积	户数	间数	面积	户数	间数	面积
盐城市	**26366**	**83961**	**3274371**	**19262**	**57491**	**2269428**	**5345**	**16475**	**637320**
亭湖区	490	1798	70623	332	1304	53131	97	375	15907
盐都区	1095	3803	135400	515	1675	59790	174	589	20183
大丰区	1606	4451	213544	752	2074	97066	312	882	42727
响水县	2741	9360	352920	1696	5517	214630	781	2578	98090
滨海县	5041	16087	633485	2916	8557	351585	1197	3387	137522
阜宁县	4544	13975	508661	3936	11547	428618	1029	3301	113221
射阳县	4150	13462	504564	3104	9506	373559	850	2639	101635
建湖县	4124	12134	478079	4155	11885	470490	468	1382	53690
盐城经济技术开发区	550	1642	61470	945	2537	99609	69	215	7718
江苏省盐南高新区									
东台市	2025	7249	315625	911	2889	120950	368	1127	46627
扬州市	**12044**	**39720**	**1603707**	**6778**	**21065**	**857488**	**3146**	**9779**	**391158**
广陵区	441	1650	73427	270	904	42219	120	408	18904
邗江区	553	1918	86429	314	1083	49186	100	298	12186
江都区	2159	7170	287816	943	3114	121196	373	1288	50476
宝应县	4213	14318	540422	2702	8285	313446	1254	3678	136580
扬州经济技术开发区	2664	7631	296542	1611	4399	169412	654	1827	70012
蜀冈瘦西湖景区									
生态新城	109	504	25305	76	307	14806			
仪征市	513	1829	85699	454	1586	83910	315	1128	55493
高邮市	1392	4700	208067	408	1387	63313	330	1152	47507
镇江市	**6726**	**18663**	**796022**	**5726**	**15289**	**620793**	**3182**	**9052**	**354581**
京口区	63	139	6187	64	156	5537	20	55	2186
润州区									
丹徒区	566	1937	81462	190	664	25507	76	268	10880
镇江新区	2564	6964	277652	2683	7150	274154	998	2878	106832
江苏镇江高新区									
丹阳市	2398	6361	289904	1915	4854	211679	729	1965	84603
扬中市	301	1011	51235	258	816	42070	183	633	31666
句容市	834	2251	89582	616	1649	61846	1176	3253	118414
泰州市	**11041**	**37269**	**1624897**	**7502**	**24335**	**1043549**	**3045**	**9922**	**417824**
海陵区	261	1062	44934	75	266	12192	49	179	8508
高港区	501	1781	92862	322	1065	49793	161	507	23083
姜堰区	1149	3947	155327	429	1426	53108	150	550	20854
泰州医药高新技术产业开发区	2165	6890	309442	2176	6121	257679	960	2710	110555
兴化市	3243	10445	396849	1692	6124	228886	518	1988	72044
靖江市	1235	4258	197808	1180	4107	205917	420	1390	66467
泰兴市	2487	8886	427675	1628	5226	235974	787	2598	116313
宿迁市	**23082**	**74062**	**2835784**	**23292**	**70526**	**2712347**	**7805**	**23892**	**943935**
宿城区	237	838	36125	737	2222	88352	137	431	17844
宿豫区	620	2075	86002	585	1879	79032	118	343	14582
沭阳县	10490	34478	1287166	7363	23947	917730	2989	10112	403334
泗阳县	5357	18989	752549	5164	16448	639879	1998	5958	233444
泗洪县	4210	11855	450328	7771	21319	811618	2087	5681	223338
宿迁经济技术开发区	2030	5272	203618	1575	4399	163832	390	1097	41780
宿迁市湖滨新区	138	555	19996	97	312	11904	86	270	9613
苏州宿迁工业园区									
宿迁市洋河新区									

9-2c 各地区按住房建成时间分的家庭户住房状况(乡村)

单位：户、间、平方米

地区	合计			1949年以前		
	户数	间数	面积	户数	间数	面积
江　苏	**768929**	**2823010**	**113400113**	**1052**	**2699**	**105323**
南京市	**41337**	**152095**	**6637533**	**45**	**120**	**4924**
玄武区						
秦淮区						
建邺区						
鼓楼区						
浦口区	2664	9142	374813	2	9	290
栖霞区	1881	8012	331345	3	15	420
雨花台区						
江宁区	11725	46537	2036815	18	46	2184
六合区	10829	41139	1711283	6	15	585
溧水区	6182	20940	946969	8	20	920
高淳区	7427	23975	1136952	8	15	525
南京江北新区	629	2350	99356			
无锡市	**41642**	**110105**	**5901894**	**201**	**388**	**19650**
锡山区	3382	8592	463619	7	11	535
惠山区	6639	16801	818420	88	151	5177
滨湖区	1278	3665	183041	2	4	340
梁溪区						
新吴区	1723	4045	173346	6	24	1870
江苏无锡经济开发区						
江阴市	14234	38609	2124155	41	81	4907
宜兴市	14386	38393	2139313	57	117	6821
徐州市	**101209**	**423979**	**14981049**	**122**	**407**	**12994**
鼓楼区						
云龙区						
贾汪区	6012	24037	770845	15	57	2003
泉山区						
铜山区	16716	73696	2785431	33	112	3610
丰县	15332	86508	2686681	29	107	3327
沛县	14579	56957	1823132	16	49	1220
睢宁县	14043	56963	2185707	9	25	899
徐州经济技术开发区	1617	7826	293674			
新沂市	13563	46859	1951684	16	48	1585
邳州市	19347	71133	2483895	4	9	350
常州市	**43641**	**126948**	**6312077**	**176**	**363**	**16343**
天宁区	2012	5290	331027	14	29	2130
钟楼区	1234	3042	176353			
新北区	3689	11327	728291	11	34	1610
武进区	11792	34150	1879231	49	93	3992
金坛区	7731	24241	1054020	24	52	2112
江苏省常州市经济开发区	5280	11767	558096	25	41	1185
溧阳市	11903	37131	1585059	53	114	5314

9-2c 续表 1

单位：户、间、平方米

地区	合计			1949年以前		
	户数	间数	面积	户数	间数	面积
苏州市	**70399**	**223326**	**10515425**	**53**	**138**	**6453**
虎丘区	2024	5561	242479	1	2	80
吴中区	9975	30552	1402576	11	42	2160
相城区	1139	3059	171579	2	2	60
姑苏区						
吴江区	11632	39094	1789722	11	25	927
苏州工业园区						
常熟市	12327	47024	2492524	10	27	1533
张家港市	12435	35753	1741507	10	25	843
昆山市	13479	34729	1380623	4	4	270
太仓市	7388	27554	1294415	4	11	580
南通市	**90474**	**342866**	**14458476**	**104**	**188**	**8048**
崇川区						
港闸区	71	266	11924			
通州区	12597	53017	2277463	9	23	831
如东县	14287	53887	2500618	11	29	1140
南通经济技术开发区						
通州湾示范区	2455	7865	369726	1	1	36
苏锡通科技产业园区	1863	5430	227195	3	6	160
启东市	18539	46734	2307786	52	65	3534
如皋市	16014	75987	3174206	5	12	624
海门市	13887	53614	1961279	23	52	1723
海安市	10761	46066	1628279			
连云港市	**53288**	**225737**	**8995767**	**64**	**233**	**7821**
连云区	78	425	14789			
海州区	2521	10433	490567			
赣榆区	15392	59994	2390303	21	66	2030
东海县	14995	67645	3006479	15	47	2019
灌云县	10135	41754	1390315	22	80	2660
灌南县	8961	39639	1457587	3	25	692
连云港经济技术开发区	534	2382	102038	2	7	160
连云港高新技术产业开发区						
江苏连云港徐圩新区	28	186	6514	1	8	260
江苏省连云港市云台山风景名胜区	644	3279	137175			
淮安市	**49272**	**212968**	**7725854**	**31**	**128**	**4171**
淮安区	11437	43877	1808597	3	11	415
淮阴区	9619	48279	1738205	16	66	1580
清江浦区	1561	7762	361869			
洪泽区	3882	17477	502892	1	2	70
涟水县	11401	50825	1761706	2	6	500
盱眙县	6430	26490	896979	8	38	1439
金湖县	4657	17113	614799	1	5	167
淮安经济技术开发区						
工业园区	230	874	32812			
生态文旅区						
苏淮高新区	55	271	7995			

9-2c 续表 2

单位：户、间、平方米

地 区	合 计			1949年以前		
	户数	间数	面积	户数	间数	面积
盐城市	**92741**	**301869**	**10736649**	**89**	**235**	**7153**
亭湖区	3603	15027	504009	4	8	420
盐都区	10771	33796	1145870	27	63	1672
大丰区	10365	29218	1434137	3	6	250
响水县	5881	22004	756436	4	12	381
滨海县	11480	37965	1291912	7	21	600
阜宁县	11975	43471	1253047	23	75	2274
射阳县	12417	39045	1182690			
建湖县	9406	26139	867237	13	30	1015
盐城经济技术开发区	917	2673	118481			
江苏省盐南高新区						
东台市	15926	52531	2182830	8	20	541
扬州市	**51171**	**188403**	**7158841**	**54**	**140**	**5638**
广陵区	2398	9446	453025	3	13	372
邗江区	2930	11402	525579	3	14	570
江都区	13896	52004	2052364	24	62	2576
宝应县	12590	44333	1416604	6	13	459
扬州经济技术开发区	639	2925	105056	1	2	60
蜀冈瘦西湖景区						
生态新城	508	2516	121347			
仪征市	6015	23835	996535	9	22	1038
高邮市	12195	41942	1488331	8	14	563
镇江市	**24108**	**84193**	**3623698**	**62**	**195**	**6801**
京口区	229	1063	45564	1	4	80
润州区	2	7	306			
丹徒区	3445	13785	477768	15	62	1758
镇江新区	1167	4012	149225	9	37	1300
江苏镇江高新区						
丹阳市	7183	21663	1032893	21	43	1658
扬中市	3174	12264	639127			
句容市	8908	31399	1278815	16	49	2005
泰州市	**57857**	**205553**	**8815694**	**23**	**49**	**1942**
海陵区	1646	5850	243796			
高港区	2903	11448	631930			
姜堰区	10472	39826	1403387	2	4	123
泰州医药高新技术产业开发区	483	2055	101630			
兴化市	19439	59524	1888491	13	23	798
靖江市	7968	31670	1831008	3	11	484
泰兴市	14946	55180	2715452	5	11	537
宿迁市	**51790**	**224968**	**7537156**	**28**	**115**	**3385**
宿城区	6573	29657	1123147	7	33	740
宿豫区	4466	18384	687886	1	9	160
沭阳县	18348	80680	2580590	12	46	1320
泗阳县	8914	41629	1378815	2	14	370
泗洪县	8802	30306	979182	4	9	440
宿迁经济技术开发区	1275	7988	248624	2	4	355
宿迁市湖滨新区	1576	7289	236243			
苏州宿迁工业园区						
宿迁市洋河新区	1836	9035	302669			

9-2c 续表 3

单位：户、间、平方米

地 区	1949-1959年			1960-1969年		
	户数	间数	面积	户数	间数	面积
江 苏	**1979**	**5471**	**211996**	**5605**	**15700**	**590873**
南京市	**57**	**150**	**6486**	**190**	**517**	**21446**
玄武区						
秦淮区						
建邺区						
鼓楼区						
浦口区	1	3	150	8	38	1560
栖霞区	3	5	280	4	7	336
雨花台区						
江宁区	10	34	1465	34	91	3769
六合区	10	29	1065	30	116	3859
溧水区	22	57	2598	63	174	7608
高淳区	10	20	888	51	91	4314
南京江北新区	1	2	40			
无锡市	**205**	**433**	**21744**	**672**	**1560**	**82991**
锡山区	8	12	495	43	106	5824
惠山区	72	138	5607	138	254	11287
滨湖区	1	8	257	77	223	11854
梁溪区						
新吴区				10	35	1344
江苏无锡经济开发区						
江阴市	35	79	4356	126	268	14371
宜兴市	89	196	11029	278	674	38311
徐州市	**314**	**1034**	**35265**	**870**	**2868**	**94989**
鼓楼区						
云龙区						
贾汪区	29	80	2324	103	292	8009
泉山区						
铜山区	94	335	11352	172	536	18880
丰县	70	267	8475	173	728	21731
沛县	29	72	2984	112	324	9530
睢宁县	28	95	3635	124	423	16904
徐州经济技术开发区	2	9	230	10	31	1525
新沂市	21	58	2225	51	144	5572
邳州市	41	118	4040	125	390	12838
常州市	**373**	**923**	**44808**	**594**	**1428**	**66241**
天宁区	55	178	11019	32	58	2871
钟楼区	2	2	160	3	6	350
新北区	24	58	3259	46	122	6637
武进区	26	67	3755	114	311	19059
金坛区	66	159	8488	93	233	9207
江苏省常州市经济开发区	76	120	3608	128	232	8790
溧阳市	124	339	14519	178	466	19327

9-2c　续表 4　　单位：户、间、平方米

地　区	1949-1959年			1960-1969年		
	户数	间数	面积	户数	间数	面积
苏州市	**71**	**159**	**5657**	**227**	**513**	**23353**
虎丘区				1	2	60
吴中区	6	14	564	22	48	2144
相城区	2	7	191	3	5	145
姑苏区						
吴江区	45	93	2831	55	138	4637
苏州工业园区						
常熟市	5	19	875	33	71	3304
张家港市	12	24	1116	68	144	7838
昆山市	1	2	80	38	85	4135
太仓市				7	20	1090
南通市	**217**	**463**	**19869**	**776**	**1642**	**66908**
崇川区						
港闸区				1	2	60
通州区	30	90	3575	108	309	12837
如东县	19	40	1676	95	214	9263
南通经济技术开发区						
通州湾示范区	6	7	426	16	27	1278
苏锡通科技产业园区	2	3	110	15	30	906
启东市	104	193	9684	293	438	20608
如皋市	7	18	468	32	98	4184
海门市	46	106	3610	188	441	14843
海安市	3	6	320	28	83	2929
连云港市	**95**	**354**	**11037**	**299**	**1040**	**33090**
连云区				8	40	1214
海州区	3	9	222	7	20	421
赣榆区	35	130	3448	131	431	12721
东海县	23	75	3139	63	210	8836
灌云县	25	96	3187	47	169	5281
灌南县	7	36	855	30	110	2878
连云港经济技术开发区	1	7	150	7	32	865
连云港高新技术产业开发区						
江苏连云港徐圩新区				3	20	734
江苏省连云港市云台山风景名胜区	1	1	36	3	8	140
淮安市	**76**	**266**	**8897**	**194**	**757**	**24318**
淮安区	5	11	481	20	66	2243
淮阴区	22	75	2388	54	229	7436
清江浦区						
洪泽区	12	34	911	10	45	1087
涟水县	23	89	3621	70	281	9563
盱眙县	13	55	1380	22	75	2040
金湖县	1	2	116	17	56	1799
淮安经济技术开发区						
工业园区				1	5	150
生态文旅区						
苏淮高新区						

9-2c 续表 5　　单位：户、间、平方米

地区	1949-1959年			1960-1969年		
	户数	间数	面积	户数	间数	面积
盐城市	**155**	**461**	**14081**	**541**	**1469**	**46983**
亭湖区	4	17	627	32	109	3843
盐都区	49	150	4635	136	386	12437
大丰区	8	20	646	56	117	5045
响水县	8	21	751	19	62	1923
滨海县	13	42	1600	65	193	4870
阜宁县	15	44	1258	38	125	3163
射阳县	23	84	1921	47	128	3680
建湖县	13	29	1043	58	137	4599
盐城经济技术开发区	5	15	370	7	14	488
江苏省盐南高新区						
东台市	17	39	1230	83	198	6935
扬州市	**182**	**561**	**18959**	**462**	**1496**	**51152**
广陵区	4	14	685	11	36	1924
邗江区	3	7	370	10	28	1494
江都区	99	332	10481	165	540	19823
宝应县	22	52	1702	153	498	14631
扬州经济技术开发区	1	2	80	3	11	420
蜀冈瘦西湖景区						
生态新城	1	5	260	8	24	1000
仪征市	7	17	740	30	107	4328
高邮市	45	132	4641	82	252	7532
镇江市	**90**	**263**	**9979**	**233**	**681**	**24478**
京口区	1	3	90	2	7	210
润州区						
丹徒区	16	48	1500	55	196	5799
镇江新区	4	13	430	9	28	1061
江苏镇江高新区						
丹阳市	31	69	3234	76	165	7361
扬中市	5	12	595	7	13	815
句容市	33	118	4130	84	272	9232
泰州市	**92**	**214**	**9071**	**309**	**787**	**28270**
海陵区	4	8	370	12	22	773
高港区	1	4	220	8	20	1003
姜堰区	19	40	1475	57	148	5145
泰州医药高新技术产业开发区				3	8	215
兴化市	55	129	5212	167	437	13480
靖江市	6	14	844	14	43	2608
泰兴市	7	19	950	48	109	5046
宿迁市	**52**	**190**	**6143**	**238**	**942**	**26654**
宿城区	2	12	290	13	56	1670
宿豫区	3	10	560	9	38	1440
沭阳县	20	81	2369	141	539	14463
泗阳县	8	25	1168	25	88	3040
泗洪县	17	53	1460	28	82	2703
宿迁经济技术开发区	1	4	156			
宿迁市湖滨新区				14	102	2303
苏州宿迁工业园区						
宿迁市洋河新区	1	5	140	8	37	1035

9-2c　续表 6　　　　单位：户、间、平方米

地　区	1970-1979年			1980-1989年			1990-1999年		
	户数	间数	面积	户数	间数	面积	户数	间数	面积
江　苏	**26218**	**75678**	**2883029**	**151398**	**484364**	**18996137**	**258753**	**951583**	**37959139**
南京市	**894**	**2573**	**111664**	**5153**	**16935**	**744512**	**14666**	**56116**	**2479355**
玄武区									
秦淮区									
建邺区									
鼓楼区									
浦口区	39	170	6293	193	838	33352	505	2089	88403
栖霞区	30	77	3549	208	814	32903	520	2364	92794
雨花台区									
江宁区	229	721	32566	1486	5493	255642	4033	16847	755665
六合区	166	557	21439	1185	3961	157041	4200	16426	694917
溧水区	193	529	25602	971	3055	143047	2260	8002	364212
高淳区	231	506	21565	1061	2622	115675	2867	9344	439482
南京江北新区	6	13	650	49	152	6852	281	1044	43882
无锡市	**3415**	**8442**	**442933**	**17862**	**48513**	**2703342**	**10346**	**28454**	**1575704**
锡山区	226	548	27419	1486	3987	226664	878	2224	121341
惠山区	1139	2731	135398	2473	6430	327894	882	2482	127030
滨湖区	97	284	16663	255	1005	56422	135	463	27900
梁溪区									
新吴区	57	148	6636	192	557	30459	357	866	41647
江苏无锡经济开发区									
江阴市	628	1608	83663	7033	19340	1086592	4397	12282	687683
宜兴市	1268	3123	173154	6423	17194	975311	3697	10137	570103
徐州市	**2896**	**9964**	**321316**	**14019**	**52601**	**1697247**	**27974**	**108948**	**3712114**
鼓楼区									
云龙区									
贾汪区	252	790	25045	942	3222	98289	1663	6239	191087
泉山区									
铜山区	562	1825	63998	2211	8278	296645	4496	19092	719988
丰县	544	2426	69192	2164	10835	312514	3780	19263	581612
沛县	408	1287	38893	2221	7732	235037	4486	16766	532755
睢宁县	371	1328	46878	2216	8678	298324	4479	17618	651119
徐州经济技术开发区	43	172	6527	200	945	33293	372	1755	64195
新沂市	255	723	24103	2043	6346	210996	3440	10740	392255
邳州市	461	1413	46680	2022	6565	212149	5258	17475	579103
常州市	**3082**	**7918**	**386713**	**14580**	**42816**	**2223664**	**15572**	**47146**	**2318774**
天宁区	212	545	35553	866	2306	143719	491	1293	83644
钟楼区	44	106	6202	462	1276	79488	246	619	38199
新北区	173	431	24897	1516	4752	307776	1227	3855	249474
武进区	953	2894	157621	4974	14536	834990	3166	9361	525381
金坛区	507	1323	52783	2355	7762	334675	3061	9937	439753
江苏省常州市经济开发区	628	1178	49831	1405	3130	146087	1822	4249	211064
溧阳市	565	1441	59826	3002	9054	376929	5559	17832	771259

9-2c 续表 7 单位：户、间、平方米

地区	1970-1979年			1980-1989年			1990-1999年		
	户数	间数	面积	户数	间数	面积	户数	间数	面积
苏州市	**1084**	**2761**	**128734**	**12539**	**40468**	**1954168**	**22825**	**73700**	**3558302**
虎丘区	16	53	2628	186	655	31414	666	1890	88017
吴中区	62	163	7199	795	2610	122696	4729	14223	656404
相城区	21	44	2125	300	852	45893	438	1287	78179
姑苏区									
吴江区	259	674	27503	2565	8263	353892	4104	13905	634065
苏州工业园区									
常熟市	207	550	27279	2387	8421	467200	4705	17772	952491
张家港市	358	845	41748	3379	10590	526727	5001	15213	743450
昆山市	98	258	11578	1569	4493	175393	1739	4911	204614
太仓市	63	174	8674	1358	4584	230953	1443	4499	201082
南通市	**2611**	**5989**	**241823**	**11950**	**34674**	**1429874**	**41101**	**165494**	**6968297**
崇川区									
港闸区	2	2	40	12	49	2272	52	201	8977
通州区	308	832	34458	1594	5389	239531	7334	33307	1418354
如东县	285	724	30776	1431	4194	187937	6339	24543	1152587
南通经济技术开发区									
通州湾示范区	60	107	4978	407	1112	52735	1312	4476	211337
苏锡通科技产业园区	57	114	4111	135	411	15013	300	1030	43210
启东市	945	1630	75025	3633	7414	345828	6974	18169	920249
如皋市	197	648	24203	1277	5006	197043	6911	33003	1392399
海门市	651	1645	57565	2033	6359	227210	6822	28144	1030685
海安市	106	287	10667	1428	4740	162305	5057	22621	790499
连云港市	**1032**	**3587**	**111137**	**5632**	**19650**	**581955**	**11073**	**41734**	**1403933**
连云区	9	32	1542	8	43	1587	8	64	2004
海州区	66	220	7703	282	920	30535	487	1741	74333
赣榆区	399	1263	35609	1985	6441	177253	2799	9679	312328
东海县	195	660	21658	1477	5267	159790	1859	6899	245625
灌云县	220	883	27759	1101	4010	116761	3109	11689	362249
灌南县	112	406	12405	678	2473	78040	2510	10171	345663
连云港经济技术开发区	18	56	1995	55	241	9955	167	793	35128
连云港高新技术产业开发区									
江苏连云港徐圩新区	9	51	2016	10	67	2270	5	40	1234
江苏省连云港市云台山风景名胜区	4	16	450	36	188	5764	129	658	25369
淮安市	**1075**	**3969**	**129377**	**7540**	**29704**	**924721**	**15005**	**62478**	**2115430**
淮安区	204	628	21565	1316	4131	141101	3511	12576	490594
淮阴区	147	554	20001	839	3509	112325	2395	11336	373332
清江浦区	8	23	900	56	198	7306	236	1061	51472
洪泽区	104	374	12561	1043	4614	118961	1329	6280	166354
涟水县	379	1539	48460	2370	10314	330485	4182	18318	619497
盱眙县	125	486	13541	982	3878	107685	1919	7588	224150
金湖县	104	353	11969	917	2976	104478	1349	4949	177461
淮安经济技术开发区									
工业园区	4	12	380	13	60	1768	49	210	7640
生态文旅区									
苏淮高新区				4	24	612	35	160	4930

9-2c　续表 8　　　　　　　　　　　　　　　　　　　　单位：户、间、平方米

地　区	1970-1979年			1980-1989年			1990-1999年		
	户数	间数	面积	户数	间数	面积	户数	间数	面积
盐城市	**4304**	**12104**	**372897**	**26399**	**77929**	**2420944**	**29957**	**97812**	**3457939**
亭湖区	179	624	18604	861	2924	94967	1255	5225	165680
盐都区	745	2139	65630	3278	9638	309223	3725	11930	403829
大丰区	444	1006	44768	2313	5946	285936	3507	10035	493441
响水县	160	473	14944	939	3160	91198	1878	6582	201243
滨海县	422	1245	33087	2944	8879	246659	3675	11619	362172
阜宁县	533	1887	46914	3858	13442	332638	3612	13436	386613
射阳县	370	1156	29908	4797	14505	409783	4057	12857	385392
建湖县	823	2137	64799	4423	11839	364450	2231	6460	230174
盐城经济技术开发区	39	99	3607	229	581	24409	323	903	41658
江苏省盐南高新区									
东台市	589	1338	50636	2757	7015	261681	5694	18765	787737
扬州市	**2182**	**6911**	**234730**	**12466**	**40847**	**1420644**	**19642**	**74416**	**2831485**
广陵区	73	250	13054	391	1538	64628	839	3293	157833
邗江区	91	318	12917	350	1166	53879	1351	5399	250280
江都区	681	2134	77774	3638	11959	451654	5319	20610	814800
宝应县	598	1956	54365	3676	11985	359736	4853	17184	560367
扬州经济技术开发区	17	77	2315	81	424	14660	242	1421	50638
蜀冈瘦西湖景区									
生态新城	17	66	2884	67	273	13080	114	565	25042
仪征市	107	353	14694	840	2848	112820	2359	9660	398780
高邮市	598	1757	56727	3423	10654	350187	4565	16284	573745
镇江市	**1113**	**3231**	**132083**	**5970**	**19380**	**850590**	**9721**	**36309**	**1559550**
京口区	10	29	1330	106	506	21584	66	316	14355
润州区							2	7	306
丹徒区	149	477	17088	771	2941	101008	1547	6527	222144
镇江新区	62	186	6911	292	1140	40229	261	1056	39928
江苏镇江高新区									
丹阳市	521	1414	64296	2980	8839	427944	2562	8186	392775
扬中市	40	102	4461	382	1244	64322	1391	5516	291318
句容市	331	1023	37997	1439	4710	195503	3892	14701	598724
泰州市	**1601**	**4310**	**151655**	**9940**	**29445**	**1112600**	**23180**	**82609**	**3637286**
海陵区	63	143	5199	392	1087	36391	554	2003	81860
高港区	38	90	4120	287	887	45520	1085	4312	245680
姜堰区	295	869	25267	2221	6871	227932	4209	16360	571888
泰州医药高新技术产业开发区	3	12	503	47	191	9303	208	918	46005
兴化市	819	2103	62360	4510	12215	367794	7181	21013	647385
靖江市	119	414	23296	1123	4231	238111	4499	17802	1037330
泰兴市	264	679	30910	1360	3963	187549	5444	20201	1007138
宿迁市	**929**	**3919**	**117967**	**7348**	**31402**	**931876**	**17691**	**76367**	**2340970**
宿城区	81	377	12057	708	3162	107925	1891	8449	301605
宿豫区	83	392	11615	1127	4401	159255	1683	7034	255282
沭阳县	427	1688	48004	3004	12770	340739	6236	26133	726380
泗阳县	191	829	25045	1070	4772	146179	3321	14887	474650
泗洪县	64	202	6909	922	3369	90356	3134	11973	339479
宿迁经济技术开发区	26	141	5514	109	781	22239	326	2254	67585
宿迁市湖滨新区	17	78	2495	189	987	27748	610	3046	95750
苏州宿迁工业园区									
宿迁市洋河新区	40	212	6328	219	1160	37435	490	2591	80239

9-2c 续表 9

单位：户、间、平方米

地　区	2000-2009年			2010-2014年			2015年以后		
	户数	间数	面积	户数	间数	面积	户数	间数	面积
江　苏	**183914**	**729051**	**29427483**	**90695**	**365101**	**15019809**	**49315**	**193363**	**8206324**
南京市	**11614**	**45497**	**1995901**	**5208**	**17716**	**752233**	**3510**	**12471**	**521012**
玄武区									
秦淮区									
建邺区									
鼓楼区									
浦口区	810	2911	125007	794	2197	83374	312	887	36384
栖霞区	631	2833	117301	264	1116	49762	218	781	34000
雨花台区									
江宁区	2916	12376	540068	1707	5855	241586	1292	5074	203870
六合区	3629	14431	606480	1020	3584	144037	583	2020	81860
溧水区	1470	5289	236351	598	1957	88230	597	1857	78401
高淳区	1952	6862	336256	770	2780	136489	477	1735	81758
南京江北新区	206	795	34438	55	227	8755	31	117	4739
无锡市	**4957**	**12331**	**603042**	**2725**	**6801**	**297072**	**1259**	**3183**	**155416**
锡山区	387	862	42337	212	538	24195	135	304	14809
惠山区	886	2303	109033	643	1563	67342	318	749	29652
滨湖区	332	766	31322	328	777	32799	51	135	5484
梁溪区									
新吴区	738	1623	62629	330	720	24593	33	72	4168
江苏无锡经济开发区									
江阴市	1259	3165	165240	421	1101	44693	294	685	32650
宜兴市	1355	3612	192481	791	2102	103450	428	1238	68653
徐州市	**30304**	**133454**	**4791880**	**17422**	**82768**	**3083534**	**7288**	**31935**	**1231710**
鼓楼区									
云龙区									
贾汪区	1689	7381	239305	948	4247	144837	371	1729	59946
泉山区									
铜山区	5134	23918	912456	2822	13867	533294	1192	5733	225208
丰县	4254	26074	819000	3191	20736	665590	1127	6072	205240
沛县	4578	19334	627301	2122	9103	299124	607	2290	76288
睢宁县	3677	15715	634247	1850	8456	352769	1289	4625	180932
徐州经济技术开发区	496	2462	94877	343	1726	65323	151	726	27704
新沂市	3443	11965	539568	2885	11061	518184	1409	5774	257196
邳州市	7033	26605	925126	3261	13572	504413	1142	4986	199196
常州市	**5475**	**15628**	**765971**	**2101**	**5956**	**277655**	**1688**	**4770**	**211908**
天宁区	234	599	37246	74	190	9580	34	92	5265
钟楼区	189	392	20030	152	391	21555	136	250	10369
新北区	439	1361	90319	174	502	31731	79	212	12588
武进区	1424	3822	194777	601	1685	77896	485	1381	61760
金坛区	806	2411	105968	361	1022	43033	458	1342	58001
江苏省常州市经济开发区	826	1949	100994	237	573	24342	133	295	12195
溧阳市	1557	5094	216637	502	1593	69518	363	1198	51730

9-2c　续表 10　　　　单位：户、间、平方米

地　区	2000-2009年			2010-2014年			2015年以后		
	户数	间数	面积	户数	间数	面积	户数	间数	面积
苏州市	**15584**	**42701**	**1920300**	**8226**	**24605**	**1129614**	**9790**	**38281**	**1788844**
虎丘区	761	2011	80313	103	207	8424	290	741	31543
吴中区	2776	7596	343711	745	2821	137898	829	3035	129800
相城区	198	438	23537	58	132	5756	117	292	15693
姑苏区									
吴江区	2569	7960	354761	1110	3906	198078	914	4130	213028
苏州工业园区									
常熟市	2052	8016	409055	717	2618	135926	2211	9530	494861
张家港市	2086	4976	244214	880	2171	95699	641	1765	79872
昆山市	3699	7505	274520	3115	7338	298341	3216	10133	411692
太仓市	1443	4199	190189	1498	5412	249492	1572	8655	412355
南通市	**24541**	**101179**	**4310298**	**6137**	**22300**	**948751**	**3037**	**10937**	**464608**
崇川区									
港闸区	2	9	520	1	1	20	1	2	35
通州区	2325	9857	428859	585	2184	97434	304	1026	41584
如东县	4517	18110	840042	986	3703	170331	604	2330	106866
南通经济技术开发区									
通州湾示范区	436	1462	69006	137	429	19735	80	244	10195
苏锡通科技产业园区	515	1706	72087	677	1692	73416	159	438	18182
启东市	4492	12910	650824	1329	3877	186569	717	2038	95465
如皋市	5709	28481	1197512	1313	6018	244013	563	2703	113760
海门市	3225	13484	498812	595	2286	84528	304	1097	42303
海安市	3320	15160	552636	514	2110	72705	305	1059	36218
连云港市	**15828**	**67350**	**2726077**	**13138**	**62560**	**2773998**	**6127**	**29229**	**1346719**
连云区	26	196	6267				19	50	2175
海州区	788	3462	172392	666	3058	154680	222	1003	50281
赣榆区	4495	17558	746979	3866	17042	764454	1661	7384	335481
东海县	3431	14602	645729	4907	24439	1168018	3025	15446	751665
灌云县	3213	13500	459678	1767	8485	307126	631	2842	105614
灌南县	3400	15565	589777	1701	8571	335459	520	2282	91818
连云港经济技术开发区	151	747	31300	109	401	17916	24	98	4569
连云港高新技术产业开发区									
江苏连云港徐圩新区									
江苏省连云港市云台山风景名胜区	324	1720	73955	122	564	26345	25	124	5116
淮安市	**16322**	**75884**	**2933788**	**6917**	**31270**	**1260834**	**2112**	**8512**	**324318**
淮安区	4348	17900	769826	1680	7117	318792	350	1437	63580
淮阴区	4056	21873	812651	1678	8751	341114	412	1886	67378
清江浦区	923	4941	232476	257	1268	58372	81	271	11343
洪泽区	909	4185	136536	321	1364	46055	153	579	20357
涟水县	3002	14125	515437	1094	5051	194867	279	1102	39276
盱眙县	1775	7447	268614	1163	5139	209282	423	1784	68848
金湖县	1237	5020	182795	628	2329	83446	403	1423	52568
淮安经济技术开发区									
工业园区	57	311	13086	95	246	8820	11	30	968
生态文旅区									
苏淮高新区	15	82	2367	1	5	86			

9-2c 续表 11 单位：户、间、平方米

地 区	2000-2009年			2010-2014年			2015年以后		
	户数	间数	面积	户数	间数	面积	户数	间数	面积
盐城市	**19038**	**69264**	**2739380**	**7510**	**26920**	**1091452**	**4748**	**15675**	**585820**
亭湖区	809	3808	133454	303	1592	59604	156	720	26810
盐都区	1782	6163	226305	569	1906	70762	460	1421	51377
大丰区	2445	7492	378266	1039	2978	149964	550	1618	75821
响水县	1655	6561	240159	841	3658	149044	377	1475	56793
滨海县	2502	9163	350843	1328	4921	213366	524	1882	78715
阜宁县	2253	8680	292909	648	2429	81209	995	3353	106069
射阳县	1790	6012	203952	690	2412	82757	643	1891	65297
建湖县	876	2737	104991	630	1798	62977	339	972	33189
盐城经济技术开发区	192	633	30063	72	256	11007	50	172	6879
江苏省盐南高新区									
东台市	4734	18015	778438	1390	4970	210762	654	2171	84870
扬州市	**10335**	**41719**	**1667608**	**3874**	**14972**	**635439**	**1974**	**7341**	**293186**
广陵区	700	2776	138583	252	1092	55989	125	434	19957
邗江区	717	2864	130605	273	1070	51958	132	536	23506
江都区	2557	10740	438476	843	3392	143059	570	2235	93721
宝应县	2097	8089	273147	725	2869	96402	460	1687	55795
扬州经济技术开发区	66	369	13913	161	444	16480	67	175	6490
蜀冈瘦西湖景区									
生态新城	130	659	30624	103	549	29864	68	375	18593
仪征市	1720	7312	308054	822	3077	138579	121	439	17502
高邮市	2348	8910	334206	695	2479	103108	431	1460	57622
镇江市	**3516**	**12891**	**547934**	**2198**	**7195**	**305856**	**1205**	**4048**	**186427**
京口区	37	164	6535	5	30	1230	1	4	150
润州区									
丹徒区	550	2216	78916	240	938	34448	102	380	15107
镇江新区	81	343	12835	445	1196	46146	4	13	385
江苏镇江高新区									
丹阳市	568	1751	80637	296	815	37664	128	381	17324
扬中市	615	2399	121716	365	1468	76013	369	1510	79887
句容市	1665	6018	247295	847	2748	110355	601	1760	73574
泰州市	**14388**	**55957**	**2483687**	**5150**	**20151**	**874111**	**3174**	**12031**	**517072**
海陵区	421	1838	83568	128	516	24232	72	233	11403
高港区	1011	4274	236897	312	1287	69173	161	574	29317
姜堰区	2412	10342	382937	743	3109	116623	514	2083	71997
泰州医药高新技术产业开发区	178	736	36728	40	179	8356	4	11	520
兴化市	3896	13074	423149	1780	6725	235508	1018	3805	132805
靖江市	1474	6060	348217	340	1419	82327	390	1676	97791
泰兴市	4996	19633	972191	1807	6916	337892	1015	3649	173239
宿迁市	**12012**	**55196**	**1941617**	**10089**	**41887**	**1589260**	**3403**	**14950**	**579284**
宿城区	1965	9248	367717	1585	7028	281076	321	1292	50067
宿豫区	726	3310	132534	539	2038	82981	295	1152	44059
沭阳县	3697	16237	544390	2987	14132	539730	1824	9054	363195
泗阳县	2760	13857	471545	1271	5948	215901	266	1209	40917
泗洪县	1588	5327	187937	2642	8070	306055	403	1221	43843
宿迁经济技术开发区	529	3340	104662	228	1260	40852	54	204	7261
宿迁市湖滨新区	353	1678	57110	291	1111	39574	102	287	11263
苏州宿迁工业园区									
宿迁市洋河新区	394	2199	75722	546	2300	83091	138	531	18679

9-3 各地区按住房设施状况分的家庭户户数

单位：户

地 区	合 计	住房所在建筑有无电梯		主要炊事燃料				
		有	无	燃气	电	煤炭	柴草	其他
江 苏	**2743393**	**652249**	**2091144**	**2359736**	**243492**	**9274**	**92975**	**37916**
南京市	**296337**	**116278**	**180059**	**278438**	**10715**	**415**	**2531**	**4238**
玄武区	16343	5316	11027	15942	247	20		134
秦淮区	27094	8082	19012	26193	604	7		290
建邺区	18173	11807	6366	17780	300	3		90
鼓楼区	32728	9883	22845	31934	777	17		
浦口区	12770	4645	8125	11277	888	70	85	450
栖霞区	27689	13492	14197	26651	739	7	11	281
雨花台区	18962	11268	7694	18208	558	15	7	174
江宁区	53508	20949	32559	49446	2044	59	502	1457
六合区	22644	5264	17380	20292	1288	111	185	768
溧水区	16003	4365	11638	13972	472	74	1309	176
高淳区	15841	2080	13761	13420	1857	28	428	108
南京江北新区	34582	19127	15455	33323	941	4	4	310
无锡市	**239543**	**80669**	**158874**	**223162**	**13307**	**193**	**1308**	**1573**
锡山区	27230	9555	17675	24166	2727	27	64	246
惠山区	26449	10663	15786	24197	1853	25	96	278
滨湖区	18931	9022	9909	18194	572	2	25	138
梁溪区	35430	15041	20389	33973	1129	4		324
新吴区	20383	11811	8572	19854	471		27	31
江苏无锡经济开发区	10899	8597	2302	10538	318	2	4	37
江阴市	55850	11979	43871	51434	3991	99	70	256
宜兴市	44371	4001	40370	40806	2246	34	1022	263
徐州市	**288058**	**41573**	**246485**	**230377**	**46480**	**2314**	**4132**	**4755**
鼓楼区	15714	5036	10678	14425	919	43	2	325
云龙区	15820	6342	9478	14555	823	201	19	222
贾汪区	14310	455	13855	10073	2854	124	462	797
泉山区	23238	7283	15955	22299	666	24	7	242
铜山区	38084	1943	36141	29989	6972	163	670	290
丰县	30868	2759	28109	20897	8836	126	851	158
沛县	33707	3590	30117	24774	7882	156	529	366
睢宁县	30916	3247	27669	20918	8419	207	819	553
徐州经济技术开发区	11870	3847	8023	10429	1150	28	104	159
新沂市	29727	2606	27121	26828	1221	450	347	881
邳州市	43804	4465	39339	35190	6738	792	322	762
常州市	**182207**	**59209**	**122998**	**172498**	**6570**	**306**	**1339**	**1494**
天宁区	24131	10652	13479	23511	434	11	6	169
钟楼区	22764	9464	13300	21783	677	98	7	199
新北区	28851	13773	15078	28421	375	4	15	36
武进区	41347	13592	27755	38029	2651	31	97	539
金坛区	21687	4549	17138	20234	661	40	568	184
江苏省常州市经济开发区	14613	2988	11625	13217	1198	15	13	170
溧阳市	28814	4191	24623	27303	574	107	633	197

9-3 续表 1　　单位：户

地区	合计	住房所在建筑有无电梯		主要炊事燃料				
		有	无	燃气	电	煤炭	柴草	其他
苏州市	**383896**	**126111**	**257785**	**338737**	**40131**	**544**	**601**	**3883**
虎丘区	23403	10282	13121	22277	1020	1	19	86
吴中区	39771	13459	26312	33010	6009	83	122	547
相城区	26030	12051	13979	21546	3891	58	8	527
姑苏区	33442	8542	24900	31731	1471	10		230
吴江区	46084	9294	36790	36676	8450	219	66	673
苏州工业园区	31353	17254	14099	29749	1548	1		55
常熟市	47418	9796	37622	42109	5156	27	53	73
张家港市	47110	11322	35788	43517	2692	16	249	636
昆山市	63580	26686	36894	55420	7263	85	19	793
太仓市	25705	7425	18280	22702	2631	44	65	263
南通市	**271583**	**49386**	**222197**	**230880**	**17416**	**411**	**21023**	**1853**
崇川区	23524	9273	14251	23038	428	23		35
港闸区	12463	8180	4283	11887	475	4	51	46
通州区	37548	5494	32054	32929	1477	152	2712	278
如东县	32432	2109	30323	24017	3445	90	4475	405
南通经济技术开发区	8780	5113	3667	8390	318		2	70
通州湾示范区	3898	169	3729	3497	34	16	327	24
苏锡通科技产业园区	3123	899	2224	2984	76		45	18
启东市	41400	4026	37374	37419	811	15	2841	314
如皋市	40561	4876	35685	29525	3217	82	7456	281
海门市	36457	3967	32490	33312	703	23	2080	339
海安市	31397	5280	26117	23882	6432	6	1034	43
连云港市	**140185**	**16955**	**123230**	**113851**	**18376**	**1324**	**3817**	**2817**
连云区	5323	1734	3589	4940	207	33	21	122
海州区	23304	5524	17780	21459	1057	134	171	483
赣榆区	33600	1472	32128	27350	3667	651	1315	617
东海县	30164	3075	27089	27085	2473	134	177	295
灌云县	20487	842	19645	14149	4444	303	1111	480
灌南县	18543	915	17628	11036	6024	55	971	457
连云港经济技术开发区	2723	776	1947	2600	63		2	58
连云港高新技术产业开发区	4092	2595	1497	3870	104	13	5	100
江苏连云港徐圩新区	1105	19	1086	968	67	1	23	46
江苏省连云港市云台山风景名胜区	844	3	841	394	270		21	159
淮安市	**141153**	**24359**	**116794**	**118590**	**11598**	**704**	**5793**	**4468**
淮安区	24321	3336	20985	20450	1850	63	1430	528
淮阴区	22388	3016	19372	18583	1145	317	1166	1177
清江浦区	18523	5900	12623	18028	212	11	61	211
洪泽区	9522	1219	8303	7354	1063	65	372	668
涟水县	25537	2624	22913	19074	4412	97	1930	24
盱眙县	18185	1820	16365	14621	1997	124	208	1235
金湖县	10748	1067	9681	8821	805	22	531	569
淮安经济技术开发区	7814	3072	4742	7688	65		42	19
工业园区	465	21	444	446	10		8	1
生态文旅区	2962	2250	712	2913	1	5	7	36
苏淮高新区	688	34	654	612	38		38	

9-3　续表 2

单位：户

地　　区	合　计	住房所在建筑有无电梯		主要炊事燃料				
		有	无	燃气	电	煤炭	柴草	其他
盐城市	**239275**	**36991**	**202284**	**164834**	**35706**	**762**	**34475**	**3498**
亭湖区	22865	5769	17096	18318	2545	21	1399	582
盐都区	23278	5614	17664	14753	4914	37	3197	377
大丰区	26146	3222	22924	21418	1448	35	2964	281
响水县	14196	1207	12989	10167	2465	231	944	389
滨海县	25810	2242	23568	18492	3918	131	2614	655
阜宁县	27133	1957	25176	15756	7531	66	3586	194
射阳县	28998	2515	26483	21233	4978	43	2536	208
建湖县	22569	3266	19303	13781	3932	31	4619	206
盐城经济技术开发区	2844	980	1864	2021	178	9	612	24
江苏省盐南高新区	10634	7213	3421	10253	244	55	52	30
东台市	34802	3006	31796	18642	3553	103	11952	552
扬州市	**155568**	**28121**	**127447**	**132203**	**13777**	**523**	**5869**	**3196**
广陵区	17524	5046	12478	16619	727	23	39	116
邗江区	20990	6226	14764	19709	785	83	110	303
江都区	33460	3471	29989	29237	1890	190	1177	966
宝应县	25951	3154	22797	20775	2768	87	1676	645
扬州经济技术开发区	7322	2959	4363	6928	184	2	25	183
蜀冈瘦西湖景区	4521	1133	3388	4386	74			61
生态新城	1670	177	1493	1268	158	16	5	223
仪征市	18260	2341	15919	15571	1884	37	287	481
高邮市	25870	3614	22256	17710	5307	85	2550	218
镇江市	**107859**	**24910**	**82949**	**102640**	**3424**	**107**	**1005**	**683**
京口区	12102	3627	8475	11749	317	22		14
润州区	8644	3634	5010	8332	194	9		109
丹徒区	10379	1502	8877	9493	550	51	152	133
镇江新区	8345	3732	4613	7954	271	9	56	55
江苏镇江高新区	2065	1140	925	2037	7	1		20
丹阳市	33871	4921	28950	32769	1084	1	14	3
扬中市	10168	1544	8624	9435	285	11	376	61
句容市	22285	4810	17475	20871	716	3	407	288
泰州市	**158151**	**24188**	**133963**	**136725**	**15550**	**382**	**4236**	**1258**
海陵区	18480	4217	14263	17287	779	24	247	143
高港区	8475	1654	6821	8049	252	34	121	19
姜堰区	25467	3397	22070	21172	1965	201	1894	235
泰州医药高新技术产业开发区	6626	2608	4018	5972	402	2	35	215
兴化市	40366	2035	38331	28814	9908	109	1231	304
靖江市	22761	4126	18635	21767	867	1	89	37
泰兴市	35976	6151	29825	33664	1377	11	619	305
宿迁市	**139578**	**23499**	**116079**	**116801**	**10442**	**1289**	**6846**	**4200**
宿城区	19394	4852	14542	18202	426	106	239	421
宿豫区	13255	1797	11458	11457	776	225	457	340
沭阳县	45034	4523	40511	35884	2797	497	3659	2197
泗阳县	23355	4537	18818	20245	1033	144	1681	252
泗洪县	24389	4882	19507	19369	4553	40	153	274
宿迁经济技术开发区	5371	1371	4000	4902	217	1	16	235
宿迁市湖滨新区	3603	202	3401	3119	209	85	55	135
苏州宿迁工业园区	894	815	79	894				
宿迁市洋河新区	4283	520	3763	2729	431	191	586	346

9-3 续表 3

单位：户

地　区	住房内有无管道自来水		住房内有无厨房			住房内有无厕所	
	有	无	独立使用	与其他户合用	无	水冲式卫生厕所	水冲式非卫生厕所
江　苏	**2690125**	**53268**	**2642358**	**43386**	**57649**	**2415328**	**61116**
南京市	**294067**	**2270**	**287351**	**5157**	**3829**	**291012**	**1200**
玄武区	16074	269	15898	201	244	16046	23
秦淮区	26634	460	26083	506	505	26260	81
建邺区	18094	79	16759	1201	213	18125	12
鼓楼区	32727	1	31590	741	397	32425	
浦口区	12717	53	12607	109	54	12651	37
栖霞区	27316	373	26950	328	411	27064	143
雨花台区	18819	143	18047	496	419	18240	68
江宁区	53263	245	52245	675	588	53018	156
六合区	22396	248	22387	99	158	22369	52
溧水区	15885	118	15814	70	119	15740	134
高淳区	15729	112	15540	44	257	15225	193
南京江北新区	34413	169	33431	687	464	33849	301
无锡市	**236661**	**2882**	**226996**	**6020**	**6527**	**231022**	**1424**
锡山区	26764	466	24409	1210	1611	25706	327
惠山区	26055	394	24478	813	1158	24339	257
滨湖区	18709	222	18391	213	327	18421	76
梁溪区	35038	392	34333	530	567	34640	34
新吴区	20209	174	19561	633	189	20140	46
江苏无锡经济开发区	10803	96	10433	283	183	10687	29
江阴市	55171	679	52030	1992	1828	53853	320
宜兴市	43912	459	43361	346	664	43236	335
徐州市	**273266**	**14792**	**278957**	**789**	**8312**	**239302**	**12767**
鼓楼区	15391	323	15270	139	305	14462	118
云龙区	15596	224	15613	16	191	14871	121
贾汪区	12858	1452	13041	28	1241	10988	553
泉山区	22857	381	22960	60	218	22120	104
铜山区	36222	1862	37022	41	1021	25755	2779
丰县	28520	2348	29981	108	779	26267	1504
沛县	31000	2707	31903	80	1724	28176	2560
睢宁县	29012	1904	30123	146	647	27110	1503
徐州经济技术开发区	11439	431	11728	15	127	10980	228
新沂市	28545	1182	28876	72	779	26596	1050
邳州市	41826	1978	42440	84	1280	31977	2247
常州市	**179990**	**2217**	**174092**	**3942**	**4173**	**174701**	**1648**
天宁区	23937	194	22880	501	750	23014	147
钟楼区	22629	135	21864	490	410	22321	38
新北区	28719	132	27597	1004	250	28526	184
武进区	40423	924	38811	1170	1366	38840	215
金坛区	21453	234	21197	208	282	20830	564
江苏省常州市经济开发区	14285	328	13135	501	977	12903	102
溧阳市	28544	270	28608	68	138	28267	398

9-3　续表 4　　　　单位：户

地　区	住房内有无管道自来水		住房内有无厨房			住房内有无厕所	
	有	无	独立使用	与其他户合用	无	水冲式卫生厕所	水冲式非卫生厕所
苏州市	**376540**	**7356**	**347558**	**19449**	**16889**	**369922**	**2345**
虎丘区	23185	218	21204	1720	479	23054	36
吴中区	38169	1602	34148	2749	2874	37818	484
相城区	25307	723	22942	1046	2042	24131	246
姑苏区	33037	405	32017	807	618	32828	66
吴江区	44797	1287	40090	1980	4014	42784	551
苏州工业园区	31196	157	28763	2236	354	31310	23
常熟市	47224	194	44865	1412	1141	46362	184
张家港市	45881	1229	43679	1621	1810	45043	397
昆山市	62812	768	56195	5071	2314	62386	166
太仓市	24932	773	23655	807	1243	24206	192
南通市	**268216**	**3367**	**266128**	**1965**	**3490**	**228864**	**5862**
崇川区	23250	274	23249	92	183	23259	26
港闸区	12212	251	12023	130	310	11695	22
通州区	36927	621	36494	340	714	29719	833
如东县	31849	583	31580	346	506	23455	1195
南通经济技术开发区	8717	63	8647	79	54	8726	9
通州湾示范区	3856	42	3802	38	58	2065	29
苏锡通科技产业园区	3069	54	3009	28	86	2558	58
启东市	41020	380	40601	315	484	34761	301
如皋市	40102	459	39798	196	567	34548	1025
海门市	35999	458	35802	229	426	29779	417
海安市	31215	182	31123	172	102	28299	1947
连云港市	**131901**	**8284**	**134255**	**704**	**5226**	**101875**	**5552**
连云区	5188	135	5244	25	54	5007	82
海州区	22597	707	22421	168	715	19837	320
赣榆区	30707	2893	31980	141	1479	24924	2099
东海县	29508	656	29586	87	491	26342	1031
灌云县	18183	2304	18738	166	1583	9307	619
灌南县	17204	1339	17605	94	844	8771	1102
连云港经济技术开发区	2693	30	2706	13	4	2634	25
连云港高新技术产业开发区	4028	64	4039	6	47	3784	170
江苏连云港徐圩新区	1079	26	1098	2	5	865	4
江苏省连云港市云台山风景名胜区	714	130	838	2	4	404	100
淮安市	**140315**	**838**	**139623**	**759**	**771**	**109467**	**4827**
淮安区	24033	288	23900	126	295	17757	934
淮阴区	22233	155	22182	74	132	15154	596
清江浦区	18433	90	18254	173	96	17246	108
洪泽区	9316	206	9379	83	60	6877	215
涟水县	25536	1	25483	29	25	18520	1513
盱眙县	18121	64	17902	192	91	14198	953
金湖县	10728	20	10620	63	65	8360	373
淮安经济技术开发区	7805	9	7796	14	4	7446	131
工业园区	465		464		1	369	3
生态文旅区	2962		2959	3		2882	1
苏淮高新区	683	5	684	2	2	658	

9-3 续表 5 单位：户

地　　区	住房内有无管道自来水		住房内有无厨房			住房内有无厕所	
	有	无	独立使用	与其他户合用	无	水冲式卫生厕所	水冲式非卫生厕所
盐城市	**234740**	**4535**	**234313**	**1222**	**3740**	**165308**	**10061**
亭湖区	22318	547	22542	113	210	20631	866
盐都区	22912	366	22760	145	373	18971	1263
大丰区	25845	301	25791	104	251	16784	796
响水县	13549	647	13612	109	475	9097	415
滨海县	25311	499	24928	153	729	14778	629
阜宁县	26252	881	26362	110	661	15821	1306
射阳县	28425	573	28489	107	402	18413	2740
建湖县	22350	219	22294	150	125	15999	769
盐城经济技术开发区	2828	16	2805	15	24	1650	30
江苏省盐南高新区	10556	78	10526	60	48	10408	24
东台市	34394	408	34204	156	442	22756	1223
扬州市	**153763**	**1805**	**153271**	**1074**	**1223**	**141205**	**3752**
广陵区	17273	251	17095	225	204	16778	153
邗江区	20730	260	20778	130	82	19953	195
江都区	33084	376	32844	281	335	29808	990
宝应县	25604	347	25651	114	186	21558	1326
扬州经济技术开发区	7248	74	7197	81	44	7037	62
蜀冈瘦西湖景区	4449	72	4485	14	22	4443	32
生态新城	1642	28	1612	35	23	1512	40
仪征市	18103	157	18028	83	149	16394	473
高邮市	25630	240	25581	111	178	23722	481
镇江市	**107363**	**496**	**106135**	**670**	**1054**	**105515**	**531**
京口区	12087	15	11895	105	102	11885	55
润州区	8495	149	8402	54	188	8360	27
丹徒区	10293	86	10269	28	82	10084	101
镇江新区	8293	52	8324	5	16	8294	14
江苏镇江高新区	2044	21	2051	7	7	2001	7
丹阳市	33858	13	33170	250	451	33371	85
扬中市	10097	71	9973	126	69	9857	69
句容市	22196	89	22051	95	139	21663	173
泰州市	**157331**	**820**	**155913**	**1155**	**1083**	**144923**	**4304**
海陵区	18326	154	18196	105	179	17081	181
高港区	8419	56	8347	66	62	7657	694
姜堰区	25267	200	25215	115	137	21811	935
泰州医药高新技术产业开发区	6549	77	6339	86	201	6476	14
兴化市	40073	293	39934	99	333	34181	1985
靖江市	22761		22414	325	22	22502	
泰兴市	35936	40	35468	359	149	35215	495
宿迁市	**135972**	**3606**	**137766**	**480**	**1332**	**112212**	**6843**
宿城区	19214	180	19099	96	199	17591	287
宿豫区	12957	298	13089	30	136	11965	670
沭阳县	42679	2355	44149	144	741	27574	2270
泗阳县	23111	244	23223	100	32	20871	1675
泗洪县	24110	279	24205	47	137	21435	1491
宿迁经济技术开发区	5300	71	5341	9	21	5038	163
宿迁市湖滨新区	3515	88	3560	8	35	3199	209
苏州宿迁工业园区	894		894			894	
宿迁市洋河新区	4192	91	4206	46	31	3645	78

9-3 续表 6

单位：户

地区	住房内有无厕所			住房内有无洗澡设施			
	卫生旱厕	普通旱厕	无	统一供热水	家庭自装热水器	其他	无
江苏	**122411**	**83374**	**61164**	**41027**	**2486394**	**111468**	**104504**
南京市	**360**	**285**	**3480**	**7102**	**282531**	**2509**	**4195**
玄武区	44	25	205	362	15654	81	246
秦淮区	49	28	676	305	26236	92	461
建邺区	6	5	25	1304	16797	34	38
鼓楼区			303	452	31943	80	253
浦口区	5	6	71	83	12342	202	143
栖霞区	33	6	443	1082	26012	91	504
雨花台区	121	141	392	689	17746	123	404
江宁区	27	28	279	1280	51474	260	494
六合区	22	10	191	334	21364	557	389
溧水区	11	6	112	205	15375	144	279
高淳区	29	19	375	623	14022	698	498
南京江北新区	13	11	408	383	33566	147	486
无锡市	**527**	**422**	**6148**	**4052**	**219394**	**5503**	**10594**
锡山区	93	28	1076	525	23914	747	2044
惠山区	143	164	1546	687	22766	762	2234
滨湖区	46	28	360	202	18055	215	459
梁溪区	5	20	731	675	33750	172	833
新吴区	9	4	184	686	19271	98	328
江苏无锡经济开发区	12	6	165	221	10328	123	227
江阴市	94	92	1491	777	50200	1454	3419
宜兴市	125	80	595	279	41110	1932	1050
徐州市	**15050**	**10261**	**10678**	**2536**	**254107**	**18972**	**12443**
鼓楼区	49	6	1079	165	14537	418	594
云龙区	67	41	720	173	14992	338	317
贾汪区	830	903	1036	83	11181	1572	1474
泉山区	51	42	921	179	22214	369	476
铜山区	4010	3542	1998	223	33431	2631	1799
丰县	1589	959	549	238	26043	2946	1641
沛县	946	500	1525	176	28659	2626	2246
睢宁县	689	736	878	312	26398	2814	1392
徐州经济技术开发区	208	202	252	116	11031	443	280
新沂市	834	347	900	235	25562	2940	990
邳州市	5777	2983	820	636	40059	1875	1234
常州市	**423**	**447**	**4988**	**2335**	**166003**	**4943**	**8926**
天宁区	20	31	919	222	22247	287	1375
钟楼区	11	21	373	410	21038	280	1036
新北区	34	7	100	408	27683	228	532
武进区	175	233	1884	408	36347	1686	2906
金坛区	57	65	171	284	19699	1076	628
江苏省常州市经济开发区	110	75	1423	156	11810	587	2060
溧阳市	16	15	118	447	27179	799	389

9-3 续表 7　　单位：户

地　区	住房内有无厕所			住房内有无洗澡设施			
	卫生旱厕	普通旱厕	无	统一供热水	家庭自装热水器	其他	无
苏州市	**625**	**860**	**10144**	**8958**	**347432**	**7649**	**19857**
虎丘区	11	48	254	377	22254	383	389
吴中区	163	280	1026	2269	33168	1767	2567
相城区	44	195	1414	687	22394	552	2397
姑苏区	11	49	488	586	32052	51	753
吴江区	85	98	2566	1015	38111	1402	5556
苏州工业园区	1		19	908	30241	120	84
常熟市	49	20	803	523	45011	663	1221
张家港市	152	92	1426	763	41444	1604	3299
昆山市	20	22	986	1352	59767	491	1970
太仓市	89	56	1162	478	22990	616	1621
南通市	**18272**	**12526**	**6059**	**2813**	**249363**	**6291**	**13116**
崇川区	16	1	222	650	22662	94	118
港闸区	307	309	130	152	11853	109	349
通州区	4236	1985	775	282	33883	1552	1831
如东县	4253	2860	669	198	28915	1265	2054
南通经济技术开发区	15	14	16	67	8639	21	53
通州湾示范区	708	801	295	32	3213	141	512
苏锡通科技产业园区	163	268	76	27	2803	73	220
启东市	1970	1787	2581	288	35831	1002	4279
如皋市	2961	1766	261	378	38998	563	622
海门市	2890	2429	942	431	32051	1054	2921
海安市	753	306	92	308	30515	417	157
连云港市	**16109**	**11378**	**5271**	**1885**	**118446**	**12609**	**7245**
连云区	42	14	178	28	4939	200	156
海州区	773	936	1438	319	20796	1249	940
赣榆区	3324	2553	700	319	27931	2973	2377
东海县	1964	519	308	332	24312	4932	588
灌云县	4302	4434	1825	209	16700	1498	2080
灌南县	5522	2517	631	549	15997	1128	869
连云港经济技术开发区	19	17	28	32	2442	183	66
连云港高新技术产业开发区	40	22	76	92	3813	111	76
江苏连云港徐圩新区	7	160	69	4	903	172	26
江苏省连云港市云台山风景名胜区	116	206	18	1	613	163	67
淮安市	**18435**	**7131**	**1293**	**1606**	**128250**	**8023**	**3274**
淮安区	3363	1802	465	229	21786	1491	815
淮阴区	4688	1743	207	275	19782	1889	442
清江浦区	715	168	286	285	17224	612	402
洪泽区	1641	572	217	36	8434	733	319
涟水县	4098	1406		223	24369	796	149
盱眙县	2035	932	67	231	15578	1502	874
金湖县	1598	368	49	119	9579	816	234
淮安经济技术开发区	144	92	1	166	7549	78	21
工业园区	87	6		2	417	43	3
生态文旅区	46	33		36	2884	32	10
苏淮高新区	20	9	1	4	648	31	5

9-3　续表 8　　　　单位：户

地　　区	住房内有无厕所			住房内有无洗澡设施			
	卫生旱厕	普通旱厕	无	统　一供热水	家庭自装热水器	其他	无
盐城市	**32970**	**25729**	**5207**	**2023**	**212773**	**11962**	**12517**
亭湖区	777	344	247	416	21634	324	491
盐都区	1917	817	310	272	21685	666	655
大丰区	5014	2955	597	159	23293	1673	1021
响水县	1469	2288	927	70	11974	872	1280
滨海县	4653	4677	1073	136	19553	2225	3896
阜宁县	4835	4606	565	247	24053	1447	1386
射阳县	4405	2826	614	172	26027	1669	1130
建湖县	2899	2698	204	114	20376	1034	1045
盐城经济技术开发区	303	846	15	101	2573	83	87
江苏省盐南高新区	60	96	46	161	10407	24	42
东台市	6638	3576	609	175	31198	1945	1484
扬州市	**5724**	**2627**	**2260**	**3602**	**144621**	**4516**	**2829**
广陵区	163	48	382	512	16579	128	305
邗江区	649	96	97	805	19930	152	103
江都区	1365	778	519	552	30280	2028	600
宝应县	1306	969	792	320	23828	805	998
扬州经济技术开发区	121	38	64	522	6701	48	51
蜀冈瘦西湖景区	14	10	22	30	4419	28	44
生态新城	70	33	15	33	1549	59	29
仪征市	986	313	94	289	17586	228	157
高邮市	1050	342	275	539	23749	1040	542
镇江市	**536**	**251**	**1026**	**1363**	**103405**	**1329**	**1762**
京口区	10	11	141	344	11561	24	173
润州区	7	9	241	153	8241	20	230
丹徒区	97	32	65	198	9843	199	139
镇江新区	6	4	27	232	8009	57	47
江苏镇江高新区	3	4	50	120	1876		69
丹阳市	31	35	349	10	32514	528	819
扬中市	163	29	50	101	9715	254	98
句容市	219	127	103	205	21646	247	187
泰州市	**4670**	**1414**	**2840**	**1267**	**149934**	**4635**	**2315**
海陵区	584	181	453	159	17273	761	287
高港区	46	17	61	30	8292	55	98
姜堰区	1933	366	422	205	23638	1158	466
泰州医药高新技术产业开发区	41	31	64	45	6257	234	90
兴化市	1682	773	1745	280	37197	1738	1151
靖江市	251		8	198	22319	200	44
泰兴市	133	46	87	350	34958	489	179
宿迁市	**8710**	**10043**	**1770**	**1485**	**110135**	**22527**	**5431**
宿城区	1263	167	86	132	12603	6256	403
宿豫区	305	172	143	239	11473	784	759
沭阳县	5475	8819	896	421	28446	13103	3064
泗阳县	469	104	236	217	21990	677	471
泗洪县	850	342	271	63	23543	454	329
宿迁经济技术开发区	80	76	14	229	4884	190	68
宿迁市湖滨新区	14	108	73	133	2597	689	184
苏州宿迁工业园区				7	886	1	
宿迁市洋河新区	254	255	51	44	3713	373	153

9-3a 各地区按住房设施状况分的家庭户户数(城市)

单位：户

地区	合计	住房所在建筑有无电梯		主要炊事燃料				
		有	无	燃气	电	煤炭	柴草	其他
江苏	**1280141**	**500556**	**779585**	**1204922**	**55776**	**2173**	**5493**	**11777**
南京市	**249135**	**111385**	**137750**	**239378**	**6892**	**221**	**228**	**2416**
玄武区	16343	5316	11027	15942	247	20		134
秦淮区	27094	8082	19012	26193	604	7		290
建邺区	18173	11807	6366	17780	300	3		90
鼓楼区	32728	9883	22845	31934	777	17		
浦口区	10043	4210	5833	9308	607	47	15	66
栖霞区	25808	13396	12412	24898	670	7		233
雨花台区	18673	11223	7450	17939	546	15	2	171
江宁区	41783	19825	21958	39634	1326	49	74	700
六合区	7847	2686	5161	7338	180	15	15	299
溧水区	8677	3798	4879	8265	189	31	67	125
高淳区	8013	2034	5979	7399	532	6	55	21
南京江北新区	33953	19125	14828	32748	914	4		287
无锡市	**160029**	**71942**	**88087**	**152797**	**6111**	**26**	**162**	**933**
锡山区	15314	7648	7666	13619	1537	7	8	143
惠山区	16007	8769	7238	15054	815	6	12	120
滨湖区	17653	8408	9245	17093	404	1	20	135
梁溪区	35430	15041	20389	33973	1129	4		324
新吴区	18660	11152	7508	18454	188		6	12
江苏无锡经济开发区	10899	8597	2302	10538	318	2	4	37
江阴市	26392	9099	17293	25564	725	3	16	84
宜兴市	19674	3228	16446	18502	995	3	96	78
徐州市	**97945**	**27425**	**70520**	**89358**	**6450**	**568**	**242**	**1327**
鼓楼区	15714	5036	10678	14425	919	43	2	325
云龙区	15184	6171	9013	14076	685	189	15	219
贾汪区	5573	397	5176	4622	692	14	81	164
泉山区	23238	7283	15955	22299	666	24	7	242
铜山区	10263	1645	8618	8579	1530	30	66	58
丰县								
沛县								
睢宁县								
徐州经济技术开发区	113		113	71	19	7		16
新沂市	10946	2536	8410	10243	400	87	23	193
邳州市	16914	4357	12557	15043	1539	174	48	110
常州市	**116647**	**54921**	**61726**	**112615**	**3099**	**132**	**51**	**750**
天宁区	20646	10369	10277	20274	274			98
钟楼区	21530	9401	12129	20686	565	98	3	178
新北区	21159	12877	8282	20843	279	3	5	29
武进区	23990	12248	11742	22186	1470	9	4	321
金坛区	11487	3888	7599	11128	248	8	26	77
江苏省常州市经济开发区	6110	2295	3815	5901	192			17
溧阳市	11725	3843	7882	11597	71	14	13	30

9-3a 续表 1

单位：户

地 区	合 计	住房所在建筑有无电梯		主要炊事燃料				
		有	无	燃气	电	煤炭	柴草	其他
苏州市	**213156**	**86580**	**126576**	**192294**	**19014**	**165**	**17**	**1666**
虎丘区	21219	9859	11360	20273	915	1		30
吴中区	23588	11744	11844	20862	2539	11	7	169
相城区	22817	11654	11163	19225	3143	21	3	425
姑苏区	33442	8542	24900	31731	1471	10		230
吴江区	18370	6396	11974	14005	3926	6		433
苏州工业园区								
常熟市	25006	7347	17659	22298	2678	12	1	17
张家港市	15651	6308	9343	15081	500		3	67
昆山市	42334	20025	22309	38756	3247	82	1	248
太仓市	10729	4705	6024	10063	595	22	2	47
南通市	**103242**	**37183**	**66059**	**97159**	**3571**	**64**	**2108**	**340**
崇川区	23524	9273	14251	23038	428	23		35
港闸区	12392	8180	4212	11824	474	4	44	46
通州区	13224	4410	8814	12725	273	5	172	49
如东县								
南通经济技术开发区								
通州湾示范区								
苏锡通科技产业园区								
启东市	15277	3334	11943	14497	233	2	472	73
如皋市	11437	3582	7855	9926	661	24	760	66
海门市	12164	3428	8736	11938	86	4	95	41
海安市	15224	4976	10248	13211	1416	2	565	30
连云港市	**33559**	**8498**	**25061**	**31484**	**1242**	**200**	**51**	**582**
连云区	5245	1734	3511	4897	179	33	16	120
海州区	19069	5493	13576	18228	432	127	10	272
赣榆区	8811	1268	7543	8049	518	39	16	189
东海县	222	2	220	160	62			
灌云县								
灌南县								
连云港经济技术开发区								
连云港高新技术产业开发区								
江苏连云港徐圩新区	75	1	74	52	15	1	6	1
江苏省连云港市云台山风景名胜区	137		137	98	36		3	
淮安市	**40199**	**13051**	**27148**	**38633**	**561**	**202**	**82**	**721**
淮安区	9337	3170	6167	8957	156	9	10	205
淮阴区	9437	2909	6528	8907	62	155	66	247
清江浦区	16761	5882	10879	16522	135	8	5	91
洪泽区	4664	1090	3574	4247	208	30	1	178
涟水县								
盱眙县								
金湖县								
淮安经济技术开发区								
工业园区								
生态文旅区								
苏淮高新区								

9-3a 续表 2

单位：户

地　区	合　计	住房所在建筑有无电梯		主要炊事燃料				
		有	无	燃气	电	煤炭	柴草	其他
盐城市	**56701**	**23927**	**32774**	**51051**	**3066**	**124**	**1856**	**604**
亭湖区	17286	5700	11586	16023	813	11	379	60
盐都区	8971	5257	3714	8097	688	25	86	75
大丰区	8426	3022	5404	8048	216		57	105
响水县								
滨海县								
阜宁县								
射阳县								
建湖县								
盐城经济技术开发区	61	48	13	57			4	
江苏省盐南高新区	10634	7213	3421	10253	244	55	52	30
东台市	11323	2687	8636	8573	1105	33	1278	334
扬州市	**66458**	**20846**	**45612**	**62900**	**2254**	**146**	**117**	**1041**
广陵区	13814	4998	8816	13236	490	21		67
邗江区	16220	6109	10111	15575	421	54	6	164
江都区	11073	2955	8118	10459	303	8	24	279
宝应县								
扬州经济技术开发区								
蜀冈瘦西湖景区	4521	1133	3388	4386	74			61
生态新城	835	153	682	545	121	1		168
仪征市	10399	2146	8253	9646	513	22	33	185
高邮市	9596	3352	6244	9053	332	40	54	117
镇江市	**55871**	**18214**	**37657**	**54300**	**1175**	**68**	**69**	**259**
京口区	11716	3612	8104	11376	304	22		14
润州区	8642	3634	5008	8330	194	9		109
丹徒区	4779	1428	3351	4644	81	31	5	18
镇江新区								
江苏镇江高新区	2065	1140	925	2037	7	1		20
丹阳市	13197	3931	9266	12882	311	1	2	1
扬中市	5464	1368	4096	5358	68	2	24	12
句容市	10008	3101	6907	9673	210	2	38	85
泰州市	**63730**	**18588**	**45142**	**61320**	**1754**	**96**	**251**	**309**
海陵区	15898	4208	11690	15157	539	19	48	135
高港区	4155	1441	2714	4049	65		24	17
姜堰区	11147	3251	7896	10308	607	43	134	55
泰州医药高新技术产业开发区								
兴化市	9378	1682	7696	8940	320	30	2	86
靖江市	10783	3414	7369	10656	114	1	9	3
泰兴市	12369	4592	7777	12210	109	3	34	13
宿迁市	**23469**	**7996**	**15473**	**21633**	**587**	**161**	**259**	**829**
宿城区	11516	4729	6787	11034	213	52	9	208
宿豫区	6999	1772	5227	6613	98	35	24	229
沭阳县								
泗阳县								
泗洪县								
宿迁经济技术开发区								
宿迁市湖滨新区	1613	190	1423	1346	87	40	21	119
苏州宿迁工业园区	894	815	79	894				
宿迁市洋河新区	2447	490	1957	1746	189	34	205	273

9-3a　续表 3　　　　单位：户

地　区	住房内有无管道自来水		住房内有无厨房			住房内有无厕所	
	有	无	独立使用	与其他户合用	无	水冲式卫生厕所	水冲式非卫生厕所
江　苏	**1265664**	**14477**	**1235882**	**23765**	**20494**	**1236071**	**7965**
南京市	**247276**	**1859**	**240983**	**4860**	**3292**	**245001**	**763**
玄武区	16074	269	15898	201	244	16046	23
秦淮区	26634	460	26083	506	505	26260	81
建邺区	18094	79	16759	1201	213	18125	12
鼓楼区	32727	1	31590	741	397	32425	
浦口区	10018	25	9907	105	31	9996	6
栖霞区	25444	364	25116	322	370	25219	139
雨花台区	18533	140	17778	492	403	17978	64
江宁区	41603	180	40730	543	510	41490	75
六合区	7797	50	7789	35	23	7756	14
溧水区	8612	65	8602	17	58	8627	18
高淳区	7949	64	7919	16	78	7852	31
南京江北新区	33791	162	32812	681	460	33227	300
无锡市	**158515**	**1514**	**153496**	**3442**	**3091**	**156494**	**579**
锡山区	15162	152	13675	799	840	14725	173
惠山区	15871	136	15195	364	448	15315	82
滨湖区	17447	206	17242	194	217	17244	68
梁溪区	35038	392	34333	530	567	34640	34
新吴区	18550	110	18186	396	78	18571	25
江苏无锡经济开发区	10803	96	10433	283	183	10687	29
江阴市	26219	173	25242	731	419	26116	52
宜兴市	19425	249	19190	145	339	19196	116
徐州市	**95835**	**2110**	**96548**	**269**	**1128**	**90967**	**893**
鼓楼区	15391	323	15270	139	305	14462	118
云龙区	14996	188	14988	15	181	14439	94
贾汪区	5415	158	5459	13	101	5052	111
泉山区	22857	381	22960	60	218	22120	104
铜山区	10011	252	10125	7	131	8645	224
丰县							
沛县							
睢宁县							
徐州经济技术开发区	113		113			113	
新沂市	10778	168	10880	8	58	10518	89
邳州市	16274	640	16753	27	134	15618	153
常州市	**115625**	**1022**	**111631**	**2694**	**2322**	**113116**	**642**
天宁区	20534	112	19629	378	639	19747	91
钟楼区	21400	130	20702	458	370	21111	36
新北区	21081	78	20202	820	137	21019	95
武进区	23515	475	22300	758	932	22507	93
金坛区	11376	111	11275	89	123	11347	60
江苏省常州市经济开发区	6096	14	5876	173	61	5947	6
溧阳市	11623	102	11647	18	60	11438	261

9-3a 续表 4

单位：户

地　区	住房内有无管道自来水		住房内有无厨房			住房内有无厕所	
	有	无	独立使用	与其他户合用	无	水冲式卫生厕所	水冲式非卫生厕所
苏州市	**209838**	**3318**	**196073**	**9698**	**7385**	**207735**	**1009**
虎丘区	21050	169	19416	1412	391	21039	29
吴中区	23124	464	21365	1450	773	23023	325
相城区	22328	489	20335	839	1643	21371	220
姑苏区	33037	405	32017	807	618	32828	66
吴江区	17518	852	15108	1082	2180	17042	135
苏州工业园区							
常熟市	24954	52	23954	561	491	24702	53
张家港市	15370	281	15069	310	272	15298	51
昆山市	41898	436	38541	3049	744	41986	78
太仓市	10559	170	10268	188	273	10446	52
南通市	**102111**	**1131**	**101848**	**548**	**846**	**97703**	**858**
崇川区	23250	274	23249	92	183	23259	26
港闸区	12142	250	11953	129	310	11657	22
通州区	13132	92	13023	77	124	12173	204
如东县							
南通经济技术开发区							
通州湾示范区							
苏锡通科技产业园区							
启东市	15124	153	15144	74	59	13906	57
如皋市	11297	140	11300	45	92	10748	143
海门市	12066	98	12103	15	46	11454	75
海安市	15100	124	15076	116	32	14506	331
连云港市	**32820**	**739**	**32974**	**179**	**406**	**30979**	**543**
连云区	5110	135	5166	25	54	4941	82
海州区	18695	374	18683	140	246	17520	206
赣榆区	8647	164	8694	14	103	8204	245
东海县	222		222			211	10
灌云县							
灌南县							
连云港经济技术开发区							
连云港高新技术产业开发区							
江苏连云港徐圩新区	71	4	74		1	49	
江苏省连云港市云台山风景名胜区	75	62	135		2	54	
淮安市	**39945**	**254**	**39745**	**311**	**143**	**37789**	**389**
淮安区	9304	33	9251	57	29	8395	205
淮阴区	9383	54	9396	28	13	8623	80
清江浦区	16686	75	16506	168	87	16286	67
洪泽区	4572	92	4592	58	14	4485	37
涟水县							
盱眙县							
金湖县							
淮安经济技术开发区							
工业园区							
生态文旅区							
苏淮高新区							

9-3a 续表 5

单位：户

地 区	住房内有无管道自来水		住房内有无厨房			住房内有无厕所	
	有	无	独立使用	与其他户合用	无	水冲式卫生厕所	水冲式非卫生厕所
盐城市	**55902**	**799**	**56064**	**323**	**314**	**52810**	**652**
亭湖区	16867	419	17113	98	75	16474	187
盐都区	8853	118	8832	76	63	8569	138
大丰区	8346	80	8369	19	38	7566	95
响水县							
滨海县							
阜宁县							
射阳县							
建湖县							
盐城经济技术开发区	61		60		1	53	1
江苏省盐南高新区	10556	78	10526	60	48	10408	24
东台市	11219	104	11164	70	89	9740	207
扬州市	**65664**	**794**	**65453**	**512**	**493**	**64484**	**400**
广陵区	13584	230	13547	127	140	13261	105
邗江区	16018	202	16048	114	58	15900	56
江都区	10988	85	10839	161	73	10744	61
宝应县							
扬州经济技术开发区							
蜀冈瘦西湖景区	4449	72	4485	14	22	4443	32
生态新城	817	18	791	24	20	783	14
仪征市	10307	92	10232	45	122	9927	100
高邮市	9501	95	9511	27	58	9426	32
镇江市	**55549**	**322**	**55025**	**341**	**505**	**54898**	**187**
京口区	11702	14	11523	98	95	11519	43
润州区	8493	149	8400	54	188	8358	27
丹徒区	4743	36	4730	10	39	4721	27
镇江新区							
江苏镇江高新区	2044	21	2051	7	7	2001	7
丹阳市	13190	7	13008	80	109	13067	11
扬中市	5420	44	5380	54	30	5396	22
句容市	9957	51	9933	38	37	9836	50
泰州市	**63414**	**316**	**62912**	**475**	**343**	**61811**	**685**
海陵区	15763	135	15659	103	136	15345	90
高港区	4131	24	4082	43	30	3796	332
姜堰区	11082	65	11027	67	53	10714	112
泰州医药高新技术产业开发区							
兴化市	9313	65	9252	45	81	8904	123
靖江市	10783		10711	56	16	10755	
泰兴市	12342	27	12181	161	27	12297	28
宿迁市	**23170**	**299**	**23130**	**113**	**226**	**22284**	**365**
宿城区	11405	111	11281	78	157	11075	101
宿豫区	6915	84	6948	12	39	6847	72
沭阳县							
泗阳县							
泗洪县							
宿迁经济技术开发区							
宿迁市湖滨新区	1583	30	1602	2	9	1366	147
苏州宿迁工业园区	894		894			894	
宿迁市洋河新区	2373	74	2405	21	21	2102	45

9-3a 续表 6

单位：户

地 区	住房内有无厕所			住房内有无洗澡设施			
	卫生旱厕	普通旱厕	无	统一供热水	家庭自装热水器	其他	无
江 苏	**8597**	**5412**	**22096**	**27333**	**1206921**	**18477**	**27410**
南京市	**269**	**227**	**2875**	**6635**	**238359**	**1146**	**2995**
玄武区	44	25	205	362	15654	81	246
秦淮区	49	28	676	305	26236	92	461
建邺区	6	5	25	1304	16797	34	38
鼓楼区			303	452	31943	80	253
浦口区	3	1	37	54	9790	117	82
栖霞区	21	6	423	1078	24178	82	470
雨花台区	121	135	375	688	17469	123	393
江宁区	8	11	199	1151	40207	105	320
六合区	3	1	73	121	7571	99	56
溧水区	1		31	159	8414	35	69
高淳区		4	126	582	7123	156	152
南京江北新区	13	11	402	379	32977	142	455
无锡市	**153**	**134**	**2669**	**3192**	**150999**	**1853**	**3985**
锡山区	10	9	397	313	13986	262	753
惠山区	28	26	556	599	14385	271	752
滨湖区	46	26	269	195	16921	185	352
梁溪区	5	20	731	675	33750	172	833
新吴区	5	1	58	670	17859	44	87
江苏无锡经济开发区	12	6	165	221	10328	123	227
江阴市	14	17	193	389	25054	373	576
宜兴市	33	29	300	130	18716	423	405
徐州市	**1064**	**772**	**4249**	**1365**	**91120**	**3221**	**2239**
鼓楼区	49	6	1079	165	14537	418	594
云龙区	31	21	599	170	14382	330	302
贾汪区	158	56	196	51	5145	222	155
泉山区	51	42	921	179	22214	369	476
铜山区	160	244	990	126	8997	802	338
丰县							
沛县							
睢宁县							
徐州经济技术开发区					111		2
新沂市	54	40	245	141	9909	791	105
邳州市	561	363	219	533	15825	289	267
常州市	**90**	**150**	**2649**	**1766**	**108779**	**1478**	**4624**
天宁区	4	3	801	197	19237	96	1116
钟楼区	8	18	357	383	19946	220	981
新北区	7	3	35	364	20500	72	223
武进区	51	94	1245	265	21246	728	1751
金坛区	12	19	49	186	10922	141	238
江苏省常州市经济开发区	6	11	140	81	5709	154	166
溧阳市	2	2	22	290	11219	67	149

9-3a 续表 7

单位：户

地区	住房内有无厕所			住房内有无洗澡设施			
	卫生旱厕	普通旱厕	无	统一供热水	家庭自装热水器	其他	无
苏州市	**139**	**276**	**3997**	**5849**	**198335**	**2135**	**6837**
虎丘区	1	1	149	368	20477	163	211
吴中区	26	75	139	2029	20451	575	533
相城区	34	72	1120	622	19956	411	1828
姑苏区	11	49	488	586	32052	51	753
吴江区	15	45	1133	599	15691	339	1741
苏州工业园区							
常熟市	22	9	220	221	24252	160	373
张家港市	2	1	299	216	14841	130	464
昆山市	16	16	238	976	40548	208	602
太仓市	12	8	211	232	10067	98	332
南通市	**2249**	**1340**	**1092**	**1907**	**98440**	**982**	**1913**
崇川区	16	1	222	650	22662	94	118
港闸区	294	289	130	152	11784	107	349
通州区	411	305	131	158	12491	258	317
如东县							
南通经济技术开发区							
通州湾示范区							
苏锡通科技产业园区							
启东市	542	340	432	163	14168	265	681
如皋市	310	198	38	214	11103	28	92
海门市	445	111	79	305	11439	134	286
海安市	231	96	60	265	14793	96	70
连云港市	**400**	**433**	**1204**	**528**	**30855**	**1303**	**873**
连云区	41	14	167	27	4868	200	150
海州区	162	231	950	315	17614	672	468
赣榆区	188	103	71	175	8057	352	227
东海县			1	11	200	11	
灌云县							
灌南县							
连云港经济技术开发区							
连云港高新技术产业开发区							
江苏连云港徐圩新区	1	13	12		54	12	9
江苏省连云港市云台山风景名胜区	8	72	3		62	56	19
淮安市	**1012**	**438**	**571**	**650**	**37603**	**1281**	**665**
淮安区	370	138	229	136	8795	259	147
淮阴区	484	222	28	214	8703	455	65
清江浦区	116	25	267	280	15683	432	366
洪泽区	42	53	47	20	4422	135	87
涟水县							
盱眙县							
金湖县							
淮安经济技术开发区							
工业园区							
生态文旅区							
苏淮高新区							

9-3a 续表 8 单位：户

地 区	住房内有无厕所			住房内有无洗澡设施			
	卫生旱厕	普通旱厕	无	统 一 供热水	家庭自装 热水器	其他	无
盐城市	**1652**	**929**	**658**	**989**	**54344**	**635**	**733**
亭湖区	246	159	220	398	16465	149	274
盐都区	134	75	55	195	8643	66	67
大丰区	377	224	164	105	8113	125	83
响水县							
滨海县							
阜宁县							
射阳县							
建湖县							
盐城经济技术开发区		7		1	58		2
江苏省盐南高新区	60	96	46	161	10407	24	42
东台市	835	368	173	129	10658	271	265
扬州市	**593**	**228**	**753**	**2389**	**62603**	**774**	**692**
广陵区	67	15	366	461	13014	65	274
邗江区	163	27	74	785	15292	80	63
江都区	99	56	113	469	10146	347	111
宝应县							
扬州经济技术开发区							
蜀冈瘦西湖景区	14	10	22	30	4419	28	44
生态新城	18	5	15	25	777	15	18
仪征市	206	109	57	253	10009	69	68
高邮市	26	6	106	366	8946	170	114
镇江市	**94**	**62**	**630**	**1034**	**53730**	**281**	**826**
京口区	7	10	137	343	11203	18	152
润州区	7	9	241	153	8239	20	230
丹徒区	4	4	23	178	4536	12	53
镇江新区							
江苏镇江高新区	3	4	50	120	1876		69
丹阳市	2	4	113		12862	98	237
扬中市	19	6	21	83	5264	78	39
句容市	52	25	45	157	9750	55	46
泰州市	**504**	**82**	**648**	**650**	**61706**	**714**	**660**
海陵区	198	20	245	150	15322	234	192
高港区	8	5	14	16	4093	22	24
姜堰区	192	36	93	151	10739	168	89
泰州医药高新技术产业开发区							
兴化市	63	13	275	60	8858	175	285
靖江市	25		3	105	10598	48	32
泰兴市	18	8	18	168	12096	67	38
宿迁市	**378**	**341**	**101**	**379**	**20048**	**2674**	**368**
宿城区	202	86	52	98	9603	1665	150
宿豫区	34	28	18	185	6353	388	73
沭阳县							
泗阳县							
泗洪县							
宿迁经济技术开发区							
宿迁市湖滨新区	9	66	25	56	1076	433	48
苏州宿迁工业园区				7	886	1	
宿迁市洋河新区	133	161	6	33	2130	187	97

9-3b　各地区按住房设施状况分的家庭户户数(镇)

单位：户

地　区	合　计	住房所在建筑有无电梯		主要炊事燃料				
		有	无	燃气	电	煤炭	柴草	其他
江　苏	**694323**	**133346**	**560977**	**597581**	**67064**	**2626**	**16670**	**10382**
南京市	**5865**	**2819**	**3046**	**5667**	**107**	**7**	**25**	**59**
玄武区								
秦淮区								
建邺区								
鼓楼区								
浦口区	63		63	62			1	
栖霞区								
雨花台区	289	45	244	269	12		5	3
江宁区								
六合区	3968	2394	1574	3883	22	7		56
溧水区	1144	380	764	1122	4		18	
高淳区	401		401	331	69		1	
南京江北新区								
无锡市	**37872**	**6180**	**31692**	**34087**	**3169**	**111**	**239**	**266**
锡山区	8534	1738	6796	7675	764	1	33	61
惠山区	3803	1236	2567	3532	225	10	6	30
滨湖区								
梁溪区								
新吴区								
江苏无锡经济开发区								
江阴市	15224	2606	12618	13399	1643	86	9	87
宜兴市	10311	600	9711	9481	537	14	191	88
徐州市	**88904**	**13749**	**75155**	**70206**	**16312**	**593**	**718**	**1075**
鼓楼区								
云龙区	636	171	465	479	138	12	4	3
贾汪区	2725	41	2684	2025	458	31	84	127
泉山区								
铜山区	11105	215	10890	8932	1938	69	134	32
丰县	15536	2665	12871	11744	3579	38	148	27
沛县	19128	3549	15579	15586	3101	68	132	241
睢宁县	16873	3187	13686	11834	4439	110	136	354
徐州经济技术开发区	10140	3839	6301	9161	802	18	19	140
新沂市	5218	24	5194	4782	191	124	39	82
邳州市	7543	58	7485	5663	1666	123	22	69
常州市	**21919**	**2955**	**18964**	**20587**	**1063**	**25**	**80**	**164**
天宁区	1473	209	1264	1412	44	1	3	13
钟楼区								
新北区	4003	876	3127	3966	35			2
武进区	5565	858	4707	5042	418	12	15	78
金坛区	2469	298	2171	2404	19	1	21	24
江苏省常州市经济开发区	3223	504	2719	2777	388	10	5	43
溧阳市	5186	210	4976	4986	159	1	36	4

9-3b 续表 1　　单位：户

地　区	合　计	住房所在建筑有无电梯		主要炊事燃料				
		有	无	燃气	电	煤炭	柴草	其他
苏州市	**100341**	**33097**	**67244**	**89839**	**8920**	**261**	**105**	**1216**
虎丘区	160	159	1	159	1			
吴中区	6208	1157	5051	4930	1108	7	1	162
相城区	2074	384	1690	1467	485	35		87
姑苏区								
吴江区	16082	2729	13353	13089	2610	199	9	175
苏州工业园区	31353	17254	14099	29749	1548	1		55
常熟市	10085	2041	8044	8845	1189		15	36
张家港市	19024	4242	14782	17531	942	11	60	480
昆山市	7767	3139	4628	7172	525	3	6	61
太仓市	7588	1992	5596	6897	512	5	14	160
南通市	**77867**	**10736**	**67131**	**65380**	**5651**	**216**	**6007**	**613**
崇川区								
港闸区								
通州区	11727	885	10842	10106	660	115	749	97
如东县	18145	1975	16170	14388	1806	83	1718	150
南通经济技术开发区	8780	5113	3667	8390	318		2	70
通州湾示范区	1443	140	1303	1315	22	1	102	3
苏锡通科技产业园区	1260	377	883	1176	60		10	14
启东市	7584	515	7069	6725	235	1	517	106
如皋市	13110	1069	12041	9641	973	15	2366	115
海门市	10406	430	9976	9600	325	1	422	58
海安市	5412	232	5180	4039	1252		121	
连云港市	**53338**	**8096**	**45242**	**45307**	**5990**	**432**	**750**	**859**
连云区								
海州区	1714	17	1697	1359	219	1	35	100
赣榆区	9397	124	9273	7904	1008	116	251	118
东海县	14947	2922	12025	14135	672	50	9	81
灌云县	10352	805	9547	8029	1640	204	278	201
灌南县	9582	847	8735	6981	2249	48	148	156
连云港经济技术开发区	2189	768	1421	2084	45		2	58
连云港高新技术产业开发区	4092	2595	1497	3870	104	13	5	100
江苏连云港徐圩新区	1002	18	984	889	52		16	45
江苏省连云港市云台山风景名胜区	63		63	56	1		6	
淮安市	**51682**	**10836**	**40846**	**45980**	**3261**	**144**	**849**	**1448**
淮安区	3547	80	3467	3086	311	1	114	35
淮阴区	3332	33	3299	2498	331	3	192	308
清江浦区	201	1	200	158			1	42
洪泽区	976	4	972	720	155	8	18	75
涟水县	14136	2564	11572	12249	1456	35	381	15
盱眙县	11755	1763	9992	10230	749	73	40	663
金湖县	6091	1017	5074	5614	184	19	19	255
淮安经济技术开发区	7814	3072	4742	7688	65		42	19
工业园区	235	19	216	235				
生态文旅区	2962	2250	712	2913	1	5	7	36
苏淮高新区	633	33	600	589	9		35	

9-3b　续表 2　　　　单位：户

地　区	合　计	住房所在建筑有无电梯		主要炊事燃料				
		有	无	燃气	电	煤炭	柴草	其他
盐城市	**89833**	**12288**	**77545**	**70922**	**11788**	**402**	**5048**	**1673**
亭湖区	1976	48	1928	1075	404	9	124	364
盐都区	3536	246	3290	2675	567	1	131	162
大丰区	7355	114	7241	5859	367	16	1029	84
响水县	8315	1178	7137	6904	826	226	124	235
滨海县	14330	2202	12128	11650	1665	36	573	406
阜宁县	15158	1910	13248	11450	3275	13	366	54
射阳县	16581	2328	14253	14000	1908	35	489	149
建湖县	13163	3135	10028	10959	1865	9	157	173
盐城经济技术开发区	1866	901	965	1588	121	6	133	18
江苏省盐南高新区								
东台市	7553	226	7327	4762	790	51	1922	28
扬州市	**37939**	**6623**	**31316**	**33903**	**2574**	**51**	**419**	**992**
广陵区	1312	30	1282	1240	64		6	2
邗江区	1840	82	1758	1699	120	1	14	6
江都区	8491	445	8046	7795	362	38	112	184
宝应县	13361	3071	10290	12268	490	7	113	483
扬州经济技术开发区	6683	2732	3951	6358	176	1	7	141
蜀冈瘦西湖景区								
生态新城	327	21	306	269	10		1	47
仪征市	1846	57	1789	1450	286		15	95
高邮市	4079	185	3894	2824	1066	4	151	34
镇江市	**27880**	**5849**	**22031**	**26709**	**924**	**14**	**132**	**101**
京口区	157	15	142	150	7			
润州区								
丹徒区	2155	56	2099	1959	96	3	35	62
镇江新区	7178	3430	3748	7038	105	9	13	13
江苏镇江高新区								
丹阳市	13491	978	12513	12974	511		4	2
扬中市	1530	126	1404	1348	103	2	63	14
句容市	3369	1244	2125	3240	102		17	10
泰州市	**36564**	**4959**	**31605**	**31192**	**4248**	**68**	**705**	**351**
海陵区	936	2	934	769	113		51	3
高港区	1417	194	1223	1311	78		26	2
姜堰区	3848	72	3776	3087	409	25	286	41
泰州医药高新技术产业开发区	6143	2601	3542	5661	315		17	150
兴化市	11549	256	11293	8251	2921	39	239	99
靖江市	4010	558	3452	3786	211		4	9
泰兴市	8661	1276	7385	8327	201	4	82	47
宿迁市	**64319**	**15159**	**49160**	**57802**	**3057**	**302**	**1593**	**1565**
宿城区	1305	83	1222	1284	8		4	9
宿豫区	1790	13	1777	1600	134	10	29	17
沭阳县	26686	4448	22238	23267	977	150	1214	1078
泗阳县	14441	4461	9980	13327	523	88	324	179
泗洪县	15587	4819	10768	14016	1296	37	17	221
宿迁经济技术开发区	4096	1331	2765	3959	82			55
宿迁市湖滨新区	414	4	410	349	37	17	5	6
苏州宿迁工业园区								
宿迁市洋河新区								

9-3b 续表 3

单位：户

地区	住房内有无管道自来水		住房内有无厨房			住房内有无厕所	
	有	无	独立使用	与其他户合用	无	水冲式卫生厕所	水冲式非卫生厕所
江　苏	**680790**	**13533**	**671513**	**9293**	**13517**	**613808**	**16135**
南京市	**5836**	**29**	**5817**	**27**	**21**	**5768**	**34**
玄武区							
秦淮区							
建邺区							
鼓楼区							
浦口区	60	3	63			59	
栖霞区							
雨花台区	286	3	269	4	16	262	4
江宁区							
六合区	3958	10	3956	8	4	3954	1
溧水区	1135	9	1140	4		1119	24
高淳区	397	4	389	11	1	374	5
南京江北新区							
无锡市	**37238**	**634**	**35223**	**1026**	**1623**	**35756**	**330**
锡山区	8315	219	7723	274	537	7930	47
惠山区	3747	56	3550	107	146	3593	30
滨湖区							
梁溪区							
新吴区							
江苏无锡经济开发区							
江阴市	14943	281	13909	514	801	14135	170
宜兴市	10233	78	10041	131	139	10098	83
徐州市	**84975**	**3929**	**86890**	**248**	**1766**	**75534**	**4137**
鼓楼区							
云龙区	600	36	625	1	10	432	27
贾汪区	2550	175	2515	4	206	2044	205
泉山区							
铜山区	10659	446	10913	13	179	7930	905
丰县	14751	785	15258	57	221	13703	506
沛县	18153	975	18633	48	447	17227	790
睢宁县	16003	870	16537	80	256	14963	792
徐州经济技术开发区	9826	314	10047	6	87	9688	140
新沂市	5036	182	5027	10	181	4701	181
邳州市	7397	146	7335	29	179	4846	591
常州市	**21549**	**370**	**20834**	**442**	**643**	**20694**	**236**
天宁区	1444	29	1377	33	63	1386	22
钟楼区							
新北区	3985	18	3877	87	39	3925	26
武进区	5444	121	5293	126	146	5322	19
金坛区	2447	22	2417	36	16	2307	144
江苏省常州市经济开发区	3076	147	2718	151	354	2611	14
溧阳市	5153	33	5152	9	25	5143	11

9-3b　续表 4　　　　　　　　　　　　　　　　　　　　　　　　单位：户

地　区	住房内有无管道自来水		住房内有无厨房			住房内有无厕所	
	有	无	独立使用	与其他户合用	无	水冲式卫生厕所	水冲式非卫生厕所
苏州市	**98311**	**2030**	**91098**	**4853**	**4390**	**96042**	**595**
虎丘区	160		159		1	160	
吴中区	5673	535	4996	499	713	5629	35
相城区	1877	197	1635	126	313	1695	21
姑苏区							
吴江区	15753	329	14423	456	1203	14704	277
苏州工业园区	31196	157	28763	2236	354	31310	23
常熟市	10026	59	9177	465	443	9645	81
张家港市	18631	393	17487	603	934	18181	101
昆山市	7704	63	7370	348	49	7707	34
太仓市	7291	297	7088	120	380	7011	23
南通市	**76712**	**1155**	**75506**	**813**	**1548**	**63833**	**1649**
崇川区							
港闸区							
通州区	11384	343	11166	148	413	8361	396
如东县	17865	280	17602	228	315	14233	393
南通经济技术开发区	8717	63	8647	79	54	8726	9
通州湾示范区	1429	14	1418	9	16	843	9
苏锡通科技产业园区	1244	16	1180	17	63	1044	6
启东市	7487	97	7322	111	151	6408	46
如皋市	12979	131	12792	80	238	11230	386
海门市	10219	187	10020	111	275	8046	78
海安市	5388	24	5359	30	23	4942	326
连云港市	**51394**	**1944**	**51986**	**174**	**1178**	**43214**	**1498**
连云区							
海州区	1614	100	1622	6	86	1315	51
赣榆区	8892	505	9103	20	274	7022	477
东海县	14784	163	14839	18	90	14428	132
灌云县	9828	524	9962	65	325	6956	298
灌南县	9063	519	9189	44	349	6732	353
连云港经济技术开发区	2162	27	2172	13	4	2124	12
连云港高新技术产业开发区	4028	64	4039	6	47	3784	170
江苏连云港徐圩新区	981	21	997	2	3	814	4
江苏省连云港市云台山风景名胜区	42	21	63			39	1
淮安市	**51563**	**119**	**51283**	**293**	**106**	**46583**	**1014**
淮安区	3499	48	3503	25	19	2786	74
淮阴区	3309	23	3309	10	13	2334	63
清江浦区	200	1	200		1	134	
洪泽区	964	12	964	2	10	823	35
涟水县	14136		14115	12	9	12630	356
盱眙县	11740	15	11567	180	8	10825	318
金湖县	6085	6	6006	45	40	5877	36
淮安经济技术开发区	7805	9	7796	14	4	7446	131
工业园区	235		235			235	
生态文旅区	2962		2959	3		2882	1
苏淮高新区	628	5	629	2	2	611	

9-3b 续表 5

单位：户

地 区	住房内有无管道自来水		住房内有无厨房			住房内有无厕所	
	有	无	独立使用	与其他户合用	无	水冲式卫生厕所	水冲式非卫生厕所
盐城市	**88549**	**1284**	**88498**	**438**	**897**	**71965**	**3300**
亭湖区	1953	23	1953	5	18	1662	202
盐都区	3485	51	3481	34	21	3072	89
大丰区	7250	105	7225	32	98	4465	250
响水县	8103	212	8203	30	82	6675	232
滨海县	14124	206	14034	65	231	11493	322
阜宁县	14927	231	14926	49	183	12427	531
射阳县	16352	229	16370	71	140	13272	1192
建湖县	13026	137	13017	100	46	12370	177
盐城经济技术开发区	1852	14	1847	10	9	1502	15
江苏省盐南高新区							
东台市	7477	76	7442	42	69	5027	290
扬州市	**37506**	**433**	**37477**	**274**	**188**	**36044**	**582**
广陵区	1307	5	1281	24	7	1267	7
邗江区	1819	21	1826	13	1	1717	47
江都区	8419	72	8381	60	50	7882	182
宝应县	13162	199	13219	77	65	12793	183
扬州经济技术开发区	6611	72	6564	78	41	6487	50
蜀冈瘦西湖景区							
生态新城	326	1	321	5	1	297	10
仪征市	1831	15	1840	4	2	1693	47
高邮市	4031	48	4045	13	21	3908	56
镇江市	**27802**	**78**	**27301**	**214**	**365**	**27399**	**119**
京口区	157		148	7	2	144	12
润州区							
丹徒区	2138	17	2121	7	27	2069	18
镇江新区	7134	44	7166	2	10	7150	12
江苏镇江高新区							
丹阳市	13491		13052	134	305	13222	57
扬中市	1517	13	1466	52	12	1477	13
句容市	3365	4	3348	12	9	3337	7
泰州市	**36320**	**244**	**35864**	**329**	**371**	**33950**	**792**
海陵区	927	9	916		20	695	12
高港区	1400	17	1382	10	25	1385	9
姜堰区	3787	61	3816	12	20	3123	204
泰州医药高新技术产业开发区	6069	74	5862	81	200	6022	12
兴化市	11471	78	11448	28	73	10250	500
靖江市	4010		3900	107	3	3915	
泰兴市	8656	5	8540	91	30	8560	55
宿迁市	**63035**	**1284**	**63736**	**162**	**421**	**57026**	**1849**
宿城区	1297	8	1292	6	7	1199	10
宿豫区	1771	19	1768	10	12	1638	75
沭阳县	25769	917	26322	68	296	20927	997
泗阳县	14299	142	14369	56	16	13847	393
泗洪县	15452	135	15512	13	62	14934	362
宿迁经济技术开发区	4043	53	4071	9	16	4087	3
宿迁市湖滨新区	404	10	402		12	394	9
苏州宿迁工业园区							
宿迁市洋河新区							

9-3b　续表 6　　　　单位：户

地　区	住房内有无厕所			住房内有无洗澡设施			
	卫生旱厕	普通旱厕	无	统一供热水	家庭自装热水器	其他	无
江　苏	**28253**	**21520**	**14607**	**9563**	**627557**	**30941**	**26262**
南京市	**2**	**9**	**52**	**118**	**5608**	**80**	**59**
玄武区							
秦淮区							
建邺区							
鼓楼区							
浦口区	1	3		1	61	1	
栖霞区							
雨花台区		6	17	1	277		11
江宁区							
六合区			13	107	3789	41	31
溧水区			1	8	1127	5	4
高淳区	1		21	1	354	33	13
南京江北新区							
无锡市	**125**	**72**	**1589**	**534**	**33360**	**1230**	**2748**
锡山区	73	13	471	160	7239	331	804
惠山区	7	14	159	29	3459	69	246
滨湖区							
梁溪区							
新吴区							
江苏无锡经济开发区							
江阴市	34	32	853	262	13110	396	1456
宜兴市	11	13	106	83	9552	434	242
徐州市	**4077**	**2903**	**2253**	**861**	**79778**	**5300**	**2965**
鼓楼区							
云龙区	36	20	121	3	610	8	15
贾汪区	126	175	175	15	1974	490	246
泉山区							
铜山区	1037	964	269	52	10163	495	395
丰县	733	330	264	196	13867	944	529
沛县	409	201	501	160	17046	1165	757
睢宁县	291	287	540	280	14965	1142	486
徐州经济技术开发区	93	20	199	112	9627	234	167
新沂市	183	57	96	25	4855	203	135
邳州市	1169	849	88	18	6671	619	235
常州市	**72**	**75**	**842**	**293**	**19431**	**662**	**1533**
天宁区	5	4	56	11	1318	27	117
钟楼区							
新北区	16	3	33	11	3767	58	167
武进区	30	40	154	57	4933	210	365
金坛区	4	5	9	58	2155	199	57
江苏省常州市经济开发区	14	19	565	41	2327	97	758
溧阳市	3	4	25	115	4931	71	69

9-3b 续表 7 单位：户

地区	住房内有无厕所			住房内有无洗澡设施			
	卫生旱厕	普通旱厕	无	统一供热水	家庭自装热水器	其他	无
苏州市	**169**	**327**	**3208**	**2130**	**89927**	**2237**	**6047**
虎丘区				1	159		
吴中区	22	96	426	109	4943	413	743
相城区	5	120	233	47	1462	97	468
姑苏区							
吴江区	59	27	1015	254	12812	634	2382
苏州工业园区	1		19	908	30241	120	84
常熟市	10	4	345	175	9163	294	453
张家港市	44	51	647	352	16932	508	1232
昆山市	2	5	19	138	7516	52	61
太仓市	26	24	504	146	6699	119	624
南通市	**5956**	**4566**	**1863**	**623**	**70711**	**2187**	**4346**
崇川区							
港闸区							
通州区	1660	827	483	76	10000	624	1027
如东县	1837	1410	272	170	16524	593	858
南通经济技术开发区	15	14	16	67	8639	21	53
通州湾示范区	245	312	34	31	1222	40	150
苏锡通科技产业园区	81	76	53	15	1112	33	100
启东市	305	322	503	62	6533	199	790
如皋市	778	601	115	105	12610	222	173
海门市	934	974	374	80	8792	372	1162
海安市	101	30	13	17	5279	83	33
连云港市	**4312**	**3039**	**1275**	**1135**	**46272**	**4003**	**1928**
连云区							
海州区	104	96	148	2	1250	313	149
赣榆区	1104	665	129	96	7754	944	603
东海县	242	70	75	209	13310	1312	116
灌云县	1188	1336	574	162	8864	693	633
灌南县	1612	681	204	540	8420	332	290
连云港经济技术开发区	16	10	27	30	1981	136	42
连云港高新技术产业开发区	40	22	76	92	3813	111	76
江苏连云港徐圩新区	5	145	34	4	823	160	15
江苏省连云港市云台山风景名胜区	1	14	8		57	2	4
淮安市	**2695**	**1271**	**119**	**751**	**48159**	**2163**	**609**
淮安区	449	211	27	59	3210	203	75
淮阴区	611	310	14	14	2912	353	53
清江浦区	46	20	1	3	197		1
洪泽区	53	33	32	2	861	67	46
涟水县	862	288		149	13575	391	21
盱眙县	372	238	2	216	10381	848	310
金湖县	97	40	41	100	5770	154	67
淮安经济技术开发区	144	92	1	166	7549	78	21
工业园区				2	226	7	
生态文旅区	46	33		36	2884	32	10
苏淮高新区	15	6	1	4	594	30	5

9-3b　续表 8

单位：户

地　区	住房内有无厕所			住房内有无洗澡设施			
	卫生旱厕	普通旱厕	无	统　一 供热水	家庭自装 热水器	其他	无
盐城市	**7252**	**5610**	**1706**	**718**	**82257**	**3745**	**3113**
亭湖区	69	26	17	7	1880	68	21
盐都区	231	61	83	41	3393	53	49
大丰区	1433	978	229	35	6494	469	357
响水县	352	658	398	37	7513	332	433
滨海县	1074	1183	258	119	12313	791	1107
阜宁县	1116	918	166	116	14272	528	242
射阳县	1150	701	266	150	15389	585	457
建湖县	292	216	108	106	12461	432	164
盐城经济技术开发区	96	243	10	100	1712	33	21
江苏省盐南高新区							
东台市	1439	626	171	7	6830	454	262
扬州市	**585**	**288**	**440**	**926**	**35728**	**797**	**488**
广陵区	25	3	10	4	1294	8	6
邗江区	54	9	13	7	1780	44	9
江都区	212	108	107	45	8067	255	124
宝应县	51	93	241	261	12599	260	241
扬州经济技术开发区	77	30	39	522	6081	42	38
蜀冈瘦西湖景区							
生态新城	13	7		1	312	13	1
仪征市	93	9	4	8	1793	32	13
高邮市	60	29	26	78	3802	143	56
镇江市	**92**	**40**	**230**	**275**	**26522**	**495**	**588**
京口区		1		1	145	1	10
润州区							
丹徒区	37	12	19	15	1983	121	36
镇江新区	2	2	12	227	6879	47	25
江苏镇江高新区							
丹阳市	18	11	183	10	12715	270	496
扬中市	28	4	8	9	1463	48	10
句容市	7	10	8	13	3337	8	11
泰州市	**973**	**301**	**548**	**365**	**34565**	**1185**	**449**
海陵区	110	44	75	1	693	226	16
高港区	6	2	15	6	1385	7	19
姜堰区	390	48	83	8	3477	276	87
泰州医药高新技术产业开发区	21	30	58	45	5874	147	77
兴化市	339	161	299	128	10857	359	205
靖江市	91		4	75	3872	56	7
泰兴市	16	16	14	102	8407	114	38
宿迁市	**1943**	**3019**	**482**	**834**	**55239**	**6857**	**1389**
宿城区	89	3	4	4	797	478	26
宿豫区	32	35	10	34	1547	120	89
沭阳县	1555	2889	318	362	19559	5806	959
泗阳县	142	16	43	159	13930	227	125
泗洪县	123	71	97	49	15248	154	136
宿迁经济技术开发区			6	226	3776	55	39
宿迁市湖滨新区	2	5	4		382	17	15
苏州宿迁工业园区							
宿迁市洋河新区							

9-3c 各地区按住房设施状况分的家庭户户数(乡村)

单位：户

地区	合计	住房所在建筑有无电梯		主要炊事燃料				
		有	无	燃气	电	煤炭	柴草	其他
江苏	**768929**	**18347**	**750582**	**557233**	**120652**	**4475**	**70812**	**15757**
南京市	**41337**	**2074**	**39263**	**33393**	**3716**	**187**	**2278**	**1763**
玄武区								
秦淮区								
建邺区								
鼓楼区								
浦口区	2664	435	2229	1907	281	23	69	384
栖霞区	1881	96	1785	1753	69		11	48
雨花台区								
江宁区	11725	1124	10601	9812	718	10	428	757
六合区	10829	184	10645	9071	1086	89	170	413
溧水区	6182	187	5995	4585	279	43	1224	51
高淳区	7427	46	7381	5690	1256	22	372	87
南京江北新区	629	2	627	575	27		4	23
无锡市	**41642**	**2547**	**39095**	**36278**	**4027**	**56**	**907**	**374**
锡山区	3382	169	3213	2872	426	19	23	42
惠山区	6639	658	5981	5611	813	9	78	128
滨湖区	1278	614	664	1101	168	1	5	3
梁溪区								
新吴区	1723	659	1064	1400	283		21	19
江苏无锡经济开发区								
江阴市	14234	274	13960	12471	1623	10	45	85
宜兴市	14386	173	14213	12823	714	17	735	97
徐州市	**101209**	**399**	**100810**	**70813**	**23718**	**1153**	**3172**	**2353**
鼓楼区								
云龙区								
贾汪区	6012	17	5995	3426	1704	79	297	506
泉山区								
铜山区	16716	83	16633	12478	3504	64	470	200
丰县	15332	94	15238	9153	5257	88	703	131
沛县	14579	41	14538	9188	4781	88	397	125
睢宁县	14043	60	13983	9084	3980	97	683	199
徐州经济技术开发区	1617	8	1609	1197	329	3	85	3
新沂市	13563	46	13517	11803	630	239	285	606
邳州市	19347	50	19297	14484	3533	495	252	583
常州市	**43641**	**1333**	**42308**	**39296**	**2408**	**149**	**1208**	**580**
天宁区	2012	74	1938	1825	116	10	3	58
钟楼区	1234	63	1171	1097	112		4	21
新北区	3689	20	3669	3612	61	1	10	5
武进区	11792	486	11306	10801	763	10	78	140
金坛区	7731	363	7368	6702	394	31	521	83
江苏省常州市经济开发区	5280	189	5091	4539	618	5	8	110
溧阳市	11903	138	11765	10720	344	92	584	163

9-3c 续表 1

单位：户

地 区	合 计	住房所在建筑有无电梯		主要炊事燃料				
		有	无	燃气	电	煤炭	柴草	其他
苏州市	**70399**	**6434**	**63965**	**56604**	**12197**	**118**	**479**	**1001**
虎丘区	2024	264	1760	1845	104		19	56
吴中区	9975	558	9417	7218	2362	65	114	216
相城区	1139	13	1126	854	263	2	5	15
姑苏区								
吴江区	11632	169	11463	9582	1914	14	57	65
苏州工业园区								
常熟市	12327	408	11919	10966	1289	15	37	20
张家港市	12435	772	11663	10905	1250	5	186	89
昆山市	13479	3522	9957	9492	3491		12	484
太仓市	7388	728	6660	5742	1524	17	49	56
南通市	**90474**	**1467**	**89007**	**68341**	**8194**	**131**	**12908**	**900**
崇川区								
港闸区	71		71	63	1		7	
通州区	12597	199	12398	10098	544	32	1791	132
如东县	14287	134	14153	9629	1639	7	2757	255
南通经济技术开发区								
通州湾示范区	2455	29	2426	2182	12	15	225	21
苏锡通科技产业园区	1863	522	1341	1808	16		35	4
启东市	18539	177	18362	16197	343	12	1852	135
如皋市	16014	225	15789	9958	1583	43	4330	100
海门市	13887	109	13778	11774	292	18	1563	240
海安市	10761	72	10689	6632	3764	4	348	13
连云港市	**53288**	**361**	**52927**	**37060**	**11144**	**692**	**3016**	**1376**
连云区	78		78	43	28		5	2
海州区	2521	14	2507	1872	406	6	126	111
赣榆区	15392	80	15312	11397	2141	496	1048	310
东海县	14995	151	14844	12790	1739	84	168	214
灌云县	10135	37	10098	6120	2804	99	833	279
灌南县	8961	68	8893	4055	3775	7	823	301
连云港经济技术开发区	534	8	526	516	18			
连云港高新技术产业开发区								
江苏连云港徐圩新区	28		28	27			1	
江苏省连云港市云台山风景名胜区	644	3	641	240	233		12	159
淮安市	**49272**	**472**	**48800**	**33977**	**7776**	**358**	**4862**	**2299**
淮安区	11437	86	11351	8407	1383	53	1306	288
淮阴区	9619	74	9545	7178	752	159	908	622
清江浦区	1561	17	1544	1348	77	3	55	78
洪泽区	3882	125	3757	2387	700	27	353	415
涟水县	11401	60	11341	6825	2956	62	1549	9
盱眙县	6430	57	6373	4391	1248	51	168	572
金湖县	4657	50	4607	3207	621	3	512	314
淮安经济技术开发区								
工业园区	230	2	228	211	10		8	1
生态文旅区								
苏淮高新区	55	1	54	23	29		3	

9-3c 续表 2 单位：户

地区	合计	住房所在建筑有无电梯		主要炊事燃料				
		有	无	燃气	电	煤炭	柴草	其他
盐城市	**92741**	**776**	**91965**	**42861**	**20852**	**236**	**27571**	**1221**
亭湖区	3603	21	3582	1220	1328	1	896	158
盐都区	10771	111	10660	3981	3659	11	2980	140
大丰区	10365	86	10279	7511	865	19	1878	92
响水县	5881	29	5852	3263	1639	5	820	154
滨海县	11480	40	11440	6842	2253	95	2041	249
阜宁县	11975	47	11928	4306	4256	53	3220	140
射阳县	12417	187	12230	7233	3070	8	2047	59
建湖县	9406	131	9275	2822	2067	22	4462	33
盐城经济技术开发区	917	31	886	376	57	3	475	6
江苏省盐南高新区								
东台市	15926	93	15833	5307	1658	19	8752	190
扬州市	**51171**	**652**	**50519**	**35400**	**8949**	**326**	**5333**	**1163**
广陵区	2398	18	2380	2143	173	2	33	47
邗江区	2930	35	2895	2435	244	28	90	133
江都区	13896	71	13825	10983	1225	144	1041	503
宝应县	12590	83	12507	8507	2278	80	1563	162
扬州经济技术开发区	639	227	412	570	8	1	18	42
蜀冈瘦西湖景区								
生态新城	508	3	505	454	27	15	4	8
仪征市	6015	138	5877	4475	1085	15	239	201
高邮市	12195	77	12118	5833	3909	41	2345	67
镇江市	**24108**	**847**	**23261**	**21631**	**1325**	**25**	**804**	**323**
京口区	229		229	223	6			
润州区	2		2	2				
丹徒区	3445	18	3427	2890	373	17	112	53
镇江新区	1167	302	865	916	166		43	42
江苏镇江高新区								
丹阳市	7183	12	7171	6913	262		8	
扬中市	3174	50	3124	2729	114	7	289	35
句容市	8908	465	8443	7958	404	1	352	193
泰州市	**57857**	**641**	**57216**	**44213**	**9548**	**218**	**3280**	**598**
海陵区	1646	7	1639	1361	127	5	148	5
高港区	2903	19	2884	2689	109	34	71	
姜堰区	10472	74	10398	7777	949	133	1474	139
泰州医药高新技术产业开发区	483	7	476	311	87	2	18	65
兴化市	19439	97	19342	11623	6667	40	990	119
靖江市	7968	154	7814	7325	542		76	25
泰兴市	14946	283	14663	13127	1067	4	503	245
宿迁市	**51790**	**344**	**51446**	**37366**	**6798**	**826**	**4994**	**1806**
宿城区	6573	40	6533	5884	205	54	226	204
宿豫区	4466	12	4454	3244	544	180	404	94
沭阳县	18348	75	18273	12617	1820	347	2445	1119
泗阳县	8914	76	8838	6918	510	56	1357	73
泗洪县	8802	63	8739	5353	3257	3	136	53
宿迁经济技术开发区	1275	40	1235	943	135	1	16	180
宿迁市湖滨新区	1576	8	1568	1424	85	28	29	10
苏州宿迁工业园区								
宿迁市洋河新区	1836	30	1806	983	242	157	381	73

9-3c 续表 3

单位：户

地区	住房内有无管道自来水		住房内有无厨房			住房内有无厕所	
	有	无	独立使用	与其他户合用	无	水冲式卫生厕所	水冲式非卫生厕所
江 苏	**743671**	**25258**	**734963**	**10328**	**23638**	**565449**	**37016**
南京市	**40955**	**382**	**40551**	**270**	**516**	**40243**	**403**
玄武区							
秦淮区							
建邺区							
鼓楼区							
浦口区	2639	25	2637	4	23	2596	31
栖霞区	1872	9	1834	6	41	1845	4
雨花台区							
江宁区	11660	65	11515	132	78	11528	81
六合区	10641	188	10642	56	131	10659	37
溧水区	6138	44	6072	49	61	5994	92
高淳区	7383	44	7232	17	178	6999	157
南京江北新区	622	7	619	6	4	622	1
无锡市	**40908**	**734**	**38277**	**1552**	**1813**	**38772**	**515**
锡山区	3287	95	3011	137	234	3051	107
惠山区	6437	202	5733	342	564	5431	145
滨湖区	1262	16	1149	19	110	1177	8
梁溪区							
新吴区	1659	64	1375	237	111	1569	21
江苏无锡经济开发区							
江阴市	14009	225	12879	747	608	13602	98
宜兴市	14254	132	14130	70	186	13942	136
徐州市	**92456**	**8753**	**95519**	**272**	**5418**	**72801**	**7737**
鼓楼区							
云龙区							
贾汪区	4893	1119	5067	11	934	3892	237
泉山区							
铜山区	15552	1164	15984	21	711	9180	1650
丰县	13769	1563	14723	51	558	12564	998
沛县	12847	1732	13270	32	1277	10949	1770
睢宁县	13009	1034	13586	66	391	12147	711
徐州经济技术开发区	1500	117	1568	9	40	1179	88
新沂市	12731	832	12969	54	540	11377	780
邳州市	18155	1192	18352	28	967	11513	1503
常州市	**42816**	**825**	**41627**	**806**	**1208**	**40891**	**770**
天宁区	1959	53	1874	90	48	1881	34
钟楼区	1229	5	1162	32	40	1210	2
新北区	3653	36	3518	97	74	3582	63
武进区	11464	328	11218	286	288	11011	103
金坛区	7630	101	7505	83	143	7176	360
江苏省常州市经济开发区	5113	167	4541	177	562	4345	82
溧阳市	11768	135	11809	41	53	11686	126

9-3c 续表 4 单位：户

地　　区	住房内有无管道自来水		住房内有无厨房			住房内有无厕所	
	有	无	独立使用	与其他户合用	无	水冲式卫生厕所	水冲式非卫生厕所
苏州市	**68391**	**2008**	**60387**	**4898**	**5114**	**66145**	**741**
虎丘区	1975	49	1629	308	87	1855	7
吴中区	9372	603	7787	800	1388	9166	124
相城区	1102	37	972	81	86	1065	5
姑苏区							
吴江区	11526	106	10559	442	631	11038	139
苏州工业园区							
常熟市	12244	83	11734	386	207	12015	50
张家港市	11880	555	11123	708	604	11564	245
昆山市	13210	269	10284	1674	1521	12693	54
太仓市	7082	306	6299	499	590	6749	117
南通市	**89393**	**1081**	**88774**	**604**	**1096**	**67328**	**3355**
崇川区							
港闸区	70	1	70	1		38	
通州区	12411	186	12305	115	177	9185	233
如东县	13984	303	13978	118	191	9222	802
南通经济技术开发区							
通州湾示范区	2427	28	2384	29	42	1222	20
苏锡通科技产业园区	1825	38	1829	11	23	1514	52
启东市	18409	130	18135	130	274	14447	198
如皋市	15826	188	15706	71	237	12570	496
海门市	13714	173	13679	103	105	10279	264
海安市	10727	34	10688	26	47	8851	1290
连云港市	**47687**	**5601**	**49295**	**351**	**3642**	**27682**	**3511**
连云区	78		78			66	
海州区	2288	233	2116	22	383	1002	63
赣榆区	13168	2224	14183	107	1102	9698	1377
东海县	14502	493	14525	69	401	11703	889
灌云县	8355	1780	8776	101	1258	2351	321
灌南县	8141	820	8416	50	495	2039	749
连云港经济技术开发区	531	3	534			510	13
连云港高新技术产业开发区							
江苏连云港徐圩新区	27	1	27		1	2	
江苏省连云港市云台山风景名胜区	597	47	640	2	2	311	99
淮安市	**48807**	**465**	**48595**	**155**	**522**	**25095**	**3424**
淮安区	11230	207	11146	44	247	6576	655
淮阴区	9541	78	9477	36	106	4197	453
清江浦区	1547	14	1548	5	8	826	41
洪泽区	3780	102	3823	23	36	1569	143
涟水县	11400	1	11368	17	16	5890	1157
盱眙县	6381	49	6335	12	83	3373	635
金湖县	4643	14	4614	18	25	2483	337
淮安经济技术开发区							
工业园区	230		229		1	134	3
生态文旅区							
苏淮高新区	55		55			47	

9-3c 续表 5

单位：户

地区	住房内有无管道自来水		住房内有无厨房			住房内有无厕所	
	有	无	独立使用	与其他户合用	无	水冲式卫生厕所	水冲式非卫生厕所
盐城市	**90289**	**2452**	**89751**	**461**	**2529**	**40533**	**6109**
亭湖区	3498	105	3476	10	117	2495	477
盐都区	10574	197	10447	35	289	7330	1036
大丰区	10249	116	10197	53	115	4753	451
响水县	5446	435	5409	79	393	2422	183
滨海县	11187	293	10894	88	498	3285	307
阜宁县	11325	650	11436	61	478	3394	775
射阳县	12073	344	12119	36	262	5141	1548
建湖县	9324	82	9277	50	79	3629	592
盐城经济技术开发区	915	2	898	5	14	95	14
江苏省盐南高新区							
东台市	15698	228	15598	44	284	7989	726
扬州市	**50593**	**578**	**50341**	**288**	**542**	**40677**	**2770**
广陵区	2382	16	2267	74	57	2250	41
邗江区	2893	37	2904	3	23	2336	92
江都区	13677	219	13624	60	212	11182	747
宝应县	12442	148	12432	37	121	8765	1143
扬州经济技术开发区	637	2	633	3	3	550	12
蜀冈瘦西湖景区							
生态新城	499	9	500	6	2	432	16
仪征市	5965	50	5956	34	25	4774	326
高邮市	12098	97	12025	71	99	10388	393
镇江市	**24012**	**96**	**23809**	**115**	**184**	**23218**	**225**
京口区	228	1	224		5	222	
润州区	2		2			2	
丹徒区	3412	33	3418	11	16	3294	56
镇江新区	1159	8	1158	3	6	1144	2
江苏镇江高新区							
丹阳市	7177	6	7110	36	37	7082	17
扬中市	3160	14	3127	20	27	2984	34
句容市	8874	34	8770	45	93	8490	116
泰州市	**57597**	**260**	**57137**	**351**	**369**	**49162**	**2827**
海陵区	1636	10	1621	2	23	1041	79
高港区	2888	15	2883	13	7	2476	353
姜堰区	10398	74	10372	36	64	7974	619
泰州医药高新技术产业开发区	480	3	477	5	1	454	2
兴化市	19289	150	19234	26	179	15027	1362
靖江市	7968		7803	162	3	7832	
泰兴市	14938	8	14747	107	92	14358	412
宿迁市	**49767**	**2023**	**50900**	**205**	**685**	**32902**	**4629**
宿城区	6512	61	6526	12	35	5317	176
宿豫区	4271	195	4373	8	85	3480	523
沭阳县	16910	1438	17827	76	445	6647	1273
泗阳县	8812	102	8854	44	16	7024	1282
泗洪县	8658	144	8693	34	75	6501	1129
宿迁经济技术开发区	1257	18	1270		5	951	160
宿迁市湖滨新区	1528	48	1556	6	14	1439	53
苏州宿迁工业园区							
宿迁市洋河新区	1819	17	1801	25	10	1543	33

9-3c 续表 6

单位：户

地区	住房内有无厕所			住房内有无洗澡设施			
	卫生旱厕	普通旱厕	无	统一供热水	家庭自装热水器	其他	无
江苏	**85561**	**56442**	**24461**	**4131**	**651916**	**62050**	**50832**
南京市	**89**	**49**	**553**	**349**	**38564**	**1283**	**1141**
玄武区							
秦淮区							
建邺区							
鼓楼区							
浦口区	1	2	34	28	2491	84	61
栖霞区	12		20	4	1834	9	34
雨花台区							
江宁区	19	17	80	129	11267	155	174
六合区	19	9	105	106	10004	417	302
溧水区	10	6	80	38	5834	104	206
高淳区	28	15	228	40	6545	509	333
南京江北新区			6	4	589	5	31
无锡市	**249**	**216**	**1890**	**326**	**35035**	**2420**	**3861**
锡山区	10	6	208	52	2689	154	487
惠山区	108	124	831	59	4922	422	1236
滨湖区		2	91	7	1134	30	107
梁溪区							
新吴区	4	3	126	16	1412	54	241
江苏无锡经济开发区							
江阴市	46	43	445	126	12036	685	1387
宜兴市	81	38	189	66	12842	1075	403
徐州市	**9909**	**6586**	**4176**	**310**	**83209**	**10451**	**7239**
鼓楼区							
云龙区							
贾汪区	546	672	665	17	4062	860	1073
泉山区							
铜山区	2813	2334	739	45	14271	1334	1066
丰县	856	629	285	42	12176	2002	1112
沛县	537	299	1024	16	11613	1461	1489
睢宁县	398	449	338	32	11433	1672	906
徐州经济技术开发区	115	182	53	4	1293	209	111
新沂市	597	250	559	69	10798	1946	750
邳州市	4047	1771	513	85	17563	967	732
常州市	**261**	**222**	**1497**	**276**	**37793**	**2803**	**2769**
天宁区	11	24	62	14	1692	164	142
钟楼区	3	3	16	27	1092	60	55
新北区	11	1	32	33	3416	98	142
武进区	94	99	485	86	10168	748	790
金坛区	41	41	113	40	6622	736	333
江苏省常州市经济开发区	90	45	718	34	3774	336	1136
溧阳市	11	9	71	42	11029	661	171

9-3c　续表 7　　　　单位：户

地　区	住房内有无厕所			住房内有无洗澡设施			
	卫生旱厕	普通旱厕	无	统一供热水	家庭自装热水器	其他	无
苏州市	**317**	**257**	**2939**	**979**	**59170**	**3277**	**6973**
虎丘区	10	47	105	8	1618	220	178
吴中区	115	109	461	131	7774	779	1291
相城区	5	3	61	18	976	44	101
姑苏区							
吴江区	11	26	418	162	9608	429	1433
苏州工业园区							
常熟市	17	7	238	127	11596	209	395
张家港市	106	40	480	195	9671	966	1603
昆山市	2	1	729	238	11703	231	1307
太仓市	51	24	447	100	6224	399	665
南通市	**10067**	**6620**	**3104**	**283**	**80212**	**3122**	**6857**
崇川区							
港闸区	13	20			69	2	
通州区	2165	853	161	48	11392	670	487
如东县	2416	1450	397	28	12391	672	1196
南通经济技术开发区							
通州湾示范区	463	489	261	1	1991	101	362
苏锡通科技产业园区	82	192	23	12	1691	40	120
启东市	1123	1125	1646	63	15130	538	2808
如皋市	1873	967	108	59	15285	313	357
海门市	1511	1344	489	46	11820	548	1473
海安市	421	180	19	26	10443	238	54
连云港市	**11397**	**7906**	**2792**	**222**	**41319**	**7303**	**4444**
连云区	1		11	1	71		6
海州区	507	609	340	2	1932	264	323
赣榆区	2032	1785	500	48	12120	1677	1547
东海县	1722	449	232	112	10802	3609	472
灌云县	3114	3098	1251	47	7836	805	1447
灌南县	3910	1836	427	9	7577	796	579
连云港经济技术开发区	3	7	1	2	461	47	24
连云港高新技术产业开发区							
江苏连云港徐圩新区	1	2	23		26		2
江苏省连云港市云台山风景名胜区	107	120	7	1	494	105	44
淮安市	**14728**	**5422**	**603**	**205**	**42488**	**4579**	**2000**
淮安区	2544	1453	209	34	9781	1029	593
淮阴区	3593	1211	165	47	8167	1081	324
清江浦区	553	123	18	2	1344	180	35
洪泽区	1546	486	138	14	3151	531	186
涟水县	3236	1118		74	10794	405	128
盱眙县	1663	694	65	15	5197	654	564
金湖县	1501	328	8	19	3809	662	167
淮安经济技术开发区							
工业园区	87	6			191	36	3
生态文旅区							
苏淮高新区	5	3			54	1	

9-3c 续表 8　　单位：户

地　区	住房内有无厕所			住房内有无洗澡设施			
	卫生旱厕	普通旱厕	无	统一供热水	家庭自装热水器	其他	无
盐城市	**24066**	**19190**	**2843**	**316**	**76172**	**7582**	**8671**
亭湖区	462	159	10	11	3289	107	196
盐都区	1552	681	172	36	9649	547	539
大丰区	3204	1753	204	19	8686	1079	581
响水县	1117	1630	529	33	4461	540	847
滨海县	3579	3494	815	17	7240	1434	2789
阜宁县	3719	3688	399	131	9781	919	1144
射阳县	3255	2125	348	22	10638	1084	673
建湖县	2607	2482	96	8	7915	602	881
盐城经济技术开发区	207	596	5		803	50	64
江苏省盐南高新区							
东台市	4364	2582	265	39	13710	1220	957
扬州市	**4546**	**2111**	**1067**	**287**	**46290**	**2945**	**1649**
广陵区	71	30	6	47	2271	55	25
邗江区	432	60	10	13	2858	28	31
江都区	1054	614	299	38	12067	1426	365
宝应县	1255	876	551	59	11229	545	757
扬州经济技术开发区	44	8	25		620	6	13
蜀冈瘦西湖景区							
生态新城	39	21		7	460	31	10
仪征市	687	195	33	28	5784	127	76
高邮市	964	307	143	95	11001	727	372
镇江市	**350**	**149**	**166**	**54**	**23153**	**553**	**348**
京口区	3		4		213	5	11
润州区					2		
丹徒区	56	16	23	5	3324	66	50
镇江新区	4	2	15	5	1130	10	22
江苏镇江高新区							
丹阳市	11	20	53		6937	160	86
扬中市	116	19	21	9	2988	128	49
句容市	160	92	50	35	8559	184	130
泰州市	**3193**	**1031**	**1644**	**252**	**53663**	**2736**	**1206**
海陵区	276	117	133	8	1258	301	79
高港区	32	10	32	8	2814	26	55
姜堰区	1351	282	246	46	9422	714	290
泰州医药高新技术产业开发区	20	1	6		383	87	13
兴化市	1280	599	1171	92	17482	1204	661
靖江市	135		1	18	7849	96	5
泰兴市	99	22	55	80	14455	308	103
宿迁市	**6389**	**6683**	**1187**	**272**	**34848**	**12996**	**3674**
宿城区	972	78	30	30	2203	4113	227
宿豫区	239	109	115	20	3573	276	597
沭阳县	3920	5930	578	59	8887	7297	2105
泗阳县	327	88	193	58	8060	450	346
泗洪县	727	271	174	14	8295	300	193
宿迁经济技术开发区	80	76	8	3	1108	135	29
宿迁市湖滨新区	3	37	44	77	1139	239	121
苏州宿迁工业园区							
宿迁市洋河新区	121	94	45	11	1583	186	56

9-4 各地区按住房来源分的家庭户户数

单位：户

地 区	合 计	租赁廉租住房/公租房	租 赁其他住房	购买新建商品房	购 买二手房	购买原公有住房	购买经济适用房/两限房	自建住房	继承或赠 予	其 他
江 苏	**2743393**	**46409**	**306149**	**685553**	**239506**	**81078**	**184632**	**1085126**	**17576**	**97364**
南京市	**296337**	**6676**	**50157**	**68079**	**49082**	**26436**	**33142**	**48311**	**2886**	**11568**
玄武区	16343	710	2714	3033	3794	3730	1378	53	146	785
秦淮区	27094	774	4939	3905	6326	6382	2320	204	519	1725
建邺区	18173	399	3887	6169	3929	1537	1676	13	132	431
鼓楼区	32728	659	5609	5998	8650	8079	1739	87	674	1233
浦口区	12770	212	2113	2672	1296	176	2159	3388	251	503
栖霞区	27689	1275	5842	6203	3467	1584	5844	1918	389	1167
雨花台区	18962	831	4816	3867	2701	1100	4486	297	76	788
江宁区	53508	895	9383	13148	8325	588	6736	11429	181	2823
六合区	22644	137	1282	4823	1536	263	1759	11741	194	909
溧水区	16003	233	1337	3579	1097	330	1892	7070	135	330
高淳区	15841	92	719	2560	853	220	1108	10117	40	132
南京江北新区	34582	459	7516	12122	7108	2447	2045	1994	149	742
无锡市	**239543**	**5192**	**47366**	**56156**	**27198**	**7816**	**43929**	**45145**	**1143**	**5598**
锡山区	27230	741	8422	6023	1854	150	4145	5331	57	507
惠山区	26449	910	6210	7031	1874	158	5278	4535	63	390
滨湖区	18931	304	3492	3934	2725	1337	4622	1586	201	730
梁溪区	35430	538	6124	8894	7401	4675	3464	1269	598	2467
新吴区	20383	314	3579	5698	2130	118	7506	801	15	222
江苏无锡经济开发区	10899	137	2610	3844	983	36	2932	255	17	85
江阴市	55850	1612	11459	11547	4520	548	10476	14938	69	681
宜兴市	44371	636	5470	9185	5711	794	5506	16430	123	516
徐州市	**288058**	**1666**	**11111**	**61397**	**13689**	**9315**	**14478**	**165300**	**1481**	**9621**
鼓楼区	15714	182	1799	6551	1809	1912	1606	1030	174	651
云龙区	15820	242	1651	5892	2306	1356	552	1275	157	2389
贾汪区	14310	74	222	2174	378	306	390	10064	103	599
泉山区	23238	364	2119	8960	3661	4086	1000	1173	200	1675
铜山区	38084	107	602	4059	994	320	692	30125	209	976
丰县	30868	89	473	4712	505	132	1424	22801	67	665
沛县	33707	215	927	6453	933	143	1777	22054	142	1063
睢宁县	30916	109	802	6752	533	200	1887	19912	218	503
徐州经济技术开发区	11870	93	1477	2909	725	285	2719	3191	37	434
新沂市	29727	46	307	6132	824	178	553	21098	100	489
邳州市	43804	145	732	6803	1021	397	1878	32577	74	177
常州市	**182207**	**4143**	**35335**	**48994**	**20257**	**3755**	**16056**	**49476**	**769**	**3422**
天宁区	24131	637	4488	9287	4185	1255	217	2662	220	1180
钟楼区	22764	367	4943	8052	3753	1059	1786	2513	91	200
新北区	28851	527	5352	7820	3594	204	5106	6142	27	79
武进区	41347	1120	11746	9265	2809	107	3785	11317	131	1067
金坛区	21687	326	1887	5716	2481	258	2028	8494	112	385
江苏省常州市经济开发区	14613	756	5055	2769	953	442	1084	3350	42	162
溧阳市	28814	410	1864	6085	2482	430	2050	14998	146	349

9-4 续表 1

单位：户

地区	合计	租赁廉租住房/公租房	租赁其他住房	购买新建商品房	购买二手房	购买原公有住房	购买经济适用房/两限房	自建住房	继承或赠予	其他
苏州市	**383896**	**17096**	**98528**	**110396**	**47039**	**7646**	**22986**	**65145**	**2551**	**12509**
虎丘区	23403	580	6237	7598	3282	55	4819	692	20	120
吴中区	39771	3200	10455	10406	3782	660	1562	7952	185	1569
相城区	26030	1520	7350	7943	1947	158	1902	3002	159	2049
姑苏区	33442	1755	6298	9562	6945	3756	3631	636	489	370
吴江区	46084	3303	12665	10720	3379	792	914	13851	115	345
苏州工业园区	31353	736	8374	10945	5643	422	4716	49	50	418
常熟市	47418	972	11809	9904	3473	532	1275	18755	234	464
张家港市	47110	1515	11704	13995	5364	335	1308	9709	509	2671
昆山市	63580	2075	17154	23337	10612	567	2074	3959	584	3218
太仓市	25705	1440	6482	5986	2612	369	785	6540	206	1285
南通市	**271583**	**2319**	**16868**	**48525**	**15397**	**3358**	**9622**	**155616**	**2706**	**17172**
崇川区	23524	253	2707	8799	5322	1202	192	104	383	4562
港闸区	12463	203	2078	3509	1611	194	37	579	526	3726
通州区	37548	335	3081	5193	702	480	366	23674	638	3079
如东县	32432	220	717	2875	855	307	101	26939	96	322
南通经济技术开发区	8780	85	1488	2318	1283	43	3390	74	35	64
通州湾示范区	3898	28	89	71	35	25	46	3502	39	63
苏锡通科技产业园区	3123	106	598	119	72	35	1045	1080	27	41
启东市	41400	250	1638	6932	1743	363	602	28803	339	730
如皋市	40561	219	715	5894	782	226	3389	28667	88	581
海门市	36457	427	2794	6314	2116	322	272	23016	343	853
海安市	31397	193	963	6501	876	161	182	19178	192	3151
连云港市	**140185**	**1043**	**4066**	**30745**	**8586**	**3505**	**1696**	**88140**	**542**	**1862**
连云区	5323	89	483	2081	833	569	172	847	47	202
海州区	23304	248	1323	9286	3842	1506	344	5996	170	589
赣榆区	33600	111	560	3360	992	291	184	27769	104	229
东海县	30164	223	687	5542	865	662	142	21758	45	240
灌云县	20487	115	244	2998	530	211	304	15720	122	243
灌南县	18543	72	343	3796	625	109	258	13201	30	109
连云港经济技术开发区	2723	16	175	942	274	113	197	906	4	96
连云港高新技术产业开发区	4092	167	223	2475	383	21	82	684	10	47
江苏连云港徐圩新区	1105	1	19	265	239	13	13	464	9	82
江苏省连云港市云台山风景名胜区	844	1	9		3	10		795	1	25
淮安市	**141153**	**971**	**5189**	**39555**	**8993**	**2578**	**9626**	**67583**	**924**	**5734**
淮安区	24321	114	867	3907	976	290	1770	15935	133	329
淮阴区	22388	110	430	5041	1079	99	967	13822	154	686
清江浦区	18523	317	1445	7875	3166	851	1583	2530	102	654
洪泽区	9522	67	301	2671	582	313	607	4542	78	361
涟水县	25537	73	293	6636	412	310	2125	15011	66	611
盱眙县	18185	111	805	4792	1417	230	375	9902	85	468
金湖县	10748	97	394	3300	682	431	520	4690	37	597
淮安经济技术开发区	7814	63	449	3705	335	49	1225	619	170	1199
工业园区	465	2	13	4	1		321	124		
生态文旅区	2962	9	162	1469	322	1	2	164	97	736
苏淮高新区	688	8	30	155	21	4	131	244	2	93

9-4 续表 2

单位：户

地　区	合　计	租赁廉租住房/公租房	租　赁其他住房	购买新建商品房	购　买二手房	购买原公有住房	购买经济适用房/两限房	自建住房	继承或赠　予	其　他
盐城市	**239275**	**1689**	**7203**	**61745**	**11425**	**5224**	**7539**	**136988**	**1239**	**6223**
亭湖区	22865	171	1071	9786	1927	1598	370	7251	80	611
盐都区	23278	252	1114	7122	827	260	517	12874	81	231
大丰区	26146	287	727	5259	1293	639	764	16661	103	413
响水县	14196	90	425	2423	731	456	625	9118	63	265
滨海县	25810	118	812	4076	1198	423	515	17328	413	927
阜宁县	27133	57	175	8335	722	318	445	15963	112	1006
射阳县	28998	174	609	5544	1370	642	767	19400	68	424
建湖县	22569	183	619	6427	1417	345	2236	10225	123	994
盐城经济技术开发区	2844	71	142	682	30	8	110	1309	27	465
江苏省盐南高新区	10634	41	628	7306	811	75	1052	558	22	141
东台市	34802	245	881	4785	1099	460	138	26301	147	746
扬州市	**155568**	**1659**	**7140**	**39100**	**13368**	**5623**	**8515**	**73362**	**883**	**5918**
广陵区	17524	554	1459	4204	2285	1577	2809	3654	279	703
邗江区	20990	166	1307	7945	2236	384	2198	5912	48	794
江都区	33460	273	1606	6493	1934	993	986	20502	104	569
宝应县	25951	151	512	6129	2066	515	295	15903	103	277
扬州经济技术开发区	7322	58	710	2530	1101	275	13	931	106	1598
蜀冈瘦西湖景区	4521	56	403	1339	955	315	192	475	57	729
生态新城	1670	36	122	223	31	7	6	1174	7	64
仪征市	18260	162	497	3712	1343	1251	1669	8520	119	987
高邮市	25870	203	524	6525	1417	306	347	16291	60	197
镇江市	**107859**	**1927**	**9640**	**35557**	**8197**	**2653**	**2188**	**40111**	**866**	**6720**
京口区	12102	219	973	5321	2362	1291	336	676	229	695
润州区	8644	224	734	3870	1072	530	212	347	222	1433
丹徒区	10379	63	409	2489	379	40	31	6088	77	803
镇江新区	8345	101	534	5502	640	77	240	975	60	216
江苏镇江高新区	2065	70	251	1246	100	6	3	180	58	151
丹阳市	33871	897	4871	8775	2254	400	1057	15135	89	393
扬中市	10168	189	674	2356	410	50	170	6218	22	79
句容市	22285	164	1194	5998	980	259	139	10492	109	2950
泰州市	**158151**	**1097**	**9471**	**34910**	**9748**	**2138**	**3350**	**89896**	**646**	**6895**
海陵区	18480	189	1439	7896	2243	693	244	5272	128	376
高港区	8475	42	500	2699	168	68	46	4926	12	14
姜堰区	25467	135	1246	5537	1283	180	487	15760	72	767
泰州医药高新技术产业开发区	6626	84	837	2015	693	34	1149	1450	35	329
兴化市	40366	269	1685	5816	1763	466	981	28811	123	452
靖江市	22761	192	2042	3601	1952	359	112	10166	206	4131
泰兴市	35976	186	1722	7346	1646	338	331	23511	70	826
宿迁市	**139578**	**931**	**4075**	**50394**	**6527**	**1031**	**11505**	**60053**	**940**	**4122**
宿城区	19394	169	948	7523	1411	78	328	7016	194	1727
宿豫区	13255	91	386	5443	694	39	1801	4545	69	187
沭阳县	45034	225	1229	11562	1730	184	4175	25112	225	592
泗阳县	23355	80	392	9329	994	70	572	11579	78	261
泗洪县	24389	267	692	11711	961	359	2528	6858	131	882
宿迁经济技术开发区	5371	51	258	2813	401	90	759	951	12	36
宿迁市湖滨新区	3603	26	67	516	77	81	1100	1665	17	54
苏州宿迁工业园区	894	3	36	736	114					5
宿迁市洋河新区	4283	19	67	761	145	130	242	2327	214	378

9-4a 各地区按住房来源分的家庭户户数(城市)

单位：户

地区	合计	租赁廉租住房/公租房	租赁其他住房	购买新建商品房	购买二手房	购买原公有住房	购买经济适用房/两限房	自建住房	继承或赠予	其他
江苏	**1280141**	**27568**	**191379**	**470630**	**186934**	**69096**	**121091**	**143112**	**10712**	**59619**
南京市	**249135**	**6499**	**47660**	**65383**	**48028**	**26218**	**30803**	**11549**	**2592**	**10403**
玄武区	16343	710	2714	3033	3794	3730	1378	53	146	785
秦淮区	27094	774	4939	3905	6326	6382	2320	204	519	1725
建邺区	18173	399	3887	6169	3929	1537	1676	13	132	431
鼓楼区	32728	659	5609	5998	8650	8079	1739	87	674	1233
浦口区	10043	190	1889	2633	1181	141	1670	1831	162	346
栖霞区	25808	1262	5669	6203	3453	1574	5801	325	375	1146
雨花台区	18673	830	4732	3863	2701	1082	4345	263	75	782
江宁区	41783	829	8221	12688	8188	573	6277	2346	141	2520
六合区	7847	87	692	2946	884	186	1018	1676	77	281
溧水区	8677	216	1141	3291	979	282	1457	884	119	308
高淳区	8013	84	686	2533	835	205	1079	2453	23	115
南京江北新区	33953	459	7481	12121	7108	2447	2043	1414	149	731
无锡市	**160029**	**2849**	**29075**	**46517**	**23772**	**7502**	**35511**	**9282**	**959**	**4562**
锡山区	15314	384	4765	4540	1511	124	2733	929	20	308
惠山区	16007	434	3129	5479	1424	132	3848	1262	38	261
滨湖区	17653	282	3103	3867	2702	1335	4289	1193	181	701
梁溪区	35430	538	6124	8894	7401	4675	3464	1269	598	2467
新吴区	18660	285	2819	5501	2086	114	7196	433	14	212
江苏无锡经济开发区	10899	137	2610	3844	983	36	2932	255	17	85
江阴市	26392	519	3740	7985	3605	496	7460	2200	38	349
宜兴市	19674	270	2785	6407	4060	590	3589	1741	53	179
徐州市	**97945**	**1059**	**7174**	**37145**	**10388**	**8348**	**6140**	**21485**	**702**	**5504**
鼓楼区	15714	182	1799	6551	1809	1912	1606	1030	174	651
云龙区	15184	203	1597	5882	2302	1352	550	1051	148	2099
贾汪区	5573	61	197	1903	332	250	319	2042	82	387
泉山区	23238	364	2119	8960	3661	4086	1000	1173	200	1675
铜山区	10263	83	463	2642	870	214	583	5108	16	284
丰县										
沛县										
睢宁县										
徐州经济技术开发区	113		1					106		6
新沂市	10946	33	277	5038	492	161	450	4138	61	296
邳州市	16914	133	721	6169	922	373	1632	6837	21	106
常州市	**116647**	**2261**	**22735**	**45373**	**18128**	**3414**	**12915**	**8731**	**513**	**2577**
天宁区	20646	505	3603	8974	4131	1184	153	807	204	1085
钟楼区	21530	356	4501	8015	3730	1058	1786	1824	86	174
新北区	21159	276	3822	7531	3301	166	4381	1618	16	48
武进区	23990	605	7025	8454	2443	84	2969	1456	101	853
金坛区	11487	225	1073	5247	1806	186	1531	1229	53	137
江苏省常州市经济开发区	6110	72	1443	2151	692	392	705	595	9	51
溧阳市	11725	222	1268	5001	2025	344	1390	1202	44	229

9-4a 续表 1

单位：户

地 区	合 计	租赁廉租住房/公租房	租 赁其他住房	购买新建商品房	购 买二手房	购买原公有住房	购买经济适用房/两限房	自建住房	继承或赠 予	其 他
苏州市	**213156**	**9212**	**50688**	**80083**	**32742**	**6145**	**13406**	**13055**	**1358**	**6467**
虎丘区	21219	467	5419	7424	3184	52	4361	191	18	103
吴中区	23588	2168	5083	9087	3099	519	1293	1105	111	1123
相城区	22817	1210	6398	7671	1776	147	1823	1983	123	1686
姑苏区	33442	1755	6298	9562	6945	3756	3631	636	489	370
吴江区	18370	944	5440	6932	2089	273	185	2402	20	85
苏州工业园区										
常熟市	25006	589	7252	7942	3058	489	548	4680	166	282
张家港市	15651	306	2764	8169	2755	220	334	560	80	463
昆山市	42334	1338	10029	18884	8054	464	969	582	257	1757
太仓市	10729	435	2005	4412	1782	225	262	916	94	598
南通市	**103242**	**1108**	**8784**	**39055**	**12586**	**2545**	**2765**	**19667**	**2031**	**14701**
崇川区	23524	253	2707	8799	5322	1202	192	104	383	4562
港闸区	12392	203	2069	3509	1611	194	37	517	526	3726
通州区	13224	172	1116	4331	593	389	210	3623	460	2330
如东县										
南通经济技术开发区										
通州湾示范区										
苏锡通科技产业园区										
启东市	15277	81	771	6076	1620	262	428	5253	243	543
如皋市	11437	158	495	4860	706	134	1571	3176	43	294
海门市	12164	133	903	5488	1969	245	189	2464	243	530
海安市	15224	108	723	5992	765	119	138	4530	133	2716
连云港市	**33559**	**396**	**2197**	**14085**	**5332**	**2327**	**530**	**7845**	**199**	**648**
连云区	5245	89	481	2080	832	569	171	792	41	190
海州区	19069	228	1275	8944	3610	1486	281	2738	137	370
赣榆区	8811	78	439	3022	886	270	77	3934	20	85
东海县	222		1					219		2
灌云县										
灌南县										
连云港经济技术开发区										
连云港高新技术产业开发区										
江苏连云港徐圩新区	75	1	1	39	4	2	1	25	1	1
江苏省连云港市云台山风景名胜区	137							137		
淮安市	**40199**	**567**	**2860**	**18020**	**5215**	**1491**	**4454**	**5729**	**322**	**1541**
淮安区	9337	98	783	3225	737	275	1658	2285	80	196
淮阴区	9437	103	389	4628	933	72	728	1987	93	504
清江浦区	16761	310	1430	7867	3140	850	1530	960	98	576
洪泽区	4664	56	258	2300	405	294	538	497	51	265
涟水县										
盱眙县										
金湖县										
淮安经济技术开发区										
工业园区										
生态文旅区										
苏淮高新区										

9-4a 续表 2　　　　单位：户

地　区	合　计	租赁廉租住房/公租房	租赁其他住房	购买新建商品房	购买二手房	购买原公有住房	购买经济适用房/两限房	自建住房	继承或赠予	其　他
盐城市	**56701**	**656**	**3473**	**30683**	**4654**	**2395**	**2417**	**10477**	**250**	**1696**
亭湖区	17286	165	937	9398	1753	1557	347	2475	68	586
盐都区	8971	220	833	5556	485	147	468	1168	13	81
大丰区	8426	78	432	4532	827	270	440	1602	46	199
响水县										
滨海县										
阜宁县										
射阳县										
建湖县										
盐城经济技术开发区	61			54				7		
江苏省盐南高新区	10634	41	628	7306	811	75	1052	558	22	141
东台市	11323	152	643	3837	778	346	110	4667	101	689
扬州市	**66458**	**1069**	**4684**	**26600**	**9056**	**4307**	**6959**	**10416**	**509**	**2858**
广陵区	13814	461	1184	3971	2223	1574	2775	955	223	448
邗江区	16220	147	1153	7589	2162	366	1995	2044	45	719
江都区	11073	96	1105	4809	1456	549	590	2147	46	275
宝应县										
扬州经济技术开发区										
蜀冈瘦西湖景区	4521	56	403	1339	955	315	192	475	57	729
生态新城	835	30	75	206	24	6	6	469	2	17
仪征市	10399	147	392	3295	1236	1225	1133	2279	106	586
高邮市	9596	132	372	5391	1000	272	268	2047	30	84
镇江市	**55871**	**981**	**5057**	**26032**	**6627**	**2445**	**1329**	**8041**	**660**	**4699**
京口区	11716	217	892	5278	2356	1289	336	463	221	664
润州区	8642	224	734	3870	1072	530	212	345	222	1433
丹徒区	4779	47	298	2261	329	34	7	1156	50	597
镇江新区										
江苏镇江高新区	2065	70	251	1246	100	6	3	180	58	151
丹阳市	13197	245	1729	6630	1562	319	508	2003	34	167
扬中市	5464	94	407	2135	382	43	170	2150	18	65
句容市	10008	84	746	4612	826	224	93	1744	57	1622
泰州市	**63730**	**660**	**5693**	**28189**	**8214**	**1696**	**1794**	**13744**	**392**	**3348**
海陵区	15898	188	1410	7814	2213	689	236	2864	122	362
高港区	4155	28	376	2186	154	67	29	1298	9	8
姜堰区	11147	125	1110	4923	1136	162	458	2540	53	640
泰州医药高新技术产业开发区										
兴化市	9378	100	838	3861	1330	298	717	2007	47	180
靖江市	10783	107	931	3430	1863	332	89	1923	143	1965
泰兴市	12369	112	1028	5975	1518	148	265	3112	18	193
宿迁市	**23469**	**251**	**1299**	**13465**	**2192**	**263**	**2068**	**3091**	**225**	**615**
宿城区	11516	147	873	7223	1352	75	200	1340	47	259
宿豫区	6999	60	303	4697	566	15	974	325	10	49
沭阳县										
泗阳县										
泗洪县										
宿迁经济技术开发区										
宿迁市湖滨新区	1613	25	36	329	48	65	759	306	7	38
苏州宿迁工业园区	894	3	36	736	114					5
宿迁市洋河新区	2447	16	51	480	112	108	135	1120	161	264

9-4b　各地区按住房来源分的家庭户户数(镇)

单位：户

地　区	合　计	租赁廉租住房/公租房	租　赁其他住房	购买新建商品房	购　买二手房	购买原公有住房	购买经济适用房/两限房	自建住房	继承或赠　予	其　他
江　苏	**694323**	**12470**	**69102**	**196553**	**46131**	**10832**	**51434**	**274860**	**4303**	**28638**
南京市	**5865**	**54**	**569**	**1833**	**624**	**116**	**845**	**1184**	**83**	**557**
玄武区										
秦淮区										
建邺区										
鼓楼区										
浦口区	63	2	5	5	3	18	20	2		8
栖霞区										
雨花台区	289	1	84	4		18	141	34	1	6
江宁区										
六合区	3968	39	418	1601	533	40	372	346	81	538
溧水区	1144	10	56	223	87	34	288	444		2
高淳区	401	2	6		1	6	24	358	1	3
南京江北新区										
无锡市	**37872**	**1245**	**8407**	**7938**	**2636**	**212**	**6221**	**10529**	**74**	**610**
锡山区	8534	249	2500	1297	315	20	1377	2615	22	139
惠山区	3803	116	804	1110	342	22	844	509	5	51
滨湖区										
梁溪区										
新吴区										
江苏无锡经济开发区										
江阴市	15224	693	3633	3216	786	36	2666	3950	10	234
宜兴市	10311	187	1470	2315	1193	134	1334	3455	37	186
徐州市	**88904**	**575**	**3768**	**23259**	**3050**	**901**	**7552**	**45728**	**466**	**3605**
鼓楼区										
云龙区	636	39	54	10	4	4	2	224	9	290
贾汪区	2725	12	22	262	32	53	63	2125	12	144
泉山区										
铜山区	11105	19	117	1365	95	78	104	8526	142	659
丰县	15536	88	456	4557	498	122	1239	7899	54	623
沛县	19128	212	904	6336	919	140	1752	7709	126	1030
睢宁县	16873	97	721	6456	508	193	1421	7119	59	299
徐州经济技术开发区	10140	92	1466	2886	723	284	2719	1509	35	426
新沂市	5218	10	21	790	199	11	47	4048	10	82
邳州市	7543	6	7	597	72	16	205	6569	19	52
常州市	**21919**	**784**	**4539**	**3149**	**1437**	**210**	**2148**	**9223**	**86**	**343**
天宁区	1473	49	353	308	45	45	1	584	11	77
钟楼区										
新北区	4003	171	852	277	273	32	706	1660	9	23
武进区	5565	156	1609	693	240	17	495	2263	6	86
金坛区	2469	14	245	397	330	27	217	1190	13	36
江苏省常州市经济开发区	3223	237	1174	523	219	28	240	738	22	42
溧阳市	5186	157	306	951	330	61	489	2788	25	79

9-4b 续表 1　　　　单位：户

地　　区	合　计	租赁廉租住房/公租房	租　赁其他住房	购买新建商品房	购　买二手房	购买原公有住房	购买经济适用房/两限房	自建住房	继承或赠　予	其　他
苏州市	**100341**	**4627**	**26597**	**26925**	**12663**	**1372**	**8513**	**14921**	**855**	**3868**
虎丘区	160		18		5		137			
吴中区	6208	448	1946	1017	601	115	156	1530	63	332
相城区	2074	257	631	265	169	10	77	319	29	317
姑苏区										
吴江区	16082	1652	4355	3731	1263	511	706	3571	75	218
苏州工业园区	31353	736	8374	10945	5643	422	4716	49	50	418
常熟市	10085	230	2437	1771	347	29	595	4564	41	71
张家港市	19024	695	4718	5338	2431	95	933	2904	328	1582
昆山市	7767	224	1768	2434	1470	52	730	388	196	505
太仓市	7588	385	2350	1424	734	138	463	1596	73	425
南通市	**77867**	**1044**	**7081**	**9070**	**2602**	**717**	**6006**	**48890**	**506**	**1951**
崇川区										
港闸区										
通州区	11727	140	1799	847	99	82	97	7917	142	604
如东县	18145	213	667	2808	791	298	93	12966	77	232
南通经济技术开发区	8780	85	1488	2318	1283	43	3390	74	35	64
通州湾示范区	1443	26	70	69	25	25	46	1108	25	49
苏锡通科技产业园区	1260	47	290	29	41	18	402	401	22	10
启东市	7584	150	599	750	87	76	151	5594	46	131
如皋市	13110	53	206	981	70	76	1718	9733	35	238
海门市	10406	276	1767	773	107	67	80	6980	70	286
海安市	5412	54	195	495	99	32	29	4117	54	337
连云港市	**53338**	**635**	**1805**	**16348**	**3082**	**1137**	**1053**	**28100**	**199**	**979**
连云区										
海州区	1714	15	43	324	207	12	62	849	22	180
赣榆区	9397	33	113	333	70	17	106	8586	38	101
东海县	14947	221	673	5492	842	652	110	6718	20	219
灌云县	10352	113	237	2834	488	194	280	5951	83	172
灌南县	9582	70	329	3741	593	108	246	4411	19	65
连云港经济技术开发区	2189	16	168	923	264	112	155	452	3	96
连云港高新技术产业开发区	4092	167	223	2475	383	21	82	684	10	47
江苏连云港徐圩新区	1002		18	226	235	11	12	416	4	80
江苏省连云港市云台山风景名胜区	63		1			10		33		19
淮安市	**51682**	**355**	**2141**	**20279**	**3414**	**1043**	**4593**	**15695**	**478**	**3684**
淮安区	3547	8	47	502	217	11	85	2553	35	89
淮阴区	3332	5	14	313	113	26	121	2584	37	119
清江浦区	201	5	5	2	11		1	138		39
洪泽区	976	3	20	62	134	15	42	668	7	25
涟水县	14136	68	282	6464	400	301	2046	3998	44	533
盱眙县	11755	104	792	4497	1221	216	333	4133	67	392
金湖县	6091	80	334	3111	640	420	384	644	19	459
淮安经济技术开发区	7814	63	449	3705	335	49	1225	619	170	1199
工业园区	235	2	6	4			223			
生态文旅区	2962	9	162	1469	322	1	2	164	97	736
苏淮高新区	633	8	30	150	21	4	131	194	2	93

9-4b 续表 2

单位：户

地 区	合 计	租赁廉租住房/公租房	租 赁其他住房	购买新建商品房	购 买二手房	购买原公有住房	购买经济适用房/两限房	自建住房	继承或赠 予	其 他
盐城市	**89833**	**966**	**3268**	**29029**	**6099**	**2616**	**3707**	**39837**	**641**	**3670**
亭湖区	1976	3	79	336	150	38	23	1330	3	14
盐都区	3536	24	219	1215	262	89	30	1565	40	92
大丰区	7355	199	142	560	329	287	146	5517	23	152
响水县	8315	90	415	2373	707	453	601	3401	45	230
滨海县	14330	115	805	3978	1135	406	396	6534	307	654
阜宁县	15158	55	170	7642	692	311	297	5072	58	861
射阳县	16581	146	588	5379	1282	602	536	7659	41	348
建湖县	13163	172	514	5998	1235	325	1545	2436	76	862
盐城经济技术开发区	1866	70	132	628	30	8	108	430	26	434
江苏省盐南高新区										
东台市	7553	92	204	920	277	97	25	5893	22	23
扬州市	**37939**	**448**	**1939**	**11662**	**3875**	**1253**	**1166**	**14496**	**255**	**2845**
广陵区	1312	13	112	219	55	3	15	595	54	246
邗江区	1840	16	122	347	60	16	201	1012	1	65
江都区	8491	145	397	1639	411	415	345	4836	35	268
宝应县	13361	146	489	5879	1916	500	268	3895	47	221
扬州经济技术开发区	6683	58	619	2402	1089	275	13	524	106	1597
蜀冈瘦西湖景区生态新城	327	3	25	17	6			229	4	43
仪征市	1846	9	36	207	56	17	256	950	3	312
高邮市	4079	58	139	952	282	27	68	2455	5	93
镇江市	**27880**	**770**	**3609**	**8670**	**1372**	**184**	**850**	**10809**	**159**	**1457**
京口区	157	2	48	43	5			23	6	30
润州区										
丹徒区	2155	13	55	192	33	6	24	1629	21	182
镇江新区	7178	99	472	5108	615	77	240	297	57	213
江苏镇江高新区										
丹阳市	13491	534	2615	1994	609	72	543	6918	39	167
扬中市	1530	57	92	208	13	7		1145	2	6
句容市	3369	65	327	1125	97	22	43	797	34	859
泰州市	**36564**	**340**	**2863**	**6273**	**1305**	**418**	**1498**	**20610**	**151**	**3106**
海陵区	936	1	13	79	12	3	8	811	3	6
高港区	1417	12	80	508	11		17	781	2	6
姜堰区	3848	7	108	524	86	10	13	3004	3	93
泰州医药高新技术产业开发区	6143	82	782	2015	693	34	1149	1026	35	327
兴化市	11549	139	800	1771	299	155	233	7959	20	173
靖江市	4010	36	556	165	81	27	23	1061	54	2007
泰兴市	8661	63	524	1211	123	189	55	5968	34	494
宿迁市	**64319**	**627**	**2516**	**32118**	**3972**	**653**	**7282**	**14838**	**350**	**1963**
宿城区	1305	8	39	74	16		6	344	59	759
宿豫区	1790	20	37	492	87	6	491	624	8	25
沭阳县	26686	213	1165	10630	1617	144	3665	8725	120	407
泗阳县	14441	73	375	8686	943	58	442	3580	56	228
泗洪县	15587	262	641	9474	905	346	1970	1378	95	516
宿迁经济技术开发区	4096	50	241	2642	384	90	612	43	10	24
宿迁市湖滨新区	414	1	18	120	20	9	96	144	2	4
苏州宿迁工业园区										
宿迁市洋河新区										

9-4c 各地区按住房来源分的家庭户户数(乡村)

单位：户

地　区	合　计	租赁廉租住房/公租房	租　赁其他住房	购买新建商品房	购　买二手房	购买原公有住房	购买经济适用房/两限房	自建住房	继承或赠　予	其　他
江　苏	**768929**	**6371**	**45668**	**18370**	**6441**	**1150**	**12107**	**667154**	**2561**	**9107**
南京市	**41337**	**123**	**1928**	**863**	**430**	**102**	**1494**	**35578**	**211**	**608**
玄武区										
秦淮区										
建邺区										
鼓楼区										
浦口区	2664	20	219	34	112	17	469	1555	89	149
栖霞区	1881	13	173		14	10	43	1593	14	21
雨花台区										
江宁区	11725	66	1162	460	137	15	459	9083	40	303
六合区	10829	11	172	276	119	37	369	9719	36	90
溧水区	6182	7	140	65	31	14	147	5742	16	20
高淳区	7427	6	27	27	17	9	5	7306	16	14
南京江北新区	629		35	1			2	580		11
无锡市	**41642**	**1098**	**9884**	**1701**	**790**	**102**	**2197**	**25334**	**110**	**426**
锡山区	3382	108	1157	186	28	6	35	1787	15	60
惠山区	6639	360	2277	442	108	4	586	2764	20	78
滨湖区	1278	22	389	67	23	2	333	393	20	29
梁溪区										
新吴区	1723	29	760	197	44	4	310	368	1	10
江苏无锡经济开发区										
江阴市	14234	400	4086	346	129	16	350	8788	21	98
宜兴市	14386	179	1215	463	458	70	583	11234	33	151
徐州市	**101209**	**32**	**169**	**993**	**251**	**66**	**786**	**98087**	**313**	**512**
鼓楼区										
云龙区										
贾汪区	6012	1	3	9	14	3	8	5897	9	68
泉山区										
铜山区	16716	5	22	52	29	28	5	16491	51	33
丰县	15332	1	17	155	7	10	185	14902	13	42
沛县	14579	3	23	117	14	3	25	14345	16	33
睢宁县	14043	12	81	296	25	7	466	12793	159	204
徐州经济技术开发区	1617	1	10	23	2	1		1576	2	2
新沂市	13563	3	9	304	133	6	56	12912	29	111
邳州市	19347	6	4	37	27	8	41	19171	34	19
常州市	**43641**	**1098**	**8061**	**472**	**692**	**131**	**993**	**31522**	**170**	**502**
天宁区	2012	83	532	5	9	26	63	1271	5	18
钟楼区	1234	11	442	37	23	1		689	5	26
新北区	3689	80	678	12	20	6	19	2864	2	8
武进区	11792	359	3112	118	126	6	321	7598	24	128
金坛区	7731	87	569	72	345	45	280	6075	46	212
江苏省常州市经济开发区	5280	447	2438	95	42	22	139	2017	11	69
溧阳市	11903	31	290	133	127	25	171	11008	77	41

9-4c 续表 1 单位：户

地 区	合 计	租赁廉租住房/公租房	租 赁 其他住房	购买新建商品房	购 买 二手房	购买原公有住房	购买经济适用房/两限房	自建住房	继承或赠 予	其 他
苏州市	**70399**	**3257**	**21243**	**3388**	**1634**	**129**	**1067**	**37169**	**338**	**2174**
虎丘区	2024	113	800	174	93	3	321	501	2	17
吴中区	9975	584	3426	302	82	26	113	5317	11	114
相城区	1139	53	321	7	2	1	2	700	7	46
姑苏区										
吴江区	11632	707	2870	57	27	8	23	7878	20	42
苏州工业园区										
常熟市	12327	153	2120	191	68	14	132	9511	27	111
张家港市	12435	514	4222	488	178	20	41	6245	101	626
昆山市	13479	513	5357	2019	1088	51	375	2989	131	956
太仓市	7388	620	2127	150	96	6	60	4028	39	262
南通市	**90474**	**167**	**1003**	**400**	**209**	**96**	**851**	**87059**	**169**	**520**
崇川区										
港闸区	71		9					62		
通州区	12597	23	166	15	10	9	59	12134	36	145
如东县	14287	7	50	67	64	9	8	13973	19	90
南通经济技术开发区										
通州湾示范区	2455	2	19	2	10			2394	14	14
苏锡通科技产业园区	1863	59	308	90	31	17	643	679	5	31
启东市	18539	19	268	106	36	25	23	17956	50	56
如皋市	16014	8	14	53	6	16	100	15758	10	49
海门市	13887	18	124	53	40	10	3	13572	30	37
海安市	10761	31	45	14	12	10	15	10531	5	98
连云港市	**53288**	**12**	**64**	**312**	**172**	**41**	**113**	**52195**	**144**	**235**
连云区	78		2	1	1		1	55	6	12
海州区	2521	5	5	18	25	8	1	2409	11	39
赣榆区	15392		8	5	36	4	1	15249	46	43
东海县	14995	2	13	50	23	10	32	14821	25	19
灌云县	10135	2	7	164	42	17	24	9769	39	71
灌南县	8961	2	14	55	32	1	12	8790	11	44
连云港经济技术开发区	534		7	19	10	1	42	454	1	
连云港高新技术产业开发区										
江苏连云港徐圩新区	28							23	4	1
江苏省连云港市云台山风景名胜区	644	1	8		3			625	1	6
淮安市	**49272**	**49**	**188**	**1256**	**364**	**44**	**579**	**46159**	**124**	**509**
淮安区	11437	8	37	180	22	4	27	11097	18	44
淮阴区	9619	2	27	100	33	1	118	9251	24	63
清江浦区	1561	2	10	6	15	1	52	1432	4	39
洪泽区	3882	8	23	309	43	4	27	3377	20	71
涟水县	11401	5	11	172	12	9	79	11013	22	78
盱眙县	6430	7	13	295	196	14	42	5769	18	76
金湖县	4657	17	60	189	42	11	136	4046	18	138
淮安经济技术开发区										
工业园区	230		7		1		98	124		
生态文旅区										
苏淮高新区	55			5				50		

9-4c 续表 2 单位：户

地　区	合　计	租赁廉租住房/公租房	租　赁其他住房	购买新建商品房	购　买二手房	购买原公有住房	购买经济适用房/两限房	自建住房	继承或赠　予	其　他
盐城市	**92741**	**67**	**462**	**2033**	**672**	**213**	**1415**	**86674**	**348**	**857**
亭湖区	3603	3	55	52	24	3		3446	9	11
盐都区	10771	8	62	351	80	24	19	10141	28	58
大丰区	10365	10	153	167	137	82	178	9542	34	62
响水县	5881		10	50	24	3	24	5717	18	35
滨海县	11480	3	7	98	63	17	119	10794	106	273
阜宁县	11975	2	5	693	30	7	148	10891	54	145
射阳县	12417	28	21	165	88	40	231	11741	27	76
建湖县	9406	11	105	429	182	20	691	7789	47	132
盐城经济技术开发区	917	1	10				2	872	1	31
江苏省盐南高新区										
东台市	15926	1	34	28	44	17	3	15741	24	34
扬州市	**51171**	**142**	**517**	**838**	**437**	**63**	**390**	**48450**	**119**	**215**
广陵区	2398	80	163	14	7		19	2104	2	9
邗江区	2930	3	32	9	14	2	2	2856	2	10
江都区	13896	32	104	45	67	29	51	13519	23	26
宝应县	12590	5	23	250	150	15	27	12008	56	56
扬州经济技术开发区	639		91	128	12			407		1
蜀冈瘦西湖景区										
生态新城	508	3	22		1	1		476	1	4
仪征市	6015	6	69	210	51	9	280	5291	10	89
高邮市	12195	13	13	182	135	7	11	11789	25	20
镇江市	**24108**	**176**	**974**	**855**	**198**	**24**	**9**	**21261**	**47**	**564**
京口区	229		33		1	2		190	2	1
润州区	2							2		
丹徒区	3445	3	56	36	17			3303	6	24
镇江新区	1167	2	62	394	25			678	3	3
江苏镇江高新区										
丹阳市	7183	118	527	151	83	9	6	6214	16	59
扬中市	3174	38	175	13	15			2923	2	8
句容市	8908	15	121	261	57	13	3	7951	18	469
泰州市	**57857**	**97**	**915**	**448**	**229**	**24**	**58**	**55542**	**103**	**441**
海陵区	1646		16	3	18	1		1597	3	8
高港区	2903	2	44	5	3	1		2847	1	
姜堰区	10472	3	28	90	61	8	16	10216	16	34
泰州医药高新技术产业开发区	483	2	55					424		2
兴化市	19439	30	47	184	134	13	31	18845	56	99
靖江市	7968	49	555	6	8			7182	9	159
泰兴市	14946	11	170	160	5	1	11	14431	18	139
宿迁市	**51790**	**53**	**260**	**4811**	**363**	**115**	**2155**	**42124**	**365**	**1544**
宿城区	6573	14	36	226	43	3	122	5332	88	709
宿豫区	4466	11	46	254	41	18	336	3596	51	113
沭阳县	18348	12	64	932	113	40	510	16387	105	185
泗阳县	8914	7	17	643	51	12	130	7999	22	33
泗洪县	8802	5	51	2237	56	13	558	5480	36	366
宿迁经济技术开发区	1275	1	17	171	17		147	908	2	12
宿迁市湖滨新区	1576		13	67	9	7	245	1215	8	12
苏州宿迁工业园区										
宿迁市洋河新区	1836	3	16	281	33	22	107	1207	53	114

9-5 各地区按月租房费用分的家庭户户数

单位：户

地 区	合 计	200元以下	200-499元	500-999元	1000-1999元
江 苏	**352558**	**26143**	**91375**	**86924**	**97878**
南京市	**56833**	**3658**	**4120**	**7404**	**20896**
玄武区	3424	658	266	226	604
秦淮区	5713	655	155	357	1295
建邺区	4286	142	24	311	1301
鼓楼区	6268	510	124	462	1772
浦口区	2325	33	101	427	943
栖霞区	7117	703	728	923	3360
雨花台区	5647	319	492	526	2328
江宁区	10278	151	683	1816	3905
六合区	1419	92	206	377	676
溧水区	1570	40	184	371	923
高淳区	811	52	202	206	302
南京江北新区	7975	303	955	1402	3487
无锡市	**52558**	**4209**	**17471**	**12617**	**14563**
锡山区	9163	478	3481	2599	2098
惠山区	7120	637	2592	1760	1814
滨湖区	3796	94	590	1028	1690
梁溪区	6662	245	685	1431	3357
新吴区	3893	71	408	912	1989
江苏无锡经济开发区	2747	80	284	929	1116
江阴市	13071	1776	7076	2262	1608
宜兴市	6106	828	2355	1696	891
徐州市	**12777**	**1238**	**2190**	**4518**	**4177**
鼓楼区	1981	403	314	733	457
云龙区	1893	61	202	682	787
贾汪区	296	46	84	109	53
泉山区	2483	170	361	796	1028
铜山区	709	104	139	188	238
丰县	562	97	156	174	94
沛县	1142	99	366	376	240
睢宁县	911	161	287	191	215
徐州经济技术开发区	1570	54	91	920	444
新沂市	353	20	57	92	167
邳州市	877	23	133	257	454
常州市	**39478**	**4232**	**15978**	**9579**	**7500**
天宁区	5125	459	1840	1080	1442
钟楼区	5310	281	1816	1505	1295
新北区	5879	328	2061	1595	1393
武进区	12866	1790	5552	3032	1932
金坛区	2213	278	777	646	412
江苏省常州市经济开发区	5811	830	3193	1067	596
溧阳市	2274	266	739	654	430

9-5 续表 1

单位：户

地　区	合　计	200元以下	200-499元	500-999元	1000-1999元
苏州市	**115624**	**4279**	**31111**	**32322**	**29571**
虎丘区	6817	15	390	2128	2339
吴中区	13655	143	4346	4094	2545
相城区	8870	154	2773	1800	2180
姑苏区	8053	1182	625	1182	2541
吴江区	15968	1015	8704	3617	1763
苏州工业园区	9110	10	60	1560	3885
常熟市	12781	341	2210	6492	2506
张家港市	13219	1110	6612	2730	2322
昆山市	19229	162	2355	6955	6968
太仓市	7922	147	3036	1764	2522
南通市	**19187**	**1373**	**5128**	**5863**	**5702**
崇川区	2960	67	160	553	1850
港闸区	2281	136	352	892	817
通州区	3416	375	1467	904	536
如东县	937	100	243	344	184
南通经济技术开发区	1573	3	117	823	548
通州湾示范区	117	22	42	30	18
苏锡通科技产业园区	704	51	270	275	97
启东市	1888	231	741	449	398
如皋市	934	85	210	261	306
海门市	3221	232	1134	1022	647
海安市	1156	71	392	310	301
连云港市	**5109**	**691**	**1123**	**1577**	**1343**
连云区	572	96	128	201	126
海州区	1571	169	332	469	471
赣榆区	671	122	116	194	179
东海县	910	60	207	360	241
灌云县	359	80	98	83	68
灌南县	415	41	106	149	94
连云港经济技术开发区	191	25	38	70	50
连云港高新技术产业开发区	390	86	86	46	114
江苏连云港徐圩新区	20	8	9	2	
江苏省连云港市云台山风景名胜区	10	4	3	3	
淮安市	**6160**	**843**	**1284**	**1925**	**1795**
淮安区	981	66	178	334	382
淮阴区	540	42	137	144	202
清江浦区	1762	223	254	503	645
洪泽区	368	161	78	82	42
涟水县	366	53	114	108	24
盱眙县	916	148	339	197	194
金湖县	491	142	136	148	46
淮安经济技术开发区	512	7	23	310	166
工业园区	15	1	2	12	
生态文旅区	171		1	71	94
苏淮高新区	38		22	16	

9-5 续表 2

单位：户

地　区	合　计	200元以下	200-499元	500-999元	1000-1999元
盐城市	**8892**	**1472**	**2390**	**1768**	**2586**
亭湖区	1242	96	347	259	432
盐都区	1366	173	311	268	493
大丰区	1014	315	280	189	188
响水县	515	55	238	86	78
滨海县	930	80	258	270	260
阜宁县	232	64	59	62	32
射阳县	783	143	295	163	148
建湖县	802	302	250	137	96
盐城经济技术开发区	213	4	26	29	147
江苏省盐南高新区	669	6	75	95	333
东台市	1126	234	251	210	379
扬州市	**8799**	**1354**	**2143**	**2060**	**2513**
广陵区	2013	437	476	358	600
邗江区	1473	101	241	336	650
江都区	1879	321	541	412	458
宝应县	663	176	183	127	105
扬州经济技术开发区	768	31	149	238	240
蜀冈瘦西湖景区	459	31	101	148	144
生态新城	158	9	63	51	27
仪征市	659	78	207	207	150
高邮市	727	170	182	183	139
镇江市	**11567**	**1351**	**4679**	**2844**	**2336**
京口区	1192	242	220	356	339
润州区	958	250	89	268	319
丹徒区	472	41	156	154	105
镇江新区	635	23	111	280	197
江苏镇江高新区	321	103	63	91	62
丹阳市	5768	438	3392	1040	732
扬中市	863	135	379	178	134
句容市	1358	119	269	477	448
泰州市	**10568**	**923**	**2892**	**3097**	**2883**
海陵区	1628	153	290	581	480
高港区	542	48	121	179	164
姜堰区	1381	51	276	370	566
泰州医药高新技术产业开发区	921	30	198	295	313
兴化市	1954	253	532	537	466
靖江市	2234	220	950	676	300
泰兴市	1908	168	525	459	594
宿迁市	**5006**	**520**	**866**	**1350**	**2013**
宿城区	1117	28	217	201	607
宿豫区	477	35	88	116	229
沭阳县	1454	130	177	458	592
泗阳县	472	45	82	124	211
泗洪县	959	248	223	340	96
宿迁经济技术开发区	309	3	17	65	214
宿迁市湖滨新区	93	16	34	16	24
苏州宿迁工业园区	39			6	26
宿迁市洋河新区	86	15	28	24	14

9-5 续表 3

单位：户

地　区	2000-2999元	3000-3999元	4000-5999元	6000-7999元	8000-9999元	10000元及以上
江　苏	**35091**	**9107**	**3951**	**1029**	**382**	**678**
南京市	**12888**	**4853**	**2301**	**489**	**109**	**115**
玄武区	820	571	228	34	10	7
秦淮区	1840	961	371	61	14	4
建邺区	1119	701	490	143	28	27
鼓楼区	1773	948	520	129	17	13
浦口区	733	56	19	2	2	9
栖霞区	974	241	143	22	9	14
雨花台区	1262	459	204	45	5	7
江宁区	2612	757	277	40	16	21
六合区	40	9	9	4	2	4
溧水区	37	8	7			
高淳区	31	2	5	2	3	6
南京江北新区	1647	140	28	7	3	3
无锡市	**2837**	**512**	**219**	**59**	**18**	**53**
锡山区	406	61	20	6	5	9
惠山区	264	19	19	8	2	5
滨湖区	314	64	9	3	1	3
梁溪区	774	121	38	9		2
新吴区	424	62	21	5		1
江苏无锡经济开发区	235	62	33	5	2	1
江阴市	223	58	39	9	2	18
宜兴市	197	65	40	14	6	14
徐州市	**451**	**51**	**56**	**41**	**24**	**31**
鼓楼区	64	10				
云龙区	155	3	3			
贾汪区	2			2		
泉山区	110	13	4		1	
铜山区	25	4	3	3	2	3
丰县	13	6	12	4	2	4
沛县	15	2	20	8	7	9
睢宁县	16	8	8	11	6	8
徐州经济技术开发区	38	4	3	12	3	1
新沂市	7	1	2	1		6
邳州市	6		1		3	
常州市	**1590**	**301**	**157**	**61**	**27**	**53**
天宁区	256	32	8	3	2	3
钟楼区	298	46	36	16	5	12
新北区	382	68	30	11	8	3
武进区	395	84	44	15	6	16
金坛区	53	17	15	6	1	8
江苏省常州市经济开发区	73	22	16	5	1	8
溧阳市	133	32	8	5	4	3

9-5 续表 4

单位：户

地 区	2000-2999元	3000-3999元	4000-5999元	6000-7999元	8000-9999元	10000元及以上
苏州市	**14246**	**2792**	**881**	**213**	**58**	**151**
虎丘区	1500	297	95	41	4	8
吴中区	2045	359	96	15	4	8
相城区	1673	235	35	7	2	11
姑苏区	1982	439	86	8	4	4
吴江区	671	117	38	17	2	24
苏州工业园区	2372	742	350	84	18	29
常熟市	875	221	93	20	6	17
张家港市	307	53	29	8	13	35
昆山市	2460	265	47	5	3	9
太仓市	361	64	12	8	2	6
南通市	**809**	**154**	**80**	**19**	**19**	**40**
崇川区	260	58	10	1		1
港闸区	71	7	4			2
通州区	69	21	28	5	4	7
如东县	52	6	2		2	4
南通经济技术开发区	64	14	2			2
通州湾示范区	3		2			
苏锡通科技产业园区	3	5	2		1	
启东市	44	10	5	4		6
如皋市	52	6	7	5		2
海门市	117	23	16	4	11	15
海安市	74	4	2		1	1
连云港市	**238**	**49**	**34**	**20**	**20**	**14**
连云区	16	4		1		
海州区	111	6	9		2	2
赣榆区	19	6	12	8	10	5
东海县	15	18	2	4		3
灌云县	8	8	7	3	2	2
灌南县	12	3	4	3	2	1
连云港经济技术开发区	4	1		1	2	
连云港高新技术产业开发区	52	3			2	1
江苏连云港徐圩新区	1					
江苏省连云港市云台山风景名胜区						
淮安市	**199**	**28**	**26**	**20**	**19**	**21**
淮安区	8	3	3	3	1	3
淮阴区	11	3	1			
清江浦区	126	6	5			
洪泽区	3	2				
涟水县	15	10	10	12	12	8
盱眙县	18		4	4	3	9
金湖县	10	4	3		2	
淮安经济技术开发区	3			1	1	1
工业园区						
生态文旅区	5					
苏淮高新区						

9-5 续表 5

单位：户

地　　区	2000-2999元	3000-3999元	4000-5999元	6000-7999元	8000-9999元	10000元及以上
盐城市	**460**	**70**	**39**	**35**	**30**	**42**
亭湖区	91	8	2	1	2	4
盐都区	100	9	4	4	2	2
大丰区	18	4	4	4	8	4
响水县	22	7	8	6	1	14
滨海县	23	15	7		10	7
阜宁县	6	1	1	2	3	2
射阳县	17	2	3	5	1	6
建湖县	9	5	1	1		1
盐城经济技术开发区	6	1				
江苏省盐南高新区	142	12	3	1		2
东台市	26	6	6	11	3	
扬州市	**472**	**105**	**59**	**16**	**21**	**56**
广陵区	97	37			5	3
邗江区	113	16	9	1	3	3
江都区	76	12	12	5	9	33
宝应县	24	9	22	2	3	12
扬州经济技术开发区	81	19	4	3	1	2
蜀冈瘦西湖景区	31	4				
生态新城	4		1	1		2
仪征市	12	1	3	1		
高邮市	34	7	8	3		1
镇江市	**287**	**40**	**13**	**2**	**1**	**14**
京口区	28	6				1
润州区	25	4	2			1
丹徒区	8	5	2			1
镇江新区	21	1	2			
江苏镇江高新区	2					
丹阳市	152	8	4			2
扬中市	21	9	2			5
句容市	30	7	1	2	1	4
泰州市	**491**	**123**	**67**	**28**	**15**	**49**
海陵区	97	13	8	1	1	4
高港区	16	5	7	1		1
姜堰区	70	25	12	2	3	6
泰州医药高新技术产业开发区	69	7	3	1	1	4
兴化市	97	21	11	7	6	24
靖江市	49	13	13	6	2	5
泰兴市	93	39	13	10	2	5
宿迁市	**123**	**29**	**19**	**26**	**21**	**39**
宿城区	49	4	5	2	2	2
宿豫区	6	2			1	
沭阳县	40	11	8	9	10	19
泗阳县	9					1
泗洪县	4	8	4	14	8	14
宿迁经济技术开发区	8	1	1			
宿迁市湖滨新区	1					2
苏州宿迁工业园区	6	1				
宿迁市洋河新区		2	1	1		1

9-5a　各地区按月租房费用分的家庭户户数(城市)

单位：户

地　　区	合　计	200元以下	200-499元	500-999元	1000-1999元
江　苏	**218947**	**12802**	**36469**	**52434**	**75298**
南京市	**54159**	**3492**	**3577**	**6529**	**19999**
玄武区	3424	658	266	226	604
秦淮区	5713	655	155	357	1295
建邺区	4286	142	24	311	1301
鼓楼区	6268	510	124	462	1772
浦口区	2079	16	67	289	892
栖霞区	6931	680	658	860	3338
雨花台区	5562	309	485	482	2304
江宁区	9050	106	453	1471	3419
六合区	779	46	97	200	409
溧水区	1357	24	120	292	881
高淳区	770	49	187	191	298
南京江北新区	7940	297	941	1388	3486
无锡市	**31924**	**1182**	**5924**	**8896**	**12686**
锡山区	5149	120	1227	1777	1608
惠山区	3563	145	784	961	1414
滨湖区	3385	81	428	904	1584
梁溪区	6662	245	685	1431	3357
新吴区	3104	27	155	723	1722
江苏无锡经济开发区	2747	80	284	929	1116
江阴市	4259	250	1419	1168	1220
宜兴市	3055	234	942	1003	665
徐州市	**8233**	**767**	**1176**	**2743**	**3134**
鼓楼区	1981	403	314	733	457
云龙区	1800	61	168	655	755
贾汪区	258	34	79	95	48
泉山区	2483	170	361	796	1028
铜山区	546	79	81	126	231
丰县					
沛县					
睢宁县					
徐州经济技术开发区	1				
新沂市	310	8	48	82	163
邳州市	854	12	125	256	452
常州市	**24996**	**1740**	**8493**	**6519**	**6459**
天宁区	4108	304	1325	832	1356
钟楼区	4857	245	1635	1324	1267
新北区	4098	127	1159	1186	1223
武进区	7630	718	2805	2044	1619
金坛区	1298	120	405	344	355
江苏省常州市经济开发区	1515	127	755	321	268
溧阳市	1490	99	409	468	371

9-5a 续表 1

单位：户

地　区	合　计	200元以下	200-499元	500-999元	1000-1999元
苏州市	**59900**	**1859**	**9336**	**17060**	**18482**
虎丘区	5886	9	200	1697	2114
吴中区	7251	52	926	2152	1890
相城区	7608	96	2056	1539	1991
姑苏区	8053	1182	625	1182	2541
吴江区	6384	154	2908	1719	966
苏州工业园区					
常熟市	7841	231	686	4157	1761
张家港市	3070	62	833	660	1239
昆山市	11367	55	704	3497	4740
太仓市	2440	18	398	457	1240
南通市	**9892**	**576**	**1604**	**2871**	**4145**
崇川区	2960	67	160	553	1850
港闸区	2272	130	350	892	816
通州区	1288	84	369	493	302
如东县					
南通经济技术开发区					
通州湾示范区					
苏锡通科技产业园区					
启东市	852	98	186	248	273
如皋市	653	56	99	194	254
海门市	1036	85	179	288	396
海安市	831	56	261	203	254
连云港市	**2593**	**338**	**516**	**797**	**752**
连云区	570	96	128	201	124
海州区	1503	154	318	445	464
赣榆区	517	88	69	150	164
东海县	1			1	
灌云县					
灌南县					
连云港经济技术开发区					
连云港高新技术产业开发区					
江苏连云港徐圩新区	2		1		
江苏省连云港市云台山风景名胜区					
淮安市	**3427**	**414**	**567**	**1025**	**1247**
淮安区	881	37	145	311	369
淮阴区	492	26	112	142	198
清江浦区	1740	219	246	497	641
洪泽区	314	132	64	75	39
涟水县					
盱眙县					
金湖县					
淮安经济技术开发区					
工业园区					
生态文旅区					
苏淮高新区					

9-5a　续表 2　　　　单位：户

地　区	合　计	200元以下	200-499元	500-999元	1000-1999元
盐城市	**4129**	**444**	**839**	**760**	**1665**
亭湖区	1102	86	294	224	395
盐都区	1053	105	189	189	465
大丰区	510	73	119	141	146
响水县					
滨海县					
阜宁县					
射阳县					
建湖县					
盐城经济技术开发区					
江苏省盐南高新区	669	6	75	95	333
东台市	795	174	162	111	326
扬州市	**5753**	**740**	**1230**	**1328**	**1996**
广陵区	1645	317	312	312	578
邗江区	1300	84	205	279	603
江都区	1201	145	309	249	387
宝应县					
扬州经济技术开发区					
蜀冈瘦西湖景区	459	31	101	148	144
生态新城	105		48	31	19
仪征市	539	67	152	171	137
高邮市	504	96	103	138	128
镇江市	**6038**	**801**	**1671**	**1641**	**1701**
京口区	1109	226	180	332	336
润州区	958	250	89	268	319
丹徒区	345	14	98	124	98
镇江新区					
江苏镇江高新区	321	103	63	91	62
丹阳市	1974	81	896	404	500
扬中市	501	55	184	124	113
句容市	830	72	161	298	273
泰州市	**6353**	**414**	**1280**	**1961**	**2158**
海陵区	1598	144	282	570	479
高港区	404	27	80	131	142
姜堰区	1235	36	209	330	545
泰州医药高新技术产业开发区					
兴化市	938	59	143	296	355
靖江市	1038	54	305	385	229
泰兴市	1140	94	261	249	408
宿迁市	**1550**	**35**	**256**	**304**	**874**
宿城区	1020	12	186	171	590
宿豫区	363	8	34	92	223
沭阳县					
泗阳县					
泗洪县					
宿迁经济技术开发区					
宿迁市湖滨新区	61	9	15	13	22
苏州宿迁工业园区	39			6	26
宿迁市洋河新区	67	6	21	22	13

9-5a　续表 3　　　　单位：户

地　　区	2000-2999元	3000-3999元	4000-5999元	6000-7999元	8000-9999元	10000元及以上
江　苏	**29850**	**7716**	**3123**	**710**	**213**	**332**
南京市	**12777**	**4809**	**2281**	**485**	**107**	**103**
玄武区	820	571	228	34	10	7
秦淮区	1840	961	371	61	14	4
建邺区	1119	701	490	143	28	27
鼓楼区	1773	948	520	129	17	13
浦口区	730	55	19	2	2	7
栖霞区	972	239	140	22	9	13
雨花台区	1262	459	204	45	5	7
江宁区	2533	728	269	39	15	17
六合区	15	6	4	1	1	
溧水区	35	1	4			
高淳区	31		4	2	3	5
南京江北新区	1647	140	28	7	3	3
无锡市	**2564**	**442**	**153**	**43**	**13**	**21**
锡山区	344	48	12	4	2	7
惠山区	225	12	13	6	2	1
滨湖区	309	63	9	3	1	3
梁溪区	774	121	38	9		2
新吴区	394	58	20	5		
江苏无锡经济开发区	235	62	33	5	2	1
江阴市	143	36	13	5	2	3
宜兴市	140	42	15	6	4	4
徐州市	**365**	**30**	**10**		**4**	**4**
鼓楼区	64	10				
云龙区	155	3	3			
贾汪区	2					
泉山区	110	13	4		1	
铜山区	23	3	2			1
丰县						
沛县						
睢宁县						
徐州经济技术开发区	1					
新沂市	5	1				3
邳州市	5		1		3	
常州市	**1387**	**224**	**99**	**33**	**15**	**27**
天宁区	249	29	6	2	2	3
钟楼区	283	42	30	14	5	12
新北区	317	59	19	4	3	1
武进区	347	55	29	6	1	6
金坛区	42	13	10	5		4
江苏省常州市经济开发区	39	3	2			
溧阳市	110	23	3	2	4	1

9-5a　续表 4　　　　　　　　　　　　　　　　　　　　　　　　单位：户

地　　区	2000-2999元	3000-3999元	4000-5999元	6000-7999元	8000-9999元	10000元及以上
苏州市	**10660**	**1880**	**441**	**98**	**23**	**61**
虎丘区	1434	291	91	39	3	8
吴中区	1787	336	87	12	4	5
相城区	1643	230	34	7	2	10
姑苏区	1982	439	86	8	4	4
吴江区	518	82	23	6		8
苏州工业园区						
常熟市	723	184	67	17	4	11
张家港市	219	32	12	2	3	8
昆山市	2089	240	34	3	2	3
太仓市	265	46	7	4	1	4
南通市	**561**	**88**	**27**	**5**	**3**	**12**
崇川区	260	58	10	1		1
港闸区	71	7	4			2
通州区	23	6	5	2		4
如东县						
南通经济技术开发区						
通州湾示范区						
苏锡通科技产业园区						
启东市	35	6	2	2		2
如皋市	41	3	4			2
海门市	79	6			2	1
海安市	52	2	2		1	
连云港市	**134**	**14**	**17**	**9**	**12**	**4**
连云区	16	4		1		
海州区	109	5	6		2	
赣榆区	8	5	11	8	10	4
东海县						
灌云县						
灌南县						
连云港经济技术开发区						
连云港高新技术产业开发区						
江苏连云港徐圩新区	1					
江苏省连云港市云台山风景名胜区						
淮安市	**146**	**14**	**9**	**1**	**1**	**3**
淮安区	8	3	3	1	1	3
淮阴区	10	3	1			
清江浦区	126	6	5			
洪泽区	2	2				
涟水县						
盱眙县						
金湖县						
淮安经济技术开发区						
工业园区						
生态文旅区						
苏淮高新区						

9-5a 续表 5

单位：户

地　　区	2000-2999元	3000-3999元	4000-5999元	6000-7999元	8000-9999元	10000元及以上
盐城市	**356**	**29**	**10**	**6**	**11**	**9**
亭湖区	89	7		1	2	4
盐都区	91	4	4	3	2	1
大丰区	17	3	2		7	2
响水县						
滨海县						
阜宁县						
射阳县						
建湖县						
盐城经济技术开发区						
江苏省盐南高新区	142	12	3	1		2
东台市	17	3	1	1		
扬州市	**321**	**62**	**25**	**5**	**10**	**36**
广陵区	89	34			3	
邗江区	105	13	8		1	2
江都区	56	7	10	1	6	31
宝应县						
扬州经济技术开发区						
蜀冈瘦西湖景区	31	4				
生态新城	3		1	1		2
仪征市	9		2	1		
高邮市	28	4	4	2		1
镇江市	**178**	**27**	**7**	**1**	**1**	**10**
京口区	28	6				1
润州区	25	4	2			1
丹徒区	6	2	2			1
镇江新区						
江苏镇江高新区	2					
丹阳市	85	5	3			
扬中市	15	6				4
句容市	17	4		1	1	3
泰州市	**342**	**89**	**39**	**21**	**11**	**38**
海陵区	97	12	8	1	1	4
高港区	13	3	6	1		1
姜堰区	69	25	11	2	3	5
泰州医药高新技术产业开发区						
兴化市	48	4		7	4	22
靖江市	42	9	7	2	1	4
泰兴市	73	36	7	8	2	2
宿迁市	**59**	**8**	**5**	**3**	**2**	**4**
宿城区	48	3	4	2	2	2
宿豫区	4	2				
沭阳县						
泗阳县						
泗洪县						
宿迁经济技术开发区						
宿迁市湖滨新区	1					1
苏州宿迁工业园区	6	1				
宿迁市洋河新区		2	1	1		1

9-5b　各地区按月租房费用分的家庭户户数(镇)

单位：户

地　区	合　计	200元以下	200-499元	500-999元	1000-1999元
江　苏	**81572**	**7244**	**27928**	**21515**	**18011**
南京市	**623**	**35**	**67**	**193**	**287**
玄武区					
秦淮区					
建邺区					
鼓楼区					
浦口区	7	4		2	1
栖霞区					
雨花台区	85	10	7	44	24
江宁区					
六合区	457	15	35	128	246
溧水区	66	6	23	13	16
高淳区	8		2	6	
南京江北新区					
无锡市	**9652**	**1338**	**5033**	**1925**	**1087**
锡山区	2749	224	1501	526	436
惠山区	920	74	316	288	214
滨湖区					
梁溪区					
新吴区					
江苏无锡经济开发区					
江阴市	4326	775	2476	675	296
宜兴市	1657	265	740	436	141
徐州市	**4343**	**402**	**935**	**1749**	**1032**
鼓楼区					
云龙区	93		34	27	32
贾汪区	34	11	4	13	5
泉山区					
铜山区	136	17	46	58	7
丰县	544	94	148	173	91
沛县	1116	95	350	373	239
睢宁县	818	115	258	180	212
徐州经济技术开发区	1558	54	85	918	442
新沂市	31	10	6	6	3
邳州市	13	6	4	1	1
常州市	**5323**	**751**	**2415**	**1322**	**602**
天宁区	402	61	183	83	64
钟楼区					
新北区	1023	76	487	266	131
武进区	1765	243	865	475	128
金坛区	259	28	73	123	27
江苏省常州市经济开发区	1411	201	655	278	207
溧阳市	463	142	152	97	45

9-5b 续表 1 单位：户

地　　区	合　计	200元以下	200-499元	500-999元	1000-1999元
苏州市	**31224**	**1194**	**9347**	**7453**	**8737**
虎丘区	18			1	15
吴中区	2394	58	1054	683	427
相城区	888	46	552	116	151
姑苏区					
吴江区	6007	529	3218	1371	703
苏州工业园区	9110	10	60	1560	3885
常熟市	2667	44	797	1183	522
张家港市	5413	381	2615	1405	880
昆山市	1992	41	171	472	1148
太仓市	2735	85	880	662	1006
南通市	**8125**	**608**	**2917**	**2718**	**1491**
崇川区					
港闸区					
通州区	1939	273	997	369	215
如东县	880	89	223	329	177
南通经济技术开发区	1573	3	117	823	548
通州湾示范区	96	13	32	30	16
苏锡通科技产业园区	337	27	103	121	82
启东市	749	71	380	173	110
如皋市	259	21	105	64	49
海门市	2043	98	895	707	248
海安市	249	13	65	102	46
连云港市	**2440**	**327**	**589**	**768**	**575**
连云区					
海州区	58	11	12	23	5
赣榆区	146	29	46	43	14
东海县	894	58	206	358	232
灌云县	350	77	95	81	68
灌南县	399	34	102	146	92
连云港经济技术开发区	184	24	34	68	50
连云港高新技术产业开发区	390	86	86	46	114
江苏连云港徐圩新区	18	8	8	2	
江苏省连云港市云台山风景名胜区	1			1	
淮安市	**2496**	**325**	**632**	**871**	**534**
淮安区	55	11	13	19	10
淮阴区	19	3	10	1	4
清江浦区	10	3	4	2	1
洪泽区	23	13	4	4	2
涟水县	350	50	108	106	22
盱眙县	896	132	338	196	192
金湖县	414	106	109	138	43
淮安经济技术开发区	512	7	23	310	166
工业园区	8			8	
生态文旅区	171		1	71	94
苏淮高新区	38		22	16	

9-5b 续表 2

单位：户

地 区	合 计	200元以下	200-499元	500-999元	1000-1999元
盐城市	**4234**	**793**	**1428**	**928**	**849**
亭湖区	82	6	30	16	25
盐都区	243	44	97	64	23
大丰区	341	141	146	32	17
响水县	505	52	238	85	75
滨海县	920	74	256	268	260
阜宁县	225	61	58	59	32
射阳县	734	111	286	159	146
建湖县	686	247	211	128	84
盐城经济技术开发区	202	1	22	25	147
江苏省盐南高新区					
东台市	296	56	84	92	40
扬州市	**2387**	**445**	**681**	**622**	**447**
广陵区	125	23	55	22	15
邗江区	138	7	26	46	44
江都区	542	147	180	131	56
宝应县	635	166	178	120	102
扬州经济技术开发区	677	29	143	236	212
蜀冈瘦西湖景区					
生态新城	28	7	10	8	3
仪征市	45	1	16	21	7
高邮市	197	65	73	38	8
镇江市	**4379**	**317**	**2362**	**1018**	**570**
京口区	50	13	19	17	1
润州区					
丹徒区	68	15	25	22	5
镇江新区	571	12	97	251	187
江苏镇江高新区					
丹阳市	3149	228	2066	572	213
扬中市	149	32	90	11	11
句容市	392	17	65	145	153
泰州市	**3203**	**330**	**1024**	**956**	**683**
海陵区	14	3	5	5	1
高港区	92	4	31	35	20
姜堰区	115	6	51	35	20
泰州医药高新技术产业开发区	864	29	184	258	310
兴化市	939	174	354	231	103
靖江市	592	62	240	216	57
泰兴市	587	52	159	176	172
宿迁市	**3143**	**379**	**498**	**992**	**1117**
宿城区	47	4	12	17	14
宿豫区	57	8	23	17	6
沭阳县	1378	93	164	445	586
泗阳县	448	36	73	120	210
泗洪县	903	233	201	329	94
宿迁经济技术开发区	291		15	62	206
宿迁市湖滨新区	19	5	10	2	1
苏州宿迁工业园区					
宿迁市洋河新区					

9-5b 续表 3 单位：户

地　区	2000-2999元	3000-3999元	4000-5999元	6000-7999元	8000-9999元	10000元及以上
江　苏	**4319**	**1177**	**683**	**272**	**148**	**275**
南京市	**21**	**9**	**7**	**1**	**1**	**2**
玄武区						
秦淮区						
建邺区						
鼓楼区						
浦口区						
栖霞区						
雨花台区						
江宁区						
六合区	21	3	5	1	1	2
溧水区		6	2			
高淳区						
南京江北新区						
无锡市	**167**	**40**	**31**	**9**	**3**	**19**
锡山区	47	7	4	1	2	1
惠山区	22	3	1			2
滨湖区						
梁溪区						
新吴区						
江苏无锡经济开发区						
江阴市	64	15	13	4		8
宜兴市	34	15	13	4	1	8
徐州市	**81**	**19**	**42**	**40**	**20**	**23**
鼓楼区						
云龙区						
贾汪区				1		
泉山区						
铜山区	2	1		3	2	
丰县	13	4	11	4	2	4
沛县	14	2	20	8	7	8
睢宁县	13	8	7	11	6	8
徐州经济技术开发区	37	4	3	12	3	
新沂市	1		1	1		3
邳州市	1					
常州市	**116**	**41**	**36**	**15**	**8**	**17**
天宁区	6	3	2			
钟楼区						
新北区	33	9	10	4	5	2
武进区	24	11	6	4	2	7
金坛区	5	1	2			
江苏省常州市经济开发区	32	12	13	5	1	7
溧阳市	16	5	3	2		1

9-5b　续表 4　　　　单位：户

地　　区	2000-2999元	3000-3999元	4000-5999元	6000-7999元	8000-9999元	10000元及以上
苏州市	**3072**	**836**	**388**	**102**	**28**	**67**
虎丘区	2					
吴中区	151	14	5	2		
相城区	20	3				
姑苏区						
吴江区	134	25	7	10	1	9
苏州工业园区	2372	742	350	84	18	29
常熟市	105	10	3		1	2
张家港市	67	16	15	2	8	24
昆山市	142	11	4	1		2
太仓市	79	15	4	3		1
南通市	**238**	**58**	**46**	**12**	**13**	**24**
崇川区						
港闸区						
通州区	44	13	20	2	3	3
如东县	51	5	2		1	3
南通经济技术开发区	64	14	2			2
通州湾示范区	3		2			
苏锡通科技产业园区	1	3				
启东市	6	4	1	1		3
如皋市	10	2	3	5		
海门市	37	16	16	4	9	13
海安市	22	1				
连云港市	**103**	**35**	**17**	**11**	**8**	**7**
连云区						
海州区	1	1	3			2
赣榆区	11	1	1			1
东海县	15	18	2	4		1
灌云县	8	8	7	3	2	1
灌南县	12	3	4	3	2	1
连云港经济技术开发区	4	1		1	2	
连云港高新技术产业开发区	52	3			2	1
江苏连云港徐圩新区						
江苏省连云港市云台山风景名胜区						
淮安市	**50**	**13**	**17**	**19**	**17**	**18**
淮安区				2		
淮阴区	1					
清江浦区						
洪泽区						
涟水县	13	9	10	12	12	8
盱眙县	18		4	4	3	9
金湖县	10	4	3		1	
淮安经济技术开发区	3			1	1	1
工业园区						
生态文旅区	5					
苏淮高新区						

9-5b 续表 5

单位：户

地　区	2000-2999元	3000-3999元	4000-5999元	6000-7999元	8000-9999元	10000元及以上
盐城市	**96**	**40**	**26**	**24**	**18**	**32**
亭湖区	2	1	2			
盐都区	8	5		1		1
大丰区	1	1	2			1
响水县	20	7	7	6	1	14
滨海县	23	15	7		10	7
阜宁县	6	1	1	2	3	2
射阳县	16	2	2	5	1	6
建湖县	9	4	1	1		1
盐城经济技术开发区	6	1				
江苏省盐南高新区						
东台市	5	3	4	9	3	
扬州市	**85**	**33**	**33**	**10**	**11**	**20**
广陵区	3	2			2	3
邗江区	7	3	1	1	2	1
江都区	13	4	2	4	3	2
宝应县	23	8	22	1	3	12
扬州经济技术开发区	33	14	4	3	1	2
蜀冈瘦西湖景区						
生态新城						
仪征市						
高邮市	6	2	4	1		
镇江市	**96**	**9**	**4**	**1**		**2**
京口区						
润州区						
丹徒区		1				
镇江新区	21	1	2			
江苏镇江高新区						
丹阳市	64	3	1			2
扬中市	2	2	1			
句容市	9	2		1		
泰州市	**136**	**30**	**25**	**7**	**2**	**10**
海陵区						
高港区	1	1				
姜堰区	1		1			1
泰州医药高新技术产业开发区	68	6	3	1	1	4
兴化市	48	16	11		1	1
靖江市	4	4	4	4		1
泰兴市	14	3	6	2		3
宿迁市	**58**	**14**	**11**	**21**	**19**	**34**
宿城区						
宿豫区	2				1	
沭阳县	36	9	7	9	10	19
泗阳县	9					
泗洪县	4	5	3	12	8	14
宿迁经济技术开发区	7		1			
宿迁市湖滨新区						1
苏州宿迁工业园区						
宿迁市洋河新区						

9-5c　各地区按月租房费用分的家庭户户数(乡村)

单位：户

地　　区	合　计	200元以下	200-499元	500-999元	1000-1999元
江　苏	**52039**	**6097**	**26978**	**12975**	**4569**
南京市	**2051**	**131**	**476**	**682**	**610**
玄武区					
秦淮区					
建邺区					
鼓楼区					
浦口区	239	13	34	136	50
栖霞区	186	23	70	63	22
雨花台区					
江宁区	1228	45	230	345	486
六合区	183	31	74	49	21
溧水区	147	10	41	66	26
高淳区	33	3	13	9	4
南京江北新区	35	6	14	14	1
无锡市	**10982**	**1689**	**6514**	**1796**	**790**
锡山区	1265	134	753	296	54
惠山区	2637	418	1492	511	186
滨湖区	411	13	162	124	106
梁溪区					
新吴区	789	44	253	189	267
江苏无锡经济开发区					
江阴市	4486	751	3181	419	92
宜兴市	1394	329	673	257	85
徐州市	**201**	**69**	**79**	**26**	**11**
鼓楼区					
云龙区					
贾汪区	4	1	1	1	
泉山区					
铜山区	27	8	12	4	
丰县	18	3	8	1	3
沛县	26	4	16	3	1
睢宁县	93	46	29	11	3
徐州经济技术开发区	11		6	2	2
新沂市	12	2	3	4	1
邳州市	10	5	4		1
常州市	**9159**	**1741**	**5070**	**1738**	**439**
天宁区	615	94	332	165	22
钟楼区	453	36	181	181	28
新北区	758	125	415	143	39
武进区	3471	829	1882	513	185
金坛区	656	130	299	179	30
江苏省常州市经济开发区	2885	502	1783	468	121
溧阳市	321	25	178	89	14

9-5c 续表 1

单位：户

地 区	合 计	200元以下	200-499元	500-999元	1000-1999元
苏州市	**24500**	**1226**	**12428**	**7809**	**2352**
虎丘区	913	6	190	430	210
吴中区	4010	33	2366	1259	228
相城区	374	12	165	145	38
姑苏区					
吴江区	3577	332	2578	527	94
苏州工业园区					
常熟市	2273	66	727	1152	223
张家港市	4736	667	3164	665	203
昆山市	5870	66	1480	2986	1080
太仓市	2747	44	1758	645	276
南通市	**1170**	**189**	**607**	**274**	**66**
崇川区					
港闸区	9	6	2		1
通州区	189	18	101	42	19
如东县	57	11	20	15	7
南通经济技术开发区					
通州湾示范区	21	9	10		2
苏锡通科技产业园区	367	24	167	154	15
启东市	287	62	175	28	15
如皋市	22	8	6	3	3
海门市	142	49	60	27	3
海安市	76	2	66	5	1
连云港市	**76**	**26**	**18**	**12**	**16**
连云区	2				2
海州区	10	4	2	1	2
赣榆区	8	5	1	1	1
东海县	15	2	1	1	9
灌云县	9	3	3	2	
灌南县	16	7	4	3	2
连云港经济技术开发区	7	1	4	2	
连云港高新技术产业开发区					
江苏连云港徐圩新区					
江苏省连云港市云台山风景名胜区	9	4	3	2	
淮安市	**237**	**104**	**85**	**29**	**14**
淮安区	45	18	20	4	3
淮阴区	29	13	15	1	
清江浦区	12	1	4	4	3
洪泽区	31	16	10	3	1
涟水县	16	3	6	2	2
盱眙县	20	16	1	1	2
金湖县	77	36	27	10	3
淮安经济技术开发区					
工业园区	7	1	2	4	
生态文旅区					
苏淮高新区					

9-5c　续表 2

单位：户

地　　区	合　计	200元以下	200-499元	500-999元	1000-1999元
盐城市	**529**	**235**	**123**	**80**	**72**
亭湖区	58	4	23	19	12
盐都区	70	24	25	15	5
大丰区	163	101	15	16	25
响水县	10	3		1	3
滨海县	10	6	2	2	
阜宁县	7	3	1	3	
射阳县	49	32	9	4	2
建湖县	116	55	39	9	12
盐城经济技术开发区	11	3	4	4	
江苏省盐南高新区					
东台市	35	4	5	7	13
扬州市	**659**	**169**	**232**	**110**	**70**
广陵区	243	97	109	24	7
邗江区	35	10	10	11	3
江都区	136	29	52	32	15
宝应县	28	10	5	7	3
扬州经济技术开发区	91	2	6	2	28
蜀冈瘦西湖景区					
生态新城	25	2	5	12	5
仪征市	75	10	39	15	6
高邮市	26	9	6	7	3
镇江市	**1150**	**233**	**646**	**185**	**65**
京口区	33	3	21	7	2
润州区					
丹徒区	59	12	33	8	2
镇江新区	64	11	14	29	10
江苏镇江高新区					
丹阳市	645	129	430	64	19
扬中市	213	48	105	43	10
句容市	136	30	43	34	22
泰州市	**1012**	**179**	**588**	**180**	**42**
海陵区	16	6	3	6	
高港区	46	17	10	13	2
姜堰区	31	9	16	5	1
泰州医药高新技术产业开发区	57	1	14	37	3
兴化市	77	20	35	10	8
靖江市	604	104	405	75	14
泰兴市	181	22	105	34	14
宿迁市	**313**	**106**	**112**	**54**	**22**
宿城区	50	12	19	13	3
宿豫区	57	19	31	7	
沭阳县	76	37	13	13	6
泗阳县	24	9	9	4	1
泗洪县	56	15	22	11	2
宿迁经济技术开发区	18	3	2	3	8
宿迁市湖滨新区	13	2	9	1	1
苏州宿迁工业园区					
宿迁市洋河新区	19	9	7	2	1

9-5c 续表 3

单位：户

地　区	2000-2999元	3000-3999元	4000-5999元	6000-7999元	8000-9999元	10000元及以上
江　苏	**922**	**214**	**145**	**47**	**21**	**71**
南京市	**90**	**35**	**13**	**3**	**1**	**10**
玄武区						
秦淮区						
建邺区						
鼓楼区						
浦口区	3	1				2
栖霞区	2	2	3			1
雨花台区						
江宁区	79	29	8	1	1	4
六合区	4			2		2
溧水区	2	1	1			
高淳区		2	1			1
南京江北新区						
无锡市	**106**	**30**	**35**	**7**	**2**	**13**
锡山区	15	6	4	1	1	1
惠山区	17	4	5	2		2
滨湖区	5	1				
梁溪区						
新吴区	30	4	1			1
江苏无锡经济开发区						
江阴市	16	7	13			7
宜兴市	23	8	12	4	1	2
徐州市	**5**	**2**	**4**	**1**		**4**
鼓楼区						
云龙区						
贾汪区				1		
泉山区						
铜山区			1			2
丰县		2	1			
沛县	1					1
睢宁县	3		1			
徐州经济技术开发区						1
新沂市	1		1			
邳州市						
常州市	**87**	**36**	**22**	**13**	**4**	**9**
天宁区	1			1		
钟楼区	15	4	6	2		
新北区	32		1	3		
武进区	24	18	9	5	3	3
金坛区	6	3	3	1	1	4
江苏省常州市经济开发区	2	7	1			1
溧阳市	7	4	2	1		1

9-5c　续表 4　　单位：户

地　　区	2000-2999元	3000-3999元	4000-5999元	6000-7999元	8000-9999元	10000元及以上
苏州市	**514**	**76**	**52**	**13**	**7**	**23**
虎丘区	64	6	4	2	1	
吴中区	107	9	4	1		3
相城区	10	2	1			1
姑苏区						
吴江区	19	10	8	1	1	7
苏州工业园区						
常熟市	47	27	23	3	1	4
张家港市	21	5	2	4	2	3
昆山市	229	14	9	1	1	4
太仓市	17	3	1	1	1	1
南通市	**10**	**8**	**7**	**2**	**3**	**4**
崇川区						
港闸区						
通州区	2	2	3	1	1	
如东县	1	1			1	1
南通经济技术开发区						
通州湾示范区						
苏锡通科技产业园区	2	2	2		1	
启东市	3		2	1		1
如皋市	1	1				
海门市	1	1				1
海安市		1				1
连云港市	**1**					**3**
连云区						
海州区	1					
赣榆区						
东海县						2
灌云县						1
灌南县						
连云港经济技术开发区						
连云港高新技术产业开发区						
江苏连云港徐圩新区						
江苏省连云港市云台山风景名胜区						
淮安市	**3**	**1**			**1**	
淮安区						
淮阴区						
清江浦区						
洪泽区	1					
涟水县	2	1				
盱眙县						
金湖县					1	
淮安经济技术开发区						
工业园区						
生态文旅区						
苏淮高新区						

9-5c 续表 5

单位：户

地　　区	2000-2999元	3000-3999元	4000-5999元	6000-7999元	8000-9999元	10000元及以上
盐城市	**8**	**1**	**3**	**5**	**1**	**1**
亭湖区						
盐都区	1					
大丰区				4	1	1
响水县	2		1			
滨海县						
阜宁县						
射阳县	1		1			
建湖县		1				
盐城经济技术开发区						
江苏省盐南高新区						
东台市	4		1	1		
扬州市	**66**	**10**	**1**	**1**		
广陵区	5	1				
邗江区	1					
江都区	7	1				
宝应县	1	1		1		
扬州经济技术开发区	48	5				
蜀冈瘦西湖景区						
生态新城	1					
仪征市	3	1	1			
高邮市		1				
镇江市	**13**	**4**	**2**			**2**
京口区						
润州区						
丹徒区	2	2				
镇江新区						
江苏镇江高新区						
丹阳市	3					
扬中市	4	1	1			1
句容市	4	1	1			1
泰州市	**13**	**4**	**3**		**2**	**1**
海陵区		1				
高港区	2	1	1			
姜堰区						
泰州医药高新技术产业开发区	1	1				
兴化市	1	1			1	1
靖江市	3		2		1	
泰兴市	6					
宿迁市	**6**	**7**	**3**	**2**		**1**
宿城区	1	1	1			
宿豫区						
沭阳县	4	2	1			
泗阳县						1
泗洪县		3	1	2		
宿迁经济技术开发区	1	1				
宿迁市湖滨新区						
苏州宿迁工业园区						
宿迁市洋河新区						

9-6 各地区按住房来源分的同时拥有厨房和厕所的家庭户户数

单位：户

地区	合计	租赁廉租住房/公租房	租赁其他住房	购买新建商品房	购买二手房	购买原公有住房	购买经济适用房/两限房	自建住房	继承或赠予	其他
江苏	**2648270**	**40177**	**266413**	**684830**	**238550**	**79407**	**184304**	**1043182**	**16618**	**94789**
南京市	**290576**	**6217**	**46896**	**67987**	**49009**	**26322**	**33116**	**47085**	**2759**	**11185**
玄武区	16048	676	2509	3033	3792	3727	1377	46	142	746
秦淮区	26233	660	4429	3904	6313	6357	2319	119	488	1644
建邺区	17952	375	3736	6151	3924	1537	1674	13	128	414
鼓楼区	32176	610	5282	5990	8645	8059	1738	64	646	1142
浦口区	12662	209	2090	2672	1294	175	2157	3333	244	488
栖霞区	27065	1223	5426	6179	3466	1573	5844	1852	373	1129
雨花台区	18334	787	4337	3847	2699	1086	4482	261	74	761
江宁区	52800	831	8897	13140	8308	585	6726	11332	179	2802
六合区	22358	130	1248	4822	1530	251	1757	11545	190	885
溧水区	15806	222	1299	3578	1095	326	1889	6945	129	323
高淳区	15295	66	692	2560	849	208	1108	9659	28	125
南京江北新区	33847	428	6951	12111	7094	2438	2045	1916	138	726
无锡市	**229668**	**4434**	**39423**	**56089**	**27128**	**7720**	**43861**	**44713**	**1083**	**5217**
锡山区	25149	594	6595	6015	1848	148	4134	5305	47	463
惠山区	24405	684	4592	7025	1873	152	5272	4439	55	313
滨湖区	18459	282	3090	3933	2721	1331	4617	1575	196	714
梁溪区	34392	516	5425	8884	7369	4613	3464	1174	582	2365
新吴区	20090	307	3312	5696	2124	118	7505	794	15	219
江苏无锡经济开发区	10657	130	2403	3831	983	36	2932	254	13	75
江阴市	53212	1361	9222	11533	4515	546	10466	14877	67	625
宜兴市	43304	560	4784	9172	5695	776	5471	16295	108	443
徐州市	**273415**	**1526**	**10036**	**61315**	**13589**	**8997**	**14419**	**152690**	**1424**	**9419**
鼓楼区	14616	161	1347	6548	1802	1793	1604	574	168	619
云龙区	15055	219	1525	5889	2301	1322	552	722	151	2374
贾汪区	12801	69	195	2162	360	275	388	8666	100	586
泉山区	22291	340	1900	8957	3652	4035	999	550	199	1659
铜山区	35462	71	564	4055	987	293	689	27647	199	957
丰县	29851	88	433	4702	496	127	1421	21862	66	656
沛县	31675	192	866	6444	927	138	1772	20149	133	1054
睢宁县	29625	108	736	6742	525	196	1854	18799	211	454
徐州经济技术开发区	11567	89	1450	2888	722	246	2718	2999	37	418
新沂市	28357	45	301	6130	804	175	552	19781	91	478
邳州市	42115	144	719	6798	1013	397	1870	30941	69	164
常州市	**175010**	**3437**	**29638**	**48977**	**20231**	**3716**	**16044**	**49042**	**699**	**3226**
天宁区	22969	595	3442	9283	4181	1248	216	2632	210	1162
钟楼区	22105	344	4382	8052	3752	1051	1786	2483	80	175
新北区	28524	489	5097	7818	3593	204	5104	6122	25	72
武进区	38737	835	9590	9262	2805	106	3781	11240	125	993
金坛区	21291	274	1703	5711	2475	250	2026	8398	91	363
江苏省常州市经济开发区	12789	502	3609	2768	946	439	1081	3288	31	125
溧阳市	28595	398	1815	6083	2479	418	2050	14879	137	336

9-6 续表 1 单位：户

地　　区	合　计	租赁廉租住房/公租房	租　赁其他住房	购买新建商品房	购　买二手房	购买原公有住房	购买经济适用房/两限房	自建住房	继承或赠　予	其　他
苏州市	**363554**	**14303**	**81938**	**110272**	**46977**	**7606**	**22951**	**64746**	**2468**	**12293**
虎丘区	22860	548	5779	7570	3278	55	4816	686	19	109
吴中区	36688	2951	7729	10392	3776	658	1561	7888	183	1550
相城区	23571	1069	5427	7937	1947	153	1899	2969	148	2022
姑苏区	32584	1651	5648	9558	6934	3734	3629	601	474	355
吴江区	41248	2228	9020	10716	3375	787	910	13783	111	318
苏州工业园区	30999	736	8052	10942	5628	422	4703	49	50	417
常熟市	45845	855	10499	9904	3467	528	1274	18659	215	444
张家港市	44633	1274	9595	13981	5359	335	1305	9670	488	2626
昆山市	61143	1886	15024	23292	10606	567	2069	3928	579	3192
太仓市	23983	1105	5165	5980	2607	367	785	6513	201	1260
南通市	**263117**	**1891**	**15078**	**48500**	**15360**	**3283**	**9612**	**149866**	**2610**	**16917**
崇川区	23219	202	2528	8794	5318	1192	192	96	350	4547
港闸区	12114	199	1781	3508	1610	194	37	561	523	3701
通州区	36331	269	2518	5191	697	471	363	23157	628	3037
如东县	31362	153	639	2873	844	300	100	26082	82	289
南通经济技术开发区	8722	83	1452	2318	1280	43	3388	71	35	52
通州湾示范区	3575	26	59	70	34	24	46	3219	38	59
苏锡通科技产业园区	2990	86	520	119	72	33	1044	1053	27	36
启东市	38524	153	1457	6931	1738	345	602	26282	323	693
如皋市	39798	211	689	5887	780	214	3387	27999	83	548
海门市	35253	324	2502	6309	2112	312	271	22256	334	833
海安市	31229	185	933	6500	875	155	182	19090	187	3122
连云港市	**131794**	**936**	**3644**	**30688**	**8427**	**3287**	**1678**	**81030**	**451**	**1653**
连云区	5128	76	412	2081	814	555	172	780	43	195
海州区	21615	187	1114	9276	3773	1362	343	4932	125	503
赣榆区	31911	110	531	3359	978	286	184	26153	93	217
东海县	29483	219	672	5541	861	657	142	21122	44	225
灌云县	17750	104	212	2977	496	182	302	13158	106	213
灌南县	17379	57	308	3774	618	106	243	12161	24	88
连云港经济技术开发区	2694	16	165	942	274	107	197	896	3	94
连云港高新技术产业开发区	3977	166	206	2474	375	19	82	634	7	14
江苏连云港徐圩新区	1034	1	15	264	235	8	13	413	5	80
江苏省连云港市云台山风景名胜区	823		9		3	5		781	1	24
淮安市	**139411**	**930**	**4926**	**39530**	**8963**	**2470**	**9622**	**66413**	**892**	**5665**
淮安区	23698	107	806	3895	967	258	1767	15457	124	317
淮阴区	22118	108	417	5040	1076	95	966	13593	147	676
清江浦区	18190	287	1315	7870	3163	817	1583	2411	98	646
洪泽区	9271	66	288	2668	573	289	607	4366	69	345
涟水县	25512	73	293	6636	412	310	2125	14987	66	610
盱眙县	18053	111	802	4792	1414	228	375	9782	83	466
金湖县	10648	96	352	3296	679	419	520	4670	37	579
淮安经济技术开发区	7809	63	448	3705	335	49	1225	617	169	1198
工业园区	464	2	13	4	1		321	123		
生态文旅区	2962	9	162	1469	322	1	2	164	97	736
苏淮高新区	686	8	30	155	21	4	131	243	2	92

9-6　续表 2　　　　单位：户

地　区	合　计	租赁廉租住房/公租房	租　赁其他住房	购买新建商品房	购　买二手房	购买原公有住房	购买经济适用房/两限房	自建住房	继承或赠　予	其　他
盐城市	**231560**	**1540**	**6612**	**61651**	**11249**	**4809**	**7523**	**131089**	**1101**	**5986**
亭湖区	22471	157	952	9781	1925	1546	370	7067	77	596
盐都区	22712	230	1040	7120	819	241	517	12459	73	213
大丰区	25372	253	623	5251	1260	553	763	16235	95	339
响水县	13008	83	368	2420	690	308	623	8206	58	252
滨海县	24209	117	795	4035	1183	411	512	15902	347	907
阜宁县	26111	56	158	8326	717	309	440	15010	103	992
射阳县	28186	149	576	5536	1342	591	766	18776	59	391
建湖县	22278	170	575	6416	1393	336	2233	10057	117	981
盐城经济技术开发区	2811	70	137	682	30	8	110	1283	27	464
江苏省盐南高新区	10554	40	579	7303	809	74	1052	540	22	135
东台市	33848	215	809	4781	1081	432	137	25554	123	716
扬州市	**152595**	**1351**	**6664**	**39086**	**13300**	**5520**	**8510**	**71591**	**820**	**5753**
广陵区	17050	456	1324	4202	2277	1560	2809	3539	251	632
邗江区	20848	153	1226	7944	2232	383	2197	5875	48	790
江都区	32697	231	1506	6490	1930	962	986	19957	94	541
宝应县	25092	129	478	6128	2034	489	292	15208	84	250
扬州经济技术开发区	7235	57	683	2529	1099	266	13	891	106	1591
蜀冈瘦西湖景区	4490	56	380	1338	955	312	192	473	57	727
生态新城	1640	24	112	223	31	7	6	1168	7	62
仪征市	18062	85	468	3710	1341	1250	1669	8451	117	971
高邮市	25481	160	487	6522	1401	291	346	16029	56	189
镇江市	**106153**	**1737**	**8697**	**35533**	**8180**	**2609**	**2188**	**39744**	**833**	**6632**
京口区	11925	199	853	5321	2361	1289	336	646	227	693
润州区	8330	177	594	3857	1069	492	212	296	207	1426
丹徒区	10256	60	361	2488	377	40	31	6035	69	795
镇江新区	8309	100	526	5497	640	77	240	956	60	213
江苏镇江高新区	2014	70	204	1246	100	5	3	179	58	149
丹阳市	33183	794	4390	8774	2248	400	1057	15087	84	349
扬中市	10074	178	627	2355	409	50	170	6197	20	68
句容市	22062	159	1142	5995	976	256	139	10348	108	2939
泰州市	**154535**	**1022**	**9004**	**34894**	**9672**	**2052**	**3329**	**87154**	**595**	**6813**
海陵区	17915	171	1299	7890	2229	666	244	4945	112	359
高港区	8364	42	469	2698	167	67	46	4854	9	12
姜堰区	24941	123	1200	5535	1266	164	487	15340	69	757
泰州医药高新技术产业开发区	6404	57	715	2014	692	34	1132	1407	31	322
兴化市	38422	256	1601	5811	1722	426	977	27115	100	414
靖江市	22732	191	2023	3601	1952	359	112	10162	206	4126
泰兴市	35757	182	1697	7345	1644	336	331	23331	68	823
宿迁市	**136882**	**853**	**3857**	**50308**	**6465**	**1016**	**11451**	**58019**	**883**	**4030**
宿城区	19156	129	868	7512	1396	78	327	6947	186	1713
宿豫区	13016	83	368	5434	687	39	1796	4380	61	168
沭阳县	43628	214	1168	11533	1709	176	4151	23909	211	557
泗阳县	23107	77	387	9323	993	68	571	11353	75	260
泗洪县	24026	254	656	11688	951	355	2515	6633	110	864
宿迁经济技术开发区	5340	50	247	2809	399	90	753	945	12	35
宿迁市湖滨新区	3506	25	63	514	71	80	1097	1590	15	51
苏州宿迁工业园区	894	3	36	736	114					5
宿迁市洋河新区	4209	18	64	759	145	130	241	2262	213	377

9-6a 各地区按住房来源分的同时拥有厨房和厕所的家庭户户数(城市)

单位：户

地　　区	合　计	租赁廉租住房/公租房	租　赁其他住房	购买新建商品房	购　买二手房	购买原公有住房	购买经济适用房/两限房	自建住房	继承或赠　予	其　他
江　苏	**1246448**	**24669**	**170732**	**470248**	**186535**	**68015**	**120968**	**136767**	**10264**	**58250**
南京市	**244363**	**6054**	**44493**	**65291**	**47960**	**26118**	**30781**	**11129**	**2486**	**10051**
玄武区	16048	676	2509	3033	3792	3727	1377	46	142	746
秦淮区	26233	660	4429	3904	6313	6357	2319	119	488	1644
建邺区	17952	375	3736	6151	3924	1537	1674	13	128	414
鼓楼区	32176	610	5282	5990	8645	8059	1738	64	646	1142
浦口区	9982	188	1873	2633	1179	140	1669	1804	157	339
栖霞区	25233	1210	5267	6179	3452	1563	5801	289	364	1108
雨花台区	18067	786	4257	3843	2699	1078	4342	233	73	756
江宁区	41217	771	7787	12680	8172	572	6267	2324	140	2504
六合区	7763	83	669	2945	882	175	1018	1647	74	270
溧水区	8606	206	1108	3290	977	278	1454	873	118	302
高淳区	7859	61	660	2533	831	194	1079	2374	18	109
南京江北新区	33227	428	6916	12110	7094	2438	2043	1343	138	717
无锡市	**155474**	**2595**	**25474**	**46465**	**23714**	**7412**	**35460**	**9096**	**924**	**4334**
锡山区	14306	342	3852	4537	1507	122	2723	920	19	284
惠山区	15276	385	2543	5475	1423	126	3844	1229	36	215
滨湖区	17297	262	2815	3866	2698	1329	4284	1182	176	685
梁溪区	34392	516	5425	8884	7369	4613	3464	1174	582	2365
新吴区	18550	280	2729	5499	2080	114	7195	430	14	209
江苏无锡经济开发区	10657	130	2403	3831	983	36	2932	254	13	75
江阴市	25851	445	3318	7974	3603	494	7454	2187	37	339
宜兴市	19145	235	2389	6399	4051	578	3564	1720	47	162
徐州市	**93477**	**956**	**6308**	**37129**	**10351**	**8101**	**6127**	**18409**	**681**	**5415**
鼓楼区	14616	161	1347	6548	1802	1793	1604	574	168	619
云龙区	14541	180	1472	5879	2299	1321	550	613	143	2084
贾汪区	5346	59	174	1902	328	232	317	1865	82	387
泉山区	22291	340	1900	8957	3652	4035	999	550	199	1659
铜山区	9238	52	432	2641	865	189	582	4194	12	271
丰县										
沛县										
睢宁县										
徐州经济技术开发区	113		1					106		6
新沂市	10689	32	273	5038	488	158	450	3900	58	292
邳州市	16643	132	709	6164	917	373	1625	6607	19	97
常州市	**112821**	**1954**	**19512**	**45358**	**18116**	**3377**	**12905**	**8639**	**476**	**2484**
天宁区	19672	478	2706	8970	4127	1177	152	789	200	1073
钟楼区	20925	335	3985	8015	3729	1050	1786	1795	75	155
新北区	20996	267	3680	7529	3301	166	4379	1614	16	44
武进区	22299	412	5603	8451	2441	84	2965	1443	96	804
金坛区	11333	182	1003	5243	1805	179	1530	1218	42	131
江苏省常州市经济开发区	5938	63	1302	2150	689	389	703	584	7	51
溧阳市	11658	217	1233	5000	2024	332	1390	1196	40	226

9-6a 续表 1

单位：户

地 区	合 计	租赁廉租住房/公租房	租 赁其他住房	购买新建商品房	购 买二手房	购买原公有住房	购买经济适用房/两限房	自建住房	继承或赠 予	其 他
苏州市	**204591**	**8082**	**43699**	**79977**	**32710**	**6114**	**13394**	**12923**	**1325**	**6367**
虎丘区	20824	440	5097	7396	3180	52	4358	189	17	95
吴中区	22790	2018	4476	9074	3093	519	1292	1096	110	1112
相城区	20836	873	4824	7666	1776	142	1820	1956	115	1664
姑苏区	32584	1651	5648	9558	6934	3734	3629	601	474	355
吴江区	16004	635	3418	6928	2088	271	183	2382	19	80
苏州工业园区										
常熟市	24387	548	6705	7942	3057	488	548	4653	165	281
张家港市	15226	274	2393	8165	2753	220	334	559	77	451
昆山市	41558	1255	9410	18840	8050	464	968	575	254	1742
太仓市	10382	388	1728	4408	1779	224	262	912	94	587
南通市	**101603**	**988**	**8063**	**39036**	**12579**	**2502**	**2762**	**19083**	**1983**	**14607**
崇川区	23219	202	2528	8794	5318	1192	192	96	350	4547
港闸区	12043	199	1772	3508	1610	194	37	499	523	3701
通州区	13003	137	1004	4330	593	384	209	3569	458	2319
如东县										
南通经济技术开发区										
通州湾示范区										
苏锡通科技产业园区										
启东市	14814	79	713	6075	1619	252	428	4879	236	533
如皋市	11317	154	479	4853	706	129	1570	3113	42	271
海门市	12060	116	870	5485	1968	238	188	2429	243	523
海安市	15147	101	697	5991	765	113	138	4498	131	2713
连云港市	**32204**	**327**	**1903**	**14078**	**5258**	**2167**	**530**	**7223**	**156**	**562**
连云区	5061	76	410	2080	813	555	171	736	37	183
海州区	18061	172	1075	8938	3564	1345	281	2294	99	293
赣榆区	8666	78	416	3021	879	266	77	3827	19	83
东海县	221		1					218		2
灌云县										
灌南县										
连云港经济技术开发区										
连云港高新技术产业开发区										
江苏连云港徐圩新区	62	1	1	39	2	1	1	15	1	1
江苏省连云港市云台山风景名胜区	133							133		
淮安市	**39563**	**529**	**2652**	**18009**	**5200**	**1403**	**4451**	**5503**	**305**	**1511**
淮安区	9096	92	725	3221	730	244	1655	2166	75	188
淮阴区	9402	101	376	4628	932	68	728	1978	93	498
清江浦区	16452	280	1300	7862	3137	817	1530	863	95	568
洪泽区	4613	56	251	2298	401	274	538	496	42	257
涟水县										
盱眙县										
金湖县										
淮安经济技术开发区										
工业园区										
生态文旅区										
苏淮高新区										

9-6a 续表 2

单位：户

地　　区	合　计	租赁廉租住房/公租房	租　　赁其他住房	购买新建商品房	购　买二手房	购买原公有住房	购买经济适用房/两限房	自建住房	继承或赠　予	其　他
盐城市	**55843**	**607**	**3166**	**30664**	**4641**	**2289**	**2415**	**10222**	**237**	**1602**
亭湖区	17044	152	822	9393	1751	1505	347	2438	65	571
盐都区	8875	206	783	5556	484	138	468	1147	12	81
大丰区	8228	70	395	4525	822	234	439	1547	45	151
响水县										
滨海县										
阜宁县										
射阳县										
建湖县										
盐城经济技术开发区	60			54				6		
江苏省盐南高新区	10554	40	579	7303	809	74	1052	540	22	135
东台市	11082	139	587	3833	775	338	109	4544	93	664
扬州市	**65459**	**862**	**4344**	**26593**	**9034**	**4251**	**6959**	**10195**	**473**	**2748**
广陵区	13415	394	1080	3969	2215	1557	2775	850	196	379
邗江区	16121	138	1076	7588	2161	365	1995	2037	45	716
江都区	10910	88	1027	4809	1455	529	590	2113	41	258
宝应县										
扬州经济技术开发区										
蜀冈瘦西湖景区	4490	56	380	1338	955	312	192	473	57	727
生态新城	808	18	66	206	24	6	6	465	2	15
仪征市	10258	71	367	3293	1234	1224	1133	2258	106	572
高邮市	9457	97	348	5390	990	258	268	1999	26	81
镇江市	**54993**	**888**	**4516**	**26016**	**6617**	**2401**	**1329**	**7926**	**638**	**4662**
京口区	11549	197	782	5278	2355	1287	336	433	219	662
润州区	8328	177	594	3857	1069	492	212	294	207	1426
丹徒区	4729	45	258	2261	328	34	7	1150	50	596
镇江新区										
江苏镇江高新区	2014	70	204	1246	100	5	3	179	58	149
丹阳市	13010	227	1595	6629	1559	319	508	1992	30	151
扬中市	5424	90	379	2134	382	43	170	2146	18	62
句容市	9939	82	704	4611	824	221	93	1732	56	1616
泰州市	**62851**	**621**	**5392**	**28178**	**8181**	**1617**	**1791**	**13395**	**361**	**3315**
海陵区	15566	170	1272	7809	2203	662	236	2760	107	347
高港区	4115	28	349	2186	153	66	29	1291	6	7
姜堰区	11014	116	1071	4922	1127	147	458	2485	51	637
泰州医药高新技术产业开发区										
兴化市	9062	92	772	3857	1319	264	714	1837	37	170
靖江市	10765	106	920	3430	1863	332	89	1920	143	1962
泰兴市	12329	109	1008	5974	1516	146	265	3102	17	192
宿迁市	**23206**	**206**	**1210**	**13454**	**2174**	**263**	**2064**	**3024**	**219**	**592**
宿城区	11348	108	795	7217	1339	75	199	1320	43	252
宿豫区	6957	56	295	4692	563	15	971	323	8	34
沭阳县										
泗阳县										
泗洪县										
宿迁经济技术开发区										
宿迁市湖滨新区	1583	24	33	329	46	65	759	283	7	37
苏州宿迁工业园区	894	3	36	736	114					5
宿迁市洋河新区	2424	15	51	480	112	108	135	1098	161	264

9-6b 各地区按住房来源分的同时拥有厨房和厕所的家庭户户数(镇)

单位：户

地区	合计	租赁廉租住房/公租房	租赁其他住房	购买新建商品房	购买二手房	购买原公有住房	购买经济适用房/两限房	自建住房	继承或赠予	其他
江苏	**671753**	**10406**	**59661**	**196282**	**45739**	**10297**	**51275**	**266005**	**4059**	**28029**
南京市	**5805**	**50**	**563**	**1833**	**622**	**105**	**844**	**1150**	**83**	**555**
玄武区										
秦淮区										
建邺区										
鼓楼区										
浦口区	63	2	5	5	3	18	20	2		8
栖霞区										
雨花台区	267	1	80	4		8	140	28	1	5
江宁区										
六合区	3952	36	416	1601	531	40	372	338	81	537
溧水区	1143	9	56	223	87	34	288	444		2
高淳区	380	2	6		1	5	24	338	1	3
南京江北新区										
无锡市	**35487**	**1020**	**6400**	**7929**	**2628**	**212**	**6211**	**10470**	**70**	**547**
锡山区	7822	173	1890	1292	313	20	1376	2606	22	130
惠山区	3573	82	623	1110	342	22	843	500	5	46
滨湖区										
梁溪区										
新吴区										
江苏无锡经济开发区										
江阴市	13996	595	2561	3213	784	36	2662	3931	10	204
宜兴市	10096	170	1326	2314	1189	134	1330	3433	33	167
徐州市	**85656**	**542**	**3570**	**23196**	**3001**	**834**	**7510**	**43015**	**450**	**3538**
鼓楼区										
云龙区	514	39	53	10	2	1	2	109	8	290
贾汪区	2450	9	20	252	20	41	63	1891	12	142
泉山区										
铜山区	10703	15	113	1362	95	78	102	8142	140	656
丰县	15153	87	416	4547	489	117	1237	7588	54	618
沛县	18465	191	845	6328	913	136	1747	7166	118	1021
睢宁县	16143	97	658	6446	501	189	1389	6543	54	266
徐州经济技术开发区	9910	88	1439	2865	720	245	2718	1389	35	411
新沂市	4998	10	20	789	191	11	47	3838	10	82
邳州市	7320	6	6	597	70	16	205	6349	19	52
常州市	**20769**	**605**	**3698**	**3147**	**1430**	**210**	**2148**	**9164**	**72**	**295**
天宁区	1380	41	281	308	45	45	1	580	5	74
钟楼区										
新北区	3937	153	812	277	272	32	706	1658	7	20
武进区	5316	143	1395	693	240	17	495	2249	6	78
金坛区	2445	13	235	396	329	27	217	1187	12	29
江苏省常州市经济开发区	2543	104	679	523	215	28	240	713	18	23
溧阳市	5148	151	296	950	329	61	489	2777	24	71

9-6b 续表 1

单位：户

地　区	合　计	租赁廉租住房/公租房	租　赁其他住房	购买新建商品房	购　买二手房	购买原公有住房	购买经济适用房/两限房	自建住房	继承或赠　予	其　他
苏州市	**94729**	**3628**	**22213**	**26911**	**12634**	**1366**	**8492**	**14833**	**834**	**3818**
虎丘区	159		17		5		137			
吴中区	5440	406	1235	1017	601	113	156	1522	62	328
相城区	1712	160	374	264	169	10	77	316	27	315
姑苏区										
吴江区	14396	1079	3289	3731	1260	508	704	3546	72	207
苏州工业园区	30999	736	8052	10942	5628	422	4703	49	50	417
常熟市	9505	176	1945	1771	342	29	594	4541	40	67
张家港市	17839	572	3718	5329	2428	95	930	2891	318	1558
昆山市	7718	208	1741	2434	1469	52	728	388	194	504
太仓市	6961	291	1842	1423	732	137	463	1580	71	422
南通市	**74943**	**748**	**6131**	**9066**	**2584**	**685**	**6001**	**47378**	**480**	**1870**
崇川区										
港闸区										
通州区	11030	110	1364	846	94	78	95	7721	140	582
如东县	17607	148	601	2807	785	291	92	12611	65	207
南通经济技术开发区	8722	83	1452	2318	1280	43	3388	71	35	52
通州湾示范区	1398	24	49	68	25	24	46	1089	25	48
苏锡通科技产业园区	1168	34	231	29	41	16	402	385	22	8
启东市	6982	55	518	750	86	68	151	5188	46	120
如皋市	12791	49	197	981	68	69	1718	9441	32	236
海门市	9866	192	1528	772	107	64	80	6776	64	283
海安市	5379	53	191	495	98	32	29	4096	51	334
连云港市	**51331**	**599**	**1685**	**16306**	**3019**	**1082**	**1037**	**26536**	**175**	**892**
连云区										
海州区	1543	10	37	322	196	9	61	710	20	178
赣榆区	9069	32	109	333	67	16	106	8273	33	100
东海县	14799	217	658	5491	839	647	110	6614	19	204
灌云县	9614	102	206	2819	458	168	279	5355	74	153
灌南县	9146	56	296	3719	587	105	232	4084	15	52
连云港经济技术开发区	2161	16	158	923	264	106	155	442	3	94
连云港高新技术产业开发区	3977	166	206	2474	375	19	82	634	7	14
江苏连云港徐圩新区	967		14	225	233	7	12	393	4	79
江苏省连云港市云台山风景名胜区	55		1			5		31		18
淮安市	**51485**	**353**	**2096**	**20273**	**3403**	**1028**	**4592**	**15603**	**476**	**3661**
淮安区	3506	8	45	502	215	11	85	2518	34	88
淮阴区	3305	5	14	312	112	26	120	2562	37	117
清江浦区	200	5	5	2	11		1	137		39
洪泽区	942	2	16	61	131	12	42	654	7	17
涟水县	14127	68	282	6464	400	301	2046	3989	44	533
盱眙县	11746	104	789	4497	1219	216	333	4130	67	391
金湖县	6022	79	299	3107	637	408	384	639	19	450
淮安经济技术开发区	7809	63	448	3705	335	49	1225	617	169	1198
工业园区	235	2	6	4			223			
生态文旅区	2962	9	162	1469	322	1	2	164	97	736
苏淮高新区	631	8	30	150	21	4	131	193	2	92

9-6b 续表 2

单位：户

地　　区	合　计	租赁廉租住房/公租房	租　赁其他住房	购买新建商品房	购　买二手房	购买原公有住房	购买经济适用房/两限房	自建住房	继承或赠　予	其　他
盐城市	**87487**	**884**	**3041**	**28964**	**5965**	**2328**	**3698**	**38441**	**563**	**3603**
亭湖区	1944	2	76	336	150	38	23	1302	3	14
盐都区	3441	17	201	1215	258	79	30	1523	36	82
大丰区	7067	176	114	560	307	243	146	5363	18	140
响水县	7871	83	360	2371	667	306	599	3215	45	225
滨海县	13880	114	788	3938	1126	396	395	6221	255	647
阜宁县	14857	54	154	7636	690	302	292	4813	57	859
射阳县	16218	135	558	5372	1258	557	536	7438	37	327
建湖县	13024	159	472	5988	1216	320	1544	2397	73	855
盐城经济技术开发区	1850	69	128	628	30	8	108	419	26	434
江苏省盐南高新区										
东台市	7335	75	190	920	263	79	25	5750	13	20
扬州市	**37392**	**384**	**1842**	**11656**	**3845**	**1207**	**1163**	**14246**	**243**	**2806**
广陵区	1298	10	105	219	55	3	15	592	54	245
邗江区	1826	12	120	347	57	16	200	1008	1	65
江都区	8349	120	381	1636	408	404	345	4760	31	264
宝应县	13091	124	455	5879	1898	474	267	3758	40	196
扬州经济技术开发区	6622	57	594	2401	1087	266	13	508	106	1590
蜀冈瘦西湖景区										
生态新城	326	3	24	17	6			229	4	43
仪征市	1840	8	36	207	56	17	256	946	2	312
高邮市	4040	50	127	950	278	27	67	2445	5	91
镇江市	**27376**	**683**	**3297**	**8663**	**1366**	**184**	**850**	**10748**	**151**	**1434**
京口区	155	2	46	43	5			23	6	30
润州区										
丹徒区	2117	12	52	191	32	6	24	1607	15	178
镇江新区	7159	98	465	5104	615	77	240	293	57	210
江苏镇江高新区										
丹阳市	13077	454	2320	1994	607	72	543	6895	38	154
扬中市	1515	52	89	208	12	7		1142	1	4
句容市	3353	65	325	1123	95	22	43	788	34	858
泰州市	**35729**	**309**	**2709**	**6269**	**1288**	**415**	**1481**	**20032**	**143**	**3083**
海陵区	848	1	13	78	12	3	8	725	2	6
高港区	1380	12	76	507	11		17	750	2	5
姜堰区	3750	5	104	524	83	9	13	2922	2	88
泰州医药高新技术产业开发区	5927	56	662	2014	692	34	1132	986	31	320
兴化市	11202	136	783	1770	286	153	233	7658	18	165
靖江市	4003	36	550	165	81	27	23	1061	54	2006
泰兴市	8619	63	521	1211	123	189	55	5930	34	493
宿迁市	**63564**	**601**	**2416**	**32069**	**3954**	**641**	**7248**	**14389**	**319**	**1927**
宿城区	1296	7	38	73	15		6	343	58	756
宿豫区	1773	20	32	490	85	6	490	620	6	24
沭阳县	26169	203	1113	10611	1608	137	3645	8348	114	390
泗阳县	14388	70	370	8680	942	56	442	3548	53	227
泗洪县	15460	251	612	9458	902	344	1965	1349	76	503
宿迁经济技术开发区	4077	49	233	2639	382	90	607	43	10	24
宿迁市湖滨新区	401	1	18	118	20	8	93	138	2	3
苏州宿迁工业园区										
宿迁市洋河新区										

9-6c 各地区按住房来源分的同时拥有厨房和厕所的家庭户户数(乡村)

单位：户

地　区	合　计	租赁廉租住房/公租房	租　赁其他住房	购买新建商品房	购　买二手房	购买原公有住房	购买经济适用房/两限房	自建住房	继承或赠　予	其　他
江　苏	**730069**	**5102**	**36020**	**18300**	**6276**	**1095**	**12061**	**640410**	**2295**	**8510**
南京市	**40408**	**113**	**1840**	**863**	**427**	**99**	**1491**	**34806**	**190**	**579**
玄武区										
秦淮区										
建邺区										
鼓楼区										
浦口区	2617	19	212	34	112	17	468	1527	87	141
栖霞区	1832	13	159		14	10	43	1563	9	21
雨花台区										
江宁区	11583	60	1110	460	136	13	459	9008	39	298
六合区	10643	11	163	276	117	36	367	9560	35	78
溧水区	6057	7	135	65	31	14	147	5628	11	19
高淳区	7056	3	26	27	17	9	5	6947	9	13
南京江北新区	620		35	1			2	573		9
无锡市	**38707**	**819**	**7549**	**1695**	**786**	**96**	**2190**	**25147**	**89**	**336**
锡山区	3021	79	853	186	28	6	35	1779	6	49
惠山区	5556	217	1426	440	108	4	585	2710	14	52
滨湖区	1162	20	275	67	23	2	333	393	20	29
梁溪区										
新吴区	1540	27	583	197	44	4	310	364	1	10
江苏无锡经济开发区										
江阴市	13365	321	3343	346	128	16	350	8759	20	82
宜兴市	14063	155	1069	459	455	64	577	11142	28	114
徐州市	**94282**	**28**	**158**	**990**	**237**	**62**	**782**	**91266**	**293**	**466**
鼓楼区										
云龙区										
贾汪区	5005	1	1	8	12	2	8	4910	6	57
泉山区										
铜山区	15521	4	19	52	27	26	5	15311	47	30
丰县	14698	1	17	155	7	10	184	14274	12	38
沛县	13210	1	21	116	14	2	25	12983	15	33
睢宁县	13482	11	78	296	24	7	465	12256	157	188
徐州经济技术开发区	1544	1	10	23	2	1		1504	2	1
新沂市	12670	3	8	303	125	6	55	12043	23	104
邳州市	18152	6	4	37	26	8	40	17985	31	15
常州市	**41420**	**878**	**6428**	**472**	**685**	**129**	**991**	**31239**	**151**	**447**
天宁区	1917	76	455	5	9	26	63	1263	5	15
钟楼区	1180	9	397	37	23	1		688	5	20
新北区	3591	69	605	12	20	6	19	2850	2	8
武进区	11122	280	2592	118	124	5	321	7548	23	111
金坛区	7513	79	465	72	341	44	279	5993	37	203
江苏省常州市经济开发区	4308	335	1628	95	42	22	138	1991	6	51
溧阳市	11789	30	286	133	126	25	171	10906	73	39

9-6c 续表 1

单位：户

地区	合计	租赁廉租住房/公租房	租赁其他住房	购买新建商品房	购买二手房	购买原公有住房	购买经济适用房/两限房	自建住房	继承或赠予	其他
苏州市	**64234**	**2593**	**16026**	**3384**	**1633**	**126**	**1065**	**36990**	**309**	**2108**
虎丘区	1877	108	665	174	93	3	321	497	2	14
吴中区	8458	527	2018	301	82	26	113	5270	11	110
相城区	1023	36	229	7	2	1	2	697	6	43
姑苏区										
吴江区	10848	514	2313	57	27	8	23	7855	20	31
苏州工业园区										
常熟市	11953	131	1849	191	68	11	132	9465	10	96
张家港市	11568	428	3484	487	178	20	41	6220	93	617
昆山市	11867	423	3873	2018	1087	51	373	2965	131	946
太仓市	6640	426	1595	149	96	6	60	4021	36	251
南通市	**86571**	**155**	**884**	**398**	**197**	**96**	**849**	**83405**	**147**	**440**
崇川区										
港闸区	71		9					62		
通州区	12298	22	150	15	10	9	59	11867	30	136
如东县	13755	5	38	66	59	9	8	13471	17	82
南通经济技术开发区										
通州湾示范区	2177	2	10	2	9			2130	13	11
苏锡通科技产业园区	1822	52	289	90	31	17	642	668	5	28
启东市	16728	19	226	106	33	25	23	16215	41	40
如皋市	15690	8	13	53	6	16	99	15445	9	41
海门市	13327	16	104	52	37	10	3	13051	27	27
海安市	10703	31	45	14	12	10	15	10496	5	75
连云港市	**48259**	**10**	**56**	**304**	**150**	**38**	**111**	**47271**	**120**	**199**
连云区	67		2	1	1		1	44	6	12
海州区	2011	5	2	16	13	8	1	1928	6	32
赣榆区	14176		6	5	32	4	1	14053	41	34
东海县	14463	2	13	50	22	10	32	14290	25	19
灌云县	8136	2	6	158	38	14	23	7803	32	60
灌南县	8233	1	12	55	31	1	11	8077	9	36
连云港经济技术开发区	533		7	19	10	1	42	454		
连云港高新技术产业开发区										
江苏连云港徐圩新区	5							5		
江苏省连云港市云台山风景名胜区	635		8		3			617	1	6
淮安市	**48363**	**48**	**178**	**1248**	**360**	**39**	**579**	**45307**	**111**	**493**
淮安区	11096	7	36	172	22	3	27	10773	15	41
淮阴区	9411	2	27	100	32	1	118	9053	17	61
清江浦区	1538	2	10	6	15		52	1411	3	39
洪泽区	3716	8	21	309	41	3	27	3216	20	71
涟水县	11385	5	11	172	12	9	79	10998	22	77
盱眙县	6307	7	13	295	195	12	42	5652	16	75
金湖县	4626	17	53	189	42	11	136	4031	18	129
淮安经济技术开发区										
工业园区	229		7		1		98	123		
生态文旅区										
苏淮高新区	55			5				50		

9-6c 续表 2

单位：户

地　区	合　计	租赁廉租住房/公租房	租　赁其他住房	购买新建商品房	购　买二手房	购买原公有住房	购买经济适用房/两限房	自建住房	继承或赠　予	其　他
盐城市	**88230**	**49**	**405**	**2023**	**643**	**192**	**1410**	**82426**	**301**	**781**
亭湖区	3483	3	54	52	24	3		3327	9	11
盐都区	10396	7	56	349	77	24	19	9789	25	50
大丰区	10077	7	114	166	131	76	178	9325	32	48
响水县	5137		8	49	23	2	24	4991	13	27
滨海县	10329	3	7	97	57	15	117	9681	92	260
阜宁县	11254	2	4	690	27	7	148	10197	46	133
射阳县	11968	14	18	164	84	34	230	11338	22	64
建湖县	9254	11	103	428	177	16	689	7660	44	126
盐城经济技术开发区	901	1	9				2	858	1	30
江苏省盐南高新区										
东台市	15431	1	32	28	43	15	3	15260	17	32
扬州市	**49744**	**105**	**478**	**837**	**421**	**62**	**388**	**47150**	**104**	**199**
广陵区	2337	52	139	14	7		19	2097	1	8
邗江区	2901	3	30	9	14	2	2	2830	2	9
江都区	13438	23	98	45	67	29	51	13084	22	19
宝应县	12001	5	23	249	136	15	25	11450	44	54
扬州经济技术开发区	613		89	128	12			383		1
蜀冈瘦西湖景区										
生态新城	506	3	22		1	1		474	1	4
仪征市	5964	6	65	210	51	9	280	5247	9	87
高邮市	11984	13	12	182	133	6	11	11585	25	17
镇江市	**23784**	**166**	**884**	**854**	**197**	**24**	**9**	**21070**	**44**	**536**
京口区	221		25		1	2		190	2	1
润州区	2							2		
丹徒区	3410	3	51	36	17			3278	4	21
镇江新区	1150	2	61	393	25			663	3	3
江苏镇江高新区										
丹阳市	7096	113	475	151	82	9	6	6200	16	44
扬中市	3135	36	159	13	15			2909	1	2
句容市	8770	12	113	261	57	13	3	7828	18	465
泰州市	**55955**	**92**	**903**	**447**	**203**	**20**	**57**	**53727**	**91**	**415**
海陵区	1501		14	3	14	1		1460	3	6
高港区	2869	2	44	5	3	1		2813	1	
姜堰区	10177	2	25	89	56	8	16	9933	16	32
泰州医药高新技术产业开发区	477	1	53					421		2
兴化市	18158	28	46	184	117	9	30	17620	45	79
靖江市	7964	49	553	6	8			7181	9	158
泰兴市	14809	10	168	160	5	1	11	14299	17	138
宿迁市	**50112**	**46**	**231**	**4785**	**337**	**112**	**2139**	**40606**	**345**	**1511**
宿城区	6512	14	35	222	42	3	122	5284	85	705
宿豫区	4286	7	41	252	39	18	335	3437	47	110
沭阳县	17459	11	55	922	101	39	506	15561	97	167
泗阳县	8719	7	17	643	51	12	129	7805	22	33
泗洪县	8566	3	44	2230	49	11	550	5284	34	361
宿迁经济技术开发区	1263	1	14	170	17		146	902	2	11
宿迁市湖滨新区	1522		12	67	5	7	245	1169	6	11
苏州宿迁工业园区										
宿迁市洋河新区	1785	3	13	279	33	22	106	1164	52	113

9-7　全省按户主的受教育程度、住房来源分的家庭户户数

单位：户

受教育程度	合　计	租赁廉租住房/公租房	租　赁其他住房	购买新建商品房	购　买二手房	购买原公有住房	购买经济适用房/两限房	自建住房	继承或赠　予	其　他
总　计	**2603903**	**45429**	**300789**	**668245**	**232626**	**77164**	**180263**	**987261**	**16932**	**95194**
未上过学	65876	842	3169	4922	1786	1684	5013	44199	793	3468
学前教育	3809	50	124	260	102	80	190	2861	29	113
小　学	517913	6347	36691	45224	15723	9729	36062	344108	3683	20346
初　中	1020754	20440	139900	186221	66317	25955	76384	459126	6601	39810
高　中	465702	9347	57766	153443	52644	21731	35801	113768	3275	17927
大学专科	266226	4283	33924	130796	43169	9929	16635	17802	1554	8134
大学本科	230766	3261	25101	130110	44811	7164	9459	5175	891	4794
硕士研究生	28867	692	3598	15373	7134	681	640	203	90	456
博士研究生	3990	167	516	1896	940	211	79	19	16	146

9-7a　全省按户主的受教育程度、住房来源分的家庭户户数(城市)

单位：户

受教育程度	合　计	租赁廉租住房/公租房	租　赁其他住房	购买新建商品房	购　买二手房	购买原公有住房	购买经济适用房/两限房	自建住房	继承或赠　予	其　他
总　计	**1244504**	**26893**	**187759**	**458941**	**181366**	**65517**	**118512**	**136669**	**10418**	**58429**
未上过学	18338	490	1896	2769	1059	1356	3127	5290	387	1964
学前教育	896	22	74	159	67	65	103	335	15	56
小　学	139422	3077	18908	24735	9812	7667	21337	40761	1889	11236
初　中	400669	10746	76927	107865	46319	21511	47559	63171	3793	22778
高　中	269780	6266	38426	104335	41488	18878	25590	20276	2311	12210
大学专科	199074	3216	26577	99565	36417	8769	12512	4849	1188	5981
大学本科	187813	2495	21312	104649	38982	6419	7626	1879	738	3713
硕士研究生	24963	436	3181	13197	6349	651	583	99	81	386
博士研究生	3549	145	458	1667	873	201	75	9	16	105

9-7b　全省按户主的受教育程度、住房来源分的家庭户户数(镇)

单位：户

受教育程度	合　计	租赁廉租住房/公租房	租　赁其他住房	购买新建商品房	购　买二手房	购买原公有住房	购买经济适用房/两限房	自建住房	继承或赠　予	其　他
总　计	**666493**	**12281**	**68037**	**192177**	**45118**	**10529**	**50250**	**255863**	**4174**	**28064**
未上过学	16480	255	779	1814	569	295	1441	10072	215	1040
学前教育	944	21	34	89	24	15	72	659	3	27
小　学	134172	1968	9256	17432	4572	1761	11552	80223	1051	6357
初　中	295066	6011	35572	70651	17074	3981	23347	123447	1810	13173
高　中	121154	2157	12919	45733	10105	2629	8623	33668	688	4632
大学专科	55251	891	5760	29693	6322	1098	3539	5875	274	1799
大学本科	39366	704	3294	24484	5624	713	1618	1870	125	934
硕士研究生	3643	252	370	2060	762	29	55	46	8	61
博士研究生	417	22	53	221	66	8	3	3		41

9-7c　全省按户主的受教育程度、住房来源分的家庭户户数(乡村)

单位：户

受教育程度	合　计	租赁廉租住房/公租房	租　赁其他住房	购买新建商品房	购　买二手房	购买原公有住房	购买经济适用房/两限房	自建住房	继承或赠　予	其　他
总　计	**692906**	**6255**	**44993**	**17127**	**6142**	**1118**	**11501**	**594729**	**2340**	**8701**
未上过学	31058	97	494	339	158	33	445	28837	191	464
学前教育	1969	7	16	12	11		15	1867	11	30
小　学	244319	1302	8527	3057	1339	301	3173	223124	743	2753
初　中	325019	3683	27401	7705	2924	463	5478	272508	998	3859
高　中	74768	924	6421	3375	1051	224	1588	59824	276	1085
大学专科	11901	176	1587	1538	430	62	584	7078	92	354
大学本科	3587	62	495	977	205	32	215	1426	28	147
硕士研究生	261	4	47	116	23	1	2	58	1	9
博士研究生	24		5	8	1	2	1	7		

9-8 全省按户主的受教育程度、月租房费用分的家庭户户数

单位：户

受教育程度	合　计	200元以下	200-499元	500-999元	1000-1999元
总　计	**346218**	**25681**	**90357**	**85563**	**95836**
未上过学	4011	847	1342	897	706
学前教育	174	31	62	40	32
小　学	43038	5745	17475	10098	7306
初　中	160340	12875	54717	44857	35788
高　中	67113	4014	12712	18138	22319
大学专科	38207	1160	2922	7688	16273
大学本科	28362	839	953	3476	11697
硕士研究生	4290	131	154	290	1526
博士研究生	683	39	20	79	189

9-8 续表

单位：户

受教育程度	2000-2999元	3000-3999元	4000-5999元	6000-7999元	8000-9999元	10000元及以上
总　计	**34101**	**8816**	**3832**	**1001**	**369**	**662**
未上过学	150	36	14	6	4	9
学前教育	7	1			1	
小　学	1748	356	160	53	38	59
初　中	8844	1766	796	265	139	293
高　中	7389	1568	609	157	70	137
大学专科	7394	1836	683	149	31	71
大学本科	7235	2561	1191	278	60	72
硕士研究生	1185	583	302	82	20	17
博士研究生	149	109	77	11	6	4

9-8a 全省按户主的受教育程度、月租房费用分的家庭户户数(城市)

单位：户

受教育程度	合 计	200元以下	200-499元	500-999元	1000-1999元
总 计	**214652**	**12480**	**36107**	**51630**	**73729**
未上过学	2386	415	651	574	576
学前教育	96	14	21	24	28
小 学	21985	2267	6717	5749	5444
初 中	87673	5666	20711	25800	26282
高 中	44692	2549	5752	11219	16921
大学专科	29793	810	1529	5388	13158
大学本科	23807	609	609	2588	9902
硕士研究生	3617	112	103	220	1252
博士研究生	603	38	14	68	166

9-8a 续表

单位：户

受教育程度	2000-2999元	3000-3999元	4000-5999元	6000-7999元	8000-9999元	10000元及以上
总 计	**28999**	**7467**	**3019**	**692**	**206**	**323**
未上过学	121	28	10	4	2	5
学前教育	7	1			1	
小 学	1375	266	94	25	21	27
初 中	7037	1340	515	132	55	135
高 中	6246	1327	473	105	36	64
大学专科	6551	1618	575	111	21	32
大学本科	6481	2268	1021	233	50	46
硕士研究生	1046	521	263	72	16	12
博士研究生	135	98	68	10	4	2

9-8b　全省按户主的受教育程度、月租房费用分的家庭户户数(镇)

单位：户

受教育程度	合　计	200元以下	200-499元	500-999元	1000-1999元
总　计	**80318**	**7168**	**27594**	**21185**	**17670**
未上过学	1034	292	409	205	93
学前教育	55	10	28	13	4
小　学	11224	1766	5192	2467	1356
初　中	41583	3681	17137	11400	7176
高　中	15076	953	3677	4560	4456
大学专科	6651	260	843	1729	2708
大学本科	3998	188	255	740	1605
硕士研究生	622	17	47	62	251
博士研究生	75	1	6	9	21

9-8b　续表

单位：户

受教育程度	2000-2999元	3000-3999元	4000-5999元	6000-7999元	8000-9999元	10000元及以上
总　计	**4216**	**1140**	**669**	**263**	**143**	**270**
未上过学	22	4	4	2	1	2
学前教育						
小　学	267	65	49	20	15	27
初　中	1395	306	188	106	74	120
高　中	973	210	112	45	30	60
大学专科	727	205	103	34	9	33
大学本科	688	280	167	45	8	22
硕士研究生	131	59	37	10	4	4
博士研究生	13	11	9	1	2	2

9-8c 全省按户主的受教育程度、月租房费用分的家庭户户数(乡村)

单位：户

受教育程度	合 计	200元以下	200-499元	500-999元	1000-1999元
总 计	**51248**	**6033**	**26656**	**12748**	**4437**
未上过学	591	140	282	118	37
学前教育	23	7	13	3	
小 学	9829	1712	5566	1882	506
初 中	31084	3528	16869	7657	2330
高 中	7345	512	3283	2359	942
大学专科	1763	90	550	571	407
大学本科	557	42	89	148	190
硕士研究生	51	2	4	8	23
博士研究生	5			2	2

9-8c 续表

单位：户

受教育程度	2000-2999元	3000-3999元	4000-5999元	6000-7999元	8000-9999元	10000元及以上
总 计	**886**	**209**	**144**	**46**	**20**	**69**
未上过学	7	4			1	2
学前教育						
小 学	106	25	17	8	2	5
初 中	412	120	93	27	10	38
高 中	170	31	24	7	4	13
大学专科	116	13	5	4	1	6
大学本科	66	13	3		2	4
硕士研究生	8	3	2			1
博士研究生	1					

9-9 全省按户主的职业、住房来源分的家庭户户数

单位：户

职业大类	合 计	租赁廉租住房/公租房	租 赁 其他住房	购买新建商品房	购 买 二手房
总 计	**1717400**	**32754**	**257010**	**482674**	**172523**
党的机关、国家机关、群众团体和社会组织、企事业单位负责人	75241	879	7662	37460	10673
专业技术人员	179763	2984	21775	87081	32371
办事人员和有关人员	131194	1616	10771	62363	19676
社会生产服务和生活服务人员	565984	12170	105341	176338	68850
农、林、牧、渔业生产及辅助人员	201937	396	2428	8446	1987
生产制造及有关人员	558877	14595	108522	109562	38652
不便分类的其他从业人员	4404	114	511	1424	314

9-9 续表

单位：户

职业大类	购买原公有住房	购买经济适用房/两限房	自建住房	继承或赠 予	其 他
总 计	**24331**	**98887**	**589647**	**8326**	**51248**
党的机关、国家机关、群众团体和社会组织、企事业单位负责人	1083	3677	11660	267	1880
专业技术人员	4114	9330	16601	801	4706
办事人员和有关人员	3819	9619	17642	836	4852
社会生产服务和生活服务人员	9511	37835	134457	3160	18322
农、林、牧、渔业生产及辅助人员	479	3041	182483	531	2146
生产制造及有关人员	5261	35080	225322	2714	19169
不便分类的其他从业人员	64	305	1482	17	173

9-9a 全省按户主的职业、住房来源分的家庭户户数(城市)

单位：户

职业大类	合 计	租赁廉租住房/公租房	租 赁 其他住房	购买新建商品房	购 买 二手房
总 计	**828670**	**17818**	**157670**	**329417**	**134333**
党的机关、国家机关、群众团体和社会组织、企事业单位负责人	50272	577	5482	28404	8503
专业技术人员	130930	2135	17163	66823	27635
办事人员和有关人员	93730	1119	8423	48612	16682
社会生产服务和生活服务人员	328326	7821	74480	120720	54688
农、林、牧、渔业生产及辅助人员	13776	64	598	1905	491
生产制造及有关人员	209766	6059	51234	62093	26136
不便分类的其他从业人员	1870	43	290	860	198

9-9a 续表

单位：户

职业大类	购买原公有住房	购买经济适用房/两限房	自建住房	继承或赠 予	其 他
总 计	**19035**	**62165**	**73844**	**4684**	**29704**
党的机关、国家机关、群众团体和社会组织、企事业单位负责人	870	2526	2459	186	1265
专业技术人员	3388	6825	3225	543	3193
办事人员和有关人员	3253	7177	4381	592	3491
社会生产服务和生活服务人员	7593	25212	24293	1992	11527
农、林、牧、渔业生产及辅助人员	81	714	9506	71	346
生产制造及有关人员	3808	19543	29796	1291	9806
不便分类的其他从业人员	42	168	184	9	76

9-9b　全省按户主的职业、住房来源分的家庭户户数(镇)

单位：户

职业大类	合　计	租赁廉租住房/公租房	租　赁其他住房	购买新建商品房	购　买二手房
总　计	**445341**	**9340**	**57964**	**140628**	**33675**
党的机关、国家机关、群众团体和社会组织、企事业单位负责人	17787	237	1595	8480	2008
专业技术人员	37175	701	3421	19264	4415
办事人员和有关人员	26835	413	1768	13082	2810
社会生产服务和生活服务人员	148042	2948	20316	51769	12735
农、林、牧、渔业生产及辅助人员	44707	174	775	4832	976
生产制造及有关人员	169387	4811	29913	42688	10627
不便分类的其他从业人员	1408	56	176	513	104

9-9b　续表

单位：户

职业大类	购买原公有住房	购买经济适用房/两限房	自建住房	继承或赠　予	其　他
总　计	**4666**	**29846**	**150388**	**2317**	**16517**
党的机关、国家机关、群众团体和社会组织、企事业单位负责人	184	957	3776	62	488
专业技术人员	663	2180	5067	194	1270
办事人员和有关人员	527	2068	4908	171	1088
社会生产服务和生活服务人员	1739	10609	41730	796	5400
农、林、牧、渔业生产及辅助人员	315	1434	35105	153	943
生产制造及有关人员	1219	12483	59453	935	7258
不便分类的其他从业人员	19	115	349	6	70

9-9c 全省按户主的职业、住房来源分的家庭户户数(乡村)

单位：户

职业大类	合 计	租赁廉租住房/公租房	租 赁其他住房	购买新建商品房	购 买二手房
总 计	**443389**	**5596**	**41376**	**12629**	**4515**
党的机关、国家机关、群众团体和社会组织、企事业单位负责人	7182	65	585	576	162
专业技术人员	11658	148	1191	994	321
办事人员和有关人员	10629	84	580	669	184
社会生产服务和生活服务人员	89616	1401	10545	3849	1427
农、林、牧、渔业生产及辅助人员	143454	158	1055	1709	520
生产制造及有关人员	179724	3725	27375	4781	1889
不便分类的其他从业人员	1126	15	45	51	12

9-9c 续表

单位：户

职业大类	购买原公有住房	购买经济适用房/两限房	自建住房	继承或赠 予	其 他
总 计	**630**	**6876**	**365415**	**1325**	**5027**
党的机关、国家机关、群众团体和社会组织、企事业单位负责人	29	194	5425	19	127
专业技术人员	63	325	8309	64	243
办事人员和有关人员	39	374	8353	73	273
社会生产服务和生活服务人员	179	2014	68434	372	1395
农、林、牧、渔业生产及辅助人员	83	893	137872	307	857
生产制造及有关人员	234	3054	136073	488	2105
不便分类的其他从业人员	3	22	949	2	27

9-10 全省按户主的职业、月租房费用分的家庭户户数

单位：户

职业大类	合 计	200元以下	200-499元	500-999元	1000-1999元
总 计	**289764**	**17012**	**79507**	**73369**	**79395**
党的机关、国家机关、群众团体和社会组织、企事业单位负责人	8541	174	722	1361	3339
专业技术人员	24759	772	2074	4406	9916
办事人员和有关人员	12387	729	1216	2123	4705
社会生产服务和生活服务人员	117511	4831	23169	30311	39165
农、林、牧、渔业生产及辅助人员	2824	635	1142	604	333
生产制造及有关人员	123117	9829	51054	34420	21720
不便分类的其他从业人员	625	42	130	144	217

9-10 续表

单位：户

职业大类	2000-2999元	3000-3999元	4000-5999元	6000-7999元	8000-9999元	10000元及以上
总 计	**28395**	**7255**	**3199**	**794**	**297**	**541**
党的机关、国家机关、群众团体和社会组织、企事业单位负责人	1704	635	367	119	41	79
专业技术人员	5103	1615	642	142	33	56
办事人员和有关人员	2334	767	389	83	18	23
社会生产服务和生活服务人员	14403	3464	1450	332	128	258
农、林、牧、渔业生产及辅助人员	53	30	13	4	5	5
生产制造及有关人员	4738	725	328	112	72	119
不便分类的其他从业人员	60	19	10	2		1

9-10a 全省按户主的职业、月租房费用分的家庭户户数(城市)

单位：户

职业大类	合　计	200元以下	200-499元	500-999元	1000-1999元
总　计	**175488**	**6582**	**30838**	**43911**	**60602**
党的机关、国家机关、群众团体和社会组织、企事业单位负责人	6059	87	291	792	2517
专业技术人员	19298	483	1076	2975	8071
办事人员和有关人员	9542	478	659	1459	3767
社会生产服务和生活服务人员	82301	2541	11368	20345	31200
农、林、牧、渔业生产及辅助人员	662	93	183	168	170
生产制造及有关人员	57293	2882	17209	18095	14764
不便分类的其他从业人员	333	18	52	77	113

9-10a　续表

单位：户

职业大类	2000-2999元	3000-3999元	4000-5999元	6000-7999元	8000-9999元	10000元及以上
总　计	**23971**	**6105**	**2508**	**546**	**165**	**260**
党的机关、国家机关、群众团体和社会组织、企事业单位负责人	1409	528	283	89	29	34
专业技术人员	4528	1422	574	118	18	33
办事人员和有关人员	2048	690	340	70	13	18
社会生产服务和生活服务人员	12378	2932	1116	220	74	127
农、林、牧、渔业生产及辅助人员	28	14	5		1	
生产制造及有关人员	3530	505	183	47	30	48
不便分类的其他从业人员	50	14	7	2		

9-10b　全省按户主的职业、月租房费用分的家庭户户数(镇)

单位：户

职业大类	合　计	200元以下	200-499元	500-999元	1000-1999元
总　计	**67304**	**5043**	**23952**	**17773**	**14831**
党的机关、国家机关、群众团体和社会组织、企事业单位负责人	1832	60	246	409	649
专业技术人员	4122	189	541	998	1593
办事人员和有关人员	2181	190	336	491	789
社会生产服务和生活服务人员	23264	1292	6325	6591	6403
农、林、牧、渔业生产及辅助人员	949	196	394	212	113
生产制造及有关人员	34724	3100	16064	9020	5185
不便分类的其他从业人员	232	16	46	52	99

9-10b　续表

单位：户

职业大类	2000-2999元	3000-3999元	4000-5999元	6000-7999元	8000-9999元	10000元及以上
总　计	**3647**	**963**	**556**	**208**	**114**	**217**
党的机关、国家机关、群众团体和社会组织、企事业单位负责人	230	94	72	25	10	37
专业技术人员	497	185	66	22	14	17
办事人员和有关人员	240	70	44	12	5	4
社会生产服务和生活服务人员	1698	437	274	97	44	103
农、林、牧、渔业生产及辅助人员	11	8	3	4	4	4
生产制造及有关人员	961	164	94	48	37	51
不便分类的其他从业人员	10	5	3			1

9-10c 全省按户主的职业、月租房费用分的家庭户户数(乡村)

单位：户

职业大类	合 计	200元以下	200-499元	500-999元	1000-1999元
总 计	**46972**	**5387**	**24717**	**11685**	**3962**
党的机关、国家机关、群众团体和社会组织、企事业单位负责人	650	27	185	160	173
专业技术人员	1339	100	457	433	252
办事人员和有关人员	664	61	221	173	149
社会生产服务和生活服务人员	11946	998	5476	3375	1562
农、林、牧、渔业生产及辅助人员	1213	346	565	224	50
生产制造及有关人员	31100	3847	17781	7305	1771
不便分类的其他从业人员	60	8	32	15	5

9-10c 续表

单位：户

职业大类	2000-2999元	3000-3999元	4000-5999元	6000-7999元	8000-9999元	10000元及以上
总 计	**777**	**187**	**135**	**40**	**18**	**64**
党的机关、国家机关、群众团体和社会组织、企事业单位负责人	65	13	12	5	2	8
专业技术人员	78	8	2	2	1	6
办事人员和有关人员	46	7	5	1		1
社会生产服务和生活服务人员	327	95	60	15	10	28
农、林、牧、渔业生产及辅助人员	14	8	5			1
生产制造及有关人员	247	56	51	17	5	20
不便分类的其他从业人员						

9-11　全省按户主的职业分的家庭户住房状况

职业大类	户　数 (户)	人　数 (人)	平均每户 住房间数 (间/户)	人均住房 建筑面积 (平方米/人)	人均住房 间　数 (间/人)
总　计	**1717400**	**5020890**	**3.07**	**42.10**	**1.05**
党的机关、国家机关、群众团体和社会组织、企事业单位负责人	75241	234863	3.13	43.50	1.00
专业技术人员	179763	513227	2.81	39.51	0.98
办事人员和有关人员	131194	385198	2.95	41.14	1.00
社会生产服务和生活服务人员	565984	1639239	2.91	40.09	1.01
农、林、牧、渔业生产及辅助人员	201937	584367	3.77	50.10	1.30
生产制造及有关人员	558877	1651297	3.08	42.09	1.04
不便分类的其他从业人员	4404	12699	3.15	42.61	1.09

9-11a　全省按户主的职业分的家庭户住房状况(城市)

职业大类	户　数 (户)	人　数 (人)	平均每户 住房间数 (间/户)	人均住房 建筑面积 (平方米/人)	人均住房 间　数 (间/人)
总　计	**828670**	**2391389**	**2.71**	**37.37**	**0.94**
党的机关、国家机关、群众团体和社会组织、企事业单位负责人	50272	156047	2.96	40.96	0.95
专业技术人员	130930	371833	2.69	37.74	0.95
办事人员和有关人员	93730	274089	2.81	38.98	0.96
社会生产服务和生活服务人员	328326	929669	2.62	36.05	0.93
农、林、牧、渔业生产及辅助人员	13776	41682	3.69	53.07	1.22
生产制造及有关人员	209766	612873	2.68	36.43	0.92
不便分类的其他从业人员	1870	5196	2.80	39.28	1.01

9-11b 全省按户主的职业分的家庭户住房状况(镇)

职业大类	户　数 (户)	人　数 (人)	平均每户 住房间数 (间/户)	人均住房 建筑面积 (平方米/人)	人均住房 间　数 (间/人)
总　计	**445341**	**1341944**	**3.14**	**42.13**	**1.04**
党的机关、国家机关、群众团体和社会组织、企事业单位负责人	17787	56472	3.24	44.70	1.02
专业技术人员	37175	108267	2.95	41.24	1.01
办事人员和有关人员	26835	80465	3.08	42.41	1.03
社会生产服务和生活服务人员	148042	445005	3.09	41.68	1.03
农、林、牧、渔业生产及辅助人员	44707	136003	3.68	48.06	1.21
生产制造及有关人员	169387	511626	3.08	40.83	1.02
不便分类的其他从业人员	1408	4106	3.00	40.24	1.03

9-11c 全省按户主的职业分的家庭户住房状况(乡村)

职业大类	户　数 (户)	人　数 (人)	平均每户 住房间数 (间/户)	人均住房 建筑面积 (平方米/人)	人均住房 间　数 (间/人)
总　计	**443389**	**1287557**	**3.67**	**50.85**	**1.26**
党的机关、国家机关、群众团体和社会组织、企事业单位负责人	7182	22344	3.99	58.27	1.28
专业技术人员	11658	33127	3.65	53.67	1.28
办事人员和有关人员	10629	30644	3.80	57.09	1.32
社会生产服务和生活服务人员	89616	264565	3.68	51.64	1.25
农、林、牧、渔业生产及辅助人员	143454	406682	3.81	50.47	1.34
生产制造及有关人员	179724	526798	3.54	49.89	1.21
不便分类的其他从业人员	1126	3397	3.93	50.57	1.30

9-12　全省按户主的职业、人均住房建筑面积分的家庭户户数

单位：户

职业大类	合　计	人均住房建筑面积(平方米)			
		8及以下	9-12	13-16	17-19
总　计	**1717400**	**20979**	**50201**	**71716**	**51694**
党的机关、国家机关、群众团体和社会组织、企事业单位负责人	75241	274	825	1938	2134
专业技术人员	179763	629	2180	5369	6313
办事人员和有关人员	131194	423	1480	3802	4183
社会生产服务和生活服务人员	565984	6803	17191	25426	19854
农、林、牧、渔业生产及辅助人员	201937	571	2288	5463	3325
生产制造及有关人员	558877	12240	26151	29561	15781
不便分类的其他从业人员	4404	39	86	157	104

9-12　续表　　　　单位：户

职业大类	人均住房建筑面积(平方米)					
	20-29	30-39	40-49	50-59	60-69	70及以上
总　计	**339273**	**312198**	**262825**	**136329**	**135824**	**336361**
党的机关、国家机关、群众团体和社会组织、企事业单位负责人	15292	15361	12784	5894	5858	14881
专业技术人员	39822	37760	32051	13252	13003	29384
办事人员和有关人员	27096	27018	24215	10396	10393	22188
社会生产服务和生活服务人员	123155	106673	84144	42053	39940	100745
农、林、牧、渔业生产及辅助人员	25423	30655	30840	20528	22513	60331
生产制造及有关人员	107609	93899	78164	43795	43760	107917
不便分类的其他从业人员	876	832	627	411	357	915

9-12a 全省按户主的职业、人均住房建筑面积分的家庭户户数(城市)

单位：户

职业大类	合 计	人均住房建筑面积(平方米)			
		8及以下	9-12	13-16	17-19
总 计	**828670**	**9918**	**24950**	**38490**	**33144**
党的机关、国家机关、群众团体和社会组织、企事业单位负责人	50272	143	530	1356	1640
专业技术人员	130930	362	1514	4165	5128
办事人员和有关人员	93730	276	1055	2941	3366
社会生产服务和生活服务人员	328326	4056	10902	16797	14366
农、林、牧、渔业生产及辅助人员	13776	40	163	271	213
生产制造及有关人员	209766	5021	10745	12892	8375
不便分类的其他从业人员	1870	20	41	68	56

9-12a 续表

单位：户

职业大类	人均住房建筑面积(平方米)					
	20-29	30-39	40-49	50-59	60-69	70及以上
总 计	**197246**	**168131**	**134166**	**53979**	**52550**	**116096**
党的机关、国家机关、群众团体和社会组织、企事业单位负责人	11119	10911	9033	3639	3615	8286
专业技术人员	30819	28408	24034	8977	8769	18754
办事人员和有关人员	20873	20191	17955	6928	6836	13309
社会生产服务和生活服务人员	81670	66129	50393	20527	19378	44108
农、林、牧、渔业生产及辅助人员	1709	2030	2080	1339	1516	4415
生产制造及有关人员	50617	40095	30397	12427	12292	26905
不便分类的其他从业人员	439	367	274	142	144	319

9-12b　全省按户主的职业、人均住房建筑面积分的家庭户户数(镇)

单位：户

职业大类	合　计	人均住房建筑面积(平方米)			
		8及以下	9-12	13-16	17-19
总　计	**445341**	**5349**	**12175**	**16887**	**11788**
党的机关、国家机关、群众团体和社会组织、企事业单位负责人	17787	74	173	415	403
专业技术人员	37175	124	354	850	1005
办事人员和有关人员	26835	88	271	651	703
社会生产服务和生活服务人员	148042	1457	3486	5309	4120
农、林、牧、渔业生产及辅助人员	44707	159	529	1173	856
生产制造及有关人员	169387	3433	7336	8429	4670
不便分类的其他从业人员	1408	14	26	60	31

9-12b　续表

单位：户

职业大类	人均住房建筑面积(平方米)					
	20-29	30-39	40-49	50-59	60-69	70及以上
总　计	**87068**	**83821**	**66248**	**38648**	**35596**	**87761**
党的机关、国家机关、群众团体和社会组织、企事业单位负责人	3447	3579	2870	1547	1427	3852
专业技术人员	7631	7868	6451	3150	2940	6802
办事人员和有关人员	5112	5517	4730	2423	2297	5043
社会生产服务和生活服务人员	30236	28824	21669	12629	11207	29105
农、林、牧、渔业生产及辅助人员	6363	7182	6700	4664	4795	12286
生产制造及有关人员	33977	30551	23639	14090	12844	30418
不便分类的其他从业人员	302	300	189	145	86	255

9-12c 全省按户主的职业、人均住房建筑面积分的家庭户户数(乡村)

单位：户

职业大类	合 计	人均住房建筑面积(平方米)			
		8及以下	9-12	13-16	17-19
总 计	**443389**	**5712**	**13076**	**16339**	**6762**
党的机关、国家机关、群众团体和社会组织、企事业单位负责人	7182	57	122	167	91
专业技术人员	11658	143	312	354	180
办事人员和有关人员	10629	59	154	210	114
社会生产服务和生活服务人员	89616	1290	2803	3320	1368
农、林、牧、渔业生产及辅助人员	143454	372	1596	4019	2256
生产制造及有关人员	179724	3786	8070	8240	2736
不便分类的其他从业人员	1126	5	19	29	17

9-12c 续表

单位：户

职业大类	人均住房建筑面积(平方米)					
	20-29	30-39	40-49	50-59	60-69	70及以上
总 计	**54959**	**60246**	**62411**	**43702**	**47678**	**132504**
党的机关、国家机关、群众团体和社会组织、企事业单位负责人	726	871	881	708	816	2743
专业技术人员	1372	1484	1566	1125	1294	3828
办事人员和有关人员	1111	1310	1530	1045	1260	3836
社会生产服务和生活服务人员	11249	11720	12082	8897	9355	27532
农、林、牧、渔业生产及辅助人员	17351	21443	22060	14525	16202	43630
生产制造及有关人员	23015	23253	24128	17278	18624	50594
不便分类的其他从业人员	135	165	164	124	127	341

9-13 各地区按拥有全部家用汽车总价分的家庭户户数

单位：户

地 区	合 计	不 满 10万元	10万元以上，不满20万元	20万元以上，不满30万元	30万元以上，不满50万元	50万元以上，不满100万元	100万元及以上	没有汽车
江 苏	**2743393**	**264789**	**754549**	**214601**	**107886**	**45610**	**13602**	**1342356**
南京市	**296337**	**24344**	**81013**	**29323**	**16466**	**6418**	**1818**	**136955**
玄武区	16343	1050	4022	2000	1014	370	110	7777
秦淮区	27094	1880	5579	2474	1338	482	128	15213
建邺区	18173	928	3722	2473	1921	944	355	7830
鼓楼区	32728	2157	7608	3422	2051	720	185	16585
浦口区	12770	1069	3724	1176	587	192	49	5973
栖霞区	27689	2579	7235	2781	1542	573	166	12813
雨花台区	18962	1763	5036	1927	1063	421	102	8650
江宁区	53508	4509	17335	6328	3451	1407	388	20090
六合区	22644	3034	7025	1150	580	195	48	10612
溧水区	16003	1403	4701	1201	714	285	76	7623
高淳区	15841	1076	4273	997	526	197	56	8716
南京江北新区	34582	2896	10753	3394	1679	632	155	15073
无锡市	**239543**	**17536**	**69236**	**25386**	**15271**	**7350**	**2227**	**102537**
锡山区	27230	2254	8498	2784	1648	797	233	11016
惠山区	26449	2620	8001	2534	1555	795	242	10702
滨湖区	18931	1382	5087	1902	1056	522	176	8806
梁溪区	35430	2480	8530	3133	1690	713	208	18676
新吴区	20383	1595	6682	2058	1172	532	146	8198
江苏无锡经济开发区	10899	726	3084	1391	1131	513	141	3913
江阴市	55850	3763	17849	6742	3949	1996	568	20983
宜兴市	44371	2716	11505	4842	3070	1482	513	20243
徐州市	**288058**	**44911**	**58319**	**9645**	**3793**	**1219**	**330**	**169841**
鼓楼区	15714	1908	3819	779	274	87	22	8825
云龙区	15820	2053	4506	1088	524	175	56	7418
贾汪区	14310	2609	2100	288	111	36	10	9156
泉山区	23238	2578	5318	1426	658	236	65	12957
铜山区	38084	7342	7274	1073	446	121	48	21780
丰县	30868	4593	5921	598	214	62	15	19465
沛县	33707	4760	5278	693	273	86	21	22596
睢宁县	30916	4401	7170	1103	352	116	36	17738
徐州经济技术开发区	11870	2332	3028	482	234	86	20	5688
新沂市	29727	4667	6071	866	264	95	17	17747
邳州市	43804	7668	7834	1249	443	119	20	26471
常州市	**182207**	**14114**	**53081**	**18194**	**9755**	**4538**	**1545**	**80980**
天宁区	24131	1781	6095	2598	1484	632	235	11306
钟楼区	22764	1744	6304	2384	1432	675	200	10025
新北区	28851	2225	9544	3344	2092	960	341	10345
武进区	41347	3713	12577	4541	2542	1277	426	16271
金坛区	21687	1702	6184	1399	605	279	89	11429
江苏省常州市经济开发区	14613	1177	4067	1099	505	251	69	7445
溧阳市	28814	1772	8310	2829	1095	464	185	14159

9-13 续表 1

单位：户

地　　区	合　计	不　满10万元	10万元以上，不满20万元	20万元以上，不满30万元	30万元以上，不满50万元	50万元以上，不满100万元	100万元及以上	没有汽车
苏州市	**383896**	**26282**	**122545**	**47078**	**26251**	**11412**	**3477**	**146851**
虎丘区	23403	1554	7671	3201	1740	803	212	8222
吴中区	39771	3645	12424	4679	2162	773	244	15844
相城区	26030	2085	8077	3110	1923	757	228	9850
姑苏区	33442	2146	7874	3073	1835	743	172	17599
吴江区	46084	3089	14065	5226	2865	1475	534	18830
苏州工业园区	31353	1374	9383	4684	3188	1454	444	10826
常熟市	47418	3163	17485	6928	3853	1606	546	13837
张家港市	47110	2927	15100	5430	3569	1700	480	17904
昆山市	63580	4141	21632	7716	3584	1463	443	24601
太仓市	25705	2158	8834	3031	1532	638	174	9338
南通市	**271583**	**20010**	**92194**	**23723**	**10331**	**4135**	**1250**	**119940**
崇川区	23524	1514	7912	3220	1651	696	224	8307
港闸区	12463	1064	4442	1317	559	221	56	4804
通州区	37548	2697	13981	3551	1525	613	211	14970
如东县	32432	2567	11354	2819	1153	437	118	13984
南通经济技术开发区	8780	718	3168	962	493	216	63	3160
通州湾示范区	3898	350	1005	172	66	24	16	2265
苏锡通科技产业园区	3123	272	930	268	112	50	9	1482
启东市	41400	3281	10410	2268	988	394	106	23953
如皋市	40561	3135	17175	3966	1543	548	152	14042
海门市	36457	2483	11110	2513	1147	449	155	18600
海安市	31397	1929	10707	2667	1094	487	140	14373
连云港市	**140185**	**22021**	**31859**	**6639**	**2521**	**871**	**205**	**76069**
连云区	5323	575	1352	304	110	50	10	2922
海州区	23304	3364	5712	1383	560	217	60	12008
赣榆区	33600	5334	6122	1196	555	138	21	20234
东海县	30164	6191	7724	1683	525	202	45	13794
灌云县	20487	3078	3640	738	231	70	16	12714
灌南县	18543	2314	4738	697	261	99	22	10412
连云港经济技术开发区	2723	371	765	148	60	15	7	1357
连云港高新技术产业开发区	4092	471	1451	434	201	74	23	1438
江苏连云港徐圩新区	1105	169	175	23	6	4		728
江苏省连云港市云台山风景名胜区	844	154	180	33	12	2	1	462
淮安市	**141153**	**17023**	**36421**	**6250**	**2522**	**1052**	**259**	**77626**
淮安区	24321	2523	5433	908	281	156	20	15000
淮阴区	22388	3517	5007	746	293	152	47	12626
清江浦区	18523	1890	4909	1244	624	253	74	9529
洪泽区	9522	907	2272	275	102	84	14	5868
涟水县	25537	3678	8013	1222	378	121	22	12103
盱眙县	18185	2239	4191	621	298	79	12	10745
金湖县	10748	911	2666	459	189	57	22	6444
淮安经济技术开发区	7814	995	2448	368	156	74	25	3748
工业园区	465	54	148	13	10	3		237
生态文旅区	2962	272	1079	367	186	70	22	966
苏淮高新区	688	37	255	27	5	3	1	360

9-13　续表 2

单位：户

地　区	合　计	不　满10万元	10万元以上，不满20万元	20万元以上，不满30万元	30万元以上，不满50万元	50万元以上，不满100万元	100万元及以上	没有汽车
盐城市	**239275**	**24189**	**54586**	**10296**	**4127**	**1680**	**521**	**143876**
亭湖区	22865	2312	5567	1099	390	121	109	13267
盐都区	23278	1848	5605	1061	420	153	33	14158
大丰区	26146	3035	6867	1219	562	230	60	14173
响水县	14196	2004	3213	549	225	58	13	8134
滨海县	25810	3722	5032	870	305	181	38	15662
阜宁县	27133	2935	4838	820	276	90	36	18138
射阳县	28998	3183	5602	808	323	131	30	18921
建湖县	22569	1277	3660	739	311	106	32	16444
盐城经济技术开发区	2844	295	974	93	58	11	4	1409
江苏省盐南高新区	10634	975	4339	1303	563	333	71	3050
东台市	34802	2603	8889	1735	694	266	95	20520
扬州市	**155568**	**13162**	**45614**	**11350**	**4328**	**1784**	**505**	**78825**
广陵区	17524	1420	4899	1175	405	166	50	9409
邗江区	20990	1688	7432	2608	1161	521	126	7454
江都区	33460	3124	9550	2317	938	398	139	16994
宝应县	25951	2164	6453	1143	397	131	25	15638
扬州经济技术开发区	7322	698	2461	614	225	96	24	3204
蜀冈瘦西湖景区	4521	322	1402	496	189	77	33	2002
生态新城	1670	163	629	160	60	23	4	631
仪征市	18260	1747	6301	1193	395	139	40	8445
高邮市	25870	1836	6487	1644	558	233	64	15048
镇江市	**107859**	**8813**	**32176**	**8533**	**3802**	**1585**	**465**	**52485**
京口区	12102	922	3262	987	353	130	45	6403
润州区	8644	721	2161	622	283	91	27	4739
丹徒区	10379	1105	3218	619	311	92	31	5003
镇江新区	8345	732	2625	586	232	85	19	4066
江苏镇江高新区	2065	186	624	109	26	17	3	1100
丹阳市	33871	2707	10303	2779	1389	590	196	15907
扬中市	10168	511	3346	1306	571	311	78	4045
句容市	22285	1929	6637	1525	637	269	66	11222
泰州市	**158151**	**12605**	**44518**	**12220**	**6101**	**2458**	**728**	**79521**
海陵区	18480	1769	5706	1588	1000	426	134	7857
高港区	8475	547	2934	985	513	241	73	3182
姜堰区	25467	2165	6914	1623	741	303	92	13629
泰州医药高新技术产业开发区	6626	573	2387	881	552	217	65	1951
兴化市	40366	2801	7861	2212	798	264	83	26347
靖江市	22761	1842	7966	2394	1399	633	185	8342
泰兴市	35976	2908	10750	2537	1098	374	96	18213
宿迁市	**139578**	**19779**	**32987**	**5964**	**2618**	**1108**	**272**	**76850**
宿城区	19394	2480	5427	1449	686	290	62	9000
宿豫区	13255	2245	3475	509	189	66	18	6753
沭阳县	45034	5688	10262	1850	887	403	115	25829
泗阳县	23355	3172	5672	793	297	113	28	13280
泗洪县	24389	3999	4278	645	258	99	29	15081
宿迁经济技术开发区	5371	1025	1735	290	114	56	7	2144
宿迁市湖滨新区	3603	559	752	121	47	27	3	2094
苏州宿迁工业园区	894	126	323	128	84	34	8	191
宿迁市洋河新区	4283	485	1063	179	56	20	2	2478

9-13a 各地区按拥有全部家用汽车总价分的家庭户户数(城市)

单位：户

地区	合计	不满10万元	10万元以上，不满20万元	20万元以上，不满30万元	30万元以上，不满50万元	50万元以上，不满100万元	100万元及以上	没有汽车
江苏	**1280141**	**109494**	**381349**	**130796**	**70363**	**30093**	**9164**	**548882**
南京市	**249135**	**19103**	**67842**	**26968**	**15360**	**6005**	**1708**	**112149**
玄武区	16343	1050	4022	2000	1014	370	110	7777
秦淮区	27094	1880	5579	2474	1338	482	128	15213
建邺区	18173	928	3722	2473	1921	944	355	7830
鼓楼区	32728	2157	7608	3422	2051	720	185	16585
浦口区	10043	783	3065	1049	539	174	45	4388
栖霞区	25808	2387	6686	2662	1484	551	161	11877
雨花台区	18673	1721	4989	1916	1058	420	102	8467
江宁区	41783	3138	13841	5548	3088	1255	355	14558
六合区	7847	924	2465	521	261	91	18	3567
溧水区	8677	768	2851	858	569	236	64	3331
高淳区	8013	552	2428	684	369	139	32	3809
南京江北新区	33953	2815	10586	3361	1668	623	153	14747
无锡市	**160029**	**11376**	**46289**	**17877**	**11032**	**5286**	**1583**	**66586**
锡山区	15314	1208	4803	1613	957	461	138	6134
惠山区	16007	1539	5138	1664	991	504	155	6016
滨湖区	17653	1284	4677	1786	982	481	164	8279
梁溪区	35430	2480	8530	3133	1690	713	208	18676
新吴区	18660	1433	6219	1957	1118	507	139	7287
江苏无锡经济开发区	10899	726	3084	1391	1131	513	141	3913
江阴市	26392	1672	8578	3687	2300	1149	313	8693
宜兴市	19674	1034	5260	2646	1863	958	325	7588
徐州市	**97945**	**14053**	**24384**	**5165**	**2169**	**709**	**200**	**51265**
鼓楼区	15714	1908	3819	779	274	87	22	8825
云龙区	15184	1928	4343	1058	511	171	55	7118
贾汪区	5573	997	1052	149	69	23	5	3278
泉山区	23238	2578	5318	1426	658	236	65	12957
铜山区	10263	1954	2592	472	247	64	26	4908
丰县								
沛县								
睢宁县								
徐州经济技术开发区	113	18	24	5	1	1		64
新沂市	10946	1899	3238	499	136	46	12	5116
邳州市	16914	2771	3998	777	273	81	15	8999
常州市	**116647**	**8850**	**35259**	**12817**	**7249**	**3324**	**1165**	**47983**
天宁区	20646	1500	5169	2194	1304	535	191	9753
钟楼区	21530	1623	5910	2287	1353	636	192	9529
新北区	21159	1542	7142	2466	1598	756	270	7385
武进区	23990	2138	7326	2804	1623	818	297	8984
金坛区	11487	961	3869	926	442	193	62	5034
江苏省常州市经济开发区	6110	503	1970	442	196	76	19	2904
溧阳市	11725	583	3873	1698	733	310	134	4394

9-13a　续表 1　　　　单位：户

地　　区	合　计	不　满10万元	10万元以上，不满20万元	20万元以上，不满30万元	30万元以上，不满50万元	50万元以上，不满100万元	100万元及以上	没有汽车
苏州市	**213156**	**14476**	**66326**	**27873**	**16042**	**6917**	**2150**	**79372**
虎丘区	21219	1345	7011	3005	1607	753	199	7299
吴中区	23588	2045	7493	3094	1408	464	174	8910
相城区	22817	1843	7125	2793	1740	690	205	8421
姑苏区	33442	2146	7874	3073	1835	743	172	17599
吴江区	18370	1309	5428	2113	1281	644	233	7362
苏州工业园区								
常熟市	25006	1528	8161	4002	2503	1063	402	7347
张家港市	15651	802	4612	2516	2026	1030	305	4360
昆山市	42334	2650	14722	5726	2698	1094	342	15102
太仓市	10729	808	3900	1551	944	436	118	2972
南通市	**103242**	**7768**	**37910**	**12040**	**5556**	**2335**	**751**	**36882**
崇川区	23524	1514	7912	3220	1651	696	224	8307
港闸区	12392	1061	4410	1312	553	218	55	4783
通州区	13224	947	5181	1588	638	272	117	4481
如东县								
南通经济技术开发区								
通州湾示范区								
苏锡通科技产业园区								
启东市	15277	1359	5092	1405	670	268	83	6400
如皋市	11437	1019	4922	1442	616	270	80	3088
海门市	12164	823	4466	1419	688	270	83	4415
海安市	15224	1045	5927	1654	740	341	109	5408
连云港市	**33559**	**4720**	**8537**	**2018**	**842**	**302**	**72**	**17068**
连云区	5245	570	1324	287	102	50	10	2902
海州区	19069	2587	4852	1237	502	192	52	9647
赣榆区	8811	1481	2231	484	234	57	10	4314
东海县	222	48	91	7	3	1		72
灌云县								
灌南县								
连云港经济技术开发区								
连云港高新技术产业开发区								
江苏连云港徐圩新区	75	11	7	3		1		53
江苏省连云港市云台山风景名胜区	137	23	32		1	1		80
淮安市	**40199**	**4589**	**10825**	**2154**	**1025**	**521**	**130**	**20955**
淮安区	9337	783	2467	438	165	120	12	5352
淮阴区	9437	1649	2708	384	193	104	43	4356
清江浦区	16761	1694	4464	1191	602	235	71	8504
洪泽区	4664	463	1186	141	65	62	4	2743
涟水县								
盱眙县								
金湖县								
淮安经济技术开发区								
工业园区								
生态文旅区								
苏淮高新区								

9-13a 续表 2 单位：户

地　区	合　计	不　满10万元	10万元以上，不满20万元	20万元以上，不满30万元	30万元以上，不满50万元	50万元以上，不满100万元	100万元及以上	没有汽车
盐城市	**56701**	**5737**	**17917**	**4072**	**1734**	**771**	**286**	**26184**
亭湖区	17286	1781	4440	917	311	98	107	9632
盐都区	8971	814	2905	542	232	86	16	4376
大丰区	8426	1169	2898	596	314	134	37	3278
响水县								
滨海县								
阜宁县								
射阳县								
建湖县								
盐城经济技术开发区	61	10	42	2			2	5
江苏省盐南高新区	10634	975	4339	1303	563	333	71	3050
东台市	11323	988	3293	712	314	120	53	5843
扬州市	**66458**	**5337**	**21167**	**6310**	**2518**	**972**	**280**	**29874**
广陵区	13814	1081	3792	928	311	123	27	7552
邗江区	16220	1282	5881	2269	1016	340	94	5338
江都区	11073	1013	3467	1057	489	215	75	4757
宝应县								
扬州经济技术开发区								
蜀冈瘦西湖景区	4521	322	1402	496	189	77	33	2002
生态新城	835	83	343	92	26	15	2	274
仪征市	10399	904	3644	748	230	73	18	4782
高邮市	9596	652	2638	720	257	129	31	5169
镇江市	**55871**	**4445**	**17334**	**5368**	**2381**	**1049**	**300**	**24994**
京口区	11716	888	3184	966	345	130	45	6158
润州区	8642	720	2160	622	283	91	27	4739
丹徒区	4779	542	1759	400	206	66	18	1788
镇江新区								
江苏镇江高新区	2065	186	624	109	26	17	3	1100
丹阳市	13197	959	4392	1379	703	339	111	5314
扬中市	5464	251	1895	924	403	216	49	1726
句容市	10008	899	3320	968	415	190	47	4169
泰州市	**63730**	**5556**	**20329**	**6359**	**3581**	**1537**	**459**	**25909**
海陵区	15898	1533	5001	1455	934	403	125	6447
高港区	4155	276	1474	633	336	158	47	1231
姜堰区	11147	1066	3721	999	507	224	67	4563
泰州医药高新技术产业开发区								
兴化市	9378	582	2207	623	241	99	19	5607
靖江市	10783	933	3821	1388	949	438	133	3121
泰兴市	12369	1166	4105	1261	614	215	68	4940
宿迁市	**23469**	**3484**	**7230**	**1775**	**874**	**365**	**80**	**9661**
宿城区	11516	1484	3632	1138	590	256	56	4360
宿豫区	6999	1283	2236	323	121	39	13	2984
沭阳县								
泗阳县								
泗洪县								
宿迁经济技术开发区								
宿迁市湖滨新区	1613	292	378	73	32	20	2	816
苏州宿迁工业园区	894	126	323	128	84	34	8	191
宿迁市洋河新区	2447	299	661	113	47	16	1	1310

9-13b　各地区按拥有全部家用汽车总价分的家庭户户数(镇)

单位：户

地　区	合　计	不　满 10万元	10万元以上，不满20万元	20万元以上，不满30万元	30万元以上，不满50万元	50万元以上，不满100万元	100万元及以上	没有汽车
江　苏	**694323**	**76703**	**190081**	**46303**	**21914**	**9447**	**2752**	**347123**
南京市	**5865**	**671**	**1886**	**370**	**174**	**64**	**20**	**2680**
玄武区								
秦淮区								
建邺区								
鼓楼区								
浦口区	63	9	8	5				41
栖霞区								
雨花台区	289	42	47	11	5	1		183
江宁区								
六合区	3968	502	1401	269	139	46	16	1595
溧水区	1144	98	350	72	27	15	4	578
高淳区	401	20	80	13	3	2		283
南京江北新区								
无锡市	**37872**	**2983**	**11166**	**4077**	**2371**	**1213**	**401**	**15661**
锡山区	8534	749	2683	866	480	239	69	3448
惠山区	3803	435	1083	379	256	151	50	1449
滨湖区								
梁溪区								
新吴区								
江苏无锡经济开发区								
江阴市	15224	1055	4749	1870	1051	578	180	5741
宜兴市	10311	744	2651	962	584	245	102	5023
徐州市	**88904**	**15752**	**19085**	**2687**	**1029**	**340**	**85**	**49926**
鼓楼区								
云龙区	636	125	163	30	13	4	1	300
贾汪区	2725	509	371	49	15	7	2	1772
泉山区								
铜山区	11105	2438	2046	262	99	29	11	6220
丰县	15536	2693	3675	364	136	40	9	8619
沛县	19128	3000	3612	505	204	68	16	11723
睢宁县	16873	2690	4425	734	225	85	23	8691
徐州经济技术开发区	10140	2026	2718	443	220	84	20	4629
新沂市	5218	804	926	142	52	9	2	3283
邳州市	7543	1467	1149	158	65	14	1	4689
常州市	**21919**	**1710**	**6290**	**1948**	**933**	**447**	**140**	**10451**
天宁区	1473	93	401	159	98	60	27	635
钟楼区								
新北区	4003	347	1219	444	254	114	36	1589
武进区	5565	467	1715	593	299	139	40	2312
金坛区	2469	173	543	92	21	14	1	1625
江苏省常州市经济开发区	3223	241	845	318	164	83	18	1554
溧阳市	5186	389	1567	342	97	37	18	2736

9-13b 续表 1　　单位：户

地　　区	合　计	不　满 10万元	10万元以上， 不满20万元	20万元以上， 不满30万元	30万元以上， 不满50万元	50万元以上， 不满100万元	100万元 及以上	没有汽车
苏州市	**100341**	**6711**	**32668**	**12021**	**6869**	**3117**	**952**	**38003**
虎丘区	160	6	44	25	15	1		69
吴中区	6208	672	1846	692	323	133	31	2511
相城区	2074	174	567	175	108	32	10	1008
姑苏区								
吴江区	16082	1046	4815	1812	923	506	191	6789
苏州工业园区	31353	1374	9383	4684	3188	1454	444	10826
常熟市	10085	784	4108	1276	620	231	75	2991
张家港市	19024	1295	6476	1871	1014	468	124	7776
昆山市	7767	620	2894	818	364	187	47	2837
太仓市	7588	740	2535	668	314	105	30	3196
南通市	**77867**	**6138**	**26626**	**6232**	**2683**	**1064**	**311**	**34813**
崇川区								
港闸区								
通州区	11727	913	4207	977	418	172	59	4981
如东县	18145	1530	6461	1767	765	300	82	7240
南通经济技术开发区	8780	718	3168	962	493	216	63	3160
通州湾示范区	1443	148	401	82	36	8	8	760
苏锡通科技产业园区	1260	117	345	110	57	19	4	608
启东市	7584	581	1875	327	149	67	11	4574
如皋市	13110	902	5548	1124	395	120	34	4987
海门市	10406	893	3001	523	237	98	40	5614
海安市	5412	336	1620	360	133	64	10	2889
连云港市	**53338**	**8346**	**13126**	**2790**	**1067**	**410**	**97**	**27502**
连云区								
海州区	1714	298	321	53	27	9	1	1005
赣榆区	9397	1449	1605	325	138	39	4	5837
东海县	14947	2831	4287	1031	349	151	37	6261
灌云县	10352	1603	2029	419	144	47	12	6098
灌南县	9582	1235	2637	397	157	73	14	5069
连云港经济技术开发区	2189	302	617	109	44	14	6	1097
连云港高新技术产业开发区	4092	471	1451	434	201	74	23	1438
江苏连云港徐圩新区	1002	148	165	18	5	3		663
江苏省连云港市云台山风景名胜区	63	9	14	4	2			34
淮安市	**51682**	**6873**	**14892**	**2530**	**1014**	**359**	**89**	**25925**
淮安区	3547	421	648	126	35	8	2	2307
淮阴区	3332	599	554	89	26	8	3	2053
清江浦区	201	16	52	3	3	2		125
洪泽区	976	73	139	15	7	5		737
涟水县	14136	2354	5237	805	237	78	11	5414
盱眙县	11755	1497	2835	447	236	67	8	6665
金湖县	6091	579	1607	278	116	42	17	3452
淮安经济技术开发区	7814	995	2448	368	156	74	25	3748
工业园区	235	33	66	5	7	2		122
生态文旅区	2962	272	1079	367	186	70	22	966
苏淮高新区	633	34	227	27	5	3	1	336

9-13b 续表 2

单位：户

地区	合计	不满10万元	10万元以上，不满20万元	20万元以上，不满30万元	30万元以上，不满50万元	50万元以上，不满100万元	100万元及以上	没有汽车
盐城市	**89833**	**9576**	**19568**	**3697**	**1427**	**559**	**147**	**54859**
亭湖区	1976	187	410	96	37	9	2	1235
盐都区	3536	286	833	166	43	15	5	2188
大丰区	7355	768	1658	271	104	41	10	4503
响水县	8315	1130	1939	383	159	40	11	4653
滨海县	14330	2081	2966	591	215	142	27	8308
阜宁县	15158	1621	2943	578	184	61	25	9746
射阳县	16581	1958	3591	598	238	103	21	10072
建湖县	13163	784	2597	570	252	79	28	8853
盐城经济技术开发区	1866	190	724	63	48	9	1	831
江苏省盐南高新区								
东台市	7553	571	1907	381	147	60	17	4470
扬州市	**37939**	**3509**	**10737**	**2434**	**873**	**493**	**118**	**19775**
广陵区	1312	140	390	119	37	14	7	605
邗江区	1840	148	538	155	65	163	21	750
江都区	8491	769	2189	488	173	71	20	4781
宝应县	13361	1229	3661	694	242	84	19	7432
扬州经济技术开发区	6683	633	2222	564	197	90	23	2954
蜀冈瘦西湖景区生态新城	327	31	106	25	11	2	1	151
仪征市	1846	212	616	114	46	28	8	822
高邮市	4079	347	1015	275	102	41	19	2280
镇江市	**27880**	**2454**	**8269**	**1949**	**926**	**348**	**102**	**13832**
京口区	157	12	35	11	2			97
润州区								
丹徒区	2155	220	575	97	53	14	7	1189
镇江新区	7178	650	2284	501	197	75	18	3453
江苏镇江高新区								
丹阳市	13491	1163	3810	1003	525	198	66	6726
扬中市	1530	105	513	124	54	35	5	694
句容市	3369	304	1052	213	95	26	6	1673
泰州市	**36564**	**2662**	**10201**	**2764**	**1300**	**474**	**143**	**19020**
海陵区	936	88	238	42	18	8	2	540
高港区	1417	75	488	155	74	31	8	586
姜堰区	3848	265	874	177	61	22	6	2443
泰州医药高新技术产业开发区	6143	525	2206	831	536	207	64	1774
兴化市	11549	752	2369	677	281	72	27	7371
靖江市	4010	302	1368	306	127	67	22	1818
泰兴市	8661	655	2658	576	203	67	14	4488
宿迁市	**64319**	**9318**	**15567**	**2804**	**1248**	**559**	**147**	**34676**
宿城区	1305	191	254	42	9	9		800
宿豫区	1790	254	314	52	16	5	3	1146
沭阳县	26686	3455	6595	1359	683	316	89	14189
泗阳县	14441	2105	3911	603	238	90	21	7473
泗洪县	15587	2411	3042	512	200	85	27	9310
宿迁经济技术开发区	4096	847	1384	230	100	53	7	1475
宿迁市湖滨新区	414	55	67	6	2	1		283
苏州宿迁工业园区								
宿迁市洋河新区								

9-13c 各地区按拥有全部家用汽车总价分的家庭户户数(乡村)

单位：户

地 区	合 计	不 满10万元	10万元以上，不满20万元	20万元以上，不满30万元	30万元以上，不满50万元	50万元以上，不满100万元	100万元及以上	没有汽车
江 苏	**768929**	**78592**	**183119**	**37502**	**15609**	**6070**	**1686**	**446351**
南京市	**41337**	**4570**	**11285**	**1985**	**932**	**349**	**90**	**22126**
玄武区								
秦淮区								
建邺区								
鼓楼区								
浦口区	2664	277	651	122	48	18	4	1544
栖霞区	1881	192	549	119	58	22	5	936
雨花台区								
江宁区	11725	1371	3494	780	363	152	33	5532
六合区	10829	1608	3159	360	180	58	14	5450
溧水区	6182	537	1500	271	118	34	8	3714
高淳区	7427	504	1765	300	154	56	24	4624
南京江北新区	629	81	167	33	11	9	2	326
无锡市	**41642**	**3177**	**11781**	**3432**	**1868**	**851**	**243**	**20290**
锡山区	3382	297	1012	305	211	97	26	1434
惠山区	6639	646	1780	491	308	140	37	3237
滨湖区	1278	98	410	116	74	41	12	527
梁溪区								
新吴区	1723	162	463	101	54	25	7	911
江苏无锡经济开发区								
江阴市	14234	1036	4522	1185	598	269	75	6549
宜兴市	14386	938	3594	1234	623	279	86	7632
徐州市	**101209**	**15106**	**14850**	**1793**	**595**	**170**	**45**	**68650**
鼓楼区								
云龙区								
贾汪区	6012	1103	677	90	27	6	3	4106
泉山区								
铜山区	16716	2950	2636	339	100	28	11	10652
丰县	15332	1900	2246	234	78	22	6	10846
沛县	14579	1760	1666	188	69	18	5	10873
睢宁县	14043	1711	2745	369	127	31	13	9047
徐州经济技术开发区	1617	288	286	34	13	1		995
新沂市	13563	1964	1907	225	76	40	3	9348
邳州市	19347	3430	2687	314	105	24	4	12783
常州市	**43641**	**3554**	**11532**	**3429**	**1573**	**767**	**240**	**22546**
天宁区	2012	188	525	245	82	37	17	918
钟楼区	1234	121	394	97	79	39	8	496
新北区	3689	336	1183	434	240	90	35	1371
武进区	11792	1108	3536	1144	620	320	89	4975
金坛区	7731	568	1772	381	142	72	26	4770
江苏省常州市经济开发区	5280	433	1252	339	145	92	32	2987
溧阳市	11903	800	2870	789	265	117	33	7029

9-13c 续表 1

单位：户

地区	合计	不满10万元	10万元以上，不满20万元	20万元以上，不满30万元	30万元以上，不满50万元	50万元以上，不满100万元	100万元及以上	没有汽车
苏州市	**70399**	**5095**	**23551**	**7184**	**3340**	**1378**	**375**	**29476**
虎丘区	2024	203	616	171	118	49	13	854
吴中区	9975	928	3085	893	431	176	39	4423
相城区	1139	68	385	142	75	35	13	421
姑苏区								
吴江区	11632	734	3822	1301	661	325	110	4679
苏州工业园区								
常熟市	12327	851	5216	1650	730	312	69	3499
张家港市	12435	830	4012	1043	529	202	51	5768
昆山市	13479	871	4016	1172	522	182	54	6662
太仓市	7388	610	2399	812	274	97	26	3170
南通市	**90474**	**6104**	**27658**	**5451**	**2092**	**736**	**188**	**48245**
崇川区								
港闸区	71	3	32	5	6	3	1	21
通州区	12597	837	4593	986	469	169	35	5508
如东县	14287	1037	4893	1052	388	137	36	6744
南通经济技术开发区								
通州湾示范区	2455	202	604	90	30	16	8	1505
苏锡通科技产业园区	1863	155	585	158	55	31	5	874
启东市	18539	1341	3443	536	169	59	12	12979
如皋市	16014	1214	6705	1400	532	158	38	5967
海门市	13887	767	3643	571	222	81	32	8571
海安市	10761	548	3160	653	221	82	21	6076
连云港市	**53288**	**8955**	**10196**	**1831**	**612**	**159**	**36**	**31499**
连云区	78	5	28	17	8			20
海州区	2521	479	539	93	31	16	7	1356
赣榆区	15392	2404	2286	387	183	42	7	10083
东海县	14995	3312	3346	645	173	50	8	7461
灌云县	10135	1475	1611	319	87	23	4	6616
灌南县	8961	1079	2101	300	104	26	8	5343
连云港经济技术开发区	534	69	148	39	16	1	1	260
连云港高新技术产业开发区								
江苏连云港徐圩新区	28	10	3	2	1			12
江苏省连云港市云台山风景名胜区	644	122	134	29	9	1	1	348
淮安市	**49272**	**5561**	**10704**	**1566**	**483**	**172**	**40**	**30746**
淮安区	11437	1319	2318	344	81	28	6	7341
淮阴区	9619	1269	1745	273	74	40	1	6217
清江浦区	1561	180	393	50	19	16	3	900
洪泽区	3882	371	947	119	30	17	10	2388
涟水县	11401	1324	2776	417	141	43	11	6689
盱眙县	6430	742	1356	174	62	12	4	4080
金湖县	4657	332	1059	181	73	15	5	2992
淮安经济技术开发区								
工业园区	230	21	82	8	3	1		115
生态文旅区								
苏淮高新区	55	3	28					24

9-13c 续表 2

单位：户

地　　区	合　计	不　满10万元	10万元以上，不满20万元	20万元以上，不满30万元	30万元以上，不满50万元	50万元以上，不满100万元	100万元及以上	没有汽车
盐城市	**92741**	**8876**	**17101**	**2527**	**966**	**350**	**88**	**62833**
亭湖区	3603	344	717	86	42	14		2400
盐都区	10771	748	1867	353	145	52	12	7594
大丰区	10365	1098	2311	352	144	55	13	6392
响水县	5881	874	1274	166	66	18	2	3481
滨海县	11480	1641	2066	279	90	39	11	7354
阜宁县	11975	1314	1895	242	92	29	11	8392
射阳县	12417	1225	2011	210	85	28	9	8849
建湖县	9406	493	1063	169	59	27	4	7591
盐城经济技术开发区	917	95	208	28	10	2	1	573
江苏省盐南高新区								
东台市	15926	1044	3689	642	233	86	25	10207
扬州市	**51171**	**4316**	**13710**	**2606**	**937**	**319**	**107**	**29176**
广陵区	2398	199	717	128	57	29	16	1252
邗江区	2930	258	1013	184	80	18	11	1366
江都区	13896	1342	3894	772	276	112	44	7456
宝应县	12590	935	2792	449	155	47	6	8206
扬州经济技术开发区	639	65	239	50	28	6	1	250
蜀冈瘦西湖景区								
生态新城	508	49	180	43	23	6	1	206
仪征市	6015	631	2041	331	119	38	14	2841
高邮市	12195	837	2834	649	199	63	14	7599
镇江市	**24108**	**1914**	**6573**	**1216**	**495**	**188**	**63**	**13659**
京口区	229	22	43	10	6			148
润州区	2	1	1					
丹徒区	3445	343	884	122	52	12	6	2026
镇江新区	1167	82	341	85	35	10	1	613
江苏镇江高新区								
丹阳市	7183	585	2101	397	161	53	19	3867
扬中市	3174	155	938	258	114	60	24	1625
句容市	8908	726	2265	344	127	53	13	5380
泰州市	**57857**	**4387**	**13988**	**3097**	**1220**	**447**	**126**	**34592**
海陵区	1646	148	467	91	48	15	7	870
高港区	2903	196	972	197	103	52	18	1365
姜堰区	10472	834	2319	447	173	57	19	6623
泰州医药高新技术产业开发区	483	48	181	50	16	10	1	177
兴化市	19439	1467	3285	912	276	93	37	13369
靖江市	7968	607	2777	700	323	128	30	3403
泰兴市	14946	1087	3987	700	281	92	14	8785
宿迁市	**51790**	**6977**	**10190**	**1385**	**496**	**184**	**45**	**32513**
宿城区	6573	805	1541	269	87	25	6	3840
宿豫区	4466	708	925	134	52	22	2	2623
沭阳县	18348	2233	3667	491	204	87	26	11640
泗阳县	8914	1067	1761	190	59	23	7	5807
泗洪县	8802	1588	1236	133	58	14	2	5771
宿迁经济技术开发区	1275	178	351	60	14	3		669
宿迁市湖滨新区	1576	212	307	42	13	6	1	995
苏州宿迁工业园区								
宿迁市洋河新区	1836	186	402	66	9	4	1	1168

第三部分　附录

附录 1　2020 年江苏省第七次全国人口普查主要数据公报

江苏省第七次全国人口普查公报[1]（第一号）

——全省人口情况

江苏省统计局

江苏省第七次全国人口普查领导小组办公室

2021年5月18日

根据江苏省第七次全国人口普查结果，现将2020年11月1日零时我省常住人口[2]的基本情况公布如下:

一、全省常住人口

全省常住人口为84748016人。

二、人口增长

全省常住人口与2010年我省第六次全国人口普查的78660941人相比，十年共增加6087075人，增长7.74%，年平均增长率为0.75%。

三、户别人口

全省共有家庭户[3] 29910849户，集体户2011807户，家庭户人口为77644026人，集体户人口为7103990人。平均每个家庭户的人口为2.60人，比2010年我省第六次全国人口普查的2.94人减少0.34人。

四、民族人口

全省常住人口中，汉族人口为84126802人，占99.27%；各少数民族人口为621214人，占0.73%。与2010年我省第六次全国人口普查相比，汉族人口增加5850787人，增长7.47%；各少数民族人口增加236288人，增长61.39%。

注释：

[1] 本公报数据均为初步汇总数据。

[2] 常住人口包括：居住在本乡镇街道且户口在本乡镇街道或户口待定的人；居住在本乡镇街道且离开户口登记地所在的乡镇街道半年以上的人；户口在本乡镇街道且外出不满半年或在境外工作学习的人。

[3] 家庭户是指以家庭成员关系为主、居住一处共同生活的人组成的户。

江苏省第七次全国人口普查公报[1]（第二号）

——地区人口情况

江苏省统计局

江苏省第七次全国人口普查领导小组办公室

2021 年 5 月 18 日

根据江苏省第七次全国人口普查结果，现将 2020 年 11 月 1 日零时我省 13 个设区市（含县市区，下同）的常住人口[2]有关数据公布如下：

一、地区人口

13 个设区市中，人口超过 1000 万人的市有 1 个，在 900 万人至 1000 万人之间的市有 2 个，在 500 万人至 800 万人之间的市有 4 个，在 400 万至 500 万之间的市有 5 个，人口少于 400 万人的市有 1 个。其中，人口居前五位的市合计人口占全省人口比重为 54.67%。

表 2-1 各地区人口

单位：人、%

地区	人口数	比重[3]	
		2020 年	2010 年
全省	**84748016**	**100.00**	**100.00**
南京	9314685	10.99	10.17
无锡	7462135	8.81	8.10
徐州	9083790	10.72	10.90
常州	5278121	6.23	5.84
苏州	12748262	15.04	13.30
南通	7726635	9.12	9.26
连云港	4599360	5.43	5.59
淮安	4556230	5.38	6.10
盐城	6709629	7.92	9.23
扬州	4559797	5.38	5.67
镇江	3210418	3.79	3.96
泰州	4512762	5.32	5.87
宿迁	4986192	5.88	6.00

二、地区人口变化

与 2010 年我省第六次全国人口普查相比，13 个设区市中，有 10 个设区市人口增加。人口增长较多的 5 个设区市依次为：苏州、南京、无锡、常州、徐州，分别增加 2288372 人、1310941 人、1087736 人、685690 人、506565 人。

注释：

[1] 本公报数据均为初步汇总数据。部分数据因四舍五入的原因，存在总计与分项合计不等的情况。

[2] 常住人口包括：居住在本乡镇街道且户口在本乡镇街道或户口待定的人；居住在本乡镇街道且离开户口登记地所在的乡镇街道半年以上的人；户口在本乡镇街道且外出不满半年或在境外工作学习的人。

[3] 指各设区市的常住人口占全省常住人口的比重。

江苏省第七次全国人口普查公报[1]（第三号）

——人口性别构成情况

江苏省统计局

江苏省第七次全国人口普查领导小组办公室

2021年5月18日

根据江苏省第七次全国人口普查结果，现将2020年11月1日零时我省常住人口[2]性别构成情况公布如下:

一、全省常住人口性别构成

全省常住人口中，男性人口为43031586人，占50.78%；女性人口为41716430人，占49.22%。总人口性别比（以女性为100，男性对女性的比例）由2010年我省第六次全国人口普查的101.52上升为103.15。

二、地区人口性别构成

13个设区市（含县市区，下同）中，总人口性别比在100以下的市有2个，在100至103之间的市有5个，在103至107之间的设区市有5个，在107以上的设区市有1个。

表3-1 各地区人口性别构成

单位：%

地区	占总人口比重		性别比
	男	女	
全省	**50.78**	**49.22**	**103.15**
南京	51.05	48.95	104.27
无锡	51.58	48.42	106.52
徐州	50.41	49.59	101.65
常州	51.38	48.62	105.67
苏州	52.22	47.78	109.29
南通	49.25	50.75	97.05
连云港	50.77	49.23	103.14
淮安	50.01	49.99	100.05
盐城	50.37	49.63	101.50
扬州	49.80	50.20	99.20
镇江	50.82	49.18	103.35
泰州	50.11	49.89	100.46
宿迁	50.47	49.53	101.92

注释:

[1]本公报数据均为初步汇总数据。

[2]常住人口包括:居住在本乡镇街道且户口在本乡镇街道或户口待定的人;居住在本乡镇街道且离开户口登记地所在的乡镇街道半年以上的人;户口在本乡镇街道且外出不满半年或在境外工作学习的人。

江苏省第七次全国人口普查公报[1]（第四号）

——人口年龄构成情况

江苏省统计局

江苏省第七次全国人口普查领导小组办公室

2021年5月18日

根据江苏省第七次全国人口普查结果，现将2020年11月1日零时我省常住人口[2]年龄构成情况公布如下:

一、全省人口年龄构成

全省常住人口中，0−14岁[3]人口为12891948人，占15.21%；15−59岁人口为53350723人，占62.95%；60岁及以上人口为18505345人，占21.84%，其中65岁及以上人口为13726531人，占16.20%。与2010年我省第六次全国人口普查相比，0−14岁人口的比重上升2.20个百分点，15−59岁人口的比重下降8.05个百分点，60岁及以上人口的比重上升5.85个百分点，65岁及以上人口的比重上升5.32个百分点。

表4-1　全省人口年龄构成

单位：人、%

年　龄	人口数	比重
总　计	84748016	100.00
0-14岁	12891948	15.21
15-59岁	53350723	62.95
60岁及以上	18505345	21.84
其中：65岁及以上	13726531	16.20

二、地区人口年龄构成

13个设区市（含县市区，下同）中，15−59岁人口比重在65%以上的市有4个，在60%−65%之间的市2个，在60%以下的市有7个。

10个设区市65岁及以上老年人口比重超过14%，其中，2个设区市65岁及以上老年人口比重超过21%。

表 4-2 各地区人口年龄构成

单位：%

地区	比重			
	0-14 岁	15-59 岁	60 岁及以上	其中：65 岁及以上
全 省	15.21	62.95	21.84	16.20
南 京	12.75	68.27	18.98	13.70
无 锡	12.96	67.29	19.75	14.65
徐 州	22.36	58.13	19.51	14.72
常 州	13.26	66.73	20.01	14.88
苏 州	13.55	69.49	16.96	12.44
南 通	10.90	59.09	30.01	22.67
连云港	21.40	58.20	20.40	14.63
淮 安	17.70	59.50	22.79	16.42
盐 城	15.03	57.64	27.32	19.88
扬 州	11.57	62.42	26.01	19.99
镇 江	11.89	64.55	23.56	17.51
泰 州	12.36	59.39	28.25	22.01
宿 迁	23.48	57.94	18.58	13.56

注释：

[1]本公报数据均为初步汇总数据。部分数据因四舍五入的原因，存在总计与分项合计不等的情况。

[2]常住人口包括：居住在本乡镇街道且户口在本乡镇街道或户口待定的人；居住在本乡镇街道且离开户口登记地所在的乡镇街道半年以上的人；户口在本乡镇街道且外出不满半年或在境外工作学习的人。

[3]0-15 岁人口为 13663748 人，16-59 岁人口为 52578923 人。

江苏省第七次全国人口普查公报[1]（第五号）

——人口受教育情况

江苏省统计局

江苏省第七次全国人口普查领导小组办公室

2021 年 5 月 18 日

根据江苏省第七次全国人口普查结果，现将 2020 年 11 月 1 日零时我省常住人口[2]受教育基本情况公布如下：

一、受教育程度人口

全省常住人口中，拥有大学（指大专及以上）文化程度的人口为 15816765 人；拥有高中（含中专）文化程度的人口为 13721862 人；拥有初中文化程度的人口为 28227984 人；拥有小学文化程度的人口为 19273380 人（以上各种受教育程度的人包括各类学校的毕业生、肄业生和在校生）。与 2010 年我省第六次全国人口普查相比，每 10 万人中拥有大学文化程度的由 10820 人增加到 18663 人；拥有高中文化程度的由 16150 人增加到 16191 人；拥有初中文化程度的由 38676 人减少到 33308 人；拥有小学文化程度的由 24196 人减少到 22742 人。

表 5-1　各地区每 10 万人口中拥有的各类受教育程度人数

单位：人/10 万人

地　区	大学（大专及以上）	高中（含中专）	初中	小学
全　省	18663	16191	33308	22742
南　京	35229	17201	23055	15947
无　锡	21867	16888	35680	18703
徐　州	12969	13887	35557	26736
常　州	20690	16306	36656	18871
苏　州	22514	16813	32753	19614
南　通	14904	15134	36861	25483
连云港	14661	18593	31501	24205
淮　安	12825	15458	35079	26215
盐　城	10691	16016	36503	26451
扬　州	17465	15444	32599	24847
镇　江	19134	17308	35169	20975
泰　州	15119	15330	33674	26890
宿　迁	10884	16826	32055	27996

二、平均受教育年限[3]

与 2010 年我省第六次全国人口普查相比，全省常住人口中，15 岁及以上人口的平均受教育年限由 9.32 年上升至 10.21 年。

13 个设区市（含县市区，下同）中，平均受教育年限在 11 年以上的市有 1 个，在 10 年至 11 年的市有 5 个，其余均在 9 年至 10 年之间。平均受教育年限较高的 3 个设区市依次为：南京、无锡、苏州。

表 5-2 各地区 15 岁及以上人口平均受教育年限

单位：年

地 区	2020 年	2010 年
全 省	10.21	9.32
南 京	11.76	10.99
无 锡	10.74	9.81
徐 州	9.68	8.92
常 州	10.57	9.57
苏 州	10.67	9.85
南 通	9.66	8.83
连云港	10.05	8.90
淮 安	9.55	8.78
盐 城	9.21	8.72
扬 州	9.73	9.03
镇 江	10.31	9.58
泰 州	9.56	8.59
宿 迁	9.51	8.29

三、文盲人口

全省常住人口中，文盲人口（15 岁及以上不识字的人）为 2211291 人，与 2010 年我省第六次全国人口普查相比，文盲人口减少 771668 人，文盲率[4]由 3.79% 下降为 2.61%，下降 1.18 个百分点。

注释：

[1] 本公报数据均为初步汇总数据。

[2] 常住人口包括：居住在本乡镇街道且户口在本乡镇街道或户口待定的人；居住在本乡镇街道且离开户口登记地所在的乡镇街道半年以上的人；户口在本乡镇街道且外出不满半年或在境外工作学习的人。

[3] 平均受教育年限是将各种受教育程度折算成受教育年限计算平均数得出的，具体的折算标准是：小学=6 年，初中=9 年，高中=12 年，大专及以上=16 年。

[4] 文盲率是指常住人口中 15 岁及以上不识字人口所占比例。

江苏省第七次全国人口普查公报[1]（第六号）

——城乡人口和流动人口情况

江苏省统计局

江苏省第七次全国人口普查领导小组办公室

2021 年 5 月 18 日

根据江苏省第七次全国人口普查结果，现将 2020 年 11 月 1 日零时我省常住人口[2]城乡分布及流动情况公布如下:

一、城乡[3]人口

全省常住人口中，居住在城镇的人口为 62242383 人，占 73.44%；居住在乡村的人口为 22505633 人，占 26.56%。与 2010 年我省第六次全国人口普查相比，城镇人口增加 14870895 人，乡村人口减少 8783820 人，城镇人口比重上升 13.22 个百分点。

二、流动人口[4]

全省常住人口中，人户分离人口[5]为 29979948 人，其中，市辖区内人户分离[6]人口为 6316191 人，流动人口为 23663757 人。流动人口中，省外流入人口为 10308610 人，省内流动人口为 13355147 人。

与 2010 年我省第六次全国人口普查相比，人户分离人口增加 11753129 人，增长 64.48%；市辖区内人户分离人口增加 3755657 人，增长 146.67%；流动人口增加 7997472 人，增长 51.05%。

注释：

[1] 本公报数据均为初步汇总数据。

[2] 常住人口包括：居住在本乡镇街道且户口在本乡镇街道或户口待定的人；居住在本乡镇街道且离开户口登记地所在的乡镇街道半年以上的人；户口在本乡镇街道且外出不满半年或在境外工作学习的人。

[3] 城镇、乡村是按国家统计局《统计上划分城乡的规定》划分的。

[4] 流动人口是指人户分离人口中扣除市辖区内人户分离的人口。

[5] 人户分离人口是指居住地与户口登记地所在的乡镇街道不一致且离开户口登记地半年以上的人口。

[6] 市辖区内人户分离人口是指一个设区市所辖的区内和区与区之间，居住地和户口登记地不在同一乡镇街道的人口。

第三部分　附录

附录 2　全国人口普查条例

中华人民共和国国务院令

第 576 号

《全国人口普查条例》已经 2010 年 5 月 12 日国务院第 111 次常务会议通过，现予公布，自 2010 年 6 月 1 日起施行。

总理 温家宝

二〇一〇年五月二十四日

全国人口普查条例

第一章 总 则

第一条 为了科学、有效地组织实施全国人口普查，保障人口普查数据的真实性、准确性、完整性和及时性，根据《中华人民共和国统计法》，制定本条例。

第二条 人口普查的目的是全面掌握全国人口的基本情况，为研究制定人口政策和经济社会发展规划提供依据，为社会公众提供人口统计信息服务。

第三条 人口普查工作按照全国统一领导、部门分工协作、地方分级负责、各方共同参与的原则组织实施。

国务院统一领导全国人口普查工作，研究决定人口普查中的重大问题。地方各级人民政府按照国务院的统一规定和要求，领导本行政区域的人口普查工作。

在人口普查工作期间，各级人民政府设立由统计机构和有关部门组成的人口普查机构（以下简称普查机构），负责人口普查的组织实施工作。

村民委员会、居民委员会应当协助所在地人民政府动员和组织社会力量，做好本区域的人口普查工作。

国家机关、社会团体、企业事业单位应当按照《中华人民共和国统计法》和本条例的规定，参与并配合人口普查工作。

第四条 人口普查对象应当按照《中华人民共和国统计法》和本条例的规定，真实、准确、完整、及时地提供人口普查所需的资料。

人口普查对象提供的资料，应当依法予以保密。

第五条 普查机构和普查机构工作人员、普查指导员、普查员（以下统称普查人员）依法独立行使调查、报告、监督的职权，任何单位和个人不得干涉。

地方各级人民政府、各部门、各单位及其负责人，不得自行修改普查机构和普查人员依法搜集、整理的人口普查资料，不得以任何方式要求普查机构和普查人员及其他单位和个人伪造、篡改人口普查资料，不得对依法履行职责或者拒绝、抵制人口普查违法行为的普查人员打击报复。

第六条 各级人民政府应当利用报刊、广播、电视、互联网和户外广告等媒介，开展人口普查的宣传动员工作。

第七条 人口普查所需经费，由国务院和地方各级人民政府共同负担，并列入相应年度的财政预算，按时拨付，确保足额到位。

人口普查经费应当统一管理、专款专用，从严控制支出。

第八条 人口普查每10年进行一次，尾数逢0的年份为普查年度，标准时点为普查年度的11月1日零时。

第九条 国家统计局会同国务院有关部门制定全国人口普查方案（以下简称普查方案），报国务院批准。

人口普查应当按照普查方案的规定执行。

第十条 对认真执行本条例，忠于职守、坚持原则，做出显著成绩的单位和个人，按照国家有关规定给予表彰和奖励。

第二章　人口普查的对象、内容和方法

第十一条 人口普查对象是指普查标准时点在中华人民共和国境内的自然人以及在中华人民共和国境外但未定居的中国公民，不包括在中华人民共和国境内短期停留的境外人员。

第十二条 人口普查主要调查人口和住户的基本情况，内容包括姓名、性别、年龄、民族、国籍、受教育程度、行业、职业、迁移流动、社会保障、婚姻、生育、死亡、住房情况等。

第十三条 人口普查采用全面调查的方法，以户为单位进行登记。

第十四条 人口普查采用国家统计分类标准。

第三章　人口普查的组织实施

第十五条 人口普查登记前，公安机关应当按照普查方案的规定完成户口整顿工作，并将有关资料提交本级人口普查机构。

第十六条 人口普查登记前应当划分普查区，普查区以村民委员会、居民委员会所辖区域为基础划分，每个普查区划分为若干普查小区。

第十七条 每个普查小区应当至少有一名普查员，负责入户登记等普查工作。每个普查区应当至少有一名普查指导员，负责安排、指导、督促和检查普查员的工作，也可以直接进行入户登记。

第十八条 普查指导员和普查员应当具有初中以上文化水平，身体健康，责任心强。

第十九条 普查指导员和普查员可以从国家机关、社会团体、企业事业单位借调，也可以从村民委员会、居民委员会或者社会招聘。借调和招聘工作由县级人民政府负责。

国家鼓励符合条件的公民作为志愿者参与人口普查工作。

第二十条 借调的普查指导员和普查员的工资由原单位支付，其福利待遇保持不变，并保留其原有工作岗位。

招聘的普查指导员和普查员的劳动报酬，在人口普查经费中予以安排，由聘用单位支付。

第二十一条 普查机构应当对普查指导员和普查员进行业务培训，并对考核合格的人员颁发全国统一的普查指导员证或者普查员证。

普查指导员和普查员执行人口普查任务时，应当出示普查指导员证或者普查员证。

第二十二条 人口普查登记前，普查指导员、普查员应当绘制普查小区图，编制普查小区户主姓名底册。

第二十三条 普查指导员、普查员入户登记时，应当向人口普查对象说明人口普查的目的、法律依据以及人口普查对象的权利和义务。

第二十四条 人口普查对象应当按时提供人口普查所需的资料，如实回答相关问题，不得隐瞒有关情况，不得提供虚假信息，不得拒绝或者阻碍人口普查工作。

第二十五条 人口普查对象应当在普查表上签字或者盖章确认，并对其内容的真实性负责。

第二十六条 普查人员应当坚持实事求是，恪守职业道德，拒绝、抵制人口普查工作中的违法行为。

普查机构和普查人员不得伪造、篡改普查资料，不得以任何方式要求任何单位和个人提供虚假的普查资料。

第二十七条 人口普查实行质量控制岗位责任制，普查机构应当对人口普查实施中的每个环节实行质量控制和检查，对人口普查数据进行审核、复查和验收。

第二十八条 国家统计局统一组织人口普查数据的事后质量抽查工作。

第四章 人口普查资料的管理和公布

第二十九条 地方各级普查机构应当按照普查方案的规定进行数据处理，并按时上报人口普查资料。

第三十条 人口普查汇总资料，除依法应当保密的外，应当予以公布。

全国和各省、自治区、直辖市主要人口普查数据，由国家统计局以公报形式公布。

地方人民政府统计机构公布本行政区域主要人口普查数据，应当报经上一级人民政府统计机构核准。

第三十一条 各级人民政府统计机构应当做好人口普查资料的管理、开发和应用，为社会公众提供查询、咨询等服务。

第三十二条 人口普查中获得的原始普查资料，按照国家有关规定保存、销毁。

第三十三条 人口普查中获得的能够识别或者推断单个普查对象身份的资料，任何单位和个人不得对外提供、泄露，不得作为对人口普查对象作出具体行政行为的依据，不得用于人口普查以外的目的。

人口普查数据不得作为对地方人民政府进行政绩考核和责任追究的依据。

第五章 法律责任

第三十四条 地方人民政府、政府统计机构或者有关部门、单位的负责人有下列行为之一的，由任免机关或者监察机关依法给予处分，并由县级以上人民政府统计机构予以通报；构成犯罪的，依法追究刑事责任：

（一）自行修改人口普查资料、编造虚假人口普查数据的；

（二）要求有关单位和个人伪造、篡改人口普查资料的；

（三）不按照国家有关规定保存、销毁人口普查资料的；

（四）违法公布人口普查资料的；

（五）对依法履行职责或者拒绝、抵制人口普查违法行为的普查人员打击报复的；

（六）对本地方、本部门、本单位发生的严重人口普查违法行为失察的。

第三十五条 普查机构在组织实施人口普查活动中有下列违法行为之一的，由本级人民政府或者上级人民政府统计机构责令改正，予以通报；对直接负责的主管人员和其他直接责任人员，由任免机关或者监察机关依法给予处分：

（一）不执行普查方案的；

（二）伪造、篡改人口普查资料的；

（三）要求人口普查对象提供不真实的人口普查资料的；

（四）未按照普查方案的规定报送人口普查资料的；

（五）违反国家有关规定，造成人口普查资料毁损、灭失的；

（六）泄露或者向他人提供能够识别或者推断单个普查对象身份的资料的。

普查人员有前款所列行为之一的，责令其停止执行人口普查任务，予以通报，依法给予处分。

第三十六条 人口普查对象拒绝提供人口普查所需的资料，或者提供不真实、不完整的人口普查资料的，由县级以上人民政府统计机构责令改正，予以批评教育。

人口普查对象阻碍普查机构和普查人员依法开展人口普查工作，构成违反治安管理行为的，由公安机关依法给予处罚。

第三十七条 县级以上人民政府统计机构应当设立举报电话和信箱，接受社会各界对人口普查违法行为的检举和监督。

第六章 附 则

第三十八条 中国人民解放军现役军人、人民武装警察等人员的普查内容和方法，由国家统计局会同国务院有关部门、军队有关部门规定。

交通极为不便地区的人口普查登记的时间和方法，由国家统计局会同国务院有关部门规定。

第三十九条 香港特别行政区、澳门特别行政区的人口数，按照香港特别行政区政府、澳门特别行政区政府公布的资料计算。

台湾地区的人口数，按照台湾地区有关主管部门公布的资料计算。

第四十条 为及时掌握人口发展变化情况，在两次人口普查之间进行全国1%人口抽样调查。全国1%人口抽样调查参照本条例执行。

第四十一条 本条例自2010年6月1日起施行。

第三部分 附录

附录 3 第七次全国人口普查方案

第七次全国人口普查方案

国家统计局
国务院第七次全国人口普查领导小组办公室

第一部分 总说明

根据《中华人民共和国统计法》《中华人民共和国统计法实施条例》《全国人口普查条例》和《国务院关于开展第七次全国人口普查的通知》，制定本方案。

一、普查目的

全面查清我国人口数量、结构、分布、城乡住房等方面情况，为完善人口发展战略和政策体系，促进人口长期均衡发展，科学制定国民经济和社会发展规划，推动经济高质量发展，开启全面建设社会主义现代化国家新征程，向第二个百年奋斗目标进军，提供科学准确的统计信息支持。

二、普查时点

普查的标准时点是2020年11月1日零时。

三、普查对象

普查对象是指普查标准时点在中华人民共和国境内的自然人以及在中华人民共和国境外但未定居的中国公民，不包括在中华人民共和国境内短期停留的境外人员。

四、普查内容和普查表

普查登记的主要内容包括：姓名、公民身份号码、性别、年龄、民族、受教育程度、行业、职业、迁移流动、婚姻生育、死亡、住房情况等。

根据不同的普查对象和普查内容，具体分为四种普查表。

（一）第七次全国人口普查短表

普查短表包括反映人口基本状况的项目，由全部住户（不包括港澳台居民和外籍人员）填报。

（二）第七次全国人口普查长表

普查长表包括所有短表项目和人口的经济活动、婚姻生育和住房等情况的项目，在全部住户中抽取10%的户（不包括港澳台居民和外籍人员）填报。

（三）第七次全国人口普查港澳台居民和外籍人员普查表

港澳台居民和外籍人员普查表包括反映人口基本状况的项目以及入境目的、居住时间、身份或国籍、就业情况等项目，由在境内居住的港澳台居民和外籍人员填报。

（四）第七次全国人口普查死亡人口调查表

死亡人口调查表包括死亡人口的基本信息，由2019年11月1日至2020年10月31日期间有死亡人口的户填报。

五、普查方法

普查采用全面调查的方法，以户为单位进行登记。

普查采用按现住地登记的原则，每个人必须在现住地进行登记。普查对象不在户口登记地居住的，户口登记地要登记相应信息。

普查登记采用普查员入户询问、当场填报，或由普查对象自主填报等方式进行。

普查数据采集原则上采用电子化的方式。采取普查员使用电子采集设备（PAD 或智能手机）登记普查对象信息并联网实时上报，或由普查对象通过互联网自主填报等方式进行。

普查员应按照工作要求，在户口整顿基础上对所负责普查小区进行全面摸底，掌握普查小区内的人口和居住情况，编制《户主姓名底册》，根据《户主姓名底册》进行入户登记工作，并参考部门行政记录等资料进行比对复查，确保普查登记真实准确、不重不漏。

六、普查数据处理

各级普查机构负责普查数据处理。国务院人口普查办公室统一编制数据采集、审核、编辑、汇总程序。

国务院人口普查办公室集中部署数据采集处理环境。各级普查机构应保障必要的数据处理办公环境和网络条件，采取必要的安全措施，确保数据处理工作安全、顺利地进行。

七、普查组织实施

（一）全国统一领导

国务院第七次全国人口普查领导小组负责普查组织实施中重大问题的研究和决策。普查领导小组办公室设在国家统计局，具体负责普查的组织实施。

（二）部门分工协作

领导小组各成员单位要按照职能分工，各负其责、通力协作、密切配合，共同做好普查工作。对普查工作中遇到的困难和问题，要及时采取措施予以解决。

（三）地方分级负责

地方各级人民政府设立相应的普查领导小组及其办公室，领导和组织实施本区域内的普查工作。村民委员会和居民委员会设立人口普查小组，协助街道办事处和乡镇政府动员和组织社会力量，做好本区域内的普查工作。

普查指导员和普查员可以从国家机关、社会团体、企业事业单位借调，也可以从村民委员会、居民委员会或者社会招聘。借调和招聘工作由县级人民政府负责。

（四）各方共同参与

国家机关、社会团体、企业事业单位应当按照《中华人民共和国统计法》《中华人民共和国统计法实施条例》和《全国人口普查条例》的规定，参与并配合普查工作。

八、普查质量控制

普查实行严格的质量控制制度，建立健全普查数据质量追溯和问责机制，确保普查数据可核查、可追溯、可问责。国务院人口普查办公室统一领导、统筹协调普查全过程质量控制的有关工作。地方各级普查机构主要负责人对本行政区域普查数据质量负总责，确保普查数据真实、准确、完整、及时。各级普查办公室必须严格执行各阶段工作要求，保证各阶段工作质量达到规定标准，确保普查工作质量与数据质量合格达标。

九、普查宣传

各级宣传部门和普查机构应制定宣传工作方案，深入开展普查宣传。

各级宣传部门应组织协调新闻媒体及有关部门，通过报刊、广播、电视、互联网、手机和户外广告等多种渠道，充分利用微博、微信、短视频等新媒体传播手段，宣传普查的重大意义、政策规定和工作要求，积极营造良好的普查氛围。

各级普查机构要组织开展形式多样的宣传活动，动员社会各界支持、参与普查。

十、普查法规与纪律要求

坚持依法普查，普查工作要严格按照《中华人民共和国统计法》《中华人民共和国统计法实施条例》《全国人口普查条例》《国务院关于开展第七次全国人口普查的通知》及相关规定组织开展。

普查对象应当依法履行普查义务，如实提供普查信息，不得虚报、瞒报、拒报。拒绝提供普查所需的资料，或者提供不真实、不完整的普查资料的，由县级以上人民政府统计机构责令改正，予以批评教育，情节严重的依法严肃处理。普查取得的数据，严格限定用于普查目的，不得作为任何部门和单位对各级行政管理工作实施考核、奖惩的依据。普查中获得的能够识别或者推断单个普查对象身份的资料，任何单位和个人不得对外提供、泄露，不得作为对普查对象实施处罚等具体行政行为的依据，不得用于普查以外的目的。各级普查机构及其工作人员，必须严格履行保密义务。

十一、普查主要工作阶段

普查工作分三个阶段进行:

一是准备阶段（2019 年 10 月—2020 年 10 月）。这一阶段的主要工作是：组建各级普查机构，制定普查方案和工作计划，进行普查试点，落实普查经费和物资，准备数据采集处理环境，开展普查宣传，选聘培训普查指导员和普查员，普查区域划分及绘图，进行户口整顿，开展摸底等。

二是普查登记阶段（2020 年 11 月—12 月）。这一阶段的主要工作是：普查员入户登记，进行比对复查，开展事后质量抽查等。

三是数据汇总和发布阶段（2020 年 12 月—2022 年 12 月）。这一阶段的主要工作是：数据处理、汇总、评估，发布主要数据公报，普查资料开发利用等。

十二、其他

（一）香港特别行政区、澳门特别行政区的人口数，按照香港特别行政区政府、澳门特别行政区政府公布的资料计算。

台湾地区的人口数，按照台湾地区有关主管部门公布的资料计算。

（二）因交通极为不便等特殊因素，需采用其他登记时间和方法的地区，须报请国务院人口普查办公室批准。

（三）对认真执行本方案，忠于职守，坚持原则，在普查工作中做出显著成绩的单位和个人，按照国家有关规定给予表彰奖励。

（四）本方案由国务院人口普查办公室负责解释。

第二部分　普查表式

第七次全国人口普查短表

经国务院批准进行第七次全国人口普查
人口普查的标准时点为2020年11月1日零时
人口普查的原始资料不向任何单位和个人提供，仅供汇总使用
公民应履行如实申报普查项目的义务

表　　号：R 6 0 1 表
制定机关：国 家 统 计 局
国务院人口普查办公室
批准文号：国发（2019）24号
有效期至：2021年3月

地址：_____省（区、市）_____市（地、州、盟）_____县（市、区、旗）_____乡（镇、街道）_____普查区_____普查小区_____户编号

一、住户项目

H1. 户别
1. 家庭户
2. 集体户

H2. 本户应登记人数

2020年10月31日晚居住本户的人数_____人

户口在本户，2020年10月31日晚未住本户的人数_____人

H3. 本户2019年11月1日至2020年10月31日期间的出生人口

男_____人 女_____人

H4. 本户2019年11月1日至2020年10月31日期间的死亡人口

男_____人 女_____人

H5. 住所类型
1. 普通住宅
2. 集体住所
3. 工作地住所
4. 其他住房
5. 无住房

（选择2—5的，跳至个人项目。）

H6. 本户现住房建筑面积

_____平方米

H7. 本户现住房间数

______间

二、个人项目

每个人都填报的项目

D1. 姓名

____

D2. 与户主关系

0. 户主
1. 配偶
2. 子女
3. 父母
4. 岳父母或公婆
5. 祖父母
6. 媳婿
7. 孙子女
8. 兄弟姐妹
9. 其他

D3. 公民身份号码

□□□□□□□□□□□□□□□□□□

D4. 性别

1. 男
2. 女

D5. 出生年月

出生于：_______年_______月

D6. 民族

_______族

D7. 普查时点（2020 年 11 月 1 日零时）居住地

1. 本普查小区
2. 本村（居）委会其他普查小区
3. 本乡（镇、街道）其他村（居）委会
4. 本县（市、区、旗）其他乡（镇、街道）
5. 其他县（市、区、旗），请在下面填写地址

________省（区、市）

________市（地、州、盟）

________县（市、区、旗）

6. 香港特别行政区、澳门特别行政区、台湾地区
7. 国外

D8. 户口登记地

1. 本村（居）委会
2. 本乡（镇、街道）其他村（居）委会
3. 本县（市、区、旗）其他乡（镇、街道）
4. 其他县（市、区、旗），请在下面填写地址

________省（区、市）

________市（地、州、盟）

________县（市、区、旗）

5. 户口待定→D11

D9. 离开户口登记地时间

1. 没有离开户口登记地→D11
2. 不满半年
3. 半年以上，不满一年
4. 一年以上，不满二年
5. 二年以上，不满三年
6. 三年以上，不满四年
7. 四年以上，不满五年
8. 五年以上，不满十年
9. 十年以上

D10. 离开户口登记地原因

0. 工作就业
1. 学习培训
2. 随同离开/投亲靠友
3. 拆迁/搬家
4. 寄挂户口
5. 婚姻嫁娶
6. 照料孙子女
7. 为子女就学
8. 养老/康养
9. 其他

3 周岁及以上（2017 年 10 月 31 日以前出生）的人填报的项目

D11. 受教育程度

1. 未上过学

2. 学前教育
3. 小学
4. 初中
5. 高中
6. 大学专科
7. 大学本科
8. 硕士研究生
9. 博士研究生

15 周岁及以上（2005 年 10 月 31 日以前出生）的人填报的项目

D12. 是否识字

1. 是
2. 否

第七次全国人口普查长表

经国务院批准进行第七次全国人口普查
人口普查的标准时点为2020年11月1日零时
人口普查的原始资料不向任何单位和个人提供，
仅供汇总使用
公民应履行如实申报普查项目的义务

表　　号：R 6 0 2 表
制定机关：国　家　统　计　局
国务院人口普查办公室
批准文号：国发（2019）24 号
有效期至：2 0 2 1 年 3 月

地址：_____省（区、市）_____市（地、州、盟）_____县（市、区、旗）_____乡（镇、街道）_____普查区_____普查小区_____户编号

一、住户项目

H1. 户别

1. 家庭户
2. 集体户

H2. 本户应登记人数

2020年10月31日晚居住本户的人数_____人

户口在本户，2020年10月31日晚未住本户的人数_____人

H3. 本户2019年11月1日至2020年10月31日期间的出生人口

男_____人　女_____人

H4. 本户2019年11月1日至2020年10月31日期间的死亡人口

男_____人　女_____人

H5. 住所类型

1. 普通住宅
2. 集体住所
3. 工作地住所
4. 其他住房
5. 无住房

（选择2—5的，跳至个人项目。）

H6. 本户现住房建筑面积

_____平方米

H7. 本户现住房间数

_____间

H8. 住房所在建筑的总层数

1. 平房
2. 多层（7 层及以下）
3. 高层（8—33 层）
4. 超高层（34 层及以上）

H9. 承重类型

1. 钢及钢筋混凝土结构
2. 混合结构
3. 砖木结构
4. 竹草土坯结构
5. 其他结构

H10. 住房建成年代

1. 1949 年以前
2. 1949—1959 年
3. 1960—1969 年
4. 1970—1979 年
5. 1980—1989 年
6. 1990—1999 年
7. 2000—2009 年
8. 2010—2014 年
9. 2015 年以后

H11. 住房所在建筑有无电梯

1. 有
2. 无

H12. 主要炊事燃料

1. 燃气
2. 电
3. 煤炭
4. 柴草
5. 其他

H13. 住房内有无管道自来水

1. 有
2. 无

H14. 住房内有无厨房

1. 独立使用
2. 与其他户合用

3. 无

H15. 住房内有无厕所

1. 水冲式卫生厕所
2. 水冲式非卫生厕所
3. 卫生旱厕
4. 普通旱厕
5. 无

H16. 住房内有无洗澡设施

1. 统一供热水
2. 家庭自装热水器
3. 其他
4. 无

H17. 住房来源

1. 租赁廉租房/公租房
2. 租赁其他住房
3. 购买新建商品房
4. 购买二手房
5. 购买原公有住房
6. 购买经济适用房/两限房
7. 自建住房
8. 继承或赠予
9. 其他

（选择 3—9 的，跳至 H19。）

H18. 月租房费用

0. 200 元以下
1. 200—499 元
2. 500—999 元
3. 1000—1999 元
4. 2000—2999 元
5. 3000—3999 元
6. 4000—5999 元
7. 6000—7999 元
8. 8000—9999 元
9. 10000 元以上

H19. 拥有全部家用汽车的总价

1. 不满 10 万元
2. 10 万元以上，不满 20 万元

3. 20 万元以上，不满 30 万元
4. 30 万元以上，不满 50 万元
5. 50 万元以上，不满 100 万元
6. 100 万元以上
7. 没有汽车

二、个人项目

每个人都填报的项目

C1. 姓名

____

C2. 与户主关系

0. 户主
1. 配偶
2. 子女
3. 父母
4. 岳父母或公婆
5. 祖父母
6. 媳婿
7. 孙子女
8. 兄弟姐妹
9. 其他

C3. 公民身份号码

□□□□□□□□□□□□□□□□□□

C4. 性别

1. 男
2. 女

C5. 出生年月

出生于: ________年________月

C6. 民族

________族

C7. 普查时点（2020 年 11 月 1 日零时）居住地

1. 本普查小区
2. 本村（居）委会其他普查小区
3. 本乡（镇、街道）其他村（居）委会
4. 本县（市、区、旗）其他乡（镇、街道）

5. 其他县（市、区、旗），请在下面填写地址
_______省（区、市）
_______市（地、州、盟）
_______县（市、区、旗）
6. 香港特别行政区、澳门特别行政区、台湾地区
7. 国外

C8. 户口登记地

1. 本村（居）委会
2. 本乡（镇、街道）其他村（居）委会
3. 本县（市、区、旗）其他乡（镇、街道）
4. 其他县（市、区、旗），请在下面填写地址
_______省（区、市）
_______市（地、州、盟）
_______县（市、区、旗）
5. 户口待定→C12

C9. 离开户口登记地时间

1. 没有离开户口登记地→C12
2. 不满半年
3. 半年以上，不满一年
4. 一年以上，不满二年
5. 二年以上，不满三年
6. 三年以上，不满四年
7. 四年以上，不满五年
8. 五年以上，不满十年
9. 十年以上

C10. 离开户口登记地原因

0. 工作就业
1. 学习培训
2. 随同离开/投亲靠友
3. 拆迁/搬家
4. 寄挂户口
5. 婚姻嫁娶
6. 照料孙子女
7. 为子女就学
8. 养老/康养
9. 其他

C11. 户口登记地类型

1. 乡

2. 镇的村委会
3. 镇的居委会
4. 街道

C12. 是否有农村土地承包经营权

1. 有
2. 无

C13. 出生地

1. 本县（市、区、旗）
2. 本省其他县（市、区、旗）
3. 省外：________省（区、市）

5 周岁及以上（2015 年 10 月 31 日以前出生）的人填报的项目

C14. 五年前常住地

2015 年 11 月 1 日常住地：

1. 本县（市、区、旗）
2. 其他地区，请在下面填写地址

______省（区、市）

______市（地、州、盟）

______县（市、区、旗）

3 周岁及以上（2017 年 10 月 31 日以前出生）的人填报的项目

C15. 受教育程度

1. 未上过学→C17
2. 学前教育→C17
3. 小学
4. 初中
5. 高中
6. 大学专科
7. 大学本科
8. 硕士研究生
9. 博士研究生

C16. 学业完成情况

1. 在校
2. 毕业
3. 肄业
4. 辍学
5. 其他

15 周岁及以上（2005 年 10 月 31 日以前出生）的人填报的项目

C17. 是否识字

1. 是
2. 否

C18. 工作情况

10 月 25—31 日是否为取得收入而工作了一小时以上（包括临时工、依托互联网平台灵活就业、家庭经营无酬帮工等）

1. 是，上周工作时间_______小时
2. 在职休假、在职学习培训、临时停工（保留工资）
3. 未做任何工作→C22

C19. 工作单位或生产经营活动所属类型

1. 企业、事业、机关或社会团体等法人单位
2. 个体经营户
3. 经营农村家庭承包地（家庭农林牧渔生产经营活动）
4. 自由职业/灵活就业

C20. 行业

单位详细名称: ____________________________________

主要产品或主要业务: ________________________________

C21. 职业

本人从事的具体工作: ________________________________→C23

C22. 未工作原因

1. 在校学习
2. 离退休
3. 料理家务
4. 丧失工作能力
5. 其他

C23. 主要生活来源

1. 劳动收入
2. 离退休金/养老金
3. 最低生活保障金
4. 失业保险金
5. 财产性收入
6. 家庭其他成员供养
7. 其他

C24. 婚姻状况

1. 未婚→C28
2. 有配偶
3. 离婚
4. 丧偶

C25. 初婚年月

________年________月

15 至 64 周岁（1955 年 11 月 1 日—2005 年 10 月 31 日出生）的妇女填报的项目

C26. 生育子女数

1. 未生育→C28
2. 有生育（请填报生育的子女数）

生过几个孩子:

男________人

女________人

其中现在存活几个孩子:

男________人

女________人

15 至 50 周岁（1969 年 11 月 1 日—2005 年 10 月 31 日出生）的妇女填报的项目

C27. 过去一年（2019 年 11 月 1 日—2020 年 10 月 31 日）的生育状况

1. 一年内未生育（结束）
2. 一年内有生育（请填报生育时间和孩子性别）

生育时间:

____月

婴儿性别:

1. 男
2. 女

一年内生育两个以上孩子的，请填报第二个孩子的状况。

生育时间:

____月

婴儿性别:

1. 男
2. 女

60 周岁及以上（1960 年 10 月 31 日以前出生）的人填报的项目

C28. 居住状况

1. 与配偶和子女同住
2. 与配偶同住

3. 与子女同住
4. 独居（有保姆）
5. 独居（无保姆）
6. 养老机构
7. 其他

C29. 身体健康状况

1. 健康
2. 基本健康
3. 不健康，但生活能自理
4. 不健康，生活不能自理

第七次全国人口普查港澳台居民和外籍人员普查表

The Seventh National Population Census Form for Residents from Hong Kong, Macao, Taiwan and from Foreign Countries

中国政府决定进行第七次全国人口普查
人口普查标准时点为2020年11月1日零时
我们将对您在普查表中填写的信息给予保密，敬请合作。

The Government of China has decided to conduct the 7th National Population Census, with zero hour on 1 November 2020 as the reference time.
Information provided will be kept confidential.
Your cooperation is highly appreciated.

表 号：R603表
制定机关：国家统计局
国务院人口普查办公室
批准文号：国发（2019）24号
有效期至：2021年3月
Form number: R603
Form issued by: National Bureau of Statistics
Office of the State Council for the Seventh National Population Census
Approval number: （2019）24
Valid until: March 2021

地址 Address:

_____省（区、市）Province

_____市（地、州、盟）City (prefecture)

_____县（市、区、旗）County (city, district)

_____乡（镇、街道）Town (township, street)

_____普查区 Enumeration area (village/community committee)

_____普查小区 Enumeration block

_____户编号 Household number

一、住户项目

Household Information

F1. 户别

Type of household

1. 家庭户 Family household
2. 集体户 Collective household

F2. 住所类型

Type of dwelling

1. 普通住宅 Conventional dwellings
2. 集体住所 Collective living quarters
3. 工作地住所 Living in work places
4. 其他住房 Other dwellings
5. 无住房 With no dwellings

（选择2—5的，跳至个人项目。）

(If the answer is 2-5, then skip to 'Individual Information'.)

F3. 本户现住房建筑面积
Floor space for this household
_____平方米 m^2

F4. 本户现住房间数
Number of rooms for this household
_____间 rooms

二、个人项目

Individual Information

R1. 姓名 Full name

____

R2. 与户主关系
Relationship with head of household
0. 户主 Head of household
1. 配偶 Spouse
2. 子女 Son or daughter
3. 父母 Parent
4. 岳父母或公婆 Parent-in-law
5. 祖父母 Grandparent
6. 媳婿 Son-in-law or daughter-in-law
7. 孙子女 Grandchild
8. 兄弟姐妹 Brother or sister
9. 其他 Other relationship

R3. 性别
Sex
1. 男 Male
2. 女 Female

R4. 出生年月
Date of birth
出生于 Born in: _______年 year_______月 month

R5. 来内地（大陆）或来华目的
Purpose for stay in the mainland of China
1. 商务 Business
2. 就业 Work
3. 学习 Study
4. 定居 Residence
5. 探亲 Visiting relatives

6. 其他 Others

R6. 已在内地（大陆）或在华居住时间
Duration of stay in the mainland of China
1. 不满三个月 Less than 3 months
2. 三个月以上，不满半年 3 months to less than 6 months
3. 半年以上，不满一年 6 months to less than 12 months
4. 一年以上，不满二年 1 year to less than 2 years
5. 二年以上，不满五年 2 years to less than 5 years
6. 五年以上 5 years or more

R7. 受教育程度
3 周岁及以上（2017 年 10 月 31 日以前出生）的人填报
Educational attainment
For persons aged 3 and over（Born before 31st Oct. 2017）
1. 未上过学 No schooling
2. 学前教育 Pre-primary education
3. 小学 Primary education
4. 初中 Junior secondary education
5. 高中 Senior secondary education
6. 大学专科 College
7. 大学本科 University
8. 硕士研究生 Master
9. 博士研究生 Doctor

R8. 身份或国籍
Citizenship
1. 香港特别行政区居民 Hong Kong SAR resident
2. 澳门特别行政区居民 Macao SAR resident
3. 台湾地区居民 Taiwan resident
4. 外国人 Foreigner: 国籍 Country_______（结束）(End)

15 周岁及以上（2005 年 10 月 31 日以前出生）港澳台居民填报的项目
For persons aged 15 and over (Born before 31st Oct. 2005) from Hong Kong, Macao and Taiwan

R9. 工作情况
10 月 25—31 日是否为取得收入而工作了一小时以上
1. 是
2. 在职休假、在职学习培训、临时停工（保留工资）
3. 未做任何工作→R12

R10. **行业**
1. 农、林、牧、渔业

2. 采矿业
3. 制造业
4. 电力、热力、燃气及水生产和供应业
5. 建筑业
6. 批发和零售业
7. 交通运输、仓储和邮政业
8. 住宿和餐饮业
9. 信息传输、软件和信息技术服务业
10. 金融业
11. 房地产业
12. 租赁和商务服务业
13. 科学研究和技术服务业
14. 水利、环境和公共设施管理业
15. 居民服务、修理和其他服务业
16. 教育
17. 卫生和社会工作
18. 文化、体育和娱乐业
19. 公共管理、社会保障和社会组织
20. 国际组织

R11. 职业

1. 党的机关、国家机关、群众团体和社会组织、企事业单位负责人
2. 专业技术人员
3. 办事人员和有关人员
4. 社会生产服务和生活服务人员
5. 农、林、牧、渔业生产及辅助人员
6. 生产制造及有关人员
7. 不便分类的其他从业人员

R12. 婚姻状况

1. 未婚
2. 有配偶
3. 离婚
4. 丧偶

第七次全国人口普查死亡人口调查表

（2019 年 11 月 1 日至 2020 年 10 月 31 日死亡的人口登记）

经国务院批准进行第七次全国人口普查
人口普查的标准时点为 2020 年 11 月 1 日零时
人口普查的原始资料不向任何单位和个人提供，仅供汇总使用
公民应履行如实申报普查项目的义务

表 号：R 6 0 4 表
制定机关：国 家 统 计 局
国务院人口普查办公室
批准文号：国发（2019）24 号
有效期至：2 0 2 1 年 3 月

地址：_____省（区、市）_____市（地、州、盟）_____县（市、区、旗）_____乡（镇、街道）_____普查区_____普查小区_____户编号

每个死亡人口都登记的项目

S1. 姓名

____

S2. 公民身份号码

□□□□□□□□□□□□□□□□□□

S3. 性别

1. 男
2. 女

S4. 出生年月

出生于：_______年_______月

S5. 死亡时间

死亡于：_______月

S6. 民族

_______族

死亡时满 3 周岁的人登记的项目

S7. 受教育程度

1. 未上过学
2. 学前教育
3. 小学
4. 初中
5. 高中
6. 大学专科
7. 大学本科

8. 硕士研究生
9. 博士研究生

死亡时满15周岁的人登记的项目

S8. 婚姻状况

1. 未婚
2. 有配偶
3. 离婚
4. 丧偶

第三部分　普查表填写说明

一、普查表的种类

第七次全国人口普查表分为《第七次全国人口普查短表》《第七次全国人口普查长表》《第七次全国人口普查港澳台居民和外籍人员普查表》和《第七次全国人口普查死亡人口调查表》四种表。

二、标准时点

第七次全国人口普查的标准时点为2020年11月1日零时。

普查员在掌握普查标准时点时，应注意以下两点:

（一）2020年11月1日零时以后出生的人不登记；2020年11月1日零时以后死亡的人仍要在普查短表中登记。

（二）2020年11月1日零时以后居住地发生变化的人，仍在原居住地登记。

三、普查对象

普查对象是指普查标准时点在中华人民共和国境内的自然人以及在中华人民共和国境外但未定居的中国公民，不包括在中华人民共和国境内短期停留的境外人员。

（一）普查短表和普查长表的普查对象具体是指2020年10月31日晚住本普查小区的人，以及户口登记在本普查小区但2020年10月31日晚未住本普查小区的人。

1.2020年10月31日晚住本普查小区的人，无论其户口登记在何处。

2.户口登记在本普查小区，但2020年10月31日晚未住本普查小区的人，无论其外出时间长短、外出原因如何。

（二）港澳台居民和外籍人员普查表的普查对象具体是指2020年10月31日晚住本普查小区的港澳台居民和外籍人员。

（三）死亡人口调查表的登记对象具体是指2019年11月1日至2020年10月31日期间本普查小区的死亡人口。

四、登记原则

人口普查采用按现住地登记的原则，每个人必须在现住地进行登记。普查对象不在户口登记地居住的，户口登记地要登记相应信息。

人口普查以户为单位进行登记，户分为家庭户和集体户。集体户以一个住房单元为一户进行普查登记。

为便于理解登记对象，并考虑到普查中可能遇到的特殊情况，普查员在入户登记时可采取以下方式询问住户:

应在您家普查登记的人包括:

•2020年10月31日晚住在您家里的人。

•经常居住在您家，由于临时出差、探亲、旅游或值夜班等原因，2020年10月31日晚未住在您家的人（视为2020年10月31日晚住在您家）。

•幼儿园全托孩子，小学、初中住校生（视为2020年10月31日晚住在您家）。

•户口登记在现住房地址的其他人。

不包括:

•现役军人和武警。

•由于临时出差、探亲、旅游等原因，2020 年 10 月 31 日晚暂住在您家的人。

•2020 年 11 月 1 日零时以后出生的人。

五、普查项目

（一）普查短表

按户填报的项目有：户别、本户应登记人数、本户 2019 年 11 月 1 日至 2020 年 10 月 31 日期间的出生人口、本户 2019 年 11 月 1 日至 2020 年 10 月 31 日期间的死亡人口、住所类型、本户现住房建筑面积、本户现住房间数。

按人填报的项目有：姓名、与户主关系、公民身份号码、性别、出生年月、民族、普查时点（2020 年 11 月 1 日零时）居住地、户口登记地、离开户口登记地时间、离开户口登记地原因、受教育程度、是否识字。

（二）普查长表

按户填报的项目有：户别、本户应登记人数、本户 2019 年 11 月 1 日至 2020 年 10 月 31 日期间的出生人口、本户 2019 年 11 月 1 日至 2020 年 10 月 31 日期间的死亡人口、住所类型、本户现住房建筑面积、本户现住房间数、住房所在建筑的总层数、承重类型、住房建成年代、住房所在建筑有无电梯、主要炊事燃料、住房内有无管道自来水、住房内有无厨房、住房内有无厕所、住房内有无洗澡设施、住房来源、月租房费用、拥有全部家用汽车的总价。

按人填报的项目有：姓名、与户主关系、公民身份号码、性别、出生年月、民族、普查时点（2020 年 11 月 1 日零时）居住地、户口登记地、离开户口登记地时间、离开户口登记地原因、户口登记地类型、是否有农村土地承包经营权、出生地、五年前常住地、受教育程度、学业完成情况、是否识字、工作情况、经常工作单位或生产经营活动所属类型、行业、职业、未工作原因、主要生活来源、婚姻状况、初婚年月、生育子女数、过去一年（2019 年 11 月 1 日—2020 年 10 月 31 日）的生育状况、居住状况、身体健康状况。

（三）港澳台居民和外籍人员普查表

按户填报的项目有：户别、住所类型、本户现住房建筑面积、本户现住房间数。

按人填报的项目有：姓名、与户主关系、性别、出生年月、来内地（大陆）或来华目的、已在内地（大陆）或在华居住时间、受教育程度、身份或国籍、工作情况、行业、职业、婚姻状况。

（四）死亡人口调查表

填报的项目有：姓名、公民身份号码、性别、出生年月、死亡时间、民族、受教育程度、婚姻状况。

六、普查表的填写方法

（一）普查表以户为单位进行登记。普查短表、死亡人口调查表采用普查员入户询问、当场填报，或由普查对象通过互联网自主填报等方式进行。普查长表、港澳台居民和外籍人员普查表采用普查指导员和普查员入户询问、当场填报的登记方式。

（二）普查小区中的每一户有且只有一个户编号，为“001”开始的 3 位顺序码，在《户主姓名底册》编制完成后自动生成，普查表上的户编号与其一致，不可修改。

（三）普查表的填写顺序：先填写住户项目，再逐人填写个人项目。

普查员填写普查短表时，填写按人登记的项目时，表内第一人应填户主，然后依次填户主的配偶和其他关系的人。全户死亡的户，只填写“H4.本户 2019 年 11 月 1 日至 2020 年 10 月 31 日期间的死亡人口”，其他住户项目和个人项目均不再登记。

普查员填写普查长表时，与普查短表相同的项目直接代入短表信息，经向普查对象核实确认后，再填报其他项目。

（四）普查表每户最多可以填写 20 人。对于超过 20 人的大集体户，可酌情分成若干集体户填写。

（五）有标准选项的项目，根据实际情况选填，并且每个问题只能选择一个标准选项。民族、普查时点（2020 年 11 月 1 日零时）居住地、户口登记地、出生地、五年前常住地等项目可根据列表栏进行选择。没有标准选项的项目，用文字或阿拉伯数字据情填报。

（六）如果填写错误或发生逻辑关系异常，数据采集程序会给出审核提示。审核类型分为强制性审核和确认性审核，若为强制性审核错误，必须根据提示信息对错误项目进行修改；若为确认性审核提示，应根据提示信息对异常项目进行核实，确认无误后，继续进行填报。

（七）普查员每填完一户，应即刻进行审核，将通过审核的信息向申报人当面宣读，核对无误后，由申报人签字确认。

第四部分　指标解释

一、普查短表

（一）住户项目

H1.户别——按家庭户、集体户的类别填报。

1.家庭户：以家庭成员关系为主，居住一处共同生活的人口，作为一个家庭户。单身居住独自生活的，也作为一个家庭户。

2.集体户：相互之间没有家庭成员关系，集体居住共同生活的人口作为一个集体户。

H2.本户应登记人数——包括两个部分。一部分是 2020 年 10 月 31 日晚居住本户的人数，既包括户口在本户、2020 年 10 月 31 日晚居住本户的人数，也包括户口不在本户、2020 年 10 月 31 日晚居住本户的人数，填写 H2 的第一项；另一部分是户口在本户，2020 年 10 月 31 日晚未居住本户的人数，填写 H2 的第二项。

H3.本户 2019 年 11 月 1 日至 2020 年 10 月 31 日期间的出生人口——填写本户在 2019 年 11 月 1 日至 2020 年 10 月 31 日期间出生的人数。分别填写男、女的合计数。若本户在此期间没有出生人口，请填写“0”。

H4.本户 2019 年 11 月 1 日至 2020 年 10 月 31 日期间的死亡人口——填写本户在 2019 年 11 月 1 日至 2020 年 10 月 31 日期间死亡的人数。分别填写男、女的合计数。若本户在此期间没有死亡人口，请填写“0”。

填写 H3、H4 时应注意：

不要漏掉出生时有某种生命现象（如在胎儿脱离母体时，有呼吸或心跳，脐带搏动、随意肌收缩等）不久即死亡的婴儿，既要填写出生人数，也要填写死亡人数。

H5.住所类型——按居住的住所类型填报。

1.普通住宅：指人工建造的，有墙、顶、门、窗等结构，具有独立入口，专门供人居住的房屋或场所。如单元房、平房、四合院、独栋别墅、筒子楼、窑洞等传统意义上的住宅。

2.集体住所：指学生宿舍、职工宿舍、工棚、养老院、福利院、宗教场所等。

3.工作地住所：指居住在办公楼、发廊、商铺、餐馆等工作场所。

4.其他住房：指居住在上述场所以外的其他房屋或场所。

5.无住房：指本户没有住房，居无定所（如流动人口中那些睡在桥下、公园、车站或睡在运载货物、商品车辆上的人等）。

H6.本户现住房建筑面积——本户现住房的建筑面积以房屋所有权证（不动产权证）或租赁凭证上的相关信息为准。

若只知道使用面积的，可用使用面积乘以 1.33，换算成建筑面积。填写本项目时应注意：

1.在租借房屋居住的户，按租借住房的实际情况填写其住房建筑面积。

2.合住在同一所住房里的住户，其建筑面积为各户所独立使用的房间面积加上公共使用面积（包括厨房、厕所、门厅、阳台等）的分摊部分：两户合住的，各按二分之一计算；三户合住的，各按三分之一计算，依此类推。

3.建筑面积应填写整数，不为整数时四舍五入获得。

H7.本户现住房间数——指除厨房、厕所、过道和厅以外的所有自然间数（包括扩建的房间）。填写本项目时应注意：

1.在租借房屋居住的户，按租借住房的实际居住情况填写其住房间数。

2.合住同一所住房的，在填写住房间数时，填写其独立使用的房间数。

（二）个人项目

D1.姓名——填写被登记人的正式姓名。没有正式姓名的可填小名或某某氏，但不能填笔名、代号等。婴儿未起名的，可填“未取名”。

D2.与户主关系——指被登记人与本户户主的关系。申报人不是户主的，不要将被登记人与申报人的关系错填为与户主的关系。

0.户主：按家庭日常生活习惯确定户主。

1.配偶：指户主的妻子或丈夫。

2.子女：指户主的子女。

3.父母：指户主的父母或继父母、养父母。

4.岳父母或公婆：指户主配偶的父母或继父母、养父母。

5.祖父母：指户主或配偶的祖父母、外祖父母、曾祖父母、外曾祖父母。

6.媳婿：指户主子女的配偶。

7.孙子女：指户主的孙子女、外孙子女、孙媳婿、外孙媳婿、重孙子女、重孙媳婿、重外孙子女、重外孙媳婿。

8.兄弟姐妹：指户主及其配偶的兄弟姐妹以及他们的配偶。

9.其他：指以上九种人以外的成员。

在登记家庭户时，户主应登记为第一人，选填“0.户主”。如果户主的配偶也在本户登记，应登记为第二人，选填“1.配偶”，然后再登记该户的其他成员；如果户主没有配偶，或户主配偶不在本户登记，第二人登记本户其他成员。

在登记集体户时，任选一人登记为户主，选填“0.户主”，本户其他成员与户主关系一律登记为其他，选填“9.其他”。

D3.公民身份号码——指 18 位公民身份号码。无公民身份号码的填写 18 位 0。

D4.性别——指被登记人的性别。

D5.出生年月——指被登记人的出生年、月。

出生年月按公历填写，只知道农历的，要换算成公历。按照一般的规律，农历的月份与公历的月份相差一个月左右，换算时农历的月份加 1 即可作为公历的月份，但要注意农历的 12 月应当是公历下一年的 1 月。

D6.民族——指被登记人的民族。

外国人加入中国籍，其民族和我国的某一民族相同的，就选填某一民族；没有相同民族的，按外国人加入中国籍填写，选填“入籍”。

D7.普查时点（2020 年 11 月 1 日零时）居住地——指被登记人在普查标准时点居住的地址。

1.本普查小区：指普查时点居住在本普查小区的人。如果本户在本普查小区拥有一套以上的住房，可确定其中一处进行登记。

2.本村（居）委会其他普查小区：指户口登记地在本普查小区，普查时点居住在本村（居）委会其他普查小区的人。

3.本乡（镇、街道）其他村（居）委会：指户口登记地在本普查小区，普查时点居住在本乡（镇、街道）其他村（居）委会的人。

4.本县（市、区、旗）其他乡（镇、街道）：指户口登记地在本普查小区，普查时点居住在本县（市、区、旗）的其他乡（镇、街道）的人。

5.其他县（市、区、旗）：指户口登记地在本普查小区，普查时点居住在本县（市、区、旗）以外地区的人。填报本选项的人还需选填普查时点居住地所在省（区、市）、市（地、州、盟）、县（市、区、旗）

的具体名称。

6.香港特别行政区、澳门特别行政区、台湾地区：指户口登记地在本户，普查时点居住在香港特别行政区、澳门特别行政区、台湾地区的人。

7.国外：指户口登记地在本户，普查时点居住在国外的人。

D8.户口登记地——指被登记人的居民户口簿上的地址。

1.本村（居）委会：指户口登记地在本村（居）委会的人。

2.本乡（镇、街道）其他村（居）委会：指普查时点居住本普查小区，户口登记地在本乡（镇、街道）其他村（居）委会的人。

3.本县（市、区、旗）其他乡（镇、街道）：指普查时点居住本普查小区，户口登记地在本县（市、区、旗）的其他乡（镇、街道）的人。

4.其他县（市、区、旗）：指普查时点居住本普查小区，户口登记地在本县（市、区、旗）以外地区的人。填报本选项的人还需填写户口登记地所在省（区、市）、市（地、州、盟）、县（市、区、旗）的具体名称。

5.户口待定：指普查时点居住本普查小区，在任何地方都没有登记户口的人。包括手持户口迁移证、出生证、退伍证等情况。

D9.离开户口登记地时间——指到普查标准时点为止，被登记人离开户口登记地（居住地与户口登记地不一致）的时间。

没有离开户口登记地是指户口登记地在本村（居）委会，普查标准时点居住在本普查小区或本村（居）委会其他普查小区。

若常年外出的人由于农忙、节假日等原因偶尔回家的，或回家后因疫情原因推迟外出的，还应该从第一次离开户口登记地的时间开始计算。

D10.离开户口登记地原因——指被登记人离开户口登记地（居住地与户口登记地不一致）的原因。

0.工作就业：指十五周岁及以上因务工经商、工作招聘、调动等原因离开户口登记地的人。

1.学习培训：指六周岁及以上因考入各级各类学校或参加各种学习班、培训班而离开户口登记地的人。

2.随同离开/投亲靠友：指因跟随亲属、投亲靠友而离开户口登记地的人。

3.拆迁/搬家：指因房屋拆迁、改造或者搬家而离开户口登记地的人。

4.寄挂户口：指户口落在集体户或没有在户口登记地居住过、只落户口的人。

5.婚姻嫁娶：指十五周岁及以上因结婚而离开户口登记地的人。

6.照料孙子女：指为照料孙子女而离开户口登记地的人。

7.为子女就学：指为子女就学而离开户口登记地的人。

8.养老/康养：指因旅游（度假）养老/康养、候鸟式养老/康养、回籍贯地养老/康养、居住在养老院而离开户口登记地的人，不包括跟随子女养老。

9.其他：指上述几种以外的原因。

凡具有两种以上原因的，按其主要的原因选填一个标准选项。

D11.受教育程度——指按照国家教育体制，被登记人接受教育的情况。通过自学或成人学历教育经国家统一考试合格的，分别归入相应的受教育程度。

1.未上过学：指从未接受过各级各类学校教育。包括参加过各种扫盲班或成人识字班学习，且以后再没有接受过各级各类学校教育的人。

2.学前教育：指仅接受过或正在接受专门学前教育机构教育，即在幼儿园或附设幼儿班接受保育和教育。

3.小学：指接受的最高一级教育为小学，无论其是否在校、毕业、肄业或辍学。

4.初中：指接受的最高一级教育为初中，无论其是否在校、毕业、肄业或辍学。

5.高中：指接受的最高一级教育为普通高中、成人高中和中等职业学校，无论其是否在校、毕业、肄业或辍学。

6.大学专科：指接受的最高一级教育为大学专科。在普通高等学校学习大学专科的，无论其是否在校、毕业、肄业或辍学，都填报此项。

凡国家授权承认学历的开放大学、广播电视大学、职工大学等成人高校和普通高等学校举办的函授大学、夜大学和其他形式的大学，按教育部颁布的大学专科教学大纲进行授课的，其毕业生选填此项；其肄业生、在校生按原有受教育程度填报。含成人专科和网络专科。

通过自学，经国家统一举办的自学考试合格，并取得大学专科毕业证书的，也选填此项。

7.大学本科：指接受的最高一级教育为大学本科。在普通高等学校学习大学本科的，无论其是否在校、毕业、肄业或辍学，都填报此项。

凡国家授权承认学历的开放大学、广播电视大学、职工大学等成人高校和普通高等学校举办的函授大学、夜大学和其他形式的大学，按教育部颁布的大学本科教学大纲进行授课的，其毕业生选填此项；其肄业生、在校生按原有受教育程度填报。含成人本科和网络本科。

通过自学和进修大学课程，经考试合格，并取得大学本科毕业证书的，也选填此项。

8.硕士研究生：指接受的最高一级教育为硕士研究生，无论其是否在校、毕业、肄业或辍学。含 2016 年 12 月 1 日以后录取的非全日制硕士研究生。

在职接受硕士研究生教育的，其毕业生选填此项；肄业生和在校生按原有受教育程度填报。

9.博士研究生：指接受的最高一级教育为博士研究生，无论其是否在校、毕业、肄业或辍学。含 2016 年 12 月 1 日以后录取的非全日制博士研究生。

在职接受博士研究生教育的，其毕业生选填此项；肄业生和在校生按原有受教育程度填报。

凡是没有按教育部的教学大纲培养或只学单科的人，不能填报“大学专科”“大学本科”“硕士研究生”或“博士研究生”，一律按原有受教育程度填报。

D12.是否识字：指被登记人是否达到国家规定的脱盲标准（城镇居民和企、事业单位职工识字 2000 个，农村居民识字 1500 个）。登记时可询问，日常生活中是否能读懂简单的书信或书写简短的句子。如果能阅读通俗书报、能写便条就认为具有识字能力。

二、普查长表

（一）住户项目

H1.户别——与短表 H1 相同。

H2.本户应登记人数——与短表 H2 相同。

H3.本户 2019 年 11 月 1 日至 2020 年 10 月 31 日期间的出生人口——与短表 H3 相同。

H4.本户 2019 年 11 月 1 日至 2020 年 10 月 31 日期间的死亡人口——与短表 H4 相同。

H5.住所类型——与短表 H5 相同。

H6.本户现住房建筑面积——与短表 H6 相同。

H7.本户现住房间数——与短表 H7 相同。

H8.住房所在建筑的总层数——层数是指建筑物的自然层数，一般按室内地坪以上计算。

采光窗在室外地坪以上的半地下室，其室内层高在 2.20m 以上（不含 2.20m）的，计算自然层数；假层、附层（夹层）、插层、阁楼（暗楼）、装饰性塔楼，以及突出屋面的楼梯间、水箱间不计层数。

其中，平房是指只有一层的房子。

H9.承重类型——指在房屋建筑中，由各种构件（屋架、梁、板、柱等）组成的能够承受各种作用的体系。

1.钢及钢筋混凝土结构：指承重的主要构件是用钢及钢筋混凝土建造的。它包括“钢结构”“钢、钢筋混凝土”和“钢筋混凝土”三种结构类型。

钢结构：承重的主要构件是钢材料建成的，包括悬索结构。

钢、钢筋混凝土结构：承重的主要构件是用钢、钢筋混凝土建造的。如一幢房屋一部分梁柱采用钢、钢筋混凝土构架建成。

钢筋混凝土结构：承重的主要构件是用钢筋混凝土建造的。包括薄壳结构、大模板现浇结构及使用滑模、升板等建造的钢筋混凝土结构的建筑物。

2.混合结构：指承重的主要构件是用钢筋混凝土和砖木建造的。如一幢房屋的梁是用钢筋混凝土制成，以砖墙为承重墙，或者梁是用木材建造，柱是用钢筋混凝土建造。

3.砖木结构：指承重的主要构件是用砖、木材建造的。如一幢房屋是木制房架、砖墙、木柱建成的。

4.竹草土坯结构：指承重的主要构件是用竹、草、土坯等建造的。如竹楼、土窑洞等。

5.其他结构：指不属于上述类型的结构。

H10.住房建成年代——指本户住房所属建筑物的建成年份。

本户住房所属建筑物翻修过的，按翻修时的年份选填。经过改建的，如改建面积大于原面积的，按改建时的年份选填；如改建面积小于原面积的，按原建成年份选填。

H11.住房所在建筑有无电梯——指本户住房所属建筑物内部、外部是否安装电梯。

H12.主要炊事燃料——指本户用于炊事的主要燃料。

如果本户用于炊事的燃料有两种以上，选填主要的一种。

H13.住房内有无管道自来水——指本户住房内是否有经过公用设施净化处理的管道输送水。

在院子里自己打的机井不能算作有自来水。

H14.住房内有无厨房——指本户住房内是否有专供做饭使用的房间，无论是否装有上下水道及固定灶具。

在公用过道、客堂等处烧饭的和在庭院、路边搭建的、临时简陋设施中做饭的都不算有厨房。

H15.住房内有无厕所——指本户住房内是否有厕所。

1.水冲式卫生厕所：指有上下水系统，或厕间有备水桶（瓢冲），坐便或蹲便器有水封或无水封的厕所，且粪便及污水冲入到下水道、化粪池和厕坑，无蝇，不会造成环境污染。

2.水冲式非卫生厕所：指虽然是水冲式厕所，但是粪便被冲到开放的水渠、沟塘等开放水体或者不确定冲到何处，会污染环境。

3.卫生旱厕：指有固定盖板的厕所，粪便基本无暴露，保持无蝇。比如通风改良厕所、堆肥厕所、双坑交替厕所、粪尿分集厕所、阁楼厕所、深坑防冻厕所等。

4.普通旱厕：包括无盖板的敞开式旱厕，有或无防渗处理。通常粪便暴露、有蛆蝇。

5.无：指没有厕所。

H16.住房内有无洗澡设施——指住房内是否有固定浴缸（浴盆）或淋浴龙头等能使用的洗浴设施。

1.统一供热水：指本户洗浴用热水由社区、物业管理部门或其他公共设施统一供应。

2.家庭自装热水器：指本户洗浴用热水是由自己安装的各种热水器，如电热水器、燃气（罐装、管道）热水器等。

3.其他：指上述两种以外的洗浴设施。

4.无：指住房内没有洗浴设施。

H17.住房来源——指本户获取现住房的方式。

1.租赁廉租房/公租房：指向政府相关部门申请并租住廉租房、公租房。

2.租赁其他住房：指通过私人、单位或房屋中介等渠道租住住房。

3.购买新建商品房：指按市场价购买的新建商品房。

4.购买二手房：指购买那些进入房屋市场进行交易，第二次及以上进行产权登记的住房，包括二手商品房、允许上市交易的已售公房、经济适用房等。

5.购买原公有住房：指个人以成本价或优惠价购买的、原作为福利分配给本单位职工的住房。

6.购买经济适用房/两限房：指向政府相关部门申请并购买经济适用房、两限房。

7.自建住房：指个人建造的住房，其产权属于个人所有。

8.继承或赠予：指从亲属处继承而来或者受他人赠予而获取住房。

9.其他：指上述几种住房来源以外的情况。

H18.月租房费用——指最近用于交纳房租的单月金额，不包括水电费、物业费、取暖费等附加费用。月租房费用不为整数时，按四舍五入计算。

若多人合租作一户登记时，则需将每人月租费加总计算。

H19.拥有全部家用汽车的总价——是指住户拥有的全部供家庭生活使用的汽车价格之和。

汽车价格按汽车实际购买价格（含税）的方式计算。

若住户有多辆家用汽车，则按全部家用汽车的价格总和选填。

（二）个人项目

C1.姓名——与短表 D1 相同。

C2.与户主关系——与短表 D2 相同。

C3.公民身份号码——与短表 D3 相同。

C4.性别——与短表 D4 相同。

C5.出生年月——与短表 D5 相同。

C6.民族——与短表 D6 相同。

C7.普查时点（2020 年 11 月 1 日零时）居住地——与短表 D7 相同。

C8.户口登记地——与短表 D8 相同。

C9.离开户口登记地时间——与短表 D9 相同。

C10.离开户口登记地原因——与短表 D10 相同。

C11.户口登记地类型——指离开户口登记地（居住地与户口登记地不一致）时的户口登记地类型。

若离开时户口登记地的类型是“乡”，而现在已改成“镇”，应选填“1.乡”，不要填报“2.镇的村委会”或“3.镇的居委会”。

C12.是否有农村土地承包经营权——指被登记人户口所在的户是否有农村土地承包经营权。

户口所在的户应以被登记人的户口簿为准。拥有农村土地承包经营权是指被登记人户口登记地在农村地区或以前的农村地区，目前户口所在的户与集体经济组织签订了农村土地承包合同。

拥有农村土地承包经营权的户，目前可能实际经营承包地，也可能因各种原因不再经营承包地，包括以转包、出租、入股、托管等方式流转所承包土地经营权。

C13.出生地——指被登记人的出生地点。

1.本县（市、区、旗）：指出生在本县、县级市、区、旗。

2.本省其他县（市、区、旗）：指出生在本省的其他县、县级市、区、旗。

3.省外：指出生在本省（区、市）以外其他地区，并选填出生地所在省（区、市）的名称。在港、澳、台或国外出生的，根据实际情况选填 “香港特别行政区”“澳门特别行政区”“台湾地区”或“国外”。

C14.五年前常住地——指被登记人在普查标准时点的五年前，即 2015 年 11 月 1 日零时的常住地。

五年前居住在本县（市、区、旗）以外其他地区的人，还需选填五年前常住地的地址。

五年前居住在港、澳、台或国外的，根据实际情况选填“香港特别行政区”“澳门特别行政区”“台湾地区”或“国外”。

C15.受教育程度——与短表 D11 项相同。

C16.学业完成情况——指受教育程度为小学及以上的人完成学业的情况。

1.在校：正在接受各级各类学校教育并有学籍。

2.毕业：已修完全部课程，并经过考试鉴定合格。

3.肄业：修完全部课程，但考试不及格或因种种原因未取得毕业资格。

4.辍学：未能修完所规定的全部课程，中途退学。

5.其他：私塾、自学等其他方式。

C17.是否识字——与短表 D12 项相同。

C18.工作情况——指被登记人在 10 月 25—31 日期间，即普查标准时点前一周，是否为取得收入而工作了 1 小时以上，包括临时工、互联网灵活就业、家庭经营无酬帮工。

工作是指为获取工资、实物报酬或经营收入而从事的各种生产、经营或服务性活动，其目的是为了取得收入，无论实际是否取得。不包括义务劳动和公益性劳动。

1.是：指在 10 月 25—31 日期间，为取得收入而干过固定的、临时的或兼职的工作，并且工作时间超过 1 小时。在校学生利用课余或假期以及退休人员为取得收入而从事了工作，也选填此项。

家庭成员在自家或亲属经营的公司、企业、商铺或网店工作，即使本人没有劳动报酬，也选填此项。

选填"1.是"的人，还需填写工作时间。工作时间按在 10 月 25—31 日期间实际的工作时间填写，而不是按国家或企业规定的制度工作时间填写。

计算工作时间，要注意把握以下几种情况：

（1）从事一种以上有收入工作的，几项工作时间相加计算。

（2）在规定的工作时间以外加班工作的，加班时间一并计算在内。

（3）农村既干家务又从事农业或其他有收入工作的人，家务劳动时间除外。

2.在职休假、在职学习培训、临时停工（保留工资）：

在职休假是指在 10 月 25—31 日期间，因各种休假或请假临时未工作，包括公休假、年休假、空勤人员、船员、火车乘务人员的轮休假、病假、工伤假、产假、事假、探亲假、婚丧假等。个人档案、人事关系已在某单位，但因各种原因尚未到新单位报到上班，如军人转业或工作调动等，也视为休假。

在职学习培训是指有工作单位，在 10 月 25—31 日期间参加脱产学习或培训。

临时停工（保留工资）是指在 10 月 25—31 日期间，由于机械或电力故障、原料或燃料短缺、天气或其他灾害等原因导致的暂时未工作，但仍可以有工资收入。

打零工、计件工等临时就业或灵活就业的人，因为上述原因停工并且没有收入，不填此项，应填"3.未做任何工作"。

3.未做任何工作：指在 10 月 25—31 日期间，没有工作单位，也未从事过任何可以有收入的工作。

对于下岗、内退人员，如果未与原单位解除劳动合同，仍有工资性收入的，选填"2.在职休假、在职学习培训、临时停工"；如果没有工资性收入，选填"3.未做任何工作"。对于承包土地的农民，在 10 月 25—31 日期间，如果干农活或其他有收入的工作超过 1 小时，选填"1.是"；如果外出打工，未从事任何工作，选填"3.未做任何工作"；如果正处于农业生产季节，没有外出打工，期间临时没有干农活，选填"2.在职休假、在职学习培训、临时停工"。

对于从事季节性生产经营的人，如果生产经营仍在进行中，只是在 10 月 25—31 日期间没有工作，选填"2.在职休假、在职学习培训、临时停工"；如果正处于季节性歇业，选填"3.未做任何工作"。

C19.工作单位或生产经营活动所属类型——指普查标准时点前一周的主要工作单位或生产经营活动类型。

1.企业、事业、机关或社会团体等法人单位：法人单位指依法成立，有自己的名称、组织机构和场所，能够独立承担民事责任，独立拥有和使用（或授权使用）资产承担负债，有权与其他单位签订合同，会计上独立核算，能够编制资产负债表的单位。包括企业、事业、机关、社会团体、民办非企业单位、基金会、居委会、村委会、农民专业合作社、农村集体经济组织和其他组织机构。

2.个体经营户：指资产归个人所有，以个体劳动为基础，劳动成果归劳动者个人占有和支配的一种经济组织。既包括在各级工商行政管理机关登记注册、领取《营业执照》的个体工商户，也包括没有领取《营业执照》，但实际从事个体经营活动的人。

3.经营农村家庭承包地（家庭农林牧渔生产经营活动）：指在自家承包的耕地、林地、草地、池塘以及其他合法用于农业的土地上，从事农林牧渔业生产经营活动，也包括家庭在转包和租用他人农业用地上从事农林牧渔业生产经营活动，所从事的农业生产活动以自营劳动为主，不雇佣长期雇工，但可能雇佣临时短工。

农业生产季节在承包土地上从事农业生产，但上周未做任何工作的人，也选填此项。

普查标准时点前一周未在自家承包土地上工作而从事其他生产经营活动的人，或外出务工经商的人不填此项，选填上周实际工作单位或生产经营活动。

4.自由职业/灵活就业：指除个体经营户以外的自雇就业或自主型的个体就业。包括律师、自由撰稿人、歌手、模特等自主就业人员，也包括家庭自雇家政服务、街头小贩、其他类型打零工的临时就业人员，还包括依赖平台承接工作任务、不隶属于任何雇主的劳动者。

C20.行业——指普查标准时点前一周主要工作所在单位的生产经营活动。如果前一周从事两项不同工作，按工作时间长短确定主要工作；如果工作时间相同，再按报酬高低确定主要工作。

行业是按照经济活动的同一性进行分类的，不是按其所属的行政管理系统来分的。产业活动单位是划分行业的分类标准。产业活动单位是指：（1）具有一个场所、从事一种或主要从事一种经济活动；（2）单独组织生产、经营或业务活动；（3）掌握收入和支出的会计核算资料。

填写行业时要注意以下情况：

有工作单位的，既要填写单位名称，也要填写单位的主要产品或从事的主要业务。单位名称要具体到分厂、分公司或营业部，即产业活动单位，不能笼统地只填写总厂名称。最重要的是单位的主要产品或主要业务要详细填写，要用动宾词组表达，如“生产服装”或“销售服装”，不能简写为“服装”。保密单位，填写其公开使用的名称和公开的主要产品或主要业务。

没有工作单位的，只填写主要产品或主要业务，如“送外卖”“当滴滴司机”。务农人员不能笼统地填写“农业”，要根据其具体的农业生产活动或农户具体从事的主要业务填写。如“种粮食”“养猪”等。

C21.职业——指普查标准时点前一周主要工作具体是干什么。如果前一周从事两项不同工作，按工作时间长短确定主要工作；如果工作时间相同，再按报酬高低确定主要工作。

职业分类是以工作性质的同一性为基本原则。所谓“同一性”，是指不论其所在工作单位是什么经济类型，不论用工形式是固定工还是临时工，也不论其隶属于哪个行业，凡是从事同一性质工作的人都划分为同一类。

填写职业时应注意以下情况：

填写职业要具体、详细。不能笼统地写“工人”“农民”“公务员”“工程师”等，而应具体填写其实际工作种类，如“铸轧工”“捕鱼”“统计人员”“通信工程技术员”等。具有专业技术职称的行政领导人员，应按行政领导职务填写其职业；同时担任两个以上职务的领导干部，应按主要职务填写其职业。工种尚未确定，暂时又无具体工作岗位的，要填写“工种未定”。

C22.未工作原因——指被登记人在普查标准时点前一周没有工作的主要原因。

1.在校学习：指在各级各类学校学习，并有正式学籍的人员。不包括有工作单位，脱产学习的人员。

2.离退休：指已办理离休、退休手续，定期领取离退休生活费，且未从事任何有收入劳动的人。

3.料理家务：指主要在自己家里从事家务劳动，且没有劳动收入的人。离、退休人员从事家务劳动的，选填“2.离退休”。为自家经营的摊位、商店、门市部、工厂工作的人，农村中既料理家务又务农或从事家庭副业的人，在别人家干家务活的临时工或小时工，均属于有工作的人，不选填此项。

4.丧失工作能力：指经专门机构鉴定或虽未鉴定但本人或其法定监护人认为，其因生理或心理疾患已丧失了从事劳动的能力。包括年老体弱生活不能自理的人员，但不包括离休、退休人员，这些人不论是身体残疾还是年老体弱生活不能自理，均选填“2.离退休”。

5.其他：指上述几种以外的原因。

C23.主要生活来源——指被登记人主要依靠什么生活。

如果被登记人同时有几种生活来源，选填其认为最主要的一项。

1.劳动收入：指主要依靠劳动报酬、经营利润或家庭收益（包括现金和实物收入）生活。

2.离退休金/养老金：指办理了离休、退休或退职手续，主要依靠从原工作单位或社会保险经办机构领取的离退休金（包括退职费）生活。

3.最低生活保障金：指建立最低生活保障制度的地区，家庭人均收入低于当地规定的最低生活保障线，主要依靠从政府有关部门或集体领取最低生活保障金生活，以及依靠民政部门发放的烈军属、五保户、残疾人等的生活抚恤金生活。

4.失业保险金：指失业保险经办机构依法支付给符合条件的失业人员的基本生活费用，是对失业人员在失业期间失去工资收入的一种临时补偿。

5.财产性收入：指以资金储蓄、借贷入股以及财产运营、房屋租赁等所取得的利息、股息、红利、租金等收入。

6.家庭其他成员供养：指主要依靠家庭其他成员或亲属的供养和资助生活。

7.其他：指上述几种以外的情况。

C24.婚姻状况——指被登记人在普查标准时点的实际婚姻状况。

1.未婚：指从未结过婚。

2.有配偶：指有配偶，处于婚姻中。

3.离婚：指曾经结过婚，但已办理了离婚手续且没有再婚，或正在办理离婚手续。

4.丧偶：指配偶已去世，且没有再婚。

人口普查的婚姻是指事实婚姻，不是单指法律意义上的婚姻，对不到法定结婚年龄，或未办理结婚手续而同居、实际结婚的人，应根据其在普查标准时点的实际情况，按照被登记人的申报选填。

C25.初婚年月——指被登记人第一次结婚时的年、月。

C26.生育子女数——指截止到普查标准时点，15 至 64 周岁妇女的生育状况。

1.未生育：指被登记妇女没有生育过子女。

2.有生育：指被登记妇女生育过子女，需分别填写生过和存活的子女数。

生过几个孩子：指生育的活产男孩和女孩数，包括产后不久就死亡的婴儿。胎儿脱离母体时（不管孕期长短），凡有过呼吸或心跳、脐带搏动、随意肌收缩等生命现象的，都视为“活产”。这里所说的“子女”是指该妇女的亲生子女，不包括丈夫前妻的子女和领养的子女，但鉴于有些家庭不愿公开领养关系，可尊重申报人的意愿，按亲生子女填报。

其中现在存活几个孩子：指活产子女中，仍然存活的男孩和女孩数，无论是否与父母一起居住。在普查标准时点前已死亡的孩子不包括在内。无存活子女的填写“0”。

C27.过去一年（2019 年 11 月 1 日—2020 年 10 月 31 日）的生育状况——指普查标准时点前 12 个月内，15 至 50 周岁被登记妇女的生育状况。

1.一年内未生育：指过去一年内没有生育过子女。

2.一年内有生育：指过去一年内生育过子女，需选填生育时间和孩子性别。

一年内生育两个以上孩子的，包括两次生育或生育多胞胎，还需填报第二个孩子的状况，第三个或以上的孩子不用填报。

C28.居住状况——指普查标准时点前一个月，60 周岁及以上被登记人的主要居住状况。

1.与配偶和子女同住：指与配偶和子女住在一起。

2.与配偶同住：指子女不在身边，与配偶住在一起。

3.与子女同住：指配偶不在身边，与子女住在一起。

4.独居（有保姆）：指本户中只有老人和保姆。

5.独居（无保姆）：指独身一人居住。

6.养老机构：指在提供养老服务的场所，包括敬老院、老年公寓等居住的情况。凡在养老机构居住的老年人，不论与谁同住。

7.其他：指上述几种以外的状况。

C29.身体健康状况——指 60 周岁及以上被登记人根据自身健康状况，对普查标准时点前一个月能否保证正常生活做出的自我判断。

1.健康：指过去一个月健康状况良好，完全可以保证日常的生活。

2.基本健康：指过去一个月健康状况一般，可以保证日常的生活。

3.不健康，但生活能自理：指普查标准时点前一个月健康状况不是太好，但可以基本保证正常的生活。

4.不健康，生活不能自理：指普查标准时点前一个月健康状况较差，不能照顾自己日常的生活起居，如吃饭、穿衣、自行走动等。

三、港澳台居民和外籍人员普查表

（一）住户项目

F1.户别——与短表 H1 相同。

F2.住所类型——与短表 H5 相同。

F3.本户现住房建筑面积——与短表 H6 相同。

F4.本户现住房间数——与短表 H7 相同。

（二）个人项目

R1.姓名——填写被登记人的正式姓名。婴儿未起名的，可填“未取名”。外籍人员的姓名最好用中文填写，也可以用其它文字填写。

R2.与户主关系——与短表 D2 相同。

R3.性别——与短表 D4 相同。

R4.出生年月——与短表 D5 相同。

R5.来内地（大陆）或来华目的——指被登记人来中华人民共和国境内居住的原因。

1.商务：指进行各种商务活动的人。

2.就业：指已有工作或正在寻找工作的人。

3.学习：指已经或准备在各类学校学习的人。

4.定居：指在中华人民共和国境内定居但没有工作或上学的人。包括在中华人民共和国境内工作人士的家属。

5.探亲：指探望亲戚或朋友的人。

6.其他：指上述以外的其他原因。

R6.已在内地（大陆）或在华居住时间——指到普查标准时点为止，被登记人在中华人民共和国境内居住的时间。

R7.受教育程度——指被登记人接受教育情况。按照被登记人的申报选填。

R8.身份或国籍——指被登记人是香港特别行政区居民、澳门特别行政区居民还是台湾地区居民。如果是外国人，还应填写国籍。

R9.工作情况——参照长表 C18。

R10.行业——指被登记人的工作单位主要生产的产品或提供的服务类别，参照《国民经济行业分类（GB/T4754—2017)》，按标准选项据情选填。

R11.职业——指被登记人所从事的工作类别，按标准选项据情选填。

1.党的机关、国家机关、群众团体和社会组织、企事业单位负责人：指在中国共产党机关，国家机关，民主党派和工商联，人民团体和群众团体、社会组织及其工作机构，基层群众自治组织，企业、事业单位中担任领导职务并具有决策、管理权的人员。

2.专业技术人员：指从事科学研究和专业技术工作的人员。

3.办事人员和有关人员：指在公共管理和社会组织机构中从事行政业务、行政事务、行政执法和仲裁、安全保卫、消防和应急救援等工作的人员。

4.社会生产服务和生活服务人员：指从事商品批发零售、交通运输、仓储、邮政和快递、信息传输、软件和信息技术、住宿和餐饮以及金融、房地产、租赁和商务技术辅助、生态保护、文化、体育和娱乐等社会生产服务与生活服务工作的人员。

5.农、林、牧、渔业生产及辅助人员：指从事农、林、牧、渔业生产活动及辅助生产的人员。

6.生产制造及有关人员：指从事产品生产及设备制造，矿产开采，工程施工和运输设备操作的人员及有关人员。

7.不便分类的其他从业人员。

R12.婚姻状况——参照长表 C24。

四、死亡人口调查表

凡在普查短表户记录 H4 中，登记了 2019 年 11 月 1 日至 2020 年 10 月 31 日期间有死亡人口的户，还要登记死亡人口的具体情况。

S1.姓名——与短表 D1 相同。

S2.公民身份号码——与短表 D3 相同。

S3.性别——与短表 D4 相同。

S4.出生年月——与短表 D5 相同。

S5.死亡时间——指死亡人口死亡时的月份。

S6.民族——与短表 D6 相同。

S7.受教育程度——与短表 D11 相同。

S8.婚姻状况——与长表 C24 相同。

为保证死亡人口的登记质量，普查员在入户登记时应注意以下几点:

1.登记死亡人口时，一般以死亡前的常住地为登记地，而不以死亡发生时的地点（如医院等）为登记地。

2.本户常住人口中有死亡的，不论其与该户有无亲属关系，都应作为该户死亡人口予以登记。

3.对于无法确定死亡人口常住地，或登记时与死亡人口常住地联系不上的，如孤寡老人、流动人口等，一律在死亡发生地登记。